StichwortKommentar

Dr. Mathias Grandel [Hrsg.]
Rechtsanwalt und Fachanwalt für Familienrecht, Augsburg

Roland Stockmann [Hrsg.]
Direktor des Amtsgerichts a.D., Würzburg

Familienrecht

Materielles Recht | Verfahrensrecht

Alphabetische Gesamtdarstellung

3. Auflage

Nomos

Zitiervorschlag: SWK-FamR/*Bearbeiter* Stichwort Rn. ...

Die Deutsche Nationalbibliothek verzeichnet diese Publikation in der Deutschen Nationalbibliografie; detaillierte bibliografische Daten sind im Internet über http://dnb.d-nb.de abrufbar.

ISBN 978-3-8487-5886-9

3. Auflage 2021

Vorwort

Tempus fugit! Schon sieben Jahre sind seit der zweiten Auflage des Stichwortkommentars vergangen. Die Zeit ist auch im Familienrecht flüchtig. Was viele Jahre Stand der Erkenntnis war, wurde in neue Bahnen gelenkt. Beispielhaft seien erwähnt die Entscheidung des BGH, dass ein Wechselmodell auch gegen den Willen eines Elternteils unter bestimmten Voraussetzungen angeordnet werden kann oder die Aufgabe der jahrzehntelangen Rechtsprechung, dass Tilgungen bei Alleineigentum der Immobilie spätestens ab Rechtshängigkeit des Scheidungsantrags Vermögensbildung zu Lasten des Unterhaltsberechtigten darstelle und allenfalls im Rahmen zulässiger Altersvorsorge berücksichtigt werden könne. Es gibt genügend Anlass, eine dritte Auflage des Stichwortkommentars vorzulegen, um die Kommentierung auf den aktuellen Stand zu bringen. Dabei wurden teilweise Stichworte umbenannt und neue ergänzt.

Im Autorenteam haben sich Veränderungen ergeben. Die Aktuarin Frau Ute Hoenes, die Rechtsanwältinnen Monika Hamm und Dr. Irene Vlassopoulou, Herr RiLG Tobias Knahn sowie Herr RiAG Thorsten Seebach haben das Autorenteam leider verlassen. Ihnen gilt der Dank der Herausgeber und des Verlages für ihre engagierte Mitwirkung, die zum Gelingen der ersten beiden Auflagen beigetragen hatte.

Wir freuen uns sehr, dass folgende neue Autorinnen und Autoren für die dritte Auflage gewonnen werden konnten:

Rechtsanwältin Sima Kretzschmar, Berlin

Rechtsanwältin Melanie Sander, Berlin

Oberstaatsanwältin Manuela Teubel, Erlabrunn

RiAG Dr. Christoph Holthusen, Aschaffenburg

Rechtsanwalt Dr. Fritz Osthold, Pinneberg

RiOLG Walther Siede, Frauenau

RiAG, abgeordnet an das BMJV, Dr. Jan Peter Teubel, Erlabrunn

Rechtsanwalt Klaus Weil, Marburg

Wir bedanken uns herzlich bei allen Mitautorinnen und Mitautoren, die mit großem Einsatz und erheblichem Verzicht auf Freizeit das Erscheinen dieser dritten Auflage möglich gemacht haben.

Ein besonderer Dank gilt auch erneut Frau Falkenstein und dem Hause Nomos. Ohne deren unermüdliche Unterstützung und Hilfe wäre die neue Auflage nicht möglich gewesen.

Wir hoffen, dass auch die dritte Auflage mit der besonderen Darstellungstechnik über Stichworte ihr Ziel erreicht, ein zügiges Auffinden von Antworten auf Ihre Fragen zu ermöglichen. Der Kommentar ist als Printversion und auch online verfügbar.

Augsburg/Würzburg im Mai 2021

Mathias Grandel *Roland Stockmann*

Inhaltsverzeichnis

Bearbeiterverzeichnis

Bernhard Böhm
Richter am Amtsgericht, Würzburg

Esther Caspary
Rechtsanwältin, Fachanwältin für Familienrecht, Berlin

Dr. Wolfgang Conradis
Rechtsanwalt, Fachanwalt für Sozialrecht, Duisburg

Fritz Finke
Vorsitzender Richter am Oberlandesgericht a.D., Gütersloh

Dr. Mathias Grandel
Rechtsanwalt, Fachanwalt für Familienrecht, Augsburg

Ralph Gurk
Rechtsanwalt, Fachanwalt für Familienrecht und Fachanwalt für Erbrecht, Würzburg

Prof. Dr. Birgit Hoffmann
Hochschule Mannheim, Fakultät für Sozialwesen

Dr. Christoph Holthusen LL.M. Eur.
Richter am Amtsgericht, Aschaffenburg

Tobias Knahn
Richter am Landgericht, Würzburg

Dr. Doris Kloster-Harz
Rechtsanwältin, Fachanwältin für Familienrecht, Mediatorin, München

Sima Kretzschmar
Rechtsanwältin, Fachanwältin für Familienrecht, Berlin

Dr. Fritz Osthold
Rechtsanwalt, Fachanwalt für Familienrecht, Pinneberg

Renate Perleberg-Kölbel
Rechtsanwältin, Fachanwältin für Familienrecht, Fachanwältin für Steuerrecht und Fachanwältin für Insolvenzrecht, Mediatorin, Hannover

Dr. Enno Poppen
Rechtsanwalt und Notar, Fachanwalt für Familienrecht und Fachanwalt für Versicherungsrecht, Celle

Ingeborg Rakete-Dombek
Rechtsanwältin und Notarin, Fachanwältin für Familienrecht, Berlin

Dr. Wolfgang Reetz
Notar, Köln

Melanie Sander
Rechtsanwältin, Fachanwältin für Familienrecht, Berlin

Jochem Schausten
Rechtsanwalt, Fachanwalt für Familienrecht, Krefeld

Dr. Eva Schönberger
Rechtsanwältin, Fachanwältin für Familienrecht, Weßling bei München

Dr. Ernst L. Schwarz
Rechtsanwalt, Fachanwalt für Familienrecht und Fachanwalt für Erbrecht, München

Walther Siede
Richter am Oberlandesgericht München

Thorsten Seebach
Oberstaatsanwalt, Würzburg

Roland Stockmann
Direktor des Amtsgerichts a.D., Würzburg

Dr. Jan Teubel
Richter am Amtsgericht, zzt. abgeordnet an das Bundesministerium der Justiz und für Verbraucherschutz, Erlabrunn

Manuela Teubel
Oberstaatsanwältin, Erlabrunn

Antje Treu
Richterin am Oberlandesgericht, Bamberg

Dr. Irene Vlassopoulou
Rechtsanwältin, Fachanwältin für Familienrecht, Bielefeld

Lothar Wegener
Rechtsanwalt, Fachanwalt für Erbrecht, Würzburg

Klaus Weil
Rechtsanwalt, Fachanwalt für Familienrecht, Marburg

Im Einzelnen haben bearbeitet:

Bernhard Böhm: Beschwerdeverfahren

Esther Caspary: ABC der Vermögenswerte; Aussteuer/Ausstattung; Betagte Verbindlichkeiten im Zugewinn; Leibgeding, Leibrente, Nießbrauch und Wohnrecht im Zugewinn; Pkw; Stundungseinrede; Verbraucherpreisindex; Verjährung des Zugewinns; Vorausempfang; Wertermittlungsanspruch; Zugewinngemeinschaft

Dr. Wolfgang Conradis: Abzweigung von Sozialleistungen; Arbeitslosengeld; BAföG; Bedarfsgemeinschaft; Bundesversorgungsgesetz; Elterngeld; Grundsicherung für Arbeitsuchende; Grundsicherung im Alter und bei Erwerbsminderung; Kindergeld; Kinderzuschlag; Krankenversicherung; Pflegegeld; Pflegeversicherung; Rentenversicherung; Sozialhilfe; Übergang von Unterhaltsansprüchen; Unfallversicherung; Unterhaltsvorschuss; Wohngeld

Fritz Finke: Altersunterhalt; Altersvorsorgeunterhalt; Anschlussunterhalt; Aufstockungsunterhalt; Ausbildungsunterhalt; Betreuungsunterhalt; Billigkeitsunterhalt; Erwerbslosigkeitsunterhalt; Krankenvorsorgeunterhalt; Krankheitsunterhalt; Leistungsfähigkeit; Nachehelicher Unterhalt; Unterhaltsabänderung

Dr. Mathias Grandel: Ausländische Unterhaltstitel; Eidesstattliche Versicherung in der Zwangsvollstreckung; Einstellung und Beschränkung der Vollstreckung; Gläubigeranfechtung; Insolvenzverfahren bei natürlichen Personen; Pfändungsschutzkonto; Sicherungsvollstreckung; Sofortige Wirksamkeit; Vollstreckung in Familiensachen; Vollstreckung von Unterhaltsansprüchen; Vollstreckungstitel; Vorpfändung

Ralph Gurk: Eingetragene Lebenspartnerschaft; Feststellung des Bestehens oder Nichtbestehen einer Ehe; Nichteheliche Lebensgemeinschaft

Prof. Dr. Birgit Hoffmann: Beistandschaft; Inobhutnahme; Intersexualität; Jugendamt; Leistungen der Jugendhilfe; Namensänderung; Personenstandssachen; Pflegschaft; Transsexualität; Verwandtschaft; Vormundschaft

Dr. Christoph Holthusen: Anfangsvermögen, Belegvorlage im Zugewinn; Beweissicherung im Zugewinn; Bewertungsmethoden im Zugewinn; Darlegungs- und Beweislast im Zugewinn; Grobe Unbilligkeit im Zugewinn; Illoyale Vermögensverfügung und Ansprüche gegen Dritte; Unbenannte Zuwendungen; Vorzeitiger Zugewinnausgleich; Zuwendungen Dritter im Zugewinn

Tobias Knahn: Abstammungsgutachten; Abstammungsvermutungen; Anerkennung der Vaterschaft; Anfangsvermögen; Anfechtung der Vaterschaft; Belegvorlage im Zugewinn; Beweissicherung im Zugewinn; Bewertungsmethoden im Zugewinn; Darlegungs- und Beweislast im Zugewinn; Feststellung der Vaterschaft; Grobe Unbilligkeit im Zugewinn; Illoyale Vermögensverfügung und Ansprüche gegen Dritte; Kenntnis der Abstammung; Kinderschutzübereinkommen; Kindesentführung; Kindesherausgabe; Mutterschaft; Pflegefamilie; Scheinvaterregress; Unbenannte Zuwendungen; Verbleibensanordnungen; Vorzeitiger Zugewinnausgleich; Zuwendungen Dritter im Zugewinn; Zwangsheirat

Dr. Doris Kloster-Harz/Dr. Eva Schönberger: Aufteilung von Haushaltssachen bei Scheidung; Aufteilung von Haushaltssachen bei Trennung; Ehestörer; Gewaltschutz; Go-Order nach § 1666 a BGB; Haushaltssachen; Wohnungszuweisung nach Scheidung; Wohnungszuweisung nach Trennung

Sima Kretzschmar: Auseinandersetzung der Gütergemeinschaft; Endvermögen; Fortgesetzte Gütergemeinschaft; Gütergemeinschaft

Dr. Fritz Osthold: Bedarfsermittlung; Bedürftigkeit; Darlegungs- und Beweislast beim Unterhalt; Eheliche Lebensverhältnisse; Erwerbstätigenbonus; Konkreter Bedarf; Mangelfall und Selbstbehalt; Mehrbedarf/Sonderbedarf beim Ehegattenunterhalt; Mehrere Bedürftige (Drittelmethode); Mindestbedarf; Mindestunterhalt; Nacheheliche Solidarität; Unterhaltsberechnung

Renate Perleberg-Kölbel: Aufteilung der Steuerschuld; Außergewöhnliche Belastung; Lohnsteuerklassen; Realsplitting/Nachteilsausgleich; Scheidungskosten; Sonderausgabenabzug; Steuerliche Freibeträge; Steuernachzahlung/-erstattung; Steuerveranlagung; Versöhnung

Dr. Enno Poppen: Änderung/Wegfall der Geschäftsgrundlage; Aufrechnung; Auskunftsanspruch im Unterhaltsrecht; Berufsbedingte Aufwendungen; Doppelverwertungsverbot; Eidesstattliche Versicherung bei Auskunftsansprüchen; Einkommensermittlung; Ersatzhaftung; Erwerbsobliegenheit; Familienrechtlicher Ausgleichsanspruch; Fiktive Einkünfte; Gesamtschuldnerausgleich und Unterhalt; Nutzungsvergütung und Unterhalt; Private Altersvorsorge; Rückforderung überzahlten Unterhalts; Verbindlichkeiten im Unterhalt; Wohnwert; Zins- und Tilgungsleistungen

Ingeborg Rakete-Dombek: Auseinandersetzungsplan; Ehegatteninnengesellschaft; Gütertrennung; Teilungsversteigerung; Unternehmensbewertung

Dr. Wolfgang Reetz: Inhalts-/Ausübungskontrolle; Patientenverfügung; Vereinbarungen mit Auslandsbezug; Vereinbarungen zum Güterstand; Vereinbarungen zum Kindesunterhalt; Vereinbarungen zum Versorgungsausgleich; Vereinbarungen zum elterlichen Sorge- und Umgangsrecht; Vereinbarungen zum nachehelichen Unterhalt; Vereinbarungen zur Namensführung (Familienname oder Ehename); Vereinbarungen zur eheähnlichen Lebensgemeinschaft (Partnerschaftsvertrag); Vereinbarungen zur eingetragenen Lebenspartnerschaft; Vorsorgevollmacht

Melanie Sander: Aufhebungsanspruch bei Gütergemeinschaft; Gesamtgut/Verwaltung; Sondergut; Vorbehaltsgut

Jochem Schausten: Bewerbungsbemühungen; Elternunterhalt; Familienunterhalt; Kindesunterhalt Minderjähriger; Kindesunterhalt Volljähriger; Mehrbedarf/Sonderbedarf beim Kindesunterhalt; Obliegenheit zur Verbraucherinsolvenz; Rollenwechsel; Trennungsunterhalt; Unbilligkeit (Verwirkung); Unterhaltsabfindung; Unterhaltsanspruch des nichtehelichen Elternteils; Unterhaltsbegrenzung; Unterhaltsrückstand; Unterhaltsverzicht; Verfahrenskostenvorschuss; Verjährung von Unterhaltsansprüchen; Verzug mit Unterhaltszahlungen; Wechselmodell

Dr. Ernst L. Schwarz: Auflage; Ehegattenerbrecht; Erbenhaftung; Erbvertrag; Erbverzicht; Gemeinschaftliches Testament; Geschiedenentestament; Nachehelicher Unterhalt im Erbfall; Patchworkfamilie im Erbrecht; Pflichtteilsrecht; Pflichtteilsstrafklausel; Pflichtteilsverzicht; Teilungsanordnung und Vorausvermächtnis; Verfügung von Todes wegen; Vermächtnis; Verwandtenerbrecht; Vor- und Nacherbschaft; Wiederverheiratungsklauseln

Thorsten Seebach: Aufenthaltsbestimmung bei Minderjährigen; Auskunft über die persönlichen Verhältnisse des Kindes; Elterliches Sorgerecht; Elternvereinbarungen; Entzug des Sorgerechts; Erziehung; Freiheitsentziehende Unterbringung und freiheitsentziehende Maßnahmen betreffend Minderjährige; Gesetzliche Vertretung Minderjähriger; Haftung der gesetzlichen Vertreter; Kindeswohlgefährdung; Körperliche Eingriffe bei Minderjährigen; Meinungsverschiedenheiten der Sorgeberechtigten; Namensbestimmung bei Minderjährigen; Personensorge; Ruhen des Sorgerechts; Sorgeerklärung; Vermögenssorge; Wechselmodell

Walther Siede: Abstammung; Abstammungsgutachten; Abstammungsvermutungen; Anerkennung der Vaterschaft; Anfechtung der Vaterschaft; Feststellung der Vaterschaft; Kenntnis der Abstammung; Kinderschutzübereinkommen; Kindesentführung; Kindesherausgabe; Mutterschaft; Pflegefamilie; Scheinvaterregress; Verbleibensanordnungen; Zwangsheirat

Roland Stockmann: Beschleunigungsgebot; Beteiligte; Einstweiliger Rechtsschutz; Familiengerichtliches Verfahren; Gewöhnlicher Aufenthalt; Gleichgeschlechtliche Ehe; Kostenentscheidung in Familiensachen; Prozessstandschaft; Verfahrensbeistand; Verfahrenskostenhilfe

Dr. Jan Teubel: Auslandsbezug bei Abstammungssachen; Auslandsbezug bei Ehesachen; Auslandsbezug bei Güterrechtssachen; Auslandsbezug bei Kindschaftsachen; Auslandsbezug bei Unterhaltssachen; Doppelehe; Ehefähigkeit; Ehehindernisse und Eheverbote; Eheliche Lebensgemeinschaft (Ehewirkungen); Ehename; Eheschließung mit Ausländern (Ehefähigkeitszeugnis); Eheschließung im Ausland; Eheschließung im Inland; Haftung der Ehegatten; Internationales Familienrecht; Scheinehe; Schlüsselgewalt; Verlöbnis

Manuela Teubel: Aufenthaltsbestimmung bei Minderjährigen; Auskunft über die persönlichen Verhältnisse des Kindes; Elterliches Sorgerecht; Elternvereinbarungen; Entzug des Sorgerechts; Erziehung; Freiheitsentziehende Unterbringung und freiheitsentziehende Maßnahmen betreffend Minderjährige; Gesetzliche Vertretung Minderjähriger; Haftung der gesetzlichen Vertreter; Kindeswohlgefährdung; Körperliche Eingriffe bei Minderjährigen; Meinungsverschiedenheiten der Sorgeberechtigten; Namensbestimmung bei Minderjährigen; Personensorge; Ruhen des Sorgerechts; Sorgeerklärung; Vermögenssorge

Antje Treu: Ausschluss des Umgangsrechts; Begleiteter Umgang; Durchsetzung von Umgangsregelungen; Umgangskosten; Umgangspflegschaft; Umgangspflicht; Umgangsrecht; Vereitelung des Umgangsrechts

Dr. Irene Vlassopoulou: Eheliche Lebensgemeinschaft (Ehewirkungen); Ehename; Schlüsselgewalt; Verlöbnis

Lothar Wegener: Abänderungsverfahren im Versorgungsausgleich; Änderung von Entscheidungen in Kindschaftssachen; Auslandsscheidung; Eheaufhebung; Ehescheidung; Getrenntleben; Härtefallscheidung; Scheidungsverbund

Klaus Weil: Abänderungsverfahren im Versorgungsausgleich; Abfindung im Versorgungsausgleich; Anpassung des Versorgungsausgleichs bei Invalidität, besonderer Altersgrenze oder Tod; Anpassung wegen Unterhalts; Anrechte im Versorgungsausgleich; Ausgleichsreife; Ausgleichswert im Versorgungsausgleich; Auskunftspflichten im Versorgungsausgleich; Ausländische Rentenanrechte; Betriebliche Altersversorgung; Ehezeitanteil; Externe Teilung; Geringfügige Anrechte im Versorgungsausgleich; Interne Teilung; Korrespondierender Kapitalwert; Risikoschutz im Versorgungausgleich; Schuldrechtlicher Versorgungsausgleich; Steuern und Sozialabgaben im Versorgungsausgleich; Versorgungsausgleich; Werteverzehr

Abkürzungsverzeichnis

aA	anderer Ansicht
aaO	am angegebenen Ort
AAÜG	Anspruchs- und Anwartschaftsüberführungsgesetz
ABl.	Amtsblatt
abl.	ablehnend
ABl. EU	Amtsblatt der Europäischen Union
Abs.	Absatz
Abschn.	Abschnitt
Abt.	Abteilung
abzgl.	abzüglich
AdoptG	Adoptionsgesetz
AdVermiG	Adoptionsvermittlungsgesetz
AdWirkG	Adoptionswirkungsgesetz
aE	am Ende
AEAO	Anwendungserlass zur AO
aF	alte Fassung
AfA	Absetzung für Abnutzung
AG	Amtsgericht
AgrarR	Agrarrecht (Zeitschrift)
AGS	Anwaltsgebühren Spezial (Zeitschrift)
AK	Arbeitskreis
Alg II	Arbeitslosengeld II
Alg II-V	Arbeitslosengeld II/Sozialgeld-Verordnung
allg.	allgemein
allgM	allgemeine Meinung
Alt.	Alternative
AltEinkG	Alterseinkünftegesetz
AltZertG	Gesetz über die Zertifizierung von Altersvorsorgeverträgen
aM	anderer Meinung
amtl.	amtlich
ÄndG	Änderungsgesetz
AnfG	Anfechtungsgesetz
Anh.	Anhang
Anm.	Anmerkung
AO	Abgabenordnung
Art.	Artikel
ArVNG	Arbeiterrentenversicherungs-Neuregelungsgesetz
AsylbLG	Asylbewerberleistungsgesetz
AsylVfG	Asylverfahrensgesetz
AufenthG	Aufenthaltsgesetz
Aufl.	Auflage
AUG	Auslandsunterhaltsgesetz
ausf.	ausführlich
AuslG	Ausländergesetz
AV	Ausführungsverordnung
AVAG	Anerkennungs- und Vollstreckungsausführungsgesetz
Az	Aktenzeichen
BaFin	Bundesanstalt für Finanzdienstleistungsaufsicht
BAföG	Bundesausbildungsförderungsgesetz
BarwertVO	Barwert-Verordnung
BayObLG	Bayerisches Oberstes Landesgericht
BBesG	Bundesbesoldungsgesetz
BBG	Bundesbeamtengesetz
Bd.	Band
BeamtVG	Beamtenversorgungsgesetz
BEEG	Bundeselterngeld- und Elternzeitgesetz
Begr.	Begründung
BetrAVG	Gesetz zur Verbesserung der betrieblichen Altersversorgung (Betriebsrentengesetz)
BetrKV	Verordnung über die Aufstellung von Betriebskosten

BeurkG	Beurkundungsgesetz
BewG	Bewertungsgesetz
BFH	Bundesfinanzhof
BFH/NV	Sammlung der Entscheidungen des Bundesfinanzhofs ab 1950 (Zeitschrift)
BFHE	Sammlung der Entscheidungen des Bundesfinanzhofs, hrsg. v. den Mitgliedern des BFH
BGB	Bürgerliches Gesetzbuch
BGBl.	Bundesgesetzblatt
BGH	Bundesgerichtshof
BGHZ	Entscheidungen des Bundesgerichtshofs in Zivilsachen
BilMoG	Bilanzrechtsmodernisierungsgesetz
BKGG	Bundeskindergeldgesetz
Bl.	Blatt
BMF	Bundesministerium der Finanzen
BNotO	Bundesnotarordnung
BPolG	Bundespolizeigesetz
BR	Bundesrat
BRAGO	Bundesgebührenordnung für Rechtsanwälte
BRAK-Mitt.	Bundesrechtsanwaltskammer-Mitteilungen
BRAO	Bundesrechtsanwaltsordnung
BR-Drucks.	Bundesratsdrucksache
Brüssel IIa-VO	VO (EG) Nr. 2201/2003 vom 27.11.2003 über die Zuständigkeit und die Anerkennung von Entscheidungen in Ehesachen und in Verfahren betreffend die elterliche Verantwortung; auch EuEheVO, EheGVVO, EheVO II
BSG	Bundessozialgericht
BSGE	Entscheidungen des Bundessozialgerichts
BSHG	Bundessozialhilfegesetz
Bsp.	Beispiel
Bspw.	beispielsweise
BStBl.	Bundessteuerblatt
BtBG	Betreuungsbehördengesetz
BT-Drs.	Bundestagsdrucksache
Buchst.	Buchstabe
BVerfG	Bundesverfassungsgericht
BVerfGE	Entscheidungen des Bundesverfassungsgerichts
BVersTG	Bundesversorgungsteilungsgesetz
BVerwG	Bundesverwaltungsgericht
BVG	Bundesversorgungsgesetz
BWA	Betriebswirtschaftliche Auswertungen
BWNotZ	Zeitschrift für das Notariat in Baden-Württemberg
bzgl.	bezüglich
bzw.	beziehungsweise
ca.	circa
DA	Dienstanweisung für die Standesbeamten und ihre Aufsichtsbehörden
DAVorm	Der Amtsvormund (Zeitschrift)
DDR	Deutsche Demokratische Republik
DFGT	Deutscher Familiengerichtstag
DGVZ	Deutsche Gerichtsvollzieherzeitung
dh	das heißt
DIJuF	Deutsches Institut für Jugendhilfe und Familienrecht e.V.
DM	Deutsche Mark
DNotI	Deutsches Notarinstitut
DNotZ	Deutsche Notar-Zeitschrift
Drs.	Drucksache
DRV	Deutsche Rentenversicherung
DStR	Deutsches Steuerrecht (Zeitschrift)
DStRE	DStR-Entscheidungsdienst (Zeitschrift)
DT	Düsseldorfer Tabelle
dt.	deutsch
DV	Durchführungsverordnung

E	Entwurf
e.V.	eingetragener Verein
EFG	Entscheidungen der FG
EG	Europäische Gemeinschaft; Vertrag zur Gründung der Europäischen Gemeinschaft
EGBGB	Einführungsgesetz zum Bürgerlichen Gesetzbuch
EGGVG	Einführungsgesetz zum Gerichtsverfassungsgesetz
EGMR	Europäischer Gerichtshof für Menschenrechte
EG-PKHVV	EG-Prozesskostenhilfevordruckverordnung
EGV	Vertrag zur Gründung der Europäischen Gemeinschaft
EheG	Ehegesetz
EheGVVO	EG-Verordnung Nr. 2201/2003 (Brüssel IIa-Verordnung)
EheRG	Erstes Gesetz zur Reform des Ehe- und Familienrechts
EheVO 2000	EG-Verordnung Nr. 1347/2000 (Brüssel II-Verordnung)
EheVO 2003	EG-Verordnung Nr. 2201/2003 (Brüssel IIa-Verordnung)
EheVO II	EG-Verordnung Nr. 2201/2003 (Brüssel IIa-Verordnung)
Einf.	Einführung
Einl.	Einleitung
einschl.	einschließlich
EKMR	Europäische Kommission für Menschenrechte
eLP	eingetragene Lebenspartnerschaft
ELStAM	Elektronische Lohnsteuer-Abzugsmerkmale
EMRK (G)	Europäische Menschenrechtskonvention (Gesetz)
entspr.	entsprechend
Entw.	Entwurf
EP	Entgeltpunkt/e
ErbGleichG	Erbrechtsgleichstellungsgesetz
ErbStG	Erbschaft- und Schenkungsteuergesetz
ErbStR	Erbschaftsteuerrichtlinien
ErbStRG	Gesetz zur Reform des Erbschaftsteuer- und Bewertungsrechts
Erl.	Erläuterung; Erlass
ESchG	Embryonenschutzgesetz
ESorgeÜ	s. ESÜ
EStDV	Einkommensteuer-Durchführungsverordnung
EStG	Einkommensteuergesetz
EStH	Einkommensteuerrichtlinien, Amtliche Hinweise
EStR	Einkommensteuerrichtlinien
ESÜ	Luxemburger Europäische Übereinkommen über die Anerkennung und Vollstreckung von Entscheidungen über das Sorgerecht für Kinder und die Wiederherstellung des Sorgeverhältnisses vom 20.5.1980
etc.	et cetera
EU	Europäische Union
EuEheVO	EG-Verordnung Nr. 2201/2003 (Brüssel IIa-Verordnung)
EuGH	Gerichtshof der Europäischen Gemeinschaften
EuGHMR	Europäischer Gerichtshof für Menschenrechte
EuGüVO	Verordnung (EU) 2016/1103 zur Durchführung einer Verstärkten Zusammenarbeit im Bereich der Zuständigkeit, des anzuwendenden Rechts und der Anerkennung und Vollstreckung von Entscheidungen in Fragen des ehelichen Güterstandes
EuGVÜ	Übereinkommen über die gerichtliche Zuständigkeit und die Vollstreckung gerichtlicher Entscheidungen in Zivil- und Handelssachen
EuGVVO	Verordnung über die gerichtliche Zuständigkeit und die Vollstreckung gerichtlicher Entscheidungen in Zivil- und Handelssachen
EuKoPfVO	Europäische Kontenpfändungsverordnung (Verordnung (EU) Nr. 655/2014)
EuPartVO	Verordnung (EU) 2016/1104 zur Durchführung der Verstärkten Zusammenarbeit im Bereich der Zuständigkeit, des anzuwendenden Rechts und der Anerkennung und Vollstreckung von Entscheidungen in Fragen güterrechtlicher Wirkungen eingetragener Partnerschaften
EUR	Euro
EuUntVO	Europäische Unterhaltsverordnung
EuZustVO	Europäische Zustellungsverordnung
evtl.	eventuell
EWG	Europäische Wirtschaftsgemeinschaft
EWGRL	EWG-Richtlinie
EzFamR	Entscheidungssammlung zum Familienrecht

f., ff.	folgende, fortfolgende
FamFG	Gesetz über das Verfahren in Familiensachen und in den Angelegenheiten der freiwilligen Gerichtsbarkeit
FamG	Familiengericht
FamR	Familienrecht
FamRÄndG	Familienrechtänderungsgesetz
FamRB	Der Familienrechts-Berater (Zeitschrift)
FamRBint	Der Familienrechts-Berater international (Zeitschrift)
FamRZ	Zeitschrift für das gesamte Familienrecht
FEVS	Fürsorgerechtliche Entscheidungen der Verwaltungs- u. Sozialgerichte
FF	Forum Familienrecht (bis 2004 Forum Familien- und Erbrecht) (Zeitschrift)
FG	Freiwillige Gerichtsbarkeit
FGB	Familiengesetzbuch (DDR)
FGG	Gesetz über die Angelegenheiten der freiwilligen Gerichtsbarkeit
FGG-RG	Gesetz zur Reform des Verfahrens in Familiensachen und in den Angelegenheiten der freiwilligen Gerichtsbarkeit
FGPrax	Praxis der Freiwilligen Gerichtsbarkeit (Zeitschrift)
FPR	Familie, Partnerschaft, Recht (Zeitschrift)
FS	Festschrift
FuR	Familie und Recht (Zeitschrift)
GB	Grundbuch
GBl.	Gesetzesblatt
GBO	Grundbuchordnung
GbR	Gesellschaft des bürgerlichen Rechts
geänd.	geändert
gem.	gemäß
GenDG	Gendiagnostikgesetz
GewSchG	Gewaltschutzgesetz
GG	Grundgesetz
ggf.	gegebenenfalls
GKG	Gerichtskostengesetz
GKG-KV	Kostenverzeichnis zum GKG
GmbH	Gesellschaft mit beschränkter Haftung
GmbHG	GmbH-Gesetz
GPR	Zeitschrift für das Privatrecht der Europäischen Union (Zeitschrift)
grds.	grundsätzlich
GrEStG	Grunderwerbsteuergesetz
gRV	Gesetzliche Rentenversicherung
GVG	Gerichtsverfassungsgesetz
GVKostG	Gesetz über die Kosten der Gerichtsvollzieher
GWG	Geringwertige Wirtschaftsgüter
HAÜ	Haager Übereinkommen über den Schutz von Kindern und die Zusammenarbeit auf dem Gebiet der internationalen Adoption
HausratsV	Hausratsverordnung
HGB	Handelsgesetzbuch
HK	Handkommentar
HKÜ	Haager Übereinkommen über die zivilrechtlichen Aspekte internationaler Kindesentführung
hL	herrschende Lehre
hM	herrschende Meinung
HöfeO	Höfeordnung
Hrsg.	Herausgeber
Hs	Halbsatz
HUP 2007	Haager Protokoll über das auf Unterhaltspflichten anzuwendende Recht vom 23.11.2007
HUÜ 2007	Haager Übereinkommen vom 23.11.2007 über die internationale Geltendmachung der Unterhaltsansprüche von Kindern und anderen Familienangehörigen
HVO	Hausratsverordnung
idF	in der Fassung
idR	in der Regel
idS	in diesem Sinne

IDW	Institut der Deutschen Wirtschaft
iE	im Ergebnis
ieS	im engeren Sinne
iHv	in Höhe von
ImmoWertV	Immobilienwertermittlungsverordnung
info also	Informationen zum Arbeitslosen- und Sozialhilferecht (Zeitschrift)
inkl.	inklusive
insb.	insbesondere
InsO	Insolvenzordnung
IntFamRVG	Internationales Familienrechtsverfahrensgesetz
IPR	Internationales Privatrecht
IPRax	Praxis des Internationalen Privat- und Verfahrensrecht (Zeitschrift)
iSd	im Sinne des/der
iSv	im Sinne von
iÜ	im Übrigen
iVm	in Verbindung mit
JA	Juristische Arbeitsblätter (Zeitschrift)
JAmt	Das Jugendamt (Zeitschrift)
JBeitrO	Justizbeitreibungsordnung
JGG	Jugendgerichtsgesetz
JKostG	Justizkostengesetz
JStG	Jahressteuergesetz
JurBüro	Juristisches Büro (Zeitschrift)
jurisPR-FamR	Juris Praxisreport Familienrecht
JVEG	Justizvergütungs- und -entschädigungsgesetz
JZ	Juristenzeitung
Kap.	Kapitel
KG	Kammergericht; Kapitalgesellschaft; Kommanditgesellschaft
KGReport	Rechtsprechungsreport des Kammergerichts Berlin
KindPrax	Kindschaftsrechtliche Praxis (Zeitschrift)
KindRG	Kindschaftsrechtsreformgesetz
KindVerbG	Kinderrechteverbesserungsgesetz
KJHG	Gesetz zur Neuordnung des Kinder- und Jugendhilferechts
KonsG	Gesetz über die Konsularbeamten, ihre Aufgaben und Befugnisse
KostO	Kostenordnung
krit.	kritisch
KSÜ	Haager Kinderschutzübereinkommen
Kto.	Konto
KV	Kostenverzeichnis
KWG	Kreditwesengesetz
LAG	Landesarbeitsgericht
LG	Landgericht
lit.	littera
LL	(Unterhalts-)Leitlinien
LPartG	Lebenspartnerschaftsgesetz
LPartGErgG	Lebenspartnerschaftsgesetzergänzungsgesetz
LPartÜG	Gesetz zur Überarbeitung des Lebenspartnerschaftsrechts
LS	Leitsatz
LSG	Landessozialgericht
LSt	Lohnsteuer
LuganoÜ	Lugano-Übereinkommen über die gerichtliche Zuständigkeit und die Vollstreckung gerichtlicher Entscheidungen in Zivil- und Handelssachen
LVA	Landesversicherungsanstalt
m. Anm.	mit Anmerkung
MDR	Monatsschrift für Deutsches Recht (Zeitschrift)
mE	meines Erachtens
mind.	mindestens
Mio.	Millionen

MittBayNot	Mitteilungen des Bayerischen Notarvereins, der Notarkasse und der Landesnotarkammer Bayern (Zeitschrift)
MittRhNotK	Mitteilungen der Rheinischen Notarkammer (Zeitschrift)
mN	mit Nachweisen
Mrd.	Milliarden
MSA	Übereinkommen über die Zuständigkeit der Behörden und das anzuwendende Recht auf dem Gebiet des Schutzes von Minderjährigen (Haager Minderjährigenschutzabkommen)
mtl.	monatlich
MuSchG	Mutterschutzgesetz
MV	Mitteilungsverordnung
mwN	mit weiteren Nachweisen
mWv	mit Wirkung vom
nv	nicht veröffentlicht
NamÄndG	Gesetz über die Änderung von Familiennamen und Vornamen
NamensänderungsDV	Erste Verordnung zur Durchführung des Gesetzes über die Änderung von Familiennamen und Vornamen
NDV	Nachrichtendienst des Deutschen Vereins für private und öffentliche Fürsorge
NDV-RD	Rechtsprechungsdienst des deutschen Vereins für öffentliche und private Fürsorge e.V.
NEheLG	Gesetz über die rechtliche Stellung der nichtehelichen Kinder
neL	nichteheliche Lebensgemeinschaft
nF	neue Fassung
NJ	Neue Justiz (Zeitschrift)
NJOZ	Neue Juristische Online-Zeitschrift
NJW	Neue Juristische Wochenschrift (Zeitschrift)
NJWE-FER	NJW-Entscheidungsdienst Familien- u. Erbrecht
NJW-RR	NJW-Rechtsprechungsreport
NotBZ	Zeitschrift für die notarielle Beratungs- und Beurkundungspraxis
Nov.	Novelle
Nr.	Nummer
NRW	Nordrhein-Westfalen
NVwZ	Neue Zeitschrift für Verwaltungsrecht (Zeitschrift)
NVwZ-RR	NVwZ-Rechtsprechungsreport
NZS	Neue Zeitschrift für Sozialrecht
o.a.	oben angegeben/angeführt
o.ä.	oder ähnlich
o.g.	oben genannt
OEG	Opferentschädigungsgesetz
OFD	Oberfinanzdirektion
OLG	Oberlandesgericht
OLGE	Entscheidungssammlung der Oberlandesgerichte
OLGReport	(nicht offizieller) Rechtsprechungsdienst einiger Oberlandesgerichte
OLGZ	Entscheidungen der OLG in Zivilsachen
OVG	Oberverwaltungsgericht
PAS	Parential Alienation Syndrome
PflegeVG	Pflege-Versicherungsgesetz
PflegeZG	Pflegezeitgesetz
PID	Präimplantationsdiagnostik
PKH	Prozesskostenhilfe
PKHG	Prozesskostenhilfegesetz
PKV	Prozesskostenvorschuss
Pkw	Personenkraftwagen
Prot.	Protokoll
PStG	Personenstandsgesetz
PStG-VwV	Allgemeine Verwaltungsvorschrift zum Personenstandsgesetz
PSV	Pensionssicherungsverein
RBEG	Gesetz zur Ermittlung der Regelbedarfe
RBerG	Rechtsberatungsgesetz
rd.	rund

RdSchr.	Rundschreiben
RegelbedVO	Regelbedarfs-Verordnung
RegelbetrVO	Regelbetrags-Verordnung
RG	Reformgesetz
RGZ	Entscheidungen des Reichsgerichts in Zivilsachen
RKEG	Gesetz über die religiöse Kindererziehung
RL	Richtlinie
Rn	Randnummer
RNotZ	Rheinische Notar-Zeitschrift
Rom III-VO	VO (EU) Nr. 1259/2010 des Rates vom 20.12.2010 zur Durchführung einer verstärkten Zusammenarbeit im Bereich des auf die Ehescheidung und Trennung ohne Auflösung des Ehebandes anzuwendenden Rechts
Rpfleger	Der Deutsche Rechtspfleger (Zeitschrift)
RPflG	Rechtspflegergesetz
RR	Rechtsprechungs-Report
RRG	Rentenreformgesetz
Rspr	Rechtsprechung
RVG	Rechtsanwaltsvergütungsgesetz
RVO	Rechtsverordnung; Reichsversicherungsordnung
RW	Rentenwert
S.	Satz/Seite
s.	siehe
s.a.	siehe auch
s.o.	siehe oben
s.u.	siehe unten
SG	Sozialgericht
SGb	Die Sozialgerichtsbarkeit (Zeitschrift)
SGB	Sozialgesetzbuch
SGB I	Sozialgesetzbuch 1. Buch – Allgemeiner Teil
SGB IV	Sozialgesetzbuch 4. Buch – Gemeinsame Vorschriften für die Sozialversicherung
SGB IX	Sozialgesetzbuch 9. Buch – Rehabilitation und Teilhabe behinderter Menschen
SGB V	Sozialgesetzbuch 5. Buch – Ges. Krankenversicherung
SGB VI	Sozialgesetzbuch 6. Buch – Ges. Rentenversicherung
SGB VIII	Sozialgesetzbuch 8. Buch – Kinder- und Jugendhilfe
SGB X	Sozialgesetzbuch 10. Buch – Sozialverwaltungsverfahren
SGB XI	Sozialgesetzbuch 11. Buch – Soziale Pflegeversicherung
SGG	Sozialgerichtsgesetz
sog.	so genannte/r/s
SoldG	Soldatengesetz
staatl.	staatlich
StAG	Staatsangehörigkeitsgesetz
StAZ	Das Standesamt (Zeitschrift)
StGB	Strafgesetzbuch
Stkl.	Steuerklasse
StPO	Strafprozessordnung
StR	Steuerrecht
str.	streitig/strittig
SüdL	Unterhaltsrechtliche Leitlinien der Familiensenate in Süddeutschland
SVG	Soldatenversorgungsgesetz
teilw.	teilweise
TSG	Transsexuellengesetz
u.	und
u.a.	unter anderem
u.Ä.	und Ähnliche(s)
u.E.	unseres Erachtens
u.v.a.	und vieles andere
UÄndG	Unterhaltsänderungsgesetz
UN	United Nations = Vereinte Nationen
UrhG	Urheberrechtsgesetz
Urt.	Urteil

USG	Unterhaltssicherungsgesetz
usw	und so weiter
uU	unter Umständen
UVG	Unterhaltsvorschussgesetz
v.	vom/von
v.H.	vom Hundert
VAHRG	Gesetz zur Regelung von Härten im Versorgungsausgleich
VAStrRefG	Gesetz zur Strukturreform des Versorgungsausgleichs
VAÜG	Versorgungsausgleichsüberleitungsgesetz
VBL	Versorgungsanstalt des Bundes und der Länder
VersAusglG	Gesetz über den Versorgungsausgleich
VG	Verwaltungsgericht
VGH	Verwaltungsgerichtshof
vgl.	vergleiche
VO	Verordnung
Vor	Vorbemerkung
VV	Vergütungsverzeichnis
VVG	Versicherungsvertragsgesetz
VVG-InfoV	Verordnung über Informationspflichten bei Versicherungsverträgen
VwGO	Verwaltungsgerichtsordnung
VwVfG	Verwaltungsverfahrensgesetz
VwVG	Verwaltungsvollstreckungsgesetz
VZ	Veranlagungszeitraum
WEG	Wohnungseigentumsgesetz
WertErmVO	Wertermittlungsverordnung
WM	Wertpapiermitteilungen (Zeitschrift)
wN	weitere Nachweise
WoGG	Wohngeldgesetz
WoGVwV	Wohngeld-Verwaltungsvorschrift
WRV	Weimarer Reichsverfassung
WuM	Wohnungswirtschaft und Mietrecht (Zeitschrift)
WZGA	Wahl-Zugewinngemeinschaft
zB	zum Beispiel
ZErb	Zeitschrift für die Steuer- und Erbrechtspraxis
ZEV	Zeitschrift für Erbrecht und Vermögensnachfolge
ZFE	Zeitschrift für Familien- und Erbrecht
ZfF	Zeitschrift für das Fürsorgewesen
Ziff.	Ziffer
ZInsO	Zeitschrift für das gesamte Insolvenzrecht
ZIP	Zeitschrift für Wirtschaftsrecht und Insolvenzpraxis
ZKJ	Zeitschrift für Kindschaftsrecht und Jugendhilfe (seit 2006 Gesamtblatt von Kind-Prax und ZfJ)
ZPO	Zivilprozessordnung
ZRP	Zeitschrift für Rechtspolitik
ZV	Zwangsvollstreckung
ZVG	Zwangsversteigerungsgesetz
zzgl.	zuzüglich
zzt.	zurzeit

Literaturverzeichnis

Werk	**Zitierweise**
Andrae, Internationales Familienrecht, 4. Aufl. 2019	Andrae IntFamR
Bahrenfuss, FamFG: Gesetz über das Verfahren in Familiensachen und in Angelegenheiten der freiwilligen Gerichtsbarkeit, 3. Aufl. 2017	Bearbeiter in: Bahrenfuss
Bamberger/Roth/Hau/Poseck (Hrsg.), Kommentar zum Bürgerlichen Gesetzbuch, 4. Aufl. 2019	BRHP/Bearbeiter
Baumbach/Lauterbach/Anders/Gehle, Zivilprozessordnung mit Gerichtsverfassungsgesetz und anderen Nebengesetzen, Kommentar, 78. Aufl. 2020	BLAH/Bearbeiter
Baumgärtel/Laumen/Prütting, Handbuch der Beweislast, 4. Aufl. 2018	Baumgärtel/Laumen/Prütting Beweislast-HdB
Bergschneider (Hrsg.), Beck'sches Formularbuch Familienrecht, 5. Aufl. 2017	Bergschneider BeckFormB FamR/Bearbeiter
Bergschneider (Hrsg.), Familienvermögensrecht, 3. Aufl. 2016	Bergschneider FamilienVermögensR-HdB
Bieritz-Harder/Conradis/Thie (Hrsg.), Sozialgesetzbuch XII, Sozialhilfe, Lehr- und Praxiskommentar, 12. Aufl. 2020	Bearbeiter in: LPK-SGB XII
Bork/Jacoby/Schwab (Hrsg.), FamFG, Kommentar, 3. Aufl. 2018	Bork/Jacoby/Schwab FamFG/Bearbeiter
Braeuer, Der Zugewinnausgleich, Handbuch, 2. Aufl. 2015	Braeuer Zugewinnausgleich
Brambring, Ehevertrag und Vermögenszuordnung unter Ehegatten, 7. Aufl. 2012	Brambring Ehevertrag
Braun, Insolvenzordnung: InsO, 8. Aufl. 2020	Braun/Bearbeiter
Büte/Poppen/Botur, Unterhaltsrecht, Kommentar, 3. Aufl. 2015	Bearbeiter in: Büte/Poppen/Botur UnterhaltsR
Damrau/Tanck, Praxiskommentar Erbrecht, 4. Aufl. 2020	Damrau/Tanck
Erman (Begr.), Handkommentar zum BGB, 16. Aufl. 2020	Erman/Bearbeiter
Felix, Kindergeld, 1. Aufl. 2005	Felix
Fischer, Strafgesetzbuch, Kommentar, 68. Auflage 2021	Fischer
Garbe/Ullrich/Brandenstein (Hrsg.), Verfahren in Familiensachen, 3. Aufl. 2012	Bearbeiter in: PHdB-FamS
Geimer/Schütze, Europäisches Zivilverfahrensrecht, 4. Aufl. 2020	Geimer/Schütze EuZivilVerfR
Gerhardt/von Heintschel-Heinegg/Klein (Hrsg.), Handbuch des Fachanwalts Familienrecht, 12. Aufl. 2021	FA-FamR-HdB/Bearbeiter
Gernhuber/Coester-Waltjen, Lehrbuch des Familienrechts, 7. Aufl. 2020	Gernhuber/Coester-Waltjen FamR
Göppinger/Wax, Unterhaltsrecht, Handbuch, 9. Aufl. 2008	Bearbeiter in: Göppinger/Wax UnterhaltsR
Götsche/Rehbein/Breuers, Versorgungsausgleichsrecht, Handkommentar, 3. Aufl. 2018	HK-VersAusglR/Bearbeiter
Graba, Die Abänderung von Unterhaltstiteln, 4. Aufl. 2011	Graba Unterhaltstitel

Grube, Unterhaltsvorschussgesetz, Kommentar, 2. Aufl. 2020	Grube UVG
Hartmann/Toussaint, Kostengesetze, 50. Aufl. 2020	Hartmann/Toussaint/Bearbeiter
Hau/Poseck (Hrsg.), Beck'scher Online-Kommentar BGB	BeckOK BGB/Bearbeiter
Hauß, Elternunterhalt – Grundlagen und Strategien, 6. Aufl. 2020	Hauß
Hausmann (Hrsg.), Internationales und Europäisches Familienrecht, Kommentar, 2. Aufl. 2018	Hausmann IntEuFamR
Haußleiter (Hrsg.), FamFG, Kommentar, 2. Aufl. 2017	Haußleiter/Bearbeiter
Heilmann (Hrsg.), Praxiskommentar Kindschaftsrecht, 2015	Bearbeiter in: Heilmann
Heiß, Das Mandat im Familienrecht, 2. Aufl. 2010	Heiß FamR
Heiß/Born (Hrsg.), Unterhaltsrecht, Handbuch für die Praxis, 58. Aufl. 2020	Bearbeiter in: Heiß/Born UnterhaltsR-HdB
Helms/Kieninger/Rittner, Abstammungsrecht in der Praxis, 2010	Helms/Kieninger/Rittner
Hoenes/Glockner/Weil, Versorgungsausgleich, Handbuch, 2. Aufl. 20139	Bearbeiter in: Hoenes/Glockner/Weil
Huber, Anfechtungsgesetz: AnfG, 11. Aufl. 2016	Huber
Johannsen/Henrich/Althammer (Hrsg.), Familienrecht, Kommentar, 7. Aufl. 2020	Johannsen/Henrich/Althammer/Bearbeiter
Kaiser/Schnitzler/Schilling/Sanders (Hrsg.), BGB, Band 4: Familienrecht, 4. Aufl. 2020	NK-BGB/Bearbeiter
Keidel, FamFG, Kommentar, 20. Aufl. 2020	Keidel/Bearbeiter
Kemper, Das familienrechtliche Mandat – Versorgungsausgleich, 2. Aufl. 2016	Kemper
Kemper/Schreiber (Hrsg.), Familienverfahrensrecht, Handkommentar, 3. Aufl. 2015	HK-FamVerfR/Bearbeiter
Kersten/Bühling, Formularbuch und Praxis der freiwilligen Gerichtsbarkeit, 26. Aufl. 2018	Kersten/Bühling FormB FGG
Kindl/Meller-Hannich (Hrsg.), Gesamtes Recht der Zwangsvollstreckung, Handkommentar, 4. Aufl. 2021	HK-ZV/Bearbeiter
Kirchhof/Stürner/Eidenmüller (Hrsg.), Münchener Kommentar zur Insolvenzordnung: InsO, 3. Aufl. 2013	MüKoInsO/Bearbeiter, 3. Aufl.
Knickrehm (Hrsg.), Gesamtes Soziales Entschädigungsrecht, Handkommentar, 2012	HK-SozEntschR/Bearbeiter
Koch, Handbuch Unterhaltsrecht, 13. Aufl. 2017	Bearbeiter in: Koch UnterhaltsR-HdB
Kogel, Strategien beim Zugewinnausgleich, 6. Aufl. 2019	Kogel Zugewinnausgleich
Krahmer/Plantholz (Hrsg.), Sozialgesetzbuch XI, Soziale Pflegeversicherung, 5. Aufl. 2017	Bearbeiter in: LPK-SGB XI
Kuckenburg/Perleberg-Kölbel, Unternehmen und Unternehmer im Familienrecht, 2018	Kuckenburg/Perleberg-Kölbel
Kübler/Prütting/Bork, InsO, Kommentar, Loseblatt, Stand Juni 2020	Kübler/Prütting/Bork/Bearbeiter
Kunkel/Kepert/Pattar (Hrsg.), Sozialgesetzbuch VIII, Kinder- und Jugendhilfe, Lehr- und Praxiskommentar, 7. Aufl. 2018	Bearbeiter in: LPK-SGB VIII
Langenfeld/Fröhler (Hrsg.), Testamentsgestaltung, 5. Aufl. 2015	Langenfeld/Fröhler Testamentsgestaltung

Langenfeld/Milzer, Handbuch der Eheverträge und Scheidungsvereinbarungen, 8. Aufl. 2019	Langenfeld/Milzer Eheverträge-HdB
Langohr/Plato (Hrsg.), Betriebliche Altersversorgung, 7. Aufl. 2016	Langohr-Plato BetrAV
Meyer-Götz (Hrsg.), Formularbuch Familienrecht, 4. Aufl. 2017	Bearbeiter in: FormB-FamR
Müller/Renner, Betreuungsrecht und Vorsorgeverfügungen in der Praxis, 5. Aufl. 2017	Müller/Renner BetreuungsR und Vorsorgeverfügungen
Münchener Kommentar zum Bürgerlichen Gesetzbuch, 8. Aufl. 2020	MüKoBGB/Bearbeiter
Münchener Kommentar zur Zivilprozessordnung, 6. Aufl. 2020	MüKoZPO/Bearbeiter
Münder/Geiger (Hrsg.), Sozialgesetzbuch II, Grundsicherung für Arbeitsuchende, Lehr- und Praxiskommentar, 7. Aufl. 2021	Bearbeiter in: LPK-SGB II
Münder/Trenczek/von Boetticher (Hrsg.), Kommentar zum SGB VIII, Kinder- und Jugendhilferecht, 9. Aufl. 2020	Bearbeiter in: FK-SGB VIII
Muscheler, Familienrecht, 4. Aufl. 2017	Muscheler FamR
Musielak/Borth, Familiengerichtliches Verfahren, Kommentar, 6. Aufl. 2020	Musielak/Borth/Bearbeiter
Musielak/Voit (Hrsg.), Zivilprozessordnung: ZPO, 15. Aufl. 2018	Musielak/Voit/Bearbeiter
Nerlich/Römermann (Hrsg.), Insolvenzordnung (InsO), 34. Aufl. 2017	Nerlich/Römermann/Bearbeiter
Niepmann/Seiler, Die Rechtsprechung zur Höhe des Unterhalts, 14. Aufl. 2019	Niepmann/Seiler Unterhalt
Oberloskamp (Hrsg.), Vormundschaft, Pflegschaft und Beistandschaft für Minderjährige, 4. Aufl. 2017	Oberloskamp Vormundschaft/Bearbeiter
Palandt, Bürgerliches Gesetzbuch, 79 Aufl. 2020	Palandt/Bearbeiter
Palandt, Bürgerliches Gesetzbuch, 80. Aufl. 2021	Palandt/Bearbeiter, 80. Aufl. 2021
Prütting/Helms (Hrsg.), FamFG, Kommentar, 5. Aufl. 2020	Prütting/Helms/Bearbeiter
Prütting/Wegen/Weinreich (Hrsg.), BGB, Kommentar, 15. Aufl. 2020	PWW/Bearbeiter
Rahm/Künkel (Hrsg.), Handbuch des Familien- und Familienverfahrensrecht, 70. Aufl. 2017	Rahm/Künkel/*Bearbeiter* FamR-HdB
Rancke (Hrsg.), Mutterschutz, Elterngeld, Elternzeit, Handkommentar, 5. Aufl. 2018	HK-MuSchG/Bearbeiter
Ruland (Hrsg.), Versorgungsausgleich, 4. Aufl. 2015	Ruland Versorgungsausgleich
Saenger (Hrsg.), Zivilprozessordnung, Handkommentar, 8. Aufl. 2019	HK-ZPO/Bearbeiter
Schneider/Volpert/Fölsch (Hrsg.), Familiengerichtskostengesetz, Handkommentar, 3. Aufl. 2019	HK-FamGKG/Bearbeiter
Schneider/Volpert/Fölsch (Hrsg.), Gesamtes Kostenrecht, 2. Aufl. 2017	NK-GK/Bearbeiter
Schnitzler (Hrsg.), Münchener Anwalts-Handbuch Familienrecht, 5. Aufl. 2020	MAH FamR/Bearbeiter
Scholz/Kleffmann/Motzer, Praxishandbuch Familienrecht, Loseblatt, Stand September 2020	Scholz/Kleffmann/Motzer FamR-HdB

Schotten/Schmellenkamp, Das internationale Privatrecht in der notariellen Praxis, 2. Aufl. 2007	Schotten/Schmellenkamp IPR
Schröder R., Bewertungen im Zugewinnausgleich, 5. Aufl. 2011	Schröder
Schulte-Bunert/Weinreich (Hrsg.), FamFG, Kommentar, 6. Aufl. 2019	Schulte-Bunert/Weinreich/Bearbeiter
Schulz/Hauß (Hrsg.), Familienrecht, Handkommentar, 3. Aufl. 2018	HK-FamR/Bearbeiter
Schulz/Hauß, Vermögensauseinandersetzung bei Trennung und Scheidung, 6. Aufl. 2015	Schulz/Hauß Vermögensauseinandersetzung
Schulze u.a., Bürgerliches Gesetzbuch, Handkommentar, 10. Aufl. 2019	HK-BGB/Bearbeiter
Schwab/Ernst (Hrsg.), Handbuch Scheidungsrecht, 8. Aufl. 2019	Bearbeiter in: Schwab/Ernst ScheidungsR-HdB
Staudinger (Begr.), Kommentar zum Bürgerlichen Gesetzbuch	Staudinger/Bearbeiter
Stürner/Eidenmüller/Schoppmeyer (Hrsg.), Münchener Kommentar zur Insolvenzordnung: InsO, 4. Aufl. 2019	MüKoInsO/Bearbeiter
Thomas/Putzo, ZPO, Kommentar, 41. Aufl. 2020	Thomas/Putzo/Bearbeiter
Uricher (Hrsg.), Formularbuch Erbrecht, 4. Aufl. 2020	Bearbeiter in: FormB-ErbR
Voucko-Glockner/Weil, Der Versorgungsausgleich anlässlich der Scheidung, 2020	Voucko-Glockner/Weil
Weinreich/Klein (Hrsg.), Familienrecht, 6. Aufl. 2018	FAKomm FamR/Bearbeiter
Wendl/Dose (Hrsg.), Das Unterhaltsrecht in der familienrichterlichen Praxis, 10. Aufl. 2019	Wendl/Dose UnterhaltsR/Bearbeiter
Wever, Vermögensauseinandersetzung der Ehegatten außerhalb des Güterrechts, 7. Aufl. 2018	Wever Vermögensauseinandersetzung
Wiesner/Wapler (Hrsg.), SGB VIII – Kinder- und Jugendhilfe, Kommentar, 6. Aufl. 2021	Wiesner/Wapler/Bearbeiter
Wimmer/Dauernheim/Wagner/Gietl, Handbuch des Fachanwalts Insolvenzrecht, 8. Auf. 2018	FAHdB InsR
Zöller, Zivilprozessordnung, 33. Aufl. 2020	Zöller/Bearbeiter

1. Abänderungsverfahren im Versorgungsausgleich

Wegener/Weil

I. Einführung

1 Das Recht des Versorgungsausgleichs ist von der Vorstellung einer gleichen **Teilhaberschaft** beider Ehegatten an dem in der Ehezeit Erwirtschafteten geprägt. Hierauf verweist § 1 Abs. 1 VersAusglG, der damit als gesetzgeberischer Leitfaden oder auch Grundprinzip verstanden werden kann (→ *Versorgungsausgleich* Rn. 2).

2 Dabei ist die gesetzestechnische Umsetzung im Ansatz sehr einfach. Es ist – ebenso wie beim Zugewinnausgleich – der in der Ehezeit erwirtschaftete **Mehrerwerb** auszugleichen. Anwartschaften, die vor der Ehe oder danach erwirtschaftet wurden, bleiben außer Betracht. Anders als im Zugewinnausgleichsverfahren, das vom Stichtagsprinzip geprägt ist, können sich während des Versorgungsausgleichsverfahrens, aber auch nach dessen Abschluss, Änderungen ergeben, die sich auf den Versorgungsausgleich auswirken, so zB im Falle des Todes eines Ehegatten oder im Falle der Wertänderung einer privaten Versorgungsanwartschaft.

3 Es ist zu unterscheiden zwischen der Anpassung nach **Rechtskraft** einer Entscheidung über den Versorgungsausgleich nach §§ 32 ff. VersAusglG und der Abänderung rechtskräftiger Entscheidungen nach §§ 225–227 FamFG. Die Anpassung nach Rechtskraft lässt die ursprünglich getroffene Entscheidung über den Versorgungsausgleich unberührt. Sie knüpft an besondere Veränderungen an, die sich auf den Bezug von Versorgungsleistungen auswirken, so etwa die Unterhaltspflicht des Ausgleichspflichtigen (§ 33 VersAusglG; → *Unterhaltsprivileg* Rn. 3), der Bezug einer Versorgung wegen Invalidität durch den Ausgleichspflichtigen (§ 35 VersAusglG) (→ *Anpassung bei Invalidität, besonderer Altersgrenze oder Tod* Rn. 3 f.) sowie der Tod der ausgleichsberechtigten Person (§ 37 VersAusglG; → *Anpassung bei Invalidität, besonderer Altersgrenze oder Tod* Rn. 6).

4 Das Verfahren auf **Abänderung** gem. §§ 225–227 FamFG ändert dagegen die Ausgangsentscheidung oder eine spätere Änderung nach der jeweiligen Rechtskraft. Es handelt sich um Vorschriften materieller und formeller Art über die Durchbrechung der Rechtskraft. Die Vorschriften ersetzen den nach der früheren Rechtslage geltenden § 10 a VAHRG. Für den Beginn der Rückwirkung der Abänderungsentscheidung nach § 226 Abs. 4 FamFG ist der Zeitpunkt der Antragstellung, nicht der Zustellung maßgeblich.[1]

1 OLG Oldenburg 15.4.2015 – 13 UF 30/15, FamRZ 2016, 63.

5 Eine Abänderung kommt bei Vorliegen gerichtlicher Entscheidungen nach dem geltenden Recht (Rn. 6 ff., 28 ff.), beim schuldrechtlichen Versorgungsausgleich (Rn. 46 ff.) und bei Vereinbarungen zum Versorgungsausgleich (Rn. 53 ff.) in Betracht.

II. Abänderung gerichtlicher Entscheidungen nach § 225 FamFG

1. Tatbestand

6 **a) Ausgangsentscheidung.** Jede rechtskräftige Entscheidung über den Versorgungsausgleich kann abgeändert werden. Es spielt keine Rolle, ob die Entscheidung im **Verbund** oder **isoliert** und in welcher Instanz sie getroffen wurde. Auch eine Abänderungsentscheidung nach diesem Verfahren kann wiederum abgeändert werden.

7 Der Gegenstand der Entscheidung muss sich nicht zwingend mit dem Wertausgleich von Versorgungsanwartschaften befasst haben. Auch wenn es sich um eine Entscheidung über die **Geringfügigkeit** nach § 18 VersAusglG handelt oder der Versorgungsausgleich nach § 27 VersAusglG wegen **Unbilligkeit** eingeschränkt oder ganz ausgeschlossen wurde, ist eine Abänderung grundsätzlich möglich.

8 **b) Abänderungsfähige Rechte.** Eine Abänderung kommt nur für bestimmte, **abschließend** aufgeführte besondere Versorgungsanwartschaften in Betracht. § 225 Abs. 1 FamFG knüpft dabei an die gem. § 32 VersAusglG festgelegten Anrechte an. Es sind dies:

- Anrechte aus der gesetzlichen Versicherung einschließlich der Höherversicherung;
- Anrechte aus der Beamtenversorgung oder einer anderen Versorgung, die zur Versicherungsfreiheit nach § 5 Abs. 1 SGB VI führt;
- Anrechte einer berufsständischen oder anderen Versorgung, die nach § 6 Abs. 1 Nr. 1 oder Nr. 2 SGB VI zu einer Befreiung von der Sozialversicherungspflicht führen kann;
- Anrechte der Alterssicherung der Landwirte;
- Anrechte aus den Versorgungssystemen der Abgeordneten und der Regierungsmitglieder im Bund und in den Ländern.

9 Diese Aufzählung ist abschließend zu verstehen. Hinsichtlich aller anderen Versorgungsanrechte ist eine Abänderung (wie auch eine Anpassung) nach Rechtskraft ausgeschlossen.[2]

10 Die Abänderung ist ausgeschlossen für Anrechte von Trägern der **betrieblichen Altersversorgung** oder der **privaten Lebensversicherung** (→ *Betriebliche Altersversorgung* Rn. 1). Vor dem Hintergrund der Rechtsprechung des Bundesverfassungsgerichts[3] ist dies nur konsequent. Denn die Ausgestaltung dieser Versorgungssysteme basiert auf der Grundlage der Privatautonomie, weshalb ein Verfassungsverstoß wegen fehlender Abänderungsmöglichkeiten nach Rechtskraft ausgeschlossen ist.

11 **c) Eintritt von Veränderungen.** Nach § 225 Abs. 2 FamFG ist der Eintritt einer Veränderung Tatbestandsvoraussetzung. Dabei kommen sowohl rechtliche als auch tatsächliche Veränderungen in Betracht. In jedem Fall muss sich die Änderung auf den Ausgleichswert der zu ändernden Entscheidung auswirken. Dabei wird jedes einzelne Anrecht gesondert betrachtet. Eine Saldierung im Sinne einer Totalrevision findet im Gegensatz zur bisherigen Rechtslage nicht statt.

12 **aa) Rechtliche Änderungen.** Die Form der **Rechtsänderung** ist unerheblich. Jede Rechtsänderung, die sich auf den Rentenbezug auswirkt, eröffnet die Abänderungsmöglichkeit. Es kann sich also um gesetzliche Änderungen handeln, um Änderungen von Verordnungen oder auch von Satzungen. Einige **Beispiele**[4] verdeutlichen dies:

- Neubewertung von Kindererziehungszeiten;
- Neubewertung von Anrechnungszeiten;

---

2 Vgl. NK-BGB/*Rehbein* VersAusglG Vor §§ 32 ff. Rn. 2.
3 28.2.1980 – 1 BvL 17/77, NJW 1980, 692.
4 Vgl. HK-FamVerfR/*Götsche* § 225 Rn. 11.

- Rückwirkung infolge des zum 1.1.1995 in Kraft getretenen Gesetzes über die Alterssicherung der Landwirte – ALG;[5]
- Umstrukturierung eines Bewertungssystems, zB bei der Zusatzversorgung des öffentlichen Dienstes zum 1.1.2002;
- Absenkung oder Erhöhung von Sonderzahlungen, zB für Versorgungsempfänger des Bundes.

Die Abänderung nach § 225 FamFG ist eine gesetzlich normierte Form der **Durchbrechung** der **Rechtskraft**. Insoweit ist die Vorschrift dem Verfahren bei Abänderung von Entscheidungen zum Unterhalt gem. § 240 FamFG und der allgemeinen Abänderungsvorschrift bei wiederkehrenden Leistungen des § 323 ZPO nachgebildet. Deshalb wird eine rechtliche Änderung auch dann als ausreichend angesehen, wenn sich die höchstrichterliche Rechtsprechung geändert hat.[6] Das OLG Hamm[7] hat zu § 10 a VAHRG ausdrücklich die Änderung der Rechtsprechung nach der Erstentscheidung als Änderungsgrund bejaht und sich dabei auf das OLG Celle[8] bezogen. 13

bb) Tatsächliche Änderungen. Auf eine besondere Art der Änderung kommt es nicht an. Jede Änderung, ob **tatsächlicher** oder **individueller** Art, die sich auf den Rentenbezug **auswirkt**, eröffnet ein Abänderungsverfahren. 14

Danach würde für den Fall einer erst nach der Entscheidung eintretenden **Unverfallbarkeit** einer Versorgungsanwartschaft auch die Abänderung nach § 225 FamFG möglich sein. In diesem Fall scheidet eine Abänderung aber aus, was in der Besonderheit des VersAusglG begründet ist. Nach § 19 Abs. 2 Nr. 1 VersAusglG sind verfallbare Anrechte nicht **ausgleichungsreif** (→ *Ausgleichsreife* Rn. 1 ff.) und werden daher nicht öffentlich-rechtlich ausgeglichen. Nach § 19 Abs. 4 VersAusglG sind diese Fälle dem schuldrechtlichen Versorgungsausgleich nach §§ 20–26 VersAusglG vorbehalten (→ *Schuldrechtlicher Versorgungsausgleich* Rn. 1). Für eine Abänderung ist daher im Gegensatz zur früheren Rechtslage kein Raum. 15

Dagegen stellt das **Ausscheiden** eines Ehegatten aus dem **Beamtenverhältnis** nach dem Ende der Ehezeit eine tatsächliche Veränderung iSd § 225 Abs. 2 FamFG dar.[9] In dem entschiedenen Fall war nach rechtskräftiger Ehescheidung der Ehemann wegen einer Straftat aus dem Beamtenverhältnis ausgeschieden, mit der Folge des Erlöschens der (im Scheidungsverfahren ausgeglichenen) Anwartschaften nach dem BeamtVG. Die im Wege der **Nachversicherung** in der gesetzlichen Rente einhergehende Wertänderung stellt eine tatsächliche Veränderung mit der Folge einer Abänderungsentscheidung nach § 226 FamFG (→ Rn. 28 ff.) dar.

Davon zu unterscheiden sind Anrechte, bei denen eine **Wartezeit** nicht erfüllt ist. Diese werden ausgeglichen, die Nichterfüllung der Wartezeit ist gem. § 2 Abs. 3 VersAusglG unbeachtlich. Stellt sich erst nach der Entscheidung die **Aussichtslosigkeit** einer **Wartezeiterfüllung** heraus, kann die Entscheidung nach § 225 FamFG abgeändert werden.[10] 16

cc) Andere Änderungen. Andere Änderungen können kein Abänderungsverfahren rechtfertigen. Alles was zum Zeitpunkt der Erstentscheidung schon bekannt war, jedoch nicht geltend gemacht wurde, ist **präkludiert**. Das Gleiche gilt, wenn das Erstgericht Umstände nicht berücksichtigt hat. Unrichtige Entscheidungen begründen keine Abänderung. Diese sind mit den ordentlichen **Rechtsbehelfen** anzugehen. Daher ist beispielsweise eine Korrektur der Ehezeit nach Rechtskraft der Ausgangsentscheidung nicht möglich.[11] Ein Versorgungsanrecht, das bei der Ausgangsentscheidung übersehen wurde, kann nicht in das Abänderungsverfahren einbezogen werden. Dies hat das OLG München für Altentscheidungen nach § 51 17

5 OLG München 9.11.2012 – 4 UF 1175/12, FamRZ 2013, 1586–1587.
6 HK-FamVerfR/*Götsche* FamFG § 225 Rn. 11.
7 27.1.1992 – 4 UF 170/91, NJW-RR 1993, 263.
8 25.5.1989 – 17 UF 136/88, FamRZ 1989, 985.
9 OLG Oldenburg 11.6.2012 – 13 UF 56/12, FamRZ 2012, 1945.
10 Vgl. NK-BGB/*Götsche* VersAusglG § 2 Rn. 56.
11 Vgl. HK-FamVerfR/*Götsche* FamFG § 225 Rn. 15.

VersAusglG, der auf § 225 FamFG verweist, ausdrücklich festgestellt.[12] Ein im Ausgangsverfahren von einem Ehegatten **verheimlichtes Anrecht** kann auch dann nicht im Wege der Abänderung berücksichtigt werden, wenn der Versorgungsausgleich aus anderen Gründen abzuändern ist.[13] Ebenso wenig kann in diesen Fällen ein **schuldrechtlicher Versorgungsausgleich** (→ *Schuldrechtlicher Versorgungsausgleich* Rn. 1 ff.) nachträglich durchgeführt werden.[14] Der benachteiligte Ehegatte ist aber nicht schutzlos. Er könnte nach § 48 Abs. 2 FamFG ein **Wiederaufnahmeverfahren** betreiben oder **Schadenersatz** verlangen.

18 **dd) Maßgeblicher Zeitpunkt.** Nach § 5 Abs. 2 S. 2 VersAusglG hat der Erstrichter in seiner Entscheidung auch Veränderungen zu berücksichtigen, die nach dem **Ende** der **Ehezeit** iSd § 3 Abs. 1 VersAusglG eintreten und auf den Ehezeitanteil zurückwirken. Dennoch wird als maßgeblicher **Zeitpunkt** für das Entstehen des Änderungstatbestandes am Ende der Ehezeit festgehalten.[15] Es ist demnach ausreichend, wenn der Änderungstatbestand nach dem Ehezeitende entstanden ist. Ist der **Änderungstatbestand** vor dem Schluss der mündlichen Verhandlung eingetreten, aber vom Gericht nicht berücksichtigt worden, kann die (fehlerhafte) Entscheidung des Gerichts in diesem Ausnahmefall mithilfe des Abänderungsverfahrens noch korrigiert werden.

19 **d) Wesentliche Änderung.** § 225 Abs. 3 FamFG dient der Vermeidung von **Bagatellfällen**. Ausgenommen hiervon sind die Fälle, in denen eine Abänderung wegen Erfüllung der Wartezeit begehrt wird, § 225 Abs. 4 FamFG. Diese sind auch im Bagatellbereich, also immer, abänderbar. Es wird unterschieden zwischen einer relativen und einer absoluten Wesentlichkeitsgrenze.

20 Nach § 225 Abs. 2 FamFG ist eine Abänderung möglich, wenn sich rechtliche oder tatsächliche Veränderungen nach dem Ende der Ehezeit einstellen, die auf den Ausgleichswert eines Anrechts zurückwirken und zu einer wesentlichen Wertänderung führen. Dabei wird nach Abs. 3 der Vorschrift von einer wesentlichen Wertänderung ausgegangen, wenn sie mindestens 5 % des bisherigen Ausgleichswerts des Anrechts beträgt und zudem bei einem Rentenbetrag als maßgebliche Bezugsgröße 1 %, in allen anderen Fällen als Kapitalwert, 120 % der am Ende der Ehezeit maßgeblichen monatlichen Bezugsgröße nach § 18 Abs. 1 SGB IV übersteigt. Dies entspricht der Wertgrenze des § 18 Abs. 3 VersAusglG in den sogenannten Bagatellfällen. Dabei hat diese Prüfung hinsichtlich der Anrechte in der gesetzlichen Rentenversicherung auf der Grundlage der Rentenbeträge zu erfolgen.[16]

Es ist ausreichend, wenn auch nur eines von mehreren Anrechten die Voraussetzung erfüllt.[17]

21 **e) Wartezeiterfüllung.** Neben der Überschreitung der Wesentlichkeitsgrenze ist unabhängig hiervon eine Abänderung möglich, wenn durch sie eine für die Versorgung der ausgleichsberechtigten Person maßgebende Wartezeit erfüllt wird (§ 225 Abs. 4 FamFG). In diesen Fällen kommt es auf die Überschreitung der Wesentlichkeitsgrenze nicht an.[18]

22 Die Wartezeiten für Versorgungsrechte, die aufgrund des Versorgungsausgleichs übertragen oder begründet werden, ergeben sich aus §§ 50–52, 243 b SGB VI. Die Wartezeiten in der **gesetzlichen Rentenversicherung** stellen sich folgendermaßen dar:

- 5 Jahre für die Regelaltersrente, für die Rente wegen Erwerbsminderung und für Rentenzahlungen im Todesfall. Bei der Berechnung der Wartezeit werden Beitragszeiten, Ersatzzeiten und zusätzliche Wartezeitmonate berücksichtigt.
- 15 Jahre für die Altersrente für Frauen und für die Altersrente wegen Arbeitslosigkeit oder nach Altersteilzeit. Bei der Berechnung der Wartezeit werden Beitragszeiten, Ersatzzeiten und zusätzliche Wartezeitmonate berücksichtigt.

12 OLG München 28.10.2011 – 12 UF 1755/11, FamRZ 2012, 380.
13 KG Berlin 12.6.2012 – 13 UF 199/11, FamRZ 2012, 1945.
14 OLG Oldenburg 20.9.2012 – 14 UF 96/12, NJW 2012, 3795; aA Bergner NJW 2012, 3757.
15 HK-FamVerfR/*Götsche* FamFG § 225 Rn. 18.
16 BGH 8.11.2017 – XII ZB 105/16, FamRZ 2018, 176.
17 BGH 9.5.2018 – XII ZB 391/17, FamRZ 2018, 1233.
18 OLG Celle 4.7.2013 – 17 UF 49/13, FamRZ 2014, 479.

- 35 Jahre bei der Altersrente für langjährig Versicherte und der Altersrente für Schwerbehinderte. Bei der Berechnung der Wartezeit werden Beitragszeiten, Ersatzzeiten, Anrechnungszeiten, Berücksichtigungszeiten und zusätzliche Wartezeitmonate berücksichtigt.
- 45 Jahre bei der Altersrente für besonders langjährig Versicherte. Bei der Berechnung der Wartezeit werden Beitragszeiten, Ersatzzeiten und zusätzliche Wartezeitmonate berücksichtigt.

f) Vorteilhaftigkeit. Grundsätzlich sind auch Versorgungsträger gem. § 226 Abs. 1 FamFG antragsberechtigt. Um Abänderungsverfahren von Versorgungsträgern auszuschließen, die sich ausschließlich zu deren Gunsten auswirken, sieht § 225 Abs. 5 FamFG vor, dass sich die Abänderung entweder **zugunsten eines Ehegatten oder seiner Hinterbliebenen** auswirken muss. Dass die Abänderung sich auch zugunsten des Versorgungsträgers auswirkt, ist unschädlich. Die Voraussetzung der Vorteilhaftigkeit gilt sowohl für Fälle der wesentlichen Änderung gem. § 225 Abs. 2, 3 FamFG als auch für Fälle der Erfüllung der Wartezeit gem. § 225 Abs. 4 FamFG. 23

Die Vorteilhaftigkeit muss jeweils für **jedes einzelne Anrecht** vorliegen. Es wird nicht die Gesamtheit der Anrechte zusammengefasst. Es kommt auf jeden rechnerischen Ausgleichswert der einzelnen Anrechte an. Verglichen wird der durchgeführte Versorgungsausgleich mit dem abgeänderten. 24

Kann ein dem **schuldrechtlichen Versorgungsausgleich** vorbehaltenes Anrecht durch die Änderung intern oder extern geteilt werden, stellt dieser Umstand in Abweichung von der rein rechnerischen Betrachtungsweise ebenfalls einen Vorteil dar.[19] 25

2. Härtefälle

§ 226 Abs. 3 FamFG verweist auf die **Härtefallregelung** in § 27 VersAusglG. Bezog sich § 10 a Abs. 3 VAHRG auf die wirtschaftlichen Verhältnisse, sollen nunmehr die gesamten Umstände des Falles betrachtet werden. Auch in diesem Zusammenhang ist auf das Ende der Ehezeit grundsätzlich abzustellen.[20] 26

Auch ein persönliches **Fehlverhalten** wie das Ausscheiden aus dem **Beamtenverhältnis** wegen einer vorsätzlichen **Straftat** kann berücksichtigt werden. Voraussetzung ist aber, dass das Fehlverhalten noch einen Bezug zur geschiedenen Ehe bzw. Familie hat. Das Fehlverhalten müsste sich als **treuwidrige Einflussnahme** auf den Versorgungsausgleich darstellen.[21] **Darlegungs- und beweispflichtig** ist derjenige Ehegatte, zu dessen Gunsten sich die Härtefallregelung auswirken soll.

III. Abänderungsverfahren nach § 226 FamFG

1. Zuständigkeit

Sachlich zuständig sind die **Familiengerichte**, es handelt sich um eine Familiensache gem. § 111 Nr. 7 FamFG. Die örtliche Zuständigkeit ergibt sich aus § 218 Nr. 2–5 FamFG. 27

2. Antragserfordernis

Das Verfahren wird eingeleitet durch einen **Antrag**, der von einem Ehegatten, dessen Hinterbliebenen oder einem betroffenen Versorgungsträger gestellt werden kann, § 226 Abs. 1 FamFG. 28

Da es sich beim isolierten Versorgungsausgleichsverfahren nicht um eine Familienstreitsache (§ 112 FamFG) handelt, besteht nach § 114 Abs. 1 FamFG **kein Anwaltszwang**. 29

Der Antrag ist frühestens **sechs Monate vor dem Leistungsbeginn** (Beginn des Rentenbezugs) gem. § 226 Abs. 2 FamFG zulässig. Damit ist der erstmalige Leistungsbezug gemeint. Alle bis dahin eingetretenen Änderungen können berücksichtigt werden. 30

---

19 Vgl. HK-FamVerfR/*Götsche* § 225 Rn. 35.
20 Vgl. HK-FamVerfR/*Götsche* § 226 Rn. 13.
21 OLG Oldenburg 11.6.2012 – 13 UF 56/12, FamRZ 2012, 1945.

3. Amtsermittlung

31 Es gilt § 26 FamFG. Es ist demnach iSd § 23 Abs. 1 FamFG ausreichend, wenn die Voraussetzungen der §§ 225 ff. FamFG schlüssig dargelegt werden. Insbesondere ist die Bezifferung des Antrags nicht erforderlich. Es ist ausreichend, wenn der Antrag auf Abänderung der Entscheidung über den Versorgungsausgleich formuliert wird.

4. Auskünfte

32 Die Beteiligten können die **Auskunftsansprüche** nach § 4 VersAusglG geltend machen. Das Gericht kann von Amts wegen gem. § 220 FamFG Auskünfte einholen.

5. Entscheidung

33 Der **Beschluss** über die Abänderung wirkt nach § 226 Abs. 4 FamFG zurück auf den Monatsersten, der der Antragstellung folgt. Der Antrag gilt mit Eingang beim Gericht als gestellt. Die Entscheidung wird ebenso wie im Ausgangsverfahren erst mit **Rechtskraft** wirksam, § 224 Abs. 1 FamFG, denn auch der Abänderungsbeschluss hat rechtsgestaltende Wirkung.

6. Tod eines Beteiligten

34 Beim Tode des **antragstellenden Beteiligten** während des Verfahrens können die antragsberechtigten Hinterbliebenen nach § 226 Abs. 5 FamFG innerhalb einer Monatsfrist, auf die das Gericht zu verweisen hat, über die Fortsetzung des Verfahrens entscheiden. Erfolgt keine Entscheidung zur Fortsetzung, ist das Verfahren erledigt.

35 Beim Tode des **Antragsgegners** im laufenden Verfahren werden dessen Erben Verfahrensnachfolger, ohne dass es einer Mitwirkungshandlung der Erben bedarf. Der Antragsteller wird gegebenenfalls bei der Erbenermittlung mitwirken müssen, notfalls durch Beantragung eines Erbscheins.

7. Kostenentscheidung

36 Es ist nach § 81 FamFG über die **Kosten** zu entscheiden. Unter den dort genannten Voraussetzungen sind daher auch Kostenentscheidungen zulasten eines Beteiligten möglich.

8. Rechtsmittel

37 Der Beschluss unterliegt der **befristeten Beschwerde** nach §§ 58 ff. FamFG. § 228 FamFG gilt auch im Abänderungsverfahren, weshalb es auf den Wert der Beschwer nicht ankommt, es sei denn, es wird lediglich die Kostenentscheidung angefochten. Eine Rechtsbeschwerde gegen die Entscheidung des Oberlandesgerichts als Beschwerdegericht kommt gegebenenfalls gem. §§ 70 ff. FamFG in Betracht.

38 Für die Einlegung einer Beschwerde und die Durchführung des Beschwerdeverfahrens ist die Vertretung durch einen **Rechtsanwalt** nicht zwingend erforderlich, § 114 Abs. 1 FamFG. Die Rechtsbeschwerde kann nur durch einen beim Bundesgerichtshof zugelassenen Rechtsanwalt wirksam erhoben werden, § 114 Abs. 2 FamFG.

9. Streitwert

39 Dem Streitwert ist das (ungekürzte) in drei Monaten erzielte **Nettoeinkommen** beider Ehegatten zugrunde zu legen. Die Vermögensverhältnisse spielen keine Rolle. Maßgeblich ist gem. § 34 FamGKG der Zeitpunkt der Antragstellung. Der Streitwert bemisst sich gem. § 50 Abs. 1 S. 1 FamGKG in Höhe von 20 % dieses Quartalseinkommens für jedes Anrecht, welches abgeändert werden soll. Wird die Abänderung beispielsweise wegen Unterschreitung der Wesentlichkeitsgrenze versagt, hat dies keinen Einfluss auf den Streitwert. Die Anwendung des § 18 VersAusglG rechtfertigt es nicht, gem. § 50 Abs. 3 FamGKG einen

niedrigeren Wert festzusetzen. Maßgeblich ist die sachliche Prüfung jedes Anrechtes im Rahmen der von den Versorgungsträgern erteilten Auskünfte.[22]

10. Gebühren und Vergütung

a) Gerichtsgebühren. Für das Verfahren in erster Instanz entstehen nach KV 1320 FamGKG **2,0 Gebühren**. In der Beschwerdeinstanz **3,0 Gebühren** nach KV 1322 FamGKG, in der Rechtsbeschwerde **4,0 Gebühren** nach KV 1325 FamGKG. 40

Nach § 14 Abs. 3 iVm § 21 Abs. 1 FamGKG ist ein Kostenvorschuss in Höhe der 2,0 Gebühren vom Antragsteller zu erheben. 41

b) Rechtsanwaltsvergütung. In der ersten Instanz kommen die 1,3 Verfahrensgebühr nach VV 3100 RVG und die 1,2 Terminsgebühr nach VV 3104 RVG in Betracht. Im Falle einer Einigung entsteht die 1,0 Einigungsgebühr nach VV 1000, 1003 RVG. 42

In der zweiten Instanz sind die VV 3200 ff. RVG anwendbar, was sich aus Vorbemerkung 3.2.1 Nr. 2 b) RVG ergibt. Es kommen daher die 1,6 Verfahrensgebühr nach VV 3200 RVG und die 1,2 Terminsgebühr nach VV 3202 RVG in Betracht. Im Falle einer Einigung entsteht die 1,3 Einigungsgebühr nach VV 1000, 1004 Abs. 1 RVG. 43

In der dritten Instanz sind entsprechend nach Vorbemerkung 3.2.2 Nr. 1 a) die VV 3206 ff. RVG anwendbar. Es kommen daher die 1,6 Verfahrensgebühr nach VV 3206 RVG und die 1,5 Terminsgebühr nach VV 3210 RVG in Betracht. Im Falle einer Einigung entsteht die 1,3 Einigungsgebühr nach VV 1000, 1004 Abs. 1 RVG. 44

IV. Abänderung sonstiger Entscheidungen nach § 227 Abs. 1 FamFG

1. Tatbestand

Nach § 227 Abs. 1 iVm § 48 Abs. 1 FamFG sind auch Entscheidungen über Ausgleichsansprüche nach der Scheidung gem. §§ 20 ff. VersAusglG abänderbar. Abfindungsentscheidungen nach §§ 23, 24 VersAusglG unterliegen nicht der Abänderung nach § 227 Abs. 1 FamFG, da es sich dabei um die Zahlung eines Kapitalbetrags und nicht um eine wiederkehrende Leistung handelt. 45

Nach § 48 Abs. 1 FamFG muss eine **nachträgliche wesentliche Änderung der Sach- oder Rechtslage** eingetreten sein. Nachträglich bedeutet, eine Änderung muss nach der letzten mündlichen Verhandlung oder nach Ablauf von Anhörungsfristen, falls es keine mündliche Verhandlung gab, eingetreten sein. Eine wesentliche Änderung ist umso eher anzunehmen, je stärker die Ausgangsentscheidung in geschützte Rechtspositionen des Betroffenen eingreift.[23] 46

2. Verfahren

Das Verfahren wird auf Antrag eines Beteiligten des Ausgangsverfahrens eingeleitet, § 48 Abs. 1 S. 2 FamFG. 47

3. Zuständigkeit

Es ist stets das **Ausgangsgericht** zuständig, also das Gericht des ersten Rechtszuges, auch wenn eine Entscheidung eines höheren Instanzgerichts abgeändert werden soll. 48

4. Rechtsmittel

Der Beschluss unterliegt der **befristeten Beschwerde** nach §§ 58 ff. FamFG. 49

---

22 OLG Stuttgart 16.11.2010 – 11 WF 153/10, NJW 2011, 540.

23 Vgl. HK-FamVerfR/Simon § 48 Rn. 8.

5. Kostenentscheidung

50 Es ist nach § 81 FamFG über die Kosten zu entscheiden. Unter den dort genannten Voraussetzungen sind daher auch Kostenentscheidungen zulasten eines Beteiligten möglich.

6. Sonstiges

51 Hinsichtlich Streitwert, Gerichtsgebühren und Rechtsanwaltsvergütung gilt das unter Rn. 40 ff. Ausgeführte.

V. Abänderung von Vereinbarungen nach § 227 Abs. 2 FamFG

1. Tatbestand

52 Die Ehegatten haben eine **Vereinbarung** über den Versorgungsausgleich nach § 6 VersAusglG getroffen, also bevor eine Entscheidung über den Versorgungsausgleich rechtskräftig wurde (→ *Vereinbarungen zum Versorgungsausgleich* Rn. 4). Damit ist klargestellt, dass wegen der Gestaltungswirkung der gerichtlichen Entscheidung nur bis zu deren Rechtskraft Vereinbarungen möglich sind.[24]

53 Die Ehegatten können in einer Vereinbarung nach § 6 VersAusglG ausdrücklich die **Abänderbarkeit ausschließen**. Dies stellt § 227 Abs. 2 FamFG klar. In solchen Fällen scheidet jede Abänderbarkeit aus, solange der Vertrag wirksam ist und besteht. Der Umfang des Ausschlusses der Abänderbarkeit kann aber auch für jedes Anrecht gesondert vereinbart werden (→ *Versorgungsausgleich* Rn. 25).

Aufgrund der Möglichkeit der Abänderung und für den Fall, dass diese bei der Vereinbarung nicht ausgeschlossen wurde, ist darauf zu achten, dass die Grundlage der Vereinbarung möglichst exakt wiedergegeben wird. Insbesondere in Fällen der Kompensation zwischen Versorgungsleistungen und anderweitigen Ansprüchen, wie z.B. Zugewinnausgleichsansprüchen, sind diese Grundlagen exakt zu benennen.

2. Verfahren

54 Das Verfahren zur Abänderung erfolgt nach den Vorschriften der §§ 225–226 FamFG (→ Rn. 28 ff.).

3. Besonderheiten

55 Vereinbarungen der Eheleute zu § 6 VersAusglG erfolgen häufig im Zusammenhang mit einer ganzen Reihe weiterer Vereinbarungen, beispielsweise in einem umfassenden **Ehevertrag** oder in einer **Scheidungsfolgenvereinbarung**. In diesen Fällen wird § 139 BGB zu berücksichtigen sein. Die sonstigen Vereinbarungen müssen bei der Abänderungsentscheidung berücksichtigt werden. Die isolierte Abänderung kann dann daran scheitern, dass die Vereinbarung zum Versorgungsausgleich im engen Zusammenhang mit einer oder sogar einer Vielzahl weiterer Vereinbarungen steht.[25]

VI. Abänderung von Altentscheidungen nach § 51 VersAusglG

56 § 51 VersAusglG regelt zwei verschiedene Fälle, Altentscheidungen in das neue Recht zu transferieren:

- Im Fall einer **tatsächlichen Wertveränderung** des Ausgleichswerts eines Anrechts besteht nach § 51 Abs. 1, 2 VersAusglG die Möglichkeit der Abänderung.
- Bei **Wertverzerrungen** des Ehezeitanteils infolge der Dynamisierung im Rahmen der Erstentscheidung mittels Barwertverordnung und Ausgleich über die gesetzliche Rentenversicherung besteht auch hier die Möglichkeit einer Abänderung und damit der Anwendung neuen Rechts (§ 51 Abs. 1, 3 VersAusglG).

Die beiden Abänderungsoptionen schließen sich nicht gegenseitig aus. Eine Abänderung nach § 51 Abs. 3 VersAusglG im Fall der Dynamisierung innerhalb der Erstentscheidung ist jedoch dann ausgeschlossen,

24 HK-BGB *Götsche* VersAusglG § 6 Rn. 16.
25 Vgl. HK-FamVerfR/*Götsche* § 227 Rn. 7.

wenn in der Erstentscheidung das Anrecht nach § 3 b Abs. 1 Nr. 1 VAHRG aF dem erweiterten Splitting unterworfen wurde und hinsichtlich dieses Anrechts noch Ausgleichsansprüche nach der Scheidung im Rahmen der §§ 20 ff. VersAusglG geltend gemacht werden können.

§ 51 Abs. 5 VersAusglG verweist auf § 225 Abs. 4 und 5 FamFG, so dass auch in Fällen der Wartezeiterfüllung eine Abänderung unterhalb der Wesentlichkeitsgrenze möglich ist. In jedem Fall muss sich die Abänderung jedoch zugunsten eines der Ehegatten oder seiner Hinterbliebenen auswirken.

Da eine Verweisung auf § 225 Abs. 1 FamFG unterblieben ist, können grundsätzlich **alle Anrechte der Erstentscheidung** von der Abänderung betroffen sein. Die Einschränkung auf Anrechte nach § 32 VersAusglG ist nicht gegeben. Das abzuändernde Anrecht muss jedoch Gegenstand der Erstentscheidung gewesen sein. Hierbei reicht eine bilanzielle Berücksichtigung im Rahmen des Gesamtausgleichs aus. Die Abänderung führt zur sogenannten „Totalrevision" nach neuem Recht. Einbezogen werden allerdings nur solche Anrechte, die auch Gegenstand der abzuändernden Entscheidung waren. 57

Nach § 51 Abs. 1 und 2 VersAusglG iVm § 225 Abs. 2 und 3 FamFG ist der Abänderungsantrag zulässig, wenn sich aufgrund rechtlicher oder tatsächlicher Wertveränderung gegenüber der früheren Erstentscheidung ein **wesentlicher Wertunterschied** ergibt. Ist ein solcher Wertunterschied vorhanden, besteht die Möglichkeit der Abänderung und damit der Einbeziehung der Anrechte in das neue Ausgleichssystem der §§ 9 ff. VersAusglG. 58

Neben der Abänderungsmöglichkeit nach § 51 Abs. 1 VersAusglG sieht **Abs. 3** die Abänderung einer Erstentscheidung nach altem Recht vor, wenn dieser nicht volldynamische Anrechte zugrunde lagen, die mithilfe der Barwertverordnung dynamisiert wurden. Dies betrifft **Anrechte aus der berufsständischen, betrieblichen oder privaten Altersvorsorge**, deren vor der Umrechnung ermittelter Wert des Ehezeitanteils sich wesentlich von dem dynamisierten aktualisierten Wert unterscheidet. Die auch hier notwendige Wesentlichkeitsprüfung muss dazu führen, dass der Unterschied zwischen dem mithilfe der Bartwertverordnung dynamisierten Erstbetrag und dem heutigen realen Wert mehr als 2 % der bei Antragstellung maßgeblichen monatlichen Bezugsgröße nach § 18 Abs. 1 SGB IV beträgt. 59

Damit sind für den Fall der Abänderung **zwei Werte** zu vergleichen:

- der vom Gericht ermittelte Wert des Ehezeitanteils der auszugleichenden Versorgung, sowie
- der Wert, der sich ergibt, wenn der zum Zeitpunkt der Erstentscheidung mit der Barwertverordnung dynamisierte Wert des Ehezeitanteils durch den damaligen aktuellen Rentenwert dividiert und mit dem heutigen aktuellen Rentenwert multipliziert wird.

Hinweis: Vergessene, verschwiegene oder übersehene Anrechte in der Erstentscheidung zum Versorgungsausgleich können im Abänderungsverfahren nicht einbezogen werden, da sie **nicht Gegenstand der Erstentscheidung** waren. Dies gilt auch dann, wenn die Abänderungsmöglichkeit wegen anderer Anrechte besteht. Sie können auch nicht im Rahmen des Ausgleichs nach der Scheidung erfasst werden.[26] Dies gilt auch für bloße Rechen- oder Rechtsanwendungsfehler im Ausgangsverfahren. Sie eröffnen nicht die Abänderungsmöglichkeit nach § 51 VersAusglG.[27] Ist die Abänderung allerdings wegen einer wesentlichen Wertänderung eines in den Versorgungsausgleich einbezogenen Anrechts eröffnet, so unterliegen sämtliche einbezogenen Anrechte einer erneuten Überprüfung und sind einer Fehlerkorrektur zugänglich.[28] 60

VII. Abänderung und Tod

Zu beachten ist die derzeitige Rechtslage aufgrund der Entscheidung des BGH,[29] wonach auch im Abänderungsverfahren die Vorschrift über den Tod eines Ehegatten anzuwenden ist, dh auch der Rückfall mit in die Überlegungen einzubeziehen ist. Ist ein Ehegatte bereits vor Antragstellung verstorben, findet im 61

26 BGH 24.7.2013 – XII ZB 415/12, FamRZ 2013, 1642.
27 BGH 22.10.2014 – XII ZB 323/13, FamRZ 2015, 125.
28 OLG Hamm 30.1.2015 – II-6 UF 98/14.
29 5.6.2013 – XII ZB 635/12, FamRZ 2013, 1287.

Rahmen der Abänderung die Vorschrift des § 31 VersAusglG Anwendung; dann findet kein Hin- und Herausgleich statt, sondern wegen des Verbots der Besserstellung eine Saldierung der Anrechte. Ist allerdings der überlebende Ehegatte allein ausgleichspflichtig, so findet der Versorgungsausgleich nach § 31 Abs. 2 VersAusglG insgesamt nicht statt. Damit ist zwar im Ergebnis eine Besserstellung des überlebenden allein ausgleichspflichtigen Ehegatten verbunden, weil er sein während der Ehezeit erworbenes Anrecht ungeteilt zurückerhält. Diese Besserstellung ist aber hinzunehmen.

Für den Einstieg in das Abänderungsverfahren nach § 51 VersAusglG muss sich der überlebende, insgesamt ausgleichspflichtige Ehegatte allerdings grundsätzlich auf eine wesentliche und ihn gleichzeitig begünstigende Wertänderung eines in den Versorgungsausgleich einbezogenen Anrechts berufen; er kann seinen Abänderungsantrag in Bezug auf die wesentliche Wertänderung von Anrechten demgegenüber nicht allein auf solche Umstände stützen, die für ihn an sich unvorteilhaft sind, im Ergebnis der Totalrevision aber wegen der erstrebten Anwendung von § 31 Abs. 1 S. 2 VersAusglG zu einem Wegfall des Versorgungsausgleichs insgesamt führen sollen.[30]

30 BG 5.2.2020 – XII ZB 147/18, FamRZ 2020, 743.

2. ABC der Vermögenswerte

Caspary

1. Abfindung

1 Bei Abfindungen ist immer zu fragen, ob sie dem **Zugewinnausgleich** unterliegen oder als Einkommen anzusehen sind, dh über den **Unterhalt** auszugleichen sind. Da ein und dieselbe Vermögensposition nicht doppelt verwertet werden darf,[1] kann die Frage nicht offen bleiben.

2 Während der Bundesgerichtshof früher der Ansicht war, dass Abfindungen grundsätzlich dem Zugewinnausgleich unterliegen,[2] hat er zwischenzeitlich die Auffassung vertreten, dass auf den **Zweck** der Abfindung abzustellen ist.[3] Nunmehr steht der BGH auf dem Standpunkt, dass Abfindungen grundsätzlich über den Unterhalt auszugleichen sind und nur ausnahmsweise ein güterrechtlicher Ausgleich in Betracht kommt.[4]

3 Maßgeblich ist, ob und inwieweit die Abfindung benötigt wird, um den Einkommensausfall durch den Arbeitsplatzverlust auszugleichen. Sofern die Abfindung nicht oder nicht in voller Höhe den zukünftigen Einkommensausfall kompensiert, stellt der verbleibende Betrag **Vermögen** dar, das über den Zugewinn auszugleichen ist. Gegebenenfalls muss bezogen auf den Tag der Rechtshängigkeit der Scheidung geschätzt werden, in welcher Höhe und für welchen Zeitraum die Abfindung zur Deckung des Unterhaltsbedarfs beider Eheleute benötigt wird, wobei nicht zwingend das frühere Einkommensniveau erreicht werden muss..[5] Stellt sich die Prognose am Ende als falsch heraus, kommt wegen des im Zugewinn geltenden Stichtagsprinzips gleichwohl kein nachträglicher Ausgleich über den Zugewinn in Betracht.[6]

4 Streitig ist, ob die Eheleute wählen können, wie die Abfindung ausgeglichen werden soll.[7] Die Eheleute können hierüber aber eine Vereinbarung treffen, sofern die Form der §§ 1378 Abs. 3 S. 2, 1585 c S. 2 BGB gewahrt wird.

2. Abschreibungsgesellschaften

5 Abschreibungsgesellschaften werden in der Regel in der Form einer Kommanditgesellschaft betrieben und zwar mit dem Ziel, für die Dauer der Beteiligung durch die Ausnützung von Steuervergünstigungen Verluste zu generieren, die **die individuelle Steuerlast verringern**. Der Bundesgerichtshof hat sich nunmehr für den Fall einer Beteiligung an einem geschlossenen Immobilienfonds dem Vorschlag angeschlossen, dass der **Wert** einer Beteiligung an einer Abschreibungsgesellschaft ermittelt wird, indem zunächst der Veräußerungserlös im Falle der Beendigung der Beteiligung festgestellt wird. Hinzuzurechnen sind die bis dahin noch zu erwartenden Steuervorteile. Abzuziehen sind noch offene Zahlungsverpflichtungen und die im Falle einer Veräußerung anfallenden Steuern. Der Sache nach lehnt sich diese Vorgehensweise an das Liquidationswertverfahren an.[8]

3. Aktien/Wertpapiere

6 Aktien und sonstige Wertpapiere sind nach hM mit dem am **Stichtag** gegebenen **mittleren Tageskurs** der nächstgelegenen Börse in die Zugewinnausgleichsbilanz einzustellen[9] abzustellen.[10]

---

1 BGH 18.4.2012 – XII ZR 65/10, FamRZ 2012, 1040.
2 BGH 29.10.1981 – IX ZR 94/80, FamRZ 1982, 148.
3 Kompensation Einkommensausfall: Unterhalt oder Kompensation sozialer Besitzstand: Zugewinn, vgl. BGH 21.4.2004 – XII ZR 185/01, FamRZ 2004, 1352.
4 BGH 18.4.2012 – XII ZR 65/10, FamRZ 2012, 1040.
5 BGH 18.4.2012 – XII ZR 65/10, FamRZ 2012, 1040; OLG Karlsruhe 24.10.2013 – 2 UF 213/12, FamRZ 2014, 942; *Haußleiter/Schulz* Vermögensauseinandersetzung Kap. 1 Rn. 197 ff.
6 OLG München 15.12.2004 – 16 UF 1410/00, FamRZ 2005, 714.
7 Dagegen *Haußleiter/Schulz* Vermögensauseinandersetzung Kap. 1 Rn. 196 mwN; dafür *Kogel* Zugewinnausgleich Rn. 563 ff. mwN.
8 BGH 17.11.2010 – XII ZR 170/09, FamRZ 2011, 183; BGH 23.10.1985 – IVb ZR 62/84, FamRZ 1986, 37; *Schröder* Rn. 162; *Kogel* Zugewinnausgleich Rn. 1233.
9 BGH 4.7.2012 – XII ZR 80/10, FamRZ 2012, 1479; Palandt/*Brudermüller* BGB § 1376 Rn. 76; *Haußleiter/Schulz* Vermögensauseinandersetzung Kap. 1 Rn. 206 ff.
10 *Bergschneider* in: Schröder/Bergschneider FamilienVermögensR-HdB Rn. 4.355; *Hoppenz* FamRZ 2010, 16.

Der Mindermeinung ist zuzugeben, dass ein **Börsencrash** kurz nach dem Stichtag für den verpflichteten Ehegatten äußerst misslich ist, nachdem es gemäß § 1384 BGB nunmehr auch für die Höhe der Zugewinnausgleichsforderung auf die Rechtshängigkeit und nicht mehr auf die Rechtskraft der Scheidung ankommt. Das kann aber kein Grund sein, vom strengen Stichtagsprinzip des Zugewinnausgleichs abzuweichen, zumal sich das Stichtagsprinzip auch zum Nachteil des Berechtigten auswirken kann, nämlich dann, wenn der Kurs der Aktien nach dem Stichtag steigt. Unabhängig davon hat der BGH unterdessen festgestellt, dass die Einrede des § 1381 BGB in Fällen unverschuldeten Vermögensverlusts nicht generell unanwendbar ist. Auf Treu und Glauben (§ 242 BGB kann dagegen in derartigen Fällen nicht abgestellt werden, da § 1381 BGB als speziellere Regelung vorrangig ist.[11] 7

Das **Eigentum an Aktien und Wertpapieren** ist nicht immer leicht festzustellen. In der Regel handelt es sich um Inhaberpapiere, die in einem Wertpapierdepot einer Bank verwahrt werden. Die Verwahrung kann in Form der Sonderverwahrung oder, wie im Regelfall, in Form der Sammelverwahrung nach den §§ 5–8 DepG geschehen. Bei der Sammelverwahrung erwirbt der bisherige Eigentümer, der nicht mit dem Hinterleger identisch sein muss, nach § 6 DepG einen entsprechenden Miteigentumsanteil am Sammelbestand der Bank. 8

Das Depot kann ferner von einem Ehegatten als Einzeldepot oder von beiden Ehegatten gemeinsam als Gemeinschaftsdepot, meist in Form eines Oder-Depots, geführt werden. In der Regel ist beim Einzeldepot der Kontoinhaber auch der Eigentümer. Dagegen ist es beim Gemeinschaftsdepot häufig schwierig, die Eigentumsverhältnisse festzustellen, da die Errichtung eines Oder-Depots nicht zwingend heißt, dass beide Ehegatten Inhaber der verwahrten Papiere werden sollten. Nach dem Bundesgerichtshof soll bei Gemeinschaftsdepots dem anderen Ehegatten oft nur ein **Verfügungsrecht** eingeräumt werden.[12] Es muss daher beim Gemeinschaftsdepot anhand der Umstände des Einzelfalls ermittelt werden, wie die Eigentumsverhältnisse sind. 9

4. Altersversorgung

Sofern Ansprüche auf Altersversorgung dem **Versorgungsausgleich** unterliegen, scheidet gemäß § 2 Abs. 4 VersAusglG ein güterrechtlicher Ausgleich aus. Im Unterschied zum Verhältnis des Zugewinnausgleichs zum Unterhalt ist das **Verbot der Doppelverwertung** somit im Verhältnis des Zugewinnausgleichs zum Versorgungsausgleich gesetzlich geregelt. 10

Welche Ansprüche in den Versorgungsausgleich fallen, ergibt sich aus **§ 2 Abs. 1–3 VersAusglG**. Danach sind im Unterschied zum alten Recht Anrechte, die nicht auf die Zahlung einer Rente, sondern auf eine Kapitalleistung gerichtet sind, gemäß § 2 Abs. 3 Nr. 3 VersAusglG jedenfalls dann im Versorgungsausgleich auszugleichen, wenn es sich um Anrechte im Rahmen einer betrieblichen Altersversorgung oder Anrechte im Sinne des AltZertG handelt.[13] 11

Zu den **betrieblichen Anrechten**, die nach neuem Recht nicht mehr über den Zugewinn, sondern über den Versorgungsausgleich ausgeglichen werden, zählen auch betriebliche Direktversicherungen, die der Arbeitgeber nach § 1 Abs. 2 BetrAVG mit einem Lebensversicherungsunternehmen abgeschlossen hat. 12

Für **sonstige Lebensversicherungen** bleibt es dabei, dass Lebensversicherungen, die auf eine Kapitalzahlung gerichtet sind, grundsätzlich dem Zugewinnausgleich unterfallen, wohingegen Lebensversicherungen auf Rentenbasis dem Versorgungsausgleich unterliegen[14] (→ Rn. 110 ff., Lebensversicherungen). 13

11 BGH 4.7.2012 – XII ZR 80/10, FamRZ 2012, 1479.
12 BGH 25.2.1997 – 11 ZR 321/95, FamRZ 1997, 607.
13 *Ruland*, Versorgungsausgleich, 3. Aufl. 2011, Rn. 38.
14 BGH 5.10.2011 – XII ZB 555/10, NSW VersAusglG § 2 – BGH-intern.

14 Ebenso unterliegen Ansprüche auf Alterskapital gegen den Arbeitgeber in Form einer Einmalzahlung, die nicht dem BetrAVG oder AltZertG unterfallen, dem Zugewinnausgleich, wobei die Forderung abzuzinsen und ein weiterer Abschlag für das Erlebensrisiko zu machen ist[15] (→ Rn. 150 ff., unsichere Rechte).

5. Antiquitäten

15 Soweit Antiquitäten im Miteigentum beider Eheleute stehen und als Haushaltsgegenstände zu qualifizieren sind, werden sie über § 1568 b BGB ausgeglichen. Maßgeblich für die Einordnung als **Haushaltsgegenstand** ist nicht der Wert der Antiquität, sondern ihr **Zweck**. Diente sie der Ausstattung des gemeinsamen Haushalts, liegt ein Haushaltsgegenstand vor, auch wenn die Antiquität sehr wertvoll sein sollte. Wurde die Antiquität dagegen ausschließlich als Kapitalanlage erworben, liegt kein Haushaltsgegenstand vor und die Antiquität ist über den Zugewinn auszugleichen.[16]

16 Gehören die Antiquitäten dagegen einem Ehegatten alleine, sind sie unabhängig davon, ob es sich um Haushaltsgegenstände handelt oder nicht, immer über den Zugewinn auszugleichen.

17 Für die Bestimmung des Werts ist wohl auf den **Veräußerungswert** abzustellen, wobei auch dieser Wert differieren kann, je nach dem, an wen verkauft wird: einen Privatmann, einen Liebhaber oder einen Händler.[17] Notfalls muss ein Sachverständiger mit der Wertermittlung beauftragt werden.

6. Anwartschaftsrecht

18 Anwartschaftsrechte gehören zu den unsicheren Rechten. Sie sind in die Zugewinnausgleichsbilanz einzustellen, sofern sich bereits ein **bestimmter Wert** feststellen lässt, was in jedem Einzelfall zu prüfen ist. Sofern es am Stichtag sicher ist, dass die Anwartschaft zum Vollrecht erstarkt, kann der Wert des Vollrechts in Ansatz gebracht werden[18] (→ Rn. 150 ff., unsichere Rechte). Unschädlich ist, dass der Anspruch von einer Gegenleistung abhängt, sofern ihm gleichwohl ein wirtschaftlicher Wert beigemessen werde kann.[19]

7. Arbeitseinkommen

19 Einkommen wird grundsätzlich über den **Unterhalt** ausgeglichen. Soweit allerdings am Stichtag fällige Ansprüche bestehen oder sich das Einkommen in Form eines Guthabens auf dem Konto befindet, wird es in den Zugewinnausgleich einbezogen, und zwar auch dann, wenn gleichzeitig von diesem Einkommen Unterhalt gezahlt wird. Zwar wird dadurch gegen das **Doppelberücksichtigungsverbot** verstoßen. Das ist aber nach dem Bundesgerichtshof angesichts der Geringfügigkeit der zeitlichen Überschneidung von regelmäßig nur einem Monat und des Umstandes, dass es sich um Massenfälle handelt, die sich anders nicht praxistauglich bewältigen lassen, hinzunehmen. Anders sieht es mit Vorschüssen oder noch nicht fälligen Gehaltsansprüchen aus. Diese sind nicht in die Zugewinnausgleichsbilanz einzustellen.[20]

8. Ausstattung/Aussteuer

20 Siehe hierzu → *Aussteuer/Ausstattung* Rn. 1.

9. Bankguthaben/Bankkonten

21 Bankguthaben sind in voller Höhe in die **Zugewinnausgleichsbilanz** einzustellen, und zwar auch dann, wenn sich das Guthaben im Wesentlichen aus Einkommen oder Renteneinkünften speist, die bereits über den Unterhalt ausgeglichen werden (→ Rn. 19, Arbeitseinkommen). Liegt ein **Negativsaldo** vor, ist der

15 BGH 17.7.2002 – XII ZR 218/00, FamRZ 2003, 153.
16 OLG Bamberg 1.7.1996 – 2 WF 48/96, FamRZ 1997, 378.
17 Vgl. OLG Oldenburg 23.6.1998 – 5 U 19/98, FamRZ 1999, 1099 für Bilder und Plastiken.
18 BGH 9.6.1983 – IX ZR 41/82, FamRZ 1983, 882.
19 BGH 28.2.2007 – XII ZR 156/04, FamRZ 2007, 877.
20 BGH 27.8.2003 – XII ZR 300/01, FamRZ 2003, 1544.

entsprechende Betrag bei den Passiva anzusetzen. Guthaben auf Gemeinschafts- oder Oderkonten sind je zur Hälfte bei beiden Ehegatten anzusetzen.[21]

10. Bargeld

Bargeld ist mit dem Nennbetrag beim Zugewinnausgleich zu berücksichtigen. Insoweit wird es allerdings häufig Beweisprobleme geben. 22

11. Bausparvertrag

Bausparverträge sind mit dem am Stichtag bestehenden Guthaben als **Aktiva** in die Zugewinnausgleichsbilanz einzustellen. Entsprechend sind **Bauspardarlehen** bei den **Passiva** zu berücksichtigen. 23

12. Bilder

Bei Bildern ist wie bei sonstigem Hausrat zunächst zu klären, ob es sich um **Haushaltsgegenstände** oder über den Zugewinn auszugleichendes Vermögen handelt. Es kann insoweit als auch hinsichtlich der Bewertung von Bildern auf die Ausführungen zu Antiquitäten und Kunstgegenständen verwiesen werden (→ Rn. 15 ff., Antiquitäten; → Rn. 100 ff., Kunstgegenstände). 24

13. Bürgschaften

Ob und in welchem Umfang ein Bürgschaftsversprechen bei den Passiva zu berücksichtigen ist, hängt maßgeblich davon ab, wie **wahrscheinlich** die Inanspruchnahme als Bürge ist. Das ist, wie bei anderen unsicheren Rechten auch, zu schätzen. Ist der Hauptschuldner liquide und lebt in gesicherten Einkommens- und Vermögensverhältnissen, soll der Wert mit Null angesetzt werden können. Im umgekehrten Fall kann es dagegen gerechtfertigt sein, den vollen Wert der Bürgschaft in Ansatz zu bringen.[22] 25

14. Darlehen

Darlehen können sowohl als **Aktiva** wie auch als **Passiva** beim Zugewinn eine Rolle spielen, je nachdem, ob der Ehegatte Gläubiger oder Schuldner des Darlehens ist. Zinsen, die bis zum Stichtag aufgelaufen sind, werden der Darlehensforderung hinzu gerechnet.[23] Unerheblich ist, ob das Darlehen bereits fällig ist, maßgeblich ist die Entstehung. Sofern es sich um ein unverzinsliches Darlehen handelt oder die Rückzahlung erst nach dem Stichtag fällig ist, muss die Forderung abgezinst werden.[24] 26

15. Dauerschuldverhältnisse

Ansprüche oder Verbindlichkeiten aus Dauerschuldverhältnissen, wie sie der Zahlung von Einkommen, Renten, Mieten etc zugrunde liegen, stellen keinen über den Zugewinn auszugleichenden Vermögenswert dar, sofern sie am Stichtag noch nicht fällig waren, da ihre Entstehung ungewiss ist.[25] Anzusetzen sind bei Dauerschuldverhältnissen daher immer nur die **am Stichtag bereits fälligen Ansprüche** oder Verbindlichkeiten. Das gilt auch für Unterhaltsansprüche bzw. Unterhaltsverbindlichkeiten. 27

16. Ehegatteninnengesellschaft

a) Überblick. Eine Ehegatteninnengesellschaft kann vorliegen, wenn Eheleute abredegemäß durch beiderseitige Leistungen einen über die Verwirklichung der ehelichen Lebensgemeinschaft hinaus gehenden Zweck verfolgt haben, indem sie durch den Einsatz von Vermögenswerten oder Arbeitsleistungen einen 28

21 Palandt/*Brudermüller* BGB §§ 1376, 1377 Rn. 88.
22 *Schröder* Rn. 167; *Haußleiter/Schulz* Vermögensauseinandersetzung Kap. 1 Rn. 473; → Rn. 150 ff., unsichere Rechte.
23 BGH 27.8.2003 – XII ZR 300/01, FamRZ 2003, 1544.
24 BGH 17.7.2002 – XII ZR 218/00, FamRZ 2003, 153.
25 BGH 27.8.2003 – XII ZR 300/01, FamRZ 2003, 1544.

gemeinsamen Vermögenswert geschaffen haben.[26] In Betracht kommt zB der Aufbau eines gemeinsamen Unternehmens oder die gemeinsame Ausübung eines Gewerbes oder freien Berufs, insbesondere wenn nur ein Ehegatte nach außen in Erscheinung tritt oder wenn kein Arbeitsvertrag oder ein unangemessen niedriges Entgelt vereinbart wird. Der Bau eines Hauses, in dem die Eheleute wohnen, stellt dagegen keinen über die Ehe hinausgehenden Zweck dar, sondern dient im Gegenteil der Verwirklichung der ehelichen Lebensgemeinschaft.

29 Eine Ehegatteninnengesellschaft kann sowohl bei **Gütertrennung** als auch im gesetzlichen Güterstand der **Zugewinngemeinschaft** vorliegen.[27] Die Rechtsprechung hat sich vorwiegend mit Fällen beschäftigt, in denen die Ehegatten in Gütertrennung lebten, wohl weil es beim Güterstand der Zugewinngemeinschaft ohnehin im Regelfall über den Zugewinnausgleich zu einer hälftigen Beteiligung am Wert der Ehegatteninnengesellschaft kommt. Man sollte sich in diesem Fall daher genau überlegen, ob ein weiteres Verfahren wegen etwaiger Ansprüche aus einer Innengesellschaft überhaupt lohnt, zumal die Rechtsprechung bei der Annahme derartiger Ansprüche eher restriktiv verfährt.[28]

30 **b) Einzelheiten.** Im Grunde ist es nur in den nachfolgenden **Sonderfällen** erforderlich, Ansprüche aus einer Ehegatteninnengesellschaft neben dem Zugewinn zu prüfen.[29]

31 **aa) Anfangsvermögen.** Der berechtigte Ehegatte verfügt über Anfangsvermögen, das während der Ehe verbraucht wurde. Hat die Ehefrau zB ein Anfangsvermögen von 200.000 EUR, das am Ende der Ehe nicht mehr da ist, während der Ehemann Inhaber des gemeinsam aufgebauten Unternehmens mit einem Wert von 800.000 EUR ist, bekäme die Ehefrau über den Zugewinnausgleich 400.000 EUR. Macht sie dagegen ihren Anspruch aus der Ehegatteninnengesellschaft geltend, würde sie hieraus ebenfalls 400.000 EUR und zusätzlich aus dem Zugewinnausgleich 100.000 EUR bekommen, da in diesem Fall ihr Zugewinn wegen ihres Anfangsvermögens um 200.000 EUR niedriger ist als der Zugewinn des Ehemanns.[30]

32 **bb) Überschuldung.** Weiterhin können Ansprüche aus einer Ehegatteninnengesellschaft nicht vernachlässigt werden, wenn die Ehegatteninnengesellschaft überschuldet ist. Wenn sonstiges Vermögen nicht vorhanden ist, also keine Verrechnung der Schulden mit positivem Vermögen im Rahmen des Zugewinns möglich ist, kann eine **Beteiligung des anderen Ehegatten an den Verbindlichkeiten** nur über die Rechtsfigur der Ehegatteninnengesellschaft erreicht werden.[31]

33 **cc) Voreheliche Innengesellschaft.** Bestand die Ehegatteninnengesellschaft schon vor der Eheschließung, kann eine Beteiligung an dem in ihr verkörperten Wert ebenfalls nicht über den Zugewinn erreicht werden, weil dieser sowohl im Anfangs- als auch im Endvermögen anzusetzen ist. Auch in diesem Fall müssen etwaige Ansprüche aus einer Ehegatteninnengesellschaft also gesondert geltend gemacht werden.

34 **dd) Wertzuwachs nach Stichtag.** Schließlich ist an die Geltendmachung derartiger Ansprüche immer dann zu denken, wenn der in der Ehegatteninnengesellschaft verkörperte Wert nach dem Stichtag gestiegen ist oder steigen wird, insoweit also kein Ausgleich über den Zugewinn erfolgen kann.

17. Eigentumswohnung

35 Eigentumswohnungen werden wie Grundstücke bewertet. Es ist der volle wirkliche Wert maßgeblich. Vorübergehende Flauten auf dem Wohnungsmarkt bleiben außer Betracht[32] (→ Rn. 75 ff., Grundstücke).

---

26 BGH 28.9.2005 – XII ZR 189/02, FamRZ 2006, 607.
27 BGH 28.9.2005 – XII ZR 189/02, FamRZ 2006, 607.
28 *Kogel* Zugewinnausgleich Rn. 697; *Wever* Vermögensauseinandersetzung Rn. 1107 ff.
29 Vgl. *Kogel* Zugewinnausgleich Rn. 712 ff.
30 BGH 28.9.2005 – XII ZR 189/02, FamRZ 2006, 607.
31 BGH 4.3.1990 – XII ZR 98/88, FamRZ 1990, 973.
32 BGH 17.11.2010 – XII ZR 170/09, FamRZ 2011, 46.

18. Erbschaften

a) Überblick. Erbschaften gehören zu dem nach § 1374 Abs. 2 BGB **privilegierten Vermögen**, dh sie sind dem Anfangsvermögen hinzuzurechnen und bezogen auf den Tag des Erbanfalls zu indexieren.[33] Entscheidend ist der Wert der Erbschaft an diesem Tag und nicht, was der Erbe später tatsächlich bekommen hat.[34] Etwaige Steuern sind in Abzug zu bringen. 36

b) Einzelheiten. aa) Erberwartung. Auch wenn man mitunter in der Praxis der Erwartung begegnet, es bestünde schon zu Lebzeiten des Erblassers ein Anspruch auf ein bestimmtes Erbe, bleibt es dabei, dass rechtlich gesehen noch nicht einmal ein schützenswertes Anwartschaftsrecht vorliegt. Erberwartungen spielen daher beim Zugewinnausgleich keine Rolle.[35] 37

bb) Erbvertrag. Etwaige Ansprüche aus einem Erbvertrag gehören ebenfalls nicht zu den rechtlich geschützten Anwartschaften, da der künftige Erbanfall unsicher und unbestimmt ist.[36] 38

cc) Erbverzicht. Wird im Gegenzug zur Übertragung eines Grundstückes auf Erb- und Pflichtteilsansprüche verzichtet, stellt sich die Frage, ob sich der Verzicht auf die Bewertung des Grundstücks wertmindernd auswirkt. Nach der Rechtsprechung ist das nicht der Fall, da keine geldwerte Gegenleistung vorliegt.[37] 39

dd) Vorerbschaft. Dem Vorerben steht das Recht auf Nutzung der Vorerbschaft zu, wohingegen dem Nacherben die Substanz der Erbschaft erhalten bleiben soll. Die Nutzungsrechte des Vorerben stellen einen **Vermögenswert** dar, der in die Zugewinnausgleichsbilanz einzustellen ist. Der Wert der Nutzungsrechte muss geschätzt und kapitalisiert werden. Hierfür gelten im Prinzip die gleichen Regeln wie für die Bewertung eines Nießbrauchrechts (→ *Leibgeding, Leibrente, Wohnrecht und Nießbrauch* Rn. 6 und 8 f). Der Wert der Nutzungsrechte ist nach § 1374 Abs. 2 BGB beim Anfangsvermögen und, soweit der Nacherbfall bei Beendigung der Ehe noch nicht eingetreten ist, in entsprechend geringerer Höhe auch beim Endvermögen anzusetzen.[38] 40

ee) Nacherbschaft. Im Unterschied zu bloßen Erberwartungen oder Ansprüchen aus einem Erbvertrag stellt die Nacherbenstellung eine **rechtlich geschützte Anwartschaft** dar, deren Wert für die Zwecke des Zugewinnausgleichs zu schätzen ist. Soweit der Nacherbfall bis zur Rechtshängigkeit der Scheidung nicht eintritt, ist nach dem Bundesgerichtshof der durch Zeitablauf bewirkte Wertzuwachs des Nacherbenrechts zu berechnen und dem Anfangsvermögen hinzuzurechnen, allerdings ohne Hochrechnung, dh im Ergebnis ist das Nacherbenrecht im Anfangs- und Endvermögen in gleicher Höhe einzustellen.[39] Im Regelfall kann das Nacherbenrecht also auch einfach weggelassen werden.[40] Tritt bis zur Rechtshängigkeit der Scheidung der Nacherbfall ein, ist der volle Wert der Nacherbschaft dem Anfangsvermögen hinzuzurechnen, und zwar indexiert bezogen auf den Tag des Nacherbfalls.[41] 41

ff) Pflichtteilsansprüche. Pflichtteilsansprüche sind als privilegiertes Vermögen nach § 1374 Abs. 2 BGB **in voller Höhe** in die Zugewinnausgleichsbilanz einzustellen. Das gilt auch dann, wenn sie nicht geltend gemacht werden, zB weil ein Berliner Testament mit Strafklausel vorliegt und das pflichtteilsberechtigte Kind Schlusserbe werden möchte, und selbst dann, wenn sie am für die Ermittlung des Endvermögens maßgeblichen Stichtag zum Beispiel wegen Verjährung nicht mehr durchgesetzt werden könnten.[42] 42

---

33 OLG Brandenburg 20.1.2020 – 9 UF 168/19, FamRB 2020, 212: zur Indexierung gemäß den „Langen Reihen" des Statistischen Bundesamts wegen der Umstellung des Verbraucherpreisindexes im Jahr 2019.
34 OLG Brandenburg 20.1.2020 – 9 UF 168/19, FamRB 2020, 212.
35 OLG Köln 7.5.1982 – 4 UF 290/81, FamRZ 1983, 71.
36 OLG Koblenz 3.10.1984 – 13 WF 596/84, FamRZ 1985, 286.
37 BVerfG 14.5.1991 – 1 BvR 502/91, NJW 1991, 2695; BGH 28.2.1991 – IX ZR 74/90, NJW 1991, 1610.
38 *Haußleiter/Schulz* Vermögensauseinandersetzung Kap. 1 Rn. 674; *Kogel* Zugewinnausgleich Rn. 1244.
39 BGH 9.6.1983 – IX ZR 41/82, FamRZ 1983, 882.
40 Palandt/*Brudermüller* BGB § 1376 Rn. 81; *Haußleiter/Schulz* Vermögensauseinandersetzung Kap. 1 Rn. 598.
41 BGH 9.6.1983 – IX ZR 41/82, FamRZ 1983, 882.
42 *Kogel* Zugewinnausgleich Rn. 1078 f.

19. Forderungen

43 Forderungen sind mit ihrem **Nennwert** in die Zugewinnausgleichsbilanz einzustellen, und zwar auch wenn sie noch nicht fällig sein sollten. Maßgeblich ist die Entstehung. Ist die Forderung unverzinslich oder wird erst später fällig, muss sie abgezinst werden.[43] Wird die Forderung bestritten, kann vom Wert der Forderung ein Abschlag vorzunehmen sein.[44]

20. Freiberuflerpraxis

44 **a) Überblick.** Eine freiberufliche Praxis stellt einen Vermögenswert dar, der in die Zugewinnausgleichsbilanz einzubeziehen ist. Unstreitig war und ist, dass die Sachwerte der Praxis zu bewerten sind, also der **Substanzwert** ermittelt werden muss. Dagegen war umstritten, ob und wie der ideelle Wert der Praxis, auch Geschäftswert oder **Goodwill** genannt, in Ansatz zu bringen ist. Da der ideelle Wert einer freiberuflichen Praxis anhand der Erträge der Praxis zu ermitteln ist, von denen auch der Unterhalt gezahlt werden muss, war das Oberlandesgericht Oldenburg der Auffassung, der ideelle Wert dürfe wegen des Verbots der Doppelberücksichtigung nicht berücksichtigt werden, jedenfalls wenn Unterhalt gezahlt wird.[45]

45 Dieser Auffassung hat der Bundesgerichtshof eine Absage erteilt und wiederholt entschieden, dass auch der ideelle Wert einer freiberuflichen Praxis, also der Goodwill, zu bewerten ist. Ein Verstoß gegen das Verbot der Doppelberücksichtigung liegt aus seiner Sicht nicht vor, da der ideelle Geschäftswert zwar anhand der Erträge der Praxis bemessen wird, aber nicht mit ihnen identisch ist, und zwar weil von ihnen noch der individuell zu ermittelnde Unternehmerlohn in Abzug zu bringen ist. Damit wird der Anteil am Goodwill ausgeschieden, der auf dem persönlichen Arbeitseinsatz des Praxisinhabers beruht, also keine verkaufbare Nutzungsmöglichkeit darstellt. Der Goodwill hat somit keinen Einkommenscharakter, sondern entspricht dem Veräußerungserlös, der im Verkaufsfall für den inneren Wert der Praxis gezahlt wird. Er ist also Teil des Vermögensstamms, nicht aber der Vermögenserträge.[46]

Im Jahr 2016 hat der IDW-Fachausschuss für Unternehmensbewertung und Betriebswirtschaft den IDW-Standard S 13 verabschiedet. Er orientiert sich grundsätzlich an der Rechtsprechung des BGH und versucht, die Besonderheiten bei der Unternehmensbewertung im Familien- und Erbrecht zu berücksichtigen. Ob die Rechtsprechung den Empfehlungen des IDW-Fachausschusses in allen Einzelheiten folgen wird, bleibt abzuwarten.[47]

46 **b) Bewertung.** Nach der Rechtsprechung des Bundesgerichtshofs zur Bewertung einer freiberuflichen Praxis, die mittlerweile als gefestigt gelten darf, ist der Wert einer freiberuflichen Praxis grundsätzlich in mehreren Schritten zu ermitteln. Ermittelt werden muss der **Substanzwert** und der **Goodwill** unter Berücksichtigung des individuellen Unternehmerlohns und der latenten **Steuerlast**.[48]

47 **aa) Sachwert.** Zum Substanzwert zählen alle zur Praxis gehörenden Wirtschaftsgüter einschließlich offener Forderungen. Die Sachwerte sind mit ihrem **Wiederbeschaffungswert**, also nicht mit dem Neuwert, anzusetzen. Der Wiederbeschaffungswert bestimmt sich danach, was aufzuwenden ist, um einen gebrauchten Gegenstand gleicher Art und Güte zu beschaffen. Gibt es keinen Markt für gebrauchte Güter der in Rede stehenden Art, ist auf den Neupreis abzustellen und dieser über die voraussichtliche Nutzungsdauer bezogen auf das konkrete Nutzungsalter abzuschreiben.[49] Letztlich ist der Substanzwert nach dem Wert zu bemessen, der im Fall eines Verkaufs auf den Rechtsnachfolger übergeht.[50]

---

43 BGH 24.10.1990 – XII ZR 101/89, FamRZ 1991, 43.
44 BGH 12.11.2008 – XII ZR 134/04, FamRZ 2009, 193.
45 OLG Oldenburg 8.2.2006 – UF 92/05, FamRZ 2006, 1031.
46 BGH 9.2.2011 – XII ZR 40/09, FamRZ 2011, 622.
47 Hierzu im Einzelnen: *Borth* FamRZ 2017, 1739; *Ballhorn/König* NZFam 2016, 1084; FamRB 2017, 33, FamRZ 2018, 164; NJW 2018, 1911.
48 BGH 9.2.2011 – XII ZR 40/09, FamRZ 2011, 622.
49 *Haußleiter/Schulz* Vermögensauseinandersetzung Kap. 1 Rn. 151.
50 BGH 5.12.2018 – XII ZR 116/17, FamRZ 2019, 429; 9.2.2011 – XII ZR 40/09, FamRZ 2011, 622.

bb) Goodwill. Der Goodwill wird nach dem **Ertragswertverfahren** bemessen, das allerdings zu modifizieren ist, insofern vom Ertrag noch der individuelle Unternehmerlohn in Abzug zu bringen ist. Abzustellen ist grundsätzlich auf den Umsatz, nicht den Gewinn, der letzten drei bis fünf Jahre vor dem Stichtag.[51] Gegebenenfalls sind Abschläge vorzunehmen, falls Anhaltspunkte dafür bestehen, dass diese Umsätze nicht nachhaltig realisierbar sind. Abzuziehen sind sämtliche Kosten, Ausgaben und Abschreibungen. Das Ergebnis stellt den Rohgewinn dar.[52] 48

Von diesem **Rohgewinn** muss dann der individuell ermittelte Unternehmerlohn abgezogen werden. Er ist nicht identisch mit dem unterhaltsrechtlich ermittelten Einkommen, sondern soll dem Anteil am Ertrag entsprechen, der auf den persönlichen, nicht übertragbaren Einsatz des Praxisinhabers entfällt. Für den Erwerber wird es wesentlich darauf ankommen, mit welchem Arbeitseinsatz der Ertrag zu erzielen ist. Dementsprechend hat eine Praxis, die mit einem geringen persönlichen und zeitlichen Aufwand hohe Erträge abwirft, einen höheren Goodwill als eine Praxis, deren Erträge maßgeblich vom persönlichen Einsatz des Inhabers abhängen.[53] 49

Zur Ermittlung des individuellen **Unternehmerlohns** kann man sich an die Tariflöhne der jeweiligen Berufsgruppe anlehnen, wobei allerdings Zu- oder Abschläge entsprechend den Besonderheiten des Einzelfalls vorzunehmen sind. Grundsätzlich muss der Unternehmerlohn umso höher ausfallen, je mehr der Ertrag der Praxis von der Person des Inhabers abhängt, zB weil dieser über einen besonders guten Ruf, Spezialkenntnisse, eine besonders gute Vernetzung oder dergleichen mehr verfügt.[54] Ein besonders hoher individueller Unternehmerlohn reduziert also den Goodwill. Die Darlegungs- und Beweislast für Umstände, die für die Höhe des Unternehmerlohns maßgeblich sein könnten, dem anderen Ehegatten aber nicht aus eigener Anschauung bekannt sind, trägt der Praxisinhaber bzw. Unternehmerehegatte.[55] 50

cc) Latente Steuerlast. In Abzug zu bringen ist ferner nach ständiger Rechtsprechung die latente Steuerlast, also die Steuern, die anfallen würden, wenn die Praxis veräußert werden würde. Die Bewertung der Praxis für die Zwecke des Zugewinnausgleichs setzt nämlich voraus, dass die Praxis auch verwertbar ist. Dann müssen aber auch unvermeidbare Veräußerungskosten wie die Steuern, die im Verkaufsfall zu zahlen wären, in Abzug gebracht werden können.[56] 51

dd) Kapitalisierung. Der nach Abzug der Steuerlast und des individuellen Unternehmerlohns errechnete **Ertragswert** muss dann noch **kapitalisiert** werden. Grundlage dafür ist die Frage, welchen Betrag man einsetzen müsste, um die errechneten Erträge anderweitig dauerhaft zu realisieren. Die Höhe des einzusetzenden Betrags hängt maßgeblich von der Höhe des angesetzten Zinssatzes ab. Auszugehen ist vom Basiszins, der je nach Risiko des Unternehmens, der Nachhaltigkeit der erwarteten Gewinne usw im Einzelfall nach oben oder unten zu korrigieren ist. Man muss sich dabei klarmachen, dass der Ertragswert desto niedriger ist, je höher der Kapitalisierungszinssatz ist. Hierauf ist insbesondere bei der Überprüfung von Sachverständigengutachten zu achten. Gerechnet wird nach der Formel Ertragswert gleich Durchschnittsgewinn geteilt durch den Kapitalisierungszinssatz.[57] 52

ee) Vereinbarungen. Gesellschaftsvertraglich vereinbarte **Abfindungsklauseln**, nach denen im Veräußerungsfall kein oder zB nur ein auf den Substanzwert beschränkter Ausgleich zu zahlen ist, können nur dann Auswirkungen auf den Wert der Praxis haben, wenn sich die Klausel nach objektiven Kriterien im Falle eines Verkaufs wertmindernd auswirken würde. Das ist aber dann nicht der Fall, wenn sich bei Fortführung der Praxis die Vor- und Nachteile der eingeschränkten Veräußerungsmöglichkeit aufheben, etwa weil auch 53

51 BGH 22.11.2017 – XII ZB 230/17, FamRZ 2018, 174.
52 BGH 9.2.2011 – XII ZR 40/09, FamRZ 2011, 622.
53 BGH 9.2.2011 – XII ZR 40/09, FamRZ 2011, 622.
54 BGH 9.2.2011 – XII ZR 40/09, FamRZ 2011, 622.
55 BGH 8.11.2017 – XII ZR 108/16, FamRZ 93.
56 BGH 2.2.2011 – XII ZR 185/08, FamRZ 2011, 1367.
57 *Haußleiter/Schulz* Vermögensauseinandersetzung Kap. 1 Rn. 234; BGH 9.2.2011 – XII ZR 40/09, FamRZ 2011, 622.

die Möglichkeit besteht, weitere Praxisanteile günstig zu erwerben.[58] Dagegen ist der Abfindungsanspruch maßgeblich, wenn die Beteiligung am Stichtag bereits gekündigt worden ist[59] oder gekündigt werden muss, damit der Zugewinnausgleichsanspruch erfüllt werden kann.[60]

54 **c) Einzelfälle. aa) Architekturbüro.** Bei einem Architekturbüro stehen häufig die persönlichen Leistungen des Inhabers derart im Vordergrund, dass kein Goodwill vorhanden ist. Maßgeblich dafür ist der künstlerische Charakter der Architektenleistung. Erbringt das Architekturbüro keine künstlerischen Leistungen, sondern beschränkt sich zB auf die Leitung und Überwachung von Bauvorhaben oder betreut eine Vielzahl gleicher Objekte für einen Bauträger, kann etwas anderes gelten. Häufig beschränkt sich der Wert eines Architekturbüros aber auf den **Substanzwert**.[61]

55 **bb) Apotheke.** Apotheken können nach den Grundsätzen bewertet werden, die für **Freiberuflerpraxen** gelten. In Betracht kommen aber auch andere Verfahren, zB das Umsatzverfahren, bei dem auf den durchschnittlichen Jahresumsatz abgestellt wird und Abschläge je nach Umfeld, Konkurrenzsituation, Lage etc gemacht werden.[62]

56 **cc) Arztpraxis.** Arztpraxen werden grundsätzlich nach den eingangs genannten Grundsätzen bewertet. Für die Bemessung des Goodwills ist neben der Höhe des individuell zu bestimmenden Unternehmerlohns auch die örtliche Lage der Praxis, die Anzahl der Privatpatienten, die Arztdichte, das Alter der Praxis oder das Belegarztrecht zu berücksichtigen. Besteht eine Praxis noch nicht lange, mindert das ihren Wert. Das Gleiche gilt für viele Privatpatienten, da sich diese meist mehr als Kassenpatienten an einen bestimmten Arzt binden. Dagegen soll eine hohe Arztdichte den Goodwill erhöhen.[63]

57 **dd) Handwerksbetrieb.** Bei Handwerksbetrieben ist die Situation ähnlich wie bei Architekturbüros. Soweit der Erfolg des Betriebs an der **Person des Inhabers** hängt, liegt kein Goodwill vor und es ist ausschließlich auf den Substanzwert abzustellen.[64] Das wird in der Regel bei kleinen Betrieben der Fall sein. Handelt es sich dagegen um einen größeren, vielleicht auch überörtlich tätigen Betrieb, kommt ein Goodwill in Betracht.[65] Außerdem soll in derartigen Fällen auch von einem Mittelwert zwischen Substanz- und Ertragswert ausgegangen werden können.[66]

58 **ee) Rechtsanwaltskanzlei.** Unklar ist, wie eine Anwaltskanzlei zu bewerten ist. Während zum Teil vertreten wird, auch auf Anwaltskanzleien sei das für freiberufliche Praxen entwickelte modifizierte Ertragswertverfahren anzuwenden,[67] hat das OLG Hamm nach wie vor auf die von der BRAK empfohlene modifizierte Umsatzmethode abgestellt.[68] Nach den **Richtlinien der Standesorganisation**, also der Bundesrechtsanwaltskammer,[69] setzt sich der Wert einer Anwaltskanzlei aus dem Substanzwert und dem Geschäftswert, also dem Goodwill, zusammen. Für die Bewertung des Geschäftswerts ist auf den Umsatz der vergangenen drei Jahre abzustellen, wobei das letzte Jahr doppelt zu bewerten ist. Der sich danach ergebende Betrag ist durch vier zu teilen. Je nach den Umständen des Einzelfalls, wie Lage und Größe der Kanzlei, Art und Anzahl der Mandanten, Kostenquote, Ruf und Alter des Inhabers und dergleichen mehr,

---

58 BGH 25.11.1998 – XII ZR 84/97, FamRZ 1999, 361; aA OLG Düsseldorf 1.12.2015 – II-1 UF 2/15, 1 UF 2/15, FamRZ 2016, 977 für Partner einer Wirtschaftsprüfungsgesellschaft und Großkanzlei.

59 BGH 10.10.1979 – IV ZR 79/78, FamRZ 1980, 37.

60 Palandt/*Brudermüller* BGB § 1376 Rn. 47.

61 OLG München 13.3.1984 – 4 UF 195/83, FamRZ 1984, 1096.

62 *Schröder* Rn. 104; *Haußleiter/Schulz* Vermögensauseinandersetzung Kap. 1 Rn. 435.

63 BGH 9.2.2011 – XII ZR 40/09, FamRZ 2011, 622; 24.10.1990 – XII ZR 101/89, FamRZ 1991, 43; *Kogel* Zugewinnausgleich Rn. 754 ff.

64 BGH 23.11.1977 – IV ZR 131/76, FamRZ 1978, 332.

65 BGH 23.11.1977 – IV ZR 131/76, FamRZ 1978, 332.

66 *Haußleiter/Schulz* Vermögensauseinandersetzung Kap. 1 Rn. 532.

67 *Schulz/Hauß* Vermögensauseinandersetzung Rn. 623 ff.

68 OLG Hamm 14.4.2016 – II-14 UF 237/15, 14 UF 237/15, FamRZ 2016, 1931; befürwortend *Koch* FamRZ 2017, 1023.

69 BRAK-Mitteilungen 2018, 6 ff.

ist der Betrag mit einem Faktor zwischen 0,3 und 1,3 zu multiplizieren. Der Unternehmerlohn ist dabei bereits berücksichtigt, dh im Unterschied zum modifizierten Ertragswertverfahren nicht gesondert in Abzug zu bringen. Die latenten Ertragsteuern sind abzusetzen.[70]

ff) Steuerberaterpraxis. Für die Bewertung von Steuerberaterpraxen hat der BGH entschieden, dass auf die modifizierte Ertragswertmethode abzustellen ist. Danach ist der Substanzwert und der Goodwill zu ermitteln; der individuelle Unternehmerlohn und die latente Steuerlast sind in Abzug zu bringen.[71] 59

gg) Notariat. Ein Notariat stellt keine freiberufliche Praxis dar. Ein Notar ist Träger eines öffentlichen Amtes, das nicht verkauft werden kann. Notariate stellen daher **keine Vermögenswerte** dar, die im Rahmen des Zugewinnausgleichs bewertet werden könnten.[72] 60

21. Gegenseitige Ansprüche

Stehen Eheleuten gegeneinander Ansprüche zu, gleich aus welchem Rechtsgrund, sind diese beim Zugewinnausgleich zu **berücksichtigen**, indem der Anspruch bei den Aktiva und die Verpflichtung bei den Passiva eingestellt werden. Der Zugewinnausgleich verdrängt derartige Ansprüche nicht, sondern es gilt das Prinzip der Zweigleisigkeit, dh zwischen Eheleuten bestehende gegenseitige Ansprüche und der Zugewinnausgleich können nebeneinander geltend gemacht werden.[73] 61

Eine ganz andere Frage ist, ob dies sinnvoll ist. Grundsätzlich heben sich Anspruch und Verpflichtung nämlich gegenseitig auf, so dass es überflüssig ist, wegen der weiteren Ansprüche ein gesondertes Verfahren zu führen.[74] Allerdings sollte ggf. klargestellt werden, dass mit dem Zugewinn auch die gegenseitigen Ansprüche **erledigt** sind, um die Gefahr einer doppelten Inanspruchnahme zu vermeiden. 62

Beispiel: Die Ehefrau hat gegen ihren Mann einen Anspruch auf Darlehensrückzahlung in Höhe von 20.000 EUR. Beide haben kein Anfangsvermögen. Das Endvermögen der Ehefrau beläuft sich auf 50.000 EUR und das Endvermögen des Ehemanns auf 100.000 EUR. 63

Rechnet man ohne Darlehen, ist der Zugewinn des Ehemanns um 50.000 EUR höher als der Zugewinn der Ehefrau. Der Ehemann muss also einen Zugewinnausgleich in Höhe von 25.000 EUR an die Ehefrau zahlen. Stellt man dagegen das Darlehen in die Berechnung ein, erhöht sich das Endvermögen der Ehefrau auf 70.000 EUR und das Endvermögen des Ehemanns verringert sich auf 80.000 EUR. Der Ehemann muss in diesem Fall also nur 5.000 EUR Zugewinnausgleich, aber zusätzlich das Darlehen in Höhe von 20.000 EUR an die Ehefrau zahlen. Im Ergebnis erhält die Ehefrau also auch 25.000 EUR. 64

Es gibt allerdings Konstellationen, bei denen es sich auswirken würde, die sonstigen Ansprüche nicht geltend zu machen. Das ist vor allem dann der Fall, wenn der Gläubiger des gegenseitigen Anspruchs seinerseits keinen Zugewinn erzielt hat, selbst wenn man den gegenseitigen Anspruch berücksichtigt. Das soll an einer **Abwandlung** des vorstehenden Beispielsfalls verdeutlich werden. 65

Geht man in dem vorstehenden Beispiel davon aus, dass die Ehefrau am Ende der Ehe mit 20.000 EUR verschuldet ist, wäre ihr Zugewinn mit Null anzusetzen, und zwar unabhängig davon, ob man den Darlehensanspruch in Höhe von 20.000 EUR berücksichtigt oder nicht. Der Ehemann müsste, berücksichtigt man das Darlehen nicht, also einen Zugewinnausgleich in Höhe von 50.000 EUR an die Ehefrau zahlen. Dagegen wären nur 40.000 EUR als Zugewinnausgleich geschuldet, wenn man das Darlehen beim Ehemann als Verpflichtung in sein Endvermögen einstellt. Hinzu käme das Darlehen, so dass der Ehemann insgesamt 60.000 EUR zahlen müsste. Berücksichtigt man die Darlehensforderung beim Zugewinnausgleich 66

70 OLG Hamm 14.4.2016 – II-14 UF 237/15, 14 UF 237/15, FamRZ 2016, 1931.

71 BGH 2.2.2011 – XII ZR 185/08, FamRZ 2011, 1367; 25.11.1998 – XII ZR 84/97, FamRZ 1999, 361; *Schulz/Hauß* Vermögensauseinandersetzung Kap. 1 Rn. 649.

72 BGH 25.11.1998 – XII ZR 84/97, FamRZ 1999, 361.

73 BGH 12.11.2008 – XII ZR 134/04, FamRZ 2009, 193; OLG Koblenz 31.5.2017 – 13 WF 435/17, FamRZ 2018, 23.

74 *Schulz/Hauß* Vermögensauseinandersetzung Kap. 1 Rn. 501 ff.

nicht und macht die Ehefrau dann den Darlehensanspruch geltend, würde sie sogar 70.000 EUR bekommen (Zugewinn 50.000 EUR zzgl. Darlehen 20.000 EUR).

67 Der BGH hat allerdings zu dieser Konstellation festgestellt, dass dem Schuldner einer nachträglich geltend gemachten Einzelforderung, die in einem Vergleich über den Zugewinn nicht berücksichtigt worden ist, unter dem Gesichtspunkt der unzulässigen Rechtsausübung (§ 242 BGB) der **Einwand der doppelten Inanspruchnahme** zusteht. Die **Darlegungs- und Beweislast** liegt beim Schuldner, der somit in dem Verfahren über die nachträglich geltend gemachte Einzelforderung darlegen muss, dass der von ihm geschuldete Zugewinn niedriger bzw. der ihm zustehende Zugewinn höher gewesen wäre, wenn die Einzelforderung berücksichtigt worden wäre.[75] Da hierin ein erhebliches Prozessrisiko liegt, sollte in Vergleiche über den Zugewinn immer aufgenommen werden, ob und inwieweit damit auch etwaige sonstige gegenseitige Ansprüche abgegolten sind oder nicht.

68 Im Übrigen kann auf die gesonderte Geltendmachung einzelner Ansprüche trotz Zugewinnausgleich auch dann nicht verzichtet werden, wenn der Anspruch, zB wegen fraglicher Durchsetzbarkeit, nur mit einem Bruchteil seines vollen Werts in die Zugewinnausgleichsbilanz eingestellt wurde oder erst nach dem Stichtag entstanden ist oder wenn man einen Vollstreckungstitel benötigt.[76]

Vorsicht ist geboten bei der Auskunftserteilung. Wird eine gegenüber dem anderen Ehegatten bestehende Forderung nicht in der Auskunft über das Endvermögen aufgeführt, soll bereits nach einem Jahr Verwirkung eintreten, ohne dass es auf das Verschulden ankäme.[77]

22. Gesamtschuldnerische Haftung

69 Wie bei sonstigen gegenseitigen Forderungen werden auch gegenseitige Ansprüche von Eheleuten aus Gesamtschuldnerausgleich nach § 426 BGB durch den Zugewinnausgleich nicht verdrängt, sondern sind als Aktiva beim berechtigten und als Passiva beim verpflichteten Ehegatten in die Zugewinnausgleichsbilanz **einzustellen**.[78]

70 Dabei ist zu unterscheiden, ob die Schuld **am Stichtag bereits getilgt** war oder nicht. Soweit noch keine Tilgung vorliegt, ist die Gesamtschuld bei beiden Eheleuten in voller Höhe als Verbindlichkeit einzustellen. Der jedenfalls ab Trennung idR gegebene Ausgleichsanspruch im Innenverhältnis ist mit der jeweiligen Quote, also im Zweifel ½, auf der Aktivseite aufzuführen. Soweit dagegen die Gesamtschuld bereits getilgt ist, ist lediglich der Ausgleichsanspruch des zahlenden Ehegatten bei ihm als Aktivposition und die entsprechende Verbindlichkeit beim anderen Ehegatten als Passivposition einzustellen.[79] Eine Vereinbarung, nach der der Ehegatte, der die Wohnung alleine nutzt, auch die Darlehensraten zahlt, führt nur dann zum Wegfall des Anspruchs auf Gesamtschuldnerausgleich im Endvermögen, wenn die Vereinbarung eine endgültige Freistellung von der Darlehensschuld enthält.[80]

71 Gegen die Lösung des Bundesgerichtshofs wurde eingewandt, dass nicht nur der interne Ausgleichsanspruch, sondern auch die interne Ausgleichsverpflichtung in die Zugewinnbilanz eingestellt werden müsse. Dann würde allerdings die Gesamtschuld letztlich zwei Mal in die Berechnung eingestellt.[81] Das kann nicht richtig sein. Aus Gründen der Vereinfachung kann im Übrigen im Regelfall auch von vorneherein die noch offene Schuld nur mit der **Quote**, mit der sie im Innenverhältnis von beiden Eheleuten zu tragen ist, in die Berechnung eingestellt werden. Dies wurde vom BGH gebilligt.[82]

---

75 BGH 12.11.2008 – XII ZR 134/04, FamRZ 2009, 193.
76 *Kogel* Zugewinnausgleich Rn. 779 ff.
77 OLG Brandenburg 24.3.2020 – 9 UF 217/19, FamRB 2020, 301 m. krit. Anm. *Kogel*.
78 BGH 20.5.2015 – XII ZB 314/14, FamRZ 2015, 1272; 6.10.2010 – XII ZR 10/09, FamRZ 2011, 25.
79 BGH 20.5.2015 – XII ZB 314/14, FamRZ 2015, 1272; 6.10.2010 – XII ZR 10/09, FamRZ 2011, 25.
80 BGH 20.5.2015 – XII ZB 314/14, FamRZ 2015, 1272.
81 *Braeuer* FamRZ 2011, 453.
82 BGH 6.10.2010 – XII ZR 10/09, FamRZ 2011, 25.

Im Zweifel haften nach § 426 BGB Eheleute im Innenverhältnis **jeweils hälftig** für die Gesamtschuld, soweit nichts anderes bestimmt ist. Eine andere Bestimmung kann sich insbesondere aus abweichenden Miteigentumsquoten ergeben[83] oder aus dem Zweck, dem die Gesamtschuld dient. Wurde die Verbindlichkeit zB allein für den Betrieb oder das Unternehmen eines Ehegatten aufgenommen, haftet dieser ab Trennung auch alleine für die Verbindlichkeit.[84] Das Gleiche gilt, wenn das Haus, für dessen Erwerb das Darlehen aufgenommen wurde, einem Ehegatten alleine gehört. War das Haus bereits am Anfang der Ehe vorhanden, ist die Gesamtschuld auch im Anfangsvermögen allein und in voller Höhe beim Eigentümer-Ehegatten zu berücksichtigen.[85] Nutzt ein Ehegatte den durch ein gemeinsames Darlehen finanzierten Pkw nach der Trennung alleine, muss er im Innenverhältnis alleine für die Darlehensraten aufkommen.[86] Eine anderweitige Bestimmung kann sich aber auch daraus ergeben, dass ein Ehegatte die Gesamtschuld im Rahmen der Berechnung des Zugewinnausgleichs in voller Höhe in seine Passiva aufnimmt, weil er sie alleine bedient.[87] Ferner ist die Gesamtschuld in voller Höhe alleine bei einem Ehegatten einzustellen, wenn der andere Ehegatte nicht leistungsfähig ist. Ausreichend soll insoweit aber sein, wenn der Ehegatte erst durch den Zugewinnausgleich leistungsfähig wird.[88] Auch die Fortzahlung der gesamtschuldnerisch aufgenommenen Verbindlichkeit nach der Trennung kann im Einzelfall als konkludente Vereinbarung, keine Ausgleichsansprüche geltend machen zu wollen, bewertet werden.[89] 72

Bevor wegen Ansprüchen auf Gesamtschuldnerausgleich ein **gesondertes Verfahren** geführt wird, sollte, wie auch sonst bei gegenseitigen Ansprüchen, immer geprüft werden, ob sich dies überhaupt lohnt. In der Regel muss der Gläubiger des Anspruchs nach § 426 BGB nämlich das, was er aus § 426 BGB erhält, über den Zugewinnausgleich wieder zurückgeben. Stellt man deswegen die Ansprüche auf Gesamtschuldnerausgleich nicht in die Zugewinnbilanz ein, muss aber klargestellt werden, dass mit dem Zugewinnausgleich auch die Ansprüche aus dem Gesamtschuldnerausgleich abgegolten sind, um eine doppelte Inanspruchnahme zu vermeiden. Außerdem müssen die Ansprüche aus dem Gesamtschuldnerausgleich auch immer dann geltend gemacht werden, wenn der Zugewinn des nach § 426 BGB verpflichteten Ehegatten geringer ist als seine Gesamtschuldverpflichtung.[90] 73

Unabhängig davon ist zu beachten, dass die Gesamtschuld häufig **schon beim Unterhalt berücksichtigt** worden ist, insofern das Einkommen um die auf die Gesamtschuld zu leistenden Zins- und Tilgungsraten bereinigt worden ist. Da nicht nur Aktivvermögen, sondern auch Verbindlichkeiten nicht doppelt berücksichtigt werden dürfen,[91] kann die Gesamtschuld in derartigen Fällen beim Zugewinnausgleich nicht noch einmal in Ansatz gebracht werden.[92] 74

23. Grundstücke

a) Überblick. Grundstücke sind mit ihrem vollen wirklichen Wert in die Zugewinnausgleichsbilanz einzustellen, wobei es Sache des – sachverständig beratenen – Tatrichters ist, die geeignete Bewertungsmethode auszuwählen. Der **wahre Wert** muss nicht mit dem Veräußerungswert identisch sein. Auf den tatsächlich erzielbaren Verkaufserlös kommt es nur an, wenn das Grundstück tatsächlich verkauft werden soll oder 75

83 *Kogel* Zugewinnausgleich Rn. 820.
84 OLG Karlsruhe 4.11.2004 – 2 UF 46/04, FamRZ 2005, 909.
85 BGH 6.11.2019 – XII ZB 311/18, FamRB 2020, 46.
86 OLG Brandenburg 7.11.2019 – 9 UF 93/19, FamRB 2020, 302.
87 OLG Hamm 19.12.2001 – 6 UF 60/01, FamRZ 2002, 1032.
88 BGH 6.10.2010 – XII ZR 10/09, FamRZ 2011, 25.
89 OLG Brandenburg 6.7.2020 – 15 UF 128/19, FamRB 2020, 470.
90 *Schulz/Hauß* Vermögensauseinandersetzung Kap. 6 Rn. 1514 ff. mit Beispielen; → Rn. 63 ff., gegenseitige Ansprüche.
91 OLG Saarbrücken 25.1.2006 – 9 UF 47/05, FamRZ 2006, 1038; OLG München 22.6.2004 – 16 UF 887/04, FamRZ 2005, 459; aA OLG Karlsruhe 4.11.2004 – 2 UF 46/04, FamRZ 2005, 909.
92 *Schulz/Hauß* Vermögensauseinandersetzung Kap. 6 Rn. 1524 ff.

in Folge des Zugewinnausgleichs verkauft werden muss. Vorübergehende Preisrückgänge, die am Stichtag sicher erkennbar sind, dürfen nicht berücksichtigt werden.[93]

76 Latente Ertragsteuern, also vor allem die **Spekulationssteuern** nach § 23 Abs. 1 S. 1 Nr. 1 EStG, sind in Abzug zu bringen.[94] Ungeklärt ist, ob auch die im Verkaufsfall zu zahlende **Vorfälligkeitsentschädigung** in Abzug gebracht werden kann.[95]

77 Ein Grundstück ist in der Regel auch dann mit dem vollen Wert in die Zugewinnberechnung einzustellen, wenn am Stichtag die Eintragung des erwerbenden Ehegatten ins Grundbuch noch nicht erfolgt war. Maßgeblicher Zeitpunkt ist der Tag der notariellen Beurkundung des Grundgeschäfts, da dadurch in der Regel ein Anwartschaftsrecht entstanden ist, das wertmäßig dem Vollrecht entspricht.[96]

78 **b) Bewertung.** Der volle wirkliche Wert wird meist Verkehrswert genannt. Können sich Eheleute, wie häufig, über den Wert eines Grundstückes nicht einigen, ist zunächst daran zu denken, sich mithilfe eines Maklers oder der einschlägigen Immobilienportale einen Überblick über die Preise zu verschaffen. Führt auch das nicht weiter, muss ein **Sachverständiger** beauftragt werden, dessen Ergebnis für ein nachfolgendes Verfahren über den Zugewinnausgleich aber nur dann bindend ist, wenn die Eheleute dies vereinbart haben. Eine derartige **Schiedsvereinbarung** (§§ 317–319 BGB) muss wegen § 1378 Abs. 3 S. 2 BGB zwingend notariell beurkundet werden, es sei denn, die Ehe ist schon rechtskräftig geschieden. Liegt eine wirksame Schiedsvereinbarung vor, ist das Ergebnis des Sachverständigen bindend, es sei denn es ist offenkundig unrichtig.[97]

79 Empfohlen wird, die Auswahl des Sachverständigen nicht Dritten zu überlassen und zudem bei der Besichtigung des Grundstücks durch den Sachverständigen anwesend zu sein, um Einfluss nehmen zu können, indem auf besondere wertmindernde oder werterhöhende Merkmale hingewiesen wird.[98] Das gilt insbesondere dann, wenn der andere Ehegatte oder dessen Rechtsvertreter ebenfalls anwesend sind.

80 Der Sachverständige muss seiner Bewertung die Verordnung über die Grundsätze für die Ermittlung des Verkehrswerts von Grundstücken, also die sogenannte **Wertermittlungsverordnung**, zugrunde legen. Nach § 8 ImmoWertV können zur Ermittlung des Verkehrswertes das Vergleichswertverfahren (§ 15 ImmoWertV) einschließlich der Bodenwertermittlung, (§ 16 ImmoWertV) das Sachwertverfahren (§§ 21–23 ImmoWertV) oder das Ertragswertverfahren (§§ 17–20 ImmoWertV) oder mehrere dieser Verfahren herangezogen werden. In einem gerichtlichen Verfahren muss der Richter dem Sachverständigen die Methode vorgeben.[99] In der Regel wird der Wert eines bebauten Grundstücks nach dem **Sachwert- oder Ertragswertverfahren** bestimmt, wobei das Sachwertverfahren meist bei selbst genutzten Objekten zur Anwendung kommt, wohingegen bei Renditeobjekten auf das Ertragswertverfahren abgestellt wird.[100]

81 **aa) Vergleichswert.** Der Vergleichswert wird nach § 15 ImmoWertV ermittelt, indem die Verkaufspreise vergleichbarer Grundstücke in vergleichbarer Lage herangezogen werden. Bei bebauten Grundstücken ist das regelmäßig schwierig, weil die Bebauung sehr stark differieren kann.

82 **bb) Sachwert.** Der Sachwert setzt sich nach § 21 ImmoWertV aus dem Bodenwert, also dem Grundstückspreis, und dem Bauwert, also den Herstellungskosten des Gebäudes und der Außenanlagen zusammen, wobei im Einzelfall zusätzlich besondere werterhöhende oder wertmindernde Merkmale zu berücksichtigen sind.

---

93 BGH 17.11.2010 – XII ZR 170/09, FamRZ 2011, 183; 1.4.1992 – XII ZR 146/91, FamRZ 1992, 918.
94 BGH 2.2.2011 – XII ZR 185/08, FamRZ 2011, 1367; Palandt/*Brudermüller* BGB § 1376 Rn. 59.
95 OLG Brandenburg 9.10.2019 – 13 UF 169/19, FamRB 2020, 134.
96 BGH 17.6.1992 – XII ZR 145/91, FamRZ 1992, 1160.
97 BGH 9.6.1983 – IX ZR 41/82, FamRZ 1983, 882.
98 *Kogel* Zugewinnausgleich Rn. 867 ff.
99 BGH 17.11.2010 – XII ZR 170/09, FamRZ 2011, 183.
100 BGH 1.4.1992 – XII ZR 146/91, FamRZ 1992, 918.

Die **Bodenwerte** werden nach § 16 ImmoWertV im Wege des Vergleichswertverfahrens ermittelt, indem die Kaufpreise vergleichbarer unbebauter Grundstücke in vergleichbarer Lage oder auch die Bodenrichtwerte festgestellt werden. Die hierfür erforderlichen Daten bzw. die Bodenrichtwerte bekommt man von den zuständigen Gutachterausschüssen, die allerdings die Werte erfahrungsgemäß eher niedrig ansetzen sollen.[101] 83

Der **Wert des Gebäudes** wird nach §§ 21 ff. ImmoWertV pauschal mit den durchschnittlichen Baukosten pro Kubikmeter umbauten Raums berechnet. Die tatsächlichen Herstellungskosten spielen keine Rolle. Der Wert der Außenanlagen wird mit ca. 5 % der Herstellungskosten geschätzt. Hinzu kommen die Baunebenkosten, also die Gebühren und Honorare für Architekten, Makler, Gerichte usw Vom Herstellungswert ist dann noch ein Abschlag im Hinblick auf das Alter des Gebäudes im Verhältnis zur restlichen Nutzungsdauer vorzunehmen.[102] 84

cc) Ertragswert. Der Ertragswert wird nach § 17 ImmoWertV aus dem **Bodenwert** und dem nachhaltig erzielbaren Reinertrag im Sinne von § 18 ImmoWertV ermittelt. Mit dem Reinertrag wird letztlich der Wert der baulichen Anlagen kapitalisiert. Maßgeblich ist, welche Verzinsung das investierte Kapital erbringt. 85

Der **Reinertrag** ermittelt sich nach § 18 ImmoWertV, indem vom jährlichen Rohertrag die Bewirtschaftungskosten und die Verzinsung für den Bodenwert in Abzug gebracht werden. Der Reinertrag muss dann mit dem sich aus der Anlage zur ImmoWertV ergebenden Barwertfaktor kapitalisiert werden, wobei sich der Umrechnungsfaktor aus dem Liegenschaftszins und der Restnutzungsdauer der baulichen Anlage ergibt (§ 20 ImmoWertV). Je höher der Liegenschaftszins angesetzt wird, desto niedriger ist der Ertragswert. Maßgeblich für die Höhe des anzusetzenden Zinssatzes ist vor allem das Vermietungsrisiko.[103] 86

c) Belastungen. Eingetragene Belastungen wie Grundschulden und Hypotheken sind in die Passiva einzustellen, allerdings nur in der Höhe, wie sie noch valutieren. Eine nicht mehr valutierte Grundschuld ist nicht zu berücksichtigen. Letztlich werden also die gesicherten Verbindlichkeiten in Ansatz gebracht. 87

d) Rückfallklauseln. Ist ein Grundstück mit einer Rückfallklausel belastet, stellt sich die Frage, wie sich diese Klausel auf die Bewertung des Grundstücks auswirkt. Zu unterscheiden sind zwei Fallgruppen: Zum einen wird mitunter vereinbart, dass das Grundstück zurück zu übertragen ist, wenn es zu Lebzeiten der Überlasser, also in der Regel der Eltern, verkauft oder belastet wird. Zum anderen findet sich häufig eine Klausel, nach der das Grundstück im Fall der Scheidung zurück zu übertragen ist. 88

Im ersten Fall liegt eine **auflösend bedingte Grundstücksübertragung** und somit ein unsicheres Recht vor. Es muss also ein Abschlag vom Grundstückswert vorgenommen werden, wobei zu berücksichtigen ist, dass das Grundstück voll genutzt werden kann. Es darf nur nicht veräußert oder belastet werden. Ist damit zu rechnen, dass der Zugewinnausgleich nur geleistet werden kann, wenn das Grundstück verkauft oder belastet würde, muss der Abschlag daher entsprechend höher ausfallen. Die Situation ist vergleichbar mit der Beteiligung an einem Unternehmen. Ist dieses nach dem Gesellschaftsvertrag nicht oder nur unter Wert veräußerbar, soll nach dem Bundesgerichtshof gegebenenfalls sogar der volle Wert anzusetzen sein, wenn eine Veräußerung der Beteiligung nicht beabsichtigt ist.[104] 89

Im zweiten Fall steht dem Wert des Grundstücks im Endvermögen ein entsprechender **Anspruch auf Rückübertragung** gegenüber. Sofern keine Wertsteigerung durch Investitionen oder Um- und Ausbaumaßnahmen vorliegt, die dem Zugewinnausgleich unterliegen würde, heben sich beide Positionen auf. Fraglich ist, wie das Grundstück im Anfangsvermögen zu bewerten ist. Ist der Rückübertragungsanspruch in voller Höhe zu berücksichtigen, weil die Rückfallklausel nur im Fall der Scheidung zum Tragen 90

---

101 *Kogel* Zugewinnausgleich Rn. 869.
102 *Schulz/Hauß* Vermögensauseinandersetzung Kap. 1 Rn. 240 ff.
103 Zu den Einzelheiten vgl. *Schulz/Hauß* Vermögensauseinandersetzung Kap. 1 Rn. 244 ff.
104 BGH 25.11.1998 – XII ZR 84/97, FamRZ 1999, 361; *Kogel* Zugewinnausgleich Rn. 884; *Schulz/Hauß* Vermögensauseinandersetzung Kap. 1 Rn. 254 ff.

kommt?.[105] Oder ist wegen der Ungewissheit, ob die Rückfallklausel überhaupt zur Anwendung kommt, ein Abschlag vorzunehmen?.[106] Im Hinblick auf die neue Rechtsprechung des Bundesgerichtshofs[107] zur Rückabwicklung von Schwiegerelternzuwendungen, nach der die Zuwendung von vorneherein in voller Höhe mit dem Rückforderungsanspruch der Schwiegereltern für den Fall des Scheiterns der Ehe belastet ist, ist der ersten Meinung zuzustimmen.

91 **e) Wertzuwachs durch Wiedervereinigung.** Verfügt ein Ehegatte über Grundstücke in der ehemaligen DDR oder hat solche Grundstücke geerbt, ist davon auszugehen, dass diese Grundstücke, bezogen auf den Tag der Hochzeit oder den Tag des Erwerbs, in der Regel keinen Wert haben, da vor der Wiedervereinigung niemand ein solches Grundstück gekauft hätte. Mit der Wiedervereinigung wurden derartige Grundstücke allerdings werthaltig. Es stellt sich daher die Frage, ob der allein durch die Wiedervereinigung entstandene Wertzuwachs im Zugewinn auszugleichen ist oder nicht. Die Frage wurde vom Bundesgerichtshof dahin gehend entschieden, dass der Wertzuwachs in vollem Umfang **dem Zugewinnausgleich unterliegt.**[108]

92 Zu überlegen ist, ob im Einzelfall der am **Stichtag** maßgebliche Wert, ähnlich wie bei einer vorübergehenden Flaute, im Hinblick darauf zu korrigieren ist, dass nach einer kurzen Euphorie die Werte für Ost-Grundstücke zum Teil drastisch gesunken sind. Ungeklärt ist ferner, mit welchem Index in solchen Fällen zu rechnen ist.[109]

24. Handelsvertreter

93 Eine Handelsvertretung ist grundsätzlich nach dem **Substanzwert** zu bewerten, der sich aus den Arbeitsmitteln wie Einrichtungsgegenständen, Pkw, Warenvorräten etc zusammensetzt. Einen Goodwill gibt es nicht, da kein Markt für Handelsvertretungen existiert und der Erfolg des Handelsvertreters von seinen persönlichen, nicht übertragbaren Fähigkeiten abhängt. Der Handelsvertretungsvertrag als solcher ist nicht übertragbar. Der Ausgleichsanspruch nach § 89 b HGB für den Kundenstamm stellt nach dem Bundesgerichtshof nur eine Chance ohne aktuellen Wert dar.[110] Gleichwohl müssen die letzten drei Jahresabschlüsse vorgelegt werden, damit anhand des Anlageverzeichnisses der Substanzwert bestimmt werden kann.[111]

25. Haushaltsgegenstände

94 Bei Haushaltsgegenständen sind die **Eigentumsverhältnisse** maßgeblich dafür, ob diese über den Zugewinn oder nach § 1568 b BGB ausgeglichen werden. Stehen die Haushaltsgegenstände im Miteigentum beider Ehegatten, findet der Ausgleich ausschließlich nach § 1568 b BGB statt. Gehören die Haushaltsgegenstände dagegen einem Ehegatten alleine, unterfallen sie, wie die Ausstattung bzw. Aussteuer bzw. der nach der Trennung angeschaffte Hausrat, dem Zugewinnausgleich.[112]

95 Fraglich ist, wie Haushaltsgegenstände zu bewerten sind, die über den Zugewinn auszugleichen sind. Würde man auf den Veräußerungswert abstellen, ergäben sich wegen des rapiden Wertverfalls von Haushaltsgegenständen sehr niedrige Werte mit der Folge, dass Haushaltsgegenstände beim Zugewinn in der Regel vernachlässigt werden könnten. Nach hM ist auf den **Neupreis** abzustellen, wobei allerdings Abschläge für die Abnutzung bezogen auf die voraussichtliche Lebensdauer des Haushaltsgegenstandes zu machen sind.[113] Nach anderer Auffassung ist auf den Veräußerungspreis abzustellen.[114]

105 *Schulz/Hauß* Vermögensauseinandersetzung Kap. 1 Rn. 257 ff.
106 *Kogel* Zugewinnausgleich Rn. 885 ff.
107 BGH 20.7.2011 – XII ZR 149/09, FamRZ 2012, 273; BGH 3.2.2010 – XII ZR 189/06, FamRZ 2010, 958.
108 BGH 28.1.2004 – XII ZR 221/01, FamRZ 2004, 781; *Kogel* Zugewinnausgleich Rn. 895 ff.
109 Vgl. *Kogel* Zugewinnausgleich Rn. 905 f.
110 BGH 4.12.2013 – XII ZB 534/12, FamRZ 2014, 368; OLG Koblenz 7.9.2016 – 13 UF 188/16, FamRZ 2017, 277; AG Biedenkopf 10.2.2005 – 30 F 118/03 GÜ FamRZ 2005, 1909.
111 OLG Koblenz 7.9.2016 – 13 UF 188/16, FamRZ 2017, 277.
112 BGH 17.11.2010 – XII ZR 170/09, FamRZ 2011, 360.
113 Palandt/*Brudermüller* BGB § 1376 Rn. 75.
114 *Schulz/Hauß* Vermögensauseinandersetzung Kap. 1 Rn. 536; vgl. auch *Kogel* Zugewinnausgleich Rn. 921 ff.

Ansprüche auf Ausgleichszahlungen nach § 1568 b Abs. 3 BGB sind beim Zugewinnausgleich nicht zu berücksichtigen, und zwar auch dann nicht, wenn die Anordnung einer Ausgleichszahlung versehentlich unterblieben ist. 96

26. Hochzeitsgeschenke

Sofern keine Aussteuer oder Ausstattung (→ *Aussteuer/Ausstattung* Rn. 1) vorliegt, werden Hochzeitsgeschenke in der Regel beiden Eheleuten gemacht und sind dementsprechend bei beiden Eheleuten **je zur Hälfte** in Ansatz zu bringen.[115] Nach dem Bundesgerichtshof soll es allerdings eine Lebenserfahrung geben, nach der Eltern in erster Linie ihr eigenes Kind bedenken wollen.[116] 97

27. Kaufvertrag

Wurde der Kaufvertrag vor dem Stichtag abgeschlossen und ist er noch nicht erfüllt, ist der Anspruch aus dem Kaufvertrag bei den Aktiva und die Verpflichtung bei den Passiva zu berücksichtigen. Soweit sich Anspruch und Verpflichtung wertmäßig aufheben, wirkt sich ein noch nicht erfüllter Kaufvertrag auf den Zugewinnausgleich also nicht aus. Anders kann es aber liegen, wenn besonders günstig oder ungünstig gekauft worden ist, jedenfalls soweit auf den wahren Wert und nicht auf den Veräußerungswert abzustellen ist.[117] 98

28. Kaution

Kautionsansprüche gehören zu den **unsicheren Rechten,** da am Stichtag nicht klar ist, ob und in welchem Umfang der Anspruch auf Rückzahlung der Kaution bestehen wird. Der Wert der Forderung muss daher **geschätzt** werden.[118] Sind beide Ehegatten Gläubiger der Kaution, ist die Schätzung in der Regel entbehrlich, da der Anspruch dann hälftig bei beiden Ehegatten in die Zugewinnausgleichsbilanz einzustellen ist, sich mithin im Regelfall auf die Höhe des geschuldeten Zugewinns nicht auswirkt. 99

29. Kunstgegenstände

Soweit Kunstgegenstände nicht über § 1586 b BGB verteilt werden, weil sie als Haushaltsgegenstände zu qualifizieren sind, stellt sich die Frage, wie sie für die Zwecke des Zugewinnausgleichs zutreffend bewertet werden können. Die Bewertung ist schwierig. Der Anschaffungspreis kann ebenso wenig heran gezogen werden wie ein in unmittelbarer zeitlicher Nähe zum Stichtag erzielter Veräußerungserlös, da nicht sicher gesagt werden kann, dass bei einem Verkauf an einen Händler oder bei einer Versteigerung der gleiche Preis erzielt worden wäre, also nicht etwa nur ein Liebhaberpreis vorliegt. Auch die Preise für Kunstwerke des gleichen Künstlers helfen nicht weiter, da kein Kunstwerk mit dem anderen vergleichbar ist.[119] 100

In der Regel wird auf den **Marktpreis** abgestellt, sofern ein Markt existiert.[120] Ist das nicht der Fall, können der Anschaffungswert oder der Veräußerungserlös als Schätzgrundlage genommen werden, wobei im Regelfall die Hälfte des indexierten Anschaffungswertes angesetzt werden können soll.[121] Gegebenenfalls muss ein Sachverständiger mit der Ermittlung des Wertes beauftragt werden.[122] 101

30. Land- und forstwirtschaftlicher Betrieb

Für land- und forstwirtschaftliche Betriebe gibt das Gesetz ausnahmsweise die Bewertungsmethode vor. 102
Nach § 1376 Abs. 4 BGB sind land- und forstwirtschaftliche Betriebe nach der **Ertragswertmethode** zu

115 OLG Köln 7.4.1986 – UF 64/86, FamRZ 1986, 703.
116 BGH 20.5.1987 – IVb ZR 62/86, FamRZ 1987, 791.
117 *Schulz/Hauß* Vermögensauseinandersetzung Kap. 1 Rn. 548.
118 OLG Karlsruhe 20.6.2002 – 2 UF 126/98, FamRZ 2003, 682.
119 *Schulz/Hauß* Vermögensauseinandersetzung Kap. 1 Rn. 572 ff.
120 OLG Oldenburg 23.6.1998 – 5 U 19/98, FamRZ 1999, 1099.
121 *Schröder* Rn. 186; *Schulz/Hauß* Vermögensauseinandersetzung Kap. 1 Rn. 573.
122 Zur anzuwendenden Vergleichswertmethode vgl. *Schröder* Rn. 183 ff.; *Heuer* NJW 2008, 689.

bewerten. Da der Substanzwert meist um ein Vielfaches höher ist, ergibt sich daher häufig kein auszugleichender Zugewinn. Zweck der Vorschrift ist, die Existenz von land- und forstwirtschaftlichen Betrieben nicht durch den Zugewinnausgleich zu gefährden.[123] Um die vom Gesetzgeber gewünschte Privilegierung zu sichern, muss immer im Rahmen einer Kontrollberechnung der Verkehrswert ermittelt werden. Liegt dieser unter dem Ertragswert, ist der Verkehrswert maßgeblich.[124]

103 Die Ertragswertmethode ist nur anzuwenden, wenn drei **Voraussetzungen** gegeben sind: Der Betrieb muss zum Anfangs- und Endvermögen gehören, der Ausgleichsanspruch muss sich gegen den Inhaber richten und es muss zu erwarten sein, dass der Inhaber oder seine Abkömmlinge den Betrieb weiterführen oder zumindest wieder aufnehmen.[125]

104 Der Betrieb gehört zum Anfangsvermögen, wenn er zum Zeitpunkt der Hochzeit bereits vorhanden war oder einer der Tatbestände des § 1374 Abs. 2 BGB erfüllt ist. Werden während der Ehe Nutzflächen hinzuerworben, haben diese an der Privilegierung nicht teil, dh die Flächen sind mit dem Verkehrswert zu bewerten. Nur wenn ohne die Flächen der Betrieb nicht lebensfähig wäre, ist auf den Ertragswert abzustellen.[126] Werden Flächen während der Ehe verkauft, sind sie auch im Anfangsvermögen mit dem Verkehrswert anzusetzen.[127] Verpachtete Flächen sind in das Ertragswertverfahren einzubeziehen, wenn das Pachtverhältnis voraussichtlich von Dauer sein wird, wobei der Reinertrag in der Regel auf eine kürzere Zeit zu kapitalisieren sein soll.[128]

105 Für Verbindlichkeiten gilt Folgendes: Während beim Ertragswert lediglich der Zinsaufwand für betriebsbedingte Verbindlichkeiten berücksichtigt werden darf, ist bei der Ermittlung des Verkehrswerts der Nominalwert der Verbindlichkeiten anzusetzen.[129]

106 Richtet sich der Ausgleichsanspruch nicht gegen den Inhaber, sondern verlangt dieser Zugewinnausgleich, ist der volle wirkliche Wert, also der Verkehrswert, des Betriebs zu ermitteln.[130]

31. Leasingvertrag

107 Ein Leasingvertrag ist ein Dauerschuldverhältnis, das dem Leasingnehmer einen Anspruch auf die Nutzung einer Sache gibt. Im Gegenzug muss er die Leasingrate zahlen. Soweit beide Ansprüche gleichwertig sind, heben sie sich gegenseitig auf und wirken sich somit beim Zugewinn nicht aus.

108 Anders liegt es, wenn vorab eine **Sonderzahlung** zu leisten war. In der Regel erkauft sich der Leasingnehmer dadurch günstigere Leasingraten, die ihm als geldwerter Vorteil in der Folgezeit zur Verfügung stehen. Der am Stichtag noch nicht verbrauchte Teil der Sonderzahlung kann dadurch ermittelt werden, dass die Sonderzahlung durch die Laufzeit geteilt und der sich ergebende Betrag mit der noch offenen Laufzeit multipliziert wird.[131]

109 Zu prüfen ist ferner, ob die in der Regel am Ende der Laufzeit eingeräumte Kaufoption einen Wert hat, zB weil es sich um ein begehrtes Fahrzeug handelt, dessen Restwert nicht dem prognostizierten Wert entspricht, sondern deutlich darüber liegt.[132]

---

123 BGH 13.4.2016 – XII ZB 578/14, FamRZ 2016, 1044; Palandt/*Brudermüller* BGB § 1376 Rn. 78.
124 BGH 13.4.2016 – XII ZB 578/14, FamRZ 2016, 1044.
125 Palandt/*Brudermüller* BGB § 1376 Rn. 78.
126 BGH 13.4.2016 – XII ZB 578/14, FamRZ 2016, 1044; 6.2.1991 – XII ZR 57/90, FamRZ 1991, 1166.
127 *Schulz/Hauß* Vermögensauseinandersetzung Kap. 1 Rn. 577.
128 BGH 13.4.2016 – XII ZB 578/14, FamRZ 2016, 1044.
129 BGH 13.4.2016 – XII ZB 578/14, FamRZ 2016, 1044.
130 BGH 27.9.1989 – IVb ZR 75/88, FamRZ 1989, 1276.
131 OLG Karlsruhe 19.12.2003 – 2 UF 95/03, FamRZ 2004, 1028; OLG Bamberg 7.8.1995 – 2 UF 64/95, FamRZ 1996, 549.
132 *Kogel* Zugewinnausgleich Rn. 946.

32. Lebensversicherung

a) Überblick. Lebensversicherungen können sowohl dem Zugewinnausgleich als auch dem Versorgungsausgleich unterfallen. Abgegrenzt wird danach, ob die Lebensversicherung auf die Zahlung eines **Kapitalbetrages** oder auf **Rentenleistungen** gerichtet ist. Wird im Versicherungsfall ein Kapitalbetrag ausgezahlt, unterliegt die Lebensversicherung dem Zugewinnausgleich.[133] Dagegen werden Lebensversicherungen auf Rentenbasis im Versorgungsausgleich ausgeglichen.[134] 110

Allerdings unterfallen nach der **Reform des Versorgungsausgleichsrechts** gemäß § 2 Abs. 2 Nr. 3 VersAusglG auch Kapitallebensversicherungen dem Versorgungsausgleich, wenn es sich um ein Anrecht nach dem Betriebsrentengesetz oder um zertifizierte Anrechte nach dem Altersvorsorge-Zertifizierungsgesetz handelt. Betroffen sind vor allem Direktversicherungen, die meist als Kapitallebensversicherung abgeschlossen werden.[135] 111

An dieser grundsätzlichen Zuordnung von Lebensversicherungen zum Zugewinn- und Versorgungsausgleich ändert sich nichts dadurch, dass in Verkennung der richtigen Zuordnung der Versorgungsausgleich oder Zugewinnausgleich ausgeschlossen worden ist. Im Zweifel ist das Anrecht dann verloren.[136] 112

b) Einzelheiten. aa) Wahlrecht. Meistens enthalten Lebensversicherungsverträge hinsichtlich der Leistungsform ein Wahlrecht, wobei zu unterscheiden ist, ob es sich um eine Lebensversicherung auf **Kapitalbasis mit Rentenwahlrecht** oder um eine Lebensversicherung auf **Rentenbasis mit Kapitalwahlrecht** handelt. Macht der Versicherungsnehmer von seinem Wahlrecht bis zur letzten tatrichterlichen Entscheidung keinen Gebrauch, unterliegt die Kapitalversicherung mit Rentenwahlrecht dem Zugewinnausgleich und die Rentenversicherung mit Kapitalwahlrecht dem Versorgungsausgleich.[137] 113

Wählt der Versicherungsnehmer einer **Kapitalversicherung mit Rentenwahlrecht** vor dem Stichtag die Rentenoption, fällt die Versicherung in den Versorgungsausgleich. Macht er nach dem Stichtag von seinem Wahlrecht Gebrauch, bleibt es dagegen dabei, dass die Versicherung im Zugewinn zu berücksichtigen ist. Wird das Wahlrecht zwischen dem Stichtag für das Ehezeitende nach dem VersAusglG und der Rechtshängigkeit des Scheidungsantrags ausgeübt, ist nach dem BGH das Anrecht über den Versorgungsausgleich auszugleichen.[138] 114

Wählt der Versicherungsnehmer einer **Rentenversicherung mit Kapitalwahlrecht** vor dem Stichtag die Kapitalauszahlung, fällt die Versicherung in den Zugewinn. Macht er erst nach dem Stichtag von seinem Wahlrecht Gebrauch, kann nach dem BGH die Versicherung im Versorgungsausgleich nicht berücksichtigt werden, weil sie nicht mehr als Rentenversicherung vorhanden ist. Sie soll in diesem Fall aber ebenfalls über den Zugewinn ausgeglichen werden können. Haben die Eheleute Gütertrennung vereinbart, ist die Versicherung jeglichem Ausgleich entzogen.[139] Die Abtretung zur Sicherheit ändert hieran nichts,[140] es sei denn es wurde auch das Wahlrecht abgetreten.[141]

bb) Bezugsrecht. In der Regel kann der Versicherungsnehmer für den Fall, dass er vor Ablauf der Versicherung verstirbt, eine Person als Bezugsberechtigte benennen, die an seiner Stelle die Versicherungsleistung erhalten soll. Die Bezugsberechtigung kann widerruflich oder unwiderruflich ausgestaltet werden. Handelt es sich um eine widerrufliche Bezugsberechtigung, ist die Lebensversicherung beim 115

133 BGH 12.7.1995 – XII ZR 109/94, FamRZ 1995, 1270.

134 BGH 5.10.2011 – XII ZB 555/10, NSW VersAusglG § 2 (BGH-intern); *Schulz/Hauß* Vermögensauseinandersetzung Kap. 1 Rn. 273 ff.

135 *Schulz/Hauß* Vermögensauseinandersetzung Kap. 1 Rn. 274.

136 *Schulz/Hauß* Vermögensauseinandersetzung Kap. 1 Rn. 273.

137 BGH 5.10.2011 – XII ZB 555/10, NSW VersAusglG § 2 (BGH-intern); 5.2.2003 – XII ZB 53/98, FamRZ 2003, 664.

138 BGH 5.2.2003 – XII ZB 53/98, FamRZ 2003, 664.

139 BGH 18.4.2012 – XII ZB 325/11, FamRZ 2012, 1039.

140 BGH 7.8.2013 – XII ZB 673/12, FamRZ 2013, 1715.

141 BGH 21.11.2013 – XII ZB 613/12, FamRZ 2014, 279.

Versicherungsnehmer in voller Höhe **als Aktivposition** einzustellen. Handelt es sich dagegen um eine unwiderrufliche Bezugsberechtigung, ist die Lebensversicherung dem Vermögen des Bezugsberechtigten zuzuordnen.[142]

116 Es gibt allerdings auch Lebensversicherungen mit einem **gespaltenen Bezugsrecht**. Bei diesen Versicherungen erwirbt der Bezugsberechtigte einen Anspruch auf die Versicherungsleistung, der auflösend bedingt ist für den Fall, dass der Versicherungsnehmer den Versicherungsfall erlebt. Tritt die Bedingung ein, erhält der Versicherungsnehmer die Versicherungssumme und nicht der Bezugsberechtigte. Bei dieser Konstellation gehört die Lebensversicherung sowohl zum Vermögen des Bezugsberechtigten als auch des Versicherungsnehmers. Ihr Wert ist aufzuteilen, wobei jeweils unsichere Rechte vorliegen, da nicht sicher ist, wer am Ende die Versicherungsleistung erhalten wird. Nach dem Bundesgerichtshof kann die Wahrscheinlichkeit, dass der Versicherungsnehmer den Versicherungsfall erlebt, anhand der allgemeinen Sterbetafel des Statistischen Bundesamts bestimmt werden.[143] Denkbar ist aber auch, an die fiktiven Kosten einer Risikolebensversicherung anzuknüpfen.[144]

117 **cc) Bewertung.** Für die Bewertung der Lebensversicherung ist nicht auf den Rückkaufswert, sondern auf den **Fortführungswert** abzustellen, jedenfalls dann, wenn, wie meist, die Lebensversicherung fortgeführt wird.[145] Die meisten Lebensversicherungsunternehmen weisen in ihren Auskünften beide Werte aus. Wird nur der Rückkaufswert angegeben, muss darauf bestanden werden, dass auch der in der Regel höhere Fortführungswert mitgeteilt wird. Die Berechnung des Fortführungswertes richtet sich nach den entsprechenden Empfehlungen der Deutschen Aktuarvereinigung und kann im Internet unter der Adresse www.aktuar.de abgefragt werden. Überschlägig kann mit der Faustformel Rückkaufswert zuzüglich 8 % gerechnet werden.[146]

118 **dd) Kreditsicherheit.** Häufig dienen Lebensversicherungen der Kreditfinanzierung, sei es, dass sie als Tilgungsersatz dienen, sei es, dass sie zur Sicherheit an die finanzierende Bank abgetreten werden. Bei einer bloßen Sicherungsabtretung bleibt es dabei, dass die Lebensversicherung zum Vermögen des Versicherungsnehmers zu zählen ist,[147] es sei denn es ist abzusehen, dass die Sicherheit verwertet werden muss.[148] Ist die Lebensversicherung zugleich **Tilgungsersatz**, kann ihr Wert nach hM nicht mehr als Aktivposition im Vermögen des Versicherungsnehmers berücksichtigt werden. Es vermindert sich aber die Kreditbelastung um den Zeitwert der Versicherung.[149]

119 **ee) Steuern.** Lebensversicherungen, die vor dem 1.1.2005 abgeschlossen worden sind und vor Ablauf von zwölf Jahren aufgelöst werden, müssen **versteuert** werden. Sind bei Rechtshängigkeit der Scheidung noch keine zwölf Jahre vergangen, sind diese Steuern als latente Steuerlast zu berücksichtigen.[150]

120 Für Verträge, die seit dem 1.1.2005 abgeschlossen worden sind, gilt, dass die Erträge voll zu versteuern sind, wenn die Versicherung keine zwölf Jahre läuft und vor Erreichen des 60. Lebensjahres (Seit 2012 des 62. Lebensjahres) ausgezahlt wird. Anderenfalls muss immer noch die Hälfte versteuert werden. Auch diese latente Steuerlast ist gegebenenfalls bei den Passiva zu berücksichtigen.[151]

142 BGH 20.5.1992 – XII ZR 255/90, FamRZ 1992, 1155.
143 BGH 20.5.1992 – XII ZR 255/90, FamRZ 1992, 1155.
144 BGH 17.7.2002 – XII ZR 218/00, FamRZ 2003, 153; *Schulz/Hauß* Vermögensauseinandersetzung Kap. 1 Rn. 283 f.
145 BGH 12.7.1995 – XII ZR 109/94, FamRZ 1995, 1270.
146 *Kogel* Zugewinnausgleich Rn. 987 f.; *Schulz/Hauß* Vermögensauseinandersetzung Kap. 1 Rn. 285 ff.
147 OLG Zweibrücken 21.10.2003 – 5 UF 211/02 05, FamRZ 2004, 642.
148 Palandt/*Brudermüller* BGB § 1376 Rn. 54.
149 BGH 20.5.1992 – XII ZR 255/90, FamRZ 1992, 1155; OLG Zweibrücken 5.10.2007 – 2 UF 220/06, OLGReport 2008, 547; Palandt/*Brudermüller* BGB § 1376 Rn. 54; *Schulz/Hauß* Vermögensauseinandersetzung Kap. 1 Rn. 291 f; *Kogel* Zugewinnausgleich Rn. 991 ff. mit Hinweisen auf Problemfälle.
150 Palandt/*Brudermüller* BGB § 1376 Rn. 52.
151 Palandt/*Brudermüller* BGB § 1376 Rn. 52.

33. Leibgeding

Siehe hierzu → *Leibgeding, Leibrente, Nießbrauch und Wohnrecht im Zugewinn* Rn. 1 ff. 121

34. Leibrente

Siehe hierzu → *Leibgeding, Leibrente, Nießbrauch und Wohnrecht im Zugewinn* Rn. 7 ff. 122

35. Lottogewinn

Lottogewinne zählen zum Endvermögen und werden über den **Zugewinn** ausgeglichen, sofern sie am Stichtag noch vorhanden sind. Eine Zurechnung zum Anfangsvermögen in entsprechender Anwendung von § 1374 Abs. 2 BGB ist nicht möglich. Der Einwand der groben Unbilligkeit nach § 1381 Abs. 1 BGB kann auch dann nicht erhoben werden, wenn der Lottogewinn lange nach der Trennung erzielt worden ist.[152] 123

36. Miteigentum

Steht der Vermögenswert im hälftigen Miteigentum beider Eheleute, ist **er jeweils hälftig** in die Vermögensbilanz von Ehemann und Ehefrau einzustellen. Auf den Ausgleichsanspruch wirkt sich Miteigentum also in der Regel nicht aus. Meistens kann daher darauf verzichtet werden, den Wert des beiden Eheleuten gemeinsam gehörenden Vermögensgegenstandes zu ermitteln, es sei denn ein Ehegatte will den Miteigentumsanteil des anderen Ehegatten übernehmen und es besteht Streit über die Höhe der Ausgleichszahlung. 124

Anders sieht es aus, wenn ein Ehegatte **überschuldet** ist. In diesen Fällen muss immer der Wert des Miteigentums ermittelt werden, weil je nach Wert der Anspruch auf Zugewinnausgleich höher oder niedriger ausfällt.[153] 125

Beispiel: Den Eheleuten gehört ein Haus als Miteigentümer zu je ½. Die Ehefrau meint, es habe einen Wert von 400.000 EUR. Der Ehemann ist der Ansicht, der Wert beträgt 500.000 EUR. Weiteres positives Vermögen gibt es nicht. Der Ehemann hat aber Schulden in Höhe von 350.000 EUR. Beide Eheleute haben kein Anfangsvermögen. 126

Der Zugewinn der Ehefrau entspricht dem Wert ihres hälftigen Miteigentums und beträgt somit 200.000 EUR, wenn man von ihrem Wert ausgeht, und 250.000 EUR, wenn der Wert des Ehemanns richtig ist. Der Zugewinn des Ehemanns ist Null, da er überschuldet ist und es nach hM keinen negativen Zugewinn gibt. Der Ausgleichsanspruch des Ehemanns beträgt somit 100.000 EUR, wenn die Ehefrau Recht hat, und 125.000 EUR, wenn der Ehemann im Recht ist. Hätte der Ehemann dagegen keine Schulden, sondern weiteres Endvermögen in Höhe von 100.000 EUR, käme es auf den Wert nicht an. Der Ehemann müsste in diesem Fall unabhängig davon, welchen Wert man für das Haus ansetzt, jeweils 50.000 EUR Zugewinnausgleich an die Ehefrau zahlen.

37. Nießbrauch

Siehe hierzu → *Leibgeding, Leibrente, Nießbrauch und Wohnrecht im Zugewinn* Rn. 5 ff. 127

38. Optionsrechte, insbesondere Aktienoptionen

Ein Optionsrecht räumt dem Inhaber die Möglichkeit ein, durch einseitige Erklärung einen Vertrag, zum Beispiel einen Miet- oder Kaufvertrag, abzuschließen. Eine Rolle beim Zugewinn spielt das Optionsrecht vor allem im Hinblick auf Aktienoptionen, die leitenden Angestellten häufig zusätzlich zum Gehalt und als sonstige Gratifikation von ihrem Unternehmen angeboten werden. 128

Zu klären ist zunächst, ob derartige Aktienoptionen bzw. der Erlös hieraus als **unterhaltsrechtlich** relevantes Einkommen oder als dem **Zugewinnausgleich** unterliegende Vermögenswerte anzusehen sind. Die 129

152 BGH 16.10.2013 – XII ZB 277/12, FamRZ 2014, 24.

153 *Schulz/Hauß* Vermögensauseinandersetzung Kap. 1 Rn. 590 ff.

Frage ist streitig. Das Oberlandesgericht Oldenburg hat im Rahmen eines VKH-Beschlusses angedeutet, dass es sich um Einkommen handeln könnte, da der Erlös auch steuerrechtlich als geldwerter Vorteil behandelt, also wie ein Lohnbestandteil versteuert würde.[154] Demgegenüber wird in der Literatur vertreten, dass Aktienoptionen dem Zugewinnausgleich unterliegen müssen, schon weil in der Regel nur Bezieher höherer Einkommen, bei denen der Unterhalt nicht nach einer Quote, sondern konkret bemessen wird, derartige Optionsrechte erhielten. Dementsprechend sollen vertragliche Absprachen über Optionsrechte häufig auch der Vermögensmehrung oder Alterssicherung dienen.[155]

130 Sofern Aktienoptionen dem Zugewinnausgleich unterliegen und am Stichtag noch nicht ausgeübt sind, müssen sie **bewertet** werden. Es handelt sich um unsichere Rechte, die mit einem Schätzwert in die Zugewinnausgleichsbilanz einzustellen sind. Es ist bezogen auf den Stichtag eine Prognose über die Wahrscheinlichkeit der Ausübung der Option abzugeben. Vorgeschlagen wird, den Wert des Optionsrechts mit dem Wert der Aktie am Stichtag abzüglich des zu zahlenden Preises anzusetzen. Je höher die Differenz desto wahrscheinlicher sei die Einlösung und entsprechend geringer soll der Risikoabschlag für die Nichteinlösung ausfallen.[156] Zum Teil sehen die Vereinbarungen allerdings vor, dass die Aktien einen bestimmten Mindestwert erreicht haben müssen, damit das Optionsrecht ausgeübt werden kann. Dem Risiko, dass der Mindestwert nicht erreicht wird, muss ebenfalls durch einen angemessenen Abschlag Rechnung getragen werden. Ebenso ist das Risiko, dass das Arbeits- oder Dienstverhältnis bis zum Optionsstichtag andauert, zu berücksichtigen. Außerdem muss ein etwaiger Gewinn auf das Ehezeitende abgezinst und das Vorversterbensrisiko berücksichtigt werden.[157]

131 Die im Falle der Einlösung zu zahlenden Steuern sind wie latente Ertragssteuern in Abzug zu bringen.[158]

39. Pkw

132 Siehe hierzu → *Pkw* Rn. 1 ff.

40. Sammlungen

133 Sammlungen stehen in der Regel im **Alleineigentum** des Ehegatten, der sammelt, und unterfallen schon deswegen dem Zugewinnausgleich, auch wenn es sich ausnahmsweise um Haushaltssachen handeln sollte. Für die Bewertung von Sammlungen ist grundsätzlich auf den **Veräußerungswert** abzustellen. Gibt es Kataloge, ist ein Bruchteil der daraus ersichtlichen Werte anzusetzen, zB ein Drittel bis zur Hälfte. Maßgeblich ist der Wert der gesamten Sammlung, nicht der einzelnen Gegenstände. Etwaige Veräußerungskosten sind in Abzug zu bringen.[159]

41. Schenkungen

134 Schenkungen Dritter sind als **privilegiertes Vermögen** gemäß § 1374 Abs. 2 BGB dem Anfangsvermögen hinzu zu rechnen und dadurch mit Ausnahme etwaiger Erträge dem Zugewinnausgleich entzogen. Zuwendungen unter Ehegatten fallen dagegen voll in den Zugewinnausgleich, sind aber unter Umständen über § 1380 BGB anzurechnen (→ *Vorausempfang*). Zuwendungen von **Schwiegereltern** sind nach dem Bundesgerichtshof neuerdings nicht mehr als unbenannte Zuwendungen, sondern als echte Schenkungen anzusehen, dh sie unterfallen ebenfalls § 1374 Abs. 2 BGB.[160] Streitig ist mitunter, an wen die Zuwendung ging – das eigene Kind und/oder das Schwiegerkind. Wird auf ein gemeinsames Konto überweisen, spricht

154 OLG Oldenburg 13.7.2009 – 13 WF 148/09, FamRZ 2009, 1911; vgl. auch *Schulz/Hauß* Vermögensauseinandersetzung Kap. 1, Rn. 218.

155 *Kogel* Zugewinnausgleich Rn. 588 ff.; Palandt/*Brudermüller* BGB § 1376 Rn. 89.

156 *Kogel* Zugewinnausgleich Rn. 588 ff.; *Schulz/Hauß* Vermögensauseinandersetzung Kap. 1 Rn. 215 ff.

157 Vgl. hierzu mit ausführlichem Beispiel *Schulz/Hauß* Vermögensauseinandersetzung Kap. 1, Rn. 216 f.

158 *Kogel* Zugewinnausgleich Rn. 588 ff.; *Schulz/Hauß* Vermögensauseinandersetzung Kap. 1 Rn. 216 f.

159 *Schulz/Hauß* Vermögensauseinandersetzung Kap. 1 Rn. 634 f.

160 BGH 21.7.2010 – XII ZR 180/09 FamRZ 2010, 1626.

der erste Anschein für eine Zuwendung an beide Ehegatten. Der erste Anschein kann aber entkräftet werden.[161]

42. Schmerzensgeld

Schmerzensgeld ist grundsätzlich über den Zugewinn auszugleichen, sofern es am Stichtag noch vorhanden ist bzw. ein entsprechender Anspruch besteht. Allerdings kann sich der Schuldner gegebenenfalls im Einzelfall ausnahmsweise auf die Einrede der groben Unbilligkeit nach § 1381 BGB berufen, um eine unbillige Härte zu vermeiden.[162] Hat der verpflichtete Ehegatte das Schmerzensgeld oder einen Teil hiervon dem anderen Ehegatten überlassen, soll ausnahmsweise ein Anspruch auf Rückabwicklung einer unbenannten Zuwendung wegen Wegfalls der Geschäftsgrundlage in Betracht kommen.[163] 135

43. Schmuck

Schmuck gehört zu den Gegenständen des persönlichen Bedarfs, bei denen nach § 1362 Abs. 2 BGB vermutet wird, dass sie dem Ehegatten gehören, für dessen Gebrauch sie bestimmt sind. Sie unterfallen damit dem Zugewinnausgleich. Als Wert ist bei Schmuck der **Veräußerungspreis** anzusetzen, wobei Liebhaberwerte nicht zu berücksichtigen sind. Äußerste Grenze ist der Materialwert.[164] 136

44. Steuern

a) Überblick. Am Stichtag entstandene Steuerforderungen oder Ansprüche auf Steuererstattungen sind in die **Zugewinnausgleichsbilanz** einzustellen. Zu beachten ist dabei, dass es nicht zu einer doppelten Berücksichtigung beim Unterhalt und beim Zugewinnausgleich kommt. Soweit es sich um Forderungen der Ehegatten gegeneinander aus einem internen Steuerausgleich handelt, ist, wie bei sonstigen gegenseitigen Forderungen, zu prüfen, ob sich der Streit lohnt oder die Ansprüche nicht durch den Zugewinnausgleich neutralisiert werden.[165] Ferner ist bei der Bewertung von Vermögensgegenständen für den Fall des Verkaufs darauf zu achten, dass die latente Steuerlast berücksichtigt wird. Die Zugewinnausgleichsforderung als solche löst keine Steuerpflicht aus. Für Grundstücke, die zur Erfüllung einer Forderung auf Zugewinnausgleich auf den anderen Ehegatten übertragen werden, ist nach § 3 Nr. 4 GrEStG keine Grunderwerbsteuer zu zahlen.[166] 137

b) Einzelheiten. aa) Doppelberücksichtigung. Grundsätzlich können die laufenden Steuern sowie Steuernachzahlungen im Rahmen der **Unterhaltsberechnung** vom Einkommen abgesetzt werden. Ebenso sind Steuererstattungen dem Einkommen hinzu zu rechnen. Soweit dadurch bereits ein Ausgleich über den Unterhalt stattgefunden hat, weil sich der geschuldete Unterhalt entsprechend vermindert oder erhöht hat, kommt ein weiterer Ausgleich über den Zugewinn nicht in Betracht, da anderenfalls gegen das Verbot verstoßen würde, dieselbe Position zweimal zu berücksichtigen. Das Gleiche gilt für den umgekehrten Fall, wenn also die Ansprüche auf Steuernachzahlung oder Steuererstattung bereits beim Zugewinnausgleich in Ansatz gebracht worden sind.[167] 138

Die Problematik kann allerdings nur hinsichtlich solcher Ansprüche auf Steuernachzahlung oder Steuererstattung entstehen, die am Stichtag bereits entstanden waren. Hinsichtlich aller Ansprüche, die erst nach 139

161 OLG Brandenburg 17.4.2014 – 9 UF 177/13, MittBayNot 2014, 535; *Schulz/Hauß* Vermögensauseinandersetzung Kap. 8 Rn. 2080 ff.

162 BGH 27.5.1981 – IVb ZR 577/80, FamRZ 1981, 755; OLG Stuttgart 29.3.2001 – 11 UF 331/00, FamRZ 2002, 99; AG Hersbruck 23.1.2002 – 2 F 1082/01, FamRZ 2002, 1476.

163 OLG Stuttgart 30.12.1993 – 2 U 29/93, FamRZ 1994, 1326.

164 *Kogel* Zugewinnausgleich Rn. 1112; *Schulz/Hauß* Vermögensauseinandersetzung Kap. 1 Rn. 639; aA *Schröder* Rn. 213: Wiederbeschaffungswert.

165 → Rn. 61 ff.

166 *Arens* FPR 2003, 426.

167 *Schulz/Hauß* Vermögensauseinandersetzung Kap. 7 Rn. 1946 ff.; *Kogel* Zugewinnausgleich Rn. 1134 ff.

dem für die Berechnung des Endvermögens maßgeblichen Stichtag entstehen, kann der Ausgleich somit nur über den Unterhalt stattfinden.[168]

140 **bb) Einkommen- und Kirchensteuern.** Ob Ansprüche auf Nachzahlung oder Erstattung von Einkommen- und Kirchensteuern in die Vermögensbilanz aufzunehmen sind oder nicht, hängt davon ab, ob diese Ansprüche am **Stichtag** bereits entstanden waren.[169] Die Fälligkeit ist nicht entscheidend. Der Anspruch auf Zahlung oder Erstattung von Einkommen- und Kirchensteuern entsteht nach §§ 25, 36 Abs. 1, 51 a EStG mit Ablauf des Veranlagungszeitraums, also des Jahres, in dem die zu versteuernden Einkünfte bezogen wurden. Fällig werden die Ansprüche dagegen erst mit Bekanntgabe, also durch den Zugang des Steuerbescheides. Nachforderungen oder Erstattungsansprüche für das Jahr, in das der Stichtag fällt, sind daher nicht in die Vermögensbilanz aufzunehmen, da die diesbezüglichen Ansprüche mangels Ablaufs des Veranlagungszeitraums noch nicht entstanden sein können.[170]

141 Soweit vierteljährlich Einkommensteuern im Voraus gezahlt werden müssen, ist zu berücksichtigen, dass der Anspruch auf **Vorauszahlung** am Ersten des Quartals entsteht, für das vorauszuzahlen ist, also am 1.1., 1.4., 1.7. und 1.10 eines jeden Jahres. Auch diese Ansprüche gehören in die Zugewinnausgleichsbilanz, sofern nicht schon ein Ausgleich über den Unterhalt stattgefunden hat.[171]

142 Ansprüche von Ehegatten aus einem internen Ausgleich von Steuernachforderungen oder Steuererstattungen sind mit der **Quote**, mit der intern der Ausgleich zu leisten ist, in die Zugewinnausgleichsbilanz einzustellen, wobei immer zu prüfen ist, ob sich die Ansprüche durch die Zugewinnausgleichsberechnung neutralisieren. Ist das der Fall, lohnt sich ein gesonderter Streit nicht. Das Gleiche gilt für Verpflichtungen aus einem internen Steuerausgleich.[172]

143 **cc) Umsatzsteuern.** Für Umsatzsteuern gilt das Gleiche wie für Einkommen- und Kirchensteuern. Anzusetzen sind alle Ansprüche oder Verbindlichkeiten, die am Stichtag bereits entstanden waren. Unzulässig wäre es, während des laufenden Jahres bei der Umsatzsteuervoranmeldung nicht den vollständigen Vorsteuerabzug in Anspruch zu nehmen, sondern diesen erst mit der Jahresumsatzsteuererklärung am Ende des Jahres anzumelden, um dadurch eine höhere Verbindlichkeit in die Vermögensbilanz einstellen zu können.[173]

144 **dd) Spekulationssteuer.** Nach § 23 EStG ist grundsätzlich bei der Veräußerung eines Grundstücks der Veräußerungsgewinn zu versteuern, wenn seit der Anschaffung noch keine **zehn Jahre** vergangen sind. Voraussetzung ist ua, dass das Grundstück entgeltlich angeschafft und entgeltlich veräußert wird. Eine entgeltliche Veräußerung liegt auch vor, wenn das Grundstück oder ein Miteigentumsanteil zum Ausgleich einer Zugewinnforderung auf den anderen Ehegatten übertragen wird. Von einem Veräußerungsgewinn ist auszugehen, wenn der Kaufpreis, gegebenenfalls also die Zugewinnforderung, abzüglich Werbungskosten höher ist als der Anschaffungspreis zuzüglich der Herstellungskosten. Abschreibungen werden dem Veräußerungsgewinn hinzu gerechnet.[174]

145 Keine Spekulationssteuer fällt nach § 23 Abs. 1 Nr. 1 S. 3 EStG an, wenn die Immobilie zwischen Anschaffung und Veräußerung durchgehend oder im Jahr der Veräußerung und in den zwei vorausgegangenen Jahren ohne Unterbrechung **selbst genutzt** wurde, wobei die Kalenderjahre am Anfang und Ende des Dreijahreszeitraums jeweils nicht abgelaufen sein müssen. Zieht ein Ehegatte aus und veräußert sein Grundstück oder seinen Miteigentumsanteil nicht im Jahr des Auszugs, kann also Spekulationssteuer anfallen, wenn er später im Rahmen des Zugewinnausgleichs oder bei einer einvernehmlichen Veräußerung an Dritte das Grundstück oder seinen Miteigentumsanteil überträgt. Fraglich ist, ob jedenfalls dann eine

168 *Schulz/Hauß* Vermögensauseinandersetzung Kap. 7 Rn. 1950; *Kogel* Zugewinnausgleich Rn. 1134 ff.
169 BGH 24.10.1990 – XII ZR 101/89, FamRZ 1991, 43.
170 BGH 24.10.1990 – XII ZR 101/89, FamRZ 1991, 43.
171 BGH 24.10.1990 – XII ZR 101/89, FamRZ 1991, 43.
172 BGH 31.5.2006 – XII ZR 111/03, FamRZ 2006, 1178; *Kogel* Zugewinnausgleich Rn. 1122 ff.
173 *Kogel* Zugewinnausgleich Rn. 1131 f.
174 *Kogel* Zugewinnausgleich Rn. 1137 ff.

Eigennutzung auch für den ausziehenden Ehegatten vorliegt, wenn ein gemeinsames Kind mit dem anderen Elternteil in der Immobilie bleibt.[175]

Wie die Problematik der Spekulationssteuer bei einer Veräußerung anlässlich des Zugewinnausgleichs gelöst werden kann, ist **ungeklärt**. Es werden verschiedene Wege vorgeschlagen. Überwiegend wird auf die Möglichkeit verwiesen, die Forderung auf Zugewinnausgleich solange zu stunden, bis die Zehnjahresfrist abgelaufen ist. Denkbar wäre aber auch, die Übertragung des Grundstücks nach § 1383 BGB gerichtlich anordnen zu lassen. Es läge dann kein privates Veräußerungsgeschäft vor. Ferner wird vorgeschlagen, ein befristetes Rücktrittsrecht zu vereinbaren oder nur ein einseitig bindendes Angebot abzugeben, das erst nach Ablauf der Zehnjahresfrist angenommen werden kann. Schließlich könnte der ausgleichspflichtige Ehegatte das Grundstück auch unentgeltlich nach § 1380 BGB, also als Vorausempfang, auf den anderen Ehegatten übertragen.[176] 146

Die Spekulationssteuer ist als Abzugsposition zu berücksichtigen unabhängig davon, ob eine Veräußerung beabsichtigt ist oder nicht.[177] Zu berücksichtigen ist bei Miteigentum, dass die Höhe der Spekulationssteuer für beide Ehegatten unterschiedlich hoch ausfallen kann, je nachdem wie die persönlichen Einkommensverhältnisse sind. Denkbar ist auch, dass einer der Ehegatten einen der Ausnahmetatbestände erfüllt und somit keine Spekulationssteuer zahlen muss, der andere Ehegatte dagegen nicht mit der Folge, dass bei ihm Spekulationssteuern anfallen.[178] 147

ee) Latente Steuern. Wird ein Unternehmen verkauft, fallen wegen der damit in der Regel verbundenen Auflösung von stillen Reserven nach §§ 16, 18 Abs. 3, 34 Abs. 1 EStG Ertragssteuern an. **Stille Reserven** bestehen, wenn der Buchwert niedriger als der Veräußerungserlös ist. 148

Da bei der Bewertung eines Unternehmens auf den fiktiven Verkaufsfall abgestellt wird, sind die für den Verkaufsfall anfallenden Ertragssteuern als sogenannte latente Ertragssteuern vom Wert des Unternehmens **in Abzug zu bringen**.[179] Das gilt unabhängig davon, ob ein Verkauf überhaupt ansteht[180] oder wie hoch die Steuern im Falle eines nach dem Stichtag durchgeführten Verkaufs tatsächlich waren.[181] Wie hoch die latenten Ertragssteuern sind, muss gegebenenfalls von einem Sachverständigen oder einem Steuerberater ermittelt werden. In der Praxis wird oft ein pauschaler Satz von 35 % angenommen.[182] 149

Nach dem BGH ist aber nicht nur bei Unternehmen und Grundstücken, sondern grundsätzlich bei allen Vermögensgegenständen, bei deren gedachter Veräußerung am Stichtag Steuern anfallen würden, der Wert des Vermögensgegenstandes um die latente Steuerlast zu vermindern, also zum Beispiel auch bei Wertpapieren, Lebensversicherungen oder vermögenswirksamen Leistungen.[183] In der Regel wird in derartigen Fällen ein Steuerberater zur Ermittlung der latenten Steuerlast hinzuziehen sein.

45. Unsichere Rechte

Auch unsichere Rechte sind in den Zugewinnausgleich einzubeziehen, mag es sich um noch nicht fällige, befristete, bedingte, schwer vollstreckbare oder aus anderen Gründen wertmäßig am Stichtag nicht sicher bestimmbare Rechte handeln. Notfalls ist der Wert derartiger Rechte nach § 287 ZPO zu **schätzen**, wobei der Tatrichter die ihm im Zeitpunkt seiner Entscheidung zugänglichen Erkenntnisquellen nutzen muss.[184] 150

175 *Kogel* Zugewinnausgleich Rn. 1147 ff., mit weiteren Nachweisen und Beispielen.
176 Zu den Einzelheiten vgl. *Kogel* Zugewinnausgleich Rn. 1159 ff.
177 BGH 2.2.2011 – XII ZR 185/08, FamRZ 2011, 1367.
178 *Kogel* Zugewinnausgleich Rn. 1139 ff.
179 BGH 9.2.2011 – XII ZR 40/09, FamRZ 2011, 622; 2.2.2011 – XII ZR 185/08, FamRZ 2011, 1367; 24.10.1990 – XII ZR 101/89, FamRZ 1991, 43.
180 BGH 9.2.2011 – XII ZR 40/09, FamRZ 2011, 622.
181 OLG Dresden 17.1.2008 – 21 UF 447/07, FamRZ 2008, 1857.
182 *Schulz/Hauß* Vermögensauseinandersetzung Kap. 7 Rn. 1961.
183 BGH 2.2.2011 – XII ZR 185/08, FamRZ 2011, 1367; *Schulz/Hauß* Vermögensauseinandersetzung Kap. 7, Rn. 1957 ff., 1985 ff.
184 BGH 17.11.2010 – XII ZR 170/09, FamRZ 2011.

151 Eine erst in Zukunft fällige Forderung hat einen geringeren Wert als eine bereits fällige Forderung. Die Forderung kann daher zu dem für die Ermittlung des Endvermögens maßgeblichen Stichtag abgezinst werden (BGH 17.11.2010 – XII ZR 170/09, FamRZ 2011, 183; → *Betagte Verbindlichkeiten* Rn. 1 ff.

152 Ebenso kann die Ungewissheit, ob der begünstigte Ehegatte den Anfall des im Anrecht verkörperten Vermögenswerts überhaupt erleben wird, berücksichtigt werden, und zwar indem die **Erlebenswahrscheinlichkeit** des Inhabers durch das Verhältnis der Erlebensquoten erfasst wird, die für den Inhaber bei Fälligkeit einerseits und zum Bewertungsstichtag andererseits gelten.[185]

153 Bei bedingten Rechten muss die Wahrscheinlichkeit des Bedingungseintritts abgeschätzt werden.[186]

154 Eine titulierte Forderung, die wegen Insolvenz oder Vermögenslosigkeit des Schuldners nicht zu vollstrecken ist, kann mit Null bewertet werden. Ist ungewiss, ob in Zukunft erfolgreich vollstreckt werden könnte, ist nur ein Bruchteil der Forderung anzusetzen.[187]

155 Grundsätzlich sind nur **am Stichtag bereits entstandene Forderungen** in die Zugewinnbilanz einzustellen. Zumindest muss eine Anwartschaft in Form einer am Stichtag objektiv bewertbaren Position vorliegen. Vollkommen ungewisse Erwerbsaussichten stellen dagegen keine beim Zugewinn zu berücksichtigenden Vermögenspositionen dar.[188]

46. Unterhalt

156 Ansprüche auf Unterhalt sind, wie auch Unterhaltsverpflichtungen, beim Zugewinnausgleich zu berücksichtigen. Allerdings ist zu beachten, dass nur am Stichtag fällige Ansprüche und Verbindlichkeiten in die Zugewinnausgleichsbilanz eingestellt werden können. Zwar kommt es bei Forderungen grundsätzlich nicht auf die Fälligkeit, sondern nur darauf an, ob sie am Stichtag bereits entstanden sind. Eine Ausnahme hiervon macht die Rechtsprechung aber bei Dauerschuldverhältnissen (→ Rn. 27, Dauerschuldverhältnisse).

157 Sind am Stichtag erhebliche **Unterhaltsrückstände** aufgelaufen, mindern diese also die Passiva des unterhaltspflichtigen Ehegatten. Entsprechend ist die Unterhaltsforderung als Aktivposition in das Endvermögen des anderen Ehegatten einzustellen.[189]

158 Auf den ersten Blick erscheint das ungerecht. Dagegen wird eingewandt, dass das Endvermögen des unterhaltspflichtigen Ehegatten entsprechend geringer und das Endvermögen des unterhaltsberechtigten Ehegatten entsprechend höher gewesen wäre, wenn der Unterhalt regelmäßig gezahlt worden wäre.[190] Das ist aber nur in der Theorie richtig. In der Praxis hätte sich womöglich der Unterhaltspflichtige in seiner Lebensführung einfach mehr eingeschränkt. Umgekehrt hätte der Unterhaltsgläubiger den Unterhalt wahrscheinlich nicht angespart, sondern ausgegeben. Etwas entschärfen lässt sich die Situation für den Unterhaltsgläubiger, wenn Dritte ihm zur Überbrückung ein **Darlehen** gewährt haben, das dann als Verbindlichkeit zu berücksichtigen ist.[191]

159 Soweit am Stichtag lediglich der Unterhalt für den laufenden Monat noch nicht bezahlt ist, mindert auch diese Verbindlichkeit das Endvermögen des pflichtigen Ehegatten. Auf Seiten des berechtigten Ehegatten ist der Anspruch bei dessen Aktiva einzustellen. Obwohl das Einkommen des laufenden Monats regelmäßig bereits über den Unterhalt ausgeglichen wird, ist ferner auch ein Kontoguthaben, das lediglich aus dem Einkommen des laufenden Monats besteht, in die Zugewinnausgleichsbilanz einzustellen. Das Gleiche gilt, wenn das Konto wegen der Zahlung des Unterhalts überzogen ist. Zwar wird dadurch gegen das Verbot

185 BGH 17.11.2010 – XII ZR 170/09, FamRZ 2011, 183.
186 BGH 23.10.1985 – IVb ZR 62/84, FamRZ 1986, 37; 9.6.1983 – IX ZR 41/82, FamRZ 1983, 882.
187 OLG Hamm 30.3.1998 – 10 WF 355/97, FamRZ 1998, 1603; *Schulz/Hauß* Vermögensauseinandersetzung Kap. 1 Rn. 658.
188 BGH 31.10.2001 – XII ZR 292/99, FamRZ 2002, 88; 15.11.2000 – XII ZR 197/98, FamRZ 2001, 278.
189 BGH 6.10.2010 – XII ZR 10/09, FamRZ 2011, 25; 27.8.2003 – XII ZR 300/01, FamRZ 2003, 1544.
190 BGH 6.10.2010 – XII ZR 10/09, FamRZ 2011, 25.
191 *Kogel* Zugewinnausgleich Rn. 788 ff.; *Schulz/Hauß* Vermögensauseinandersetzung Kap. 1 Rn. 335 ff.

der Doppelberücksichtigung verstoßen. Nach dem Bundesgerichtshof ist dies aber im Hinblick darauf hinzunehmen, dass es sich um Massenfälle handelt, die anders nicht sinnvoll zu bewältigen wären, zumal es sich regelmäßig nur um geringfügige und zeitlich zufällig vorkommende Überschneidungen handelt[192] (→ Rn. 19, Arbeitseinkommen).

47. Unternehmen/Unternehmensbeteiligungen

a) Überblick. Ein Unternehmen ist als Gesamtheit zu bewerten, wobei grundsätzlich danach gefragt wird, was ein Erwerber im Veräußerungsfall zu zahlen bereit wäre. Das Gesetz gibt keine Methode vor. Nach ständiger Rechtsprechung ist es Sache des – gegebenenfalls sachverständig beratenen – Tatrichters, die zutreffende Bewertungsmethode auszuwählen. In der Revision kann die Bewertung dann nur noch daraufhin überprüft werden, ob ein Verstoß gegen Denkgesetze oder andere Rechtsfehler vorliegt.[193] 160

b) Einzelheiten. Grundsätzlich stehen für die Bewertung von Unternehmen **drei verschiedene Methoden** zur Verfügung, nämlich die Bewertung nach dem Ertragswert, dem Substanzwert oder dem Liquidationswert. Für die Bewertung sind mindestens die letzten fünf Jahresabschlüsse vor dem Stichtag vorzulegen. Auf Geheimhaltungsinteressen kann sich der Inhaber des Unternehmens im Rahmen des Zugewinnausgleichsverfahrens nicht berufen.[194] 161

aa) Ertragswert. Am häufigsten wird die Ertragswertmethode angewandt.[195] Sie stellt darauf ab, was ein Erwerber für das Unternehmen im Hinblick auf die Rendite, die dieses abwirft, zahlen würde, wobei Vergleichsmaßstab die Renditen anderer Geldanlagen und der hierfür aufzuwendende Betrag ist.[196] 162

Der Ertragswert wird definiert als 163

- der kapitalisierte, in eine Geldsumme umgerechnete Wert der mit dem Unternehmen erzielbaren Nutzungen und Erträge,
- Barwert der zukünftigen Überschüsse der Einnahmen über die Ausgaben („ewige Rente"),
- Barwert aller künftigen entnahmefähigen Erträge,
- Summe aller auf den Bewertungsstichtag abgezinster künftiger Erfolge (Barwerte), die mit dem Unternehmen im Laufe seiner Existenz noch erwirtschaftet werden können.[197]

Abgestellt wird also auf die **Gewinne**, nicht auf die Sachwerte des Unternehmens. Ermittelt werden müssen die durchschnittlichen Gewinne der letzten Jahre, wobei meist auf einen Fünfjahresschnitt zurückgegriffen wird. Die jüngeren Jahre werden dabei in der Regel stärker als die weiter zurückliegenden Jahre gewichtet. Außerdem ist der Gewinn um einmalige oder perioden- bzw. betriebsfremde Erträge zu bereinigen. In Abzug zu bringen ist ferner der Unternehmerlohn, wobei, wie bei den Freiberuflerpraxen, nicht mehr der kalkulatorische, sondern der individuell zu ermittelnde Unternehmerlohn in Ansatz zu bringen ist, um eine doppelte Berücksichtigung der Erträge des Unternehmens beim Unterhalt und beim Zugewinn zu vermeiden.[198] 164

Der Gewinn muss dann noch kapitalisiert, also abgezinst, werden. Zugrunde gelegt wird der landesübliche Kapitalmarktzins,[199] wobei Zu- und Abschläge für die spezifischen Chancen und Risiken des Unterneh- 165

192 BGH 27.8.2003 – XII ZR 300/01, FamRZ 2003, 1544.

193 BGH 5.12.2018 – XII ZR 116/17, FamRZ 2019, 429; BGH 9.2.2011 – XII ZR 40/09, FamRZ 2011, 622; BGH 2.2.2011 – XII ZR 185/08, FamRZ 2011, 1367; BGH 6.2.2008 – XII ZR 45/06, FamRZ 2008, 761; BGH 8.9.2004 – XII ZR 194/01, FamRZ 2005, 99.

194 *Kogel* Zugewinnausgleich Rn. 1234.

195 BGH 5.12.2018 – XII ZR 116/17, FamRZ 2019, 429; BGH 8.11.2017 – XII ZR 198/16, FamRZ 2018, 93; BGH 6.11.2013 – XII ZB 434/12, FamRZ 2014, 98.

196 *Schulz/Hauß* Vermögensauseinandersetzung Kap. 1 Rn. 339, 125 f.

197 BGH 5.12.2018 – XII ZR 116/17, FamRZ 2019, 429; BGH 8.11.2017 – XII ZR 198/16, FamRZ 2018, 93; *Schulz/Hauß* Vermögensauseinandersetzung Kap. 1 Rn. 125 ff.; *Kogel* Zugewinnausgleich Rn. 1222 ff.

198 BGH 8.11.2017 – XII ZR 198/16, FamRZ 2018, 93; *Schulz/Hauß* Vermögensauseinandersetzung Kap. 1 Rn. 125 ff.; *Schröder* Rn. 95 ff.

199 BGH 8.11.2017 – XII ZR 198/16, FamRZ 2018, 93.

mens und ein Abschlag für die Geldentwertung vorzunehmen sind.[200] Die **Formel für die Kapitalisierung** lautet: Ertragswert gleich Durchschnittsgewinn geteilt durch Kapitalisierungszinssatz. Danach ist der Ertragswert also umso höher, je niedriger der Kapitalisierungszinssatz ist, weswegen diesem neben der Ermittlung der Gewinne und der Bestimmung des individuellen Unternehmerlohns besondere Aufmerksamkeit bei der Überprüfung eines Gutachtens gewidmet werden sollte.[201]

166 Ein Goodwill oder ideeller Geschäftswert ist neben dem Ertragswert nicht zusätzlich zu berücksichtigen, da der Goodwill im Ertragswert bereits enthalten ist.[202]

167 Das Ertragswertverfahren ist das richtige Verfahren, wenn das Unternehmen nicht mit seinem Inhaber steht und fällt.[203] Es wird daher überwiegend bei größeren Unternehmen zur Anwendung gebracht.

168 **bb) Substanzwert.** Beim Substanzwertverfahren wird ermittelt, welcher Preis gezahlt werden müsste, um sämtliche **Sachwerte** des Unternehmens wiederzubeschaffen. Die Bilanzwerte sind dafür nicht maßgeblich, weil in der Regel aufgrund der Abschreibungen stille Reserven bestehen werden, das heißt der Veräußerungserlös wäre höher als die Buchwerte. Es kommt stattdessen auf den Preis an, der am Markt gezahlt werden müsste, um Gegenstände vergleichbarer Art und Güte zu erhalten. Gibt es keinen Markt, ist der Anschaffungspreis abzuschreiben. Verbindlichkeiten sind in Abzug zu bringen.[204]

169 Das Substanzwertverfahren kommt zur Anwendung, wenn das Unternehmen stark inhabergebunden ist oder für das Unternehmen kein Markt besteht.[205]

170 Zu prüfen ist immer, ob daneben, wie bei der Freiberuflerpraxis, noch ein Geschäftswert oder **Goodwill** zu berücksichtigen ist. Das ist dann der Fall, wenn ein Erwerber bereit wäre, über den Sachwert hinaus auch etwas für den guten Ruf des Unternehmens zu zahlen. Davon wird nur auszugehen sein, wenn es einen übertragbaren Kundenstamm, eine eingespielte Geschäftsbeziehung, verkaufbare Markenwerte und dergleichen mehr gibt. Je jünger ein Unternehmen ist, umso niedriger wird der Goodwill sein. Steht und fällt das Unternehmen mit dem Inhaber, wird es keinen Goodwill geben.[206]

171 **cc) Liquidationswert.** Der Liquidationswert entspricht dem, was bei einer Zerschlagung des Unternehmens aus dem Verkauf der Sachwerte abzüglich der Verbindlichkeiten und Kosten der Liquidation zu erzielen ist. Die latenten Ertragssteuern sind auch in diesem Fall in Abzug zu bringen. Der Liquidationswert stellt regelmäßig die **unterste Grenze** bei der Unternehmensbewertung dar.[207]

172 Auf den Liquidationswert kann nur abgestellt werden, wenn das Unternehmen verkauft werden muss, zB um die Zugewinnausgleichsforderung befriedigen zu können.[208]

173 **dd) Kombination.** Die verschiedenen Bewertungsmethoden führen häufig zu ganz unterschiedlichen Ergebnissen. Der Bundesgerichtshof hat es im Hinblick darauf gebilligt, auf den **Mittelwert** zwischen dem

200 OLG Hamm 13.6.1997 – 12 UF 223/95, FamRZ 1998, 235.

201 Vgl. zu den Einzelheiten *Schulz/Hauß* Vermögensauseinandersetzung Kap. 1 Rn. 125 ff.; *Kogel* Zugewinnausgleich Rn. 1222 ff.

202 BGH 5.12.2018 – XII ZR 116/17, FamRZ 2019, 429; *Schulz/Hauß* Vermögensauseinandersetzung Kap. 1 Rn. 341.

203 BGH 6.11.2013 – XII ZB 434/12, FamRZ 2014, 98; OLG Hamm 13.6.1997 – 12 UF 223/95, FamRZ 1998, 235; OLG Frankfurt a. M. 14.4.2009 – 2 UF 273/08, FamRZ 2009, 2006; *Schulz/Hauß* Vermögensauseinandersetzung Kap. 1 Rn. 339.

204 BGH 5.12.2018 – XII ZR 116/17, FamRZ 2019, 429; *Schulz/Hauß* Vermögensauseinandersetzung Kap. 1 Rn. 340, 162 f.

205 Palandt/*Brudermüller* BGB § 1376 Rn. 44; *Schulz/Hauß* Vermögensauseinandersetzung Kap. 1 Rn. 340.

206 BGH 25.11.1998 – XII ZR 84/97, FamRZ 1999, 361; OLG Frankfurt a. M. 14.4.2009 – 2 UF 273/08, FamRZ 2009, 2006; *Schulz/Hauß* Vermögensauseinandersetzung Kap. 1 Rn. 147 ff., 341.

207 BGH 5.12.2018 – XII ZR 116/17, FamRZ 2019, 429; BGH 8.9.2004 – XII ZR 194/01, FamRZ 2005, 99; *Schulz/Hauß* Vermögensauseinandersetzung Kap. 1 Rn. 144.

208 BGH 5.12.2018 – XII ZR 116/17, FamRZ 2019, 429; BGH 12.7.1995 – XII ZR 109/94, FamRZ 1995, 1270: Lebensversicherung; *Haußleiter/Schulz* Vermögensauseinandersetzung Kap. 1 Rn. 156 f., 341.

Wert, der sich nach der Ertragswertmethode und dem Wert, der sich nach der Substanzwertmethode ergibt, abzustellen.[209]

Nicht zulässig wäre es dagegen, bei einem überschuldeten Unternehmen, dessen Ertragswert Null ist, einen werthaltigen Vermögensgegenstand, zB ein Betriebsgebäude, herauszunehmen und lediglich dessen Wert anzusetzen.[210] Es ist immer das Unternehmen als Ganzes zu bewerten. Auszugehen ist in derartigen Fällen vom Liquidationswert.[211] Eine getrennte Bewertung einzelner Vermögensbestandteile kommt allenfalls dann in Betracht, wenn der fragliche Vermögensbestandteil nicht betriebsnotwendig ist.[212] 174

c) Unternehmensbeteiligung. Häufig ist ein Ehegatte nicht alleiniger Inhaber eines Unternehmens, sondern lediglich an einem oder mehreren Unternehmen beteiligt. Es sind dann die gesellschaftsrechtlichen Beteiligungen, sei es ein KG-Anteil,[213] ein GmbH-Anteil,[214] ein GbR-Anteil oder die Beteiligung an einer AG[215] zu bewerten. 175

aa) Vorgehensweise. Zunächst ist in diesen Fällen immer der Wert des gesamten Unternehmens zu ermitteln. Anschließend ist zu klären, welcher Anteil hiervon auf den Ehegatten entfällt. In der Regel wird der Wert seines Anteils seiner Beteiligung am Unternehmen entsprechen. Es müssen daher immer die Gesellschaftsverträge vorgelegt werden, aus denen sich die Beteiligungsverhältnisse ergeben.[216] Fraglich ist, ob der Wert des Anteils der Beteiligung auch dann entspricht, wenn die Quote, mit der der Ehegatte am Gewinn beteiligt wird, deutlich höher ist als sein Geschäftsanteil. 176

bb) Abfindungsklauseln. Problematisch können Abfindungsklauseln sein, wenn sich aus ihnen für den Fall des Ausscheidens aus dem Unternehmen bestimmte Vorgaben für die Bewertung des Gesellschaftsanteils ergeben, zB der Goodwill ausgeklammert oder ein Abfindungsanspruch sogar ganz ausgeschlossen wird. Ebenso stellt sich die Frage nach der Bewertung, wenn vereinbart ist, dass der Gesellschaftsanteil nicht veräußerbar ist. Der Bundesgerichtshof hat entschieden, dass auch in diesen Fällen auf den vollen wirklichen Wert abzustellen ist und hat dies damit begründet, dass es für die Bewertung von Unternehmen und Unternehmensbeteiligungen im Wesentlichen auf die Nutzungsmöglichkeit ankommt, die dem Ehegatten trotz der Abfindungsklauseln erhalten bleibt, jedenfalls wenn keine Veräußerung im Raum steht bzw. erforderlich ist.[217] 177

Eine Wertminderung aufgrund der Abfindungsklausel kommt nur dann in Betracht, wenn absehbar ist, dass die Beteiligung irgendwann veräußert werden wird, wobei der bis zur Veräußerung verbleibende Zeitraum zu schätzen ist.[218] 178

Auf den Abfindungsbetrag kommt es somit nur an, wenn die Beteiligung am Stichtag schon veräußert ist[219] oder gekündigt werden muss, um den Zugewinnausgleich zahlen zu können oder die laufenden Einkünfte aus der Gewinnbeteiligung bereits als unterhaltsrechtlich relevantes Einkommen zu berücksichtigen sind.[220] 179

---

209 BGH 3.10.1985 – IVb ZR 62/84, FamRZ 1986, 37; vgl. auch OLG Koblenz 13.7.2001 – 11 UF 248/00, FamRB 2002, 161; aufgehoben von BGH 8.9.2004 – XII ZR 194/01, FamRZ 2005, 99.

210 OLG Koblenz 13.7.2001 – 11 UF 248/00, FamRB 2002, 161.

211 BGH 8.9.2004 – XII ZR 194/01, FamRZ 2005, 99.

212 BGH 8.9.2004 – XII ZR 194/01, FamRZ 2005, 99.

213 OLG Dresden 17.1.2008 – 21 UF 447/07, FamRZ 2008, 1857.

214 BGH 2.2.2011 – XII ZR 185/08, FamRZ 2011, 1367; 1.10.1986 – IVb ZR 69/85, FamRZ 1986, 1196.

215 BGH 8.11.2017 – XII ZR 198/16, FamRZ 2018, 93.

216 BGH 25.11.1998 – XII ZR 84/97, FamRZ 1999, 361; 10.10.1979 – IV ZR 79/78, FamRZ 1980, 37.

217 BGH 11.12.2002 – XII ZR 27/00, FamRZ 2003, 432; 1.10.1986 – IVb ZR 69/85, FamRZ 1986, 1196; OLG Hamm 13.6.1997 – 12 UF 223/95, FamRZ 2008, 235.

218 BGH 11.12.2002 – XII ZR 27/00, FamRZ 2003, 432; 1.10.1986 – IVb ZR 69/85, FamRZ 1986, 1196.

219 BGH 10.10.1979 – IV ZR 79/78, FamRZ 1980, 37.

220 BGH 11.12.2002 – XII ZR 27/00, FamRZ 2003, 432; *Schulz/Hauß* Vermögensauseinandersetzung Kap. 1, Rn. 346; aA OLG Düsseldorf 1.12.2015 – II-1 UF 2/15, 1 UF 2/15, FamRZ 2016, 977 für die Beteiligung an einer international tätigen Wirtschaftsprüfungsgesellschaft.

48. Urheberrecht

180 Urheberrechte werden nach der **Ertragswertmethode** bewertet. Vorzulegen sind alle Verlagsverträge und Verwertungsverträge, eine Liste der geschützten Werke und die letzten drei bis fünf Einnahme-Überschuss-Rechnungen.[221]

49. Verbindlichkeiten

181 Verbindlichkeiten sind am Stichtag mit ihrem Nennwert in die Zugewinnausgleichsbilanz einzustellen. Maßgeblich ist, ob die Verbindlichkeit **bereits entstanden** ist – nicht, ob sie bereits fällig ist. Lediglich bei Dauerschuldverhältnissen ist auf die Fälligkeit abzustellen (→ Rn. 27, Dauerschuldverhältnisse). Verbindlichkeiten eines Unternehmens bzw. betriebliche Schulden werden regelmäßig schon bei der Bewertung des Unternehmens bzw. des Betriebs berücksichtigt und können daher nicht noch einmal in Abzug gebracht werden.[222]

182 Verbindlichkeiten, die **noch nicht fällig** sind und erst später unverzinst zurückzuzahlen sind, müssen abgezinst werden,[223] und zwar indem man den Zinssatz bestimmt, mit dem abgezinst werden soll, und anschließend den geschuldeten Betrag mit dem Barwertfaktor multipliziert, der sich aus dem festgelegten Zinssatz ergibt. In der Regel wird der gesetzliche Zinssatz von 4 % genommen. Die Barwertfaktoren kann man der Anlage 2 zu § 20 der Immobilienwertverordnung (ImmoWertV) entnehmen.[224]

50. Wohnrecht

183 Siehe hierzu → *Leibgeding, Leibrente, Nießbrauch und Wohnrecht im Zugewinn* Rn. 5 ff.

221 *Schulz/Hauß* Vermögensauseinandersetzung Kap. 1 Rn. 663.
222 *Schulz/Hauß* Vermögensauseinandersetzung Kap. 1 Rn. 351.
223 BGH 15.1.1992 – XII ZR 247/90, FamRZ 1992, 411; OLG Hamm 9.9.1994 – 6 UF 229/93, FamRZ 1995, 611.
224 *Schulz/Hauß* Vermögensauseinandersetzung Kap. 1 Rn. 352.

3. Abfindung im Versorgungsausgleich

Weil

I. Einführung

1 Für ein Anrecht, das im Versorgungsausgleich nicht ausgeglichen, sondern dem **schuldrechtlichen Ausgleich** (→ *Schuldrechtlicher Versorgungsausgleich* Rn. 1 ff.) vorbehalten wurde, kann der ausgleichsberechtigte Ehegatte nach § 23 VersAusglG vom Ausgleichspflichtigen eine **zweckgebundene Abfindung** verlangen. Ein **Zeitpunkt**, zu dem die Abfindung erfolgen muss, ist nicht vorgegeben. Möglich ist eine Abfindung daher bereits nach der Scheidung, also unter Umständen schon in jungen Jahren, oder auch erst dann, wenn der Ausgleichspflichtige seine Rente bereits bezieht. Die Abfindung ist nach § 23 Abs. 1 VersAusglG zweckgebunden. Der Ausgleichsberechtigte kann über den Abfindungsbetrag nicht frei verfügen, er hat vielmehr, wie bei einer externen Teilung, eine **Zielversorgung** (→ Rn. 10) zu bestimmen, bei der mit dem Abfindungsbetrag ein bestehendes Anrecht ausgebaut oder ein neues Anrecht begründet werden soll. Für die möglichen Zielversorgungen wird in § 24 Abs. 2 VersAusglG auf § 15 VersAusglG verwiesen. Als Zielversorgung stehen also dieselben Versorgungssysteme zur Verfügung wie bei einer externen Teilung (→ *Externe Teilung* Rn. 6 ff.).[1] Anders als die schuldrechtliche Rente, kann die Abfindung vom Ausgleichspflichtigen steuerlich nicht geltend gemacht werden, vom Ausgleichsberechtigten ist die Zahlung nicht zu versteuern[2] (→ Rn. 8).

2 Anspruch auf eine Abfindung besteht nach § 23 Abs. 2 VersAusglG nur, wenn diese für den Ausgleichspflichtigen **zumutbar** ist. Dem Ausgleichspflichtigen ist die Zahlung einer Abfindung schon dann nach § 23 Abs. 2 VersAusglG wirtschaftlich zumutbar, wenn er sie in Raten zahlen kann. Um die wirtschaftliche Bewegungsfreiheit des Ausgleichspflichtigen nicht zu stark einzuschränken, darf eine Abfindung auch durch Ratenzahlung allerdings nur insoweit angeordnet werden, als der eigene angemessene Unterhalt des Ausgleichspflichtigen und der anderer Unterhaltsberechtigter nicht beeinträchtigt wird.[3] Die Ratenzahlung darf zudem nicht so weit gestreckt werden, dass sie im Ergebnis zu einer vorzeitigen schuldrechtlichen Ausgleichsrente führt.[4] Ratenzahlungen sollten für den Fall abgesichert werden, dass der Ausgleichspflichtige vor Zahlung der letzten Rate verstirbt.[5]

Die Geltendmachung einer Abfindung sollte von der ausgleichsberechtigten Person immer in den Fällen angestrebt werden, bei denen es um den Ausgleich ausländischer Anrechte geht oder der Anspruch auf eine verlängerte Ausgleichsrente aufgrund der Wiederheirat des Berechtigten erloschen ist, dies vor dem Hintergrund, dass die Zahlung mit dem Tod der ausgleichspflichtigen Person entfällt oder die verlängerte schuldrechtliche Ausgleichsrente gegebenenfalls gem. § 26 VersAusglG gegenüber einer tatsächlichen Witwe/einem tatsächlichen Witwer geltend gemacht werden muss.

II. Abfindungsbetrag

3 Wie der Abfindungsbetrag zu **berechnen** ist, regelt § 24 VersAusglG. Danach ist für die Höhe der Abfindung der **Zeitwert des Ausgleichswertes** maßgeblich. Unter dem Begriff Ausgleichswert ist an dieser Stelle nicht der Ausgleichwert zu verstehen, der in der jeweiligen maßgeblichen Bezugsgröße bemessen ist. Es muss vielmehr in jedem Fall ein Kapitalbetrag sein, der den Wert des Anrechts zum Ende der Ehezeit darstellt. Ist die maßgebliche Bezugsgröße kein Kapitalbetrag, der diesem Kriterium genügt, ist für die Abfindung statt des Ausgleichswertes der **korrespondierende Kapitalwert** gem. § 47 VersAusglG

1 HK-VersAusglR/*Götsche* §§ 23, 24.
2 BMF-Schreiben vom 9.4.2010, IV C 3 – S 2221/09/10024.
3 BGH 22.6.2016 – XII ZB 514/15, NJW-RR 2016, 969.
4 HK-FamR/*Hauß* VersAusglG § 23 Rn. 6; HK-VersAusglR/*Götsche* § 23 Rn. 25.
5 HK-VersAusglR/*Götsche* § 23 Rn. 42.

maßgeblich.[6] (Anmerkung: Nicht jeder Ausgleichswert in Form eines Kapitalwertes stellt den Wert zum Ende der Ehezeit dar. Bei Direktzusagen der betrieblichen Altersversorgung, bei denen Leistungen in Form einer Kapitalzahlung erbracht werden, ist der Ausgleichswert zB häufig der Kapitalbetrag, der bei Erreichen der Altersgrenze fällig wird. In diesen Fällen ist für die Berechnung der Abfindung der korrespondierende Kapitalwert maßgeblich, der in der Regel deutlich niedriger ist.) Da für die Abfindung der **Zeitwert** heranzuziehen ist, muss aus dem auf das Ende der Ehezeit berechneten Ausgleichswert in geeigneter Weise der Wert zum Zeitpunkt der Abfindung berechnet werden.

Zum Ende der Ehezeit entspricht der Ausgleichswert als Kapitalbetrag dem Zeitwert des hälftigen Anrechts zu diesem Stichtag. Zu einem späteren Zeitpunkt hat sich der Zeitwert allein durch Zeitablauf geändert, da sich der Zeitraum, über den künftige Zahlungen abgezinst werden müssen, verkürzt hat. Außerdem hat er sich aufgrund der Biometrie verändert. Diese Änderungen können erfasst werden, indem eine Berechnung des Ausgleichswertes auf den Zeitpunkt der Abfindung als Bewertungsstichtag vorgenommen wird.

4 Rechtliche und tatsächliche Veränderungen, die auf den Ehezeitanteil zurückwirken, sind nach § 5 Abs. 2 S. 2 VersAusglG ebenfalls zu berücksichtigen. Außerdem sind, wie auch bei der schuldrechtlichen Rente, die Veränderungen der Bemessungsgrundlagen zu berücksichtigen, also zB bei endgehaltsabhängigen Zusagen die zwischenzeitliche Gehaltsentwicklung. Darüber hinaus wird der Zeitwert zB beeinflusst durch **Gutschriften von Überschussanteilen**, Wertänderungen von Fondsanteilen, **eventuellen Wertminderungen aufgrund bereits erbrachter Leistungen** usw.

Wie bei der schuldrechtlichen Rente sind auch bei der Abfindung anteilige **Kranken- und Pflegeversicherungskosten** in Abzug zu bringen und die steuerliche Behandlung in angemessener Weise zu berücksichtigen (→ Rn. 8).

5 Befindet das Anrecht sich bereits in der **Leistungsphase** und wurde die schuldrechtliche Rente bereits berechnet, empfiehlt es sich, in den meisten Fällen, den Ehezeitanteil anhand der gezahlten Leistungen zu berechnen. In einem zweiten Schritt ist aus dem (korrigierten) Ehezeitanteil der Abfindungsbetrag zu ermitteln. Hierbei sollten die Berechnungsmethoden Anwendung finden, mit denen für das spezielle Anrecht im Versorgungsausgleich der Kapitalwert bzw. der korrespondierende Kapitalwert ermittelt wird. Da es um die Berechnung eines Zeitwertes geht, sollten die Rechnungsgrundlagen zum Zeitpunkt der Abfindung, nicht zum Zeitpunkt des Ehezeitendes herangezogen werden. In vielen Fällen erfordert eine korrekte Berechnung des Abfindungsbetrages eine versicherungsmathematische Bewertung, die unbedingt durch einen Fachmann erfolgen sollte. Der so ermittelte Betrag ist ein Bruttobetrag. Kranken- und Pflegeversicherungsbeiträge sowie die Steuern sind hierbei noch nicht berücksichtigt.

6 Wurde der Versorgungsausgleich nach dem bis zum 31.8.2009 gültigen Recht durchgeführt, liegt **kein Ausgleichswert** bzw. korrespondierender Kapitalwert vor. Wird die Abfindung verlangt, wenn bereits Leistungen erbracht werden, ist der Zeitwert der laufenden schuldrechtlichen Rente zum Abfindungsstichtag zu ermitteln. Vorsichtshalber empfiehlt sich eine Überprüfung dieser Rente, denn häufig wurde sie falsch berechnet. Oft wird fälschlicherweise vom dynamisierten Betrag der auszugleichenden Rente ausgegangen, statt vom Nominalbetrag, nachehezeitliche Änderungen werden häufig nicht vollständig erfasst, Verrechnungen mit anderen Anrechten nicht berücksichtigt und/oder die anteiligen Kranken- und Pflegeversicherungsbeiträge nicht in Abzug gebracht.

Wird die Abfindung verlangt, bevor eine schuldrechtliche Rente gezahlt wird, kann der Abfindungsbetrag nur ausgehend von der im Versorgungsausgleich ermittelten schuldrechtlichen Rente berechnet werden. Allerdings müssen die zwischenzeitlichen Änderungen berücksichtigt werden. Bei den Anrechten der betrieblichen Altersversorgung, die den Großteil der in den schuldrechtlichen Ausgleich verwiesenen Anrechte ausmachen, wurde unter altem Recht der Ehezeitanteil häufig gänzlich anders berechnet als unter neuem Recht. Unter altem Recht wurde in der Regel, ohne Berücksichtigung der Versorgungsregelungen, als Ehezeitanteil die im Verhältnis von ehezeitlicher Betriebszugehörigkeit zu insgesamt möglicher

6 BT-Drs. 16/10144, 65.

Betriebszugehörigkeit gekürzte Altersrente angesetzt. Nach neuem Recht wird der **Ehezeitanteil** aus der fiktiven unverfallbaren Anwartschaft berechnet. Da sich die unverfallbare Anwartschaft nur noch in seltenen Fällen durch zeitratierliche Kürzung der erreichbaren Rente errechnet, erhält man in der Regel einen gänzlich anderen Ehezeitanteil. Er kann ein Vielfaches oder aber nur einen Bruchteil des Ehezeitanteils ausmachen, der im Versorgungsausgleich nach altem Recht angesetzt wurde. Da die schuldrechtliche Rente auch bei Fällen, in denen der Versorgungsausgleich nach altem Recht erfolgte, nach den Vorschriften des neuen Rechts berechnet wird, sollten für betroffene Anrechte unbedingt Neuberechnungen der Ehezeitanteile vorgenommen oder bei den Versorgungsträgern angefordert werden. Zu berücksichtigen ist, dass nach altem Recht Anrechte teilweise verrechnet wurden, so dass teilweise auch Anrechte des insgesamt ausgleichsberechtigten Ehegatten in die Berechnung der schuldrechtlichen Rente einfließen. Auch ein ggf. erfolgter Teilausgleich über die gesetzliche Rentenversicherung ist zu berücksichtigen. Der Zeitwert der schuldrechtlichen Rente ist in gleicher Weise zu berechnen wie bei Anrechten, bei denen der Versorgungsausgleich nach neuem Recht erfolgt war.

Mit der Abfindung erlischt der Anspruch des Ausgleichsberechtigten auf eine schuldrechtliche Rente. 7
Unklar ist, was bei einer Abfindung in Bezug auf die **Teilhabe an der Hinterbliebenenversorgung** gem. §§ 25, 26 VersAusglG geschieht. Diesbezüglich ist bei einer Abfindung eine andere Situation gegeben als bei einer schuldrechtlichen Rente. Da der Abfindungsbetrag aus Ausgleichswert in Form eines Kapitalwertes bzw. aus dem korrespondierenden Kapitalwert ermittelt wird oder seine Berechnung zumindest in analoger Weise erfolgt, schließt der Abfindungsbetrag den **Wert der Hinterbliebenenversorgung** bereits mit ein. Bleibt trotzdem noch ein Anspruch gegen den Versorgungsträger nach § 25 VersAusglG oder gegen die Witwe oder den Witwer nach § 26 VersAusglG bestehen, erhält der Ausgleichsberechtigte den Wert der Hinterbliebenenversorgung uU doppelt, der Ausgleichspflichtige und ein eventueller neuer Lebenspartner sind hingegen uU doppelt belastet. Dies ließe sich zB vermeiden, indem der Wert der Hinterbliebenenversorgung beim Abfindungsbetrag unberücksichtigt bleibt. Diese Möglichkeit sieht das Gesetz jedoch nicht vor.

Die Finanzverwaltung hat ihre Auffassung zur steuerlichen Behandlung einer schuldrechtlichen Rente 8
und zur Behandlung einer Abfindungszahlung in ihrem Schreiben vom 9.4.2010[7] dargelegt. Danach ist bezüglich der **steuerlichen Behandlung** bei einer Abfindungszahlung eine andere Situation gegeben als bei einer schuldrechtlichen Rente. Bei einer schuldrechtlichen Rente kann der Ausgleichspflichtige die Zahlungen nach § 10 Abs. 1 Nr. 1 b EStG, soweit sie bei ihm der Besteuerung unterliegen, als Sonderausgaben geltend machen. Der Ausgleichsberechtigte hat die entsprechenden Leistungen nach § 22 Nr. 1 c EStG zu versteuern.[8] Das bedeutet, dass jeder der Ehegatten nur den Anteil der schuldrechtlichen Rente zu versteuern hat, der ihm wirtschaftlich auch zur Verfügung steht. Anders sieht die Situation bei einer Abfindung aus. Beim Ausgleichspflichtigen scheidet sowohl ein Sonderausgabenabzug nach § 10 Abs. 1 Nr. 1 b EStG als auch eine Steuerermäßigung wegen außergewöhnlicher Belastung nach § 33 EStG aus.[9] Da es sich nach Ansicht der Finanzverwaltung bei der Abfindung um einen Vorgang auf der privaten Vermögensebene handelt, ist der Abfindungsbetrag beim Ausgleichsberechtigten zum Zeitpunkt der Übertragung nicht zu versteuern. Zu versteuern sind jedoch die später zufließenden Versorgungsleistungen. Deren Besteuerung richtet sich nach der Rechtsnatur dieser Leistungen (→ Rn. 9 f.). Im Ergebnis bedeutet dies, dass der Ausgleichspflichtige bei einer Abfindungszahlung die Steuern für das gesamte Anrecht zu tragen hat, während der Ausgleichsberechtigte eine Besteuerung vermeiden kann. Bezüglich der Besteuerung ist somit bei einer Abfindungszahlung eine Situation gegeben, die der Situation bezüglich Kranken und Pflegeversicherungsbeiträgen bei einer schuldrechtlichen Ausgleichsrente vergleichbar ist. Es wäre daher konsequent, wenn auch die Steuerbelastung beim Abfindungsbetrag Berücksichtigung finden könnte. Eine entsprechende Regelung findet sich im VersAusglG allerdings nicht. Ein Ungleichgewicht kann ggf. über § 27 VersAusglG vermieden werden.[10]

---

7 BMF-Schreiben vom 9.4.2010, IV C 3 – S 2221/09/10024.
8 BMF-Schreiben vom 9.4.2010, IV C 3 – S 2221/09/10024, 4 f.
9 BMF-Schreiben vom 9.4.2010, IV C 3 – S 2221/09/10024, 9 f.
10 HK-VersAusglR/*Götsche* § 24 Rn. 10.

III. Zielversorgung

9 Für die möglichen Zielversorgungen wird in § 24 Abs. 2 VersAusglG auf § 15 VersAusglG verwiesen. Als Zielversorgung stehen also dieselben Versorgungssysteme zur Verfügung wie bei einer externen Teilung. So soll sichergestellt werden, dass die Zielversorgung eine **angemessene Versorgung** gewährleistet. Die Gefahr, dass die Abfindungszahlung beim Ausgleichspflichtigen zu steuerpflichtigen Einnahmen oder einer steuerschädlichen Verwendung führt, ist nicht gegeben, denn anders als bei einer externen Teilung erfolgt die Abfindungszahlung aus versteuertem Einkommen oder Vermögen.[11] In Bezug auf die Besteuerung empfiehlt es sich daher, bei einer Abfindung – anders als bei einer externen Teilung – eine Zielversorgung zu wählen, bei der die Leistungen nur mit dem Ertragsanteil besteuert werden.

10 **Mögliche Zielversorgungen** sind nach § 15 Abs. 4 VersAusglG die gesetzliche Rentenversicherung, die Durchführungswege der betrieblichen Altersversorgung, Pensionsfonds, Pensionskasse und Direktversicherung, Verträge, die nach § 5 des Altersvorsorgeverträge-Zertifizierungsgesetzes zertifiziert sind, sowie die Versorgungsausgleichskasse. Teilweise werden die in § 15 Abs. 4 VersAusglG genannten Zielversorgungen **nachgelagert besteuert** bzw. werden allmählich in die nachgelagerte Besteuerung überführt (→ *Steuern und Sozialabgaben im Versorgungsausgleich* Rn. 1 ff.). Dies gilt für die gesetzliche Rentenversicherung und für zertifizierte Altersvorsorgeverträge. Wenn der Abfindungsbetrag für eine schuldrechtlichen Rente in eines dieser Versorgungssysteme eingezahlt wird, kommt es zu einer Doppelbesteuerung, da die Abfindung aus bereits versteuertem Einkommen erbracht werden muss. Inwieweit dies relevant ist, hängt von den persönlichen Verhältnissen ab. Will man eine Doppelbesteuerung vermeiden, muss eine Zielversorgung gewählt werden, bei der nur der Ertragsanteil der Rente der Besteuerung unterliegt, wie zB bei der klassischen privaten Rentenversicherung. Ob ein Durchführungsweg der betrieblichen Altersversorgung in Betracht kommt und wie ggf. die Leistungen in diesem Durchführungsweg besteuert würden, muss im Einzelfall geklärt werden. In den meisten Fällen wird eine betriebliche Altersversorgung als Zielversorgung ausscheiden, weil kein Versorgungsträger bereit ist, den Abfindungsbetrag aufzunehmen. Wenn die Versorgungsausgleichskasse Zielversorgung sein soll, sollte die Frage der Besteuerung vorab geklärt werden.

11 BMF-Schreiben vom 9.4.2010, IV C 3 – S 2221/09/10024, 9 f.

4. Abstammung

Siede

I. Einführung

Abstammungssachen sind geregelt in §§ 1589–1600 d BGB als Titel 1 und 2 des IV. Buches BGB (Familienrecht). Die Vorschriften über das internationale Privatrecht finden sich in Art. 19, 20 EGBGB, das Verfahrensrecht in §§ 100, 169–185 FamFG. Außerdem sind wichtige Nebengesetze zu beachten wie das ESchG, das GenDG, das SamenRegG und das SchKG. 1

1. Grundprinzipien des Abstammungsrechts

Das deutsche Recht gehört zu den Rechtsordnungen, die die Abstammung **statusrechtlich** definieren. Dem stehen die Rechtsordnungen v.a. des Common Law-Rechtskreises gegenüber, die die Abstammung als tatsächliche, der Beweisaufnahme zugängliche Frage, die inzident in einem Zivilverfahren zu klären ist, begreifen. 2

Für die statusrechtliche Abstammung ist es grundsätzlich unerheblich, ob das Kind tatsächlich von der Person **genetisch** abstammt, der es rechtlich als Mutter bzw. Vater zugeordnet ist. Daher ist gem. § 1591 BGB die Frau, die das Kind geboren hat, auch dann **Mutter**, wenn das Kind genetisch von einer anderen Frau abstammt, etwa im Fall der Eizellspende. 3

Vater ist der Mann, der mit der Mutter eines Kindes zum Zeitpunkt der Geburt verheiratet war (§ 1592 Nr. 1 BGB), die Vaterschaft wirksam anerkannt hat (§ 1592 Nr. 2 BGB; zur Anerkennung vgl. → *Anerkennung der Vaterschaft* Rn. 1 ff.) oder gem. § 1600 d BGB als Vater festgestellt wurde (§ 1592 Nr. 3 BGB; → *Feststellung der Vaterschaft* Rn. 1 ff.), und dies auch dann, wenn allen Beteiligten bekannt ist, dass das Kind tatsächlich leiblich nicht von diesem Mann abstammt. Vater ist auch, wer mit der Mutter verheiratet war, wenn die Ehe durch Tod aufgelöst wurde und das Kind innerhalb von 300 Tagen nach dem Tod des Mannes geboren wurde (§ 1593 BGB). 4

Die **leibliche Abstammung** spielt in diesem System nur mittelbar eine Rolle für die Regelung der statusrechtlichen Abstammung; denn grundsätzlich müssen die Regelungen über die statusrechtliche Abstammung dazu führen, dass sie in der Regel mit der leiblichen Abstammung übereinstimmen.[1] 5

Fallen statusrechtliche und leibliche Abstammung des Kindes in Bezug auf die Mutter auseinander, gibt es keine rechtliche Möglichkeit, dies zu korrigieren. Die **Anfechtung** der Mutterschaft oder ein vergleichbares Instrument ist nach deutschem Recht nicht vorgesehen. 6

Demgegenüber kann die Vaterschaft nach Maßgabe von §§ 1599 ff. BGB in diesem Fall **angefochten** werden (→ *Anfechtung der Vaterschaft* Rn. 1 ff.); erst die rechtskräftige Feststellung, dass der statusrechtliche 7

1 BVerfG 9.4.2003 – 1 BvR 1493/96, 1 BvR 1724/01, NJW 2003, 2151 Rn. 56.

Vater nicht der Vater des Kindes ist, macht den Weg frei, diesen als Vater festzustellen bzw. die Vaterschaft anzuerkennen (§§ 1594 Abs. 2, 1600 d Abs. 1 BGB; zu den Ausnahmen der scheidungsakzessorischen Anerkennung der Vaterschaft vgl. § 1599 Abs. 2 BGB; zur Vaterschaft des Ehemannes bei Tod § 1593 BGB).

8 Die statusrechtlich begründete Abstammung wirkt für und gegen **jedermann**, auch wenn dieser am Verfahren nicht beteiligt war. Daher können insbesondere Personen, auf deren Rechte sich das Bestehen der Verwandtschaft mittelbar auswirkt (zB Miterben in Bezug auf die Erbquote) nicht einwenden, die Vaterschaft sei zu Unrecht festgestellt oder angefochten worden.

2. Entwicklung des Abstammungsrechts

9 Die Entwicklung des derzeit geltenden Abstammungsrechts ist v.a. durch den verfassungsrechtlichen Auftrag der Gleichstellung ehelicher und nichtehelicher Kinder sowie diverse verfassungsgerichtliche Entscheidungen geprägt worden. Durch das **KindRG** vom 16.12.1997[2] wurde die Ungleichbehandlung von ehelichen und nichtehelichen Kindern aufgehoben. Durch das **KinderRVerbG** vom 9.4.2002[3] wurde die Möglichkeit sowohl für den Vater, der einer heterologen Insemination der Mutter zugestimmt hatte, als auch für die Mutter, in diesem Fall die Vaterschaft hinsichtlich des Kindes anzufechten, aufgehoben.

10 Durch das **Gesetz zur Änderung der Vorschriften über die Anfechtung der Vaterschaft und das Umgangsrecht von Bezugspersonen des Kindes** vom 23.4.2004[4] wurde in einer Umsetzung der Entscheidung des BVerfG vom 9.4.2003[5] für den leiblichen Vater das Recht eingeführt, die Vaterschaft des statusrechtlichen Vaters anzufechten mit dem Ziel, selbst als Vater des Kindes festgestellt zu werden.

11 Der Anspruch auf Einwilligung in eine abstammungsgenetische Untersuchung zur statusunabhängigen Klärung der Abstammung durch **Gesetz zur Klärung der Vaterschaft unabhängig vom Anfechtungsverfahren** vom 26.3.2008[6] diente der Umsetzung eines Postulats des BVerfG,[7] die Einführung eines Rechts des leiblichen, aber nicht rechtlichen Vaters auf **Information und Umgang** hinsichtlich seines Kindes durch § 1686 a BGB dient der einfachgesetzlichen Umsetzung der Rechtsprechung des EGMR.[8]

12 Die Anerkennung einer Vaterschaft mit Migrationshintergrund ist durch das **Gesetz zur besseren Durchsetzung der Ausreisepflicht** vom 20.7.2017[9] erschwert worden (§ 1597 a BGB).[10]

13 Durch das am 1.9.2009 in Kraft getretene **FGG-Reformgesetz** vom 17.12.2008,[11] wurde das Verfahren in Abstammungssachen von einem Klageverfahren nach der ZPO in ein Verfahren der freiwilligen Gerichtsbarkeit, für das der Amtsermittlungsgrundsatz gilt, umgestaltet. Seitdem sind Abstammungssachen keine kontradiktorischen Verfahren mehr.

3. Nachweis der Abstammung

14 Nachgewiesen wird die Abstammung durch die Eintragungen im **Geburtenregister** (§§ 18 ff. PStG). Geburten im Ausland können gem. § 36 PStG nachbeurkundet werden. Die Eintragungen im Geburtenregister haben Beweisfunktion, wirken aber lediglich deklaratorisch (§ 54 PStG).

---

2 BGBl. 1997 I, 2942.
3 BGBl. 2002 I, 1239.
4 BGBl. 2004 I, 598.
5 BVerfG 9.4.2003 – 1 BvR 1493, 96, NJW 2003, 2151.
6 BGBl. 2008 I, 441.
7 BVerfG 13.2.2007 – 1 BvR 421/05, BVerfGE 117, 202.
8 EGMR 21.12.2010 – 20578/07, FamRZ 2011, 269 – Anayo ./. Deutschland.
9 BGBl. I, 2780.
10 Zur Kritik *Grziwotz* FamRB 2018, 282.
11 BGBl. I 2586.

II. Materielles Recht

1. Verwandtschaft und Abstammung

Grundlegend ist die Unterscheidung zwischen Verwandtschaft und Abstammung (§ 1589 BGB). 15

Abstammung bezeichnet nur die Verwandtschaft **in gerader Linie** (§ 1589 S. 1 BGB).

Daneben gibt es noch die Verwandtschaft in der **Seitenlinie**, zB zwischen Geschwistern. Auch diese Form der Verwandtschaft wird ebenfalls durch Abstammung vermittelt. Sie entsteht, wenn zwei Personen von einer dritten Person abstammen (§ 1589 S. 2 BGB). Zwischen Personen, die in der Seitenlinie miteinander verwandt sind, besteht aber kein Abstammungsverhältnis, sondern nur zu Personen, mit denen sie in gerader Linie verwandt sind, wie bei Geschwistern zu den Eltern (zu Einzelheiten → *Verwandtschaft* Rn. 1 ff.).

2. Grundsatz der Zweielternschaft

Prägend für das deutsche Abstammungsrecht ist das **System der Zweielternschaft**: jedes Kind soll grundsätzlich einer Mutter und einem Vater zugeordnet werden. 16

Mutter ist die **Frau**, die das Kind geboren hat (§ 1591 BGB). 17

Vater ist der **Mann**, der mit der Mutter zum Zeitpunkt der Geburt des Kindes verheiratet war, die Vaterschaft mit Zustimmung der Mutter anerkannt hat oder durch das Gericht als Vater festgestellt wird (§ 1592 Nr. 1–3 BGB). Vater ist auch, wer mit der Mutter verheiratet war, wenn die Ehe durch den Tod des Mannes aufgelöst wurde und das Kind innerhalb von 300 Tagen ab dem Versterben des Mannes geboren wurde (§ 1593 BGB). 18

Die **Umwandlung des Geschlechts** eines Elternteils hat keine Auswirkungen auf die Abstammung (§ 11 TSG). Auch nach Frau zu Mann-Umwandlung bleibt daher die (frühere) Mutter, die das Kind geboren hat, abstammungsrechtlich Mutter des Kindes und ist entsprechend im Geburtenregister einzutragen.[12] Haben zwei Frauen die Ehe geschlossen, wird die Partnerin der Frau, die das Kind geboren hat, nicht gem. § 1592 Nr. 1 BGB Elternteil des Kindes.[13] Ist die Schwangerschaft der Mutter mithilfe von kryokonserviertem Samen der (jetzigen)Ehefrau herbeigeführt worden, nachdem diese ihr Geschlecht von Mann zu Frau gewechselt hatte, kann sie gleichwohl nur die Rolle als Vater des Kindes einnehmen.[14] Sie kann insbesondere die (Mit-)mutterschaft nicht anerkennen. Weiterhin kann der leibliche Vater auch nach vollzogener Mann-zu-Frau-Umwandlung die Vaterschaft hinsichtlich eines Kindes anerkennen, nicht aber in die Rolle als (Mit-)mutter einrücken.[15] 19

Allerdings können zwei **gleichgeschlechtliche Ehegatten** als Eltern des Kindes erfasst werden, wenn aufgrund fremden Rechts ein Kind beiden Partnern abstammungsrechtlich zugeordnet wird,[16] oder wenn dies durch anerkennungsfähige Entscheidung geschieht.[17] 20

Hinsichtlich der Abstammung nach dem Elternteil, der das Kind nicht geboren hat, sind durch den Diskussionsteilentwurf des BMJV zum Abstammungsrecht Änderungen geplant.[18] Demnach soll insbesondere auch eine Mitmutterschaft neben der Frau, die das Kind geboren hat, ermöglicht werden. 21

12 BGH 6.9.2017 – XII ZB 660/14, FamRZ 2017, 1855.

13 KG Berlin 9.2.2018 – 3 UF 146/17, FamRZ 2018, 1925.

14 BGH 29.11.2017 – XII ZB 459/16, FamRZ 2018, 290.

15 OLG Köln 30.11.2009 – 16 Wx 94/09, FamRZ 2010, 741.

16 BGH 20.4.2016 – XII ZB 15/15, FamRZ 2016, 1251 betr. Südafrika: Ehe zweier Frauen.

17 BGH 10.2.2014 – XII ZB 463/13, FamRZ 2015, 240: Zwei Männer nach Austragung des Kindes durch eine Leihmutter in Kalifornien.

18 Veröff. ua unter https://www.bmjv.de/SharedDocs/Gesetzgebungsverfahren/Dokumente/DiskE_Reform_Abstammungsrecht.pdf?__blob=publicationFile&v=1; letzter Abruf am 4.1.2021.

22 Nicht aufgegeben werden soll aber das **Zweielternprinzip**. Daher wird beispielsweise keine Erweiterung dahin gehend angestrebt, dass neben die Frau, die das Kind geboren hat, auch die genetisch mit dem Kind verwandte Mutter treten soll, oder dass neben den Vater bzw. die Mitmutter, der/die statusrechtlich dem Kind zugeordnet ist, auch der biologische und ggf. soziale Vater als rechtlicher Elternteil treten sollen.

3. Mutterschaft

23 Hinsichtlich der Mutterschaft spielt die genetische Verwandtschaft keine Rolle. Es kommt allein darauf an, welche Frau das Kind **geboren** hat (§ 1591 BGB). Daher kann die Mutterschaft auch nicht angefochten werden, wenn ein Kind mittels Eizellspende gezeugt und von einer anderen Frau ausgetragen wurde (→ *Mutterschaft* Rn. 1 ff.).

4. Vaterschaft

24 Demgegenüber kann die Vaterschaft des rechtlichen Vaters angefochten werden, wenn dieser nicht auch der **leibliche** Vater des Kindes ist. Anfechtungsberechtigt sind der rechtliche Vater, die Mutter, das Kind und unter bestimmten weiteren Voraussetzungen auch der leibliche Vater (§ 1600 Abs. 1 BGB; → *Anfechtung der Vaterschaft* Rn. 1 ff.).

25 Ist die Vaterschaft wirksam angefochten oder besteht keine Vaterschaft aufgrund Ehe oder Anerkennung, muss die Vaterschaft gerichtlich **festgestellt** werden, um rechtlich beachtlich zu sein. Der Beschluss wirkt grundsätzlich erst ab Rechtskraft der Feststellung, (§ 184 FamFG) dann aber auf den Zeitpunkt der Geburt des Kindes zurück (§ 1600 d Abs. 5 BGB; → *Feststellung der Vaterschaft* Rn. 1 ff.).

5. Inzidente Feststellung der Vaterschaft

26 Die an die Abstammung geknüpften Wirkungen der Vaterschaft treten grundsätzlich nur im Verhältnis zwischen Kind und dem Mann ein, der gem. § 1592 Nr. 1–3 BGB als Vater gilt. Bei Feststellung der Vaterschaft können diese grundsätzlich erst ab Rechtskraft des Beschlusses, durch den die Vaterschaft festgestellt wird, geltend gemacht werden, dann aber rückwirkend auf den Zeitpunkt der Geburt (§ 1600 d Abs. 5 BGB).

27 Ausnahmsweise können sich aus der Abstammung nach dem Vater aber auch **Rechtswirkungen** ergeben, wenn diese nicht gem. § 1600 d BGB festgestellt ist:

- Rechte des leiblichen, aber nicht rechtlichen Vaters gem. § 1686 a BGB (→ *Umgangsrecht* Rn. 101 ff.; → *Auskunft über die persönlichen Verhältnisse des Kindes* Rn. 5 ff.);
- Vorläufige Geltendmachung von Unterhaltsansprüchen gegen den Mann, der als Vater vermutet wird (§§ 247, 248 FamFG; → *einstweiliger Rechtsschutz* Rn. 14);
- Unterhaltsregress bei inzidenter Vaterschaftsfeststellung (→ *Scheinvaterregress* Rn. 4 f.);
- Feststellung nichtehelicher Abstammung als Vorfrage für die Unbilligkeit von Unterhalt, Zugewinnausgleich, Versorgungsausgleich (→ *Unbilligkeit* Rn. 27).

6. Rechtsfolgen der Abstammung

28 Die Abstammung ist **Vorfrage** für viele andere Rechtsinstitute des bürgerlichen, aber auch des Verwaltungs- und Sozialrechts. Wichtige Beispiele sind:

- Namensrecht (§§ 1616 ff. BGB);
- Staatsangehörigkeit (§§ 4,5 StAG);[19]
- Elterliche Sorge (§ 1626 BGB; → *Elterliches Sorgerecht* Rn. 1 ff.);
- Unterhalt (§§ 1601 ff. BGB; → *Elternunterhalt* Rn. 1 ff.; → *Kindesunterhalt Minderjähriger* Rn. 1 ff.; → *Kindesunterhalt Volljähriger* Rn. 1 ff.);
- Gesetzliches Erbrecht; (§§ 1924, 1925 BGB);

19 Zur Verfassungsmäßigkeit des Verlusts der deutschen Staatsangehörigkeit bei Anfechtung der Vaterschaft BVerfG 17.7.2019 – 2 BvR 1327/18, FamRZ 2019, 1624.

- Pflichtteilsrecht (§ 2303 BGB; → *Pflichtteilsrecht* Rn. 1 ff.);
- Gesetzliche Krankenversicherung (§ 10 SGB V; → *Krankenversicherung* Rn. 16, 17);
- Kinderfreibeträge im Einkommensteuerrecht und Kindergeld (§ 32 EStG);
- Aufenthaltsrecht (§§ 27 ff. AufenthG).

7. Recht auf Kenntnis der eigenen Abstammung/leibliche Abstammung als Voraussetzung der Anfechtung der Vaterschaft

Die Kenntnis der eigenen Abstammung nimmt nach der Rechtsprechung des BVerfG für die **Identitätsentwicklung** des einzelnen eine Schlüsselstellung ein.[20] Daher bestehen wechselseitige Auskunftsansprüche der Beteiligten (→ *Kenntnis der Abstammung* Rn. 1 ff.). 29

Gem. § 1598 a BGB bestehen wechselseitige Ansprüche von Seiten des rechtlichen Vaters, der Mutter bzw. des Kindes auf Einwilligung in die Durchführung einer **genetischen Abstammungsuntersuchung**, die Duldung der dafür erforderlichen Probeentnahme und auf Einsicht bzw. Herausgabe des Abstammungsgutachtens. Hierdurch sollen der statusrechtliche Vater, die Mutter und das Kind darauf hinwirken können, dass Zweifel hinsichtlich der leiblichen Abstammung in deren Verhältnis geklärt werden können, ohne dass sich dies auf das statusrechtliche Abstammungsverhältnis auswirkt. Der Gesetzgeber ist damit einer Vorgabe des BVerfG nachgekommen (→ *Kenntnis der Abstammung* Rn. 3).[21] 30

Dem nur **leiblichen Vater** steht kein Anspruch auf Klärung der leiblichen Abstammung bzw. auf Duldung der Durchführung einer entsprechenden Untersuchung zu. Auch das Kind hat gegen diesen keinen Anspruch gem. § 1598 a BGB. Das ist verfassungsgemäß.[22] Der leibliche Vater kann aber inzident eine Klärung der Abstammung herbeiführen, wenn er das Auskunftsrecht und/oder Umgangsrecht gem. § 1686 a BGB geltend macht (vgl. § 167 a Abs. 3 FamFG). Dem Kind ist diese Möglichkeit nicht eröffnet. Ob das verfassungsgemäß ist, ist zweifelhaft.[23] 31

Im Fall der ärztlich unterstützten künstlichen Befruchtung im Wege der **heterologen Insemination** unter Verwendung von Samen, der von einer Entnahmeeinrichtung iSv § 2 Abs. 1 S 1. SaRegG zur Verfügung gestellt wurde, gewährleistet § 10 SaRegG, dass sich das Kind über seine Abstammung informieren kann.[24] 32

Bei vertraulicher Geburt hat das Kind gem. § 31 SchKG einen Anspruch auf Auskunft über seine Abstammung gegen das Bundesamt für Familie und zivilgesellschaftliche Aufgaben, wo der Herkunftsnachweis verwahrt wird.[25] 33

III. Verfahrensrecht

Das Abstammungsverfahren ist geregelt in §§ 169–185 FamFG (→ *Feststellung der Vaterschaft* Rn. 4 ff.; → *Anfechtung der Vaterschaft* Rn. 10 ff.). 34

Sachlich zuständig sind für Abstammungssachen die Amtsgerichte; (§§ 23 a Abs. 1 Nr. 1 GVG, §§ 111 Nr. 3, 169 FamFG), die **örtliche** Zuständigkeit richtet sich primär nach dem gewöhnlichen Aufenthalt des Kindes (§ 170 Abs. 1 FamFG). 35

Beteiligte in Abstammungssachen können nur Personen sein, die ein statusrechtliches Interesse an der Klärung der Abstammung haben: Mutter, rechtlicher Vater, Kind und uU auch der Putativvater als Antragsteller, (§§ 172, 7 Abs. 1 FamFG) nicht aber Personen, die lediglich ein mittelbares, meist wirtschaftliches Interesse haben (Erben, Ehegatten, Großeltern, potenziell Unterhaltsberechtigte bzw. -verpflichtete).[26] 36

---

20 BVerfG 13.2.2007 – 1 BvR 421/05, NJW 2007, 753.
21 BVerfG 13.2.2007 – 1 BvR 421/05, NJW 2007, 753.
22 BVerfG 13.10.2008 – 1 BvR 1548/03, FamRZ 2008, 2257.
23 Vgl. *Scherpe* FamRZ 2016, 1824.
24 Vgl. hierzu *Helms* FamRZ 2017, 1537.
25 Vgl. Palandt/*Götz* BGB § 1674 a Rn. 1.
26 Vgl. BGH 18.1.2017 – XII ZB 544/15, FamRZ 2017, 623.

37 In Abstammungssachen ist grundsätzlich auf der Grundlage einer **förmlichen Beweisaufnahme** zu entscheiden (§ 177 FamFG). Der Beweisaufnahme soll die Erörterung in einem Termin vorausgehen (§ 175 FamFG). In der Regel (v.a. bei Verfahren wegen Anfechtung der Vaterschaft) ist ein **molekulargenetisches Abstammungsgutachten** erforderlich; die Mitwirkung der Beteiligten an der Erstellung dieses Gutachtens kann gem. § 178 FamFG erzwungen werden.

38 Entscheidungen in Abstammungssachen werden grundsätzlich erst mit **Rechtskraft** des Beschlusses wirksam (§ 184 Abs. 1 FamFG). Ein solcher Beschluss wirkt dann für und gegen alle, also auch gegen Personen, die an dem Verfahren nicht beteiligt waren und auch nicht beteiligt werden mussten.

39 Aus Gründen der Statusbeständigkeit unterliegt der Beschluss auch keiner **Abänderung**. Wenn die Voraussetzungen gem. § 185 FamFG vorliegen, kann aber unter gegenüber § 580 ZPO erleichterten Voraussetzungen ein Verfahren wegen Anfechtung oder Feststellung der Vaterschaft wieder aufgenommen werden.

40 **Kosten**: Die Vorschriften über die Kostenentscheidung gem. §§ 81 ff. FamFG werden ergänzt durch die Sondervorschrift über die Kostenverteilung bei erfolgreicher Anfechtung der Vaterschaft (§ 183 FamFG).

41 Abstammungssachen sind kostengünstig ausgestaltet. Der **Verfahrenswert** beträgt pauschal 2.000 EUR für Verfahren zur Feststellung des Bestehens bzw. Nichtbestehens eines Abstammungsverhältnisses bzw. wegen Anfechtung der Vaterschaft, in den übrigen Fällen 1.000 EUR (§ 47 FamGKG).

IV. Internationale Aspekte

1. Materiell-rechtlich

42 Die zentrale **Kollisionsvorschrift** für das Abstammungsrecht enthält Art. 19 EGBGB. Die Bestimmung enthält mehrere, untereinander grundsätzlich gleichwertige Anknüpfungsalternativen:

- Gewöhnlicher Aufenthalt des Kindes; ein Kind leitet meist seinen gewöhnlichen Aufenthalt von dem seiner wichtigsten Bezugspersonen (meist der Eltern) ab;[27] durch einen nur vorübergehenden, kurzen Aufenthalt der (Wunscheltern) am Ort der Geburt des Kindes wird daher kein gewöhnlicher Aufenthalt des Kindes begründet (□ *Gewöhnlicher Aufenthalt* Rn. 1 ff.);
- Personalstatut eines Elternteils;
- Ehewirkungsstatut der Mutter

43 Für die Frage mehrerer anwendbarer Abstammungsstatute gilt im Grundsatz das **Prioritätsprinzip**. Demnach ist das Abstammungsrecht anwendbar, das als erstes dem Kind zur Abstammung nach einem Vater verhilft.[28] Dieses geht dem Grundsatz der Abstammungswahrheit vor.

44 Bei konkurrierender gleichzeitiger Begründung eines Abstammungsverhältnisses spricht nach hM das **Günstigkeitsprinzip** für die Abstammungswahrheit.[29] Die Bestimmung des Art. 19 EGBGB gilt auch für den Anspruch auf Klärung der Abstammung ohne statusrechtliche Wirkung.[30]

45 Die **Anfechtung der Vaterschaft** richtet sich gem. Art. 20 EGBGB nach jedem Recht, aus dem sich die Abstammung des Kindes ergibt, aber auch nur aus diesem. Daher kann die Anfechtung der Vaterschaft nicht auf ein Recht gestützt werden, das aufgrund des Prioritätsgrundsatzes für die Abstammung des Kindes nicht zur Anwendung gelangt ist.[31] In jedem Fall kann die Vaterschaft jedoch nach Maßgabe des Rechts am gewöhnlichen Aufenthalt des Kindes angefochten werden.

27 BGH 20.3.2019 – XII ZB 530/17, FamRZ 2019, 892.
28 BGH 19.7.2017 – XII ZB 72/16, FamRZ 2017, 1687.
29 Vgl. Palandt/*Thorn* EGBGB Art. 19 Rn. 6.
30 BGH 10.7.2019 – XII ZB 33/18, NJW 2019, 2849.
31 BGH 19.7.2017 – XII ZB 72/16, NJW 2017, 2911.

2. Verfahrensrechtlich

Für das internationale Abstammungsrecht und Abstammungsverfahrensrecht gelten keine vorrangigen staatsvertraglichen Regelungen. 46

Die internationale Zuständigkeit folgt dementsprechend aus § 100 FamFG. Vater ist jede Person, deren Vaterschaft gem. Art. 20 EGBGB angefochten oder gem. Art. 19 EGBGB festgestellt werden soll.[32] § 1600 d Abs. 5 BGB ist auf diese Vorschrift nicht anwendbar. 47

Die **Anerkennung** ausländischer Entscheidungen zum Abstammungsrecht richtet sich nach §§ 108, 109 FamFG. Es gilt der verfahrensrechtliche ordre public. Die Anerkennung einer ausländischen Entscheidung ist auch möglich, wenn die Abstammung auf einer nach innerstaatlichem Recht unzulässigen Behandlungsmethode beruht. Wird ein von einer **Leihmutter** ausgetragenes Kind durch gerichtliche Entscheidung den Wunscheltern (ggf. auch gleichgeschlechtlich) zugeordnet, kann daher auch eine solche Entscheidung anerkannt werden, sofern das Kind zumindest mit einem von den Wunscheltern genetisch verwandt ist und auf die Leihmutter kein unzulässiger Druck ausgeübt wurde.[33] 48

V. Moderne Fortpflanzungsmedizin

Für die abstammungsrechtlichen Folgen fortpflanzungsmedizinischer Behandlungen ist die Unterscheidung von homologer und heterologer Insemination grundlegend. 49

1. Homologe Insemination

Im Fall der homologen Insemination wird die Eizelle einer Frau durch fortpflanzungsmedizinische Behandlung mit Samen des Ehemanns bzw. des Wunschpartners **intrakorporal** künstlich befruchtet. Im Fall der **In Vitro Fertilisation** wird demgegenüber die Eizelle extrakorporal befruchtet. Diese Form der Behandlung kommt v.a. dann in Betracht, wenn die Samenzellen des Mannes von minderer Qualität sind. 50

Diese Form der fortpflanzungsmedizinischen Behandlung führt zu keinen abstammungsrechtlichen Besonderheiten. Die Abstammung richtet sich nach denselben Grundsätzen wie bei natürlicher Zeugung. 51

Ungeklärt ist, welche Rechte den Beteiligten hinsichtlich der durch diese Behandlungsmethode erzeugten **befruchteten Eizellen** zustehen. Ob der Mutter bei dem Tod des Mannes, mit dessen Samen die Eizellen befruchtet wurden, ein Anspruch auf Herausgabe der befruchteten Eizellen zur Herbeiführung einer Schwangerschaft zusteht, wurde durch die Gerichte unterschiedlich entschieden.[34] 52

Demgegenüber wird bereits mit Rücksicht auf die Verbotsvorschrift gem. § 1 Abs. 1 Nr. 2 ESchG ein Anspruch des Mannes auf Herausgabe befruchteter Eizellen zur Herbeiführung einer Schwangerschaft einer anderen Frau verneint.[35] 53

Konsequent wird auch ein Anspruch der Witwe auf Herausgabe **kryokonservierten Spermas** ihres Ehemannes zur postmortalen Herbeiführung einer Schwangerschaft verneint.[36] 54

2. Heterologe Insemination

Auch diese Form der fortpflanzungsmedizinischen Behandlung kann mit einer **In Vitro Fertilisation** kombiniert werden. Sie zeichnet sich durch die Verwendung des Samens eines anderen Mannes als des Ehemannes bzw. Wunschpartners aus. Samenspender kann ein den Wunscheltern bekannter Mann oder 55

32 OLG Frankfurt a. M. 8.10.2019 – 8 UF 137/19, NJW-RR 2020, 195.

33 BGH 5.9.2018 – XII ZB 224/17, NJW-RR 2018, 1473.

34 OLG Rostock 7.5.2010 – 7 U 67/09, FamRZ 2010, 1117 (bejahend); LG Darmstadt 28.8.2019 – 8 O 166/18, NZFam 2019, 934 (verneinend).

35 OLG Karlsruhe 17.6.2016 – 14 U 165/15, FamRZ 2016, 1790.

36 OLG München 2.2.2017 – 3 U 4080/16, NZFam 2017, 957.

auch ein anonymer Samenspender sein. Keine heterologe Insemination liegt vor, wenn ein Kind mit Einverständnis des Partners der Frau auf natürliche Weise durch einen Dritten gezeugt wird.

56 Die Anfechtung der Vaterschaft durch die Mutter bzw. den Mann, der mit dieser Behandlung einverstanden war, ist in diesen Fällen ausgeschlossen (§ 1600 Abs. 4 BGB); → *Anfechtung der Vaterschaft* Rn. 24.

57 Nach der Rspr. steht in diesem Fall auch dem **Samenspender** nicht das Recht zu, die Vaterschaft anzufechten. Wenn keine Vaterschaft eines anderen Mannes besteht, kann dieser aber die Feststellung der Vaterschaft erwirken.[37]

58 Die Anfechtung der Vaterschaft und die Feststellung des Samenspenders durch das **Kind** sind ohne diese Einschränkungen möglich. Insoweit ist der Samenspender nur geschützt, wenn er die Samenspende einer Entnahmeeinrichtung gem. § 2 Abs. 1 S. 1 SaRegG zur Verfügung gestellt hat (§ 1600 d Abs. 4 BGB).

3. Eizellspende

59 Die Herbeiführung einer Schwangerschaft unter Verwendung der **Eizelle** einer anderen Frau bzw. Implantation der befruchteten Eizelle einer anderen Frau ist in Deutschland gem. § 1 Abs. 1 ESchG verboten, im Ausland jedoch, auch im europäischen, vielfach erlaubt.

60 Nach deutschem Recht entsteht auch in diesen Fällen ein Abstammungsverhältnis des Kindes ausschließlich zu der Frau, die es ausgetragen hat, auch wenn das Kind genetisch nicht mit dieser verwandt ist.[38]

4. Leihmutterschaft

61 Unter Leihmutterschaft versteht man, dass eine Frau ein Kind mit dem Ziel austrägt, dieses nach der Geburt einer anderen Mutter zu überlassen (→ *Mutterschaft* Rn. 10). Auch diese Form der fortpflanzungsmedizinischen Behandlung ist nach deutschem Recht verboten (§ 1 Abs. 2 ESchG; §§ 13 ff. AdVermiG). Ergeht in diesen Fällen in dem Land, in dem diese Behandlung durchgeführt wurde, eine gerichtliche Entscheidung, durch die das Kind den Wunscheltern zugewiesen wird, ist diese im Inland **anzuerkennen**, wenn zumindest ein Elternteil mit dem Kind genetisch verwandt ist und auf die Ersatzmutter kein unzulässiger Druck ausgeübt wurde.[39] Demgegenüber bildet die Eintragung in ein ausländisches Personenstandsregister keine anzuerkennende Entscheidung, durch die ein Kind den Wunscheltern zugewiesen wird.[40] Dies kann dazu führen, dass hinkende Rechtsverhältnisse entstehen (wie im Beispielsfall im Verhältnis zur Ukraine).

37 MüKoBGB/*Wellenhofer* § 1600 d Rn. 14.
38 Palandt/*Siede* BGB § 1591 Rn. 2.
39 Vgl. zuletzt BGH 5.9.2018 – XII ZB 224/17, NJW-RR 2018, 1473.
40 BGH 20.3.2019 – XII ZB 320/17, NJW 2019, 1608.

5. Abstammungsgutachten

Knahn/Siede

I. Einführung

Das Abstammungsgutachten soll als förmliches Beweismittel (§ 177 Abs. 2 S. 1 FamFG) in Abstammungs- 1
verfahren (Feststellung der Vaterschaft gem. § 169 Nr. 1 FamFG sowie Anfechtung der Vaterschaft gem. § 169 Nr. 4 FamFG) unter Zugrundelegung des **Abstammungsprinzips**[1] die Frage klären, ob der vermeintliche Erzeuger des Kindes der genetische Vater ist bzw. ob der vermeintliche Scheinvater (gem. §§ 1592 Nr. 1 und 2, 1593 BGB) als Vater ausgeschlossen werden kann.

Für die **Durchführung der Begutachtung** gelten nachfolgend dargestellte gesetzliche Vorgaben und medizinische Richtlinien (→ Rn. 2 ff.). Im familiengerichtlichen Verfahren unterliegt die **Beweiserhebung und -verwertung** den Vorschriften der förmlichen Beweisaufnahme (→ Rn. 8 f.). Die Beteiligten des Abstammungsverfahrens sind verpflichtet, die zur Erstellung des Gutachtens erforderlichen **Untersuchungen und Probeentnahmen zu dulden** (→ Rn. 11 ff.).

II. Durchführung der Begutachtung

1. Vorgaben für den Sachverständigen

a) Gendiagnostikgesetz. Seit seinem Inkrafttreten am 1.2.2010 enthält das Gendiagnostikgesetz (GenDG) 2
vom 31.7.2009[2] gesetzliche Vorgaben zur Durchführung der Begutachtung zur Klärung der Abstammung (§ 17 GenDG). Hervorzuheben ist dabei insbesondere das Erfordernis der **schriftlichen Einwilligung** des zu Untersuchenden (vgl. §§ 17 Abs. 1 S. 1 Hs. 2, 8 GenDG) nach vorangegangener Aufklärung durch den Gutachter.[3] Gem. § 17 Abs. 7 S. 3 GenDG bleiben die Vorschriften zur Feststellung der Abstammung im gerichtlichen Verfahren unberührt, womit klargestellt ist, dass § 17 GenDG ausschließlich die Erstellung von Privatgutachten, evtl. auch nach vorheriger Einwilligungsersetzung im Rahmen der statusunabhängigen Klärung der Abstammung gem. § 1598 a BGB, regelt.

b) Richtlinien für die Erstattung von Abstammungsgutachten. § 23 GenDG hat die Aufgabe, Richtli- 3
nien für verschiedene Teilbereiche des GenDG zu erarbeiten, der am Robert-Koch-Institut eingerichteten Gendiagnostik-Kommission (GEKO) übertragen. Die GEKO hat die **Richtlinie für die Anforderungen an die Durchführung genetischer Analysen zur Klärung der Abstammung und an die Qualifikation von ärztlichen und nichtärztlichen Sachverständigen** gem. § 23 Abs. 2 Nr. 4 und Nr. 2 b GenDG erstellt und dabei die frühere Richtlinie des wissenschaftlichen Beirats der Bundesärztekammer mit einbezogen. Die Richtlinie ist veröffentlicht im Bundesgesundheitsbl. 2013, 169 und kann auf den Internetseiten des

1 S. NK-BGB/*Gutzeit* § 1589 Rn. 4.
2 BGBl. I 2529, 3672.
3 Zum Inhalt der Aufklärung NK-BGB/*Gutzeit* Vor §§ 1591–1600 d Rn. 14 sowie die „Richtlinie der Gendiagnostik-Kommission (GEKO) zu den Anforderungen an die Inhalte der Aufklärung gemäß § 23 Abs. 2 Nr. 3 GenDG bei genetischen Untersuchungen zur Klärung der Abstammung" idF vom 1.7.2011, veröff. in Bundesgesundheitsbl 2011, 1242.

Robert-Koch-Instituts www.rki.de unter den Verweisungen Kommissionen → Gendiagnostik-Kommission → Richtlinien → Richtlinie Qualitätssicherung Qualifikation Abstammungsbegutachtung oder direkt unter https://www.rki.de/DE/Content/Kommissionen/GendiagnostikKommission/Richtlinien/RL_Qualifikation_Abstammungsbegutachtung.pdf?__blob=publicationFile[4] abgerufen werden. Werden die Richtlinien nicht eingehalten, so obliegt es dem Gericht, die Abweichung im Rahmen des Grundsatzes der freien Beweiswürdigung (§ 286 ZPO) zu berücksichtigen.[5]

4 **c) Biostatistische Auswertung und Verbalisierung.** Nach der Richtlinie der GEKO für die Anforderungen an die Durchführung genetischer Analysen zur Klärung der Abstammung und an die Qualifikation von ärztlichen und nichtärztlichen Sachverständigen (→ Rn. 3) erlaubt das Vorliegen von vier und mehr Ausschlusskonstellationen auf verschiedenen Chromosomen bei Untersuchung von mindestens 15 STR-Systemen die Schlussfolgerung, dass die Vaterschaft des Putativvaters praktisch ausgeschlossen ist.[6] Umgekehrt ist für die Feststellung der Vaterschaft eine Wahrscheinlichkeitsberechnung auf der Grundlage verlässlicher abgeschätzter genetischer Parameter, einer Likelihood-Berechnung auf der Grundlage exakter Hypothesenbildung sowie unter Berücksichtigung relevanter Besonderheiten des konkreten Falles erforderlich. Führt diese zu einer Abstammungswahrscheinlichkeit (W-Wert) von ≥ 99,9 % ist die Vaterschaft als praktisch erwiesen anzusehen. Bleibt der Wert dahinter zurück, ist das Ergebnis in sprachlich nachvollziehbarer Form zu erläutern.[7]

2. Gutachtenarten

5 Das **Blutgruppengutachten** vergleicht bestimmte Blutmerkmale miteinander, aus denen unter Berücksichtigung der Erkenntnisse der Vererbungsregeln der Blutgruppen verlässliche Rückschlüsse auf die Abstammung einer Person von einer anderen gezogen werden können. Dabei kann aber die Vaterschaft nur ausgeschlossen, nicht hingegen auch positiv festgestellt werden. Beim **HLA-Gutachten** werden ähnlich wie beim Blutgruppengutachten bestimmte vererbbare Gewebsantigene (human leucocyte antigen, HLA) untersucht und miteinander verglichen. Bei **DNA-Gutachten** werden die genetischen Merkmale der zu untersuchenden Personen miteinander verglichen. Sie gelten als sehr zuverlässig und haben die früher klassischen Gutachtenformen des HLA- und des Blutgruppengutachtens nahezu vollständig verdrängt.[8]

6 Ohne große Bedeutung für die Abstammungsverfahren sind die nachfolgenden Gutachtenarten. Im Rahmen des **andrologischen Gutachtens** wird die Zeugungsfähigkeit des Mannes überprüft. Es bietet aber dann wenig Beweiswert, wenn der Nachweis bezogen auf den Zeitpunkt der Zeugung Schwierigkeiten bereitet. Das **anthropologische Gutachten**, bei dem äußere Körpermerkmale verglichen werden, ist zur Klärung der Abstammung ungeeignet. **Tragezeitgutachten** bestimmen die Empfängniszeit und lassen in Verbindung mit Erkenntnissen zum Zeitpunkt des Geschlechtsverkehrs Schlüsse auf das Nichtbestehen der Vaterschaft zu.[9]

7 Die Aufklärung der Abstammung im Rahmen der technisch-wissenschaftlichen Möglichkeiten ist begrenzt, wenn sie nur unter einem deutlich unangemessenen Aufwand und geringer Aussicht auf einen weiteren Erkenntnisgewinn möglich wäre. Neue Verfahren der Abstammungsbegutachtung wie zB das „whole genome sequencing" sollen dann eingesetzt werden, wenn auf andere Weise die Vaterschaft eines von zwei monozygoten Zwillingen als Vater in Betracht kommenden Mannes nicht geklärt werden kann.[10] Aus naturwissenschaftlicher Sicht ist aber zweifelhaft, ob durch ein solches Gutachten die Abstammung geklärt werden kann – unabhängig von der Frage, ob es zulässig ist, wie bei dieser Methode erforderlich, die

4 Letzter Zugriff 3.12.2019.
5 Vgl. NK-BGB/*Gutzeit* Vor §§ 1591–1600 d Rn. 13 zu den früheren Richtlinien des Wiss. Beirats.
6 Ziff. 9.1 der Richtlinie.
7 Ziff. 9.2.– 9.6. der Richtlinie.
8 MüKoBGB/*Wellenhofer* § 1600 d Rn. 65.
9 NK-BGB/*Gutzeit* Vor §§ 1591–1600 d Rn. 16 ff.
10 BVerfG 18.8.2010 – 1 BvR 811/09, NJW 2010, 3772.

Untersuchung auf den codierten Teil der DNA zu erstrecken.[11] Dementsprechend hat das OLG Celle davon abgesehen, zu versuchen, in einem solchen Fall die Abstammung mithilfe dieses Verfahrens zu klären.[12]

III. Abstammungsgutachten im familiengerichtlichen Verfahren

1. Förmliche Beweisaufnahme

8 Gem. §§ 177 Abs. 2 S. 1, 30 Abs. 1, 2 FamFG hat in den Abstammungsverfahren der Vaterschaftsfeststellung (§ 169 Nr. 1 FamFG) und der Vaterschaftsanfechtung (§ 169 Nr. 4 FamFG) eine förmliche Beweisaufnahme nach den Vorschriften der ZPO stattzufinden. In Betracht kommt daher neben der **Beteiligten-** (§§ 445 ff. ZPO) und **Zeugeneinvernahme** (§§ 373 ff. ZPO) insbesondere der **Sachverständigenbeweis** (§§ 402 ff. ZPO) in Form des Abstammungsgutachtens.

Vor Durchführung der Beweisaufnahme soll das Gericht die Abstammungssache mit den Beteiligten in einem Termin erörtern, § 175 FamFG. Vor der kostspieligen Einholung eines Abstammungsgutachtens dient der **Erörterungstermin** der von Amts wegen durchzuführenden Sachaufklärung, damit die Erforderlichkeit des Gutachtens (→ Rn. 12) vorab und nicht erst in einem Zwischenstreit gem. § 178 Abs. 2 FamFG, § 387 ZPO (→ Rn. 13) geklärt werden kann. Ebenfalls kann so die Einhaltung der Anfechtungsfrist überprüft und die Beteiligten können angehalten werden, ihre Anträge zu konkretisieren und ihren Sachvortrag zu ergänzen.[13]

Der Beschluss, der die Einholung eines Abstammungsgutachtens anordnet, ist unanfechtbar.[14] **Rechtsschutz** gegen einen unzulässigen Beweisbeschluss wird im Rahmen des Zwischenstreits über die Frage der berechtigten Weigerung an der Teilnahme der Begutachtung gem. § 178 Abs. 2 FamFG, § 387 ZPO gewährleistet (→ Rn. 13).

2. Verwertung von Privatgutachten

9 Aus verfahrensökonomischen Gründen kann gem. § 177 Abs. 2 S. 2 FamFG ein privat eingeholtes Abstammungsgutachten in Verfahren nach § 169 Nr. 1 und 4 FamFG verwertet werden. In Betracht kommen dabei insbesondere Gutachten, die im Rahmen des statusunabhängigen Klärungsverfahrens gem. § 1598 a BGB erstellt wurden. Voraussetzung für die Verwertung ist, dass **keine Zweifel** an der Richtigkeit und Vollständigkeit der im Gutachten getroffenen Feststellungen bestehen. Dies setzt grundsätzlich voraus, dass das Privatgutachten durch ein Institut erstellt wurde, das gem. § 5 Abs. 1 GenDG zertifiziert ist, und dass bei der Erstellung des Gutachtens die Standards der Richtlinie der Gendiagnostik-Kommission (GEKO) für die Anforderungen an die Durchführung genetischer Analysen zur Klärung der Abstammung und an die Qualifikation von ärztlichen und nichtärztlichen Sachverständigen gem. § 23 Abs. 2 Nr. 4 und Nr. 2 b GenDG eingehalten wurden.[15] Außerdem müssen alle Verfahrensbeteiligten gem. § 172 FamFG (s. → Anfechtung *der Vaterschaft* Rn. 12 ff.; s. → *Feststellung der Vaterschaft* Rn. 5 ff.) der Verwertung zustimmen.

10 Die Verwertung eines privaten Abstammungsgutachtens, das ohne Kenntnis der übrigen Beteiligten eingeholt wurde (**heimlicher Vaterschaftstest**), ist unzulässig,[16] da die heimliche Verschaffung von Genmaterial des Kindes und damit der unerlaubte Zugriff auf seine persönlichen Daten das informationelle Selbstbestimmungsrecht des Kindes in erheblicher Weise beeinträchtigt und die Verwertung der daraus gewonnenen Erkenntnisse im gerichtlichen Verfahren einen Eingriff in das Persönlichkeitsrecht des Kindes darstellt. Das heimlich eingeholte Abstammungsgutachten ist auch für die Darlegung des Anfangsverdachts im Rahmen der Vaterschaftsanfechtung nicht verwertbar (s. → *Anfechtung der Vaterschaft* Rn. 37).

11 Vgl. hierzu *Rittner* FPR 2011, 372.
12 OLG Celle 30.1.2013 – 15 UF 51/06, FamRZ 2013, 1669.
13 HK-FamVerfR/*Fritsche* § 175 Rn. 1 ff.
14 HK-ZPO/*Siebert* § 358 Rn. 3.
15 Keidel/*Engelhardt* FamFG § 177 Rn. 15.
16 BVerfG 13.2.2007 – 1 BvR 421/05, NJW 2007, 753.

3. Duldungspflicht von Untersuchungen

11 Gem. § 178 Abs. 1 FamFG hat jede Person Untersuchungen, die in Abstammungssachen gem. § 169 Nr. 1 und 4 FamFG für die Feststellung der Abstammung erforderlich sind, zu dulden, es sei denn die Untersuchung ist unzumutbar. Der mit der Untersuchung verbundene Eingriff in das Recht auf informationelle Selbstbestimmung ist verfassungsgemäß.[17] Die Vorschrift des § 178 FamFG gilt nur für Abstammungssachen gem. § 169 Nr. 1 und 4 FamFG, nicht hingegen für das statusunabhängige Klärungsverfahren nach § 169 Nr. 2 und 3 FamFG. Dort wird die Einwilligung in die Untersuchung durch gerichtliche Entscheidung ersetzt und die Duldung angeordnet, welche gem. § 95 Abs. 1 Nr. 4 FamFG iVm § 890 ZPO zu vollstrecken ist (s. → *Feststellung der Vaterschaft* Rn. 33 f.).

Weiterhin sieht auch § 167 a Abs. 3 FamFG eine Verpflichtung zur Duldung von abstammungsgenetischen Untersuchungsmaßnahmen vor, wenn der (nur) leibliche Vater Anträge gem. § 1686 a BGB gestellt hat. Dann ist vorab zu prüfen, ob die Anordnung einer – meist – abstammungsgenetischen Untersuchung verhältnismäßig ist. Daran fehlt es, wenn durch die vorrangige Prüfung der kindeswohlrelevanten Belange gem. § 1686 a BGB in geringerem Maß in Grundrechte der Beteiligten eingegriffen wird als dies bei sofortiger Anordnung der Durchführung einer abstammungsgenetischen Untersuchung der Fall wäre.[18]

12 **a) Voraussetzungen.** Das Abstammungsgutachten muss **erforderlich**, also für das Abstammungsverfahren entscheidungserheblich sein. Dies ist nicht der Fall, wenn der Antrag in der Abstammungssache unzulässig oder unschlüssig ist.[19]

Die Untersuchung zur Erstellung des Gutachtens muss **geeignet** sein, dh sie muss anerkannten wissenschaftlichen Methoden entsprechen. Blutgruppen, HLA- und v.a. DNA-Gutachten (→ Rn. 5) erfüllen diese Voraussetzung. DNA-Gutachten erreichen dabei eine annähernd 100 %ige Genauigkeit.[20]

Die Durchführung der Untersuchung und deren Folgen müssen für den Beteiligten **zumutbar** sein. In der Regel ist ein Mundschleimhautabstrich ausreichend, so dass daneben nicht auch noch die Duldung der Entnahme einer Blutprobe gefordert werden kann.[21] Regelmäßig ist auch die Mutter in die abstammungsgenetische Untersuchung sowohl bei Anfechtung als auch bei Feststellung der Vaterschaft einzubeziehen.[22] Problematisch sind insbesondere erhebliche Schmerzen oder Gesundheitsgefahren.[23] Die körperlichen Eingriffe zur Entnahme eines Mundschleimhautabstriches oder einer Blutprobe sind aber in der Regel für die Gesundheit ungefährlich und somit zumutbar. Problematisch kann es demgegenüber sein, wenn die Untersuchung auf einen Minderjährigen erstreckt wird, der über mögliche Zweifel hinsichtlich seiner Abstammung noch nicht durch die Erziehungsberechtigten aufgeklärt wurde.[24] Die Exhumierung eines verstorbenen Beteiligten ist für Angehörige zumutbar.[25]

13 **b) Zwischenstreit gem. § 178 Abs. 2 FamFG, § 387 ZPO. Verweigert** ein zur Duldung Verpflichteter die Probeentnahme unter dem Einwand der fehlenden Erforderlichkeit, Geeignetheit oder Zumutbarkeit ist gem. § 178 Abs. 2 S. 1 FamFG ein Zwischenstreit gem. §§ 386–390 ZPO durchzuführen. Verweigert der Minderjährige die Duldung der erforderlichen Untersuchungen, ist er an dem Verfahren zu beteiligen, wenn er die für die Erteilung der Einwilligung erforderliche Reife hat; denn dann hat er selbst über die

17 BVerfG 13.2.2007 – 1 BvR 421/05, NJW 2007, 753.
18 BVerfG 19.11.2014 – 1 BvR 2843/14, FamRZ 2015, 119; OLG Frankfurt a. M. 29.8.2018 – 4 UF 52/18, NJW-RR 2019, 197.
19 BGH 1.3.2006 – XII ZR 210/04, NJW 2006, 1657.
20 Palandt/*Siede* BGB Vor § 1591 Rn. 11.
21 OLG Frankfurt a. M. 2.1.2019 – 6 WF 115/18, NZFam 2019, 431.
22 Ziff. 6.1 Richtlinie der Gendiagnostik-Kommission (GEKO) für die Anforderungen an die Durchführung genetischer Analysen zur Klärung der Abstammung und an die Qualifikation von ärztlichen und nichtärztlichen Sachverständigen gemäß § 23 Abs. 2 Nr. 4 und Nr. 2 b GenDG.
23 HK-FamVerfR/*Fritsche* § 178 Rn. 2.
24 Vgl. zu dieser Problematik BGH 5.10.2016 – XII ZB 280/15, FamRZ 2016, 2082.
25 BGH 29.10.2014 – XII ZB 20/14, FamRZ 2015, 39; OLG München 19.1.2000 – 26 UF 1453/99, NJW 2000, 1603.

Erteilung der Einwilligung zu entscheiden.[26] Die Verweigerungsgründe sind schriftlich oder zu Protokoll vorzutragen und glaubhaft zu machen (§ 386 Abs. 1 ZPO). Das Gericht hat daher nach Anhörung der Beteiligten (§ 387 Abs. 1 ZPO) über die Rechtmäßigkeit der Verweigerung durch einen Zwischenbeschluss mit Gründen (§ 38 Abs. 5 Nr. 2 FamFG) und Rechtsbehelfsbelehrung (§ 39 FamFG) zu entscheiden. Der Beschluss ist mit der sofortigen Beschwerde gem. § 178 Abs. 2 FamFG, § 387 Abs. 3 ZPO anfechtbar.[27] Wird die Probeentnahme **ohne Angabe von Gründen** verweigert, ist der Zwischenstreit entbehrlich und die Ordnungsmittel (→ Rn. 14) können gem. § 390 Abs. 1 ZPO unmittelbar angeordnet werden.

c) Rechtsfolgen bei unberechtigter Verweigerung. Wurde im Zwischenstreit **rechtskräftig festgestellt**, dass die Weigerung unberechtigt ist, kann gegen denjenigen, bei dem eine Probeentnahme durchgeführt werden soll, Ordnungsgeld und Ordnungshaft gem. § 178 Abs. 2 S. 1 FamFG iVm § 390 Abs. 1 ZPO festgesetzt werden. Gleiches gilt, wenn die Entnahme **ohne Angaben von Gründen** verweigert wird, wenn der zu Untersuchende entgegen der Aufforderung des Sachverständigen zur Probeentnahme nicht erscheint. Die Verhängung von Ordnungsmitteln ist dann aber erst zulässig, wenn eine gerichtliche Ladung mit Zustellungsnachweis ergangen ist.[28] Bei wiederholter unberechtigter Verweigerung kann gem. § 178 Abs. 2 S. 2 FamFG **unmittelbarer Zwang** angewendet, insbesondere die zwangsweise Vorführung durch den Gerichtsvollzieher zur Untersuchung angeordnet werden. 14

d) Beweissicherung bei drohendem Verlust der Untersuchungsperson. In Abstammungsverfahren kann die Situation auftreten, dass ein Beweismittel (etwa Gewebe oder Körperflüssigkeiten des festzustellenden Vaters) verloren geht und für eine Begutachtung im Hauptsacheverfahren nicht mehr zur Verfügung steht, da sich dieser beispielsweise nur vorübergehend im Inland aufhält oder gutachtensfähiges Erbmaterial durch eine bevorstehende Feuerbestattung nicht mehr erlangt werden kann. Ungeklärt ist, wie in solchen Fällen eine Beweissicherung erfolgen soll. 15

Die Durchführung eines selbstständigen Beweisverfahrens ist nach den §§ 485 ff. ZPO zulässig, da § 30 Abs. 1 FamFG auf die Beweisvorschriften der ZPO verweist und diese Verweisung auch das selbstständige Beweisverfahren umfasst.[29] Hierdurch kann insbesondere eine förmliche Beweisaufnahme durch Sachverständigengutachten schon vor Durchführung des Erörterungstermins gem. § 175 FamFG erfolgen.

Ist auch hierdurch keine rechtzeitige Beweissicherung zu erreichen – beispielsweise, weil durch die Weigerung des Untersuchungspflichtigen und die Durchführung des Zwischenverfahrens gem. § 178 Abs. 2 FamFG, § 387 ZPO Beweisverlust droht, kann in Abstammungsverfahren nach § 169 Nr. 1 und 4 FamFG durch die antragsberechtigten Personen der **Erlass einer einstweiligen Anordnung** bei dem nach § 170 FamFG zuständigen Gericht dergestalt beantragt werden, dass der vermeintliche Vater zur **Duldung einer Probeentnahme** verpflichtet wird.[30]

26 OLG Celle 25.6.2018 – 21 WF 41/18, NZFam 2019, 232.
27 HK-FamVerfR/*Fritsche* § 178 Rn. 4.
28 HK-FamVerfR/*Fritsche* § 178 Rn. 4.
29 Thomas/Putzo/*Hüßtege* FamFG § 177 Rn. 11 mwN; *Kieninger* in: Helms/Kieninger/Rittner, Abstammungsrecht in der Praxis, Rn. 223.
30 Keidel/*Giers* FamFG § 49 Rn. 8 a.

6. Abstammungsvermutungen

Knahn/Siede

I. Einführung

1 Die gesetzlichen Regelungen bezüglich der Abstammungsvermutung des Kindes vom Vater (Vaterschaftsvermutung) stellen **beweisrechtliche Grundsätze** (→ Rn. 2 ff.) dar, die in Verfahren auf **Anfechtung der Vaterschaft** gem. § 169 Nr. 4 FamFG (→ Rn. 5 ff.), auf **Feststellung der Vaterschaft** gem. § 169 Nr. 1 FamFG (→ Rn. 7 ff.) und in Verfahren der **einstweiligen Anordnung auf Unterhalt** (→ Rn. 10 f.) Anwendung finden.

II. Abstammungsvermutungen

1. Allgemeines

2 **a) Beweislast.** Die analog § 292 ZPO stets widerlegbaren Vermutungen lösen in Abstammungsverfahren, in denen nach Ausschöpfen aller Beweismöglichkeiten ein beweisrechtlich ausreichendes Ergebnis nicht feststeht, die Frage der Vaterschaft dahingehend, dass die Vaterschaft anhand der gesetzlichen Vermutung festgelegt wird. Da in Abstammungsverfahren gem. § 177 Abs. 2 FamFG von Amts wegen eine förmliche Beweisaufnahme stattzufinden hat, sind die Vaterschaftsvermutungen nur nachrangig anzuwenden **(Nachrang der Vaterschaftsvermutung)**.[1] Durch die zuverlässige Beweisführung anhand von Abstammungsgutachten kommt den Vaterschaftsvermutungen in Abstammungsverfahren in der Praxis nur Bedeutung zu, wenn ein Gutachten nicht eingeholt werden kann, beispielsweise weil eine Exhumierung nach Feuerbestattung nicht möglich ist. In einstweiligen Anordnungsverfahren auf Unterhalt hingegen regeln sie sofort (**Vorrang der Vaterschaftsvermutung**) die Unterhaltspflicht desjenigen, der nach der Vermutung Vater des Kindes ist (§ 248 Abs. 3 FamFG). Die einstweiligen Anordnungen treten in diesem Fall außer Kraft, wenn der Antrag auf Feststellung der Vaterschaft zurückgenommen oder rechtskräftig abgewiesen ist (§ 248 Abs. 5 S. 1 FamFG). Die Vermutungen erlauben somit eine vorübergehende Durchbrechung der Rechtsausübungssperre des § 1600 d Abs. 5 BGB.[2]

3 Die Vaterschaftsvermutungen regeln die **materielle Beweislast**. Der **formellen Beweislast** kommt in Abstammungsverfahren wegen des Amtsermittlungsgrundsatzes (§§ 26, 29 FamFG) nur im Rahmen von § 177 Abs. 1 FamFG Bedeutung zu, die notwendigen Beweise sind im Übrigen aber von Amts wegen und ohne entsprechende Beweisangebote zu erheben. Das Gericht verstößt gegen seine Aufklärungspflicht, wenn es ohne sämtliche Beweismittel auszuschöpfen auf eine Abstammungsvermutung zurückgreift.[3]

4 **b) Darlegungslast.** Der Grundsatz, dass in FamFG-Verfahren an das Vorbringen des Antragstellers geringe Anforderungen zu stellen sind,[4] wird durch § 177 Abs. 1 FamFG (**eingeschränkte Amtsermittlung**) für das Verfahren wegen Anfechtung der Vaterschaft modifiziert. Nicht vorgebrachte Tatsachen dürfen nur

1 NK-BGB/*Gutzeit* § 1600 d Rn. 4.
2 HK-ZPO/*Kemper* FamFG § 248 Rn. 1.
3 Palandt/*Siede* BGB § 1600 d Rn. 9, 11.
4 HK-ZPO/*Kemper* FamFG § 23 Rn. 4.

berücksichtigt werden, wenn sie (1) dem Fortbestand der Vaterschaft dienen, also nicht geeignet sind, dem Anfechtungsantrag zur Begründetheit zu verhelfen, oder (2) der Anfechtende der Berücksichtigung nicht widerspricht.

Die Einschränkung der Amtsermittlung überträgt im Zusammenspiel mit der materiellen Beweislast durch die Vaterschaftsvermutung dem anfechtenden Beteiligten eine entsprechende Darlegungslast. Für ein Anfechtungsverfahren reicht das Vorbringen, der Antragssteller sei nicht der Vater des Kindes, seine Vaterschaft könne durch Sachverständigengutachten ausgeschlossen werden, nicht aus. Vielmehr muss – ggf. auf Aufforderung des Gerichts – der Antragssteller Umstände vortragen, die bei objektiver Betrachtung geeignet sind, Zweifel an der Vaterschaft zu wecken und die Möglichkeit der Abstammung von einem anderen Mann als dem rechtlichen Vater als nicht ganz fernliegend erscheinen zu lassen (§ 171 Abs. 2 S. 2 FamFG); kommt er dem nicht nach, ist der Antrag mangels Schlüssigkeit zurückzuweisen.[5]

2. Vaterschaftsvermutung im Anfechtungsverfahren, § 1600 c BGB

a) Ehemann. Es wird gem. § 1600 c Abs. 1 BGB widerlegbar vermutet, dass der Ehemann der Mutter 5
(§ 1592 Nr. 1 BGB) und der verstorbene Ehemann der Mutter, deren Kind binnen 300 Tagen nach dem Tod geboren wurde (§ 1593 BGB), der biologische Vater des Kindes ist. Auf die Frage der Beiwohnung kommt es für die Vermutung nicht an. Kann im Anfechtungsverfahren durch die förmliche Beweisaufnahme das Gegenteil nicht bewiesen werden, also die Vaterschaft nicht ausgeschlossen werden, verbleibt es bei der gesetzlichen Vermutung.[6] Die genetische Abstammung muss dabei **mit an Sicherheit grenzender Wahrscheinlichkeit** nicht bestehen.[7] Solange das Gericht von der Nichtvaterschaft des Ehemannes nicht überzeugt ist, ist der Anfechtungsantrag abzuweisen und die Vaterschaft des Ehemannes bleibt bestehen.

b) Vater durch Anerkennung. § 1600 c Abs. 1 BGB stellt weiterhin die ebenfalls widerlegbare Ver- 6
mutung auf, dass derjenige, der die Vaterschaft wirksam gem. §§ 1594 ff. BGB (→ *Anerkennung der Vaterschaft* Rn. 29) anerkannt hat, der biologische Vater des Kindes ist. Auch hier kommt es nicht auf die Frage der Beiwohnung an.

Die Vermutung ist aber gem. § 1600 c Abs. 2 BGB nicht anzuwenden, wenn der Vater bei Anerkennung einem Willensmangel gem. §§ 119 Abs. 1, 123 BGB unterlag. Der anfechtende Vater muss darlegen, inwieweit er bei der Erklärung einem **Inhaltsirrtum** (§ 119 Abs. 1 Alt. 1 BGB) unterlag, also substantiiert vortragen, inwieweit er sich über die statusrechtliche Bedeutung der von ihm abgegebenen Anerkennungserklärung geirrt hat bzw. über die Person des Kindes, auf dessen Bezug die Anerkennungserklärung abgegeben wurde.[8] Da die Erklärung auf Zuordnung eines rein statusrechtlichen Verhältnisses gerichtet ist, ist es demgegenüber unerheblich, ob der Erklärende sich über die leibliche Abstammung des Kindes geirrt hat, sofern nicht ein Fall der Täuschung oder Drohung vorliegt. Das Vorliegen eines **Erklärungsirrtums** (§ 119 Abs. 1 Alt. 2 BGB) dürfte aufgrund der Formbedürftigkeit der Anerkennung (§ 1597 Abs. 1 BGB) ausgeschlossen sein. Hinsichtlich des **Willensmangels aufgrund arglistiger Täuschung oder widerrechtlicher Drohung** gem. § 123 BGB gelten die allgemeinen Grundsätze, wobei es aber nicht darauf ankommt, wer getäuscht hat.[9] Das bloße Verschweigen von Mehrverkehr durch die Mutter stellt im Gegensatz zu dem Bestreiten oder dem positiven Versichern keine arglistige Täuschung dar.[10]

Kommt das Gericht aufgrund der Beweisaufnahme diesbezüglich zu dem Ergebnis, dass der Anfechtende bei Anerkenntnis der Vaterschaft einem relevanten Irrtum unterlag, ist die Vaterschaftsvermutung gem. § 1600 c Abs. 1 BGB ausgeschlossen. Dann gelten die (schwächeren) Vermutungen des Feststellungsverfahrens entsprechend, § 1600 d Abs. 2, 3 BGB. Danach wird derjenige als Vater vermutet, der der Mutter

5 BGH 22.4.1998 – XII ZR 229–96, NJW 1998, 2976; MüKoBGB/*Wellenhofer* § 1599 Rn. 35.
6 NK-BGB/*Gutzeit* § 1600 c Rn. 1.
7 NK-BGB/*Gutzeit* § 1600 c Rn. 2.
8 Palandt/*Siede* BGB § 1600 c Rn. 5.
9 NK-BGB/*Gutzeit* § 1600 c Rn. 10.
10 Palandt/*Siede* BGB § 1600 c Rn. 5.

während der Empfängniszeit beigewohnt hat, wenn **keine schwerwiegenden Zweifel** an dessen Vaterschaft bestehen (→ Rn. 9). Die schwerwiegenden Zweifel an der Vaterschaft des Anerkennenden dürften aber in der Regel mit dem Willensmangel übereinstimmen, so dass im Ergebnis festzustellen sein wird, dass die Vaterschaft des Anerkennenden nicht festgestellt werden kann, wenn die Beweisaufnahme, insbesondere das Abstammungsgutachten, nicht den Beweis der Vaterschaft erbracht hat.

3. Vaterschaftsvermutung im Feststellungsverfahren, § 1600 d Abs. 2 BGB

7 Nach § 1600 d Abs. 2 BGB wird im Vaterschaftsfeststellungsverfahren derjenige als Vater vermutet, der der Mutter während der Empfängniszeit nach § 1600 d Abs. 3 BGB **beigewohnt** hat, wenn keine schwerwiegenden Zweifel an dessen Vaterschaft bestehen.

8 **a) Beiwohnung.** Unter Beiwohnung versteht man dabei jede **sexuelle Handlung**, durch die nach medizinischen Erkenntnissen befruchtungsfähige Spermien in das weibliche Geschlechtsteil gelangen und zu einer Befruchtung führen können.[11] Auf den Nachweis des Samenergusses kommt es dabei nicht an. Soll das Kind durch eine **künstliche Insemination** (Übertragung des männlichen Samens in den Genitaltrakt der Frau) gezeugt worden sein, ist die Vaterschaftsvermutung in Richtung des Samenspenders ebenfalls anzuwenden.[12]

9 **b) Keine schwerwiegenden Zweifel.** Die Abstammungsvermutung des § 1600 d Abs. 2 BGB gilt nicht, wenn schwerwiegende Zweifel an der Vaterschaft bestehen. Dies ist immer dann der Fall, wenn die Mutter in der gesetzlichen Empfängniszeit nachgewiesen **Mehrverkehr** hatte,[13] oder der ernsthafte Verdacht diesbezüglich besteht.[14] Allein der allgemeine Verdacht des Mehrverkehrs reicht nicht aus. Die Abstammungsvermutung greift aber selbst bei nachgewiesenem Mehrverkehr, wenn die Vaterschaft aller in Betracht kommenden Männer durch ein Abstammungsgutachten ausgeschlossen ist und nur die Vaterschaft des festzustellenden Vaters nicht ausgeschlossen werden kann.[15] Der Nachweis der Benutzung von Verhütungsmitteln begründet keine schwerwiegenden Zweifel.

4. Vaterschaftsvermutung im einstweiligen Anordnungsverfahren auf Unterhalt

10 **a) Kindesunterhalt und Unterhalt nach § 1615 l Abs. 1 BGB vor Geburt des Kindes.** Bereits vor der Geburt kann das Kind (vertreten durch die Mutter oder einen Ergänzungspfleger) gem. **§ 247 Abs. 1 FamFG** im Verfahren der einstweiligen Anordnung Kindesunterhalt für die ersten drei Lebensmonate geltend machen. Ebenso kann der Anspruch der Mutter nach § 1615 l Abs. 1 BGB auf Unterhalt sechs Wochen vor bis acht Wochen nach der Geburt bereits vor Geburt des Kindes im Wege der einstweiligen Anordnung geregelt werden (→ *Einstweiliger Rechtsschutz* Rn. 1 ff.).

Dabei ist gem. § 247 Abs. 2 S. 2 FamFG die Abstammungsvermutung des § 1600 d Abs. 2 BGB (→ Rn. 7) anzuwenden. Das bedeutet, dass auch **ohne Feststellung der Vaterschaft** derjenige, der der Mutter in der gesetzlichen Empfängniszeit beigewohnt hat, zur Zahlung von Kindesunterhalt für die ersten drei Lebensmonate verpflichtet werden kann, wenn keine schwerwiegenden Zweifel an seiner Vaterschaft bestehen (**Vorrang der Vaterschaftsvermutung**). Zu beachten ist, dass im Verfahren der einstweiligen Anordnung die Anspruchsvoraussetzungen (Beiwohnung in der gesetzlichen Empfängniszeit) sowie die Einwendungen (schwerwiegende Zweifel an der Vaterschaft) glaubhaft zu machen sind (§ 51 Abs. 1 S. 2 FamFG). Als Mittel zur Glaubhaftmachung sind gem. § 31 Abs. 1 FamFG alle Beweismittel, auch die Versicherung an Eides statt, zulässig.

11 NK-BGB/*Gutzeit* § 1600 d Rn. 7.

12 NK-BGB/*Gutzeit* § 1600 d Rn. 7; Palandt/*Siede* BGB § 1600 d Rn. 12; aA Staudinger/*Rauscher* BGB § 1600 d Rn. 48, 50; vgl. auch BGH 15.5.2013 – XII ZR 49/11, BGHZ 197, 242–251 für die Anfechtung der Vaterschaft durch den Putativvater.

13 Palandt/*Siede* BGB § 1600 d Rn. 13.

14 NK-BGB/*Gutzeit* § 1600 d Rn. 10.

15 NK-BGB/*Gutzeit* § 1600 d Rn. 10.

b) Kindesunterhalt und Unterhalt nach § 1615 l Abs. 1 BGB während des Vaterschaftsfeststellungsverfahrens. Nach der Geburt des Kindes kann im Wege der einstweiligen Anordnung Kindesunterhalt sowie Unterhalt gem. § 1615 l BGB (inklusive Betreuungsunterhalt nach § 1615 l Abs. 2 BGB) gem. **§ 248 Abs. 1 FamFG** von demjenigen gefordert werden, gegen den ein Verfahren auf Feststellung der Vaterschaft anhängig ist (→ *Einstweiliger Rechtsschutz* Rn. 1 ff.). Dabei ist ebenfalls gem. § 248 Abs. 3 FamFG die Abstammungsvermutung des § 1600 d Abs. 2 BGB (→ Rn. 7 ff.) anzuwenden. Es gelten die oben dargestellten Grundsätze (→ Rn. 10 f.). Gem. § 248 Abs. 5 FamFG tritt die einstweilige Anordnung außer Kraft, wenn der Antrag auf Feststellung der Vaterschaft zurückgenommen oder abgewiesen wurde. Streitig ist, wie mit dem Antrag zu verfahren ist, wenn während der Anhängigkeit des Verfahrens der Antragsgegner die Vaterschaft anerkennt oder die Vaterschaft rechtskräftig festgestellt wird. Nach zutr. Ansicht ist auch dann der Antrag abzuweisen, weil in diesem Fall die Vaterschaft nicht mehr festgestellt werden kann (§ 1600 d Abs. 1 BGB) bzw. die Anhängigkeit des Feststellungsverfahrens entfällt.[16] In diesen Fällen kann der Antrag aber in einen Antrag gem. § 246 FamFG geändert werden mit der Folge, dass der Unterhalt ohne die Beschränkungen des § 237 FamFG festzustellen ist. 11

16 Str.; wie hier Haußleiter/*Eickelmann* FamFG § 248 Rn. 7, 8; offengelassen von OLG Nürnberg 4.5.2016 – 7 UF 362/16, FamRZ 2017, 542; Prütting/Helms/*Bömelburg* FamFG § 248 Rn. 5; aA OLG München 11.10.2018 – 26 UF 59/18, FamRZ 2019, 786; vgl. auch § 237 Abs. 1, 3 FamFG.

7. Abzweigung von Sozialleistungen

Conradis

I. Einführung

1 **Laufende Sozialleistungen**, die der Sicherung des Lebensunterhalts zu dienen bestimmt sind, können nach § 48 Abs. 1 S. 1 SGB I abgezweigt werden, ohne dass über die Unterhaltsverpflichtung ein Titel vorliegen muss. Hierunter fallen vor allem Renten, Krankengeld, Verletztengeld, Arbeitslosengeld. Eine Abzweigung ist hingegen nicht möglich bei Leistungen, die bedarfsabhängig gewährt werden, um den notwendigen Lebensunterhalt des Empfängers sicherzustellen, wie zB Arbeitslosengeld II oder Sozialhilfe. Für die Abzweigung von Kindergeld nach dem EStG gilt die besondere Regelung des § 74 EStG (→ Rn. 9 ff.).

2 Antragsberechtigt sind der – getrennt lebende – Ehegatte oder die Kinder des Leistungsberechtigten, hingegen nicht der geschiedene Ehegatte. Der Antrag kann **formlos** gestellt werden. Auch minderjährige Kinder können einen solchen Antrag stellen, wenn sie das 15. Lebensjahr vollendet haben und damit nach § 36 SGB I handlungsfähig sind. In der Praxis wird ein Abzweigungsantrag häufig von Sozialleistungsträgern gestellt, die existenzsichernde Leistungen erbringen und auf die der Unterhaltsanspruch übergegangen ist (→ *Übergang von Unterhaltsansprüchen* Rn. 1 ff.). Damit ist diese Möglichkeit der Durchsetzung von Unterhaltsansprüchen einfacher und kostengünstiger als die Erstellung eines Titels und die nachfolgende Zwangsvollstreckung.

II. Voraussetzungen

3 Voraussetzung für die Abzweigung ist, dass der Leistungsempfänger seiner **gesetzlichen Unterhaltspflicht nicht nachkommt**. Dies ist dem Sozialleistungsträger, dessen Leistungen abgezweigt werden sollen, darzulegen. Der entscheidende Unterschied zu einer Pfändung liegt darin, dass ein Unterhaltstitel nicht vorliegen und auch noch nicht einmal beantragt werden muss. Aber auch wenn ein Unterhaltstitel vorliegt, ist eine Abzweigung statt oder gleichzeitig mit einer Pfändung möglich.

4 Eine Abzweigung kann nur im Hinblick auf **laufenden Unterhalt** erfolgen, nicht hingegen bezüglich von Rückständen. Die Abzweigung erfolgt in angemessener Höhe an den Antragsteller. Der Verpflichtete muss vorher gehört werden, da es sich für ihn um einen belastenden Verwaltungsakt handelt. Es kann zunächst bis zur Entscheidung die Leistung in Höhe des möglicherweise abzuzweigenden Betrages einbehalten werden. Bei der Frage, welche Höhe angemessen ist, darf der Leistungsträger eine pauschalierende Betrachtungsweise vornehmen und die Selbstbehaltsätze der Düsseldorfer Tabelle zugrunde legen.[1] Liegen die Wohnkosten höher als in den Tabellensätzen vorgesehen, ist der Selbstbehalt individuell zu bemessen.[2]

5 Eine Abzweigung ist auch zugunsten von Sozialleistungsträgern möglich (§ 48 Abs. 1 S. 4 SGB I). In der Praxis wird daher häufig durch Sozialhilfeträger, Leistungsträger nach dem SGB II oder die Unterhaltsvorschusskasse eine Abzweigung beantragt.

III. Verfahrensfragen

6 Die Entscheidung über die Abzweigung wird durch den Sozialleistungsträger mittels Verwaltungsakt getroffen. Rechtsbehelfe können der Antragsteller und der Antragsgegner einlegen. Der **Widerspruch** gegen die Abzweigung hat **aufschiebende Wirkung**, da laufende Leistungen weder herabgesetzt noch entzogen

1 BSG 29.8.2002 – B 11 AL 95/01 R, FamRZ 2003, 1386.
2 BSG 26.6.1986 – 7 RAr 44/84, FamRZ 1987, 274.

werden und somit § 86 a Abs. 2 SGG, der in derartigen Fällen das Entfallen der aufschiebenden Wirkung anordnet, nicht anzuwenden ist.[3]

Der Rechtsstreit über die Frage der Rechtmäßigkeit einer Abzweigung findet vor dem Gericht statt, welches für die Geltendmachung der betreffenden Sozialleistung zuständig ist. Dies ist fast immer das **Sozialgericht**, da für die in Betracht kommenden Leistungen meistens der Weg zu den Sozialgerichten gegeben ist. Es ist zu beachten, dass ggf. die Rechtsschutzversicherung das Kostenrisiko abdeckt. 7

Das **Kostenrisiko** eines solchen Verfahrens ist höher als sonst beim Sozialgericht. Zwar besteht Gerichtskostenfreiheit, es ist jedoch zu bedenken, dass regelmäßig der andere Beteiligte beigeladen wird. Bei einem Prozessverlust besteht die Möglichkeit, dass das Sozialgericht die Kosten des obsiegenden Beigeladenen dem Unterlegenen auferlegt. 8

IV. Abzweigung des Kindergeldes (§ 74 EStG)

Durch § 74 EStG wird ermöglicht, das Kindergeld an die Person oder Stelle auszuzahlen, die für den Unterhalt des Kindes aufkommt. Voraussetzung ist, dass der Kindergeldberechtigte seiner **gesetzlichen Unterhaltspflicht nicht nachkommt**. Dies gilt auch, wenn der Unterhaltspflichtige mangels Leistungsfähigkeit nicht unterhaltspflichtig ist (§ 77 Abs. 1 S. 2 EStG). 9

Die Zahlung kann das **Kind an sich selbst** verlangen und hat damit einen schnellen und unbürokratischen Weg, zumindest das Kindergeld zu erlangen. Da sich die sozialrechtliche Handlungsfähigkeit ab Vollendung des 15. Lebensjahres (§ 36 SGB I) nicht auf das Steuerrechtliche bezieht, kommt eine Zahlung an das Kind in der Regel nur für volljährige Kinder und Zählkinder[4] in Betracht. Sofern die Eltern kein Kindergeld beziehen, weil sie keinen Antrag gestellt haben, kann die Abzweigung erst durchgeführt werden, wenn feststeht, welcher Elternteil berechtigt ist Kindergeld zu beziehen. Kümmern sich die Eltern nicht diese Frage zu klären, muss zunächst beim Familiengericht beantragt werden, den Berechtigten zu bestimmen (→ *Kindergeld* Rn. 8 ff.). Der Antrag kann auch von dem Kind gestellt werden, welches die Abzweigung beantragt. 10

Besondere Probleme bestehen bei der Abzweigung von Kindergeld, welches Eltern behinderter Kinder beziehen, durch einen Sozialleistungsträger. Denn hierbei ist entscheidend, in welchem Umfang die Eltern Unterhaltsleistungen, ggf. auch durch persönliche Betreuung, erbringen.[5] Wird von dem Elternteil nachgewiesen, dass Aufwendungen für das Kind zB bei Aufenthalt des Kindes bei dem Elternteil an Wochenenden oder bei Krankheit des Kindes entstehen, steht insoweit dem Elternteil das Kindergeld zu, so dass die Abzweigung beschränkt oder verhindert werden kann. 11

Berechtigte einer solchen Abzweigung können im Übrigen alle Personen sein, die dem Kind **tatsächlich Unterhalt gewähren** (§ 74 Abs. 1 S. 3 EStG), also auch Verwandte, Freunde, Nachbarn[6] oder Institutionen, wie zB das Jugendamt oder der Sozialhilfeträger. 12

3 LSG Niedersachsen-Bremen 4.9.2002 – L 7 AL 283/02 ER, FamRZ 2003, 1334; LSG Baden-Württemberg 8.10.2004 – 12 AL 4018/04 ER-B, ASR 2004, 123.

4 Vgl. *Felix*, Kindergeldrecht, EStG § 74 Rn. 18.

5 Einzelheiten: *Kruse* NDV 2011, 525.

6 *Felix*, Kindergeldrecht, EStG § 74 Rn. 19.

8. Altersunterhalt

Finke

I. Einführung

1 Nach § 1571 BGB kann ein geschiedener Ehegatte von dem anderen Ehegatten Unterhalt verlangen, soweit von ihm zu bestimmten Zeitpunkten, den sog. Einsatzzeitpunkten, wegen seines Alters keine Erwerbstätigkeit mehr erwartet werden kann und er seinen Bedarf nach § 1578 BGB nicht aus eigenen Einkünften decken kann, die ihm tatsächlich zur Verfügung stehen bzw. die ihm bei einer ordnungsgemäßen Altersvorsorge, dh insbesondere auf der Grundlage von Einkünften aus einer nach § 1574 BGB angemessenen Erwerbstätigkeit in der Vergangenheit, seit der Scheidung zur Verfügung stehen könnten. Die Bedürftigkeit kann dabei darauf beruhen, dass der andere Ehegatte über ein höheres Einkommen aus Erwerbstätigkeit oder ebenfalls bereits aus Alterseinkünften verfügt. In diesem Fall kommt dem Altersunterhalt die gleiche Funktion zu wie dem Aufstockungsunterhalt nach § 1573 Abs. 2 BGB, nämlich einen Ausgleich im Sinne des Halbteilungsgrundsatzes zu schaffen. Die Inanspruchnahme des Pflichtigen hat ihre Grundlage in diesem Fall in der **nachwirkenden ehelichen Solidarität**. Diese Begründung zur Durchbrechung des Grundsatzes der nachehelichen Selbstverantwortung in § 1569 S. 1 BGB, der durch das UÄndG vom 21.12.2007 gestärkt werden sollte, wird teilweise kritisch gesehen[1] oder sogar für nicht tragfähig gehalten.[2]

2 Soweit dagegen das geringere Alterseinkommen des Berechtigten gegenüber dem des Pflichtigen darauf beruht, dass er nach der Ehe aufgrund der Auswirkungen der Rollenverteilung in der Ehe oder der Kinderbetreuung in und nach der Ehe nicht oder nur eingeschränkt in der Lage war eine eigene Altersversorgung aufzubauen, liegt dem Anspruch der **Ausgleich ehebedingter Nachteile** zugrunde. Diese Unterscheidung der Grundlage des Anspruchs auf Altersunterhalt gegenüber dem zuvor angesprochenen Grundsatz der nachwirkenden ehelichen Solidarität ist von maßgeblicher Bedeutung für eine mögliche Begrenzung des Anspruchs nach § 1578 b BGB (→ Rn. 18 ff.).

II. Voraussetzungen des Anspruchs

1. Anschlussunterhalt, Anspruchskette

3 Überwiegend kommt der Altersunterhalt als **Anschlussunterhalt** (→ *Anschlussunterhalt* Rn. 9) an einen vorhergehenden Unterhaltsanspruch auf der Grundlage eines anderen Unterhaltstatbestandes (Aufstockungs- oder Krankheitsunterhalt) in Betracht. Anders ist es ausnahmsweise dann, wenn bereits bei Rechtskraft der Scheidung die Voraussetzungen für den Altersunterhalt vorliegen (§ 1571 Nr. 1 BGB). Ansonsten bedarf es immer der Feststellung einer **lückenlosen Kette von vorangegangenen Ansprüchen aufgrund anderer Unterhaltstatbestände**. Ist diese Voraussetzung erfüllt, so kann dies zur Folge haben, dass der Altersunterhalt dem Umfang nach durch den Unterhaltstatbestand beschränkt wird, an den er anschließt. Bestand zB bis zum Erreichen des Rentenalters allein ein Anspruch wegen Krankheit nach § 1572 BGB, nicht aber ein Aufstockungsunterhaltsanspruch nach § 1573 Abs. 2 BGB, so kann der Anspruch auf Altersunterhalt nicht über den vorher bezogenen Krankheitsunterhalt hinausgehen, dh er kann maximal dessen Wegfall ersetzen, aber nicht zu einer weiter gehenden Teilhabe an der höheren Altersvorsorge des

1 *Hohmann-Dennhardt*, Brühler Schriften zum Familienrecht, 18. Dt. Familiengerichtstag 2009, S. 32.
2 Staudinger/*Verschraegen* BGB § 1571 Rn. 1.

Unterhaltspflichtigen führen. Hat vorher kein Anspruch nach § 1573 Abs. 1 BGB bestanden, weil der Ehegatte sich nicht hinreichend um eine mögliche und zumutbare Erwerbstätigkeit bemüht hat, so rechtfertigt die hierauf beruhende Beschränkung der Altersvorsorge keinen Unterhaltsanspruch zum Ausgleich dieser Versorgungslücke im Alter. Ein Altersunterhalt kommt neben anderen Unterhaltstatbeständen wie § 1573 Abs. 1 BGB oder § 1572 BGB nur in Betracht, soweit die Regelaltersgrenze der gesetzlichen Rentenversicherung bzw. der Beamtenversorgung noch nicht erreicht ist (→ Rn. 6) und aufgrund des Alters lediglich eine teilweise Erwerbsmöglichkeit besteht, wie beim Bezug einer Teilaltersrente (→ Rn. 7). Auch vor dem Erreichen der Regelaltersgrenze richtet sich der Unterhaltsanspruch allein nach § 1571 BGB, wenn der Berechtigte altersbedingt nicht mehr erwerbstätig ist und auch nicht mehr sein kann.[3]

2. Einsatzzeitpunkte

Die vom Gesetz in § 1571 Nr. 1–3 BGB genannten Einsatzzeitpunkte stellen klar, dass die Voraussetzungen 4
des Altersunterhaltsanspruchs entweder **bei Scheidung** oder **im Anschluss an einen vorausgehenden Unterhaltstatbestand** vorliegen müssen, wobei es nicht darauf ankommt, ob dieser Unterhaltsanspruch in der Vergangenheit tatsächlich geltend gemacht worden ist. Ein Anschlussunterhalt nach § 1571 Nr. 2 und 3 BGB liegt selbst dann vor, wenn ein Unterhaltsanspruch nach §§ 1570, 1572, 1573 BGB in der Vergangenheit allein an der mangelnden Leistungsfähigkeit des Pflichtigen gescheitert ist, während sämtliche sonstigen Tatbestandsvoraussetzungen für einen solchen Anspruch gegeben waren (→ *Anschlussunterhalt* Rn. 2). § 1571 Nr. 2 BGB wird über seinen Wortlaut hinaus allgemein so verstanden, dass es nicht allein auf die Beendigung der Pflege und Erziehung eines gemeinsamen Kindes, sondern den Wegfall eines hierdurch begründeten Anspruchs auf Betreuungsunterhalt nach § 1570 BGB ankommt.[4] Bei fehlendem Einsatzzeitpunkt ist zu prüfen, ob nicht ein Unterhaltsanspruch nach § 1576 BGB (→ *Billigkeitsunterhalt* Rn. 1 ff.) gegeben ist. Durch die Beschränkung des Betreuungsunterhalts aufgrund der höheren Anforderungen an die Erwerbsobliegenheit neben der Betreuung von Kindern durch das UÄndG sowie die erweiterte Möglichkeit der Befristung von nachehelichem Unterhalt aufgrund sonstiger Tatbestände nach § 1578 b Abs. 2 BGB werden die Voraussetzungen des Altersunterhalts nach § 1571 BGB als Anschlussunterhalt in Zukunft wesentlich seltener vorliegen als vor der Gesetzesänderung, was dem erklärten Ziel des Gesetzgebers entspricht.

3. Keine Erwerbsobliegenheit aufgrund Alters

a) Rentenrechtliche Regelaltersgrenze als Obergrenze der Erwerbsobliegenheit. Wie bei allen anderen 5
Tatbeständen des nachehelichen Unterhalts – ausgenommen der Aufstockungsunterhalt – ist der Anspruch daran geknüpft, dass von dem Berechtigten keine Erwerbstätigkeit erwartet werden kann und er deshalb nicht in der Lage ist, seinen Bedarf zu decken. Beim Altersunterhalt muss eine Erwerbsobliegenheit aufgrund Alters ausscheiden. Eine Altersgrenze, ab der dies der Fall ist, wird vom Gesetz nicht genannt. Nach der ständigen Rechtsprechung des BGH[5] entfällt die Erwerbsobliegenheit **spätestens mit Erreichen der Regelaltersgrenze**, die für die gesetzliche Rentenversicherung bzw. die Beamtenversorgung nach §§ 35, 236 SGB VI bzw. § 51 BBG maßgeblich ist, dh für die Geburtsjahrgänge bis 1946 mit der Vollendung des 65. Lebensjahres und für die nachfolgenden Geburtsjahrgänge schrittweise bis zur Vollendung des 67. Lebensjahres.[6] Dieser generellen Begrenzung der Erwerbsobliegenheit entsprechen auch sozialgesetzliche Regelungen, die ab der Regelaltersgrenze eine generelle Bedürftigkeit anerkennen (§ 41 SGB XII; §§ 7 Abs. 1 S. 1 Nr. 1, 7 a SGB II). Die Festlegung der Altersgrenze beruht vor allem auf der allgemeinen Lebenserfahrung, dass die meisten Menschen, die ein entsprechendes Alter erreicht haben, nicht mehr voll

3 BGH 7.3.2012 – XII ZR 145/09, NJW 2012, 2028.

4 BGH 31.1.1990 – XII ZR 36/89, NJW 1990, 2752 zu derselben Formulierung in § 1572 BGB.

5 BGH 3.2.1999 – XII ZR 146/97, FamRZ 1999, 708 und BGH 15.3.2006 – XII ZR 30/04, NJW 2006, 1654: jeweils für den Berechtigten; BGH 12.1.2011 – XII ZR 83/08, NJW 2011, 670: für den Pflichtigen.

6 Vgl. RV-Altersgrenzenanpassungsgesetz vom 20.4.2007, BGBl. I 554 – und das Dienstrechtsneuordnungsgesetz vom 5.2.2009, BGBl. I 160.

arbeitsfähig sind, weil ihre körperlichen und geistigen Kräfte nachlassen.[7] Soweit daneben auch volkswirtschaftliche Überlegungen, wie die Gewährleistung der Finanzierbarkeit der Altersversorgungssysteme im Hinblick auf den demographischen Wandel und die gestiegene Rentenbezugsdauer, für die Bestimmung der Regelaltersgrenze von Bedeutung gewesen sind, wie insbesondere bei der schrittweisen Erhöhung der Grenze bis zur Vollendung des 67. Lebensjahres,[8] steht dies der Heranziehung der Regelaltersgrenze als **Obergrenze**, bis zu der längstens eine Erwerbsobliegenheit besteht, nicht entgegen.[9]

6 Wird nach dem Erreichen der öffentlich-rechtlich festgesetzten Regelaltersgrenze eine Erwerbstätigkeit ausgeübt, ist diese immer **überobligationsmäßig**, so dass die hieraus erzielten Einkünfte nur im Rahmen der **Billigkeit nach § 1577 Abs. 2 S. 2 BGB** zu berücksichtigen sind und der danach verbleibende Betrag in die Differenzmethode einzustellen ist.[10] Dies gilt für Arbeitnehmer und für Selbstständige in gleicher Weise.[11] Danach kommen mit dem Erreichen der Regelaltersgrenze Ausnahmen von dem Entfallen der Erwerbsobliegenheit zB bei beengten wirtschaftlichen Verhältnissen[12] oder wegen geringer Altersversorgung bei freiberuflicher Tätigkeit und entsprechender Lebensplanung der Partner während der Ehe[13] oder wegen der Üblichkeit einer weiteren selbstständigen Tätigkeit in bestimmten Berufszweigen[14] nicht in Betracht. Allerdings sind diese Umstände im jeweiligen Einzelfall bei der Frage zu berücksichtigen, in welchem Umfang das tatsächlich erzielte Einkommen in die Unterhaltsberechnung eingestellt wird. Wird dagegen keine Erwerbstätigkeit ausgeübt oder die bisherige Tätigkeit aufgegeben, so können mangels Verstoßes gegen eine Erwerbsobliegenheit auch Absprachen der Eheleute hinsichtlich einer Fortsetzung der Erwerbstätigkeit über das 65. Lebensjahr hinaus nicht zu einer Zurechnung fiktiven Einkommens führen.

7 **b) Wegfall der Erwerbsobliegenheit unterhalb der Regelaltersgrenze.** Unterhalb der Regelaltersgrenze, ab der spätestens die Erwerbsobliegenheit entfällt und damit bei Vorliegen der sonstigen Voraussetzungen ein Anspruch auf Altersunterhalt in Betracht kommt, gibt es keine festen Grenzen für einen früheren Wegfall der unterhaltsrechtlichen Erwerbsobliegenheit. Soweit für **einzelne Berufe**, wie zB Soldaten (s. § 45 SoldG), Polizeibeamte (s. § 5 BPolG), Piloten, Bergleute (§ 40 SGB VI), aufgrund besonderer körperlicher Anforderungen **vorgezogene Altersgrenzen** für den Ruhestand bestehen (zB die gem. § 77 SGB VI mit Abschlägen bei der Leistung verbundene vorgezogene Altersrente für langjährig Versicherte nach § 36 SGB VI ab Vollendung des 63. Lebensjahres und Erfüllung einer Wartezeit von 35 Jahren), kann hierauf nicht abgestellt werden. Vielmehr ist unter Berücksichtigung der Umstände des Einzelfalles zu prüfen, ob dem Berechtigten noch eine nach § 1574 BGB angemessene Erwerbstätigkeit möglich ist. Für den Berechtigten dürfen hierbei keine strengeren Maßstäbe angesetzt werden als für den Pflichtigen. Die gleichen Maßstäbe gelten auch für die Berechtigung zur Reduzierung der Arbeitszeit und Inanspruchnahme einer **Teil-Altersrente** nach § 43 Abs. 2, 3 SGB VI. Ein Teilanspruch nach § 1573 Abs. 2 BGB neben dem Altersunterhalt setzt voraus, dass der Berechtigte noch erwerbstätig ist.[15]

8 Wird es dem Pflichtigen unterhaltsrechtlich gestattet, keine Erwerbstätigkeit mehr auszuüben, weil seine Renten- und/oder sonstigen Altersversorgungsbezüge trotz der Minderung des Einkommens gegenüber der Zeit der Erwerbstätigkeit für eine angemessene Lebensführung ausreichen,[16] so muss dies unter ver-

---

7 Vgl. RGZ 104, 58 (62 f.); Staudinger/*Engler/Kaiser* BGB § 1603 Rn. 171.

8 Vgl. BT-Drs. 16/4583, 20 ff. zum RV-Altersgrenzenanpassungsgesetz und BR-Drs. 720/07, 171, 180 f. zum Dienstrechtsneuordnungsgesetz.

9 BGH 12.1.2011 – XII ZR 83/08, NJW 2011, 670.

10 BGH 15.3.2006 – XII ZR 30/04, NJW 2006, 1654.

11 BGH 12.1.2011 – XII ZR 83/08, NJW 2011, 670: für Einkünfte des Pflichtigen aus einer nach Vollendung des 65. Lebensjahres ausgeübten selbstständigen Erwerbstätigkeit.

12 *Borth* in: Schwab ScheidungsR-HdB IV Rn. 238; offengelassen in OLG Hamm 28.6.1996 – 5 UF 20/96, FamRZ 1997, 883.

13 Offen gelassen in OLG Düsseldorf 20.12.2006 – 8 UF 136/06, NJW-RR 2007, 1157.

14 *Borth* in: Schwab ScheidungsR-HdB IV Rn. 238.

15 BGH 7.3.2012 – XII ZR 145/09, NJW 2012, 2028.

16 BGH 28.3.1984 – IVb ZR 64/82, NJW 1984, 2358: rd. 6.400 DM Versorgungsbezüge gegenüber 9.000 DM früherem Erwerbseinkommen.

gleichbaren Umständen aus Gründen der Gleichbehandlung auch für den Berechtigten gelten.[17] Je größer der zeitliche Abstand der berufsbezogenen besonderen Altersgrenze zur öffentlich-rechtlichen Regelaltersgrenze ist, umso eher wird in der Regel eine weitere **Erwerbspflicht** zu fordern sein. So ist bei einem mit 41 Jahren pensionierten Jetpiloten der Bundeswehr mit Versorgungsbezügen von monatlich rd. 3.400 DM netto (gegenüber 5.800 DM während der Dienstzeit) eine Erwerbsobliegenheit bejaht worden.[18] Im Einzelfall kann eine unterhaltsrechtliche Obliegenheit zur Wahrnehmung der Möglichkeit eines vorzeitigen Bezuges der Altersrente bestehen, wenn hierdurch die finanzielle Situation des Berechtigten wesentlich verbessert wird, zumal dann auch die Anrechte aus dem Versorgungsausgleich sofort als Rentenleistung zur Verfügung stehen. Weitere Voraussetzung ist indes, dass die Nachteile kompensiert werden, die durch die Rentenabschläge aufgrund des vorzeitigen Bezuges entstehen. Zu beachten ist, dass bei Bestehen zumindest einer teilweisen Erwerbsfähigkeit auch bei Bewilligung der vorzeitigen Altersrente unterhaltsrechtlich eine Obliegenheit bestehen kann, im Rahmen der Hinzuverdienstgrenze nach § 34 Abs. 2 SGB VI (seit 2017 jährlich 6.300 EUR) einer Erwerbstätigkeit nachzugehen.

Auch die Möglichkeit des Bezuges von **Altersruhegeld bei Frauen** zu einem vor der allgemeinen Re- 9
gelaltersgrenze liegenden Zeitpunkt[19] hat unterhaltsrechtlich keine Bedeutung.[20] Im Ergebnis ist damit bereits heute eine weitgehende rentenrechtliche Gleichbehandlung von Frauen und Männern eingetreten, die unterhaltsrechtlich uneingeschränkt geboten ist.[21]

Soweit gesetzliche Regelungen wie **Vorruhestand** und **Altersteilzeit** ein teilweises oder vollständiges 10
Ausscheiden aus dem Erwerbsleben und den Anspruch auf ein vorgezogenes Altersruhegeld ermöglichen, liegen ihnen sozialpolitische Ziele zugrunde, die in der Regel die unterhaltsrechtliche Erwerbsobliegenheit unberührt lassen.[22] Der Berechtigte hat – wie im umgekehrten Fall der Pflichtige auch – bei seiner Entscheidung für eine solche Regelung die Belange des Pflichtigen zu berücksichtigen.[23] Bei gesundheitlichen Beeinträchtigungen und sonst drohendem Arbeitsplatzverlust kann dagegen eine Reduzierung der Erwerbstätigkeit im Rahmen einer Altersteilzeitregelung gerechtfertigt sein.[24]

Unabhängig von allen Ruhestandsregelungen kommt Altersunterhalt auch dann in Betracht, wenn der 11
Berechtigte **altersbedingt keine nach § 1574 BGB angemessene Beschäftigung** mehr finden kann. Da § 1571 BGB an die teilweise oder vollständige Hinderung an einer Erwerbstätigkeit aufgrund Alters anknüpft, scheidet diese Anspruchsgrundlage aus, wenn die Beschränkungen bei der Erwerbstätigkeit auf anderen Umständen wie der allgemeinen Arbeitsmarktsituation (dann greift ggf. § 1573 Abs. 1 BGB ein) oder gesundheitlichen Beeinträchtigungen (dann greift ggf. § 1572 BGB ein) beruht. Die Abgrenzung ist im Einzelfall schwierig.[25] Es kann auf eine Differenzierung verzichtet werden, wenn die Voraussetzungen eines anderen in Betracht kommenden Unterhaltstatbestandes ebenfalls vorliegen und sich aus der möglichen weiteren Differenzierung keine unterschiedlichen Kriterien für die Begrenzung des Unterhaltsanspruchs nach § 1578 b BGB ergeben.[26]

17 BGH 11.7.2012 – XII ZR 72/10, FamRZ 2012, 1483.

18 BGH 15.10.2003 – XII ZR 65/01, FamRZ 2004, 254.

19 § 237 a SGB VI: bis Jahrgang 1951 ab Vollendung des 60. Lebensjahres, wobei unter bestimmten Voraussetzungen eine schrittweise Anhebung bis auf die Vollendung des 65. Lebensjahres erfolgt.

20 BGH 3.2.1999 – XII ZR 146/97, NJW 1999, 1547.

21 MüKoBGB/*Maurer* BGB § 1571 Rn. 13.

22 BGH 3.2.1999 – XII ZR 146/97, NJW 1999, 1547.

23 OLG Hamm 3.11.1998 – 2 WF 418/98, NJW 1999, 2976: 56-jähriger Mann ohne gesundheitliche Beeinträchtigungen kann sich nicht auf Vorruhestandregelung berufen, wenn diese dazu führt, dass der Unterhaltsanspruch sich nur noch auf 1.360 DM statt auf 1.600 DM beläuft.

24 OLG Hamm 12.4.2000 – 12 UF 149/99, NJW-RR 2001, 433: 61-jähriger Mann nach Einsetzung einer Kniegelenksprothese und Ankündigung des Arbeitgebers, die bisherige Niederlassung des Unternehmens zu schließen; OLG Koblenz 22.10.2003 – 9 UF 175/03, FamRZ 2004, 1573; OLG Hamm 15.10.2004 – 11 UF 22/04, NJW 2005, 161.

25 NK-BGB/*Fränken/Heistermann* § 1571 Rn. 6 f. mwN.

26 *Hollinger* jurisPK-BGB § 1571 Rn. 22.

12 Die Beispiele aus der Rechtsprechung zeigen, dass es hier vor allem um Sachverhalte geht, in denen von dem Berechtigten nach langer Unterbrechung der Wiedereinstieg in das Erwerbsleben verlangt wird. Dass dies generell altersbedingt nicht möglich ist, kann trotz der Schwierigkeiten, die hierbei bekanntermaßen teilweise bereits bei einem Alter ab 50 Jahren bestehen, nur angenommen werden, wenn einfache ungelernte Tätigkeiten nach den Lebensverhältnissen der Eheleute nicht zumutbar sind und der Zugang zu anderen Arbeitsplätzen, die nach § 1574 BGB angemessen sind, bereits aufgrund des Alters und nicht etwa auch durch die allgemeine Arbeitsmarktlage verschlossen ist. Das bedeutet, dass beim Bestehen auch einer nur geringfügigen Chance, einen entsprechenden Arbeitsplatz zu finden, der Berechtigte Unterhalt nur nach § 1573 Abs. 1 BGB verlangen kann, wozu er hinreichende Erwerbsbemühungen darzulegen hat, während im Falle einer altersbedingten Arbeitslosigkeit darzulegen ist, dass eine entsprechende Erwerbstätigkeit generell allen Bewerbern dieser Altersgruppe mit gleichen beruflichen Erfahrungen verschlossen ist.[27] Kann dagegen aufgrund von gesundheitlichen Beschwerden, die auch durch das Alter bedingt sein mögen, eine Erwerbstätigkeit nicht oder nur eingeschränkt ausgeübt werden, so kann der Unterhaltsanspruch insoweit nur auf § 1572 BGB gestützt werden.

4. Berücksichtigung von Einkommen des Pflichtigen

13 Auf Seiten des Pflichtigen sind dessen Einkünfte wie auch bei sonstigen Unterhaltstatbeständen in dem Umfang in die Bedarfsberechnung einzusetzen, wie sie in der Ehe unter Berücksichtigung der wandelbaren Lebensverhältnisse angelegt waren, also regelmäßig sämtliche Erwerbseinkünfte, soweit sie nicht auf einem Karrieresprung beruhen, während Vermögenseinkünfte nur in dem Umfang von Bedeutung sind, in dem sie während der Ehe zur Deckung des Lebensbedarfs zur Verfügung gestanden haben. Dies ändert sich mit dem berechtigten Ausscheiden aus dem Erwerbsleben und dem Bezug von **Renten- und sonstigen Versorgungsleistungen**. Diese sind grundsätzlich uneingeschränkt bedarfsprägend heranzuziehen, soweit sie in der Vergangenheit dem Berechtigten einkommens- und unterhaltsmindernd entgegengehalten worden sind. Danach sind auch das im Rahmen der sekundären Altersvorsorge mit Aufwendungen bis zu 4 % des Bruttoeinkommens gebildete Vermögen sowie die Einkünfte hieraus für den Bedarf des Pflichtigen und des Berechtigten zu berücksichtigen, also auch hierauf beruhende Lebensversicherungen oder Wohneigentum. Soweit die Aufwendungen für das Vermögen in der Vergangenheit dagegen unterhaltsrechtlich unberücksichtigt geblieben sind, sind dieses Vermögen und die Einkünfte hieraus auch für den Bedarf nach § 1571 BGB ohne Bedeutung.

14 Der uneingeschränkten Heranziehung der Renten- und Versorgungsansprüche des Pflichtigen für die Bedarfsbestimmung beim Altersunterhalt kann nicht entgegengehalten werden, diese beruhten auf **nachehelichen Entwicklungen**. Richtig ist lediglich, dass die zugrunde liegenden Aufwendungen, soweit sie als Bemessungsgrundlage auf das vom Pflichtigen erzielte Bruttoeinkommen abstellten, über die Sicherung des eheangemessenen Lebensbedarfs von maximal der Hälfte des unterhaltsrechtlichen Gesamteinkommens der geschiedenen Eheleute hinausgingen. An dieser bezogen auf den Elementarunterhaltsbedarf des Pflichtigen „übermäßigen" Altersvorsorge war der Berechtigte durch Abzug der vollen Aufwendungen von seinem Einkommen immer mit einer entsprechenden Kürzung seines Unterhaltsbedarfs/-anspruchs beteiligt. Daher ist es gerechtfertigt, diese Einkünfte uneingeschränkt für den Altersunterhalt heranzuziehen. Eine Grenze findet diese Berücksichtigung in der Höhe des vor Eintritt des Pflichtigen in den Ruhestand bestehenden Unterhaltsanspruchs des Berechtigten, da der Altersunterhalt ihn allenfalls so, aber nicht besser stellen kann, als er vor dem Eintritt in den Ruhestand stand. Der Altersunterhalt soll gewährleisten, dass die vor dem Eintritt in den Ruhestand bestehenden Lebensverhältnisse in etwa aufrechterhalten werden können, wobei eine gewisse Minderung aufgrund der in der Regel geringeren Einkünfte gegenüber der Zeit, in der Erwerbseinkommen erzielt worden ist, hinzunehmen ist.[28] Diese Beschränkung des Anspruchs ergibt sich meist auch aus der Funktion des Altersunterhalts als Anschlusstatbestand. War der vorhergehen-

27 BGH 1.4.1987 – IVb ZR 33/86, juris Rn. 16.

28 S. BGH 28.3.1984 – IVb ZR 64/82, NJW 1984, 2358, wo Versorgungsbezüge von rd. 6.400 DM gegenüber früheren Erwerbseinkünften von 9.000 DM als ausreichend für eine angemessene Altersversorgung angesehen worden sind.

de Unterhaltsanspruch der Höhe nach beschränkt, so setzt sich dies beim Altersunterhalt fort (→ Rn. 3). Eine weitere Begrenzungsmöglichkeit ergibt sich aus § 1578 b BGB (→ Rn. 18).

5. Berücksichtigung von Einkommen des Berechtigten

Die gesamten Renteneinkünfte einschließlich des auf den Versorgungsausgleich entfallenden Anteils[29] 15
und evtl. daneben erzielte Einkünfte, zB aus Kapitalvermögen, aus Vermietung und Verpachtung sowie aus dem mietfreien Wohnen, sind zu berücksichtigen, und zwar grundsätzlich nach der **Differenz- oder Additionsmethode**. Dies gilt in gleicher Weise für Einkünfte aus einer Erwerbstätigkeit, die im Falle des Bezuges des vollen Altersruhegeldes im Rahmen der Hinzuverdienstgrenze (→ Rn. 8) und bei einer Teilaltersrente in weiter gehendem Umfang ohne Minderung der Rente möglich ist. Ist der Berechtigte unterhaltsrechtlich verpflichtet, einen **Rentenantrag** zu stellen, so kann die Rente erst ab dem Zeitpunkt der Bewilligung bzw. bei vorwerfbarer Nichtstellung oder Verzögerung des Antrags, ab dem Zeitpunkt berücksichtigt werden, ab dem bei rechtzeitigem Antrag eine Bewilligung erfolgt wäre. Für den Pflichtigen besteht die Möglichkeit, dem Berechtigten den Unterhalt für die Zeit bis zur Bewilligung als **zinsloses Darlehen** anzubieten, welches im Falle der rückwirkenden Rentenbewilligung zurückzuzahlen ist.[30]

Ausnahmen gelten für Kapitalerträge aus Vermögen, welches die ehelichen Lebensverhältnisse nicht ge- 16
prägt hat (zB aus eigener Vermögensbildung nach der Ehe, die 4 % des Bruttoeinkommens übersteigt, aus einer Erbschaft oder sonstigen Zuwendung). Hier ist die **Anrechnungsmethode** anzuwenden. Einkünfte aus dem Vermögen aus dem Zugewinnausgleich sind als bedarfsprägend zu berücksichtigen, da solches Vermögen nach den Vorstellungen der Ehegatten während der Ehe regelmäßig vorrangig der Alterssicherung dient. Soweit der Bundesgerichtshof der Auffassung ist, auch die Renteneinkünfte des Berechtigten, die auf dem von ihm erbrachten **Vorsorgeunterhal**t beruhten, seien im Wege der Anrechnungsmethode in die Unterhaltsberechnung einzustellen,[31] kann dem nicht gefolgt werden, da die angebliche Doppelbelastung des Pflichtigen bei Anwendung der Differenzmethode nicht nachvollziehbar ist.[32] Ob eine weitere Ausnahme in Betracht kommt, wenn die auf dem Versorgungsausgleich beruhende Rente vom Berechtigten bezogen wird, während der Pflichtige noch keine Rente bezieht und Erwerbseinkommen erzielt, ist streitig. Wendet man hier die Additions- oder Differenzmethode an, so hat dies zur Folge, dass der Bedarf auf eine Höhe angehoben wird, die er ohne die Scheidung nicht erreicht hätte. Andererseits wird durch diese Berechnungsmethode gewährleistet, dass die am Unterhaltsverhältnis Beteiligten jeweils hälftig an der Rentenzahlung partizipieren, wie das auch dann der Fall ist, wenn der Pflichtige aufgrund der Aussetzung der Wirkung des Versorgungsausgleichs nach § 33 VersAusglG die volle Rente erhält.[33] Dagegen ist die Witwenrente, welche die Ehefrau nach dem Tod des unterhaltspflichtigen Ehemanns bezieht, bei der Geltendmachung ihres Unterhaltsanspruchs gegen dessen Erben nach der Anrechnungsmethode zu berücksichtigen.[34]

Die **zweckwidrige Verwendung des Altersvorsorgeunterhalts**[35] durch den Berechtigten führt nicht we- 17
gen der darin regelmäßig liegenden Obliegenheitsverletzung automatisch zur Zurechnung einer entsprechenden fiktiven Rente. Voraussetzung hierfür ist vielmehr die Feststellung, dass sich der Berechtigte hierdurch in vorwerfbarer Weise nach § 1579 Nr. 4 BGB bedürftig gemacht hat.[36] Die unterhaltsberechtigte

29 BGH 31.10.2001 – XII ZR 292/99, NJW 2002, 436 unter Anwendung der Surrogatstheorie auf diese Einkünfte.

30 BGH 19.12.1989 – IVb ZR 9/89, NJW 1990, 709; sowie zum familienrechtlichen Ausgleichsanspruch in einem solchen Fall BGH 15.2.1989 – IVb ZR 41/88, NJW 1989, 1990.

31 BGH 5.2.2003 – XII ZR 29/00, NJW 2003, 1796.

32 *Hoppenz* FamRZ 2003, 854; *Borth* in: Schwab ScheidungsR-HdB IV Rn. 1036; krit. auch *Büttner/Niepmann* NJW 2004, 2284 (2287).

33 OLG Hamm 4.10.2018 – 11 UF 228/17, FamRZ 2019, 593 mwN auch zur Gegenmeinung.

34 BGH 15.5.2019 – XII ZB 357/18, NJW 2019, 2392.

35 Vgl. näher *Finke* FamFR 2013, 1.

36 BGH 5.2.2003 – XII ZR 29/00, NJW 2003, 1796; OLG Saarbrücken 28.7.2020 – 6 UF 49/20, FamRZ 2020, 1827 (mit abl. Anm. *Seiler*) wendet diesen Grundsatz auch bei der Beurteilung der Bedürftigkeit im Fall des Unterlassens der Geltendmachung von Altersvorsorgeunterhalt an.

Frau kann sich gegenüber diesem Einwand des Mannes damit verteidigen, dass sie in einer Notlage, zB bei einer von ihr nicht zu vertretenden Unterschreitung ihres Existenzminimums, den Altersvorsorgeunterhalt zur Deckung ihres Elementarunterhalts verwendet habe. Demgegenüber wird auch vertreten, dass allein die zweckwidrige Verwendung und der darin liegende Obliegenheitsverstoß die fiktive Zurechnung von Versorgungseinkünften bei zweckgerechter Verwendung des Altersvorsorgeunterhalts rechtfertigten.[37] Hat der Berechtigte in der Vergangenheit eine ihm zumutbare Erwerbstätigkeit unterlassen und damit gegen seine **Erwerbsobliegenheit** verstoßen, so muss er sich fiktive Renteneinkünfte zurechnen lassen, die er bei einem seiner Erwerbsobliegenheit genügenden Verhalten haben würde. Diese Einkünfte sind ebenfalls nach der Differenz- oder Additionsmethode zu berücksichtigen. Eine Ausnahme von der Einkommensfiktion kann in Betracht kommen, wenn der Pflichtige in dem Zeitraum, in dem der Berechtigte entsprechende Erwerbseinkünfte hätte erzielen müssen, die seinen Unterhaltsanspruch gemindert hätten, den ungekürzten Unterhalt gezahlt und hierdurch einen **Vertrauenstatbestand** geschaffen hat.[38] Erteilt der Berechtigte dem Pflichtigen auf dessen Aufforderung hin keine **Auskunft über die Verwendung** des in der Vergangenheit bezogenen Altersvorsorgeunterhalts und bestehen deshalb begründete Zweifel daran, dass er die hierfür an ihn geleisteten Beträge zweckentsprechend verwenden wird, steht der Forderung auf Zahlung künftigen Altersvorsorgeunterhalts der **Einwand der Treuwidrigkeit** nach § 242 BGB entgegen.[39]

6. Beschränkung des Anspruchs nach § 1578 b BGB

18 Für die Möglichkeit der Begrenzung des Altersunterhalts nach § 1578 b BGB kommt es maßgeblich darauf an, ob er auf **nachwirkender ehelicher Solidarität** beruht oder **ehebedingte Nachteile** ausgleicht (→ Rn. 1 f.). Zur Feststellung solcher Nachteile und zu den **Kriterien der Billigkeitsabwägung**, die bei der Bestimmung des Umfangs der Begrenzung des Unterhaltsanspruchs vorzunehmen ist, → *Aufstockungsunterhalt* Rn. 14 ff.

19 Aufgrund der Vielzahl von Kriterien, die in jedem Einzelfall von unterschiedlichem Gewicht sein können, ist es **nicht möglich, pauschalisierende Lösungen vorzunehmen** (zB durch Befristung des Anspruchs in einem festen Verhältnis zur Ehedauer). Vielmehr ist davon auszugehen, dass wegen des Bewertungsspielraums bei der Billigkeitsabwägung unterschiedliche Ergebnisse möglich sind, was die Beratung erschwert und das Verfahrens- und Kostenrisiko erhöht.

20 Beim Altersunterhalt ist hinsichtlich der ehebedingten Nachteile in der Ehezeit (bis zur Rechtshängigkeit des Scheidungsantrags) und der Zeit danach zu unterscheiden. **Nachteile beim Aufbau einer Altersversorgung in der Ehezeit** infolge der Aufgabe oder Beschränkung der Erwerbstätigkeit wegen der ehelichen Rollenverteilung bei der Haushaltsführung und ggf. Kinderbetreuung stellen in aller Regel keine Nachteile iSd § 1578 b BGB dar, da diese Nachteile durch den **Versorgungsausgleich** abschließend ausgeglichen werden, dh selbst bei einem Zurückbleiben der darauf beruhenden Altersversorgung hinter der tatsächlichen Einbuße auf Seiten des Berechtigten.[40] Dies beruht darauf, dass diese Nachteile von beiden Ehepartnern in gleichem Umfang getragen werden, wenn der Versorgungsausgleich durchgeführt wird, der auf Seiten des ausgleichspflichtigen Ehegatten zu einer Minderung seiner in der Ehezeit erworbenen Altersversorgung und damit zu einer gleichmäßigen Teilhabe der Ehepartner an der in dieser Zeit erworbenen gemeinsamen Altersversorgung führt. Eine Ausnahme gilt nur dann, wenn ein Versorgungsausgleich nicht oder nur für einen geringen Teil der Ehezeit (weil der Pflichtige nur teilweise rentenversicherungspflichtig erwerbstätig gewesen ist) durchgeführt worden ist.[41]

21 Liegt ein solcher Ausnahmefall nicht vor, so kann der ehebedingte Nachteil nur noch darin bestehen, dass es dem Berechtigten in der Zeit **ab Rechtshängigkeit des Scheidungsantrags** (diese Zeit wird

---

37 *Borth* in: Schwab ScheidungsR-HdB IV Rn. 1072; NK-BGB/*Schürmann* § 1578 Rn. 131.

38 BGH 31.1.1990 – XII ZR 36/89, NJW 1990, 2752; OLG Hamm 1.6.1995 – 4 UF 2/95, FamRZ 1995, 1580; OLG Köln 10.12.1998 – 14 WF 191/98, FamRZ 1999, 853 = NJW-FER 1999, 201.

39 BGH 13.11.2019 – XII ZB 3/19, NJW 2020, 238.

40 BGH 4.7.2018 – XII ZB 122/17, FamRZ 2018, 1421; 7.3.2012 – XII ZR 179/09, FamRZ 2012, 772 Rn. 8.

41 BGH 4.8.2010 – XII ZR 7/09, NJW 2010, 3097.

nicht vom Versorgungsausgleich abgedeckt) ehebedingt, dh durch die Aufgabe oder Beschränkung der Erwerbstätigkeit wegen der Rollenverteilung unter den Eheleuten während des Zusammenlebens, nicht mehr gelungen ist, eine Erwerbstätigkeit auszuüben mit Einkünften, wie er sie ohne die Ehe erzielen könnte.[42] Es handelt sich in diesem Fall also um **nachwirkende eheliche Nachteile**. Ein solcher Nachteil ist dann als ausgeglichen anzusehen, wenn der Unterhaltsberechtigte **Altersvorsorgeunterhalt erhalten hat oder hätte erhalten können**.[43] Dem liegt der Gedanke zugrunde, dass der Elementarunterhalt des Berechtigten den ehebedingten Nachteil abdeckt, so dass der hierauf gezahlte bzw. geschuldete Altersvorsorgeunterhalt auch die Vorsorgeaufwendungen umfasst, die auf die ehebedingte Einkommenslücke entfallen. Für die anwaltliche Beratung bedeutet dies, dass der Mandant auf die **Folgen einer unterlassenen Geltendmachung des Altersversorgungsunterhalts** hinzuweisen ist. Diese Behandlung ehebedingter nachehelicher Nachteile durch die Rechtsprechung des BGH ist von der Rechtsprechung und von der Literatur ohne Bedenken akzeptiert worden. Für sie spricht ihre Praktikabilität, die im Bereich des Unterhaltsrechts sicherlich von großer Bedeutung ist. Allerdings bedarf der aufgestellte Grundsatz, dass bei Zahlung von Altersvorsorgeunterhalt an den Berechtigten dessen ehebedingte Nachteile bei der Altersvorsorge ausgeglichen seien, der **Einschränkung**. Anders als beim Versorgungsausgleich werden nämlich die negativen finanziellen Auswirkungen der Scheidung hinsichtlich der Altersvorsorge in der Zeit nach dem Endstichtag für den Versorgungsausgleich nicht gleichmäßig im Sinne des Halbteilungsgrundsatzes von den Eheleuten getragen. Dies beruht darauf, dass der **unterhaltspflichtige Ehegatte insoweit überhaupt keinen Nachteil erleidet**, da der Vorwegabzug der Aufwendungen für die Altersvorsorge vom vollen Bruttoeinkommen, dh einschließlich des Teils, der dem anderen Ehegatten als Unterhalt zur Verfügung zu stellen ist, bei der Ermittlung des unterhaltsrechtlich relevanten Einkommens berücksichtigt wird und entsprechend der Unterhaltsquote den Elementarunterhalt mindert. Demgegenüber entsteht auf Seiten des **unterhaltsberechtigten Ehegatten** nach dem genannten Stichtag **regelmäßig eine Lücke in der Altersversorgung** dadurch, dass der dem Altersvorsorgeunterhalt zugrunde liegende Elementarunterhalt, soweit er dem Ausgleich eines ehebedingt geringeren Erwerbseinkommens dient, diesen Einkommensverlust nicht in voller Höhe, sondern nur in Höhe der Unterhaltsquote kompensiert. Die bestehende Lücke kann der Berechtigte nur schließen, indem er den ihm nach der Unterhaltsberechnung zustehenden Bedarfsbetrag schmälert, während der Pflichtige seinen Elementarunterhalt nicht angreifen muss und außerdem noch über eine Altersversorgung verfügt, die nicht nur seinen Elementarunterhalt nach der Unterhaltsberechnung abdeckt, sondern sein gesamtes Einkommen. Von einer **gemeinsamen Tragung ehebedingter Nachteile** kann daher in diesem Fall nicht die Rede sein, so dass mit diesem Argument dem unterhaltsberechtigten Ehegatten die Berufung auf ehebedingte Nachteile in seiner Altersversorgung durch Vergleich seiner tatsächlichen Versorgung mit der fiktiven Versorgung ohne die Eheschließung nicht grundsätzlich versagt werden kann, wenn es um die Begrenzung seines Anspruchs nach § 1578 b BGB geht.

Folgt man der vorstehenden Auffassung, so entsteht eine auszugleichende ehebedingte Versorgungslücke 22 nicht nur, wenn der Pflichtige mangels Leistungsfähigkeit **keinen Vorsorgeunterhalt gezahlt** hat,[44] sondern auch dann, wenn der Altersvorsorgeunterhalt nicht ausreicht, die ehebedingte Lücke der Altersversorgung des Berechtigten zu schließen, während der Pflichtige in demselben Zeitraum seinen Altersvorsorgebedarf nicht etwa nur in Höhe des ihm selbst zur Deckung seines Elementarunterhaltsbedarfs verbleibenden Einkommens, sondern bezogen auf sein volles Bruttoeinkommen gedeckt hat. Wird ein Ehegatte erst aufgrund der Durchführung des Versorgungsausgleichs, durch den der andere Ehegatte zusammen mit seinen sonstigen Einkünften ein höheres Gesamteinkommen hat, bedürftig, so soll dieses Ergebnis nicht durch die Geltendmachung von Altersunterhalt korrigiert werden können, wenn ein teilweiser oder vollständiger Ausschluss nach der Härteklausel (§ 27 VersAusglG) die Bedürftigkeit hätte verhindern können.[45] Die auf die Ausschließlichkeit der Härtefallregelung im Rahmen des Versorgungsausgleichs abstellende Begründung ist nicht überzeugend und nach der Gesetzeslage keineswegs zwingend.

---

42 BGH 23.11.2011 – XII ZR 47/10, NJW 2012, 309.

43 BGH 14.5.2014 – XII ZB 301/12, FamRZ 2014, 1276 Rn. 47.

44 OLG Karlsruhe 8.4.2010 – 2 UF 147/09, FamRZ 2010, 1252.

45 OLG Celle 24.1.2006 – 10 UF 190/05, NJW 2006, 922; NK-BGB/*Fränken/Heistermann* § 1571 Rn. 1.

III. Darlegungs- und Beweislast

23 Der Berechtigte hat sämtliche **Tatbestandsvoraussetzungen** des Altersunterhalts darzulegen und zu beweisen. Dies gilt nicht nur dann, wenn er diesen als Antragsteller verfolgt, sondern auch dann, wenn er sich als Antragsgegner im **Abänderungsverfahren** zur Verteidigung des bisher auf der Grundlage eines anderen Unterhaltstatbestandes bestehenden Titels auf den Tatbestand des § 1571 BGB beruft.[46] Soweit der Einsatzzeitpunkt § 1571 Nr. 1 BGB (bei Scheidung) nicht vorliegt und der nacheheliche Unterhaltsanspruch zuvor nicht tituliert war, hat der Berechtigte die ununterbrochene Unterhaltskette für den Anschlussunterhalt darzulegen und zu beweisen.[47] Zur Darlegungs- und Beweislast hinsichtlich des Beschränkungseinwands nach § 1578 b BGB gelten die Ausführungen unter → *Aufstockungsunterhalt* Rn. 27 ff. für den Altersunterhalt entsprechend.

46 BGH 31.1.1990 – XII ZR 36/89, NJW 1990, 2752.
47 BGH 27.6.2001 – XII ZR 135/99, NJW 2001, 3260.

9. Altersvorsorgeunterhalt

Finke

I. Einführung

Der Altersvorsorgeunterhalt beim Ehegattenunterhalt soll dem Berechtigten die Möglichkeit geben, in der Zeit ab Rechtshängigkeit der Scheidung bis zum Eintritt in den Ruhestand eine **unzureichende Altersvorsorge** und eine hierdurch bedingte **Bedürftigkeit im Alter** sowie bei verminderter Erwerbsfähigkeit zu vermeiden. Außerdem wird hierdurch eine Entlastung des Pflichtigen in der Zukunft erreicht, soweit er dann noch zur Zahlung von Unterhalt in Form des Altersunterhalts nach § 1571 BGB (→ *Altersunterhalt* Rn. 1 ff.) oder – bei verminderter Erwerbsfähigkeit – des Krankheitsunterhalts nach § 1572 BGB (→ *Krankheitsunterhalt* Rn. 1 ff.) verpflichtet sein sollte. 1

Da nur der deutlich geringere Teil der Unterhaltsansprüche bis ins Alter fortdauert, ist das Interesse des Berechtigten an der Geltendmachung des Altersvorsorgeunterhalts wesentlich größer als das des Pflichtigen. Dennoch wird hiervon in der Praxis auch auf Seiten des Berechtigten relativ **wenig Gebrauch gemacht**, was nicht allein mit der beschränkten Leistungsfähigkeit der Unterhaltspflichtigen erklärt werden kann, sondern offensichtlich auch darauf beruht, dass dies als zu kompliziert angesehen wird und es dem Berechtigten häufig darum geht, so viel Elementarunterhalt wie möglich zu erhalten, so dass ihm eine Kürzung dieses Anspruchs für den Altersvorsorgeunterhalt bei Anwendung der zweistufigen Berechnungsmethode trotz eines höheren Gesamtunterhaltsanspruchs nur schwer zu vermitteln ist. Der anwaltlich vertretene Berechtigte ist über die Möglichkeit und Bedeutung des Altersvorsorgeunterhalts umfassend zu beraten.[1] 2

Der Altersvorsorgeunterhalt findet seine Rechtfertigung darin, dass der Berechtigte aus bestimmten Gründen nicht oder nur eingeschränkt zu einer Erwerbstätigkeit in der Lage ist und ihm daher nicht nur das zur Deckung des Elementarunterhaltsbedarfs erforderliche Nettoeinkommen, sondern auch das für die Altersvorsorge aufzuwendende weitere Einkommen, das regelmäßig in der Differenz von Brutto- und Nettoeinkommen enthalten ist, fehlt. Wie beim Elementarunterhaltsanspruch kann dies seinen Grund darin haben, dass die Erwerbsmöglichkeiten sowohl ehebedingt (wie zB beim Betreuungsunterhalt) als auch aus sonstigen Gründen (wie zB der allgemeinen Arbeitsmarktlage oder einer schicksalhaften Erkrankung) beschränkt sind. Jedenfalls soweit der Altersvorsorgeunterhalt **ehebedingte Nachteile bei der Schaffung einer angemessenen Altersvorsorge** ausgleicht, erscheinen die grundsätzlichen Bedenken gegen die gesetzliche Regelung, die ua mit der Ungewissheit der späteren Bedürftigkeit begründet werden,[2] nicht begründet. 3

II. Voraussetzungen des Anspruchs

1. Anspruch auf Elementarunterhalt

Beim Ehegattenunterhalt steht dem Berechtigten sowohl beim **Trennungsunterhalt** nach § 1361 Abs. 1 S. 2 BGB (ab Rechtshängigkeit des Scheidungsantrags) als auch beim **nachehelichen Unterhalt** nach § 1578 Abs. 3 BGB (ab Rechtskraft der Scheidung) neben dem Elementarunterhalt ein Anspruch auf Altersvorsorgeunterhalt in Höhe der Kosten für eine angemessene Versicherung für den Fall des Alters sowie der verminderten Erwerbsfähigkeit zu. 4

Voraussetzung ist ein Anspruch auf Unterhalt nach den Tatbeständen der §§ 1570, 1571, 1572, 1573, 1576 BGB. Der Altersvorsorgeunterhalt ist **unselbstständiger Teil des Gesamtunterhaltsanspruchs**, der sich

1 Zur Anwaltshaftung vgl. OLG Düsseldorf 9.6.2009 – 24 U 133/08, NJW-RR 2010, 8679.
2 NK-BGB/*Schürmann* § 1578 Rn. 126 mwN.

aus Elementar- und Altersvorsorgeunterhalt und ggf. auch noch Krankenvorsorgeunterhalt (einschließlich Pflegevorsorge) zusammensetzt. Er kann nicht nur zusammen mit dem Elementarunterhalt, sondern auch **isoliert** geltend gemacht werden, jedoch in aller Regel nur, wenn ein Anspruch auf Elementarunterhalt besteht. Eine Ausnahme ist denkbar für den Fall, dass der Elementarunterhaltsbedarf ganz oder teilweise durch Einkünfte gedeckt wird, die später endgültig wegfallen und nicht durch eine entsprechende Altersvorsorge ersetzt werden, zB bei bedarfsdeckendem Einsatz von Zinsen unter gleichzeitigem Verbrauch des Kapitals, aus dem die Zinsen erzielt werden (zum Verbrauch des Vermögensstamms → Rn. 9) oder bei Einkünften, für die aus sonstigen Gründen keine gesetzliche Altersvorsorge betrieben wird, zB ein fiktives Versorgungsentgelt (→ Rn. 12).

5 Das Gesetz nennt ausdrücklich den Altersunterhalt nach § 1571 BGB als mögliche Grundlage des Anspruchs auf Altersvorsorgeunterhalt. Da der Zweck des § 1578 Abs. 3 BGB die Verhinderung einer Versorgungslücke in der Zeit ab Rechtshängigkeit des Scheidungsantrags bis zum spätesten Zeitpunkt einer Erwerbsobliegenheit, dem Erreichen der **Regelaltersgrenze** (→ *Altersunterhalt* Rn. 5), ist, kann über das Ende dieses Zeitraums hinaus kein Altersvorsorgeunterhalt mehr beansprucht werden.[3] Einer Einschränkung dahin, dass dies in der Regel gilt, also Ausnahmen möglich sind, bedarf es nicht,[4] da der Altersvorsorgeunterhalt als Voraussetzung an den Elementarunterhalt anknüpft, der sich aufgrund der Hinderung an einer (weiter gehenden) Erwerbstätigkeit ergibt. Da tatsächlich keine Erwerbstätigkeit ausgeübt wird und mit Vollendung des 65. Lebensjahres eine Erwerbsobliegenheit nicht mehr besteht, erübrigt sich die Frage, wie bei einer überobligationsmäßig über diesen Zeitpunkt hinaus ausgeübten Tätigkeit zu verfahren wäre.

6 Die Nichterwähnung des **Ausbildungsunterhalts** nach § 1575 BGB als Grundlage von Altersvorsorgeunterhalt beruht auf der Überlegung, dass der Pflichtige den Berechtigten mit der Finanzierung der Ausbildung in die Lage versetzt, später Einkommen zu erzielen und seiner Eigenverantwortung gerecht zu werden. Unter diesen Umständen soll eine zusätzliche Inanspruchnahme auf Altersvorsorgeunterhalt nicht angemessen sein. Soweit dagegen Trennungsunterhalt wegen einer durch eine Ausbildung bedingten Bedürftigkeit geschuldet wird, besteht ab Rechtshängigkeit des Scheidungsantrags auch ein Anspruch auf Altersvorsorgeunterhalt, da das Gesetz eine dem § 1578 Abs. 3 BGB entsprechende Ausnahme nicht kennt.[5]

2. Nicht gedeckter Altersvorsorgebedarf

7 Das Vorliegen eines durch eigene Einkünfte nicht gedeckten Altersvorsorgebedarfs als weitere Anspruchsvoraussetzung ist grundsätzlich entsprechend § 1578 Abs. 1 BGB nach den ehelichen Lebensverhältnissen zu beurteilen. Der Berechtigte kann danach eine Altersversorgung beanspruchen, die sich **an den Lebensverhältnissen orientiert**. Das bedeutet nicht, dass sie eine Versorgung im Alter gewährleisten muss, die eine uneingeschränkte Aufrechterhaltung der vor dem Eintritt in den Ruhestand gepflegten Aufwendungen für den Lebensbedarf erlaubt. Dies folgt daraus, dass der Bedarf im Alter, insbesondere nach dem Ausscheiden aus dem Erwerbsleben, regelmäßig geringer ist als vorher, was seinen Grund nicht allein in dem gegenüber dem Erwerbseinkommen geringeren Renteneinkommen, sondern auch in einer Änderung der Bedürfnisse hat. Daher reicht es aus, wenn der Elementarunterhaltsbedarf nach den ehelichen Lebensverhältnissen in dem Umfang für das Alter abgesichert wird, wie dies bei Erwerbseinkünften in der gesetzlichen Rentenversicherung geschieht.[6] Hierzu wird der Elementarunterhaltsanspruch wie ein Nettoarbeitsentgelt nach § 14 Abs. 2 SGB IV (Hochrechnung auf ein Bruttoarbeitsentgelt) behandelt.

8 Ob die Eheleute in der Ehe in einem weiter gehenden Umfang Altersvorsorge betrieben haben, ist unerheblich. Nicht die konkrete Altersvorsorge in der Ehe ist für den Altersvorsorgebedarf maßgeblich, sondern der in dem **Elementarunterhalt** zum Ausdruck kommende Lebensstandard soll für das Alter – mit den

---

3 Palandt/*Brudermüller* BGB § 1578 Rn. 67.
4 So aber Palandt/*Brudermüller* BGB § 1578 Rn. 67 sowie *Borth* in: Schwab ScheidungsR-HdB IV Rn. 1073.
5 BGH 8.6.1988 – IVb ZR 68/87, FamRZ 1988, 1145.
6 BGH 11.8.2010 – XII ZR 102/09, NJW 2010, 3372.

erwähnten altersbedingten Einschränkungen – gesichert werden. Ein Abstellen auf die voraussichtliche Gesamtversorgung[7] findet im Gesetz keine Stütze und ist deshalb abzulehnen, zumal es mit kaum lösbaren praktischen Schwierigkeiten verbunden wäre.[8] Soweit der Elementarunterhalt nach den ehelichen Lebensverhältnissen durch eine unverhältnismäßig hohe Altersvorsorge/Vermögensbildung unangemessen eingeschränkt worden ist, besteht die Möglichkeit zur Korrektur nach dem Grundsatz, dass sich kein Ehegatte beim nachehelichen Unterhalt an Verhältnissen festhalten lassen muss, die gemessen an den Einkommensverhältnissen zu dürftig oder auch übertrieben hoch waren.[9] Die Nichtberücksichtigung der Altersvorsorge/Vermögensbildung während der Ehe gilt auch für den Unterhalt aufgrund konkreter Bedarfsermittlung, deren Zweck es gerade ist, den Berechtigten von einer Teilhabe an der Vermögensbildung über den Unterhalt auszuschließen.[10] Andererseits wird der Altersvorsorgeunterhalt bei solchen überdurchschnittlichen wirtschaftlichen Verhältnissen der Höhe nach nicht durch die **Beitragsbemessungsgrenze** in der gesetzlichen Rentenversicherung (§ 159 SGB VI) begrenzt, wenn der Elementarunterhalt diese übersteigt.[11]

Soweit der Elementarunterhaltsanspruch nach **§ 1578 b Abs. 1 BGB** wegen Abstellens auf einen vom eheangemessenen abweichenden geringeren Bedarf bis hin zum angemessenen Bedarf des Berechtigten als Untergrenze herabgesetzt worden ist, folgt dem auch der Vorsorgebedarf.[12] Ein Vorsorgebedarf kann trotz eines gegebenen Elementarunterhaltsanspruchs ausgeschlossen sein oder nur eingeschränkt bestehen, wenn eine sichere **Aussicht auf eine Erbschaft oder sonstige Zuwendung** besteht, aus der der an sich durch Altersvorsorgeunterhalt zu sichernde Bedarf im Alter ganz oder teilweise bestritten werden kann.[13] Die Obliegenheit zum **Einsatz des Stamms solchen Vermögens** zur Bedarfsdeckung und die hiervon abhängige Frage des Anspruchs auf Altersvorsorgeunterhalt richten sich nach Billigkeitsgrundsätzen.[14] Muss ein vorhandenes Kapital, aus dem Zinseinkünfte erzielt werden, nicht verbraucht werden oder steht der Vermögensgegenstand, aus dem Einkünfte erzielt (zB durch Vermietung oder Verpachtung) oder geldwerte Nutzungsvorteile (mietfreies Wohnen) gezogen werden, auch weiterhin ggf. auch wertmäßig bei einer anderen Form der Nutzung bzw. bei Veräußerung zur Verfügung, so bedarf es keiner Sicherung dieser Einkünfte durch einen Altersvorsorgeunterhalt. Werden Einkünfte des Berechtigten aus einer **überobligationsmäßigen Erwerbstätigkeit** nach § 1577 Abs. BGB nur teilweise beim Bedarf und der Bedarfsdeckung berücksichtigt, so soll dies auch für den Altersvorsorgeunterhalt gelten. Dieser wird auch in einem solchen Fall auf der Grundlage des Elementarunterhaltsanspruchs ermittelt, selbst wenn tatsächlich eine weiter gehende Altersvorsorge des Berechtigten aufgrund des unterhaltsrechtlich nicht berücksichtigten Teils des Einkommens vorhanden ist.[15] Die zusätzliche Belastung des Pflichtigen soll bei der Billigkeitsabwägung nach § 1577 Abs. 2 BGB berücksichtigt werden. 9

Bei **Einkünften aus geringfügiger Erwerbstätigkeit** (Minijob) ist zu beachten, dass durch den vom Arbeitgeber pauschal an die gesetzliche Rentenversicherung zu zahlenden Rentenversicherungsbeitrag von 15 % (bei Minijobs in Privathaushalten: 5 %) des Bruttoeinkommens der Arbeitnehmer geminderte Rentenansprüche und Wartezeitmonate erwirbt (§ 76 b SBG VI). Für Rentner, die eine Vollrente wegen Alters beziehen, fällt der Pauschalbeitrag zwar auch an, allerdings wirkt sich dieser nicht mehr positiv auf die Rente aus. Durch die freiwillige Aufstockung dieses Betrages durch den Arbeitnehmer auf den vollen Rentenversicherungsbeitrag (2020: 18,6 %) kann er ungekürzte Anwartschaften aus dem Minijob-Einkommen erreichen (§ 168 Abs. 1 Nr. 1 b SGB VI), was allerdings den für die Dauer des Arbeitsverhältnisses bindenden Verzicht auf die Rentenversicherungsfreiheit voraussetzt (§ 5 Abs. 2 S. 2 SGB VI). 10

7 NK-BGB/*Schürmann* § 1578 Rn. 127.
8 BGH 11.8.2010 – XII ZR 102/09, NJW 2010, 3372.
9 BGH 4.7.2007 – XII ZR 141/05, NJW 2008, 57; 20.11.1996 – XII ZR 70/95, NJW 1997, 735.
10 BGH 11.8.2010 – XII ZR 102/09, NJW 2010, 3372.
11 BGH 11.8.2010 – XII ZR 102/09, NJW 2010, 3372; 25.11.1998 – XII ZR 33/97, FamRZ 1999, 372.
12 OLG Celle 6.8.2009 – 17 UF 210/08, NJW 2010, 79.
13 BGH 8.6.1988 – IVb ZR 68/87, NJW-RR 1988, 1282.
14 OLG Celle 6.8.2009 – 17 UF 210/08, NJW 2010, 79.
15 BGH 4.11.1987 – IVb ZR 81/86, NJW-RR 1988, 514.

11 Der einfachste Weg der unterhaltsrechtlichen Berücksichtigung dieser Belastung ist der Abzug des erforderlichen Betrages vom Einkommen des Berechtigten, was zu einer **Erhöhung des Elementarunterhalts** führt. Macht er diese Belastung dagegen als Altersvorsorgeunterhalt gegen den Pflichtigen geltend, so ist dieser Betrag von dessen Einkommen abzuziehen mit der Folge der Minderung des Elementarunterhalts.[16] Im Ergebnis unterscheiden sich beide Wege nur geringfügig, so dass die erste Methode aus praktischen Gründen (keine gesonderte Geltendmachung von Vorsorgeunterhalt) vorzuziehen ist. Problematisch ist vor dem aufgezeigten rentenrechtlichen Hintergrund die häufige Praxis, den Altersvorsorgeunterhalt nicht nur auf den an die Rentenversicherung zu zahlenden Differenzbetrag zu beschränken, sondern auf den vollen Betrag der Einkünfte aus geringfügiger Erwerbstätigkeit zu gewähren, und zwar in der Regel unter Hochrechnung zusammen mit dem Betrag des Elementarunterhaltsanspruchs auf eine Bruttobemessungsgrundlage.[17] Sie beruht offensichtlich auf der früheren Rechtslage, nach der durch eine Minijob-Tätigkeit keine Rentenanwartschaften erworben werden konnten.

12 Soweit der Berechtigte seinen Elementarunterhaltsbedarf durch Einkünfte decken kann, die nicht mit einer Altersvorsorge verbunden sind und ihm im Alter nicht weiter zur Verfügung stehen (wie zB bei der Zurechnung eines fiktiven Entgelts nach § 850 h ZPO für die einem **neuen Partner erbrachten Versorgungsleistungen**), kann in Höhe des hierdurch sichergestellten Elementarunterhalts Altersvorsorgeunterhalt verlangt werden.[18] Wird dagegen ein **fiktives Arbeitsentgelt** wegen Verstoßes gegen die Erwerbsobliegenheit zugerechnet, so umfasst die Fiktion auch die bei Erzielung solcher Einkünfte bestehende Altersvorsorge und steht der Geltendmachung eines Anspruchs auf Altersvorsorge entgegen.

13 Soweit der Pflichtige mit Aufwendungen bis zur Höhe von 4 % seines Bruttoeinkommens eine anzuerkennende **sekundäre Altersvorsorge** betreibt, kann der Berechtigte verlangen, dass die Quote bei der Ermittlung des ihm zustehenden Altersvorsorgeunterhalts über den Beitragssatz der gesetzlichen Rentenversicherung hinaus in gleichem Umfang, dh um bis zu 4 % erhöht wird.[19]

III. Höhe des Anspruchs

14 Die Höhe des Altersvorsorgebedarfs/-anspruchs wird in der Regel in einer **zweistufigen Berechnung** ermittelt und knüpft dabei, abgesehen von Ausnahmefällen, an den Elementarunterhaltsbedarf an. Mit dieser Berechnungsweise soll die Einhaltung des beim Ehegattenunterhalt geltenden **Halbteilungsgrundsatzes** (modifiziert durch die jeweilige Bedarfsquote) gewährleistet werden.[20] Damit soll verhindert werden, dass dem Berechtigten im Ergebnis mehr Mittel für seinen Lebensbedarf zur Verfügung stehen als dem Pflichtigen. Eine solche Situation könnte eintreten, wenn der Pflichtige den Altersvorsorgeunterhalt zusätzlich zum ungekürzten Elementarunterhalt und somit letztlich allein zulasten seines eigenen Elementarunterhaltsbedarfs bestreiten müsste. Daher wird in dem zweistufigen Berechnungsverfahren der zunächst auf die übliche Weise ermittelte – vorläufige – Elementarunterhalt des Berechtigten fiktiv in ein entsprechendes Bruttoeinkommen umgerechnet. Auf dieser Basis wird entsprechend dem jeweiligen Beitragssatz der gesetzlichen Rentenversicherung der Altersvorsorgeunterhaltsbedarf festgestellt und vom bereinigten Nettoeinkommen des Pflichtigen abgezogen. Schließlich wird unter Einstellung des auf die vorstehende Weise gekürzten Nettoeinkommens des Pflichtigen der – endgültige – Elementarunterhalt festgestellt.

Die fiktive Umrechnung des vorläufigen Elementarunterhalts in ein entsprechendes Bruttoeinkommen erfolgt in der Praxis nach der **Bremer Tabelle**,[21] die wegen der mit ihr vorgenommenen Pauschalierung zu einer geringen Abweichung gegenüber dem Betrag führt, der sich bei einem Abstellen auf die konkre-

16 OLG Celle 7.5.1999 – 18 UF 165/97, FuR 2000, 27, noch zur alten Rechtslage, die inzwischen mehrfach geändert worden ist.
17 Vgl. zB BGH 11.8.2010 – XII ZR 102/09, NJW 2010, 3372.
18 BGH 21.4.1982 – IVb ZR 687/80, NJW 1982, 1987.
19 BGH 25.9.2019 – XII ZB 25/19, NJW 2019, 3570.
20 BGH 8.6.1988 – IVb ZR 68/87, NJW-RR 1988, 1282.
21 FamRB 2020, 42.

ten Steuer- und Sozialversicherungsabzüge/-beiträge ergeben würde. Diese Methode wird vom Bundesgerichtshof in ständiger Rechtsprechung gebilligt und praktiziert.

Beispiel:

1. Stufe:	Einkommen Pflichtiger:		3.500 EUR
	Einkommen Berechtigter:		1.400 EUR
	3/7 der Einkommensdifferenz von 2.100 EUR	**vorläufiger** Elementarunterhalt:	900 EUR
	Hochrechnung nach Bremer Tabelle: 900 EUR + 13 %	fiktives Bruttoeinkommen:	1.017 EUR
	Beitragssatz der gesetzlichen Rentenversicherung: 18,6 %	**Vorsorgeunterhalt**:	189 EUR
2. Stufe:	Einkommen des Pflichtigen abzüglich des errechneten		3.311 EUR
	Vorsorgeunterhalts: 3.500 EUR ./. 189 EUR		1.400 EUR
	Einkommen des Berechtigten	**endgültiger** Elementarunterhalt:	819 EUR
	3/7 der Einkommensdifferenz von 1.911 EUR		

Ergebnis: Der Unterhaltsanspruch erhöht sich durch die Geltendmachung des Altersvorsorgeunterhalts auf 1.008 EUR. Dies sind 108 EUR mehr als bei Geltendmachung lediglich des Elementarunterhalts. Die Mehrbelastung des Pflichtigen von 108 EUR entspricht 4/7 des Altersvorsorgeunterhalts von 189 EUR. Die restlichen 81 EUR, dh 3/7 von 189 EUR, trägt der Berechtigte durch Kürzung seines Elementarunterhaltsanspruchs um diesen Betrag.

Der Pflichtige behält für seinen Elementarbedarf: 3.500 EUR ./. 819 EUR ./. 189 EUR = 2.492 EUR;

der Berechtigte hat für seinen Elementarbedarf: 1.400 EUR + 819 EUR = 2.219 EUR;

der Halbteilungsgrundsatz ist nicht verletzt.

Zur Berechnung des Altersvorsorgeunterhalts bei einem **Wohnvorteil** auf Seiten des Berechtigten, für dessen Anteil am Elementarunterhalt kein Anspruch auf Altersvorsorgeunterhalt besteht, vgl. BGH 20.10.1999 – XII ZR 297/97, NJW 2000, 284. Der Anspruch auf Altersvorsorgeunterhalt ist nicht durch die Beitragsbemessungsgrenze der gesetzlichen Rentenversicherung begrenzt.[22]

Aus dem Zweck der zweistufigen Berechnung, eine übermäßige Belastung des Pflichtigen und insbe- 15
sondere eine Verletzung des Halbteilungsgrundsatzes zu vermeiden, ergibt sich auch die Grenze ihrer Anwendung. Ist der Pflichtige aufgrund seiner günstigen wirtschaftlichen Verhältnisse in der Lage, den Altersvorsorgebedarf des Berechtigten ohne Beeinträchtigung seines angemessenen Unterhalts zu befriedigen, so bedarf es nicht der zweistufigen Berechnung. Eine **einstufige Berechnung** kommt demnach dann in Betracht, wenn der Pflichtige nur einen Teil seines Einkommens für den Unterhalt einsetzen muss, wie dies bei der konkreten Bedarfsbestimmung regelmäßig der Fall ist, da sie davon ausgeht, dass bei besonders guten wirtschaftlichen Verhältnissen die Eheleute nicht ihr gesamtes Einkommen für ihren Lebensbedarf ausgeben.[23] Der Einsatz nur eines Teils der Einkünfte des Pflichtigen für den Unterhalt ist indes nicht auf besonders günstige wirtschaftliche Verhältnisse beschränkt. Eine solche Situation kann auch dann gegeben sein, wenn der Berechtigte bedarfsdeckend Einkommen oder Vermögen einsetzen muss, welches bei der Bedarfsermittlung unberücksichtigt geblieben ist (zB bei einer Erbschaft oder sonstigem Vermögen, welches die ehelichen Lebensverhältnisse nicht geprägt hat). In diesen Fällen der Anrechnungsmethode wird der Pflichtige entsprechend entlastet, so dass eine höhere Leistungsfähigkeit besteht, die beim Vorsorgeunterhalt berücksichtigt werden kann.[24]

IV. Durchsetzung des Anspruchs

Der Altersvorsorgeunterhalt ist **gegenüber dem Elementarunterhalt und auch dem Krankenvorsorge-** 16
unterhalt nachrangig, da eine Altersvorsorge erst in Betracht kommt, wenn die Grundbedürfnisse des

22 BGH 30.11.2011 – XII ZR 35/09, NJW 2012, 1581.
23 BGH 11.8.2010 – XII ZR 102/09, NJW 2010, 3372.
24 BGH 25.11.1998 – XII ZR 33/97, NJW-RR 1999, 297.

täglichen Lebens sichergestellt sind. Daher entfällt der Anspruch auf Altersvorsorgeunterhalt, soweit dem Berechtigten ansonsten keine ausreichenden Mittel zur Deckung seines Existenzminimums verbleiben.[25] Für die Vergangenheit kann Altersvorsorgeunterhalt nicht erst von dem Zeitpunkt an verlangt werden, in dem er ausdrücklich geltend gemacht worden ist. Vielmehr kann der Berechtigte diesen Teil des Unterhalts ab dem Zeitpunkt verlangen, an dem der Pflichtige mit der Erfüllung des Anspruchs in Verzug gekommen ist, ggf. durch eine Stufenmahnung.[26] Der Berechtigte kann grundsätzlich **Zahlung** des Altersvorsorgeunterhalts **an sich selbst** verlangen. Er ist nicht verpflichtet, mit der Geltendmachung des Anspruchs eine bestimmte Verwendung darzulegen.[27] Allerdings obliegt es ihm, den Altersvorsorgeunterhalt bestimmungsgemäß zu verwenden, dh zum Aufbau bzw. zur Erweiterung einer Altersvorsorge, wobei die Form dieser Vorsorge in seinem Ermessen steht. Da der Versicherungsgedanke im Vordergrund steht, ist in erster Linie an freiwillige Beiträge zur gesetzlichen Rentenversicherung oder für eine Lebensversicherung bzw. für eine sog. Riester-Rente zu denken. Der Pflichtige kann die Zahlung an einen Dritten als Träger der Altersversorgung (zB Renten- oder Lebensversicherung) nur dann verlangen, wenn hinreichende Anhaltspunkte für eine **zweckwidrige Verwendung** des Altersvorsorgeunterhalts durch den Berechtigten vorliegen. Dies erfolgt ggf. im Abänderungsverfahren.[28] Weigert sich der Berechtigte, dem Pflichtigen über die Verwendung des in der Vergangenheit erhaltenen Altersvorsorgeunterhalts Auskunft zu erteilen, so ist die Geltendmachung weiteren Altersvorsorgeunterhalts treuwidrig.[29] Zu den Folgen einer zweckwidrigen Verwendung → *Altersunterhalt* Rn. 17.

17 Da der Altersvorsorgeunterhalt unselbstständiger Teil des Gesamtunterhaltsanspruchs ist, reicht es aus, wenn er zumindest in der Begründung des Antrags beziffert wird, da er nicht von Amts wegen zugesprochen wird.[30] Für das Gericht besteht eine **Bindung an den Antrag lediglich hinsichtlich des Gesamtbetrages**, nicht aber hinsichtlich der Aufteilung durch den Antragsteller in Elementar- und Vorsorgeunterhalt.[31] Das Gericht kann also zu einer anderen Aufteilung kommen und entsprechend entscheiden, ohne dass es hierzu einer Umstellung des Antrags bedarf. Es hat im **Tenor** der Entscheidung die Aufteilung anzugeben, da der Unterhaltsbetrag für den Berechtigten einer entsprechenden Zweckbindung unterliegt.[32] Der Altersvorsorgeunterhalt kann isoliert mit einem **Teilantrag**[33] geltend gemacht werden, zB bei freiwilliger Zahlung des Elementarunterhalts und/oder bei Titulierung des Elementarunterhalts durch eine vollstreckbare Urkunde seitens des Pflichtigen.

18 Hat es der Berechtigte dagegen im Unterhaltsverfahren unterlassen, den Altersvorsorgeunterhalt geltend zu machen, ohne den Antrag als Teilantrag zu bezeichnen, so ist es ihm verwehrt, dies mit einem Nachforderungs-/Leistungsantrag nachzuholen, da ohne entsprechenden Vorbehalt des Antragstellers davon auszugehen ist, dass in dem Vorverfahren der gesamte Unterhalt und nicht nur ein Teilbetrag tituliert worden ist.[34] Auch mit einem **Abänderungsantrag** nach § 238 FamFG kann die nachträgliche Titulierung des Altersvorsorgeunterhalts erst erreicht werden, wenn der Abänderungsantrag aufgrund der Änderung sonstiger Umstände zulässig ist, da die Abänderung aufgrund von Präklusion (§ 238 Abs. 2 FamFG) nicht darauf gestützt werden kann, dass die Titulierung des Altersvorsorgeunterhalts bisher unterblieben ist. Die Rechtskraft des früheren Titels steht einer Berücksichtigung des Altersvorsorgeunterhalts im Rahmen eines aus anderen Gründen zulässigen Abänderungsverfahrens nicht entgegen, da sich der frühere Titel nur darauf bezieht, ob und in welchem Umfang dem Berechtigten Elementarunterhalt zustand, und er einen möglichen weiter gehenden Anspruch auf der Basis des Altersvorsorgebedarfs überhaupt nicht behandelt

25 BGH 25.3.1987 – IVb ZR 32/86, NJW 1987, 2229.
26 BGH 22.11.2006 – XII ZR 24/04, NJW 2007, 511.
27 BGH 26.5.1982 – IVb ZR 715/80, NJW 1982, 1983; zur Auswahl unter den möglichen Anlageformen vgl. OLG Stuttgart 15.2.2018 – 11 UF 229/17, FamRZ 2018, 1081.
28 BGH 25.3.1987 – IVb ZR 32/86, NJW 1987, 2229.
29 BGH 13.11.2019 – XII ZB 3/19, NJW 2020, 238.
30 BGH 3.4.1985 – IVb ZR 19/84, NJW 1985, 1701.
31 BGH 26.5.1982 – IVb ZR 715/80, NJW 1982, 1983.
32 BGH 6.10.1982 – IVb ZR 311/81, NJW 1983, 1547.
33 BGH 3.4.1985 – IVb ZR 19/84, NJW 1985, 1701.
34 BGH 3.4.1985 – IVb ZR 19/84, NJW 1985, 1701.

hat. Als Antragsgegner im Abänderungsverfahren kann sich der Berechtigte zur Verteidigung des Titels immer auf den in dem Vorverfahren nicht geltend gemachten Altersvorsorgeunterhalt berufen, da auch in diesem Fall die Rechtskraft der früheren Entscheidung nicht berührt wird. Es sollte jedoch – abgesehen vom Ausnahmefall, dass eine Leistungsfähigkeit nur für den Elementarunterhalt zur Sicherung des unterhaltsrechtlichen Existenzminimums des Berechtigten (unter Einbeziehung etwaiger Eigeneinkünfte) besteht – immer vermieden werden, den Altersvorsorgeunterhalt nicht zu verlangen (zB wegen des vom Mandanten bevorzugten höheren Elementarunterhalts), da das **Nichtgeltendmachen des Anspruchs zu Nachteilen beim Altersunterhalt** führen kann (→ *Altersunterhalt* Rn. 21).

10. Änderung von Entscheidungen in Kindschaftssachen

Wegener

I. Einführung

1 Um dem Kindeswohlprinzip zu jeder Zeit gerecht zu werden, bedarf es einer Möglichkeit, bereits abgeschlossene Verfahren, die den Regelungsbereich des Sorgerechts und Umgangsrechts zum Gegenstand haben, ändern zu können. Dadurch wird das wesentliche Prinzip in allen Kindschaftssachen realisiert. Es wird dem **Kindeswohlprinzip** nach § 1697 a BGB Rechnung getragen (→ *Elterliches Sorgerecht* Rn. 8). Kinder entwickeln sich weiter, oftmals in einem erstaunlichen Tempo und Ausmaß. Jede gerichtliche Entscheidung oder gerichtlich gebilligte Einigung ist zu ändern, wenn die Kindesentwicklung dies erfordert.

2 Während § 1696 BGB die materielle Rechtsgrundlage für die Änderung von Entscheidungen darstellt, sind in § 166 FamFG (Hauptsacheverfahren) und in § 54 FamFG (einstweilige Anordnungen) die verfahrensrechtlichen Änderungsmöglichkeiten geregelt.

II. Änderung von Entscheidungen nach § 1696 BGB

1. Zeitpunkt der veränderten Umstände

3 Jede gerichtliche Entscheidung zum Sorge- oder Umgangsrecht und jeder gerichtlich gebilligte Vergleich kann Gegenstand eines **Änderungsverfahrens** sein. Voraussetzung ist, dass gegen die zu ändernde Entscheidung kein Rechtsmittel mehr möglich ist. Es muss also formelle **Bestandskraft** vorliegen. Ist ein Rechtsmittel (Beschwerde und Rechtsbeschwerde) noch möglich, muss dieses ergriffen werden. Die Abänderung nach § 1696 BGB ist nachrangig.[1]

4 Die Gründe, die eine Änderung rechtfertigen sollen, müssen nicht in jedem Falle erst nach der Bestandskraft entstanden sein. Eine Änderung kann auch mit einem Sachverhalt begründet werden, der zu diesem Zeitpunkt schon vorgelegen, den das mit der Entscheidung befasste Gericht aber übersehen hat. Dies liegt in der Besonderheit von Kindschaftssachen begründet. So hat der Bundesgerichtshof entschieden, in Sorgerechtssachen sei für den Einwand der rechtskräftig entschiedenen Sache kein Raum. Die Fürsorge gegenüber dem Minderjährigen hat stets Vorrang vor der Endgültigkeit einer einmal getroffenen Entscheidung. Sorgerechtsentscheidungen sind daher der **materiellen Rechtskraft** nicht fähig.[2] Dem schließt sich das OLG Rostock an und ändert eine bestandskräftige Sorgerechtsentscheidung ab, wenn sie „erkennbar fehlerhaft" ist.[3]

5 Soll dagegen nur eine neue Entscheidung herbeigeführt werden, obwohl sich die Umstände nicht geändert haben, ist ein Änderungsverfahren unzulässig.

---

1 Vgl. NK-BGB/*Harms/Bisping* § 1696 Rn. 5.
2 BGH 28.5.1986 – IVb ZB 36/84, NJW-RR 1986, 1130.
3 OLG Rostock 8.12.2005 – 11 UF 39/05, FamRZ 2007, 1352.

Oftmals ändert sich der Wille des Kindes. Ist der geänderte **Kindeswille** ernsthaft, nachhaltig und auch nachvollziehbar, kann er ein Änderungsverfahren rechtfertigen. Das OLG Hamm hat dies selbst dann bejaht, wenn eine 13 ½-Jährige in der Vergangenheit ihren Willen bereits mehrfach geändert hatte.[4] 6

2. Änderbare Entscheidungen

Jede bestandskräftige Entscheidung eines Gerichts kann abgeändert werden, soweit diese sich mit dem Umgangs- und Sorgerecht befasst. Wird ein Sorgerechtsantrag zurückgewiesen, ist bei einem erneuten Sorgerechtsantrag nicht § 1696 BGB anwendbar, da der Zurückweisungsbeschluss keine „Entscheidung" über ein Sorge- oder Umgangsrecht darstellt.[5] § 1696 Abs. 1 S. 2 BGB verweist für den Fall einer Änderung der Übertragung des gemeinsamen Sorgerechts **nicht miteinander verheirateter Eltern** auf § 1671 Abs. 1 BGB. Begehrt also einer der beiden nicht miteinander verheirateten Eltern eine Sorgerechtsentscheidung und damit die Änderung der Ausgangsentscheidung nach § 1626 a Abs. 2 BGB, ist nicht § 1696 BGB anwendbar, sondern § 1671 Abs. 1 BGB. Damit soll für die zu treffende Sorgerechtsentscheidung der gleiche Maßstab Anwendung finden, wie im Falle getrenntlebender verheirateter Eltern. In diesen Fällen findet daher der strengere Maßstab des § 1696 Abs. 1 S. 1 BGB (→ Rn. 16) keine Anwendung. 7

Nach § 1696 Abs. 1 S. 1 BGB können auch gerichtlich gebilligte **Vergleiche** abgeändert werden. Diese sind nach § 156 Abs. 2 FamFG nur in den Teilbereichen **Umgangsrecht** und **Herausgabe** des Kindes möglich. Ein solcher gerichtlich gebilligter Vergleich ist Vollstreckungstitel, § 86 Abs. 1 Nr. 2 FamFG. 8

Unklar ist die Situation, soweit es um eine **Sorgerechtsregelung** geht. Eltern können sich auch in allen Fragen des Sorgerechts einigen (→ *Elternvereinbarungen* Rn. 2 ff.). So steht einer Einigung über das **Aufenthaltsbestimmungsrecht** nichts im Wege. Dies kann auch durchaus im Rahmen eines gerichtlichen Vergleichs erfolgen. Darin ist eine Gestaltung des Sorgerechts durch die Eltern zu sehen. Dennoch ist ein solcher Vergleich nicht von § 1696 Abs. 1 S. 1 BGB erfasst. Aus den §§ 1626 a Abs. 2, 1671, 1680 Abs. 2, 3 BGB folgt, dass die Übertragung des Sorgerechts auf einen Elternteil einer gerichtlichen Entscheidung bedarf. Der Bundesgerichtshof hat in einem solchen Fall klargestellt, dass solche Vereinbarungen nicht unmittelbar unter § 1696 BGB fallen. Der in der Vereinbarung zum Ausdruck gekommene Wille der Eltern müsse aber vom Gericht in einer Sorgerechtsentscheidung nach § 1671 BGB berücksichtigt werden.[6] 9

3. Abgrenzungen zu anderen Vorschriften

Bevor das Gericht eine Entscheidung wegen Kindeswohlgefährdung (→ *Entzug des Sorgerechts* Rn. 9 f.) nach § 1666 BGB in Erwägung zieht, ist vorrangig zu prüfen, ob eine Abänderung nach § 1696 BGB in Betracht kommt. Bevor also beispielsweise einem Elternteil aus Gründen der **Kindeswohlgefährdung** das Sorgerecht entzogen werden kann, ist vorrangig nach § 1696 Abs. 1 BGB zu prüfen, ob die Gefährdungslage durch Übertragung des Sorgerechts auf den anderen Elternteil beseitigt werden kann. 10

Wenn die elterliche Sorge wegen tatsächlicher **Verhinderung** ruht, geht das Sorgerecht gem. § 1678 Abs. 1 BGB nicht automatisch auf den anderen Elternteil über. Gleichwohl übt der andere Elternteil in dieser Zeit das Sorgerecht alleine aus (→ *Ruhen des Sorgerechts* Rn. 1). Dies gilt aber nicht, wenn bei nicht miteinander verheirateten Eltern es bei der alleinigen Sorge der Mutter verblieben ist, § 1678 Abs. 1 Hs. 2 BGB, oder die elterliche Sorge einem Elternteil gem. § 1671 BGB übertragen worden ist. Ruht die elterliche Sorge der nach § 1626 a Abs. 3 BGB allein sorgeberechtigten Mutter oder des Elternteils, dem die alleinige Sorge nach § 1671 BGB übertragen worden war, kommt nach § 1678 Abs. 2 BGB eine Übertragung der elterlichen Sorge auf den Vater bzw. den anderen Elternteil in Betracht. Wenn aber das alleinige Sorgerecht aufgrund einer gerichtlichen Entscheidung nach § 1671 BGB ruht, kann eine Sorgerechtsübertragung nur im Rahmen des § 1696 Abs. 1 BGB in Form der Abänderung erfolgen. In diesen Fällen gibt es unterschiedliche **Prüfungsmaßstäbe**. Während in § 1696 Abs. 1 BGB das Wohl des 11

4 OLG Hamm 10.5.2004 – 8 UF 19/04, FamRZ 2005, 746.
5 OLG Oldenburg 16.10.2018 – 11 WF 188/18, FamRZ 2019, 807.
6 BGH 16.3.2011 – XII ZB 407/10, NJW 2011, 2360.

Kindes nachhaltig berührende Gründe vorausgesetzt werden, ist der Prüfungsmaßstab in § 1678 Abs. 2 BGB geringer, indem nur an das Kindeswohl angeknüpft wird. Dies ist ein Widerspruch, weil in dem Fall, in dem eine Entscheidung nach § 1671 BGB vorausging, ursprünglich beide Eltern sorgeberechtigt gewesen waren, während dies bei der ursprünglich allein sorgeberechtigten Mutter gem. 1678 Abs. 2 BGB gerade nicht der Fall war. Dieser Widerspruch ist dahin aufzulösen, dass im Hinblick auf den anderen Elternteil, entgegen dem Wortlaut des § 1696 Abs. 1 BGB, nur eine **negative Kindeswohlprüfung** erfolgt.[7]

12 Stirbt der Elternteil, dem die alleinige Sorge zustand, stellt § 1696 Abs. 1 S. 3 BGB klar, dass die Regelungen in §§ 1680 Abs. 2, 1681 Abs. 1 und Abs. 2 BGB mit ihrem geringeren Prüfungsmaßstab als Lex specialis vorrangig sind. In solchen Fällen ist das Sorgerecht dem überlebenden Elternteil zu übertragen, solange dies nicht dem **Kindeswohl widerspricht**. Es ist also nicht festzustellen, ob die Übertragung auf den anderen Elternteil durch triftige, das Wohl des Kindes nachhaltig berührende Gründe gerechtfertigt ist (→ *Elterliches Sorgerecht* Rn. 19 ff.).

13 Wird einem **Elternteil** bei gemeinsamer elterlicher Sorge oder dem Elternteil, dem die alleinige Sorge zustand, das Sorgerecht entzogen, gilt das Entsprechende wie im Falle des Todes des allein sorgeberechtigten Elternteils (§ 1680 Abs. 3 BGB). Das Sorgerecht wird vom anderen Elternteil alleine ausgeübt oder dem bisher nicht sorgeberechtigten Elternteil übertragen, wenn dies dem Kindeswohl dient. War dem anderen Elternteil aber zuvor aufgrund gerichtlicher Entscheidung gem. § 1671 BGB das Sorgerecht entzogen worden, liegt kein Fall des § 1680 Abs. 3 BGB vor. In diesem Fall ist nach § 1696 Abs. 1 BGB vorzugehen. Die ursprüngliche Entscheidung über den Entzug des Sorgerechts muss aufgrund der geänderten Umstände einer Überprüfung unterzogen werden. Allerdings ist in diesem Fall der Prüfungsmaßstab wie beim Ruhen der elterlichen Sorge (→ Rn. 11) gem. § 1678 Abs. 2 BGB dahingehend anzupassen, dass nur eine negative Kindeswohlprüfung stattfindet.[8]

14 Das Gericht kann den Umgang oder den Vollzug früherer **Umgangsentscheidungen** nach § 1684 Abs. 4 BGB einschränken oder ausschließen. Dies gilt entsprechend beim Umgang mit anderen **Bezugspersonen**, § 1685 Abs. 3 S. 1 BGB. Diese Vorschriften sind Lex specialis zu § 1696 Abs. 1 BGB und haben daher Vorrang. Hat das Gericht eine solche einschränkende oder ausschließende Entscheidung getroffen, handelt es sich um eine kindesschutzrechtliche Maßnahme. Die Aufhebung dieser Entscheidung richtet sich daher nach § 1696 Abs. 2 BGB.

4. Regelungsinhalt Kindeswohl

15 Auch im Abänderungsverfahren ist das **Kindeswohl** der die Entscheidung prägende Maßstab und damit erster Anknüpfungspunkt, § 1697 a BGB. Dies gilt gleichermaßen für Sorgerechts- wie auch für Umgangsrechtsverfahren. Es findet die gleiche Abwägung statt wie in allen Entscheidungen zum Umgangs- und Sorgerecht (→ *Elterliches Sorgerecht* Rn. 8 ff.).

16 Als zweiter Anknüpfungspunkt müssen **triftige**, das **Kindeswohl nachhaltig berührende Gründe** vorliegen, um eine Abänderung zu rechtfertigen. Die Hürde für eine Abänderung liegt also höher als im Rahmen der Ausgangsentscheidung. So findet sich in § 1671 Abs. 1 S. 2 Nr. 2 BGB die Formulierung: „dem Wohl des Kindes am besten entspricht". Der gesetzliche Maßstab ist bei der Abänderung („triftige, das Kindeswohl nachhaltig berührende Gründe") also deutlich strenger. Es ist jeweils festzustellen, ob die Vorteile einer Neuregelung die mit der Änderung verbundenen Nachteile deutlich überwiegen.[9] Kinder haben ein besonderes Bedürfnis nach **Stabilität** der Lebens- und Erziehungsbedingungen. Deshalb soll eine einmal erfolgte Zuordnung der elterlichen Sorge nicht beliebig aufgerollt werden können.[10] Damit wird der gewünschten **Kontinuität** einer einmal getroffenen Entscheidung Rechnung getragen. Dies führt auf der anderen Seite dazu, dass mit zunehmendem Zeitablauf eine abändernde Entscheidung unter dem

7 Vgl. NK-BGB/*Harms/Bisping* § 1696 Rn. 15.
8 Vgl. NK-BGB/*Harms/Bisping* § 1696 Rn. 17.
9 Vgl. NK-BGB/*Harms/Bisping* § 1696 Rn. 27.
10 OLG Braunschweig 12.6.2001 – 1 UF 227/00, FamRZ 2002, 121.

Gesichtspunkt der Kontinuität immer unwahrscheinlicher wird.[11] Das Begehren, den Umgang wöchentlich um 3 Stunden auszuweiten, reicht nicht, um eine Umgangsentscheidung abzuändern, da eine nachhaltige Verbesserung des Kindeswohls damit nicht zu begründen ist.[12]

Weder der **Wunsch** der **Eltern** noch der des **Kindes** kann alleinige Entscheidungsgrundlage sein, wohl aber in die Entscheidung mit einfließen. Wollen die Eltern übereinstimmend eine neue Sorgeregelung, muss das Gericht diesem Wunsch entsprechen, es sei denn, triftige Gründe des Kindeswohls sprechen dagegen.[13] Mit zunehmendem Alter kommt dem nachhaltig geäußerten Kindeswillen zunehmend Bedeutung zu.[14] 17

Als dritter Anknüpfungspunkt muss die Änderung der Ausgangsentscheidung bzw. des gerichtlich gebilligten Vergleichs angezeigt sein. Damit wird klargestellt, dass es bei Vorliegen der Voraussetzungen nicht im **Ermessen** des Gerichts steht, eine Abänderungsentscheidung zu erlassen. 18

Auch die Veränderung der Rechtslage, sei es aufgrund von Gesetzesänderungen, sei es wegen Änderung der höchstrichterlichen Rechtsprechung, können ein Abänderungsverlangen begründen. Als alleinige Begründung eines Abänderungsverlangens wird dies aber nicht ausreichen.[15] 19

III. Änderungsverfahren

1. Zuständigkeit

Sachlich zuständig sind die **Familiengerichte**. Es handelt sich jeweils um eine **Kindschaftssache** gem. § 111 Nr. 2 FamFG. Die örtliche Zuständigkeit ergibt sich aus § 152 FamFG. Grundsätzlich ist das Gericht zuständig, in dem das Kind seinen gewöhnlichen Aufenthalt hat, § 152 Abs. 2 FamFG. Während der Anhängigkeit einer Ehesache vor einem deutschen Gericht ist für gemeinsame Kinder der Eheleute das Gericht des ersten Rechtszuges der Ehesache zuständig, § 152 Abs. 1 FamFG. Lässt sich die Zuständigkeit eines deutschen Gerichtes danach nicht begründen, weil das Kind in Deutschland keinen gewöhnlichen Aufenthalt hat und eine Ehesache seiner Eltern nicht anhängig ist, ist das Gericht am Ort des Fürsorgebedürfnisses gem. § 152 Abs. 3 FamFG zuständig. 20

2. Antragserfordernis

§ 166 FamFG sieht keine besonderen Antragserfordernisse vor. Die Vorschrift verweist auf § 1696 BGB. Daher gelten die **gleichen Voraussetzungen wie im Erstverfahren**. Dies gilt auch für die Antragsbegründung. 21

So bedarf es bei zu ändernden Entscheidungen eines Antrages des Elternteils, der eine Änderung begehrt. Insoweit gilt das Gleiche wie in den Fällen, in denen ein Elternteil gem. § 1671BGB eine Sorgerechtsentscheidung begehrt.[16] 22

Der **Antrag** ist schriftlich oder zu Protokoll der Geschäftsstelle zu stellen, § 25 Abs. 1 FamFG. Die Vertretung durch einen Rechtsanwalt ist nicht zwingend erforderlich, was aus § 114 Abs. 1 u. Abs. 2 FamFG folgt. Es handelt sich weder um eine Ehesache oder Folgesache (Verbundverfahren) noch um eine Familienstreitsache. 23

Wie in allen anderen Fällen, in denen das Gericht von Amts wegen tätig wird, zB in den Fällen der §§ 1666–1667 BGB, leitet das Gericht auch das Änderungsverfahren **von Amts wegen** ein, wenn entsprechende Tatsachen gerichtsbekannt werden. Dennoch sind auch in diesen Amtsverfahren Anträge der Beteiligten möglich, die gem. § 24 Abs. 1 FamFG als Anregung zur Einleitung eines Verfahrens zu behandeln sind. 24

---

11 OLG Oldenburg 15.6.2012 – 3 UF 37/12, FamRZ 2013, 235.
12 OLG Koblenz 2.8.2017 – 13 UF 313/17, FamRB 2018, 143.
13 NK-BGB/*Harms/Bisping* § 1696 Rn. 32; BGH 27.11.2019 – XII ZB 511/18, FamRZ 2020, 252.
14 OLG Nürnberg 30.11.2016 – 7 UF 1309/16.
15 OLG Braunschweig 12.6.2001 – 1 UF 227/00, FamRZ 2002, 121.
16 OLG Karlsruhe 25.5.2020 – 5 UF 47/20.

3. Amtsermittlung

25 In allen Fällen gilt der Grundsatz der Amtsermittlung nach § 26 FamFG. Das Gericht hat unter Mitwirkung der Beteiligten (§ 27 FamFG) alle für die Entscheidung notwendigen Tatsachen selbst zu erforschen. Die **objektive Feststellungslast** nicht aufklärbarer Umstände, die eine Änderung nach § 1696 BGB rechtfertigen, trägt derjenige, der sich auf die Änderung beruft. Dies gilt beispielsweise dann, wenn der betreffende Antragsteller sich weigert, an einer Begutachtung mitzuwirken.[17]

4. Verfahren

26 Es gelten alle einschlägigen Verfahrensgrundsätze des Verfahrens in Kindschaftssachen nach §§ 151 ff. FamFG (→ *Familiengerichtliches Verfahren* Rn. 3).

5. Entscheidung

27 Die Rechtslage unterscheidet sich dahingehend, ob in der Hauptsache entschieden wurde oder im Rahmen einer einstweiligen Anordnung.

28 **a) Hauptsacheentscheidung.** Erweisen sich die Voraussetzungen als gegeben, ändert das Gericht die ursprüngliche Entscheidung ab, § 1696 Abs. 1 BGB. Handelt es sich bei der ursprünglichen Entscheidung um eine kindesschutzrechtliche Maßnahme der §§ 1666–1667 BGB, ist die Entscheidung aufzuheben, wenn die ursprünglichen Voraussetzungen nicht mehr vorliegen.

29 Das Gericht muss nach § 166 Abs. 2 FamFG in diesen Fällen regelmäßig von Amts wegen aktiv werden, um zu überprüfen, ob die kinderschutzrechtliche Maßnahme noch erforderlich ist oder geändert werden muss. Welche **Überprüfungsintervalle** angemessen sind, ist am einzelnen Fall und der getroffenen Maßnahme auszurichten. Grundsätzlich wird ein Überprüfungsintervall von drei Monaten angemessen sein.[18] In § 166 Abs. 3 FamFG hat der Gesetzgeber diesen Zeitabstand als Regel vorgegeben.

30 Hat das Gericht in Verfahren nach den §§ 1666–1667 BGB davon abgesehen, Maßnahmen anzuordnen, so ist in Zeitabständen von in der Regel drei Monaten zu überprüfen, ob nicht doch noch Maßnahmen angeordnet werden müssen.

31 **b) Einstweilige Anordnung.** Für die **Änderung** einer Entscheidung, die im Rahmen einer einstweiligen Anordnung erging, ist § 166 FamFG unanwendbar. In einem solchen Fall ist § 54 FamFG einschlägig und vorrangig. Ist ohne mündliche Verhandlung entschieden worden, kann die Durchführung einer mündlichen Verhandlung und Neuverbescheidung verlangt werden, § 54 Abs. 2 FamFG. Den Antrag kann jeder Beteiligte iSd § 7 FamFG stellen. Ist Inhalt der einstweiligen Anordnung eine Sorgerechtsentscheidung oder eine Entscheidung über die Herausgabe des Kindes, ist sie (ausnahmsweise) nach § 57 S. 2 Nr. 1, 2 FamFG **beschwerdefähig**. Dies gilt auch, wenn nur ein Teilbereich der elterlichen Sorge betroffen ist, beispielsweise das Aufenthaltsbestimmungsrecht.[19] Eine Entscheidung zum Umgang ist nicht beschwerdefähig.

32 Nach § 52 FamFG kann (und sollte) in jedem Fall verlangt werden, dass ein **Hauptsacheverfahren** eingeleitet wird. Den Antrag kann jeder Beteiligte stellen, § 52 Abs. 1 S. 1 FamFG. Der in diesem Verfahren zu erlassende Beschluss kann wiederum grundsätzlich nach § 166 FamFG geändert werden.

6. Kostenentscheidung

33 Da es sich um eine Familiensache handelt, ist im **Endbeschluss** (§ 82 FamFG) über die **Kosten** gem. § 81 Abs. 1 S. 3 FamFG zu entscheiden. Liegen die Voraussetzungen im Rahmen des § 81 Abs. 2 FamFG vor, können einem Beteiligten die Kosten ganz oder teilweise auferlegt werden, nicht jedoch dem – vertretenen – Kind, § 81 Abs. 3 FamFG. Das Gericht kann auch anordnen, dass Kosten nicht erhoben

17 OLG Frankfurt a. M. 17.1.2013 – 4 UF 143/12, FamRZ 2013, 1238.
18 Zöller/*Lorenz* FamFG § 166 Rn. 4.
19 Zöller/*Lorenz* FamFG § 57 Rn. 6.

werden, § 81 Abs. 1 S. 2 FamFG. Damit sind nur **Gerichtskosten** nach dem FamGKG gemeint, nicht aber die Anwaltskosten.

7. Rechtsmittel

Der Beschluss unterliegt der befristeten **Beschwerde** nach §§ 58 ff. FamFG. Da es sich nicht um vermögensrechtliche Angelegenheiten handelt, ist gem. § 61 Abs. 1 FamFG jede Entscheidung **beschwerdefähig** (→ *Beschwerdeverfahren* Rn. 31). Liegt ein gerichtlich gebilligter Vergleich vor, ist Beschwerdegegenstand der Billigungsbeschluss. Die Zustimmung eines Elternteils zu dem Vergleich lässt sein Beschwerderecht nicht entfallen, da es in Kindschaftssachen nur auf die materielle und nicht die formelle Beschwer ankommt.[20] Ist ein betroffenes Kind bereits 14 Jahre alt, steht ihm ein eigenes Beschwerderecht zu, § 60 S. 3 FamFG. Eine **Rechtsbeschwerde** gegen die Entscheidung des Oberlandesgerichts als Beschwerdegericht kommt gegebenenfalls gem. §§ 70 ff. FamFG in Betracht. 34

Für die Einlegung einer Beschwerde und die Durchführung des Beschwerdeverfahrens ist die Vertretung durch einen Rechtsanwalt nicht zwingend erforderlich, § 114 Abs. 1 FamFG. Die Rechtsbeschwerde kann nur durch einen beim Bundesgerichtshof zugelassenen Rechtsanwalt wirksam erhoben werden, § 114 Abs. 2 FamFG. 35

8. Streitwert

Das Änderungsverfahren ist eine Kindschaftssache im Sinne des Kostenrechts. Es gilt deshalb der pauschalierte **Verfahrenswert** von 4.000 EUR gem. § 45 Abs. 1 FamGKG, und zwar unabhängig davon, wie viele Kinder betroffen sind, § 45 Abs. 2 FamGKG. Liegen besondere Umstände vor, die zur **Unbilligkeit** des Pauschalwertes führen, kann das Gericht den Streitwert anderweitig festsetzen. Eine Herabsetzung kommt nur in besonders unterdurchschnittlich gelagerten Fällen in Betracht. Ist im Rahmen der Bewilligung von Verfahrenskostenhilfe ein Rechtsanwalt beigeordnet worden, kann wegen § 78 Abs. 2 FamFG von vorneherein ein unterdurchschnittlicher Fall nicht angenommen werden.[21] Eine **Erhöhung** ist angezeigt, wenn mehr als ein Verhandlungstermin erforderlich war und/oder ein Sachverständigengutachten eingeholt wurde und durchgearbeitet werden musste.[22] 36

Im Rahmen einer einstweiligen Anordnung wird der Streitwert in der Regel auf 2.000 EUR halbiert, § 41 FamGKG. 37

9. Gebühren und Vergütung

a) Gerichtsgebühren. Ein Kostenvorschuss gem. §§ 9 Abs. 1, 14 Abs. 1 FamGKG ist nicht zu erheben, da es sich weder um eine Ehesache noch um eine Familienstreitsache handelt.[23] Für das **Verfahren** in erster Instanz entsteht nach KV 1310 FamGKG eine 0,5 Verfahrensgebühr. In der **Beschwerdeinstanz** fällt eine 1,0 Gebühr nach KV 1314 FamGKG an, in der **Rechtsbeschwerde** eine 1,5 Gebühr nach KV 1316 FamGKG. 38

b) Rechtsanwaltsvergütung. In der ersten Instanz kommen die 1,3 Verfahrensgebühr nach VV 3100 RVG und die 1,2 Terminsgebühr nach VV 3104 RVG in Betracht. Im Falle einer Einigung entsteht die 1,0 Einigungsgebühr nach VV 1000, 1003 Abs. 2 RVG. 39

In der zweiten Instanz sind die VV 3200 ff. RVG anwendbar, was sich aus der Vorbemerkung 3.2.1 Nr. 2 b RVG ergibt. Es kommen daher die 1,6 Verfahrensgebühr nach VV 3200 RVG und die 1,2 Terminsgebühr nach VV 3202 RVG in Betracht. Im Falle einer Einigung entsteht die 1,3 Einigungsgebühr nach VV 1000, 1004 Abs. 1 iVm Abs. 2 RVG. 40

20 BGH 10.7.2019 – XII ZB 507/18, FamRZ 2019, 1616.
21 OLG Celle 24.1.2012 – 10 WF 11/12, FamFR 2012, 132.
22 OLG Hamm 19.9.2011 – 6 WF 307/11, FamFR 2011, 574.
23 KG Berlin 15.6.2018 – 13 WF 142/18, FamRZ 2019, 708.

41 In der dritten Instanz sind entsprechend nach Vorbemerkung 3.2.2 Nr. 1 b die VV 3206 ff. RVG anwendbar. Es kommen daher die 1,6 Verfahrensgebühr nach VV 3206 RVG und die 1,5 Terminsgebühr nach VV 3210 RVG in Betracht. Im Falle einer Einigung entsteht die 1,3 Einigungsgebühr nach VV 1000, 1004 Abs. 1, 2 RVG.

11. Änderung/Wegfall der Geschäftsgrundlage

Poppen

I. Überblick

In welcher Form **Änderungen** bzw. ein **Wegfall der Geschäftsgrundlage** einer bestehenden Unterhaltsregelung geltend gemacht werden können, hängt davon ab, in welcher Form der Unterhalt tituliert ist, welcher Art die Einwendungen gegen den Titel sind, und wer gegen den bestehenden Unterhaltstitel vorgehen will. 1

Mit dem **Vollstreckungsgegenantrag** nach § 767 ZPO soll die Vollstreckbarkeit eines titulierten Anspruchs beseitigt werden. Gegenstand des Antrags kann jede Art von Titel sein. Der Antrag kann nur vom Unterhaltsverpflichteten gestellt werden. Geltend gemacht werden können sogenannte rechtsvernichtende Einwendungen. 2

Geht es um die **Änderung der Verhältnisse**, die für die Unterhaltsbemessung maßgeblich waren, richtet sich die Abänderung nach § 238 FamFG, wenn der Unterhalt in einer in der Hauptsache ergangenen Endentscheidung eines Gerichts tituliert ist. Handelt es sich bei dem Titel um einen Vergleich oder eine vollstreckbare Urkunde, ist § 239 FamFG maßgeblich. Geht es um die Änderung eines im vereinfachten Verfahren gem. §§ 237, 253 FamFG errichteten Titels, findet § 240 FamFG Anwendung. Antragsteller können in all diesen Fällen sowohl der Unterhaltsberechtigte als auch der Unterhaltsverpflichtete sein. 3

II. Antrag nach § 767 ZPO

Mit dem Antrag nach § 767 ZPO können vom Leistungsverpflichteten **rechtsvernichtende oder rechtshemmende Einwendungen** geltend gemacht werden. Ziel ist die Beseitigung der Vollstreckbarkeit des den Unterhalt festsetzenden Titels, wobei es sich um einen Beschluss, einen Vergleich oder eine vollstreckbare Urkunde handeln kann. 4

Typische mit dem Antrag nach § 767 ZPO geltend zu machende Einwendungen sind der Einwand der **Erfüllung**,[1] der Verjährung oder des Wegfalls der gesetzlichen Vertretung ab Volljährigkeit des Kindes gegenüber dem aus dem Titel über Kindesunterhalt weiter vollstreckenden Elternteil.[2] Geht das volljährige Kind aus einem während seiner Minderjährigkeit errichteten Titel nach Eintritt der Volljährigkeit selbst vor, ist dies kein Fall des § 767 ZPO. Möglich ist dann allein ein Änderungsantrag nach den §§ 238, 239 FamFG.[3] 5

Kein Fall des § 767 ZPO ist die Geltendmachung von **Verwirkungsgründen nach § 1579 BGB**, die nach der erstmaligen Titulierung entstanden sind.[4] Materiell verlangt der Einwand nach § 1579 BGB eine umfassende Abwägung der beiderseitigen Verhältnisse, wobei es auch um eine Prognose der zukünftigen 6

1 BGH 31.1.1990 – XII ZR 38/89, NJW 1990, 1419.
2 OLG Brandenburg 11.9.2019 – 9 UF 232/18, NJW-RR 2019, 1480.
3 BGH 7.12.2016 – XII ZB 422/15, NJW 2017, 1317; für dynamische Titel: § 244 FamFG.
4 BGH 15.2.2012 – XII ZR 137/09, NJW 2012, 1443.

Entwicklung geht. Dies ist im Verfahren nach § 238 FamFG geltend zu machen. Hat der Unterhaltsberechtigte sich den Titel durch einen **Prozessbetrug** erschlichen, sind wahlweise das Verfahren nach § 767 ZPO oder ein Abänderungsverfahren nach § 238 FamFG zulässig.[5]

7 Bei **Unsicherheiten in der Abgrenzung** empfiehlt es sich, die Anträge nach § 238 FamFG und § 767 ZPO kumulativ zu verbinden.[6] Das ist allerdings nur möglich, wenn für beide Anträge die gleiche gerichtliche Zuständigkeit besteht. Bei Abänderungsanträgen gilt grundsätzlich der **allgemeine Gerichtsstand**.[7] Für Vollstreckungsabwehranträge ist nach §§ 767 Abs. 1, 802 ZPO die ausschließliche Zuständigkeit des Gerichts gegeben, welches die ursprüngliche Titulierung vorgenommen hat. Vollstreckungsgegenantrag und Abänderungsantrag können wechselseitig in den jeweils anderen Antrag umgedeutet werden.[8]

III. Änderung der Verhältnisse

1. Überblick

8 Haben sich die für eine Unterhaltsfestsetzung maßgeblichen tatsächlichen oder rechtlichen Verhältnisse geändert, ist für eine Abänderung nach der Art des Titels zu differenzieren. **Unterhaltsbeschlüsse in Hauptsacheverfahren** sind nach § 238 FamFG änderbar, **Vergleiche und vollstreckbare Urkunden** nach § 239 FamFG und **Titel im vereinfachten Verfahren** gem. §§ 237, 253 FamFG nach § 240 FamFG. Antragsteller können jeweils Unterhaltsberechtigter und -verpflichteter sein. Soweit sich die Rechtskraft des zu ändernden Titels gem. § 113 Abs. 1 S. 2 FamFG iVm § 325 ZPO auf Rechtsnachfolger erstreckt, sind diese anstelle der früheren Parteien Beteiligte des Verfahrens. **Rechtsnachfolger** sind zB der Erbe im Fall des § 1586 b BGB[9] sowie beim gesetzlichen Forderungsübergang nach § 33 SGB II, § 94 SGB XII, § 37 Abs. 1 BAföG und § 7 UVG die jeweiligen Leistungsträger (→ *Übergang/Überleitung von Unterhaltsansprüchen* Rn. 1 ff.).

2. § 238 FamFG

9 **a) Gegenstand des Verfahrens (§ 238 Abs. 1 S. 1 FamFG).** Gegenstand des Abänderungsverfahrens nach § 238 FamFG sind in **Hauptsacheverfahren** ergangene Endentscheidungen eines Gerichts. Beschlüsse im **einstweiligen Anordnungsverfahren** können nicht nach § 238 FamFG geändert werden. Maßgeblich für die Abänderung einstweiliger Anordnungen sind die §§ 54 Abs. 1, 52 Abs. 2 FamFG. Ist im Hauptsacheverfahren für die Zukunft der Unterhaltsantrag abgewiesen worden, ist für einen neuen Unterhaltsantrag nicht § 238 FamFG maßgeblich, sondern ein allgemeiner Leistungsantrag zu stellen.[10] Ist ein Unterhaltstitel bereits abgeändert worden, ist Gegenstand des neuen Abänderungsverfahrens **der letzte abändernde Beschluss** oder Vergleich, nicht der Erstbeschluss.[11]

10 **b) Zulässigkeit (§ 238 Abs. 1 S. 2 FamFG).** Der Antrag ist nur zulässig, wenn sich gegenüber dem Ausgangsbeschluss die **tatsächlichen und/oder rechtlichen Verhältnisse** wesentlich geändert haben. Dies betrifft alle für die Bestimmung des Bedarfs und der Leistungsfähigkeit maßgeblichen Umstände, wie die Einkommens- und Vermögensverhältnisse, Neuaufnahme bzw. Wegfall von Arbeitsverhältnissen, Hinzutreten oder Wegfall von anderen Unterhaltsberechtigten usw. Zulässig ist ein Abänderungsbegehren auch, wenn sich die rechtlichen Verhältnisse ändern, etwa **Änderungen in der Gesetzgebung** vorliegen oder sich die **Rechtsprechung** des Bundesgerichtshofs geändert hat.[12] Änderungen der Rechtsprechung der Instanzgerichte rechtfertigen keine Abänderung bestehender Titel.

---

5 BGH 30.5.1990 – XII ZR 57/89, NJW-RR 1990, 1410.
6 BGH 29.11.2000 – XII ZR 165/98, NJW 2001, 828.
7 Ausnahmen: Anhängigkeit des Scheidungsverfahrens, § 232 Abs. 1 Nr. 1 FamFG oder Unterhalt minderjähriger Kinder, § 232 Abs. 1 Nr. 2 FamFG.
8 BGH 27.3.1991 – XII ZR 96/90, NJW-RR 1991, 899.
9 BGH 28.1.2004 – XII ZR 259/01, NJW 2004, 1326.
10 BGH 2.6.2010 – XII ZR 138/08, NJW 2010, 2582.
11 BGH 28.2.2007 – XII ZR 37/05, NJW 2007, 1961.
12 BGH 30.7.2008 – XII ZR 177/06, NJW 2008, 3213.

Geht es um die **Begrenzung des nachehelichen Unterhalts nach § 1578 b BGB**, ist eine Abänderung zulässig, wenn der ursprüngliche Titel vor der die Gesetzesänderung zum 1.1.2008 vorwegnehmenden Rechtsprechung des Bundesgerichtshofes, dh vor Veröffentlichung der Entscheidung vom 12.4.2006[13] im Mai 2006 errichtet worden ist. Dem steht Art. 36 Nr. 1 EGZPO nicht grundsätzlich entgegen; die Vorschrift ermöglicht es, dem **Vertrauensschutz** durch eine zeitlich und/oder betragsmäßig gestaffelte Reduzierung des Unterhalts Rechnung zu tragen.[14] In Verfahren, in denen die Endentscheidung vor dem 1.1.2008, allerdings nach Mai 2006, ergangen ist, scheidet eine **nachträgliche Befristung** nach § 1587 b BGB aus.[15] Nach Mai 2006 konnten nach der Rechtsprechung des Bundesgerichtshofs auch nach der damaligen gesetzlichen Regelung bereits die nach dem zum 1.1.2008 eingefügten § 1587 b BGB für eine Befristung sprechenden Umstände berücksichtigt werden. Beim **Krankenunterhalt** nach § 1572 BGB war allerdings nach der damaligen Rechtslage eine zeitliche Begrenzung ausgeschlossen; möglich war nur eine Begrenzung der Höhe nach.[16] Damit ist eine **nachträgliche Befristung des Krankenunterhalts** bei allen Unterhaltsfestsetzungen vor dem 31.12.2007 möglich.[17] 11

Keine Veränderung der Verhältnisse liegt vor, wenn durch das Abänderungsbegehren eine **falsche tatsächliche oder rechtliche Bewertung** durch das Gericht beseitigt werden soll.[18] Ein im Ausgangsverfahren vom Gericht übersehener Gesichtspunkt rechtfertigt für sich allein kein Abänderungsverfahren, er kann in einem Abänderungsverfahren nur berücksichtigt werden, wenn dieses aus anderen Gründen zulässig ist.[19] Das Änderungsverfahren gibt auch keine Möglichkeit, einen als unschlüssig abgewiesenen Antrag nunmehr auf eine schlüssige Darstellung zu stützen.[20] 12

Ist der abzuändernde Titel ein **Versäumnisbeschluss**, sind Ausgangspunkt die tatsächlichen Verhältnisse zum Zeitpunkt des Ablaufs der Einspruchsfrist.[21] Der durch einen Versäumnisbeschluss Beschwerte ist gehalten, alle vor Ablauf der Einspruchsfrist eingetretenen Veränderungen mit einem Einspruch geltend zu machen.[22] Liegt der Entscheidung ein zu hohes Einkommen zugrunde, ist ein Abänderungsantrag erst zulässig, wenn sich das tatsächlich niedrigere Einkommen nachträglich vermindert hat. Gleiches gilt für **Anerkenntnisentscheidungen**.[23] 13

Beruht der abzuändernde Beschluss auf einer **Fiktion**, ist ein Abänderungsantrag nur zulässig, wenn der Unterhaltsverpflichtete etwa geltend macht, er hätte aus von ihm nicht zu vertretenden Gründen seine (fingierte) Arbeitsstelle in der Zwischenzeit ohnehin verloren oder er könne dort das fingierte Einkommen nicht mehr erzielen.[24] Ist im Ausgangstitel nach dem **Verlust seines Arbeitsplatzes** festgestellt worden, der Unterhaltsschuldner habe sich nicht hinreichend um eine neue Arbeitsstelle bemüht, und ist ihm deshalb fiktiv ein Einkommen zugerechnet worden, ist eine Abänderung nur möglich, wenn der Unterhaltsschuldner darlegt, dass er trotz jetzt unternommener hinreichender Bemühungen um eine Erwerbstätigkeit keine oder nur eine Beschäftigung mit geringerem Einkommen, als es fingiert worden ist, hat finden können.[25] 14

c) Wesentlichkeitsschwelle. Die Änderung der Verhältnisse muss wesentlich sein. Maßgeblich ist eine Gesamtschau aller Umstände. Der **Schwellenwert** wird bei ca. **10 %** des Unterhaltsanspruchs angesetzt, kann bei engen wirtschaftlichen Verhältnissen allerdings auch darunter liegen.[26] 15

---

13 BGH 12.4.2006 – XII ZR 240/03, NJW 2006, 2401.
14 OLG Düsseldorf 2.6.2008 – 4 WF 41/08, NJW 2008, 3005.
15 BGH 29.9.2010 – XII ZR 205/08, NJW 2010, 3582.
16 BGH 25.1.1995 – XII ZR 195/93, NJW-RR 1995, 449.
17 BGH 19.6.2013 – XII ZB 309/11, NJW 2013, 334.
18 BGH 12.5.2010 – XII ZR 98/08, NJW 2010, 2437.
19 BGH 15.7.2015 – XII ZB 369/14, NJW 2015, 2963; 29.1.2020 – XII ZB 580/18, NJW 2020, 925.
20 OLG Düsseldorf 3.2.1989 – 4 UF 193/88, FamRZ 1989, 1207.
21 BGH 2.6.2010 – XII ZR 160/08, NJW 2010, 2515.
22 BGH 12.5.2010 – XII ZR 98/08, NJW 2010, 2437.
23 BGH 12.5.2010 – XII ZR 98/08, NJW 2010, 2437.
24 BGH 20.2.2008 – XII ZR 101/05, NJW 2008, 1525.
25 BGH 3.12.2008 – XII ZR 182/06, NJW 2009, 1410.
26 BGH 29.1.1992 – XII ZR 239/90, NJW 1992, 1621; OLG Hamm 2.1.2004 – 10 WF 241/03, FamRZ 2004, 1051.

16 **d) Präklusion (§ 238 Abs. 2 FamFG).** Eine Abänderung ist nur insoweit möglich, als sich die Verhältnisse, auf denen die frühere Entscheidung beruht, **nachträglich** geändert haben (zu unberücksichtigt gebliebenen Umständen → Rn. 12). Maßgeblich ist die letzte mündliche Verhandlung des vorausgegangenen Verfahrens. Dabei gilt die Präklusion nur für den Antragsteller. Soweit der Antragsgegner sich auf eine Verteidigung gegen die Abänderung beschränkt, kann er auch auf Tatsachen zurückgreifen, die vor **Schluss der mündlichen Verhandlung** im Erstverfahren eingetreten waren, wenn sie bei der Unterhaltserstfestsetzung nicht berücksichtigt worden sind.[27] Auch dem Antragsgegner ist es allerdings verwehrt, sich erneut auf Umstände zu berufen, die schon im Erstverfahrens zu seinen Lasten entschieden worden sind.[28] Begehrt der Antragsgegner mit einem Widerantrag selbst eine Änderung des Titels, gilt auch für ihn die **Präklusion** uneingeschränkt.[29]

17 Ändern sich die Verhältnisse während eines **Beschwerdeverfahrens**, sind die Beteiligten des Beschwerdeverfahrens gehalten, im Beschwerdeverfahren alle Veränderungen geltend zu machen, die nach Schluss der mündlichen Verhandlung erster Instanz eingetreten sind. Der Beschwerdeführer muss ggf. seine **Beschwerde erweitern**.[30] Dies ist nach dem Rechtsgedanken des § 238 FamFG aufgrund von Umständen möglich, die nach Ablauf der Beschwerdebegründungsfrist neu eingetreten sind. Der Beschwerdegegner muss bei ihm günstigen Änderungen **Anschlussbeschwerde** einlegen (§ 66 FamFG).[31] Dabei ist die Anschlussbeschwerde auch nach Ablauf der Monatsfrist nach Zustellung der Beschwerdebegründungsschrift zulässig (§ 113 FamFG, § 524 Abs. 2 S. 3 ZPO). Die Anschlussbeschwerde kann auch auf Umstände gestützt werden, die schon vor Schluss der letzten mündlichen Verhandlung erster Instanz eingetreten waren.[32]

18 **e) Zeitschranke für die Abänderung (§ 238 Abs. 3 FamFG).** Grundsätzlich kann die Abänderung erst ab **Rechtshängigkeit des Abänderungsantrags** erfolgen, dh ab dem Tag der Zustellung an den Antragsgegner (§ 113 Abs. 1 S. 2 FamFG iVm § 253 Abs. 1 ZPO). Darüber hinaus ist nach Abs. 3 S. 2–4 eine **rückwirkende Abänderung** möglich. Die Voraussetzungen für diese rückwirkende Abänderung bestimmen sich nach dem materiellen Unterhaltsrecht. Beim Antrag auf Erhöhung des Unterhalts ist die Erhöhung rückwirkend von dem Zeitpunkt an möglich, von dem materiell höherer Unterhalt verlangt werden kann. Dies ist der Zeitpunkt, in dem **Verzug** nach § 1613 Abs. 1 BGB begründet ist, der direkt für den Verwandtenunterhalt und kraft Verweisung für den Trennungs- (§§ 1360a Abs. 3, 1361 Abs. 4 S. 4 BGB) sowie den nachehelichen Unterhalt (§ 1585b Abs. 2 BGB) gilt. Nach § 1613 Abs. 1 S. 2 BGB kann Unterhalt rückwirkend auch ab dem sog. „**Auskunftsverzug**" verlangt werden. Auch in diesem Zusammenhang finden die Grundsätze der Selbstmahnung oder endgültigen Leistungsverweigerung Anwendung (→ *Verzug mit Unterhaltszahlungen* Rn. 11 f.).

19 Abs. 3 S. 2 überträgt diese Grundsätze auch auf Anträge auf **Herabsetzung des Unterhalts**. Maßgeblich ist insoweit der Zeitpunkt der Aufforderung, einer Reduzierung bzw. einem Wegfall des titulierten Unterhalts zuzustimmen bzw. der Zugang eines Auskunftsverlangens mit dem Ziel der Herabsetzung bzw. des Wegfalls der Unterhaltsverpflichtung (**negative Mahnung**). Abs. 3 S. 4 begrenzt die Möglichkeit der Rückwirkung auf einen Zeitraum von einem Jahr vor Eintritt der Rechtshängigkeit und nimmt damit den Grundgedanken des § 1585 b Abs. 3 BGB auf.

20 **f) Begründetheit des Abänderungsantrags (§ 238 Abs. 4 FamFG).** Im Verfahren nach § 238 FamFG ist eine Anpassung des bestehenden Unterhaltstitels an zwischenzeitlich eingetretene Veränderungen der Verhältnisse nur unter Wahrung der **Grundlagen der abzuändernden Entscheidung** möglich. Das Abänderungsverfahren erlaubt keine uneingeschränkte Neufestsetzung. Soweit Tatsachen unverändert sind,

27 BGH 11.4.2018 – XII ZB 121/17, NJW 2018, 1753.
28 BGH 21.2.2001 – XII ZR 276/98, NJW-RR 2001, 937.
29 BGH 28.2.2007 – XII ZR 37/05, NJW 2007, 1961.
30 BGH 18.6.1986 – IVb ZB 105/84, NJW 1987, 1024.
31 BGH 16.3.1988 – IVb ZR 36/87, NJW 1988, 1734.
32 BGH 28.1.2009 – XII ZR 119/07, NJW 2009, 1271.

besteht eine **Bindungswirkung**. Das gilt auch, wenn frühere Tatsachenfeststellungen falsch waren (→ Rn. 12).[33]

Die Bindungswirkung greift für die Nichtanrechnung von Einkommensarten, zB des Wohnwerts,[34] der Bewertung von Abzugspositionen, etwa der berufsbedingten Aufwendungen[35] oder der Qualifizierung einer Erwerbstätigkeit als angemessen.[36] Keine Bindungswirkung besteht hinsichtlich der Anwendung von **Unterhaltsleitlinien**, **Tabellen** oder **Rechenwegen**. Im Änderungsverfahren ist daher eine Änderung der Unterhaltsquote zulässig.[37] Möglich ist es auch, erstmals im Änderungsverfahren Altersvorsorgeunterhalt geltend zu machen (→ *Altersvorsorgeunterhalt* Rn. 18),[38] wenn das Abänderungsverfahren aus anderen Gründen zulässig ist. 21

g) Darlegungs- und Beweislast. Der Antragsteller des Abänderungsverfahrens trägt die Darlegungs- und Beweislast dafür, dass sich die für die Unterhaltsbemessung maßgeblichen Verhältnisse gegenüber den im Erstverfahren zugrunde gelegten Verhältnissen wesentlich geändert haben.[39] Damit muss der Antragsteller zum einen die **Grundlagen des abzuändernden Beschlusses** und zum anderen die sich in der Zwischenzeit ergeben habenden **Veränderungen** darlegen und beweisen.[40] Soweit der Antragsteller nach diesen Grundsätzen Tatsachen darlegen muss, die die Sphäre des Antragsgegners betreffen, greifen die Grundsätze der **sekundären Darlegungslast** ein. Hinsichtlich derartiger Umstände muss der Antragsgegner im Wege eines substantiierten Bestreitens die in seiner Sphäre liegenden Umstände darlegen.[41] Gleiches gilt für Tatsachen, die neu entstanden sind und die die **Aufrechterhaltung des alten Titels** rechtfertigen.[42] 22

h) Verschärfte Haftung und Einstellung der Zwangsvollstreckung. Mit Rechtshängigkeit eines auf Herabsetzung gerichteten Abänderungsantrags greift die **verschärfte Haftung des Unterhaltsberechtigten** nach § 818 Abs. 4 BGB (§ 241 FamFG) ein. Mit Rechtshängigkeit des Änderungsverfahrens ist dem Unterhaltsgläubiger der **Entreicherungseinwand** (§ 818 Abs. 3 BGB) abgeschnitten. Damit ist ab Rechtshängigkeit die Rückforderung überzahlten Unterhalts möglich (→ *Rückforderung überzahlten Unterhalts* Rn. 12 ff.). Soweit aufgrund einer negativen Mahnung (→ Rn. 19) eine rückwirkende Abänderung verlangt wird, greift § 241 FamFG nicht für die vor Rechtshängigkeit liegenden Zeiträume ein. Der die Abänderung Beantragende hat aber die Möglichkeit, mit der negativen Mahnung den laufenden Unterhalt als **zins- und tilgungsfreies Darlehen** anzubieten (→ *Rückforderung überzahlten Unterhalts* Rn. 7, 13). 23

Nach § 242 FamFG ist, sobald ein auf Herabsetzung gerichteter Abänderungsantrag anhängig oder für einen derartigen Antrag **Verfahrenskostenhilfe** beantragt worden ist, eine **Einstellung der Zwangsvollstreckung** nach § 769 ZPO möglich. Ein Beschluss über diesen Antrag ist unanfechtbar (§ 769 Abs. 3 S. 2 ZPO). Die Einstellung der Zwangsvollstreckung wirkt bis zum Erlass der Endentscheidung in der Instanz, nicht bis zum rechtskräftigen Abschluss des gesamten Verfahrens. Das Beschwerdegericht entscheidet auf Antrag gesondert für die Beschwerdeinstanz.[43] 24

3. § 239 FamFG

a) Gegenstand des Verfahrens. Gegenstand eines Abänderungsverfahrens nach § 239 FamFG sind **gerichtliche Vergleiche** oder **vollstreckbare Urkunden**. Ist ein gerichtlicher Vergleich oder eine Urkunde bereits durch einen Beschluss abgeändert worden, so richtet sich ein **erneutes Abänderungsverfahren** 25

33 BGH 5.7.2000 – XII ZR 104/98, FamRZ 2001, 905.
34 BGH 28.2.2007 – XII ZR 37/05, NJW 2007, 1961.
35 BGH 14.3.2007 – XII ZR 158/04, NJW 2007, 1969.
36 BGH 27.1.2010 – XII ZR 100/08, NJW 2010, 1595.
37 BGH 14.2.1990 – XII ZR 51/89, NJW-RR 1990, 580.
38 BGH 15.10.1986 – IVb ZR 78/85, NJW 1987, 1201.
39 BGH 15.10.1986 – IVb ZR 78/85, NJW 1987, 1201.
40 BGH 5.5.2004 – XII ZR 15/03, NJW-RR 2004, 1155.
41 BGH 15.10.1986 – IVb ZR 78/85, NJW 1987, 1201.
42 BGH 31.1.1990 – XII ZR 36/89, NJW 1990, 2752.
43 *Musielak/Borth* FamFG § 242 Rn. 3.

nach § 238 FamFG[44] gegen diesen Beschluss. Wenn ein früherer **Abänderungsantrag abgewiesen** wurde, muss gegen den abweisenden Beschluss nach § 238 FamFG vorgegangen werden, wenn in dem abweisenden Beschluss die künftige Entwicklung der Verhältnisse vorausschauend beurteilt wurde.[45]

26 **b) Abänderungsgrundsätze.** Maßstab für die Abänderung sind allein die Grundsätze des materiellen Rechts, mithin die Grundsätze über die Veränderung oder den **Wegfall der Geschäftsgrundlage** (§ 313 BGB). Ausgangspunkt sind die nach dem Willen der Vertragsschließenden in einem Vergleich oder einer Unterhaltsurkunde einvernehmlich zugrunde gelegten Umstände und deren Bewertung.[46]

27 Beruht eine vollstreckbare Urkunde nicht auf einer Vereinbarung, sondern handelt es sich um eine **einseitige Verpflichtungserklärung**, kann der **Unterhaltsgläubiger** eine vollständige Neuberechnung seines Unterhaltsanspruchs nach den gesetzlichen Vorschriften ohne Bezugnahme auf frühere Tatsachen vornehmen.[47] Der **Unterhaltsschuldner** ist dagegen auch bei einer einseitigen Verpflichtungserklärung gehalten, eine Veränderung der Umstände darzutun, die zum Zeitpunkt der Abgabe seiner Verpflichtungserklärung vorlagen.[48]

28 Lässt sich bei einer Vereinbarung **kein Wille der Beteiligten feststellen**, kann im Abänderungsverfahren ohne Rücksicht auf frühere Verhältnisse wie bei einer Erstfestsetzung nach den gesetzlichen Vorschriften vorgegangen werden.[49]

29 **c) Darlegungs- und Beweislast.** Der Antragsteller trägt die Darlegungs- und Beweislast für alle die Störung und den Wegfall der Geschäftsgrundlage betreffenden Umstände. Er muss daher darlegen und beweisen, welche tatsächlichen Verhältnisse für die Errichtung des abzuändernden Titels maßgeblich waren. Er muss weiter darlegen und beweisen, in welcher Form sich eine Änderung ergeben hat.[50]

4. § 240 FamFG

30 Ist der Unterhalt nach § 237 Abs. 3 FamFG mit der **Feststellung der Vaterschaft** in Höhe des Mindestunterhalts oder im **vereinfachten Verfahren** nach § 253 FamFG festgesetzt worden, eröffnet § 240 FamFG dem Unterhaltspflichtigen die Möglichkeit, diese Unterhaltsfestsetzung überprüfen und korrigieren zu lassen. Statt der pauschalen Festsetzung erfolgt eine Festsetzung des Unterhalts nach vollständiger Sachaufklärung. Im Verfahren nach § 240 FamFG können daher ohne Beschränkung alle für die Unterhaltsfestsetzung maßgeblichen Umstände vorgetragen werden. Es gibt **keine Präklusion**. Es muss auch keine Änderung der Verhältnisse dargelegt werden.[51] Soweit es um einen Titel im vereinfachten Verfahren nach § 253 FamFG geht, ist das Verfahren nach § 255 FamFG vorrangig.

31 Eine zeitliche Rückwirkung entfaltet der Beschluss nach § 240 FamFG nur, wenn der Herabsetzungsantrag innerhalb eines Monats nach Rechtskraft des Beschlusses gestellt worden ist. Eine **rückwirkende Erhöhung** ist mit dem Zeitpunkt des Verzugseintritts nach § 1613 Abs. 1 BGB möglich. Eine im Verfahren nach § 240 FamG ergangene Endentscheidung kann nur nach § 238 FamFG geändert werden.

32 Da für das Verfahren nach § 240 FamFG die Grundsätze des Erstverfahrens gelten, entspricht auch die **Darlegungs- und Beweislast** der eines Erstverfahrens. Verlangt ein minderjähriges Kind den Mindestunterhalt, braucht es weder seinen Bedarf noch die Leistungsfähigkeit des Unterhaltspflichtigen darzulegen.[52] Für eine eingeschränkte Leistungsfähigkeit ist der Unterhaltspflichtige darlegungs- und beweispflichtig.

44 BGH 27.1.1988 – IVb ZR 14/87, NJW 1988, 2473.
45 BGH 7.12.2011 – XII ZR 159/09, NJW 2012, 923.
46 BGH 15.3.1995 – XII ZR 257/93, NJW 1995, 1891.
47 BGH 29.10.2003 – XII ZR 115/01, NJW 2003, 3770.
48 BGH 14.2.2007 – XII ZB 171/06, NJW-RR 2007, 779.
49 BGH 6.2.2008 – XII ZR 14/06, NJW 2008, 1663.
50 BGH 15.3.1995 – XII ZR 257/93, NJW 1995, 1891.
51 OLG Celle 20.3.2013 – 10WF 90/13, NJW-RR 2013, 1096.
52 BGH 6.2.2002 – XII ZR 20/00, NJW 2002, 1269.

Verlangt das Kind höheren als den Mindestunterhalt, muss es das entsprechende Einkommen des Unterhaltspflichtigen und seinen gegebenenfalls höheren Bedarf darlegen und beweisen.[53]

53 BGH 11.4.2001 – XII ZR 152/99, FamRZ 2001, 1603.

12. Anerkennung der Vaterschaft

Knahn/Siede

I. Einführung

1 Ist die Mutter eines Kindes (§ 1591 BGB) bei der Geburt nicht verheiratet (keine Vaterschaft gem. § 1592 Nr. 1 BGB) oder ist der Ehemann zum Zeitpunkt der Geburt bereits verstorben und wurde das Kind nicht innerhalb von 300 Tagen nach dem Tod geboren (keine Vaterschaft gem. § 1593 S. 1 BGB), ist derjenige Vater des Kindes, der die **Vaterschaft anerkannt** hat, § 1592 Nr. 2 BGB.

Die **Voraussetzungen** für die Anerkennung der Vaterschaft sind in den §§ 1594–1598 BGB geregelt (→ Rn. 2 ff.). Um die rein aufenthaltsrechtlich motivierte Anerkennung der Vaterschaft zu verhindern, sieht § 1597 a für die Beurkundung besondere Verfahrensvorschriften vor (→ Rn. 24 f.). Die **Rechtsfolgen** der Anerkennung der Vaterschaft können erst ab Eintritt ihrer Wirksamkeit geltend gemacht werden (→ Rn. 24 f.). Der **Widerruf** der Anerkennung ist gem. § 1597 Abs. 3 BGB möglich, (→ Rn. 26 ff.) die **Unwirksamkeit** einer Anerkennung ergibt sich aus § 1598 BGB (→ Rn. 29 ff.).

II. Materielles Recht

1. Voraussetzungen der wirksamen Anerkennung

2 **a) Anwendbares Recht.** Für die Anerkennung der Vaterschaft ist das **Abstammungsstatut** gem. Art. 19 EGBGB maßgeblich. Nach diesem Recht richtet es sich, ob die Anerkennung der Vaterschaft für die Begründung eines Abstammungsverhältnisses notwendig ist, welche Voraussetzungen für diese gelten, ob Zustimmungserfordernisse bestehen und welche Wirkungen die Anerkennung hat.[1] Maßgeblich ist das Recht des Staates, in dem das Kind seinen gewöhnlichen Aufenthalt hat, es kann aber auch im Verhältnis zu jedem Elternteil auf die Staatsangehörigkeit desselben bzw. wenn die Mutter bei Geburt des Kindes verheiratet ist, auf das für die allgemeinen Ehewirkungen maßgebliche Recht abgestellt werden (Art. 19 Abs. 1 EGBGB). Besteht nach einer dieser Rechtsordnungen bereits bei Geburt eine Vaterschaft, steht dies der späteren Anerkennung der Vaterschaft durch einen anderen Mann auch dann entgegen, wenn diese Rechtsordnung eine § 1594 Abs. 2 BGB entsprechende Sperrwirkung nicht kennt.[2]

Geht es demgegenüber um die Wirksamkeit einer scheidungsakzessorischen Anerkennung der Vaterschaft, (§ 1599 Abs. 2 BGB) richtet sich das anzuwendende Recht nach dem **Anfechtungsstatut** gem. Art. 20 EGBGB.[3]

1 Palandt/*Thorn* EGBGB Art. 19 Rn. 7.
2 BGH 20.6.2018 – XII ZB 369/17, FamRZ 2018, 1334.
3 BGH 20.6.2018 – XII ZB 369/17, FamRZ 2018, 1334; VG Magdeburg 16.11.2018 – 4 B 328/18, FamRZ 2019, 712.

b) Keine sonstige Vaterschaft. Gem. § 1594 Abs. 2 BGB ist die **Anerkennung solange nicht wirksam**, wie die Vaterschaft eines anderen Mannes gem. § 1592 Nr. 1, 2 oder 3 BGB besteht. Eine trotzdem erklärte Anerkennung ist **schwebend unwirksam**.[4] Die Sperrwirkung der bestehenden Vaterschaft muss zunächst durch Anfechtung beseitigt werden. Der Tod des bisherigen Vaters führt nicht zum Wegfall der Sperrwirkung, sondern zum Eintritt der Erbfolge bzw. zur Entstehung eines Pflichtteilsrechts aufgrund der statusrechtlichen Verwandtschaft.[5] 3

Eine Ausnahme zur Sperrwirkung einer bestehenden statusrechtlichen Vaterschaft stellt der **scheidungsakzessorische Statuswechsel** gem. § 1599 Abs. 2 BGB dar. Danach entfaltet die Vaterschaft des Ehemannes keine Sperrwirkung, wenn das Kind nach Anhängigkeit eines Scheidungsantrages geboren wird, und die Vaterschaft spätestens bis zum Ablauf eines Jahres nach Rechtskraft des dem Scheidungsantrag stattgebenden Beschlusses anerkannt wird. Die Anerkennung bedarf zusätzlich noch der (formbedürftigen) Zustimmung des geschiedenen Ehemannes, § 1599 Abs. 2 S. 2 BGB. Anders als für die Anerkennung gilt die Jahresfrist des § 1599 Abs. 2 BGB für die übrigen Zustimmungserklärungen nicht, so dass diese auch später noch erteilt werden können.[6] Die Anerkennung der Vaterschaft wird ab Rechtskraft der Scheidung wirksam, ohne dass die Vaterschaft des Ehemannes angefochten werden muss. Die Vorschrift soll der Erfahrung Rechnung tragen, dass Kinder, die während eines Scheidungsverfahrens geboren werden, meist nicht von dem Ehemann stammen.[7] Auf die Aufhebung einer Ehe ist § 1599 Abs. 2 BGB nicht analog anzuwenden, da es an einer entsprechenden Zerrüttungsfeststellung fehlt.[8] Aufgrund der Verweisung in § 1599 Abs. 2 S. 1 BGB auf § 1593 BGB ist die Anerkennung der Vaterschaft auch dann ohne Anfechtung möglich, wenn die Ehe nicht mehr geschieden werden konnte, weil der Ehemann vor Rechtskraft des Scheidungsbeschlusses verstorben ist, zuvor aber der Anerkennung bereits zugestimmt hat; denn andernfalls liefe diese weitgehend leer.[9] Schließlich ist ein scheidungsakzessorischer Statuswechsel ohne Anfechtung auch dann möglich, wenn sich die Abstammung eines Kindes nach fremdem Recht richtet, das auch innerhalb eines bestimmten Zeitraums (meist 300 Tage) nach Rechtskraft der Scheidung der Ehe geborene Kinder dem Ehemann zuweist, der Dritte innerhalb der Jahresfrist gem. § 1599 Abs. 2 BGB die Vaterschaft anerkennt und die Mutter, der geschiedene Ehemann und ggf. das Kind der Anerkennung des Dritten zustimmen.[10] 4

Liegen **Anerkennungserklärungen verschiedener Männer** vor, so tritt die Sperrwirkung des § 1594 Abs. 2 BGB zugunsten der Erklärung ein, die zuerst wirksam wird, bei der also zuerst alle Wirksamkeitsvoraussetzungen gegeben sind. Insbesondere wird es also darauf ankommen, welcher Anerkennungserklärung die Mutter gem. § 1595 Abs. 1 BGB formgerecht die Zustimmung erteilt.[11]

c) Anerkennungserklärung. Die Anerkennung der Vaterschaft kann nur durch den Mann hinsichtlich des von einer anderen Frau geborenen Kindes erklärt werden. Es ist daher nicht möglich, dass ein Frau-zu-Mann-Transsexueller hinsichtlich des von ihm geborenen Kindes die Vaterschaft anerkennt.[12] Vielmehr wird diesem das Kind als Mutter zugeordnet. 5

Die Anerkennungserklärung ist **unwirksam**, wenn sie unter einer **Bedingung** (§ 158 BGB) oder einer **Zeitbestimmung** (§ 163 BGB) abgegeben wurde, § 1594 Abs. 3 BGB. Eine Ausnahme stellt die Anerkennung unter einer Rechtsbedingung dar, die die Anerkennung vom Vorliegen der gesetzlichen Voraussetzungen

4 Palandt/*Siede* BGB § 1594 Rn. 6.
5 Palandt/*Siede* BGB § 1594 Rn. 6.
6 BGH 27.3.2013 – XII ZB 71/12, FamRZ 2013, 944.
7 NK-BGB/*Gutzeit* § 1599 Rn. 8.
8 NK-BGB/*Gutzeit* § 1599 Rn. 9; aA AG Hagen 27.12.2004 – 8 III 115/04, FamRZ 2005, 1191.
9 NK-BGB/*Gutzeit* § 1599 Rn. 13.
10 BGH 20.6.2018 – XII ZB 369/17, NJW 2018, 2641; OLG Köln 1.4.2019 – 21 Wx 2/18. FamRZ 2019, 897.
11 NK-BGB/*Gutzeit* § 1594 Rn. 11.
12 KG 15.8.2019 – 1 W 432/18, NJW 2019, 3598.

abhängig macht.[13] Insbesondere ist daher die Anerkennung unter der Bedingung der wirksamen Anfechtung der Vaterschaft des rechtlichen Vaters möglich.[14]

Die Anerkennung kann schon **vor Geburt des Kindes** erklärt werden, § 1594 Abs. 4 BGB, entfaltet ihre Wirkung aber erst mit der Geburt des Kindes. Kommt es zu einer Mehrlingsgeburt, wirkt die Anerkennung für alle Kinder.[15] Heiratet die Mutter noch vor der Geburt, hindert die Sperrwirkung der Vaterschaft des Ehemannes die Wirksamkeit der Anerkennung.[16]

Die Anerkennung der Vaterschaft ist auch noch **nach dem Tod** des Kindes möglich.[17] Für ein bereits tot geborenes Kind entfaltet die Anerkennung der Vaterschaft dagegen mit Ausnahme der §§ 1615 l, 1615 m BGB keine Wirkung.[18]

6 **d) Zustimmungsbedürftigkeit der Anerkennung.** Die Anerkennung der Vaterschaft bedarf der Zustimmung der von der Vaterschaft betroffenen Personen, insbesondere der Mutter und gegebenenfalls auch des Kindes. Es soll sich niemand als Vater einseitig aufdrängen können.[19] Die Zustimmungsbedürftigkeit der Anerkennungserklärung dient vor allem dem Gedanken der Abstammungswahrheit, also der Übereinstimmung von rechtlichem und biologischem Vater.[20] Wurde ein Kind, das seinen gewöhnlichen Aufenthalt im Inland hat, im Ausland von einer Leihmutter ausgetragen, bedarf die Anerkennung der Vaterschaft grundsätzlich der Zustimmung der Leihmutter, auch wenn nach dem Recht des Geburtsorts das Kind den Wunscheltern zuzuordnen wäre. Vorrangig ist aber zu prüfen, ob eine gem. § 108 FamFG anerkennungsfähige Entscheidung vorliegt, durch die das Kind den Wunscheltern zugeordnet wird.[21]

7 **aa) Zustimmungserklärung.** Die Zustimmung ist **weder widerruflich noch anfechtbar**.[22] Die Zustimmung kann bereits vor der Anerkennung erklärt werden und auch dann, wenn der Anerkennende nach der Abgabe der Erklärung gestorben ist.[23] Eine Frist zur Abgabe der Zustimmungserklärung sieht das Gesetz nicht vor, allerdings kann der Anerkennende seine Erklärung gem. § 1597 Abs. 3 S. 1 BGB widerrufen, wenn die Anerkennung ein Jahr nach Abgabe der Erklärung mangels Zustimmung noch nicht wirksam geworden ist (→ Rn. 26 ff.).

Die Zustimmung ist **bedingungsfeindlich** und darf nicht unter einer **Zeitbestimmung** abgegeben werden. Sie kann bereits vor der Geburt des Kindes abgegeben werden, § 1595 Abs. 3 bzw. § 1599 Abs. 2 S. 2 iVm § 1594 Abs. 3, 4 BGB.

8 **bb) Zustimmung der Mutter.** Die Mutter entscheidet über ihre Zustimmung aus eigenem Recht und stets im eigenen Namen. Ihre Zustimmung ist auch erforderlich, wenn sie nicht sorgeberechtigt oder das Kind bereits volljährig ist. Ihre Zustimmung ist hingegen nach hM nicht mehr erforderlich, wenn sie verstorben ist.[24] Dann kommt es allein auf die Zustimmung des Kindes an.

Die Zustimmung der Mutter kann nicht ersetzt werden (→ Rn. 33). Es kommt aber eine Entziehung des Sorgerechts gem. § 1666 BGB in Betracht, um sodann ein Vaterschaftsfeststellungsverfahren im Namen des Kindes durchführen zu können.[25]

13 NK-BGB/*Gutzeit* § 1594 Rn. 13.
14 Palandt/*Siede* BGB § 1594 Rn. 7.
15 NK-BGB/*Gutzeit* § 1594 Rn. 14.
16 NK-BGB/*Gutzeit* § 1594 Rn. 15.
17 BayObLG 17.7.2000 – 1 Z BR 57/00, NJW-RR 2000,1602.
18 NK-BGB/*Gutzeit* § 1594 Rn. 3.
19 Palandt/*Siede* BGB § 1595 Rn. 1.
20 NK-BGB/*Gutzeit* § 1595 Rn. 1.
21 Vgl. BGH 20.3.2019 – XII ZB 320/17, FamRZ 2019, 890.
22 NK-BGB/*Gutzeit* § 1595 Rn. 3.
23 NK-BGB/*Gutzeit* § 1595 Rn. 4.
24 NK-BGB/*Gutzeit* § 1595 Rn. 5; Palandt/*Brudermüller* BGB § 1595 Rn. 3.
25 MüKoBGB/*Wellenhofer* § 1595 Rn. 10.

cc) Zustimmung des Kindes. Die Zustimmung des Kindes war **vor Inkrafttreten des Kindschaftsrechtsreformgesetzes** vom 16.12.1997[26] gem. § 1600 c BGB aF stets erforderlich und wurde im Rahmen der Amtspflegschaft durch das Jugendamt abgegeben. Zur Stärkung der Stellung der Mutter wurde die Amtspflegschaft aufgehoben und die nichteheliche Mutter vollumfänglich sorgeberechtigt.[27] Damit wäre die doppelte Zustimmung der Mutter (im eigenen und im Namen des Kindes) nur noch Formalismus gewesen.[28] 9

Der Zustimmung des Kindes bedarf es nunmehr nur noch, wenn der Mutter die elterliche Sorge betreffend Entscheidungen in Abstammungssachen nicht zusteht, § 1595 Abs. 2 BGB. Das ist immer dann der Fall, wenn der Mutter das **Sorgerecht entzogen** wurde, das **Kind volljährig** oder die **Mutter verstorben** ist.[29] Die Zustimmung des Kindes ist außerdem erforderlich, wenn die elterliche Sorge der Mutter gem. §§ 1673 Abs. 1, 2, 1675 BGB ruht, weil sie geschäftsunfähig oder minderjährig ist.[30] 10

Ist der Anerkennende der neue Ehemann der Mutter, ist die Mutter gem. §§ 1629 Abs. 2 S. 1, 1795 Abs. 1 Nr. 1 BGB analog von der Vertretungsmacht für die Zustimmungserklärung ausgeschlossen, so dass gem. § 1595 Abs. 2 BGB die Zustimmung des Kindes erforderlich ist. Ebenfalls kommt bei einem erheblichen Interessengegensatz zwischen Mutter und Kind eine Entziehung der Vertretungsmacht gem. §§ 1629 Abs. 2 S. 3, 1796 BGB in Betracht.[31]

dd) Zustimmung des Ehemannes. Die Anerkennung im Falle des **scheidungsakzessorischen Statuswechsels** (→ Rn. 3) bedarf zusätzlich noch der Zustimmung des geschiedenen Ehemannes, § 1599 Abs. 2 S. 2 BGB. Für die Zustimmung gelten aufgrund der umfassenden Verweisung des § 1599 Abs. 2 S. 2 BGB die gleichen Erfordernisse wie für die Anerkennung und Zustimmung der Mutter. Die Zustimmung des Ehemannes ist im Gegensatz zu der Anerkennungserklärung **nicht widerruflich**, da insoweit ein Verweis auf § 1597 Abs. 3 BGB fehlt. 11

e) Vertretungsregeln bei Anerkennung und Zustimmung. aa) Höchstpersönliche Erklärung, § 1596 Abs. 4 BGB. Anerkennung und Zustimmung sind höchstpersönliche Erklärungen, weshalb eine Stellvertretung durch rechtsgeschäftliche Vollmacht gem. §§ 164 ff. BGB ausscheidet (§ 1596 Abs. 4 BGB). Die Erklärungen müssen daher immer selbst abgegeben werden, wenn sich nicht aus § 1596 Abs. 1 und 2 BGB etwas anderes ergibt, weil die Erklärenden in ihrer Geschäftsfähigkeit beschränkt oder gänzlich geschäftsunfähig sind. Die Erklärung zur Niederschrift des Gerichts gem. § 180 FamFG (→ Rn. 22) kann daher auch nicht durch einen Verfahrensbevollmächtigten abgegeben werden.[32] 12

bb) Gesetzliche Vertretung bei Anerkennung und Zustimmung der Mutter. § 1596 Abs. 1 S. 1 bis 3 BGB regelt die gesetzliche Vertretung von beschränkt geschäftsfähigen und geschäftsunfähigen Männern bei Abgabe der Anerkennungserklärung. Da § 1596 Abs. 1 S. 4 BGB für die Zustimmungserklärung der Mutter auf die Sätze 1 bis 3 verweist, gelten die im Folgenden dargestellten Regelungen sowohl für die Anerkennung als auch für die Zustimmung der Mutter. 13

Sind die Erklärenden **minderjährig** und daher in ihrer **Geschäftsfähigkeit beschränkt**, (§§ 106, 2 BGB) müssen sie die Erklärung dennoch selbst abgeben, § 1596 Abs. 1 S. 1 BGB. Der gesetzliche Vertreter muss der Erklärung **zustimmen**, § 1596 Abs. 1 S. 2 BGB. Sind die Eltern des Erklärenden gemeinsam sorgeberechtigt, (§ 1626 BGB) müssen beide zustimmen, § 1629 Abs. 1 S. 2 BGB. Besteht keine elterliche Sorge, muss der Ergänzungspfleger (§ 1909 BGB) oder der Vormund (§ 1793 BGB) zustimmen. Die 14

26 BGBl. I 1997, 2942.
27 BT-Drs. 13/4899, 54.
28 BT-Drs. 13/4899, 84.
29 Palandt/*Siede* BGB § 1595 Rn. 3.
30 MüKoBGB/*Wellenhofer* § 1595 Rn. 12.
31 NK-BGB/*Gutzeit* § 1595 Rn. 6.
32 NK-BGB/*Gutzeit* § 1596 Rn. 3.

Zustimmung kann dabei vorab als Einwilligung gem. § 183 BGB oder als Genehmigung gem. § 184 BGB erteilt werden.[33] Allerdings ist die Zustimmung entgegen § 182 Abs. 2 BGB **formbedürftig** (→ Rn. 19 ff.).

15 Sind die Erklärenden **geschäftsunfähig**, kann der gesetzliche Vertreter die Vaterschaft anerkennen oder die Zustimmung für die Mutter erklären. Die sorgeberechtigten Eltern, der Ergänzungspfleger oder der Vormund eines gem. § 104 BGB geschäftsunfähigen Minderjährigen benötigen hierzu zusätzlich die Genehmigung des Familiengerichts. Ist der Geschäftsunfähige volljährig, kann der Betreuer als gesetzlicher Vertreter (§ 1902 BGB) die Erklärung abgeben; zusätzlich ist die Genehmigung des Betreuungsgerichts erforderlich, § 1596 Abs. 1 S. 3 BGB. Die Betreuung muss sich auf die Personen- und die Vermögenssorge erstrecken.[34] Umstritten ist, ob die gerichtliche Genehmigung auch nachträglich eingeholt werden kann oder ob sie bereits vor der Anerkennungserklärung vorliegen muss. Da es sich bei der Anerkennung der Vaterschaft und der Zustimmung zu dieser um einseitige Rechtsgeschäfte handelt, kann die fehlende gerichtliche Genehmigung nicht nachträglich erteilt werden.[35]

16 Ein **geschäftsfähiger Betreuter** kann die Erklärung nur selbst abgeben, § 1596 Abs. 3 BGB, wobei ein betreuungsgerichtlicher Einwilligungsvorbehalt gem. § 1903 BGB möglich ist.[36] In diesem Fall bedarf die Anerkennung bzw. Zustimmung der Zustimmung des Betreuers.[37]

17 **cc) Gesetzliche Vertretung bei Zustimmung des Kindes.** Ein Kind, das **geschäftsunfähig** (§ 104 BGB) oder noch nicht 14 Jahre alt ist, kann der Anerkennung gem. § 1595 Abs. 2 BGB nicht selbst zustimmen. Die Zustimmung wird durch den gesetzlichen Vertreter (§ 1596 Abs. 2 S. 1 BGB) oder durch das Jugendamt als Beistand erklärt.[38]

Das **beschränkt geschäftsfähige Kind**, (§§ 106, 2 BGB) das mindestens 14 Jahre alt ist, kann der Anerkennung nur selbst zustimmen, wozu es aber der Zustimmung des gesetzlichen Vertreters bedarf (§ 1596 Abs. 2 S. 2 Hs. 2 BGB).

Gesetzlicher Vertreter des minderjährigen Kindes wird in diesen Fällen meist nur ein Ergänzungspfleger oder Vormund sein, da die Zustimmung des Kindes immer nur dann notwendig ist, wenn keine elterliche Sorge der Mutter besteht (→ Rn. 10). Gesetzlicher Vertreter des volljährigen geschäftsunfähigen Kindes ist der Betreuer. Keinesfalls ist der Betreuer des rechtlichen Vaters insoweit gesetzlicher Vertreter, da die Betreuung grundsätzlich keine Auswirkungen auf die elterliche Sorge hat.[39]

18 Ein **geschäftsfähiger Betreuter** kann die Erklärung nur selbst abgeben, § 1596 Abs. 3 BGB, wobei ein betreuungsgerichtlicher Einwilligungsvorbehalt gem. § 1903 BGB möglich ist.[40]

19 **f) Form der Erklärungen. aa) Öffentliche Beurkundung.** Anerkennung und Zustimmung der Mutter und des Kindes (§ 1595 BGB) müssen gem. § 1597 Abs. 1 BGB **öffentlich beurkundet** werden. Die so erstellte öffentliche Urkunde beweist gem. § 415 ZPO im Gegensatz zur Privaturkunde nicht nur die Urheberschaft, sondern den gesamten beurkundeten Vorgang, also auch Ort und Zeit der protokollierten Erklärung.[41] Die Eintragung der Anerkennung als Folgebeurkundung gem. § 27 PStG setzt grundsätzlich die Übersendung einer beglaubigten Abschrift der öffentlichen Urkunden über die Anerkennung und die erforderlichen Zustimmungen voraus (§ 1597 Abs. 2 BGB).[42] Anerkennung und Zustimmung sind als Wirksamkeitsvoraussetzungen für die Begründung der Vaterschaft gem. § 1592 Nr. 2 BGB von so großer

---

33 NK-BGB/*Gutzeit* § 1596 Rn. 6.
34 MüKoBGB/*Wellenhofer* § 1596 Rn. 14.
35 Palandt/*Siede* BGB § 1596 Rn. 3; aA NK-BGB/*Gutzeit* § 1596 Rn. 10.
36 Palandt/*Siede* BGB § 1596 Rn. 6.
37 NK-BGB/*Gutzeit* § 1596 Rn. 15.
38 Palandt/*Siede* BGB § 1596 Rn. 4.
39 Palandt/*Siede* BGB § 1596 Rn. 9.
40 Palandt/*Siede* BGB § 1596 Rn. 6.
41 HK-ZPO/*Siebert* § 415 Rn. 9.
42 Staudinger/*Rauscher* (2011) BGB § 1597 Rn. 22 a.

Bedeutung, dass der durch die öffentliche Beurkundung bewirkte Schutz unverzichtbar ist.[43] Geschützt wird dabei zum einen die Rechtssicherheit durch die Beweiskraft der öffentlichen Urkunde. Zum anderen sollen die Erklärenden durch die Beurkundung vor übereilten Erklärungen geschützt werden.

Die biologische Abstammung wird bei der Beurkundung nicht überprüft und ist daher auch nicht Inhalt der Urkunde.[44]

Zuständig für die öffentliche Beurkundung sind 20

- **Notare** (§ 1 BeurkG, § 20 BNotO),
- **Amtsgerichte** (§ 67 Abs. 1 Nr. 1 BeurkG), bei denen entweder der Rechtspfleger die Beurkundung vornimmt (§ 3 Nr. 1 f. RPflG) oder die Erklärungen in einem Erörterungstermin vor dem Familiengericht zur Niederschrift des Gerichts erklärt werden kann, wenn die Erklärenden persönlich anwesend sind, (§ 180 FamFG),
- jeder **Standesbeamte** (§ 44 PStG, § 64 BeurkG),
- **Jugendämter** (§ 59 Abs. 1 S. 1 Nr. 1 SGB VIII, § 65 BeurkG) sowie
- im Ausland **deutsche Konsularbeamte** (§§ 2, 10 Abs. 2 KonsG).

Die **Zustimmung des Ehemannes** im Falle des scheidungsakzessorischen Statuswechsels (→ Rn. 11) ist 21
gem. § 1599 Abs. 2 S. 2 Hs. 2 BGB ebenfalls öffentlich zu beurkunden.

Die **Anerkennung oder Zustimmung des gesetzlichen Vertreters** gem. § 1596 Abs. 1 S. 3 und Abs. 2 S. 1 BGB sind gem. § 1597 Abs. 1 BGB öffentlich zu beurkunden.

Die gem. §§ 1596 1599 erforderlichen **Zustimmungen des gesetzlichen Vertreters** müssen gem. § 1596 Abs. 1 S. 2 und Abs. 2 S. 2 Hs. 2 BGB ebenfalls öffentlich beurkundet werden.[45]

Steht im Vaterschaftsanfechtungsverfahren des Kindes, der Mutter oder des bisher rechtlichen Vaters oder 22
im Scheidungsverfahren der Eltern, wenn das Kind nach der Anhängigkeit des Scheidungsantrages geboren wurde, (§ 1599 Abs. 2 BGB; → Rn. 3) der anerkennungswillige Vater zur Verfügung, bietet sich die Protokollierung der Erklärung und der erforderlichen Zustimmungen gem. § 180 FamFG an.

bb) Übersendung der Erklärungen, § 1597 Abs. 2 BGB. Anerkennung und sämtliche Zustimmungen 23
(der Mutter, des Kindes, des Ehemannes, der gesetzlichen Vertreter) sind **nicht empfangsbedürftige Willenserklärungen**.[46] Das bedeutet, dass die Erklärung den Betroffenen nicht zugehen muss, um wirksam zu werden. Allerdings sind die Erklärungen in beglaubigter Abschrift an Vater, Mutter, Kind sowie an das gem. §§ 18, 27 PStG zuständige Standesamt zu übersenden (§ 1597 Abs. 2 BGB). Es handelt sich hierbei aber um eine reine Verfahrensvorschrift, die keine Auswirkungen auf die Wirksamkeit der Anerkennung gem. § 1598 Abs. 1 BGB hat. Die Übersendung hat die beurkundende Stelle vorzunehmen.[47] Dabei ist eine Abschrift auch an den Erklärenden zu übersenden, damit alle Betroffenen (nachweisbare) Kenntnis über die Anerkennung haben.[48]

g) Beurkundungsverfahren bei Anhaltspunkten für eine missbräuchliche Anerkennung der Vaterschaft. Durch Gesetz zur besseren Durchsetzung der Ausreisepflicht vom 20.7.2017[49] wurde das Verfahren der Beurkundung der für die Anerkennung erforderlichen Erklärungen mit einem aufenthaltsrechtlichem Verfahren verschachtelt. Eine missbräuchliche Anerkennung der Vaterschaft liegt vor, wenn diese gerade zu dem Zweck erfolgt, für das Kind, die Mutter oder den Anerkennenden die Voraussetzungen für die erlaubte Einreise oder die Erlaubnis des Aufenthalts im Inland zu schaffen, obwohl der Anerkennende mit dem Kind leiblich nicht verwandt ist (§ 1597 a Abs. 1, 5 BGB). Steht fest (zB aufgrund eines 24

43 BT-Drs. 13/4899, 85.
44 Palandt/*Siede* BGB § 1597 Rn. 1.
45 AllgMeinung, vgl. MüKoBGB/*Wellenhofer* § 1597 Rn. 2.
46 Palandt/*Siede* BGB § 1597 Rn. 3.
47 MüKo-BGB/*Wellenhofer* § 1597 Rn. 6.
48 BT-Drs. 13/4899, 85.
49 BGBl. I, 2780.

abstammungsgenetischen Gutachtens), dass der Anerkennende leiblicher Vater des Kindes ist, kann auch bei ggf. zusätzlich gegebener **aufenthaltsrechtlicher Motivation** die Anerkennung niemals missbräuchlich sein mit der Folge, dass die Erklärungen regulär wie in anderen Fällen auch beurkundet werden können (§ 1597 a Abs. 5 BGB). In den anderen Fällen hat die Urkundsperson das Verfahren auszusetzen und es der zuständigen Behörde gem. § 85 a AufenthG mitzuteilen, wenn sie Anhaltspunkte für eine missbräuchliche Anerkennung der Vaterschaft feststellt. Das Gesetz enthält einen nicht abschließenden Katalog für Tatbestände, aus denen sich Anhaltspunkte für eine missbräuchliche Anerkennung der Vaterschaft ergeben (§ 1597 a Abs. 2 S. 2 BGB). Unklar ist, ob, unter welchen Umständen und inwieweit die Urkundsperson die Beteiligten befragen muss, ob solche Umstände vorliegen.[50] Kommt die Ausländerbehörde zu dem Ergebnis, dass die Anerkennung der Vaterschaft missbräuchlich erklärt werden soll, stellt sie dies durch Verwaltungsakt fest, andernfalls stellt sie das Verfahren ein.[51]

25 Eine Anerkennung bzw. Zustimmung zur Anerkennung der Vaterschaft, die trotz Aussetzung des Verfahrens, ggf. auch vor einer anderen beurkundenden Stelle, erklärt wird, ist **nichtig**. Entsprechendes gilt für diese Erklärungen, wenn sie beurkundet werden, obwohl die zuständige Behörde festgestellt hat, dass die Anerkennung der Vaterschaft missbräuchlich ist.[52]

2. Rechtsfolgen der Anerkennung

26 Durch die wirksame Anerkennung der Vaterschaft wird die gesetzliche Vaterschaft gem. § 1592 Nr. 2 BGB **begründet**. Die Rechtsfolgen sind insbesondere die wechselseitigen Unterhaltsverpflichtungen zwischen Vater und Kind gem. §§ 1601 ff. BGB und die beiderseitigen Erb- und Pflichtteilsrechte gem. §§ 1924 ff. BGB.[53] Die Anerkennung wirkt dabei wie eine statusrechtliche gerichtliche Entscheidung für und gegen alle (Inter-omnes-Wirkung; s. → *Feststellung der Vaterschaft* Rn. 19).

27 Gem. § 1594 Abs. 1 BGB können die Rechtswirkungen der Anerkennung aber erst ab dem **Zeitpunkt ihrer Wirksamkeit** geltend gemacht werden. Die Regelung entspricht der Sperrwirkung des § 1600 d Abs. 5 BGB bei der Vaterschaftsfeststellung (→ *Feststellung der Vaterschaft* Rn. 18). Erst mit Vorliegen aller Voraussetzungen entfaltet die Anerkennung die gesetzlichen Folgen der Vaterschaft. Es handelt sich hierbei um eine **Rechtsausübungssperre**,[54] dh die Vaterschaft besteht nach Anerkennung zwar ab der Geburt, Unterhaltsansprüche können aber erst nach Maßgabe des § 1594 Abs. 1 BGB ab der Wirksamkeit der Anerkennung geltend gemacht werden, wobei rückständiger Unterhalt bei Vorliegen der Voraussetzungen des § 1613 BGB nicht ausgeschlossen ist.[55] Ausnahmen von der Sperrwirkung gelten für das Eheverbot des § 1307 BGB sowie für das strafbewehrte Verbot des Beischlafs zwischen Verwandten (§ 173 StGB), da es nach den jeweiligen Normzwecken auf die biologische Abstammung ankommt.[56]

3. Widerruf der Anerkennung

28 Der Mann kann die Anerkennung widerrufen, wenn die Anerkennung ein Jahr nach der Beurkundung noch nicht wirksam geworden ist, § 1597 Abs. 3 BGB. Die Zustimmungserklärungen sind aufgrund des Kindschaftsrechtsreformgesetzes nicht mehr fristgebunden, da die Anerkennung unbefristet Bestand haben soll. Um dem Anerkennungswilligen aber die Möglichkeit zu schaffen, sich dennoch von seiner **Erklärung zu lösen**, wurde die Möglichkeit des Widerrufes eingeführt.[57]

29 Die **Frist** beginnt ab dem Zeitpunkt der Beurkundung zu laufen. Fristbeginn und -ende richten sich nach §§ 187 Abs. 1, 188 Abs. 2 BGB. Die Frist beginnt auch dann mit der Beurkundung der Anerkennung

50 Vgl. hierzu Palandt/*Siede* BGB § 1597 a Rn. 2; *Reetz* BNotZ 18, 161.
51 Palandt/*Siede* BGB § 1597 a Rn. 4.
52 Vgl. hierzu § 1598 S. 2 BGB sowie Palandt/*Siede* BGB § 1598 Rn. 4.
53 Palandt/*Siede* BGB § 1594 Rn. 3.
54 NK-BGB/*Gutzeit* § 1594 Rn. 4.
55 NK-BGB/*Gutzeit* § 1594 Rn. 4.
56 NK-BGB/*Gutzeit* § 1594 Rn. 7.
57 BT-Drs. 13/4899, 85.

zu laufen, wenn die Wirksamkeit der Anerkennung wegen des Bestehens einer anderen Vaterschaft nicht eintreten kann, § 1594 Abs. 2 BGB.[58]

Für den Widerruf gelten die gleichen Voraussetzungen wie für die Anerkennung selbst. Der Widerruf muss **öffentlich beurkundet** werden, eine beglaubigte Abschrift ist an Vater, Mutter, Kind und Standesamt zu übersenden, der Widerruf ist **bedingungsfeindlich** und darf nicht an eine **Zeitbestimmung** gebunden sein (§ 1597 Abs. 3 S. 2 BGB). Der Widerruf ist eine **höchstpersönliche Erklärung** und kann daher nicht durch einen rechtsgeschäftlich bevollmächtigten Vertreter erklärt werden. Bzgl. der **gesetzlichen Vertretung** bei fehlender oder beschränkter Geschäftsfähigkeit gelten die gleichen Bestimmungen wie für die Anerkennung selbst (§ 1597 Abs. 3 S. 2 BGB iVm § 1596 Abs. 1, 3, 4 BGB; → Rn. 12). 30

4. Unwirksamkeit der Erklärungen

Die Erklärungen zur Vaterschaftsanerkennung (Anerkennung, Zustimmungen, Widerruf) sind **nur dann unwirksam**, wenn die Vorschriften der §§ 1594–1597, 1597 a Abs. 3, 4 BGB nicht eingehalten sind. Durch die abschließende Aufzählung der genannten Vorschriften ergibt sich, dass die Erklärungen nicht anfechtbar gem. §§ 119 ff. BGB sind. Ebenfalls gelten §§ 134, 138 BGB nicht.[59] 31

Eine Verletzung der Benachrichtigungspflicht gem. § 1597 Abs. 2 BGB führt hingegen nicht zur Unwirksamkeit, da es sich insoweit nur um eine Ordnungsvorschrift handelt und die Erklärungen nicht empfangsbedürftig sind. Die Sperrwirkung des § 1594 Abs. 2 BGB bewirkt ebenfalls nicht die Unwirksamkeit, sondern führt zur schwebenden Unwirksamkeit der Anerkennung.

Auch wenn der Anerkennende weiß, dass das Kind leiblich nicht von ihm abstammt, wird die Vaterschaft gem. § 1592 Nr. 2 BGB wirksam begründet.[60] Die Anerkennungserklärung ist auch nicht gem. § 169 StGB (Personenstandsfälschung) strafbar, da gerade kein falscher (aber anfechtbarer) Personenstand begründet wird. Wurde in einem Abstammungsverfahren rechtskräftig festgestellt, dass der Anerkennende nicht Vater des Kindes ist, so kann eine Anerkennung mit Blick auf die Rechtskraft nicht wirksam werden.[61] 32

Wurde eine unwirksame Anerkennung dennoch in das Personenstandsregister gem. §§ 21 Abs. 1 Nr. 4, 27 PStG eingetragen, kommt ein **Berichtigungsverfahren** nach den §§ 48 ff. PStG in Betracht. Allerdings gilt hierfür die **Ausschlussfrist** des § 1598 Abs. 2 BGB von **fünf Jahren** ab dem Zeitpunkt der Eintragung. Nach Ablauf der Frist sind sämtliche Wirksamkeitsmängel ex tunc geheilt.[62] Die Heilung tritt auch ein, wenn ein geschäftsunfähiger Mann die Vaterschaft selbst anerkannt hat.[63] Demgegenüber wird die Anerkennungssperre gem. § 1594 Abs. 2 BGB auch nicht gem. § 1598 Abs. 2 BGB überwunden.[64] Durch den Antrag auf Einleitung eines Verfahrens auf Feststellung der Wirksamkeit oder Unwirksamkeit der Anerkennung nach § 169 Nr. 1 Hs. 2 FamFG oder durch einen Antrag auf Anordnung der Berichtigung des Personenstandsregisters nach § 48 Abs. 2 PStG wird der Lauf der Fünfjahresfrist **unterbrochen**.[65] 33

III. Abstammungsverfahren gem. § 169 Nr. 1 Hs. 2 FamFG

Besteht Streit über die Wirksamkeit einer Anerkennungserklärung, weil Voraussetzungen der §§ 1594–1597 BGB nicht vorgelegen haben sollen, kann auf Antrag (§ 171 Abs. 1 FamFG) ein **Abstammungsverfahren** gem. § 169 Nr. 1 Hs. 2 FamFG durchgeführt werden. Streitgegenstand des Verfahrens ist allein die Frage, ob die Vaterschaftsanerkennung wirksam ist, nicht dagegen die Vaterschaft selbst. Bei einer Abweisung 34

58 NK-BGB/*Gutzeit* § 1597 Rn. 8.
59 NK-BGB/*Gutzeit* § 1598 Rn. 2.
60 OLG Köln 25.10.2001 – 14 UF 106/01, NJW 2002, 901.
61 NK-BGB/*Gutzeit* § 1594 Rn. 2.
62 NK-BGB/*Gutzeit* § 1598 Rn. 5.
63 BGH 19.12.1984 – IV b ZR 86/82, NJW 1985, 804.
64 Palandt/*Siede* BGB § 1598 Rn. 5.
65 NK-BGB/*Gutzeit* § 1598 Rn. 5.

des Antrags auf Feststellung der Unwirksamkeit der Vaterschaftsanerkennung kann daher noch ein Anfechtungsverfahren gem. § 169 Nr. 4 FamFG betrieben werden.[66]

35 Verweigert die Mutter die Zustimmung zur Anerkennung, findet **keine Ersetzung der Erklärung** statt.[67] Ein abstammungsrechtliches Verfahren ist hierfür nicht vorgesehen. Der vermeintliche Vater muss die Vaterschaft gem. § 1600 d BGB gerichtlich feststellen lassen (→ *Feststellung der Vaterschaft* Rn. 1 ff.).

66 HK-ZPO/*Kemper* FamFG § 169 Rn. 4.

67 Palandt/*Siede* BGB § 1595 Rn. 3.

13. Anfangsvermögen

Knahn/Holthusen

I. Einführung

Der Zugewinn eines Ehegatten ist gem. § 1373 BGB der Betrag, um den das Endvermögen das Anfangsvermögen übersteigt. Das Anfangsvermögen besteht dabei gem. § 1374 Abs. 1 BGB aus dem Vermögen, das bei **Eintritt des Güterstandes** einem Ehegatten nach Abzug der Verbindlichkeiten gehört (→ Rn. 2 ff.). Diesem Betrag ist gem. § 1374 Abs. 2 BGB das Vermögen hinzuzurechnen, welches der Ehegatte nach Eintritt des Güterstands von Todes wegen oder mit Rücksicht auf ein künftiges Erbrecht, durch Schenkung oder als Ausstattung erwirbt, soweit es sich nicht um Einkommen handelt (**privilegiertes Anfangsvermögen**, → Rn. 7 ff.). Besonderheiten ergeben sich bei einem **gleitenden Erwerbsvorgang** (→ Rn. 17) sowie bei der **Nacherbschaft** (→ Rn. 18 f.). **Negatives Anfangsvermögen** besteht, wenn der Ehegatte höhere Verbindlichkeiten als positive Vermögenswerte hatte (→ Rn. 20 f.). Aufgrund der Geldentwertung ist eine **Indexierung des Anfangsvermögens** erforderlich (→ Rn. 21 ff.). Das Anfangsvermögen kann durch **vertragliche Regelungen** zwischen den Ehegatten abweichend von den gesetzlichen Bestimmungen festgelegt werden (→ Rn. 26). 1

II. Zusammensetzung des Anfangsvermögens

Das Anfangsvermögen setzt sich aus der **Differenz aller aktiven und passiven Vermögenswerte** zum Zeitpunkt des Eintritts des Güterstandes zusammen. Dabei ist das Anfangsvermögen eine reine Rechengröße, die die Vermögenspositionen als Rechnungsposten in einem Geldbetrag zusammenfasst.[1] 2

1. Stichtagprinzip

Nach dem Stichtagprinzip ist dabei allein auf den Wert des Vermögens am Tag des Eintritts in den Güterstand abzustellen, § 1376 Abs. 1 BGB. Das ist üblicherweise der **Tag der Eheschließung**, (§§ 1310 ff. BGB) soweit die Ehegatten nicht durch einen Ehevertrag den gesetzlichen Güterstand der Zugewinngemeinschaft ausgeschlossen haben. Vereinbaren Ehegatten in diesem Fall später ebenfalls durch einen Ehevertrag, dass fortan der gesetzliche Güterstand der Zugewinngemeinschaft gelten soll, so ist der Tag des Vertragsschlusses der Stichtag für das Anfangsvermögen.[2] Die Ehegatten können den Stichtag in jedem Fall durch vertragliche Regelung abweichend festlegen (→ Rn. 27). Die weitere Entwicklung der Vermögenswerte nach dem Stichtag ist für die Berechnung des Anfangsvermögens ohne Bedeutung.[3] 3

2. Vermögenswerte

Als Aktiva versteht man **alle rechtlich geschützten Positionen von wirtschaftlichem Wert**, mithin neben allen Gegenständen alle dem betreffenden Ehegatten zustehenden objektiv bewertbaren Rechte, die am Stichtag bereits entstanden sind.[4] Der Vermögensbegriff ist derselbe wie der des Endvermögens in § 1375 4

1 HK-FamR/*Häcker* BGB § 1374 Rn. 2.
2 NK-BGB/*Heiß/Löhnig* § 1374 Rn. 5.
3 BeckOK BGB/*Hau/Poseck* § 1374 Rn. 2.
4 BGH 28.1.2004 – XII ZR 221/01, FamRZ 2004, 781.

BGB. Hierzu zählen auch Anwartschaften und Forderungen, wobei es nicht auf deren Fälligkeit ankommt.[5] Reine Erwerbsaussichten zählen nicht zum Anfangsvermögen.[6]

5 **Nicht zum Anfangsvermögen** zählen solche Vermögenswerte, die durch spezielle gesetzliche Regelungen einem Ausgleich zwischen den Ehegatten unterliegen.[7] Dazu gehört insbesondere die Regelung des § 1568 b BGB für die im gemeinsamen Eigentum der Ehegatten stehenden **Haushaltsgegenstände** und die Ausgleichsvorschriften des VersAusglG für erworbene **Rentenanwartschaften** (§ 2 Abs. 4 VersAusglG). Allerdings unterliegen Haushaltsgegenstände, die im Alleineigentum eines Ehegatten stehen, nicht dem Ausgleich nach § 1568 b BGB und sind daher im Anfangsvermögen zu erfassen.[8]

6 Sämtliche **Verbindlichkeiten** eines Ehegatten sind als Passiva von den aktiven Vermögenswerten abzuziehen. Die Verbindlichkeit muss zum Stichtag lediglich **entstanden, aber noch nicht fällig** sein.[9] Ausnahmsweise kommt es aber bei Dauerschuldverhältnissen wie Unterhalt und Miete auf die Fälligkeit an.[10] Eine verjährte Verbindlichkeit ist nicht zu berücksichtigen, wenn zum Stichtag die Einrede der Verjährung bereits erhoben ist.[11]

Zu den einzelnen Vermögenspositionen: → *ABC der Vermögenswerte* Rn. 1 ff.

3. Hinzurechnungen nach § 1374 Abs. 2 BGB

7 Vermögenswerte, die ein Ehegatte nach Eintritt des Güterstandes **von Todes wegen** oder **mit Rücksicht auf ein künftiges Erbrecht**, durch **Schenkung** oder als **Ausstattung** erwirbt (**privilegierter Erwerb**), werden gem. § 1374 Abs. 2 BGB dem Anfangsvermögen hinzugerechnet. Zweck dieser Ausnahmeregelung ist es, dass Vermögenszuwächse, die in keinem Zusammenhang mit der Ehe stehen und an denen der andere Ehegatte keinen Anteil hat, dem Zugewinnausgleich entzogen werden sollen.[12] Solange sie zum Stichtag des Endvermögens noch im Vermögen vorhanden sind, sind sie ebenfalls im Endvermögen aufzuführen, wodurch wiederum die Wertsteigerung der privilegiert erworbenen Vermögenspositionen durch den Zugewinnausgleich berücksichtigt wird.[13] Verbindlichkeiten, die mit dem Vermögenswert erworben wurden (zB Grundstücksbelastungen, Erbschaftssteuer, Nachlassverbindlichkeiten und Beerdigungskosten), sind abzuziehen, so dass nur der Nettowert im Anfangsvermögen einzustellen ist.

8 Übersteigen die Verbindlichkeiten den Vermögenswert (zB überschuldeter Nachlass), so ist ein negativer Wert dem Anfangsvermögen hinzuzurechnen. Der **negative privilegierte Erwerb** verringert dann den Bestand des Anfangsvermögens.[14] Dies ergibt sich auch aus der systematischen Stellung des durch Gesetz zur Änderung des Zugewinnausgleichs- und Vormundschaftsrechts geschaffenen § 1374 Abs. 3 BGB.[15]

9 Die **Hinzurechnung zum Anfangsvermögen unterbleibt** jedoch, wenn das erworbene Vermögen den Umständen nach zu den Einkünften zu rechnen ist (§ 1374 Abs. 2 BGB aE). Der Begriff der Einkünfte ist dabei nicht näher definiert. Man versteht darunter **einmalige und laufende Zuwendungen**, wobei es im Einzelfall auf den Anlass der Zuwendung, die Willensrichtung des Schenkers und die wirtschaftlichen Verhältnisse des Empfängers[16] ankommt. Maßgeblich ist nach aktueller Rechtsprechung des Bundesgerichtshofes,[17] „ob die Zuwendung der Deckung des laufenden Lebensbedarfs dienen oder die Vermögensbildung

5 HK-FamR/*Häcker* BGB § 1374 Rn. 3.
6 BeckOK BGB/*Hau/Poseck* § 1374 Rn. 5 f.
7 NK-BGB/*Heiß/Löhnig* § 1374 Rn. 13 ff.
8 NK-BGB/*Heiß/Löhnig* § 1374 Rn. 12.
9 BGH 24.10.1990 – XII ZR 101/89, NJW 1991, 1547.
10 NK-BGB/*Heiß/Löhnig* § 1374 Rn. 17.
11 *Schulz/Hauß* Vermögensauseinandersetzung Kap. 1 Rn. 667.
12 Palandt/*Brudermüller* BGB §§ 1374–1376 Rn. 9.
13 NK-BGB/*Heiß/Löhnig* § 1374 Rn. 21 f.
14 NK-BGB/*Heiß/Löhnig* § 1374 Rn. 23.
15 NK-BGB/*Heiß/Löhnig* § 1374 Rn. 4.
16 Palandt/*Brudermüller* BGB §§ 1374–1376 Rn. 17.
17 BGH 6.11.2013 – XII ZB 434/12, NJW 2014, 294 (297).

fördern soll". Beides wird bei einer Zuwendung von Todes wegen in der Regel nicht der Fall sein.[18] Zu den Einkünften zu rechnen ist eine Zuwendung dann, wenn sie nach der Intention aller Beteiligten dazu dienen soll, den Unterhalt des Erwerbers sicherzustellen oder zu verbessern.[19] Es kommt also darauf an, ob zur Deckung des laufenden Lebensbedarfs oder zur Vermögensbildung beigetragen werden soll. Der Vermögensbildung dienen demnach Zuwendungen zum Zweck des Erwerbs oder des Aus- oder Umbaus eines Eigenheims. Als Einkünfte zählen beispielsweise Zuwendungen zum Erwerb eines Führerscheins, eines Pkw, der Wohnungseinrichtung oder zu einer Urlaubsreise.[20]

Die Tatbestände des § 1374 Abs. 2 BGB sind abschließend und **nicht analogiefähig.**[21] Eine analoge 10 Anwendung der Privilegierung auf eheneutralen Vermögenserwerb, wie zB Schmerzensgeld, Lottogewinne, reale Wertsteigerungen, Kriegsopferentschädigungen, Unfall- und Witwenrentenabfindungen, scheidet daher aus.[22] Zulässig ist es aber, durch Auslegung der in § 1374 Abs. 2 BGB verwendeten Rechtsbegriffe auch solche Erwerbsvorgänge zu privilegieren, die nach ihrer Art und Herkunft als Anwendungsfälle der privilegierten Erwerbsvorgänge des Abs. 2 anzusehen sind. Eine **zulässige Auslegung** der Vorschrift ist insbesondere bei Lebensversicherungen möglich, die ein Ehegatte als Bezugsberechtigter eines ihm nahestehenden Dritten erhalten hat.[23]

a) Erwerb von Todes wegen. Unter Erwerb von Todes wegen versteht man den Erwerb im Rahmen 11 der Gesamtrechtsnachfolge (§ 1922 BGB) der **gesetzlichen oder der gewillkürten Erbfolge**, aber auch den Erwerb aufgrund **Vermächtnisses oder Pflichtteils.**[24] Der Erwerb kann auch in der Befreiung einer Verbindlichkeit (Konfusion) bestehen, wenn der Ehegatte einen Gläubiger beerbt.[25] Einen Erwerb von Todes wegen stellen auch **Abfindungen** für den Verzicht auf ein angefallenes oder auch künftiges Erbrecht, für einen Pflichtteil, einen Erbersatzanspruch oder einen Anteil am Gesamtgut einer fortgesetzten Gütergemeinschaft dar, ebenso Abfindungen für die Ausschlagung eines Vermächtnisses und der vorzeitige Erbausgleich eines nichtehelichen Kindes. Wird aufgrund eines Vergleichs in einem Erbschaftsstreit eine Zahlung geleistet, zählt diese ebenso wie der Abfindungsanspruch des weichenden Erben gem. §§ 12 ff. HöfeO zum Erwerb von Todes wegen.[26]

b) Erwerb mit Rücksicht auf ein künftiges Erbrecht. Unter dem Erwerb mit Rücksicht auf ein künftiges 12 Erbrecht versteht man alle Erwerbsvorgänge im Wege der **vorweggenommenen Erbfolge**, wobei es nicht darauf ankommt, ob der Ehegatte gesetzlicher oder gewillkürter Erbe ist. Ein Erwerb mit Rücksicht auf ein künftiges Erbrecht liegt regelmäßig dann vor, wenn einem Ehegatten eine Immobilie, ein landwirtschaftliches Anwesen oder ein Unternehmen von seinen Eltern unter Lebenden übergeben wurde.[27] Für eine Zuwendung im Wege der vorweggenommenen Erbfolge kommt es hingegen aber nicht darauf an, dass der Erwerb unentgeltlich erfolgte. Vielmehr ist es für solche Geschäfte typisch, dass Gegenleistungen in Form eines Leibgedinges oder der Auszahlung der anderen erbberechtigten Geschwister übernommen werden. In diesen Fällen bleibt der Erwerb privilegiert, selbst wenn die Gegenleistung überwiegt.[28] Allerdings ist der Erwerb durch Kauf nur dann gem. § 1374 Abs. 2 BGB privilegiert, wenn der Ehegatte zumindest keine vollwertige Gegenleistung erbringt.[29]

---

18 BGH 6.11.2013 – XII ZB 434/12, NJW 2014, 294 (297).
19 NK-BGB/*Heiß/Löhnig* § 1374 Rn. 47.
20 Palandt/*Brudermüller* BGB §§ 1374–1376 Rn. 17.
21 NK-BGB/*Heiß/Löhnig* BGB § 1374 Rn. 24.
22 BGH 20.9.1995 – XII ZR 16/94, NJW 1995, 3113 mit Verweisen auf diverse ältere Entscheidungen, zuletzt bestätigt durch BGH 16.10.2013 – XII ZB 277/12, NJW 2013, 3645 hinsichtlich Lottogewinns.
23 BGH 20.9.1995 – XII ZR 16/94, NJW 1995, 3113.
24 Palandt/*Brudermüller* BGB §§ 1374–1376 Rn. 13.
25 BGH 20.9.1995 – XII ZR 16/94, NJW 1995, 3113.
26 NK-BGB/*Heiß/Löhnig* § 1374 Rn. 28.
27 Palandt/*Brudermüller* BGB §§ 1374–1376 Rn. 14.
28 BGH 27.6.1990 – XII ZR 95/89, NJW-RR 1990, 1283.
29 BGH 22.11.2006 – XII ZR 8/05, NJW 2007, 2245.

13 **c) Schenkung.** Gem. § 516 Abs. 1 BGB ist eine Zuwendung, durch die jemand aus seinem Vermögen einen anderen bereichert, dann eine Schenkung, wenn beide Teile darüber einig sind, dass die Zuwendung unentgeltlich erfolgt. Keine Schenkungen sind freiwillige Leistungen des Arbeitgebers, da sie als Ausfluss der Treue- und Fürsorgepflichten des Arbeitgebers erfolgen und regelmäßig von den geleisteten oder noch zu leistenden Diensten des Arbeitnehmers abhängen.[30] Arbeitsleistungen und Gebrauchsüberlassungen selbst sind mangels Vermögenseinbuße keine Schenkungen, allerdings kann der Verzicht auf eine Vergütung eine Schenkung darstellen.[31] Soweit sich die Zuwendung in einen entgeltlichen und unentgeltlichen Teil aufspalten lässt (**gemischte Schenkung**), ist dem Anfangsvermögen nur die Differenz zwischen dem Verkehrswert und der Gegenleistung hinzuzurechnen.[32]

14 Echte **Schenkungen unter Ehegatten** fallen nach der hM nicht unter die Privilegierung des § 1374 Abs. 2 BGB.[33] Solche echte Schenkungen unter Ehegatten liegen vor, wenn die Zuwendungen gerade nach dem Willen der Ehegatten, insbesondere des Zuwendenden, unentgeltlich im Sinne einer echten Freigebigkeit und nicht in Erwartung des Fortbestands der Ehe geleistet wurden.[34] Abzugrenzen ist die echte Schenkung unter Ehegatten von der **unbenannten (oder ehebedingten) Zuwendung**, die ebenfalls nicht unter die Privilegierung des § 1374 Abs. 2 BGB fällt. Die unbenannte Zuwendung wird in Erwartung des Bestandes der Ehe gemacht und wird grundsätzlich nur über das Güterrecht ausgeglichen (→ *Unbenannte Zuwendungen*).

15 **Schenkungen der Eltern** (→ *Zuwendungen Dritter im Zugewinn* Rn. 4 ff.) an das eigene Kind unterliegen der Privilegierung des § 1374 Abs. 2 BGB und sind dem Anfangsvermögen hinzuzurechnen.[35] Das gilt auch für Zuwendungen, die alleine oder auch dem Schwiegerkind zugutekommen, selbst wenn sie um der Ehe und einer dauerhaften wirtschaftlichen Sicherung willen geleistet werden.[36]

16 **d) Ausstattung.** Eine Ausstattung wird als privilegierter Erwerb gem. § 1374 Abs. 2 BGB ebenfalls dem Anfangsvermögen hinzugerechnet. Eine Ausstattung ist gem. § 1624 BGB, was einem Kind mit Rücksicht auf seine Verheiratung oder auf die Erlangung einer selbstständigen Lebensstellung zur Begründung oder zur Erhaltung der Wirtschaft oder der Lebensstellung von dem Vater oder der Mutter zugewendet wird. Soweit die Ausstattung das den Vermögensverhältnissen des Vaters oder der Mutter entsprechende Maß übersteigt, gilt der übersteigende Anteil als Schenkung.[37] Arbeitsleistungen stellen keine Ausstattung dar.[38]

4. Gleitender Erwerbsvorgang

17 Hat ein Ehegatte bei einem Erwerb mit Rücksicht auf ein künftiges Erbrecht (→ Rn. 12) im Zusammenhang mit der Zuwendung einen lebenslangen **Nießbrauch**, ein **Wohnrecht** oder ein **Leibgedinge** übernommen, so ist dieses bei der Ermittlung des Anfangs- und, wenn das Wohnrecht fortbesteht, auch des Endvermögens idR nicht zu berücksichtigen.[39] Nach Auffassung des Bundesgerichtshofs kann der Wertzuwachs im Vermögen des Grundstückseigentümers, der durch das Abschmelzen des Wertes der Belastung durch Zeitablauf erfolgt, auch ohne ein entsprechendes Einstellen in die Vermögensbilanzen bei korrekter Indizierung erreicht werden. Anders verhält es sich nach dieser Rechtsprechung nur dann, wenn der Wert der Belastung aufgrund anderer Umstände, insbesondere der Wertentwicklung während der Ehezeit, gestiegen ist; dann ist ein Einstellen in das Anfangs- und Endvermögen erforderlich. Die vom

30 NK-BGB/*Heiß/Löhnig* § 1374 Rn. 48.

31 Palandt/*Brudermüller* BGB §§ 1374–1376 Rn. 15.

32 BGH 17.6.1992 – 12 ZR 145/91, NJW 1992, 2566.

33 BGH 20.5.1987 – IVb ZR 62/86, NJW 1987, 2814; NK-BGB/*Heiß/Löhnig* § 1374 Rn. 43; **aA** MüKoBGB/*Koch* § 1374 Rn. 30; Staudinger/*Thiele* BGB § 1374 Rn. 35.

34 NK-BGB/*Heiß/Löhnig* § 1372 Rn. 31 ff.

35 BGH 3.2.2010 – XII ZR 189/06, NJW 2010, 2202; BGH 16.12.2015 – XII ZB 516/14, NJW 2016, 629; NK-BGB/*Heiß/Löhnig* § 1374 Rn. 45.

36 BGH 16.12.2015 – XII ZB 516/14, NJW 2016, 629; Palandt/*Brudermüller* BGB §§ 1374–1376 Rn. 15.

37 NK-BGB/*Heiß/Löhnig* § 1374 Rn. 46.

38 BGH 1.7.1987 – IVb ZR 70/86, NJW 1987, 2816.

39 BGH 6.5.2015 – XII ZB 306/14, NJW 2015, 2334 unter Aufgabe der vorherigen Rechtsprechung, vgl. BGH 22.11.2006 – XII ZR 8/05, NJW 2007, 2245.

Bundesgerichtshof entwickelten Grundsätze müssen ebenso für den **Erwerb von Todes wegen** (→ Rn. 11) und **Schenkungen** (→ Rn. 13 ff.) sowie für **tatsächliches** (= bereits zum Stichtag vorhandenes) **Anfangsvermögen** gelten.[40]

5. Nacherbschaft

Ist ein Ehegatte zum Zeitpunkt des Eintritts des Güterstandes Nacherbe oder wird er es im Laufe der Ehe, so ist die Anwartschaft im Anfangsvermögen zu erfassen bzw. gem. § 1374 Abs. 2 BGB hinzuzurechnen. Tritt der **Nacherbfall vor dem Stichtag** zum Endvermögen ein, so ist der volle Nachlasswert für das Anfangsvermögen maßgebend, unabhängig davon, ob ein Wertverlust zwischen Anwartschaft und Nachlass stattfand.[41] 18

Tritt der **Nacherbfall nach dem Stichtag** zum Endvermögen ein, ist die Anwartschaft im Anfangs- und im Endvermögen mit dem gleichen Wert einzustellen, kann also letztlich vernachlässigt werden.[42] Eine etwaige Wertsteigerung wäre nämlich wiederum gem. § 1374 Abs. 2 BGB zu privilegieren; im Falle eines Wertverlustes ist die Anwartschaft ebenfalls im Anfangs- und im Endvermögen mit dem gleichen Wert einzustellen, da ein isolierter privilegierter Hinzuerwerb nicht möglich ist. Sind Wertsteigerungen dadurch entstanden, dass der Nacherbe Leistungen im Hinblick auf den zu erwartenden Nacherbfall erbracht hat, so ist der Wert des Anfangsvermögens um diesen Betrag zu kürzen.[43] 19

6. Negatives Anfangsvermögen

Mit dem **Gesetz zur Änderung des Zugewinnausgleichs- und Vormundschaftsrechts** vom 6.7.2009[44] wurde durch Streichung des § 1374 Abs. 1 Hs. 2 BGB aF und Anfügung des Abs. 3 die Möglichkeit von negativem Anfangsvermögen geschaffen. Der andere Ehegatte hat nunmehr über den Zugewinnausgleich einen Anteil an der Schuldentilgung, was nach alter Rechtslage nicht möglich war. 20

7. Indexierung des Anfangsvermögens

Bei dem Vergleich von Anfangs- und Endvermögen tritt alleine durch die Geldentwertung (**Inflation**) eine nominale Wertsteigerung des Vermögens auf. Dieser unechte Zugewinn ist nicht auszugleichen.[45] Der Zugewinn kann nur dann richtig berechnet werden, wenn Anfangs- und Endvermögen mit den gleichen Bewertungseinheiten bemessen werden. Dies erfolgt durch Indexierung des Anfangsvermögens, dh der Wert des Anfangsvermögens muss auf den Geldwert des Endvermögens hochgerechnet werden. Das Anfangsvermögen ist dabei in seiner Gesamtheit zu indizieren.[46] Das gem. § 1374 Abs. 2 BGB dem Anfangsvermögen hinzuzurechnende Vermögen muss gesondert und gegebenenfalls einzeln für den jeweiligen Zeitpunkt des Erwerbs indiziert werden. 21

Für die Umrechnung hat sich der seit 1962 durch das Statistische Bundesamt ermittelte Verbraucherpreisindex durchgesetzt (→ *Verbraucherpreisindex* Rn. 1 ff.). Der **Verbraucherpreisindex für Deutschland** misst anhand eines monatlichen Vergleichs eines einheitlichen Warenkorbs die durchschnittliche Preisentwicklung aller Waren und Dienstleistungen, die von privaten Haushalten für Konsumzwecke gekauft werden. Er ist damit der zentrale Indikator zur Beurteilung der Geldwertentwicklung in Deutschland. Nähere Informationen können auf den Internetseiten des Statistischen Bundesamtes unter https://www.destatis.de/DE/Themen/Wirtschaft/Preise/Verbraucherpreisindex/_inhalt.html[47] abgerufen werden. 22

40 NK-BGB/*Heiß/Löhnig* § 1374 Rn. 40.
41 Palandt/*Brudermüller* BGB §§ 1374–1376 Rn. 81.
42 Palandt/*Brudermüller* BGB §§ 1374–1376 Rn. 81.
43 NK-BGB/*Heiß/Löhnig* § 1374 Rn. 31.
44 BGBl. 2009 I 1696.
45 BGH 14.11.1973 – IV ZR 147/72, NJW 1985, 137.
46 NK-BGB/*Heiß/Löhnig* § 1376 Rn. 51.
47 Startseite → Zahlen und Fakten → Preise → Verbraucherpreisindizes → Verbraucherpreisindex (inklusive Veränderungsraten) ab 1991.

23 Die Umrechnung des Anfangsvermögens erfolgt dabei nach folgender Formel:[48]

$$\frac{\text{Wert des Vermögens zum Beginn des Güterstandes x Index Anfangszeitpunkt}}{\text{Index Endzeitpunkt}}$$

24 Die Umrechnung des privilegierten Anfangsvermögens erfolgt nach folgender Formel:[49]

$$\frac{\text{Wert des Vermögens zum Erwerbszeitpunkt x Index Endzeitpunkt}}{\text{Index Erwerbszeitpunkt}}$$

25 Auf der Grundlage des Basisjahres 2015 (= 100 %) ergibt sich für den Verbraucherpreisindex folgende Tabelle:

Verbraucherpreisindex 1991 bis 2019 (Jahresraten)

1991	**1992**	**1993**	**1994**	**1995**	**1996**	**1997**	**1998**	**1999**	**2000**
65.5	68,8	71,9	73,8	75,1	76,1	77,6	78,3	78,8	79,9
2001	**2002**	**2003**	**2004**	**2005**	**2006**	**2007**	**12008**	**2009**	**2010**
81,5	82,6	83,5	84,9	86,2	87,6	89,6	91,9	92,2	93,2
2011	**2012**	**2013**	**2014**	**2015**	**2016**	**2017**	**2018**	**2019**	
95,2	97,1	98,5	99,5	100,0	100,5	102,0	103,8	105,0	

8. Vertragsfreiheit

26 Das eheliche Güterrecht wird durch den **Grundsatz der Vertragsfreiheit** beherrscht. Die Ehegatten können daher gem. § 1408 BGB einzelne Vermögenswerte aus dem Anfangsvermögen herausnehmen oder hinzufügen, Bewertungsabsprachen treffen oder einen anderen Zeitpunkt für Bestand und Bewertung des Anfangsvermögens festlegen.[50]

III. Darlegungs- und Beweislast

27 Jeder Ehegatte trägt für den Bestand und den Wert seines Anfangsvermögens und für den privilegierten Erwerb gem. § 1374 Abs. 2 BGB die Darlegungs- und Beweislast (→ *Darlegungs- und Beweislast im Zugewinn* Rn. 3 ff.). Haben die Ehegatten gemeinsam ein Verzeichnis über den Bestand und den Wert des Anfangsvermögens erstellt, wird gem. § 1377 Abs. 1 BGB vermutet, dass dieses Verzeichnis richtig ist. Die Unrichtigkeit ist dann durch den anderen Ehegatten zu beweisen. Wurde kein solches Verzeichnis aufgestellt, wird gem. § 1377 Abs. 3 BGB vermutet, dass das Endvermögen den Zugewinn darstellt, also der Ehegatte kein Anfangsvermögen hatte. Jeder Ehegatte trägt daher die volle Darlegungs- und Beweislast für sein Anfangsvermögen.

48 Vgl. NK-BGB/*Heiß/Löhnig* § 1375 Rn. 54.
49 Vgl. NK-BGB/*Heiß/Löhnig* § 1375 Rn. 55.
50 Palandt/*Brudermüller* BGB § 1408 Rn. 24.

14. Anfechtung der Vaterschaft

Knahn/Siede

I. Einführung

Grundsätzlich geht das Gesetz nach dem **Abstammungsprinzip** des § 1589 BGB davon aus, dass die **Verwandtschaft**[1] zwischen Kind und Eltern auf der genetischen Herkunft beruht.[2] Da aber im Gegensatz zur Frau, die das Kind gebärt, (Mutter gem. § 1591 BGB, → *Mutterschaft* Rn. 3) sich die Feststellung der Vaterschaft wesentlich schwieriger gestaltet, hat das Gesetz in § 1592 BGB leicht feststellbare Tatbestandmerkmale definiert, nach denen ausschließlich[3] die Vaterschaft im Rechtssinne begründet werden kann. 1

Vater eines Kindes ist zuerst der Mann, der mit der Mutter gem. § 1591 BGB zum Zeitpunkt der Geburt verheiratet ist, § 1592 Nr. 1 BGB. Ihm gleichgestellt ist der **Ehemann**, der zum Zeitpunkt der Geburt bereits verstorben war, wenn das Kind innerhalb von 300 Tagen nach dem Tod geboren wurde, § 1593 S. 1 BGB. Ist die Mutter nicht verheiratet, ist derjenige Vater des Kindes, der die **Vaterschaft anerkannt** hat, § 1592 Nr. 2 BGB (→ *Anerkennung der Vaterschaft* Rn. 1 ff.). Im Übrigen ist derjenige der Vater, dessen Vaterschaft gerichtlich festgestellt wurde, § 1592 Nr. 3 BGB (→ *Feststellung der Vaterschaft* Rn. 1 ff.). 2

In den beiden erstgenannten Fällen findet eine Überprüfung der genetischen Abstammung nicht statt, so dass der rechtliche Vater nicht unbedingt auch der genetische (biologische) Vater ist, auch wenn das Zustimmungserfordernis der Mutter zur Anerkennung der Vaterschaft der Abstammungswahrheit dienen soll.[4] Es kann daher zu einer **Scheinvaterschaft** kommen, dh dass der rechtliche Vater tatsächlich nicht der genetische Vater des Kindes ist. Das Gesetz hat daher mit den Anfechtungsmöglichkeiten gem. §§ 1600 ff. BGB das notwendige Regelwerk geschaffen, um Scheinvaterschaften zu beseitigen und der Abstammungswahrheit Geltung zu verschaffen. 3

1 S. NK-BGB/*Gutzeit* § 1589 Rn. 4.
2 BT-Drs. 13/4899, 83.
3 Palandt/*Siede* BGB § 1592 Rn. 1.
4 NK-BGB/*Gutzeit* § 1595 Rn. 1.

II. Begründetheit des Anfechtungsantrags

1. Anzuwendendes Recht

4 Nach Art. 20 S. 1 EGBGB unterliegt die Anfechtung der Vaterschaft derjenigen Rechtsordnung, die im Einzelfall die Vaterschaft begründet. Die Bestimmung knüpft damit an **Art. 19 EGBGB** an, der für die Abstammung selbst neben dem **Recht des gewöhnlichen Aufenthaltsorts des Kindes** auch das **Recht des Heimatstaates** des jeweiligen Elternteils für anwendbar erklärt. Außerdem kann an das Ehewirkungsstatut im Zeitpunkt der Geburt angeknüpft werden. Für die Anfechtung der Vaterschaft gilt grundsätzlich (nur) das Recht, aus dem sich die Vaterschaft zum Zeitpunkt der Geburt des Kindes ergibt.[5] Kommen nach Art. 20 S. 1 EGBGB mehrere Rechtsordnungen in Betracht, aus denen die identische Vaterschaft zum Zeitpunkt der Geburt abgeleitet werden kann, kann der Anfechtende die Anwendung einer Rechtsordnung wählen.[6]

Bei einer Anfechtung durch das Kind kann das Kind gem. Art. 20 S. 2 EGBG wahlweise die Vaterschaft nach dem Recht seines gewöhnlichen Aufenthaltsorts anfechten. Der gewöhnliche Aufenthalt bezeichnet den Ort eines nicht nur vorübergehenden Verweilens, an dem der Schwerpunkt der Bindungen des Kindes in familiärer oder beruflicher Hinsicht (Daseinsmittelpunkt) liegt.[7] Die Vorschrift gilt auch für die scheidungsakzessorische Anerkennung eines Kindes.[8]

Das Verbot der **Verwertung heimlich eingeholter Abstammungsgutachten**[9] unterliegt immer der lex fori.[10]

2. Begründetheit nach deutschem Recht

5 Der Antrag wegen Anfechtung der Vaterschaft ist auf Feststellung, dass das beteiligte Kind nicht von dem beteiligten Mann als Vater abstammt, zu richten. Der Antrag ist begründet, wenn der Antragsteller anfechtungsberechtigt ist, (§ 1600 BGB) die Anfechtungsfrist eingehalten hat (§ 1600 b BGB) und festgestellt wird, dass das Kind leiblich nicht von dem statusrechtlichen Vater gem. § 1592 Nr. 1, 2 BGB abstammt.

6 **a) Anfechtungsberechtigung.** Berechtigt, die Vaterschaft anzufechten, sind der rechtliche Vater, die Mutter, das Kind und der leibliche Vater, (§ 1600 BGB Abs. 1 Nr. 1–4 BGB) Letzterer allerdings nur, wenn zwischen dem Kind und dem rechtlichen Vater gem. § 1600 Abs. 1 Nr. 1 BGB keine sozial-familiäre Beziehung besteht und wenn er der leibliche Vater des Kindes ist (§ 1600 Abs. 2 BGB).

§ 1600 BGB zählt die Anfechtungsberechtigten abschließend auf.

7 **aa) Der vermeintliche Scheinvater.** Der **Ehemann**, dessen Vaterschaft nach § 1592 Nr. 1 BGB besteht, ist gem. § 1600 Abs. 1 Nr. 1 BGB anfechtungsberechtigt. Ebenso nach § 1600 Abs. 1 Nr. 1 BGB anfechtungsberechtigt ist der Mann, der die Vaterschaft gem. §§ 1592 Nr. 2, 1594 ff. BGB wirksam **anerkannt** hat. Stirbt der Ehemann vor Geburt des Kindes (§ 1593 BGB) geht sein Anfechtungsrecht unter, da es aufgrund seiner Höchstpersönlichkeit unvererblich ist.[11]

Nicht anfechtungsberechtigt hingegen ist der Mann, dessen Vaterschaft gerichtlich gem. § 1600 d BGB festgestellt wurde. Diese Vaterschaft kann nur durch Wiederaufnahme des Verfahrens gem. § 48 Abs. 2 FamFG iVm §§ 578 ff. ZPO, § 185 FamFG beseitigt werden.

---

5 BGH 13.9.2017 – XII ZB 403/16, NJW 2017, 3447.
6 Palandt/*Thorn* EGBGB Art. 20 Rn. 2.
7 Palandt/*Thorn* EGBGB Art. 5 Rn. 10.
8 BGH 20.6.2018 – XII ZB 369/17, FamRZ 2018, 1334; VG Magdeburg 16.11.2018 – 4 B 328/18, FamRZ 2019, 712.
9 BVerfG 13.2.2007 – 1 BvR 421/05, NJW 2007, 753.
10 Palandt/*Thorn* EGBGB Art. 20 Rn. 3.
11 Palandt/*Siede* BGB § 1600 Rn. 2; BGH 18.1.2017 – XII ZB 544/15, NJW 2017, 1480.

Wurde das Kind mit Einverständnis des Mannes und der Mutter mittels Samenspende eines Dritten gezeugt, so ist die Anfechtung für den vermeintlichen Scheinvater ausgeschlossen, § 1600 Abs. 4 BGB. Dies gilt auch, wenn das Kind mittels Samenspende eines Dritten und mithilfe einer nicht von der Mutter stammenden Eizelle gezeugt wurde,[12] oder wenn das Kind im Ausland im Wege der assistierten Reproduktion durch Embryonentransfer in heterologen Systemen gezeugt wurde.[13]

bb) Die Mutter. Der Mutter steht gem. § 1591 BGB (→ *Mutterschaft* Rn. 3) ein eigenes Anfechtungsrecht 8
zu, § 1600 Abs. 1 Nr. 3 BGB. Dabei ist die Anfechtungsberechtigung, anders als bei der Anfechtung des Kindes, vertreten durch die Mutter gem. § 1600 a Abs. 3, 4 BGB, nicht von einer Kindeswohlprüfung abhängig.

Wurde das Kind mit Einverständnis des Mannes und der Mutter mittels Samenspende eines Dritten oder mithilfe einer vergleichbaren fortpflanzungsmedizinischen Methode gezeugt, so ist die Anfechtung durch die Mutter wie die durch den statusrechtlichen Vater ausgeschlossen, § 1600 Abs. 4 BGB.

cc) Das Kind. Die Anfechtungsberechtigung des Kindes gem. § 1600 Abs. 1 Nr. 4 BGB ist unabhängig 9
von seinem Alter und beruht auf seinem originären Recht auf abstammungsrechtliche Zuordnung entsprechend dem Prinzip der Statuswahrheit.[14] Allerdings kann die Anfechtung bei minderjährigen Kindern nur durch den gesetzlichen Vertreter erfolgen (→ Rn. 40).

Wurde das Kind mit Einverständnis des Scheinvaters und der Mutter mittels Samenspende eines Dritten gezeugt, so bleibt die Anfechtung für das Kind zulässig, Umkehrschluss aus § 1600 Abs. 4 BGB.

dd) Der vermeintliche leibliche Vater. Gem. § 1600 Abs. 1 Nr. 2 BGB kann nach geltender Rechtslage 10
nun auch **derjenige, der sich für den leiblichen Vater des Kindes hält**, die Vaterschaft des vermeintlichen Scheinvaters (§§ 1592 Nr. 1 und 2, 1593 BGB) anfechten. Dieser war früher von jeglicher Anfechtungsmöglichkeit ausgeschlossen. Das Bundesverfassungsgericht hatte mit Beschluss vom 9.4.2003[15] festgestellt, dass diese Rechtslage mit Art. 6 Abs. 1 S. 1 GG unvereinbar ist, weshalb die Anfechtungsmöglichkeit mit Gesetz zur Änderung der Vorschriften über die Anfechtung der Vaterschaft und das Umgangsrecht von Bezugspersonen vom 23.4.2004[16] eingeführt wurde.

Dem leiblichen (Putativ-)Vater steht ein Anfechtungsrecht allerdings nur zu, wenn und solange zwischen dem Kind und dem Vater gem. § 1600 Abs. 1 Nr. 1 BGB keine sozial-familiäre Beziehung besteht.

ee) Sozial-familiäre Beziehung. Das Kriterium der sozial-familiären Beziehung zwischen Kind und Vater 11
ist in den Anfechtungsfällen des § 1600 Abs. 1 Nr. 1, 3 und 4 BGB nicht relevant. Die sozial-familiäre Beziehung schließt nur die Anfechtung durch den vermeintlich leiblichen Vater aus.

Im Anfechtungsverfahren des vermeintlich leiblichen Vaters gem. § 1600 Abs. 1 Nr. 2 BGB muss im Rahmen der Begründetheit des Antrags[17] festgestellt werden, dass zwischen Kind und vermeintlichem Scheinvater keine sozial-familiäre Beziehung besteht oder zum Zeitpunkt des Todes bestanden hat, § 1600 Abs. 2 BGB; denn andernfalls ist dieser nicht berechtigt, einen Antrag wegen Anfechtung der Vaterschaft zu stellen, es fehlt ihm also die Aktivlegitimation.[18] Der vermeintlich leibliche Vater trägt dafür die **Darlegungslast**, dh er muss objektive Umstände vortragen, die gegen eine sozial-familiäre Beziehung sprechen können.[19] Dass der leibliche Vater davon ausgeschlossen ist, in die rechtliche Stellung als Vater einzurücken, solange gem. § 1600 Abs. 2 BGB eine sozial-familiäre Beziehung zwischen dem rechtlichen Vater gem. § 1600 Abs. 1 Nr. 1 BGB und dem Kind besteht, verstößt weder gegen Art. 8 EMRK (Recht auf

12 OLG Hamburg 23.4.2012 – 12 UF 180/1, NJW-RR 2012, 1286.
13 OLG Frankfurt a. M. 20.6.2018 – 2 UF 194/16, NJW-RR 2019, 259.
14 BeckOGK/*Reuß* BGB § 1600 Rn. 27.
15 BVerfG – 1 BvR 1493/96, NJW 2003, 2151.
16 BGBl. I 2004, 598.
17 BGH 6.12.2006 – XII ZR 164/06, NJW 2007, 1677.
18 OLG Celle 22.7.2011 – 15 UF 85/11, NJOZ 2012, 283.
19 BGH 30.7.2008 – XII ZR 150/06, FamRZ 2008, 1821.

Achtung des Privat- und Familienlebens) noch gegen das Diskriminierungsverbot des Art. 8 iVm Art. 14 EMRK.[20]

12 Das früher ebenfalls durch das Bestehen einer sozial-familiären Beziehung zwischen Scheinvater und Kind ausgeschlossene Recht der **Behörde**, die Vaterschaft anzufechten, wenn diese anerkannt wurde, um der Mutter, dem Kind oder dem Vater zur sonst aufenthaltsrechtlich nicht zulässigen Einreise oder zu einem sonst nicht zulässigen Aufenthaltstitel zu verhelfen (§ 1600 Abs. 1 Nr. 5 BGB aF) ist entfallen, weil das BVerfG diese Bestimmung für verfassungswidrig erklärt hat.[21] Stattdessen ist bei Anhaltspunkten für eine missbräuchliche Vaterschaftsanerkennung durch die beurkundende Person das Verfahren auszusetzen und die Entscheidung der zuständigen Behörde einzuholen (§ 1597 a BGB; hierzu → *Anerkennung der Vaterschaft* Rn. 24, 25).

13 Die Voraussetzungen für eine sozial-familiäre Beziehung sind in § 1600 Abs. 4 S. 1 BGB definiert. Danach kommt es auf das **Tragen von tatsächlicher Verantwortung** für das Kind an. Eine widerlegliche[22] Regelannahme für die **anfängliche Übernahme** dieser Verantwortung begründet gem. Abs. 4 S. 2 der Umstand, dass der rechtliche Vater mit der Mutter verheiratet ist oder mit dem Kind längere Zeit in häuslicher Gemeinschaft zusammengelebt hat.[23]

Maßgeblicher Zeitpunkt für das Vorliegen der sozial-familiären Beziehung ist die **letzte mündliche Verhandlung.**[24] Ausnahmsweise kann auf einen früheren Zeitpunkt wie den Beginn des Anfechtungsverfahrens abzustellen sein, wenn der leibliche Vater einen Antrag auf Feststellung der Vaterschaft zu einem Zeitpunkt anhängig gemacht hat, zu dem noch keine sozial-familiäre Beziehung zwischen dem späteren statusrechtlichen Vater und dem beteiligten Kind bestand und im Übrigen die Voraussetzungen für die Feststellung der Vaterschaft erfüllt waren.[25]

Die Frage der sozial-familiären Beziehung ist **vor der Einholung eines Abstammungsgutachtens zu prüfen**. Besteht diese, darf kein Abstammungsgutachten eingeholt werden, da die sozial-familiäre Beziehung sonst erheblich gestört oder gar zerstört werden könnte.[26]

14 **b) Ausschluss der genetischen Vaterschaft.** Der Antrag ist begründet, wenn die gem. § 177 Abs. 2 FamFG durchzuführende förmliche Beweisaufnahme (→ *Abstammungsgutachten* Rn. 8) ergibt, dass die Vaterschaft ausgeschlossen ist. Kann danach die Vaterschaft nicht ausgeschlossen werden, gelten die Beweislastregelungen der Vaterschaftsvermutungen gem. § 1600 c Abs. 1 BGB (→ *Abstammungsvermutungen* Rn. 5 ff.).

15 **c) Vaterschaft des Anfechtenden nach § 1600 Abs. 1 Nr. 2 BGB.** Der Antrag desjenigen, der an Eides statt versichert hat, der Mutter im Empfängniszeitraum beigewohnt zu haben, ist nur dann begründet, wenn neben dem Ausschluss der Vaterschaft des bisherigen Vaters auch die Vaterschaft des Anfechtenden festgestellt wird (§ 1600 Abs. 2 BGB). Die Frage der Vaterschaft des Anfechtenden ist im Rahmen der Begründetheit und nicht der Zulässigkeit zu prüfen.[27] Für die Zulässigkeit ist im Rahmen der Antragsberechtigung die eidesstattliche Versicherung gem. § 1600 Abs. 1 Nr. 2 BGB ausreichend. Wäre die erwiesene Vaterschaft des Anfechtenden Zulässigkeitsvoraussetzung, wäre die eidesstattliche Versicherung sinnlos. Ist der Anfechtende nicht der Vater des Kindes, so ist der Anfechtungsantrag unbegründet, auch wenn die Vaterschaft des bisherigen Vaters durch das Ergebnis der Beweisaufnahme ausgeschlossen werden kann.[28]

20 EGMR 22.3.2012 – 45071/09, FamRZ 2012, 691.
21 BVerfG 17.12.2013 – 1 BvL 6/10, FamRZ 2014, 449.
22 BGH 6.12.2006 – XII ZR 164/06, NJW 2007, 1677.
23 BGH 30.7.2008 – XII ZR 150/06, FamRZ 2008, 1821.
24 BGH 6.12.2006 – XII ZR 164/06, NJW 2007, 1677.
25 BVerfG 25.9.2018 – 1 BvR 2814/17, NJW 2018, 3773.
26 BVerfG 28.2.2011 – 1 BvR 440/11, FamRZ 2011, 787.
27 NK-BGB/*Gutzeit* § 1600 Rn. 18; aA HK-ZPO/*Kemper* FamFG § 182 Rn. 2.
28 HK-FamVerfR/*Fritsche* § 182 Rn. 2.

d) Frist. aa) Allgemeines. Die Vaterschaft muss **in allen Fällen** gem. § 1600 b Abs. 1 BGB innerhalb von **zwei Jahren** ab Kenntnis der Umstände, die gegen die Vaterschaft sprechen, angefochten werden. Für das Kind beginnt die Frist grundsätzlich jedoch erneut mit Eintritt der Volljährigkeit bzw. Kenntnis von den gegen die Vaterschaft des rechtlichen Vaters sprechenden Umständen, (§ 1600 b Abs. 3 BGB) wenn sein gesetzlicher Vertreter die Vaterschaft nicht rechtzeitig angefochten hat. 16

Es handelt sich um eine materiellrechtlich wirkende **Ausschlussfrist**, dh nach Ablauf der Frist erlischt das Anfechtungsrecht für den jeweiligen Anfechtungsberechtigten, selbst wenn die Nicht-Vaterschaft außergerichtlich feststeht.[29] 17

Gem. § 1600 b Abs. 1 S. 2 Hs. 2 BGB wird der Lauf der Frist für den vermeintlichen leiblichen Vater nicht dadurch gehemmt, dass eine sozial-familiäre Beziehung zwischen Kind und Scheinvater besteht. Das Anfechtungsrecht des leiblichen Vaters kann also auch dann wegen Fristablaufs erlöschen, wenn er wegen einer sozial-familiären Beziehung zwischen Scheinvater und Kind die Vaterschaft nicht innerhalb der Zwei-Jahres-Frist anfechten kann.[30] 18

Die **Berechnung der Frist** erfolgt nach §§ 187 Abs. 1, 188 Abs. 2 BGB.[31]

Durch die Ausgestaltung der Abstammungsverfahren durch §§ 169 ff. FamFG als Verfahren der freiwilligen Gerichtsbarkeit kommt es im Gegensatz zu dem bis 31.8.2009 geltenden Recht nicht mehr auf die Zustellung des Antrags, sondern auf die **Einreichung bei Gericht** an, um die materiellrechtliche Anfechtungsfrist des § 1600 b BGB zu wahren. Maßgebender Zeitpunkt für die fristwahrende Anfechtungserklärung ist aber nur der **Eingang beim sachlich und örtlich zuständigen Gericht**, § 25 Abs. 3 S. 2 FamFG.[32] Das unzuständige Gericht muss den Antrag unverzüglich (§ 121 BGB) an das zuständige Gericht weiterleiten.[33] Erreicht der Antrag aufgrund einer Verzögerung durch das Gericht das zuständige Gericht nicht innerhalb der Frist, kommt regelmäßig **Wiedereinsetzung in den vorigen Stand** (§ 17 FamFG) in Betracht.[34] Bereits der Antrag auf Bewilligung von Verfahrenskostenhilfe zur Durchführung des Anfechtungsverfahrens hemmt die Anfechtungsfrist (§§ 204 Abs. 1 Nr. 14, 1600 b Abs. 5 BGB). 19

bb) Beginn der Frist. Die Frist beginnt für den jeweiligen Anfechtungsberechtigten ab dem Zeitpunkt zu laufen, ab dem er Kenntnis der Umstände erlangt hat, die gegen die Vaterschaft sprechen. Dabei ist auf den Zeitpunkt abzustellen, in dem der Anfechtungsberechtigte **sichere Kenntnis von Tatsachen** erlangt, die aufgrund **objektiver Beurteilung** aus der Sicht eines verständigen Betrachters **ernsthafte Zweifel an der Vaterschaft** begründen und die Möglichkeit der Vaterschaft eines anderen Mannes als nicht ganz fernliegend erscheinen lassen.[35] Rein körperliche Merkmale wie die Haarfarbe des Kindes sind regelmäßig nicht ausreichend.[36] Ein heimlich eingeholtes Vaterschaftsgutachten ist unzulässig und setzt den Lauf der Frist daher nicht in Gang.[37] 20

Bei Anfechtung durch das minderjährige Kind sowie durch volljährige geschäftsunfähige Kinder kommt es auf die **Kenntnis des gesetzlichen Vertreters** an, § 166 Abs. 1 BGB.[38] Soweit in Anfechtungsverfahren vor dem FGG-RG die Eltern regelmäßig gem. §§ 1629 Abs. 2 Nr. 1, 1795 BGB von der Vertretungsmacht ausgeschlossen waren, (→ Rn. 16) hat die Frist erst mit Bestellung des Ergänzungspflegers begonnen. Die hM stellt auch für die seit 1.9.2009 geltenden Verfahrensvorschriften auf die Kenntnis des Ergänzungs-

29 Palandt/*Siede* BGB § 1600 b Rn. 3.
30 BGH 6.12.2006 – XII ZR 164/04, NJW 2007, 1677.
31 Palandt/*Brudermüller* BGB § 1600 b Rn. 5.
32 BT-Drs. 16/6308, 244.
33 Palandt/*Siede* BGB § 1600 b Rn. 3.
34 HK-ZPO/Kemper FamFG § 25 Rn. 3.
35 NK-BGB/*Gutzeit* § 1600 b Rn. 3 ff.
36 OLG Celle 25.6.2018 – 21 WF 41/18, NZFam 2019, 232.
37 NK-BGB/*Gutzeit* § 1600 b Rn. 6.
38 OLG Köln 20.4.2000 – 14 UF 275/99, NJW-RR 2000,1459.

pflegers ab, wenn der gesetzliche Vertreter an der Vertretung des Kindes im Verfahren gehindert ist.[39] Dies ist insbesondere dann der Fall, wenn die Mutter und der statusrechtliche Vater verheiratet oder gemeinsam sorgeberechtigt sind.[40] Konsequenter wäre es allerdings, für minderjährige Kinder auf den Zeitpunkt abzustellen, zu dem der gesetzliche Vertreter über das Ob der Anfechtung zu entscheiden hat. Insoweit sind auch verheiratete oder gemeinsam sorgeberechtigte Eltern von der Vertretung des Kindes nicht ausgeschlossen.[41] Ist die Mutter allein vertretungsberechtigt, ist daher deren Kenntnis entscheidend. Dies gilt aber auch, wenn sie gemeinschaftlich vertretungsberechtigt sind, da die Kenntnis eines Vertreters den übrigen sowie dem Vertretenen zugerechnet wird.[42]

Die Frist beginnt **nicht vor Geburt des Kindes** und nicht, bevor die **Anerkennung wirksam** geworden ist, § 1600 b Abs. 2 S. 1 BGB. Im Fall des § 1593 S. 4 BGB ist gem. Abs. 2 S. 2 der Fristbeginn auf den Zeitpunkt der Rechtskraft der Entscheidung hinausgeschoben, durch die festgestellt wird, dass der neue Ehemann der Mutter nicht der Vater des Kindes ist.[43]

21 **cc) Hemmung des Fristablaufs.** Der Ablauf der Frist wird gem. § 1600 b Abs. 5 S. 1 BGB durch **Einleitung eines Verfahrens nach § 1598 a Abs. 2 BGB** (→ *Feststellung der Vaterschaft* Rn. 28) gehemmt. Die Hemmung endet in entsprechender Anwendung des § 204 Abs. 2 BGB sechs Monate nach rechtskräftiger Entscheidung oder sonstigem Abschluss des Klärungsverfahrens. Die Durchführung der Begutachtung gehört nicht zum Verfahren und kann dementsprechend nicht in die Dauer der Hemmung eingerechnet werden. Vielmehr hat der Anfechtungsberechtigte darauf zu achten, dass die Karenzzeit gem. § 204 Abs. 2 BGB während der Begutachtung nicht abläuft, sofern sich die Beteiligten nicht gem. § 202 BGB auf eine weitere Hemmung verständigen können. Der Ablauf der Frist wird ebenfalls gehemmt, solange der Anfechtungsberechtigte durch **Drohung** widerrechtlich von der Anfechtung abgehalten wird (§ 1600 b Abs. 5 S. 2 BGB). Als Drohung ist es auch anzusehen, wenn die Mutter dem Anfechtungsberechtigten mit dem Entzug des Umgangs mit dem betroffenen Kind droht, falls dieser die Vaterschaft des statusrechtlichen Vaters anfechten sollte.[44] Die Anfechtungsfrist ist wegen höherer Gewalt gehemmt, wenn der Anfechtungsberechtigte als Vater im Personenstandsregister ausgewiesen ist und dieser keinen Anlass hatte, an der Richtigkeit dieser Eintragung zu zweifeln.[45] Im Übrigen verweist § 1600 b Abs. 5 S. 3 BGB auf § 204 Abs. 1 Nr. 4, 8, 13, 14 und Abs. 2 BGB sowie die §§ 206, 210 BGB, die entsprechend anzuwenden sind. Die **gemeinsam vereinbarte außergerichtliche Einholung eines Abstammungsgutachtens** hemmt daher gem. § 204 Abs. 1 Nr. 8 BGB den Lauf der Anfechtungsfrist.[46]

22 **dd) Neuer Fristbeginn.** Gem. § 1600 b Abs. 6 BGB beginnt die **Frist neu zu laufen**, wenn das Kind von Umständen Kenntnis erlangt, aufgrund derer die Folgen einer Vaterschaft für das Kind **unzumutbar** werden. Anerkannt sind insbesondere ein ehrloser und unsittlicher Lebenswandel sowie Verfehlungen des Scheinvaters gegen das Kind aber auch der Tod des Scheinvaters, die Auflösung der Ehe der Eltern bzw. Eheschließung der Mutter mit dem genetischen Vater.[47]

III. Anfechtungsverfahren

1. Abstammungssache gem. § 169 Nr. 4 FamFG

23 Das Verfahren auf Anfechtung der Vaterschaft ist eine **Abstammungssache** gem. § 169 Nr. 4 FamFG und somit **Familiensache** gem. § 111 Nr. 3 FamFG. Für das Verfahren gelten neben den Sondervorschriften

39 OLG Nürnberg 28.7.2017 – 7 UF 688/17, FamRZ 2018, 356.
40 BGH 2.11.2016 – XII ZB 583/15, FamRZ 2017, 123; 21.3.2012 – XII ZB 510/10, FamRZ 2012, 859.
41 BGH 2.11.2016 – XII ZB 583/15, FamRZ 2017, 123; *Siede* FamRZ 2018, 149; in der Sache ebenso BGH 2.11.2016 – XII ZB 583/15, FamRZ 2017, 123 Rn. 21.
42 Palandt/*Ellenberger* BGB § 166 Rn. 2.
43 NK-BGB/*Gutzeit* § 1600 b Rn. 16.
44 BVerfG 12.8.2019 – 1 BvR 1742/18, NJW 2019, 3441.
45 Düsseldorf 10.5.2019 – II – 1 WF 28/19, NZFam 2019, 555.
46 NK-BGB/*Gutzeit* § 1600 b Rn. 20.
47 Palandt/*Siede* BGB § 1600 b Rn. 31.

der §§ 169–185 FamFG die Vorschriften über das Verfahren in Angelegenheiten der freiwilligen Gerichtsbarkeit (Buch 1 des FamFG).

2. Beteiligte

a) Beteiligte Personen. Die Neuregelungen des FamFG zu den Beteiligten im Verfahren haben dazu geführt, dass die Nebenintervention gem. § 640 e Abs. 1 S. 2 ZPO aF und die Streitverkündung gem. § 640 e Abs. 2 ZPO aF überflüssig geworden sind.[48] Es handelt sich bei allen Abstammungsverfahren nicht mehr um kontradiktorische Verfahren, sondern um **antragsgebundene FG-Verfahren**, bei denen es keine Antragsgegner, sondern nur noch Beteiligte gibt, die zum Verfahren hinzuzuziehen sind.[49] Strukturell haben allerdings die Mutter und das Kind eine gegnerische Stellung inne, wenn der statusrechtliche Vater die Vaterschaft anficht, was zu einem Vertretungsausschluss gem. §§ 1629 Abs. 2, 1795 BGB führt, sofern Mutter und Vater gemeinsam sorgeberechtigt sind.[50] 24

Gem. §§ 7 Abs. 2 Nr. 2, 172 Abs. 1 FamFG sind das **Kind**, die **Mutter** und der **Vater** stets Beteiligte des Anfechtungsverfahrens. 25

Das **Jugendamt** ist in Abstammungssachen gem. § 1600 Abs. 1 Nr. 2 BGB sowie in einer Abstammungssache gem. § 1600 Abs. 1 Nr. 4 BGB, wenn die Anfechtung der Vaterschaft für das Kind durch den gesetzlichen Vertreter des Kindes erfolgt, **auf Antrag** zu beteiligen, §§ 7 Abs. 2 Nr. 2, 172 Abs. 2 FamFG.

Als **Antragsteller** (§ 171 FamFG) kommen der rechtliche Vater, die Mutter oder das Kind in Betracht (§ 1600 Abs. 1 BGB). Weiterhin kommt uU auch der Mann, der behauptet, leiblicher Vater des Kindes zu sein, in Betracht (§ 1600 Abs. 1 Nr. 2 BGB). Dessen Antrag ist nach § 7 Abs. 1 FamFG, § 1600 Abs. 1 Nr. 2 BGB nur zulässig, wenn er an Eides statt versichert, der Mutter während der Empfängniszeit beigewohnt zu haben. Der Begriff der Beiwohnung ist weit auszulegen und erfasst auch den Samenspender, es sei denn, die Samenspende ist anonym erfolgt oder es liegt ein Fall der ärztlich assistierten künstlichen Befruchtung im Wege der heterologen Insemination mittels Spendersamens gem. § 1600 d Abs. 4 BGB vor.[51] Als Antragsteller sind diese Personen notwendige Beteiligte des Verfahrens gem. § 7 Abs. 1 FamFG. In Anfechtungsverfahren der Mutter, des Kindes oder des Ehemannes werden Rechte des biologischen Vaters nicht unmittelbar beeinträchtigt, weshalb er nicht gem. § 7 Abs. 2 Nr. 1 FamFG am Verfahren zu beteiligen ist.[52] Hinsichtlich einer Entscheidung, durch die festgestellt wird, dass der statusrechtliche Vater nicht der Vater des Kindes ist, nicht beschwerdebefugt ist,[53] mag nunmehr auch zu seinen Lasten vermutet werden, dass er Vater des Kindes ist (§ 1600 d Abs. 2 BGB).

b) Verfahrensfähigkeit. Die Verfahrensfähigkeit der Beteiligten richtet sich nach den allgemeinen Vorschriften des § 9 FamFG und wird ergänzt durch die besonderen Vorschriften des § 1600 a BGB (→ Rn. 29 ff.). 26

Ein Kind, das das 14. Lebensjahr noch nicht vollendet hat, ist gem. § 9 Abs. 1 Nr. 3 FamFG **nicht verfahrensfähig** und muss sich daher gem. § 9 Abs. 2 FamFG von seinen gesetzlichen Vertretern vertreten lassen. 27

Das Gleiche gilt auch für Kinder, die das 14. Lebensjahr bereits vollendet haben, da sie sich **bezüglich ihrer eigenen Anfechtungserklärung** gem. § 1600 a Abs. 3 BGB ebenfalls vertreten lassen müssen (→ Rn. 32). Dies ergibt sich aus § 1600 a Abs. 2 BGB, wonach nur in der Geschäftsfähigkeit beschränkte

48 HK-ZPO/*Kemper* FamFG § 172 Rn. 2.
49 BT-Drs. 16/6308, 243.
50 BGH 2.11.2016 – XII ZB 583/15, FamRZ 2017, 123; vgl. auch Rn. 20.
51 Palandt/*Siede* BGB § 1600 Rn. 3.
52 OLG München 19.4.2012 – 16 UF 231/12, FamRZ 2012, 1825.
53 OLG Köln 19.12.2018 – 14 UF 185/18, NZFam 2019, 320.

Eltern unabhängig von der Zustimmung des gesetzlichen Vertreters die Vaterschaft anfechten können, nicht aber das betroffene Kind.[54]

28 Da das (minderjährige) Kind selbst nicht verfahrensfähig ist, stellte sich bislang die Frage, ob dem Kind ein **Ergänzungspfleger** gem. § 1909 BGB bestellt werden muss, weil die Vertretung der gemeinsam sorgeberechtigten, verheirateten Eltern gem. §§ 1629 Abs. 2 S. 1, 1795 Abs. 1 Nr. 3, 181 BGB ausgeschlossen sein könnte. Diese Frage ist von der Rechtsprechung[55] nunmehr geklärt:

Der statusrechtliche Vater ist im Verfahren wegen Anfechtung der Vaterschaft stets von der Vertretung des Kindes ausgeschlossen. Ist die Mutter mit dem Vater verheiratet oder gemeinsam sorgeberechtigt, ist auch sie von der Vertretung des Kindes ausgeschlossen. Ist die Mutter demgegenüber mit dem Vater nicht verheiratet und allein sorgeberechtigt, ist sie von der Vertretung des Kindes nicht ausgeschlossen. Etwas anderes folgt auch nicht aus ihrer Rechtsstellung als notwendige Beteiligte. Sofern das Kind weder durch den Vater noch durch die Mutter vertreten wird, ist ein Ergänzungspfleger zur Durchführung des Anfechtungsverfahrens zu bestellen (§ 1909 BGB).

Das Familiengericht hat gem. § 1629 Abs. 2 S. 3 Hs. 1 BGB die Möglichkeit, auch der Mutter die Vertretungsmacht gem. § 1796 BGB zu entziehen, wenn ein **erheblicher Interessenkonflikt** besteht.[56] Es ist demnach zu prüfen, ob ein erheblicher Interessenkonflikt zwischen Kind und Mutter und damit eine konkrete Beeinträchtigung der Kindesinteressen besteht, die nicht durch die Bestellung eines Verfahrensbeistandes gem. § 174 FamFG entschärft werden kann.[57] Wird der Mutter die Vertretungsmacht entzogen, ist ein Ergänzungspfleger zu bestellen, da der Vater schon von Gesetzes wegen von der Vertretung ausgeschlossen ist.

Von der formell-rechtlichen Frage der Vertretung des Kindes im laufenden Anfechtungsverfahren zu unterscheiden ist die **materiellrechtliche Grundentscheidung** der Sorgeberechtigten, ob die Vaterschaft im Namen des Kindes angefochten werden soll. Diese Entscheidung steht als Teil der Personensorge beiden sorgeberechtigten Eltern gemeinsam zu und verbleibt bei diesen, auch wenn sie nach dem oben Genannten von der Vertretung im Verfahren ausgeschlossen sind.[58] Sind sie sich darüber nicht einig, muss eine Übertragung der Entscheidungsbefugnis nach § 1628 BGB erfolgen. Solange die Personensorgeberechtigten keine wirksame Entscheidung über das „Ob" der Anfechtung herbeigeführt haben, ist der Antrag des Kindes wegen Anfechtung der Vaterschaft unzulässig.[59]

29 Wird das Kind im Verfahren durch das **Jugendamt als Beistand** vertreten, ist die Vertretung durch die sorgeberechtigten Eltern ausgeschlossen, § 173 FamFG.

30 **c) Verfahrensbeistand.** Dem minderjährigen Beteiligten ist gem. § 174 FamFG in Abstammungsverfahren ein **Verfahrensbeistand** (→ *Verfahrensbeistand* Rn. 1 ff.) zu bestellen, wenn dies zur Wahrnehmung seiner Interessen erforderlich ist. Das soll gem. § 158 Abs. 2 Nr. 1 FamFG in der Regel der Fall sein, wenn das Interesse des Kindes zu dem seiner gesetzlichen Vertreter in erheblichem Gegensatz steht. Der Verfahrensbeistand ist gem. § 158 Abs. 4 S. 6 FamFG nicht gesetzlicher Vertreter des Kindes, weshalb die Bestellung eines Ergänzungspflegers (→ Rn. 16) gesondert zu beurteilen ist. Liegen die Voraussetzungen, die zum Ausschluss oder Entzug der Vertretungsmacht gem. §§ 1629 Abs. 2 S. 2, 1796 BGB führen, vor, besteht auch immer ein Interessenkonflikt gem. § 158 Abs. 1 Nr. 1 FamFG.[60] Weiterhin ist es sachgerecht, einen Verfahrensbeistand zu bestellen, wenn der Putativvater gem. § 1600 Abs. 1 Nr. 2 BGB oder das Kind

54 Keidel/*Engelhardt* FamFG § 172 Rn. 6, MüKoFamFG/*Coester-Waltjen/Hilbig* § 172 Rn. 31; aA HK-FamVerfR/*Fritsche* § 172 Rn. 5.

55 BGH 2.11.2016 – XII ZB 583/15, FamRZ 2017, 123; 21.3.2012 – XII ZB 510/10, NJW 2012, 1731; OLG Dresden 29.1.2016 – 22 WF 1381/15, NJW 2016, 1028.

56 Palandt/*Siede* BGB § 1600 a Rn. 5.

57 NK-BGB/*Kaiser* § 1629 Rn. 83.

58 BGH 18.2.2009 – XII ZR 156/07, NJW 2009, 1496.

59 BGH 2.11.2016 – XII ZB 583/15, FamRZ 2017, 123; 18.2.2009 – XII ZR 156/07, NJW 2009, 1496.

60 HK-FamVerfR/*Fritsche* § 174 Rn. 6.

gem. § 1600 Abs. 1 Nr. 4 BGB die Vaterschaft anficht, sofern nicht ohnehin ein Ergänzungspfleger zu bestellen ist.

3. Formelle Verfahrensvoraussetzungen (Zulässigkeit)

a) Zuständigkeit. aa) International. Die deutschen Gerichte sind gem. § 100 FamFG international zuständig, wenn ein Verfahrensbeteiligter Deutscher ist (§ 100 Nr. 1 FamFG) oder seinen gewöhnlichen Aufenthalt im Inland hat (§ 100 Nr. 2 FamFG). Dabei kommt es nicht auf die Frage an, ob die deutsche Staatsangehörigkeit die effektive ist.[61] Die internationale Zuständigkeit ist nicht ausschließlich, § 106 FamFG. Deutschland hat keine gem. § 97 FamFG vorrangigen internationalen Verträge auf dem Gebiet der Abstammungssachen geschlossen, so dass sich die internationale Zuständigkeit ausschließlich nach § 100 FamFG richtet.[62] 31

bb) Sachlich. Ausschließlich zuständig für die Abstammungssache als Familiensache (§ 111 Nr. 3 FamFG) sind die **Amtsgerichte**, § 23 a Abs. 1 S. 1 Nr. 1, S. 2 GVG. Innerhalb der Amtsgerichte sind die Abteilungen für Familiensachen (§ 23 b GVG) zuständig. Es handelt sich hierbei um eine gesetzliche Regelung der Geschäftsverteilung, wegen derer einer Abteilung und nicht einem bestimmten Organ des Amtsgerichts die Aufgaben des Familiengerichts übertragen werden, und daher systematisch nicht um eine funktionale Zuständigkeit.[63] 32

Bei Zuständigkeitsfragen innerhalb des Amtsgerichts (zB zwischen Familiengericht und Zivilabteilung) sind die Vorschriften des § 17 a GVG entsprechend anzuwenden, (§ 17 a Abs. 6 GVG) dh das Familiengericht oder der Richter der Zivilabteilung, der sich für unzuständig erachtet, hat die Sache durch Beschluss an die jeweils andere Abteilung zu verweisen. Der Beschluss ist dann durch sofortige Beschwerde (§ 17 a Abs. 4 S. 2 GVG) anfechtbar. 33

cc) Örtlich. Gem. § 170 Abs. 1 FamFG ist das Amtsgericht, in dessen Bezirk das Kind seinen gewöhnlichen Aufenthalt (→ *Gewöhnlicher Aufenthalt* Rn. 1 ff.) hat, örtlich zuständig (**kindesnaher Gerichtsstand**). Dabei kommt es darauf an, dass sich das Kind dort nicht nur vorübergehend aufhält, sondern dort seinen tatsächlichen Lebensmittelpunkt hat.[64] 34

Ist danach die Zuständigkeit eines deutschen Gerichts nicht gegeben, ist gem. § 170 Abs. 2 FamFG der gewöhnliche Aufenthalt der Mutter maßgebend. Ist auch danach kein deutsches Gericht zuständig, richtet sich die örtliche Zuständigkeit nach dem gewöhnlichen Aufenthalt des Vaters. In allen übrigen Fällen ist das Amtsgericht Schöneberg in Berlin ausschließlich zuständig, § 170 Abs. 3 FamFG.

b) Anfechtungsberechtigte. § 1600 BGB zählt die Anfechtungsberechtigten abschließend auf. Anfechtungsberechtigt sind der **Mann**, dessen Vaterschaft gem. §§ 1592 Nr. 1, 2, 1593 BGB besteht, die **Mutter**, (§ 1600 Abs. 1 Nr. 3 BGB) das **Kind** (§ 1600 Abs. 1 Nr. 4 BGB) und der **mutmaßlich leibliche Vater**, wenn dieser an Eides statt versichert, der Mutter während der Empfängniszeit beigewohnt zu haben und wenn zwischen dem Kind und dem Vater gem. § 1600 Abs. 1 Nr. 1 BGB keine sozial-familiäre Beziehung besteht (§ 1600 Abs. 1 Nr. 2 BGB). Im Rahmen der Zulässigkeit ist für die Anfechtungsberechtigung das Vorbringen des Antragstellers als zutreffend zu unterstellen. Im Übrigen wird auf die Ausführungen gem. → Rn. 5 ff. verwiesen. 35

Gem. § 1600 Abs. 1 Nr. 2 BGB kann **derjenige, der sich für den leiblichen Vater des Kindes hält**, die Vaterschaft des vermeintlichen Scheinvaters (§§ 1592 Nr. 1 und 2, 1593 BGB) anfechten. 36

Voraussetzung für die Anfechtungsberechtigung ist, dass der vermeintliche leibliche Vater **an Eides statt versichert**, der Mutter des Kindes in der gesetzlichen Empfängniszeit **beigewohnt** zu haben, § 1600 Abs. 1 Nr. 2 BGB. Der Begriff der Beiwohnung ist weit auszulegen und erfasst auch den Samenspender, es

61 HK-ZPO/*Kemper* FamFG § 100 Rn. 4.
62 HK-FamVerfR/*Kemper* § 100 Rn. 1.
63 Thomas/Putzo/*Hüßtege* GVG § 23 b Rn. 32; aA HK-FamVerfR/*Fritsche* § 169 Rn. 3; BT-Drs. 16/6308, 319.
64 HK-FamVerfR/*Fritsche* § 170 Rn. 4.

sei denn, die Samenspende ist anonym erfolgt oder es liegt ein Fall der ärztlich assistierten künstlichen Befruchtung im Wege der heterologen Insemination mittels Spendersamen gem. § 1600 d Abs. 4 BGB vor.[65] Im Übrigen kann in der Teilnahme an der konsentierten heterologen Insemination ein konkludenter Verzicht des Samenspenders auf das Recht, durch Anfechtung der Vaterschaft die Rechtsstellung als Vater zu erlangen, liegen.[66] Fehlt die eidesstattliche Versicherung, ist der Antrag bereits deshalb unzulässig.

37 **c) Vertretung. aa) Persönliche Anfechtung der Mutter und des Vaters (§ 1600 Abs. 1 Nr. 1–3 BGB).** Die Anfechtung muss persönlich erfolgen, die Stellvertretung eines durch Rechtsgeschäft bevollmächtigten Vertreters ist ausgeschlossen, die Erklärung wäre unwirksam, § 1600 a Abs. 1 BGB. Das bedeutet, dass der anfechtende Vater die Entscheidung, ob er die Vaterschaft anfechten will, **höchstpersönlich** treffen muss. Gleichwohl kann er sich im Anfechtungsverfahren durch einen Prozessbevollmächtigten vertreten lassen, der insoweit nur Bote des Anfechtenden ist.[67]

38 Die gem. § 1600 Abs. 1 Nr. 1–3 BGB anfechtungsberechtigten Personen (vermeintlicher Scheinvater, Mutter, vermeintlich leiblicher Vater) können die Vaterschaft nur persönlich anfechten, auch wenn sie beschränkt geschäftsfähig sind, es sich also um **Minderjährige, die das siebte Lebensjahr vollendet** haben, (§ 106 BGB) handelt. Im Anfechtungsverfahren sind sie gem. § 9 Abs. 1 Nr. 2 FamFG, § 1600 a Abs. 2 S. 2 BGB verfahrensfähig, sobald sie das siebente Lebensjahr vollendet haben.[68] Ihnen steht auch alleine das Recht zu, über das „Ob" der Anfechtung zu entscheiden.[69] Eine Vertretung durch den gesetzlichen Vertreter für die Anfechtungserklärung ist in diesen Fällen ausgeschlossen. Bei einem **minderjährigen, geschäftsunfähigen** Beteiligten kann die Anfechtung nur durch den gesetzlichen Vertreter erfolgen, § 1600 a Abs. 2 S. 3 BGB.

39 Der **geschäftsfähige, aber unter Betreuung stehende** Anfechtungsberechtigte kann die Vaterschaft nur persönlich anfechten, § 1600 a Abs. 5 BGB. Die Erklärung durch den Betreuer ist ausgeschlossen, ein Einwilligungsvorbehalt kommt gem. § 1903 Abs. 2 Nr. 5 BGB nicht in Betracht.

40 **bb) Anfechtung des Kindes (§ 1600 Abs. 1 Nr. 4 BGB).** Das gem. § 1600 Abs. 1 Nr. 4 BGB anfechtungsberechtigte, **minderjährige Kind** kann die Vaterschaft nicht selbst, sondern nur durch den gesetzlichen Vertreter anfechten, § 1600 a Abs. 3 BGB. Das Kind soll nicht selbst über die Beseitigung der verwandtschaftlichen Verhältnisse entscheiden können, wohingegen der gesetzliche Vertreter sogar gegen den erklärten Willen des Kindes die Anfechtung für das Kind erklären kann. Die Anfechtung des Kindes durch den gesetzlichen Vertreter ist aber zulässig, wenn sie dem Kindeswohl dient, § 1600 a Abs. 4 BGB.[70]

41 Das **volljährige Kind** kann die Vaterschaft nur persönlich anfechten, § 1600 a Abs. 1 BGB. Dies gilt auch für das **volljährige, geschäftsfähige, aber unter Betreuung stehende Kind**, § 1600 a Abs. 5 BGB.

42 **d) Antrag gem. §§ 23, 171 FamFG. aa) Inhalt.** Das Anfechtungsverfahren kann nur durch einen Antrag eingeleitet werden, § 171 Abs. 1 FamFG (**Antragsprinzip**). Das Verfahrensziel und die betroffenen Personen sind anzugeben. Das Gericht hat bei Fehlen dieser Mindestanforderungen darauf hinzuweisen und auf eine Ergänzung des Antrages hinzuwirken, § 28 FamFG, bevor es den Antrag als unzulässig zurückweist.[71]

Der Antrag kann **schriftlich oder zur Niederschrift bei der Geschäftsstelle** des zuständigen Amtsgerichts abgegeben werden (§ 25 Abs. 1 FamFG), da eine Vertretung durch einen Rechtsanwalt in Abstammungsverfahren nicht vorgeschrieben ist (§ 114 Abs. 1 FamFG). Wird der Antrag zu Protokoll des Urkundsbeamten bei einem unzuständigen Amtsgericht abgegeben, leitet dieses den Antrag an das zuständige Amtsgericht weiter (§ 25 Abs. 2 FamFG). Die Anfechtungsfrist wird aber nur gewahrt, wenn die Niederschrift

65 Palandt/*Siede* BGB § 1600 Rn. 3.
66 BGH 15.5.2013 – XII ZR 49/11, FamRZ 2013, 1209.
67 NK-BGB/*Gutzeit* § 1600 a Rn. 2.
68 MüKoBGB/*Wellenhofer* § 1600 a Rn. 3.
69 Palandt/*Siede* BGB § 1600 a Rn. 2.
70 NK-BGB/*Gutzeit* § 1600 a Rn. 10 ff.
71 BT-Drs. 16/6308, 244.

rechtzeitig bei dem zuständigen Amtsgericht eingeht (§ 25 Abs. 3 S. 2 FamFG). Der Antrag kann bis zur Rechtskraft der Endentscheidung zurückgenommen werden. Ist die Endentscheidung bereits ergangen, so bedarf die Rücknahme des Antrags der Zustimmung der übrigen Beteiligten (§ 22 Abs. 1 FamFG).

bb) Anfangsverdacht, § 171 Abs. 2 FamFG. Gem. § 171 Abs. 2 S. 2 FamFG hat der Antragsteller die Umstände, die gegen das Bestehen der Vaterschaft sprechen, sowie den Zeitpunkt ihres Bekanntwerdens, vorzutragen. Die Regelung knüpft an die Rechtsprechung zum bis 31.8.2009 geltenden Recht an, nach der der Scheinvater den Anfangsverdacht schlüssig zu begründen hatte.[72] Dabei müssen die vorgetragenen Umstände bei **objektiver Betrachtungsweise** geeignet sein, Zweifel an der Vaterschaft zu wecken. Die vorzutragenden Umstände entsprechen den Umständen, die den Lauf der Frist für die Anfechtung der Vaterschaft gem. § 1600 b Abs. 1 BGB auslösen.[73] 43

Unverwertbar sind **heimlich** eingeholte Abstammungsgutachten.[74] Demgegenüber reichen Gutachten, die im Rahmen eines Klärungsverfahrens gem. § 1598 a BGB eingeholt wurden, zur Darlegung des Anfangsverdachts aus.[75] 44

Der vermeintliche leibliche Vater trägt in Anfechtungsverfahren gem. § 1600 Abs. 1 Nr. 2 BGB die Darlegungslast für die Umstände, die gegen eine sozial-familiäre Beziehung sprechen können.[76] 45

4. Wirksamkeit und Wirkung des Beschlusses

In Abweichung zum Grundsatz der Wirksamkeit eines Beschlusses mit Bekanntgabe (§ 40 Abs. 1 FamFG) wird die Endentscheidung in Abstammungssachen erst **mit Rechtskraft wirksam**, § 184 Abs. 1 S. 1 FamFG. 46

Die Endentscheidung im Anfechtungsverfahren wirkt gem. § 184 Abs. 2 FamFG nicht nur zwischen den Beteiligten (subjektive Rechtskraftwirkung, § 325 ZPO), sondern für und gegen jedermann (**inter omnes**), soweit über die Abstammung entschieden wurde. Das bedeutet, dass mit der Rechtskraft der Statusentscheidung deren Inhalt in Zukunft allen weiteren Entscheidungen zugrunde zu legen ist, in denen die Statusfrage eine Rolle spielt. Dass die erfolgreiche Anfechtung der Vaterschaft zum Verlust der deutschen Staatsangehörigkeit führen kann, ist hinzunehmen.[77] Die umfassende Wirkung der Entscheidung tritt auch dann ein, wenn die Feststellung aufgrund gesetzlicher Beweislastregeln oder Vermutungen (→ *Abstammungsvermutungen* Rn. 1 ff.) getroffen wurde.[78] Voraussetzung für die Inter-omnes-Wirkung ist allerdings, dass eine Sachentscheidung getroffen wurde. Wurde der Anfechtungsantrag als unzulässig abgewiesen, tritt die Rechtskrafterstreckung nicht ein. Auch wenn gar keine Entscheidung getroffen wird, sondern sich das Verfahren zB durch den Tod eines Beteiligten (§ 181 FamFG) erledigt, tritt die Wirkung des Beschlusses nicht ein.[79] Der den Feststellungsantrag **abweisende Beschluss** ändert nichts am Status des Kindes, da die ursprünglichen verwandtschaftlichen Verhältnisse zum Vater bestehen bleiben. Wurde der Antrag abgewiesen, weil Zweifel an der Vaterschaft nicht schlüssig dargelegt wurden, kann ein neuer Antrag wegen Anfechtung der Vaterschaft nur auf einen nach Erlass dieser Entscheidung entstandenen Lebenssachverhalt gestützt werden.[80] Wurde der Antrag wegen Anfechtung der Vaterschaft abgewiesen, weil nicht die Abstammung selbst betreffende Voraussetzungen gefehlt haben, ist die Rechtskraft hierauf beschränkt. Dies bedeutet, dass mangels Wirkung erga omnes Dritte die Vaterschaft erneut anfechten können.[81]

72 BGH 22.4.1998 – XII ZR 229/96, NJW 1998, 2976.
73 Palandt/*Siede* BGB § 1599 Rn. 6.
74 BVerfG 13.2.2007 – 1 BvR 421/05, NJW 2007, 753.
75 HK-ZPO/*Kemper* FamFG § 171 Rn. 6.
76 BGH 30.7.2008 – XII ZR 150/06, FamRZ 2008, 1821.
77 BVerfG 17.7.2019 – 2 BvR 1327/18, NZFam 2019, 813.
78 HK-FamVerfR/*Fritsche* § 184 Rn. 7.
79 HK-ZPO/*Kemper* FamFG § 184 Rn. 5.
80 BGH 30.10.2002 – XII ZR 345/00, NJW 2003, 585.
81 MüKoFamFG/*Coester-Waltjen/Lugani* § 184 Rn. 6.

47 Ungeklärt ist, inwieweit der Beschluss auch **materielle Rechtskraftwirkung** entfaltet. Wird ein neuer Anfechtungsantrag auf bereits verbrauchte Gründe oder auf Gründe, die zum Zeitpunkt der Entscheidung schon vorlagen, gestützt, kann ein erneuter Anfechtungsantrag darauf nicht mehr gestützt werden. Nach Abschluss der ersten Entscheidung entstandene Gründe können demgegenüber berücksichtigt werden, soweit sie nicht die Abstammung selbst betreffen. Aus der Formulierung in § 185 FamFG ist zu schließen, dass die Entscheidung eines Abstammungsverfahrens – die statusrechtliche Wirkung hat, sei sie positiv oder negativ – nur dann geändert werden kann, wenn die Voraussetzungen gem. § 185 FamFG vorliegen.[82]

5. Inhalt des Beschlusstenors

48 Hat ein Anfechtungsantrag eines Dritten gem. § 1600 Abs. 1 Nr. 2 BGB Erfolg, so muss gem. § 182 Abs. 1 FamFG neben dem Nichtbestehen der angefochtenen Vaterschaft ebenfalls die Vaterschaft des Anfechtenden im Beschlusstenor ausgesprochen werden, damit verhindert wird, dass das Kind vaterlos wird.[83]

Die Regelung in § 182 Abs. 2 FamFG ist nur auf negative Feststellungsanträge iSv § 169 Nr. 1 FamFG anzuwenden, nicht hingegen auf die Vaterschaftsanfechtung nach § 1600 BGB.[84]

6. Beschwerdeverfahren

49 Gegen den Beschluss ist die **Beschwerde gem. § 58 Abs. 1 FamFG** (→ *Beschwerdeverfahren* Rn. 1 ff.) statthaft. Beschwerdeberechtigt ist gem. § 59 Abs. 1 FamFG jeder, der durch die Entscheidung in seinen Rechten beeinträchtigt ist. Die allgemeinen Vorschriften gewährleisten nach ihrem Wortlaut nur eine Beschwerdeberechtigung für Vater und Kind. Deshalb erweitert § 184 Abs. 3 FamFG den Kreis der Beschwerdeberechtigten um alle, die am Verfahren beteiligt waren oder zu beteiligen gewesen wären, § 172 FamFG (→ Rn. 12 ff.).

Nicht beschwerdeberechtigt sind aber Personen, die nur mittelbar von dem Beschluss beeinträchtigt werden, zB Großeltern bezüglich eines Umgangsrechts oder Geschwisterkinder bezüglich der Höhe des Unterhaltsanspruchs,[85] aber auch der überlebende Ehegatte, Erben oder ein Nachlasspfleger sind nicht beschwerdebefugt.[86] Wurden sie gleichwohl am Verfahren beteiligt, kann das die Beschwerdebefugnis nicht rechtfertigen.

7. Wiederaufnahme des Verfahrens

50 Die rechtskräftige Endentscheidung in Abstammungssachen ist **nicht gem. § 48 FamFG abänderbar** (§ 184 Abs. 1 S. 2 FamFG). Abgeändert werden können rechtskräftige Entscheidungen nur im Wege der Wiederaufnahme gem. § 48 Abs. 2 FamFG iVm §§ 578 ff. ZPO und § 185 FamFG.

§ 185 Abs. 1 FamFG erweitert die Wiederaufnahmegründe des Buches 4 der ZPO. Danach findet die Wiederaufnahme auch statt, wenn ein Beteiligter ein **neues Gutachten** über die Abstammung vorlegt, das allein oder in Verbindung mit den im früheren Verfahren erhobenen Beweisen eine andere Entscheidung herbeigeführt haben würde. Die Wiederaufnahme kann nur durch einen Beteiligten des Vorverfahrens betrieben werden, nicht durch dessen Erben.[87] Weiterhin kann auch eine Person, die am Ursprungsverfahren nicht beteiligt war, jedoch zu beteiligen gewesen wäre, keinen Antrag auf Wiederaufnahme stellen.[88] Gutachten ist dabei jede schriftlich abgefasste Stellungnahme über die Vaterschaft, die von einer Person stammt, deren Fachwissen gerichtsbekannt ist oder leicht festgestellt werden kann. Neu ist das Gutachten, wenn es zu einem Zeitpunkt erstellt wurde, in dem es im Vorverfahren nicht mehr berücksichtigt werden

82 HK-FamVerfR/*Fritsche* § 184 Rn. 5.
83 HK-FamVerfR/*Fritsche* § 182 Rn. 2.
84 HK-FamVerfR/*Fritsche* § 182 Rn. 3.
85 BT-Drs. 16/9733, 368.
86 BGH 31.1.2018 – XII ZB 25/17, FamRZ 2018, 764.
87 OLG Celle 13.3.2000 – 15 UFH 1/00, NJW-RR 2000,1100.
88 MüKoFamFG/*Coester-Waltjen/Lugani* § 185 Rn. 11.

konnte, jedenfalls wenn es nach der letzten mündlichen Verhandlung des Vorverfahrens ausgearbeitet wurde.[89] Die **Vorlage** des Gutachtens ist Zulässigkeitsvoraussetzung, welche spätestens zum Schluss der letzten mündlichen Verhandlung erfüllt sein muss.[90] Aus dem Gutachten muss sich ergeben, dass im Vorverfahren eine andere Entscheidung getroffen worden wäre, wenn das Gutachten damals bereits bekannt gewesen wäre. Nicht ausreichend ist also, dass jetzt eine andere Entscheidung getroffen werden könnte, sondern dass bereits im Vorverfahren eine andere Entscheidung (**hypothetische Ausgangsentscheidung**) möglich gewesen wäre.[91]

8. Verfahrenswert

Der Verfahrenswert für Abstammungssachen nach § 169 Nr. 1 und 4 FamFG beträgt gem. § 47 Abs. 1 FamGKG 2.000 EUR. 51

9. Kosten

Gem. § 183 FamFG tragen bei einem **erfolgreichen Antrag** auf Anfechtung der Vaterschaft alle Verfahrensbeteiligten (§ 172 FamFG) mit Ausnahme des minderjährigen Kindes die Kosten zu gleichen Teilen. Im Übrigen gelten die allgemeinen Vorschriften (§ 81 FamFG). 52

10. Verfahrenskostenhilfe

In Abstammungsverfahren erfolgt die **Beiordnung eines Rechtsanwaltes** im Rahmen der Verfahrenskostenhilfe gem. § 78 Abs. 2 FamFG allein nach dem Kriterium der **Schwierigkeit der Sach- und Rechtslage**. Abweichend von § 121 Abs. 2 Alt. 2 ZPO kommt es nicht auf das Argument der Waffengleichheit an, da die Verfahren nicht mehr streng kontradiktorisch ausgestaltet sind. Der Grundsatz der Amtsaufklärung sowie die Vertretungsmöglichkeit des Jugendamtes als Beistand in den Abstammungsverfahren (§ 173 FamFG) wahren meist hinreichend die Rechte des beteiligten Kindes.[92] Die Schwierigkeit der Sach- und Rechtslage wird sich regelmäßig aus der schwierigen Auswertung des Abstammungsgutachtens, den besonderen Anforderungen an den Vortrag des Antragstellers sowie aus der Prüfung, wer die beteiligten minderjährigen Kinder vertreten kann, ergeben. Das Anfechtungsverfahren ist daher ein vom allgemeinen Zivilprozess stark abweichendes Verfahren eigener Art, das regelmäßig die Beiordnung eines Rechtsanwaltes als geboten erscheinen lässt.[93] 53

89 HK-ZPO/*Kemper* FamFG § 185 Rn. 5 f.
90 HK-FamVerfR/*Fritsche* § 185 Rn. 4.
91 OLG Stuttgart 31.8.2018 – 17 UF 53/18, FamRZ 2019, 607; HK-FamVerfR/*Fritsche* § 185 Rn. 4.
92 HK-FamVerfR/*Harms* § 78 Rn. 4.
93 BGH 13.6.2012 – XII ZB 218/11, NJW 2012, 2586.

15. Anpassung des Versorgungsausgleichs bei Invalidität, besonderer Altersgrenze oder Tod

Weil

I. Einführung

1 Da im Versorgungsausgleich im Regelfall die in der Ehezeit erworbenen Versorgungsanrechte geteilt werden, gehen mit der Teilung in Bezug auf das übertragene Teilanrecht auch die Risiken, die einem Anrecht typischerweise innewohnen, wie zum Beispiel das Invaliditätsrisiko und Todesfallrisiko, auf das Leben des Ausgleichsberechtigten über. Eine **Anpassung nach der Teilung** in der Form, dass Leistungen erbracht werden, die über das nach Teilung verbleibende Teilanrecht hinausgehen, ist für den Versorgungsträger nicht kostenneutral. Man hat daher diese Möglichkeiten bei einem Versorgungsausgleich nach dem ab dem 1.9.2009 geltenden Recht generell sehr eingeschränkt. Dort wo nach wie vor Anpassungsmöglichkeiten gegeben sind, sind sie auf die **Regelsicherungssysteme** (→ Rn. 2) beschränkt. Neben der sehr eingeschränkten Möglichkeit einer Anpassung wegen Unterhalts (→ *Unterhaltsprivileg* Rn. 1 ff.) ist auch eine **Anpassung bei Invalidität** (→ Rn. 3 ff.) der ausgleichspflichtigen Person möglich oder dann, wenn für diese eine **besondere Altersgrenze** (→ Rn. 3 ff.) gilt. Eine Anpassung ist weiter bei **Tod des Ausgleichsberechtigten** (→ Rn. 6) möglich, wenn er die Leistungen aus einem Anrecht höchstens 36 Monate bezogen hat. Das **Rentnerprivileg** wurde durch Art. 4 Nr. 5 VAStrRefG ersatzlos abgeschafft und gilt nur noch für Übergangsfälle. Voraussetzung ist, dass der Rentenfall vor dem 1.9.2009 eingetreten ist und ein Verfahren zum Versorgungsausgleich eingeleitet ist. Die entsprechende Regelung der Beamtenversorgung, das **Pensionistenprivileg**, wurde für Bundesbeamte ebenfalls abgeschafft. Die Länder und Kommunen haben in ihren beamtenrechtlichen Regelungen teilweise noch keine entsprechende Änderung vorgenommen, so dass diese Regelung bei Landes- und Kommunalbeamten teilweise noch fortbesteht.

II. Anpassungsfähige Anrechte

2 Eine Anpassung nach Rechtskraft ist nur noch bei den **Regelsicherungssystemen** nach § 32 VersAusglG möglich. Es handelt sich hierbei um die gesetzliche Rentenversicherung einschließlich der Höherversicherung, die Beamtenversorgung oder eine andere Versorgung, die zur Versicherungsfreiheit nach § 5 Abs. 1 SGB VI führt, berufsständische oder andere Versorgungen, die nach § 6 Abs. 1 Nr. 1 oder Nr. 2 SGB VI zu einer Befreiung von der Sozialversicherungspflicht führen können, die Alterssicherung der Landwirte und die Versorgungssysteme der Abgeordneten und der Regierungsmitglieder im Bund und in den Ländern. Diese Aufzählung ist abschließend.[1] Bei allen Anrechten, die nicht unter die Reglung des § 32 VersAusglG fallen, ist eine Anpassung nach Rechtskraft nicht möglich. Hierzu gehören alle privatrechtlich organisierten betrieblichen und privaten Versorgungssysteme. Dazu gehört auch die Zusatzversorgung des öffentlichen Dienstes.

III. Anpassung wegen Invalidität der ausgleichspflichtigen Person oder einer für sie geltenden besonderen Altersgrenze

3 Bezieht eine ausgleichspflichtige Person eine **laufende Versorgung wegen Invalidität** oder wegen des **Erreichens einer besonderen Altersgrenze** und kann sie aus einem im Versorgungsausgleich erworbenen anpassungsfähigen Anrecht noch keine Leistung beziehen, wird gemäß den §§ 35, 36 VersAusglG auf Antrag die Kürzung des Anrechts aufgrund des Versorgungsausgleichs ausgesetzt. Die Aussetzung erfolgt nur befristet. Sie endet, sobald die Leistungen aus den erworbenen Anrechten einsetzen.

1 BGH 6.3.2013 – XII ZB 271/11, FamFR 2013, 226.

Voraussetzung ist nach § 35 Abs. 2 iVm § 33 Abs. 2 VersAusglG, dass die **Kürzung** zum Ende der Ehezeit bei einer Rente als maßgebliche Bezugsgröße mindestens 2 %, in allen anderen Fällen als Kapitalwert mindestens 240 % der monatlichen Bezugsgröße nach § 18 Abs. 1 SGB IV betragen hat (bei einem Ende der Ehezeit in 2020 muss die Kürzung bei einer Monatsrente als maßgebliche Bezugsgröße danach mindestens 63,70 EUR, bei einem Kapitalwert mindestens 7.644 EUR betragen haben). 4

Die Kürzung ist nur auszusetzen, wenn der Ausgleichspflichtige im Versorgungsausgleich anpassungsfähige Anrechte iSd § 32 VersAusglG erworben hat, aber aus diesen noch keine Leistungen beziehen kann. Der Höhe nach ist die Aussetzung der Kürzung auf die Ausgleichswerte aus diesen Anrechten beschränkt. Fließen dem Ausgleichspflichtigen mehrere Versorgungen zu, so ist jede Versorgung nur insoweit nicht zu kürzen, als dies dem Verhältnis ihrer Ausgleichswerte entspricht. Über die Anpassung, deren Abänderung und Aufhebung entscheidet der Versorgungsträger des aufgrund des Versorgungsausgleichs gekürzten Anrechts. Antragsberechtigt ist der Ausgleichspflichtige, die Kürzung wird wirksam ab dem ersten Tag des Monats, der auf die Antragstellung folgt. Im Todesfall geht er auf die Erben über, wenn der Erblasser den Antrag gestellt hatte. In der Praxis ist die Anpassung wegen Invalidität zB dann von Bedeutung, wenn ein Anrecht bei einem berufsständischen Versorgungssystem erworben wurde, das nur eine Altersleistung gewährt, oder ein Anrecht der gesetzlichen Rentenversicherung und hier die Voraussetzungen für eine Erwerbsminderungsrente nicht erfüllt werden. 5

IV. Anpassung nach Tod

Stirbt der Ausgleichsberechtigte, bevor er aus einem im Versorgungsausgleich erworbenen Anrecht länger als 36 Monate Leistungen bezogen hat, wird nach den §§ 37, 38 VersAusglG das Anrecht des Ausgleichspflichtigen auf Antrag nicht länger aufgrund des Versorgungsausgleichs gekürzt. Beiträge, die zur Abwendung der Kürzung oder zur Begründung von Anrechten zugunsten des Ausgleichsberechtigten gezahlt wurden, sind unter Anrechnung der gewährten Leistungen an den Ausgleichspflichtigen zurückzuzahlen. Hat der Ausgleichspflichtige im Versorgungsausgleich Anrechte iSd § 32 VersAusglG von der verstorbenen ausgleichsberechtigten Person erworben, so erlöschen diese, sobald die Anpassung wirksam wird. Die Anpassung erfolgt nur auf **Antrag**, und zwar ex nunc[2] Antragsberechtigt ist der **Ausgleichspflichtige**. Über die **Anpassung nach Tod des Ausgleichsberechtigten** entscheidet der **Versorgungsträger**, bei dem das aufgrund eines Versorgungsausgleichs gekürzte Anrecht besteht. Eine Regelung bezüglich eines Mindestbetrages für das Anrecht gibt es bei dieser Regelung nicht. 6

2 VerwG Berlin 24.9.2013 – 28 K 80.11, FamRZ 2014, 770.

16. Anpassung wegen Unterhalts

Weil

I. Einführung

1 Da im Versorgungsausgleich im Regelfall die Anrechte geteilt werden, gehen mit der Teilung in Bezug auf das übertragene Teilanrecht auch die Risiken, die einem Anrecht typischerweise innewohnen, wie zum Beispiel das Invaliditätsrisiko und Todesfallrisiko, auf das Leben des Ausgleichsberechtigten über. Eine **Anpassung nach der Teilung** ist deshalb in der Regel für den Versorgungsträger nicht kostenneutral. Man hat daher diese Möglichkeiten bei einem Versorgungsausgleich nach dem ab dem 1.9.2009 geltenden Recht generell sehr eingeschränkt. Anpassungsmöglichkeiten gibt es nur bei den **Regelsicherungssystemen** (→ Rn. 2). Eine **Anpassung wegen Unterhalts** ist auch nach neuem Recht möglich, der Umfang ist gegenüber dem alten Recht jedoch stark eingeschränkt.

II. Anpassungsfähige Anrechte

2 Eine **Anpassung nach Rechtskraft** ist nur noch bei den Regelsicherungssystemen möglich, diese sind in § 32 VersAusglG abschließend aufgelistet. Es handelt sich hierbei um die gesetzliche Rentenversicherung einschließlich der Höherversicherung, die Beamtenversorgung oder eine andere Versorgung, die zur Versicherungsfreiheit nach § 5 Abs. 1 SGB VI führt, berufsständische oder andere Versorgungen, die nach § 6 Abs. 1 Nr. 1 oder Nr. 2 SGB VI zu einer Befreiung von der Sozialversicherungspflicht führen können, die Alterssicherung der Landwirte und die Versorgungssysteme der Abgeordneten und der Regierungsmitglieder im Bund und in den Ländern. Bei allen Anrechten, die nicht unter die Regelung des § 32 VersAusglG fallen, ist eine Anpassung nach Rechtskraft nicht möglich. Hierzu gehören alle privatrechtlich-organisierten betrieblichen und privaten Versorgungssysteme. Auch bei der Zusatzversorgung des öffentlichen Dienstes handelt es sich um privatrechtliche Versorgungsträger; auch bei diesen Anrechten ist daher eine Anpassung nach Rechtskraft nicht möglich.

III. Anpassung wegen Unterhalts

3 Mit der Durchführung des Versorgungsausgleichs wird die Rentenanwartschaft oder die laufende Rente beim Ausgleichspflichtigen sofort gekürzt. Die Zeit, in der der Ausgleichspflichtige seine Rente bezieht, der Ausgleichsberechtigte aber noch keinen Anspruch hat, kann daher eine Phase sein, in der den geschiedenen Eheleuten insgesamt vorübergehend sehr viel geringere Einkünfte zur Verfügung stehen als vorher und nachher. Für diese Fälle sieht § 33 Abs. 1 VersAusglG als Härtefallregelung vor, dass die **Kürzung** durch den Versorgungsausgleich in Höhe des Unterhaltsanspruchs **ausgesetzt** werden kann.[1] Voraussetzung ist, dass der Ausgleichsberechtigte aus dem Anrecht noch keine laufende Versorgung erhalten kann und ohne die Kürzung durch den Versorgungsausgleich einen **gesetzlichen Unterhaltsanspruch** hätte. Die Aussetzung der Kürzung erfolgt nur auf **Antrag.** Der konkrete Betrag der Aussetzung ist zu titulieren.

4 Eine Aussetzung kommt nur für Anrechte in Betracht, bei denen die **Kürzung** zum Ende der Ehezeit bei einer Rente als maßgebliche Bezugsgröße mindestens 2 %, in allen anderen Fällen als Kapitalwert mindestens 240 % der monatlichen Bezugsgröße nach § 18 Abs. 1 SGB IV betrug. Anrechte, die weniger gekürzt wurden, kommen für eine Aussetzung der Kürzung nicht in Betracht.

5 Die Kürzung ist nach § 33 Abs. 3 VersAusglG nur in **Höhe des Unterhaltsanspruchs** auszusetzen, höchstens jedoch in Höhe der Differenz der beiderseitigen Ausgleichswerte aus den anpassungsfähigen Anrechten, aus denen die ausgleichspflichtige Person eine laufende Versorgung bezieht. Wenn beide Ehe-

1 BGH 26.6.2013 – XII ZB 677/12, FamRZ 2013, 1364; 21.3.2012 – XII ZB 234/11, FamRZ 2012, 853.

gatten lediglich in der gesetzlichen Rentenversicherung Anrechte iSd § 33 VersAusglG erworben haben, ergibt sich die Grenze für eine Aussetzung der Rentenkürzung aus der Differenz der beiderseitigen Ausgleichswerte, die im Vollzug der Entscheidung zum Versorgungsausgleich nach § 10 Abs. 2 VersAusglG als Anrechte gleicher Art vom Versorgungsträger zu verrechnen sind.[2]

Die Voraussetzungen der Anwendung des § 33 VersAusglG entsprechen in § 33 Abs. 1 VersAusglG denen des § 5 Abs. 1 VAHRG. Zum einen muss der ausgleichsverpflichtete Ehegatte bereits eine Versorgung erhalten, die bei Durchführung des Versorgungsausgleichs einer Kürzung unterläge. Es kann sich dabei auch um eine Erwerbsunfähigkeits- oder um eine Altersrente handeln. Zum anderen darf die ausgleichsberechtigte Person noch keine Altersversorgung erhalten. Gleichzeitig ist erforderlich, dass zugunsten der ausgleichsberechtigten Person gegenüber der ausgleichspflichtigen Person für den Fall ihrer ungekürzten Versorgung ein – fiktiver – Unterhaltsanspruch besteht. Es muss sich dabei um einen **gesetzlichen** Unterhaltsanspruch im Rahmen der §§ 1570 ff. BGB handeln. Eine Aussetzung der Kürzung aufgrund eines vertraglichen Unterhaltsanspruchs kommt nicht in Betracht.[3] Unterhaltsansprüche einer anderen als der im Versorgungsausgleich ausgleichsberechtigten Person rechtfertigen keine Aussetzung der Kürzung der laufenden Versorgung.[4]

Ist der Ausgleichspflichtige auch nach Kürzung seiner Rente noch in der Lage, den Unterhalt aufzubringen, 6
erfolgt dennoch eine Aussetzung der Kürzung in Höhe des gesetzlich geschuldeten Unterhalts.[5] Die Aussetzung der Kürzung setzt auch nicht voraus, dass die Unterhaltsbelastung für den Ausgleichspflichtigen ohne Anpassung eine unzumutbare Härte wäre.[6]

Haben die geschiedenen Ehegatten Unterhalts- und Zugewinnausgleichsansprüche durch eine vereinbarte Einmalzahlung abgefunden, kommt eine Anpassung der Rentenkürzung wegen Unterhalts jedenfalls dann nicht in Betracht, wenn nicht festgestellt werden kann, welcher Anteil der geleisteten Summe auf den Unterhalt entfällt.[7]

Die Aussetzung der Kürzung aufgrund der Vorschrift des § 33 Abs. 1 VersAusglG, also die Anpassung 7
wegen Unterhalts, hat auf der Grundlage des Bruttobetrags der fiktiven, ungekürzten Versorgung zu erfolgen.[8] Damit ist der Unterhaltsanspruch gegen den Ausgleichspflichtigen nicht unbedingt identisch mit der Anpassung, da dieser auf der Grundlage der bereinigten Nettoeinkünfte berechnet wird. Auch die Höhe der Aussetzung der Kürzung führt damit nicht generell zur Erhöhung des nachehelichen Unterhalts im entsprechenden Umfang. Künftige Steuererstattungen zugunsten der ausgleichspflichtigen Person, die zu einem möglichen höheren Unterhaltsanspruch führen, sind nur im Wege eines späteren Abänderungsverfahrens zu berücksichtigen.[9]

Im Rahmen der Anpassung nach VersAusglG ist bei der Prüfung des gesetzlichen Unterhaltsanspruchs des geschiedenen Ehegatten eine Herabsetzung oder Befristung nach § 1578 b BGB, wie auch eine Verwirkung nach § 1579 BGB, nur zu berücksichtigen, wenn sich der unterhaltspflichtige geschiedene Ehegatte hierauf ausdrücklich beruft.[10]

Über die Höhe der Aussetzung der Kürzung entscheidet das **Familiengericht**. Gleiches gilt für jede Änderung gem. § 34 Abs. 6 S. 2 VersAusglG.

2 BGH 2.8.2017 – XII ZB 170/16, FamRZ 2017, 1662.
3 OVG RhPf 15.11.2013 – 10 A 10662/13, FamRZ 2014, 1306.
4 BGH 11.12.2013 – XII ZB 253/13, FamRZ 2014, 461.
5 OLG Hamm 1.3.2016 – II-4 UF 93/15, FamRZ 2016, 1773; BGH 7.11.2012 – XII ZB 271/12, FamRZ 2013, 189; OLG Frankfurt a. M. 24.2.2011 – 2 UF 317/10, FamRZ 2011, 1595; aA OLG Koblenz 17.4.2012 – 7 UF 154/12, FamRZ 2012, 1812.
6 BGH 27.6.2013 – XII ZB 91/13, FamRZ 2013, 1547; OLG Hamm 1.3.2016 – II-4 UF 93/15; OLG Frankfurt a. M. 4.4.2012 – 3 UF 423/11, FamRZ 2013, 43.
7 BGH 26.6.2013 – XII ZB 677/12, FamRZ 2013, 1364.
8 OLG Frankfurt a. M. 21.6.2018 – 2 UF 362/15 FamRB 2019, 11.
9 OLG Koblenz 14.11.2016 – 13 UF 530/16, FamRZ 2017, 709.
10 OLG Stuttgart 24.1.2019 – 17 UF 151/18, FamRZ 2019, 1320.

8 Fließen der ausgleichspflichtigen Person **mehrere Versorgungen** zu, ist nach **billigem Ermessen** zu entscheiden, welche Kürzung ausgesetzt wird (§ 33 Abs. 4 VersAusglG). Die Aussetzung beginnt in dem Monat, der dem Zeitpunkt der Antragstellung folgt (§ 34 Abs. 3 VersAusglG). Der Ausgleichspflichtige muss den Versorgungsträger über Änderungssachverhalte informieren (§ 34 Abs. 5 VersAusglG). Über den Wegfall der Anpassung entscheidet der Versorgungsträger (§ 34 Abs. 6 S. 1 VersAusglG).

9 Die örtliche **Zuständigkeit**, die sich bisher aus § 621 Abs. 2 ZPO bzw. § 45 FGG ergab, richtet sich nunmehr nach § 218 FamFG. Es haben sich hier keine wesentlichen Veränderungen ergeben. Im Verfahren nach §§ 33, 34 VersAusglG ist der nichtantragstellende (geschiedene) Ehegatte nicht Antragsgegner des Verfahrens, sondern Beteiligter iSd § 219 Nr. 1 FamFG. Das Verfahren über die Aussetzung der Kürzung einer laufenden Versorgung richtet sich generell gegen den Versorgungsträger, der daher Antragsgegner ist.[11]

Die Versorgungskürzung ist erst ab dem ersten des Monats auszusetzen, der der Antragstellung folgt. Eine **rückwirkende** Anpassung ist nicht mehr möglich.[12] Gleichzeitig ist der Versorgungsträger nach § 30 VersAusglG für die Dauer einer Übergangszeit geschützt und kann an die bisher berechtigte Person mit befreiender Wirkung leisten. Die Schutzfrist dauert bis zum letzten Tag des Monats, der dem Monat folgt, in dem der Versorgungsträger von der Rechtskraft der VA-Entscheidung Kenntnis erlangt.

11 OLG Hamm 14.11.2017 – II-13 UF 11/17, FamRZ 2018, 754.

12 BGH 21.3.2012 – XII ZB 234/11, FamRZ 2012, 853.

17. Anrechte im Versorgungsausgleich

Weil

1 Nach § 2 Abs. 1 VersAusglG sind die in der Ehezeit mit (eigener) Arbeit und/oder (eigenem) Vermögen erworbenen Anrechte hälftig zwischen den Ehegatten auszugleichen.[1] Mit **Anrechten** sind sowohl die bis zum Eintritt des Versorgungsfalls erworbenen Anwartschaften als auch die laufenden Leistungen mit Beginn des Rentenbezugs gemeint.

2 Neben den im Gesetz aufgeführten Versorgungen sind auch **ausländische**, über- und zwischenstaatliche Anrechte in Ansatz zu bringen. Aber auch **Unternehmerversorgungen** bzw. Anrechte von Gesellschafter-Geschäftsführern und/oder beherrschenden Gesellschaftern, sofern diese Anrechte die Voraussetzungen des § 2 Abs. 2 VersAusglG erfüllen, sind zu berücksichtigen. Gepfändete und zur Einziehung übertragene Anrechte unterliegen grundsätzlich dem Versorgungsausgleich. Ihre Übertragung erfolgt mit den sich aus dem Pfändungs- und Überweisungsbeschluss ergebenden Beschränkungen.[2]

3 Nicht auszugleichen sind Leistungen mit **Entschädigungscharakter** wie zB gesetzliche Unfallrenten oder dienstunfallbedingte beamtenrechtliche Versorgungsleistungen. Anrechte, die auf einer in der Ehezeit erfolgten Beitragszahlung durch einen Haftpflichtversicherer als Schadenersatz auf einem Verkehrsunfall basieren, sind wiederum im Versorgungsausgleich zu berücksichtigen.[3] **Betriebliche** Anrechte sind in den Versorgungsausgleich nicht einzubeziehen, wenn über das Vermögen des Versorgungsträgers das Insolvenzverfahren eröffnet wurde.[4]

4 Die Anrechte müssen grundsätzlich durch **eigene Arbeit und/oder eigenes Vermögen** erworben worden sein.[5] Damit bleiben Anwartschaften außer Betracht, die dadurch begründet worden sind, dass ein Dritter schenkweise eine Zahlung unmittelbar an den Versorgungsträger vorgenommen hat. Auch Anrechte, die mittels im Zugewinn ausgeglichenen Kapitals begründet wurden, unterfallen in Höhe des ausgeglichenen Kapitals nicht dem Versorgungsausgleich, sofern es zB in eine private Rentenversicherung einbezahlt wurde (Doppelverwertungsverbot).

5 Vom Versorgungsausgleich werden primär **Rentenanrechte** erfasst. Nach der Bestimmung des § 2 Abs. 2 Nr. 3 VersAusglG sind Anrechte im Sinne des Betriebsrentengesetzes und Anrechte nach dem Altersvorsorgezertifizierungsgesetz unabhängig von ihrer Leistungsform auszugleichen, dh in diesen Fällen sind sowohl Anrechte auf Renten- als auch auf Kapitalleistung beim Versorgungsausgleich zu berücksichtigen. Private Rentenversicherungen mit Kapitalwahlrecht unterfallen nach Ausübung des Kapitalwahlrechts nicht mehr dem Versorgungsausgleich, sofern das Wahlrecht bis zur letzten tatrichterlichen Entscheidung ausgeübt wurde. Wird ein solches Anrecht dem Versorgungsausgleich entzogen und kann es nicht im Rahmen des Zugewinnausgleichs ausgeglichen werden (Gütertrennung, abschließende Regelung zum Zugewinnausgleich), ist ein Anrecht des anderen Ehegatten in gleicher Höhe (auf der Grundlage des korrespondierenden Kapitalwertes, § 47 VersAusglG) vom Ausgleich auszunehmen.[6]

Hinweis: Da insbesondere bei privaten Rentenlebensversicherungen auf den ersten Blick nicht erkennbar ist, ob die Leistungen direkt durch einen Dritten an den Versorgungsträger gezahlt wurden oder der Verpflichtete das Kapital aufgrund des Zugewinnausgleichs verwendet hat, sollte immer geklärt werden, woher die Gelder der Einzahlungen in diese Versorgungen stammen.

1 Das Gesetz gilt für Lebenspartnerschaften gleichermaßen.
2 OLG Nürnberg 25.7.2017 – 7 UF 133/17, FamRZ 2018, 336.
3 BGH 11.4.2018 – XII ZB 377/17, FamRZ 2018, 992.
4 OLG Düsseldorf 31.8.2017 – II-8 UF 21/17, FamRZ 2018, 96.
5 BGH 15.12.1982 – IVb ZB 910/80, FamRZ 1983, 262.
6 BGH 21.9.2016 – XII ZB 264/13, FamRZ 2017, 26; 16.12.2015 – XII ZB 450/13, FamRZ 2016, 697; 1.4.2015 – XII ZB 701/13, FamRZ 2015, 998.

18. Anschlussunterhalt

Finke

I. Bedeutung des Erfordernisses des Anschlussunterhalts

1 Der Begriff des Anschlussunterhalts ist dem Gesetz als solcher unbekannt.[1] Er ergibt sich jedoch mittelbar aus der Systematik der Tatbestände des nachehelichen Unterhalts nach §§ 1569 ff. BGB, die mit Ausnahme des Betreuungsunterhalts nach § 1570 BGB und des Billigkeitsunterhalts nach § 1576 BGB **Einsatzzeitpunkte** voraussetzen, die auf den Wegfall eines zuvor bestehenden Unterhaltsanspruchs aus einem anderen Tatbestand abstellen, soweit es sich nicht um die Rechtskraft der Scheidung als Einsatzzeitpunkt handelt. Das bedeutet, dass sich in allen Fällen, in denen die Voraussetzungen des Unterhaltstatbestandes nicht bereits im Zeitpunkt der Scheidung vorliegen, der neue Unterhaltstatbestand an einen vorher bestehenden Unterhaltstatbestand anschließen muss. Es muss demnach eine ununterbrochene **Kette von Unterhaltstatbeständen** vorliegen. Mit diesem Erfordernis wird dem Interesse des Pflichtigen an einer Beendigung seiner Unterhaltsverpflichtung entsprochen unter dem Gesichtspunkt, welche Risiken im Rahmen der Bedürftigkeit als allgemeines Lebensrisiko bzw. als schicksalhafte Entwicklung vom Berechtigten oder im Rahmen der Nachwirkungen der Ehe bzw. des daraus hergeleiteten Grundsatzes der nachehelichen Solidarität zu tragen sind. Der gesetzlichen Regelung kann insoweit als Grundsatz entnommen werden, dass der Unterhaltsanspruch in der Regel endgültig entfällt, wenn der durch ihn zeitweise gedeckte Bedarf vom Berechtigten nachhaltig gesichert werden kann. Ausgenommen von dem Erfordernis des Anschlussunterhalts ist der Billigkeitsunterhalt nach § 1576 BGB, der seinerseits aufgrund des Erfordernisses der groben Unbilligkeit erheblichen Beschränkungen unterliegt, die auch vom zeitlichen Abstand und der Vorhersehbarkeit der Inanspruchnahme für den anderen Ehegatten bestimmt werden (→ *Billigkeitsunterhalt* Rn. 1, 5).[2]

II. Bestehen eines Unterhaltsanspruchs dem Grunde nach

2 Für die Annahme einer ununterbrochenen Anspruchskette reicht es aus, dass die Voraussetzungen des jeweiligen Unterhaltstatbestandes zu dem in Betracht kommenden Einsatzzeitpunkt vorgelegen haben. Dagegen muss der Anspruch nicht geltend gemacht worden sein. Es wird auch als ausreichend angesehen, wenn bei Vorliegen der übrigen Voraussetzungen allein die **mangelnde Leistungsfähigkeit des Pflichtigen** der Durchsetzung des Anspruchs entgegenstand. Zum Teil wird dies selbst für den Fall angenommen, dass in der Vergangenheit – insbesondere zu den Einsatzzeitpunkten – **keine Bedürftigkeit** bestand.[3] Dies wird damit begründet, dass die gesetzlichen Einsatzzeitpunkte allein an die Erwerbsobliegenheit des Berechtigten anknüpften und nicht an die Bedürftigkeit. Hierfür spreche der Wortlaut des § 1577 Abs. 1 BGB, nach dem Unterhalt nicht verlangt werden könne, „solange" und soweit sich der Berechtigte aus seinen Einkünften und seinem Vermögen unterhalten könne.

3 Ein Anschlussunterhalt kommt auch in Betracht, wenn lediglich der durch den Vorwegabzug des Kindesunterhalts geminderte Bedarf des Berechtigten durch dessen Einkommen gedeckt war und sich nach **Minderung oder Wegfall des Kindesunterhalts** ein weitergehender Bedarf ergibt, der nicht durch Eigeneinkommen gedeckt ist. Andernfalls wäre der Bestand eines nachehelichen Unterhaltsanspruchs von der jeweiligen Regelung der Kindesbetreuung und der Barunterhaltspflicht sowie dem Zeitpunkt der hierbei

1 Zu seiner Bedeutung für die unterhaltsrechtliche Praxis vgl. *Finke* FamRB 2017, 64 ff.
2 BGH 17.9.2003 – XII ZR 184/01, NJW 2003, 3481.
3 OLG München 28.9.1992 – 12 WF 991/92, FamRZ 1993, 564; OLG Schleswig 31.3.2006 – 15 UF 147/04, OLGR 2006, 487 = FuR 2006, 283; FA-FamR-HdB VI Rn. 463; Wendl/Dose UnterhaltsR/*Bömelburg* § 4 Rn. 112; differenzierend NK-BGB/*Schürmann* § 1577 Rn. 5.

eintretenden Änderungen (Wechsel eines Kindes zum anderen Elternteil) abhängig, was zu nicht zu rechtfertigenden unterschiedlichen Ergebnissen führen würde. Willkürlich wären die Ergebnisse auch deshalb, weil bei Bestand eines auch nur geringen nachehelichen Unterhaltsanspruchs über den gesamten Zeitraum der Wegfall des Kindesunterhalts zu einer Anspruchserhöhung führen würde, während bei Annahme eines endgültigen Wegfalls des Anspruchs der absehbare Wegfall des Kindesunterhalts nur dem Pflichtigen zugutekäme. Man kann die Anerkennung eines Unterhaltsanspruchs auch ohne unmittelbaren Anschluss an einen vorhergehenden Unterhaltstatbestand damit begründen, dass die Sicherung des Bedarfs, dessen Änderung aufgrund des Wegfalls des Kindesunterhalts als sicher vorhersehbar war, nicht nachhaltig war. Diesem Kriterium kommt bei der Beurteilung der Frage, ob die Unterhaltskette unterbrochen ist, eine maßgeblichere Bedeutung zu als dem zeitlichen Aspekt, der Dauer der Unterbrechung.[4] Das Erfordernis der **Nachhaltigkeit der Bedarfssicherung** gilt nicht nur im Rahmen des § 1573 Abs. 4 BGB, sondern als allgemeiner Grundsatz darüber hinaus (zu der vorstehenden Problematik beim Aufstockungsunterhalt → *Aufstockungsunterhalt* Rn. 8). Der allgemeine Rechtsgedanke der Nachhaltigkeit einer Entwicklung dient auch dazu, eine Unterbrechung der Unterhaltskette zu verneinen, wenn aufgrund einer nur vorübergehenden Arbeitslosigkeit des Pflichtigen kein Unterhaltsanspruch besteht.[5]

III. Nachhaltige Sicherung des Unterhaltsbedarfs

Dem generellen Verzicht auf das Erfordernis der Bedürftigkeit zum Einsatzzeitpunkt kann nicht zugestimmt werden, da sich dies konsequenterweise auch auf den dadurch bedingten Wegfall des Bedarfs beziehen müsste, soweit der Unterhalt nach der Differenz- oder Additionsmethode ermittelt wird. Da – wie bereits aufgezeigt – auch die mangelnde Leistungsfähigkeit der Annahme einer ununterbrochenen Unterhaltskette nicht entgegensteht, wären damit alle wesentlichen Bestandteile eines Unterhaltsanspruchs hinsichtlich der Einsatzzeitpunkte zur Disposition gestellt, so dass die mit ihnen vom Gesetz gewollte Beschränkung der Dauer der Unterhaltsansprüche weitgehend relativiert oder sogar gegenstandslos würde. Die Regelungen des § 1577 Abs. 1, 4 S. 1 BGB geben für einen Verzicht auf das Erfordernis der Bedürftigkeit nichts her bzw. legen eher einen gegenteiligen Schluss nahe. § 1577 Abs. 1 BGB verlangt entsprechend dem Grundsatz der Eigenverantwortung der Ehegatten nach der Scheidung (§ 1569 S. 2 BGB) die vorrangige Bedarfsdeckung durch eigene Einkünfte und eigenes Vermögen des Unterhaltsgläubigers. Eine Einschränkung der speziellen Regelungen in den einzelnen Unterhaltstatbeständen, die darauf abzielen, das Unterhaltsrechtsverhältnis zwischen geschiedenen Ehegatten zu beenden, wenn die Sicherung des Unterhaltsbedarfs nach den ehelichen Lebensverhältnissen eingetreten ist, ist hiermit offensichtlich nicht gewollt. § 1577 Abs. 4 S. 1 BGB kann lediglich entnommen werden, dass nicht jede – auch nur kurzfristige – Sicherung des Unterhaltsbedarfs (hier: aus dem Vermögen) den Anspruch dauerhaft entfallen lässt, sondern nur eine vom Zeitpunkt der Scheidung aus gesehen **nachhaltige Sicherung**. Der Anspruch als solcher bleibt also dem Grunde nach erhalten, wenn die Bedarfsdeckung erkennbar nur vorübergehend gewährleistet ist. 4

Der Grundsatz, dass nicht jede Bedarfsdeckung den Anspruch dauerhaft entfallen lässt, ist ebenfalls in § 1573 Abs. 4 BGB enthalten, der bei einer **Bedarfsdeckung durch Erwerbseinkommen** des Berechtigten den Anspruch bestehen lässt, soweit und solange das Erwerbseinkommen und der hierdurch gedeckte Bedarf noch nicht nachhaltig gesichert sind. Ist an dem maßgeblichen Einsatzzeitpunkt eine solche nachhaltige Sicherung gegeben (zB bei langjähriger Beschäftigung des Berechtigten in einem Arbeitsverhältnis ohne konkrete Anhaltspunkte für eine alsbaldige Beendigung), so erlischt der Anspruch endgültig. Ein späterer Verlust des Arbeitsplatzes, möglicherweise nur kurze Zeit nach dem Einsatzzeitpunkt, kann keinen Unterhaltsanspruch mehr begründen. Damit hat das Gesetz deutlich gemacht, welche Risiken des Verlustes des Erwerbseinkommens in die Sphäre des Berechtigten bzw. des Pflichtigen fallen. Der in den genannten Regelungen zum Ausdruck kommende Grundsatz des Erfordernisses der Nachhaltigkeit der Bedarfssicherung ist danach das wesentliche Kriterium für das vollständige oder teilweise Erlöschen 5

4 OLG Koblenz 19.2.2016 – 13 WF 22/16, FamRZ 2016, 1460 bei einer Unterbrechung von mehr als 10 Jahren.

5 BGH 4.11.2015 – XII ZR 6/15, FamRZ 2016, 203 mAnm *Finke*.

eines Unterhaltsanspruchs. In diesem Fall wird die Unterhaltskette unterbrochen, mit der Folge, dass auch bei erneutem Vorliegen der Voraussetzungen des früheren Unterhaltstatbestandes bzw. derjenigen eines Unterhaltstatbestandes kein Unterhaltsanspruch mehr besteht.[6] Das Risiko, dass dennoch später eine Bedürftigkeit eintritt, hat dann der Berechtigte zu tragen.

6 War der Unterhaltsbedarf aus der Sicht im Zeitpunkt der Scheidung ganz oder teilweise durch **Vermögen des Berechtigten** gesichert, so entfällt nach § 1577 Abs. 4 S. 1 BGB der hierdurch berührte Unterhaltsanspruch endgültig, dh ohne die Möglichkeit eines Anschlussunterhalts, und zwar selbst dann, wenn sich die Annahme der nachhaltigen Sicherung des Unterhaltsbedarfs nachträglich als unzutreffend erweist, da das Vermögen zB schneller als angenommen oder für unvorhergesehene zusätzliche Belastungen verbraucht worden ist. Die Risiken hinsichtlich der unzureichenden Bedarfsdeckung liegen in diesem Fall ebenso wie das Risiko einer fehlerhaften Prognose hinsichtlich der Nachhaltigkeit der Bedarfsdeckung ausschließlich beim Berechtigten. Etwas anderes gilt nur dann, wenn die fehlende Nachhaltigkeit der Bedarfsdeckung durch den Einsatz von Vermögen und Vermögenseinkünften im Zeitpunkt der Scheidung bereits vorhersehbar war. In § 1577 Abs. 4 S. 2 BGB macht das Gesetz eine Ausnahme von der Tragung des Risikos des vorzeitigen Vermögensverbrauchs für den Fall, dass im Zeitpunkt des Vermögenswegfalls die Voraussetzungen für einen Unterhaltsanspruch wegen Kindesbetreuung nach § 1570 BGB vorlagen. Es ist also eine **Privilegierung des Betreuungsunterhalts** vorgesehen. Streitig ist, ob sich an einen auf diese Weise „wieder aufgelebten" Unterhaltsanspruch später ein Unterhaltsanspruch aufgrund eines anderen Tatbestandes anschließen kann.[7]

7 Als problematisch erweisen sich Sachverhalte, in denen auf der Grundlage früherer höchstrichterlicher Rechtsprechung kein Unterhaltsanspruch mehr bestand, während er nach der nunmehr **geänderten Rechtsprechung** durchgehend bestanden hätte.[8] Sachgerecht erscheint es, die Frage des Bestehens eines Unterhaltsanspruchs zu einem früheren Zeitpunkt in diesen Fällen nach der geänderten Rechtsprechung zu beurteilen. Eine Ausnahme von dem Erfordernis eines Unterhaltsanspruchs im Einsatzzeitpunkt kommt dann in Betracht, wenn zwar kein Anspruch mehr bestand, der Pflichtige jedoch weiterhin freiwillig und ohne Vorbehalt den ungekürzten Unterhalt gezahlt hat in einem Zeitraum, in dem der Berechtigte entsprechende Erwerbseinkünfte hätte erzielen müssen, die seinen Unterhaltsanspruch gemindert hätten. Hier ist es angebracht, den Einsatzzeitpunkt auf den Zeitpunkt zu verschieben, an dem der Pflichtige seine Zahlungen eingestellt bzw. reduziert oder nur noch unter Vorbehalt gezahlt hat.

8 **Vereinbarungen** der Ehegatten, dass mit Rücksicht auf die Tragung von Verbindlichkeiten durch einen Ehegatten (derzeit) kein Unterhaltsanspruch besteht oder nicht geltend gemacht werden soll, stehen der Annahme eines Anspruchs dem Grunde nach nicht entgegen, soweit nicht erkennbar endgültig auf Unterhalt verzichtet werden sollte, was im Zweifel nicht der Fall ist.

Beispiel: M hat ein Nettoeinkommen von monatlich 1.800 EUR. Er betreut die beiden acht und zehn Jahre alten Kinder nach der Scheidung allein. F hat ein Nettoeinkommen von monatlich 1.000 EUR. Da das Einkommen der F den angemessenen Bedarf nicht überschreitet, einigen sich die Eheleute anlässlich der Scheidung darauf, dass F keinen Unterhalt für die Kinder zahlt und ihrerseits keinen nachehelichen Unterhalt geltend macht. Nachdem der von M übernommene Kindesunterhalt sich später erheblich reduziert (oder nach Abschluss der Berufsausbildung vollständig entfällt), verlangt F Aufstockungsunterhalt. Der Geltendmachung des Anspruchs nach § 1573 Abs. 2 BGB steht nicht entgegen, dass F sich früher mit M darauf verständigt hatte, dass nachehelicher Unterhalt in der damaligen Situation nicht zu zahlen war. Dies folgt daraus, dass sie im Zeitpunkt der Scheidung einen Anspruch nach § 1573 Abs. 2 BGB gegen M hatte, diesen jedoch aufgrund der zwischen den Eheleuten vorgenommenen Verrechnung mit dem Kindesunterhalt nicht geltend gemacht hat.

6 Vgl. auch NK-BGB/*Schürmann* § 1577 Rn. 5, wo dieser Grundsatz allerdings für den Fall der fehlerhaften Prognose eingeschränkt wird.
7 NK-BGB/*Schürmann* § 1577 Rn. 86; Palandt/*Brudermüller* BGB § 1577 Rn. 33.
8 OLG Koblenz 11.3.2003 – 11 UF 319/02, NJW 2003, 1877, hinsichtlich der Änderung der Rechtsprechung des Bundesgerichtshofs zur Anrechnungsmethode.

Abwandlung: M und F haben keine Kinder. M, der ein Nettoeinkommen von monatlich 2.000 EUR erzielt, hat bei der Scheidung die weitere Zahlung auf einen gemeinsamen Kredit in Höhe von monatlich 400 EUR übernommen. F, die ein Nettoeinkommen von 1.600 EUR hat, verzichtet im Gegenzug auf die Geltendmachung von Unterhalt. Hier hätte F ohne die Vereinbarung, die eine Verrechnung von Unterhalt mit einem gesamtschuldnerischen Ausgleichsanspruch enthält, einen Unterhaltsanspruch gegen M gehabt. Die Verrechnungsvereinbarung rechtfertigt es nicht, die F so zu behandeln, als hätte sie endgültig auf Unterhalt verzichtet. Sie kann vielmehr den durchgehend bestehen gebliebenen Unterhaltsanspruch, der sich durch den Wegfall der Kreditbelastung weiter erhöht hat, geltend machen.

Wird durch einen Unterhaltsanspruch nur ein Teil des Unterhaltsbedarfs gedeckt, so kann sich der Anschlusstatbestand nur an diesem Teil fortsetzen – **Teilanschlussunterhalt** – und nicht etwa auf den Teil des Bedarfs erstrecken, der bisher durch eigene Einkünfte oder eigenes Vermögen gedeckt war. Diese Begrenzung des Anschlussunterhalts auf einen Teil des Bedarfs bedeutet aber nicht, dass er auch betragsmäßig festgeschrieben ist und keine Steigerung erfahren kann, wie dies bei Änderung der Einkommensverhältnisse – ohne Änderung des Umfangs der Erwerbstätigkeit – jederzeit möglich ist.[9] Der Teilanschlussunterhalt bezieht sich vielmehr auf die Quote des nach dem bisherigen Unterhaltstatbestand gedeckten Teils des gesamten Unterhaltsbedarfs des Berechtigten.[10] 9

Besteht aufgrund Kinderbetreuung oder Krankheit oder Alters keine Erwerbsobliegenheit, so bestimmt sich der gesamte Unterhaltsanspruch nach dem jeweiligen Tatbestand (§§ 1570 BGB, 1572 BGB oder § 1571 BGB), so dass in diesen Fällen der Unterhalt **nur auf einem Tatbestand beruht**, selbst wenn ein Teil des Bedarfs auf den unterschiedlich hohen Einkünften beruht, die beide Ehegatten bei uneingeschränkter Erwerbsmöglichkeit erzielen könnten, dh die eigentlich dem Aufstockungsunterhalt zuzuordnen wären.[11] Für die Frage der Herabsetzung des Anspruchs nach § 1578 b BGB Abs. 1 BGB kann es dennoch von Bedeutung sein festzustellen, welches Einkommen der Berechtigte allein auf der Grundlage seiner uneingeschränkten Erwerbstätigkeit ohne Beeinträchtigung durch die eheliche Rollenverteilung erzielen würde, dh in welchem Umfang der Bedarf allein auf den unterschiedlichen Erwerbseinkünften der Eheleute ohne Beeinflussung durch die Ehe beruht.[12]

Beispiel (mit Übersicht über die Systematik der Einsatzzeitpunkte und Anschlussunterhaltstatbestände): M hat ein bereinigtes monatliches Einkommen (nach Abzug des Kindesunterhalts) von 2.300 EUR. F, die das gemeinsame sechsjährige Kind betreut, hat aus einer teilschichtigen Tätigkeit (27 Std./Woche) ein monatliches Einkommen von 750 EUR. Nach der Additions-/Differenzmethode beträgt der ungedeckte Bedarf der F nach der 3/7-Quote 665 EUR. Unterstellt man, dass F mit einer vollschichtigen Tätigkeit monatlich 1.050 EUR verdienen könnte, so würde sich ein Aufstockungsunterhaltsanspruch nach § 1573 Abs. 2 BGB von 536 EUR (2.300 – 1.050 = 1.250 x 3/7) ergeben. Hieraus folgt, dass ihr Unterhaltsanspruch von 665 EUR zu einem Teilbetrag von 129 EUR auf § 1570 BGB und zu einem weiteren Teilbetrag von 536 EUR auf § 1573 Abs. 2 BGB beruht. 10

9 Dies verkennt Wendl/Dose UnterhaltsR/*Bömelburg* § 4 Rn. 114.

10 BGH 27.6.2001 – XII ZR 135/99, NJW 2001, 3260.

11 BGH 6.5.2009 – XII ZR 114/08, NJW 2009, 1956 für den Betreuungsunterhalt; 26.11.2008 – XII ZR 131/07, NJW 2009, 989 für den Krankheitsunterhalt.

12 BGH 6.5.2009 – XII ZR 114/08, NJW 2009, 1956.

Einkommen M	2.300 €
Einkommen F	./. **750 €**
Einkommensdifferenz	1.550 €
Diff.- Bedarf	3/7 = **665 €**

	§ 1570 BGB: **129 EUR** Betreuungsunterhalt	**§ 1573 Abs. 2 BGB**: **536 EUR** Aufstockungsunterhalt	**750 EUR** Einkommen der F
a) Das von F betreute Kind ist inzwischen zwölf Jahre alt. F kann trotz ausreichender Bemühungen keine weitergehende Beschäftigung finden.	**a)** Anspruch der F gem. **§ 1573 Abs. 1 BGB** – wegen nicht vorwerfbarer Erwerbslosigkeit – als **Anschlusstatbestand** nach Wegfall des Betreuungsunterhalts		
b) F ist aus gesundheitlichen Gründen nicht zu einer weitergehenden Beschäftigung in der Lage.	**b)** Anspruch der F gem. **§ 1572 Nr. 2 BGB** – wegen Krankheit – als **Anschlusstatbestand** nach Wegfall des Betreuungsunterhalts	**a), b), c)** und **d)** Der Anspruch auf Aufstockungsunterhalt gem. **§ 1573 Abs. 2 BGB** bleibt in dem Umfang bestehen, wie die F auch bei einer vollschichtigen Tätigkeit ihren Bedarf nicht decken könnte.	
c) F verliert drei Jahre nach der Scheidung in nicht vorwerfbarer Weise durch Kündigung des Arbeitgebers ihren **bisherigen Arbeitsplatz** mit teilschichtiger Tätigkeit.			**c) Kein Anschlusstatbestand** nach **§ 1573 Abs. 1 BGB** hinsichtlich des bislang durch das eigene Einkommen von 750 EUR gedeckten „Sockelbetrages" des Unterhaltsbedarfs der F. Ein insoweit „neuer" Unterhaltsanspruch kommt nur ausnahmsweise in Betracht unter den Voraussetzungen des **§ 1573 Abs. 4 BGB**, dh soweit keine nachhaltige Sicherung dieser Einkünfte vorlag.
d) F verliert ihren bisherigen Arbeitsplatz nicht durch Kündigung, sondern krankheitsbedingt ein Jahr nach der Scheidung.			**d) Kein Anschlusstatbestand** nach **§ 1572 BGB** hinsichtlich des bislang durch das eigene Einkommen von 750 EUR gedeckten „Sockelbetrages" des Unterhaltsbedarfs der F. Da Erkrankung nicht zum Einsatzzeitpunkt der Rechtskraft der Scheidung zum Arbeitsplatzverlust geführt hat, scheidet ein „neuer" Unterhaltsanspruch aus.

Ausnahme: Krankheit bei Scheidung zumindest latent vorhanden und hierdurch bedingte Beschränkung der Erwerbsfähigkeit zu einem späteren Zeitpunkt steht in einem engen Zusammenhang mit dem Einsatzzeitpunkt (Scheidung), und zwar bis max. zwei Jahre.

e) F ist 65 Jahre und bezieht Altersrente:

Sie hatte bis dahin Anspruch auf

- Aufstockungsunterhalt nach § 1573 Abs. 2 BGB (in allen Varianten möglich),
- Krankheitsunterhalt nach § 1572 BGB (in Variante b und evtl. nach Varianten c u. d),
- Erwerbslosenunterhalt nach § 1573 Abs. 1 BGB (in Variante a).

Bestand zu den Einsatzzeitpunkten des **§ 1571 BGB** ein Unterhaltsanspruch nach § 1572 BGB und/oder § 1573 BGB, so kann sie Altersunterhalt als **Anschlussunterhalt** verlangen. War zu diesen Zeitpunkten nur noch ein Teilunterhaltsanspruch gegeben (zB bei nur teilweiser Erwerbstätigkeit aufgrund Krankheit, während ein Aufstockungsunterhalt bereits früher aufgrund Befristung nach § 1578 b BGB entfallen ist), so kann sich der Altersunterhalt nur an diesen Teilunterhalt anschließen mit der Folge, dass er in der Höhe durch diesen begrenzt wird und nicht mehr zum vollen Unterhaltsanspruch nach den ehelichen Lebensverhältnissen führen kann (→ Rn. 8).

Die in dem vorstehenden Beispiel vorgenommene **Aufteilung des** ursprünglichen **Gesamtunterhalts auf die Tatbestände des Betreuungs- und Aufstockungsunterhalts** entspricht dem Gesetzeswortlaut. Nach § 1573 Abs. 2 BGB kann ein Ehegatte Aufstockungsunterhalt in dem Umfang verlangen, in dem er nicht bereits einen Unterhaltsanspruch nach den §§ 1570–1572 BGB hat. Der BGH und die überwiegende unterhaltsrechtliche Praxis stellen bei der Feststellung des jeweiligen Anteils von Betreuungs- und Aufstockungsunterhalt am Gesamtunterhaltsanspruch abweichend von der hier vorgenommenen Berechnung darauf ab, in welchem Umfang der Berechtigte Einkommensnachteile aufgrund der berechtigten Einschränkung seiner Erwerbstätigkeit wegen Kindesbetreuung hat.[13] Danach würden im Beispiel 500 EUR auf den Betreuungsunterhalt nach § 1570 BGB und 443 EUR auf den Aufstockungsunterhalt nach § 1573 Abs. 2 BGB entfallen.[14] Diese Berechnung der Teilansprüche entspricht jedoch weder dem Wortlaut noch dem Sinn des Gesetzes, nach denen es darum geht, dem Berechtigten den **Unterhaltsanspruch** zu verschaffen, den er hätte, wenn er nicht bedingt durch die Kindesbetreuung an der Ausübung einer Erwerbstätigkeit gehindert wäre. Dagegen ist es nicht Aufgabe des Unterhaltsanspruchs, dem Berechtigten einen vollen Ausgleich für das aufgrund der Einschränkung oder Aufgabe seiner Erwerbstätigkeit nicht erzielte Einkommen zu gewähren. 11

13 BGH 21.4.2010 – XII ZR 134/08, FamRZ 2010, 1050; Wendl/Dose UnterhaltsR/*Bömelburg* § 4 Rn. 210 f.; Erman/*Maier* BGB § 1570 Rn. 28.

14 Wie hier dagegen die Berechnung von FA-FamR-HdB/*Maier* VI Rn. 521.

19. Arbeitslosengeld

Conradis

I. Einführung

1 Arbeitslosengeld ist inzwischen ein Begriff für zwei verschiedene Leistungen: Arbeitslosengeld II wird die Leistung der Grundsicherung für Arbeitsuchende (→ *Grundsicherung für Arbeitsuchende* Rn. 1 ff.) genannt. Arbeitslosengeld – ohne Zusatz I – ist die Lohnersatzleistung nach dem SGB III, um die es vorliegend geht. Das SGB III ist durch Gesetz vom 20.12.2011 (BGBl. I 2854) erheblich umgestaltet worden, die Paragrafenfolge hat sich teilweise geändert. Die Regelungen zum Arbeitslosengeld sind hierdurch nicht geändert worden.

II. Voraussetzungen

2 Ein Anspruch auf Arbeitslosengeld besteht nur, wenn die erforderliche Anwartschaftszeit erfüllt ist. Innerhalb einer **Rahmenfrist von zwei Jahren**, beginnend mit dem Tag vor der Arbeitslosmeldung, müssen **mindestens zwölf Monate** versicherungspflichtige Zeit enthalten sein (§§ 142, 143 Abs. 1 SGB III). Nach § 26 SGB III werden auch die dort genannten Zeiten als **versicherungspflichtige Zeiten** anerkannt. Dies betrifft unter anderem nach § 26 Abs. 2 a SGB III Personen in der Zeit, in der sie ein Kind, welches das dritte Lebensjahr noch nicht vollendet hat, erziehen, jedoch nur, wenn sie unmittelbar davor versicherungspflichtig tätig waren oder eine laufende Entgeltersatzleistung nach dem SGB III bezogen haben. Diese Regelung gilt nur für die Erziehung von Kindern von Alleinerziehenden oder des nicht dauernd getrennt lebenden Ehegatten oder des Lebenspartners. Praktisch bedeutet dies: Ein Elternteil – meist die Mutter – mit einem Kind, welches noch nicht das vierte Lebensjahr vollendet hat, kann durch eine Arbeitslosmeldung einen Anspruch auf Arbeitslosengeld erwerben, wenn vor der Erziehungszeit eine Erwerbstätigkeit ausgeübt wurde. Die Möglichkeit endet spätestens mit der Vollendung des vierten Lebensjahres des Kindes, weil dann in die letzten zwei Jahre kein Jahr Erziehungszeit mehr fallen kann.

3 Grundsätzlich muss **Verfügbarkeit** bestehen, um Leistungen zu erhalten. Dabei reicht es aus, sich für 15 Stunden dem Arbeitsmarkt zur Verfügung zu stellen (§§ 138 Abs. 5, 139 Abs. 4 SGB III). Besondere Gründe für die zeitliche Einschränkung müssen nicht vorliegen. Wird von dieser Möglichkeit Gebrauch gemacht, verringert sich das Arbeitslosengeld entsprechend (§ 151 Abs. 5 S. 1 SGB III).

4 Meldet sich ein alleinerziehender Elternteil arbeitslos, muss natürlich die **Versorgung der Kinder** für die Zeit gesichert sein, für die die Arbeitslosmeldung erfolgt. Ansonsten steht die Person dem Arbeitsmarkt nicht zur Verfügung. Voraussetzung ist also, dass die Betreuung für den Fall der Arbeitsaufnahme anderweitig sichergestellt ist, wobei es nicht erforderlich ist, die anderweitige Versorgung schon vor der Aufnahme der Arbeit tatsächlich durchzuführen. Es reicht aus, wenn die Bereitschaft einer anderen Person besteht, im Falle der Arbeitsaufnahme die Betreuung zu übernehmen bzw. wenn ein Kindergartenplatz frei ist, den das Kind in Anspruch nehmen könnte. Soweit beide Ehegatten arbeitslos sind, sind sie verfügbar, solange jeder Ehegatte bereit ist, die Kinder bis zur Aufnahme einer eigenen Arbeit zu betreuen. Dies gilt auch im Falle des Getrenntlebens und nach der Scheidung.

5 Ebenso wie in der Krankenversicherung (→ *Krankenversicherung* Rn. 16 f.) besteht auch bei der Arbeitslosenversicherung für alleinerziehende Arbeitslose die Möglichkeit, das Arbeitslosengeld weiter zu erhalten, wenn ein **erkranktes Kind** beaufsichtigt oder betreut werden muss. Nach § 146 Abs. 2 SGB III besteht der Anspruch auf Kinderpflege-Arbeitslosengeld grundsätzlich für zehn Tage pro Kalenderjahr für jedes Kind des Arbeitslosen, bei alleinerziehenden Arbeitslosen für 20 Tage je Kind, jedoch bei mehreren Kindern nicht für mehr als insgesamt 50 Tage pro Jahr. Weiterhin ist ebenso wie in der Krankenversicherung

Voraussetzung, dass das Kind das zwölfte Lebensjahr noch nicht vollendet hat und eine andere Person das Kind im Haushalt nicht betreuen kann.

III. Höhe des Arbeitslosengeldes

Der Leistungssatz beträgt **60 % des pauschalierten Nettoentgelts** (Leistungsentgelt) für sonstige Arbeitslose (§ 149 Nr. 2 SGB III). Er wird **auf 67 % erhöht**, wenn der Arbeitslose oder dessen Ehegatte mindestens ein Kind im Sinne des EStG hat, wobei die Erhöhung dann nicht mehr gilt, wenn die Ehegatten dauernd getrennt leben (§ 149 Nr. 1 SGB III). Die Trennung bei nicht gemeinschaftlichen Kindern führt mit dem Tag der Trennung zu einer Senkung des Arbeitslosengeldes für den Arbeitslosen, der selbst nicht Elternteil ist. 6

Bedeutsam für die Höhe des Arbeitslosengeldes ist weiterhin die **Steuerklasse**. Grundsätzlich gilt die Steuerklasse, die zu Beginn des Kalenderjahres in der Lohnsteuerkarte eingetragen ist (§ 153 Abs. 2 S. 1 SGB III). Je weniger Steuern nach der Steuerklasse gezahlt werden müssen, umso höher ist das Arbeitslosengeld. Ehegatten haben die Möglichkeit, ihre Steuerklassenkombinationen zu wählen. Sie muss zweckmäßig und nach den objektiven Gegebenheiten geboten sein.[1] Ein Wechsel der Steuerklasse während des Bezugs von Arbeitslosengeld bzw. nach Beginn des Kalenderjahres wird jedoch nur unter sehr eingeschränkten Bedingungen vom Arbeitsamt akzeptiert; Einzelheiten ergeben sich aus § 153 Abs. 2 SGB III. Es kann zweckmäßig sein, sich zu dieser Problematik von der Bundesagentur für Arbeit beraten zu lassen (§ 14 SGB I). 7

Im Fall der **dauernden Trennung von Ehegatten** besteht die Verpflichtung, von der Steuerklasse III auf die Steuerklasse I bzw. II zu wechseln, allerdings erst für das Kalenderjahr, welches der Trennung folgt. Damit ergibt sich für den Bezug von Arbeitslosengeld eine Verminderung der Leistungen. Es wird daher oft während der Trennungszeit einverständlich von den Ehegatten die Änderung der Lohnsteuerkarte nicht durchgeführt, so dass weiterhin die Lohnsteuerklasse III auf der Steuerkarte enthalten ist. An diesen Eintrag ist die Agentur für Arbeit gebunden, die Eintragung hat nämlich Tatbestandswirkung. Die Agentur für Arbeit hat damit keine Möglichkeit, die steuerrechtliche Richtigkeit zu überprüfen.[2] Die Agentur für Arbeit kann jedoch bei der zuständigen Behörde auf eine Änderung der Steuerkarte hinwirken. Falls durch die fehlende Ummeldung der Steuerklasse geringere Steuern anfallen, kommt eine Strafbarkeit wegen Steuerhinterziehung in Betracht. 8

1 BSG 28.12.2002 – B 7 AL 36/01 R, info also 2003, 77.
2 BSG 12.7.1989 – 7 RAr 58/88, SozR 4100 § 113 Nr. 9.

20. Aufenthaltsbestimmung bei Minderjährigen

Seebach/M. Teubel

I. Allgemein

1 Das Recht der **Aufenthaltsbestimmung bei Minderjährigen** nach § 1626 BGB iVm § 1631 Abs. 1 BGB ist Teilbereich der elterlichen Personensorge (→ *Personensorge* Rn. 1 ff.). Die Eltern haben das Recht, die **Wohnung und den Wohnort** der minderjährigen Kinder zu bestimmen.[1] Die Begrifflichkeiten sind zu unterscheiden vom Wohnsitz gem. § 11 BGB.

2 Ferner bezieht sich der Begriff der Aufenthaltsbestimmung auf den Kontakt und den **Umgang mit Dritten** (→ *Umgangsrecht* Rn. 80 ff.) sowie das Aufsuchen bestimmter Örtlichkeiten. Es bestehen Überschneidungen mit dem Bereich der Erziehung der minderjährigen Kinder durch die Eltern (→ *Erziehung* Rn. 1 ff.). Aus dem Recht der Eltern auf Aufenthaltsbestimmung ergibt sich ferner ein **Herausgabeanspruch** gegen Dritte gem. § 1632 BGB (→ *Kindesherausgabe* Rn. 1 ff.).

3 Die Ausübung der Aufenthaltsbestimmung erfährt **Grenzen**, wobei das Kindeswohl oberstes Kriterium ist. So kann eine Nichtausübung durch fehlende Kontrollen durch die Eltern Maßnahmen nach § 1666 BGB wegen **Kindeswohlgefährdung** auslösen (→ *Kindeswohlgefährdung* Rn. 6 ff.), aber auch gerade in der konkreten Ausübung der elterlichen Aufenthaltsbestimmung eine Kindeswohlgefährdung liegen.[2] Einen weiteren staatlichen Eingriff in das Elternrecht stellt die Möglichkeit der **Verbleibensanordnung** nach § 1632 BGB dar (→ *Verbleibensanordnungen* Rn. 1 ff.).

Darüber hinaus bilden der **staatliche Erziehungsauftrag** und die damit einhergehende Schulpflicht (→ *Erziehung* Rn. 8) sowie das **Jugendstrafrecht** und die damit verbundenen erzieherischen Auflagen und Weisungen staatliche Eingriffsmöglichkeiten in das Recht der Aufenthaltsbestimmung.[3]

4 Hinsichtlich der **Unterbringung in einer geschlossenen Einrichtung** erfährt das elterliche Recht insoweit eine Einschränkung, als aufgrund der Erheblichkeit des Eingriffs in die Rechte des Kindes eine familienrichterliche Genehmigung erforderlich ist gem. § 1631 b BGB (→ *Freiheitsentziehende Unterbringung und freiheitsentziehende Maßnahmen betreffend Minderjährige* Rn. 1 ff.). Durch diese gesetzliche Regelung soll einer missbräuchlichen Ausübung des elterlichen Aufenthaltsbestimmungsrechts vorgebeugt werden.[4]

Bei getrennt lebenden Eltern erfährt das Recht des allein sorgeberechtigten Elternteils eine Einschränkung während des Umgangs mit dem anderen Elternteil nach § 1687 a BGB iVm § 1687 Abs. 1 S. 4 BGB (→ *Elterliches Sorgerecht* Rn. 14).

5 Wird der **allein sorgeberechtigten Kindesmutter** das Aufenthaltsbestimmungsrecht entzogen, ist nach § 1680 Abs. 3, 2 BGB die Übertragung auf den Kindesvater zu prüfen.[5]

---

1 NK-BGB/*Rakete-Dombek/Berning* § 1631 Rn. 9.
2 NK-BGB/*Rakete-Dombek/Berning* § 1631 Rn. 9.
3 NK-BGB/*Rakete-Dombek/Berning* § 1631 Rn. 5.
4 NK-BGB/*Rakete-Dombek/Berning* § 1631 b Rn. 1.
5 BGH 16.6.2010 – XII ZB 35/10, NJW-RR 2010, 1369.

II. Ausübung des Aufenthaltsbestimmungsrechts

1. Einvernehmliche Ausübung

Bei einer **einvernehmlichen, gemeinsamen Ausübung** der elterlichen Sorge gelten die allgemeinen Ausführungen im Bereich des elterlichen Sorgerechts (→ *Elterliches Sorgerecht* Rn. 6 ff.). 6

Gem. § 1630 Abs. 3 BGB kann das Familiengericht auf Antrag der Eltern einer **Pflegeperson**, bei der sich das Kind zur Familienpflege befindet, bestimmte Rechte, eben auch das Aufenthaltsbestimmungsrecht, übertragen (→ *Pflegefamilie* Rn. 13 ff.).

In der Praxis werden ab und an **Anträge von Pflegepersonen** auf Übertragung des Aufenthaltsbestimmungsrechts oder auf Übertragung der elterlichen Sorge gestellt, insbesondere wenn es sich um Verwandte des Kindes handelt.

Sind die Eltern nicht mehr mit der gegebenen Situation einverstanden und wollen das Kind aus der Pflegefamilie herausnehmen, so kann unter den Voraussetzungen des § 1632 BGB eine **Verbleibensanordnung** ergehen (→ *Verbleibensanordnungen* Rn. 1 ff.). Des Weiteren ist an ein Verfahren wegen Kindeswohlgefährdung nach § 1666 BGB zu denken.[6] 7

2. Strittige Ausübung/Getrennt lebend

a) Allgemeines. Leben gemeinsam sorgeberechtigte Eltern getrennt, unabhängig davon, ob verheiratet oder nicht, so kann jeder Elternteil gem. § 1671 BGB das alleinige **Aufenthaltsbestimmungsrecht** beantragen. Diese Konstellation bildet in der gerichtlichen Praxis im Bereich der elterlichen Sorge die häufigste Fallgestaltung, da sich im Rahmen einer Trennung die Eltern häufig über den **Lebensmittelpunkt der Kinder** nicht einigen können.[7] 8

Zu prüfen ist, ob unter Verhältnismäßigkeitsaspekten die Übertragung des Sorgerechts erforderlich ist, oder ob nicht lediglich eine Meinungsverschiedenheit der Eltern in einem einzelnen Bereich vorliegt (→ *Meinungsverschiedenheiten der Sorgeberechtigten* Rn. 1 ff.). Entscheidungen nach § 1628 BGB bilden die deutlich mildere Maßnahme, da gerade nicht in das Sorgerecht eingegriffen wird.[8]

b) Kriterien des Kindeswohls. Im Gegensatz zu einer einvernehmlichen Übertragung der elterlichen Sorge auf einen Elternteil gem. § 1671 Abs. 1 S. 1, 2 Nr. 1 BGB (→ *Elternvereinbarungen* Rn. 8), hat nach § 1671 Abs. 1 S. 1, 2 Nr. 2 BGB eine **gerichtliche Prüfung** zu erfolgen, ob die Aufhebung und die Übertragung dem Wohl des Kindes am besten entspricht. Es erfolgt eine sogenannte zweistufige Kindeswohlprüfung.[9] 9

Sowohl die Aufhebung der gemeinsamen elterlichen Sorge als auch die Übertragung des Aufenthaltsbestimmungsrechts auf einen Elternteil sind am **Kriterium des Kindeswohls** zu messen (→ *Elterliches Sorgerecht* Rn. 8). Entscheidend ist daher, ob die Übertragung auf den beantragenden Elternteil dem Kindeswohl am besten entspricht.[10] Der andere Elternteil kann im Verfahren einen gegenläufigen Antrag stellen oder lediglich die Zurückweisung des Antrags des anderen Elternteils beantragen. Letztlich hat dies keinen bedeutsamen Einfluss auf den weiteren Gang des Verfahrens, da der **Amtsermittlungsgrundsatz** gilt.

---

6 NK-BGB/*Rakete-Dombek/Berning* § 1630 Rn. 21.
7 *Maier* in: FormB-FamR § 6 Rn. 116.
8 NK-BGB/*Rakete-Dombek/Berning* § 1628 Rn. 5.
9 NK-BGB/*Rakete-Dombek/Berning* § 1671 Rn. 7.
10 Palandt/*Götz* BGB § 1671 Rn. 26.

10 Von der Rechtsprechung wurden für die Kindeswohlprüfung **folgende Kriterien** entwickelt:[11]

- Erziehungseignung der Eltern,[12]
- Kontinuitätsgrundsatz,[13]
- Förderungsgrundsatz,[14]
- Bindung des Kindes an die Eltern,[15]
- Geschwisterbindung,[16]
- Kindeswille.[17]

Den Kriterien kommt hierbei **grundsätzlich gleiche Gewichtung** zu, wobei der Kindeswillen mit zunehmendem Alter des Kindes an Bedeutung gewinnt und eine gerichtliche Entscheidung gegen den Kindeswillen ab Vollendung des 14. Lebensjahres des Kindes nur schwer begründbar ist.[18]

11 **c) Einzelfälle. aa) Umzug.** Ein **Umzug bzw. Wohnortwechsel** der Eltern ist von den minderjährigen Kindern grundsätzlich hinzunehmen.[19] In Einzelfällen können häufige Umzüge eine Kindeswohlgefährdung nach § 1666 BGB darstellen (→ *Kindeswohlgefährdung* Rn. 11). In der Regel wird man bei einem Umzug des betreuenden Elternteils eine Angelegenheit von erheblicher Bedeutung für das Kind annehmen müssen, insbesondere wenn für das Kind mit dem Umzug ein Schul- oder Kindergartenwechsel einhergeht. Bei gemeinsamer elterlicher Sorge können die Eltern daher nur einvernehmlich hierüber entscheiden. Naturgemäß werden **soziale Kontakte** des Kindes mit einem Umzug beendet, erfahren jedenfalls eine gravierende Veränderung. Bei Uneinigkeit ist ein Antrag nach § 1671 BGB oder § 1628 BGB (→ *Meinungsverschiedenheiten der Sorgeberechtigten* Rn. 16 ff.) erforderlich. In Einzelfällen, zB Wechsel der Wohnung im gleichen Mietobjekt, auch Umzug innerhalb einer Stadt oder in die Nachbargemeinde, kann eine Entscheidung möglicherweise von § 1687 Abs. 1 S. 2 BGB als tägliche Angelegenheit gedeckt sein.[20]

Werden **Umgangskontakte** mit dem umgangsberechtigten Elternteil erschwert oder vereitelt, so gilt es dies im Rahmen der allgemeinen Kriterien einzubeziehen (→ Rn. 12).

12 **bb) Auswanderung/Umzug ins Ausland.** Alleine die Tatsache, dass der betreuende Elternteil mit dem minderjährigen Kind seinen **Aufenthalt ins Ausland** verlagern möchte, stellt keine Gefährdung des Kindeswohls dar.[21] Es gelten die allgemeinen Kriterien.[22] Ausnahmen gelten hinsichtlich eines Umzugs in ein **außereuropäisches Land** mit nicht gewährleisteter Sicherheit für Gesundheit und Leben des Kindes (→ *Kindeswohlgefährdung* Rn. 11). Der Bundesgerichtshof hat für diese Konstellation entschieden, dass einziges Kriterium für den Fall eines beabsichtigten Umzugs (hier: Mexiko) hinsichtlich der Übertragung des Aufenthaltsbestimmungsrechts auf den betreuenden Elternteil das Kindeswohl sei.[23] Die zur Verfügung stehenden Möglichkeiten seien zu überprüfen. Ausdrücklich wird darauf hingewiesen, dass theoretische Alternativen in die Prüfung nicht einzubeziehen seien.[24] Insbesondere führt die bloße **Beeinträchtigung des Umgangs** mit dem anderen Elternteil nicht zu einer Vermutung der Kindeswohlschädlichkeit.[25]

---

11 *Stockmann* jurisPR-FamR 20/2010 Anm. 4.
12 NK-BGB/*Rakete-Dombek/Berning* § 1671 Rn. 17 f.
13 HK-FamR/*Schmid* BGB § 1671 Rn. 15.
14 NK-BGB/*Rakete-Dombek/Berning* § 1671 Rn. 16; OLG Hamm 14.3.2011 – 8 UF 181/10.
15 *Maier* in: FormB-FamR § 6 Rn. 141 f.
16 *Maier* in: FormB-FamR § 6 Rn. 143; OLG Brandenburg 6.9.2011 – 10 UF 74/10.
17 BVerfG 27.6.2008 – 1 BvR 311/08, JAmt 2009, 201; BGH 16.3.2011 – XII ZB 407/10, FPR 2011, 460.
18 Palandt/*Götz* BGB § 1671 Rn. 41.
19 HK-FamR/*Schmid* BGB § 1666 Rn. 6.
20 *Finger* FamFR 2009, 134.
21 HK-FamR/*Schmid* BGB § 1666 Rn. 6.
22 BGH 16.3.2011 – XII ZB 407/10, FPR 2011, 460.
23 BGH 28.4.2010 – XII ZB 81/09, NJW 2010, 2805.
24 HK-FamR/*Schmid* BGB § 1671 Rn. 10.
25 NK-BGB/*Rakete-Dombek/Berning* § 1671 Rn. 28.

cc) Wohnsitzmeldung/Ummeldung. Der Bereich der **Ummeldung** hinsichtlich eines **Wohnsitzwechsels** unterfällt nicht dem Bereich des Aufenthaltsbestimmungsrechts. Der Begriff des Aufenthalts des Kindes bezieht sich auf den tatsächlichen Wohnort, unabhängig von behördlicher An- oder Ummeldung. Eine Regelung über § 1628 BGB ist ebenfalls nicht möglich (→ *Meinungsverschiedenheiten der Sorgeberechtigten* Rn. 20). Die Antragstellung vor Behörden ist **eigener Teilbereich der elterlichen Sorge** und unterfällt den allgemeinen Ausführungen.[26] 13

dd) Umgangspflegschaft. Die Umgangspflegschaft ist gesetzlich geregelt in § 1684 Abs. 3 BGB, richtet sich nach den allgemeinen Regeln der **Ergänzungspflegschaft** (§§ 1626, 1794, 1909 BGB) und kann in problematischen und hochstreitigen Umgangsverfahren zur Anwendung kommen. Bei der Bestellung des Umgangspflegers handelt es sich um einen **Eingriff in das elterliche Sorgerecht** – und insbesondere in das Aufenthaltsbestimmungsrecht – für die Zeit des Umgangs (→ *Umgangspflegschaft* Rn. 1 ff.). Eine Umgangspflegschaft ist gem. § 1684 Abs. 3 S. 5 BGB zu **befristen**. 14

III. Verfahren

1. Allgemeines

Es gelten die allgemeinen Ausführungen im Bereich der Kindschaftssachen, insbesondere betreffend den Bereich der elterlichen Sorge (→ *Elterliches Sorgerecht* Rn. 21 ff.). **Pflegepersonen** sind gem. § 161 FamFG am Verfahren zu beteiligen.[27] Das Kind ist nach Maßgabe des § 159 FamFG anzuhören. 15

2. Vergleich/Vereinbarung

Vereinbarungen der Eltern über den Aufenthaltsort der Kinder sind gem. § 156 FamFG möglich (→ *Elternvereinbarungen* Rn. 11). Treffen die Eltern eines minderjährigen Kindes außergerichtlich oder vor Gericht eine Vereinbarung hinsichtlich des Aufenthaltsorts des Kindes, so fehlt einem Antrag nach § 1671 BGB das **Rechtsschutzbedürfnis**. 16

3. Wechselmodell

Praktizieren die Eltern ein sogenanntes Wechselmodell, so hat das Kind seinen gewöhnlichen Aufenthalt, der die örtliche Zuständigkeit des Gerichts begründet, bei beiden Elternteilen (→ *Wechselmodell* Rn. 1 ff.). Dies hat zur Konsequenz, dass sich bei fehlender anderweitiger Zuständigkeit, zB durch Anhängigkeit eines Scheidungsverfahrens, eine **örtliche Doppelzuständigkeit** ergibt (→ *Wechselmodell* Rn. 20). 17

Wird das Wechselmodell trotz Sachverständigenempfehlung von einem Elternteil verweigert, kann dies zu einem Entzug des Aufenthaltsbestimmungsrechts (→ *Entzug des Sorgerechts* Rn. 1 ff.) des sich weigernden Elternteils führen.[28]

26 *Finger* FamFR 2009, 132.
27 HK-FamVerfR/*Völker/Clausius/Wagner* § 161 Rn. 1.
28 *Schmid* FamFR 2010, 212.

21. Aufhebungsanspruch bei Gütergemeinschaft

Sander

I. Einführung

1 Die §§ 1447–1449 BGB geben den in Gütergemeinschaft lebenden Ehegatten die Möglichkeit, die Aufhebung des Güterstandes **einseitig** herbeizuführen. Im Übrigen kann die Gütergemeinschaft nur durch Ehevertrag, Auflösung der Ehe durch Scheidung oder Aufhebung nach § 1313 BGB, den Tod eines der Ehegatten (Ausnahme: fortgesetzte Gütergemeinschaft) oder durch den Eintritt einer auflösenden Bedingung oder Befristung beendet werden. Eine anderweitige Beendigung, wie zB mittels Kündigung, wegen Getrenntlebens der Ehegatten oder Insolvenz eines der Ehegatten führt nicht zur Aufhebung der Gütergemeinschaft.[1]

2 Der **Aufhebungsantrag** nach § 1447 BGB kann von dem nicht verwaltenden Ehegatten bzw. derjenige nach § 1448 BGB von dem Gesamtgutsverwalter erhoben werden, wenn das für die Fortführung der Gütergemeinschaft erforderliche Vertrauen aus den in §§ 1447, 1448 BGB erwähnten Gründen nicht mehr gegeben ist.[2] Hierdurch wird den Ehepartnern die Möglichkeit eingeräumt, ihr Vermögen zu schützen, wenn dieses durch das Fortbestehen der Gütergemeinschaft mit der damit verknüpften Haftung des Gesamtguts durch den jeweils anderen Ehegatten gefährdet wird.

II. Aufhebungsantrag des nicht verwaltenden Ehegatten (§ 1447 BGB)

3 Aufgrund der weitreichenden Befugnisse des allein das Gesamtgut verwaltenden Ehegatten (§ 1422 BGB) besteht eine entsprechende **Missbrauchsgefahr**.[3] Mangels Kündigungsmöglichkeit oder Befugnis der einseitigen Entziehung der Verwaltungsbefugnis durch den nicht verwaltenden Ehegatten, steht Letzterem zur Beendigung der Gütergemeinschaft nur das Rechtsmittel des Aufhebungsantrags gem. § 1447 BGB zu.[4]

1 MüKoBGB/*Münch* § 1447 Rn. 2.
2 NK-BGB/*Völker* § 1447 Rn. 1.
3 NK-BGB/*Völker* § 1447 Rn. 1.
4 MüKoBGB/*Münch* § 1447 Rn. 3.

Aufgrund ihres Charakters als zwingende Schutzvorschrift zugunsten des nicht verwaltenden Ehegatten kann die Vorschrift des § 1447 BGB nicht durch Ehevertrag eingeschränkt oder ausgeschlossen werden. Ebenso wenig kann auf das Recht zum Aufhebungsantrag bei Vorliegen der zum Antrag berechtigenden Voraussetzungen verzichtet werden.[5]

Die **Gründe**, die zum Aufhebungsantrag des nicht verwaltenden Ehegatten berechtigen, sind in den Nr. 1–4 des § 1447 BGB abschließend aufgezählt. Es ist umstritten, ob der Katalog angesichts der gesetzlich fest umschriebenen Aufhebungsgründe erweiterbar ist,[6] was jedoch von der überwiegenden Meinung abgelehnt wird.[7] Daher ist auch die Anwendung allgemeiner Rechtsgrundsätze als zusätzlicher Aufhebungsgrund nicht statthaft (zB § 313 BGB oder § 311 Abs. 2 BGB). 4

1. Gründe für einen Aufhebungsantrag

a) § 1447 Nr. 1 BGB – Unfähigkeit des Verwalters oder Missbrauch des Verwaltungsrechts. Die Aufhebung der Gütergemeinschaft kann beantragt werden, wenn die Rechte des nicht verwaltenden Ehegatten durch den unfähigen oder den die Verwaltungsbefugnis missbrauchenden Gesamtgutsverwalter gefährdet werden. 5

aa) § 1447 Nr. 1 Alt. 1 BGB – Unfähigkeit zur Verwaltung. Der Verwalter ist zur Verwaltung unfähig, wenn er objektiv seine **Verwaltungsbefugnisse** (§ 1435 BGB) tatsächlich nicht ordnungsgemäß ausüben kann, wobei ein Verschulden nicht vorausgesetzt wird. Die Gründe der Verwaltungsunfähigkeit können auf Krankheit, Geistes- oder Altersschwäche, (im Falle der Betreuung ist auch § 1447 Nr. 4 BGB einschlägig) Abwesenheit, Verschollenheit oder eindeutige geschäftliche Untüchtigkeit zurückzuführen sein.[8] 6

Dabei muss die Verwaltungsunfähigkeit nicht dauerhaft sein. Es dürfte vielmehr auf die **Zumutbarkeit der Fortführung der Gütergemeinschaft** für den anderen Ehegatten ankommen, die sich nach der voraussichtlichen Dauer der Unfähigkeit des Gesamtgutsverwalters bestimmt[9] und nach dem Gefährdungsgrad für die Rechte des nicht verwaltenden Ehegatten. Der nicht verwaltende Ehegatte ist nicht zur Verwaltungsübernahme verpflichtet, so dass er nicht längerfristig auf die Ausübung des Notverwaltungsrechts (§ 1429 BGB) verwiesen werden kann.[10] 7

bb) § 1447 Nr. 1 Alt. 2 BGB – Missbrauch des Verwaltungsrechts. § 1447 Nr. 1 Alt. 2 BGB ist einschlägig, wenn der Gesamtgutsverwalter die ihm eingeräumten gesetzlichen Schranken der Verwalterstellung (§§ 1423 ff. BGB) oder die allgemeinen Grundsätze über die ordnungsgemäße Verwaltung (§ 1435 S. 1 BGB) fremden Vermögens nicht nur unerheblich überschreitet. Hierzu gehört zB eine ehevertragswidrige Grundpfandrechtbestellung. Eine Benachteiligungsabsicht des Verwalters ist insoweit nicht erforderlich, so noch § 1468 Nr. 2 BGB aF.[11] Die Terminologie „Missbrauch" impliziert jedoch das Wissen des Verwalters, zumindest jedoch eine bewusste Fahrlässigkeit hinsichtlich der Überschreitung der gesetzlichen Grenzen seiner Befugnisse.[12] 8

cc) Erhebliche Gefährdung der Rechte des anderen Ehegatten. Beide Alternativen des § 1447 Nr. 1 BGB setzen eine erhebliche Gefährdung der Rechte des nicht verwaltenden Ehegatten voraus, soweit die Gesamtgutsverwaltung durch den anderen Ehegatten fortgeführt wird. Hierunter fällt auch eine etwaige Gefahr der **Minderung des Auseinandersetzungsanspruchs** (§ 1476 Abs. 1 BGB). Ansonsten ist der Begriff „Rechte" mit der Begrifflichkeit „rechtliche Interessen" gleichzusetzen und daher sehr weitreichend. 9

---

5 NK-BGB/*Völker* § 1447 Rn. 2.
6 MM: MüKoBGB/*Münch* § 1447 Rn. 22.
7 HM: Palandt/ *Siede* BGB § 1447 Rn. 1; NK-BGB/*Völker* § 1447 Rn. 2.
8 NK-BGB/*Völker* § 1447 Rn. 4.
9 NK-BGB/*Völker* § 1447 Rn. 4.
10 NK-BGB/*Völker* § 1447 Rn. 4; BeckOK BGB/*Siede/Spernath* § 1447 Rn. 4.
11 NK-BGB/*Völker* § 1447 Rn. 4.
12 NK-BGB/*Völker* § 1447 Rn. 5.

10 Ausreichend ist die **abstrakte Gefahr** („können“). Die Gefahr muss andauern oder es muss eine Wiederholungsgefahr dargelegt werden und aus der Verwaltungsunfähigkeit oder dem Missbrauch der Verwaltungsbefugnis folgen.[13] Ob Erheblichkeit vorliegt, ist nach den Gesamtumständen des Einzelfalls zu bewerten. Für die Bejahung der Erheblichkeit der Gefährdung ist zum einen das Maß der Gefahr und zum anderen der Umfang der zu besorgenden Beeinträchtigung entscheidend.[14]

11 **b) § 1447 Nr. 2 BGB – Gefährdung des Unterhalts.** Möglich ist die Erhebung des Aufhebungsantrages auch im Falle der verschuldensunabhängigen Pflichtverletzung des Gesamtgutsverwalters, zum Unterhalt der Familie (Ehegatte und Kinder) beizutragen, soweit auch künftig eine erhebliche Gefährdung des Unterhalts zu befürchten ist.[15]

12 Bei **andauernder Nichterfüllung des Unterhalts** eines geschiedenen Ehegatten oder der Verwandten gerader Linie eines der Ehegatten (einseitige Kinder, Eltern) durch den Gesamtgutsverwalter kann lediglich der Aufhebungsantrag nach § 1447 Nr. 1 BGB erhoben werden, da das Gesamtgut für deren Unterhalt haftet (§§ 1583, 1604 BGB) und durch den Verwalter aus dem Gesamtgut zu erfüllen ist.[16]

13 Wie bei § 1447 Nr. 1 BGB ist eine Gesamtabwägung hinsichtlich der erheblichen Gefährdung erforderlich. Die Erheblichkeit der Gefährdung kann bejaht werden, wenn nicht ausgeschlossen ist, dass eine Verletzung der Unterhaltspflicht in nicht nur geringfügigem Umfang erfolgt.[17]

14 **c) § 1447 Nr. 3 BGB – Überschuldung des Gesamtguts.** Diese Vorschrift erfordert, dass die Überschuldung in der Person des Verwalters bereits eingetreten ist. Überschuldung liegt nach der Legaldefinition des § 19 Abs. 2 S. 1 InsO vor, wenn die Verbindlichkeiten höher sind als der Wert des Gesamtguts. Dabei müssen Verbindlichkeiten in einem solchen Maß entstanden sein, dass ein späterer Erwerb des nicht verwaltenden Ehegatten erheblich gefährdet ist. Zu den Gesamtgutsverbindlichkeiten der Ehegatten zählen auch die das Vorbehalts- und Sondergut betreffenden Schulden des Gesamtgutsverwalters.[18]

15 Es reicht wiederum die **abstrakte Möglichkeit einer Gefährdung** aus (vgl. „erheblich gefährdet wird“). Der verwaltende Ehegatte muss jedoch nicht unbedingt einen späteren Erwerb konkret erwarten.[19] Bestehen Kompensationsmöglichkeiten aus dem Vorbehaltsgut des Verwalters, kann eine Gefährdung verneint werden.[20] Ein Verschulden des Verwalters an der objektiven Überschuldung ist nicht erforderlich.[21]

16 **d) § 1447 Nr. 4 BGB – Verwalter unter Betreuung.** Ein Aufhebungsanspruch ist zudem gegeben, wenn der Gesamtgutsverwalter unter Betreuung steht, wobei der Aufgabenkreis des Betreuers (§ 1896 BGB) die Gesamtgutsverwaltung umfassen muss. Der Aufhebungsanspruch kann selbst dann noch geltend gemacht werden, wenn der nicht verwaltende Ehegatte zunächst die Verwaltung durch den Betreuer geduldet hat. Wird die Betreuung nach Erhebung des Aufhebungsantrags aufgehoben, tritt **Erledigung** ein, wenn nicht ein anderer Aufhebungsgrund des § 1447 BGB greift. Wird die Betreuung erst nach rechtskräftiger Aufhebung der Gütergemeinschaft aufgehoben, ist dies wegen der konstitutiven Wirkung der rechtskräftigen Aufhebungsentscheidung ohne Einfluss.[22]

2. Verfahrensfragen

17 Die bislang noch im materiellen Recht verwendete Terminologie der „Klage“ wurde an den verfahrensrechtlichen Begriff des „**Antrags**“ angepasst, vgl. § 113 Abs. 5 Nr. 2 FamFG. Für den Aufhebungsantrag ist

13 MüKoBGB/*Münch* § 1447 Rn. 10.
14 NK-BGB/*Völker* § 1447 Rn. 6.
15 MüKoBGB/*Münch* § 1447 Rn. 11 f.
16 NK-BGB/*Völker* § 1447 Rn. 7.
17 MüKoBGB/*Münch* § 1447 Rn. 13.
18 NK-BGB/*Völker* § 1447 Rn. 8; BeckOK BGB/*Siede/Spernath* § 1447 Rn. 6.
19 MüKoBGB/*Münch* § 1447 Rn. 15; BeckOK BGB/*Siede/Spernath* § 1447 Rn. 6; aA: NK-BGB/Völker § 1447 Rn. 8.
20 BeckOK BGB/*Siede/Spernath* § 1447 Rn. 6.
21 NK-BGB/*Völker* § 1447 Rn. 8.
22 MüKoBGB/*Münch* § 1447 Rn. 16.

das Familiengericht nach § 111 Nr. 9 FamFG iVm § 23 b Abs. 1 GVG zuständig. Die örtliche Zuständigkeit bestimmt sich nach § 262 FamFG. Es besteht gem. § 113 Abs. 1 S. 2 FamFG iVm § 78 Abs. 2 ZPO Anwaltszwang.

Bei dem **Aufhebungsantrag** handelt es sich nicht um eine Scheidungsfolgesache, da sie das Fortbestehen 18
der Ehe bei Gütertrennung voraussetzt, vgl. §§ 1449 Abs. 1, 1470 Abs. 1 BGB. Dies folgt auch daraus, dass die Gütergemeinschaft mit Rechtskraft des Ehescheidungsbeschlusses ohnehin beendet werden würde, eine Aufhebungsentscheidung daher obsolet wäre.

Da mit dem Aufhebungsantrag ein vermögensrechtlicher Anspruch verfolgt wird, stellt er keine Ehesache 19
dar, so dass Verzicht, Anerkenntnis, Vergleich nach § 127 a BGB und Versäumnisbeschluss möglich sind. Der Aufhebungsantrag kann im Wege eines **Stufenantrages** anhängig gemacht werden, mit dem zunächst der Auskunftsanspruch nach § 1435 S. 2 BGB (→ *Gesamtgut/Verwaltung* Rn. 15) geltend gemacht werden kann. Ferner ist die Verbindung mit einem Antrag auf Auseinandersetzung der Gütergemeinschaft statthaft, obgleich die Auseinandersetzung nach § 1471 BGB erst nach Beendigung der Gütergemeinschaft möglich ist[23] (→ *Auseinandersetzung der Gütergemeinschaft* Rn. 16).

Antragsgegner des Aufhebungsantrages nach § 1447 BGB ist der Verwalter, selbst wenn über sein Vermö- 20
gen ein Insolvenzverfahren eröffnet wurde.[24] Eine Antragsfrist besteht nicht, es ist nur Verwirkung möglich (§ 242 BGB).

Die Verbindung mit dem Antrag auf Zustimmung zum Auseinandersetzungsplan (§ 1474 BGB) ist zuläs- 21
sig.[25] Statthaft ist auch ein Widerantrag des Verwalters nach § 1448 BGB.

3. Rechtschutzbedürfnis

Es ist umstritten, ob das **Rechtschutzinteresse** gegeben ist, wenn der Gesamtgutsverwalter vor Antragser- 22
hebung die ehevertragliche Aufhebung der Gütergemeinschaft ernsthaft anbietet.[26] Um Rechtsnachteile zu vermeiden, sollte der nicht verwaltende Ehegatte den Verwalter unter Fristsetzung zur freiwilligen Aufhebung der Gütergemeinschaft durch Ehevertrag auffordern. Dies ist unabhängig von dem vorgenannten Meinungsstreit schon deswegen ratsam, da der Verwalter ansonsten den Aufhebungsanspruch mit der Kostenfolge des § 93 ZPO zulässigerweise sofort anerkennen könnte.[27]

4. Vorläufiger Rechtsschutz

Der Erlass einer einstweiligen Anordnung auf vorläufige Aufhebung der Gütergemeinschaft ist aufgrund 23
der konstitutiven Wirkung des § 1449 BGB unzulässig. Sie hätte die Vorwegnahme der Hauptsache zur Folge.[28] Es ist jedoch im Wege der einstweiligen Anordnung gem. § 49 FamFG iVm § 119 Abs. 1 S. 1 FamFG möglich, dem Verwalter vorläufig bestimmte **Befugnisse zu entziehen** bzw. diese einzuschränken.[29] Ebenso können dem Gesamtgutsverwalter gewisse Verwaltungshandlungen aufgegeben werden.[30] Zu beachten ist, dass ein gerichtliches Verfügungsverbot an den Gesamtgutsverwalter einen Erwerb durch gutgläubige Dritte nicht ausschließt (§ 136 BGB iVm § 135 Abs. 2 BGB), so dass eine Sequestration (§ 938 Abs. 2 ZPO) beantragt werden sollte.[31]

23 NK-BGB/*Völker* § 1447 Rn. 10.
24 NK-BGB/*Völker* § 1447 Rn. 11.
25 Palandt/*Siede* BGB § 1447 Rn. 7.
26 Palandt/*Siede* BGB § 1447 Rn. 7; aA NK-BGB/*Völker* § 1447 Rn. 11.
27 NK-BGB/*Völker* § 1447 Rn. 15.
28 BeckOK BGB/*Siede/Spernath* § 1447 Rn. 3.
29 Palandt/*Siede* BGB § 1447 Rn. 7.
30 NK-BGB/*Völker* § 1447 Rn. 12.
31 NK-BGB/*Völker* § 1447 Rn. 12.

5. Beweislast

24 Die Beweislast für das Vorliegen eines der Gründe iSd § 1447 Nr. 1–4 BGB trägt der das Gesamtgut nicht verwaltende Ehegatte.[32] Für das Tatbestandsmerkmal in § 1447 Nr. 3 BGB muss er die Erheblichkeit der Gefährdung des späteren Erwerbs konkret darlegen und gegebenenfalls nachweisen.[33]

6. Erledigung des Aufhebungsantrags

25 Sofern während des Aufhebungsverfahrens der Tod eines der Ehegatten (Todeserklärung genügt nicht), die rechtskräftige Ehescheidung, die Aufhebung der Ehe (§ 1313 BGB) durch Beschluss oder eine ehevertragliche Regelung die Voraussetzungen des § 1447 BGB entfallen lässt, tritt Hauptsacheerledigung ein.

7. Verfahrenswert

26 Der Verfahrenswert der Aufhebungsanträge nach den §§ 1447, 1448, 1469 BGB richtet sich nach dem Interesse des Antragstellers an der Aufhebung der Gütergemeinschaft. Rechtsfolge der Aufhebung ist die Beendigung der Verwaltungsbefugnis des Verwalters und ermöglicht die Auseinandersetzung. Beides ist jeweils mit ¼ des Anteils des Antragstellers zu bewerten. Aus diesem Grunde ist in der Regel der **hälftige Wert des Gesamtgutsanteils des Antragstellers** anzusetzen.[34]

III. Aufhebungsantrag des Verwalters (§ 1448 BGB)

1. Überblick

27 § 1448 BGB ist das Pendant zu § 1447 Nr. 3 BGB. Die Vorschrift gewährt dem Gesamtgutsverwalter mithin das Recht zur Erhebung des Aufhebungsantrags, wenn das Gesamtgut durch Verbindlichkeiten des nicht verwaltenden Ehegatten überschuldet ist. Das sind Verbindlichkeiten dieses Ehegatten, für die das Gesamtgut nach §§ 1437–1440 BGB zwar haftet, die er aber nach §§ 1441–1444 BGB im Innenverhältnis allein zu tragen hat;[35] (zur Überschuldung → Rn. 14 f.) Hier wie dort müssen die Überschuldung und die erhebliche Gefährdung eines späteren Erwerbs in einem Kausalitätsverhältnis stehen.

28 Im Gegensatz zu § 1447 Nr. 3 BGB ist die Vorschrift des § 1448 BGB jedoch insoweit weitgehender, als dass auch die **Gefährdung des künftigen Erwerbs** des verwaltenden Ehegatten in Bezug auf sein Sonder- und Vorbehaltsgut als Aufhebungsgrund ausreichend ist.[36]

29 Dem Gesamtgutsverwalter stehen neben dem in § 1448 BGB genannten Grund keine weiteren Aufhebungsgründe zur Verfügung. Grund hierfür ist, dass er eines weitergehenden Schutzes nicht bedarf, da die **Schlüsselgewalt nach § 1357 Abs. 2 BGB** ausgeschlossen oder eingeschränkt sowie die Einwilligung zum Betrieb eines Erwerbsgeschäfts widerrufen (§ 1431 Abs. 3 BGB) werden kann und § 1429 BGB (Notverwaltung) dem anderen Ehegatten kein Dauerverwaltungsrecht gibt.

2. Wirkungen des Aufhebungsantrags

30 Der Aufhebungsantrag bewirkt einerseits, dass die Gütergemeinschaft beendet wird, und andererseits, dass der Verwalter nach § 1437 Abs. 2 S. 2 BGB von seiner persönlichen gesamtschuldnerischen Haftung für die Gesamtgutsverbindlichkeiten, die im Innenverhältnis von dem nicht verwaltenden Ehegatten zu tragen sind, befreit wird.[37]

32 NK-BGB/*Völker* § 1447 Rn. 16.
33 NK-BGB/*Völker* § 1447 Rn. 16.
34 NK-BGB/*Völker* § 1447 Rn. 17.
35 MüKoBGB/*Münch* § 1448 Rn. 2.
36 BeckOK BGB/*Siede/Spernath* § 1448 Rn. 1.
37 BeckOK BGB/*Siede/Spernath* § 1448 Rn. 2.

3. Verfahrensfragen

Es sind dieselben verfahrensrechtlichen Grundsätze wie beim Aufhebungsantrag nach § 1447 BGB zu beachten (→ Rn. 17 ff.). 31

IV. Aufhebungsantrag bei gemeinschaftlicher Verwaltung der Ehegatten (§ 1469 BGB)

1. Überblick

Mangels anderweitiger Beendigungsmöglichkeit (zB Kündigung) wird den das Gesamtgut gemeinschaftlich verwaltenden Ehegatten mit dem Aufhebungsantrag nach § 1469 BGB ein Rechtsmittel an die Hand gegeben, mit dem sie die Aufhebung der Gütergemeinschaft einseitig erreichen können. Da es sich um eine Schutzvorschrift handelt, kann sie durch Ehevertrag weder ausgeschlossen noch eingeschränkt werden.[38] § 1469 BGB ist den §§ 1447, 1448 BGB nachgebildet. Im Gegensatz zu dort ist das Antragsrecht der Ehegatten nach § 1469 BGB jedoch identisch ausgestaltet, was aus der gemeinschaftlichen Verwaltungsbefugnis resultiert. 32

2. Aufhebungsgründe

Ebenso wie die §§ 1447, 1448 BGB enthält § 1469 BGB eine enumerative Aufzählung der zum Antrag berechtigenden Aufhebungsgründe. Die allgemeinen Vorschriften (zB § 313 BGB) sind auch im Rahmen des § 1469 BGB nicht anwendbar (→ Rn. 5 ff.). 33

a) § 1469 Nr. 1 BGB – eigenmächtige Verwaltungshandlungen. Im Vergleich zu § 1447 Nr. 1 BGB ist § 1469 Nr. 1 BGB konkreter gefasst, da er voraussetzt, dass der eine Ehegatte über seine Befugnisse durch eigenmächtiges Verwaltungshandeln (§ 1450 Abs. 1 BGB) ohne die erforderliche Zustimmung des anderen Ehegatten hinausgeht. Auch hier ist ein Verschulden nicht erforderlich.[39] Wegen der Erheblichkeit der Gefährdung wird auf die Ausführungen zu § 1447 Nr. 1 BGB verwiesen (→ Rn. 9 f.). 34

b) § 1469 Nr. 2 BGB – beharrliche Weigerung zur Mitwirkung an der Gesamtgutsverwaltung. Die Verweigerung der Mitwirkung an der Gesamtgutsverwaltung muss beharrlich sein. Beharrlich ist die Verweigerung, wenn der Ehegatte über einen längeren Zeitraum ohne ausreichenden Grund wiederholt und bei Geschäften mit einer gewissen Tragweite seine Mitwirkung ablehnt. Umstritten ist, ob es ausreichend ist, wenn die Weigerung auf bloßer Gleichgültigkeit beruht.[40] Hinsichtlich des Ausmaßes der Verweigerung sind dieselben Grundsätze wie bei den §§ 1447, 1448 BGB anzuwenden, dh die Verweigerungshaltung ist so stark, dass dem anderen Ehegatten eine Fortsetzung der Gütergemeinschaft nicht zugemutet werden kann. Zu beachten ist, dass die Möglichkeit der Rechtsgefährdung nicht Tatbestandsvoraussetzung des § 1469 Nr. 2 BGB ist. Dies mag daran liegen, dass eine Gefährdung der Rechte des einen Ehegatten in der Regel dann vorliegt, wenn durch die Verweigerungshaltung des anderen Ehegatten die Verwaltung nicht mehr ordnungsgemäß erfolgen kann. 35

c) § 1469 Nr. 3 BGB – Gefährdung der Verletzung einer Unterhaltspflicht. Dieser Aufhebungsgrund ist deckungsgleich mit § 1447 Nr. 2 BGB (→ Rn. 11 f.). Bei § 1469 Nr. 3 BGB steht jedoch beiden Ehegatten das Antragsrecht zu.[41] 36

d) § 1469 Nr. 4 BGB – Überschuldung des Gesamtguts. Auch bei § 1469 Nr. 4 BGB steht beiden Ehegatten das Antragsrecht zu. Ansonsten ist § 1469 Nr. 4 BGB inhaltsgleich mit §§ 1447 Nr. 3, 1448 BGB;[42] (→ Rn. 14 f.). 37

e) § 1469 Nr. 5 BGB – Betreuung des anderen Ehegatten mit Gütergemeinschaftsbezug. Dieser Aufhebungsgrund ist deckungsgleich mit § 1447 Nr. 4 BGB (→ Rn. 16). 38

---

38 BeckOK BGB/*Siede/Spernath* § 1469 Rn. 1.
39 BeckOK BGB/*Siede/Spernath* § 1469 Rn. 4.
40 So: BeckOK BGB/*Siede/Spernath* § 1469 Rn. 5 mwN.
41 MüKoBGB/*Münch* § 1469 Rn. 8.
42 MüKoBGB/*Münch* § 1469 Rn. 9.

39 **f) Verfahrensfragen.** Hinsichtlich des Verfahrens kann auf die Ausführungen zum Aufhebungsantrag des nicht verwaltenden Ehegatten verwiesen werden (→ Rn. 17 ff.).

V. Wirkungen der richterlichen Aufhebungsentscheidung (§§ 1449, 1470 BGB)

1. Überblick

40 § 1449 BGB regelt die Rechtsfolgen der Aufhebung der Gütergemeinschaft **durch Richterspruch**. Nach § 1449 Abs. 1 BGB gilt nach Ausspruch der Aufhebung der Gütergemeinschaft die Gütertrennung. § 1449 Abs. 2 BGB sieht vor, dass die Aufhebung der Gütergemeinschaft Dritten gegenüber nur wirksam ist, wenn sich dieser Umstand aus dem Güterrechtsregister (§ 1412 BGB) ergibt. § 1470 BGB regelt deckungsgleich zu § 1449 BGB die Rechtsfolgen eines erfolgreichen Aufhebungsantrags eines der das Gesamtgut gemeinschaftlich verwaltenden Ehegatten. Die Ausführungen zu § 1449 BGB gelten für § 1470 BGB daher entsprechend.

2. Übergang zur Gütertrennung

41 Die rechtskräftige Aufhebung der Gütergemeinschaft bewirkt den **Eintritt der Gütertrennung**, (§§ 1449 Abs. 1 Hs. 2, 1470 Abs. 1 Hs. 2 BGB) nicht des gesetzlichen Güterstandes der Zugewinngemeinschaft. Da es im Falle des Aufhebungsantrags regelmäßig zu Spannungen zwischen den Ehegatten kommt, ist die gesetzgeberische Entscheidung für die Gütertrennung sicherlich die sachgerechtere. Den Ehegatten bleibt es jedoch unbenommen, ehevertraglich den gesetzlichen Güterstand der Zugewinngemeinschaft zu vereinbaren. Da § 1449 Abs. 1 BGB abdingbar ist, kann der Übergang in den Güterstand der Zugewinngemeinschaft im Falle der Aufhebung der Gütergemeinschaft bereits in dem Ehevertrag erfolgen, mit dem Gütergemeinschaft vereinbart wurde.[43] Gütertrennung tritt selbst dann ein, wenn der Aufhebungsbeschluss im Wiederaufnahmeverfahren aufgehoben wird, die Auseinandersetzung nach §§ 1471 ff. BGB jedoch bereits voll erfolgt ist.

42 Die Folge der Aufhebung ist noch nicht die Verteilung des gesamthänderisch gebundenen Gesamtguts. Dies wird erst durch die Auseinandersetzung gem. §§ 1471 ff. BGB erreicht. Der Ehegatte, der die rechtskräftige Aufhebung durchgesetzt hat, kann die Auseinandersetzung nach den im Innenverhältnis zwischen den Ehegatten bestehenden Verhältnissen zum Zeitpunkt der Antragserhebung verlangen, § 1479 BGB (→ *Auseinandersetzung der Gütergemeinschaft* Rn. 13 ff.).

43 Wie bei jeder anderen Beendigung der Gütergemeinschaft endet auch im Falle des erfolgreichen Aufhebungsantrags nach § 1449 BGB die persönliche **Haftung des Gesamtgutsverwalters** für Verbindlichkeiten des nicht verwaltenden Ehegatten, die dieser im Innenverhältnis zu tragen hat.[44]

3. Schutz gutgläubiger Dritter (§§ 1449 Abs. 2, 1470 Abs. 2 BGB)

44 Die Norm des § 1449 Abs. 2 BGB (und des § 1470 Abs. 2 BGB) bezweckt den Schutz gutgläubiger Dritter. Ihnen gegenüber kann die Aufhebung der Gütergemeinschaft daher nur entgegengehalten werden, wenn sie in das Güterrechtsregister eingetragen worden ist oder dem Dritten bekannt war. Zu beachten ist, dass der Schutz des § 1412 BGB nur dann gilt, wenn die Gütergemeinschaft überhaupt in das Güterrechtsregister eingetragen war, vgl. § 1412 Abs. 2 BGB. Die **Eintragung** der Aufhebung der Gütergemeinschaft erfolgt nur auf Antrag eines Ehegatten unter Vorlage des mit dem Rechtskraftvermerk versehenen Aufhebungsbeschlusses, § 1561 Abs. 2 Nr. 1 BGB. Hierfür ist die Mitwirkung des jeweils anderen Ehegatten nicht erforderlich.

45 Die zugunsten des verwaltenden Ehegatten eingreifende befreiende Wirkung des § 1437 Abs. 2 S. 2 BGB tritt indes von Gesetzes wegen ein, so dass insoweit § 1449 BGB Abs. 2 iVm § 1412 BGB nicht

43 MüKoBGB/*Münch* § 1449 Rn. 2.

44 BeckOK BGB/*Siede/Spernath* § 1449 Rn. 1.

anwendbar ist. Grund hierfür ist, dass die künftigen Gläubiger keinen Anspruch darauf haben, dass ein einmal bestehender Güterstand und die damit verbundene Zugriffsmöglichkeit erhalten bleiben.

4. Beweislast

Derjenige Ehegatte, der dem Dritten gegenüber die Aufhebung der Gütergemeinschaft mit ihren Folgen entgegenhalten will, trägt die **Darlegungs-** und **Beweislast** für die Rechtskraft des Aufhebungsbeschlusses und dessen Eintragung in das Güterrechtsregister bzw. die Kenntnis des Dritten von der Aufhebungsentscheidung.[45] Bezüglich des Beweises der Kenntnis des Dritten ist erforderlich, dass der Dritte von Tatsachen wusste, deren Kenntnis objektiv geeignet war, den Glauben an den unveränderten Bestand der Gütergemeinschaft zu zerstören.[46] 46

45 NK-BGB/*Völker* § 1449 Rn. 5.
46 MüKoBGB/*Münch* § 1449 Rn. 6.

22. Auflage

Schwarz

1 Die Auflage (§§ 1940, 2192 ff. BGB) ist neben der Erbeinsetzung und dem Vermächtnis (→ *Vermächtnis* Rn. 1 ff.) ein besonderes Gestaltungsmittel mit einer möglichen erbrechtlichen Bindungswirkung (§§ 2270 Abs. 3, 2278 Abs. 2 BGB). Die Besonderheit einer Auflage besteht darin, dass der mit ihr beschwerte Erbe oder Vermächtnisnehmer zwar zu einer Leistung verpflichtet, dem Auflagenbegünstigten selbst jedoch **kein eigener materieller Erfüllungsanspruch** auf diese Leistung zugewendet wird.[1] Dem Verpflichteten steht kein Bedachter, sondern nur ein Begünstigter gegenüber. Allerdings kann der sog. Vollziehungsberechtigte die Erfüllung der Auflage gegen den Beschwerten zugunsten des Auflagenbegünstigten durchsetzen. Nach § 2194 BGB sind dies ua der Erbe im Verhältnis zum Vermächtnisnehmer, ein Miterbe gegen den beschwerten Miterben, die zuständige Behörde bei öffentlichem Interesse. Für den Vollzugsberechtigten besteht allerdings keine Verpflichtung, den Vollzug der Auflage zu verlangen. Bei Nichterfüllung macht er sich deshalb auch nicht schadensersatzpflichtig.

2 Da die Auflage für den Begünstigten keinen Anspruch begründet und damit auch keine rechtsfähige Person als Begünstigungsobjekt vorhanden sein muss, werden mit der Auflage **häufig persönliche Wünsche des Erblassers** verfügt (zB Beerdigungsmodalitäten festgelegt, Anordnungen hinsichtlich der Versorgung von Tieren getroffen). Damit die Erfüllung der Auflage sichergestellt wird, erfolgt häufig die begleitende Einsetzung eines **Testamentsvollstreckers**, der den Auflagevollzug zu überwachen bzw. selbst durchzusetzen hat. Ein weiteres Sicherungsmittel ist die Kopplung des Auflagenvollzugs als Bedingung der letztwilligen Zuwendung.

1 NK-BGB/*Kroiß/J. Mayer* § 1940 Rn. 2.

23. Aufrechnung

Poppen

I. Aufrechnung mit Unterhaltsansprüchen

Mit seinen Unterhaltsansprüchen kann ein Unterhaltsgläubiger gegen jegliche Ansprüche des Unterhaltsschuldners aufrechnen. Das gilt auch, wenn es sich um Forderungen handelt, die nicht vor dem Familiengericht durchgesetzt werden können.[1] Ist der Unterhaltsanspruch bereits anderweitig rechtshängig, muss das gegen den Unterhaltsgläubiger gerichtete Verfahren ausgesetzt werden.[2] 1

II. Aufrechnung gegen Unterhaltsforderungen

1. Gesetzliche Unterhaltsansprüche

Grundsätzlich scheidet eine Aufrechnung gegen Unterhaltsansprüche aus. Denn gegen Forderungen, die der Pfändung nicht unterworfen sind, ist eine Aufrechnung nicht möglich (§ 394 S. 1 BGB). Gesetzliche Unterhaltsrenten sind nach § 850 b Abs. 1 Nr. 2 ZPO grundsätzlich unpfändbar. Diese allgemeine Regel erfährt nach § 850 b Abs. 2 ZPO eine Ausnahme. Danach sind unter bestimmten Voraussetzungen gesetzliche Unterhaltsrenten **bedingt pfändbar** und damit einer Aufrechnung zugänglich. 2

Obwohl in § 850 b Abs. 1 Nr. 2 ZPO die Rede von „Unterhaltsrenten" ist, wendet die Rechtsprechung diese Grundsätze auf **alle Unterhaltsansprüche im weitesten Sinne** an, die sich aus dem Gesetz ergeben, nämlich auf Ansprüche auf 3

- Volljährigenunterhalt,[3]
- Unterhaltsabfindungen,[4]
- Sonderbedarf,[5]
- Prozesskostenvorschüsse,[6]
- Zinsen auf Unterhaltsansprüche,[7]
- Nachteilserstattung im Rahmen des steuerlichen begrenzten Realsplittings.[8]

2. Vertragliche Unterhaltsansprüche

Nicht erfasst sind rein **vertragliche Ansprüche**, die losgelöst vom gesetzlichen Unterhaltsanspruch einen eigenständigen Anspruch begründen und nicht allein den gesetzlichen Unterhaltsanspruch ausgestalten.[9] 4

3. Voraussetzungen der Aufrechnung

Eine Aufrechnung ist nur zulässig, wenn die Voraussetzungen des § 850 b Abs. 2 ZPO erfüllt sind. Dies festzustellen, ist nach herrschender Meinung allein Sache des **Vollstreckungsgerichts**, nicht etwa des Familiengerichts, bei dem die Aufrechnung erklärt wird.[10] Um eine Aufrechnung erklären zu können, 5

1 BGH 15.5.1996 – XII ZR 21/95, FamRZ 1996, 1067.
2 BGH 29.5.2002 – XII ZR 263/00, NJW-RR 2002, 1513.
3 BGH 11.11.1959 – IV ZR 88/59, FamRZ 1960, 110.
4 BGH 29.5.2002 – XII ZR 263/00, NJW-RR 2002, 1513.
5 BGH 15.2.2006 – XII ZR 4/04, NJW 2006, 1509.
6 BGH 11.5.2005 – XII ZB 242/03, NJW-RR 2005, 1237.
7 OLG Hamm 3.2.1988 – 6 UF 496/87, FamRZ 1988, 952.
8 BGH 28.2.2007 – XII ZR 37/05, NJW 2007, 1961.
9 BGH 29.5.2002 – XII ZR 263/00, NJW-RR 2002, 1513.
10 BGH 31.10.1969 – V ZR 138/66, NJW 1970, 282; aA Wendl/Dose UnterhaltsR/*Dose* § 6 Rn. 304 f.

benötigt der Unterhaltspflichtige daher zunächst einen Titel gegen den Unterhaltsgläubiger. Aufgrund dieses Titels muss er den gegen ihn gerichteten Unterhaltsanspruch des Unterhaltsgläubigers pfänden. Erst dann kann das Vollstreckungsgericht eine Entscheidung nach § 850 b Abs. 3 ZPO treffen.[11] Dabei kann die Pfändung/Aufrechnung nur greifen, soweit der Unterhaltsanspruch über der **Pfändungsfreigrenze** des § 850 c ZPO liegt. Dem Unterhaltsgläubiger ist jedenfalls das **Existenzminimum** zu belassen,[12] dh der notwendige Lebensunterhalt nach dem SGB XII.[13]

4. Aufrechnungserklärung und -wirkung

6 Ist der Unterhaltsanspruch – teilweise – pfändbar und die Aufrechnung daher zulässig, kann für die Zukunft gegen Trennungs- und Verwandtenunterhalt für die Dauer von drei Monaten (§§ 1614 Abs. 2, 1361 Abs. 4, 1360 a Abs. 3, 760 Abs. 2 BGB) und gegen nachehelichen Unterhalt für sechs Monate aufgerechnet werden.[14] Nach Ablauf der Frist muss die Aufrechnungserklärung wiederholt werden.[15] Für die Vergangenheit ist die Aufrechnung unbeschränkt möglich. Schon mangels Gegenseitigkeit (§ 387 BGB) scheidet die Aufrechnung aus, soweit Unterhaltsansprüche kraft Gesetzes auf Sozialleistungsträger im weitesten Sinne übergegangen sind.[16]

5. Tragweite des Aufrechnungsverbotes

7 Jeglicher Versuch der Umgehung des vorstehend beschriebenen Verfahrens ist unzulässig. Hat der Unterhaltsschuldner ein Konto des Elternteils wegen anderer Forderungen gepfändet, der als Prozessstandschafter Kindesunterhalt geltend macht, kann er auf Kindesunterhaltsbeträge, die auf dieses Konto gezahlt worden sind, nicht zugreifen.[17] Zulässig ist allerdings die Aufrechnung mit Schadensersatzansprüchen aus einer vorsätzlichen unerlaubten Handlung bereits im eigentlichen Unterhaltsverfahren.[18] Auch in diesem Fall muss dem Unterhaltsgläubiger allerdings das Existenzminimum verbleiben.

8 Umstritten ist, ob die **Rückforderung überzahlten Unterhalts** unter das Aufrechnungsverbot fällt.[19] Unzulässig ist nach der vorbezeichneten hM auch, wenn es sich der Sache nach um eine Aufrechnung handelt, die **Saldierung von Unterhaltsansprüchen** und Unterhaltszahlungen in einem laufenden Verfahren über einen längeren Zeitraum, wenn in diesem Zeitraum teilweise zu viel und teilweise zu wenig Unterhalt gezahlt worden ist.[20]

---

11 Wendl/Dose UnterhaltsR/*Dose* § 6 Rn. 303.
12 BGH 18.7.2003 – IXa ZB 151/03, NJW 2003, 2918.
13 BGH 12.12.2007 – VII ZB 38/07, NJW-RR 2008, 733.
14 BGH 16.6.1993 – XII ZR 6 /92, NJW 1993, 2105.
15 Wendl/Dose UnterhaltsR/*Dose* § 6 Rn. 309.
16 OLG Düsseldorf 18.1.2006 – 2 UF 180/05, FamRZ 2006, 1532.
17 BGH 29.3.2006 – VII ZB 31/05, NJW 2006, 2040.
18 BGH 16.6.1993 – XII ZR 6/92, NJW 1993, 2105.
19 Dafür OLG Karlsruhe 27.2.2002 – 18 UF 239/01, FamRZ 2003, 33; Wendl/Dose UnterhaltsR/*Dose* § 6 Rn. 311; dagegen OLG Hamm 19.12.1997 – 5 UF 111/97, FamRZ 1999, 436; OLG Naumburg 15.7.1998 – 9 WF 81/97, FamRZ 1999, 437.
20 Wendl/Dose UnterhaltsR/*Dose* § 6 Rn. 311.

24. Aufstockungsunterhalt

Finke

I. Einführung

Während es bei den anderen Unterhaltstatbeständen der §§ 1570 ff. BGB darum geht, dass der Berechtigte aus jeweils unterschiedlichen Gründen einer Erwerbstätigkeit nicht oder nur eingeschränkt nachgehen kann und deshalb nicht in der Lage ist, seinen Bedarf nach § 1578 BGB ohne Unterstützung durch den Pflichtigen zu decken, regelt § 1573 Abs. 2 BGB den Fall, dass der Berechtigte zwar eine angemessene Erwerbstätigkeit ausübt, aber dennoch mit den Einkünften hieraus nicht seinen vollen Bedarf, dh den Bedarf nach § 1578 BGB, zu decken vermag. Dies kann darauf beruhen, dass die Einkünfte deshalb nicht ausreichen, weil er zwar eine angemessene Erwerbstätigkeit ausübt, jedoch bedingt durch die eheliche Rollenverteilung nur geringere Einkünfte erzielt, als er dies ohne solche **ehebedingten Nachteile** tun würde. 1

Es kann aber auch sein, dass der trotz eigener Einkünfte ungedeckte Bedarf des Berechtigten darauf beruht, dass der Pflichtige über ein höheres, die ehelichen Lebensverhältnisse prägendes Einkommen verfügt. Der Aufstockungsunterhalt hat in diesem Fall den Zweck, durch Teilhabe an dem höheren Einkommen des Pflichtigen den ehelichen Lebensstandard für den Berechtigten so weit wie möglich zu erhalten (**Lebensstandardgarantie**). Grundlage des Anspruchs ist insoweit die fortwirkende Verantwortung bzw. **nachwirkende eheliche Solidarität** des Pflichtigen (→ *Nacheheliche Solidarität* Rn. 1 ff.). Die sog. Lebensstandardgarantie wird im Wesentlichen über den Aufstockungsunterhalt erreicht. Lediglich dann, wenn von dem Berechtigten unterhaltsrechtlich überhaupt keine Erwerbstätigkeit mehr erwartet wird (zB bei der Betreuung eines gemeinsamen Kindes unter drei Jahren bzw. bei vollständiger krankheits- oder altersbedingter Erwerbsunfähigkeit), wird die zur Umsetzung der Lebensstandardgarantie erforderliche Teilhabe am höheren Einkommen des Pflichtigen nicht über den Aufstockungsunterhalt, sondern über die für die Ursache der Erwerbsunfähigkeit bzw. fehlenden Erwerbsobliegenheit maßgeblichen Unterhaltstatbestände (§§ 1570–1572, 1575 BGB) erreicht. Einen Anspruch auf Aufstockungsunterhalt kann auch der Ehegatte haben, der zwar über ein **höheres Einkommen als der andere** verfügt, aber hiervon **berechtigterweise Verbindlichkeiten abziehen** kann, so dass das ihm verbleibende Einkommen geringer ist als das des anderen Ehegatten. Dies gilt auch dann, wenn diese Verbindlichkeiten den **Unterhalt für gemeinsame Kinder** betreffen, und zwar auch dann, wenn erst hierdurch ein ungedeckter Unterhaltsbedarf des Berechtigten entsteht (→ Rn. 10).[1] 2

II. Voraussetzungen des Anspruchs

1. Originärer Anspruch oder Anschlussunterhalt

Aufstockungsunterhalt setzt immer eine **angemessene Erwerbstätigkeit** iSd § 1574 BGB voraus, welcher der Berechtigte nachgeht oder dies in vorwerfbarer Weise unterlässt.[2] Dies kann eine vollschichtige und im Fall der Einschränkung der Erwerbsfähigkeit bzw. -obliegenheit auch eine teilschichtige Tätigkeit sein.[3] Soweit der Berechtigte hiermit seinen **vollen Bedarf**, dh den eheangemessenen Bedarf nach § 1578 BGB (→ *Eheliche Lebensverhältnisse* Rn. 1 ff.), nicht zu decken vermag, kann er den Pflichtigen bei entsprechender Leistungsfähigkeit grundsätzlich auf Deckung dieser Bedarfslücke durch Leistung von Aufstockungsunterhalt in Anspruch nehmen. 3

1 BGH 11.11.2015 – XII ZB 7/15, NJW 2016, 322.
2 BGH 10.2.1988 – IVb ZR 16/87, NJW-RR 1988, 1218 bei Zurechnung fiktiver Erwerbseinkünfte.
3 BGH 7.3.2012 – XII ZR 145/09, NJW 2012, 2028; NK-BGB/*Fränken/Heistermann* § 1573 Rn. 17.

4 Der Aufstockungsunterhalt greift als **originärer Unterhaltstatbestand** dann ein, wenn bei Rechtskraft der Scheidung (zu diesem Einsatzzeitpunkt → Rn. 6) seine Voraussetzungen bestehen, dh der Berechtigte einer angemessenen Erwerbstätigkeit nachgeht bzw. dies in vorwerfbarer Weise nicht tut. Dies ist auch neben anderen Unterhaltstatbeständen möglich, die sich auf die mangelnde Möglichkeit der Bedarfsdeckung aufgrund einer Einschränkung der Erwerbsobliegenheit beziehen (zB Aufstockungsunterhalt neben Betreuungsunterhalt, soweit jedenfalls eine teilweise Erwerbsobliegenheit besteht). Der Aufstockungsunterhalt ist subsidiär insoweit, als er nur dann eingreift, wenn der durch ihn gedeckte Bedarf aus der Differenz der vom Berechtigten erzielten bzw. der ihm zugerechneten Einkünfte und dem vollen Bedarf nicht bereits durch einen Unterhaltsanspruch nach §§ 1570–1572 BGB abgedeckt wird. Das ist immer dann der Fall, wenn wegen Betreuung, Alters oder Krankheit keinerlei Erwerbsobliegenheit besteht (→ *Betreuungsunterhalt* Rn. 1; → *Krankheitsunterhalt* Rn. 1, 11; → *Altersunterhalt* Rn. 5). Ist dies nicht der Fall, so ist der Aufstockungsunterhalt von dem auf einem anderen Unterhaltstatbestand beruhenden Teilunterhalt abzugrenzen (zur Ermittlung der Anteile von Betreuungs- und Aufstockungsunterhalt → *Anschlussunterhalt* Rn. 10 f.).

5 Ansonsten kommt Aufstockungsunterhalt nach § 1573 Abs. 2 BGB iVm § 1573 Abs. 3 BGB nur als **Anschlussunterhalt** (→ *Anschlussunterhalt* Rn. 1 ff.) an einen vorhergehenden Unterhaltsanspruch auf der Grundlage eines anderen Unterhaltstatbestandes (zB Betreuungs- oder Krankheitsunterhalt wegen vollständig fehlender Erwerbsobliegenheit) in Betracht. Es bedarf daher immer der Feststellung einer lückenlosen Kette von vorangegangenen Ansprüchen aufgrund anderer Unterhaltstatbestände. Außerdem führt der Anschlussunterhalt dazu, dass der Aufstockungsunterhalt dem Umfang nach durch den Unterhaltstatbestand beschränkt wird, an den er anschließt. Bestand vorher allein ein Anspruch wegen Krankheit nach § 1572 BGB, so kann der Anspruch auf Aufstockungsunterhalt nicht über den vorher bezogenen Krankheitsunterhalt hinausgehen. Praktisch auswirken wird sich dies allerdings nur dann, wenn der Krankheitsunterhalt nicht den vollen Bedarf nach § 1578 BGB umfasste, sondern nach § 1587 b Abs. 1 BGB der Höhe nach beschränkt war.

2. Einsatzzeitpunkte

6 Der Einsatzzeitpunkt der **Scheidung**, an dem die Voraussetzungen für den Aufstockungsunterhalt vorliegen müssen, ergibt sich mittelbar aus § 1573 Abs. 4 BGB. Dabei kann nicht immer exakt auf den Zeitpunkt der Rechtskraft der Scheidung abgestellt werden. Dies würde dem Sinn der vom Gesetz gewollten Lebensstandardgarantie widersprechen, da eine Momentaufnahme im Zeitpunkt der Scheidung nicht immer den Lebensstandard verlässlich widerspiegelt und somit zu zufälligen Ergebnissen führen könnte. Der in § 1573 Abs. 4 BGB zum Ausdruck kommende Gedanke der Nachhaltigkeit (dort bezogen auf die Sicherung des Eigeneinkommens des Berechtigten) muss auch für den vom Einkommen des Pflichtigen hergeleiteten Bedarf gelten.

7 Eine **vorübergehende Erwerbslosigkeit** oder **vorübergehend geringere Einkünfte**, zB wegen Kurzarbeit, die dazu führen, dass in dieser Zeit kein offener Bedarf mehr besteht, können danach nicht zu einem endgültigen Verlust des Anspruchs auf Aufstockungsunterhalt führen, wenn ein deutlicher Anstieg der Einkünfte des Pflichtigen und damit auch ein Entstehen eines durch Eigeneinkünfte nicht gedeckten Bedarfs des Berechtigten vorhersehbar bzw. sehr wahrscheinlich ist. Eine andere Beurteilung würde dazu führen, dass für den Berechtigten uU keine Möglichkeit bestünde, vorhandene ehebedingte Nachteile über den Aufstockungsunterhalt auszugleichen. Soweit solche nicht eingetreten sind, besteht über § 1578 b BGB eine hinreichende Möglichkeit der Korrektur im Sinne einer Abkoppelung des Bedarfs von den ehelichen Lebensverhältnissen und des Verweises des Berechtigten auf seine Eigenverantwortung nach der Scheidung.

8 Eine noch weitere Entfernung von dem Zeitpunkt der Scheidung kann für das Entstehen des Anspruchs unschädlich sein, wenn der fehlende offene Bedarf des Berechtigten darauf beruht, dass das Einkommen des Pflichtigen durch den Kindesunterhalt gemindert wird. Auch hier war die zeitliche Befristung dieser Einschränkung von vornherein bekannt und somit die mit **dem späteren Wegfall des Kindesunterhalts**

verbundene Erhöhung des Bedarfs latent vorhanden.[4] Bei Fortbestehen der Ehe hätten beide Ehegatten an dieser Verbesserung teilgehabt.[5] Der Sinn der Einsatzzeitpunkte, die Belastungen und Risiken (Arbeitsmarkt, Krankheit) für den Pflichtigen vorhersehbar zu machen und zu beschränken, steht dem nicht entgegen, da es sich beim Kindesunterhalt um relativ klar vorhersehbare Belastungen handelt.

Noch weniger gerechtfertigt ist der endgültige Verlust des Aufstockungsunterhaltsanspruchs allein auf- 9
grund des Unterhalts für volljährige Kinder, der ausschließlich oder überwiegend vom Pflichtigen erbracht wird. Hätten die Eltern in diesem Fall den Ehegattenunterhalt ohne den nicht zwingend erforderlichen **Vorwegabzug des Kindesunterhalts** ermittelt und sodann in etwa gleich hohe bzw. stark aneinander angeglichene Beiträge zum Kindesunterhalt geleistet,[6] so hätte der Ehegattenunterhaltsanspruch ohnehin durchgehend bestanden, so dass der Wegfall des Kindesunterhalts im Wege eines Abänderungsbegehrens hätte berücksichtigt werden können. Eine lediglich unterschiedliche Berechnungsmethode beim Ehegattenunterhalt und bei den Haftungsanteilen der Eltern beim Kindesunterhalt rechtfertigt keine unterschiedliche Behandlung der Beurteilung des endgültigen Wegfalls des Ehegattenunterhalts und damit der Unterbrechung der Unterhaltskette im Zeitpunkt des Wegfalls der Kindesunterhaltsbelastung bei dem einen oder dem anderen Elternteil (→ *Anschlussunterhalt* Rn. 3).

Dieser Auffassung steht auch nicht entgegen, dass (Kindes-)Unterhaltsverpflichtungen, die das Einkommen 10
eines Ehegatten mindern, angeblich keinen Unterhaltsanspruch gegen den anderen Ehegatten begründen können, wie immer wieder behauptet worden ist mit der Begründung, dass Ehegattenunterhalt nur zur Deckung des eigenen Bedarfs des bedürftigen Ehegatten geschuldet werde und nicht dazu, ihn in die Lage zu versetzen seinerseits seinen Unterhaltsverpflichtungen nachkommen zu können.[7] Ein solcher Grundsatz lässt sich nicht aus dem ehelichen Unterhaltsrecht herleiten. Der BGH hat diese Streitfrage inzwischen entschieden.[8] Danach ist der berechtigte Ehegatte genauso, wie dies für den pflichtigen Ehegatten gilt, berechtigt, seine **Unterhaltsbelastungen gegenüber gemeinsamen Kindern** von seinem bedarfsprägenden Einkommen abzuziehen, auch wenn hierdurch sein Unterhaltsanspruch erhöht oder möglicherweise sogar erst begründet wird. Im Ergebnis beteiligt sich der Pflichtige durch Erhöhung seiner Unterhaltslast gegenüber dem Ehegatten an dessen Barunterhaltsbelastung für ein gemeinsames Kind, wie dies der Berechtigte im umgekehrten Fall einer Barunterhaltslast des Pflichtigen für ein gemeinsames Kind durch Minderung seines Unterhaltsanspruchs tut. Soweit die Unterhaltslast **nicht gemeinsame Kinder** betrifft, kann auf der Grundlage der Argumentation des BGH nichts anderes gelten, soweit diese Unterhaltslast die ehelichen Lebensverhältnisse geprägt hat. Handelt es sich dagegen um den Unterhalt eines nicht gemeinsamen Kindes des Berechtigten, das die ehelichen Lebensverhältnisse nicht geprägt hat, weil es erst nach Rechtskraft der Scheidung geboren ist, so ist diese Belastung nicht im Rahmen der Bedarfsermittlung nach § 1578 BGB, sondern bei der Bedürftigkeit nach § 1577 BGB zu berücksichtigen. Das bedeutet, dass in diesem Fall bei Fehlen eines offenen Bedarfs nach § 1578 BGB die Kindesunterhaltsbelastung des Unterhalt fordernden Ehegatten nicht zur Begründung eines Anspruchs führen kann, da mangels Bedarfs eine Bedürftigkeitsprüfung nicht mehr stattfindet. Eine solche Belastung auf Seiten des Pflichtigen mindert nicht den Bedarf des unterhaltsberechtigten Ehegatten, ist jedoch bei der Leistungsfähigkeit des Pflichtigen nach § 1581 S. 1 BGB als „sonstige Verpflichtung" zu berücksichtigen.

Aus § 1573 Abs. 3 BGB ergibt sich als **weiterer Einsatzzeitpunkt** der Wegfall bis dahin bestehender 11
Unterhaltsansprüche nach §§ 1570–1572, 1575 BGB. Es handelt sich hier um Anschlussunterhaltstatbestände (→ Rn. 6). Der praktisch bedeutsamste Fall ist hier der **Wegfall des Betreuungsunterhalts**. Ein

---

4 *Borth* in: Schwab ScheidungsR-HdB IV Rn. 332.

5 Nach BGH 20.7.1990 – XII ZR 73/89, NJW 1990, 2886 führt der Wegfall des Kindesunterhalts zu einem höheren Bedarf nach § 1578 Abs. 1 BGB.

6 S. BGH 12.1.2011 – XII ZR 83/08, NJW 2011, 670, wo der Vorwegabzug nicht beanstandet, aber auch die Bedarfsermittlung ohne den Vorwegabzug nicht ausgeschlossen wird; s. *Gutdeutsch* FamRZ 2009, 1022.

7 OLG Jena 29.1.2004 – 1 UF 366/03, FamRZ 2004, 1207; OLG Köln 20.2.2001 – 14 UF 101/00, NJW-RR 2001, 137; aA: OLG Stuttgart 1.8.2012 – 11 WF 161/12, NJW Spezial 2012, 548; OLG Zweibrücken 30.4.2002 – 5 WF 30/02, FamRZ 2002, 1565.

8 BGH 11.11.2015 – XII ZB 7/15, NJW 2016, 322.

Anschlusstatbestand kommt hier nur dann in Betracht, wenn der Betreuungsunterhalt zuvor den gesamten Unterhaltsbedarf abdeckte, was nur beim Fehlen jeglicher Erwerbsobliegenheit möglich ist. Bestand dagegen eine Erwerbsobliegenheit, so war ein etwaiger Aufstockungsunterhaltsbedarf von vornherein durch § 1573 Abs. 2 BGB abgedeckt. Wird dieser ausnahmsweise erst später geltend gemacht (→ Rn. 7 ff.), so handelt es sich dennoch nicht um Anschlussunterhalt, sondern um den ursprünglichen Unterhaltsanspruch in Form des Aufstockungsunterhalts.

12 Bestand in der Vergangenheit ein Unterhaltsanspruch, so kommt es nicht darauf an, ob dieser früher tatsächlich geltend gemacht worden ist.[9] Ein Anschlussunterhalt nach § 1573 Abs. 2 BGB liegt selbst dann vor, wenn ein Unterhaltsanspruch nach §§ 1570–1572, 1575 BGB in der Vergangenheit allein an der **mangelnden Leistungsfähigkeit** des Pflichtigen gescheitert ist, während sämtliche sonstigen Tatbestandsvoraussetzungen für einen solchen Anspruch gegeben waren (→ *Anschlussunterhalt* Rn. 1 ff.). Bei **fehlendem Einsatzzeitpunkt** ist zu prüfen, ob nicht ein Unterhaltsanspruch nach § 1576 BGB (→ *Billigkeitsunterhalt* Rn. 1 ff.) gegeben ist.

III. Höhe des Anspruchs und seine Beschränkung nach § 1578 b BGB

13 Die Höhe des Anspruchs richtet sich nach § 1578 BGB nach dem Bedarf entsprechend den ehelichen Lebensverhältnissen (→ *Eheliche Lebensverhältnisse* Rn. 1 ff.) und dem hierauf nach § 1577 BGB anzurechnenden Einkommen und Vermögen. Bei der Ermittlung des Bedarfs (in aller Regel nach der Differenz- bzw. Additionsmethode) ist besonders darauf zu achten, dass Einkünfte, die in der Ehe nicht für den Lebensunterhalt zur Verfügung gestanden haben, unberücksichtigt bleiben, mit Ausnahme des Falles, dass die während des ehelichen Zusammenlebens für den Lebensunterhalt verwendeten Mittel gemessen an dem zur Verfügung stehenden Einkommen bei objektiver Betrachtung zu gering waren und deshalb für den nachehelichen Bedarf eine Korrektur vorzunehmen ist.[10] Auch fiktive Einkünfte sind auf beiden Seiten zu berücksichtigen (→ Rn. 3). Besteht zwischen den beiderseitigen Einkommen nur eine geringe Differenz, bei der sich rechnerisch ein Aufstockungsunterhalt von bis zu 50 EUR ergeben würde, so kann ein Anspruch versagt werden, soweit die Beteiligten nicht in engen wirtschaftlichen Verhältnissen leben.[11]

14 Für die Möglichkeit der Begrenzung des Aufstockungsunterhalts nach § 1578 b BGB (→ *Unterhaltsbegrenzung* Rn. 1 ff.) kommt es zunächst maßgeblich auf die Unterscheidung an, ob der Anspruch auf **nachwirkender ehelicher Solidarität** (→ *Nacheheliche Solidarität* Rn. 1 ff.) beruht oder **ehebedingte Nachteile** ausgleicht (→ Rn. 1 f.). Das Gesetz sieht § 1578 b BGB als Ausnahmetatbestand im Sinne einer rechtsvernichtenden bzw. -beschränkenden Einwendung vor, die eingreifen kann, wenn das Nichtvorliegen ehebedingter Vorteile festgestellt wird. Ob und ggf. in welchem zeitlichen Rahmen in diesem Fall eine **Befristung** zu erfolgen hat, kann nicht generell, sondern nur durch eine auf den Einzelfall bezogene, umfassende Billigkeitsabwägung festgestellt werden. Dabei ist zu beachten, dass eine Befristung in einem solchen Fall häufig in Betracht kommen dürfte, aber keinesfalls zwingend ist. Sind dagegen ehebedingte Nachteile nicht auszuschließen, so kann eine Befristung nach § 1578 b Abs. 2 BGB nicht erfolgen.

15 Selbst bei Vorliegen ehebedingter Nachteile und erst recht bei deren Fehlen ist dagegen grundsätzlich eine **Herabsetzung** des Anspruchs nach § 1578 b Abs. 1 BGB möglich durch Abstellen **auf den angemessenen Bedarf** des Berechtigten; das ist der Bedarf, der ohne die Eingehung der Ehe mit dem Pflichtigen bestehen würde, anstelle des eheangemessenen (vollen) Bedarfs nach § 1578 BGB. Er umfasst auch den entsprechenden Altersvorsorgebedarf.[12] Der angemessene Bedarf nach § 1578 b Abs. 1 BGB stellt lediglich die **Untergrenze des bestehenden Rahmens der Billigkeitsprüfung** dar,[13] auf die keinesfalls ohne Prüfung der weiteren Abwägungskriterien abgestellt werden kann. Diese Abwägungen können dazu führen, dass eine geringere Herabsetzung zu erfolgen hat. Die – ggf. stufenweise – Herabsetzung bis

9 NK-BGB/*Fränken/Heistermann* § 1573 Rn. 20.
10 BGH 4.7.2007 – XII ZR 141/05, NJW 2008, 57.
11 OLG Hamm 10.12.2018 – 9 WF 218/18, FamRZ 2019, 792.
12 BGH 7.11.2012 – XII ZB 229/11, NJW 2013, 161.
13 BGH 10.11.2010 – XII ZR 197/08, NJW 2011, 303.

zur Höhe des ohne die Ehe angemessenen Bedarfs kann auch zu einem Wegfall des Anspruchs führen, wenn das tatsächliche oder zuzurechnende Eigeneinkommen diesen Bedarf deckt,[14] so dass sich die Frage der Befristung nicht mehr stellt. Eine Billigkeitsabwägung nach § 1578 b BGB setzt in aller Regel die Feststellung des angemessenen Bedarfs des Berechtigten voraus, da hierdurch der Rahmen festgestellt wird, in welchem die Abwägung stattfindet. Der BGH hat es bei einer Ehedauer von 28 Jahren für ein Absehen von einer Beschränkung des Unterhaltsanspruchs bis zum Bezug der Altersrente durch die Berechtigte in einigen Jahren ausreichen lassen, dass die Berechtigte ehebedingt keinen Anspruch auf eine Erwerbsminderungsrechte hatte, ohne dass auch nur die ungefähre Höhe dieser entgangenen Rente festgestellt worden war.[15]

Bei der auf der Grundlage der festgestellten Tatsachen vorzunehmenden **umfassenden Billigkeitsabwägung** sind sämtliche Umstände des Einzelfalles zu berücksichtigen. Dazu zählen zunächst die in § 1578 b BGB ausdrücklich genannten **Kriterien**: 16

- Umfang etwaiger **ehebedingter Nachteile** aufgrund der Nichtausübung oder Beschränkung einer Erwerbstätigkeit mit Rücksicht auf die Rollenverteilung in der Ehe; auch ein Arbeitsplatzwechsel in der Ehe kann zu einem solchen Nachteil führen;[16]
- **Kindesbelange**;
- Die **Ehedauer** ist in der seit dem 1.3.2013 geltenden Fassung des § 1578 b BGB ein selbstständiges Billigkeitskriterium. Bis zu dieser Änderung wurde die Ehedauer im Gesetz nur im Zusammenhang mit dem ehebedingten Nachteil genannt. Nach der Gesetzesbegründung[17] hat dies lediglich eine klarstellende Funktion, da der BGH die Bedeutung der Ehedauer als Billigkeitskriterium bereits vorher in ständiger Rechtsprechung berücksichtigt habe. Die Berücksichtigung der Ehedauer beruht auf dem Grundsatz der nachehelichen Solidarität und bringt damit neben der Kompensation von ehebedingten Nachteilen einen weiteren wichtigen Aspekt in die Billigkeitsabwägung ein.[18] Das bedeutet indes nicht, dass wie vor 2006 allein eine bestimmte Ehedauer es rechtfertigt, eine Begrenzung des Anspruchs auszuschließen. Jedoch kann diesem Umstand bei der Gesamtabwägung im Einzelfall entscheidende Bedeutung zukommen, wenn – beim Fehlen ehebedingter Nachteile – die nacheheliche Solidarität das wesentliche Billigkeitskriterium darstellt und die lange Ehedauer im Zusammenhang mit der praktizierten Rollenverteilung in der Ehe (alleinige oder überwiegende Haushaltsführung durch einen Ehegatten bei eingeschränkter oder fehlender Erwerbstätigkeit) zu einer starken und andauernden wirtschaftlichen Verflechtung geführt hat.[19] War die Ehe durch solche Lebensverhältnisse geprägt und besteht für den Unterhaltsberechtigten keine Möglichkeit mehr, seine wirtschaftlichen Verhältnisse entscheidend zu verbessern, so kann es geboten sein, bei langer Ehedauer von einer Befristung des Anspruchs abzusehen.

Da die im Gesetz genannten Kriterien nicht abschließend sind, kommen **weitere Kriterien** hinzu, wobei die folgende Aufzählung lediglich beispielhaft und daher ebenfalls nicht abschließend ist:

- Alter des Berechtigten;
- Einschränkungen in der Lebensführung, um dem Unterhaltsschuldner eine Ausbildung zu ermöglichen;
- Verlust des Unterhaltsanspruchs aus einer früheren Ehe;
- wirtschaftliche Verhältnisse der Ehegatten, Auswirkung der Unterhaltsverpflichtung/-berechtigung hierauf;
- Umfang des bisher geleisteten Unterhalts einschließlich des Trennungsunterhalts;[20]

14 BGH 29.6.2011 – ZR 157/09, NJW 2011, 2645.
15 BGH 16.10.2019 – XII ZB 341/17, NJW-RR 2020, 1.
16 BGH 13.3.2013 – ZB 650/11, NJW 2013, 1738.
17 BT-Drs. 17/11885, 6.
18 BGH 11.7.2012 – XII ZR 72/10, NJW 2012, 3434.
19 BGH 20.3.2013 – XII ZR 72/11, NJW 2013, 1530.
20 BGH 30.6.2010 – XII ZR 9/09, NJW 2010, 2953.

- zusätzliche Belastung des Pflichtigen durch Betreuungsleistungen gegenüber Kindern, zu denen der Berechtigte wegen seiner Erkrankung nicht in der Lage ist;[21]
- bestehende und im Rahmen der weiteren Familienplanung des Pflichtigen mögliche Unterhaltsansprüche, die beim Bedarf noch keine Berücksichtigung gefunden haben;[22]
- Eheschließung erst im vorgerückten Alter (kurz vor dem Rentenalter);
- phasenverschobene Ehe (erheblicher Altersunterschied der Partner, einer bereits vor oder in der Ehe Rentner);
- Einkommen des Berechtigten unterschreitet den Ehegattenmindestbedarf.[23] Allein der Umstand, dass der Berechtigte trotz des Unterhaltsanspruchs auf Sozialleistungen angewiesen wäre, verlangt keine Befristung,[24] schließt sie aber auch andererseits nicht aus;[25]
- wirtschaftliche Entflechtung der Ehegatten und Zufluss von Werten aus der Vermögensauseinandersetzung an den Unterhaltsgläubiger, die seine wirtschaftliche Situation deutlich verbessert haben;
- Kapitalvermögen des Unterhaltsberechtigten aus Zugewinn bzw. Erbfolge;
- allgemeines Lebensrisiko, schicksalhafte Entwicklung auf Seiten des Unterhaltsgläubigers;
- Vertrauensschutz aufgrund des Verhaltens des Unterhaltsschuldners (insbesondere aufgrund von vorbehaltlos geleisteten Unterhaltszahlungen), das den Unterhaltsberechtigten zu Vermögensdispositionen veranlasst hat bzw. ihn davon abgehalten hat, für den Fall des Wegfalls oder der Beschränkung des Unterhalts vorzusorgen.[26]
- **Vertrauensschutz** aufgrund der Gesetzeslage, insbesondere im Hinblick auf Änderungen durch das Unterhaltsänderungsgesetz ab 1.1.2008 (§ 36 Nr. 1 EGZPO). Hier gelten die gleichen Voraussetzungen für den Vertrauensschutz wie vorstehend. Das Vertrauen allein auf den Fortbestand der gesetzlichen Voraussetzungen für den Unterhaltsanspruch wird dagegen nicht geschützt.[27] Nach BGH 21.9.2011 – XII ZR 173/09, NJW 2012, 1356 regelt § 36 Nr. 1 EGZPO lediglich die Abänderung solcher Unterhaltstitel und -vereinbarungen, deren Grundlagen sich durch das Unterhaltsrechtsänderungsgesetz vom 21.12.2007 geändert haben. Das gilt unabhängig davon, ob der Titel vor oder nach Inkrafttreten des Unterhaltsrechtsänderungsgesetzes 1986 zustande gekommen ist. Der Vertrauensschutz ist in jedem Fall, dh auch bei Vorliegen der Voraussetzungen des § 36 Nr. 1 EGZPO, als Billigkeitskriterium im Rahmen des § 1578 b BGB zu prüfen und nicht gesondert erst dann, wenn nach Abwägung der sonstigen Kriterien eine Begrenzungsmöglichkeit nach § 1578 b BGB bejaht wird.[28]

17 Beruht ein Anspruch neben dem Aufstockungsunterhalt noch auf einem anderen Unterhaltstatbestand, so sind die jeweiligen Anteile am Gesamtanspruch zu bestimmen, da für die **Begrenzung der einzelnen Unterhaltstatbestände unterschiedliche Billigkeitskriterien** maßgeblich sein können. So kann beim Aufstockungsunterhalt der ehebedingte Nachteil von entscheidender Bedeutung sein, während für den gleichzeitig bestehenden Teilanspruch wegen Krankheitsunterhalts die nachwirkende eheliche Solidarität im Mittelpunkt steht. Auch wenn die Billigkeitsabwägung für den Gesamtanspruch vorgenommen wird, können die für die unterschiedlichen Unterhaltstatbestände geltenden unterschiedlichen Kriterien zu einer anderen Gewichtung bei der Abwägung führen.

18 Aufgrund der Vielzahl von Kriterien, die in jedem Einzelfall von unterschiedlichem Gewicht sein können, ist es **nicht möglich, allgemeine Grundsätze aufzustellen**. Vielmehr ist davon auszugehen, dass wegen des Bewertungsspielraums bei der Billigkeitsabwägung unterschiedliche Ergebnisse möglich sind, was die Beratung erschwert und das Verfahrens- und Kostenrisiko erhöht. Die Überprüfung der Abwägung in der Rechtsbeschwerdeinstanz hat sich wegen des Beurteilungsspielraums in der Tatsacheninstanz darauf zu be-

21 BGH 28.4.2010 – XII ZR 141/08, NJW-RR 2010, 1009.
22 BGH 30.3.2011 – XII ZR 63/09, NJW 2011, 1807.
23 BGH 4.8.2010 – XII ZR 7/09, NJW 2010, 3097.
24 BGH 2.3.2011 – XII ZR 44/09, NJW 2011, 1285.
25 BGH 30.3.2011 – XII ZR 63/09, NJW 2011, 1807.
26 BGH 21.9.2011 – XII ZR 173/09, NJW 2012, 1356.
27 BGH 20.10.2010 – XII ZR 53/09, NJW 2010, 3653.
28 BGH 30.6.2010 – XII ZR 9/09, NJW 2010, 2953.

schränken, ob wesentliche Umstände unberücksichtigt gelassen oder Beweisregeln verkannt worden sind, insbesondere ob der Tatrichter sich mit dem Tatsachenstoff des Verfahrens und den Beweisergebnissen umfassend und widerspruchsfrei auseinandergesetzt hat, seine Würdigung also vollständig und rechtlich möglich ist und nicht gegen Denkgesetze oder Erfahrungsgesetze verstößt.[29]

Dem in der obigen Aufstellung genannten Kriterium des **ehebedingten Nachteils** kommt insbesondere beim Aufstockungsunterhalt zentrale Bedeutung zu, da es hier um die mögliche Abkoppelung des Berechtigten von den ehelichen Lebensverhältnissen, die wesentlich durch das (höhere) Einkommen des Pflichtigen geprägt waren, geht, während bei den sonstigen Unterhaltstatbeständen der vollständige oder teilweise Wegfall des eigenen Einkommens des Berechtigten zu einer Bedarfslücke führt, die nichts mit der Teilhabe am höheren Lebensstandard in der Ehe zu tun hat. Eine Begrenzung des aus diesem Grund als Aufstockungsunterhalt bezeichneten Anspruchs wird eher als billig angesehen als die Begrenzung von Ansprüchen, die häufig das zum Lebensunterhalt unbedingt notwendige Existenzminimum betreffen. Bei Vorliegen eines ehebedingten Nachteils ist die Teilhabe an dem höheren Einkommen des Pflichtigen und dem hiermit ermöglichten höheren Lebensstandard gerechtfertigt, weil nur auf diese Weise ein Nachteilsausgleich möglich ist, wie er dem Unterhaltsrecht neben dem Gedanken der nachwirkenden ehelichen Solidarität zugrunde liegt. 19

Der ehebedingte Nachteil ist die Differenz zwischen dem Einkommen, das der Berechtigte tatsächlich erzielt bzw. nach §§ 1574, 1577 BGB erzielen könnte, und dem Einkommen, das er ohne die Ehe erzielen würde.[30] Die Hauptschwierigkeit bei der Feststellung eines solchen Nachteils liegt darin, dass die hierzu erforderliche sog. **retrospektive Prognose** hinsichtlich der mutmaßlichen beruflichen Entwicklung des Berechtigten ohne die Eheschließung, dh ohne die hierdurch bedingten Einschränkungen bei der Berufsausbildung und der Ausübung eines bereits erlernten Berufs, mit großen Unsicherheiten und Ungenauigkeiten behaftet ist, je länger die maßgeblichen Entscheidungen und Entwicklungen zurückliegen. Vielfach wird sich die mutmaßliche Entwicklung ohne die Eheschließung nicht mit der erforderlichen Sicherheit aufklären lassen. Dies gilt jedenfalls für die Fälle, in denen die Berufsausbildung zugunsten der Rollenaufteilung in der Ehe endgültig aufgegeben oder über Jahrzehnte unterbrochen worden ist oder bei früher Heirat überhaupt keine Ausbildung stattgefunden hat. Hier kann der sekundären Darlegungslast des Berechtigten (→ Rn. 28), aber auch der Beweislast des Pflichtigen eine entscheidende Bedeutung zukommen (→ Rn. 27 f.). Genügt der Berechtigte aktuell seiner Erwerbsobliegenheit und ist ihm in der Vergangenheit kein fiktives Einkommen zugerechnet worden, so kann ein ehebedingter Nachteil nicht damit kompensiert werden, dass bei einer anderen Erwerbstätigkeit zu einem früheren Zeitpunkt ein höheres Einkommen erzielt würde.[31] 20

Eine **Tätigkeit in dem erlernten Beruf** schließt **nach längerer Unterbrechung** nicht einen ehebedingten Nachteil aus, da dies vielfach mit geringeren Einkünften oder nicht gesicherten Arbeitsverhältnissen (Zeitverträge mit zwischenzeitlicher Arbeitslosigkeit) verbunden ist. Insbesondere die Aufgabe einer Anstellung im öffentlichen Dienst ohne Rückkehrmöglichkeit ist in aller Regel mit deutlichen Einkommenseinbußen verbunden. Während bei dem heutigen durchschnittlichen Heiratsalter von Frauen von knapp unter 30 Jahren die mögliche berufliche Weiterentwicklung zumindest im Ansatz relativ gut beurteilt werden kann, ist dies bei den in der gerichtlichen Praxis häufig zu beurteilenden Ehen der heute etwa 45- bis 60-jährigen Frauen deutlich schwieriger, weil dort bei Eheschließung eine Berufsausbildung vielfach noch nicht einmal begonnen worden war oder bei einer begonnenen Ausbildung noch nicht absehbar war, ob es sich hierbei um eine dauerhafte Entscheidung handelte. 21

Schwierigkeiten bereitet auch die Beurteilung von Sachverhalten, bei denen der Berechtigte **vor der Ehe** über **keine qualifizierte Ausbildung** verfügte und eine angelernte Tätigkeit ausübte, die es in dieser Form heute nicht mehr gibt. Ist der Berechtigte in einem solchen Fall nach einer Ehe von langer Dauer allein 22

29 BGH 20.10.2010 – XII ZR 53/09, NJW 2010, 3653.

30 BGH 20.10.2010 – XII ZR 53/09, NJW 2010, 3653.

31 BGH 5.12.2012 – XII ZB 670/10, NJW 2013, 528 bei Nichtberücksichtigung in früherer Vereinbarung; BGH 27.1.2010 – XII ZR 100/08, NJW 2010, 1595 bei Nichtberücksichtigung in früherer Entscheidung.

wegen fehlender beruflicher Erfahrung auf Tätigkeiten im Geringverdienerbereich angewiesen, so kann diese Minderung der Verdienstmöglichkeiten einen ehebedingten Nachteil darstellen.[32]

23 Das frühere sozialversicherungspflichtige **Einkommen eines Ehegatten**, das dieser **vor der Ehe** oder zB bis zur Geburt des ersten Kindes erzielt hat, kann ein wichtiges Indiz dafür sein, was er heute verdienen könnte, wenn es nicht zu beruflichen Einschränkungen durch die Ehe gekommen wäre. Es lässt sich relativ einfach und genau feststellen anhand der Auskunft der Rentenversicherung zum Versorgungsausgleich. Dort ist das jeweilige versicherungspflichtige Jahresbruttoeinkommen angegeben. Die dem entsprechenden Entgeltpunkte in der gesetzlichen Rentenversicherung bieten einen Anhaltspunkt dafür, welches Einkommen in etwa bei der gleichen Beschäftigung aktuell erzielt werden könnte, wobei ein möglicher beruflicher Aufstieg in der Berufspause nicht erfasst wird.

24 Ehebedingte Nachteile können nicht mit den durch die Unterbrechung der Erwerbstätigkeit während der Ehe bedingten **geringeren Rentenanwartschaften** begründet werden, wenn für diese Zeit ein Versorgungsausgleich stattgefunden hat. Der Nachteil in der Versorgungsbilanz ist dann in gleichem Umfang von beiden Ehegatten zu tragen und damit vollständig ausgeglichen.[33] Zweifelhaft ist dagegen die Auffassung, dass mit der tatsächlichen bzw. möglichen Inanspruchnahme der Zahlung von Altersvorsorgeunterhalt in jedem Fall sämtliche Nachteile des Berechtigten beim Aufbau einer angemessenen Altersversorgung in der Zeit ab Rechtshängigkeit des Scheidungsantrags (§ 1361 Abs. 1 S. 2 BGB) abgegolten sind (→ *Altersunterhalt* Rn. 21).

25 **Fehlen ehebedingte Nachteile**, so indiziert dies nicht eine Befristung oder Herabsetzung. Vielmehr ist damit ein, wenn auch wesentliches, Kriterium im Rahmen der Billigkeitsabwägung erfüllt. Die Berücksichtigung weiterer Kriterien, die oben beispielhaft aufgeführt worden sind, kann dazu führen, dass dennoch eine Befristung oder Herabsetzung nicht oder nur in eingeschränkter Form (längere Frist, nur teilweise Herabsetzung) der Billigkeit entspricht. Hier kann insbesondere der Ehedauer eine besondere Bedeutung zukommen, jedoch nicht schematisch nach einer bestimmten Dauer, sondern ausschließlich nach den Umständen des Einzelfalles,[34] und zwar auch nachdem die Ehedauer durch die Änderung des § 1578 b BGB als selbstständiges Billigkeitskriterium genannt wird (→ Rn. 16 „Ehedauer“).

26 Eine Befristung des nachehelichen Aufstockungsunterhalts kann nicht allein mit dem **Wegfall des Einsatzzeitpunktes** für einen späteren Anspruch auf Altersunterhalt nach § 1571 Nr. 3 BGB versagt werden.[35]

IV. Darlegungs- und Beweislast

27 Der Berechtigte hat sämtliche **Tatbestandsvoraussetzungen** des Aufstockungsunterhalts darzulegen und zu beweisen. Dies gilt nicht nur dann, wenn er diesen als Antragsteller verfolgt, sondern auch dann, wenn er sich als Antragsgegner im **Abänderungsverfahren** zur Verteidigung des bisher auf der Grundlage eines anderen Unterhaltstatbestandes bestehenden Titels auf den Tatbestand des § 1573 Abs. 2 BGB beruft.[36]

28 Der Begrenzungseinwand nach **§ 1578 b BGB**, der nicht ausdrücklich erhoben werden muss, sondern bei entsprechendem Sachvortrag in dem Abweisungs- oder Abänderungsantrag enthalten ist, stellt eine rechtsvernichtende bzw. rechtsbeschränkende Einwendung dar, deren Voraussetzungen vom Pflichtigen darzulegen und zu beweisen sind. Im gerichtlichen Verfahren besteht ohne entsprechenden Sachvortrag des Pflichtigen keine Veranlassung, die Begrenzungsmöglichkeit nach § 1578 b BGB zu prüfen. Eine andere Verfahrensweise würde eine unzulässige Amtsermittlung darstellen. Die bloße Behauptung des Pflichtigen, es seien keine ehebedingten Nachteile entstanden, ist bei richtigem Verständnis der **sekundären Darlegungslast** des Berechtigten als einer Entlastung des Berechtigten bei der Darlegung von Umständen, die

32 OLG Düsseldorf 16.6.2008 – 2 UF 5/08, FamRZ 2008, 1950 für eine Näherin.

33 BGH 16.4.2008 – XII ZR 107/06, NJW 2008, 2581.

34 OLG Karlsruhe 3.6.2020 – 20 UF 83/19, NJW-RR 2020, 949: Befristung des allein auf die fortdauernde eheliche Solidarität gestützten Anspruchs auf 2 ½ Jahre bei einer Ehedauer von 18 Jahren.

35 BGH 25.6.2008 – XII ZR 109/07, NJW 2008, 2644.

36 BGH 31.1.1990 – XII ZR 36/89, NJW 1990, 2752.

in der Sphäre des Berechtigten liegen und seiner Wahrnehmung entzogen sind, nicht ausreichend. Dies gilt jedenfalls dann, wenn die Eheleute nicht nur kurz zusammengelebt haben und daher regelmäßig über die berufliche Entwicklung des Ehepartners und mögliche ehebedingte Beschränkungen hinreichend informiert sind, um hierzu grundsätzlich vorzutragen. Erst danach obliegt es dem Berechtigten, auf den Vortrag des Pflichtigen zu den Voraussetzungen des § 1578 b BGB im Rahmen seiner sekundären Darlegungslast zu erwidern und diesen ggf. **substanziiert zu bestreiten.**[37] Versäumt der Pflichtige den notwendigen Sachvortrag zur Beschränkung des Unterhalts, so läuft er Gefahr mit seinem Einwand nach § 1578 b BGB in einem späteren Abänderungsverfahren präkludiert zu sein (→ *Unterhaltsabänderung* Rn. 20 ff.).

Ob bereits bei der erstmaligen Titulierung tatsächlich der Begrenzungseinwand zu berücksichtigen ist, kann im Einzelfall zweifelhaft sein. Hinsichtlich des **Zeitpunktes der Geltendmachung des Begrenzungseinwandes** ist zu differenzieren zwischen Befristung und Herabsetzung: 29

- Eine **Befristung** scheidet aus, solange das dauerhafte Vorliegen eines ehebedingten Nachteils noch nicht sicher beurteilt werden kann, wie dies der Fall ist bei aktuell bestehenden Nachteilen beim erzielbaren Einkommen und Unsicherheit darüber, ob dieser Nachteil in der künftigen beruflichen Entwicklung des unterhaltsberechtigten Ehegatten behoben werden kann. Dies ist auch dann der Fall, wenn das Einkommen des Berechtigten aus der nach der Trennung oder Scheidung aufgenommenen oder erweiterten Erwerbstätigkeit noch nicht nachhaltig gesichert ist.[38] Über eine Befristung kann erst dann abschließend entschieden werden, wenn die wirtschaftlichen Verhältnisse der Ehegatten entflochten sind und sich danach abschätzen lässt, ob ehebedingte Nachteile dauerhaft bestehen bleiben oder nicht.[39]
- Dagegen kommt eine **Herabsetzung** auf den – ohne die Ehe – angemessenen Unterhaltsbedarf nach § 1578 b Abs. 1 BGB auch bei Vorliegen ehebedingter Nachteile in Betracht, soweit der Bedarf nicht durch ehebedingte Nachteile, sondern das höhere Einkommen des Unterhaltspflichtigen bestimmt wird. Die Entscheidung kann nicht mit dem Hinweis auf eine nicht abgeschlossene wirtschaftliche Entflechtung der Verhältnisse zurückgestellt werden, sondern muss getroffen werden, soweit dies aufgrund der gegebenen Sachlage und der zuverlässig voraussehbaren Umstände möglich ist.[40] Sollten sich später die bei der Billigkeitsabwägung zugrunde gelegten Tatsachen ändern bzw. die dort angestellte Prognose der weiteren Entwicklung als unrichtig erweisen, so besteht die Möglichkeit der Anpassung im Abänderungsverfahren. Die noch ausstehende Regelung güterrechtlicher Fragen zwischen den geschiedenen Eheleuten rechtfertigt nicht den Verzicht auf eine ansonsten bestehende Begrenzungsmöglichkeit.[41] Ebenso wenig rechtfertigt die Möglichkeit der Veränderung des ehebedingten Nachteils die Verschiebung der Herabsetzung des Anspruchs auf die Zukunft, soweit nur noch eine Veränderung zugunsten des Pflichtigen in Betracht kommt (durch die Verbesserung der Einkommensverhältnisse des Berechtigten.[42]

Der Pflichtige ist demnach zur Vermeidung von Nachteilen gehalten, im Zweifelsfall oder noch besser immer den Begrenzungseinwand mit entsprechendem Sachvortrag geltend zu machen. Hält das Gericht in den Entscheidungsgründen die künftige Befristung etwa wegen einer noch nicht zuverlässig absehbaren Entwicklung der Verhältnisse ausdrücklich offen, so ist die Rechtskraft der Entscheidung entsprechend eingeschränkt. Sie steht einer späteren Geltendmachung des Beschränkungseinwands durch den Unterhaltspflichtigen selbst dann nicht entgegen, wenn über eine Befristung richtigerweise bereits im Ausgangsverfahren hätte entschieden werden müssen.[43] 30

37 NK-BGB/*Schürmann* § 1573 Rn. 40 zur Darlegungs- u. Beweislast.
38 OLG Koblenz 11.6.2008 – 9 UF 31/08, NJW 2008, 3720.
39 BGH 4.7.2018 – XII ZB 448/17, NJW 2018, 2638.
40 BGH 12.1.2011 – XII ZR 83/08, NJW 2011, 670.
41 BGH 12.1.2011 – XII ZR 83/08, NJW 2011, 670.
42 BGH 4.7.2018 – XII ZB 448/17, NJW 2018, 2638.
43 BGH 29.9.2010 – ZR 205/08, NJW 2010, 3582.

31 Weniger problematisch ist diese Frage bei einer Unterhaltstitulierung im Vergleichswege oder durch eine vollstreckbare Urkunde. Für die spätere Abänderung eines solchen Titels kommt es vorrangig darauf an, inwiefern darin eine bindende Regelung hinsichtlich einer Beschränkung nach § 1578 b BGB enthalten ist. Mangels einer entgegenstehenden ausdrücklichen oder konkludenten vertraglichen Regelung ist jedenfalls bei der erstmaligen Festsetzung des nachehelichen Unterhalts im Zweifel davon auszugehen, dass die Beteiligten die spätere Befristung des Unterhalts offenhalten wollen. Eine Abänderung ist dann auch ohne Änderung der tatsächlichen Verhältnisse und ohne Bindung an eine in dem Titel enthaltene Grundlage möglich.[44]

32 Trägt der darlegungs- und beweisbelastete Pflichtige im Rahmen der ihm zur Verfügung stehenden Möglichkeiten hinreichend zum Nichtvorliegen eines ehebedingten Nachteils vor, so dürfen auf der anderen Seite keine überspannten Anforderungen an die sekundäre Darlegungslast des Berechtigten gestellt werden.[45] Den Gerichten steht bei der Einschätzung der möglichen und wahrscheinlichen beruflichen Entwicklungen des Berechtigten ohne die Eheschließung ein Beurteilungsspielraum zur Verfügung, der durch die Anwendung von **Erfahrungssätzen** in dem jeweiligen Berufsfeld wie auch die **Berücksichtigung tariflicher Regelungen** ausgefüllt werden kann.[46] Dies entbindet allerdings nicht von der **Darlegung konkreter beruflicher Entwicklungs- und Aufstiegsmöglichkeiten** sowie der entsprechenden Bereitschaft und Eignung des Berechtigten.[47] Der Vortrag beruflicher Wunschvorstellungen ohne eine auch nur ansatzweise konkrete Umsetzung (zB durch zumindest begonnene Qualifizierungsmaßnahmen während der früheren Erwerbstätigkeit) oder ohne die Darlegung des Verlaufs der beruflichen Entwicklung bei ehemaligen Arbeitskollegen oder anderen Personen mit einer ähnlichen beruflichen Ausgangssituation dürfte regelmäßig unzureichend sein.

---

44 BGH 26.5.2010 – XII ZR 143/08, NJW 2010, 2349.
45 BGH 20.10.2010 – XII ZR 53/09, NJW 2010, 3653.
46 BGH 26.10.2011 – XII ZR 162/09, NJW 2012, 74.
47 BGH 26.10.2011 – XII ZR 162/09, NJW 2012, 74.

25. Aufteilung der Steuerschuld

Perleberg-Kölbel

I. Einführung

Nach Trennung oder Vermögensverfall kommt es zwischen Ehegatten häufig zum Streit darüber, wie und nach welchen Kriterien und Maßstäben Steuerschulden aufzuteilen sind. Das Problem stellt sich umso dringender, wenn die Finanzbehörde die Ehegatten gesamtschuldnerisch aus einem Zusammenveranlagungsbescheid in Anspruch nehmen möchte. 1

Mit dem Aufteilungsantrag nach §§ 268–280 AO besitzen zusammenveranlagte Ehegatten ein **wirksames Instrumentarium**. Der Antrag bewirkt, dass Vollstreckungsmöglichkeiten der Finanzbehörde lediglich auf Vollstreckungsmaßnahmen beschränkt werden, die zur Sicherung des Steueranspruchs erforderlich sind. Zahlungen auf die Einkommensteuer nach Antragstellung werden dem Ehegatten zugerechnet, der sie geleistet hat oder für den sie geleistet worden sind.

Darüber hinaus wird der Aufteilungsstichtag und somit die Höhe des aufzuteilenden Betrages durch den Zeitpunkt der Antragstellung bestimmt. Bei einer Aufteilung von rückständigen Vorauszahlungen schließt der Antrag darüber hinaus kraft Gesetzes eine Aufteilung der weiteren im Veranlagungszeitraum fällig werdenden Vorauszahlungen und die Abschlusszahlung mit ein.

Unabhängig von der Frage, wer im Außenverhältnis gegenüber der Finanzbehörde für Steuerverbindlichkeiten aufzukommen hat, ist das Problem der internen Haftung bei Steuernachforderungen zu lösen (→ *Steuernachzahlung/-erstattung* Rn. 10).

Diese Fragestellungen gelten auch für **eingetragene Lebenspartner**, nachdem das Bundesverfassungsgericht[1] die Ungleichbehandlung mit Ehepaaren und einen Verstoß gegen den allgemeinen Gleichheitsgrundsatz festgestellt hat. Die Rechtslage ist durch den Gesetzgeber rückwirkend zum VZ 2001 geändert worden. Nach § 2 Abs. 8 EStG sind die Regelungen des Einkommensteuergesetzes zu Ehegatten und Ehen nun auch auf Lebenspartner und Lebenspartnerschaften anzuwenden. Die Änderungen im Einkommensteuergesetz sind am 19.7.2013 infolge des Gesetzes zur Änderung des Einkommensteuergesetzes in Umsetzung der Entscheidung des Bundesverfassungsgerichts in Kraft getreten.[2] Die Rückwirkung bezieht sich auf alle Lebenspartner, deren Veranlagung noch nicht bestandskräftig durchgeführt ist.

1 BVerfG 7.5.2013 – 2 BvR 909/06, 2 BvR 1981/06, 2 BvR 288/07, FamRZ 2013, 1103.
2 BGBl. 2013 I 2397.

§ 1 Abs. 1 S. 1 LPartG definiert den Begriff „Lebenspartner und Lebenspartnerinnen". Dies sind zwei Personen gleichen Geschlechts, die gegenseitig und bei gleichzeitiger Anwesenheit vor der zuständigen Behörde erklären, miteinander eine Partnerschaft auf Lebenszeit führen zu wollen.

Vom 1.8.2001 bis zum 30.9.2017 konnten Partner einer gleichgeschlechtlichen Beziehung ihr Zusammenleben durch die eingetragene Lebenspartnerschaft legalisieren. Dieses familienrechtliche Institut sollte eine weitgehende Gleichstellung von eingetragenen homosexuellen Paaren und Ehepaaren erreichen. Seit dem 1.10.2017 können gleichgeschlechtliche Paare nur noch die Ehe eingehen. Eine eingetragene Lebenspartnerschaft kann nicht mehr begründet werden. Solange eine bereits bestehende eingetragene Lebenspartnerschaft nicht in eine Ehe umgewandelt wird, bleibt sie bestehen.

II. Steuerschuldverhältnis

1. Einkommensteuer

2 Ansprüche aus einem Steuerschuldverhältnis entstehen nach § 38 AO, sobald der Tatbestand verwirklicht ist, an den das Gesetz die Leistungspflicht knüpft. Die Einkommensteuer entsteht grundsätzlich nach §§ 2 Abs. 7, 25, 36 Abs. 1 EStG mit Ablauf des Veranlagungszeitraums. Es handelt sich um eine **Jahressteuer**. Der Veranlagungszeitraum für die Einkommensteuer umfasst daher das Kalenderjahr (§ 25 Abs. 1 EStG). Die Einkommensteuer wird nach dem Einkommen veranlagt, das der Steuerpflichtige in diesem Veranlagungszeitraum bezogen hat.

2. Ermittlung des zu versteuernden Einkommens

3 Bemessungsgrundlage und Ermittlung der festzusetzenden Einkommensteuer folgen aus § 2 Abs. 1–5 EStG, R 2 Abs. 1 EStR 2012 und § 2 Abs. 6 EStG, R 2 Abs. 2 EStR 2012. Das zu versteuernde Einkommen iSd § 2 Abs. 5 EStG wird im Wesentlichen so ermittelt, dass nach Feststellung der **Summe der Einkünfte** aus allen sieben Einkunftsarten unter Abzug von Entlastungs- und Freibeträgen, zB für Alleinerziehende (→ *Steuerliche Freibeträge* Rn. 1 ff.), der **Gesamtbetrag der Einkünfte** festgestellt wird. Nach Abzug des Verlustabzugs nach § 10 d EStG, der Sonderausgaben (→ *Sonderausgabenabzug* Rn. 1 ff.) und der außergewöhnlichen Belastungen (→ *Außergewöhnliche Belastung* Rn. 1 ff.) ergibt sich das **Einkommen**. Das zu versteuernde Einkommen errechnet sich schließlich ua nach Abzug der Kinderfreibeträge (→ *Steuerliche Freibeträge* Rn. 1 ff.).

3. Ermittlung der festzusetzenden Einkommensteuer

4 Die festzusetzende Einkommensteuer iSd § 2 Abs. 6 EStG zeigt sich nach der Ermittlung der tariflichen Einkommensteuer, § 32 a Abs. 1, (fünf Zonen, dh von der 0-Zone bis zur Proportionalzone II – Spitzensteuersatz von 45 %) Abs. 5 EStG, (Splittingverfahren, → *Steuerveranlagung* Rn. 22) und nach Abzug von Steuerermäßigungen, zB bei Zuwendungen an Parteien zuzüglich des Anspruchs auf Zulage von Altersvorsorge nach § 10 a Abs. 2 EStG und des Anspruchs auf Kindergeld oder vergleichbarer Leistungen, soweit in den Fällen des § 31 EStG das Einkommen um Freibeträge für Kinder gemindert wurde (Familienleistungsausgleich).

Der Anwendungsbereich des § 32 a Abs. 5 EStG (Ehegatten- bzw. Lebenspartner-Splitting) ist vorbehaltlich der §§ 32 b, 32 d, 34, 34 a, 34 b, 34 c EStG generell nur **unbeschränkt steuerpflichtigen Ehegatten oder Lebenspartnern** eröffnet.

Unterliegt einer der Ehegatten oder Lebenspartner der beschränkten oder keiner inländischen Steuerpflicht, sind §§ 26 und 26 b EStG und somit auch § 32 a Abs. 5 EStG grundsätzlich nicht einschlägig. Es sind jedoch die Regeln des § 1 a Abs. 1 Nr. 2 EStG zu beachten. Danach können beschränkt steuerpflichtige bzw. nicht steuerpflichtige Ehegatten oder Lebenspartner unter bestimmten Voraussetzungen (doppelter EU-/EWR-Bezug) für die Anwendung der §§ 26 und 26 b EStG als **fiktiv unbeschränkt steuerpflichtig** behandelt werden. § 32 a Abs. 5 EStG ist danach iVm § 26 EStG auf **erweitert unbeschränkt steuerpflichtige Personen** iSd § 1 Abs. 2 EStG anwendbar.

4. Vorauszahlungen

Die Steuervorauszahlungen entstehen mit Beginn des Kalendervierteljahrs, in dem die Vorauszahlungen zu entrichten sind, § 37 Abs. 1 S. 2 EStG. § 37 Abs. 1 S. 1 EStG regelt, dass Steuerpflichtige Vorauszahlungen auf die voraussichtliche Steuerschuld zum 10.3., 10.6., 10.9. und 10.12. des laufenden Kalenderjahres zu entrichten haben. Wegen des im Zugewinnausgleichsverfahren herrschenden Stichtagsprinzips sollte auf die Einstellung der zu diesem Zeitpunkt bereits entstandenen Verbindlichkeiten in die Zugewinnausgleichsbilanz geachtet werden.[3] 5

Bei Einkünften aus nichtselbstständiger Arbeit wird die Einkommensteuer als **Quellensteuer** nach § 38 EStG monatlich durch das Lohnsteuererhebungsverfahren (→ *Lohnsteuerklassen* Rn. 1) erfasst.

5. Steuerbescheid

Gem. § 155 Abs. 1 S. 1 AO wird die Steuer von der Finanzbehörde durch einen Steuerbescheid festgesetzt. 6 Der Steuerbescheid ist ein nach § 122 Abs. 1 AO bekanntzugebender Verwaltungsakt. Ein Steuerbescheid ist so lange nicht bestandskräftig, bis die Einspruchsfrist von einem Monat noch nicht verstrichen ist, er unter dem Vorbehalt der Nachprüfung gem. § 164 AO steht oder gem. § 165 AO vorläufig ist. Nur bis zum Ende der Festsetzungsfrist dürfen bestandskräftige Steuerbescheide geändert werden. Die Festsetzungsfrist, dh Verjährungsfrist, beträgt gem. § 169 AO generell vier Jahre, bei leichtfertiger Steuerverkürzung fünf und bei Steuerhinterziehung zehn Jahre. Sie beginnt mit Ablauf des Kalenderjahres, in dem die Steuererklärung eingereicht wird, § 170 Abs. 2 Nr. 1 AO. Bei dem Vorauszahlungsbescheid handelt es sich um eine unter dem Vorbehalt der Nachprüfung stehende Steuerfestsetzung, § 164 Abs. 1 S. 2 AO. Der Vorauszahlungsbescheid kann gem. § 164 Abs. 2 AO jederzeit aufgehoben oder geändert werden.

6. Gesamtschuldnerschaft bei Zusammenveranlagung

Erfüllen Ehegatten die Voraussetzungen der §§ 26, 26 b EStG und wählen die Zusammenveranlagung, 7 werden sie Gesamtschuldner der festgesetzten Steuerschuld iSd §§ 44 Abs. 1, 268 AO.[4] Der in § 44 AO verwendete **Begriff** der Gesamtschuldnerschaft entspricht dem in § 421 BGB normierten. Danach bedeutet Gesamtschuldnerschaft, dass der Gläubiger nur einmal die Leistung fordern kann, jeder Gesamtschuldner aber die gesamte Leistung aus dem Steuerschuldverhältnis erfüllen muss.

§ 44 AO regelt im Steuerrecht das **Nebeneinander mehrerer Haftungsschuldner**, wobei die Finanzbehörde wählen kann, welchen Ehegatten sie als Gesamtschuldner wegen der Einkommensteuerschuld in Anspruch nimmt. Hierbei muss sie ein **Auswahlermessen** ausüben und dies begründen, es sei denn, der Steueranspruch ist gegenüber dem anderen Ehegatten nicht mehr durchsetzbar.[5]

7. Aufteilung der Steuerschuld

Die Einkommensteuerschuld zusammenveranlagter Ehegatten kann auf **Antrag** eines jeden Ehegatten 8 aufgeteilt werden. Es wird hierfür fiktiv eine getrennte Veranlagung durchgeführt, wobei dem jeweiligen Ehegatten Steuerbeträge zugesprochen werden. Die §§ 268–280 AO regeln abschließend die **Aufteilung der Gesamtschuld** und somit die Beschränkung einer Vollstreckung. Grundsätzlich wird hierbei die rückständige Steuer nach dem Verhältnis der Beträge aufgeteilt, die sich bei der Durchführung einer Einzelveranlagung ergeben würde.

3 *Kuckenburg/Perleberg-Kölbel* FPR 2012, 306.
4 Einschließlich der Verspätungszuschläge: BFH 28.8.1987 – III R 230/83, BStBl. II 1978, 836.
5 BFH 25.1.1989 – I R 17/85, BStBl. II 1989, 425.

III. Steuerliche Voraussetzungen

1. Steuerbescheide als vollstreckbare Verwaltungsakte

9 Einkommensteuerbescheide sind vollstreckbare Verwaltungsakte iSd § 251 AO und können vollstreckt werden, soweit ihre Vollziehung nicht ausgesetzt oder die Vollziehung durch Einlegung eines Rechtsbehelfs nach § 361 AO, § 69 FGO gehemmt wird. Nach § 249 AO sind die Finanzbehörden auch **Vollstreckungsbehörden**.

2. Grundsätze der Aufteilung

10 **a) Teilschuldverhältnisse.** Jeder Ehegatte kann beantragen, dass die Vollstreckung wegen der auf seine Einkünfte entfallenen Steuern beschränkt wird, § 269 AO. Der Antrag ist Ausfluss eines **konstitutiven Gestaltungsrechts** des einzelnen Ehegatten als Gesamtschuldner. Die Aufteilung der Steuergesamtschuld berührt in Bezug auf den aufgeteilten Gesamtbetrag die Gesamtschuldnerschaft nicht. Sie wird nicht in einzelne Teilschuldverhältnisse umgewandelt.[6] Durch den Aufteilungsbescheid wird die Gesamtschuld im Ergebnis nur in entsprechende Teilschulden aufgespalten.[7]

Unter Hinweis auf Art. 6 Abs. 1 GG verhindern die Vorschriften zur Aufteilung der Steuerschuld eine Benachteiligung von zusammenveranlagten Ehegatten. Das Grundgesetz schützt auf diese Weise den Ehegatten, der seinen Ausgleichsanspruch wegen **Insolvenz oder Vermögenslosigkeit** seines Ehepartners nicht realisieren kann.[8]

Nach Aufteilung der Steuerschuld ist jedwede Verwirklichung der Gesamtschuld über den auf den jeweiligen Ehegatten entfallenden Anspruch hinaus ausgeschlossen.[9] Auch ist gem. § 226 AO keine **Aufrechnung** der Finanzbehörde gegenüber einem Ehegatten zulässig, soweit auf ihn kein Rückstand entfällt. Solange über den Antrag auf Beschränkung der Vollstreckung nicht unanfechtbar entschieden worden ist, dürfen **Vollstreckungshandlungen nur zur Sicherung** des Anspruchs vorgenommen werden, § 277 AO.

11 **b) Zuschlagsteuern. aa) Kirchensteuer.** Die Kirchensteuer besteuert die Zugehörigkeit zu einer kirchlichen Körperschaft. Steuerpflichtig sind alle Mitglieder in dem Kirchengebiet ihres Wohnsitzes. Die Kirchensteuerpflicht endet mit Austritt aus der Religionsgemeinschaft. Sind die zur Einkommensteuer zusammenveranlagten Ehegatten Mitglieder einer kirchensteuerberechtigten Religionsgemeinschaft und wird die Anwendung der Aufteilungsvorschriften auf die Kirchensteuer per Landesgesetz vorgeschrieben, hat eine Aufteilung der Kirchensteuer zu erfolgen. Auch ohne diesen Verweis ist deren Anwendung in verfassungskonformer Auslegung vorzunehmen.[10]

Gehört ein zusammenveranlagter Ehegatte nicht zu einer steuerberechtigten Kirche, kann eine Aufteilung unterbleiben. Die Erhebung der Kirchensteuer beruht allein auf den Steuerbemessungsgrundlagen der kirchensteuerpflichtigen Ehegatten als Gesamtschuldner.

Bemessungsgrundlage für die Kirchensteuer ist grundsätzlich die nach § 51 a Abs. 2 EStG berechnete Einkommensteuer. Der **Steuersatz** schwankt je nach Bundesland zwischen **8 und 9 % der Einkommensteuer**. Die Kirchensteuer wird bereits bei der Veranlagung zur Einkommensteuer von den Finanzämtern festgesetzt und auch erhoben.

Bei **Lohnsteuerpflichtigen** (→ *Lohnsteuerklassen* Rn. 1) wird die Kirchensteuer von dem Arbeitgeber nach dem am Wohnsitz des Arbeitnehmers geltenden Steuersatz berechnet. Der Arbeitgeber führt diese dann zusammen mit der Lohnsteuer an das Finanzamt ab. Die Kirchensteuer wird nach **Pauschalsteuersätzen** von der Lohnsteuer berechnet, wenn auch der Arbeitslohn pauschal berechnet wird.

6 BFH 12.1.1988 – VII R 66/87, BStBl. II 1988, 406.
7 BFH 5.2.1971 – VI R 301/66, BStBl. II 1971, 331; OFD Frankfurt/M. 4.4.2012 – S 0520 A – 4, St 25.
8 BFH 20.1.1995 – III R 31/93, BFH/NV 1989, 755; BVerfG 3.11.1982 – 1 BvR 1104/79, BStBl. II 1982, 717.
9 BFH 2.6.1990 – VII R 69/89, BStBl. II 1991, 493; 17.11.2009 – VI B 118/09, BFH/NV 2010, 604.
10 BVerfG 21.2.1961 – 1 BvL 29/57, BStBl. I 1961, 55; BVerfG 21.2.1961 – 1 BvL 20/60, BStBl. I 1961, 61.

Bei **konfessionsverschiedener Ehe** und Zusammenveranlagung der Ehegatten gibt es zwei Berechnungsmethoden: Entweder wird die gemeinsame Einkommensteuer halbiert und dann die Kirchensteuer für jede Religionsgemeinschaft errechnet oder die Kirchensteuer wird zunächst so errechnet, als ob beide Ehegatten der gleichen Gemeinschaft angehörten und dann auf die beiden Religionsgemeinschaften aufgeteilt.

Bei **glaubensverschiedener Ehe** wird die Kirchensteuer für den kirchenangehörigen Ehegatten nach dem Teil der gemeinsamen Einkommen- oder Lohnsteuer berechnet, der auf diesen Ehegatten entfällt.

bb) Solidaritätszuschlag. Der Aufteilung zu unterwerfen ist neben der Kirchensteuer auch der als Ergän- 12
zungsabgabe zur Einkommensteuer ab 1.1.1995 erhobene Solidaritätszuschlag nach §§ 1, 6 Abs. 1 SolZG.[11]

Bemessungsgrundlage für den Solidaritätszuschlag ist die Einkommensteuer unter Berücksichtigung der Freibeträge nach § 32 Abs. 6 EStG (→ *Steuerliche Freibeträge* Rn. 15 ff.), § 3 Abs. 1 Nr. 1 SolZG. Bei der Veranlagung der Einkommensteuer ist dies die festzusetzende Einkommensteuer, wenn der Steuerpflichtige keine Freibeträge nach § 32 Abs. 6 EStG erhält. Hier ist also die tarifliche Einkommensteuer Bemessungsgrundlage für den Solidaritätszuschlag. Der **Tarif** lautet **5,5 %** der Bemessungsgrundlage. Eine Erhebung erfolgt nur, wenn die Bemessungsgrundlage bei Anwendung der Grundtabelle mehr als 972 EUR und bei Anwendung der Splittingtabelle mehr als 1.944 EUR beträgt, § 3 Abs. 3 SolZG.

Nach dem Gesetz zur Rückführung des Solidaritätszuschlags v. 10.12.2019[12] werden der Zuschlag und die mit ihm verbundene zusätzliche Belastung der Steuerpflichtigen ab **VZ 1.1.2021** in einem ersten Schritt zugunsten niedrigerer und mittlerer Einkommen zurückgeführt. Die Freigrenze in § 3 Solidaritätszuschlaggesetz 1995 von 972 EUR/1.944 EUR (Einzel-/Zusammenveranlagung) wird auf 16.956 EUR/33.912 EUR angehoben. Die Beträge für das Lohnsteuerabzugsverfahren werden entsprechend angepasst. Insgesamt wird so erreicht, dass rund 90 % der Zahler der veranlagten Einkommensteuer und der Lohnsteuer nicht mehr mit dem Solidaritätszuschlag belastet werden. Nach vorläufigen Berechnungen dürften ledige sozialversicherungspflichtige Arbeitnehmer, die im Jahr nicht mehr als 73.874 EUR brutto verdienen, ab 2021 keinen Solidaritätszuschlag mehr zahlen müssen. Bis zu einem Einkommen von 109.451 EUR wird in der Gleitzone schrittweise die volle Höhe erreicht. Ein Alleinverdiener in der Steuerklasse III soll bis zu einem Bruttojahreslohn von 151.990 EUR keinen Solidaritätszuschlag zahlen. Bis 221.375 EUR fällt für einen Alleinverdiener zumindest ein Teil an, danach der volle Zuschlag.

3. Antragserfordernisse

a) Formen und Inhalte des Aufteilungsantrags. Den Aufteilungsantrag nach § 268 AO kann jeder 13
Ehegatte als Gesamtschuldner der Einkommensteuerschuld **schriftlich** stellen **oder zur Niederschrift** beim Finanzamt erklären, § 269 Abs. 1 AO.

Liegt ein zulässiger Antrag vor, muss die zuständige Finanzbehörde die Aufteilung durch einen Aufteilungsbescheid vornehmen. Sie hat kein Ermessen.[13]

Die Aufteilungsregelung in § 268 AO ist nur für Personen zulässig, die infolge der Zusammenveranlagung Gesamtschuldner sind. Im **Insolvenzverfahren** steht dem Insolvenzverwalter des jeweiligen Ehegatten das Antragsrecht zu, wenn die Insolvenzmasse betroffen ist, es sich also nicht um insolvenzfreies Vermögen des Schuldners handelt. Zwar bleibt der Insolvenzschuldner als Steuerpflichtiger weiterhin steuerpflichtig; der **Insolvenzverwalter** vertritt ihn aber bei der Erfüllung seiner steuerlichen Pflichten, § 80 Abs. 1 InsO, § 34 Abs. 3 AO. Der Insolvenzverwalter wird damit Steuerpflichtiger kraft eigener steuerrechtlicher Pflichten, § 33 Abs. 1 AO.

---

11 Fassung durch Beitreibungsrichtlinie-Umsetzungsgesetz v. 7.12.2011, BGBl. I 2592.

12 BGBl. 2019 I 2115.

13 Verfügung des Bayerischen Landesamts für Steuern vom 24.1.2019 – S 0520.1.1 – 1/127 St 432 „Gesamtschuld, Aufteilung, Gesamtdarstellung für den Veranlagungsbereich, Aufteilung einer Gesamtschuld nach § 268 ff. AO"; AO-Kartei BY AO § 268 Karte 1, Kontroll-Nr. 2/2019, NWB QAAAH-06391.

14 Ergeben sich die für die Aufteilung erforderlichen Angaben nicht bereits aus der Steuererklärung, müssen diese spätestens im Antrag nachgeholt werden, § 269 Abs. 2 S. 3 AO. Den Steuerpflichtigen trifft eine **gesteigerte Mitwirkungspflicht**. Kommt der Antragsteller dieser Pflicht nicht nach, kann die Finanzbehörde die **Aufteilungsgrundlagen schätzen**, § 162 AO. In diesem Rahmen hat die Finanzbehörde eine Ermittlungsbefugnis wie im Steuerermittlungsverfahren und Steuerfestsetzungsverfahren, §§ 249 Abs. 2, 88, 89 AO. Ist keine Schätzung möglich, kann die Finanzbehörde den Aufteilungsantrag zurückweisen.

15 Ein **unvollständiger Aufteilungsantrag** hindert nicht die Wirkung der Vollstreckungsbeschränkung. Das Finanzamt muss darauf hinwirken, dass der Antragsteller seinen Antrag vervollständigt bzw. richtigstellt, § 89 AO. Bei **rückständigen Vorauszahlungen** erstreckt sich der Antrag kraft Gesetzes auch auf die weiteren im gleichen Veranlagungszeitraum fällig werdenden Vorauszahlungen, Abschlagszahlungen und etwaigen Abschlusszahlungen, § 272 Abs. 1 S. 2 AO.

Bei dem Aufteilungsantrag handelt es sich um keine Steuererklärung. Daher ist eine Erklärung, dass sämtliche Angaben nach bestem Wissen und Gewissen erfolgt seien, nicht erforderlich.

16 **b) Fristen.** Der Aufteilungsantrag ist **frühestens nach Bekanntgabe des Leistungsgebotes** zulässig, §§ 254, 269 Abs. 2 S. 1 AO. Er kann noch gestellt werden, wenn die Vollziehung des Einkommensteuerbescheides nach vollständiger Tilgung des geschuldeten Steuerbetrages gem. § 361 Abs. 2 S. 3 AO oder § 69 Abs. 2 S. 7 FGO ganz oder teilweise wieder aufgehoben wird. Voraussetzung ist hier die Befürchtung, dass das Finanzamt den aufgrund der Aufhebung der Vollziehung ausgezahlten Betrag erneut fordert.[14] Vor Erteilung des fordernden Bescheides ist dem anderen Ehegatten rechtliches Gehör zu gewähren, § 91 AO.

Ein **Antrag vor Bekanntgabe des Leistungsgebotes** ist unzulässig und wird durch die spätere Bekanntgabe des Leistungsgebotes nicht nachträglich wirksam. Gegebenenfalls ist ein neuer Antrag zu stellen. Ebenso wenig erfolgreich ist ein **Antrag nach vollständiger Tilgung der rückständigen Steuern**, § 269 Abs. 2 S. 2 AO.

Die Fristen sind auch bei **Aufrechnung** des Finanzamts mit der Gesamtschuld gegen Steuererstattungsansprüche gem. § 226 AO[15] oder bei **Erlöschen der Gesamtschuld** durch Eintritt der Zahlungsverjährung, §§ 47, 228–232 AO, zu beachten.

4. Zuständigkeit

17 Über den Aufteilungsantrag einer natürlichen Person entscheidet nach § 19 Abs. 1 S. 1 AO das Finanzamt, in dessen Bezirk der Steuerpflichtige seinen Wohnsitz – oder in Ermangelung eines Wohnsitzes – seinen gewöhnlichen Aufenthalt hat, sog. „**Wohnsitz-Finanzamt**".

Für die Aufteilung einer Gesamtschuld ist auf den Wohnsitz bzw. gewöhnlichen Aufenthalt **im Zeitpunkt der Antragstellung** abzustellen, § 269 Abs. 1 AO. Haben sich die Ehegatten zwischenzeitlich getrennt und sind zum Zeitpunkt der Antragstellung verschiedene Finanzämter für die Besteuerung zuständig, muss das mit der Sache zuerst befasste Finanzamt eine einheitliche Entscheidung gegenüber allen Beteiligten treffen, § 25 S. 1 AO. Erfolgt die Vollstreckung auf Ersuchen einer anderen Vollstreckungsbehörde, bleibt die ersuchende Behörde zuständig.

5. Aufteilungsbescheid

18 Nach Einleitung der Vollstreckung ist durch einen schriftlichen Aufteilungsbescheid gegenüber den Beteiligten **einheitlich** zu entscheiden, § 279 AO Abs. 1 S. 1 AO. Es bedarf keiner Entscheidung mehr, wenn keine Vollstreckungsmaßnahmen erfolgen oder wieder aufgehoben werden, § 279 Abs. 1 S. 2 AO.

Der Bescheid muss die Höhe der aufzuteilenden Steuer, den Berechnungszeitpunkt, die Höhe der bei getrennter Veranlagung gem. § 270 AO auf den jeweiligen Ehegatten entfallenen Steuer, die anzurechnen-

14 BFH 20.1.1995 – III R 31/93, BFH/NV 1989, 755.
15 BFH 12.6.1990 – VII R 69/89, BStBl. II 1991, 493.

den Beträge und gegebenenfalls die Besteuerungsgrundlagen bei abweichenden Angaben der Ehegatten enthalten, § 279 Abs. 2 AO. Nach § 280 Abs. 2 AO ist nach Beendigung der Vollstreckung eine **Änderung oder Berichtigung** des Bescheides nicht mehr möglich.

6. Aufteilungsmaßstab

a) Allgemein. Bei einem wirksamen Aufteilungsantrag muss das Finanzamt ohne Ermessensspielraum iSd § 5 AO die veranlagte Einkommensteuerschuld fiktiv nach dem Verhältnis der Beträge berechnen und aufteilen, die sich bei getrennter Veranlagung nach Maßgabe des § 26 a EStG und der §§ 271–276 AO ergeben würden, § 270 Abs. 1 S. 1 AO. Nach § 276 Abs. 5 AO beginnt die Vollstreckung mit der Ausfertigung der Rückstandsanzeige. 19

Wird ein **Antrag vor Einleitung der Vollstreckung** gestellt, ist die im Zeitpunkt des Eingangs des Antrags geschuldete Steuer nach § 276 Abs. 1 AO aufzuteilen. Auf die Fälligkeit der Steuerschuld kommt es nicht an. Auch eine Aussetzung der Vollziehung hindert nicht den Aufteilungsantrag, § 361 AO, § 69 FGO.

Bei einem **Antrag nach Einleitung der Vollstreckung** ist die im Zeitpunkt der Einleitung der Vollstreckung geschuldete Steuer aufzuteilen, § 276 Abs. 2 AO.

Das **Berechnungsschema des Aufteilungsanteils** lautet: Steuer aus fiktiver getrennter Veranlagung multipliziert mit dem aufzuteilenden Teilbetrag aus der Zusammenveranlagung geteilt durch die Summe der Steuerbeträge beider Ehegatten aus den fiktiven getrennten Veranlagungen.

Bei der Berechnung werden die **Besteuerungsgrundlagen** jedem Ehegatten zugerechnet, die sich in seiner Person verwirklicht haben. Hierfür sind die tatsächlichen und rechtlichen Feststellungen maßgeblich, die der Steuerfestsetzung bei der Zusammenveranlagung zugrunde lagen. Eine **Neuberechnung** der im Rahmen der Zusammenveranlagung festgesetzten Steuer wird nicht vorgenommen. **Geschätzte Besteuerungsgrundlagen**, die auf der Zusammenveranlagung beruhen, sind nach § 162 AO selbst dann zu berücksichtigen, wenn sie sich zwischenzeitlich als falsch erwiesen haben.

Beispiel:[16] Die Eheleute X trennen sich am 30.12.2019. Sie geben zeitnah die Einkommensteuererklärung für 2019 ab. Um die Steuerlast zu minimieren, wählen sie die Zusammenveranlagung. Die Ehefrau hat nur geringfügige Einkünfte aus Vermietung und Verpachtung von unter 2.000 EUR. Aufgrund der hohen gewerblichen Einkünfte des Ehemannes ergibt sich eine Nachzahlung. Wegen aufkommender Streitigkeiten weigert sich der Ehemann, die Nachzahlung zu begleichen. Durch die Gesamtschuldnerschaft könnte das Finanzamt die Nachzahlung von der Ehefrau einfordern und ggf. auch vollstrecken. Um dies zu verhindern, kann die Ehefrau einen Antrag auf Aufteilung der Gesamtschuld stellen. Hieraus würde sich ergeben, dass keine Vollstreckung gegen sie möglich ist, da bei einer fiktiven Einzelveranlagung keine Steuernachzahlung bei der Ehefrau entstanden wäre.[17]

b) Rückständige Vorauszahlungen. Nur Vorauszahlungen, die im Zeitpunkt der Antragstellung noch rückständig sind, können aufgeteilt werden. Grundsätzlich sind die Verhältnisse der letzten durchgeführten Veranlagung zugrunde zu legen. Kraft Gesetzes bezieht sich der Antrag auch auf die Aufteilung der weiteren im gleichen Veranlagungszeitraum fällig werdenden Vorauszahlungen und eine etwaige Abschlusszahlung, § 272 Abs. 1 S. 2 AO. **Aufteilungsmaßstab** ist auch hier das Verhältnis der Beträge, die sich fiktiv bei getrennter Festsetzung der Vorauszahlungen ergeben würden. Die Finanzbehörde muss für die Aufteilung zunächst den aufzuteilenden rückständigen Betrag nach §§ 88, 90 und 91 AO feststellen und danach eine abschließende Aufteilung nach Veranlagung vornehmen, § 272 Abs. 1 S. 3 AO. Die gesamte Steuer abzüglich der Beträge, die nicht in die Aufteilung der Vorauszahlungen einbezogen worden sind, 20

16 Nach Steuerfach-Scout 2020 nwb.de; BayLfSt, Vfg. v. 9.1.2017 – S 0520.1.1 – 1/9 St 42 NWB CAAAG-14814.

17 Zu weiteren Berechnungsbeispielen siehe die Anlagen der Verfügung des Bayerisches Landesamt für Steuern vom 24.1.2019 – S 0520.1.1 – 1/127 St 432 „Gesamtschuld, Aufteilung, Gesamtdarstellung für den Veranlagungsbereich, Aufteilung einer Gesamtschuld nach § 268 ff. AO“, AO-Kartei BY AO § 268 Karte 1, Kontroll-Nr. 2/2019, NWB QAAAH-06391.

ist aufzuteilen, § 272 Abs. 1 S. 4 AO. Es handelt sich dabei um die vor Antragstellung bereits geleisteten Vorauszahlungen und die nach Antragstellung freiwillig auf die später fällig werdenden Vorauszahlungen entrichteten Beträge.

21 **c) Anrechnung von Steuerzahlungen.** Einkommensteuerzahlungen nach Antragstellung werden dem Steuerschuldner angerechnet, der sie vorgenommen hat oder für den sie geleistet worden sind, § 276 Abs. 6 S. 1 AO. Bei der Ermittlung der rückständigen Steuer sind auch die **Steuerabzugsbeträge,** wie zB die einbehaltene Lohnsteuer, Kirchensteuer, Kapitalertragsteuer, (soweit nicht die Veranlagungsoptionen nach § 32 d Abs. 4 und 6 EStG in Anspruch genommen werden) und getrennt festgesetzte Vorauszahlungen, wie zB Säumniszuschläge, Zinsen und Verspätungszuschläge, zu berücksichtigen, § 276 Abs. 4 AO. Nach § 272 Abs. 1 S. 5 AO müssen jedem Ehegatten auch die von ihm auf die aufgeteilten Einkommensteuervorauszahlungen geleisteten Zahlungen angerechnet werden (→ *Steuernachzahlung/-erstattung* Rn. 11).

22 **d) Steuernachforderungen.** Bei Steuernachforderungen aufgrund von **Änderungen oder Berichtigungen** der Steuerfestsetzung ist die rückständige Steuer im Verhältnis der Mehrbeträge aufzuteilen, die sich bei einem Vergleich der berichtigten getrennten Veranlagungen mit den früheren getrennten Veranlagungen ergibt, § 273 Abs. 1 AO. Führt die Steuerfestsetzung zu einem **Erstattungsanspruch**, ist der Aufteilungsmaßstab des § 273 AO nicht anzuwenden.

Zur Bestimmung des Aufteilungsmaßstabes müssen für jeden Ehegatten **zwei fiktive getrennte Veranlagungen** durchgeführt werden. Zunächst ist die ursprüngliche, zu berichtigende Steuerfestsetzung nach Maßgabe des § 26 a EStG getrennt durchzuführen, und zwar ohne Berücksichtigung der Änderung oder Berichtigung. Danach wird fiktiv getrennt auf Grundlage der geänderten bzw. berichtigten Steuerfestsetzung veranlagt. Die sich hieraus ergebenden Mehrbeträge werden zueinander ins Verhältnis gesetzt und ergeben so den Aufteilungsmaßstab für die Steuernachforderung.

Bereits geleistete oder erstattete Steuerabzugsbeträge bleiben hierbei unberücksichtigt.[18] Führt die Berechnung zu einem **Mehrbetrag für lediglich einen der zusammenveranlagten Ehegatten**, zB weil die erhöhten Besteuerungsgrundlagen nur ihm zuzurechnen sind, muss der betreffende Ehegatte die Steuernachforderung in voller Höhe begleichen (Maßgeblichkeit des Verhältnisses der Mehrbeträge).

23 **e) Gemeinsamer Aufteilungsvorschlag. Abweichend von den gesetzlich getroffenen Regelungen** kann die rückständige Steuer nach einem von den Gesamtschuldnern gemeinschaftlich vorgeschlagenen Maßstab aufgeteilt werden. Voraussetzung hierfür ist, dass die Tilgung des Steuerrückstands sichergestellt wird. Die Anwendung des vorgeschlagenen Aufteilungsmaßstabs steht im Ermessen des Finanzamts. Dieses hat dem Vorschlag Folge zu leisten, wenn der Anspruch dadurch nicht gefährdet wird.

Der gemeinschaftliche Vorschlag ist schriftlich einzureichen oder zur Niederschrift zu erklären. Er muss zudem von allen Gesamtschuldnern unterschrieben werden. Die elektronische Form ist hier nur unter den besonderen Voraussetzungen des § 87 a Abs. 3 und 4 AO zulässig. Bei fehlendem oder nicht zu akzeptierendem Vorschlag ist eine Ermittlung des Aufteilungsmaßstabes nach §§ 270–273 AO vorzunehmen.

7. Wirkungen der Aufteilung

24 Die festgesetzte Einkommensteuer wird nur in dem Umfang **fällig**, in dem in der Anrechnungsverfügung eine Abschlusszahlung ausgewiesen wird.[19] Nach § 278 AO darf die **Vollstreckung** nur nach Maßgabe der auf die einzelnen Ehegatten entfallenen Beträge durchgeführt werden. Eine Vollstreckung des dem Aufteilungsantrag zugrunde liegenden Anspruchs aus dem Steuerschuldverhältnis ist daher nur noch beschränkt möglich. Weitere Vollstreckungsmaßnahmen dürfen nur bis zur unanfechtbaren Entscheidung vorgenommen werden und auch nur, soweit sie zur **Sicherung des Anspruchs** erforderlich sind, § 277 AO. **Ausnahmen:** (Forderungs-)Pfändungen nach § 309 AO oder Eintragungen von Zwangssicherungshypotheken nach § 322 AO iVm §§ 864–871 ZPO.

18 FG Münster 17.5.1989 – XII 1727/86 E, EFG 1989, 613.
19 BFH 18.7.2000 – VII R 32–33/99, BStBl. II 2001, 133.

Eine **Verwertung** gepfändeter beweglicher Sachen nach § 296 AO, die Einziehung einer gepfändeten Forderung nach § 314 AO und die Zwangsversteigerung eines Grundstücks nach § 322 AO iVm § 869 ZPO und §§ 15–145 a ZVG sind unzulässig. Der zu sichernde Anspruch bei der Zwangsversteigerung betrifft schließlich nicht allein den festzustellenden Aufteilungsanteil, sondern die Gesamtschuld. **Zahlungsverpflichtungen** werden nicht hinausgeschoben. **Säumniszuschläge** gem. § 240 AO und ggf. auch **Vollstreckungskosten** – wie zB Gebühren und Auslagen nach §§ 337 ff. AO – entstehen weiterhin. 25

8. Sonderfall Vermögensverschiebungen

Eine Beschränkung der Vollstreckung entfällt bei Vermögensverschiebungen, also unentgeltlichen Zuwendungen, unter den zusammenveranlagten Ehegatten in oder nach dem Veranlagungszeitraum, für den noch Steuerrückstände bestehen. Bei aufgeteilter Gesamtschuld begründet § 278 Abs. 2 S. 1 AO eine dem Anfechtungsgrund des § 3 Abs. 1 Nr. 4 AnfG aF entsprechende **gesetzliche Duldungspflicht des Zuwendungsempfängers** für den auf den Zuwendenden entfallenden Anteil an der Steuerschuld. Der Bescheid nach § 278 Abs. 2 AO entspricht inhaltlich einem **Duldungsbescheid** im Sinne von § 191 AO, wobei in der Anfechtung der Vermögensübertragung und in der Bestimmung des Betrages, bis zu dessen Höhe der Zuwendungsempfänger die Vollstreckung dulden muss, die Regelung des Bescheides zu sehen ist.[20] 26

Der BFH hält in einer danach ergangenen Entscheidung eine **analoge Anwendung** von § 3 Abs. 1 AnfG geboten, so dass sich eine zeitliche Beschränkung der Zugriffsmöglichkeit auf 10 Jahre ergibt. Nach Ansicht des BFH schaffen die Vorschriften über die Zahlungsverjährung keinen hinreichenden Ausgleich für eine zeitlich unbeschränkte Inanspruchnahme des Zuwendungsempfängers.[21]

9. Veranlagungswechsel

Wechseln Ehegatten nach Aufteilung der Gesamtschuld und vor Einleitung der Vollstreckung nach § 278 Abs. 2 AO von der Zusammenveranlagung zur getrennten Veranlagung, (ab 2013 Einzelveranlagung gem. § 26 a EStG nF; → *Steuerveranlagung* Rn. 41) wird der zu vollstreckende Steueranspruch nicht berührt. Der auf § 278 Abs. 2 AO gestützte Verwaltungsakt und die darauf begründeten Vollstreckungsmaßnahmen werden nicht aufgehoben.[22] 27

10. Rechtsbehelfe

Gegen den Aufteilungsbescheid nach § 279 AO, den Ergänzungsbescheid iSd § 278 Abs. 2 AO, die ablehnende Entscheidung der Finanzbehörde über den Erlass eines Aufteilungsbescheides, die ablehnende Entscheidung der Finanzbehörde über die Annahme des besonderen Aufteilungsmaßstabs iSd § 274 AO durch Aufteilungsbescheid und den Änderungsbescheid iSd § 280 AO kann von jedem Ehegatten (als Beschwerten nach § 350 AO) **Einspruch** gem. § 347 Abs. 1 Nr. 1 AO eingelegt werden. 28

Im Rechtsbehelfsverfahren sind lediglich Einwendungen gegen die Art und Berechnung des aufzuteilenden Steuerbetrages zulässig. Im Falle einer Inanspruchnahme infolge **Vermögensverschiebungen** nach § 278 Abs. 2 AO durch ergänzenden Bescheid kann gegen die Unentgeltlichkeit der Zuwendung, die Höhe des gemeinen Werts der Zuwendung sowie gegen den Veranlagungszeitraum der Zuwendung angegangen werden. Der Ehegatte, der keinen Einspruch einlegt, ist zum Einspruchsverfahren **notwendig hinzuzuziehen**, § 360 Abs. 3 AO.

Gegen den Ehegatten als Mittäter oder Teilnehmer einer **Steuerhinterziehung** kann ein Haftungsbescheid nach § 71 AO 1977 ergehen, wenn wegen Aufteilung der Steuerschuld nach §§ 268, 278 AO gegen diesen nicht als Steuerschuldner vollstreckt werden kann.[23] Die Vorschriften über die Zusammenveranlagung von

20 BFH 18.12.2001 – VII R 56/99, BStBl. II 2002, 214.
21 BFH 9.5.2006 – VII R 15/05, BStBl. II 2006, 738.
22 BFH 18.12.2001 – VII R 56/99, BStBl. II 2002, 214.
23 BFH 7.3.2006 – X R 8/05, BStBl. II 2007, 594.

Ehegatten einerseits und der Aufteilung der Steuerschulden gem. § 268 ff. AO 1977 andererseits verfolgen nach Ansicht des BFH auch in ihrem Zusammenwirken nicht den Zweck, den Täter oder Teilnehmer einer Steuerhinterziehung von seiner ohne die gemeinsame Veranlagung bestehenden Haftung aus § 71 AO 1977 und der Inanspruchnahme durch Haftungsbescheid freizustellen. Zweck der Aufteilungsvorschriften ist es, zusammen zur Einkommensteuer veranlagte Ehegatten nicht schlechter zu stellen als einen nicht zusammenveranlagten Steuerpflichtigen. Bei einer getrennten Veranlagung/Einzelveranlagung **ab VZ 2013** entsteht der Steueranspruch nur aufgrund eigener Einkünfte. Die Ehegatten sind dann nicht Gesamtschuldner.

26. Aufteilung von Haushaltssachen bei Scheidung

Kloster-Harz/Schönberger

I. Endgültige Regelung nach § 1568 b BGB

Nach § 1568 b Abs. 1 BGB kann jeder Ehegatte die **Überlassung und Übereignung** der im **gemeinsamen Eigentum** stehenden Haushaltsgegenstände verlangen, wenn er auf die Nutzung unter Berücksichtigung des Wohls der im Haushalt lebenden Kinder und der Lebensverhältnisse der Ehegatten in **stärkerem Maße angewiesen** ist als der andere Ehegatte oder wenn dies aus anderen Gründen **billig** ist. Dies steht als Nachwirkung der ehelichen Lebensgemeinschaft mit der Eigentumsgarantie nach Art. 14 Abs. 1 S. 2 GG im Einklang. § 1568 b BGB regelt hingegen nicht eine Zuweisung von Haushaltsgegenständen im Alleineigentum. Diese Haushaltsgegenstände im Alleineigentum sollen ausschließlich im Rahmen einer güterrechtlichen Regelung Berücksichtigung finden.[1] Die Miteigentumsvermutung des § 1568 b Abs. 2 BGB dient der vereinfachten bzw. praktischen Abwicklung. § 1568 b Abs. 3 BGB schreibt eine Ausgleichszahlung (im Gegensatz zur Regelung der Nutzungsvergütung bei Trennung, § 1361 a Abs. 3 S 2 BGB) fest, welche im Hinblick auf die Eigentumsgarantie nach Art. 14 Abs. 1 S. 2 GG und dem Entzug des Miteigentums erforderlich ist. Mit der Schaffung des § 1568 b BGB wurde somit die Regelung des § 8 HausratsV (Überlassung von im Miteigentum der Ehegatten stehender Haushaltsgegenstände) übernommen, hingegen wurden die Regelungen des § 9 HVO (Übertragung von Alleineigentum eines Ehegatten) und des § 10 HausratsV (Regelung „hausratsbezogener“ Verbindlichkeiten im Innenverhältnis der Eheleute) nicht übernommen. 1

1. Normzweck des § 1568 b BGB

Gemeinschaftliche Haushaltsgegenstände sollen – entgegen den Regeln der Auseinandersetzung einer Gemeinschaft nach §§ 752 f. BGB – für die Zeit nach Rechtskraft der Ehescheidung in einem **schnellen, zweckmäßigen und einfachen Verfahren** unter Berücksichtigung der Umstände des Einzelfalles aufgeteilt und **dinglich übertragen** werden. § 1568 b BGB vermeidet somit auch unwirtschaftliche Verkäufe nach § 753 BGB, welche zulasten der Ehegatten gehen würden. Das schnelle, zweckmäßige und einfache Verfahren wird durch die Miteigentumsvermutung des § 1568 b Abs. 2 BGB unterstützt und löst nicht aufklärbare Zweifel zur Eigentumslage an einzelnen Haushaltsgegenständen auf.[2] Zudem ist § 1568 b BGB auch auf Rechte an Haushaltsgegenständen entsprechend anwendbar. Hierunter fallen beispielsweise der unter Eigentumsvorbehalt angeschaffte Pkw, geliehene, gemietete oder geleaste Pkw, sofern beide Eheleute Vertragspartner sind. § 1568 b BGB **begründet** damit mit Rechtskraft der Ehescheidung **Alleineigentum an den Haushaltsgegenständen**[3] bzw. Übertragung des Anwartschaftsrechts eines Ehegatten, nicht eines Dritten. Mit Rechtskraft der Entscheidung bezüglich einer Ausgleichszahlung besteht zwischen den geschiedenen Eheleuten ein entsprechendes Schuldverhältnis. Rechte Dritter bleiben jedoch unberührt, ausgenommen das Vermieterpfandrecht.[4] Die Eigentumsvermutung nach § 1568 b Abs. 2 BGB wird in 2

1 Palandt/*Brudermüller* BGB § 1568 b Rn. 2; Vor § 1568 a Rn. 2.

2 Palandt/*Brudermüller* BGB § 1568 b Rn. 1; zur Miteigentumsvermutung bei Haushaltsgegenständen zwischen Ehegatten, hier Pkw, OLG Koblenz FamRZ 2016, 1770.

3 BGH 15.1.1991 – XII ZR 197/90, BGHZ 117, 61; noch nach § 8 HausratsV: OLG Stuttgart 14.5.1992 – 17 UF 147/92, FamRZ 1992, 1446; 7.12.1992 – 17 UF 147/92, FamRZ 1993, 1461.

4 FA-FamR-HdB/*Klein* 8. Kap. Rn. 131.

einer sonstigen Familiensache wegen Schadensersatz nach unberechtigter Veräußerung von Haushaltsgegenständen (hier: Pkw) entsprechend angewandt.[5]

2. Überlassungs- und Übereignungsanspruch nach § 1568 b Abs. 1 BGB

3 § 1568 b Abs. 1 BGB ist eine **Anspruchsgrundlage**, wonach jeder Ehegatte anlässlich der Scheidung von dem anderen Ehegatten die **Überlassung und Übereignung** der im gemeinsamen Eigentum befindlichen Haushaltsgegenstände beanspruchen kann, sofern er auf deren Nutzung unter Berücksichtigung des Wohls der im Haushalt lebenden Kinder und der Lebensverhältnisse der Ehegatten in stärkerem Maße angewiesen ist als der andere Ehegatte oder dies aus anderen Gründen der Billigkeit entspricht. Dies hat zur Folge, dass der Haushaltsgegenstand nur an den Antragsteller zugewiesen werden kann, wenn sich der Antragsgegner auf die bloße Antragsabweisung beschränkt.[6] Grundsätzlich sollen die **gesamten Haushaltsgegenstände** nach § 1568 b Abs. 1 BGB verteilt werden, sofern die Eheleute keine Einigung erzielt haben, so dass einem Antrag auf Überlassung und Übereignung nur einzelner Gegenstände Gründe der Prozessökonomie entgegenstehen.[7] Die Bedürftigkeitsprüfung entspricht der bezüglich der Ehewohnung nach Rechtskraft der Ehescheidung. Zusätzlich werden aber ebenfalls andere Gründe der Billigkeit bei der Entscheidung zu berücksichtigen sein.[8] Das Familiengericht hat daher im Streitfall nach § 26 FamFG in Verbindung mit § 206 FamFG vorab **von Amts wegen** drei Gesichtspunkte zu klären:

1. den **Gesamtbestand** aller zu verteilenden Haushaltsgegenstände zum Stichtag (Scheidungsverbundsache: Schluss der mündlichen Verhandlung oder isoliertes (späteres) Verfahren: Rechtskraft der Ehescheidung) sowie deren Wert (auch betreffend die bereits verteilten Haushaltsgegenstände bzw. diejenigen, bei welchen eine Teileinigung gegeben ist),
2. die **Eigentumslage** an den jeweiligen Haushaltsgegenständen[9] und
3. die gegebene **Besitzlage** an den jeweiligen Haushaltsgegenständen, da die Zuweisungsentscheidung eine Herausgabeanordnung enthalten muss.[10]

4 Somit kann das Familiengericht einen Antrag nicht mit der Begründung zurückweisen, dass die Haushaltsgegenstände nicht individualisierbar dargestellt wurden. In diesem Fall hat das Gericht von Amts wegen die offenen Punkte, wie beispielsweise Bestand der Haushaltsgegenstände, Eigentumslage, zu klären, Ersteres durch Einnahme eines Augenscheins.[11] Insofern wurden die Mitwirkungspflichten der beteiligten Ehegatten jedoch verstärkt: Nach § 203 Abs. 2 FamFG sollen die gesamten Haushaltsgegenstände aufgelistet und hinreichend konkret bezeichnet werden.[12] Zudem kann nach § 206 Abs. 1 Nr. 2 FamFG das Familiengericht von beiden Ehegatten die Vorlage oder Ergänzung einer Aufstellung sämtlicher Haushaltsgegenstände einschließlich deren genauer Bezeichnung verlangen. Sollte der gesamte Bestand der Haushaltsgegenstände nicht ermittelt werden können, muss das Familiengericht dennoch über die Haushaltsgegenstände im Übrigen entscheiden.[13] Allerdings genügt es bei der Antragstellung nach § 1568 b BGB nicht, nur die Gegenstände aufzulisten, die zugewiesen werden sollen. Vielmehr muss ergänzend vorgetragen werden, welche Haushaltsgegenstände – zu welchem Wert – bereits einvernehmlich aufgeteilt

---

5 OLG Stuttgart FamRZ 2016, 1087.

6 Palandt/*Brudermüller* BGB § 1568 b Rn. 3.

7 Palandt/*Brudermüller* BGB § 1568 b Rn. 3.

8 FA-FamR-HdB/*Klein* 8. Kap. Rn. 133.

9 OLG Bamberg 18.3.1996 – 7 UF 225/95, FamRZ 1996, 1293; OLG Zweibrücken 17.6.1998 – 5 UF 25/98, FamRZ 1999, 672; OLG Brandenburg 17.2.2000 – 9 UF 39/99, FamRZ 2000, 1102; zu weitgehend OLG Düsseldorf 29.10.2007 – II-7 UF 108/07, FF 2008, 169.

10 OLG Düsseldorf 1.7.1986 – 9 UF 145/85, FamRZ 1986, 1134; OLG Brandenburg 17.2.2000 – 9 UF 39/99, FamRZ 2000, 1102; zur Zwangsvollstreckung *Eckebrecht* FPR 2008, 436 ff.

11 OLG Bamberg 18.3.1996 – 7 UF 225/95, FamRZ 1996, 1293; OLG Zweibrücken 17.6.1998 – 5 UF 25/98, FamRZ 1999, 672; OLG Naumburg 23.6.2006 – 3 UF 22/06, FamRZ 2007, 565.

12 OLG Naumburg 23.6.2006 – 3 UF 22/06, FamRZ 2007, 565; nach altem Recht: OLG Köln 27.6.2000 – 14 UF 47/00, FamRZ 2001, 174.

13 OLG Zweibrücken 17.6.1998 – 5 UF 25/98, FamRZ 1999, 672.

wurden. Andernfalls kann nicht entschieden werden, ob der Anspruchsteller die streitgegenständlichen Haushaltsgegenstände zu Recht begehrt oder bislang zu kurz gekommen ist.[14]

3. Gesamtbestand

In dem Verfahren nach § 1568 b BGB können nur Haushaltsgegenstände verteilt werden, die zum Zeitpunkt 5
der gerichtlichen Entscheidung noch **vorhanden** sind. Man spricht vom **Gesamtbestand der verteilungsfähigen Haushaltsgegenstände zum Stichtag**. Stichtag ist bei einer Haushaltsauseinandersetzung nach § 1568 b BGB als **Folgesache** bzw. im Scheidungsverbund der **Schluss der mündlichen Verhandlung**. Wird die Auseinandersetzung der Haushaltsgegenstände hingegen isoliert bzw. später geführt, ist Stichtag der Tag der **Rechtskraft der Ehescheidung**.[15] Ein Haushaltsgegenstand gilt als vorhanden, solange nicht das Gegenteil behauptet und erwiesen ist. Derjenige Ehegatte, der sich auf den Verlust eines Haushaltsgegenstands beruft, muss den Verlust beweisen, wenn es als gesichert angesehen werden kann, dass der „verlorene“ Haushaltsgegenstand auch nicht im Besitz des anderen Ehegatten ist.[16] Verfügt einer der Ehegatten vor dem Stichtag in rechtswidriger Weise über einen Haushaltsgegenstand oder ist ein Haushaltsgegenstand vor dem Stichtag untergegangen, wird dieser Haushaltsgegenstand vom Gericht nicht in die Entscheidung einbezogen.[17] Eine Herausgabeanordnung kann über einen solchen Haushaltsgegenstand nicht mehr erlassen werden.[18] Ein infolge kollusiven Handelns oder durch illoyale Verfügungen[19] nicht mehr vorhandener Haushaltsgegenstand gilt hingegen als noch vorhanden und soll demjenigen Ehegatten zugewiesen werden, der ihn zuletzt im Besitz hatte.[20] Hat hingegen ein Dritter den Verlust des Haushaltsgegenstandes zu verantworten, kann der Schadensersatzanspruch gegen den Dritten Gegenstand des Haushaltsverfahrens sein.[21] Nur wenn noch spürbare Wertdifferenzen verbleiben würden, kann eine Ausgleichszahlung nach § 1568 b Abs. 3 BGB angeordnet werden.[22] Ein Ehegatte hat gegen den anderen für ein während der Ehe angeschafftes, fremdfinanziertes Auto keinen Anspruch auf Ausgleichszahlung, wenn nachehelich eine Nutzung des Autos durch den anderen stattfindet und dieser die weiteren Raten bezahlt, aber eine Übertragung des Eigentums oder des Anwartschaftsrechts auf diesen Ehegatten unterbleibt.[23] Verfügt hingegen ein Ehegatte über einen Haushaltsgegenstand nach Rechtskraft der Scheidung, ist dies grundsätzlich unbeachtlich.[24]

4. Zuweisungsanspruch nach § 1568 b Abs. 1 BGB

Ein Ehegatte kann anlässlich der Scheidung die Zuweisung eines gemeinsamen Haushaltsgegenstandes 6
beanspruchen, wenn er auf dessen Nutzung unter Berücksichtigung des Wohls der im Haushalt lebenden Kinder und der Lebensverhältnisse der Ehegatten in stärkerem Maße angewiesen ist als der andere. Dies gilt auch dann, wenn dies aus anderen Gründen der Billigkeit entspricht. Der andere Ehegatte hat diesen Haushaltsgegenstand zu überlassen und zu übereignen. Primäre Entscheidungskriterien sind das **Wohl der im Haushalt lebenden Kinder** und die **Lebensverhältnisse der Eheleute**. Zugunsten der Kinder soll

14 OLG Bamberg 1.12.2000 – 7 UF 212/00, FamRZ 2001, 1316.
15 OLG Zweibrücken 12.3.1985 – 6 UF 103/84, FamRZ 1985, 819; OLG Düsseldorf 15.5.1986 – 9 UF 207/85, FamRZ 1986, 1132; OLG Karlsruhe 15.4.1987 – 2 UF 7/87, FamRZ 1987, 848; OLG Köln 20.2.1989 – 10 UF 186/88, NJW-RR 1989, 646; OLG Stuttgart 7.12.1992 – 17 UF 147/92, FamRZ 1993, 1461; OLG Bamberg 18.3.1996 – 7 UF 225/96, FamRZ 1996, 1293; aA OLG Hamm 16.2.1996 – 13 UF 124/95, FamRZ 1996, 1423.
16 OLG Köln 20.2.1989 – 10 UF 186/88, NJW-RR 1989, 646.
17 OLG Frankfurt a. M. 9.2.1981 – 5 UF 211/80, FamRZ 1981, 375.
18 OLG Düsseldorf 15.5.1986 – 9 UF 207/85, FamRZ 1986, 1132.
19 BGH 2.3.1983 – IVb ARZ 1/83, FamRZ 1983, 794; OLG Koblenz 18.3.1991 – 11 UF 204/91, FamRZ 1991, 1302.
20 OLG Karlsruhe 15.4.1987 – 2 UF 7/87, FamRZ 1987, 848; aA OLG Hamm 16.2.1996 – 13 UF 124/95, FamRZ 1996, 1423.
21 OLG Frankfurt a. M. 9.2.1981 – 5 UF 211/80, FamRZ 1981, 375.
22 BGH 26.9.1979 – IV ARZ 23/79, FamRZ 1980, 45; OLG Karlsruhe 15.4.1987 – 2 UF 7/87, FamRZ 1987, 848; OLG Köln 20.2.1989 – 10 UF 186/88, NJW-RR 1989, 646.
23 OLG Frankfurt a. M. NJW 2017, 2290.
24 OLG Düsseldorf 15.5.1986 – 9 UF 207/85, FamRZ 1986, 1132; OLG Hamm 14.3.1990 – 10 WF 36/90, FamRZ 1990, 1126.

das räumliche und soziale Umfeld möglichst unverändert bleiben. Insofern sind die für die Betreuung und Pflege der Kinder erforderlichen Haushaltsgegenstände in der Regel dem betreuenden Ehegatten zuzuweisen. Bei den ehelichen Lebensverhältnissen sind nur **wesentliche Umstände** zu berücksichtigen[25] wie die beiderseitigen Einkommens- und Vermögensverhältnisse, die Bedürfnisse und wirtschaftlichen Möglichkeiten der Ersatzbeschaffung, Alter und Gesundheit, die bisherige Nutzung vor der Trennung bzw. Scheidung sowie die Beziehung des Ehegatten zum Haushaltsgegenstand, Bezug der Ehewohnung, sofern der Antragsteller auch die Ehewohnung bewohnt. Künftige Umstände können nur dann entscheidungserheblich sein, wenn diese auch hinreichend sicher eintreten werden.[26] Sind beide Ehegatten auf den Haushaltsgegenstand im gleichen Maße angewiesen, muss nach Billigkeitsgrundsätzen entschieden werden.

5. Ausgleichszahlung nach § 1568 b Abs. 3 BGB

7 Der Ehegatte, der sein Miteigentum an einem Haushaltsgegenstand auf den anderen Ehegatten überträgt bzw. übertragen muss, kann nach § 1568 b Abs. 3 BGB eine angemessene Ausgleichszahlung verlangen. Dabei orientiert sich die Höhe der Ausgleichsgleichzahlung nicht nur an den Billigkeitsgrundsätzen. Wechselseitige Ausgleichszahlungsverpflichtungen können miteinander verrechnet werden. Es soll ein **gerechter wertmäßiger Ausgleich** im Sinne des **Halbteilungsgrundsatzes** stattfinden, wobei die jeweils zugeteilten Haushaltsgegenstände und deren Wert zu berücksichtigen sind.[27] Kleinlichkeit ist jedoch zu vermeiden.[28] Mit der Festsetzung der Ausgleichszahlung ist die Fälligkeit festzuschreiben, wobei dies – sofern kein abweichendes Datum festgeschrieben wurde – in der Regel der Zeitpunkt der Rechtskraft der Ehescheidung ist. Das Familiengericht kann aber im Rahmen von § 209 FamFG auch Ratenzahlungen festlegen, Stundung (ohne oder mit Zinsen), beispielsweise bis zur Entscheidung im Zugewinnausgleichsverfahren, oder Leistung Zug um Zug anordnen. Der Anspruch auf Ausgleichszahlung ist ein selbstständiger Anspruch, jedoch nicht höchstpersönlicher Natur. Nach früher hM soll jedoch keine isolierte Ausgleichszahlung – ohne Zuweisung eines Haushaltsgegenstands – festgeschrieben werden können.[29] Erst mit Rechtskraft der Entscheidung kann gegen die Ausgleichszahlung aufgerechnet werden, im Verfahren hingegen nicht.[30] Die rechtsgestaltende Änderung der Eigentumslage muss gewährleisten, dass die Ausgleichszahlung auch tatsächlich geleistet wird.[31]

8 **a) Verkehrswert.** Die Höhe der Ausgleichszahlung nach § 1568 b Abs. 3 BGB bestimmt sich nach dem **Verkehrswert** bzw. **Zeitwert** des jeweiligen Haushaltsgegenstands zum Zeitpunkt der Verteilung bzw. letzten mündlichen Verhandlung. Der Neuanschaffungswert ist nicht anzusetzen,[32] da die Ausgleichszahlung lediglich die Wiederbeschaffung entsprechender gebrauchter – und keiner neuen – Haushaltsgegenstände ermöglichen soll.[33] Andernfalls wäre der Ehegatte, der die Ausgleichszahlung beanspruchen kann, besser gestellt, was wiederum dem Halbteilungsprinzip widersprechen würde.[34] Billigkeitsentscheidungen und hierdurch bedingte Reduzierungen oder Erhöhungen der Ausgleichszahlung können im Einzelfall möglich sein.[35] Dabei kann beispielsweise ein weitaus höherer Gebrauchswert des Haushaltsgegenstandes, ein individueller Erinnerungswert etc berücksichtigt werden. Auch kann berücksichtigt werden, wenn der

25 BGH 14.7.1955 – IV ZB 37/55, BGHZ 18, 143.

26 FA-FamR-HdB/*Klein* 8. Kap. Rn. 142.

27 OLG Naumburg 18.9.2006 – 3 WF 154/06, FamRZ 2007, 920.

28 BGH 1.12.1983 – IX ZR 41/83, FamRZ 1984, 144.

29 OLG Naumburg 4.9.2003 – 8 UF 211/02, FamRZ 2004, 889; 18.9.2006 – 3 WF 154/06, FamRZ 2007, 920; OLG Karlsruhe 10.4.2003 – 2 WF 143/02, FamRZ 2004, 891.

30 OLG Hamm 13.1.1981 – 2 UF 408/80, FamRZ 81, 293; OLG Köln 14.1.1993 – 25 WF 192/92, NJW-RR 93, 1030.

31 BGH 15.1.1992 – XII ZR 202/90, BGHZ 117, 35 = FamRZ 1992, 414; kein Ausgleichsanspruch bei fremdfinanzierten Haushaltsgegenständen; hier Leasing, OLG Frankfurt a. M. FamRZ 2018, 175.

32 OLG Zweibrücken 19.8.1992 – 5 UF 191/91, FamRZ 1993, 82; OLG Naumburg 4.9.2003 – 8 UF 211/02, FamRZ 2004, 889.

33 Palandt/*Brudermüller* BGB § 1568 b Rn. 11.

34 „Ausgleich des dadurch entstehenden Ungleichgewichts“: OLG Naumburg 4.9.2003 – 8 UF 211/02, FamRZ 2004, 889.

35 OLG Frankfurt a. M. 20.10.1999 – 13 UF 88/97, NJWE-FER 2000, 292.

Ausgleichspflichtige nicht in der Lage ist, die Ausgleichszahlung in Höhe des Verkehrswertes zu leisten, oder wenn die bisherige Aufteilung wertmäßig ungerecht erfolgte.[36] Diese Billigkeitskorrektur ist nach neuem Recht jedoch nurmehr in engeren Grenzen möglich.[37]

b) Halbteilungsprinzip. Das Familiengericht hat zeitgleich mit der Zuweisung der Haushaltsgegenstände 9
über die Ausgleichszahlung zu entscheiden, wenn die Zuweisung der Haushaltsgegenstände dem Halbteilungsprinzip nicht entsprechen würde, da der eine Ehegatte empfindlich höhere Sachwerte zugewiesen erhält als der andere Ehegatte. Die vom Gericht festzusetzende Ausgleichszahlung bestimmt sich somit nach dem Halbteilungsprinzip und entspricht damit der Billigkeit.[38]

c) Ausgleichszahlung und Gesamtregelung. Aus Gründen der Billigkeit muss das zuständige Fami- 10
liengericht darauf achten, dass sämtliche Rechtsfolgen, wie beispielsweise Haushaltssachen, Unterhalt, Zugewinn etc der Ehescheidung, sofern das Gericht dafür zuständig ist, ausgewogen und aufeinander abgestimmt geregelt werden. In diesem Zusammenhang kann eine Reduzierung der Unterhaltspflicht zulasten des Ehegatten angemessen sein, dem ein Haushaltsgegenstand zugewiesen wurde und dem zeitlich eine Ausgleichszahlung mangels „Leistungsfähigkeit" nicht möglich ist. Andererseits kann eine Ausgleichszahlung für einen Haushaltsgegenstand, welcher überwiegend von einem Kind benutzt wird oder dessen Versorgung dient, nicht angemessen sein.[39] Folgt die Entscheidung im Zugewinnausgleichsverfahren der Entscheidung der Verteilung der Haushaltsgegenstände, und ist der beim Verfahren der Haushaltsgegenstände begünstigte Ehegatte nicht in der Lage, eine Ausgleichszahlung bzw. begrenzte Ausgleichszahlung zu leisten, empfiehlt es sich, nur eine vorläufige Benutzungsregelung festzuschreiben und die endgültige Zuweisung des Haushaltsgegenstands erst mit der Entscheidung im Zugewinn zu erlassen. Oder die Ausgleichszahlung ist nur vorläufig festzuschreiben und eine Erhöhung bleibt im Rahmen des Zugewinnausgleichs vorbehalten.[40]

6. Verweigerte Abholung

Der Ehegatte, dem die Haushaltsgegenstände zugewiesen werden, die sich im Besitz des anderen Ehegatten 11
befinden, muss diese Haushaltsgegenstände **abholen**. Holt dieser Ehegatte jedoch die Haushaltsgegenstände nicht ab, muss der andere Ehegatte einen Termin zur Abholung bestimmen, sofern er die Haushaltsgegenstände loswerden möchte. Mit Verstreichen dieses Termins gerät der Ehegatte, dem die Haushaltsgegenstände zugewiesen wurden, in Annahmeverzug nach §§ 293, 295 BGB. Mit Eintritt des Verzugs können die wertvolleren Haushaltsgegenstände, wie beispielsweise Antiquitäten, Kunstgegenstände, nach §§ 372 ff. BGB **hinterlegt** werden. Die Haushaltsgegenstände, die zur Hinterlegung nicht geeignet sind, können nach §§ 383 ff. BGB **versteigert** und der Erlös kann hinterlegt werden. Wertlose Gegenstände dürfen nach entsprechender Benachrichtigung **vernichtet** oder **weggegeben** werden.[41]

II. Auskunftsanspruch nach § 1568 b BGB

Die Regelung des § 1568 b BGB – wie auch bei § 1361 a BGB – schreibt keinen gesetzlich normierten 12
Auskunftsanspruch über den Bestand der Haushaltsgegenstände fest.[42] Dieser ist auch nicht analog herzuleiten, beispielsweise aus § 1379 BGB.[43] In wenigen Einzelfällen wurde vor der Reform zum 1.9.2009 ein Auskunftsanspruch auf der Grundlage der ehelichen Solidarität und des Grundsatzes von Treu und Glauben

36 OLG Zweibrücken 11.4.1986 – 6 UF 42/86, FamRZ 1987, 166.
37 Palandt/*Brudermüller* BGB § 1568 b Rn. 11.
38 OLG Naumburg 18.9.2006 – 3 WF 154/06, FamRZ 2007, 920.
39 FA-FamR-HdB 8. Kap. Rn. 146.
40 S. auch „einheitliche Entscheidung", FA-FamR-HdB 8. Kap. Rn. 148, 149.
41 FA-FamR-HdB 8. Kap. Rn. 152.
42 *Brudermüller* FamRZ 1999, 129.
43 BGH 1.12.1983 – IX ZR 41/83, FamRZ 1984, 144 = BGHZ 89, 137.

nach §§ 1353, 242 BGB hergeleitet.[44] Da mit der Reform zum 1.9.2009 dem Familiengericht eingeräumt wurde, den Ehegatten aufzugeben, die Haushaltsgegenstände anzugeben, deren Zuteilung sie begehren (§ 206 Abs. 1 Nr. 1 FamFG), oder eine Aufstellung sämtlicher Haushaltsgegenstände einschließlich deren genauer Bezeichnung vorzulegen oder eine vorgelegte Aufstellung zu ergänzen (§ 206 Abs. 1 Nr. 2 FamFG), dürfte diese Herleitung des Auskunftsanspruch sich überholt haben bzw. kein Regelungsbedürfnis bestehen, zumal jeder Ehegatte bei der Trennung auch Kenntnis über den Bestand der Haushaltsgegenstände hat bzw. haben muss.[45] Insofern besteht auch kein Rechtsschutzbedürfnis für einen Hilfsantrag auf Zutritt zur Ehewohnung zur Bestandsaufnahme.[46] Dennoch soll ausnahmsweise auch nach der Reform zum 1.9.2009 ein Auskunftsanspruch nach §§ 1353, 242, 260 BGB unter zwei Voraussetzungen gegeben sein:[47] Der die Auskunft beanspruchende Ehegatte ist

1. in **entschuldbarer** Weise über den Bestand der Haushaltsgegenstände in Ungewissheit[48] **oder** er ist **verhindert**, sich selbst die erforderliche Kenntnis zu verschaffen **und**
2. der andere Ehegatte kann die erforderlichen Auskünfte zur Beseitigung der Ungewissheiten ohne Weiteres erteilen.[49]

13 Denn trotz der Amtsermittlungspflicht des Familiengerichtes müssen die Beteiligten nach § 206 FamFG **mitwirken**. Eine sachgerechte Mitwirkung setzt aber zwangsläufig auch Kenntnis über den Bestand der Haushaltsgegenstände voraus.[50]

III. Verwirkung

14 Der Anspruch auf Zuweisung eines Haushaltsgegenstands nach § 1568 b Abs. 1 BGB kann nach den allgemeinen Grundsätzen der Verwirkung verwirkt sein.[51] Voraussetzung hierfür ist das **Vorliegen des Zeit- und Umstandsmoments**. Hat der Ehegatte während der Trennung und jahrelang nach Rechtskraft der Scheidung nichts unternommen, um seine Ansprüche geltend zu machen, ist das Vorliegen des sog. **Zeitmoments** zu bejahen. Der andere Ehegatte darf davon ausgehen, sofern jahrelang kein Anspruch geltend gemacht wurde (sog. Funkstille) und auch nichts in dieser Hinsicht angedeutet wurde, dass der Zuweisungsanspruch nicht mehr geltend gemacht wird, sog. **Umstandsmoment**.[52]

IV. Verfahren nach § 1568 b BGB

1. Verfahren im Allgemeinen

15 Im Verfahren muss zu einer angemessenen Teilung entsprechend dem **Halbteilungsprinzip** der Gesamtbestand aller Haushaltsgegenstände und ihr Wert aufgenommen werden (§ 203 FamFG: (1) alle Haushaltsgegenstände benennen; (2) anmerken, was wer schon besitzt; (3) anmerken, was man besitzen möchten, (4) anmerken „Miteigentum bzw. Alleineigentum"; Tipp: Möglichkeit der Zusammenfassung, wie zB Plattensammlung, somit nicht jede einzelne Platte benennen). Dabei sind auch die Haushaltsgegenstände

44 OLG Düsseldorf 14.7.1986 – 4 UF 43/86, FamRZ 1987, 81; OLG Frankfurt a. M. 1.2.1988 – 1 UF 324/87, FamRZ 1988, 645; *Brudermüller* FamRZ 1999, 129; kein Auskunftsanspruch: OLG Bamberg 22.5.1991 – 2 UF 105/91, FamRZ 1992, 332; *Möller* FPR 2000, 84 f.

45 OLG Düsseldorf 10.7.1985 – 5 UF 53/85, FamRZ 1985, 1152; OLG Celle 14.2.1986 – 12 UF 253/85, FamRZ 1986, 490; offengelassen: OLG Zweibrücken 21.11.1994 – 5 UF 35/93, FamRZ 1995, 1211.

46 OLG Zweibrücken 21.11.1994 – 5 UF 35/93, FamRZ 1995, 1211.

47 FA-FamR-HdB/*Klein* 8. Kap. Rn. 156.

48 OLG Frankfurt a. M. 1.2.1988 – 1 UF 324/87, FamRZ 1988, 645.

49 KG 5.11.1981 – 15 WF 4935/81, FamRZ 1982, 68; OLG Bamberg 22.5.1991 – 2 UF 105/91, FamRZ 1992, 332; *Möller* FPR 2000, 84 ff.

50 OLG Düsseldorf 14.7.1986 – 4 UF 43/86, FamRZ 1987, 81.

51 Heiß FamR/*Heiß* Teil 15: Haushaltsauseinandersetzung, Rn. 41.

52 OLG Bamberg 22.5.1991 – 2 UF 105/91, FamRZ 1992, 332; KG 13.6.1995 – 18 UF 4677/91, KGR Berlin 1996, 21; 24.1.2007 – 3 UF 25/07, FamRZ 2007, 1579; AG Weilburg 7.10.1997 – 20 F 1017/92 WH FamRZ 1998, 963; OLG Naumburg 7.6.2001 – 3 UF 50/01, FamRZ 2002, 672; OLG Koblenz 28.1.2003 – 9 UF 593/02, EzFamR aktuell 2003, 137.

zu berücksichtigen, über die bereits eine (Teil-)Einigung gefunden wurde.[53] Nach dem **Amtsermittlungsgrundsatz** hat das Gericht den Bestand, die Eigentumslage und die Werte der Haushaltsgegenstände zum Stichtag (letzte mündliche Verhandlung oder Rechtskraft der Ehescheidung) zu ermitteln.[54] Der Antragsteller hat jedoch nach § 203 Abs. 2 FamFG mit seinem Antrag den Bestand aufzulisten und konkret zu bezeichnen, andernfalls wäre eine eventuell erforderliche Vollstreckungsfähigkeit nicht gegeben.[55] Zusätzlich kann die Erstellung oder Ergänzung von den Beteiligten vom Familiengericht nach § 206 Abs. 2 Nr. 2 FamFG angeordnet werden. Ein Anspruch auf Ausgleichzahlung nach § 1568 b Abs. 3 BGB ist auch dann im Haushaltsverfahren geltend zu machen, § 200 Abs. 2 FamFG, wenn er von den Eheleuten vertraglich modifiziert wurde.[56]

2. Gerichtsermittlungspflicht

Siehe zunächst → *Aufteilung von Haushaltssachen bei Trennung* Rn. 14. Bei der endgültigen Verteilung 16
wird die Bekanntgabe der gesamten Haushaltsgegenstände und deren Aufteilung vorausgesetzt.[57] Bei der endgültigen Regelung wäre es verfassungsrechtlich nicht zulässig, dinglich zu gestalten und die Eigentumslage nicht vorab aufzuklären. Bei Gebrauchsgütern, deren Nutzungsdauer beschränkt ist und die einfach wieder beschafft werden können, soll Beweisanregungen nur in einem wirtschaftlich angemessenen Rahmen nachgegangen werden.

53 OLG Bamberg 1.12.2000 – 7 UF 212/00, FamRZ 2001, 1316.

54 OLG Bamberg 18.3.1996 – 7 UF 225/95, FamRZ 1996, 1293; OLG Zweibrücken 17.6.1998 – 5 UF 25/98, FamRZ 1999, 672; OLG Brandenburg 17.2.2000 – 9 UF 39/99, FamRZ 2000, 1102; zu weitgehend: OLG Düsseldorf 29.10.2007 – II-7 UF 108/07, FF 2008, 169.

55 OLG Köln 27.6.2000 – 14 UF 47/00, FamRZ 2001, 174; OLG Naumburg 23.6.2006 – 3 UF 22/06, FamRZ 2007, 565; *Erbarth* FPR 2010, 548 ff.; *Holzwarth* FPR 2010, 559 ff.; zur Vollstreckung nach dem FamFG: *Giers* FPR 2010, 564 ff.

56 BGH FamRZ 2017, 1608.

57 OLG Düsseldorf 27.4.1998 – 3 WF 82/89, FamRZ 1999, 1270.

27. Aufteilung von Haushaltssachen bei Trennung

Kloster-Harz/Schönberger

I. Haushaltsgegenstände bei Getrenntleben (§ 1361 a BGB)

1. Normzweck des § 1361 a BGB

1 § 1361 a BGB soll einer **vorläufigen Regelung** der Nutzungsmöglichkeiten und Besitzverhältnisse an **einzelnen Haushaltsgegenständen** dienen.[1] Somit regelt § 1361 a Abs. 3 S 2 BGB auch eine Nutzungsvergütung, im Gegensatz zur Ausgleichszahlung bei § 1568 b Abs. 3 BGB. Die Regelung ist bei nichtehelichen Lebenspartnern nicht anwendbar.[2] Die Feststellung des gesamten Bestands der Haushaltsgegenstände ist nicht erforderlich.[3] Dies könnte aber im Einzelfall zweckmäßig sein (vgl. § 206 Abs. 1 Nr. 2 FamFG). Da während der Trennungsphase grundsätzlich keine endgültige Zuteilung von Haushaltsgegenständen stattfindet, ist eine Einigung der Eheleute während der Trennungszeit im Zweifel nur als Benutzungsregelung auszulegen. Zudem besteht keine Ermächtigung des Familiengerichts zur Rechtsgestaltung mit Außenwirkung gegenüber Dritten, dies auch dann nicht, wenn der andere Ehegatte einverstanden ist. § 1361 a BGB dient nicht der Regelung vermögensrechtlicher Ansprüche und auch nicht der Herausgabe von Bargeld, Sparbüchern, Wertpapieren, Unterlagen etc.[4]

2. Herausgabeanspruch nach § 1361 a Abs. 1 S. 1 BGB

2 Mit der Trennung kann grundsätzlich jeder Ehegatte vom anderen die in seinem Alleineigentum stehenden Haushaltsgegenstände **herausverlangen**, § 1361 a Abs. 1 S. 1 BGB.[5] § 1361 a Abs. 1 S. 1 BGB ist **lex specialis** gegenüber § 985 BGB, aber nur für eine Nutzungsregelung.[6] Anders ist es hingegen, wenn die Eheleute explizit die Eigentumslage klären wollen und keine Benutzungsregelung anstreben. Dann ist § 985 BGB anwendbar.[7] Ein zu den Haushaltsgegenständen gehörender Pkw kann nicht nach § 1361 a Abs. 1 S. 1 BGB herausverlangt werden, wenn Indizien für die Annahme sprechen, dass nach dem Willen der Parteien Miteigentum entstehen sollte. Auch scheitert der Herausgabeanspruch eines Ehegatten nach § 1361 a Abs. 1 S. 1 BGB, wenn der andere Ehegatte mit einem Gebrauchsüberlassungsanspruch nach § 1361 a Abs. 1 S. 2 BGB begegnen kann. Der Herausgabeanspruch des § 1361 a Abs. 1 S. 1 BGB ist nur dann pfändbar, wenn der Anspruch des anderen Ehegatten nach § 1361 a Abs. 1 S. 2 BGB nicht besteht.[8]

---

1 *Brudermüller* FamRZ 2006, 1157 ff.; *Götz/Brudermüller* FamRZ 2008, 1895 ff.
2 OLG Düsseldorf 17.6.1998 – 11 U 80/97, MDR 1999, 233.
3 OLG Brandenburg 17.2.2000 – 9 UF 39/99, FamRZ 2000, 1102; OLG Düsseldorf 27.4.1998 – 3 WF 82/89, FamRZ 1999, 1270.
4 OLG Hamm 18.3.1980 – 2 UF (Sbd) 7/80, FamRZ 1980, 708; BGH 14.3.1984 – IVb ARZ 59/83, FamRZ 1984, 575.
5 LG Traunstein 4.9.2007 – 5 S 2332/07, FamRZ 2008, 894; BGH 14.3.1984 – IVb ARZ 59/83, FamRZ 1984, 575.
6 BGH 13.10.1976 – IV ZR 89/75, BGHZ 67, 217; 22.9.1982 – IVb ARZ 32/82, FamRZ 1982, 1200; OLG Düsseldorf 4.2.1986 – 5 UF 257/85, FamRZ 1987, 483; 5.7.1993 – 3 WF 70/93, FamRZ 1994, 390; OLG Hamm 15.7.1988 – 5 WF 340/88, FamRZ 1988, 1303; OLG Zweibrücken 30.1.1991 – 2 UF 87/90, FamRZ 1991, 848; *Vogel* FamRZ 1981, 839 ff.; *Luthin* FamRZ 1984, 1095 ff.; *Holzwarth* FPR 2010, 559 ff.; aA OLG Bamberg 14.9.1992 – SA 11/92, FamRZ 1993, 335.
7 Palandt/*Brudermüller* BGB § 1361 a Rn. 12.
8 Palandt/*Brudermüller* BGB § 1361 a Rn. 12.

3. Gebrauchsüberlassungsanspruch nach § 1361 a Abs. 1 S. 2 BGB

Die Regelung schreibt ein eigenes, auf § 1353 BGB beruhendes **Besitzrecht** an den vorhandenen[9] Haushaltsgegenständen des Nichteigentümer-Ehegatten gegenüber dem Alleineigentümer-Ehegatten fest. Voraussetzung ist, dass der Nichteigentümer-Ehegatte diesen Haushaltsgegenstand dringend zur Führung eines abgesonderten Haushalts – nicht zur beruflichen Nutzung bzw. zur Erzielung von Einkünften – **benötigt und** die Überlassung des Haushaltsgegenstands nach den Umständen des Einzelfalls **der Billigkeit entspricht.**[10] Die Eigentumsvermutung des Besitzers nach § 1006 BGB gilt nicht. Der Gebrauchsüberlassungsanspruch nach § 1361 a Abs. 1 S. 2 BGB ist wegen seiner höchstpersönlichen Natur nicht pfändbar.[11] Der Gebrauchsüberlassungsanspruch verpflichtet nur zur Gebrauchsüberlassung, so dass der Nichteigentümer-Ehegatte grundsätzlich den Transport zu regeln und diesbezügliche Kosten zu tragen hat.[12] Entsprechend hat der Nichteigentümer auch für eventuelle Kosten der Erhaltung und Pflege des Haushaltsgegenstands zu sorgen, beispielsweise des Kfz.[13] Der Gebrauchsüberlassungsanspruch beinhaltet auch keinen Beschaffungsanspruch.[14] 3

a) Abgesonderter Haushalt. Der Gebrauchsüberlassungsanspruch nach § 1361 a Abs. 1 S. 2 BGB setzt voraus, dass einer der Ehegatten einen **abgesonderten Haushalt führt**. Dies kann innerhalb der Ehewohnung sein oder außerhalb der Ehewohnung sowie mit Dritten der Fall sein. Bewohnt der Ehegatte hingegen eine sog. möblierte Ersatzunterkunft, wie beispielsweise bei den Eltern und/oder Freunden, ist der Gebrauchsüberlassungsanspruch nur begründet, wenn er sich mit den herausverlangten Haushaltsgegenständen einen eigenen Haushalt schaffen will. 4

b) Benötigen iSv § 1361 a Abs. 1 S. 2 BGB. Welche Haushaltsgegenstände zur Führung eines abgesonderten Haushalts benötigt werden, richtet sich nach den ehelichen Lebensverhältnissen.[15] **Entscheidungskriterien** sind auch die Dauer des Zusammenlebens,[16] das bisherige Maß der Nutzung und die eventuelle Möglichkeit der Ersatzbeschaffung. Es ist jedoch keine besondere Dringlichkeit erforderlich. Verfügt der Nichteigentümer-Ehegatte über ausreichende Mittel, so dass er den betreffenden Haushaltsgegenstand selbst erwerben kann, notfalls auch mittels Ratenkauf oder Ähnlichem, so ist der Überlassungsanspruch nach den Grundsätzen der Verhältnismäßigkeit sowie des Grundrechts nach Art. 14 GG nicht begründet. Der Eigentümer-Ehegatte hat im Zweifel Vorrang.[17] 5

c) Billigkeit iSv § 1361 a Abs. 1 S. 2 BGB. Der Gebrauchsüberlassungsanspruch des Nichteigentümers ist nur begründet, soweit dies der Billigkeit entspricht. Entscheidend kommt es dabei auf die **Bedürfnisse der Kinder** an,[18] aber auch auf die **Bedürfnisse der Ehegatten** entsprechend der **bisherigen Lebensführung**[19] sowie die **beiderseitigen Vermögens- und Einkommensverhältnisse**. Auch die Dauer des Zusammenlebens kann eine Rolle spielen.[20] Die Umstände, die zur Trennung geführt haben, dürfen bei der Entscheidung grundsätzlich keine Rolle spielen.[21] Allerdings soll schwerwiegendes Fehlverhalten iSd §§ 1361 Abs. 3, 1579 BGB ausnahmsweise und im Einzelfall in die Gesamtabwägung der Billigkeitsentscheidung 6

9 OLG Frankfurt a. M. 13.10.2003 – WF 319/93, FamRZ 2004, 1105.

10 OLG Karlsruhe 3.4.2000 – 2 WF 111/09, FamRZ 2001, 760; OLG Naumburg 12.9.2006 – OLGR 2007, 231.

11 Palandt/*Brudermüller* BGB § 1361 a Rn. 15.

12 LG Aachen 6.6.1980 – 3 S 109/80, FamRZ 1980, 996; s. auch mangelnde Mitnahmepflicht bei nicht zugeteilten Haushaltsgegenständen: LG Traunstein 4.9.2007 – 5 S 2332/07, FamRZ 2008, 894.

13 OLG München 2.7.1997 – 12 UF 958/97, FamRZ 1998, 1230.

14 Palandt/*Brudermüller* BGB § 1361 a Rn. 15.

15 BayObLG 13.1.1972 – BReg 2 Z 90/70, FamRZ 1972, 139; OLG Köln 17.4.1986 – 4 UF 64/86, FamRZ 1986, 703.

16 Hierzu empfehlenswert: OLG Köln 20.9.1979 – 14 UF 36/79, FamRZ 1980, 249; 17.4.1986 – 4 UF 64/86, FamRZ 1986, 703.

17 FA-FamR-HdB 8. Kap. Rn. 120.

18 KG 17.1.2003 – 13 UF 439/02, FamRZ 2003, 1927.

19 BayObLG 13.1.1972 – BReg 2 Z 90/70, FamRZ 1972, 139; Vorrang des Ehegatten, der Pkw wegen beruflicher Nutzung dringender benötigt: OLG Köln 11.9.2009 – 4 WF 128/09, FamRZ 2010, 470.

20 OLG Köln 17.4.1986 – 4 UF 64/86, FamRZ 1986, 703.

21 FA-FamR-HdB/*Klein* 8. Kap. Rn. 122.

einfließen können. Unbillig wird die Gebrauchsüberlassung sein, wenn der Nichteigentümer-Ehegatte die Haushaltsgegenstände nicht pfleglich und ordnungsgemäß behandelt oder wenn er sie mit dem neuen Lebensgefährten nutzen wird und das Benötigen nur durch das Zusammenleben mit dem neuen Lebensgefährten begründet ist.[22]

4. Verteilung gemeinsamer Haushaltsgegenstände

7 Haushaltsgegenstände, die im Miteigentum beider Eheleute stehen, werden nach den **Grundsätzen der Billigkeit** zwischen ihnen **verteilt** bzw. **zur vorläufigen Nutzung zugewiesen**, § 1361 a Abs. 2 BGB. Zur Klärung der Eigentumsverhältnisse gilt die Regelung der Miteigentumsvermutung nach § 1568 b Abs. 2 BGB entsprechend.[23] Bei der Verteilung nach § 1361 a Abs. 2 BGB ist nicht erheblich, wer den betreffenden Haushaltsgegenstand zur Führung eines abgesonderten Haushalts benötigt iSv § 1361 a Abs. 1 S. 2 BGB. Die Verteilung erfolgt vielmehr nach den Grundsätzen der Billigkeit, wobei die praktischen Bedürfnisse der Eheleute zu berücksichtigen sind.[24] Dabei kann es eine Rolle spielen, welcher der Ehegatten den Haushaltsgegenstand dringender benötigt.[25] Insoweit kann auf die Entscheidungskriterien des § 1361 a Abs. 1 S. 2 BGB zurückgegriffen werden. Bei § 1361 a Abs. 2 BGB können alle – nicht nur einzelne – Haushaltsgegenstände verteilt werden.[26] Da die Verteilungsregelung nur vorläufigen Charakter hat, darf sie **nur zu Gebrauchs- bzw. Verbrauchszwecken** (bei Vorräten) erfolgen, eine Übereignung kann nicht angeordnet werden, § 1361 a Abs. 4 BGB. Die Verteilung von Vorräten, die zum Verbrauch bestimmt sind, führt damit jedoch zwangsläufig zu einer endgültigen Regelung, was sachgerecht ist.[27] Werden hingegen Vorräte nicht (hälftig) verteilt, sind hierdurch gegebene finanzielle Ungerechtigkeiten durch die Nutzungsvergütung nach § 1361 a Abs. 3 S. 2 BGB auszugleichen oder bei der Berechnung des Trennungsunterhalts nach § 1361 BGB zu berücksichtigen. Streiten die Eheleute über den Wert eines Haushaltsgegenstands, ist dieser entweder nach § 278 ZPO zu schätzen oder durch Sachverständigengutachten bewerten zu lassen. Erst dann kann nach billigem Ermessen entschieden werden.

5. Nutzungsvergütung

8 Nach § 1361 a Abs. 3 S. 2 BGB kann das Familiengericht für die Benutzung von Haushaltsgegenständen eine **angemessene Vergütung** festsetzen.[28] Die Regelung setzt voraus, dass eine Gebrauchsüberlassung nach § 1361 a Abs. 1 S. 2 BGB zugunsten des Nichteigentümer-Ehegatten oder eine alleinige oder überwiegende Nutzung des Miteigentümer-Ehegatten nach § 1361 Abs. 3 S. 1 BGB gegeben ist. Die Entscheidung über eine Nutzungsvergütung trifft das Gericht nach **Billigkeitsgesichtpunkten**. Dabei spielen die beiderseitigen Einkommens- und Vermögensverhältnisse bzw. die unterhaltsrechtliche Situation der Beteiligten eine entscheidende Rolle.[29] Ein Anspruch auf Nutzungsentschädigung ist daher ausgeschlossen, wenn die Zahlungsverpflichtung einer Nutzungsentschädigung den eigenen angemessenen Unterhalt und den Unterhalt Dritter gefährden würde. Insofern wird in Mangelfällen eine Nutzungsentschädigung immer unbillig sein. Die Höhe der Nutzungsvergütung ist ebenfalls nach billigem Ermessen festzusetzen. Grundsätzlich ist der fiktive Mietwert des betreffenden Haushaltsgegenstands anzusetzen. Dieser kann jedoch im Einzelfall an die persönlichen Verhältnisse der Eheleute angepasst bzw. reduziert werden. Nach den Grundsätzen der ehelichen Solidarität wird dieser jedoch nicht höher angesetzt werden können. Sofern das Kfz zur vorläufigen Nutzung einem Ehegatten zugewiesen wird, kann sich die Höhe der Nutzungsvergütung an dem

---

22 FA-FamR-HdB/*Klein* 8. Kap. Rn. 122.
23 OLG Stuttgart FamRZ 2019, 1131.
24 OLG Köln 11.9.2009 – 4 WF 128/09, NJW-RR 2010, 150 = FamRZ 2010, 470.
25 OLG Köln 11.9.2009 – 4 WF 128/09, NJW-RR 2010, 150 = FamRZ 2010, 470.
26 OLG Naumburg 12.9.2006 – 8 WF 115/06, FamRZ 2007, 1169.
27 *Quambusch* FamRZ 1989, 691 ff.
28 OLG Frankfurt a. M. 23.9.1987 – 1 UFH 18/87, NJW-RR 1988, 133; keine Nutzungsvergütung vor der angemessenen und billigen Verteilung der Haushaltsgegenstände, OLG Düsseldorf FamRZ 2016, 1087; OLG Frankfurt a. M. FamRZ 2019, 783.
29 OLG München 2.7.1997 – 12 UF 958/97, FamRZ 1998, 1230.

Gebrauchswert des Kfz zum Zeitpunkt der Überlassung bestimmen.[30] Der Nutzungsvergütungsanspruch ist pfändbar.[31]

II. Verbotene Eigenmacht

Hat ein Ehegatte **eigenmächtig** Haushaltsgegenstände an sich genommen, so können diese von dem anderen Ehegatten auf der Grundlage des Herausgabeanspruches analog § 1361 a BGB herausverlangt werden. Eine Überlassung der entfernten Haushaltsgegenstände ist jedoch nicht begründet. Sofern die Voraussetzungen gegeben sind, ist dies auch im Wege der einstweiligen Anordnung zulässig, §§ 49 ff. FamFG. Ein berechtigter Einwand gegen den Herausgabeanspruch wäre nur gegeben, wenn der Haushaltsgegenstand zur Deckung des Notbedarfs erforderlich ist.[32] Bei der Billigkeitsabwägung ist der Regelungsgehalt des § 861 BGB einzubeziehen.[33] Zuständig ist das Familiengericht,[34] unabhängig davon, ob einzelne Gegenstände dem Haushalt zuzurechnen sind.[35] 9

III. Auskunftsanspruch nach § 1361 a BGB

Die Regelung des § 1361 a BGB schreibt keinen gesetzlich normierten Auskunftsanspruch über den Bestand der Haushaltsgegenstände fest. Dieser ist auch nicht analog herzuleiten. In wenigen Einzelfällen wurde vor der Reform zum 1.9.2009 ein Auskunftsanspruch auf der Grundlage der ehelichen Solidarität und des Grundsatzes von Treu und Glauben nach §§ 1353, 242 BGB hergeleitet.[36] Da mit der Reform zum 1.9.2009 dem Familiengericht eingeräumt wurde, den Ehegatten aufzugeben, die Haushaltsgegenstände anzugeben, deren Zuteilung sie begehren (§ 206 Abs. 1 Nr. 1 FamFG), oder eine Aufstellung sämtlicher Haushaltsgegenstände einschließlich deren genauer Bezeichnung vorzulegen oder eine vorgelegte Aufstellung zu ergänzen (§ 206 Abs. 1 Nr. 2 FamFG), dürfte diese Herleitung des Auskunftsanspruchs überholt sein. 10

IV. Verjährung

Für die Ansprüche aus § 1361 a BGB gelten die allgemeinen Verjährungsregeln des BGB: Der Anspruch ist **nach drei Jahren** gem. § 195 BGB verjährt. Die Verjährungsfrist beginnt mit dem Ende des Jahres, in welchem der Anspruch entstanden ist und der Berechtigte von den maßgebenden Umständen und der Person des Verpflichteten Kenntnis erlangt hat. Fahrlässige Unkenntnis lässt die Frist auch anlaufen, § 199 BGB.[37] 11

V. Verfahren nach § 1361 a BGB

1. Zuständigkeit

Zuständig ist das **Familiengericht** nach § 200 Abs. 2 Nr. 1 FamFG. Dies gilt auch im Falle der Herausgabe der persönlichen Gegenstände des Kindes, insbesondere Schulbedarf, Kleidung ua,[38] als Annex zum 12

30 OLG München 2.7.1997 – 12 UF 958/97, FamRZ 1998, 1230; OLG Stuttgart 7.12.1992 – 17 UF 147/92, FamRZ 1993, 1461.

31 Palandt/*Brudermüller* BGB § 1361 a Rn. 17.

32 OLG Köln 27.6.2000 – 14 UF 47/00, FamRZ 2001, 174.

33 OLG Karlsruhe 17.5.2006 – 16 UF 220/05, FamRZ 2007, 59; OLG Köln 27.6.2000 – 14 UF 47/00, FamRZ 2001, 174; aA OLG Nürnberg 5.8.2005 – 7 UF 382/05, FamRZ 2006, 486; OLG Koblenz 26.4.2007 – 9 UF 82/07, FamRZ 2008, 63 = NJW 2007, 2337; *Brudermüller* FuR 1996, 229 ff.

34 OLG Frankfurt a. M. 4.6.2002 – 2 UF 80/02, FamRZ 2007, 47.

35 BGH 22.9.1982 – IVb ARZ 32/82, NJW 1983, 47.

36 OLG Düsseldorf 14.7.1986 – 4 UF 43/86, FamRZ 1987, 81; OLG Frankfurt a. M. 1.2.1988 – 1 UF 324/87, FamRZ 1988, 645; kein Auskunftsanspruch: OLG Bamberg 22.5.1991 – 2 UF 105/91, FamRZ 1992, 332; *Möller* FPR 2000, 84 f.

37 *Holzwarth* FPR 2010, 559 ff.

38 *Hoffmann* FPR 1996, 69 ff.

Unterhaltsrecht nach §§ 1601, 1610 Abs. 2 BGB.[39] Die Zuständigkeit des Familiengerichts besteht auch bei der Herausgabe persönlicher Sachen des Ehegatten nach § 266 Abs. 1 FamFG. Dies gilt auch für den Rückforderungsanspruch aus Schenkungswiderruf oder Wegfall der Geschäftsgrundlage bezüglich ererbter Möbel.

2. Streitwert

13 Der Streitwert wird in der Regel mit **2.000 EUR** festgesetzt, § 48 Abs. 2 FamGKG. Im Einzelfall ist nach Grundsätzen der Billigkeit jedoch eine Erhöhung oder Ermäßigung nach § 48 Abs. 3 FamGKG möglich. Bei der einstweiligen Anordnung wird der Streitwert auf den halben Wert der Hauptsache reduziert, § 41 FamGKG.

3. Gerichtsermittlungspflicht

14 Da die einzelnen Anspruchsgrundlagen der §§ 1361 a, 1568 b BGB nach der Eigentumslage differenzieren, muss das Gericht von Amts wegen **die Eigentumslage als Vorfrage** klären. In keinem Fall darf es diesbezüglich nach Ermessen entscheiden. Bei Miteigentum ist es jedoch unerheblich, ob es sich um Bruchteils- oder Gesamthandseigentum handelt. Im Rahmen des Amtsermittlungsgrundsatzes steht dem Familiengericht jedoch ein Ermessensspielraum zu, wie Art und Umfang der Ermittlungen vorgenommen werden. Dabei kommt es entscheidend darauf an, ob es sich um eine **vorläufige** Regelung nach § 1361 a BGB oder eine **endgültige Regelung** nach § 1568 b BGB handelt. Bei der vorläufigen Regelung kommt es nur auf die Eigentumsverhältnisse des jeweiligen (streitigen) Haushaltsgegenstands an. Im Einzelfall kann die Eigentumsfrage offenbleiben, wenn der betreffende Haushaltsgegenstand ohnehin dem anderen Ehegatten nach § 1361 a Abs. 1 S. 2 BGB wegen Bedarfs und Billigkeit zu überlassen ist. Bei der endgültigen Regelung hingegen muss für jeden Haushaltsgegenstand die Eigentumsfrage geklärt werden.[40] Hintergrund ist, dass eine mögliche Wiederaufnahme der Ehe während der Trennungszeit nicht erschwert werden soll. Bei der endgültigen Verteilung wird die Bekanntgabe der gesamten Haushaltsgegenstände und deren Aufteilung vorausgesetzt.[41] Bei der endgültigen Regelung wäre es verfassungsrechtlich nicht zulässig, dinglich zu gestalten und die Eigentumslage nicht vorab aufzuklären. Bei Gebrauchsgütern, deren Nutzungsdauer beschränkt ist und die einfach wieder beschafft werden können, soll Beweisanregungen nur in einem wirtschaftlich angemessenen Rahmen nachgegangen werden.

---

39 Palandt/*Brudermüller* BGB § 1361 a Rn. 20.

40 OLG Brandenburg 17.2.2000 – 9 UF 39/99, FamRZ 2000, 1102.

41 OLG Düsseldorf 27.4.1998 – 3 WF 82/89, FamRZ 1999, 1270.

28. Ausbildungsunterhalt

Finke

I. Einführung

1 Der Ehegatte kann nach § 1575 BGB nachehelichen Unterhalt für die Dauer einer Ausbildung, Fortbildung oder Schulung verlangen, soweit er ehebedingt eine Schul- oder Berufsausbildung nicht aufgenommen oder abgebrochen hat. Die Regelung dient danach dem **Ausgleich ehebedingter Nachteile** durch Nachholung oder Fortsetzung einer Ausbildung. Für die Trennungszeit kann ein solcher Anspruch grundsätzlich nicht in Anlehnung an die Voraussetzungen des § 1575 BGB begründet werden.[1] Eine Ausnahme gilt jedoch dann, wenn ein Ehegatte **nach dem endgültigen Scheitern der Ehe** eine Ausbildung, Fortbildung oder Schulung aufnimmt. Die Voraussetzungen des § 1575 BGB werden in diesem Fall als Maßstab bei der Anwendung des § 1361 BGB herangezogen, da ein getrennt lebender Ehegatte im Zweifel nicht schlechter gestellt werden darf als im Falle der Scheidung.[2] Unabhängig hiervon besteht für die Fortführung einer während der Ehe aufgenommenen Ausbildung ein Unterhaltsanspruch nach § 1361 BGB jedenfalls dann, wenn diese Ausbildung der gemeinsamen Lebensplanung der Ehegatten entsprach und ihr Abschluss in absehbarer Zeit zu erwarten ist.[3]

2 Der Anspruch auf Ausbildungsunterhalt ist zu unterscheiden von dem **Anspruch nach § 1573 Abs. 1 BGB iVm § 1574 Abs. 3 BGB**, der ebenfalls Unterhalt während einer Ausbildung gewährt. Anders als § 1575 BGB ist ein ehebedingter Nachteil hinsichtlich der Berufsausbildung nicht erforderlich. Voraussetzung ist allein, dass der Berechtigte ohne eine Aus- oder Fortbildung bzw. eine Umschulung eine **angemessene Erwerbstätigkeit nicht zu finden vermag.**[4] In diesem Fall tritt an die Stelle der Erwerbsobliegenheit eine **Obliegenheit zur Ausbildung**, Fortbildung oder Umschulung, deren Verletzung zur Zurechnung eines fiktiven Einkommens aus einer nach Durchführung einer solchen Maßnahme möglichen Erwerbstätigkeit führt. In der Praxis werden die beiden unterschiedlichen Unterhaltstatbestände häufig nicht deutlich voneinander getrennt.

3 Der Anspruch nach § 1573 Abs. 1 BGB iVm § 1574 Abs. 3 BGB kann sich mit dem aus § 1575 BGB decken, muss dies jedoch nicht. Dies gilt auch umgekehrt. So kann trotz der Möglichkeit einer angemessenen Erwerbstätigkeit ein Anspruch auf Ausbildungsunterhalt bestehen, wenn ehebedingte Nachteile bestehen, die durch Aus- und Weiterbildung beseitigt werden können.[5] Umgekehrt besteht ein Anspruch allein aus § 1573 Abs. 1 BGB, wenn **ehebedingte Nachteile nicht eingetreten** sind, eine Tätigkeit in dem erlernten Beruf jedoch nicht mehr angemessen iSd § 1574 Abs. 2 BGB ist. Während § 1575 BGB ausschließlich einen Anspruch begründet und somit keinerlei Konsequenzen für das Unterlassen einer Aus- oder Weiterbildung rechtfertigt, begründet § 1574 Abs. 3 BGB eine Verpflichtung zur Aus- und Weiterbildung mit der Möglichkeit der Sanktionierung eines Verstoßes hiergegen durch eine Einkommensfiktion. Bei der Beurteilung der Frage, welche Tätigkeit angemessen ist, ist die früher begonnene Ausbildung nur ein Aspekt, während außerdem das Lebensalter und der Gesundheitszustand des Ehegatten, die ehelichen Lebensverhältnisse, die Dauer der Ehe und der Kindesbetreuung zu berücksichtigen sind. Es hat also eine umfassende Abwägung stattzufinden.

4 Die Bejahung einer Berechtigung und gleichzeitig auch einer **Obliegenheit zur Aus- oder Weiterbildung gem. § 1574 Abs. 3 BGB** setzt zusätzlich voraus, dass Aussicht auf einen erfolgreichen Abschluss der

1 BGH 24.4.1985 – IVb ZR 9/84, NJW 1985, 1695.
2 BGH 29.11.2000 – XII ZR 212/98, NJW 2001, 973.
3 BGH 25.2.1981 – IVb ZR 547/80, FamRZ 1981, 439.
4 BGH 24.4.1985 – IVb ZR 9/84, NJW 1985, 1695.
5 BGH 1.4.1987 – IVb ZR 35/86, NJW 1987, 2233.

Ausbildung und eine realistische Beschäftigungschance mit höheren Einkünften als bei einer Erwerbstätigkeit ohne die Ausbildung besteht. Führt die Abwägung zu der Feststellung, dass eine angemessene Erwerbstätigkeit keine Aus- oder Weiterbildung erfordert, so kommt dennoch eine vom Pflichtigen gem. § 1575 BGB zu finanzierende Ausbildung des Berechtigten in Betracht, ohne dass allerdings für diesen eine entsprechende Obliegenheit besteht. Hat der Berechtigte die Ausbildung ehebedingt abgebrochen, was bei einem Abbruch während der Ehe vermutet wird, kann er die Ausbildung fortsetzen, es sei denn, ein erfolgreicher Abschluss ist nicht zu erwarten bzw. in dem angestrebten Beruf bestehen keine realistischen Erwerbschancen. Letzteres ist nicht bereits dann der Fall, wenn die Arbeitsmarktsituation aufgrund der Vielzahl von Mitbewerbern ungünstig ist.

5 Eine über den Ausbildungsunterhalt nach § 1575 BGB finanzierte Ausbildung kann dazu führen, dass hiermit ein **höheres Ausbildungsniveau** erreicht wird, **als nach den ehelichen Lebensverhältnissen angemessen** gewesen wäre.[6] Im Rahmen des § 1574 Abs. 2 BGB, dh bei der Frage, welche Erwerbstätigkeit angemessen ist, bleiben die ehelichen Lebensverhältnisse und nicht ein durch die Ausbildung erreichtes höheres Niveau maßgeblich.[7] Findet der Berechtigte nach einer ihm einzuräumenden Übergangszeit[8] keine Anstellung, die der durch die Ausbildung erreichten höheren Qualifikation entspricht, so muss er sich nach § 1575 Abs. 3 BGB iVm § 1574 Abs. 2 BGB um eine Erwerbstätigkeit bemühen, die nach den ehelichen Lebensverhältnissen angemessen ist und somit unterhalb des durch die Ausbildung erreichten Niveaus liegen kann.[9]

II. Voraussetzungen des Anspruchs

6 Der Tatbestand des Ausbildungsunterhalts nach § 1575 Abs. 1 BGB ist erfüllt,

- wenn **in Erwartung der Ehe** oder während der Ehe eine Schul- oder Berufsausbildung nicht aufgenommen oder abgebrochen worden ist.[10] Wie weit die zunächst aufgegebenen Berufspläne konkretisiert sein mussten, kann nicht generell, sondern nur im jeweiligen Einzelfall beurteilt werden. So wird die vor der Ehe bestehende Absicht, nach der bereits erlangten Hochschulreife ein Studium aufzunehmen, auch ohne Konkretisierung der Studienrichtung ausreichend sein.[11] Hatte dagegen der Ehegatte trotz vorhandener schulischer Voraussetzungen für eine qualifizierte Berufsausbildung vor der Ehe über einen Zeitraum, der über eine Orientierungsphase hinausgeht, keine entsprechende Ausbildung begonnen, so kann von einer unterlassenen Ausbildung nur dann die Rede sein, wenn diese ganz konkret geplant war und die Planung im Zusammenhang mit der Eheschließung aufgegeben worden ist. Es genügt insoweit der **zeitliche Zusammenhang mit der Ehe**. Das Gesetz unterstellt in diesem Fall eine Ursächlichkeit der Eheschließung für die Beeinträchtigung der Berufsausbildung des Berechtigten.[12]
- wenn eine entsprechende Ausbildung nach der Scheidung **so bald wie möglich** aufgenommen oder fortgesetzt wird. Dabei sind unvermeidbare Verzögerungen zB durch Kindesbetreuung[13] oder Krankheit[14] hinzunehmen. Zur Ausbildung während der Trennungszeit → Rn. 1. Eine Zweitausbildung, die sich an die erste abgeschlossene Ausbildung anschließt, dürfte dann als **Fortsetzung der Ausbildung** zu betrachten sein, wenn sie auf der Erstausbildung aufbaut (wie beispielsweise ein Studium auf eine Banklehre) und bis zur Aufgabe der Tätigkeit in dem zunächst erlernten Beruf konkret geplant war. Die Entscheidung des Bundesgerichtshofs vom 24.4.1985[15] steht dem nicht entgegen, da diese an

---

6 BGH 24.4.1985 – IVb ZR 9/84, NJW 1985, 1695.
7 HK-FamR/*Streicher* BGB § 1575 Rn. 17.
8 OLG Düsseldorf 19.3.1986 – 5 UF 172/85, FamRZ 1987, 708: drei Monate.
9 MüKoBGB/*Maurer* § 1575 Rn. 24.
10 OLG Düsseldorf 29.1.2014 – 8 UF 180/13, FamRZ 2014, 1466: Aufnahme der wegen der Heirat unterbliebenen Facharztausbildung; OLG Koblenz 7.5.2015 – 7 WF 422/15: ehebedingte Nichtfortsetzung des Studiums nach Bachelor-Abschluss.
11 *Borth* in: Schwab ScheidungsR-HdB IV Rn. 351; MüKoBGB/*Maurer* § 1575Rn 6.
12 *Borth* in: Schwab ScheidungsR-HdB IV Rn. 350; MüKoBGB/*Maurer* § 1575Rn 16.
13 OLG Köln 22.11.1995 – 27 UF 49/95, FamRZ 1996, 867.
14 BGH 24.10.1979 – IVb ZR 171/78, NJW 1980, 393.
15 BGH 24.4.1985 – IVb ZR 9/84, NJW 1985, 1698.

die spätere Rechtsprechung des Bundesgerichtshofs zum Ausbildungsunterhalt von Kindern,[16] bei der eine solche Weiter- bzw. Zweitausbildung als einheitliche Ausbildung behandelt wird, anzupassen ist. Es sind keine Gründe ersichtlich, diesen Sachverhalt beim Ausbildungsunterhalt von geschiedenen Eheleuten anders zu bewerten.[17] Abgesehen von diesen Ausnahmefällen ist eine neue Ausbildung keine entsprechende Ausbildung iSd § 1575 Abs. 1 BGB.[18]

- wenn der **erfolgreiche Abschluss der Ausbildung zu erwarten** ist. Dies richtet sich nach den individuellen Umständen wie Begabung und Vorbildung des Berechtigten sowie dessen möglicherweise auch durch sein Alter eingeschränkten Chancen auf eine Beschäftigung nach Beendigung der Ausbildung.[19] Auch die in der Ehe erkennbar gewordene Entwicklung von Eigenschaften, die der Ausbildung förderlich oder hinderlich sind, kann Bedeutung haben.[20]

Ein Anspruch auf Unterhalt für die Dauer einer **Fortbildung oder Umschulung** besteht nach § 1575 7
Abs. 2 BGB, wenn durch die Ehe **berufliche Nachteile** entstanden sind, die durch eine Fortbildung oder Umschulung ausgeglichen werden können, diese Maßnahmen so bald wie möglich durchgeführt werden und ein erfolgreicher Abschluss zu erwarten ist. Die Voraussetzung eines ehebedingten Nachteils wird hier im Gesetz ausdrücklich genannt, da im Gegensatz zu der Nichtaufnahme oder Unterbrechung einer Ausbildung im Fall des § 1575 Abs. 1 BGB ein ehebedingter Nachteil nicht immer nahe liegt, wenn eine Ausbildung bereits vor der Eheschließung vorhanden war oder sogar noch während der Ehe abgeschlossen worden ist, jedoch die ehebedingten Unterbrechungen bzw. Beschränkungen der Berufstätigkeit möglicherweise, aber keineswegs immer zwingend zu beruflichen Nachteilen geführt haben. Diese sind vom Berechtigten darzulegen und ggf. zu beweisen.

III. Höhe, Begrenzung und Befristung des Anspruchs

Die Höhe des Anspruchs bestimmt sich nach den **ehelichen Lebensverhältnissen** (§ 1578 BGB). Insoweit 8
kommt zwar grundsätzlich eine Beschränkung oder sogar Befristung nach § 1578 b BGB in Betracht. Tatsächlich wird eine Befristung aus Billigkeitsgründen bereits deshalb ausscheiden, weil es bei dem Anspruch nach § 1575 BGB um den Ausgleich ehebedingter Nachteile geht. Solange sich deren Umfang, dh das Mindereinkommen aufgrund der ehebedingt fehlenden oder abgebrochenen Berufsausbildung, nicht hinreichend sicher feststellen lässt, ist auch eine Herabsetzung auf den angemessenen Bedarf nach § 1587 b Abs. 1 BGB nicht möglich. Ansonsten findet der Anspruch seine Grenze erst bei der mangelnden Leistungsfähigkeit des Pflichtigen, während für eine Begrenzung des Anspruchs unter Zumutbarkeitsgesichtspunkten kein Raum ist.[21]

Da Anspruch nur **für die Dauer der Ausbildung** besteht, die wegen der Rücksichtnahme auf das Interesse 9
des Pflichtigen an einer Beschränkung seiner Inanspruchnahme auf das unbedingt Erforderliche möglichst zielstrebig zu betreiben ist, ist dieser von vornherein zeitlich auf die bei Beachtung dieser Grundsätze regelmäßige Dauer der Ausbildung **zu befristen**.[22] Soweit es zu nicht vorhersehbaren und insbesondere dem Berechtigten nicht anzulastenden Verzögerungen kommt, muss der Berechtigte einen Leistungsantrag auf Weiterzahlung des Unterhalts stellen. Dies kann auch dann in Betracht kommen, wenn die eingetretene Verzögerung der Ausbildung auf dem fortgeschrittenen Lebensalter des Berechtigten beruht und hinzuneh-

---

16 BGH 23.5.2001 – XII ZR 148/99, NJW-RR 2002, 1.

17 *Borth* in: Schwab ScheidungsR-HdB IV Rn. 351; aA MüKoBGB/*Maurer* § 1575 Rn. 22.

18 OLG Frankfurt a. M. 18.10.1994 – 2 WF 124/94, FamRZ 1995, 879 für Medizinstudium nach Abbruch der Ausbildung zur Steuergehilfin vor der Ehe und Nachholung von Realschulabschluss und Abitur in der Ehe; OLG Koblenz 26.4.1999 – 13 UF 1221/98, OLGR 2000, 15 für Ausbildung zur Altenpflegerin nach Abbruch einer krankenhausinternen Ausbildung zur Diätbeiköchin.

19 OLG Düsseldorf 26.8.1990 – 6 UF 188/89, NJW-RR 1991, 1283 hinsichtlich der Ersteinstellung einer 50-jährigen Frau in einem akademischen Beruf.

20 MüKoBGB/*Maurer* § 1575 Rn. 40.

21 NK-BGB/*Fränken/Heistermann* § 1575 Rn. 12.

22 BGH 23.10.1985 – IVb ZR 68/84, NJW 1986, 985; OLG Hamm 31.5.1994 – 2 UF 61/94, FamRZ 1995, 170: Regelstudiendauer.

men ist.[23] Wird die Ausbildung dagegen nicht zielstrebig betrieben, so dass eine erfolgreiche Beendigung in angemessener Zeit nicht möglich erscheint, kann der Pflichtige im Wege der Abänderung nach §§ 238 ff. FamFG den Wegfall der Unterhaltsverpflichtung verlangen.[24]

10 Ein etwaiger **Ausbildungsmehrbedarf** nach § 1578 Abs. 2 BGB ist vorweg vom Einkommen des Pflichtigen abzuziehen. Die Kosten einer angemessenen **Krankenversicherung** zählen zum Bedarf (§ 1578 Abs. 2 BGB) und sind, wenn sie geltend gemacht werden, in der üblichen Weise in die Unterhaltsberechnung einzustellen und zu titulieren (→ *Krankenvorsorgeunterhalt* Rn. 1 ff.). Dies gilt mangels Erwähnung des Ausbildungsunterhalts in § 1578 Abs. 3 BGB nicht für den Altersvorsorgeunterhalt. Wegen der vorübergehenden Natur des Ausbildungsunterhalts, der den Berechtigten in die Lage versetzen soll, seinen Bedarf möglichst durch eigene Erwerbseinkünfte zu decken, wird eine Altersvorsorge auf Kosten des Pflichtigen in dieser Zeit nicht für angemessen erachtet.[25]

11 **Eigeneinkünfte des Berechtigten** aus einer neben der Ausbildung ausgeübten Erwerbstätigkeit sind in der Regel durch überobligationsmäßigen Einsatz erzielt und daher nach § 1577 Abs. 2 BGB nach Billigkeit beim Bedarf und dessen Deckung zu berücksichtigen.[26] Während eine Berufsausbildung regelmäßig die volle Arbeitskraft in Anspruch nimmt, kann dies bei einer Fortbildung oder Umschulung anders sein, so dass eine Nebentätigkeit denkbar ist und die Einkünfte hieraus uneingeschränkt beim Bedarf und dessen Deckung zu berücksichtigen sind.[27]

12 Als bedarfsdeckende Eigeneinkünfte kommen auch **Leistungen der staatlichen Ausbildungsförderung** wie zB nach dem BAföG, aber auch nach §§ 33 ff. SGB III sowie § 54 SGB XII in Betracht. Diese Leistungen sind in der Regel nicht subsidiär gegenüber dem Unterhaltsanspruch. Eine Subsidiarität verbunden mit einem Übergang des Unterhaltsanspruchs auf den Träger der staatlichen Ausbildungshilfen sieht lediglich § 11 Abs. 2 BAföG für den Fall des nicht dauerhaften Getrenntlebens der Ehegatten vor. Leben sie dagegen dauerhaft getrennt oder sind sie geschieden, so sind die BAföG-Leistungen nach § 1577 Abs. 1 BGB auf den Unterhaltsbedarf des Berechtigten anzurechnen.[28] Dies gilt nicht für eine Ausbildungsförderung, die in Form von Darlehen gewährt wird.[29] Soweit in Anlehnung an die Rechtsprechung zur Anrechnung solcher Leistungen auf den Kindesunterhalt eine gegenteilige Auffassung vertreten wird,[30] kann dem im Hinblick auf die Funktion des Anspruchs auf Ausbildungsunterhalt nach § 1575 BGB als Ausgleich ehebedingter Nachteile nicht gefolgt werden, während dies bei einem Anspruch nach § 1573 Abs. 1 BGB iVm § 1574 Abs. 3 BGB durchaus in Erwägung zu ziehen ist.

IV. Durchsetzung und Änderung des Anspruchs

13 Der Berechtigte trägt die **Darlegungs- und Beweislast** für den von ihm verfolgten Anspruch, dh für das Vorliegen der Tatbestandvoraussetzungen wie ehebedingter Ausbildungsnachteil, keine vorwerfbare Verzögerung der Aufnahme der Ausbildung und hinreichende Erfolgsaussicht der Ausbildung. Beantragt dagegen der Pflichtige eine vorzeitige Beendigung seiner titulierten Verpflichtung wegen mangelnder Zielstrebigkeit der Ausbildung oder der Berechtigte deren Verlängerung wegen nicht vorwerfbarer Verzögerung der Ausbildung, so liegen diese verfahrensrechtlichen Lasten beim jeweiligen Antragsteller. Damit für den Pflichtigen die Möglichkeit besteht, die Zielstrebigkeit des Ausbildungsverlaufs zu verfolgen, besteht ein kontinuierlicher **Auskunftsanspruch**,[31] der aus § 242 BGB herzuleiten ist. Zum Wegfall des befristeten Anspruchs → Rn. 9.

23 *Borth* in: Schwab ScheidungsR-HdB IV Rn. 363.
24 OLG Hamm 6.7.1988 – 10 UF 150/87, FamRZ 1988, 1280; NK-BGB/*Fränken/Heistermann* § 1575 Rn. 8.
25 *Borth* in: Schwab ScheidungsR-HdB IV Rn. 341.
26 HK-FamR/*Streicher* § BGB 1575 Rn. 15.
27 *Borth* in: Schwab ScheidungsR-HdB IV Rn. 371.
28 BGH 24.10.1979 – IVb ZR 171/78, NJW 1980, 393.
29 BGH 24.10.1979 – IVb ZR 171/78, NJW 1980, 393.
30 *Borth* in: Schwab ScheidungsR-HdB IV Rn. 348.
31 NK-BGB/*Fränken/Heistermann* § 1575 Rn. 14.

29. Auseinandersetzung der Gütergemeinschaft

Kretzschmar

I. Einführung

Die Gütergemeinschaft endet bei: 1

1. Auflösung der Ehe, gleichgültig aus welchem Grund (Scheidung, Aufhebung, Tod eines Ehegatten); stirbt ein Ehegatte, endet die Gütergemeinschaft nur, wenn sie von dem überlebenden Ehegatten nicht mit den gemeinschaftlichen Abkömmlingen gem. §§ 1483 ff. BGB fortgesetzt wird (→ *Fortgesetzte Gütergemeinschaft* Rn. 1 ff.); taucht ein für tot erklärter Ehegatte wieder auf, wird die Gütergemeinschaft fortgesetzt, es sei denn, der andere Ehegatte hat wieder geheiratet, vgl. § 1319 Abs. 2 BGB;
2. Aufhebung der Gütergemeinschaft durch notariellen Ehevertrag gem. §§ 1408 ff. BGB;
3. rechtskräftiger richterlicher Aufhebungsentscheidung gem. §§ 1449, 1470 BGB (→ *Anspruch auf Aufhebung der Gütergemeinschaft* Rn. 1 ff.);
4. Eintritt einer auflösenden Bedingung oder Befristung (vgl. § 1415 BGB).

Vorbehalts- und Sondergut bleiben alleiniges Vermögen des jeweiligen Ehegatten, für das unmittelbar mit Beendigung der Gütergemeinschaft jedoch keine Besonderheiten mehr gelten (→ *Vorbehaltsgut* Rn. 1 ff., → *Sondergut* Rn. 1 ff.). Das Ende der Gütergemeinschaft führt dagegen nicht automatisch zur Beendigung der Gesamthandsgemeinschaft über das Gesamtgut. Hierfür bedarf es der **Auseinandersetzung** nach § 1471 Abs. 1 BGB. Bis zur vollständigen Auseinandersetzung besteht die Gesamthandsgemeinschaft weiter (§ 1471 Abs. 2 BGB). 2

Dass die Gütergemeinschaft beendet ist, kann in das **Güterrechtsregister** und auch in das Grundbuch eines zum Gesamtgut gehörenden Grundstücks eingetragen werden.[1] Ist das Grundstück noch auf den Namen eines Ehegatten eingetragen, so ist auch noch nach Beendigung der Gütergemeinschaft die Grundbuchberichtigung durch Eintragung der Ehegatten als Eigentümer und die Zugehörigkcit des Grundstücks zum Gesamtgut möglich.[2] 3

II. Bis zur Auseinandersetzung des Gesamtgutes

1. Liquidationsgemeinschaft

Bis zum vollständigen Abschluss der Auseinandersetzung (→ Rn. 13) besteht die Gesamthandsgemeinschaft als **Liquidationsgemeinschaft** weiter. Diese ist nicht mehr auf Dauer, sondern auf Beendigung durch Auseinandersetzung angelegt. Der geänderte Zweck führt zu einer gelockerten gesamthänderischen 4

1 MüKoBGB/*Münch* § 1471 Rn. 11.
2 MüKoBGB/*Münch* § 1471 Rn. 11.

Bindung (zB zur Pfändbarkeit des Gesamtgutsanteils) und zu verschiedenen Modifizierungen der für das Gesamtgut vor Beendigung der Gütergemeinschaft geltenden Regelungen. Die Beschränkungen nach § 1419 BGB bleiben bestehen (§ 1471 Abs. 2 BGB). Ein Ehegatte kann also nicht über seinen Anteil am Gesamtgut oder über einzelne Gegenstände des Gesamtguts verfügen. Geht ein Ehegatte eine entsprechende Verpflichtung ein, ist diese nach § 306 BGB nichtig. Jeder Ehegatte kann Verpflichtungen über das eingehen, was er bei der Auseinandersetzung erlangt, sowohl hinsichtlich einzelner Gegenstände als auch hinsichtlich des Erlangten; auch entsprechende Verfügungen sind möglich.[3] Die Ehegatten können gem. § 1423 BGB Vereinbarungen über das Gesamtgut im Ganzen treffen. Abgesehen von der Surrogation nach § 1473 BGB werden nach der Beendigung der Gütergemeinschaft erworbene Vermögensgegenstände nicht mehr Gesamtgut. Neue Verbindlichkeiten werden nicht mehr Gesamtgutsverbindlichkeiten, sondern es gelten die allgemeinen Grundsätze.

5 Anteile eines Ehegatten an den Gegenständen des Gesamtgutes bleiben **unpfändbar** (§ 860 Abs. 1 S. 1 ZPO). Dagegen ist der Anteil eines Ehegatten am Gesamtgut insgesamt nach Beendigung der Gütergemeinschaft pfändbar (§ 860 Abs. 2 ZPO) und fällt daher in die Insolvenzmasse, wenn über das Vermögen des Ehegatten das Insolvenzverfahren eröffnet wird. Die Auseinandersetzung der Ehegatten erfolgt außerhalb des Insolvenzverfahrens (§ 84 InsO). § 37 Abs. 2 InsO ist nach Beendigung der Gütergemeinschaft nicht – auch nicht entsprechend – anwendbar.[4]

2. Gemeinsame Verwaltung

6 **a) Grundsatz.** Nach Beendigung der Gütergemeinschaft wird das Gesamtgut bis zur vollständigen Auseinandersetzung gemeinschaftlich verwaltet, (§ 1472 Abs. 1 BGB) und zwar auch dann, wenn die Verwaltung bisher einem Ehegatten allein zustand. Die Ehegatten sind (mit den Ausnahmen nach § 1472 BGB) nur gemeinschaftlich zu Verfügungen mit Wirkung für das Gesamtgut berechtigt. Verfügt ein Ehegatte allein über einen Gesamtgutsgegenstand oder handelt er bei einer Verpflichtung allein, gilt das Gleiche wie bei gemeinschaftlicher Verwaltung des Gesamtgutes vor Beendigung der Gütergemeinschaft (→ *Gesamtgut/Verwaltung* Rn. 1 ff.). Empfangsbedürftige Willenserklärungen sind beiden Ehegatten gegenüber abzugeben; § 1450 Abs. 2 BGB ist nicht entsprechend anwendbar.[5] Besteht für einen der Ehegatten Vormundschaft oder elterliche Sorge, gilt § 1458 BGB nicht. Der gesetzliche Vertreter dieses Ehegatten und der andere Ehegatte verwalten das Gesamtgut vielmehr gemeinschaftlich. § 2039 BGB ist nicht entsprechend anwendbar.[6]

7 Die Ehegatten sind gegenseitig zur Mitwirkung an der ordnungsgemäßen Verwaltung des Gesamtgutes verpflichtet (§ 1472 Abs. 3 BGB). Anders als bei der gemeinschaftlichen Verwaltung vor Beendigung der Gütergemeinschaft (vgl. § 1452 BGB) ist eine Ersetzung fehlender Mitwirkung durch das Vormundschaftsgericht nicht vorgesehen. Zur Durchsetzung der Mitwirkungspflicht muss daher Klage auf Mitwirkung erhoben werden.[7]

8 **b) Alleinverfügungsbefugnisse, Notverwaltungsrecht.** § 1472 BGB regelt die Voraussetzungen, unter denen ein Ehegatte allein für das Gesamtgut handeln kann, **abschließend**.[8] Die §§ 1454–1456 BGB gelten nicht. Allerdings können die zu diesen Normen entwickelten Grundsätze entsprechend herangezogen werden, wenn und soweit aus § 1472 BGB oder aus den Besonderheiten der Liquidationsgemeinschaft nichts anderes folgt.[9] Eine Alleinverfügungsbefugnis besteht in folgenden Fällen:

1. Bis zu der Kenntnis von der Beendigung der Gütergemeinschaft kann jeder Ehegatte seine bisherigen Verwaltungsbefugnisse wahrnehmen (§ 1472 Abs. 2 BGB). Entscheidend ist die fehlende Kenntnis von

3 MüKoBGB/*Münch* § 1471 Rn. 8.
4 MüKoBGB/*Münch* BGB § 1471 Rn. 9.
5 MüKoBGB/*Münch* § 1472 Rn. 3.
6 Vgl. MüKoBGB/*Münch* § 1450 Rn. 22.
7 BayObLG 30.7.2003 – 3Z BR 117/03, NJW-RR 2004, 2.
8 MüKoBGB/*Münch* § 1472 Rn. 5.
9 BeckOK BGB/*Siede/Spernath* § 1472 Rn. 2; NK-BGB/*Völker* § 1472 Rn. 1.

der Beendigung der Gütergemeinschaft. Die Unkenntnis darf auch nicht auf Fahrlässigkeit beruhen. Wenn der Ehegatte die Beendigung der Gütergemeinschaft kannte oder nur aufgrund von Fahrlässigkeit nicht kannte und ihm bloß die damit verbundenen Rechtsfolgen unbekannt waren, ist § 1472 Abs. 2 BGB nicht anwendbar. Bereits leichte Fahrlässigkeit schließt deren Anwendung aus.[10] Für die Verwaltungsbefugnis des bisherigen Gesamtgutsverwalters gelten die Einschränkungen der §§ 1423–1425 BGB.[11]

2. Die zur Erhaltung des Gesamtgutes notwendigen Maßnahmen kann jeder allein treffen (§ 1473 Abs. 3 BGB). Dies entspricht der Regelung in § 1455 Nr. 10 (→ *Gesamtgut/Verwaltung* Rn. 11 ff.) mit dem Unterschied, dass Gefahr im Verzug nicht erforderlich ist.
3. Endet die Gütergemeinschaft durch den Tod eines der Ehegatten, so hat der Überlebende – falls er bisher Alleinverwalter war oder das Gesamtgut gemeinschaftlich verwaltet wurde – die notwendigen Verwaltungsmaßnahmen zu treffen, wenn mit deren Aufschub Gefahr verbunden wäre (§ 1472 Abs. 4 BGB). Die Notverwaltungspflicht endet, sobald der Erbe des verstorbenen Ehegatten die Möglichkeit hat, anderweitig Fürsorge zu treffen.

c) Schadensersatzanspruch. Nimmt ein Ehegatte Verwaltungshandlungen allein vor, ohne berechtigt zu sein, oder unterlässt er pflichtwidrig Verwaltungshandlungen, kann er entsprechend § 1435 S. 3 BGB (→ *Gesamtgut/Verwaltung* Rn. 16) unter Beachtung des Sorgfaltsmaßstabes nach § 1359 BGB zur Zahlung von **Schadensersatz** verpflichtet sein.[12] 9

3. Surrogation

Die Frage, welche Gegenstände nach Beendigung der Gütergemeinschaft gem. § 1473 Abs. 1 BGB als Surrogat in das Gesamtgut fallen, ist entsprechend § 1418 Abs. 2 Nr. 3 BGB zu beantworten (→ *Vorbehaltsgut* Rn. 13). 10

Ist eine **Forderung nach § 1473 Abs. 1 BGB** durch Rechtsgeschäft Gesamtgut geworden, so braucht der Schuldner dies erst dann gegen sich gelten lassen, wenn er positiv davon weiß (§ 1473 Abs. 2 BGB). Maßgeblich ist die Kenntnis der tatsächlichen Umstände, die dazu führen, dass die Forderung Gesamtgut wird; die Kenntnis der sich aus § 1473 Abs. 1 BGB ergebenden Rechtsfolge ist nicht erforderlich. Nur positive Kenntnis schließt den Schutz aus, fahrlässige Unkenntnis genügt nicht.[13] Solange der Schuldner die tatsächlichen Umstände, die dazu führen, dass die Forderung Gesamtgut wird, nicht kennt, kann er davon ausgehen, dass die allgemeinen Vorschriften gelten. Er kann also bei Mitwirkung beider Ehegatten bei dem betroffenen Rechtsgeschäft davon ausgehen, dass die §§ 420 ff. BGB anzuwenden sind, und bei Handeln nur eines Ehegatten, dass die Forderung diesem allein zusteht. Zudem sind die §§ 406–408 BGB anzuwenden,[14] zB kann der Schuldner nach § 407 Abs. 1 BGB gegenüber einem Ehegatten schuldbefreiend erfüllen, wenn dieser allein bei dem Rechtsgeschäft gehandelt hat, durch das die Forderung erworben oder begründet wurde, oder wenn nach den allgemeinen Vorschriften davon auszugehen ist, dass die Ehegatten Gesamtgläubiger sind. 11

4. Konkurrenz der §§ 1471 ff. BGB zu anderen Vorschriften

Die Vorschriften über die **Verteilung von Haushaltsgegenständen** gehen, soweit sie einschlägig sind, den §§ 1471 ff. BGB als speziellere Regelungen vor.[15] Für die Zuordnung des Eigentums sind die §§ 1471 ff. BGB dabei heranzuziehen. Ausnahmsweise ist eine Anpassung des Auseinandersetzungsergebnisses nach § 242 BGB möglich.[16] 12

10 MüKoBGB/*Münch* § 1472 Rn. 6.
11 MüKoBGB/*Münch* § 1472 Rn. 6.
12 MüKoBGB/*Münch* § 1472 Rn. 12; NK-BGB/*Völker* § 1472 Rn. 10.
13 MüKoBGB/*Münch* § 1473 Rn. 4 m. Verweis auf RGZ 135, 251.
14 MüKoBGB/*Münch* § 1473 Rn. 5.
15 MüKoBGB/*Münch* Vor § 1471 Rn. 2.
16 BGH 1.10.1986 – IVb ZR 77/85, NJW-RR 1987, 69.

III. Auseinandersetzung des Gesamtgutes

1. Vorrang von Vereinbarungen

13 Das Gesetz geht davon aus, dass sich die Eheleute über die Auseinandersetzung des Gesamtgutes vertraglich einigen (vgl. § 1474 BGB). Kann eine Einigung nicht gefunden werden, gelten die §§ 1475–1481 BGB. Ist eine Einigung möglich, können die Eheleute die Vereinbarung unabhängig von den Regelungen der §§ 1475–1481 BGB treffen. Diese Regelungen sind – mit Ausnahme des § 1480 BGB, der als Gläubigerschutzbestimmung zwingend ist – in den Grenzen der §§ 138, 242 BGB dispositiv.[17] Unter Beachtung der Form des § 1410 BGB können die Ehegatten bereits vor der Beendigung der Gütergemeinschaft Regelungen für den Fall der Beendigung der Gütergemeinschaft ehevertraglich treffen, die von den §§ 1475 ff. BGB (mit Ausnahme des § 1480 BGB) abweichen oder diese modifizieren.

14 Die **Vereinbarung über die Auseinandersetzung des Gesamtguts** als solche hat rein schuldrechtlichen Charakter und kann formlos getroffen werden. Einer Form bedarf sie immer dann, wenn sie Rechtsgeschäfte enthält, die einer Formvorschrift unterliegen (vgl. zB §§ 311 b, 925, 1153 BGB oder § 15 GmbHG) oder wenn neue güterrechtliche Vereinbarungen getroffen werden (§ 1410 BGB). Der Auseinandersetzungsvertrag führt nicht zur Auseinandersetzung der Gesamthandsgemeinschaft. Dazu bedarf es der dinglichen Übertragungsakte für jeden einzelnen gesamthänderisch gebundenen Vermögensgegenstand, und zwar auch dann, wenn der Vermögensgegenstand gemeinsames Bruchteilseigentum werden soll.[18] Bei der Übertragung von Grundstücken sind Auflassung und Grundbucheintragung erforderlich.

15 Auf Antrag eines Ehegatten kann ein förmliches **Verfahren zur Vermittlung der Auseinandersetzung** über das Gesamtgut eingeleitet werden (§§ 373, 363 ff. FamFG). In diesem Verfahren kann nur die Einigung der Ehegatten (bzw. ihrer Erben) angestrebt, nicht jedoch der Auseinandersetzungsanspruch geregelt werden.

2. Gerichtliche Durchsetzung der Auseinandersetzung

16 Kann eine Einigung nicht erfolgen, muss der Anspruch auf Auseinandersetzung gerichtlich durchgesetzt werden. Der Anspruch auf Auseinandersetzung ergibt sich aus § 1471 Abs. 1 BGB. Die Auseinandersetzung erfolgt nach den Regelungen der §§ 1475–1481 BGB. Der **Antrag** ist – gerichtet auf Zustimmung zum Abschluss eines Auseinandersetzungsvertrages nach einem von dem Antragsteller vorzulegenden Auseinandersetzungsplan (→ *Auseinandersetzungsplan* Rn. 1 ff.) – beim Familiengericht einzureichen. Der Antrag kann auf Klärung einzelner Streitpunkte beschränkt werden. Er kann – bei Übergang eines Anteils auf Miterben – nur gegen einzelne Beteiligte gerichtet werden, wenn die Übrigen der gewünschten Auseinandersetzung bereits zugestimmt haben. Der Antrag ist beim Familiengericht einzureichen. Es besteht Anwaltszwang (§ 114 Abs. 1 FamFG). Der Antrag kann im Verbund mit dem Ehescheidungsverfahren gestellt werden, führt aber in der Regel zu einer erheblichen Verzögerung des Verbundverfahrens. Der Antrag setzt voraus, dass der vorgelegte Auseinandersetzungsplan sämtliche Aktiva und Passiva des Gesamtgutes erfasst und den gesetzlichen Teilungsregeln der §§ 1475 ff. BGB entspricht, soweit sich die Ehegatten nicht bereits über Einzelpunkte geeinigt haben, Teilungsreife besteht, also die Berichtigung der Gesamtgutsverbindlichkeiten nach § 1475 BGB geregelt ist, bei Grundstücken mangels anderweitiger Vereinbarung die Zwangsversteigerung durchgeführt wurde, die Übernahmerechte nach § 1477 Abs. 2 BGB ausgeübt sind.[19]

17 Mit der Rechtskraft der Entscheidung kommt der **Auseinandersetzungsvertrag** gem. § 894 ZPO zustande. Der Auseinandersetzungsvertrag muss – wie auch der durch Vereinbarung zustande gekommene Auseinandersetzungsvertrag – anschließend erfüllt werden. Daher ist es sinnvoll, mit dem Antrag auf Zustimmung

17 OLG Frankfurt a. M. 19.4.2013 – 6 UF 124/12, BeckRS 2013, 15218; *Schulz/Hauß* Vermögensauseinandersetzung Rn. 1008.

18 MüKoBGB/*Münch* § 1474 Rn. 5; NK-BGB/*Völker* § 1474 Rn. 3.

19 *Schulz/Hauß* Vermögensauseinandersetzung Rn. 1012; NK-BGB/*Völker* § 1474 Rn. 10.

zum Auseinandersetzungsvertrag die entsprechenden Anträge auf Zustimmung zu den einzelnen dinglichen Übertragungsakten zu verbinden.[20]

3. Durchführung der Auseinandersetzung

a) Einzelne Schritte. Für die Auseinandersetzung durch Vereinbarung nach den §§ 1474–1481 BGB oder bei der Auseinandersetzungsklage sind folgende Schritte erforderlich: 18

1. Erstellung eines Vermögensverzeichnisses mit Bewertungen zu einem bestimmten Stichtag;
2. Feststellung und Tilgung aller Gesamtgutsverbindlichkeiten;
3. Ausübung der Übernahmerechte;
4. Feststellung und Bewertung der Ersatzansprüche für das Eingebrachte, Ererbte und Geschenkte;
5. Herstellung der Teilungsreife durch Veräußerung aller Gegenstände, für die kein Übernahmerecht besteht und die nicht in Natur teilbar sind;
6. Feststellung der Teilungsmasse und ihre Verteilung.

b) Schritt 1 – Vermögensverzeichnis. Spätestens bei Beendigung des Güterstandes, also zum Zeitpunkt 19 der Rechtskraft der Scheidung, soll ein Vermögensverzeichnis erstellt werden, das alle Aktiva und Passiva aufführt. Sofern nicht alle Vermögensgegenstände bekannt sind, kann es erforderlich sein, dass ein Ehegatte zunächst Auskunftsklage gegen den anderen Ehegatten erhebt. Bei Bestandsveränderungen muss das Verzeichnis jeweils fortgeschrieben werden.

Die Eheleute müssen sich über einen geeigneten **Stichtag** einigen. Anders als bei der Zugewinngemein- 20 schaft (vgl. § 1384 BGB) sieht das Gesetz keinen bestimmten Stichtag vor. Teilweise wird empfohlen, den Tag der Rechtskraft der Ehescheidung als Stichtag festzulegen und nur ausnahmsweise, zB wenn erst Jahre nach der Scheidung mit der Auseinandersetzung begonnen wird, auf einen späteren Zeitpunkt abzustellen.[21] Können sich die Ehegatten nicht über einen Stichtag einigen, ist der Tag maßgeblich, an dem die Auseinandersetzung beendet wird.[22] Dabei wird auf den dinglichen Vollzug aller Übertragungsakte abgestellt, also bei Grundstücken zB auf den Tag der Grundbuchumschreibung.[23]

Die Vermögensgegenstände müssen bewertet werden. Maßgeblich ist der **Verkehrswert**.[24] Es gelten die 21 gleichen Grundsätze wie bei der Zugewinngemeinschaft (→ *ABC der Vermögensbewertung* Rn. 1 ff.). Eine Privilegierung landwirtschaftlicher Betriebe wie in § 1376 Abs. 4 BGB besteht nicht. Landwirtschaftliche Betriebe werden also ebenfalls nach ihrem Verkehrswert, ausgehend von der Fortsetzung des Betriebes, bewertet. Wird vom Veräußerungswert ausgegangen, müssen die latenten Ertragsteuern abgezogen werden.[25] Zu den Passiva gehören auch die am Stichtag bestehenden Steuerschulden. Steuererstattungsansprüche sind bei den Aktiva anzusetzen.

c) Schritt 2 – Berichtigung der Gesamtgutsverbindlichkeiten. Nach der Erstellung des Vermögensver- 22 zeichnisses müssen die Ehegatten die Gesamtgutsverbindlichkeiten (→ *Gesamtgut/Verwaltung* Rn. 24 ff.) gem. § 1475 Abs. 1 S. 1 BGB berichtigen. Dass die Schuldentilgung vorrangig vorzunehmen ist, liegt im Interesse beider Ehegatten. Erfolgt die Teilung, bevor die Gesamtgutsverbindlichkeiten berichtigt sind, haften beide Ehegatten gem. § 1480 BGB für die Schulden, und zwar auch für die Schulden des anderen Ehegatten, für die bisher keine Haftung bestand. Daher ist es dringend geboten, alle Verbindlichkeiten der Ehepartner gegenüber Dritten und gegenüber dem Gesamtgut sorgfältig zu ermitteln und vor der Tilgung nichts aus der Hand zu geben.[26] Es kommt auf die bei Rechtskraft der Ehescheidung vorhandenen Schulden an. Neue Verbindlichkeiten können nur hinzukommen, wenn die Eheleute dies so vereinbart

20 MüKoBGB/*Münch* § 1474 Rn. 9.
21 Vgl. *Schulz/Hauß* Vermögensauseinandersetzung Rn. 1014.
22 Vgl. *Schulz/Hauß* Vermögensauseinandersetzung Rn. 1014.
23 Vgl. *Schulz/Hauß* Vermögensauseinandersetzung Rn. 1014; BGH 7.5.1986 – IVb ZR 42/85, NJW-RR 1986, 1066.
24 BGH 7.5.1986 – IVb ZR 42/85, NJW-RR 1986, 1066.
25 BGH 9.2.2011 – XII ZR 40/09, NJW 2011, 999.
26 *Schulz/Hauß* Vermögensauseinandersetzung Rn. 1016.

haben. Für die im Übrigen neu eingegangenen Schulden haftet jeder Ehegatte allein mit seinem sonstigen Vermögen. Gläubiger einer Gesamtgutsverbindlichkeit kann auch einer der Ehegatten sein. Zu den Gesamtgutsverbindlichkeiten gehört auch der Anspruch eines Ehegatten auf Wertersatz nach § 1478 Abs. 1 BGB. Haftet ein Ehegatte im Innenverhältnis allein für eine Schuld, kann er nicht verlangen, dass diese aus dem Gesamtgut berichtigt wird (vgl. § 1474 Abs. 2 BGB). Da die Ehegatten nach § 1480 BGB jedoch nach außen gemeinsam haften, wird der andere Ehegatte auf die Tilgung der Verbindlichkeit aus dem Gesamtgut und eine anschließende Verrechnung mit dem Erlösanteil bestehen müssen.[27]

23 **d) Schritt 3 – Ausübung der Übernahmerechte.** Nach der vorrangig durchzuführenden Schuldentilgung kann jeder Ehegatte gegen Wertersatz aus dem Gesamtgut das entnehmen, was ausschließlich zu seinem persönlichen Gebrauch bestimmt ist oder was er während der Gütergemeinschaft eingebracht, geerbt oder durch Schenkung oder Ausstattung erhalten hat (§ 1477 Abs. 2 BGB). Die Wertanteile am Gesamtgut werden wegen des Wertausgleichs nicht verändert.[28] Für Surrogate besteht kein Übernahmerecht. Dieses besteht also zB nicht für Gegenstände, die mit eingebrachtem Geld angeschafft wurden. Eine Verpflichtung zur Übernahme besteht nicht.

24 Das Übernahmerecht besteht für **Gegenstände des persönlichen Bedarfs**, zB Kleider, Schmuck und Arbeitsgeräte (vgl. § 1477 Abs. 2 S. 1 BGB). Gegenstände des persönlichen Bedarfs sind auch die von einem Ehegatten allein genutzten Fahrzeuge (Kraftfahrzeug, Fahrrad, Motorrad) oder Hobbygeräte; für die Frage, ob ein Gegenstand des persönlichen Bedarfs vorliegt, kommt es in erster Linie auf die objektive Zweckbestimmung an, weniger auf den tatsächlichen Gebrauch.[29]

25 Jeder Ehegatte kann das herausverlangen, was er in die Gütergemeinschaft eingebracht hat, also was bei Beginn der Gütergemeinschaft bereits in seinem Eigentum vorhanden war. Unschädlich ist es, wenn sich durch die Flurbereinigung Zuschnitt, Größe und Lage der einzelnen **Grundstücke** geändert haben.[30] Grundstücke sind auch dann eingebracht, wenn bei Beginn der Gütergemeinschaft nur der – später erfüllte – Anspruch auf Übereignung als Anwartschaftsrecht bestand.[31]

26 Jeder Ehegatte kann das herausverlangen, was er während der Gütergemeinschaft durch **Erbfolge, Vermächtnis**, mit Rücksicht auf ein künftiges Erbrecht, durch Schenkung oder als Ausstattung erworben hat (§ 1477 Abs. 2 S. 2 BGB). Zu dem Erwerb mit „Rücksicht auf ein künftiges Erbrecht" gehört im landwirtschaftlichen Bereich die Hofübergabe mit Altenteilsvertrag.[32] Eine teilweise Entgeltlichkeit steht dem Übernahmerecht nach § 1477 Abs. 2 BGB nicht entgegen.[33] Der Begriff „Erbfolge" ist weit zu verstehen. Durch Erbfolge erworben iSd § 1477 Abs. 2 BGB sind auch solche Gegenstände, die zunächst in einen Nachlass gefallen und erst im Zuge der späteren Erbauseinandersetzung einem Ehegatten als Miterben zugefallen sind.[34]

27 Das Übernahmerecht ist ein **Gestaltungsrecht**. Es wird durch formlose empfangsbedürftige Willenserklärung gegenüber dem anderen Ehegatten ausgeübt. Die Erklärung kann unter der Bedingung abgegeben werden, dass ein bestimmter Betrag als Wertersatz akzeptiert wird. Die Übernahmeerklärung kann nicht widerrufen werden. Eine Ausschlussfrist gibt es nicht. Das Übernahmerecht besteht so lange, wie sich der betreffende Gegenstand im Gesamtgut befindet. Mit der Übernahmeerklärung wird der Berechtigte zum Wertersatz verpflichtet. Die Erklärung hat keine dingliche Wirkung, sondern verpflichtet den anderen Ehegatten nur, den Gegenstand aus dem Gesamtgut in das Alleineigentum des Berechtigten zu übertragen. Bei Grundstücken muss § 311 b BGB beachtet werden. Die durch die Übernahmeerklärung entstehenden

27 *Schulz/Hauß* Vermögensauseinandersetzung Rn. 1018.
28 *Schulz/Hauß* Vermögensauseinandersetzung Rn. 1023.
29 *Schulz/Hauß* Vermögensauseinandersetzung Rn. 1024.
30 Vgl. BGH 25.3.1998 – XII ZR 139/96, NJW-RR 1998, 1009.
31 *Schulz/Hauß* Vermögensauseinandersetzung Rn. 1024.
32 *Schulz/Hauß* Vermögensauseinandersetzung Rn. 1025.
33 OLG Köln 31.1.1990 – 10 WF 302/90, FamRZ 1991, 572.
34 BGH 25.3.1998 – XII ZR 139/96, NJW-RR 1998, 1009.

Rechte werden erst nach vollständiger Berichtigung aller Verbindlichkeiten fällig.[35] Betreibt ein Ehegatte die Teilungsversteigerung (→ *Teilungsversteigerung* Rn. 1 ff.) des durch die Übernahmeerklärung von dem anderen Ehegatten beanspruchten Grundstücks, muss dieser sein Übernahmerecht im Wege der Drittwiderspruchsklage nach § 771 ZPO geltend machen.[36]

Für die **Höhe des Wertersatzes** ist der Verkehrswert der eingebrachten oder übernommenen Gegenstände maßgeblich. Problematisch ist, auf welchen Zeitpunkt für die Bewertung abzustellen ist. Haben die Parteien hierüber keine Vereinbarung getroffen, ist der Zeitpunkt der Übernahme, bei Grundstücken der Tag der Grundbuchumschreibung maßgeblich.[37] Bei gerichtlichen Auseinandersetzungen kommt es auf den Wert bei Schluss der mündlichen Verhandlung in der letzten Tatsacheninstanz an.[38] Der Wert ist notfalls durch einen Sachverständigen zu ermitteln, zudem empfiehlt es sich, den Sachverständigen zur ergänzenden Begutachtung zur mündlichen Verhandlung hinzuzuziehen.[39] 28

e) Schritt 4 – Feststellung und Bewertung der Ersatzansprüche für das Eingebrachte, Ererbte und Geschenkte. Ist die Ehe geschieden, kann jeder Ehegatte Wertersatz für das verlangen, was er in die Gütergemeinschaft eingebracht hat (§ 1478 Abs. 1 BGB). Der Anspruch gehört zu den Gesamtgutsverbindlichkeiten (→ *Gesamtgut/Verwaltung* Rn. 24 ff.), die vorab zu befriedigen sind. Der dingliche Schutz des eingebrachten Vermögens erfolgt über das Übernahmerecht gem. § 1477 Abs. 2 BGB. Das Recht auf Wertersatz für das Eingebrachte nach § 1478 Abs. 1 BGB und das Recht auf Übernahme nach § 1477 Abs. 2 BGB können nebeneinander geltend gemacht werden. Hierdurch wird erreicht, dass der Berechtigte seine Einlagen zurückerhält, jedoch die während der Gütergemeinschaft eingetretenen Wertsteigerungen beiden Ehegatten zugutekommen. Denn der Berechtigte bekommt nur den Wert zurück, den der eingebrachte Vermögensgegenstand zum Zeitpunkt der Einbringung hatte. 29

Mit dem Verlangen von Wertersatz wird ein **Gestaltungsrecht** ausgeübt. Hierzu genügt die formlose und unwiderrufliche Erklärung gegenüber dem anderen Ehegatten. Das Gestaltungsrecht kann solange ausgeübt werden, wie sich der betreffende Gegenstand im Gesamtgut befindet. Ansprüche auf Wertersatz können nicht mit einer Feststellungsklage durchgesetzt werden. Ist nach der Schuldentilgung noch genügend Bargeld vorhanden, kann verlangt werden, dass Ansprüche auf Wertersatz nach § 1478 Abs. 1 BGB vorab befriedigt werden. 30

Wertersatz kann verlangt werden für Vermögenswerte, die einem Ehegatten zu Beginn der Gütergemeinschaft gehört haben (§ 1478 Abs. 2 Nr. 1 BGB). Es kommt nicht darauf an, ob die Gegenstände bei der Auseinandersetzung noch vorhanden sind. Verbindlichkeiten sind abzuziehen. Zu den eingebrachten Vermögenswerten gehören auch Anwartschaftsrechte, zB beim Vorbehaltskauf. Der noch offene Kaufpreisanteil ist als Verbindlichkeit von dem Wert abzuziehen. Auch Verbindlichkeiten zwischen den Ehegatten sind zu beachten, zB aus Darlehensverträgen oder aus Zugewinnausgleich. Haben die Ehegatten vor der Gütergemeinschaft etwa in Zugewinngemeinschaft gelebt, gehört der Anspruch auf Zugewinnausgleich zu den in die Gütergemeinschaft eingebrachten Vermögenswerten. Aufseiten des zum Zugewinnausgleich verpflichteten Ehegatten ist die Zugewinnausgleichsverbindlichkeit dagegen von dem eingebrachten Vermögen in Abzug zu bringen. 31

Wertersatz kann für die Gegenstände verlangt werden, die ein Ehegatte von Todes wegen oder mit Rücksicht auf ein künftiges Erbrecht, durch Schenkung oder als Ausstattung erworben hat (§ 1478 Abs. 2 Nr. 2 BGB). Entsteht hieraus nach § 1418 Abs. 2 Nr. 2 BGB Vorbehaltsgut, kann keine Zurechnung zum Eingebrachten erfolgen. Zum Erwerb mit „Rücksicht auf ein künftiges Erbrecht" gehört im landwirtschaftlichen Bereich die Hofübergabe mit Altenteilsvertrag.[40] Vermögensgegenstände, die beiden Ehegatten 32

35 OLG Köln 31.1.1990 – 10 WF 302/90, FamRZ 1991, 571.
36 *Schulz/Hauß* Vermögensauseinandersetzung Rn. 1027.
37 BGH 10.7.1985 – IVb ZR 37/84.
38 BGH 15.1.1992 – XII ZR 197/90, DtZ 1992, 120.
39 *Schulz/Hauß* Vermögensauseinandersetzung Rn. 1030.
40 *Schulz/Hauß* Vermögensauseinandersetzung Rn. 1036.

gemeinschaftlich zugewendet wurden, zB Hochzeitsgeschenke, sind bei der Berechnung des Erstattungsanspruchs anteilig zu berücksichtigen. Waren die Zuwendungen nicht zur Vermögensbildung, sondern zum Verbrauch bestimmt, sind sie den Einkünften zuzurechnen, zB kleinere Beträge von den Eltern für die Haushaltsführung, übliche Geburtstagsgeschenke – dafür gibt es keinen Ersatz. Erstattungsansprüche kommen auch bei Rechten in Betracht, die mit dem Tod eines Ehegatten erlöschen oder deren Erwerb durch den Tod eines Ehegatten bedingt ist, (§ 1478 Abs. 2 Nr. 3 BGB) also in erster Linie Leibrenten und Lebensversicherungen,[41] nicht dagegen ein Nießbrauch, der zum Sondergut zählt (§§ 1059, 1417 Abs. 2 BGB).[42]

33 Der **maßgebliche Zeitpunkt für die Bewertung** nach § 1478 Abs. 3 BGB ist der Tag der Einbringung. Die eingebrachten Gegenstände sind zum Ausgleich des Kaufkraftschwundes zu indexieren. Für den Index gelten die gleichen Regeln wie bei der Zugewinngemeinschaft. Für den Endstichtag für die Hochrechnung kommt es auf den in der Zukunft liegenden Tag der endgültigen Auseinandersetzung an.[43] Für die genaue Berechnung werden daher der Index für die Zeit der Einbringung und der Index für die Zeit der Erstattung benötigt. Wenn sich die Ehegatten nicht über einen Stichtag geeinigt haben, ist bei gerichtlicher Auseinandersetzung der Tag der letzten mündlichen Verhandlung maßgeblich.[44] Belastungen sind abzuziehen, etwa Grundstücksbelastungen oder bei einer Hofübergabe mit Altenteilsvertrag die Ausgleichszahlungen an Geschwister oder auch latente Ertragsteuern, wenn auf einen Veräußerungserlös bei der Bewertung abgestellt wird.

34 **f) Schritt 5 – Veräußerung der Gegenstände, für die kein Übernahmerecht besteht und die nicht teilbar sind.** Was nach der Ausübung von Übernahmerechten, nach der Berichtigung der Gesamtgutsverbindlichkeiten und nach geleistetem Wertersatz übrig geblieben ist, muss geteilt werden. Die Teilung erfolgt nach den Vorschriften des Gemeinschaftsrechts (§ 1477 Abs. 1 BGB). Anzuwenden sind die §§ 752–754, 755 Abs. 2 und 3, 756, 757 BGB. § 755 Abs. 1 BGB ist durch § 1475 BGB ersetzt. Die Aufteilung erfolgt gemäß § 752 BGB durch Teilung in Natur. Wenn dies nicht möglich ist, erfolgt sie gem. § 753 BGB durch Verkauf und Aufteilung des Erlöses, jedoch ist die Teilung in Natur (**Realteilung**) vorrangig.

35 **g) Schritt 6 – Feststellung der Teilungsmasse, Verteilung.** Teilungsmasse ist der Überschuss, der nach der Berichtigung der Gesamtgutsverbindlichkeiten (→ *Gesamtgut/Verwaltung* Rn. 24 ff.) verbleibt (§ 1476 Abs. 1 BGB). Ist die **Teilungsreife** erreicht, besteht der Überschuss nur noch aus:

- Geld;
- in Natur teilbaren Sachen und
- den Gegenständen, auf die sich ein Übernahmerecht bezieht.

Zur Teilungsmasse gehört auch das, was ein Ehegatte dem Gesamtgut schuldet. Der Ehegatte zahlt diese Beträge in der Regel nicht bar ein, sondern sie werden mit seinem Anteil bei der Aufteilung verrechnet. Als Verbindlichkeiten gegenüber dem Gesamtgut kommen in Betracht:

- Schadensersatzansprüche für schuldhafte Minderungen des Gesamtguts gem. § 1453 S. 3 BGB;
- Schadensersatzansprüche wegen unerlaubter Handlungen nach §§ 1441 Nr. 1, 1463 Nr. 1 BGB;
- die aus dem Gesamtgut bezahlten Verbindlichkeiten, die sich auf das Vorbehalts- oder Sondergut gem. §§ 1441 Nr. 2, 1463 Nr. 2 BGB bezogen haben;
- Kosten aus bestimmten Rechtsstreitigkeiten gem. §§ 1441 Nr. 3, 1443, 1463 Nr. 3, 1465 BGB;
- Kosten aus Ausstattungen gem. §§ 1444, 1466 BGB;
- Ausgleichsansprüche für Verwendungen von Gesamtgut in Vorbehalts- oder Sondergut gem. §§ 1445 Abs. 1, 1467 Abs. 1 BGB.

41 Palandt/*Siede* BGB § 1478 Rn. 4.
42 Palandt/*Siede* BGB § 1417 Rn. 2; *Schulz/Hauß* Vermögensauseinandersetzung Rn. 1036.
43 Vgl. etwa *Schulz/Hauß* Vermögensauseinandersetzung Rn. 1039.
44 Vgl. BGH 15.1.1992 – XII ZR 197/90, DtZ 1992, 120.

Die Aufteilung kann erfolgen, wenn nur noch Geld und in Natur teilbare Gegenstände vorhanden sind. Zuerst sind die Ansprüche der Ehegatten auf Wertersatz zu befriedigen. Von dem Geld, das übrig bleibt, bekommt jeder die Hälfte (§ 1476 Abs. 1 BGB). Schuldet ein Ehegatte etwas zum Gesamtgut, wird sein Anteil entsprechend gekürzt (§ 1476 Abs. 2 BGB).

4. Praxishinweise

a) Steuerrecht. Der Erwerb von Eigentum im Rahmen der Teilung des Gesamtguts ist in der Regel **grunderwerbsteuerfrei.**[45] 36

b) Bei der Auseinandersetzung übersehene Vermögensgegenstände. Wird ein Vermögensgegenstand in der Auseinandersetzungsvereinbarung übersehen, so ist diese zwar anfechtbar bzw. es besteht ein Anpassungsanspruch. Jedoch kann hierdurch die Vereinbarung insgesamt unwirksam werden. Für einen solchen Fall empfiehlt es sich, eine Klausel in die Auseinandersetzungsvereinbarung darüber aufzunehmen, dass eine Nachtragsauseinandersetzung über übersehene Gegenstände durchgeführt werden kann, die bereits erfolgte Auseinandersetzung aber Bestand haben soll.[46] 37

---

45 BFH 29.7.1981 – II R 48/78, NJW 1982, 128; Palandt/*Siede* BGB § 1474 Rn. 1.

46 Vgl. NK-BGB/*Völker* § 1474 Rn. 14.

30. Auseinandersetzungsplan

Rakete-Dombek

I. Einleitung

1 Können sich die Ehegatten über die Auseinandersetzung des Gesamtgutes nicht einigen, ist mit der Auseinandersetzungsklage ein Auseinandersetzungsplan einzureichen. Hierbei handelt es sich um ein detailliertes **Vermögensverzeichnis** sowie die Angabe, wie das Gesamtgut unter den Eheleuten verteilt werden soll. Ein Auseinandersetzungsplan kann im Rahmen eines Vermittlungsverfahrens nach §§ 373, 363 ff. FamFG erstellt werden, dessen Rechtsnatur unklar ist, da es sich um keinen Beschluss iSv § 38 FamFG, auch nicht um eine Art Gutachten (wie der Erbschein), sondern um eine Art Einigungsvorschlag handelt, den die Beteiligten annehmen oder ablehnen können.[1]

II. Form und Inhalt des Auseinandersetzungsplans

2 Ein Auseinandersetzungsplan, der bei der Auseinandersetzungsklage einzureichen ist, erfordert die **Schriftform**. Ein Auseinandersetzungsplan, der im Rahmen eines Vermittlungsverfahrens nach §§ 373, 363 ff. FamFG erstellt wird, kann zu Protokoll oder in einem besonderen Schriftstück aufgestellt werden.[2]

3 Der Auseinandersetzungsplan muss die begehrte **Aufteilung** konkret beschreiben und die Höhe der **Erstattungsbeträge** angeben. Die Klage auf Zustimmung zu einem Auseinandersetzungsplan ist nur begründet, wenn der Auseinandersetzungsplan ganz genau den gesetzlichen Teilungsregelungen der §§ 1471 ff. BGB entspricht. Es ist zulässig, dass die Parteien über Einzelpunkte nach § 1474 BGB abweichende Vereinbarungen treffen.[3] Das Gericht ist an den mit der Klage eingereichten Auseinandersetzungsplan gebunden und hat keinerlei Gestaltungsfreiheit; es kann dem Klageantrag nur stattgeben oder die Klage abweisen.[4] Der Antragsgegner darf nicht zu einer Auseinandersetzung verurteilt werden, die inhaltlich von dem mit der Klage eingereichten Auseinandersetzungsplan abweicht. Dem Antragsteller kann aber weniger als beantragt zugesprochen werden.[5] Die Abgrenzung zwischen einem „erlaubten Weniger" und einem „verbotenen Aliud" kann schwierig sein. Eine Auseinandersetzungsklage ist unbegründet, wenn der Aufteilungsplan nicht alle Aktiva umfasst.[6] Es ist daher darauf zu achten, dass alle Aktiva angegeben werden. Da Voraussetzung für die Auseinandersetzungsklage ist, dass die Gesamtschuldverbindlichkeiten bereits getilgt sind,[7] werden Verbindlichkeiten in der Regel keine Rolle spielen. Ansprüche, die ein Ehegatte gegen die Gesamtschuld hat, können im Rahmen der Aufteilung mitberücksichtigt werden.

---

1 Vgl. Keidel/*Zimmermann* FamFG § 368 Rn. 7.
2 Vgl. Keidel/*Zimmermann* FamFG § 368 Rn. 11.
3 BGH 13.4.1988 – IV b ZR 48/87, NJW-RR 1988, 1156.
4 BGH 13.4.1988 – IV b ZR 48/87, NJW-RR 1988, 1156.
5 BGH 13.4.1988 – IV b ZR 48/87, NJW-RR 1988, 1156.
6 BGH 13.4.1988 – IV b ZR 48/87, NJW-RR 1988, 1156.
7 OLG Oldenburg 14.12.2010 – 11 UF 1/10, BeckRS 2010, 29580.

31. Ausgleichsreife

Weil

I. Einführung

Damit für ein Anrecht ein Wertausgleich bei Scheidung stattfinden kann, muss es **ausgleichsreif** iSv § 19 VersAusglG sein. Wenn es die unter § 19 Abs. 2 Ziffer 1. bis 4. VersAusglG genannten Voraussetzungen nicht erfüllt, findet für dieses Anrecht ein Wertausgleich bei Scheidung nach § 19 Abs. 1 VersAusglG nicht statt. Die Regelung verweist auf § 5 Abs. 2 VersAusglG, dh maßgeblicher Zeitpunkt für die Beurteilung ist das Ende der Ehezeit, wobei rechtliche und tatsächliche Veränderungen nach der Ehezeit, soweit sie auf die Ehezeit zurückwirken, zu berücksichtigen sind. 1

II. Fehlende Ausgleichsreife

1. Anrechte der betrieblichen Altersversorgung

Ein Anrecht ist nicht ausgleichsreif, wenn es dem Grunde oder der Höhe nach nicht hinreichend verfestigt ist. Dies gilt insbesondere für Anrechte der **betrieblichen Altersversorgung**, die noch **nicht unverfallbar** sind (§ 19 Abs. 2 Nr. 1. VersAusglG). 2

Die Unverfallbarkeit eines Anrechts der betrieblichen Altersversorgung kann auf den gesetzlichen Mindestvorschriften in § 1 BetrAVG beruhen oder auf einer vertraglichen Vereinbarung. Für die Ausgleichsreife ist dies unerheblich. Wann die gesetzliche Unverfallbarkeit eintritt, hängt davon ab, wer das Anrecht finanziert hat. Ist für ein Anrecht das Betriebsrentengesetz maßgeblich und wird es vom Arbeitgeber finanziert, ist es unverfallbar, sobald der Berechtigte das 25. Lebensjahr vollendet hat und die Zusage fünf Jahre bestanden hat. Kürzere Fristen aufgrund vertraglicher Regelungen sind möglich. Vom Arbeitnehmer finanzierte Anrechte der betrieblichen Altersversorgung sind sofort unverfallbar. Liegt dem Anrecht eine tarifvertragliche Regelung zugrunde, ist die tarifvertragliche Regelung zur Unverfallbarkeit maßgeblich (§ 17 Abs. 3 BetrAVG).

Bei Anrechten der **betrieblichen Altersversorgung** kann eine **fehlende Ausgleichsreife** auch dann gegeben sein, wenn die künftige Leistung sich zum Ende der Ehezeit noch nicht ermitteln lässt. Dies kann zum Beispiel bei **Gesamtversorgungssystemen** der Fall sein, wenn zum Ende der Ehezeit die Höhe der anzurechnenden Leistungen noch nicht ermittelt werden kann, oder aber wenn die Höhe der Leistung von einer stark schwankenden Bemessungsgrundlage abhängt (→ Rn. 5). 3

Häufig gibt es bei Anrechten der **betrieblichen Altersversorgung** Anteile, die zwar der Ehezeit zuzurechnen sind, die jedoch nur zu Leistungen führen, wenn das Beschäftigungsverhältnis nach Ende der Ehezeit fortgesetzt wird. Hierunter fallen zum Beispiel Anspruchserhöhungen bei **endgehaltsabhängigen Versorgungszusagen** aufgrund von Gehaltserhöhungen nach der Ehe. Auch **Besitzstände**, die bei der Umstellung eines Versorgungssystems entstanden sind, enthalten oft Anteile, die nur bei einer Fortsetzung des Beschäftigungsverhältnisses zum Tragen kommen. Diese Anteile sind nicht ausgleichsreif, weil sie bei einer Beendigung des Beschäftigungsverhältnisses entfallen. 4

Die Frage der Ausgleichsreife stellt sich ebenso bei Zusagen mit stark **schwankenden Bemessungsgrößen**. So gibt es zum Beispiel Anrechte, bei denen der Ausgleichswert vom Wert von Fondsanteilen abhängt. Vereinzelt gibt es auch Zusagen, bei denen die maßgeblichen Bemessungsgrößen Tantiemen oder Gewinnanteile beinhalten, also Größen, die einen nennenswerten Anteil der Bezüge ausmachen können und damit den Ausgleichswert maßgeblich bestimmen können, die aber von Jahr zu Jahr stark schwanken können. Bei diesen Anrechten könnte eine Halbteilung bei einem Wertausgleich bei Scheidung nur erreicht 5 werden, wenn die Wertschwankungen zwischen dem Ende der Ehezeit und dem Zeitpunkt der Umsetzung berücksichtigt würden.[1] Mit Beschluss vom 29.2.2012[2] hat der Bundesgerichtshof dies jedoch für eine private fondsgebundene Rentenversicherung abgelehnt. Dennoch hat er das Anrecht als ausgleichsreif eingestuft und es geteilt. Da es sich nicht um ein anpassungsfähiges Anrecht iSv § 32 VersAusglG handelt, ist eine spätere Korrektur über eine Abänderung nicht möglich. In der Praxis ist bei solchen Anrechten also Vorsicht geboten. Dies gilt umso mehr, da der Bundesgerichtshof eine festgestellte Wertminderung des Ausgleichswertes seit dem Ende der Ehezeit berücksichtigt, eine Werterhöhung aber nicht.

2. Abzuschmelzende Leistungen

6 Ein Anrecht, das auf eine **abschmelzende** Leistung gerichtet ist, ist nicht ausgleichsreif (§ 19 Abs. 2 Nr. 2. VersAusglG). Unter die Bestimmung fallen vor allem die degressiven Bestandteile von Anrechten aus der Beamtenversorgung nach § 69 e BeamtVG mit dem sog. Abflachungsbetrag und die gesetzlichen Rentenanrechte nach § 3 Abs. 1 Nr. 6 und 7 VAÜG.[3]

3. Unwirtschaftlichkeit

7 Wenn der Ausgleich eines Anrechts für die ausgleichsberechtigte Person unwirtschaftlich wäre, ist es ebenfalls **nicht ausgleichsreif** (§ 19 Abs. 2 Nr. 3. VersAusglG). Dieser Fall kann dann gegeben sein, wenn der Ausgleichsberechtigte die Wartezeit oder sonstige Anspruchsvoraussetzungen nicht mehr erfüllen kann (52 Abs. 1 SGB VI).

4. Anrechte bei ausländischen, zwischenstaatlichen oder überstaatlichen Versorgungsträgern

8 Anrechte bei einem **ausländischen**, **zwischenstaatlichen** oder **überstaatlichen Versorgungsträger** sind nicht ausgleichsreif (§ 19 Abs. 2 Nr. 4 VersAusglG). Der BGH wendet die Vorschriften des § 19 Abs. 2 Nr. 4 VersAusglG auch auf Anrechte nach dem schweizerischen Freizügigkeitsgesetz vom 17.12.1993 an. Der Anwendungsbereich sei insoweit nicht teleologisch zu reduzieren.[4]

III. Folgen fehlender Ausgleichsreife

9 Hat ein Ehepartner in der Ehezeit nicht ausgleichsreife Anrechte bei einem **ausländischen, zwischenstaatlichen oder überstaatlichen Versorgungsträger** erworben, so findet ein Wertausgleich bei der Scheidung auch in Bezug auf die **sonstigen Anrechte** der Ehegatten nicht statt, soweit dies für den anderen Ehegatten **unbillig** wäre (§ 19 Abs. 3 VersAusglG). Um dies beurteilen zu können, ist es jedoch erforderlich, die Höhe dieser Anrechte zumindest näherungsweise zu kennen (→ *Ausländische Rentenanrechte* Rn. 5).

10 Wird ein Anrecht wegen fehlender Ausgleichsreife im Versorgungsausgleich nicht ausgeglichen, bleiben die Ausgleichsansprüche nach §§ 20–26 VersAusglG unberührt. Das bedeutet, dass diese Anrechte ggf. später im Wege des **schuldrechtlichen Ausgleichs** ausgeglichen werden können.

Damit der ausgleichsberechtigte Ehegatte sich auch später noch an seinen Anspruch erinnert, muss das Amtsgericht die nicht ausgleichsreifen Anrechte nach § 224 Abs. 4 FamFG in der Begründung benennen. Die Benennung hat nur informativen, **deklaratorischen** Charakter, so dass der Anspruch nach §§ 20 ff. VersAusglG nicht untergeht, wenn die Benennung durch das Amtsgericht nicht erfolgte.

1 *Gutdeutsch/Hoenes/Norpoth* FamRZ 2012, 597.
2 BGH 29.2.2012 – XII ZB 609/10, FamFR 2012, 206.
3 BGH FamRZ 2007, 995; 2011, 706.
4 BGH FamRZ 2016, 1576.

32. Ausgleichswert im Versorgungsausgleich

Weil

I. Einführung

1 Der Ausgleichswert ist der Teil eines Anrechts, der beim Versorgungsausgleich auf den anderen Ehegatten übertragen wird. Nach § 1 Abs. 2 VersAusglG hat er die Hälfte vom Wert des Ehezeitanteils zu betragen, ggf. nach Abzug der hälftigen Teilungskosten gem. § 13 VersAusglG. Maßeinheit für den Ausgleichswert ist die **maßgebliche Bezugsgröße** (→ *Ehezeitanteil* Rn. 1) des Anrechts (§ 5 Abs. 1 VersAusglG). Hierbei kann es sich um einen Rentenbetrag, einen Kapitalbetrag oder eine andere für das jeweilige Versorgungssystem geeignete Größe handeln. Bei einigen Versorgungssystemen ist die maßgebliche Bezugsgröße durch das Versorgungsausgleichsgesetz vorgegeben, wie zB Entgeltpunkte bei der gesetzlichen Rentenversicherung, bei anderen hat der Versorgungsträger die Möglichkeit, die maßgebliche Bezugsgröße selbst festzulegen.

2 Bei einer **internen Teilung** kann die Übertragung bzw. Begründung des Anrechts für den Ausgleichsberechtigten immer auf Basis des Ausgleichswertes (als Vielfaches der maßgeblichen Bezugsgröße) erfolgen. Bei einer **externen Teilung** ist dies nicht immer möglich, denn hier wird der Betrag benötigt, den der Versorgungsträger nach § 14 Abs. 4 VersAusglG an die Zielversorgung zu zahlen hat, also ein **Kapitalbetrag**. Der Versorgungsträger muss daher nach § 5 Abs. 3 VersAusglG bei Ausgleichswerten, die nicht in Form eines Kapitalbetrags ermittelt werden, zusätzlich zum Ausgleichswert einen Kapitalbetrag ermitteln und dem Gericht mitteilen, den sogenannten **korrespondierenden Kapitalwert** (→ *Korrespondierender Kapitalwert* Rn. 1 ff.). Wie dieser zu berechnen ist, regelt § 47 VersAusglG. Da der korrespondierende Kapitalwert auf das Ende der Ehezeit berechnet wird, die Umsetzung der Teilung aber erst zu einem späteren Zeitpunkt erfolgt, stellt sich insbesondere bei externen Teilungen die Frage, wie mit zwischenzeitlichen Wertänderungen des Anrechts umzugehen ist. Hierzu hat der Bundesgerichtshof entschieden, dass der Ausgleichswert als Kapitalbetrag nach § 14 Abs. 4 VersAusglG nicht unbedingt mit dem auf das Ende der Ehezeit ermittelten Ausgleichswert nach § 14 Abs. 1 iVm § 47 VersAusglG übereinstimmen muss. Um dem Prinzip der Halbteilung der Halbteilung gerecht zu werden, kann ggf. eine Anpassung des Ausgleichswertes geboten sein (→ Rn. 5).

II. Ausgleichswert in besonderen Fällen

3 Gelegentlich wird, entgegen dem Wortlaut des Gesetzes, auch bei einem Ausgleichswert in Form eines **Kapitalbetrages** zusätzlich ein korrespondierender Kapitalwert angegeben, der in der Regel niedriger ist. Dies ist zB häufig bei Anrechten der betrieblichen Altersversorgung über den Durchführungsweg Direktzusage der Fall, wenn als Leistung im Alter ein Kapitalbetrag zugesagt ist. In diesen Fällen bietet es sich an, den künftigen Kapitalbetrag als maßgebliche Bezugsgröße zu wählen. Dieser Wert ist weder als Ausgleichswert für eine externe Teilung noch zur Verrechnung von Anrechten geeignet, denn er stellt eine spätere Leistung dar, keinen Wert zum Ende der Ehezeit. Er kann daher uU ein Vielfaches des nach den Vorschriften des § 47 VersAusglG ermittelten korrespondierenden Kapitalwertes betragen. Bei eventuellen Vereinbarungen ist dies zu beachten (→ *Betriebliche Altersversorgung* Rn. 7).

4 **Betragsmäßig** entspricht der Ausgleichswert meist der Hälfte des Ehezeitanteils nach Abzug der Teilungskosten. Es gibt jedoch Versorgungssysteme, bei denen dies nicht der Fall ist. Der Grund ist, dass bei manchen Versorgungssystemen tatsächlich die Teilung nicht auf Basis der maßgeblichen Bezugsgröße erfolgt. Dies ist zB dann der Fall, wenn die maßgebliche Bezugsgröße Punktwerte sind, die Zahl der Punktwerte, die mit einem bestimmten Beitrag erworben werden können, aber vom Alter und/oder Geschlecht des Versorgungsberechtigten abhängen. In diesen Fällen erreicht der Versorgungsträger eine für ihn kostenneutrale Teilung dadurch, dass zwar das Anrecht des Ausgleichspflichtigen um die Hälfte der in der Ehezeit

erworbenen Punktwerte gekürzt wird, dem Ausgleichsberechtigten jedoch nicht unbedingt diese Anzahl an Punktwerten gutgeschrieben wird. Es erfolgt vielmehr eine Umrechnung des hälftigen Ehezeitanteils mit den Rechnungsgrundlagen des Versorgungssystems, um das andere Geschlecht und ggf. auch andere Alter des Ausgleichsberechtigten zu berücksichtigen. Diese Vorgehensweise ist zB bei Zusatzversorgungen des öffentlichen Dienstes oder berufsständischen Versorgungen anzutreffen.

III. Berücksichtigung von Wertänderungen bei einer externen Teilung

5 Der Ausgleichswert und der korrespondierende Kapitalwert sind Beträge, die auf das Ehezeitende berechnet sind. Zu einem späteren Zeitpunkt stellen diese Beträge uU nicht mehr die Hälfte des Ehezeitanteils dar. In diesen Fällen kann der Grundsatz der Halbteilung verfehlt werden, wenn bei einer **externen Teilung** der auf das Ende der Ehezeit berechnete Ausgleichswert oder korrespondierende Kapitalwert übertragen wird, ohne dass Wertänderungen nach dem Ende der Ehezeit berücksichtigt werden. Das Gesetz sieht die Berücksichtigung dieser Wertänderungen nicht ausdrücklich vor. Der Bundesgerichtshof hat jedoch in mehreren Entscheidungen zu dieser Frage Stellung genommen. In der ersten Entscheidung ging es um ein Anrecht, bei dem der Ausgleichswert durch Abzinsung künftiger Leistungen ermittelt wurde. In diesem Fall hat der Bundesgerichtshof entschieden,[1] dass der Ausgleichsberechtigte ab Ende der Ehezeit an der Wertentwicklung des Anrechts teilhaben muss und dies nur gewährleistet ist, wenn die Zielversorgung ein entsprechendes Kapital erhält. § 14 Abs. 4 VersAusglG iVm § 222 Abs. 3 FamFG sei daher verfassungskonform dahin gehend auszulegen, dass der vom Versorgungsträger der ausgleichspflichtigen Person zu zahlende Kapitalbetrag für die Zeit zwischen dem Ende der Ehezeit und der Rechtskraft der Entscheidung grundsätzlich mit dem Rechnungszins zu **verzinsen** ist. Eine Verzinsung über den Zeitpunkt der Rechtskraft hinaus bis zum Zeitpunkt der Zahlung es Ausgleichswertes lehnt der Bundesgerichtshof ab.[2] Während die Verzinsung zu einer Erhöhung des Ausgleichswertes führt, können erbrachte Leistungen eine Reduzierung zur Folge haben (→ *Werteverzehr* Rn. 1 ff.). Inwieweit sich beide Effekte ausgleichen, hängt hauptsächlich vom Rechnungszins, dem Zeitraum der Verzinsung und der Höhe der bereits erbrachten Leistungen ab.[3]

Beispiel: Ausgleichswert, bezogen auf das Ende der Ehezeit: 10.000, Rechnungszins: 5,0 %, Rechtskraft: fünf Jahre nach Ende der Ehezeit, Monatsrente: 120 EUR, Ehezeitanteil: davon 100 %; Ausgleichswert verzinst: 12.763 EUR; Ausgleichswert nach Berücksichtigung von Verzinsung und auf den Ausgleichswert entfallenden erbrachten Leistungen: Fall 1: Erbrachte Leistungen: vier Jahresrenten; Reduzierung des Ausgleichswertes: 4 x 12 x 120/2 = 2.880; Ausgleichswert: 12.763 – 2.880 = 9.883 EUR (Verzinsung und Berücksichtigung erbrachter Leistungen gleichen sich nahezu aus); Fall 2: Erbrachte Leistungen: eine Jahresrente; Reduzierung des Ausgleichswertes: 1 x 12 x 120/2 = 720; Ausgleichswert: 12.763 – 720 = 12.043 EUR (Verzinsung und Berücksichtigung erbrachter Leistungen unterscheiden sich deutlich).

6 Diese **Berechnungsweise** stellt nur eine Näherung dar, da Wertänderungen aufgrund der Biometrie unberücksichtigt bleiben. Die Abweichung von einem exakt ermittelten Wert nimmt mit der Länge des betrachteten Zeitraums zu. Bei einem langen Zeitraum seit Ende der Ehezeit, wie er zB bei einer Abänderung nach § 51 VersAusglG oft gegeben ist, empfiehlt sich daher unbedingt eine Neubewertung zu einem **Stichtag**, zeitnah zur Rechtskraft der Entscheidung. Veränderungen zwischen der Rechtskraft und diesem Stichtag können ggf. durch Verzinsung und Berücksichtigung von Rentenzahlungen in diesem Zeitraum zusätzlich berücksichtigt werden.

7 Als Teilungsgegenstand im Versorgungsausgleich kommen nach BGH auch bei der externen Teilung **Fondsanteile** als die im Versorgungssystem verwendete Bezugsgröße in Betracht, sofern für die Ausgabe- und Rücknahmepreise der Fondsanteile eine gesetzliche Veröffentlichungspflicht nach § 170 KAGB besteht.[4] Darüber hinaus ist der nachehezeitliche Wertzuwachs eines auszugleichenden fondsgebundenen

1 BGH 7.9.2011 – XII ZB 546/10, FamFR 2011, 514.
2 BGH 6.2.2013 – XII ZB 204/11, FamFR 2013, 178; 13.2.2013 – XII ZB 631/12, FamFR 2013, 227.
3 *Gutdeutsch/Hoenes/Norpoth* FamRZ 2012, 73.
4 BGH FamRZ 2018, 1745.

Anrechts bei der Begründung des neuen Anrechts (§ 14 Abs. 1 VersAusglG) und der Festsetzung des an den Versorgungsträger der ausgleichsberechtigten Person zu entrichtenden Zahlbetrags (§ 14 Abs. 4 FamFG) zu berücksichtigen.[5]

Erfolgt der Ausgleich eines fondsgebundenen Anrechts in der Bezugsgröße „Fondsanteile“ durch externe Teilung und Begründung eines Anrechts in der gesetzlichen Rentenversicherung als Zielversorgungsträger, so muss die Beschlussformel die Anordnung enthalten, dass eine **Umrechnung** des dem Ausgleichswert entsprechenden Kapitalbetrags anhand der bei Rechtkraft der Entscheidung geltenden Umrechnungsfaktoren für die gesetzliche Rentenversicherung in Entgeltpunkte zu erfolgen hat.[6] Nach OLG Frankfurt a. M.[7] hat die externe Teilung eines fondsgebundenen Anrechts anhand der aktuellen Bezugsgröße bei der Entscheidung zu erfolgen. Dies gilt auch bei Austausch des verwendeten Fonds. 8

5 BGH FamRZ 2017, 1655; 2018, 1745.

6 OLG München FamRZ 2018, 994; OLG Frankfurt a. M. 11.9.2017 – 4 UF 132/17, FamRZ 2018, 430.

7 OLG Frankfurt a. M. 11.9.2017 – 4 UF 132/17, FamRZ 2018, 430.

33. Auskunft über die persönlichen Verhältnisse des Kindes

Seebach/M. Teubel

I. Allgemeines

1 Nach § 1686 BGB kann jeder Elternteil vom anderen bei berechtigtem Interesse **Auskunft über die persönlichen Verhältnisse des Kindes** verlangen, soweit dies dem Kindeswohl nicht widerspricht. Dieses Recht auf Auskunftserteilung steht als **selbstständiges Recht** bzw. **selbstständiger Anspruch** neben dem Recht auf Umgang dem nicht betreuenden Elternteil, aber auch dem betreuenden Elternteil gegen den anderen Elternteil, zu.[1] Bei entsprechender Antragstellung wird ein Verfahren vor dem Familiengericht geführt.

2 Das Recht steht **jedem Elternteil** – unabhängig von der bestehenden Sorgerechtslage – ohne Zurückbehaltungsrecht nach § 273 BGB zu.[2] Es ist gleichgültig, ob die Eltern verheiratet sind oder waren, es sich um ein eheliches oder nichteheliches Kind handelt. Die Rechtsauffassung, welche § 1686 BGB bei bestehender gemeinsamer Sorge nicht anwenden möchte,[3] da die Regelung nach § 1627 BGB insoweit ausreiche, verkennt den eindeutigen Wortlaut der Norm. Zudem bildet § 1627 BGB im Gegensatz zu § 1686 BGB keine eigene Anspruchsgrundlage. Dem Auskunftsrecht kommt neben der Funktion als **Surrogat** bei Einschränkung oder Ausschluss des Umgangsrechts auch eine Ergänzungsfunktion bei bestehendem Umgang zu.[4]

II. Regelungsgehalt

1. Elternteil

3 Das Auskunftsbegehren richtet sich nach dem Wortlaut der Norm **gegen den anderen Elternteil** und gerade nicht gegen dritte Personen wie zB die behandelnden Ärzte. Etwas anderes gilt hinsichtlich der Auskunftserteilung an sich, die durchaus von Dritten im Auftrag für den anderen Elternteil vorgenommen werden kann, beispielsweise durch die Schule oder den Kindergarten.[5] Die Auskunft selbst muss demnach nicht persönlich erteilt werden.[6]

4 Der Anspruch auf Auskunftserteilung ist **höchstpersönlicher Natur** und auf Seiten des Berechtigten an die Eigenschaft als Elternteil geknüpft. Ausgehend vom Gesetzeszweck, dem Informationsbedürfnis Geltung zu verschaffen, kann sich der Anspruch im Wege der Analogie auch gegen eine Person richten, die in ihrer rechtlichen oder tatsächlichen Stellung einem Elternteil vergleichbar ist.[7] Relevant wird dies in Fällen, in denen eine Pflegschaft oder Vormundschaft besteht. Hier ist der Pfleger oder Vormund als die Person zur Auskunft verpflichtet, die rechtlich und tatsächlich hierzu in der Lage ist.[8]

5 Da das Auskunftsrecht des § 1686 BGB die rechtliche Elternschaft voraussetzt, hat der Gesetzgeber durch das am 13.7.2013 in Kraft getretene **Gesetz zur Stärkung der Rechte des leiblichen, nicht rechtlichen Vaters** mit § 1686 a BGB eine Sonderregelung für den biologischen Vater geschaffen, dessen rechtliche Vaterschaft noch nicht festgestellt wurde. Auch dieser hat einen Auskunftsanspruch über die persönlichen

---

1 BGH 14.12.2016 – XII ZB 345/16, NZFam 2017, 121.
2 HK-FamR/*Schmid* BGB § 1686 Rn. 1 f.
3 HK-BGB/*Kemper* § 1686 Rn. 1.
4 BGH 14.12.2016 – XII ZB 345/16, NZFam 2017, 121.
5 NK-BGB/*Peschel-Gutzeit/Ebeling* § 1686 Rn. 5.
6 Palandt/*Götz* BGB § 1686 Rn. 3.
7 BGH 14.12.2016 – XII ZB 345/16, NZFam 2017, 121.
8 BGH 14.12.2016 – XII ZB 345/16, NZFam 2017, 121.

Verhältnisse des Kindes. Der Anspruch richtet sich gegen jeden (rechtlichen) Elternteil. Er steht unter der gegenüber § 1686 BGB zusätzlichen Voraussetzung, dass der leibliche Vater ein **ernsthaftes Interesse** an dem Kind gezeigt hat.

§ 1686 a BGB setzt ferner voraus, dass bereits ein **rechtlicher Vater vorhanden** ist. Fehlt ein rechtlicher Vater, bleibt dem „(putativ-)biologischen" Vater die Möglichkeit, die Vaterschaft klären zu lassen und damit das Recht nach § 1686 BGB zu erlangen.

Weitere Voraussetzung des Auskunftsrechts nach § 1686 a BGB ist, dass der Anspruchsteller auch wirklich der **biologische Vater** ist. Ist dies streitig, erfolgt die Klärung der Vaterschaft inzident im Rahmen des Auskunftsverfahrens. Dabei wird die leibliche Vaterschaft nur als Vorfrage geprüft. Dies kann nach § 167 a Abs. 2, 3 FamFG im Wege förmlicher Beweisaufnahme durch Einholung eines Abstammungsgutachtens oder durch Verwertung eines von einem Beteiligten mit Zustimmung der anderen erholten Gutachtens erfolgen. Erfolgt eine inzidente Vaterschaftsfeststellung im Verfahren nach § 167 a Abs. 2 FamFG, so erwächst diese Entscheidung nicht in materielle Rechtskraft. Das Gutachten, auf das sich die Entscheidung stützt, kann aber in einem gesonderten Abstammungsverfahren verwertet werden.[9]

Das Erfordernis des **ernsthaften Interesses** soll den Gerichten in den Fällen, in denen sich bislang keine sozial-familiäre Beziehung entwickelt hat, ohne dass dies dem leiblichen Vater zuzurechnen ist, den erforderlichen Ermessensspielraum geben. Dafür wird zu prüfen sein, woran sich das behauptete Interesse am Kind im konkreten Einzelfall festmacht und ob ein ausreichendes Interesse manifest geworden ist. Als Kriterien führt der Gesetzentwurf in der Begründung zu § 1686 a BGB beispielhaft an, ob der biologische Vater sich vor und nach der Geburt zu dem Kind bekannt hat, ob er die Bereitschaft geäußert hat, Verantwortung für das Kind – gegebenenfalls auch finanziell – zu übernehmen etc, wobei es im Einzelfall angemessen zu würdigen ist, wenn der leibliche Vater aus Rücksicht auf das Kind und die soziale Familie sein Interesse nur zurückhaltend bekundet hat.

2. Berechtigtes Interesse

Der Auskunftsantrag muss die **persönlichen Verhältnisse** des Kindes betreffen und darf nicht missbräuch- 6
lich gestellt sein.[10] Eine Überwachung des anderen Elternteils soll gerade nicht stattfinden.

Ein Anspruch eines Elternteils kann entfallen, wenn ein Umgang mit dem Kind von eben jenem Auskunft begehrenden Elternteil abgelehnt wird. Dieser Ansicht ist jedenfalls beizutreten, wenn ein Umgang mit dem Kind strikt verweigert wird. Es liegt dann ein widersprüchliches Verhalten dieses Elternteils vor. Sollte das Umgangsrecht eines Elternteils durch gerichtliche Entscheidung ausgeschlossen worden sein, kann der Antrag auf Auskunft missbräuchlich sein, wenn die begehrten Informationen doch der Herstellung eines Kontaktes dienen sollen.[11]

Findet ein **regelmäßiger Umgang** mit dem Kind statt, so ist ein Antrag nach § 1686 BGB nur gerechtfer- 7
tigt, wenn der persönliche Umgang nicht ausreicht, um die entsprechende Auskunft zu erlangen. Dies kann der Fall sein, wenn das Kind die gewünschte Information nicht erteilen kann, zB aufgrund seines Alters, oder auch, wenn das Kind die Auskunft nicht erteilen möchte.[12]

Grundsätzlich gilt, dass ein berechtigtes Interesse dann entfällt, wenn es dem Elternteil unschwer möglich ist, sich die gewünschte Auskunft **anderweitig zu verschaffen**. Ferner soll der Anspruch entfallen, wenn es sich um Informationen handelt, die bei einem persönlichen Kontakt mit dem Kind durch Befragen auch nicht hätten erlangt werden können.[13] Diese Rechtsauffassung erscheint allenfalls bei älteren Kindern vertretbar.

---

9 Vgl. *Hoffmann* FamRZ 2013, 1077 (1079).
10 HK-BGB/*Kemper* § 1686 Rn. 3.
11 HK-BGB/*Kemper* § 1686 Rn. 5.
12 Palandt/*Götz* BGB § 1686 Rn. 4.
13 NK-BGB/*Peschel-Gutzeit/Ebeling* § 1686 Rn. 9.

8 So kann ein Elternteil sich in **schulischen Angelegenheiten** über die jeweilige Klassen- oder Schulleitung informieren.[14] Sollte die alleinige elterliche Sorge beim anderen Elternteil liegen, so genügt dieser insoweit seiner Auskunftspflicht, als er die Schule ermächtigt, entsprechende Auskünfte zu erteilen.

9 In der Regel wird bei **nicht bestehenden Umgangskontakten** zumindest ein Auskunftsanspruch gegeben sein, da ein sonstiger Kontakt zu dem Kind nicht besteht und das Elternrecht des vom Umgang ausgeschlossenen Elternteils beachtet werden muss. Ein Anspruch entfällt nicht alleine, weil sich der nunmehr Auskunft und Informationen begehrende Elternteil in der Vergangenheit nicht um das Kind und dessen Belange gekümmert hat.[15]

3. Inhalt der Auskunft

10 Der Inhalt der Auskunft erstreckt sich auf die persönlichen Verhältnisse des Kindes.[16] Grundsätzlich kann die Auskunft in jeder **beliebigen Form**, sei es durch Bilder, Zeugnisse, Atteste ua erteilt werden.[17] Nicht sämtliche Lebensstationen des Kindes sind dem auskunftsbegehrenden Elternteil mitzuteilen. Typische Beispiele, die von § 1686 BGB erfasst sind, sind Erkrankungen oder Unfälle des Kindes, bestehende Allergien oder Unverträglichkeiten sowie besondere Vorfälle in der Schule, aber auch der aktuelle Gesundheitszustand des Kindes.[18]

Persönliche Verhältnisse sind Umstände, die für das Befinden und die Entwicklung des Kindes wesentlich sind und die der Elternteil, der gerade nicht die dauernde Betreuung des Kindes ausübt, erfahren soll.[19]

11 **Auskunft über das Kindesvermögen** ist von § 1686 BGB nicht erfasst. Insoweit greift die Norm des § 1605 BGB bzw. kommt eine Pflicht zur ungefragten Information in Betracht.[20]

12 Die Verhältnisse des jeweils anderen Elternteils sind von dem Auskunftsbegehren nicht erfasst, können aber hiervon natürlich berührt sein. Dies ist beispielsweise bei der Mitteilung der **Wohnanschrift** oder der Wohnverhältnisse des Kindes der Fall.[21]

4. Wohl des Kindes

13 Die Auskunftserteilung darf dem Wohl des Kindes nicht widersprechen. Dies kann dann der Fall sein, wenn ein Umgang mit dem Elternteil ausgeschlossen wurde und ein Auskunftsverlangen gerade der Kontaktherstellung dienen soll (→ *Ausschluss des Umgangsrechts* Rn. 1 ff.). Die Auskunft ist ausgeschlossen, wenn das Kindeswohl gefährdet ist. Das Kindeswohl ist hierbei nicht Maßstab, sondern Grenze des Auskunftsanspruchs.[22]

5. Häufigkeit der Auskunftserteilung

14 Die Auskunft kann von dem anderen Elternteil nicht „tagebuchartig" und in kürzesten Abständen verlangt werden.[23] Eine regelmäßige Auskunft in **angemessenen Abständen** ist jedoch geschuldet. Hierbei verbietet sich ein starres Schema, vielmehr ist der konkrete Einzelfall zu sehen. Grundsätzlich wird man annehmen können, dass bei gemeinsamer elterlicher Sorge die Auskunft häufiger erteilt werden wird und auch erteilt werden muss. Ein **regelmäßiger Austausch** über das Kind ist erforderlich und angezeigt. Bei plötzlicher Erkrankung des Kindes oder in Notfällen ist eine **sofortige Auskunft** geschuldet.[24] Handelt es

14 NK-BGB/*Peschel-Gutzeit/Ebeling* § 1686 Rn. 5.
15 OLG Brandenburg 26.7.2007 – 9 UF 87/07, NJW-RR 2008, 226.
16 *Kemper* FamFR 2011, 70.
17 HK-BGB/*Kemper* § 1686 Rn. 6; OLG Frankfurt a. M. 12.9.2011 – 6 UF 193/11, LSK 2012, 250215.
18 NK-BGB/*Peschel-Gutzeit/Ebeling* § 1686 Rn. 9.
19 BayObLG 7.12.1992 – 1Z BR 93/92, NJW 1993, 1081 (1082).
20 NK-BGB/*Peschel-Gutzeit/Ebeling* § 1686 Rn. 10.
21 HK-FamR/*Schmid* BGB § 1686 Rn. 2.
22 NK-BGB/*Peschel-Gutzeit/Ebeling* § 1686 Rn. 12; Palandt/*Götz* BGB § 1686 Rn. 5.
23 OLG Frankfurt a. M. 12.9.2011 – 6 UF 193/11, LSK 2012, 250215.
24 NK-BGB/*Peschel-Gutzeit/Ebeling* § 1686 Rn. 11.

sich um ein hochstreitiges Elternpaar, so kann es – um dem Kindeswohl nicht zu widersprechen – angezeigt sein, Auskunft in **längeren Zeitabschnitten** zu erteilen.

III. Verfahren

Verfahren nach § 1686 BGB spielen in der familiengerichtlichen Praxis eine **untergeordnete Rolle**. Es macht verfahrenstechnisch und auch unter Berücksichtigung von Kostengesichtspunkten Sinn, in anhängigen **Umgangsverfahren** Fragen der Auskunft mit zu regeln. 15

Insbesondere in Vereinbarungen der Beteiligten sollten diesbezügliche Unklarheiten beseitigt und Regelungen aufgenommen werden. Vor Antragstellung sollte eine Abwägung dahin gehend vorgenommen werden, ob ein Antrag auf Umgangsregelung bereits zu diesem Zeitpunkt sinnvoll erscheint, oder ob möglicherweise ein Verfahren nach § 1686 BGB vorgelagert werden sollte, um auf diese Weise **erste Kontakte** zu dem anderen Elternteil und Kind zu knüpfen oder einen **abgebrochenen Umgangskontakt** wieder anzubahnen.[25]

Bei nicht erteilter Auskunft kann dem Kind ein Ergänzungspfleger bestellt werden, das Jugendamt ist gem. 16
§ 162 FamFG anzuhören.[26]

Bei Verfahren betreffend die Auskunft über die persönlichen Verhältnisse des Kindes nach § 1686 BGB handelt es sich um eine Kindschaftssache. Funktionell zuständig ist gem. § 3 Nr. 2 RPflG der Rechtspfleger. Da die §§ 45, 46 FamGKG nicht einschlägig sind, richtet sich der Verfahrenswert nach der Auffangvorschrift des § 42 FamGKG. Gem. § 42 Abs. 3 FamGKG ist der Verfahrenswert grundsätzlich auf 5.000 EUR festzusetzen.[27]

25 Vgl. NK-BGB/*Peschel-Gutzeit/Ebeling* § 1686 Rn. 2.
26 *Maier* in: FormB-FamR § 7 Rn. 189.
27 HK-FamGKG/*Schneider* § 42 Rn. 113.

34. Auskunftsanspruch im Unterhaltsrecht

Poppen

I. Anspruchsgrundlagen

1. § 1605 Abs. 1 BGB

1 Die Beteiligten eines Unterhaltsrechtsverhältnisses sind einander, soweit dies zur Ermittlung der **Höhe eines Unterhaltsanspruchs** erforderlich ist, zur Auskunft über ihre Einkommens- und Vermögensverhältnisse verpflichtet. Zentrale Anspruchsgrundlage ist **§ 1605 Abs. 1 BGB**, der die Auskunftspflicht für den Verwandtenunterhalt regelt. Hierauf verweisen für den Trennungsunterhalt § 1361 Abs. 4 S. 4 BGB, für den nachehelichen Unterhalt § 1580 BGB und für Unterhaltsansprüche nach § 1615 l BGB die Vorschrift des § 1615 l Abs. 3 BGB. Der Auskunftsanspruch umfasst auch, wenn dies zur Ermittlung des Unterhaltsanspruchs erforderlich ist, die Einkommensverhältnisse des neuen Ehegatten des Unterhaltsschuldners.[1]

2. § 242 BGB

2 Soweit es um die **Bestimmung von Haftungsanteilen** geht, resultiert der Auskunftsanspruch aus **§ 242 BGB**. Jeder Elternteil kann von dem anderen zur Bestimmung seines Haftungsanteils am Unterhalt eines volljährigen Kindes Auskunft verlangen.[2] Gleiches gilt für Geschwister untereinander, die von ihren Eltern in Anspruch genommen werden.[3] Der von seiner Ehefrau, die ein nichteheliches Kind von einem anderen Mann betreut, auf Unterhalt in Anspruch genommene Ehegatte hat dagegen gegen den Vater des nichtehelichen Kindes keinen Auskunftsanspruch **zur Ermittlung der anteiligen Haftung**. Die Einkommens- und Vermögensverhältnisse des nichtehelichen Vaters muss die Kindesmutter zur schlüssigen Darstellung ihres Unterhaltsanspruchs darlegen.[4]

II. Entbehrlichkeit der Auskunft

1. Karrieresprung

3 Keine Auskunft muss erteilt werden, wenn der **Inhalt der Auskunft** für die Bemessung des Unterhaltsanspruchs **nicht erheblich** ist. Das ist zB der Fall, wenn beim Unterhaltspflichtigen ein **Karrieresprung** vorliegt und der Unterhaltsanspruch fiktiv auf der Basis des früheren Einkommens ermittelt wird oder unzweifelhaft der Einsatzzeitpunkt für alle infrage kommenden Nachehelichenunterhaltsansprüche nicht gewahrt ist.[5] Ein Anspruch besteht auch nicht, wenn der andere Elternteil freiwillig den gesamten Unterhaltsbedarf des volljährigen Kindes deckt.[6]

1 BGH 2.6.2010 – XII ZR 124/08, NJW 2011, 226.
2 BGH 9.12.1987 – IVb ZR 5/87, NJW 1988, 1906.
3 BGH 7.5.2003 – XII ZR 229/00, NJW 2003, 3624.
4 BGH 21.1.1998 – XII ZR 85/96, NJW 1998, 1309.
5 Wendl/Dose UnterhaltsR/*Dose* § 1 Rn. 1154.
6 BGH 17.44.2013 – XII ZB 329/12, NJW 2013, 1740.

2. Unterhaltsverzicht

Liegt ein wirksamer Unterhaltsverzicht vor, entfallen ebenfalls Auskunftsansprüche. Ist die **Wirksamkeit des Unterhaltsverzichts** umstritten, sollte der auf Auskunft in Anspruch Genommene im gerichtlichen Verfahren einen Feststellungswiderantrag stellen, mit dem er die Feststellung der Wirksamkeit der Unterhaltsverzichtsvereinbarung begehrt. Das Feststellungsbegehren ist zulässig, weil der Beschluss, der zur Auskunftserteilung verpflichtet, hinsichtlich dieser Frage keine Rechtskraftwirkung entfaltet.[7] Denn ansonsten ist eine negative Entscheidung im Auskunftsstadium für ihn in der Regel nicht in der Beschwerdeinstanz überprüfbar, weil die notwendige **Rechtsmittelbeschwer** nicht erreicht wird. 4

Die **Rechtsmittelbeschwer** für den, der zur Auskunft verurteilt worden ist, beläuft sich auf einen Betrag in Höhe der Aufwendungen, die zur Erteilung der Auskunft getätigt werden müssen, zB der Kopierkosten.[8] Hinsichtlich des Zeitaufwandes geht die Rechtsprechung davon aus, dass die notwendigen Unterlagen grds. in der Freizeit zusammengestellt werden müssen, weshalb der Zeitaufwand abstrakt in Anlehnung an das JVEG bewertet wird.[9] Damit lässt sich üblicherweise die Zulässigkeit eines Rechtsmittels nicht darstellen (§ 61 Abs. 1 FamFG = Mindestbeschwer 600 EUR), so dass die Auskunft erteilt werden muss und die **Überprüfung der Wirksamkeit der Unterhaltsverzichtsvereinbarung** durch das Rechtsmittelgericht erst im Betragsverfahren stattfinden kann. Dabei kann, gerade bei nicht selbstständig Tätigen, die Aufklärung der Einkommensverhältnisse mit einem erheblichen zeitlichen und finanziellen Aufwand, etwa wegen der Einholung von Sachverständigengutachten, verbunden sein. Wird der Feststellungswiderantrag abgewiesen, beläuft sich die Rechtsmittelbeschwer auf ca. 80 % des Jahresbetrages des von der anderen Seite begehrten Unterhalts.[10] 5

3. Mindestunterhalt

Verlangt ein minderjähriges Kind allein den Mindestunterhalt, bedarf es ebenfalls keiner Auskunft, weil für seine eingeschränkte Leistungsfähigkeit gegenüber dem Mindestunterhalt der Unterhaltsverpflichtete darlegungs- und beweispflichtig ist.[11] Verfügt der barunterhaltspflichtige Elternteil selbst über keine hinreichenden Einkünfte, ist er aber wieder verheiratet, kann das minderjährige Kind nach § 1605 BGB auch Auskunft über die Einkünfte des neuen Ehegatten verlangen. Diese Auskunft muss ausdrücklich tenoriert werden.[12] 6

4. Verwirkung/konkrete Bedarfsermittlung

Erhebt der Unterhaltsverpflichtete den Einwand der Verwirkung, ist Auskunft zu erteilen. Denn im Rahmen der vorzunehmenden Abwägung zB nach § 1579 BGB oder § 1611 BGB spielt die Höhe der Einkünfte ebenfalls eine Rolle.[13] Auskunft ist auch zu erteilen, wenn der Unterhaltsverpflichtete über außerordentlich hohe Einkünfte verfügt und sich für unbegrenzt leistungsfähig erklärt, so dass die Höhe des Unterhaltsanspruchs aufgrund konkreter Bedarfsermittlung zu bestimmen ist.[14] Denn die Einkommensverhältnisse des Verpflichteten können für die Bedarfsbestimmung von Bedeutung sein. 7

---

7 BGH 14.11.1984 – VIII ZR 228/83, NJW 1985, 862.
8 BGH 21.11.2018 – XII ZB 351/18, NJW 2019, 604.
9 BGH 26.10.2016 – XII ZB 134/15, FamRZ 2017, 368: bis 31.12.2020 3,50 EUR, ab 1.1.2021 4 EUR/Stunde.
10 Zöller/*Greger* FamFG § 256 Rn. 30.
11 BGH 27.12.2002 – XII ZR 295/00, FamRZ 2003, 444.
12 OLG Hamm 15.12.2010 – 5 WF 157/10, FamRZ 2011, 1302.
13 BGH 29.6.1983 – IVb ZR 391/81, NJW 1983, 2243.
14 BGH 15.11.2017 – XII ZB 503/16, NJW 2018, 468 für den Ehegattenunterhalt und BGH 16.9.2020 – XII ZB 499/19, NJW 2020, 3721 für den Kindesunterhalt.

III. Inhalt der Auskunft

1. Systematische Zusammenstellung der Einkünfte

8 **a) Abhängig Beschäftigter.** Die Auskunft muss eine systematische Zusammenstellung aller Positionen enthalten, die es dem anderen ermöglicht, eine Einkommensberechnung vorzunehmen. Ein **abhängig Beschäftigter** muss alle Einkünfte aufführen, Weihnachts- und Urlaubsgeld, sonstige Sonderzahlungen wie Jubiläumszuwendungen, Tantiemen oder Ähnliches, Spesen und Steuererstattungen.[15] Auskunft muss weiter darüber erteilt werden, ob Einkünfte aus anderen Quellen erzielt werden, wie Krankengeld, Kapitalvermögen, Vermietung oder Verpachtung. Dabei muss der Pflichtige **alle Einkommensbestandteile** nennen, auch wenn er der Auffassung ist, dass sie **für die Unterhaltsbemessung ohne Bedeutung** sind.

9 **b) Selbstständige.** Selbstständige müssen ihre Einkünfte für einen Zeitraum von **drei Jahren** darlegen.[16] Sie müssen Zusammenstellungen über alle **Einnahmen und abgesetzte Betriebskosten** sowie persönliche Vorsorgeaufwendungen und Steuern erstellen. Die Aufstellung muss es dem Unterhaltsbegehrenden ermöglichen, berufliche von privaten Aufwendungen zu trennen.[17] Der Gesellschafter einer Personen- oder Kapitalgesellschaft kann die Auskunft nicht mit der Begründung verweigern, seine **Mitgesellschafter** würden einer Offenbarung auch ihrer Verhältnisse widersprechen. Insoweit besteht eine **gesellschaftsrechtliche Treuepflicht**, dem jeweiligen Mitgesellschafter die Erfüllung seiner familienrechtlichen Verpflichtungen zu ermöglichen.[18]

2. Auskunft zum Vermögen

10 Die Auskunft zum Vermögen muss den Bestand des Vermögens zu einem bestimmten Stichtag auflisten. Es besteht keine **Rechenschaftspflicht**, weshalb über den Verbleib früher vorhandenen Vermögens nichts gesagt werden muss.[19] Das Vermögen ist durch ein nachvollziehbares Bestandsverzeichnis darzustellen.

IV. Form der Auskunft

11 Die Aufstellung, die die Auskunft beinhaltet, muss **nicht persönlich** durch den Auskunftspflichtigen **unterzeichnet werden**. Der Auskunftspflichtige kann sich zur Erfüllung seiner Verpflichtung der Hilfe Dritter, zB seines Verfahrensbevollmächtigten, bedienen.[20] Nicht ausreichend ist der Verweis auf **Angaben in mehreren Schriftstücken**.[21] Erforderlich ist eine systematische Aufstellung.

V. Erneute Auskunft

12 Falls sich keine grundlegenden Veränderungen ergeben haben, kann erneute Auskunft nach § 1605 Abs. 2 BGB erst **nach Ablauf von zwei Jahren** verlangt werden. Die Frist beginnt mit der letzten mündlichen Verhandlung in einem gerichtlichen Verfahren oder dem Tag des Abschlusses eines Vergleichs.[22] Wegen der Nichtidentität von Trennungs- und nachehelichem Unterhalt gilt die **Sperrfrist** nicht, wenn trotz vorheriger Auskunft innerhalb des Zweijahreszeitraums im Trennungsunterhaltsverfahren nunmehr zur Bezifferung des nachehelichen Unterhalts Auskunft verlangt wird.[23]

---

15 BGH 29.6.1983 – IVb ZR 391/81, NJW 1983, 2243.
16 BGH 4.11.1981 – IVb ZR 624/80, NJW 1982, 1645.
17 OLG Dresden 29.8.2019 – 20 WF 728/19, NJW-RR 2019, 1478.
18 BGH 7.4.1982 – IVb ZR 678/80, NJW 1982, 1642.
19 OLG Hamburg 30.10.1984 – 12 UF 109/84, FamRZ 1985, 394.
20 BGH 28.11.2007 – XII ZB 225/05, NJW 2008, 917.
21 OLG Köln 7.5.2002 – 4 WF 59/02, FamRZ 2003, 235; unrichtig hinsichtlich der Annahme der Pflicht zur persönlichen Unterzeichnung.
22 OLG Karlsruhe 9.3.2016 – 5 UF 213/15, NZFam 2016, 424.
23 OLG München 24.8.2015 – 16 WF 1133/15, NZFam 2016, 127.

Vor Ablauf der Zweijahresfrist kann Auskunft nur verlangt werden, wenn der Unterhaltsberechtigte glaubhaft macht, dass sich auf Seiten des Unterhaltspflichtigen **wesentliche Veränderungen** ergeben haben, wie zB der Wechsel des Arbeitgebers oder eine Beförderung.[24] 13

VI. Vorlage von Belegen

1. Grundsätze

Von dem Anspruch auf Auskunft zu unterscheiden ist der Anspruch auf Vorlage von Belegen (§ 1605 Abs. 1 S. 2 BGB). Da es sich bei dem Auskunftsanspruch und dem Beleganspruch um zwei getrennte Ansprüche handelt, sind die Belege gesondert einzufordern und bei gerichtlicher Geltendmachung zu titulieren.[25] Die Belege müssen, damit ein Beschluss **vollstreckungsfähig** ist, genau bezeichnet werden.[26] Ist der Unterhaltsberechtigte der fremden Sprache mächtig, brauchen keine Übersetzungen vorgelegt werden.[27] 14

2. Unselbstständig Tätige

Bei Arbeitnehmern sind grundsätzlich die **Verdienstabrechnungen der letzten zwölf Monate** vorzulegen. In der Praxis wird das Einkommen häufig auf der Basis der Dezemberverdienstabrechnung berechnet, wenn diese die Jahressummen auflistet. Dabei ist zu prüfen, ob die **Dezemberverdienstabrechnung** wirklich ein gesamtes Kalenderjahr erfasst oder etwa wegen eines Arbeitgeberwechsels oder eines Wechsels des Lohnabrechnungsprogramms nur ein Rumpfjahr. Weiter ist zu überprüfen, ob die Dezemberverdienstabrechnung alle Einkünfte auflistet, wie zB **steuerfreie Bezüge**. Die Verdienstabrechnung für Dezember gibt auch keinen Aufschluss darüber, ob weitere Einkünfte, wie zB **Kranken- oder Arbeitslosengeld**, erzielt worden sind. 15

Vorzulegen ist weiter der **Einkommensteuerbescheid** und zu Einkünften aus Vermietung und Verpachtung die Einkommensteuererklärung.[28] Enthält der Steuerbescheid auch **Angaben zum Einkommen des neuen Ehegatten**, können die Angaben unkenntlich gemacht werden, die ausschließlich den neuen Ehegatten betreffen,[29] wenn es für das Unterhaltsrechtsverhältnis auf dessen Einkünfte nicht ankommt. 16

3. Selbstständig Tätige

Ein selbstständig Tätiger muss auf Verlangen die **Einkommensteuererklärung** und den darauf ergangenen **Einkommensteuerbescheid** vorlegen.[30] Weiter zu überreichen sind die Bilanzen mit den dazugehörigen **Gewinn- und Verlustrechnungen** für die Jahre, für die Auskunft verlangt wird.[31] 17

VII. Nachfragen

Geben die erteilten Auskünfte und überreichten Belege Anlass zu weiteren Nachfragen, ist die Auskunft ggf. zu erweitern und es sind auch weitere Belege vorzulegen. Bei nicht Selbstständigen kann zB die Vorlage des **Dienst- oder Arbeitsvertrages** verlangt werden.[32] Ein selbstständig Tätiger muss ggf. auch Teile der Buchhaltungsunterlagen, etwa **Buchungsjournale** für bestimmte Sachkonten, vorlegen, wenn zweifelhaft ist, ob die dort gebuchten Kosten nicht dem privaten Bereich zuzurechnen sind. Kleinlichkeiten sind allerdings im Auskunfts- und Belegvorlageverfahren zu vermeiden.[33] 18

---

24 OLG Köln 5.2.2003 – 26 UF 15/02, NJW-RR 2004, 6.
25 OLG München 11.8.1995 – 12 WF 918/95, FamRZ 1996, 307.
26 BGH 26.1.1983 – IVb ZR 355/81, NJW 1983, 1056.
27 BGH 11.3.2020 – XII ZB 578/19, NJW-RR 2020, 705.
28 BGH 7.4.1982 – IVb ZR 678/80, NJW 1982, 1642.
29 BGH 9.11.2011 – XII ZB 212/11, NJW-RR 2012, 129.
30 BGH 7.4.1982 – IVb ZR 678/80, NJW 1982, 1642.
31 BGH 7.4.1982 – IVb ZR 678/80, NJW 1982, 1642.
32 BGH 6.10.1993 – XII ZR 116/92, NJW 1993, 3262.
33 KG 9.2.2012 – 17 WF 18/12, FamRZ 2012, 1243.

VIII. Pflicht zur ungefragten Auskunft

19 Ungeachtet eines Auskunftsverlangens der anderen Seite hat in einem **Unterhaltsverfahren** der Unterhaltsbegehrende ungefragt alle Umstände zu offenbaren, die für die Unterhaltsbedürftigkeit von Bedeutung sein können. Das gilt für nicht ausdrücklich angesprochene Einkommensarten ebenso wie einen Anstieg des eigenen Einkommens.[34] Dies ist Ausfluss der in jedem gerichtlichen Verfahren bestehenden **Verpflichtung zum vollständigen und wahrheitsgemäßen Vortrag** (§ 113 FamFG, § 138 ZPO).

20 Ist der Unterhalt durch einen Vergleich **tituliert**, kann die Verpflichtung bestehen, **wesentliche Veränderungen** auch nach Abschluss eines Verfahrens **unaufgefordert mitzuteilen**, wie die Wiederaufnahme einer Erwerbstätigkeit oder den Abbruch einer Ausbildung.[35] Dabei spielt es keine Rolle, ob der Unterhaltsberechtigte meint, dass die Veränderungen eine Änderung der Unterhaltszahlung nicht rechtfertigen; dies zu entscheiden ist im Streitfall Sache des angerufenen Gerichts.[36]

21 Wird entgegen einer entsprechenden Pflicht eine für die Unterhaltsbemessung relevante Veränderung oder Tatsache nicht mitgeteilt, kann dies **Schadenersatzansprüche** nach § 826 BGB begründen.[37] Zukünftige Unterhaltsansprüche können durch einen Verstoß gegen die Pflicht **verwirkt** werden.[38]

IX. §§ 235, 236 FamFG

22 In **Unterhaltsstreitverfahren** nach § 231 Abs. 1 FamFG (Verwandtenunterhalt) kann das **Familiengericht anordnen**, dass sowohl die Beteiligten selbst als auch, wenn diese ihren Verpflichtungen nicht nachkommen, Dritte die für die Unterhaltsbemessung notwendigen Informationen erteilen und Belege vorlegen. Inhaltlich entsprechen die Auskunfts- und Belegpflichten den oben dargestellten Pflichten. Das Gericht ist zu einem derartigen Vorgehen verpflichtet, wenn ein Beteiligter dies beantragt und der andere Beteiligte vor Beginn des Verfahrens seiner Auskunftsverpflichtung nicht nachgekommen ist. Entsprechende Anordnungen des Familiengerichts sind nicht im Wege der Vollstreckung durchsetzbar. Eine Verweigerung kann nur über die **Grundsätze der Darlegungs- und Beweislast** und Substantiierung sanktioniert werden. So kann ein Gericht bei substantiierter Schätzung des Einkommens des Unterhaltspflichtigen durch den Unterhaltsberechtigten diesen Betrag einer Entscheidung zugrunde legen.[39]

34 BGH 19.5.1999 – XII ZR 210/97, NJW 1999, 2804.
35 BGH 16.4.2008 – XII ZR 107/06, NJW 2008, 2581.
36 BGH 19.5.1999 – XII ZR 210/97, NJW 1999, 2804.
37 BGH 25.11.1987 – IVb ZR 96/86, NJW 1988, 1965.
38 BGH 29.1.1997 – XII ZR 257/95, NJW 1997, 1439.
39 BGH 15.10.1986 – IVb ZR 78/85, NJW 1987, 1201.

35. Auskunftspflichten im Versorgungsausgleich

Weil

I. Einführung

1 Die Auskunftspflichten gegenüber dem Gericht sind umfassend in § 220 FamFG geregelt. Die Auskunftsansprüche der Ehegatten, ihrer Hinterbliebenen und Erben sowie die der Versorgungsträger sind in § 4 VersAusglG geregelt.

II. Auskunftspflichten gegenüber dem Gericht (§ 220 FamFG)

2 Das Gericht kann bei allen **Verfahrensbeteiligten** und bei sonstigen Stellen, die Auskünfte geben können, Auskunft über Grund und Höhe bestehender Anrechte einholen (§ 220 FamFG). Am Verfahren zu beteiligen sind nach § 219 FamFG die Ehegatten, ihre Hinterbliebenen und Erben und die **Versorgungsträger**, bei denen ein auszugleichendes Anrecht besteht oder begründet werden soll.

3 Grundsätzlich sind die vom Gericht übersandten **Formulare** für die Auskunft zu verwenden. Versorgungsträger dürfen jedoch auch selbst erstellte, **automatisierte Auskünfte** verwenden (§ 220 Abs. 2 FamFG). Das Gericht kann anordnen, dass die Ehegatten oder ihre Hinterbliebenen oder Erben gegenüber dem Versorgungsträger **Mitwirkungshandlungen** zu erbringen haben, die für die Feststellung der in den Versorgungsausgleich einzubeziehenden Anrechte erforderlich sind (§ 220 Abs. 3 FamFG).

4 Der Mitwirkungspflicht kann insbesondere bei der Berechnung des **Ehezeitanteils** große Bedeutung zukommen, denn für eine **unmittelbare Bewertung** werden oft Daten benötigt, die der Versorgungsträger nicht gespeichert hat. Entgegen der landläufigen Meinung haben die Versorgungsträger Daten für den Beginn der Ehezeit häufig nicht mehr gespeichert, weil sie nicht damit rechnen konnten, diese Daten jemals zu benötigen (→ *Ehezeitanteil* Rn. 3). Eine unmittelbare Bewertung, die nach § 39 VersAusglG vorrangig ist, kann in diesen Fällen nur vorgenommen werden, wenn die Versorgungsträger diese Daten von den Eheleuten bzw. ihren Hinterbliebenen erhalten. Andernfalls kann der Ehezeitanteil wegen fehlender Daten nur durch eine **zeitratierliche Bewertung** ermittelt werden. Diese kann unter Umständen zu einem gänzlich anderen Ergebnis führen als eine unmittelbare Bewertung und damit einen der Ehegatten massiv benachteiligen.

5 Nach § 220 Abs. 4 FamFG ist der Versorgungsträger verpflichtet, die nach § 5 VersAusglG benötigten Werte einschließlich einer übersichtlichen und **nachvollziehbaren Berechnung** sowie die für die Teilung **maßgeblichen Regelungen** mitzuteilen. Das Gericht kann den Versorgungsträger von Amts wegen oder auf Antrag eines Beteiligten auffordern, die Einzelheiten der Wertermittlung zu erläutern.

6 Die **Nachvollziehbarkeit der Berechnungen** hängt von der Art des Anrechts und der Wahl der maßgeblichen Bezugsgröße ab. Anrechte der Deutschen Rentenversicherung Bund oder der Beamtenversorgung lassen sich ohne Kenntnisse der Versicherungsmathematik überprüfen. Das Gleiche gilt für die Versorgungswerke, die die maßgeblichen Rechengrößen in ihr Regelwerk aufgenommen haben, wie zB viele berufsständische Versorgungswerke.

7 Ist der Ausgleichswert oder der korrespondierende Kapitalwert ein (versicherungsmathematischer) **Barwert** oder ein **Deckungskapital**, erfordert die Überprüfung umfassende Kenntnisse der Versicherungsmathematik und entsprechende Bewertungsprogramme. In der Praxis werden Auskünfte häufig moniert, weil sie keinen Barwertfaktor oder keine Formel für die Barwertermittlung enthalten. Hierzu ist anzumerken, dass eine exakte Barwertberechnung, wie sie der Versorgungsträger vornehmen muss, meist sehr komplex ist und weder durch Anwendung eines einzelnen Barwertfaktors noch mittels einer (übersichtlichen) Formel erfolgt. Zudem müsste eine Überprüfung eine Beurteilung des Formelansatzes bzw. des Barwertfaktors

umfassen. Die Überprüfung eines versicherungsmathematischen Barwerts durch einen Anwalt oder Richter ist daher in aller Regel nicht möglich. Hier muss ggf. ein Aktuar beauftragt werden. Wichtig ist jedoch, dass die Auskünfte alle Angaben enthalten, die ein Aktuar für eine Überprüfung benötigt.

8 Zur **Überprüfung** eines **versicherungsmathematischen Barwerts** benötigt ein Aktuar die vollständigen vertraglichen Grundlagen, zB Versorgungszusage oder Betriebsvereinbarung, die Teilungsordnung, die maßgeblichen persönlichen Daten und Bemessungsgrößen, die vollständigen Rechnungsgrundlagen, dh die biometrischen Rechnungsgrundlagen, den Rechnungszins, ggf. den Anwartschaftstrend, den Rententrend und alle sonstigen Faktoren, die für die jeweilige Zusage maßgeblich sind. Hängen die Leistungen bei Invalidität und Tod vom Alter bei Eintritt des Versorgungsfalles ab, sollte die Auskunft zusätzlich die Leistungsmatrix enthalten, die der Bewertung zu Grunde liegt, dh die Höhe der Leistungen für jeden möglichen Versorgungsfall und jedes Alter.

Ein Rückkaufswert oder ein Deckungskapital lassen sich in aller Regel überhaupt nicht überprüfen, denn diese Werte werden meist mit Rechnungsgrundlagen ermittelt, die nicht offengelegt werden. Außerdem spielen zusätzliche Faktoren eine Rolle, die sich einer Überprüfung entziehen, wie zB die für die Risikoabsicherung und die Abschluss- und Verwaltungskosten benötigten Beitragsanteile, die in der Ehezeit erzielten Überschüsse, Sterblichkeitsgewinne oder Verluste, Verwaltungskostengewinne oder Verluste usw. Bei einem Deckungskapital oder Rückkaufswert kann daher in der Regel allenfalls geprüft werden, ob der Betrag plausibel ist.

III. Auskunftsansprüche (§ 4 VersAusglG)

9 Nach § 4 VersAusglG sind die **Ehegatten**, ihre **Hinterbliebenen** und **Erben** verpflichtet, einander die für den Versorgungsausgleich erforderlichen Auskünfte zu erteilen. Sofern ein Ehegatte, seine Hinterbliebenen oder Erben die erforderlichen Auskünfte von dem anderen Ehegatten, dessen Hinterbliebenen oder Erben nicht erhalten können, haben sie einen entsprechenden **Auskunftsanspruch** gegen die betroffenen **Versorgungsträger**. Der Auskunftsanspruch gegen den Versorgungsträger ist gegenüber dem Anspruch gegen den anderen Ehegatten, dessen Hinterbliebenen oder Erben subsidiär. Er entsteht erst, wenn und soweit der Auskunftsberechtigte von diesen eine Auskunft nicht erhalten kann. Dies gilt selbst dann, wenn die Auskunft der Ermittlung und Durchsetzung eines unmittelbaren Zahlungsanspruchs gegen den Versorgungsträger selbst dient.[1]

Für die Erteilung der Auskunft gilt § 1605 Abs. 1 S. 2 und 3 BGB entsprechend.

1 BGH 26.4.2017 – XII ZB 243/15, FamRZ 2017, 1210.

36. Ausländische Rentenanrechte

Weil

I. Einführung

Zu den Versorgungsanrechten, die gem. § 2 Abs. 1 VersAusglG im Versorgungsausgleich zu berücksichtigen sind, gehören auch **ausländische, zwischenstaatliche** und **überstaatliche Anrechte**. Wegen der zunehmenden Mobilität von Arbeitnehmern spielen sie eine immer wichtigere Rolle bei der Versorgung. Der sorgfältigen Ermittlung und angemessenen Berücksichtigung im Fall der Scheidung kommt daher eine immer größere Bedeutung zu. In der Praxis ist dies nicht leicht umzusetzen. Finanzierungs- und Gestaltungsformen unterscheiden sich zum Teil deutlich von deutschen Versorgungssystemen. Manche Anrechte, wie zB die steuerfinanzierten Volks- oder Grundrentensysteme, erfüllen die Voraussetzungen des § 2 Abs. 2 VersAusglG nicht und sind daher im Versorgungsausgleich nicht zu berücksichtigen.[1] Andere Anrechte sind auf Kapitalzahlungen gerichtet und fallen damit unter den Zugewinnausgleich. In manchen Systemen haben auch geschiedene Ehegatten einen eigenen Anspruch auf Versorgung, dessen Berücksichtigung im VersAusglG nicht vorgesehen ist. Teilweise ist es nicht möglich, die Ehezeitanteile der Anrechte auch nur halbwegs zuverlässig zu ermitteln. Eine Teilung der Anrechte im Versorgungsausgleich ist nicht möglich, da den Anrechten nach § 19 Abs. 2 Nr. 4 VersAusglG die Ausgleichsreife fehlt (→ *Ausgleichsreife* Rn. 1 ff.). In Abhängigkeit von der Bedeutung der Anrechte für die spätere Versorgung der Eheleute und den Gegebenheiten im Einzelfall empfiehlt sich daher in vielen Fällen eine Vereinbarung nach §§ 6–8 VersAusglG. 1

II. Auskünfte

Da **ausländische, zwischenstaatliche** oder **überstaatliche Versorgungsträger** nicht deutschem Recht unterliegen, kann von ihnen weder die Berechnung des Ehezeitanteils noch die Teilung der Anrechte gemäß den Regelungen des VersAusglG noch die Abtretung einer schuldrechtlichen Rente verlangt werden. Dennoch sind die Anrechte gem. § 26 FamFG von Amts wegen zu ermitteln und nach § 224 Abs. 4 FamFG in den Gründen zur Entscheidung zu dokumentieren auch um die Sperrklausel des § 19 Abs. 3 VersAusglG prüfen zu können.[2] Lässt die Dauer des Auslandsaufenthaltes oder die Dauer einer Tätigkeit für eine zwischenstaatliche oder überstaatliche Organisation vermuten, dass die in dieser Zeit erworbenen Anrechte einen nennenswerten Teil der ehezeitbezogenen Versorgung ausmachen könnten, ist unbedingt darauf zu achten, dass dies in einer Form geschieht, die den späteren Wertausgleich möglich macht. Es sollte unbedingt bereits im Rahmen des Versorgungsausgleichs eine Berechnung des Ehezeitanteils für diese Anrechte vorgenommen werden, denn bei Eintritt des Versorgungsfalles wird dies in vielen Fällen de facto nicht mehr möglich sein, da die nötigen Unterlagen zwischenzeitlich vernichtet wurden. Dies kann, wenn die Versorgungsträger die Berechnung nicht vornehmen, durch die Eheleute oder einen Aktuar geschehen. Können solche ausländischen Anrechte eines Ehegatten trotz intensiver Ermittlungen in ihrer Höhe nicht festgestellt werden, ist der Wertausgleich insgesamt bei der Scheidung wegen fehlender Ausgleichsreife gem. § 19 Abs. 2 Nr. 4 VersAusglG nicht durchzuführen und dem schuldrechtlichen Ausgleich vorzubehalten.[3] 2

Obwohl sie hierzu nicht verpflichtet sind, sind viele Versorgungsträger bereit, eine **Berechnung des Ehezeitanteils** vorzunehmen. Andernfalls können die benötigten Werte häufig anhand der Informationen, die die Versorgungseinrichtungen jährlich ihren Mitgliedern zukommen lassen (Kontoauszüge), mit sehr guter Näherung ermittelt werden.

1 *Ruland* Versorgungsausgleich, 3. Aufl. 2011, Kap. 2 Rn. 100 ff.

2 OLG Zweibrücken 23.12.2015 – 2 UF 163/15, NZFam 2016, 1197; OLG Stuttgart 6.10.2014 – 18 UF 181/14, FamRZ 2015, 324; OLG Frankfurt a. M. 21.7.2014 – 5 UF 149/14, NZFam 2014, 1107.

3 OLG Frankfurt a. M. 10.8.2017 – 3 UF 401/11, FamRZ 2018, 184.

3 Hat ein Ehegatte Anrechte erworben, die gem. § 19 Abs. 2 Nr. 4 VersAusglG nicht ausgleichsreif sind, findet nach § 19 Abs. 3 VersAusglG auch für andere Anrechte kein Wertausgleich statt, soweit dies für den anderen Ehegatten unbillig wäre.

4 Folgende **Konstellationen** sind im Zusammenhang mit ausländischen, zwischen- oder überstaatlichen Anrechten denkbar:

1. Hat Ehegatte A insgesamt die höheren inländischen Anrechte als Ehegatte B und zudem noch ausländische Anrechte, könnten diese unbesehen dem schuldrechtlichen Ausgleich vorbehalten werden (beachte § 224 Abs. 4 FamFG).
2. Hat Ehegatte A weniger inländische Anrechte als Ehegatte B aber zudem noch ausländische Anrechte, kommt es zu folgender Problematik:

   Ehegatte B muss eine Kürzung seiner Anrechte umgehend in Kauf nehmen. Von Ehegatten A bekommt er nur geringere inländische Ansprüche übertragen. Hinsichtlich der ausländischen Anrechte wird er auf den schuldrechtlichen Ausgleich verwiesen. Um hier den Ehegatten B zu schützen, ist die Anwendung des § 19 Abs. 3 VersAusglG zu prüfen.

   Nach **§ 19 Abs. 3 VersAusglG** findet aus Gründen der Billigkeit auch dann hinsichtlich der vom insgesamt ausgleichsberechtigten Ehegatten auszugleichenden Anrechte kein Wertausgleich bei Scheidung statt; die Anrechte sind dann ebenfalls schuldrechtlich auszugleichen, allerdings mit dem Nachteil des § 25 Abs. 2 VersAusglG. Die ausdrückliche Tenorierung dieser Ausgleichssperre ist nicht notwendig.[4]

   Es ist gerichtlich zu entscheiden, ob und inwieweit die Anwendung der Sperrklausel des § 19 Abs. 3 VersAusglG zum Tragen kommt. So ist bei vorstehender Ziffer (2) vom Familiengericht zu klären, in welchem Umfang die von Ehegatten (B) auszugleichenden Anrechte nicht öffentlich-rechtlich ausgeglichen werden. Ob die Prüfung der Unbilligkeit dabei auf Rentenwertbasis oder auf Basis der Kapitalwerte erfolgt, muss ebenfalls das Gericht entscheiden.

   Nach Auffassung des KG Berlin[5] ist die Unbilligkeit iSd § 19 Abs. 3 VersAusglG nicht schon deshalb zu verneinen, weil der über ausländische Anrechte verfügende Ehegatte daneben ausgleichsreife inländische Anrechte erworben hat, deren Wert über dem Wert der inländischen Anrechte des anderen Ehegatten liege. Allein dadurch, dass ein Ausgleich der gesetzlichen Anrechte erfolge, sei dem Halbteilungsgrundsatz nicht hinreichend Rechnung getragen. Die Ermittlung der Höhe der ausländischen Anwartschaften habe daher zu erfolgen.
3. Ein Absehen vom Versorgungsausgleich wegen grober Unbilligkeit iSd § 19 Abs. 3 VersAusglG hinsichtlich sämtlicher inländischer Anrechte eines Ehegatten ist dann geboten, wenn der ausgleichsberechtigte Ehegatte ausschließlich ausländische Anwartschaften erworben hat, bei denen anzunehmen ist, dass sie nicht wesentlich weniger werthaltig sind, als die des ausgleichspflichtigen Ehegatten.[6]

Beispiel: Ehegatte A hat schweizerische gesetzliche AHV/IV-Rentenanrechte von umgerechnet 500 EUR mtl. erworben. Ehegatte B hat nur inländische gesetzliche Rentenanrechte mit einem bereits umgerechneten Ehezeitanteil von 150 EUR mtl. erworben. Hier wären alle Anrechte dem schuldrechtlichen Ausgleich vorbehalten. Die Anrechte des Ehegatten A nach § 19 Abs. 2 Nr. 3 VersAusglG, die Anrechte des B nach § 19 Abs. 3 VersAusglG.

Beispiel: Ehegatte A hat schweizerische gesetzliche AHV/IV-Rentenanrechte von umgerechnet 500 EUR mtl. erworben, zudem inländische Anrechte in Höhe von umgerechnet 200 EUR. Ehegatte B hat nur inländische gesetzliche Rentenanrechte mit einem bereits umgerechneten Ehezeitanteil von 150 EUR mtl. erworben.

4 OLG Karlsruhe 19.1.2015 – 5 UF 167/14, FamRZ 2015, 754.
5 KG 16.2.2016 – 3 UF 140/15, FamRZ 2016, 982.
6 KG 16.2.2016 – 3 UF 140/15, FamRZ 2016, 982; OLG Zweibrücken 22.5.2015 – 2 UF 19/15, FamRZ 2015, 2063.

Hier könnte man in Anlehnung an das bisherige Recht einen Ausgleich der inländischen gesetzlichen Anrechte nach § 10 VersAusglG vertreten, die ausländischen Anrechte sind nach § 19 Abs. 2 Nr. 4 VersAusglG dem schuldrechtlichen Ausgleich vorzubehalten.

Beispiel: Ehegatte A hat schweizerische gesetzliche AHV/IV-Rentenanrechte mit einem umgerechneten Ausgleichswert von 100 EUR erworben, zudem inländische Anrechte mit einem Ausgleichswert von 300 EUR. Ehegatte B hat nur inländische gesetzliche Rentenanrechte mit einem bereits umgerechneten Ausgleichswert von 500 EUR.

Hier wären von Ehegatten (B) nur 400 EUR gem. § 10 VersAusglG auszugleichen, die restlichen 200 EUR wären nach § 19 Abs. 3 VersAusglG schuldrechtlich auszugleichen.

Für den Ehegatten, der eventuell später eigene Ansprüche gegenüber einem ausländischen, zwischenstaatlichen oder überstaatlichen Versorgungsträger geltend machen kann, empfiehlt es sich dringend, dass er sich rechtzeitig, dh möglichst bereits während des Versorgungsausgleichsverfahrens, Klarheit darüber verschafft, welche Ansprüche er hat und an welche Voraussetzungen diese geknüpft sind. Hierzu benötigt er den vollständigen Wortlaut der **Versorgungsregelung**. Um die Ansprüche später geltend machen zu können, benötigt er ferner die genaue **Bezeichnung** und **Adresse des Versorgungsträgers** sowie die **Versicherungsnummer**, Vertragsnummer oder Ähnliches. 5

Viele ausländische, zwischenstaatliche oder überstaatliche Anrechte der zweiten Säule (betriebliche Altersversorgung) sind auf eine **Kapitalzahlung** gerichtet. Obwohl sie der betrieblichen Altersversorgung zugerechnet werden, handelt es sich nicht um Anrechte im Sinne des Betriebsrentengesetzes, denn das Betriebsrentengesetz gilt nur für Anrechte aus Beschäftigungsverhältnissen, die deutschem Arbeitsrecht unterliegen. Ausländische, zwischenstaatliche oder überstaatliche Anrechte, die auf eine Kapitalzahlung gerichtet sind, unterliegen daher nach geltender Rechtslage nicht dem Versorgungsausgleich, sondern dem **Zugewinnausgleich**. Hierbei sind dieselben Sachverhalte zu beachten wie bei anderen Versorgungsrechten, die aufgrund einer Vereinbarung mit Vermögenswerten verrechnet werden. Da die Anrechte der Altersversorgung dienen sollen, ist ein Zugriff auf diese Anrechte zum Ende der Ehezeit in aller Regel nicht möglich oder mit hohen Kosten verbunden (zB massive steuerliche Nachteile). Bei dem Kapital handelt es sich meist um Fondsanteile oder Aktiendepots, der Wert kann daher auch kurzfristig großen Schwankungen unterliegen. Bei der Verrechnung mit Vermögenswerten ist zu beachten, dass der Ausgleichspflichtige in aller Regel massiv benachteiligt wird, wenn der Verrechnung der Bruttowert eines Anrechts zu Grunde gelegt wird. Als ein unter wirtschaftlichen Gesichtspunkten angemessener Betrag ist der (geschätzte) Nettowert anzusetzen, dh der Betrag, der dem Ausgleichspflichtigen voraussichtlich nach Abzug von Steuern und Abgaben (zB Krankenversicherungsbeiträgen) auf der Vermögensebene zur Verfügung stehen wird. 6

Soweit ausländische, zwischenstaatliche oder überstaatliche Anrechte auf eine **Rentenzahlung** gerichtet sind, sind sie zwar im Versorgungsausgleich zu berücksichtigen, ein Ausgleich kann jedoch nur im Wege des **schuldrechtlichen Ausgleichs** stattfinden. Dies ist bei Eheleuten, die bereits international tätig waren, besonders problematisch, denn aufgrund ihrer Erfahrungen, Sprachkenntnisse und Kontakte ist es für diese Personengruppe oft attraktiv, ihren Ruhestand im Ausland zu verbringen. Das macht es für sie auch besonders leicht, sich ihren Zahlungsverpflichtungen aus einer schuldrechtlichen Rente zu entziehen. Da die Versorgungsträger nicht deutschem Recht unterliegen, kann die Abtretung einer schuldrechtlichen Rente von ihnen nicht verlangt werden. Der Sicherung der Ansprüche des Ausgleichsberechtigten, zB durch eine geeignete Vereinbarung oder eine Abfindung nach § 23 VersAusglG, kommt daher eine große Bedeutung zu. 7

37. Ausländische Unterhaltstitel

Grandel

I. Einführung

1 Für Verfahren mit **Auslandsbezug** stellt § 97 FamFG nun klar, was sich ohnehin als vollstreckungsrechtliches Konventionsrecht ergibt, nämlich den Vorrang der Regelungen der Europäischen Union und internationaler Übereinkommen gegenüber dem nationalen Recht.

2 Neben dem Recht der EU sind vor allem die **internationalen Übereinkommen** von Bedeutung, die im Rahmen der Haager Konferenz für Internationales Privatrecht erarbeitet worden sind. Relevant sind darüber hinaus noch einige bilaterale Abkommen zwischen Deutschland und den jeweiligen Vertragsstaaten[1] (→ *Auslandsbezug bei Unterhaltssachen* Rn. 1 ff.).

3 Insoweit hat § 97 FamFG in erster Linie eine „Hinweis- und Warnfunktion".[2]

4 Der **Vorrang** des Konventionsrechts gegenüber nationalem deutschen Recht gilt gem. § 97 Abs. 1 S. 1 FamFG nur für völkerrechtliche Vereinbarungen, die unmittelbar anwendbares innerstaatliches Recht geworden sind, die also in Form eines Bundesgesetzes in innerstaatliches Recht transformiert worden sind. Die Vorrangregelung des § 97 FamFG erfasst dabei auch die deutschen Ausführungsbestimmungen zum jeweiligen Konventionsrecht.

5 Der **Anwendungsvorrang** von Rechtsnormen der Europäischen Gemeinschaft ergibt sich aus dessen unmittelbarer Geltung. Vom Vorrang umfasst sind vor allem die EG-Verordnungen (Art. 249 Abs. 1 EG) und deren deutsche Ausführungsbestimmungen. Für das internationale Zivilverfahrensrecht folgt die Rechtssetzungskompetenz der EU aus Art. 67, 81 AEUV (Vertrag über die Arbeitsweise der Europäischen Union). § 97 Abs. 1 S. 2 FamFG hat nur klarstellende Bedeutung.

6 Sowohl für das Konventionsrecht als auch für das europarechtliche Anerkennungsrecht schließt § 97 FamFG das sog. **Günstigkeitsprinzip** nicht aus. Danach gilt weiterhin nationales Recht, wenn es anerkennungsfreundlicher als das internationale oder europäische Recht ist und dieses den Rückgriff auf anerkennungsfreundlicheres Recht zulässt.[3]

7 Von Bedeutung sind daneben auch spezielle gesetzliche Regelungen des deutschen Rechts außerhalb des FamFG. Im Bereich des Unterhaltsrechts ist vor allem das Gesetz zur Geltendmachung von Unterhaltsansprüchen im Verkehr mit ausländischen Staaten (AUG)[4] zu nennen.

1 S. die Zusammenstellung bei Prütting/Helms/*Hau* FamFG § 97 Rn. 17 ff.
2 BT-Drs. 16/6308, 220.
3 Prütting/Helms/*Hau* FamFG § 97 Rn. 6, 9.
4 BGBl. I 2011, 898 idF vom 20.11.2019, BGBl. I 1724.

Nicht selten kommt es zu einer Normenkollision zwischen den Anwendungsbereichen verschiedener europarechtlicher und internationaler Vereinbarungen. § 97 FamFG löst diese Konflikte nicht. Die Lösung ist in Vorrangregelungen innerhalb des Internationalen Zivilverfahrensrechts zu suchen. Das Gemeinschaftsrecht enthält häufig eine verbindliche Regelung von Vorrangfragen.[5] 8

II. Anerkennung und Vollstreckbarerklärung ausländischer gerichtlicher Entscheidungen nach den Regelungen des FamFG

Die ausländische unterhaltsrechtliche Entscheidung bedarf im Falle der Anwendbarkeit der Vorschriften 9 der §§ 108 ff. FamFG der Vollstreckbarerklärung. Die **Vollstreckbarerklärung der ausländischen Entscheidung** erfolgt durch Beschluss. Der Beschluss ist zu begründen (§ 110 Abs. 2 FamFG). § 110 Abs. 2 FamFG nimmt für die Notwendigkeit der Vollstreckbarerklärung auf Entscheidungen Bezug, die nach § 95 FamFG zu vollstrecken sind. Dazu gehören Unterhaltsansprüche nicht, weil sie gem. § 120 Abs. 1 FamFG vollstreckt werden. Dennoch gilt § 110 Abs. 2 FamFG auch in Unterhaltssachen. Das ergibt sich aus der Begründung des Reg. Entwurfs zum FamFG.[6]

Zuständig für das Verfahren der Vollstreckbarerklärung ist das Amtsgericht, bei dem der Schuldner seinen 10 allgemeinen Gerichtsstand hat, im Übrigen das nach § 23 ZPO zuständige Gericht (§ 110 Abs. 3 S. 1 FamFG). Nach der gesetzlichen Geschäftsverteilung sind die Familiengerichte zuständig, wenn die zu vollstreckende Entscheidung eine Familiensache ist.[7] Der Beschluss darf erst ergehen, wenn die ausländische Unterhaltsentscheidung nach dortigem Recht rechtskräftig geworden ist (§ 110 Abs. 3 S. 2 FamFG). Nicht erfasst sind daher vollstreckbare Unterhaltsverpflichtungen in ausländischen öffentlichen Urkunden oder ausländischen Prozessvergleichen.[8]

§ 110 Abs. 1 FamFG enthält für das nationale Recht den **Grundsatz**, dass eine ausländische Unterhaltsentscheidung nicht vollstreckbar ist, wenn sie nicht anzuerkennen ist. Erfasst werden davon Entscheidungen eines ausländischen staatlichen Gerichts, aber auch Entscheidungen ausländischer Behörden, wenn diese mit staatlicher Autorität ausgestattet sind und funktional deutschen Gerichten entsprechen.[9]

Die Anerkennungsfähigkeit wird inzidenter im Verfahren auf Vollstreckbarerklärung geprüft. In Familienstreitsachen erfolgt die Prüfung der Anerkennungshindernisse nicht von Amts wegen. Die Beweislast trägt derjenige Beteiligte, der sich gegen die Vollstreckbarerklärung wendet.[10]

Problematisch ist, ob Unterhaltsentscheidungen, die im Ausland gemeinsam mit einer Statusentscheidung 11 ergangen sind (zB Ehescheidung und nachehelicher Unterhalt), der förmlichen Anerkennung gem. § 108 Abs. 1 FamFG durch die Landesjustizverwaltung (§ 107 Abs. 1 FamFG) bedürfen bzw. deren Vollstreckbarerklärung von der Anerkennung der Ehescheidung abhängt. In vielen Fällen stellt sich das Problem mit der Praxis nicht, nämlich in den Fällen, in denen auch die Ehescheidung nicht der Anerkennung bedarf. Das sind die Fälle des § 107 Abs. 1 S. 2 FamFG (gemeinsame ausländische Staatsangehörigkeit zur Zeit der Scheidung) und alle Fälle des Gemeinschafts- und Konventionsrechts, in denen die Vollstreckbarerklärung einer Unterhaltsentscheidung gerade nicht von der Statusfrage abhängig ist. Dazu gehören die Anwendungsbereiche der EuUntVO, des HUntVÜ 1973 und das HUntVÜ 1958 und des LugÜ.[11] In den übrigen Fällen wird danach zu differenzieren sein, ob die Unterhaltsentscheidung auf der Ehescheidung beruht (nachehelicher Unterhalt) oder nicht (Kindesunterhalt). Für letzteren Fall hat der Bundesgerichtshof klargestellt, dass die Unterhaltsentscheidung nicht dem Anerkennungsmonopol der Landesjustizverwaltung

5 S. Prütting/Helms/*Hau* FamFG § 97 Rn. 15.
6 BT-Drs. 16/6308, 222; s. BGH 2.9.2015 – XII ZB 75/13, FamRZ 2015, 2043; HK-FamVerfR/*Kemper* § 110 Rn. 10; Prütting/Helms/*Hau* FamFG § 110 Rn. 16.
7 HK-FamVerfR/*Kemper* § 110 Rn. 11; Prütting/Helms/*Hau* FamFG § 110 Rn. 19.
8 *Riegner* FPR 2013, 4 (7); Prütting/Helms/*Hau* FamFG § 110 Rn. 17.
9 Prütting/Helms/*Hau* FamFG § 108 Rn. 5.
10 BGH 6.10.2005 – IX ZB 360/02, NJW 2006, 701.
11 Prütting/Helms/*Hau* FamFG § 110 Anh. 1 Rn. 29.

unterliegt.[12] Im erstgenannten Fall dürfte eine Vollstreckbarerklärung ohne Anerkennung der Ehescheidung nicht möglich sein.[13]

12 Die **Anerkennungshindernisse** regelt § 109 FamFG. In den Fällen des § 109 Abs. 4 Nr. 1 FamFG, somit auch in Unterhaltssachen, hängt die Anerkennungsfähigkeit zudem davon ab, dass die Gegenseitigkeit verbürgt ist, dh der Ursprungsstaat auch deutsche Entscheidungen anerkennt. Dadurch ist die Anerkennungsfähigkeit und damit die Vollstreckbarerklärung von Unterhaltsentscheidungen, für die es keine vorrangigen europäischen oder internationalen Vereinbarungen gibt, nach autonomem nationalem Recht stark eingeschränkt.

III. Europäisches Unionsrecht und Internationales Konventionsrecht

13 Im europäischen Unionsrecht sowie in multilateralen oder bilateralen Übereinkommen finden sich vielfältige, vom nationalen Recht abweichende Regelungen zur Anerkennung und Vollstreckbarerklärung ausländischer Unterhaltstitel. Daher gilt für das Verhältnis des nationalen zum internationalen Verfahrensrecht nicht das Vorrang-, sondern im Grundsatz das **Günstigkeitsprinzip**. Da Gemeinschafts- und Konventionsrecht die Hürden für eine Anerkennung und Vollstreckung nicht erhöhen, sondern herabsetzen wollen, sollen die Anerkennungs- und Vollstreckungsvoraussetzungen den rechtlichen Regelungen entnommen werden, die dem Antragsteller am günstigsten sind. Streitig ist, ob dies **von Amts wegen zu prüfen** ist[14] oder ob die Wahl dem Antragsteller überlassen bleibt.[15]

14 Die Voraussetzungen können aber nur Regelungen entnommen werden, die anwendbar sind, also nicht aus Verordnungen und Übereinkommen, die durch andere in ihrem Anwendungsbereich verdrängt werden. Einschränkungen erfährt das Günstigkeitsprinzip auch im Verhältnis von nationalem Recht zu **europäischem Gemeinschaftsrecht**, da in der Regel die Verordnungen in ihrem Anwendungsbereich das nationale Recht verdrängen. So ist zB die EuUntVO in ihrem Anwendungsbereich vorrangig und verdrängt nationales Anerkennungsrecht (Art. 69 Abs. 2 EuUntVO). Auch eine Kombination aus nebeneinander anwendbaren Verordnungen oder Übereinkommen ist grundsätzlich nicht zulässig, es sei denn, das Übereinkommen stellt dies ausdrücklich frei (zB Art. 67 Abs. 5 LugÜ).[16]

1. Vorrangig anzuwendendes EU-Recht

15 **a) EuUntVO v. 18.12.2008.** Die **europäische Unterhaltsverordnung**[17] ist am 30.1.2009 in Kraft getreten und seit 18.6.2011 anwendbar. Sie ist unmittelbar anwendbares Recht,[18] s. → *Auslandsbezug bei Unterhaltssachen* Rn. 2 ff.

16 Sie **verdrängt** bei Unterhaltstiteln die **EuGVVO** (→ Rn. 27 f.), die nur noch für Altfälle gilt (Art. 75 EuUntVO). Das sind Anerkennungs- und Vollstreckungsverfahren, die vor dem 18.6.2011 eingeleitet wurden und dürfte infolge Zeitablaufs keine Bedeutung mehr haben.

17 Sie gilt in den Mitgliedstaaten **unmittelbar**. Sie gilt auch für Irland aufgrund der Sonderregelung in Art. 1 des Protokolls vom 2.10.1997 zum Vertrag über die Gründung der Europäischen Union und der Europäischen Gemeinschaft nicht unmittelbar. Irland hat aber bindend erklärt, dass es die Verordnung annimmt und ausführt. Dänemark gehört nicht zu den Mitgliedstaaten der Verordnung. Zwischen der EG und Dänemark besteht jedoch seit dem 1.7.2007 ein Abkommen über die Anwendbarkeit der EuGVVO.[19] Da die EuUntVO die unterhaltsrechtlichen Vorschriften der EuGVVO ersetzt, hat Dänemark ebenfalls

12 BGH 14.2.2007 – XII ZR 163/05, NJW-RR 2007, 722.
13 *Martiny* FamRZ 2008, 1681 (1687); Prütting/Helms/*Hau* FamFG § 110 Anh. 1 Rn. 30.
14 OLG Hamm 8.7.2003 – 29 W 34/02, IPRax 2004, 437 f.
15 BGH 25.2.2009 – XII ZB 224/06, FamRZ 2009, 858.
16 „Vermischungsverbot", s. zu den Ausnahmen Prütting/Helms/*Hau* FamFG § 110 Anh. 1 Rn. 24.
17 Verordnung Nr. 4/2009; ABl. 2009 L Nr. 7 S. 1.
18 S. hierzu insgesamt *Schmidt*, Internationale Unterhaltsrealisierung, 2011.
19 ABl. 1994, 70.

erklärt, dass es an diesen Änderungen teilhaben will mit Ausnahme der Bestimmungen über das anwendbare Recht (Kap. III EuUntVO) und die Zusammenarbeit der Zentralen Behörden (Kap. VII EuUntVO).[20] Für das Vereinigte Königreich galt die EuUntVO ebenfalls nicht unmittelbar. Es hatte seine Beteiligung jedoch ebenfalls erklärt. Zur Rechtslage nach dem Austritt des Vereinigten Königsreichs aus der EU, wird auf Art. 67 des Abkommens über den Austritt des Vereinigten Königsreiches und Nordirland aus der Europäischen Union verwiesen.[21] Art. 67 Abs. 2 Nr. 2 c lautet:

„Im Vereinigten Königreich sowie in den Mitgliedstaaten finden in Fällen, die einen Bezug zum Vereinigten Königreich aufweisen, die folgenden Rechtsakte oder Bestimmungen auf die Anerkennung und Vollstreckung von Urteilen, Entscheidungen, öffentlichen Urkunden, gerichtlichen Vergleichen und Gerichtsstandsvereinbarungen Anwendung:

2c) die Bestimmungen der Verordnung (EU) Nr. 4/2009 finden Anwendung auf die Anerkennung und Vollstreckung von Entscheidungen, die in vor dem Ablauf des Übergangszeitraums eingeleiteten gerichtlichen Verfahren ergangen sind, sowie auf vor dem Ablauf des Übergangszeitraums gebilligte oder geschlossene gerichtliche Vergleiche und ausgestellte öffentliche Urkunden;“

Zeitlich dürfte an das Datum des Auslaufens der Übergangsregelungen, somit an den 31.12.2020, anzuknüpfen sein.

Die EuUntVO lässt die Anwendung von Übereinkommen und bi- sowie multilateralen Vereinbarungen unberührt. Die EuUntVO geht aber im Verhältnis der Mitgliedstaaten untereinander grundsätzlich allen Übereinkommen und Vereinbarungen, die den Unterhalt regeln, vor.[22] Die EuUntVO ist auch vorrangig zur Verordnung zur Einführung eines europäischen Vollstreckungstitels für unbestrittene Forderungen Nr. 805/2004, außer bei europäischen Unterhaltstiteln, die in einem Mitgliedsstaat ausgestellt wurden, der nicht durch das Haager Protokoll von 2007 gebunden ist (Art. 68 Abs. 2 EuUntVO, → Rn. 32). 18

Die EuUntVO regelt: 19

- die internationale und örtliche **Zuständigkeit**, Art. 3 ff. EuUntVO (Anknüpfung an den gewöhnlichen Aufenthalt, nicht mehr an den Wohnsitz);
- die **Anerkennung und Vollstreckung** von Entscheidungen in Unterhaltssachen, Art. 16 ff. EuUntVO;
- die **Verfahrenskostenhilfe**, Art. 44 ff. EuUntVO;
- das anwendbare **Unterhaltsrecht**, Art. 15 EuUntVO.

Sachlich gilt sie für alle aus einer familienrechtlichen Beziehung abzuleitenden Unterhaltspflichten.[23]

Die Regelungen zur Anerkennung und Vollstreckung von Unterhaltsentscheidungen differenzieren danach, ob der Titel in einem Mitgliedstaat ergangen ist, der durch das **Haager Protokoll von 2007** gebunden ist (Art. 17 ff. EuUntVO) oder nicht (Art. 23 ff. EuUntVO). 20

aa) Titel aus Mitgliedstaat, der durch das Haager Protokoll von 2007 gebunden ist. Mit Ausnahme Dänemarks und (ehemals) des Vereinigten Königreiches sind alle Mitgliedstaaten an das Haager Protokoll gebunden, so dass im Regelfall die Art. 17 ff. anwendbar sind.[24] 21

Unterhaltstitel aus diesen Mitgliedstaaten (gerichtliche Entscheidungen, vollstreckbare Vergleiche, öffentliche Urkunden) sind ohne weitere Voraussetzungen anzuerkennen und bedürfen **keiner Vollstreckbarerklärung** (Art. 17 EuUntVO), wenn die in Art. 20 Abs. 1 EuUntVO aufgeführten Unterlagen vorgelegt 22

20 Thomas/Putzo/*Hüßtege* EuUntVO Vor Rn. 3; zu den Einzelheiten *Mankowski* NZFam 2015, 346.

21 Abkommens über den Austritt des Vereinigten Königreiches und Nordirland aus der Europäischen Union und der Europäischen Atomgemeinschaft, ABL. L 29, 7 v. 31.1.2020.

22 Art. 69 Abs. 2 EuUntVO; s. auch Thomas/Putzo/*Hüßtege* EuUntVO Vor Rn. 9.

23 *Grabow* in: Koch UnterhaltsR-HdB § 9 Rn. 26, 51.

24 Thomas/Putzo/*Hüßtege* EuUntVO Vor Rn. 29 f.; *Gruber* IPRax 2010, 128 (137).

werden. Die Vollstreckung kann aus den in Art. 21 EuUntVO aufgeführten Gründen verweigert oder ausgesetzt werden. Das innerstaatliche Verfahren ist in § 30 ff. AUG[25] geregelt.

Die Vollstreckung aus dem ausländischen Unterhaltstitel findet in Deutschland statt, ohne dass es einer Vollstreckungsklausel bedarf (§ 30 Abs. 1 AUG). Das gilt für gerichtliche Entscheidungen (Art. 17 Abs. 2 EuUntVO) sowie für gerichtliche Vergleiche und öffentliche Urkunden (Art. 48 Abs. 1 EuUntVO). Der Vollstreckungsgläubiger kann seinen Antrag unmittelbar bei dem zuständigen Vollstreckungsorgan stellen und ist nicht verpflichtet, seinen Antrag über die Zentrale Behörde des Vollstreckungsmitgliedstaats einzureichen.[26]

Den zuständigen Vollstreckungsbehörden in Deutschland müssen gem. Art. 20 EuUntVO folgende **Unterlagen** vorgelegt werden:

- eine Ausfertigung des zu vollstreckenden Unterhaltstitels (Original); eine Übersetzung in die deutsche Sprache muss nicht vorgelegt werden; sie kann verlangt werden, wenn die Vollstreckung der Entscheidung angefochten wird, Art. 20 Abs. 2 EuUntVO.
- das vom Ursprungsmitgliedstaat erstellte Formblatt gem. Anlage I zur EuUntVO. Zuständig dafür ist die nach den Ausführungsbestimmungen des Ursprungsstaates zuständige Behörde. Diese hat dabei zu prüfen, ob der Anwendungsbereich der Vollstreckung gem. Art. 17 ff. EuUntVO eröffnet ist.
- bei der Vollstreckung von Zahlungsrückständen ein Schriftstück, aus dem sich die Höhe der Rückstände und das Datum der Berechnung ergeben. Eine bestimmte Form ist dafür nicht vorgesehen, so dass nach hM auch eine vom Gläubiger selbst erstellte Aufstellung genügt.[27]

Eine **Anfechtung** der durch Art. 17 Abs. 1 EuUntVO qua Verordnung ausgesprochenen automatischen Anerkennung der Unterhaltsentscheidung des Mitgliedstaates ist nicht möglich (Art. 17 Abs. 1 EuUntVO). Art. 19 EuUntVO gewährt dem Unterhaltsschuldner allerdings einen außerordentlichen Rechtsbehelf, der ihm die Nachprüfung der Entscheidung aus dem Ursprungsstaat ermöglicht. Er beschränkt sich jedoch auf bestimmte in Art. 19 EuUntVO aufgelisteten Verletzungen des rechtlichen Gehörs bei Versäumnisentscheidungen.[28] Der Rechtsbehelf ist unzulässig, wenn der Schuldner gegen die Unterhaltsentscheidung einen Rechtsbehelf hätte einlegen können, dies aber unterlassen hat. Für im Inland ergangene Entscheidungen spielt Art. 19 EuUntVO keine Rolle wegen der nach FamFG eröffneten Rechtsbehelfe gegen Versäumnisbeschlüsse und der Möglichkeit zur Wiedereinsetzung (§§ 112 Nr. 1, 113 Abs. 1 FamFG iVm §§ 338 ff. bzw. §§ 233 ff. ZPO).

Der Antrag nach Art. 19 EuUntVO ist **fristgebunden.** Er ist unverzüglich, jedenfalls aber innerhalb von 45 Tagen nach Fristbeginn einzulegen; zum Fristbeginn s. Art. 19 Abs. 2 EuUntVO. Fraglich ist, ob die Frist gewahrt ist, wenn der Antrag zwar innerhalb der 45 Tage Frist gestellt wurde, dies aber nicht unverzüglich war. Die Frage ist streitig. Nach dem Wortlaut der Vorschrift wäre der Antrag verfristet.[29] Das ist bedenklich. Da Rechtsbehelfsfristen rechtssicher zu gestalten sind, sollte die Auslegung dazu führen, dass die Wahrung der 45 Tage Frist stets ausreichend ist.[30] Das Verfahren ist nicht im Vollstreckungsstaat zu führen, sondern im Ursprungsmitgliedstaat, in dem die Entscheidung ergangen ist. Im Vollstreckungsstaat kann dann ein Antrag auf Aussetzung der Vollstreckung gestellt werden gem. § 21 Abs. 3 EuUntVO. Das deutsche Gericht entscheidet durch unanfechtbare einstweilige Anordnung (§ 31 Abs. 3 AUG).

Nach deutschem Recht kommt daneben gegen die Vollstreckung des ausländischen Titels vor allem der **Vollstreckungsgegenantrag** gem. §§ 767 ZPO, 111 Nr. 8, 116, 113 Abs. 1 S. 2 FamFG in Betracht. Wegen der Einschränkung aus Art. 42 EuUntVO, der die Überprüfung der Entscheidung des Mitgliedstaates in der Sache selbst im Vollstreckungsstaat verbietet, kann der Vollstreckungsgegenantrag nur auf Einwendungen

25 BGBl. 2011 I 898 idF v. 20.11.2019, BGBl. I 1724.
26 EuGH 9.2.2017 – C-283/16, NJW 2017, 1227.
27 HK-ZV/*Garber* EuUntVO Art. 20 Rn. 18.
28 HK-ZV/*Garber* EuUntVO Art. 19 Rn. 2; *Hohloch* FPR 2012, 495 (498).
29 BeckOGK/*Gomille* EuUntVO Art. 19 Rn. 22; HK-ZPO/*Dörner* EuUntVO Vor. Art. 17–22 Rn. 3.
30 HK-ZV/*Garber* EuUntVO Art. 19 Rn. 14.

gestützt werden, die nach Erlass des Titels entstanden sind (Art. 66 AUG). Für die Einrede der Verjährung ist darüber hinaus Art. 21 Abs. 2 EuUntVO als vorrangige Sonderregelung zu berücksichtigen. Für den Einwand der Titelverjährung ist das Amtsgericht als Vollstreckungsgericht sachlich zuständig (§ 31 Abs. 1 AUG). Örtlich zuständig ist das Gericht des Vollstreckungsortes (§ 31 Abs. 1 S. 2 AUG, § 764 Abs. 2 ZPO).

Über Art. 21 EuUntVO sind für den Schuldner im Inland folgende **weitere Anträge** eröffnet:

- Vollstreckungsschutzanträge gem. § 765 a ZPO
- Einstellungsanträge gem. §§ 775, 776 ZPO, auch in den Fällen, in denen die Vollstreckung im Ursprungsstaat eingestellt oder beschränkt worden ist (§ 32 AUG)
- Erinnerung gem. § 766 ZPO
- Sofortige Beschwerde gem. § 793 ZPO

bb) Titel aus Mitgliedstaat, der nicht durch das Haager Protokoll von 2007 gebunden ist. In den Fällen der Art. 23 ff. EuUntVO (praktisch relevant noch für Dänemark) bedarf es einer Vollstreckbarerklärung im Vollstreckungsstaat (Art. 26 EuUntVO). Die örtliche Zuständigkeit hierfür ergibt sich aus Art. 27 EuUntVO. Die innerstaatlichen Ausführungsbestimmungen sind in §§ 36 ff. AUG[31] geregelt. 23

b) EuGVVO v. 22.12.2000 (Brüssel I-VO). Ausländische Unterhaltstitel aus EG-Staaten konnten vor Inkrafttreten der EuUntVO auf der Grundlage der Verordnung Nr. 44/2001[32] über die gerichtliche Zuständigkeit und die Anerkennung und Vollstreckung von Entscheidungen in Zivil- und Handelssachen (EuGVVO = Brüssel I-Verordnung) für vollstreckbar erklärt werden (Art. 38 EuGVVO). Dem Schuldner steht die sofortige Beschwerde gem. Art. 43 EuGVVO gegen die Vollstreckbarerklärung offen. Die EuGVVO ist nur noch anwendbar für Alttitel über Unterhalt, wenn das Vollstreckbarerklärungsverfahren bereits am 18.6.2011 eingeleitet worden war (Art. 75 Abs. 2 S. 2 EuUntVO). Sie dürfte daher keine praktische Relevanz mehr haben. 24

Die Brüssel Ia-Verordnung (Verordnung 2015/2012 vom 12.12.2012), die der Brüssel I-Verordnung nachfolgte und seit 1.1.2015 gilt, klammert gesetzliche Unterhaltsansprüche mit Rücksicht auf die EuUntVO vollständig aus (Art. 1 Abs. 2 Buchst. e). Der Ausschluss greift jedoch nicht für vertragliche Unterhaltsansprüche, also Unterhaltsansprüche, die nicht auf der Basis gesetzlicher Unterhaltsansprüche begründet wurden.[33]

c) EuVTVO v. 21.4.2004. Die Verordnung zur Einführung eines europäischen Vollstreckungstitels für unbestrittene Forderungen Nr. 805/2004 v. 21.4.2004[34] iVm §§ 1079 ff. ZPO ist seit 21.10.2005 in Kraft. Art. 68 Abs. 2 EuUntVO regelt zum Konkurrenzverhältnis zwischen EuUntVO und EuVTVO, dass die EuUntVO hinsichtlich Unterhaltssachen vorgeht, außer in Bezug auf Europäische Unterhaltstitel, die in einem Mitgliedsstaat, der nicht durch das Haager Unterhaltsprotokoll von 2007 gebunden ist, ausgestellt wurden. Da der Rat der EU am 30.11.2009 den Abschluss des Haager Übereinkommens durch die Gemeinschaft (mit Ausnahme Dänemarks und ehemals des Vereinigten Königreichs) beschlossen hatte, wird die EuVTVO in ihrem Anwendungsbereich von der EuUntVO weitgehend verdrängt, dh, dass Unterhaltsforderungen allein nach der EuUntVO vollstreckt werden.[35] Für Dänemark wäre der Anwendungsbereich der EuVTVO zwar grundsätzlich für Unterhaltsansprüche eröffnet. Dänemark nimmt jedoch gem. Art. 2 Abs. 3 EuVTVO an der EuVTVO nicht teil. 25

d) EuMVVO v. 12.12.2006. Die Verordnung zur Einführung eines europäischen Mahnverfahrens v. 12.12.2006 Nr. 1896/2006[36] ist nicht auf gesetzliche Unterhaltsansprüche anwendbar, soweit sie nicht Gegenstand einer vertraglichen Vereinbarung oder eines Schuldanerkenntnisses sind Art. 2 Abs. 2 d Eu- 26

---

31 BGBl. I 2011, 898 idF vom 20.11.2019, BGBl. I 1724.

32 ABl. 2001 Nr. L 12/1.

33 Thomas/Putzo/*Hüßtege* EuGVVO Art. 1 Rn. 20.

34 ABl. 2004 Nr. L 143, 15.

35 HK-ZV/*Stürner* EuVTVO Vor Rn. 10.

36 ABl. 2006 Nr. L 399, 1.

MVVO.[37] Im Übrigen ist die EuUntVO vorrangig anzuwenden (Art. 69 Abs. 2 EuUntVO). Soweit sie anwendbar ist, richtet sich die Vollstreckung nach den Regelungen der Art. 18 ff. EuMVVO.

2. Staatsverträge

27 **a) Luganer Übereinkommen v. 16.9.1988, revidiert v. 30.10.2007.** Die EuUntVO ersetzt in ihrem Anwendungsbereich alle unter den EU-Mitgliedstaaten geschlossenen bilateralen Anerkennungs- und Vollstreckungsabkommen und geht ihnen vor (Art. 69 Abs. 2 EuUntVO).

28 Die Vorschriften zur gerichtlichen Zuständigkeit und Vollstreckung gerichtlicher Entscheidungen in Zivil- und Handelssachen (LugÜ) sind noch von Bedeutung, wenn Entscheidungen aus der Schweiz, Norwegen und Island in Deutschland anerkannt und vollstreckt werden sollen.[38] Das LugÜ ist anwendbar für gerichtliche Entscheidungen, aber auch für öffentliche Urkunden und Prozessvergleiche (Art. 57, 58 LugÜ); für Unterhaltssachen ist das AUG das maßgebliche Ausführungsgesetz (§ 1 Abs. 1 Nr. 1 c AUG).

29 **b) Haager Übereinkommen über die Anerkennung und Vollstreckung von Unterhaltsentscheidungen v. 2.10.1973**[39] Es gilt für alle Unterhaltsansprüche.[40] Die innerstaatlichen Ausführungsbestimmungen ergeben sich aus dem AUG (§ 1 Abs. 1 Nr. 2 a AUG). Sachlich ausschließlich zuständig ist das Landgericht (§ 3 Abs. 1 AVAG); zur örtlichen Zuständigkeit s. § 3 Abs. 2 AVAG.

30 Die EuUntVO geht zwischen den Mitgliedstaaten dem Haager Übereinkommen vor (Art. 69 Abs. 2 EuUntVO). Das Haager Übereinkommen von 1973 ist jedoch noch anwendbar im Verhältnis zu den Vertragsstaaten, die das Haager Übereinkommen von 2007 nicht ratifiziert haben (zB Australien; s. auch → *Auslandsbezug bei Unterhaltssachen* Rn. 22).

31 **c) Haager Übereinkommen über die Anerkennung und Vollstreckung von Entscheidungen auf dem Gebiet der Unterhaltspflicht für Kinder v. 15.4.1958**[41] Es ist nachrangig zum Haager Übereinkommen v. 2.10.1973. Es findet wegen der Nachrangigkeit zur EuUntVO noch Anwendung im Verhältnis zu Lichtenstein und Suriname[42] und betrifft nur Entscheidungen über den Unterhalt unverheirateter Eltern bis zum 21. Lebensjahr.

32 **d) Haager Übereinkommen über die internationale Geltendmachung der Unterhaltsansprüche von Kindern und anderen Familienangehörigen v. 23.11.2007**[43] Das Haager Übereinkommen 2007 hat das Übereinkommen 1973 (→ Rn. 29) abgelöst. Es ist am 1.8.2014 für die EU in Kraft getreten (mit Ausnahme Dänemarks). Es enthält in den Kapiteln V und VI Regelungen zur Anerkennung, Vollstreckbarerklärung und Vollstreckung von Unterhaltsansprüchen. Erfasst sind gerichtliche und behördliche Entscheidungen sowie Vergleiche, die vor Gerichten oder Behörden geschlossen oder gebilligt wurden. Andere Unterhaltsvereinbarungen sind mit Sonderregelungen (Art. 30 HUÜ) einbezogen, wenn sie im Mitgliedsstaat, in dem sie erstellt wurden, wie gerichtliche Entscheidungen vollstreckbar sind.[44] Die deutschen Ausführungsregelungen zur Anerkennung und Vollstreckbarerklärung enthalten §§ 1 Abs. 1 Nr. 2 a, 57 ff. iVm §§ 35–56 AUG. Das örtlich und sachlich zuständige Gericht bestimmt sich nach § 35 Abs. 1, 2 AUG. Eine Anhörung des Schuldners im Verfahren der Vollstreckbarerklärung ist nicht vorgesehen, § 58 AUG; die Beschwerdemöglichkeit ist in §§ 43 ff. AUG geregelt; die Beschwerdefrist beträgt 30 Tage ab der Bekanntgabe der Entscheidung zur Vollstreckbarkeit, § 60 a AUG, Art. 23 Abs. 6 HÜK 2007; s. auch → *Auslandsbezug bei*

---

37 Prütting/Helms/*Hau* FamFG § 110 Anh 1 Rn. 7; Thomas/Putzo/*Hüßtege* EuUntVO Vor Art. 1 Rn. 8; aA HK-ZV/*Netzer* EuMahnVO Art. 2 Rn. 4.

38 *Grabow* in: Koch UnterhaltsR-HdB § 9 Rn. 60.

39 BGBl. II 1986, 826.

40 Im Einzelnen s. *Andrae* IntFamR § 10 Rn. 255.

41 BGBl. II 1961, 1006.

42 Vgl. Thomas/Putzo/*Hüßtege* FamFG § 97 Rn. 12.

43 ABl. 2009, L 331/17 v. 16.12.2009.

44 *Andrae* IntFamR § 10 Rn. 257.

Unterhaltssachen Rn. 45 ff. Zur aktuellen Liste der Mitgliederländer s. https://www.hcch.net/de/instruments/conventions/status-table/?cid=131

Bei Fragen der Anerkennung und Vollstreckbarkeit von Unterhaltsentscheidungen, die im Ausland ergangen sind, schließt die EuUntVO die Anwendung des Haager Übereinkommens 2007 nicht generell aus. Die **EuUntVO** ist jedoch unter bestimmten Voraussetzungen **vorrangig** (Art. 69 EuUntVO): 33

- Ist die ausländische Entscheidung in einem EU-Mitgliedsstaat der EuUntVO ergangen, wird sie automatisch in einem anderen Mitgliedsstaat der Verordnung anerkannt, wenn beide Staaten dem Haager Übereinkommen 2007 angehören. Eines besonderen Verfahrens hierzu bedarf es nicht. Die Vollstreckung ist ohne zusätzliche Vollstreckbarerklärung unmittelbar möglich. Der Schuldner kann ggf. im Ursprungsstaat Rechtsbehelfe gegen die Vollstreckung einlegen. Im Vollstreckungsstaat kann nur nach Maßgabe des Art. 21 EuUntVO die Verweigerung bzw. Aussetzung der Vollstreckung beantragt werden; s. auch → Rn. 21 f.
- Stammt die Entscheidung aus einem nicht dem Haager Übereinkommen 2007 angehörenden EU-Mitgliedsstaat, ist ein vereinfachtes Verfahren auf Vollstreckbarerklärung durchzuführen, Art. 26 ff. EuUntVO; s. auch → Rn. 23.
- Außerhalb dieser Fallgestaltungen regelt sich die Anerkennung und Vollstreckbarkeit nach dem Haager Übereinkommen 2007 iVm § 57 AUG, soweit dessen Anwendungsbereich eröffnet ist. Wichtig ist dies zB im Rechtsverkehr mit den USA.[45]
- Staatsverträge: Bilaterale Staatsverträge Deutschlands mit anderen Staaten sind für Unterhaltstitel noch von Bedeutung, soweit sie nicht von der EuUntVO oder anderen Übereinkommen verdrängt worden sind.
- Zu nennen sind insbesondere: der deutsch-israelische Vertrag vom 20.7.1977 über die gegenseitige Anerkennung und Vollstreckung gerichtlicher Entscheidungen in Zivil- und Handelssachen, der seit 1.1.1981 in Kraft ist.[46] Er erfasst auch gerichtliche Entscheidungen über Unterhaltsansprüche. Die inländischen Ausführungsbestimmungen sind im AVAG geregelt (s. § 1 Abs. 1 Nr. 1 d AVAG).
- das deutsch-schweizerische Abkommen vom 2.11.1929 über die gegenseitige Anerkennung und Vollstreckung von gerichtlichen Entscheidungen und Schiedssprüchen, das seit 1.12.1930 gilt.[47] Es wird jedoch im Anwendungsbereich des Luganer Übereinkommens weitgehend von diesem verdrängt, Art 65, 66, 67 iVm Anhang VII LugÜ.

45 *Grabow* in: Koch UnterhaltsR-HdB § 9 Rn. 78.
46 BGBl. II 1980, 926.
47 RGBl. II 1930, 1066 mit Ausführungsverordnung RGBl. 1930, 1209.

38. Auslandsbezug bei Abstammungssachen

J. Teubel

I. Einführung

1 Wie in sonstigen Fällen mit Auslandsbezug ist auch bei Abstammungssachen zunächst zu prüfen, ob deutsche Gerichte international zuständig sind, bevor sich die Frage nach dem anzuwendenden Recht stellt (→ *Internationales Familienrecht* Rn. 1 ff.). Vielfach wird sich die Frage der Abstammung auch inzident als Vorfrage in einem anderen Verfahren stellen, so dass die Frage nach der internationalen Zuständigkeit bezogen auf die Abstammungsfrage entfällt. Besondere Bedeutung kommt im Abstammungsrecht der Frage zu, ob die Abstammung bereits durch eine anzuerkennende ausländische Entscheidung feststeht, so dass es auf eine kollisionsrechtliche Prüfung nicht mehr ankommt.

II. Verfahrensrecht

1. Internationale Zuständigkeit nach § 100 FamFG

2 Europarechtliche oder völkerrechtliche Regelungen bestehen hinsichtlich der internationalen Zuständigkeit in Abstammungssachen nicht. Die internationale Zuständigkeit deutscher Gerichte für ein Verfahren zur Anfechtung oder Feststellung der Abstammung richtet sich nach § 100 FamFG. Sie ist gegeben, wenn das Kind, die Mutter oder der Mann, dessen Vaterschaft beseitigt oder festgestellt werden soll, (auch) die deutsche Staatsangehörigkeit oder seinen bzw. ihren gewöhnlichen Aufenthalt in Deutschland hat.[1] Nach welchem Recht sich die zu beseitigende oder zu begründende Abstammungsbeziehung ergibt, spielt für die internationale Zuständigkeit keine Rolle.

3 Wird der Feststellungsantrag mit einer Unterhaltssache verbunden, so begründet Art. 3 Buchst. c EuUntVO die internationale und örtliche Zuständigkeit für die Unterhaltssache, es sei denn die Zuständigkeit der Abstammungssache gründet sich einzig auf die Staatsangehörigkeit einer der Parteien, also auf § 100 Nr. 1 FamFG (→ *Auslandsbezug bei Unterhaltssachen* Rn. 11).

2. Sonstiges Verfahrensrecht

4 Die **internationale Zuständigkeit** deutscher Gerichte ist nach § 106 FamFG nicht ausschließlich, so dass ggf. auch ein Verfahren im Ausland zu erwägen ist. Ist zu erwarten, dass die Entscheidung eines früher eingeleiteten ausländischen Verfahrens im Inland anzuerkennen sein wird, kann dieses einem inländischen Verfahren entgegenstehen. Die örtliche Zuständigkeit ergibt sich aus § 170 FamFG. Die Pflicht zur Duldung von Untersuchungen, insbesondere der Entnahme von Blutproben, gem. § 178 FamFG trifft auch im Ausland lebende Beteiligte. Sie ist mitunter allerdings im Wege der Rechtshilfe nicht durchsetzbar.[2]

1 BGH 24.8.2016 – XII ZB 351/15, NJW 2016, 3174; OLG Frankfurt a. M. 8.10.2019 – 8 UF 137/19, NJW-RR 2020, 195.

2 OLG Bremen 20.1.2009 – 4 UF 99/08, FamRZ 2009, 802.

III. Kollisionsrecht

5 Vorrangiges EU-Recht existiert im Bereich des Abstammungsrechts nicht. Das CIEC-Übereinkommen über die Feststellung der mütterlichen Abstammung nichtehelicher Kinder vom 12.9.1962 begründet eine widerlegliche Vermutung für die Mutterschaft einer Frau, wenn diese im Geburtseintrag eines Kindes als Mutter festgestellt ist. Bei der Abstammung zwischen iranischen Staatsangehörigen ist das deutsch-iranische Niederlassungsabkommen vom 17.2.1929 zu beachten. Im Übrigen gilt Art. 19 EGBGB.

1. Abstammung – Art. 19 Abs. 1 EGBGB

6 Das auf eine Eltern-Kind-Zuordnung anwendbare Recht wird aus deutscher Sicht von Art. 19 Abs. 1 EGBGB bestimmt, der drei alternative Anknüpfungen zur Verfügung stellt. Die Abstammung kann nach dem Recht am gewöhnlichen Aufenthalt des Kindes (S. 1), nach dem Staatsangehörigkeitsrecht der Person, die als Elternteil in Betracht kommt (S. 2), oder nach dem Recht, dem die allgemeinen Ehewirkungen der verheirateten Mutter ungeachtet einer Rechtswahl im Zeitpunkt der Geburt unterliegen (S. 3), bestimmt werden.

7 **a) Gewöhnlicher Aufenthalt des Kindes.** Für die Bestimmung des gewöhnlichen Aufenthalts des Kindes gelten grundsätzlich die allgemeinen Erwägungen zur Feststellung des **Daseinsmittelpunkts** (→ *Gewöhnlicher Aufenthalt* Rn. 11 ff.). Bei minderjährigen Kindern, insbesondere bei Neugeborenen, kommt es maßgeblich auf ihre Bezugspersonen, die sie betreuen und versorgen, und deren Umfeld an. In der Regel wird das Kind den gewöhnlichen Aufenthalt seiner Eltern teilen, was allerdings die Elternschaft, die ja gerade erst festgestellt werden soll, voraussetzt. Steht sie nicht fest, so ist etwa zu prüfen, ob das Kind voraussichtlich an seinem gegenwärtigen Aufenthaltsort verbleiben oder diesen alsbald wechseln wird. In Anwendung dieser Grundsätze ist der BGH in einem Leihmutterschaftsfall davon ausgegangen, dass der gewöhnliche Aufenthalt eines Kindes, das entsprechend der von vornherein bestehenden Absicht aller Beteiligten alsbald nach der Geburt nach Deutschland gelangte und dort dauerhaft bleiben sollte, in Deutschland liegt, ohne zuvor einen solchen im Geburtsland zu begründen.[3]

8 **b) Staatsangehörigkeit des Elternteils.** Alternativ kann die Abstammung nach dem Recht des Staates bestimmt werden, dem die Person, zu der die Abstammung bestimmt werden soll, angehört (Art. 19 Abs. 1 S. 2 EGBGB). Zur Staatsangehörigkeit → *Internationales Familienrecht* Rn. 11. Nach diesem Recht kann nur die Abstammung von dieser Person festgestellt werden, nicht die Abstammung von einem Dritten. Ist also nach dem **Heimatrecht** eines Mannes ein anderer Mann der Vater, bedeutet das noch nicht, dass der andere Mann als Vater anzusehen ist. Ob dieser Mann aus deutscher Sicht der Vater ist, bestimmt sich vielmehr nach dem Recht seiner Staatsangehörigkeit (sofern nicht die Alternativanknüpfungen die Vaterschaft begründen).

Beispiel: Eine Frau bringt kurz nach der Scheidung von ihrem Mann ein Kind zur Welt. Der gewöhnliche Aufenthalt des Kindes ist in Deutschland. Ihr neuer Lebensgefährte und biologischer Vater hat die rumänische Staatsangehörigkeit. Auf ein Abstammungsverhältnis zum neuen Lebensgefährten ist alternativ deutsches (Art. 19 Abs. 1 S. 1 EGBGB) oder rumänisches Recht (Art. 19 Abs. 1 S. 2 EGBGB) anwendbar. Nach rumänischem Recht gilt der geschiedene Mann als Vater (→ Rn. 11; zu einer Rückverweisung → Rn. 14). Das bedeutet aber nicht, dass der geschiedene Mann auch der rechtliche Vater ist. Dies wäre er nur, wenn auch im Verhältnis zu ihm rumänisches Recht (bzw. eine Rechtsordnung, die ihm die Vaterschaft zuweist) anwendbar wäre. Ist er zB Deutscher, hat das Kind keinen rechtlichen Vater (§ 1592 BGB).

9 **c) Ehewirkungsstatut.** Als dritte Möglichkeit verweist Art. 19 Abs. 1 S. 3 EGBGB auf das Recht, dem **die allgemeinen Wirkungen der Ehe** einer verheirateten Mutter im Zeitpunkt der Geburt unterliegen. Ist der Ehegatte vorgeburtlich verstorben, ist der Todestag entscheidend. Mutter in diesem Sinn ist die Frau, deren Mutterschaft festgestellt werden soll, nicht nur die Frau, die das Kind geboren hat.[4] Ob ihre Ehe

3 BGH 20.3.2019 – XII ZB 530/17, NJW 2019, 1605.
4 Staudinger/*Henrich*, 2019, EGBGB Art. 19 Rn. 78.

wirksam ist, ist selbstständig nach dem von Art. 11, 13 EGBGB berufenen Recht zu prüfen. Maßgeblich ist allein das durch objektive Anknüpfung bestimmte Ehewirkungsstatut (Art. 14 Abs. 2 ‚EGBGB), eine Rechtswahl bleibt außer Betracht. Dieses wird vorrangig durch den (ggf. letzten) gemeinsamen gewöhnlichen Aufenthalt, sonst die gemeinsame Staatsangehörigkeit oder engste Verbindung bestimmt (→ *Eheliche Lebensgemeinschaft* Rn. 37 ff.). Dies gilt gem. Art. 17 b Abs. 5 S. 1 EGBGB auch bei einer gleichgeschlechtlichen Ehe, deren allgemeine Ehewirkungen an sich den Sachvorschriften des registerführenden Staates unterliegen.[5]

10 **d) Wandelbarkeit der Anknüpfung.** Nur die Anknüpfung an die allgemeinen Ehewirkungen ist auf den Moment der Geburt fixiert, die übrigen Anknüpfungen (gewöhnlicher Aufenthalt des Kindes oder Staatsangehörigkeit des Elternteils) sind wandelbar. Eine nach einem früheren gewöhnlichen Aufenthalt oder vor einem Staatsangehörigkeitswechsel begründete Abstammung bleibt aber als wohlerworbenes Recht bestehen; der Wandel der Anknüpfung kann nur eine bisher nicht bestehende Abstammung begründen.[6]

11 **e) Alternative Anknüpfung.** Die verschiedenen Varianten des Art. 19 Abs. 1 EGBGB stehen **gleichrangig** nebeneinander. Der Gesetzgeber will durch die alternativen Anknüpfungen die Feststellung der Abstammung erleichtern, um eine rechtliche Vaterlosigkeit (um die es idR geht) möglichst zu vermeiden.[7] Durch die **Alternativität** kann es aber dazu kommen, dass die verschiedenen Abstammungsstatute die Elternschaft verschiedenen Personen zuweisen. Dies insbesondere dann, wenn eine Rechtsordnung (wie die türkische, polnische oder rumänische) die Vaterschaft bei Geburt in einem bestimmten Zeitraum nach Scheidung noch dem geschiedenen Mann zuweist, während nach einer anderen Rechtsordnung ein anderer Mann die Vaterschaft anerkannt hat. Zur Auflösung dieses Konflikts wird das **Günstigkeitsprinzip** herangezogen, wobei dessen Inhalt im Einzelnen streitig ist. Auszugehen ist von Folgendem:[8]

12 Es besteht schon kein Konflikt, wenn nur eine der in Betracht kommenden Rechtsordnungen dem Kind einen Vater zuweist und nach den anderen keine Vaterschaft besteht.[9] Die rechtliche Eltern-Kind-Zuordnung ist bereits zum **Zeitpunkt der Geburt** des Kindes festzustellen.[10] Weist eine der anwendbaren Rechtsordnungen dem Kind bereits im Moment der Geburt einen Vater zu, geht dies späteren Vaterschaftszuordnungen durch eine andere Rechtsordnung vor. Einer Vaterschaftsanerkennung nach deutschem Recht steht gem. § 1594 Abs. 2 BGB auch die nach einer anderen Rechtsordnung begründete Vaterschaft eines anderen Mannes entgegen.[11] Bevor eine andere Vaterschaftszuweisung erfolgen kann, muss zunächst die bestehende Vaterschaft nach dem gem. Art. 20 EGBGB auf die Anfechtung der Vaterschaft anwendbaren Recht beseitigt werden (→ Rn. 16 ff.).[12]

Beispiel:[13] Eine Deutsche war mit einem polnischen Staatsbürger verheiratet. Einen Monat nach Rechtskraft der Scheidung bringt sie in Deutschland, wo sie dauerhaft lebt, ein Kind zur Welt. Ihr neuer Lebensgefährte (deutscher Staatsangehöriger) will die Vaterschaft anerkennen.

Auf die Abstammung ist gem. Art. 19 Abs. 1 S. 1 EGBGB deutsches Recht als das Recht des gewöhnlichen Aufenthalts des Kindes anzuwenden. Danach besteht bei Geburt keine Vaterschaft, sondern erst ab Wirksamkeit der Anerkennung (§ 1594 Abs. 1 BGB). Im Verhältnis zum polnischen Ex-Mann gilt alternativ auch nach Art. 19 Abs. 1 S. 2 EGBGB polnisches Recht. Danach wird vermutet, dass der geschiedene Mann Vater eines innerhalb von 300 Tagen nach Beendigung der Ehe geborenen Kindes sei. Diese Vaterschaft steht der Anerkennung durch den neuen Lebensgefährten nach deutschem Recht (nach Art. 19 Abs. 1 S. 1 oder S. 2 EGBGB) entgegen.

5 BT-Drs. 19/4670, 27; aA Palandt/*Thorn* EGBGB Art. 19 Rn. 5.
6 MüKoBGB/*Helms* EGBGB Art. 19 Rn. 31.
7 BGH 19.7.2017 – XII ZB 72/16, NJW 2017, 2911.
8 Vgl. auch *Franck* FamRZ 2020, 307.
9 BGH 3.8.2016 – XII ZB 110/16, NJW 2016, 3171.
10 BGH 20.6.2018 – XII ZB 369/17, NJW 2018, 2641.
11 BGH 19.7.2017 – XII ZB 72/16, NJW 2017, 2911.
12 BGH 13.9.2017 – XII ZB 403/16, NJW 2017, 3447.
13 BGH 19.7.2017 – XII ZB 72/16, NJW 2017, 2911.

Das **Prioritätsprinzip** kann dagegen den Konflikt nicht lösen, wenn bereits mit Geburt zwei Rechtsordnungen unterschiedliche Väter zuweisen, was insbesondere aufgrund **vorgeburtlicher Vaterschaftsanerkennung** der Fall sein kann. Die Lösung ist umstritten,[14] Rechtsprechung des BGH existiert nicht. Teilweise wird angenommen, eine nach ausländischem Recht kraft Gesetzes eintretende nacheheliche Vaterschaft stehe einer vorgeburtlichen Anerkennung nach § 1594 Abs. 2 BGB entgegen, so dass nach deutschem Recht schon keine konkurrierende Vaterschaft begründet werden kann.[15] Nach aA soll die Möglichkeit der vorgeburtlichen Anerkennung ohne Rücksicht auf ausländisches Recht bestehen, der Konflikt zwischen den Vaterschaftszuweisungen sei dann vom Aufenthaltsrecht des Kindes zu lösen.[16] Weiter wird vorgeschlagen, dem Anerkennenden den Vorzug zu geben,[17] der typischerweise eher als der geschiedene Mann der biologische Vater ist, was ein Anfechtungsverfahren vermeidet. 13

f) Allgemeine Lehren des IPR. Da die Alternativanknüpfung die Feststellung der Elternschaft erleichtern soll, ist eine an sich zu berücksichtigende **Rück- oder Weiterverweisung** (→ *Internationales Familienrecht* Rn. 10) unbeachtlich, wenn dadurch die Möglichkeit der Abstammungsbestimmung entfiele.[18] Daher kommt es im Beispiel → Rn. 12 nicht darauf an, ob das polnische IPR seinerseits für die Vaterschaft des polnischen Ex-Mannes polnisches Sachrecht anwenden würde. Die Zuweisung der Elternschaft an die Ehefrau der Geburtsmutter verstößt nicht gegen den ordre public (Art. 6 EGBGB).[19] 14

g) Anwendungsbereich. Dem von Art. 19 Abs. 1 EGBGB bestimmten Recht sind die Voraussetzungen der Eltern-Kind-Zuweisung, insbesondere die Voraussetzungen einer Anerkennung der Elternschaft oder einer gerichtlichen Feststellung, Vaterschaftsvermutungen und Empfängniszeiten sowie Zustimmungserfordernisse zu Abstammungserklärungen zu entnehmen.[20] Für Letztere ist gem. Art. 23 EGBGB zusätzlich das Recht des Staates zu beachten, dem das Kind angehört. Geschäftsfähigkeit und Form für Abstammungserklärungen unterliegen dem von Art. 7 und 11 EGBGB berufenen Recht, wobei zur Form auch das CIEC-Übereinkommen über die Erweiterung der Zuständigkeit der Behörden, vor denen nichteheliche Kinder anerkannt werden können, vom 14.9.1961 zu beachten ist.[21] Art. 19 Abs. 1 EGBGB gilt ferner für die statusneutrale Klärung der Abstammung.[22] Dagegen unterliegt die Beseitigung einer Eltern-Kind-Zuordnung dem von Art. 20 EGBGB bestimmten Recht. 15

2. Anfechtung der Abstammung – Art. 20 EGBGB

Für die Beseitigung einer Eltern-Kind-Zuordnung gilt Art. 20 EGBGB. Danach kann die Abstammung nach jedem Recht angefochten werden, aus dem sich ihre Voraussetzungen ergeben. Unerheblich ist, welches Recht in einem früheren Feststellungsverfahren herangezogen wurde. Ergeben sich die Abstammungsvoraussetzungen aus verschiedenen Rechtsordnungen, kann der Anfechtende ein Recht wählen.[23] Für das Kind ist zudem die Anfechtung nach dem Recht des Staates, in dem es seinen gewöhnlichen Aufenthalt hat, eröffnet. 16

a) Allgemeine Lehren des IPR. Sieht das IPR des Staates, aus dessen Recht sich die Voraussetzungen der Abstammung ergeben, eine andere Anknüpfung als Art. 20 EGBGB vor, ist die Rück- oder Weiterverweisung grundsätzlich zu beachten, die Anfechtungsmöglichkeit darf allerdings dadurch nicht beschränkt 17

14 *Franck* FamRZ 2020, 307 (309 f.).
15 OLG Düsseldorf 28.3.2019 – 3 Wx 226/18, FamRZ 2020, 357; OLG Hamm 24.7.2019 – 15 W 377/18, StAZ 2019, 370.
16 KG 5.5.2020 – 1 W 165/19, NZFam 2020, 593.
17 *Siede* FamRB 2020, 401.
18 BGH 3.8.2016 – XII ZB 110/16, NJW 2016, 3171.
19 BGH 20.4.2016 – XII ZB 15/15, NJW 2016, 2322.
20 Palandt/*Thorn* EGBGB Art. 19 Rn. 7.
21 Vgl BGH 5.7.2017 – XII ZB 277/16, NJW-RR 2017, 1089 zur Anerkennung in Spanien.
22 BGH 10.7.2019 – XII ZB 33/18, NJW 2019, 2849.
23 BGH 23.11.2011 – XII ZR 78/11, NJW-RR 2012, 449.

werden.[24] Gegen Art. 6 EGBGB (ordre public) verstößt es, wenn die Anfechtungsfrist kenntnisunabhängig beginnt,[25] dagegen soll eine unbefristete Anfechtungsmöglichkeit unbedenklich sein.[26]

18 **b) Anwendungsbereich.** Art. 20 EGBGB erfasst die Anfechtungsgründe und -fristen einschließlich ihrer Hemmung und Unterbrechung, die Geltendmachung der Anfechtung (durch gerichtliches Verfahren oder durch rechtsgeschäftliche Erklärungen) und die Anfechtungsberechtigten.[27] Die Alternativanknüpfung an jedes Recht, aus dem sich die Abstammung ergibt, erlaubt es, dass der rechtliche Vater die Vaterschaft auch dann noch nach einer anderen Rechtsordnung anfechten kann, wenn die Anfechtungsfrist nach einer Rechtsordnung bereits abgelaufen ist.[28]

19 Nach § 1599 Abs. 2 BGB gilt die Vaterschaftsvermutung zugunsten des Ehemannes nicht, wenn das Kind nach Anhängigkeit eines Scheidungsantrags geboren wird und ein Dritter die Vaterschaft innerhalb eines Jahres nach Rechtskraft der Scheidung anerkennt, wobei der Ehemann zustimmen muss. Die Anerkennung wird frühestens mit Rechtskraft der Scheidung wirksam. Diese Regelung enthält zwei Komponenten: zum einen die **Beseitigung der Vaterschaft des Ehemannes** und zum anderen die **Begründung der Vaterschaft des Dritten**. Für Ersteres gilt Art. 20 EGBGB, für Letzteres Art. 19 Abs. 1 EGBGB. Um dieser Drittanerkennung Wirkung zu verleihen, muss daher sowohl auf die Beseitigung der Vaterschaft des Ehemannes nach Art. 20 EGBGB als auch auf die Begründung der Vaterschaft des Dritten nach Art. 19 Abs. 1 EGBGB deutsches Recht oder ein Recht, das vergleichbare Regelungen enthält, anwendbar sein.[29]

20 Dies ist immer dann der Fall, wenn das Kind seinen **gewöhnlichen Aufenthalt im Inland** hat. Der BGH sieht nämlich im Fall des § 1599 Abs. 2 BGB auch eine Anfechtung durch das Kind vor, da es der Anerkennung uU gem. §§ 1599 Abs. 2 S. 2, 1595 Abs. 2 BGB zustimmen müsse und im Übrigen seine Interessen durch die Mutter repräsentiert würden.[30] Somit ist gem. Art. 19 Abs. 1 S. 1 EGBGB und Art. 20 S. 2 EGBGB deutsches Recht anwendbar. Über den Wortlaut des auf Inlandssachverhalte zugeschnittenen § 1599 Abs. 2 BGB hinaus ist diese Anerkennungsmöglichkeit auch eröffnet, wenn das Kind erst nach der Scheidung geboren wird und ein ausländisches Abstammungsstatut die Vaterschaft dem geschiedenen Mann zuordnet.[31]

Beispiel (→ Rn. 12): Eine Deutsche war mit einem polnischen Staatsbürger verheiratet. Einen Monat nach Rechtskraft der Scheidung bringt sie in Deutschland, wo sie dauerhaft lebt, ein Kind zur Welt. Ihr neuer Lebensgefährte erkennt die Vaterschaft mit Zustimmung der Mutter an. Auch der geschiedene Ehemann stimmt der Anerkennung zu.

Zunächst ergibt sich die Vaterschaft des Ex-Mannes aus polnischem Recht (Art. 19 Abs. 1 S. 2 EGBGB). Sie kann damit auch nach diesem Recht angefochten werden (Art. 20 S. 1 EGBGB), was allerdings nur durch ein gerichtliches Verfahren möglich ist.[32] Wegen des gewöhnlichen Aufenthalts des Kindes im Inland kann dieses die Vaterschaft aber auch nach deutschem Recht anfechten (Art. 20 S. 2 EGBGB). Auch die qualifizierte Anerkennung nach § 1599 Abs. 2 BGB ist nach dem BGH eine solche Anfechtung des Kindes, so dass dadurch die Vaterschaft des geschiedenen Mannes beseitigt werden kann. Die Anerkennung des neuen Lebensgefährten ist sodann nach Art. 19 Abs. 1 S. 1 EGBGB nach deutschem Recht wirksam, so dass er der Vater des Kindes wird.

24 OLG Karlsruhe 20.7.2017 – 18 UF 59/16, FamRZ 2017, 2026.
25 EGMR 24.11.2005 – 74826/01, FamRZ 2006, 181.
26 OLG Celle 19.8.2019 – 21 UF 118/18, FamRZ 2020, 609.
27 Palandt/*Thorn* EGBGB Art. 20 Rn. 3.
28 OLG Celle 19.8.2019 – 21 UF 118/18, FamRZ 2020, 609.
29 *Franck* FamRZ 2020, 307 (310).
30 BGH 20.6.2018 – XII ZB 369/17, NJW 2018, 2641.
31 BGH 20.6.2018 – XII ZB 369/17, NJW 2018, 2641.
32 BGH 19.7.2017 – XII ZB 72/16, NJW 2017, 2911.

3. Verpflichtungen des Vaters gegenüber der Mutter – Art. 19 Abs. 2 EGBGB

Für Ansprüche einer Mutter gegen den mit ihr nicht verheirateten Vater wegen der Schwangerschaft gilt das Recht des Staates, in dem die Mutter ihren gewöhnlichen Aufenthalt hat. Dies betrifft vor allem Ansprüche auf Ersatz von Schwangerschafts- und Entbindungskosten, die im deutschen Recht in § 1615 l Abs. 1 S. 2 BGB geregelt sind,[33] nicht dagegen Unterhaltsansprüche, für die das HUP vorgeht (→ *Auslandsbezug bei Unterhaltssachen* Rn. 21 ff.). 21

IV. Anerkennung ausländischer Entscheidungen

Für die Anerkennung einer ausländischen Entscheidung in Abstammungssachen gelten **§§ 108, 109 FamFG**. Danach kommt nicht nur die Anerkennung ausländischer Gerichtsentscheidungen in Betracht, auch Entscheidungen ausländischer Behörden können Gegenstand der Anerkennung sein, wenn diese funktional deutschen Gerichten entsprechen und die Entscheidung entweder mit Rechtskraftwirkung ausgestattet ist oder eine Rechtsfrage abschließend und verbindlich klärt. Dies ist bei einer bloßen Beurkundung in einem Personenstandsregister nicht der Fall.[34] 22

V. Sonderfall Leihmutterschaft

Die Frage der Anerkennung ausländischer Entscheidungen stellt sich vielfach in Fällen der Leihmutterschaft. In Deutschland ist die Leihmutterschaft gem. § 1 Abs. 1 Nr. 7 ESchG und §§ 13 a ff. AdVermiG **verboten**, in manchen anderen Ländern, etwa der Ukraine oder Teilen der USA, dagegen zulässig. Bedienen sich Deutsche oder Personen mit gewöhnlichem Aufenthalt in Deutschland einer Leih- oder Ersatzmutter im Ausland, stellt sich die Frage, wie das deutsche Recht damit umgehen soll. Dabei muss das **Kindeswohl** Vorrang vor generalpräventiven Erwägungen zur Verhinderung der Leihmutterschaft haben. 23

Aus deutscher kollisionsrechtlicher Sicht wird idR die Leihmutter als Mutter anzusehen sein. Der nach Art. 19 Abs. 1 S. 1 EGBGB maßgebliche gewöhnliche Aufenthalt liegt auch bei Geburt durch eine Leihmutter im Ausland in Deutschland, wenn das Kind alsbald nach Geburt nach Deutschland gelangen sowie hier verbleiben soll und diese Absicht umgesetzt wird.[35] Ist die Bestellmutter Deutsche und haben die Bestelleltern ihren gewöhnlichen Aufenthalt in Deutschland, so dass die allgemeinen Wirkungen ihrer Ehe gem. Art. 14 Abs. 2 Nr. 1 EGBGB dem deutschen Recht unterliegen, ist nach Art. 19 Abs. 1 S. 2 und 3 EGBGB ebenfalls deutsches Recht anwendbar. Das deutsche Abstammungsrecht sieht die Frau, die das Kind geboren hat, also die Leihmutter, als Mutter an, § 1591 BGB. Die Bestellmutter kann dann **nur durch Adoption** die Stellung als Mutter erlangen. Anders ist dies nur, wenn eine der nach Art. 19 Abs. 1 EGBGB berufenen Rechtsordnungen die Mutterstellung der Bestellmutter zuweist. 24

Anders liegen die Dinge beim **Vater**. Ist nach Art. 19 Abs. 1 EGBGB deutsches Recht anwendbar, kann der Bestellvater die Vaterrolle durch Anerkennung der Vaterschaft gem. § 1594 ff. BGB erreichen, wenn die Leihmutter nicht verheiratet ist. Ist die Leihmutter dagegen verheiratet, ist dieser Weg versperrt, wenn der gewöhnliche Aufenthalt des Kindes in Deutschland anzusiedeln ist, so dass deutsches Recht auf die Abstammung anwendbar ist. 25

Wegen dieser Ausgangslage spielt in Leihmutterschaftsfällen die **Anerkennung ausländischer Entscheidungen** eine große Rolle, die der kollisionsrechtlichen Beurteilung vorgeht. Die bloße Eintragung im ausländischen Geburtsregister oder eine ausländische Geburtsurkunde stellt keine anerkennungsfähige Entscheidung iSv § 108 Abs. 1 FamFG dar.[36] Dagegen ist eine rechtsbegründend wirkende oder auch nur feststellende Entscheidung, die auf einer Sachprüfung beruht und die Statusfolge zum Gegenstand hat, einer Anerkennung nach § 108 Abs. 1 FamFG zugänglich.[37] 26

33 MüKoBGB/*Helms* EGBGB Art. 19 Rn. 94.
34 BGH 20.3.2019 – XII ZB 320/17, NJW 2019, 1608.
35 BGH 20.3.2019 – XII ZB 530/17, NJW 2019, 1605.
36 BGH 20.3.2019 – XII ZB 320/17, NJW 2019, 1608.
37 BGH 10.12.2014 – XII ZB 463/13, NJW 2015, 479.

27 Ein **Anerkennungshindernis** nach § 109 Abs. 1 Nr. 4 FamFG wegen Verstoßes gegen den ordre public liegt nicht vor, wenn ein Wunschelternteil – im Unterschied zur Leihmutter – mit dem Kind genetisch verwandt ist.[38] Das KG hat eine kalifornische Entscheidung, die nur dem Wunschvater unter Ausschluss der Leihmutter die rechtliche Elternschaft zuweist, anerkannt, ohne die genetische Verwandtschaft zwischen Vater und Kind festzustellen.[39] Entgegen dem KG hält das AG Fürth (Odenwald) eine Zuziehung der Leihmutter als Beteiligte für erforderlich.[40]

28 Bei einer Adoption des durch eine Leihmutter geborenen Kindes richtet sich ihre Zulässigkeit nach § 1741 Abs. 1 S. 1 BGB, nicht nach S. 2. Es genügt also, dass die Annahme dem Kindeswohl dient; sie muss nicht für das Kindeswohl erforderlich sein.[41]

VI. Praktische Hinweise

29 Die Geburt eines Kindes im Ausland kann gem. § 36 PStG im Geburtenregister eingetragen werden, wenn es die deutsche Staatsangehörigkeit in dem Moment besitzt, in dem die Eintragung beantragt wird.

30 Die nach Art. 19 Abs. 1 EGBGB wirksame Abstammung von einem Elternteil mit deutscher Staatsangehörigkeit vermittelt dem Kind die deutsche Staatsangehörigkeit (§ 4 Abs. 1 S. 1 StAG). Ist nur der Vater Deutscher und ist er nicht mit der Mutter verheiratet, ist zudem § 4 Abs. 1 S. 2 StAG und die Altersgrenze des Kindes von 23 Jahren für die Anerkennungserklärung oder Einleitung des Feststellungsverfahrens zu beachten. Bei Geburt im Ausland ist § 4 Abs. 4 StAG zu beachten.

31 Zur Verhinderung von Vaterschaftsanerkennungen, die allein auf den Erwerb der deutschen Staatsangehörigkeit oder eines Aufenthaltsrechts im Inland abzielen, hat der Gesetzgeber durch das Gesetz zur besseren Durchsetzung der Ausreisepflicht[42] mit Wirkung vom 29.7.2017 die Vorschrift des **§ 1597 a BGB** eingeführt. Danach ist die **Beurkundung auszusetzen**, wenn konkrete Anhaltspunkte für eine missbräuchliche Vaterschaftsanerkennung vorliegen. Sodann hat die Ausländerbehörde gem. § 85 a AufenthG zu prüfen, ob eine solche vorliegt. Während dieser Prüfung und nach Feststellung der Missbräuchlichkeit kann die Anerkennung nicht wirksam beurkundet werden. Der Sinn und Zweck der Regelung spricht dafür, ab diesem Zeitpunkt auch eine Anerkennung nach ausländischem Recht für unwirksam zu erachten. Erkennt die Urkundsperson die Missbräuchlichkeit nicht und setzt das Verfahren nicht aus, so ist die erfolgte Beurkundung wirksam.[43]

32 Stellt sich die Frage der Abstammung als Vorfrage in einem Unterhaltsverfahren, ist zweifelhaft, ob das auf die Abstammung anwendbare Recht nach dem IPR des angerufenen Gerichts (selbstständige Anknüpfung) oder nach den Kollisionsnormen des Staates, dessen Recht auf den Unterhaltsanspruch anwendbar ist (unselbständige Anknüpfung), zu ermitteln ist. Diese Frage ist unerheblich, wenn Forumstaat und anwendbares Recht zusammenfallen, etwa bei gewöhnlichem Aufenthalt des Berechtigen im Forumstaat (Art. 3 Abs. 1 HUP) oder gem. Art. 4 Abs. 3 S. 1 HUP (→ *Auslandsbezug bei Unterhaltssachen* Rn. 26, 36).[44] Im Übrigen spricht mehr für die selbstständige Anknüpfung.[45]

38 BGH 10.12.2014 – XII ZB 463/13, NJW 2015, 479; BGH 5.9.2018 – XII ZB 224/17, NJW-RR 2018, 1473.

39 KG 21.1.2020 – 1 W 47/19, FamRZ 2020, 607, Rechtsbeschwerde unter XII ZB 44/20.

40 AG Fürth (Odenwald) 28.6.2019 – 4 F 144/19 AB, FamRZ 2020, 40.

41 OLG Düsseldorf 17.3.2017 – 1 UF 10/16, NJW 2017, 2774; OLG Frankfurt a. M. 28.2.2019 – 1 UF 71/18, NJW 2019, 1615.

42 BGBl. 2017 I 2780.

43 VG Magdeburg 16.11.2018 – 4 B 328/18, FamRZ 2019, 712; KG 5.5.2020 – 1 W 165/19, FamRZ 2020, 1478; anders OLG Köln 1.4.2019 – 21 WF 2/18, FamRZ 2019, 897.

44 Vgl. BGH 5.7.2017 – XII ZB 277/16, NJW-RR 2017, 1089.

45 Staudinger/*Mankowski*, 2016, Vorbem zum HUP Rn. 41 f.; aA Palandt/*Thorn* HUntProt Rn. 9.

39. Auslandsbezug bei Ehesachen

J. Teubel

I. Einführung

Folgt man dem Grundprinzip zur Lösung eines internationalen Familienfalles (→ *Internationales Familienrecht* Rn. 1 ff.), ist vor Beginn eines Scheidungsverfahrens zunächst zu prüfen, ob die deutschen Gerichte für die Scheidung **international zuständig** sind. Sodann ist zu prüfen, welche Rechtsordnung für die Entscheidung der Sache maßgeblich ist. 1

II. Verfahrensrecht

1. Internationale Zuständigkeit

a) Brüssel IIa-VO. Vorrang hat das Europarecht (§ 97 FamFG). In der Europäischen Union – mit Ausnahme von Dänemark – gilt seit dem 1.3.2005 die VO (EG) Nr. 2201/2003 vom 27.11.2003 über die Zuständigkeit und die Anerkennung und Vollstreckung von Entscheidungen in Ehesachen und in Verfahren betreffend die elterliche Verantwortung (Brüssel IIa-VO, auch EuEheVO, EheGVVO, EheVO II). Mit Wirkung vom 1.8.2022 wird die VO (EU) 2019/1111 vom 25.6.2019 (Brüssel IIb-VO) an ihre Stelle treten, deren Regelungen in Ehesachen praktisch mit der Brüssel IIa-VO übereinstimmen. 2

aa) Anwendungsbereich. Der Anwendungsbereich der Verordnung erstreckt sich auf alle Zivilsachen, die die Ehescheidung, die Trennung ohne Auflösung des Ehebandes und die Ungültigerklärung einer Ehe betreffen (Art. 1 Buchst. a Brüssel IIa-VO), jedoch nicht auf Verfahren auf Feststellung des Bestehens oder Nichtbestehens der Ehe. Sie gilt auch für Verfahren, mit denen nach dem Tod eines Ehegatten die Ehe für ungültig erklärt werden soll.[1] Die Verordnung ist ebenfalls anzuwenden, wenn Staatsangehörige eines Nichtmitgliedstaates oder Staatenlose betroffen sind **(Drittstaatenbezug)**.[2] Streitig ist, ob sie auch für die Auflösung von Ehen zwischen gleichgeschlechtlichen Partnern gilt, wenn der jeweilige Mitgliedstaat solche Ehen zulässt.[3] 3

Die Verordnung regelt (mit Ausnahme von Art. 4 und 5) nur die **internationale Zuständigkeit**, nicht die örtliche oder sachliche Zuständigkeit. Diese Zuständigkeiten bestimmen sich in jedem Mitgliedstaat nach dem nationalen Recht (für die örtliche Zuständigkeit in Deutschland nach § 122 FamFG). Die internationale Zuständigkeit ist – trotz §§ 65 Abs. 4, 72 Abs. 2 FamFG – von Amts wegen in jedem Stadium des Verfahrens zu prüfen (→ *Internationales Familienrecht* Rn. 12). Der Rüge einer Partei bedarf es nicht; 4

1 EuGH 13.10.2016 – C-294/15 (Mikołajczyk./.Czarnecka), NJW 2017, 375.
2 EuGH 29.11.2007 – C-68/07 (Sundelind Lopez), NJW 2008, 207.
3 Dafür *Andrae* IntFamR § 2 Rn. 17; dagegen MüKoFamFG/*Gottwald* Brüssel IIa-VO Art. 1 Rn. 5.

durch rügelose Einlassung wird die Zuständigkeit nicht begründet. Auch eine Gerichtsstandsvereinbarung ist nicht möglich.

5 **Neben- und Folgesachen**, abgesehen von Verfahren bzgl. der elterlichen Verantwortung (→ *Auslandsbezug bei Kindschaftssachen* Rn. 7), fallen auch dann nicht in den Anwendungsbereich der Brüssel IIa-VO, wenn sie im Zusammenhang mit einer Ehesache im Sinne des Art. 1 Abs. 1 Buchst. a Brüssel IIa-VO anhängig gemacht werden.[4]

6 **bb) Allgemeine Zuständigkeit.** Die zentrale Zuständigkeitsvorschrift enthält **Art. 3 Abs. 1 Brüssel IIa-VO** (Art. 3 Brüssel IIb-VO). Die internationale Zuständigkeit eines Mitgliedstaates ist gegeben, wenn eine der in Art. 3 Abs. 1 Buchst. a Brüssel IIa-VO aufgeführten sechs Zuständigkeitsanknüpfungen zu seinem Hoheitsgebiet führt oder beide Ehegatten seine Staatsangehörigkeit haben. Der Zuständigkeitskatalog ist abschließend.

7 Gem. Art. 3 Abs. 1 Brüssel IIa-VO sind die deutschen Gerichte international zuständig, wenn

- **beide Ehegatten** ihren **gewöhnlichen Aufenthalt** in Deutschland haben (wobei der gewöhnliche Aufenthalt nicht am selben Ort sein muss),
- nur **ein Ehegatte** seinen gewöhnlichen Aufenthalt im Inland hat, und **zusätzlich** eine der nachstehenden Voraussetzungen vorliegt:
  - beide Ehegatten hatten ihren gewöhnlichen Aufenthalt in Deutschland und ein Ehegatte hat diesen gewöhnlichen Aufenthalt beibehalten,
  - der Ehegatte mit dem gewöhnlichen Aufenthalt in Deutschland ist der Antragsgegner,
  - beide Ehegatten haben gemeinsam die Scheidung beantragt,
  - der Antragsteller hat sich mindestens ein Jahr unmittelbar vor der Antragstellung in Deutschland aufgehalten,
  - der Antragsteller hat sich mindestens sechs Monate unmittelbar vor der Antragstellung in Deutschland aufgehalten und ist deutscher Staatsangehöriger,
- beide **Ehegatten deutsche Staatsangehörige sind**. Auf den gewöhnlichen Aufenthalt der Beteiligten kommt es in diesem Fall nicht an.[5]

Zwischen den unterschiedlichen Zuständigkeiten besteht kein Rangverhältnis.[6] Beispiele zu Art. 3 Brüssel IIa-VO finden sich bei HK-ZPO/*Dörner* EuEheVO Art. 3 Rn. 10 f. und 19 f.

8 **cc) Gewöhnlicher Aufenthalt.** Besondere Bedeutung für die internationale Zuständigkeit nach Art. 3 Brüssel IIa-VO hat der **gewöhnliche Aufenthalt** in einem Mitgliedstaat. Die Brüssel IIa-VO enthält keine Definition des Begriffs des gewöhnlichen Aufenthalts. Der Begriff ist für alle Mitgliedstaaten einheitlich und nicht nach dem nationalen Recht des Gerichtsstaates zu bestimmen (→ *Internationales Familienrecht* Rn. 9).[7]

9 Der gewöhnliche Aufenthalt ist der Ort des **tatsächlichen Lebensmittelpunkts** einer Person, dh der Ort, an dem sich der Schwerpunkt ihrer familiären, beruflichen und gesellschaftlichen Beziehungen befindet. Es kommt auf die Integration in ein soziales und familiäres Umfeld an, wobei Dauer sowie Umstände und Gründe des Aufenthalts zu berücksichtigen sind.[8] Eine Mindestdauer für den gewöhnlichen Aufenthalt sieht die Brüssel IIa-VO nicht vor.[9] Vielmehr kann der Wille, den Aufenthaltsort zum Schwerpunkt der Lebensverhältnisse zu machen und ihm Beständigkeit zu verleihen, schon sofort oder nach kurzer Zeit einen gewöhnlichen Aufenthalt begründen. Dagegen ist kein rechtsgeschäftlicher Wille wie bei der Wohnsitzbegründung gem. § 7 BGB erforderlich. Zu unterscheiden ist der gewöhnliche Aufenthalt vom

4 HK-ZPO/*Dörner* EuEheVO Art. 1 Rn. 9.
5 EuGH 3.10.2019 – C-759/18, FamRZ 2019, 1989.
6 EuGH 16.7.2009 – C-168/08 (Hadadi), EuZW 2009, 619.
7 EuGH 28.6.2018 – C-512/17, FamRZ 2018, 1426 zu Art. 8 Brüssel IIa-VO.
8 EuGH 2.4.2009 – C-523/07, FamRZ 2009, 843 zu Art. 8 Brüssel IIa-VO.
9 EuGH 22.12.2010 – C-497/10, FamRZ 2011, 617 zu Art. 8 Brüssel IIa-VO.

schlichten Aufenthalt. Sind die Ehegatten nur zu Besuch in Deutschland, haben sie hier keinen gewöhnlichen Aufenthalt. Sie können aber ihren gewöhnlichen Aufenthalt begründen, wenn sie sich entscheiden, nicht mehr zurückzukehren.

dd) Staatsangehörigkeit oder „domicile". Daneben begründet auch die gemeinsame **Staatsangehörigkeit** der Ehegatten die internationale Zuständigkeit. Anders als nach Art. 5 Abs. 1 EGBGB gibt es keinen Vorrang der deutschen oder einer effektiven Staatsangehörigkeit.[10] Bei **Flüchtlingen und Staatenlosen** ergibt sich die Zuständigkeit allein aus dem gewöhnlichen Aufenthalt. Im Falle Irlands und Großbritanniens ersetzt das „**domicile**" entsprechend der Tradition des **common law** die Anknüpfung an die Staatsangehörigkeit. Der nach dortigem Recht zu bestimmende Begriff des „domicile" ist enger als Wohnsitz oder gewöhnlicher Aufenthalt. „Domicile" bezeichnet die Zugehörigkeit zu einer bestimmten Rechtsordnung und ändert sich nur, wenn der Betreffende einen erlaubten dauerhaften Lebensmittelpunkt in der Absicht gewählt hat, dort für immer zu bleiben.[11] 10

Im Fall Großbritanniens sind die Auswirkungen des **Brexits** zu beachten. Die Zuständigkeitsvorschriften der Brüssel IIa-VO gelten fort für Verfahren, die bis zum 31.12.2020 eingeleitet wurden. Entscheidungen aus solchen Verfahren können gem. Art. 67 des Austrittsabkommens zwischen der EU und Großbritannien weiterhin nach den Regeln der EuUntVO vollstreckt werden. Sofern zwischen der EU und Großbritannien nichts anderes vereinbart wird, wird sich die Anerkennung und Vollstreckung aus späteren Verfahren nach dem jeweiligen nationalen Recht richten. 11

ee) Sonstiges. Es reicht aus, dass die zuständigkeitsbegründenden Merkmale im Zeitpunkt der Antragstellung vorliegen. Es gilt der Grundsatz der **perpetuatio fori**. Die einmal begründete Zuständigkeit wird nicht berührt, wenn die sie begründenden Umstände sich später verändern, zB eine Partei ins Ausland zieht.[12] Treten die zuständigkeitsbegründenden Merkmale erst während des Verfahrens ein, so sollte auch dies genügen, wenn nicht zuvor ein ausländisches Gericht in derselben Sache angerufen wurde.[13] 12

Ist ein Gericht gem. Art. 3 Brüssel IIa-VO zuständig, besteht gem. Art. 4 Brüssel IIa-VO auch eine internationale Zuständigkeit für einen in den Anwendungsbereich der Brüssel IIa-VO fallenden **Gegenantrag**. Gem. Art. 5 Brüssel IIa-VO ist das Gericht, das eine Entscheidung über die Trennung von Tisch und Bett erlassen hat, auch für die Entscheidung über die Ehescheidung dieser Ehegatten neben den nach Art. 3 Brüssel IIa-VO zuständigen Gerichten international zuständig. 13

Die internationale Zuständigkeit nach Art. 3, 4, 5 Brüssel IIa-VO hat **ausschließlichen Charakter**. Das bedeutet, dass gegen einen Ehegatten, der seinen gewöhnlichen Aufenthalt im Hoheitsgebiet eines Mitgliedstaates hat, ein Verfahren nur nach Maßgabe der Art. 3–5 Brüssel IIa-VO geführt werden kann (Art. 6 Brüssel IIa-VO). Ein im Ausland lebender Deutscher kann allein aufgrund seiner deutschen Staatsangehörigkeit vor einem deutschen Gericht die Scheidung von seinem Ehegatten, der nicht auch Deutscher ist, nicht beantragen, wenn dieser seinen gewöhnlichen Aufenthalt in einem Mitgliedstaat der EU hat. Dasselbe gilt, wenn der Antragsgegner zwar nicht seinen gewöhnlichen Aufenthalt im Hoheitsgebiet eines Mitgliedstaates hat, aber einem Mitgliedstaat angehört oder sein „domicile" in Irland (oder bis 31.12.2020 im Vereinigten Königreich) hat. 14

Die Zwischenentscheidung, mit der sich ein deutsches Gericht für zuständig erklärt, ist gem. § 113 Abs. 1 S. 2 FamFG, § 280 Abs. 2 ZPO selbstständig anfechtbar.[14] 15

Wird ein Verfahren bei einem Familiengericht anhängig gemacht, das nach Art. 3–5 Brüssel IIa-VO international nicht zuständig ist, ist gem. Art. 17 Brüssel IIa-VO (Art. 18 Brüssel IIb-VO) der Antrag als unzulässig abzuweisen, wenn kein Rückgriff auf das nationale Recht nach Art. 7 Brüssel IIa-VO (Art. 6 16

10 EuGH 16.7.2009 – C-168/08 (Hadadi), EuZW 2009, 619.

11 KG 4.4.2007 – 3 UF 129/06, BeckRS 2007, 32533; Staudinger/*Spellenberg*, 2015, Brüssel IIa-VO Art. 3 Rn. 137 ff.

12 *Andrae* IntFamR § 2 Rn. 22.

13 BGH 17.2.2010 – XII ZB 68/09, NJW 2010, 1351 zu Art. 8 Brüssel IIa-VO.

14 OLG Oldenburg 26.7.2012 – 4 WF 82/12, FamRZ 2013, 481.

Abs. 1 Brüssel IIb-VO) zulässig ist, weil kein Gericht in einem anderen Mitgliedstaat nach der Brüssel IIa-VO zuständig ist.

17 **b) Nationales Zuständigkeitsrecht (§ 98 FamFG).** Die internationale Zuständigkeit eines deutschen Gerichts nach § 98 FamFG darf nur in Anspruch genommen werden, wenn kein Gericht in einem Mitgliedstaat nach Art. 3–5 Brüssel IIa-VO zuständig ist. Zumindest eine solche Zuständigkeit besteht gem. Art. 3 Abs. 1 lit. a 3. Spiegelstrich Brüssel IIa-VO immer, wenn der Antragsgegner seinen gewöhnlichen Aufenthalt in einem Mitgliedstaat hat. Auch wenn er dies nicht hat, kann sich aufgrund des gewöhnlichen Aufenthalts des Antragstellers eine Zuständigkeit nach der Brüssel IIa-VO ergeben, Art. 3 Abs. 1 lit. a 2, 5 oder 6. Spiegelstrich.[15] Sie besteht zudem, wenn beide Ehegatten Staatsangehörige eines anderen Mitgliedstaates sind oder ihr „domicile" in Irland (bzw. bis 31.12.2020 in Großbritannien) haben, Art. 3 Abs. 1 lit. b Brüssel IIa-VO.

18 Sogar wenn keine Zuständigkeit eines Gerichts eines Mitgliedstaates gem. Art. 3–5 Brüssel IIa-VO gegeben ist, darf § 98 FamFG nicht herangezogen werden, wenn der Antragsgegner Staatsangehöriger eines anderen Mitgliedstaates ist oder sein „domicile" in Irland (bzw. bis 31.12.2020 in Großbritannien) hat (Art. 6 lit. b Brüssel IIa-VO, Art. 6 Abs. 2 Brüssel IIb-VO). Zuständig wäre dann der Heimatstaat des Antragsgegners nach dortigem nationalem Recht.[16]

19 § 98 Abs. 1 FamFG kommt somit nur noch zur Anwendung, wenn der Antragsgegner seinen gewöhnlichen Aufenthalt in einem Drittstaat hat und keine Staatsangehörigkeit eines anderes Mitgliedstaates besitzt. Praktische Bedeutung kommt insbesondere **§ 98 Abs. 1 Nr. 1 FamFG** zu (ein Ehegatte ist Deutscher oder war bei der Eheschließung Deutscher). Der deutsche Ehegatte kann auch der Antragsgegner sein. Gem. Art. 7 Abs. 2 Brüssel IIa-VO (Art. 6 Abs. 3 Brüssel IIb-VO) können auch EU-Staatsangehörige mit gewöhnlichem Aufenthalt in Deutschland Gleichstellung mit Deutschen und damit die Anwendung des § 98 Abs. 1 Nr. 1 FamFG beanspruchen, was freilich nur relevant wird, wenn der Antragsteller seinen gewöhnlichen Aufenthalt kürzer als ein Jahr im Inland hat (sonst Art. 3 Abs. 1 Buchst. a 5. Spiegelstrich Brüssel IIa-VO) und der Antragsgegner Angehöriger eines Drittstaates mit gewöhnlichem Aufenthalt in einem Drittstaat ist.

20 Anders als nach der Brüssel IIa-VO (→ Rn. 5) erstreckt sich diese internationale Zuständigkeit im Fall des **Verbundes** von Scheidungs- und Folgesachen auch auf die Folgesachen (§ 98 Abs. 3 FamFG).

2. Rechtshängigkeit im Ausland

21 Für die Entscheidung derselben Sache können die Gerichte mehrerer Staaten international zuständig sein. Es ist sogar **Pflicht des Anwalts**, das für den Prozesssieg seines Auftraggebers günstigste Forum (→ *Internationales Familienrecht* Rn. 4) zu wählen.[17]

22 **a) Rechtshängigkeit bei EU-Mitgliedstaaten.** Werden mehrere mitgliedstaatliche Gerichte in derselben Sache angerufen, setzt das später angerufene Gericht von Amts wegen das Verfahren aus, bis die Zuständigkeit des zuerst angerufenen Gerichts geklärt ist (Art. 19 Abs. 1 Brüssel IIa-VO, Art. 20 Abs. 1 Brüssel IIb-VO). Es gilt das **Prioritätsprinzip**. Das Gericht, das zuerst angerufen wurde, hat Vorrang. Das später angerufene Gericht darf nicht prüfen, ob das zuerst angerufene Gericht zuständig ist. Sobald dieses seine Zuständigkeit bejaht hat, hat das später angerufene Gericht den Antrag abzuweisen (Art. 19 Abs. 3 Brüssel IIa-VO, Art. 20 Abs. 3 Brüssel IIb-VO). Wegen der automatischen Anerkennung der mitgliedstaatlichen Entscheidung (Art. 21 Brüssel IIa-VO, Art. 30 Brüssel IIb-VO) kommt es nicht darauf an, ob die Entscheidung des zuerst angerufenen Gerichts im Inland anzuerkennen ist. Wann ein Gericht als angerufen gilt, regelt Art. 16 Brüssel IIa-VO (Art. 17 Brüssel IIb-VO) einheitlich für alle Mitgliedstaaten. Danach reicht die Einreichung des Scheidungsantrags, also die Anhängigkeit, aus, vorausgesetzt, dass der Antragsteller es in der Folgezeit nicht versäumt hat, alle ihm obliegenden Maßnahmen (zB Angabe der richtigen

15 Vgl. EuGH 29.11.2007 – C-68/07 (Sundelind Lopez), NJW 2008, 207.

16 *Andrae* IntFamR § 2 Rn. 42.

17 Zöller/*Geimer* IZPR Rn. 61.

Zustellungsanschrift, Einzahlung des Gerichtskostenvorschusses) für die alsbaldige Zustellung des Antrags an den Antragsgegner zu treffen. Die Stellung eines vollständigen VKH-Antrags sollte genügen.[18]

Voraussetzung ist die Identität der Parteien. Nicht erforderlich ist, dass in beiden Verfahren der gleiche Antrag gestellt wurde. In Ehesachen führen alle Verfahren (einschl. eines Versöhnungsverfahrens als Bestandteil eines Eheverfahrens), die die Ehescheidung, die Trennung ohne Auflösung des Ehebandes und die Ungültigkeitserklärung einer Ehe betreffen, zu einer **Sperre für ähnliche Verfahren** in einem anderen Mitgliedstaat. Ein zB in Italien anhängiges Verfahren wegen Trennung von Tisch und Bett hindert ein deutsches Gericht, das zeitlich später angerufen wird, über die Scheidung der Eheleute zu entscheiden.[19] 23

b) Rechtshängigkeit bei Drittstaaten. Ist das Eheverfahren in einem Nicht-EU-Staat rechtshängig, gilt für Deutschland § 261 Abs. 3 ZPO analog. Die frühere Rechtshängigkeit im Ausland schließt bei Identität der Beteiligten und des Verfahrensgegenstandes ein inländisches Verfahren aus, wenn das ausländische Urteil anzuerkennen wäre. Das Gericht muss folglich anders als bei der europäischen Rechtshängigkeit (→ Rn. 22) eine **Anerkennungsprognose** stellen.[20] Wann Rechtshängigkeit eintritt, bestimmt sich jeweils nach dem Verfahrensrecht der angerufenen Gerichte. 24

Wenn die Anerkennung der ausländischen Entscheidung zu erwarten ist, ist der im Inland gestellte Scheidungsantrag als unzulässig abzuweisen. Ist die Anerkennung der ausländischen Entscheidung unsicher, kann das Verfahren gem. § 148 ZPO analog ausgesetzt werden. Die anderweitige Rechtshängigkeit stellt ein **Prozesshindernis** dar, das von Amts wegen auch in der Revisionsinstanz zu beachten ist.[21] Das bedeutet aber keine Amtsermittlung. Es ist daher im Interesse des Antragsgegners darzulegen, dass ein Verfahren im Ausland geführt wird. 25

3. Anerkennung ausländischer Entscheidungen

Ein Scheidungsverfahren im Inland setzt das Bestehen der Ehe voraus. Daran kann es fehlen, wenn die Ehe bereits im Ausland aufgelöst wurde und diese ausländische Entscheidung in Deutschland anzuerkennen ist (→ *Auslandsscheidung* Rn. 9 ff., 48 ff.). Entscheidungen aus der EU (ausgenommen Dänemark) werden gem. Art. 21 Brüssel IIa-VO (Art. 30 Brüssel IIb-VO) automatisch anerkannt. Die Frage, ob die Ehescheidung vor dem Standesamt nach italienischem Recht dazu zählt, hat der BGH dem EuGH vorgelegt.[22] Die ab 1.8.2022 anwendbare Brüssel IIb-VO erfasst gem. Art. 65 Brüssel IIb-VO solche Scheidungen.[23] Im Übrigen ist § 107 FamFG zu beachten. 26

4. Geltung des deutschen Verfahrensrechts

Das Gericht wendet, wenn es international zuständig ist, bei der Scheidung das eigene Verfahrensrecht (**lex fori**) an. Das gilt auch dann, wenn sich die Scheidung materiellrechtlich nach einem ausländischen Recht richtet oder es sich um eine dem deutschen Recht fremde Rechtseinrichtung wie die Trennung ohne Auflösung des Ehebandes handelt.[24] 27

Bestandteil des deutschen Verfahrensrechts ist der **Verbund**, der als lex fori anzuwenden ist. Bei einer Scheidung nach ausländischem Recht können die nach diesem Recht vorgesehenen Scheidungsfolgen im 28

18 MüKoFamFG/*Gottwald* Brüssel IIa-VO Art. 16 Rn. 2; *Dimmler* FamRB 2017, 55 (56) empfiehlt einen Antrag nach § 15 Nr. 3 lit. b FamGKG.

19 *Andrae* IntFamR § 2 Rn. 73; vgl. auch EuGH 6.10.2015 – C-489/14, NJW 2015, 3776.

20 Ständige Rechtsprechung, zB BGH 28.5.2008 – XII ZR 61/06, NJW-RR 2008, 1169; KG 3.2.2016 – 3 UF 78/15, FamRZ 2016, 836.

21 BGH 10.10.1985 – I ZR 1/83, NJW 1986, 2195.

22 BGH 28.10.2020 – XII ZB 187/20; Nachweise zu außergerichtlichen Scheidungsverfahren in Europa bei *Ludwig* FamRB 2020, 346 (347).

23 Dazu *Dutta* FamRZ 2020, 1428.

24 BGH 1.4.1987 – IVb ZR 40/86, NJW 1988, 636.

Verbund geltend gemacht werden, soweit sie sich unter § 137 Abs. 2 und 3 FamFG subsumieren lassen. Ob das maßgebliche ausländische Recht eine Entscheidung im Verbund vorsieht, ist unerheblich.[25]

III. Kollisionsrecht; Rom III-VO

1. Rom III-VO

29 Die seit dem 21.6.2012 anwendbare VO (EG) Nr. 1259/2010 des Rates vom 20.12.2010 zur Durchführung einer verstärkten Zusammenarbeit im Bereich des auf die Ehescheidung und Trennung ohne Auflösung des Ehebandes anzuwendenden Rechts (**Rom III-VO**) stellt für die an der verstärkten Zusammenarbeit teilnehmenden 17 EU-Mitgliedstaaten **einheitliche Kollisionsregeln** auf. Bei einem Scheidungsverfahren in Deutschland sowie Belgien, Bulgarien, Estland (seit 11.2.2018), Frankreich, Griechenland (seit 29.7.2015), Italien, Lettland, Litauen (seit 22.5.2014), Luxemburg, Malta, Österreich, Portugal, Rumänien, Slowenien, Spanien und Ungarn wird das auf die Scheidung anwendbare Recht nach denselben Vorschriften ermittelt. Dadurch wird der Anreiz zum „forum shopping" (→ *Internationales Familienrecht* Rn. 4) reduziert.

30 **a) Anwendungsbereich.** Gem. Art. 19 Abs. 1 Rom III-VO bleiben **internationale Übereinkommen** unberührt, denen ein Mitgliedstaat zum Zeitpunkt der Annahme angehört. Aus deutscher Sicht betrifft dies Art. 8 Abs. 3 des deutsch-iranischen Niederlassungsabkommens vom 17.2.1929, das für die Scheidung zweier iranischer Staatsangehöriger iranisches Recht beruft.[26]

31 Die Rom III-VO gilt für die Ehescheidung und die Trennung ohne Auflösung des Ehebandes, wie etwa die Trennung von Tisch und Bett nach italienischem Recht. Anders als die Brüssel IIa-VO (→ Rn. 3) ist die Verordnung auf die Ungültigerklärung einer Ehe nicht anwendbar, was nach hM auch die Anwendung auf die Eheaufhebung ausschließt. Von der Anwendung werden ferner Verfahren ausgeklammert, die das Bestehen, die Gültigkeit oder die Anerkennung der Ehe sowie das Trennungs- und Scheidungsfolgenrecht betreffen, wie dies der Negativkatalog des Art. 1 Abs. 2 Rom III-VO im Einzelnen klarstellt.

32 Auf **Privatscheidungen**, die weder von einem Gericht noch einer Behörde oder unter deren Kontrolle ausgesprochen werden, ist die Rom III-VO nicht anwendbar.[27] Der deutsche Gesetzgeber hat in Art. 17 Abs. 2 EGBGB aber die Regelungen der Rom III-VO mit einigen Modifizierungen für entsprechend anwendbar erklärt (→ Rn. 69).

33 Vor deutschen Gerichten bestimmen die Vorschriften der Rom III-VO auch das für die Scheidung **gleichgeschlechtlicher Ehen** maßgebliche Recht (Art. 17 b Abs. 4 S. 1 EGBGB), was nach hM von der Rom III-VO nicht vorgegeben wird, also im Ausland anders gehandhabt werden kann.[28] Die Rom III-VO gibt **keinen einheitlichen Ehebegriff** vor.

34 Die Rom III-VO gilt für gerichtliche Verfahren, die ab dem 21.6.2012 eingeleitet wurden, worunter die Anrufung des Gerichts gem. Art. 16 Brüssel IIa-VO (→ Rn. 22) zu verstehen ist. Ab diesem Tag gilt sie auch für die Wahl des anwendbaren Scheidungsrechts, wobei auch zuvor geschlossene Rechtswahlvereinbarungen wirksam sind, wenn sie die Anforderungen der Rom III-VO erfüllen (Art. 18 Abs. 1 Rom III-VO).

35 **b) Universelle Anwendung.** Die Verordnung erfordert gem. Art. 1 Abs. 1 Rom III-VO eine Verbindung zum Recht verschiedener Staaten, bei denen es sich aber nicht um EU-Staaten handeln muss. Das nach der Rom III-VO berufene Recht ist auch dann anzuwenden, wenn es das Recht eines EU-Staates, der an der verstärkten Zusammenarbeit nicht teilnimmt oder das Recht eines Nicht-EU-Staates (Drittstaates), wie zB der Türkei, ist.[29] Die Verordnung hat eine **universelle Anwendung** (Art. 4 Rom III-VO).

---

25 HK-ZPO/*Kemper* FamFG § 137 Rn. 4.

26 Nicht, wenn ein Ehegatte auch die deutsche Staatsangehörigkeit besitzt, BVerfG 4.12.2006 – 2 BvR 1216/06, NJW-RR 2007, 577.

27 EuGH 20.12.2017 – C-372/16 (Sahyouni), NJW 2018, 447.

28 *Hau* FamRZ 2013, 249 (250 f.).

29 OLG Hamm 3.12.2012 – 7 WF 239/12, FamRZ 2013, 217.

c) Rechtswahl. Vorrang hat das von den Ehegatten gewählte Recht (Art. 5 Rom III-VO). Sie können durch Rechtswahl das auf die Ehescheidung oder die Trennung ohne Auflösung des Ehebandes anzuwendende Recht bestimmen. Dadurch wird die **Privatautonomie** gestärkt. 36

aa) Wählbare Rechte. Es gibt vier Wahlmöglichkeiten. Wählbar sind: das Recht des Staates, in dem die Ehegatten zum Zeitpunkt der Rechtswahl ihren **gewöhnlichen Aufenthalt** haben; das Recht des Staates, in dem sie zuletzt ihren gewöhnlichen Aufenthalt hatten, sofern einer von ihnen ihn beibehalten hat; das Recht des Staates, dessen Staatsangehörigkeit einer der Ehegatten zum Zeitpunkt der Rechtswahl besitzt (→ Rn. 52) und schließlich das Recht des Staates des angerufenen Gerichts (lex fori) (Art. 5 Abs. 1 Rom III-VO). 37

Die Rechtswahl kann jederzeit, auch schon vor Eheschließung,[30] spätestens jedoch bis zum Zeitpunkt der Anrufung des Gerichts getroffen oder abgeändert werden (Art. 5 Abs. 2 Rom III-VO). Wenn das Recht des angerufenen Gerichts dies vorsieht, kann die **Rechtswahl** auch **im Laufe des Verfahrens** getroffen werden (Art. 5 Abs. 3 Rom III-VO). Vor dem deutschen Familiengericht ist die Rechtswahl bis zum Schluss der mündlichen Verhandlung im ersten Rechtszug möglich (Art. 46 e Abs. 2 EGBGB). Die Wirksamkeit der Wahl bestimmt sich grundsätzlich nach dem gewählten Recht (Art. 6 Rom III-VO). 38

bb) Form. Die Rechtswahl bedarf zur Formgültigkeit der **Schriftform** mit Datierung und Unterzeichnung durch beide Ehegatten; auch elektronische Übermittlungen, die eine dauerhafte Aufzeichnung der Vereinbarung ermöglichen, genügen (Art. 7 Abs. 1 Rom III-VO). Strengere Formvorschriften nach dem Recht des teilnehmenden Mitgliedstaates, in dem die Ehegatten oder einer von ihnen ihren gewöhnlichen Aufenthalt haben, sind zu beachten (Art. 7 Abs. 2–4 Rom III-VO). 39

Haben beide Beteiligte im Zeitpunkt der Rechtswahl ihren gewöhnlichen Aufenthalt in Deutschland, so bedarf die Rechtswahl zur Formgültigkeit der notariellen Beurkundung (Art. 46 e Abs. 1 EGBGB). Hat nur ein Ehegatte seinen gewöhnlichen Aufenthalt in Deutschland, ist die notarielle Form erforderlich, wenn der andere seinen gewöhnlichen Aufenthalt nicht in einem Staat hat, der an der Rom III-VO teilnimmt (Art. 7 Abs. 4 Rom III-VO). Hat der andere Ehegatte seinen gewöhnlichen Aufenthalt in einem Staat, der an die Rom III-VO gebunden ist, genügt die Einhaltung einer dortigen Formvorschrift (Art. 7 Abs. 3 Rom III-VO). Wird die Rechtswahl im Laufe des Verfahrens in Deutschland getroffen, ersetzt die **gerichtliche Protokollierung** die notarielle Beurkundung (Art. 46 e Abs. 2 S. 2 EGBGB iVm § 127 a BGB). 40

d) Objektive Anknüpfung. In der Praxis wird die Rechtswahl voraussichtlich kaum, allenfalls durch Vereinbarung vor Gericht getroffen werden. Dann kommt das durch objektive Anknüpfung bestimmte Recht zur Anwendung. Die **Anknüpfungsleiter** des Art. 8 Rom III-VO hat vier Stufen: 41

Angeknüpft wird an erster Stelle an das Recht des Staates, in dem die Ehegatten zum Zeitpunkt der Verfahrenseinleitung ihren **gemeinsamen gewöhnlichen Aufenthalt** (nicht notwendigerweise am selben Ort) haben, an zweiter Stelle an das Recht des Staates des letzten gemeinsamen gewöhnlichen Aufenthalts, soweit dieser nicht länger als ein Jahr vor Anrufung des Gerichts endete und einer der Ehegatten diesen gewöhnlichen Aufenthalt beibehalten hat. Erst an dritter Stelle wird an das Recht des Staates angeknüpft, dessen Staatsangehörigkeit beide Ehegatten zum Zeitpunkt der Verfahrenseinleitung besitzen. Fehlt auch ein gemeinsames Heimatrecht, kommt an letzter Stelle das Recht des Staates des angerufenen Gerichts (lex fori) zur Anwendung (Art. 8 Rom III-VO). 42

Die vorrangige Anknüpfung an den gewöhnlichen Aufenthalt entspricht im Grundsatz der Regelung der internationalen Zuständigkeit nach der Brüssel IIa-VO. Dieser Gleichlauf von Zuständigkeit und anwendbarem Recht führt dazu, dass bei einem Scheidungsverfahren in Deutschland häufig **deutsches Recht** anzuwenden ist. Die Ehegatten sollen primär von den Gerichten und nach dem Recht des Staates geschieden werden können, in dem sie sozial eingebunden sind und ihre Ehe geführt haben, wenn einer von ihnen noch dort lebt. Die Anknüpfung an den gewöhnlichen Aufenthalt der Ehegatten und nicht an die 43

30 Palandt/*Thorn* Rom III-VO Art. 5 Rn. 6.

gemeinsame Staatsangehörigkeit entspricht vor dem Hintergrund einer stärkeren Mobilität der Menschen einer allgemeinen Tendenz im IPR, der sozialen Integration den Vorrang einzuräumen.

44 Bei einem Scheidungsverfahren in Deutschland wird die Anwendung ausländischen Rechts die Ausnahme sein, denn es kommt nur dann zur Anwendung, wenn

- beide Ehegatten ihren gewöhnlichen Aufenthalt im Ausland haben;
- ein Ehegatte seinen gewöhnlichen Aufenthalt vor weniger als einem Jahr in Deutschland begründet und der andere Ehegatte den früheren gemeinsamen Aufenthalt im Ausland beibehalten hat;
- die Ehegatten dieselbe ausländische Staatsangehörigkeit besitzen, ohne dass beide ihren gewöhnlichen Aufenthalt im Inland haben und ohne dass ein Ehegatte den früheren gemeinsamen gewöhnlichen Aufenthalt in Deutschland vor nicht mehr als einem Jahr aufgegeben hat oder
- die Ehegatten nach Art. 5 Rom III-VO durch Rechtswahl ein ausländisches Recht zum Scheidungsstatut bestimmt haben.

Lebt beispielsweise ein griechisches Ehepaar in Deutschland, richtet sich – vorbehaltlich einer Rechtswahl – seine Scheidung nach deutschem Recht. Erst wenn mehr als ein Jahr vergangen ist, seitdem ein Ehegatte seinen gewöhnlichen Aufenthalt ins Ausland verlegt hat, richtet sich seine Scheidung im Inland nach griechischem Recht.

45 Maßgeblicher Zeitpunkt für die Anknüpfung ist der Zeitpunkt der Anrufung des Gerichts. Die Anrufung des Gerichts ist im Sinne der Brüssel IIa-VO zu verstehen (→ Rn. 22). Damit wird das **Scheidungsstatut unwandelbar** festgelegt. Eine nachträgliche Änderung des anwendbaren Rechts kann nur dann erfolgen, wenn die Ehegatten gem. Art. 5 Abs. 3 Rom III-VO im Laufe des Verfahrens eine Rechtswahl treffen (→ Rn. 38).

46 Der Begriff des **gewöhnlichen Aufenthalts** wird in der Rom III-VO ebenso wenig definiert wie in der Brüssel IIa-VO (→ Rn. 8 f.), der EuUntVO oder den Haager Übereinkommen, wie zB dem HUP (→ *Auslandsbezug bei Unterhaltssachen* Rn. 10, 27). Er ist **autonom** und nicht nach dem Recht des angerufenen Gerichts auszulegen. Gemeint ist der Ort, an dem eine Person erkennbarerweise sozial und familiär integriert ist, was nach allen Umständen des Falles, insbesondere unter Berücksichtigung von Dauer, Umständen und Gründen des Aufenthalts, vom jeweiligen Gericht zu beurteilen ist (→ *Gewöhnlicher Aufenthalt* Rn. 11 ff.).[31]

47 **e) Einzelfragen; ordre public.** Bei **Umwandlung** einer Trennung ohne Auflösung des Ehebandes in eine Ehescheidung ist für die Ehescheidung vorbehaltlich einer Rechtswahl durch die Ehegatten das Recht maßgeblich, welches auf die Trennung angewendet wurde (Art. 9 Rom III-VO). Sieht dieses keine Umwandlung in eine Ehescheidung vor, ist das für die Umwandlung maßgebliche Recht (Umwandlungsstatut) vorbehaltlich einer Rechtswahl nach der Anknüpfungsleiter des Art. 8 Rom III-VO zu bestimmen (→ Rn. 41 f.).

48 Grundrechte und Grundsätze, die mit der **Charta der Grundrechte** der Europäischen Union anerkannt wurden, namentlich Art. 21 GRCh, die jede Form der Diskriminierung untersagt (Erwägungsgrund 25), sollen gewährleistet werden. Das gewählte oder in Ermangelung einer Rechtswahl aufgrund objektiver Anknüpfung maßgebliche Recht (Art. 5, 8 Rom III-VO) unterliegt daher einer Inhaltskontrolle. Es ist nicht anzuwenden, wenn es die Ehescheidung nicht vorsieht oder einem der Ehegatten keinen gleichberechtigten Zugang zur Ehescheidung oder Trennung gewährt. In einem solchen Fall findet das Recht des Staates des angerufenen Gerichts (lex fori) Anwendung (Art. 10 Rom III-VO). Ein solcher Fall würde zB vorliegen, wenn von zwei philippinischen Staatsangehörigen nur einer seinen gewöhnlichen Aufenthalt im Inland hätte, so dass nach Art. 8 lit. c Rom III-VO das philippinische Recht das maßgebliche Scheidungsrecht wäre, was aber keine Scheidung zulässt.[32] Dies würde gegen die in Deutschland durch das Grundgesetz

31 EuGH 2.4.2009 – C-523/07, FamRZ 2009, 843 zu Art. 8 Brüssel IIa-VO.

32 Vgl. auch BGH 11.10.2006 – XII ZR 79/04, NJW-RR 2007, 145 zum kanonischen Recht.

garantierte Eheschließungsfreiheit verstoßen, die durch das Recht auf Scheidung der Ehe flankiert wird, so dass deutsches Recht ersatzweise heranzuziehen wäre.

Art. 10 Rom III-VO ist eng auszulegen und als **besondere Vorbehaltsklausel** nur anzuwenden, wenn das anzuwendende Recht gar keine Ehescheidung vorsieht.[33] Es genügt nicht, dass die Scheidung nach dem ausländischen Recht schwieriger ist, weil zB ein förmliches Trennungsverfahren erforderlich ist, oder derzeit noch nicht möglich ist, weil das ausländische Recht im Vergleich zum deutschen Recht eine längere Trennungszeit vorsieht. 49

Ebenso wird das nach der Rom III-VO maßgebliche Recht nicht angewandt, wenn seine Anwendung mit der öffentlichen Ordnung (ordre public) des Staates des angerufenen Gerichts offensichtlich unvereinbar ist (Art. 12 Rom III-VO). Diese **allgemeine Vorbehaltsklausel** kommt auch in Betracht, wenn die Scheidung einer hinkenden Ehe (→ Rn. 61) mangels Wirksamkeit der Ehe nicht möglich ist.[34] 50

Art. 13 Rom III-VO erlaubt es den Gerichten eines Mitgliedstaates, eine Ehescheidung nicht auszusprechen, wenn nach dessen Recht die betreffende Ehe nicht als gültig angesehen wird. Dies betrifft vor allem Staaten, die die gleichgeschlechtliche Ehe nicht kennen, und hat in Deutschland keine Bedeutung (→ Rn. 33). 51

f) Besonderheiten. aa) Mehrfache Staatsangehörigkeit. Eine Regelung, wie mit mehrfacher Staatsangehörigkeit umgegangen werden soll, enthält die Rom III-VO nicht, vielmehr verweist ihr Erwägungsgrund 22 auf das innerstaatliche Recht, wobei die Grundsätze des Europarechts, also insbesondere das Diskriminierungsverbot, zu achten sind. Nach deutschem Recht (Art. 5 Abs. 1 EGBGB) ist die effektive Staatsangehörigkeit, dh die Angehörigkeit des Staates, mit dem die Person am engsten verbunden ist, entscheidend. Ist eine Person auch Deutsche, geht diese Rechtsstellung vor. Das gilt bei Bestimmung des anwendbaren Rechts durch Rechtswahl nicht. Bei mehrfacher Staatsangehörigkeit können die Ehegatten auch eine **nicht-effektive Staatsangehörigkeit** wählen.[35] Jedenfalls ist die Bevorzugung der deutschen Staatsangehörigkeit gegenüber Staatsangehörigkeiten anderer EU-Staaten mit der Ausübung der Grundfreiheiten nicht vereinbar.[36] 52

Dagegen sollte bei der Bestimmung des maßgeblichen Rechts durch objektive Anknüpfung (Art. 8 Rom III-VO) nur die effektive Staatsangehörigkeit herangezogen werden,[37] wobei wiederum ein Vorrang der deutschen Staatsangehörigkeit nur gegenüber drittstaatlichen Staatsangehörigkeiten möglich ist.[38] Anders als bei der Zuständigkeit (→ Rn. 10) muss das Kollisionsrecht zu einer eindeutigen Lösung kommen und die engste Verbindung suchen, wozu die Anknüpfung an die effektive Staatsangehörigkeit passt.[39] 53

Bei Staatenlosen, Flüchtlingen und Asylberechtigten ersetzt ihr Wohnsitz bzw. ihr gewöhnlicher, hilfsweise einfacher Aufenthalt die Anknüpfung an die Staatsangehörigkeit (Art. 12 Übereinkommen über die Rechtsstellung der Staatenlosen; Art. 12 Genfer Flüchtlingskonvention; §§ 2, 3 Asylgesetz). 54

bb) Keine Rück- und Weiterverweisung. Die Verweisungen der Rom III-VO sind immer **Sachnormverweisungen**. Verweisen die Vorschriften der Rom III-VO auf ein ausländisches Recht, so bleiben die Vorschriften des Internationalen Privatrechts des ausländischen Staates außer Betracht (Art. 11 Rom III-VO). Eine Rück- oder Weiterverweisung (sog. *renvoi*, → *Internationales Familienrecht* Rn. 10) findet nicht statt, es sind vielmehr unmittelbar die Sachnormen des ausländischen Rechts anzuwenden. 55

cc) Mehrrechtsstaaten. In Scheidungsfällen ist zu beachten, dass eine Reihe von Staaten, wie Großbritannien, die USA, Australien und Kanada, sog. Mehrrechtsstaaten sind. Es sind Staaten mit territorialer 56

33 EuGH 16.7.2020 – C-249/19, FamRZ 2020, 1464.
34 Palandt/*Thorn* Rom III-VO Art. 1 Rn. 8.
35 BT-Drs. 17/11049, 8; *Helms* FamRZ 2011, 1765 (1770 f.).
36 Palandt/*Thorn* Rom III-VO Art. 5 Rn. 4.
37 Palandt/*Thorn* Rom III-VO Art. 8 Rn. 4; *Helms* FamRZ 2011, 1765 (1771).
38 BGH 26.8.2020 – XII ZB 158/18, NJW 2020, 3592.
39 Skeptisch BGH 26.8.2020 – XII ZB 158/18, NJW 2020, 3592.

Rechtsspaltung oder Teilrechtsordnungen. In England gelten andere Gesetze als in Schottland, und in den USA ist die Gesetzeslage in den verschiedenen Einzelstaaten unterschiedlich. Es gibt auch Staaten, in denen unterschiedliches Recht für bestimmte Personengruppen oder Religionsgemeinschaften gilt (personale Rechtsspaltung), zB Jordanien. Anders als nach autonomem deutschen Recht (Art. 4 Abs. 3 EGBGB) gilt nach der Rom III-VO bei Verweisung auf einen Mehrrechtsstaat mit territorialer Rechtsspaltung grundsätzlich nicht dessen interlokales Recht, also die Vorschriften, die innerhalb dieses Staates das anwendbare Recht bestimmen. Vielmehr beziehen sich die Verweisungen der Rom III-VO **unmittelbar** auf die betreffende Teilrechtsordnung (Art. 14 Rom III-VO). Verweist die Verordnung dagegen auf einen Mehrrechtsstaat mit personaler Rechtsspaltung, bestimmt dessen interpersonales Privatrecht die maßgebliche Rechtsordnung (Art. 15 Rom III-VO).

57 Ehegatten, die eine Rechtswahl für die Scheidung ihrer Ehe treffen wollen, können sich über die Webseite des **Europäischen Justiziellen Netzes für Zivil- und Handelssachen** e-justice.europa.eu/content_divorce-45-de.do über die Einzelheiten des Rechts informieren, das sie als maßgebliches Recht bestimmen wollen.

58 **g) Vorfrage des Bestehens der Ehe.** Nur eine wirksame und bestehende Ehe kann geschieden werden. Das Bestehen der Ehe ist damit eine sog. Vorfrage. Von einer Vorfrage spricht man, wenn die Antwort auf die gestellte (**Haupt-**)**Frage** (hier: Kann die Ehe geschieden werden?) die vorherige Klärung eines Rechtsverhältnisses (hier: das Bestehen oder Nichtbestehen einer Ehe) voraussetzt. Nach hM werden Vorfragen nicht nach dem IPR des Staates, dessen Recht für die Hauptfrage maßgeblich ist, beurteilt, sondern selbstständig nach dem IPR des angerufenen Gerichts, vor deutschen Gerichten also nach den deutschen Kollisionsnormen.[40]

59 Das bedeutet, dass die Voraussetzungen der Eheschließung nach Art. 13 EGBGB und die Form der Eheschließung im Ausland nach Art. 11 EGBGB, im Inland nach Art. 13 Abs. 3 EGBGB zu beurteilen sind. Die materielle Rechtskraft eines deutschen Scheidungsurteils erfasst nicht die Wirksamkeit der Eheschließung nach Art. 11, 13 EGBGB.[41]

60 Ist die Ehe im Ausland geschieden worden, hängt die Wirksamkeit des ausländischen Scheidungsurteils von dessen **Anerkennung** im Inland ab (→ Rn. 26; → *Auslandsscheidung* Rn. 9 ff., 48 ff.). Das inländische Scheidungsverfahren ist auf Antrag zur Klärung der Anerkennung des ausländischen rechtskräftigen Scheidungsausspruchs auszusetzen.[42]

61 **h) Geltungsbereich.** Das nach der Rom III-VO berufene Recht bestimmt die Scheidbarkeit einer Ehe, die Scheidungsvoraussetzungen wie Scheidungsgründe und Trennungsfristen sowie die Wirkungen der Scheidung. Die **Unscheidbarkeit der Ehe** nach ausländischem Recht oder eine Ungleichbehandlung von Mann und Frau verstößt aber gegen den ordre public (Art. 10 Rom III-VO) und führt zur Anwendung der lex fori (→ Rn. 48 f.). Auch eine nach dem Heimatrecht der Eheleute unwirksame, nach deutschem Recht jedoch wirksame Ehe (**hinkende Ehe**) unterliegt dem nach der Rom III-VO maßgeblichen Recht.

62 Das auf den **nachehelichen Unterhalt** anwendbare Recht ist vom Scheidungsstatut unabhängig. Nach Art. 15 EuUntVO gilt insoweit das Haager Protokoll über das auf Unterhaltspflichten anzuwendende Recht vom 23.11.2007, anwendbar seit dem 18.6.2011, das für den Unterhaltsanspruch von Ehegatten sowohl vor als auch nach der Scheidung grundsätzlich das Recht am gewöhnlichen Aufenthalt des Berechtigten beruft (Art. 3 HUP; → *Auslandsbezug bei Unterhaltssachen* Rn. 26; aber auch → *Auslandsbezug bei Unterhaltssachen* Rn. 39 zu Art. 5 HUP). Das gilt auch für den Anspruch auf eine noch nicht geleistete Morgengabe (Brautgabe, Heiratsgeld im islamischen Recht) im Zusammenhang mit der Scheidung der Ehe.[43]

---

40 Palandt/*Thorn* EGBGB Vor Art. 3 Rn. 29.
41 BGH 13.3.2003 – IX ZR 181/99, NJW-RR 2003, 850.
42 BGH 6.10.1982 – IVb ZR 729/80, NJW 1983, 514.
43 OLG Hamm 22.4.2016 – 3 UF 262/15, NZFam 2016, 1035.

Der **Versorgungsausgleich** ist grundsätzlich akzessorisch an das Scheidungsstatut angeknüpft. Er ist nur durchzuführen, wenn nach der Rom III-VO auf die Scheidung deutsches Recht anzuwenden ist und mindestens eines der Heimatrechte der Ehegatten einen Versorgungsausgleich kennt (Art. 17 Abs. 4 S. 1 EGBGB). Im Übrigen kommt die Durchführung des Versorgungsausgleichs in Betracht, wenn ein Ehegatte bei einem inländischen Versorgungsträger ein Anrecht erworben hat (Art. 17 Abs. 4 S. 2 EGBGB). 63

Der **Ehename** nach der Scheidung richtet sich nach dem jeweiligen Personalstatut der Ehegatten (→ *Ehename* Rn. 29), der Güterstand nach der EuGüVO bzw., je nach Zeitpunkt der Eheschließung, nach Art. 15 EGBGB aF (→ *Auslandsbezug bei Güterrechtssachen* Rn. 10), die Zuweisung von **Haushaltsgegenständen und Ehewohnung** nach Art. 17 Abs. 1 EGBGB, soweit zeitlich nicht der Anwendungsbereich der EuGüVO eröffnet ist (bei Ehewohnung und Haushaltsgegenständen im Inland gilt gem. Art. 17 a EGBGB aF deutsches Recht). Für die Regelung des **Sorgerechts** für die gemeinsamen Kinder gilt das Haager Kinderschutzübereinkommen vom 19.10.1996 bzw. Art. 21 EGBGB (→ *Auslandsbezug bei Kindschaftssachen* Rn. 24 ff.). Danach unterliegt das Eltern-Kind-Verhältnis dem Recht des Staates, in dem das Kind seinen gewöhnlichen Aufenthalt hat. 64

Nach Art. 17 Abs. 1 EGBGB gilt das durch die Rom III-VO bestimmte Recht auch für solche vermögensrechtlichen Folgen, für die keine besonderen Anknüpfungsregeln bestehen. Als Anwendungsbeispiele werden in der Gesetzesbegründung Entschädigungs- oder Schadensersatzansprüche nach ausländischem Eherecht angeführt.[44] 65

2. Vollzug der Scheidung

Eine **Scheidung im Inland** ist nur durch ein Gericht möglich (Art. 17 Abs. 3 EGBGB). Auch bei Geltung ausländischen Scheidungsrechts, das die Scheidung etwa durch Erklärung vor dem Standesbeamten erlaubt, kann im Inland eine Ehe nur durch Gestaltungsbeschluss des Familiengerichts gem. § 1564 S. 1 BGB, § 116 FamFG geschieden werden. Dies gehört zum deutschen ordre public und wird von der Rom III-VO nicht berührt.[45] Damit unvereinbar ist ein Feststellungsbeschluss, der eine inländische Privatscheidung bestätigt. Das Verfahren richtet sich ohnehin nach dem Recht des angerufenen Gerichts. Die lex fori gilt auch für die gerichtliche Zuständigkeit, wie zB wenn das ausländische Recht die Scheidung der Ehe durch den geistlichen „Scharia-Richter" vorsehen würde.[46] 66

Bei der Anwendung einer **ausländischen Scheidungsvorschrift** kommt es darauf an, ob sie als materiellrechtliche oder verfahrensrechtliche Bestimmung zu qualifizieren ist. An die Stelle ausländischer Verfahrensvorschriften tritt das deutsche Verfahrensrecht. Sie sollten aber beachtet werden, wenn zB die Anerkennungsfähigkeit der deutschen Entscheidung im Ausland von der Einhaltung dieser Vorschriften abhängt. Ist eine Regelung sowohl als materielle Scheidungsvoraussetzung als auch als Teil des Scheidungsvollzugs anzusehen, muss sie im inländischen Verfahren beachtet werden, soweit dies die inländischen Verfahrensvorschriften zulassen.[47] Das ausländische Scheidungsrecht kann unter Umständen auch eine Anpassung des inländischen Verfahrensrechts erfordern, wenn es dem deutschen Recht fremde Elemente vorsieht, etwa die Trennung von Tisch und Bett. So hat der BGH[48] es für möglich gehalten, einen Ehegatten zum Ausspruch einer Scheidungsformel zu verurteilen (Abgabe einer Willenserklärung gem. § 894 ZPO). Das deutsche Verfahrensrecht erlaubt es auch, im Tenor auf Antrag einen Ausspruch über die Schuld an der Trennung aufzunehmen, wenn die Schuldfeststellung nach dem maßgebenden Recht Auswirkungen auf die Trennungsfolgen hat.[49] Ebenso ist im inländischen Verfahren dem Erfordernis eines förmlichen Aussöhnungsversuches gemäß dem ausländischen Scheidungsstatut Rechnung zu tragen. 67

44 BT-Drs. 17/11049, 10.

45 Palandt/*Thorn* EGBGB Art. 17 Rn. 6.

46 BGH 6.10.2004 – XII ZR 225/01, NJW-RR 2005, 81.

47 *Andrae* IntFamR § 3 Rn. 51.

48 6.10.2004 – XII ZR 225/01, NJW-RR 2005, 81.

49 BGH 1.4.1987 – IVb ZR 40/86, NJW 1988, 636.

3. Privatscheidungen

68 Da im Inland eine Ehe nur durch ein Gericht geschieden werden kann, ist eine Privatscheidung in Deutschland auch dann unwirksam, wenn eine fremde Behörde, zB eine ausländische Botschaft, mitgewirkt hat. Eine **im Inland vorgenommene Privatscheidung** ist **stets unwirksam** und nicht anerkennungsfähig. Das gilt auch dann, wenn an der Privatscheidung nur Ausländer beteiligt sind.[50] Eine Privatscheidung ist im Inland vorgenommen, wenn der konstitutive Scheidungsakt in Deutschland erfolgt.[51]

69 Eine **im Ausland durchgeführte Privatscheidung** ist aus deutscher Sicht wirksam, wenn sie die Voraussetzungen des anzuwendenden Scheidungsrechts erfüllt. Das maßgebliche Scheidungsstatut wird gem. Art. 17 Abs. 2 EGBGB nach der Rom III-VO, die an sich auf Privatscheidungen nicht anwendbar ist (→ Rn. 32), ermittelt. Soweit diese Vorschriften auf das gerichtliche Verfahren Bezug nehmen, sieht Art. 17 Abs. 2 EGBGB Anpassungen vor, so ersetzt etwa die Anknüpfung an die engste Verbindung die Anwendung der lex fori. Ist für die Scheidung deutsches Recht anwendbar, so ist eine im Ausland vollzogene rechtsgeschäftliche Scheidung unwirksam und nicht anerkennungsfähig.[52] Daher begründet ein im Ausland vor einem religiösen Gericht begonnenes Verfahren der Privatscheidung keine Rechtshängigkeitssperre gegenüber dem inländischen Scheidungsverfahren.[53] Eine Privatscheidung unterliegt dem Anerkennungsverfahren nach § 107 FamFG jedenfalls dann, wenn daran eine ausländische Behörde in irgendeiner Form, auch nur registrierend, mitgewirkt hat.[54]

4. Haftung des Anwalts

70 Betreibt ein Anwalt eine Ehescheidung, muss er die Vorfrage des Bestehens einer wirksamen Ehe prüfen. Er haftet für Schäden infolge der Scheidung einer Nichtehe.[55]

50 BGH 14.10.1981 – IVb ZR 718/80, NJW 1982, 517.
51 Johannsen/Henrich/Althammer/*Gössl* EGBGB Art. 17 Rn. 15 a.
52 BGH 26.8.2020 – XII ZB 158/18, NJW 2020, 3592.
53 BGH 28.5.2008 – XII ZR 61/06, NJW-RR 2008, 1169.
54 BGH 28.11.2018 – XII ZB 217/17, NJW 2019, 931.
55 BGH 13.3.2003 – IX ZR 181/99, NJW-RR 2003, 850.

40. Auslandsbezug bei Güterrechtssachen

J. Teubel

I. Güterrechtsverordnungen

Seit dem 29.1.2019 gilt die **VO (EU) 2016/1103** zur Durchführung einer Verstärkten Zusammenarbeit im Bereich der Zuständigkeit, des anzuwendenden Rechts und der Anerkennung und Vollstreckung von Entscheidungen in Fragen des ehelichen Güterstandes.[1] Für güterrechtliche Lebenspartnerschaftssachen kommt die weitgehend gleich strukturierte VO (EU) 2016/1104 zur Durchführung der Verstärkten Zusammenarbeit im Bereich der Zuständigkeit, des anzuwendenden Rechts und der Anerkennung und Vollstreckung von Entscheidungen in Fragen güterrechtlicher Wirkungen eingetragener Partnerschaften[2] zur Anwendung. Beide Verordnungen gelten nicht in allen EU-Mitgliedstaaten, sondern nur in denen, die an der **Verstärkten Zusammenarbeit** teilnehmen. Dies sind neben Deutschland derzeit Belgien, Bulgarien, Finnland, Frankreich, Griechenland, Italien, Kroatien, Luxemburg, Malta, die Niederlande, Österreich, Portugal, Schweden, Slowenien, Spanien, die Tschechische Republik und Zypern. In den anderen Mitgliedstaaten gelten die nationalen Bestimmungen zur internationalen Zuständigkeit und zum Kollisionsrecht. In Deutschland werden die Güterrechtsverordnungen durch das Internationale Güterrechtsverfahrensgesetz[3] flankiert, das namentlich konkretisierende Vorschriften zur Zuständigkeit und zum Vollstreckungsverfahren enthält. 1

Die EuGüVO definiert den Begriff der Ehe nicht, sondern überlässt dies dem jeweiligen nationalen Recht.[4] Sie gibt mithin nicht vor, ob eine gleichgeschlechtliche Beziehung als „Ehe“ angesehen werden muss. Der deutsche Gesetzgeber hat in Art. 17 b Abs. 4 S. 2 EGBGB festgelegt, dass die güterrechtlichen Wirkungen einer Ehe unabhängig vom Geschlecht der Ehegatten der EuGüVO unterliegen. Die EuPartVO betrifft die vermögensrechtlichen Beziehungen einer rechtlich vorgesehenen Form der Lebenspartnerschaft zweier Personen, deren Eintragung nach den betreffenden rechtlichen Vorschriften verbindlich ist und welche die vorgesehenen Formvorschriften für ihre Begründung erfüllt (Art. 3 Abs. 1 lit. a EuPartVO). Auf das Geschlecht der Beteiligten kommt es nicht an. 2

II. Internationale Zuständigkeit

1. Einführung

Die Zuständigkeitsregeln der Güterrechtsverordnungen gelten für Verfahren, die ab dem 29.1.2019 eingeleitet wurden. Ein Rückgriff auf das nationale Recht ist daneben nicht mehr zulässig. Das Gericht muss seine Zuständigkeit von Amts wegen prüfen (Art. 15) und bei Antragsgegnern mit gewöhnlichem Aufent- 3

1 ABl. L 183, 1 – **EuGüVO**.
2 ABl. L 183, 30 – EuPartVO.
3 Vom 17.12.2018, BGBl. I 2573.
4 Erwägungsgrund 17.

halt außerhalb des Gerichtsstaats feststellen, dass die Zustellung der Antragsschrift rechtzeitig erfolgte, wenn er sich nicht eingelassen hat (Art. 16).

2. Verbundzuständigkeit

4 Die EuGüVO sieht vorrangig eine internationale Zuständigkeit in dem an der Verstärkten Zusammenarbeit teilnehmenden Staat vor, in dem bereits ein mit der Güterrechtssache in Verbindung stehendes Verfahren wegen der **Rechtsnachfolge eines verstorbenen Ehegatten** (Art. 4 EuGüVO) oder ein **Scheidungsverfahren** (Art. 5 EuGüVO) anhängig ist. Diese Zuständigkeit geht einer Gerichtsstandsvereinbarung vor. Für das andere Verfahren muss eine Zuständigkeit nach der Erbrechtsverordnung[5] oder der Brüssel IIa-VO bestehen. Ergibt sich die internationale Zuständigkeit in der Ehesache aus Art. 3 Abs. 1 lit. a 5. oder 6. Spiegelstrich Brüssel IIa-VO, Art. 5 oder 7 Brüssel IIa-VO, ist zusätzlich eine Vereinbarung der Ehegatten zur Zuständigkeit erforderlich (Art. 5 Abs. 2, 3 EuGüVO). Im Fall der EuPartVO ist im Hinblick auf die Annexzuständigkeit der Gerichte des Staates, die zur Entscheidung über die Auflösung oder Ungültigkeitserklärung der Partnerschaft angerufen sind, immer eine Vereinbarung der Partner nötig. Der Abschluss des anderen Verfahrens lässt die Zuständigkeit für die Güterrechtssache nicht entfallen.[6] **Örtlich** ist gem. § 3 Abs. 1 IntGüRVG das Gericht ausschließlich zuständig, das nach § 2 IntErbRVG oder §§ 122, 270 FamFG zuständig ist, wobei der Gesetzgeber wohl übersehen hat, dass für die erbrechtliche Auseinandersetzung das LG zuständig sein kann, während die Güterrechtssache vor dem AG geführt wird. Es ist dann das AG zuständig, das nach § 2 IntErbRVG zuständig wäre.

3. Zuständigkeit in sonstigen Fällen

5 Ist kein Nachlass- oder Eheverfahren anhängig, können die Ehegatten oder Partner das **zuständige Gericht** nach Art. 7 **vereinbaren**. Zur Wahl stehen nur die Gerichte des (an der Verstärkten Zusammenarbeit teilnehmenden) Mitgliedstaates, dessen Recht aufgrund Rechtswahl oder objektiver Anknüpfung nach Art. 26 Abs. 1 lit. a oder b EuGüVO bzw. Art. 26 Abs. 1 EuPartVO für den Güterstand anwendbar ist (→ Rn. 12 ff.) oder in dem die Ehe oder Partnerschaft geschlossen wurde. Zur **örtlichen Zuständigkeit** s. § 3 Abs. 1 Nr. 6 IntGüRVG.

6 Bei Fehlen einer Vereinbarung sind nach **Art. 6 EuGüVO** zunächst die Gerichte des Staates des gemeinsamen gewöhnlichen Aufenthalts oder des letzten gemeinsamen gewöhnlichen Aufenthalts zuständig, wenn ein Ehegatte dort noch lebt, sonst die des Staates, in dem der Antragsgegner seinen gewöhnlichen Aufenthalt hat, und schließlich – wenn dieser nicht in einem Mitgliedstaat liegt – die Gerichte des Staates, dessen Staatsangehörigkeit beide Ehegatten besitzen. Besteht danach keine Zuständigkeit, so sind die Gerichte des Mitgliedstaates, in dem sich unbewegliches Vermögen der Ehegatten befindet, nach Art. 10 EuGüVO für güterrechtliche Entscheidungen über dieses Grundvermögen zuständig. Zuletzt besteht eine Notzuständigkeit in einem Mitgliedstaat, der einen ausreichenden Bezug zur Sache aufweist, wenn ein Verfahren in einem Drittstaat unmöglich oder unzumutbar ist, Art. 11 EuGüVO. Die **örtliche Zuständigkeit** ist in § 3 Abs. 1 Nr. 4, 5, 8 oder 9 IntGüRVG geregelt.

Beispiel: Ein deutsches Ehepaar lebt gemeinsam in Belgien. Nach der Trennung verzieht der Ehemann in die Niederlande. Ein Scheidungsverfahren ist nicht anhängig. Solange die Ehefrau in Belgien lebt, sind belgische Gerichte international zuständig. Zieht sie nach Deutschland, kommt es darauf an, gegen wen das Verfahren gerichtet ist. Für Verfahren gegen den Ehemann sind niederländische Gerichte, für Verfahren gegen die Ehefrau deutsche Gerichte international zuständig. Deutsche Gerichte sind für Verfahren gegen die Ehefrau nach Art. 6 lit. d EuGüVO auch zuständig, wenn sie in ein Land zieht, in dem die EuGüVO nicht gilt.

7 Eine **rügelose Einlassung** begründet die Zuständigkeit nach Art. 8 nur in beschränktem Umfang, nämlich zugunsten der Gerichte des Staates, dessen Recht aufgrund Rechtswahl oder objektiver Anknüpfung nach

5 VO (EU) 650/2012.

6 *Andrae* IntFamR § 4 Rn. 63, 76.

Art. 26 Abs. 1 lit. a oder b EuGüVO bzw. Art. 26 Abs. 1 EuPartVO für den Güterstand anwendbar ist. Sie wirkt nicht, wenn eine anderweitige Zuständigkeit nach Art. 4 oder Art. 5 Abs. 1 (Letzteres nur im Fall der EuEheVO) besteht. Art. 9 sieht die Möglichkeit vor, dass sich ein Gericht ausnahmsweise für unzuständig erklärt, wenn aus Sicht seines IPR die Ehe nicht besteht oder seine Rechtsordnung keine Partnerschaft vorsieht, was aus deutscher Sicht nicht der Fall ist, auch wenn nach § 1 LPartG keine neuen Lebenspartnerschaften mehr begründet werden können.[7] Wird nach Einleitung einer Güterrechtssache eine Nachlass- oder Ehesache anhängig gemacht, wird vielfach angenommen, dass wegen des Vorrangs der Art. 4, 5 Abs. 1 die davon abweichende Zuständigkeit nach Art. 6 ff. entfalle, der Grundsatz der *perpetuatio fori* also eingeschränkt sei.[8] Dagegen spricht freilich die Prozessökonomie, so dass die Zuständigkeit bestehen bleiben sollte.[9]

III. Kollisionsrecht

1. Vorrangige völkerrechtliche Regelungen

Nach Art. 8 Abs. 3 des **deutsch-iranischen Niederlassungsabkommens** vom 17.2.1929 ist iranisches 8
Familienrecht anzuwenden, wenn beide Ehegatten die iranische Staatsangehörigkeit besitzen, dagegen nicht, wenn ein Ehegatte Deutscher oder Flüchtling gem. Art. 12 GFK ist. Das am 1.5.2013 in Kraft getretene **deutsch-französische Abkommen über den Güterstand der Wahl-Zugewinngemeinschaft** vom 4.2.2010 trifft eine sachrechtliche Regelung und setzt voraus, dass deutsches oder französisches Recht auf den Güterstand anwendbar ist.

2. Altes und neues Recht

Für die Frage, welches Recht für den Güterstand anwendbar ist, sind verschiedene Zeiträume zu unterschei- 9
den. Dabei kommt es in erster Linie auf den Tag der Eheschließung an. Der kollisionsrechtliche Teil der EuGüVO ist nur auf solche Ehen anwendbar, die **ab dem 29.1.2019** eingegangen wurden oder bei denen die Ehegatten (bei früherer Eheschließung) an diesem Tag oder danach eine Rechtswahl in Bezug auf den Güterstand getroffen haben (Art. 69 Abs. 3 EuGüVO). Für sonstige **Altfälle** gilt weiterhin das bisherige Recht (Art. 229 § 47 EGBGB). Die zum 1.9.1986 in Kraft getretenen und zum 29.1.2019 aufgehobenen Art. 15, 16 EGBGB werden daher noch für lange Zeit relevant bleiben. Sie gelten vollumfänglich für Ehen, die zwischen dem **9.4.1983 und dem 28.1.2019** geschlossen wurden. Der vorherige Art. 15 EGBGB, der für das Güterrecht auf die Staatsangehörigkeit des Ehemanns bei Eheschließung abstellte, war verfassungswidrig.[10] Die Übergangsvorschrift des Art. 220 Abs. 3 EGBGB sieht vor, dass für Ehen, die zwischen dem **1.4.1953 und dem 8.4.1983** geschlossen wurden, erst ab dem 9.4.1983 Art. 15 EGBGB gilt, wobei im Fall des Art. 220 Abs. 3 S. 1 Nr. 3 EGBGB dieser Tag als Stichtag an die Stelle der Eheschließung tritt. Für vor dem 1.4.1953 geschlossene Ehen ist das Heimatrecht des Ehemanns maßgeblich.

Für die eingetragene Lebenspartnerschaft gilt Entsprechendes. Die Kollisionsnormen der EuPartVO sind 10
auf eingetragene Partnerschaften anzuwenden, die ab dem 29.1.2019 eingetragen wurden, oder bei einer Rechtswahl ab diesem Tag (Art. 69 Abs. 3 EuGüVO). Da nach deutschem Recht Lebenspartnerschaften nach dem 30.9.2017 nicht mehr geschlossen werden können, bleibt es für deutsche Lebenspartnerschaften bei der Anwendung des bisherigen Art. 17 b Abs. 1 EGBGB, wenn die Partner keine spätere Rechtwahl treffen (→ Rn. 34). Ansonsten kann die EuPartVO für Partnerschaften nach ausländischem Recht von Bedeutung sein.

3. Kollisionsrecht der Güterrechtsverordnungen

a) Anknüpfung durch Rechtswahl. Die Ehegatten (auch bei Eheschließung vor dem 29.1.2019, 11
→ Rn. 10) können das auf den Güterstand anwendbare Recht (Güterrechtsstatut) durch Rechtswahl bestim-

7 BT-Drs. 19/4852, 28.

8 *Dutta* FamRZ 2016, 1973 (1979); *Andrae* IntFamR § 4 Rn. 61, 78.

9 Dafür MüKoFamFG/*Mayer* EheGüVO Art. 4 Rn. 11, MüKoFamFG/*Mayer* EheGüVO Art. 5 Rn. 8.

10 BVerfG 22.2.1983 – 1 BvL 17/81, NJW 1983, 1968, bekannt seit 8.4.1983.

men, wobei nur bestimmte Rechte, zu denen sie eine Verbindung aufweisen, nach Art. 22 EuGüVO zur Wahl stehen. Wählbar ist das Recht des Staates, in dem wenigstens ein Ehegatte seinen **gewöhnlichen Aufenthalt** hat oder dessen **Staatsangehörigkeit** wenigstens ein Ehegatte besitzt, jeweils zum Zeitpunkt der Rechtwahl. Bei mehrfacher Staatsangehörigkeit kann jede dieser Rechtsordnungen gewählt werden. Die Rechtswahl ist schon vor Eheschließung möglich. Lebenspartner können zusätzlich das Recht wählen, nach dessen Recht die eingetragene Partnerschaft begründet wurde, wobei die Rechtswahl durch Lebenspartner in jedem Fall voraussetzt, dass das gewählte Recht der Partnerschaft güterrechtliche Wirkungen beimisst.[11]

12 **aa) Form.** Art. 23 Abs. 1 EuGüVO/EuPartVO lässt grundsätzlich **Schriftform** für die Rechtswahl genügen. Dabei ersetzt eine elektronische Übermittlung, die die dauerhafte Aufzeichnung ermöglicht, die Schriftform; die Unterzeichnung durch beide Ehegatten ist gleichwohl nötig. Hat mindestens ein Ehegatte seinen gewöhnlichen Aufenthalt in einem an der Verstärkten Zusammenarbeit teilnehmenden Mitgliedstaat, der **zusätzliche Formvorschriften** für den Abschluss eines Ehevertrags aufstellt, wie das deutsche Recht in § 1410 BGB, so ist diese Form zu beachten, Art. 22 Abs. 2, 4 EuGüVO. Bei gewöhnlichem Aufenthalt der Ehegatten in verschiedenen Mitgliedstaaten mit unterschiedlichen Formanforderungen genügt die Beachtung einer der Formerfordernisse, Art. 23 Abs. 3 EuGüVO. Ein gewöhnlicher Aufenthalt in einem Drittstaat (auch einem EU-Land, das nicht an der Verstärkten Zusammenarbeit teilnimmt) hat keine Auswirkungen auf die einzuhaltende Form. Im Übrigen richtet sich die Wirksamkeit nach dem gewählten Recht, Art. 24 EuGüVO.

13 **bb) Praxishinweise.** Die Wahl eines Güterrechtsstatuts hat in der Praxis große Bedeutung. In notariellen Verträgen, die gemischt-nationale Brautleute oder Ehepaare betreffen und in denen ein Güterstand gewählt wird, fehlt häufig ein eindeutiger Hinweis, dass eine bestimmte Rechtsordnung zur Anwendung kommen soll. Es wird mitunter übersehen, dass eine **Formulierung** wie zB im Ehevertrag eines deutsch-ausländischen Ehepaares „Wir wählen für unsere güterrechtlichen Beziehungen den Güterstand der Gütertrennung." Zweifel aufwerfen kann, weil nicht zwischen der kollisions- und sachrechtlichen Ebene unterschieden wird (→ *Internationales Familienrecht* Rn. 1). Eindeutig wäre die Formulierung:

▶ Wir wählen für die gesamten güterrechtlichen Wirkungen unserer Ehe das deutsche Recht ... Wir sind vom Notar über den Inhalt des deutschen gesetzlichen Güterstands und die Möglichkeit seiner Aufhebung belehrt worden. Wir vereinbaren für unsere Ehe den Güterstand der Gütertrennung. ◀

14 Ebenso ist es wichtig, die Umstände, aus denen sich der gewöhnliche Aufenthalt der Ehegatten ergibt, zu dokumentieren, um etwaige spätere Zweifel zur Wählbarkeit des Güterrechtsstatuts zu vermeiden. Zu beachten ist ferner, dass die Rechtswahl aus Sicht des Heimatstaats des ausländischen Ehegatten möglicherweise nicht wirksam ist. Auch hierauf muss der Notar die Beteiligten hinweisen und dies in der Niederschrift vermerken.[12]

15 **b) Objektive Anknüpfung.** Haben die Ehegatten keine Rechtswahl getroffen, bestimmt sich das anwendbare Recht nach Art. 26 Abs. 1 EuGüVO in Form einer Anknüpfungsleiter. Maßgeblich ist der **Zeitpunkt der Eheschließung**, das Güterrechtsstatut ist grundsätzlich **unwandelbar** und bleibt von Veränderungen während der Ehe unberührt. Vorrangig bestimmt der **erste gemeinsame gewöhnliche Aufenthalt** in einem Staat nach der Eheschließung das Güterrechtsstatut, wobei nach Erwägungsgrund 49 der Verordnung dieser gemeinsame Aufenthalt „kurz" nach der Eheschließung begründet sein soll. Der Begriff des gewöhnlichen Aufenthalts ist wie auch sonst im Unionsrecht autonom auszulegen. Er liegt dort, wo eine Person ihren **Lebensmittelpunkt** hat und sozial, beruflich und familiär integriert ist, was in aller Regel einen Aufenthalt von längerer Dauer voraussetzt (→ *Gewöhnlicher Aufenthalt* Rn. 11 ff.).

16 Hatten die Ehegatten nach Eheschließung keinen gemeinsamen gewöhnlichen Aufenthalt in einem Staat, so ist die gemeinsame Staatsangehörigkeit maßgeblich. Dies gilt nicht bei mehreren gemeinsamen Staatsangehörigkeiten (Art. 26 Abs. 2 EuGüVO). Ansonsten entscheidet nach Erwägungsgrund 50 das nationale Recht

11 Dutta/Weber/*Coester* EurGüVO 111 (116 f.); großzügiger *Dutta* FamRZ 2016, 1973 (1981): auch der Ausschluss der Vermögensteilhabe sei eine güterrechtliche Wirkung.

12 Vgl. *Hausmann/Odersky* IPR § 9 Rn. 137 ff.

über die Behandlung mehrfacher Staatsangehörigkeiten, so dass Art. 5 Abs. 1 EGBGB zum Tragen kommt. Die allgemeinen Grundsätze des Unionsrechts stehen allerdings dem dort geregelten Vorrang der deutschen Staatsangehörigkeit gegenüber der Staatsangehörigkeit anderer EU-Staaten entgegen.[13] Fehlt eine gemeinsame Staatsangehörigkeit, ist das Recht des Staates anzuwenden, mit dem die Ehegatten am engsten verbunden waren. Bei der Einzelfallprüfung kann insbesondere auf die gemeinsame soziale Bindung an einen Staat durch gemeinsame Herkunft, Sprache, berufliche Tätigkeit, den Ort der Eheschließung oder auf gemeinsame, objektiv feststellbare Zukunftspläne der Ehegatten, vor allem einen geplanten gemeinsamen gewöhnlichen Aufenthalt, abgestellt werden.

Ausnahmsweise kann auf Antrag eines Ehegatten das zuständige Gericht nach Art. 26 Abs. 3 EuGüVO anstelle des Rechts des ersten gemeinsamen gewöhnlichen Aufenthalts das Recht des **letzten gemeinsamen gewöhnlichen Aufenthalts** heranziehen, wenn die Ehegatten dort erheblich länger gelebt und auf die Geltung dieses Rechts vertraut haben. Rechte Dritter bleiben aber unberührt. 17

Die güterrechtlichen Wirkungen einer **eingetragenen Partnerschaft** bestimmen sich bei Fehlen einer Rechtswahl gem. Art. 26 Abs. 1 EuPartVO nach dem Recht, nach dem die Partnerschaft begründet wurde. 18

c) Reichweite des Güterrechtsstatuts. Die Güterrechtsverordnungen erfassen sämtliche vermögensrechtliche Beziehungen zwischen den Ehegatten/Partnern und ihre Beziehungen zu Dritten aufgrund der Ehe/Partnerschaft oder ihrer Auflösung einschließlich des sogenannten Nebengüterrechts, nicht jedoch den Versorgungsausgleich, den Unterhalt oder das Erbrecht. Das Güterrechtsstatut erfasst insbesondere die Einteilung des Vermögens eines oder beider Ehegatten/Partner während und nach der Beziehung, die Haftung des einen Ehegatten/Partners für die Schulden des anderen, die Befugnisse eines Ehegatten/Partners in Bezug auf das Vermögen und die Aufteilung des Vermögens bei Auflösung des Güterstands (Art. 27). Das Güterrechtsstatut gilt für das gesamte Vermögen der Ehegatten (Art. 21), es findet also keine Spaltung statt. 19

Dem Güterrechtsstatut unterliegt sowohl das **gesetzliche** als auch das **vertragliche** Güterrecht. Es bestimmt auch, ob ein **Ehevertrag zulässig** und materiell wirksam ist, welchen Inhalt er haben kann und wie er auszulegen ist. Die **Formerfordernisse** für einen Ehevertrag werden durch Art. 25 EuGüVO gesondert geregelt. Die Regelung gleicht den Formerfordernissen für die Rechtswahl. Mindestens ist Schriftlichkeit, Datierung und die Unterzeichnung durch die Ehegatten erforderlich (Art. 25 Abs. 1 EuGüVO). Hinzu kommen zusätzliche Formerfordernisse, die der Mitgliedstaat, in dem die Ehegatten ihren gewöhnlichen Aufenthalt haben, verlangt, wobei bei gewöhnlichem Aufenthalt der Ehegatten in verschiedenen Mitgliedstaaten ausreichend ist, dass die von einem Staat aufgestellten Formerfordernisse beachtet werden (Art. 25 Abs. 2 EuGüVO). Ein gewöhnlicher Aufenthalt in einem Drittstaat ist für die einzuhaltende Form unerheblich. Schließlich sind auch die zusätzlichen Formvorschriften des Güterrechtsstatuts einzuhalten (Art. 25 Abs. 3 EuGüVO). Die Einhaltung der Ortsform ist nicht mehr ausreichend. 20

Nach dem Güterrechtsstatut bestimmen sich die Verjährung eines Zugewinnausgleichsanspruchs und die güterrechtliche Auseinandersetzung infolge der Scheidung oder durch den Tod eines Ehegatten. Das Güterrechtsstatut ist auch maßgeblich, wenn der Ausgleichsanspruch im Fall des Todes eines Ehegatten nach § 1371 Abs. 2 BGB berechnet wird. Der pauschalierte Zugewinnausgleich gem. **§ 1371 Abs. 1 BGB** wird unter Geltung der auf Erbfälle ab dem 17.8.2015 anwendbaren Europäischen Erbrechtsverordnung[14] anders als zuvor[15] erbrechtlich qualifiziert.[16] Er kommt damit nur zum Tragen, wenn auf die Erbfolge deutsches Recht anzuwenden ist (Art. 21, 22, 34 EuErbVO). Zusätzlich ist erforderlich, dass die Ehegatten im Güterstand der Zugewinngemeinschaft gelebt haben. Dies ist unproblematisch, wenn deutsches Recht auf den Güterstand anwendbar ist und die Ehegatten im gesetzlichen Güterstand lebten. Bei ausländischem Güterstand stellt sich die Frage, ob der ausländische Güterstand das Tatbestandsmerkmal der Zugewinngemeinschaft erfüllt. Eine solche Substitution wird man dann annehmen können, wenn der ausländische 21

---

13 *Andrae* IntFamR § 4 Rn. 149.

14 VO (EU) 650/2012.

15 Für Altfälle BGH 13.5.2015 – IV ZB 30/14, BGHZ 205, 290 = NJW 2015, 2185: rein güterrechtlich.

16 EuGH 1.3.2018 – C-558/16 (Mahnkopf), NJW 2018, 1377.

Güterstand auch eine Erhöhung des Erbteils vorsieht. Ist ausländisches Erbrecht anzuwenden, scheidet eine pauschale Erhöhung des Erbteils nach § 1371 Abs. 1 BGB aus, auch wenn deutsches Güterrecht gilt. Abweichend von § 1371 Abs. 2 BGB kann der überlebende Ehegatte in einem solchen Fall auch als Erbe den rechnerischen Zugewinnausgleich nach § 1373 ff. BGB verlangen.[17]

22 Erbrechtlich ist auch die Erhöhung des gesetzlichen Erbteils nach **§ 1931 Abs. 4 BGB** bei Gütertrennung zu qualifizieren, wobei nicht Gütertrennung nach deutschem Recht vorausgesetzt wird, sondern es genügt, dass der ausländische (vertragliche oder gesetzliche) Güterstand eine den deutschen Vorschriften vergleichbare Gütertrennung vorsieht, nämlich keine Ausgleichsansprüche für den überlebenden Ehegatten gewährt.[18]

23 Dagegen bestimmt das Güterrechtsstatut das Verbot oder die Beschränkung von **Gesellschaften** zwischen Ehegatten genauso wie Ausgleichsansprüche aus **Ehegatteninnengesellschaften** oder aufgrund unbenannter Zuwendungen.[19] Die Gesellschaftsverträge von Außengesellschaften zwischen Ehegatten richten sich nach dem Gesellschaftsstatut. Arbeitsverträge zwischen Ehegatten und andere schuldrechtliche Rechtsgeschäfte unterliegen grundsätzlich dem Schuldstatut. Sieht der Güterstand die Begründung oder den Übergang eines dinglichen Rechts vor, erfolgt dies grundsätzlich unabhängig vom Lageortsrecht, sofern dem Lageortsrecht das betroffene Recht als solches nicht fremd ist. Anderenfalls ist eine Anpassung an das am ehesten vergleichbare Recht erforderlich, Art. 29 EuGüVO.

24 **d) Schutz Dritter.** Unterliegen die güterrechtlichen Wirkungen einer Ehe einem **fremden Recht**, kann dies Probleme für den Rechtsverkehr hervorrufen. Art. 28 EuGüVO regelt, unter welchen Voraussetzungen einem **Drittem** das für den Güterstand maßgebende Recht entgegengehalten werden kann.

25 **e) Allgemeine Regeln.** Es kommt nicht darauf an, ob das nach den Güterrechtsverordnungen anwendbare Recht das Recht eines an der Verstärkten Zusammenarbeit teilnehmenden EU-Staates oder das eines Drittstaates ist. Unerheblich ist auch das ausländische IPR. Eine Rück- oder Weiterverweisung (*renvoi*) findet nicht statt, es handelt sich um **Sachnormverweisungen** (Art. 32). Der Verweis auf das Recht eines Staates, der verschiedene Teilrechtsordnungen hat (wie Großbritannien oder die USA), wird durch Art. 33, 34 näher präzisiert. Das Bestehen einer **wirksamen Ehe** als Voraussetzung für güterrechtliche Ansprüche ist selbstständig anzuknüpfen, dh die Voraussetzungen der Eheschließung sind nach Art. 13 EGBGB und bei Heirat im Ausland hinsichtlich der Form nach Art. 11 EGBGB zu beurteilen. Soweit ein **ausländisches Scheidungsurteil** außerhalb des Anwendungsbereichs der Brüssel IIa-VO der Anerkennung nach § 107 FamFG bedarf, wirkt diese Feststellung auf den Zeitpunkt der ausländischen Rechtskraft zurück.[20]

4. Bisheriges nationales Recht

26 **a) Objektive Anknüpfung: Güterrechtsstatut folgt Ehewirkungsstatut.** Bei Eheschließung vor dem 29.1.2019 und ohne Rechtswahl danach richten sich die güterrechtlichen Wirkungen der Ehe gem. Art. 229 § 47 Abs. 2 EGBGB iVm Art. 15 Abs. 1 EGBGB aF nach dem Recht, welches zum **Zeitpunkt der Eheschließung** für die allgemeinen Wirkungen der Ehe nach Art. 14 EGBGB aF maßgeblich war (→ *Eheliche Lebensgemeinschaft* Rn. 30 ff.). Es ist nicht die durch das Gesetz zum Internationalen Güterrecht vom 17.12.2018[21] geänderte Fassung des Art. 14 EGBGB, sondern die vorherige Fassung maßgeblich. Auch nach nationalem Recht ist das Güterrechtsstatut **unwandelbar**. Veränderungen während der Ehe sind unbeachtlich.

27 Nach Art. 14 Abs. 1 EGBGB aF war in erster Linie das **gemeinsame Heimatrecht** der Ehegatten maßgeblich. Gehört eine Person mehreren Staaten an, hat die deutsche Staatsangehörigkeit Vorrang und im

17 Zum Ganzen *Weber* NJW 2018, 1356 (1357 f.).
18 *Andrae* IntFamR § 4 Rn. 382.
19 *Weber* DNotZ 2016, 659 (665 f.).
20 BGH 26.6.2019 – XII ZB 299/18, NJW 2019, 2935.
21 BGBl. 2018 I 2573.

Übrigen ist die effektive Staatsangehörigkeit, dh die Angehörigkeit des Staates entscheidend, mit dem die Person am engsten verbunden ist (Art. 5 Abs. 1 EGBGB).

Beispiel: Heiratet eine Deutsch-Türkin einen Deutschen, haben die Ehegatten eine gemeinsame Staatsangehörigkeit, die deutsche; heiratet sie dagegen einen Türken, so ist die Anknüpfung an die gemeinsame (türkische) Staatsangehörigkeit ausgeschlossen.

Nach altem Recht ist erst in zweiter Linie das Recht des Staates maßgeblich, in dem die Ehegatten ihren **gemeinsamen gewöhnlichen Aufenthalt** zum Zeitpunkt der Eheschließung hatten, was nicht am gleichen Ort im selben Staat sein muss. 28

Hatten die Ehegatten bei Eheschließung keinen gemeinsamen gewöhnlichen Aufenthalt in einem Staat, richtet sich das Güterrecht in dritter Linie nach dem Recht des Staates, mit dem die Ehegatten bei der Eheschließung **gemeinsam am engsten verbunden** waren, wobei auch Umstände nach der Eheschließung als Indiz berücksichtigt werden können.[22]

b) Anknüpfung durch Rechtswahl. Die Ehegatten konnten das auf ihre güterrechtlichen Verhältnisse anwendbare Recht durch eine Rechtswahl nach Art. 14 Abs. 2, 3 oder Art. 15 Abs. 2 EGBGB aF bestimmen. Eine Rechtswahl nach dem 28.1.2019 führt zur Anwendbarkeit der EuGüVO (→ Rn. 11). 29

aa) Mittelbare Rechtswahl. Die Rechtswahl konnte mittelbar dadurch erfolgen, dass die Eheleute vor oder bei der Eheschließung eine Rechtswahl bezüglich des **Ehewirkungsstatus** gem. Art. 14 Abs. 2–4 EGBGB aF vornahmen (→ *Eheliche Lebensgemeinschaft* Rn. 33 ff.). 30

bb) Unmittelbare Rechtswahl. Die Ehegatten konnten aber auch unmittelbar gem. Art. 15 Abs. 2 EGBGB aF unabhängig vom Ehewirkungsstatut für die Regelung ihrer güterrechtlichen Verhältnisse eine Rechtswahl treffen. **Wählbar** waren das Heimatrecht eines von ihnen, das Recht des Staates, in dem zumindest ein Ehegatte seinen gewöhnlichen Aufenthalt hat, und beschränkt auf unbewegliches Vermögen das Recht des Lageorts (lex rei sitae). Die Vereinbarung eines ausländischen Rechts für unbewegliches Vermögen führt zu einer Spaltung des Güterrechts. 31

cc) Form. Zur Wirksamkeit der Rechtswahl bedurfte es in Deutschland der notariellen **Form**. Wurde sie im Ausland vorgenommen, genügte es für deren Wirksamkeit aus deutscher Sicht, wenn sie den Formerfordernissen für einen Ehevertrag nach dem gewählten Recht oder am Ort der Rechtswahl entsprach.[23] 32

c) Eingetragene Lebenspartnerschaft. Für die güterrechtlichen Wirkungen einer **eingetragenen Lebenspartnerschaft** gelten in Altfällen nach Art. 17 b Abs. 1 S. 1 EGBGB aF iVm Art. 229 § 47 Abs. 3 EGBGB die **Sachvorschriften des registerführenden Staates**; eine Rechtswahl war vor Geltung der EuPartVO nicht möglich. 33

d) Reichweite des Güterrechtsstatuts und allgemeine Regeln. Die Reichweite des Güterrechtsstatuts nach Art. 15 EGBGB aF ist zwar enger, aber im Grundsatz die Gleiche wie unter der EuGüVO. Zwar erfasst es keine Ehegatteninnengesellschaften, aber der BGH hat Ausgleichsansprüche unter den Ehegatten akzessorisch an das Ehegüterstatut angeknüpft.[24] Die Unterschiede bei § 1371 BGB beruhen auf der EuErbVO. Wie die EuGüVO geht das EGBGB vom Grundsatz der Einheitlichkeit des Güterrechtsstatuts aus. 34

Allerdings erfasst das Güterrechtsstatut keine Gegenstände, die sich in einem anderen Staat befinden und nach dem Recht dieses Staates besonderen Vorschriften unterliegen (Art. 3 a Abs. 2 EGBGB aF iVm Art. 229 § 47 Abs. 2 Nr. 2 EGBGB) (**Güterrechtsspaltung**). Dies kann insbesondere bei **ausländischem Immobilienvermögen** der Fall sein. Hat etwa ein deutsches Ehepaar ein Haus in Florida/USA erworben, unterliegt ihr gesamtes Vermögen bis auf dieses Haus deutschem Recht. Für das Haus gilt das Recht von

22 BGH 26.6.2019 – XII ZB 299/18, NJW 2019, 2935.
23 Art. 15 Abs. 3 iVm Art. 14 Abs. 4 EGBGB aF.
24 BGH 10.6.2015 – IV ZR 69/14, NJW 2015, 2581.

Florida, weil dieses Recht Immobilien güterrechtlich der lex rei sitae unterstellt.[25] Hier hat das **Einzelstatut Vorrang** vor dem Güterrechtsstatut. Dies führt wie bei einer beschränkten Rechtswahl (→ Rn. 32) zur Spaltung des anwendbaren Güterrechts.

35 Anders als nach der EuGüVO verweist Art. 15 EGBGB aF auf das fremde Recht einschließlich dessen Internationalen Privatrechts (Gesamtverweisung, Art. 4 EGBGB). Aus diesem Grund ist eine **Rück-** oder **Weiterverweisung** (*renvoi*) zu beachten. Gerade im Verhältnis zu den **common law-Staaten** ist an eine sog. „versteckte Rückverweisung" zu denken. Für diese Rechtsordnungen ist charakteristisch, dass keine Kollisionsnormen existieren. Die Gerichte in diesen Staaten prüfen, ob sie „jurisdiction" zur Entscheidung besitzen. Bejahen sie ihre jurisdiction, dh halten sie sich für international zuständig, wenden sie ihr eigenes Recht an.[26] Wenn also die deutschen Gerichte aus der Sicht dieser Staaten „jurisdiction" haben, kann ein güterrechtlicher Ausgleich nach deutschem Recht erfolgen.[27]

36 **e) Schutz Dritter.** Unterliegen die güterrechtlichen Wirkungen einer Ehe einem fremden Recht und hat ein Ehegatte im Inland seinen gewöhnlichen Aufenthalt oder betreibt hier ein Gewerbe, so kann gem. **Art. 16 Abs. 1 EGBGB aF** iVm Art. 229 § 47 Abs. 2 EGBG ein **Dritter** unter den Voraussetzungen des § 1412 BGB darauf vertrauen, dass ein verheirateter Vertragspartner im deutschen gesetzlichen Güterstand lebt. Zugunsten gutgläubiger Dritter gelten zudem §§ 1357, 1362, 1431, 1456 BGB, Art. 16 Abs. 2 EGBGB aF.

5. Neue Bundesländer

37 Gem. Art. 236 § 3 EGBGB unterliegen seit dem **3.10.1990** die güterrechtlichen Wirkungen von Ehen, die vor diesem Zeitpunkt geschlossen wurden, Art. 15 EGBGB aF, wobei der 3.10.1990 an die Stelle der Eheschließung tritt. Materiellrechtlich wurden Ehen, für die vor dem 3.10.1990 der gesetzliche Güterstand der **DDR**, dh die Eigentums- und Vermögensgemeinschaft nach § 13 FGB galt, zum 3.10.1990 gem. Art. 234 §§ 4, 4 a EGBGB in den gesetzlichen Güterstand der Zugewinngemeinschaft nach § 1373 BGB übergeleitet. Ausgleichspflichtig ist der danach eingetretene Vermögenszuwachs. Das bisher gemeinschaftliche Eigentum wurde zu Bruchteilseigentum.

6. Vertriebene und Flüchtlinge

38 Das Gesetz über den ehelichen Güterstand von Vertriebenen und Flüchtlingen vom 4.8.1969, BGBl. I 1067, wurde zum 29.1.2019 aufgehoben. Es gilt gem. Art. 229 § 47 Abs. 2 Nr. 1 EGBGB allerdings weiter, wenn die Ehegatten keine spätere Rechtwahl treffen. Zur Anwendung auf Spätaussiedler, die ihre Heimat nach dem 31.12.1992 verlassen haben, vgl. OLG Hamm 8.10.2009 – 15 Wx 292/08, FamRZ 2010, 975.

IV. Anerkennung und Vollstreckung

39 Die Güterrechtsverordnungen regeln die Anerkennung und Vollstreckung von in den teilnehmenden Mitgliedstaaten (→ Rn. 1) ergangenen Entscheidungen, wenn das Ursprungsverfahren ab dem 29.1.2019 eingeleitet wurde oder wenn das Ursprungsgericht bei Verfahrenseinleitung davor auch nach den Güterrechtsverordnungen zuständig gewesen wäre, Art. 69 Abs. 2. Die ausländische Entscheidung wird nach Art. 47 ohne Weiteres, insbesondere ohne Prüfung der Versagungsgründe des Art. 37, für vollstreckbar erklärt. Gem. § 4 IntGüRVG ist das AG am Sitz des OLG ausschließlich zuständig. Es ist dann Sache des Schuldners, Gründe für die Nichtanerkennung mit der Beschwerde zum OLG geltend zu machen. Die Zuständigkeit des ausländischen Gerichts wird nicht nachgeprüft, Art. 39. Die Einzelheiten des Verfahrens ergeben sich aus Art. 36 ff. der Güterrechtsverordnungen und § 4 ff. IntGüRVG. Für die Anerkennung und Vollstreckung ausländischer Entscheidungen aus anderen Staaten in Deutschland sind § 108 ff. FamFG heranzuziehen. Die Anerkennung und Vollstreckung eines deutschen Titels im Ausland richtet sich je nach Vollstreckungsstaat nach den Güterrechtsverordnungen oder dem nationalen Recht des Vollstreckungsstaates.

25 *Hausmann/Odersky* IPR § 9 Rn. 48.
26 *Andrae* IntFamR § 4 Rn. 245 ff.
27 KG 5.3.2007 – 16 UF 166/06, FamRZ 2007, 1564.

41. Auslandsbezug bei Kindschaftssachen

J. Teubel

I. Einführung

Nimmt man den **Beispielsfall**, dass ein deutsch-italienisches Ehepaar, das mit seinen gemeinsamen Kindern in Deutschland lebt, sich trennt und die italienische Ehefrau mit den Kindern nach Italien zurückkehrt, wo die Familie bis vor zwei Jahren lebte, so stellt sich wie bei allen Sachen mit Auslandsberührung als Erstes die Frage, ob die deutschen Gerichte international zuständig sind, wenn die Eltern über das Sorge- und Umgangsrecht streiten und der deutsche Vater die Sache in Deutschland klären will. Danach ist zu prüfen, nach welchem Recht in der Sache selbst zu entscheiden ist, und schließlich ist der Frage nachzugehen, ob eine Entscheidung des deutschen Gerichts auch im Ausland anerkannt und vollstreckt werden kann (→ *Internationales Familienrecht* Rn. 1 ff.). Hat ein Elternteil im Ausland eine Entscheidung über das Sorge- oder das Umgangsrecht erwirkt, muss umgekehrt geprüft werden, ob diese ausländische Entscheidung in Deutschland wirksam ist (→ Rn. 32 ff.). Nicht behandelt wird hier die Herausgabe des Kindes (→ *Kindesentführung* Rn. 1 ff.). 1

II. Internationale Zuständigkeit

1. Brüssel IIa-VO

a) Verhältnis zu anderen Übereinkommen. Im europäischen Raum – mit Ausnahme Dänemarks – regelt die VO (EG) Nr. 2201/2203 vom 27.11.2003 über die Zuständigkeit und die Anerkennung und Vollstreckung von Entscheidungen in Ehesachen und in Verfahren betreffend die **elterliche Verantwortung** (Brüssel IIa-VO, auch EuEheVO, EheGVVO, EheVO II) die internationale Zuständigkeit (→ *Auslandsbezug bei Ehesachen* Rn. 2). Für ab dem 1.8.2022 eingeleitete Verfahren wird die VO (EU) 2019/1111 vom 25.6.2019 (Brüssel IIb-VO) an ihre Stelle treten, die hinsichtlich der elterlichen Verantwortung einige Änderungen bringen wird.[1] 2

Die internationale Zuständigkeit eines Gerichts wird auch in multinationalen Übereinkommen, insbesondere im Haager Übereinkommen über die Zuständigkeit, das anzuwendende Recht, die Anerkennung, Vollstreckung und Zusammenarbeit auf dem Gebiet der elterlichen Verantwortung und der Maßnahmen zum Schutz von Kindern vom 19.10.1996 (**Haager Kinderschutzübereinkommen – KSÜ**) geregelt. Dieses hat das Haager Übereinkommen über die Zuständigkeit der Behörden und das anzuwendende Recht auf dem Gebiet des Schutzes von Minderjährigen vom 5.10.1961 (**Haager Minderjährigenschutzabkommen – MSA**) ersetzt. 3

Die Brüssel IIa-VO geht dem KSÜ vor, wenn das Kind seinen gewöhnlichen Aufenthalt im Hoheitsgebiet eines Mitgliedstaates hat (Art. 61 Brüssel IIa-VO, Art. 97 Brüssel IIb-VO). Das KSÜ ist daher von 4

1 Dazu *Schulz* FamRZ 2020, 1141; *Gruber/Möller* IPRax 2020, 393; *Brosch* GPR 2020, 179.

Bedeutung, wenn das Kind sich in einem Vertragsstaat, der nicht der EU angehört – wie der Schweiz oder der Türkei – oder in Dänemark, für das die Brüssel IIa-VO nicht gilt, aufhält (→ *Kinderschutzübereinkommen* Rn. 5). Das MSA hat praktisch keine Relevanz mehr. Es gilt nur noch im Verhältnis zur Sonderverwaltungszone Macau der Volksrepublik China sowie Aruba und Sint Maarten.[2]

5 Ist kein anderweitiges multinationales Übereinkommen zu beachten, findet die Brüssel IIa-VO (ab 1.8.2022 Brüssel IIb-VO) in allen Mitgliedstaaten auch für Staatsangehörige eines Drittstaates wie Indien Anwendung (**loi uniforme**).

6 **b) Geltungsbereich.** Der Anwendungsbereich umfasst alle Verfahren, die die Zuweisung, Ausübung, Übertragung sowie die vollständige oder teilweise Entziehung der elterlichen Verantwortung zum Gegenstand haben (Art. 1 Abs. 1 Buchst. b Brüssel IIa-VO). Gem. Art. 1 Abs. 2 Brüssel IIa-VO zählen hierzu insbesondere das **Sorge- und Umgangsrecht**, die Vormundschaft und Pflegschaft, die gesetzliche Vertretung und Unterbringung des Kindes sowie Schutzmaßnahmen für das Kind. Gem. Art. 11 Brüssel IIa-VO (Art. 22 ff. Brüssel IIb-VO) fällt auch die Rückführung des Kindes nach dem HKÜ in den Anwendungsbereich. Dagegen gilt die Verordnung nicht für die Feststellung des Eltern-Kind-Verhältnisses, Adoptionsentscheidungen, Namen und Vornamen des Kindes, Unterhaltspflichten und Maßnahmen wegen Straftaten, die von Kindern begangen wurden (Art. 1 Abs. 3 Brüssel IIa-VO, Art. 1 Abs. 4 Brüssel IIb-VO). Soweit ein Begriff, wie zB der des Sorgerechts, in der Verordnung definiert wird (Art. 2 Nr. 9 Brüssel IIa-VO, Art. 2 Abs. 2 Nr. 9 Brüssel IIb-VO), ist er in der gesamten Union autonom und einheitlich ohne Rückgriff auf das nationale Recht eines Mitgliedstaates auszulegen.[3]

7 Die Brüssel IIa-VO definiert nicht, bis zu welchem Alter eine Person ein „**Kind**" ist. Diese Beurteilung bleibt dem nationalen Recht einschließlich des Kollisionsrechts überlassen.[4] Nach Art. 7 Abs. 1 EGBGB richtet sich die Minderjährigkeit nach der Staatsangehörigkeit des Betroffenen. Der Gesetzentwurf der Bundesregierung zur Reform des Vormundschafts- und Betreuungsgesetz sieht mit einem vorgesehenen Inkrafttreten am 1.1.2023 in Art. 7 Abs. 2 EGBGB-E eine Anknüpfung an den gewöhnlichen Aufenthalt vor.[5] Die ab 1.8.2022 anwendbare Brüssel IIb-VO definiert ein Kind als Person unter 18 Jahren (Art. 2 Abs. 2 Nr. 6 Brüssel IIb-VO).

8 **c) Zuständigkeitsregelungen. aa) Grundzuständigkeit.** Die Grundnorm ist Art. 8 Brüssel IIa-VO (Art. 7 Brüssel IIb-VO). Die internationale Zuständigkeit eines Gerichts richtet sich grundsätzlich nach dem **gewöhnlichen Aufenthalt** des **Kindes**. Hat das Kind seinen gewöhnlichen Aufenthalt in Deutschland, sind die deutschen Gerichte international zuständig. Die Staatsangehörigkeit des Kindes oder der Eltern spielt keine Rolle.

9 Maßgeblich ist der gewöhnliche Aufenthalt des Kindes im Zeitpunkt der **Antragstellung**.

Beispiel: Ein indisches Ehepaar lebt mit seinem Kind in Stuttgart, wo der Ehemann als IT-Ingenieur arbeitet. Nach der Trennung will die Ehefrau mit dem Kind nach London ziehen. Der Ehemann bittet das Familiengericht Stuttgart um Hilfe. Während des Verfahrens zieht die Ehefrau mit dem Kind nach Holland. Die Veränderung des gewöhnlichen Aufenthalts des Kindes nach Antragstellung beendet die internationale Zuständigkeit des FamG Stuttgart nicht (**perpetuatio fori**). Der Grundsatz der perpetuatio fori gilt jedoch nicht, wenn die internationale Zuständigkeit eines deutschen Gerichts nur aus dem KSÜ oder dem MSA resultiert, wie dies im Verhältnis zu der Türkei der Fall ist.[6]

---

2 *Schulz* FamRZ 2018, 797 (802).

3 EuGH 5.10.2010 – C-400/10, FamRZ 2011, 272.

4 OLG Koblenz 14.2.2017 – 13 UF 32/17, NZFam 2017, 728; aA Johannsen/*Henrich*/Althammer FamFG § 99 Rn. 7: nur unter 18 Jahren.

5 BT-Drs. 19/24445, 57.

6 OLG Frankfurt a.M. 5.11.2019 – 8 UF 152/19, NJW-RR 2020, 260; OLG Stuttgart 24.2.2020 – 18 WF 11/20, FamRZ 2020, 1120.

Der Begriff „**gewöhnlicher Aufenthalt**" des Kindes iSv Art. 8 und 10 Brüssel IIa-VO (Art. 7 und 9 Brüssel IIb-VO) ist als der Ort auszulegen, an dem eine gewisse **Integration** des Kindes in ein soziales und familiäres Umfeld erkennbar ist. Dabei sind insbesondere die Dauer, Regelmäßigkeit und Umstände des Aufenthalts in einem Mitgliedstaat sowie die Gründe für diesen Aufenthalt und den Umzug der Familie in diesen Staat, die Sprachkenntnisse sowie die familiären und sozialen Bindungen des Kindes in dem betreffenden Staat, je nach Alter des Kindes auch Ort und Umstände der Einschulung, ferner auch die Staatsangehörigkeit des Kindes zu berücksichtigen.[7] Dabei darf die Staatsangehörigkeit und kulturelle Verbundenheit mit dem Heimatstaat (der Eltern) nicht überbewertet werden.[8] Ein **Säugling** teilt zwangsläufig das soziale und familiäre Umfeld seiner Bezugspersonen.[9] Dabei kann kein gewöhnlicher Aufenthalt in einem Staat begründet werden, in dem das Kind niemals körperlich anwesend war.[10] Der gewöhnliche Aufenthalt des Kindes ist unter Berücksichtigung aller tatsächlichen Umstände des Einzelfalls festzustellen. 10

Unter den Voraussetzungen der Art. 9 und 10 Brüssel IIa-VO (Art. 8 und 9 Brüssel IIb-VO) sind (nur) die deutschen Gerichte für einen gewissen Zeitraum auch dann noch international zuständig, wenn der gewöhnliche Aufenthalt des Kindes vor der Anhängigkeit des inländischen Verfahrens von Deutschland in einen anderen Mitgliedstaat verlegt worden ist. Art. 9 Brüssel IIa-VO (Art. 8 Brüssel IIb-VO) betrifft die Abänderung einer Umgangsentscheidung bei **rechtmäßigem Umzug**. 11

Beispiel: Die Ehefrau verlässt nach der Trennung mit dem Kind Deutschland und begründet mit dem Kind in Frankreich einen neuen gewöhnlichen Aufenthalt. Ist der Umzug des Kindes nach Frankreich rechtmäßig und war eine Entscheidung der deutschen Gerichte über den Umgang ergangen, bleiben die deutschen Gerichte gem. Art. 9 Abs. 1 Brüssel IIa-VO (Art. 8 Abs. 1 Brüssel IIb-VO) für eine innerhalb von drei Monaten nach dem Umzug beantragte Änderung dieser Entscheidung zuständig, wenn der umgangsberechtigte Ehemann sich nach wie vor gewöhnlich in Deutschland aufhält, wo der frühere gewöhnliche Aufenthalt des Kindes war. Das gilt nicht, wenn er sich an einem von der Ehefrau eingeleiteten Verfahren in Frankreich beteiligt, ohne die Zuständigkeit des französischen Gerichts anzufechten (Art. 9 Abs. 2 Brüssel IIa-VO, Art. 8 Abs. 2 Brüssel IIb-VO).

Art. 10 Brüssel IIa-VO (Art. 9 Brüssel IIb-VO) betrifft die **Kindesentführung** von dem **einen** in einen **anderen Mitgliedstaat**. Wird ein Kind während oder unabhängig von einem Scheidungsverfahren widerrechtlich in einen anderen Mitgliedstaat verbracht, bleiben die deutschen Gerichte als Gerichte des Staates, in dem das Kind vor der Entscheidung seinen gewöhnlichen Aufenthalt hatte, so lange international zuständig, bis das Kind einen gewöhnlichen Aufenthalt in dem anderen Mitgliedstaat begründet und die sorgeberechtigte Person oder Stelle ihre Zustimmung erklärt oder diese kein Verfahren zur Rückgabe des Kindes eingeleitet, den Antrag zurückgenommen oder das Verfahren nicht erfolgreich betrieben hat.[11] Die Gerichte des neuen Aufenthaltsstaates sind bis dahin unzuständig.[12] Wird umgekehrt ein Kind aus dem Mitgliedstaat, in dem es bisher seinen gewöhnlichen Aufenthalt hatte, nach Deutschland entführt, wird die Zuständigkeit des Herkunftsstaates unter denselben Bedingungen aufrechterhalten. Deutsche Gerichte können nur einstweilige Maßnahmen gem. Art. 20 Brüssel IIa-VO (Art. 15 Brüssel IIb-VO; s. auch Art. 27 Abs. 2 Brüssel IIb-VO zum Umgang) treffen (→ Rn. 19). 12

bb) Zuständigkeitsvereinbarungen. Zur Förderung einer am Kindeswohl orientierten einvernehmlichen Regelung zwischen den Parteien ermöglicht Art. 12 Brüssel IIa-VO den Parteien, die Zuständigkeit der Gerichte eines anderen Mitgliedstaates als dem, in dem das Kind seinen gewöhnlichen Aufenthalt hat, zu begründen. Eine solche Zuständigkeitsvereinbarung ist im Einklang mit dem Kindeswohl zugunsten der Gerichte des Mitgliedstaates zulässig, in dem das **Eheverfahren** anhängig ist (Annexzuständigkeit; Art. 12 13

7 EuGH 2.4.2009 – C-523/07, FamRZ 2009, 843.

8 EuGH 28.6.2018 – C-512/17, FamRZ 2018, 1426.

9 EuGH 22.12.2010 – C-497/10, FamRZ 2011, 617.

10 EuGH 17.10.2018 – C-393/18, NJW 2019, 415.

11 HK-ZPO/*Dörner* EuEheVO Art. 10 Rn. 1; zu den geringfügigen Änderungen in der Brüssel IIb-VO *Schulz* FamRZ 2020, 1141 (1144); *Gruber/Möller* IPRax 2020, 393 (394).

12 EuGH 10.4.2018 – C-85/18, FamRZ 2018, 1430.

Abs. 1, 2 Brüssel IIa-VO), zB zugunsten Deutschlands, wenn das Scheidungsverfahren im Inland anhängig ist, das Kind aber mit einem Elternteil im Ausland lebt.

14 Auch wenn kein Scheidungsverfahren anhängig ist, können die Beteiligten eine Abrede über die gerichtliche Zuständigkeit treffen. Für ein **isoliertes Sorgerechtsverfahren** ist eine Zuständigkeitsvereinbarung im Einklang mit dem Kindeswohl zugunsten der Gerichte des Staates zulässig, zu dem das Kind eine wesentliche Bindung hat (Art. 12 Abs. 3 Brüssel IIa-VO). Eine Vereinbarung gilt immer nur für ein konkretes Verfahren[13] und kann vor Verfahrenseinleitung einseitig widerrufen werden.[14]

Beispiel: Ein polnisches Ehepaar lebt mit seinem minderjährigen Kind in Deutschland. Die Eheleute möchten für sich und für das Kind eine nach polnischem Recht angefallene Erbschaft ausschlagen, wofür nach polnischem Recht – anders als nach § 1643 Abs. 2 S. 2 BGB – stets eine gerichtliche Genehmigung nötig ist. Um Schwierigkeiten aufgrund des Zusammenspiels von deutschem und polnischem Recht[15] zu vermeiden, können sie vereinbaren, die polnischen Gerichte anzurufen.[16]

15 Die Brüssel IIb-VO strukturiert die Regelung zur Gerichtsstandsvereinbarung neu. Die ausdrückliche Bezugnahme auf Ehesachen ist weggefallen. Art. 10 Brüssel IIb-VO stellt nur noch auf eine wesentliche Bindung des Kindes zum Gerichtsstaat ab, worunter auch die bisher von Art. 12 Abs. 1 Brüssel IIa-VO erfassten Fälle fallen.[17] Die Vereinbarung kann nunmehr bindend vor Beginn des Verfahrens getroffen werden und auch noch im Laufe des Verfahrens erfolgen. Art. 12 Abs. 2 Brüssel IIb-VO führt eine Formvorschrift für die Zuständigkeitsvereinbarung ein.

16 **cc) Weitere Zuständigkeiten.** Art. 13 Brüssel IIa-VO (Art. 11 Brüssel IIb-VO) knüpft an den **schlichten Aufenthalt** des Kindes an, wenn sein gewöhnlicher Aufenthalt nicht festgestellt werden kann.

17 Art. 14 Brüssel IIa-VO (Art. 14 Brüssel IIb-VO) verweist auf das nationale Recht der EU-Staaten, wenn eine Zuständigkeit aus Art. 8–13 Brüssel IIa-VO (Art. 7–11 Brüssel IIb-VO) nicht zu entnehmen ist (**Restzuständigkeit**).

18 Gem. Art. 15 Brüssel IIa-VO (Art. 12 Brüssel IIb-VO) kann das an sich international zuständige Gericht ausnahmsweise das Verfahren an das Gericht eines anderen Mitgliedstaates verweisen. Dies setzt voraus, dass eine Bindung zwischen dem Kind und dem anderen Mitgliedstaat besteht (Abs. 3), dass das an sich zuständige Gericht der Auffassung ist, dass das ausländische Gericht die Sache besser beurteilen kann (**forum conveniens**), etwa weil das Kind seinen gewöhnlichen Aufenthalt früher in diesem Staat hatte, und dass die Verweisung dem **Kindeswohl** dient.[18] Die Verweisung muss geeignet sein, einen realen und konkreten Mehrwert für eine das Kind betreffende Entscheidung zu erbringen, und darf nicht die Gefahr nachteiliger Auswirkungen auf die Lage des Kindes bergen.[19] Im Eingangsbeispiel (→ Rn. 1) könnte das deutsche Gericht, bei dem der Vater Antrag auf Regelung des Sorgerechts gestellt hat, die Sache an das italienische Gericht verweisen. Auch das Gericht, an das das Verfahren verwiesen wird, muss eigenständig prüfen, ob die eigene Zuständigkeit dem Kindeswohl entspricht (Art. 15 Abs. 5 Brüssel IIa-VO, Art. 12 Abs. 2 Brüssel IIb-VO). Die Neuregelung hebt die bisher in Art. 15 Abs. 2 Buchst. c Brüssel IIa-VO etwas versteckte Möglichkeit, dass die Initiative für die Verweisung vom nicht angerufenen Gericht ausgeht, in Art. 13 Brüssel IIb-VO hervor.[20]

---

13 EuGH 1.10.2014 – C-436/13, NJW 2014, 3555 zu Art. 12 Abs. 1 Brüssel IIa-VO; EuGH 12.11.2014 – C-656/13, NJW 2015, 40 zu Art. 12 Abs. 3 Brüssel IIa-VO.

14 MüKoBGB/*Heiderhoff* Brüssel IIa-VO Art. 12 Rn. 9.

15 Dazu OLG Hamm 4.5.2020 – 13 WF 66/20, NJW-RR 2020, 837.

16 Vgl. auch EuGH 19.4.2018 – C-565/16 (Saponaro, Xylina), NJW 2018, 1741 zur Beteiligung von Behörden in einem Erbausschlagungsverfahren.

17 *Gruber/Möller* IPRax 2020, 393 (395); *Schulz* FamRZ 2020, 1141 (1142).

18 EuGH 10.7.2019 – C-530/18, IPRax 2020, 556.

19 EuGH 27.10.2016 – C-428/15, NJW 2017, 541.

20 Zur Neufassung s. auch *Heiderhoff* IPRax 2020, 521 (523 f.).

Für **einstweilige Maßnahmen** liegt die Zuständigkeit bei den Gerichten des Staates, in dem sich die zu schützende Person oder einer ihrer Vermögensgegenstände befindet, auch wenn für die Hauptsache das Gericht eines anderen Mitgliedstaates zuständig ist (Art. 20 Brüssel IIa-VO, Art. 15 Brüssel IIb-VO). 19

Die Zuständigkeitsbestimmungen nach der Brüssel IIa-VO gelten auch dann, wenn es um **staatliche Eingriffe** in den Bereich der elterlichen Verantwortung, wie die Inobhutnahme und Unterbringung des Kindes geht.[21] 20

2. Nationales Recht

Wenn die Zuständigkeit weder aus der Brüssel IIa-VO (ab 1.8.2022 Brüssel IIb-VO) noch aus dem KSÜ oder dem MSA hervorgeht, zB weil sich das Kind in den USA aufhält, gilt das nationale Recht. Nach deutschem Recht kann dann die internationale Zuständigkeit der deutschen Gerichte nach § 98 Abs. 3 iVm § 137 Abs. 3 FamFG oder nach § 99 Abs. 1 S. 1. Nr. 1 FamFG gegeben sein. 21

3. Rechtshängigkeit im Ausland

Es gelten die gleichen Vorschriften wie für die Ehesachen (→ *Auslandsbezug bei Ehesachen* Rn. 22 ff.). 22

Ein betreffend **einstweilige Maßnahmen** in einem Mitgliedstaat anhängiges Verfahren (Art. 20 Brüssel IIa-VO, Art. 15 Brüssel IIb-VO) begründet im Verhältnis zu dem späteren Hauptsacheverfahren in einem anderen Mitgliedstaat keine vorherige Rechtshängigkeit iSd Art. 19 Abs. 2 Brüssel IIa-VO, Art. 20 Abs. 2 Brüssel IIb-VO.[22] 23

III. Kollisionsrecht

1. KSÜ

Wegen des Vorrangs des EU-Rechts und völkerrechtlicher Übereinkommen (Art. 3 EGBGB) hat die Kollisionsnorm zum Eltern-Kind-Verhältnis des autonomen deutschen IPR (Art. 21 EGBGB) nur noch geringe Bedeutung. Die Brüssel IIa-VO (ab 1.8.2022 Brüssel IIb-VO) enthält keine Kollisionsregeln, dafür ergibt sich das auf Fragen des Eltern-Kind-Verhältnisses anwendbare Recht (**Kindschaftsstatut**) vorrangig aus dem Haager Kinderschutzübereinkommen (KSÜ) (→ Rn. 3). Das MSA hat praktisch keine Bedeutung mehr. 24

Nach dem KSÜ wenden die Gerichte bei der Ausübung ihrer Zuständigkeit für Maßnahmen zum Schutz der Person des Kindes (zB Einschränkung oder Entziehung des Aufenthaltsbestimmungsrechts) oder des Kindesvermögens grundsätzlich ihr eigenes Recht (**lex fori**) an (Art. 15 KSÜ). 25

Dies gilt nicht nur, wenn sich die Zuständigkeit des Gerichts unmittelbar aus dem KSÜ ergibt, sondern auch, wenn die Zuständigkeit aus der Brüssel IIa-VO hergeleitet wird,[23] jedenfalls wenn sich die Zuständigkeit hypothetisch auch aus Art. 5 ff. KSÜ ergibt.[24] Auch dann wenden die Gerichte ihr eigenes Recht an. 26

Die Zuweisung oder das Erlöschen der **elterlichen Verantwortung** kraft Gesetzes bestimmt sich grundsätzlich nach dem Recht des **gewöhnlichen Aufenthalts** des Kindes (Art. 16 KSÜ). Ein Aufenthaltswechsel des Kindes kann kraft Gesetzes nur zu einer Erweiterung des Kreises der Sorgeberechtigten, nicht zu einer Verkleinerung führen (Art. 16 Abs. 3, 4 KSÜ). Hat beispielsweise ein Vater, der mit der Mutter nicht verheiratet ist, nach dem Recht des bisherigen gewöhnlichen Aufenthalts die elterliche Sorge kraft Gesetzes mit inne, verliert er sie nicht, wenn nur die Mutter nach dem Recht des neuen gewöhnlichen Aufenthalts 27

---

21 EuGH 2.4.2009 – C-523/07, NJW 2009, 1868.
22 EuGH 9.11.2010 – C-296/10, NJW 2011, 363.
23 OLG Köln 8.12.2016 – 25 UF 109/16, FamRZ 2017, 1514; *Andrae* IntFamR § 9 Rn. 103; Zöller/*Geimer* EuEheVO Art. 8 Rn. 13.
24 BGH 20.12.2017 – XII ZB 333/17, NJW 2018, 613; zum Streitstand BeckOK BGB/*Heiderhoff* EGBGB Art. 21 Rn. 14 f.

des Kindes kraft Gesetzes das Sorgerecht hat. Hatte er sie nicht und weist das neue Aufenthaltsrecht ihm die elterliche Sorge gemeinsam mit der Mutter zu, erlangt er sie.[25]

28 Einzelheiten zu dem anwendbaren Recht nach dem KSÜ → *Kinderschutzübereinkommen* Rn. 13–16.

29 Diese Regeln gelten nicht, wenn die Eltern und das Kind **iranische Staatsangehörige** sind. Vorrang hat dann das deutsch-iranische Niederlassungsabkommen vom 17.2.1929, nach dessen Art. 8 Abs. 3 iranisches Recht anzuwenden ist.

2. Art. 21 EGBGB

30 Art. 21 EGBGB hat aufgrund des **Vorrangs des KSÜ und MSA** kaum noch Bedeutung. Nur wenn sich die internationale Zuständigkeit der deutschen Gerichte aus §§ 98, 99 FamFG ergibt, wenn das Kind in einem Drittstaat lebt, oder wenn die betreffende Person zwar schon das 18. Lebensjahr vollendet hat (Art. 2 KSÜ), aber nach dem maßgeblichen Recht (Art. 7 EGBGB) noch minderjährig ist, kommt Art. 21 EGBGB zur Anwendung.

31 Nach Art. 21 EGBGB ist das Recht am Ort des gewöhnlichen Aufenthalts des Kindes maßgeblich. Bei einem **Wechsel** des gewöhnlichen Aufenthalts des Kindes ändert sich das Kindschaftsstatut.

IV. Anerkennung, Vollstreckung und Abänderung

1. Anerkennung und Vollstreckung von Entscheidungen eines EU-Mitgliedstaates

32 **a) Anerkennung.** Die in einem EU-Mitgliedstaat ergangenen Entscheidungen werden in den anderen EU-Mitgliedstaaten anerkannt, ohne dass es hierfür eines besonderen Verfahrens bedarf (Art. 21 Brüssel IIa-VO, Art. 30 Brüssel IIb-VO). Innerhalb der EU (mit Ausnahme Dänemarks) gilt der Grundsatz der **Titelfreizügigkeit.**[26]

33 Die Anerkennung kann nur aus den Gründen des Art. 23 Brüssel IIa-VO (Art. 39 Brüssel IIb-VO) verweigert werden. Ein wichtiger Grund der **Nichtanerkennung** ist die **Verletzung** des **rechtlichen Gehörs** des Kindes (Art. 23 lit. b Brüssel IIa-VO, Art. 39 Abs. 2 Brüssel IIb-VO), das in Art. 21 Brüssel IIb-VO eine ausdrückliche Erwähnung für das Erkenntnisverfahren gefunden hat.

34 Auch die gem. Art. 20 Brüssel IIa-VO (Art. 15 Brüssel IIb-VO) ergangenen **einstweiligen Maßnahmen** hinsichtlich des Sorgerechts, die ein nach Art. 8 ff. Brüssel IIa-VO (Art. 7 ff. Brüssel IIb-VO) für die Hauptsache zuständiges Gericht erlassen hat, sind nach den Art. 21 ff. Brüssel IIa-VO (Art. 30 ff. Brüssel IIb-VO) anzuerkennen. Einstweilige Maßnahmen dagegen, die ein für die Hauptsache unzuständiges Gericht gem. Art. 20 Brüssel IIa-VO (Art. 15 Brüssel IIb-VO) erlassen hat, können in Anwendung gegenüber der Brüssel IIa-VO nachrangiger Übereinkommen bzw. des nationalen Rechts in einem anderen Mitgliedstaat anerkannt und vollstreckt werden.[27]

35 Eine Überprüfung der internationalen Zuständigkeit des Ursprungsmitgliedstaates ist **verboten** (Art. 24 Brüssel IIa-VO, Art. 69 Brüssel IIb-VO), die Nachprüfung in der Sache selbst ausgeschlossen (Art. 26 Brüssel IIa-VO, Art. 71 Brüssel IIb-VO). Ist das inländische Gericht der Überzeugung, dass eine andere Entscheidung geboten ist, besteht allenfalls die Möglichkeit der Abänderung, wenn dafür eine Zuständigkeit besteht (→ Rn. 47 f.).

36 **b) Vollstreckung.** Die in einem Mitgliedstaat ergangenen Entscheidungen über die elterliche Verantwortung für ein Kind, die in diesem Mitgliedstaat vollstreckbar sind und die zugestellt worden sind, werden in jedem anderen Mitgliedstaat vollstreckt, wenn sie dort auf **Antrag** für **vollstreckbar erklärt** wurden (Art. 28 Brüssel IIa-VO).

25 *Andrae* IntFamR § 9 Rn. 110 f.
26 HK-ZPO/*Dörner* EuEheVO Art. 21 Rn. 1.
27 EuGH 15.7.2010 – C-256/09, NJW 2010, 2861; BGH 9.2.2011 – XII ZB 182/08, NJW 2011, 855.

Für **Entscheidungen zum Umgang und zur Kindesherausgabe** bestehen zusätzliche Vorschriften, um eine grenzüberschreitende Durchsetzung zu erleichtern (Art. 40–45 Brüssel IIa-VO, sog. privilegierte Entscheidungen). Demnach bedarf es einer Vollstreckbarkeitserklärung nicht, wenn das Ursprungsland eine **Bescheinigung** unter Verwendung des Formblatts im Anhang III bzw. IV Brüssel IIa-VO ausgestellt hat. Die Bescheinigung im Herkunftsland tritt an die Stelle der Vollstreckbarkeitserklärung im Vollstreckungsstaat.[28] Die Anerkennung einer solchen Entscheidung kann nicht angefochten werden. 37

Nach der Brüssel IIb-VO ist eine Vollstreckbarerklärung insgesamt nicht mehr erforderlich (Art. 34 Brüssel IIb-VO), sondern es genügt für die Vollstreckung die Vorlage der vom Gericht des Ursprungsmitgliedstaates ausgestellten Bescheinigung nach Art. 36 Brüssel IIb-VO. Die Vollstreckung wird bei Vorliegen von Anerkennungsversagensgründen abgelehnt (Art. 41 Brüssel IIb-VO). Der Vollstreckung einer privilegierten Entscheidung (Art. 42 ff. Brüssel IIb-VO) steht nur die Unvereinbarkeit mit einer späteren Entscheidung gem. Art. 50 Brüssel IIb-VO entgegen.[29] 38

Für das **Vollstreckungsverfahren** ist das Recht des Vollstreckungsmitgliedstaates maßgebend (Art. 47 Brüssel IIa-VO). Dies gilt auch grundsätzlich unter der Brüssel IIb-VO, die allerdings in Art. 51 ff. Brüssel IIb-VO einige Regeln zum Vollstreckungsverfahren aufstellt. 39

Gem. Art. 48 Brüssel IIa-VO (Art. 54 Brüssel IIb-VO) können die Gerichte des Vollstreckungsstaates **praktische Modalitäten des Umgangs** regeln, ohne den Wesensgehalt der Entscheidung des Ursprungslands zu ändern. Zur Durchsetzung eines deutschen Umgangstitels ist ein deutsches Gericht für die Verhängung eines Ordnungsgelds auch dann zuständig, wenn das Kind seinen gewöhnlichen Aufenthalt in einem anderen Mitgliedstaat hat.[30] 40

In einem Mitgliedstaat aufgenommene und vollstreckbare öffentliche Urkunden sowie **private Vereinbarungen**, wie zB öffentlich beurkundete Sorgerechtsvereinbarungen, werden unter denselben Bedingungen wie Entscheidungen anerkannt und für vollstreckbar erklärt (Art. 46 Brüssel IIa-VO). Nach der Brüssel IIb-VO muss eine Vereinbarung der Beteiligten von einer Behörde eingetragen werden (Art. 2 Abs. 2 Nr. 3 Brüssel IIb-VO) und der Mitgliedstaat, in dem die Urkunde oder Vereinbarung errichtet wurde, müsste für ein entsprechendes gerichtliches Verfahren zuständig gewesen sein (Art. 64 Brüssel IIb-VO). 41

Die Brüssel IIa-VO verpflichtet die Mitgliedstaaten, eine oder mehrere **Zentrale Behörden** zwecks Informationsaustausch und Erleichterung der Verständigung und gütlichen Einigung zwischen den Trägern der elterlichen Verantwortung einzurichten. Hierzu wird auch das **Europäische Justizielle Netz** für Zivil- und Handelssachen genutzt (Art. 53 f. Brüssel IIa-VO, Art. 76 f. Brüssel IIb-VO). Maßgeblich für die erforderliche innerstaatliche Durchsetzung ist in Deutschland das Gesetz zur Aus- und Durchführung bestimmter Rechtsinstrumente auf dem Gebiet des internationalen Familienrechts vom 26.1.2005 (Internationales Familienverfahrensgesetz – **IntFamRVG**). Zentrale Behörde ist in Deutschland das **Bundesamt für Justiz** (§ 3 IntFamRVG). 42

Im Vollstreckbarkeitserklärungsverfahren kann das Gericht auf Antrag oder von Amts wegen vor Wirksamkeit der Entscheidung **einstweilige Maßnahmen** treffen, insbesondere um den Aufenthaltsort des Kindes zu sichern oder die Erschwerung der Rückgabe zu verhindern (§ 15 IntFamRVG). Die Vollstreckung erfolgt nach § 44 IntFamRVG durch Anordnung von **Ordnungsmitteln**. 43

2. Anerkennung und Vollstreckung von Entscheidungen eines Vertragsstaates des KSÜ

Hierzu → *Kinderschutzübereinkommen* Rn. 17. Für das innerstaatliche Verfahren ist das IntFamRVG maßgeblich. 44

28 *Andrae* IntFamR § 9 Rn. 182.
29 Vgl. *Gruber/Möller* IPRax 2020, 393 (397 f.).
30 BGH 27.11.2019 – XII ZB 311/19, NJW-RR 2020, 130.

3. Anerkennung und Vollstreckung von Entscheidungen eines Vertragsstaates des Europäischen Sorgerechtsübereinkommens

45 Das Luxemburger Europäische Übereinkommen über die Anerkennung und Vollstreckung von Entscheidungen über das Sorgerecht für Kinder und die Wiederherstellung des Sorgeverhältnisses vom 20.5.1980 (**ESÜ**) hat aufgrund des Vorrangs der Brüssel IIa-VO vor allem Bedeutung im Verhältnis zu Vertragsstaaten, die nicht EU-Mitgliedstaaten und auch nicht Vertragsstaaten der KSÜ sind (zB Island, Liechtenstein, Moldau). Im Verhältnis zu anderen Vertragsstaaten des KSÜ ist das ESÜ parallel anwendbar (→ *Kindesentführung* Rn. 13).[31]

4. Anerkennung und Vollstreckung von sonstigen ausländischen Entscheidungen

46 Die nationalen Vorschriften über die Anerkennung und Vollstreckung (§§ 108–110 FamFG) kommen zur Anwendung im Verhältnis zu Staaten wie den USA, die weder EU-Mitgliedstaat noch Vertragsstaat eines der internationalen Abkommen sind. Danach werden ausländische Entscheidungen anerkannt, ohne dass es hierfür eines besonderen Verfahrens bedarf (§ 108 FamFG), wenn kein Anerkennungshindernis gem. § 109 FamFG besteht. Die Vollstreckung erfolgt nach § 110 FamFG.

5. Abänderung

47 Die Abänderung einer ausländischen Entscheidung im Inland setzt voraus, dass die abzuändernde Entscheidung anzuerkennen ist. Ist sie anerkennungsfähig, ist die internationale Zuständigkeit des Gerichts zu prüfen (→ Rn. 2 ff.).

48 Liegt die internationale Zuständigkeit der deutschen Gerichte vor, kann die anerkennungsfähige ausländische Entscheidung, wenn das Kind seinen gewöhnlichen Aufenthalt im Inland hat, nach deutschem Recht gem. § 1696 BGB abgeändert werden. Die Maßgeblichkeit deutschen Rechts folgt aus Art. 15 KSÜ (→ Rn. 24 ff.). Für eine Abänderung genügt aber nicht, dass das deutsche Gericht die unveränderten tatsächlichen Umstände anders bewertet als das Ursprungsgericht.[32]

6. Ausblick

49 Es existiert ein **Übereinkommen des Europarates über den Umgang von und mit Kindern vom 15.5.2003** („Europäisches Umgangsübereinkommen“ – EuUÜ). Dieses hat Deutschland weder gezeichnet noch ratifiziert. Zu dem Stand dieses Übereinkommens s. www.coe.int/de/web/conventions/full-list/-/conventions/treaty/192.

V. Informationsmittel

50 Zu nützlichen Mitteln der Information in der Praxis → *Internationales Familienrecht* Rn. 14 f., von den dortigen Internetadressen insbes. Europäisches Justizportal – Elterliche Verantwortung: e-justice.europa.eu/content_parental_responsibility-302-de.do.

31 Vgl auch *Schulz* FamRZ 2018, 797 (806 f.).
32 *Andrae* IntFamR § 9 Rn. 199.

42. Auslandsbezug bei Unterhaltssachen

J. Teubel

I. Einführung

Wie bei allen internationalen Fällen ist bei einer Unterhaltssache mit Auslandsberührung vor oder zu Beginn eines Verfahrens als Erstes zu prüfen, ob die deutschen Gerichte international zuständig sind (→ *Internationales Familienrecht* Rn. 4). In der Praxis empfiehlt es sich, noch davor zu prüfen, ob der Pflichtige im Inland Vermögen hat und ob in dem Staat, in dem er über pfändbares Vermögen verfügt, eine deutsche Entscheidung vollstreckt werden kann (→ Rn. 45); zur Anerkennung und Vollstreckung ausländischer Unterhaltsentscheidungen → *Ausländische Unterhaltstitel* Rn. 1 ff. 1

II. Internationale Zuständigkeit

1. EuUntVO

Vorrang hat das Europarecht. Die internationale Zuständigkeit in Unterhaltssachen regelt die VO (EG) Nr. 4/2009 des Rates vom 18.2.2008 über die Zuständigkeit, das anwendbare Recht, die Anerkennung und Vollstreckung von Entscheidungen und die Zusammenarbeit in Unterhaltssachen (EuUntVO) abschließend, so dass § 105 FamFG keine Bedeutung hat. Die EuUntVO gilt unmittelbar in den Mitgliedstaaten.[1] Sie setzt nicht voraus, dass beide Beteiligte ihren Wohnsitz in der EU haben; aber bei Wohnsitz des Antragsgegners in der Schweiz, Norwegen oder Island ist das Luganer Übereinkommen von 2007 vorrangig (→ Rn. 19). 2

Ziel der Verordnung ist der Schutz und die kompetenzrechtliche **Privilegierung des Unterhaltsgläubigers.**[2] 3

a) Zeitlicher und sachlicher Anwendungsbereich. Die EuUntVO findet zeitlich Anwendung auf Verfahren, die seit dem **18.6.2011** eingeleitet worden sind (Art. 76 EuUntVO). Sie erstreckt sich auf **alle Unterhaltspflichten**, die auf einem familien-, verwandtschafts- oder eherechtlichen Verhältnis oder auf Schwägerschaft beruhen (Art. 1 Abs. 1 EuUntVO). Dazu zählen neben Unterhaltsansprüchen aus einer Lebenspartnerschaft auch solche aus eheähnlichen und nichtehelichen Beziehungen[3] sowie Fälle wie § 1615 l BGB.[4] In den sachlichen Anwendungsbereich der EuUntVO fallen auch damit im Zusammenhang stehende 4

1 Einschließlich Dänemark, s. ABl. 2009 L 149, 80.
2 Erwägungsgrund 9.
3 MüKoFamFG/*Lipp* EG-UntVO Art. 1 Rn. 13 ff.
4 OLG Karlsruhe 14.7.2017 – 18 WF 3/17, NZFam 2017, 865.

Auskunftsansprüche und unterhaltsrechtliche Stufenklagen,[5] ferner auch Regressklagen öffentlicher Einrichtungen gegen den Unterhaltsschuldner. Vertraglich begründete Unterhaltsansprüche fallen jedoch nicht unter die EuUntVO.

5 **b) Zuständigkeitsregelungen.** Art. 3 EuUntVO sieht vier Anknüpfungen für die internationale Zuständigkeit vor, durch die zugleich auch die örtliche Zuständigkeit geregelt wird. Diese Zuständigkeiten sind gleichrangig und ermöglichen dadurch ein **forum shopping** (→ *Internationales Familienrecht* Rn. 4; zum Verhältnis von lit. c und d → Rn. 12).

6 **aa) Aufenthaltszuständigkeiten.** Hat der **Antragsgegner** seinen gewöhnlichen Aufenthalt in einem der Mitgliedstaaten der EU, kann er vor den Gerichten dieses Staates verklagt werden (Art. 3 lit. a EuUntVO), unabhängig davon, ob er Angehöriger eines Mitgliedstaates oder eines Drittstaates ist. Wo der Antragsteller seinen gewöhnlichen Aufenthalt hat, spielt keine Rolle. Für die örtliche Zuständigkeit sieht § 28 AUG eine Konzentration beim AG am Sitz des OLG vor, was durch Spezialisierung eine effektivere Durchsetzung von Unterhaltsansprüchen ermöglichen soll.[6]

7 Die **unterhaltsberechtigte** Person kann den Schuldner nicht nur an dessen gewöhnlichem Aufenthalt verklagen, sondern auch an dem Ort, an dem sie selbst ihren gewöhnlichen Aufenthalt hat (Art. 3 lit. b EuUntVO). Dieses **Wahlrecht** hat nicht nur derjenige, der sich auf einen in seiner eigenen Person entstandenen Anspruch stützt, sondern auch eine öffentliche Einrichtung, die im Regressweg Unterhaltsansprüche geltend macht, kann den Pflichtigen am Ort des gewöhnlichen Aufenthalts des Unterhaltsberechtigten in Anspruch nehmen.[7] Hinsichtlich der örtlichen Zuständigkeit gilt wiederum die Konzentration des § 28 AUG.

8 Im Grundsatz kann auch der Unterhaltsschuldner den Gerichtsstand nach Art. 3 lit. b EuUntVO in Anspruch nehmen. Wegen der nach Art. 3 lit. a EuUntVO bestehenden Zuständigkeit wirkt sich dies freilich nur in Sonderfällen aus, wenn der Antragsgegner nicht die „berechtigte Person" ist. Einen (negativen Feststellungs-)Antrag oder Abänderungsantrag (→ Rn. 43) muss der Unterhaltsschuldner grundsätzlich am gewöhnlichen Aufenthalt des Unterhaltsgläubigers erheben. Wird der Unterhaltsschuldner an seinem Aufenthaltsort verklagt, besteht für eine **Widerklage** keine internationale Zuständigkeit, wenn sie sich nicht aus anderen Vorschriften ergibt. Der verklagte Unterhaltsgläubiger kann dagegen an seinem gewöhnlichen Aufenthalt Widerklage erheben.[8]

9 In der Praxis nutzt dem Unterhaltsgläubiger das Privileg, dass er dort, wo er seinen gewöhnlichen Aufenthalt hat, den Schuldner verklagen kann, nichts, wenn dieser dort kein **pfändbares Vermögen** hat und in einem Drittstaat lebt, in dem das Urteil nicht ohne Weiteres vollstreckt werden kann. Umso sinnvoller ist es, sich im Vorfeld des Unterhaltsverfahrens über die Erfolgsaussichten der Anerkennung und Vollstreckung des Unterhaltsurteils im Ausland zu informieren (→ Rn. 45).[9] Das **Haager Übereinkommen vom 23.11.2007** über die internationale Geltendmachung der Unterhaltsansprüche von Kindern und anderen Familienangehörigen sieht eine Vollstreckung von Unterhaltstiteln vor, die am gewöhnlichen Aufenthalt des Berechtigten geschaffen wurden (Art. 22 Abs. 1 lit. c HUÜ 2007). Allerdings haben die USA insoweit einen Vorbehalt erklärt.

10 Der gewöhnliche Aufenthalt ist wie in der Brüssel IIa-VO **autonom** auszulegen (→ *Auslandsbezug bei Ehesachen* Rn. 8 f.; zum Kindesaufenthalt → *Auslandsbezug bei Kindschaftssachen* Rn. 10).

11 **bb) Annexzuständigkeiten.** Ein für ein **Verfahren** in Bezug auf den **Personenstand**, zB über die Ehescheidung oder Vaterschaftsfeststellung, international zuständiges Gericht (zur internationalen Zuständig-

---

5 BGH 17.4.2013 – XII ZR 23/12, NJW 2013, 2597 zu Art. 5 Nr. 2 EuGVVO.

6 BT-Drs. 18/5918, 23 f.; ferner EuGH 18.12.2014 – C-400/13, NJW 2015, 683.

7 EuGH 17.9.2020 – C-540/19, NJW 2020, 3229, anders als unter Geltung von Art. 5 Nr. 2 EuGVVO, so noch EuGH 15.1.2004 – C-433/01 (Blijdenstein), NJW 2004, 1439.

8 *Hau* FamRZ 2010, 516 (518).

9 Ebenso *Henrich*, Internationales Scheidungsrecht, 4. Aufl. 2017, Rn. 107.

keit → *Auslandsbezug bei Ehesachen* Rn. 2 ff.; → *Auslandsbezug bei Abstammungssachen* Rn. 2) ist auch für den Unterhalt international zuständig, wenn es nach seinem nationalen Recht befugt ist, über den Unterhalt als Nebensache, zB im Verbund, (§ 137 Abs. 1, 2 Nr. 2 FamFG) zu entscheiden (Art. 3 lit. c EuUntVO, § 25 AUG). Diese Annexzuständigkeit gilt auch für Verfahren auf Auflösung gleichgeschlechtlicher Partnerschaften. Sie gilt allerdings nicht, wenn sich die Zuständigkeit allein auf die Staatsangehörigkeit eines Beteiligten gründet, es sei denn der andere Beteiligte hat dieselbe Staatsangehörigkeit.[10] Das Scheidungsgericht kann aber nicht über Klagen auf **Trennungsunterhalt** entscheiden.[11] Zur örtlichen Zuständigkeit s. § 26 AUG.

Entsprechendes gilt, wenn ein in einem **Verfahren in Bezug auf die Elternverantwortung** international zuständiges Gericht nach seinem nationalen Recht befugt ist, auch bzgl. des Unterhalts als Nebensache zu entscheiden (Art. 3 lit. d EuUntVO) (zur internationalen Zuständigkeit in Verfahren über die Elternverantwortung → *Auslandsbezug bei Kindschaftssachen* Rn. 2 ff.). Das deutsche Recht kennt eine solche Annexzuständigkeit freilich nicht.[12] Sind gleichzeitig ein Scheidungsverfahren und vor einem anderen Gericht ein Verfahren über die elterliche Verantwortung anhängig, so besteht die Annexzuständigkeit nur vor dem letztgenannten Gericht.[13] 12

cc) Gerichtsstandsvereinbarungen. Gem. Art. 4 EuUntVO können die Beteiligten eine Gerichtsstandsvereinbarung treffen. Sie können aber nur die Gerichte eines **Mitgliedstaates** prorogieren, zu dem der Sachverhalt aufgrund eines objektiven Faktors eine Verknüpfung aufweist. Sie können beispielsweise vereinbaren, dass das Gericht der Ehesache auch für ihre Unterhaltsstreitigkeiten zuständig sein soll. 13

Die Gerichtsstandsvereinbarung bedarf der **Schriftform**, der auch elektronische Übermittlungen genügen (Art. 4 Abs. 2 EuUntVO). Gerichtsstandsvereinbarungen sind ausgeschlossen, soweit der Streit den Unterhaltsanspruch eines Minderjährigen betrifft (Art. 4 Abs. 3 EuUntVO). 14

dd) Restliche Zuständigkeiten. Ein unzuständiges Gericht wird durch die **rügelose Einlassung** des Antragsgegners international zuständig (Art. 5 EuUntVO). Art. 6 EuUntVO begründet eine **Auffangzuständigkeit** bei dem Gericht des Staates, dessen Staatsangehörigkeit beide Beteiligte haben, und Art. 7 EuUntVO eröffnet in Ausnahmefällen beim Fehlen einer anderen Zuständigkeit eine **Notzuständigkeit** bei ausreichendem Bezug zum Gerichtsstaat. 15

Einstweilige Maßnahmen einschließlich Sicherungsmaßnahmen, die das nationale Recht eines Mitgliedstaates vorsieht, etwa ein Arrest, können bei dessen Gerichten gem. Art. 14 EuUntVO zwar auch dann beantragt werden, wenn für die Entscheidung in der Hauptsache das Gericht eines anderen Mitgliedstaates nach der EuUntVO zuständig ist, aber eine einstweilige Anordnung nach § 246 FamFG, die letztlich das Hauptsacheverfahren ersetzt, fällt nicht hierunter.[14] 16

c) Brexit. Im Verhältnis zu Großbritannien gelten die Zuständigkeitsvorschriften der EuUntVO für Verfahren fort, die bis zum 31.12.2020 eingeleitet wurden. Entscheidungen aus solchen Verfahren können gem. Art. 67 des Austrittsabkommens zwischen der EU und Großbritannien weiterhin nach den Regeln der EuUntVO vollstreckt werden. Sofern zwischen der EU und Großbritannien nichts anderes vereinbart wird, wird sich die Anerkennung und Vollstreckung aus späteren Verfahren nach dem HUÜ 2007 richten. 17

d) Verhältnis zu anderen Übereinkommen. Die Verordnung lässt die Anwendung der Übereinkommen, denen ein Mitgliedstaat angehört, unberührt. Das betrifft jedoch nur die Anwendung multi- oder bilateraler Staatsverträge im Verhältnis zu Drittstaaten. Im Verhältnis der EU-Mitgliedstaaten untereinander geht die Unterhaltsverordnung den staatsverträglichen Regelungen vor (Art. 69 EuUntVO). Im Übrigen sieht das 18

10 *Andrae* IntFamR § 10 Rn. 50.
11 HK-ZPO/*Dörner* EuUntVO Art. 3 Rn. 9; aA Zöller/*Geimer* EuUntVO Art. 3 Rn. 10.
12 *Andrae* NJW 2011, 2545 (2546).
13 EuGH 16.7.2015 – C-184/14, NJW 2015, 3021.
14 *Andrae* § 10 Rn. 92; aA MüKoFamFG/*Lipp* EG-UntVO Art. 14 Rn. 6.

HUÜ 2007 abgesehen von der negativen Regel des Art. 18 (→ Rn. 43) keine Regelungen zur internationalen Zuständigkeit vor.

2. Luganer Übereinkommen

19 Im Verhältnis zwischen der EU und den Staaten Schweiz, Island und Norwegen gilt das Luganer Übereinkommen vom 30.10.2007 über die gerichtliche Zuständigkeit und die Anerkennung und Vollstreckung gerichtlicher Entscheidungen in Zivil- und Handelssachen (LugÜ), das in Art. 5 Nr. 2 eine Zuständigkeit am Wohnsitz oder gewöhnlichen Aufenthalt des Unterhaltsberechtigten vorsieht.

3. Rechtshängigkeit im Ausland

20 Bei Rechtshängigkeit eines ausländischen Unterhaltsverfahrens ist – wie in Ehesachenverfahren (→ *Auslandsbezug bei Ehesachen* Rn. 21 ff.) – zu unterscheiden, ob das Verfahren in einem anderen EU-Mitgliedstaat bzw. Lugano-Staat oder in einem sonstigen Staat rechtshängig ist. Im ersten Fall muss das später angerufene Gericht das Verfahren von Amts wegen aussetzen und abweisen, wenn die Zuständigkeit des anderen Gerichts feststeht (Art. 12 EuUntVO, Art. 27 LugÜ), im zweiten Fall ist das Verfahren nur dann gem. § 113 Abs. 1 FamFG, § 261 Abs. 3 Nr. 1 ZPO unzulässig, wenn mit der Anerkennung der ausländischen Entscheidung in Deutschland zu rechnen ist. Die ausländische Rechtshängigkeit ist nur bei einer **Identität** des Streitgegenstandes und der Parteien zu beachten. Dabei kommt es vor allem darauf an, ob die beiden Verfahren denselben Zeitraum betreffen.[15] Dies dürfte auch der Fall sein, wenn im Inland Trennungsunterhalt verlangt wird, während im Ausland im Rahmen des Scheidungsverfahrens Unterhalt für die Dauer des anhängigen Scheidungsverfahrens geltend gemacht wird.[16] Im Geltungsbereich der EuUntVO kommt eine Aussetzung wegen Sachzusammenhangs auch dann in Betracht, wenn keine Identität besteht, Art. 13 EuUntVO. Die Rechtshängigkeit eines Hauptsacheverfahrens in einem Drittstaat stellt kein Hindernis für den Erlass einer **einstweiligen Anordnung** auf Unterhalt dar,[17] iÜ s. Art. 14 EuUntVO.

III. Kollisionsrecht; Haager Unterhaltsprotokoll (HUP 2007)

1. Zeitlicher und räumlicher Anwendungsbereich

21 Alle EU-Mitgliedstaaten – bis auf Dänemark – sind an das Haager Protokoll vom 23.11.2007 über das auf Unterhaltspflichten anzuwendende Recht (HUP 2007) gebunden. Es bestimmt als Unionsrecht das anwendbare Recht für Unterhaltsansprüche ab dem **18.6.2011** sowie für Zeiträume davor, wenn der Anspruch in einem Verfahren geltend gemacht wird, das am oder nach dem 18.6.2011 eingeleitet worden ist, oder wenn ab diesem Tag über den Anspruch ein Vergleich geschlossen oder eine öffentliche Urkunde errichtet worden ist.[18]

2. Verhältnis zu anderen Übereinkommen

22 Das HUP 2007 hat das Haager Übereinkommen über das auf Unterhaltsansprüche anzuwendende Recht vom 2.10.1973 abgelöst. Zum 18.6.2011 wurde Art. 18 EGBGB, dem dieses Übereinkommen zugrunde lag, aufgehoben. Das **Haager Übereinkommen von 1973** ist allerdings im Verhältnis zu seinen Vertragsstaaten, die das HUP 2007 nicht ratifiziert haben, weiterhin anzuwenden.[19] Dies betrifft Albanien, Japan, die Schweiz, die Türkei und die karibischen Gebiete der Niederlande.

---

15 MüKoFamFG/*Lipp* EG-UntVO Art. 12 -UntVO Rn. 9.

16 Anders OLG Köln 17.10.2002 – 14 UF 78/02, FamRZ 2003, 544.

17 OLG Köln 19.8.1991 – 27 UF 47/91, FamRZ 1992, 75.

18 Art. 4, 5 EU-Ratsbeschluss vom 30.11.2009 (ABl. EU 2009 L 331, 17), OLG Bremen 24.4.2012 – 4 WF 207/11, FamRZ 2013, 224.

19 OLG Karlsruhe 7.2.2017 – 16 UF 307/13, FamRZ 2017, 1491.

Vom Haager Unterhaltsprotokoll unberührt bleibt das **deutsch-iranische Niederlassungsabkommen** vom 17.2.1929 (Art. 19 HUP 2007). Unterhaltsansprüche zwischen iranischen Staatsangehörigen, die im Inland leben, richten sich gem. Art. 8 Abs. 3 dieses Abkommens nach iranischem Sachrecht.[20] 23

3. Geltungsbereich

Das HUP 2007 ist auf solche **Unterhaltspflichten** anzuwenden, die sich aus Beziehungen der **Familie**, Verwandtschaft, Ehe oder Schwägerschaft ergeben, einschließlich der Unterhaltspflichten gegenüber einem Kind ohne Rücksicht auf den Familienstand seiner Eltern (Art. 1 HUP 2007). Auch Unterhaltspflichten aus gleichgeschlechtlichen Gemeinschaften können darunter subsumiert werden. 24

4. Universelle Anwendung

Das HUP 2007 ist unabhängig davon anwendbar, ob das darin bezeichnete Recht das Recht eines Nicht-Vertrags- oder **Drittstaates** ist (Art. 2 HUP). 25

5. Maßgebliches Recht

a) Grundsatzanknüpfung. Gem. Art. 3 HUP 2007 gilt, soweit sich nicht aus Art. 4 Abs. 3 (→ Rn. 36), Art. 5 (→ Rn. 39) oder einer Rechtswahl (→ Rn. 28) etwas anderes ergibt, das Recht des Staates, in dem die berechtigte Person zum jeweiligen Zeitpunkt ihren **gewöhnlichen Aufenthalt** hat. Das Unterhaltsstatut ist also wandelbar.[21] Diese Anknüpfung führt zu einem Gleichlauf mit der internationalen Zuständigkeit. Ausländer, die dauerhaft im Inland leben, können folglich Unterhalt nach deutschem Recht verlangen, unabhängig davon, was ihr Heimatrecht oder das Heimatrecht des Pflichtigen vorsieht, wo dieser lebt und nach welchem ausländischen Recht die Ehegatten geschieden wurden. 26

Der gewöhnliche Aufenthalt liegt dort, wo sich der Schwerpunkt der familiären, beruflichen und sozialen Beziehungen einer Person (**Daseinsmittelpunkt**) befindet (zum Kindesaufenthalt → *Auslandsbezug bei Kindschaftssachen* Rn. 10). Entscheidend ist die Integration in die neue Umgebung. Ob sich beispielsweise beim Auslandsstudium der gewöhnliche Aufenthalt ändert, hängt von den Einzelfallumständen ab; ein oder zwei Auslandssemester werden häufig noch keine Änderung herbeiführen.[22] 27

b) Rechtswahl. Die Parteien können durch Rechtswahl das anwendbare Recht bestimmen. Das HUP 2007 sieht **zwei Arten der Rechtswahl** vor: 28

aa) Rechtswahl für die Zwecke eines einzelnen Verfahrens. Die Rechtswahl kann für die Zwecke eines einzelnen Verfahrens getroffen werden. Gewählt werden kann nur das Recht des Gerichts, vor dem das Verfahren geführt wird. Die Wahl erfordert eine explizite Vereinbarung (Art. 7 Abs. 1 HUP 2007). 29

Beispiel: Der in Griechenland lebende Unterhaltsberechtigte verlangt Unterhalt von der in Deutschland lebenden Pflichtigen. Hier könnten die Parteien durch Rechtswahl für das Unterhaltsverfahren in Deutschland die Anwendung deutschen Rechts vereinbaren, so dass sich das Gericht nicht mit dem griechischen Recht befassen muss, welches sonst als Recht des gewöhnlichen Aufenthalts des Berechtigten maßgeblich wäre.

Erfolgt die Rechtswahl vor Einleitung des Verfahrens, ist sie **schriftlich** zu erstellen und von beiden Parteien zu unterschreiben (Art. 7 Abs. 2 HUP 2007). Erfolgt sie im Verfahren, bedarf sie keiner besonderen Form, so dass sie während des Verfahrens auch durch mündliche Erklärung zu **Protokoll** abgegeben werden kann. 30

bb) Rechtswahl für das Unterhaltsverfahren insgesamt. Wenn es nicht um Unterhaltsansprüche eines Minderjährigen oder eines Erwachsenen, der nicht selbst seine Interessen wahrnehmen kann, geht (Art. 8 31

---

20 OLG Koblenz 26.11.2008 – 9 UF 653/06, NJW-RR 2009, 1014.

21 Art. 3 Abs. 2 HUP 2007; vgl. BGH 10.12.2014 – XII ZB 662/13, NJW 2015, 694.

22 *Andrae* IntFamR § 10 Rn. 111.

Abs. 3 HUP 2007), ist auch eine Rechtswahl für das auf die Unterhaltspflicht anzuwendende Recht insgesamt möglich. Es bestehen **vier Wahlmöglichkeiten**. Wählbar sind das Heimatrecht oder das Recht des gewöhnlichen Aufenthalts einer der Parteien zum Zeitpunkt der Rechtswahl, ferner das von den Parteien für ihren Güterstand bestimmte bzw. das tatsächlich darauf angewandte Recht, oder das für ihre Scheidung gewählte bzw. das tatsächlich darauf angewandte Recht (Art. 8 Abs. 1 HUP 2007).

Beispiel: Ein deutsch-italienisches Ehepaar, das in Deutschland lebt und nach Amerika übersiedeln will, vereinbart in einem Ehevertrag für den Fall der Scheidung deutsches Recht als Unterhaltsstatut.

32 Die Rechtswahl kann jederzeit getroffen werden. Sie ist **schriftlich** abzufassen und von beiden Parteien zu unterschreiben (Art. 8 Abs. 2 HUP 2007).

33 Das Recht des Staates, in dem die berechtigte Person im Zeitpunkt der Rechtswahl ihren gewöhnlichen Aufenthalt hat, bestimmt, ob ein nach dem gewählten Recht möglicher **Unterhaltsverzicht** zulässig ist (Art. 8 Abs. 4 HUP 2007). Gem. Art. 8 Abs. 5 HUP 2007 ist die Rechtswahl unwirksam, wenn sie offensichtlich unbillige oder unangemessene Folgen hätte, es sei denn beide Parteien waren über die Folgen der Wahl vollumfänglich im Bilde. In Extremfällen findet sie zudem ihre Grenze am ordre public (Art. 13 UntProt).

34 Dass eine Rechtswahl getroffen wurde, stellt nicht sicher, dass die Rechtswahl von dem Gericht eines Drittstaates, in dem die Eheleute später leben werden, anerkannt wird. Sinnvoll ist daher, mit der Rechtswahl eine **Gerichtsstandsvereinbarung** zu verbinden (Art. 4 EuUntVO), damit die Unterhaltsklage vor den Gerichten eines Vertragsstaats des HUP 2007 erhoben wird.[23]

35 **c) Privilegierung bestimmter Unterhaltsberechtigter (Art. 4 HUP 2007).** Bestimmte Unterhaltsgruppen werden privilegiert (Art. 4 Abs. 1 HUP 2007). Das sind (1) **Kinder** – unabhängig von ihrem Alter – gegenüber ihren Eltern, (2) Personen, die das 21. Lebensjahr noch nicht erreicht haben, gegenüber anderen Personen als den Eltern, aber nicht gegenüber Ehegatten und früheren Ehegatten sowie (3) Eltern gegenüber Kindern. Diese werden durch **subsidiäre Anknüpfungen** geschützt, wenn nach dem eigentlich anwendbaren Recht kein Unterhaltsanspruch besteht. Es kommt darauf an, ob das primäre Unterhaltsstatut im konkreten Fall aus rechtlichen Gründen keinen Unterhalt gewährt. Es genügt nicht, dass ein Anspruch nach der subsidiären Anknüpfung höher ausfiele.[24]

36 Entscheidet sich eine dieser Personen dafür, den Unterhaltsschuldner nicht im eigenen Aufenthaltsstaat (→ Rn. 7), sondern in dem Staat, in dem der Schuldner seinen gewöhnlichen Aufenthalt hat, zu verklagen, so ist ihr Anspruch nach der **lex fori** des angerufenen Gerichts zu beurteilen (Art. 4 Abs. 3 S. 1 HUP 2007). Der Unterhaltsgläubiger kann so durch die Wahl des Gerichts das anwendbare Recht beeinflussen. Das angerufene Gericht braucht das ausländische Recht des gewöhnlichen Aufenthalts des Berechtigten nicht zu prüfen. Nur dann, wenn die berechtigte Person nach der lex fori keinen Unterhalt erhalten kann, ist das Recht an ihrem gewöhnlichen Aufenthalt anzuwenden (Art. 4 Abs. 3 S. 2 HUP 2007).

37 Klagt einer dieser Unterhaltsberechtigten in einem anderen Staat als dem des gewöhnlichen Aufenthalts des Schuldners, so bestimmt Art. 4 Abs. 2 HUP 2007, dass **hilfsweise** die **lex fori** anzuwenden ist, wenn der Unterhaltsberechtigte nach dem Recht seines gewöhnlichen Aufenthalts keinen Unterhalt verlangen kann (Art. 4 Abs. 2 HUP 2007). Bei einer Klage im Aufenthaltsstaat des Berechtigten wirkt sich dies nicht aus, da beide Rechte übereinstimmen. Anders ist es, wenn ein Gerichtsstand in einem anderen Staat eröffnet ist (→ Rn. 7). Dann kann die Unterhaltspflicht subsidiär nach dem Recht des angerufenen Gerichts zu beurteilen sein. Wird nach einem Wechsel des gewöhnlichen Aufenthalts des Berechtigten im neuen Aufenthaltsstaat auch Unterhalt für die Vergangenheit vor dem Aufenthaltswechsel geltend gemacht (Art. 3 Abs. 2 HUP 2007), so scheidet die subsidiäre Anknüpfung an die lex fori aus, es sei denn das angerufene Gericht wäre auch schon vor dem Aufenthaltswechsel international zuständig gewesen.[25]

23 Ebenso *Henrich*, Internationales Scheidungsrecht, 4. Aufl. 2017, Rn. 133.

24 Palandt/*Thorn* HUntProt Art. 4 Rn. 16.

25 EuGH 7.6.2018 – C-83/17, FamRZ 2018, 1503.

Besteht eine Unterhaltspflicht weder nach dem Aufenthaltsstatut der berechtigten Person noch nach der lex fori, ist schließlich das gemeinsame **Heimatrecht** der Unterhaltsparteien heranzuziehen (Art. 4 Abs. 4 HUP 2007). 38

Beispiel: Zwei griechische Schwestern leben in Deutschland, die eine ist jünger als 21 Jahre und bedürftig. Anders als nach deutschem Recht besteht nach griechischem Recht zwischen Geschwistern eine Unterhaltspflicht.

d) Sonderregelung für Ehegattenunterhaltsansprüche. Auf Unterhaltspflichten zwischen Ehegatten und früheren Ehegatten sowie Personen, deren Ehe für ungültig erklärt wurde, findet gem. Art. 5 HUP 2007 statt des Rechts des Staates, in dem der Berechtigte seinen gewöhnlichen Aufenthalt hat, das Recht des Staates Anwendung, zu dem die Ehe eine **engere Verbindung** aufweist, zB das Recht des Staates, in dem die Ehegatten ihren letzten gemeinsamen gewöhnlichen Aufenthalt hatten. Die Anwendung erfolgt nur auf **Einrede** einer der Parteien.[26] Die frühere Regelung, wonach für den nachehelichen Unterhalt das Scheidungsstatut maßgeblich war (Art. 8 Abs. 1 Haager Übereinkommen 1973, den Art. 18 Abs. 4 EGBGB kopierte), wurde aufgegeben. 39

6. Unterhaltsbemessung

Existenz, Dauer, Ausmaß und Umfang des Unterhaltsanspruchs richten sich nach dem gemäß HUP 2007 anzuwendenden Recht, ebenso die Voraussetzungen und der Umfang des rückständigen Unterhalts, die Grundlage für die Berechnung des Unterhaltsbetrags und die Frage der Indexierung (Art. 11 lit. a–c HUP 2007). Lebt beispielsweise eine geschiedene litauische Ehefrau in Deutschland, erhält sie den Quotenunterhalt. Dabei müssen aber auch die Lebensumstände des Landes, in dem der Pflichtige seinen gewöhnlichen Aufenthalt hat, berücksichtigt werden (Art. 14 HUP 2007). Das ist insbesondere dann von praktischer Bedeutung, wenn Unterhaltsberechtigter und Pflichtiger in Ländern mit unterschiedlichem Lebensstandard leben. Neben der vom Bundesfinanzministerium für steuerliche Zwecke veröffentlichten **Ländergruppeneinteilung** können die von **Eurostat** ermittelten **vergleichenden Preisniveaus des Endverbrauchs** der privaten Haushalte zur Bemessung des **Kaufkraftausgleichs** herangezogen werden.[27] Lebt bspw. eine berechtigte geschiedene Ehefrau im Ausland, hat sie so viel Kaufkraft zu beanspruchen, dass sie sich im Aufenthaltsstaat die dem ehelichen Lebensstandard im Inland entsprechenden Bedarfsgüter beschaffen kann.[28] Bei der Benutzung der deutschen Unterhaltstabellen ist daher Vorsicht geboten.[29] **Währungs- und Transferprobleme** sind, soweit noch vorhanden, zu beachten. 40

Die Prozessfähigkeit, Vertretung, Fristen für die Einleitung und **Verjährung** des Anspruchs richten sich ebenso wie der Umfang der Erstattungspflicht des Pflichtigen nach dem maßgeblichen **Unterhaltsstatut** (Art. 11 lit. d–f. HUP 2007). 41

Das Unterhaltsstatut bestimmt auch, ob ein **Auskunftsanspruch** besteht.[30] Ähnliches gilt für einen Anspruch auf Verfahrenskostenvorschuss als Ausfluss der Unterhaltspflicht.[31] Fehlt ein Auskunftsanspruch nach dem für den Hauptanspruch maßgeblichen Recht, kann ein Anspruch im Wege der **Angleichung** gewährt werden.[32] 42

IV. Abänderung

Für die Abänderung eines Unterhaltstitels gelten dieselben Vorschriften wie für eine erstmalige Geltendmachung eines Unterhaltsanspruchs. Die internationale Zuständigkeit bestimmt sich nach den allgemeinen 43

26 BGH 26.6.2013 – XII ZR 133/11, NJW 2013, 2662.
27 BGH 9.7.2014 – XII ZB 661/12, NJW 2014, 2785.
28 Vgl. BGH 1.4.1987 – IVb ZR 41/86, NJW-RR 1987, 1474.
29 OLG Stuttgart 17.1.2014 – 17 WF 229/13, NJW 2014, 1458.
30 BGH 9.2.1994 – XII ZR 220/92, NJW-RR 1994, 644.
31 OLG Köln 17.5.1994 – 25 WF 98/94, FamRZ 1995, 680.
32 OLG Hamm 3.7.1992 – 5 UF 1/92, NJW-RR 1993, 1155.

Vorschriften. Das Gericht, das eine Unterhaltsentscheidung erlassen hat oder vor dem ein Vergleich geschlossen wurde, hat **keine Annexzuständigkeit** für einen auf Abänderung dieses Titels gerichteten Antrag.[33] Nach Art. 8 EuUntVO und Art. 18 des Haager Unterhaltsübereinkommens von 2007 kann der Unterhaltsschuldner grundsätzlich keine Abänderung eines Titel, der im Aufenthaltsstaat des Berechtigten geschaffen wurde, in einem anderen Staat beantragen, solange der Berechtigte seinen gewöhnlichen Aufenthalt noch im ursprünglichen Gerichtsstaat hat.

44 Ein ausländischer Unterhaltstitel kann im Inland abgeändert werden. Dies zeigt schon Art. 56 EuUntVO, soweit es um Entscheidungen aus EU-Mitgliedstaaten geht. Im Übrigen gilt nichts anderes. Maßgeblich für die sachrechtlichen Voraussetzungen der Abänderung des Unterhaltstitels ist nicht das dem abzuändernden Titel zugrunde liegende Sachrecht, sondern das **aktuelle Unterhaltsstatut**. Lag dem Unterhaltstitel das Recht am gewöhnlichen Aufenthalt des Schuldners gem. Art. 4 Abs. 3 HUP 2007 zugrunde (→ Rn. 36), so unterliegt der Herabsetzungsantrag des Schuldners gleichwohl dem Recht am gewöhnlichen Aufenthalt des Berechtigten gem. Art. 3 HUP 2007,[34] was dem Berechtigten den Vorteil der mittelbaren Rechtswahl nehmen kann. Verfahrensrechtliche Regelungen für den Zeitpunkt der Abänderung oder der Rechtshängigkeit des Antrags, zB § 238 FamFG, sind zu beachten. Auch die Grundlagen des ursprünglichen Titels bleiben weiter beachtlich.[35]

V. Geltendmachung von Unterhaltsansprüchen im Ausland

45 Für die Anerkennung und Vollstreckung eines deutschen Titels im Ausland gelten im EU-Ausland die Regeln der EuUntVO, wonach der Titel ohne Vollstreckbarerklärung vollstreckt wird (Art. 17 ff. EuUntVO, s. umgekehrt → *Ausländische Unterhaltstitel* Rn. 20 ff.; zu Großbritannien → Rn. 17), in Island, Norwegen und der Schweiz die Vorschriften des Luganer Übereinkommens von 2007 und im Übrigen in den Vertragsstaaten das **Haager Übereinkommen vom 23.11.2007** über die internationale Geltendmachung der Unterhaltsansprüche von Kindern und anderen Familienangehörigen. Letzteres ersetzt im Verhältnis der Vertragsstaaten das Haager Übereinkommen vom 15.4.1958 über die Anerkennung und Vollstreckung von Entscheidungen auf dem Gebiet der Unterhaltspflicht gegenüber Kindern (noch relevant gegenüber Liechtenstein und Surinam) und das Haager Übereinkommen vom 2.10.1973 über die Anerkennung und Vollstreckung von Unterhaltsentscheidungen (Art. 48 HUÜ 2007). Das HUÜ 2007 ersetzt in seinem Anwendungsbereich auch das der Rechtshilfe dienende New Yorker UN-Übereinkommen über die Geltendmachung von Unterhaltsansprüchen im Ausland vom 20.6.1956 (Art. 49 HUÜ 2007).

46 Der Durchführung dieser Übereinkommen und damit der Verfolgung von Unterhaltsansprüchen im Ausland, insbesondere im Verhältnis zu den USA, Kanada und Südafrika, dient das **Auslandsunterhaltsgesetz** (AUG).

VI. Praktische Internetadressen

47 Nützliche Internetadressen für Unterhaltssachen sind:

- Bundesamt für Justiz: www.bundesjustizamt.de
- Deutsches Institut für Jugendhilfe und Familienrecht (DIJuF) e.V.: www.dijuf.de
- EUR-Lex: eur-lex.europa.eu/homepage.html
- Europäisches Justizielles Netz für Zivil- und Handelssachen: ec.europa.eu/civiljustice/index_de.htm
- Europäisches Justizportal (elektronisches Justizportal der EU-Kommission): e-justice.europa.eu
- Haager Konferenz für Internationales Privatrecht: www.hcch.net (mit Übersichten über die Vertragsstaaten der Haager Übereinkommen)
- Internationale Rechtshilfe mit Rechtshilfeordnung in Zivilsachen (ZRHO) und Länderteil: www.ir-online.nrw.de (Datenbank des Landes NRW).

33 EuGH 15.2.2017 – C-499/15, NJW 2017, 2013.
34 EuGH 20.9.2018 – C-214/17 (Mölk), NJW 2018, 3433.
35 OLG Köln 20.7.2004 – 25 UF 24/04, NJW-RR 2005, 876.

43. Auslandsscheidung

Wegener

I. Einführung

Unter dem Begriff der Auslandsscheidung versteht man die Klärung derjenigen Rechtsfragen, die sich daraus ergeben, ob und unter welchen Voraussetzungen eine im Ausland vollzogene Ehescheidung im (deutschen) Inland **Anerkennung** findet. Abzugrenzen ist der Begriff daher von den Fragen, die im Rahmen des internationalen Privatrechts zu klären sind, also insbesondere die Fragen des anwendbaren materiellen Rechts bei Ehescheidungen mit Auslandsbezug oder Fragen der internationalen Zuständigkeit. 1

Wie in allen Fällen mit Auslandsbezug ist das innerstaatliche Recht stets nur dann anwendbar, wenn es keine **internationalen Regelungen** gibt. Es gilt der allgemeine Grundsatz, wonach völker- und europarechtliche Regelungen Lex specialis sind und dem innerstaatlichen Recht vorgehen. Der Gesetzgeber des FamFG hielt es für sinnvoll, diesen Grundsatz in § 97 FamFG den Vorschriften über die Verfahren mit **Auslandsbezug** voranzustellen. Diese Vorschrift hat daher klarstellende Funktion, ohne eigenen Regelungsgehalt. 2

Zur Beantwortung der Rechtsfragen einer Auslandsscheidung finden sich die maßgeblichen Rechtsgrundlagen durch Anknüpfung an das **Territorialprinzip**. Für Ehescheidungsverfahren in den Staaten des EU-Bereichs (mit Ausnahme Dänemarks) ist die Verordnung (EG) Nr. 2201/2003 des Rates über die Zuständigkeit und die Anerkennung und Vollstreckung von Entscheidungen in Ehesachen und in Verfahren betreffend die elterliche Verantwortung und zur Aufhebung der Verordnung (EG) Nr. 1347/2000 (sog. Brüssel IIa-Verordnung, nachfolgend EuEheVO) einschlägig. Diese Verordnung ist in Deutschland (vollständig) am 1.3.2005 in Kraft getreten.[1] Gem. Abs. 30 der Erwägungsgründe hat das Vereinigte Königreich (neben Irland) die Verordnung angenommen und wendet sie an. Trotz des Austritts des Vereinigten Königreichs aus der EU am 31.1.2020 gilt die Verordnung noch während der Übergangsphase bis 30.12.2020 fort. Soweit bis dahin nicht die Fortgeltung zwischen der EU und dem Vereinigten Königreich vereinbart werden sollte, gelten für die Rechtsbeziehungen spätestens dann diejenigen mit Staaten außerhalb der EU (→ Rn. 4, 48). 3

1 BGBl. 2005 I 162.

Diese Verordnung wird für Verfahren, die ab dem 1.8.2022 eingeleitet werden, ersetzt durch die Verordnung (EU) Nr. 2019/1111 vom 25.6.2019 (EuEheVO nF).

4 Für Ehescheidungsverfahren außerhalb des EU-Bereichs und in Dänemark gibt es kein einschlägiges internationales Abkommen. Deshalb richtet sich die Anerkennung solcher Ehescheidungsverfahren nach §§ 107 ff. FamFG (→ Rn. 48).

II. Scheidung in einem EU-Staat

1. Allgemeines

5 Wurde das Scheidungsverfahren in einem EU-Staat durchgeführt, ist die EuEheVO einschlägig. In ihrem Anwendungsbereich verdrängt die Verordnung das nationale Recht, auch wenn es inhaltlich mit dem europäischen Gemeinschaftsrecht übereinstimmt. Dies gilt beispielsweise für §§ 98 ff. FamFG.[2] Der örtliche Anwendungsbereich umfasst alle gegenwärtigen EU-Mitgliedstaaten. Ausgenommen hiervon ist Dänemark. Dies ergibt sich direkt aus Art. 2 Nr. 3 EuEheVO und aus Abs. 31 der Erwägungsgründe, in denen es heißt: „Gemäß den Artikeln 1 und 2 des dem Vertrag über die europäische Union und dem Vertrag zur Gründung der Europäischen Gemeinschaft beigefügten Protokolls über die Position Dänemarks beteiligt sich Dänemark nicht an der Annahme dieser Verordnung, die für Dänemark nicht bindend oder anwendbar ist."

6 Dies bedeutet, dass **Dänemark** als Nichtmitgliedstaat zu behandeln ist. Die Anerkennung von Ehescheidungen in Dänemark richtet sich daher nach den für das sonstige Ausland einschlägigen Rechtsvorschriften (→ Rn. 52).

7 Der zeitliche **Anwendungsbereich** der EuEheVO ergibt sich aus Art. 72 EuEheVO. Die Verordnung ist mit Wirkung ab 1.3.2005 in nationales deutsches Recht transferiert worden. Zu diesem Zeitpunkt ist das am 31.1.2005 verkündete Gesetz im internationalen Familienrecht vom 26.1.2005[3] in Kraft getreten.

8 Damit findet die EuEheVO für Verfahren Anwendung, die nach dem 1.3.2005 eingeleitet wurden. Für Verfahren, die vor diesem Stichtag eingeleitet worden sind, ist die Ende Februar 2005 außer Kraft getretene EU-Verordnung Nr. 1347/2000 des Rates über die Zuständigkeit und die Anerkennung und Vollstreckung von Entscheidungen in Ehesachen und in Verfahren betreffend die elterliche Verantwortung für die gemeinsamen Kinder der Ehegatten vom 29.5.2000 (sog. Brüssel II-Verordnung) weiterhin anwendbar.

9 Art. 21 Abs. 1 EuEheVO stellt den in der Europäischen Gemeinschaft herrschenden Grundsatz auf, dass jede in einem Mitgliedstaat ergangene Entscheidung von allen anderen Mitgliedstaaten anerkannt wird, ohne die Notwendigkeit eines besonderen **Anerkennungsverfahrens**. Der Begriff „Entscheidungen" erfasst alle positiven **Entscheidungen**, die letztendlich die Auflösung der Ehe zum Gegenstand haben, also die eigentliche Ehescheidung, Trennung ohne Auflösung der Ehe, Ungültigkeitserklärung und Aufhebung einer Ehe. Auch werden die in solchen Verfahren erlassenen Entscheidungen über die **Kosten** und **Kostenfestsetzungsbeschlüsse** erfasst, was sich aus Art. 49 EuEheVO ergibt. Voraussetzung ist, dass die jeweilige Entscheidung entweder von einem Gericht oder einer Behörde des Mitgliedstaates stammt. Nicht erfasst werden Entscheidungen, die einen Antrag ablehnen, Art. 2 Nr. 4 EuEheVO. Wird demnach einem Antrag auf Scheidung der Ehe im Ausland nicht entsprochen, ist es – unter Beachtung der Zuständigkeitsvorschriften – zulässig, im Inland einen weiteren neuen Antrag rechtshängig zu machen.[4]

10 Sonstige Entscheidungen sind nach anderen einschlägigen Normen anzuerkennen, wie zB die Verurteilung zu **Unterhalt** nach der EuGVVO und seit dem 18.6.2011 nach der an diesem Tag in Kraft getretenen EuUntVO[5] (→ *Ausländische Unterhaltstitel* Rn. 18).

---

2 *Geimer/Schütze/Geimer* EuZivilVerfR A. 2 EuEheVO Art. 1 Rn. 2.

3 BGBl. 2005 I 162.

4 Zöller/*Geimer* EuEheVO Art. 2 Rn. 5.

5 Verordnung Nr. 4/2009 über die Zuständigkeit, das anwendbare Recht, die Anerkennung und Vollstreckung von Entscheidungen und die Zusammenarbeit in Unterhaltssachen BGBl. 2011 I 898.

Zwar ist grundsätzlich die **formelle Rechtskraft** nicht Voraussetzung dafür, dass eine Entscheidung anerkannt wird. Art. 21 Abs. 1 EuEheVO erfasst jede Entscheidung, auch diejenigen, die noch nicht rechtskräftig sind. Allerdings bedarf es der Rechtskraft nach Art. 21 Abs. 2 EuEheVO, um die erforderlichen Beschreibungen der entsprechenden Entscheidung in den **Personenstandsbüchern** durchführen zu können. Daher kann das **Standesamt** den Nachweis der formellen Rechtskraft zur Änderung in den Personenstandsbüchern verlangen. 11

Jede Entscheidung ist demnach ohne zwingendes Anerkennungsverfahren in jedem der EU-Staaten (mit Ausnahme Dänemarks) wirksam. § 107 FamFG ist auf die Entscheidungen nicht anwendbar. 12

Ist in einem gerichtlichen Verfahren als **Vorfrage** zu klären, ob die Ehe aufgelöst ist oder nicht, kann das jeweilige Gericht darüber selbst entscheiden. Dies ergibt sich direkt aus Art. 21 Abs. 4 EuEheVO. Entscheidungen, die die Ehe erhalten, wie die Zurückweisung eines Antrags auf Scheidung der Ehe, sind gem. Art. 2 Nr. 4 EuEheVO von der Verordnung nicht umfasst.[6] 13

Die EuEheVO normiert den **Grundsatz der Wirksamkeit** der jeweiligen Entscheidung. Von diesem Grundsatz sind in Art. 22, 23 EuEheVO Ausnahmen abschließend festgelegt. Zwar sind die in Art. 22, 23 EuEheVO genannten Gründe von Amts wegen zu berücksichtigen. Jedoch trägt jede Partei, die sich auf solche Gründe in einem gerichtlichen Verfahren beruft, jeweils die **Feststellungslast** insoweit.[7] 14

Art. 37 EuEheVO legt fest, welche **Urkunden** für die jeweiligen Verfahren vorzulegen sind. Art. 38 EuEheVO beschreibt, was beim Fehlen von Urkunden zu beachten ist. Die erforderliche Bescheinigung über die Entscheidung in der Ehesache stellt auf Antrag das Gericht des ersten Rechtszuges oder das Rechtsmittelgericht aus, Art. 39 EuEheVO iVm § 48 Abs. 1 IntFamRVG. 15

2. Anerkennungsverfahren als fakultatives Feststellungsverfahren

a) Verfahrensbedürfnis. Obwohl jede Entscheidung, die in einem Mitgliedstaat getroffen wurde, gem. Art. 21 Abs. 1 EuEheVO anerkannt wird, räumt Art. 21 Abs. 3 EuEheVO die Möglichkeit eines Anerkennungsverfahrens ein. Auf den ersten Blick mag dies erstaunlich sein. Jedoch gibt es verschiedene Konstellationen, die ein Bedürfnis für ein solches Verfahren hervorrufen. So kann ein Beteiligter nur durch ein (negatives) Feststellungsverfahren sein Ziel erreichen, die automatische **Anerkennung** nach Art. 21 Abs. 1 EuEheVO zu beseitigen. Auch können Erben eines Beteiligten oder ein zukünftiger Ehegatte ein Interesse an einer Feststellung haben. 16

Falls die Frage der Anerkennung in einem Rechtsstreit eine entscheidungserhebliche Vorfrage darstellt, bedarf es dagegen keines vorgeschalteten Anerkennungsverfahrens. Das mit der Entscheidung jeweils befasste Gericht entscheidet gem. Art. 21 Abs. 4 EuEheVO diese Vorfrage selbst (→ Rn. 13). 17

b) Zuständigkeit. Art. 21 Abs. 3 S. 2 EuEheVO verweist zur Bestimmung der Zuständigkeit auf eine Liste, die die Kommission auf der Grundlage der Mitteilungen der einzelnen Länder veröffentlicht, ABl. (EG) 17.2.2005, C 40 S. 2. Dadurch wird die sachliche Zuständigkeit bestimmt. Im deutschen innerstaatlichen Recht ist das Gesetz zur Aus- und Durchführung bestimmter Rechtsinstrumente auf dem Gebiet des internationalen Familienrechts (IntFamRVG) vom 26.1.2005 einschlägig. Nach § 12 IntFamRVG sind die Verfahren bei den **Familiengerichten** konzentriert, deren Sitz sich im Bezirk eines Oberlandesgerichts befindet. Örtlich zuständig ist gem. § 10 IntFamRVG jeweils das **Gericht des gewöhnlichen Aufenthalts** des Antragsgegners. Es handelt sich dabei um eine ausschließliche Zuständigkeit. 18

c) Antrag. Das Verfahren wird nur auf Antrag eingeleitet. Der Antrag kann schriftlich oder zu Protokoll der Geschäftsstelle erklärt werden. Gem. § 18 Abs. 2 IntFamRVG ist in der ersten Instanz eine anwaltliche Vertretung nicht erforderlich. Der Antrag kann inhaltlich sowohl positiv auf die Feststellung der Anerkennung als auch negativ auf die Feststellung der Nichtanerkennung gerichtet sein. 19

6 *Geimer/Schütze* EuZivilVerfR A. 2 EuEheVO Art. 21 Rn. 7.

7 *Andrae* in: PHdB-FamS § 11 Rn. 413.

20 **d) Prüfungsmaßstab der Entscheidung.** Im Verfahren auf Anerkennung oder Nichtanerkennung wird die Entscheidung, die die Behörde oder das Gericht in einem anderen Mitgliedstaat erlassen hat, nicht auf deren Richtigkeit überprüft. Art. 26 EuEheVO stellt klar, dass das Verfahren keine neue Entscheidung in der Sache zum Gegenstand haben darf. In Ehesachen gilt dies selbst dann, wenn die Ehe nach deutschem innerstaatlichen Recht nicht hätte aufgelöst werden dürfen, Art. 25 EuEheVO.

21 Als **Prüfungsmaßstab** kommen ausschließlich die in Art. 22 EuEheVO aufgeführten Anerkennungs- und Versagungsgründe in Betracht. Dabei handelt es sich um eine abschließende Auflistung. Die Vorschriften sind Art. 45 EuGVVO[8] nachgebildet, wenn auch nicht identisch. Unterschiede gibt es in den Regelungen in Art. 22 lit. b und lit. c EuEheVO (s. nachfolgend).

22 Nach Art. 24 EuEheVO wird die **internationale Zuständigkeit** des Erststaates im Anerkennungsverfahren nicht geprüft, auch nicht am Maßstab des ordre public, Art. 24 S. 2 EuEheVO. Obwohl die internationale Zuständigkeit nach Art. 17 EuEheVO von Amts wegen zu prüfen ist, muss sich der Betroffene daher mit den ordentlichen Rechtsbehelfen zur Wehr setzen, wenn er der Auffassung ist, die internationale Zuständigkeit sei fehlerhaft angenommen worden.

23 Nach Art. 22 EuEheVO kommen die vier folgenden Anerkennungs- und Versagungsgründe in Betracht:

24 **aa) Überprüfung der zur Anerkennung anstehenden erststaatlichen Entscheidung auf ihre Vereinbarkeit mit dem zweitstaatlichen ordre public (a).** Ein Verstoß gegen den **ordre public** liegt dann vor, wenn die ausländische Entscheidung aufgrund eines Verfahrens ergangen ist, das von den Grundprinzipien des deutschen Verfahrensrechts in einem solchen Maße abweicht, dass es nicht als in einem geordneten, rechtsstaatlichen Verfahren ergangen angesehen werden kann.[9] Diese Vorschrift entspricht derjenigen in Art. 45 Nr. 1 EuGVVO. Auf die einschlägigen Kommentierungen hierzu kann daher verwiesen werden.[10]

25 **bb) Schutz des Antragsgegners, der sich auf das Verfahren nicht eingelassen hat (b).** Die Wahrung der Rechte des Antragsgegners, sich auf ein Verfahren einlassen zu können, spielt im internationalen Recht der Anerkennung eine herausragende Rolle. Es ist daher stets die Aufgabe des erkennenden Gerichts sich im Ausgangsverfahren des Erststaates davon zu überzeugen, dass die Klage bzw. die **Antragsschrift** oder das sonstige Schriftstück, welches das Verfahren einleitet, dem Antragsgegner ordnungsgemäß und rechtzeitig **zugestellt** worden ist. Liegen insoweit Mängel vor und hat sich der Antragsgegner nicht auf das Verfahren eingelassen, ist dessen Anerkennung zu versagen. Diese Vorschrift dient demnach ausschließlich dem Schutz des Antragsgegners.

26 Entscheidend ist die rechtzeitige Verschaffung der Möglichkeit, sich auf das Verfahren einzulassen. Auf die Ordnungsgemäßheit der Zustellung nach den Vorschriften des Erststaates kommt es nicht an. Denn auch bei ordnungsgemäßer Zustellung kann es vorkommen, dass keine rechtzeitige Kenntnis vorliegt, zB bei Ersatzzustellungen oder fiktiver Zustellung.[11] Erhält der Antragsgegner rechtzeitig **Kenntnis**, obwohl (unwesentliche) Zustellungsmängel vorliegen, reicht dies aus, da sich der Antragsgegner zur Wahrung seiner Interessen hätte am Verfahren beteiligen können. Es ist auch unerheblich, wie das entsprechende Schriftstück übermittelt worden ist. Auch wenn von „Zustellung" gesprochen wird, ist damit keine besondere Förmlichkeit gemeint. Entscheidend ist die **Übermittlung an den Adressaten**, wie auch immer, selbst per E-Mail wäre ausreichend.[12]

27 Die **Rechtsbehelfe** im Verfahren des Erststaates müssen **ausgeschöpft** werden. Selbst wenn der Antragsgegner keine rechtzeitige Kenntnis vom verfahrenseinleitenden Schriftstück hatte, ist die Entscheidung anzuerkennen, wenn der Antragsgegner die Möglichkeit, einen Rechtsbehelf einzulegen, nicht wahrgenom-

8 Verordnung (EU) Nr. 1215/2012.
9 BGH 21.3.1990 – XII ZB 71/89, NJW 1990, 2201.
10 *Geimer/Schütze* EuZivilVerfR A. 1 EuGVVO Art. 34 Rn. 14–67.
11 *Geimer/Schütze* EuZivilVerfR A. 1 EuGVVO Art. 34 Rn. 71.
12 *Geimer/Schütze* EuZivilVerfR A. 1 EuGVVO Art. 34 Rn. 137.

men hat.[13] Zwar sieht Art. 22 lit. b EuEheVO dies im Gegensatz zu Art. 45 Abs. 1 lit. b EuGVVO nicht ausdrücklich vor. Durch das Tatbestandsmerkmal des Einverständnisses mit der Entscheidung wird der Fall des unterlassenen Rechtsbehelfs mit umfasst, da diese Vorschrift insoweit weitergehend ist.

Der Begriff des **„Einlassens"** ist weit zu fassen. Es muss gesichert sein, dass der Antragsgegner seinen Anspruch auf rechtliches Gehör wahrnehmen kann. Deshalb liegt ein „Einlassen" auch dann vor, wenn der Antragsgegner überhaupt gegenüber dem Gericht aktiv wird. Denn damit ist der Zweck erreicht. Der Antragsgegner ist über das gegen ihn eingeleitete Verfahren unterrichtet. 28

Der Versagungsgrund gem. Art. 22 lit. b EuEheVO unterscheidet sich von Art. 45 Abs. 1 lit. b EuGVVO durch das zusätzliche Tatbestandsmerkmal des **Einverständnisses** mit der Entscheidung. Ein Verhalten, das im Widerspruch dazu steht, sich auf die noch bestehende Ehe zu berufen, ist als Einverständnis in diesem Sinne auszulegen. Deshalb ist es als Einverständnis zu verstehen, wenn der Betroffene wegen der Scheidung (nachehelichen) Unterhalt verlangt oder eine neue Eheschließung anstrebt. Hätte der Betroffene die Gelegenheit gehabt, einen Rechtsbehelf gegen die Entscheidung des Erststaates einzulegen, ist in dem Unterlassen des Rechtsbehelfs das (konkludente) Einverständnis mit der Entscheidung zu sehen. Das Gleiche gilt, wenn ein eingelegter Rechtsbehelf wieder zurück genommen wird. 29

Rechtzeitigkeit liegt dann vor, wenn der Antragsgegner ausreichend Zeit hatte, sich für seine Einlassung vorzubereiten und sich zu überlegen, ob er sich auf das Verfahren einlassen will. Die erforderliche Zeit dafür, gegebenenfalls die Schriftstücke übersetzen zu lassen, ist zu berücksichtigen. Eine konkrete **Mindestfrist** ist nicht vorgesehen. Es gibt daher keine einheitliche Regelung. Vielmehr können sich zwischen den Mitgliedstaaten Unterschiede ergeben. In der Regel wird als Beurteilungsmaßstab auf die geltenden Einlassungsfristen im Zweitstaat abgestellt. Der Bundesgerichtshof hält daher eine Zustellung von weniger als zwei Wochen vor dem Verhandlungstermin für nicht ausreichend.[14] 30

cc) Unvereinbarkeit mit einer zweitstaatlichen Entscheidung (c). Art. 22 lit. c EuEheVO ähnelt der Regelung in Art. 45 Abs. 1 lit. c EuGVVO. Der Unterschied besteht darin, dass es nicht auf die zeitliche **Reihenfolge** der Entscheidungen ankommt. Die Anerkennung ist auch dann zu versagen, wenn die Entscheidung in dem Mitgliedstaat, in dem die Anerkennung beantragt wird, später ergangen ist. Nach EuGH[15] gilt dies auch dann, wenn die erste Ausgangsentscheidung gegen Grundsätze des ordre public verstößt (Missachtung der früheren Rechtshängigkeit in einem anderen Mitgliedsstaat). Aus Art. 2 Nr. 4 EuEheVO wird nach herrschender Meinung gefolgert, dass unter Entscheidung nicht antragsabweisende Entscheidungen fallen, weil diese nicht anerkannt werden müssen.[16] Voraussetzung ist die **Identität der Parteien**. 31

Art. 22 lit. c EuEheVO stellt den Grundsatz auf, dass stets die bereits im Inland ergangene Entscheidung Vorrang hat. Die eigene inländische Entscheidung ist daher privilegiert. Die Frage der **Unvereinbarkeit** ist stets **von Amts wegen** zu prüfen, es bedarf keiner ausdrücklichen Rüge durch einen Beteiligten. Der Begriff der Unvereinbarkeit ist so auszulegen, dass es auf die Wirkungen der gerichtlichen Entscheidungen ankommt. Es ist also keineswegs vollständige Identität der Streitgegenstände erforderlich. 32

dd) Konkurrenz von Entscheidungen aus mehreren ausländischen Staaten (d). Art. 22 lit. d EuEheVO entspricht Art. 45 Abs. 1 lit. d EuGVVO und verkörpert die Durchsetzung des **Prioritätsprinzips** im Anerkennungsrecht. Anknüpfungspunkt ist der Eintritt der Wirkungen der Entscheidung und nicht der Beginn der Rechtshängigkeit iSd Art. 16 EuEheVO. Dadurch verwirklicht sich das Prinzip der automatischen Anerkennung gem. Art. 21 Abs. 1 EuEheVO. In dem Augenblick, in dem eine Entscheidung in einem Mitgliedstaat Wirkung entfaltet, gilt sie automatisch in allen Mitgliedstaaten. Der Begriff der Unvereinbarkeit ist identisch mit demjenigen in lit. c. 33

13 OLG Zweibrücken 15.12.2004 – 3 W 207/04, IPRax 2006, 49.
14 BGH 23.1.1986 – IX ZB 38/85, NJW 1986, 2197.
15 EuGH 16.1.2019 – C 386/17, FamRZ 2019, 1164–1167.
16 *Geimer/Schütze* EuZivilVerfR A. 1 EuEheVO Art. 22 Rn. 13.

34 **e) Verfahren.** Die Verfahrensvorschriften der §§ 121 ff. FamFG gelten gem. § 14 Nr. 1 IntFamRVG ergänzend. Nach §§ 32, 18 Abs. 1 IntFamRVG handelt es sich in erster Instanz um ein **einseitiges schriftliches Verfahren**. Der Antragsgegner wird nicht gehört, es findet grundsätzlich keine mündliche Verhandlung statt. §§ 32, 18 Abs. 1 S. 3 IntFamRVG sehen aber eine mündliche Erörterung im Einverständnis mit dem Antragsteller vor, wenn dies der Beschleunigung dient.

35 Hinsichtlich der **Kostenentscheidung** verweist § 20 Abs. 2 IntFamRVG auf § 788 ZPO. Damit wird klargestellt, dass der Grundsatz der Kostenaufhebung gem. § 150 FamFG nicht gilt. Die Kosten sind bei Begründetheit des Antrags dem Antragsgegner und bei Abweisung des Antrags dem Antragsteller gem. § 20 Abs. 3 S. 2 IntFamRVG aufzuerlegen.

36 **f) Bindungswirkung.** Die Entscheidung entfaltet grundsätzlich nur zwischen den Beteiligten Wirkung. Eine allgemeine internationale Rechtskraft sieht das Gemeinschaftsrecht nicht vor. Dennoch hätte der nationale Gesetzgeber der Entscheidung innerstaatlich eine solche Wirkung anordnen können, wie dies vormals § 638 S. 1 ZPO aF vorgesehen hatte. Dies ist aber nicht erfolgt. Eine Vorschrift wie § 107 Abs. 9 FamFG fehlt für Verfahren nach dem EuEheVO, so dass durchaus die Gefahr widersprechender Entscheidungen besteht. Nach Ablauf der Rechtsmittelfrist erlangt die Entscheidung formelle und materielle **Rechtskraft**, allerdings nur zwischen den **Beteiligten**.

37 **g) Beschwerde.** Die Entscheidung ist gem. § 24 Abs. 1 IntFamRVG mit der Beschwerde zum **Oberlandesgericht** anfechtbar. Die Beschwerdefrist ist eine **Notfrist** und beträgt einen Monat, wenn die beschwerdeberechtigte Person ihren gewöhnlichen Aufenthalt in Deutschland hat, sonst zwei Monate, §§ 32, 24 Abs. 3 IntFamRVG.

38 Die Beschwerdeschrift wird dem Antragsgegner zugestellt, dieser erhält rechtliches Gehör. Eine **mündliche Verhandlung** kann durch das Oberlandesgericht anberaumt werden, § 26 IntFamRVG. Die Beschwerdeentscheidung kann gem. § 27 Abs. 2 IntFamRVG für sofort wirksam erklärt werden.

39 Die Beschwerde kann schriftlich oder zu Protokoll der Geschäftsstelle erhoben werden. Eine **anwaltliche Vertretung** ist nur dann gem. § 26 Abs. 2 IntFamRVG erforderlich, wenn eine mündliche Verhandlung stattfindet. Der anwaltlich nicht vertretene Beteiligte ist in der Ladung darüber zu belehren, § 26 Abs. 2 S. 2 IntFamRVG iVm § 215 Abs. 2 ZPO.

40 Die Kostenentscheidung erfolgt wie im ersten Rechtszug, § 26 Abs. 4 IntFamRVG.

41 **h) Rechtsbeschwerde.** Die Rechtsbeschwerde zum **Bundesgerichtshof** ist gem. § 28 IntFamRVG grundsätzlich möglich. Einer Zulassung der Beschwerde durch das Oberlandesgericht bedarf es nicht, da § 28 IntFamRVG nicht auf § 574 Abs. 1 Nr. 2 ZPO verweist. Aufgrund des Verweises auf § 574 Abs. 2 ZPO ist Zulässigkeitsvoraussetzung die grundsätzliche Bedeutung der Rechtssache, die Fortbildung des Rechts oder die Sicherstellung einer einheitlichen Rechtsprechung. Der Rechtsbeschwerdeführer hat diese Zulässigkeitsvoraussetzungen darzulegen.[17]

Die Rechtsbeschwerde kann gem. § 114 Abs. 2 FamFG nur durch einen beim Bundesgerichtshof zugelassenen Rechtsanwalt erhoben werden.

42 **i) Streitwert.** In § 1 S. 1 FamGKG hat der Gesetzgeber das gerichtliche Verfahren vor dem Oberlandesgericht nach § 107 FamFG ausdrücklich erwähnt, Verfahren nach der EuEheVO jedoch nicht. Dennoch ist das FamGKG anwendbar. Dies folgt aus der gesetzlichen Definition in § 14 IntFamRVG. Dort sind die Verfahren ausdrücklich als **Ehesache** (Ziff. 1) bzw. als **Familiensache** (Ziff. 2) den Familiengerichten als familienrechtliche Verfahren zugewiesen worden.

43 Eine konkrete Streitwertbestimmung findet sich im FamGKG nicht. Nach KV 1710–1723 FamGKG werden nur **Festgebühren** erhoben.

17 BGH 25.7.2012 – 12 ZB 170/12, NJW-RR 2012, 1155.

Der für die Berechnung der Rechtsanwaltsvergütung maßgebliche Streitwert ist in diesem Fall gem. § 23 Abs. 1 S. 2 RVG dennoch dem FamGKG (entsprechend) zu entnehmen, da für das gerichtliche Verfahren Festgebühren gelten. Das Anerkennungsverfahren ist nach der Definition in § 121 FamFG keine Ehesache. Insbesondere liegt kein Fall des § 121 Nr. 3 FamFG vor, da es um die Anerkennung einer bereits ergangenen (ausländischen) Scheidung geht und nicht um ein Feststellungsverfahren. Der Gesetzgeber hat jedoch ausdrücklich das Anerkennungsverfahren in § 14 Nr. 1 IntFamRVG iVm § 10 IntFamRVG als Ehesache definiert. Deshalb ist der Streitwert für das Anerkennungsverfahren gem. § 43 FamGKG unter Berücksichtigung der Umstände des Einzelfalles, insbesondere auch nach den Vermögens- und Einkommensverhältnissen der Beteiligten, zu bestimmen. Maßgeblich sind also das dreifache **Nettoeinkommen** der Eheleute sowie deren **Vermögen**. Nach § 33 Abs. 1 RVG setzt das jeweilige Instanzgericht auf Antrag des Rechtsanwalts den Streitwert durch Beschluss fest. 44

j) Gebühren und Vergütung. aa) Gerichtsgebühren. Gem. KV 1710 Nr. 3 FamGKG entsteht eine streitwertunabhängige **Pauschalgebühr** von 264 EUR in der ersten Instanz. In der Beschwerdeinstanz beträgt die Gebühr gem. KV 1720 FamGKG 396 EUR. Für die Rechtsbeschwerde fällt die gleiche Gebühr an. 45

bb) Rechtsanwaltsvergütung. In der ersten Instanz gelten die VV 3100 ff. RVG. Es kommt also die 1,3 Verfahrensgebühr nach VV 3100 RVG in Betracht; die 1,2 Terminsgebühr nach VV 3204 RVG nur, falls ausnahmsweise eine mündliche Verhandlung oder eine Erörterung nach § 18 Abs. 1 S. 3 IntFamRVG stattfindet (Vorbem. 3 Abs. 3 VV RVG). 46

In der **Beschwerdeinstanz** ist maßgeblich, dass es sich gem. § 14 IntFamRVG um eine Familiensache im Sinne der Vorbemerkung 3.2.1 Nr. 2 b RVG handelt. Es kommen daher die 1,6 Verfahrensgebühr nach VV 3200 RVG und die 1,2 Terminsgebühr nach VV 3202 RVG in Betracht. In der **Rechtsbeschwerde** entsteht eine 2,3 Verfahrensgebühr nach VV 3208 RVG und gegebenenfalls eine 1,5 Terminsgebühr nach VV 3210 RVG. 47

III. Scheidung in einem Staat außerhalb der EU

1. Allgemeines

Während die Scheidung in einem Mitgliedstaat der EU grundsätzlich ohne besonderes Verfahren in allen Mitgliedstaaten gem. § 21 Abs. 1 EuEheVO anerkannt wird, verhält es sich bei Scheidungen außerhalb der EU anders. Grundsätzlich bedarf es eines besonderen **Anerkennungsverfahrens**. Das innerstaatliche Recht hat hierzu in §§ 107–109 FamFG ein besonderes Anerkennungsverfahren zur Verfügung gestellt. 48

Es soll durch ein besonderes Verfahren Klarheit darüber hergestellt werden, ob eine ausländische Entscheidung über den Status einer Ehe innerstaatlich gilt oder nicht. Das Anerkennungsverfahren ist dabei nicht als Gerichtsverfahren ausgestaltet, sondern als **Verwaltungsverfahren** der Landesjustizverwaltung. 49

2. Anerkennungsverfahren

a) Verfahrensbedürfnis. Jede Entscheidung, die in einem Staat außerhalb der EU über den Bestand einer Ehe getroffen worden ist, bedarf gem. § 107 Abs. 1 FamFG grundsätzlich der **Anerkennung durch die Landesjustizverwaltung**. Voraussetzung ist also, dass eine Ehesache iSd § 121 FamFG vorliegt oder eine Trennung unter Beibehaltung des Ehebandes (zB nach philippinischem Recht), was nach deutschem Recht unbekannt ist. Solche Verfahren werden aber entsprechend § 121 FamFG als Ehesachen behandelt.[18] 50

Entscheidungen über eine eingetragene Lebenspartnerschaft fallen nicht unter § 107 FamFG. Es fehlt am Merkmal der Ehe. 51

Der Anwendungsbereich des § 107 FamFG ist nur eröffnet, wenn die die Verordnung (EG) Nr. 2201/2003 des Rates über die Zuständigkeit und die Anerkennung und Vollstreckung von Entscheidungen in Ehesa- 52

18 HK-FamVerfR/*Kemper* § 121 Rn. 2.

chen und in Verfahren betreffend die elterliche Verantwortung und zu Aufhebung der Verordnung (EG) Nr. 1347/2000 (sog. Brüssel IIa-Verordnung, nachfolgend EuEheVO) nicht anwendbar ist (→ Rn. 6). Für Dänemark ist daher § 107 FamFG anwendbar, weil Dänemark von der Geltung der EuEheVO ausgenommen worden ist und daher insoweit wie ein Nichtmitgliedstaat zu behandeln ist (→ Rn. 5 f.). Für das Vereinigte Königreich ist § 107 FamFG nach der Übergangsphase anwendbar, wenn nicht die Anwendbarkeit der EuEheVO mit der EU vereinbart wird (→ Rn. 3).

53 Sind beide Beteiligte ausschließlich Staatsangehörige desjenigen Staates, dessen Gericht oder Behörde die Entscheidung getroffen hat, entfällt gem. § 107 Abs. 1 S. 2 FamFG die Notwendigkeit des Anerkennungsverfahrens. Kommt es in einem Gerichtsverfahren oder in einem behördlichen Verfahren auf die Wirksamkeit der Entscheidung an, prüft das jeweilige Gericht bzw. die jeweilige Behörde eigenständig, ob die ausländische Entscheidung wirksam ist.

54 Sind die Beteiligten oder einer von ihnen zugleich **deutsche Staatsangehörige**, ist Art. 5 Abs. 1 S. 2 EGBGB zu beachten. Die deutsche Staatsangehörigkeit geht vor, weshalb in jedem Fall ein Anerkennungsverfahren erforderlich ist, wenn ein Beteiligter auch die deutsche Staatsangehörigkeit besitzt.[19] Besitzen beide Beteiligte die deutsche Staatsangehörigkeit und die Staatsangehörigkeit des Landes, in dem die Scheidung ausgesprochen wurde, ist entgegen § 107 Abs. 1 S. 2 FamFG wegen Art. 5 Abs. 1 S. 2 EGBGB ein Anerkennungsverfahren erforderlich.[20]

55 Sind die Beteiligten oder einer von ihnen **Mehrstaater** ohne die deutsche Staatsangehörigkeit zu besitzen, kommt es gem. Art. 5 Abs. 1 S. 1 EGBGB auf die gemeinsame effektivere Staatsagehörigkeit an. Es ist ausreichend, wenn die Staatsangehörigkeit beider Beteiligter deckungsgleich mit dem Staat ist, um dessen Entscheidung es geht.[21] Nach anderer Auffassung ist die Vorschrift auf Mehrstaater grundsätzlich nicht anwendbar.[22] Diese Auffassung überzeugt nicht, da sie dem Grundgedanken des § 107 Abs. 1 S. 2 FamFG widerspricht (→ Rn. 53).

56 Liegt ein Fall des § 107 Abs. 1 S. 2 FamFG vor (beide Beteiligte besitzen ausschließlich die Staatsangehörigkeit desjenigen Staates, dessen Gericht oder Behörde die Entscheidung getroffen hat, sog. „Heimatstaatenscheidung"), ist anerkannt, dass ein Anerkennungsverfahren dennoch durchgeführt werden kann. Der Bundesgerichtshof hat es für ausreichend erachtet, wenn bei einer Heimatstaatenscheidung ein Beteiligter ein **rechtliches Interesse** dahin gehend geltend macht, Klarheit über die Geltung der Scheidung in Deutschland erlangen zu wollen.[23] Das Anerkennungsverfahren kann daher in diesen Fällen als **dispositiv** bezeichnet werden.[24]

57 **b) Zuständigkeit.** Das Anerkennungsverfahren ist im Gegensatz zum Verfahren nach der EuEheVO als **Verwaltungsverfahren**, nicht als gerichtliches Verfahren ausgestaltet. Nach § 107 Abs. 1 S. 1 FamFG ist die jeweilige **Landesjustizverwaltung** sachlich zuständig. § 107 Abs. 3 S. 1 FamFG eröffnet den einzelnen Landesregierungen die Kompetenz, die Zuständigkeit durch Rechtsverordnung auf einen oder mehrere Präsidenten der Oberlandesgerichte zu verlagern. Die Ermächtigung zur Übertragung der Zuständigkeit kann wiederum von der Landesregierung durch Rechtsverordnung auf die Landesjustizverwaltung übertragen werden, § 107 Abs. 3 S. 2 FamFG. Soweit die Oberlandesgerichte zuständig sind, handeln sie dennoch als Verwaltungsbehörde, nicht als Gericht.

58 So hat der Freistaat Bayern beispielsweise hiervon in § 4 der Verordnung über gerichtliche Zuständigkeiten im Bereich des Staatsministeriums der Justiz Gebrauch gemacht und die Zuständigkeit des Präsidenten des OLG München für alle Entscheidungen in Bayern begründet.

---

19 BayObLG 29.3.1990 – BReg 3 Z 31/89, NJW-RR 1990, 842; 7.4.1998 – 1Z BR 16/98, NJW-RR 1998, 1538.
20 OLG Frankfurt a. M. 20.7.2018 – 6 WF 134/18, FamRZ 2019, 625–626.
21 HK-FamVerfR/*Kemper* § 107 Rn. 12.
22 Andrae in: VerfFamR § 11 Rn. 422; Zöller/*Geimer* FamFG § 107 Rn. 42.
23 BGH 11.7.1990 – XII ZB 113/87, NJW 1990, 3081.
24 HK-FamVerfR/*Kemper* § 107 Rn. 13.

Die sachlichen Zuständigkeiten in den Bundesländern im Einzelnen: (Stand April 2020) 59

- Baden-Württemberg: OLG Karlsruhe, OLG Stuttgart
- Bayern: OLG München
- Brandenburg: OLG Brandenburg
- Bremen: OLG Bremen
- Hessen: OLG Frankfurt a. M.
- Niedersachsen: OLG Braunschweig, OLG Celle, OLG Oldenburg
- Nordrhein-Westfalen: OLG Düsseldorf
- Rheinland-Pfalz: OLG Koblenz
- Saarland: OLG Saarbrücken
- Sachsen: OLG Dresden
- Sachsen-Anhalt: OLG Naumburg
- Thüringen: OLG Jena

In den Bundesländern Berlin, Hamburg, Mecklenburg-Vorpommern und Schleswig-Holstein sind die Landesjustizbehörden sachlich zuständig.

Die **örtliche Zuständigkeit** ist in § 107 Abs. 2 FamFG geregelt und knüpft an den **gewöhnlichen Aufenthalt** des Ehegatten an. Örtlich zuständig ist demnach diejenige Landesjustizverwaltung bzw. jeweils dasjenige Oberlandesgericht, in dem ein Ehegatte seinen gewöhnlichen Aufenthalt hat. Der gewöhnliche Aufenthalt ist wie in vergleichbaren Zuständigkeitsregelungen, wie zB bei Ehesachen gem. § 122 FamFG, als der verfestigte Lebensmittelpunkt zu verstehen. Es ist also möglich, dass zwei unterschiedliche Behörden örtlich zuständig sind, wenn beide Ehegatten sich in Deutschland in unterschiedlichen Zuständigkeitsbereichen aufhalten. Haben beide Ehegatten vor unterschiedlichen Behörden einen Antrag gestellt, ist zu entscheiden, welche Behörde zur Entscheidung berufen ist. Eine solche Regelung findet sich nicht im FamFG. Man könnte entsprechend § 123 S. 2 FamFG verfahren und die zuerst befasste Behörde als zuständig ansehen. Da es sich nicht um ein gerichtliches Verfahren handelt und auch keine Ehesache vorliegt, scheitert eine entsprechende Anwendung dieser Vorschrift. 60

Man kommt aber zum gleichen Ergebnis in entsprechender Anwendung von § 3 Abs. 2 S. 1 VwVfG. Sind mehrere Behörden zuständig und mit derselben Sache befasst, entscheidet die Behörde, die zuerst befasst worden ist. Die andere Behörde gibt das Verfahren an diese Behörde ab. 61

c) Antrag. Es bedarf eines Antrags, um das Verfahren einzuleiten, § 107 Abs. 4 S. 1 FamFG. **Antragsberechtigt** ist jeder, der ein eigenes rechtliches Interesse glaubhaft macht. Dies wird in der Regel dann der Fall sein, wenn der Status der Ehe zu klären ist. Daher kommen sowohl Personen als auch Behörden in Betracht, also beispielsweise Ehegatten, Kinder, Erben, Ehepartner oder Lebenspartner der nachfolgenden Beziehung oder auch Verlobte. Es können **Sozialämter** oder diejenigen Behörden antragsbefugt sein, die nach § 1316 BGB die Aufhebung einer Ehe beantragen können (→ *Eheaufhebung* Rn. 51). Ob auch der **Standesbeamte** antragsbefugt ist, der im Zusammenhang mit einer beabsichtigten neuen Eheschließung die Wirksamkeit der Auslandsscheidung zu prüfen hat, ist fraglich. Da er kein eigenes Interesse hat, ist die Antragsbefugnis zu verneinen.[25] Der Standesbeamte wird den Betroffenen auf das Erfordernis einer entsprechenden Entscheidung hinweisen. 62

Der Antrag kann inhaltlich sowohl positiv auf die Feststellung der Anerkennung als auch negativ auf die Feststellung der Nichtanerkennung gerichtet sein, § 107 Abs. 8 FamFG. 63

Eine anwaltliche Vertretung ist nicht notwendig. Der Antrag ist an keine Frist gebunden. 64

d) Prüfungsmaßstab der Entscheidung. Die Vorschriften in § 109 FamFG entsprechen denjenigen für die Anerkennung von Entscheidungen in EU-Mitgliedstaaten in Art. 22–26 EuEheVO. Die ausländische Entscheidung wird nicht daraufhin überprüft, ob sie gesetzmäßig ergangen, also richtig ist, § 109 Abs. 5 65

25 So auch HK-FamVerfR/*Kemper* § 107 Rn. 23.

FamFG. Ausgangspunkt ist, dass § 108 Abs. 1 FamFG nur in **Ehesachen** das Anerkennungsverfahren zur Voraussetzung macht, alle anderen ausländischen Entscheidungen werden anerkannt. Es ist deshalb am Maßstab des § 109 Abs. 1 FamFG zu prüfen, ob die dort genannten Hindernisse einer Anerkennung entgegenstehen. Insoweit entspricht dies § 328 ZPO.

66 **aa) Fehlende internationale Zuständigkeit.** Einer **Anerkennung** steht es nach § 109 Abs. 1 Nr. 1 FamFG entgegen, wenn das erkennende ausländische Gericht nach deutschem internationalem Verfahrensrecht nicht zuständig war. Ob die Zuständigkeit des ausländischen Gerichts nach den innerstaatlichen Vorschriften gegeben war, ist dagegen unerheblich. Es kommt also auf eine gem. §§ 97 ff. FamFG nach **deutschen internationalen Vorschriften** zu begründende Zuständigkeit an. Anders ausgedrückt ist zu fragen, ob das ausländische Gericht seine internationale Zuständigkeit aus deutscher Sicht zu Recht annehmen durfte.[26] Gem. § 109 Abs. 2 FamFG kommt es auf die internationale Zuständigkeit aber nicht mehr an, wenn die **Heimatstaaten** beider Ehegatten die ausländische Entscheidung anerkennen.

67 Hatte ein Ehegatte seinen gewöhnlichen Aufenthalt in dem Staat, dessen Gericht entschieden hat, steht es der Anerkennung nicht entgegen, wenn die Entscheidung nach keinem der Heimatrechte der Ehegatten anerkannt wird, § 109 Abs. 2 S. 1 FamFG. Diese Ausnahme stellt das entsprechende Gegenstück zu § 98 Abs. 1 Nr. 4 FamFG dar. Es kommt auf die Sach- und Rechtslage zum Zeitpunkt der anzuerkennenden Entscheidung an.[27]

68 **bb) Verletzung des rechtlichen Gehörs.** Einer Anerkennung steht es gem. § 109 Abs. 1 Nr. 2 FamFG entgegen, wenn eine ordnungsgemäße **Beteiligung** am ausländischen Verfahren nicht erfolgte. Letztendlich liegt in dieser Vorschrift eine spezielle Ausformulierung des Gedanken des ordre public und des Rechtstaatsprinzips. Die Vorschrift entspricht Art. 22 lit. b EuEheVO (→ Rn. 33).

69 Nur wenn der Beteiligte sich im Auslandsverfahren nicht zur Hauptsache geäußert hat, kommt eine Verletzung des rechtlichen Gehörs in Betracht. In der Regel dürften daher **Versäumnisentscheidungen** oder Entscheidungen nach **Aktenlage** unter diese Vorschrift fallen. Sobald der Beteiligte durch eine Verfahrenshandlung zu erkennen gibt, er wolle sich am Verfahren beteiligen, scheidet eine Gehörsverletzung aus.[28] Denn dadurch hat er zu erkennen gegeben, vom Verfahren Kenntnis erlangt zu haben.

70 Das Schriftstück, welches das Verfahren eingeleitet hat, muss dem Beteiligten rechtzeitig mitgeteilt und ordnungsgemäß zugestellt worden sein.[29] Aus Gründen des **Rechtsstaatsprinzips** sind davon auch alle weiteren Schriftstücke umfasst, aus denen der Beteiligte den Verfahrensumfang oder die Verfahrensbeteiligten entnehmen kann, da ansonsten eine sachgerechte Einlassung auf das Verfahren nicht gewährleistet ist. Eine Ersatzzustellung als fiktive Zustellung ist in der Regel nicht ausreichend, weil der Adressat der Zustellung keine Möglichkeit der Kenntnisnahme erhält und damit nicht in die Lage versetzt wird, seine Recht effektiv im Verfahren wahrzunehmen.[30] Dies gilt dann nicht, wenn sich der Adressat im Ursprungsland durch einen unbekannten Aufenthalt der Zustellung entzieht.[31]

71 Zusätzlich muss aufgrund des **Zustellungsfehlers** der Beteiligte außer Stande gewesen sein, seine Rechte wahrzunehmen. In Anlehnung an § 328 ZPO wird hierbei die **Zweiwochenfrist** gem. § 274 Abs. 3 ZPO die Untergrenze darstellen.[32] Letztlich kommt es aber darauf an, ob dem Beteiligten im Sinne eines fairen rechtsstaatlichen Verfahrens so viel Zeit bleibt, rechtzeitig zu reagieren, um eine Versäumnisentscheidung oder Entscheidung nach Aktenlage zu verhindern. Es muss also ausreichend Zeit sein, um beispielsweise einen **Rechtsanwalt** zu beauftragen, der wiederum einen ausländischen Kollegen beauftragt, eine Fristverlängerung zur Stellungnahme zu beantragen.

---

26 BGH 29.4.1999 – IX ZR 263/97, NJW 1999, 3198.
27 BayObLG 12.7.1990 – BReg 3 Z 46/90, FamRZ 1990, 1265.
28 HK-FamVerfR/*Kemper* § 109 Rn. 10.
29 BGH 3.4.2019 – XII ZB 311/17, FamRZ 2019, 996–998.
30 BGH 28.11.2007 – 12 ZB 217/05, NJW 2008, 1531.
31 OLG Bremen 15.10.2012 – 4 VA 2/12, FamRZ 2013, 808.
32 So HK-FamVerfR/*Kemper* § 109 Rn. 12.

Der Betroffene muss sich im Anerkennungsverfahren darauf **berufen**, er habe seine Rechte im Auslandsverfahren nicht wahrnehmen können. Der Betroffene kann sich also auch entscheiden, sich nicht darauf zu berufen und dadurch die ausländische fehlerhafte Entscheidung dennoch zur Grundlage der Anerkennungsentscheidung zu machen. Beruft sich der Betroffene nicht auf diese Fehlerhaftigkeit, ist die Behörde hieran gebunden. Der Betroffene ist aber nicht verpflichtet, im Nachhinein Rechtsmittel gegen die fehlerhafte Ausgangsentscheidung einzulegen.[33] 72

cc) Unvereinbarkeit mit einer früheren Entscheidung oder Verfahren. In § 109 Abs. 1 Nr. 3 FamFG werden **drei Fallgruppen** behandelt, bei denen eine Anerkennung der ausländischen Entscheidung nicht in Betracht kommt. 73

Die **erste Fallgruppe** betrifft den grundsätzlichen **Vorrang** deutscher Entscheidungen. Diese Fallgruppe hat ihre Entsprechung für Entscheidungen in EU-Mitgliedstaaten in Art. 22 lit. c EuEheVO. Eine Entscheidung eines deutschen Gerichts kann für den **innerdeutschen Rechtskreis** nicht durch eine ausländische Entscheidung aufgehoben oder abgeändert werden. Deshalb kommt es auch nicht darauf an, ob die ausländische Entscheidung zeitlich vor oder nach der Entscheidung des deutschen Gerichts erging. Auch ist unerheblich, ob die deutsche Entscheidung unter Missachtung einer anderweitigen ausländischen Rechtshängigkeit oder gar trotz einer bereits eingetretenen Rechtskraft der ausländischen Entscheidung erging. 74

Die **zweite Fallgruppe** betrifft diejenigen Fälle, in denen eine Anerkennung hinsichtlich einer ausländischen Entscheidung begehrt wird, die einer früheren anzuerkennenden ausländischen Entscheidung widerspricht. In diesen Fällen entscheidet wie in Art. 22 lit. d EuEheVO (→ Rn. 33) die **Priorität der früheren Entscheidung**. Dies gilt auch dann, wenn die frühere Entscheidung in Deutschland noch nicht anerkannt war. Es ist ausreichend, wenn sie anerkennungsfähig ist. Diese Frage ist als entscheidungsrelevante Vorfrage im Anerkennungsverfahren durch die Behörde zu prüfen. 75

Die **dritte Fallgruppe** betrifft Fälle, die **in Deutschland** zunächst **rechtshängig** geworden waren und in denen eine ausländische Entscheidung getroffen wurde. Die vorherige deutsche Rechtshängigkeit hindert die Anerkennung der ausländischen Entscheidung, sie geht grundsätzlich vor. Eine vergleichbare Regelung sieht das EuEheVO für Verfahren in EU-Mitgliedstaaten nicht vor. 76

Durch Zurücknahme des Antrags im Verfahren vor dem deutschen Gericht wird die ausländische Entscheidung **anerkennungsfähig**, da die vorherige Rechtshängigkeit gem. § 113 Abs. 1 S. 2 FamFG iVm § 269 Abs. 3 S. 1 ZPO mit Rückwirkung beseitigt wird. Das Gleiche gilt, wenn das inländische Verfahren ohne Sachurteil endet, zB durch Antragsabweisung wegen fehlender (internationaler) Zuständigkeit. 77

dd) Verstoß gegen den ordre public. Verstößt eine ausländische Entscheidung gegen die **Grundrechte** oder offensichtlich gegen wesentliche **Grundsätze** des deutschen Rechts, kann sie nach § 109 Abs. 1 Nr. 4 FamFG nicht anerkannt werden. Durch das Tatbestandsmerkmal der **Wesentlichkeit** ist klargestellt, dass der Verstoß eine ähnliche Gewichtung wie ein Verstoß gegen Grundrechte haben muss, zumal dieser Verstoß als Regelbeispiel („insbesondere") genannt ist. 78

Zu den Grundrechten gehören auch die **Verfahrensgrundrechte**, also die Gewährung des **rechtlichen Gehörs** gem. Art. 103 Abs. 1 GG. Dieser Aspekt des ordre public hat seine konkrete Ausgestaltung bereits in § 109 Abs. 1 Nr. 2 FamFG erfahren (→ Rn. 68). 79

Aus § 109 Abs. 5 FamFG lässt sich andererseits erkennen, dass nicht jede Abweichung vom deutschen Verfahrensrecht einen Verstoß gegen den ordre public rechtfertigen kann. 80

So hat der Bundesgerichtshof[34] in einem Verstoß gegen den **Amtsermittlungsgrundsatz** der ausländischen Entscheidung keinen Grund gesehen, der Entscheidung die Anerkennung zu versagen. In einer jüngeren Entscheidung hat der Bundesgerichtshof[35] einer ausländischen Entscheidung die Anerkennung versagt, 81

33 BGH 3.4.2019 – XII ZB 311/17, FamRZ 2019, 996–998.
34 BGH 22.1.1997 – XII ZR 207/95, NJW 1997, 2051.
35 BGH 26.8.2009 – XII ZB 169/07, NJW 2009, 3306.

wenn sie nur aufgrund von Aussagen vom **Hörensagen** ergangen ist, obwohl im Rahmen der Amtsermittlung weitere Beweise hätten erhoben werden können.

82 Auch im Bereich des materiellen Rechts kommen Verstöße gegen den ordre public in Betracht. Auch hier gilt es aber gem. § 109 Abs. 5 FamFG eine ausgewogene **Abwägung** vorzunehmen, weshalb nicht jede Abweichung von Grundgedanken des deutschen Rechts zur Versagung der Anerkennung führen darf. So kann nach Auffassung der Präsidentin des OLG Frankfurt a.M.[36] selbst eine Scheidung durch Verstoßung nach islamischem Recht, die nach den Regeln des marokkanischen Rechts durchgeführt wurde, nur dann gegen den ordre public verstoßen, wenn dies ohne jede Kenntnis der Ehefrau erfolgte und diese sich nicht einverstanden erklärt. Einer Entscheidung des BayObLG[37] lag eine in Rumänien ausgesprochene Ehescheidung zugrunde, die aufgrund politischen und staatlichen Drucks auf einen Ehegatten zustande kam. In einem solchen Fall liegt ein Verstoß gegen den ordre public vor, da der Einfluss staatlicher Organe auf die Entscheidung zur Ehescheidung mit deutschen Grundrechten unvereinbar ist.

83 **e) Verfahren.** Es handelt sich nach § 107 Abs. 1 S. 1 FamFG um ein **Verwaltungsverfahren**, in dem die Behörde[38] (→ Rn. 57 ff.) von Amts wegen ermittelt. Da es sich nicht um ein gerichtliches Verfahren handelt, ist eine Vertretung durch Rechtsanwälte nicht erforderlich. Verfahrenskostenhilfe kann nicht gewährt werden, da diese gem. § 76 Abs. 1 FamFG iVm § 114 Abs. 1 ZPO ein gerichtliches Verfahren voraussetzt.[39] Bei Vorliegen der Voraussetzungen kann aber gem. § 2 Abs. 3 BerHG Beratungshilfe für dieses Verwaltungsverfahren in Anspruch genommen werden, da sie für alle rechtlichen Angelegenheiten gewährt wird, die einen Inlandsbezug aufweisen.

84 Das Verfahren wird durch einen **Antrag** eingeleitet (→ Rn. 62). Es ist grundsätzlich als schriftliches Verfahren angelegt. Der Antragsgegner ist zu hören.

85 Die Entscheidung der Behörde wird mit **Bekanntgabe** an den Antragsteller oder zu einem späteren von der Behörde festzulegenden Zeitpunkt wirksam, § 107 Abs. 6 S. 2 FamFG. Insoweit gelten daher die §§ 40, 41 FamFG nicht. Die Beantragung der gerichtlichen Entscheidung hat keine aufschiebende Wirkung, § 107 Abs. 7 S. 2 FamFG. Die Entscheidung kann dahin gehend ergehen, dass auf entsprechenden Antrag hin die ausländische Ehescheidung anerkannt wird oder festgestellt wird, dass die Voraussetzungen zur Anerkennung nicht vorliegen, § 107 Abs. 8 FamFG.

86 **f) Bindungswirkung.** Die Entscheidung hat im Gegensatz zu den Verfahren nach der EuEheVO eine umfassende **Bindungswirkung**, § 107 Abs. 9 FamFG. Diese entsteht mit **Wirksamwerden** der Entscheidung (→ Rn. 85) nach § 107 Abs. 6 S. 2 FamFG.

87 **g) Rechtsmittel.** Nach § 107 Abs. 5 FamFG kann der unterlegene Antragsteller, nach § 107 Abs. 6 S. 1 FamFG der andere Ehegatte, der keinen Antrag gestellt hat, im Falle der Stattgabe des Antrags die Entscheidung des **Oberlandesgerichts** beantragen. Im Rahmen dieser Entscheidung handelt das Oberlandesgericht nicht mehr als Verwaltungsbehörde, sondern als **Gericht**.

88 Der Antrag hat keine aufschiebende Wirkung, § 107 Abs. 7 S. 2 FamFG. Das Oberlandesgericht kann aber eine einstweilige Anordnung erlassen, § 107 Abs. 7 S. 3 FamFG iVm § 49 FamFG. Auch kommt gerade in **Statusangelegenheiten** gem. §§ 107 Abs. 7 S. 3, 64 Abs. 3 FamFG die Aussetzung der Vollziehung in Betracht.

89 Der Antrag auf gerichtliche Entscheidung kann nur innerhalb einer **Frist** von einem Monat gem. § 107 Abs. 7 S. 3 FamFG iVm § 63 Abs. 1 FamFG erhoben werden. Es besteht hierzu kein Anwaltszwang. Dies ergibt sich aus § 64 Abs. 2 FamFG, da es sich beim Verfahren auf Anerkennung weder um eine Ehesache noch um ein Familienstreitverfahren handelt.

---

36 OLG Frankfurt a. M. 22.3.2004 – 346/3-I/4-153/03, StAZ 2004, 367.

37 BayObLG 11.6.1992 – 3 Z BR 18/92, NJW-RR 1992, 1478.

38 Landesjustizverwaltung oder Präsident des Oberlandesgerichts.

39 OLG Stuttgart 4.10.2010 – 17 VA 1/10, FamRZ 2010, 384.

Die Durchführung einer **mündlichen Verhandlung** vor dem Oberlandesgericht als Beschwerdegericht ist zwingend, wenn das behördliche Verfahren nur schriftlich durchgeführt worden ist, § 68 Abs. 3 S. 2 FamFG. Das Oberlandesgericht entscheidet selbst in der Sache, § 69 Abs. 1 FamFG. Es hat in der Regel dem unterlegenen Rechtsmittelführer gem. §§ 69 Abs. 3, 84 FamFG die Verfahrenskosten aufzuerlegen. 90

h) Rechtsbeschwerde. Die Statthaftigkeit der Rechtsbeschwerde zum Bundesgerichtshof richtet sich nach § 70 FamFG. Sie kann gem. § 114 Abs. 2 FamFG nur durch einen beim Bundesgerichtshof zugelassenen Rechtsanwalt erhoben werden. 91

i) Streitwert. Eine konkrete Streitwertbestimmung findet sich im FamGKG nicht, obwohl es ausdrücklich gem. § 1 FamGKG für die Verfahren vor dem Oberlandesgericht nach § 107 FamFG anwendbar ist. Nach KV 1714–1723 FamGKG werden nur **Festgebühren** erhoben. 92

Der für die Berechnung der **Rechtsanwaltsvergütung** maßgebliche **Streitwert** ist in diesem Fall gem. § 23 Abs. 1 S. 2 RVG dennoch dem FamGKG (entsprechend) zu entnehmen, da für das gerichtliche Verfahren Festgebühren gelten. Da das Anerkennungsverfahren keine Ehesache iSd § 121 FamFG ist, scheidet § 43 FamGKG als direkte Anknüpfungsnorm aus. Anwendbar wäre § 42 Abs. 2 FamGKG, da es sich um eine nichtvermögensrechtliche Angelegenheit handelt. Andererseits sind die Anerkennungsverfahren nach der EuEheVO kraft gesetzlicher Definition in § 14 IntFamRVG als Ehesachen zu behandeln, mit der Folge der Anwendbarkeit des § 43 FamGKG (→ Rn. 44). Da der Regelungsinhalt und die Bedeutung der Angelegenheit in beiden Verfahren nach der EuEheVO bzw. nach § 107 FamFG inhaltsgleich sind, ist § 43 FamGKG entsprechend anwendbar. Es wäre nicht nachvollziehbar, dass Anerkennungsverfahren über Ehescheidungen außerhalb der EU mit anderen Streitwerten bewertet werden als Anerkennungsverfahren innerhalb der EU. 93

Ansonsten wäre zu überlegen, gem. § 42 Abs. 2 FamGKG das billige Ermessen dahin gehend auszuüben, dass im Rahmen der Einkommensverhältnisse der Beteiligten das dreifache Nettoeinkommen wie in § 43 Abs. 2 FamGKG angesetzt wird. Für das gerichtliche Verfahren setzt das Oberlandesgericht auf Antrag gem. § 33 Abs. 1 RVG den Wert fest. Der Streitwert ist gem. § 23 Abs. 1 S. 3 RVG auch für die Vertretung eines Beteiligten im außergerichtlichen Verwaltungsverfahren nach § 107 Abs. 1 FamGKG maßgeblich. 94

j) Gebühren und Vergütung. aa) Verwaltungsgebühren. Im **Verwaltungsverfahren** ist das FamGKG nicht anwendbar, da es sich nicht um ein Gerichtsverfahren handelt. § 1 FamGKG verweist im Zusammenhang mit § 107 FamFG ausdrücklich auf Verfahren vor dem Oberlandesgericht, also auf das gerichtliche Verfahren nach § 107 Abs. 6 und 7 FamFG. Es überrascht, dass Verfahren vor dem Bundesgerichtshof als Rechtsbeschwerdegericht hier nicht genannt wurden. Das FamGKG ist für diese Verfahren (selbstverständlich) dennoch anwendbar. Der Gesetzgeber hat in KV 1720 iVm KV 1714 FamGKG ausdrücklich eine Festgebühr für diese Verfahren vorgesehen. Die Formulierung in § 1 S. 1 FamGKG dient daher ausdrücklich der Klarstellung, dass das FamGKG nicht für das Verfahren der **Landesjustizverwaltung** anwendbar ist. Inwieweit Verwaltungsgebühren erhoben werden, entscheidet das jeweilige Landesrecht. 95

bb) Gerichtsgebühren. War die beantragte Entscheidung des Oberlandesgerichts gegen die Ausgangsentscheidung der Behörde erfolgreich, wird keine Gebühr erhoben. Wird der Antrag zurückgewiesen, wird nach KV 1714 FamGKG eine **Festgebühr** von 296 EUR erhoben. Im Falle der Zurückweisung der Rechtsbeschwerde erhöht sich der Betrag auf 396 EUR nach KV 1720 FamGKG. 96

cc) Anwaltsvergütung. Das Ausgangsverfahren gem. § 107 Abs. 1 FamFG ist ein **außergerichtliches Verfahren**, so dass die Geschäftsgebühr nach VV 2300 RVG anfällt. Da es sich um ein eher seltenes Verfahren handelt und die Anwendung und Prüfung ausländischer Vorschriften erforderlich ist, wird die Einordnung der Tätigkeit als schwierig und die Mittelgebühr von 1,5 (und damit die Überschreitung der 1,3-Grenze gem. VV 2300 RVG) die Regel sein. 97

Wird die Entscheidung des Oberlandesgerichts nach § 107 Abs. 5, 6 FamFG beantragt, handelt es sich um ein **erstinstanzliches Verfahren** nach vorgeschaltetem Verwaltungsverfahren. Es handelt sich nicht um 98 ein Beschwerdeverfahren, was gerade aus der Notwendigkeit folgt, die entsprechende Anwendbarkeit des Abschn. 5 gem. § 107 Abs. 7 S. 3 FamFG anzuordnen.

99 Für den Rechtsanwalt entstehen daher die **Gebühren** für den **ersten Rechtszug**, also in der Regel die 1,3 Verfahrensgebühr nach VV 3100 RVG und im Falle der mündlichen Verhandlung die 1,2 Terminsgebühr nach VV 3104 RVG. In der Rechtsbeschwerde entsteht eine 2,3 Verfahrensgebühr nach VV 3208 RVG und gegebenenfalls eine 1,5 Terminsgebühr nach VV 3210 RVG.

44. Ausschluss des Umgangsrechts

Treu

I. Einführung

Der weitestgehende Eingriff in das Umgangsrecht ist dessen völliger Ausschluss. Angesichts der großen 1
Bedeutung des Umgangs für das Kind sowie den Umgangsberechtigten bedarf es hierfür besonderer Umstände. So ist es gesetzliche Folge der Einwilligung eines Elternteils in die **Adoption** des Kindes, dass die Befugnis zum persönlichen Umgang mit dem Kind nicht mehr ausgeübt werden darf (§ 1751 Abs. 1 S. 1 BGB). Im Übrigen kann das Umgangsrecht oder der Vollzug früherer Entscheidungen über das Umgangsrecht nur vom Familiengericht unter den Voraussetzungen des § 1684 Abs. 4 BGB eingeschränkt oder ausgeschlossen werden.

§ 1684 Abs. 4 S. 1 und 2 BGB enthält die **Möglichkeit, lediglich die Vollstreckung von Entscheidungen** 2
über das Umgangsrecht und nicht das Umgangsrecht als solches **einzuschränken** oder auszuschließen. Damit sollte ein falsches Signal in den Fällen vermieden werden, in denen es in erster Linie am Verhalten des Obhutselternteiles liegt, dass der Umgang dem Kind schadet. Denn dieser würde für sein Verhalten mit dem Wegfall des Umgangsrechts „belohnt" werden. Wird dagegen lediglich die Vollstreckung ausgesetzt, so wäre auch ihm klar, dass er ausschließlich im Interesse des Kindes „geschont" wird und das Umgangsrecht des anderen Elternteils nicht weggefallen ist.[1]

Grundsätzlich gilt dabei die **Vermutung des § 1626 Abs. 3 S. 1 BGB**, wonach der Umgang mit dem ande- 3
ren Elternteil in aller Regel zum Wohl des Kindes gehört. Vom Ausmaß des Eingriffs in das Umgangsrecht hängt schließlich die zu überwindende Eingriffsschwelle ab.

II. Gesetzliche Regelung

Das Umgangsrecht und der Vollzug früherer Entscheidungen über das Umgangsrecht können vom Fami- 4
liengericht (für einen kürzeren Zeitraum) eingeschränkt oder ausgeschlossen werden, wenn dies zum Wohl des Kindes erforderlich ist (§ 1684 Abs. 4 S. 1 BGB). Einschränkung oder Ausschluss für längere Zeit oder auf Dauer erfordern, dass andernfalls das Wohl des Kindes gefährdet wäre (§ 1684 Abs. 4 S. 2 BGB).

1. Voraussetzungen

Eine Einschränkung des Umgangs bis hin zum (vorübergehenden) Ausschluss ist dann erforderlich, wenn 5
triftige, das Kindeswohl nachhaltig berührende Gründe vorliegen.[2] Dies entspricht dem **Maßstab des § 1696 BGB** (→ *Änderung von Entscheidungen in Kindschaftssachen* Rn. 16).[3]

Sollen Einschränkung oder Ausschluss für eine längere Zeit andauern oder dauerhaft gelten, setzt dies eine 6
nicht anders abzuwendende Gefährdung des Kindeswohls voraus (§ 1684 Abs. 4 S. 1, 2 BGB). Hier gilt der **Maßstab des § 1666 BGB**.[4] Der Schutz des Kindes muss eine so weitgehende Maßnahme nach den

1 BT-Drs. 13/4899 vom 13.6.1996.
2 NK-BGB/*Peschel-Gutzeit/Ebeling* § 1684 Rn. 47.
3 FA-FamR-HdB/*Büte* 4. Kap. Rn. 556.
4 FA-FamR-HdB/*Büte* 4. Kap. Rn. 559.

Umständen des Einzelfalls erfordern, um eine Gefährdung seiner seelischen oder körperlichen Entwicklung abzuwehren.[5]

7 Was „**längere Zeit**" iSd § 1684 Abs. 4 S. 1 BGB bedeutet, lässt sich nicht einheitlich beantworten und hängt vom Alter des Kindes, das wiederum für sein Zeitempfinden bestimmend ist, von der bisherigen Umgangsregelung sowie der Schwere des Eingriffs ab.[6] Ob bei einem regelmäßigen vierzehntägigen Umgang mit Kindern im Vorschulalter schon eine Unterbrechung von einem Monat als lang iSv § 1684 Abs. 4 S. 2 BGB anzusehen ist,[7] erscheint fraglich, denn faktisch fällt lediglich ein Kontakt aus. Ein halbes Jahr kann dagegen bei kleineren Kindern schon als länger zu definieren sein.[8]

2. Verhältnismäßigkeitsgrundsatz

8 Weil jede Beschränkung des umgangsberechtigten Elternteils im Kontakt zu seinem Kind in das Elternrecht nach Art. 6 Abs. 2 GG eingreift, gilt der Grundsatz der Verhältnismäßigkeit.[9] **Schwere und Dauer** der Einschränkung sind abhängig vom Grad der Beeinträchtigung des Kindes im Falle des durchgeführten Umgangs und davon, welche in Betracht zu ziehenden milderen Mittel ausreichen.

Dabei sind nur solche Maßnahmen geeignet, die eine effektive Gefahrenabwehr gewährleisten.[10]

9 Vorrangig sind Einschränkungen des Umgangs, wie etwa begleiteter Umgang oder die Errichtung einer Umgangspflegschaft, vor seinem völligen Ausschluss zu prüfen.[11] Nur im **Ausnahmefall** darf der **Umgang völlig ausgeschlossen** werden,[12] nämlich dann, wenn der Gefährdung des Kindes durch eine bloße – auch zeitliche oder räumliche – Einschränkung des Umgangsrechts oder dessen sachgerechte Ausgestaltung nicht ausreichend vorgebeugt werden kann,[13] was stets konkret nachzuweisen ist.[14]

3. Einzelfälle

10 Gründe für eine Einschränkung des Umgangs bis hin zum völligen Ausschluss können in einem **Konflikt der Eltern** liegen, der – zumindest mittelbar – das Wohl des Kindes tangiert bis gefährdet.

11 Hierzu werden häufig Umstände in der Beziehung der Eltern, der Person des anderen Elternteils oder seinem Verhalten und den entsprechenden Auswirkungen auf das Kind vorgebracht, die aber für sich allein genommen regelmäßig **nicht geeignet** sind, das Umgangsrecht auszuschließen.

So heißt es beispielsweise, der betreuende Elternteil wolle dem anderen nicht mehr begegnen, es sei eine Ersatzmutter/ein Ersatzvater gefunden worden oder – umgekehrt – der andere habe einen Freund/eine Freundin, den/die das Kind nicht möge (evtl. wechselseitig), das Kind wolle nicht zum anderen, das Kind habe Angst, nach jedem Besuch sei das Kind verhaltensauffällig; seitdem das Kind den anderen Elternteil nicht mehr gesehen habe, gehe es besser, das Kind solle zur Ruhe kommen, das Kind sei zu klein; der andere Elternteil sei mit der Betreuung eines Kindes überfordert, anlässlich der Besuche unternehme der andere nichts Vernünftiges mit dem Kind; er habe auch früher kein Interesse an dem Kind gezeigt, der andere zahle keinen Unterhalt, er wolle den Umgang nicht für sich, sondern für die Großeltern.

12 Erst bei **Hinzutreten weiterer Umstände** können Einwände dieser Art im Einzelfall einen Ausschluss des Umgangs oder zumindest eine Beschränkung begründen. Denn sie sind Ausdruck eines Elternkonfliktes, der sich auch – und gerade – auf die Befindlichkeit des Kindes auswirken kann und dann seinen Ausdruck

5 BVerfG 5.12.2008 – 1 BvR 746/08, FamRZ 2009, 399.
6 FA-FamR-HdB/*Büte* 4. Kap. Rn. 562.
7 *Heiß* FamR Teil 5 Rn. 49.
8 OLG Karlsruhe 5.5.2008 – 16 UF 3/08, FamRZ 2009, 130.
9 NK-BGB/*Peschel-Gutzeit/Ebeling* § 1684 Rn. 48.
10 BVerfG 17.9.2016 – 1 BvR 1547/16, FamRZ 2016, 1917 Rn. 30.
11 BVerfG 5.12.2008 – 1 BvR 746/08, FamRZ 2009, 399.
12 FA-FamR-HdB/*Büte* 4. Kap. Rn. 552, 553.
13 BGH 27.10.1993 – XII ZB 88/92, FamRZ 1994, 158.
14 OLG Hamm 4.4.2011 – 8 UF 161/10.

im klassischen Loyalitätskonflikt mit klar geäußerter Ablehnung des Umgangs seitens des Kindes findet. Wenn es sich nicht lediglich um einen typischen Standardkonflikt zwischen den Eltern handelt, kann dies zu Einschränkungen des Umgangsrechts führen.[15]

Greifbarer wird der Umgangsausschluss dagegen in Fällen, in denen vom Umgangsberechtigten eine 13
direkte Gefährdung des Kindes ausgeht oder dies nicht mit der nötigen Sicherheit ausgeschlossen werden kann. Der Vortrag geht dann häufig dahin, der andere Elternteil sei Alkoholiker oder drogenabhängig, er sei Ausländer (drohende Kindesentführung), gewalttätig oder psychisch krank oder er habe das Kind sexuell missbraucht. Von der Gefahrenlage gleich gelagert sind die Fälle, in denen Kinder wegen **Misshandlung, Missbrauch oder Vernachlässigung** aus der Obhut ihrer Eltern herausgenommen worden und fremd untergebracht worden sind.

a) Wille des Kindes. Allein der (geäußerte) Wille des betroffenen Kindes, seine strikte Weigerung zum 14
Kontakt, ohne dass Gründe im Verhalten oder der Person des Umgangsberechtigten die Ablehnung nachvollziehbar erscheinen lassen, genügt – jedenfalls bei jüngeren Kindern – im Regelfall nicht, um einen Umgangsausschluss zu begründen.[16] Der Kindeswille hat **keinen absoluten Vorrang**. Es ist grundsätzlich davon auszugehen, dass die Pflege der Familienbande dem Wohl des Kindes dient, auch wenn dies für das Kind (noch) nicht nachvollziehbar ist. Die gesetzliche (und aus psychologischer Sicht auch die tatsächliche) Vermutung spricht dafür.

Der Wille des Kindes ist deshalb zu hinterfragen und darauf zu prüfen, inwiefern er autonom und auf 15
eigenem Erleben beruhend oder durch Beeinflussung des betreuenden Elternteils entstanden ist und ob er dem Wohl des Kindes auch entspricht.[17] Es kommt darauf an, ob die Entwicklung der kindlichen Persönlichkeit schon die **Bildung einer begründeten Selbstentscheidung** ermöglicht.[18]

Ferner muss geprüft werden, ob bei entsprechend fortgeschrittener Entwicklung der Persönlichkeit des 16
Kindes eine seinem Willen zuwiderlaufende Ausübung des Umgangsrechts eine Gefährdung seiner Entwicklung bedeuten könnte. Es stellt sich dann die Frage, ob aus Gründen des Kindeswohls ein Umgangsausschluss angeordnet werden muss, weil das Kind andernfalls seelischen Schaden nehmen würde. Auch dem **Recht des Kindes auf Selbstbestimmung**, das in dem geäußerten und auf eigener Meinung beruhenden Willen zum Ausdruck kommt, ist Rechnung zu tragen.[19] Mit zunehmendem Alter kommt seinem Willen vermehrt Bedeutung zu und kann selbst dann beachtlich sein, wenn er auf einer bewussten oder unbewussten Beeinflussung beruht, es sei denn dass die manipulierten Äußerungen des Kindes den wirklichen Bindungsverhältnissen nicht entsprechen.[20]

Schließlich sind die Gründe zu prüfen, die das Kind zu seiner Haltung veranlassen. Dass das Kind gebets- 17
mühlenartig wiederholt, den Umgangsberechtigten nicht sehen zu wollen, genügt für einen Umgangsausschluss ebenso wenig wie sein hartnäckiger Widerstand gegen Umgang, weil es längere Zeit keinen Kontakt gegeben hat.[21] **Die Gründe müssen aus Sicht des Kindes berechtigt sein**, so wenn der Vater beim Umgang mehrfach abwertende Äußerungen über die Mutter gemacht hat[22] oder wenn die (zwölf und 14 Jahre alten) Kinder fürchten müssen, durch den persönlichen Kontakt mit dem Vater, der gleichzeitig ihr „Stiefgroßvater" ist, in die Auseinandersetzungen zwischen den Erwachsenen hineingezogen und an deren Ursachen – die als unnormal empfundenen innerfamiliären sexuellen Kontakte – erinnert zu werden.[23]

15 OLG Rostock 7.5.2009 – 10 UF 33/09, FamRZ 2010, 997.
16 OLG Brandenburg 29.6.2009 – 9 UF 102/08, FamRZ 2009, 1688.
17 BVerfG 5.12.2008 – 1 BvR 746/08, FamRZ 2009, 399.
18 *Röttgen*, Anm. zu OLG Koblenz, FamRZ 2004, 289.
19 OLG Saarbrücken 24.1.2011 – 6 UF 116/10, FamRZ 2011, 1409.
20 BVerfG 25.4.2015 – 1 BvR 3326/14, NJW 2015, 319 Rn. 17.
21 OLG Hamm 4.4.2011 – 8 UF 161/10.
22 OLG Brandenburg 21.11.2001 – 9 UF 219/01, FamRZ 2002, 975 bei einem 11-jährigen Kind.
23 KG 14.11.2012 – 13 UF 141/12, FamRZ 2013, 709 f.

18 Bei kleineren Kindern wird aus der Wohlverhaltensklausel des § 1684 Abs. 2 BGB die Verpflichtung des betreuenden Elternteils zur aktiven Förderung der Umgangskontakte hergeleitet im Sinne einer Einwirkung auf das Kind mit dem Ziel, psychische Widerstände gegen den Umgang abzubauen.[24]

19 Bei Jugendlichen gilt dies nicht ohne Weiteres. So kann etwa in dem entsprechend geäußerten Willen eine eindeutige und nachhaltige Ablehnung des Umgangskontaktes zum Ausdruck kommen, die aus Sicht des Kindes nicht grundlos ist.[25] Gleichwohl gilt auch hier das Wohlverhaltensgebot.[26] Selbst bei älteren Kindern sind Eltern im Allgemeinen nicht gänzlich ohne Einfluss. Jedenfalls wenn der betreuende Elternteil durch sein Verhalten die **Weigerungshaltung des Kindes** begründet oder gefördert hat, kann ein Sinneswandel bei ihm auch bei älteren Kindern **Vorbildfunktion** haben.[27] Die Altersgrenze wird bei etwa neun bis elf Jahren gezogen.[28]

20 Wird der dem Umgang entgegenstehende Wille des Kindes für beachtlich angesehen und der Umgang ausgeschlossen, so ist diese **Maßnahme zu befristen** und gleichzeitig darauf hinzuwirken, dass der Wille des Kindes sich nicht weiter verfestigt, sondern dahin ändert, dass Kontakte zu dem anderen Elternteil nicht mehr generell abgelehnt werden. Dafür kann der betreuende Elternteil zu einem bestimmten Verhalten angehalten werden.

21 Dem an sich Umgangsberechtigten kann es ermöglicht werden, in geringem Umfang (Weihnachten und Geburtstag) **brieflichen Kontakt** zu halten und Geschenke zu schicken.[29]

22 **b) Körperverletzung.** Hat das Kind den Umgangsberechtigten – sei es gegenüber ihm selbst, sei es gegenüber dem anderen Elternteil – als gewalttätig erlebt, so kann dies Einschränkungen des Umgangsrechts bis hin zum völligen Ausschluss rechtfertigen.

23 **Erwiesene Kindesmisshandlung in der Vergangenheit** lässt den Schluss zu, dass die Gefahr weiterer Misshandlungen besteht, so dass unbeschränkter Umgang das Kindeswohl gefährden würde. In der Regel dürfte es aber ausreichen, zur Sicherheit des Kindes nur den unbegleiteten Umgang zu versagen. Ein völliger Ausschluss wäre dann nicht erforderlich, wenn ein beschützter Umgang oder ein Umgang an einem neutralen Ort die Gefahr auf ein vertretbares Maß reduziert.[30]

24 **Misshandlungen des anderen Elternteils** durch den Umgangsberechtigten in der Vergangenheit sollten, was diskutiert worden war, nach dem Willen des Gesetzgebers nicht automatisch zum Ausschluss des Umgangs führen.[31] Sie würden auch die Sicherheit des Kindes, bezogen auf dessen eigene körperliche Integrität, nicht gefährden.

25 Erlittene oder (mit-)erlebte Gewalt kann das Kind jedoch in einer Weise psychisch belasten, dass Begegnungen mit dem gewalttätigen Elternteil sein seelisches Wohl gefährden würden, so wenn es **traumatisiert** ist.[32] Allerdings nimmt der Umgang mit dem Thema Gewalt ebenso wie die „Diagnose" Trauma ein mitunter inflationäres Ausmaß mit der Folge reflexartig geforderter Umgangsausschlüsse an. Es bedarf in diesen Fällen besonders sorgfältiger Ermittlungen, um eine zuverlässige Entscheidungsgrundlage zu erhalten.[33] Nicht jeder körperliche Übergriff und nicht jede Irritation des Kindes bedeutet seine Traumatisierung mit der Folge einer Kindswohlgefährdung im Falle erzwungenen Umgangs. Wenn allerdings feststeht,

---

24 OLG Karlsruhe 26.10.2004 – 2 WF 176/04, FamRZ 2005, 295.
25 OLG Brandenburg 21.11.2001 – 9 UF 219/01, FamRZ 2002, 975.
26 OLG Saarbrücken 24.1.2011 – 6 UF 116/10, FamRZ 2011, 1409, in Bezug auf einen knapp 13-jährigen Jungen.
27 *Stockmann* jurisPR-FamR 11/2005 Anm. 2.
28 OLG Nürnberg 20.4.2016 – 7 UF 270/16, juris Rn. 189; OLG Hamm 25.2.2016 – 14 UF 135/14, juris Rn. 8; OLG Koblenz 21.5.2003 – 13 UF 230/03, FamRZ 2004, 289.
29 OLG Köln 16.3.2009 – 4 UF 160/08, FamRZ 2009, 1422 im Fall eines knapp zehnjährigen Kindes, dessen ablehnende Haltung nicht unwesentlich durch die Haltung der Mutter bedingt ist.
30 *Heiß* FamR Teil 5 Rn. 50.
31 BT-Drs. 14/8131, 9.
32 OLG Köln 6.12.2010 – 4 UF 183/10.
33 Vgl. OLG Hamburg 2.4.2020 – 12 UF 35/20, FamRZ 2020, 1736 (1738).

dass eine Traumatisierung im Sinne einer (krankheitswertigen) posttraumatischen Belastungsstörung nach ICD-10 vorliegt, die sicherlich nicht der Betreuungselternteil oder sein Anwalt diagnostizieren können, muss sorgfältig geprüft werden, ob ein Umgang schädliche Folgen für das Kind haben wird, die als Kindswohlgefährdung eingeordnet werden können.

Eine Kindswohlgefährdung kann sich auch mittelbar daraus ergeben, dass eine (konkrete) Gefahrenlage 26 für den mit neuer Identität versehenen Obhutselternteil durch mögliche Übergriffe in Form von erheblich erhöhtem körperlichen und seelischen Druck besteht (hier: aus der rechtsextremen Szene), denn Kinder sind von der körperlichen Unversehrtheit des Elternteiles, bei dem sie aufwachsen, abhängig.[34] In dem vom Bundesverfassungsgericht entschiedenen Fall würde die aus der rechtsextremen Szene ausgestiegene Mutter einer strukturell und dauerhaft konkreten Gefährdung ausgesetzt sein, wenn ihre Identität aufgedeckt und ihr Aufenthaltsort bekannt würde und deshalb Übergriffe aus der rechtsextremen Szene nicht ausgeschlossen werden können. Dass in einem solchen Fall ein begleiteter Umgang als milderes Mittel dies nicht verhindern kann, da die Kinder trotz der Anwesenheit einer dritten Person Hinweise auf ihren Wohnort geben können, liegt auf der Hand. Hinzu käme – und dies wäre für sich allein bereits ausreichend – die hohe psychische Belastung der Kinder durch derartige Umgangsarrangements.[35]

Die Entscheidung des Bundesverfassungsgerichts auf eine Beschäftigung mit der politischen Gesinnung 27 der wegen Umgangs streitenden Eltern zu reduzieren, greift allerdings zu kurz. Die hier aufgestellten Grundsätze lassen sich vielmehr auf alle Fälle übertragen, in denen dem betreuenden Elternteil Schutzmaßnahmen wie Namensänderung, Wechsel des Wohnortes und verdeckte Identität zugutekommen. Dies gilt etwa im Zeugenschutzprogramm, aber auch, wenn beispielsweise der Ehefrau Gefahr aufgrund der Trennung von ihrem aus einem die Gleichberechtigung nicht respektierenden Kulturraum stammenden Ehemann droht.[36] Wenn in einer solchen Fallgestaltung der vom Umgang ausgeschlossene Elternteil einen Antrag bei Gericht stellt (zB auf Auskunft über das Wohlergehen des Kindes gem. § 1686 BGB) und ihm der gewöhnliche Aufenthalt des Kindes und des gefährdeten Elternteils (aus gutem Grund) unbekannt ist, kann eine örtliche Zuständigkeit des Familiengerichts am gewöhnlichen Aufenthalt des Antragstellers gem. § 152 Abs. 3 FamFG angenommen werden.[37] Dieses Familiengericht kann es unter den dargelegten Umständen zwar ablehnen, den gewöhnlichen Aufenthalt des Kindes zu ermitteln, aber den Antrag zB durch die Polizeidienststelle übermitteln lassen, die in das Zeugenschutzprogramm involviert ist.[38]

Ein Sonderfall ist die **drohende Beschneidung des Kindes**, vorrangig die weibliche Genitalverstümmlung, 28 die von den Verantwortlichen religiös begründet und nicht als Körperverletzung gesehen wird. Gleichwohl verletzt die Beschneidung – auch die eines Jungen[39] – die körperliche Unversehrtheit des betroffenen Kindes und wirft die Frage der Kindswohlgefährdung auf.[40] Ob der durch das Gesetz über den Umfang der Personensorge bei einer Beschneidung des männlichen Kindes vom 20.12.2012[41] mWv 28.12.2012 in das BGB eingefügte § 1631 d BGB im Streit der Eltern um Umgang weiterhilft, darf infrage gestellt werden.

Wie bei allen anzustellenden Prognosen bereitet auch hier die **Feststellung des Gefahrengrades** die 29 eigentlichen Schwierigkeiten. Es bedarf konkreter Anhaltspunkte, um die Annahme begründen zu können, dass dem Kind die Gefahr einer Beschneidung droht oder diese Gefahr zumindest nicht ausgeschlossen werden kann. Entsprechende Ankündigungen des Umgangsberechtigten gegenüber dem anderen Elternteil werden sich ohne Zeugen nicht nachweisen lassen.

Andererseits reicht es nicht aus, wenn der Umgangsberechtigte sich verbal von der Beschneidungspraxis 30 seiner Herkunftskultur distanziert. Letztlich werden die **Verhältnisse in seiner Herkunftsfamilie und de-**

---

34 BVerfG 13.12.2012 – 1 BvR 1766/12, FamRZ 2013, 433 ff.

35 *Salgo*, Anm. zu BVerfG 13.12.2012 – 1 BvR 1766/12, FamRZ 2013, 531 f.

36 Vgl. hierzu AG Würzburg 7.5.2008 – 2 F 814/07.

37 OLG Karlsruhe 28.7.2011 – 18 UF 117/11, FamRZ 2011, 1888 f.

38 AG Würzburg 31.5.2010 – 1 F 485/10.

39 LG Köln 7.5.2012 – 151 Ns 169/11, FamRZ 2012, 1421.

40 OLG Karlsruhe 5.5.2008 – 16 UF 3/08, FamRZ 2009, 130.

41 BGBl. 2012 I 2749.

ren Haltung zu diesem Thema zu ermitteln sein, da die Beschneidung traditionell Sache der Großfamilie ist.[42]

31 Wird die Gefahr der Beschneidung bejaht, ist aber in der Regel der vollständige Ausschluss des Umgangsrechts nicht erforderlich, da die Sicherheit des Kindes durch **Umgangsbegleitung** ausreichend gewährleistet ist.

32 **c) Sexueller Missbrauch.** Der erwiesenermaßen am eigenen oder einem fremden Kind begangene sexuelle Missbrauch, definiert als die „erotische oder sexuelle Inanspruchnahme von abhängigen, entwicklungsmäßig unreifen Kindern für sexuelle Handlungen",[43] rechtfertigt den völligen Ausschluss des Umgangs nur dann, wenn eine Gefährdung des Kindes nicht durch die bloße Einschränkung des Umgangs verhindert werden kann (→ *Begleiteter Umgang* Rn. 11 ff.).

33 In der Praxis bereiten die nicht eindeutig feststehenden Fälle die größten Schwierigkeiten. Es ist die Frage zu entscheiden, **welche Intensität des Tatverdachts und welcher Grad an Überzeugung zu verlangen sind**, um das Umgangsrecht einzuschränken. Der vage Verdacht allein reicht auch dann noch nicht aus, wenn ein staatsanwaltliches Ermittlungsverfahren anhängig ist, denn sonst wäre es für den Obhutselternteil ein Leichtes, den anderen aus dem Leben des Kindes zu drängen.[44]

Die Annahme einer hinreichenden Wahrscheinlichkeit muss auf konkreten Verdachtsmomenten beruhen. Dabei sind an die Wahrscheinlichkeit des Schadenseintritts umso geringere Anforderungen zu stellen, je schwerer der drohende Schaden wiegt.[45]

34 Es besteht auch kein Vorrang des Strafverfahrens vor dem Umgangsverfahren. Andernfalls würde das Grundrecht des umgangsberechtigten Elternteils auf Umgang mit seinen Kindern gegenüber dem Strafanspruch des Staates zurückzutreten haben.[46]

35 **Pädophile Neigungen allein**, dh dass ein (auch körperlicher) Kontakt mit Kindern bei dem Erwachsenen einen Erregungszustand auszulösen vermag, bedeuten für sich genommen noch keine Gefährdung der Kinder, da Personen mit pädophilen Neigungen nicht zwangsläufig pädophil agieren.[47] Beides – die pädophilen Neigungen sowie die daraus resultierende Gefährdung des Kindes – ist vom Gericht in tragfähiger Weise festzustellen, wenn es eine Einschränkung oder den Ausschluss des Umgangs darauf stützen will. Außerdem hat es die **Hemmschwelle pädophiler Väter vor einem sexuellen Missbrauch des eigenen Kindes zu klären**.[48]

Auch hier erfordert die Einschränkung des Umgangsrechts die hinreichend sichere Feststellung einer konkreten Gefährdung des Kindes durch das Vorliegen einer pädophilen Haupt- oder Nebenströmung.[49]

36 Eine Gefahr für das Wohl des Kindes liegt schon in der **Nutzung kinderpornographischen Materials**, die mit dem Vorliegen einer pädophilen Orientierung einhergehen kann. Dies gilt auch ohne pädophile Handlungen, weil die Gefahr besteht, dass die Hemmschwelle herabgesetzt wird und ein Steigerungseffekt eintritt, so dass die Neigungen konkret mit Kindern ausgelebt werden können. Ob dies im Einzelfall zutrifft, ist auf die Gesamtpersönlichkeit des pädophilen Vaters abgestellt festzustellen, insbesondere wie sein Verantwortungsbewusstsein, Empathievermögen, seine Triebstärke und Impulskontrolle sowie psychische Stabilität ausgestaltet sind.[50]

---

42 BGH 15.12.2004 – XII ZB 166/03, FamRZ 2005, 344.
43 FA-FamR-HdB/*Büte* 4. Kap. Rn. 575.
44 OLG Frankfurt a. M. 30.6.1995 – 6 UF 60/96, FamRZ 1995, 1432.
45 BGH 6.2.2019 – XII ZB 408/18, FamRZ 2019, 598 Rn. 18–19 zu § 1666 BGB.
46 Vgl. OLG Hamburg 2.4.2020 – 12 UF 35/20, FamRZ 2020, 1736 (1738).
47 BVerfG 13.7.2005 – 1 BvR 215/05, FamRZ 2005, 1816.
48 BVerfG 29.11.2007 – 1 BvR 1635/07, FamRZ 2008, 494.
49 OLG Karlsruhe 20.12.2018 – 20 UF 182/17, FamRZ 2019, 2009 (2011).
50 OLG Düsseldorf 28.5.2009 – II-6 UF 188/07, FamRZ 2009, 1685.

Zur Orientierung dient die in § 72 a SGB VIII (der ein umfassendes Tätigkeitsverbot für wegen sexuellen Missbrauchs von Kinder oder wegen des Besitzes von Kinderpornographie vorbestrafte Personen im Bereich der Jugendhilfe normiert) zum Ausdruck kommende gesetzgeberische Wertung, dass Kinder des besonderen Schutzes vor solchen Personen bedürfen.[51]

Beim Vater vorgefundene **Nacktaufnahmen eines etwa fünfjährigen Kindes**, die er gegen dessen Willen angefertigt hat, können den Verdacht pädophiler Neigungen begründen und rechtfertigten im konkreten Fall den Umgangsausschluss schon deshalb, weil das Kind durch die gegen seinen Willen gemachten Fotos derart verunsichert war, dass es mit Panik auf von der Gutachterin beabsichtigte Fotoaufnahmen reagiert hat.[52] 37

Schließlich kann auch ein **objektiv sexuell übergriffiges Verhalten** gegenüber dem Kind, das für den Umgangsberechtigten **keinen sexuellen Hintergrund** hat, sondern in seinem Herkunftsland üblich ist – der aus dem arabischen Raum stammende Vater hat seinem damals achtjährigen Sohn während eines vom Sachverständigen begleiteten Umgangs mehrfach in den Genitalbereich gefasst, um zu prüfen „ob er schon ein Mann geworden" sei –, zu einem Umgangsausschluss führen, wenn das Kind durch das übergriffige Verhalten traumatisiert ist und mit Alpträumen und Ängsten zu kämpfen hat.[53] Grund für den Umgangsausschluss ist damit letztlich nicht ein sexueller Missbrauch oder die sexualbezogene Handlung, sondern die daraus resultierende Weigerungshaltung des Kindes, die aus seiner Sicht berechtigt erscheint, so dass es sich um einen Fall des beachtlichen entgegenstehenden Kindeswillens handelt. 38

d) Entführungsgefahr. Die konkrete Gefahr einer Entführung, insbesondere wenn in der Vergangenheit bereits eine Entführung stattgefunden hat, kann Grund zum Ausschluss des Umgangs sein. Dass der **Umgangsberechtigte Ausländer** ist, rechtfertigt für sich allein genommen eine Einschränkung des Umgangs auch dann nicht, wenn er enge Beziehungen zu seinem Heimatland unterhält.[54] Die in der Praxis häufig gehörte diffuse Angst des Sorgeberechtigten reicht deshalb noch nicht aus. Es bedarf **konkreter Hinweise auf eine tatsächlich geplante Entführung**. Selbst dann reicht in der Regel eine Beschränkung des Umgangs aus[55] (→ *Begleiteter Umgang* Rn. 14 ff.). 39

e) Obhutswechsel. Werden Kinder aus der Obhut ihrer Eltern herausgenommen und anderweitig untergebracht, zB bei Pflegeeltern, wird oftmals eine mehrwöchige Kontaktsperre empfohlen. Es ist jedoch unzulässig, generell einen solchen Kontaktabbruch anzuordnen.[56] Vielmehr ist eine Einzelfallprüfung erforderlich, ob die **Aufrechterhaltung des Umgangskontaktes während der Integrationsphase** und auch später das Wohl des Kindes gefährdet. 40

Die gesetzliche Vermutung des § 1626 Abs. 3 S. 1 BGB gilt grundsätzlich auch in den Fällen, in denen Eltern die elterliche Sorge oder Teile davon entzogen worden ist, denn in der Regel entspricht es dem Kindeswohl, die familiären Beziehungen aufrechtzuerhalten.[57] Auf den ersten Blick überrascht dies angesichts der hohen Hürde, die es zu überwinden gilt, bevor ein Kind aus seiner Herkunftsfamilie herausgenommen werden darf. Denn es muss entweder ein Versagen der Erziehungsberechtigten oder drohende Verwahrlosung der Kinder aus anderen Gründen festgestellt werden, was in tatsächlicher Hinsicht oftmals eine gewisse Dramatik in sich birgt. Unjuristisch ausgedrückt muss also einiges, den Kindern nicht Bekömmliches passiert sein. Naheliegend wäre es deshalb, den Umgang in solchen Fällen an strenge Voraussetzungen zu knüpfen. Im Gegensatz dazu gilt jedoch nach den hier zugrunde zu legenden Wertungen des Art. 6 Abs. 3 GG, der den Maßstab für die Inpflegenahme von Kindern gegen den Willen der Eltern bildet, auch für einen Umgangsausschluss ein strenger Maßstab. Denn die Entscheidung über den Umgang von Eltern mit 41

51 OLG Frankfurt a. M. 28.2.2019 – 5 UF 200/18, FamRZ 2019, 1425 (1428).
52 OLG Oldenburg 4.5.2007 – 11 UF 27/07.
53 OLG Hamm 4.4.2011 – 8 UF 161/10.
54 *Heiß* FamR Teil 5 Rn. 51.
55 OLG Stuttgart 8.6.2017 – 17 UF 45/16, Rn. 68 juris.
56 OLG Hamm 10.11.2003 – 8 WF 300/03, FamRZ 2004, 1310.
57 BVerfG 29.11.2012 – 1 BvR 335/12, juris, Rn. 19.

ihrem in einer Pflegefamilie lebenden Kind hängt mit der Aufrechterhaltung der Trennung des Kindes von seinen Eltern aufs Engste zusammen.[58]

42 Die **Inpflegenahme von Kindern darf nicht schematisch zu einem Umgangsausschluss führen**, da die Maßnahme grundsätzlich als eine vorübergehende angelegt ist, bei der schon von Beginn der Maßnahme an zu prüfen ist, ob eine Familienzusammenführung möglich ist und wie diese erleichtert und gefördert werden kann.[59] So besteht die Verpflichtung, die Zusammenführung des leiblichen Elternteils mit seinem Kind herbeizuführen. Hier kollidieren allerdings die juristische und die pädagogische Sichtweise, da Letztere ein über sechs Monate andauerndes Pflegeverhältnis als auf Dauer angelegt versteht mit dem Ziel, das Kind in die Pflegefamilie zu integrieren.

43 Die Aufrechterhaltung der Familienbande erfolgt zum Wohle des Kindes. Eine Trennung dieses Bandes käme einer **Abschneidung seiner Familienwurzeln** gleich und ist nur unter besonderen Umständen gerechtfertigt.[60]

44 Wenn eine Rückführung des Kindes in den Haushalt seiner Eltern oder eines Elternteils nicht in Betracht kommen mag, weil sie erziehungsungeeignet sind, hat der Umgang zumindest das Ziel, einer **wachsenden Entfremdung** vorzubeugen oder – wenn zwischen Eltern(teil) und Kind noch gar keine emotionale Beziehung bestanden hat – eine **Annäherung** herbeizuführen. Ein Umgang dergestalt, dass dem Vater viermal im Jahr Umgangskontakt sowie die Möglichkeit eingeräumt wird, brieflichen Kontakt über den Vormund des vierjährigen Kindes aufzunehmen, käme einem unzulässigen Umgangsausschluss gleich.[61]

45 Für die Frage, ob Umgang stattfinden kann, in welchem Umfang und unter welchen Bedingungen, kommt es auf das Alter des Kindes, die Dauer seines Aufenthaltes in der Pflegefamilie und die Gründe und Umstände der Inpflegenahme an. Für Kinder, die seit ihrer Geburt in einer Pflegefamilie leben, ist der Umgang anders zu regeln als für Kinder, die vor der Herausnahme in ihrer Herkunftsfamilie aufgewachsen sind und eine Bindung an ihre Eltern haben. Bei vorangegangener Vernachlässigung gilt anderes als bei Kindesmisshandlung oder sexuellem Missbrauch. Der Schutz des Kindes muss eine Beschränkung oder den Ausschluss des elterlichen Umgangsrechtes zur Abwehr einer konkreten Gefährdung seiner seelischen oder körperlichen Entwicklung nach den konkreten Umständen des Einzelfalls erfordern, wobei auch der dem Umgang entgegenstehende Wille des Kindes und die Folgen eines gegen diesen Willen angeordneten Umgangs nicht außer Betracht bleiben dürfen.[62]

46 Bevor **Umgang bei einer festgestellten Kindeswohlgefährdung ausgeschlossen** werden darf, ist auch hier zu prüfen, ob die Gefahr nicht durch zeitliche Beschränkungen sowie die Anwesenheit einer geschulten Begleitperson gebannt werden kann.[63]

47 **f) Loyalitätskonflikt und Entfremdung.** Bringen Eltern ihr Kind durch ihr Verhalten in einen Loyalitätskonflikt, indem sie es **in den Elternkonflikt einbeziehen**, führt dies zu seelischen Belastungen mit der möglichen Folge einer Gefährdung des seelischen Wohls des Kindes und womöglich einer Weigerungshaltung (→ Rn. 14 ff.). Das Kind greift im Sinne einer Konfliktlösungsstrategie zur Umgangsverweigerung als aus seiner Sicht „besten Lösung".[64]

48 Ob es die dem Kindeswohl zuträgliche Lösung ist, den Umgang auszuschließen, darf infrage gestellt werden. Dies ist kaum zu vermitteln, wenn der Betreuungselternteil den Konflikt zu verantworten hat[65] oder ein Fall von PAS vorliegt. Eine Unterbrechung des Kontaktes durch befristeten Umgangsausschluss

58 BVerfG 29.11.2012 – 1 BvR 335/12, juris, Rn. 22.
59 OLG Hamm 17.1.2011 – II-8 UF 133/10, FamRZ 2011, 826.
60 EGMR 26.2.2004 – 74969/01, FamRZ 2004, 1456; BVerfG 14.7.2010 – 1 BvR 3189/09, FamRZ 2010, 1622.
61 OLG Hamm 28.2.2011 – II-8 UF 227/10, FamRZ 2011, 1668.
62 BVerfG 29.11.2012 – 1 BvR 335/12, juris, Rn. 25.
63 BVerfG 28.12.2004 – 1 BvR 2790/04, FamRZ 2005, 173.
64 BVerfG 17.9.2016 – 1 BvR 1547/16, FamRZ 2016, 1917 Rn. 26–27.
65 OLG Brandenburg 29.6.2009 – 9 UF 102/08, FamRZ 2009, 1688.

kann aber zu einer **Stabilisierung des Kindes** beitragen und die Chance zu einem weniger belasteten Kontakt nach Ablauf der Ausschlussfrist geben, wenn die Zeit gut genutzt wird, um den Konflikt der Eltern zu bearbeiten.

In Fällen, in denen (auch oder wesentlich) der Umgangsberechtigte den Loyalitätskonflikt verursacht, weil 49 er beispielsweise den Aufenthalt des Kindes bei dem anderen Elternteil nicht akzeptiert, dürfte es keine Alternative geben, um das Kind effektiv zu schützen.[66]

g) Krankheit. Ist der Umgangsberechtigte **psychisch oder physisch krank, drogen- oder alkoholabhängig**, so besteht die Gefahr, dass er das Kind während des Umgangs nicht ausreichend betreuen und beaufsichtigen kann, oder das Kind aufgrund seiner Verfassung oder seiner Verhaltensweisen ängstigt. Soweit hierdurch die Erziehungsfähigkeit eingeschränkt oder ausgeschlossen ist, ist zu prüfen, inwieweit durch unbeschränkten Umgang das körperliche oder seelische Wohl des Kindes gefährdet würde. 50

Wenn der Umgangsberechtigte an einer **ansteckenden Krankheit** leidet und das Kind vor Ansteckung 51 nicht durch weniger einschneidende Maßnahmen ausreichend geschützt werden kann, oder der Umgangsberechtigte nicht bereit oder in der Lage ist, zum Ausschluss der Ansteckungsgefahr die erforderlichen Hygienestandards zu gewährleisten, ist der persönliche Umgang notfalls auszuschließen.

Die Corona-Pandemie allein – ohne besondere Gefährdungssituation für die Beteiligten – rechtfertigt es nicht, den Umgang auszusetzen.[67]

Bei Alkohol- oder Drogenabhängigkeit ist mit **rauschspezifischen Ausfällen** zu rechnen. Auch kann der 52 Umgangsberechtigte das Kind bei der Beschaffung von Drogen in gefährliche Situationen bringen. Und selbst der nur „kleine Handel am Küchentisch" ist dem Kindeswohl jedenfalls nicht förderlich. Im Ergebnis Ähnliches gilt bei **feststehender Spielsucht**, wenn die Gefahr besteht, dass der Umgangsberechtigte sich nicht nur nicht mit dem Kind beschäftigen, sondern auch seine Aufsichtspflicht verletzen wird.

Problematischer und schwieriger einzuschätzen sind die Fälle, in denen der Umgangsberechtigte psychisch 53 krank ist. Psychische Krankheit der Eltern bedeutet für Kinder nicht nur eine erhebliche Belastung und ein Risiko für ihre Entwicklung,[68] sondern mitunter eine Gefahr für Leib oder Leben, für die es aber konkrete Anhaltspunkte geben muss. Sind bei dem Kind bereits **Persönlichkeits- oder Verhaltensstörungen** aufgetreten, als deren Ursache die Krankheit des Umgangsberechtigten mit ausreichender Sicherheit feststeht, oder ist der Umgangsberechtigte infolge seiner Erkrankung nicht in der Lage, mit den Störungen des Kindes adäquat umzugehen und reicht begleiteter Umgang nicht aus, so ist der persönliche Umgang gänzlich auszuschließen.[69]

Regelmäßig wird es in all diesen Fällen aber ausreichen, den Umgang zu beschränken, etwa durch kürzere 54 Umgänge, den Ausschluss von Übernachtungen oder die Anordnung begleiteten Umgangs.

h) Inhaftierung. Inhaftierung des Umgangsberechtigten steht dem Umgang nicht grundsätzlich entgegen, 55 es sei denn, das Kindeswohl wäre gefährdet, weil das **Kind dem Besuch im Gefängnis nicht gewachsen** ist.[70] Der betreuende Elternteil hat das Kind auf die Verhältnisse in der JVA und den Kontakt mit dem anderen vorzubereiten.[71]

66 OLG Nürnberg 9.8.2007 – 11 UF 305/07, FamRZ 2008, 715; OLG Saarbrücken 4.4.2006 – 9 UF 8/06, FamRZ 2007, 495; OLG Hamburg 29.9.2009 – 12 UF 163/08, FamRZ 2011, 822.

67 OLG Nürnberg 16.9.2020 – 10 WF 622/20, Rn. 40.

68 *Lau/Lau* FamRZ 2011, 862.

69 OLG Brandenburg 26.9.2007 – 9 UF 117/07, FamRZ 2008, 716, Schizophrenie.

70 AG Pankow-Weißensee 11.8.2004 – 18 F 3766/03.

71 OLG Hamm 6.1.2003 – 8 WF 288/02, FamRZ 2003, 951.

Ob ein mit dem Kindeswohl in Einklang zu bringender Umgang während der Haftzeit möglich ist, hängt nicht zuletzt davon ab, ob die JVA ein geeignetes Konzept zur Gestaltung des Umgangs inhaftierter Vätern mit ihren Kindern hat.[72]

III. Verfahrenshinweise

56 Dem betroffenen Kind ist gem. § 158 Abs. 2 Nr. 5 FamFG ein **Verfahrensbeistand** zu bestellen, wenn der Ausschluss des Umgangs in Betracht kommt.

57 Die Eltern – und auch das Kind – haben **Anspruch auf eine gerichtliche Regelung**. Unzulässig ist daher die bloße Nichtregelung des Umgangs.[73] Denn damit tritt ein Zustand ein, der dem besonderen verfassungsrechtlichen Schutz nicht gerecht wird, unter dem das Umgangsrecht von Eltern steht. Durch eine Entscheidung, durch die das Umgangsrecht weder versagt noch in irgendeiner Weise eingeschränkt wird, die aber eine gerichtliche Hilfe zur tatsächlichen Ausgestaltung verweigert, weiß der umgangsberechtigte Elternteil nicht, in welcher Weise er das Recht tatsächlich wahrnehmen darf und in welchem zeitlichen Abstand er einen neuen Antrag auf gerichtliche Regelung zu stellen berechtigt ist. Das Familiengericht hat deshalb entweder Umfang und Ausübung der Umgangsbefugnis konkret zu regeln oder die Umgangsbefugnis ebenso konkret einzuschränken oder auszuschließen.[74]

Anders verhält es sich beim Umgang von Großeltern, Geschwistern oder anderen Bezugspersonen (§ 1685 BGB). Hier kann das Familiengericht einen auf Umgang gerichteten Antrag bei fehlender Kindeswohldienlichkeit schlicht zurückweisen, weil es – anders als beim Umgangsrecht der Eltern – nicht um die Ausgestaltung eines bestehenden Umgangsrechts geht, sondern bereits die Voraussetzungen für ein Umgangsrecht fehlen.[75]

Eines gerichtlichen Umgangsausschlusses bedarf es nicht, wenn der Berechtigte von seinem ursprünglichen Begehren Abstand nimmt und seinen Antrag zurücknimmt. Einem gleichwohl gestellten Antrag des betreuenden Elternteils fehlt das Rechtsschutzbedürfnis. Allerdings enthält ein solcher Antrag im Falle eines bereits bestehenden vollstreckbaren Umgangstitels als ein Minus auch das Begehren, dem anderen Elternteil ein Vorgehen hieraus zu verwehren, so dass ein etwaiger Beschluss, der das Umgangsrecht regelt oder eine Vereinbarung der Eltern gerichtlich bestätigt, aufzuheben ist.[76]

58 In der Beschlussformel ist festzulegen, dass der **Ausschluss (nur) für eine bestimmte Zeit** gilt.[77] Davon kann dann abgesehen werden, wenn das Kind bereits so alt ist, dass eine Änderung der Sachlage vor Eintritt der Volljährigkeit nicht zu erwarten ist.

Liegen besondere Umstände vor, die einer Befristung des Umgangsausschlusses entgegenstehen, kann auch bei einem zwölfjährigen Kind ein unbefristeter Ausschluss in Betracht kommen. Solche Umstände hat das Bundesverfassungsgericht bejaht bei einer verfestigten Ablehnungshaltung des Kindes, die sich über acht Jahre aufgebaut hat und für das Kind die Funktion hat, sich vor dem durch beide Eltern aufgebauten Druck zu schützen und damit der Gefahr künftiger Belastungsstörungen zu entgehen. Das Kind war durch das kompromisslose Verhalten beider Elternteile einer Vielzahl von Verfahren ausgesetzt, ohne sich den vor Gericht ausgetragenen Streitigkeiten entziehen zu können, und hatte in seiner Anhörung eindringlich den Wunsch nach einem Umgangsausschluss bis zu seinem 18. Lebensjahr geäußert. Aufgrund der Abänderungsmöglichkeit nach § 1696 Abs. 2 BGB hat das Bundesverfassungsgericht in der fehlenden Befristung auch keinen Verstoß gegen Art. 8 EMRK gesehen.[78]

---

72 OLG Hamburg 2.8.2016 – 2 UF 49/16, FamRZ 2017, 1140.

73 BGH 27.10.1993 – XII ZB 88/92, FamRZ 1994, 158.

74 BGH 13.4.2016 – XII ZB 238/15, FamRZ 2016, 1058 Rn. 17.

75 BGH 12.7.2017 – XII ZB 350/16, FamRZ 2017, 1668 Rn. 36.

76 BGH 11.5.2005 – XII ZB 120/04, FamRZ 2005, 1471.

77 OLG Köln 16.3.2009 – 4 UF 160/08, FamRZ 2009, 1422.

78 BVerfG 17.9.2016 – 1 BvR 1547/16, FamRZ 2016, 1917 Rn. 37–41.

Die Dauer der Aussetzung ist im Übrigen dazu zu nutzen, dass nach Ablauf der Zeit der Umgang möglichst konfliktfrei stattfinden kann.[79] Das Gericht sollte also entsprechende **Hinweise auf durchzuführende Maßnahmen** geben. 59

Das Gericht hat die sich aus Art. 8 EMRK ergebende Pflicht, den Ausschluss des Umgangsrechts mindestens **einmal jährlich zu überprüfen**, es sei denn das Kindeswohl wäre schon allein durch die Überprüfung des Umgangs gefährdet. Dies würde längere Überprüfungsfristen rechtfertigen.[80] 60

So kann die Dauer einer Umgangsbeschränkung von mehr als vier Jahren angemessen sein in der Erwartung, dass das dann 13-jährige Kind so reif und eigenständig sein werde, dass es eigenverantwortlich und ohne der verstärkten Gefahr erneuter Konflikte ausgesetzt zu sein über den Umgang mit seinem Vater entscheiden kann.[81]

Als Ersatz für persönlichen Umgang (zB bei Gefängnisaufenthalt) kann angeordnet werden, dass Auskunft über die persönlichen Verhältnisse des Kindes erteilt wird, wenn ein berechtigtes Interesse vorliegt (das man wohl grundsätzlich nicht absprechen kann) und die Auskunft dem Kindeswohl nicht widerspricht (Auskunftsrecht nach § 1686 BGB; → *Auskunft über die persönlichen Verhältnisse des Kindes* Rn. 6, 13). Der betreuende Elternteil kann verpflichtet werden, dem Umgangsberechtigten regelmäßig einen Entwicklungsbericht und aktuelle Fotos zu übersenden.[82] 61

79 OLG Köln 16.3.2009 – 4 UF 160/08, FamRZ 2009, 1422.
80 EGMR 17.5.2011 –9732/10, FamRZ 2011, 1484.
81 BVerfG 30.7.2014 – 1 BvR 1530/14, Rn. 12.
82 OLG Saarbrücken 24.1.2011 – 06 UF 116/10, FamRZ 2011, 1409.

45. Aussteuer/Ausstattung

Caspary

1 Der Begriff Aussteuer entspricht dem Begriff Ausstattung in § 1374 Abs. 2 BGB. Er ist in § 1624 Abs. 1 BGB legaldefiniert. Überwiegend handelt es sich um Hausrat, der einem Kind von seinen Eltern, meist **anlässlich der Verheiratung**, zur Führung eines eigenen Haushalts zugewendet wird. Eine Aussteuer oder Ausstattung **unterliegt dem Zugewinnausgleich**.[1] Erfolgt die Zuwendung nach der Hochzeit, liegt privilegiertes Vermögen im Sinne von § 1374 Abs. 2 BGB vor (→ *Zuwendungen Dritter im Zugewinn* Rn. 1 ff.), dh die Aussteuer wird dem Anfangsvermögen hinzugerechnet und ist bezogen auf den Tag der Zuwendung zu indexieren[2] (→ *Verbraucherpreisindex* Rn. 1 ff.). In der Praxis kommt das Problem der Aussteuer eher selten vor, da es nicht mehr üblich ist, dass Eltern ihre Kinder mit einer Aussteuer oder Ausstattung versehen.

1 OLG Celle 29.12.1998 – 19 UF 178/95, FamRZ 2000, 226.
2 BGH 11.5.2011 – XII ZR 33/09, FamRZ 2011, 1039.

46. Außergewöhnliche Belastung

Perleberg-Kölbel

I. Einführung

Generell dürfen bei der Ermittlung des steuerlichen Einkommens **Aufwendungen für die private Lebensführung** nicht abgezogen werden, § 12 EStG. Dieser Grundsatz wird durch die Möglichkeit des Abzuges von außergewöhnlichen Belastungen nach § 33 EStG unterbrochen. Außergewöhnliche Belastungen können danach vom Gesamtbetrag der Einkünfte abgezogen werden, soweit sie die zumutbare Eigenbelastung des Steuerpflichtigen übersteigen. Keine außergewöhnlichen Belastungen stellen **Betriebsausgaben**, **Werbungskosten** oder **Sonderausgaben** dar, § 33 Abs. 2 S. 2 EStG. Es ist unerheblich, ob sich diese steuerlich auswirken oder nicht.[1] 1

Das bei beschränkt Steuerpflichtigen bestehende Abzugsverbot für außergewöhnliche Belastungen (§ 50 Abs. 1 S. 3 EStG) ist **unionsrechtskonform**, weil der Wohnsitzstaat in der Regel die persönlichen Verhältnisse des Steuerpflichtigen berücksichtigen muss. Für Steuerpflichtige iS der §§ 1 Abs. 3, 1 a EStG ist § 33 EStG anzuwenden.

Von den außergewöhnlichen Belastungen allgemeiner Art gem. § 33 EStG zu unterscheiden sind die außergewöhnlichen Belastungen in besonderen Fällen gem. § 33 a EStG und die Pauschbeträge für behinderte Menschen, Hinterbliebene und Pflegepersonen, § 33 b EStG. 2

II. Außergewöhnliche Belastungen allgemeiner Art

1. Außergewöhnlichkeit

Wenn einem Steuerpflichtigen zwangsläufig größere Aufwendungen als der überwiegenden Mehrzahl der Steuerpflichtigen gleicher Einkommensverhältnisse, gleicher Vermögensverhältnisse und gleichen Familienstandes entstehen, kann auf Antrag der Teil der Aufwendungen, der die zumutbare Belastung übersteigt, vom Gesamtbetrag der Einkünfte in Abzug gebracht werden, § 33 Abs. 1 EStG. Außergewöhnliche Belastungen sind folglich steuerlich abzugsfähig, wenn Aufwendungen vorliegen, die den Steuerpflichtigen wirtschaftlich belasten. Diese müssen auf einem **außergewöhnlichen Ereignis** basieren, wobei die Beseitigung der Folgen für den Steuerpflichtigen zwangsläufig sein muss. Belastete werden so mit Unbelasteten verglichen, Beispiele: Wiederbeschaffung eines durch Unfall zerstörten Pkw; behinderungsbedingte Umbaukosten einer Motoryacht; Neuanschaffung von Gasgeräten nach Umstellung der Versorgung auf Erdgas; Rückabwicklung eines Grundstückskaufvertrags; Sachschäden aus Flugunfällen; Umschulung eines Berufsoffiziers der ehemaligen NVA mit nicht anerkanntem Studienabschluss; globale Katastrophen.[2] Für die steuerliche Behandlung als außergewöhnliche Belastung ist der Zeitpunkt des Abzugs maßgebend. 3

1 BFH 23.2.1968 – VI R 131/67, BStBl. II 1968, 406.
2 *Kanzler/Kraft/Bäuml* EStG § 33 Rn. 43.

2. Aufwendungen

4 Aufwendungen sind zB **Krankheitskosten**,[3] also Aufwendungen für ärztliche Behandlungen (zB OP) und Krankenhauskosten. § 64 EStDV regelt den Nachweis der Krankheitskosten. Diese Nachweispflicht ist verfassungskonform.[4] Aufwendungen für eine künstliche Befruchtung sind unter bestimmten Voraussetzungen ebenfalls als außergewöhnliche Belastungen steuerlich berücksichtigungsfähig[5]. Die **künstliche Befruchtung** darf jedoch nicht auf einer frei wählbaren Lebensgestaltung beruhen, da es dann an der von § 33 EStG geforderten Zwangslage fehlt. Der BFH[6] entschied insoweit erneut, dass Aufwendungen für die künstliche Befruchtung einer Frau nur dann eine außergewöhnliche Belastung darstellen, wenn die künstliche Befruchtung zur Überwindung einer krankheitsbedingten Empfängnisunfähigkeit der Frau medizinisch erforderlich ist. Nach Auffassung des BFH sind Aufwendungen einer empfängnisunfähigen Frau für eine künstliche Befruchtung mit Spendersamen zudem auch dann als außergewöhnliche Belastung zu berücksichtigen, wenn die Frau in einer **gleichgeschlechtlichen Partnerschaft** lebt. Unerheblich ist, dass die Befruchtung mit heterologem Samen (Spendersamen) durchgeführt wurde. Denn bei einer gleichgeschlechtlichen Partnerschaft ist eine künstliche Befruchtung mit homologem Samen (Samen des Partners) ausgeschlossen. Aufwendungen für eine **Leihmutterschaft** sind nicht – auch nicht als Krankheitskosten einer psychisch kranken Frau – als außergewöhnliche Belastung abzugsfähig. Die Zwangsläufigkeit scheitert bereits am gesetzlichen Verbot der Leihmutterschaft in Deutschland.[7] **Höchstrichterlich noch ungeklärt**[8] ist, ob Aufwendungen für Maßnahmen, die in einem Mitgliedstaat der EU von zur Heilkunde zugelassenen Personen unter Beachtung der dortigen Rechts- und Berufsordnung durchgeführt wurden, als außergewöhnliche Belastungen zu berücksichtigen sind, obwohl die Durchführung dieser Maßnahmen nach dem deutschen Embryonenschutzgesetz in Deutschland strafbar ist. Gleiches gilt für eine Krebsabwehrtherapie;[9] ebenso für die Reparatur oder den Umbau des Kfz eines Körperbehinderten.[10] Auch Kosten für die behinderungsbedingte Heimunterbringung können eine außergewöhnliche Belastung darstellen.[11] Hier ist die Haushaltsersparnis zu beachten.[12] Kurkosten sind Aufwendungen iSd § 33 EStG,[13] wenn ein Nachweis erbracht wird. **Zivilprozesskosten** werden ab dem VZ 2013 auf Aufwendungen beschränkt, ohne die der Steuerpflichtige Gefahr liefe, seine Existenzgrundlage zu verlieren und seine lebensnotwendigen Bedürfnisse in dem üblichen Rahmen nicht mehr befriedigen zu können, § 33 Abs. 2 S. 4 EStG.

Prozesskosten anlässlich eines Umgangsrechtsstreits und der Rückführung des Kindes aus dem Ausland zurück nach Deutschland gem. § 33 Abs. 2 S. 4 EStG sind vom Abzug als außergewöhnliche Belastungen ausgeschlossen.[14] Als außergewöhnliche Belastung im Zusammenhang mit der Existenzsicherung bzw. der Sicherung lebensnotwendiger Bedürfnisse wird das Verfahren auf Feststellung der **Vaterschaft** und **Zahlung des Regelunterhalts** anerkannt, wenn der Vater ernsthafte Zweifel an seiner Vaterschaft substantiiert darlegt, schlüssige Beweise anbietet und sein Verteidigungsvorbringen bei objektiver Betrachtung erfolgversprechend scheint.[15]

---

3 R 33.4 Abs. 1 EStR 2012.
4 BFH 19.4.2012 – VI R 74/10, NJW 2012, 3261.
5 FG Nds. 20.10.2009 – 15 K 495/08, DStRE 2010, 724; BFH 16.12.2010 – VI R 43/10, FamRZ 2011, 562.
6 BGH 5.10.2017 – VI R 47/15, www.bundesfinanzhof.de.
7 FG Berlin-Brandenburg 18.10.2018 – 9 K 11390/16; *Hilbertz*, Aufwendungen für eine künstliche Befruchtung – Welche Rolle spielen Familienstand und Alter?, NWB 34/2020, 2518.
8 Revision als unzulässig abgewiesen: BFH 19.4.2017 – VI R 20/15, www.bundesfinanzhof.de.
9 BFH 2.9.2010 – VI R 11/09, DB 2010, 2650; *Hillmer* ZFE 2011, 140.
10 FG Köln 28.4.2009 – K 4748/06, DStR 47/2010, VI; *Hillmer* ZFE 2011, 140.
11 BFH 9.12.2010 – VI 14/09, FamRZ 2011, 812; 30.6.2011 – VI R 14/10, DStR 2011, 1755.
12 FG München 5.11.2008 – 15 K 2814/07, DStRE 2010, 229.
13 H 33.1 bis 33.4 EStH.
14 BFH 13.8.2020 - VI R 15/18, www.bundesfinanzhof.de.
15 BFH 18.3.2004 – III R 24/03, BStBl. II 2004, 726.

Ebenso können Aufwendungen von Eltern für den **Schulbesuch** ihres hochbegabten Kindes medizinisch angezeigt und daher als außergewöhnliche Belastungen abzugsfähig sein.[16] **Pflegeaufwendungen**[17] können sich ebenfalls als außergewöhnliche Belastungen zeigen.[18] Aufwendungen wegen der Pflegebedürftigkeit sind zB Kosten für eine ambulante Pflegekraft. **Bestattungskosten** sind nur berücksichtigungsfähig, wenn sie den Nachlass übersteigen.[19]

Keine außergewöhnliche Belastung sind die **trennungsbedingten Umgangskosten.**[20] Gleiches gilt für **Aufwendungen für Altschulden des Ehegatten**[21] und **Adoptionskosten**;[22] Aufwendungen für der Ehescheidung nachfolgende Prozesse, zB wegen der Höhe des Unterhalts;[23] Kosten eines Zivilprozesses, mit dem ein Anspruch auf Zugewinnausgleich verfolgt wird;[24] Prozesskosten bei vermögensrechtlicher Auseinandersetzung nach ehelicher Gütertrennung.[25] 5

3. Zwangsläufigkeit

Zur steuerlichen Anerkennung muss eine Zwangsläufigkeit der Aufwendungen hinzutreten, § 33 Abs. 2 EStG. Zu unterscheiden sind hierbei **rechtliche** (gesetzliche Unterhaltspflicht), **tatsächliche** (Krankheit, Unfall und Tod) oder **sittliche Aufwendungen** (Unterstützung bedürftiger Angehöriger). Die Aufwendungen müssen notwendig sein und dürfen einen angemessenen Betrag nicht übersteigen. Aufwendungen des nicht pflegebedürftigen Steuerpflichtigen sind zB nicht zwangsläufig, wenn dieser mit seinem pflegebedürftigen Ehegatten in ein Altenheim zieht und der gemeinsame Haushalt aufgegeben wird.[26] 6

4. Wirtschaftliche Belastung

Der Steuerpflichtige muss wirtschaftlich belastet sein. Aus dem **Zumutbarkeitsgedanken** ergibt sich für den Steuerpflichtigen, dass er einen bestimmten Teil der Kosten selbst trägt. Eine **Berechnung** erfolgt gem. § 33 Abs. 3 S. 1 EStG. Durch das Steuervereinfachungsgesetz 2011[27] entfällt die Einbeziehung der der Abgeltung unterliegenden Einkünfte in die Ermittlung infolge des Wegfalls von § 2 Abs. 5 b S. 2 Nr. 2 EStG. Maßgebend sind neben dem Einkommensteuertarif die Kinderzahl und die Höhe der Bemessungsgrundlage. Kinder sind nur berücksichtigungsfähig, wenn der Steuerpflichtige für diese einen Anspruch auf einen Freibetrag nach § 32 Abs. 6 EStG oder einen Kindergeldanspruch nach § 33 Abs. 3 S. 2 EStG hat (→ *Steuerliche Freibeträge* Rn. 15 ff.). 7

Die **Leistungsfähigkeit** des Steuerpflichtigen ist Voraussetzung für das Bestehen seiner Unterhaltsverpflichtung. Gem. § 1603 BGB ist nicht unterhaltspflichtig, wer bei Berücksichtigung seiner sonstigen Verpflichtungen außerstande ist, den Unterhalt zu gewähren. Unterhaltsaufwendungen können daher nur dann anerkannt werden, wenn sie in einem angemessenen Verhältnis zum Nettoeinkommen des Leistenden stehen und diesem nach Abzug der Unterhaltsleistungen noch die angemessenen Mittel zur Bestreitung des eigenen Lebensbedarfs verbleiben.[28] Die Opfergrenze gilt aber nicht bei Aufwendungen für den Unterhalt an den (ggf. auch geschiedenen) Ehegatten/Partner einer Lebensgemeinschaft oder den in Haushaltsgemeinschaft lebenden nichtehelichen Partner, dem mit Rücksicht auf die Unterhaltsleistungen öffentliche Mittel verweigert werden.

16 BFH 12.5.2011 – VI R 37/10, NJW 2011, 3183.
17 R 33.3 EStR 2012.
18 BFH 14.4.2011 – VI R 8/10, DStRE 2011, 889.
19 H 33.1 bis 33.4 EStH.
20 BFH 11.1.2011 – VI B 60/10, FamRZ 2011, 641.
21 FG Niedersachsen Becklink 88255.
22 FG Rheinland-Pfalz 15.9.2009 – 3 K 1841/06, DStRE 2010, 469 rkr.
23 BFH 30.6.2005 – III R 27/04, BStBl. II 2006, 492.
24 BFH 30.6.2005 – III R 27/04, BStBl. II 2006, 492.
25 BFH 9.5.1996 – III B 180/95, BFH/NV 1996, 882.
26 BFH 15.4.2010 – VI R 51/09, DStRE 2010, 865.
27 BGBl. 2011 I 2131.
28 Sog. **Opfergrenze**, die nicht mit dem Selbstbehalt des § 1581 BGB übereinstimmt.

Die **Berechnung der Opfergrenze** erfolgt in **zwei Schritten**: Zunächst ist das verfügbare Nettoeinkommen zu ermitteln, auf das ein Prozentsatz anzuwenden ist. Hierzu gehören alle steuerpflichtigen Einkünfte iSd § 2 Abs. 1 EStG und alle steuerfreien Einnahmen. Zu den dem verfügbaren Nettoeinkommen hinzuzurechnenden steuerfreien Einnahmen gehören zB das Kindergeld und vergleichbare Leistungen, Leistungen nach dem SGB II, SGB III und BEEG, ausgezahlte Arbeitnehmer-Sparzulagen nach dem 5. VermBG, die Eigenheimzulage sowie der steuerfreie Teil der Rente. Ebenfalls dem verfügbaren Nettoeinkommen hinzuzurechnen sind nicht steuerbare Einnahmen wie Steuererstattungen (ESt, KiSt, SolZ). Verlustabzüge nach § 10 d EStG, Sonderausgaben und außergewöhnliche Belastungen mindern das verfügbare Nettoeinkommen nicht.

Von den steuerpflichtigen Einkünften sind folgende Positionen **abzuziehen**: Steuervorauszahlungen im Jahr der Zahlung und Steuernachzahlungen nebst den Steuerabzugsbeträgen (Lohn- und Kirchensteuer, Kapitalertragsteuer, Solidaritätszuschlag); Arbeitnehmer-Pauschbetrag, selbst wenn der Steuerpflichtige keine Werbungskosten hatte; sonstige Pauschbeträge nach § 9 a EStG sowie der Sparer-Pauschbetrag (§ 20 Abs. 9 EStG) unabhängig vom Bestehen von Aufwendungen.[29]

Wird bei kinderlosen Steuerpflichtigen die Grund- oder Splittingtabelle angewendet, oder sind beim Steuerpflichtigen bis zwei oder mehr als zwei Kinder zu berücksichtigen, beträgt die zumutbare Belastung bei einem Gesamtbetrag der Einkünfte, § 33 Abs. 3 EStG,[30]

- bis 15.340 EUR: 5/4/2/1 %
- über 15.340 EUR bis 51.130 EUR: 6/5/3/1 %
- über 51.130 EUR: 7/6/4/2 %.

III. Außergewöhnliche Belastungen in besonderen Fällen

8 Fälle von außerordentlichen Belastungen sind **Unterhaltsaufwendungen** nach § 33 a Abs. 1 EStG und der **Freibetrag als Abgeltung des Sonderbedarfs** für ein volljähriges, sich in der Berufsausbildung befindlichen Kindes, das auswärtig untergebracht ist, § 33 a Abs. 2 EStG.

§ 33 a EStG ist **unionsrechtskonform**, weil es grundsätzlich Sache des Ansässigkeitsstaates ist, die persönlichen Verhältnisse des Steuerpflichtigen zu berücksichtigen.[31]

1. Unterhaltsaufwendungen

9 Unterhaltsaufwendungen werden nach § 33 a Abs. 1 EStG als außergewöhnliche Belastungen unter den Voraussetzungen anerkannt, dass die unterstützte Person **gesetzlich unterhaltsberechtigt** und **bedürftig** ist und **kein Anspruch auf einen Freibetrag nach § 32 Abs. 6 EStG oder auf Kindergeld** besteht. Insofern wird ein Ausbildungsbedarf von Kindern abschließend geregelt. Studiengebühren für den Besuch von (privaten) Hochschulen sind weder nach § 33 EStG noch nach § 33 a EStG außergewöhnliche Belastungen.[32] Lebt das Kind mit einem Lebensgefährten, der über ausreichendes Einkommen verfügt, in einem gemeinsamen Haushalt, wird nach dem BFH der Höchstbetrag nicht gekürzt.[33]

Allgemeine Hinweise zur Berücksichtigung von Unterhaltsaufwendungen nach § 33 a Abs. 1 EStG als außergewöhnliche Belastung finden sich im BMF-Schreiben vom 7.6.2010.[34] Bei **Selbstständigen** ist die Berechnung der nach § 33 a EStG abziehbaren Unterhaltsleistungen auf der Grundlage eines Dreijahreszeitraums unter Anwendung des In-Prinzips vorzunehmen.[35]

29 *Kanzler/Kraft/Bäuml* EStG § 33 a Rn. 34 ff.
30 Stand: 1.7.2019, www.datenbank.nwb.de.
31 EuGH 1.9.1999 – C-391/97, BStBl. II 1999, 841 – Gschwind.
32 BFH 17.12.2009 – VI R 63/08, FamRZ 2010, 560.
33 BFH 28.4.2020 – VI R 43/17, www.bundesfinanzhof.de.
34 IV C 4 – S 2285/07/0006: 001 DOK 2010/04/0415733, BStBl. I 2010, 582.
35 BFH 28.3.2012 – VI R 31/11, NJW 2012, 2608.

Der von § 33 a Abs. 1 EStG betroffene Bereich ist enger als der Unterhaltsbegriff im BGB, der den „gesamten Lebensbedarf" und damit zB auch Krankheitskosten umfasst.

Typische Unterhaltsleistungen können nach § 33 a Abs. 1 EStG nur insoweit zum Abzug zugelassen werden, als diese dazu bestimmt und geeignet sind, dem laufenden Lebensbedarf des Unterhaltsempfängers im VZ der Unterhaltszahlung zu dienen.

Atypische Unterhaltsaufwendungen (zB die Übernahme von Krankheitskosten für Dritte, Aufwendungen aufgrund unabwendbarer Ereignisse, wie zB Brand, Diebstahl oder Hochwasser, sind zusätzlich zum Höchstbetrag nach § 33 a Abs. 1 EStG als außergewöhnliche Belastungen unter den Voraussetzungen des § 33 EStG abziehbar.[36]

a) Gesetzlich unterhaltsberechtigte Personen. Die gesetzliche Unterhaltsberechtigung ergibt sich aus 10
dem BGB. Unterhaltsberechtigte sind insbesondere nach § 1601 BGB Verwandte in gerader Linie iSd § 1589 S. 1 BGB, wie zB Kinder, Enkel, Eltern und Großeltern, (auch im Falle einer Adoption, § 1754 Abs. 1 BGB) nicht jedoch Verwandte in der Seitenlinie (zB Geschwister, Tante, Onkel usw) oder Stiefkinder und verschwägerte Personen (§ 1590 BGB). Gesetzlich unterhaltsberechtigt sind ferner nach §§ 1360 ff. BGB Ehegatten untereinander und Partner einer eingetragenen gleichgeschlechtlichen Lebenspartnerschaft nach dem LPartG.

Hinsichtlich der Unterhaltsverpflichtung einer Mutter bzw. der ausnahmsweisen Unterhaltspflicht eines Vaters für ein **nichteheliches Kind** gilt unter Berücksichtigung des § 1651 l BGB: Der gesetzliche Unterhaltsanspruch der Mutter eines nichtehelichen Kindes gegenüber dem Kindesvater nach § 1651 l BGB ist vorrangig gegenüber der Unterhaltsverpflichtung ihrer Eltern mit der Folge, dass für die Kindesmutter der Anspruch ihrer Eltern auf Kindergeld oder Freibeträge für Kinder erlischt und für die Unterhaltsleistungen des Kindesvaters an sie eine neue Berücksichtigung nach § 33 a Abs. 1 EStG in Betracht kommt.[37]

Die Abfindung der Unterhaltsansprüche des geschiedenen oder getrennt lebenden Ehegatten fällt dann un- 11
ter § 33 a Abs. 1 EStG, wenn der Steuerpflichtige dazu verpflichtet ist.[38] Auch können Unterhaltszahlungen der getrennt lebenden Ehefrau an die **Schwiegereltern** während des Bestehens der Ehe außergewöhnliche Belastungen sein.[39]

b) Bedürftigkeit. Bedürftig sein bedeutet, über nur geringe eigene Einkünfte und kein oder nur **geringes** 12
Vermögen iSd § 33 a Abs. 1 S. 4 EStG[40] zu verfügen. Durch das Amtshilferichtlinie-Umsetzungsgesetz[41] ist § 33 a Abs. 1 S. 4 EStG dahin gehend ergänzt worden, dass ein angemessenes Hausgrundstück iSv § 90 Abs. 2 Nr. 8 SGB XII unberücksichtigt bleibt. Die Angemessenheit bestimmt sich nach der Zahl der Bewohner, dem Wohnbedarf (zum Beispiel behinderter, blinder oder pflegebedürftiger Menschen), der Grundstücksgröße, der Hausgröße, dem Zuschnitt und der Ausstattung des Wohngebäudes sowie dem Wert des Grundstücks einschließlich des Wohngebäudes. Vermögensgegenstände, deren Veräußerung offensichtlich eine Verschleuderung bedeuten würde, und Vermögensgegenstände von besonderem persönlichem Wert (Erinnerungswert) bleiben außer Betracht.[42]

Personen im arbeitsfähigen Alter, die die zum Bestreiten des Lebensunterhalts zur Verfügung stehenden Quellen, insbesondere ihre **Arbeitskraft nicht ausschöpfen**, sind nicht unterstützungsbedürftig. Insoweit besteht für volljährige Personen eine generelle Erwerbsobliegenheit, es sei denn, diese können ausnahmsweise aufgrund besonderer Umstände, wie zB Krankheit, Behinderung oder Arbeitslosigkeit, trotz ordnungsgemäßer Bemühungen einer Beschäftigung nicht Folge leisten.

36 *Kanzler/Kraft/Bäuml* EStG § 33 a Rn. 26.
37 *Kanzler/Kraft/Bäuml* EStG § 33 a Rn. 31.
38 BFH 19.6 2008 – III R 57/05, BStBl. II 2009, 365.
39 BFH 27.7.2011 – VI R 13/10, NJW 2012, 176.
40 Unter 15.500 EUR gem. R 33 a.1 Abs. 2 S. 4 Nr. 1 EStR 2012, Hinweis 33 a.1 EStH 2010.
41 BGBl. 2013 I 1809.
42 R 33 a.1 Abs. 2 S. 4 Nr. 1 und 2 EStR 2012.

Das jederzeitige Bereitstehen für einen eventuellen Pflegeeinsatz bei behinderten Angehörigen („Pflege auf Abruf") ist kein besonderer Umstand, der die generelle Erwerbsobliegenheit volljähriger Personen entfallen lässt. Selbst wenn am Wohnort Arbeitslosigkeit und Unterbeschäftigung herrscht, darf daraus nicht ohne nähere Überprüfungen geschlossen werden, die unterstützte Person habe trotz Bemühens keine Arbeitsstätte, zumindest in der Form von Gelegenheitsarbeit, gefunden. Allerdings kann Arbeitslosigkeit eine Bedürftigkeit begründen, wenn eine Beschäftigung trotz ordnungsgemäßer Bemühungen nicht gefunden werden kann.

Bei Zahlungen an den **haushaltsführenden Ehegatten/Partner einer Lebenspartnerschaft** ist während intakter Ehe/Lebenspartnerschaft grundsätzlich weder die Bedürftigkeit noch die sog. Erwerbsobliegenheit zu prüfen. Ehegattenunterhalt wird anders als Verwandtenunterhalt gem. § 1601 BGB auch jenseits der Bedürftigkeit geschuldet. Überdies ist der haushaltsführende Ehegatte/Lebenspartner nicht verpflichtet, zunächst seine Arbeitskraft zu verwerten (modifizierte Erwerbsobliegenheit). Ausnahmsweise besteht aber auch für den haushaltsführenden Ehegatten/Lebenspartner eine Erwerbsobliegenheit in Notfällen, wenn die Arbeitskraft eines Ehegatten zur Deckung des Familienunterhalts nicht ausreicht.

Betreibt der unterstützte Angehörige einen **landwirtschaftlichen Betrieb** in einem nach den Verhältnissen des Wohnsitzstaates üblichen Umfang und Rahmen, besteht die widerlegbare Vermutung, dass die landwirtschaftlich tätigen Angehörigen (einschließlich der Kinder) nicht unterhaltsbedürftig sind.

Der Steuerpflichtige muss grundsätzlich nachweisen, dass sich die unterhaltene Person um eine Beschäftigung bemüht hat. Fehlt es hieran, kommt eine **Schätzung der (fiktiven) Einkünfte** in Betracht.

Eine Prüfung, ob im Einzelfall tatsächlich ein Unterhaltsanspruch besteht, ist allerdings aus Praktikabilitätsgründen grundsätzlich nicht erforderlich, wenn die unterstützte Person unbeschränkt steuerpflichtig sowie dem Grunde nach (potenziell) unterhaltsberechtigt ist, tatsächlich Unterhalt erhält und alle übrigen Voraussetzungen des § 33 a Abs. 1 EStG vorliegen. Die Bedürftigkeit der unterstützten Person wird typisierend unterstellt. Gehört die unterhaltsberechtigte Person zum Haushalt des Steuerpflichtigen, wird regelmäßig davon ausgegangen, dass ihm dafür Unterhaltsaufwendungen in Höhe des maßgeblichen Höchstbetrags erwachsen.[43]

13 **Einkünfte** iSd § 33 a Abs. 1 S. 5 EStG sind Teile von Leibrenten, die den Besteuerungsanteil nach § 22 Nr. 1 S. 3 Buchst. a aa EStG übersteigen, der sogenannte Rentenfreibetrag, die Renten aus der gesetzlichen Unfallversicherung, der Wehrsold nach § 3 Nr. 5 EStG, der Versorgungsfreibetrag inkl. Zuschlag nach § 19 Abs. 2 EStG, der Sparerfreibetrag nach § 20 Abs. 4 EStG, die Zuschüsse eines Trägers der gesetzlichen Rentenversicherung zu den Aufwendungen eines Rentners für seine Krankenversicherung, das Wohngeld nach dem Wohngeldgesetz, § 3 Nr. 58 EStG, die pauschal besteuerten Bezüge nach § 40 a EStG und die nach § 3 Nr. 40, 40 a EStG steuerfrei bleibenden Beträge.

14 Keine außergewöhnlichen Belastungen sind wegen geltend gemachter Unterhaltsaufwendungen anzunehmen, wenn der Unterhaltsempfänger über ein **Kapitalvermögen** in Höhe von mehr als **50.000 EUR** verfügt.[44] Ein angemessenes Hausgrundstück ist **Schonvermögen**.[45] Das gilt auch für eine angemessene selbstgenutzte Eigentumswohnung.[46] Bei der Ermittlung des schädlichen Vermögens nach § 33 a Abs. 1 S. 4 EStG ist das Nettovermögen zu ermitteln, dh das Vermögen, das um Verbindlichkeiten und etwaig bestehende Verwertungshindernisse zu bereinigen ist.[47] Hier ist der **Verkehrswert** der aktiven Vermögensgegenstände nach dem gemeinen Wert nach dem BewG zu ermitteln. Die **Veräußerung eines Grundstücks** ist zB nicht zumutbar, wenn das schwerbehinderte volljährige Kind für seine Altersvorsorge und zur Abdeckung des weiteren lebenslangen behinderungsbedingten Mehrbedarfs auf die Nutzung des Grundstücks

43 *Kanzler/Kraft/Bäuml* EStG § 33 a Rn. 32, 33.
44 BFH 30.5.2008 – III B 55/08, BFH/NV 2008, 1481.
45 § 90 Abs. 2 Nr. 8 SGB XII, R 33 a.1 Abs. 2 Nr. 2 EStR 2012, H 33 a. 1 EStH 2010.
46 BFH 13. 12.2005 – XI R 5/02, BFH/NV 2006, 1069.
47 BFH 11.2.2010 – VI R 65/08, DStRE 2010, 611.

angewiesen ist. Eine grundsätzlich bestehende vorrangige Vermögensverwertung vor der Inanspruchnahme der Eltern besteht nicht.[48]

Im Hinblick auf den vorrangigen Einsatz und die Verwertung der eigenen **Arbeitskraft** des Hilfsbedürftigen ist § 33 a Abs. 1 S. 5 EStG entsprechend anzuwenden. Eine Bedürftigkeit entfällt danach, wenn der angeblich Unterhaltsberechtigte nicht arbeitet, obwohl er dazu in der Lage ist.[49] Insofern ist stets auch zu prüfen, ob eine Erwerbsobliegenheit (→ *Erwerbsobliegenheit*) besteht.

Nach der Rechtsprechung des Bundesfinanzhofes ist eine Bedürftigkeit allerdings nicht mehr typisierend zu unterstellen, sondern **konkret für Sachverhalte im In- oder Ausland zu bestimmen**.[50]

c) Abzugsbetrag. Ab VZ 2020 beträgt der Abzugsbetrag nach § 33 a Abs. 1 S. 1 EStG höchstens bis zu 15
9.408 EUR und ab VZ 2021[51] höchstens bis zu **9.744 EUR**.

Übersteigen **eigene Einkünfte des Unterhaltsgläubigers** den Höchstbetrag, mindert sich dieser um den 16
Betrag, der **624 EUR** übersteigt. BAföG-Leistungen (keine Darlehen!) werden in voller Höhe abgezogen. Anzurechnen sind nur eigene Einkünfte und Bezüge der unterhaltsberechtigten Person, soweit sie auf den **Unterhaltszeitraum** fallen, § 33 a Abs. 1 S. 5 EStG. Unterhaltsleistungen, die eine Lebensgefährtin für ein gemeinsames Kind erbringt, sind bei der Ermittlung der anrechenbaren Einkünfte nicht anzusetzen.[52]

Durch das Steuervereinfachungsgesetz 2011[53] entfällt die Einbeziehung der der Abgeltung unterliegenden Einkünfte in die Ermittlung der eigenen Einkünfte und Bezüge infolge des Wegfalls von § 2 Abs. 5 b S. 2 Nr. 2 EStG.

Der Höchstbetrag erhöht sich gem. § 33 a S. 2 EStG um die **Kranken- und Pflegeversicherungsbeiträge**, 17
die nicht bereits nach § 10 Abs. 1 Nr. 3 S. 1 EStG berücksichtigt werden.[54]

Aus Vereinfachungsgründen werden bei der Feststellung der anrechenbaren Bezüge als **Kostenpauschale** 18
insgesamt 180 EUR im Kalenderjahr abgezogen, wenn nicht höhere Aufwendungen, die im Zusammenhang mit dem Zufluss der entsprechenden Einnahmen stehen, nachgewiesen oder glaubhaft gemacht werden.[55]

Bei **mehreren Unterhaltsberechtigten** werden der gem. § 33 a Abs. 1 S. 6 EStG abzugsfähige Betrag 19
und die jeweiligen Einkünfte der unterhaltsberechtigten Personen getrennt ermittelt, wenn mehrere unterhaltsberechtigte Personen in einem gemeinsamen Haushalt leben. Halten sich Kinder in der Haushaltsgemeinschaft auf, können Unterhaltszahlungen für andere Personen der Haushaltsgemeinschaft nur einkommensteuerrechtlich anerkannt werden, wenn die Unterhaltsleistungen den Kindergeldbetrag übersteigen. Sämtliche Unterhaltsleistungen sind **nach Köpfen aufzuteilen**. Für diese Aufteilung sind auch unterhaltene Personen zu berücksichtigen, die nicht unterhaltsberechtigt sind.[56]

Tragen mehrere Steuerpflichtige zum **Unterhalt derselben Person** bei und haben einen Freibetrag nach 20
§ 33 a Abs. 1 EStG, wird bei jedem Steuerpflichtigen der Teil des sich ergebenen Betrags abgezogen, der seinem **Anteil am Gesamtbetrag der Leistungen** entspricht, § 33 a Abs. 1 S. 6 EStG.

48 BFH 11.2.2010 – VI R 61/08, DStRE 2010, 794.
49 R 33 a. 1 Abs. 2 S. 2 EStR.
50 BFH 4.8.2011 – III R 48/08, DStR 2011, 1806.
51 § 33 a EStG idF v. 21.12.2020.
52 FG Hessen 12.11.2009 – 3 K 3701/06, EFG 2010, 722 rkr.; Abgrenzung zu BFH 19.6.2002 – III R 28/99, BStBl. II 220, 753.
53 BGBl. 2011 I 2131.
54 Bürgerentlastungsgesetz Krankenversicherung v. 16.7.2009, BGBl. I 1959; zu den Auswirkungen auf den Unterhalt: *Perleberg-Kölbel* FuR 2010, 18.
55 R 33 a.1 Abs. 3 S. 5 EStR 2012.
56 BMF-Schreiben vom 9.2.2006, BStBl. I 2006, 217 Rn. 19.

21 **d) Alternative zum Realsplitting.** Die steuerliche Abzugsmöglichkeit von Unterhaltszahlungen nach § 33 a Abs. 1 EStG besteht alternativ zum Realsplitting (→ *Realsplitting/Nachteilsausgleich*). Bei der **Günstigerprüfung** müssen eine hohe Progression des Unterhaltsgläubigers, die Bedeutung des Nachteilausgleichs für den Unterhaltsschuldner, ein voraussichtlich streitiges Verfahren wegen der Zustimmung zum begrenzten Realsplitting und ein Wohnsitz des Unterhaltsgläubigers im (nicht begünstigten) Ausland berücksichtigt werden.

22 **e) Versteuerung der Unterhaltszahlungen beim Unterhaltsgläubiger.** Unterhaltsleistungen, die als außergewöhnliche Belastungen nach § 33 a Abs. 1 EStG behandelt werden, sind keine sonstigen Einkünfte iSd § 22 Nr. 1 EStG. Eine Versteuerung der Unterhaltsleistungen beim Unterhaltsgläubiger findet nicht statt, weil es am Korrespondenzprinzip fehlt. Demzufolge ist **keine Zustimmung** des Unterhaltsberechtigten erforderlich. Es ist **kein Nachteilsausgleich** anzubieten (siehe im Gegensatz hierzu Unterhaltsleistungen als Sonderausgaben nach § 10 Abs. 1 Nr. 1 EstG, → *Realsplitting/Nachteilsausgleich* Rn. 15).

23 **f) Unterhalt von Angehörigen im Ausland.** Unterhaltsleistungen an Angehörige im Ausland haben bestimmte Voraussetzungen zu erfüllen, um als abzugsfähige Aufwendungen anerkannt zu werden. So müssen die Unterhaltsempfänger gegenüber dem Steuerpflichtigen oder seinem Ehegatten nach inländischem Recht unterhaltsberechtigt sein, § 33 a Abs. 1 S. 1, 5 Hs. 2 EStG.[57] Die zivilrechtlichen Voraussetzungen eines Unterhaltsanspruchs, wie **Anspruchsgrundlage**, **Bedürftigkeit** und **Leistungsfähigkeit** (§§ 1601–1603 BGB), müssen vorliegen und beachtet werden. Es ist nach inländischen Maßstäben zu beurteilen, ob der Steuerpflichtige gesetzlich zum Unterhalt verpflichtet ist.[58] Die Bedürftigkeit darf nach der sog. **konkreten Betrachtungsweise** nicht typisierend unterstellt werden, was dazu führt, dass neben den zivilrechtlichen Voraussetzungen auch die **Unterhaltskonkurrenzen** zu prüfen sind.[59]

24 **Keine Unterhaltsempfänger** sind Kinder, für die Ansprüche auf Freibeträge für Kinder nach § 32 Abs. 6 EStG oder Kindergeld bestehen, § 33 Abs. 1 S. 4 EStG, oder nicht dauernd getrennt lebende und nicht unbeschränkt einkommensteuerpflichtige Ehegatten/eingetragene Lebenspartner, mit denen kein Veranlagungswahlrecht nach §§ 26 Abs. 1 S. 1 iVm 1 a Abs. 1 Nr. 2 EStG besteht. Ferner darf der geschiedene oder getrennt lebende Ehegatte/eingetragene Lebenspartner des Steuerpflichtigen keinen Sonderausgabenabzug nach §§ 10 Abs. 1 Nr. 1 iVm 1 a Abs. 1 Nr. 1 EStG vornehmen (→ *Realsplitting/Nachteilsausgleich*).

25 Die **Feststellungslast** trägt der Steuerpflichtige, wobei er sich im Hinblick auf die Tatbestände im Ausland in besonderem Maße um eine Aufklärung und Beschaffung geeigneter, in besonderen Fällen auch zusätzlicher Beweismittel gem. § 90 Abs. 2 AO, bemühen muss. Für die Unterhaltsbedürftigkeit der unterhaltenen Personen im Ausland muss **Nachweis** geführt werden, wobei das Verwandtschaftsverhältnis, der Name, der Geburtsort, die berufliche Tätigkeit, die Anschrift, der Familienstand, weitere im Haushalt lebende Personen, Art und Umfang der eigenen Einnahmen einschließlich der Unterhaltsleistungen von dritter Seite und das Vermögen im Kalenderjahr der Unterhaltsleistung anzugeben sind.

26 Bei **erstmaliger Antragstellung** sind detaillierte Angaben darüber zu machen, wie der Unterhalt bisher bestritten worden ist, welche jährlichen Einnahmen vor der Unterstützung bezogen worden sind, ob eigenes Vermögen vorhanden war und welcher Wert hiervon auf Grundeigentum entfällt. Es müssen **geeignete Unterlagen** vorgelegt werden, zB Steuerbescheide, Rentenbescheide, Verdienstbescheinigungen oder Bescheide der ausländischen Arbeits- oder Sozialverwaltung. Auch sind **Dritte zu benennen**, die zum Unterhalt beitragen, und es sind Angaben zu machen, welche Unterhaltsleistungen diese geleistet

57 BFH 4.7.2002 – III R 8/01, BStBl. II 2002, 760.

58 BFH 5.5.2010 – VI R 40/09, DB 2010, 2026; zur Ermittlung der Angemessenheit und Notwendigkeit von Unterhaltsleistungen an Unterhaltsempfänger anhand des Pro-Kopf-Einkommens BFH 25.11.2010 – VI R 28/10, BFHE 2011, 571; BFH 16.12.2010 – VI 43/10, FamRZ 2011, 562.

59 Änderung der Rspr. BFH 5.5.2010 – VI R 29/09, DB 2010, 1916; zur Prüfung der Erwerbsobliegenheit der Ehefrau bei Unterhaltszahlungen im Ausland BFH 5.5.2010 – VI R 5/09, NJW 2011, 414.

haben und ab wann und aus welchen Gründen die unterhaltene Person selbst für ihren Lebensunterhalt aufkommen konnte. Überweisungsbelege dienen als Nachweis.[60]

Unterhaltszahlungen können nicht auf Monate vor der eigentlichen Zahlung zurückbezogen werden.[61] 27

Liegen die Voraussetzung des § 33 a Abs. 1 EStG **nur für einige Monate** des Jahres der Unterhaltszahlung vor, muss der Unterhaltshöchstbetrag des § 33 a Abs. 1 EStG gem. § 33 a Abs. 3 S. 1 EStG entsprechend aufgeteilt werden.

§ 33 a EStG umfasst auch **keine nachträglichen Zahlungen** von Unterhaltsaufwendungen. Dies ergibt sich daraus, dass Unterhaltsleistungen bestimmt und geeignet sein müssen, der Deckung des Lebensbedarfs des Unterhaltsempfängers zu dienen. Es spricht eine tatsächliche Vermutung dafür, dass ein Unterhaltsverpflichteter, der seine Angehörigen laufend unterstützt, seine Leistungen so einrichtet, dass sie zur Deckung des Lebensbedarfs des Empfängers bis zum Erhalt der nächsten Leistung dienen. Diese im Einzelfall widerlegbare Vermutung steht regelmäßig einer Rückbeziehung von Unterhaltsleistungen auf Monate vor dem Zahlungsmonat entgegen mit der Folge, dass Zahlungen, die auch für das Folgejahr geleistet werden, nur im Veranlagungszeitraum der Leistung anteilig und wegen des Prinzips der Abschnittsbesteuerung überhaupt nicht berücksichtigt werden können.

Insoweit besteht jedoch eine **Vereinfachungsregelung der Finanzverwaltung**, nach der vierteljährliche Unterhaltszahlungen auch in Vormonaten berücksichtigt werden können. Für den Abzug des laufenden Unterhalts ist es nicht relevant, ob die Unterhaltsaufwendungen regelmäßig oder einmalig anfallen und ob sie für den Bedarf des laufenden Veranlagungszeitraumes bestimmt sind oder im Voraus zur Abgeltung künftigen Bedarfs bzw. künftiger Ansprüche geleistet werden. Auch gelegentliche Zahlungen können für den laufenden Unterhalt erbracht werden. Eine Kürzung kommt bei Einmalzahlungen nur in Betracht, wenn bereits abgelaufene Monate betroffen sind und die Vereinfachungsregelung der Finanzverwaltung nicht greift.

Eine Unterhaltsbedürftigkeit von Eltern im Ausland ist **glaubhaft zu machen**.[62] 28

2. Freibetrag

Nach § 33 a Abs. 2 EStG wird zur Abgeltung eines Sonderbedarfs eines sich in der Berufsausbildung befindlichen, auswärtig untergebrachten volljährigen Kindes ein Freibetrag gewährt (→ *Steuerliche Freibeträge* Rn. 23 ff.). 29

IV. Pauschbeträge für behinderte Menschen, Hinterbliebene und Pflegepersonen

Zu unterscheiden sind der Behinderten-Pauschbetrag nach § 33 b Abs. 3 EStG, der Hinterbliebenen-Pauschbetrag nach § 33 b Abs. 4 EStG und der Pflege-Pauschbetrag nach § 33 b Abs. 6 EStG. 30

1. Behinderten-Pauschbetrag

Behinderte Menschen können anstelle einer Ermäßigung als außergewöhnliche Belastung gem. § 33 EStG einen Behinderten-Pauschbetrag nach § 33 b Abs. 3 EStG geltend machen, wobei sich die Höhe des Pauschbetrags an dem dauernden Grad der Behinderung (GdB) orientiert, § 33 b Abs. 2 EStG. Die genauen Pauschbeträge ergeben sich aus § 33 b Abs. 3 EStG[63] wie folgt: 31

60 Vgl. hierzu näher auch BMF-Schreiben v. 7.6.2010 – IV C 4 – S 2285/07/006:001, DOK 2010, 0415753, DStR 2010, 1232.

61 BFH 5.5.2010 – VI R 40/09, BFHE 2010, 123.

62 BFH 11.11.2010 – VI R 16/19, FamRZ 2011, 372.

63 § 33 b EStG idF 21.12.2020.

GdB 20	384	EUR
GdB 30	620	EUR
GdB 40	860	EUR
GdB 50	1 140	EUR
GdB 60	1 440	EUR
GdB 70	1 780	EUR
GdB 80	2 120	EUR
GdB 90	2 460	EUR
GdB 100	2 840	EUR

32 Für **hilflos behinderte Menschen und für Blinde** erhöht sich der Pauschbetrag nach § 33 b Abs. 3 S. 3 EStG[64] auf **7.400 EUR**. Ein Mensch ist hilflos im Sinne dieser Vorschrift, wenn er für eine Reihe von häufig und regelmäßig wiederkehrenden Sachverhalten zur Sicherung seiner persönlichen Existenz im Ablauf eines jeden Tages fremder Hilfe dauernd bedarf, § 33 b Abs. 6 S. 3 EStG.

2. Hinterbliebenen-Pauschbetrag

33 Wenn an Personen Hinterbliebenenbezüge gezahlt werden, erhalten sie auf Antrag einen Hinterbliebenen-Pauschbetrag in Höhe von **370 EUR**, § 33 b Abs. 4 EStG. Als Nachweis für die Voraussetzungen sind gem. § 65 EStDV der Rentenbescheid eines Versorgungsamtes und nicht der eines Trägers der gesetzlichen Rentenversicherung vorzulegen.

3. Pflege-Pauschbetrag

34 Für den Fall, dass der Steuerpflichtige eine andere Person pflegt, die **nicht nur vorübergehend hilflos** ist, kann er anstelle einer Steuerermäßigung nach § 33 EStG einen Pflege-Pauschbetrag nach § 33 b Abs. 6 S. 1 EStG[65] jährlich geltend machen. Als Pflege-Pauschbetrag wird gewährt:

1.	bei Pflegegrad 2	600	EUR
2.	bei Pflegegrad 3	1 100	EUR
3.	bei Pflegegrad 4/5	1 800	EUR

35 Der Pflege-Pauschbetrag wird nur bei **unentgeltlicher Pflege** gewährt, § 33 b Abs. 6 S. 1 EStG. Ferner muss der Steuerpflichtige seine Pflegeleistungen im Inland entweder in seiner Wohnung oder in der Wohnung des Pflegebedürftigen **persönlich** erbringen. Durch das Amtshilferichtlinie-Umsetzungsgesetz[66] ist § 33 a Abs. 6 S. 5 EStG dahin gehend ergänzt worden, dass die Wohnung in einem Staat gelegen sein muss, auf den das Abkommen über den Europäischen Wirtschaftsraum anzuwenden ist.

36 Steuerbegünstigungen des Pflegebedürftigen werden durch die Berücksichtigung des Pflege-Pauschbetrags nicht berührt.

64 § 33 b EStG idF v. 21.12.2020.
65 § 33 b EStG idF v. 21.12.2020.
66 BGBl. 2013 I 1809.

47. BAföG

Conradis

I. Einführung

Die Ausbildungsförderung ist vor allem im BAföG geregelt. Die Leistungen der **Berufsausbildungsförderung** (BAB) im SGB III sind im Hinblick auf die Berechnung weitgehend dem BAföG angeglichen, so dass eine gesonderte Erörterung der BAB nicht erforderlich ist. Die geförderten Ausbildungsgänge sind im Einzelnen in den §§ 2 ff. BAföG geregelt. Schülerförderung ist reduziert auf die Schüler, die nicht bei den Eltern wohnen und von der Wohnung der Eltern aus eine entsprechende zumutbare Ausbildungsstätte nicht erreichen können oder einen eigenen Haushalt führen und verheiratet waren oder sind oder mit einem Kind zusammen wohnen (§ 2 Abs. 1 a BAföG). Die einschränkenden Voraussetzungen sind bei der BAB ähnlich ausgestaltet. Es gibt mithin auch Ausbildungen, die nach keinem Gesetz gefördert werden. 1

Die **Höhe des Förderungsbetrages** richtet sich danach, welche Ausbildung durchgeführt wird und ob der Auszubildende bei seinen Eltern wohnt (§§ 12, 13 BAföG). Für nicht bei ihren Eltern wohnende Studierende beträgt der Bedarf seit dem 26. BAföGÄndG vom 8.7.2019[1] ab August 2020: 2

Grundbedarf	427 EUR
Wohnbedarf	325 EUR
Kranken- und Pflegeversicherung	109 EUR
Summe	861 EUR

Für andere Bildungsgänge sind die Beträge niedriger. So beträgt das sog. Schüler-BAföG monatlich derzeit 243 EUR. In § 14 b BAföG wurde eine **Zusatzleistung** für Auszubildende, die mindestens ein Kind haben, eingeführt, und zwar derzeit 150 EUR für jedes Kind unter vierzehn Jahren.

Das **Einkommen des Auszubildenden** wird nach § 23 BAföG angerechnet; dabei wird auf die Einkommensverhältnisse **im Bewilligungszeitraum** abgestellt. Die Freibeträge sind ebenfalls ab 1.8.2020 und teilweise zugleich ab 1.8.2021 erhöht worden. Für Auszubildende beträgt der Freibetrag 290 EUR; für Ehegatten werden 630 EUR (2021: 665 EUR) und für jedes Kind der Auszubildenden 570 EUR (2021: 605 EUR) als zusätzlicher Freibetrag berücksichtigt. 3

Das **Vermögen des Auszubildenden** ist bei der Berechnung des Anspruchs zu berücksichtigen. Als Vermögen gelten nach § 27 Abs. 1 Nr. 2 BAföG auch Forderungen. Für den Wert des Vermögens wird auf den Zeitpunkt der Antragstellung abgestellt (§ 28 Abs. 2 BAföG), wobei Veränderungen bis zum Ende des Bewilligungszeitraums nicht berücksichtigt werden (§ 28 Abs. 4 BAföG). Ein Vermögenszuwachs nach Antragstellung hat mithin nur Bedeutung, wenn bei der nachfolgenden Antragstellung für einen weiteren Bewilligungszeitraum das Vermögen noch vorhanden ist. 4

Nach § 29 BAföG hatten Auszubildende zuletzt einen Freibetrag von 7.500 EUR, der zum 1.8.2020 auf einen **Freibetrag von 8.200 EUR** erhöht wurde. Für den Ehegatten und jedes Kind wird ein weiterer Freibetrag von bisher jeweils 2.100 EUR, ab 1.8.2020 erhöht auf 2.300 EUR, eingeräumt. Zur Vermeidung unbilliger Härten kann ein weiterer Teil des Vermögens anrechnungsfrei bleiben (§ 29 Abs. 3 BAföG). Eine unbillige Härte würde es bedeuten, wenn ein kleines selbstbewohntes Eigenheim oder eine entsprechende Eigentumswohnung verwertet werden müsste, da ein solches Eigenheim sogar bei Bezug von Arbeitslosengeld II oder Sozialhilfe geschützt ist. Ein weiterer Härtefall kann vorliegen, wenn sich das Vermögen 5

1 BGBl. 2019 I 1048.

während des Bewilligungszeitraums so sehr verringert, dass nun ein Leistungsanspruch gegeben wäre.[2] Das den Freibetrag übersteigende Vermögen ist auf den Bewilligungszeitraum zu verteilen und mit dem Anteil für jeden Monat anzurechnen.

6 Durch den nach § 41 Abs. 4 BAföG zulässigen **Datenabgleich** mit dem Bundesamt für Finanzen erfahren die Ämter, ob sich Vermögensbeträge auf einem Konto des Auszubildenden befinden. Hierbei wird oft eingewandt, dass es sich um ein **Treuhandvermögen** – zumeist der Eltern – handele, welches sich aus steuerlichen Gründen auf dem Konto des Auszubildenden befinde. Es ist in solchen Fällen jedoch nur sehr schwer möglich darzulegen, dass es sich tatsächlich um Vermögen der Eltern handelt. Wird dieses Vermögen nachträglich dem Leistungsträger bekannt, werden die Leistungen ggf. für mehrere Jahre zurückgefordert.

II. Berücksichtigung des Einkommens des Ehegatten beim BAföG

7 Das Einkommen des **zusammenlebenden Ehegatten** wird bei der Berechnung angerechnet ohne Rücksicht darauf, ob bürgerlich-rechtlich ein Unterhaltsanspruch besteht. Es wird lediglich der Freibetrag in Höhe von 630 EUR (→ Rn. 3) berücksichtigt. Zahlt der zusammenlebende Ehegatte keinen Familienunterhalt bzw. den Betrag, der angerechnet wird, besteht keine Möglichkeit der Vorausleistung nach § 36 BAföG, die bei Nichtzahlung des Unterhalts durch Eltern hingegen möglich ist (→ Rn. 12).

8 Das Einkommen des **getrennt lebenden oder geschiedenen Ehegatten** ist nur insoweit von Bedeutung, als dessen tatsächliche Unterhaltsleistung angerechnet wird (§ 23 Abs. 4 Nr. 4 BAföG). Nicht realisierte Unterhaltsansprüche können hingegen nicht angerechnet werden. Die frühere anderweitige Regelung für getrennt lebende Ehegatten hatte das BVerfG 1995[3] für verfassungswidrig erklärt.

III. Berücksichtigung des Einkommens der Eltern

1. Berechnung

9 Die Anrechnung des Einkommens der Eltern ist von zentraler Bedeutung. Die Freibeträge (§ 25 BAföG) betragen für:

	ab 1.8.2020	ab 1.8.2021
verheiratete, zusammenlebende Eltern	1.890 EUR	2.000 EUR
jeden Elternteil in sonstigen Fällen	1.260 EUR	1.330 EUR

Es wird das Einkommen zugrunde gelegt aus dem **vorletzten Kalenderjahr** vor Beginn des Bewilligungszeitraums (§ 24 Abs. 1 BAföG). Bestimmte Einnahmen gelten nicht als Einkommen (§ 21 Abs. 4 BAföG). Ein Verlustausgleich zwischen verschiedenen Einkommensarten ist nicht möglich (§ 21 Abs. 1 S. 2 BAföG). Wesentliche Einkommenssteigerungen bis zum Bewilligungszeitraum sind unbeachtlich.

10 Ist das Einkommen im Bewilligungszeitraum voraussichtlich wesentlich geringer, so ist auf Antrag des Auszubildenden – **Aktualisierungsantrag** – von diesem Einkommen auszugehen (§ 24 Abs. 3 BAföG). Als „wesentlich geringer" wurden schon Abweichungen angesehen, die zu einer Änderung des Anrechnungsbetrages von lediglich 15 EUR pro Monat führten.

11 Für **Geschwister** oder sonstige Personen, gegenüber denen die Eltern zum Unterhalt verpflichtet sind, werden Freibeträge gewährt. Hierbei kommt es auf die Unterhaltspflicht während des Bewilligungszeitraums an. Einkommen der Unterhaltsberechtigten mindern den Freibetrag. Hier gilt ebenfalls der Bewilligungszeitraum als maßgebende Bezugsgröße.

2 *Knoop* in: Ramsauer/Stallbaum, Kommentar zum BAföG, 7. Aufl. 2020, BAföG § 29 Rn. 17.
3 BVerfG 10.1.1995 – 1 BvL 20/87, 20/88, FamRZ 1995, 661.

2. Vorausleistung

Die Vorausleistung ist eine zentrale Nahtstelle zwischen BAföG-Leistungen und Unterhalt. Entgegen dem Wortlaut des § 36 Abs. 1 BAföG wird nach den Vorschriften des Gesetzes kein Unterhaltsbetrag angerechnet. Angerechnet werden vielmehr die „Beträge vom Einkommen der Eltern“ (so korrekt in § 50 Abs. 2 Nr. 5 BAföG). Die Vorausleistung ist zu bewilligen, wenn der Auszubildende glaubhaft macht, dass seine Eltern nicht ihrer Unterhaltspflicht nachkommen und daher die **Ausbildung gefährdet** wäre (§ 36 BAföG). Die Vorausleistung soll nicht nur dazu dienen, die zahlungsunwilligen Eltern belangen zu können, sondern es soll auch die Lücke zwischen dem bürgerlichen Unterhaltsrecht und dem Ausbildungsförderungsrecht geschlossen werden. Ergibt sich, dass ein Unterhaltsanspruch nicht (oder nur in geringerem Maße) besteht, erfolgt die Zahlung nur scheinbar als Vorausleistung. 12

Aufgrund der anderweitigen Berechnungsmethoden ergeben sich häufig ganz **erhebliche Unterschiede** zwischen den Berechnungen nach dem BGB und dem BAföG. Einige wichtige Punkte: 13

- nach § 24 Abs. 1 BAföG wird für die Berechnung das Einkommen des vorletzten Jahres zugrunde gelegt, im BGB hingegen das aktuelle Einkommen;
- im BAföG findet keine Verrechnung mit Verlusten statt, im Unterhaltsrecht hingegen ist dies möglich;
- im BAföG werden Freibeträge berücksichtigt, die unterschiedlich hoch sind; vom übersteigenden Rest muss nur ein Teil eingesetzt werden. Im BGB gibt es einen feststehenden Selbstbehalt, sodann muss das gesamte übersteigende Einkommen für Unterhaltszwecke eingesetzt werden;
- bestimmte Einkünfte werden im BAföG nicht berücksichtigt; im Unterhaltsrecht muss grundsätzlich jedes Einkommen eingesetzt werden;
- die Freibeträge vom Einkommen der Auszubildenden sind im BAföG höher als diejenigen nach der Rechtsprechung im Unterhaltsrecht;
- der Bedarf ist im Unterhaltsrecht in der Regel höher als die Leistungsbeträge nach dem BAföG;
- nach dem BAföG wird eine Einzelberechnung bei getrennt lebenden Eltern vorgenommen; nach § 1606 Abs. 3 S. 1 BGB haften hingegen Eltern anteilig nach ihren Erwerbs- und Vermögensverhältnissen;
- nach § 29 BAföG hat der Auszubildende einen Vermögensfreibetrag von 8.200 EUR. Im Unterhaltsrecht wird zumeist nur ein „Notgroschen“ in Höhe des Schonvermögens nach dem SGB XII – zurzeit 5.000 EUR – anerkannt;
- die Berücksichtigung des Vermögens der Eltern ist nunmehr auch bei der Vorausleistung entfallen; im Unterhaltsrecht kann jedoch Unterhalt auch aus Vermögen der Eltern verlangt werden.

Der **angerechnete Betrag** stellt also **nicht** den **Unterhaltsanspruch** dar. Dem Auszubildenden kann daher durchaus ein höherer Betrag unterhaltsrechtlich zustehen; die Unterhaltspflicht der Eltern ist mithin nicht auf den Anrechnungsbetrag beschränkt. Macht der Leistungsträger den Unterhalt in Höhe des vorgeleisteten Anrechnungsbetrages geltend, so muss dargelegt und geprüft werden, ob ein Unterhaltsanspruch in dieser Höhe besteht. Bei einem solchen Prozess kann im Übrigen vom Unterhaltspflichtigen eingewandt werden, dass eine unzutreffende Berechnung vorgenommen wurde, der Betrag also falsch berechnet wurde (vgl. § 37 BAföG). Dies ist – da auch im BAföG der gesetzliche Übergang die Überleitung abgelöst hat – vom Familiengericht zu überprüfen. 14

Eine Besonderheit besteht, wenn vom Leistungsträger (auch) die Rückforderung von Teilen des Unterhaltsanspruchs verlangt wird, die als Vorausleistung gezahlt wurden. Denn es kann eingewandt werden, dass sich das Amt nicht ausreichend um die Durchsetzung und ggf. Vollstreckung des Unterhaltsanspruchs gegen die Eltern bemüht hat; der Rückzahlungsbescheid ist dann insoweit rechtswidrig.[4] 15

IV. Berücksichtigung der BAföG-Leistungen beim Unterhalt

Leistungen nach dem BAföG werden in der Regel zur Hälfte als **Darlehen** bewilligt (§ 17 Abs. 2 BAföG), wobei die Rückzahlung auf 10.000 EUR begrenzt wurde. Die Begrenzung der Rückforderung ist umgestellt worden auf eine differenzierte Regelung in § 18 BAföG. Grundsätzlich bleibt es jedoch dabei, dass 16

4 OVG Münster 22.1.1997 – 16 A 3619/94, FamRZ 1997, 1183.

über einen Zeitraum von vielen Jahren eine Rückzahlungspflicht besteht. Das KG ist daher der Auffassung, dass die Inanspruchnahme von unverzinslichen Darlehen nicht unterhaltsrechtlich zumutbar ist.[5] Allerdings ist die Formulierung nicht eindeutig.

17 Im Übrigen wird allgemein angenommen, dass tatsächlich gezahlte BAföG-Leistungen den Unterhaltsanspruch mindern, so dass der zivilrechtliche Unterhaltsanspruch subsidiär ist.[6] Die Inanspruchnahme von BAföG-Leistungen ist daher unterhaltsrechtlich auch zumutbar, soweit es sich um ein Darlehen handelt. Folgerichtig ist dem Unterhaltsberechtigten bei Unterlassung einer Antragstellung in Höhe der BAföG-Leistungen ein fiktives Einkommen zuzurechnen.[7] Ändert sich die finanzielle Situation der Eltern, kann das Kind auch verpflichtet sein, die Abänderung eines Bescheides zu beantragen.[8]

18 Ein möglicher Unterhaltspruch richtet sich nicht nach dem Betrag, der im BAföG-Bescheid als anzurechnendes Einkommen der Eltern angegeben wird. Zum einen handelt es sich um eine Berechnung nach dem BAföG, zum anderen handelt es sich um verschiedene Berechnungsjahre (→ Rn. 13). Auch wenn der BAföG-Höchstsatz gezahlt wird, kann ein Unterhaltsanspruch bestehen, da der übliche Bedarf nach der Düsseldorfer Tabelle 860 EUR beträgt, der BAföG-Höchstsatz ohne Kranken- und Pflegeversicherung jedoch lediglich 752 EUR.

5 Leitlinie KG Ziff. 2.4.
6 BGH 19.6.1995 – IVb ZR 30/84, FamRZ 1980, 126.
7 BGH 25.1.1989 – IVb ZR 31/88, FamRZ 1989, 499.
8 OLG Karlsruhe 10.2.2009 – 2 WF 6/09, FamRB 2009, 139.

48. Bedarfsermittlung

Osthold

I. Einordnung in die Prüfung eines Unterhaltsanspruchs und Begriffserklärung

1 Die Bedarfsermittlung ist eine **Tatbestandsvoraussetzung eines jeden Unterhaltsanspruchs**. Der Unterhaltsanspruch lässt sich in fünf Schritten prüfen:

Bestehen eines Unterhaltstatbestandes (Wer ist überhaupt wem gegenüber unterhaltsberechtigt?), Feststellung des Unterhaltsbedarfs (In welcher Höhe besteht der Anspruch maximal?), Feststellung der Bedürftigkeit des Unterhaltsgläubigers (In welcher Höhe deckt der Unterhaltsgläubiger seinen Bedarf selbst bzw. muss ihn selbst decken?), Prüfung der Leistungsfähigkeit des Unterhaltsschuldners (Hat der Unterhaltsschuldner noch ausreichend Mittel, seinen eigenen Unterhaltsbedarf zu decken?) und die Prüfung von Billigkeitserwägungen und Ausschluss- oder Begrenzungstatbeständen.

Unterhalt soll den **gesamten Lebensbedarf** abdecken. Die Ermittlung des Bedarfs befasst sich mit der Frage, in welcher Höhe der Unterhaltsanspruch maximal besteht, während seine letztlich konkret geschuldete Höhe auch noch von den anderen genannten Prüfungspunkten abhängig ist. Die Ermittlung des Bedarfs ist sowohl eine Tatsachen- als auch eine Wertungsfrage. Wie der Bedarf zu ermitteln ist, beantwortet das Gesetz für jeden Unterhaltsanspruch gesondert. Die Ermittlung des Unterhaltsbedarfs nennt das Gesetz die Feststellung des „Maßes des Unterhalts", vgl. §§ 1610, 1578 BGB.[1] Beim Trennungsunterhalt nach § 1361 Abs. 1 S. 1 BGB bemisst sich der Bedarf „nach den Lebensverhältnissen und den Einkommens- und Vermögensverhältnissen der Ehegatten", beim nachehelichen Unterhalt gem. § 1578 Abs. 1 S. 1 BGB „nach den ehelichen Lebensverhältnissen". Beim Verwandtenunterhalt (§§ 1601 ff. BGB) und beim Unterhalt wegen gemeinsamer Elternschaft (§ 1615 l BGB) richtet sich die Bedarfsermittlung „nach der Lebensstellung

1 Der BGH nennt die Bedarfsermittlung beim Ehegattenunterhalt auch die Ermittlung des „vollen Unterhalts", BGH 1.6.1983 – IVb ZR 389/81, FamRZ 1983, 886; BGH 25.1.1984 – IVb ZR 51/82, FamRZ 1984, 356.

des Bedürftigen“. Minderjährige Kinder sowie ihnen gleichgestellte sog. privilegiert volljährige Kinder (§ 1603 Abs. 2 BGB) und sonstige volljährige Kinder, die noch bei zumindest einem Elternteil im Haushalt wohnen, leiten ihre Lebensstellung noch von den Eltern ab, so dass es bei diesen Ansprüchen auf die Lebensstellung der Eltern ankommt. Die Lebensstellung eines Menschen wird vornehmlich durch seine Einkünfte und durch sein Vermögen geprägt.

II. Bedarfsermittlung beim Ehegattenunterhalt

1. Eheliche Lebensverhältnisse

2 Sowohl beim Trennungs- als auch beim nachehelichen Unterhalt ist der in § 1361 Abs. 1 S. 1 BGB und § 1578 Abs. 1 S. 1 BGB genannte **begriffliche Bezugspunkt inhaltlich deckungsgleich**, so dass im Folgenden einheitlich von den ehelichen Lebensverhältnissen gesprochen werden kann.[2] Die ehelichen Lebensverhältnisse haben zunächst eine **gegenständliche Dimension**. Die Höhe des Unterhaltsbedarfs wird in beiden Fällen im Wesentlichen durch die **in der Ehe verfügbaren Einkünfte** geprägt, aber auch durch bestehendes Vermögen.[3] Im Ergebnis ist für beide Ehegatten das bereinigte Nettoeinkommen zu errechnen, um den Bedarf nach den ehelichen Lebensverhältnissen zu bestimmten. Dabei sind von der Summe aller relevanten Einkünfte (zu denen auch geldwerte Sachvorteile, erzielbares Einkommen, nicht aber überobligatorische Einkünfte gehören) die unterhaltsrechtlich relevanten Abzugspositionen zu subtrahieren (zur genauen Bestimmung des Einkommens → *Eheliche Lebensverhältnisse* Rn. 1 ff.). Zudem können weitere Umstände den Bedarf beeinflussen, wie etwa vorrangige Unterhaltsansprüche (→ *Eheliche Lebensverhältnisse* Rn. 1 ff.).

Für die ehelichen Lebensverhältnisse ist außerdem eine **zeitliche Dimension** maßgeblich, die das Gesetz allerdings nicht festlegt.[4] Daher muss diese durch Auslegung ermittelt werden. Nach derzeitigem Stand der Rspr. des Bundesgerichtshofs sind alle gewöhnlichen Einkommensentwicklungen, die dem normalen Karriereverlauf entsprechen, sowohl nach der Trennung als auch nach der Scheidung noch als bedarfsprägend und damit als den ehelichen Lebensverhältnissen zugehörig anzusehen. Bei nach der Trennung erstmalig erzielten Einkünften dürften diese regelmäßig als bedarfsprägend einzubeziehen sein, wenn die Erwerbstätigkeit als Surrogat an die Stelle der Haus- und Familienarbeit getreten ist. Steigerungen des Einkommens sind dann nicht bei der Bedarfsbemessung einzubeziehen, wenn sie unerwartet sind und erheblich vom normalen Karriereverlauf abweichen (sog. Karrieresprungfälle). Absenkungen des Einkommens nach Trennung und/oder Rechtskraft der Scheidung sind ebenfalls bei der Bedarfsbemessung zu berücksichtigen, wenn sie nicht auf einer unterhaltsrechtlich vorwerfbaren Verletzung der bestehenden Einkommenserzielungsobliegenheit beruhen (→ *Erwerbsobliegenheit* Rn. 1 ff.).

Eine Besonderheit im Rahmen der zeitlichen Dimension bilden insoweit **nach der Trennung hinzutretende neue Unterhaltsverpflichtungen**. Der Bundesgerichtshof hat nach der Trennung[5] bis zur Rechtskraft der Scheidung[6] hinzutretende Kindesunterhaltsverpflichtungen als bedarfsprägend angesehen (die Fälle wurden also mit solchen der in die Ehe eingebrachten Kinder oder Kinder aus außerehelichen Beziehungen gleichgestellt). Auch Ansprüche nach § 1615 l BGB sind bedarfsprägend, wenn sie vor Rechtskraft der Scheidung entstehen.[7] Nach Rechtskraft der Scheidung hinzutretende Kindesunterhaltsverpflichtungen sind bei der Bedarfsberechnung hingegen nicht zu berücksichtigen.[8] Dies gilt in gleichem Maße für Ansprüche einer Mutter nach § 1615 l BGB und auch für Ansprüche auf Familien- oder nachehelichen Unterhalt

2 BGH 11.11.2015 – XII ZB 7/15, FamRZ 2016, 199; BGH 25.1.1984 – IVb ZR 51/82, FamRZ 1984, 356.
3 St. Rspr. des BGH seit BGH 1.6.1983 – IVb ZR 389/81, FamRZ 1983, 886.
4 BGH 25.11.1998 – XII ZR 98–97, FamRZ 1999, 367.
5 BGH 20.10.1993 – XII ZR 89/92, FamRZ 1994, 87.
6 BGH 25.11. 1998 – XII ZR 98–97, FamRZ 1999, 367.
7 BGH 25.9.2019 – XIIZB 25/19, FamRZ 2020, 2.
8 BGH 7.1.2012 – XII 151/09 – FamRZ 2012, 281.

einer neuen Ehefrau.[9] Unterhaltspflichten, die nach Rechtskraft der Scheidung entstehen, sind nur bei der Prüfung der Leistungsfähigkeit des Unterhaltspflichtigen zu berücksichtigen.

Die aktuelle Rspr. des Bundesgerichtshofs ist allerdings **durch das Bundesverfassungsgericht erzwungen** worden.[10] Der BGH hatte zuvor mehrfach entschieden, dass bei der Bedarfsberechnung eines nachehelichen Unterhaltsanspruchs die neue Ehefrau aus der zweiten Ehe des Unterhaltspflichtigen einzubeziehen sei, denn Einkommenseinbußen nach der Scheidung seien zu berücksichtigen, wenn sie nicht vorwerfbar seien. Die Gründung einer neuen Familie und die erneute Heirat seien nicht vorwerfbar. Die neue Ehefrau sei daher bei der Bedarfsbemessung dahin gehend zu berücksichtigen, dass alle bereinigten Nettoeinkommen der zwei Unterhaltsberechtigten und des Unterhaltspflichtigen zusammenzurechnen und zu dritteln sind (sog. Dreiteilungsmethode). Das Bundesverfassungsgericht sah in dieser Berechnungsmethode eine Verletzung des Rechtstaatsprinzips aus Art. 20 Abs. 3 GG, weil der Bundesgerichtshof die Grenze zulässiger Rechtsfortbildung überschritten habe. Der Gesetzgeber gehe nach wie vor von der Vorstellung aus, dass die „ehelichen Lebensverhältnisse“ den Bedarf bestimmen, deren Ende die rechtskräftige Scheidung markiere und auch der Wortlaut der ehelichen Lebensverhältnisse kaum mit einer neuen Ehefrau zu vereinbaren sei. Der Bundesgerichtshof rücke vom Gesetz zugunsten eigener Gerechtigkeitsvorstellungen ab, indem er letztlich auf die Verhältnisse bei Geltendmachung des Unterhaltsanspruchs abstelle, auch wenn diese erst nach Rechtskraft der Scheidung lägen.[11] Seine vormalige Rspr. zur Bestimmung des Bedarfs des geschiedenen ersten Ehegatten in zeitlicher Hinsicht, die auch unter dem Begriff der „wandelbaren ehelichen Lebensverhältnisse“ stand, hat der BGH deshalb nunmehr angepasst und berücksichtigt nach Rechtskraft der Scheidung hinzugetretene Unterhaltsverpflichtungen nur noch bei der Prüfung der Leistungsfähigkeit. Nur der Bedarf des neuen zweiten Ehegatten wird vom Unterhaltsanspruch des ersten Ehegatten geprägt (→ *Mehrere Bedürftige* Rn. 15).

2. Umfang des Unterhalts

a) Elementarbedarf/Elementarunterhalt. Der sog. Elementarunterhalt ist der allgemeine Bedarf zur Deckung der elementaren Bedürfnisse der Lebensführung, wie etwa Wohn- und Energiebedarf, Hausrat, Verpflegung, Bekleidung und Schuhwerk, Gesundheitsfürsorge, Kommunikations- und Unterhaltungsbedürfnisse, Mobilität, Kultur und Bildung. Unterhalt dient der **Deckung** dieser **Konsumbedürfnisse**. Er dient deshalb nicht der Bildung von Vermögen beim Unterhaltsberechtigten.[12] 3

Die Rspr. beurteilt die Lebensverhältnisse jedoch objektiv und pauschalierend und gestattet daher die **Berechnung des Bedarfs nach einer Quote** (→ *Unterhaltsberechnung* Rn. 1 ff.). Die konkreten Lebensverhältnisse, also das im Einzelfall bestehende Konsumverhalten der Eheleute, sind erst ab einem **hohen Familieneinkommen konkret vorzutragen** und festzustellen, da bei hohen Einkünften nicht mehr objektiv davon ausgegangen werden kann, dass das gesamte Einkommen verkonsumiert wird (→ *Konkrete Bedarfsberechnung* Rn. 1 ff.). Bis zu dieser Grenze ist derjenige Lebensstandard entscheidend, der nach dem vorhandenen Einkommen vom Standpunkt eines vernünftigen Betrachters aus als angemessen erscheint.[13] Grundsätzlich kann daher das gesamte Einkommen als für den Konsum zur Verfügung stehend angesehen werden,[14] weshalb man einer zulässigen Quotenberechnung nicht den Einwand entgegensetzen kann, der Unterhaltsberechtigte habe bis zur Trennung nur ein geringes Taschengeld erhalten oder man habe mehr verkonsumiert, als man verdient habe.

b) Zusatzbedarf (Sonderbedarf und Mehrbedarf). Während der Elementarbedarf Positionen betrifft, die typischerweise Teil des Lebensbedarfs eines jeden Menschen sind, betrifft der Zusatzbedarf Positionen, die dort nicht enthalten sind, aber im Einzelfall dennoch anfallen und zum Lebensbedarf dazuzählen 4

9 BGH 7.1.2012 – XII 151/09 – FamRZ 2012, 281.

10 BVerfG 25.1.2011 – BvR 918/10, FamRZ 2011, 437.

11 BVerfG 25.1.2011 – BvR 918/10, FamRZ 2011, 437.

12 BGH 4.7.2007 – XII ZR 141/05, FamRZ 2007, 1532; BGH 1.10.1986 – IVb ZR 68/85, FamRZ 1997, 36.

13 BGH 4.7.2007 – XII ZR 141/05, FamRZ 2007, 1532.

14 BGH 30.11.2011 – XII ZR 34/09, FamRZ 2012, 947.

können. Der Zusatzbedarf kann in Mehr- und Sonderbedarf unterteilt werden. **Typischer Mehrbedarf** sind die im Folgenden kurz darzustellenden Ansprüche auf Kranken- und Pflegevorsorgeunterhalt sowie der Altersvorsorgeunterhalt. **Trennungsbedingter Mehrbedarf**, also Mehrkosten, die im Wesentlichen durch die doppelte Haushaltsführung nach räumlicher Trennung anfallen, waren nach der früher praktizierten sog. Anrechnungsmethode bedarfsprägend, wenn zu den Mehrkosten ganz konkret vorgetragen wurde. Nach dem Wechsel zur derzeit praktizierten Differenzmethode hat der BGH entschieden, dass trennungsbedingter Mehrbedarf regelmäßig nicht mehr anzuerkennen sein dürfte,[15] wenn der Unterhalt nach Quote berechnet wird.

Der Ehegattenunterhalt kennt auch **Sonderbedarf**, vgl. §§ 1585 b Abs. 1, 1613 BGB. Hauptanwendungsfall ist hier der Verfahrenskostenvorschuss (→ *Mehrbedarf/Sonderbedarf beim Ehegattenunterhalt* Rn. 1 ff.).

Mehr- und Sonderbedarf treten immer zusätzlich zum Elementarbedarf, haben aber Rückwirkung auf diesen, soweit das zur Verfügung stehende Einkommen des Pflichtigen durch die zusätzlichen Belastungen bereinigt werden muss.

5 **c) Kranken- und Pflegevorsorgeunterhalt.** Die Kosten einer angemessenen Kranken- und Pflegevorsorge sind Teil des Unterhaltsbedarfs (vgl. § 1578 Abs. 2 BGB), so dass es sich um einen Teil des einheitlichen Unterhaltsanspruchs handelt (zu den Folgen der Geltendmachung → Rn. 8 zum Altersvorsorgeunterhalt). Der Kranken- und Pflegevorsorgeunterhalt ist mit dem Elementarunterhalt gleichrangig und muss daher im Mangelfall anteilig mit dem Elementarunterhalt gekürzt werden.[16] Er geht jedoch dem Altersvorsorgeunterhalt vor, so dass Letzterer nachrangig zu berechnen ist.[17]

Er kann grds. schon **ab Trennung verlangt** werden, wenn ein Beitrag überhaupt anfällt, was vor allem im Falle einer **privaten Krankenversicherung** der Fall ist. Der Unterhaltsschuldner hat die Beiträge zur Versicherung nach der Trennung weiterzuzahlen, was im Falle einer gesetzlichen Krankenversicherung auch für Beiträge zu einer privaten Zusatzkrankenversicherung gilt.[18] Das Einkommen des Unterhaltspflichtigen ist dann jedoch um diese Beiträge zusätzlich zu bereinigen. Die **Beihilfeberechtigung** eines privat versicherten Beamtenehegatten entfällt erst mit Rechtskraft der Scheidung (vgl. etwa § 80 Abs. 1 S. 1 Nr. 1 BBG iVm § 4 BBhV). Kann er dann nicht in die gesetzliche Krankenversicherung zurückkehren, hat er grds. Anspruch auf einen den ehelichen Lebensverhältnissen vergleichbaren Versicherungsschutz. Dieser Anspruch kann bei sonstiger Deckung des Lebensbedarfs nach der Scheidung sogar isoliert geltend gemacht, aber auch nach § 1578 b BGB begrenzt werden.[19]

6 In den Fällen der **gesetzlichen Kranken- und Pflegeversicherung** der Ehegatten spielt der Kranken- und Pflegevorsorgeunterhalt erst nach Rechtskraft der Scheidung eine Rolle, da Ehegatten bis dahin im Rahmen der Familienkrankenversicherung beim anderen Ehegatten mitversichert sind, vgl. § 10 Abs. 1 S. 1 SGB V. Nach Rechtskraft der Scheidung wandelt sich die Familienversicherung nach § 188 Abs. 4 SGB V in eine freiwillige Mitgliedschaft um, wenn der Ehegatte nicht innerhalb von zwei Wochen nach Hinweis der Krankenkasse über die bestehende Austrittsmöglichkeit den Austritt erklärt, was jedoch den Nachweis einer anderweitigen Krankenversicherung voraussetzt. Durch die freiwillige Mitgliedschaft entsteht ab Rechtskraft eine Beitragsverpflichtung, wobei dem Ehegatten nach § 240 Abs. 4 SGB V ein Mindesteinkommen als Grundlage für die Beitragsbemessung fingiert wird. Der Mindestbeitrag liegt dann derzeit bei rund 160 EUR im Monat. Bei zweimonatiger Nichtzahlung trotz Mahnung fällt der Betroffene nach § 16 Abs. 3 a S. 2 SGB V dann auf eine Notfallversorgung herab, bis alle offenen Forderungen beglichen sind.[20] Unterhaltszahlungen, die im Wege des begrenzten Realsplittings steuerlich geltend gemacht

15 BGH 18.11.2009 – XII ZR 65/09, FamRZ 2010, 111; BGH 9.6.2004 – XII ZR 308/01, FamRZ 2004, 1357.

16 BGH 7.12.1988 – IVb ZR 23/88, FamRZ 1989, 483.

17 BGH 26.5.1982 – IVb ZR 715/80, FamRZ 1982, 887; OLG Hamm 27.9.1996 – 12 UF 337/95, FamRZ 1997, 1278.

18 BGH 18.1.2012 – XII ZR 177/09, FamRZ 2012, 514; BGH 31.10.2001 – XII ZR 292/99, FamRZ 2002, 88.

19 OLG Oldenburg 26.11.2009 – 14 UF 114/09, FamRZ 2010, 567; KG 2.10.2012 – 13 UF 174/11, FamRZ 2013, 1047.

20 Zu der Besonderheit der Unterhaltsberechnung in diesem Fall vgl. *Weil* FamRZ 2016, 684.

werden, können die Beitragslast zudem erhöhen, wobei diese Erhöhung vom Unterhaltspflichtigen dann auszugleichen ist (→ *Realsplitting/Nachteilsausgleich* Rn. 1 ff.).

Nicht verlangt werden kann der Krankenvorsorgeunterhalt, wenn der Unterhaltsberechtigte bei Erfüllung seiner Erwerbsobliegenheit gesetzlich krankenversichert wäre, was schon bei einer Teilzeitstelle der Fall wäre.[21] 7

Der Kranken- und Pflegevorsorgeunterhalt ist **zweckgebunden** vom Berechtigten zu verwenden und an diesen zu zahlen. Es kann jedoch Zahlung an den Versicherer verlangt werden, wenn konkrete Anhaltspunkte für eine zweckwidrige Verwendung bestehen,[22] was im Nachhinein auch im Wege eines Abänderungsantrags durchgesetzt werden kann.[23] Bei zweckwidriger Verwendung wird der Berechtigte so gestellt wie bei zweckmäßiger Verwendung.[24] Zur Berechnung → *Unterhaltsberechnung* Rn. 1 ff.

d) Altersvorsorgeunterhalt. Die angemessene Vorsorge für Alter und Erwerbsminderung ist **Teil des Unterhaltsbedarfs** und ebenfalls Teil eines einheitlichen Unterhaltsanspruchs, vgl. §§ 1361 Abs. 1 S. 2, 1578 Abs. 3 BGB. Er kann daher **nicht isoliert**, sondern nur zusammen mit dem gesamten Unterhalt geltend gemacht werden.[25] Dies führt auch dazu, dass er trotz Geltendmachung von Elementarunterhalt nicht rückwirkend noch zusätzlich verlangt werden kann, soweit sich der Berechtigte dies nicht bei der Bezifferung seines Anspruchs ausdrücklich vorbehalten hat.[26] Hier besteht also aus anwaltlicher Sicht eine Haftungsfalle. 8

Der Altersvorsorgeunterhalt unterscheidet sich vom Elementarbedarf, da er einen erst zukünftig entstehenden Bedarf abdecken soll. Der Altersvorsorgeunterhalt soll die Lücke zur Altersvorsorge nach den ehelichen Lebensverhältnissen schließen, die dadurch entsteht, dass der Ehegatte diesen Bedarf nicht ohne einen Unterhaltsanspruch decken kann und der Elementarunterhalt keine Altersvorsorge enthält. Bis zur Rechtshängigkeit der Scheidung wird diese Lücke noch typischerweise durch den Versorgungsausgleich geschlossen, so dass der Anspruch **regelmäßig erst ab Rechtshängigkeit eines Scheidungsantrags** entsteht.[27] Bestünde zu diesem Zeitpunkt schon ein Trennungsunterhaltstitel, müsste dieser abgeändert werden. Sein Bezug **endet** trotz womöglich noch bestehenden Unterhaltsanspruches mit Erreichen der Regelaltersgrenze nach §§ 35, 235 SGB V. Er kann auch verlangt werden, wenn der Berechtigte erwerbsunfähig ist und demzufolge selbst nur noch eingeschränkte Vorsorgemöglichkeiten hätte, da auch in diesem Fall ein Vorsorgebedürfnis besteht.[28]

Im nachehelichen Unterhalt kann Altersvorsorgeunterhalt jedoch nicht verlangt werden, wenn nur ein Anspruch auf Ausbildungsunterhalt nach § 1575 BGB besteht, vgl. § 1578 Abs. 3 BGB.

Nicht verlangt werden kann der Altersvorsorgeunterhalt, wenn er dazu führen würde, dass der Berechtigte durch diesen zu einer besseren Altersvorsorge als der Pflichtige kommen würde.[29] 9

Der Altersvorsorgeunterhalt ist **zweckgebunden** zu verwenden. Es gelten hier insoweit – auch für die Zahlungsweise – die gleichen Ausführungen wie für den Krankenvorsorgeunterhalt. Notwendig ist jedoch eine altersvorsorgetaugliche Anlageform, die der Berechtigte selbst wählen darf.[30] Umstritten ist aber, ob

21 BGH 18.1.2012 – XII ZR 177/09, FamRZ 2012, 514.
22 BGH 23.2.1983 – IVb ZR 371/81, FamRZ 1983, 676.
23 BGH 25.3.1987 – IVb ZR 32/86, FamRZ 1987, 684.
24 BGH 23.2.1983 – IVb ZR 371/81, FamRZ 1983, 676.
25 BGH 7.11.2012 – XII ZB 229/11, FamRZ 2013, 109.
26 BGH 19.11.2014 – XII ZB 478/13, FamRZ 2015, 309; BGH 7.11.2012 – XII ZB 229/11, FamRZ 2013, 109.
27 BGH 25.2.1981 – IVb ZR 543/80, FamRZ 1981, 442.
28 BGH 20.10.1999 – XII ZR 297/97, FamRZ 2000, 351.
29 BGH 25.2.1981 – IVb ZR 543/80, FamRZ 1981, 442; BGH 8.6.1988 – IVb ZR 68/87, FamRZ 1988, 1145.
30 BGH 25.10.2006 – XII ZR 141/04, FamRZ 2007, 117.

die Anlageform einkommensteuerlich nach § 10 Abs. 1 Nr. 2 EStG privilegiert sein muss.[31] Die Anlage darf jedenfalls nicht stark risikobehaftet sein.

Anerkannt sind folgende Anlageformen:[32] Freiwillige Zahlungen in die DRV, jede Art von privater Rentenversicherung, Einzahlungen in Kapitallebensversicherungen, Bausparverträge, Tilgungen bei Immobilienkrediten oder entsprechenden Tilgungssurrogaten, Sparpläne für Sparkonten (Festgeld reicht in jedem Fall, Tagesgeld ist umstritten), Wertpapierdepots oder Investmentfonds.

Die **Höhe des Altersvorsorgeunterhalts** errechnet sich grundsätzlich zweistufig (→ *Altersvorsorgeunterhalt* Rn. 1 ff.), bei hinzutretendem Kranken- und Pflegevorsorgeunterhalt sogar dreistufig.[33]

Im Falle der konkreten Bedarfsberechnung entfällt jedoch die zweistufige Berechnung, so dass der Elementarunterhalt nach Errechnung des Altersvorsorgeunterhalts nicht korrigiert werden muss.[34]

3. Bedarfsermittlung

10 **a) Alle Einkommensarten.** Es sind zunächst alle Einkünfte der Ehegatten zu ermitteln, soweit sie zum Zeitpunkt der Unterhaltsberechnung noch als die ehelichen Lebensverhältnisse prägend angesehen werden können (→ Rn. 2). Grundsätzlich werden unterschiedslos alle Einkommensarten erfasst, also insbesondere alle sieben Einkunftsarten des EStG (§ 2 EStG), aber auch öffentlich-rechtliche Leistungen, wenn deren sozialpolitische Zweckbestimmung auf eine ersatzlose Deckung des Lebensbedarfs abzielt.[35] Letzteres ist der Fall, wenn keine Legalzession zum Übergang der Forderung auf den entsprechenden Sozialleistungsträger führt. Entscheidend ist zum einen, ob das Einkommen tatsächlich zur Deckung des Lebensstandards konsumtiv zur Verfügung stand bzw. steht,[36] und zum anderen, ob Einkommen hätte erzielt werden können, tatsächlich aber vorwerfbar nicht erzielt wurde (sog. fiktives Einkommen). Die Zurechnung fiktiven Einkommens setzt aber eine Obliegenheit zur Einkommenserzielung voraus. Das Maß der Erwerbstätigkeit bis zur Trennung muss grds. auch nach der Trennung eingehalten werden (Beibehaltung des Ehemodells). Eine erstmalige Aufnahme oder Ausweitung bis hin zu einer Vollzeittätigkeit ist grds. nach der Trennung gem. § 1361 Abs. 2 BGB nach Ablauf des Trennungsjahres geboten,[37] wenn nicht gewichtige Gründe entgegenstehen.[38] Solange ein Kind unter drei Jahren betreut wird, besteht keine Erwerbsobliegenheit, so dass jegliches dennoch erzielte Erwerbseinkommen überobligatorisch ist, was im Falle der Erzielung zu einer Berücksichtigung nach den Umständen des Einzelfalles führen kann.[39] Im Falle eines paritätischen Wechselmodells sind an beide Elternteile nach einer Übergangsfrist (ca. 3–6 Monate) die gleichen Erwerbsanforderungen zu stellen, wobei der BGH eine Vollzeiterwerbsobliegenheit beider Elternteile nach Trennung nicht beanstandet hat.[40] Bei Kindern unter drei Jahren wird man diesen Grundsatz in abgeschwächter Form ebenfalls anwenden können und je nach Einzelfallumständen zu einer Erwerbsobliegenheit beider Elternteile kommen.[41] Auch geldwerte Sachvorteile können Einkommen darstellen. Häufigster Anwendungsfall dürften Firmen-PKW oder Firmenmobiltelefone sein. Bei Firmen-PKW wird man den Sachvorteil grds. mit dem steuerlichen Wert nach § 6 Abs. 1 Nr. 4 S. 1 EStG (1 % Regelung) bemessen können, wobei im

31 Dafür: BeckOGK/*Witt*, Stand 1.11.2019, BGB § 1578 Rn. 669; dagegen: Wendl/Dose UnterhaltsR/*Gutdeutsch* § 4 Rn. 872.

32 Vgl. etwa die Aufzählung bei OLG Stuttgart 15.2.2018 – 11 UF 229/17, FamRZ 2018, 1081.

33 OLG Hamm 27.9.1996 – 12 UF 337/95, FamRZ 1997, 1278.

34 BGH 30.11.2011 – XII ZR 35/09, FamRZ 2012, 945.

35 BGH 7.5.1986 – IVb ZR 55/85, FamRZ 1986, 780; BGH 6.10.1993 – XII ZR 112/92, FamRZ 1994, 21.

36 Also nicht in die reine Vermögensbildung geflossen ist, vgl. BGH 4.7.2007 – XII ZR 141/05, FamRZ 2007, 1532.

37 OLG Schleswig 6.1.2015 – 10 UF 75/14, FuR 2015, 301; OLG Bremen 28.2.2012 – 5 UF 6/12, FuR 2012, 559.

38 ZB gesundheitliche Gründe, neu hinzutretende notwendige Kinderbetreuung, vgl. dazu OLG Bremen 28.2.2012 – 5 UF 6/12, FuR 2012, 559.

39 BGH 17.6.2009 – XII ZR 102/08, FamRZ 2009, 1391.

40 BGH 11.1.2017 – XII ZB 565/15, FamRZ 2017, 437, hier nach Übergangsfrist von 4,5 Monaten bei Kindern über drei Jahren; ein Arbeitgeberwechsel kann aber wohl regelmäßig nicht verlangt werden.

41 Vgl. dazu *Seiler* FamRZ 2015, 1845 (1855).

Einzelfall auch Abschläge davon zu machen sein können (zB geringe private Nutzung, teurer PKW zu Repräsentationszwecken).

b) Wohnvorteil. Die ehelichen Lebensverhältnisse werden auch durch die Einkünfte aus vorhandenem Vermögen beeinflusst. Daher ist der geldwerte Vorteil des mietfreien Wohnens bei der Bedarfsermittlung zu berücksichtigen, soweit der betroffene Ehegatte dinglich berechtigt ist (Eigentum, dingliches Wohnrecht etc) und der Wohnvorteil die ehelichen Lebensverhältnisse geprägt hat. Tritt ein Wohnvorteil nach der Trennung neu hinzu, so ist er nur bei der Leistungsfähigkeit des betroffenen Ehegatten zu berücksichtigen. Bei der **Bemessung des Wohnwerts** (→ *Wohnwert* Rn. 1 ff.) ist danach zu differenzieren, ob noch eine Wiederherstellung der ehelichen Lebensgemeinschaft erwartet werden kann oder eine endgültige Trennung der Eheleute vorliegt, was in aller Regel ab Rechtshängigkeit eines Scheidungsantrags der Fall ist. Der Ablauf des Trennungsjahres kann aber bereits ausreichen,[42] wenn das endgültige Scheitern der Ehe festgestellt werden kann (zB bei einem Zusammenzug mit neuem Partner). 11

aa) Objektive Marktmiete. Ist nicht mehr mit der Wiederherstellung der ehelichen Lebensgemeinschaft zu rechnen, bemisst sich der Wohnvorteil nach der objektiven Marktmiete. Ab diesem Zeitpunkt ist dem in der Wohnung verbliebenen Ehegatten die **wirtschaftliche Verwertung des Wohneigentums zuzumuten**; er kann die Wohnung entweder verkaufen oder zur objektiven Marktmiete vermieten, soweit dies möglich und wirtschaftlich zumutbar ist. Rechtliche Unmöglichkeit liegt etwa bei Uneinigkeit zwischen Miteigentümern darüber vor, ob vermietet oder veräußert werden soll.[43] Wirtschaftliche Unzumutbarkeit kann etwa gegeben sein, wenn eine Veräußerung sicher ansteht und eine Zwischenvermietung diese nicht mehr unterlaufen darf, soweit das betroffene Objekt zur Selbstnutzung erworben werden soll.[44] Auch sonstige Billigkeitserwägungen können einer Vermögensverwertung im Wege stehen. 12

Entscheidet sich der betroffene Ehegatte für eine weitere Eigennutzung, muss er sich den objektiven Wohnwert zurechnen lassen.[45] Ob eine fiktive Einkommensteuerlast bei unterstellter Pflicht zur Vermietung vom objektiven Kaltmietwert abgezogen werden kann, ist umstritten und vom BGH noch nicht geklärt.[46]

bb) Angemessene Miete. Bis zur **Rechtshängigkeit des Scheidungsantrags bzw. der anderweitigen Feststellung des endgültigen Scheiterns der ehelichen Lebensgemeinschaft** oder auch in den Fällen, in denen eine (Unter-)Vermietung rechtlich unmöglich oder wirtschaftlich unzumutbar bzw. aus sonstigen Gründen unbillig ist, kann (noch) nicht von einer Pflicht zur Verwertung des Wohneigentums ausgegangen werden, weshalb nicht der volle Wohnwert einer möglicherweise viel zu großen Wohnung berücksichtigt werden kann.[47] Für diese Zeit des Trennungsunterhalts geht die Rechtsprechung deswegen von einem Mietzins aus, den der Eigentümer sonst auf dem Wohnungsmarkt für eine seinen persönlichen Lebensverhältnissen entsprechende kleinere Wohnung zahlen müsste, die von der Lage und Ausstattung her der Ehewohnung entspricht.[48] Zur Ermittlung dieses angemessenen Wohnwerts hat der Bundesgerichtshof klargestellt, dass bei der Bemessung des ersparten Mietzinses für eine den ehelichen Lebensverhältnissen entsprechende angemessene Wohnung eine strikte Anknüpfung an durchschnittliche Mietkosten, wie zB der sog. Drittelobergrenze, nicht zulässig ist. Vielmehr sind die **ersparten angemessenen Mietkosten** nach den individuellen Verhältnissen der Eheleute in dem zu entscheidenden Einzelfall zu ermitteln.[49] Das Gericht kann diese allerdings nach § 113 Abs. 1 S. 2 FamFG, § 287 ZPO analog schätzen und sich zB anhand des Mietspiegels oder vorhandener Vergleichsdaten orientieren.[50] Werden Kinder in der Wohnung 13

42 OLG Koblenz 20.12.2017 – 13 UF 202/17, NJOZ 2018, 1853.

43 OLG Hamm 26.10.2017 – 11 UF 64/17, FamRZ 2018, 678.

44 BGH 19.3.2014 – XII ZB 367/12, FamRZ 2014, 923.

45 BGH 5.3.2008 – XII ZR 22/06, FamRZ 2008, 963.

46 Dafür etwa OLG Bremen 6.2.2015 – 4 UF 38/14, FamRZ 2015, 1395; so auch *Viefhues* FuR 2018, 117; *Schürmann* FamRZ 2018, 1041 (1045).

47 BGH 22.4.1998 – XII ZR 161/96, FamRZ 1998, 899.

48 BGH 5.3.2008 – XII ZR 22/06, FamRZ 2008, 963.

49 BGH 28.3.2007 – XII ZR 21/05, FamRZ 2007, 879.

50 OLG Schleswig 23.12.2013 – 15 UF 100/13, NJOZ 2014, 1166.

mitbetreut, sind deren zusätzliche Wohnkosten mit in die Bemessung als zusätzlichem Platzbedürfnis einzubeziehen,[51] denn dafür erhält der betreuende Elternteil auch den Wohnbedarfsbestandteil des Kindesunterhalts. Bewohnen beide Ehegatten nach Trennung die Ehewohnung, ist der angemessene Wohnwert bedarfsprägend und hälftig zu teilen.

14 **cc) Nebenkosten.** Die Bemessung des Wohnvorteils richtet sich danach, inwieweit der Eigentümer wegen der ersparten Miete billiger lebt als ein Mieter. Deshalb können diejenigen Nebenkosten vom Wohnvorteil nicht in Abzug gebracht werden, die auch ein Mieter zahlen müsste. Von dem Wohnvorteil dürfen deshalb all diejenigen Kosten nicht abgezogen werden, die nach der 2. Berechnungsverordnung auf einen Mieter umgelegt werden können.[52] Dies sind typischerweise die Grundsteuer und andere öffentliche Lasten, die an das Eigentum anknüpfen (Abfall, Wasser, Schornsteinfeger, Winterdienst etc), Kosten für Gebäudeversicherungen, Beleuchtung, Antennenanlagen etc. Diese Kosten sind somit vom Wohnvorteil nicht absetzbar. Nur sog. Instandhaltungskosten können im Rahmen einer vernünftigen Umlage über mehrere Jahre vom Wohnvorteil abgesetzt werden, wenn die tatsächliche Zahlung/Rücklage für ein konkretes Projekt erfolgt (→ *Bedürftigkeit* Rn. 6).

15 **dd) Zins- und Tilgungsleistungen.** Der Wohnwert ist grundsätzlich um die Zins- und Tilgungsleistungen für die Finanzierung des Wohnungseigentums zu kürzen (→ *Zins- und Tilgungsleistungen* Rn. 1 ff.). Der BGH hat die Änderung seiner früheren Rspr. in einem obiter dictum in Anlehnung an seine bereits offiziell geänderte Rspr. zum Elternunterhalt deutlich gemacht.[53] Bei der nächsten Gelegenheit wird der BGH für die sonstigen Unterhaltsansprüche sicher ebenfalls noch eine eindeutige Klarstellung vornehmen. Es kann nunmehr die Tilgung bis zur Höhe des objektiven Wohnwertes abgezogen werden, darüber hinaus nur im Rahmen der Grundsätze zur Berücksichtigung einer sekundären Altersvorsorge. Eine volle Abzugsfähigkeit der Tilgung ist natürlich immer noch möglich, soweit beide Ehegatten Miteigentümer sind und somit beide von der Tilgung profitieren. Die Literatur stimmt dieser neuen Rspr. – soweit ersichtlich – einhellig zu.[54] Die alte Rspr. kann insofern als überholt angesehen werden, wonach zu differenzieren war, ob es sich bei der Tilgung um eine unzulässige einseitige Vermögensbildung handelte, die nur noch dem Eigentümer zugutekam.[55] Lebten die Ehegatten im gesetzlichen Güterstand, so waren auch bei Alleineigentum der Immobilie die Tilgungsleistungen bis zur Rechtshängigkeit des Scheidungsantrags abzugsfähig, da der andere Ehegatte an der dadurch betriebenen Vermögensbildung durch den Zugewinnausgleich teilhatte. Nach Rechtshängigkeit des Scheidungsantrags waren in der Regel nur noch die Zinsen abzugsfähig,[56] es sei denn, die Immobilie stand im Miteigentum der Ehegatten.

16 **ee) Veräußerungserlös.** Nach der Rechtsprechung des Bundesgerichtshofs sind die aus dem Veräußerungserlös erzielbaren Zinsen oder der Wohnwert eines aus dem Erlös angeschafften neuen Eigentums als **Surrogat** des bisherigen höheren Wohnwerts im Rahmen der Bedarfsermittlung zu berücksichtigen.[57] Dies gilt auch, wenn die Zinsen aus dem Erlös den früheren Wohnwert übersteigen, was bei den derzeitigen Zinssätzen allerdings kaum noch denkbar erscheint.[58] Anders ist zu verfahren, wenn ein Ehegatte den Eigentumsanteil des anderen erwirbt.[59] Der hälftige Wohnvorteil, den dieser hinzuerlangt, ist nicht stets mit dem Zinsvorteil identisch, den der andere Ehegatte aus dem Verkaufserlös erzielt. In diesem Fall ist auf die tatsächlichen Verhältnisse abzustellen, dh einerseits sind der Wohnwert und andererseits das an dessen Stelle tretende Surrogat, also die Zinsen, in die Bedarfsberechnung einzubeziehen.[60] Kauft der

51 BGH 31.10.2012 – XII ZR 30/10, FamRZ 2013, 191.
52 BGH 27.5.2009 – XII ZR 78/08, FamRZ 2009, 1300.
53 BGH 4.7.2018 – XII ZB 448/17, FamRZ 2018, 1506; zum Elternunterhalt bereits BGH 18.1.2017 – XII ZB 118/16, FamRZ 2017, 519.
54 Vgl. etwa *Borth* FamRZ 2019, 160.
55 BGH 28.3.2007 – XII ZR 21/05, FamRZ 2007, 879.
56 BGH 5.3.2008 – XII ZR 22/06, FamRZ 2008, 963.
57 BGH 1.10.2008 – XII ZR 62/07, FamRZ 2009, 23.
58 BGH 31.10.2001 – XII ZR 292/99, FamRZ 2002, 88.
59 BGH 1.12.2004 – XII ZR 75/02, FamRZ 2005, 1159.
60 BGH 5.3.2008 – XII ZR 22/06, FamRZ 2008, 963.

Ehegatte aus dem Veräußerungserlös gleich wieder eine neue Immobilie, liegt eine Surrogatskette vor, so dass der Wohnvorteil immer noch als bedarfsprägend angesehen werden kann. Für die Berücksichtigung der Finanzierungszahlungen gelten die obigen Ausführungen entsprechend.

c) Sachbezüge des Arbeitgebers. Bei der Ermittlung des Bedarfs ist zu prüfen, ob sich Sachzuwendungen 17
des Arbeitgebers bedarfserhöhend auswirken. Die praktisch bedeutsamste, weil häufigste Sachzuwendung, ist die **Überlassung eines Firmenfahrzeugs zur privaten Nutzung**. Der Betroffene erspart sich, soweit überhaupt tatsächlich eine private Nutzung des Firmenfahrzeugs vorliegt, zu deren Umfang konkret vorgetragen werden sollte, in diesem Fall die privaten Aufwendungen für die Anschaffung und Unterhaltung eines eigenen PKW, wenn er einen solchen nach seinen privaten Einkommensverhältnissen halten könnte. Der unterhaltsrechtliche Wert dieser Nutzung kann nach § 113 Abs. 1 S. 2 FamFG, § 287 Abs. 1 ZPO geschätzt werden. Er ist nicht identisch mit dem steuerlichen Gehaltsanteil[61] und wird durch die mit ihm verbundene Steuermehrbelastung nicht erschöpft.[62] Er entspricht vielmehr dem Betrag, den der Unterhaltspflichtige an Kosten für Anschaffung und Unterhaltung eines eigenen Fahrzeugs spart.[63] Die steuerliche 1 %-Regel kann aber als Ausgangspunkt der Schätzung angesehen werden.[64] Hier sollten immer die jeweiligen OLG-Leitlinien eingesehen werden, die sich zT unterscheiden. Einige Gerichte belassen es bei diesem Ansatz, andere stellen auf Autokostentabellen des ADAC ab[65] und wieder andere Gerichte nehmen Pauschalbeträge.[66] Letztlich sollte anhand der Rspr. des jeweiligen OLG, die durchaus auch zwischen den Senaten abweichen kann, im Einzelfall geprüft werden, in welchem Umfang eine private Nutzung erfolgt, welche Kosten vom Arbeitgeber getragen werden, ob der PKW nach den Einkommensverhältnissen überhaupt privat finanziert werden könnte und ob aus beruflichen Gründen ein besonders teures Fahrzeug gefahren werden muss.[67] Übersteigt ein Pkw, den der Unterhaltspflichtige von seinem Arbeitgeber zur Verfügung gestellt bekommt, deutlich das Niveau seiner tatsächlichen Einkommens- und Lebensverhältnisse, ist ein Nutzwert zu schätzen, der in einem **angemessenen Verhältnis zum Einkommen** und der Lebensverhältnisse steht.

d) Sonstige geldwerte Vorteile/freiwillige Zuwendungen Dritter. Sonstige geldwerte Vorteile können 18
vor allem ein Firmenmobilfunkgerät nebst Mobilfunkvertrag sein. Auch hier sind die privat ersparten Aufwendungen zu schätzen, wobei die konkreten Kosten, die erspart werden, maßgeblich sind.[68] Freiwillige Zuwendungen Dritter wirken sich nur dann bedarfserhöhend aus, wenn dies ausnahmsweise der **Willensrichtung des Dritten** entspricht, dh wenn der Dritte durch seine Zuwendung den Unterhaltspflichtigen entlasten will. Der Bundesgerichtshof hält seit seiner Grundsatzentscheidung an dieser Rechtsprechung fest.[69] Begründet wird dies damit, dass freiwillige Leistungen Dritter, die nach dem erkennbaren Willen des Dritten nur den Beschenkten selbst unterstützen, die Bedürftigkeit (→ *Bedürftigkeit* Rn. 15) im Allgemeinen nicht einschränken.[70] Im Übrigen hat der Leistungsempfänger gegen den Dritten keinen Rechtsanspruch auf Leistung, so dass dieser die Leistung jederzeit wieder einstellen kann. Beispiele für solche freiwilligen Zuwendungen können freies Wohnen,[71] die Zurverfügungstellung eines Pkw, die Schenkung eines Urlaubs, zinslose Darlehen, Pflege- und Betreuungsleistungen, Unterlassung der Geltendmachung von Ansprüchen, aber auch laufende finanzielle Zuwendungen sein. Ausnahmsweise kann die Zuwendung

61 1 % des Bruttolistenanschaffungspreises zuzüglich Fahrtkostenpauschale, vgl. § 6 Abs. 1 Nr. 4 S. 1 EStG, vgl. OLG Bamberg 4.1.2007 – 2 UF 162/06, FamRZ 2007, 1818.
62 OLG München 19.2.1999 – 12 UF 1545/98, FamRZ 1999, 1350.
63 OLG Karlsruhe 2.8.2006 – 16 WF 80/06, FamRZ 2006, 1759.
64 OLG Schleswig 31.3.2010 – 15 UF 110/09, BeckRS 2012, 10749.
65 OLG Brandenburg 2.9.2013 – 13 UF 136/12, BeckRS 2013, 16783.
66 KG 5.7.2005 – 13 UF 9/05, FamRZ 2006, 341.
67 Vgl. zu letzterem Aspekt etwa OLG Hamm 17.1.2013 – 2 UF 53/12.
68 OLG Köln 6.12.2011 – 4 UF 150/11, FamRZ 2012, 987: 50 EUR.
69 BGH 29.9.1979 – IV ZR 87/79, FamRZ 1980, 40.
70 BGH 22.2.1995 – XII ZR 80/94, FamRZ 1995, 537.
71 OLG München 4.9.1995 – 12 WF 915/95, FamRZ 1996, 169.

doch berücksichtigt werden, zB in Mangelfällen[72] oder bei existierender Gegenleistung (zB bei Pflege und Betreuung).

19 **e) Karrieresprung.** Grundsätzlich sind zwar alle vorhandenen Einkünfte in die Bedarfsermittlung mit einzubeziehen, **nacheheliche Einkommenssteigerungen** wirken sich jedoch nur dann bedarfssteigernd aus, wenn ihnen eine Entwicklung zugrunde liegt, die schon aus der Sicht zum Zeitpunkt der Trennung/Scheidung mit hoher Wahrscheinlichkeit zu erwarten war. Ist diese Entwicklung unerwartet und liegt sie außerhalb des Normalverlaufs, ist das Einkommen nur in der Höhe eheprägend und damit bedarfsbestimmend, wie es sich im Zeitpunkt der Trennung/Scheidung dargestellt hat. Eine unerwartete, vom Normalfall erheblich abweichende Entwicklung, sog. Karrieresprung, hat für die Bedarfsbestimmung außer Betracht zu bleiben[73] (→ *Eheliche Lebensverhältnisse* Rn. 9 ff.).

20 **f) Renteneinkünfte.** In die Bedarfsermittlung sind auch Renteneinkünfte, gleich ob **vor der Ehe, während der Ehe oder durch den Versorgungsausgleich erworben**, einzubeziehen, soweit sie Einkommensersatzfunktion haben.[74] Dies gilt auch für Renteneinkünfte, die nach der Scheidung erworben wurden, wenn diese Ausfluss der normalen Einkommensentwicklung waren. Anders ist dies, wenn sie aus einer zusätzlich nach Rechtskraft der Scheidung aufgebauten neuen Altersvorsorge stammen.[75] Dazu gehört auch die Altersvorsorge aus dem Altersvorsorgeunterhalt.[76] Zu den einzusetzenden Renten zählen öffentlich-rechtliche Renten (DRV) wegen Alters, Berufs- und Erwerbsunfähigkeit, verminderter Erwerbsfähigkeit sowie Pensionen, Betriebs- und Privatrenteneinkünfte. Renteneinkünfte, die unter § 1610 a BGB fallen, sind hingegen kein einzusetzendes Einkommen. Eine nach Scheidung aufgrund eines Arbeitsunfalls erhaltene Unfallrente soll dann in die Bedarfsermittlung miteinbezogen werden, wenn der Unterhaltsschuldner deswegen seine Berufstätigkeit reduzieren muss.[77] In die Bedarfsberechnung miteinzubeziehen sind dabei regelmäßig an den Unterhaltsberechtigten erbrachte Leistungen der Krankentagegeldversicherung, die auf während bestehender ehelicher Lebensgemeinschaft erbrachten Betragsleistungen beruhen.[78]

21 **g) Zinserträge aus dem gezahlten Zugewinnausgleich.** Zinseinkünfte aus dem Zugewinnausgleich entstehen erst **ab Rechtskraft der Scheidung**, da erst dann ein Zugewinnausgleich fällig ist. Nach der Rechtsprechung des Bundesgerichtshofs sind sie dennoch bei der Bedarfsermittlung zu berücksichtigen, da es keinen Unterschied macht, ob sie nach wie vor von einem Ehegatten erzielt werden oder nach Durchführung des Zugewinnausgleichs auf beide Ehegatte verteilt sind.[79]

22 **h) Haushaltstätigkeit für einen neuen Partner.** Führt der getrennt lebende oder geschiedene Ehegatte den Haushalt für einen neuen Partner, kommt es für die Beurteilung der Zurechnung von (fiktiven) Einkünften allein auf die Frage an, ob der Ehegatte gegen eine bestehende Erwerbsobliegenheit verstößt. Ist dies der Fall, sind ihm fiktive Einkünfte aus einer eheangemessenen Tätigkeit zuzurechnen. Diese Einkünfte sind bedarfsprägend, insbesondere auch dann, wenn während der Ehe für den alten Partner ebenfalls der Haushalt geführt wurde, weil diese Einkünfte nur das Surrogat dieser Tätigkeit darstellen.[80] Der BGH hatte in der genannten Entscheidung jedoch noch nicht mit einem Verstoß gegen die Erwerbsobliegenheit argumentiert, sondern dem in der Trennungsphase befindlichen Ehegatten, der die Haushaltsführung in der neuen Beziehung neben eines Minijobs übernommen hatte, weiteres Einkommen aus fiktiven Einkünften für die Versorgungsleistungen an den neuen Partner zugerechnet. In diesem Fall war das Trennungsjahr zT noch nicht abgelaufen, so dass jedenfalls teilweise noch keine weitergehende Erwerbsobliegenheit bestand. In einer späteren Entscheidung hat der BGH die Zurechnung eines fiktiven Einkommens wegen

72 BGH 17.3.1999 – XII ZR 139/97, FamRZ 1999, 843.
73 StRspr des BGH, BGH 6.2.2008 – XII ZR 14/06, FamRZ 2008, 968.
74 BGH 31.10.2001 – XII ZR 292/99, FamRZ 2002, 88.
75 BGH 23.11.2005 – XII ZR 73/03, FamRZ 2006, 317.
76 So BGH 5.2.2003 – XII ZR 29/00; aA wohl die hM in der Literatur.
77 OLG Koblenz 21.10.2002 – 13 UF 130/02, FamRZ 2003, 1106.
78 BGH 31.10.2012 – XII ZR 30/10, NJW 2013, 461.
79 BGH 4.7.2007 – XII ZR 141/05, FamRZ 2007, 1532.
80 BGH 5.5.2004 – XII ZR 10/03, FamRZ 2004, 1170.

Versorgungsleistungen gegenüber dem neuen Partner bejaht, obwohl den Ehegatten wegen Betreuung eines unterdreijährigen Kindes noch keine Erwerbsobliegenheit traf.[81] Daher kommt der Zurechnung von fiktiven Einkünften für die Haushaltstätigkeit für den neuen Partner wohl vornehmlich dann noch praktische Bedeutung zu, wenn diesen Ehegatten nicht ohnehin schon eine Erwerbsobliegenheit trifft.[82]

i) Einkünfte aus Schwarzarbeit. Einkünfte aus Schwarzarbeit stellen **prägendes Einkommen** dar und 23
sind somit in die Bedarfsermittlung miteinzubeziehen.[83] Da die gesetzeswidrige Tätigkeit unterhaltsrechtlich jederzeit folgenlos beendet werden darf, ist das Einkommen aus Schwarzarbeit bei Unterhaltsberechnungen für die Zukunft zu bereinigen um den Betrag, der bei ordnungsgemäßer Versteuerung in Abzug zu bringen wäre, so dass das dann verbleibende Nettoeinkommen das maßgebliche unterhaltsrechtlich relevante Einkommen darstellt.[84] Bei Unterhaltsrückständen können die Schwarzeinkünfte jedoch ohne Abzüge als Einkommen angesetzt werden. Den Unterhaltsberechtigten trifft eine sekundäre Darlegungslast für Schwarzeinkünfte. Trägt er dafür konkrete Anhaltspunkte vor, muss der Unterhaltsschuldner diesen Sachvortrag aktiv widerlegen.[85] Strafanzeigen wegen Schwarzeinkünften begründen keine Verwirkung nach § 1579 Nr. 5 BGB, wenn ein berechtigtes Eigeninteresse besteht.[86] Teilweise wird gefordert, dass man dem anderen Ehegatten vorher Gelegenheit zur Selbstanzeige geben müsse.[87]

j) Berücksichtigungswürdige Schulden. Schulden mindern das Einkommen und damit den Bedarf, so- 24
weit sie berücksichtigungswürdig sind.[88] In erster Linie stellt sich die Frage der Anrechenbarkeit beim Unterhaltspflichtigen, da nur er aus seinem laufenden Einkommen vorhandene Kredite bezahlen wird. Soweit der Berechtigte eigenes Einkommen hat, gelten für ihn die gleichen Grundsätze. Zu differenzieren ist zunächst die Art des Kredits, also ob es sich um nicht vermögensbildende Schulden handelt, somit um **Konsumkredite**, in die Ehe mitgebrachte Schulden, Schulden aus Überziehungskrediten etc oder um **Verbindlichkeiten zur Vermögensbildung**. Weiter ist nach dem Entstehungszeitpunkt zu unterscheiden, ob es sich um Schulden **aus der Ehezeit** handelt, oder ob sie erst **nach der Trennung bzw. Scheidung** neu entstanden sind. Außerdem kann bei einseitig vermögensbildenden Schulden zwischen Zins und Tilgung zu differenzieren sein (→ Rn. 15).

Bei der **Bedarfsermittlung** sind in Bezug auf den Entstehungszeitpunkt zunächst alle **bis zur Trennung** 25
entstandenen Verbindlichkeiten berücksichtigungswürdig, da sie die in der Ehe vorhandenen Mittel eingeschränkt haben.[89] Erfasst sind auch vorehelich aufgenommene Verbindlichkeiten. Dies gilt generell für alle Arten von Verbindlichkeiten, so dass auch Konsumschulden erfasst sind.[90]

Alle **bis zur Trennung aufgenommenen Konsumkredite** sind grundsätzlich berücksichtigungswürdig, 26
wobei es nicht darauf ankommt, wer einen mit dem Konsumkredit angeschafften Gegenstand, zB einen Pkw, nach der Trennung behalten hat.[91] Derartige Kredite sind auch dann berücksichtigungswürdig, wenn sie nur von einem Ehegatten aufgenommen wurden. Des Weiteren sind Kredite wegen Überziehung des Girokontos bis zur Trennung, Steuerschulden aus dem Veranlagungszeitraum bis zur Trennung, Kredite für Schadenersatzleistungen und voreheliche Verbindlichkeiten, die in der Ehe weiter abbezahlt wurden, berücksichtigungsfähig. Seit einer Rechtsprechungsänderung im Jahr 2006 sind nach dem BGH bei der Bedarfsermittlung auch solche Verbindlichkeiten zu berücksichtigen, die **erst nach Trennung und Scheidung entstanden sind**, soweit sie **nicht leichtfertig** eingegangen worden sind bzw. deren Entstehung

81 BGH 18.4.2012 – XII ZR 73/10, FamRZ 2012, 1201.
82 So auch MüKoBGB/*Maurer* § 1578 Rn. 648.
83 OLG Zweibrücken OLGReport 2002, 106; *Kleffmann* FuR 2003, 161.
84 OLG Brandenburg 26.7.2012 – 9 UF 292/11, FamRZ 2013, 631.
85 OLG Brandenburg 26.7.2012 – 9 UF 292/11, FamRZ 2013, 631.
86 Wendl/Dose UnterhaltsR/*Siebert* § 4 Rn. 1328.
87 OLG Schleswig 21.12.2012 – 10 UF 81/12, FamRZ 2013, 1132.
88 BGH 6.2.2002 – XII ZR 20/00, FamRZ 2002, 536; *Gerhardt* FamRZ 2007, 945.
89 OLG Hamm 23.8.1993 – 4 UF 418/92, FamRZ 1994, 446.
90 BGH 22.4.1998 – XII ZR 161/96, FamRZ 1998, 899.
91 OLG München 24.6.1994 – 12 UF 895/94, FamRZ 1995, 233.

auf einem anerkennenswerten Grund beruht.[92] Maßgebend für diese Verbindlichkeiten ist nicht, ob sie einen Bezug zur Ehe haben, somit eheprägend sind, sondern nach der Rechtsprechung des Bundesgerichtshofs allein ihre Berücksichtigungswürdigkeit. Nach der Trennung/Scheidung nicht vorwerfbar entstandene Verbindlichkeiten führen deshalb zu einer **Korrektur des Bedarfs** und sind nicht erst bei der Leistungsfähigkeit zu berücksichtigen.[93] Der Bedürftige muss somit ein durch **nicht vorwerfbare neue Schulden** geringeres Einkommen bereits bei der Bedarfsbemessung anerkennen. Aus Gleichheitsgründen gilt dies nicht nur beim Pflichtigen, sondern auch beim Bedürftigen. Eine Ausnahme besteht nur, wenn der Pflichtige über nicht prägende Einkünfte verfügt, zB durch einen Karrieresprung (→ *Eheliche Lebensverhältnisse* Rn. 9 ff.). Die höheren Ausgaben sind dann aus diesen nicht prägenden Einkünften zu bezahlen, weil dadurch der Halbteilungsgrundsatz nicht verletzt wird.[94] Bei den nicht leichtfertig eingegangenen Schulden ist ein **strenger Maßstab** anzulegen. Es dürfen auch keine anderweitigen Mittel zur Deckung dieser notwendigen Ausgaben vorhanden sein. Die Kreditaufnahme muss zudem auch der Höhe nach notwendig sein. Dies ist zu bejahen bei trennungsbedingten Krediten zur Finanzierung des Umzugs, des notwendigen Mobiliars oder für den Kauf eines gebrauchten Pkw bei einem mit öffentlichen Verkehrsmitteln nicht erreichbaren Arbeitsplatz (→ *Mehrbedarf/Sonderbedarf beim Ehegattenunterhalt* Rn. 5).

27 Sonstige Schulden, die nach der Trennung/Scheidung entstanden und nicht berücksichtigungswürdig sind, können dagegen weder beim Bedarf noch bei der Bedürftigkeit oder Leistungsfähigkeit als Abzugsposten anerkannt werden. Nicht berücksichtigungswürdig trotz Aufnahme in der Ehezeit sind einseitige Verbindlichkeiten aus der Ehezeit, die **leichtfertig und für luxuriöse Zwecke** oder **ohne verständlichen Grund** eingegangen wurden.[95] Hierunter fallen zB Kredite für Spielschulden, Spekulationen, einseitig teure Hobbys oder Reisen. Bei den den Bedarf bestimmenden ehelichen Lebensverhältnissen ist auf einen objektiven Maßstab abzustellen.[96] Dies hat auch für Ausgaben zu gelten.

28 Verbindlichkeiten aus der Ehezeit, die allein der einseitigen Vermögensbildung dienen, sind bei der Bedarfsermittlung beim gesetzlichen Güterstand ab **Rechtshängigkeit des Scheidungsverfahrens**, bei **Gütertrennung** ab der Trennung nur noch mit den Zinsen, dagegen nicht mehr mit der Tilgung zu berücksichtigen, es sei denn, die Höhe der Tilgungsleistungen bewegt sich im Rahmen der von der Rechtsprechung für zulässig befundenen sekundären Altersvorsorge in Höhe von insgesamt 4 % des Bruttoerwerbseinkommens.[97] **Unterhalt geht der Vermögensbildung vor**. Ein Ehegatte muss sich ab dem Zeitpunkt, an dem er an der Vermögensbildung nicht mehr partizipiert, nicht über einen reduzierten Unterhalt an der Vermögensbildung des anderen Ehegatten beteiligen.[98] Es kommt somit nicht darauf an, dass die Mittel für die Tilgung in der Ehe zur Lebensführung nicht zur Verfügung standen, sondern alleine darauf, ob der andere Ehegatte noch an der einseitigen Vermögensbildung partizipiert.[99] Dadurch kann es auch zu keiner **Doppelverwertung** der Tilgung im Zugewinn und Unterhalt kommen.[100] Bei Abzahlungen zur gemeinsamen Vermögensbildung gilt dies nicht. Sie sind stets als Abzugsposten zu berücksichtigen, da sie beiden Ehegatten zugutekommen. Einseitig vermögensbildende Kredite, die erst nach Trennung/Scheidung aufgenommen werden, sind nie unumgänglich. Abzugsposten sind damit allenfalls die Zinsen, nicht die Tilgung, soweit der Kredit nicht schon aus anderen Gründen nicht zu berücksichtigen ist.[101]

---

92 BGH 15.3.2006 – XII ZR 30/04, FamRZ 2006.
93 BGH 9.6.2004 – XII ZR 308/01, FamRZ 2004, 1357.
94 BGH 17.12.2008 – XII ZR 9/07, FamRZ 2009, 411.
95 BGH 25.10.1995 – XII ZR 247/94, FamRZ 1996, 160.
96 BGH 4.7.2007 – XII ZR 141/05, FamRZ 2007, 1532.
97 BGH 28.3.2007 – XII ZR 21/05, FamRZ 2007, 879. Es ist umstritten, ob auf das Bruttogesamteinkommen oder das Bruttoerwerbseinkommen abzustellen ist. Richtigerweise wird man auf das Bruttoerwerbseinkommen abzustellen haben, da nur das Erwerbseinkommen im Rentenalter wegfällt und deshalb nur für dieses ein Vorsorgebedürfnis besteht. So auch Wendl/Dose UnterhaltsR/*Gerhardt* § 1 Rn. 1034.
98 BGH 5.3.2008 – XII ZR 22/06, FamRZ 2008, 963.
99 BGH 5.3.2008 – XII ZR 22/06, FamRZ 2008, 963.
100 Eingehend *Gerhardt/Schulz* FamRZ 2005, 317.
101 BGH 11.5.2005 – XII ZR 211/02, FamRZ 2005, 1817.

Sind die Schulden getilgt, entfallen sie als Abzugsposten, wodurch sich der Bedarf erhöht. Dies gilt auch bei **vorzeitiger Tilgung** eines Darlehens,[102] ebenso bei vorzeitiger Rückzahlung oder Reduzierung von vermögensbildenden Verbindlichkeiten, zB Hausschulden.[103] 29

4. Bedarfsermittlung nach Quote oder konkretem Bedarf

Maßstab für die Unterhaltsberechnung (→ *Unterhaltsberechnung* Rn. 1 ff.) aus den bedarfsbestimmenden Einkünften ist der **Halbteilungsgrundsatz**, denn beide Ehegatten haben am ehelichen Lebensstandard in gleicher Weise Anteil.[104] Bei Einkünften aus Erwerbstätigkeit werden zudem die berufsbedingten Aufwendungen in Abzug gebracht sowie ein Erwerbstätigenbonus von 1/10 in Süddeutschland bzw. 1/7 in einigen norddeutschen OLG-Bezirken (→ *Erwerbstätigenbonus* Rn. 1 ff.). Die grundsätzlich zu verwendende Quotenberechnung geht von der tatsächlichen Vermutung aus, dass sämtliches Einkommen zum Konsum und damit für den Lebensunterhalt verwendet wird.[105] Bei besonders günstigen Einkommensverhältnissen ist es dagegen so, dass typischerweise nicht mehr das gesamte Einkommen für den Lebensunterhalt, sondern auch für die Vermögensbildung verwendet wird. Der BGH lässt daher in diesen Fällen eine Bedarfsbestimmung anhand der konkreten Einzelfallverhältnisse zu.[106] Die Grenze für die genannte tatsächliche Vermutung zieht der BGH bei einem zusammengerechneten bereinigten Nettoeinkommen beider Ehegatten von 11.000 EUR.[107] Die Bedarfsberechnung wechselt also in einen anderen Berechnungsmodus. Dies ist allerdings nicht zwingend, da eine Bedarfsbestimmung nach Quoten in jedem Fall möglich ist. Widerspricht der Schuldner substantiiert der tatsächlichen Vermutung des vollständigen Verbrauchs, kann der Bedarf nur noch konkret dargelegt werden. Bei der **konkreten Bedarfsberechnung** (→ *Konkreter Bedarf* Rn. 1 ff.) muss der Unterhaltsberechtigte seinen konkreten eheangemessenen Unterhaltsbedarf im Einzelnen darstellen (→ *Konkreter Bedarf* Rn. 1 ff.; → *Unterhaltsberechnung* Rn. 2). Es sind grundsätzlich die gesamten Konsumverhältnisse bis zur Trennung in Form der einzelnen Ausgaben darzulegen. Der gesamte Lebensbedarf ist maßgeblich. Dies erzeugt eine besondere Vortrags- und Darlegungslast. Auf Basis dieses Vortrags kann das Gericht die Bedarfspositionen dann nach § 113 Abs. 1 S. 2 FamFG, § 287 ZPO schätzen, so dass nicht zu jedem Punkt ein Nachweis geführt werden muss. Für die Schätzung soll ein anhand der Einkommensverhältnisse angemessener Lebensstandard entscheidend sein, so dass sowohl ein zu dürftiger als auch ein übermäßiger Aufwand außer Betracht bleiben soll.[108] Die konkrete Bedarfsermittlung ist praktisch ein Verteidigungsmittel in der Unterhaltsauseinandersetzung, weil der Bedarf nur niedriger ausfallen kann als bei der Quotenmethode. Die konkrete Bedarfsberechnung schafft auch Sonderregelungen für den Zusatzbedarf und hat Auswirkungen auf der Ebene der Bedürftigkeit. 30

5. Mindestbedarf

In seiner neueren Rechtsprechung hat der Bundesgerichtshof für den Unterhaltsanspruch nach § 1615 l BGB einen Mindestbedarf (→ *Mindestbedarf* Rn. 1 ff.) in Höhe des **nach sozialrechtlichen Maßstäben zu bemessenden Existenzminimums** akzeptiert.[109] Mit seinem Urteil vom 16.12.2009 hat der Bundesgerichtshof den Mindestbedarf auch für den Ehegattenunterhalt bejaht.[110] Während auf Seiten des Unterhaltspflichtigen der Selbstbehalt den jeweils notwendigen Bedarf sichert, ist spiegelverkehrt auch beim Unterhaltsberechtigten ein notwendiger Mindestbedarf als unterste Grenze anzusetzen. Selbst bei einem unzureichenden Einkommen ist über die Aufstockung der Sozialhilfe ein das Existenzminimum sicherndes Einkommen zu erreichen, so dass der notwendige Bedarf nicht geringer sein kann. Zugleich sichert der dem Unterhaltspflichtigen zu belassende Selbstbehalt einen den Mindestbedarf übersteigenden 31

102 BGH 22.4.1998 – XII ZR 161/96, FamRZ 1998, 899.
103 BGH 28.3.2007 – XII ZR 21/05, FamRZ 2007, 879.
104 BGH 15.3.2006 – XII ZR 30/04, FamRZ 2006, 683; BVerfG 25.1.2011 – 1 BvR 918/10, FamRZ 2011, 537.
105 BGH 25.9.2019 – XIIZB 25/19, FamRZ 2020, 21.
106 BGH 11.8.2010 – XII ZR 102/09, NJW 2010, 3372.
107 BGH 25.9.2019 – XIIZB 25/19, FamRZ 2020, 21.
108 OLG Bremen 6.2.2015 – 4 UF 38/14, FamRZ 2015, 1395.
109 BGH 16.7.2008 – XII ZR 109/05, FamRZ 2008, 1739.
110 BGH 16.12.2009 – XII ZR 50/08, FamRZ 2010, 357.

Anteil am Einkommen, da der Mindestbedarf nicht mit dem Selbstbehalt eines Unterhaltsschuldners beim Ehegattenunterhalt gleichzusetzen ist. In der Regel wird er bei einem alleinerziehenden Elternteil mit dem Betrag pauschaliert, der für den nicht erwerbstätigen Unterhaltsschuldner gilt, zurzeit 960 EUR.[111] Bei einem alleinstehenden Berechtigten kann er auch unterhalb dieses Betrags liegen, bei unvermeidbar hohen Wohnkosten auch darüber. Die Pauschalierung des Mindestbedarfs schließt den Nachweis eines geringeren oder höheren Bedarfs nicht aus.

6. Angemessener Lebensbedarf gem. § 1578 b BGB

32 Der Maßstab des angemessenen Lebensbedarfs, der nach § 1578 b Abs. 1 BGB die **Grenze für die Herabsetzung** des nachehelichen Unterhalts (→ *Unterhaltsbegrenzung* Rn. 1 ff.) bildet, bemisst sich dabei nach den hypothetischen Einkünften, welche der unterhaltsberechtigte Ehegatte **ohne die Ehe und Kindererziehung** zur Verfügung hätte.[112] Die besseren Verhältnisse des anderen Ehegatten sind für den sich nach der eigenen Lebensstellung des Unterhaltsberechtigten zu bemessenden Bedarf ohne Bedeutung.[113] Durch die Regelung des § 1578 b BGB wird dafür gesorgt, dass nach Ablauf einer Übergangsphase keine fortgesetzte Teilhabe am ehelichen Lebensstandard stattfindet. Der Berechtigte soll allerdings auch nicht schlechter stehen, als er ohne die Ehe stehen würde. Deshalb muss die voraussichtliche weitere Entwicklung seines Lebensstandards ohne die Ehe berücksichtigt werden. Erzielt der Unterhaltsberechtigte eigene Einkünfte, die seinen angemessenen Unterhaltsbedarf erreichen, oder könnte er solche Einkünfte erzielen, kann dies im Rahmen der Billigkeitsabwägung nach einer Übergangszeit, in der er sich nach gescheiterter Ehe von den ehelichen Lebensverhältnissen auf den Lebensbedarf nach den eigenen Einkünften umstellen kann, zum vollständigen Wegfall des nachehelichen Unterhalts in Form einer Befristung führen.[114] Erzielt er hingegen lediglich Einkünfte, die den angemessenen Unterhaltsbedarf nach § 1578 b BGB nicht erreichen, scheidet eine Befristung des Unterhaltsanspruchs regelmäßig aus. Aber dann kann der Unterhalt nach einer Übergangszeit noch bis auf den angemessenen Bedarf herabgesetzt werden, der sich aus der Differenz des angemessenen Unterhaltsbedarfs mit dem erzielten oder erzielbaren eigenen Einkommen ergibt, was freilich voraussetzt, dass der eheangemessene Bedarf den angemessenen Bedarf übersteigt.[115] Die Untergrenze der Herabsetzung nach § 1578 b Abs. 1 BGB stellt das zu bemessende Existenzminimum dar.[116] Dies leitet der Bundesgerichtshof aus dem Begriff der Angemessenheit ab. Dieses entspricht nach der neueren Rechtsprechung des Bundesgerichtshofs dem notwendigen Selbstbehalt eines nichterwerbstätigen Unterhaltspflichtigen von derzeit 960 EUR monatlich.[117] Soweit die Begrenzung oder Befristung mangels eines ehebedingten Nachteils ausscheidet, ist das Kriterium der „Nachehelichen Solidarität" als ein weiteres Billigkeitskriterium zu prüfen (→ *Nacheheliche Solidarität* Rn. 1 ff.).

III. Kindesunterhalt

33 Das **Maß** des Kindesunterhalts richtet sich als Verwandtenunterhalt gem. § 1610 Abs. 1 BGB nach der **Lebensstellung des Bedürftigen**. Dabei ist grundsätzlich zwischen minderjährigen und volljährigen Kindern zu unterscheiden.

1. Minderjährige Kinder

34 Der Unterhaltsbedarf minderjähriger Kinder richtet sich aufgrund der fehlenden eigenen Lebensstellung nach der **Lebensstellung ihrer Eltern**. Dabei ist für die Zeit ab 1.1.2008 allerdings der in § 1612 a BGB neu geregelte Mindestunterhalt zu beachten (→ *Mindestunterhalt* Rn. 1 ff.).

---

111 ZB SüdL Ziffer 15, Stand 1.1.2021.
112 BGH 20.10.2010 – XII ZR 53/09, FamRZ 2010, 2059.
113 BGH 10.11.2010 – XII ZR 197/08, FamRZ 2011, 192.
114 BGH 14.10.2009 – XII ZR 146/08, FamRZ 2009, 1990.
115 BGH 14.10.2009 – XII ZR 146/08, FamRZ 2009, 1990.
116 BGH 28.4.2010 – XII ZR 141/08, FamRZ 2010, 1057.
117 BGH 17.2.2010 – XII ZR 140/08, FamRZ 2010, 629.

a) Abgeleiteter Unterhaltsanspruch. Minderjährige Kinder leiten ihren Unterhaltsanspruch von ihren Eltern ab, weil sie sich noch in der Ausbildung befinden, die ihnen regelmäßig **keine eigene Lebensstellung** gewährt.[118] Es spielt dabei keine Rolle, ob die Kinder jemals mit dem Elternteil zusammengelebt haben.[119] Dabei ist grundsätzlich auf beide Elternteile abzustellen. Aufgrund der **Gleichwertigkeit von Betreuungs- und Barunterhalt** erfüllt der betreuende Elternteil seine Unterhaltspflicht durch Pflege und Erziehung des Kindes (§ 1606 Abs. 3 S. 2 BGB). Das bedeutet, dass sich der Barunterhalt in der Regel nur nach den wirtschaftlichen Verhältnissen des barunterhaltspflichtigen Elternteils bemisst, denn dessen Haftung ist auf seinen Anteil begrenzt, so dass es der Sache nach auf eine „abgekürzte Unterhaltsermittlung" hinausläuft, indem man nur dessen Einkommen heranzieht.[120] Die Ausnahmebestimmung des § 1603 Abs. 2 S. 3 BGB trifft dann ein, wenn die Einkommensunterschiede zwischen betreuendem und nicht betreuendem Elternteil erheblich sind. Sie führt dazu, dass nicht mehr die Ausnahme des § 1603 Abs. 2 S. 1 BGB, sondern wieder der Grundsatz nach § 1603 Abs. 1 BGB gilt. Unter § 1603 Abs. 2 S. 2 BGB fällt also auch der andere Elternteil als „anderer unterhaltspflichtiger Verwandter".[121] Es sind hierbei drei Fallgruppen zu unterscheiden: Erstens, wenn der betreuende Elternteil den vollen Unterhalt nicht zahlen kann, ohne unter seinen angemessenen Selbstbehalt zu fallen, während der Betreuende das schon könnte. Hier muss sich der betreuende Elternteil nicht auf den notwendigen Selbstbehalt und die sonstigen Verschärfungen des § 1603 Abs. 2 BGB verweisen lassen.[122] In der zweiten Fallgruppe ist es genauso, nun kommt aber noch ein „erhebliches finanzielles Ungleichgewicht" zwischen den Elternteilen hinzu, wenn man deren Nettoeinkünfte im Rahmen einer „umfassenden Billigkeitsabwägung" gegenüberstellt. Es kommt hierbei im Rahmen einer wertenden Betrachtung, die an die Quotenermittlung beim Zusatzbedarf angelehnt ist, zu einer echten Teiltragung des Barunterhalts durch den betreuenden Elternteil und damit zu einer Kürzung des Unterhalts.[123] In der dritten Fallgruppe verfügt der betreuende Elternteil über mindestens das dreifache Nettoeinkommen des betreuenden Elternteils. Hier entfällt die Barunterhaltspflicht des betreuenden Elternteils vollends.[124] 35

Nach ständiger Rechtsprechung ist der Barunterhaltsbedarf eines minderjährigen Kindes der **Düsseldorfer Tabelle** zu entnehmen, die in ihren Einkommensgruppen auf das Einkommen des barunterhaltspflichtigen Elternteils und zusätzlich pauschalierend auf drei verschiedene Altersstufen des unterhaltsberechtigten Kindes abstellt. Bei diesen Unterhaltssätzen handelt es sich um richterliche Erfahrungswerte, die mit zunehmenden Einkünften des Pflichtigen auch einen gehobenen Unterhaltsbedarf des berechtigten Kindes abdecken, jedenfalls soweit das Grundbedürfnisse wie Nahrung, Kleidung, Wohnbedarf, Schulbedarf, Aufwendungen für Freizeit, Urlaub etc betrifft.[125] Maßgeblich ist das bereinigte Nettoeinkommen. Da es sich um einen abgeleiteten Bedarf handelt, ist zunächst das gesamte aktuelle Einkommen maßgeblich. Die Abzugspositionen sind die allgemein anerkannten (→ *Einkommensermittlung* Rn. 1 ff.). Bei Verbindlichkeiten gilt ab Trennung der Eltern der Grundsatz, dass nur unvermeidbare Verbindlichkeiten abzugsfähig sind, da in Kenntnis der Unterhaltspflicht eingegangene Verbindlichkeiten grundsätzlich nicht zu berücksichtigen sind.[126] Im Mangelfall gelten sehr strenge Kriterien für den Ansatz von Einkommen und Abzügen (→ *Selbstbehalt und Mangelfall* Rn. 12). 36

Liegt das Einkommen des barunterhaltspflichtigen Elternteils **erheblich über der höchsten Einkommensstufe der Düsseldorfer Tabelle**, kommt eine (maßvolle) Erhöhung der Tabellensätze bzw. eine **konkrete Bedarfsberechnung** in Betracht (→ *Konkreter Bedarf* Rn. 11 ff.). Insoweit ist Zurückhaltung geboten, da 37

118 BGH 6.2.2002 – XII ZR 20/00, FamRZ 2002, 536.
119 BGH16.9.2020 – XII ZB 499/19, FamRZ 2021, 28 (30).
120 BGH 11.1.2017 – XII ZB 565/15, FamRZ 2017, 437.
121 BGH 10.7.2013 – XII ZB 297/12, FamRZ 2013, 1558.
122 BGH 4.5.2011 –XII ZR 70/09, FamRZ 2011, 1041.
123 BGH 10.7.2013 – XII ZB 297/12, FamRZ 2013, 1558; vgl. dazu auch *Volker* FuR 2015, 136 mit Rechenbeispielen.
124 BGH 10.7.2013 – XII ZB 297/12, FamRZ 2013, 1558.
125 OLG Hamm 27.5.2010 – 3 UF 234/09, FamRZ 2010, 2080.
126 BGH 10.7.2013 – XII ZB 297/12, FamRZ 2013, 1558.

die Lebensstellung eines Kindes in erster Linie durch sein Kindsein geprägt wird. Für die Ermittlung des Bedarfs eines minderjährigen Kindes ist aber auch dessen Lebensalter zu berücksichtigen, wie aus § 1612 a BGB ersichtlich ist. Das bedeutet, dass Unterhaltsgewährung von Kindern stets die Befriedigung ihres gesamten, auch eines gehobenen Lebensbedarfs, nicht aber Teilhabe am Luxus der Eltern bedeutet. Auch in besten Verhältnissen lebende Eltern schulden dem Kind nicht, was es wünscht, sondern, was es nach seinem Lebensstandard braucht. Der Lebensstandard soll dem Kind nach der Trennung der Eltern grundsätzlich erhalten bleiben, die Unterhaltsbemessung darf jedoch auch nicht dazu führen, die Lebensstellung des Elternteils anzuheben, bei dem das Kind lebt. Dementsprechend ist mit einer Erhöhung des Unterhalts minderjähriger Kinder über die Höchstsätze der Düsseldorfer Tabelle hinaus vorsichtig vorzugehen und der Unterhaltsbedarf auch bei Einkünften deutlich über dem Einkommensbereich der Düsseldorfer Tabelle nur maßvoll anzuheben. Da der BGH nun seine Rechtsprechung zur konkreten Bedarfsbemessung beim Kindesunterhalt mit derjenigen beim Ehegattenunterhalt synchronisiert hat, ist in Kürze eine erhebliche Fortschreibung des Tabellenunterhalts zu erwarten, so dass der Raum für eine konkrete Bedarfsbemessung sich weiter verengen wird.[127]

38 **b) Mindestunterhalt.** Das Unterhaltsreformgesetz hat zum 1.1.2008 in § 1612 a BGB erneut einen Mindestunterhalt (→ *Mindestunterhalt* Rn. 1 ff.) für alle minderjährigen Kinder eingeführt. Mit Einführung des Mindestunterhalts ist die frühere Regelbetragsverordnung abgelöst worden.

39 **c) Mehrbedarf. aa) Überblick.** Unter Mehrbedarf fallen all diejenigen Bedarfspositionen, die während **eines längeren Zeitraums** anfallen, die **üblichen Kosten übersteigen** und deshalb nicht von den Regelsätzen der Düsseldorfer Tabelle erfasst werden.[128] Ähnlich wie bei der restriktiv durchzuführenden pauschalen Erhöhung des Tabellenunterhalts ist auch bei der Gewährung der Kosten für einen Mehrbedarf vorzugehen. Dies schon deshalb, weil davon ausgegangen wird, dass der angemessene Tabellenunterhalt Spielraum zur **Bildung von Rücklagen** lässt. Mehrbedarf ist zusätzlich zum Tabellenunterhalt zu bezahlen, wenn dieser berechtigt ist, dh wenn für die den Mehrbedarf verursachende Maßnahme so gewichtige Gründe im Interesse des Berechtigten sprechen, dass die zusätzliche finanzielle Belastung vom Barunterhaltspflichtigen hingenommen werden muss.[129] Bei der Abwägung sind die wirtschaftlichen Verhältnisse des Unterhaltspflichtigen zu berücksichtigen. War der barunterhaltspflichtige Elternteil mit der den Mehrkosten auslösenden Maßnahme einverstanden, ist in der Regel von einem berechtigten Mehrbedarf auszugehen. Mehrbedarf kann daher verbindlich vereinbart und somit selbst definiert werden.[130] Letztlich hat sich zu den Mehrbedarfspositionen eine umfangreiche, nicht immer konsistente Kasuistik entwickelt (→ *Mehrbedarf/Sonderbedarf beim Kindesunterhalt* Rn. 1 ff.).

40 **bb) Krankenversicherung.** Der häufigste Fall des Unterhaltsmehrbedarfs sind die **Kosten für die private Krankenversicherung** eines Kindes. Diese sind in den Tabellenunterhaltsbeträgen nicht enthalten. Sie sind dann als angemessener Unterhalt iSd § 1610 Abs. 1 BGB anzusehen, wenn das Kind mit den Eltern während des ehelichen Zusammenlebens privat versichert war und der in guten Einkommensverhältnissen lebende Unterhaltspflichtige diese Versicherung auch nach der Trennung beibehält. Das Kind kann nur dann auf eine gesetzliche Krankenversicherung mit einer privaten Zusatzversicherung verwiesen werden, wenn dadurch Versicherungsleistungen im selben Umfang erbracht werden, also in der Krankenversicherung des Kindes keine Nachteile entstehen.[131] Im Gegensatz zum sonstigen Mehrbedarf sind die Kosten für die private Krankenversicherung **nicht anteilig** von den Eltern gem. § 1606 Abs. 3 S. 1 BGB zu bezahlen, sondern **allein vom Barunterhaltspflichtigen**, da die Krankenversicherungskosten zum angemessenen Unterhalt iSv § 1610 Abs. 1 BGB gehören.

41 **cc) Kinderbetreuungskosten.** Bei Kinderbetreuungskosten wie beispielsweise den Kosten für eine Kinderkrippe, einen Kindergarten, einen Hort oder eine Tagesmutter wurde nach früherer Rechtsprechung

127 BGH16.9.2020 – XII ZB 499/19, FamRZ 2021, 28.
128 BGH 14.3.2007 – XII ZR 158/04, FamRZ 2007, 882.
129 BGH 3.11.1982 – IVb ZR 324/81, NJW 1983, 393.
130 OLG Frankfurt a. M. 11.6.2014 – 6 UF 323/13, NJW-RR 2015, 260.
131 OLG Frankfurt a. M. 18.4.2012 – 3 UF 279/11, FamRZ 2013, 138.

unterschieden, ob es sich um eine pädagogische Maßnahme handelt, dann sollte es sich um Mehrbedarf des Kindes handeln, oder aber um eine Betreuung zur Ermöglichung der Erwerbstätigkeit des kinderbetreuenden Elternteils. In diesem Fall sollten diese Kosten als berufsbedingte Aufwendungen beim Erwerbseinkommen des kinderbetreuenden Elternteils in Abzug gebracht werden. Bezüglich der **Beiträge für einen Kindergarten** hat der Bundesgerichtshof entschieden, dass insoweit wegen der Übernahme von erzieherischen und bildungsmäßigen Aufgaben durch solche Einrichtungen grundsätzlich ein Mehrbedarf des Kindes vorliegt und zwar unabhängig davon, ob es sich um einen Halbtags- oder einen Ganztagesplatz handelt.[132] Von einem pädagogischen Mehrwert und nicht von einer bloßen Verwahrstelle ist regelmäßig bei staatlichen Einrichtungen auszugehen.[133] Private Einrichtungen müssen vergleichbar sein. Kosten für die nicht weiter in diesem Sinne qualifizierte Tagesmutter sind daher oftmals kein Mehrbedarf.[134] Kindergartenbeiträge sind mit Ausnahme des Verpflegungskostenanteils stets als Mehrbedarf des Kindes zu behandeln.

dd) Sonstiger Mehrbedarf. Ansonsten gehören zum Mehrbedarf minderjähriger Kinder Nachhilfestun- 42
den,[135] nicht erstattungsfähige Medikamente, besondere Nahrungsmittel für Allergiker, Kosten für notwendigen Nachhilfeunterricht,[136] für aufwendige musikalische oder sportliche Hobbys des Kindes, wenn beide Elternteile dies auch während des Zusammenlebens gefördert haben.[137] Auch die Kosten für den Führerschein werden zT darunter gefasst.[138] Bezüglich der Kosten für den Besuch einer Privatschule oder Internatsunterbringung ist dann ein berechtigter Mehrbedarf gegeben, wenn gewichtige Gründe in der Person des Kindes für die Wahl einer privaten Schule im Vergleich zu einer staatlichen Schule sprechen.[139]

ee) Anteilige Haftung. Das Vorliegen berechtigten Mehrbedarfs führt zu einer anteiligen Haftung beider 43
Elternteile gem. **§ 1606 Abs. 3 S. 1 BGB**. Die **Haftungsquote** der Elternteile bestimmt sich nach ihren Einkommens- und Vermögensverhältnissen. Die Haftungsformel ergibt sich aus den unterhaltsrechtlichen Leitlinien, zB Ziffer 13.3 der SüdL, Stand 1.1.2021. Elementarkindesunterhalt ist vor der Quotenbestimmung vom Einkommen bereinigend in Abzug zu bringen.[140]

d) Sonderbedarf. Gem. § 1613 Abs. 2 S. 1 BGB liegt ein Sonderbedarf bei einem **unregelmäßigen,** 44
außergewöhnlich hohen Bedarf vor. Unregelmäßig ist ein Bedarf, wenn er plötzlich auftritt und nicht mit Wahrscheinlichkeit vorauszusehen war und deshalb weder bei der Bemessung des laufenden Unterhalts berücksichtigt werden konnte, noch die Bildung von Rücklagen aus dem laufenden Unterhalt möglich war.[141] Darüber hinaus müssen die den Sonderbedarf begründenden Kosten außergewöhnlich hoch sein. Beispiele aus der Rechtsprechung sind unvorhergesehene Krankheitskosten, kieferorthopädische Behandlungen oder die Erstausstattung eines Säuglings sowie auch der Verfahrenskostenvorschuss (→ *Mehrbedarf/Sonderbedarf beim Ehegatten* Rn. 8 ff.). Schwierig und zum Teil streitig sind Fälle wie Klassenfahrten und Konfirmationskosten. Insoweit wird teilweise vertreten, dass diese Kosten vorhersehbar waren und deshalb vom Tabellenunterhalt Rücklagen gebildet werden konnten.[142] Bezüglich der lang umstrittenen Frage, ob **Konfirmations- oder Kommunionskosten** Sonderbedarf darstellen, hat der Bundesgerichtshof im Jahr 2006 entschieden, dass die Kosten für eine Konfirmation spätestens mit Beginn des Konfirmations-

---

132 BGH 26.11.2008 – XII ZR 65/07, FamRZ 2009, 962.
133 BGH 4.10.2017 – XII ZB 55/17, FamRZ 2018, 23.
134 BGH 4.10.2017 – XII ZB 55/17, NZFam 2017, 1103 mit instruktiver Anm. *Löhnig.*
135 OLG Düsseldorf 8.7.2005 – 3 UF 21/05, FuR 2005, 565.
136 OLG Hamm 22.5.2006 – 6 WF 302/06, FamRZ 2007, 77; OLG Düsseldorf 8.7.2005 – 3 UF 21/05, FamRZ 2006, 223.
137 OLG Karlsruhe 3.8.2004 – 18 UF 248/02, FamRZ 2005, 233.
138 KG 22.11.2003 – 18 WF 431/03, ZFE 2004, 184.
139 BGH 3.11.1982 – IVb ZR 324/81, NJW 1983, 393; OLG Naumburg 9.9.2008 – 3 UF 31/08, FamRZ 2009, 1074.
140 BGH 10.7.2013 – XII ZB 297/12, FamRZ 2013, 1558.
141 BGH 15.2.2006 – XII ZR 4/04, FamRZ 2006, 612.
142 OLG Zweibrücken 21.9.1999 – 5 UF 16/99, FamRZ 2001, 444; OLG Hamm 22.5.2006 – 6 WF 302/06, FamRZ 2007, 77; aA bei Auslandsklassenfahrt OLG Hamm 18.1.2011 – 10 UF 161/10, FamRZ 2011, 1067; KG 15.10.2002 – 16 WF 259/02, FamRZ 2003, 1584.

unterrichts absehbar und deshalb nicht überraschend iSv § 1613 Abs. 2 Nr. 1 BGB sind.[143] Entscheidend ist auch, seit wann die Eltern getrennt leben. Während bestehender Ehe wird man meistens keine Rücklagen für derartige Auslagen bilden. Wenige Monate nach der Trennung können dann ebenfalls noch keine solchen Rücklagen gebildet worden sein. Die Eltern haften für berechtigten Sonderbedarf grundsätzlich **anteilig** gem. **§ 1606 Abs. 3 S. 1 BGB** entsprechend ihrer Einkommens- und Vermögensverhältnisse.[144] Die Berechnung der Haftungsquoten erfolgt nach den in den unterhaltsrechtlichen Leitlinien aufgenommenen Formeln, für Süddeutschland Ziffer 13.3 (→ *Unterhaltsberechnung* Rn. 1 ff.).

45 Sonderbedarf kann gem. § 1613 Abs. 2 BGB noch **bis zu einem Jahr** nach seiner Entstehung geltend gemacht werden.

46 **e) Wechselmodell.** Nur im Falle des sog. paritätischen Wechselmodells greift nach § 1603 Abs. 3 S. 1 BGB wieder der Grundsatz der Barunterhaltspflicht beider Elternteile, weshalb die Berechnung des Unterhalts auch grundsätzlich der für Zusatzbedarf oder bei Volljährigen bekannten Berechnungsmethode entspricht, die allerdings erheblich modifiziert wird.[145] Die Rechenmethode ist allerdings unpraktisch und bedarf eines größeren Feststellungsaufwands in tatsächlicher Hinsicht. Sie sollte durch den Gesetzgeber dringend vereinfacht werden. Das paritätische Wechselmodell unterliegt zunächst engen Voraussetzungen. Die Hauptverantwortung muss in zeitlicher und organisatorischer Hinsicht zwischen den Eltern hälftig geteilt werden. Die Betreuungszeit muss also zunächst paritätisch geteilt werden und hat Indizwirkung für die Parität des Wechselmodells insgesamt.[146] Organisatorisch müssen Arztbesuche, Teilnahme an sportlichen und musischen Aktivtäten, Elternabende und Beschaffung von Kleidung und Schulutensilien ebenfalls hälftig aufgeteilt werden.[147] Wird also nach diesen Kriterien ein paritätisches Wechselmodell praktiziert, richtet sich die Höhe des Unterhaltsbedarfs des Kindes nach den **beiderseitigen, zusammengerechneten bereinigten Einkünften** der Eltern. Zum Unterhaltsbedarf hinzuzurechnen sind angemessene **Mehrkosten** wie etwa Wohn- und Fahrtkosten, die dadurch entstehen, dass das Kind nicht nur in einer Wohnung, sondern in getrennten Haushalten versorgt wird.[148] Unterhaltsrechtlicher Mehrbedarf kann ebenfalls hinzugerechnet werden.[149] Vom so ermittelten erhöhten Gesamtbedarf ist das hälftige Kindergeld in Abzug zu bringen.[150] Für den Gesamtbedarf des Kindes **haften die Eltern dann anteilig** nach ihren Einkommens- und Vermögensverhältnissen entsprechend § 1606 Abs. 3 S. 1 BGB nach Abzug ihres angemessenen Selbstbehalts von derzeit 1.400 EUR (Stand 1.1.2021). Hier endet die Bedarfsfeststellung. Von dem auf diese Weise ermittelten Haftungsanteil können in einem weiteren Schritt die erbrachten Naturalunterhaltsleistungen jedes Elternteils von seinem Anteil in Abzug gebracht werden, wobei diese Naturalleistungen der monetären Höhe nach geschätzt werden können.[151] Das können zB Kosten für Kleidung, erhöhte Wohnkosten, zusätzliche Fahrtkosten oder Mehrbedarf wie Kindergartenkosten sein, welche der betroffene Elternteil allein trägt. Dadurch reduziert sich freilich der Haftungsanteil in bar zumeist schon deutlich. Auf diese Weise ergeben sich zwei Baranteile, die praktischerweise gegeneinander zu verrechnen sind,[152] indem vom größeren Anteil der kleinere abgezogen wird. Die Differenz wird dann hälftig geteilt und ergibt den zu zahlenden Anteil, wobei jetzt noch die zweite Hälfte des Kindergeldes berücksichtigt werden muss. Der im Außenverhältnis kindergeldbeziehende Elternteil (kann immer nur einer sein, § 64 EStG) muss jedoch ein Viertel von seinem so errechneten Beitrag abziehen. Das Kindergeld wird mit seiner auf den Barbedarf entfallenden Hälfte direkt vom Bedarf in Abzug gebracht (s. o.). Die auf den Betreuungsbedarf entfallene Hälfte des Kindergeldes muss ebenfalls geteilt

---

143 BGH 15.2.2006 – XII ZR 4/04, FamRZ 2006, 612.
144 BGH 19.11.1997 – XII ZR 1/96, FamRZ 1998, 286.
145 BGH 11.1.2017 – XII ZB 565/15, FamRZ 2017, 437; BGH 5.11.2014 – XII ZB 599/13, FamRZ 2015, 236.
146 BGH 5.11.2014 – XII ZB 599/13, FamRZ 2015, 236: Verteilung 57 % zu 43 % reicht nicht; Schlafzeiten sind in die Berechnung miteinzubeziehen, OLG Düsseldorf 18.5. 2015 – II-7 UF 10/15, 7 UF 10/15, FamRZ 2016, 142, str.
147 BGH 5.11.2014 – XII ZB 599/13, FamRZ 2015, 236.
148 BGH 5.11.2014 – XII ZB 599/13, FamRZ 2015, 236.
149 BGH 20.4.2016 – XII ZB 45/15, FamRZ 2016, 1053.
150 BGH 20.4.2016 – XII ZB 45/15, FamRZ 2016, 1053.
151 BGH 12.3.2014 – XII ZB 234/13, FamRZ 2014, 917; 21.12.2005 – XII ZR 126/03, FamRZ 2006, 1015.
152 BGH 20.4.2016 – XII ZB 45/15, FamRZ 2016, 1053.

werden. Bezieht derjenige Elternteil, der den Barunterhaltsanspruch geltend macht, das Kindergeld im Außenverhältnis, so muss er sich ein Viertel auf den von ihm geltend gemachten Unterhaltsbetrag mindernd anrechnen lassen, damit auch diese Hälfte des Kindergeldes geteilt wird. Bezieht der andere Elternteil dagegen das Kindergeld, muss er dieses Viertel noch zusätzlich zu dem Ausgleichsbetrag zahlen. Kommt es zu keinerlei Unterhaltszahlungen, weil beide Elternteile leistungsunfähig sind, kann gegenüber dem beziehenden Elternteil ein familienrechtlicher Ausgleichsanspruch auf die Hälfte des Kindergeldes geltend gemacht werden.[153] Beide Elternteile trifft nach einer Übergangszeit nach der Trennung von 3–6 Monaten eine identische Erwerbsobliegenheit zur Aufnahme einer Vollzeittätigkeit, und zwar unabhängig vom Alter der Kinder. Der BGH hat die vorinstanzliche Entscheidung des OLG Dresden insoweit und deren Übergangsfrist von 4,5 Monaten bei zwei über drei Jahre alten Kindern gebilligt (→ Rn. 10).[154]

2. Volljährige Kinder

a) Allgemeines. Die Lebensstellung und damit der Bedarf eines volljährigen Kindes leitet sich im Gegensatz zum minderjährigen Kind nicht stets von den Eltern ab. Ein volljähriges Kind kann nach den Umständen des Einzelfalls bereits eine eigene Lebensstellung begründet haben. 47

b) Abgeleiteter Unterhaltsanspruch. Ein volljähriges Kind leitet seinen Unterhaltsanspruch weiterhin von beiden Eltern ab, solange es **noch im Haushalt eines Elternteils** lebt. Sollte das volljährige Kind keiner Berufsausbildung nachgehen, weil es dauerhaft krank oder behindert ist, so muss zumeist eine konkrete Bedarfsbemessung erfolgen (→ *Konkreter Bedarf* Rn. 14). Der Unterhaltsbedarf ermittelt sich bei Volljährigen aus der 4. Altersstufe der Düsseldorfer Tabelle.[155] Da mit der Volljährigkeit der Betreuungsbedarf des Kindes entfällt, greift die Ausnahme des § 1606 Abs. 3 S. 2 BGB nicht mehr ein und es sind nunmehr **beide Elternteile barunterhaltspflichtig.**[156] Der Bedarf des Kindes und somit die Einordnung in die Einkommensgruppe der Düsseldorfer Tabelle bemisst sich aus dem zusammengerechneten bereinigten Einkommen beider Elternteile. Gem. § 1606 Abs. 3 S. 1 BGB haften die Eltern für den Barunterhalt anteilig nach ihren Erwerbs- und Vermögensverhältnissen und zwar nach Abzug des angemessenen Selbstbehalts von derzeit 1.400 EUR (Stand 1.1.2021). Es ist nicht der notwendige Selbstbehalt anzusetzen. Dies soll den weniger verdienenden Elternteil privilegieren.[157] Wegen der Ersparnisse der doppelten Haushaltsführung wird regelmäßig dann eine Einkommensgruppe herabzustufen sein. Auf den notwendigen Selbstbehalt ist für die Quotenberechnung nur dann abzustellen, wenn andernfalls der Mindestunterhalt nicht mehr gewährleistet wäre.[158] Für die Quotenberechnung kann das Zusammenleben mit einem leistungsfähigen Partner dazu führen, dass ein Abschlag von 10 % auf den Selbstbehalt vorzunehmen ist (dazu auf der Ebene der Leistungsfähigkeit auch → *Mangelfall und Selbstbehalt* Rn. 7).[159] Die Berechnung der Haftungsquoten erfolgt nach den in den unterhaltsrechtlichen Leitlinien aufgenommenen Formeln, für Süddeutschland Ziffer 13.3 (→ *Unterhaltsberechnung* Rn. 1 ff.). Ist nur ein Elternteil nicht leistungsfähig, richtet sich der Unterhaltsbedarf allein nach den wirtschaftlichen Verhältnissen des leistungsfähigen und damit allein barunterhaltspflichtigen Elternteils. Jeder Elternteil muss also maximal den Unterhaltsbetrag der 4. Altersstufe leisten, der sich nach seinem eigenen Einkommen errechnet.[160] Zu beachten ist noch, dass neben der ausbildungsbedingten Kostenpauschale in diesem Fall nach einigen Leitlinien der Oberlandesgerichte noch zusätzlich Fahrtkosten des Kindes in Abzug gebracht werden können, wenn diese anfallen.[161] 48

c) Eigene Lebensstellung. Hat das volljährige Kind, zB als Student, bereits einen **eigenen Hausstand** begründet, leitet es seine Lebensstellung nicht mehr von den Eltern ab, sondern hat eine eigene Lebens- 49

153 BGH 20.4.2016 – XII ZB 45/15, FamRZ 2016, 1053.
154 BGH 11.1.2017 – XII ZB 565/15, FamRZ 2017, 437.
155 BGH 31.10.2007 – XII ZR 112/05, FamRZ 2008, 137.
156 BGH 17.1.2007 – XII ZR 166/04, FamRZ 2007, 542.
157 BGH 31.1.2018 – XII ZB 133/17, FamRZ 2018, 589.
158 BGH 12.1.2011 – XII ZR 83/08, FamRZ 2011, 454.
159 KG 24.5.2017 – 13 UF 48/17, FamRZ 2017, 1930.
160 BGH 26.10.2005 – XII ZR 34/03, FamRZ 2006, 99.
161 Leitlinien des OLG Schleswig Ziffer 10.2.3, Stand 1.1.2021.

stellung erlangt, nach der sich dann auch sein Unterhaltsanspruch gegen beide Elternteile richtet.[162] Zur Bestimmung des Unterhaltsbedarfs bei volljährigen Kindern in Ausbildung oder im Studium sind die jeweiligen **Leitlinien der Oberlandesgerichte** heranzuziehen.[163] Diese gehen von einem **festen Unterhaltsbedarf** aus, der zurzeit 860 EUR monatlich zuzüglich Kranken- und Pflegeversicherungsbeiträge und eventuell Studiengebühren beträgt. Hierin sind 375 EUR für Unterkunft einschließlich Nebenkosten enthalten. Dieser Regelbedarf kann aber maßvoll erhöht werden, wenn das zusammengerechnete bereinigte Nettoeinkommen der Eheleute die achte Einkommensgruppe deutlich übersteigt (so auch zB Ziffer 13.1.2 SüdL, Stand 1.1.2021). Das **Kindergeld** ist auf den Unterhaltsbedarf in voller Höhe gem. § 1612 b BGB bedarfsdeckend anzurechnen. Der verbleibende Restbedarf ist wiederum von beiden Elternteilen gem. § 1606 Abs. 3 S. 1 BGB wie dargestellt anteilig entsprechend ihren Einkommens- und Vermögensverhältnissen zu bezahlen. Die Berechnung der Haftungsquoten erfolgt nach den in den unterhaltsrechtlichen Leitlinien aufgenommenen Formeln, für Süddeutschland Ziffer 13.3. (→ *Unterhaltsberechnung* Rn. 1 ff.). Eigenes Einkommen des Volljährigen, zB eine Ausbildungsvergütung, ist nach Abzug einer Ausbildungspauschale von derzeit 100 EUR (zB Ziffer 10.2.3 SüdL, Stand 1.1.2021) auf den Bedarf anzurechnen. Dies ist allerdings in den Leitlinien teilweise höchst unterschiedlich geregelt und sollte daher im jeweiligen Einzelfall anhand der einschlägigen Leitlinien geprüft werden.[164]

50 **d) Mehr- und Sonderbedarf.** Die Geltendmachung von Mehrbedarf oder Sonderbedarf richtet sich nach denselben Maßstäben wie bei minderjährigen Kindern (→ Rn. 40–46).

IV. Betreuungsunterhalt nach § 1615 l BGB

1. Allgemeines

51 Wenngleich der Gesetzgeber durch das zum 1.1.2008 in Kraft getretene Unterhaltsrechtsänderungsgesetz die Betreuungsunterhaltsansprüche aus § 1570 BGB und aus § 1615 l BGB weitgehend aneinander angeglichen hat, bestimmt sich das **Maß dieser Ansprüche** und somit der Unterhaltsbedarf nach völlig verschiedenen Vorschriften. Auf den Betreuungsunterhalt gem. § 1615 l Abs. 3 S. 1 BGB sind die **Vorschriften über den Verwandtenunterhalt** und somit § 1610 Abs. 1 BGB anzuwenden, vgl. § 1615 l Abs. 3 S. 1 BGB. Der Maßstab ist somit allein die **Lebensstellung der Unterhaltsberechtigten**. Vom Sinn und Zweck des § 1615 l BGB sollen durch diesen Unterhaltstatbestand nur die durch die Kinderbetreuung entstandenen Nachteile ersetzt werden. Andere Gegebenheiten, die unter geschiedenen Ehegatten einen Unterhaltstatbestand begründen können, spielen hierbei keine Rolle.[165]

2. Lebensstellung des Bedürftigen

52 Da nach § 1615 l Abs. 3 S. 1 BGB auf diesen Unterhaltsanspruch die Vorschriften über die Unterhaltspflicht zwischen Verwandten entsprechend anzuwenden sind, richtet sich der Unterhaltsbedarf gem.§ 1610 Abs. 1 BGB nach der Lebensstellung des Bedürftigen. Anders als bei Trennungsunterhaltsansprüchen oder Ansprüchen wegen nachehelichen Unterhalts, bei denen sich der Bedarf gem. §§ 1361 Abs. 1, 1578 Abs. 1 BGB bemisst, sind daher die wirtschaftlichen Verhältnisse des unterhaltspflichtigen Elternteils für die Bedarfsbemessung grundsätzlich nicht maßgebend. Eine Teilhabe an der Lebensstellung des Kindesvaters besteht somit nicht.[166] Ausschlaggebend ist im Ausgangspunkt, wie sich die **wirtschaftlichen Verhältnisse des unterhaltsberechtigten Elternteils** bis zur Geburt des gemeinsamen Kindes gestaltet haben, also wie hoch das Nettoeinkommen der Kindesmutter ausfiel.[167] Dies gilt auch, wenn die nicht verheiratete Mutter mit dem Kindesvater über längere Zeit zusammengelebt hat. Bezüglich der Bedarfsbemessung der

162 BGH 23.5.2007 – XII ZR 245/04, FamRZ 2007, 1232.
163 Vgl. zB Ziffer 13.1.2 SüdL.
164 Nach den Leitlinien des OLG Hamm Ziffer 13.1.2., Stand 1.1.2021, kann die Pauschale zB gar nicht abgezogen werden.
165 BGH 16.12.2009 – XII ZR 50/08, FamRZ 2010, 357.
166 BGH 15.12.2004 – XII ZR 121/03, FamRZ 2005, 357.
167 BGH 16.12.2009 – XII ZR 50/08, FamRZ 2010, 357.

nichtverheirateten Mutter hat der Bundesgerichtshof mit einem richtungsweisenden Urteil vom 16.7.2008 Überlegungen, auch bei längerem Zusammenleben der Eltern den Bedarf auch aus der Lebensstellung des Unterhaltspflichtigen zu bemessen, eine klare Absage erteilt.[168] Der Bundesgerichtshof begründet dies damit, dass es einer nachhaltig gesicherten Position bedürfe, an der der Bedarf zu bemessen sei. Diese gesicherte Position könne sich nicht aus dem nichtehelichen Zusammenleben vor der Geburt des ersten Kindes ergeben, da das Unterhaltsrecht für diese Zeit keinen Anspruch kennt, vielmehr seien alle Leistungen freiwillig. Danach kann sich der Bedarf der Unterhaltsberechtigten nach § 1615 l BGB nur aus drei möglichen Quellen bemessen, nämlich aus dem eigenen Erwerbseinkommen, Ansprüchen gegenüber anderen Unterhaltspflichtigen, meist gegenüber dem Ex-Ehemann, oder dem Mindestbedarf, den der Bundesgerichtshof in seinem Urteil vom 16.12.2009 in Höhe des Existenzminimums ausdrücklich bestätigt hat.[169] Allerdings sind die Einkommensverhältnisse nicht auf den Zeitpunkt der Geburt festgeschrieben. Der Bundesgerichtshof hat mittlerweile klargestellt, dass das hypothetische Einkommen ohne die Geburt des gemeinsamen Kindes maßgeblich ist.[170] Damit findet eine gewisse Annäherung an den angemessenen Bedarf im nachehelichen Unterhalt nach § 1578 b BGB statt (→ Rn. 33).

3. Eigenes Erwerbseinkommen der Mutter ohne die Geburt des Kindes

War der betreuende Elternteil bis zur Geburt des Kindes erwerbstätig, bemisst sich sein Bedarf nach seinem 53
bis dahin **nachhaltig erzielten Einkommen**, das er ohne die Geburt des Kindes erzielen würde.[171] Damit hat der Bundesgerichtshof die Orientierung am Zeitpunkt der Geburt aufgegeben. Dieses Einkommen muss allerdings nach wie vor nachhaltig sein, also als dauerhaft und gesichert gelten. Daher ist es denkbar, eine gewöhnliche Einkommensentwicklung in dem Beruf, der bei Geburt des Kindes ausgeübt worden ist, in die Bedarfsbemessung einzubeziehen.[172] Besonders bei Studenten oder Schülern kann sich daher der Bedarf nach den Einkünften bemessen, die ohne die Unterbrechung und nach Abschluss des Studiums oder der Ausbildung erzielt worden wären. Eine konkrete Bedarfsbemessung wird von der Rechtsprechung bei sehr guten Einkommensverhältnissen bisher abgelehnt.[173] Schwangerschaftsbedingte Arbeitszeitreduktionen bleiben bei der Bedarfsbemessung außer Betracht.[174] Von einem ermittelten Nettoeinkommen sind nur berufsbedingte Aufwendungen auf Bedarfsebene in Abzug zu bringen.[175] **Obergrenze** bei der Bedarfsbemessung ist der **Grundsatz der Halbteilung**.[176] Daher muss ein fiktiver Ehegattenunterhaltsanspruch berechnet werden, der sehr häufig bei höheren Einkünften des betreuenden Elternteils den Bedarf entscheidend deckelt. Bei der Berechnung sind alle Grundsätze der Berechnung eines Ehegattenunterhaltsanspruchs anzuwenden, also etwa auch der Ansatz eines Erwerbstätigenbonus.[177] Vom Einkommen des betreuenden Elternteils vor Geburt des Kindes ist aber kein Erwerbstätigenbonus in Abzug zu bringen (→ *Erwerbstätigenbonus* Rn. 4). Konkurriert der Unterhaltsberechtigte mit einem anderen gleichrangigen Unterhaltsberechtigten (zB die getrennt lebende Ehefrau), so ist auf Bedarfsebene eine Dreiteilung vorzunehmen.[178]

Bei der Bedarfsbemessung nach dem **dritten Geburtstag** des Kindes, wenn tatsächlich oder fiktiv Teil- 54
zeiteinkünfte erzielt werden oder erzielt werden müssen, ist für die Bedarfsberechnung regelmäßig ein solches Einkommen heranzuziehen und dann in ein Vollzeiteinkommen umzurechnen. Grundlage für das fiktive Einkommen ist die berufliche Qualifikation, das vor der Geburt des Kindes erzielte Einkommen und dessen durch Datenbanken nachvollziehbare Entwicklung bis zum aktuellen Datum. Die Differenz von Teilzeit- und Vollzeitgehalt bestimmt dann die Bedürftigkeit. Nur diese Betrachtung lässt sich mit

168 BGH 16.7.2008 – XII ZR 109/05, FamRZ 2008, 1739.
169 BGH 16.12.2009 – XII ZR 50/08, FamRZ 2010, 357.
170 BGH 10.6.2015 – XII ZB 251/14, FamRZ 2015, 1369.
171 BGH 10.6.2015 – XII ZB 251/14, FamRZ 2015, 1369.
172 BGH 15.5.2019 – XII ZB 357/18, FamRZ 2019, 1234.
173 OLG Köln 21.2.2017 – 25 UF 149/16, FamRZ 2017, 1309.
174 OLG Koblenz 18.3.2009 – 9 UF 596/08, NJW 2009, 1974.
175 OLG Brandenburg 2.3.2010 – 10 UF 63/09, FamRZ 2010, 1915.
176 BGH 15.12.2004 – XII ZR 121/03, FamRZ 2005, 442.
177 OLG Frankfurt a. M. 2.5.2019 – 2 UF 273/17, NZFam 2019, 627.
178 BGH 15.5.2019 – XII ZB 357/18, FamRZ 2019, 1234.

der Rechtsprechung des Bundesgerichtshofs in Einklang bringen, wonach die Lebensstellung der Mutter und damit ihr Unterhaltsbedarf davon abhängt, welches Einkommen sie ohne die Geburt ihres Kindes zur Verfügung hätte.[179]

55 **a) Unterhaltsanspruch aus früherer Ehe.** Falls zum Zeitpunkt der Anspruchsentstehung aus § 1615 l BGB der Unterhaltsberechtigte bereits einen Unterhaltsanspruch gegen den früheren Ehegatten hatte, ermittelt sich seine Lebensstellung aus diesen Unterhaltszahlungen, wenn dieser Anspruch zur Sicherung des Lebensbedarfs ausreicht. Auch bei diesem Anspruch auf Quotenunterhalt aus früherer Ehe muss der Halbteilungsgrundsatz angewendet werden.[180] Wenn der Anspruch gegen den früheren Ehegatten fortbesteht, haftet der neue Unterhaltsverpflichtete anteilig neben diesem nach § 1606 Abs. 3 S. 1 BGB.[181]

56 **b) Mindestbedarf.** Nach der neuesten Rechtsprechung des Bundesgerichtshofs muss durch den Unterhalt **das Existenzminimum** des Unterhaltsberechtigten sichergestellt werden, derzeit pauschal 960 EUR.[182] War der betreuende Elternteil vor der Geburt des Kindes nicht erwerbstätig oder hat er nur geringfügige Einkünfte erzielt, so ist sein Unterhaltsbedarf jedenfalls mit einem Mindestbedarf (→ *Mindestbedarf* Rn. 1 ff.) in Höhe des Existenzminimums zu bemessen, der mit dem **notwendigen Selbstbehalt** eines nicht Erwerbstätigen pauschaliert werden kann (→ *Selbstbehalt und Mangelfall* Rn. 1 ff.).[183] Gerade in den ersten Jahren nach der Geburt des Kindes ist der betreuende Elternteil auf eine **gesicherte Position** angewiesen, um sich der Kinderbetreuung widmen zu können.[184] Eine vorherige Inanspruchnahme der Sozialhilfe durch den Unterhaltsberechtigten spielt insoweit auch keine Rolle, weil ansonsten § 1615 l BGB generell nicht zum Zuge käme. Die Lebensstellung ergäbe sich aus dem gem. §§ 8 ff. SGB XII als nachhaltiges Einkommen anzusehenden Sozialhilfesatz. Für den Mindestbedarf spricht auch der Schutzzweck der Vorschrift, denn Betreuungsunterhalt dient dem Kind. Damit stellt diese Rechtsprechung eine Parallele zu dem neu eingeführten Mindestunterhalt nach § 1612 a BGB dar (→ *Mindestunterhalt* Rn. 1 ff.). Auch der **Grundsatz der Halbteilung** spricht nicht gegen einen Mindestbedarf. Dem Unterhaltsverpflichteten verbleibt über den Selbstbehalt stets ein Einkommensanteil, der den Mindestunterhalt übersteigt. In seinen Grundsatzentscheidungen hat der Bundesgerichtshof auch klargestellt, dass dieser Mindestunterhalt entsprechend auf andere Betreuungstatbestände anzuwenden ist.[185]

57 **c) Kranken- und Pflegeversicherung/Altersvorsorge/Ausbildung.** Die Kosten der Kranken- und Pflegeversicherung sind im Gesetz nicht ausdrücklich erwähnt. Sie gehören aber zum **allgemeinen Lebensbedarf** und stehen daher der Mutter in ihrer Lebensstellung angemessener Höhe zu.[186] Nicht umfasst sind die **Kosten der Altersvorsorge**. Eine Altersvorsorge wird bereits deshalb für die ersten drei Jahre nicht geschuldet, weil die Mutter des Kindes in dieser Zeit Rentenbeiträge wegen Kinderbetreuungszeiten erhält.[187] Dies ist allerdings nicht unstreitig. Zum Teil wird vertreten, dass es sich beim Altersvorsorgeunterhalt um ein Spezifikum des nachehelichen Unterhalts handele.[188] Auch ein Krankenunterhalt ist nicht von § 1615 l Abs. 2 BGB umfasst, wenn die Krankheit nicht schwangerschafts- oder entbindungsbedingt ist. Allerdings kann die Dauer des Betreuungsunterhalts dadurch verlängert werden.[189] Kosten für eine Berufsausbildung oder Weiterqualifikation sind nach § 1615 l BGB nicht geschuldet, da hier insoweit die Eltern in Anspruch zu nehmen wären; sie stellen auch keinen Grund zur Verlängerung des Basisunterhalts dar.[190]

---

179 BGH 15.12.2004 – XII ZR 121/03, FamRZ 2005, 442.
180 BGH 15.12.2004 – XII ZR 121/03, FamRZ 2005, 442; vgl. etwa SüdL Ziffer 18, Stand 1.1.2020.
181 BGH 17.1.2007 – XII ZR 104/03, FamRZ 2007, 1303.
182 BGH 17.3.2010 – XII ZR 204/08, FamRZ 2010, 802.
183 BGH 16.12.2009 – XII ZR 50/08, FamRZ 2010, 357.
184 BGH 13.1.2010 – XII ZR 123/08, FamRZ 2010, 444.
185 BGH 13.1.2010 – XII ZR 123/08, FamRZ 2010, 444.
186 BGH 16.12.2009 – XII ZR 50/08, FamRZ 2010, 357.
187 OLG Frankfurt a. M. 2.5.2019 – 2 UF 273/17, NZFam 2019, 627.
188 Wendl/Dose UnterhaltsR/*Bömelburg* § 7 Rn. 111.
189 OLG Bremen 10.5.2010 – 4 WF 43/10, FamRZ 2010, 1917.
190 BGH 10.6.2015 – XII ZB 251/14, FamRZ 2015, 1369.

49. Bedarfsgemeinschaft

Conradis

I. Einführung

Eine Bedarfsgemeinschaft ist im SGB II eingeführt worden; im SGB XII gibt es eine solche Konstruktion nicht. Die Bedarfsgemeinschaft ist in zweifacher Weise für das Familienrecht von Bedeutung: Zum einen ergibt sich aus der Zusammensetzung der Personen der Bedarfsgemeinschaft, in welcher Höhe Leistungen nach dem SGB II den einzelnen Personen bewilligt werden. Dies hat Folgen für die **Geltendmachung von Unterhalt** durch den einzelnen Leistungsberechtigten und den Umfang des Übergangs von Unterhaltsansprüchen (→ *Übergang von Unterhaltsansprüchen*). Zum anderen kann ein Mitglied Ansprüche für andere Personen der Bedarfsgemeinschaft geltend machen. Dies ist vor allem für die Kosten von Bedeutung, die für ein Kind während der Durchführung des **Umgangsrechts** (→ Rn. 10) entstehen. 1

II. Mitglieder der Bedarfsgemeinschaft

In den Bescheiden nach dem SGB II werden alle Personen, die der Bedarfsgemeinschaft angehören, zusammengefasst. Die Bedarfsgemeinschaft ist in § 7 Abs. 3 SGB II definiert. Zu ihr gehören neben dem nicht getrennt lebenden Ehegatten auch die Partner im Sinne des § 7 Abs. 3 Nr. 3 Buchst. c SGB II und die nicht getrennt lebenden Lebenspartner. Außerdem sind Mitglieder der Bedarfsgemeinschaft unverheiratete Kinder, sofern die nachstehenden Voraussetzungen vorliegen. Durch das Fortentwicklungsgesetz vom 24.3.2006[1] wurden in die Bedarfsgemeinschaft zum einen **Kinder bis zur Vollendung des 25. Lebensjahres** einbezogen, zum anderen **Stiefeltern** den leiblichen Eltern gleichgestellt. 2

Nach § 7 Abs. 3 Nr. 4 SGB II gehören **Kinder** nur dann zur Bedarfsgemeinschaft, soweit sie die Leistungen zur Sicherung ihres Lebensunterhalts nicht aus eigenem Einkommen und Vermögen gewährleisten können. Da das Kindergeld den Kindern zugerechnet wird, (→ *Grundsicherung für Arbeitsuchende* Rn. 38) kann der Bedarf des Kindes nach dem SGB II durchaus gedeckt sein, falls ausreichend Unterhalt oder Unterhaltsvorschuss gezahlt wird. In diesen Fällen wird das Kind entweder im Bescheid nicht erwähnt oder mit 0 EUR aufgenommen. Soweit das Kind das Kindergeld für seinen sozialrechtlichen Bedarf nicht benötigt, wird es den Eltern zugerechnet. 3

Ist das Kind schwanger oder betreut es ein Kind bis zur Vollendung des sechsten Lebensjahres, ist das Einkommen und Vermögen der Eltern jedoch nicht zu berücksichtigen, (§ 9 Abs. 3 SGB II) so dass es insoweit nicht Mitglied der Bedarfsgemeinschaft ist. 4

Ein **Partner** ist nach § 7 Abs. 3 Nr. 3 Buchst. c SGB II dann Mitglied der Bedarfsgemeinschaft, wenn er mit einer anderen leistungsberechtigten Person in einem Haushalt so zusammenlebt, dass nach verständiger Würdigung der wechselseitige Wille anzunehmen ist, Verantwortung füreinander zu tragen und füreinander einzustehen. Dies wird nach § 7 Abs. 3 a SGB II vermutet, wenn eine von vier Alternativen vorliegt. Von Bedeutung ist vor allem, dass eine solche Partnerschaft vermutet wird, wenn die Personen **länger als ein Jahr zusammenleben**. Ob aus dieser Regelung für das Unterhaltsrecht geschlossen werden kann, dass eine verfestigte Lebensgemeinschaft (→ *Nacheheliche Solidarität* Rn. 1 ff.) schon nach einem Jahr des Zusammenlebens anzunehmen ist,[2] erscheint jedoch zweifelhaft. 5

1 BGBl. 2006 I 558.
2 AG Ludwigslust 8.10.2010 – 5 F 243/10, FamFR 2011, 275.

III. Einsatz des Einkommens und Vermögens

6 Nur die Personen der Bedarfsgemeinschaft werden im Hinblick auf ihr Einkommen und Vermögen gemeinsam betrachtet, indem Einkommen und Vermögen allen zugerechnet werden, für die dies in § 9 Abs. 2 SGB II vorgesehen ist. Nach § 9 Abs. 2 S. 1 SGB II gilt dieser gegenseitige Einsatz bei Partnern (ehelichen, eheähnlichen und Lebenspartnern); nach § 9 Abs. 2 S. 2 SGB II bei Eltern gegenüber ihren unverheirateten Kindern bis zur Vollendung des 25. Lebensjahres. Nicht hingegen müssen Kinder ihr Einkommen und Vermögen für die Eltern einsetzen. Denn sofern der Bedarf des Kindes durch eigenes Einkommen gedeckt wird, gehört es nicht mehr zur Bedarfsgemeinschaft (→ Rn. 4). Es kommt jedoch in Betracht, dass es sein Einkommen und Vermögen nach § 9 Abs. 5 SGB II als Mitglied der Haushaltsgemeinschaft einsetzen muss, wobei höhere Freibeträge zu berücksichtigen sind.

7 Bei der Berechnung des Bedarfs nach dem SGB II sind die angemessenen **Unterkunftskosten** (→ *Grundsicherung für Arbeitsuchende* Rn. 12 f.) zu berücksichtigen. Diese werden zu gleichen Anteilen, also nach der Kopfzahl, aufgeteilt. Damit wird den Kindern auch ein recht hoher Anteil an den Unterkunftskosten zugerechnet. Lebt eine Mutter allein mit einem Kind, wird mithin jeweils die Hälfte der Unterkunftskosten dem Kind und der Mutter zugerechnet.

8 Nach § 9 Abs. 2 S. 3 SGB II gilt jede Person der Bedarfsgemeinschaft im Verhältnis des eigenen Bedarfs zum Gesamtbedarf als bedürftig, wenn der gesamte Bedarf nicht gedeckt werden kann. Dies kann dazu führen, dass eine Person der Bedarfsgemeinschaft, die ihren Bedarf durch eigenes Einkommen decken kann, Leistungen nach dem SGB II erhält und damit den Anforderungen des SGB II unterliegt (→ *Grundsicherung für Arbeitsuchende* Rn. 45 ff.). Es ist sehr problematisch, dass auf diese Weise Personen zu Leistungsberechtigten werden, ohne dass sie dies verhindern können. Das BSG hält die Vorschrift für verfassungsmäßig, weist jedoch darauf hin, dass bei den Konsequenzen gegebenenfalls eine verfassungskonforme Auslegung erfolgen muss.[3] Dies ist vor allem denkbar bei dem Übergang von Unterhaltsansprüchen (→ *Übergang von Unterhaltsansprüchen* Rn. 13).[4]

9 Die Wirkung der Vorschrift soll an folgendem Beispiel deutlich gemacht werden: Lebt eine geschiedene Ehefrau mit ihren Kindern zusammen und erhält Unterhalt in einer Höhe, der für sie und die Kinder zum Lebensunterhalt ausreicht, und führt das Zusammenziehen mit einem erwerbsfähigem Arbeitsuchenden dazu, dass nunmehr der Gesamtbedarf aller Personen dieser Bedarfsgemeinschaft durch den Unterhalt nicht mehr gedeckt ist, erfolgt die verhältnismäßige Zurechnung des Einkommens der geschiedenen Ehefrau. Sie und ihr Partner werden in gleichem Maße hilfebedürftig. Zwar hat dies den günstigen Effekt, dass damit die geschiedene Ehefrau kostenlos krankenversichert ist. Andererseits hat dies die Folge, dass die geschiedene Ehefrau als Leistungsberechtigte nach dem SGB II nun den Obliegenheiten des SGB II unterliegt, insbesondere sich um Arbeit bemühen muss.

IV. Zeitweise Bedarfsgemeinschaft beim Umgangsrecht

10 Das BSG hat sich in einer der ersten Entscheidungen zum SGB II ausführlich mit den Kosten des Umgangsrechts befasst.[5] Neben den Fahrtkosten zur Ausübung des Umgangsrechts (→ *Grundsicherung für Arbeitsuchende* Rn. 23) ist vor allem der Bedarf der Kinder während des Aufenthalts beim Umgangsberechtigten von Bedeutung. Insoweit soll nach Auffassung des BSG eine **zeitweise Bedarfsgemeinschaft** bestehen. Damit kann der Umgangsberechtigte diese Kosten beantragen. Durch die ab 1.4.2011 geltende Neuregelung des § 38 Abs. 2 SGB II kann der umgangsberechtigte Elternteil die Kosten beantragen, ohne dass er die elterliche Sorge haben muss. Für jeden Kalendertag, an dem das Kind sich mehr als zwölf Stunden bei dem Elternteil aufhält, besteht ein Anspruch in Höhe von 1/30 des Regelbedarfs für das Kind.[6] Allerdings hat dies zur Folge, dass der andere Elternteil für das Kind, wenn dieses Leistungen nach dem

3 BSG 7.11.2006 – B 7 b AS 8/06 R, NDV-RD 2007, 3.

4 Die Problematik dieser Vorschrift wird erörtert von *Spellbrink* NZS 2007, 121.

5 BSG 7.11.2006 – B 76 AS 14/06 R, FEVS 58, 289.

6 BSG 2.7.2009 – B 14 AS 75/09 R, FEVS 61, 345.

SGB II bezieht, einen entsprechend geringeren Anspruch hat.[7] Diese Regelung kann dazu führen, dass der anteilige Regelsatz zurückgefordert wird, wenn zuvor die Zahlung des gesamten Regelsatzes erfolgte.[8]

Hierbei wird die Frage aufgeworfen, ob eine Inanspruchnahme des anderen Elternteils an den Kosten, die während des Umgangs anfallen, möglich und zumutbar ist. Dabei kann nach dem BSG ein gegenseitiger Wille der Eltern, füreinander einzustehen, vorausgesetzt werden, der über bestehende Unterhaltspflichten hinausgeht. Im Anschluss hieran vertritt das LSG Nordrhein-Westfalen[9] die Auffassung, dass sich der **betreuende Elternteil am Aufwand für den Besuch des Kindes zu beteiligen** hat, wenn der besuchsberechtigte Elternteil nur über bescheidene Einkünfte – hier: Leistungen nach dem SGB II – verfügt. Als familienrechtliche Anspruchsgrundlage für diesen Anspruch wird auf § 1684 Abs. 2 BGB verwiesen. 11

7 BSG 1.6.2013 – B 14 AS 50/12 R, FamRZ 2014, 124.
8 LSG Niedersachsen 24.3.2015 – L 7 AS 1031, FamRZ 2016, 499.
9 LSG Nordrhein-Westfalen 10.5.2007 – L 20 B 24/07 SO ER, FEVS 58, 555.

50. Bedürftigkeit

Osthold

I. Allgemeines

1 Die Bedürftigkeit ist ein Tatbestandsmerkmal bei der Prüfung eines Unterhaltstatbestands (zu den Anspruchsvoraussetzungen → *Bedarfsermittlung* Rn. 1). Das Vorliegen einer Bedürftigkeit ist sowohl für den Trennungsunterhaltsanspruch, den Anspruch auf nachehelichen Unterhalt sowie für alle Unterhaltsansprüche aus dem Bereich des Verwandtenunterhalts Anspruchsvoraussetzung, vgl. §§ 1361, 1577, 1602 BGB. Bedürftigkeit liegt vor, soweit der Unterhaltsberechtigte **außerstande ist, seinen Unterhaltsbedarf aus eigenen Einkünften und/oder eigenem Vermögen zu decken**. Von der Bedürftigkeit zu unterscheiden ist der Unterhaltsbedarf (→ *Bedarfsermittlung* Rn. 1 ff.). Für die Beurteilung der Bedürftigkeit im unterhaltsrechtlichen Sinne gelten andere Maßstäbe als bei der Sozialhilfe. Allerdings sind die **Wertentscheidungen des Sozialrechts** bei der Anwendung der familienrechtlichen Vorschriften zu beachten. Wird Sozialhilfe oder ALG II gewährt, können die Hilfeträger über die Vorschriften von § 33 SGB II und § 94 SGB XII den Unterhaltsverpflichteten heranziehen. Durch die Leistung von Sozialhilfe oder ALG II wird der Unterhaltspflichtige nicht von seiner Leistungspflicht frei. Die Sozialleistungen sind subsidiär und lassen die Bedürftigkeit unberührt.[1] Insbesondere durch das Angehörigen-Entlastungsgesetz vom 10.12.2019 sind entscheidende Änderungen des § 94 SGB XII vorgenommen worden. Der Nachrang der Sozialhilfe ist hier erheblich eingeschränkt worden. Im Bereich des Elternunterhalts findet ein Anspruchsübergang nicht mehr gegenüber Kindern statt, die weniger als 100.000 EUR brutto im Jahr verdienen.[2] Damit wird der Elternunterhalt faktisch zu einem Randphänomen in der Bundesrepublik Deutschland, zumal diese Entscheidung auch erhebliche Auswirkungen auf das Unterhaltsrecht erwarten lässt (→ *Mangelfall und Selbstbehalt* Rn. 4).

1 BGH 19.11.2008 – XII ZR 129/06, FamRZ 2009, 307.
2 *Schürmann* FF 2020, 48 (53).

II. Ehegattenunterhalt

Gem. § 1577 Abs. 1 BGB ist die Bedürftigkeit **Voraussetzung für die Unterhaltstatbestände** der §§ 1570–1573, 1575, 1576 BGB. Für den Ehegattentrennungsunterhalt sieht § 1361 Abs. 1 S. 1, Abs. 2 BGB die Bedürftigkeit als Tatbestandsvoraussetzung vor. 2

1. Anrechnung von Einkünften

Aufgrund des in § 1569 S. 1 BGB normierten **Grundsatzes der Eigenverantwortung** obliegt es dem Unterhaltsberechtigten, grundsätzlich selbst für sein Auskommen zu sorgen und die Unterhaltslast für den Pflichtigen möglichst gering zu halten. Dies gilt bereits im Bereich des Trennungsunterhalts,[3] sobald eine entsprechende Erwerbsobliegenheit des Unterhaltsberechtigten einsetzt. Es sind deshalb alle Einkünfte oder alle verfügbaren Sachwerte in Geldwert anzurechnen, soweit sie zur Deckung des Unterhaltsbedarfs zur Verfügung stehen und dafür eingesetzt werden bzw. bei Anlegung eines objektiven Maßstabs eingesetzt werden können. Auch erzielbares, also fiktives Einkommen ist auf Bedürftigkeitsebene zu beachten (→ Rn. 13). Zu den Einkommensarten → *Bedarfsermittlung* Rn. 10 und → *Einkommensermittlung* Rn. 1 ff. 3

2. Vermögenserträge

Einkünfte aus Vermögen mindern unabhängig von der Herkunft des Vermögens die Bedürftigkeit des Unterhaltsberechtigten, und zwar seit dem Zeitpunkt der Kapitalanlage, auch wenn die Zinsen hieraus erst im Nachhinein ausbezahlt werden.[4] Maßgebend sind die **Nettoerträge**, dh Werbungskosten (Depotgebühren, Versicherungsbeiträge) sind ebenso wie Steuern und Abgaben abzuziehen. 4

a) Wohnvorteil. Das mietfreie Wohnen im Eigenheim ist als **geldwerter Vorteil** nach Abzug der berücksichtigungsfähigen Nebenkosten und Zins- und Tilgungsleistungen sowohl beim Trennungsunterhalt als auch beim nachehelichen Unterhalt zum anrechenbaren Einkommen zu zählen. Beim nachehelichen Unterhalt ist als Wohnwert (→ *Wohnwert* Rn. 1 ff., *Bedarfsermittlung* Rn. 11 ff.) regelmäßig die **objektive Marktmiete** anzusetzen (→ *Bedarfsermittlung* Rn. 12).[5] Für den Trennungsunterhalt ist bis zur Rechtshängigkeit des Scheidungsverfahrens grundsätzlich nur eine **angemessene Marktmiete** (→ *Bedarfsermittlung* Rn. 13) und nach Rechtshängigkeit die objektive Marktmiete in Ansatz zu bringen.[6] 5

b) Einkünfte aus Vermietung und Verpachtung. Einkünfte aus Vermietung und Verpachtung sind als **Überschusseinkünfte** (§ 2 Abs. 2 Nr. 2 EStG) durch Abzug von Steuern und Abgaben zu ermitteln. Kosten (Darlehen oder Rücklagen, sofern tatsächlich erfolgend) für notwendige Instandhaltungsmaßnahmen können ebenso wie wertsteigernde Maßnahmen immer berücksichtigt werden, soweit es sich nicht um einseitige Vermögensbildung handelt (Miteigentum oder noch bestehende Teilnahme am Zugewinn). Andernfalls können nur notwendige Instandhaltungsmaßnahmen, wenn sie unaufschiebbar sind und im Rahmen eines wirtschaftlich sinnvollen Verteilungsplanes auf mehrere Jahre umgelegt werden, berücksichtigt werden.[7] Dazu ist allerding ganz konkret vorzutragen. Werterhöhende Maßnahmen sind bei einseitiger Vermögensbildung nicht abzugsfähig. Die steuerliche AfA kann bei Gebäuden nicht abgezogen werden, es sei denn, ein Wertverlust des Gebäudes lässt sich konkret feststellen, zB bei Vergleich von Kauf- und Verkaufspreis.[8] Die Nichtberücksichtigung der steuerlichen AfA macht aber eine fiktive Steuerberechnung nötig, da die Steuerlast dann steigt. Abzugsfähig sind die verbrauchsunabhängigen Nebenkosten, soweit sie nicht auf den Mieter umgelegt werden können.[9] Finanzierungskredite für den Kauf können stets bezüglich des Zinses in Abzug gebracht werden. Die Tilgung kann bis zur Höhe der Kaltmiete in Abzug gebracht 6

3 BGH 24.11.1982 – IVb ZR 310/81, FamRZ 1983, 146.
4 BGH 8.6.1988 – IVb ZR 68/87, NJW-RR 1988, 1282.
5 BGH 1.10.2008 – XII ZR 62/07, FamRZ 2009, 23.
6 BGH 5.3.2008 – XII ZR 22/06, FamRZ 2008, 963.
7 BGH 20.10.1999 – XII ZR 297/97, FamRZ 2000, 351.
8 BGH 18.1.2012 – XII ZR 177/09, FamRZ 2012, 517.
9 BGH 20.10.1999 – XII ZR 297/97, FamRZ 2000, 351.

werden, darüber nur dann, wenn sie sich im Rahmen der zulässigen sekundären Altersvorsorge bewegt.[10] Es sind auch fiktive Einkünfte bei vorwerfbar unterlassender Vermietung denkbar.[11]

7 **c) Auswirkungen der Vermögensauseinandersetzung und des Zugewinnausgleichs.** Der Grundsatz, wonach sich die Bedürftigkeit um die erzielbaren Zinsen bereits zum Zeitpunkt der Kapitalanlage mindert, auch wenn die Zinsen erst im Nachhinein ausbezahlt werden, findet bei den **Einkünften aus dem Zugewinnausgleich** eine Ausnahme, da dem Unterhaltsberechtigten eine **angemessene Frist für die Überlegung** eingeräumt werden muss, auf welche Weise er das ihm aus dem Zugewinnausgleich oder aus der Vermögensauseinandersetzung zugeflossene Kapital anlegen will.[12] Erwirbt ein Ehepartner im Zuge der Auseinandersetzung eines im Miteigentum stehenden Hauses dieses zu Alleineigentum, so ist bei diesem der volle objektive Wohnwert für das gesamte Objekt gekürzt um die bestehenden und für den Erwerb erforderlichen Darlehensraten anzusetzen (→ *Bedarfsermittlung* Rn. 16),[13] wobei nach neuerer Rechtsprechung Zins- und Tilgungsanteil bis zur Höhe des objektiven Wohnwertes und die Tilgung darüber hinaus im Rahmen der zulässigen sekundären Altersvorsorge abzugsfähig ist. Der Wohnwert bleibt also für die Berechnung relevant (früher wurde teilweise vertreten, man solle den Fall wie einen Verkauf des Objekts an Dritte behandeln und den Wohnwert unberücksichtigt lassen). Gleiches gilt für die Wiederanlage des Erlösanteils in Grundeigentum. Maßgeblich ist dann der Wohnwert des neu erworbenen Grundeigentums. Verkaufserlöse können zur Schuldentilgung und für notwendige Anschaffungen verwendet werden.[14] Der Restbetrag ist verzinslich anzulegen.

8 **d) Obliegenheit zur Vermögensumschichtung.** Grundsätzlich trifft den Unterhaltsberechtigten die Obliegenheit, vorhandenes Vermögen so ertragreich wie möglich anzulegen, soweit ihm dies möglich und zumutbar ist.[15] Eine Umschichtung des Vermögens kann dann verlangt werden, wenn die bisherige Anlageform eindeutig **unwirtschaftlich** ist und **kein schutzwürdiges Interesse** an der gewählten Anlageform besteht.[16] Hierbei ist eine Gesamtabwägung vorzunehmen, die sich an folgenden Kriterien orientiert:

- Ungenutztes Vermögen muss genutzt werden, zB muss ein leerstehendes Haus vermietet oder selbst bewohnt werden.
- Ungenutztes Vermögen muss genutzt bzw. angelegt werden, beispielsweise Bargeld, größere Tagesgeldbestände.
- Schlecht genutztes Vermögen, dh die erzielten Erträge liegen offensichtlich unter üblicherweise erzielbaren Erträgen, muss besser angelegt werden.[17]

9 Es können aber keine risikobehafteten Anlageformen und auch keine Spekulationsgeschäfte verlangt werden. Weiter ist eine Übergangsfrist zu gewähren. Eine Wohnungsveräußerung, weil mit dem Erlös höhere Zinsen erzielt werden können als der Wohnvorteil bringt, kann dann nicht verlangt werden, wenn das Wohnen im eigenen Haus den ehelichen Lebensverhältnissen entsprochen hat und auch der Unterhaltspflichtige im Eigentum wohnt oder andere vernünftige Gründe des Nichtauszugs bestehen.[18] Denkbar ist dies beim Eigenheim auch, wenn dieses die wirtschaftlichen Lebensverhältnisse des betroffenen Ehegatten in Bezug auf Kosten und Größe eindeutig übersteigt.[19]

10 **e) Vermögensverwertung.** Beim nachehelichen Unterhalt ist auch der **Vermögensstamm** grundsätzlich zu verbrauchen, bevor der Unterhaltspflichtige in Anspruch genommen werden kann (§ 1577 Abs. 3 BGB). Maßgeblich ist das Reinvermögen (Aktivvermögen – Schulden). In der Praxis wird hiervon selten

10 Wendl/Dose/*Gerhardt* UnterhaltsR § 1 Rn. 458.
11 OLG Brandenburg 23.10.2014 – 15 UF 109/12, FamRZ 2015, 1118.
12 BGH 9.2.1986 – IVb ZR 12/85, NJW-RR 1986, 682.
13 BGH 1.12.2004 – XII ZR 75/02, FamRZ 2005, 1159.
14 OLG Hamm 23.1.1998 – 10 UF 55/97, NJW-RR 1998, 724.
15 BGH 18.1.2012 – XII ZR 177/09, FamRZ 2012, 517.
16 BGH 3.5.2001 – XII ZR 62/99, FamRZ 2001, 1140.
17 BGH 18.12.1991 – XII ZR 2/91, FamRZ 1992, 423.
18 BGH 5.3.2008 – XII ZR 22/06, FamRZ 2008, 963.
19 BGH 1.12.2004 – XII ZR 75/02, FamRZ 2005, 1159.

Gebrauch gemacht. Eine Verwertung kann dann nicht verlangt werden, wenn diese **unwirtschaftlich** oder unter Berücksichtigung der beiderseitigen wirtschaftlichen Verhältnisse **unbillig** wäre.[20] Die Unwirtschaftlichkeit wird dann bejaht, wenn der Unterhaltsberechtigte damit die Basis für eine langfristige teilweise Sicherung seines Unterhaltes aus eigenen Mitteln aufgeben müsste.[21] Muss allerdings der Verpflichtete zur Unterhaltssicherung ebenfalls den Stamm seines Vermögens angreifen, geht die Vermögensverwertung des Berechtigten der des Verpflichteten vor. Unwirtschaftlichkeit ist weiter anzunehmen, wenn der zu erwartende Veräußerungserlös in keinem angemessenen Verhältnis zum Wert der Sache für den Berechtigten steht, oder wenn die Veräußerung wegen der gegebenen Marktlage nur mit Verlusten möglich wäre.[22] Bloße Affektionsinteressen stehen der Vermögensverwertung allerdings nicht entgegen. Bis zur Verwertung kann nach zumutbaren Gesichtspunkten auf eine Kreditaufnahme verwiesen werden.[23] Kommt eine Verwertung des Vermögensstammes in Betracht, muss dieser auf die voraussichtliche Dauer der Unterhaltsbedürftigkeit umgelegt werden, auf Erben ist keinerlei Rücksicht zu nehmen.[24]

Bei der Frage der **Unbilligkeit** ist auch die Vermögenssituation des Unterhaltspflichtigen zu berücksichtigen. Folgende Kriterien sind maßgeblich: Voraussichtliche Dauer der Bedürftigkeit, Ertragsmöglichkeit des Vermögens, Belange naher Angehöriger, sonstige Altersvorsorge, Ausmaß der Belastung des Pflichtigen durch den Unterhalt, sonstige wirtschaftliche Nachteile des Berechtigten.[25] Hat allerdings der Berechtigte ein erhebliches Vermögen, während dem Unterhaltspflichtigen nur der Mindestselbstbehalt verbliebe, ist eine Vermögensverwertung nicht unbillig.[26] Dagegen ist dem Unterhaltsberechtigten ein „**Notgroschen**" zu belassen. Für den Elternunterhalt hat der Bundesgerichtshof die Höhe dieses sog. Notgroschens zumindest mit dem sozialhilferechtlichen Schonbetrag veranschlagt.[27] Auch bei der Verwertung von Wohnungseigentum, welches der Berechtigte insbesondere mit den gemeinsamen Kindern bewohnt, sind an die Billigkeit der Verwertungsverpflichtung hohe Anforderungen zu stellen. Dagegen spielt es keine Rolle, ob das Vermögen aus dem Zugewinnausgleich stammt.[28] Die Verpflichtung zur Verwertung des Vermögensstamms hat besondere Bedeutung beim **Altersunterhalt**. Der Bundesgerichtshof hat schon vor vielen Jahren entschieden, dass der alte Mensch nicht nur seine laufenden Einkünfte aus allen möglichen und zumutbaren Einkommensquellen für seinen Unterhalt verwenden muss, sondern grundsätzlich auch sein Vermögen zu verwerten hat. Beim Altersunterhalt ist insbesondere zu prüfen, ob das vorhandene Vermögen zur Deckung des Unterhaltsbedarfs des alten Menschen gerechnet auf seine mutmaßliche Lebensdauer ausreicht. Eine Absicherung im Alter, mit der sonst regelmäßig der Erhalt des Vermögensstamms begründet wird, scheidet aus. 11

f) Vermögensverlust. § 1577 Abs. 4 BGB normiert eine Sonderregelung für den **Wegfall von Vermögen oder Vermögenseinkünften**, je nachdem, ob eine Verwertung des Vermögensstammes infrage kommt, auf Seiten des Unterhaltsberechtigten. Der Vorschrift liegt der Gedanke zugrunde, dass der Unterhaltspflichtige darauf vertrauen konnte, dass der Unterhalt des Bedürftigen aufgrund eigenen Vermögens nachhaltig gesichert und damit eine Inanspruchnahme des Pflichtigen nicht zu erwarten ist. Für die Frage der **Nachhaltigkeit** gelten die Grundsätze des § 1574 Abs. 2 BGB. Sie ist dann zu verneinen, wenn bereits im Zeitpunkt der Scheidung Umstände **latent vorhanden** waren, die an einer Nachhaltigkeit zweifeln lassen. Strittig ist, ob § 1574 Abs. 4 BGB auch dann zum Tragen kommt, wenn zunächst ein Unterhaltstatbestand vorhanden war, dieser aber durch den Vermögenserwerb und den damit verbundenen Wegfall der Bedürftigkeit untergegangen ist. Vom Wortlaut der Vorschrift ist nicht davon auszugehen, dass dieser auf den 12

20 BGH 4.7.2007 – XII ZR 141/05, FamRZ 2007, 1532.

21 BGH 6.11.1997 – XII ZR 20/96, FamRZ 1998, 367.

22 OLG Frankfurt a. M. 7.4.1987 – 3 UF 291/85, FamRZ 1987, 1179.

23 BGH 9.12.1987 – IVb ZR 97/86, NJW 1988, 2376.

24 Rechenbeispiel bei OLG Karlsruhe 30.10.2009 – 5 UF 5/08, FamRZ 2010, 655: 220.000 EUR auf Basis einer fiktiven Rentenberechnung unter Ansatz des Barwertfaktors, Zinssatzes und der restlichen Lebensdauer nach Sterbetabellen führte zu einer monatlichen Rente von rund 1.018 EUR.

25 OLG Karlsruhe 30.10.2009 – 5 UF 5/08, FamRZ 2010, 655.

26 OLG Hamm 3.3.2006 – 7 UF 154/05, FamRZ 2006, 1680.

27 BGH 23.11.2005 – XII ZR 155/03, NJW 2006, 2037.

28 BGH 16.1.1985 – IVb ZR 59/83, NJW 1985, 909.

Zeitpunkt der Scheidung abstellt. Allerdings könnte bei einem **engen zeitlichen Zusammenhang** von Scheidung und anschließendem Vermögenserwerb eine erweiterte Auslegung von Sinn und Zweck der Norm geboten sein. Außerdem dürfte ohnehin die Unterhaltskette abgerissen sein. Nach § 1577 Abs. 4 S. 2 BGB wird der Betreuungsunterhalt besonders privilegiert. Sofern der Unterhaltsberechtigte im Zeitpunkt des Vermögenswegfalls Kinder betreute und deshalb von ihm eine Erwerbstätigkeit nicht erwartet werden konnte, lebt der Betreuungsunterhaltsanspruch wieder auf, an den sich dann auch die Unterhaltstatbestände der §§ 1571 ff. BGB anschließen können.

3. Fiktive Einkünfte

13 Der Bedürftige muss sich unter Einsatz aller zumutbaren und möglichen Mittel nachhaltig bemühen, eine **angemessene Tätigkeit** zu finden, um seine Bedürftigkeit zu mindern. Zwar ist auch der bedürftig, der die Bedürftigkeit verschuldet hat. Eine Berufung darauf ist aber dann ausgeschlossen, wenn der Berechtigte bei zumutbarer Anstrengung Einkünfte erzielen könnte (→ *Fiktive Einkünfte* Rn. 1 ff). Er muss sich dann so behandeln lassen, als erziele er diese Einkünfte. Beim Trennungsunterhalt ist die Schutzvorschrift des § 1361 Abs. 2 BGB zu beachten, wonach der nicht erwerbstätige Ehegatte nur dann auf eine Erwerbstätigkeit verwiesen werden kann, wenn dies von ihm nach seinen persönlichen Verhältnissen, insbesondere wegen einer früheren Erwerbstätigkeit unter Berücksichtigung der Dauer der Ehe und nach den wirtschaftlichen Verhältnissen beider Ehegatten erwartet werden kann. **Im ersten Trennungsjahr** besteht grundsätzlich bei nicht kurzer Ehedauer keine Obliegenheit zur Aufnahme einer Erwerbstätigkeit oder zu einer Ausweitung einer vorhandenen Erwerbstätigkeit.[29] Ausnahmen sind denkbar, wenn ein endgültiges Scheitern der Ehe feststeht (zB bei erfolgter Vermögensauseinandersetzung), keine gesundheitlichen Gründe entgegenstehen und keine betreuungsbedürftigen Kinder existieren. **Ab Ablauf des ersten Trennungsjahrs** und für den **nachehelichen Unterhalt** gelten insoweit regelmäßig strengere Maßstäbe. Im Falle der Betreuung eines unter drei Jahre alten Kindes besteht ebenfalls keinerlei Erwerbsobliegenheit, so dass jegliches Erwerbseinkommen überobligatorisch ist (zum paritätischen Wechselmodell → *Bedarfsermittlung* Rn. 10).[30] Für ernsthafte Erwerbsbemühungen reicht eine bloße Meldung bei der Arbeitsagentur nicht aus (→ *Bewerbungsbemühungen* Rn. 1 ff). Der Unterhaltsbedürftige trägt die uneingeschränkte Darlegungs- und Beweislast für seine Bemühungen und muss in nachprüfbarer Weise vortragen, welche Schritte und in welchem zeitlichen Abstand er diese im Einzelnen in diese Richtung unternommen hat (→ *Darlegungs- und Beweislast* Rn. 14, 28). Die mangelhafte Arbeitssuche muss auch ursächlich für die Arbeitslosigkeit sein. Eine **Kausalität** entfällt, wenn nach den Gegebenheiten des Arbeitsmarkts sowie den persönlichen Eigenschaften und Fähigkeiten des Bedürftigen keine reale **Arbeitsplatzchance** bestanden hat.[31] Regelmäßig indiziert das Fehlen ausreichender Erwerbsbemühungen die reale Beschäftigungschance. Allerdings führt dies nicht automatisch zu einer Anrechnung von fiktiven Einkünften. Vielmehr muss dann fiktiv geprüft werden, ob es dem Unterhaltsbedürftigen bei gehöriger Bemühung gelungen wäre, eine Erwerbstätigkeit zu finden, und welche Einkünfte er aus einer solchen Erwerbstätigkeit erzielen könnte. Für die Entscheidung, in welcher Höhe fiktive Einkünfte anzurechnen sind, ist vorab zu prüfen, in welchem Maße eine Erwerbsverpflichtung besteht. In der Praxis ist dies insbesondere beim Anspruch wegen Kinderbetreuung nach dem dritten Lebensjahr des zu betreuenden Kindes häufig streitig. Für die Zumutbarkeit einer Vollzeittätigkeit können die Gründe im Rahmen des § 1570 BGB herangezogen werden, die einen Anspruch auf Betreuungsunterhalt begründen.[32] Es können statt einer Vollzeittätigkeit auch zwei Teilzeittätigkeiten zugerechnet werden, wenn eine sichere Teilzeitstelle zB nicht gekündigt werden muss.[33] Geschuldet ist aber nur eine eheangemessene Tätigkeit. Diese liegt stets vor, wenn sie während der Ehe ausgeübt wurde oder der Ausbildung und den Fähigkeiten des Berechtigten entspricht und der Berechtigte dazu gesundheitlich in der Lage ist. Fiktives Einkommen ist im Wege der **Additions- bzw. Differenzmethode** in die Berechnung des Ehegattenunterhalts einzubeziehen. Dies hat

29 OLG Schleswig 6.1.2015 – 10 UF 75/14, FuR 2015, 301; OLG Bremen 28.2.2012 – 5 UF 6/12, FuR 2012, 559.
30 BGH 17.6.2009 – XII ZR 102/08, FamRZ 2009, 1391.
31 BGH 30.7.2008 – XII ZR 126/06, FamRZ 2008, 2104.
32 BGH 11.11.2015 – XII ZB 7/15, FamRZ 2016, 199.
33 BGH 11.7.2012 – XII ZR 72/10, FamRZ 2012, 1483.

der Bundesgerichtshof insbesondere für den Fall entschieden, in dem das fiktive Einkommen an die Stelle einer früheren Haushaltstätigkeit und Kindererziehung treten soll.[34] Beim Ansatz von fiktivem Einkommen bei der Berechnung der Bedürftigkeit – aber auch der Leistungsfähigkeit –, wenn das Einkommen unter Berücksichtigung des Steuervorteils aufgrund des begrenzten Ehegattenrealsplittings berechnet wird, ist zu berücksichtigen, dass sich dieser Steuervorteil und damit auch der Nachteilsausgleich allein nach dem tatsächlichen Einkommen berechnet. Das Einkommensteuergesetz stellt für die Einkommensteuer nämlich ausschließlich auf die tatsächlichen Verhältnisse ab (→ *Realsplitting/Nachteilsausgleich* Rn. 1 ff).[35]

4. Versorgungsleistungen, insbesondere Haushaltstätigkeit für einen neuen Partner

Die gesamte Thematik steht im **Spannungsverhältnis zu den relativ strengen Erwerbsobliegenheiten**. 14
Deshalb dürfte für diese Art von Einkommen allenfalls noch dort ein Anwendungsbereich bestehen, wo nicht schon jedenfalls eine Vollzeiterwerbsobliegenheit greift, also vornehmlich im ersten Trennungsjahr (→ *Bedarfsermittlung* Rn. 22). Denn bei Zurechnung fiktiver Einkünfte aus einer Vollzeiterwerbsobliegenheit wird das erzielbare Einkommen deutlich höher ausfallen, als die Zurechnung der eher geringfügigen Beträge für die Haushaltsführung. Trotz des wohl nur noch reduzierten Anwendungsbereichs findet sich diese Art von Einkommen bis heute in den Leitlinien, auch wenn Entscheidungen dazu sehr selten geworden sind bzw. sich kaum noch finden. Die unentgeltliche Versorgung des neuen Partners wird danach gleichgestellt mit Haushaltsleistungen, die der Unterhaltsberechtigte einem Dritten gegen Entgelt erbringt. Die Höhe des einzustellenden Betrags ist zu schätzen. Die **unterhaltsrechtlichen Leitlinien**[36] gehen in der Regel von einem Betrag von 200 bis 550 EUR monatlich bei Haushaltsführung durch einen nicht Erwerbstätigen aus. Nach *Kalthoener/Büttner* sind die Beträge hinzuzurechnen, die der neue Partner ohne die Mithilfe des Unterhaltsberechtigten zusätzlich aufwenden müsste.[37] Zu beachten ist weiter, dass die **Haushaltsleistungen** auch **tatsächlich erbracht** werden müssen;[38] folglich reicht eine bloße Wohngemeinschaft auch dann nicht aus, wenn der neue Partner die Miete für diese Wohnung allein trägt.[39] In einem solchen Fall ist allerdings stets **§ 1579 Nr. 2 BGB** zu prüfen. Liegt eine **Wirtschaftsgemeinschaft** vor, ist, sofern der neue Partner leistungsfähig ist, für die erbrachten Leistungen eine angemessene Vergütung anzusetzen. Das bedeutet, dass bei einem Teilzeiterwerbstätigen ein entsprechend geringerer Betrag anzusetzen ist, während die Rechtsprechung dann keinen Raum mehr für den Ansatz eines Einkommens aus Haushaltsführung sieht, wenn der Berechtigte einer Ganztagestätigkeit nachgeht.[40] In diesem Fall wird vermutet, dass die Haushaltsführung geteilt wird. Etwas anderes kann nur dann gelten, wenn der neue Partner in gehobenen wirtschaftlichen Verhältnissen lebt und den Unterhaltsberechtigten daran teilhaben lässt, und insbesondere dann, wenn der Unterhaltspflichtige in engen wirtschaftlichen Verhältnissen lebt. Kommt es zum Ansatz eines Einkommens für die Haushaltsführungsleistungen, ist davon kein Erwerbstätigenbonus (→ *Erwerbstätigenbonus* Rn. 1 ff.) abzuziehen.[41] Kommt ein Ansatz von Einkommen für Versorgungsleistungen nicht in Betracht, ist zu prüfen, ob zumindest **ersparte Aufwendungen** für Lebenshaltungskosten durch das gemeinsame Wirtschaften mit dem Partner gegeben sind, die sich der Unterhaltsberechtigte bedarfsmindernd anrechnen lassen muss.[42] Der Ansatz fiktiver Einkünfte für Haushaltsleistungen ist weiter abzugrenzen von den **freiwilligen Zuwendungen** des neuen Partners an die Unterhaltsberechtigte, die keine Gegenleistung für Versorgungsleistungen sind.

---

34 BGH 7.9.2005 – XII ZR 301/02, FamRZ 2005, 1979.
35 OLG München 23.1.2013 – 3 U 947/12, FamFR 2013, 131.
36 Vgl. Ziffer 6 Süddeutsche Leitlinien, Stand 1.1.2021.
37 *Kalthoener/Büttner/Niepmann* Unterhalt Rn. 567.
38 BGH 21.12.1988 – IVb ZR 18/88, NJW 1989, 1083.
39 BGH 11.1.1995 – XII ZR 236/93, FamRZ 1995, 343.
40 BGH 13.4.2005 – XII ZR 273/02, FamRZ 2005, 1154.
41 BGH 5.9.2001 – XII ZR 336/99, NJW 2001, 3779.
42 BGH 14.12.1994 – XII ZR 180/93, FamRZ 1995, 344.

5. Freiwillige Zuwendungen Dritter

15 Freiwillige Leistungen Dritter mindern nur dann die Unterhaltsbedürftigkeit, wenn dies ausnahmsweise der **Willensrichtung des Dritten** entspricht, dh wenn der Dritte durch seine Zuwendung den Unterhaltspflichtigen entlasten will (→ *Bedarfsermittlung* Rn. 18). Da solche Dritte in aller Regel im Zweifel auf Seiten des Unterhaltsberechtigten stehen, wird dies nur in den seltensten Konstellationen der Fall sein. Der Bundesgerichtshof hält seit seiner Grundsatzentscheidung an dieser Rechtsprechung fest.[43] Begründet wird dies damit, dass freiwillige Leistungen Dritter, die nach dem erkennbaren Willen des Dritten nur den Beschenkten selbst unterstützen, die Bedürftigkeit im Allgemeinen nicht einschränken.[44] Im Übrigen habe der Leistungsempfänger gegen den Dritten **keinen Rechtsanspruch auf Leistung**, die der Dritte jederzeit einstellen kann. Beispiele für solche freiwilligen Zuwendungen können freies Wohnen, die Zurverfügungstellung eines Pkw, die Schenkung eines Urlaubs, kostenlose Kinderbetreuung, aber auch laufende finanzielle Zuwendungen sein. Zweifel an dieser Rechtsprechung sind dann angebracht, wenn der Unterhaltsberechtigte aufgrund der freiwilligen Zuwendungen über höhere Einkünfte verfügt als der Verpflichtete. Insbesondere wenn es sich um regelmäßig wiederkehrende Einkünfte handelt, etwa weil eine Rentenversicherung oder Ähnliches zugewandt wurde, und diese Einkünfte die ehelichen Lebensverhältnisse „geprägt" haben, erscheint diese Privilegierung nicht angebracht. Eine solche Rentenversicherung kann auch nicht jederzeit wieder eingestellt werden, was ebenfalls gegen die Nichtanrechenbarkeit spricht. Ein Wohnwert kann auch dann nicht zugerechnet werden, wenn der Berechtigte in einem Eigenheim wohnt, an dem seine Eltern einen lebenslangen Nießbrauch haben.[45] Auch hier kann die Zuwendung des freien Wohnens jederzeit widerrufen werden und hat deshalb keinen Einkommenscharakter. Dies gilt sogar, wenn ein Unterhaltspflichtiger eine Wohnung, zu deren Erwerb ihm seine Eltern ein zinsloses Darlehen gewährt hatten, diese auf die Eltern zurück überträgt gegen Erlass des Darlehens und Einräumung eines lebenslangen Wohnrechts.[46]

6. Einkünfte aus überobligatorischer Tätigkeit

16 Überobligatorisch und somit **unzumutbar** ist eine Tätigkeit dann, wenn für sie keine Erwerbsobliegenheit besteht und der am Unterhaltsrechtsverhältnis Beteiligte sie deshalb jederzeit beenden kann, ohne dass es unterhaltsrechtliche Konsequenzen hat.[47] Häufigster Fall in der Praxis ist die **Erwerbstätigkeit neben der Kinderbetreuung** (→ *Betreuungsunterhalt* Rn. 1 ff.). Bis zum dritten Lebensjahr des zu betreuenden Kindes ist eine ausgeübte Erwerbstätigkeit immer überobligatorisch, ab dem dritten Lebensjahr kann sich eine Erwerbstätigkeit als teilweise überobligatorisch darstellen.[48] Die Beurteilung hängt nach der Rechtsprechung des Bundesgerichtshofs maßgeblich davon ab, wie etwa die Kinderbetreuung mit den konkreten Arbeitszeiten unter Berücksichtigung erforderlicher Fahrzeiten zu vereinbaren ist und ob und gegebenenfalls zu welchen Zeiten die Kinder aufgrund einer Fremdbetreuung zeitweise der Betreuung durch den Elternteil ohnehin nicht bedürfen.[49] Weiter kann eine Tätigkeit überobligatorisch sein, wenn ein **schwerbehindertes Kind** betreut und daneben gearbeitet wird, selbst wenn für das Kind Pflegegeld nach § 13 Abs. 4 SGB XI bezahlt wird.[50] Weiter ist eine Tätigkeit überobligatorisch, wenn der Bedürftige dieser **nach Erreichen der Regelaltersgrenze** nach § 35 SGB VI bzw. § 51 BBG weiterhin nachgeht.[51]. Im Übrigen kann sich eine Tätigkeit immer im Einzelfall als überobligatorisch darstellen, zB wenn trotz Krankheit einer Erwerbstätigkeit nachgegangen wird, die dazu berechtigen würde, die Erwerbstätigkeit aufzugeben.[52]

43 BGH 29.9.1979 – IV ZR 87/79, FamRZ 1980, 40.
44 BGH 22.2.1995 – XII ZR 80/94, FamRZ 1995, 537.
45 OLG Koblenz 18.9.2002 – 13 WF 465/02, FamRZ 2003, 534.
46 BGH 13.4.2005 – XII ZR 48/02, FamRZ 2005, 967.
47 BGH 10.7.2013 – XII ZB 297/12, FamRZ 2013, 1558.
48 BGH 15.9.2010 – XII ZR 20/09, FamRZ 2010, 1880.
49 BGH 13.4.2005 – XII ZR 273/02, FamRZ 2005, 1154.
50 BGH 1.3.2006 – XII ZR 157/03, FamRZ 2006, 846.
51 BGH 12.1.2011 – XII ZR 83/08, FamRZ 2011, 454.
52 BGH 10.7.2013 – XII ZB 297/12, FamRZ 2013, 1558.

Die Frage, ob und gegebenenfalls in welchem Umfang Einkommen aus einer überobligatorischen Tätigkeit des Unterhaltsberechtigten bei der Unterhaltsberechnung zu berücksichtigen ist, lässt sich nach der Rechtsprechung des Bundesgerichtshofs nicht pauschal beantworten, sondern hängt von den **besonderen Umständen des Einzelfalls** ab. Die Abwägung und Beurteilung steht im tatrichterlichen Ermessen.[53] Obligatorisch erzieltes Einkommen ist somit aufzuteilen in einen nichtunterhaltsrelevanten Anteil und in einen unterhaltsrelevanten Anteil. Der nichtunterhaltsrelevante Anteil überobligatorischer Einkünfte bleibt bei der Unterhaltsberechnung im Rahmen des Bedarfs und der Bedürftigkeit völlig unberücksichtigt. In der Vergangenheit hat es sich in der Gerichtspraxis eingespielt, derartige Einkünfte pauschal hälftig zu berücksichtigen. Der Bundesgerichtshof hat eine **pauschale Anrechnung zur Hälfte** nicht beanstandet.[54] Bei überobligatorischen Einkünften im Rahmen des § 1570 BGB gingen in der Vergangenheit einige Oberlandesgerichte dazu über, einen sog. **Betreuungsbonus** abzuziehen. Dem ist der Bundesgerichtshof in dieser pauschalen Sichtweise nicht gefolgt, immer stellt er auf die Umstände des Einzelfalls ab und zieht von dem wegen der Kinderbetreuung überobligatorischen Einkommen des Berechtigten zunächst nur die **konkreten Betreuungskosten** ab.[55] Welcher Betrag darüber hinaus anrechnungsfrei bleibt, hängt davon ab, wie sich die Kinderbetreuung und die Berufstätigkeit im Einzelfall miteinander vereinbaren lassen. Hierzu ist ein konkreter Nachweis der tatsächlichen Betreuungsbedürftigkeit im Einzelfall erforderlich. Ebenso wie bei anderem Erwerbseinkommen ist das Einkommen aus überobligatorischer Tätigkeit um den Erwerbstätigenbonus (→ *Erwerbstätigenbonus* Rn. 1 ff.) und berufsbedingte Aufwendungen (→ *Berufsbedingte Aufwendungen* Rn. 1 ff.) zu bereinigen, ebenso um die Kinderbetreuungskosten. Eine mögliche Billigkeitsanrechnung erfolgt erst nach diesem Schritt. Berufsbedingt erforderlicher Betreuungsaufwand verbleibt immer anrechnungsfrei, sofern dieser nicht Mehrbedarf des Kindes darstellt wie bei den Kindergartenkosten (→ *Bedarfsermittlung* Rn. 42). Der sich ergebende unterhaltsrelevante Anteil ist gem. § 1577 Abs. 2 S. 2 BGB nach Billigkeit anzurechnen. Eine Anrechnung entspricht insbesondere im Mangelfall der Billigkeit (→ *Mangelfall und Selbstbehalt* Rn. 12). Übersteigen die Einkünfte aus überobligatorischer Tätigkeit zusammen mit dem Unterhalt und den anzurechnenden Einkünften den vollen Unterhalt, sind sie ebenfalls gem. § 1577 Abs. 2 S. 2 BGB anzurechnen.[56] Bei der Billigkeitsprüfung stehen die beiderseitigen wirtschaftlichen Verhältnisse im Vordergrund. Weitere Kriterien sind das besondere Ausmaß der zusätzlichen Anstrengung, ein früheres oder jetziges Verhalten des Unterhaltspflichtigen, das seine Begünstigung unangemessen erscheinen lässt, oder auch eine besonders anerkennenswerte Zweckbestimmung der überobligatorischen Einkünfte. Eine lange Dauer der Erzielung der Einkünfte spricht für eine höhere Berücksichtigungsquote. Dass der Berechtigte durch die überobligatorischen Einkünfte im Ergebnis mehr Geld zur Verfügung haben kann als der Pflichtige, ist das Ergebnis seiner besonderen Anstrengung, so dass dieses Ergebnis eine Billigkeitskorrektur als solche nicht rechtfertigt. Diese Grundsätze gelten für den Trennungs- und Verwandtenunterhalt entsprechend. Kommt es zur Anrechnung überobligatorischer Einkünfte, so sind diese im Wege der Additions- oder Differenzmethode einzubeziehen.[57] 17

7. Mutwilliges Herbeiführen der Bedürftigkeit (§ 1579 Nr. 4 BGB)

a) Allgemeines. Wurde die Bedürftigkeit mutwillig herbeigeführt, verstößt eine darauf beruhende Unterhaltsforderung gegen **Treu und Glauben** (venire contra factum proprium). Die Bedürftigkeit muss mutwillig herbeigeführt worden sein, was zwar kein vorsätzliches, jedoch ein **verantwortungsloses, mindestens leichtfertiges Verhalten** voraussetzt (→ *Unbilligkeit/Verwirkung* Rn. 1 ff.). Weiter muss die Mutwilligkeit **unterhaltsbezogen** sein, wozu sich Vorstellungen und Antriebe für das Verhalten auch auf die Bedürftigkeit als dessen Folge erstrecken müssen. Der Unterhaltsbedürftige muss sich somit darüber bewusst sein, dass sein Verhalten nachteilige Folgen für seine Bedürftigkeit nach sich zieht. 18

53 BGH 10.7.2013 – XII ZB 297/12, FamRZ 2013, 1558.

54 BGH 19.7.2000 – XII ZR 161/98, FamRZ 2000, 1492; so etwa auch OLG Brandenburg 18.12.2012 – 10 UF 124/07, FUR 2013, 336.

55 KG 5.7.2005 – 13 UF 9/05, FamRZ 2005, 452.

56 BGH 22.1.2003 – XII ZR 186/01, FamRZ 2003, 518.

57 BGH 5.9.2001 – XII ZR 108/00, FamRZ 2001, 1687.

19 **b) Fallkonstellationen. aa) Selbstverschuldeter Arbeitsplatzverlust, freiwillige Aufgabe eines sicheren Arbeitsplatzes, Auswanderung ohne Erwerbsaussicht oder Unterlassen einer rechtzeitigen Ausbildung.** Bei einer solchen Fallkonstellation wird es oft schon am Unterhaltstatbestand des § 1573 Abs. 1 BGB fehlen (→ *Erwerbslosigkeitsunterhalt* Rn. 1 ff.) mit der Folge, dass dem Bedürftigen ein fiktives Einkommen zugerechnet wird (→ *Fiktive Einkünfte* Rn. 1 ff.). Problematisch in dieser Fallkonstellation ist häufig die Unterhaltsbezogenheit im Hinblick auf die Herbeiführung der Erwerbslosigkeit. Nur das mutwillige Herbeiführen der Erwerbslosigkeit kann den Tatbestand von § 1579 Nr. 4 BGB erfüllen, die bloße Verletzung der Erwerbsobliegenheit führt zum Ansatz fiktiver Einkünfte.

20 **bb) Bedürftigkeit infolge von Alkohol-, Tabletten- oder Drogensucht.** Eine Bedürftigkeit ist als solche wohl **kaum mutwillig** herbeigeführt, da selbst dann, wenn der Süchtige sich der gesundheitlichen Gefahren des Konsums dieser Mittel bewusst war und sich solcher Einsicht leichtfertig verschlossen hat, keine unterhaltsbezogene Mutwilligkeit vorliegt.[58] Es ist deshalb darauf abzustellen, ob der Süchtige seine Krankheit erkennt, jedoch eine zumutbare und erfolgversprechende Suchtbehandlung unterlässt.[59] In einem weiteren Schritt muss geprüft werden, ob aufgrund der Suchterkrankung die erforderliche Einsicht und Steuerungsfähigkeit für eine notwendige Behandlung besteht.

21 Eine **Unterlassung der gebotenen Heilbehandlung** kann in Fällen, in denen die Einsichtsfähigkeit gegeben ist, eine mutwillige Herbeiführung der Bedürftigkeit darstellen. Der Kranke hat die Verpflichtung, sich Heilbehandlungen und Therapien zu unterziehen, wenn die sichere Aussicht auf Heilung oder wenigstens wesentliche Besserung besteht.[60]

22 Weiter ist der Erwerbsunfähige verpflichtet, eine **Erwerbsunfähigkeitsrente** zu beantragen. Tut er das nicht, hat er jedenfalls in Höhe einer möglichen Erwerbsunfähigkeitsrente seine Bedürftigkeit mutwillig herbeigeführt. In diesem Fall dürfte jedoch der Rückgriff auf § 1579 Nr. 4 BGB entbehrlich sein, da insoweit mit dem Ansatz eines fiktiven Einkommens in Höhe einer zu erwartenden Erwerbsunfähigkeitsrente gearbeitet werden kann.

23 **cc) Vermögensverschwendung.** Eine Bedürftigkeit aufgrund der **Verschwendung** von vorhandenem Vermögen, beispielsweise für Luxusausgaben, erfüllt ebenfalls den Tatbestand.[61] Keine Verschwendung liegt vor, wenn zunächst vorhandenes Vermögen für **berechtigte Zwecke** ausgegeben worden ist, beispielsweise für Verfahrenskosten, Umzug oder notwendiges neues Mobiliar.[62] Es soll ebenfalls keine Verschwendung vorliegen, wenn das **Vermögen für die Altersvorsorge** verwendet wurde. Hier ist jedoch zu berücksichtigen, dass derzeit insgesamt nur 22,6 % des Bruttoerwerbseinkommens für die Altersvorsorge verwendet werden dürfen (→ *Private Altersvorsorge* Rn. 1 ff.). Wird darüber hinaus Vermögen für die Altersvorsorge verwendet, sind die Zinseinkünfte daraus fiktiv zu berücksichtigen. Trotzdem ist dies kein Fall der mutwilligen Herbeiführung der Bedürftigkeit, sondern der Berücksichtigung fiktiver Einkünfte.

24 Ein weiterer Fall des § 1579 Nr. 4 BGB ist die **nichtbestimmungsgemäße Verwendung** des Altersvorsorgeunterhalts.[63] In einem solchen Fall ist zu ermitteln, welches Einkommen der Bedürftige im Alter erzielen würde, wenn er den Altersvorsorgeunterhalt bestimmungsgemäß verwendet hätte. In dieser Höhe hat er seine Bedürftigkeit mutwillig herbeigeführt. Ob dies insgesamt zu einer Verwirkung des dann möglicherweise noch bestehenden weiteren Aufstockungsunterhaltsanspruchs oder nur zu einer fiktiven Berücksichtigung des erzielbaren Einkommens führt, ist im Rahmen einer Abwägung zu prüfen.

25 Bei Vorliegen der Voraussetzungen des § 1579 Nr. 4 BGB ist somit stets eine **Abwägung** zwischen dem Ansatz von fiktiven Einkünften und einer Verwirkung des Unterhaltsanspruchs als solchem vorzunehmen. Zunächst ist auch beim Vorliegen der Tatbestandsvoraussetzungen der Bedürftige stets so zu behandeln,

58 BGH 12.4.2000 – XII ZR 79/98, FamRZ 2000, 815.
59 OLG Naumburg 29.5.2006 – 14 WF 16/06, FamRZ 2007, 472.
60 OLG Hamm 27.9.2002 – 10 UF 317/01, NJW-RR 2003, 510.
61 OLG Karlsruhe 18.11.1982 – 2 UF 5/82, FamRZ 1983, 506.
62 BGH 11.4.1990 – XII ZR 42/89, NJW 1990, 3274.
63 BGH 5.2.2003 – XII ZR 29/00, FamRZ 2003, 848.

als verfüge er über die finanziellen Mittel zur Bestreitung seines Bedarfs, die ihm durch sein vorwerfbares Verhalten verlorengegangen sind. Besteht unter Berücksichtigung dieser fiktiven Einkünfte dennoch ein ungedeckter Bedarf, ist in einem zweiten Schritt zu prüfen, ob der Unterhaltsanspruch wegen grober Unbilligkeit entfällt, herabzusetzen oder zeitlich zu befristen ist.

III. § 1615 l Abs. 3 S. 1 iVm § 1602 BGB

Über die Verweisungsnorm des § 1615 l Abs. 3 S. 1 BGB findet die Vorschrift des § 1602 BGB auch auf den Betreuungsunterhaltsanspruch der nichtehelichen Mutter (bzw. für den Vater nach § 1615 l Abs. 4 BGB) Anwendung. Gem. § 1602 Abs. 1 BGB ist nur unterhaltsberechtigt, wer außerstande ist, sich selbst zu unterhalten. Die Mutter ist also nur insoweit unterhaltsberechtigt, als sie ihren Unterhaltsbedarf nicht durch eigene Einkünfte decken kann. 26

1. Anrechnung eigener Einkünfte

Eigenes Einkommen der Mutter mindert die Bedürftigkeit (§ 1602 Abs. 1 BGB). Vor einer Anrechnung eigener Einkünfte ist jedoch zu differenzieren, ob es sich überhaupt um Einkünfte handelt, die die Bedürftigkeit mindern. 27

a) Sozialhilfe/Sozialleistungen. Sozialhilfe wird gem. § 2 SGB XII nachrangig gewährt, weshalb Sozialhilfe die Bedürftigkeit nicht mindert. Gleiches gilt für das ALG II (§§ 5, 9, 33 SGB II). Gem. § 11 BEEG ist im Rahmen des Unterhaltsrechts das Elterngeld (auch in der Variante Elterngeld plus) bis zu einem Betrag von 300 EUR grundsätzlich nicht als Einkommen zu berücksichtigen. Darüber hinaus mindert es die Bedürftigkeit der Mutter. Zu beachten ist insoweit § 11 S. 4 BEEG. Im Falle einer Herabsetzung des Unterhalts aus Billigkeitsgründen nach § 1611 Abs. 1 BGB ist das Elterngeld in voller Höhe als Einkommen zu berücksichtigen. Ebenfalls zu berücksichtigen ist das Betreuungsgeld. 28

b) Leistungen, die die Bedürftigkeit mindern. Sowohl das ausbezahlte Mutterschaftsgeld, welches in der Regel für die Dauer von sechs Wochen vor der Geburt und acht Wochen nach der Geburt bezahlt wird, als auch die Lohnfortzahlung durch den Arbeitgeber gem. § 18 MuSchG sowie die von den Krankenkassen zu erbringenden Krankengeldzahlungen bzw. Beihilfeleistungen sind vom Bedarf der Mutter in Abzug zu bringen.[64] Gleiches gilt für das ALG I gem. §§ 117 ff. SGB III, dem Lohnersatzfunktion zukommt, und für BAföG-Leistungen, auch soweit sie als Darlehen gewährt werden.[65] Die unterhaltsberechtigte Mutter ist verpflichtet, die vorgenannten Leistungen auch in Anspruch zu nehmen, soweit sie einen Anspruch darauf hat. Macht sie die arbeits-, sozial- bzw. versicherungsrechtlichen Ansprüche nicht geltend, kann sie bei der Beurteilung ihrer Bedürftigkeit fiktiv so gestellt werden, als habe sie die entsprechenden Zahlungen erhalten.[66] 29

c) Weitere Einkünfte. Einkünfte der Mutter aus Vermögen, wie Zinseinkünfte, Einnahmen aus Vermietung und Verpachtung oder ein etwaiger Wohnvorteil, mindern ihre Bedürftigkeit genauso wie etwa **Versorgungsleistungen für einen neuen Partner** (→ Rn. 14; → *Bedarfsermittlung* Rn. 22 f.). Anders als beim Ehegattenunterhalt ist der Wohnvorteil für mietfreies Wohnen stets mit der objektiven Marktmiete in Ansatz zu bringen. **Freiwillige Zuwendungen Dritter** mindern ebenfalls wie beim Ehegattenunterhalt nicht die Bedürftigkeit (→ Rn. 15; → *Bedarfsermittlung* Rn. 18). 30

d) Erwerbseinkünfte/Einkünfte aus überobligatorischer Tätigkeit (§ 1577 Abs. 2 BGB analog). Bei der Prüfung, ob und in welchem Umfang Einkünfte aus überobligatorischer Tätigkeit der Mutter anzusetzen sind, ist derselbe Maßstab wie beim Ehegattenunterhalt anzulegen. Erwerbseinkommen, das in den ersten drei Lebensjahren des Kindes erzielt wird, ist deshalb regelmäßig überobligatorisch.[67] Überobligatorische Einkünfte sind in entsprechender Anwendung von § 1577 Abs. 2 BGB zu berücksichtigen; in welcher Höhe, ist 31

64 BGH 15.12.2004 – XII ZR 121/03, FamRZ 2005, 442.
65 OLG Karlsruhe 4.9.2003 – 2 UF 6/03, FamRZ 2004, 974.
66 OLG Karlsruhe 4.9.2003 – 2 UF 6/03, FamRZ 2004, 974.
67 OLG Frankfurt a. M. 2.5.2019 – 2 UF 273/17, FamRZ 2019, 1611.

im Einzelfall nach den Kriterien, wie die Kindesbetreuung mit den konkreten Arbeitszeiten unter Berücksichtigung erforderlicher Fahrzeiten zu vereinbaren ist und ob und gegebenenfalls zu welchen Zeiten das Kind anderweitig beaufsichtigt wird und deshalb teilweise nicht der Betreuung durch den Elternteil bedarf,[68] zu beurteilen. Das OLG Frankfurt hat zuletzt einen Gehaltsbestandteil in Höhe des notwendigen Selbstbehalts für Erwerbstätige als anrechnungsfrei angesehen und nur das darüber liegende Einkommen bedarfsmindernd angesetzt.[69] Im Übrigen erfolgt eine Anrechnung wie beim Ehegattenunterhalt nach Billigkeit (→ Rn. 16 f.). Der Abzug eines Erwerbstätigenbonus kommt nach richtiger Auffassung nicht in Betracht (→ *Erwerbstätigenbonus* Rn. 4). Nach Erreichen des dritten Lebensjahres des Kindes ist dann auch die Zurechnung fiktiver Einkünfte möglich, soweit noch ein Anspruch dem Grunde nach besteht.[70] Die entsprechende Obliegenheit, sich um eine Arbeit zu bemühen, setzt daher schon vor dem Erreichen des dritten Lebensjahres des Kindes ein.[71] Vom Einkommen können die konkreten Kosten der Kinderbetreuung abgesetzt werden; ein pauschaler Betreuungsbonus ist aber nicht abziehbar. Gleiches gilt für die üblichen anerkennenswerten Positionen wie etwa berufsbedingte Aufwendungen oder Vorsorgeaufwendungen.

2. Vermögensverwertung

32 Grundsätzlich ist die Kindesmutter verpflichtet, zur Bestreitung ihres Lebensbedarfs vorhandenes Vermögen einzusetzen (§§ 1615 Abs. 3 S. 1, 1602 BGB). Anders als § 1606 Abs. 2 BGB, der auf minderjährige unverheiratete Kinder Anwendung findet und die Verwertung des Vermögensstamms ausschließt, enthält § 1602 Abs. 1 BGB keine entsprechende Einschränkung. § 1577 BGB gilt schon aus systematischen Gründen nicht, eine analoge Anwendung kommt ebenfalls nicht in Betracht, da insoweit keine Regelungslücke im Gesetz besteht. Eine Pflicht zur **Verwertung des Vermögensstamms** besteht allerdings nicht, wenn dies für die Mutter unzumutbar ist. Bei der Prüfung der Frage der Unzumutbarkeit werden im Schrifttum teilweise die Maßstäbe wie im ehelichen Unterhaltsrecht, also des § 1577 Abs. 3 BGB, angewendet. Eine Vermögensverwertung muss im Rahmen einer umfassenden Zumutbarkeits- und Billigkeitsabwägung geklärt werden. Die Verwertung hat zu unterbleiben, wenn sie unwirtschaftlich oder unbillig wäre. Hierbei können die Vermögen der Beteiligten in Relation zueinander gesetzt werden. Altersvorsorgevermögen oder Vermögen, das der Erzielung von Einkünften dient, muss nur ausnahmsweise verwertet werden. Wenn der Unterhaltspflichtige Auskünfte zu einem Vermögen verweigert und deshalb eine Abwägung nicht stattfinden kann, so hat die Verwertung des Vermögens durch den Berechtigten zu unterbleiben.[72] Dem Unterhaltsberechtigten muss in jedem Fall ein „**Notgroschen**" verbleiben, insbesondere wenn sich die Vermögensverhältnisse des unterhaltspflichtigen Vaters besonders günstig gestalten.[73] Zu beachten ist ebenfalls die eigene Alterssicherung der Kindesmutter.[74]

IV. Kindesunterhalt (§ 1602 BGB)

1. Minderjähriger

33 Die Bedürftigkeit minderjähriger Kinder wird um das zur Deckung des Barbedarfs verwendete **hälftige Kindergeld** nach § 1612 b Abs. 1 S. 1, 2 BGB gemindert.[75] Auf den Barbedarf des minderjährigen Kindes wird grundsätzlich wegen § 1606 Abs. 3 S. 2 BGB auch nur eine **hälftige Ausbildungsvergütung** nach Abzug von Ausbildungskosten[76] bzw. der ausbildungsbedingten Pauschale in Höhe von derzeit 100 EUR nach Ziffer 10.2.3 der Leitlinien der Oberlandesgerichte zur Unterhaltsberechnung oder eine **hälftige Wai-**

68 BGH 15.12.2004 – XII ZR 121/03, FamRZ 2005, 442.
69 OLG Frankfurt a. M. 2.5.2019 – 2 UF 273/17, FamRZ 2019, 1611.
70 OLG Frankfurt a. M. 19.11.2018 – 1 UF 11/18, FamRZ 2019, 1322.
71 OLG Saarbrücken 4.7.2013 – 6 UF 24/13 = NJW 2014, 559.
72 OLG Köln 21.2.2017 – 25 UF 149/16, FamRZ 2017, 1309.
73 OLG Hamm 11.2.2000 – 11 UF 85/89, FF 2000, 137.
74 BGH 5.7.2006 – XII ZR 11/04, FamRZ 2006, 1362.
75 BGH 24.6.2009 – XII ZR 161/08, FamRZ 2009, 1477.
76 BGH 21.1.2009 – XII ZR 54/06, FamRZ 2009, 782.

senrente angerechnet.[77] **Unterhaltsvorschussleistungen** sind nur dann ähnlich wie Sozialhilfe subsidiär und nicht bedarfsmindernd anzurechnen, wenn der Unterhaltsanspruch gegen einen Elternteil besteht. Im Verhältnis zu den unterhaltspflichtigen Großeltern mindern die Unterhaltsvorschussleistungen die Bedürftigkeit des Kindes nicht.[78] Schon dem minderjährigen Kind können fiktive Einkünfte zugerechnet werden, wenn es seine Obliegenheit zur Aufnahme einer Berufsausbildung verletzt und über 16 Jahre alt ist.[79] Eine Erwerbsobliegenheit setzt jedenfalls voraus, dass das Kind schon arbeiten darf, was unter 15 Jahren nach §§ 2 Abs. 3, 5 Abs. 1, 7 Abs. 1 JArbSchG nicht möglich ist. Solange das Kind sich in der Schul- oder Berufsausbildung befindet, ist Einkommen aus Freizeitjobs nur in Ausnahmefällen anrechenbar.[80] Hat das Kind einen Wohnvorteil, dann kann der Barunterhalt um 20 % des Tabellenbedarfs gekürzt werden, da das Kind dann keinen Wohnbedarf mehr hat.[81]

2. Volljähriger

Die Bedürftigkeit volljähriger Kinder mindert sich um das staatliche **Kindergeld in voller Höhe**. Weiter hat sich das volljährige Kind ebenfalls in voller Höhe seine eigenen Einkünfte, vermindert um berufs- bzw. ausbildungsbedingte Kosten, anrechnen zu lassen,[82] was insbesondere für BAföG-Leistungen gilt. BAföG-Leistungen können auch fiktiv zugerechnet werden, wenn das Kind die Antragstellung unterlässt.[83] Bezüglich des Restbedarfs des volljährigen Kindes haften gem. § 1606 Abs. 3 S. 1 BGB die Eltern anteilig. Volljährige Kinder, die keiner Berufsausbildung nachgehen, trifft die Obliegenheit zur Aufnahme einer Vollzeiterwerbstätigkeit, so dass sie grundsätzlich nicht bedürftig sind.[84] Bei einer Ausbildung in Teilzeit muss die restliche Zeit grundsätzlich für eine Erwerbstätigkeit eingesetzt werden.[85] Einkünfte aus Nebentätigkeiten, welche neben einer Ausbildung in Vollzeit oder einem Studium erzielt werden, sind grundsätzlich nicht anzurechnen. Ausbildungsvergütungen sind nach den Leitlinien der Oberlandesgerichte[86] um eine ausbildungsbedingte Pauschale von derzeit 100 EUR zu kürzen. Das BAföG kann um diese Pauschale aber nicht bereinigt werden.[87] Die Erwerbsobliegenheit besteht nicht, wenn nach Ausbildungsabschluss im Rahmen einer Übergangsphase ein Job gesucht wird (ca. 3 Monate). Hat das Kind einen Wohnvorteil, dann kann im Fixbetrag nach Ziffer 13.1. bzw. 13.1.2. der Leitlinien der Oberlandesgerichte (Stand 1.1.2021) der Fixbetrag reduziert oder ganz abgezogen werden.[88] 34

3. Vermögensverwertung

Das minderjährige Kind muss wegen § 1602 Abs. 2 BGB seinen Vermögensstamm grundsätzlich nicht angreifen. Nur Einkünfte aus Vermögen sind zur Bedarfsdeckung heranzuziehen. Sind Eltern dagegen außerstande, dem Kind ohne Gefährdung ihres angemessenen Selbstbehalts Unterhalts zu gewähren, dann muss das Kind das Vermögen bis auf einen Notgroschen verwerten. Das volljährige Kind (auch das privilegiert volljährige Kind) muss den Vermögensstamm umgekehrt grundsätzlich verwerten, bevor es die Eltern auf Unterhalt in Anspruch nimmt.[89] Dem Unterhaltsberechtigten ist aber ein „**Notgroschen**" zuzubilligen. Durch diesen Betrag soll ein plötzlich auftretender Sonderbedarf aufgefangen werden. Der Notgroschen wird häufig in Anlehnung an § 90 Abs. 2 Nr. 9 SGB XII bemessen. Dieser Betrag ist 2017 auf 5.000 EUR erhöht worden. 35

77 BGH 20.8.2006 – XII ZR 138/04, 1597.
78 OLG Dresden 18.9.2009 – 20 UF 331/09, FamRZ 2010, 736.
79 OLG Düsseldorf 17.6.2010 – 8 WF 117/10, NJW-RR 2011, 221; OLG Rostock 18.10.2006 – 10 WF 103/06, FamRZ 2007, 1267; aA OLG Saarbrücken 7.4.1999 – 9 UF 147/98, FamRZ 2000, 40.
80 BGH 25.1.1995 – XII ZR 240/93, FamRZ 1995, 475.
81 Wendl/Dose UnterhaltsR/*Gerhardt* § 1 Rn. 575.
82 BGH 26.10.2005 – XII ZR 34/03, FamRZ 2006, 99.
83 BGH 24.10.1979 – IV ZR 171/78, FamRZ 1980, 126.
84 OLG Hamm 5.2.2013 – II-7 UF 166/12, NJW-RR 2013, 772; BGH 25.2.1987 – IVb ZR 28/86, FamRZ 1987, 930.
85 OLG Düsseldorf 17.6.2010 – 8 WF 117/10, NJW-RR 2011, 221.
86 Ziffer 10.2.3. der Leitlinien, Stand 1.1.2021.
87 OLG Köln 10.11.2004 – 27 WF 219/04, BeckRS 2013, 87130.
88 Wendl/Dose UnterhaltsR/*Gerhardt* § 1 Rn. 576.
89 OLG Zweibrücken 16.10.2015 – 2 UF 107/15, FamRZ 2016, 726.

Kommt es zu einer Verwertungspflicht des Vermögens, so ist dieser auf die voraussichtliche Dauer der Ausbildung umzulegen.[90] Die Art des Vermögens spielt keine Rolle, solange es sich jedenfalls um freies Vermögen handelt, so dass Vermögen ungeachtet seiner Herkunft und etwaiger mit der Zuwendung verbundener Vorstellungen des Zuwendenden oder des Kindes in Anspruch genommen werden muss.[91]

90 BGH 5.11.1997 – XII ZR 20/96, FamRZ 1998, 367.

91 OLG Zweibrücken 16.10.2015 – 2 UF 107/15, FamRZ 2016, 726.

51. Begleiteter Umgang

Treu

I. Einführung

Der Kontakt zwischen Eltern(teil) und Kind soll grundsätzlich ein natürliches und unbefangenes Zusammensein gewährleisten und deshalb ohne Anwesenheit einer Aufsichtsperson stattfinden.[1] Neben dem am weitestgehenden Eingriff in das Umgangsrecht – dem völligen Ausschluss – sieht das Gesetz die Anordnung des begleiteten Umgangs vor, der nach dem Verhältnismäßigkeitsgrundsatz gegenüber dem Ausschluss des Umgangs **als milderes Mittel geeignet und ausreichend** erscheinen muss, um das Wohl des Kindes zu gewährleisten. 1

Da aber auch für den begleiteten Umgang als Umgangseinschränkung der Verhältnismäßigkeitsgrundsatz gilt, ist zu prüfen, ob mildere Mittel zur Verfügung stehen, wie etwa Auflagen gegenüber dem Umgangselternteil, die eine Kindeswohlgefährdung verhindern, oder Anordnungen zur Erfüllung der Wohlverhaltenspflicht (§ 1684 Abs. 2 BGB) gegenüber beiden Elternteilen.

Das Umgangsrecht kann vom Familiengericht deshalb nur im Ausnahmefall und nur unter den Voraussetzungen des § 1684 Abs. 4 BGB durch Anordnung von begleitetem Umgang eingeschränkt werden.

Umgesetzt wird die Anordnung begleiteten Umgangs als **Jugendhilfeleistung**. Sowohl der Umgangsberechtigte als auch das Kind haben gem. § 18 Abs. 3 SGB VIII einen Anspruch auf Unterstützung bei der Ausübung des Umgangsrechts, der sich gegen das Jugendamt richtet. 2

II. Gesetzliche Regelung

Das Familiengericht kann das Umgangsrecht und den Vollzug früherer Entscheidungen über das Umgangsrecht einschränken. Es kann insbesondere anordnen, dass der Umgang nur stattfinden darf, wenn ein **mitwirkungsbereiter Dritter anwesend** ist (begleiteter oder betreuter Umgang – § 1684 Abs. 4 S. 3 BGB). Beschränkungen für einen kürzeren Zeitraum erfordern, dass sie zum Wohl des Kindes erforderlich sind (§ 1684 Abs. 4 S. 1 BGB), während Beschränkungen für längere Zeit (oder auf Dauer) voraussetzen, dass andernfalls das Wohl des Kindes gefährdet wäre (§ 1684 Abs. 4 S. 2 BGB). 3

1. Voraussetzungen

Begleiteter Umgang wird angeordnet, wenn das Wohl des Kindes dem unbegleiteten Umgang entgegensteht und – auch hier gilt der Verhältnismäßigkeitsgrundsatz – mildere Mittel fehlen oder nicht ausreichen. Er kann zur **Gefahrminimierung oder Gefahrenabwehr**, aber auch zur **Anbahnung nach (längerer) Pause** erforderlich sein. Seinem Wesen nach ist der begleitete Umgang als vorübergehende Maßnahme angelegt.[2] 4

Erforderlich ist die Feststellung einer konkreten Gefährdung des Kindes, die nicht schon dann angenommen werden kann, wenn nur ein „Restrisiko" verbleibt. Der begleitete Umgang darf deshalb nicht ange- 5

1 Palandt/*Götz* BGB § 1684 Rn. 35.
2 NK-BGB/*Peschel-Gutzeit/Ebeling* § 1684 Rn. 63.

ordnet werden, „um jede mögliche Gefährdung auszuschließen“. Denn sonst würde die Ausnahme der Umgangseinschränkung zur Regel.[3]

2. Fallgruppen

6 In allen **Fällen, in denen der Ausschluss des Umgangs in Betracht kommt**, ist als milderes Mittel nach dem Verhältnismäßigkeitsgrundsatz zu prüfen, ob der Kindeswohlgefährdung oder -beeinträchtigung durch die Anordnung begleiteten Umgangs begegnet werden kann (→ *Ausschluss des Umgangsrechts* Rn. 10 ff.).[4]

7 Hierzu zählen zunächst die Fälle, in denen vom Umgangsberechtigten ein Risiko ausgeht, das zu einer Gefährdung des Kindes führt oder führen kann, wenn dies nicht mit der nötigen Sicherheit ausgeschlossen werden kann.

8 In den Fällen eines **elterlichen Konfliktes**, in denen eine massive Beeinflussung des Kindes durch den Umgangsberechtigten zu befürchten ist oder das Kind dem Umgangsberechtigten – aus welchen Gründen auch immer – nicht mehr unbelastet begegnen kann, ihn möglicherweise überhaupt nicht mehr sehen will, können durch die Begleitung Belastungen für das Kind abgefangen werden. Allerdings ist der begleitete Umgang kein Mittel zur Streitschlichtung im üblichen Umgangskonflikt.[5]

9 Schließlich kommt begleiteter Umgang in Betracht, wenn es eine mehr oder weniger lange Unterbrechung des Umgangs mit entsprechender **Entfremdung zwischen Kind und Umgangsberechtigtem** gegeben hat, so dass es gilt, erste vorsichtige Kontakte anzubahnen. Gleiches gilt, wenn der Kontakt aus anderen Gründen unterbrochen war, beispielsweise weil das Kind schon längere Zeit fremduntergebracht ist.

3. Einzelfälle

10 **a) Risiken, die vom Umgangsberechtigten ausgehen.** Es geht hier um den Fall, dass die Person des Umgangsberechtigten oder sein Verhalten Anlass geben zu der Einschätzung, dass der uneingeschränkte Umgang dem Kind schadet, gleichzeitig aber die Erwartung besteht, dass das Risiko, das von dem Umgangsberechtigten ausgeht, durch die Anwesenheit eines Dritten beherrscht werden kann.[6] Besteht diese Erwartung nicht, so wäre in derartigen Fällen der Umgang vollständig auszuschließen. Innerhalb dieser Fallgruppe wird der **begleitete Umgang eher von längerer Dauer sein**.

11 **aa) Sexueller Missbrauch.** Wenn ein sexueller Missbrauch des Kindes durch den Umgangsberechtigten zwar nicht bewiesen, aber auch nicht ohne Weiteres von der Hand zu weisen ist (wofür es aber begründeter Anhaltspunkte bedarf), wird durch den überwachten Umgang einerseits dem **Schutzbedürfnis des Kindes** Rechnung getragen und andererseits berücksichtigt, dass durch einen umfassenden Kontaktabbruch **Bindungsverluste und Entfremdungen** hervorgerufen werden können, die auch bei Nachweis der Unschuld des Umgangsberechtigten nach einem längeren Verfahren nicht mehr rückgängig zu machen sind. Dass ein staatsanwaltliches Ermittlungsverfahren gegen den Umgangsberechtigten anhängig ist, genügt alleine noch nicht.[7] Ebenso wenig besteht ein Vorrang des Strafverfahrens vor dem Umgangsverfahren.[8]

12 Bei erwiesenem sexuellen Missbrauch kommt die Anordnung des begleiteten Umgangs in Betracht, wenn dieser ausreicht, um einer Kindeswohlgefährdung zu begegnen, was jedenfalls dann nicht der Fall ist, wenn die Kindeswohlgefährdung nicht allein in der Wiederholungsgefahr, sondern (auch) in der **Gefahr einer Retraumatisierung** liegt.[9]

---

3 BVerfG 29.11.2007 – 1 BvR 1635/07, FamRZ 2008, 494.
4 OLG Saarbrücken 12.1.2005 – 9 UF 124/04.
5 Staudinger/*Dürbeck* BGB § 1684 Rn. 351.
6 Staudinger/*Dürbeck* BGB § 1684 Rn. 352.
7 OLG Frankfurt a. M. 30.6.1995 – 6 UF 60/95, FamRZ 1995, 1432.
8 Vgl. OLG Hamburg 2.4.2020 – 12 UF 35/20, FamRZ 2020, 1736 (1738).
9 Staudinger/*Dürbeck* BGB § 1684 Rn. 356.

Zugunsten des Umgangsausschlusses abgelehnt wurde ein begleiteter Umgang im Fall eines Vaters mit pädophiler Sexualpräferenz verbunden mit einer Persönlichkeitsstörung: Der Vater würde ansonsten in die Lage versetzt, ein Vertrauensverhältnis zu dem Kind aufzubauen, so dass die **Gefahr heimlicher unbegleiteter Treffen** bestehe[10] (→ *Ausschluss des Umgangsrechts* Rn. 32 ff.). 13

Der Umgang eines pädophilen Vaters kann dadurch eingeschränkt werden, dass dem aus der Familienwohnung verwiesenen Vater (§ 1666 BGB) der Aufenthalt in der Wohnung der Kinder zu Besuchszwecken verboten oder umgekehrt der Aufenthalt der Kinder in der Wohnung des Vaters zu Besuchszwecken ausgeschlossen wird, wobei zur Sicherheit der Kinder die Anwesenheit der -hierfür als bereit und geeignet befundenen – Mutter angeordnet wurde.[11]

bb) Entführung. Bei drohender Kindesentführung durch den Umgangsberechtigten, insbesondere ins Ausland, wo es oftmals unmöglich ist, das Kind wieder zum Sorgeberechtigten zurückzuführen, ist eine **konkrete Gefährdung** festzustellen; Befürchtungen oder Mutmaßungen genügen nicht. Die lediglich abstrakte Gefahr, dass ein Umgangsberechtigter das Kind nach einem unbegleiteten Umgangstermin nicht wieder herausgeben könnte, rechtfertigt eine Einschränkung des Umgangsrechts nicht.[12] Diese ist jedenfalls dann immer gegeben, wenn ein Elternteil den Aufenthalt des Kindes bei dem anderen infrage stellt.[13] Als geeignete mildere Maßnahme zur Verhinderung einer Entführung in das (Nicht-EU-)Ausland kommt das gerichtliche Verbot, das Kind ins Ausland zu verbringen, verbunden mit einer „Grenzsperre" in Frage. Eine solche Anordnung kommt aber nur in Betracht, wenn der Umgangsberechtigte mitsorgeberechtigt ist. 14

Eine konkrete Gefahr kann sich aus der **Vorgeschichte und dem Verhalten des Umgangsberechtigten** ergeben, so wenn er das Kind bereits einmal entführt hat und weiterhin in seinem Heimatland einen medial unterstützten Kampf um das Sorgerecht führt[14] oder in früheren Jahren bei einem Aufenthalt des Kindes bei ihm dessen Pass einbehalten hat und dessen Ausreise verhindern wollte.[15] 15

cc) Körperverletzung. Wurde das Kind in der Vergangenheit misshandelt und besteht die Gefahr weiterer Misshandlungen, würde unbeschränkter Umgang das Kindeswohl gefährden. Zur Sicherheit des Kindes ist ein begleiteter Umgang anzuordnen, wenn die Gefahr nicht durch eine **weniger einschneidende Beschränkung des Umgangs**, wie etwa eine **räumliche Beschränkung**, beseitigt werden kann. 16

Droht dem Kind eine Genitalverstümmelung auch in Deutschland, kann sein Schutz nicht durch mildere Maßnahmen als die Anordnung begleiteten Umgangs gewährleistet werden.[16] 17

dd) Krankheit. Umgangsbegleitung kann auch dann erforderlich sein, wenn der unbeschränkte Umgang aufgrund einer Krankheit des Umgangsberechtigten das **körperliche oder seelische Wohl** des Kindes gefährden würde. So kann der psychisch oder physisch kranke, drogen- oder alkoholabhängige Umgangsberechtigte das Kind möglicherweise nicht ausreichend betreuen und beaufsichtigen. 18

Leidet der Umgangsberechtigte an einer **ansteckenden Krankheit**, ist ein begleiteter Umgang nur dann erforderlich, wenn andernfalls nicht gewährleistet wäre, dass das Kind vor Ansteckung ausreichend geschützt werden kann, weil der mit dem Ansteckungsrisiko sorglos umgehende Umgangsberechtigte nicht bereit oder in der Lage ist, die erforderlichen Vorsichtsmaßregeln zu beachten. Eine HIV-Infektion begründet im Allgemeinen weder den Ausschluss noch die sonstige Beschränkung des Umgangsrechts.[17] 19

---

10 OLG Düsseldorf 28.5.2009 – II-6 UF 188/07, FamRZ 2009, 1685.
11 OLG Frankfurt a. M. 28.2.2019 – 5 UF 200/18, FamRZ 2019, 1425.
12 BVerfG 6.11.2009 – 1 BvR 14108, FamRZ 2010, 109.
13 OLG Koblenz 17.7.2008 – 7 UF 238/08, FamRZ 2009, 133.
14 OLG Brandenburg 15.10.2009 – 9 UF 69/09, NJW-RR 2010, 148.
15 OLG Stuttgart 8.6.2017 – 17 UF 45/16.
16 OLG Karlsruhe 5.5.2008 – 16 UF 3/08, FamRZ 2009, 130.
17 Staudinger/*Dürbeck* BGB § 1684 Rn. 326.

Eine Pandemie rechtfertigt grundsätzlich keine Einschränkung des Umgangs. Im Falle einer Erkrankung stünde dem aktuell anstehenden Umgang allerdings mit der behördlichen Anordnung einer Quarantäne ein Hindernis entgegen. Der grundsätzlich zu gewährende Umgang bleibt davon unberührt.[18]

20 Bei Alkohol- oder Drogenabhängigkeit mit rauschspezifischen Ausfällen mit der Folge, dass das Kind irritiert oder geängstigt werden kann oder mit einer Verletzung der Aufsichtspflicht zu rechnen ist, wird regelmäßig begleiteter Umgang in Betracht kommen. Dagegen sind – neben etwa veranlasster **räumlicher/zeitlicher Beschränkung des Umgangs** – keine weiteren Einschränkungen erforderlich, wenn der Umgangsberechtigte (noch) in der Lage ist, sich für die Dauer des Umgangs abstinent zu halten. Der Obhutselternteil ist allerdings berechtigt, den Umgang zu verweigern, wenn der Umgangsberechtigte beim Abholen des Kindes unter Alkohol- oder Drogeneinfluss steht.

21 Eine **psychische Erkrankung des Umgangsberechtigten** kann dazu führen, dass das Kind im Rahmen eines normalen Umgangs mit dessen krankheitsbedingter Unberechenbarkeit oder eingeschränkten bis fehlenden emotionalen Erreichbarkeit konfrontiert ist.[19] Auch kann der Umgangsberechtigte infolge seiner Erkrankung außerstande sein, auf die kindlichen Signale adäquat zu reagieren. Sind bei dem Kind als Folge davon bereits Persönlichkeits- oder Verhaltensstörungen aufgetreten, ist das Kindeswohl gefährdet und zumindest eine Beschränkung des Umgangs durch dessen Begleitung zu fordern.[20]

Fehlt dem Umgangsberechtigten jegliches Problembewusstsein und musste in der Vergangenheit der begleitete Umgang bereits abgebrochen werden, steht der Ausschluss des Umgangs greifbar im Raum.[21]

22 **b) Mittelbare Gefährdung des Kindeswohls durch Elternkonflikt.** Wird das Kind in den elterlichen Konflikt hineingezogen, kann es Schaden nehmen. Kinder werden in solch einer Situation häufig von einem oder beiden Elternteilen manipuliert und instrumentalisiert. Sie stehen dann vor dem Problem, sich für einen von beiden entscheiden zu müssen und geraten so in einen **Loyalitätskonflikt**, in dessen Folge sie den Umgang irgendwann möglicherweise ablehnen werden. Oftmals ist genau das bezweckt. Durch einen begleiteten Umgang außerhalb des (väterlichen) Umfeldes und in Gegenwart eines Dritten, der eine kommunikative Einbeziehung der Kinder in den elterlichen Streit sicher verhindert, kann die Intensivierung des Loyalitätskonflikts uU verhindert werden.[22]

23 Da die Entscheidung über den Umgang stets am Kindeswohl zu orientieren ist und es nicht um die **Sanktionierung eines elterlichen Fehlverhaltens** geht,[23] kann es jedoch vorkommen, dass der Obhutselternteil, der durch sein unvernünftiges oder eigensüchtiges Verhalten die Beziehung des Kindes zu dem anderen belastet, durch eine Umgangsbeschränkung gestützt wird. Denn für die Beurteilung der Kindswohlgefährdung kommt es nicht primär darauf an, wer sie verursacht oder gar verschuldet hat.

24 Die **Zerstrittenheit der Eltern** als solche darf kein Grund sein, den Umgang zu beschränken. Auch die strikt ablehnende Haltung des Obhutselternteils rechtfertigt Einschränkungen des Umgangsrechts bis hin zu dessen Ausschluss nur dann, wenn feststeht, dass die gegen den Willen des Elternteils angeordneten und durchgeführten Umgänge das Kind in einen so heftigen Loyalitätskonflikt stürzen, dass ihm schwere seelische Belastungen und damit eine Gefährdung seines seelischen Wohls drohen.[24] Ein derartiges Verhalten lässt allerdings **Zweifel an der Erziehungsfähigkeit des betreuenden Elternteils** zu. Hier sind als letztes Mittel sorgerechtliche Maßnahmen zu prüfen.[25]

18 OLG Braunschweig 22.5.2020 – 1 UF 51/20, FamRZ 2020, 1372.
19 *Lau/Lau* FamRZ 2011, 862.
20 OLG Brandenburg 26.9.2007 – 9 UF 117/07, FamRZ 2008, 716: Schizophrenie.
21 OLG Bremen 21.11.2017 – 5 UF 81/16.
22 OLG Brandenburg 15.6.2020 – 13 UF 57/20.
23 BVerfG 18.5.2009 – 1 BvR 142/09, FamRZ 2009, 1389.
24 OLG Düsseldorf 25.10.2010 – 4 UF 252/09, FamRZ 2011, 822.
25 OLG Hamm 13.7.2010 – 2 UF 277/09, NJW-RR 2011, 150.

Um der Instrumentalisierung des Kindes durch den Umgangselternteil während des Umgangs zu begegnen, der es bewusst oder unbewusst mit in den Konflikt zieht, kann die Anordnung des begleiteten Umgangs geboten sein.[26] 25

Dagegen erfordert der in der Praxis oft vorgetragene **Streit bei der Übergabe** des Kindes, der eine nicht zu unterschätzende Belastung für das Kind darstellt, in der Regel keine Einschränkung des Umgangsrechts. Wenn es nicht genügt, die Eltern durch Auflagen an ihre Wohlverhaltenspflicht zu erinnern, kann die Übergabe begleitet oder von hierzu bereiten Dritten übernommen werden, was zwar ein nicht unerheblicher Aufwand angesichts der mit einem Minimum an Disziplin leicht beherrschbaren Problematik ist, das Umgangsrecht als solches aber nicht beschränkt.[27] 26

c) Umgangsanbahnung nach Kontaktabbruch. Ist ein Kind bereits längere Zeit von seinen Eltern oder einem Elternteil getrennt, kann nicht ohne Weiteres mittels Umgangs an eine bestehende Beziehung angeknüpft werden. Je jünger das Kind ist und je länger die Trennung schon angedauert hat, umso eher wird der Umgang angebahnt werden müssen. Andernfalls würde das Kind gezwungen, übergangslos ein Wochenende oder seine Ferien mit ihm faktisch unbekannten Personen zu verbringen, was das Wohl des Kindes gefährden würde.[28] 27

Die – in diesen Fällen naturgemäß vorübergehende – Begleitung des Umgangs ermöglicht es, die **Anbahnung von persönlichen Beziehungen** zwischen Eltern(teil) und Kind und den Aufbau einer Bindung mit fachlicher Hilfe zu unterstützen.[29] Gibt es neben einer Entfremdung keine weiteren Gründe, die gegen den Umgang – unbegleitet oder schlechthin – sprechen, kommt weder eine länger andauernde Begleitung noch ein Ausschluss des Umgangs in Betracht. 28

Anders und auch schwieriger gelagert sind die Fälle, in denen die Trennung Folge einer Inobhutnahme des Kindes ist. Der Umgang soll verhindern, dass das Kind vollständig von seinen Wurzeln getrennt wird. Er soll helfen, die familiären Beziehungen aufrechtzuerhalten.[30] Denn grundsätzlich ist die **Inpflegenahme als eine vorübergehende Maßnahme angelegt**, von deren Beginn an Zeitpunkt und Voraussetzungen einer Familienzusammenführung zu prüfen sind. Es ist deshalb einer wachsenden Entfremdung zwischen Eltern(teil) und Kind durch den Umgang vorzubeugen. 29

Wenn dagegen eine emotionale Beziehung überhaupt noch nicht bestanden hat, soll der Umgang dabei helfen, dass sie sich erst entwickeln kann.[31] Im Einzelfall ist hier zwischen der Gefährdung des Kindeswohls durch Umgang einerseits und dem rechtlich geschützten Interesse der Eltern an Umgang mit ihrem Kind andererseits abzuwägen, wobei der Gefährdung durch begleiteten Umgang und zeitliche Begrenzung ausreichend begegnet werden kann.[32] 30

Eine Beschränkung des Umgangs auf vier Kontakte für jeweils zwei Stunden im Jahr kommt einem **Umgangsausschluss** sehr nahe und schreibt das schon bestehende Fremdsein zwischen Eltern(teil) und Kind für die Zukunft fest. Hierfür genügt es nicht, dass sich im Rahmen des Pflegeverhältnisses gerade bei einem Kleinkind eine gut funktionierende Eltern-Kind-Beziehung zu den Pflegeeltern entwickelt. Allerdings können zu intensive Umgangskontakte, bei denen der Umgangselternteil seine Elternrolle gegenüber dem Kind herausstellt und die Position des Kindes in der Pflegefamilie infrage stellt, das Kindeswohl gefährden, weshalb der Umgang auf längere Zeit zu begleiten und auf Kontakte zu beschränken ist, die monatlich[33] oder alle zwei Monate stattfinden. 31

26 Staudinger/*Dürbeck* BGB § 1684 Rn. 366.
27 Staudinger/*Dürbeck* BGB § 1684 Rn. 360.
28 OLG Köln 19.10.2004 – 4 UF 123/03, FamRZ 2005, 1276.
29 OLG Saarbrücken 12.1.2005 – 9 UF 124/04, juris Rn. 18.
30 BVerfG 14.7.2010 – 1 BvR 3189/09, FamRZ 2010, 1622.
31 OLG Hamm 28.2.2011 – 8 UF 227/10, FamRZ 2011, 1668.
32 OLG Hamm 17.1.2011 – 8 UF 133/10, FamRZ 2011, 826.
33 OLG Hamm 28.2.2011 – 8 UF 227/10, FamRZ 2011, 1668.

32 Dagegen erfordert das Wohl des Kindes eine Beschränkung des Umgangs auf nur einmal im Quartal stattfindende Begegnungen, **wenn Eltern die Fremdunterbringung des Kindes nicht akzeptieren** und so das Kind in einen Loyalitätskonflikt stürzen und darüber hinaus durch ihre Unzuverlässigkeit die regelmäßige Durchführung des Umgangs nicht sicherstellen können, was das Kind, das über das Ausfallen der ohnehin nur seltenen Besuche enttäuscht ist, psychisch destabilisiert. Umgang hat hier nur die Funktion, einen völligen Kontaktabbruch zu verhindern.[34]

Ob bei einem knapp zehnjährigen Kind, das seit acht Jahren bei einer Pflegefamilie lebt, ohne dass eine Rückkehrperspektive gesehen wird, der Umgang mit den Eltern auf seltene Kontakte – alle drei Monate – beschränkt werden kann, erfordert im Einzelfall ein besonders festzustellendes Bedürfnis des Kindes nach stabilen Betreuungsverhältnissen.[35]

4. Modalitäten

33 Es ist gem. §§ 18 Abs. 3 S. 3, 4, 79 Abs. 2 SGB VIII Aufgabe der Jugendämter, begleiteten Umgang als Leistung der Jugendhilfe rechtzeitig und ausreichend zur Verfügung zu stellen. Hieraus ergibt sich ein **Rechtsanspruch auf Mitwirkung des Jugendamtes**.[36] Dieses hat die personellen, organisatorischen und finanziellen Voraussetzungen für den begleiteten Umgang zu erbringen (→ *Umgangskosten* Rn. 20). Der Anspruch auf Hilfestellung gem. § 18 Abs. 3 S. 4 Alt. 3 SGB VIII beinhaltet den Anspruch des umgangsberechtigten Elternteils, dass das Jugendamt in geeigneten Fällen im Vorfeld gegenüber dem Familiengericht seine Mitwirkungsbereitschaft erklärt.[37]

34 Begleitpersonen können Privatpersonen beispielsweise aus dem Umfeld der Eltern sein, das Jugendamt selbst oder ein anderer Träger der Jugendhilfe und Vereine wie etwa der Kinderschutzbund, an die das Jugendamt die Aufgabe delegieren kann (§ 1684 Abs. 4 S. 4 BGB). Liegt ein entsprechender erzieherischer Bedarf vor, kann der Umgang professionell begleitet werden, was bedeutet, dass eine ausgebildete Fachkraft tätig wird und dass parallel zur Umgangsbegleitung auch Elternarbeit stattfindet. Im Auftrag des Bundesministeriums für Familie, Senioren, Frauen und Jugend wurden „**Deutsche Standards zum begleiteten Umgang**“ entwickelt, die dazu beitragen sollen, dass die Jugendämter und Vereine ihrer Arbeit in etwa gleiche Kriterien zugrunde legen und die als Richtschnur für die Umsetzung in der Praxis gelten.[38]

35 Der Umgangsbegleiter muss zur Mitwirkung am Umgang bereit sein. Eine **Zwangsverpflichtung durch das Gericht ist nicht möglich**. Dem FamG kommt weder gegenüber dem Jugendamt noch gegenüber freien Jugendhilfeträgern eine Anordnungskompetenz zur Begleitung von Umgängen zu.[39] Es hat aber, wenn das Jugendamt die Bewilligung begleiteter Umgangskontakte verweigert, aufgrund des Amtsermittlungsgrundsatzes (§ 26 FamFG) selbst geeignete freie Träger zwecks ehrenamtlicher Übernahme der zu begleitenden Umgangskontakte zu ermitteln und mit dieser Aufgabe zu betrauen[40] (→ Rn. 39) – ungeachtet der Möglichkeit des Umgangsberechtigten, dem ein einklagbares subjektives Recht gegen den staatlichen Träger der Jugendhilfe auf Beratung und Unterstützung bei der Ausübung des Umgangsrechts eingeräumt wird, dieses im Wege des Eilrechtsschutzes durchzusetzen (→ Rn. 44).

Der Umgang wird – je nach Notwendigkeit und Anordnung – im privaten Wohnbereich des Umgangsberechtigten, denkbar auch des Umgangspflichtigen, oder auf neutralem Boden, in Räumen des Jugendamtes oder Vereines, auf Spielplätzen oder in anderen Freizeiteinrichtungen, durchgeführt.

34 OLG Brandenburg 1.6.2010 – 9 UF 92/09, FamRZ 2010, 1925.
35 OLG Hamm 1.4.2016 – II-7 UF 58/16, FamRZ 2016, 1778.
36 Palandt/*Götz* BGB § 1684 Rn. 29.
37 OLG Koblenz 11.6.2019 – 13 UF 86/19, juris Rn. 30.
38 Staudinger/*Dürbeck* BGB § 1684 Rn. 351.
39 BVerfG 29.7.2015 – 1 BvR 1468/15, FamRZ 2015, 1686 Rn. 5.
40 OLG Frankfurt a. M. 24.3.2015 – 5 UF 270/14, FamRZ 2015, 1730; 26.3.2020 – 8 WF 45/20, FamRZ 2020, 1117.

III. Verfahrenshinweise

Das Familiengericht hat den Umgang nach Tagen, Uhrzeit, Ort und Abständen sowie ggf. weiteren konkreten Modalitäten zu regeln, denn das **Konkretheitsgebot** gilt auch für die Anordnung des begleiteten Umgangs. Die genaue Regelung darf nicht Dritten, wie etwa dem Jugendamt, überlassen werden (→ *Durchsetzung von Umgangsregelungen* Rn. 16). Sonst müsste es einen Umgangspfleger bestellen, der zumindest teilweise mit sorgerechtlichen Befugnissen ausgestattet ist[41] (→ *Umgangspflegschaft* Rn. 12 ff.). 36

Auch der begleitete Umgang muss erschöpfend geregelt werden. Die Entscheidung über die Gewährung des Umgangsrechts kann von dessen konkreter Ausgestaltung nicht getrennt werden, weshalb ein Beschluss, der den Umgang zweimal monatlich für jeweils bis zu drei Stunden nach Maßgabe einer Terminsbestimmung durch den Deutschen Kinderschutzbund regelt, eine **unzulässige Teilentscheidung** ist.[42] 37

Die Entscheidung muss nicht nur vollständig, sondern – wie stets – auch vollziehbar und vollstreckbar sein. 38

Das Familiengericht muss sich selbst bemühen, einen geeigneten Umgangsbegleiter zu finden. Es wird sich beim Jugendamt erkundigen, ob es die Begleitung selbst übernehmen oder durch andere Personen im Rahmen der Jugendhilfe finanziell unterstützen kann. Ggf. ist bei einem „freien Träger" anzufragen. Sollten auch diese nicht zur Verfügung stehen, wäre zu prüfen, ob Begleitung nicht durch einen vom Gericht zu benennenden Umgangspfleger erfolgen kann.[43] 39

Die Eltern – und auch das Kind – haben **Anspruch auf eine gerichtliche Regelung**. Unzulässig ist daher die bloße Nichtregelung des Umgangs. Eine Entscheidung, die das Umgangsrecht weder versagt noch in irgendeiner Weise einschränkt, verweigert die gerichtliche Hilfe zu seiner Ausgestaltung. Der umgangsberechtigte Elternteil weiß nicht, in welcher Weise er das Recht wahrnehmen kann und wann er berechtigt ist, einen neuen Antrag auf gerichtliche Regelung des Umgangs zu stellen.[44] 40

Fraglich erscheint es, ob es genügt, den Antrag auf Regelung des unbeschränkten Umgangs schlicht abzulehnen, wenn **nur begleiteter Umgang mit dem Kindeswohl vereinbar** ist, der umgangsberechtigte Elternteil einen solchen aber nachdrücklich ablehnt.[45] Näherliegend wäre es, den Ausschluss des Umgangsrechts einer (erneuten) Prüfung zu unterziehen.[46] 41

Der angeordnete begleitete Umgang ist **nicht zu befristen**. Sollten Anpassungen erforderlich werden, sind diese in einem Abänderungsverfahren nach § 166 FamFG iVm § 1696 BGB vorzunehmen[47] (→ *Änderung von Entscheidungen in Kindschaftssachen* Rn. 3 ff.). 42

Dem Kind ist regelmäßig gem. § 158 Abs. 2 Nr. 5 FamFG ein **Verfahrensbeistand** zu bestellen, wenn die Anordnung von lediglich begleitetem Umgang in Betracht kommt. Denn dies beschränkt nicht nur das Umgangsrecht des Elternteils, sondern greift auch in das Recht des Kindes ein, den Umgang grundsätzlich ohne Beobachtung durch Dritte zu pflegen.[48] 43

Dem Umgang beanspruchenden Elternteil steht ein aus § 18 Abs. 3 S. 3, 4 SGB VIII abgeleitetes verwaltungsgerichtlich einklagbares subjektives Recht gegen den staatlichen Träger der Jugendhilfe auf Beratung und Unterstützung bei der Ausübung des Umgangsrechts zu.[49] 44

Dabei verbleibt dem Jugendamt bei Vorliegen eines geeigneten Falles, an dem es nur dann fehlt, wenn die (beabsichtigte) Umgangsregelung das Kindeswohl gefährdet, nur im Ausnahmefall ein eng umgrenzter

---

41 OLG Saarbrücken 12.3.2010 – 6 UF 128/09, FamRZ 2010, 1922.
42 OLG Saarbrücken 12.3.2010 – 6 UF 128/09, FamRZ 2010, 1922.
43 *Stockmann* FamRB 2020, 321.
44 BGH 27.10.1993 – XII ZB 88/92, FamRZ 1994, 158.
45 OLG Karlsruhe 22.5.2006 – 16 UF 11/06, FamRZ 2006, 1867.
46 OLG Brandenburg 26.9.2007 – 9 UF 117/07, FamRZ 2008, 716.
47 OLG Saarbrücken 10.1.2011 – 6 UF 126/10, FamRZ 2011, 93.
48 OLG Saarbrücken 25.3.2010 – 6 UF 136/09, NJW-RR 2010, 1446.
49 BVerfG 29.7.2015 – 1 BvR 1468/15, FamRZ 2015, 1686 Rn. 6.

Ermessensspielraum zur Verweigerung der Leistung. Dies bedeutet im Ergebnis, dass in geeigneten Fällen bei der Ausführung gerichtlicher Umgangsregelungen Hilfe geleistet werden muss, es sei denn, eine atypische Konstellation liegt vor. Wenn das Familiengericht aufgrund der im familiengerichtlichen Verfahren angestellten Ermittlungen zu der Rechtsmeinung kommt, dass der Umgang nur in begleiteter Weise zu regeln ist, ist das Verwaltungsgericht nicht dafür zuständig, die rechtliche Wertung des Amtsgerichts im Rahmen des § 1684 BGB zu überprüfen. Letztlich entscheidet das Familiengericht über den zu gewährenden Umgang.[50]

Versagt das Jugendamt den begleiteten Umgang, kann ein Amtshaftungsanspruch aus § 839 BGB iVm Art. 34 GG in Betracht kommen.[51]

50 VG Würzburg 21.11.2018 – W 3 E 18.1262, juris Rn. 41 ff.
51 OLG Hamburg 1.7.2011 – 1 U 34/10, juris Rn. 44 f.

52. Beistandschaft

Hoffmann

I. Einführung

Das SGB VIII kennt zahlreiche **Unterstützungs- und Beratungsangebote** für alleinerziehende Elternteile bzw. für Mütter zur Feststellung der Vaterschaft eines Mannes. Die Beistandschaft ist eines dieser Angebote.[1] Als Beistand kann das Jugendamt (→ *Jugendamt* Rn. 1 ff.) als gesetzlicher Vertreter des Kindes die **Vaterschaftsfeststellung** (→ *Feststellung der Abstammung* Rn. 1 ff.) bzw. das Geltendmachen von **Kindesunterhalt** (→ *Kindesunterhalt Minderjähriger* Rn. 1 ff.) betreiben. Anders als bei anderen Beratungs- und Unterstützungsangeboten ist das Jugendamt demnach auch zur gerichtlichen Vertretung des Kindes oder Jugendlichen befugt. Die Tätigkeit des Jugendamts als Beistand ist dem Zivilrecht zuzuordnen. Für den Antragsteller bzw. das Kind oder den Jugendlichen ist die Beistandschaft **kostenfrei**. Ein Antrag auf Verfahrenskostenhilfe und Beiordnung eines Rechtsanwalts kann nicht allein wegen der Möglichkeit, eine Beistandschaft zu beantragen, abgelehnt werden.[2] 1

II. Entstehen und Voraussetzungen einer Beistandschaft

Die Beistandschaft eines Jugendamts tritt durch **schriftlichen Antrag** eines Antragsberechtigten beim örtlich zuständigen Jugendamt ein (§ 1712 BGB). Weitere Voraussetzung ist nach § 1717 S. 1 BGB, dass das Kind seinen gewöhnlichen Aufenthalt im Inland hat.[3] Wird der Antrag bei einem örtlich nicht zuständigen Jugendamt gestellt, entsteht die Beistandschaft nach Weiterleitung des Antrags mit dessen Eingang beim zuständigen Jugendamt. Das zuständige Jugendamt ist zur Übernahme des Amts verpflichtet.[4] Lehnt ein Jugendamt es ab, die Aufgaben einer Beistandschaft wahrzunehmen, ist dies ein feststellender Verwaltungsakt, gegen den Widerspruch eingelegt und/oder Klage beim Verwaltungsgericht erhoben werden kann. Im Jugendamt wird die Führung der Beistandschaft durch verwaltungsinterne Einzelverfügung auf eine bestimmte Fachkraft übertragen (§ 55 Abs. 2 SGB VIII). 2

Nach § 1713 BGB sind folgende Personen **antragsbefugt**: 3

- ein allein zur elterlichen Sorge für den Aufgabenkreis der beantragten Beistandschaft berechtigter Elternteil (§ 1713 Abs. 1 S. 1 BGB),
- der gemeinsam zur elterlichen Sorge berechtigte Elternteil, in dessen Obhut sich das Kind befindet (§ 1713 Abs. 1 S. 2 BGB),[5]
- ein von den Eltern benannter Vormund (§ 1713 Abs. 1 S. 3 BGB),
- die beschränkt geschäftsfähige werdende Mutter (§ 1713 Abs. 2 S. 2 BGB),
- der gesetzliche Vertreter einer geschäftsunfähigen werdenden Mutter (§ 1713 Abs. 2 S. 3 BGB),
- nach dem Reg-E eines Gesetzes zur Reform des Vormundschafts- und Betreuungsrechts (BT-Drs. 19/24445) jeder ehrenamtliche Vormund sowie eine Pflegeperson, der nach § 1630 Abs. 3 BGB Angelegenheiten der elterlichen Sorge übertragen wurden (§ 1713 Abs. 1 S. 3 BGB-E).

Nach § 1713 Abs. 1 S. 4 BGB kann im Übrigen ein Antrag nicht durch einen Vertreter gestellt werden. Das Antragsrecht wird daher überwiegend als **höchstpersönliches** Recht bewertet. 4

---

1 Vgl. zur Entwicklung der Beistandschaft aus der Amtspflegschaft kraft Gesetzes *Hoffmann* JAmt 2007, 61.

2 Bezogen auf eine Vaterschaftsfeststellung: OLG Celle 17.11.2011 – 15 WF 230/11, FamRZ 2011, 467; bezogen auf das Geltendmachen von Kindesunterhalt: BGH 18.5.2011 – XII ZB 265/10, FamRZ 2011, 1138; DIJuF Amt 2016, 306; DIJuF JAmt 2013, 406.

3 DIJuF JAmt 2016, 479.

4 DIJuF JAmt 2019, 307.

5 BGH 29.10.2014 – XII ZB 250/14, FamRZ 2015, 130.

5 Nach hier vertretener Ansicht kann ein **Betreuer** mit einem entsprechenden Aufgabenkreis einen Antrag stellen, da die gegenüber der Antragstellung durch Vertreter geltend gemachten Bedenken, wie Unklarheiten über die Wirksamkeit der Vollmacht gegenüber einem gerichtlich bestellten Vertreter nicht zum Tragen kommen.

III. Rechtsfolgen einer Beistandschaft

6 Der Beistand ist Beistand des Kindes und gleichberechtigter **gesetzlicher Vertreter** des Kindes neben dem antragstellenden Elternteil. Dessen elterliche Sorge wird nicht eingeschränkt, so dass im Aufgabenbereich der Beistandschaft grundsätzlich eine **Doppelkompetenz** zur Vertretung des Kindes besteht (§ 1716 BGB). Dies gilt nicht im gerichtlichen Verfahren, da nach §§ 173, 234 FamFG eine Vertretung durch den sorgeberechtigten Elternteil ausgeschlossen ist, wenn das Kind in einem gerichtlichen Verfahren bereits[6] durch einen Beistand vertreten wird.[7] Durch diese Regelung sind einander widersprechende Verfahrenshandlungen ausgeschlossen.

7 Dem antragstellenden Elternteil steht gegenüber der Fachkraft, die die Beistandschaft führt, **kein Weisungsrecht** zu. Auch eine Beschränkung der Beistandschaft auf eine bestimmte Art und Weise der Vaterschaftsfeststellung, die Geltendmachung von Kindesunterhalt nur gegenüber bestimmten Personen etc scheidet daher aus. Der Antragsteller kann die Beistandschaft jedoch durch schriftliches Verlangen jederzeit beenden (§ 1715 Abs. 1 S. 1 BGB) oder trotz Beistandschaft einen Rechtsanwalt beauftragen.

8 Der Beistand ist verpflichtet, dem Antragsteller in angemessenen Zeitabständen **Zwischennachrichten** über seine Tätigkeit zu geben. Eine Verpflichtung, jederzeit Anfragen des Antragstellers in schriftlicher oder mündlicher Form zu beantworten, besteht nicht.

9 Während einer Beistandschaft hat das **Kind** in bestimmte Teile der **Akte** ein **Einsichtsrecht** nach § 810 BGB: Nach dieser Regelung kann derjenige, der ein rechtliches Interesse an Einsicht in eine in fremden Besitz befindliche Urkunde hat, von dem Besitzer die Gestattung der Einsicht unter anderem dann verlangen, wenn die Urkunde in seinem Interesse errichtet worden ist oder wenn die Urkunde Verhandlungen über ein Rechtsgeschäft enthält, die zwischen ihm und einem anderen gepflogen worden sind.

10 Jede Unterlage, die der Unterhaltsverpflichtete der die Beistandschaft führenden Fachkraft in Erfüllung seiner Auskunftspflicht nach § 1605 Abs. 1 BGB übersandte, lässt sich als Urkunde ansehen, die „im Interesse des Kindes“ errichtet wurde bzw. „Verhandlungen über ein Rechtsgeschäft“ im Sinne des § 810 BGB dokumentiert, da die Unterlagen regelmäßig der Vorbereitung der Titulierung eines Unterhaltsanspruchs dienen. Es ist insoweit nicht zu prüfen, ob einer Einsicht Interessen des Unterhaltspflichtigen entgegenstehen. Da ein Akteneinsichtsrecht besteht, ist das Übermitteln der Daten auch im Sinne des § 68 Abs. 1 SGB VIII erforderlich.

11 Der **Elternteil**, der eine Beistandschaft beantragt hat, kann als gesetzlicher Vertreter seines Kindes das Akteneinsichtsrecht des Kindes stellvertretend wahrnehmen. Er hat zudem ein eigenes rechtliches Interesse im Sinne des § 810 BGB, die im Besitz des Beistands befindlichen Urkunden einzusehen, und daher auch ein vom Anspruch des Kindes unabhängiges eigenständiges Akteneinsichtsrecht.[8]

IV. Aufgaben eines Beistands

12 Aufgabe einer Beistandschaft kann – abhängig vom Antrag – das Feststellen der Vaterschaft und/oder die Sicherung des Kindesunterhalts sein. Die Aufgabe **Feststellen der Vaterschaft** (§§ 1592 ff. BGB; → *Feststellung der Abstammung* Rn. 1 ff.) umfasst alle Erklärungen und sonstigen Handlungen, die zu einer

6 DIJuF JAmt 2019, 251; DIJuF JAmt 2017, 448.

7 OLG Brandenburg 8.3.2017 – 10 WF 27/17, JAmt 2017, 447.

8 DIJuF JAmt 2018, 247.

gerichtlichen Feststellung (§ 1600 d BGB) bzw. einer Anerkennung (§§ 1594 ff. BGB) der Vaterschaft erforderlich sind. Das Anfechten einer bestehenden Vaterschaft ist keine Aufgabe des Beistands.[9]

Unterhaltssicherung (→ *Kindesunterhalt Minderjähriger* Rn. 1 ff.) schließt das außergerichtliche und 13
gerichtliche Einfordern von Unterhalt bis zur Zwangsvollstreckung ebenso wie Vollstreckungsgegen-, Drittwiderspruchs-, Abänderungsklage etc in der Passivrolle ein, dagegen nicht das Geltendmachen von Ansprüchen mit Unterhaltsersatzfunktion wie Leistungen nach dem OEG, UVG, SGB XII etc, auf die jedoch hinzuweisen ist (§ 14 SGB I). Ein Beistand ist auch zu Verfügungen über den Kindesunterhalt wie den Erlass von Rückständen oder zur Stundung berechtigt. Für das Jugendamt als Beistand besteht bei einer gerichtlichen Geltendmachung des Unterhalts kein Anwaltszwang (§ 114 Abs. 4 Nr. 2 FamFG). Gegenüber dem öffentlichen Träger der Jugendhilfe bestehen Amtshaftungsansprüche, wenn die die Aufgaben des Jugendamts als Beistand wahrnehmende Fachkraft des Jugendamts Pflichten schuldhaft verletzt. Eine Pflichtverletzung ist etwa anzunehmen, wenn gegenüber einem Unterhaltspflichtigen kein seinem Einkommen entsprechender Unterhalt durchgesetzt und entsprechende Ermittlungen durchgeführt werden.[10] Der Schadenersatzanspruch des Unterhaltsberechtigten beginnt erst mit dem Ende der Beistandschaft zu verjähren.[11]

V. Ende einer Beistandschaft

Die Beistandschaft endet zum einen, wenn der Antragsteller dies höchstpersönlich, also nicht durch einen 14
gewillkürten Vertreter (→ Rn. 4), **schriftlich verlangt**, eine der Voraussetzungen für einen Antrag nicht mehr vorliegt (§ 1715 BGB)[12] oder wenn das Kind seinen gewöhnlichen Aufenthalt vom Inland in einen anderen Staat verlegt (§ 1717 S. 1 BGB). Das Jugendamt kann die Beistandschaft nicht wegen fehlender Mitwirkung oder Desinteresses des Antragstellers von sich aus beenden. Zum anderen endet die Beistandschaft mit der Erledigung der Aufgabe (§§ 1716 S. 2, 1918 Abs. 3 BGB). Die Aufgabe „Feststellung der Vaterschaft" ist mit der wirksamen Anerkennung der Vaterschaft bzw. der Rechtskraft des die Vaterschaft feststellenden Urteils beendet. In Unterhaltssachen endet die Beistandschaft hingegen nicht mit dem rechtskräftigen Abschluss des Unterhaltsverfahrens, da die Beistandschaft auch die Zwangsvollstreckung, eine spätere Anpassung des Unterhaltstitels etc umfasst. Auch für ein Abänderungsverfahren ist keine neue Beistandschaft einzurichten.[13]

In der Regel wird das Beenden der Beistandschaft das Kindeswohl nicht gefährden, so dass beispielsweise 15
das Bestellen eines Pflegers mit dem Aufgabenkreis Vaterschaftsfeststellung nach teilweisem Sorgerechtsentzug nicht in Betracht kommt. Insoweit besteht keine Hinweispflicht des Jugendamts gegenüber dem Familiengericht.

Nach § 68 Abs. 3 S. 1 SGB VIII hat, wer unter einer Beistandschaft gestanden hat, nach Vollendung des 16
18. Lebensjahres ein Recht auf Kenntnis der zu seiner Person gespeicherten **Informationen**, soweit nicht berechtigte Interessen Dritter beeinträchtigt würden. Vor Vollendung des 18. Lebensjahres können ihm nach § 68 Abs. 3 S. 2 SGB VIII die gespeicherten Informationen bekannt gegeben werden, soweit er die erforderliche Einsichts- und Urteilsfähigkeit besitzt und keine berechtigten Interessen Dritter beeinträchtigt würden. Entgegenstehende Interessen Dritter sind bezogen auf die Akten eines Beistands regelmäßig nicht denkbar, da der (vormals) Minderjährige bereits während der Beistandschaft einen Rechtsanspruch auf das Übermitteln der Mehrzahl der in der Akte vorhandenen Daten besaß, § 810 BGB.

9 OLG Nürnberg 20.11.2000 – 11 WF 3908/00, FamRZ 2001, 705.
10 BGH 4.12.2013 – XII ZR 157/12, FamRZ 2014, 290.
11 OLG Saarbrücken 13.12.2011 – 4 U 456/10, FamRZ 2012, 801; *Knittel* JAmt 2012, 192.
12 Erreichen der Volljährigkeit während des Unterhaltsverfahrens: OLG Frankfurt a. M. 23.3.2020 – 4 WF 27/20, FamRZ 2020, 1665; Entzug der elterlichen Sorge während des Unterhaltsverfahrens: OLG Celle 18.11.2019 – 21 UF 153/19, FamRZ 2020, 424.
13 DIJuF JAmt 2019, 251.

17 Ein **vormals Minderjähriger** besitzt demnach einen Rechtsanspruch auf Information. Hingegen steht die Information eines **noch Minderjährigen** im Ermessen der Fachkraft, die die Beistandschaft geführt hat. Da gegen diese einfachgesetzlichen Beschränkungen im Vergleich zu vormals Minderjährigen vor dem Hintergrund des Grundrechts auf informationelle Selbstbestimmung auch verfassungsrechtliche Bedenken bestehen, wird das Ermessen in der Regel nur bei einer Information auch des noch Minderjährigen ermessensfehlerfrei ausgeübt.

18 § 68 Abs. 3 S. 3 SGB VIII begründet ein **eigenständiges Recht** des **Elternteils**, der die Beistandschaft beantragt hat, auf Kenntnis der gespeicherten Daten nach Beendigung der Beistandschaft, solange der junge Mensch noch minderjährig und der Elternteil noch antragsberechtigt ist, soweit nicht berechtigte Interessen Dritter beeinträchtigt würden.

53. Belegvorlage im Zugewinn

Knahn/Holthusen

I. Einführung

Durch das Gesetz zur Änderung des Zugewinnausgleichs- und Vormundschaftsrechts vom 6.7.2009[1] wurde § 1379 BGB grundlegend umgestaltet. Die Neufassung erweitert insbesondere die Auskunftspflichten der Ehegatten untereinander. Sie schulden ab der Trennung Auskunft über ihr Vermögen zum Trennungszeitpunkt (§ 1379 Abs. 2 BGB) und im Übrigen Auskunft über ihr Anfangs-, Trennungs- und Endvermögen (§ 1379 Abs. 1 BGB). Neben dem Wertermittlungsanspruch (→ *Wertermittlungsanspruch*) wurde mit § 1379 Abs. 1 S. 2 BGB auf Empfehlung des 14. Deutschen Familiengerichtstag die **Pflicht zur Vorlage von Belegen** eingeführt, um im Gleichlauf mit dem Unterhaltsrecht (§ 1605 Abs. 1 S. 2 iVm § 1580 BGB) die Auskunftsrechte der Ehegatten zu stärken.[2] 1

II. Anspruch auf Belegvorlage

1. Voraussetzungen

Ist der 2

- Güterstand beendet[3] oder ist ein
- Antrag auf Scheidung,
- Antrag auf Aufhebung der Ehe,
- Antrag auf vorzeitigen Ausgleich des Zugewinns bei vorzeitiger Aufhebung der Zugewinngemeinschaft (§ 1385 BGB) oder ein
- Antrag auf vorzeitige Aufhebung der Zugewinngemeinschaft (§ 1386 BGB) rechtshängig,

kann jeder Ehegatte die Auskunft über das Vermögen zum Zeitpunkt der Trennung (§ 1379 Abs. 1 S. 1 Nr. 1 BGB) sowie über das Anfangs- und Endvermögen (§ 1379 Abs. 1 S. 1 Nr. 2 BGB) verlangen und gleichzeitig die Vorlage von Belegen gem. § 1379 Abs. 1 S. 2 BGB fordern.

Leben die **Ehegatten in Trennung**, kann jeder Ehegatte die Auskunft über das Vermögen zum Zeitpunkt der Trennung (§ 1379 Abs. 2 BGB) verlangen und gleichzeitig die Vorlage von Belegen gem. § 1379 Abs. 2 S. 2 iVm Abs. 1 S. 2 BGB fordern. 3

Der Auskunftsanspruch und somit auch der Anspruch auf Belegvorlage besteht unabhängig von der Einrede des § 1381 BGB (→ *Grobe Unbilligkeit im Zugewinn* Rn. 20). Ausnahmsweise besteht ein Auskunftsanspruch aber dann nicht, wenn unzweifelhaft ist, dass aufgrund der Einrede des § 1381 BGB eine Ausgleichsforderung nicht besteht oder wenn klar erkennbar ist, dass ein Zugewinn nicht erzielt wurde.[4] In diesen Fällen entfällt folglich auch der Anspruch auf Vorlage von Belegen. 4

2. Inhalt des Anspruchs

Der Begriff „Beleg" ist durch das Gesetz und auch durch die Rechtsprechung nicht näher definiert. Sinn und Zweck der Belegvorlage ist es, die Auskunft für den anderen Ehegatten überprüfbar zu machen und 5

1 BGBl. 2009 I 1696.

2 BT-Drs. 16/10798, 12.

3 Durch Scheidung, Aufhebung der Ehe, Abschluss eines Ehevertrags oder vorzeitige Aufhebung der Zugewinngemeinschaft nach § 1386 BGB.

4 Palandt/*Brudermüller* BGB § 1379 Rn. 5; OLG Hamburg 29.4.2011 – 12 UF 32/10, FamRZ 2012, 550.

so die Rechtsverfolgung zu erleichtern bzw. dazu beitragen, den Rechtsstreit ganz zu vermeiden.[5] Daher sind unter dem Begriff „Beleg“ **Dokumente oder sonstige Unterlagen** zu verstehen, die dem Ehegatten eine Überprüfung der in der Auskunft angegebenen Vermögenspositionen und -werte ermöglichen. Es wird sich somit meist um Urkunden, also verkörperte Gedankenäußerungen, die zum Beweis im Rechtsverkehr geeignet und bestimmt sind und einen Aussteller erkennen lassen, handeln, die im streitigen Verfahren zu Beweiszwecken vorgelegt werden können.

6 Die Ehegatten können daher die Vorlage sämtlicher Unterlagen fordern, die die in den Auskünften dargelegten Vermögenspositionen belegen, auch wenn dies nur Kontrollzwecken dienen soll. Die Vorlagepflicht besteht daher insbesondere für **Kontoauszüge, Kauf- und Kreditverträge**.[6]

7 Die **Rechtsprechung zu § 1379 BGB aF** sah einen Anspruch auf Belegvorlage nur in Fällen vor, in denen die Vorlage erforderlich war, um den Auskunftsberechtigten überhaupt erst die geschuldete Information über die Zusammensetzung des Vermögens und seine Wertfestsetzung zu verschaffen.[7] Die Vorlagepflicht besteht somit erst recht nach § 1379 Abs. 1 S. 2 BGB nF für folgende Belege:

- bei Beteiligungen an Unternehmen die **Bilanzen mit Gewinn- und Verlustrechnung** oder die **Einnahme-/Überschussrechnung nach § 4 Abs. 3 EStG** der letzten fünf Jahre vor dem Stichtag;[8]
- bei **Freiberuflern** ebenfalls die Einnahme-/Überschussrechnung der letzten fünf Jahre,[9] bei Rechtsanwälten nur für die letzten zwei Jahre;[10]
- bei landwirtschaftlichen Betrieben die **Jahresabschlüsse** der letzten zwei Wirtschaftsjahre;[11]
- Unterlagen zum Wert einer **Lebensversicherung**, aus denen der Rückkaufswert und die Überschussanteile hervorgehen;[12]
- Unterlagen über ein **Hausgrundstück**;[13]
- **Gesellschaftsvertrag**;[14]
- Vorlage von Steuerbescheiden hinsichtlich **Steuerschulden** und von Darlehensverträgen und Bankbestätigungen hinsichtlich **Darlehensverbindlichkeiten**.[15]

8 Der Anspruchsschuldner muss grundsätzlich den Beleg **im Original** vorlegen, von dem der Gläubiger sich eine Kopie anfertigen kann.[16] Urkunden in fremder Sprache müssen auf Kosten des Anspruchsschuldners **übersetzt** werden.[17] Der Anspruch beinhaltet nur die Vorlage bereits **vorhandener Belege**, nicht deren Erstellung.[18] Der Anspruch besteht auch nur in dem Umfang, in dem solche Belege noch vorhanden sind,[19] da ansonsten die Leistung unmöglich ist (§ 275 Abs. 1 BGB). Wenn ein Dritter im Besitz der herauszugebenden Unterlagen ist, hat der Auskunftsschuldner diese – notfalls mit gerichtlicher Hilfe – von dem Dritten zu beschaffen.[20]

---

5 MüKoBGB/*Koch* § 1379 Rn. 34.
6 Palandt/*Brudermüller* BGB § 1379 Rn. 12.
7 BGH 10.10.1979 – IV ZR 79/78, NJW 1980, 229.
8 BGH 10.10.1979 – IV ZR 79/78, NJW 1980, 229.
9 OLG Koblenz 14.12.1981 – 13 UF 584/81, FamRZ 1982, 280.
10 OLG Hamm 2.2.1983 – 6 UF 524/82, NJW 1983, 1914.
11 OLG Düsseldorf 27.9.1985 – 7 UF 12/85, FamRZ 1986, 168.
12 OLG Köln 18.1.2002 – 27 WF 2/02, FamRZ 2002, 1406.
13 OLG Karlsruhe 6.6.1997 – 2 WF 42/97, MDR 1998, 53.
14 OLG Hamm 2.2.1983 – 6 UF 524/82, FamRZ 1983, 812.
15 OLG Brandenburg 12.12.2013 – 9 UF 112/13, BeckRS 2013, 22393.
16 Palandt/*Brudermüller* BGB § 1379 Rn. 12.
17 OLG Koblenz 14.9.1989 – 11 WF 1008/89, FamRZ 1990, 79.
18 Palandt/*Brudermüller* BGB § 1379 Rn. 12.
19 BT-Drs. 16/10798, 18.
20 Vgl. BGH 27.3.2019 – XII ZB 564/18, NJW 2019, 1752.

III. Prozessuales

Der Anspruch auf Belegvorlage muss **gesondert geltend gemacht** werden.[21] Die Belege müssen – insbesondere auch hinsichtlich des Zeitraumes, auf den sie sich beziehen sollen – so **konkret bezeichnet** werden, dass eine Zwangsvollstreckung möglich ist.[22] Die Vollstreckung richtet sich nach § 888 ZPO.[23] 9

21 BeckOK BGB/*Hau/Poseck* § 1379 Rn. 22.
22 BGH 3.7.2019 – XII ZB 116/19, NJW-RR 2019, 961.
23 Palandt/*Brudermüller* BGB § 1379 Rn. 19.

54. Berufsbedingte Aufwendungen

Poppen

I. Grundsätze

1. Abgrenzung zu privaten Lebenshaltungskosten

1 Zur Ermittlung des bei der Unterhaltsberechnung zugrunde zu legenden **bereinigten Nettoeinkommens** sind die für die Einkommenserzielung notwendigen berufsbedingten Aufwendungen abzusetzen. Die Einzelheiten sind gemäß der bundeseinheitlichen Leitlinienstruktur in den **unterhaltsrechtlichen Leitlinien** unter Ziffer 10.2 geregelt. Voraussetzung für die Abzugsfähigkeit ist eine nach objektiven Merkmalen eindeutige Abgrenzung zu den privaten Lebenshaltungskosten.

2 Berufsbedingte Aufwendungen können nur von **Erwerbseinkünften** abgesetzt werden. Bei Renteneinkünften ist ein derartiger Abzug nicht möglich. Zinseinnahmen und Einkünften nach dem SGB I bzw. SGB II können nur konkret bezifferte zwangsläufige Kosten gegengerechnet werden, etwa Bank- und Depotgebühren oder Bewerbungskosten. Bei Einnahmen aus **selbstständiger Tätigkeit** sind die berufsbedingten Aufwendungen in der Einnahme-Überschuss-Rechnung erfasst, so dass ein weiterer Abzug nicht möglich ist.

2. Pauschalierung

3 Berufsbedingte Aufwendungen können nach überwiegender Ansicht pauschaliert berücksichtigt werden.[1] Voraussetzung für einen **Pauschalabzug** ist allerdings, dass dargelegt wird, dass überhaupt berufsbedingte Aufwendungen anfallen.[2] Die Unterhaltsleitlinien sehen zum Teil bei der Pauschalierung Unter- und Obergrenzen von 50 EUR bzw. 150 EUR vor.[3] Bemessungsgrundlage für die Pauschale ist das um Steuern und Vorsorgeaufwendungen bereinigte Bruttoeinkommen.[4] Wird der berufsbedingte Aufwand pauschaliert abgesetzt, ist neben diesem Abzug die Berücksichtigung weiterer berufsbedingter Aufwendungen, die konkret berechnet werden, nicht möglich.

3. Konkrete Darlegung

4 Bei einem über die Pauschalen hinausgehenden berufsbedingten Aufwand ist eine konkrete Darlegung des berufsbedingten Aufwands zulässig. Die Aufwendungen müssen nach Grund und Höhe dargelegt und nachgewiesen werden.[5] Ist der Aufwand dem Grunde nach nachgewiesen, kann die Höhe nach § 113 FamFG, § 287 ZPO geschätzt werden.[6] Bei unsubstantiiertem Bestreiten kann der Aufwand in der behaupteten Höhe berücksichtigt werden.[7]

4. Erwerbstätigenbonus

5 Neben dem berufsbedingten Aufwand kann ein **Erwerbstätigenbonus** (→ *Erwerbstätigenbonus* Rn. 6) berücksichtigt werden. Der Erwerbstätigenbonus hat nach der Rechtsprechung des Bundesgerichtshofs

---

1 BGH 6.2.2002 – XII ZR 20/00, NJW 2002, 1269.
2 BGH 16.7.2008 – XII ZR 109/05, NJW 2008, 3125.
3 Überblick über die verschiedenen Regelungen bei Wendl/Dose UnterhaltsR/*Dose* § 1 Rn. 125.
4 Wendl/Dose UnterhaltsR/*Dose* § 1 Rn. 129.
5 OLG Dresden 9.2.2000 – 20 UF 608/99, FamRZ 2001, 47.
6 BGH 17.12.2008 – XII ZR 63/07, NJW-RR 2009, 649.
7 BGH 26.4.1989 – IVb ZR 64/88, NJW-RR 1989, 900.

eine **Doppelfunktion**, er soll den mit einer Erwerbstätigkeit verbundenen Aufwand abgelten und zugleich einen Anreiz für eine Fortführung der Tätigkeit darstellen.[8] Ist der berufsbedingte Aufwand bereits bei der Einkommensermittlung in voller Höhe berücksichtigt worden, muss der Erwerbstätigenbonus nicht in der sonst üblichen Höhe angesetzt werden. Denn eine Funktion des Erwerbstätigenbonus ist durch die konkrete Berücksichtigung des berufsbedingten Aufwandes bereits erfüllt. Der Bundesgerichtshof hält in diesen Fällen eine **Kürzung des Erwerbstätigenbonus** auf 1/10 für möglich.[9]

II. Beispiele berufsbedingter Aufwendungen

1. Fahrtkosten

Typische berufsbedingte Aufwendungen sind die Fahrtkosten zwischen der Wohnung und der Arbeitsstätte. 6
In jedem Fall anzuerkennen sind die Kosten für die **Benutzung öffentlicher Verkehrsmittel**,[10] zu deren Nutzung eine grundsätzliche Verpflichtung besteht. Ist der Arbeitsplatz nicht in zumutbarer Weise mit öffentlichen Verkehrsmitteln erreichbar, können auch die Kosten für die Benutzung eines eigenen Kfz berücksichtigt werden. Das ist etwa der Fall bei wechselnden oder ungünstigen Arbeitszeiten, sehr langen Fahrzeiten oder wegen der Notwendigkeit des Wechsels der Verkehrsmittel.[11]

Sind die Kosten der **Benutzung des eigenen Pkw** berücksichtigungsfähig, werden nach Ziffer 10.2.2 7
der bundeseinheitlichen Leitlinienstruktur üblicherweise pauschal 0,30 EUR pro gefahrenem Kilometer berücksichtigt. Die Leitlinien orientieren sich überwiegend an den Regelungen des § 5 Abs. 2 Nr. 1 (0,25 EUR) oder Nr. 2 (0,30 EUR) JVEG aF. Zum Teil wird der Kilometersatz bei längeren Fahrtstrecken (ab 30 km einfache Fahrtstrecke) auf 0,20 EUR pro Kilometer gesenkt, weil der mit dem Kilometersatz abzugeltende Teil der Fixkosten bei längeren Fahrten geringer wird.[12] Die Sätze nach dem JVEG sind zum 1.1.2021 auf 0,35 EUR bzw. 0,42 EUR angehoben worden, ohne dass sich dies in den Leitlinien bisher niedergeschlagen hätte.

Die Pauschalen gelten die gesamten berufsbedingten Pkw-Kosten ab, dh die Betriebskosten und Anschaf- 8
fungskosten bzw. Rücklagen für eine Neuanschaffung.[13] Raten für einen **Anschaffungskredit** für den Pkw können daher neben der Kilometerpauschale nicht berücksichtigt werden.[14] Wird bei einer konkreten Berechnung der Pkw-Kosten die Kreditrate berücksichtigt, kann daneben nur noch eine Pauschale für die reinen Betriebskosten angesetzt werden, die allerdings deutlich unter den oben dargestellten Sätzen liegt.[15]

Konkret darzulegen ist die **Entfernung** zwischen Wohnung und Arbeitsstätte und die Zahl der jährlichen 9
Arbeitstage. In Normalfällen werden 220 Arbeitstage im Jahr abzüglich etwaiger Krankheitstage berücksichtigt.[16]

Das so gewonnene Ergebnis ist einer **Angemessenheitskontrolle** zu unterziehen. Sind die Kfz-Kosten 10
im Verhältnis zum berücksichtigungsfähigen Einkommen sehr hoch, verstärkt sich die Obliegenheit zur Nutzung öffentlicher Verkehrsmittel oder gar zu einem Umzug.[17] Dies gilt insbesondere, wenn es um den **Mindestunterhalt** eines minderjährigen Kindes geht.[18]

---

8 BGH 10.11.2010 – XII ZR 197/08, NJW 2011, 303.
9 BGH 13.11.2019 – XII ZB 3/19, NJW 2020, 238.
10 BGH 21.1.1998 – XII ZR 117/96, NJW-RR 1998, 721.
11 Auch bei sehr hohen Fahrtkosten: OLG Hamm 23.1.1998 – 10 UF 55/97, NJW-RR 1998, 724.
12 OLG Celle 14.2.2013 – 10 WF 46/13, FamFR 2013, 201; anders OLG Koblenz 11.6.2008 – 9 UF 31/08, NJW 2008, 3720.
13 BGH 20.10.1993 – XII ZR 89/92, NJW 1994, 190.
14 BGH 1.3.2006 – XII ZR 157/03, NJW 2006, 2182.
15 OLG Hamm 19.7.1996 – 12 UF 439/95, FamRZ 1997, 835.
16 Wendl/Dose UnterhaltsR/*Dose* § 1 Rn. 139.
17 BGH 21.1.2009 – XII ZR 54/06, NJW 2009, 1742.
18 BGH 6.2.2002 – XII ZR 20/00, NJW 2002, 1269.

2. Kinderbetreuungs- und Kindergartenkosten

11 Kosten, die dadurch entstehen, dass Kinder betreut werden, damit eine Erwerbstätigkeit überhaupt ausgeübt werden kann, sind als **berufsbedingter Aufwand** zu berücksichtigen.[19] Gegenzurechnen sind die steuerlichen Vergünstigungen für Kinderbetreuungskosten. Ab dem Steuerjahr 2012 sind als Sonderausgaben nach § 10 Abs. 1 Nr. 5 EStG jährlich 2/3 der Aufwendungen, höchsten 4.000 EUR je Kind, welches das 14. Lebensjahr noch nicht vollendet hat, absetzbar.

12 Die Kosten für die Deckung eines **sonstigen Betreuungsbedarfs** stellen Mehrbedarf des Kindes dar.[20] Dieser Mehrbedarf ist nicht in den Tabellensätzen nach der Düsseldorfer Tabelle enthalten. Für diesen **Mehrbedarf** haften die Eltern anteilig nach ihren Einkommensverhältnissen. Die mit einem Kindergartenbeitrag häufig aufzubringenden Verpflegungskostenpauschalen sind dabei nicht berücksichtigungsfähig; die Kosten der Verpflegung sind durch den Tabellenbetrag nach der Düsseldorfer Tabelle abgedeckt.[21]

3. Weitere berufsbedingte Aufwendungen

13 Aufwendungen für ein **Arbeitszimmer** sind nur ausnahmsweise abziehbar, wenn der Arbeitgeber seinem Arbeitnehmer kein Arbeitszimmer zur Verfügung stellt, obwohl der Arbeitnehmer darauf angewiesen ist.[22] Ist der Arbeitnehmer nur gelegentlich in der eigenen Wohnung tätig, sind Aufwendungen für diese Mitbenutzung der eigenen Wohnung nicht abzugsfähig.[23]

14 **Beiträge zu Berufsverbänden** wie Gewerkschaft,[24] Beamtenbund, Richterbund, Ärztekammer und Ähnlichem sind abzuziehen.

15 Berücksichtigungsfähig sind die Kosten für **Fachliteratur**.[25] Abzugsfähig sind weiter **Fortbildungskosten** (Lehrgangskosten, Tagungsgebühr, Fahrtkosten, Verpflegungs- und Übernachtungskosten) abzüglich etwaiger Erstattungen des Arbeitgebers und einer häuslichen Ersparnis.[26]

16 Zu berücksichtigen sind weiter **Steuerberatungskosten**.[27]

19 Ziffer 10.3 der bundeseinheitlichen Leitlinienstruktur; BGH 4.10.2017 – XII ZB 55/17, NJW 2017, 3786.
20 BGH 4.10.2017 – XII ZB 55/17, NJW 2017, 3786.
21 BGH 26.11.2008 – XII ZR 65/07, NJW 2009, 1816.
22 OLG Düsseldorf 3.3.2010 – 8 UF 165/09, FamFR 2010, 227.
23 OLG Karlsruhe 30.6.2008 – 5 UF 36/06 mAnm *Born* FPR 2009, 429.
24 OLG Hamm 22.5.2007 – 3 UF 338/06, NJW-RR 2008, 158.
25 OLG München 4.6.2008 – 12 UF 1125/07, FamRZ 2008, 1945.
26 Wendl/Dose UnterhaltsR/*Dose* § 1 Rn. 144; OLG Celle 7.11.2007 – 15 UF 56/07, FamRZ 2008, 1853.
27 Wendl/Dose/*Dose* UnterhaltsR § 1 Rn. 149; OLG Karlsruhe 18.8.2000 – 18 UF 179/99, FamRZ 2002, 1566; aA OLG Hamm 24.1.1992 – 12 UF 240/91, FamRZ 1992, 1177.

55. Beschleunigungsgebot

Stockmann

I. Einführung

Die vom BVerfG in ständiger Rechtsprechung[1] aus dem Rechtsstaatsprinzip hergeleitete Verpflichtung der Gerichte, strittige Rechtsverhältnisse in angemessener Zeit zu klären, wird von niemandem bestritten. Gleichwohl ist festzustellen, dass das für alle Bereiche der Rechtsprechung aus dieser Verpflichtung abgeleitete Beschleunigungsgebot in der Praxis oftmals verfehlt wird. Auch diese Feststellung wird von niemandem ernsthaft bestritten. 1

Besonders negative Auswirkungen haben verzögerte gerichtliche Verfahren im Bereich des Familienrechts. Insbesondere wenn die begehrte Entscheidung grundsätzliche Auswirkungen auf die Lebensumstände von Kindern hat, ist jegliche Verzögerung schädlich. Allein durch Zeitablauf werden Fakten geschaffen, die den Entscheidungsspielraum des Gerichts einschränken und damit effektiven Rechtsschutz verhindern. 2

Deshalb hat der Gesetzgeber mit § 155 Abs. 1 FamFG den Gerichten die Pflicht auferlegt, **Kindschaftsverfahren grundsätzlich vorrangig und beschleunigt** durchzuführen. 3

Zwar werden in dieser Norm nur einige spezielle Kindschaftsverfahren genannt. Aber auch in den nicht aufgeführten Fallgestaltungen ist eine vorrangige Entscheidung geboten, um die Konfliktlage der Kinder (und auch die der übrigen Familienmitglieder) umgehend zu beenden. Für das „vereinfachte Verfahren" des **§ 155 a FamFG** betreffend die gerichtliche Begründung des Mitsorgerechts für den mit der Mutter nicht verheirateten Vater verweist § 155 a Abs. 2 S. 1 FamFG ausdrücklich auf § 155 Abs. 1 FamFG. Bei den **Unterbringungssachen** nach § 151 Nr. 6 und 7 FamFG, die ebenfalls den Kindschaftssachen zuzuordnen sind, ergibt sich die Beschleunigungsbedürftigkeit auch aus dem für freiheitsentziehende Maßnahmen verschärft zu beachtenden Verhältnismäßigkeitsgebot der Verfassung. 4

Das gerichtliche Verfahren unterliegt aber auch in Kindschaftssachen nicht ausschließlich dem **Beschleunigungsgrundsatz**, dieser ist **kein Selbstzweck**. Eine gerichtliche Entscheidung kann nämlich nur dann überzeugen und ihre Wirkung entfalten, wenn sie auf einer verlässlichen Sachverhaltsgrundlage beruht, die im Wege der Amtsermittlung zu finden ist. Ferner hat das Gericht auch auf eine einvernehmliche Lösung hinzuwirken, weil eine von allen Beteiligten getragene und damit von Nachhaltigkeit geprägte Konfliktlösung vorzugswürdig ist. 5

Um bei einem Verstoß gegen den Beschleunigungsgrundsatz ein wirksames Instrumentarium zur Verfügung zu stellen, hat der Gesetzgeber zum 15.10.2016 – bedauerlicherweise erst auf massiven Druck des EGMR[2] – die **Beschleunigungsrüge** (§ 155 b FamFG) und die **Beschleunigungsbeschwerde** (§ 155 c FamFG) eingeführt. Hiermit schuf er **präventive Rechtsbehelfe**, die zwar erst dann greifen, wenn bereits eine Verfahrensverzögerung eingetreten ist, deren Ziel es aber ist, das Gericht dazu zu veranlassen, die Verzögerung durch eine nunmehr vorrangige und beschleunigte Durchführung des Verfahrens auszugleichen. Daneben kommt die für alle gerichtliche Verfahren eingreifende **Entschädigungsregelung des § 198 GVG**[3] in Betracht; zum Verhältnis beider Verfahren → Rn. 24. Die Möglichkeit einer nachträglichen monetären Entschädigung bietet jedoch in Familienverfahren vielfach keinen ausreichenden Rechtschutz. In diesen Verfahren werden oft allein durch Zeitablauf familiäre Beziehungen gelockert, aufgelöst bzw. verfestigt oder neu geschaffen und damit Fakten gesetzt, die bei der Entscheidung zu berücksichtigen sind. 6

---

1 ZB BVerfG 17.11.1999 – 1 BvR 1708/99, NJW 2000, 797.
2 EGMR 15.1.2015 – 62198/11, FamRZ 2015, 469.
3 Vgl. Rahm/Künkel/*Stockmann* FamR-HdB I 13 H Rn. 73 ff.

Effektiver Rechtschutz erfordert die Möglichkeit einer Einflussnahme der Beteiligten dahin gehend, dass die gerichtliche Entscheidungsfindung so rasch wie möglich erfolgt.

II. Beschleunigungsrüge

7 Die Beschleunigungsrüge hat der Gesetzgeber nur für die in § 155 Abs. 1 FamFG erwähnten Kindschaftsverfahren zur Verfügung gestellt, § 155 b Abs. 1 S. 1 FamFG. Es handelt sich um Verfahren, die den Aufenthalt des Kindes, das Umgangsrecht oder die Herausgabe des Kindes oder die Gefährdung des Kindeswohls (Verfahren nach § 1666 BGB) betreffen.

Dabei besteht die Rügemöglichkeit nicht nur für die diejenigen Verfahren, die isoliert anhängig sind, sondern auch für jene, die nach § 137 Abs. 3 FamFG in den **Scheidungsverbund** gelangt sind. Auch in Verfahren der **einstweiligen Anordnung** sowie in **Vollstreckungsverfahren**, die den in § 155 Abs. 1 FamFG genannten Themenbereich betreffen, kann die Beschleunigungsrüge erhoben werden. Unerheblich ist auch, in welcher Instanz sich das Verfahren befindet, so dass sie auch noch in Beschwerde- oder Rechtsbeschwerdeverfahren vor dem OLG oder dem BGH erhoben werden kann.

8 **Rügeberechtigt** ist jeder Verfahrensbeteiligte; hinsichtlich des Jugendamts kommt es darauf an, dass dieses die Beteiligtenrolle – entweder in den Verfahren nach §§ 1666, 1666 a BGB von Amts wegen oder in anderen Verfahren aufgrund eigenen Antrags – eingenommen hat, vgl. § 162 Abs. 2 FamFG.

9 Zur **Form der Beschleunigungsrüge** bestimmt § 25 Abs. 1 FamFG, dass diese schriftlich oder zur Niederschrift der Geschäftsstelle zu erheben ist. Besteht allerdings in dem Verfahren, in dem sie erhoben werden soll, – etwa beim BGH gem. § 114 Abs. 2 FamFG – Anwaltszwang, so ist zwingend eine anwaltliche Vertretung erforderlich.

▶ **Muster für die Beschleunigungsrüge**

Es wird beantragt festzustellen, dass die bisherige Verfahrensdauer nicht dem Vorrang- und Beschleunigungsgebot des § 155 Abs. 1 FamFG entspricht. ◀

10 In dem Rügeschriftsatz hat der Rügeführer die Umstände darzulegen, aus denen sich ergibt, dass das Verfahren nicht vorrangig und beschleunigt durchgeführt worden ist (§ 155 b Abs. 1 S. 2 FamFG). Gerügt werden kann also nur eine **bereits eingetretene Verzögerung**.

11 Über die Beschleunigungsrüge entscheidet das mit der Kindschaftssache befasste Gericht. Die Entscheidung hat spätestens einen Monat nach Eingang der Beschleunigungsrüge durch Beschluss zu ergehen (§ 155 b Abs. 2 S. 1 FamFG).

12 Ob ein Verstoß gegen das Vorrangs- und Beschleunigungsgebot vorliegt, ist in jedem Einzelfall anhand der darin gegebenen Umstände festzustellen. Der Gesetzgeber hat **keinen konkreten Zeitraum vorgegeben**, von dem an von einem Verstoß auszugehen ist. Das Gericht soll sich am Kindeswohl orientieren und die in → Rn. 2 erwähnten Auswirkungen einer Verzögerung berücksichtigen. **Maßgeblicher Zeitpunkt** ist dabei derjenige der Entscheidung über die Rüge. Ist das Verfahren zwischenzeitlich beendet, besteht kein Rechtschutzbedürfnis für eine Entscheidung über die Beschleunigungsrüge. Deren Ziel – Beschleunigung des weiteren Verfahrens – kann nicht mehr erreicht werden.

13 Ist die Beschleunigungsrüge unzulässig oder unbegründet, so hat das Gericht dies durch Beschluss festzustellen und die Rüge bei Unzulässigkeit zu verwerfen und bei Unbegründetheit zurückzuweisen. Der Beschluss ist eine **Endentscheidung** iSd § 38 FamFG und deshalb gem. § 38 Abs. 3 S. 1 FamFG zwingend zu begründen sowie gem. § 39 FamFG mit einer Rechtsbehelfsbelehrung zu versehen. Wegen der befristeten Beschleunigungsbeschwerde nach § 155 c FamFG ist der Beschluss an den Beteiligten, der die unbegründete Beschleunigungsrüge erhoben hat, zuzustellen (§ 41 Abs. 1 S. 2 FamFG).

14 Stellt das Gericht eine unangemessen lange Verfahrensdauer fest, hat es diese Feststellung auszusprechen und Maßnahmen zur Verfahrensbeschleunigung zu ergreifen. In Betracht kommen nach der Vorstellung des Gesetzgebers beispielsweise die Anberaumung eines zeitnahen Termins mit den Beteiligten, die zeitnahe

persönliche Anhörung von Beteiligten, der Erlass eines Beweisbeschlusses mit Fristsetzung für eine Begutachtung oder die weitere Ermittlung von entscheidungserheblichen Tatsachen.

Ferner hat das Gericht zu prüfen, ob eine einstweilige Anordnung zu erlassen ist (§ 155 b Abs. 2 S. 2 Hs. 2 FamFG). In Antragsverfahren kann das Gericht insoweit auf die Möglichkeit einer entsprechenden Antragstellung hinweisen.

III. Beschleunigungsbeschwerde

Gegen den Beschluss, mit dem über die Beschleunigungsrüge entschieden wird, findet die Beschleunigungsbeschwerde statt. Die Beschwerde kann nur von demjenigen eingelegt werden, der die Beschleunigungsrüge erhoben hat (§ 155 c Abs. 1 S. 1 FamFG). 15

Die Beschwerde ist binnen einer **Frist** von 2 Wochen nach der schriftlichen Bekanntgabe des Beschlusses nach § 155 b Abs. 2 S. 1 FamFG zu erheben (§ 155 c Abs. 1 S. 1 FamFG). Dabei handelt es sich um eine Notfrist. Für die **Form** gilt § 25 Abs. 1 FamFG. Die Beschwerde kann deshalb schriftlich eingelegt oder zur Niederschrift der Geschäftsstelle erklärt werden. In den Fällen des § 114 Abs. 1 und 2 FamFG ist eine anwaltliche Vertretung erforderlich. Eine Begründung wird vom Gesetz zwar nicht gefordert, erscheint aber in jedem Fall sachdienlich. Es gilt § 64 Abs. 1 FamFG, (§ 155 c Abs. 1 S. 2 FamFG) so dass die Beschwerde bei dem Ausgangsgericht einzulegen ist. Auch Anträge auf Bewilligung von Verfahrenskostenhilfe für eine beabsichtigte Beschwerde sind bei diesem zu stellen (§ 64 Abs. 1 S. 2 iVm § 155 c Abs. 1 S. 2 FamFG). 16

▶ **Muster für die Beschleunigungsbeschwerde**

Der Beschluss des AG ... vom ... betreffend die Beschleunigungsrüge vom ... wird aufgehoben.

Es wird beantragt festzustellen, dass die bisherige Verfahrensdauer nicht dem Vorrang- und Beschleunigungsgebot des § 155 Abs. 1 FamFG entspricht. ◀

Dem Ausgangsgericht steht **keine Abhilfebefugnis** zu. Es muss die Akten unverzüglich dem Beschwerdegericht vorlegen (§ 155 c Abs. 1 S. 3 FamFG). Durch die Einlegung der Beschleunigungsbeschwerde ist das Ausgangsgericht aber nicht gehindert, das eigentliche Verfahren weiter zu fördern. Um dies zu ermöglichen, wird es – solange noch mit der Papierakte gearbeitet wird – eine Zweitakte anlegen müssen. 17

Beschwerdegericht ist gem. § 155 c Abs. 2 S. 1 FamFG das OLG, wenn das AG entschieden hat. Haben hingegen OLG oder BGH den angefochtenen Beschluss nach § 155 b Abs. 2 S. 1 FamFG erlassen, so entscheidet ein anderer Spruchkörper desselben Gerichts (§ 155 c Abs. 2 S. 2 FamFG). Das Beschwerdegericht hat nach Aktenlage zu entscheiden, wobei § 155 c Abs. 3 S. 1 FamFG bestimmt, dass das Beschwerdegericht seine Entscheidung spätestens innerhalb eines Monats treffen soll. 18

Das Beschwerdegericht hat zunächst zu prüfen, ob die Beschwerde an sich statthaft und ob sie in der gesetzlichen Form und Frist eingelegt ist. Gegebenenfalls hat es den Rechtsbehelf ohne sachliche Prüfung als unzulässig zu verwerfen (§ 155 c Abs. 3 S. 2 iVm § 68 Abs. 2 FamFG). Ein **noch bestehendes Rechtsschutzbedürfnis** gehört zu den Zulässigkeitsvoraussetzungen. Ein solches entfällt, wenn das Verfahren in der von der Rüge betroffenen Instanz abgeschlossen wurde. Dann kommt auch keine „Fortsetzungsfeststellungsbeschwerde“ nach § 62 FamFG in Frage, weil § 155 c FamFG auf diese Norm nicht verweist. 19

Prüfungskriterium ist, ob die Gesamtdauer des Verfahrens dem Vorrang- und Beschleunigungsgebot des § 155 Abs. 1 FamFG entspricht. Das Beschwerdegericht soll auch berücksichtigen, ob das Ausgangsgericht die notwendigen Maßnahmen zur Förderung des Verfahrens ergriffen hat, wobei ein objektiver Maßstab anhand des Einzelfalls anzulegen ist. Die Richtigkeit der Verfahrensführung steht demgegenüber nicht zur Überprüfung an. Gerügt werden kann auch nur eine bereits eingetretene, nicht aber eine drohende Verfahrensverzögerung. 20

In ersten Entscheidungen zu § 155 c FamFG haben Beschwerdegerichte ua nachfolgende **Rechtsprechungsgrundsätze** herausgearbeitet: 21

Ist ein Verfahren nach der Überzeugung des Ausgangsgerichts noch nicht entscheidungsreif und liegen aus seiner Sicht Sachgründe dafür vor, weiter – etwa durch Einholung eines Sachverständigengutachtens – Amtsaufklärung zu betreiben, ist eine **Überprüfung der Entscheidungsreife** dem Beschwerdegericht entzogen.[4] Hingegen liegt ein Verstoß gegen das Beschleunigungsgebot vor, wenn das Gericht nach Durchführung eines Erörterungstermins **ohne sachlichen Grund untätig** bleibt.[5]

Bei der Beurteilung des familiengerichtlichen Vorgehens in einer **Umgangssache** ist auch zu berücksichtigen, ob es grundsätzlich um die Anbahnung eines nicht stattfindenden Umgangs bzw. um den Ausschluss eines Umgangs wegen Kindeswohlgefährdung geht oder ob nur eine geringfügige Änderung einer praktizierten Umgangsregelung im Streit ist.[6] Bei letzter Fallgestaltung bestehe nämlich keine Gefahr, dass sich durch eine kürzere Verzögerung während eines Verfahrens Bindungs- und Beziehungsverhältnisse derart verfestigen oder verändern können, dass eine zu späte gerichtliche Entscheidung sich den geänderten tatsächlichen Bindungen und Beziehungen nur noch beschreibend anpassen, diese aber nicht mehr im Sinne des ursprünglichen Kindeswohls gestalten kann.

Ein Verstoß gegen das Beschleunigungsgebot liegt nicht vor, wenn ein zügig anberaumter Erörterungstermin aus **sachlichen** Gründen (Verhinderung des Verfahrensbeistandes, Abwarten des Ergebnisses einer klinischen Untersuchung bei Vorwurf des sexuellen Missbrauchs) verlegt wurde.[7]

Allein die Verfahrensdauer führt für sich genommen nicht zu einer Verletzung des Vorrang- und Beschleunigungsgebots.[8]

22 Ist kein Verstoß gegen den Beschleunigungsgrundsatz festzustellen, da keine unverhältnismäßige, sachlich nicht begründete Verzögerung gegeben ist, ist die Beschwerde als **unbegründet** zurückzuweisen.

23 Entspricht die Verfahrensdauer jedoch nicht dem Gebot des § 155 Abs. 1 FamFG, so hat das Beschwerdegericht auch dieses festzustellen und in seiner rechtlichen Beurteilung darauf einzugehen, ob die notwendigen Maßnahmen zur Aufklärung des Sachverhalts und zur Sachentscheidung zeitnah getroffen wurden. Das Ausgangsgericht ist an die rechtliche Beurteilung des Beschwerdegerichts gebunden. Hingegen darf das Beschwerdegericht das Ausgangsgericht nicht zum Erlass einer einstweiligen Anordnung oder anderweitiger verfahrensbeschleunigender Maßnahmen anweisen und ihm auch keine verbindliche Frist für den Erlass bestimmter Entscheidungen setzen. Das Beschwerdegericht führt lediglich in den Gründen seiner Entscheidung aus, welche Verfahrensschritte aus seiner Sicht zeitlich notwendig oder überfällig sind. § 155 c Abs. 3 S. 4 FamFG schreibt jedoch vor, dass das Verfahren unter Beachtung der rechtlichen Beurteilung des Beschwerdegerichts unverzüglich vorrangig und beschleunigt durchzuführen ist.

IV. Verhältnis zum Entschädigungsverfahren nach § 198 GVG

24 Die **Rechtsbehelfe** der §§ 155 b, 155 c FamFG sind grundsätzlich unabhängig von dem Verfahren nach § 198 GVG. Eine Verknüpfung hat der Gesetzgeber jedoch in § 155 b FamFG vorgenommen: Die Beschleunigungsrüge gilt zugleich als Verzögerungsrüge nach § 198 Abs. 3 S. 1 GVG. Dies erfolgte überwiegend, um doppelten Vortrag identischen Sachverhalts zu vermeiden. Jedoch können beide Rügen ein unterschiedliches Schicksal haben.

Problematisch könnte jedoch die Regelung des § 198 Abs. 3 S. 2 GVG sein, wonach die Verzögerungsrüge dann unwirksam ist, wenn sie vorzeitig erhoben wurde.[9]

4 KG 31.1.2017 – 13 WF 12/17, FF 2018, 497.
5 OLG Karlsruhe 1.8.2017 – 20 WF 125/17, NZFam 2018, 282.
6 OLG Stuttgart 17.2.2017 – 17 WF 31/17, FamRZ 2017, 1254.
7 OLG Bremen 12.7.2017 – 4 UF 72/17, FamRZ 2017, 1855.
8 KG 31.1.2017 – 13 WF 12/17, FamRZ 2017, 138.
9 Vgl. Rahm/Künkel/*Stockmann* FamR-HdB I 13 H Rn. 82.

Die Feststellungen im Verfahren nach §§ 155 b, 155 c FamFG entfalten **keine** Bindungswirkung für das Entschädigungsverfahren.[10] 25

V. Verhältnis zur Verfassungsbeschwerde

Von den Möglichkeiten der §§ 155 b, 155 c FamFG ist **vor** der Erhebung der Verfassungsbeschwerde Gebrauch zu machen. Letztere wäre ansonsten unzulässig, da der Rechtsweg noch nicht erschöpft ist. Auch ist die Vorabentscheidungsmöglichkeit nach § 90 Abs. 2 S. 2 BVerfGG subsidiär zu Beschleunigungsrüge und Beschleunigungsbeschwerde.[11] 26

10 Vgl. Rahm/Künkel/*Stockmann* FamR-HdB I 13 H Rn. 89.
11 BVerfG 1.3.2017 – 1 BvR 2311/16, FamRZ 2017, 620.

56. Beschwerdeverfahren

Böhm

I. Allgemeines

1. Rechtsmittelsystem

Seit der Einführung des Familiengerichts (zum 1.7.1977) ist das **Amtsgericht** generell das Eingangsgericht; das **Oberlandesgericht** bildet die zweite Instanz als Beschwerdegericht; der **Bundesgerichtshof** ist das Rechtsbeschwerdegericht. Die im Interesse der Vereinheitlichung der Rechtsprechung damals auf die Oberlandesgerichte übergegangene Zuständigkeit in Familiensachen für die zweite Instanz hat sich bewährt und wird seit Inkrafttreten des FGG-RG zum 1.9.2009 nahezu in allen weiteren Verfahren angewandt, die bisher keine Familiensachen waren, jetzt aber entweder dem „großen Familiengericht" übertragen wurden oder von anderen Abteilungen zu entscheiden sind. 1

Für Verfahren, die bereits vor dem 1.9.2009 eingeleitet wurden, kommt – für alle Instanzen – das alte Verfahrensrecht zur Anwendung.

§ 23 a GVG benennt die Amtsgerichte als sachlich zuständig für die Familiensachen und die Angelegenheiten der freiwilligen Gerichtsbarkeit. § 119 GVG bestimmt für die Oberlandesgerichte insoweit die sachliche Zuständigkeit für die zweite Instanz und § 133 GVG diejenige des Bundesgerichtshofs für die dritte Instanz. Davon ausgenommen sind die Beschwerden gegen Entscheidungen der Betreuungsgerichte (§ 23 c GVG), zu deren Aufgaben auch Freiheitsentziehungssachen nach § 415 FamFG gehören. Für Entscheidungen der Betreuungsgerichte ist in der zweiten Instanz nicht das Oberlandesgericht zuständig, sondern das Landgericht (§§ 72 Abs. 1 S. 2, 119 Abs. 1 Nr. 1 Buchst. b GVG), um den Anspruch auf rechtliches Gehör im Rahmen der vom Gesetzgeber angeordneten Anhörungen der Beteiligten auch durch das Beschwerdegericht praktischer gestalten zu können. 2

Die Gerichte entscheiden durch **Beschluss** (§ 38 Abs. 1 S. 1 FamFG), soweit durch die Entscheidung der Verfahrensgegenstand ganz oder teilweise erledigt wird (Endentscheidung). Der Beschluss enthält gem. § 38 Abs. 2 FamFG die Bezeichnung der **Beteiligten** (nicht „Parteien", vgl. § 113 Abs. 5 Nr. 5 FamFG), ihrer gesetzlichen Vertreter und der Bevollmächtigten (Nr. 1), die Bezeichnung des Gerichts und die Namen der Gerichtspersonen, die bei der Entscheidung mitgewirkt haben (Nr. 2), und die Beschlussformel (Nr. 3). Der Beschluss ist generell zu begründen (§ 38 Abs. 3 S. 1 FamFG; Ausnahmen sind in § 38 Abs. 4 unter Einbeziehung des § 38 Abs. 5 FamFG zu berücksichtigen). Er ist zu unterschreiben (§ 38 Abs. 3 S. 2 FamFG). Das Datum der Übergabe des Beschlusses an die Geschäftsstelle oder der Bekanntgabe durch Verlesen der Beschlussformel (Erlass) ist auf dem Beschluss zu vermerken (§ 38 Abs. 3 S. 3 FamFG). 3

Nach § 39 FamFG hat jeder Beschluss eine Belehrung über das statthafte Rechtsmittel, den Einspruch, den Widerspruch oder die Erinnerung sowie das Gericht, bei dem diese Rechtsbehelfe einzulegen sind, dessen Sitz und die einzuhaltende Form und Frist zu enthalten (→ *Familiengerichtliches Verfahren* Rn. 155). 4

2. Beschränkte Anfechtbarkeit von Entscheidungen in Verfahren der einstweiligen Anordnung

5 Nach § 57 FamFG sind Entscheidungen in Verfahren der einstweiligen Anordnung in Familiensachen in der Regel nicht anfechtbar. Den Beteiligten bleibt dann nur die Möglichkeit, eine Entscheidung im Hauptsacheverfahren nach § 52 FamFG herbeizuführen, die als Hauptsacheentscheidung den Rechtsmitteln nach den nachbenannten Voraussetzungen zugänglich ist. Damit würde gem. § 56 Abs. 1 S. 1 FamFG eine anderweitige Regelung greifen und die einstweilige Anordnung außer Kraft treten. Daneben gibt es die Möglichkeit, das Erstgericht im einstweiligen Anordnungsverfahren zu einer Aufhebung oder Änderung der Entscheidung zu bewegen (§ 54 Abs. 1 S. 1 FamFG).

6 Der Ausschluss der Anfechtbarkeit gilt aber nach § 57 S. 2 FamFG nicht,

a) in Verfahren betreffend die Anordnung oder Genehmigung freiheitsentziehender Unterbringung und freiheitsentziehender Maßnahmen nach § 151 Nr. 6 und 7 FamFG
b) wenn das Gericht des ersten Rechtszugs **aufgrund mündlicher Erörterung** über die elterliche Sorge (Nr. 1), über die Herausgabe des Kindes an den anderen Elternteil (Nr. 2), über den Antrag auf Verbleib eines Kindes bei einer Pflege- oder Bezugsperson (Nr. 3), über einen Antrag nach den §§ 1, 2 Gewaltschutzgesetz (Nr. 4) oder in einer Ehewohnungssache über einen Antrag auf Zuweisung der Wohnung (Nr. 5) entschieden hat. Eine Entscheidung in diesem Sinne ist auch die Zurückweisung eines entsprechenden Antrages.[1]

7 Der Gesetzgeber hat in diesen Angelegenheiten die Beschwerdemöglichkeit geschaffen, da hier bereits im Wege des einstweiligen Rechtsschutzes ganz massiv in die Lebensbereiche Einzelner eingegriffen wird und dies mitunter gravierende Auswirkungen für die Beteiligten zur Folge haben kann. Soweit eine mündliche Erörterung der Angelegenheit der Entscheidung nicht vorausgegangen war (§ 57 S. 2 Hs. 2 FamFG), fehlt es an der Beschwerdemöglichkeit. Die Beteiligten – jeder für sich – haben dann die Möglichkeit, nach § 54 Abs. 2 FamFG aufgrund mündlicher Verhandlung eine erneute Entscheidung des Gerichts zu beantragen. Die isolierte Anfechtbarkeit einer Kostenentscheidung, die im Rahmen einer einstweiligen Anordnung ergangen ist, steht und fällt mit der oben angegebenen Möglichkeit der Anfechtung.[2]

II. Beschwerde

1. Statthaftigkeit der Beschwerde (§ 58 FamFG)

8 Gegen im ersten Rechtszug ergangene Entscheidungen der Amtsgerichte und Landgerichte in Angelegenheiten nach dem FamFG findet die Beschwerde statt – vorbehaltlich einer anderen Regelung durch Gesetz. Endentscheidungen sind Entscheidungen der Gerichte, durch welche der Verfahrensgegenstand ganz oder teilweise erledigt wird (§ 38 Abs. 1 S. 1 FamFG). Innerhalb eines Verfahrens können teilbare Verfahrensgegenstände gegeben sein, welche jeweils durch Endentscheidung per Beschluss abgehandelt werden und dann jede für sich gesondert anfechtbar sind. Bei **isolierten Kostenentscheidungen**, die ergehen, wenn sich das Verfahren auf andere Art und Weise erledigt hat (zB: Erledigterklärung, Vergleich oder Antragsrücknahme), stellt sich die Frage, ob das FamFG eine einheitliche Regelung anstrebt:

In **Ehe- und Familienstreitverfahren** nach § 111 Nr. 1 FamFG und § 112 FamFG kommt § 113 FamFG zur Anwendung, der auf die Regelungen in den allgemeinen Vorschriften der ZPO und die Vorschriften der ZPO über das Verfahren vor den Landgerichten verweist, soweit ausdrücklich benannte Vorschriften im FamFG (§§ 2–37, 40–45, 46 S. 1 und 2, 47, 48, 76–96) nicht zur Anwendung kommen.[3] Soweit die Bestimmungen der ZPO angewandt werden, kann eine Kostenentscheidung wegen der Regelung in § 99 Abs. 1 ZPO nur im Rahmen spezieller Vorschriften (§§ 91 a Abs. 2, 99 Abs. 2, 269 Abs. 5 ZPO) mit der sofortigen Beschwerde nach §§ 567 ff. ZPO angefochten werden, was dann innerhalb von zwei Wochen statthaft ist, wenn der Beschwerdewert von 200 EUR überschritten ist (§ 567 Abs. 2 ZPO).

---

1 Vgl. zu allem: Rahm/Künkel FamR-HdB/*Stockmann* I 13 B Rn. 35.

2 Vgl. hierzu und zur Frage der Anfechtung einer VKH-Entscheidung im Verfahren der einstweiligen Anordnung: Rahm/Künkel FamR-HdB/*Stockmann* I 13 B Rn. 36 f.

3 BGH 28.9.2011 – XII ZB 2/11, FamRZ 2011, 1933; 21.11.2018 – XII ZB 282/18, FamRZ 2019, 551.

In allen **anderen Familiensachen** („Nichtstreitverfahren") nach § 111 Nr. 2–7 FamFG und 11 FamFG ist die isolierte Kostenbeschwerde nach §§ 58 ff. FamFG statthaft. Eine Beschränkung entsprechend der Regelung in § 99 ZPO gibt es hier nicht. Nach überwiegender Meinung ist eine isolierte Anfechtung der Kostenentscheidung betreffend eines Nichtstreitverfahrens auch dann möglich, wenn die Entscheidung gem. § 150 FamFG im Rahmen eines Scheidungsverbundverfahrens erfolgt[4].

Soweit ein Rechtsmittel gegen die jeweilige Endentscheidung des Gerichts nicht zulässig ist (vgl. einstweilige Anordnungsverfahren nach § 57 S. 1 FamFG – mit Ausnahme der Verfahrensgegenstände nach § 57 S. 2 FamFG), kann aber auch die **Kostenentscheidung** nicht isoliert angefochten werden.

Zwischen- und Nebenentscheidungen sind mit der Beschwerde nach § 58 FamFG nicht anfechtbar, weil 9
sie keine Endentscheidungen sind. Sie können aber zusammen mit der Beschwerde gegen die Hauptentscheidung angegriffen werden.

Davon gibt es aber **Ausnahmen**. Statthaft ist:

- die sofortige Beschwerde entsprechend §§ 567–572 ZPO bei Ablehnung eines Befangenheitsantrages nach § 6 Abs. 2 FamFG, bei Ablehnung einer beantragten Beteiligung am Verfahren nach § 7 Abs. 5 S. 2 FamFG, bei Aussetzung des Verfahrens nach § 21 Abs. 2 FamFG, bei einem Zwischenstreit über die Zeugnisverweigerung gem. § 29 Abs. 2 FamFG, bei Verhängung von Ordnungsmittel nach §§ 30 Abs. 1, 33 Abs. 3 S. 5 FamFG, bei Anordnung von Zwangsmaßnahmen nach § 35 Abs. 5 FamFG oder etwa bei Berichtigungsbeschlüssen, soweit die Berichtigung nach § 42 Abs. 3 S. 2 FamFG vorgenommen wird.
- die befristete Erinnerung nach § 11 Abs. 2 RPflG; wegen der Regelung in § 85 FamFG kommen die Vorschriften der §§ 103–107 ZPO im FamFG-Verfahren bei Kostenfestsetzungen zur Anwendung.

Ferner ist nach der Rechtsprechung des BVerfG[5] und des BGH[6] aus verfassungsrechtlichen Gründen eine 10
Anfechtung von Zwischenentscheidungen dann möglich, wenn die Entscheidung in so einschneidender Weise in die Rechte des Betroffenen eingreift, dass ihre selbstständige Anfechtung unbedingt geboten ist. Diese Voraussetzung hat der BGH für den Fall bejaht, dass die Übermittlung des verfahrenseinleitenden Schriftsatzes im Wege der öffentlichen Zustellung abgelehnt wird.

Jene nicht selbstständig anfechtbaren Entscheidungen, die der Endentscheidung vorausgegangen sind, un- 11
terliegen der Beurteilung des Beschwerdegerichts (§ 58 Abs. 2 FamFG). Soweit das Gericht im Rahmen der Beweiserhebung oder förmlichen Beweisaufnahme Entscheidungen trifft, können die Beteiligten hiergegen nach § 58 Abs. 2 FamFG vorgehen. Dies gilt aber nicht für Maßnahmen, gegen die die oben angegebenen Rechtsmittel der sofortigen Beschwerde oder Erinnerung gesetzlich eröffnet sind.

2. Statthaftigkeit nach Erledigung der Hauptsache (§ 62 FamFG)

Die Beschwerde ist auch statthaft in Verfahrensgestaltungen, bei denen sich die Hauptsache in der zweiten 12
Instanz erledigt hat. Soweit der Beschwerdeführer ein berechtigtes Interesse an der Feststellung hat, dass die Entscheidung in erster Instanz den Beschwerdeführer in seinen Rechten verletzt hat, kann dies auf seinen Antrag hin in der Beschwerdeinstanz ausgesprochen werden.[7]

3. Endentscheidungen der Amts- und Landgerichte (§ 58 FamFG)

Bedeutsam nach der Regelung im FamFG sind insoweit vor allem die Entscheidungen der Amtsgerich- 13
te, welche die sachliche Zuständigkeit in allen Familiensachen, Betreuungs- und Unterbringungssachen, Nachlass- und Teilungssachen, Registersachen etc bedingt. Alleine in den in § 71 Abs. 2 Nr. 4 GVG aufgeführten Handelssachen ist die erstinstanzliche Zuständigkeit der Landgerichte in FamFG-Verfahren

4 Zöller/*Lorenz* FamFG § 150 Rn. 8.
5 BVerfG FamRZ 2019, 548.
6 BGH FamRZ 2015, 743.
7 BGH 11.10.2012 – V ZB 238/11, FGPrax 2013, 39; 24.10.2012 – XII ZB 404/12, NJW-RR 2013, 195.

begründet. Dagegen gilt dies nach dem Wortlaut des § 58 FamFG nicht für Entscheidungen der Oberlandesgerichte.

4. Beschwerdeberechtigte (§ 59 FamFG)

14 Die Beschwerde steht demjenigen zu, der durch den Beschluss **in seinen Rechten verletzt** ist (**materielle Beschwer**, § 59 Abs. 1 FamFG). Der Beschwerdeführer muss also eine Verletzung seiner materiellen Rechte geltend machen. Diese Berechtigung ist nicht an die Frage geknüpft, ob die gerichtliche Entscheidung mit den konkret gestellten Anträgen des Beschwerdeführers deckungsgleich ist oder davon abweicht. Wenn ein Beschluss nur auf Antrag erlassen werden kann (sog. Antragsverfahren) und der Antrag zurückgewiesen wird, steht die Beschwerde nur dem Antragsteller zu (**formelle Beschwer**, § 59 Abs. 2 FamFG).

15 Demnach reicht für den Antragsteller des Ausgangsverfahrens die Verletzung seiner Rechte (materielle Beschwer) nicht aus und er muss auch formell dadurch beschwert sein, dass das Gericht seinem Antrag nicht vollständig gefolgt ist, insbesondere, wenn der Betroffene sich im ersten Rechtszug an dem Verfahren nicht beteiligt hat.[8] Soweit durch eine gerichtliche Entscheidung eine Beschwer für einen Beteiligten nicht gegeben ist, fehlt das Rechtsschutzbedürfnis für eine Beschwerde. Die Beschwerdeberechtigung wird vom Beschwerdegericht von Amts wegen geprüft.

16 **a) Materielle Beschwer.** Diese bezieht sich auf die Verletzung materieller Rechte. Alleine die Verletzung von Verfahrensvorschriften reicht generell nicht aus, da die Ausgestaltung des Verfahrens kein Selbstzweck ist. Soweit der Beschwerdeführer aber dartut, dass die **Verletzung von Verfahrensrechten** auch die materiellrechtliche Entscheidung beeinträchtigt hat, wird die Beschwerdeberechtigung nicht verneint werden können. Das ist insbesondere der Fall, wenn ein nach § 7 Abs. 2 FamFG zwingend zu Beteiligender nicht beteiligt wurde und er in der Beschwerde geltend macht, dass er bei ordnungsgemäßer Einbeziehung ins Verfahren weitere, bisher unberücksichtigte Gesichtspunkte und Umstände hätte mitteilen können, die eine andere Entscheidung des Gerichts begründet hätten. Bei der Verletzung von Verfahrensvorschriften muss ein Kausalzusammenhang zwischen der Verletzung und dem Inhalt der angegriffenen Entscheidung bestehen. Würde es bei Beachtung der Verfahrensregeln zu keinem anderen Ergebnis kommen, fehlt die Beschwerdebefugnis. Hinsichtlich von Besonderheiten im Abstammungsverfahren → Rn. 20.

17 **b) Formelle Beschwer.** Während in von Amts wegen betriebenen Verfahren die materielle Beschwer ausreicht, muss der Antragsteller zusätzlich formell dadurch beschwert sein, dass das erkennende Gericht in seiner Entscheidung **dem Antrag des Antragstellers nicht vollinhaltlich gefolgt**, sondern hinter diesem zurückgeblieben ist. Die Regelung in § 59 Abs. 2 FamFG ist bindend und kommt nach seinem Wortlaut nicht zur Anwendung auf die **Antragsgegner**seite, was zur Konsequenz hat, dass die materielle Beschwer für die Antragsgegnerseite auch im Antragsverfahren ausreicht, um Beschwerde führen zu können. Es fehlt an der formellen Beschwer, wenn das Gericht dem Antrag des Antragstellers vollständig nachgekommen ist, aber in der Begründung nicht den Argumenten des Antragstellers gefolgt ist. Dann hat der Antragsteller durch die Entscheidung keinen formellen Nachteil.

18 Eine **andere Bewertung** ist wegen Art. 6 Abs. 2 GG **in Ehesachen** vorzunehmen. Dort kann der Antragsteller im Scheidungsausspruch Beschwerde führen, obwohl das Gericht seinem Antrag gefolgt ist und die Scheidung ausgesprochen hat, wenn er dartut, dass nach Beendigung des Scheidungstermins innerhalb der Beschwerdefrist eine Versöhnung der Eheleute stattgefunden hat und die Ehe fortgesetzt werden soll. Die Beschwerde ist dann zulässig und kann mit dem Ziel eingelegt werden, die Folgen der ausgesprochenen Scheidung durch Antragsrücknahme in der zweiten Instanz zu beseitigen, um die Ehe weiter bestehen zu lassen. Gleiches gilt, soweit sich ein Antragsteller in einer Ehesache mit anhängigen Folgesachen trotz Scheidungsausspruches gegen die nach § 140 FamFG erfolgte Abtrennung einer Folgesache wendet mit der Begründung, dass die Ehe ohne gleichzeitige (vom Gesetzgeber gewollte) Entscheidung über die Folgesachen geschieden wurde. Die Rechtsprechung sieht darin eine Beschwer des Antragstellers und

8 BGH 8.3.2012 – V ZB 205/11.

hält eine Beschwerde für zulässig, da die Abtrennung nach § 140 Abs. 6 FamFG nicht für selbstständig anfechtbar erklärt wurde.[9]

c) Beschwerdeberechtigung von Behörden. Die Beschwerdeberechtigung von Behörden bestimmt sich nach den besonderen Vorschriften des FamFG oder eines anderen Gesetzes (§ 59 Abs. 3 FamFG).[10] Für Behörden kommt es somit nicht darauf an, dass sie in ihren Rechten beeinträchtigt oder Beteiligte nach § 7 FamFG sind. In den Verfahren nach dem FamFG im Bereich des Familienrechts und des Betreuungsrechts handelt es sich dabei um: 19

- das **Jugendamt**: in Kindschaftssachen nach §§ 151 ff.,[11] 162 Abs. 3 S. 2 FamFG, in Abstammungssachen nach §§ 169 ff., 176 Abs. 2 S. 2 FamFG, in Adoptionssachen nach §§ 186 ff., 194 Abs. 2 S. 2 FamFG und in Ehewohnungssachen nach §§ 200 ff., 205 Abs. 2 S. 2 FamFG.
- die **Betreuungsbehörde**: in den Verfahren zur Bestellung eines Betreuers oder die Anordnung eines Einwilligungsvorbehalts (Nr. 1) sowie den Umfang, Inhalt oder Bestand dieser Maßnahmen (Nr. 2) nach §§ 271 ff., 303 Abs. 1 FamFG sowie im Rahmen der Unterbringung nach §§ 312 ff., 335 Abs. 4 FamFG.
- Weitere Behörden sind die Organe des Handelsstandes in § 380 Abs. 5 FamFG sowie die Aufsichtsbehörde in Personenstandssachen nach § 53 Abs. 2 Personenstandsgesetz.

d) Beschwerdeberechtigung in Abstammungssachen. § 184 Abs. 3 FamFG erweitert die Beschwerdebefugnis in Abstammungssachen dahin gehend, dass diese jedem zusteht, der an dem Verfahren beteiligt war oder zu beteiligen gewesen wäre. Die Norm nimmt Bezug auf § 172 FamFG, der die Beteiligten in Abstammungsverfahren auflistet. Für diese Beteiligten (nicht aber für Dritte) besteht in diesem Fall die Beschwerdeberechtigung, ohne dass eine formelle Beschwer gegeben sein muss. Es kann also zB das Kind, das entgegen § 172 Abs. 1 Nr. 1 FamFG im Anfechtungsverfahren nicht beteiligt wurde, gegen die Entscheidung des Familiengerichts Beschwerde einlegen. Auch eine materielle Beschwer, also eine Verletzung eigener Rechte, § 59 Abs. 1 FamFG ist für das Beschwerdeverfahren in Abstammungssachen nicht erforderlich.[12] So ist insbesondere die Mutter eines Kindes, die durch die Entscheidung über die Abstammung nicht direkt in ihren Rechten beeinträchtigt ist, wegen der Regelung des § 184 Abs. 3 FamFG beschwerdeberechtigt. 20

5. Beschwerderecht Minderjähriger (§ 60 FamFG)

Ein Kind, für das die elterliche Sorge besteht, oder ein unter Vormundschaft stehender Mündel kann in allen seine Person betreffenden Angelegenheiten ohne Mitwirkung seines gesetzlichen Vertreters das Beschwerderecht ausüben (§ 60 S. 1 FamFG). Das Gleiche gilt in sonstigen Angelegenheiten, in denen das Kind oder der Mündel vor einer Entscheidung gehört werden soll (§ 60 S. 2 FamFG; vgl. § 159 Abs. 1 S. 1 FamFG). Dies gilt nicht für Personen, die geschäftsunfähig sind oder bei Erlass der Entscheidung das 14. Lebensjahr nicht vollendet haben. 21

6. Beschwerdewert (§ 61 FamFG)

In vermögensrechtlichen Angelegenheiten ist die Beschwerde nur zulässig, wenn der Wert des Beschwerdegegenstandes **600 EUR** übersteigt (§ 61 Abs. 1 FamFG). 22

a) Nichtvermögensrechtliche Angelegenheiten. Somit ist die Beschwerde stets zulässig in Verfahren betreffend nichtvermögensrechtliche Angelegenheiten (vgl. Ehesachen §§ 111 Nr. 1, 121 ff. FamFG, Kindschaftssachen §§ 111 Nr. 2, 151 ff. FamFG, Abstammungssachen §§ 111 Nr. 3, 169 ff. FamFG, Adoptions- 23

9 Rahm/Künkel FamR-HdB/*Stockmann* I 13 B Rn. 56 f.

10 BGH 18.4.2012 – XII ZB 624/11.

11 BGH 23.11.2011 – XII ZB 293/11; in Abgrenzung dazu OLG Celle 14.9.2012 – 10 UF 56/12 nach Bestellung zum Vormund; KG 4.3.2010 – 17 UF 5/10 Beschwerdeberechtigung gegen die Bestellung zum Ergänzungspfleger.

12 Prütting/Helms/*Dürbeck* FamFG § 184 Rn. 11.

sachen §§ 111 Nr. 4, 186 FamFG, Gewaltschutzsachen §§ 111 Nr. 6, 210 ff. FamFG usw). Hier kommt es auf den Wert des Beschwerdegegenstandes nicht an.

Bei dieser Zuordnung bleibt es auch dann, wenn sich das Rechtsmittel nur gegen die Kostenentscheidung richtet. Auch dann ist auf den ursprünglichen Regelungsgegenstand abzustellen.[13]

24 **b) Vermögensrechtliche Angelegenheiten.** Eine Definition dieses Begriffes ist im Gesetz nicht zu finden. Darunter wird man aber eine Angelegenheit verstehen, die auf einer vermögensrechtlichen Beziehung beruht oder im Wesentlichen wirtschaftlichen Interessen dienen soll. Zweifelsfrei fallen Versorgungsausgleichssachen (§§ 111 Nr. 7, 217 ff. FamFG), Unterhaltssachen (§§ 111 Nr. 8, 231 ff. FamFG), Güterrechtssachen (§§ 111 Nr. 9, 261 ff. FamFG) und sonstige Familiensachen (§§ 111 Nr. 9, 266 ff. FamFG) darunter. Der Beschwerdewert wird entsprechend §§ 3 ff. ZPO ermittelt, da es sich um den **Zuständigkeitsstreitwert** handelt; somit erfolgt keine Bestimmung nach den Regelungen des FamGKG. In Haushaltssachen ist der Verkehrswert der strittigen Gegenstände in Ansatz zu bringen.

25 Betreffend des **Beschwerdewerts einer Auskunftsverpflichtung** ist zu differenzieren: Das „**Angriffsinteresse**" des Antragstellers entspricht nur einem Teilwert dessen wirtschaftlichen Leistungsinteresses. Es wird gem. § 3 ZPO üblicherweise auf 1/4 bis 1/10 des vom Antragsteller erwarteten Leistungsanspruchs geschätzt.[14]

Das „**Abwehrinteresse**" des Antragsgegners richtet sich in erster Linie nach dem Aufwand an Zeit und Kosten, der mit der Auskunftserteilung und Rechnungslegung beim Auskunftsverpflichteten entsteht.[15] Dabei ist regelmäßig davon auszugehen, dass die hierfür erforderlichen Tätigkeiten in der Freizeit erbracht werden können.[16] In diesen Fällen (kein Verdienstausfall, keine berufstypische Leistung) ist der Stundensatz des § 20 JVEG anzusetzen. In den anderen Fällen wird die Berücksichtigung des Entschädigungssatzes nach § 22 JVEG vom BGH als jedenfalls nicht zu niedrig angesehen.[17] Im Ergebnis wird das Abwehrinteresse daher im Normalfall weniger als 600 EUR betragen.

Besondere Aufwendungen durch Hinzuziehung von Hilfspersonen, etwa eines Steuerberaters, können nur berücksichtigt werden, wenn sie zwangsläufig entstehen, weil der Auskunftsverpflichtete selbst zu einer sachgerechten Auskunftserteilung nicht in der Lage ist. Die Gründe hierfür sind von dem Auskunftspflichtigen im Einzelnen darzulegen und glaubhaft zu machen.[18]

26 Für die **Versorgungsausgleichssachen** enthält § 228 FamFG eine Sonderregelung. Die Wertgrenze des § 61 FamFG gilt nur hinsichtlich der Anfechtung der Kostenentscheidung. Damit wird die Anfechtung der Hauptsacheentscheidung den nichtvermögensrechtlichen Angelegenheiten gleichgestellt und die Beschwerde ist stets zulässig. Ein zu beteiligender Versorgungsträger wird bereits dann in seinen Rechten beeinträchtigt, wenn diese Entscheidung mit einem als unrichtig gerügten Eingriff in seine Rechtsstellung verbunden ist, ohne dass es auf eine wirtschaftliche Mehrbelastung ankäme; durch die Regelung in § 228 FamFG wollte der Gesetzgeber die Einlegung von Rechtsmitteln der Versorgungsträger erleichtern.[19]

27 Die isolierte Anfechtbarkeit einer Kostenentscheidung, die im Rahmen einer einstweiligen Anordnung ergangen ist, steht und fällt mit der oben angegebenen Möglichkeit der Anfechtung.

13 BGH 25.9.2013 – XII ZB 464/12, FamRZ 2013, 1876.
14 BGH 16.5.2018 – XII ZB 80/18, FamRZ 2018, 1169.
15 BGH 27.7.2016 – XII ZB 53/16, FamRZ 2016, 1681.
16 BGH 11.3.2015 – XII ZB 317/14, FamRZ 2015, 838.
17 BGH 28.9.2011 – IV ZR 250/10, FamRZ 2012, 299.
18 BGH 11.3.2015 – XII ZB 317/14, FamRZ 2015, 838 und weitergehend Rahm/Künkel FamR-HdB/*Stockmann* I 13 B Rn. 25 ff.
19 BGH 9.1.2013 – XVII ZB 550/11; 23.1.2013 – XII ZB 491/11; vgl. aber OLG Bamberg 26.2.2013 – 2 UF 280/12: nur soweit Versorgungsanwartschaften dieses Versorgungsträgers betroffen sein können.

7. Zulassungsbeschwerde (§ 61 FamFG)

Übersteigt der Beschwerdegegenstand nicht den Betrag von 600 EUR (§ 61 Abs. 1 FamFG), ist die Beschwerde zulässig, wenn das Gericht des ersten Rechtszugs die Beschwerde zugelassen hat (§ 61 Abs. 2 FamFG). Das Gericht des ersten Rechtszugs lässt die Beschwerde nach § 61 Abs. 3 FamFG zu, wenn die Rechtssache **grundsätzliche Bedeutung** hat oder die Fortbildung des Rechts oder die Sicherung einer einheitlichen Rechtsprechung eine Entscheidung des Beschwerdegerichts erfordert. Die hier benannten Kriterien entsprechen denen der Berufungszulassung (§ 511 Abs. 4 Nr. 1 ZPO) und der Zulassung der Revision (§ 543 Abs. 2 ZPO), so dass die hierzu entwickelten Grundsätze darauf übertragen werden können. Das Beschwerdegericht ist an die Zulassung gebunden (§ 61 Abs. 2 S. 2 FamFG).[20] Dem Beschwerdegericht ist es somit verwehrt, eine vom Erstgericht nicht zugelassene Beschwerde selbstständig zuzulassen. Gleichermaßen ist es dem Beschwerdegericht nicht gestattet, eine zugelassene Beschwerde abzulehnen mit der Begründung, das Erstgericht habe die Beschwerde zu Unrecht zugelassen.[21] Eine Nichtzulassungsbeschwerde ist nicht vorgesehen. Wenn allerdings der Rechtspfleger über die Nichtzulassung entschieden hat, ist die Rechtspflegererinnerung nach § 11 Abs. 2 RPflG zulässig. 28

Das erstinstanzliche Gericht hat in diesen Fällen somit von Amts wegen über die Zulassung in der Endentscheidung zu entscheiden. Hierüber ist im Tenor oder in den Entscheidungsgründen der Ausgangsentscheidung ausdrücklich zu entscheiden; es reicht nicht aus, wenn nur in der Rechtsbehelfsbelehrung auf die Beschwerde hingewiesen wird.[22] Dies gilt auch dann, wenn die Rechtsbehelfsbelehrung als Bestandteil des angegriffenen Beschlusses durch die Unterschrift des erkennenden Richters gedeckt sein sollte. Dadurch ändert sich der Charakter als bloße Belehrung nicht.[23] Eine Nachholung der insoweit unterbliebenen Entscheidung ist generell nicht möglich. Etwas anderes wird man nur annehmen können, wenn eine Ergänzung oder Berichtigung des Beschlusses nach § 42 Abs. 1 FamFG veranlasst ist, weil die Zulassung der Beschwerde in den Gründen zwar beschlossen, aber versehentlich nicht tenoriert worden ist.[24] Das Erstgericht kann die Zulassung auf einzelne abtrennbare Teile seiner Endentscheidung beschränken, also auf einen von mehreren Verfahrensgegenständen. Dies gilt aber nicht in Bezug auf einzelne Anspruchsgrundlagen oder Rechtsfragen.[25] 29

8. Beschwerdefrist (§ 63 FamFG)

a) Generelle Frist. Die Beschwerde ist binnen einer Frist von **einem Monat** einzulegen (§ 61 Abs. 1 FamFG), soweit hierzu keine Ausnahme im Gesetz bestimmt ist. 30

b) Verkürzte Frist. Die Beschwerde ist nach § 63 Abs. 2 FamFG binnen einer Frist von **zwei Wochen** einzulegen, wenn sie sich gegen eine einstweilige Anordnung (Nr. 1) oder einen Beschluss, der die Genehmigung eines Rechtsgeschäfts zum Gegenstand hat (Nr. 2), richtet. Das Motiv des Gesetzgebers für diese verkürzte Frist war das besondere Bedürfnis der Beteiligten nach einer rasch eintretenden Bestandskraft. Durch eine Neuformulierung des § 63 Abs. 2 FamFG hat der Gesetzgeber nachträglich klargestellt, dass die verkürzte Frist auch für den Fall gilt, dass der Antrag auf Erlass einer einstweiligen Anordnung abgewiesen wurde. In § 40 Abs. 2 S. 2 IntFamRVG ist ebenfalls die verkürzte Zweiwochenfrist bei Beschwerden gegen eine Entscheidung auf Rückgabe eines Kindes ins Ausland nach dem HKÜ festgeschrieben. Bei der sofortigen Beschwerde gegen Zwischen- oder Nebenentscheidungen, die nur ausnahmsweise zulässig ist, gilt ebenfalls die Zweiwochenfrist nach §§ 567 ff. ZPO (vgl. zB § 7 Abs. 5 FamFG). 31

c) Verlängerte Frist. Soweit das Erstgericht eine Entscheidung nach §§ 16 ff. IntFamRVG erlässt, ist hiergegen die Beschwerde innerhalb der Frist von **zwei Monaten** für beschwerdeberechtigte Personen, die ihren gewöhnlichen **Aufenthalt im Ausland** haben, zulässig (§ 24 Abs. 3 Nr. 2 IntFamRVG). 32

20 HK-FamVerfR/*Klußmann* § 61 Rn. 14.
21 Anders im Rechtsbeschwerdeverfahren; vgl. dort § 74 a FamFG.
22 BGH 9.4.2014 – XII ZB 565/13, FamRZ 2014, 1100.
23 BGH 30.1.2019 – XII ZB 554/18.
24 BGH 28.3.2012 – XII ZB 323/11; HK-FamVerfR/*Klußmann* § 61 Rn. 14.
25 HK-ZPO/*Kayser* § 543 Rn. 60, 59.

33 **d) Fristbeginn. aa) Bekanntgabe der Erstentscheidung.** Die Frist beginnt jeweils mit der **schriftlichen Bekanntgabe des Beschlusses** an die Beteiligten (§ 63 Abs. 3 S. 1 FamFG). Demnach ist die Entscheidung den Beteiligten zuzustellen, was sich für Ehesachen und Familienstreitverfahren aus § 113 Abs. 1 FamFG iVm §§ 329, 517 ZPO ergibt und in den sonstigen, weiteren Familiensachen wegen der Regelung in § 41 Abs. 1 S. 2 FamFG notwendig ist, wo es heißt, dass ein anfechtbarer Beschluss demjenigen zuzustellen ist, dessen erklärtem Willen er nicht entspricht.[26] In Ehe- und Familienstreitsachen ist zusätzlich erforderlich, dass die Entscheidung auch gem. § 311 Abs. 2 S. 1 und 2 ZPO verkündet worden ist. Der BGH[27] leitet dies daraus ab, dass § 41 Abs. 1 S. 2 FamFG wegen § 113 Abs. 1 S. 1 FamFG nicht anwendbar ist. Der Nachweis der Verkündung kann gem. §§ 165 Abs. 1, 160 Abs. 3 Nr. 7 ZPO nur durch das Protokoll geführt werden.

34 **bb) Unterbliebene Rechtsbehelfsbelehrung.** Nach § 39 FamFG hat jeder Beschluss eine **Belehrung** über das statthafte Rechtsmittel sowie das Gericht, bei dem es einzulegen ist, dessen Sitz und die einzuhaltende Form und Frist zu enthalten (→ *Familiengerichtliches Verfahren* Rn. 155). Der Fall des Unterbleibens der Belehrung oder einer fehlerhaften Belehrung ist gesetzlich nur in § 17 Abs. 2 FamFG angesprochen. Nach Abs. 1 ist jemandem, der ohne sein Verschulden verhindert war, eine gesetzliche Frist einzuhalten, auf seinen Antrag hin **Wiedereinsetzung in den vorigen Stand** zu gewähren, wobei das Fehlen seines Verschuldens vermutet wird, wenn eine Rechtsbehelfsbelehrung **unterblieben** oder **fehlerhaft** ist. Nach herrschender Meinung soll dies nur für die anwaltlich nicht vertretenen Beteiligten gelten.

35 Bei **anwaltlicher Vertretung** ist nach der strengen Auffassung vieler Obergerichte[28] der Lauf der Rechtsmittelfrist vom Rechtsanwalt zu überprüfen. Unabhängig von einer gerichtlichen Belehrung beginne die Rechtsmittelfrist zu laufen und ein unverschuldetes Versäumen werde hier nicht anzunehmen sein.[29]

Hingegen ist das BVerfG[30] der Ansicht, der Rechtsanwalt müsse nicht durch Heranziehung der Kommentarliteratur nachprüfen, ob die in der Rechtsbehelfsbelehrung angegebene, den Rechtsbehelf betreffende Frist ausnahmsweise im konkreten Fall nicht zutreffe. Es werde dem Grundsatz fairer Verfahrensführung nicht gerecht, wenn die Konsequenzen eines gerichtlichen Fehlers auf den Bürger abgewälzt würden. Der Rechtsanwalt müsse nicht klüger sein als das zuständige Fachgericht.

36 **cc) Fünfmonatige Auffangfrist.** Die Frist beginnt spätestens mit Ablauf von fünf Monaten nach Erlass des Beschlusses, wenn die schriftliche Bekanntgabe an einen Beteiligten nicht bewirkt werden kann. Der BGH[31] hat entschieden, dass die Frist nicht nur dann zu laufen beginnt, wenn die erforderliche schriftliche Bekanntgabe überhaupt nicht möglich ist (zB wegen unbekannten Aufenthalts eines Beteiligten), sondern auch dann, wenn die Zustellung mit Mängeln behaftet war. Er stellt darauf ab, dass die gesetzliche Regelung den Zweck hat, Rechtssicherheit herbeizuführen und zieht den Vergleich zum entsprechenden § 517 ZPO. Dies erscheint auch sachgerecht, weil angesichts der Möglichkeit der öffentlichen Zustellung (§ 15 Abs. 2 FamFG iVm §§ 185 ff. ZPO) die restriktive Auslegung der Norm zu deren praktischer Bedeutungslosigkeit führen würde.[32]

37 **dd) Unterbliebene Beteiligung.** Der Begriff des Beteiligten in § 63 Abs. 3 FamFG bezieht sich auf den **formell** (also den am Verfahren tatsächlich) **Beteiligten** nach § 7 Abs. 2 FamFG. Das Gericht hat diejenigen als Beteiligte hinzuzuziehen, deren Recht durch das Verfahren unmittelbar betroffen wird (Nr. 1) oder die aufgrund dieses oder eines anderen Gesetzes **von Amts wegen** oder **auf Antrag** zu beteiligen sind (Nr. 2). Soweit das Erstgericht dieser Verpflichtung fehlerhaft nicht nachkommt, stellt sich die Frage, wel-

26 BGH 4.5.2011 – XII ZB 632/10: auch dann, wenn der Betroffene unter Betreuung steht und der Betreuer den Aufgabenkreis „Entgegennahme, Anhalten und Öffnen der Post" hat.
27 BGH 19.10.2011 – XII ZB 250/11 Rn. 13, FamRZ 2012, 106.
28 OLG Stuttgart 9.10.2019 – 17 UF 156/19, FamRZ 2020, 774.
29 BGH 23.6.2010 – XII ZB 82/10, FPR 2011, 47 (48 f.).
30 BVerfG 4.9.2020 – 1 BvR 2427/19, FamRZ 2021, 40.
31 BGH 10.7.2013 – XII ZB 411/12, FamRZ 2013, 1566.
32 Johannsen/Henrich/Althammer/*Althammer* FamFG § 63 Rn. 10.

che Konsequenzen dies für die Bestandskraft der Entscheidung hat oder haben kann. Der BGH[33] hat hierzu entschieden, dass die Rechtsmittelfrist für den nicht hinzugezogenen Beteiligten jedenfalls nicht vor der Möglichkeit seiner Kenntnisnahme von der anzufechtenden Entscheidung beginnt. Die Beschwerdefrist des § 63 Abs. 3 S. 1 FamFG könne nicht für einen in seinen Rechten Betroffenen gelten, dessen Anspruch auf rechtliches Gehör (Art. 103 Abs. 1 GG), ein faires Verfahren (Art. 20 Abs. 3 GG) und die Gewährleistung von Rechtsschutz (Art. 19 Abs. 4 GG) sonst verletzt würde.

9. Einlegung der Beschwerde (§ 64 FamFG)

a) Allgemeines. Die Beschwerde ist bei dem **Gericht einzulegen, dessen Beschluss angefochten** wird 38
(§ 64 Abs. 1 FamFG).[34] Nach **§ 24 Abs. 1 S. 2 IntFamRVG** ist die Beschwerde in Verfahren betreffend die Zulassung der Zwangsvollstreckung, Anerkennungsfeststellung und Wiederherstellung des Sorgeverhältnisses im Zusammenhang mit einer diese Bereiche betreffenden ausländischen Entscheidung ausnahmsweise auch **beim Beschwerdegericht** einzulegen; die Einlegung beim Erstgericht, welches dann zur Vorlage an das Oberlandesgericht von Amts wegen gehalten ist, schadet nach § 24 Abs. 2 IntFamRVG nicht.

Die Beschwerde ist in den Ehe- und Folgesachen sowie in den Familienstreitverfahren – mit Ausnahme 39
der einstweiligen Anordnungen – von einem Anwalt einzulegen, da in diesen Verfahren nach § 114 FamFG **Anwaltszwang** besteht. Aus dem Umkehrschluss zu § 114 FamFG lässt sich erkennen, dass in allen anderen, weiteren Familiensachen, die keine Folgesachen sind, **kein Anwaltszwang** besteht und damit die Beschwerde von den Beteiligten selbst eingelegt werden kann.

Anwaltliche Vertretung ist auch erforderlich, wenn eine isolierte Beschwerde in einer Folgesache mit Nichtstreitcharakter (zB Versorgungsausgleich) eingelegt werden soll.[35]

b) Verfahrensfähigkeit. Die wirksame Einlegung der Beschwerde setzt Verfahrensfähigkeit des Be- 40
schwerdeführers (§ 9 FamFG) voraus.

Verfahrensfähig sind: 41

- die nach bürgerlichem Recht **Geschäftsfähigen** (Nr. 1),
- **die beschränkt Geschäftsfähigen,**
  - soweit sie für den Gegenstand des Verfahrens nach bürgerlichem Recht als geschäftsfähig anerkannt sind (Nr. 2) oder
  - das **14. Lebensjahr** vollendet haben – wobei hier auf den Zeitpunkt der Einlegung abzustellen ist und ein späteres Erreichen dieses Lebensalters keine heilende Wirkung hat – und sie in einem Verfahren, das ihre Person betrifft, ein ihnen nach bürgerlichem Recht zustehendes Recht (einschließlich **Unterhalt** und **Vermögen**) geltend machen (Nr. 3; § 60 FamFG),
- diejenigen, die aufgrund des FamFG oder eines anderen Gesetzes dazu bestimmt werden.

Ein demnach Verfahrensfähiger – auch ein Minderjähriger – kann alle Handlungen vornehmen, die mit der 42
Beschwerdeeinlegung zu tun haben, also auch einen Rechtsanwalt mandatieren.[36] Für nicht verfahrensfähige Personen handeln an deren Stelle ihre gesetzlichen Vertreter.

c) Verfahrenskostenhilfe im Beschwerdeverfahren. Der Gesetzgeber hat seit dem 1.1.2013 mit § 64 43
Abs. 1 S. 2 FamFG eine wesentliche Erleichterung für die Praxis geschaffen, um in Beschwerdeverfahren nicht den Verlust von Rechten zu erleiden, wenn innerhalb der gesetzlichen Beschwerdefrist noch nicht über einen gleichzeitig gestellten Verfahrenskostenhilfeantrag durch das Oberlandesgericht entschieden ist, während die Beschwerde beim Amtsgericht innerhalb der Frist einzulegen ist (§ 64 Abs. 1 FamFG aF). Es wurde festgelegt, dass Anträge auf Bewilligung von Verfahrenskostenhilfe für eine beabsichtigte

33 BGH 15.2.2017 – XII ZB 405/16, FamRZ 2017, 727.

34 BGH 17.8.2011 – XII 50/11: Eine beim Beschwerdegericht eingelegte Beschwerde ist im ordentlichen Geschäftsgang an das Amtsgericht weiterzuleiten.

35 BGH 26.4.2017 – XII ZB 3/16, FamRZ 2017, 1151 = FamRB 2017, 290 (*Stockmann*).

36 Vgl. OLG Bremen FamRZ 2017, 1701.

Beschwerde bei dem Gericht einzulegen sind, dessen Beschluss angefochten werden soll. Mithin sind sowohl die Beschwerde als auch ein Antrag auf Bewilligung von Verfahrenskostenhilfe beim Erstgericht einzureichen.

44 Nach der Bewilligung von Verfahrenskostenhilfe (das OLG wird innerhalb der Beschwerdefrist wohl kaum über die VKH entschieden und dies dem Beschwerdeführer mitgeteilt haben) hat der Beschwerdeführer dann spätestens innerhalb von zwei Wochen (wegen der Regelung in §§ 113 Abs. 1, 117 Abs. 5 FamFG iVm § 234 Abs. 1 S. 2 ZPO in Ehe- und Familienstreitverfahren bzw. in § 18 Abs. 1 FamFG in allen anderen, weiteren Familiensachen) **Beschwerde** gegen die Entscheidung des Erstgerichts und gleichzeitig **Wiedereinsetzung in den vorigen Stand** wegen unverschuldeter Fristversäumnis beim Erstgericht zu beantragen. Über die Wiedereinsetzung entscheidet dann das Beschwerdegericht (§ 19 Abs. 1 FamFG bzw. § 237 ZPO), da das Beschwerdegericht über die nachgeholte Beschwerde zu entscheiden hat.[37]

45 **d) Form der Beschwerdeeinlegung.** Die Beschwerde wird durch Einreichung einer Beschwerdeschrift oder zur Niederschrift der Geschäftsstelle eingelegt, wobei Letzteres in Ehesachen und in Familienstreitsachen ausgeschlossen ist (§ 64 Abs. 2 S. 1, 2 FamFG). Sie muss die Bezeichnung des angefochtenen Beschlusses sowie die Erklärung enthalten, dass Beschwerde gegen den Beschluss eingelegt wird (§ 64 Abs. 2 S. 3 FamFG), und sie ist vom Beschwerdeführer oder seinem Bevollmächtigten zu unterzeichnen (§ 64 Abs. 2 S. 4 FamFG).[38] Die Beschwerdeschrift ist in den Ehe- und Folgesachen sowie den Familienstreitverfahren – mit Ausnahme der einstweiligen Anordnungen – von einem Rechtsanwalt zu fertigen, weil nach § 114 FamFG **Anwaltszwang** besteht.

46 Aus dem Umkehrschluss zu § 114 FamFG lässt sich erkennen, dass in allen anderen, weiteren Familiensachen, die keine Folgesachen und keine Familienstreitverfahren sind, **kein Anwaltszwang** besteht und damit die Beschwerdeschrift von den Beteiligten selbst gefertigt und unterschrieben werden kann oder aber die oben bereits bezeichnete Form der Einlegung durch Niederschrift zur Geschäftsstelle zu wählen ist (§ 64 Abs. 2 S. 2 FamFG).[39]

47 Die Beschwerde nach § 24 Abs. 1 IntFamRVG kann zu Protokoll der Geschäftsstelle des Oberlandesgerichts erklärt werden, wobei die Erklärung zu Protokoll der Geschäftsstelle des Erstgerichts unschädlich ist, weil diese unverzüglich an das Beschwerdegericht (OLG) weiterzuleiten ist (§ 24 Abs. 2 IntFamRVG).

10. Beschwerdebegründung (§ 65 FamFG)

48 **a) Ehe- und Familienstreitsachen.** Der Beschwerdeführer hat in diesen Angelegenheiten zur Begründung der Beschwerde einen bestimmten Sachantrag zu stellen und diesen zu begründen (§ 117 Abs. 1 S. 1 FamFG). Die Begründung ist beim Beschwerdegericht einzureichen (§ 117 Abs. 1 S. 2 FamFG). Die Frist zur Begründung der Beschwerde beträgt **zwei Monate** und beginnt mit der schriftlichen Bekanntgabe des Beschlusses, spätestens mit Ablauf von fünf Monaten nach Erlass des Beschlusses (§ 117 Abs. 1 S. 3 FamFG). Kraft der Verweisung über § 117 Abs. 1 S. 4 FamFG kommt auch die Verlängerung dieser Frist durch den Vorsitzenden des Beschwerdegerichts in Betracht (§ 520 ZPO). Nachdem die Begründung der Beschwerde bereits mit der Beschwerdeeinlegung erfolgen kann, wird anzunehmen sein, dass damit die Frist gewahrt ist, nachdem das Erstgericht verpflichtet ist, die Akte unverzüglich dem Beschwerdegericht zuzuleiten. Es ist dann anzunehmen, dass die Begründung fristgerecht beim Beschwerdegericht eingeht. Mangelt es an der gesetzlichen Form oder Frist, so ist die Beschwerde vom Beschwerdegericht als unzulässig zu verwerfen (§ 68 Abs. 2 FamFG). Wird aber in einer Familienstreitsache die nach § 117 Abs. 1 S. 1 FamFG erforderliche Beschwerdebegründung mit der Einlegung der Beschwerde beim Erstgericht verbunden und geht die Beschwerdebegründung erst nach Ablauf der Begründungsfrist des § 117 Abs. 1 S. 3 FamFG beim Beschwerdegericht ein, weil das **Erstgericht die Beschwerde nicht unverzüglich dem**

37 BGH 12.12.2012 – XII ZB 190/12.

38 OLG Bamberg 6.8.2012 – 2 UF 175/12: Eine maschinengeschriebene Formulierung reicht nicht; die Nachholung der Unterschrift nach Ablauf der Frist heilt den Mangel nicht.

39 *Klees-Wambach* in: PHdB-FamS § 12 Rn. 69.

Beschwerdegericht vorgelegt hat, so ist dem Beschwerdeführer von Amts wegen Wiedereinsetzung in den vorigen Stand gegen die Versäumung der Beschwerdebegründungsfrist zu gewähren.[40] Sollte die Fristversäumnis durch eine fehlerhafte Belehrung bedingt sein, so wird dies nicht zu einer Wiedereinsetzung in den vorigen Stand führen können, da in diesen Verfahren Anwaltszwang besteht (§ 114 FamFG) und ein anwaltliches Verschulden anzunehmen ist, wenn der Rechtsanwalt als Bevollmächtigter des Beschwerdeführers die Rechtsbehelfsbelehrung nicht auf ihre Richtigkeit überprüft und die Frist versäumt hat.[41]

b) Weitere sonstige Familiensachen. Nach § 65 Abs. 1 FamFG soll die Beschwerde begründet werden. 49
Damit ist eine Begründung in diesen Angelegenheiten nicht zwingend vorgeschrieben. Gleichzeitig ist auch kein Sachantrag vonnöten. Diese Erleichterungen gelten auch, soweit diese Angelegenheiten Folgesachen im Verbund mit Ehesachen sind, da § 117 Abs. 1 FamFG Folgesachen nicht erwähnt. Das Beschwerdegericht kann dem Beschwerdeführer eine Frist für die Begründung der Beschwerde einräumen (§ 65 Abs. 2 FamFG). Soweit der Beschwerdeführer dem nicht folgt, führt dies nicht zur Abweisung der Beschwerde nach § 68 Abs. 2 FamFG als unzulässig. Auch eine Präklusion kann nicht angenommen werden, soweit der Beschwerdeführer erst nach Ablauf der Frist dem Beschwerdegericht neue Tatsachen mitteilt. Dies ist zu schlussfolgern aus der Regelung in § 26 FamFG und dem für diese Angelegenheiten bestehenden Amtsermittlungsgrundsatz. Das Beschwerdegericht hat von Amts wegen die zur Feststellung der entscheidungserheblichen Tatsachen erforderlichen Ermittlungen durchzuführen.

c) Sonderfall des § 40 Abs. 2 S. 2 IntFamRVG. Die Beschwerde in Verfahren nach dem Haager Kindes- 50
entführungsübereinkommen ist innerhalb einer Frist von zwei Wochen einzulegen und zu begründen.

11. Anschlussbeschwerde (§ 66 FamFG)

a) Allgemeines zur unselbstständigen Anschlussbeschwerde. Ein Beteiligter kann sich der Beschwerde 51
anschließen (unselbstständige Anschlussbeschwerde), selbst wenn er auf die Beschwerde verzichtet hat oder die Beschwerdefrist verstrichen ist; die Anschließung erfolgt durch Einreichung der Anschlussbeschwerdeschrift.

Davon unterscheidet sich die während der laufenden Beschwerdefrist eingelegte **selbstständige An-** 52
schlussbeschwerde im Sinne der „eigentlichen Beschwerde", welche unabhängig von einer Beschwerde anderer Beteiligter eingelegt wurde. Diese unterliegt allen Formalien der Beschwerde.

b) Zweck. Diese unselbstständige Anschlussbeschwerde gibt dem Beteiligten die Möglichkeit, sich der 53
Beschwerde eines anderen Beteiligten anzuschließen, um damit eine Überprüfung der Entscheidung des Erstgerichts auch zu seinen Gunsten zu ermöglichen, denn sie hebt das für den Beschwerdeführer geltende Verschlechterungsverbot auf.[42] Das Beschwerdegericht kann somit auch eine Entscheidung im Beschwerdeverfahren zum Nachteil des Hauptrechtsmittel- und Beschwerdeführers treffen.

c) Beschwer. Da weitere Voraussetzungen in § 66 FamFG nicht genannt sind, kommt auch die Mindest- 54
beschwer nach § 61 Abs. 1 FamFG nicht zur Anwendung. Der Beschwerdewert muss auf Seiten des Anschlussbeschwerdeführers nicht erreicht sein. Allerdings bedarf es einer generellen Beschwer durch die Entscheidung der Erstinstanz. Ohne Beschwer kann der Beteiligte sich nicht anschließen.[43] Der Anschlussbeschwerdeführer muss jetzt mehr begehren als er durch die angegriffene Entscheidung erhalten hat. Er kann jedoch keinen neuen Verfahrensgegenstand in das Beschwerdeverfahren einführen.

d) Rechtsschutzbedürfnis. Gleichzeitig muss der Anschlussbeschwerdeführer ein Rechtsschutzbedürfnis 55
haben. Dieses fehlt, wenn ihr Normzweck – Überwindung des Verschlechterungsverbotes des Hauptrechtsmittelführers – nicht erreicht werden kann.[44] Gleiches gilt, wenn das Beschwerdegericht unabhängig von

40 BGH 23.5.2012 – XII ZB 375/11.
41 BVerfG 20.6.1995 – 1 BvR 166/93, NJW 1995, 3173 ff.; BGH 24.2.2010 – XII ZB 168/08, NJW-RR 2010, 1075.
42 HK-FamVerfR/*Klußmann* § 69 Rn. 13.
43 KG 25.3.2011 – 13 UF 229/10.
44 OLG Bremen 11.3.2011 – 4 UF 1/11, FamRZ 2011, 1296.

der Anschlussbeschwerde die angegriffene Entscheidung des Erstgerichts zum Nachteil des Beschwerdeführers abändern kann, weil es nach den gesetzlichen Vorschriften dazu verpflichtet ist, wie in Kindschaftssachen nach §§ 1666, 1666 a BGB oder § 1697 a BGB.[45] Idealiter wird eine sog. **Gegnerschaft** zwischen Beschwerdeführer und Anschlussbeschwerdeführer als Zulässigkeitsvoraussetzung verlangt.[46]

56 **e) Beschwerdeberechtigung.** Im Übrigen bedarf es der Beschwerdeberechtigung nach § 59 FamFG auch für den Anschlussbeschwerdeführer.

57 **f) Form.** Der Beschwerdeführer hat die Formvorschriften für die Beschwerde einzuhalten (§§ 64 Abs. 2 S. 3, 64 Abs. 2 S. 1 FamFG). Es ist eine Beschwerdeschrift zu fertigen, welche den angegangenen Beschluss bezeichnen sowie die Erklärung beinhalten muss, dass hiermit Anschlussbeschwerde eingelegt wird. Die Schrift ist zu unterschreiben und beim Beschwerdegericht einzureichen.

58 **g) Fristen.** § 117 Abs. 2 S. 1 FamFG verweist in Ehesachen und Familienstreitsachen für das Beschwerdeverfahren auf § 524 Abs. 2 S. 2 ZPO, wonach die Anschlussbeschwerde nach Ablauf der Frist zur Beschwerdebegründung – wenn diese verlängert wird, gilt die verlängerte Frist – unzulässig ist. Dies gilt angesichts der Spezialregelung in § 524 Abs. 2 S. 3 ZPO nicht in Verfahren betreffend eine Verurteilung zu zukünftigen fällig werdenden, wiederkehrenden Leistungen beim Unterhalt. Damit sollen Abänderungsverfahren nach § 238 FamFG verhindert werden, da eine bis zum Schluss der mündlichen Verhandlung zulässige Anschließung an eine Beschwerde auch mit neuen Tatsachen verbunden werden kann, welche dann in der Entscheidung des Beschwerdegerichts zu berücksichtigen sind. Auf diese Weise wird sichergestellt, dass die zum Zeitpunkt des Erlasses der Beschwerdeentscheidung aktuellen Verhältnisse in dieser Entscheidung eingearbeitet sind. In den anderen weiteren Familiensachen nach § 111 FamFG gibt es keine Frist zu beachten, da das Gesetz in diesen Fällen keine Frist für die Anschlussbeschwerde vorsieht. Diese kann bis zum Schluss der mündlichen Verhandlung des Beschwerdegerichts eingelegt werden. Dagegen bedarf es nicht der Überprüfung der Motivation des Anschlussbeschwerdeführers, der sich jetzt unselbstständig dem Beschwerdeverfahren anschließt und es unterlassen hat, zuvor eine selbstständige Beschwerde einzureichen. Darauf kommt es unter keinen Umständen an.

59 Der Gesetzgeber hat jedem Beteiligten diese Möglichkeit des Anschlusses eröffnet, um auch in der Beschwerdeinstanz jeweils seine Interessen wiederum hinreichend vertreten zu können. Dies gilt, um Chancengleichheit wie im erstinstanzlichen Verfahren und damit Waffengleichheit zu schaffen, auch im Beschwerdeverfahren. Letztlich dient diese Möglichkeit des Anschlusses auch der Verfahrensökonomie, denn der „eigentlich zufriedene Beteiligte" nach der Entscheidung der Erstinstanz muss nicht vorsorglich Beschwerde einlegen, sondern kann abwarten, ob auch die anderen Beteiligten das Ergebnis des Erstgerichts akzeptieren, mit dem er sich – zwar nicht vollkommen erfolgreich entsprechend seinem ursprünglichem Begehren – dennoch „abfinden kann".

60 **h) Bedingt eingelegte unselbstständige Anschlussbeschwerde.** Danach ist es auch konsequent, bei der Anschlussbeschwerde die bedingte Einlegung zuzulassen. Nachdem die Anschlussbeschwerde kein Rechtsmittel im eigentlichen Sinn ist, sondern lediglich ein Antrag innerhalb des vom Hauptrechtsmittelführer in Gang gesetzten Beschwerdeverfahrens, kann diese auch hilfsweise eingelegt werden, für den Fall, dass der Antrag des Hauptrechtsmittelführers ohne Erfolg ist oder eine sonstige innerprozessuale Bedingung eintritt.[47]

61 **i) Verzicht auf die unselbstständige Anschlussbeschwerde.** Nach § 67 Abs. 2 FamFG ist die Anschlussbeschwerde unzulässig, wenn der Anschlussberechtigte hierauf nach Einlegung des Hauptrechtsmittelfüh-

---

45 OLG Brandenburg 25.4.2012 – 9 UF 183/11; HK-FamVerfR/*Klußmann* § 69 Rn. 15.

46 OLG Zweibrücken 24.1.2011 – 2 UF 43/10 mAnm *Schwalm* FamFR 2011, 128. Dort hatte ein Versorgungsträger, der von der „fehlerhaften Entscheidung" nicht betroffen war und dessen Anrecht beim Versorgungsausgleich korrekt geteilt wurde, sich der Beschwerde eines betroffenen und beschwerten Versorgungsträgers angeschlossen. Mangels **Rechtsschutzbedürfnis** wurde seine Anschlussbeschwerde zurückgewiesen.

47 BGH 10.11.1983 – VII ZR 72/83, NJW 1984, 1240 ff.

rers durch Erklärung gegenüber dem Gericht verzichtet hat. Vor diesem Zeitpunkt ist ein wirksamer Verzicht – mit Ausnahme der Regelung in § 144 FamFG für den Scheidungsverbund – nicht möglich.

j) Abhängigkeit vom Hauptrechtsmittel. Die Anschließung verliert ihre Wirkung, wenn die Beschwerde zurückgenommen oder als unzulässig verworfen wird (§ 66 S. 2 FamFG). 62

12. Untätigkeitsbeschwerde

Eine besondere Art der Beschwerde war das Rechtsmittel der Untätigkeitsbeschwerde, welches gesetzlich nicht geregelt, aber richterrechtlich allgemein anerkannt war. 63

Jedenfalls seit Inkrafttreten des Gesetzes über den Rechtsschutz bei überlangen Gerichtsverfahren und strafrechtlichen Ermittlungsverfahren ist eine Untätigkeitsbeschwerde nicht mehr statthaft. Der deutsche Gesetzgeber hat sich mit § 198 Abs. 1 GVG bewusst für die Kompensationslösung entschieden, ohne eine Rechtsmittelmöglichkeit zu gestatten. 64

13. Beschleunigungsbeschwerde und Beschleunigungsrüge

Nachdem der EGMR erwartungsgemäß[48] diese Entschädigungsregelung als unzureichend beanstandet hatte, wurden für die in § 155 Abs. 1 FamFG erwähnten Kindschaftsverfahren mit der Beschleunigungsrüge (§ 155 b FamFG) und der Beschleunigungsbeschwerde (§ 155 c FamFG) präventive Rechtsbehelfe eingeführt. Diese greifen zwar erst dann, wenn bereits eine Verfahrensverzögerung eingetreten ist. Ihr Ziel ist aber, das Gericht dazu zu veranlassen, diese Verzögerung durch eine nunmehr vorrangige und beschleunigte Durchführung des Verfahrens auszugleichen (→ *Beschleunigungsgebot* Rn. 7 ff). 65

Gegen den Beschluss, mit dem über die Beschleunigungsrüge entschieden wird, findet die **Beschleunigungsbeschwerde** (→ *Beschleunigungsgebot* Rn. 15 ff) statt. Die Beschwerde kann nur von demjenigen eingelegt werden, der die Beschleunigungsrüge erhoben hat (§ 155 c Abs. 1 S. 1 FamFG). 66

Diese Beschwerde ist binnen einer Frist von zwei Wochen nach der schriftlichen Bekanntgabe des Beschlusses nach § 155 b Abs. 2 S. 1 FamFG zu erheben (§ 155 c Abs. 1 S. 1 FamFG). Dabei handelt es sich um eine Notfrist.

Für die **Form** gilt § 25 Abs. 1 FamFG. Die Beschwerde kann deshalb schriftlich eingelegt oder zur Niederschrift der Geschäftsstelle erklärt werden. In den Fällen des § 114 Abs. 1, 2 FamFG ist eine anwaltliche Vertretung erforderlich. Eine Begründung wird vom Gesetz nicht gefordert. 67

Es gilt § 64 Abs. 1 FamFG (§ 155 c Abs. 1 S. 2 FamFG), so dass die Beschwerde bei dem Gericht einzulegen ist, welches den Beschluss nach § 155 b Abs. 2 S. 1 FamFG erlassen hat. Auch Anträge auf Bewilligung von Verfahrenskostenhilfe für eine beabsichtigte Beschwerde sind bei dem Ausgangsgericht zu stellen (§ 64 Abs. 1 S. 2 iVm § 155 c Abs. 1 S. 2 FamFG).

Dem Ausgangsgericht steht **keine Abhilfebefugnis** zu. Es muss die Akten unverzüglich dem Beschwerdegericht vorlegen (§ 155 c Abs. 1 S. 3 FamFG). Das Ausgangsgericht ist aber nicht gehindert, das eigentliche Verfahren weiter zu fördern. Um dies zu ermöglichen, wird es – solange noch mit der Papierakte gearbeitet wird – eine Zweitakte anlegen müssen. 68

Beschwerdegericht ist gem. § 155 c Abs. 2 S. 1 FamFG das OLG, wenn das Amtsgericht entschieden hat. Haben hingegen das OLG oder der BGH den angefochtenen Beschluss nach § 155 b Abs. 2 S. 1 FamFG erlassen, so entscheidet ein anderer Spruchkörper desselben Gerichts (§ 155 c Abs. 2 S. 2 FamFG). 69

Das Beschwerdegericht hat **nach Aktenlage** zu entscheiden, wobei § 155 c Abs. 3 S. 1 FamFG bestimmt, dass das Beschwerdegericht seine Entscheidung spätestens innerhalb eines Monats treffen soll. 70

48 Vgl. *Stockmann* FamRB 2016, 442 (445).

71 Ein noch bestehendes **Rechtsschutzbedürfnis** gehört zu den Zulässigkeitsvoraussetzungen. Ein solches entfällt, wenn das Verfahren in der von der Rüge betroffenen Instanz abgeschlossen wurde. Dann kommt auch keine „Fortsetzungsfeststellungsbeschwerde" nach § 62 FamFG infrage, weil § 155 c FamFG auf diese Norm nicht verweist.

72 **Prüfungskriterium** ist – wie bei der Beschleunigungsrüge –, ob die Gesamtdauer des Verfahrens dem Vorrang- und Beschleunigungsgebot des § 155 Abs. 1 FamFG entspricht. Das Beschwerdegericht soll auch berücksichtigen, ob das Ausgangsgericht die notwendigen Maßnahmen zur Förderung des Verfahrens ergriffen hat, wobei ein objektiver Maßstab anhand des Einzelfalls anzulegen ist.

Die Richtigkeit der Verfahrensführung steht demgegenüber nicht zur Überprüfung an. Gerügt werden kann auch nur eine bereits eingetretene, nicht aber eine drohende Verfahrensverzögerung.

73 Ist kein Verstoß gegen den Beschleunigungsgrundsatz festzustellen, da keine unverhältnismäßige, sachlich nicht begründete Verzögerung gegeben ist, ist die Beschwerde als **unbegründet** zurückzuweisen.

74 Entspricht die Verfahrensdauer jedoch nicht dem Gebot des § 155 Abs. 1 FamFG, so hat das Beschwerdegericht auch dieses festzustellen und in seiner rechtlichen Beurteilung darauf einzugehen, ob die notwendigen Maßnahmen zur Aufklärung des Sachverhalts und zur Sachentscheidung zeitnah getroffen wurden. Das Ausgangsgericht ist an die rechtliche Beurteilung des Beschwerdegerichts gebunden. Hingegen darf das Beschwerdegericht das Ausgangsgericht nicht zum Erlass einer einstweiligen Anordnung oder anderweitiger verfahrensbeschleunigender Maßnahmen anweisen und ihm auch keine verbindliche Frist für den Erlass bestimmter Entscheidungen setzen. Das Beschwerdegericht führt lediglich in den Gründen seiner Entscheidung aus, **welche Verfahrensschritte** aus seiner Sicht zeitlich **notwendig oder überfällig** sind.

75 Die **Rechtsbehelfe** der §§ 155 b, 155 c FamFG sind grundsätzlich unabhängig von dem Entschädigungsverfahren nach § 198 GVG. Eine Verknüpfung wurde jedoch in § 155 b FamFG vorgenommen: Die Beschleunigungsrüge gilt zugleich als Verzögerungsrüge nach § 198 Abs. 3 S. 1 GVG. Dies erfolgte überwiegend, um doppelten Vortrag identischen Sachverhalts zu vermeiden. Jedoch können beide Rügen ein unterschiedliches Schicksal haben.

14. Verzicht auf Beschwerde (§ 67 FamFG)

76 Die Beschwerde ist unzulässig, wenn der Beschwerdeführer hierauf nach Bekanntgabe des Beschlusses durch Erklärung gegenüber dem Gericht **verzichtet** hat (§ 67 Abs. 1 FamFG).

77 Bekanntgabe bedeutet, dass die Entscheidung den Beteiligten zuzustellen ist, was sich für Ehesachen und Familienstreitverfahren aus § 113 Abs. 1 FamFG iVm §§ 329, 517 ZPO ergibt und in den sonstigen, weiteren Familiensachen wegen der Regelung in § 41 Abs. 1 S. 2 FamFG notwendig ist. Nachdem die Beschwerde beim Erstgericht anzubringen ist, kann der Verzicht auch ihm gegenüber erklärt werden. Da § 67 Abs. 1 FamFG aber keine Beschränkung durch die Wortwahl vornimmt, kommt die Rücknahme gegenüber dem Beschwerdegericht in Betracht. Zudem gelten der Antrag auf Zulassung der Sprungrechtsbeschwerde und die Erklärung der Einwilligung der Beteiligten auf die Übergehung der Beschwerdeinstanz als Verzicht auf das Rechtsmittel der Beschwerde (§ 75 Abs. 1 S. 2 FamFG).

15. Rücknahme der Beschwerde (§ 67 FamFG)

78 Der Beschwerdeführer kann die Beschwerde bis zum Erlass der Beschwerdeentscheidung durch Erklärung gegenüber dem Gericht zurücknehmen (§ 67 Abs. 4 FamFG). Sie kann **gegenüber beiden Gerichten** ausgesprochen werden. Die Rücknahme wird mit Zugang beim Erst- oder Beschwerdegericht wirksam, ohne dass andere Beteiligte oder die Gegenseite – ähnlich der Klagerücknahme nach § 269 ZPO – zustimmen müssen. Die Rücknahme ist schriftlich oder mündlich möglich, da eine Formvorschrift im FamFG hierzu nicht geschaffen wurde. In Verfahren mit Anwaltszwang nach § 114 FamFG ist die Erklärung durch einen Rechtsanwalt Wirksamkeitsvoraussetzung. Sie kann weder mit einer Bedingung versehen werden, noch ist sie als Verfahrenshandlung anfechtbar oder widerruflich. Über die Kosten einer zurückgenommenen

Beschwerde hat das Beschwerdegericht von Amts wegen (wegen § 516 Abs. 3 ZPO bzw. § 81 Abs. 1 S. 3 FamFG) auf der Grundlage von § 117 Abs. 2 FamFG iVm § 516 Abs. 3 ZPO in Ehe- und Familienstreitsachen, ansonsten nach § 84 FamFG zu entscheiden, wobei die Kosten – auch einer Anschlussbeschwerde – der zurücknehmende Beschwerdeführer zu tragen haben wird.[49]

16. Beschwerdeverfahren (§ 68 FamFG)

a) Allgemeines. Der Gang des Beschwerdeverfahrens ist in § 68 FamFG geregelt, wobei insbesondere die Vorschriften über das Verfahren im ersten Rechtszug – mit den in § 68 Abs. 2 und 3 FamFG benannten Ausnahmen – prägend sind (§ 68 Abs. 3 S. 1 FamFG). Für die Ehe- und Familiensachen bedeutet dies wegen der Verweisungsnorm des § 113 FamFG, dass die Vorschriften der ZPO unter Berücksichtigung der Besonderheiten des FamFG zur Anwendung kommen. 79

b) Abhilfebefugnis (§ 68 Abs. 1 FamFG). aa) Bei Endentscheidungen in Familiensachen. Hält das Gericht, dessen Beschluss angefochten wird, die Beschwerde für begründet, hat es ihr abzuhelfen; andernfalls ist die Akte unverzüglich dem Beschwerdegericht vorzulegen (§ 68 Abs. 1 S. 1 FamFG). Das Gericht ist zu einer Abhilfe nicht befugt, wenn die Beschwerde sich gegen eine Endentscheidung in einer **Familiensache** richtet (§ 68 Abs. 1 S. 2 FamFG). Demnach ist eine Abhilfemöglichkeit für das Ausgangsgericht nur dann eröffnet, wenn es sich nicht um eine Familiensache handelt, während in allen Familiensachen eine Abhilfeentscheidung nicht zulässig ist. Damit unterliegen alle Entscheidungen in Verfahren in Familiensachen, geregelt im 2. Buch des FamFG, nicht einer erneuten Überprüfung durch das Ausgangsgericht, nachdem dieses Gericht seine Endentscheidung getroffen hat.[50] 80

bb) Sonstige Regelungsbereiche im FamFG. Außerhalb des Familienrechts (**Nachlass-, Betreuungs-, Registersachen** und den weiteren Büchern des FamFG) hat das Ausgangsgericht nach § 68 Abs. 1 FamFG generell über eine mögliche Abhilfe zu entscheiden. Hierbei genügt eine Bezugnahme auf die bisherige Endentscheidung und Verweisung auf die dortigen Gründe nur den Anforderungen, wenn die Beschwerde keine neuen, nicht bereits in den Gründen diskutierten Aspekte und Gesichtspunkte mitteilt.[51] Ein bloßer Aktenvermerk ist nicht ausreichend. 81

Leidet die Abhilfeentscheidung an einem wesentlichen Mangel, so kann das Beschwerdegericht die Sache an das Gericht des ersten Rechtszugs zurückverweisen (§ 69 Abs. 1 S. 3 FamFG). 82

c) Beim einstweiligen Rechtsschutz. Beim einstweiligen Rechtsschutz wird entgegen dem Wortlaut des § 68 Abs. 1 S. 2 FamFG eine Abhilfemöglichkeit für eröffnet erachtet. Demnach hat das Erstgericht in den Fällen einer zulässigen Beschwerde auch eine Abhilfeentscheidung zu treffen,[52] da sich aus dem Gesetzgebungsverfahren ersehen lässt, dass der Gesetzgeber an der früheren Regelung festhalten wollte, welche nach den §§ 620 c, 567 Abs. 1 S. 1 ZPO auch **in einstweiligen Anordnungsverfahren** eine Abhilfemöglichkeit vorsah. Dies gilt nicht für einstweilige Anordnungen, welche vom Beschwerdegericht als erstinstanzliches Gericht erlassen wurden, da die Beschwerde nach § 58 Abs. 1 FamFG nur gegen Endentscheidungen der Amts- und Landgerichte statthaft ist. Angesichts dieses ausdrücklichen gesetzgeberischen Willens kann hier eine Auslegung nicht vorgenommen werden. Nachdem die Rechtsbeschwerde bei einstweiligen Anordnungen ausdrücklich nicht statthaft ist (§ 70 Abs. 4 FamFG), kann es auch nicht zu einer Abhilfe in diesem Bereich kommen.[53] 83

d) Verfahrensbeginn beim Beschwerdegericht. Das Beschwerdegericht hat nach dem Grundsatz des **rechtlichen Gehörs** und wegen der Möglichkeit einer Anschlussbeschwerde die Beschwerdeschrift den anderen Beteiligten zur Kenntnis zu geben. In Ehe- und Familienstreitverfahren muss die Beschwerdeschrift nach § 521 ZPO (iVm § 113 Abs. 1 FamFG)den gegnerischen Beteiligten zugestellt werden, während in al- 84

49 BGH 26.1.2005 – XII ZB 163/04, NJW-RR 2005, 727.
50 HK-FamVerfR/*Klußmann* § 68 Rn. 6.
51 OLG Schleswig 25.10.2010 – 3 Wx 115/10; HK-FamVerfR/*Klußmann* § 68 Rn. 2, 3.
52 OLG Hamm 30.7.2010 – 10 WF 121/10, NJW 2010, 3246.
53 HK-FamVerfR/*Klußmann* § 68 Rn. 7.

len anderen, weiteren Familiensachen nach §§ 23 Abs. 2, 15 Abs. 2 S. 1 FamFG die formlose Übermittlung ausreicht. Für die Scheidungsverbundverfahren beinhaltet § 145 FamFG eine Sonderregelung, da dort eine nach § 142 FamFG ergangene einheitliche Entscheidung auch teilweise durch Rechtsmittel in Folgesachen anfechtbar ist, mit der Maßgabe, dass dies nur noch bis zum Ablauf eines Monats nach Zustellung der Rechtsmittelbegründung zulässig ist. Damit sind Verbundentscheidungen immer den Beteiligten zuzustellen.

85 e) **Verfahrenseffektivität.** Das Beschwerdegericht kann von der Durchführung eines Termins, einer mündlichen Verhandlung oder einzelner **Verfahrenshandlungen absehen**, wenn diese bereits im ersten Rechtszug vorgenommen wurden und von einer erneuten Vornahme keine zusätzlichen Erkenntnisse zu erwarten sind (§ 68 Abs. 3 S. 2 FamFG). Dabei darf das Beschwerdegericht von einer Anhörung nur absehen, wenn eine ordnungsgemäße, keine zwingenden Verfahrensvorschriften verletzende, persönliche Anhörung in erster Instanz stattgefunden hat und zusätzliche Erkenntnisse durch eine erneute Anhörung nicht zu erwarten sind.[54] Das Beschwerdegericht kann die Beschwerde durch Beschluss einem seiner Mitglieder zur Entscheidung durch den **Einzelrichter übertragen** (§ 68 Abs. 4 S. 1 FamFG), wobei § 526 ZPO entsprechend für anwendbar erklärt wird, mit der Einschränkung, dass eine Übertragung auf einen Richter auf Probe – hier während der ganzen Probezeit – ausgeschlossen ist. Der Anwendungsbereich dieser Regelung erstreckt sich in der Praxis eher auf die Betreuungssachen, deren Beschwerden vom Landgericht bearbeitet werden. Dort sind vornehmlich Proberichter eingesetzt, was im Senat eines Oberlandesgerichts kaum vorstellbar ist. Im Übrigen entspricht dies den Regelungen in §§ 23 a Abs. 3 S. 3, 23 b Abs. 2 S. 3 GVG.

86 **f) Einstweilige Anordnung im Beschwerdeverfahren. aa) Unselbstständige einstweilige Anordnung.** Das Beschwerdegericht wird angesichts der fehlenden aufschiebenden Wirkung einer Beschwerde und der Vollstreckbarkeit der Entscheidung des Erstgerichts gehalten sein, die nach § 64 Abs. 3 FamFG geschaffene Möglichkeit des Erlasses einer **einstweiligen Anordnung** vor der Entscheidung über die Beschwerde zu prüfen. Die **Aussetzung der Vollziehung** nach § 64 Abs. 3 Hs. 2 FamFG im Wege der einstweiligen Anordnung ist ein probates Korrektiv zu den gesetzlichen Regelungen in § 40 Abs. 1 FamFG – Wirksamwerden des Beschlusses mit Bekanntgabe – und § 116 Abs. 3 FamFG – Anordnung der sofortigen Wirksamkeit. Sie kann von Amts wegen ergehen. Dabei wird die Ansicht vertreten, dass es sich bei der einstweiligen Anordnung im Beschwerdeverfahren nicht um eine selbstständige einstweilige Anordnung nach §§ 49 ff. FamFG handelt, sondern sie Teil des Beschwerdeverfahrens sei. Dafür spricht, dass sie mit einem **Rechtsmittel** (hier: nur Rechtsbeschwerde) nicht angegriffen werden kann (§ 70 Abs. 4 FamFG). Sie kann aber jederzeit **abgeändert oder aufgehoben** werden.

87 **bb) Selbstständige einstweilige Anordnung.** Darüber hinaus kann das Beschwerdegericht im Beschwerdeverfahren nach § 50 Abs. 1 S. 2 Hs. 2 FamFG auch selbstständige einstweilige Anordnungen erlassen – außerhalb des Regelungsgegenstandes der Aussetzung der Vollstreckung der Erstentscheidung nach § 64 Abs. 3 FamFG.

88 **cc) Einstweilige Einstellung der Vollstreckung nach § 93 FamFG.** Die Vollstreckungsvorschriften des FamFG betreffend Nichtstreitverfahren sind unterteilt in allgemeine Vorschriften (§§ 86, 87 FamFG) sowie einen Unterabschnitt betreffend die Vollstreckung von Entscheidungen über die Herausgabe von Personen und die Regelung des Umganges (§§ 88–94 FamFG). Die Einstellung oder Beschränkung der Vollstreckung kann nach § 93 Abs. 1 Nr. 3 FamFG, also nur im letztgenannten Regelungsbereich vorgenommen werden. Der Wortlaut des § 93 Abs. 1 S. 2 FamFG lässt dabei Interpretationen hinsichtlich der Frage zu, welches Gericht darüber zu entscheiden hat. Durchgesetzt hat sich die Ansicht, dass dies nur das mit der Maßnahme betraute Gericht als sachnäheres Gericht sein kann. Dies wird idR das Beschwerdegericht sein.[55]

89 **dd) Einstweilige Einstellung der Vollstreckung nach § 120 FamFG.** In den **Ehe- und Familienstreitverfahren** kann sowohl das Erstgericht als auch das Beschwerdegericht nach § 120 Abs. 1 FamFG iVm

54 BGH 2.5.2012 – V ZB 79/12; 18.7.2012 – XII ZB 661/11; 21.11.2012 – XII ZB 384/12.

55 Zöller/*Feskorn* FamFG § 93 Rn. 4; Bork/Jacoby/Schwab FamFG/*Althammer* § 93 Rn. 1.

§§ 704 ff. ZPO die vorläufige Einstellung der Vollstreckung beschließen. Nach § 120 Abs. 2 S. 2 FamFG hat das erstinstanzliche Gericht, soweit der Verpflichtete im Ausgangsverfahren glaubhaft macht, dass die Vollstreckung ihm einen nicht zu ersetzenden Nachteil bringen würde (auf seinen Antrag hin), die Vollstreckung vor Eintritt der Rechtskraft der Endentscheidung einzustellen oder zu beschränken. Nach § 120 Abs. 2 S. 3 FamFG iVm §§ 707 Abs. 1, 719 Abs. 1 ZPO wird das Beschwerdegericht unter der Voraussetzung, dass die Vollstreckung für den Verpflichteten einen nicht zu ersetzenden Nachteil haben wird, die Einstellung oder Beschränkung der Vollstreckung der Ausgangsentscheidung vornehmen.

17. Beschwerdeentscheidung (§ 69 FamFG)

a) Zuständigkeit. Das Beschwerdegericht hat in der Sache selbst zu entscheiden (§ 69 Abs. 1 S. 1 90
FamFG). Beschwerdegericht in Familiensachen ist nach § 119 Abs. 1 Nr. 1 Buchst. a GVG das Oberlandesgericht. Anders ist es **in Freiheitsentziehungssachen und in Betreuungssachen**, in denen das Landgericht und nicht das Oberlandesgericht über die Beschwerde gegen eine erstinstanzliche Entscheidung als Beschwerdegericht entscheidet (§ 119 Abs. 1 Nr. 2 GVG). Das Gesetz knüpft bei der Einordnung an den Umstand an, dass das Amtsgericht als Gericht des ersten Rechtszugs in Familiensachen seine Zuständigkeit – ob zu Recht oder zu Unrecht – angenommen und die Entscheidung getroffen hat. Eine Abgabe oder Verweisung innerhalb des Oberlandesgerichts an einen anderen Senat sieht das Gesetz nicht vor und die Beschwerde kann auch nicht darauf gestützt werden, dass das Gericht des ersten Rechtszugs seine Zuständigkeit zu Unrecht angenommen hat (§ 65 Abs. 4 FamFG). Das Beschwerdegericht ist damit an die Entscheidung des Erstgerichts insoweit gebunden und kann die Beschwerdeentscheidung durch Beschluss einem seiner Mitglieder zur alleinigen Entscheidung durch den **Einzelrichter übertragen** (§ 68 Abs. 4 S. 1 FamFG).

b) Zulässigkeitsprüfung. Das Beschwerdegericht hat nach § 68 Abs. 2 S. 1 FamFG zu prüfen, ob die 91
Beschwerde an sich statthaft und ob sie in der gesetzlichen Form und Frist eingelegt ist. Damit hat das Beschwerdegericht alle wesentlichen Zulässigkeitsfragen von Amts wegen selbstständig zu überprüfen, wobei insbesondere auch die **Beschwerdeberechtigung** (im Gesetzestext nicht expressis verbis benannt) ein wesentlicher Gesichtspunkt ist. Soweit der Beschwerdeführer durch die erstinstanzliche Entscheidung formell beschwert ist und er darüber hinaus behauptet, auch materiell in seinen Rechten beeinträchtigt zu sein, ist eine Entscheidung über die Begründetheit veranlasst. Erweist sich dagegen die Beschwerde als nicht zulässig, weil einer der vorgenannten Punkte jedenfalls nicht erfüllt ist, dann ist die Beschwerde durch Beschluss des Beschwerdegerichts als unzulässig zu verwerfen (§ 68 Abs. 2 S. 2 FamFG), was ohne mündliche Verhandlung erfolgen kann.[56] Wird aber in einer Familienstreitsache die nach § 117 Abs. 1 S. 1 FamFG erforderliche Beschwerdebegründung mit der Einlegung der Beschwerde beim Erstgericht verbunden und geht die Beschwerdebegründung erst nach Ablauf der Begründungsfrist des § 117 Abs. 1 S. 3 FamFG beim Beschwerdegericht ein, weil das Erstgericht die Beschwerde nicht unverzüglich dem Beschwerdegericht vorgelegt hat, so ist dem Beschwerdeführer **von Amts wegen Wiedereinsetzung in den vorigen Stand** gegen die Versäumung der Beschwerdebegründungsfrist zu gewähren.[57]

c) Begründetheitsprüfung. Das Beschwerdegericht hat in der Sache selbst zu entscheiden (§ 69 Abs. 1 92
S. 1 FamFG). Damit hat das Beschwerdegericht den Sachverhalt umfänglich neu zu prüfen und eine eigene, von der Vorinstanz unabhängige Entscheidung zu treffen.[58] Die Beschwerde kann auf neue Tatsachen und Beweismittel gestützt werden (§ 65 Abs. 3 FamFG), welche das Beschwerdegericht bis zum Schluss der mündlichen Verhandlung zu berücksichtigen hat. Dagegen bestimmen die Anträge der Beteiligten aus der ersten Instanz auch den Verfahrensgegenstand der Beschwerdeinstanz. Neue Anträge werden von der Regelung in § 65 Abs. 3 FamFG nicht gedeckt, sind daher vom Beschwerdegericht nicht zu beachten, auch wenn bei Familiensachen im Sinne von FGG-Sachen der Amtsermittlungsgrundsatz gilt. In Ehe- und

56 HK-FamVerfR/*Klußmann* § 68 Rn. 9.
57 BGH 23.5.2012 – XII ZB 375/11.
58 OLG Zweibrücken 24.1.2011 – 2 UF 43/10, FamRZ 2011, 1226; HK-FamVerfR/*Klußmann* § 68 Rn. 11, 14.

Familienstreitsachen kommt über § 117 Abs. 2 FamFG die Vorschrift des § 528 ZPO zur Anwendung; das Beschwerdegericht ist an die gestellten Anträge gebunden.

93 **d) Entscheidungsmöglichkeiten des Beschwerdegerichts.** Bei einer zulässigen Beschwerde hat das Beschwerdegericht in der Sache zu entscheiden (§ 69 Abs. 1 S. 1 FamFG).

- Die Beschwerde ist **zurückzuweisen**, soweit sie unbegründet ist.
- Ist die Beschwerde begründet, dann ist die angefochtene Entscheidung **abzuändern** oder **aufzuheben**. Die Sachentscheidung des Beschwerdegerichts tritt an die Stelle der erstinstanzlichen Entscheidung.
- Das Beschwerdegericht darf die Sache in sonstigen, weiteren Familiensachen **unter Aufhebung des angefochtenen Beschlusses** und des Verfahrens auch an das Gericht des ersten Rechtszuges **zurückverweisen**,
  - wenn dieses in der Sache noch nicht entschieden hat (§ 69 Abs. 1 S. 2 FamFG; zB: der Antrag wurde als unzulässig verworfen vom Erstgericht) oder
  - soweit das Verfahren an einem wesentlichen Mangel leidet und zur Entscheidung eine umfangreiche oder aufwändige Beweiserhebung notwendig wäre und ein Beteiligter die **Zurückverweisung** beantragt (§ 69 Abs. 1 S. 3 FamFG).

In **Scheidungsverbundverfahren** wird gegebenenfalls eine Entscheidung des Erstgerichts aufgehoben, durch die der Scheidungsantrag abgewiesen wurde, und die Sache an das Erstgericht zurückverwiesen, wenn in erster Instanz in einer Folgesache noch eine Entscheidung ansteht (§ 146 Abs. 1 S. 1 FamFG).

94 **e) Begründung der Beschwerdeentscheidung.** Der Beschluss des Beschwerdegerichts ist zu begründen (§ 69 Abs. 2 FamFG). Unverzichtbar ist die Wiedergabe des für die Entscheidung maßgeblichen Sachverhalts. Fehlt es daran, ist das Rechtsbeschwerdegericht zu einer rechtlichen Überprüfung nicht in der Lage, was zur Zurückverweisung zu führen hat.[59]

95 Einer **Begründung bedarf es nicht**, soweit (nach § 38 Abs. 4 FamFG)

- die Entscheidung aufgrund eines Anerkenntnisses oder Verzichts oder als Versäumnisentscheidung ergeht und entsprechend bezeichnet wird (Nr. 1),
- gleichgerichteten Anträgen der Beteiligten stattgegeben wird oder der Beschluss nicht dem erklärten Willen eines Beteiligten widerspricht (Nr. 2) oder
- der Beschluss in Gegenwart aller Beteiligter mündlich bekannt gegeben wurde und alle Beteiligten auf Rechtsmittel verzichtet haben (Nr. 3).

96 Nach § 38 Abs. 5 FamFG ist § 38 Abs. 4 FamFG nicht anzuwenden, in Ehesachen (Nr. 1), in Abstammungssachen (Nr. 2), in Betreuungssachen (Nr. 3) oder wenn zu erwarten ist, dass der Beschluss im Ausland geltend gemacht werden wird (Nr. 4).

97 **f) Zulassung der Rechtsbeschwerde.** Die Rechtsbeschwerde ist zuzulassen, wenn die Rechtssache **grundsätzliche Bedeutung** hat (Nr. 1), oder die Fortbildung des Rechts oder die Sicherung einer einheitlichen Rechtsprechung eine Entscheidung des Rechtsbeschwerdegerichts erfordert (Nr. 2). Dies entspricht der vom Gesetzgeber auch in anderen Bereichen getroffenen Regelung, wie bei der Revisionszulassung (§ 543 Abs. 2 ZPO), Zulassung der Berufung (§ 511 Abs. 4 Nr. 1 ZPO) oder Zulassung der Beschwerde nach § 61 Abs. 3 FamFG. Diese Entscheidung hat das Beschwerdegericht von Amts wegen in seiner Beschwerdeentscheidung zu treffen, wobei gesetzlich nicht festgeschrieben ist, ob dies im Tenor oder in der Begründung zu erfolgen hat. Soweit im Beschluss keine Aussage dazu getroffen ist, ist die Rechtsbeschwerde nicht statthaft.

18. Besonderheiten zur Beschwerde im Verbundverfahren

98 **a) Allgemeines.** Die Besonderheiten für Familiensachen im Verbund ergeben sich aus der gesetzlichen Regelung in den §§ 137 Abs. 1, 142 Abs. 1 FamFG. Im Fall der Scheidung ist über sämtliche im **Verbund**

59 BGH 8.11.2012 – V ZB 112/12.

stehenden Familiensachen zusammen zu verhandeln und durch **einheitlichen Beschluss** zu entscheiden, was auch für die Entscheidung durch (Teil-)**Versäumnisbeschluss** gilt (§ 142 Abs. 1 S. 2 FamFG). **Folgesachen** sind nach § 142 Abs. 2 FamFG Versorgungsausgleichssachen (Nr. 1), Unterhaltssachen, sofern sie die Unterhaltspflicht gegenüber einem gemeinschaftlichen Kind oder die durch die Ehe begründete gesetzliche Unterhaltspflicht betreffen (mit Ausnahme des vereinfachten Verfahrens über den Unterhalt Minderjähriger (Nr. 2), Ehewohnungs- und Haushaltssachen (Nr. 3) und Güterrechtssachen (Nr. 4), wenn eine Entscheidung **für den Fall der Scheidung** zu treffen ist und die Familiensache spätestens zwei Wochen vor der mündlichen Verhandlung im ersten Rechtszug in der Scheidungssache von einem Ehegatten anhängig gemacht wird (§ 137 Abs. 2 FamFG). Folgesachen sind auch Kindschaftssachen, die die Übertragung oder Entziehung der elterlichen Sorge, das Umgangsrecht oder die Herausgabe eines gemeinschaftlichen Kindes der Ehegatten oder das Umgangsrecht eines Ehegatten mit dem Kind des anderen Ehegatten betreffen, wenn ein Ehegatte vor Schluss der mündlichen Verhandlung im ersten Rechtszug in der Scheidungssache eine Einbeziehung in den Verbund beantragt, es sei denn, das Gericht hält die Einbeziehung aus Gründen des Kindeswohls nicht für sachgerecht (§ 137 Abs. 3 FamFG).

b) Abweisung des Scheidungsantrags. Wird der Scheidungsantrag abgewiesen, so haben sich damit auch 99 die Folgesachen erledigt (§ 142 Abs. 2 S. 1 FamFG). Dies gilt nicht für Folgesachen nach § 137 Abs. 3 FamFG (Kindschaftssachen) sowie für Folgesachen, hinsichtlich derer ein Beteiligter vor der Entscheidung ausdrücklich erklärt hat, sie fortführen zu wollen (§ 142 Abs. 2 S. 2 FamFG). Diese werden als selbstständige Familiensachen fortgeführt (§ 142 Abs. 2 S. 3 FamFG).

Diese Regelungen im zweiten Unterabschnitt für das Verfahren in Ehesachen betreffend Scheidungssachen 100 und Folgesachen gelten mangels anderweitiger gesetzlicher Regelung auch für die Abweisung des Scheidungsantrags im Rahmen des Beschwerdeverfahrens, da die zwingenden Vorschriften für den Scheidungsverbund auch in der zweiten Instanz bindend sind.

c) Versäumnisentscheidungen. Über den Scheidungsantrag des Antragstellers kann nicht stattgebend 101 durch Versäumnisbeschluss – weder im Ausgangsverfahren noch in der Beschwerdeinstanz – entschieden werden, da in Ehesachen eine **Versäumnisentscheidung gegen den Antragsgegner** sowie eine Entscheidung nach Aktenlage unzulässig ist (§ 130 Abs. 2 FamFG). Die hingegen mögliche **Versäumnisentscheidung gegen den Antragsteller** ist dahin zu erlassen, dass der Antrag als zurückgenommen gilt, wodurch sich das Verfahren erledigt hat, was auch in der zweiten Instanz gilt.

d) (Teil-)Versäumnisbeschluss im Rahmen des Scheidungsverbundes. Ein (Teil-)Versäumnisbeschluss 102 im Rahmen des Scheidungsverbundes kann demnach in den einzelnen Folgesachen ergehen, auf welche die Regeln der Säumnis nach **§§ 330 ff. ZPO** zur Anwendung kommen. Es handelt sich dabei also um die Folgesachen, bei denen die Verweisung nach § 113 Abs. 1 FamFG greift, als da sind die sogenannten Familienstreitverfahren nach § 112 FamFG. Im Verbund werden **sonstige Familiensachen** nach § 266 Abs. 1 FamFG und Lebenspartnerschaftssachen nach § 269 Abs. 2 FamFG nicht zu finden sein, da für den Fall der Scheidung hierüber im Regelfall nicht zu entscheiden ist (§ 137 Abs. 2 S. 1 Hs. 2 FamFG). In der Praxis werden das daher in **Unterhaltssachen** nach § 231 Abs. 1 FamFG und Lebenspartnerschaftssachen nach § 269 Abs. 1 Nr. 8 und 9 FamFG sowie in **Güterrechtssachen** nach § 261 Abs. 1 FamFG und Lebenspartnerschaftssachen nach § 269 Abs. 2 FamFG Teilversäumnisentscheidungen sein.

e) Besonderheiten. Die Besonderheit bei den sogenannten **End- und Teilversäumnisentscheidungen** 103 besteht in den unterschiedlichen Rechtsbehelfen, welche den Beteiligten zur Verfügung stehen. Gegen die **Endentscheidung in Ehesachen und den sonstigen Familienverbundsachen**, in denen eine Sachentscheidung ergeht, ist die **Beschwerde** nach §§ 58 ff. FamFG zulässig. Wenn damit einhergehend in einer Folgesache eine Teilversäumnisentscheidung ergangen ist, dann besteht hinsichtlich der Säumnisentscheidung der Rechtsbehelf des Einspruchs. Über den **Einspruch gegen die Säumnisentscheidung** entscheidet das Gericht, welches diesen Beschluss erlassen hat. Die **Einspruchsfrist** beträgt zwei Wochen. Damit bleibt die Akte zunächst beim Ausgangsgericht. Über die (gleichzeitig) eingelegte Beschwerde bezüglich der ergangenen Endentscheidungen ist im Rahmen des Beschwerdeverfahrens keine Abhilfemöglichkeit für das Ausgangsgericht eröffnet und die Akte ist von diesem unverzüglich dem Oberlandesgericht zur

Entscheidung über die Beschwerde vorzulegen. Die **Beschwerdefrist** beträgt einen Monat. In der Praxis gilt es zu beachten, dass der Einspruch **keine hemmende Wirkung** bezüglich der Beschwerdefrist hat. Es gilt daher ab dem Lauf der Fristen, diese zu notieren und nicht zu verabsäumen, bei nachteiligen Entscheidungen für den Mandanten, in beiden Bereichen innerhalb der laufenden Fristen (Einspruch und Beschwerde) den jeweiligen Rechtsbehelf einzulegen. Soweit dem **Einspruch durch das Erstgericht stattgegeben** wird, ist wegen der Wirkungen des Verbundes das Verfahren insgesamt wieder in erster Instanz anhängig und eine Vorlage an das Beschwerdegericht kann daher insoweit innerhalb der Zeit, bis in allen Angelegenheiten eine Sachentscheidung getroffen wurde, nicht ergehen. Das Erstgericht trifft in der noch bei ihm anhängigen Folgesache eine Sachentscheidung und legt die Akten dann dem Oberlandesgericht zur Entscheidung über die Beschwerde vor, welches erst dann im Rahmen des Beschwerdeverfahrens tätig werden kann. Diese Sachentscheidung kann dann wiederum mit dem Rechtsmittel der Beschwerde von den Beteiligten angegriffen werden, oder aber rechtskräftig geworden sein.

104 **f) Sachentscheidungen des Erstgerichts im Scheidungsverbund. aa) Bei Scheidungsausspruch durch das Familiengericht.** Das Beschwerdegericht hat bei Beschwerden gegen den Endbeschluss des Erstgerichts in den jeweilig anhängigen Verfahrensgegenständen, in welchen das Erstgericht Sachentscheidungen getroffen hat, zu verhandeln und gegebenenfalls eine selbstständige Beschwerdeentscheidung zu treffen. Diesbezüglich gilt das unter → Rn. 98 Ausgeführte. Soweit das Erstgericht **Folgesachen** vom Verbund **abgetrennt hat**, ist alleine gegen die ausgesprochene Abtrennung ein Rechtsbehelf irgendeiner Art nicht eröffnet. Die Beteiligten haben nur die Möglichkeit, den Scheidungsverbundbeschluss des Erstgerichts mit der **Beschwerde** anzugreifen und beim Beschwerdegericht zu erreichen, dass dieser Beschluss – weil ohne eine Entscheidung über die anhängige Folgesache ergangen – an das Ausgangsgericht zurückverwiesen wird. Nur durch die Zurückverweisung wird das gesetzgeberische Ziel, über die Ehesache und die Verbundsachen einheitlich und gleichzeitig eine Entscheidung zu treffen, erreicht werden können. Die Begründung hierfür liegt darin, dass die zwingenden Regeln über den Verbund zu beachten sind und die Beteiligten immer auch ein Interesse daran haben, dass mit dem Ausspruch der Scheidung alle (anhängigen) Folgesachen mit entschieden werden, um Rechtssicherheit und Rechtsklarheit für die Zeit ab Rechtskraft der Scheidung für das weitere Leben zu haben.

105 **bb) Bei Abweisung des Scheidungsantrags in erster Instanz.** Im Beschwerdeverfahren kann der – in erster Instanz ursprünglich noch – nicht begründete Scheidungsantrag wegen des fehlenden Trennungsjahres jetzt zum Schluss der mündlichen Verhandlung vor dem Beschwerdegericht begründet sein, da die Voraussetzungen für die Scheidung durch weiteren Zeitablauf im Sinne des § 1567 BGB erfüllt sind. Nach § 69 FamFG hat das Beschwerdegericht in der Sache **selbst zu entscheiden**. In den Scheidungsverbundverfahren kommt es aber mit Abweisung des Scheidungsantrags nicht zu einer Entscheidung über die anhängigen **Folgeverbundsachen**. Bei Abänderung der Entscheidung des Erstgerichts mit der Folge des Scheidungsausspruches käme es dann dazu, dass das Beschwerdegericht – ohne dass in der Sache eine Entscheidung des Erstgerichts vorliegt – dann sozusagen „erstinstanzlich" darüber zu befinden hätte. Damit würde den Beteiligten aber eine Instanz genommen, so dass dies nicht gewollt sein kann. Wird eine Entscheidung aufgehoben, durch die der Scheidungsantrag abgewiesen wurde, soll das Rechtsmittelgericht an das Gericht zurückverweisen, das die Abweisung ausgesprochen hat, wenn dort eine Folgesache zur Entscheidung ansteht (§ 146 Abs. 1 FamFG). Damit bleibt dann für das Beschwerdegericht die Möglichkeit, die **Zurückverweisung der Sache an das Erstgericht** unter Aufhebung des von diesem erlassenen und mit dem Rechtsmittel der Beschwerde angegriffenen Beschlusses vorzunehmen. Dies ist eine Soll-Vorschrift, so dass das Beschwerdegericht hierzu nicht unumwunden verpflichtet ist. Angesichts des Wortlautes dieser Vorschrift ist es dem Beschwerdegericht auch möglich, wie in § 69 FamFG angeordnet, selbst zu entscheiden.

106 Soweit die **Beteiligten einverstanden** sind, muss daher das Beschwerdegericht nach dem Wortlaut des § 146 Abs. 1 FamFG auch in der Lage sein, die Folgesachen, die in erster Instanz anhängig sind, an sich zu ziehen und darüber mit zu entscheiden.[60] Dies kann aber nur im Einvernehmen mit allen Beteiligten

60 Prütting/Helms/*Helms* FamFG § 146 Rn. 6; OLG Hamm 9.4.2013 – 1 UF 25/13.

geschehen. Der Verlust einer Instanz würde so dem Willen der Beteiligten entsprechen und dürfte daher als zulässige Folge angenommen werden.

Wird gegen den Zurückverweisungsbeschluss des Beschwerdegerichts Rechtsbeschwerde von einem Beteiligten eingelegt, dann kann das Erstgericht, an das die Sache zurückverwiesen wurde, **auf Antrag** anordnen, dass über die Folgesachen verhandelt wird (§ 146 Abs. 2 FamFG). Eine Entscheidung in diesen Folgesachen kann jedoch erst ergehen, wenn die Zurückverweisung durch das Beschwerdegericht rechtskräftig geworden ist und dann auch über die Ehesache mit entschieden wird. Wird der Antrag auf Weiterverhandlung abgelehnt, so wird in entsprechender Anwendung der Vorschriften über die sofortige Beschwerde nach §§ 567 ff. ZPO – mangels einer Regelung im FamFG – hiergegen ein Rechtsmittel als statthaft anzusehen sein. 107

g) Anschlussbeschwerde an eine Beschwerde gegen einen anderen Teil der Verbundentscheidung. aa) Allgemeines. Ist eine nach § 142 Abs. 1 FamFG einheitlich ergangene Entscheidung teilweise durch Beschwerde oder Rechtsbeschwerde angefochten worden, können Teile der einheitlichen Entscheidung, die **eine andere Familiensache** betreffen, durch Erweiterung des Rechtsmittels oder **im Wege der Anschließung** an das Rechtsmittel nur noch bis zum Ablauf eines Monats nach Zustellung der Rechtsmittelbegründung angefochten werden (§ 145 Abs. 1 Hs. 1 FamFG). Die Anschlussbeschwerde an ein Hauptrechtsmittel eines anderen Verfahrensbeteiligten gegen einen anderen Teil der vom Erstgericht erlassenen Verbundentscheidung, die insoweit bisher durch das Rechtsmittel nicht angegriffen worden war, ist nach der Regelung in § 145 Abs. 1 FamFG nur zeitlich begrenzt möglich. 108

bb) Frist. Die Frist beträgt **einen Monat** und sie beginnt zu laufen mit der **Zustellung der Beschwerdebegründung des Hauptrechtsmittels**. Dabei gilt aber nach § 145 Abs. 1 Hs. 2 FamFG, dass bei mehreren Zustellungen die letzte maßgeblich ist. Ist also die Beschwerdeschrift eines Beteiligten an mehrere Beteiligte zuzustellen, dann ist die zeitlich am spätesten erfolgte Zustellung maßgeblich für die Anschlussbeschwerdefrist in Verbundverfahren. Unterbleibt die notwendige Zustellung an einen der Beteiligten, dann beginnt die Anschlussbeschwerdefrist nicht zu laufen. Nach § 145 Abs. 2 S. 1 FamFG verlängert sich diese Frist, wenn innerhalb der ordnungsgemäß in Gang gesetzten Frist eine Anschließung an das Rechtsmittel erfolgt. Dann beginnt für weitere Anschlussrechtsmittel erneut eine neue Frist von einem Monat zu laufen. Fristbeginn hierfür ist der Ablauf der vorhergehenden Frist. Dieser Fortlauf der Fristen endet erst, wenn kein Anschlussrechtsmittel mehr eingelegt wurde, nach Ablauf der letzten Frist. Erst dann tritt Rechtskraft bezüglich der nicht angefochtenen Teile der Verbundentscheidung ein.[61] 109

In der Praxis treten Zustellungsprobleme betreffend Scheidungsverbundentscheidungen überwiegend im Bereich des Versorgungsausgleichs auf: Entweder unterbleibt die Beteiligung eines betroffenen Versorgungsträgers gänzlich oder es erfolgt keine fehlerfreie Zustellung an ihn. Wird der Fehler nicht bemerkt, so kann es vorkommen, dass das Familiengericht ein Rechtskraftzeugnis erteilt, obwohl die Beschwerdefrist für den übergangenen Beteiligten noch nicht abgelaufen ist. Sofern die Ehegatten nicht gem. § 144 FamFG auf Anschlussrechtsmittel verzichtet haben, könnten sie durch das nachträgliche Rechtsmittel des übergangenen Beteiligten die vom Gericht bereits als rechtskräftig bescheinigte Scheidung noch anfechten. 110

Um die Möglichkeit auszuschließen, dass es dadurch ungewollt zu Doppelehen kommt, hat der Gesetzgeber durch eine Neufassung des § 145 Abs. 3 FamFG die Anschließung an das Rechtsmittel eines Versorgungsträgers zum Zweck der Anfechtung des Scheidungsausspruchs ausgeschlossen. Nicht ausgeschlossen ist aber der Anschluss zum Zweck der Anfechtung einer anderen Folgesache. Nicht tangiert ist auch die Anschließung an das Rechtsmittel eines Beteiligten, der nicht Versorgungsträger ist, zB das des anderen Ehegatten.[62]

cc) Verfahrensgang. Die Anschlussbeschwerde erfolgt durch fristgerechte Einreichung der Beschwerdeanschlussschrift beim Beschwerdegericht (§ 66 S. 1 FamFG). Soweit die Erstentscheidung allumfassend, 111

61 BGH 27.10.2010 – XII ZB 136/09, NJW-RR 2011, 148.

62 Rahm/Künkel FamR-HdB/*Stockmann* I 13 B Rn. 227 a f.

also die Ehesache und alle Verbundsachen, durch Beschwerde angegriffen wurden, bleibt für die Anwendung des § 145 FamFG mit dem dargestellten Fristenlaufsystem kein Anwendungsbereich, wie sich aus dem Wortlaut des § 145 Abs. 1 FamFG ergibt, wo von der teilweisen Anfechtung durch die Beschwerde die Rede ist. Dann bleibt für die anderen Verfahrensbeteiligten nur die Möglichkeit Anschlussrechtsmittel nach §§ 66, 73 FamFG einzulegen. § 145 FamFG kommt nicht zur Anwendung, da der hierfür gegebene Zweck, eine vorzeitige Wirksamkeit der nicht angefochtenen Teilbereiche der Verbundentscheidung zu erreichen, durch die insgesamt mit dem Rechtsmittel der Beschwerde angegriffenen Verbundentscheidung nicht mehr erfüllt werden kann. Der Beschwerdewert muss nicht erreicht sein (§ 66 FamFG, der nicht auf den § 61 FamFG verweist). Im Übrigen gibt es in Verbundverfahren keine Abweichungen zu den oben bereits dargestellten Voraussetzungen der Anschlussbeschwerde nach § 66 FamFG (→ Rn. 51–62).

112 **h) Rücknahme des Scheidungsantrags.** Wird der Scheidungsantrag zurückgenommen, erstrecken sich die Wirkungen der Rücknahme auch auf die Folgesachen (§ 141 S. 1 FamFG); demnach erledigen sich die Folgesachen mit der Rücknahme durch den Antragsteller im Ausgangsverfahren. Dies gilt nicht für Folgesachen, die die Übertragung der elterlichen Sorge oder eines Teils der elterlichen Sorge wegen Gefährdung des Kindeswohls auf einen Elternteil, einen Vormund oder Pfleger betreffen, sowie für Folgesachen, hinsichtlich derer ein Beteiligter vor Wirksamwerden der Rücknahme ausdrücklich erklärt hat, sie fortführen zu wollen (§ 141 S. 2 FamFG). Diese werden als selbstständige Familiensachen fortgeführt (§ 141 S. 3 FamFG).

III. Rechtsbeschwerde

1. Statthaftigkeit der Rechtsbeschwerde (§ 70 FamFG)

113 Die Rechtsbeschwerde eines Beteiligten ist statthaft, wenn sie das Beschwerdegericht oder das Oberlandesgericht im ersten Rechtszug in dem Beschluss zugelassen hat (§ 70 Abs. 1 FamFG).

114 **a) Entscheidungen.** In § 70 Abs. 1 FamFG ist im Gegensatz zur Regelung in § 58 FamFG – dort für die Beschwerde – nicht der Begriff der Endentscheidung vom Gesetzgeber verwendet worden. Dies führte zu unterschiedlichen Interpretationen, ob damit auch das Rechtsmittel der Rechtsbeschwerde gegen Neben- und Zwischenentscheidungen statthaft ist.[63]

Die überwiegende Meinung ist dieser Ansicht zu Recht nicht gefolgt. Vom Aufbau des Gesetzes her dient die Rechtsbeschwerde nämlich der Überprüfung einer Beschwerdeentscheidung iSv § 58 FamFG. Dadurch, dass nach § 58 FamFG nur die Beschwerde gegen eine Endentscheidung des Ausgangsgerichts erfasst ist, wird klar, dass Gegenstand der Rechtsbeschwerde auch nur eine solche Endentscheidung sein kann. Soweit für Zwischen- und Nebenentscheidungen die entsprechende Anwendung der §§ 567–572 ZPO in Frage kommt, finden für die Rechtsbeschwerde nicht die §§ 70 ff. FamFG, sondern die §§ 574 ff. ZPO Anwendung.[64]

115 **b) Endentscheidungen des Beschwerdegerichts oder Oberlandesgerichts.** Gegenstand der Rechtsbeschwerde sind nur Endentscheidungen des Beschwerdegerichts in zweiter Instanz oder Endentscheidungen des Oberlandesgerichts im ersten Rechtszug.

116 **aa) Beschwerdegericht in Verfahren nach dem FamFG.** Beschwerdegericht in Verfahren nach dem FamFG ist generell das Oberlandesgericht (§ 119 Abs. 1 GVG), mit Ausnahme der Beschwerdeverfahren betreffend die Freiheitsentziehungssachen (§§ 415 ff. FamFG) und die Betreuungssachen (§§ 271 ff. FamFG), die von den Landgerichten entschieden werden (§ 72 Abs. 1 S. 2 GVG). In diesen vom Landgericht entschiedenen Beschwerdeverfahren kommt dann die Rechtsbeschwerde in Betracht.

---

63 So HK-FamVerfR/*Klußmann* § 70 Rn. 3.

64 Rahm/Künkel FamR-HdB/*Stockmann* I 13 C Rn. 1.

bb) Endentscheidungen der Oberlandesgerichte. Endentscheidungen der Oberlandesgerichte im ersten Rechtszug betreffen spezielle Fallgestaltungen, wie etwa die Anerkennung ausländischer Entscheidungen in Ehesachen (§ 105 Abs. 5, 6 FamFG). 117

c) Zulassung der Rechtsbeschwerde (§ 70 Abs. 2 FamFG). Die Rechtsbeschwerde ist zuzulassen, wenn die Rechtssache **grundsätzliche Bedeutung** hat (Nr. 1), oder die **Fortbildung des Rechts** oder **die Sicherung einer einheitlichen Rechtsprechung** eine Entscheidung des Rechtsbeschwerdegerichts erfordert (Nr. 2). Dies entspricht den vom Gesetzgeber auch in anderen Bereichen getroffenen Regelungen, wie bei der Revisionszulassung (§ 543 Abs. 2 ZPO), Zulassung der Berufung (§ 511 Abs. 4 Nr. 1 ZPO) oder Zulassung der Beschwerde nach § 61 Abs. 3 FamFG. 118

Die Rechtsbeschwerde ist **ohne Zulassung** statthaft in 119

- Betreuungssachen zur Bestellung eines Betreuers, zur Aufhebung einer Betreuung, zur Anordnung oder Aufhebung eines Einwilligungsvorbehalts (Nr. 1),
- Unterbringungssachen und Verfahren nach § 151 Nr. 6 und 7 FamFG zur Genehmigung der freiheitsentziehenden Unterbringung eines Minderjährigen (§§ 1631 b, 1800, 1915 BGB) sowie nach Landesgesetzen über die Unterbringung psychisch Kranker (Nr. 2) oder
- Freiheitsentziehungssachen (Nr. 3) (§§ 415 ff. FamFG).

In den Fällen der Nr. 2 und Nr. 3 gilt dies aber nur, wenn sich die Rechtsbeschwerde gegen den Beschluss richtet, der die Unterbringung oder die freiheitsentziehende Maßnahme anordnet (§ 70 Abs. 3 S. 2 FamFG).[65] Damit sind sonstige Entscheidungen in diesen Verfahren nicht mit der Rechtsbeschwerde anfechtbar. Das gilt zB für die Ablehnung der Unterbringung, Kostenentscheidungen oder sonstige Nebenentscheidungen. 120

Eine **zulassungsfreie Rechtsbeschwerde** ist außerdem nach § 117 Abs. 1 S. 4 FamFG iVm § 522 Abs. 1 S. 4 ZPO gegeben, wenn das Beschwerdegericht in einer Ehe- oder Familienstreitsache die Beschwerde als unzulässig verworfen hat. Hier kommen wegen der Verweisung aber nicht die Regelungen der §§ 70 ff. FamFG, sondern die der §§ 574 ff. ZPO zur Anwendung. Das gilt mangels Verweisungsvorschrift nicht für die anderen, weiteren Familiensachen nach § 111 FamFG, bei denen eine Rechtsbeschwerde dann durch das Beschwerdegericht zugelassen werden muss. Weiterhin zulassungsfrei ist auch die Rechtsbeschwerde bei der Vollstreckung ausländischer Entscheidungen gem. § 28 IntFamRVG. 121

d) Zulassung durch das Beschwerdegericht. Das Rechtsbeschwerdegericht ist an die Zulassung gebunden (§ 70 Abs. 2 S. 2 FamFG). Es ist damit nicht befugt, die Entscheidung des Beschwerdegerichts zu überprüfen. Das Beschwerdegericht hat von Amts wegen die Prüfung der Zulassung vorzunehmen und das Ergebnis in die Beschwerdeentscheidung aufzunehmen. Eine Beschwerde gegen die Nichtzulassung sieht das FamFG nicht vor. Kommt das Rechtsbeschwerdegericht zu der Auffassung, dass die Voraussetzungen für die Zulassung der Rechtsbeschwerde nach § 70 Abs. 2 FamFG tatsächlich nicht vorgelegen haben, so verwirft es die Rechtsbeschwerde als unzulässig. 122

2. Rechtsbeschwerdefrist (§ 71 Abs. 1, 2 FamFG)

Die Rechtsbeschwerde ist binnen einer Frist von **einem Monat** nach der schriftlichen Bekanntgabe des Beschlusses durch Einreichung einer Beschwerdeschrift beim Rechtsbeschwerdegericht einzulegen (§ 71 Abs. 1 S. 1 FamFG). Das gilt ausnahmslos in allen Bereichen, in denen nach dem FamFG eine Rechtsbeschwerde zulässig ist. Die Frist beginnt jeweils mit der schriftlichen Bekanntgabe des Beschlusses an die Beteiligten. Dies richtet sich – mangels gesonderter Regelung in diesem Abschnitt – nach den allgemeinen Vorschriften (§ 63 Abs. 3 S. 1 FamFG). Demnach ist die Entscheidung des Beschwerdegerichts den Beteiligten zuzustellen, was sich für Ehesachen und Familienstreitverfahren aus § 113 Abs. 1 FamFG iVm §§ 329, 517 ZPO ergibt und in den sonstigen, weiteren Familiensachen wegen der Regelung in § 41 Abs. 1 S. 2 FamFG notwendig ist, wo es heißt, dass ein anfechtbarer Beschluss demjenigen zuzustellen ist, dessen 123

65 HK-FamVerfR/*Klußmann* § 70 Rn. 18.

erklärtem Willen er nicht entspricht. Der anderen Ansicht, wonach die Aufgabe zur Post nach §§ 41 Abs. 1, 15 Abs. 2 S. 1 Alt. 2 FamFG ausreichend sein soll, kann nicht gefolgt werden wegen der ausdrücklichen Regelung in § 41 Abs. 1 S. 2 FamFG. Im Rechtsbeschwerdeverfahren kommt aber die Ausnahme des § 63 Abs. 3 S. 2 FamFG nicht zur Anwendung, da in vergleichbaren Fällen der Revision nach § 517 ZPO eine solche Frist ebenfalls nicht existiert und vorliegend kein Bedürfnis dafür erkennbar ist. Demnach beginnt die Rechtsbeschwerdefrist nicht zu laufen, wenn der Beschluss den Beteiligten nicht wirksam bekannt gegeben werden konnte. Allerdings kann dieser Mangel beseitigt werden durch die Verweisung in § 15 Abs. 2 FamFG nach den Regeln der §§ 186 ff. ZPO, insbesondere § 189 ZPO.

124 Bei **Versäumung der Rechtsbeschwerdefrist** kann der Rechtsbeschwerdeführer wegen der Regelung in § 17 Abs. 1 FamFG bzw. über § 117 Abs. 1 FamFG nach §§ 230 ff. ZPO einen Antrag auf **Wiedereinsetzung in den vorigen Stand** einreichen, der positiv verbeschieden werden wird, soweit die Fristversäumnis unverschuldet war.

125 Das Rechtsbeschwerdegericht ist nach § 113 GVG stets der **Bundesgerichtshof**. Beim Bundesgerichtshof besteht immer **Anwaltszwang** (§§ 10 Abs. 4, 114 Abs. 2 FamFG).

3. Form (§ 71 Abs. 1–3 FamFG)

126 Die Rechtsbeschwerdeschrift muss die **Bezeichnung des Beschlusses**, gegen den die Rechtsbeschwerde gerichtet wird (§ 71 Abs. 1 S. 2 Nr. 1 FamFG), und die Erklärung, dass **gegen diesen Beschluss Rechtsbeschwerde** eingelegt werde (§ 71 Abs. 1 S. 2 Nr. 2 FamFG), beinhalten. Die Schrift ist zu **unterschreiben** (§ 71 Abs. 2 S. 3 FamFG).

127 Mit der Rechtsbeschwerdeschrift soll eine **Ausfertigung** oder **beglaubigte Abschrift** des angefochtenen Beschlusses vorgelegt werden (§ 71 Abs. 1 S. 4 FamFG). Dies ist aber nicht zwingend. Da im Verfahren der Rechtsbeschwerde ausnahmslos in allen Bereichen **Anwaltszwang** herrscht, ist dies von einem beim Bundesgerichtshof zugelassenen Rechtsanwalt vorzunehmen (§§ 10 Abs. 4 S. 1, 114 Abs. 2 FamFG). Die insoweit missverständlich formulierte Regelung in § 10 Abs. 4 S. 1 FamFG gilt nicht für Rechtsbeschwerdeverfahren, die sich gegen die verweigerte oder nur eingeschränkt bewilligte **Verfahrenkostenhilfe** wenden.[66] Damit soll nur gesichert sein, dass der einzelne Beteiligte für die in der Rechtsbeschwerde von ihm begehrte Verfahrenskostenhilfe zur Antragstellung keinen Rechtsanwalt benötigt.[67] Der besondere Anwaltszwang beim Bundesgerichtshof gilt nach § 10 Abs. 4 S. 2 FamFG auch für Behörden und juristische Personen des öffentlichen Rechts, wie den Ländern. Die Rechtsbeschwerde ist, soweit die Beschwerdeschrift keine **Begründung** enthält, binnen einer Frist von einem Monat zu begründen (§ 71 Abs. 3 S. 1 FamFG). Auch diese Frist beginnt mit der **schriftlichen Bekanntgabe** der Beschwerdeentscheidung (→ Rn. 119).

128 Längstens innerhalb einer Frist von einem Monat ist dem Rechtsbeschwerdegericht gegenüber eine Rechtsbeschwerdebegründung abzugeben (§ 71 Abs. 2 S. 1 FamFG). Diese Frist gilt einheitlich in Nichtstreitverfahren und auch in Ehe- und Familienstreitsachen. Sie beginnt mit der schriftlichen Bekanntgabe der angefochtenen Entscheidung (§ 71 Abs. 2 S. 2 FamFG), wobei gem. § 71 Abs. 2 S. 3 FamFG iVm § 551 Abs. 2 S. 5 und 6 ZPO die Möglichkeit besteht, dass sie vom Vorsitzenden des Rechtsbeschwerdegerichts verlängert wird. Bei dieser Monatsfrist verbleibt es auch, falls Wiedereinsetzung wegen Versäumung gewährt wird (§ 18 Abs. 1 S. 2 FamFG).

129 Die **Begründung** muss gem. § 71 Abs. 3 FamFG enthalten:

- die Erklärung, inwieweit der Beschluss angefochten und dessen Aufhebung beantragt werde (Rechtsbeschwerdeanträge, Nr. 1);
- die Angabe der Rechtsbeschwerdegründe und zwar die bestimmte Bezeichnung der Umstände, aus denen sich die Rechtsverletzung ergibt (Nr. 2 Buchst. a);

66 BGH 23.6.2010 – XII ZB 82/10, NJW-RR 2010, 1297; HK-FamVerfR/*Klußmann* § 70 Rn. 22.
67 BGH 11.5.2005 – XII ZB 242/03, NJW-RR 2005, 1237.

- soweit die Rechtsbeschwerde darauf gestützt wird, dass das Gesetz in Bezug auf das Verfahren verletzt sei, die Bezeichnung der Tatsachen, die den Mangel ergeben (Nr. 2 Buchst. b).

Die Rechtsbeschwerde kann nicht darauf gestützt werden, dass das Gericht des ersten Rechtszugs seine **Zuständigkeit** zu Unrecht abgenommen hat (§ 72 Abs. 2 FamFG). Dies gilt aber nicht für die Zuständigkeit des Beschwerdegerichts, welche von Amts wegen im Rechtsbeschwerdeverfahren zu beachten ist.[68] Ferner ist die internationale Zuständigkeit der deutschen Gerichte zu prüfen. 130

4. Rechtsbeschwerdeverfahren

a) Bekanntgabe der Verfahrenseinleitung. Das Rechtsbeschwerdegericht hat die **Rechtsbeschwerde- und die Begründungsschrift** allen anderen Beteiligten bekannt zu geben (§ 71 Abs. 4 FamFG). Demnach kann das Rechtsbeschwerdegericht auch bei offenkundiger Unzulässigkeit oder Unbegründetheit die Rechtsbeschwerde nicht sofort verwerfen. Das Rechtsbeschwerdegericht hat nach dem **Grundsatz des rechtlichen Gehörs** und wegen der Zulassung einer Anschlussbeschwerde die Rechtsbeschwerdeschrift den anderen Beteiligten – und zwar allen in der Vorinstanz Beteiligten – zur Kenntnis zu geben. 131

In **Ehe- und Familienstreitverfahren** muss die Rechtsbeschwerdeschrift nach § 521 ZPO (iVm § 113 Abs. 1 FamFG) zugestellt werden, während in allen anderen, weiteren Familiensachen nach §§ 23 Abs. 2, 15 Abs. 2 S. 1 FamFG die formlose Übermittlung ausreicht. 132

Für die Scheidungsverbundverfahren beinhaltet § 145 FamFG eine Sonderregelung, da dort eine nach § 142 FamFG ergangene einheitliche Entscheidung auch teilweise durch Rechtsmittel der Rechtsbeschwerde in Folgesachen anfechtbar ist, mit der Maßgabe, dass dies nur noch bis zum Ablauf eines Monats nach Zustellung der Rechtsmittelbegründung zulässig ist. Damit sind Verbundentscheidungen immer den Beteiligten zuzustellen. 133

b) Verfahrensablauf. Das Rechtsbeschwerdegericht hat zu prüfen, ob die Rechtsbeschwerde an sich statthaft ist und ob sie in der gesetzlichen Form und Frist eingelegt wurde und begründet ist (§ 74 Abs. 1 S. 1 FamFG). Nach § 74 Abs. 4 FamFG kommen auch im Rechtsbeschwerdeverfahren die **Vorschriften für den ersten Rechtszug** zur Anwendung, soweit sich nicht Abweichungen aus den Vorschriften des dortigen Abschnittes ergeben. Dies führt damit auch im Rechtsbeschwerdeverfahren zur allgemeinen Differenzierung zwischen Ehe- und Familienstreitsachen einerseits und den anderen, weiteren Familiensachen nach § 111 FamFG andererseits. 134

In **Ehesachen und Familienstreitsachen** wird in § 113 FamFG auf die ZPO-Verfahrensvorschriften verwiesen. Kommt also eine Verweisung als unzulässig oder eine Zurückweisung nach § 74 a FamFG nicht in Betracht, ist grundsätzlich mündlich zu verhandeln (§ 128 Abs. 1 ZPO), wovon ausnahmsweise abgesehen werden kann (§ 128 Abs. 4 ZPO). 135

In den **anderen**, weiterhin **in § 111 FamFG benannten Familiensachen** ist ein Verhandlungstermin nicht zwingend vorgeschrieben (§ 32 Abs. 1 FamFG). Es steht damit im pflichtgemäßen Ermessen des Bundesgerichtshofs, in diesen Angelegenheiten einen Termin zu bestimmen und durchzuführen oder nicht. 136

Keine mündliche Verhandlung ist erforderlich in **Verfahren nach §§ 16 ff. IntFamRVG**. 137

c) Rücknahme der Rechtsbeschwerde. Die Rechtsbeschwerde kann – trotz fehlender gesetzlicher Grundlage – auch zurückgenommen werden (analog zu § 565 ZPO für die Revision, der auf § 516 ZPO verweist). 138

5. Gründe der Rechtsbeschwerde (§ 72 FamFG)

Die Rechtsbeschwerde kann nur darauf gestützt werden, dass die angefochtene Entscheidung auf einer Verletzung des Rechts beruht (§ 72 Abs. 1 S. 1 FamFG). Das Recht ist verletzt, wenn eine Rechtsnorm 139

68 BGH 20.12.2011 – StB 16/11.

nicht oder nicht richtig angewendet worden ist (§ 72 Abs. 1 S. 2 FamFG).[69] Die Rechtsbeschwerde kann nicht darauf gestützt werden, dass das Gericht des ersten Rechtszugs seine **Zuständigkeit** zu Unrecht angenommen hat (§ 72 Abs. 2 FamFG; → Rn. 130).

6. Anschlussrechtsbeschwerde (§ 73 FamFG)

140 Ein Beteiligter kann sich bis zum Ablauf einer Frist von einem Monat nach der Bekanntgabe der Begründungsschrift der Rechtsbeschwerde durch Einreichen einer Anschlussschrift beim Rechtsbeschwerdegericht anschließen, auch wenn er auf die Rechtsbeschwerde verzichtet hat, die Rechtsbeschwerdefrist verstrichen oder die Rechtsbeschwerde nicht zugelassen worden ist (§ 73 S. 1 FamFG).

141 Diese **unselbstständige Anschlussrechtsbeschwerde** nach § 73 FamFG gibt dem Anschlussrechtsbeschwerdeführer die Möglichkeit, bei Einlegung der Rechtsbeschwerde durch einen anderen Beteiligten eine Überprüfung der Entscheidung auch zu seinen Gunsten zu ermöglichen.

142 Davon zu unterscheiden ist die „**selbstständige Anschlussrechtsbeschwerde**", bei der der Rechtsmittelführer selbstständig innerhalb der Rechtsbeschwerdefrist gegen die Entscheidung des Beschwerdegerichts vorgeht; dies aber zeitlich nach Einlegung der Rechtsbeschwerde durch einen anderen Beteiligten. Sie unterliegt vollständig den Vorschriften für das Rechtsbeschwerdeverfahren.

143 Die unselbständige Anschlussrechtsbeschwerde ist in der Anschlussschrift zu begründen und zu unterschreiben (§ 73 S. 2 FamFG). Nachdem eine Differenzierung im Gesetz nicht vorgesehen ist (§ 113 FamFG beinhaltet keine spezielle, abweichende Regelung), ist die Anschlussrechtsbeschwerde bei allen Familiensachen nach § 111 FamFG statthaft. Daneben müssen auch bei der Anschlussrechtsbeschwerde die sonstigen, für die Rechtsbeschwerde geltenden Zulässigkeitsvoraussetzungen vorliegen, so dass insbesondere die **Beschwerdeberechtigung** und eine **Beschwer** des sich Anschließenden gegeben sein muss.[70] Dazu gehört es auch, dass mit Einlegung der Anschlussrechtsbeschwerde durch einen entsprechenden (von einem beim Bundesgerichtshof zugelassenen Rechtsanwalt unterschriebenen) Antrag gleichzeitig die Begründung zu erfolgen hat. Ein Nachreichen der Begründung – auch innerhalb der Anschlussbeschwerdefrist – wird nicht für ausreichend erachtet.[71] Dies ist nicht unumstritten. Nach anderer Ansicht sollte die Nachreichung innerhalb der Anschlussrechtsbeschwerdefrist zulässig sein.[72] Die Frist für die Anschlussrechtsbeschwerde beträgt einen Monat und sie beginnt mit der Bekanntgabe der Rechtsbeschwerdebegründungsschrift des Hauptrechtsmittelführers an den jeweiligen Beteiligten (§ 73 S. 1 FamFG). Eine Fristverlängerung ist nicht zulässig; allerdings kann bei unverschuldeter Fristversäumnis Wiedereinsetzung in den vorigen Stand gewährt werden.

144 Die unselbständige Anschließung verliert ihre Wirkung, wenn die Rechtsbeschwerde zurückgenommen, als unzulässig verworfen oder nach § 74 a Abs. 1 FamFG zurückgewiesen wird (§ 73 S. 3 FamFG), da es sich nicht um ein selbstständiges Rechtsmittel handelt, sondern nur an das Hauptrechtsmittelverfahren angehängt ist und damit von diesem abhängig ist.

7. Entscheidung über die Rechtsbeschwerde (§ 74 FamFG)

145 **a) Zulässigkeitsprüfung.** Das Rechtsbeschwerdegericht hat zu prüfen, ob die Rechtsbeschwerde an sich **statthaft** ist und ob sie in der gesetzlichen **Form** und **Frist** eingelegt und begründet ist (§ 74 Abs. 1 S. 1 FamFG), sowie, ob die weiteren Voraussetzungen im Sinne der Zulässigkeit des Rechtsbeschwerdeverfahrens gegeben sind.

---

69 HK-FamVerfR/*Klußmann* § 72 Rn. 3, 4, 5.
70 HK-FamVerfR/*Klußmann* § 73 Rn. 3.
71 Zöller/*Feskorn* FamFG § 73 Rn. 5.
72 HK-FamVerfR/*Klußmann* § 73 Rn. 4.

Die **Rechtsbeschwerdeberechtigung** im Sinne der formellen und der materiellen Beschwer ist zu überprüfen. Der Rechtsmittelführer muss durch die angefochtene Entscheidung der Vorinstanz beschwert und gleichzeitig materiellrechtlich in einem seiner Rechte verletzt sein (§ 59 Abs. 1 FamFG). 146

Zum Zeitpunkt der Entscheidung des Rechtsbeschwerdegerichts hat ein **Rechtsschutzbedürfnis** des Rechtsmittelführers vorzuliegen. Soweit sich die Angelegenheit erledigt hat, würde ein solches fehlen, es sei denn, der Rechtsbeschwerdeführer hat ein berechtigtes Interesse an der Feststellung, dass er durch die Ausgangsentscheidung in seinen Rechten verletzt ist, was in Analogie zu der Regelung in **§ 62 Abs. 2 FamFG** dann anzunehmen sein wird, wenn ein schwerwiegender Grundrechtseingriff vorliegt oder eine konkrete Wiederholung des Eingriff zu erwarten ist. 147

Mangelt es an einem dieser Erfordernisse, dann ist die Rechtsbeschwerde als unzulässig zu verwerfen (§ 74 Abs. 1 S. 2 FamFG). Diese Entscheidung kann analog der Regelung in § 552 Abs. 2 ZPO auch ohne mündliche Verhandlung durch das Rechtsbeschwerdegericht durch Beschluss getroffen werden.[73] Dieser Beschluss ist nicht anfechtbar und abänderbar. 148

b) Begründetheitsprüfung. Ergibt die Begründung des angefochtenen Beschlusses zwar eine Rechtsverletzung, stellt sich die Entscheidung aber aus anderen Gründen als richtig dar, ist die Rechtsbeschwerde zurückzuweisen (§ 74 Abs. 2 FamFG). 149

aa) Bindung an die Anträge (§ 74 Abs. 3 S. 1 FamFG). Der Prüfung des Rechtsbeschwerdegerichts unterliegen nur die von den Beteiligten gestellten Anträge (§ 74 Abs. 3 S. 1 FamFG). Der Bundesgerichtshof ist damit an die gestellten Anträge – nach der fehlenden Differenzierung in der gesetzlichen Regelung unabhängig vom Verfahrensgegenstand in allen Familiensachen nach § 111 FamFG – gebunden und hat das **Verbot einer Schlechterstellung** des Rechtsmittelführers zu beachten.[74] 150

bb) Bindung an die Rechtsbeschwerdegründe (§ 74 Abs. 3 S. 1 FamFG). Dagegen ist das Rechtsbeschwerdegericht nicht an die geltend gemachten Rechtsbeschwerdegründe gebunden (§ 74 Abs. 3 S. 1 FamFG). Der Bundesgerichtshof hat demnach von Amts wegen die angefochtene Entscheidung auf ihre materielle Richtigkeit zu überprüfen. Anders ist dies angesichts der Regelung in § 30 IntFamRVG hinsichtlich der Rechtsbeschwerde in Verfahren nach §§ 16 ff. IntFamRVG. 151

cc) Verfahrensmängel. Auf Verfahrensmängel, die nicht von Amts wegen zu berücksichtigen sind, darf die angefochtene Entscheidung nur geprüft werden, wenn die Mängel nach § 71 Abs. 3 FamFG und § 73 S. 2 FamFG gerügt worden sind (§ 74 Abs. 3 S. 3 FamFG). 152

dd) Bindung an die Tatsachenfeststellungen. Durch die Verweisung in § 74 Abs. 3 S. 4 FamFG auf die Vorschriften der §§ 559, 564 ZPO, welche entsprechend im Rechtsbeschwerdeverfahren nach dem FamFG gelten, besteht eine **Bindung** des Rechtsbeschwerdegerichts **an die Tatsachenfeststellungen** der Vorinstanz, sofern die Tatsachen von dieser verfahrensfehlerfrei festgestellt wurden.[75] 153

ee) Entscheidung in der Sache. Der Bundesgerichtshof verweist, soweit die Rechtsbeschwerde begründet ist, die Sache unter Aufhebung des angefochtenen Beschlusses und des Verfahrens zur anderweitigen Behandlung und Entscheidung **an das Beschwerdegericht oder**, wenn dies aus besonderen Gründen geboten erscheint, **an das Gericht des ersten Rechtszugs zurück** (§ 74 Abs. 6 S. 2 FamFG, § 74 a Abs. 1 FamFG; → Rn. 155). Dies ist insbesondere dann der Fall, wenn Entscheidungsreife nicht gegeben ist, weil noch Tatsachenfeststellungen erforderlich sind. Soweit Verfahrensfehler festgestellt werden, die absolute Revisionsgründe darstellen, wird eine Zurückverweisung unumgänglich sein (vgl. § 72 Abs. 3 FamFG iVm § 547 ZPO). 154

Die **Zurückverweisung** erfolgt generell an das Gericht der Vorinstanz, also das Beschwerdegericht. Nach § 74 Abs. 6 S. 2 FamFG kann dies aber auch an das Gericht des ersten Rechtszuges erfolgen. Insoweit ist 155

73 HK-FamVerfR/*Klußmann* § 74 Rn. 13.
74 HK-FamVerfR/*Klußmann* § 74 Rn. 5.
75 HK-FamVerfR/*Klußmann* § 74 Rn. 9.

die Regelung in § 146 FamFG beachtlich. Wird im Rechtsbeschwerdeverfahren ein Scheidungsausspruch aufgehoben und ist noch eine Folgesache, welche abgetrennt wurde, beim Erstgericht anhängig und steht zur Entscheidung an, so hat das Rechtsbeschwerdegericht die Sache an das Gericht erster Instanz zurückzuverweisen.[76] Die Zurückverweisung kann an einen anderen Spruchkörper des Gerichts erfolgen, das die angefochtene Entscheidung erlassen hat (§ 74 Abs. 6 S. 3 FamFG). Das Gericht, an das die Sache zurückverwiesen ist, hat die rechtliche Beurteilung, die der Aufhebung zugrunde liegt, auch seiner Entscheidung zugrunde zu legen (§ 74 Abs. 6 S. 4 FamFG).

156 **ff) Aufhebung des Beschlusses (§ 74 Abs. 5 FamFG).** Soweit die **Rechtsbeschwerde begründet** ist, hat der Bundesgerichtshof den angefochtenen Beschluss aufzuheben. Das Rechtsbeschwerdegericht entscheidet in der Sache selbst, wenn diese zur Entscheidung reif ist (§ 74 Abs. 6 S. 1 FamFG).

157 **gg) Begründung der Entscheidung.** Eine **unbegründete Rechtsbeschwerde** hat der Bundesgerichtshof zurückzuweisen. Ergibt die Begründung des angefochtenen Beschlusses zwar eine Rechtsverletzung, stellt sich die Entscheidung aber aus anderen Gründen als richtig dar, ist die Rechtsbeschwerde zurückzuweisen (§ 74 Abs. 2 FamFG). Diese Regelung wird auch auf Verfahrensfehler anzuwenden sein. Dies gilt nicht beim Vorliegen absoluter Revisionsgründe nach § 72 Abs. 3 FamFG über § 547 Nr. 1–6 ZPO. Dann ist die angefochtene Entscheidung in jedem Fall aufzuheben.

158 **hh) Begründung der Rechtsbeschwerdeentscheidung.** Der Bundesgerichtshof hat seine Entscheidung über die Rechtsbeschwerde wegen der Regelung in § 74 Abs. 4 iVm § 38 Abs. 3 S. 1 FamFG zu begründen, sofern nicht eine der Ausnahmen in § 38 Abs. 4 FamFG vorliegt. Von einer **Begründung** der Entscheidung kann **abgesehen** werden, wenn sie nicht geeignet wäre, zur Klärung von Rechtsfragen grundsätzlicher Bedeutung, zur Fortbildung des Rechts oder zur Sicherung einer einheitlichen Rechtsprechung beizutragen (§ 74 Abs. 7 FamFG) oder wenn Rügen von Verfahrensfehlern nicht als durchgreifend erachtet werden (§ 74 Abs. 3 S. 4 FamFG iVm § 564 ZPO).[77]

159 **c) Kostenentscheidung.** Soweit das Rechtsbeschwerdegericht in einer Sache selbst eine eigenständige, das Verfahren abschließende Entscheidung trifft (§ 74 Abs. 6 S. 1 FamFG), hat es auch eine Entscheidung über die Kosten zu treffen.

160 **d) Erweiterte Aufhebung (§ 147FamFG).** Wird eine Entscheidung auf Rechtsbeschwerde teilweise aufgehoben, kann das Rechtsbeschwerdegericht **auf Antrag eines Beteiligten** die Entscheidung auch insoweit aufheben und die Sache zur anderweitigen Verhandlung und Entscheidung an das Beschwerdegericht zurückverweisen, als dies **wegen des Zusammenhangs** mit der aufgehobenen Entscheidung geboten erscheint (§ 147 S. 1 FamFG). Damit hat der Gesetzgeber den Eintritt der Rechtskraft von nicht angegriffenen Folgesachenentscheidungen bei Scheidungsverbundentscheidungen des Beschwerdegerichts verhindert, soweit gegen einen anderen Teil der Scheidungsverbundentscheidung Rechtsbeschwerde zum Bundesgerichtshof eingelegt wird. Hebt nämlich der Bundesgerichtshof auf die Rechtsbeschwerde hin einen Teil der Scheidungsverbundentscheidungen auf, kann einer der beteiligten Ehegatten die Aufhebung und Zurückverweisung einer Sache verlangen, die mit der vom Bundesgerichtshof entschiedenen Sache im Zusammenhang steht. Solange der Antrag nach § 147 FamFG von einem der Beteiligten gestellt werden kann, wird die nicht angefochtene Teilentscheidung aus dem Scheidungsverbund auch nicht rechtskräftig. Die Rechtskraft der nicht angefochtenen Entscheidungen tritt, soweit ein Antrag nach § 147 FamFG gestellt wurde, erst ein, wenn der Bundesgerichtshof die Rechtsbeschwerde zurückweist oder der Rechtsbeschwerde unter Zurückweisung des Antrags nach § 147 FamFG stattgibt.

161 Eine **Aufhebung des Scheidungsausspruchs** kann nur innerhalb eines Monats nach Zustellung der Rechtsmittelbegründung oder des Beschlusses über die Zulassung der Rechtsbeschwerde, bei mehreren Zustellungen bis zum Ablauf eines Monats nach der letzten Zustellung, beantragt werden (§ 147 S. 2 FamFG). Soweit die Aufhebung einer anderen Folgesache begehrt wird, greift demnach diese Frist nicht, und der

76 HK-FamVerfR/*Klußmann* § 74 Rn. 13, 14.
77 HK-FamVerfR/*Klußmann* § 74 Rn. 22.

jeweilige Beteiligte kann den Antrag, soweit aufgrund mündlicher Verhandlung entschieden wird, bis zum Schluss der mündlichen Verhandlung stellen. Der Zusammenhang zwischen dem Verfahrensgegenstand der Rechtsbeschwerde und der anderen Teilentscheidung muss erkennbar sein, was sich aus tatsächlichen Gründen oder aber aus Rechtsgründen ergeben kann (zB: Qualifizierung Haushaltsgegenstand oder Vermögensgegenstand; Rentenanwartschaft oder Vermögensposition beim Zugewinnausgleich; elterliche Sorge und Umgangsrecht bzw. Unterhalt).

Der Antrag muss durch einen Beteiligten beim Bundesgerichtshof gestellt werden, wobei dies wegen des Anwaltszwangs von einem beim Bundesgerichtshof zugelassen Rechtsanwalt zu geschehen hat (§§ 10 Abs. 4 S. 1, 114 Abs. 2 FamFG). Soweit der Bundesgerichtshof dem Antrag nach § 147 FamFG bei dessen Begründetheit stattgibt, werden auf die Rechtsbeschwerde hin alle miteinander im Verbund stehenden Sachen an das Beschwerdegericht zurückverwiesen, bei denen ein Zusammenhang mit der getroffenen Entscheidung gegeben ist. 162

8. Zurückweisungsbeschluss (§ 74 a FamFG)

Das Rechtsbeschwerdegericht weist die vom Beschwerdegericht zugelassene Rechtsbeschwerde durch einstimmigen Beschluss ohne mündliche Verhandlung oder Erörterung im Termin zurück, wenn es davon überzeugt ist, dass die Voraussetzungen für die Zulassung der Rechtsbeschwerde nicht vorliegen und die Rechtsbeschwerde keine Aussicht auf Erfolg hat (§ 74 a Abs. 1 FamFG). Diese gesetzliche Regelung dient der Entlastung des Bundesgerichtshofs und ist durch das Bundesverfassungsgericht bereits bestätigt worden.[78] Das Rechtsbeschwerdegericht oder der Vorsitzende hat zuvor die Beteiligten auf die beabsichtigte Zurückweisung der Rechtsbeschwerde und die Gründe hierfür hinzuweisen und dem Rechtsbeschwerdeführer binnen einer zu bestimmenden Frist Gelegenheit zur Stellungnahme zu geben (§ 74 a Abs. 2 FamFG), um dem Anspruch auf rechtliches Gehör angesichts des oben vorgegebenen Weges zu genügen. Der Beschluss nach § 74 a Abs. 1 FamFG ist zu begründen, soweit die Gründe für die Zurückweisung nicht bereits in dem Hinweis auf § 74 a Abs. 2 FamFG enthalten sind (§ 74 Abs. 3 FamFG). 163

IV. Sprungsrechtsbeschwerde

1. Allgemeines

Gegen die im ersten Rechtszug erlassenen Beschlüsse, die ohne Zulassung der Beschwerde unterliegen (bei Endentscheidungen bei nichtvermögensrechtlichen Angelegenheiten; ansonsten wenn der Beschwerdewert 600 EUR übersteigt), findet auf Antrag unter Übergehung der Beschwerdeinstanz unmittelbar die Rechtsbeschwerde (Sprungrechtsbeschwerde) statt, wenn: 164

1. die **Beteiligten** in die Übergehung der Beschwerdeinstanz **einwilligen** und
2. das **Rechtsbeschwerdegericht** die Sprungrechtsbeschwerde **zulässt**.

Der Gesetzgeber eröffnet damit den Beteiligten die Möglichkeit, Rechtsfragen möglichst rasch höchstrichterlich entscheiden und klären zu lassen, wenn die Tatsachenfeststellungen getroffen sind und der zugrunde liegende Sachverhalt geklärt ist. 165

2. Wirkungen der Zulassung

Der Antrag auf Zulassung der Sprungrechtsbeschwerde und die Erklärung der Einwilligung der Beteiligten auf die Übergehung der Beschwerdeinstanz **gelten als Verzicht** auf das Rechtsmittel der Beschwerde (§ 75 Abs. 1 S. 2 FamFG), was sich insoweit nachteilig auswirken könnte, als der Bundesgerichtshof die Sprungrechtsbeschwerde nicht zulässt und dann angesichts der oben beschriebenen Verzichtswirkung auch keine Beschwerde mehr möglich ist.[79] 166

78 BVerfG 1.10.2004 – 1 BvR 173/04, NJW 2005, 659.
79 Rahm/Künkel FamR-HdB/*Stockmann* I 13 C Rn. 170.

3. Verfahren

167 **a) Vorschriften der ZPO.** Für das weitere Verfahren gilt § 566 Abs. 2–8 ZPO entsprechend (§ 75 Abs. 2 FamFG).

168 **b) Einwilligungserklärung.** Danach hat die in § 75 Abs. 1 S. 1 Nr. 1 FamFG vorliegende Einwilligung in die Sprungrechtsbeschwerde schriftlich zu erfolgen und ist im Rahmen der Sprungrechtsbeschwerdeschrift beim Rechtsbeschwerdegericht einzureichen (§ 75 Abs. 2 iVm § 566 Abs. 2 S. 4 ZPO). Diese Erklärung kann vom Verfahrensbevollmächtigten erster Instanz oder zu Protokoll der Geschäftsstelle eines jeden Amtsgerichts abgegeben werden (§ 25 Abs. 2 FamFG).

169 **c) Zulassungsantrag.** Die Zulassung der Sprungrechtsbeschwerde ist beim Rechtsbeschwerdegericht von einem beim Bundesgerichtshof zugelassenen **Rechtsanwalt** zu beantragen und zwar innerhalb der **Notfrist** von einem Monat, welche mit der schriftlichen Bekanntgabe der in vollständiger Form abgefassten Endentscheidung des Erstgerichts, spätestens fünf Monate nach Verkündung, beginnt.

170 **d) Inhalt des Antrags.** Der Antrag hat die angegriffene Entscheidung zu bezeichnen, sowie zu benennen, dass Sprungrechtsbeschwerde eingelegt wird; außerdem ist dem Antrag eine Ausfertigung der angegriffenen Entscheidung beizugeben (§ 75 Abs. 2 FamFG iVm §§ 566 Abs. 2, 549 Abs. 1 S. 2, 550 Abs. 1 ZPO). Der Zulassungsantrag ist zu begründen und es ist darzulegen, warum die Rechtssache grundsätzliche Bedeutung hat oder die Entscheidung des Rechtsbeschwerdegerichts zur Fortbildung des Rechts oder zur Sicherung einer einheitlichen Rechtsprechung erforderlich ist. Ein Verfahrensmangel kann nicht als Grundlage für die Sprungrechtsbeschwerde herangezogen werden (§ 75 Abs. 2 FamFG iVm § 566 Abs. 4 S. 2 ZPO).[80] Die oben erwähnten Einwilligungserklärungen der weiteren Beteiligten sind dem Antrag im Original beizugeben, wobei es für zulässig erachtet wird, diese innerhalb der Monatsfrist des § 566 Abs. 2 S. 1 ZPO nachzureichen.

171 **e) Wirkungen.** Durch den Antrag auf Zulassung der Sprungrechtsbeschwerde wird der Eintritt der Rechtskraft der Ausgangsentscheidung gehemmt (§ 75 Abs. 2 FamFG iVm § 566 Abs. 3 S. 1 ZPO).

V. Rechtsbehelfe gegen Zwischen- und Nebenentscheidungen

172 Der Beurteilung des Beschwerdegerichts unterliegen auch die nicht selbstständig anfechtbaren Entscheidungen, die der Endentscheidung vorausgegangen sind (§ 58 Abs. 2 FamFG). Soweit das Gericht im Rahmen der Beweiserhebung oder der förmlichen Beweisaufnahme Entscheidungen trifft, können die Beteiligten hiergegen nach § 58 Abs. 2 FamFG vorgehen. Zwischen- und Nebenentscheidungen des Ausgangsgerichts sind demnach mit der Beschwerde nach § 58 Abs. 1 FamFG nicht anfechtbar, da es sich nicht um Endentscheidungen im Sinne dieser Vorschrift handelt. Diese Zwischen- und Nebenentscheidungen des Gerichts sind **aber zusammen mit der Beschwerde gegen die Hauptsacheentscheidung** angreifbar. Dies gilt nicht für Maßnahmen gegen die die oben angegebenen Rechtsmittel der sofortigen Beschwerde oder Erinnerung gesetzlich eröffnet sind.

173 Durch ausdrückliche Regelung sind Zwischen- und Nebenentscheidungen in folgenden Fällen **selbstständig anfechtbar**:

1. mit der sofortigen Beschwerde entsprechend §§ 567–572 ZPO
   - bei Ablehnung eines Befangenheitsantrags nach § 6 Abs. 2 FamFG,
   - bei Ablehnung einer beantragten Beteiligung am Verfahren nach § 7 Abs. 5 S. 2 FamFG,
   - bei Aussetzung des Verfahrens nach § 21 Abs. 2 FamFG,
   - bei Zwischenstreit über das Recht der Zeugnisverweigerung nach § 29 Abs. 2 FamFG,
   - bei Verhängung von Ordnungsmittel nach § 20 Abs. 1 FamFG und § 33 Abs. 3 S. 5 FamFG,
   - bei Anordnung von Zwangsmaßnahmen nach § 35 Abs. 5 FamFG oder

80 HK-FamVerfR/*Klußmann* § 75 Rn. 5.

- bei Berichtigungsbeschlüssen, soweit die Berichtigung vorgenommen wird nach § 42 Abs. 3 S. 2 FamFG
- Entscheidungen im Vollstreckungsverfahren nach § 87 Abs. 4 FamFG;

2. mit einer befristeten Erinnerung nach § 11 Abs. 2 RPflG;
3. bei Kostenfestsetzungen.

Wegen der Regelung in § 85 FamFG kommen die Vorschriften der §§ 103–107 ZPO zur Anwendung im FamFG-Verfahren.

57. Betagte Verbindlichkeiten im Zugewinn

Caspary

1 Betagte Verbindlichkeiten sind Forderungen, die zwar entstanden, aber **noch nicht fällig** sind. Sie sind wie bedingte, unsichere oder ungewisse Rechte (→ *ABC der Vermögenswerte* Rn. 150 ff.) bei der Berechnung des Zugewinnausgleichs zu berücksichtigen. Betagte Verbindlichkeiten kommen vor allen Dingen im Zusammenhang mit Übertragungsverträgen zwischen Eltern und Kindern vor, zB in Form der Übernahme der Grabpflegekosten im Falle des Ablebens der Eltern.[1]

Da eine am Stichtag noch nicht fällige unverzinsliche Schuld weniger belastend ist als eine sofort zu erfüllende Schuld, müssen betagte Verbindlichkeiten abgezinst werden.[2] Liegt eine privilegierte Zuwendung im Sinne von § 1374 Abs. 2 BGB vor, ist bezogen auf den Zeitpunkt der Zuwendung abzuzinsen.[3] Handelt es sich dagegen um eine Zuwendung unter Ehegatten, ist wohl auf den für die Ermittlung des Endvermögens maßgeblichen Stichtag, also die Rechtshängigkeit abzustellen.[4]

2 Die **Abzinsung** ist in zwei Schritten durchzuführen: Zunächst muss der Zinssatz festgelegt werden, mit dem abgezinst werden soll. Dann ist der geschuldete Betrag mit dem Barwertfaktor zu multiplizieren, der sich aus dem gewählten Zinssatz ergibt. Den Barwertfaktor findet man in der Anlage 2 zu § 20 der Immobilienwertermittlungsverordnung.[5] Dabei gilt: Je höher der gewählte Zinssatz ist, desto höher fällt die Abzinsung aus, dh desto mehr verringert sich die Verbindlichkeit und umgekehrt.

Ist zum Beispiel eine Forderung in Höhe von 100.000 EUR erst in zehn Jahren fällig und wählt man einen Zinssatz von 4 %, verringert sich die Forderung durch die Abzinsung auf 67.560 EUR: 100.000 EUR x Barwertfaktor von 0,6756. Wählt man dagegen einen Zinssatz von 2 %, verringert sich die Schuld lediglich auf 82.030 EUR: 100.000 EUR x Barwertfaktor von 0,8203.

Geht es um eine Verbindlichkeit, die, wie bei den hier in Rede stehenden Fällen oft, mit dem Tod des Übertragenden fällig wird, ist der Fälligkeitszeitpunkt anhand der durchschnittlichen Lebenserwartung des Übertragenden zu bestimmen. Wie hoch die Lebenserwartung noch ist, kann man anhand der im Internet zugänglichen Sterbetafeln des Statistischen Bundesamtes ermitteln (www.destatis.de).

---

1 BGH 22.9.2010 – XII ZR 69/09, FamRZ 2010, 2057.
2 BGH 30.5.1990 – XII ZR 75/89, FamRZ 1990, 1217; OLG Hamm 9.9.1994 – 6 UF 229/93, FamRZ 1995, 611.
3 BGH 30.5.1990 – XII ZR 75/89, FamRZ 1990, 1217.
4 BGH 22.9.2010 – XII ZR 69/09, FamRZ 2010, 2057; Anm. *Kogel* FF 2011, 31 ff.
5 *Haußleiter/Schulz* Vermögensauseinandersetzung Kap. 1 Rn. 352.

58. Beteiligte

Stockmann

I. Einführung

1 Im FamFG hat der Begriff des Beteiligten eine zentrale **Bedeutung**. An die Beteiligteneigenschaft werden – insbesondere in Nichtstreitverfahren – entscheidende Rechtswirkungen geknüpft. So stehen (nur) den Beteiligten Rechte im Verfahren zu (zB deren Anhörung vor Verweisung bzw. Abgabe nach §§ 3, 5 FamFG oder die generelle Anhörung vor einer Sachentscheidung, § 34 FamFG), die gerichtliche Entscheidung wird mit Bekanntgabe an die Beteiligten wirksam (§ 40 Abs. 1 FamFG), hierzu ist sie den Beteiligten zuzustellen (§§ 41, 15 FamFG), nur den Beteiligten können die Kosten des Verfahrens auferlegt werden (§ 81 Abs. 1 FamFG).

2 Entsprechend den gesetzlichen Vorgaben sind dabei zu **unterscheiden**: der Begriff der Beteiligten, (§ 7 FamFG) die Beteiligtenfähigkeit (§ 8 FamFG) und die Verfahrensfähigkeit (§ 9 FamFG).

II. Beteiligtenbegriff

3 Das FamFG verwendet den **Begriff des Beteiligten**, um damit aus der Vielzahl von Personen, die am Verfahren teilnehmen könnten, diejenigen zu benennen, die Mitwirkungsfunktionen haben sollen. Dabei ist wegen der in § 113 Abs. 1 FamFG erfolgten Verweisung in Ehe- und Familienstreitsachen auf die ZPO zu differenzieren:

1. Ehe- und Familienstreitsachen

4 Hier ergibt sich die Stellung der Beteiligten aus den allgemeinen Regeln der ZPO. Danach folgt die **Parteistellung** aus dem Antrag des Antragstellers, der um Rechtsschutz gegenüber dem Antragsgegner nachsucht.[1]

2. Nichtstreitverfahren

5 Beteiligter ist in **Antragsverfahren**, dh solchen Verfahren, die nicht von Amts wegen, sondern durch Anrufung des Gerichts eingeleitet wurden, stets der Antragsteller, § 7 Abs. 1 FamFG.

6 Beteiligte sind ferner die Personen, die **durch Hinzuziehung vom Gericht** formell am Verfahren beteiligt werden, § 7 Abs. 2 und 3 FamFG. Zu dieser Beteiligung ist das Gericht – sowohl in Antrags- als auch in Amtsverfahren – in den Fällen des Abs. 2 verpflichtet:

7 ▪ Wenn die Person durch das Verfahren **in ihrem Recht unmittelbar betroffen** wird (Abs. 2 Nr. 1). Dies ist in Kindschaftssachen zB der Elternteil, dessen Sorge- oder Umgangsrecht eingeschränkt werden soll. Auch ist das Kind in Kindschaftssachen generell vom Ausgang des Verfahrens in seinen Rechten unmittelbar betroffen und daher zu beteiligen.[2]

---

1 HK-ZPO/*Bendtsen* § 50 Rn. 1.

2 *Keuter* NJW 2010, 1851.

Das Erfordernis der unmittelbaren Betroffenheit zeigt folgendes **Beispiel**:[3]

Ist über eine familiengerichtliche Genehmigung eines Rechtsgeschäfts (§§ 1643, 1821 f. BGB) zu entscheiden, so ist der Vertragspartner des Minderjährigen von der Entscheidung über die Genehmigung betroffen, aber nur mittelbar. Er muss daher nicht beteiligt werden.

8 Sind den **Eltern die sorgerechtlichen Befugnisse entzogen**, so sollen sie nach der herkömmlichen Rechtsprechung der Oberlandesgerichte[4] bei danach durchzuführenden Kindschaftsverfahren mangels ihnen zustehender Rechte nicht mehr zu beteiligen sein. Auch wenn sie nach § 160 FamFG anzuhören sind, erlangten sie dadurch keine Beteiligtenstellung, § 7 Abs. 6 FamFG.

Zumindest für weitere Sorgerechtsverfahren hat der BGH in einer die Beschwerdeberechtigung nach § 59 Abs. 1 FamFG betreffenden Entscheidung[5] jedoch das verfassungsmäßige Recht der Eltern aus Art. 6 GG tangiert gesehen. Da der Anknüpfungspunkt für eine Beschwerde der gleiche wie in § 7 Abs. 2 Nr. 1 FamFG ist, ergibt sich, dass in nachfolgenden Sorgerechtsverfahren auch nicht (mehr) sorgeberechtigte Eltern auf jeden Fall als Beteiligte hinzuzuziehen sind.[6]

9 ■ Wenn die betreffende Person **aufgrund einer gesetzlichen Bestimmung von Amts wegen zu beteiligen** ist (Abs. 2 Nr. 2). So bestimmt zB § 172 FamFG, dass in allen Abstammungsverfahren das Kind, die Mutter und der Vater zu beteiligen sind. § 188 FamFG benennt die Beteiligten in Adoptionsverfahren, § 204 FamFG diejenigen in Ehewohnungssachen, § 219 FamFG benennt die Beteiligten in Versorgungsausgleichssachen. Nach § 158 Abs. 3 S. 2 FamFG wird der Verfahrensbeistand durch seine Bestellung kraft Gesetzes Beteiligter.

10 Darüber hinaus kann das Gericht weitere Personen **als Beteiligte hinzuziehen**, wenn dies gesetzlich vorgesehen ist (Abs. 3).

So ermöglicht § 161 Abs. 1 FamFG, die Pflegeperson des Kindes als Beteiligte heranzuziehen, wenn das Kind seit längerer Zeit in **Familienpflege** lebt. Diese Hinzuziehung steht zwar im Ermessen des Gerichts. Dieses Ermessen wird jedoch durch das Interesse des Kindes begrenzt: Ein derartiges besteht dann, wenn eine Hinzuziehung dem Wohle des Kindes dienen kann. Insbesondere dann, wenn die Pflegeeltern diejenigen sind, die das Kind am besten kennen, dient es dem Wohl des Kindes, dass die Pflegeeltern als Beteiligte die Interessen des Kindes zur Geltung bringen können.[7]

11 Aus den aufgeführten Normen folgt, dass die in § 7 FamFG grundsätzlich umschriebene **Beteiligtenrolle** durch besondere Normen bei den Abschnitten über die einzelnen Verfahren spezieller definiert wurde. Somit ergibt sich insgesamt eine differenzierende Regelung für die Verfahren des FamFG.

12 Die **Stellung des Jugendamts** ist in Kindschaftssachen in § 162 FamFG angesprochen. Es ist gem. Abs. 2 in allen Verfahren nach §§ 1666, 1666 a BGB zu beteiligen. In den übrigen Kindschaftssachen kann es auf seinen Antrag die Rolle eines Beteiligten übernehmen. Damit es diese Rolle – gegebenenfalls erst im Laufe des Verfahrens – einnehmen kann, sind ihm gem. Abs. 3 S. 1 in allen die Person des Kindes betreffenden Sachen die Gerichtstermine mitzuteilen. In Abstammungssachen regelt § 172 Abs. 2 FamFG, dass das Jugendamt in bestimmten Verfahren ebenfalls auf Antrag zu beteiligen ist. Gleiches gilt nach § 212 FamFG in Gewaltschutzsachen, nach § 188 Abs. 2 FamFG in Adoptionssachen und nach § 204 Abs. 2 in Ehewohnungssachen.

13 Damit wird auch ersichtlich, dass aus dem Umstand, dass eine Person oder Behörde im Verfahren **angehört** wird, noch nicht dessen/deren Beteiligtenstellung folgt. § 7 Abs. 6 FamFG stellt dies noch einmal klar.

3 Jacoby FamRZ 2007, 1703.

4 OLG Hamm 22.1.2016 – 2 WF 10/16, FamRZ 2016, 1003.

5 BGH 27.4.2016 – XII ZB 67/14, FamRZ 2016, 1146.

6 Vgl. auch OLG Schleswig 4.5.2011 – 2 UF 83/11, NJW-RR 2011, 1229 und Musielak/Borth/*Borth* FamFG § 7 Rn. 10.

7 KG 19.8.2016 – 18 WF 66/16, FamRZ 2017, 243.

Die **Entscheidung des Gerichts über die Hinzuziehung eines Beteiligten** kann formlos durch die faktische Beteiligung, zB durch die Ladung zum Termin oder die Übermittlung gerichtlicher Schriftstücke erfolgen.[8] Das Gericht hat die Beteiligten ferner über ihr Antragsrecht zu belehren, § 7 Abs. 5 S. 2 FamFG. 14

III. Beteiligtenfähigkeit

Sie besagt, wer Subjekt eines FamFG-Verfahrens sein kann.[9] Sie ist **Verfahrensvoraussetzung** und von Amts wegen zu prüfen, § 56 ZPO bzw. § 9 Abs. 5 FamFG. Im Übrigen ist auch hier hinsichtlich der konkreten Regelung zu differenzieren: 15

1. **Ehe- und Familienstreitsachen:** Es gilt § 50 ZPO, der die Verfahrensfähigkeit an die Rechtsfähigkeit knüpft.[10] Bei einer ausländischen Person kommt wegen Art. 7 Abs. 1 EGBGB die Anwendung ausländischen Rechts in Frage. 16

2. **Nichtstreitverfahren:** Die Beteiligtenfähigkeit ergibt sich hier aus § 8 FamFG. 17

IV. Verfahrensfähigkeit

Die Verfahrensfähigkeit betrifft die Fähigkeit eines Beteiligten, seine Rechte im Verfahren selbst wahrnehmen zu können. 18

1. Ehe- und Familienstreitsachen

a) Allgemein. Hier werden durch die Verweisung des § 113 Abs. 1 FamFG die Regelungen der §§ 51 ff. ZPO angewendet. Durch die Bezugnahme des § 52 ZPO auf die Vorschriften der Geschäftsfähigkeit des BGB bedeutet dies: 19

Grundsätzlich ist nur der **voll Geschäftsfähige** verfahrensfähig. Der beschränkt Geschäftsfähige ist nur dann verfahrensfähig, sofern er im Rahmen der §§ 112, 113 BGB wirksame Verträge schließen kann. Ist der Beteiligte nach diesen Normen nicht geschäftsfähig und damit nicht verfahrensfähig, bedarf er zur Wahrnehmung seiner Rechte im Verfahren der Vertretung durch einen gesetzlichen Vertreter. 20

b) Verfahrensfähigkeit in Ehesachen. Speziell für Ehesachen regelt § 125 FamFG, dass **ein beschränkt geschäftsfähiger Ehegatte** verfahrensfähig ist.[11] Der **geschäftsunfähige Ehegatte** sowie derjenige, für den **eine Betreuung mit dem Aufgabenkreis der Vertretung in der Ehesache** besteht (vgl. § 53 ZPO), ist nicht verfahrensfähig. Für ihn handelt im Verfahren sein gesetzlicher Vertreter.[12] 21

Für die **Stellung eines Scheidungsantrages** benötigt der gesetzliche Vertreter zusätzlich die Genehmigung des Familiengerichts (sofern der geschäftsunfähige Ehegatte minderjährig ist) bzw. des Betreuungsgerichts (sofern der geschäftsunfähige Ehegatte volljährig ist). 22

c) Prozessführung in Unterhaltssachen für Minderjährige. Grundsätzlich steht die Prozessführungsbefugnis dem **Inhaber** des streitbefangenen Rechts zu.[13] Demnach ist dann, wenn dem Kind zustehende Ansprüche geltend gemacht werden, das Kind selbst Verfahrensbeteiligter. Die Eltern als gesetzliche Vertreter sind nicht Partei, sie können aber gleichwohl in diesen Verfahren nicht als Zeugen auftreten. Dem gesetzlichen Vertreter steht die Zeugeneigenschaft dann nicht zu, wenn er für das Kind einen Prozess führt, dessen Streitgegenstand in seinen Vertretungsbereich fällt.[14] 23

---

8 BGH 9.4.2014 – XII ZB 595/13, FamRZ 2014, 1099.
9 HK-FamVerfR/*Schreiber* § 8 Rn. 1.
10 HK-ZPO/*Bendtsen* § 50 Rn. 12 ff.
11 Vgl. HK-FamVerfR/*Kemper* § 125 Rn. 2.
12 Vgl. HK-FamVerfR/*Kemper* § 125 Rn. 3.
13 Vgl. HK-ZPO/*Bendtsen* § 51 Rn. 10.
14 Zöller/*Greger* ZPO Vor § 373 Rn. 1.

24 Von dem erwähnten Grundsatz macht § 1629 Abs. 3 BGB durch die dort vorgeschriebene Notwendigkeit einer **gesetzlichen Prozessstandschaft** eine bedeutsame Ausnahme. Danach muss der Elternteil, der das Kind in Obhut hat und dem daher gem. § 1629 Abs. 2 BGB die Alleinvertretungsbefugnis für die Unterhaltsansprüche des Kindes gegen den anderen Elternteil zusteht, diese im eigenen Namen geltend machen, wenn die Eltern verheiratet sind, aber getrennt leben oder eine Ehesache zwischen ihnen anhängig ist (→ *Prozessstandschaft* Rn. 1ff.). Fehlt dem Antragsteller die Prozessführungsbefugnis, weil die Regeln der Prozessstandschaft nicht beachtet wurden, so ist sein Begehren als unzulässig abzuweisen. Fehlt dem Antragsgegner die Prozessführungsbefugnis, so ist der falsche Beteiligte in Anspruch genommen. Das Begehren erweist sich als unbegründet.[15]

2. Nichtstreitverfahren

25 Hier enthält § 9 Abs. 1 FamFG ausdrückliche Regelungen zur Verfahrensfähigkeit, die ihrerseits wiederum auf die Normen des BGB betreffend die Geschäftsfähigkeit Bezug nehmen, aber zu einem anderen Kreis der Verfahrensunfähigen führen als bei Ehe- und Familienstreitverfahren:

26 Der **voll Geschäftsfähige** ist auf jeden Fall verfahrensfähig, Nr. 1.

27 Der **beschränkt Geschäftsfähige** ist verfahrensfähig, sofern er im Rahmen der §§ 112, 113 BGB wirksame Verträge schließen kann, Nr. 2.

28 Der beschränkt Geschäftsfähige ist ferner dann verfahrensfähig, sofern er das 14. Lebensjahr vollendet hat, um in einem seine Person betreffenden Verfahren ein ihm zustehendes Recht geltend zu machen, Nr. 3.

Beispiele: Dies betrifft den 14-Jährigen, der im Sorgerechtsverfahren der Auflösung des gemeinsamen Sorgerechts gem. § 1671 Abs. 2 Nr. 1 BGB widerspricht oder den Minderjährigen, der sein Recht auf Umgang mit einem Elternteil (§ 1684 Abs. 1 BGB) geregelt haben will.

29 Die Verfahrensfähigkeit des Minderjährigen nach § 9 Abs. 1 Nr. 3 FamFG besteht wegen des Ausnahmecharakters der Norm **nur dann, wenn er ein ihm zustehendes Recht eigenständig geltend macht,** er also entweder als Antragsteller auftritt oder ein ihm zustehendes Mitwirkungs- oder Beteiligungsrecht ausübt.[16] Ferner kann diese Aussage aus dem Vergleich mit § 167 Abs. 3 FamFG (→ Rn. 30) hergeleitet werden. Letztere Norm wäre überflüssig, wenn der Minderjährige bereits aus § 9 Abs. 1 Nr. 3 FamFG eine nicht an seine Rolle im Verfahren gebundene Verfahrensfähigkeit hätte.

Schürmann[17] vertritt die Ansicht, der beschränkt geschäftsfähige Minderjährige sei nur in einem bereits eingeleiteten Verfahren verfahrensfähig, er sei aber nicht befugt, selbst einen Antrag auf Einleitung eines ihn betreffenden Kindschaftsverfahrens zu stellen. Diese enge Auslegung[18] ist mE weder sinnvoll, noch vom Gesetzestext gefordert. Sie würde auch einen Systembruch darstellen: Das Kind wäre nach § 60 FamFG zwar beschwerdeberechtigt, aber nicht in der Lage, das Ausgangsverfahren einzuleiten.

30 Der nicht voll Geschäftsfähige ist verfahrensfähig, sofern er durch eine ausdrückliche gesetzliche Regelung diese Fähigkeit zuerkannt bekommen hat, Nr. 4. Dies betrifft vor allem **Betreuungs- und Unterbringungsverfahren**, in denen § 275 FamFG bzw. § 316 FamFG auch dem geschäftsunfähigen Betroffenen die Verfahrensfähigkeit verleiht. In Familiensachen führt § 167 Abs. 3 FamFG dazu, dass in **Verfahren betreffend die Unterbringung Minderjähriger** (gem. § 151 Nr. 7 FamFG) der betroffene Minderjährige ohne Rücksicht auf seine Geschäftsfähigkeit verfahrensfähig ist, wenn er das 14. Lebensjahr vollendet hat.

15 HK-ZPO/*Bendtsen* § 51 Rn. 11.
16 HK-FamVerfR/*Schreiber* § 9 Rn. 9, 12; *Heiter* FamRZ 2009, 85 ff.
17 *Schürmann* FamFR 2009, 153.
18 Die wohl auch von Keidel/*Zimmermann* FamFG § 9 Rn. 15 vertreten wird.

Ist der Beteiligte nach diesen Normen verfahrensfähig, hat er alle **verfahrensrechtlichen Befugnisse**. Er kann dann zB wirksam eine Verfahrensvollmacht an einen Rechtsanwalt erteilen und – ohne Zustimmung seiner gesetzlichen Vertreter – einen Geschäftsbesorgungsvertrag mit einem Anwalt schließen.[19] 31

Ist der Beteiligte nach diesen Normen nicht geschäftsfähig und damit nicht verfahrensfähig, bedarf er zur Wahrnehmung seiner Rechte im Verfahren der **Vertretung** durch einen gesetzlichen Vertreter (§ 9 Abs. 2 FamFG). 32

Generelle Probleme bei der Vertretung durch den gesetzlichen Vertreter: Soweit infolge Verfahrensunfähigkeit eine Vertretung eines nicht Geschäftsfähigen durch seinen gesetzlichen Vertreter infrage kommt, kann eine **Konfliktsituation** dann eintreten, wenn die Interessen des Nichtgeschäftsfähigen und die seines gesetzlichen Vertreters möglicherweise nicht deckungsgleich sind, so insbesondere dann, wenn der gesetzliche Vertreter selbst schon Beteiligter des Verfahrens ist. Dies kann zB in Kindschaftsverfahren und Abstammungsverfahren (→ *Anfechtung der Vaterschaft* Rn. 28) der Fall sein. 33

Zur Lösung dieser Problematik wurde nach Inkrafttreten des FamFG von Teilen der Rechtsprechung und der Literatur die Ansicht vertreten, für das Kind müsse in jedem Fall ein **Ergänzungspfleger** bestellt werden. 34

Diesen dogmatischen Lösungsweg hat der Bundesgerichtshof[20] für Kindschaftssachen nicht nur abgelehnt, sondern als rechtswidrig beanstandet. Ein derart gravierender Eingriff in das Elternrecht wie der teilweise Entzug der Vertretungsbefugnis sei nicht verhältnismäßig. Der Interessengegensatz könne problemlos durch die **Heranziehung eines Verfahrensbeistandes** gelöst werden: Der Verfahrensbeistand ist zwar kein gesetzlicher Vertreter, § 158 Abs. 4 S. 5 FamFG, die gesetzliche Vertretungsbefugnis der Eltern bleibt bestehen. Aufgabe des Verfahrensbeistands ist es aber, das Interesse des Kindes festzustellen und im gerichtlichen Verfahren zur Geltung zu bringen, § 158 Abs. 4 S. 1 FamFG. Damit kann durch die Bestellung des Verfahrensbeistands das Problem des **Interessengegensatzes** zwischen dem Minderjährigen und seinem gesetzlichen Vertreter **gelöst** werden: Die Interessen des Kindes werden im Verfahren nicht mehr durch den nicht unbefangenen gesetzlichen Vertreter, sondern durch den Verfahrensbeistand wahrgenommen. 35

Die an sich naheliegende Übertragung dieser Überlegungen auf **Abstammungsverfahren** hat der Bundesgerichtshof[21] jedoch abgelehnt. Demnach wird in Abstammungssachen für das Kind die Bestellung eines **Ergänzungspflegers** erforderlich (→ *Anfechtung der Vaterschaft* Rn. 28).

Wird für einen verfahrensfähigen Minderjährigen ein **Verfahrensbeistand** bestellt, so wird dadurch die Verfahrensfähigkeit des Kindes nicht beeinträchtigt. § 9 Abs. 5 FamFG verweist zwar auf § 53 ZPO, die dortige Regelung setzt aber die Vertretung durch einen Pfleger voraus. Dies ist der Verfahrensbeistand nicht.[22] 36

19 OLG Bremen 10.11.2016 – 4 WF 82/16, FamRZ 2017, 1701.
20 BGH 7.9.2011 – XII ZB 12/11, NJW 2011, 3454.
21 BGH 21.3.2012 – XII ZB 510/10, FamRZ 2012, 859.
22 Vgl. auch *Heiter* FamRZ 2009, 85.

59. Betreuungsunterhalt

Finke

I. Einführung

1 Nach § 1570 BGB kann ein geschiedener Ehegatte von dem anderen Ehegatten Unterhalt verlangen, soweit er wegen der Betreuung eines gemeinsamen Kindes ganz oder teilweise nicht zu einer Erwerbstätigkeit verpflichtet ist und er deshalb seinen Bedarf nach § 1578 BGB nicht aus eigenen Einkünften zu decken vermag. Dabei können Bedarf und Bedürftigkeit neben der Nichterzielung eigener Erwerbseinkünfte auch darauf beruhen, dass der andere Ehegatte selbst dann über ein höheres Einkommen verfügen würde, wenn der betreuende Ehegatte ohne die Kindesbetreuung uneingeschränkt einer Erwerbstätigkeit nachgehen könnte. Der Unterhaltsanspruch hat auch in diesem Fall seine Grundlage ausschließlich in § 1570 BGB, wenn **keinerlei Erwerbsobliegenheit** besteht (→ *Anschlussunterhalt* Rn. 9).[1] Hat die Kindesbetreuung dagegen nur einen **teilweisen Wegfall der Erwerbsobliegenheit** zur Folge, so beschränkt sich der Anspruch nach § 1570 BGB darauf, die unterhaltsrechtlichen Auswirkungen des durch die Erwerbsbeschränkung verursachten Einkommensverlustes auszugleichen, während der durch das unabhängig hiervon unterschiedliche Einkommen der Eheleute bedingte Unterhaltsanspruch als Aufstockungsunterhalt auf § 1573 Abs. 2 BGB beruht (zur Aufteilung des Anspruchs nach den verschiedenen Unterhaltstatbeständen → *Anschlussunterhalt* Rn. 10 f.). Der aus den Teilansprüchen bestehende Anspruch unterfällt insgesamt dem Rang des § 1609 Nr. 2 BGB.[2] Zum Betreuungsunterhalt von Eltern eines nichtehelichen Kindes → *Unterhaltsanspruch des nichtehelichen Elternteils* Rn. 5 ff.

2 Im Gegensatz zu den anderen Tatbeständen des nachehelichen Unterhalts handelt es sich bei den finanziellen Einbußen aufgrund der Einschränkung der Erwerbsmöglichkeiten, die durch den Betreuungsunterhalt ausgeglichen werden sollen, immer um Auswirkungen der Ehe. Es geht also immer um den Ausgleich **ehebedingter Nachteile**. Daneben kommt der Grundsatz der nachehelichen Solidarität (→ *Nacheheliche Solidarität*) nur dann zum Tragen, wenn den betreuenden Ehegatten keinerlei Erwerbsobliegenheit trifft und der Bedarf zum Teil nicht auf den Einkommenseinbußen aufgrund der Betreuung, sondern auf dem ohnehin höheren Einkommen des anderen Ehegatten beruht.

3 Das UÄndG 2007 hat für den Betreuungsunterhalt tief greifende Veränderungen gebracht, indem es eine Erwerbsobliegenheit neben der Betreuung minderjähriger Kinder nur noch bis zur Vollendung des dritten Lebensjahres eines Kindes ausschließt, während für die Folgezeit grundsätzlich eine solche Obliegenheit besteht, die nur im Einzelfall aus Billigkeitsgründen eingeschränkt werden kann. Die hiermit vollzogene **Abkehr vom** früheren Rechtszustand, der durch die gefestigte Rechtsprechung zum sog. **Altersphasenmodell** geprägt war, stellt eines der Kernstücke der Reform des Ehegattenunterhalts durch das UÄndG dar. Die anfänglichen Schwierigkeiten der Instanzgerichte bei der Umsetzung dieses Teils der Reform sind durch die Hinweise der nachfolgenden höchstrichterlichen Rechtsprechung zur Bedeutung der Kriterien

1 BGH 6.5.2009 – XII ZR 114/08, NJW 2009, 1956.
2 BGH 1.10.2014 – XII ZB 185/13, NJW 2014, 3649.

der Billigkeitsprüfung behoben. Darauf deutet der Umstand hin, dass sich der Bundesgerichtshof seit 2014 nicht mehr mit der Frage der Betreuungsbedürftigkeit von Kindern und der damit zu vereinbarenden Erwerbstätigkeit des betreuenden Elternteils befasst hat. Auch in der veröffentlichten obergerichtlichen Rechtsprechung finden sich nur sehr wenige Entscheidungen hierzu, meist im Zusammenhang mit der Frage des Umfangs der Überobligationsmäßigkeit einer neben der Betreuung tatsächlich ausgeübten Erwerbstätigkeit (→ Rn. 10). Es erscheint allerdings zweifelhaft, ob man auf diese Weise insgesamt zu einer auch nur einigermaßen einheitlichen Rechtsprechung gelangt ist. Es liegen hierzu keinerlei Erkenntnisse vor, da es an einer entsprechenden Evaluierung fehlt. Aus der anwaltlichen Praxis werden erhebliche Unterschiede bei den von den Instanzgerichten zugrunde gelegten Maßstäben berichtet.

Zwar hatte es der Bundesgerichtshof zunächst ausdrücklich als sachdienlich angesehen, wenn die Instanzgerichte bei der Bestimmung des Umfangs der Erwerbsobliegenheit Fallgruppen bilden würden, bei denen das Alter des betreuten Kindes ein wesentliches Kriterium darstellt.[3] Diese Anregung ist jedoch von den Instanzgerichten nicht aufgenommen worden. Auch der Bundesgerichtshof hat diese Möglichkeit nicht weiterverfolgt, sondern bei seinen weiteren Entscheidungen jede Art von **Pauschalierungen** bei der Beurteilung der Betreuungsbedürftigkeit von Kindern in verschiedenen Altersstufen und der Vereinbarkeit einer Erwerbstätigkeit hiermit neben einer möglichen Fremdbetreuung abgelehnt. Ausschlaggebend hierfür war offensichtlich die Befürchtung, dass eine Abweichung von einer strikten Einzelfallprüfung durch eine auch nur teilweise Anlehnung an abstrakte Grundsätze erneut zu der Verfestigung eines bestimmten Beurteilungsschemas ähnlich wie beim früheren Altersphasenmodell und damit zu einer Abkoppelung von der tatsächlichen gesellschaftlichen Entwicklung führen könnte. Das Gesetz und dessen Begründung[4] verlangen keineswegs zwingend eine solche enge Auslegung im Sinne einer **strikten Einzelfallbeurteilung**, die für die Praxis eine geringere Vorhersehbarkeit und Rechtssicherheit bei der Beurteilung der Betreuungsbedürftigkeit im konkreten Fall bedeutet.[5] Das „Massenphänomen Unterhalt"[6] das in der höchstrichterlichen Rechtsprechung gelegentlich dazu dient, Leitlinien oder Grundsätze zur gleichmäßigen Anwendung des Gesetzes in einer Vielzahl von Sachverhalten zu schaffen, hätte eher dafür gesprochen, den ursprünglichen Gedanken der Bildung von altersbezogenen Fallgruppen weiterzuverfolgen. Eine gewisse Erleichterung für die Praxis ist allerdings dadurch eingetreten, dass der BGH eine Einschränkung der Erwerbsobliegenheit befürwortet, wenn die zeitliche Gesamtbelastung aus Erwerbstätigkeit und Betreuung zu einer überproportionalen Belastung im Verhältnis zum Unterhaltspflichtigen führen würde (→ Rn. 29). Dabei sind an die Darlegung des Betreuungsaufwands **keine überzogenen Anforderungen** zu stellen.[7] 4

Der nacheheliche Betreuungsunterhalt, der mittelbar auch den **Anspruch des Kindes auf Betreuung sicherstellt**, wird in § 1570 Abs. 1 BGB hinsichtlich der wesentlichen Voraussetzungen identisch mit dem Unterhaltsanspruch nach § 1615 l Abs. 2 BGB bei Betreuung eines gemeinsamen nichtehelichen Kindes behandelt. Dies entspricht der Vorgabe des Bundesverfassungsgerichts.[8] Eine allein für den Ehegattenunterhalt geltende Sonderregelung enthält § 1570 Abs. 2 BGB. Diese **teilweise Ungleichbehandlung gegenüber der Betreuung eines nichtehelichen Kindes** wird darauf gestützt, dass sog. elternbezogene Gründe nach dem Grundsatz der nachwirkenden ehelichen Solidarität (→ *Nacheheliche Solidarität*) eine Fortdauer des Unterhaltsanspruchs im Einzelfall auch dann rechtfertigen könnten, wenn eine Betreuung durch einen Elternteil unter Kindeswohlgesichtspunkten nicht mehr erforderlich sei (zur teilweisen Berücksichtigung elternbezogener Gründe beim Betreuungsunterhalt nach § 1615 l Abs. 2 BGB → Rn. 45). Der Schutz, den die eheliche Verbindung durch Art. 6 Abs. 1 GG erfahre, erlaube es, den betreuenden Elternteil unterhaltsrechtlich besser zu stellen als einen nicht verheirateten Elternteil.[9] 5

3 BGH 16.7.2008 – XII ZR 109/05, NJW 2008, 3125.
4 BT-Drs. 16/1830, 17.
5 Krit. auch *Norpoth* FamRZ 2011, 873.
6 BGH 25.9.2019 – XII ZB 25/19, NJW 2019, 3570; 15.11.2017 – XII ZB 503/16, NJW 2018, 468.
7 BGH 18.4.2012 – XII ZR 65/10, NJW 2012, 1868.
8 BVerfG 28.2.2007 – 1 BvL 9/04, NJW 2007, 1735.
9 BT-Drs. 16/1830, 17.

II. Voraussetzungen des Anspruchs

1. Einsatzzeitpunkte

6 Das Gesetz sieht beim Betreuungsunterhalt – anders als bei den anderen Tatbeständen des nachehelichen Unterhalts – **keine Einsatzzeitpunkte** vor. Dies ist folgerichtig, weil sich der Betreuungsbedarf zwar regelmäßig im Zeitpunkt der Scheidung ergibt, aber auch später entstehen kann, und zwar bei Pflegebedürftigkeit selbst bei einem volljährigen Kind.[10] Wurde das Kind zunächst von dem anderen Ehegatten oder durch Dritte betreut, so entsteht der Anspruch nach § 1570 BGB mit der Übernahme der Betreuung, also auch einem nach der Scheidung liegenden Zeitpunkt, ohne dass dies an Einsatzzeitpunkte oder vorher bestehende nacheheliche Unterhaltsansprüche im Sinne eines Anschlusstatbestandes im Rahmen einer ununterbrochenen Unterhaltskette geknüpft wäre. Leitet sich der Unterhaltsanspruch dagegen neben § 1570 BGB auch aus einem anderen Unterhaltstatbestand her (zur Aufteilung des Anspruchs nach den verschiedenen Unterhaltstatbeständen → *Anschlussunterhalt* Rn. 10 f.), so gelten insoweit (dh zB hinsichtlich des im Gesamtanspruch enthaltenen Aufstockungsunterhalts) die gesetzlichen Einsatzzeitpunkte sowie die Grundsätze des Anschlussunterhalts (→ *Anschlussunterhalt* Rn. 1 ff.).

2. Teilweiser bzw. vollständiger Wegfall der Erwerbsobliegenheit aufgrund Kindesbetreuung

7 **a) Betreuung eines gemeinsamen ehelichen Kindes.** § 1570 BGB setzt die Betreuung eines gemeinsamen Kindes der Eheleute, und zwar eines ehelichen Kindes voraus. Das Merkmal der Ehelichkeit ist zwar nicht vom Gesetzeswortlaut her erfasst, wird aber überwiegend daraus hergeleitet, dass die Regelung dem Ausgleich einer ehebedingten Bedürfnislage dient.[11] Außerdem ist der Betreuungsunterhalt für ein nichteheliches Kind in § 1615 l BGB besonders geregelt. Nachdem die beiden Betreuungsunterhaltsregelungen in § 1570 BGB und § 1615 l BGB weitgehend einander angenähert sind, kommt dieser früheren Streitfrage keine besondere Bedeutung mehr zu.

Danach sind als gemeinsame Kinder iSd § 1570 BGB zu behandeln:

- alle in der Ehe geborenen Kinder (§ 1592 Nr. 1 BGB), solange nicht rechtskräftig festgestellt worden ist, dass der Ehemann nicht der Kindesvater ist (§ 1599 Abs. 1 BGB), oder das Kind zwar in der Ehe, aber nach Anhängigkeit des Scheidungsantrags geboren ist und die Voraussetzungen des § 1599 Abs. 2 BGB vorliegen;
- vor der Ehe geborene gemeinsame Kinder, bei denen die Vaterschaft des späteren Ehemanns wirksam anerkannt oder gerichtlich festgestellt worden ist, so dass diese Kinder mit der Heirat der Eltern automatisch zu ehelichen Kindern werden;
- nachehelich geborene Kinder, die als eheliche Kinder behandelt werden, weil sie in der Ehezeit gezeugt worden sind (§ 1615 a BGB), ohne dass die Voraussetzungen des § 1599 Abs. 2 BGB vorliegen.[12]
- von den Eheleuten adoptierte Kinder, die nach § 1754 Abs. 1 BGB als eheliche Kinder gelten.

Nicht als gemeinsame Kinder iSd § 1570 BGB sind zu behandeln:

- voreheliche Kinder eines Ehegatten;
- vor der Ehe geborene gemeinsame Kinder, bei denen der Ehemann die Vaterschaft nicht anerkannt hat;
- nachehelich geborene Kinder, die als nichteheliche Kinder behandelt werden, so dass sich ein möglicher Betreuungsunterhalt nach § 1615 l BGB richtet;[13]
- Pflegekinder; hier kommt bei berechtigter Einschränkung der Erwerbstätigkeit aufgrund der Kindesbetreuung lediglich ein Billigkeitsunterhalt in Betracht (→ *Billigkeitsunterhalt* Rn. 3).

8 **b) Einschränkung der Erwerbsobliegenheit wegen der Kindesbetreuung. aa) Allgemeines.** Im Gegensatz zur früheren Regelung in § 1570 BGB aF, die mit der Formulierung „solange und soweit von ihm

10 BGH 16.1.1985 – IVb ZR 59/83, NJW 1985, 909.
11 BGH 17.12.1997 – XII ZR 38/96, NJW 1998, 1065 mwN zur Gegenmeinung.
12 NK-BGB/*Schilling* § 1570 Rn. 6.
13 BGH 17.12.1997 – XII ZR 38/96, NJW 1998, 1065.

... keine Erwerbstätigkeit erwartet werden kann" keinerlei Vorgaben zur Bestimmung des Umfangs der Erwerbsobliegenheit im konkreten Fall machte, was die Praxis dazu veranlasste, im Laufe der Zeit das sog. Altersphasenmodell zu entwickeln, sieht die jetzige Fassung des § 1570 BGB eine gestufte Regelung vor. Für die Zeit bis zur Vollendung des dritten Lebensjahres des betreuten Kindes besteht ohne jede Erwerbsobliegenheit ein Betreuungsunterhaltsanspruch (§ 1570 Abs. 1 S. 1 BGB), der in der Gesetzesbegründung als **Basisunterhalt** bezeichnet wird. Eine Befristung des Anspruchs von vornherein auf die Dauer von drei Jahren scheidet aus, da die Billigkeit der Fortdauer des vollen bzw. eingeschränkten Betreuungsunterhaltsanspruchs erst dann abschließend beurteilt werden kann, wenn die tatsächlichen Voraussetzungen hierfür vorliegen und die Billigkeitsabwägung nicht allein auf einer Prognose beruht.[14]

Für die Folgezeit kommt die Fortdauer des Anspruchs unter Billigkeitsgesichtspunkten in Betracht, soweit 9
im Einzelfall Kindesbelange, dh **kindbezogene Gründe** einer Erwerbstätigkeit entgegenstehen. Wesentliches Billigkeitskriterium sind dabei die bestehenden Möglichkeiten der Kindesbetreuung (§ 1570 Abs. 1 S. 2 BGB). Sind solche Gründe nicht (mehr) gegeben, so kommt die Fortdauer des Basisunterhalts oder des Billigkeitsunterhalts aus kindbezogenen Gründen in Betracht, wenn dies im Hinblick auf die Gestaltung der Kindesbetreuung und Erwerbstätigkeit in der Ehe sowie die Ehedauer, dh aus **elternbezogenen Gründen** der Billigkeit entspricht (§ 1570 Abs. 2 BGB). Mit Ausnahme des Basisunterhalts gibt das Gesetz auch nach dem UÄndG keine konkreten Vorgaben für die Beurteilung der Erwerbsobliegenheit des betreuenden Ehegatten, sondern eröffnet mit den Billigkeitsregelungen ein weites Feld, welches im jeweiligen Streitfall der Ausgestaltung durch die auf den Einzelfall bezogene Rechtsprechung überlassen ist.

bb) Keine Erwerbsobliegenheit bis zur Vollendung des dritten Lebensjahres des Kindes. Unabhängig 10
von der tatsächlichen oder möglichen Betreuung des Kindes und unabhängig von der tatsächlich ausgeübten oder zumutbaren und möglichen Erwerbstätigkeit kann der ein gemeinsames Kind betreuende Ehegatte nach § 1570 Abs. 1 S. 1 BGB Betreuungsunterhalt verlangen, solange das Kind noch nicht drei Jahre alt ist. Dieser **Basisunterhalt** umfasst den gesamten Bedarf nach § 1578 BGB, dh einschließlich des Teils, der auf dem ohnehin (also ohne den Einkommensverlust aufgrund der Einschränkung der Erwerbstätigkeit des Berechtigten) höheren des unterhaltspflichtigen Ehegatten beruht (→ Rn. 1). Dennoch erzielte Einkünfte des Berechtigten werden nach den für die Behandlung von Einkünften aus **überobligationsmäßiger Erwerbstätigkeit** geltenden Grundsätzen berücksichtigt (§ 1577 Abs. 2 BGB), dh nur mit dem nach Billigkeit unter Beachtung der Umstände des Einzelfalls berücksichtigungsfähigen Anteil in die Bedarfsermittlung eingestellt und zur Bedarfsdeckung herangezogen.[15]

cc) Einschränkung der Erwerbsobliegenheit ab Vollendung des dritten Lebensjahres des Kindes aus 11
kindbezogenen Gründen. Der Betreuungsunterhalt verlängert sich über den Basisunterhalt hinaus ab der Vollendung des dritten Lebensjahres des Kindes, soweit und solange die **Fortdauer des Anspruchs der Billigkeit entspricht**. Es handelt sich nicht um einen neuen Anspruch, sondern um die Fortdauer des bisherigen Anspruchs.[16] Dies folgt aus dem Gesetzeswortlaut, nach dem der Anspruch „mindestens drei Jahre" besteht und „sich verlängert". Weil die Fortdauer des Anspruchs über die Vollendung des dritten Lebensjahres des Kindes einerseits nicht von vornherein ausgeschlossen ist, aber andererseits auch nicht feststeht, ist eine Befristung bis zu diesem Zeitpunkt nicht möglich, es sei denn, es ist ausnahmsweise bereits im Zeitpunkt der Entscheidung absehbar, dass keine kind- oder elternbezogenen Verlängerungsgründe mehr vorliegen.[17]

Die maßgebliche Frage bei der hinsichtlich der Fortdauer des Betreuungsunterhalts zu treffenden **Billig-** 12
keitsabwägung ist, in welchem Umfang eine Erwerbsobliegenheit neben der Betreuung besteht. Das Gesetz gibt hierzu ebenso wie die frühere Fassung des § 1570 BGB keine konkreten Vorgaben, sondern verweist darauf, dass die Kindesbelange und die bestehenden Möglichkeiten der Kindesbetreuung zu berücksichtigen sind (§ 1570 Abs. 1 S. 2 BGB). Es handelt sich bei diesen Kriterien um die sog. **kindbe-**

14 BGH 18.3.2009 – XII ZR 74/08, NJW 2009, 1876.
15 BGH 1.10.2014 – XII ZB 185/13, NJW 2014, 3649; NK-BGB/*Schilling* BGB § 1570 Rn. 35.
16 BGH 2.10.2013 – XII ZB 249/12, NJW 2013, 3578.
17 BGH 2.10.2013 – XII ZB 249/12, NJW 2013, 3578.

zogenen Gründe. Die Konkretisierung dieser Variante des Betreuungsunterhalts ist der Rechtsprechung überlassen worden. Der Gesetzesbegründung kann lediglich entnommen werden, dass das nach früherem Recht von der Rechtsprechung entwickelte Altersphasenmodell nicht angewendet werden soll, da es mit seinen Anforderungen nicht mehr der gesellschaftlichen Entwicklung entspreche. Außerdem wird darauf hingewiesen, dass mit der neuen Regelung **kein abrupter, übergangsloser Wechsel** von der elterlichen Betreuung zur Vollerwerbstätigkeit beabsichtigt sei. Vielmehr sei im Interesse des Kindeswohls auch künftig ein an den Kriterien des § 1570 Abs. 1 BGB orientierter **gestufter Übergang** möglich.[18]

13 Im Rahmen der Billigkeitsentscheidung ist zunächst zu prüfen, ob und **in welchem Umfang die Kinderbetreuung** unter Inanspruchnahme kindgerechter Betreuungseinrichtungen **gesichert ist bzw. gesichert werden könnte**. Das bedeutet, dass der betreuende Elternteil grundsätzlich gehalten ist, bestehende Möglichkeiten der Fremdbetreuung in Anspruch zu nehmen.[19] Eine freie Entscheidungsmöglichkeit zwischen Selbst- und Fremdbetreuung besteht nicht. In allen bisherigen Entscheidungen geht der Bundesgerichtshof davon aus, dass öffentliche Einrichtungen wie Kindergärten und Tagesstätten, aber auch eine Über-Mittag-Betreuung in der Schule[20] eine kindgerechte Betreuung bieten.

14 Ob die **tatsächliche Betreuung durch Verwandte oder andere Personen** als Betreuung iSd § 1570 BGB anzusehen ist, ist umstritten. Teilweise wird dies bejaht, da sich aus dem Gesetz keine Einschränkung auf öffentliche Einrichtungen herleiten lasse.[21]

15 Der Bundesgerichtshof hat die unentgeltliche Betreuungsleistung von Großeltern in einer Zeit, in der eine Kindesbetreuung in öffentlichen Einrichtungen nicht sichergestellt werden konnte, bei der Beurteilung der Erwerbsobliegenheit des betreuenden Elternteils als diesem sowie dem Enkelkind zugedachte **freiwillige Leistung Dritter** vollständig unberücksichtigt gelassen.[22] Die dennoch in dieser Zeit erzielten Einkünfte der Mutter sind als Einkünfte aus einer überobligationsmäßigen Erwerbstätigkeit beim Unterhalt unberücksichtigt geblieben. Dem Umstand, dass in solchen Fällen die unentgeltliche Leistung im Zweifel allein dem eigenen Kind und dem Enkelkind und nicht dem Schwiegerkind als unterhaltsrechtliche Entlastung zugutekommen soll,[23] könnte auch dadurch Rechnung getragen werden, dass die Betreuungsleistung monetarisiert und fiktiv wie tatsächlich angefallener Aufwand für eine Fremdbetreuung behandelt wird.[24] Diese Lösung erscheint jedenfalls dann sachgerecht, wenn die Betreuung durch Dritte anstelle einer an sich möglichen Betreuung in einer öffentlichen Einrichtung erfolgt.[25]

16 Andererseits kann ein betreuender Elternteil nicht auf die **Inanspruchnahme Dritter** (wie zB die Großeltern, den Lebensgefährten) verwiesen werden, da er hierauf keinen Anspruch hat. Für ein entsprechendes Betreuungsangebot Dritter gilt dies ebenfalls, soweit nicht ausnahmsweise – etwa aufgrund vorangegangener Betreuung durch diese Person – eine solche Fremdbetreuung zumutbar (wohl nicht bei Streitigkeiten mit der bisher teilweise betreuenden Schwiegermutter)[26] und insbesondere mit dem Kindeswohl vereinbar erscheint.[27] Ob das **Betreuungsangebot des anderen Elternteils** angenommen werden muss, erscheint zweifelhaft. Der Bundesgerichtshof hält dies dann für unterhaltsrechtlich zumutbar und damit geboten,

18 BT-Drs. 16/1830 – Anlage „Formulierungshilfe" S. 5 = FamRZ 2007, 1947.
19 BGH 18.3.2009 – XII ZR 74/08, NJW 2009, 1876.
20 Krit. *Norpoth* FamRZ 2011, 873.
21 *Peschel-Gutzeit*, Das neue Unterhaltsrecht 2008, Rn. 52; *Borth* FamRZ 2008, 2 (7); differenzierend Erman/*Graba* BGB § 1570 Rn. 8: jedenfalls dann, wenn das Kind während dieser Zeit auch in einer Einrichtung betreut werden kann; aA *Gerhardt* FuR 2008, 9; einschränkend auch DIJuF-Stellungnahme in FuR 2008, 275.
22 BGH 19.6.2009 – XII ZR 102/08.
23 Erman/*Graba* BGB § 1570 Rn. 7; *Borth*, Unterhaltsrechtsänderungsgesetz 2008, Rn. 78.
24 OLG Hamm 7.2.2007 – 5 UF 111/06, FuR 2007, 177.
25 Erman/*Graba* BGB § 1570 Rn. 8.
26 NK-BGB/*Schilling* § 1570 Rn. 24.
27 NK-BGB/*Schilling* § 1570 Rn. 24.

wenn das Angebot **ernsthaft und verlässlich** ist und **Kindesbelange nicht entgegenstehen.**[28] Bei erheblichen Spannungen und ohne ausreichende Kommunikationsbasis zwischen den Eltern dürfte eine solche Betreuungsform schnell an ihre Grenzen geraten.[29]

Einer Fremdbetreuung kann im Einzelfall eine **besondere Betreuungsbedürftigkeit** eines Kindes ganz oder teilweise entgegenstehen, soweit ihr nur durch eine Selbstbetreuung durch den Elternteil angemessen entsprochen werden kann. Hierzu ist der besondere Betreuungsbedarf konkret darzulegen. Allein der Hinweis auf eine ADS- bzw. ADHS-Erkrankung (Aufmerksamkeitsdefizit-/Hyperaktivitätsstörung) des Kindes reicht insoweit nicht aus.[30] Einen Überblick über mögliche Entwicklungsstörungen und die Diagnostik gibt die Leitlinie ADS – ADHS – HKS der Deutschen Gesellschaft für Jugendpädiatrie und Jugendmedizin eV.[31] Der Unterhalt verlangende Ehegatte hat darzulegen, ob und in welchem Umfang die Erkrankung oder Entwicklungsstörung eine Selbstbetreuung erforderlich macht und eine Fremdbetreuung ausschließt. Ein Anhaltspunkt hierfür kann sein, in welcher Weise bislang auf die Erkrankung im Rahmen der Betreuung reagiert worden ist. Auch andere Belange des Kindes können zu einer besonderen Betreuungsbedürftigkeit und damit Einschränkung der Erwerbsobliegenheit führen. Die Gesetzesbegründung nennt hier als Beispiel den Fall, dass das Kind besonders unter der Trennung leidet.[32] Die Darlegungs- und Beweislast des Unterhalt beanspruchenden Ehegatten führt dazu, dass verbleibende Zweifel zu seinen Lasten gehen. Andererseits sollen an die Darlegung der Betreuungsbedürftigkeit keine überzogenen Anforderungen gestellt werden.[33] 17

In vielen Fällen ist trotz bestehender Fremdbetreuungsmöglichkeiten zu den üblichen Zeiten in Kindergärten, Kindertagesstätten und im schulischen Bereich („Über-Mittag-Betreuung", Ganztagsschule) eine uneingeschränkte Erwerbstätigkeit, dh im Umfang einer Vollzeittätigkeit, nicht möglich, da die **Arbeitszeit sich nur teilweise mit den Zeiten der Fremdbetreuung deckt**. Kommt zB für eine erwerbspflichtige Frau nur eine Tätigkeit als Verkäuferin in Betracht, so liegen die Kernarbeitszeiten teilweise oder sogar weitgehend außerhalb der möglichen Fremdbetreuungszeiten. Dies wird noch verstärkt bei wechselnden Arbeitszeiten oder Arbeitszeiten, die im Rahmen einer zeitlich wesentlich umfangreicheren Bereitschaftspflicht nach Bedarf kurzfristig festgesetzt werden. Auch bei Arbeiten in der Produktion deckt sich – abgesehen davon, dass hier häufig in Wechselschicht gearbeitet wird – die Arbeitszeit in der Regel nicht mit den Betreuungszeiten in öffentlichen Einrichtungen. Anders dürfte dies lediglich bei Bürotätigkeiten mit festen Arbeitszeiten sein, die sich besser mit den üblichen Betreuungszeiten abstimmen lassen. Dies ist im konkreten Fall zu prüfen und auch im Fall einer Fiktion bei fehlenden oder unzureichenden Darlegungen des Berechtigten zu beachten. Wird eine Erwerbstätigkeit **fiktiv** unterstellt, muss also geprüft werden, ob die in Betracht kommenden Erwerbstätigkeiten bei Annahme einer ganztägigen Fremdbetreuung uneingeschränkt möglich sind. 18

Neben dem Zeitfenster, welches die Fremdbetreuung für eine Erwerbstätigkeit eröffnet, ist die Sicherstellung der Betreuung in den **Ferien- und Krankheitszeiten** zu beachten. Bekanntermaßen erkranken Kinder gerade im Kindergartenalter aufgrund der Ansteckung mit diversen Kinderkrankheiten, aber auch mit allgemeinen Erkrankungen, wie zB Erkältungen, relativ häufiger als in ihrer späteren Entwicklung. Letztlich geht es sowohl bei einer möglichen Erkrankung als auch in Ferienzeiten darum, ob und in welchem Umfang ein **Kind zumindest zeitweise sich selbst überlassen** werden kann. Dies dürfte bei Kindern im 19

28 BGH 1.6.2011 – XII ZR 45/09, NJW 2011, 2430: durch die Verlegung des bisherigen Umgangsrechts des Vaters als Frührentner auf die Randzeiten einer vollschichtigen Erwerbstätigkeit der Mutter, in denen eine Betreuung des dreijährigen Kindes in einer öffentlichen Einrichtung nicht möglich ist; BGH 30.3.2011 – XII ZR 3/09, NJW 2011, 1582; s. weiter NK-BGB/*Schilling* § 1570 Rn. 23.

29 OLG Celle 12.8.2008 – 10 UF 77/08, NJW 2008, 3441.

30 BGH 6.5.2009 – XII ZR 114/08, NJW 2009, 1956; NK-BGB/*Schilling* § 1570 Rn. 19.

31 http://www.dgspj.de.

32 BT-Drs. 16/1830 – Anlage „Formulierungshilfe" S. 5 = FamRZ 2007, 1947.

33 BGH 18.4.2012 – XII ZR 65/10, NJW 2012, 1868 bei Fahrdiensten für drei 12, 15 und 17 Jahre alte Kinder im ländlichen Bereich.

Kindergartenalter und in den ersten beiden Schuljahren vollständig auszuschließen sein. Hierdurch ist in vielen Fällen der zeitliche Rahmen einer möglichen Erwerbstätigkeit von vornherein beschränkt.

20 Der Bundesgerichtshof sieht dies offensichtlich anders und geht von einer **Vollerwerbsobliegenheit ab der Vollendung des dritten Lebensjahres des betreuten Kindes** aus, wenn eine Fremdbetreuung des Kindes während der Arbeitszeit des betreuenden Elternteils möglich ist.[34] Andererseits hat der Bundesgerichtshof zB für den vergleichbaren Fall einer betreuenden Mutter eines nichtehelichen Kindes, die nichts zu eingeschränkten Betreuungsmöglichkeiten vorgetragen hatte, so dass optimale Bedingungen zu unterstellen waren, in einem obiter dictum eine deutlich mehr als halbschichtige Teilerwerbstätigkeit als zumutbar angesehen.[35]

21 Eine Einschränkung des Grundsatzes der Vollerwerbsobliegenheit im Sinne des in der Gesetzesbegründung angesprochenen **gestuften Übergangs von der Selbstbetreuung ohne Erwerbsobliegenheit zu einer vollschichtigen Erwerbsobliegenheit** sieht der Bundesgerichtshof nur dann, wenn die Billigkeitskriterien des § 1570 BGB dies erlauben. Liegen diese besonderen Umstände nicht vor, so kommt es ab dem 4. Lebensjahr des Kindes zu dem abrupten, übergangslosen Wechsel, den der Gesetzgeber vermeiden wollte.[36] Es ist nicht ersichtlich, wo bei dieser Sichtweise überhaupt noch Raum für eine Billigkeitsregelung verbleiben soll, die das Gesetz ausdrücklich vorsieht. Soweit wegen der Kindesbelange im Einzelfall Ausnahmen von der grundsätzlich zu akzeptierenden Fremdbetreuung zugelassen werden, hat dies nichts mit Billigkeit zu tun, sondern ist eine zwingende Konsequenz der nicht ausreichenden Fremdbetreuung.

22 Wegen dieses Ergebnisses vermag die Rechtsprechung des Bundesgerichtshofs nicht zu überzeugen. Eine solche Auslegung und Anwendung des Gesetzes ist weder durch dessen Inhalt noch durch dessen Begründung geboten. Der Verzicht auf das früher praktizierte Altersphasenmodell ist vom Gesetzgeber damit begründet worden, dass dessen Ergebnisse nicht mit den **tatsächlichen gesellschaftlichen Verhältnissen** übereinstimmten. Eine Vollzeiterwerbstätigkeit im Regelfall bei Betreuung eines Kindes ab drei Jahren, auf die das Gesetzesverständnis des Bundesgerichtshofs hinausläuft, entspricht dem ebenso wenig. Statistische Erhebungen zeigen, dass 2017 neben der Betreuung von einem oder mehreren Kindern (jüngstes Kind unter 10 Jahren) rd. 35 % der alleinerziehenden Mütter und rd. 27 % der Mütter in Paarfamilien vollschichtig erwerbstätig waren.[37]

23 Auch die vom Gesetzgeber aufgezeigte **Parallele zwischen der Regelung der Erwerbsobliegenheit** in § 1570 BGB und derjenigen beim ALG II in **§ 10 Abs. 1 Nr. 3 SGB II** führt zu einer anderen Lebenswirklichkeit und keineswegs zu dem angeblichen Gleichklang mit der Regelung des Betreuungsunterhalts, wenn man der Auslegung des Bundesgerichtshofs folgt. Die Anforderungen an die Erwerbsobliegenheit im Rahmen des § 10 Abs. 1 Nr. 3 SGB II, die der Gesetzgeber auch dort nur insoweit bestimmt hat, dass sie mit Vollendung des dritten Lebensjahres des Kindes beginnt, ohne jedoch ihren Umfang festzulegen, sind in der Praxis deutlich geringer als diejenigen des Unterhaltsrechts in der Ausprägung durch die Rechtsprechung des Bundesgerichtshofs. Dies zeigen die Erfahrungen aus zahlreichen Unterhaltsverfahren nach § 1570 BGB, in denen der betreuende Ehegatte Leistungen nach dem SGB II bezog, ohne dass die bei einem Verstoß gegen die Erwerbsobliegenheit möglichen Sanktionen nach § 31 SGB II angeordnet oder angekündigt waren. Hierbei handelt es sich nicht etwa um eine individuelle Wahrnehmung, wie ein Blick auf die zu dieser Frage veröffentlichte sozialgerichtliche Rechtsprechung zeigt. Dort gibt es keine Entscheidungen, in denen von einem betreuenden Elternteil mit einem Kind unter acht Jahren eine Vollerwerbstätigkeit erwartet wird.

---

34 BGH 1.6.2011 – XII ZR 45/09, NJW 2011, 2430: bei Betreuung eines dreijährigen Kindes; 30.3.2011 – XII ZR 3/09, NJW 2011, 1582: bei Betreuung eines sechsjährigen Schulkindes.

35 BGH 16.12.2009 – XII ZR 50/08, NJW 2010, 937.

36 BT-Drs. 16/1830 – Anlage „Formulierungshilfe“ S. 5 = FamRZ 2007, 1947.

37 Statistisches Bundesamt – DESTATIS – Alleinerziehende in Deutschland 2017, S. 34 Tabelle 9; zur Organisation von Erwerbstätigkeit und Kinderbetreuung unter Auswertung statistischer Daten vgl. auch *Krone/Stöbe-Blossey* FPR 2010, 137.

In der Praxis ist die Frage des Umfangs der Betreuungsbedürftigkeit und des sich daraus ergebenden Umfangs der Erwerbsobliegenheit übrigens viel seltener streitig zu entscheiden gewesen, als dies ursprünglich den Anschein hatte. Vielfach ist hierüber auf der Grundlage der Vorschläge der Instanzgerichte Einvernehmen zwischen den Beteiligten erzielt worden, zumal eine gerichtliche Entscheidung über diese Billigkeitsfrage ohnehin nur beschränkt oder in der Beschwerdeinstanz aufgrund der Nichtzulassung der Rechtsbeschwerde überhaupt nicht angreifbar gewesen wäre. Die Bundesregierung spricht in ihrer Antwort vom 14.2.2011 auf eine parlamentarische Anfrage von der mit der Vollendung des dritten Lebensjahres des betreuten Kindes grundsätzlich eintretenden (Teil-)Erwerbsobliegenheit.[38] Dies steht im Widerspruch zu dem vom Bundesgerichtshof vertretenen Grundsatz der Vollerwerbspflicht, von dem nur im Einzelfall abgewichen werden kann, wenn die Fremdbetreuung während der Arbeitszeit nicht gewährleistet ist oder von dem Unterhaltsberechtigten eine überproportionale Belastung durch Betreuung und Arbeit dargelegt wird. 24

Während die Rechtsprechung des Bundesgerichtshofs zum Verhältnis der Betreuungsbedürftigkeit des Kindes und der Erwerbsobliegenheit des betreuenden Elternteils nach der Neuregelung des § 1570 BGB von Anfang an nicht ohne deutliche Kritik geblieben ist,[39] wird sie inzwischen auch von den früheren Kritikern hingenommen oder sogar akzeptiert. In den umfangreichen Vorschlägen und Entwürfen zur Neuregelung des Betreuungsunterhalts ohne Differenzierung danach, ob ein eheliches oder nichteheliches Kind betreut wird,[40] wird die bisherige Regelung zugrunde gelegt. 25

dd) Einschränkung der Erwerbsobliegenheit ab Vollendung des dritten Lebensjahres des Kindes aus elternbezogenen Gründen. Ist bei einem mindestens drei Jahre alten Kind eine Einschränkung der Erwerbsobliegenheit des betreuenden Elternteils nicht aus kindbezogenen Gründen gegeben, so können **elternbezogene Gründe** eine solche Einschränkung verlangen. Das Gesetz gewährt einen Betreuungsunterhaltsanspruch, wenn dies nach der Gestaltung der Kindesbetreuung und Erwerbstätigkeit in der Ehe sowie der Dauer der Ehe der **Billigkeit** entspricht (§ 1570 Abs. 2 BGB). Grundlage dieses Anspruchs ist nach der Vorstellung des Gesetzgebers die nachwirkende eheliche Solidarität.[41] Es erscheint zweifelhaft, ob hiermit die Besserstellung des ehelichen Betreuungsunterhaltsanspruchs gegenüber dem Anspruch des betreuenden Elternteils eines nichtehelichen Kindes nach § 1615 l Abs. 2 BGB hinreichend begründet wird im Hinblick auf die verfassungsgerichtliche Vorgabe,[42] nach der eine unterschiedliche Behandlung der Unterhaltstatbestände nicht zulässig ist, soweit sie an die Kinderbetreuung anknüpfen. § 1570 Abs. 2 BGB sieht indes einen Unterhaltsanspruch allein wegen der Kinderbetreuung und nicht aus einem anderen Grund vor.[43] Zur Berücksichtigung elternbezogener Gründe beim Betreuungsunterhalt nach § 1615 l Abs. 2 BGB → Rn. 42 ff. 26

Als ein elternbezogener Grund kommt in Betracht, dass sich der betreuende Elternteil entsprechend der **vereinbarten und praktizierten Rollenverteilung in der Ehe** darauf eingerichtet hat, das Kind weiterhin persönlich zu betreuen, und die eigene Erwerbstätigkeit aufgegeben, eingeschränkt oder zurückgestellt hat. Es geht also um den Gedanken des **Vertrauensschutzes.**[44] Dabei kommt es entscheidend darauf an, für welchen Zeitraum eine solche Abrede erfolgt ist. Wird eine persönliche Betreuung während der ersten drei Lebensjahre des Kindes verabredet, kann ohne weitere Anhaltspunkte nicht davon ausgegangen werden, dass dies auch für die Folgezeit gelten soll. Im Zweifelsfall ist nicht von einer zeitlich unbegrenzten 27

---

38 BT-Drs. 17/5627 = FF 2011, 267.

39 *Born* FF 2011, 431 (443); *Borth* FamRZ 2008, 2; *Schlünder* FF 2013, 92, 101 (105); *Büttner* FPR 2009, 92; HK-FamR/*Streicher* BGB § 1570 Rn. 24; aA *Schilling* FF 2008, 279; NK-BGB/*Schilling* § 1570 Rn. 15; *Schnitzler* FF 2008, 278.

40 Vgl. den Überblick hierzu bei *Götz* FamRZ 2018, 1474.

41 BT-Drs. 16/1830 – Anlage „Formulierungshilfe" S. 6 = FamRZ 2007, 1947.

42 BVerfG 28.2.2007 – 1 BvL 9/04, NJW 2007, 1735.

43 Vgl. auch die Kritik von *Hoppenz/Hülsmann*, Der reformierte Unterhalt, BGB § 1570 Rn. 11; Strohal/Viefhues/*Hollinger*, Das neue Unterhaltsrecht, BGB § 1570 Rn. 94.

44 BT-Drs. 16/6980, 9; BGH 18.3.2009 – XII 74/08, NJW 2009, 1876.

Fortdauer auszugehen.[45] Erforderlich ist, dass das Kind auch entsprechend dieser Absprache tatsächlich von dem Elternteil betreut wird. Zudem ist erheblich, für welchen Zeitraum eine entsprechende Abrede getroffen wurde.[46]

28 An die **Absprache der Eltern** hinsichtlich des Umfangs der Kinderbetreuung dürfen keine zu hohen Anforderungen gestellt werden, da solche Vereinbarungen in aller Regel nicht ausdrücklich, sondern konkludent erfolgen. So kann der Umstand, dass wenige Monate vor Vollendung des dritten Lebensjahres des Kindes noch keine konkreten Planungen für die Wiederaufnahme einer Erwerbstätigkeit erfolgt sind, ein Indiz für eine von den Eltern beabsichtigte Selbstbetreuung in einem weiteren Umfang sein, als dies nach § 1570 BGB sonst hinzunehmen wäre. Die Gesetzesbegründung geht davon aus, dass einem Ehegatten, der im Interesse der Kindeserziehung seine **Erwerbstätigkeit dauerhaft aufgegeben oder zurückgestellt** hat, ein längerer Betreuungsunterhalt eingeräumt werden kann, als demjenigen, der von vornherein alsbald wieder in den Beruf zurückkehren wollte.[47] Auch wenn sich mit der Trennung und Scheidung eine wesentliche Grundlage der früheren Praxis bzw. Planung verändert hat, kann eine Aufrechterhaltung der bisherigen Betreuungssituation aus dem Gesichtspunkt des Vertrauensschutzes geboten sein. Dies gilt jedenfalls dann, wenn die wirtschaftlichen Verhältnisse trotz der mit der Trennung verbundenen zusätzlichen Belastungen durch die Führung von zwei Haushalten nicht so knapp geworden sind, dass zusätzliche Einkünfte unbedingt erforderlich sind.

29 Der Bundesgerichtshof sieht auch in einer möglichen **überobligationsmäßigen Belastung** des betreuenden Ehegatten durch Betreuung und Erwerbstätigkeit einen elternbezogenen Grund, der im Einzelfall die Fortdauer des Betreuungsunterhalts nach § 1570 Abs. 2 BGB rechtfertigen kann.[48] Diese Einordnung erscheint problematisch, da es bei der Frage, ob eine Doppelbelastung zumutbar ist, letztlich auch darum geht, ob die Belange des Kindes gewahrt werden, wenn der betreuende Elternteil aufgrund der besonderen Belastung die Betreuungsaufgaben nur eingeschränkt wahrnehmen kann.[49] Es ist auch nicht mit der Gesetzesbegründung vereinbar, die Doppelbelastung nur als elternbezogenes Billigkeitskriterium im Rahmen des § 1570 Abs. 2 BGB zu berücksichtigen, was konsequenterweise bedeuten würde, dass es bei der Betreuung eines nichtehelichen Kindes nicht berücksichtigt werden könnte, da elternbezogene Gründe in § 1615 l Abs. 2 BGB nicht vorgesehen sind.

30 Zur Feststellung einer möglichen überobligationsmäßigen Belastung des Betreuenden soll im Einzelfall geprüft werden, wie groß dieser zusätzliche Aufwand konkret ist und ob bzw. in welchem Umfang er es rechtfertigt, die Erwerbsobliegenheit als teilweise unzumutbar (überobligationsmäßig) einzuschränken (→ Rn. 10). Als weitere Belastung ist hier nicht nur die Betreuung der Kinder im engeren Sinn (wie zB Fahrten zur Schule, zu Sport- und Freizeitveranstaltungen, Schulaufgabenkontrolle einschließlich Übungen) zu sehen, sondern auch der größere zeitliche Aufwand für die Haushaltführung des Betreuenden nicht nur für sich selbst, sondern auch für das Kind bzw. die Kinder.

31 Die teilweise Überobligationsmäßigkeit einer neben der Betreuung ausgeübten Erwerbstätigkeit kann sich daraus ergeben, dass die **zeitliche Gesamtbelastung deutlich diejenige einer vollschichtigen Erwerbstätigkeit übersteigt**. Wenn der unterhaltspflichtige Ehegatte demgegenüber lediglich eine vollschichtige Erwerbstätigkeit ohne eine zusätzliche Belastung ausübt, ist ein Ausgleich zugunsten des überobligationsmäßig belasteten betreuenden Elternteils erforderlich. Diese kann erfolgen entweder durch Minderung der Anforderungen an den Umfang der auszuübenden Erwerbstätigkeit oder – falls die überobligations-

45 BGH 15.9.2010 – XII ZR 20/09, NJW 3369.

46 BGH 21.4.2010 – XII ZR 134/08, NJW 2010, 2277.

47 BT-Drs. 16/1830 – Anlage „Formulierungshilfe" S. 6 = FamRZ 2007, 1947; vgl. auch OLG Hamm 20.12.2011 – 11 UF 159/11, FamRZ 2012, 1571, wobei die Anforderungen mit Rücksicht auf die Planung der Eltern mit „nur" 30 Std./Woche bei zwei vier und sechs Jahre alten Kindern überzogen erscheinen.

48 BGH 18.4.2012 – XII ZR 65/10, NJW 2012, 1868; 18.3.2009 – XII ZR 74/08, NJW 2009, 1876; NK-BGB/*Schilling* BGB § 1570 Rn. 35.

49 *Borth* FamRZ 2009, 1129, der die Doppelbelastung in die Billigkeitsprüfung des § 1570 Abs. 1 S. 2 u. 3 BGB einbeziehen will.

mäßige Erwerbstätigkeit tatsächlich ausgeübt wird – durch anrechnungsfreie Belassung eines Teils des Einkommens. Dem kann nicht die Belastung des unterhaltspflichtigen Ehegatten durch den geleisteten Kindesbarunterhalt entgegengehalten werden, weil diese Belastung bei Feststellung des Unterhaltsbedarfs des Ehegatten einkommensmindernd berücksichtigt wird, so dass dieser durch Minderung seines Unterhaltsanspruchs an dieser Last beteiligt wird, während die Belastung durch die Betreuung neben einer vollschichtigen Tätigkeit allein von dem betreuenden Ehegatten getragen wird.[50] Dementsprechend ist es vertretbar, den Umfang der Erwerbobliegenheit unter Berücksichtigung einer überproportionalen Belastung durch Betreuung und Erwerbstätigkeit einzuschränken.[51]

c) Beschränkung der Erwerbsobliegenheit auf eine angemessene Erwerbstätigkeit. Wie bei den anderen nachehelichen Unterhaltsansprüchen ist auch beim Betreuungsunterhalt die Erwerbsobliegenheit nach § 1574 BGB auf die Ausübung einer angemessenen Erwerbstätigkeit beschränkt. Es wird insoweit auf die Darstellung dieser Problematik beim Unterhalt wegen Erwerbslosigkeitsunterhalt verwiesen (→ *Erwerbslosigkeitsunterhalt* Rn. 3 ff.). 32

3. Berücksichtigung des Betreuungsaufwands

Die Kosten, die dem betreuenden Elternteil durch die von ihm erwartete Inanspruchnahme einer Fremdbetreuung des Kindes während seiner Erwerbstätigkeit entstehen, sind **Unterhaltsmehrbedarf des Kindes**, wenn der pädagogische Aspekt bei der Betreuung im Vordergrund steht und die Ermöglichung der Erwerbstätigkeit für den Elternteil ein Nebeneffekt dieser Betreuung ist. Soweit sich die Betreuung durch Dritte dagegen darauf beschränkt, die elterliche Betreuung zu ersetzen und keinen zusätzlichen Nutzen für die Erziehung und Entwicklung des Kindes durch eine besonders qualifizierte pädagogische Begleitung in einer staatlichen oder privaten Einrichtung erbringt, handelt es sich um **berufsbedingten Aufwand**, der von dem erzielten Einkommen abzuziehen ist.[52] 33

Danach werden **Kindergartenbeiträge** bzw. vergleichbare Aufwendungen für die Betreuung eines Kindes (zB in privaten Kindergruppen) – nach Abzug der darin enthaltenen Verpflegungskosten – als Mehrbedarf des Kindes behandelt, und zwar unabhängig davon, ob diese Betreuung nur bis mittags oder ganztags stattfindet. Diesen Mehrbedarf haben beide Eltern entsprechend ihrer Leistungsfähigkeit zu decken.[53] 34

Demgegenüber handelt es sich bei den **Kosten einer betreuenden Ganztagsgrundschule**, die nur dann anfallen, wenn eine Nachmittagsbetreuung beansprucht wird, um berufsbedingte Aufwendungen des betreuenden Elternteils, weil ein neben der reinen Beaufsichtigung etwa vorhandener pädagogischer Aspekt zurücktritt und die dadurch eröffnete Möglichkeit zur Erwerbstätigkeit nicht mehr als Nebeneffekt angesehen werden kann.[54] Auch hier ist der in diesen Kosten enthaltene Verpflegungsanteil herauszurechnen, bevor der Betrag vom Einkommen des betreuenden Elternteils abgesetzt wird. In gleicher Weise sind **sonstige Betreuungskosten** (zB für eine Tagesmutter, für die Übermittagsbetreuung in der Schule, für zusätzliche Betreuung durch Dritte neben Kindergarten oder Schule) zu behandeln. Werden **Dritte unentgeltlich** tätig und soll diese freiwillige Leistung allein dem betreuenden Elternteil zugutekommen, so kann diese Betreuungsleistung in der Weise monetarisiert werden, dass von dem Einkommen des betreuenden Elternteils ein fiktives Betreuungsentgelt in Höhe einer üblichen Vergütung abgezogen wird (→ Rn. 15).[55] 35

Die Betreuungskosten sind immer konkret darzulegen. Ein **pauschaler Betreuungsaufwand** kann nicht abgesetzt werden. Der Bundesgerichtshof hat seine frühere Rechtsprechung, nach der in bestimmten Fällen ein Betreuungsbonus vom Einkommen abgezogen werden konnte, um damit im Einzelnen nicht exakt 36

50 BGH 18.4.2012 – XII ZR 65/10, NJW 2012, 1868.
51 OLG Hamm 16.1.2014 – 3 UF 244/13, FamRZ 2014, 1468: keine vollschichtige Erwerbstätigkeit neben der „Randbetreuung" eines in einer Kindertagesstätte betreuten Kindes im Grundschulalter.
52 BGH 4.10.2017 – XII ZB 55/17, NJW 2017, 3786.
53 BGH 26.11.2008 – XII ZR 65/07, NJW 2009, 1816.
54 OLG Hamm 26.8.2009 – 5 UF 25/09, NJW 2010, 947; OLG Saarbrücken 17.8.2005 – 9 UF 187/04, NJW-RR 2006, 869.
55 OLG Hamm 26.8.2009 – 5 UF 25/09, NJW 2010, 947.

belegbare Mehraufwendungen des erwerbstätigen Alleinerziehenden zu berücksichtigen, aufgegeben. Die besonderen Belastungen aus der Doppelbelastung durch Betreuung und Erwerbstätigkeit sollen nur nach § 1577 Abs. 2 BGB nach Billigkeitsgrundsätzen berücksichtigt werden, wenn die Erwerbstätigkeit **überobligationsmäßig** ist (→ Rn. 10).

III. Beschränkung des Anspruchs nach § 1578 b BGB

37 Bei der Frage der Herabsetzung und/oder Befristung des Betreuungsunterhalts nach § 1578 b BGB gelten andere Grundsätze als bei den sonstigen Tatbeständen des nachehelichen Unterhalts. Daher ist eine Differenzierung der neben dem Betreuungsunterhalt in Betracht kommenden sonstigen Unterhaltstatbestände des im Ergebnis einheitlichen Unterhaltsanspruchs unbedingt geboten (→ Rn. 1 sowie → *Anschlussunterhalt* Rn. 10).[56] Im Regelfall besteht hinsichtlich des Betreuungsunterhalts keine Einschränkungsmöglichkeit, da der Ausgleich ehebedingter Nachteile des Unterhaltsgläubigers anspruchsimmanent, dh Grundlage des Anspruchs ist. Dies gilt uneingeschränkt, soweit der Anspruch neben dem Betreuungsunterhalt auch auf einem anderen Tatbestand, wie insbesondere dem Aufstockungsunterhalt nach § 1573 Abs. 2 BGB beruht. In diesem Fall ist nicht einmal nach § 1578 b Abs. 1 BGB eine Herabsetzung des Teils des Anspruchs, der auf dem Betreuungsunterhalt beruht, auf den angemessenen Bedarf, den der Berechtigte ohne die Ehe hätte, möglich.

38 Lediglich der **Teil des Anspruchs, der auf dem Aufstockungsunterhalt beruht**, der den Bedarfsanteil betrifft, der sich aus der Differenz der beiderseitigen Einkommen, unabhängig von etwaigen Einschränkungen der Erwerbstätigkeit des Berechtigten aufgrund der Kinderbetreuung ergibt, kann nach den Billigkeitsgrundsätzen des § 1578 b Abs. 1 BGB herabgesetzt werden. Dies gilt indes nur so weit, als die Differenz zwischen einem fiktiv vollschichtigen Einkommen des Berechtigten und dem Einkommen des Pflichtigen nicht auf ehebedingten Nachteilen beruht. Häufig wird sich dies nicht genau feststellen lassen, solange die Betreuung noch andauert und die hierdurch bedingten Nachteile möglicherweise nicht nur andauern, sondern sich noch verstärken. Soweit die Nachteile bzw. ihr Nichtvorliegen hinreichend sicher beurteilt werden können, kann der Anteil des Aufstockungsunterhalts am Gesamtanspruch herabgesetzt werden.[57]

39 Besteht aufgrund Kinderbetreuung keine Erwerbsobliegenheit und ist daher § 1570 BGB alleinige Grundlage des Unterhaltsanspruchs (→ Rn. 1), so kann im Ergebnis nichts anderes gelten. Eine Befristung scheidet auch hier von vornherein aus, da sich bei andauernder Betreuung nicht feststellen lässt, wann und in welchem Umfang der dadurch gegebene ehebedingte Nachteil andauert. Kann dagegen festgestellt werden, dass auch ohne die durch die Betreuung bedingten Nachteile hinsichtlich der Ausübung einer Erwerbstätigkeit eine **Einkommensdifferenz** bestehen würde, so kommt insoweit eine Herabsetzung des Anspruchs nach § 1578 b Abs. 1 BGB in Betracht, wenn die notwendige Erziehung und Betreuung gemeinsamer Kinder trotz des abgesenkten Unterhaltsbedarfs sichergestellt und das Kindeswohl auch sonst nicht beeinträchtigt ist, andererseits eine fortdauernde Teilhabe des betreuenden Elternteils an den abgeleiteten Lebensverhältnissen während der Ehe unbillig erscheint.[58] Zur Billigkeitsabwägung und den hierzu beachtenden Kriterien → *Aufstockungsunterhalt* Rn. 13 ff.

IV. Darlegungs- und Beweislast

40 Der Berechtigte trägt im Unterhaltsverfahren grundsätzlich die Darlegungs- und Beweislast für die Tatbestandsvoraussetzungen des § 1570 BGB. Dies gilt auch für die Umstände, nach denen ein Fortbestand des Betreuungsunterhalts über die Vollendung des dritten Lebensjahres des Kindes hinaus der Billigkeit entspricht.[59] Eine Ausnahme besteht lediglich für das Abänderungsverfahren (→ *Unterhaltsabänderung* Rn. 32). Soweit höchstrichterlich oder obergerichtlich **anerkannte Erfahrungsregeln** zu berücksichtigen sind, hat dies zur Folge, dass ein Unterhaltspflichtiger, der eine Ausnahme von solchen Regeln für

---

56 BGH 10.11.2010 – XII ZR 197/08, NJW 2011, 303.
57 Im Ergebnis ebenso BGH 6.5.2009 – XII ZR 114/08, NJW 2009, 1956.
58 BGH 6.5.2009 – XII ZR 114/08, NJW 2009, 1956.
59 BGH 18.3.2009 – XII ZR 74/08, NJW 2009, 1876.

sich in Anspruch nimmt, die konkreten Umstände, die im Einzelfall eine von der Regel abweichende Beurteilung rechtfertigen, darzulegen und zu beweisen hat. Da der Bundesgerichtshof, wie vorstehend dargelegt, Erfahrungsgrundsätze hinsichtlich der Betreuungsbedürftigkeit von Kindern und des Umfangs der daneben ohne Beeinträchtigung des Kindeswohls möglichen Erwerbstätigkeit nicht mehr gelten lässt und ausnahmslos Einzelfallentscheidungen verlangt, ist für einen Anscheinsbeweis durch Anwendung von Erfahrungsgrundsätzen kein Raum.

Der Umstand, dass dem betreuenden Elternteil die Beweislast für das Vorliegen von Billigkeitsgründen 41
nach § 1570 Abs. 1 S. 2 u. 3 BGB bzw. § 1570 Abs. 2 BGB obliegt, führt indes nicht dazu, dass **ohne ausreichenden Vortrag** immer von einer Vollerwerbsobliegenheit auszugehen ist. Dies gilt insbesondere für den Fall der **Zurechnung eines fiktiven Erwerbseinkommens**, wenn ein konkreter Vortrag zur Vereinbarkeit von Fremdbetreuung und Arbeitszeit fehlt. Auch dann ist zu prüfen, ob und in welchem Umfang eine in Betracht kommende (fiktive) Beschäftigung unter Berücksichtigung der – ohne entsprechenden Vortrag in dem üblichen Rahmen als möglich zu unterstellenden – Kindesbetreuung zumutbar ist. Das kann dazu führen, dass nur von einer Teilzeitbeschäftigung ausgegangen werden kann, wenn wegen der bei der (fiktiven) Tätigkeit üblichen Arbeitszeiten einerseits und der gewöhnlichen Fremdbetreuungszeiten andererseits eine Kindesbetreuung während einer Vollzeittätigkeit nicht hinreichend gewährleistet wäre (→ Rn. 18). Zusätzlich ist bei dieser Beurteilung auch die mögliche Doppelbelastung zu berücksichtigen (→ Rn. 31), die zu einer weiteren Herabsetzung der Anforderungen an den Umfang der Erwerbsobliegenheit führen kann.[60]

60 AA OLG Köln 27.5.2008 – 4 UF 159/07, NJW 2008, 2659, wo ohne jede konkrete Prüfung bei der Betreuung von zwei Kindern im Alter von acht und elf Jahren ein Einkommen aus einer Vollerwerbstätigkeit zugrunde gelegt worden ist.

60. Betriebliche Altersversorgung

Weil

1 Die betriebliche Altersversorgung in Deutschland wird über fünf verschiedene Durchführungswege durchgeführt: in Form von **Direktzusagen**, über **Unterstützungskassen**, über **Direktversicherungen**, über **Pensionskassen** und über **Pensionsfonds**. Sie kann arbeitgeberfinanziert sein oder vom Arbeitnehmer durch Gehaltsumwandlung (auch Deferred Compensation genannt) finanziert werden. Die einzelnen Durchführungswege unterscheiden sich erheblich in Bezug auf die Gestaltung und Finanzierung der Leistungen, die Berechnung einer unverfallbaren Anwartschaft usw. Bei der Zusage muss es sich um eine Zusage auf Versorgungsleistungen handeln, die bei Realisierung eines biometrischen Risikos (Alter/Invalidität/Tod) bezahlt werden. Dabei ist es unerheblich, ob eine bestimmte Leistung zusagt (**Leistungszusage**) oder ob eine Zusage für Beiträge leistet, die er für eine Versorgung zur Verfügung stellt (**Beitragszusage**). Da eine betriebliche Versorgungsleistung die Realisierung eines biometrischen Risikos voraussetzt, unterfallen beispielsweise betriebliche Leistungen wie Treueprämien, Jubiläumsleistungen, Krankheitsbeihilfen usw nicht dem Versorgungsausgleich.[1] Gleiches gilt für Leistungen, die der Arbeitgeber für die Zeit bis zum Erreichen der Regelaltersgrenze als Überbrückungsgeld zahlt.[2]

2 In der Praxis ist es nicht ungewöhnlich, dass ein Arbeitnehmer bei einem Arbeitgeber mehrere Anrechte der betrieblichen Altersversorgung besitzt. Häufig gibt es **arbeitgeberfinanzierte Anrechte** aus verschiedenen Durchführungswegen und zusätzlich **arbeitnehmerfinanzierte Zusagen**, oft ebenfalls über verschiedene Durchführungswege. Innerhalb eines Durchführungswegs und einer Finanzierungsform bestehen die Anrechte häufig aus mehreren Teilanrechten. Die Teilanrechte ergeben sich aus der Notwendigkeit, Versorgungsregelungen regelmäßig an veränderte gesetzliche und sonstige Rahmenbedingungen anzupassen. Neuregelungen gelten jeweils nur für die Zukunft, es muss daher zusätzlich geregelt werden, wie die unter den alten Bestimmungen erworbenen Anrechte in das jeweils neue System integriert werden sollen. Dies geschieht in sog. **Besitzstandsregelungen**.

3 Im Versorgungsausgleich werden häufig für ein einziges Beschäftigungsverhältnis mehrere Auskünfte zur betrieblichen Altersversorgung von **verschiedenen Versorgungsträgern** erteilt. Hierbei muss man sich der Tatsache bewusst sein, dass zu den in den verschiedenen Durchführungswegen bestehenden Teilanrechten nur die jeweiligen Träger dieser Teilanrechte (dh die Unterstützungskasse, die Pensionskasse, der Pensionsfonds, bei der Direktversicherung das Versicherungsunternehmen oder bei der Direktzusage der Arbeitgeber) Auskunft geben können. Einen Überblick über alle bestehenden Anrechte hat nur der Arbeitgeber. Er ist daher verpflichtet, in dem **Auskunftsformular V30** alle bestehenden Anrechte aufzulisten. Nur anhand dieses Formulars kann überprüft werden, ob alle bei einem Arbeitgeber bestehenden Anrechte auf betriebliche Altersversorgung im Versorgungsausgleich berücksichtigt sind. Zu beachten ist, dass die Berechnungen zum Versorgungsausgleich häufig nicht vom Versorgungsträger selbst vorgenommen werden, sondern von einem Beratungsunternehmen. Dieses erbringt lediglich eine Dienstleistung, es ist weder Versorgungsträger noch Verfahrensbeteiligter noch begründet es die Anrechte für den Ausgleichsberechtigten.

4 Für Anrechte der betrieblichen Altersversorgung gibt es je nach Durchführungsweg unterschiedliche Grenzwerte für den Ausgleichswert, bis zu dem eine externe Teilung ohne Zustimmung des Ausgleichsberechtigten zulässig ist. Für die Durchführungswege **Direktversicherung**, **Pensionskasse** und **Pensionsfonds** gilt die Wertgrenze des § 14 Abs. 2 Nr. 2 VersAusglG (§ 18 Abs. 1 SGB IV, in 2019: 62,30 EUR für Renten bzw. 7.476 EUR für Kapitalbeträge). Bei **Direktzusagen** und **Unterstützungskassenzusagen** gilt hingegen die sehr viel höhere Wertgrenze des § 17 VersAusglG (2021 = 85.200 EUR). Die **Prüfung**, ob ein Anrecht intern zu teilen oder ob eine externe Teilung zulässig ist, erfolgt in der Regel anhand des **einzelnen Teilanrechts**. Der hohe Grenzwert des § 17 VersAusglG hat zur Folge, dass gerade bei den hohen Teilanrechten der betrieblichen Altersversorgung, die meist über die Durchführungswege Direktzusage oder Unterstützungskassenzusage gewährt werden, in aller Regel eine **externe Teilung** durchgeführt wird,

1 Vgl. *Langohr-Plato* BetrAV Rn. 65.

2 *Glockner/Uebelhack*, Die betriebliche Altersversorgung im Versorgungsausgleich, Rn. 31.

denn nur selten übersteigt der Ausgleichswert die Wertgrenze des § 17 VersAusglG (→ *Externe Teilung* Rn. 4).

Für die **Wertermittlung** gelten für die betriebliche Altersversorgung die Sondervorschriften des § 45 VersAusglG. Nach § 45 Abs. 1 VersAusglG kann als Wert des Anrechts der Rentenbetrag nach **§ 2 BetrAVG** oder der **Kapitalwert nach § 4 Abs. 5 BetrAVG** angesetzt werden. In beiden Fällen bedeutet dies, dass zunächst die (fiktive) unverfallbare Anwartschaft nach § 2 BetrAVG zum Ende der Ehezeit berechnet werden muss. Es wird also zunächst der Anteil des Anrechts ermittelt, der bei einer Beendigung des Beschäftigungsverhältnisses aufrechterhalten würde, oder, wenn das Beschäftigungsverhältnis bereits beendet ist, aufrechterhalten wurde. Für die Berechnung der gesetzlich unverfallbaren Anwartschaft gibt es in § 2 BetrAVG in Abhängigkeit vom Durchführungsweg und teilweise auch von der Gestaltung des Leistungsplans unterschiedliche gesetzliche Vorschriften und eine umfangreiche Rechtsprechung der Arbeitsgerichte. Das Versorgungsausgleichsgesetz verweist nur auf die gesetzlichen Regelungen in § 2 BetrAVG. Die Höhe der unverfallbaren Anwartschaft kann jedoch auch vertraglich geregelt sein. Wie bezüglich einer vertraglichen Regelung zur Unverfallbarkeit zu verfahren ist, regelt das Gesetz nicht. Der § 2 BetrAVG legt den gesetzlichen Mindeststandard fest. Vertragliche Regelungen dienen häufig nur dem Zweck, den gesetzlichen Anspruch zu erläutern oder zu interpretieren. Sie geben somit wieder, wie der Versorgungsträger bei der Berechnung einer unverfallbaren Anwartschaft vorgeht. Da keine Besserstellung gegenüber der gesetzlichen Regelung beabsichtigt ist, gibt es keine Grundlage dafür, im Versorgungsausgleich eine andere Berechnungsweise anzuwenden. Durchaus gebräuchlich sind jedoch auch vertragliche Regelungen, die eine Besserstellung gegenüber dem gesetzlichen Anspruch nach § 2 BetrAVG darstellen. Damit die Teilung eines solchen Anrechts dem Halbteilungsgrundsatz genügt, müssen solche vertraglichen Regelungen ebenfalls berücksichtigt werden. Regelmäßig finden sich vertragliche Regelungen zur Unverfallbarkeit in Zusagen an Vorstände oder Gesellschafter-Geschäftsführer von Kapitalgesellschaften. Bei diesen Personengruppen gibt es häufig keine einschlägige gesetzliche Regelung, weil das Betriebsrentengesetz nicht maßgeblich ist. Dies gilt zB bei Gesellschafter-Geschäftsführern mit einer beherrschenden Stellung. Die vertraglichen Unverfallbarkeitsregelungen für diesen Personenkreis sind häufig deutlich großzügiger als die gesetzlichen Regelungen des § 2 BetrAVG. Es kann daher im Einzelfall von erheblicher wirtschaftlicher Bedeutung sein, dass die vertraglichen Regelungen beachtet werden. Die Berechnung einer unverfallbaren Anwartschaft kann im Einzelfall sehr kompliziert sein. Nennenswerte Ermessensspielräume bei der Berechnung gibt es selten. Ist die (fiktive) unverfallbare Anwartschaft ermittelt, ist in einem **zweiten Schritt** hieraus der **Ehezeitanteil** zu berechnen (→ *Ehezeitanteil* Rn. 2). 5

Anders als bei der Berechnung der unverfallbaren Anwartschaft gibt es bezüglich der Berechnung des **Ehezeitanteils** oft einen großen Ermessensspielraum. Soweit es möglich ist, muss die Berechnung nach § 45 Abs. 2 VersAusglG nach den Grundsätzen der unmittelbaren Bewertung erfolgen. Die unmittelbare Bewertung kann an der Art der Zusage scheitern. Häufig ist sie aber auch nur deshalb nicht möglich, weil der Versorgungsträger hierfür nicht über die **nötigen Daten** verfügt. Ist eine unmittelbare Bewertung nicht möglich, ist eine zeitratierliche Berechnung vorzunehmen. Hierbei ist die unverfallbare Anwartschaft mit dem Quotienten zu multiplizieren, der aus der ehezeitlichen Betriebszugehörigkeit und der gesamten Betriebszugehörigkeit bis zum Ehezeitende zu bilden ist. Die Unterschiede beider Berechnungsverfahren können beträchtlich sein (→ *Ehezeitanteil* Rn. 9). 6

Die **maßgebliche Bezugsgröße** ist in der betrieblichen Altersversorgung meist ein Kapitalbetrag (Deckungskapital oder Barwert), selten eine Rente. Der Versorgungsträger kann die Teilung auf diese Weise mehr oder weniger kostenneutral durchführen. Bei einer Teilung auf Basis der Rentenhöhe ist dies wegen des unterschiedlichen Geschlechts und Alters der Eheleute meist nicht möglich. 7

Ein solcher versicherungsmathematischer Barwert kann von einem Fachmann (Aktuar) nachvollzogen werden, wenn die Auskunft die **vollständigen Rechtsgrundlagen** (persönliche Bemessungsgrößen, Versorgungsregelung und Teilungsordnung) und die vollständigen Rechnungsgrundlagen (biometrische Rechnungsgrundlagen, Rechnungszins, Rententrend, ggf. Anwartschaftstrend) enthält. Bei den Rechnungsgrundlagen kommt insbesondere dem Rechnungszins eine große Bedeutung zu, da er das Ergebnis 8 entscheidend beeinflusst (→ *Zinsen im Versorgungsausgleich* Rn. 1 ff.). Welcher Zinssatz vom Versorgungsträger für die Ermittlung des Ausgleichswertes zu verwenden ist, war lange umstritten. Der BGH hat sich in seiner **Rechnungszinsentscheidung**[3] nunmehr eindeutig für den vom Gesetzgeber favorisierten BilMoG-Zinssatz gem. § 253 Abs. 2 S. 2 HGB ausgesprochen, ermittelt aus dem siebenjährigen Durchschnitt, es sei denn, es liegt zB ein tatsächlicher Rechnungszins vor oder würde im Rahmen der Übertragung betrieblicher Anrechte zur Anwendung kommen.[4] Die Rechnungszinsentscheidung des BGH fand nicht überall Zuspruch. Die diesbezüglich eingelegte Verfassungsbeschwerde wurde vom Bundesverfassungsgericht nicht angenommen. Im Fall eines externen Ausgleichs eines betrieblichen Anrechts sollten die Ehegatten immer eine Verrechnung im Wege der Vereinbarung gem. § 6 VersAusglG in Betracht ziehen, sie vermeiden somit für beide einen Rententransferverlust. Die Vereinbarung sollte dann auf Rentenbasis erfolgen, alternativ ist eine versicherungsmathematische Berechnung unter Vorgabe der Rechnungszinsen möglich (→ *Externe Teilung* Rn. 1 ff.).

9 Für Verwirrung sorgen in der Praxis gelegentlich die Auskünfte zu Kapitalzusagen der betrieblichen Altersversorgung. Bei diesen ist häufig als Ehezeitanteil und Ausgleichswert die Höhe der Kapitalzahlung im Alter angegeben. Damit ist der Ausgleichswert zwar ein Kapitalbetrag, dieser entspricht jedoch nicht einem Kapitalwert nach § 4 Abs. 5 BetrAVG, sondern er ist vielmehr als Rentenbetrag nach § 2 BetrAVG zu interpretieren, denn es handelt sich um die spätere Leistung aus dem Anrecht. Entsprechend ist in diesen Fällen, entgegen dem Wortlaut des § 5 Abs. 3 VersAusglG, zusätzlich zum Kapitalbetrag ein korrespondierender Kapitalwert anzugeben.

3 BGH 9.3.2016 – XII ZB 540/14, FamRZ 2016, 781.
4 BGH 11.5.2016 – XII ZB 615/13, FamRZ 2016, 1247.

61. Beweissicherung im Zugewinn

Knahn/Holthusen

I. Einführung

1 Die gesetzlichen Regelungen zur Zugewinngemeinschaft enthalten keine spezielle Form der Beweissicherung für das Zugewinnausgleichsverfahren. Da es sich bei Zugewinnausgleichsverfahren gem. § 261 Abs. 1 FamFG um Güterrechtssachen und somit Familienstreitsachen gem. § 112 Nr. 2 FamFG handelt, gelten gem. § 113 Abs. 1 S. 2 FamFG die allgemeinen Vorschriften der ZPO und die Vorschriften über das Verfahren vor den Landgerichten (§§ 1–494 a ZPO) entsprechend. Die **Vorschriften der ZPO zum selbstständigen Beweisverfahren** (§§ 485–494 a ZPO) finden daher auch im Zugewinnausgleichsverfahren Anwendung (→ Rn. 3 ff.).

2 Die Ehegatten haben daneben die Möglichkeit, durch eine Auskunft gem. § 1379 BGB und eine damit verbundene **Belegvorlage** (→ *Belegvorlage im Zugewinn* Rn. 1 ff.) Beweise (insbesondere Urkunden) zu sichern. Ein **Verzeichnis über das Anfangsvermögen** gem. § 1377 BGB kann die Darlegungs- und Beweislast bzgl. des eigenen Anfangsvermögens erleichtern (→ *Anfangsvermögen* Rn. 28). Besteht zwischen den Ehegatten vor einem streitigen Zugewinnausgleichsverfahren oder einem selbstständigen Beweissicherungsverfahren Einigkeit über die Notwendigkeit einer Begutachtung, kann im Rahmen eines **Schiedsgutachtenvertrages** ein Sachverständiger gemeinsam beauftragt werden.[1] Es gelten die §§ 317 BGB ff.[2] Die Ehegatten vereinbaren, dass das Ergebnis des Gutachtens für beide verbindlich ist, woran sie nur bei offenbaren Unrichtigkeiten nicht gebunden wären.

II. Zulässigkeit des selbstständigen Beweisverfahrens (§ 485 ZPO)

1. Statthaftigkeit

3 Da es sich bei Zugewinnausgleichsverfahren gem. § 261 Abs. 1 FamFG um Güterrechtssachen und somit Familienstreitsachen gem. § 112 Nr. 2 FamFG handelt, gelten gem. § 113 Abs. 1 S. 2 FamFG die allgemeinen Vorschriften der ZPO und die Vorschriften über das Verfahren vor den Landgerichten (§§ 1–494 a ZPO) entsprechend. Die **Vorschriften der ZPO zum selbstständigen Beweisverfahren** (§§ 485–494 a ZPO) finden daher auch im Zugewinnausgleichsverfahren Anwendung.[3]

2. Zuständigkeit

4 Für das selbstständige Beweisverfahren ist gem. § 486 Abs. 1 ZPO das Gericht örtlich und sachlich zuständig, bei dem das Hauptsacheverfahren anhängig ist. Bei fehlender Anhängigkeit der Hauptsache ist gem. § 486 Abs. 2 ZPO das Gericht örtlich und sachlich zuständig, das für die Entscheidung der Hauptsache zuständig wäre.

5 Für die Güterrechtssache „Zugewinnausgleichsverfahren“ als Familiensache (§ 111 Nr. 9 FamFG) ist ausschließlich das **Amtsgericht sachlich zuständig**, § 23 a Abs. 1 Nr. 1 GVG. Innerhalb der Amtsgerichte sind die Abteilungen für Familiensachen (§ 23 b GVG) zuständig.

1 *Schulz/Hauß* Vermögensauseinandersetzung Kap. 1 Rn. 175.
2 Palandt/*Grüneberg* BGB § 317 Rn. 3 ff.
3 OLG Naumburg 13.4.2011 – 8 WF 74/11, FamRZ 2011, 1531; OLG Köln 25.2.2010 – 10 WF 216/09, FamRZ 2010, 1585.

6 Die **örtliche Zuständigkeit** richtet sich nach § 262 FamFG. Gem. § 262 Abs. 1 FamFG ist während der Anhängigkeit einer Ehesache das Gericht ausschließlich zuständig, bei dem die Ehesache im ersten Rechtszug anhängig ist oder war (Zuständigkeitskonzentration). In allen anderen Fällen gelten die örtlichen Zuständigkeitsbestimmungen der ZPO (§ 262 Abs. 2 FamFG).

7 Wird eine Ehesache zwischen den Beteiligten nach Anhängigkeit aber noch vor abschließender Entscheidung[4] eines Güterrechtsverfahrens im ersten Rechtszug rechtshängig, ist das Verfahren von Amts wegen an das Gericht der Ehesache abzugeben (§ 263 FamFG). Das Prinzip der Zuständigkeitskonzentration des Gerichts der Ehesache dient der Bündelung aller Verfahren, die eine Familie betreffen. Da sich das selbstständige Beweisverfahren an dem zuständigen Gericht der Hauptsache orientiert, muss daher auch das **Überleitungsgebot des § 263 FamFG** gelten.

3. Drohender Verlust des Beweismittels (§ 485 Abs. 1 ZPO)

8 Liegt die Zustimmung des anderen Ehegatten zur Durchführung eines selbstständigen Beweisverfahrens nicht vor, kann dieses **bei drohendem Verlust oder erschwerter Benutzbarkeit der Beweismittel** beantragt werden (sicherndes Beweisverfahren), wenn das Verfahren auf **Zugewinnausgleich bereits anhängig** ist (§ 485 Abs. 1 ZPO).[5] Zulässig ist die Einnahme des Augenscheins, die Vernehmung von Zeugen oder die Begutachtung durch einen Sachverständigen.

4. Rechtliches Interesse (§ 485 Abs. 2 ZPO)

9 Ist ein **Zugewinnausgleichsverfahren noch nicht anhängig**, richtet sich die Zulässigkeit des selbstständigen Beweisverfahrens nach § 485 Abs. 2 ZPO. Demnach kann ausschließlich die schriftliche Begutachtung durch einen Sachverständigen beantragt werden. Der Antragssteller muss ein rechtliches Interesse an der Beweissicherung darlegen. Ein rechtliches Interesse ist gem. § 485 Abs. 2 S. 2 BGB anzunehmen, wenn die Feststellung der Vermeidung eines Rechtsstreits dienen kann. Streiten sich die Ehegatten vor Anhängigkeit des Zugewinnausgleichsverfahren über den Wert eines oder mehrerer Grundstücke und kann durch die verbindliche Bewertung der Grundstücke einer der wesentlichen Streitpunkte beseitigt werden, kann die Feststellung der Vermeidung des Zugewinnausgleichsverfahrens dienen.[6] Es genügt eine Schlichtungsmöglichkeit im weitesten Sinne, das Hauptsacheverfahren muss nicht mit Sicherheit zu erwarten oder angedroht sein.[7] Auf die Erheblichkeit der Beweisfragen oder die Erfolgsaussicht im späteren Verfahren kommt es nicht an.[8]

5. Vorteile des selbstständigen Beweisverfahrens

10 Das selbstständige Beweisverfahren ist die **finanziell günstigere Alternative** gegenüber der Möglichkeit, zunächst ein Privatgutachten einzuholen, welches im Verfahren durch ein gerichtliches Gutachten überprüft werden muss.[9] Außerdem ist für den **Streitwert** auf die hälftige Differenz zwischen den unterschiedlichen Wertbehauptungen abzustellen.[10]

11 Für den Rechtsanwalt ist das selbstständige Beweisverfahren deshalb interessant, weil er eine **1,5-Einigungsgebühr** (Nr. 1000 VV RVG) erhält, wenn es in diesem Verfahren zu einer endgültigen Einigung über den Zugewinn kommt. Kommt es zu keiner Einigung, wird zwar die Verfahrensgebühr im Zugewinnverfahren angerechnet (Vorbem. 3 Abs. 5 VV RVG). Es fällt aber eine weitere 1,2-Terminsgebühr nach Nr. 3104 VV RVG an.[11]

---

4 BGH 7.3.2001 – XII ARZ 2/01, NJW 2001, 1499.
5 MüKoZPO/*Schreiber* § 485 Rn. 6.
6 OLG Köln 25.2.2010 – 10 WF 216/09, FamRZ 2010, 1585.
7 OLG Naumburg 13.4.2011 – 8 WF 74/11, FamRZ 2011, 1531.
8 HK-ZPO/*Pukall* § 485 Rn. 7.
9 *Born* FPR 2009, 305.
10 OLG Celle 12.2.2008 – 10 WF 46/08, FamRZ 2008, 1197.
11 *Schneider* FamFR 2011, 446.

62. Bewerbungsbemühungen

Schausten

I. Einleitung

1 Die von dem Unterhaltsberechtigten oder dem Unterhaltsverpflichteten verlangten Bewerbungsbemühungen korrespondieren mit der jeweiligen Erwerbsobliegenheit (→ *Erwerbsobliegenheit* Rn. 1 ff.), die den Betroffenen aufgrund des jeweils einschlägigen Unterhaltstatbestandes trifft. Kommt der jeweilige Betroffene seiner Erwerbsobliegenheit nicht nach, können ihm fiktive Einkünfte (→ *Fiktive Einkünfte* Rn. 1 ff.) zugerechnet werden.

II. Materielle Rechtslage

1. Überblick

2 Voraussetzung für die Zurechnung fiktiver Einkünfte ist, dass dem Betroffenen **subjektiv** fehlende oder nicht ausreichende Bewerbungsbemühungen vorgeworfen werden können und **objektiv**, dass überhaupt eine **reale Beschäftigungschance** bestanden hat; Letztere hängt von den tatsächlichen Verhältnissen auf dem Arbeitsmarkt und den persönlichen Voraussetzungen des Bewerbers wie Alter, Ausbildung, Berufserfahrung und Gesundheitszustand ab.[1] Diese Rechtsprechung ist verfassungsrechtlich nicht zu beanstanden, nur wenn dem Betroffenen die Erwirtschaftung eines Einkommens abverlangt wird, welches er objektiv nicht erzielen kann, liegt in der Regel ein unverhältnismäßiger Eingriff in seine wirtschaftliche Handlungsfreiheit vor.[2] Die unzureichende Arbeitsuche führt indessen noch nicht notwendig zur Zurechnung fiktiver Einkünfte. Die mangelhafte Arbeitsuche muss vielmehr für die Arbeitslosigkeit auch ursächlich sein. Eine Ursächlichkeit besteht nicht, wenn nach den tatsächlichen Gegebenheiten des Arbeitsmarkts sowie den persönlichen Eigenschaften und Fähigkeiten des Unterhalt begehrenden Ehegatten für ihn keine reale Beschäftigungschance bestanden hat.[3]

2. Ausreichende Bewerbungsbemühungen

3 Von daher ist in einem ersten Prüfungsschritt festzustellen, ob der Betroffene ausreichende Bewerbungsbemühungen unternommen hat. Die Anforderungen an die Intensität der Arbeitsuche sind einerseits abhängig von den objektiven Erwerbsmöglichkeiten, und andererseits von den persönlichen Voraussetzungen des Suchenden.[4] Die Rechtsprechung geht dabei davon aus, dass von einem Arbeitslosen für die Arbeitsuche jedenfalls die Zeit aufzuwenden ist, die der **Arbeitszeit eines vollschichtig Erwerbstätigen** entspricht,[5] wobei von den Gerichten in der Regel mindestens **20 bis 30 konkrete Bewerbungen** pro Monat verlangt werden.[6] Reine Blindbewerbungen reichen nach Auffassung der Rechtsprechung zur Erfüllung der Bewerbungsbemühungen nicht aus.[7] Die Bewerbungen müssen konkret auf die entsprechenden Stellenangebote zugeschnitten sein. Zu berücksichtigen ist jedoch, dass bei einer Arbeitgeberkündigung in der Regel nicht von einem nahtlosen Übergang in ein neues Beschäftigungsverhältnis ausgegangen werden kann; erst

1 BGH 8.4.1987 – IVb ZR 39/86, NJW-RR 1987, 962.
2 BVerfG 18.3.2008 – 1 BvR 125/06, NJW-RR 2008, 1025.
3 BGH 30.7.2008 – XII ZR 126/06, NJW 2008, 3635.
4 OLG Köln 18.1.2005 – 4 UF 105/04, FamRZ 2005, 1912.
5 OLG München 13.2.2008 – 30 WF 30/08, FamRB 2008, 137; OLG Saarbrücken 17.10.2008 – 9 WF 89/08, OLGR Saarbrücken 2009, 103 ff.
6 OLG Stuttgart 19.4.2006 – 17 UF 78/06, FamRZ 2006, 1757; OLG Koblenz 24.6.1999 – 15 UF 203/99, FamRZ 2000, 313; OLG Köln 18.1.2005 – 4 UF 105/04, FamRZ 2005, 1912.
7 OLG Naumburg 17.2.2005 – 14 UF 182/04, OLG-NL 2005, 138.

nach Beendigung des Arbeitsverhältnisses kann sich der Arbeitnehmer im Umfang einer vollschichtigen Tätigkeit um eine neue Stelle bemühen.[8]

4 Grundsätzlich sind die Bewerbungen seitens des Betroffenen **bundesweit** vorzunehmen und nicht auf die umliegende Region beschränkt. Ein gegenüber seinem minderjährigen Kind Unterhaltspflichtiger muss sich im gesamten deutschsprachigen Bereich bewerben, also ggf. auch bei Zeitarbeitsfirmen in Österreich.[9] Auch wenn grundsätzlich eine Arbeitsuche im gesamten Bundesgebiet verlangt werden kann, ist im Einzelfall zu prüfen, ob eine bundesweite Arbeitsaufnahme dem jeweiligen Betroffenen unter **Berücksichtigung seiner persönlichen Bindungen** zumutbar ist.[10] Zu diesen persönlichen Bindungen zählt beispielsweise das Umgangsrecht mit den Kindern, die nach dem möglicherweise notwendigen Umzug entstehenden Kosten der Ausübung dieses Umgangsrecht, die Umzugskosten selbst. Entsprechend kann auch die Betreuung von minderjährigen oder privilegiert volljährigen Kindern einem Umzug und damit einer Obliegenheit zur bundesweiten Bewerbung entgegenstehen.

5 Zu den zumutbaren Bemühungen um eine Arbeitsstelle gehört neben der Verpflichtung, sich bei der Agentur für Arbeit arbeitslos zu melden und dort allen Angeboten nachzugehen, dass sich der Verpflichtete **aus eigenem Antrieb** laufend über Zeitungsannoncen, Vermittlungsagenturen und Ähnliches um Arbeit bemüht; er muss Stellenangebote in Zeitungen und Anzeigenblättern, die am Wohnort und in der Region erscheinen, auf entsprechende Anzeigen sorgfältig überprüfen.[11] Daneben muss er auch Inserate in **Jobbörsen im Internet** beobachten, unter Umständen kann ihm zumutbar sein, selbst Stellenanzeigen aufzugeben. Ist der Betroffene verpflichtet, sich überregional zu bewerben, dürfte darüber hinaus auch eine Verpflichtung bestehen, nicht nur die regional erscheinenden Zeitungen, sondern auch die überregionalen Blätter auf passende Stellenanzeigen hin zu überprüfen.

6 Die Gerichte gehen davon aus, dass den Betroffenen auch ohne Berufsausbildung eine Vielzahl von Tätigkeiten offensteht, genannt werden beispielsweise Stellen als Verkäufer, Tankstellenmitarbeiter, Mitarbeiter in einem Callcenter, Aufsicht in einer Spielhalle oder in einem Parkhaus. Zugemutet werden die Übernahme von Nacht- oder Schichtdiensten, was nicht nur die Chancen auf dem Arbeitsmarkt für ungelernte Kräfte, sondern auch deren Verdienstmöglichkeiten erheblich erhöhen soll.[12]

7 Die **Kosten für die Bewerbungen** können bei der Beurteilung der Zumutbarkeit jedoch nicht mehr eingewandt werden, denn nach § 44 SGB III können für die Kosten einer Bewerbung unterstützende Leistungen des Arbeitsamts in Anspruch genommen werden.[13] Ob diese Rechtsprechung uneingeschränkt gelten kann, erscheint fraglich: Anspruchsgrundlage für die Übernahme von Bewerbungskosten ist § 16 Abs. 1 SGB II iVm § 44 SGB III. Nach § 16 Abs. 1 S. 2 SGB II kann die Agentur für Arbeit zur Eingliederung in Arbeit neben den Leistungen nach § 35 SGB III weitere im SGB III geregelte Leistungen erbringen. Dazu gehören nach § 44 SGB III auch Kosten für die Erstellung und Versendung von Bewerbungsunterlagen (Bewerbungskosten). Bei diesen Leistungen handelt es sich sowohl dem Grunde als auch der Höhe nach um Ermessensleistungen. Ein Rechtsanspruch auf die Leistungen besteht nach dem eindeutigen Wortlaut der § 16 Abs. 1 S. 2 SGB II, § 44 SGB III nicht.

3. Reale Beschäftigungschance

8 Von einer realen Chance in diesem Sinn ist auszugehen, wenn die **Aussichten** auf einen solchen Arbeitsplatz **nicht völlig irreal oder nur theoretischer Art** sind, wobei jeder ernsthafte Zweifel daran, ob bei sachgerechten Bemühungen eine nicht ganz von der Hand zu weisende Beschäftigungschance bestanden hätte und besteht, zulasten des Arbeitspflichtigen geht.[14] Dabei existiert allerdings selbst in

8 OLG Karlsruhe 12.10.2009 – 16 WF 183/09, FamRZ 2010, 1342.
9 OLG Dresden 23.7.2007 – 20 UF 444/07, FamRZ 2008, 173.
10 BVerfG 29.12.2005 – 1 BvR 2076/03, NJW 2006, 2317.
11 OLG Hamm 21.9.2016 – 7 WF 175/16.
12 OLG Köln 28.10.2009 – 27 WF 220/09, NJW-RR 2010, 1011.
13 OLG Karlsruhe 23.11.2007 – 5 UF 10/07, JAmt 2008, 170.
14 Wendl/Dose UnterhaltsR/*Dose* § 1 Rn. 784.

Zeiten hoher Arbeitslosigkeit **kein Erfahrungssatz** oder keine Vermutung, dass wie immer geartete Beschäftigungschancen nicht bestehen.[15] Werden seitens des Betroffenen keine konkreten, vom Umfang und vom Inhalt her ausreichenden Bemühungen um einen vollschichtigen Arbeitsplatz dargelegt, so kann auch aufgrund von Tarifverträgen auf die Existenz solcher seinem Ausbildungsstand entsprechender vollschichtiger Arbeitsplätze – und deren regelmäßige Neubesetzung infolge der üblichen Fluktuation – geschlossen werden. Denn aus den Tarifverträgen ist zu folgern, dass es eine Mehrzahl solcher Arbeitsplätze in der jeweiligen Tarifgruppe gibt, anderenfalls sie dort nicht erwähnt worden wären. Dabei ist allerdings zugleich zu berücksichtigen, dass Arbeitsplätze mit entsprechenden Anforderungen auch in nicht tarifgebundenen Bereichen bestehen können, wenngleich deren Vergütung von den tariflichen Verhältnissen mitbestimmt werden können.[16]

III. Verfahrensrechtliche Hinweise

Der von der Erwerbsobliegenheit Betroffene trägt im Verfahren die uneingeschränkte **Darlegungs- und Beweislast** für seine Bemühungen und muss in nachprüfbarer Weise vortragen, welche Schritte und in welchem zeitlichen Abstand er was im Einzelnen unternommen hat; die Beweiserleichterung nach § 287 Abs. 2 ZPO kommt ihm nicht zugute.[17] Es gibt keinen allgemeinen Erfahrungssatz, dass wegen hoher Arbeitslosigkeit, mangelnder Ausbildung oder sonstiger ungünstiger Bedingungen von vornherein keine oder nur teilschichtige Beschäftigungsmöglichkeiten bestehen.[18] Nicht ausreichend sind allgemeine Hinweise auf die schlechte Arbeitsmarktlage. 9

Teilweise wird von der Rechtsprechung verlangt, dass die unternommenen Anstrengungen im Unterhaltsprozess detailliert und umfassend durch eine **chronologisch geordnete und durchnummerierte Aufstellung** der Bewerbungen nebst dazugehörigen Unterlagen dokumentiert werden.[19] Es empfiehlt sich, Bewerbungsschreiben und schriftliche Absagen vorzulegen bzw. den angesprochenen Arbeitgeber um eine schriftliche Bestätigung der Absage zu bitten.[20] Der Vortrag, der Betroffene habe sich vielfach – allerdings unbelegbar – telefonisch und durch persönliche Vorsprache beworben und sei seiner öffentlich-rechtlichen Erwerbsobliegenheit gegenüber der Agentur für Arbeit in vollem Umfang nachgekommen, reicht für die Erfüllung der Darlegungs- und Beweislast nicht aus.[21] 10

Trägt der Betroffene unter Darlegung der bei ihm bestehenden objektiven Gegebenheiten (beispielsweise: fehlende Berufspraxis, Alter, äußere Erscheinung, Gesundheitszustand, Lage auf dem Arbeitsmarkt) vor, er sei nicht vermittelbar und hätte keine Anstellung erhalten, verlangt der Bundesgerichtshof, dass dem hierzu angebotenen Beweis durch Einholung einer **Auskunft der Agentur für Arbeit** nachgegangen werden muss; die amtliche Auskunft einer Behörde ersetzt insoweit die Zeugenvernehmung des infrage kommenden Sachbearbeiters.[22] 11

Die Gewährung von **Verfahrenskostenhilfe** zur auf mangelnde Leistungsfähigkeit gestützten Rechtsverteidigung gegen Unterhaltsansprüche setzt voraus, dass hinreichende Erwerbsbemühungen glaubhaft gemacht sind. Diese Glaubhaftmachung hat durch Vorlage hinreichender Bewerbungsnachweise zu geschehen, Beweisantritte durch Zeugenbeweis genügen nicht.[23] 12

15 KG 28.3.2007 – 13 WF 23/07, FamRZ 2007, 1469.
16 OLG Hamm 17.12.2009 – II-3 UF 72/09, FamRZ 2010, 985.
17 BGH 30.7.2008 – XII ZR 126/06, NJW 2008, 3635.
18 OLG Hamm 17.12.2009 – II-3 UF 72/09, FamRZ 2010, 985.
19 OLG Naumburg 17.2.2005 – 14 UF 182/04, OLG-NL 2005, 138.
20 OLG Karlsruhe 23.11.2007 – 5 UF 10/07, JAmt 2008, 170.
21 OLG Stuttgart 19.4.2006 – 17 UF 78/06, FamRZ 2006, 1757; OLG Hamm 28.10.2009 – 10 WF 53/09.
22 BGH 8.4.1987 – IVb ZR 39/86, NJW-RR 1987, 962.
23 OLG Köln 15.1.1998 – 14 WF 7/98, NJWE-FER 1998, 160.

63. Bewertungsmethoden im Zugewinn

Knahn/Holthusen

I. Einführung

1 Die §§ 1374, 1375 BGB regeln, aus welchen Vermögenspositionen das Anfangs- bzw. Endvermögen zusammenzusetzen ist. Die Frage der Bewertung der einzelnen Positionen ist in § 1376 BGB geregelt. Dabei schreibt aber nur § 1376 Abs. 4 BGB das **Ertragswertverfahren für land- und forstwirtschaftliche Betriebe** fest (→ Rn. 10 ff.), während § 1376 Abs. 1–3 BGB lediglich die Frage nach dem **Bewertungszeitpunkt** klärt (→ Rn. 2 ff.). Die Anwendbarkeit der im Übrigen anerkannten Bewertungsmethoden des **Ertragswert-** (→ Rn. 5), **Sachwert-** (→ Rn. 6) und **Verkehrswertverfahrens** (→ Rn. 8) ist im Einzelfall durch den Tatrichter sachverhaltsspezifisch zu prüfen.[1] Die Rechtsprechung hat dabei die unten aufgeführte Grundsätze für die Bewertung einzelner Vermögensgegenstände entwickelt (→ Rn. 16 ff.).

II. Bewertungsmethoden

1. Bewertungszeitpunkt

2 Gem. § 1376 Abs. 1 BGB wird bei der Berechnung des Anfangsvermögens der Wert zugrunde gelegt, den der Vermögensgegenstand im **Zeitpunkt des Beginns des Güterstandes** hatte. Bei Hinzurechnungen nach § 1374 Abs. 2 BGB (→ *Anfangsvermögen* Rn. 7 ff.) ist auf den Wert zum Zeitpunkt des privilegierten Erwerbs abzustellen. Bei dem Vergleich von Anfangs- und Endvermögen tritt alleine durch die Geldentwertung (**Inflation**) eine nominale Wertsteigerung des Vermögens auf. Dieser unechte Zugewinn ist nicht auszugleichen.[2] Das Anfangsvermögen ist daher zu **indexieren** (→ *Anfangsvermögen* Rn. 21 ff.).

3 Gem. § 1376 Abs. 2 BGB ist bei der Berechnung des Endvermögens auf den Wert abzustellen, den der Vermögensgegenstand im **Zeitpunkt der Beendigung des Güterstandes** hatte. Endet der Güterstand durch Scheidung, ist der Zeitpunkt der **Rechtshängigkeit des Scheidungsantrags** maßgeblich (§ 1384 BGB). Bei Hinzurechnungen nach § 1375 Abs. 2 BGB (→ *Illoyale Vermögensverfügung und Ansprüche gegen Dritte* Rn. 3 ff.) ist auf den Zeitpunkt des Verlustes der Vermögensposition abzustellen. Es kommt daher auf das Verpflichtungsgeschäft an, durch das eine vermögensmindernde Verbindlichkeit begründet wird.[3]

4 Die Bewertungsstichtage gelten sowohl für Aktiva als auch für Passiva (§ 1376 Abs. 3 BGB). Nach dem strengen **Stichtagsprinzip** (→ *Anfangsvermögen* Rn. 3) ist dabei allein auf die Werte zu dem jeweiligen Zeitpunkt abzustellen. Das weitere Schicksal der Vermögenswerte nach dem Stichtag ist für die

1 BGH 17.11.2010 – XII 170/09, NJW 2011, 601.
2 BGH 14.11.1973 – IV ZR 147/72, NJW 1985, 137.
3 NK-BGB/*Heiß/Löhnig* § 1376 Rn. 5.

Berechnung des Anfangsvermögens ohne Bedeutung. Es kann jedoch eine latente Steuerlast zu berücksichtigen sein, insbesondere bei freiberuflichen Praxen (→ Rn. 22) und Unternehmen, jedoch auch bei der Bewertung anderer Vermögensgegenstände wie Grundstücken, Wertpapieren oder Lebensversicherungen, wenn deren Veräußerung – bezogen auf die Verhältnisse am Stichtag und ungeachtet einer bestehenden Veräußerungsabsicht – eine Steuerpflicht auslösen würde.[4]

2. Ertragswert

Bei Vermögensgegenständen, die geeignet sind, Erträge abzuwerfen (bspw. Mietshäuser, Hotels, Unternehmungen und freiberufliche Praxen) kommt das Ertragswertverfahren als Bewertungsmethode in Betracht. Bei diesem Verfahren ergibt sich der Wert aus der **Ertragskraft des Gegenstandes**. Erträge sind dabei die nachhaltig zu erwirtschaftenden zukünftigen Einnahmenüberschüsse (Gewinne).[5] Bei der Bewertung von Unternehmen ist der Ertragswert immer dann maßgebend, wenn das Unternehmen fortgeführt werden soll und dabei unabhängig von der Unternehmensführung Aussicht auf Ertrag in der Zukunft hat. Ist der Wert des Unternehmens insbesondere von der Person des Firmeninhabers abhängig (Personengesellschaften, kleine Handwerksbetriebe oder freiberufliche Praxen) ist das Ertragswertverfahren weniger geeignet.[6] Vielmehr ist das modifizierte Ertragswertverfahren (→ Rn. 22) vorzugswürdig.[7] 5

3. Sachwert/Substanzwert

Der Sach- oder **Substanzwert** (auch Reproduktionswert) beschreibt den finanziellen Aufwand, der notwendig ist, um einen vergleichbaren Vermögensgegenstand wieder zu beschaffen,[8] wobei bei Sachgesamtheiten auf die Summe der einzelnen Wiederbeschaffungswerte abzustellen ist.[9] 6

4. Geschäftswert

Der Geschäftswert (**ideeller Wert, Firmenwert** oder **Goodwill**) ist der Betrag, den ein potenzieller Erwerber über den Sachwert eines Unternehmens hinaus im Hinblick auf künftige Gewinne zu zahlen bereit ist.[10] Dabei spielen insbesondere immaterielle Faktoren wie Ruf, Ansehen, Standort, Art, Zusammensetzung und Verweildauer der Kunden sowie die Konkurrenzsituation, das Umsatzvolumen und die Umsatzstruktur, besondere Beziehungen sowie der Mitarbeiterstamm eine Rolle.[11] Bei der Ermittlung des Geschäftswerts ist zu beachten, dass **nur die übertragbaren Bestandteile** bewertet werden. Dazu gehört der auf die persönliche Leistung des Inhabers entfallende Teil, also immaterielle Faktoren wie Ruf und Ansehen des Inhabers, die unübertragbar mit seiner Person verknüpft sind.[12] Beim Freiberufler wird der übertragbare Teil des Geschäftswerts dann zutreffend ermittelt, wenn von dem durchschnittlichen Jahresüberschuss der individuelle Unternehmerlohn in Abzug gebracht wird.[13] 7

5. Verkehrswert

Der Erlös einer Sache bei Ausnutzung aller vorhandenen Möglichkeiten nach Abzug der auf dem Gegenstand lastenden Schulden einschließlich Veräußerungskosten und Steuern stellt den Verkehrs- oder Veräußerungswert dar.[14] 8

---

4 BGH 2.2.2011 – XII ZR 185/08, NJW 2011, 2572.
5 NK-BGB/*Heiß/Löhnig* § 1376 Rn. 8.
6 Palandt/*Brudermüller* BGB §§ 1374–1376 Rn. 46.
7 BGH 2.2.2011 – XII ZR 185/08, NJW 2011, 2572.
8 BGH 9.3.1977 – IV ZR 166/75, NJW 1977, 949.
9 NK-BGB/*Heiß/Löhnig* § 1376 Rn. 9.
10 BGH 25.11.1998 – XII ZR 84/97, NJW 1999, 784.
11 NK-BGB/*Heiß/Löhnig* § 1376 Rn. 10.
12 BGH 6.2.2008 – XII ZR 45/06, NJW 2008, 1221.
13 BGH 2.2.2011 – XII ZR 185/08, NJW 2011, 2572.
14 NK-BGB/*Heiß/Löhnig* § 1376 Rn. 11.

6. Liquidationswert

9 Der Liquidationswert ist im Gegensatz zum Verkehrswert der Wert, der bei einer sofortigen Veräußerung der einzelnen Vermögensgegenstände des Unternehmens nach Abzug der Verbindlichkeiten und der Liquidationskosten zu erzielen ist. Der Liquidations- oder **Zerschlagungswert** ist immer dann maßgebend, wenn das Unternehmen aufgelöst wird oder wenn dem Unternehmen keine günstige Fortführungsprognose gestellt werden kann.[15] Ein wesentliches Indiz für die negative Fortführungsprognose ist es, wenn das Unternehmen zeitnah nach dem Stichtag tatsächlich liquidiert wird.[16]

III. Bewertung einzelner Vermögensgegenstände

1. Land- und forstwirtschaftliche Betriebe (§ 1376 Abs. 4 BGB)

10 § 1376 Abs. 4 BGB schreibt die Anwendung des Ertragswertverfahrens für land- und forstwirtschaftliche Betriebe (→ *ABC der Vermögenswerte* Rn. 102 ff.) vor,

- die sowohl im Anfangs- als auch im Endvermögen eines Ehegatten stehen,
- wenn der Ehegatte als Eigentümer des Betriebes ausgleichsverpflichtet ist und
- die Weiterführung oder Wiederaufnahme des Betriebes durch den Ehegatten oder einen Abkömmling erwartet werden kann.

Der Begriff des land- oder forstwirtschaftlichen Betriebs bezeichnet Besitzungen, die eine zum selbstständigen Betrieb der Landwirtschaft einschließlich der Viehzucht oder der Forstwirtschaft geeignete und bestimmte Wirtschaftseinheit darstellen und mit den nötigen Wohn- und Wirtschaftsgebäuden versehen sind.[17] Dazu zählen auch verbundene Betriebe und Zubehör. Betriebe, die ausschließlich Massentierhaltung betreiben, fallen nicht hierunter.[18] Der ausgleichsverpflichtete Ehegatte muss Eigentümer des Betriebes sein, nicht nur Pächter.[19] Unschädlich ist es, dass der Betrieb sich zwischen dem Stichtag des Anfangs- und Endvermögens erheblich verändert hat, bspw. durch Änderung der landwirtschaftlichen Nutzung oder Hinzuerwerb von Flächen. Bei der Anwendung des Ertragswertverfahrens sind Verbindlichkeiten für Fremdkapital dabei lediglich mit dem Zinsaufwand bei der Gewinnermittlung zu berücksichtigen; es ist jedoch durch eine vorsorgliche Verkehrswertbestimmung sicherzustellen, dass der Ertragswert nicht über dem Verkehrswert liegt.[20]

11 Die **Weiterführung oder Wiederaufnahme des Betriebes** durch den Eigentümer selbst oder einen Abkömmling (§ 1589 S. 1 BGB) muss zu erwarten sein. Es müssen bei realistischer Betrachtungsweise Anhaltspunkte dafür gegeben sein, dass der Betrieb in Zukunft wieder bewirtschaftet werden kann.[21] Ein Indiz für eine mögliche Weiterführung oder Wiederaufnahme des Betriebes ist das Vorhandensein einer Hofstelle, die nach Art, Umfang, Inventar und Grundfläche nach wirtschaftlichen Gesichtspunkten den Betrieb ermöglicht.[22]

12 Da der Ertragswert in der Regel beträchtlich hinter dem vollen wirklichen Wert zurückbleibt,[23] führt die Anwendung des § 1376 Abs. 4 BGB zu einer bedeutsamen Begünstigung des Betriebsinhabers und einer entsprechenden Benachteiligung des ausgleichsberechtigten Ehegatten. Die Rechtfertigung dieser Ungleichbehandlung ergibt sich nach der Rechtsprechung des Bundesverfassungsgerichts grundsätzlich aus dem Zweck der Regelung, durch die der Gesetzgeber die Zerschlagung land- und forstwirtschaftlicher

15 BGH 5.12.2018 – XII ZR 116/17, NZFam 2019, 170.
16 BGH 5.12.2018 – XII ZR 116/17, NZFam 2019, 170.
17 BGH 4.5.1964 – III ZR 159/63, NJW 1964, 1414.
18 BGH 13.4.2016 – XII ZB 578/14, NJW-RR 2016, 1217.
19 NK-BGB/*Heiß/Löhnig* § 1376 Rn. 45.
20 BGH 13.4.2016 – XII ZB 578/14, NJW-RR 2016, 1217.
21 BVerfG 16.10.1984 – 1 BvL 17/80, NJW 1985, 1329.
22 NK-BGB/*Heiß/Löhnig* § 1376 Rn. 46.
23 BGH 7.5.1986 – IVb ZR 42/85, NJW-RR 1986, 1066.

Betriebe vermeiden will, jedoch nicht im privatwirtschaftlichen Interesse der Betriebsinhaber, sondern im öffentlichen Interesse an der Erhaltung leistungsfähiger Höfe in bäuerlichen Familien.[24]

Durch die Verweisung auf § 2049 Abs. 2 BGB bestimmt sich der Ertragswert nach dem **Reinertrag**, den das Landgut nach seiner bisherigen wirtschaftlichen Bestimmung bei ordnungsmäßiger Bewirtschaftung nachhaltig gewähren kann. Gem. Art. 137 EGBGB sind für die Bestimmung die landesrechtlichen Vorschriften anzuwenden. In der Regel wird der 25fache Betrag des jährlichen Reinertrages zugrunde gelegt, in Bayern der 18fache Betrag.[25] Zur Berechnung im Einzelnen ist der Leitfaden für die Ermittlung des Ertragswertes landwirtschaftlicher Betriebe[26] zu empfehlen. 13

Während der Ehe **hinzuerworbene Nutzflächen** eines landwirtschaftlichen Betriebes nehmen grundsätzlich an dessen privilegierter Bewertung zum Ertragswert nicht teil, sondern sind im Endvermögen mit dem Verkehrswert anzusetzen. Ausnahmen kommen nur in Betracht, wenn und soweit der Hinzuerwerb zur Erhaltung der Lebensfähigkeit des Betriebes erforderlich war.[27] 14

Liegen die Voraussetzungen des § 1376 Abs. 4 BGB nicht vor, gelten die allgemeinen Bewertungsgrundsätze, die in der Regel zur Anwendung des Sach- oder Liquidationswerts führen (→ *ABC der Vermögenswerte* Rn. 102 ff.).[28] 15

2. Unternehmen

a) Betrieb eines Einzelunternehmers. Für die Bewertung eines Betriebs eines Einzelunternehmers kommt in erster Linie die Heranziehung des **Sachwertes** (→ Rn. 6) zusammen mit dem **Geschäftswert** (→ Rn. 7) oder des **Ertragswertes** (→ Rn. 5) in Betracht, wobei auch eine Mischform zwischen beiden möglich ist (zu näheren Einzelheiten → *ABC der Vermögenswerte* Rn. 160 ff.).[29] 16

Bei der Bewertung von Unternehmen ist der **Ertragswert** maßgebend, wenn das Unternehmen fortgeführt werden soll und dabei unabhängig von der Unternehmensführung Aussicht auf Ertrag in der Zukunft hat.[30] Dies gilt auch, wenn der Wert des Unternehmens insbesondere von der Person des Firmeninhabers abhängig ist (Personengesellschaften, kleine Handwerksbetriebe oder freiberufliche Praxen); dann jedoch ist das Ertragswertverfahren anzupassen und das sog. **modifizierte Ertragswertverfahren** anzuwenden, nämlich ein Unternehmerlohn des Inhabers abzusetzen (→ Rn. 22 für freiberufliche Praxen).[31] Dabei kann nicht nur auf die Vergütung eines Fremdgeschäftsführers abgestellt werden, sondern es sind sämtliche Tätigkeiten des Inhabers für das Unternehmen zu berücksichtigen. 17

Der **Liquidationswert** (→ Rn. 9) ist immer dann maßgebend, wenn das Unternehmen aufgelöst wird oder wenn der Ertragswert des Unternehmens niedriger als der Liquidationswert ist und in einem absehbaren Zeitrahmen liquidiert werden soll.[32] Dabei erfolgt die Bewertung aufgrund einer objektiven nachträglichen Prognose auf dem Kenntnisstand eines optimalen Betrachters, wobei spätere Entwicklungen des Unternehmens, die bereits ansatzweise erkennbar waren, berücksichtigt werden können.[33] 18

b) Unternehmensbeteiligung an einer nicht börsennotierten Personen- oder Kapitalgesellschaft. Grundsätzlich gelten die oben aufgeführten Bewertungsmethoden wie für den Betrieb eines Einzel- 19

24 BVerfG 16.10.1984 – 1 BvL 17/80, NJW 1985, 1329.
25 NK-BGB/*Heiß/Löhnig* § 1376 Rn. 48.
26 *Bendel/Köhne/Moser/Niebuhr* AgrarR 1994, 5.
27 BGH 6.2.1991 – XII ZR 57/90, NJW 1990, 1741.
28 BGH 27.9.1989 – IV b ZR 75/88, NJW-RR 1990, 68.
29 NK-BGB/*Heiß/Löhnig* § 1376 Rn. 32.
30 Vgl. BGH 6.11.2013 – XII ZB 434/12, NJW 2014, 294 (297).
31 BGH 8.11.2017 – XII ZR 108/16, NJW 2018, 61.
32 HK-FamR/*Häcker* BGB § 1376 Rn. 15.
33 Palandt/*Brudermüller* BGB §§ 1374–1376 Rn. 45.

unternehmers (→ Rn. 16 ff.; → *ABC der Vermögenswerte* Rn. 175 ff.). Umfang und Wert der Beteiligung sind dann anhand des Gesellschaftsvertrages zu ermitteln.[34]

20 Sind die Gesellschaftsanteile an einer **Personengesellschaft** durch Vertrag oder Gesetz (§ 719 BGB) unveräußerlich, kann die **Unveräußerlichkeit** der Anteile zu einer Wertminderung führen.[35] Dies entfällt, wenn die Wertminderung durch die Unveräußerlichkeit einer günstigen Erwerbsmöglichkeit anderer Gesellschaftsanteile gegenübersteht.[36]

21 Ist in einem Gesellschaftsvertrag eine **Abfindungsklausel** vorgesehen, wonach im Falle des Ausscheidens eines Gesellschafters der Abfindungsanspruch durch Nichtberücksichtigung der stillen Reserven oder des Geschäftswerts (Goodwill) beschränkt oder ausgeschlossen wird,[37] schränkt die Abfindungsklausel die Verwertbarkeit des Anteils des Gesellschafters ein. Die Abfindungsklausel ist daher wertmindernd zu berücksichtigen.[38] Ist das Ausscheiden aus der Gesellschaft zum Stichtag bereits eingetreten, so ist lediglich der Abfindungswert anzusetzen (→ *ABC der Vermögenswerte* Rn. 177 ff.).[39]

3. Freiberufliche Praxen

22 Auch freiberufliche Praxen sind mit ihrem vollen wirklichen Wert in den Zugewinn einzustellen (→ *ABC der Vermögenswerte* Rn. 44 ff.). Es gelten daher die oben aufgeführten Bewertungsmethoden wie für den Betrieb eines Einzelunternehmers (→ Rn. 16 ff.). Der BGH[40] hat das modifizierte Ertragswertverfahren für die Bewertung freiberuflicher Praxen im Zugewinnausgleich generell für vorzugswürdig erklärt. Der hierbei zu ermittelnde **übertragbare Teil des Goodwills** (→ Rn. 7) ergibt sich aus dem Abzug des den individuellen Verhältnissen entsprechenden Unternehmerlohns von dem durchschnittlichen Jahresüberschuss. Von dem so ermittelten Wert der Praxis sind unabhängig von einer Veräußerungsabsicht latente Ertragsteuern in Abzug zu bringen (→ *ABC der Vermögenswerte* Rn. 51, 148).[41] Zur Wertermittlung bei Freiberuflern können die Richtlinien der jeweiligen Standesorganisationen herangezogen werden.[42]

23 Zu **Einzelfällen** hinsichtlich der Frage des **Geschäftswerts** von freiberuflichen Praxen und Unternehmen → *ABC der Vermögenswerte* Rn. 54 ff.; Rechtsprechung ist auch ergangen zu einer Handelsvertretung;[43] einem Sanitätshaus;[44] einer Versicherungsagentur[45] und einem zahntechnischen Labor.[46]

4. Immobilien

24 Bei der Bewertung von Immobilien (weiteren Einzelheiten → *ABC der Vermögenswerte* Rn. 75 ff.) kommt das Sachwert- und das Ertragswertverfahren in Betracht.[47] Wird das Objekt durch die Ehegatten selbst genutzt, findet das **Sachwertverfahren** Anwendung.[48] Wird die Immobilie als Renditeobjekt vermietet oder verpachtet, ist der **Ertragswert** maßgebend.[49] Ist das Grundstück Teil eines Gewerbebetriebs, erfolgt

34 Vgl. MüKoBGB/*Koch* § 1376 Rn. 49 f.
35 BGH 10.10.1979 – IV ZR 79/78, NJW 1980, 229.
36 BGH 25.11.1998 – XII ZR 84–97, NJW 1999, 784.
37 MüKoBGB/*Koch* § 1376 Rn. 51.
38 BGH 25.11.1998 – XII ZR 84–97, NJW 1999, 784; aA Staudinger/*Thiele* BGB § 1376 Rn. 35.
39 NK-BGB/*Heiß/Löhnig* § 1376 Rn. 39.
40 BGH 2.2.2011 – XII ZR 185/08, NJW 2011, 2572; 9.2.2011 – XII ZR 40/09; NJW 2011, 999.
41 BGH 2.2.2011 – XII ZR 185/08, NJW 2011, 2572.
42 NK-BGB/*Heiß/Löhnig* § 1376 Rn. 40.
43 BGH 9.3.1977 – IV ZR 166/75, NJW 1977, 949; 4.12.2013 – XII ZB 34/12, NJW 2014, 625.
44 BGH 6.11.2013 – XII ZB 434/12, NJW 2014, 294.
45 OLG Stuttgart 2.5.1995 – 18 UF 362/94, FamRZ 1955, 1586; OLG Hamm 9.3.2011 – II-8 UF 207/10, NJW-RR 2011, 1443.
46 BGH 10.10.1979 – IV ZR 79/78, NJW 1980, 229.
47 Palandt/*Brudermüller* BGB §§ 1374–1376 Rn. 56.
48 BGH 1.4.1992 – XII ZR 146/91, NJW-RR 1992, 899.
49 NK-BGB/*Heiß/Löhnig* § 1376 Rn. 22.

die Bewertung in der Regel innerhalb der Unternehmensbewertung.[50] Ausnahmsweise kommt der möglicherweise geringere **Liquidationswert** in Betracht, wenn eine sofortige Verwertung der Immobilie zur Begleichung der Ausgleichsforderung notwendig[51] und eine Stundung der Ausgleichsforderung (§ 1382 BGB) nicht möglich ist.[52]

Die **Verordnung über die Grundsätze für die Ermittlung der Verkehrswerte von Grundstücken**[53] 25
regelt allgemeine Grundsätze der Immobilienwertermittlung und hat die Wertermittlungsverordnung[54] abgelöst. Das Bundesministerium für Verkehr, Bau und Stadtentwicklung hat am 1.3.2006 eine Neufassung der Wertermittlungs-Richtlinien für die Ermittlung des Verkehrswertes von Grundstücken (WertR 2006) erlassen.[55] Sie enthalten Hinweise zur Ermittlung des Verkehrswerts von Immobilien. Ihre Anwendung soll eine objektive Ermittlung des Verkehrswerts von Grundstücken nach einheitlichen und marktgerechten Grundsätzen und Verfahren sicherstellen.

5. Lebensversicherungen

Zu prüfen ist vorab, ob die Lebensversicherung überhaupt in den Zugewinnausgleich fällt. Dies ist bei 26
Kapitallebensversicherungen, die der Vermögensbildung dienen, der Fall[56] (zu den Einzelheiten → *ABC der Vermögenswerte* Rn. 110 ff.).

Lebensversicherungen sind mit ihrem **Kapitalwert** (Zeitwert oder Fortführungswert) zum Stichtag zu 27
bewerten, der sich aus den bis dahin eingezahlten Prämien und etwaigen Gewinnanteilen ergibt.[57] Der Wert umfasst dabei das geschäftsplanmäßige Deckungskapital einschließlich gutgeschriebener Gewinnanteile zuzüglich eines zum Bewertungsstichtag erreichten Anwartschaftsrechts auf Schlussgewinnanteile.[58]

Der **Rückkaufswert** ist zugrunde zu legen, wenn zum Stichtag bei objektiver Betrachtung die Fortführung 28
des Versicherungsverhältnisses nicht zu erwarten ist oder eine Stundung der Ausgleichsforderung gem. § 1382 BGB nicht möglich ist (→ *ABC der Vermögenswerte* Rn. 110 ff.).[59]

6. Geldforderungen und -verbindlichkeiten

Geldforderungen und -verbindlichkeiten sind grundsätzlich mit dem **Nennwert** in die Vermögensbilanz 29
einzustellen (→ *ABC der Vermögenswerte* Rn. 43 ff.).[60] Bestehen Unsicherheiten, ob die Forderung in voller Höhe realisiert werden kann, ist ein Abschlag bis zur vollen Höhe gerechtfertigt. Eine noch nicht fällige, unverzinsliche Forderung oder Verbindlichkeit ist abzuzinsen.[61]

7. Sonstige Vermögensgegenstände

a) Anwartschaften. Bei Anwartschaftsrechten ist eine Prognose aufzustellen, mit welcher Sicherheit das 30
Anwartschaftsrecht zum Vollrecht erstarkt. Soweit Unsicherheiten bestehen, ist eine **Abzinsung** vorzunehmen.[62] Die Ungewissheit, ob der im Anrecht verkörperte Vermögenswert dem Begünstigten oder seinen Rechtsnachfolgern zufallen wird (Erlebenswahrscheinlichkeit), kann durch das Verhältnis der Erlebensquo-

50 Palandt/*Brudermüller* BGB §§ 1374–1376 Rn. 55.
51 BGH 17.11.2010 – XII ZR 170/09, NJW 2011, 601.
52 BGH 7.7.1993 – XII ZR 35/92, NJW 1993, 2804.
53 BGBl. 2010 I 639.
54 BGBl. 1988 I 2209.
55 Bundesanzeiger Nr. 108 a vom 10.6.2006; Berichtigung vom 1.7.2006 bekannt gemacht im Bundesanzeiger Nr. 121, 4798.
56 BGH 14.3.2007 – XII ZB 36/05, NJW-RR 2007, 865.
57 NK-BGB/*Heiß/Löhnig* § 1376 Rn. 25.
58 HK-FamR/*Häcker* BGB § 1376 Rn. 49.
59 BGH 12.7.1995 – XII ZR 109/94, NJW 1995, 2781.
60 BGH 24.10.1990 – XII ZR 101/89, NJW 1991, 1547.
61 Palandt/*Brudermüller* BGB §§ 1374–1376 Rn. 68.
62 BGH 3.5.1990 – XII ZR 75/89, NJW 1990, 3018.

ten erfasst werden, die für den Anrechtsinhaber einerseits bei Eintritt des Versorgungsfalls und andererseits zum Bewertungsstichtag gelten.[63] Bei Anrechten, deren Werthaltigkeit sich erst durch die am Stichtag nicht absehbare weitere Entwicklung bestimmter Faktoren konkretisiert, ist es dem Tatrichter wegen der Eigenart des zu bestimmenden Rechts und den damit einhergehenden Unwägbarkeiten erlaubt, die ihm zugänglichen Erkenntnismöglichkeiten zu nutzen und letztendlich den Wert des Anrechts gem. § 287 ZPO zu schätzen.[64]

31 **b) Beteiligung an einem geschlossenem Immobilienfonds.** Die Beteiligung an geschlossenen Immobilienfonds beruht auf langfristigen Investitionen, die zwar schlecht veräußerbar, jedoch werthaltig sind. Der Wert bemisst sich dabei an dem zu erwartenden Veräußerungserlös bei Beendigung der Beteiligung zuzüglich noch zu erwartender Steuervorteile, abzüglich offener Zahlungsverpflichtungen sowie mit der Veräußerung ausgelösten Steuern.[65] Diese Bewertungsmethode hat der Bundesgerichtshof nun jedenfalls für eine Kommanditeinlage an einem geschlossenen Immobilienfonds als zutreffend bewertet.[66] Im Fall einer späteren Liquidation kann der Wert grundsätzlich unter Berücksichtigung des Veräußerungserlöses bestimmt werden.[67]

32 **c) Kunst, Schmuck und Bibliotheken.** Bei Kunstgegenständen, Schmuck, Sammlungen, Bibliotheken (→ *ABC der Vermögenswerte* Rn. 15, 24, 100) ist auf den **Verkaufswert unter Privatpersonen** abzustellen, wenn ein solcher Markt vorhanden ist.[68] Schmuck ist grundsätzlich mit dem Veräußerungswert anzusetzen, wobei Liebhaberwerte nicht zu berücksichtigen sind. Die Wertuntergrenze liegt beim Materialwert.[69]

33 **d) Leasingverträge.** Besteht bei einem Leasingvertrag (→ *ABC der Vermögenswerte* Rn. 107 ff.) aufgrund von Sonderzahlungen zu Beginn der Leasingzeit ein Vermögensvorteil, ist der **Restwert** in der Vermögensbilanz einzustellen. Dieser ist aus der Differenz der zu Beginn der Leasingzeit geleisteten Anzahlung und des zum Ende zu zahlenden Minderwertes zu ermitteln, der zum Stichtag noch nicht aufgezehrt war.[70]

34 **e) Nießbrauch- und Wohnrecht.** Nießbrauch und Wohnrechte (näher → *Leibgeding, Leibrente, Nießbrauch und Wohnrecht im Zugewinn*) sind mit dem **Nutzungswert** einzustellen.[71] Dieser berechnet sich aus einem fiktiven Nettomietwert, der mit der Lebenserwartung des Begünstigten und der Restnutzungsdauer des Gebäudes entsprechend zu kapitalisieren ist.[72]

35 Hat eine Ehegatte bei einem Erwerb mit Rücksicht auf ein künftiges Erbrecht (→ *Anfangsvermögen* Rn. 12) im Zusammenhang mit der Zuwendung einen lebenslangen Nießbrauch, ein Wohnrecht oder ein Leibgeding übernommen, so ist dieses bei der Ermittlung des Anfangs- und, wenn das Wohnrecht fortbesteht, auch des Endvermögens mit seinem jeweils aktuellen Wert wertmindernd zu berücksichtigen. Da der andere Ehegatte aber nicht an der Wertsteigerung der Zuwendung aufgrund des reinen Zeitablaufs (**gleitender Erwerbsvorgang**) teilhaben soll, ist der fortlaufende Wertzuwachs der Zuwendung aufgrund des abnehmenden Werts des Wohnrechts auch für den dazwischen liegenden Zeitraum bzw. die Zeit zwischen dem Erwerb und dem Erlöschen der Belastung zu bewerten, und dieser dem Anfangsvermögen gem. § 1374 Abs. 2 BGB hinzuzurechnen.[73]

36 **f) Pkw.** Ein Pkw ist mit dem **Wiederbeschaffungswert** für ein gleichwertiges, gebrauchtes Fahrzeug einzustellen (→ *Pkw* Rn. 1 ff.).[74]

63 BGH 20.5.1992 – XII ZR 255/90, NJW 1992, 2154.
64 BGH 17.11.2010 – XII ZR 170/09, NJW 2011, 601.
65 *Schulz/Hauß* Vermögensauseinandersetzung Kap. 1 Rn. 144.
66 BGH 17.11.2010 – XII ZR 170/09, NJW 2011, 601.
67 BGH 17.11.2010 – XII ZR 170/09, NJW 2011, 601.
68 NK-BGB/*Heiß/Löhnig* § 1376 Rn. 23; MüKoBGB/*Koch* BGB § 1376 Rn. 25.
69 HK-FamR/*Häcker* BGB § 1376 Rn. 67.
70 OLG Karlsruhe 19.12.2003 – 2 UF 95/03, FamRZ 2004, 1028.
71 Palandt/*Brudermüller* BGB §§ 1374–1376 Rn. 87.
72 BGH 15.1.2003 – XII ZR 23/01, NJW 2004, 1321.
73 BGH 22.11.2006 – XII ZR 8/05, NJW 2007, 2245.
74 HK-FamR/*Häcker* BGB § 1376 Rn. 59.

g) Wertpapiere. Aktien/Wertpapiere (zu weiteren Einzelheiten → *ABC der Vermögenswerte* Rn. 6 ff.) sind mit dem am Stichtag amtlichen Tageskurs (**Kurswert**) zuzüglich bis zum Stichtag aufgelaufener Zinsen zu bewerten.[75] Ein Aktienoptionsrecht ist mit dem vollen Aktienwert einzustellen, wenn es unmittelbar nach Rechtshängigkeit des Scheidungsantrags ausgeübt wird.[76] 37

75 Palandt/*Brudermüller* BGB §§ 1374–1376 Rn. 76; vgl. BGH 4.7.2012 – XII ZR 80/10, NJW 2012, 2657.
76 HK-FamR/*Häcker* BGB § 1376 Rn. 21.

64. Billigkeitsunterhalt

Finke

I. Einführung

1 Der Unterhaltstatbestand des § 1576 BGB stellt keinen unterhaltsrechtlichen Auffangtatbestand im Sinne einer Generalklausel dar, die immer eingreift, wenn die Voraussetzungen der anderen Unterhaltstatbestände nach §§ 1570, 1571, 1572, 1573, 1575 BGB nicht vorliegen. Es handelt sich vielmehr um eine Billigkeitsregelung, die im **Einzelfall** einen Anspruch eröffnet, wenn die Voraussetzungen der übrigen Tatbestände, nach denen eine Erwerbstätigkeit vom Berechtigten zur Deckung seines Unterhaltsbedarfs nicht erwartet werden kann oder nicht möglich ist, nicht erfüllt sind, jedoch sonstige **schwerwiegende Gründe einer Erwerbstätigkeit entgegenstehen**. Damit soll verhindert werden, dass durch eine Beschränkung auf das relativ strikte System der übrigen Unterhaltstatbestände – mit dem dort geltenden Grundsatz des Anschlussunterhalts sowie der Einsatzzeitpunkte – möglicherweise Sachverhalte, die in ihrer Vielgestaltigkeit und Komplexität durch die abstrakten Einzeltatbestände nicht erfasst werden können, vom nachehelichen Unterhalt ausgeschlossen werden, obwohl die Versagung eines Unterhaltsanspruchs in grober Weise der Billigkeit widerspricht. Der Anspruch nach § 1576 BGB kommt sowohl im Anschluss an einen anderen Unterhaltsbestand als auch ohne einen solchen vorherigen Anspruch in Betracht, ohne dass es dabei auf einen Einsatzzeitpunkt ankommt.[1] Allerdings ist im Rahmen der Billigkeitsprüfung die **fortschreitende Zeitdauer seit der Scheidung** ein wesentliches Abwägungskriterium (→ Rn. 5).[2]

2 Mit dem Erfordernis einer groben Unbilligkeit werden so hohe Anforderungen an die Zuerkennung eines Anspruchs gestellt, dass § 1576 BGB nur in besonderen Ausnahmefällen zu einer Ergänzung des Systems der Unterhaltsansprüche führt. Aus dem Vorrang der sonstigen Unterhaltstatbestände ergibt sich die **Subsidiarität** des Billigkeitsunterhalts.[3] Der Anspruch kann auch ergänzend neben einem Teilanspruch aufgrund eines anderen Unterhaltstatbestandes in Betracht kommen.[4] Grundlage des Anspruchs nach der sog. positiven Billigkeitsklausel (gegenüber den negativen Billigkeitsregelungen in § 1578 b BGB und § 1579 BGB) kann neben nachwirkender **ehelicher Solidarität** ein durch das Verhalten des anderen Ehegatten begründetes **Vertrauen** in eine fortdauernde Unterstützung sein.

II. Voraussetzungen des Anspruchs

1. Sonstige schwerwiegende Gründe

3 Sonstige Gründe bedeutet, dass es sich **nicht** um Gründe handelt, die **durch die anderen Unterhaltstatbestände erfasst** werden. Es müssen außerdem **schwerwiegende** Gründe, dh solche von besonderer Bedeutung sein. Rechtsprechung und Literatur haben hierzu Fallgruppen entwickelt, welche die gebotene Einzelfallentscheidung nicht ersetzen, aber die Einordnung und Abgrenzung im konkreten Fall erleichtern können:

- **Betreuung eines nicht gemeinsamen Kindes** des Berechtigten. Dabei reicht der Umstand, dass der Pflichtige mit der **Aufnahme des Kindes in den ehelichen Haushalt** einverstanden gewesen ist, nicht aus. Erforderlich ist vielmehr zusätzlich ein Verhalten des Pflichtigen, welches einen **Vertrauenstatbestand** beim Berechtigten begründen konnte, dass sein Unterhalt auch in Zukunft trotz der Beschränkung der Möglichkeit, einer Erwerbstätigkeit nachzugehen, gesichert sei. Dies kommt etwa dann in Betracht, wenn der die Kinder betreuende Berechtigte durch die Eheschließung mit dem Pflichtigen

1 BGH 17.9.2003 – XII ZR 184/01, NJW 2003, 3481; Wendl/Dose UnterhaltsR/*Bömelburg* § 4 Rn. 370.
2 BGH 17.9.2003 – XII ZR 184/01, NJW 2003, 3481.
3 BGH 17.9.2003 – XII ZR 184/01, NJW 2003, 3481.
4 BGH 25.1.1984 – IVb ZR 28/82, NJW 1984, 1538.

einen eigenen Unterhaltsanspruch wegen Kindesbetreuung gegenüber dem Vater des Kindes verloren hat, wobei die Möglichkeit des Wiederauflebens dieses Anspruchs nach § 1586 a BGB zu beachten ist. Vergleichbar ist die Lage, wenn der Berechtigte nach der Eheschließung mit dem Pflichtigen im Einvernehmen mit diesem oder sogar auf dessen Wunsch eine Erwerbstätigkeit aufgegeben hatte und nunmehr nicht in der Lage ist, eine solche Beschäftigung zu erhalten.[5] Unter besonderen Umständen ist auch bei Betreuung eines während der Ehe geborenen Kindes ein Anspruch nach § 1576 BGB möglich.[6] Beim Trennungsunterhalt ist dagegen die Betreuung eines nicht gemeinsamen Kindes in jedem Fall bei der Frage der Erwerbsobliegenheit und ihres Umfangs zu berücksichtigen, wenn die Betreuung bereits während des ehelichen Zusammenlebens einverständlich erfolgte und somit zu den persönlichen Verhältnissen nach § 1361 Abs. 2 BGB gehört.[7]

- **Betreuung eines gemeinsam aufgenommenen Pflegekindes**. Der gemeinsamen Entscheidung für ein Pflegekind kann entscheidendes Gewicht für eine Berücksichtigung der weiteren Betreuungsbedürftigkeit des Kindes nach Trennung und Scheidung der Eheleute zukommen.[8] Eine grobe Unbilligkeit kann dann angenommen werden, wenn das Pflegeverhältnis schon längere Zeit bestanden hat und eine Herausnahme des Pflegekindes und anderweitige Unterbringung schädlich für das Kindeswohl wäre.[9] Ansonsten kann von Bedeutung sein, ob das Kind mit dem Ziel der Adoption aufgenommen worden ist, dh von den Pflegeeltern ein dauerhafter Aufenthalt des Kindes bei ihnen beabsichtigt war. Der damit eingegangenen Verantwortung und dem Vertrauen des Berechtigten auf Unterstützung bei dieser Aufgabe kann sich der Pflichtige nicht mit dem Hinweis auf die aufgrund Trennung und Scheidung veränderten Verhältnisse entziehen. Bei einer relativ kurz vor der Trennung eingegangenen Pflegeverpflichtung kann dies anders zu beurteilen sein.[10] Das kann auch dann der Fall sein, wenn der Pflichtige der Inpflegenahme des Kindes lediglich zugestimmt, es aber nicht als sein eigenes Pflegekind angesehen und behandelt hat.[11]
- **Betreuung eines gemeinsamen, jedoch nicht in der Ehe geborenen Kindes**. Hierauf ist § 1570 BGB nicht anwendbar, da diese Bestimmung nach ihrem Sinn und Zweck nur den Unterhalt im Falle der Betreuung eines gemeinsamen ehelichen Kindes regelt.[12] Anwendbar ist allein § 1615 l BGB, der der Mutter des nichtehelichen Kindes einen Unterhaltsanspruch aufgrund der Betreuung des Kindes gibt. Nachdem diese Bestimmung nach den inzwischen erfolgten Gesetzesänderungen weitgehend dem Tatbestand des § 1570 BGB entspricht, hat sich die früher bestehende Problematik eines weitergehenden Anspruchs erledigt, so dass ein Anwendungsbereich für § 1576 BGB nicht mehr besteht.
- **Pflege eines Angehörigen**. Soweit es sich um einen Angehörigen des Pflichtigen handelt, der im Einvernehmen der Eheleute während des ehelichen Zusammenlebens vom Berechtigten betreut worden ist, kann hierin ein sonstiger schwerwiegender Grund iSd § 1576 BGB gesehen werden.[13] Ist der Pflichtige aufgrund der veränderten Umstände nach Trennung und Scheidung hiermit nicht mehr einverstanden, so wird ein Unterhaltsanspruch zumindest noch so lange in Betracht kommen, bis eine anderweitige Betreuung geregelt ist. Auch die Betreuung eines Angehörigen des Berechtigten, der während der Ehe einvernehmlich gepflegt worden ist, kann einen Unterhaltsanspruch begründen. Dabei sind jedoch in

5 BGH 11.5.1983 – IVb ZR 382/81, FamRZ 1983, 800; einschränkend OLG Koblenz 16.3.2010 – 11 UF 532/09, NJW 2010, 1537.

6 OLG Frankfurt a. M. 11.2.1981 – 2 UF 127/80, NJW 1981, 2069, das jedoch zu Unrecht die eigene eheliche Untreue des Pflichtigen ebenfalls im Rahmen der Billigkeitsabwägung berücksichtigt; NK-BGB/*Fränken/Heistermann* § 1576 Rn. 5.

7 BGH 3.2.1982 – IVb ZR 654/80, NJW 1982, 1461.

8 BGH 25.1.1984 – IVb ZR 28/82, NJW 1984, 1538.

9 Niepmann/Seiler Unterhalt/*Seiler* Rn. 530 betont ebenfalls die besondere Bedeutung des Kindeswohls.

10 BGH 25.1.1984 – IVb ZR 28/82, NJW 1984, 1538.

11 BGH 25.1.1984 – IVb ZR 28/82, NJW 1984, 1538; enger dagegen *Borth* in: Schwab ScheidungsR-HdB IV Rn. 382.

12 BGH 17.12.1997 – XII ZR 38/96, NJW 1998, 1065.

13 NK-BGB/*Fränken/Heistermann* BGB § 1576 Rn. 8.

noch stärkerem Maße die beiderseitigen Interessen der Eheleute abzuwägen.[14] Die Betreuung eines gemeinsamen Enkelkindes kann einen Billigkeitsunterhalt rechtfertigen.[15]

- Wegfall oder Beschränkung der Erwerbsobliegenheit wegen **Krankheit außerhalb der beim Krankheitsunterhalt maßgeblichen Einsatzzeitpunkte** (→ *Krankheitsunterhalt* Rn. 4 f.). Scheitert ein Anspruch nach § 1572 BGB allein an dem erforderlichen Einsatzzeitpunkt oder ist ein solcher Anspruch der Höhe nach auf den Anspruch nach einem anderen Unterhaltstatbestand, an den er anschließt, beschränkt, so kommt in besonders gelagerten Fällen, insbesondere bei sehr langer Ehedauer, ein Anspruch nach § 1576 BGB in Betracht.[16] In seiner letzten Entscheidung zur subsidiären Anwendung dieser Vorschrift gegenüber § 1572 BGB hat der Bundesgerichtshof jedoch deutlich gemacht, dass bei dem unter engen Voraussetzungen möglichen Rückgriff auf den Tatbestand des Billigkeitsunterhalts in diesen Fällen zu beachten ist, dass der Pflichtige mit zunehmender Zeitdauer immer weniger mit seiner Inanspruchnahme rechnen musste.[17] Hinzu kommt, dass der Gesetzgeber mit dem UnterhÄndG den bis dahin nicht beschränkbaren Unterhaltsanspruch nach § 1572 BGB der Möglichkeit der Herabsetzung und Befristung nach § 1578 b BGB unterworfen hat. Die darin zum Ausdruck kommende Einschränkung der nachwirkenden ehelichen Solidarität spricht dafür, dies auch beim Rückgriff auf den Billigkeitsunterhalt bei Nichtvorliegen der Voraussetzungen des § 1572 BGB zu beachten und die Anwendung des § 1576 BGB in diesen Fällen auf wirkliche Ausnahmen zu beschränken.

2. Billigkeitsabwägung

4 Das Vorliegen eines schwerwiegenden Grundes reicht allein nicht aus, um einen Anspruch nach § 1576 BGB zu bejahen. Es bedarf hierzu der zusätzlichen Feststellung, dass die Versagung eines Unterhaltsanspruchs grob unbillig wäre. Eine **grobe Unbilligkeit** setzt voraus, dass eine andere Regelung dem Gerechtigkeitsempfinden in unerträglicher Weise widersprechen würde,[18] was **nur in besonderen Ausnahmefällen** in Betracht kommt. Im Mittelpunkt der Billigkeitsabwägung steht der schwerwiegende Grund, der wie vorstehend aufgezeigt (→ Rn. 3) von unterschiedlichem Gewicht sein kann. Daneben sind die beiderseitigen Interessen der geschiedenen Eheleute zu berücksichtigen. Geht es um die Betreuung eines nicht gemeinsamen Kindes oder eines Enkelkindes (→ Rn. 3), so können auch dessen Interessen von Bedeutung sein.

5 Bei der Abwägung der **Interessen der geschiedenen Eheleute** sind die beiderseitigen wirtschaftlichen Verhältnisse zu beachten, dh wie stark den Pflichtigen ein möglicher Unterhaltsanspruch belastet[19] und wie dringend der Berechtigte auf den Unterhalt angewiesen ist. Eine eingeschränkte Leistungsfähigkeit des Pflichtigen ist bereits an dieser Stelle und nicht erst bei der Leistungsfähigkeit in die Abwägung einzubeziehen. Das Gleiche gilt für etwaige Verwirkungs- oder Beschränkungsgründe nach § 1579 BGB.[20] Soweit der Anspruch seine Grundlage in der nachwirkenden ehelichen Solidarität und nicht in einem durch das Verhalten des Pflichtigen begründeten Vertrauenstatbestand findet, kommt der **Ehedauer** besonderes Gewicht zu. Hat der Berechtigte für die eheliche Lebensgemeinschaft oder den Pflichtigen besondere Opfer erbracht (Unterstützung bei der Berufsausbildung bzw. beim Aufbau einer beruflichen Existenz oder während einer Erkrankung des Pflichtigen), so kann dies den Ausschlag für die Zuerkennung von Billigkeitsunterhalt geben. Mit zunehmendem zeitlichen Abstand zur Scheidung ist die Inanspruchnahme des anderen Ehegatten weniger vorhersehbar und entspricht entsprechend weniger der Billigkeit.[21]

14 OLG Düsseldorf 26.10.1979 – 3 UF 94/79, FamRZ 1980, 56.
15 AG Herne-Wanne 16.1.1996 – 3 F 145/95, FamRZ 1996, 1016.
16 BGH 31.1.1990 – XII ZR 36/89, NJW 1990, 2752; 23.3.1983 – IVb ZR 370/81.
17 BGH 17.9.2003 – XII ZR 184/01, NJW 2003, 3481.
18 BGH 25.1.1984 – IVb ZR 28/82, NJW 1984, 1538.
19 BGH 11.5.1983 – IVb ZR 382/81, FamRZ 1983, 800.
20 BGH NJW 1984, 1538.
21 BGH 17.9.2003 – XII ZR 184/01, NJW 2003, 3481; Wendl/Dose UnterhaltsR/*Bömelburg* § 4 Rn. 370.

3. Höhe und Dauer des Anspruchs

Da sich die Voraussetzungen des Anspruchs nach § 1576 BGB ausschließlich nach Billigkeitsgesichtspunkten richten, gilt dies auch für die Höhe und Dauer des Anspruchs. Ausgehend vom Bedarf nach den ehelichen Lebensverhältnissen (§ 1578 BGB) kann die vorstehend dargestellte Billigkeitsabwägung dazu führen, dass ein Unterhalt in geringerer Höhe ausreichend ist, um ein grob unbilliges Ergebnis zu vermeiden. Die bei anderen Unterhaltstatbeständen nach § 1578 b Abs. 1 BGB erst nach Feststellung der Anspruchshöhe im Rahmen einer zusätzlichen Billigkeitskontrolle vorzunehmende Beschränkung der Anspruchshöhe erfolgt hier im Rahmen der Billigkeitsabwägung, die für das Bestehen des Anspruchs maßgeblich ist. Einer weiteren Billigkeitskontrolle bedarf es daher nicht mehr. Dies gilt nicht nur für die Herabsetzung des Anspruchs auf einen Betrag unterhalb des Bedarfs nach den ehelichen Lebensverhältnissen, sondern auch für die Befristung des Anspruchs. Auch hier bedarf es keiner gesonderten Billigkeitsprüfung nach § 1578 b Abs. 2 BGB. Die Dauer des Anspruchs ist ohne Bindung an die dortigen Kriterien für die **Befristung** zu bestimmen. Der Billigkeitsunterhalt kann wegen seiner Subsidiarität im System der sonstigen Unterhaltstatbestände nicht Grundlage für einen Anschlussunterhalt nach einem anderen Tatbestand sein, dessen Voraussetzungen bei Beginn des Billigkeitsunterhalts nicht vorlagen, aber später eingetreten sind.[22] 6

III. Durchsetzung des Anspruchs

Es bedarf im gerichtlichen Verfahren keiner besonderen Geltendmachung des Billigkeitsunterhalts. Das Gericht hat diese Anspruchsgrundlage von sich aus zu prüfen, wenn nachehelicher Unterhalt verlangt wird. Wegen der Subsidiarität des Anspruchs setzt dies zuvor die Feststellung voraus, dass kein Anspruch bzw. nur ein Teilanspruch nach den sonstigen Unterhaltstatbeständen besteht.[23] Eine nähere Prüfung der Voraussetzungen des § 1576 BGB wird das Gericht nur vornehmen, wenn der vorgetragene Sachverhalt Veranlassung gibt, diesem Ausnahmetatbestand weiter nachzugehen. Aus diesem Grund ist der Vortrag des Antragstellers, der die Darlegungs- und Beweislast trägt, zu den Billigkeitskriterien des Unterhaltsanspruchs erforderlich. 7

22 *Borth* in: Schwab ScheidungsR-HdB IV Rn. 389.
23 BGH 17.9.2003 – XII ZR 184/01, NJW 2003, 3481.

65. Bundesversorgungsgesetz

Conradis

I. Einführung

1 Leistungen der **sozialen Entschädigung** werden nach § 5 SGB I Menschen bewilligt, die einen Gesundheitsschaden erleiden, für dessen Folgen die staatliche Gemeinschaft in Abgeltung eines besonderen Opfers oder aus anderen Gründen einsteht. Es wird (nur) ein Ausgleich für **Personenschäden** gewährleistet, nicht hingegen für Vermögensschäden. Die Leistungen werden teilweise nicht bei der Berechnung des Unterhalts berücksichtigt. In einigen Fällen erfolgt eine Anrechnung von Unterhaltsleistungen auf die Leistungen der sozialen Entschädigung.

2 Die Rechtsgrundlagen der sozialen Entschädigung sind etwas unübersichtlich: Im **Bundesversorgungsgesetz** (BVG) wird die **Kriegsopferversorgung** vollständig erfasst, weil hierin sowohl die Tatbestände, die einen Anspruch begründen, als auch die Rechtsfolgen – also die Ansprüche im Einzelnen – enthalten sind. Die weiteren Gesetze der sozialen Entschädigung regeln hingegen nur die jeweiligen Anspruchsvoraussetzungen, während im Hinblick auf die Ausgestaltung der Leistungen auf das BVG verwiesen wird. Von besonderer Bedeutung ist hierbei das **Opferentschädigungsgesetz (OEG)**, weiterhin sind zu nennen das Soldatenversorgungsgesetz (SVG), das Häftlingshilfegesetz (HHG) sowie das Infektionsschutzgesetz (IfSG). Das BVG und das OEG werden durch Gesetz vom 12.12.2019[1] in ein SGB XIV überführt. Es tritt überwiegend jedoch erst zum 1.1.2024 in Kraft.

3 Die **Beschädigtenrente** stellt eine Entschädigung für die Beeinträchtigung der körperlichen Unversehrtheit dar und soll die schädigungsbedingten Mehraufwendungen pauschal ersetzen. Sie wird als Grundrente und als Ausgleichsrente gewährt. Die Höhe der Rente richtet sich nach dem Grad der Schädigung (GdS). Eine Rente wird nach einem GdS von mindestens 30 gezahlt, § 31 Abs. 1 BVG; hierfür muss mindestens ein GdS von 25 vorliegen, der aufgrund der Rundungsvorschrift, § 30 Abs. 1 S. 2 BVG, auf 30 erhöht wird. Bis zum 30.6.2011 wurden die Renten für Berechtigte in den **neuen Bundesländern** – mit Ausnahme Grundrenten nach dem BVG, dem HHG und den Rehabilitierungsgesetzen – mit einem Teilbetrag der im BVG festgesetzten Leistungen erbracht. Dieser Anteil betrug zuletzt etwa 90 % der im Gesetz ausgewiesenen Beträge. Die Absenkung wurde zum 1.7.2011 aufgehoben (§ 84 a BVG), so dass seitdem alle Rentenleistungen im sozialen Entschädigungsrecht in gleicher Höhe gezahlt werden.

4 Ein Anspruch auf die **Grundrente** besteht unabhängig von vorhandenem Einkommen oder Vermögen. Die Höhe richtet sich allein nach dem GdS; sie ist in § 31 Abs. 1 BVG festgelegt und beträgt derzeit (seit 1.7.2020) zwischen 156 EUR bis 811 EUR. Nach § 56 Abs. 2 BVG ändern sich die Beträge – sowie auch die Beträge für die Ausgleichsrente und die ergänzenden Leistungen – in dem Maße, wie sich die Renten der gesetzlichen Rentenversicherung ändern. Die konkrete Höhe wird jeweils aufgrund einer Rechtsverordnung nach § 56 Abs. 2 BVG zum 1.7. eines Jahres angepasst, zuletzt durch die 26. KOV-Anpassungsverordnung 2020.[2] Die Grundrente erhöht sich für **Schwerbeschädigte**, die das 65. Lebensjahr vollendet haben. Weiterhin kann nach § 31 Abs. 4 BVG eine Schwerstbeschädigtenzulage bewilligt werden, deren Höhe derzeit zwischen 94 EUR und 578 EUR liegt.

5 Die Grundrente wird grundsätzlich **auf andere Sozialleistungen nicht angerechnet**, auch nicht bei den existenzsichernden Leistungen (vgl. § 11 Abs. 1 S. 1 SGB II und § 82 Abs. 1 S. 1 SGB XII). Es handelt es sich um eine Leistung, bei der gem. § 1610 a BGB vermutet wird, dass die Kosten der Aufwendungen nicht geringer sind als die Höhe der Sozialleistungen. Allerdings kann hierbei die Widerlegung der Vermutung

1 BGBl. 2019 I 2562.
2 Verordnung vom 8.6.2020, BGBl. I 1222.

manchmal einfach sein, da für den Bezug die Feststellung des GdS genügt und keine kostenverursachenden Schädigungsfolgen vorliegen müssen.[3] Auch die Zulage für Schwerbeschädigte ist dem Grunde nach anzurechnendes Einkommen, wobei ebenfalls § 1610 a BGB anzuwenden ist.

Zusätzlich zur Grundrente besteht ein Anspruch auf **Ausgleichsrente für Schwerbeschädigte**, wenn sie infolge eines Gesundheitsschadens oder hohen Alters oder aus einem sonstigen Grund eine ihnen zumutbare Erwerbstätigkeit nicht oder nur in beschränktem Umfang ausüben können, § 32 Abs. 1 BVG. Es soll ein Beitrag zum Lebensunterhalt geleistet werden. Die Höhe richtet sich nach dem GdS, die Beträge sind gestaffelt von derzeit (ab. 1.7.2020) 499 EUR bei einem GdS 50 oder 60 bis 811 EUR bei einem GdS 100. Auch bei dieser Rente ändert sich die Höhe in gleicher Weise wie bei der Grundrente und wird ebenfalls jährlich in einer Verordnung neu festgesetzt (→ Rn. 4). Für einen Ehegatten oder Lebenspartner wird ein Zuschlag in Höhe von derzeit 91 EUR gewährt, § 33 a BVG. Es handelt sich hierbei um anrechenbares Einkommen. 6

Auf die Ausgleichsrente sind grundsätzlich alle Einkünfte anzurechnen. Ausgenommen sind lediglich die Einkünfte, die in einem Katalog der Ausgleichsrentenverordnung genannt sind. Das Einkommen wird nach Abzug von **Freibeträgen** angerechnet. Einzelheiten ergeben sich aus § 33 Abs. 1 BVG. Danach werden vom Erwerbseinkommen derzeit 519 EUR nicht angerechnet, vom übrigen Einkommen 225 EUR. Vom Rest ist etwa die Hälfte nicht anzurechnen. Die genaue Höhe ergibt sich aus einer Verordnung, die aufgrund § 33 Abs. 6 BVG erlassen wurde und ebenfalls jährlich angepasst wird. Zurzeit gilt die 52. VO vom 8.6.2020.[4] 7

II. Verringerung der Ausgleichsrente in Folge der Trennung

Nach § 4 AusgleichsV werden Unterhaltsansprüche auf die Ausgleichsrente angerechnet. Bei getrennt lebenden und geschiedenen Ehegatten ist der **Unterhaltsbetrag auf die Ausgleichsrente anzurechnen**, der gerichtlich festgesetzt ist. Andernfalls wird der Unterhaltsanspruch ermittelt, wobei die bürgerlichrechtlichen Vorschriften zugrunde gelegt werden. Überschreitet das Einkommen des unterhaltspflichtigen Ehegatten nicht eine Freigrenze, die in der Anrechnungsverordnung bei Beschädigten der Stufenzahl 170 als Höchstbetrag der übrigen Einkünfte zugeordnet ist, kommt eine Anrechnung von Unterhaltsleistungen nicht in Betracht. Nach der 52. VO (→ Rn. 7) ist dies derzeit ein Betrag von 1.503 EUR. 8

Es erfolgt im Übrigen nicht die Anrechnung von tatsächlichen Unterhaltsleistungen, sondern von **Unterhaltsansprüchen**. Wenn ein Anspruch auf Leistung besteht und dieser Anspruch zu verwirklichen ist, erfolgt bereits die Anrechnung, ohne dass es darauf ankommt, ob die Unterhaltsleistungen tatsächlich erbracht werden, § 1 Abs. 2 S. 1 AusgleichV. 9

Rentenberechtigte Beschädigte, deren Einkommen aus gegenwärtiger oder früherer Tätigkeit durch die Schädigungsfolgen gemindert ist, haben Anspruch auf die **Berufsschadensausgleichsrente**, § 30 BVG, in Höhe von 42,5 % des Einkommensverlustes, § 30 Abs. 3 BVG. Dieser errechnet sich aus dem entgangenen Nettoeinkommen, wobei das gegenwärtig erzielte Nettoeinkommen und die Ausgleichsrente zuvor abgezogen werden, § 30 Abs. 6 BVG. Der **Berufsschadensausgleich** soll den Lebensunterhalt des Betroffenen und seiner Familie sicherstellen und ist daher als Einkommen anzurechnen.[5] 10

III. Wiederaufleben einer Witwen- oder Witwerrente

Witwen bzw. Witwer eines Beschädigten nach dem BVG erhalten eine Grundrente nach § 40 BVG in Höhe von derzeit 488 EUR sowie, soweit die Voraussetzungen hierfür vorliegen, eine Ausgleichsrente nach § 41 BVG in Höhe von 538 EUR. Diese Beträge werden ebenfalls durch Anpassungsverordnungen zum 1.7. eines Jahres (→ Rn. 4) erhöht. Auch diese Witwen-Grundrente wird nicht auf Leistungen nach dem SGB II 11

3 Vgl. OLG Hamm 17.9.1991 – 1 UF 104/91, FamRZ 1992, 186.
4 BGBl. 2020 I 1224.
5 *Heiß/Born* UnterhaltsR-HdB Kap. 3 Rn. 86; OLG Hamm 17.9.1991 – 1 UF 104/91, NJW 1992, 515.

oder SGB XII angerechnet. Da hier die Anwendung des § 1610 a BGB nicht passt und der Zweck der Rente auch nicht als eine Art Schmerzensgeldzahlung angesehen werden kann,[6] ist diese Leistung als Einkommen beim Unterhalt zu berücksichtigen, während sie im SGB II und SGB XII nicht angerechnet wird. Praktisch ist dies von Bedeutung beim Elternunterhalt, da durch diese Rechtslage der sozialhilferechtliche Bedarf um diese 488 EUR höher sein kann als der unterhaltsrechtliche Bedarf.

12 Mit der Wiederverheiratung entfällt die Rente und anstatt dessen entsteht ein Anspruch auf Abfindung in Höhe des Fünffachen der monatlichen Grundrente (§ 44 Abs. 1 BVG). Wird die **neue Ehe wieder aufgelöst**, lebt der durch die Wiederheirat verloren gegangene Anspruch wieder auf (§ 44 Abs. 2 BVG). Geschieht dies vor Ablauf von 50 Monaten nach der Wiederheirat, so ist bis zum Ablauf dieses Zeitraums für jeden Monat 1/50 der Abfindung auf die Witwenrente anzurechnen (§ 44 Abs. 3 BVG).

13 **Unterhaltsansprüche**, die sich aus der neuen Ehe herleiten, werden **auf die wieder aufgelebte Witwen- oder Witwerversorgung angerechnet**. Die Anrechnung von Unterhaltsansprüchen erfolgt jedoch nur, soweit diese zu verwirklichen sind (§ 44 Abs. 5 BVG). Die Verwaltung hat auch die Möglichkeit, in Vorleistung zu treten und durch schriftliche Anzeige den Unterhaltsanspruch auf sich überzuleiten (§ 81 c BVG). Eine solche Überleitung steht im Ermessen des Sozialleistungsträgers, dem jedoch im Hinblick auf Sinn und Zweck der Vorschrift kein großer Spielraum verbleibt. Die Witwen (und Witwer) sollen nicht gezwungen werden, die Unterhaltsansprüche mit dem damit verbundenen Prozessrisiko gerichtlich geltend zu machen. In der Praxis wird daher die **Überleitung** vorgenommen, wenn der Unterhaltspflichtige nicht freiwillig zahlt und die Witwe die Vorausleistung wünscht. Hervorzuheben ist hierbei die besondere Intention der Vorschrift, die sich von den anderen Übergangsregelungen (→ *Übergang von Unterhaltsansprüchen*), insbesondere § 33 SGB II bzw. § 94 SGB XII, unterscheidet. Vorrangiger Zweck ist hier nämlich, die Unterhaltsberechtigten von der Durchsetzung des Unterhaltsanspruches zu entlasten und Sicherheit durch die Gewährung der ungekürzten Sozialleistungen zu verschaffen.[7]

14 Nach § 42 BVG kann auch dem früheren Ehegatten eines verstorbenen Beschädigten die Witwenversorgung zustehen, obwohl diese im Zeitpunkt des Todes bereits geschieden war (**Geschiedenenwitwenrente**). Dieser Anspruch besteht jedoch nur, wenn im Zeitpunkt des Todes Unterhalt zu leisten war oder im letzten Jahr vor dem Tod tatsächlich geleistet wurde. Ohne Rücksicht auf einen Unterhaltsanspruch besteht ein Anspruch nach § 42 Abs. 1 S. 4 BVG, wenn die Ehe im Zusammenhang mit einer schädigungsbedingten Gesundheitsstörung des Beschädigten geschieden wurde.

15 Die Voraussetzungen zur Erlangung dieser Rente sind im Wesentlichen die gleichen wie bei der Geschiedenenwitwenrente in der gesetzlichen Rentenversicherung nach altem Rentenrecht, so dass auf die Ausführungen dort (→ *Rentenversicherung* Rn. 9) verwiesen wird.

6 HK-SozEntschR/*Vogl*, BVG § 81 c Rn. 10 f.
7 HK-SozEntschR/*Vogl*, BVG § 81 c Rn. 7.

66. Darlegungs- und Beweislast beim Unterhalt

Osthold

I. Allgemeines/Grundregel

Grundsätzlich hat jeder Beteiligte die Voraussetzungen der für ihn günstigen Normen bzw. den diesbezüglich entsprechenden Tatsachen darzulegen und zu beweisen, auf die er sich beruft, sofern nicht etwas anderes bestimmt ist. Maß oder Umfang der Substantiierung von Tatsachen hängen vom Gegnervortrag ab. Erst wenn infolge der Einlassung des Gegners der Tatsachenvortrag unklar wird und nicht mehr den Schluss auf die Entstehung des geltend gemachten Rechts zulässt, bedarf er der Ergänzung.[1] Dann muss der Gegner in gleicher Weise substantiiert bestreiten, andernfalls gilt der Vortrag als zugestanden, ohne dass es einer Beweiserhebung bedarf.[2] Als Faustformel gilt: einfacher Vortrag kann einfach bestritten werden; qualifizierter Vortrag kann nur qualifiziert bestritten werden. Diesen allgemeinen Darlegungs- und Beweislastregeln folgend trägt der **Unterhaltsberechtigte** die Darlegungs- und Beweislast für das Vorliegen der Tatbestandsvoraussetzungen des Unterhaltsanspruchs, auf den er sich beruft, weiter für die Höhe seines Unterhaltsbedarfs und somit für die maßgeblichen Lebensverhältnisse und für seine Bedürftigkeit.[3] Der **Unterhaltspflichtige** dagegen trägt die Darlegungs- und Beweislast für die Beschränkung seiner Leistungsfähigkeit und für Einwendungen, die er gegen den Unterhaltsanspruch geltend macht, wie beispielsweise den Karrieresprung, die Verwirkung oder die Begrenzung und/oder Befristung des grundsätzlich gegebenen Unterhaltsanspruchs. 1

II. Ausnahmen

1. Umkehr der Beweislast

Eine echte Umkehr der Beweislast ist im Unterhaltsverfahren nur in Ausnahmefällen anzunehmen, etwa wenn einem Beteiligten die Beweisführung durch den Gegner schuldhaft vereitelt oder erschwert wird, oder wenn der Unterhaltsberechtigte erstinstanzlich eine gewisse Höhe seines Einkommens eingeräumt hat. Behauptet er in zweiter Instanz ein reduziertes Einkommen, so ist er für die Einkommensreduzierung beweispflichtig.[4] Ein gerichtliches Geständnis behält seine Wirkung in allen Instanzen und führt zur Umkehr der Beweislast. 2

1 BGH 28.4.1992 – X ZR 129/90, NJW 1992, 2427.
2 OLG Frankfurt a. M. 23.2.2018 – 8 UF 86/17, BeckRS 2018, 43189.
3 BGH 19.9.2018 – XII ZB 385/17, FamRZ 2019, 112.
4 BGH 5.5.2004 – XII ZR 15/03, FPR 2004, 496.

2. Darlegungs- und Beweislast bei negativen Tatsachen bzw. bei Tatsachen, die im Wahrnehmungsbereich des anderen Beteiligten liegen

3 Im BGB sind zahlreiche Anspruchsgrundlagen enthalten, welche das Nichtvorliegen einer Tatsache enthalten (zB § 812 Abs. 1 S. 1 BGB). Der Beweis des Nichtvorliegens einer Tatsache oder einer sog. negativen Tatsache ist sehr schwierig und kann geradezu unmöglich sein. Dies gilt besonders, wenn der Bestreitende alle wesentlichen Tatschen kennt und es ihm zumutbar ist, nähere Angaben zu machen. Denn dann steht die eigentlich darlegungspflichtige Partei außerhalb des von ihr vorzutragenden Geschehensablaufs und hat keine nähere Kenntnis der maßgebenden Tatsachen. In solchen Fällen kann nach dem Bundesgerichtshof vom Bestreitenden „das substantiierte Bestreiten der negativen Tatsache unter Darlegung der für das Positivum sprechenden Tatsachen und Umstände verlangt werden".[5] In solchen Fällen kann der Darlegungspflichtige also eine einfache Tatsachenbehauptung aufstellen. Den anderen trifft dann die sog. **sekundäre Darlegungslast**, also die Pflicht substantiiert vorzutragen. Tut er dies nicht, gilt die einfache Behauptung nach § 113 Abs. 1 S. 2 FamFG, § 138 Abs. 3 ZPO als zugestanden, so dass es keines Beweisantritts mehr bedarf.[6] Trägt er substantiiert vor, so ändert sich aber an der Beweislast letztlich nichts. Für das qualifizierte Bestreiten und die daraus folgende Beweisbedürftigkeit ist dann wiederum der eigentlich Darlegungs- und Beweispflichtige verantwortlich. Kann die darlegungs- und beweispflichtige Partei den Vortrag nicht durch Beweismittel widerlegen, bleibt sie beweisfällig.

Auch im Unterhaltsrecht hat die Rechtsprechung an verschiedenen Stellen mit dieser Rechtsfigur gearbeitet. Die Anwendung ist überall dort denkbar, wo es um negative Tatsachen oder um Umstände geht, die allein im Wahrnehmungsbereich des nicht Darlegungs- und Beweisbelasteten liegen, sondern im Bereich des anderen. Im Bereich der Einkünfte und Ausgaben ist insofern noch zu ergänzen, dass das Gesetz dem Unterhaltsberechtigten Auskunft- und Beleganspruche zugesteht. Diese gehen sehr weit und umfassen nicht nur Einkünfte, sondern auch Ausgaben[7] und sonstige unterhaltsrelevante Umstände wie Gesundheitszustand und Arbeitsfähigkeit,[8] ein eheähnliches Verhältnis[9] oder eine bestehende Berufsausbildung und Erwerbsbemühungen.[10] Dem Unterhaltsberechtigten bleibt es unbenommen, das Verfahren mit eigenen Tatsachenbehauptungen ohne vorherige Auskünfte zu beginnen und dann womöglich solche nach §§ 235, 236 FamFG durch das Gericht einholen zu lassen. Den Unterhaltspflichtigen trifft dann die sekundäre Darlegungslast zu seinen Einkünften.[11] Dieses Vorgehen birgt aber ein größeres Kostenrisiko, als wenn man vorher die Auskünfte einholt, wenn sich die eigenen Behauptungen als unzutreffend erweisen und der Unterhaltsanspruch zu hoch beziffert wurde. Zudem muss für einen derartigen Zahlungsantrag ein Rechtsschutzbedürfnis erzeugt werden, damit nicht sofort anerkannt werden kann.

3. Sekundäre Darlegungslast

4 Im Rahmen der **Herabsetzungs- und Befristungsvorschrift des § 1578 b BGB** findet sich der bekannteste Anwendungsfall der sekundären Darlegungslast. Zu dieser Vorschrift hat der Bundesgerichtshof seine Rechtsprechung zur sekundären Darlegungs- und Beweislast wesentlich (→ Rn. 18 ff.) entwickelt.[12] „Der Unterhaltspflichtige, der sich auf eine Begrenzung des nachehelichen Unterhalts beruft, trägt hinsichtlich der hierfür sprechenden Tatsachen die Darlegungs- und Beweislast. In diese fällt deshalb grundsätzlich auch der Umstand, dass dem Unterhaltsberechtigten keine ehebedingten Nachteile iSd § 1578 b BGB entstanden sind. Die dem Unterhaltspflichtigen obliegende Darlegungs- und Beweislast erfährt jedoch eine Erleichterung nach den von der Rechtsprechung zum Beweis negativer Tatsachen entwickelten Grundsätzen. Nach diesen trifft den Unterhaltsberechtigten eine sekundäre Darlegungslast, die im Rahmen von § 1578 b

5 BGH 7.12.1998 – II ZR 266–97, NJW 1999, 579.
6 BGH 7.12.2016 – XII ZB 422/15, FamRZ 2017, 370.
7 OLG Karlsruhe 20.9.2013 – 5 WF 139/13, FamRZ 2014, 1031.
8 OLG Schleswig 25.5.1982 – 8 UF 358/81, FamRZ 1982, 1018.
9 OLG Koblenz 11.5.1987 – 11 WF 566/87, FamRZ 1987.
10 KG 13.7.2015 – 25 UF 57/15, FamRZ 2016, 379.
11 BGH 7.12.2016 – XII ZB 422/15, FamRZ 2017, 370.
12 BGH 24.3.2010 – XII ZR 175/08, FamRZ 2010, 875.

BGB zum Inhalt hat, dass der Unterhaltsberechtigte die Behauptung, es seien keine ehebedingten Nachteile entstanden, substanziiert bestreiten und seinerseits darlegen muss, welche konkreten ehebedingten Nachteile entstanden sein sollen. Erst wenn das Vorbringen des Unterhaltsberechtigten diesen Anforderungen genügt, müssen die vorgetragenen ehebedingten Nachteile vom Unterhaltspflichtigen widerlegt werden. Dabei kann sich der Unterhaltsberechtigte im Rahmen der sekundären Darlegungslast auch des Hinweises auf vergleichbare Karriereverläufe bedienen, um sein Vorbringen zu den seinerzeit vorhandenen beruflichen Entwicklungschancen plausibel zu machen."[13] (→ *Unterhaltsbegrenzung* Rn. 1 ff.). Die Besonderheit in diesem Fall ist, dass ein Beweis nur begrenzt möglich ist. Denn dem Beweis unterliegen nur Tatsachen. Eine bloß hypothetische Entwicklung ist keine Tatsache. Lediglich die Umstände bei Eheschluss, die für einen bestimmten Karriereverlauf gesprochen haben, sind letztlich durch Beweismittel feststellbar. Werden substantiierte Behauptungen zu erzielten Schwarzeinkünften durch einen am Unterhaltsrechtsverhältnis Beteiligten zu den Einkünften des anderen aufgestellt, so trifft den Betroffenen die sekundäre Darlegungslast, dazu vorzutragen.[14] Es bleibt aber bei der Beweislast des Unterhaltsbedürftigen, soweit es um Bedarf und Bedürftigkeit geht, und bei der Beweislast des Unterhaltspflichtigen, soweit diese Problematik die Leistungsfähigkeit betrifft.

4. Darlegungs- und Beweislast bei Abänderungsverfahren

In Abänderungsverfahren (→ *Änderung/Wegfall der Geschäftsgrundlage* Rn. 1 ff.) trägt der Antragsteller 5 die Darlegungs- und Beweislast für eine **wesentliche Veränderung der tatsächlichen und rechtlichen Verhältnisse**, auf der die abzuändernde Unterhaltsfestsetzung beruht. Der Antragsteller im Abänderungsverfahren muss somit die wesentliche Änderung der für die Festlegung des Unterhalts maßgeblichen tatsächlichen und rechtlichen Umstände und deren wesentliche Auswirkung auf die Unterhaltspflicht insgesamt darlegen. Fehlt es bereits an diesem Vortrag, ist der Abänderungsantrag **unzulässig**. Kann die behauptete wesentliche Änderung nicht bewiesen werden, ist der Antrag unbegründet. Haben die Beteiligten die Voraussetzungen der Abänderung eines Unterhaltstitels vereinbart, hat der Abänderungsantragsteller diese vorzutragen – und ebenso, dass die Voraussetzungen eingetreten sind. Steht fest, dass der vereinbarte Unterhaltstatbestand wegen veränderter Umstände weggefallen ist, trägt der Abänderungsgegner die Darlegungs- und Beweislast für die Tatsachen, die aufgrund anderer Unterhaltstatbestände rechtfertigen, den Titel aufrechtzuerhalten. In diesem Fall, wenn der ursprüngliche Unterhaltsanspruch weggefallen ist und der Abänderungsgegner das Vorliegen eines neuen Unterhaltsanspruchs begründet, treten die allgemeinen Beweisregeln ein, wonach der Abänderungsgegner darlegungs- und beweispflichtig für die Tatbestandsvoraussetzungen des neu behaupteten Unterhaltsanspruchs sowie hinsichtlich des Bedarfs und der Bedürftigkeit insoweit ist. Steht im Streit, ob eine Vereinbarung einen Abänderungsausschluss enthält, so ist derjenige darlegungs- und beweisbelastet, der sich darauf beruft.[15] Beruht ein Abänderungsverfahren bezüglich des Kindesunterhalts auf einer inzwischen eingetretenen Volljährigkeit des unterhaltsberechtigten Kindes, ergeben sich Besonderheiten für die Darlegungs- und Beweislast, wenn ein Titel aus der Zeit der Minderjährigkeit angegriffen wird. Diese vormals strittige Frage hat der Bundesgerichtshof nunmehr dahin gehend entschieden, dass das Kind darlegungs- und beweisbelastet für das Bestehen einer Berufsausbildung, den Unterhaltsbedarf, die Haftungsquote des in Anspruch genommenen Elternteils sowie die eigene Bedürftigkeit ist.[16]

III. Bedarf

Wenn keine der unter → Rn. 2 ff. dargelegten Ausnahmen bzw. Beweiserleichterungen gegeben ist, trägt 6 der Unterhaltsberechtigte die Darlegungs- und Beweislast für die Höhe seines Unterhaltsbedarfs, somit für die Einkommens- und Vermögensverhältnisse des Pflichtigen, seiner Bedürftigkeit (→ Rn. 12–16 ff.) und für alle Umstände, die zur Bedarfsbemessung heranzuziehen sind.

13 BGH 14.5.2014 – XII ZB 301/12, FamRZ 2014, 1276.
14 OLG Brandenburg 26.7.2012 – 9 UF 292/11, FamRZ 2013, 631.
15 BGH 25.11.2009 – XII ZR 8/08, FamRZ 2010, 192.
16 BGH 7.12.2016 – XII ZB 422/15, FamRZ 2017, 370.

1. Minderjähriges Kind

7 Aus der Formulierung des § 1612 a Abs. 1 S. 1 BGB lässt sich die allgemeine Beweislastregel entnehmen, dass das minderjährige Kind für die Höhe des dort bestimmten Mindestunterhalts keine Darlegungs- und Beweislast trifft. Er kann somit den Mindestunterhalt verlangen, ohne etwas zu den Einkünften des Pflichtigen vorzutragen.[17] Soweit ein minderjähriges Kind nach § 1610 BGB einen **höheren Unterhalt als den Mindestunterhalt** verlangt, verbleibt es bei dem allgemeinen Grundsatz, dass diesen der Unterhaltsberechtigte darzulegen und zu beweisen hat. Es ist ein Vortrag zu den Einkommensverhältnissen des barunterhaltspflichtigen Elternteils erforderlich, da sich der Bedarf von dessen Lebensstellung ableitet. Dieser ist im Streitfall auch durch das Kind zu beweisen. Den Unterhaltspflichtigen trifft die Darlegungs- und Beweislast für den Einwand der mangelnden oder eingeschränkten Leistungsfähigkeit.[18] Die Höhe und die Qualifikation von Bedarfspositionen als Mehr- oder Sonderbedarf obliegen ebenfalls dem Kind.

8 Bei einem **höheren Lebensstandard** eines minderjährigen Kindes über den Höchstbetrag der Düsseldorfer Tabelle hinaus ist dieser vom Unterhaltsberechtigten im Einzelnen darzulegen und gegebenenfalls zu beweisen[19] (→ *Bedarfsermittlung* Rn. 37 f.; → *Konkreter Bedarf* Rn. 11 ff.). Die Gesamtumstände und Bedürfnisse müssen deshalb vom Unterhaltsberechtigten näher dargelegt werden, wobei an die Darlegungslast keine übertriebenen Anforderungen gestellt werden dürfen.[20] Vielmehr reicht es regelmäßig aus, besondere oder besonders kostenintensive Bedürfnisse zu belegen und darzutun, welche Mittel zu dieser Deckung notwendig sind.

2. Volljähriges Kind

9 Auch das volljährige Kind ist für seinen Unterhaltsbedarf darlegungs- und beweispflichtig. In aller Regel bemisst sich der Bedarf ebenfalls wie beim minderjährigen Kind entweder nach der 4. Altersstufe der Düsseldorfer Tabelle (**privilegiertes volljähriges Kind**) oder aber bei **volljährigen Kindern mit eigenem Hausstand** nach festen Bedarfssätzen entsprechend der jeweiligen unterhaltsrechtlichen Leitlinien bzw. nach Anmerkung 7 der Düsseldorfer Tabelle. Leitet das volljährige Kind seinen Unterhaltsbedarf aus diesen festen Bedarfssätzen ab, so beschränkt sich beim privilegierten volljährigen Kind die Darlegungs- und Beweislast auf die Einkommensverhältnisse der barunterhaltspflichtigen Elternteile. Das volljährige Kind muss nicht darlegen und beweisen, dass es den sich entsprechend der Einkünfte der barunterhaltspflichtigen Elternteile ergebenden Unterhaltsbedarfs bzw. beim Kind mit eigenem Hausstand den festen Bedarfssatz auch zur Bedarfsdeckung in vollem Umfang benötigt. Darlegen und beweisen muss das volljährige Kind jedoch die Voraussetzungen des Unterhaltsanspruchs, somit, dass es wegen einer Ausbildung, eines Studiums oder aus sonstigen unterhaltsrechtlich relevanten Gründen nicht in der Lage ist, seinen Unterhaltsbedarf selbst zu verdienen. Dies kann insbesondere bei mehrstufigen Ausbildungsverläufen aufwändig sein. Aufgrund der Barunterhaltsverpflichtung beider Elternteile ist das volljährige Kind auch für die Haftungsverteilung unter den Elternteilen darlegungs- und beweispflichtig.[21]

3. Ehegatte

10 Der Unterhaltsberechtigte hat den Bedarf nach den ehelichen Lebensverhältnissen (→ *Eheliche Lebensverhältnisse* Rn. 1 ff.) darzulegen und gegebenenfalls zu beweisen. Dieser Darlegungs- und Beweislast genügt er, wenn er die gegenwärtigen beiderseitigen Einkommens- und Vermögensverhältnisse darlegt und nachweist. Der Berechtigte hat also nicht nur die Einkünfte des Verpflichteten darzulegen und nachzuweisen, sondern auch seine eigenen berücksichtigungsfähigen Einkünfte.[22] Im Rahmen des Einkommens Selbstständiger genügt der Berechtigte seiner Darlegungslast, wenn er die vollständigen Jahresabschlüsse

17 BGH 19.9.2018 – XII ZB 385/17, FamRZ 2019, 112.
18 BGH 19.9.2018 – XII ZB 385/17, FamRZ 2019, 112.
19 OLG Hamm 27.5.2010 – 3 UF 234/09, FamRZ 2010, 2080.
20 BGH 11.4.2001 – XII ZR 152/99, FamRZ 2001, 1603.
21 BGH 16.9.2020 – XII ZB 499/19, FamRZ 2021, 28 (31).
22 BGH 5.5.2004 – XII ZR 10/03, FamRZ 2004, 1170.

nebst Steuerbescheiden des Pflichtigen vorlegt. Der Pflichtige hat dann einzelne Positionen substanziiert zu bestreiten, zB durch Erläuterung von Einzelpositionen und Vorlage von Kontenblättern. Erst wenn dies gelingt, muss der Berechtigte Beweis anbieten.[23] Beruft sich der Unterhaltsverpflichtete, nachdem der Berechtigte seiner Darlegungs- und Beweislast hinsichtlich der gegenwärtigen beiderseitigen Einkommens- und Vermögensverhältnisse nachgekommen ist, darauf, sein Einkommen bzw. ein Teil seines Einkommens beruhe auf einer außergewöhnlichen, vom Normalfall abweichenden Entwicklung nach Trennung der Beteiligten (Karrieresprung; → *Eheliche Lebensverhältnisse* Rn. 9 ff.), ist für diesen Ausnahmefall der Unterhaltsverpflichtete darlegungs- und beweispflichtig, da der Unterhaltspflichtige grundsätzlich die Beweislast für Einwendungen und Einreden trägt. Zur Darlegung eines konkreten Bedarfs → *Konkreter Bedarf* Rn. 4. Dem Unterhaltspflichtigen obliegt demgegenüber die sekundäre Darlegungslast, dass während der Zeit des Bestehens der ehelichen Lebensgemeinschaft aus dem Einkommen Vermögen gebildet wurde.[24]

4. § 1615 l BGB

11 Der ein nichteheliches Kind betreuende Elternteil ist im Rahmen der Unterhaltsansprüche nach § 1615 l Abs. 1, 2 S. 1 und Abs. 2 S. 2 BGB für seinen Bedarf darlegungs- und beweispflichtig, somit für seine **Lebensstellung vor Geburt des Kindes**.

IV. Bedürftigkeit

12 Die Darlegungs- und Beweislast für seine uneingeschränkte Bedürftigkeit trägt der Unterhaltsberechtigte. So muss der Unterhaltsberechtigte folgende Positionen darlegen und beweisen:

1. Behauptete Haushalts- und Versorgungsleistungen

13 Das **Nichtvorliegen von der Gegenseite behaupteter Einkünfte**, insbesondere das Nichtvorliegen von Versorgungsleistungen gegenüber einem anderen Partner muss der Unterhaltsberechtigte darlegen und beweisen. Wird vom Unterhaltsverpflichteten die Anrechnung eines Entgelts für Haushalts- und Versorgungsleistungen dargelegt, so muss der Unterhaltsberechtigte dies im Rahmen seiner Darlegungs- und Beweislast für seine Bedürftigkeit widerlegen.[25] Da solche anrechenbaren Leistungen die Bedürftigkeit unmittelbar vermindern, genügt es nicht, dass der Unterhaltsbedürftige den substanziierten Vortrag des Verpflichteten lediglich bestreitet. Er hat ihn vielmehr zu widerlegen. Dazu ist zunächst vor der Einholung eines Beweises ein substanziierter Gegenvortrag erforderlich.

2. Behauptete bedarfsdeckende Einkünfte

14 Behauptet der Unterhaltsberechtigte eigene Einkünfte, muss er diese darlegen und beweisen. Häufiger ist aber der Fall, dass der Pflichtige dem Berechtigten vorwirft, er habe zusätzliche Einkünfte. Der Unterhaltsbedürftige muss dann darlegen und beweisen, dass er behauptete **bedarfsdeckende Einkünfte** nicht hat, und nicht in zumutbarer Weise erzielen kann, soweit es darum geht, dass ihm eine Verletzung seiner Erwerbsobliegenheit vorgeworfen wird. Können vom Unterhaltspflichtigen behauptete Einkünfte nicht festgestellt werden, ist der Unterhaltsbedürftige jedoch verpflichtet und in der Lage, derartige Einkünfte zu erzielen, sind ihm solche Einkünfte fiktiv bedarfsdeckend anzurechnen (→ *Fiktive Einkünfte* Rn. 1 ff.). Dies gilt insbesondere, wenn der Unterhaltsberechtigte behauptet, er könne wegen seines Alters keine zumutbare Tätigkeit mehr finden. Solange er das Rentenalter noch nicht erreicht hat, hat er darzulegen und zu beweisen, was er im Einzelnen unternommen hat, um eine Arbeitsstelle zu finden, mit der er bedarfsdeckende Einkünfte erzielen könnte. Dasselbe gilt, wenn der Bedürftige Unterhalt wegen Arbeitslosigkeit verlangt. Auch insoweit hat er in nachprüfbarer Weise vorzutragen, welche Anstrengungen er unternommen hat, um einen zumutbaren Arbeitsplatz zu finden. Beweiserleichterungen nach § 287 Abs. 2

23 Vgl. dazu sehr anschaulich OLG Schleswig 6.1.2015 – 10 UF 75/14, NZFam 2015, 370.
24 OLG Zweibrücken 18.4.2013 – 6 UF 156/12, FamRZ 2014, 216.
25 BGH 30.11.1994 – XII ZR 226/93, FamRZ 1995, 291; 5.5.2004 – XII ZR 10/03, FamRZ 2004, 1170.

ZPO kommen ihm dabei nicht zugute.[26] Schließlich gilt dies auch für den Fall behaupteter krankheitsbedingter Erwerbseinschränkungen. Diese sind darzulegen, und zwar ist ein konkretes Krankheitsbild sowie die konkreten daraus folgenden Einschränkungen darzulegen und im Bestreitensfall zu beweisen. Gleiches gilt für die eigenen Genesungsbemühungen. Trifft den Berechtigten insoweit eine Obliegenheitsverletzung, sind ihm wiederum fiktiv bedarfsdeckende Einkünfte anzurechnen (→ *Bewerbungsbemühungen* Rn. 1 ff.). Diese Probleme stellen sich im Falle des Ehegattenunterhalts schon auf Bedarfsebene.

3. Höhe und Anrechnung eigener Einkünfte

15 Hat der Unterhaltsberechtigte eigene Einkünfte, muss er nicht nur die Höhe seiner Einkünfte, sondern auch den Umfang und die Berechtigung der von ihm geltend gemachten Abzugsposten darlegen und beweisen. Weiter muss er bei Vorliegen eigener Einkünfte darlegen und beweisen, warum diese ausnahmsweise nach § 1577 Abs. 2 BGB nicht oder nicht vollständig zur Anrechnung kommen sollen.

4. Eigenes Vermögen

16 Hat der Unterhaltsberechtigte Vermögen, muss er im Rahmen seiner Darlegungs- und Beweislast auch nachweisen, dass der **Einsatz des Vermögensstamms** für ihn nicht zumutbar ist. Diesem Aspekt der Darlegungs- und Beweislast wird in der Praxis kaum Rechnung getragen, da in aller Regel nur die Einkünfte aus Vermögen für die Unterhaltsberechnung herangezogen werden. Insoweit hat der Bedürftige darzulegen, auf welche Weise er sein Kapital verzinslich angelegt hat und warum ihm möglicherweise eine günstigere Anlage nicht zuzumuten ist, was bei jeder Form von risikobehafteten Anlagen bejaht werden kann.

V. Leistungsunfähigkeit

17 Der Unterhaltspflichtige muss seine Leistungsunfähigkeit einwenden und trägt damit die volle Darlegungs- und Beweislast. Die Anforderungen hieran sind dann besonders streng, wenn ein minderjähriges Kind lediglich den Mindestunterhalt verlangt. Im Rahmen seiner Darlegungs- und Beweislast für die Leistungsunfähigkeit hat der Unterhaltspflichtige die **Gefährdung seines eigenen angemessenen Unterhalts**, das Bestehen, den Umfang und die Erheblichkeit sonstiger Verpflichtungen sowie die Dauer seiner voraussichtlichen Leistungsunfähigkeit darzulegen und zu beweisen.[27] Der Unterhaltspflichtige hat auch die unterhaltsrelevanten Schmälerungen seines Einkommens darzulegen und zu beweisen.[28] Dabei müssen die Einnahmen und Aufwendungen so dargestellt werden, dass die steuerrechtlich beachtlichen von den unterhaltsrechtlich beachtlichen abgegrenzt werden können. Hierfür reicht eine ziffernmäßige Aneinanderreihung nicht aus.[29] Insbesondere hat der Unterhaltsverpflichtete folgende Punkte **darzulegen und zu beweisen**:

- alle Tatsachen, die seine eigene Lebensstellung begründen, wie etwa sein Alter, die Vermögenshöhe, einkommensmindernde Umstände etc;[30]
- eventuelle Erwerbsminderung oder Erwerbsunfähigkeit;
- hinreichende Bemühungen um eine Arbeitsstelle im Falle der Arbeitslosigkeit oder warum keine reale Beschäftigungschance mehr besteht (→ *Bewerbungsbemühungen* Rn. 1 ff.);
- Tatsachen, die zu seinen Gunsten im Rahmen der Billigkeitsprüfung nach § 1581 BGB zu berücksichtigen sind;
- die Notwendigkeit und die Höhe berufsbedingter Aufwendungen (→ *Berufsbedingte Aufwendungen* Rn. 1 ff.);
- die Höhe der durchschnittlichen Aufwendungen für die Vermögensbildung,

---

26 BGH 21.9.2011 – XII ZR 121/09, FamRZ 2011, 1851.
27 BGH 5.11.1989 – IVb ZR 3/89, NJW-RR 1990, 323.
28 OLG Schleswig 10.12.2004 – 10 UF 251/04, FamRZ 2005, 1109.
29 BGH 22.10.1997 – XII ZR 278/95, FamRZ 1998, 357.
30 BGH 27.4.1988 – IVb ZR 58/87, FamRZ 1988, 930.

- das Hinzutreten neuer Unterhaltsverpflichtungen,[31]
- Voraussetzungen rechtsvernichtender Einwendungen wie §§ 1361 Abs. 3, 1579, 1611 BGB.

VI. § 1578 b BGB/sekundäre Darlegungslast

Beruft sich der Pflichtige auf eine Herabsetzung **oder Befristung** des Unterhaltsanspruchs, so trägt dieser die Darlegungs- und Beweislast (→ Rn. 4) hinsichtlich der für eine Herabsetzung oder Befristung sprechenden Tatsachen. Der Umstand, dass der Unterhaltsberechtigte eine vollschichtige Tätigkeit in seinem erlernten Beruf ausübt, ist ein Indiz gegen fortdauernde ehebedingte Nachteile.[32] Hat der Unterhaltspflichtige, der die Darlegungs- und Beweislast hinsichtlich der für eine Begrenzung sprechenden Tatsachen trägt, eine solche Beschäftigung behauptet, trifft daher den Unterhaltsberechtigten die sog. sekundäre Darlegungslast. Er muss die Behauptung, es seien keine ehebedingten Nachteile entstanden, substanziiert bestreiten und seinerseits darlegen, welche konkreten ehebedingten Nachteile entstanden sein sollen. Erst wenn das Vorbringen des Unterhaltsberechtigten diesen Anforderungen genügt, müssen die vorgetragenen ehebedingten Nachteile vom Unterhaltspflichtigen widerlegt werden.[33] 18

In der Praxis führt dies nicht nur zu einem **besonderen Darlegungsaufwand**, sondern auch zu Schwierigkeiten in der Beweisführung, da der Nachweis des in der Erwerbsbiographie eines Ehegatten eingetretenen Nachteils die **Darlegung eines hypothetischen beruflichen Werdegangs** erfordert. 19

Der Bundesgerichtshof sieht die Anforderungen an die sekundäre Behauptungslast als erfüllt an, wenn der Unterhaltsberechtigte in einem erlernten und ausgeübten Beruf Einkommensverbesserungen aufgrund eines üblichen Aufstiegs in dieser Berufsgruppe dargelegt hat. Der Bundesgerichtshof verlangt keine exakte Feststellung des erzielbaren Einkommens, sondern lässt eine Schätzung zu (§ 287 ZPO). Gefordert wird aber die Feststellung der Grundlagen der beruflichen Entwicklungsmöglichkeiten. Das bedeutet, dass anhand der jeweiligen beruflichen Tätigkeit ein normal verlaufender Werdegang dargelegt werden muss. In Bezug auf einen behaupteten beruflichen Aufstieg soll es ausreichend sein, aufgrund einer früher vorhandenen Fortbildungsbereitschaft, von Neigungen oder Talenten eine Prognose zu erstellen. Dies wird zu erheblichen Schwierigkeiten in der Praxis führen. Für die anzustellende Prognose kann es hilfreich sein, wenn Unterlagen über einen erfolgreichen Schul- und Berufsabschluss, Beurteilungen sowie Arbeitsplatzbeschreibungen vorgelegt werden können, die gegebenenfalls den Schluss auf eine besondere persönliche und fachliche Qualifikation zulassen.[34] 20

Erst wenn das Vorbringen des Unterhaltsberechtigten diesen Anforderungen genügt, müssen die vorgetragenen ehebedingten Nachteile vom Unterhaltspflichtigen widerlegt werden. Dadurch soll eine **unbillige Belastung der beweispflichtigen Partei** vermieden werden. Die Darlegungen müssen jeweils so konkret sein, dass dem beweisbelasteten Beteiligten eine Widerlegung möglich ist. Im Falle des § 1578 b BGB müsste bei einer unbeschränkten Darlegungs- und Beweislast der Pflichtige sämtliche auch nur theoretisch denkbaren und nicht näher bestimmten Nachteile widerlegen, die aufgrund der Rollenverteilung innerhalb der Ehe möglicherweise entstanden sind. Das würde in Anbetracht dessen, dass die Tatsachen zur hypothetischen beruflichen Entwicklung den persönlichen Bereich des Unterhaltsberechtigten betreffen, zu einer unbilligen Belastung des Pflichtigen führen. Das Gericht hat den Beweisanträgen des Pflichtigen aber auch nachzugehen.[35] Wie bereits oben ausgeführt, dürften sich Beweisanträge weitgehend auf die Tatsachen bei Eheschluss beschränken, da die hypothetische Erwerbssituation ohne Ehe und Kinder auf hypothetischen Tatsachen beruht. Hier wird es zumeist vornehmlich um die plausible Darlegung einer Entwicklung gehen, weshalb die Voraussetzungen einer beruflichen Karriere in dem im Einzelfall betroffenen Beruf allenfalls noch streitig und beweisbar werden können. 21

31 BGH 7.12. 2011 – XII ZR 151/09, FamRZ 2012, 281.
32 BGH 16.4.2008 – XII ZR 107/06, FamRZ 2008, 1325.
33 BGH 24.3.2010 – XII ZR 175/08, FamRZ 2010, 875; 20.10.2010 – XII ZR 53/09, FamRZ 2010, 2059; 26.10.2011 – XII ZR 162/09, FamRZ 2012, 93.
34 BGH 24.3.2010 – XII ZR 175/08, FamRZ 2010, 875.
35 BGH 26.3.2014 – XII ZB 214/13, FamRZ 2014, 1007.

VII. § 1579 BGB

22 Für das Vorliegen eines Verwirkungsgrundes nach § 1579 BGB ist der Unterhaltspflichtige, der den Einwand erhebt, darlegungs- und beweispflichtig. Dabei muss er die **tatsächlichen Voraussetzungen des Härtegrundes** sowie alle Umstände, die seine Inanspruchnahme als **grob unbillig** erscheinen lassen, darlegen und beweisen. Aufgrund der naturgemäß diesbezüglich schwierigen Lage des Unterhaltspflichtigen kann auch hier, wie bei § 1578 b BGB, die **sekundäre Beweislast** durch das Gericht herangezogen werden. Sobald der Unterhaltsverpflichtete die Einwendung erhebt, kann im Einzelfall vom Berechtigen verlangt werden, dass er die vorgetragenen Tatsachen substanziiert bestreitet. Damit kann ein einfaches Bestreiten des Unterhaltsberechtigten auf das Vorbringen des Unterhaltspflichtigen – beispielsweise zum Vorliegen einer neuen verfestigten Lebensgemeinschaft – unzureichend sein. Bei der Beweisaufnahme wird häufig der neue Lebenspartner als Zeuge aussagen müssen, dessen Befragung seitens des Pflichtigen gut vorbereitet sein sollte.[36] Letztlich empfiehlt es sich auch, die Einwendung durch Sammlung von möglichst viel Tatsachenmaterial gut vorzubereiten. In Zeiten der Offenlegung der Lebensumstände in den sozialen Medien ist dies heutzutage zT einfacher als früher geworden. Der Unterhaltsberechtige trägt im Rahmen des § 1579 BGB die Darlegungs- und Beweislast für ihm günstige Umstände im Rahmen der Abwägung der Billigkeitsentscheidung zur Beendigung, Befristung oder Herabsetzung des Unterhalts sowie sonstige Umstände, auf die er sich beruft.

VIII. Unterhaltstatbestände

1. Kindesbetreuungsunterhalt (§ 1570 BGB/§ 1615 l BGB)

23 In seiner Entscheidung vom 16.12.2009 stellt der Bundesgerichtshof nochmals klar, dass für eine **Verlängerung des Betreuungsunterhalts** (→ *Betreuungsunterhalt* Rn. 1 ff.) **über das dritte Lebensjahr hinaus** der betreuende Elternteil sowohl nach § 1615 l BGB als auch nach § 1570 BGB die Darlegungs- und Beweislast trägt, weil er sich auf für ihn günstige Umstände beruft.[37] Mit diesem klaren Bekenntnis wendet sich der Bundesgerichtshof erneut gegen das **Altersphasenmodell**, welches bis dato im Ergebnis zu einer Umkehr der Beweislast geführt hatte. Einschränkungen lässt der Bundesgerichtshof nur zu, soweit Umstände „auf der Hand liegen". Solch ein Umstand kann im elternbezogenen Vertrauen begründet sein, nicht unverzüglich nach der Trennung eine vollschichtige Tätigkeit aufnehmen zu müssen. Eine Übergangszeit von einem Jahr sah der Bundesgerichtshof als angemessen an. Dies führt zu einer gegenüber betreuenden Ehegatten angeglichenen Wertung, weil auch der Vertrauensschutz des Ehegatten nach Ablauf des Trennungsjahres verschwindet.[38]

24 Für die ersten drei Lebensjahre des Kindes bleibt es dabei, dass der betreuende Elternteil frei und ohne weitere Darlegungen entscheiden kann, ob er die Betreuung und Erziehung des Kindes in dieser Zeit selbst vornehmen möchte. Nach der Vollendung des dritten Lebensjahrs trägt der unterhaltsberechtigte Elternteil die Darlegungs- und Beweislast für die individuellen Voraussetzungen einer Verlängerung des Betreuungsunterhalts über die Dauer von drei Jahren hinaus.[39] Im Unterhaltsverfahren ist somit hinreichender **Sachvortrag zu den Betreuungsmöglichkeiten und Betreuungszeiten**, der Vereinbarkeit der Fremdbetreuungszeiten mit den Arbeitszeiten sowie zur Entwicklung und Verfassung des Kindes darzulegen. Es obliegt dem Unterhaltsberechtigten, der die Tatbestandsvoraussetzungen der §§ 1570 BGB, 1615 l BGB darzulegen und zu beweisen hat, nach Vollendung des dritten Lebensjahrs des Kindes auch darzulegen und zu beweisen, dass er wegen kind- oder elternbezogener Gründe an einer Erwerbstätigkeit gehindert ist. Nur dies ist ein schlüssiger Sachvortrag, der einen Anspruch auf verlängerten Betreuungsunterhalt rechtfertigen kann.

36 Vgl. insbesondere zum Fragenkatalog *Hamm*, Strategien im Unterhaltsrecht, 2. Aufl. 2009, § 3 Rn. 246 ff.

37 BGH 16.12.2009 – XII ZR 50/08, FamRZ 2010, 357.

38 BGH 5.3.2008 – XII ZR 22/06, FamRZ 2008, 963.

39 BGH 16.7.2008 – XII ZR 109/05, FamRZ 2008, 1739.

2. Altersunterhalt (§ 1571 BGB)

a) Ruhestand vor der Regelaltersgrenze. Grundsätzlich gilt auch hier, dass der Unterhaltsbedürftige die Tatbestandsvoraussetzungen darlegen und beweisen muss (→ *Altersunterhalt* Rn. 1 ff.). Bei Antritt des Ruhestands vor der Altersgrenze muss der Berechtigte nachweisen, dass typischerweise in den für ihn in Betracht kommenden Berufssparten keine angemessene Arbeit mehr gefunden werden kann. Dies ist anhand des Einzelfalls zu beurteilen. Bei Zweifeln darüber, ob altersbedingte Arbeitsunfähigkeit oder arbeitsmarktbedingte Arbeitslosigkeit vorliegt, hat der Unterhaltsberechtigte die Beweislast dafür zu tragen, dass ihm eine Erwerbsfähigkeit wegen seines Alters nicht mehr zuzumuten ist. 25

b) Ruhestand bei Erreichen der Regelaltersgrenze. Mit Erreichen der Regelaltersgrenze ist eine gewisse Beweislastumkehr verbunden. Ab diesem Zeitpunkt besteht keine Erwerbsobliegenheit mehr. Eine ausnahmsweise vorliegende Obliegenheit über diese Grenze hinaus, muss derjenige darlegen, der sich darauf beruft. 26

3. Unterhalt wegen Krankheit (§ 1572 BGB)

Der unterhaltsberechtigte Ehegatte hat zunächst die Darlegungs- und Beweislast für eine **krankheitsbedingte Erwerbsunfähigkeit zum Einsatzzeitpunkt**, dh er hat Art und Umfang der Erkrankung und ihre konkreten Auswirkungen auf die Erwerbsfähigkeit substanziiert darzulegen und zu beweisen.[40] Weiter hat er darzulegen, dass diese Krankheit zum Einsatzzeitpunkt bestanden hat. Die bloße Behauptung, der Unterhaltsberechtigte sei krankheitsbedingt nicht arbeitsfähig, reicht nicht. Es empfiehlt sich für den Unterhaltsberechtigten, ein detailliertes ärztliches Attest vorzulegen mit der Angabe von Diagnose, Art der Behandlung, Dauer der Erkrankung und Prognose. Dies gilt insbesondere für psychische Erkrankungen. Das Gericht ist nicht gehalten, einem Beweisangebot auf Einholung eines Sachverständigengutachtens, bei einem Vortrag mit einer generellen Berufung auf die Erwerbsunfähigkeit, zu entsprechen.[41] Eine Beweiserleichterung besteht, wenn bereits eine Rente wegen vollständiger oder teilweiser Erwerbsunfähigkeit bewilligt worden ist.[42] Da die Erwerbsunfähigkeitsrente zeitlich begrenzt werden kann, ist mit ihrer Bewilligung aber nicht zwangsläufig eine dauerhafte Erwerbsunfähigkeit verbunden. Da die Erwerbsunfähigkeit im sozialrechtlichen Sinne nach § 43 Abs. 2 S. 2 SGB VI nur bedeutet, dass nicht mehr als drei Stunden am Tag gearbeitet werden kann, besteht für diese drei Stunden zunächst noch eine Erwerbsobliegenheit, die auch zur Zurechnung fiktiven Einkommens in diesem Umfang führen kann, wenn nicht die vollständige Erwerbsunfähigkeit nachgewiesen ist.[43] Gleiches gilt für die Erwerbsminderung, nach der die Erwerbsfähigkeit für eine Zeit von nicht mehr als sechs Stunden täglich besteht, § 43 Abs. 1 S. 2 SGB VI. Ein Grad der Behinderung (GdB) nach Behindertenrecht erzeugt dagegen keine Beweiserleichterung. Dagegen ist der unterhaltspflichtige Ehegatte aber darlegungs- und beweislastpflichtig hinsichtlich einer behaupteten Genesung des Berechtigten von einer schweren Erkrankung.[44] Insoweit reicht es gemäß Bundesgerichtshof nicht aus, wenn der Verpflichtete die Krankheit einfach nur bestreitet, wenn seitens des Berechtigten substanziiert zur Fortdauer der Erkrankung vorgetragen wurde. Der Bundesgerichtshof hat in diesem Urteil auch dargelegt, dass eine festgestellte Schwerbehinderung und die Bewilligung einer dauerhaften Erwerbsunfähigkeitsrente als entscheidendes Indiz für die Fortdauer der Erkrankung angesehen werden kann (→ *Krankheitsunterhalt* Rn. 1 ff.). 27

4. Unterhalt wegen Arbeitslosigkeit/angemessene Erwerbstätigkeit (§§ 1573, 1574 BGB)

Der Unterhaltsberechtige trägt die Darlegungs- und Beweislast dafür, dass er keine eheangemessene Erwerbstätigkeit ausübt und es ihm trotz zumutbarer und ausreichender Erwerbsbemühungen nicht gelungen ist, eine eheangemessene Erwerbstätigkeit zu finden (→ *Erwerbslosigkeitsunterhalt* Rn. 1 ff.). Im Falle 28

---

40 BGH 25.10.2006 – XII ZR 190/03, FamRZ 2007, 200.
41 BGH 25.10.2006 – XII ZR 190/03, FamRZ 2007, 200.
42 OLG Bamberg 4.2.1999 – 7 UF 265/98, FamRZ 2000, 231.
43 BGH 9.11.2016 – XII ZB 227/15, FamRZ 2017, 109; 18.1.2012 – XII ZR 178/09, FamRZ 2012, 517.
44 BGH 6.7.2005 – XII ZR 145/03, FamRZ 2005, 1897.

der Arbeitslosigkeit hat der Unterhaltsberechtigte vor allem seine hinreichenden Bemühungen um eine Arbeitsstelle darzulegen und zu beweisen.[45] Das Bemühen, einen angemessenen Arbeitsplatz zu finden, muss nachprüfbar sein (→ *Bewerbungsbemühungen* Rn. 1 ff.). Allerdings reicht hier der Nachweis einer fehlenden Obliegenheitsverletzung aus (→ *Fiktive Einkünfte* Rn. 1 ff.). Die tatsächlichen Voraussetzungen der Angemessenheit oder Unangemessenheit einer Erwerbstätigkeit muss derjenige darlegen und beweisen, der sich darauf beruft. Langjährige Ausübung einer Erwerbstätigkeit begründet eine tatsächliche Vermutung für die Angemessenheit. Der Unterhaltsberechtigte behält auch im Abänderungsverfahren die Darlegungs- und Beweislast für seine fortwährende unverschuldete Erwerbslosigkeit, da es sich hierbei wegen des Zeitablaufs nicht mehr um denselben anspruchsbegründenden Sachverhalt handelt.[46]

5. Aufstockungsunterhalt

29 Die Höhe des vollen Unterhalts hat der Unterhaltsberechtigte zu beweisen, ebenso dass seine eigenen Einkünfte für den vollen Unterhalt nicht ausreichen. Zur Frage des ehebedingten Nachteils und der hierzu entwickelten Rechtsprechung des Bundesgerichtshofs zur **sekundären Darlegungslast** → Rn. 18; → *Aufstockungsunterhalt* Rn. 1 ff.

6. Ausbildungsunterhalt (§ 1575 BGB)

30 Die **Notwendigkeit der Ausbildung** für die darauffolgende Ausübung einer angemessenen Erwerbstätigkeit muss der Unterhaltsberechtigte darlegen und beweisen.[47] Ist die Ausbildung bereits vor der Ehe abgebrochen worden, muss der Berechtigte die Ehebedingtheit des Abbruchs darlegen und beweisen. Wird die Ausbildung dagegen erst während der Ehe abgebrochen, muss der Abbruch nicht wegen der Ehe erfolgt sein.[48] Weiter muss der Berechtigte darlegen, dass mit der angestrebten Ausbildung eine echte Arbeitsplatzchance erreicht wird. Der Anspruch entfällt daher, wenn die Ausbildung wegen des Alters des Bedürftigen nicht mehr sinnvoll ist[49] (→ *Ausbildungsunterhalt* Rn. 1 ff.).

45 BGH 18.1.2012 – XII ZR 178/09, FamRZ 2012, 517; BGH 15.11.1995 – XII ZR 231/94, FamRZ 1996, 345.
46 BGH 7.12.2016 – XII ZB 422/15, FamRZ 2017, 370.
47 BGH 23.10.1985 – IVb ZR 68/84, FamRZ 1986, 533.
48 BGH 24.10.1979 – IV ZR 171/78, FamRZ 1980, 126.
49 BGH 1.4.1987 – IVb 35/86, NJW 1987, 2233.

67. Darlegungs- und Beweislast im Zugewinn

Knahn/Holthusen

I. Einführung

Da es sich bei Zugewinnausgleichsverfahren um Güterrechtssachen gem. § 261 Abs. 1 FamFG und somit um Familienstreitsachen gem. § 112 Nr. 2 FamFG handelt, gilt der **Beibringungsgrundsatz**. Das Gericht hat gem. § 113 Abs. 1 FamFG, § 286 Abs. 1 ZPO unter Berücksichtigung des gesamten Inhalts der Verhandlungen und des Ergebnisses einer etwaigen Beweisaufnahme nach freier Überzeugung zu entscheiden, ob eine tatsächliche Behauptung für wahr oder für nicht wahr zu erachten ist. Deshalb ist zu klären, welcher Beteiligte eine Tatsache zum Inhalt der Verhandlung machen (**Darlegungs- oder Behauptungslast**) und für sie Beweis antreten (subjektive Beweislast) muss und wer das Risiko ihrer Nichterweislichkeit trägt (objektive Beweislast). 1

Die **objektive Beweislast** (auch materielle Beweislast oder Feststellungslast) weist einem Beteiligten das Risiko zu, dass eine beweisbedürftige Behauptung – trotz Ausschöpfung aller zulässigen Beweismittel – bis zum Ende der mündlichen Verhandlung nicht bewiesen wird (non liquet). Die objektive Beweislast führt in diesen Fällen dazu, dass die Behauptung zum Nachteil dieses Beteiligten als unwahr behandelt wird.[1]

Die **subjektive Beweislast** (auch formelle Beweislast oder abstrakte Beweisführungslast) bestimmt, welcher Beteiligte einen Beweis antreten darf und muss, wenn er einen prozessualen Nachteil vermeiden will.[2] Grundsätzlich korrespondiert die subjektive mit der objektiven Beweislast. Sie können aber ua auseinanderfallen, wenn ausnahmsweise der Beweislastgegner im Rahmen der sekundären Beweislast zur Aufklärung verpflichtet ist.[3]

Im Zugewinnausgleichsverfahren ergibt sich für das **Anfangsvermögen** (→ Rn. 3 ff.) und für das **Endvermögen** (→ Rn. 6 ff.) eine unterschiedliche Verteilung der Darlegungs- und Beweislast, ebenso wie bei der **Anrechnung von Vorausempfängen** (→ Rn. 11), der **groben Unbilligkeit** (→ Rn. 12), beim **vorzeitigen Zugewinnausgleich** (→ Rn. 13), bei der Bewertung **land- und forstwirtschaftlicher Betriebe** (→ Rn. 14) und bei **unbenannten Zuwendungen** (→ Rn. 15). 2

II. Verteilung der Darlegungs- und Beweislast

1. Anfangsvermögen

a) Positives Anfangsvermögen. Ein positives Anfangsvermögen vermindert den Zugewinn und stellt daher für den jeweiligen Ehegatten eine ihm günstige Tatsache dar. Nach dem ungeschriebenen Grundprinzip der Beweislastverteilung[4] trägt daher jeder Ehegatte für den Bestand und den Wert seines Anfangsvermögens und für seinen privilegierten Erwerb gem. § 1374 Abs. 2 BGB die Darlegungs- und Beweislast.[5] Im Rahmen des privilegierten Anfangsvermögen trägt der Ehegatte auch die Darlegungs- und Beweislast, dass 3

1 HK-ZPO/*Saenger* § 286 Rn. 53.
2 HK-ZPO/*Saenger* § 286 Rn. 54.
3 HK-ZPO/*Saenger* § 286 Rn. 93 ff.
4 HK-ZPO/*Saenger* § 286 Rn. 58.
5 BGH 20.7.2005 – XII ZR 301/02, NJW-RR 2005, 1460.

die Zuwendung nicht zu den Einkünften (→ *Anfangsvermögen* Rn. 9) zu rechnen ist.[6] Eine Beweislasterleichterung im Falle eines objektiven, über ein geringes Maß hinausgehenden Missverhältnisses zwischen Leistung und Gegenleistung dahin gehend, dass eine gemischte Schenkung anzunehmen ist und mithin eine Zurechnung gem. § 1374 Abs. 2 BGB zu erfolgen hat, kann nicht anerkannt werden.[7]

4 **b) Negatives Anfangsvermögen.** Negatives Anfangsvermögen (→ *Anfangsvermögen* Rn. 20) erhöht den Zugewinn eines Ehegatten und stellt daher für den jeweils anderen Ehegatten eine ihm günstige Tatsache dar. Dementsprechend (→ Rn. 3) trägt der jeweils andere Ehegatte für den Bestand und den Wert des negativen Anfangsvermögens und für einen negativen privilegierten Erwerb gem. § 1374 Abs. 2 BGB die Darlegungs- und Beweislast.[8] Da es für den anderen Ehegatten häufig schwierig ist, konkret negatives Anfangsvermögen zu beweisen, wird es kontrovers diskutiert, ob es ausreicht, wenn der andere Ehegatte substantiiert Tatsachen vorträgt, die ein belastetes Anfangsvermögen dartun, und es dann dem anderen Ehegatten aufzuerlegen, sich zu entlasten.[9] Dabei sollen die Grundsätze der sekundären Beweislast zu sachgerechten Ergebnissen führen.[10]

5 **c) Beweislastumkehr.** Haben die Ehegatten gemeinsam ein **Verzeichnis** über den Bestand und die Werte des Anfangsvermögens erstellt, wird gem. § 1377 Abs. 1 BGB widerlegbar (§ 292 ZPO) vermutet, dass dieses Verzeichnis richtig ist. Die Unrichtigkeit ist dann durch den anderen Ehegatten zu beweisen. Wurde kein Verzeichnis aufgestellt, wird gem. § 1377 Abs. 3 BGB vermutet, dass das Endvermögen den Zugewinn darstellt, also der Ehegatte kein Anfangsvermögen hatte (negative Vermutung). Es bleibt daher bei dem Grundsatz, dass jeder Ehegatte die volle Darlegungs- und Beweislast für sein (positives) Anfangsvermögen trägt.

2. Endvermögen

6 **a) Grundsatz.** Nach dem ungeschriebenen Grundprinzip der Beweislastverteilung (→ Rn. 3) muss der Ehegatte, der den Zugewinnausgleich begehrt, die Voraussetzungen des Anspruchs darlegen und beweisen, somit neben dem eigenen Endvermögen auch Bestand und Wert des Endvermögens des anderen Ehegatten.[11] Der Ausgleichsberechtigte muss dabei beim Endvermögen des anderen Ehegatten nicht nur das Vorhandensein der Aktiva, sondern auch das Fehlen von Passiva darlegen und beweisen. Die Darlegungs- und Beweislast des Klägers gilt auch für Negativtatsachen.[12]

7 **b) Hinzurechnungen gem. § 1375 Abs. 2 BGB.** Die **allgemeine Beweislast** gilt auch für die Hinzurechnungstatbestände des § 1375 Abs. 2 BGB (→ *Illoyale Vermögensverfügung und Ansprüche gegen Dritte* Rn. 1 ff.), so dass der Ehegatte, der sich auf illoyale Vermögensverfügungen beruft, diese darzulegen und zu beweisen hat.[13] Nach § 1379 BGB steht ihm hierfür ein **Auskunftsanspruch** gegenüber dem anderen Ehegatten auch bezüglich illoyaler Vermögensverfügungen zu, wenn er konkrete Tatsachen vorträgt, die ein unter § 1375 Abs. 2 S. 1 BGB fallendes Handeln nahelegen.[14]

8 Dabei gilt für das Tatbestandsmerkmal der Benachteiligungsabsicht des § 1375 Abs. 2 Nr. 3 BGB eine abgestufte Darlegungslast. Der andere Ehegatte muss sich zu dem Vortrag, eine Handlung sei in Benachteiligungsabsicht erfolgt, substantiiert erklären.[15]

---

6 Palandt/*Brudermüller* BGB §§ 1374–1376 Rn. 19.
7 BGH 6.11.2013 – XII ZB 434/12, NJW 2014, 294.
8 MüKoBGB/*Koch* § 1374 Rn. 42 ff.
9 NK-BGB/*Heiß/Löhnig* § 1377 Rn. 12.
10 BeckOK BGB/*Hau/Poseck* § 1377 Rn. 11; vgl. auch Palandt/*Brudermüller* BGB §§ 1374–1376 Rn. 19.
11 BGH 26.4.1989 – IV b ZR 48/88, NJW 1989, 2821.
12 HK-FamR/*Häcker* § 1375 Rn. 25.
13 NK-BGB/*Heiß/Löhnig* § 1375 Rn. 37.
14 BGH 15.8.2012 – XII ZR 80/11, NJW 2012, 3635.
15 BGH 23.4.1986 – IVb ZR 2/85, NJW-RR 1986, 1325.

Ist das Endvermögen eines Ehegatten geringer als das Vermögen, das er in der Auskunft zum Trennungszeitpunkt angegeben hat, so hat dieser Ehegatte gem. § 1375 Abs. 2 S. 2 BGB darzulegen und zu beweisen, dass die Vermögensminderung nicht auf Handlungen iSd § 1375 Abs. 2 Nr. 1–3 BGB zurückzuführen ist (**Beweislastumkehr**). 9

Diese Beweislastregel muss auch dann eingreifen, wenn der Anspruchsgläubiger nachweisen kann, dass die Auskunft zum Trennungsvermögen unrichtig ist und ein höherer Wert des Trennungsvermögens bestand.[16] Anders liegt es, wenn zwar ein Vermögensgegenstand, der in der Auskunft zum Trennungsvermögen angegeben wurde, zum Stichtag des Endvermögens nicht mehr vorhanden ist, insgesamt jedoch keine Minderung des Vermögens zwischen den Stichtagen für das Trennungsvermögen und für das Endvermögen erfolgte, da allein der Vergleich der Vermögensmassen maßgeblich ist.[17] 10

3. Anrechnung von Vorausempfängen

Die Darlegungs- und Beweislast für die Voraussetzungen des § 1380 Abs. 1 S. 1 BGB (→ *Vorausempfang* Rn. 1 ff.) trägt der Zuwender.[18] Dasselbe gilt für die Voraussetzungen des Abs. 1 S. 2 BGB: gelingt dem Zuwender der Beweis, muss der Empfänger die Behauptung, dass eine Anrechnung dennoch nicht erfolgen sollte, beweisen.[19] 11

4. Grobe Unbilligkeit

Der Zugewinnausgleichsschuldner trägt die Darlegungs- und Beweislast für die Tatsachen, aus denen sich ein Leistungsverweigerungsrecht wegen grober Unbilligkeit gem. § 1381 BGB (→ *Grobe Unbilligkeit im Zugewinn* Rn. 1 ff.) ergibt.[20] 12

5. Vorzeitiger Zugewinnausgleich

Der Ehegatte, der die vorzeitige Aufhebung des Güterstandes beantragt (→ *Vorzeitiger Zugewinnausgleich* Rn. 1 ff.), trägt die Darlegungs- und Beweislast für die Tatbestandsmerkmale des § 1385 Nr. 1–4 BGB. Eine Ausnahme besteht nur für das Merkmal „ohne ausreichenden Grund" in § 1385 Nr. 4 BGB, für das der Antragsgegner darlegungs- und beweispflichtig ist.[21] 13

6. Land- und forstwirtschaftliche Betriebe

Dem Eigentümer eines landwirtschaftlichen Anwesens, das beim Zugewinnausgleich nach dem Ertragswert bewertet werden soll (→ *Bewertungsmethoden im Zugewinn* Rn. 10 ff.; → *ABC der Vermögenswerte* Rn. 102 ff.), obliegt die Darlegungs- und Beweislast für die künftige Fortführung der landwirtschaftlichen Bewirtschaftung.[22] 14

7. Unbenannte Zuwendung

Der Ehegatte, der eine unbenannte Zuwendung zurückfordert (→ *Unbenannte Zuwendungen* Rn. 13 ff.), muss darlegen und beweisen, dass der Zuwendung die Vorstellung und Erwartung zugrunde lag, die eheliche Lebensgemeinschaft werde Bestand haben,[23] und dass das Ergebnis des Zugewinnausgleichs unter Berücksichtigung der Zuwendung schlechthin unangemessen und unzumutbar ist.[24] 15

---

16 Vgl. Staudinger/*von Bar* BGB § 1375 Rn. 47.
17 Palandt/*Brudermüller* BGB §§ 1374–1376 Rn. 33; Staudinger/*von Bar* BGB § 1375 Rn. 47.
18 HK-FamR/*Häcker* BGB § 1380 Rn. 14.
19 Palandt/*Brudermüller* BGB § 1380 Rn. 20.
20 BGH 27.1.1988 – IV b ZR 13/87, FamRZ 1988, 593.
21 NK-BGB/*Fischinger* § 1386 Rn. 33; aA Palandt/*Brudermüller* BGB § 1386 Rn. 15.
22 BGH 27.9.1989 – IV b ZR 75/88, NJW-RR 1990, 68.
23 BGH 8.11.2002 – V ZR 398/01, NJW 2003, 510.
24 BGH 21.10.1992 – XII ZR 182/90, NJW 1993, 385.

68. Doppelehe

J. Teubel

I. Einführung

1 Es kommt zu einer Doppelehe oder Mehrehe, wenn eine verheiratete Person eine zweite, dritte usw Person heiratet, also zwei oder mehrere Ehen nebeneinander bestehen. Die Person, die gleichzeitig mit zwei oder mehreren Personen verheiratet ist, ist der Bigame oder Polygame.

II. Materielles Recht

1. Grundsatz der Einehe/Verbot der Doppelehe (§ 1306 BGB)

2 In Deutschland gilt der Grundsatz der **Einehe**. Beim Bestehen einer Ehe darf ein Ehegatte keine weitere Person heiraten. Das Eheverbot gilt auch im Fall des Bestehens einer Lebenspartnerschaft (→ *Vereinbarungen zur eingetragenen Lebenspartnerschaft* Rn. 6). Das Verbot der Doppelehe ist zweiseitig. Es richtet sich gegen beide Eheschließenden, dh auch gegen den Eheschließenden, der noch nicht verheiratet ist. Das gilt auch strafrechtlich (§ 172 StGB).

3 Die zuerst geschlossene Ehe steht einer zweiten Ehe entgegen, solange sie besteht. Entscheidender Zeitpunkt ist der Zeitpunkt der Eheschließung der neuen (zweiten) Ehe. Die frühere Ehe besteht nicht, wenn sie zu diesem Zeitpunkt rechtskräftig geschieden oder aufgehoben oder durch den Tod eines Ehegatten aufgelöst ist.

4 Die frühere Ehe muss eine **wirksame Ehe** sein. In Deutschland kann eine Ehe grundsätzlich nur standesamtlich wirksam geschlossen werden (→ *Eheschließung im Inland* Rn. 2 ff.). Keine Doppelehe liegt vor, wenn die erste Ehe im Ausland geschlossen wurde (→ *Eheschließung im Ausland* Rn. 5 ff.) und diese aus deutscher Sicht nicht wirksam ist. Eine Doppelehe liegt aber auch dann vor, wenn die erste Ehe eine Scheinehe (→ *Scheinehe* Rn. 2 ff.) ist.

2. Rechtsfolgen

5 Die trotz des Verbots der Doppelehe geschlossene Ehe ist keine Nichtehe. Vielmehr ist die bigamisch geschlossene Ehe aufhebbar (§ 1314 Abs. 1 Nr. 2 BGB). Bis zu ihrer **Aufhebung** ist die Zweitehe wirksam, aber jeder Ehegatte kann die Herstellung der ehelichen Lebensgemeinschaft verweigern.[1]

3. Grundsätzlich keine Heilung, Bestätigung der Zweitehe

6 Eine Heilung der Doppelehe ist grundsätzlich nicht möglich, auch nicht durch Zeitablauf. Sie bleibt auch dann aufhebbar, wenn die frühere Ehe später aufgehoben worden ist. Nur im Fall des § 1315 Abs. 2 Nr. 1 BGB, also wenn die vor Eingehung der Zweitehe ausgesprochene Auflösung der Erstehe erst danach rechtskräftig wird, wird die Zweitehe geheilt. Ansonsten können die Ehegatten der bigamischen Ehe nach Auflösung der ersten Ehe die Aufhebung lediglich durch Wiederholung der Eheschließung ausschließen.

4. Guter Glaube

7 Es kommt vor, dass ein Ehegatte von dem Bestehen einer ersten Ehe nichts weiß oder annimmt, dass diese rechtskräftig geschieden worden sei. Guter Glaube an die Auflösung der ersten Ehe wird nicht

1 Johannsen/Henrich/Althammer/*Henrich* BGB § 1313 Rn. 3.

geschützt. Die Zweitehe bleibt für immer aufhebbar. Allerdings differenziert das Gesetz bei den Folgen der Aufhebung zwischen einem gutgläubigen und bösgläubigen Ehegatten. Der gutgläubige Ehegatte hat beispielsweise bei Aufhebung der Ehe einen Ehegattenunterhaltsanspruch, der bösgläubige dagegen nicht, es sei denn, der andere wäre auch bösgläubig (§ 1318 Abs. 2 BGB). Sonderregeln für Wiederheirat nach fälschlicher Todeserklärung enthalten §§ 1319, 1320 BGB.

III. Auflösung der Zweitehe

Aufhebungsberechtigt sind neben den Ehegatten der Zweitehe auch der andere Ehegatte der Erstehe und die Verwaltungsbehörde (§ 1316 Abs. 1 Nr. 1 BGB). Nach Auflösung der Erstehe besteht für den ehemaligen Ehegatten zwar die Antragsberechtigung fort, aber er muss besondere Gründe für die Auflösung geltend machen.[2] Zum Verfahren s. HK-FamFG/*Kemper* § 129 Rn. 2 ff. 8

Im **Aufhebungsverfahren** hat nicht der Verheiratete die Auflösung seiner ersten Ehe zu beweisen. Vielmehr hat der die Aufhebung Betreibende die **Darlegungs- und Beweislast** für den Bestand einer Vorehe.[3] 9

Zu den Folgen der Aufhebung → *Eheaufhebung* Rn. 37 ff. Auch eine Scheidung der Doppelehe ist bei Vorliegen der Scheidungsvoraussetzungen möglich, was wegen abweichender Folgen geprüft werden muss (zur Verbindung des Aufhebungsantrags mit dem Scheidungsantrag → *Ehehindernisse und Eheverbote* Rn. 13).

IV. Ausländerrecht

Eine Doppelehe entfaltet zugunsten eines Ausländers grundsätzlich keine ausländerrechtlichen Auswirkungen, weil sie nicht unter dem Schutz des Art. 6 Abs. 1 GG steht.[4] Ihr Bestehen schließt mangels Einordnung in die deutschen Lebensverhältnisse eine Einbürgerung nach §§ 8–10 StAG aus.[5] 10

V. Internationales Privatrecht

In der Praxis stellt sich die Frage der **Doppelehe** vor allem dann, wenn einer der Eheschließenden Ausländer ist oder die Vorehe eines der Eheschließenden (auch eines Deutschen) im Ausland geschlossen oder geschieden wurde. 11

Gem. Art. 13 Abs. 1 EGBGB richten sich die sachlichen Voraussetzungen der Eheschließung für jeden Verlobten vorbehaltlich einer Rück- oder Weiterverweisung (→ *Internationales Familienrecht* Rn. 10) nach seinem Heimatrecht. Das bedeutet aber nicht, dass die Eheschließung zB einer deutschen ledigen Frau mit einem Marokkaner, der bereits verheiratet ist, zulässig ist, auch wenn das marokkanische Recht als Heimatrecht des bereits verheirateten Eheschließenden eine Mehrehe zulässt. Das Eheverbot der Doppelehe ist nach deutschem Recht zweiseitig. Es darf in keiner Person der Eheschließenden vorliegen. Die Frage, ob das Verbot der Doppelehe der bevorstehenden Eheschließung entgegensteht, entscheidet sich daher nach dem **Heimatrecht** beider Verlobten. Zu den Folgen eines Verstoßes → *Eheschließung mit Ausländern* Rn. 7. 12

Auch die Vorfrage, ob die Vorehe eines der Verlobten wirksam geschlossen wurde, richtet sich nach Art. 11 und 13 EGBGB, wobei es auf die Staatsangehörigkeit im Zeitpunkt der früheren Eheschließung ankommt (→ *Eheschließung mit Ausländern* Rn. 3; → *Eheschließung im Ausland* Rn. 5 ff.). 13

Wurde die Erstehe wirksam geschlossen, kommt es darauf an, ob sie später aufgelöst wurde. Die Auflösung der Ehe, insbesondere die Scheidung, muss wirksam sein, damit keine Doppelehe vorliegt. Handelt es sich um ein ausländisches Urteil, hängt seine Gültigkeit im Inland davon ab, ob es hier anerkannt wird. 14

2 BGH 9.1.2002 – XII ZR 58/00, NJW 2002, 1268.
3 OLG Nürnberg 31.3.2011 – 10 UF 1743/10, FamRZ 2011, 1508.
4 OVG Münster 6.1.2009 – 18 B 1914/08, NVwZ-RR 2009, 539.
5 Vgl. BVerwG 29.5.2018 – 1 C 15/17, FamRZ 2018, 1624 vor der Änderung des StAG.

Urteile aus der Europäischen Union (außer Dänemark) unterliegen der Anerkennung gem. Art. 21 ff. Brüssel IIa-VO (→ *Auslandsscheidung* Rn. 5 ff.). Ansonsten ist das obligatorische Anerkennungsverfahren nach § 107 FamFG zu durchlaufen, wenn nicht die Gerichte des Heimatstaates der Ehegatten entschieden haben (→ *Auslandsscheidung* Rn. 48 ff.). Die Anerkennungsentscheidung wirkt auf die Rechtskraft des ausländischen Urteils zurück.[6] Eine im Ausland vorgenommene Privatscheidung muss die Voraussetzungen des gem. Art. 17 Abs. 2 EGBGB bestimmten Rechts einhalten. Ist ein Verlobter Ausländer und die Frage des Bestands der Vorehe aus Sicht des ausländischen Staates zu beurteilen, steht die fehlende Anerkennung eines deutschen Scheidungsurteils in diesem Staat der Eheschließung unter den Voraussetzungen des Art. 13 Abs. 2 EGBGB nicht entgegen (→ *Eheschließung mit Ausländern* Rn. 8 f.).[7]

15 Sind beide Verlobte Ausländer, deren Heimatrecht die Mehrehe gestattet, scheitert eine Eheschließung im Inland, wenn einer der Verlobten verheiratet ist, am ordre public-Vorbehalt des Art. 6 EGBGB.

6 BGH 26.6.2019 – XII ZB 299/18, NJW 2019, 2935.
7 Ausführlich *Andrae* IntFamR § 1 Rn. 43 ff.

69. Doppelverwertungsverbot

Poppen

I. Grundsätze

Familienrechtlich darf jede Vermögensposition nur einmal berücksichtigt werden. Als **Ausfluss dieses allgemeinen Grundsatzes** ist dies für das Verhältnis von Versorgungsausgleich und Zugewinnausgleich in § 2 Abs. 4 VersAusglG gesetzlich normiert. Das Doppelverwertungsverbot gilt auch im Hinblick auf Unterhalt und Zugewinnausgleich.[1] Die Abgrenzung bereitet Probleme, weil der Zugewinnausgleich durch eine starre **Stichtagsregelung** und die Unterhaltsbemessung durch eine **Prognoseentscheidung** geprägt ist. 1

Keine Abgrenzungsprobleme bestehen, soweit bei der Unterhaltsbemessung allein **Vermögensnutzungen** und beim Zugewinnausgleich der **Vermögensstamm** berücksichtigt werden. Die Berücksichtigung des Wohnwertes beim Unterhalt und der Ansatz des Verkehrswertes der Immobilie im Zugewinn stellen keine Doppelverwertung dar. Gleiches gilt für die auf alleinige oder gemeinschaftliche Verbindlichkeiten zu zahlenden Zinsen im Verhältnis zur Darlehensschuld.[2] Problematisch sind Vermögenspositionen, die sowohl in einer Summe beim Zugewinnausgleich als auch ratierlich beim Unterhalt berücksichtigt werden können, und Tilgungsleistungen auf im Zugewinnausgleich berücksichtigte Verbindlichkeiten. 2

II. Einzelprobleme

1. Arbeitsrechtliche Abfindungen

Nach jetzt gefestigter Rechtsprechung des Bundesgerichtshofs stellen **Abfindungen**, die für den Verlust eines Arbeitsplatzes gezahlt werden, sei es im Rahmen von Sozialplänen, bei Vorruhestandsregelungen oder bei Kündigungen in erster Linie **unterhaltsrechtliches Einkommen** dar. Die Abfindung ist grundsätzlich als Einkommensersatz auf einen längeren Zeitraum ratierlich zu verteilen.[3] Die Abfindung ist auch zur Aufstockung eines niedrigeren Einkommens aus einer Anschlussbeschäftigung oder aus Lohnersatzleistungen heranzuziehen. Die Verringerung der verfügbaren laufenden Einkünfte muss der Unterhaltsberechtigte nicht als Fortentwicklung der ehelichen Lebensverhältnisse mittragen.[4] Gleiches gilt für die Bestimmung der Leistungsfähigkeit beim Kindesunterhalt.[5] 3

Nur soweit eine Abfindung nicht zur Aufrechterhaltung des Lebensstandards des Unterhaltspflichtigen und zur Finanzierung des Unterhalts des Bedürftigen in Anspruch genommen werden muss, kann sie eine im Zugewinnausgleich berücksichtigungsfähige Vermögensposition sein. Ist die Abfindung in einer formlos getroffenen **Unterhaltsvereinbarung** berücksichtigt worden, geht der Bundesgerichtshof trotz grundsätzlichen Formzwanges nach § 1378 Abs. 3 S. 2 BGB von einem nach § 242 BGB wirksamen Ausschluss der Abfindung aus der Zugewinnausgleichsberechnung aus.[6] 4

2. Freiberufliche Praxen

Bei freiberuflichen Praxen hat der Bundesgerichtshof das Doppelverwertungsverbot dadurch umgesetzt, dass bei der Bewertung der Praxis nicht ein abstrakter, an den Marktüblichkeiten orientierter **Unterneh-** 5

---

1 BGH 11.12.2002 – XII ZR 27/00, NJW 2003, 1396.
2 Wendl/Dose UnterhaltsR/*Siebert* § 4 Rn. 484.
3 BGH 28.3.2007 – XII ZR 163/04, NJW 2007, 2249.
4 BGH 18.4.2012 – XII ZR 65/10, NJW 2012, 1868.
5 BGH 18.4.2012 – XII ZR 66/10, NJW 2012, 1873.
6 BGH 21.4.2004 – XII ZR 185/01, NJW 2004, 2675.

merlohn berücksichtigt wird, sondern im Rahmen der modifizierten Ertragswertmethode ein Unternehmerlohn anzusetzen ist, der sich an den individuellen Verhältnissen des Inhabers orientiert.[7] Damit wird bei der Bewertung der Praxis das Einkommen des freiberuflich Tätigen berücksichtigt, welches auch der Unterhaltsberechnung zugrunde liegt.

3. Verbindlichkeiten

6 Verbindlichkeiten sind grundsätzlich in der Höhe, in der sie zum Stichtag bestehen, in die Zugewinnausgleichsbilanz einzustellen. Die unterhaltsrechtliche Berücksichtigung ändert daran nichts. Die Berücksichtigung der auf eine Verbindlichkeit zu zahlenden **Zinsen** beim Unterhalt führt schon begrifflich zu keiner Doppelverwertung, weil im Rahmen des Zugewinnausgleichs die zum Stichtag offene Schuld, nicht aber die voraussichtlich zu zahlenden Zinsen berücksichtigt werden.

7 Hinsichtlich der **Tilgungsleistungen** gilt, dass diese grundsätzlich nach der Zustellung des Scheidungsantrags bei Alleinschulden unterhaltsrechtlich nicht mehr berücksichtigt werden dürfen, so dass auch insoweit bei richtiger unterhaltsrechtlicher Bewertung eine Doppelverwertung ausscheidet (→ *Zins- und Tilgungsleistungen* Rn. 5 f.). Der Bundesgerichtshof hält im Einzelfall eine **Korrektur des Ergebnisses** des Zugewinnausgleichsverfahrens nach § 242 BGB für möglich, wenn sich der zugewinnausgleichsberechtigte Ehegatte in der Zeit zwischen Zustellung des Scheidungsantrags (§ 1384 BGB) und der Entscheidung über den Zugewinnausgleich über eine Unterhaltsreduzierung an einer Verringerung der Verbindlichkeiten des anderen Ehegatten beteiligt hat, weil bei der Unterhaltsbemessung Tilgungsleistungen nach der Zustellung des Scheidungsantrages berücksichtigt worden sind.[8]

8 Soweit Tilgungsleistungen eine zulässige **private Altersvorsorge** darstellen, führt deren Berücksichtigung nicht zu einer unzulässigen Doppelverwertung, weil der unterhaltsberechtigte Ehegatte diese Tilgung nach unterhaltsrechtlichen Kriterien hinnehmen muss. Die Tilgungsleistungen stellen keine Doppelverwertung bei Unterhalt und Zugewinn dar, weil die private Altersvorsorge auch in anderer Form hätte erfolgen können und der unterhaltsverpflichtete Ehegatte die Wahl hat, wie er seine private Altersvorsorge vornimmt (→ *Private Altersvorsorge* Rn. 6). Diese Wertung kann nicht über das Güterrecht korrigiert werden.[9] Gleiches gilt, wenn der Unterhaltsverpflichtete gemeinschaftliche Verbindlichkeiten tilgt (→ *Zins- und Tilgungsleistungen* Rn. 3).

9 Zu den in der Zugewinnausgleichsbilanz zu berücksichtigenden Vermögenspositionen gehören bis zum Stichtag **fällige Unterhaltsforderungen**, und zwar beim Unterhaltsberechtigten als Aktiv- und beim Unterhaltsverpflichteten als Passivvermögen.[10] Darin liegt keine Doppelverwertung, weil bei zeitnaher Erfüllung seiner Verpflichtungen der Unterhaltsverpflichtete ein um den rückständigen Unterhalt niedrigeres Vermögen hätte und der Unterhaltsberechtigte nach dem Stichtag die Nachzahlung zur Kompensation früherer Einschränkungen in der Lebensführung verwenden kann. Das kann dazu führen, dass wirtschaftlich gesehen die Verfolgung von Ehegattenunterhaltsansprüchen für die Zeit vor dem für den Zugewinnausgleich maßgeblichen Stichtag keinen Sinn macht, weil das Ergebnis des Unterhaltsverfahrens über den güterrechtlichen Ausgleich wieder aufgehoben wird.

4. Steuererstattungsansprüche und -schulden

10 Steuererstattungsansprüche und -nachforderungen werden üblicherweise, weil die Steuern in der tatsächlichen Höhe bei der Bemessung des Einkommens zu berücksichtigen sind, beim Unterhalt verrechnet. Dabei können sie je nach den Umständen des Einzelfalls in dem Jahr berücksichtigt werden, in dem sie angefallen sind („In-Prinzip") oder für das eine Korrektur der ursprünglichen steuerlichen Festsetzung erfolgt ist („Für-Prinzip").[11]

---

7 BGH 9.2.2011 – XII ZR 40/09, NJW 2011, 999.
8 BGH 6.2.2008 – XIIZR 45/06, NJW 2008, 1221.
9 BGH 5.3.2008 – XII ZR 22/06, NJW 2008, 1946.
10 BGH 6.10.2010 – XII ZR 10/09, NJW-RR 2011, 73.
11 BGH 21.9.2011 – XII ZR 121/09, NJW 2011, 3577.

Soweit eine Verrechnung bei der Unterhaltsfestsetzung nicht erfolgt ist, sind Steuererstattungsansprüche und Steuerschulden, die an dem für die Berechnung des Zugewinnausgleichs maßgeblichen Stichtag bestanden, in die Zugewinnausgleichsbilanz einzubeziehen.[12] Dabei ist grundsätzlich jedem Ehegatten der ihm nach dem **internen Steuerausgleich** betreffende Anteil zuzurechnen. Die Aufteilung erfolgt analog den Grundsätzen einer steuerlichen getrennten Veranlagung gem. § 270 AO.[13] 11

5. Zinseinnahmen

Hat ein Ehegatte sein Vermögen in einem **thesaurierenden Fonds** angelegt, sind die Erträge, obwohl sie nicht ausgezahlt werden, als Einkommen für die Unterhaltsbemessung zu berücksichtigen.[14] Sind diese thesaurierten Einnahmen bei der Unterhaltsberechnung berücksichtigt, können sie bei der Vermögensbilanz im Zugewinnausgleich nicht noch einmal angesetzt werden. Der Wert des Fonds zum Stichtag ist um den schon bei der Unterhaltsberechnung berücksichtigten thesaurierten Ertragsanteil zu kürzen. 12

Ungeklärt ist die Einordnung von **Aktienoptionen.**[15] Steuer- und sozialrechtlich wird der Erlös aus Aktienoptionen als geldwerte Zuwendung des Arbeitgebers behandelt und wie ein Lohnbestandteil versteuert. Möglich ist auch die Einordnung als Beitrag des Arbeitgebers zur Vermögensmehrung[16] und damit die Zuordnung zum Zugewinnausgleich. Auch insoweit gilt allerdings das Verbot der Doppelberücksichtigung. 13

12 OLG Dresden 25.6.2010 – 24 UF 800/09, FamRZ 2011, 113.
13 BGH 31.5.2006 – XII ZR 111/03, NJW 2006, 2623.
14 BGH 4.7.2007 – XII ZR 141/05, NJW 2008, 57.
15 *Kogel* FamRZ 2007, 950.
16 OLG Oldenburg 13.7.2009 – 13 WF 148/09, NJW-RR 2009, 1657.

70. Durchsetzung von Umgangsregelungen

Treu

I. Einführung

1 Die Notwendigkeit, Umgangsregelungen durchzusetzen, ergibt sich aus **rechtsbrüchigem Verhalten eines Elternteiles**, das oftmals in der vollständigen Weigerung, Umgangskontakte zuzulassen, gipfelt. Diese Weigerungshaltung setzt sich mitunter in allen auf Durchsetzung der Umgangsregelungen gerichteten Verfahren fort. Es muss unter Umständen in einem frühen Verfahrensstadium eine Prognose getroffen werden, ob ein solcher Fall der **Totalverweigerung** droht, und die dementsprechend geeignet erscheinende Maßnahme ergriffen werden. Neben den Rechten des Umgangsberechtigten werden auch die des Kindes auf Umgang und damit das Kindeswohl ignoriert. Auch dies gilt es bei der Wahl der Mittel zur Durchsetzung der Umgangsregelung im Auge zu behalten.

2 Wegen der irreversiblen Schäden, die durch den Kontaktabbruch nach Trennung der Eltern und die damit einhergehende Entfremdung zum Umgangselternteil beim Kind entstehen, hat das Gericht **umgehend die geeigneten Maßnahmen zu ergreifen**, um dies zu verhindern.[1]

3 Das deutsche Recht stand nicht im Ruf, das Umgangsrecht sonderlich effektiv zu schützen und für seine Durchsetzung besonders nachhaltig zu sorgen. Das am 1.9.2009 in Kraft getretene FGG-Reformgesetz sollte dies ändern. Es hatte mit dem FamFG (Art. 1 FGG-Reformgesetz) deshalb ua eine **schnellere und effektivere Vollstreckung** zum Ziel, fördert aber ebenso schon im Erkenntnisverfahren die Streitschlichtung.[2] Denn im Idealfall bedarf es keiner Vollstreckung.

II. Gesetzliche Regelung

4 Das Gesetz – sowohl BGB als auch FamFG – bietet eine Reihe von Möglichkeiten zur Durchsetzung von Umgangsregelungen. Diese gilt es zu nutzen und effektiv zum Einsatz zu bringen. Die Angemessenheit einer Maßnahme ist nach der Zügigkeit ihrer Ergreifung zu beurteilen. Der Staat hat grundsätzlich so zu handeln, dass in Fällen, in denen eine familiäre Beziehung iSv Art. 8 EMRK besteht, eine Fortentwicklung der Beziehung erfolgen kann, und **geeignete Schutzmaßnahmen** zu ergreifen, um Elternteil und Kind zusammenzuführen. In Fällen, die die Durchsetzung von Entscheidungen in Familiensachen betreffen, haben die innerstaatlichen Behörden alle für die Förderung der Vollstreckung erforderlichen Schritte zu unternehmen, die unter den besonderen Umständen des Einzelfalls vernünftigerweise von ihnen erwartet werden konnten, um das Umgangsrecht eines Elternteils auch gegen den Widerstand des anderen unverzüglich durchzusetzen.[3]

1. Maßnahmen im Ausgangsverfahren

5 Die Durchsetzung von Umgangsregelungen setzt denklogisch eine bereits bestehende Regelung voraus, die nicht zwingend eine gerichtliche sein muss. Es genügt jede Vereinbarung der Eltern über den Umgang. Bei auftretenden Schwierigkeiten – etwa, dass der betreuende Elternteil entgegen dem Besprochenen den Umgang erschwert oder unterbindet – ist es der erste Schritt, eine **vollstreckungsfähige Regelung in einem gerichtlichen Verfahren** zu erwirken. Das Verfahren kann durch Gerichtsbeschluss oder durch gerichtlich gebilligten Vergleich beendet werden.

1 EGMR 13.1.2015 – 35632/13, FamRZ 2015, 469.
2 *Rixe* FamRZ 2008, 1061.
3 EGMR 6.10.2016 – 23280/08, Rn. 53, 59.

Auf Antrag oder von Amts wegen in einem selbstständigen Verfahren gem. §§ 49 ff. FamFG wird **einstweiliger Rechtsschutz** gewährt, wenn ein dringendes Bedürfnis für ein sofortiges Tätigwerden besteht. § 156 FamFG regelt Fälle für ein Tätigwerden von Amts wegen, nämlich ua das Fehlschlagen der Bemühungen um Einvernehmen (Abs. 3 S. 1). Da der Beschluss nicht anfechtbar ist (§ 57 S. 1 FamFG), ist damit schnell ein Vollstreckungstitel geschaffen (→ *Einstweiliger Rechtsschutz* Rn. 55 ff.). 6

Ein Vergleich setzt die Zustimmung aller am Verfahren formell Beteiligten (→ *Beteiligte* Rn. 6 ff.) voraus, also neben der der Eltern auch die des Kindes (§ 7 Abs. 1 Nr. 1 FamFG), des Verfahrensbeistandes (§§ 7 Abs. 1 Nr. 2, 158 Abs. 3 S. 2 FamFG) und des Jugendamtes (§§ 7 Abs. 1 Nr. 2, 162 Abs. 2 FamFG).[4] Das Gericht billigt die in dem Vergleich niedergelegte Umgangsregelung in einem Beschluss, wenn sie dem Kindeswohl nicht widerspricht (§ 156 Abs. 2 S. 2 FamFG). Erst **der Beschluss, der die Billigung ausspricht**, beendet das Verfahren[5] und ist Grundlage einer Vollstreckung.[6] 7

Bei Anlass kann das Gericht bereits in dem Ausgangsbeschluss, der den Umgang regelt oder einen Vergleich der Eltern billigt, **Anordnungen zur Erfüllung der Wohlverhaltenspflicht** gem. § 1684 Abs. 3 S. 2 BGB treffen.[7] 8

Im Grunde würde es in den meisten Fällen ausreichen, dass der Umgangsstörer seine ablehnende Haltung dem anderen gegenüber aufgibt. Ein solcher innerer Prozess kann aber schlecht auferlegt werden. Das Gericht kann auch **keine Psychotherapie zur Überwindung der Schwierigkeiten** anordnen,[8] wohl aber die Teilnahme der Eltern an einer Beratung durch die Beratungsstellen und -dienste der Träger der Kinder- und Jugendhilfe nach § 156 Abs. 1 S. 2, 4 FamFG. Dabei ist in der Rechtsprechung streitig, ob eine solche Beratungsauflage im Rahmen einer Endentscheidung zum Umgang oder nur als Zwischenentscheidung in einem anhängig bleibenden Kindschaftsverfahren erteilt werden darf.[9] 9

Darüber hinaus kann das Gericht dem betreuenden Elternteil **Verhaltensauflagen** erteilen. Das können Gebote sein, um die Bereitschaft des Kindes zu fördern, den anderen Elternteil zu sehen, wie zum Beispiel die klare Aussage, dass der Betreuende den Umgang gutheißt (was allerdings von Kindern leicht als Lüge durchschaut wird, wenn es im Widerspruch zur inneren Haltung steht), oder dem Kind die Trennung durch einen kurzen und klaren Abschied zu erleichtern. 10

Um einen reibungslosen Umgang zu gewährleisten, kann dem Betreuenden auferlegt werden, das Kind pünktlich zur Abholung bereit zu halten und ihm die notwendige Kleidung und ggf. auch Medikamente oder Schulsachen mitzugeben.[10] Aus der umgangsrechtlichen Loyalitäts- und Wohlverhaltenspflicht des betreuenden Elternteils folgt, dass er das Kind mit der für den Umgang erforderlichen Bekleidung und Wechselwäsche sowie anderen, für den persönlichen Bedarf des Kindes notwendigen Gegenständen auszustatten hat.[11] 11

Inhalt einer Auflage kann ferner die **Verpflichtung zu Mitwirkungshandlungen** sein, wenn ohne Mitwirkung des anderen Elternteils der Umgang wesentlich erschwert oder vereitelt würde. Der betreuende Elternteil kann deshalb zur anteiligen Übernahme des zeitlichen und organisatorischen Aufwandes, der zur Ausübung des Umgangs durch das Holen und Bringen des Kindes erforderlich wird, verpflichtet sein[12] (→ *Umgangsrecht* Rn. 53, 54 ff.).

Häufiger noch dürften **Unterlassungsverfügungen** veranlasst sein, die, wenn sie vollstreckbar sein sollen, konkret gefasst werden müssen.[13] Sie ergeben sich aus vorangegangenem, gegen die Wohlverhaltenspflicht 12

4 *Büte* FuR 2011, 596.
5 *Borth* FamRZ 2011, 958.
6 BGH 1.2.2017 – XII ZB 601/15, FamRZ 2017, 532 Rn. 23.
7 OLG Frankfurt a. M. 27.10.2020 – 1 UF 170/20.
8 BVerfG 1.12.2010 – 1 BvR 1752/10, FamRZ 2011, 179.
9 Vgl. zum Meinungsstand Staudinger/*Dürbeck* BGB § 1684 Rn. 249.1.
10 HK-FamR/*Schmid* BGB § 1684 Rn. 3.
11 KG 7.3.2017 – 13 WF 39/17.
12 BVerfG 5.2.2002 – 1 BvR 2029/00, FamRZ 2002, 809.
13 OLG Frankfurt a. M. 13.9.2017 – 5 WF 63/16, Rn. 14.

verstoßendes Verhalten. So kann dem Betreuungselternteil etwa untersagt werden, Gespräche über den anderen Elternteil, insbesondere solche mit negativem Inhalt, im Beisein des Kindes zu führen oder auch mit dem Kind über die elterlichen Auseinandersetzungen zu sprechen und ihm die Schriftsätze der Anwälte oder die gerichtlichen Protokolle zu zeigen (→ *Umgangsrecht* Rn. 61 ff.). Dem Umgangsberechtigten kann die Kontaktaufnahme bzw. Näherung außerhalb der geregelten Zeiten untersagt werden.

13 Während bei Anordnungen zur Erfüllung der Wohlverhaltenspflicht darauf gesetzt werden kann, dass Eltern sich an ein herkömmlich als normal zu bezeichnendes Verhalten in Bezug auf den anderen gewöhnen, um schließlich einen ungestörten Umgang zuzulassen, was in Fällen nur geringen Widerstandes gegen den Umgangsberechtigten und dessen Umgangsrecht realistisch erscheinen mag, sind in schwereren Fällen weiter gehende Maßnahmen erforderlich, wie die **Anordnung einer Umgangspflegschaft** oder – im Ausnahmefall, da das Recht des Umgangsberechtigten eingeschränkt wird – des **begleiteten Umgangs**. Beides kann schon im Ausgangsbeschluss bestimmt und mit Verhaltensanordnungen kombiniert werden.

2. Vollstreckung

14 Vollstreckungstitel beim Umgang sind gerichtliche Beschlüsse (§ 86 Abs. 1 Nr. 1 FamFG) oder gerichtlich gebilligte Vergleiche (§§ 86 Abs. 1 Nr. 2, 156 Abs. 2 FamFG). Beide müssen eine **Belehrung gem. § 89 Abs. 2 FamFG** enthalten, mit der auf die Folgen einer Zuwiderhandlung gegen den Vollstreckungstitel hingewiesen wird. Die Belehrung ist Vollstreckungsvoraussetzung und kann in einem gesonderten Beschluss nachgeholt werden. Das **Vollstreckungsverfahren soll dadurch beschleunigt werden**, dass nicht mehr, wie bis 31.8.2009 erforderlich, das Ordnungsmittel (bzw. früher Zwangsmittel) in einem eigenständigen Verfahrensschritt anzudrohen ist.[14]

15 Die Belehrung ist schon in den Tenor der vollstreckbaren Entscheidung aufzunehmen und soll dem Verpflichteten deutlich machen, dass ein Verstoß gegen den erlassenen Titel die Festsetzung von Vollstreckungsmaßnahmen nach sich ziehen kann. Dies soll das spätere Vollstreckungsverfahren beschleunigen und eine Verlagerung des Streits über die Hauptsache in das Vollstreckungsverfahren verhindern. Die Effektivität der Vollstreckung von Umgangs- und Herausgabeentscheidungen soll erhöht werden. Von den Zwangsmitteln des FGG unterscheiden sich die Ordnungsmittel des FamFG, indem sie nicht unerheblich über diese hinausgehen. Sie dienen nicht nur der Einwirkung auf den Willen des Pflichtigen, sondern haben darüber hinaus **Sanktionscharakter**. Deshalb können sie auch noch festgesetzt und vollstreckt werden, wenn die zu vollstreckende Handlung, Duldung oder Unterlassung wegen Zeitablaufs nicht mehr vorgenommen werden kann.[15]

16 Das **Konkretheitsgebot** verlangt, dass das Familiengericht den Umgang vollständig, vollziehbar und vollstreckbar regelt. Letzteres setzt lediglich eine hinreichend bestimmte und konkrete Regelung des Umgangsrechts voraus, dh eine genaue und erschöpfende Bestimmung über Art, Ort und Zeit des Umgangs, dagegen keine detailliert bezeichneten Verpflichtungen des betreuenden Elternteils, etwa zum Bereithalten und Abholen des Kindes.[16] Eine Ferienregelung, die „14 Tage in den Ferien" oder „die Hälfte der jeweiligen Schulferien" festlegt, ist zu unbestimmt und nicht vollziehungsfähig. Der festgelegte Umgangszeitraum muss zumindest bestimmbar sein.[17] Es genügt dem Bestimmtheitserfordernis im Rahmen einer Ferienregelung nicht, wenn weder der Tag des Beginns und des Endes des Ferienumgangs noch die jeweilige Uhrzeit für das Abholen und Zurückbringen des Kindes festgelegt worden sind.[18]

Der Ort, an dem der Umgang stattfinden soll, wird, ohne dass dies eines gesonderten gerichtlichen Ausspruchs bedürfte, bis zur Grenze der Kindeswohlverträglichkeit vom Umgangsberechtigten bestimmt.[19]

14 BVerfG 9.3.2011 – 1 BvR 752/10, FamRZ 2011, 957.
15 BGH 17.8.2011 – XII ZB 621/10, FamRZ 2011, 1729.
16 BGH 1.2.2012 – XII ZB 188/11, FamRZ 2012, 533.
17 OLG Brandenburg 14.3.2006 – 9 WF 27/06, FamRZ 2006, 1620.
18 OLG Frankfurt a. M. 30.10.2018 – 3 WF 163/18, Rn. 9.
19 KG 23.6.2017 – 13 WF 96/17, FamRZ 2017, 1707.

Die genaue Regelung darf auch nicht Dritten, wie etwa dem Jugendamt, überlassen werden, die hierfür keine Entscheidungskompetenz vom Gesetz zugewiesen erhalten haben.[20] Das Familiengericht muss zumindest die **wesentliche Ausgestaltung des Umgangs** selbst vornehmen und dabei eine konkrete und vollständige Regelung treffen.[21] Gleiches gilt für den Inhalt eines Vergleiches nach § 156 FamFG.

Dass dies sich von der Vorstellung des Gesetzgebers entfernt, der auf Verständigung der Eltern setzt, denen mit konkreten Regelungen die möglicherweise gewünschte Flexibilität genommen wird, ist nicht von der Hand zu weisen[22] (→ *Vollstreckungstitel* Rn. 8). Eine flexible Umgangsregelung wäre aber mangels hinreichender Bestimmtheit nicht vollstreckbar und damit für die Eltern nicht bindend und kann deshalb gerichtlich nicht angeordnet werden. Flexible Umgangsregelungen sind daher nur in direkter Absprache zwischen den Eltern möglich.[23] Eltern, die dies schaffen, brauchen keinen Familienrichter.

Das **Vollstreckungsverfahren** nach dem FamFG ist ein selbstständiges[24] (→ *Vollstreckung in Familiensachen* Rn. 2). Örtlich zuständig ist das Gericht am Ort des gewöhnlichen Aufenthalts des Kindes (§ 88 Abs. 1 FamFG). Das Gericht kann die Vollstreckung auch von Amts wegen einleiten, da es auch das Umgangsverfahren selbst von Amts wegen einleiten kann (§ 87 Abs. 1 FamFG). 17

Im Rahmen der Vollstreckung eines gerichtlich gebilligten Vergleichs iSv § 156 Abs. 2 FamFG kann Ordnungsgeld auch **gegen das Jugendamt** festgesetzt werden, wenn dieses förmlicher Beteiligter ist, dem Vergleich zugestimmt und der Verpflichtung zuwider gehandelt hat, den Umgang dem Vollstreckungstitel entsprechend zu fördern.[25] Dagegen soll gegen das Jugendamt als umgangsbegleitende Institution kein Ordnungsgeld nach § 89 FamFG verhängt werden können, wenn es die Umgangsbegleitung im Hinblick auf die Corona-Pandemie ausgesetzt hat, weil es seine Mitwirkungsbereitschaft jederzeit widerrufen kann.[26]

Die vorstehenden Umgangstitel werden nach § 89 FamFG mittels **Ordnungsgeld und Ordnungshaft** vollstreckt. Ordnungshaft kann ersatzweise, wenn das Ordnungsgeld nicht beigetrieben werden kann, oder anstelle von Ordnungsgeld, wenn dieses keinen Erfolg verspricht, angeordnet werden. Dass die Anordnung von Ordnungshaft gegen den betreuenden Elternteil mit Belastungen für das Kind verbunden sein kann, rechtfertigt nicht grundsätzlich, von diesem Vollstreckungsmittel Abstand zu nehmen. Denn dadurch würde das Elternrecht des umgangsberechtigten Elternteils und sein Anspruch auf Justizgewährung unverhältnismäßig hintangestellt. Hinzu kommt, dass Gerichte prinzipiell Instrumente, die von der Rechtsordnung zur Durchsetzung des Rechts vorgesehen sind, nicht ohne nähere Darlegung für untauglich erklären können. Der Gesetzgeber hat eine effektivere Vollstreckung von Umgangsentscheidungen durch das FamFG ausdrücklich erstrebt.[27] 18

Demgegenüber nachrangig ist die **Anordnung unmittelbaren Zwangs**, die allerdings nicht gegen ein Kind erfolgen darf (§ 90 Abs. 2 S. 1 FamFG). Um die Herausgabe des Kindes zur Ausübung des Umgangsrechts zu erwirken, kann unter den Voraussetzungen des § 90 Abs. 1 FamFG gegenüber dem umgangspflichtigen Elternteil unmittelbarer Zwang angeordnet werden, wobei sich die Gewalt nach § 90 Abs. 2 S. 1 FamFG aber nicht gegen das Kind richten darf.[28] Ein Drahtseilakt, der von der Praxis kaum bewältigt werden kann. 19

Die Durchführung eines Vermittlungsverfahrens nach § 165 FamFG ist weder Voraussetzung der Vollstreckung (§ 92 Abs. 3 S. 1 FamFG), noch steht sie ihr entgegen (§ 92 Abs. 3 S. 2 FamFG).

20 OLG Köln 18.1.2011 – 21 UF 190/10, FamRZ 2011, 827.
21 BVerfG 17.6.2009 – 1 BvR 467/09, FamRZ 2009, 1472.
22 *Spangenberg/Spangenberg* FamRZ 2011, 1704.
23 OLG Karlsruhe 24.10.2017 – 18 UF 166/17, FamRZ 2018, 758.
24 BGH 13.4.2017 – III ZR 277/16, FamRZ 2017, 1071.
25 OLG Frankfurt a. M. 28.11.2012 – 1 WF 294/12, FamRZ 2013, 809.
26 OLG Frankfurt a. M. 23.6.2020 – 5 WF 107/20, FamRZ 2020, 1376.
27 OLG Saarbrücken 11.12.2019 – 6 WF 156/19, FamRZ 2020, 710 Rn. 28.
28 OLG Braunschweig 27.8.2018 – 2 UF 57/18, FamRZ 2019, 119.

Die Festsetzung von Ordnungsmitteln setzt eine **schuldhafte Zuwiderhandlung des Verpflichteten gegen den Umgangstitel** voraus. Das Verschuldenserfordernis ergibt sich aus § 89 Abs. 4 FamFG, wobei Fahrlässigkeit genügt. Dabei wird im Fall der Zuwiderhandlung das Verschulden grundsätzlich vermutet.[29] Der Verpflichtete kann sich aber entlasten, indem er Gründe vorträgt, aus denen sich ergibt, dass er die Zuwiderhandlung nicht zu vertreten hat, so dass die Vollstreckung unterbleibt oder – bei nachträglichem Vortrag – die Festsetzung aufgehoben wird (§ 89 Abs. 4 FamFG). Er trägt hierfür die Darlegungs- und Feststellungslast und muss die Umstände, die den Grund für das Scheitern des Umgangs darstellen, im Einzelnen substantiiert darlegen. Beruft er sich auf den entgegenstehenden Willen des Kindes, muss er darlegen, wie er auf das Kind eingewirkt hat, um es zum Umgang zu bewegen.[30] Die aktuelle „Corona-Lage" berechtigt den Umgangsverpflichteten nicht, einseitig von einer Umgangsregelug abzuweichen oder den Umgang auszusetzen.[31]

Im Vollstreckungsverfahren wird die Rechtmäßigkeit der zu vollstreckenden Entscheidung grundsätzlich nicht überprüft. Die durchzusetzende Verpflichtung darf aber nicht durch zwischenzeitlich eingetretene Umstände inhaltlich überholt sein. Der Vollstreckung eines Umgangstitels kann dies nur dann zur Wahrung des Kindeswohls entgegenstehen, wenn darauf auch ein zulässiger Antrag auf Abänderung des Ausgangstitels und auf Einstellung der Zwangsvollstreckung nach § 93 Abs. 1 Nr. 4 FamFG gestützt ist.[32]

20 Im Unterschied zur Vollstreckung nach dem FGG **steht die Festsetzung von Ordnungsmitteln** im pflichtgemäßen **Ermessen des Gerichts** und unter dem Vorbehalt der **Kindeswohldienlichkeit**.[33] Hintergrund der Umwandlung der Sollvorschrift nach früherem Recht in eine Kannvorschrift ist die Entscheidung des Bundesverfassungsgerichts vom 1.4.2008[34] zur zwangsweisen Durchsetzung der Umgangspflicht eines umgangsverweigernden Elternteils, die zu unterbleiben hat, wenn nicht im konkreten Einzelfall hinreichende Anhaltspunkte dafür vorliegen, dass der erzwungene Umgang dem Kindeswohl dient. Die Formulierung der Norm als Kann-Vorschrift **soll den Gerichten eine flexible Handhabung ermöglichen**.[35] Allerdings geht auch der Gesetzgeber davon aus, dass sich das Entschließungsermessen in den meisten Fällen zu einer Anordnungspflicht verdichten wird, weil andernfalls der gesetzgeberisch mitverfolgte Sanktionszweck eines Ordnungsmittels verfehlt würde. Das sich anschließende Auswahlermessen zu Art und Höhe des Ordnungsmittels ist weit und hat neben dessen Sanktionscharakter auch und maßgeblich seine Beugefunktion zu berücksichtigen.[36]

21 Vor der Festsetzung von Ordnungsmitteln ist dem Verpflichteten **rechtliches Gehör** zu gewähren. Ob eine persönliche Anhörung erfolgen muss[37] oder die schriftliche Anhörung genügt, weil das FamFG an anderer Stelle von „persönlicher Anhörung" spricht, wenn es eine solche meint, nicht aber in § 92 Abs. 1 FamFG,[38] ist streitig.

22 Es muss im Hinblick auf die mit der Neuregelung im FamFG bezweckte Beschleunigung der Durchsetzung des Umgangsrechts die schriftliche Anhörung genügen. Andernfalls würde im Vollstreckungsverfahren das Erkenntnisverfahren neu aufgerollt. Der Gesetzgeber geht aber davon aus, dass das Gericht im **Vollstreckungsverfahren** auf die Erkenntnisse aus dem Erkenntnisverfahren zurückgreift. Denn „es wird sich (bei Ausübung des Ermessens) davon leiten lassen, dass das Vollstreckungsverfahren der effektiven Durchsetzung einer gerichtlichen Entscheidung dient, die im Erkenntnisverfahren unter umfassender Beachtung

29 OLG Karlsruhe 5.5.2011 – 5 WF 51/11, FamRZ 2011, 1669.
30 BGH 30.9.2015 – XII ZB 635/14, FamRZ 2015, 2147.
31 OLG Frankfurt a.M. 8.7.2020 – 1 WF 102/20, MDR 2020, 1320.
32 BGH 1.2.2012 – XII ZB 188/11, FamRZ 2012, 533 Rn. 23.
33 OLG Celle 12.8.2011 – 10 WF 246/11, ZKJ 2011, 433 f.
34 BVerfG 1.4.2008 – 1 BvR 1620/04, FamRZ 2008, 845.
35 BT-Drs. 16/6308, 290.
36 OLG Brandenburg 28.7.2020 – 13 WF 118/20, Rn. 7.
37 FA-FamR-HdB/*Büte* 4. Kap. Rn. 701.
38 OLG Karlsruhe 5.5.2011 – 5 WF 51/11, FamRZ 2011, 1669.

der Vorgaben des materiellen Rechts und mithin auch des Kindeswohls getroffen wurde".[39] Das rechtliche Gehör soll damit primär dem Verpflichteten die Möglichkeit geben, sich zu entlasten, nicht aber die zu vollstreckende Entscheidung grundsätzlich infrage zu stellen. Es kann im Einzelfall eine persönliche Anhörung der Beteiligten zur Sachaufklärung geboten sein, sie ist jedoch nicht in jedem Fall zwingend erforderlich.[40]

Selbst im Fall eines bereits eingeleiteten Abänderungsverfahrens kann noch vollstreckt werden. § 93 Abs. 1 23
Nr. 4 FamFG gibt zwar die **Möglichkeit, die Vollstreckung einzustellen**, wenn die Abänderung einer Entscheidung beantragt wird, schreibt dies aber nicht zwingend vor. Erst wenn feststeht, dass eine Abänderung der zu vollstreckenden Umgangsregelung wegen zwischenzeitlich eingetretener Veränderungen iSd § 1696 BGB veranlasst wäre,[41] wird die Vollstreckung einzustellen sein. Die Anforderungen an die Überzeugung von der feststehenden Abänderbarkeit sollten nicht zu niedrig gesetzt werden.

Es besteht die Gefahr, dass die Waffe Vollstreckung (wieder) stumpf wird, lässt man – gern unter dem 24
Deckmantel des Kindeswohls – zu viele Einwände gegen den Umgang als solchen zu. Der (Total-)Verweigerung wird damit trefflich Vorschub geleistet. Erst bei einem größeren zeitlichen Abstand zwischen Ausgangsbeschluss und Vollstreckung und ausreichendem Vortrag zu den zwischenzeitlichen Änderungen wird man sich damit näher zu befassen haben.

3. Vermittlungsverfahren

Alternativ oder neben der Vollstreckung wird auf Antrag eines Elternteiles das Vermittlungsverfahren 25
(§ 165 FamFG) durchgeführt. Nach dem klaren Wortlaut des § 165 Abs. 1 S. 1 FamFG steht das Vermittlungsverfahren nur Eltern eines gemeinschaftlichen Kindes bei Streit über die Durchführung einer gerichtlichen Entscheidung oder eines gerichtlich gebilligten Vergleichs über den Umgang mit dem gemeinschaftlichen Kind zur Verfügung. Nicht anwendbar ist § 165 FamFG bei Streit zwischen Eltern und Vormund oder Dritten über die Durchführung einer Umgangsregelung.[42] Hat bereits ein Vermittlungsverfahren stattgefunden, das erfolglos geblieben ist, kann das Gericht die Vermittlung ablehnen (§ 165 Abs. 1 S. 2 FamFG).

Voraussetzung für die Durchführung des Vermittlungsverfahrens ist, dass ein Elternteil geltend macht, der 26
andere vereitele oder erschwere den gerichtlich geregelten oder gebilligten Umgang. Es kommt damit nur in Betracht, wenn bereits ein Umgangstitel vorliegt.

Das Gericht bestimmt unverzüglich einen Vermittlungstermin (§ 165 Abs. 2 FamFG) und weist mit der 27
Ladung auf **die rechtlichen Folgen** eines Scheiterns des Verfahrens oder des Ausbleibens der Eltern hin. Das persönliche Erscheinen ist nicht erzwingbar und das Nichterscheinen kann nicht mit Ordnungsmitteln sanktioniert werden.[43] Die Ladung des Jugendamts zu dem Termin, die das Gesetz in „geeigneten Fällen" vorsieht, sollte der Regelfall sein. Im Termin werden die Folgen des Unterbleibens des Umgangs für das Kindeswohl erörtert und auf die Rechtsfolgen, wenn der Umgang vereitelt oder erschwert wird, sowie auf die Beratungsangebote (§ 165 Abs. 3 FamFG) hingewiesen. Kommt eine Einigung nicht zustande, hat das Gericht Ordnungsmittel zu prüfen, eine Änderung der Umgangsregelung oder Maßnahmen in Bezug auf die Sorge. Es kann ein entsprechendes Verfahren einleiten (§ 165 Abs. 5 FamFG) und sollte dies auch tun, damit der Verstoß gegen den Umgangstitel nicht folgenlos bleibt.

Das Vermittlungsverfahren zielt auf ein **Einvernehmen der Eltern** über die Ausübung des Umgangs 28
ab, das mit einem (erneuten) gerichtlich gebilligten[44] Vergleich enden kann. Ein gerichtlich gebilligter

---

39 BT-Drs. 16/6308, 291.
40 OLG Karlsruhe 18.3.2015 – 18 WF 46/14, FamRZ 2015, 2000.
41 OLG Celle 12.8.2011 – 10 WF 246/11, juris Rn. 13.
42 OLG Bremen 15.6.2015 – 4 WF 77/15, FamRZ 2015, 2190.
43 OLG Frankfurt a. M. 20.1.2017 – 5 WF 277/16, FamRZ 2017, 1332.
44 OLG Celle 12.8.22011 – 10 WF 246/11.

Vergleich tritt an die Stelle der bisherigen Regelung (§ 165 Abs. 4 FamFG). Ob der Umgang darauf hin eher zugelassen wird, erscheint fraglich.

71. Eheaufhebung

Wegener

I. Einführung

1 Das Verfahren der Eheaufhebung stellt die einzige Möglichkeit dar, auf bestimmte **Mängel oder Fehler bei der Eheschließung** zu reagieren. Als Aufhebungsgründe sind die Nichtbeachtung von Eheverboten, die fehlende Ehefähigkeit, die Mängel der Willenserklärung und Formfehler zu nennen. Diese speziellen Gründe schließen die Anwendung der allgemeinen Bestimmungen über Willensmängel aus. Bis zur rechtskräftigen Aufhebung (→ Rn. 56) ist die Ehe voll gültig.[1] Seit der Reform durch das Eheschließungsrechtsgesetz, welches am 1.7.1998 in Kraft trat, ist die Unterscheidung zwischen fehlerhafter und nichtiger Ehe aufgehoben worden. In allen Fällen kann daher die fehlerhafte Ehe nur noch für die Zukunft aufgehoben werden. Zunächst ist demnach in allen Fällen eine Ehe entstanden. Dies gilt nicht in den Fällen der sog. Nichtehe, zB Eheschließung mit einem Minderjährigen jünger als 16 Jahre gem. § 1303 S. 2 BGB (→ Rn. 3). Zur Klärung solcher Fragen kommt das Feststellungsverfahren nach § 121 Nr. 3 FamFG in Betracht (→ *Feststellung des Bestehens oder Nichtbestehens einer Ehe* Rn. 8).

II. Aufhebungsgründe

2 Ebenso wie die Scheidung stellt die Aufhebung der Ehe die Ausübung eines Gestaltungsrechts dar und kann gem. § 1313 S. 1 BGB nur durch **richterliche Entscheidung** erfolgen. Gem. § 1313 S. 3 BGB sind die Aufhebungsgründe in § 1314 BGB abschließend aufgeführt.

1. Ehemündigkeit gem. §§ 1314 Abs. 1, 1303 BGB

3 Durch das Gesetz zur Bekämpfung von Kinderehen vom 17.7.2017 (mit Wirkung ab 22.7.2017) ist die Eheschließung mit einem Minderjährigen, der das 16. Lebensjahr vollendet hat gem. § 1303 S. 1 BGB **unzulässig**. Die bislang mögliche Eheschließung mit Minderjährigen wurde abgeschafft. Hat einer der Beteiligten das 16. Lebensjahr noch nicht vollendet, ist die Ehe nicht wirksam geschlossen, also nichtig (→ *Ehefähigkeit* Rn. 2 ff.).

Der BGH hält diese gesetzliche Regelung insoweit für verfassungswidrig als sie den gebotenen Schutz der nach ausländischem Recht wirksam geschlossenen Ehen ohne Rücksicht auf den konkreten Fall versagt

---

1 Palandt/*Siede* BGB Vor § 1313 Rn. 3.

und damit unter anderem gegen Art. 6 Abs. 1 GG verstoße. Der BGH hat den Fall dem Bundesverfassungsgericht zur Entscheidung vorgelegt,[2] die noch aussteht.

4 Die Ehe eines Minderjährigen, der das 16. Lebensjahr vollendet hat, kann auf Antrag gem. § 1314 Abs. 1 Nr. 1 BGB aufgehoben werden. Nach Art. 13 Abs. 3 EGBGB ist selbst bei einer im Ausland geschlossenen und dort nach Ortsrecht wirksamen Ehe die Rechtsfrage der Ehemündigkeit nach **deutschem Recht** zu beurteilen und führt entweder zur Unwirksamkeit oder zur Aufhebbarkeit der Ehe.

5 **Antragsberechtigt** ist jeder Ehegatte und die Verwaltungsbehörde, § 1316 Abs. 1 Nr. 1 BGB. Während grundsätzlich der Verwaltungsbehörde ein – allerdings eingeschränktes – Ermessen („Soll-Vorschrift") eingeräumt ist, den Antrag zu stellen, muss die Verwaltungsbehörde bei einer Ehe mit Beteiligung Minderjähriger (also mindestens ein Partner ist 16 oder 17 Jahre alt) den Antrag stellen. Dies gilt nur dann nicht, wenn der Ehegatte inzwischen volljährig geworden ist und zu erkennen gegeben hat, die Ehe fortsetzen zu wollen.

Ein Minderjähriger kann den Antrag nur selbst stellen und bedarf hierzu nicht der Zustimmung seines gesetzlichen Vertreters, § 1316 Abs. 2 S. 2 BGB.

6 Nach § 1315 Abs. 1 S. 1 Nr. 1 BGB scheidet eine Aufhebung aus, wenn der inzwischen volljährig gewordene Partner die Eheschließung bestätigt, indem er zu erkennen gibt, sie fortsetzen zu wollen. Die **Bestätigung** ist eine Rechtshandlung und setzt die Willensbildung voraus, die Ehe fortsetzen zu wollen. Die Voraussetzungen zur Abgabe einer wirksamen Willenserklärung, wie beispielsweise das Vorliegen der Geschäftsfähigkeit, müssen gegeben sein. Die Aufhebung scheidet auch bei noch bestehender Minderjährigkeit des Ehegatten aus, wenn außergewöhnliche Umstände vorliegen, die im Falle der Aufhebung für diesen Ehegatten eine **schwere Härte** (zB schwere Krankheit, Suizidgefahr des Minderjährigen) darstellen würden. Ist eine Ehe mit einem Ehepartner, der das 16. Lebensjahr vollendet hat, im europäischen Ausland wirksam geschlossen worden, ist die Ehe regelmäßig nicht aufzuheben, da dies dem Recht des Ehegatten auf Arbeitnehmerfreizügigkeit und Aufenthalt in Deutschland zuwider läuft. Insoweit liegt eine schwere Härte iSd § 1315 Abs. 1 S. 1 Nr. 1 lit. a BGB vor.[3] Der BGH[4] hat entschieden, dass dem Gericht für die Frage, ob die Ehe bei Vorliegen eines Aufhebungsgrunds aufzuheben ist, ein eingeschränktes Ermessen zukommt: Von der Aufhebung kann auch dann, wenn keiner der in § 1315 Abs. 1 Nr. 1 BGB vorgesehenen Aufhebungsgründe eingreift, ausnahmsweise abgesehen werden, wenn feststeht, dass die Aufhebung in keiner Hinsicht unter Gesichtspunkten des Minderjährigenschutzes geboten ist, sondern vielmehr gewichtige Umstände gegen sie sprechen.

2. Geschäftsunfähigkeit gem. §§ 1314 Abs. 1, 1304 BGB

7 Wer geschäftsunfähig ist, kann nicht heiraten, § 1304 BGB. Geht ein Geschäftsunfähiger eine Ehe ein, kann diese auf Antrag gem. § 1314 Abs. 2 Nr. 2 BGB aufgehoben werden. Für **beschränkt Geschäftsfähige** gilt § 1303 BGB. Wer also das 16. Lebensjahr noch nicht vollendet hat, kann nicht wirksam heiraten. Die Ehe wäre nichtig (→ Rn. 3). Im Übrigen bestimmt sich die Frage der Geschäftsfähigkeit nach § 104 BGB. Im Rahmen der entwickelten Rechtsprechung zur partiellen Geschäftsfähigkeit ist es auch denkbar, dass ein Betroffener partiell geschäftsfähig zur Eingehung einer Ehe ist, wenn die Willensbildung in diesem Lebensbereich unbeeinflusst von Krankheit erfolgen kann.[5] Insoweit kann man durchaus von **Ehegeschäftsfähigkeit** sprechen.[6] Voraussetzung ist die Einsichtsfähigkeit in die Bedeutung der Ehe und die Freiheit des Willensentschlusses trotz der vorliegenden Geistesstörung.[7] War die Störung der Geistestätigkeit nur vorübergehend, könnte ein Aufhebungsgrund nach § 1314 Abs. 2 Nr. 1 BGB vorliegen.

---

2 BGH Vorlagebeschluss 14.11.2018 – XII ZB 292/16, FamRZ 2019, 181.

3 OLG Oldenburg 18.4.2018 – 13 UF 23/18, FamRZ 2018, 1152; so auch OLG Frankfurt a.M. 28.8.2019 – 5 UF 97/19, FamRZ 2019, 1853.

4 BGH 22.7.2020 – XII ZB 131/20.

5 BVerfG 18.12.2002 – 1 BvL 14/02, NJW 2003, 1382.

6 BayObLG 14.11.2002 – 1Z BR 118/02, FamRZ 2003, 373.

7 OLG Brandenburg 7.7.2010 – 13 UF 55/09, FamRZ 2011, 216.

Antragsberechtigt ist jeder Ehegatte und die Verwaltungsbehörde, § 1316 Abs. 1 Nr. 1 BGB. 8

Nach Wegfall der Geschäftsunfähigkeit kann der Ehegatte die **Fortsetzung der Ehe** bestätigen, indem er zu erkennen gibt, die Ehe fortsetzen zu wollen. Dadurch entfällt der Aufhebungsgrund gem. § 1315 Abs. 1 S. 1 Nr. 2 BGB. Die Bestätigung eines Geschäftsunfähigen ist unwirksam, § 1315 Abs. 1 S. 2 BGB. Ein Minderjähriger kann die Fortsetzung der Ehe nicht wirksam bestätigen. § 1315 Abs. 1 S. 3 BGB aF wurde durch das Gesetz zu Bekämpfung von Kinderehen ersatzlos gestrichen. 9

3. Bigamische Ehe gem. §§ 1314 Abs. 1, 1306 BGB

Jede bigamische Ehe fällt unter ein unheilbares **Eheverbot** nach § 1306 BGB (→ *Doppelehe* Rn. 2 ff.). Es handelt sich um ein zweiseitiges Verbot. Es kommt nur auf die **objektive** Situation an, nicht auf die Kenntnis der Beteiligten. Es gilt auch für denjenigen, der nicht verheiratet ist, selbst wenn die ausländische Rechtsordnung des anderen verheirateten Partners die **Doppelehe** zulässt.[8] 10

Entscheidend ist, ob die Erstehe zum Zeitpunkt der Eheschließung bestand. Ein Verstoß gegen § 1306 BGB liegt mithin auch dann vor, wenn die frühere Ehe aufgehoben wird oder eine geschiedene oder aufgehobene frühere Ehe durch ein **Wiedereinsetzungsverfahren** wieder entsteht.[9] 11

Antragsberechtigt ist jeder Ehegatte und die Verwaltungsbehörde sowie der andere Ehegatte der Erstehe, § 1316 Abs. 1 Nr. 1 BGB. 12

§ 1315 Abs. 2 Nr. 1 BGB sieht eine **Ausnahme** nur dann vor, wenn lediglich die Rechtskraft einer Entscheidung über die Aufhebung der früheren Ehe nach Schließung der neuen Ehe eintritt, die Entscheidung selbst aber zu diesem Zeitpunkt schon verkündet war. 13

4. Verwandtenehe gem. §§ 1314 Abs. 1, 1307 BGB

Jede **inzestuöse Ehe** zwischen Verwandten gerader Linie oder vollbürtigen oder halbbürtigen Geschwistern verstößt gegen ein unheilbares **Eheverbot**. Es kommt im Rahmen des § 1307 BGB auf die **Blutsverwandtschaft** und die **rechtliche Verwandtschaft** an[10] (→ *Ehehindernisse und Eheverbote* Rn. 6). Deshalb bleibt das Eheverbot auch dann bestehen, wenn die rechtliche Verwandtschaft durch Adoption erloschen ist, § 1307 S. 2 BGB. Das Eheverbot gilt auch bei nur rechtlicher Verwandtschaft, wenn beispielsweise die Tochter nach § 1592 Nr. 1, Nr. 2 BGB als Kind des Ehemannes oder des Partners der Mutter gilt. Die rechtliche Verwandtschaft nach § 1592 Nr. 1, Nr. 2 BGB ist der Blutsverwandtschaft gleichgestellt. Wer danach als Vater des Kindes gilt, darf dieses nicht heiraten, selbst wenn eine biologische Verwandtschaft ausgeschlossen ist. Umgekehrt gilt das Gleiche hinsichtlich derjenigen, die gem. § 1591 BGB als Mutter gilt. Ebenso wenig dürfen rechtlich verwandte Geschwister heiraten, auch wenn sie blutsmäßig nicht verwandt sind. 14

Antragsberechtigt ist jeder Ehegatte und die Verwaltungsbehörde, § 1316 Abs. 1 Nr. 1 BGB. 15

Nach § 1308 BGB sind Ausnahmen im Rahmen der Annahme als Kind möglich. Ehen zwischen Personen, die durch die **Adoption** in gerader Linie verwandt sind, sind verboten, es sei denn, das Annahmeverhältnis ist aufgehoben (→ *Ehehindernisse und Eheverbote* Rn. 9 ff.). Adoptionsgeschwister können gem. § 1308 Abs. 2 BGB die Befreiung durch das Familiengericht beantragen. Bei der Volljährigenadoption bezieht sich das Eheverbot nur auf die Abkömmlinge des **Angenommenen**, nicht aber auf die Verwandten des **Annehmenden**. Denn zu diesen wird gem. § 1770 Abs. 1 BGB kein Verwandtschaftsverhältnis begründet. Die als Volljährige Angenommene kann daher ohne familiengerichtliche Befreiung den leiblichen Sohn des Adoptivvaters heiraten.[11] 16

8 OLG Zweibrücken 21.11.2003 – 2 UF 51/03, FamRZ 2004, 950.
9 Palandt/*Siede* BGB § 1306 Rn. 3.
10 NK-BGB/*Antomo* § 1307 Rn. 2–3.
11 AG Bad Hersfeld 3.11.2006 – 60 F 778/06, StAZ 2007, 275.

5. Formfehler gem. §§ 1314 Abs. 1, 1310, 1311 BGB

17 Die gleichzeitige persönliche Anwesenheit sowie die Bedingungsfeindlichkeit der persönlichen Erklärung vor dem Standesbeamten gehört zu den zwingenden Voraussetzungen für eine wirksame Eheschließung (→ *Eheschließung im Inland* Rn. 2) nach §§ 1310, 1311 BGB. Eine Stellvertretung ist nicht zulässig.

18 Antragsberechtigt ist jeder Ehegatte und die Verwaltungsbehörde, § 1316 Abs. 1 Nr. 1 BGB.

19 Liegen die Voraussetzungen des § 1310 BGB, die Erklärung der Eheschließenden vor dem Standesbeamten abzugeben nicht vor, kommt eine Ehe nicht zustande. Deshalb ist die Vorschrift in § 1314 BGB nicht aufgeführt. Allerdings können **Formmängel** nach § 1310 Abs. 3 BGB **geheilt** werden, wenn beispielsweise der Standesbeamte die Ehe nach der Erklärung der Ehegatten in das Eheregister einträgt. Haben die Eheleute im Falle eines Verstoßes gegen § 1311 BGB fünf Jahre nach der Eheschließung miteinander gelebt, ohne dass es zu einem Aufhebungsantrag gekommen ist, ist die Aufhebung gem. § 1315 Abs. 2 Nr. 2 BGB ausgeschlossen. Ist ein Ehegatte zuvor verstorben, tritt die gleiche Wirkung ein, wenn die Ehegatten drei Jahre miteinander gelebt haben.

6. Bewusstlosigkeit; vorübergehende Geistesstörung gem. § 1314 Abs. 2 Nr. 1 BGB

20 Es liegt ein Aufhebungsgrund vor, wenn bei der Eheschließung einer oder beide Ehegatten in einem Zustand waren, der die freie **Willensbildung** ausgeschlossen hat. Der Tatbestand ist inhaltsgleich mit demjenigen, der zur Nichtigkeit der Willenserklärung in § 105 Abs. 2 BGB führt.

21 Antragsberechtigt ist jeder Ehegatte und die Verwaltungsbehörde, § 1316 Abs. 1 Nr. 1 BGB. Solange der Betroffene noch geschäftsunfähig ist, kann der Antrag nur durch den gesetzlichen Vertreter gestellt werden, § 1316 Abs. 2 S. 1 BGB.

22 Ist die freie Willensbildung wieder möglich, kann der Betroffene die Fortsetzung der Ehe **bestätigen** und den Mangel dadurch **heilen**, § 1315 Abs. 1 S. 1 Nr. 3 BGB. Die Bestätigung eines Geschäftsunfähigen ist unwirksam, § 1315 Abs. 1 S. 2 BGB.

7. Irrtum gem. § 1314 Abs. 2 Nr. 2 BGB

23 Der Irrtum über die Eheschließung kann ein **tatsächlicher** oder ein **rechtlicher** sein. Es kommt auch ein Irrtum darüber in Betracht, dass eine im Ausland geschlossene Ehe in Deutschland wirksam ist. Auch sind Irrtümer aufgrund fehlender **Sprachkenntnisse** denkbar. Bloße Zweifel genügen aber nicht, wenn der Wille zur Eheschließung grundsätzlich vorhanden ist.[12] Nach Entdeckung des Irrtums kann der betreffende Ehegatte die Fortsetzung der Ehe bestätigen und den Mangel dadurch heilen, § 1315 Abs. 1 S. 1 Nr. 4 BGB.

24 Antragsberechtigt ist nur der irrende Ehegatte gem. § 1316 Abs. 1 Nr. 2 BGB, auch wenn er noch minderjährig ist.

8. Arglistige Täuschung gem. § 1314 Abs. 2 Nr. 3 BGB

25 Ist ein Ehegatte zur Eingehung der Ehe arglistig getäuscht worden, kann eine Aufhebung erfolgen. Der **Täuschungsbegriff** ist identisch mit demjenigen in § 123 BGB. Von vorneherein ausgenommen ist die Täuschung über **Vermögensverhältnisse**. Solche Täuschungen rechtfertigen keine Eheaufhebung. Ansonsten kann jeder denkbare Umstand grundsätzlich Gegenstand einer Täuschungshandlung sein, der den Getäuschten bei Kenntnis und richtiger Würdigung des Wesens der Ehe von der Eingehung der Ehe abgehalten hätte.

26 Die **Täuschungshandlung** kann in einem aktiven Handeln oder in einem passiven Unterlassen bestehen. Allerdings bedarf es beim Unterlassen einer **Offenbarungspflicht**. Bloßes Verschweigen genügt nicht. In der Regel führt konkretes Nachfragen zur Pflicht des Offenbarens.[13] So kann beispielsweise das Verschwei-

12 Palandt/*Siede* BGB § 1314 Rn. 8.
13 Palandt/*Siede* BGB § 1314 Rn. 11.

gen einer Erbkrankheit in der Familie eine arglistige Täuschung darstellen,[14] ebenso das Täuschen nach konkreter Nachfrage des anderen Eheschließenden über das Bestehen eines ehewidrigen Verhältnisses zum Zeitpunkt der Eheschließung. Eine Pflicht zum ungefragten Offenbaren wird dann angenommen, wenn der Betroffene zB wegen einer Sterilisation zeugungsunfähig ist und ein Kinderwunsch zumindest naheliegend ist.[15]

Die Täuschung muss **kausal** geworden sein. Es muss sich feststellen lassen, dass der Getäuschte die Ehe 27
ohne die Täuschungshandlung nicht geschlossen hätte.

Auf der subjektiven Tatbestandsseite muss beim Täuschenden **Arglist** vorliegen. Dies bedeutet vorsätzli- 28
ches Handeln oder Unterlassen gerade in dem Bewusstsein, den Getäuschten dadurch zur Eingehung der Ehe zu veranlassen oder ihn daran zu hindern, davon Abstand zu nehmen.[16]

Antragsberechtigt ist nur der getäuschte Ehegatte gem. § 1316 Abs. 1 Nr. 2 BGB. Nach Entdeckung der 29
Täuschung kann der betreffende Ehegatte die Fortsetzung der Ehe bestätigen und den Mangel dadurch heilen, § 1315 Abs. 1 S. 1 Nr. 4 BGB.

9. Widerrechtliche Drohung gem. § 1314 Abs. 2 Nr. 4 BGB

Wird ein Ehegatte durch Drohung zur Eingehung der Ehe bewogen, kann diese aufgehoben werden. Der 30
Begriff der Drohung deckt sich mit demjenigen in § 123 BGB. Mit jeder Art von Übel kann gedroht worden sein, zB Gewalt, Strafanzeige, Suizid. Die Drohung muss **für die Eingehung der Ehe kausal** geworden sein.

Antragsberechtigt ist nur der durch Drohung beeinflusste Ehegatte gem. § 1316 Abs. 1 Nr. 2 BGB. 31

Nach dem Wegfall der Zwangslage kann der betreffende Ehegatte die Fortsetzung der Ehe bestätigen und 32
den Mangel dadurch heilen, § 1315 Abs. 1 S. 1 Nr. 4 BGB.

10. Gemeinsame Willensvorbehalte – Scheinehe gem. § 1314 Abs. 2 Nr. 5 BGB

Eine Scheinehe liegt dann vor, wenn beide Ehegatten bei der Erklärung nach § 1310 Abs. 1 S. 1 BGB, 33
die Ehe eingehen zu wollen, sich insgeheim vorbehielten, eine Lebensgemeinschaft mit entsprechenden Pflichten iSd § 1353 Abs. 1 BGB nicht begründen zu wollen (→ *Scheinehe* Rn. 5). Die Ehe ist im Grunde zu einem anderen Zweck, zur Erlangung eines anderen Zieles, geschlossen worden. Hierzu gehören auch die Fälle, in denen die Eheschließung nur dazu diente, einem ausländischen Partner eine unbefristete **Aufenthaltserlaubnis** zu beschaffen[17] oder dessen Abschiebung zu verhindern.

Die Eheschließung kann auch rechtsmissbräuchlich sein, wenn sie nur aus Gründen der Versorgung (Erlan- 34
gung von Renten- oder Pensionsansprüchen) geschlossen wurde. Es ist eine enge Auslegung vorzunehmen, da die Vorschrift nur das Ziel verfolgt, rechtsmissbräuchlich geschlossene Ehen zu verhindern.[18] Nach Auffassung des Oberlandesgerichts Brandenburg[19] ist die eheliche Lebensgestaltung ohne den Willen, eine häusliche Lebensgemeinschaft begründen zu wollen, kein ausreichender Hinweis auf eine rechtsmissbräuchliche Ehe.

Antragsberechtigt ist jeder Ehegatte und die Verwaltungsbehörde, § 1316 Abs. 1 Nr. 1 BGB. 35

Haben die Ehegatten nach Eingehung der Scheinehe **wie ein Ehepaar zusammengelebt**, ist die Scheinehe 36
nicht mehr aufzuheben, § 1315 Abs. 1 S. 1 Nr. 5 BGB. Dieses Zusammenleben ist objektiv zu beurteilen. Auf die subjektive Seite wird im Gegensatz zur Heilung durch Bestätigung nicht abgestellt. Auf die

14 OLG München 1.4.2008 – 4 UF 374/07, FamRZ 2008, 1536.
15 OLG Stuttgart 2.6.2004 – 16 WF 110/04, NJW 2004, 2247.
16 Palandt/*Siede* BGB § 1314 Rn. 9.
17 AG Pankow-Weißensee 13.1.2009 – 12 F 5111/07, FamRZ 2009, 1325.
18 Palandt/*Siede* BGB § 1314 Rn. 14.
19 16.10.2007 – 10 UF 141/07, FamRZ 2008, 1534.

tatsächliche Dauer dieses Zusammenlebens kommt es nicht an. Die Scheinehe wird dadurch zu einer gültigen Ehe, die nur noch durch Scheidung aufgehoben werden kann.

III. Rechtsfolgen der Aufhebung

37 Mit Rechtskraft der Entscheidung über die Aufhebung der Ehe ist diese **aufgelöst**, § 1313 S. 2 BGB. Welche Rechtsfolgen ein erfolgreiches Aufhebungsverfahren (→ Rn. 49 ff.) für die Eheleute hat, ergibt sich abschließend aus § 1318 BGB. Nach dem Wortlaut des § 1318 Abs. 1 BGB („nur") sind andere Vorschriften für die Scheidung, die in den nachfolgenden Ansätzen nicht genannt werden, nicht (analog) anwendbar. Dies gilt beispielsweise für das Recht des Ehenamens gem. § 1355 BGB. Aus § 1355 Abs. 5 S. 1 BGB lässt sich im Zusammenhang mit § 1318 Abs. 1 BGB daher schließen, dass bei Eheaufhebung der Ehegatte, der den Ehenamen des anderen angenommen hatte, wieder den Namen führen muss, den er vor der Eheschließung geführt hatte.[20] Nach anderer Auffassung soll entgegen des Wortlauts § 1355 Abs. 5 S. 1 BGB analog anwendbar sein.[21]

Nur in den folgenden Fällen beurteilen sich die Folgen der Eheaufhebung nach den Vorschriften über die Scheidung:

1. Unterhalt

38 Der in § 1318 Abs. 2 BGB aufgestellte Grundsatz lautet, dass nur der **gutgläubige** Ehegatte einen Unterhaltanspruch hat. Auch ist unabhängig vom Grund der Eheaufhebung gem. § 1318 Abs. 2 S. 2 BGB der Unterhalt nach § 1570 BGB wegen Betreuung eines **gemeinschaftlichen Kindes** anwendbar, wenn dies ansonsten aus Gründen des Kindeswohls unbillig wäre. Das Interesse des Kindes an einer optimalen Betreuung wiegt stärker als das Bedürfnis einer Sanktion wegen des unwerten Verhaltens bei der Schließung der aufhebbaren Ehe durch den betreuenden Elternteil.

39 Die weiteren Vorschriften über den nachehelichen Unterhalt finden nur zugunsten desjenigen Ehegatten Anwendung, der bei der Eheschließung die Aufhebbarkeit der Ehe nicht gekannt hat.

40 In den Fällen der bigamischen Ehe, der Verwandtenehe und beim Vorliegen von Formfehlern besteht dagegen auch ein **Unterhaltsanspruch**, wenn beide Ehegatten bei der Eheschließung die Kenntnis hatten, § 1318 Abs. 2 S. 1 Nr. 2 BGB. Bei der bigamischen Ehe allerdings mit der Einschränkung, dass der Unterhalt des Ehegatten der ersten Ehe dadurch nicht beeinträchtigt werden darf. § 1314 Abs. 2 Nr. 5 BGB wird in § 1318 Abs. 2 BGB nicht genannt. Daraus folgt, dass im Falle der **Scheinehe** keiner der Eheleute einen nachehelichen Unterhalt beanspruchen kann, es sei denn, wegen Betreuung eines gemeinschaftlichen Kindes, § 1318 Abs. 2 S. 2 BGB iVm § 1570 BGB.

2. Zugewinn- und Versorgungsausgleich

41 Die Vorschriften über den Zugewinn- und Versorgungsausgleich finden gem. § 1318 Abs. 3 BGB grundsätzlich Anwendung. Ausgenommen hiervon sind die Fälle, in denen es im Hinblick auf die Umstände bei der Eheschließung oder im Hinblick auf die Belange des ersten Ehegatten bei einer bigamischen Ehe **grob unbillig** wäre. Bei Aufhebung einer bigamischen Ehe muss daher der zweite Ehegatte hinter den ersten Ehegatten zurücktreten.[22]

42 Das OLG Karlsruhe hat den **Versorgungsausgleich** zugunsten des Ehegatten wegen grober Unbilligkeit versagt, der vorsätzlich eine **bigamische Ehe** eingegangen war, ohne Kenntnis des anderen Ehegatten von der bestehenden Ehe. Dem getäuschten Ehegatten sei es nicht zuzumuten, dass zu seinen Lasten der Versorgungsausgleich durchgeführt werde.[23] Zum gleichen Ergebnis kommt man über § 27 VersAusglG.

---

20 So OLG Celle 6.2.2013 – 17 W 13/12, FamRZ 2013, 955.
21 NK-BGB/*Antomo* § 1318 Rn. 27.
22 Palandt/*Siede* BGB § 1318 Rn. 12.
23 OLG Karlsruhe 28.4.2004 – 16 UF 213/03, NJW-RR 2004, 1514.

3. Ehewohnung und Haushaltsgegenstände

Die Vorschriften zur Ehewohnung (§ 1568 a BGB) und zu den Haushaltsgegenständen (§ 1568 b BGB) sind gem. § 1318 Abs. 4 BGB grundsätzlich anwendbar. Im Rahmen einer Ermessensentscheidung sind die Umstände bei der Eheschließung zu berücksichtigen. Eine grobe Unbilligkeit muss dabei nicht festgestellt werden. Die Belange des ersten Ehegatten sollen im Falle einer bigamischen Ehe berücksichtigt werden. 43

4. Verlust des gesetzlichen Erbrechts

Das gesetzliche Erbrecht des überlebenden Ehegatten gem. § 1931 BGB hat zur Voraussetzung, dass die Ehe zum Zeitpunkt des Erbfalles bestand. Hat der Erblasser berechtigterweise die Aufhebung beantragt, so entfällt bereits zu diesem Zeitpunkt gem. § 1933 S. 2 BGB das gesetzliche Erbrecht, wenn es vor der Rechtskraft der gerichtlichen Entscheidung (§ 1313 S. 2 BGB) zum Versterben des Antragstellers kommt (→ *Ehegattenerbrecht* Rn. 10). Nach § 1933 S. 3 BGB entstehen dann gegebenenfalls Unterhaltsansprüche gegen den oder die Erben, mit der Begrenzung der Höhe nach auf den Pflichtteil, § 1586 b BGB, soweit diese nicht nach § 1318 Abs. 2 BGB entfallen (→ Rn. 38 ff.). 44

Nach § 1318 Abs. 5 BGB entfällt darüber hinaus auch das gesetzliche Erbrecht des bösgläubigen Ehegatten, der die Aufhebbarkeit wegen Geschäftsunfähigkeit, Bigamie, Verwandtschaft, Formverstoßes oder Geistesstörung bei der Eheschließung kannte. 45

Den Anspruch auf den tatsächlichen **Zugewinnausgleich** nach § 1318 Abs. 3 BGB iVm § 1371 Abs. 2 BGB steht dem Ehegatten dennoch zu. Dieser Anspruch ist gerade nicht an das gesetzliche Erbrecht gekoppelt, sondern stellt die güterrechtliche Lösung dar, wenn der Ehegatte weder Erbe noch Vermächtnisnehmer wird. 46

IV. Aufhebung einer Lebenspartnerschaft

Lebenspartnerschaften können seit dem 1.10.2017 aufgrund des Gesetzes zur Einführung des Rechts der gleichgeschlechtlichen Ehe nicht mehr begründet werden. Das Lebenspartnerschaftsgesetz gilt nur noch für Lebenspartnerschaften, die bis zum 30.9.2017 begründet wurden, § 1 S. 2 LPartG. Die Lebenspartnerschaft kann nach § 20 a LPartG in eine Ehe umgewandelt werden. 47

In § 15 Abs. 2 S. 2 LPartG sind die Fälle der **Willensmängel** bei der Begründung der Lebenspartnerschaft durch Verweisung auf § 1314 Abs. 2 Nr. 1–4 BGB ausdrücklich als Aufhebungsgrund normiert (→ *Eingetragene Lebenspartnerschaft* Rn. 45). Weitere Verweisungen auf die Aufhebungsgründe einer Ehe sieht das Gesetz nicht vor.

Der jeweils betroffene Lebenspartner ist nach § 15 Abs. 2 S. 2 LPartG antragsberechtigt durch Verweisung auf § 1316 Abs. 1 Nr. 2 BGB. Die Antragsfrist des § 1317 BGB und die Möglichkeit der Bestätigung der Lebenspartnerschaft durch den Betroffenen gelten entsprechend, § 15 Abs. 4 LPartG. Das Aufhebungsverfahren einer Lebenspartnerschaft ist gem. §§ 269, 270 FamFG dem Scheidungsverfahren nachgebildet (→ *Eingetragene Lebenspartnerschaft* Rn. 47). 48

V. Aufhebungsverfahren

1. Ehesache

Das Aufhebungsverfahren ist nach § 121 Nr. 2 FamFG eine Ehesache. Es gelten deshalb die Verfahrensvorschriften des Scheidungsverfahrens entsprechend. Allerdings findet ein Verbund nicht statt (→ *Scheidungsverbund* Rn. 3). § 137 FamFG beschränkt die Anwendbarkeit des Verbundverfahrens auf das Scheidungsverfahren. Das Aufhebungsverfahren wird in der Vorschrift nicht genannt. Die Folgen der Aufhebung nach § 1318 BGB sind daher selbstständige Verfahren.[24] 49

---

24 BGH 31.3.1982 – IVb ZB 743/81, NJW 1982, 2386.

2. Zuständigkeit

50 Sachlich zuständig sind die **Amtsgerichte**, § 23 a Abs. 1 Nr. 1 GVG, mit der Abteilung Familiensache, § 23 b Abs. 1 GVG. Die örtliche Zuständigkeit ergibt sich aus § 122 FamFG und ist daher identisch wie beim Scheidungsverfahren. Die Zuständigkeit ist eine ausschließliche und gilt auch dann, wenn der Antrag durch eine Verwaltungsbehörde oder den ersten Ehegatten bei einer bigamischen Ehe gestellt wird.

3. Antragsberechtigung

51 Grundsätzlich sind gem. § 1316 Abs. 1 Nr. 1 BGB die **Ehegatten** antragsberechtigt. Daneben kann auch die zuständige Verwaltungsbehörde Anträge stellen. Werden mehrere Anträge gestellt, sind diese nach § 126 FamFG zu verbinden. Wird der Antrag nicht durch die Verwaltungsbehörde gestellt, ist sie gem. § 129 Abs. 2 FamFG zu unterrichten. Ausgenommen hiervon sind die Fälle des Irrtums, der arglistigen Täuschung und der widerrechtlichen Drohung. In diesen Fällen kann nur der jeweils betroffene Ehegatte den Antrag stellen, nicht aber der andere Ehegatte oder die Verwaltungsbehörde, § 1316 Abs. 1 Nr. 2 BGB.

52 Ist ein Ehegatte geschäftsunfähig, ist der gesetzliche Vertreter antragsbefugt. Er bedarf gem. § 125 Abs. 2 FamFG der Genehmigung des Familiengerichts, um den Antrag zu stellen. Der beschränkt geschäftsfähige Ehegatte ist uneingeschränkt verfahrensfähig, § 125 Abs. 1 FamFG. Im Verfahren der Aufhebung einer Ehe, die ein 16 jähriger oder 17 jähriger eingegangen ist, kann der Minderjährige den Antrag nur selbst, ohne Zustimmungserfordernis des gesetzlichen Vertreters stellen, § 1316 Abs. 2 S. 2 BGB. In den übrigen Fällen bedarf ein minderjähriger Antragsteller der Zustimmung des gesetzlichen Vertreters.

4. Antrag

53 Das Verfahren wird gem. § 124 FamFG durch den Antrag eingeleitet. Es besteht gem. § 114 Abs. 1 FamFG Anwaltszwang, da es sich beim Aufhebungsverfahren um eine Ehesache handelt. Leitet die Verwaltungsbehörde ein Verfahren ein, kann sie dies ohne anwaltliche Beteiligung, § 114 Abs. 3 FamFG. Kein Anwaltszwang besteht in den isoliert geltend zu machenden Verfahren über Ehewohnung, Haushaltssachen und Versorgungsausgleich (→ Rn. 49). Es handelt sich um selbstständige Familiensachen, die keine Familienstreitsachen sind, §§ 112, 114 Abs. 1 FamFG.

54 Nach § 126 Abs. 3 FamFG kann ausdrücklich ein Antrag auf Aufhebung mit einem Scheidungsantrag **verbunden** werden. In diesem Fall haben die Beteiligten auch die Wahl, entweder ein Verfahren zur Aufhebung der Ehe oder ein Scheidungsverfahren zu beantragen.[25] Die Anträge können auch als **Haupt-** und **Hilfsanträge** gestellt werden. Getrennte Anträge sind in einem Verfahren zu verbinden. Ist sowohl der Antrag auf Aufhebung als auch auf Scheidung der Ehe begründet, wird nicht die Scheidung, sondern nur die Aufhebung durch Beschluss ausgesprochen. Ist eine Scheidung bereits rechtskräftig, ist ein Eheaufhebungsantrag gem. § 1317 Abs. 3 BGB unzulässig.

5. Antragsfrist

55 Grundsätzlich sind Anträge auf Aufhebung der Ehe nicht fristgebunden. Bei Aufhebungsanträgen wegen Irrtums und arglistiger Täuschung ist der Antrag aber innerhalb einer Frist von einem Jahr, im Falle der Drohung innerhalb von drei Jahren, gem. § 1317 Abs. 1 BGB zu stellen. Ansonsten ist er unzulässig. Die Frist beginnt mit der Entdeckung des Irrtums oder der Täuschung bzw. dem Ende der Zwangslage. Bei einem geschäftsunfähigen Ehegatten kommt es auf die Kenntnis des gesetzlichen Vertreters an. Ist der Antrag versäumt worden, kann er innerhalb von sechs Monaten nach Wegfall der Geschäftsunfähigkeit nachgeholt werden, § 1317 Abs. 2 BGB. Für den minderjährigen Ehegatten beginnt die Frist mit seiner Kenntnis, nicht jedoch vor Eintritt der Volljährigkeit, §§ 1317 Abs. 1, 210 Abs. 1 S. 1 BGB.

25 OLG Braunschweig 4.1.2017 – 1 WF 241/16, FamRZ 2017, 910–911.

6. Entscheidung

Das Familiengericht entscheidet durch **Beschluss** gem. § 1313 S. 1 BGB iVm § 38 Abs. 1 FamFG. Erst mit Rechtskraft des Beschlusses ist die Ehe aufgelöst, § 1313 S. 2 BGB. Niemand kann sich bis zur rechtskräftigen Aufhebung der Ehe auf deren Aufhebbarkeit berufen.[26] 56

7. Kosten

Die Kosten werden grundsätzlich **gegeneinander aufgehoben**, § 132 Abs. 1 S. 1 FamFG, wenn das Verfahren durch einen oder beide Ehegatten betrieben wird (§ 132 Abs. 2 FamFG). Nach § 132 Abs. 1 S. 2 FamFG kann das Gericht aus Gründen der Billigkeit dem bei der Eheschließung alleine bösgläubigen Ehegatten die Kosten ganz oder überwiegend auferlegen. Einem Minderjährigen können nach § 132 Abs. 3 FamFG Kosten nicht auferlegt werden. 57

Für den Fall der Zurückweisung des Antrags sieht § 132 FamFG keine besondere Regelung vor. Deshalb ist in diesem Fall § 113 Abs. 1 S. 2 FamFG anwendbar. Die Kostenfolge ergibt sich aus § 91 Abs. 1 S. 1 ZPO. Wird der Antrag nicht von einem der beiden Ehegatten, sondern im Falle der bigamischen Ehe von der dritten Person oder der Verwaltungsbehörde gestellt, ist die Kostenentscheidung stets nach §§ 132 Abs. 2, 113 Abs. 1 S. 2 FamFG iVm §§ 91 ff. ZPO nach dem Maß des Obsiegens und Unterliegens zu treffen. 58

8. Rechtsmittel

Der Beschluss unterliegt der **befristeten Beschwerde** nach §§ 58 ff. FamFG. Da es sich nicht um vermögensrechtliche Angelegenheiten handelt, ist gem. § 61 Abs. 1 FamFG jede Entscheidung beschwerdefähig (→ *Beschwerdeverfahren* Rn. 23). Eine Rechtsbeschwerde gegen die Entscheidung des Oberlandesgerichts als Beschwerdegericht kommt gegebenenfalls gem. §§ 70 ff. FamFG in Betracht. 59

Für die Einlegung einer Beschwerde und die Durchführung des Beschwerdeverfahrens ist die Vertretung durch einen Rechtsanwalt zwingend erforderlich, § 114 Abs. 1 FamFG, es sei denn in den selbstständigen Verfahren über Ehewohnung, Haushaltssachen und Versorgungsausgleich. Die Rechtsbeschwerde kann nur durch einen beim Bundesgerichtshof zugelassenen Rechtsanwalt wirksam erhoben werden, § 114 Abs. 2 FamFG. 60

9. Streitwert

Das Aufhebungsverfahren und das Verfahren über die Folgen der Aufhebung können nicht im Verbund geltend gemacht werden, sondern nur isoliert, § 137 Abs. 1 FamFG. Deshalb ist § 44 FamGKG nicht anwendbar. Der Streitwert bemisst sich für jedes Verfahren gesondert nach der einschlägigen Vorschrift. 61

Für das Aufhebungsverfahren kommt es auf die Einkommens- und Vermögensverhältnisse der Ehegatten gem. § 43 FamGKG an. Für die Verfahren über Folgen der Aufhebung gelten die §§ 48, 50, 51, 52 FamGKG (→ *Scheidungsverbund* Rn. 88 ff.). 62

10. Gebühren und Vergütung

a) Gerichtsgebühren. Ein Kostenvorschuss ist gem. §§ 9 Abs. 1, 14 FamGKG für das Aufhebungsverfahren, für Unterhaltsverfahren und für Güterrechtsverfahren zu erheben, da es sich um eine Ehesache gem. § 121 Nr. 2 FamFG bzw. selbstständige Familienstreitsache nach § 112 FamFG handelt. Die Verfahren über Ehewohnung, Haushaltssachen und Versorgungsausgleich sind nicht Kostenvorschusspflichtig. 63

Leitet die Verwaltungsbehörde ein Aufhebungsverfahren ein, ist kein Kostenvorschuss zu erheben, § 15 Nr. 2 iVm § 2 Abs. 1 FamGKG. 64

26 NK-BGB/*Antomo* § 1313 Rn. 5.

65 Für das Verfahren in erster Instanz entsteht nach KV 1110 FamGKG eine 2,0 Verfahrensgebühr für das Aufhebungsverfahren, in der Beschwerdeinstanz erhöht sich die Gebühr auf 3,0 (KV 1120) und in der Rechtsbeschwerdeinstanz auf 4,0 (KV 1130).

66 Für die Familienstreitsachen Unterhalt und Güterrecht entsteht nach KV 1220 FamGKG eine 3,0 Gebühr, in der Beschwerdeinstanz erhöht sich die Gebühr auf 4,0 (KV 1222) und in der Rechtsbeschwerdeinstanz auf 5,0 (KV 1225).

67 Für die Verfahren Ehewohnung, Haushaltssachen und Versorgungsausgleich entsteht gem. KV 1320 FamGKG eine 2,0 Gebühr, in der Beschwerdeinstanz erhöht sich die Gebühr auf 3,0 (KV 1322) und in der Rechtsbeschwerdeinstanz auf 4,0 (KV 1325).

68 **b) Rechtsanwaltsvergütung.** In der ersten Instanz kommen die 1,3 Verfahrensgebühr nach VV 3100 RVG und die 1,2 Terminsgebühr nach VV 3104 RVG in Betracht. Im Falle einer Einigung entsteht die 1,0 Einigungsgebühr nach VV 1000, 1003 RVG.

69 In der Beschwerdeinstanz sind die VV 3200 ff. RVG anwendbar, was sich aus Vorbemerkung 3.2.1 Nr. 2 b RVG ergibt. Es kommen daher die 1,6 Verfahrensgebühr nach VV 3200 RVG und die 1,2 Terminsgebühr nach VV 3202 RVG in Betracht. Im Falle einer Einigung entsteht die 1,3 Einigungsgebühr nach VV 1000, 1004 Abs. 1 RVG.

70 In der Rechtsbeschwerdeinstanz sind die VV 3206 ff. RVG anwendbar, was sich aus Vorbemerkung 3.2.2 Nr. 1 a RVG ergibt. Es kommen daher die 2,3 Verfahrensgebühr nach VV 3208 RVG und die 1,5 Terminsgebühr nach VV 3210 RVG in Betracht. Im Falle einer Einigung entsteht die 1,3 Einigungsgebühr nach VV 1000, 1004 Abs. 1 RVG.

72. Ehefähigkeit

Teubel

I. Einführung

Ehefähigkeit ist die Fähigkeit, eine Ehe wirksam schließen zu können. Nach deutschem Recht setzt Ehefähigkeit **Ehemündigkeit** und Geschäftsfähigkeit voraus. 1

II. Materielles Recht

1. Ehemündigkeit (§ 1303 S. 1 BGB)

Ehemündigkeit tritt mit **Volljährigkeit** (§ 2 BGB) ein, ohne Unterscheidung nach dem Geschlecht des Ehewilligen (Art. 3 GG). Die Volljährigkeit muss zum Zeitpunkt der Eheschließung vorliegen. Bei fehlender Volljährigkeit muss der Standesbeamte die Eheschließung ablehnen (→ *Eheschließung im Inland* Rn. 5). 2

2. Minderjährige (§ 1303 S. 2 BGB)

Eine Ausnahme oder Befreiung vom Erfordernis der Volljährigkeit sieht das deutsche Recht seit dem Inkrafttreten des Gesetzes zur Bekämpfung von Kinderehen am 22.7.2017[1] nicht mehr vor. Die Befreiungsmöglichkeit nach § 1303 Abs. 2 BGB, wenn ein Verlobter das 16. Lebensjahr vollendet hatte und der andere volljährig war, ist entfallen. Hat gleichwohl eine Person, die bei Eheschließung das 16., aber noch nicht das 18. Lebensjahr vollendet hatte, eine Ehe – etwa im Ausland – geschlossen, so ist diese Ehe gem. § 1314 Abs. 1 Nr. 1 BGB aufhebbar. Eine Ehe unter Beteiligung einer Person, die das 16. Lebensjahr zum Zeitpunkt der Eheschließung noch nicht vollendet hatte, ist nichtig, § 1303 S. 2 BGB. 3

3. Verbot religiöser Trauung (§ 11 Abs. 2 PStG)

Zur Flankierung dieser Regelung verbietet § 11 Abs. 2 PStG die Vornahme einer religiösen oder traditionellen Handlung, die eine der Ehe vergleichbare dauerhafte Bindung begründen soll, wenn ein Beteiligter das 18. Lebensjahr noch nicht vollendet hat. Gleiches gilt für einen Vertrag, der an die Stelle der Eheschließung tritt. Ein Verstoß stellt eine Ordnungswidrigkeit gem. § 70 Abs. 1 PStG dar. 4

4. Geschäftsfähigkeit

Wer geschäftsunfähig ist, kann eine Ehe nicht eingehen (§ 1304 BGB). Geschäftsunfähig iSv § 1304 BGB ist, wer sich in einem die freie Willensbestimmung ausschließenden Zustand **krankhafter Störung** der Geistestätigkeit befindet, soweit nicht der Zustand seiner Natur nach ein vorübergehender ist (§ 104 Nr. 2 BGB). Der Ausschluss der freien Willensbildung ist bezogen auf den Willen zur Eheschließung festzustellen, da eine partielle (Ehe-)Geschäftsfähigkeit ausreicht, auch wenn erhebliche Zweifel an der Geschäftsfähigkeit im Übrigen bestehen.[2] 5

Psychisch Kranke oder geistig **Behinderte** können grundsätzlich heiraten, es sei denn, sie sind nicht in der Lage, das Wesen und die Bedeutung der Ehe zu erkennen und ihren Willen bezogen auf die Eheschließung frei zu bilden. Nicht erforderlich ist, dass sie die rechtlichen Konsequenzen einer Ehe überblicken können.[3] Das gilt auch für Personen, die unter Betreuung stehen. Der Betreute bedarf nicht der Zustimmung des 6

1 BGBl. 2017 I 2429.
2 BVerfG 18.12.2002 – 1 BvL 14/02, NJW 2003, 1382.
3 OLG Brandenburg 7.7.2010 – 13 UF 55/09, FamRZ 2011, 216.

Betreuers. Ein entsprechender Einwilligungsvorbehalt in der Betreuungsbestellung ist unzulässig (§ 1903 Abs. 2 Nr. 1 BGB).

7 Ob Geschäftsfähigkeit vorliegt, muss der Standesbeamte eigenverantwortlich prüfen. In Zweifelsfällen kann er eine Entscheidung des Gerichts herbeiführen (§ 49 Abs. 2 PStG), das sich einen unmittelbaren Eindruck vom Ehewilligen verschaffen muss.[4]

5. Rechtsfolgen beim Fehlen der Ehefähigkeit

8 Die entgegen §§ 1303, 1304 BGB geschlossene Ehe ist voll **wirksam**, jedoch aufhebbar (§ 1314 Abs. 1 BGB). Die Aufhebung ist gem. § 1315 Abs. 1 S. 1 Nr. 1, 2 BGB ausgeschlossen, wenn der minderjährige oder geschäftsunfähige Ehegatte nach Eintritt der Volljährigkeit oder Wegfall der Geschäftsunfähigkeit die Ehe bestätigt hat, was ein allgemeines Bewusstsein über den Eingehungsmangel voraussetzt.[5] Bei Eheschließung mit einem Minderjährigen ist die Aufhebung auch dann ausgeschlossen, wenn sie für den minderjährigen Ehegatten eine unzumutbare Härte wäre (§ 1315 Abs. 1 S. 1 Nr. 1 Buchst. b BGB; → *Eheaufhebung* Rn. 6). Das kommt insbesondere in Betracht bei einem gemeinsamen Kind oder einer drohenden Beeinträchtigung der Freizügigkeit von EU-Ausländern durch die Aufhebung gem. Art. 13 Abs. 3 EGBGB.[6]

9 Die Aufhebung der Ehe kann jeder Ehegatte sowie die zuständige Verwaltungsbehörde **beantragen**. Bei einem geschäftsunfähigen Ehegatten kann der Antrag nur von seinem gesetzlichen Vertreter gestellt werden (§ 1316 Abs. 1, 2 BGB; → *Eheaufhebung* Rn. 52). Die Verwaltungsbehörde muss im Fall einer Minderjährigenehe die Aufhebung beantragen, wenn nicht der mittlerweile Volljährige die Ehe bestätigt hat (§ 1316 Abs. 3 S. 2 BGB), nach dem Wortlaut also auch dann, wenn eine unzumutbare Härte offensichtlich ist. Im Übrigen „soll" sie den Aufhebungsantrag stellen, wenn nicht die Aufrechterhaltung der Ehe wegen eines Härtefalls geboten ist (§ 1316 Abs. 3 S. 1 BGB). Dabei ist das öffentliche Interesse an der Eheaufhebung gegen die privaten Interessen der Ehegatten abzuwägen.[7]

10 Auch wenn die Voraussetzungen der Aufhebung nach § 1314 Abs. 1 Nr. 1 BGB vorliegen, kommt dem Gericht ein Ermessen zu, ob es die Ehe aufhebt. Dabei wird es von der Eheaufhebung nur ausnahmsweise absehen können, wenn sie zum Minderjährigenschutz in keiner Hinsicht geboten ist und gewichtige Umstände gegen sie sprechen, was insbesondere bei lange gelebten Auslandsehen in Betracht kommt.[8]

III. Internationales Privatrecht

11 Bei Eheschließungen mit Ausländern oder zwischen Ausländern beurteilt sich die Ehefähigkeit, insbesondere die Ehemündigkeit für jeden Verlobten nach seinem **Heimatrecht** (Art. 13 Abs. 1 EGBGB; → *Eheschließung mit Ausländern* Rn. 3). Soweit das ermittelte Recht zusätzlich zu der Ehemündigkeit Geschäftsfähigkeit für die Eheschließung verlangt, beurteilt sich diese gem. Art. 7 Abs. 1 EGBGB, grundsätzlich also nach dem Heimatrecht der Person. Auch wenn diese Vorschriften eingehalten sind, müssen zusätzlich die **Altersgrenzen des deutschen Rechts** beachtet werden. War ein Verlobter bei Eheschließung noch nicht 16 Jahre alt, ist die Ehe aus deutscher Sicht unwirksam (Art. 13 Abs. 3 Nr. 1 EGBGB). Sie ist nach deutschem Recht, also nach § 1313 ff. BGB (→ Rn. 8), aufhebbar, wenn ein Verlobter bei der Heirat zwar 16 Jahre, aber noch keine 18 Jahre alt war (Art. 13 Abs. 3 Nr. 2 EGBGB). Der Standesbeamte hat die Eheschließung abzulehnen, § 1310 Abs. 1 S. 3 Nr. 2 BGB.

4 BayObLG 14.11.2002 – 1Z BR 118/02, FamRZ 2003, 373.
5 BGH 22.7.2020 – XII ZB 131/20, NZFam 2020, 810.
6 OLG Frankfurt a. M. 28.8.2019 – 5 UF 97/19, FamRZ 2019, 1853; AG Nordhorn 29.1.2018 – 11 F 855/17, FamRZ 2018, 750.
7 BGH 11.4.2012 – XII ZR 99/10, NJW-RR 2012, 897.
8 BGH 22.7.2020 – XII ZB 131/20, NZFam 2020, 810.

Die durch das Gesetz zur Bekämpfung von Kinderehen vom 17.7.2017[9] angeordnete Unwirksamkeit der Ehe, wenn der Minderjährige im Zeitpunkt der Eheschließung das 16. Lebensjahr nicht vollendet hatte, ist verfassungsrechtlich bedenklich; eine Entscheidung des BVerfG auf Vorlage des BGH[10] steht noch aus. Diese Unwirksamkeit tritt nicht ein, wenn der Minderjährige vor dem 22.7.1999 geboren wurde oder wenn die Ehegatten bis zur Volljährigkeit im Ausland gelebt haben (Art. 229 § 44 Abs. 4 EGBGB). Dagegen fehlt eine Übergangsvorschrift für aufhebbare Ehen, also solche, bei denen ein ausländischer Verlobter bei Eheschließung 16, aber noch nicht 18 Jahre alt war.[11] Die Aufhebbarkeit nach deutschem Recht erfasst diese Ehen ohne Rücksicht darauf, wann sie geschlossen wurden. Diese Konsequenz ist bedenklich, wird aber durch das Aufhebungsermessen des Gerichts gemildert (→ Rn. 10). Problematisch ist auch die Aufhebbarkeit der Ehe bei Ehegatten aus dem EU-Ausland wegen des drohenden Verstoßes gegen das Freizügigkeitsrecht. 12

9 BGBl. 2017 I 2429.
10 BGH 14.11.2018 – XII ZB 292/16, NJW 2019, 464.
11 BGH 22.7.2020 – XII ZB 131/20, NZFam 2020, 810.

73. Ehegattenerbrecht

Schwarz

I. Grundlagen des Ehegattenerbrechts

1 In der gesetzlichen Erbfolge kommt neben den Verwandten des Erblassers auch dem überlebenden Ehegatten ein Erbrecht zu. Der Ehegatte steht dabei außerhalb des für die Verwandtenerbfolge geltenden Ordnungssystems (→ *Verwandtenerbrecht* Rn. 1 ff.). Bei gleichzeitigem Versterben beerbt keiner der Ehegatten den anderen als gesetzlicher Erbe.

2 Ausgangsnorm für das Ehegattenerbrecht ist § 1931 BGB; eine analoge Anwendung dieser Vorschrift auf **nichteheliche Lebensgemeinschaften** kommt nicht in Betracht. Für die Höhe des gesetzlichen Erbteils des überlebenden Ehegatten ist ausschlaggebend:

- Zu **welcher Ordnung** gehören die erbenden Verwandten: Neben Verwandten erster Ordnung beträgt die Erbquote des überlebenden Ehegatten 1/4, neben Verwandten der zweiten Ordnung und neben Großeltern beträgt die Erbquote 1/2.

  Hinweis: Ist ein Großelternteil vorverstorben und sind Abkömmlinge vorhanden, so schließt der Ehegatte diese Abkömmlinge aus. Er erhält dann mindestens die Hälfte der Erbschaft und für jeden weggefallenen Großelternteil noch ein weiteres Achtel (§ 1931 Abs. 1 S. 2 BGB). Das Gesetz weicht hier von der Grundregel des § 1926 Abs. 3 S. 1 BGB ab. Sind auch die Großeltern verstorben, so erhält der überlebende Ehegatte die ganze Erbschaft (§ 1931 Abs. 2 BGB).

- In **welchem Güterstand** haben die Eheleute im Todeszeitpunkt gelebt: bei fehlender vertraglicher Regelung der Eheleute gilt die Zugewinngemeinschaft (§§ 1363 ff. BGB, → *Zugewinngemeinschaft* Rn. 1 ff.), da für den Güterstand der Gütertrennung (§ 1414 BGB, → *Gütertrennung* Rn. 1 ff.) oder Gütergemeinschaft (§§ 1415 ff. BGB, → *Gütergemeinschaft* Rn. 1 ff.) eine besondere Vereinbarung erforderlich ist.

  Die gesetzlichen Güterstände in den **alten Bundesländern**:

1.1.1900 – 31.3.1953:	Nutzverwaltung des Ehemannes
1.4.1953 – 30.6.1958:	nicht kodifizierte Gütertrennung
seit 1.7.1958:	Zugewinngemeinschaft

  Hinweis: Auch über den 1.7.1958 hinaus war eine Weitergeltung der nicht kodifizierten Gütertrennung bei einseitiger notarieller Erklärung bis zum 30.6.1958 gegenüber dem Amtsgericht, dass die Gütertrennung weiterhin gesetzlicher Güterstand sein soll, möglich. Eheleute, die vor dem 1.7.1958 geheiratet hatten, konnten also durch rechtzeitige Erklärung eines von ihnen die Gütertrennung beibehalten, ohne einen notariellen Ehevertrag schließen zu müssen. Wenn nicht sicher ist, ob einer der Eheleute seinerzeit von der Möglichkeit Gebrauch gemacht hat, durch eine solche einseitige Erklärung gegenüber dem Amtsgericht die Fortgeltung der Gütertrennung zu wählen, so kann beim Amtsgericht des damaligen Wohnsitzes oder beim jeweiligen Geburtsstandesamt (Geburtsregister) angefragt werden, ob dort eine Erklärung vermerkt ist. Liegt der Geburtsort außerhalb Deutschlands, so ist die Anfrage an das Amtsgericht Schöneberg in Berlin – Hauptkartei für Testamente – zu richten.

Die gesetzlichen Güterstände in den **neuen Bundesländern:**

1.1.1900 – 30.9.1949:	Nutzverwaltung des Ehemannes
1.10.1949 – 31.3.1966:	Gütertrennung (Inkrafttreten des Familiengesetzbuchs der DDR)
1.4.1966 – 2.10.1990:	Eigentums- und Vermögensgemeinschaft nach FGB-DDR
seit 3.10.1990:	Zugewinngemeinschaft

Bis zum 2.10.1992 konnte jeder Ehegatte in einseitiger notarieller Erklärung gegenüber dem Kreisgericht erklären, dass für die Ehe weiterhin der bisherige gesetzliche Güterstand der Eigentums- und Vermögensgemeinschaft nach FGB-DDR gelten soll (Art. 234 § 4 Abs. 2 EGBGB). Falls unklar ist, ob bis zum 2.10.1992 eine solche Fortgeltung der Eigentums- und Vermögensgemeinschaft gewählt wurde, sollte bei dem für den damaligen Wohnort zuständigen Amtsgericht (früher Kreisgericht) vorsorglich angefragt werden, ob die Abgabe einer entsprechenden Erklärung vermerkt ist.

Besonderheit bei Gütertrennung (§ 1931 Abs. 4 BGB): Wird der Erblasser neben seinem Ehegatten von einem oder zwei Kindern beerbt, so erben der Ehegatte sowie die Kinder des Erblassers zu jeweils gleichen Teilen. 3

Beispiel: F ist mit M verheiratet. Aus der Ehe gingen die beiden Kinder S 1 und S 2 hervor. Beim Tode des M beträgt die Erbquote der F 1/3. Hätte M nur ein Kind hinterlassen, würde die Erbquote bei 1/2 liegen. Hätte M mehr als zwei Kinder hinterlassen, so wäre F wiederum nur mit 1/4 am Nachlass beteiligt. 4

II. Besonderheiten beim gesetzlichen Güterstand

1. Erbrechtliche Lösung

Gem. §§ 1931 Abs. 3, 1371 Abs. 1 BGB erhöht sich beim gesetzlichen Güterstand der **Zugewinngemeinschaft** der Ehegattenerbteil um ein weiteres **Viertel**. Dies bedeutet, dass der Ehegatte neben Erben der ersten Ordnung zu einer Quote von 1/2, neben Verwandten der zweiten und dritten Ordnung zu einer Quote von 3/4 als Erbe berufen ist. Bei dieser sog. „erbrechtlichen Lösung" der Beteiligung des Ehegatten am Nachlass des Erblassers ist es unerheblich, ob die Ehegatten während des Bestehens der Ehe einen Zugewinn erzielt hatten oder nicht. Die Erhöhung des gesetzlichen Erbteiles um 1/4 stellt eine pauschale, nicht am tatsächlichen Zugewinn orientierte Abgeltung des Zugewinnausgleichs dar. 5

Hinweis: Eine Besonderheit im Ehegattenerbrecht gilt – wie unter → Rn. 2 ausgeführt – neben Verwandten der dritten Ordnung. Nach § 1931 Abs. 1 S. 2 BGB verdrängt der überlebende Ehegatte die nach § 1926 Abs. 3 und 4 BGB an die Stelle der vorverstorbenen Großeltern tretenden Abkömmlinge (und zieht deren Anteile zu sich). Wie wird hier bei der Zugewinngemeinschaft der Erbteil des Ehegatten gerechnet? Ist der gesetzliche Erbteil die hälftige Erbquote (§ 1931 Abs. 1 BGB) erhöht um 1/4, (§ 1371 Abs. 1 BGB) so käme man auf 3/4. Anschließend kämen die Anteile der Abkömmlinge, die an sich an die Großeltern fielen, hinzu. Einem noch lebenden Großelternteil verbliebe so seine Erbquote.[1] Nach aA wird der überlebende Ehegatte durch das Heranziehen der Anteile der Abkömmlinge und die Erhöhung um 1/4 Alleinerbe.[2]

2. Güterrechtliche Lösung

Insbesondere bei kurzer Ehedauer oder hohem Anfangsvermögen (→ *Anfangsvermögen* Rn. 1 ff.) des Erblassers fährt der überlebende Ehegatte mit der „erbrechtlichen Lösung" besser als bei der sog. „güterrechtlichen Lösung". Bei der güterrechtlichen Lösung wird der Ehegatte nicht Erbe. Er kann gem. den Vorschriften der §§ 1373–1383, 1390 BGB den Ausgleich des – konkret entstandenen – Zugewinns verlangen (§ 1371 Abs. 2 BGB). Neben dem Anspruch auf Ausgleich des Zugewinns erhält der Ehegatte ferner den Pflichtteil (§ 2303 Abs. 2 BGB). Der Pflichtteil bestimmt sich in diesem Fall aber nicht nach 6

1 Soergel/*Stein* BGB § Rn. 23.
2 Erman/*Schlüter* BGB § 1931 Rn. 25.

dem erhöhten, gesetzlichen Erbteil des § 1371 Abs. 1 BGB. Für die Berechnung des Pflichtteils verbleibt es vielmehr bei der Grundregel des § 1931 Abs. 1 und 2 BGB (sog. **kleiner Pflichtteil**).

7 Zur **güterrechtlichen Lösung** kommt es in zwei Fällen:

- Fall 1: Der Ehegatte ist enterbt und erhält auch kein Vermächtnis (§ 1371 Abs. 2 BGB).
- Fall 2: Der Ehegatte ist (gesetzlicher oder testamentarischer) Erbe oder Vermächtnisnehmer, er schlägt die Erbschaft bzw. das Vermächtnis jedoch aus (sog. taktische Ausschlagung). Die Ausschlagung muss sich dabei sowohl auf das Erbe als auch auf das Vermächtnis beziehen. Dem ausschlagenden Ehegatten verbleibt dann neben dem Ausgleich des Zugewinns auch der Pflichtteil, obgleich ein Pflichtteilsanspruch bei einer Ausschlagung nach den erbrechtlichen Bestimmungen an sich nicht gegeben ist. Die Regelung des § 1371 Abs. 3 BGB konstituiert diesbezüglich einen Ausnahmetatbestand.

8 Aufgrund des in § 1371 Abs. 3 BGB geregelten Ausschlagungsrechts des überlebenden Ehegatten hat dieser die Wahl, ob er das ihm hinterlassene Erbe oder Vermächtnis annimmt oder den Ausgleich des Zugewinns (zusammen mit dem sog. kleinen Pflichtteil) verlangt. Ein weiteres Wahlrecht des überlebenden Ehegatten dahingehend, dass er anstelle des Zugewinns den sog. großen Pflichtteil (Berechnung des Pflichtteils unter Berücksichtigung der Erhöhung um ein Viertel gemäß § 1371 Abs. 1 BGB) erhält, besteht aber nicht.

Hinweise für die Beratungspraxis: Bei der Frage, ob der überlebende Ehegatte den ihm hinterlassenen Erbteil bzw. das ihm hinterlassene Vermächtnis annehmen soll, dürften auch folgende Überlegungen mit von Bedeutung sein: Die güterrechtliche Lösung ist zunächst rein rechnerisch regelmäßig nur dann vorteilhaft, wenn der Ehegatte neben Verwandten der ersten Ordnung erbt, der Erblasser einen Zugewinn erzielt hat und dieser Zugewinn über 85,71 % (oder 6/7) des Nachlasses beträgt.[3] Hat auch der überlebende Ehegatte einen Zugewinn erzielt, so erhöht sich dieser Schwellenwert entsprechend dem Ausgleich nach § 1378 BGB.[4] Ferner ist zu überlegen:

- Hat sich der Ehegatte auf die Zugewinnausgleichsforderung etwaige Vorempfänge gem. § 1380 BGB anrechnen zu lassen?
- Ist damit zu rechnen, dass die Erben ein Leistungsverweigerungsrecht iSd § 1381 BGB geltend machen?
- Ist damit zu rechnen, dass das Familiengericht die Zugewinnausgleichsforderung gem. § 1382 BGB stundet?
- Besteht die Möglichkeit, dass der den Zugewinnausgleich fordernde Ehegatte gem. § 1383 BGB Vermögensgegenstände des Erblassers anstatt Geld erhält?
- Besteht die Möglichkeit, das Endvermögen (→ *Endvermögen* Rn. 1 ff.) gem. § 1375 Abs. 2 BGB fiktiv zu erhöhen?

Ferner zu beachten:

- Die Ausschlagung hat nach § 1944 Abs. 1 BGB innerhalb von sechs Wochen zu erfolgen. Verlässliche Werte zu Anfangs- und Endvermögen können in dieser knappen Frist jedoch regelmäßig nicht ermittelt werden.
- Prozessual bestehen bei der Geltendmachung von Pflichtteil und Zugewinnausgleich unterschiedliche Zuständigkeiten: für den Zugewinnausgleich ist nach §§ 261 ff. FamFG das Familiengericht zuständig. Für den Pflichtteilsanspruch ist der besondere Gerichtsstand der Erbschaft nach § 27 Abs. 1 ZPO oder der allgemeine Gerichtsstand nach §§ 12, 13 ZPO gegeben.

9 **Beispiel:** M hat seiner Frau F ein Vermächtnis hinterlassen, welches geringer ist als der Pflichtteil. Hier kann F gem. § 2305 BGB den Restpflichtteil verlangen, der sich jetzt allerdings nach dem erhöhten Ehegattenerbrecht bemisst (großer Pflichtteil). Ein Anspruch auf Zugewinnausgleich ergibt sich hier nicht. Schlägt die Ehefrau aus, dann hat sie Anspruch auf Zugewinnausgleich und den kleinen Pflichtteil.

---

3 *Nieder/Kössinger* Testamentsgestaltung-HdB § 1 Rn. 30.

4 *Damrau/Tanck* BGB § 1931 Rn. 8.

III. Scheidungsverfahren und Ehegattenerbrecht

Grundsätzlich wird das Erbrecht des Ehegatten erst nach Auflösung der Ehe durch rechtskräftigen Beschluss beendet. § 1933 S. 1 BGB verlagert diesen Zeitpunkt jedoch nach vorne. Der Ehegatte verliert sein gesetzliches Erbrecht bereits dann, wenn zur Zeit des Todes des Erblassers die Voraussetzungen für die Scheidung der Ehe gegeben waren und der Erblasser die Scheidung (→ *Scheidung* Rn. 1 ff.) beantragt oder ihr zugestimmt hatte (nach § 1933 S. 2 BGB gilt im Übrigen die gleiche Folge, wenn der Erblasser zum Antrag auf Eheaufhebung nach § 1314 BGB berechtigt war und den Antrag gestellt hatte). Wollen beide Ehegatten nicht mehr an der Ehe festhalten, so entfällt im Ergebnis auch die Rechtfertigung ihrer Erbberechtigung, weil damit die Scheidung sicher voraussehbar ist.[5] 10

1. Formelle Voraussetzungen

Formelle Voraussetzung für den Verlust des Ehegattenerbrechtes ist die **Rechtshängigkeit des Scheidungsantrags** gem. § 124 S. 2 FamFG, §§ 261 Abs. 1, 253 ZPO.[6] Der Scheidungsantrag des Erblassers muss damit vor dem Erbfall dem Antragsgegner zugestellt sein.[7] Die bloße Einreichung des Scheidungsantrags (Anhängigkeit) oder eines VKH-Antrags bei Gericht genügt nicht. Eine erst nach dem Tod erfolgte Zustellung des Scheidungsantrags entfaltet keine Rückwirkung. Die rückwirkende Zustellungsfiktion des § 270 Abs. 3 ZPO aF bzw. § 167 ZPO nF ist nach der Rechtsprechung[8] nicht analog anwendbar. Es geht hier weder um eine Fristwahrung zur Erhaltung eines Rechts noch um eine Hemmung der Verjährung. 11

Hinweis: Ist absehbar, dass die familiengerichtliche Zustellung (Rechtshängigkeit) nicht mehr rechtzeitig vor dem Erbfall erfolgen würde, könnte versucht werden, den Scheidungsantrag beim – unzuständigen – Verwaltungsgericht einzureichen. Denn anders als im Zivilprozess tritt beim Verwaltungsprozess Rechtshängigkeit bereits mit Antragseinreichung ein (§§ 81 Abs. 1, 90 VwGO). Die Unzulässigkeit des eingeschlagenen Rechtswegs hindert den Eintritt der Rechtshängigkeit des Scheidungsantrags nicht.[9] Die Rechtshängigkeit bleibt auch nach anschließender Verweisung an das Familiengericht erhalten. Zur Frage einer etwaigen Rechtsmissbräuchlichkeit derartigen Vorgehens gibt es – soweit ersichtlich – noch keine Entscheidungen.

Der Scheidungsantrag muss den inhaltlichen Voraussetzungen der §§ 124, 133 Abs. 1 FamFG entsprechen. Eine Nichtbeifügung der nach § 133 Abs. 2 FamFG geforderten **Heiratsurkunde** sowie **Geburtsurkunden** gemeinschaftlicher Kinder ist jedoch unschädlich, weil es sich insoweit nur um eine Soll-Vorschrift handelt. Fehlen hingegen die Angaben nach § 133 Abs. 1 FamFG, insbesondere Angaben dazu, ob die Ehegatten eine Regelung zur elterlichen Sorge (→ *Elterliches Sorgerecht* Rn. 1 ff.), Umgang (→ *Umgangsrecht* Rn. 1 ff.) und Unterhaltspflicht (→ *Nachehelicher Unterhalt* Rn. 1 ff.), Rechtsverhältnissen an der Ehewohnung (→ *Haushaltssachen* Rn. 1 ff.; → *Wohnungszuweisung nach Scheidung* Rn. 1 ff.) und Haushaltsgegenständen getroffen haben, so ist der Antrag unvollständig (Hinweispflicht des Gerichts nach § 139 Abs. 1 ZPO, § 113 Abs. 1 S. 2 FamFG zur Mängelbehebung). Ohne Korrektur ist der Antrag als unzulässig abzuweisen. Das OLG Stuttgart vertritt demgegenüber die Auffassung, dass mit dem Inkrafttreten des FamFG zum 1.9.2009 und der Abschaffung des § 630 ZPO aF die nach § 133 Abs. 1 Nr. 2 FamFG erforderlichen Erklärungen nicht zu den Voraussetzungen der Scheidung iSv § 1933 BGB gehören.[10] 12

Hat der überlebende Ehegatte (und nicht der Erblasser) die Scheidung beantragt, so bleibt das gesetzliche Erbrecht des überlebenden Ehegatten erhalten, wenn nicht der Erblasser vor seinem Ableben dem Antrag zumindest zugestimmt hat. Die **Zustimmung** muss rechtshängig geworden sein. Sie kann entweder durch Schriftsatz des Anwalts oder in der mündlichen Verhandlung erklärt werden (§§ 14 Abs. 2, 134 FamFG). Bis zum Schluss der mündlichen Verhandlung ist sie widerrufbar (§ 134 Abs. 2 S. 1 FamFG). Da die 13

5 Palandt/*Weidlich* BGB § 1933 Rn. 1; NK-BGB/*Kroiß* § 1933 Rn. 1.
6 BGH 6.6.1990 – IV ZR88/89, BGHZ 111, 329; Palandt/*Weidlich* BGB § 1933 Rn. 3.
7 NK-BGB/*Kroiß* § 1933 Rn. 2.
8 BGH 6.6.1990 – IV ZR 88/89, BGHZ 111, 329; OLG Saarbrücken 16.9.1983 – 5 W 145/83, FamRZ 1983, 1274.
9 Staudinger/*Werner* BGB § 1933 Rn. 5.
10 OLG Stuttgart 4.10.2011 – 8 W 321/11, FamRZ 2012/480.

Zustimmung Prozesshandlung ist, genügt eine außerhalb des Scheidungsverfahrens gegenüber dem Ehegatten abgegebene Erklärung nicht.[11] Die bloße Zustimmung zum Scheidungsantrag reicht dann nicht, wenn der die Scheidung betreibende überlebende Ehegatte vor dem Tod des Erblassers den Scheidungsantrag wieder zurückgenommen hatte. Um das gesetzliche Erbrecht des überlebenden Ehegatten im Rahmen des Scheidungsverfahrens sicher auszuschließen, ist deshalb vom Erblasserehegatten vorsorglich ebenfalls Scheidungsantrag zu stellen.

2. Materiellrechtliche Voraussetzungen

14 Zur Zeit des Erbfalls müssen die materiellrechtlichen Scheidungsvoraussetzungen, dh das **Scheitern der Ehe**, erfüllt sein.[12] Die Beweislast (im nachlassgerichtlichen Erbscheinsverfahren bzw. bei der zivilprozessualen Erbenfeststellungsklage) dafür, dass diese vorlagen, trägt derjenige, der sich darauf beruft. Dies sind regelmäßig die Verwandten des Erblassers, denen der Wegfall des überlebenden Ehegatten im Rahmen der gesetzlichen Erbfolge zugute käme.[13] Nach Ablauf des Trennungsjahres und Zustimmung des anderen Ehegatten bzw. nach dreijährigem Getrenntleben auch ohne Zustimmung wird das Scheitern der Ehe unwiderlegbar vermutet (§ 1566 BGB). Liegen diese Vermutungsvoraussetzungen nicht vor, so ist eine positive Feststellung des Scheiterns der Ehe erforderlich (§ 1565 Abs. 1 BGB). Notwendig ist ein entsprechender Sachvortrag zum Nichtbestehen der ehelichen Lebensgemeinschaft und deren nicht zu erwartender Wiederherstellung. Das Gericht muss dann im Rahmen des § 1933 BGB diese Analyse bzw. Prognose des § 1565 Abs. 1 S. 2 BGB vornehmen.

15 Bei Einreichen der Scheidung vor Ablauf des Trennungsjahres (→ *Ehescheidung* Rn. 4) müssen die in der Person des Antragsgegners liegenden Härtegründe im Bestreitensfall (seitens des überlebenden Ehegatten) von der beweisbelasteten Partei nachgewiesen werden.

3. Rechtsfolgen

16 Gelingt der Nachweis, sind also die Voraussetzungen des § 1933 BGB gegeben, verliert der überlebende Ehegatte nicht nur sämtliche erbrechtlichen Ansprüche, (wie sein gesetzliches Erbrecht nach § 1931 BGB oder den Voraus gem. § 1932 BGB) es steht ihm auch **kein Pflichtteilsrecht** (→ *Pflichtteilsrecht* Rn. 1 ff.) nach § 2303 Abs. 2 S. 1 BGB mehr zu.[14] Dieses Ergebnis wird im Übrigen auch bei der gewillkürten Erbfolge nachgezeichnet in den §§ 2077, 2268 Abs. 2, 2279 Abs. 2 BGB.

Hinweis: Der Zugewinnausgleich kann aber vom überlebenden Ehegatten weiterhin beansprucht werden.[15] Ferner verbleibt es beim Unterhaltsanspruch gem. § 1933 S. 3 BGB unter Verweis auf die Vorschriften der §§ 1569–1586 b BGB. Wegen § 1586 b Abs. 1 S. 3 BGB ist dieser Unterhaltsanspruch aber auf den fiktiven güterstandsunabhängigen Pflichtteil begrenzt (→ *Nachehelicher Unterhalt im Erbfall* Rn. 10, 11). Da die Ehe beim Erbfall bestand, verbleibt es auch bei Versorgungsansprüchen.[16] Das Scheidungsverfahren ist nach § 131 FamFG erledigt, so dass ein Versorgungsausgleich nicht mehr durchgeführt wird. Dem überlebenden Ehegatten steht die Hinterbliebenenrente aus den Anrechten des verstorbenen Ehegatten zu (§ 46 SGB IV). Eine solche hat dann auch Auswirkungen bei der Prüfung der Bedürftigkeit im Rahmen eines etwaigen Unterhaltsanspruchs nach § 1586 b BGB.

17 Umgekehrt haben die Erben des Erblassers **keine Zugewinnausgleichsansprüche** gegen den überlebenden Ehegatten. Nach dem Bundesgerichtshof kommt eine Zugewinnausgleichsforderung bei Versterben vor Auflösung der Ehe nicht zur Entstehung, selbst wenn der Erblasser sie in einem Scheidungsverfahren bereits rechtshängig gemacht hätte.[17] Denn nach § 1378 Abs. 3 S. 1 BGB geht ein Anspruch auf Zugewinn-

---

11 OLG Düsseldorf 12.9.2011 – I-3 Wx 179/11, FamRZ 2012, 152.
12 NK-BGB/*Kroiß* § 1933 Rn. 6.
13 Palandt/*Weidlich* BGB § 1933 Rn. 9.
14 NK-BGB/*Kroiß* § 1933 Rn. 8.
15 BGH 14.1.1987 – IV b ZR 46/85, BGHZ 99, 304.
16 Palandt/*Weidlich* BGB § 1933 Rn. 10.
17 BGH 8.3.1995 – XII ZR 54/94, FamRZ 1995, 597.

ausgleich nur dann auf die Erben des verstorbenen Ehegatten über, wenn dieser ihn noch zu Lebzeiten erworben hat. Der Anspruch entsteht aber erst mit Beendigung des Güterstandes. Diese tritt erst mit Rechtskraft der Scheidung, nicht bereits mit Rechtshängigkeit des Scheidungsantrags ein.

4. Letztwillige Verfügung

Will der mögliche Erblasser der Scheidung nicht zustimmen oder macht er zB von der Härteklausel 18
des § 1568 BGB Gebrauch (Scheidung zur „Unzeit"), so ist ihm anzuraten, vorsorglich zumindest eine Verfügung von Todes wegen (→ *Verfügung von Todes wegen* Rn. 1 ff.) zu treffen. Die Härteklausel (→ *Ehescheidung* Rn. 15 ff.) könnte zB insbesondere in den Fällen in Betracht kommen, in denen eine besondere psychische Belastung für den todkranken Ehegatten besteht oder bei objektivierbarer und konkretisierbarer Selbstmordabsicht des Erblassers sowie bei einer Spätphase einer Multiplen Sklerose mit der Gefahr einer wesentlichen Gesundheitsverschlechterung.[18]

Achtung: Da sich eine Trennung allein auf das gesetzliche Erbrecht nicht auswirkt, ist zur Verhinderung einer Beerbung auf Ehegattenebene eine entsprechende Testierung bzw. beim gemeinsamen Testament ein formgerechter Rücktritt (§§ 2271 Abs. 1 S. 1, 2296 BGB) erforderlich. Bei einem Erbvertrag (→ *Erbvertrag* Rn. 1 ff.) ist ein Rücktritt nur bei Vorbehalt möglich. Ggf. kommt hier eine Selbstanfechtung wegen Irrtums über die erfolgte Trennung in Betracht (§§ 2281, 2078 Abs. 2 BGB).

IV. Steuerprivileg des gesetzlichen Güterstandes (§ 5 ErbStG)

1. § 5 Abs. 1 ErbStG

§ 5 Abs. 1 ErbStG stellt im Todesfall, wenn der Zugewinn über das erbrechtliche Viertel des § 1371 19
Abs. 1 BGB ausgeglichen wird, eine **fiktive Zugewinnausgleichsforderung** in dem Umfang **steuerfrei**, wie sie sich nach § 1371 Abs. 2 BGB errechnen würde. Aber nur dann, wenn es zur erbrechtlichen Lösung nach § 1371 Abs. 1 BGB kommt, greift die Vorschrift des § 5 Abs. 1 ErbStG. Es ist dann eine fiktive Zugewinnausgleichsforderung zu ermitteln, wie sie sich bei Durchführung der güterrechtlichen Lösung ergäbe.

Hinweis: Eine „rückwirkende Vereinbarung" der Zugewinngemeinschaft wirkt bei § 5 Abs. 1 erbschaft- 20
steuerlich jedoch nicht. Auch bleiben zivilrechtlich wirksame, von den §§ 1373–1383 und 1390 BGB abweichende güterrechtliche Vereinbarungen erbschaftsteuerlich bei § 5 Abs. 1 unberücksichtigt. So kann zB die ehevertragliche Herausnahme des Betriebsvermögens aus dem Zugewinn dazu führen, dass zivilrechtlich nur noch ein geringer Zugewinn ausgleichungspflichtig bleibt. Erbschaftsteuerlich würde aber nach § 5 Abs. 1 ErbStG der Zugewinn unter Einbeziehung der herausgenommenen Vermögensgegenstände berechnet. Auch die Vermutung des § 1377 Abs. 3 BGB, wonach das Endvermögen dem Zugewinn entspricht, gilt bei § 5 Abs. 1 nicht. Das bedeutet, dass gegenüber dem Finanzamt zur Geltendmachung der Erbschaftsteuerfreistellung des fiktiven Zugewinnausgleichsbetrages der Zugewinn konkret nachgewiesen werden muss.

2. § 5 Abs. 2 ErbStG

In all den Fällen, in denen die Zugewinngemeinschaft nicht durch Tod eines Ehepartners aufgelöst wird, 21
oder zwar durch Tod aufgelöst wird, es aber dann zur sog. güterrechtlichen Lösung kommt, findet § 5 Abs. 2 ErbStG Anwendung. Unter § 5 Abs. 2 ErbStG fällt zB der klassische Fall des Zugewinnausgleichs im Rahmen der Ehescheidung. Oder der Fall, dass die Eheleute während ihrer Ehe vertraglich vom gesetzlichen Güterstand in die Gütertrennung überwechseln. Anders gesagt: Immer wenn es zu einem tatsächlichen Zugewinnausgleich nach einer Güterstandsbeendigung kommt, ist § 5 Abs. 2 ErbStG und nicht § 5 Abs. 1 ErbStG einschlägig.

18 BGH 5.6.1985 – IV b ZR 13/84, FamRZ 1985, 905 ff.

22 Im Rahmen des § 5 Abs. 2 ErbStG gelten die Einschränkungen des § 5 Abs. 1 nicht. Das heißt:

- Die Vermutungswirkung des § 1377 Abs. 3 BGB findet Anwendung.
- Vor allem aber: vom Gesetz abweichende ehevertragliche Vereinbarungen sind hier steuerlich anzuerkennen.

23 Der Bundesfinanzhof stellte in seinem Urteil vom 18.1.2006[19] ausdrücklich fest, dass in einer rückwirkenden Vereinbarung der Zugewinngemeinschaft innerhalb des § 5 Abs. 2 ErbStG keine steuerlich relevante Schenkung gesehen werden kann.

3. Gestaltung durch „Güterstandsschaukel“

24 **a) Steuerliche Aspekte der Schaukelmodelle.** Die Ehegatten können den gesetzlichen Güterstand durch **Übergang auf den Güterstand der Gütertrennung** ehevertraglich beenden und damit die gesetzlichen Zugewinnausgleichsansprüche nach § 1378 Abs. 3 S. 1 BGB auslösen. Nach § 1408 BGB ist dies jederzeit möglich. Damit würden die Ehegatten die Voraussetzung des § 5 Abs. 2 ErbStG schaffen, so dass die Erfüllung der Zugewinnausgleichsforderung schenkungsteuerfrei möglich ist. Dies ist eine anerkannte Möglichkeit, um Vermögen schenkungsteuerfrei auf den anderen Ehegatten zu verlagern.

25 Können die Ehegatten sofort anschließend wieder in den Güterstand der Zugewinngemeinschaft zurückkehren, indem sie entweder in einer zweiten Urkunde erneut eine Zugewinngemeinschaft vereinbaren oder in der gleichen Urkunde bereits festlegen, zu einem bestimmten Termin die Gütertrennung wieder aufzuheben und zum gesetzlichen Güterstand zurückzukehren? Der Bundesfinanzhof billigt die sog. **Güterstandsschaukel.**[20] Sogar bei Aufnahme in einer Urkunde und für die Vereinbarung der Gütertrennung mit Zugewinnausgleich und anschließend in einer Urkunde vereinbarter Rückkehr zum gesetzlichen Güterstand besteht die Schenkungsteuerfreiheit nach § 5 Abs. 2 ErbStG. Die Gründe liegen darin, dass dem begünstigten Ehegatten die Ausgleichsforderung nicht vertraglich zugewendet wird, sondern kraft Gesetzes mit der Gütertrennung entsteht. Das Schenkungsteuerrecht hat die ehevertragliche Gestaltungsfreiheit insoweit anzuerkennen, als es tatsächlich zu einer güterrechtlichen Abwicklung, dh mindestens zur Ermittlung der Ausgleichsforderung, kommt. Damit kann die Güterstandsschaukel rechtssicher vereinbart werden. Allerdings sollte man gleichwohl vorsichtshalber die Gütertrennung für einen bestimmten Zeitraum eintreten lassen und die Rückkehr in den gesetzlichen Güterstand erst nach Ablauf dieser befristeten Gütertrennung vereinbaren. Auch die Vereinbarung in zwei Urkunden bleibt in jedem Fall sicherer als eine Gesamtvereinbarung in einer Urkunde.

26 Anders beurteilt der Bundesfinanzhof den sog. **fliegenden Zugewinnausgleich.**[21] Wenn die Eheleute lediglich vereinbaren, den Zugewinn auszugleichen, den gesetzlichen Güterstand aber nicht beenden, sieht der Bundesfinanzhof darin eine freigiebige schenkungsteuerpflichtige Zuwendung. Problem ist: Weil die Zugewinngemeinschaft rechtlich nicht beendet wird, steht dem anderen Ehegatten kein Rechtsanspruch auf die Ausgleichsforderung zu. Sie wird ihm lediglich freiwillig zugewandt. Das löst die Steuerpflicht aus. Um also die Steuerfreiheit des Zugewinnausgleichs sicherzustellen, ist zwingend zu beachten, dass die Zugewinngemeinschaft vertraglich wirksam beendet wird.

27 **b) Zivilrechtliche Aspekte der Schaukelmodelle. aa) Zugewinngemeinschaft-Gütergemeinschaft-Zugewinngemeinschaft.** Durch einen Wechsel von der Zugewinngemeinschaft zur Gütergemeinschaft und wieder zurück kann Vermögen pflichtteilsfest auf den anderen Ehegatten übertragen werden. Durch die Rückkehr zum gesetzlichen Güterstand wird wieder die günstigere Pflichtteilsquote hergestellt.

Schritt 1: Mit dem Wechsel von der Zugewinngemeinschaft zur Gütergemeinschaft erhält der weniger vermögende Ehegatte durch die Begründung von Gesamtgut Vermögen vom anderen Ehepartner (aber beachte: Schenkungsteuerrelevanz nach § 7 Abs. 1 Nr. 4 ErbStG). Im Erbfall ist dann nur noch ein hälftiger

19 BFH/NV 2006, 1447.
20 BFH 12.5.2005 – II R 29/02, ZEV 2005, 490.
21 BFH 24.8.2005 – II R 28/02, ZEV 2006, 41.

Gesamtgutsanteil im Vermögen eines jeden Ehegatten. Die andere Hälfte ist bei der Pflichtteilsberechnung außen vor. In der Begründung von Gütergemeinschaft liegt grds. keine die Pflichtteilsergänzung nach § 2325 BGB auslösende Schenkung.[22] Etwas anderes gilt, wenn damit andere Zwecke als die Verwirklichung der Ehe verfolgt werden.[23]

Schritt 2: Die Ehegatten wechseln wieder zurück in die Zugewinngemeinschaft. Die durch die Begründung der Gütergemeinschaft zugunsten der Verwandten zwischenzeitlich erhöhte Pflichtteilsquote wird wieder reduziert.

Aber Achtung: Der Bundesgerichtshof stellt zur Vermeidung von Missbrauch hohe Anforderungen an dieses Gestaltungsmodell. Beruht diese Güterstandswahl auf einem einheitlichen Plan der Ehegatten, kann dies ein Indiz dafür sein, dass ehefremde Zwecke verfolgt wurden. Dann würde die Vermögensbegünstigung für den Ehegatten eine Schenkung iSv § 2325 BGB darstellen. Erfolgen die Güterstandswechsel nach einem längeren Zeitraum und dienen sie nicht dem Zweck, Pflichtteilsansprüche zu reduzieren, so fehlt der vom Bundesgerichtshof geforderte Plan. Darlegungs- und beweispflichtig für ehefremde Zwecke ist der Pflichtteilsberechtigte.

bb) Zugewinngemeinschaft-Gütertrennung-Zugewinngemeinschaft. Durch einen Wechsel von der Zu- 28
gewinngemeinschaft zur Gütertrennung wird der andere Ehegatte durch den Zugewinnausgleich am Vermögen des anderen Ehegatten beteiligt. Durch die Rückkehr zum gesetzlichen Güterstand wird wieder die günstigere Pflichtteilsquote hergestellt.

Schritt 1: Mit dem Wechsel von der Zugewinngemeinschaft zur Gütertrennung während bestehender Ehe wird die Zugewinngemeinschaft auf andere Weise als durch Tod beendet. Mit der Erfüllung der entstandenen Zugewinnausgleichsforderung wird so Vermögen nachlassreduzierend auf den anderen Ehegatten übertragen. Zur Abgeltung des Zugewinnausgleichsanspruchs können anstatt Geld auch sonstige Vermögenswerte zugewendet werden.

Schritt 2: Die Ehegatten wechseln wieder zurück in die Zugewinngemeinschaft. Die durch die Begründung der Gütertrennung zugunsten der Verwandten zwischenzeitlich ggf. erhöhte Pflichtteilsquote wird wieder reduziert.

Aber Achtung: Auch hier ist die Motivation der Ehegatten von Relevanz (→ Rn. 24 zur Gütergemeinschaftsschaukel).

22 BGH 27.11.1991 – IV ZR 266/90, NJW 1992, 558/559.
23 BGH 27.11.1991 – IV ZR 266/90, NJW 1992, 558/559.

74. Ehegatteninnengesellschaft

Rakete-Dombek

I. Einführung

1 Ehegatten können selbstverständlich auch **Gesellschaftsverträge** miteinander abschließen oder bspw. ein Grundstück in **GbR** erwerben. Bei der Ehegatteninnengesellschaft geht es aber um die Frage, ob die durch geschäftliche oder berufliche Zusammenarbeit gekennzeichneten Beziehungen zwischen Ehegatten, wenn sie über den engeren Bereich der Ehe (§ 1353 Abs. 1 BGB) hinausgehen, als Innengesellschaft qualifiziert und dadurch bei Auflösung der Ehe einem angemessenen Vermögensausgleich zwischen ihnen zugeführt werden können. Die Rechtsprechung des BGH war in den 50er und 60er Jahren bestrebt, das Vorliegen einer derartigen Gesellschaft großzügig zu bejahen und den Willen der Ehegatten, ihre Beziehungen als gesellschaftsrechtliche zu qualifizieren, notfalls auch zu fingieren, um dadurch zur Anwendung der gesellschaftsrechtlichen Gewinnverteilungs- und Auseinandersetzungsgrundsätze zu kommen. Ab Mitte der 70er Jahre wurde von der Rechtsfigur kaum noch Gebrauch gemacht. Erst mit der Entscheidung vom 30.6.1999 nahm der Bundesgerichtshof die Ehegatteninnengesellschaft wieder auf.[1]

II. Begriff und Wesen

2 Die dabei vom Bundesgerichtshof genutzte **Formel** lautete: „Ein Gesellschaftsverhältnis zwischen Eheleuten ist unter Würdigung aller Umstände des Einzelfalles dann anzunehmen, wenn sich feststellen lässt, dass die Eheleute **abredegemäß** durch **beiderseitige Leistungen** einen über den typischen Rahmen der ehelichen Lebensgemeinschaft **hinausgehenden Zweck** verfolgten, indem sie etwa durch Einsatz von Vermögenswerten und Arbeitsleistungen **gemeinsam** ein Vermögen aufbauten oder eine berufliche oder gewerbliche Tätigkeit gemeinsam ausübten.“.[2] Eine GbR zwischen Ehegatten kann damit seither auch **stillschweigend** und unabhängig vom jeweiligen Güterstand[3] entstehen. Wenn die Ehegatten im gesetzlichen Güterstand (→ *Zugewinngemeinschaft* Rn. 1 ff.) leben, ist dies ein Indiz gegen eine stillschweigend vereinbarte Innengesellschaft,[4] da hierdurch für einen angemessenen Ausgleich bereits Sorge getragen wird.

Es handelt sich um die – nachträgliche – **Konstruktion** einer Ehegatteninnengesellschaft, wenn bei der Scheidung nur ein Ehegatte Inhaber des Unternehmens oder des Geschäfts ist, in dem der andere mitgearbeitet hat, und eine **gesellschaftsrechtliche Auseinandersetzung** wie so häufig bei Gütertrennung der einzige Weg ist, dem mitarbeitenden Ehegatten zu einem Ausgleich zu verhelfen. Das Anliegen, in derartigen Fällen eine gesellschaftsrechtliche Auseinandersetzung zu erreichen, ist auch der Ansatzpunkt für die Kritik an der Konstruktion einer Ehegatteninnengesellschaft, da diese häufig nur auf Billigkeitsgesichtspunkte gestützt und somit fingiert wird.[5]

3 Eine Ehegatteninnengesellschaft liegt typischerweise im Betrieb eines freiberuflichen oder gewerblichen Unternehmens, nach Auffassung des Bundesgerichtshofs[6] auch in der gemeinsamen Vermögensbildung. Voraussetzung ist die Feststellung eines Gesellschaftszwecks. Die einzelne Zuwendung muss, wie im Übrigen auch Arbeitsleistungen, zu dessen Erreichung erbracht werden. Haben die Ehegatten keinen

---

1 BGH 30.6.1999 – XII ZR 230/96, NJW 1999, 2962.
2 5.10.1988 – IVb ZR 52/87, NJW-RR 1989, 66; BGH 14.3.1990 – XII ZR 98/88, NJW-RR 1990, 736; 30.6.1999 – XII ZR 230/96, NJW 1999, 2962.
3 BGH 28.9.2005 – XII ZR 189/02, NJW 2006, 1268; *Schulz/Hauß* Vermögensauseinandersetzung Kap. 6 Rn. 1626 ff.
4 BGH 28.9.2005 – XII ZR 189/02, NJW 2006, 1268.
5 Grundlegende Kritik: *Budzikiewicz/Herr/Wever* FamRZ 2021, 255 ff.
6 BGH 15.2.1989 – IVb ZR 105/87, NJW 1989, 1986; 25.6.2003 – XII ZR 161/01, NJW 2003, 2982.

ausdrücklichen Gesellschaftsvertrag geschlossen, wird die Zuwendung als **konkludenter Abschluss eines Gesellschaftsvertrags** ausgelegt. Hierfür hat die Rspr. ein „erkennbares Interesse" genügen lassen, „der Zusammenarbeit über die bloßen Ehewirkungen hinaus einen dauerhaften, auch die Folgen umfassenden Rahmen zu geben", was in Abreden über die Ergebnisverwendung zum Ausdruck kommen kann.[7] Mit dieser Entscheidung wurde das Tatbestandsmerkmal der Gleichberechtigung der beiderseitigen Leistung entbehrlich, solange der Gesellschafter nur einen wesentlichen Beitrag leiste. Auch müsse berücksichtigt werden, dass es sich in Wirklichkeit nicht um eine gelebte BGB-Gesellschaft handele, sondern nur um eine ehebezogene Zuwendung, die ohnehin erst in Betracht komme, wenn die eheliche Lebensgemeinschaft gescheitert ist und eine Zusammenarbeit nicht mehr in Frage käme. Damit gerät diese Rechtsprechung in Gefahr, um des gewünschten Ergebnisses willen die Grenze zur **Fiktion einer Willenserklärung** zu überschreiten.[8] Entsprechend der Eigenschaft als schuldrechtliches Rechtsgeschäft unterliegt die Ehegatteninnengesellschaft allgemeinen schuldrechtlichen Regeln, insbesondere denjenigen der §§ 730 ff. BGB.

III. Ausgleichsanspruch

Wird das Vorliegen einer Innengesellschaft bejaht, besteht bei Beendigung der Ehe neben erbrechtlichen oder güterrechtlichen Ansprüchen ein gesellschaftsrechtlicher **Ausgleichsanspruch**. Der gesellschaftsrechtliche Ausgleichsanspruch ist also **nicht subsidiär**.[9] Er kommt nicht erst dann in Betracht, wenn etwa ein Zugewinnausgleich nicht zu einem angemessenen Ergebnis führt.[10] 4

Eine eigene gesetzliche Regelungssystematik existiert nicht, da es sich um eine Analogie handelt.[11] Es sind die §§ 736 ff. BGB analog heranzuziehen, also die Vorschriften des Gesellschaftsrechts. 5

Die Ausgleichsansprüche richten sich nach §§ 736 ff. BGB. Da der ausscheidende, mitarbeitende Ehegatte keinen Einfluss auf das Geschäftsvermögen in der Hand des anderen hat und kein Gesamthandsvermögen existiert, hat er einen Anspruch auf **Abrechnung** und ggf. Auszahlung des **Auseinandersetzungsguthabens**. Der Anspruch kann im Wege einer Stufenklage durchgesetzt werden. Es kommt mangels Gesamthandsvermögens nicht zur Liquidation und Auseinandersetzung gem. §§ 730–735 BGB, da in der Innengesellschaft der Geschäftsbetrieb dem Inhaber verbleibt. Der Anspruch richtet sich darauf, so gestellt zu werden, als sei eine gesamthänderische Beteiligung an dem zum Gegenstand der Innengesellschaft gehörenden Vermögen des Partners gegeben. Der Anspruch entsteht mit dem Zeitpunkt der Beendigung der Zusammenarbeit, der häufig mit der Trennung zusammenfällt.[12] 6

Zunächst ist der Bestand des erwirtschafteten Vermögens im Zeitpunkt der Auflösung der Gesellschaft nach Abzug der Verbindlichkeiten zu ermitteln. Hierfür gelten die allgemeinen Grundsätze der Bewertung (→ *Unternehmensbewertung* Rn. 1 ff.). Die **Beteiligungsquote** ergibt sich aus den Umständen des Einzelfalls. Im Zweifel gilt ergänzend der Grundsatz der hälftigen Beteiligung (§ 722 Abs. 1 BGB) ohne Rücksicht auf Art und Größe des Beitrags des Anspruchstellers.[13] Es handelt sich um einen schuldrechtlichen Anspruch auf eine Geldzahlung. Eine Kürzung oder eine Verwirkung des Anspruchs aus anderen Erwägungen scheidet aus.[14] 7

---

7 BGH 30.6.1999 – XII ZR 230/96 NJW 1999, 2962.

8 *Hoppenz* FamRZ 2011, 1697; *Dauner-Lieb* FuR 2009, 361: Der Rückgriff auf eine konkludente Ehegatteninnengesellschaft ist idR eine Fiktion; so auch Schäfer in: MükoBGB Vor § 705 Rn. 7; *Gernhuber/Coester-Waltjen* FamR § 20 Rn. 27; *Herr* FamRB 2011, 258.

9 KG 6.12.2016 – 18 UF 33/16, NJW 2017, 3246.

10 BGH 28.9.2005 – XII ZR 189/02, NJW 2006, 1268; *Schulz/Hauß* Vermögensauseinandersetzung Kap. 6 Rn. 1671 ff.

11 *Schäfer* in: MüKoBGB Vor § 705 Rn. 79.

12 *Schulz/Hauß* Vermögensauseinandersetzung Kap. 6 Rn. 1708.

13 BGH 30.6.1999 – XII ZR 230/96, NJW 1999, 2962.

14 BGH 30.6.1999 – XII ZR 230/96, NJW 1999, 2962.

IV. Beteiligung am Verlust

8 Gem. § 722 BGB ist der anspruchstellende Ehegatte nicht nur am **Gewinn**, sondern auch an einem **Verlust** der Gesellschaft zu beteiligen. Das Verlangen, einen Anteil an einer Ehegatteninnengesellschaft zu erhalten, kann demnach auch in ein **erhebliches Risiko** führen, wenn nicht geklärt ist, ob die Gesellschaft über positives, ausgleichungsfähiges Vermögen verfügt. Der erhobene Anspruch ginge nicht nur ins Leere, es würde vielmehr eine Beteiligung an den Verbindlichkeiten der Gesellschaft entstehen.[15]

V. Güterstand – Einfluss

9 Da der Anspruch des Innengesellschafters **neben** güterrechtlichen Ansprüchen besteht und nicht etwa subsidiär ist, kann er in jedem Güterstand geltend gemacht werden. Wird er im Güterstand der **Zugewinngemeinschaft** neben einem Zugewinnausgleichsanspruch relevant, ist jedoch zu prüfen, welche Auswirkungen sich auf das Zugewinnausgleichsverfahren ergeben. Für Zumutbarkeitserwägungen wie etwa bei einer ehebedingten Zuwendung ist hier kein Raum. Ein Vorrang des güterrechtlichen Ausgleichs existiert nicht. Die Geldforderung (Auseinandersetzungsanspruch aus der Innengesellschaft) ist bei dem Schuldner in die Passiva und bei dem Gläubiger in die Aktiva einzustellen. Möglicherweise entsteht durch die Geltendmachung des Anspruchs kein geldwerter Vorteil, so dass im gesetzlichen Güterstand nur selten von der Konstruktion Gebrauch gemacht wird.

In der **Gütergemeinschaft** dürfte der Auseinandersetzungsanspruch selten sein, da er nur dann geltend gemacht werden kann, wenn die Innengesellschaft zum Vorbehaltsgut gehört.

Im Güterstand der **Gütertrennung** wird das Institut der Ehegatteninnengesellschaft am häufigsten in Anspruch genommen, um eine **angemessene Beteiligung** des Ehegatten an dem während der Ehe gemeinsam Erwirtschafteten zu erreichen. Es handelt sich damit um die Konstruktion, die unbillige Ergebnisse des vertraglichen Güterstandes korrigieren soll und damit bei Gütertrennung den Hauptanwendungsfall darstellt.

VI. Verfahrensrecht und Verjährung

10 Es handelt sich um eine sonstige Familiensache, (§§ 111, 266 Abs. 1 Nr. 3 FamFG) für die das Familiengericht zuständig ist (§§ 23 a Abs. 1 Nr. 1, 23 b Abs. 1 GVG). Die dreijährige Verjährungsfrist, die mit dem Schluss des Kalenderjahres der Entstehung des Anspruchs (Beendigung der Zusammenarbeit) beginnt, ist gem. § 207 Abs. 1 BGB gehemmt.

15 *Schulz/Hauß* Vermögensauseinandersetzung Kap. 6 Rn. 1663.

75. Ehehindernisse und Eheverbote

J. Teubel

I. Einführung

1 Das deutsche Recht kennt nur noch drei **Eheverbote**: das Verbot der Doppelehe, das Verbot der Verwandtschaft und das Verbot der Adoptivverwandtschaft. Alle drei Eheverbote sind zweiseitig. Sie richten sich gegen beide Ehegatten. Der Verbotskatalog ist abschließend.

2 Das Gesetz nennt aber für die Eheschließung zusätzliche Erfordernisse, wie die Vorlage eines Ehefähigkeitszeugnisses und den Willen der Eheschließenden, eine eheliche Lebensgemeinschaft zu begründen. Das Fehlen eines solchen Erfordernisses wirkt als Ehehindernis.[1] Zu diesen Ehehindernissen → *Eheschließung mit Ausländern* Rn. 13 ff.; → *Scheinehe* Rn. 2 ff.

II. Gesetzliche Regelung

1. Verbot der Doppelehe (§ 1306 BGB)

3 → *Doppelehe* Rn. 2 ff.

2. Verbot der Verwandtschaft (§ 1307 BGB)

4 § 1307 BGB verbietet Eheschließungen zwischen Verwandten in gerader Linie sowie zwischen vollbürtigen und halbbürtigen Geschwistern (§ 1589 BGB; → *Verwandtschaft* Rn. 1). Durch das **Inzestverbot** soll die Geschlechtskonkurrenz innerhalb der Kernfamilie verhindert und die Eingehung außerfamiliärer Beziehungen erzwungen werden.[2] Das Verbot gilt auch für die gleichgeschlechtliche Ehe. Der Inzest ist zudem strafbar (§ 173 StGB).[3]

5 Maßgeblich für das Verbot ist vorrangig die Blutsverwandtschaft oder Blutsabstammung. Der genetische Vater (auch Samenspender) darf seine Tochter nicht heiraten, ebenso wenig darf die Eispenderin ihren Sohn heiraten, obwohl sie rechtlich nicht dessen Mutter ist (§ 1591 BGB; → *Mutterschaft* Rn. 3 f.).

6 Der blutsmäßigen Verwandtschaft steht die **rechtliche Verwandtschaft gleich**. Der rechtliche Vater (§ 1592 Nr. 1 oder 2 BGB) darf seine Tochter nicht heiraten, auch wenn sie nicht von ihm stammt. Ebenso dürfen Geschwister, die nur rechtlich miteinander verwandt sind, nicht heiraten; es ist aber an eine teleologische Reduktion des Verbots zu denken.[4] Beruht die rechtliche Verwandtschaft der Geschwister auf Adoption, kann Befreiung von dem Verbot erteilt werden (→ Rn. 10).

7 Dagegen bleibt das Verbot der Ehe zwischen Verwandten auch dann bestehen, wenn die rechtliche Verwandtschaft durch Adoption (§ 1755 BGB) erloschen ist (§ 1307 S. 2 BGB).

8 Das Eheverbot besteht auch bei Zweifeln an dem Verwandtschaftsverhältnis. Diese können gem. § 49 PStG geklärt werden.[5] Eine verbotswidrig geschlossene Ehe ist **aufhebbar** (§ 1314 Abs. 1 Nr. 2 BGB), antragsberechtigt ist auch die Verwaltungsbehörde (§ 1316 Abs. 1 Nr. 1 BGB). Eine **Heilung** des Verstoßes ist nicht möglich. Die Aufhebung ist ausgeschlossen, wenn das Verwandtschaftsverhältnis durch Vaterschaftsanfechtung entfallen ist.

---

1 Palandt/*Siede*, 80. Aufl. 2021, BGB Vor § 1306 Rn. 3.
2 Palandt/*Siede*, 80. Aufl. 2021, BGB § 1307 Rn. 1.
3 Zur Strafbarkeit EGMR 12.4.2012 – 43547/08 (Stübing/Deutschland), NJW 2013, 215.
4 MüKoBGB/*Wellenhofer* § 1307 Rn. 8.
5 NK-BGB/*Antomo* § 1307 Rn. 5.

3. Verbot der Adoptivverwandtschaft (§ 1308 BGB)

9 Ähnlich wie bei dem Verbot der Verwandtschaft gilt das Verbot für **Adoptivverwandte** in gerader Linie sowie in Seitenlinie. Das Verbot entfällt aber gem. § 1308 Abs. 1 S. 2 BGB für die Zukunft, wenn das Adoptionsverhältnis aufgelöst worden ist (§ 1759 BGB).

10 Bei Eheschließungen zwischen Adoptivgeschwistern kann das Familiengericht auf Antrag von dem Verbot **befreien**. Die Befreiung darf nur dann versagt werden, wenn wichtige Gründe der beabsichtigten Eheschließung entgegenstehen (§ 1308 Abs. 2 BGB). Die Ehegatten bleiben Geschwister.

11 Dagegen ist für Eheschließungen zwischen Adoptivverwandten in gerader Linie keine Befreiung möglich. Wird eine Ehe zwischen Adoptivverwandten in gerader Linie gleichwohl geschlossen, ist sie voll gültig, aber das Adoptionsverhältnis erlischt zwischen den Ehegatten, nicht jedoch zu anderen (§ 1766 BGB). Die verbotswidrig geschlossene Ehe unterliegt nicht der Aufhebung.

III. Auflösung der eheverbotswidrigen Ehe

12 Statt der **Aufhebung** einer entgegen den Eheverboten der Doppelehe oder der Verwandtschaft geschlossenen Ehe (zu den Folgen § 1318 BGB und → *Eheaufhebung* Rn. 37 ff.) kommt auch ihre Auflösung durch **Scheidung** in Betracht, die andere Folgen nach sich ziehen kann.[6]

13 Der Antrag auf Scheidung kann neben dem auf Aufhebung gestellt werden. Auch der andere Ehegatte kann den jeweils anderen Antrag als Gegenantrag erheben. Sind beide Anträge begründet, ist nur auf Aufhebung zu erkennen, § 126 Abs. 3 FamFG. Ein Antrag kann hilfsweise durch den jeweils anderen ergänzt werden, auch noch in der Beschwerdeinstanz.[7] Bei hilfsweise gestelltem Aufhebungsantrag gilt § 126 Abs. 3 FamFG nicht. Ein Wechsel vom Aufhebungs- zum Scheidungsantrag (und umgekehrt) ist auch noch in der Beschwerdeinstanz möglich,[8] § 113 Abs. 4 Nr. 2 FamFG.

IV. Internationales Privatrecht

14 In Fällen mit Auslandsberührung beurteilen sich das Bestehen von Eheverboten und Ehehindernissen sowie deren Folgen gem. Art. 13 Abs. 1 EGBGB – vorbehaltlich einer Rück- oder Weiterverweisung (→ *Internationales Familienrecht* Rn. 10) – nach dem Recht des **Staates**, dem der Verlobte jeweils **angehört**. Nach dem für jeden Verlobten maßgeblichen Recht beurteilt sich auch, ob es sich um ein einseitiges oder zweiseitiges Ehehindernis handelt.[9] Zweiseitige Ehehindernisse dürfen auch nicht in der Person des anderen Verlobten vorliegen. Auch wenn das Recht, das für den anderen Verlobten maßgeblich ist, dieses Ehehindernis nicht kennt, etwa wenn das Heimatrecht eines bereits Verheirateten die Doppelehe erlaubt, ist die Eheschließung nicht zulässig. Nach deutschem Recht sind die Eheverbote der Doppelehe, der Verwandtschaft und der Adoptivverwandtschaft zweiseitig. Die Folgen einer verbotswidrig geschlossenen Ehe ergeben sich aus dem Recht, das die schärfere Folge vorsieht (→ *Eheschließung mit Ausländern* Rn. 7).

6 OLG Braunschweig 4.1.2017 – 1 WF 241/16, FamRZ 2017, 910.
7 OLG Köln 1.7.1999 – 14 UF 225/98, NJW-RR 1999, 1595.
8 BGH 12.10.1988 – IVb ZB 73/86, NJW-RR 1989, 72.
9 *Andrae* IntFamR § 1 Rn. 38.

76. Eheliche Lebensgemeinschaft (Ehewirkungen)

Vlassopoulou/J. Teubel

I. Einführung

1 Ehewirkungen sind die Rechte und Pflichten, die das Gesetz an die Eheschließung knüpft. Im materiellen Recht sind die (persönlichen und vermögensrechtlichen) **allgemeinen Ehewirkungen** in §§ 1353–1362 BGB geregelt. Dies sind namentlich die eheliche Lebensgemeinschaft (→ Rn. 6 ff.), der Ehename (→ *Ehename* Rn. 2 ff.), die Schlüsselgewalt (→ *Schlüsselgewalt* Rn. 2 ff.), die Verpflichtung zum Familienunterhalt (→ *Familienunterhalt* Rn. 1) und, beim Getrenntleben, zum Trennungsunterhalt (→ *Trennungsunterhalt* Rn. 2 ff.) sowie das Recht zur Nutzung der Ehewohnung und der Haushaltsgegenstände (→ *Haushaltssachen* Rn. 1 ff.). Diese Ehewirkungen gelten unabhängig vom Güterstand und sind grundsätzlich zwingend.[1]

2 Zu sonstigen Wirkungen der Ehe im Güterrecht → *Zugewinngemeinschaft* Rn. 2 ff.; im Erbrecht → *Ehegattenerbrecht* Rn. 2 ff.; im Sozialrecht → *Bedarfsgemeinschaft* Rn. 2 ff.).

3 Die Eheschließung ändert nichts an der Geschäfts- und Verfahrensfähigkeit der Eheleute. Es gibt auch kein allgemeines Vertretungsrecht. Zur Möglichkeit, den anderen Ehegatten zu verpflichten, → *Schlüsselgewalt* Rn. 2 ff. Der Gesetzentwurf der Bundesregierung zur Reform des Vormundschafts- und Betreuungsrechts[2] schlägt mit § 1358 BGB-E ein Vertretungsrecht in Gesundheitsangelegenheiten vor, wenn der andere Ehegatte wegen Bewusstlosigkeit oder Krankheit seine Angelegenheiten nicht besorgen kann.

4 Was die Ehe enthält, steht nicht im Gesetz. Klar normiert ist aber, dass die Ehe eine Lebenszeitehe ist, und dass zum Wesen der Ehe die Pflicht der Ehegatten zur ehelichen Lebensgemeinschaft und die Verantwortung füreinander gehören (§ 1353 Abs. 1 BGB). Die Ehe steht unter dem besonderen **Schutz des Staates** (Art. 6 Abs. 1 GG) und ist als Institut garantiert.[3] Zugunsten der Ehe besteht ein Benachteiligungsverbot, das nicht zulässt, dass Ehen gegenüber anderen Lebens- und Erziehungsgemeinschaften schlechter gestellt werden.[4] Zum Grundsatz der Einehe → *Doppelehe* Rn. 2; zur Form der Eheschließung → *Eheschließung im Inland* Rn. 2 ff.; zu den steuerlichen Aspekten → *Steuerveranlagung* Rn. 5 ff.

II. Materielles Recht

1. Grundsatz der Lebenszeitehe (§ 1353 Abs. 1 S. 1 BGB)

5 Die Ehe wird unabhängig vom Geschlecht auf Lebenszeit geschlossen (§ 1353 Abs. 1 S. 1 BGB). Die Möglichkeit der Scheidung ändert an dem Grundsatz der Lebenszeitehe nichts. Daraus ergibt sich, dass

1 Palandt/*Siede*, 80. Aufl. 2021, BGB Vor § 1353 Rn. 8.
2 BT-Drs. 19/24445.
3 BVerfG 14.11.1973 – 1 BvR 719/69, NJW 1974, 545.
4 BVerfG 10.11.1998 – 2 BvR 1057/91, 1226/91, 980/91, NJW 1999, 557.

Vereinbarungen über Ehen auf Zeit oder auf Probe oder über erleichterte oder beschleunigte Scheidung oder über zusätzliche Scheidungsgründe unwirksam sind, genauso wie auflösende Bedingungen oder Rücktrittsrechte etc.[5]

2. Rechtspflicht zur ehelichen Lebensgemeinschaft (§ 1353 Abs. 1 S. 2 BGB)

6 Die Ehegatten sind zur ehelichen Lebensgemeinschaft verpflichtet; sie tragen füreinander Verantwortung. § 1353 Abs. 1 S. 2 BGB ist die **Generalklausel** des Eherechts, ihre Bedeutung entspricht jener des § 242 BGB im Schuldrecht und dient gleichzeitig als Auslegungsrichtlinie.

7 Die Verpflichtung zur ehelichen Lebensgemeinschaft unterscheidet die Ehe von anderen Verbindungen, wie der nichtehelichen Lebensgemeinschaft (→ *Nichteheliche Lebensgemeinschaft* Rn. 1 ff.). Die Pflicht, Verantwortung für den anderen zu tragen, grenzt die Ehe von der Scheinehe ab, bei der die Ehegatten ausschließlich ehefremde Zwecke verfolgen, wie dem ausländischen Ehegatten eine Aufenthaltserlaubnis zu verschaffen (→ *Scheinehe* Rn. 1). Die eheliche Lebensgemeinschaft erstreckt sich auf sämtliche persönlichen und vermögensrechtlichen Verhältnisse der Ehegatten.

8 Der Gesetzgeber sieht davon ab, der ehelichen Lebensgemeinschaft einen konkreten Inhalt zu geben, weil die Ehegatten selbst ihr Eheleben konkretisieren sollen. Elemente, die für die Partner einer Ehe von Bedeutung sind, können für die Ehegatten einer anderen Ehe unerheblich sein. Die eheliche Lebensgemeinschaft bedeutet vor allem die wechselseitige innere Bindung der Ehegatten.[6]

3. Grundelemente

9 Zu Grundelementen der ehelichen Lebensgemeinschaft, deren Fehlen oder Verletzung Rechtsfolgen mit sich bringen kann, werden von Rechtsprechung und Literatur die folgenden Aspekte gezählt:

10 **a) Häusliche Gemeinschaft.** Die innere Bindung der Ehegatten wird nach außen durch die häusliche Gemeinschaft manifestiert. So besteht grundsätzlich die Pflicht, eine häusliche Gemeinschaft zu begründen, soweit die Ehegatten nicht einvernehmlich getrennte Haushalte führen.[7] Die grundlose Weigerung, eine häusliche Gemeinschaft zu begründen, kann zum Ausschluss des nachehelichen Unterhalts führen.[8] Die Bedeutung der häuslichen Gemeinschaft für das Wesen der Ehe ergibt sich schon daraus, dass ihre Aufhebung und Ablehnung durch einen Ehegatten zur Trennung der Eheleute führt (§ 1567 Abs. 1 BGB). Dementsprechend führen die Aufhebung der häuslichen Gemeinschaft und die Ablehnung, die eheliche Lebensgemeinschaft fortzusetzen, zum Scheitern der Ehe (§ 1565 Abs. 1 BGB). Trennungsunterhalt setzt nicht voraus, dass zuvor eine häusliche Gemeinschaft bestand.[9]

11 Aus der Pflicht zur häuslichen Gemeinschaft ergibt sich die Pflicht der Ehegatten, sich gegenseitig die **Ehewohnung und die Haushaltsgegenstände** zum Gebrauch zu überlassen.[10] Die Ehegatten sind insoweit Mitbesitzer mit possessorischem Besitzschutz im Rahmen von § 866 BGB.[11]

12 Bei gemeinsam gemieteter Ehewohnung besteht nach endgültiger Trennung ein Anspruch auf Zustimmung zur Kündigung des Mietverhältnisses, wenn dies dem anderen Ehegatten zumutbar ist.[12] Ist nur ein Ehegatte Mieter, so kann dieser zwar grundsätzlich kündigen. Er hat dies aber nach § 1361 b Abs. 3 S. 1 BGB zu unterlassen, wenn die Ehewohnung dem anderen überlassen wurde.[13] Für die Zeit nach Rechtskraft der Scheidung ist § 1568 a Abs. 3 Nr. 1 BGB zu beachten.

---

5 NK-BGB/*Wellenhofer* § 1353 Rn. 6.
6 BGH 27.4.2016 – XII ZB 485/14, NJW 2016, 2122.
7 Vgl. BGH 27.4.2016 – XII ZB 485/14, NJW 2016, 2122: dauerhafter stationärer Aufenthalt in Pflegeheim.
8 BGH 13.12.1989 – IVb ZR 79/89, NJW 1990, 1847.
9 BGH 19.2.2020 – XII ZB 358/19, NJW 2020, 1674.
10 BGH 7.4.1978 – V ZR 154/75, NJW 1978, 1529.
11 NK-BGB/*Wellenhofer* § 1353 Rn. 10.
12 OLG Köln 4.10.2010 – 4 UF 154/10, FamFR 2011, 21.
13 *Kohler* NZFam 2017, 825 (830).

b) Geschlechtsgemeinschaft/eheliche Treue/Fortpflanzung. Eine Pflicht zum Geschlechtsverkehr geht mit der Eheschließung nicht einher. Sexuelle Handlungen gegen den erkennbaren Willen des anderen sind gem. § 177 StGB strafbar. Nach hM sind die Ehegatten, auch nach Abschaffung des Ehebruchs als Scheidungsgrund, zur ehelichen Treue verpflichtet. 13

Es besteht kein Recht des Ehegatten, von dem anderen die Zeugung oder den Empfang eines Kindes zu verlangen, unabhängig davon, ob ein Kind durch natürliche oder durch künstliche Befruchtung gezeugt werden soll. Vereinbarungen über **Familienplanung** haben keine Bindungswirkung. Eine Bindungswirkung würde dem Selbstbestimmungsrecht der Ehegatten widersprechen. So kann der Ehemann bis zur Durchführung der zur Schwangerschaft führenden Insemination seine Zustimmung frei widerrufen. Erst, wenn durch die Insemination unumkehrbare Fakten geschaffen worden sind, kommt ein Widerruf nicht mehr in Betracht.[14] 14

c) Haushaltsführung und Aufgabenteilung. Die Ehegatten sind in allen mit der ehelichen Lebensgemeinschaft verbundenen Angelegenheiten gleichberechtigt. Alle Entscheidungen dazu, insbes. zu Haushaltsführung, Kinderbetreuung, Wahl und Ausübung der Erwerbstätigkeit, sind unter Berücksichtigung der Belange des Partners und der Familie gemeinsam zu treffen (§§ 1356 Abs. 1 S. 1, Abs. 2 S. 2, 1627 BGB). Das betrifft auch die Verteilung von Erwerbstätigkeit und Haushaltsführung. 15

d) Beistandspflicht und Rücksichtnahmepflicht. Zum Wesen der Ehe gehört die **Beistandsbereitschaft**, insbes. im Fall der Krankheit des anderen. Daraus ergibt sich aber keine Verpflichtung, die Pflege des schwerstbehinderten Ehegatten zu übernehmen.[15] Aus der Beistandspflicht ergibt sich die Verpflichtung eines Ehegatten, dem anderen bei der Kindererziehung beizustehen, ihn in der Verfolgung berechtigter Interessen und in Rechtsangelegenheiten zu unterstützen und etwa der unmittelbaren Korrespondenz mit dem Beihilfeträger und der privaten Krankenversicherung zuzustimmen.[16] Die Beistandspflicht begründet schließlich die strafrechtliche Garantenpflicht zugunsten des anderen Ehegatten, die aber mit der Trennung endet,[17] und auch die Verpflichtung, Straf- und Steueranzeigen gegen den anderen zu unterlassen, solange der Anzeigende keine schützenswerten (eigenen) Interessen verfolgt. 16

Die Ehegatten sind verpflichtet, bei der Entscheidung über eigene Angelegenheiten auf die Belange und Interessen des anderen **Rücksicht** zu nehmen, auch nach einer Trennung. Daraus resultiert die Verpflichtung, die eigene Gesundheit wiederherzustellen, den Missbrauch von Alkohol, Drogen oder Medikamenten zu unterlassen bzw. einzustellen. 17

Die Verantwortung der Ehegatten füreinander begründet den Grundsatz der ehelichen Solidarität, der auch nach der Scheidung wirkt und den Scheidungsunterhalt rechtfertigt (→ *Nacheheliche Solidarität* Rn. 1 ff.). 18

e) Vermögensrechtliche Pflichten. Aus der Pflicht zur gegenseitigen Rücksichtnahme kann sich bei besonderen Umständen auch die Pflicht ergeben, mit der gerichtlichen Durchsetzung von Zahlungsansprüchen abzuwarten[18] und eine Teilungsversteigerung zurückzustellen,[19] ferner die Pflicht eines Ehegatten, den anderen nicht dazu zu drängen, sich für Verbindlichkeiten zu verbürgen, die nur aus persönlichen Interessen des Hauptschuldners eingegangen werden.[20] Ein Ehegatte kann die Übertragung des Schadensfreiheitsrabatts aus einer Kfz-Haftpflichtversicherung nach der Trennung auf sich verlangen, wenn er das Fahrzeug ausschließlich allein genutzt hat.[21] 19

---

14 BGH 21.2.2001 – XII ZR 34/99, NJW 2001, 1789.
15 BGH 22.2.1995 – XII ZR 80/94, NJW 1995, 1486.
16 OLG Hamm 9.2.2007 – 5 WF 9/07, NJW-RR 2007, 1234.
17 BGH 24.7.2003 – 3 StR 153/03, NJW 2003, 3212.
18 BGH 13.1.1988 – IVb ZR 110/86, NJW 1988, 1208.
19 OLG Jena 30.8.2018 – 1 UF 38/18, NJW-RR 2019, 264; OLG Hamburg 28.7.2017 – 12 UF 163/16, NZFam 2018, 32.
20 BGH 5.1.1995 – IX ZR 85/94, NJW 1995, 592.
21 OLG Hamm 13.4.2011 – 8 WF 105/11, NJW-RR 2011, 1227.

20 Aus dem Wesen der Ehe folgt außerdem für beide Ehegatten die Pflicht, die finanziellen Lasten des anderen zu vermindern, soweit dies ohne Verletzung eigener Interessen möglich ist.[22] Das gilt im Rahmen der nachehelichen Solidarität grundsätzlich auch nach der Scheidung. Im steuerrechtlichen Bereich besteht daher die Verpflichtung, an einer gemeinsamen Veranlagung mitzuwirken, und zwar auch für das Jahr der Trennung,[23] des Weiteren die Pflicht, dem sog. begrenzten Realsplitting zuzustimmen (→ *Realsplitting/Nachteilsausgleich* Rn. 16).

21 Die Ausgleichspflicht zwischen gesamtschuldnerisch haftenden Ehegatten im **Innenverhältnis** wird bis zum Scheitern der Ehe durch die eheliche Lebensgemeinschaft überlagert und in der Regel ausgeschlossen sein.[24] Vereinbaren die Ehegatten, dass ein Ehegatte die Wirtschaftsführung übernimmt, entsteht daraus kein Auftragsverhältnis iSv §§ 662 ff. BGB, auch keine Herausgabepflicht (§ 667 BGB). Will ein Ehegatte den anderen mit der Verwaltung seiner Einnahmen und seines Vermögens iSd § 662 BGB beauftragen, erfordert das einen Vertrag, der zwar durch schlüssiges Verhalten zustande kommen kann, aber stets Rechtsbindungswillen beider Ehegatten verlangt.[25]

22 **f) Auskunftspflicht.** Aufgrund der Verpflichtung zur ehelichen Lebensgemeinschaft müssen die Ehegatten einander über ihre Einkommensverhältnisse und unabhängig vom Güterstand über ihr Vermögen unterrichten (vgl. § 1385 Nr. 4 BGB). Während hinsichtlich des Vermögens nur ein ungefähres Bild geschuldet wird,[26] besteht die Pflicht zur Auskunft über das laufende Einkommen in einer Weise, wie sie zur Feststellung eines Unterhaltsanspruchs, hier des Anspruchs auf Familienunterhalt (§§ 1360, 1360 a BGB) nach § 1605 Abs. 1 S. 1 BGB erforderlich ist.[27] Die Vorlage von Belegen kann nicht verlangt werden.

4. Folgen der Pflichtverletzung

23 Die Verletzung von Pflichten aus § 1353 BGB führt grundsätzlich nicht zu einem Schadenersatzanspruch. **Keine Schadenersatzpflicht** besteht insbesondere, wenn Pflichten verletzt werden, die zum eigentlichen höchstpersönlichen Bereich der Ehe gehören (Geschlechtsgemeinschaft, Treuepflicht, Familienplanung, Beistandspflicht). Wegen eines ungewollten Kinds oder scheinehelichen Ehebruchskinds hat der Mann allenfalls bei Hinzutreten weiterer schädigender Umstände einen Schadenersatzanspruch aus § 826 BGB gegen die Frau.[28] Etwas anderes gilt bei Pflichtverletzungen im finanziellen Bereich. Hier können Schadenersatzansprüche entstehen, zB bei unberechtigter Weigerung, der gemeinsamen Veranlagung oder dem begrenzten Realsplitting zuzustimmen.[29]

III. Verfahrenshinweise

1. Antrag auf Herstellung des ehelichen Lebens

24 Die höchstpersönlichen Ansprüche aus der ehelichen Lebensgemeinschaft können zwar mit einem Antrag auf Herstellung des ehelichen Lebens verfolgt, aber wegen § 120 Abs. 3 FamFG nicht vollstreckt werden. Es handelt sich wie bei der Geltendmachung von vermögensrechtlichen Ansprüchen um streitige **sonstige Familiensachen** iSv § 266 Abs. 1 Nr. 2 FamFG.

2. Verjährung/Hemmung

25 Bei Ansprüchen zwischen Ehegatten ist immer § 207 Abs. 1 S. 1 BGB zu beachten, wonach die Verjährung von Ansprüchen zwischen Ehegatten gehemmt ist, solange die Ehe besteht. Es entstehen daher keine

---

22 BGH 8.2.1984 – IVb ZR 42/82, NJW 1984, 2040.
23 BGH 12.6.2002 – XII ZR 288/00, NJW 2002, 2319.
24 BGH 6.10.2010 – XII ZR 10/09, NJW-RR 2011, 73; 6.11.2019 – XII ZB 311/18, NJW 2020, 1300.
25 BGH 5.7.2000 – XII ZR 26/98, NJW 2000, 3199; vgl. § 1413 BGB.
26 BGH 17.9.2014 – XII ZB 604/13, NJW 2015, 154.
27 BGH 2.6.2010 – XII ZR 124/08, NJW 2011, 226.
28 BGH 20.2.2013 – XII ZB 412/11, NJW 2013, 2108.
29 BGH 18.11.2009 – XII ZR 173/06, NJW 2010, 1879.

Rechtsverluste durch das Absehen von der gerichtlichen Durchsetzung von Zahlungsansprüchen während der Ehe.

3. Beweis- und Darlegungslast

Die allgemeinen Darlegungs- und Beweisregeln werden durch die eheliche Lebensgemeinschaft nicht eingeschränkt. 26

IV. Nebengebiete

1. Zivil- und Strafprozessrecht

Der Ehegatte hat ein Zeugnis- (§ 383 Abs. 1 Nr. 2 ZPO, § 52 Abs. 1 Nr. 2 StPO), Auskunfts- (§ 384 ZPO, § 55 StPO) und Gutachtensverweigerungsrecht (§ 408 Abs. 1 ZPO), s. aber auch § 385 ZPO zu Ausnahmen vom Zeugnisverweigerungsrecht. Das gilt jeweils auch dann, wenn die Ehe nicht mehr besteht. 27

2. Strafrecht

Der Ehegatte, auch wenn die Ehe nicht mehr besteht, ist Angehöriger mit allen darin enthaltenen Privilegien (§§ 11 Abs. 1 Nr. 1, 139 Abs. 3, 157 Abs. 1, 247 (auch iVm §§ 259, 263, 265 a, 266 StGB), 258 Abs. 6 StGB). 28

3. Ausländerrecht

Dem Ehegatten eines Ausländers ist unter den Voraussetzungen des § 30 AufenthG eine Aufenthaltserlaubnis zu erteilen (**Ehegattennachzug**). Ein Ausländer darf nicht abgeschoben werden, wenn seine Ehefrau pflegebedürftig erkrankt und daher auf seinen Beistand angewiesen ist.[30] 29

V. Internationales Privatrecht

Maßgebliche Kollisionsnorm für die **allgemeinen Wirkungen der Ehe** (Ehewirkungsstatut) ist Art. 14 EGBGB, weil vorrangige EU- und völkerrechtliche Regelungen fehlen, ausgenommen das deutsch-iranische Niederlassungsabkommen vom 17.2.1929. Zum Vorrang des EU- und Völkerrechts → *Internationales Familienrecht* Rn. 2. 30

Art. 14 EGBGB hat in seinem unmittelbaren Anwendungsbereich eine geringe Bedeutung und beeinflusst mittelbar das Abstammungsstatut (Art. 19 Abs. 1 S. 3 EGBGB, → *Auslandsbezug bei Abstammungssachen* Rn. 9). Die frühere Bedeutung für die Bestimmung des Güterrechtsstatuts (Art. 15 Abs. 1 EGBGB aF) hat er mit Anwendbarkeit der EuGüVO ab 29.1.2019 verloren (→ *Auslandsbezug bei Güterrechtssachen* Rn. 10 ff.). Art. 14 EGBGB gilt nicht für gleichgeschlechtliche Ehen und eingetragene Lebenspartnerschaften. Für sie gilt Art. 17 b Abs. 1 iVm Abs. 4 EGBGB. Art. 14 EGBGB setzt voraus, dass eine wirksame Ehe besteht. Die Vorfrage des Bestehens der Ehe wird selbstständig angeknüpft (→ *Auslandsbezug bei Ehesachen* Rn. 58 ff.). Für die Wirksamkeit der Ehe gilt Art. 13 EGBGB (→ *Eheschließung mit Ausländern* Rn. 3 ff.), für die Form der Eheschließung Art. 11 EGBGB (→ *Eheschließung im Ausland* Rn. 5 ff.). 31

Zum Zeitpunkt der Anwendbarkeit der EuGüVO am 29.1.2019 wurde Art. 14 EGBGB reformiert. Der frühere Vorrang der Staatsangehörigkeit wurde durch die Anknüpfung an den gewöhnlichen Aufenthalt der Ehegatten ersetzt und die Möglichkeit der Rechtswahl durch die Verschiebung in Art. 14 Abs. 1 EGBGB hervorgehoben. Hinsichtlich der vermögensrechtlichen Ehewirkungen geht die EuGüVO vor, die aber nur bei Eheschließung oder Rechtswahl ab dem 29.1.2019 anwendbar ist (→ *Auslandsbezug bei Güterrechtssachen* Rn. 10). Für Altehen bleibt es bei der Anwendbarkeit des Art. 14 EGBGB auch für allgemeine vermögensrechtliche Ehewirkungen. Für den Zeitraum davor gilt Art. 14 EGBGB aF. 32

30 BVerfG 17.5.2011 – 2 BvR 1367/10, NVwZ-RR 2011, 585.

1. Rechtswahl

33 Gem. Art. 14 Abs. 1 EGBGB können die Ehegatten durch Rechtswahl bestimmen, welches Recht für die Regelung der allgemeinen Wirkungen ihrer Ehe maßgeblich sein soll. Durch die Rechtswahl werden unmittelbar die Sachvorschriften des fremden Rechts anwendbar (**Sachnormverweisung**; Art. 4 Abs. 2 EGBGB; → *Internationales Familienrecht* Rn. 10).

34 Die Ehegatten können als Ehewirkungsstatut das Recht des gemeinsamen **gewöhnlichen Aufenthalts** im Zeitpunkt der Rechtswahl (Art. 14 Abs. 1 S. 2 Nr. 1 EGBGB) oder das eines früheren gemeinsamen Aufenthalts wählen, wenn ein Ehegatte seinen gewöhnlichen Aufenthalt im Zeitpunkt der Rechtswahl in diesem Staat noch hat (Art. 14 Abs. 1 S. 2 Nr. 2 EGBGB). Wählbar ist außerdem das Recht des Staates, dem ein Ehegatte angehört, wobei die Wahl nicht auf eine effektive Staatsangehörigkeit beschränkt ist (Art. 14 Abs. 1 S. 2 Nr. 3 EGBGB).

35 Die Rechtswahl muss **notariell beurkundet** werden (Art. 14 Abs. 1 S. 3 EGBGB). Wird die Rechtswahl im Ausland vorgenommen, genügt es für ihre Wirksamkeit aus inländischer Sicht, wenn sie den Formerfordernissen entspricht, die nach dem gewählten Recht oder am Ort der Rechtswahl für einen Ehevertrag gelten (Art. 14 Abs. 1 S. 4 EGBGB).

36 Zu beachten ist, dass eine Rechtswahl im Ausland nicht oder nicht ohne Weiteres anerkannt wird, so dass die Rechtslage vor einem ausländischen Gericht möglicherweise anders beurteilt wird. Der Notar muss die Beteiligten daher auf diese Gefahr hinweisen.[31]

2. Objektive Anknüpfung der allgemeinen Ehewirkungen

37 Treffen die Ehegatten keine Rechtswahl, so bestimmt Art. 14 Abs. 2 EGBGB die allgemeinen Wirkungen der Ehe in Form einer **Anknüpfungsleiter**, der sog. Kegelschen Leiter. In erster Linie ist der gemeinsame gewöhnliche Aufenthalt der Ehegatten maßgeblich, der auch relevant bleibt, solange noch ein Ehegatte seinen gewöhnlichen Aufenthalt in diesem Staat hat (Art. 14 Abs. 2 Nr. 1, 2 EGBGB). Hatten die Ehegatten keinen gewöhnlichen Aufenthalt in demselben Staat oder haben beide diesen Staat dauerhaft verlassen, so ist hilfsweise das gemeinsame Heimatrecht der Ehegatten maßgeblich (Art. 14 Abs. 2 Nr. 3 EGBGB; → *Internationales Familienrecht* Rn. 11). Besteht auch keine gemeinsame Staatsangehörigkeit, wird an das Recht des Staates angeknüpft, mit dem beide Ehegatten auf andere Weise gemeinsam am engsten verbunden sind (Art. 14 Abs. 2 Nr. 4 EGBGB).

38 Die Verweisung auf das Recht eines anderen Staates gem. Art. 14 Abs. 2 EGBGB erfasst auch dessen Internationales Privatrecht. Eine Rückverweisung oder Weiterverweisung ist daher zu beachten (Art. 4 Abs. 1 EGBGB; → *Internationales Familienrecht* Rn. 10).

39 Die Anknüpfungspunkte gem. Art. 14 Abs. 2 EGBGB sind zeitlich nicht fixiert. Verlegen die Ehegatten zB gemeinsam ihren gewöhnlichen Aufenthalt, ändert sich das Ehewirkungsstatut. Es ist also **wandelbar**, anders dagegen das Eheschließungsstatut (→ *Eheschließung mit Ausländern* Rn. 3) oder das Scheidungsstatut (→ *Auslandsbezug bei Ehesachen* Rn. 45).

3. Anwendungsbereich

40 Was unter die **allgemeinen Wirkungen der Ehe** fällt, ist nach deutschem Recht zu qualifizieren (→ *Eheschließung mit Ausländern* Rn. 5). Die wichtigsten Wirkungen der Ehe, über die in der Praxis gestritten wird, sind ohnehin aus der Vorschrift herausgenommen und selbstständig geregelt. Für den Ehenamen gilt Art. 10 EGBGB (→ *Ehename* Rn. 21 ff.), für das Güterrecht die EuGüVO bzw., je nach Zeitpunkt der Eheschließung, Art. 15 EGBGB aF (→ *Auslandsbezug bei Güterrechtssachen* Rn. 10 ff.), für den Unterhalt das HUP (→ *Auslandsbezug bei Unterhaltssachen* Rn. 21 ff.). Die EuGüVO gilt nach ihrem Art. 27 unter anderem für die Befugnisse, Rechte und Pflichten eines oder beider Ehegatten in Bezug auf das Vermögen, mithin auch für die vermögensrechtlichen Ehewirkungen, soweit sie zeitlich anwendbar ist.

31 *Hausmann/Odersky* IPR § 8 Rn. 51.

Ist sie nicht anwendbar, so bestimmt Art. 14 EGBGB auch das auf die allgemeinen vermögensrechtlichen Ehewirkungen anzuwendende Recht.[32]

In den Anwendungsbereich des Art. 14 EGBGB fallen das Recht auf Herstellung der ehelichen Lebensgemeinschaft, Auskunftspflichten, die aus § 1353 resultieren und nicht dem Unterhaltsrecht zuzuordnen sind (→ Rn. 22), der Haftungsmaßstab zwischen Ehegatten und Entscheidungs- und Eingriffsrechte eines Ehegatten, wie zB zur Bestimmung des Wohnsitzes, Streitigkeiten über Haushaltsführung und Erwerbstätigkeit, bei denen aber auch an einen möglichen Verstoß gegen den ordre public (Art. 6 EGBGB) zu denken ist. Zu den vermögensrechtlichen Ehewirkungen, für die Art. 14 EGBGB nur gilt, wenn nicht die EuGüVO eingreift (→ *Auslandsbezug bei Güterrechtssachen* Rn. 10), zählen Schlüsselgewaltgeschäfte, die Zuweisung von Haushaltsgegenständen und Ehewohnung im Ausland (für eine Ehewohnung und Haushaltsgegenstände, die sich im Inland befinden, gilt gem. Art. 17 a EGBGB aF deutsches Recht), Eigentumsvermutungen zwischen den Ehegatten (vorbehaltlich des Art. 16 Abs. 2 EGBGB aF), die Zulässigkeit bestimmter Rechtsgeschäfte unter Ehegatten oder der Anspruch auf eine noch zu leistende Braut- oder Morgengabe.[33] Der Prozesskostenvorschussanspruch unterliegt nicht dem Ehewirkungsstatut, sondern als Teil der Unterhaltspflicht dem Unterhaltsstatut.[34] 41

32 *Andrae* IntFamR § 4 Rn. 184.

33 BGH 18.3.2020 – XII ZB 380/19, NJW 2020, 2014: bei deutschem Ehewirkungsstatut zur Zeit der Vereinbarung unterliegt sie der notariellen Form, wobei die Einhaltung einer abweichenden Ortsform genügt, Art. 11 Abs. 1 EGBGB.

34 Palandt/*Thorn* EGBGB Art. 14 Rn. 17.

77. Eheliche Lebensverhältnisse

Osthold

I. Begriff und Bedeutung

1 Der Begriff stammt aus dem Ehegattenunterhalt und ist für die Bedarfsbestimmung relevant (→ *Bedarf* Rn. 2). Der Bedarf beschreibt die **maximale Höhe eines Unterhaltsanspruchs**, weil er die zur Deckung der Lebenshaltungskosten zur Verfügung stehenden Mittel darstellt. Der Bedarf eines Anspruchs auf Trennungs- und nachehelichen Unterhalt bemisst sich nach den ehelichen Lebensverhältnissen, und zwar sowohl beim Trennungsunterhalt als auch beim nachehelichen Unterhalt. Der Begriff findet sich direkt nur in § 1578 Abs. 1 S. 1 BGB, jedoch ist in § 1361 Abs. 1 S. 1 BGB trotz der leicht abweichenden Formulierung der gleiche Begriff gemeint.[1] Trotz seiner zentralen Bedeutung bei der Bestimmung der Höhe des Unterhaltsanspruchs enthält das Gesetz keine Definition, was **gegenständlich** unter den ehelichen Lebensverhältnissen zu verstehen ist und auf **welchen Zeitpunkt** es bei der Bestimmung der ehelichen Lebensverhältnisse ankommt. Dem Wortsinn nach sind eheliche Lebensverhältnisse die Verhältnisse während des Bestehens der ehelichen Lebensgemeinschaft. Gegenständlich sind damit die zum Konsum zur Verfügung stehenden **Einkünfte** aller Art abzüglich der unterhaltsrechtlich anerkennungswürdigen **Abzugspositionen** gemeint. Der Bedarf ist damit die Summe aus den **gemeinsamen bereinigten Nettoeinkommen der Eheleute**.[2] Beide Ehegatten nehmen dabei grundsätzlich in gleicher Weise, dh je zur Hälfte, am gemeinsamen Lebensstandard teil.[3] Der Bedarf ist somit immer hälftig auf beide Ehegatten zu verteilen (zur gegenständlichen Bedarfsermittlung → *Bedarf* Rn. 10 ff.) Die Anknüpfung an die ehelichen Lebensverhältnisse ermöglicht es somit, dass der Unterhaltsberechtigte im Gegensatz zum Verwandtenunterhalt nach § 1610 BGB nicht auf die eigene Lebensstellung zu verweisen ist, sondern auch nach der Trennung/Scheidung grundsätzlich am besseren Lebensstandard des anderen Ehegatten teilhat. Allerdings sind die ehelichen Lebensverhältnisse nach § 1578 Abs. 1 S. 1 BGB nicht in jedem Fall für die gesamte Zeit nach Rechtskraft der Ehescheidung bedarfsbestimmend, solange noch ein Unterhaltsanspruch besteht. Der Bedarf nach den ehelichen Lebensverhältnissen kann unter bestimmten Voraussetzungen nach § 1578 b BGB auf den sog. angemessenen Bedarf des Unterhaltsgläubigers herabgesetzt werden. Dieser orientiert sich nicht mehr am Einkommen beider Ehegatten, sondern nur an den hypothetischen Einkünften des Unterhaltsgläubigers, die dieser bei einer normalen beruflichen Karriereentwicklung ohne Ehe und Kinder aktuell haben würde (→ *Bedarfsermittlung* Rn. 32). Gleichwohl bilden die ehelichen Lebensverhältnisse im Rahmen des § 1578 b BGB weiterhin den Bezugspunkt für die Prüfung, ob ein Unterhalt in dieser Höhe unbillig erscheint oder nicht, oder ob ein Unterhalt nach Maßgabe der Bedarfsbemessung nach den ehelichen Lebensverhältnissen befristet werden kann. Dadurch kann in gewissen Grenzen ein **unangemessener sozialer Abstieg** des Unterhaltsberechtigten verhindert werden. Allerdings steht die Berücksichtigung der ehelichen Lebensverhältnisse auch unter dem vorrangig zu beachtenden **Gebot der wirtschaftlichen Ei-**

1 BGH 11.11.2015 – XII ZB 7/15, FamRZ 2016, 199.
2 BGH 28.2.2007 – XII ZR 37/05, FamRZ 2007, 793.
3 BGH 13.6.2001 – XII ZR 343/99, FamRZ 2001, 986.

genverantwortung. Da sich unter der Geltung des Unterhaltsrechtsreformgesetzes eine dauerhafte und unbeschränkte **Lebensstandardgarantie** nicht mehr rechtfertigen lässt, verliert der Gedanke der Bewahrung einer durch die ehelichen Lebensverhältnisse vermittelten sozialen Stellung mit zunehmender Zeitdauer seit Rechtskraft der Scheidung an unterhaltsrechtlicher Bedeutung. Es geht vorrangig um den Ausgleich der durch die eheliche Lebensführung verursachten Einbußen bei der Möglichkeit der Einkommenserzielung. Besondere Aufmerksamkeit verdient das zeitliche Ende der ehelichen Lebensverhältnisse, da es sowohl die berücksichtigungswürdigen Einkünfte als auch die Abzugspositionen unmittelbar beeinflusst.

II. Maßgebender Zeitpunkt

1. Alte Rechtsauffassung

Nach früherer Rechtsprechung des Bundesgerichtshofs haben sich die ehelichen Lebensverhältnisse bis zur Rechtskraft der Scheidung fortgesetzt. Der Bundesgerichtshof hatte die ehelichen Lebensverhältnisse von diesem Zeitpunkt an auch mit Wirkung für die Zukunft dauerhaft festgeschrieben. Bezüglich der Fortentwicklung der Einkünfte, die die ehelichen Lebensverhältnisse bestimmen sollten, kam es nach der Rechtsprechung auf die sog. **Prägung** an. Bei jeglichen Einkommensentwicklungen nach rechtskräftiger Scheidung war somit zu prüfen, ob diese Einkünfte die ehelichen Lebensverhältnisse noch geprägt hatten. 2

Für die Berücksichtigung von **Verpflichtungen** im Rahmen der Bedarfsbestimmung, die im Gesetz eigentlich nur bezüglich der Prüfung der Leistungsfähigkeit des Unterhaltsschuldners in § 1581 BGB erwähnt werden, nicht aber in den §§ 1361 Abs. 1, 1578 Abs. 1 BGB, kam es dagegen nach der früheren Rechtsprechung zu keiner einheitlichen Bewertung. Es wurde nach Art der Verpflichtung differenziert. Zum Teil wurden Veränderungen nach der Scheidung akzeptiert und stets auf die tatsächliche Höhe der Verpflichtung abgestellt (beispielsweise Steuer, Vorsorgeaufwendungen, berufsbedingte Aufwendungen etc), zum Teil kam es auf den Zeitpunkt der Entstehung dieser Verbindlichkeiten an, also ob dieser noch in der Ehe lag oder erst nach Rechtskraft der Scheidung (Schulden, Unterhaltslasten). Auch für die Verbindlichkeiten wurde der Begriff der Prägung übernommen.

2. Entwicklung in Rechtsprechung und Gesetzgebung

a) Surrogatsrechtsprechung. Die erste grundlegende Änderung der früheren Rechtsprechung stellte die sog. **Surrogatslösung** des Bundesgerichtshofs dar,[4] wonach als Surrogat der Familienarbeit in der Ehe auch neue, erst nach der Scheidung entstandene Erwerbseinkünfte die ehelichen Lebensverhältnisse geprägt haben. Bis dahin vertrat der BGH die Auffassung, dass nur die in der Ehe verfügbaren Barmittel den Bedarf nach den ehelichen Lebensverhältnissen prägten, nicht aber der wirtschaftliche Wert der Familienarbeit. Die Entscheidung für die Einführung der Surrogatslösung wurde vom Bundesverfassungsgericht als verfassungsgemäß bestätigt und die vormals praktizierte Anrechnungsmethode sogar für verfassungswidrig erklärt.[5] Die Surrogatslösung führte zu teils erheblich höheren Unterhaltsansprüchen bei erstmals nach Trennung und Scheidung (wieder voll) erwerbstätigen Unterhaltsgläubigern, da nun das Einkommen des Unterhaltsgläubigers auch den Bedarf anhob und dieses nicht mehr nur allein voll auf den Bedarf angerechnet wurde. 3

b) Wandelbare eheliche Lebensverhältnisse vor der Entscheidung des Bundesverfassungsgerichts vom 25.1.2011. Eine weitere Änderung erfolgte mit der Entscheidung des Bundesgerichtshofs vom 29.1.2003,[6] wonach auch **unterhaltsbezogen nicht leichtfertige Einkommensminderungen** nach der Trennung/Scheidung bei der Bedarfsbemessung zu berücksichtigen sind, sowie mit der Entscheidung vom 15.3.2006,[7] wonach alle erst nach der Scheidung entstandenen **neuen vor- und gleichrangigen Unterhaltslasten** bereits bei der Bedarfsermittlung und nicht erst bei der Leistungsfähigkeit anzusetzen 4

4 BGH 13.6.2001 – XII ZR 343/99, BGH FamRZ 2001, 986.
5 BVerfG 5.2.2002 – 1 BvR 105/95, FamRZ 2002, 527.
6 BGH 29.1.2003 – XII ZR 92/01, FamRZ 2003, 590.
7 BGH 15.3.2006 – XII ZR 30/04, FamRZ 2006, 683.

sind. Durch diese Entwicklung der Rechtsprechung unterblieb die frühere starre Anknüpfung an die im Zeitpunkt der Scheidung bestehenden wirtschaftlichen Verhältnisse. Somit waren Einkommensänderungen bei der Bemessung des Trennungs- und nachehelichen Unterhalts grundsätzlich zu berücksichtigen, unabhängig davon, ob sie vor der Rechtskraft der Ehescheidung oder erst später eingetreten sind, und grundsätzlich auch unabhängig davon, ob es sich um Einkommensminderungen oder Einkommensverbesserungen handelt. Nacheheliche Einkommensminderungen blieben nur dann unberücksichtigt, wenn sie auf einer **Verletzung der Erwerbsobliegenheit** des Unterhaltspflichtigen beruhen, ebenso wenn der Unterhaltspflichtige freiwillige berufliche oder wirtschaftliche Dispositionen getroffen hat, die er durch eine ihm zumutbare Vorsorge hätte auffangen können. Damit wurde letztlich die alte Lebensstandardgarantie auf dem Niveau bei Scheidung aufgegeben. Der BGH begründete dies auch damit, dass es vorrangig um eine sachgerechte Verteilung der zur Verfügung stehenden Mittel gehe und der Unterhaltsgläubiger nicht verlangen könne, nach der Scheidung besser zu stehen als noch bei unterstellter fortdauernder Ehe. Bei bestehender Ehe hätten die ehelichen Lebensverhältnisse sich nämlich genauso gewandelt. In der Folge sprach der BGH begrifflich folgerichtig von „den wandelbaren ehelichen Lebensverhältnissen“.[8]

Doch es gibt auch Grenzen der wandelbaren ehelichen Lebensverhältnisse. Die Grenzen der Berücksichtigung von Einkommenssteigerungen sind bei einem sog. **Karrieresprung** erreicht (→ Rn. 9 ff).[9] Übliche Entwicklungen des Einkommens sollten hingegen stets zu berücksichtigen sein.[10] Nach der Scheidung hinzugekommene neue Unterhaltsverpflichtungen waren niemals unterhaltsbezogen leichtfertig eingegangen, da diesen eine gesetzliche Verpflichtung zugrunde liegt. Der Bundesgerichtshof hat deshalb am 30.7.2008 entschieden, dass alle erst nach der Scheidung entstandenen, neuen vor- und gleichrangigen Unterhaltslasten bereits bei der Bedarfsermittlung und nicht erst bei der Leistungsfähigkeit anzusetzen sind.[11] Die zuletzt genannte Entscheidung des Bundesgerichtshofs zur Berücksichtigung neuer Unterhaltspflichten ist nun allerdings aufgrund der Entscheidung des Bundesgerichtshofs vom 7.12.2011 überholt (→ Rn. 6). Hier war der BGH dann nach Auffassung des Bundesverfassungsgerichts zu weit gegangen.

5 **c) Unterhaltsrechtsreform vom 1.1.2008.** Der Gesetzgeber hat mit der Unterhaltsrechtsrefom vom 1.1.2008 das Unterhaltsrecht teilweise neu ausgerichtet. Auch wenn der Gesetzeswortlaut vielfach nicht geändert wurde, wurde der Inhalt der unbestimmten Rechtsbegriffe **den gesellschaftlichen Veränderungen angepasst.**[12] In der Gesetzesbegründung ist dabei ausdrücklich dargelegt, dass bei gewandelten Familienstrukturen die Privilegierung des ersten Ehegatten nicht mehr zu rechtfertigen ist und bei beengten Verhältnissen zunächst der Unterhalt der minderjährigen Kinder gesichert werden muss.[13] Mit der durch die Reform geänderten Rangfolge in § 1609 BGB sollte die „Privilegierung des unterhaltsberechtigten Ehegatten“ aufgehoben und der Neuanfang in einer zweiten Ehe durch geringe finanzielle Belastungen erleichtert werden.[14] Dem wurde durch das Unterhaltsrechtsreformgesetz neben der geänderten Rangfolgeregelung in § 1609 BGB auch durch die neugeschaffenen Begrenzungsbestimmungen des **§ 1578 b BGB** (→ *Darlegungs- und Beweislast* Rn. 18 ff.) sowie durch die verstärkte **Eigenverantwortung** des Unterhaltsgläubigers nach § 1569 BGB Rechnung getragen. Die **gleiche Teilhabe am gemeinsam Erwirtschafteten** wird zwar nach der Scheidung zunächst beibehalten, sie beinhaltet aber nach dem Willen des Gesetzgebers **keine Lebensstandardgarantie** mehr.[15] Auch wenn sich aufgrund des 2008 neu eingeführten § 1578 b BGB der Unterhaltsanspruch vermehrt hin zu einem reinen **Ausgleich für einen erlittenen ehebedingten Nachteil** entwickelt hat, darf nicht verkannt werden, dass sich das Maß des Ehegattenunterhalts nach wie vor nach den ehelichen Lebensverhältnissen richtet, also anders als beim Verwandtenunterhalt und insbesondere beim Unterhaltsanspruch nach § 1615 l BGB. Auch wenn eine

8 BGH 6.2.2008 – XII ZR 14/06, FamRZ 2008, 968.
9 BGH 17.3.2010 – XII ZR 204/08, FamRZ 2010, 802.
10 BGH 6.2.2008 – XII ZR 14/06, FamRZ 2008, 968; BGH 1.10.2008 – XII ZR 62/07, FamRZ 2009, 23.
11 BGH 30.7.2008 – XII ZR 177/06, FamRZ 2008, 1911.
12 *Gerhardt* FamRZ 2011, 8; *Klinkhammer* FamRZ 2010, 1777.
13 BT-Drs. 16/1830, 13.
14 BT-Drs. 16/1830, 14.
15 BT-Drs. 16/1830, 18.

Befristung oder Herabsetzung des Unterhalts gemäß § 1578 b BGB in Betracht kommt, ist zunächst immer der volle Unterhaltsanspruch nach den ehelichen Lebensverhältnissen zu ermitteln. Erst in einem zweiten Schritt stellt sich die Frage, inwieweit der so ermittelte Unterhaltsanspruch auf einem ehebedingten Nachteil beruht und bei Fehlen eines solchen Nachteils zu begrenzen oder zu befristen ist. Die Begrenzung ist aber nicht im Rahmen der Bedarfsbestimmung zu prüfen, sondern bei den Billigkeitserwägungen (zum Prüfungsschema eines Unterhaltsanspruchs → *Bedarfsermittlung* Rn. 1).

d) Entscheidung des Bundesverfassungsgerichts vom 25.1.2011 und die Reaktion des BGH vom 7.12.2011. Mit seiner Entscheidung vom 25.1.2011 hat das Bundesverfassungsgericht die zur Auslegung des § 1578 Abs. 1 S. 1 BGB entwickelte Rechtsprechung des Bundesgerichtshofs bezüglich der Berücksichtigung von nach Rechtskraft neu hinzutretenden Unterhaltsverpflichtungen im Rahmen der Bedarfsbestimmung unter Anwendung der Berechnungsmethode der sog. **Dreiteilung** für verfassungswidrig erklärt[16] (→ *Mehrere Bedürftige/Drittelmethode* Rn. 1 ff.). Der Entscheidung des Bundesverfassungsgerichts lag ein Fall des BGH zugrunde, in welchem es um eine Unterhaltsabänderung eines **vorrangigen** geschiedenen Ehegatten nach Wiederverheiratung des Pflichtigen unter Anwendung der sog. **Drittelmethode** ging. Das verteilungsfähige Einkommen des Unterhaltspflichtigen wurde zwischen dem Unterhaltspflichtigen und den beiden Unterhaltsberechtigten im Wege der Dreiteilung verteilt. Die ehelichen Lebensverhältnisse der Erstehe wurden damit durch die Zweitehe „geprägt", denn die Beteiligung mehrerer bedürftiger Ehegatten wurde bei der Unterhaltsberechnung bereits auf der Bedarfsebene berücksichtigt. Dies war bis dahin gefestigte Rechtsprechung des Bundesgerichtshofs im Sinne der wandelbaren ehelichen Lebensverhältnisse, wonach auch nacheheliche neu aufgetretene Unterhaltsverpflichtungen zu den zu berücksichtigenden Belastungen bei der Ermittlung des Einkommens auf der Bedarfsebene zu berücksichtigen waren (→ Rn. 4). 6

Das Bundesverfassungsgericht beanstandet in seiner Entscheidung, dass sich der Bundesgerichtshof mit der Dreiteilungsmethode auf Bedarfsebene „vom Konzept des Gesetzgebers zur Berechnung nachehelichen Unterhalts" löse und „es durch ein eigenes Modell" ersetze.[17] Der Gesetzgeber differenziere seit Entstehung des BGB zwischen der Ebene des Bedarfs, die sich an den ehelichen Lebensverhältnissen orientiere und der Ebene der Leistungsfähigkeit, die sich an den Lebensverhältnissen des Schuldners zum Zeitpunkt der Entscheidung über den Unterhalt orientiere. Die Dreiteilungsmethode auf Bedarfsebene verwische diese Differenzierung vollständig. Mit diesem Systemwechsel seien die Grenzen zulässiger Rechtsfortbildung überschritten (Bruch der Gewaltenteilung). Der Gesetzgeber hatte für die Bedarfsermittlung stets als zeitlichen Bezugspunkt die ehelichen Lebensverhältnisse bei Rechtskraft der Scheidung vor Augen und habe diese Auffassung auch im Unterhaltsrechtsreformgesetz explizit bekräftigt. Zwar dürften gewisse nacheheliche Entwicklungen noch Berücksichtigung finden, jedoch erforderten diese einen „gewissen Bezug zu den ehelichen Lebensverhältnissen". Veränderungen müssten ihren Anknüpfungspunkt noch in der Ehe haben. Dieser fehle schlechterdings bei einer Unterhaltsverpflichtung gegenüber einer neuen Ehefrau. Diese könne wohl kaum die Lebensverhältnisse der ersten Ehe geprägt haben, denn sie setze ja gerade die Ehescheidung voraus. Zudem nehme die Dreiteilungsmethode auf Bedarfsebene dem neu geschaffenen § 1578 b BGB in derartigen Fällen den Anwendungsbereich, da die Kürzung des Bedarfs bereits so stark ausfalle, dass eine Herabsetzung auf den angemessenen Lebensbedarf nur noch in den seltenen Fällen in Betracht komme, in denen dieser noch niedriger ausfalle. Trotz potenziell anspruchsteigerndem Einbezug auch der Einkünfte des zweiten Ehegatten in den Bedarf, lasse der BGH den Ehegatten aus der Erstehe durch eine deckelnde Kontrollberechnung nicht an dieser Steigerung teilhaben. Dies führe dazu, dass der Ehegatte aus der Erstehe immer nur schlechter dastehen könne. Das BVerfG rügte also die Rechtsprechung zu den wandelbaren ehelichen Lebensverhältnissen nicht in Gänze, sondern vornehmlich für das Hinzutreten von Unterhaltsverpflichtungen nach Rechtskraft der Scheidung. In der Vorauflage ist diese Rechtsprechung deutlich kritisiert worden. In dogmatischer Hinsicht ist sie jedoch aus verfassungsrechtlicher Sicht folgerichtig. Ob sie praktisch im Ergebnis einen Unterschied ausmacht, darf bezweifelt werden, da die absinkenden verfügbaren Mittel durch den neu hinzutretenden Ehegatten im Wege der

16 BVerfG 25.1.2011 – 1 BvR 918/10, FamRZ 2011, 437.
17 BVerfG 25.1.2011 – 1 BvR 918/10, FamRZ 2011, 437.

Dreiteilung auf der Ebene der Leistungsfähigkeit zu einer identischen Kürzung des Unterhalts führen, wenn die Ehegatten gleichrangig sind. In bestimmten Fällen dürfte sich der Rechenaufwand sogar erhöhen. Praktische Erwägungen sind jedoch nicht geeignet, sich von der inneren Folgerichtigkeit des unterhaltsrechtlichen Prüfungssystems zu verabschieden, dass der Gesetzgeber ausdrücklich im Gesetz implementiert hat. Im Hinblick auf die zum Teil berechtigte Kritik aus praktischer Sicht ist deshalb der Gesetzgeber gefordert, das bisherige System zu überarbeiten. Die „Reparaturtätigkeit“ des BGH findet seine Grenze, wenn die Gesetzesauslegung dazu führt, dass gesetzliche Vorschriften gegen ihren Wortlaut („eheliche Lebensverhältnisse“) und gegen einen ausdrücklichen gesetzgeberischen Willen ausgelegt werden.[18] Ab dieser Grenze weist die Verfassung die Verantwortung dem Gesetzgeber zu. Der Bundesgerichtshof gab als **Reaktion auf diese Bundesverfassungsgerichtsentscheidung** in der Entscheidung vom 7.12.2011 seine Rechtsprechung zur Bemessung des Unterhaltsbedarfs nach den ehelichen Lebensverhältnissen für den Einbezug von nach der Rechtskraft der Scheidung neu entstandener Unterhaltsverpflichtungen auf und kehrte für die Bedarfsbemessung nach den ehelichen Lebensverhältnissen diesbezüglich zu dem seiner früheren Rechtsprechung zugrunde liegenden **Stichtagsprinzip** (→ *Mehrere Bedürftige/Drittelmethode* Rn. 2) zurück.[19] Es fand aber ausdrücklich keine Aufgabe der „wandelbaren ehelichen Lebensverhältnisse“ statt. Das Bundesverfassungsgericht hatte lediglich in seinen allgemeinen Erwägungen gefordert, dass sämtliche Veränderungen nach Rechtskraft der Scheidung stets „einen Bezug zur Ehe“ haben müssten, damit sie berücksichtigungsfähig seien. In der Entscheidung hat der Bundesgerichtshof deshalb ausgeführt, dass sich nacheheliche Entwicklungen auf die Bedarfsbemessung nach den ehelichen Lebensverhältnissen auswirken können, wenn sie auch bei fortbestehender Ehe eingetreten wären oder in anderer Weise **in der Ehe angelegt** und mit hoher Wahrscheinlichkeit zu erwarten waren. Daher sind Unterhaltspflichten für neue Ehegatten sowie für nachehelich geborene Kinder nicht bei der Bemessung des Unterhaltsbedarfs eines geschiedenen Ehegatten nach § 1578 Abs. 1 S. 1 BGB zu berücksichtigen.[20] Nunmehr solle bei gleichrangigen Unterhaltsberechtigten **im Rahmen der Leistungsfähigkeit** des Unterhaltverpflichteten nach § 1581 BGB eine **Billigkeitsabwägung** in Form einer Dreiteilung des gesamten unterhaltsrelevanten Einkommens durchzuführen sein. Bei dem gesamten unterhaltsrelevanten Einkommen sind daher auch die eigenen Einkünfte des neuen Unterhaltsberechtigten mit einzubeziehen. Allerdings müsse nunmehr im Rahmen der Leistungsfähigkeit auch wieder der Halbteilungsgrundsatz berücksichtigt werden, was zu einem relativen Mangelfall führen kann (→ *Mangelfall und Selbstbehalt* Rn. 18 ff.). Freilich findet damit in dem meisten Fällen praktisch bloß eine Verlagerung der vormals auf Bedarfsebene stattfindenden Rechenoperation auf die Ebene der Leistungsfähigkeit statt, so dass eine Doppelberechnung nötig wird.

III. Bemessung

1. Einkünfte

7 Die ehelichen Lebensverhältnisse werden in erster Linie bestimmt durch das **Einkommen der Eheleute**, das zur **Deckung des Lebensbedarfs** eingesetzt worden ist und ihren Lebensstandard geprägt hat.[21] Darunter fallen alle Einkünfte, gleich welcher Art und gleich welchen Anlasses, also insbesondere alle Einkünfte aus den sieben Einkunftsarten nach § 2 EStG und **alle vermögenswerten Vorteile** (→ *Einkommensermittlung und Bedarfsermittlung* Rn. 1 ff.). Auch Sozialleistungen können unter bestimmten Voraussetzungen prägendes Einkommen darstellen. Fiktive Einkünfte können die ehelichen Lebensverhältnisse nicht bestimmt haben, wenn sie während des Zusammenlebens objektiv nicht zur Verfügung gestanden haben, beispielsweise wenn ein Ehegatte ein höheres Einkommen hätte erzielen können, dies aber unterlassen hat und sich die Eheleute daher mit einem geringeren Lebensstandard begnügen mussten[22] (→ *Fiktive Einkünfte* Rn. 1 ff.). Etwas anderes gilt, wenn der Ehegatte jahrelang ein eheprägendes Einkommen aus Erwerbstätigkeit bezogen hat und diese Tätigkeit ohne rechtfertigenden Grund aufgibt, dann ist ihm –

18 S. Gesetzgeberwillen in den einschlägigen Gesetzesbegründungen, zuletzt BT-Drs. 16/1830.
19 BGH 7.12.2011 – XII ZR 151/09, FamRZ 2012, 281.
20 BGH 25.1.2012 – XII ZR 139/09, FamRZ 2012, 525.
21 BGH in stRspr, zB BGH 13.6.2001 – XII ZR 343/99, FamRZ 2001, 986.
22 BGH 20.11.1996 – XII ZR 17/95, FamRZ 1997, 281.

und zwar auf der Bedarfsebene – fiktiv ein Einkommen zuzurechnen, das er bei gehörigem Bemühen erzielen könnte. Dies gilt auch für fiktive Einkünfte aus Versorgungsleistungen für den neuen Partner[23] (→ *Bedürftigkeit* Rn. 14). Gleiches gilt, wenn den Ehegatten nach der Trennung wieder eine Erwerbsobliegenheit trifft (häufig nach Ablauf des Trennungsjahres bzw. dem dritten Geburtstag eines Kindes). Auch dann ist das fiktive Einkommen bei der Bedarfsberechnung zu berücksichtigen. Bei überobligatorischem Einkommen hat der Bundesgerichtshof klargestellt, dass auf Seiten des Berechtigten nur der unterhaltsrelevante Teil, somit nicht der überobligatorische, als prägend bei der Bedarfsbemessung zu berücksichtigen ist.[24] Nur dieser Teil kann als Surrogat an die Stelle der eheprägenden früheren Haushaltstätigkeit oder Kinderbetreuung treten (→ *Bedürftigkeit* Rn. 14). Die ehelichen Lebensverhältnisse können auch durch Kapital und andere Vermögenseinkünfte sowie sonstige wirtschaftliche Nutzungen, wie beispielsweise den Wohnvorteil, geprägt werden, wobei es auf die Herkunft des Vermögens nicht ankommt (→ *Bedarfsermittlung* Rn. 1 ff.; → *Einkommensermittlung* Rn. 1 ff.). Entscheidend ist vielmehr, ob und in welcher Höhe Vermögenseinkünfte erzielt wurden, und ob sie den Eheleuten während des Zusammenlebens zur Bestreitung des Lebensunterhalts der Familie zur Verfügung gestanden haben.[25] In der Ehe angelegte Einkommenserhöhungen, soweit sie den Rahmen von üblichen Einkommenssteigerungen nicht überschreiten, sind als eheprägendes Einkommen zu berücksichtigen, ebenfalls die Aufnahme und/oder Ausweitung einer Erwerbstätigkeit als Surrogat der Familienarbeit (→ Rn. 3).[26] Nicht in der Ehe angelegt ist ein Erwerbseinkommen durch einen Karrieresprung (→ Rn. 9 ff.); ebenso bei Vermögenseinkünften aus erst nach der Trennung neu hinzugekommene Einkommensquellen, zB aus einer Erbschaft oder einem Lottogewinn. Bei einem Wohnvorteil, der erst nach Trennung durch Kauf eines neuen Eigenheims entsteht, ist entscheidend für den Einbezug in die Bedarfsberechnung, ob die Mittel zum Erwerb des Eigenheims ganz oder teilweise schon vor der Trennung vorhanden gewesen sind. Sollte das der Fall gewesen sein, so stellt der Wohnvorteil deren Surrogat dar und kann (teilweise) in die Bedarfsberechnung aufzunehmen sein.[27]

2. Verbindlichkeiten

Bei den Verbindlichkeiten ist zunächst zu prüfen, ob diese noch aus der **Zeit des Zusammenlebens** 8
stammen. In diesem Fall sind sie stets zu berücksichtigen, unabhängig davon, ob sie von den Ehegatten gemeinsam oder nur von einem Ehegatten **mit oder ohne Einverständnis** des anderen aufgenommen wurden. Dies gilt ebenfalls für Verbindlichkeiten, die ein Ehegatte **mit in die Ehe eingebracht** und weiter bedient hat. Bei diesen Verbindlichkeiten kommt es nicht darauf an, wer von der Schuldentilgung profitiert. Derartige Belastungen standen auch während des Zusammenlebens nicht für den Lebensunterhalt zur Verfügung, weshalb sie bereits auf der Bedarfsebene in Abzug zu bringen sind. Eine Ausnahme hiervon bilden solche Verbindlichkeiten, die während der Ehe ohne Einverständnis des anderen Ehegatten **leichtfertig für luxuriöse Zwecke** und ohne verständlichen Grund eingegangen worden sind.[28] Bezüglich der Höhe der zu berücksichtigenden Verbindlichkeiten ist ebenfalls ein objektiver Maßstab anzusetzen. Sind die Raten unverhältnismäßig hoch oder niedrig, sind angemessene Raten im Rahmen eines **vernünftigen Tilgungsplans** in Ansatz zu bringen.[29] Weiter ist bei in der Ehe eingegangenen Verbindlichkeiten nach Rechtshängigkeit des Scheidungsantrags oder bei einem ehevertraglichen Ausschluss des Zugewinnausgleichs ab Trennung zu prüfen, ob die Rückführung der Verbindlichkeiten nicht zu einer einseitigen, unterhaltsrechtlich nicht zu berücksichtigenden Vermögensbildung führt (→ *Bedarfsermittlung* Rn. 15, 25 ff.). **Nach der Trennung eingegangene Verbindlichkeiten** waren auch schon nach der früheren Rechtsprechung des Bundesgerichtshofs dann zu berücksichtigen, wenn diese **unvermeidbar** waren, allerdings nicht bei der Bedarfsbemessung, sondern auf Seiten des Pflichtigen erst im Rahmen der Leistungsfähig-

23 BGH 5.5.2004 – XII ZR 10/03, FamRZ 2004, 1170.
24 BGH 13.4.2005 – XII ZR 273/02, FamRZ 2005, 1154.
25 BGH 23.11.2005 – XII ZR 51/03, FamRZ 2006, 387.
26 BGH 13.6.2001 – XII ZR 343/99, FamRZ 2001, 986.
27 OLG Brandenburg 10.2.2009 – 10 UF 65/08, FamRZ 2009, 1837.
28 BGH 25.1.1984 – IVb ZR 43/82, FamRZ 1984, 358.
29 BGH 7.4.1982 – IVb 681/80, FamRZ 1982, 678.

keit.[30] Nach der neueren Rechtsprechung des Bundesgerichtshofs zu den wandelbaren ehelichen Lebensverhältnissen sind solche unvermeidbaren Schulden dann bei der Bedarfsbemessung einkommensmindernd zu berücksichtigen, wenn die Eingehung der Schulden nicht auf einem vorwerfbaren Verhalten beruht (→ Rn. 4). Etwas anderes muss nach zutreffender Auffassung von *Gerhardt* wegen der Entscheidungen des Bundesverfassungsgerichts vom 25.1.2011[31] (→ Rn. 6) und des Bundesgerichtshofs vom 7.12.2011[32] (→ Rn. 6) gelten, wenn diese Verbindlichkeiten wegen einer neuen Eheschließung aufgenommen werden, da sie bei Fortbestehen der Ehe nicht entstanden wären. Diese Verbindlichkeiten werden dann, wenn sie unvermeidbar waren, wie bei der früheren Rechtsprechung des Bundesgerichtshofes bei der Leistungsfähigkeit berücksichtigt.[33] Berücksichtigungswürdige höhere Aufwendungen nach Trennung und Scheidung liegen beispielsweise vor bei einer höheren Steuerlast, bei höheren Vorsorgeaufwendungen im Rahmen der zulässigen Altersversorgung von insgesamt 24 % des Bruttoeinkommens.[34] Bei neuen Unterhaltslasten gegenüber minderjährigen Kindern ist aufgrund der neuen Rechtsprechung des Bundesgerichtshofs[35] im Rahmen der Bedarfsermittlung des geschiedenen Ehegatten zu unterscheiden, ob diese Unterhaltslasten bereits vor Rechtskraft der Scheidung eintraten oder nicht. Der Bundesgerichtshof hat mittlerweile eine Ausnahme von diesem Grundsatz gemacht. Entsteht vor Rechtskraft der Scheidung ein Kind aus einer außerehelichen Beziehung, erhält die Mutter einen Anspruch aus § 1615 l BGB. Wird diese Frau nach der Scheidung dann von dem Unterhaltsschuldner geheiratet, so wandelt sich § 1615 l BGB in den identischen § 1570 BGB um. Solange nur Betreuungsunterhalt nach § 1570 BGB betroffen ist, prägt dieser Anspruch der zweiten Ehefrau dann ausnahmsweise doch den Bedarf nach den ehelichen Lebensverhältnissen aus der ersten Ehe. Denn es wäre beim Anspruch nach § 1615 l BGB ebenso geblieben.[36] Wurde das Kind aus einer neuen Verbindung vor Rechtskraft der Scheidung geboren, ist die daraus entstandene Unterhaltspflicht zu berücksichtigen. Bei einer Geburt nach Rechtskraft der Scheidung beeinflusst diese Unterhaltspflicht den Bedarf des geschiedenen Ehepartners nicht. Allerdings wird diese Unterhaltspflicht nun bei der Leistungsfähigkeit berücksichtigt, wodurch sich durch die Rechtsprechungsänderung rein rechnerisch am Gesamtergebnis nichts ändert. Bezüglich neuer Unterhaltsverpflichtungen für neue Ehegatten → Rn. 6; → *Mehrere Bedürftige/ Drittelmethode* Rn. 1 ff.

IV. Karrieresprung

1. Grundsätzliches

9 Nach der Rechtsprechung des Bundesgerichtshofs stellt ein durch einen Karrieresprung nach Trennung erzieltes **Mehreinkommen kein bedarfsprägendes Einkommen** dar. Für die Karrieresprünge ist also der Zeitpunkt der Trennung maßgeblich.[37] Damit sind solche Entwicklungen ab Rechtskraft der Scheidung erst recht erfasst.[38] Dem liegt die Erwägung zugrunde, dass die Teilhabe an einer erheblichen Einkommensverbesserung auch unter dem Gesichtspunkt der nachehelichen Solidarität nicht gerechtfertigt ist, wenn sie vor der Trennung nicht zu erwarten war, mithin ein Karrieresprung vorliegt. Solche Einkommenssteigerungen haben ihre Grundlage nicht mehr in der Ehe, sondern beruhen nur noch auf eigenständigen Leistungen des Unterhaltspflichtigen nach der Ehe. Eine **Ausnahme** hiervon gilt nach der Rechtsprechung des Bundesgerichtshofs dann, wenn ein nachehelicher Karrieresprung lediglich einen neu hinzugetretenen Unterhaltsbedarf ausgleicht und nicht zu einer Erhöhung des Unterhalts nach den während der Ehe absehbaren Verhältnissen führt. In diesem Fall ist das aus dem Karrieresprung resultierende Einkommen in die Unterhaltsbemessung einzubeziehen[39] (→ *Unterhaltsberechnung* Rn. 7).

30 BGH 21.1.1998 – XII ZR 117/96, FamRZ 1998, 1501.
31 BVerfG 25.1.2011 – 1 BvR 918/10, FamRZ 2011, 437.
32 BGH 7.12.2011 – XII ZR 151/09, FamRZ 2012, 281.
33 *Gerhardt* FamRZ 2012, 589 (591).
34 BGH 27.5.2009 – XII ZR 111/08, FamRZ 2009, 1207.
35 BGH 7.12.2011 – XII ZR 151/09, FamRZ 2012, 281.
36 BGH 25.9.2019 – XII ZB 25/19, FamRZ 2020, 21.
37 BGH 17.12.2008 – XII ZR 9/07, FamRZ 2009, 411.
38 OLG Brandenburg 3.6.2019 – 9 UF 49/19, NZFam 2019, 923.
39 BGH 17.12.2008 – XII ZR 9/07, DNotZ 2009, 550.

Die **Abgrenzung** von in der Ehe angelegter und auf Karrieresprüngen beruhender Einkommensentwicklungen ist in der Praxis häufig schwierig. Es können nur solche Einkünfte in der Ehe angelegt sein, die ihre Wurzeln im gemeinsamen Zusammenleben haben. Leider gibt es in der Rechtsprechung keine in Zahlen kalkulierbare Richtschnur, ab welcher Einkommenserhöhung ein Karrieresprung vorliegt. Bei der Beurteilung, ob ein Karrieresprung vorliegt, ist immer eine Einzelfallbetrachtung vorzunehmen. An einer prozentualen Größenordnung bezüglich der Einkommenserhöhung kann ein solcher Karrieresprung nicht allein festgemacht werden. Anhaltspunkte dürften aber folgende allgemeine Kriterien sein: neue Aufgabenbereiche, verantwortungsvollere Tätigkeiten, erheblich gestiegenes Einkommen.[40] Auch die Art der Beförderung ist ein Anhaltspunkt, Regelbeförderungen zB im öffentlichen Dienst nach den Besoldungsstufen oder Gehaltsstufen sind grundsätzlich keine Karrieresprünge. Anders hingegen bei Leistungsbeförderungen, die auch in der Privatwirtschaft regelmäßig Karrieresprünge darstellen, wenn damit verantwortungsvollere und neue Tätigkeiten verbunden sind.[41] Besonders schwierig sind Einkommenssteigerungen bei Selbstständigen. Hier wird man wohl vor allem mit der Höhe der Gehaltssteigerungen arbeiten müssen, denn eine klassische Karriereleiter existiert nicht.[42] In der Literatur werden zB Bruttogehaltssteigerungen von über 20–25 % gegenüber der Trennung als Karrieresprünge qualifiziert.[43] Die Aufnahme einer selbstständigen Tätigkeit nach Trennung, die nicht davor schon geplant und vorbereitet war, und damit verbundene Einkommenssteigerungen dürften häufig ebenfalls Karrieresprünge darstellen.[44] Im Folgenden soll ein Überblick über die bestehende Kasuistik vermittelt werden.

2. Beispiele aus der Rechtsprechung

a) Kein Karrieresprung

- Bei Aufnahme einer Auslandstätigkeit wenige Stunden nach der Trennung.[45] Die Tätigkeit war noch 10
  während des Zusammenlebens geplant und auch der Anstellungsvertrag wurde in dieser Zeit unterzeichnet.
- Einkommensverbesserungen eines Berufskraftfahrers, der nach der Trennung vom Nahverkehr in den Fernverkehr wechselt, da es nicht ungewöhnlich ist, dass ein Berufskraftfahrer im Laufe seines Arbeitslebens vom Nahverkehr in den Fernverkehr und umgekehrt wechselt.[46]
- Einkommensverbesserungen durch Aufnahme einer selbstständigen Tätigkeit.[47] Fallen Trennung und Selbstständigkeit zeitlich zusammen, so prägen die hieraus erzielten Einkünfte die ehelichen Lebensverhältnisse, da die Selbstständigkeit keine außergewöhnliche, während des Zusammenlebens der Beteiligten nicht geplante und unvorhergesehene Entwicklung darstellt.
- Übernahme eines Elektroinstallationsunternehmens elf Jahre nach der Trennung, aber vor Rechtskraft der Scheidung.[48] Hier ist der besondere Sachverhalt zu berücksichtigen (der Unterhaltspflichtige hatte bereits während des Zusammenlebens seine Prüfung als Elektromeister abgelegt und sich bereits ein Jahr nach der Trennung um die Übernahme eines konkreten Betriebs gekümmert). Außerdem gab es einen ca. fünfmonatigen Versöhnungsversuch, in dem auch die Rede von einer Selbstständigkeit des Unterhaltspflichtigen war.
- Berufsentwicklung vom Werkstattleiter zum Gewerbelehrer.[49]
- Aufstieg vom Verwaltungsdirektor/stellvertretenden Intendanten zum Intendanten einer Rundfunkanstalt.[50] In diesem Fall war das Ausscheiden des früheren Intendanten bereits vor der räumlichen Tren-

40 So etwa OLG Brandenburg 3.6.2019 – 9 UF 49/19, NZFam 2019, 923.
41 OLG Brandenburg 3.6.2019 – 9 UF 49/19, NZFam 2019, 923.
42 OLG Karlsruhe 15.5.2019 – 18 UF 68/18, BeckRS 2019, 34914.
43 Wendl/Dose UnterhaltsR/*Siebert* § 4 Rn. 558.
44 OLG Hamm 18.12.2015 – 13 UF 31/14, FamRZ 2017, 38: angestellter zu selbstständigem Anästhesist.
45 OLG Karlsruhe 12.12.1996 – 2 UF 35/95, FamRZ 1997, 1279.
46 OLG Köln 16.3.2001 – 25 UF 222/00, FamRZ 2001, 1374.
47 BGH 10.2.1988 – IVb ZR 16/87, FamRZ 1988, 927.
48 OLG Köln 7.12.1994 – 26 UF 141/94, FamRZ 1995, 876.
49 OLG Hamm 3.5.1990 – 1 UF 384/89, FamRZ 1990, 1361.
50 OLG Saarbrücken 9.7.2003 – 9 UF 93/99.

nung der Beteiligten bekannt, die erstrebte Kandidatur des Unterhaltsschuldners im engsten Freundes- und Familienkreis bekannt und von der Ehefrau mitgetragen und unterstützt worden.

- Beförderung eines Beamten aus der Besoldungsgruppe A 12 in die Gruppe A 13.[51] Der Unterhaltspflichtige hat sich bereits im Vorfeld um die neu zu besetzende Stelle der Gruppe A 13 beworben. Es ist keine vom Normalfall erheblich abweichende Entwicklung, zumal die Prägung für die Position bereits vorher vorhanden war.
- Rentenbezüge eines vom Hauptmann (Besoldungsgruppe A 11) zum Oberstleutnant (Besoldungsgruppe A 15) beförderten Unterhaltspflichtigen.[52] Die Beförderung vom Hauptmann zum Oberstleutnant ist bei einem kriegsgedienten Offizier durchaus normal.
- Aufstieg vom Maschinensteiger zum Reviersteiger.[53] Zum Zeitpunkt der Scheidung war der Pflichtige bereits im zehnten Jahr Maschinensteiger, so dass seine baldige Beförderung zum Reviersteiger mit hoher Wahrscheinlichkeit zu erwarten war und auch von den Beteiligten tatsächlich erwartet wurde.
- Höherstufung um eine Vergütungsgruppe im Tarifvertrag und Gewährung einer monatlichen Zulage.[54]
- Beförderung vom Referatsleiter zum Ministerialrat.[55] Maßgeblich war bei dieser Entscheidung, dass die Beförderung zum Zeitpunkt der Scheidung bereits derart wahrscheinlich war, dass die Ehegatten ihren Lebenszuschnitt vernünftigerweise darauf einstellen konnten.
- Beförderung vom Außendienstmitarbeiter zum Bezirksleiter.[56] Eine solche Entwicklung stellt für sich keinen außergewöhnlichen Karriereanstieg dar.
- Aufstieg vom Schichtsteiger zum Leiter der Elektrowerkstatt.[57] Die hierfür erforderlichen Fortbildungsmaßnahmen waren von geringer Intensität und fielen somit nicht aus dem üblichen Rahmen.
- Einkommensanstieg in einem Zeitraum von rund sieben Jahren ab Scheidung von 3842,50 DM brutto auf 5203 DM beim gleichen Arbeitgeber.[58] Einkommenssteigerungen, die auf einer gleichmäßigen Verbesserung der Entlohnung durch denselben Arbeitgeber beruhen und nicht auf einem Wechsel in eine höher qualifizierte Stellung, sind kein außergewöhnlicher Karrieresprung.
- Einkommenssteigerungen um etwa das Dreifache.[59] Hier entsprach es dem normalen beruflichen Werdegang. Es war keine neue oder zusätzliche Ausbildung erforderlich. Eine kontinuierliche Fortbildung und Anpassung an neue berufliche Anforderungen ist Voraussetzung für eine erfolgreiche Teilnahme am Erwerbsleben. Die nacheheliche Einkommensentwicklung hat ihre Ursachen in der Ehe, wie ein während der Ehe absolviertes Fachhochschulstudium, das zur späteren Einkommenssteigerung führt.[60]
- Beförderung vom Kraftfahrer zum Fernkraftfahrer, auch wenn das Einkommen in der neuen Einsatzart höher ist.[61]
- Beförderung eines Konzernangestellten bei 30 % Gehaltserhöhung und Arbeitsplatzwechsel in die Schweiz. Zwar wertet das Gericht die Gehaltssteigerung als Indiz. Als Gegenindiz entkräftet dieses Indiz aber die Feststellung, dass die Beförderung kurz nach Trennung erfolgte und deren Grundstein im Wesentlichen durch die Tätigkeit vor Trennung gelegt worden ist.[62]

b) Karrieresprung

11 - Das 21 Jahre nach Scheidung der Ehe erfolgte Aufrücken des unterhaltspflichtigen Ehegatten aus dem mittleren Management in die obere Führungsebene eines großen Chemieunternehmens entspricht nicht

51 OLG Zweibrücken 5.9.2000 – 5 UF 49/00.
52 BGH 13.4.1982 – IVb ZR 741/80, FamRZ 1982, 684.
53 BGH 20.7.1990 – XII ZR 74/89, FamRZ 1990, 1090.
54 OLG Hamm 28.2.1997 – 13 UF 370/96, FamRZ 1998, 291.
55 OLG Köln 21.1.1992 – 4 UF 170/91, FamRZ 1993, 711.
56 BGH 19.7.2000 – XII ZR 161/98, FamRZ 2000, 1492.
57 OLG Hamm 19.10.2005 – 11 UF 78/05, FamRZ 2006, 707.
58 OLG Karlsruhe 26.11.1987 – 2 UF 162/85, FamRZ 1988, 507.
59 OLG Celle 12.10.2005 – 12 UF 222/04, FamRZ 2006, 704.
60 OLG Celle 12.10.2005 – 12 UF 222/04, FamRZ 2006, 704.
61 OLG Köln 16.3.2001 – 25 UF 222/00, FamRZ 2001, 1374.
62 OLG Karlsruhe 15.5.2019 – 18 UF 68/18, BeckRS 2019, 34914.

dem Normalverlauf der beruflichen Entwicklung eines promovierten Chemikers und prägt deshalb die ehelichen Lebensverhältnisse nicht mehr.[63]

- Beförderung eines Bankkaufmanns[64] zum Abteilungsleiter mit einem um mehr als ein Drittel erhöhten Einkommen.
- Beförderung vom Bankangestellten zum Abteilungsdirektor mit Prokura. Hierbei handelt es sich nicht nur um die Auswechslung des Titels, sondern um eine echte Funktionsänderung.[65]
- Beförderung von einer Richterplanstelle R 2 in R 3.[66]
- Einkommensverbesserungen durch Einsatz der nach der Trennung zur Verfügung stehenden Freizeit für die berufliche Fortbildung statt der bisherigen Verwendung für das eheliche Zusammenleben.[67] Durch konsequente Fortbildung in der erst nach der Trennung freigewordenen Freizeit konnte erfolgreich eine Bewerbung initiiert werden. Die Gesamtentwicklung war zum Zeitpunkt der Trennung nicht absehbar.
- Beförderung eines Sonderschullehrers (A 13) zum Konrektor (A 14).[68] Es handelt sich nicht um eine Regelbeförderung, zumal es verhältnismäßig wenig Stellen als Konrektor gibt.
- Aufstieg eines Sportjournalisten zum Leiter einer übergeordneten Schwerpunktredaktion.[69]
- Berufs- und Einkommensentwicklung eines Unterhaltspflichtigen, der nach kaufmännischer Lehre zunächst als Sachbearbeiter der kaufmännischen Abteilung eingesetzt war und erst nach Trennung und Scheidung in einem anderen Unternehmen die Position eines Abteilungsleiters im Verkaufsbüro übernahm.[70]
- Einkommenssteigerung des Pflichtigen, der sowohl zum Zeitpunkt der Trennung als auch zum Zeitpunkt der Scheidung als Verkaufsleiter beschäftigt war und erst rund drei Jahre nach der Scheidung zum Geschäftsführer des gleichen Unternehmens aufstieg.[71] Diese berufliche Entwicklung beruhte allein auf dem Einsatz und den Leistungen des Unterhaltspflichtigen nach der Scheidung und nicht auf einem normal üblichen beruflichen Werdegang.
- Übermäßig gute wirtschaftliche Entwicklung einer selbstständigen Tätigkeit.[72] Im vorliegenden Fall basiert der geschäftliche Aufschwung erkennbar auf besonderen im Verlauf der Trennung der Beteiligten erbrachten unternehmerischen Leistungen des Unterhaltspflichtigen, die ihre Grundlage nicht in den früheren gemeinsamen Arbeits- und Lebensverhältnissen der Beteiligten hatten.
- Aufstieg vom Angestellten zum freien Handelsvertreter mit höherem Einkommen.[73]
- Die Berufung eines Oberarztes zum Chefarzt eines Krankenhauses während der Trennungszeit, jedoch etwa fünf Jahre nach der Trennung der Eheleute kann eine unterhaltsrechtlich unerwartete, vom Normalverlauf erheblich abweichende Entwicklung darstellen, so dass aus der Chefarzttätigkeit erzielte Einkünfte die ehelichen Lebensverhältnisse nicht prägen.[74]
- Wechsel eines in einem Krankenhaus angestellten Oberarztes (Anästhesisten) in die Selbstständigkeit als niedergelassener Arzt mehrere Jahre nach der Trennung. Als Grund wurden wirtschaftliche Schwierigkeiten der Klinik angegeben.[75]
- Abteilungsleiter in einem Konzern steigt zum Direktor „Strategie“ nahe der Geschäftsleitung auf. Der Pflichtige wurde erst Hauptabteilungsleiter, dann Direktor Produktionsplanung und dann Direktor Strategie.[76]

---

63 OLG Zweibrücken 28.7.2006 – 2 UF 249/05.
64 OLG Schleswig 24.1.2003 – 10 UF 209/01, NJW-RR 2004, 147.
65 OLG Köln 29.12.2003 – 14 WF 180/03, FamRZ 2004, 1114.
66 OLG Celle 4.11.1998 – 21 UF 146/98, FamRZ 1999, 858.
67 OLG Koblenz 17.3.2003 – 13 UF 63/03, FamRZ 2003, 1109.
68 OLG Nürnberg 1.12.2003 – 7 WF 3447/03, FamRZ 2004, 1212.
69 OLG Koblenz 25.11.1996 – 13 UF 568/96, NJW-FER 1997/122.
70 OLG Hamm 16.6.1989 – 5 UF 501/88, FamRZ 1990, 65.
71 OLG München 10.1.1997 – 12 WF 1262/96, FamRZ 1997, 613.
72 BGH 31.3.1982 – IVb ZR 661/80, FamRZ 1982, 576.
73 OLG Stuttgart 19.11.1990 – 11 UF 119/90, FamRZ 1991, 952.
74 OLG Celle 7.11.2007 – 15 UF 56/07, Beck-RS 2008, 16053.
75 OLG Hamm 18.12.2015 – 13 UF 31/14, FamRZ 2017, 38.
76 OLG Brandenburg 3.6.2019 – 9 UF 49/19, NZFam 2019, 923.

3. Folgen

12 Beruht das aktuelle Einkommen auf einem Karrieresprung, kann für die Unterhaltsberechnung nicht etwa das Einkommen zum Zeitpunkt der Trennung zugrunde gelegt werden. Vielmehr ist das bedarfsbestimmende Einkommen **fiktiv** zu ermitteln, wie es sich bei einer normalen, während des Zusammenlebens erwarteten Entwicklung gesteigert hätte.[77] Alternativ ist das Einkommen zum Zeitpunkt der Trennung anhand der Indizes der Statistischen Jahrbücher hochzurechnen, um Gehaltserhöhungen mit zu berücksichtigen. Die Darlegungs- und Beweislast für einen Karrieresprung trägt der Unterhaltspflichtige.[78]

77 OLG Brandenburg 3.6.2019 – 9 UF 49/19, NZFam 2019, 923: 3 % pro Jahr.

78 OLG Brandenburg 3.6.2019 – 9 UF 49/19, NZFam 2019, 923; OLG Düsseldorf 2.3.2015 – 7 UF 224/14, BeckRS 2015, 125550.

78. Ehename

Vlassopoulou/J. Teubel

I. Einführung

Ehename kann nur der Name sein, den jemand infolge der Ehe hat. Das wirft zunächst die Frage auf, auf welche Weise eine verheiratete Person einen Ehenamen erhält, sei es zwingend oder automatisch durch die Eheschließung, und sodann die weitere Frage, ob die Ehegatten die **Wahl** haben, ob sie einen Ehenamen führen wollen, und wenn ja, wann und wie die Eheleute welchen Namen zum Ehenamen bestimmen können. 1

II. Materielles Familienrecht

1. Begrifflichkeit/Grundsätzliches

Ehename ist der **gemeinsame Familienname** der Ehegatten (§ 1355 Abs. 1 S. 1 BGB). Jede Person hat einen Familiennamen. Aber nur Ehegatten können einen Ehenamen tragen, müssen dies jedoch nicht. Nichtverheiratete erlangen keinen gemeinsamen Familiennamen. Lebenspartner tragen keinen Ehenamen, sondern inhaltsgleich einen Lebenspartnerschaftsnamen[1] (→ *Vereinbarungen zur eingetragenen Lebenspartnerschaft* Rn. 16). Haben die Eltern einen Ehenamen, so erhält ihr Kind diesen Ehenamen als Geburtsnamen (§ 1616 BGB). 2

Die Eheschließung selbst ändert die Namen der Ehegatten noch nicht. Wegen des Interesses eines oder beider Ehegatten, den bisherigen Namen weiterzuführen, bleibt es ihnen überlassen, einen Ehenamen zu bestimmen oder darauf zu verzichten. Das Gesetz appelliert aber durch die **Sollvorschrift** des § 1355 Abs. 1 S. 1 BGB zur Bestimmung eines Ehenamens (→ Rn. 7 ff.). 3

2. Gestaltungsmöglichkeiten

Die Ehegatten haben drei Gestaltungsmöglichkeiten: Sie können einen Ehenamen bestimmen (§ 1355 Abs. 1 S. 1 BGB) oder ihre bisherigen Familiennamen beibehalten (§ 1355 Abs. 1 S. 3 BGB). Schließlich kann ein Ehegatte seinen Namen mit dem Ehenamen zu einem Doppelnamen verbinden (§ 1355 Abs. 4 BGB). 4

Gem. § 14 Abs. 1 PStG sind die Eheschließenden vor der Eheschließung zu befragen, ob sie einen Ehenamen bestimmen wollen. Die **Erklärung** zum Ehenamen soll bei der Eheschließung erfolgen, und zwar gegenüber dem Standesbeamten. Die Ehegatten können sie aber auch zu einem späteren Zeitpunkt abgeben. Beispielhaft hierfür ist eine im Ausland erfolgte Eheschließung, bei der keine Erklärung über den Ehenamen erfolgte. Allerdings muss sie dann öffentlich beglaubigt werden (§ 1355 Abs. 3 BGB). Erklärungen unter Bedingung oder Befristung sind unwirksam. 5

Die **Namensbestimmung** kann nur einmal ausgeübt und nicht nachträglich geändert werden. Auch wenn die hM sie als Rechtsgeschäft ansieht, ist jedoch aus Gründen der Rechtssicherheit eine Anfechtung 6

1 BGH 20.7.2016 – XII ZB 609/14, NJW 2016, 2953.

grundsätzlich ausgeschlossen.[2] Andere wollen dagegen dem Ehegatten neben der Änderungsmöglichkeit bei Beendigung der Ehe (→ Rn. 18) auch eine Korrektur der irrtümlichen oder erzwungenen Namenswahl erlauben.[3]

7 **a) Bestimmung eines Ehenamens (§ 1355 Abs. 2 BGB).** Als Ehename kann wahlweise der Geburtsname oder der zur Zeit der Erklärung über die Bestimmung des Ehenamens geführte Name eines Ehegatten geführt werden (§ 1355 Abs. 2 BGB).

8 Als **Geburtsname** ist hier der Name zu verstehen, der in die Geburtsurkunde des Betreffenden zum Zeitpunkt der Erklärung über den Ehenamen (bzw. Begleitnamen, → Rn. 15) einzutragen wäre (§ 1355 Abs. 6 BGB). Er muss nicht mit dem Namen, der bei der Geburt eingetragen wurde, identisch sein, sondern kann sich geändert haben (vgl. §§ 1617 a ff., 1757, 1765, 1767 Abs. 2 BGB, → *Namensänderung* Rn. 8 ff.).

9 Bei der Wahl des Namens zum Ehenamen, den ein Ehegatte zum Zeitpunkt der Bestimmung führt, ist unerheblich, ob dieser Name aus einer früheren Ehe dieses Ehegatten stammt. Auch ein **„erheirateter" Name** kann zum Ehenamen gemacht werden.[4] Unerheblich ist auch, ob es bei dem erheirateten Namen um einen adligen Namen geht. Auch ein ausländischer Namenszusatz oder ein nur tatsächlich geführter Name kann zum Ehenamen bestimmt werden, wenn er über einen nicht unbedeutenden Zeitraum die Person des Namensträgers mitbestimmt hat und ein Vertrauenstatbestand vorliegt.[5]

10 Die Ehegatten können nicht einen **gemeinsamen Doppelnamen**, der aus den beiden Namen, die sie zum Zeitpunkt der Eheschließung führen, gebildet wird, zum Ehenamen bestimmen. Diese Namensform kann lediglich einer der Ehegatten durch Hinzufügung eines Begleitnamens erreichen (→ Rn. 13). Ein Doppelname kann nur dann zum Ehenamen bestimmt werden, wenn ein Ehegatte diesen Doppelnamen im Zeitpunkt der Namenserklärung führt oder er sein Geburtsname ist. Auch ein aus dem Ehenamen einer früheren Ehe und Begleitnamen zusammengesetzter Name eines Ehegatten kann zum Ehenamen der neuen Ehe werden, wodurch er zum echten tradierbaren Doppelnamen erstarkt.[6] Ähnliches gilt, wenn der Name des Ehegatten ein nach ausländischem Recht entstandener Doppelname ist. Der als Ehename gewählte Name eines Ehegatten kann ein mehrgliedriger Name sein (Beispiel: „Auf der Heide"). Unzulässig ist aber, nur einen Teil des Doppelnamens eines Ehegatten zum Ehenamen zu bestimmen.

11 Das Verbot, beide bisher geführten Namen als Doppelname zum Ehenamen zu bestimmen, können die Ehegatten nicht in der Weise umgehen, dass der Sammelname (wie Meyer, Müller, Schmidt) des einen Ehegatten zum Ehenamen bestimmt wird und sodann der Ehename nach § 3 NamÄndG durch Hinzufügung des Namens des anderen Ehegatten geändert wird.[7] Allenfalls durch Scheidung und erneute Heirat könnten die Ehegatten den zunächst aus Ehenamen und Begleitnamen gebildeten Doppelnamen zum echten Ehedoppelnamen machen.[8]

12 **b) Kein gemeinsamer Ehename (§ 1355 Abs. 1 S. 3 BGB).** Bestimmen die Ehegatten keinen Ehenamen, führen sie ihren zur Zeit der Eheschließung geführten Namen weiter (§ 1355 Abs. 1 S. 2 BGB). Welchen Geburtsnamen gemeinsame Kinder erhalten, regeln §§ 1617 f. BGB (→ *Namensbestimmung bei Minderjährigen* Rn. 5 ff.).

13 **c) Gemeinsamer Ehename und Begleitname, Doppelname eines Ehegatten (§ 1355 Abs. 4 BGB).** Der Ehegatte, dessen Name nicht Ehename wird, kann dem Ehenamen seinen Geburtsnamen oder den Namen, den er zur Zeit der Erklärung über die Bestimmung des Ehenamens führt, voranstellen oder anfügen

---

2 OLG München 23.12.2008 – 31 Wx 105/08, StAZ 2009, 78; OLG Nürnberg 27.4.2016 – 11 W 1438/15, FamRZ 2016, 1586.

3 MüKoBGB/*v. Sachsen Gessaphe* § 1355 Rn. 29.

4 Palandt/*Siede*, 80. Aufl. 2021, BGB § 1355 Rn. 4.

5 BVerfG 11.4.2001 – 1 BvR 1646/97, NJWE-FER 2001, 193; vgl. aber auch OLG Naumburg 9.9.2014 – 2 Wx 85/13, NZFam 2014, 1048.

6 BT-Drs. 15/3979, 7.

7 BVerwG 3.2.2017 – 6 B 50/16, NJW 2017, 2361.

8 NK-BGB/*Wellenhofer* § 1355 Rn. 9.

(§ 1355 Abs. 4 S. 1 BGB). Die Hinzufügung eines Begleitnamens ist ausgeschlossen, wenn der Ehename aus mehreren Namen besteht, nicht aber, wenn dieser als einheitlich empfunden wird.[9] Hintergrund ist, die Bildung von Doppel- und Mehrfachnamen zurückzudrängen, um dem Namen seine Identifikationskraft zu erhalten und auch in der Generationenfolge zu sichern.[10] Besteht der Geburtsname oder der zum maßgeblichen Zeitpunkt geführte Name des Ehegatten aus mehreren Namen, kann er nur einen dieser Namen als Begleitnamen benutzen (§ 1355 Abs. 4 S. 3 BGB). Der Ehegatte, der einen Begleitnamen bestimmt, führt dann einen Doppelnamen.

Begleitname kann auch der Name sein, der aus einer vorangegangenen Eheschließung oder Lebenspartnerschaft erworben wurde. Wurde der Geburtsname als Begleitname gewählt, tritt ein als Folge einer späteren **Adoption** geänderter Geburtsname zwingend an die Stelle des früheren Geburtsnamens als Beiname zum Ehenamen, was nur durch Widerruf beseitigt werden kann.[11] 14

Die **Erklärung zum Begleitnamen** kann bei der Eheschließung oder auch zu einem späteren Zeitpunkt erfolgen, muss dann aber öffentlich beglaubigt werden (§ 1355 Abs. 4 S. 5 BGB). Sie unterliegt keiner Frist und bedarf nicht der Zustimmung oder der Beteiligung des anderen Ehegatten. 15

Der Ehegatte kann die Erklärung zum Begleitnamen **widerrufen**, wodurch der Begleitname als Namensbestandteil wegfällt. Die Reihenfolge des gewählten Doppelnamens kann ebenso wenig geändert werden wie der bisherige Begleitname ersetzt werden kann (kein Tausch von Geburtsname und geführtem Namen). Der Widerruf, der auch nach Auflösung der Ehe möglich ist, muss öffentlich beglaubigt werden (§ 1355 Abs. 4 S. 5 BGB). Eine erneute Erklärung ist nicht zulässig (§ 1355 Abs. 4 S. 4 BGB). 16

3. Namensführung bei Verwitwung und Scheidung

Durch die Ehescheidung ändert sich an dem Ehenamen nichts. Sowohl der geschiedene als auch verwitwete Ehegatte behält den Ehenamen auch dann, wenn dieser Geburtsname oder erheirateter Name des anderen Ehegatten ist.[12] Eine Zustimmung oder Einwilligung des anderen Ehegatten zur Führung des Ehenamens nach der Scheidung ist nicht erforderlich. Der durch die Eheschließung erworbene Name kann auch an Kinder weitergegeben werden, die nicht aus dieser Ehe stammen. 17

Der geschiedene oder verwitwete Ehegatte kann aber durch Erklärung gegenüber dem Standesamt seinen **Geburtsnamen** oder den Namen wieder annehmen, den er bis zur Bestimmung des Ehenamens führte (§ 1355 Abs. 5 S. 2 BGB). Er kann außerdem dem erworbenen Ehenamen nunmehr den Geburtsnamen oder den bei der Bestimmung des Ehenamens geführten Namen unter den Voraussetzungen des § 1355 Abs. 4 BGB als Begleitnamen voran- oder nachstellen. Sämtliche Alternativen des § 1355 Abs. 5 BGB unterliegen keiner Frist. Die Wiederannahme des Geburtsnamens oder des früher geführten Namens ist unwiderruflich.[13] 18

4. Streit über die Führung des Ehenamens

Der Ehegatte, dessen Name zum Ehenamen bestimmt wurde, hat nach der Scheidung keinen Anspruch gegen den anderen auf Ablegung des angenommenen Ehenamens. Die **Fortführung** des Ehenamens kann nur in Ausnahmefällen wegen Rechtsmissbrauchs untersagt werden.[14] Eine ehevertragliche Abrede, in der sich der Ehegatte, dessen Name nicht zum Ehenamen bestimmt worden ist, verpflichtet, im Falle der Auflösung der Ehe seinen Geburtsnamen wieder anzunehmen, ist aber nicht generell sittenwidrig.[15] 19

9 Beispiel: „Auf der Heide“ oder Namensbestandteile wie „De“, „Di“, „Del“ oder „van“; OLG Jena 22.2.2006 – 9 W 708/05, StAZ 2007, 121.

10 BVerfG 5.5.2009 – 1 BvR 1155/03, NJW 2009, 1657.

11 BGH 17.8.2011 – XII ZB 656/10, NJW 2011, 3094.

12 Palandt/*Siede*, 80. Aufl. 2021, BGB § 1355 Rn. 14.

13 OLG Frankfurt a. M. 28.8.2009 – 20 W 87/09, NJW-RR 2010, 73.

14 BGH 25.5.2005 – XII ZR 204/02, NJW-RR 2005, 1521.

15 BGH 6.2.2008 – XII ZR 185/05, NJW 2008, 1528.

5. Maßgebliches Standesamt für die Namensführung

20 Zuständig für die Erklärung zur Bestimmung des Ehenamens, des Begleitnamens und dessen Widerruf oder bei Rechtswahl gem. Art. 10 EGBGB (→ Rn. 24 ff.) ist das Standesamt, das das **Eheregister** führt, in dem die Eheschließung beurkundet ist (§ 41 Abs. 2 PStG).

III. Internationales Privatrecht

1. Vorrang des Personalstatuts (Art. 10 Abs. 1 EGBGB)

21 Die Frage, nach welchem Recht sich die Führung des Ehenamens bei Ehen mit Auslandsberührung richtet, regelt in Ermangelung vorrangiger EU-Vorschriften und völkerrechtlicher Vereinbarungen (→ *Internationales Familienrecht* Rn. 2) Art. 10 EGBGB.

22 Demnach unterliegt die Namensführung einer Person dem Recht ihrer Staatsangehörigkeit, ihrem **Heimatrecht** (Art. 10 Abs. 1 EGBGB). Bei Mehrstaatern geht eine deutsche Staatsangehörigkeit vor, sonst ist die Staatsangehörigkeit, mit der die Person am engsten verbunden ist, die sog. effektive Staatsangehörigkeit, entscheidend (Art. 5 Abs. 1 EGBGB). Eine Rück- oder Weiterverweisung ist zu beachten (→ *Internationales Familienrecht* Rn. 10). Das Heimatrecht ist für die Namensführung insgesamt (dh Familiennamen, Vornamen, Schreibweise) maßgeblich.[16] Bei Eintragungen in deutsche Personenstandsbücher entscheidet grundsätzlich das deutsche Recht als lex fori über die Transliteration des Namens.[17] Bei dem Vorrang des Staatsangehörigkeitsrechts (= Personalstatut, s. Art. 5 EGBGB) bleibt es auch, wenn eine Person heiratet. Das bedeutet, dass für den ehelichen Namen jedes Ehegatten sein Personalstatut maßgeblich ist.

23 Haben die Ehegatten dieselbe **ausländische Nationalität** und kennt das gemeinsame Heimatrecht keinen Ehenamen, bleibt es auch nach der Eheschließung bei den getrennten Familiennamen. Entsprechendes gilt, wenn die Eheleute nicht dieselbe Nationalität haben und ihr jeweiliges Heimatrecht oder das Heimatrecht eines von ihnen einen Ehenamen nicht kennt. Ein Ehename kann gleichwohl gebildet werden, wenn sich die Heimatrechte inhaltlich nicht ausschließen, zB wenn der Ehemann nach seinem Heimatrecht seinen Namen behält, während die Ehefrau nach ihrem Heimatrecht infolge der Eheschließung den Namen ihres Mannes erwirbt. Die Ehegatten einer gemischt-nationalen Ehe können einen gemeinsamen Familiennamen wählen, wenn ihre Heimatrechte eine solche Option vorsehen und beide die konkrete Namenswahl zulassen. Das gilt auch für gemischt-nationale Ehen, an denen ein Deutscher beteiligt ist. Der Name des deutschen Ehegatten richtet sich nach § 1355 BGB, der Name seines ausländischen Ehegatten nach dessen Heimatrecht. Nur dann, wenn auch das Heimatrecht des ausländischen Ehegatten die Wahlmöglichkeit eines Ehenamens kennt, kann ein Ehename nach § 1355 Abs. 2 BGB bestimmt werden (→ Rn. 7 ff.).

2. Rechtswahl (Art. 10 Abs. 2 EGBGB)

24 Die Ehegatten können gem. Art. 10 Abs. 2 EGBGB ihre Namensführung durch Rechtswahl einer einheitlichen Rechtsordnung unterstellen, dh bestimmen, nach dem Recht welchen Staates sich ihr zukünftiger (Ehe-)Name richten soll. Dabei können sie als maßgebendes Recht für die zukünftige Namensführung das Recht des Staates, dem einer von ihnen angehört wählen, wobei es sich nicht um eine effektive Staatsangehörigkeit handeln muss. Hat einer von ihnen seinen gewöhnlichen Aufenthalt in Deutschland, können sie auch das deutsche Recht wählen.

25 Die (auch konkludent mögliche) **Erklärung** über die Rechtswahl für die Namensführung kann bei oder nach der Eheschließung getroffen werden. Es spielt keine Rolle, ob die Ehe im Inland oder im Ausland geschlossen wurde. Auch Eheleute, die im Ausland geheiratet haben, können diese Erklärung im Inland nachholen. Die Erklärung ist gegenüber dem Standesamt abzugeben, das auch ein ausländisches sein kann.[18] Eine nach der Eheschließung abgegebene Erklärung muss öffentlich beglaubigt werden. Wenn

16 BGH 17.2.1993 – XII ZB 134/92, NJW 1993, 2241.
17 Palandt/*Thorn* EGBGB Art. 10 Rn. 7.
18 OLG Düsseldorf 29.12.2009 – 3 Wx 73/09, StAZ 2010, 110.

die Rechtswahl keine Auswirkung auf die Namensführung hatte, sollen die Ehegatten sie zurücknehmen können.[19]

Folge der Rechtswahl nach Art. 10 Abs. 2 EGBGB ist, dass die Ehegatten den Familiennamen nach dem Recht des Staates führen, das sie gewählt haben. Besteht nach diesem Recht eine Wahl hinsichtlich des Ehenamens, können sie diese ausüben. Wählen die Ehegatten das deutsche Recht, können sie anschließend gem. § 1355 Abs. 2 BGB einen Ehenamen wählen, müssen dies aber nicht, sondern können auch die bei Eheschließung geführten Namen weiterführen (§ 1355 Abs. 1 BGB). Allein die Erklärung über die Rechtswahl führt nicht zu einem gemeinsamen Namen nach § 1355 Abs. 2 BGB. Beide Erklärungen können miteinander verbunden werden. Die Rechtswahl über den Ehenamen erstreckt sich nicht automatisch auf die aus der Ehe hervorgegangenen Kinder (Art. 10 Abs. 2 S. 3 EGBGB). 26

Die nach Art. 10 Abs. 2 EGBGB für das Inland wirksam getroffene Rechtswahl wird möglicherweise im Ausland, insbesondere außerhalb der EU, nicht anerkannt, wenn das Heimatrecht eines Ehegatten eine Rechtswahl nicht kennt. Der ausländische Ehegatte hat dann nach seinem Heimatrecht einen anderen Familiennamen als in Deutschland. Zur Vermeidung solcher **hinkenden Rechtsverhältnisse** sollten daher die Eheleute bei Abgabe der Erklärung darauf hingewiesen werden, dass die getroffene Wahl möglicherweise im Ausland nicht anerkannt wird. 27

Ehegatten, die unter dem für sie zuvor maßgebenden ausländischen Recht bereits einen Ehenamen bestimmt hatten, können, wenn für sie nach **Wechsel des Personalstatuts** deutsches Recht anwendbar ist, ihren Ehenamen für die Zukunft gem. § 1355 Abs. 1 S. 1, Abs. 2 BGB neu bestimmen.[20] Die Ehegatten können in einem solchen Fall oder bei der Wahl deutschen Rechts den Ehenamen gem. Art. 47 Abs. 1 EGBGB angleichen, dh an die deutsche Namensführung anpassen.[21] 28

3. Namensführung nach der Scheidung

Die namensrechtlichen Folgen der Ehescheidung richten sich nicht nach dem Scheidungsstatut (→ *Auslandsbezug bei Ehesachen* Rn. 29 ff.), sondern nach dem jeweiligen **Personalstatut** der Ehegatten.[22] 29

Haben die Ehegatten eine **Rechtswahl** für die Namensführung getroffen, ist das (gewählte) Ehenamensstatut auch für die Namensführung der Ehegatten nach Scheidung der Ehe maßgeblich. Der geschiedene Ehegatte soll aber entsprechend Art. 10 Abs. 2 EGBGB das Recht haben, nach Scheidung der Ehe wieder zum Namensrecht seiner Staatsangehörigkeit zurückzukehren.[23] 30

19 KG 23.2.2017 – 1 W 111/16, FGPrax 2017, 92.
20 BGH 21.3.2001 – XII ZB 83/99, NJW 2001, 2469.
21 BGH 3.12.2014 – XII ZB 101/14, NJW-RR 2015, 321 zur fehlenden Unterscheidung von Vor- und Familiennamen.
22 Palandt/*Thorn* EGBGB Art. 10 Rn. 12.
23 OLG Frankfurt a. M. 15.10.2004 – 20 W 301/04, FGPrax 2005, 25.

79. Ehescheidung

Wegener

I. Einführung

1 Das Scheidungsrecht ist vom Zerrüttungsprinzip geprägt. Dieses Prinzip wird vom Gedanken der gescheiterten Ehe als Scheidungsvoraussetzung getragen. Für das früher geltende Verschuldensprinzip ist daher kein Raum mehr. Die Scheidung der Ehe ist die Ausübung eines Gestaltungsrechts, welches ausschließlich durch richterliche Entscheidung gem. § 1564 S. 1 BGB erfolgen kann. Die **Scheidungsvoraussetzungen** ergeben sich gem. § 1564 S. 3 BGB abschließend aus §§ 1565–1568 BGB. Darunter sind die sogenannten vier Scheidungstatbestände zu verstehen. Die Scheidung nach einem Jahr Trennung im Einvernehmen der Eheleute, (→ Rn. 7 ff.) nach einem Jahr Trennung ohne Einvernehmen, (→ Rn. 11 f.) nach drei Jahren Trennung (Rn. 13) und vor Ablauf des Trennungsjahres (→ Rn. 14; → *Härtefallscheidung* Rn. 11 ff.). In allen Fällen ist die Erfüllung des Grundtatbestandes, (→ Rn. 2 ff.) also das Scheitern der Ehe, die Voraussetzung zur Scheidung.

II. Scheidungstatbestände

1. Grundtatbestand des § 1565 Abs. 1 BGB

2 Die Zerrüttung der Ehe ist die maßgebliche Scheidungsvoraussetzung. In § 1565 Abs. 1 S. 1 BGB verwendet der Gesetzgeber den unbestimmten Rechtsbegriff des **Scheiterns der Ehe**. Dies stellt den Grundtatbestand für alle Scheidungstatbestände dar. Ohne das Scheitern der Ehe festgestellt zu haben, kann keine Scheidung ausgesprochen werden.

3 Nach § 1565 Abs. 1 S. 2 BGB konkretisiert der Gesetzgeber den Rechtsbegriff des Scheiterns in den objektiven Bestandteil der **aufgehobenen Lebensgemeinschaft** und der Prognose, ob die Lebensgemeinschaft durch die Ehegatten wieder hergestellt werden wird.

4 Es muss eine tiefgreifende **Zerrüttung** objektiv feststellbar sein. Davon ist auszugehen, wenn die eheliche Lebensgemeinschaft aufgehoben ist. Zwar gehört zur ehelichen Lebensgemeinschaft typischerweise auch die häusliche Gemeinschaft, was man aus § 1567 BGB folgern kann. Dies ist aber nicht zwingend. Die Eheleute sind frei in der Gestaltung ihrer Ehe und damit auch in ihrer individuellen Definition, was unter der ehelichen Lebensgemeinschaft zu verstehen ist. So wird man das Vorliegen einer Ehe nicht verneinen können, nur weil die Eheleute von vorneherein nicht die Absicht hatten, eine **häusliche Gemeinschaft** zu begründen, sondern in zwei getrennten Wohnungen zu leben. Entsprechendes ist anzunehmen, wenn eine häusliche Gemeinschaft nicht begründet werden kann, etwa aus beruflichen Gründen oder weil ein Ehegatte sich in einem Pflegeheim oder in einer Haftanstalt befindet.

5 Es hängt daher von der Vorstellung der Eheleute ab, wann eine tiefgreifende Zerrüttung im Sinne der Aufhebung der ehelichen Lebensgemeinschaft vorliegt. Man wird dann davon sprechen können, wenn ein Festhalten an der Ehe von mindestens einem Partner endgültig abgelehnt wird und damit keine geistig-emotionale Verbindung zum anderen Partner aufrechterhalten werden soll.[1]

6 In einer Prognose (→ Rn. 11) ist gem. § 1565 Abs. 1 S. 2 BGB festzustellen, ob die Zerrüttung unheilbar ist. Das Getrenntleben an sich ist zwar ein starkes Indiz dafür. Dieser Umstand alleine reicht aber nicht aus,

1 NK-BGB/*Bisping* § 1565 Rn. 7.

um die Prognose zu rechtfertigen. Es muss mindestens ein Umstand hinzutreten, woraus mit an Sicherheit grenzender Wahrscheinlichkeit davon ausgegangen werden kann, dass eine Versöhnung der Eheleute nicht erfolgen wird. Ist daher eine **Versöhnungsbereitschaft** festzustellen, muss das Gericht nach § 136 Abs. 1 FamFG das Verfahren von Amts wegen aussetzen, es sei denn, die Ehegatten leben länger als ein Jahr getrennt und beide Ehegatten widersprechen. Durch den Widerspruch beider Ehegatten rechtfertigt sich die Prognose, dass eine Versöhnung mit an Sicherheit grenzender Wahrscheinlichkeit nicht zu erwarten ist. Beantragt der Antragsteller die Aussetzung des Verfahrens, muss das Gericht das Verfahren zumindest einmal aussetzen, § 136 Abs. 2 FamFG.

2. Scheidung nach einem Jahr Trennung

a) Im Einvernehmen der Eheleute. Leben die Ehegatten mehr als ein Jahr getrennt (→ *Getrenntleben* Rn. 1 ff.) und wünschen sie beide die Scheidung, wird gem. § 1566 Abs. 1 BGB **unwiderlegbar** das Scheitern der Ehe vermutet. Während dieser Zeit darf keine häusliche Gemeinschaft bestanden haben und mindestens einer der Ehegatten muss den Willen kundgetan haben, die häusliche Gemeinschaft zumindest bis auf Weiteres auch nicht wieder herstellen zu wollen. 7

Während die Beantragung der Scheidung gem. § 114 Abs. 1 FamFG nur durch einen Rechtsanwalt erfolgen kann, kann die Zustimmung in der mündlichen Verhandlung oder zur Niederschrift der Geschäftsstelle auch durch den anwaltlich nicht vertretenen Beteiligten erklärt werden, § 134 Abs. 1 FamFG. 8

Liegen die Voraussetzungen vor, stimmt der Antragsgegner der Scheidung zu oder stellt er durch seine anwaltliche Vertretung ebenfalls Scheidungsantrag, ist das Scheitern der Ehe durch den Richter nicht mehr zu überprüfen. Es ist kein Raum mehr für eine positive Prognose, das Scheitern der Ehe wird **unwiderlegbar** angenommen, § 1566 Abs. 1 BGB. Nur mit Zustimmung beider Ehegatten könnte das Verfahren gem. § 136 Abs. 1 S. 2 FamFG ausgesetzt werden. 9

An die Antragstellung bzw. die Zustimmung knüpft sich gleichzeitig der Verlust des **gesetzlichen Erbrechts** des anderen Ehegatten gem. § 1933 S. 1 BGB an und – allerdings widerlegbar bei anders gelagertem Erblasserwillen – der Verlust des gewillkürten Erbrechts gem. §§ 2077 Abs. 1 S. 2, 2268 Abs. 2, 2279 Abs. 2 BGB (→ *Ehegattenerbrecht* Rn. 10). Der überlebende Ehegatte, der sich auf eine vorhandene beiderseitige Versöhnungsbereitschaft beruft, trägt im Falle des § 1933 Abs. 1 S. 1 BGB hierfür die Beweislast.[2] 10

b) Ohne Einvernehmen der Eheleute. Leben die Ehegatten mehr als ein Jahr (aber noch nicht drei Jahre) getrennt (→ *Getrenntleben* Rn. 1 ff.) und beantragt nur ein Ehegatte die Scheidung, während der andere weder einen eigenen Scheidungsantrag stellt noch der Scheidung zustimmt, ist das Scheitern der Ehe ausdrücklich festzustellen. Es liegt eine streitige Scheidung vor. Der Ablauf eines Trennungsjahres an sich reicht noch nicht für die Vermutung des Scheiterns der Ehe. In diesen Fällen kommt der **Prognose** gem. § 1565 Abs. 1 S. 2 BGB darüber, ob noch eine Versöhnung der Eheleute zu erwarten ist, besondere Bedeutung zu (→ Rn. 6). Stellt das Gericht fest, dass der die Scheidung begehrende Ehegatte sich endgültig von der Ehe abgewendet hat, spricht dies für ein Scheitern der Ehe.[3] Dies ist vor allem dann anzunehmen, wenn es dem Ehegatten an jeder Bereitschaft fehlt, sich wieder auszusöhnen. Die einseitige **Aussöhnungsbereitschaft** des anderen Ehegatten oder der einseitige Wunsch, an der Ehe festzuhalten, reicht für eine positive Prognose nicht aus[4] und steht deshalb der Annahme des Scheiterns der Ehe nicht entgegen.[5] 11

Der Ehegatte, der die Scheidung nicht wünscht, kann eine abweisende Entscheidung nur erreichen, wenn der Nachweis gelingt, das Trennungsjahr sei noch nicht abgelaufen oder mit einer **Wiederherstellung** der ehelichen Lebensgemeinschaft sei konkret in absehbarer Zeit zu rechnen.[6] 12

2 OLG Hamm 28.5.2014 – 11 U 105/13.
3 OLG Brandenburg 12.2.2015 – 9 UF 216/14, FuR 2015, 612.
4 OLG Saarbrücken 8.6.2005 – 9 UF 131/04, FamRB 2006, 2.
5 OLG Saarbrücken 21.4.2011 – 6 UF 13/11.
6 OLG Brandenburg 10.3.2011 – 9 UF 90/10.

3. Scheidung nach mehr als drei Jahren Trennung

13 Leben die Ehegatten mehr als drei Jahre dauernd voneinander getrennt (→ *Getrenntleben* Rn. 1 ff.), wird gem. § 1566 Abs. 2 BGB das Scheitern der Ehe **unwiderlegbar** vermutet. Mithin wird auch bei streitiger Scheidung die Erfüllung des Scheidungsgrundtatbestandes angenommen. Es gibt keinen Raum zu prüfen, ob die Ehe tatsächlich gescheitert ist. Einwendungen, die Ehe sei in Wahrheit noch nicht gescheitert, sind unbeachtlich. Es kommt nicht darauf an, ob der andere Ehegatte der Scheidung zustimmt oder selbst Scheidungsantrag gestellt hat.

4. Scheidung vor Ablauf des ersten Trennungsjahres

14 Nach § 1565 Abs. 2 BGB kann die Ehe schon vor Ablauf des ersten Trennungsjahres geschieden werden, wenn der Ausnahmetatbestand der unzumutbaren Härte auf Seiten des Antragstellers vorliegt. Dieser Tatbestand wird häufig auch Härtefallscheidung genannt (→ *Härtefallscheidung* Rn. 1 ff.).

III. Härteklausel

15 Die Härteklausel des § 1568 BGB ist auf alle Scheidungstatbestände grundsätzlich anwendbar und sieht eine **Kinderschutzklausel** und eine **Ehegattenschutzklausel** vor. Ist die Ehe gem. § 1565 Abs. 1 BGB zerrüttet und liegen die Scheidungsvoraussetzungen vor, kann die Scheidung ausnahmsweise gem. § 1568 BGB verweigert werden, wenn dies im Sinne der minderjährigen Kinder oder des widersprechenden Ehegatten geboten erscheint. Ein endgültiges Scheidungsverbot stellt dies aber nicht dar. Die Scheidung kann unter Umständen zu einem späteren Zeitpunkt erneut beantragt werden.

1. Kinderschutzklausel

16 Erscheint die Aufrechterhaltung im Interesse der aus der Ehe hervorgegangenen minderjährigen Kinder aus besonderen Gründen ausnahmsweise notwendig, soll die Ehe nicht geschieden werden. § 1568 BGB ist eine **Ausnahmevorschrift** und daher eng auszulegen. Das Vorliegen des Ausnahmetatbestandes ist, anders als bei der Ehegattenschutzklausel, von Amts wegen zu prüfen.[7] Selbst wenn beide Ehegatten scheidungswillig sind, kann ausnahmsweise der Schutz des Kindes ein Versagen der Scheidung rechtfertigen.

17 Die Anwendung muss auf außergewöhnliche Fallgestaltungen beschränkt bleiben. Es müssen schädliche Folgen für das Kind zu befürchten sein, die infolge der Scheidung zu den trennungsbedingten Nachteilen noch hinzutreten und die durch die Aufrechterhaltung der gescheiterten Ehe abgewendet oder abgemildert werden können.[8] Die ernsthafte Gefahr des **Suizids** eines minderjährigen Kindes im Falle der Ehescheidung stellt beispielsweise einen besonderen Grund iSd § 1568 BGB dar.[9]

18 Lassen sich die Voraussetzungen des § 1568 BGB nicht feststellen, ist die Ehe zu scheiden. Liegen die Voraussetzungen vor, ist die Scheidung der Ehe nicht endgültig ausgeschlossen. Ein neuer Scheidungsantrag ist möglich, wenn die Härtegründe nicht mehr vorliegen, weil beispielsweise Volljährigkeit eingetreten ist oder im Falle der Suizidgefahr des minderjährigen Kindes eine Therapie erfolgreich war.

2. Ehegattenschutzklausel

19 Auf Seiten des widersprechenden Ehegatten müssen gem. § 1568 2. Alt. BGB außergewöhnliche Umstände vorliegen, die eine so **schwere Härte** darstellen würden, dass selbst unter Berücksichtigung der Belange des scheidungswilligen Ehepartners die Aufrechterhaltung der Ehe ausnahmsweise geboten erscheint.

20 Die Ehegattenschutzklausel kommt nur in Betracht, wenn der andere Ehegatte weder einen Scheidungsantrag eingereicht noch der Scheidung zugestimmt hat. Darüber hinaus muss er eine Erklärung dahin gehend abgeben, dass er die **Scheidung ablehnt**. Wird keine Erklärung abgegeben, darf das Gericht nicht von

7 *Garbe* in: PHdB-FamS § 2 Rn. 295.
8 OLG Frankfurt a. M. 9.1.2002 – 2 UF 62/01, NJW-RR 2002, 577.
9 OLG Bremen 17.12.1985 – 2 UF 209/83, FamRZ 1986, 469.

Amts wegen ermitteln. Der scheidungsunwillige Ehegatte muss die Umstände vortragen, die § 1568 BGB rechtfertigen sollen. Ihm obliegt der Beibringungsgrundsatz, § 127 Abs. 3 FamFG.

Die Umstände müssen **außergewöhnlich** und **atypisch** sein, also müssen Umstände durch die Scheidung eintreten, die nicht typischerweise bei einer Scheidung zu erwarten sind. Häufig liegen Fallkonstellationen im Zusammenhang mit einer schweren Erkrankung oder einer konkreten Suizidgefahr des Scheidungsunwilligen vor.[10] Diese Umstände müssen jeweils in einem besonderen Zusammenhang mit der Auflösung der Ehe durch die Scheidung stehen. Herzkrankheiten, hohes Alter, mit dem Alleinsein verbundene Ängste und/oder beherrschbare körperliche und seelische Belastungen rechtfertigen die Anwendung des § 1568 BGB regelmäßig nicht.[11] Das OLG Stuttgart hat einen Härtefall bei einem schwer erkrankten pflegebedürftigen 85-jährigen Scheidungsunwilligen bejaht, weil nach 58-jähriger Ehe eine Scheidung in den letzten Lebensjahren eine unzumutbare Härte darstelle.[12] 21

Die Aufrechterhaltung der Ehe muss **geboten** sein. Solange andere Möglichkeiten zur Milderung oder Beseitigung der Härte bestehen, besteht kein Grund, die Ehescheidung auszuschließen. 22

10 *Garbe* in: PHdB-FamS § 2 Rn. 300.
11 OLG Brandenburg 19.1.2007 – 9 UF 208/06.
12 OLG Stuttgart 14.5.2002 – 18 UF 519/01, NJW-RR 2002, 1443.

80. Eheschließung mit Ausländern (Ehefähigkeitszeugnis)

J. Teubel

I. Einführung

1 Bei einer Eheschließung unter Beteiligung eines Ausländers stellt sich insbesondere die Frage, nach welchem Recht sich die Eheschließung richtet und zwar sowohl hinsichtlich ihrer Form als auch in Bezug auf die Voraussetzungen der Eheschließung. Es ist zu ermitteln, ob die Ehefähigkeit der Verlobten gegeben ist und ob Eheverbote oder Ehehindernisse vorliegen. Wie bei jedem Fall mit Auslandsberührung ist vor der Falllösung in der Sache selbst zunächst auf der Ebene des Internationalen Privatrechts die Rechtsordnung zu bestimmen, die für die Beurteilung der Sache maßgeblich ist (kollisionsrechtliche Ebene, → *Internationales Familienrecht* Rn. 1). Auf der kollisionsrechtlichen Ebene fehlen vorrangige EU-Vorschriften. Was vorrangige völkerrechtliche Regelungen (Art. 3 EGBGB) angeht, so bestehen solche nur im Verhältnis zu wenigen Staaten, so namentlich das CIEC-Übereinkommen zur Erleichterung der Eheschließung im Ausland vom 10.9.1964, Konsularverträge[1] und das deutsch-iranische Niederlassungsabkommen vom 17.2.1929.[2] Das Haager Eheschließungsabkommen vom 12.6.1902 hat Deutschland mit Wirkung zum 1.6.2019 gekündigt. Maßgeblich ist daher grundsätzlich das deutsche autonome Kollisionsrecht, namentlich **Art. 13 EGBGB**.

2 Art. 13 EGBGB bestimmt neben der Anknüpfung der **Voraussetzungen der Eheschließung** auch die maßgeblichen Formvorschriften für eine Eheschließung im Inland. Zu dieser **Form** → *Eheschließung im Inland* Rn. 2 ff. Zur Form der Eheschließung im Ausland → *Eheschließung im Ausland* Rn. 5 ff.

II. Voraussetzungen der Eheschließung

1. Vorrang des Heimatrechts der Verlobten

3 Gem. Art. 13 Abs. 1 EGBGB beurteilen sich die Voraussetzungen der Eheschließung (Eheschließungsstatut) für jeden Verlobten nach seinem Heimatrecht (**Personalstatut**, Art. 5 EGBGB). Es ist für jeden Verlobten zu prüfen, ob nach seinem Heimatrecht alle Voraussetzungen für eine wirksame Eheschließung vorliegen. Eine durch die Ehe erworbene Staatsangehörigkeit wird nicht berücksichtigt, so dass für jeden Verlobten das Recht des Staates maßgeblich ist, dem er unmittelbar vor der Eheschließung angehört. Das Eheschließungsstatut ist insofern **unwandelbar**, als es auf den Zeitpunkt der Eheschließung ankommt und eine spätere Änderung einer Staatsangehörigkeit unbeachtlich ist.

4 Das Gesetz spricht zwar von „Verlobten", verlangt aber nicht das Vorliegen eines Verlöbnisses. Die Verweisung auf das Heimatrecht des Verlobten ist eine **Gesamtverweisung**, so dass eine Rück- oder Weiterverweisung durch das ausländische IPR zu beachten ist. Knüpft das ausländische IPR anders an und verweist zB auf deutsches Recht zurück, dann beurteilen sich die Voraussetzungen der Eheschließung für den ausländischen Verlobten nach den deutschen Sachvorschriften (vgl. Art. 4 Abs. 1 S. 2 EGBGB), dh nach §§ 1303 ff. BGB. Zur Anknüpfung an die Staatsangehörigkeit → *Internationales Familienrecht* Rn. 11.

---

1 S. Palandt/*Thorn* EGBGB Anh. zu Art. 13 Rn. 1.

2 *Andrae* IntFamR § 1 Rn. 3.

2. Anwendungsbereich

Was unter dem Anknüpfungsgegenstand „Voraussetzungen der Eheschließung" zu verstehen ist, bestimmt sich aus der Sicht des Staates, der die jeweilige Kollisionsnorm vorgibt. Für die Einordnung eines Sachverhalts bzw. einer Regelung unter eine Kollisionsnorm, also die sogenannte **Qualifikation**, ist grundsätzlich die lex fori, hier also deutsches Recht maßgeblich. 5

Danach fallen unter die „Voraussetzungen der Eheschließung" die Ehemündigkeit (aber → Rn. 10), die Notwendigkeit der Zustimmung anderer Personen (zB der Sorgerechtsberechtigten bei Minderjährigen), die Erklärung des Ehewillens und die Stellvertretung im Willen, die Zulässigkeit von Bedingungen und Befristungen, Ehehindernisse und Eheverbote, insbesondere der Doppelehe (→ *Doppelehe* Rn. 2 ff.), die Befreiung von Ehehindernissen, die Notwendigkeit einer Morgen- oder Brautgabe.[3] Auch die Folgen des Fehlens der Voraussetzungen für die Eheschließung, die Aufhebbarkeit und Heilung einer Ehe, die Befreiung von einem Eheverbot und die Rechtsstellung der aus einer ungültigen Ehe hervorgegangenen Kinder richten sich nach Art. 13 Abs. 1 EGBGB.[4] Für die Abstammung gilt allerdings Art. 19 EGBGB (→ *Auslandsbezug bei Abstammungssachen* Rn. 6 ff.). Ist eine Ehe fehlerhaft zustande gekommen, ist zu unterscheiden, ob nur ein Recht oder mehrere Rechte verletzt worden sind. Im Fall einer Doppelehe sind beispielsweise häufig die Heimatrechte beider Ehegatten verletzt. 6

Ist die Ehe nach dem Heimatrecht eines Verlobten nichtig, anfechtbar oder aufhebbar, nach dem Heimatrecht des anderen Verlobten dagegen wirksam (zB weil dieses eine Mehrehe zulässt), entscheidet über die Folgen des Fehlers das Recht, das die schärfere Folge vorsieht, das **ärgere Recht**. Bestimmt beispielsweise das ghanaische Recht, dass eine Doppelehe absolut nichtig ist („null and void"), während das deutsche Recht nur die Aufhebbarkeit der Ehe vorsieht (§ 1314 Abs. 1 Nr. 2 BGB, → *Doppelehe* Rn. 5), so ist die bigamische Ehe eines verheirateten Ghanaers mit einer Deutschen für nichtig zu erklären. Anzuwenden ist das ghanaische Recht, weil es die strengeren Rechtsfolgen vorsieht.[5] Ähnliches gilt für die Voraussetzungen einer Heilung. Eine bigamische Ehe, die nach dem Heimatrecht beider Verlobten nichtig ist, bleibt nichtig, auch wenn sie nach dem Heimatrecht des einen Verlobten geheilt wird.[6] 7

3. Ausnahmsweise Anwendung deutschen Rechts (Art. 13 Abs. 2 EGBGB)

Ist nach dem Heimatrecht eines ausländischen Verlobten eine Voraussetzung für eine wirksame Eheschließung nicht gegeben, kann unter Umständen gleichwohl die Ehe im Inland geschlossen werden. Das setzt gem. Art. 13 Abs. 2 EGBGB voraus, dass a) ein Verlobter zum Zeitpunkt der Heirat seinen gewöhnlichen Aufenthalt im Inland hat oder Deutscher ist, b) die Verlobten alles ihnen Zumutbare getan haben, um das Ehehindernis zu beseitigen (zB Antrag auf Befreiung von dem Ehehindernis gestellt) und c) es mit dem in Deutschland geltenden **Grundsatz der Eheschließungsfreiheit** unvereinbar wäre, die Eheschließung zu versagen. 8

Das Letztere kann der Fall sein, wenn beispielsweise das Heimatrecht die frühere Ehe eines Verlobten als fortbestehend betrachtet, weil es die Auflösung der Ehe durch Scheidung nicht kennt oder weil es ein ausländisches Urteil nicht anerkennt, durch das ein Verlobter geschieden wurde. Ist die frühere Ehe eines Verlobten durch eine in Deutschland erlassene oder anerkannte Entscheidung beseitigt oder der frühere Ehegatte des Verlobten in Deutschland für tot erklärt worden, liegt immer ein Verstoß gegen den Grundsatz der Eheschließungsfreiheit vor (Art. 13 Abs. 2 Nr. 3 EGBGB).

Sind alle drei Voraussetzungen kumulativ erfüllt, bleibt das ausländische Recht, das zB die Eheschließung wegen Religionsverschiedenheit verbietet, insoweit unberücksichtigt und deutsches Recht wird angewendet. Da nach deutschem Recht die **Religionsverschiedenheit** kein Ehehindernis darstellt, kann die Ehe 9

3 *Andrae* IntFamR § 1 Rn. 36–39.

4 Palandt/*Thorn* EGBGB Art. 13 Rn. 13 f.

5 BGH 4.10.1990 – XII ZB 200/87, NJW 1991, 3088; *Andrae* IntFamR § 1 Rn. 165.

6 OLG Nürnberg 30.6.1997 – 7 UF 1117/97, NJW-RR 1998, 2.

wirksam geschlossen werden, vorausgesetzt, dass alle übrigen materiellen Voraussetzungen nach dem Heimatrecht des Verlobten erfüllt sind.

4. Ehemündigkeit

10 Die Anknüpfung an die Staatsangehörigkeit wird hinsichtlich der Ehemündigkeit durch Art. 13 Abs. 3 EGBGB überlagert (→ *Ehefähigkeit* Rn. 11). Hatte ein Verlobter bei Eheschließung das 16. Lebensjahr noch nicht vollendet, so ist die Ehe unwirksam. Dies gilt allerdings nicht, wenn der minderjährige Ehegatte vor dem 22.7.1999 geboren wurde oder die Ehegatten die nach ausländischem Recht wirksame Ehe bis zur Volljährigkeit des Minderjährigen im Ausland geführt haben (Art. 229 § 44 Abs. 4 EGBGB). War ein Verlobter bei Eheschließung zwar 16, aber noch keine 18 Jahre alt, so ist die Ehe nach deutschem Recht, also nach § 1313 ff. BGB, aufhebbar.

5. Öffentliche Ordnung

11 Erlaubt das Heimatrecht der Verlobten eine Eheschließung, die das deutsche Recht verbietet, weil zB einer der ausländischen Verlobten verheiratet ist, kann der Anwendung des ausländischen Rechts der Vorbehalt des ordre public (Art. 6 EGBGB) entgegenstehen. Die Vorbehaltsklausel des Art. 6 EGBGB ist eine **Ausnahmevorschrift**. Sie wird angewendet, wenn die Anwendung des an sich berufenen ausländischen Rechts zu einem Ergebnis führt, das mit wesentlichen Wertvorstellungen des deutschen Rechts offensichtlich unvereinbar ist und insbesondere gegen die Grundrechte verstößt. Das wäre bei einer Mehrehe im Inland der Fall (→ *Doppelehe* Rn. 2). Würden Vorschriften eines ausländischen Rechts eine Eheschließung auch gegen den Willen eines oder beider Ehegatten erlauben (**Zwangsheirat**), verstößt eine so geschlossene Ehe gegen die öffentliche Ordnung (vgl. auch § 237 StGB). Auch eine Stellvertretung im Willen ist insoweit problematisch.[7]

6. Gleichgeschlechtliche Ehe

12 Die Begründung einer Ehe von zwei Personen desselben Geschlechts einschließlich der Form richtet sich nach den **Sachvorschriften des registerführenden Staates** (Art. 17 b Abs. 4 iVm Abs. 1 S. 1 EGBGB) und nicht nach den Vorschriften des Heimatstaates. Dadurch können auch diejenigen, deren Heimatrecht für die Eheschließung Geschlechtsverschiedenheit vorschreibt, ohne Weiteres im Inland heiraten, ohne dass ein Rückgriff auf den ordre public (Art. 6 EGBGB) nötig ist. Welchem Geschlecht eine Person angehört, bestimmt sich entsprechend Art. 7 EGBGB nach der Staatsangehörigkeit, sofern keine deutsche oder anzuerkennende ausländische Entscheidung über den Geschlechtsstatus vorliegt.[8] Die Sachnormen des registerführenden Staates gelten auch für die allgemeinen Ehewirkungen, soweit sie nicht von der EuGüVO erfasst werden (→ *Eheliche Lebensgemeinschaft* Rn. 32) und die Ehegatten keine Rechtswahl treffen (Art. 17 b Abs. 5 S. 2 EGBGB). Im Übrigen gelten Art. 10 Abs. 2, 13 Abs. 3, 17 Abs. 1–3, 17 a, 19 Abs. 1 S. 3, 22 Abs. 3 S. 1, 46 e EGBGB entsprechend. Das auf die Ehescheidung anwendbare Recht bestimmt die Rom III-VO (→ *Auslandsbezug bei Ehesachen* Rn. 29 ff.), für den Versorgungsausgleich gilt Art. 17 b Abs. 1 S. 2 und 3 EGBGB.

III. Ehefähigkeitszeugnis für Ausländer

1. Zweck

13 Um dem Standesbeamten bei ausländischen Verlobten die **Prüfung** zu erleichtern, dass die Voraussetzungen der Ehe für sie gemäß dem nach Art. 13 Abs. 1 EGBGB maßgeblichen ausländischen Recht vorliegen, verlangt § 1309 Abs. 1 S. 1 BGB von ihnen die Beibringung eines sog. Ehefähigkeitszeugnisses. Damit soll gleichzeitig vermieden werden, dass es zu einer Ehe kommt, die in der einen Rechtsordnung wirksam ist, aber nicht in der anderen (hinkende Ehe). Das ist zB der Fall, wenn der ausländische Verlobte nach

---

7 Vgl. AG Gießen 31.1.2000 – 22 III 81/99, StAZ 2001, 39.

8 *Andrae* IntFamR § 1 Rn. 189; ungenau daher OLG Schleswig 4.6.2019 – 2 Wx 45/19, FamRZ 2020, 1095.

deutschem Recht ehefähig wäre, so dass die Ehe im Inland wirksam wäre, nach seinem Heimatrecht aber eheunfähig ist, mit der Folge, dass die Ehe in seiner Heimat nicht besteht.

§ 1309 BGB ist **zwingendes Recht**. Gleichwohl ist die gegen die Sollvorschrift des § 1309 BGB geschlossene Ehe in Deutschland gültig. Das Erfordernis des Ehefähigkeitszeugnisses stellt ein aufschiebendes Ehehindernis dar.[9] 14

2. Betroffene Personen

§ 1309 BGB betrifft nicht alle Ausländer. Er bezieht sich nur auf **ausländische Verlobte**, für die sich die Voraussetzungen der Eheschließung gem. Art. 13 Abs. 1 EGBGB nach ausländischem Recht bestimmen. 15

Kein Ehefähigkeitszeugnis müssen Personen beibringen, für die hinsichtlich der Ehevoraussetzungen deutsches Recht gilt. Das sind die Doppel- oder Mehrstaater, die auch Deutsche sind (Art. 5 Abs. 1 S. 2 EGBGB), Staatenlose mit gewöhnlichem oder einfachem Aufenthalt in Deutschland (Art. 5 Abs. 2 EGBGB) sowie heimatlose Ausländer, anerkannte Asylberechtigte und Flüchtlinge mit Wohnsitz oder gewöhnlichem Aufenthalt im Inland. Dagegen müssen auch Ausländer, für die deutsches Recht wegen einer Rückverweisung (→ Rn. 4) gilt, ein Ehefähigkeitszeugnis beibringen (12.6.1 PStG-VwV). Verlobte gleichen Geschlechts benötigen kein Ehefähigkeitszeugnis, da ihre Eheschließung in Deutschland immer deutschem Recht unterliegt (→ Rn. 12). 16

3. Inhalt und Wirkung des Ehefähigkeitszeugnisses

Das Zeugnis muss sich auf eine **bestimmte Ehe**, also auf die Eheschließung des Ausländers mit einer bestimmten Person beziehen und bestätigen, dass nach dem Heimatrecht kein rechtliches Hindernis für die Eheschließung besteht.[10] 17

Das Ehefähigkeitszeugnis bindet den Standesbeamten nicht. Er hat zu prüfen, ob der Eheschließung ein Hindernis entgegensteht (§ 13 Abs. 1 PStG). Hat der Standesbeamte Zweifel an der Echtheit des Zeugnisses, kann er die **Legalisation** durch die jeweilige deutsche Vertretung im Ausland verlangen (A.5.1 PStG-VwV), soweit dies nicht durch ein internationales Abkommen ausgeschlossen ist (→ Rn. 20). 18

Trotz Vorlage eines Ehefähigkeitszeugnisses kann ein Ehehindernis bestehen, etwa wenn das ausländische und das deutsche Recht die Frage, ob ein Verlobter bereits wirksam verheiratet oder schon wirksam geschieden ist, unterschiedlich beurteilen oder wenn der Heimatstaat die Mehrehe kennt.[11] Stellt der Standesbeamte fest, dass ein **Ehehindernis** besteht, muss er die Eheschließung ablehnen. Die Verlobten können dann gem. § 49 PStG vorgehen. 19

4. Ausstellungsbehörde und Dauer des Ehefähigkeitszeugnisses

Ob die materiellrechtlichen Voraussetzungen für die Eheschließung vorliegen, können an sich nur die Heimatbehörden des Verlobten beurteilen. Erforderlich ist deshalb ein Zeugnis der inneren Behörde des Heimatstaates. Damit scheiden diplomatische oder konsularische Vertretungen grundsätzlich aus. Es genügt aber auch eine Urkunde iSv Art. 3 Nr. 1 Buchst. e **VO (EU) 2016/1191 (Apostillen-VO)**, die auch von einer diplomatischen oder konsularischen Vertretung eines Mitgliedstaats ausgestellt sein kann, sowie eine Bescheinigung einer anderen Stelle nach Maßgabe eines mit dem Heimatstaat des Betroffenen geschlossenen Vertrages (§ 1309 Abs. 1 S. 2 BGB). Ein solches Abkommen ist das **Münchener CIEC-Übereinkommen** über die Ausstellung von Ehefähigkeitszeugnissen vom 5.9.1980,[12] gem. dessen Art. 8 die Vertragsstaaten die für die Ausstellung der Zeugnisse zuständigen Behörden genau angeben. Gem. Art. 10 des Übereinkommens benötigen die so ausgestellten Zeugnisse keine Legalisation. Weitere 20

9 Palandt/*Siede*, 80. Aufl. 2021, BGB § 1309 Rn. 3.
10 BGH 12.2.1964 – IV AR (VZ) 39/63, NJW 1964, 976.
11 NK-BGB/*Antomo* § 1309 Rn. 12.
12 BGBl. 1997 II 1087; Vertragsstaaten sind zB die Türkei und Moldau.

Erleichterungen gelten im Verhältnis zur Schweiz und zu Luxemburg und Österreich (A.5.3.2, A.5.3.3 und A.5.3.5 PStG-VwV).

21 Das Zeugnis gilt für sechs Monate seit der Ausstellung, es sei denn, es ist in ihm eine kürzere Geltungsdauer angegeben (§ 1309 Abs. 1 S. 3 BGB).

5. Befreiung (§ 1309 Abs. 2 BGB)

22 Ein Ehegatte kann von dem Erfordernis der Beibringung des Ehefähigkeitszeugnisses gem. § 1309 Abs. 2 BGB durch den Präsidenten des zuständigen OLG befreit werden. Sind beide Ausländer und kann keiner ein Ehefähigkeitszeugnis vorlegen, müssen beide Befreiung beantragen.

23 **a) Verfahren.** Die Befreiung von der Beibringung des Ehefähigkeitszeugnisses wird auf **Antrag des Verlobten** vom **Präsidenten des OLG** erteilt, in dessen Bezirk das Standesamt, bei dem die Eheschließung angemeldet worden ist, seinen Sitz hat. Der Antrag ist beim für die Anmeldung der Eheschließung zuständigen Standesamt zu stellen, das die Entscheidung vorbereitet, § 12 Abs. 3 PStG.

24 Die Eheschließenden haben die **Nachweise** zu erbringen, die für die Prüfung der Zulässigkeit der Ehe nach dem anzuwendenden ausländischen Recht erforderlich sind (§ 12 Abs. 3 S. 1 PStG). Auf den Internetseiten des jeweiligen OLG finden sich vielfach Länderverzeichnisse zu den erforderlichen Angaben. Die Befreiung kann nur erteilt werden, wenn keine Zweifel an der **Identität des Antragstellers** bestehen und seine Staatsangehörigkeit geklärt ist.[13] Er trägt die Feststellungslast nach Ausschöpfung aller Ermittlungsmöglichkeiten, so dass verbleibende Zweifel zu seinen Lasten gehen.

25 **b) Voraussetzungen der Befreiung.** Die Befreiung soll nur **Staatenlosen** mit gewöhnlichem Aufenthalt im Ausland und **Ausländern**, deren Heimatstaat kein Ehefähigkeitszeugnis oder kein den Anforderungen des § 1309 Abs. 1 BGB genügendes Zeugnis ausstellt, erteilt werden. Im Übrigen kommt eine Befreiung in besonderen Fällen, wie zB Krieg, Naturkatastrophen oder unverschuldeter Eilbedürftigkeit der Eheschließung, etwa weil ein Verlobter in Lebensgefahr schwebt, in Betracht.[14]

26 Der Präsident des OLG prüft anstelle der ausländischen Behörde, ob nach dem **ausländischen Recht** materiellrechtliche Ehehindernisse der Eheschließung des konkreten Verlobten entgegenstehen. Ist dies nicht der Fall, ist von der Beibringung eines Ehefähigkeitszeugnisses zu befreien; es handelt es sich **nicht** um eine **Ermessensentscheidung**.[15]

27 Wenn das ausländische Recht die Ehe verbietet, so muss gleichwohl Befreiung erteilt werden, wenn das Verbot nach Art. 13 Abs. 2 EGBGB oder wegen Verstoßes gegen den **ordre public** (Art. 6 EGBGB), insbesondere bei Verstößen gegen Grundrechte, unbeachtlich ist. So ist mit dem Grundsatz der Eheschließungsfreiheit unvereinbar, wenn eine in Deutschland lebende, volljährige Ausländerin nur mit Zustimmung ihres Vaters heiraten darf.[16] Im Fall des Art. 13 Abs. 2 EGBGB müssen die Verlobten aber die zumutbaren Schritte zur Beseitigung des Hindernisses unternommen haben.[17]

28 Die Befreiung gilt nur für die Dauer von sechs Monaten (§ 1309 Abs. 2 S. 4 BGB). Sie hat **keine materiellrechtliche Wirkung**. Sie beseitigt das nach ausländischem Recht bestehende Eheverbot nicht und ist für den Standesbeamten nicht bindend. Er kann, wenn er Kenntnis vom Bestehen eines Ehehindernisses hat, trotz der Befreiung die Mitwirkung an der Eheschließung ablehnen.[18]

---

13 OLG Rostock 16.10.2008 – 6 W 27/08, FamRZ 2009, 1324.
14 NK-BGB/*Antomo* § 1309 Rn. 18.
15 BGH 11.7.2012 – IV AR (VZ) 1/12, FamRZ 2012, 1635.
16 LG Kassel 26.2.1990 – 3 T 58/90, StAZ 1990, 169.
17 BGH 11.7.2012 – IV AR (VZ) 1/12, FamRZ 2012, 1635.
18 BGH 14.7.1966 – IV ZB 243/66, BGHZ 46, 87; vgl. 13.3 PStG-VwV.

Lehnt der OLG-Präsident die Befreiung ab, kann der Antragsteller einen Antrag auf gerichtliche Entscheidung gem. §§ 23 ff. EGGVG beim OLG stellen. Erteilt das OLG dann die Befreiung, so ist der Standesbeamte daran gebunden.[19]

IV. Nebengebiete

Eine **Abschiebung** kann wegen unmittelbar bevorstehender Eheschließung ausgesetzt werden (§ 60 a Abs. 2 AufenthG), wenn ein Ehefähigkeitszeugnis oder Befreiung durch den OLG-Präsidenten erteilt worden ist.[20] Dies kommt schon in Betracht, wenn der Standesbeamte die Unterlagen über den Antrag auf Befreiung von der Beibringung des Ehefähigkeitszeugnisses an den zuständigen OLG-Präsidenten weitergeleitet hat.[21] Hat ein Unionsbürger in einem Mitgliedstaat rechtmäßig geheiratet, kann der einem Drittstaat angehörende Ehegatte ein abgeleitetes Aufenthaltsrecht in einem anderen Mitgliedstaat auch dann besitzen, wenn nach dessen Recht die Ehe nicht wirksam ist.[22] 29

19 MüKoBGB/*Wellenhofer* § 1309 Rn. 23.
20 OVG Magdeburg 1.10.2014 – 2 M 93/14, BeckRS 2015, 40800.
21 OVG Hamburg 4.4.2007 – 3 Bs 28/07, NVwZ-RR 2007, 559.
22 EuGH 5.6.2018 – C-673/16 (Coman), NVwZ 2018, 1545.

81. Eheschließung im Ausland

J. Teubel

I. Einführung

1 Bei einer Eheschließung im Ausland mit oder ohne Beteiligung eines Deutschen stellt sich die Frage, ob und ggf. unter welchen Voraussetzungen diese Ehe im Inland Gültigkeit beanspruchen kann. Soll sie automatisch in Deutschland wirksam sein, selbst wenn sie im Ausland nur in kirchlicher Form oder privat geschlossen wurde? Soll die Ehe auch dann wirksam sein, wenn ein Verlobter beispielsweise nach deutschem Recht nicht ehemündig ist oder die Eheschließung für einen Verlobten eine Zweit- oder Mehrehe ist? Nach dem Recht welchen Staates richtet sich die Wirksamkeit der Ehe?

2 Die **sachlichen Voraussetzungen** der Eheschließung einschließlich der Folgen ihres Fehlens beurteilen sich nach dem Heimatrecht jedes Verlobten, ohne dass es eine Rolle spielt, in welchem Staat die Eheschließung stattfindet (Art. 13 Abs. 1 EGBGB). Die gegen das Eheverbot der Doppelehe (→ *Doppelehe* Rn. 2 ff.) im Ausland geschlossene Zweitehe eines Deutschen ist nach deutschem Recht auch dann aufhebbar, wenn das Recht am Ort der Eheschließung eine Zweitehe zulässt. Zu den Voraussetzungen der Ehe → *Eheschließung mit Ausländern* Rn. 3 ff.

3 Von den Voraussetzungen der Eheschließung zu unterscheiden ist die Frage der **Formgültigkeit** einer im Ausland geschlossenen Ehe. Diese beurteilt sich grundsätzlich nach Art. 11 Abs. 1 EGBGB. Zu vorrangigen Staatsverträgen im Verhältnis zu einzelnen Staaten → *Eheschließung mit Ausländern* Rn. 1.

4 Auf die Wirksamkeit einer im Ausland geschlossenen Ehe kommt es nicht nur dann an, wenn Folgen aus der Ehe abgeleitet werden sollen, sondern sie ist auch bei einer Scheidung in Deutschland immer als Vorfrage zu prüfen (→ *Auslandsbezug bei Ehesachen* Rn. 58 f.). Ist die Ehe aus deutscher Sicht unwirksam, begründet sie nicht das Ehehindernis der Doppelehe nach § 1306 BGB (→ *Doppelehe* Rn. 4).

II. Maßgebliches Formstatut (Art. 11 Abs. 1 EGBGB)

1. Geschäftsrecht oder Ortsrecht

5 Gem. Art. 11 Abs. 1 EGBGB richtet sich die Formgültigkeit einer im Ausland geschlossenen Ehe **alternativ** nach dem Geschäftsrecht oder nach dem Ortsrecht.

6 Geschäftsrecht (Geschäftsstatut) ist das Recht, das für die Ehevoraussetzungen maßgeblich ist, nach Art. 13 Abs. 1 EGBGB also das Heimatrecht der Ehegatten. Haben die Ehegatten unterschiedliche Staatsangehörigkeiten, so müssen beide Heimatrechte kumulativ eingehalten sein, damit die Form des Geschäftsstatuts gewahrt ist. Ortsform (Ortsrecht) ist das Recht des Ortes, an dem die Trauungszeremonie stattfindet.

7 Bei der Bestimmung des Rechts, das für die Ehevoraussetzungen maßgeblich ist, ist eine **Rück- oder Weiterverweisung** (*renvoi*) zu beachten (→ *Internationales Familienrecht* Rn. 10). Sieht das so ermittelte Geschäftsstatut oder das Ortsrecht hinsichtlich der Form der Eheschließung eine Rück- oder Weiterverweisung vor, ist sie unbeachtlich, wenn sie entgegen dem Begünstigungszweck der Alternativanknüpfung den Kreis der in Betracht kommenden Rechtsordnungen verkleinert.[1]

1 MüKoBGB/*Coester* EGBGB Art. 13 Rn. 130 ff.

Wegen der Alternativität der Anknüpfung ist die Ehe aus deutscher Sicht auch dann formwirksam, wenn die am Eheschließungsort vorgesehene **Form** (zB der Zivilehe) nicht eingehalten wurde, sondern die Ehe entsprechend dem Heimatrecht der Verlobten, zB kirchlich, geschlossen wurde. Umgekehrt reicht es aus deutscher Sicht aus, wenn bei der im Ausland geschlossenen Ehe die Ortsform, zB der kirchlichen Trauung, eingehalten wurde, auch wenn diese Form der Eheschließung dem Heimatrecht der Verlobten nicht entspricht. Deutsche können daher formwirksam eine Ehe im Ausland nach dortigem **religiösen Ritus** schließen, wenn das dortige Ortsrecht diese Form der Eheschließung vorsieht.[2] Das wäre zB bei einer kirchlichen Eheschließung in Griechenland der Fall, da nach griechischem Recht eine rein kirchlich geschlossene Ehe genauso formwirksam wie eine standesamtliche Ehe ist (Art. 1367 griechisches ZGB). 8

Zweck der alternativen Anknüpfung gem. Art. 11 Abs. 1 EGBGB ist, das Rechtsgeschäft möglichst formwirksam werden zu lassen. Ist die Form der Eheschließung weder nach dem Ortsrecht noch nach dem Heimatrecht beider Verlobten eingehalten, beurteilen sich daher die Folgen der **Verletzung von Formvorschriften** und die Frage ihrer Heilung nach dem Recht, das die weniger scharfe Rechtsfolge vorsieht, dem milderen Recht.[3] Bei unterschiedlichen Heimatrechten bestimmt allerdings das ärgere Recht hinsichtlich des Geschäftsstatuts. 9

Ein **Rechtsmissbrauch**, wegen Umgehung der strengeren deutschen Vorschriften, liegt nicht vor, wenn eine Eheschließung im Ausland stattfindet, obwohl die Form im Inland nicht eingehalten werden kann. Art. 11 Abs. 1 EGBGB lässt die Ortsform ausdrücklich zu. Das gilt auch dann, wenn die Eheschließung zu dem Zweck erfolgt, ausländerrechtlichen Maßnahmen im Inland zu entgehen.[4] 10

2. Anwendungsbereich

Zu den **Formerfordernissen**, die sich gem. Art. 11 Abs. 1 EGBGB beurteilen, gehören insbesondere das Aufgebot, die Erforderlichkeit eines Ehefähigkeitszeugnisses oder einer Heiratslizenz, die Form der Eheschließung (standesamtlich oder religiös), die Form der Willenserklärung (zB formlos oder notariell beurkundet), der Trauungsakt, die Zuständigkeit des Trauungsorgans, ggf. des Geistlichen, das Erfordernis von Zeugen, die Notwendigkeit einer Registrierung, die Zulässigkeit der Vertretung bei der Eheschließung.[5] 11

Aus diesem Grund kann sich ein Deutscher bei der Eheschließung im Ausland auch vertreten lassen, wenn der andere Partner feststeht (**Handschuhehe**)[6] falls die Ortsform dies zulässt, wie das in Italien (Art. 111 Codice civile), Mexiko, Kolumbien oder im Grundsatz auch in den Niederlanden (Art. 1:66 Burgerlijk Wetboek) der Fall ist.[7] Auch wenn die Bevollmächtigung im Inland erfolgt, ist Ort der Eheschließung der Ort, an dem Trauungszeremonie stattfindet. 12

3. Sonderformen der Trauung

Auch eine Schiffstrauung kann formwirksam sein. Nach hM hängt die **Formwirksamkeit** von Trauungen durch den Schiffskapitän auf hoher See vom Recht der Flagge ab (Recht des Flaggenstaates). Für Eheschließungen in Flugzeugen gilt entsprechend das Recht des Registrierungsstaates.[8] 13

Die früher für Deutsche nach § 8 Abs. 1 KonsG bestehende Möglichkeit, eine Ehe im Ausland formwirksam auch vor dem deutschen Konsularbeamten zu schließen, ist am 1.1.2009 entfallen. Eine Eheschließung vor ausländischen diplomatischen oder konsularischen Vertretungen in Deutschland ist eine Inlandstrauung, 14

---

2 OLG Jena 9.1.2020 – 1 UF 100/18, FamRZ 2020, 1461.
3 Palandt/*Thorn* EGBGB Art. 11 Rn. 11.
4 VGH Mannheim 14.5.2007 – 11 S 1640/06, NJW 2007, 2506.
5 *Andrae* IntFamR § 1 Rn. 155.
6 BGH 19.12.1958 – IV ZR 87/58, NJW 1959, 717.
7 MüKoBGB/*Coester* EGBGB Art. 13 Rn. 150.
8 Staudinger/*Mankowski*, 2010, EGBGB Art. 13 Rn. 739 ff.

die unter den Voraussetzungen des Art. 13 Abs. 4 S. 2 EGBGB wirksam ist (→ *Eheschließung im Inland* Rn. 15).

III. Gleichgeschlechtliche Ehe

15 Die Begründung einer gleichgeschlechtlichen Ehe unterliegt den Sachvorschriften des Register führenden Staates, Art. 17 b Abs. 1 S. 1 iVm Abs. 4 S. 1 EGBGB. Dies erfasst neben den sachlichen Voraussetzungen der Eheschließung auch Formfragen.

IV. Verfahrenshinweise

1. Registrierung im Inland (§ 34 PStG)

16 Die Eheschließung eines Deutschen im Ausland kann auf Antrag im **Eheregister** beurkundet werden. Das Gleiche gilt für Staatenlose, heimatlose Ausländer und ausländische Flüchtlinge mit gewöhnlichem Aufenthalt im Inland (§ 34 PStG). Erforderlich ist die Eintragung nicht.[9] Die Eintragung setzt voraus, dass die Auslandsehe wirksam ist. Die Wirksamkeit der Eheschließung und damit die standesamtliche Registrierbarkeit der Auslandsehe hängen nicht davon ab, ob alle Vornamen des deutschen Verlobten vollzählig in der Heiratsurkunde angegeben wurden.[10] Hat der Standesbeamte Zweifel oder lehnt er die Registrierung ab, kann die Entscheidung des Gerichts herbeigeführt werden (§ 49 PStG).

2. Ehefähigkeitszeugnis für Deutsche (§ 39 PStG)

17 Die Ausstellung eines Ehefähigkeitszeugnisses, das ein Deutscher zur Eheschließung im Ausland braucht, regelt § 39 PStG. Gleiches gilt für Staatenlose, heimatlose Ausländer und Flüchtlinge mit Aufenthalt im Inland.

3. Nachweis der Eheschließung (§§ 54, 57 PStG)

18 Gem. § 54 PStG beweist die **Beurkundung im Eheregister** die Eheschließung sowie die sonstigen Angaben über den Personenstand der Personen, auf die sich der Eintrag bezieht. Was in die Eheurkunde aufgenommen wird, ergibt sich aus § 57 PStG.

4. Vorteile der Registrierung

19 Die Eintragung im Eheregister erleichtert den **Nachweis** der Eheschließung für das Finanzamt (Ehegattensplitting) und die Auslandsbehörden (Aufenthaltserlaubnis). Ferner spricht die Eintragung in das Eheregister für die Wirksamkeit der im Ausland geschlossenen Eheschließung, was wiederum wichtig bei einer eventuellen späteren Scheidung dieser Ehe im Inland ist. Denn die Ehe kann von deutschen Gerichten nur geschieden werden, wenn sie formgültig zustande gekommen ist (→ *Auslandsbezug bei Ehesachen* Rn. 58 f.). Auch hat die Eintragung im Eheregister den Vorteil, dass beim Tod eines der Ehegatten seine gesetzlichen Erben schneller festgestellt werden können.

5. Vorteile der Eheschließung im Ausland

20 In **Eilfällen** und wenn davon auszugehen ist, dass der deutsche Standesbeamte seine Mitwirkung an einer Eheschließung in Deutschland verweigern wird, kann sich die Eheschließung in einem Nachbarstaat wie zB Dänemark und die anschließende Aufnahme in das Eheregister in Deutschland empfehlen. Davon wird in der Praxis häufig Gebrauch gemacht (vgl. zu Dänemark die unter https://familieretshuset.dk/de abrufbaren Informationen). Die unter Beachtung der Eheschließungsvoraussetzungen der Heimatrechte der Verlobten und der Formvorschriften zivilrechtlich wirksame Ehe sollte ausländerrechtlich auch dann beachtlich sein, wenn ein Partner zur Zeit der Eheschließung am Trauungsort keinen rechtmäßigen Aufenthalt hatte.[11]

9 OLG Jena 9.1.2020 – 1 UF 100/18, FamRZ 2020, 1461.

10 OLG Düsseldorf 12.12.2011 – 3 Wx 199/11, FamRZ 2012, 1497.

11 VGH Mannheim 14.5.2007 – 11 S 1640/06, NJW 2007, 2506.

V. Nebengebiete

Die ausländerrechtlichen Rechte und Pflichten werden auch durch die dem Schutz des Art. 6 Abs. 1 GG 21
unterliegende, im Ausland geschlossene Ehe beeinflusst.[12]

12 BVerfG 12.5.1987 – 2 BvR 1226/83, 2 BvR 101/84, 2 BvR 313/84, NJW 1988, 626.

82. Eheschließung im Inland

J. Teubel

I. Einführung

1 In Deutschland kann eine Ehe nur unter Mitwirkung eines **Standesbeamten** wirksam geschlossen werden. Die Nichtbeachtung dieser Formvorschrift führt grundsätzlich zu einer Nichtehe (→ *Feststellung des Bestehens oder Nichtbestehens einer Ehe* Rn. 1). Eine Ausnahme gilt für Eheschließungen zwischen Ausländern (→ Rn. 15 f.). Seit der Öffnung der Ehe für alle zum 1.10.2017 können zwei Personen verschiedenen oder gleichen Geschlechts die Ehe eingehen und eingetragene Lebenspartnerschaften können nicht mehr begründet werden (→ *Gleichgeschlechtliche Ehe* Rn. 5 ff.).

II. Grundsatz der obligatorischen Zivilehe

1. Konsenserklärung

2 Die Verlobten erklären vor dem Standesbeamten, dass sie die Ehe miteinander eingehen wollen (§ 1310 Abs. 1 S. 1 BGB). Die Erklärung bedarf keiner besonderen Form. Erforderlich ist, dass die Verlobten die Erklärung **persönlich und bei gleichzeitiger Anwesenheit** abgeben. Eine Erklärung durch einen Vertreter oder Boten (Handschuhehe) ist bei einer Eheschließung im Inland nicht zulässig. Die Eheschließungserklärung kann auch nicht unter einer Bedingung oder Zeitbestimmung abgegeben werden (§ 1311 BGB). Willensmängel im Zusammenhang mit der Eheschließungserklärung können nur durch einen Antrag auf Aufhebung der Ehe (§ 1314 BGB) geltend gemacht werden; die Anwendung der allgemeinen Bestimmungen des BGB betreffend Willensmängel ist ausgeschlossen.[1]

3 Bei einem Verstoß gegen § 1311 BGB ist die Ehe **aufhebbar** (§ 1314 Abs. 1 Nr. 2 BGB). Die Aufhebung der Ehe kann aber durch Zusammenleben und Zeitablauf ausgeschlossen sein (§ 1315 Abs. 2 Nr. 2 BGB).

4 Die wechselseitigen Erklärungen der Verlobten begründen eine Ehe nur dann, wenn sie vor einem zur Mitwirkung bereiten Standesbeamten abgegeben worden sind. Trotz der erforderlichen Mitwirkung des Standesbeamten wird die Ehe nicht durch staatlichen Hoheitsakt, sondern durch den Konsens der Verlobten begründet. Die Eheschließung ist ein **familienrechtlicher Vertrag**, der einer besonderen Form bedarf.[2]

2. Mitwirkung des Standesbeamten

5 Der Standesbeamte ist zur Mitwirkung verpflichtet, wenn die Voraussetzungen der Eheschließung vorliegen. Er muss seine Mitwirkung verweigern, wenn ein Verlobter das 18. Lebensjahr noch nicht vollendet hat, auch wenn die Eheschließungsvoraussetzungen ausländischem Recht unterliegen, oder offenkundig ist, dass die Ehe nach § 1314 Abs. 2 BGB aufhebbar wäre (§ 1310 Abs. 1 S. 3 BGB). Dies ist insbesondere bei einer Scheinehe der Fall (→ *Scheinehe* Rn. 3 f.).

6 Zu den **Voraussetzungen der Eheschließung** gehören insbesondere die Ehefähigkeit der Eheschließenden (→ *Ehefähigkeit* Rn. 1 ff.) und das Fehlen von Eheverboten und Ehehindernissen (→ *Ehehindernisse und Eheverbote* Rn. 1 ff.). Der Standesbeamte hat die Ehevoraussetzungen anhand der Urkunden zu prüfen, die ihm die Eheschließenden bei der **Anmeldung** der Eheschließung (→ Rn. 10) vorlegen müssen. Bestehen

1 Staudinger/*Löhnig* BGB § 1310 Rn. 56.

2 Palandt/*Siede*, 80. Aufl. 2021, BGB Vor § 1310 Rn. 3.

konkrete Anhaltspunkte dafür, dass die zu schließende Ehe aufhebbar wäre, kann der Standesbeamte die erforderlichen Ermittlungen anstellen. Verbleiben danach lediglich Zweifel, darf er die Eheschließung nicht verweigern.[3]

Standesbeamter ist, wer zur Beurkundung und Beglaubigung für Zwecke des Personenstandswesens bestellt ist (§ 2 Abs. 1 PStG). Um das Risiko fehlerhafter Bestellungen von Standesbeamten zulasten der Eheschließenden zu vermeiden, ist die Eheschließung auch dann gültig, wenn sie vor einer Person erfolgt, die, ohne Standesbeamter zu sein, das Amt eines Standesbeamten öffentlich ausübt, wie zB der nicht oder nicht mehr bestellte Beamte oder der Standesbeamte, der außerhalb seines Bezirks tätig wird (**Scheinstandesbeamter**), und die Eheschließung anschließend in das Eheregister eingetragen hat (§ 1310 Abs. 2 BGB). 7

3. Trauung

Die Trauung soll in einer der Bedeutung der Ehe entsprechenden **würdigen Form** erfolgen (§ 14 Abs. 2 PStG). In der Regel findet die Eheschließung im Standesamt während der Dienstzeiten statt. Der Standesbeamte kann aber aus besonderen Gründen, wie zB lebensbedrohlicher Krankheit eines der Verlobten, verpflichtet sein, eine Trauung außerhalb des Amtsgebäudes und der Dienstzeit zu ermöglichen. Zeugen sind nicht zwingend vorgeschrieben. Der Standesbeamte befragt die Verlobten, ob sie die Ehe miteinander eingehen wollen, und spricht nach Bejahung dieser Fragen aus, dass sie nunmehr kraft Gesetzes rechtmäßig verbundene Eheleute sind (§ 1312 BGB). Der Ausspruch des Standesbeamten ist nur deklaratorischer Natur. Die Eheschließung wird im **Eheregister** (früher: Heiratsbuch) beurkundet (§ 15 PStG), was keine Voraussetzung für die Gültigkeit der Ehe, sondern nur in den Fällen des § 1310 Abs. 2 und 3 BGB relevant ist. 8

4. Heilung einer ungültigen Ehe

Eine Ehe, die im Inland nicht vor einem Standesbeamten geschlossen wurde, ist ungültig. Gem. § 1310 Abs. 3 BGB wird eine solche Ehe unter **drei Voraussetzungen** wirksam. Die Verlobten müssen erklärt haben, die Ehe miteinander eingehen zu wollen, der Standesbeamte muss in Bezug auf die Nichtehe eine der in § 1310 Abs. 3 Nr. 1–3 BGB erwähnten urkundlichen Handlungen vorgenommen haben und schließlich müssen die Verlobten ab dieser Handlung zehn Jahre oder bis zum Tod eines Partners mind. fünf Jahre wie Ehegatten miteinander gelebt haben. Die Heilung wirkt zurück. Die Verlobten können aber auch eine formgültige Eheschließung nachholen. 9

III. Verfahrenshinweise

1. Anmeldung zur Eheschließung

Es gibt **kein Aufgebot** mehr. Stattdessen ist die Eheschließung beim Standesamt des Wohnsitzes oder gewöhnlichen Aufenthalts eines Verlobten anzumelden (§ 12 PStG). Dieses Standesamt hat die Ehevoraussetzungen zu prüfen (§ 13 PStG). Die Eheschließung selbst kann dann bei jedem anderen Standesamt erfolgen (§ 11 Abs. 1 PStG). 10

2. Kirchliche Trauung

Nach Abschaffung des Verbots der religiösen Voraustrauung kann die kirchliche Trauung seit dem 1.1.2009 vor und unabhängig von einer standesamtlichen Trauung erfolgen. Verboten ist gem. § 11 Abs. 2 PStG eine religiöse Trauung, wenn ein Beteiligter das 18. Lebensjahr noch nicht vollendet hat (→ *Ehefähigkeit* Rn. 4). Ein nur kirchlich getrautes Paar lebt rechtlich in nichtehelicher Lebensgemeinschaft.[4] 11

---

3 OLG Köln 22.8.2005 – 16 Wx 123/05, FGPrax 2005, 260.

4 Palandt/*Siede*, 80. Aufl. 2021, BGB Vor § 1310 Rn. 3.

3. Praktische Hinweise

12 Der erste Tag des Monats der Eheschließung ist der Beginn der Ehezeit für die Zwecke des **Versorgungsausgleichs** (§ 3 Abs. 1 Hs. 1 VersAusglG). Der Tag der Eheschließung ist idR der Anfangsstichtag für die Berechnung des **Zugewinnausgleichs** (§ 1374 BGB). Er ist ferner maßgeblich für die spätere Beurteilung der Frage, ob einem Ehegatten infolge der Eheschließung ehebedingte Nachteile in seiner Erwerbsbiografie entstehen. Voreheliche Nachteile zählen nicht hierzu.[5]

IV. Internationales Privatrecht

1. Grundsatz: Inlandsehe – Inlandsform

13 Bei jeder Eheschließung im Inland (mit oder ohne Beteiligung eines Ausländers) richtet sich die Formgültigkeit ausschließlich nach deutschem Recht. Eine Ehe im Inland muss den **Formerfordernissen** des deutschen Rechts entsprechen (Art. 13 Abs. 4 S. 1 EGBGB), dh vor dem deutschen Standesbeamten gem. §§ 1310 Abs. 1, 1311 BGB geschlossen werden. Eine unter Verstoß gegen §§ 1310 Abs. 1, 1311 BGB geschlossene Ehe (zB die nur kirchlich geschlossene Ehe) ist auch dann eine Nichtehe, wenn die Ehe nach dem Heimatrecht der Verlobten wirksam ist. Es handelt sich um eine hinkende Ehe, wenn sie aus der Sicht eines ausländischen Staates gültig ist. Aus deutscher Sicht ist eine Heilung nur gem. § 1310 Abs. 3 BGB möglich (→ Rn. 9). Die nach dem Heimatrecht der Verlobten formwirksame Ehe kann gleichwohl den Schutz des Art. 6 Abs. 1 GG genießen und einen Anspruch auf Witwenrente nach deutschem Recht begründen,[6] auch kann eine solche Ehe ausländerrechtlich Bedeutung gewinnen.[7] Wird die im Inland **formungültige Eheschließung** später im Ausland in der dort gültigen Form wiederholt oder konstitutiv bestätigt, ist die Ehe ab diesem Zeitpunkt wirksam.[8] Ebenso ist in Deutschland die Anerkennung einer ausländischen Entscheidung möglich, die das Bestehen einer Ehe feststellt, die formungültig im Inland geschlossen wurde. Eine Heilung einer in Deutschland formungültig nur religiös geschlossenen Ehe soll erfolgen können, wenn beide Verlobte die Staatsangehörigkeit eines Staates erwerben, nach dessen Recht die Ehe gültig ist.[9]

14 Eine **hinkende Ehe** liegt auch vor, wenn die Verlobten im Inland standesamtlich heiraten, obwohl nach ihrem Heimatrecht als Voraussetzung für die Gültigkeit der Ehe die religiöse Eheschließung verlangt wird. Eine solche Ehe ist im Inland wirksam, nach dem Heimatrecht eines oder beider Verlobten aber unwirksam. Da diese Ehe aus deutscher Sicht wirksam ist, kann sie hier auch geschieden werden (→ *Auslandsbezug bei Ehesachen* Rn. 58 f.).

2. Ausnahme: Eheschließung vor ermächtigten Personen

15 Wenn beide Verlobte Ausländer sind, kann die Ehe auch vor einer von der Regierung des Staates, dem einer der Verlobten angehört, ordnungsgemäß ermächtigten Trauungsperson nach den **Formerfordernissen** des Rechts des ermächtigenden Staates geschlossen werden (Art. 13 Abs. 4 S. 2 EGBGB). Ordnungsgemäß ermächtigte Personen können zB diplomatische oder konsularische Vertretungen des Heimatstaates sein, aber auch Truppenoffiziere und Personen, die von der Botschaft des betreffenden Staates dem Auswärtigen Amt benannt wurden, wie zB Geistliche. Bei Zweifeln über die Ermächtigung kann beim Bundesverwaltungsamt in Köln oder bei den diplomatischen Vertretungen angefragt werden.

16 Die Eheschließung kann durch eine beglaubigte Abschrift der Eintragung der so geschlossenen Ehe in das **Standesregister**, das von der dazu ordnungsgemäß ermächtigten Person geführt wird, bewiesen werden (Art. 13 Abs. 4 S. 2 Hs. 2 EGBGB). Auch ohne Vorlage einer solchen beglaubigten Abschrift ist diese Ehe wirksam.

---

5 BGH 20.2.2013 – XII ZR 148/10, NJW 2013, 1444.
6 BVerfG 30.11.1982 – 1 BvR 818/81, NJW 1983, 511.
7 OVG Lüneburg 1.2.2005 – 2 ME 1326/04, NJW 2005, 1739.
8 OLG Hamm 9.11.1999 – 15 W 240/99, NJWE-FER 2000, 170.
9 Palandt/*Thorn* EGBGB Art. 13 Rn. 31.

83. Ehestörer

Kloster-Harz/Schönberger

I. Einleitung

Die Problematik der Aufnahme eines neuen Lebensgefährten in die Ehewohnung durch den dort verbliebenen Ehegatten und die Möglichkeiten des freiwillig oder zwangsweise weichenden Ehegatten, dagegen vorzugehen, kommen in der Praxis immer wieder vor. Ausdrückliche Regelungen hat der Gesetzgeber im Zusammenhang der vorläufigen und endgültigen Regelungen der Ehewohnung bzw. anderswo nicht geschaffen. Es ist daher zu prüfen, welche Regelungen, uU auch analog, herangezogen werden können. Dabei ist aber streng zu differenzieren, gegen wen und wie der weichende Ehegatte vorgehen möchte bzw. kann: Lebensgefährte, verbliebener Ehegatte, Eigentümer bzw. Vermieter. 1

II. Lebensgefährte

1. Regelungen der §§ 1361 b, 1568 a BGB

Die Vorschriften des § 1361 b BGB sowie des § 1568 a BGB regeln die vorläufige und endgültige Zuweisung der Ehewohnung an einen Ehegatten, so dass hierdurch auch unmittelbar oder mittelbar der Lebensgefährte aus der Ehewohnung verwiesen werden könnte. 2

a) Anspruchsgegner. Anspruchsgegner der §§ 1361 b, 1568 a BGB ist ausschließlich der **getrennt lebende Ehegatte**. Bereits aus der Systematik des Gesetzes sowie aus den Regelungsinhalten für die getrennt lebenden bzw. geschiedenen Ehegatten ist weder eine Gesetzeslücke gegeben bzw. erkennbar, so dass auch keine analoge Anwendung zulässig ist. Insofern kann der weichende Ehegatte weder die Zuweisung der Ehewohnung noch Nutzungsentgelt etc nach den Regelungen der §§ 1361 b, 1568 a BGB gegen den Lebensgefährten geltend machen. 3

b) Verfahrensbeteiligung des Lebensgefährten bzw. Dritten. Dritte sind nach der Neuregelung der Rechtsverhältnisse an der Ehewohnung seit dem 1.9.2009 nur noch in bestimmten Ausnahmefällen an einem entsprechenden Verfahren zu beteiligen. Da es sich nach § 1361 b BGB nur um eine vorläufige Regelung handelt, sind Dritte nicht zu beteiligen, § 204 Abs. 1 FamFG. Bei den endgültigen Regelungen nach § 1568 a BGB sind hingegen die **Ausnahmefälle** in § 1568 a Abs. 2, 4, 5 BGB zu beachten. Der Lebensgefährte fällt aber nicht unter den jeweiligen Anwendungsbereich vorbenannter Regelungen, auch nicht mittelbar. 4

2. Regelungen aus dem Mietrecht

Da zwischen dem weichenden Ehegatten und dem Lebensgefährten kein Mietvertrag begründet wurde, können aus den Regelungen des Mietrechts auch keine Rechte hergeleitet werden. Eine analoge Anwendung der Regelungen ist ebenfalls nicht denkbar. 5

3. Regelungen aus dem Besitzrecht

6 **a) Besitz des weichenden Ehegatten an der Ehewohnung.** Spätestens mit Schlüsselübergabe durch den Vermieter wurde der weichende Ehegatte zunächst rechtmäßiger Besitzer der Ehewohnung.[1] Der Besitz endet, wenn der Besitzer die tatsächliche Gewalt über die Sache aufgibt, § 756 Abs. 1 BGB. Dies wäre der Fall, wenn der weichende Ehegatte freiwillig ausgezogen wäre. Der Verlust der tatsächlichen Gewalt bzw. Ende des Besitzes könnte aber auch durch Besitzergreifen eines Dritten, wie des Lebensgefährten, eingetreten sein.[2] Die vorübergehende Verhinderung der Gewaltausübung, wie die zeitweilige Abwesenheit aus der Wohnung,[3] führt nicht zur Besitzbeendigung.[4]

7 **b) Verbotene Eigenmacht.** Wer dem Besitzer ohne dessen Willen den Besitz entzieht oder ihn im Besitz stört, handelt grundsätzlich widerrechtlich, § 858 Abs. 1 BGB. Der durch verbotene Eigenmacht erlangte Besitz ist fehlerhaft, § 858 Abs. 1 BGB. Hat somit der Lebensgefährte dem weichenden Ehegatten die Ehewohnung durch verbotene Eigenmacht entzogen, muss er die diesbezüglichen Rechte des weichenden Ehegatten gegen sich gelten lassen: Selbsthilfe des Besitzers nach § 859 BGB, dh der weichende Ehegatte darf sich der verbotenen Eigenmacht mit Gewalt erwehren, somit die Ehewohnung wieder mit Gewalt in Besitz nehmen, § 859 Abs. 3 BGB analog. Weiter kann der weichende Ehegatte die **Wiedereinräumung des Besitzes** gegen den Lebensgefährten verlangen, § 861 Abs. 1 BGB. Auch kann er die Beseitigung der eventuellen Störung gegen den Lebensgefährten beanspruchen.

8 **c) Schadenersatz und Aufwendungsersatz.** Der weichende Ehegatte kann uU nach § 823 Abs. 1, 2 BGB Schadenersatz sowie nach §§ 683, 684, 812 ff. BGB Aufwendungsersatz verlangen.[5]

III. Verbliebener Ehegatte

1. Regelungen nach dem Eherecht

9 **a) §§ 1361 b, 1568 a BGB.** Die vorläufigen und endgültigen Regelungen der Ehewohnung nach §§ 1361 b, 1568 a BGB regeln grundsätzlich ausschließlich die Verhältnisse unter den Eheleuten. Muss der verbliebene Ehegatte jedoch hiernach aus der Ehewohnung weichen, trifft dies somit unmittelbar bzw. mittelbar auch den Lebensgefährten.

10 **b) Schutzanordnungen.** Im Zusammenhang mit den Schutzanordnungen nach § 1361 b Abs. 3 S. 1 BGB kann ein **Wohlverhaltensgebot** festgeschrieben werden, so dass hierüber auch der Lebensgefährte unmittelbar oder mittelbar eingebunden werden kann.

11 **c) Nutzungsvergütung.** Nach § 1361 b Abs. 3 S. 2 BGB wird dem aus der Ehewohnung ausziehenden Ehegatten ein Anspruch auf Nutzungsvergütung gegen den verbleibenden Ehegatten eingeräumt, soweit dies der **Billigkeit** entspricht. Dabei könnte der Umstand, dass der Lebensgefährte in der Ehewohnung wohnt, zugunsten des weichenden Ehegatten gewertet werden, mit dem Ergebnis, dass die Nutzungsvergütung zugesprochen wird. Entsprechend könnte ihm auch eine angemessene Miete nach § 1568 a Abs. 5 S. 3 BGB zugesprochen werden.

12 **d) Verfahrensbeteiligung Dritter.** Eine Verfahrensbeteiligung des Dritten ist nicht möglich (→ Rn. 4).

2. Regelungen des Mietrechts

13 Voraussetzung für die Anwendbarkeit der Regelungen des Mietrechts wäre das Vorhandensein eines ausdrücklichen oder geschlossenen Mietvertrags. Im Übrigen dürften die §§ 1361 b, 1568 a BGB leges speciales sein.

---

1 Palandt/*Herrler* BGB § 854 Rn. 5.
2 Palandt/*Herrler* BGB § 856 Rn. 3.
3 OLG Düsseldorf 28.11.1997 – 11 W 71/97, MDR 1998, 893.
4 Palandt/*Herrler* BGB § 856 Rn. 4.
5 Palandt/*Herrler* BGB § 861 Rn. 10, § 862 Rn. 11.

3. Regelungen des Besitzrechts

Die §§ 1361 b, 1568 a BGB dürften leges speciales gegenüber den Besitzrechtsregeln sein. Im Übrigen wird auf die obigen Ausführungen unter → Rn. 6 f. verwiesen. 14

IV. Eigentümer bzw. Vermieter

1. Regelungen der §§ 1361 b, 1568 a BGB

Ist der verbliebene Ehegatte zugleich der Vermieter, sind die Regelungen der §§ 1361 b, 1568 a BGB leges speciales. Ist der Vermieter ein Dritter, ist er bereits kein richtiger Anspruchsgegner iSd §§ 1361 b, 1568 a BGB. Bei der vorläufigen Regelung ist der fremde Vermieter auch nicht am Verfahren zu beteiligen. Bei der endgültigen Regelung kann der fremde Vermieter über die Ausnahmefälle in § 1568 a Abs. 4, 5 BGB beteiligt werden. Im Ergebnis hat der weichende Ehegatte Anspruch auf Abschluss eines Mietvertrags gegenüber dem Dienstherrn bzw. Vermieter. Hieraus kann der weichende Ehegatte wiederum die Rechte gegen den Lebensgefährten ableiten (→ *Wohnungszuweisung nach Scheidung* Rn. 15). 15

2. Regelungen aus dem Mietrecht

Ist der Mietvertrag mit einem Dritten abgeschlossen worden, so hat der weichende Ehegatte Anspruch auf **Gewährung der Mietsache** gegen den Vermieter, § 535 Abs. 1 S. 1 BGB. Dieser Anspruch wird jedoch nicht durch den Vermieter, sondern Mitmieter unterbunden, so dass fraglich ist, ob hierauf ein klagbarer Anspruch besteht. Da das Gebrauchsrecht auch die Aufnahme Dritter in die Wohnung, soweit sie nicht überbelegt wird, beinhaltet, kann wiederum der Vermieter nicht diesbezüglich gegen den verbleibenden Ehegatten vorgehen. Nach § 537 Abs. 1 S. 1 BGB wird der weichende Ehegatte gegenüber dem Vermieter auch nicht frei von der Mietzinspflicht. Insbesondere liegt in diesem Falle keine Gebrauchsüberlassung an einen Dritten durch den Vermieter iSv § 537 Abs. 3 BGB vor. Vielmehr kann wiederum der verbliebene Ehegatte grundsätzlich Anspruch auf Gestattung der Gebrauchsüberlassung der Mietsache gegenüber dem Lebensgefährten nach § 553 BGB haben. 16

3. Regelungen aus dem Besitzrecht

Diese Regelungen helfen gegenüber dem dritten Vermieter nicht weiter (→ Rn. 6 f.). 17

84. Ehezeitanteil

Weil

I. Einführung

1 Der **Ehezeitanteil** ist der Anteil eines Anrechts, der in der Ehezeit erworben wurde. Um ihn zu berechnen, muss nach § 5 Abs. 1 VersAusglG zunächst die „Maßeinheit" festgelegt werden, die der Berechnung zu Grunde gelegt werden soll. Diese Maßeinheit wird als **maßgebliche Bezugsgröße** bezeichnet. Maßgebliche Bezugsgröße können zB Entgeltpunkte, ein Rentenbetrag oder ein Kapitalbetrag sein. Außerdem ist ein Berechnungsverfahren festzulegen, wie aus dem Gesamtanrecht der Ehezeitanteil zu ermitteln ist. Die entsprechenden Vorschriften finden sich in §§ 39–47 VersAusglG. Grundsätzlich sind zwei Bewertungsverfahren möglich: die **unmittelbare Bewertung** gemäß § 39 VersAusglG und die **zeitratierliche Bewertung** gem. § 40 VersAusglG. Führt keines dieser Bewertungsverfahren zu einem Ergebnis, das dem Grundsatz der Halbteilung entspricht, ist der Ehezeitanteil nach § 42 VersAusglG **nach billigem Ermessen** zu ermitteln.

2 Für die gesetzliche Rentenversicherung (§ 43 VersAusglG), Anrechte aus öffentlich-rechtlichen Dienstverhältnissen (§ 44 VersAusglG), Anrechte nach dem Betriebsrentengesetz (§ 45 VersAusglG) und Anrechte aus Privatversicherungen (§ 46 VersAusglG) legt das Gesetz in den **Sondervorschriften** der §§ 43–46 VersAusglG Einzelheiten für die Wertermittlung fest. Für Anrechte, die hiervon nicht erfasst sind, sind die allgemeinen Wertermittlungsvorschriften der §§ 39–42 VersAusglG maßgeblich.

3 Die je nach Art des Anrechts unterschiedliche Berechnung der Ehezeitanteile ist in der Natur der Anrechte begründet und lässt sich nicht vermeiden. Es ist jedoch festzustellen, dass sie in der Praxis häufig zur Folge hat, dass das Prinzip der Halbteilung nicht erreicht wird, wenn man den Versorgungsausgleich als Ganzes betrachtet. Ein Grund hierfür ist zB die unterschiedliche Behandlung von Zinsen, die während der Ehe für das schon vor der Ehe erworbene Teilanrecht gutgeschrieben werden. Bei einigen Anrechten werden diese Zinsen dem Ehezeitanteil zugerechnet, bei anderen nicht (→ *Zinsen im Versorgungsausgleich* Rn. 4). Ein anderer Grund ist, dass es in der Praxis nicht immer möglich ist, eine unmittelbare Bewertung vorzunehmen, wenn es von der Art des Anrechts her möglich und geboten wäre. Die hierfür benötigten Informationen für den Beginn der Ehezeit stehen häufig nicht mehr zur Verfügung. Da die unmittelbare und die zeitratierliche Bewertung zu sehr unterschiedlichen Ergebnissen führen können, kann die Höhe des Ehezeitanteils sehr maßgeblich von den verfügbaren Daten abhängen. An dieser Stelle sei angemerkt, dass die Versorgungsträger daran interessiert sind, die Berechnungen im gesetzlich zulässigen Rahmen mit möglichst geringem Aufwand nach einem automatisierten Verfahren durchführen zu können. Eine sachgerechte Berechnung der Ehezeitanteile ist für sie von weitaus geringerem Interesse als für die **Eheleute**. Zumindest bei Anrechten, die wirtschaftlich von Bedeutung sind, sollte daher die Berechnung des Ehezeitanteils in Bezug auf das vorgenommene **Bewertungsverfahren überprüft** werden. Ist dies aufgrund fehlender Daten nicht der Fall, sollten die Eheleute oder ihre anwaltlichen Vertretungen die Initiative ergreifen und versuchen, die für eine sachgerechte Bewertung benötigten Daten selbst in Erfahrung zu bringen (→ *Auskunftspflichten im Versorgungsaugleich* Rn. 4).

II. Maßgebliche Bezugsgröße

4 Die maßgebliche Bezugsgröße ist die „**Maßeinheit**", in der der Wert eines Anrechts, der Ehezeitanteil und der Ausgleichswert bestimmt werden. Welche Größe als maßgebliche Bezugsgröße herangezogen wird, ist teilweise vom Gesetz vorgegeben, teilweise bleibt die Festlegung den Versorgungsträgern überlassen oder ergibt sich zwingend aus der Gestaltung des Versorgungssystems.

Maßgebliche Bezugsgröße **der gesetzlichen Rentenversicherung** sind nach § 43 iVm § 39 Abs. 2 Nr. 1 VersAusglG die Entgeltpunkte, und zwar die Art von Entgeltpunkten, die jeweils vom Ausgleichspflichtigen erworben wurden, also Entgeltpunkte West, Entgeltpunkte Ost oder knappschaftliche Entgeltpunkte. Für Anrechte aus einem öffentlich-rechtlichen Dienstverhältnis, also zB bei der **Beamtenversorgung**, ist die maßgebliche Bezugsgröße ein **Rentenbetrag**, und zwar die Höhe der Altersrente. 5

Für **Privatversicherungen** ist gem. § 46 VersAusglG maßgebliche Bezugsgröße der Rückkaufswert ohne Abzug von Stornokosten. Nicht geregelt ist, wie mit den übrigen wertbestimmenden Faktoren einer privaten Versicherung umzugehen ist, denn uU stehen dem Versicherten zusätzlich Überschussanteile und Bewertungsreserven zu, die seinem Versicherungsvertrag noch nicht gutgeschrieben sind. Diesbezüglich ist die Vorschrift auszulegen.[1] 6

Für **Anrechte nach dem Betriebsrentengesetz (BetrAVG)** kann nach § 45 Abs. 1 VersAusglG maßgebliche Bezugsgröße entweder der Rentenbetrag nach § 2 BetrAVG oder der Kapitalwert nach § 4 Abs. 5 BetrAVG sein. Für die Berechnung des Ehezeitanteils eines betrieblichen Anrechts ist in einem ersten Schritt nach § 45 Abs. 1 VersAusglG entweder die unverfallbare Rentenanwartschaft nach § 2 BetrAVG oder der zum Ehezeitende maßgebende Übertragungswert nach § 4 Abs. 5 BetrAVG zu bestimmen. Auf Grundlage des ermittelten Werts ist erst in einem zweiten Schritt der Ehezeitanteil nach § 45 Abs. 2 VersAusglG entweder unmittelbar nach § 39 VersAusglG oder zeitratierlich nach § 40 VersAusglG zu berechnen. 7

Der Versorgungsträger muss für den Fall der Wahl des Rentenbetrags als Bezugsgröße dann auch die Berechnung in Übereinstimmung mit § 2 BetrAVG vornehmen.[2] Es hat daher dann eine Rentenhalbteilung zu erfolgen, nach der der Ausgleichswert als hälftiger Rentenbetrag auf den Ausgleichsberechtigen übertragen wird. In gleicher Höhe ist das Anrecht des Verpflichteten zu kürzen. Eine Barwerthalbteilung unter Berücksichtigung der jeweils biometrischen Faktoren der Beteiligten hat damit nicht zu erfolgen.

Soweit eine maßgebliche Bezugsgröße vom Gesetz nicht vorgegeben ist, kann sie vom Versorgungsträger in **geeigneter Weise** festgelegt werden. Bei einer unmittelbaren Bewertung kommen Rechengrößen wie zB Versorgungspunkte oder Leistungszahlen, die Höhe des Deckungskapitals, die Summe der Rentenbausteine, die Summe der entrichteten Beträge oder die Dauer der Zugehörigkeit zum Versorgungssystems in Betracht. 8

III. Mögliche Bewertungsarten

1. Unmittelbare Bewertung

Kann die maßgebliche Bezugsgröße unmittelbar bestimmten Zeitabschnitten zugeordnet werden, so entspricht der Wert des Ehezeitanteils dem Umfang der auf die Ehezeit entfallenden Bezugsgröße (§ 39 Abs. 1 VersAusglG) (**unmittelbare Bewertung**). Hierunter fallen vor allem 9

- ehezeitliche Entgeltpunkte in der gesetzlichen Rentenversicherung,
- ehezeitliche Versorgungspunkte für nach dem 1.1.2002 bei öffentlich-rechtlichen betrieblichen Versorgungsträgern erworbene Anrechte,
- ehezeitliche Steigerungs- und/oder Leistungszahlen bei berufsständischen Versorgungen, finanziert im Weg des offenen Deckungsplanverfahrens,
- ehezeitliche Anrechte, denen Rentenbausteine zugrunde liegen,
- ehezeitliche betriebliche Anrechte, denen Kapitalbausteine zugrunde liegen,
- ehezeitliche Anrechte, denen ein Deckungskapital oder eine vergleichbare Deckungsrückstellung zugrunde liegt,
- ehezeitliche Anrechte aus privaten, fondsbasierten Rentenversicherungen,

1 *Hoffmann/Raul/Gerlach* FamRZ 2011, 333 (334).

2 BGH 27.6.2018 – XII ZB 499/17, FamRZ 2018, 1574; aA OLG Hamm 7.9.2018 – II-10 UF 110/18, FamRZ 2019, 445.

- ehezeitliche Anrechte, deren Leistungshöhe in prozentualer Abhängigkeit der geleisteten Beiträge ermittelt wird.

2. Zeitratierliche Bewertung

10 Kommt für ein Anrecht eine unmittelbare Bewertung, dh Ehezeitanteilsberechnung, nicht in Betracht, ist der Ehezeitanteil eines im Anwartschaftszeitraum befindlichen Anrechts **zeitratierlich**, also im Zeit-Zeit-Verhältnis zu bestimmen, und zwar nach der Formel

$$\frac{\text{erreichbare Versorgungsleistung x eheliche Zeit der Zugehörigkeit zum Versorgungssystem}}{\text{insgesamt mögliche Zeit der Zugehörigkeit zum Versorgungssystem}}$$

= Ehezeitanteil

Neben der Beamtenversorgung, deren Bewertung nach § 44 VersAusglG vorzunehmen ist, ist das klassische Beispiel die betriebliche, endgehaltsbezogene Versorgungszusage, deren Ehezeitanteil nach § 45 Abs. 2 S. 2 VersAusglG auf Grundlage der nach § 45 Abs. 1 VersAusglG ermittelten unverfallbaren Anwartschaft gem. § 2 BetrAVG oder dem Übertragungswert gem. § 4 Abs. 5 BetrAVG zu ermitteln ist. Die nachehezeitliche, noch verfallbare Einkommensdynamik eines Aktiven ist gem. § 19 Abs. 1 und 2 Nr. 1 VersAusglG iVm § 20 VersAusglG dem schuldrechtlichen Ausgleich vorbehalten, nicht jedoch die zu erwartenden künftigen Versorgungsanpassungen im Leistungsstadium (Rententrend).[3]

3. Bewertung nach Billigkeit

11 Lässt sich der Ehezeitanteil im Anwartschaftszeitraum nicht nach der unmittelbaren Methode des § 39 VersAusglG und nicht nach der zeitratierlichen Methode des § 40 VersAusglG ermitteln, dann bestimmt das Familiengericht den Ehezeitanteil gem. § 42 VersAusglG unter Berücksichtigung des Halbteilungsprinzips nach **billigem Ermessen**. Unter diese Bestimmung dürften vor allem die Berechnungen von ausländischen Anrechten fallen, deren Rechnungsgrundlagen entweder überhaupt nicht in Erfahrung zu bringen und/oder nicht nachvollziehbar sind. Bei dieser Art der Bewertung hat sich das Gericht allerdings an versicherungsmathematische Grundsätze zu halten.

3 BGH 7.3.2018 – XII ZB 408/14, FamRZ 2018, 894; BGH 24.4.2019 – XII ZB 185/16, FamRZ 2019, 1314.

85. Eidesstattliche Versicherung bei Auskunftsansprüchen

Poppen

I. Anspruchsgrundlage

Der Anspruch auf Abgabe einer eidesstattlichen Versicherung ergibt sich aus **§ 1605 Abs. 1 S. 3 iVm § 260 Abs. 2 BGB**. Auf diese für den Verwandtenunterhalt geltende Vorschrift verweisen für den Trennungsunterhalt § 1361 Abs. 4 S. 4 BGB, für den nachehelichen Unterhalt § 1580 BGB und für Unterhaltsansprüche nach § 1615 l BGB die Vorschrift des § 1615 l Abs. 3 BGB. 1

Voraussetzungen für den Anspruch auf Abgabe der eidesstattlichen Versicherung sind zum einen, dass die Auskunft **unvollständig und unrichtig** ist, und zum anderen, dass dies auf **mangelnder Sorgfalt** des Auskunftspflichtigen beruht. Erfüllt sind diese Voraussetzungen bei unvollständigen bzw. mehrfach berichtigten Angaben sowie dem Verschweigen wesentlicher Tatsachen.[1] Gehen beide Parteien, auch der Auskunftspflichtige, davon aus, dass die erteilte Auskunft **noch nicht vollständig** ist, ist zunächst der Anspruch auf Auskunftserteilung durchzusetzen. Für einen Antrag auf Abgabe der eidesstattlichen Versicherung ist noch kein Raum.[2] 2

II. Verfahren

Der Anspruch auf Abgabe der eidesstattlichen Versicherung ist im gerichtlichen Verfahren als dritte Stufe geltend zu machen (Auskunft = erste Stufe; Belegvorlage = zweite Stufe; vgl. § 113 FamFG iVm § 254 ZPO). Wird die eidesstattliche Versicherung verlangt, kann der Verpflichtete sie freiwillig bei dem **Gericht** abgeben, in dessen Bezirk die Verpflichtung zur Auskunft zu erfüllen ist (§§ 410, 411 FamFG). Die Abgabe bei einem **Notar reicht nicht**.[3] 3

Ist der Anspruch durch Beschluss tituliert, erfolgt die **Vollstreckung** nach § 120 FamFG, §§ 888, 889 Abs. 2 ZPO. Voraussetzung ist ein Antrag bei dem Gericht der Hauptsache, dass der Schuldner durch **Zwangsgeld** und für den Fall, dass dieses nicht beigetrieben werden kann, durch Zwangshaft zur Abgabe der eidesstattlichen Versicherung anzuhalten ist. Das Zwangsgeld ist nach Festsetzung durch den Gläubiger beizutreiben, steht aber als **Ordnungsmittel** der Landeskasse zu.[4] Gibt die eidesstattliche Versicherung Grund zu der Annahme, dass die zuvor erteilte Auskunft nicht mit der erforderlichen Sorgfalt erteilt worden ist, kann das Vollstreckungsgericht auf Antrag des Gläubigers nach § 261 BGB die Nachbesserung der Auskunft und die erneute eidesstattliche Versicherung anordnen.[5] 4

1 BGH 1.12.1983 – IX ZR 41/83, NJW 1984, 484.
2 OLG Köln 4.10.2000 – 26 UF 71/00, FamRZ 2001, 423.
3 Palandt/*Grüneberg* BGB § 261 Rn. 4.
4 Zöller/*Seibel* ZPO § 888 Rn. 13.
5 BGH 12.6.2014 – I ZB 37/13, NJW-RR 2015, 58.

86. Eidesstattliche Versicherung in der Zwangsvollstreckung

Grandel

I. Einführung

1 In familienrechtlichen Verfahren kann sich die Vollstreckung nach den Vorschriften der **ZPO** oder den Normen des **FamFG** richten (zur Systematik → *Vollstreckung in Familiensachen* Rn. 1 ff.). In beiden Fällen gibt es Fallgestaltungen, bei denen ein Antrag auf Abgabe der eidesstattlichen Versicherung zur Richtigkeit einer Auskunft gegen den Schuldner möglich ist.

2 Besondere Regelungen gelten seit dem Gesetz zur Reform der Sachaufklärung in der Zwangsvollstreckung vom 29.7.2009[1] mit Wirkung zum 1.1.2013 für die eidesstattliche Versicherung des Vermögensverzeichnisses (Vermögensauskunft).

II. Eidesstattliche Versicherung bei Vollstreckungen nach der ZPO

3 Ist die **ZPO anwendbar**, kommt ein Antrag auf Abgabe der eidesstattlichen Versicherung in folgenden Fällen in Betracht:

- im Rahmen der **Vollstreckung wegen Geldforderungen** unter den Voraussetzungen des § 802 c ZPO (Vermögensauskunft). Dabei gibt es zwei Wahlmöglichkeiten für den Gläubiger:
  - er kann die Vermögensauskunft beantragen, ohne zuvor oder gleichzeitig einen Pfändungsauftrag erteilt zu haben, § 802 c ZPO;
  - er kann einen sog. „Kombiauftrag" erteilen, dh einen Pfändungsauftrag bei gleichzeitigem Antrag auf Abgabe der Vermögensauskunft im Falle erfolgloser Pfändung oder wenn der Schuldner dem Gerichtsvollzieher die Durchsuchung seiner Wohnung verweigert, § 807 Abs. 1 ZPO.
- bei der **Zwangsvollstreckung wegen Geldforderungen in Forderungen und andere Vermögensrechte** durch Pfändungs- und Überweisungsbeschluss, wenn der Schuldner seiner gesetzlichen Verpflichtung, dem Gläubiger die zur Geltendmachung der gepfändeten Forderung oder des gepfändeten Rechts nötige Auskunft zu erteilen, nicht nachkommt, § 836 Abs. 3 S. 2 ZPO;
- bei der Zwangsvollstreckung zur **Herausgabe von Sachen** gem. § 883 Abs. 2 ZPO, wenn der Gerichtsvollzieher die herauszugebende Sache nicht vorfindet.

1 BGBl. I 2258.

1. Eidesstattliche Vermögensauskunft zur Vollstreckung von Geldforderungen gemäß § 802 c ZPO ohne Pfändungsversuch

Sie dient dem Zweck, dem Gläubiger **Kenntnis** von Vermögensgegenständen des Schuldners zu verschaffen, auf die im Rahmen weiterer Vollstreckungsmaßnahmen zugegriffen werden kann. 4

a) Voraussetzungen. aa) Vollstreckungsauftrag. Notwendig ist stets ein **Antrag** des Gläubigers, §§ 753, 754 Abs. 1 ZPO. Der Gläubiger hat ein Wahlrecht, ob er sofort einen Pfändungsauftrag erteilt oder zunächst die Erteilung der Vermögensauskunft beantragt. Daher muss der Gläubiger konkret bezeichnen, welche Vollstreckungsmaßnahme aus dem Katalog des § 802 a Abs. 2 ZPO er wünscht. 5

bb) Allgemeine und besondere Vollstreckungsvoraussetzungen. Die allgemeinen und besonderen Vollstreckungsvoraussetzungen müssen vorliegen (→ *Vollstreckung in Familiensachen* 1 ff.). 6

Als **Titel** können dem Antrag auf eidesstattliche Vermögensauskunft auch dingliche Arreste (§ 916 ZPO) oder einstweilige Verfügungen als Leistungsverfügungen (§ 940 ZPO) zugrunde liegen. 7

Die Abgabe der eidesstattlichen Vermögensauskunft kann auch in den Fällen der **Sicherungsvollstreckung** (§ 720 a ZPO) beantragt werden, und zwar ohne Leistung von Sicherheit. In diesem Sinne hatte der Bundesgerichtshof die vormals streitige Frage entschieden.[2] 8

cc) Keine vollständige Begleichung der Vollstreckungsforderung innerhalb der Zahlungsfrist. § 802 c ZPO verlangt abweichend vom alten Recht nicht mehr, dass die Pfändung in das bewegliche Vermögen des Schuldners (teilweise) erfolglos oder aussichtslos ist oder der Schuldner der Durchsuchung der Wohnung widerspricht. Der Gerichtsvollzieher darf die Vermögensauskunft jedoch nur verlangen, wenn der Schuldner innerhalb der ihm vom Gerichtsvollzieher zu setzenden zweiwöchigen Zahlungsfrist die Vollstreckungsforderung **nicht vollständig beglichen** hat, § 802 f. Abs. 1 S. 1, 2 ZPO. 9

dd) Rechtsschutzbedürfnis des Gläubigers. Der Antrag auf eidesstattliche Vermögensauskunft ist unzulässig, wenn die Forderung unstreitig bezahlt ist. Das **Rechtsschutzbedürfnis** ist gegeben, auch wenn nur noch ein geringer Restbetrag offen steht. Es kann jedoch fehlen, wenn dem Gläubiger das gesamte Vermögen des Schuldners bekannt ist oder er sicher weiß, dass der Schuldner keines hat.[3] Diese Fälle werden selten vorliegen. Der Gläubiger ist nicht gehalten, in Sachen zu vollstrecken, die er dem Schuldner unter Eigentumsvorbehalt geliefert hat, weil spätestens durch die Verwertung die Fiktion des Rücktritts gem. § 508 S. 5 BGB ausgelöst würde.[4] Zum Teil wird vertreten, dass das Rechtsschutzbedürfnis auch fehle, wenn dem Gläubiger andere pfändbare Gegenstände bekannt seien, zB pfändbare Sachen oder aussichtsreiche Forderungen[5] und eine Lohnpfändung in der Regel vorrangig veranlasst werden müsse, wenn der Arbeitgeber des Schuldners bekannt ist.[6] Das erscheint aber unangebracht, weil in der Praxis sehr häufig Lohnpfändungen oder sonstige Forderungspfändungen an vorrangigen anderen Gläubigern oder den vom Gesetzgeber immer wieder erhöhten Pfändungsfreigrenzen scheitern und eine Pfändung beweglicher Sachen häufig keinen Erlös erbringt, der die Verwertungskosten übersteigt. Das gilt umso mehr, als der Gesetzgeber mit der Neuregelung die Vermögensauskunft bewusst nicht mehr an die Voraussetzung vorheriger erfolgloser Vollstreckungsversuche geknüpft hat. Allenfalls kann ein Rechtsschutzbedürfnis verneint werden, wenn dem Gläubiger Vermögen des Schuldners in so großem Umfang bekannt ist, dass er seine Forderung ohne Weiteres auch ohne Vermögensauskunft sicher realisieren kann.[7] 10

b) Verfahren. aa) Zahlungsaufforderung und Terminsbestimmung. Das Verfahren der Vermögensauskunft ist in § 802 f. ZPO geregelt. Der Abnahme der Vermögensauskunft geht eine Zahlungsaufforderung 11

---

2 BGH 26.10.2006 – 1 ZB 113/05, NJW-RR 2007, 416; 2.3.2006 – IX ZB 23/06, NJW-RR 2006, 996.

3 LG Köln 30.6.1987 – 10 T 87/87, NJW-RR 1987, 1407; Thomas/Putzo/*Seiler* ZPO § 802 c Rn. 3; Musielak/Voit/*Flockenhaus* ZPO § 807 Rn. 5; *Neugebauer* MDR 2012, 1441.

4 Palandt/*Weidenkaff* BGB § 508 Rn. 10.

5 Musielak/Voit/*Flockenhaus* ZPO § 807 Rn. 5.

6 Musielak/Voit/*Flockenhaus* ZPO § 807 Rn. 5; MüKoZPO/*Eickmann* § 807 Rn. 22.

7 *Neugebauer* MDR 2012, 1441.

mit Fristsetzung von zwei Wochen und den in § 802 f. Abs. 3 ZPO vorgesehenen Belehrungen voraus. Die **Zahlungsaufforderung mit Belehrung** ist dem Schuldner vom Gerichtsvollzieher zuzustellen. Die Zustellung muss an den Schuldner selbst erfolgen, nicht an dessen Verfahrensbevollmächtigten, § 802 f. Abs. 4 S. 1 ZPO.

12 Der Gerichtsvollzieher kann anordnen, dass die **Abgabe der Vermögensauskunft** in der Wohnung des Schuldners stattfindet, § 802 f. Abs. 2 S. 1 ZPO. Das ist sinnvoll in Fällen, in denen zu erwarten ist, dass der Schuldner keine geordneten Unterlagen mitbringen wird, wenn die Vermögensauskunft im Büro des Gerichtsvollziehers abgenommen würde.

Der Abgabe auf Vermögensauskunft in seiner Wohnung kann der Schuldner binnen einer Woche widersprechen. Widerspricht der Schuldner nicht und lässt der Schuldner den Gerichtsvollzieher nicht in seine Wohnung, gilt der Termin als pflichtwidrig versäumt, wenn der Schuldner dies zu vertreten hat, § 802 f. Abs. 2 S. 3 ZPO.

13 **bb) Rechtsbehelfe.** Wie schon nach bisherigem Recht kann der Schuldner gegen die Anordnung der Vermögensauskunft bzw. der erneuten Vermögensauskunft **Erinnerung** gem. § 766 ZPO einlegen.[8] Sie hat keine aufschiebende Wirkung. Der Schuldner sollte daher ergänzend **einstweiligen Rechtsschutz** beim Vollstreckungsgericht in Form einer einstweiligen Anordnung auf Einstellung der Vollstreckung gem. §§ 766 Abs. 1 S. 2, 732 Abs. 2 ZPO beantragen.[9] Über die Erinnerung entscheidet der Vollstreckungsrichter, § 20 Nr. 17 RPflG. Dagegen ist sofortige Beschwerde möglich, § 793 Abs. 1 ZPO.

Das Widerspruchsrecht des Schuldners gem. § 900 Abs. 4 ZPO aF ist weggefallen. Ein Widerspruch ist im Hinblick auf Art. 13 GG nur möglich gegen die Anordnung des Gerichtsvollziehers, dass als Ort der Abgabe der Vermögensauskunft die Wohnung des Schuldners bestimmt wird, nicht das Büro des Gerichtsvollziehers, § 802 f. Abs. 2 S. 2 ZPO. Die Widerspruchsfrist beträgt eine Woche ab Zustellung der Ladung. Bei rechtzeitigem Widerspruch bestimmt der Gerichtsvollzieher einen neuen Termin in seinen Geschäftsräumen. Der zweite Termin kann zur Verfahrensbeschleunigung auch zeitgleich mit der ersten Ladung bereits hilfsweise für den Fall des Widerspruchs anberaumt werden.[10]

14 **c) Inhalt der eidesstattlichen Vermögensauskunft.** Der Inhalt der Vermögensauskunft ergibt sich aus § 802 c ZPO. Neben den **Angaben zur Person** einschließlich Geburtsdatum und Geburtsort sind alle dem Schuldner gehörenden **Vermögensgegenstände** anzugeben, auch wenn sie gepfändet oder sicherungsübereignet sind. Auch nicht werthaltige **Forderungen** muss der Schuldner angeben, ebenso künftige Forderungen, die nach Rechtsgrund und Schuldner zu bezeichnen sind.[11] Offensichtlich nach § 811 Abs. 1 Nr. 1, 2 ZPO unpfändbare Sachen müssen nicht aufgeführt werden, (§ 802 Abs. 2 S. 4 ZPO) wohl aber Forderungen, deren Pfändbarkeit nicht völlig ausgeschlossen ist.[12] Im Übrigen muss sich der Schuldner auch zu unpfändbaren Gegenständen erklären, sofern sie einen selbstständigen Vermögenswert haben. Soweit eine Austauschpfändung nach § 811 a ZPO möglich erscheint, sind auch die Gegenstände, die dem persönlichen Gebrauch dienen, aufzulisten, § 802 c Abs. 2 S. 4 ZPO. Ob eine Austauschpfändung in Betracht kommt, ist nach objektiven Kriterien zu ermitteln. In Zweifelsfällen sind die Gegenstände daher anzugeben.[13] Angeben muss der Schuldner alle entgeltlichen Veräußerungen an nahestehende Personen, die er in den letzten zwei Jahren vor der Vermögensauskunft vorgenommen hat, ebenso die unentgeltlichen Leistungen des Schuldners, die dieser in den letzten vier Jahren vor der Vermögensauskunft vorgenommen hat mit Ausnahme gebräuchlicher Gelegenheitsgeschenke geringen Wertes (§ 802 c Abs. 2 ZPO). Dadurch soll die Möglichkeit geschaffen werden, Informationen über das Vorliegen von Anfechtungsrechten nach der InsO oder dem Anfechtungsgesetz zu erlangen (→ *Gläubigeranfechtung* Rn. 1 ff.).

---

8 LG Stuttgart 12.4.2018 – 19 T 486/17, BeckRS 2018, 36374.

9 *Vollkommer* NJW 2012, 3681 (3685).

10 HK-ZV/*Sternal* ZPO § 802 f. Rn. 17.

11 Musielak/Voit/*Voit* ZPO § 802 c Rn. 11.

12 BGH 20.11.2008 – I ZB 20/06, RPfleger 2009, 466.

13 *Hergenröder* DGVZ 2018, 221; HK-ZV/*Sternal* ZPO § 802 c Rn. 28.

Zusätzliche Fragen kann der Gerichtsvollzieher stellen, soweit sie sich auf den Ist-Bestand des Vermögens beziehen.[14] Die Angaben im Verzeichnis müssen so präzise sein, dass sie dem Gläubiger eine Grundlage für weitere Vollstreckungen liefern, ohne dass dieser weitere Nachfragen stellen muss.[15] Dazu gehören **Angaben** über alle geldwerten Sachen und Rechte, Name und Anschrift des Drittschuldners nebst Forderungshöhen. Bei Sachen, die der Schuldner besitzt, ohne Eigentümer zu sein, muss er den Eigentümer benennen.[16]

Forderungen sind genau zu bezeichnen, auch künftige und bedingte, unabhängig davon, ob sie einbringlich oder unpfändbar sind.[17] Bei **Einkünften** aus selbstständiger Tätigkeit müssen in der Regel die Einkünfte mit Art und Umfang der Tätigkeit nebst Nennung der Auftraggeber für die letzten zwölf Monate angegeben werden, allerdings nur unter der Voraussetzung, dass laufende Geschäftsbeziehungen zu diesen Auftraggebern besteht, die die begründete Erwartung rechtfertigen, der Schuldner werde auch künftig Aufträge von seinen bisherigen Kunden erhalten.[18] 15

Die Vermögensauskunft wird als **elektronisches Dokument** erstellt. Der Gerichtsvollzieher überträgt die mündlichen Angaben des Schuldners in den PC. Es gibt deswegen keine Unterschrift des Schuldners unter das Vermögensverzeichnis. Zur Vermögensauskunft gehört die eidesstattliche Versicherung gem. § 802 c Abs. 3 ZPO. Vor Abgabe der eidesstattlichen Versicherung wird dem Schuldner der im PC erfasste Inhalt vorgelesen oder ihm Einblick gewährt. Auf Verlangen erhält er einen Ausdruck, § 802 f Abs. 5 S. 2, 3. 16

Die Vermögensauskunft wird vom Gerichtsvollzieher als elektronisches Dokument beim zentralen Vollstreckungsgericht des jeweiligen Bundeslandes **hinterlegt** (§ 802 f Abs. 6 ZPO, zB in Bayern: Amtsgericht Hof). Eine Auflistung der zentralen Vollstreckungsgerichte der einzelnen Bundesländer ist zu finden auf dem Justizportal des Bundes oder der Länder unter dem Link: www.justiz.de/onlinedienste/vollstreckungsportal/index.php.[19] Die eidesstattliche Versicherung verbleibt mit dem Protokoll (§ 762 ZPO) beim Gerichtsvollzieher. 17

Der Gläubiger erhält die Vermögensauskunft vom Gerichtsvollziehers als Ausdruck oder als Datei mit qualifizierter elektronischer Signatur, § 802 d Abs. 2 ZPO.

d) Verweigerung der eidesstattlichen Vermögensauskunft. Weigert sich der Schuldner, die Vermögensauskunft zu erteilen, leistet er die eidesstattliche Versicherung nicht oder bleibt er unentschuldigt dem Termin fern, hat dies folgende **Konsequenzen**: 18

- Der Gläubiger kann einen Haftbefehl zur Erzwingung der Vermögensauskunft beantragen, § 802 g ZPO.
- Der Gerichtsvollzieher ordnet von Amts wegen die Eintragung des Schuldners in das Schuldnerverzeichnis an, § 882 c ZPO. Dies lässt die Möglichkeit, einen Haftbefehl zu beantragen, unberührt.
- Auf Antrag des Gläubigers kann der Gerichtsvollzieher Auskünfte im Rahmen des § 802 l ZPO nunmehr bei bestimmten Behörden erholen.

e) Ergänzung der eidesstattlichen Vermögensauskunft. Eine unrichtige Vermögensauskunft ist von einer **unvollständigen** zu unterscheiden. Eine Ergänzung kann nur bei einem unvollständigen oder ungenauen Verzeichnis verlangt werden.[20] Das ist zB der Fall bei Auslassungen im Formblatt, fehlenden Angaben über den Arbeitgeber, ungenauer Bezeichnung von pfändbaren Gegenständen. Auch eine wiederholte Ergänzung ist möglich.[21] Für das Ergänzungsverlangen genügt ein konkreter Verdacht. 19

14 Musielak/Voit/*Voit* ZPO § 802 c Rn. 7.
15 Musielak/Voit/*Voit* ZPO § 802 c Rn. 7; LG Augsburg 15.2.1995 – 5 T 5720/94, JurBüro 1995, 442.
16 Thomas/Putzo/*Seiler* ZPO § 802 c Rn. 13.
17 BGH 20.11.2008 – I ZB 20/06, RPfleger 2009, 466.
18 BGH 3.2.2011 – I ZB 2/10, NJW-RR 2011, 851.
19 Letzter Zugriff: 31.1.2021.
20 Thomas/Putzo/*Seiler* ZPO § 802 c Rn. 25; Musielak/Voit/*Voit* ZPO § 802 d Rn. 13; einschränkend LG München 18.5.2009 – 20 T 7136/09, RPfleger 2009, 631.
21 LG Karlsruhe 26.6.1997 – 11 T 65/97, DGVZ 1999, 156.

20 **f) Versicherung an Eides statt.** Der Schuldner hat zu Protokoll an Eides statt zu versichern, dass die von ihm gemachten Angaben **nach bestem Wissen und Gewissen** richtig und vollständig gemacht wurden. Es gelten die §§ 478–480, 483 ZPO entsprechend (§ 802 c Abs. 3 ZPO).

21 **g) Wiederholte eidesstattliche Vermögensauskunft.** Die eidesstattliche Vermögensauskunft wird von Amts wegen an das zentrale Vollstreckungsgericht des jeweiligen Bundeslandes übermittelt und dort zentral verwaltet, §§ 802 f Abs. 6, 802 k ZPO. Die Frist zur erneuten Abgabe der Vermögensauskunft wurde gegenüber dem alten Recht (drei Jahre) auf zwei Jahre verkürzt, § 802 d Abs. 1 S. 1 ZPO. Die **Frist** berechnet sich gem. § 222 ZPO ab Abgabe der Vermögensauskunft mit eidesstattlicher Versicherung. Vor Ablauf der Sperrfrist ist der Schuldner zur erneuten Vermögensauskunft nur verpflichtet, wenn der Gläubiger Tatsachen glaubhaft macht, die auf eine wesentliche Änderung der Vermögensverhältnisse des Schuldners schließen lassen. Diese Formulierung ist weitgehender als im enger gefassten § 903 Abs. 1 ZPO aF.

22 Eine **Löschung** erfolgt zwei Jahre nach Abgabe der Auskunft oder wenn ein neues Vermögensverzeichnis desselben Schuldners hinterlegt wird (§ 6 Abs. 1 VermVV). Da andere Gläubiger über den Gerichtsvollzieher das Vermögensverzeichnis zwei Jahre lang nach Abgabe der Vermögensauskunft abrufen können (§ 802 k Abs. 2 S. 1 ZPO), wenn die Vollstreckungsvoraussetzungen des § 750 ZPO vorliegen, muss der Schuldner grundsätzlich keine erneute eidesstattliche Versicherung ablegen, wenn die letzte keine zwei Jahre zurückliegt (§ 802 d Abs. 1 ZPO). Eine Ausnahme besteht, wenn der Gläubiger Tatsachen glaubhaft machen kann, die auf eine wesentliche Veränderung der Vermögensverhältnisse des Schuldners schließen lassen, § 802 d Abs. 1 S. 1 ZPO. Diese Formulierung ist weitgehender als im enger gefassten § 903 Abs. 1 ZPO aF, so dass jedenfalls die bisherigen Fallgestaltungen fortgelten, in denen die Rspr. die Voraussetzungen bejaht hatte:

23 Eine erneute Vermögensauskunft kann bejaht werden, wenn der Schuldner später **pfändbares Vermögen** erwirbt.[22] Zur Glaubhaftmachung reicht es nicht aus, dass der Schuldner eine kurze selbstständige Tätigkeit aufgenommen hat.[23] Anders ist es bei der Aufgabe einer längeren selbstständigen Tätigkeit (zB sechs Monate).[24] Die Aufgabe eines Arbeitsverhältnisses lässt auf eine wesentliche Änderung der Vermögensverhältnisse schließen, ohne dass glaubhaft gemacht werden muss, dass der Schuldner ein neues Arbeitsverhältnis angenommen hat.[25] Das gilt auch für die Aufgabe einer Nebentätigkeit, wenn sie einen größeren Umfang hatte.[26]

24 Erfasst wird auch der Fall, dass zum Zeitpunkt der Abgabe der letzten eidesstattlichen Versicherung kein Arbeitsverhältnis bestand, nunmehr aber eine Beschäftigung aufgenommen wurde.[27] Mit der Auflösung eines Bankkontos durch den Schuldner kann ein Vermögenserwerb nicht glaubhaft gemacht werden.[28]

25 Es ist ein **Antrag** des Gläubigers erforderlich.

26 Bei Vorliegen der Voraussetzungen muss der Schuldner eine vollständig neue Vermögensauskunft erstellen und darf sich nicht auf die Ergänzung beschränken. Bezüglich einzelner Positionen sind Bezugnahmen auf das frühere Verzeichnis zulässig.[29] Darauf, ob der Gläubiger den neuen Arbeitgeber des Schuldners schon kennt oder nicht, kommt es nicht an.[30]

---

22 OLG Stuttgart 1.3.2001 – 8 W 352/00, RPfleger 2001, 441; Musielak/Voit/*Voit* ZPO § 802 d Rn. 8; aA MüKoZPO/*Eickmann* § 903 Rn. 6.

23 LG Baden-Baden 24.6.2010 – 2 T 12/10, DGVZ 2010, 197.

24 LG Köln 27.9.2005 – 10 T 189/05, DGVZ 2005, 182; s. auch OLG Stuttgart 1.3.2001 – 8 W 352/00, DGVZ 2001, 116.

25 Thomas/Putzo/*Seiler* ZPO § 802 e Rn. 7; OLG Frankfurt a.M. 7.12.1989 – 20 W 403/89, RPfleger 1990, 174; LG Augsburg 2.2.1998 – 5 T 5531/97, JurBüro 1998, 325; LG Freiburg 18.8.2005 – 13 T 70/05, DGVZ 2005, 166.

26 Musielak/Voit/*Voit* ZPO § 802 d Rn. 10 mwN.

27 LG Heilbronn 30.10.2000 – 1 b T 404/00, JurBüro 2001, 153.

28 BGH 16.11.2006 – I ZB 5/05, NJW-RR 2007, 1007.

29 OLG Koblenz 21.6.1976 – 13 T 68/76, MDR 1977, 323.

30 LG Bonn 27.9.2002 – 4 T 506/02, NJW-RR 2003, 72; Musielak/Voit/*Voit* ZPO § 802 d Rn. 10.

2. Sofortige Abnahme der Vermögensauskunft (Kombiauftrag)

Es besteht die Möglichkeit, einen „**Kombiauftrag**" zu erteilen, mit dem die Pfändung beauftragt wird, und die sofortige Abnahme der Vermögensauskunft bei erfolgloser Pfändung. In diesem Falle wird – abweichend von § 802 f Abs. 1, 3 ZPO – keine Zahlungsfrist mehr gesetzt und es ergeht keine Terminsladung. Die Vermögensauskunft wird vor Ort nach der erfolglosen Pfändung abgenommen. 27

Voraussetzungen für die „sofortige" Abnahme der Vermögensauskunft sind:

- Pfändungsauftrag des Gläubigers, § 802 a Abs. 2 Nr. 4 ZPO;
- Verweigerung der Durchsuchung der Wohnung durch den Schuldner oder
- der Pfändungsversuch führte nicht zur vollständigen Befriedigung des Schuldners;
- ausdrücklicher Auftrag des Gläubigers, für diesen Fall die Vermögensauskunft beim Schuldner abzunehmen, § 807 Abs. 1 S. 1 ZPO (Kombiauftrag).

Zu beachten ist, dass der Schuldner einer sofortigen Abnahme ohne Begründung widersprechen kann, weil ihn die Abnahme der Vermögensauskunft unvorbereitet trifft. Dann muss der Gerichtsvollzieher den Schuldner zu einem separaten Termin zur Abgabe der Vermögensauskunft gem. § 802 f ZPO laden. Eine Zahlungsfrist braucht in diesem Fall nicht eingeräumt zu werden, § 807 Abs. 2 S. 2 ZPO.

3. Besonderheiten der eidesstattlichen Versicherung im Rahmen erlassener Pfändungs- und Überweisungsbeschlüsse, § 836 ZPO

Neben der Obliegenheit des Drittschuldners zur Abgabe der sog. Drittschuldnererklärung gem. § 840 ZPO ist auch der Schuldner verpflichtet, dem Gläubiger die zur Geltendmachung der gepfändeten Forderung nötige Auskunft zu erteilen (§ 836 Abs. 3 S. 1 ZPO). Voraussetzung ist ein wirksamer Pfändungs- und Überweisungsbeschluss. Ein Pfändungsbeschluss ohne Überweisung genügt nicht.[31] 28

Der **Auskunftsanspruch** umfasst alle Tatsachen, die der Gläubiger zur Geltendmachung der Forderung gegen den Drittschuldner benötigt (Angaben zum Anspruchsgrund, Anspruchshöhe, Beweismittel). Der Schuldner muss auch Angaben zu Einwendungen gegen die Forderung und zu Vollstreckungshindernissen machen[32] und dazu, ob die Forderung anerkannt oder bereits rechtshängig ist.[33] Er erstreckt sich auf Tatsachen, die erst nach dem Erlass des Pfändungs- und Überweisungsbeschlusses eingetreten sind. 29

Auf Tatsachen, die der **Schweigepflicht** des Schuldners unterliegen, erstreckt sich die Auskunftspflicht nicht.[34] 30

Verweigert der Schuldner die Auskunftserteilung, kann der Gläubiger mittels seines Titels und des Pfändungs- und Überweisungsbeschlusses das Verfahren auf Abgabe der eidesstattlichen Versicherung gem. § 836 Abs. 3 S. 2, §§ 899 ff. ZPO gegen den Schuldner einleiten. Dabei muss der Gläubiger die geforderten Auskünfte präzisieren, ähnlich wie bei einer Auskunftsklage.[35] Der Schuldner ist verpflichtet, die Auskünfte dem Gerichtsvollzieher zu erteilen und deren Richtigkeit an Eides statt zu versichern. Für eine separate Auskunftsklage gegen den Schuldner fehlt idR das Rechtsschutzbedürfnis. 31

4. Besonderheiten der eidesstattlichen Versicherung bei der Vollstreckung wegen der Herausgabe von Sachen, § 883 Abs. 2 ZPO

Auf Antrag muss der Schuldner, der eine bewegliche Sache oder eine Menge bestimmter beweglicher Sachen herauszugeben hat, die eidesstattliche Versicherung abgeben, wenn der Gerichtsvollzieher die Sache 32

31 Thomas/Putzo/*Seiler* ZPO § 836 Rn. 17; HK-ZV/*Bendtsen* ZPO § 836 Rn. 11.
32 HK-ZV/*Bendtsen* ZPO § 836 Rn. 12.
33 BGH 26.2.2009 – VII ZB 30/08, NJW-RR 2009, 997.
34 BGH 29.4.2013 – VII ZB 14/12, NZG 2013, 665; OLG Stuttgart 11.5.1994 – 8 W 89/94, NJW 1994, 2838; Musielak/Voit/*Flockenhaus* ZPO § 836 Rn. 6.
35 Musielak/Voit/*Flockenhaus* ZPO § 836 Rn. 6.

beim Schuldner **nicht vorgefunden** hat. Der Antrag hierzu kann mit dem Wegnahmeauftrag verbunden werden. Zwangsmittel nach §§ 888, 890 ZPO sind nicht zulässig. Zur Abgabe der eidesstattlichen Versicherung sind der Schuldner bzw. sein gesetzlicher Vertreter verpflichtet; Letzterer muss die Erklärung sowohl zu eigenen Kenntnissen über den Verbleib der Sache als auch zur Kenntnis des Schuldners abgeben. § 883 Abs. 2 S. 3 ZPO verweist zum Verfahren auf wesentliche Vorschriften zur Abgabe der Vermögensauskunft.

33 Die eidesstattliche Versicherung hat den **Inhalt**, dass der Schuldner die Sache nicht besitzt und auch nicht weiß, wo sie sich befindet (§ 883 Abs. 2 ZPO).

Eine wiederholte eidesstattliche Versicherung kann verlangt werden, wenn der Gläubiger glaubhaft macht, der Schuldner habe nach Abgabe der ersten eidesstattlichen Versicherung den Besitz an der Sache oder Kenntnis von deren Verbleib erlangt.[36]

III. Eidesstattliche Versicherung bei Vollstreckungen nach FamFG

34 Im Rahmen der Vollstreckung nach den **Vorschriften des FamFG** ist die eidesstattliche Versicherung in folgenden Fällen von Bedeutung:

- Gem. § 35 Abs. 4 FamFG kann das Gericht bei der Vollstreckung von Anordnungen mit verfahrensleitendem Charakter auf **Herausgabe einer Sache** neben der Möglichkeit, Zwangsgeld festzusetzen, den Verpflichteten zur Abgabe einer eidesstattlichen Versicherung unter den Voraussetzungen des § 883 Abs. 2 ZPO verpflichten, wenn die Wegnahmeanordnung nicht vollzogen werden kann, weil die Sache beim Verpflichteten nicht auffindbar war.

  Die Entscheidung liegt im pflichtgemäßen Ermessen des Gerichts. Der Verpflichtete muss dann gegebenenfalls die eidesstattliche Erklärung abgeben, dass er die Sache nicht in Besitz habe und nicht wisse, wo sie sich befindet.[37]

- Bedeutung hat die eidesstattliche Versicherung auch bei der Vollstreckung von Entscheidungen über die **Herausgabe von Personen** gem. §§ 88 ff. FamFG. Das sind die Fälle der §§ 1632, 1666 und 1666 a BGB. Wird das herauszugebende Kind bei der Vollstreckung der Wegnahme nicht vorgefunden, kann vom Herausgabeverpflichteten die Abgabe der eidesstattliche Versicherung über den Verbleib des Kindes verlangt werden, § 94 S. 1 FamFG.

1. Eidesstattliche Versicherung gemäß § 35 Abs. 4 FamFG

35 § 35 FamFG erfasst nur Anordnungen des Gerichts mit verfahrensleitendem Charakter, um **Mitwirkungshandlungen** Verpflichteter durchzusetzen. Verfahrensanordnungen, die einen Beteiligten zur Herausgabe einer Sache verpflichten (zB zur Vorlage eines Testaments oder einer Betreuungsverfügung, Vorsorgevollmacht), fallen darunter und werden über die Verweisung auf § 883 ZPO vollstreckt. Es ist ein Verfahren von Amts wegen. „Gläubiger" iSd § 883 Abs. 2 ZPO ist das Gericht.

36 Unter den Voraussetzungen des § 883 Abs. 2 ZPO muss der zur Herausgabe Verpflichtete die eidesstattliche Versicherung beim Gerichtsvollzieher ablegen.

37 Das Verfahren richtet sich nicht nach §§ 410 ff. FamFG, sondern nach §§ 883 Abs. 2, 802 f Abs. 4 iVm §§ 802 g ff. ZPO.[38]

38 Gehört die Angelegenheit, in der die Herausgabeanordnung getroffen wurde, zum Aufgabenbereich des Rechtspflegers, ist dieser auch berechtigt, das Verfahren zur eidesstattlichen Versicherung einzuleiten. Zur Anordnung der Haft ist er aber nicht befugt.[39]

36 BGH 21.2.2008 – I ZB 66/07, NJW 2008, 1598.
37 HK-ZV/*Giers/Bachmann* FamFG Rn. 36.
38 HK-ZV/*Giers/Bachmann* FamFG Rn. 36.
39 Keidel/*Zimmermann* FamFG § 35 Rn. 56.

2. Besonderheiten der Vollstreckung nach § 94 FamFG

§ 94 FamFG betrifft den Fall, dass ein **Kind** einem Elternteil oder einer sonstigen Person zur Durchsetzung eines Herausgabeanspruchs **weggenommen** werden soll, das Kind aber nicht vorgefunden wurde. Für die eidesstattliche Versicherung müssen die Voraussetzungen der Anwendbarkeit unmittelbaren Zwangs gem. § 90 FamFG vorliegen. Eine **Vollstreckung einer Herausgabeverpflichtung mittels unmittelbaren Zwangs** ist zur Durchsetzung eines Umgangsrechts nicht zulässig, § 90 Abs. 2 S. 1 FamFG, im Übrigen nur, wenn die Voraussetzungen des § 90 Abs. 1 und des § 90 Abs. 2 S. 3 FamFG gegeben sind. 39

Die Abgabe der eidesstattlichen Versicherung wird durch das Gericht durch **Beschluss** angeordnet. Das Verfahren richtet sich nach § 883 Abs. 2, 3 ZPO iVm den weitgehend kraft Verweisung anwendbaren Vorschriften zur Abnahme von Eiden und Bekräftigungen. Inhaltlich richtet sie sich auf die Abgabe der Erklärung, dass der Vollstreckungsschuldner keine Kenntnis über den Verbleib des Kindes hat. 40

Es ist streitig, ob für die Durchführung der Abgabe der eidesstattlichen Versicherung der Gerichtsvollzieher zuständig ist[40] oder das anordnende Gericht (Rechtspfleger, § 20 Nr. 17 RPflG).[41] Da § 94 S. 2 FamFG auf § 883 Abs. 2 verweist, der wiederum auf § 802 e ZPO Bezug nimmt, ist von der **Zuständigkeit** des Gerichtsvollziehers auszugehen. 41

Gegen die Anordnung zur Abgabe der eidesstattlichen Versicherung oder deren Ablehnung kann die **sofortige Beschwerde** gem. § 87 Abs. 4 iVm §§ 567 ff. ZPO eingelegt werden.[42] 42

IV. Haftanordnung

Auf Antrag des Gläubigers erlässt das Gericht einen **Haftbefehl** gegen den Schuldner zur Erzwingung der eidesstattlichen Versicherung, wenn der Schuldner den Termin zur Abgabe versäumt oder die eidesstattliche Versicherung verweigert. Zuständig für den Erlass ist der Richter des Vollstreckungsgerichts am Wohnsitz des Schuldners, wenn es um die Vollstreckung nach den Vorschriften der ZPO geht, also bei der Durchsetzung von Forderungen aus Familienstreitsachen (§ 120 Abs. 1 FamFG). Auch wenn es um die Vollstreckung verfahrensleitender Anordnungen auf Herausgabe von Sachen gem. § 95 Abs. 4 FamFG, § 883 Abs. 2 S. 3 ZPO geht,[43] kann das Gericht unter den Voraussetzungen des § 802 g ZPO Haftbefehl erlassen. Zuständig ist das Familiengericht, das das zugrunde liegende Verfahren betreibt. 43

Das Gleiche gilt bei einer Vollstreckung zur **Herausgabe einer Person** gem. § 94 S. 2 FamFG. Zuständig ist hier der Richter des gem. § 88 FamFG mit der Vollstreckung befassten Familiengerichts.[44] 44

---

40 So Keidel/*Giers* FamFG § 94 Rn. 2; HK-FamVerfR/*Völker/Clausius/Wagner* § 94 Rn. 3; Thomas/Putzo/*Hüßtege* FamFG § 94 Rn. 6.

41 So Musielak/Borth/*Borth* FamFG § 94 Rn. 2.

42 Thomas/Putzo/*Hüßtege* FamFG § 94 Rn. 4; Musielak/Borth/*Borth* FamFG § 94 Rn. 2; HK-ZV/*Giers/Bachmann* FamFG Rn. 183; HK-FamVerfR/*Völker/Clausius/Wagner* § 94 Rn. 3.

43 Keidel/*Meyer-Holz* FamFG § 35 Rn. 39.

44 HK-ZV/*Giers/Bachmann* FamFG Rn. 163.

87. Eingetragene Lebenspartnerschaft

Gurk

I. Einführung

1 Zum 1.8.2001 ist das **Gesetz zur Beendigung der Diskriminierung gleichgeschlechtlicher Gemeinschaften: Lebenspartnerschaften** in Kraft getreten. Dem Inkrafttreten waren erhebliche und umfangreiche politische Diskussionen vorausgegangen, die letztlich in einer Entscheidung des Bundesverfassungsgerichtes über Normenkontrollanträge der Bundesländer Bayern, Thüringen und Sachsen mündeten.

In materiellrechtlicher Hinsicht begehrten die drei Länder die Feststellung, dass das Gesetz dem **Art. 6 GG** und dem dort manifestierten **Schutz von Ehe und Familie entgegensteht**. Deren Auffassung nach drohten Ehe und Familie durch die Schaffung eines Instituts, welches auf gleichgeschlechtlicher Ebene eine Annäherung an die Ehe vorsieht, erhebliche Einbußen. Der verfassungsrechtlich geschützte Bereich der Ehe und der Familie sollte in rechtswidriger Art berührt sein.

2 Hierzu wurde durch das Bundesverfassungsgericht mit Urteil vom 17.7.2002[1] festgestellt, dass das LPartG nicht verfassungswidrig und nicht nichtig ist. Das Gesetz wendet sich an Personen, die keine Ehe miteinander eingehen können, weshalb die befürchteten Einbußen nicht zu erwarten sind.[2]

3 In der vorgenannten Entscheidung hatte das Bundesverfassungsgericht auch über die Frage zu entscheiden, ob nicht in Bezug auf nichteheliche Lebensgemeinschaften ein **Verstoß gegen Art. 3 Abs. 1 GG** dadurch gegeben ist, dass den letztgenannten, also verschiedengeschlechtlichen Paaren und sog. verwandtschaftlichen Einstandsgemeinschaften der Zugang zur Rechtsform der eingetragenen Lebensgemeinschaft verwehrt ist. Für Partner verschiedener Geschlechter und Verwandte bestand und besteht nach dem Wortlaut des Gesetzes gerade keine Möglichkeit, ihre Partnerschaft durch entsprechende Eintragung einer Ehe anzugleichen. Hierzu und zu weiteren vom BVerfG angestellten Überlegungen vgl. die Vorauflage.

4 Infolge der klaren Aussage des BVerfG in seiner Entscheidung v. 17.7.2002 wurden mit dem am 1.1.2005 in Kraft getretenen „Gesetz zur Überarbeitung des Lebenspartnerschaftsgesetzes" (LPartÜG) die Bestimmungen des LPartG, die bis dahin auch terminologisch verkrampft jede Ähnlichkeit mit der Ehe vermeiden wollten, weitgehend dem Eherecht angeglichen.

5 Erheblich an Bedeutung verlor das LPartG durch das Inkrafttreten des „Gesetzes zur Einführung des Rechts auf Eheschließung für Personen gleichen Geschlechts"[3] am 1.10.2017.

II. Begründung der Lebenspartnerschaft

6 Die Begründung einer eingetragenen Lebenspartnerschaft ist seither nicht mehr möglich (§ 1 LPartG). Unabhängig vom Geschlecht können Paare nach dem 30.9.2017 lediglich eine Ehe miteinander eingehen.

---

1 BVerfG 17.7.2002 – 1 BvF 1/01, 1 BvF 2/01.
2 BVerfG 17.7.2002 – 1 BvF 1/01, FamRZ 2002, 1169.
3 BGBl. 2017 I 2787.

Daraus folgt insoweit die unmittelbare und vollumfängliche Anwendung des Rechts der Eheschließung der §§ 1303 ff. BGB. Zuvor geschlossene Lebenspartnerschaften können **in eine Ehe umgewandelt** werden, § 20 a LPartG (→ Rn. 58 ff.).

Bezüglich der Rechtslage vor dem 1.10.2017 wird auf die Vorauflage Bezug genommen. Ein Verstoß gegen die Erfordernisse des § 1 LPartG aF führt – anders als bei der Ehe – nach überwiegender Ansicht zur Unwirksamkeit der Partnerschaftsbegründung.[4] 7

III. Wirkungen der Lebenspartnerschaft

Die Wirkungen einer vor dem 1.10.2017 begründeten Lebenspartnerschaft sind nunmehr vollumfänglich denen der Ehe angeglichen. Die wichtigsten Bereiche werden nachstehend dargestellt: 8

1. Allgemeine Grundsätze

In den §§ 2–11 LPartG sind die allgemeinen Rechtsverhältnisse der Lebenspartner zueinander niedergelegt. § 2 LPartG begründet die **Verpflichtung der Partner zur gegenseitigen Fürsorge, Unterstützung, der gemeinsamen Lebensgestaltung und Verantwortung**. Auch hier erfolgte durch den Gesetzgeber eine Angleichung an das Eherecht, konkret an § 1353 BGB. Im Unterschied zu Ehegatten sind die Lebenspartner jedoch nicht zur häuslichen Gemeinschaft verpflichtet. Es besteht auch keine Verpflichtung zur Geschlechtsgemeinschaft. Nach der Gesetzesbegründung handelt es sich bei der eingetragenen Lebenspartnerschaft um eine **auf Lebenszeit geschlossene „Einstehens- und Verantwortungsgemeinschaft“**. Sie knüpft ausdrücklich nicht an Homosexualität an, sondern allein an die Gleichgeschlechtlichkeit der Partner. 9

Durch § 11 LPartG wird darüber hinaus zwischen den Partnern ein Verwandtschaftsverhältnis begründet. Die Verwandten der Partner gelten als mit dem anderen Lebenspartner verschwägert (§ 11 Abs. 2 LPartG).

2. Namensrecht

Das Namensrecht der eingetragenen Lebensgemeinschaft regelt § 3 LPartG, der § 1355 BGB entspricht. Im Einzelnen hierzu → *Ehename* Rn. 2 ff. Demgemäß können die Lebenspartner **verschiedene Namensvarianten** für ihre Lebenspartnerschaft wählen, für die der Gesetzgeber folgende Alternativen vorgesehen hat: 10

- es wird einer der Geburtsnamen der Partner als gemeinsamer Name geführt,
- die bisherigen (verschiedenen) Namen werden fortgeführt, oder
- derjenige Partner, dessen Name nicht gemeinsamer Lebenspartnerschaftsname wird, kann seinen Namen dem gewählten Lebenspartnerschaftsnamen voranstellen oder anfügen.

Die letztgenannte Möglichkeit besteht jedoch gem. § 3 Abs. 2 LPartG in den Fällen nicht, in denen mehr als zwei Namen zusammengesetzt würden. Die entsprechenden Erklärungen zur Wahl des Lebenspartnerschaftsnamens sind gegenüber dem Standesbeamten bei der Begründung der Lebenspartnerschaft abzugeben.

Wird die **Lebenspartnerschaft beendet**, bestehen im Hinblick auf die Namensführung gem. § 3 Abs. 3 LPartG folgende Alternativen: 11

- jeder Partner führt seinen Lebenspartnerschaftsnamen weiter,
- der Geburtsname bzw. der Name, der bei der Begründung der Partnerschaft geführt wurde, wird wieder angenommen, oder
- es wird dem gemeinsam gewählten Lebenspartnerschaftsnamen der Geburtsname bzw. der bis zur Bestimmung des Lebenspartnerschaftsnamens geführte Name vorangestellt oder angefügt.

4 Vgl. *Grziwotz* in: Münch FamR-NotGP § 9 Rn. 76 mwN.

3. Unterhalt

12 Das LPartG regelt die zwischen den Lebenspartnern bestehenden Unterhaltspflichten in drei Normen, die drei verschiedene Zeitabschnitte betreffen. § 5 LPartG betrifft die Unterhaltspflichten während des Zusammenlebens. § 12 LPartG betrifft den Zeitraum ab Trennung bis zur Aufhebung der Lebenspartnerschaft. § 16 LPartG schließlich regelt die Zeit ab Aufhebung der Partnerschaft.

13 **a) Unterhaltspflichten während bestehender Partnerschaft.** § 5 LPartG stellt bei der Verpflichtung zum Unterhalt **nicht auf das Zusammenleben** der Partner ab. Die Lebenspartner sind gerade nicht zu häuslicher Gemeinschaft verpflichtet.

Gleichwohl sind die Lebenspartner – parallel zur gesetzlichen Regelung für Ehegatten gem. § 1360 BGB – verpflichtet, die Lebensgemeinschaft angemessen zu unterhalten. Dieses sowohl durch ihre Arbeit als auch durch ihr Vermögen.

§ 5 S. 2 LPartG verweist in diesem Zusammenhang ausdrücklich auf die §§ 1360 S. 2, 1360 a, 1360 b BGB, woraus folgt, dass sich der Unterhalt danach bemisst, was zur **Deckung der Haushaltskosten und zur Befriedigung der persönlichen Bedürfnisse der Lebenspartner** erforderlich ist (→ *Eheliche Lebensgemeinschaft* Rn. 16 ff.).

14 Die gesetzliche Verweisung umfasst auch die Regelung in § 1360 a Abs. 4 BGB, also die Regelung des **Prozess- bzw. Verfahrenskostenvorschusses** (→ *Verfahrenskostenvorschuss* Rn. 3 ff.) sowie den Anspruch auf Gewährung eines **Taschengeldes**.

15 **b) Unterhaltspflichten bei Getrenntleben.** § 12 LPartG regelt die Unterhaltspflichten während des Getrenntlebens der Lebenspartner. Dabei entspricht die **Definition des Getrenntlebens** im Sinne des LPartG derjenigen aus dem Eherecht, konkret also § 1567 Abs. 1 S. 1 BGB, und findet sich inhaltsgleich in § 15 Abs. 5 S. 1 LPartG. Mangels Verpflichtung zur häuslichen Gemeinschaft ist es in diesem Zusammenhang ausreichend, aber auch erforderlich, wenn bei tatsächlichem Getrenntleben einer der Partner äußert bzw. unmissverständlich und eindeutig zum Ausdruck bringt, dass er die Partnerschaft nicht mehr fortsetzen will.[5]

Der **Unterhaltsanspruch** wird in zeitlicher Hinsicht begrenzt bis zu dem Zeitpunkt, in dem die Partnerschaft aufgehoben wird und beginnt mit der Trennung. Als Maßstab für den zu gewährenden Unterhalt, der – wie auch unter Ehegatten – in einer Geldleistung besteht, gelten die Grundsätze des § 1361 Abs. 1 BGB entsprechend.

16 Seit Inkrafttreten des LPartÜG zum 1.1.2005 erfolgt auch hinsichtlich des Trennungsunterhalts eine vollständige Angleichung an die für Ehegatten geltenden Maßstäbe.

17 Daraus folgt auch, dass der zum Unterhalt verpflichtete Lebenspartner während des Getrenntlebens (ebenso wie in der Zeit nach Aufhebung der Lebenspartnerschaft) nicht gehalten ist, zur Finanzierung des Unterhaltes sein Vermögen zu verwerten.[6]

18 Während des Getrenntlebens kann nicht zuletzt aufgrund der Gleichstellung zum Trennungsunterhalt zwischen Ehegatten **auch Vorsorgeunterhalt wegen Krankheit und Alter** verlangt werden (→ *Altersvorsorgeunterhalt* Rn. 4 ff. und → *Krankenvorsorgeunterhalt* Rn. 2 ff.).

Ein **Verzicht auf Unterhalt** während der Trennung ist – wie auch im Rahmen des § 1361 BGB – nur für die Vergangenheit, nicht jedoch für die Zukunft möglich (→ *Unterhaltsverzicht* Rn. 4).

19 **c) Nachpartnerschaftlicher Unterhalt.** Der Unterhalt für die Zeit nach Aufhebung der Partnerschaft ist in § 16 LPartG geregelt. Inhaltlich ist er dem nachehelichen Unterhalt zwischen Ehegatten angeglichen und kann **ab dem Zeitpunkt der Rechtskraft des Aufhebungsbeschlusses** verlangt werden.

---

5 Vgl. *Büttner* FamRZ 2001, 1105 (1107).

6 Vgl. Palandt/*Brudermüller* LPartG § 12 Rn. 7.

Es gilt also auch zwischen Partnern einer ehemals eingetragenen Lebenspartnerschaft der **Grundsatz der Eigenverantwortung** des § 1569 BGB (→ *Erwerbsobliegenheit* Rn. 22), auf den in § 16 S. 2 LPartG zwar nicht ausdrücklich verwiesen wird. § 16 S. 1 LPartG entspricht von seinem Wortlaut her aber dem § 1569 S. 1 BGB. Im Übrigen verweist § 16 S. 2 LPartG auf die §§ 1570–1586 b sowie § 1609 BGB. 20

4. Güterstand

In seiner vor dem 1.1.2005 geltenden Fassung war es gem. § 6 Abs. 1 S. 1 LPartG aF erforderlich, dass die Lebenspartner im Zuge der Begründung ihrer Lebenspartnerschaft eine gemeinsame Erklärung über ihren Vermögensstand abgaben. 21

Es bestand ein Wahlrecht zwischen der sog. Ausgleichsgemeinschaft, die inhaltlich dem gesetzlichen Güterstand der Zugewinngemeinschaft entsprach, oder einem (notariell zu beurkundenden) Partnerschaftsvertrag, der eine anderweitige Regelung beinhalten konnte. Ohne eine solche Erklärung war eine wirksame Begründung der Partnerschaft nicht möglich. Nach § 6 LPartG aF existierte insbesondere keine Regelung, die einen gesetzlichen Güterstand begründete für den Fall, dass das Wahlrecht im Rahmen der Begründung der Lebenspartnerschaft nicht ausgeübt worden war. 22

Nach dem zum 1.1.2005 in Kraft getretenen LPartÜG gilt ab der Begründung der Lebenspartnerschaft der **gesetzliche Güterstand der Zugewinngemeinschaft**, es sei denn, die Partner haben in einem eigens abgeschlossenen **Partnerschaftsvertrag** iSd § 7 LPartG eine abweichende Regelung getroffen. 23

Gem. § 21 Abs. 2 LPartG gilt für Lebenspartner, die vor dem 1.1.2005 unter dem § 6 LPartG aF ihre Lebenspartnerschaft begründet haben, der (gesetzliche) **Güterstand der Zugewinngemeinschaft**, es sei denn, die Lebenspartner haben vor dem 31.12.2005 eine gerichtliche Erklärung abgegeben, wonach sie zukünftig im Güterstand der Gütertrennung leben wollen. 24

§ 7 LPartG verweist hierzu auf die §§ 1409–1563 BGB. Als **vertraglich vereinbare Güterstände** kommen folglich – entsprechend der Gestaltungsmöglichkeiten zwischen Ehegatten – die **Gütertrennung** und die **Gütergemeinschaft** in Betracht. Durch die Verweisung auf die §§ 1558–1563 BGB besteht auch für Lebenspartner die Möglichkeit der Eintragung des Güterstandes in das **Güterrechtsregister**. 25

5. Vermögensauseinandersetzung

Darüber hinaus schützt § 8 LPartG die **Gläubiger** einer Partnerschaft ebenso wie die Gläubiger von Ehegatten, dh es wird zugunsten des Gläubigers eines Partners vermutet, dass die im Besitz eines oder beider Partner befindlichen Sachen dem Schuldner gehören. Dieses gilt gem. § 8 S. 2 LPartG iVm § 1362 Abs. 1 S. 2 BGB aber nicht mehr ab dem Zeitpunkt der Trennung und gem. § 8 S. 2 LPartG iVm § 1362 Abs. 2 BGB auch nicht für Sachen, die zum persönlichen Gebrauch bestimmt sind.[7] 26

Über § 8 Abs. 2 LPartG findet schließlich auch die Vorschrift des § 1357 BGB unmittelbare Anwendung auf eingetragene Lebenspartnerschaften. Die dort manifestierte sog. „**Schlüsselgewalt**“ schützt den Rechtsverkehr dadurch, dass jedem Ehegatten bzw. Lebenspartner das Recht eingeräumt wird, den anderen Ehegatten bzw. Lebenspartner bei **Geschäften zur Deckung des Lebensbedarfes** der Familie bzw. Partnerschaft mit zu verpflichten (§ 421 BGB) und zu berechtigen (§ 432 BGB). Über § 8 S. 2 LPartG iVm § 1357 Abs. 3 BGB endet dieses Recht mit der Trennung der Partner. 27

Die **güterrechtliche Auseinandersetzung** der Partner folgt den gleichen Regelungen wie bei Ehegatten. Durch die gesetzliche Regelung in § 6 LPartG finden für den Güterstand der Zugewinngemeinschaft die §§ 1362 Abs. 2, 1364–1390 BGB Anwendung. § 7 LPartG verweist für die Güterstände der Gütertrennung und der Gütergemeinschaft auf die §§ 1409–1563 BGB. 28

7 Vgl. HK-FamR/*Haibach* LPartG § 8 Rn. 1.

29 Soweit neben Auseinandersetzungen aus dem Bereich des Güterrechtes **andere vermögensrechtliche Ansprüche** betroffen sind (bspw. aus Gesamtschuldnerausgleich, Rückgewähr von Zuwendungen ua) gelten im Vergleich zu Ehegatten keine Besonderheiten.

6. Kinder eines Lebenspartners/Sorgerecht

30 In den Fällen, in denen ein **sorgeberechtigter Elternteil** in einer eingetragenen Lebenspartnerschaft lebt, werden die sorgerechtlichen Befugnisse des Lebenspartners durch § 9 LPartG bestimmt.

31 Hierfür sieht § 9 Abs. 1 S. 1 LPartG ein sog. **kleines Sorgerecht** vor: Der Lebenspartner erhält die Befugnis, in Angelegenheiten des täglichen Lebens mitzuentscheiden. Voraussetzung ist allerdings, dass der sorgeberechtigte Lebenspartner Inhaber der alleinigen elterlichen Sorge ist und Einvernehmen zwischen den Lebenspartnern besteht. Die Regelung entspricht inhaltlich der gesetzlichen Regelung für Stiefeltern in § 1687 b Abs. 1 S. 1 BGB, die zeitgleich in Kraft getreten ist.

32 Die Definition der Angelegenheiten des täglichen Lebens entspricht in Bezug auf den Wortlaut der gesetzlichen Regelung in § 1687 Abs. 1 S. 3 BGB. Die Einräumung dieser Befugnis für den Lebenspartner ist in der Literatur vielfach auf Kritik gestoßen. Immerhin stellt sie den neuen, gleichgeschlechtlichen Partner des sorgeberechtigten Elternteils **rechtlich besser als den nicht sorgeberechtigten Elternteil**, der – abgesehen von seinem Umgangsrecht – keinerlei sorgerechtliche Befugnisse hat.

33 Ausweislich der Gesetzesbegründung sollen aber die Aufgaben der Pflege und Erziehung, die der nicht sorgeberechtigte Lebenspartner im Rahmen der Lebensgemeinschaft übernimmt, rechtlich anerkannt und gesichert werden. Stellt sich nur die Frage, warum zur Erreichung dieses Zwecks das „kleine Sorgerecht" überhaupt notwendig ist. Durch die Gestattung der Beteiligung an der Erziehung durch den Sorgeberechtigten ist der Lebenspartner an sich ausreichend abgesichert.[8] Ab dem Zeitpunkt des nicht nur vorübergehenden Getrenntlebens bestehen die Befugnisse gem. § 9 Abs. 4 LPartG ohnehin nicht mehr.

34 Auch die Handhabung bzw. der Begriff des Einvernehmens, der der gesetzlichen Regelung in § 1627 S. 1 BGB entspricht, bringt in der Praxis Probleme mit sich. Klar ist, dass das **Sorgerecht des leiblichen Elternteils durch die gesetzliche Regelung keine Einschränkung** erfährt und auch nicht erfahren soll. Daraus folgt insbesondere auch, dass der nicht sorgeberechtigte Lebenspartner keine das Kind betreffende Entscheidung gegen den Willen des Sorgeberechtigten zu treffen befugt ist.

Andererseits ist unklar, wie bzw. wann das Einvernehmen iSd § 9 Abs. 1 S. 1 LPartG hergestellt sein muss. Ist die Herstellung des Einvernehmens stets neu bei jeder Entscheidungssituation erforderlich? Oder reicht es aus, wenn das Einvernehmen einmal erklärt wurde und danach eine Abänderung nur durch gerichtlichen Eingriff gem. § 9 Abs. 3 LPartG erfolgt bzw. möglich ist? Die überwiegende Meinung vertritt hierzu die Ansicht, dass im Dissensfall dem alleinsorgeberechtigten Elternteil die Entscheidungsbefugnis zusteht und es keiner gerichtlichen Entscheidung nach § 9 Abs. 3 LPartG bedarf.[9]

35 Lediglich im Rahmen der durch § 9 Abs. 2 LPartG gesetzlich eingeräumten **Notfallkompetenz** ist eine vorherige Erzielung eines Einvernehmens nicht notwendig. Da § 9 Abs. 4 LPartG lediglich eine Verweisung auf § 9 Abs. 1 LPartG, nicht aber auf § 9 Abs. 2 LPartG enthält, besteht die Notfallkompetenz des nicht sorgeberechtigten Lebenspartners nach dem Willen des Gesetzgebers auch nach erfolgter Trennung fort.

36 Der **Begriff der Mitentscheidung** ist problematisch in seiner Handhabung. Theoretisch denkbar wäre es, die Mitentscheidungsbefugnis dahin gehend auszulegen, dass in Angelegenheiten des täglichen Lebens ein gemeinsames Sorgerecht der Lebenspartner besteht.[10] Tatsächlich geht man heute aber davon aus, dass die Mitentscheidungsbefugnis den nicht sorgeberechtigten Lebenspartner schlichtweg in die Lage versetzt,

8 Vgl. *Schwab* FamRZ 2001, 385 (395).
9 HK-FamR/*Haibach* LPartG § 9 Rn. 2.
10 Vgl. *Schwab* FamRZ 2001, 385 (394).

aus **vom Sorgeberechtigten abgeleitetem Recht** in Angelegenheiten des täglichen Lebens ähnlich der Rechtsstellung eines **Unterbevollmächtigten** mitzuentscheiden.[11]

§ 9 Abs. 5 LPartG beinhaltet die Möglichkeit der **Einbenennung des Kindes**. Das bedeutet, dem Kind kann unter den im Gesetz genannten Voraussetzungen der Name der Lebenspartner gegeben werden. Im Ergebnis kann das Kind auf diese Weise folglich auch den Namen des Lebenspartners erhalten, der nicht leiblicher Elternteil ist. Möglich ist es nach der gesetzlichen Regelung auch, dem bisherigen Namen des Kindes den Namen der Lebenspartner voranzustellen oder anzufügen. Besteht für das Kind das **gemeinsame Sorgerecht der Eltern**, so ist die Zustimmung des anderen Elternteiles für die Einbenennung erforderlich. Die Zustimmung des Kindes selbst ist dann erforderlich, wenn das Kind das fünfte Lebensjahr vollendet hat (§ 9 Abs. 5 LPartG iVm § 1618 S. 3 BGB). 37

Nicht möglich ist die **Adoption** des Kindes eines Dritten durch beide Partner einer eingetragenen Lebenspartnerschaft. § 1741 Abs. 2 BGB ermöglicht diese weiterhin nur Ehepaaren. 38

Das Kind eines Dritten kann nur durch einen der Lebenspartner angenommen werden, der wiederum die Zustimmung des anderen benötigt. Diese kann gem. § 9 Abs. 6 S. 2 LPartG iVm § 1749 Abs. 1 S. 2 BGB familiengerichtlich ersetzt werden.

Möglich ist aber die Adoption eines Kindes des Lebenspartners durch den anderen Lebenspartner (sog. **Stiefkindadoption**), es sei denn, der Lebenspartner, der das Kind mit in die Partnerschaft bringt, hat dieses seinerseits bereits adoptiert.[12] 39

Bis zur Entscheidung des BVerfG vom 19.2.2013 war es zudem gem. § 9 Abs. 7 LPartG für einen Lebenspartner nicht möglich, das Kind seines Lebenspartners zu adoptieren, soweit dieser das Kind seinerseits bereits adoptiert hatte (sog. **Sukzessivadoption**). Mit seiner Entscheidung vom 19.2.2013 hat das BVerfG diese Regelung jedoch für verfassungswidrig erklärt.[13] 40

7. Erbrecht

Das Erbrecht von Partnern einer eingetragenen Lebenspartnerschaft ist mit § 10 LPartG dem Erbrecht von Ehegatten weitestgehend angeglichen. Dabei enthalten § 10 Abs. 1 S. 1 und 2 LPartG und § 10 Abs. 2 S. 1 LPartG die Regelung der **gesetzlichen Erbfolge** entsprechend § 1933 Abs. 1 und 2 BGB. Demgemäß erbt der überlebende Lebenspartner neben gesetzlichen Erben der ersten Ordnung zu einem Viertel, neben gesetzlichen Erben der zweiten Ordnung zur Hälfte. 41

Über die Verweisung der in § 6 LPartG enthaltenen Güterstandregelung auf § 1371 Abs. 1 S. 1 BGB kann der Lebenspartner darüber hinaus den **pauschalen Zugewinnausgleich** durch Erhöhung des gesetzlichen Erbteils um ein weiteres Viertel verlangen. 42

Daneben gelten die Bestimmungen des § 1371 Abs. 2 BGB bzw. § 1371 Abs. 3 BGB für die Fälle der **Enterbung bzw. Ausschlagung**. Sofern die Lebenspartner statt des gesetzlichen Güterstandes die Gütertrennung vereinbart hatten, gilt für die überlebenden Lebenspartner die in § 10 Abs. 2 S. 2 LPartG enthaltene Regelung, wonach er neben bis zu zwei gesetzlichen Erben der ersten Ordnung mit diesen zu gleichen Teilen erbt. Sind mehr als zwei gesetzliche Erben der ersten Ordnung vorhanden, gilt § 10 Abs. 1 S. 1 LPartG. 43

Neben dem gesetzlichen Erbteil erhält der Lebenspartner gem. § 10 Abs. 1 S. 3–5 LPartG als gesetzliches Vermächtnis den sog. **Voraus**. Dieser umfasst die zum lebenspartnerschaftlichen Haushalt gehörenden Gegenstände und die Geschenke anlässlich der Begründung der Lebenspartnerschaft. Neben Verwandten 44

11 BeckOGK/*Löhnig* LPartG § 9 Rn. 9.

12 Palandt/*Brudermüller* LPartG § 9 Rn. 10; zu den Voraussetzungen einer Adoption vgl. OLG Brandenburg 6.7.2012 – 9 UF 45/12.

13 BVerfG FamRZ 2013, 521.

der ersten Ordnung ist allerdings die in § 10 Abs. 1 S. 4 LPartG enthaltene Beschränkung auf diejenigen Gegenstände, die für die Führung eines angemessenen Haushaltes benötigt werden, zu berücksichtigen.

Zu beachten ist, dass – entsprechend der gesetzlichen Vorgaben für Ehegatten in § 1933 BGB – das gesetzliche Erbrecht des Lebenspartners dann entfällt, wenn zum Zeitpunkt des Erbfalls die **Voraussetzungen für die Aufhebung der Lebenspartnerschaft** gegeben waren und der Erblasser entweder selbst einen Antrag auf Aufhebung beim Familiengericht gestellt, oder aber der Aufhebung zugestimmt hatte. Dieses gilt gem. § 10 Abs. 3 Nr. 2 LPartG auch für den in § 15 Abs. 2 Nr. 3 LPartG geregelten Aufhebungsantrag wegen unzumutbarer Härte.

45 In entsprechender Anwendung der §§ 2266–2272 BGB sind die Lebenspartner über § 10 Abs. 4 LPartG berechtigt, **gemeinsam zu testieren**. Die Verweisung betrifft damit auch die Möglichkeiten, **wechselbezügliche Verfügungen** iSd § 2270 BGB zu treffen, die entsprechende Bindungswirkungen entfalten.

46 Schließlich enthält § 10 Abs. 6 LPartG eine umfassende Verweisung ins **Pflichtteilsrecht** zugunsten des Lebenspartners, der aufgrund wirksamer Verfügung von Todes wegen von seinem gesetzlichen Erbrecht ausgeschlossen wurde. Sowohl auf den Pflichtteil als auch auf das gesetzliche Erbrecht kann gem. § 10 Abs. 7 LPartG iVm §§ 2346, 2348 BGB durch entsprechende notarielle Beurkundung verzichtet werden.

8. Steuerrecht

47 Zunächst waren die Partner einer eingetragenen Lebensgemeinschaft steuerlich den Ehegatten nicht gleichgestellt. Durch mehrere Entscheidungen des Bundesverfassungsgerichts, in denen dieser Rechtszustand als Verstoß gegen den Gleichheitssatz des GG gewertet worden war, wurde der Gesetzgeber gezwungen, die Gleichstellung im Steuer- und Versorgungsrecht herbeizuführen.

Insbesondere ist hier der Beschluss des Bundesverfassungsgerichts v. 7.5.2013[14] betreffend die Zusammenveranlagung nach dem EStG zu nennen. Er führte mit Wirkung v. 19.7.2013 zur Einfügung eines neuen Abs. 8 in § 2 EStG, wonach im Einkommensteuerrecht Ehen und eingetragene Lebenspartnerschaften rückwirkend für alle noch offenen Fälle gleichgestellt wurden.

48 **Erbschaftsteuerrechtlich** war in Bezug auf die Steuerklassen und Freibeträge bereits eine **Gleichstellung mit Ehegatten erfolgt**. Nach der bis zum 13.12.2010 geltenden Fassung des § 15 ErbStG waren Lebenspartner noch der Steuerklasse III zugeordnet. Seit dem 14.12.2010 unterfallen sie nun, wie auch Ehegatten, der Steuerklasse I.

9. Gesetzliche Kranken-/Pflegeversicherung

49 In der gesetzlichen Krankenversicherung sind die eingetragenen Lebenspartner gem. § 10 Abs. 1 SGB V in die **Familienversicherung einbezogen**. Gleiches gilt für die gesetzliche Pflegeversicherung (dort § 25 Abs. 1 SGB XI).

IV. Aufhebung der Lebenspartnerschaft

1. Aufhebungsvoraussetzungen/Verfahren

50 Der Aufhebung einer eingetragenen Lebensgemeinschaft hat ein **Antrag mindestens eines der Lebenspartner bei dem für die Aufhebung zuständigen Familiengericht** vorauszugehen.

51 Unter welchen **Voraussetzungen** die Partnerschaft aufzuheben ist, regelt § 15 Abs. 2 LPartG. Auch diese Vorschrift ist dem Eherecht angelehnt. So enthält § 15 Abs. 2 Nr. 1 LPartG die Bestimmung, dass – ähnlich der Regelung in § 1565 BGB – die Lebenspartnerschaft dann aufgehoben werden kann, wenn die Lebenspartner seit mehr als einem Jahr getrennt leben und beide die Aufhebung beantragen bzw. in den Fällen, in denen nur einer der Partner die Aufhebung beantragt, nicht erwartet werden kann, dass die partnerschaftliche Lebensgemeinschaft wieder hergestellt werden kann.

14 BVerfG 7.5.2013 – 2 BvR 909/06; 2 BvR 1981/06 und 2 BvR 288/07.

§ 15 Abs. 2 Nr. 2 LPartG enthält eine dem § 1566 Abs. 2 BGB angelehnte Regelung für den Fall der **Trennung über einen Zeitraum von mehr als drei Jahren**. Die ebenfalls dem Eherecht angelehnte **Härtefallregelung** findet sich in § 15 Abs. 2 Nr. 3 LPartG und stellt das Pendant zu der in § 1565 Abs. 2 BGB enthaltenen Regelung dar. Darüber hinaus erfolgt eine Aufhebung der Lebenspartnerschaft dann, wenn ein **Aufhebungsgrund nach § 1314 Abs. 2 Nr. 1–4 BGB** (Gründe für die Aufhebung einer Ehe) gegeben ist und der in der jeweiligen Vorschrift genannte Lebenspartner einen entsprechenden Antrag stellt (§ 15 Abs. 2 S. 2 LPartG). 52

Die Regelung bezieht sich folglich auf die Fälle, in denen bei der Begründung der Lebenspartnerschaft ein **Willensmangel** vorlag. 53

Die Regelung umfasst also folgende Fälle: 54

- ein Partner befand sich bei Begründung der Lebenspartnerschaft im **Zustand der Bewusstlosigkeit oder vorübergehenden Störung der Geistestätigkeit**;
- ein Lebenspartner hat bei der Begründung der Lebenspartnerschaft **nicht gewusst, dass es sich um eine Begründung handelt**;
- ein Partner wurde arglistig über **solche Umstände getäuscht**, die ihn zur Begründung der Lebenspartnerschaft bewegt haben, sofern er bei Kenntnis der wahren Umstände und der Würdigung des Wesens der Lebenspartnerschaft von einer Begründung abgesehen hätte (Ausnahme: Täuschung über Vermögensverhältnisse oder Täuschung durch Dritten bei Nichtkenntnis des Lebenspartners);
- ein Partner wurde durch **widerrechtliche Drohung** zur Begründung der Lebenspartnerschaft bewegt.

Zwar ist der in der Praxis häufigste Fall der Eheaufhebung wegen sog. **Scheinehe**, die in § 1314 Abs. 2 Nr. 5 BGB ihre Regelung findet, mangels Verweisung von den in § 15 LPartG geregelten **Möglichkeit der Aufhebung der Lebenspartnerschaft nicht erfasst**. Das bedeutet aber nicht, dass eine nur zum Schein begründete Lebenspartnerschaft mit dieser Begründung nicht aufgehoben werden kann. Vielmehr sind in diesen Fällen die Vorschriften einer **Anfechtung nach den §§ 116 ff. BGB** heranzuziehen.[15] Zu prüfen ist in diesen Fällen also, ob zwischen den Lebenspartnern im Zeitpunkt der Begründung der Lebenspartnerschaft Einigkeit darüber bestand, die in § 2 LPartG genannten Verpflichtungen nicht begründen zu wollen. Sind diese Voraussetzungen gegeben, liegt eine **Nichtigkeit ex nunc** vor. 55

§ 15 Abs. 3 LPartG enthält eine **Härtefallregelung** zugunsten des Lebenspartners, der sich der Aufhebung widersetzt. Die Vorschrift entspricht der **Ehegattenschutzklausel** des § 1568 BGB und sieht vor, dass eine Aufhebung der Lebenspartnerschaft trotz Vorliegen eines Aufhebungsgrundes in den Fällen unterbleibt, in denen sie für den die Aufhebung ablehnenden Lebenspartner eine **schwere Härte** darstellen würde. Auch hier hat – wie im Eherecht – eine **Abwägung der beiderseitigen Interessen** zu erfolgen. 56

Die Aufhebung der Lebenspartnerschaft erfolgt durch **gerichtlichen Beschluss**. Zuständig ist gem. den §§ 269 Abs. 1 Nr. 1, 270 Abs. 1, 121 FamFG das **Familiengericht**. Die **örtliche Zuständigkeit** regelt über die in § 270 FamFG geregelte Verweisung ins Recht der Ehescheidung der § 122 FamFG. Gleiches gilt für das gesamte Verfahrensrecht.

Die Kostenregelung des § 150 FamFG gilt demgemäß ebenfalls entsprechend.

2. Verteilung der Haushaltsgegenstände/Wohnungszuweisung

Im LPartG finden sich die Regelungen für die Verteilung der Haushaltsgegenstände und die Wohnungszuweisung in den §§ 13 und 14. § 13 LPartG, der die Verteilung der Haushaltsgegenstände regelt, entspricht nahezu vollständig dem **§ 1361 a BGB**. Bei einem Vergleich der Vorschriften fällt allerdings auf, dass die in § 1361 a Abs. 3 S. 1 BGB enthaltene Regelung, wonach das Familiengericht in den Fällen zu entscheiden hat, in denen sich die Ehegatten über die Aufteilung nicht einigen können, in § 13 LPartG fehlt. Schlussfolgerungen für eine unterschiedliche Sachbehandlung bei Lebenspartnern können hieraus 57

15 Vgl. Palandt/*Brudermüller* LPartG § 15 Rn. 7.

jedoch nicht gezogen werden. Es handelt sich vielmehr schlichtweg um ein gesetzgeberisches Versehen. Insoweit kann an dieser Stelle also vollumfänglich auf die Kommentierung zu → *Haushaltssachen* Rn. 1 ff. und → *Wohnungszuweisung nach Trennung* Rn. 1 ff. verwiesen werden.

58 § 14 LPartG entspricht inhaltlich der gesetzlichen Regelung in **§ 1361 b BGB**. Seit Inkrafttreten des GewSchG wird eine Wohnungszuweisung bereits bei **Vorliegen einer unbilligen Härte** ermöglicht.

59 § 17 LPartG verweist für die **Zeit nach Aufhebung der Lebenspartnerschaft** auf § 1568 a BGB bzgl. der Regelung der Rechtsverhältnisse an der Ehewohnung, auf § 1568 b BGB bzgl. der Regelung der Rechtsverhältnisse an den Haushaltsgegenständen. An dieser Stelle wird daher auf die Kommentierung zu → *Wohnungszuweisung nach Scheidung* und → *Haushaltssachen* verwiesen.

3. Versorgungsausgleich

60 Auch bei der Aufhebung einer Lebenspartnerschaft findet ein Versorgungsausgleich statt. § 20 LPartG verweist vollumfänglich auf die Vorschriften der **Durchführung des Versorgungsausgleichs bei Ehescheidung**.

V. Umwandlung einer Lebenspartnerschaft in eine Ehe

61 Nach dem in das LPartG eingefügten § 20 a haben Lebenspartner, die vor dem 1.10.2017 eine Lebenspartnerschaft begründet haben, die Möglichkeit, diese in eine Ehe umzuwandeln.

Die Umwandlung erfolgt durch persönliche und bei gleichzeitiger Anwesenheit abgegebene Erklärungen der Lebenspartner, (zukünftig) die **Ehe** miteinander führen zu wollen.

62 Die ehemals begründete Lebenspartnerschaft wird nach der Umwandlung als Ehe fortgeführt. Daher lebt bspw. ein bereits ausgeübtes Recht auf **Wahl eines Partnerschaftsnamens** nicht wieder auf. Lebenspartnerschaftsverträge gelten als Eheverträge weiter. Gemeinschaftliche Testamente behalten ihre Wirksamkeit.

63 Die **Umwandlung erfolgt rückwirkend**. Sie schlägt daher durch bspw. auf die Durchführung des Versorgungsausgleichs (§ 20 a Abs. 6 LPartG).

Auch **steuerlich** ergeben sich Konsequenzen durch die Rückwirkung, nachdem den ehemaligen Lebenspartnern, die ihre Lebenspartnerschaft in eine Ehe umgewandelt haben, die Möglichkeit der **Zusammenveranlagung zur Einkommensteuer** auch für bereits bestandskräftig einzelveranlagte Jahre möglich sein soll.[16]

16 Vgl. FG Hamburg 31.7.2018 – 1 K 92/18, FamRZ 2018, 1620; die Entscheidung wurde nach Rücknahme der Revision rechtskräftig, vgl. Rahm/Künkel FamR-HdB/*Kanzler* I 19 B Rn. 11.

88. Einkommensermittlung

Poppen

I. Überblick

1. Einkommensbegriff

a) Weiter Einkommensbegriff. Im Unterhaltsrecht gilt ein weiter Einkommensbegriff. Das Einkommen ist beim Unterhaltsberechtigten und beim Unterhaltsverpflichteten nach gleichen Maßstäben zu ermitteln. Berücksichtigt werden alle erzielten und erzielbaren Einkünfte, gleich welcher Art sie sind und aus welchem Anlass sie erzielt werden. Maßgeblich ist allein, dass sie geeignet sind, den **laufenden Lebensbedarf** des Berechtigten oder des Pflichtigen **zu decken**.[1] 1

1 Wendl/Dose UnterhaltsR/*Dose* § 1 Rn. 21 ff.

2 **b) Einkommen im steuerrechtlichen Sinne.** Zum unterhaltsrelevanten Einkommen zählen **alle in § 2 EStG aufgezählten Einkunftsarten**, dh unter anderem Einkünfte aus nichtselbstständiger Tätigkeit, aus selbstständiger Tätigkeit, Gewerbebetrieb, Vermietung und Verpachtung, Kapital, Land- und Forstwirtschaft sowie sonstige Einkünfte nach § 22 EStG, dem weit gefassten „Auffangtatbestand" im Einkommensteuerrecht. Bei der Ermittlung der Höhe des Einkommens ist die **steuerrechtliche Betrachtungsweise** nicht bindend. Zur Ermittlung des zu versteuernden Einkommens bietet das Steuerrecht zulässige Gestaltungs- und Absetzungsmöglichkeiten, die im Unterhaltsrecht ohne Bedeutung sind. Das gilt vor allen Dingen für die **Pauschalierung von Aufwendungen** und über das Steuerrecht erfolgende Subventionen, zB **Sonderabschreibungen**. Andererseits begrenzt das Steuerrecht die Höhe von Abzugsposten für die Ermittlung des zu versteuernden Einkommens in anderer Weise als das Unterhaltsrecht, zB bei den Aufwendungen zur **Altersvorsorge**. Ein Verweis auf das zu versteuernde Einkommen reicht daher allein zur Ermittlung des unterhaltsrelevanten Einkommens nicht.[2]

3 **c) Einkünfte aus verbotener Tätigkeit (Schwarzeinnahmen). Einkünfte aus verbotener Tätigkeit** gehören grundsätzlich zum unterhaltsrelevanten Einkommen. Zu differenzieren ist zwischen zum Beurteilungszeitpunkt in der Vergangenheit liegenden und zukünftigen Einnahmen. **In der Vergangenheit** – etwa unter Verstoß gegen berufs- oder gewerberechtliche Vorschriften oder aus Schwarzarbeit – **erzielte Einkünfte sind anzurechnen**. Für zukünftigen Unterhalt können derartige **Schwarzeinnahmen** nicht berücksichtigt werden, weil niemand faktisch verpflichtet werden darf, einer verbotenen Tätigkeit nachzugehen. Für eine Einkommensfiktion kann allerdings der Bruttobetrag der erzielten Schwarzeinnahmen abzgl. Steuern und Sozialversicherungsbeiträgen zugrunde gelegt werden.[3]

4 **d) Zweckbestimmungen.** Die Zweckbestimmung von Mittelzuflüssen ist für die Unterhaltsberechnung regelmäßig irrelevant. Ausnahmen von dem Prinzip, dass Zweckbestimmungen Dritter unterhaltsrechtlich nicht binden, sind **freiwillige Zuwendungen Dritter** (→ *Bedarfsermittlung* Rn. 18; → *Bedürftigkeit* Rn. 15) und kraft gesetzlicher Regelung das **Elterngeld** (→ Rn. 106), das **Kindergeld** (→ Rn. 107) und wegen der Deckungsvermutung des § 1610 a BGB **Sozialleistungen** für Aufwendungen infolge eines Körper- oder Gesundheitsschadens (→ Rn. 108).

5 Wendet ein Dritter dem Unterhaltsgläubiger oder dem Unterhaltsschuldner **ohne rechtlichen Grund freiwillig etwas zu**, sind diese Zuwendungen in der Regel **kein unterhaltsrelevantes Einkommen**. Üblicherweise geht der Wille des Dritten dahin, den Zuwendungsempfänger zu unterstützen, ohne den Unterhaltsverpflichteten zu entlasten oder über eine Erhöhung seiner Unterhaltsansprüche dem Unterhaltsberechtigten etwas zukommen lassen zu wollen.[4] Eine Grenze findet dieser Grundsatz beim Mindestunterhalt minderjähriger Kinder.[5]

6 Gibt es keine ausdrückliche Erklärung des Zuwendenden zum Zweck der Zuwendung, kommt es auf die **persönlichen Beziehungen der Beteiligten** zueinander an. Bei freiwilligen Zuwendungen eines nahen Angehörigen spricht eine Vermutung dafür, dass der Zuwendende nur den Empfänger und nicht mittelbar auch einen Dritten unterstützen will.[6]

7 Grundsätzlich sind auch freiwillige und ohne Rechtsgrund gewährte Leistungen zwischen Personen, die in **eheähnlicher Gemeinschaft** leben, für die unterhaltsrechtliche Einkommensbestimmung unbeachtlich.[7] Führt der Unterhaltsberechtigte oder der Unterhaltsverpflichtete seinem neuen Partner allerdings den **Haushalt**, so muss er sich analog § 850 h ZPO eine **angemessene Vergütung für die Versorgungsleistungen** anrechnen lassen. Derartige geldwerte Versorgungsleistungen sind Surrogat für die frühere Haushaltstätig-

2 BGH 21.1.2009 – XII ZR 54/06, NJW 2009, 1742.
3 OLG Brandenburg 26.7.2012 – 9 UF 292/11, NJW 2012, 3186.
4 BGH 13.4.2005 – XII ZR 48/02, NJW-RR 2005, 945.
5 BGH 22.5.2019 – XII ZB 613/16, NJW 2019, 3783.
6 BGH 22.2.1995 – XII ZR 80/94, NJW 1995, 1486.
7 BGH 22.2.1995 – XII ZR 80/94, NJW 1995, 1486.

keit in der Familie. Sie sind ebenso zu beurteilen wie die Aufnahme einer bezahlten Tätigkeit in einem fremden Haushalt.[8]

Neben der fiktiven Vergütung für Versorgungsleistungen ist die **unentgeltliche Überlassung der Wohnung** an den haushaltsführenden Partner der nichtehelichen Lebensgemeinschaft eine nicht zu berücksichtigende freiwillige Zuwendung eines Dritten.[9] 8

e) Bewertungen. Aufgrund wertender Betrachtung können bei der Unterhaltsbemessung tatsächlich erzielte Einnahmen unberücksichtigt bleiben. Bei der Bestimmung des Unterhaltsbedarfs nach den ehelichen Lebensverhältnissen wird zwischen **prägenden und nicht prägenden Einkünften** unterschieden. Bei der Feststellung von Bedürftigkeit oder Leistungsfähigkeit können Einnahmen aus **überobligatorischer oder unzumutbarer Tätigkeit** ganz oder teilweise unberücksichtigt bleiben. Bei der Bemessung von Kindesunterhalt oder der Prüfung der Leistungsfähigkeit im Ehegattenunterhalt sind dagegen wiederum grundsätzlich alle Einkünfte maßgebend. 9

Unzumutbar sind Tätigkeiten, die ausgeübt werden, obwohl **keine Erwerbsobliegenheit** besteht (→ *Erwerbsobliegenheit*). Derjenige, der sie ausübt, ist nicht gehindert, sie jederzeit aufzugeben. Einkünfte aus überobligationsmäßiger Tätigkeit prägen deshalb **nicht den Bedarf nach den ehelichen Lebensverhältnissen** iSd §§ 1361, 1578 BGB.[10] Der Unterhaltsbedarf kann nur aus Einkünften abgeleitet werden, die die Gewähr der Stetigkeit in sich tragen (→ *Eheliche Lebensverhältnisse* Rn. 7). 10

Für den **nachehelichen Unterhalt** beinhaltet **§ 1577 Abs. 2 BGB eine Spezialregelung** für die Anrechnung von Einkünften aus unzumutbarer Erwerbstätigkeit **beim Unterhaltsberechtigten**. Die Bestimmung wird auf Trennungs- und Verwandtenunterhalt entsprechend angewandt.[11] Beim **Unterhaltspflichtigen** bestimmt sich die Anrechnung nach Treu und Glauben (§ 242 BGB). Beim Ehegattenunterhalt ist beim Pflichtigen das Einkommen aus einer in der Ehe ausgeübten unzumutbaren Tätigkeit nach Abzug der konkreten Betreuungskosten oder des Betreuungsbonus anzurechnen.[12] 11

Einkünfte aus **Nebentätigkeiten**, die berufstypisch und mit den Arbeitszeiten des Hauptberufs vereinbar sind, zB Nachhilfeunterricht eines Lehrers, Gutachtertätigkeit eines Chefarztes, Prüfungs- und Autorentätigkeit eines Freiberuflers, sind anrechenbar.[13] Anrechnungsfrei bleiben dagegen grundsätzlich Nebentätigkeiten von **Rentnern**, die die Regelaltersgrenze erreicht haben.[14] Anders ist die Situation bei Arbeitnehmern, die in den **vorgezogenen Ruhestand** gegangen sind. Innerhalb der je nach Rentenhöhe variablen **Hinzuverdienstgrenzen** (§ 34 Abs. 3 SGB VI) sind Einkünfte aus Nebentätigkeit voll anzurechnen. 12

Neben der allgemeinen Schul- bzw. Hochschulausbildung müssen Schüler und Studenten keiner Berufstätigkeit nachgehen (**Schüler- und Studentenjobs**; → *Erwerbsobliegenheit* Rn. 3 ff.). Das gilt auch für die Semesterferien. Bei einer gleichwohl ausgeübten Nebenbeschäftigung liegt eine **überobligationsmäßige Tätigkeit** vor. Daraus erzielte Einkünfte werden analog § 1577 Abs. 2 BGB auf den Unterhaltsbedarf angerechnet. In aller Regel soll dem Schüler bzw. Studenten vorab ein **anrechnungsfreier Sockelbetrag** verbleiben.[15] Anrechnungsfrei sind die Einkünfte in jedem Fall bis zur Höhe des Unterhaltsbedarfs, wenn die Eltern diesen nicht vollständig decken können.[16] 13

f) Fiktionen. Bei der Unterhaltsbemessung kann ein Gericht mit **fiktiven Einkünften** arbeiten. Dem Unterhaltsberechtigten oder -verpflichteten können Einnahmen zugerechnet werden, die tatsächlich nicht erzielt werden, allerdings bei anderen Dispositionen hätten erzielt werden können, insbesondere fiktive 14

8 BGH 5.5.2004 – XII ZR 132/02, NJW 2004, 2303.
9 Wendl/Dose UnterhaltsR/*Dose* § 1 Rn. 719.
10 BGH 13.4.2005 – XII ZR 273/02, NJW 2005, 2145.
11 BGH 11.1.1995 – XII ZR 236/93, NJW 1995, 962.
12 BGH 29.11.2000 – XII ZR 212/98, NJW 2001, 973.
13 OLG Köln 18.11.1997 – 4 UF 63/97, NJW-RR 1998, 1300.
14 BGH 12.1.2011 – XII ZR 83/08, NJW 2011, 670.
15 OLG Hamm 21.4.1997 – 4 UF 441/96, NJW-RR 1998, 726.
16 BGH 25.1.1995 – XII ZR 240/93, NJW 1995, 1215.

Einkünfte aus **Erwerbstätigkeit oder Vermögenseinkünfte**. Die Möglichkeit derartiger Fiktionen findet ihre Rechtfertigung darin, dass es ansonsten den an einem Unterhaltsrechtsverhältnis Beteiligten möglich wäre, durch das Schaffen von Fakten den Rahmen der Unterhaltsfestsetzung selbst vorzugeben (→ *Fiktive Einkünfte*).

15 Fingiert werden Erwerbseinkünfte immer dann, wenn der Unterhaltspflichtige oder -berechtigte **nicht im möglichen und zumutbaren Maße einer Erwerbstätigkeit nachgeht**[17] (→ *Erwerbsobliegenheit*). Wer freiwillig seinen Arbeitsplatz aufgibt, sei es durch **Eigenkündigung**, Aufhebungsvertrag oder Provozieren einer Arbeitgeberkündigung, muss sich an den früher erzielten Einkünften festhalten lassen. Gleiches gilt beim **Wechsel** von einer abhängigen Beschäftigung **in eine selbstständige Tätigkeit**. Ein Unterhaltspflichtiger muss, wenn er diesen Schritt gehen will, durch Bildung von Rücklagen oder Kreditaufnahme für die voraussichtliche Dauer der Einkommensminderung den Unterhaltsbedarf der Unterhaltsberechtigten sicherstellen.[18]

16 In den Fällen eines verschuldeten, aber unfreiwilligen **Arbeitsplatzverlustes** kann der Unterhaltsschuldner sich grundsätzlich auf den Wegfall seiner Erwerbseinkünfte berufen. In derartigen Fällen fehlt es regelmäßig an einem **unterhaltsrechtlichen Bezug des Verschuldens**. Nur dann, wenn der Arbeitsplatzverlust auf eine unterhaltsbezogene Mutwilligkeit zurückzuführen ist, muss der Unterhaltspflichtige sich an seinen früheren Einkünften festhalten lassen. In aller Regel können daher bei Verlust des Arbeitsplatzes wegen Alkoholproblemen, Straftaten am Arbeitsplatz oder auffälligem Verhalten keine Erwerbseinkünfte fingiert werden[19] (→ *Fiktive Einkünfte* Rn. 12).

17 Ein Unterhaltsverpflichteter muss grundsätzlich keine **Kündigungsschutzklage** erheben. Nur dann, wenn die Kündigung offensichtlich unwirksam ist, kann dies gefordert werden.[20]

2. Einkommensfeststellung

18 **a) Darlegungs- und Beweislast.** Erster Schritt bei der Unterhaltsbemessung ist die Feststellung, welche Einkünfte auf Seiten des Unterhaltsberechtigten und -pflichtigen tatsächlich vorhanden sind. Derjenige, der von einem anderen Unterhalt verlangt, muss die Voraussetzungen seines Anspruchs, dh seine **eigene Bedürftigkeit und die Leistungsfähigkeit des Pflichtigen**, darlegen und beweisen. Eine Ausnahme gilt allein beim Mindestunterhalt minderjähriger Kinder. Wird der Mindestunterhalt geltend gemacht, muss der Unterhaltsschuldner nachweisen, dass er leistungsunfähig ist.[21]

19 **b) Auskunftsanspruch der Parteien.** Um seiner Darlegungs- und Beweispflicht genügen zu können, steht dem Unterhaltsberechtigten ein **Auskunftsanspruch** zur Seite (§ 1353 BGB für den Familienunterhalt, §§ 1361 Abs. 4 S. 4, 1605 BGB für den Trennungsunterhalt, §§ 1580, 1605 BGB für den nachehelichen Unterhalt, § 1605 BGB für den Verwandten- und Kindesunterhalt und § 242 BGB für gemeinschaftlich auf Unterhalt Haftende zur Bestimmung der Unterhaltsquote; → *Auskunftsanspruch im Unterhaltsrecht*).

20 **c) Auskünfte im Verfahren.** Im Unterhaltsverfahren hat das Gericht nach § 235 FamFG die Möglichkeit, den Beteiligten **von Amts wegen** aufzugeben, die beiderseitigen Einkünfte vollständig darzulegen und zu belegen. Nach § 236 FamFG kann das Gericht, wenn sich eine Partei weigert, dieser Auflage nachzukommen, die notwendigen **Auskünfte von Dritten**, etwa Arbeitgebern und sonstigen Zahlstellen, direkt einholen.

21 **d) Belege.** § 1605 Abs. 1 S. 2 BGB gibt dem jeweils anderen eines Unterhaltsverfahrens neben dem Auskunftsanspruch auch einen umfassenden Anspruch auf **Vorlage von Belegen** über das unterhaltsrechtlich

17 BGH 6.2.2008 – XII ZR 14/06, NJW 2008, 1663.
18 BGH 4.11.1987 – IVb ZR 81/86, NJW-RR 1988, 514.
19 BGH 12.4.2000 – XII ZR 79/98, NJW 2000, 2351.
20 BGH 15.12.1993 – XII ZR 172/92, NJW 1994, 1002.
21 BGH 27.11.2002 – XII ZR 295/00, NJW 2003, 969.

relevante Einkommen, nicht über das Vermögen. Hierüber muss allein Auskunft erteilt werden (→ *Auskunftsanspruch im Unterhaltsrecht* Rn. 14 ff.).

II. Einkünfte aus nicht selbstständiger Tätigkeit

1. Grundsätze

Die in der Praxis bedeutsamste Einkommensart sind die Einkünfte aus nicht selbstständiger Arbeit (§ 2 22
Abs. 1 S. 1 Nr. 4 EStG). Zu diesen Einkünften zählen **alle Vergütungen** für alle Leistungen aus einem **Dienst- oder Arbeitsverhältnis**, unabhängig davon, ob sie **laufend oder unregelmäßig erbracht** werden,[22] und unabhängig davon, ob es sich um **Geldzuwendungen oder Sachbezüge** handelt. Bei der Unterhaltsbemessung wird bei abhängig Beschäftigten auf die Einkünfte der letzten **zwölf Monate** oder des letzten Kalenderjahres abgestellt.[23] Liegt der Unterhaltszeitraum in der Vergangenheit, ist mithin das konkrete Einkommen bekannt, ist dieses der Unterhaltsbemessung zugrunde zu legen. Für die Zukunft ist aus den Vergangenheitsdaten eine **Prognose** abzuleiten. Bei der Einkommensprognose dürfen nur solche Umstände berücksichtigt werden, die zum Zeitpunkt der Entscheidung sicher feststehen, wie zB eine arbeitsvertraglich geregelte Änderung der Bezüge.[24] Bei behaupteten, unsicheren zukünftigen Entwicklungen sind die Betreffenden auf ein **Änderungsverfahren** nach §§ 238 ff. FamFG zu verweisen.

2. Regelmäßige Barbezüge

Unter anderem zählen zu den unterhaltsrelevanten **berücksichtigungsfähigen regelmäßig wiederkehrenden Vergütungen**:[25] 23

- **Auslandszulagen** (Auslandszuschlag, Kaufkraftausgleich, Krisenzulage, Aufwandsentschädigung, Sprachenzulage, Dienstwohnungsvergütung usw), gemindert um den jeweiligen **auslandsspezifischen Mehraufwand.**[26] Der Mehraufwand kann nach § 113 FamFG, § 287 ZPO aufgrund entsprechender vom Zulagenbezieher vorzutragender Umstände geschätzt werden.[27] Bei **schwierigen Lebensbedingungen** kann ein Teil unter dem Gesichtspunkt der **Unzumutbarkeit** der Tätigkeit anrechnungsfrei bleiben.[28]
- **Auslösungen** sind unterhaltsrechtlich grundsätzlich Einkommen. Abzusetzen sind allerdings die tatsächlichen Aufwendungen für den beruflichen Anlass, aus dem sie gezahlt werden. Steht ihnen nach der Lebenserfahrung ein tatsächlich anfallender Mehraufwand entgegen, können sie gänzlich unberücksichtigt bleiben.[29] Teilweise führen die zweckbestimmten Zahlungen zu einer **häuslichen Ersparnis** bei den privaten Lebenshaltungskosten, in erster Linie bei den Aufwendungen für Essen. Auslösungen werden dann pauschal zu einem Drittel dem Einkommen hinzugerechnet (Leitlinien 1.4). Von vornherein unberücksichtigt zu bleiben haben **Kostenerstattungen** gegen Beleg.
- **Besoldung** von Beamten, Richtern, Soldaten einschließlich aller familienbezogenen Bestandteile. Wird ein **Familienzuschlag** nach § 40 Abs. 1 BBesG sowohl wegen der Unterhaltspflicht aus der ersten Ehe als auch wegen Wiederverheiratung gezahlt, ist er bei der Bemessung des Unterhaltsanspruchs des geschiedenen Ehegatten nur zur Hälfte zu berücksichtigen.[30] Bei der Bemessung des Kindesunterhalts ist der gesamte Familienzuschlag zu berücksichtigen, weil es hier nicht auf den Bedarf nach den ehelichen Lebensverhältnissen, sondern auf das tatsächlich verfügbare Einkommen ankommt.[31]

---

22 BGH 23.12.1981 – IVb ZR 604/80, NJW 1982, 822.
23 BGH 29.6.1983 – IVb ZR 391/81, NJW 1983, 2243.
24 Wendl/Dose UnterhaltsR/*Dose* § 1 Rn. 24.
25 Nach Wendl/Dose UnterhaltsR/*Dose* § 1 Rn. 74.
26 OLG Hamm 29.6.2009 – 6 UF 225/08, NJW-RR 2010, 74.
27 OLG Bamberg 10.10.1996 – 2 UF 46/96, FamRZ 1997, 1339.
28 50–70 % bei Soldaten in Afghanistan: BGH 18.4.2012 – XII ZR 73/10, NJW 2012, 2190.
29 OLG Köln 18.6.2002 – 4 UF 20/01, FamRZ 2003, 602.
30 BGH 28.2.2007 – XII ZR 37/05, NJW 2007, 1961.
31 BGH 2.6.2010 – XII ZR 160/08, NJW 2010, 2515.

- **Fliegerzulage** und Fliegeraufwandsentschädigung;[32]
- **Kostenpauschale Abgeordneter** nach Abzug ggf. nach § 113 FamFG, § 287 ZPO zu schätzender tatsächlicher Aufwendungen;[33]
- **Krankenhaustagegeld** aus privater Versicherung;[34]
- **Mehrarbeitsvergütungen** sind in voller Höhe anzurechnen, wenn sie berufstypisch sind.[35] Darüber hinausgehende Mehrarbeit ist unzumutbar, so dass die daraus erzielte Vergütung beim Ehegattenunterhalt nach § 1577 Abs. 2 BGB und beim Verwandtenunterhalt nach § 242 BGB teilweise anrechnungsfrei bleibt.[36]
- **Nebentätigkeitsvergütungen**: Die Anrechnung von Einnahmen aus Nebentätigkeiten ist unter Zumutbarkeitsgesichtspunkten zu prüfen.[37] Grundsätzlich muss ein Unterhaltsverpflichteter/-berechtigter nur einer seine Arbeitskraft im üblichen Rahmen in Anspruch nehmenden Tätigkeit nachgehen. Bei bestimmten Berufen gehören **berufsverwandte Nebentätigkeiten** typischerweise zum Beruf, etwa die Gutachtertätigkeit eines Krankenhausarztes (→ Rn. 12).[38]
- **Prämien** für besondere Leistungen;
- **Spesen** (siehe Auslösungen);
- **Tantiemen**;
- **Trinkgelder**: (Leitlinien 1.8) Die Höhe ist nach Branche zu schätzen.[39]
- **Überstundenentgelte** (siehe Mehrarbeitsvergütung), Leitlinien 1.3;
- **Urlaubsgeld** ist Einkommen. Urlaubsabgeltungen als Ausgleich für nicht genommenen Urlaub können als Einkommen aus unzumutbarer Tätigkeit nur nach Billigkeitsgesichtspunkten berücksichtigt werden.[40]
- **Vermögenswirksame Leistungen**; der Arbeitgeberbeitrag ist zwar Einkommen, steht wegen der besonderen Zweckbestimmung der Zahlung jedoch für Unterhaltszwecke nicht zur Verfügung.[41]
- **Weihnachtsgeld**;
- **Zeitwertkonto**: Mehrarbeit, die auf einem Lebensarbeitszeitkonto gutgeschrieben wird, um einen Vorruhestand zu ermöglichen, stellt Einkommen in der Freistellungsphase vor dem regulären Renteneintritt dar.[42]

3. Unregelmäßige oder einmalige Barbezüge

24 Unterhaltsrelevant sind auch unregelmäßig oder einmalig erzielte Einkünfte. Im Einzelnen:

25 **a) Abfindungen.** Abfindungen für den Verlust des Arbeitsplatzes aufgrund eines Sozialplanes oder aus Anlass der einvernehmlichen Auflösung bzw. Entlassung aus einem Arbeits- oder Dienstverhältnis haben **Lohnersatzfunktion.**[43] Der Abfindungsbetrag ist auf eine angemessene Zeit zu verteilen, wobei es eine allgemeingültige Regel nicht gibt. In der Regel soll durch die Verteilung zusammen mit anderen Einkünften, wie zB Arbeitslosengeld oder einem geringeren Einkommen aus einer Folgebeschäftigung, das bisherige Einkommensniveau so lange wie möglich erhalten bleiben.[44] Der Verbrauch der Abfindung ist von dem Abfindungsempfänger im Änderungsverfahren geltend zu machen.[45]

32 BGH 6.10.1993 – XI ZR 112/92, NJW 1994, 134.
33 BGH 7.5.1986 – IVb ZR 55/85, NJW-RR 1986, 1002.
34 BGH 31.10.2012 – XII ZR 30/10, NJW 2013, 461.
35 BGH 25.6.2003 – XII ZR 63/00, NJW-RR 2004, 217; Leitlinien 1.3.
36 BGH 25.6.2003 – XII ZR 63/00, NJW-RR 2004, 217.
37 BGH 24.11.1982 – IVb ZR 310/81, NJW 1983, 933.
38 OLG Köln 18.1.1997 – 4 UF 63/97, NJW-RR 1998, 1300.
39 OLG Köln 23.2.1996 – 26 UF 179/95, FamRZ 1996, 1215.
40 BGH 8.7.1992 – XII ZR 127/91, NJW-RR 1992, 1282: hälftige Anrechnung.
41 BGH 13.4.2005 – XII ZR 273/02, NJW 2005, 2145 aE; Leitlinien 10.6.
42 OLG Celle 26.2.2014 – 15 UF 106/13, FamRZ 2014, 1699.
43 BGH 14.1.1987 – IVb ZR 89/85, NJW 1987, 1554.
44 BGH 18.4.2012 – XII ZR 65/10, NJW 2012, 1868.
45 BGH 18.4.2012 – XII ZR 65/10, NJW 2012, 1868.

Wird, weil der Abfindungsempfänger eine neue Arbeitsstelle mit dem früheren Einkommen findet, die Abfindung nicht vollständig verbraucht, zählt sie zum **Vermögen.**[46] Als Einkommen können dann nur Zinseinnahmen aus der Anlage der Abfindung berücksichtigt werden. 26

b) Weitere berücksichtigungsfähige einmalige Barbezüge. Weitere berücksichtigungsfähige einmalige Barbezüge sind Jubiläumszuwendungen,[47] Entlassungsgeld von Zivildienstleistenden und Übergangsbeihilfen früherer Bundeswehrangehöriger[48] sowie Auszahlungen aus einer Ausbildungsversicherung eines Auszubildenden. 27

4. Sachbezüge

a) Beispiele. Zum unterhaltsrechtlich relevanten Einkommen zählen auch Sachbezüge. Ihr Wert ist nach § 113 FamFG, § 287 ZPO zu schätzen. Beispiele sind: 28

- **freie oder verbilligte Wohnung**, etwa Dienst- oder Werkswohnungen bzw. Wohnungen der jeweiligen Landeskirche für Seelsorger;
- **Einkaufs- oder Sonderrabatte**[49] einschließlich der Verbilligung von Jahreswagen bei Beschäftigten großer Automobilhersteller, soweit sie ausgenutzt worden sind;
- freie **Kost und Logis**;
- verbilligte Überlassung von **Aktien**;
- **Freifahrten** oder -flüge;[50]
- **Deputate** in der Land- und Forstwirtschaft.

Derartige Sachbezüge zählen zum Einkommen in Höhe des **anderweitig ersparten eigenen Aufwandes**. Anhaltspunkt für die Bewertung ist die **Sozialversicherungsentgeltverordnung**.[51] Danach wird im Jahr 2021 freie Verpflegung mit 263 EUR monatlich und freie Unterkunft mit dem Ansatz für eine ortsübliche Miete berücksichtigt.

b) Firmenfahrzeug. Der praktisch bedeutsamste Fall des Sachbezugs ist die Überlassung eines Firmenfahrzeugs zur privaten Nutzung. Üblicherweise wird dieser Vorteil durch die steuerliche Bewertung zutreffend erfasst. Nach §§ 8 Abs. 2, 6 Abs. 1 Nr. 4 EStG muss der Arbeitnehmer diese Sachzuwendung seines Arbeitgebers mit monatlich **1 % des Listenpreises** des Fahrzeugs zuzüglich 0,03 % für jeden Kilometer für Fahrten zwischen Wohnung und Arbeitsstätte versteuern. Geht man bei der Unterhaltsberechnung vom zu versteuernden Bruttoeinkommen aus, wird der Sachbezug der Pkw-Gewährung ausreichend mit dem Nettobetrag dieser steuerlichen Hinzurechnung berücksichtigt.[52] **Korrekturen der steuerlichen Ansätze** können allerdings geboten sein, wenn der Empfänger keinen Einfluss auf die Art des ihm zur Verfügung gestellten Fahrzeugs hat, ihm möglicherweise ein Wagen mit einem hohen Anschaffungswert „aufgedrängt" wird.[53] Erhält der Arbeitnehmer eine finanzielle Zuwendung (**Car Allowance**), um sich selbst einen dienstlich erforderlichen Pkw anzuschaffen und zu unterhalten, ist zu prüfen, ob der Zuschuss für den beruflich veranlassten Aufwand verbraucht wird. Im Übrigen ist er Einkommen.[54] 29

5. Steuerabzüge und Steuererstattungen

a) Tatsächlich angefallene Steuer. Abzusetzen ist grundsätzlich die Lohn- und Einkommensteuer, die im maßgeblichen Unterhaltszeitraum tatsächlich angefallen ist (**In-Prinzip**). Immer dann, wenn eine fiktive Steuerberechnung erforderlich ist, greift jedoch das sogenannte **„Für-Prinzip"**, dh es ist die Steuer zu 30

46 BGH 15.11.2000 – XII ZR 197/98, NJW 2001, 439.
47 OLG Hamm 22.12.1995 – 12 UF 153/95, FamRZ 1996, 1219.
48 BGH 25.2.1987 – IVb ZR 28/86, NJW-RR 1987, 706.
49 OLG Hamm 10.2.1998 – 1 UF 207/97, FamRZ 1999, 166.
50 „Bonus-Meilen"; OLG Brandenburg 10.5.2012 – 10 UF 227/10, FamFR 2012, 320.
51 OLG Koblenz 31.5.2007 – 7 UF 181/07, FamRZ 2008, 434.
52 OLG Hamm 30.10.2008 – 2 UF 43/08, NJW-RR 2009, 294.
53 OLG Hamm 16.8.2007 – 6 UF 42/07, FamRZ 2008, 281.
54 BGH 21.10.2020 – XII ZB 201/19, FamRZ 2021, 186.

berücksichtigen, die für den relevanten Zeitraum zu zahlen ist.[55] Der Unterhaltsbedarf beim Ehegattenunterhalt ist daher wegen des zwangsläufigen Steuerklassenwechsels von Steuerklasse III zu Steuerklasse I infolge der Trennung nach Steuerklasse I zu berechnen.[56] Auch **Steuererstattungen** werden in dem Jahr als Einkommen berücksichtigt, in dem sie anfallen. Steuererstattungen, die auf Aufwendungen beruhen, die bei der Unterhaltsbemessung nicht berücksichtigt werden, können nicht dem Einkommen zugerechnet werden.[57] Dem liegt der Gedanke zugrunde, dass der Unterhaltsberechtigte nicht an Steuererstattungen partizipieren darf, die der Unterhaltsverpflichtete sich mit bei der Unterhaltsberechnung nicht absetzbaren Aufwendungen erkauft, etwa bei **Steuersparmodellen**.

31 **b) Erzielbare Steuervorteile.** Zum unterhaltsrechtlich relevanten Einkommen gehören zumutbar sicher erzielbare Steuervorteile. Daraus folgt, dass dann, wenn die steuerliche Entlastung nicht im Wege eines **Freibetrags** geltend gemacht worden ist, eine fiktive Steuerberechnung unter Berücksichtigung dieses Freibetrags vorzunehmen ist (→ *Fiktive Einkünfte* Rn. 3 ff.; Leitlinien 10.1.1). Hilfreich ist dabei der interaktive Steuerrechner des Bundesfinanzministeriums (www.bundesfinanzministerium.de). Angenommen worden ist in der Rechtsprechung die Verpflichtung zur Geltendmachung eines Freibetrags für die Durchführung des begrenzten **Realsplittings** (§ 10 Abs. 1 a Nr. 1 EStG) in Höhe eines **unstreitigen Unterhaltssockelbetrags**.[58]

32 Im Wege des Freibetrags geltend zu machen sind auch den Arbeitnehmerpauschbetrag übersteigende **Werbungskosten**, in erster Linie Fahrtkosten. Der Pauschbetrag für **Werbungskosten** eines Arbeitnehmers (§ 9 a Abs. 1 Nr. 1 EStG) beträgt 1.000 EUR. Fahrtkosten (**Pendlerpauschale**: § 9 Abs. 1 S. 3 Nr. 4 EStG) können maximal bis zur Höhe von 4.500 EUR jährlich als Werbungskosten geltend gemacht werden. Die Finanzverwaltung legt jeweils die einfache Wegstrecke zugrunde und berücksichtigt ab dem Jahr 2021 0,35 EUR pro Kilometer.

33 **c) Steuerklassen.** Bei Nichtselbstständigen erfolgt der Steuerabzug durch den Arbeitgeber. Der **Arbeitgeber** behält die Lohnsteuer vom Bruttoarbeitslohn ein und führt sie an das zuständige Finanzamt ab (§§ 38 Abs. 3, 41 a EStG). Der **Einbehalt der Lohnsteuer** erfolgt für Rechnung des Arbeitnehmers als Steuerschuldner. Maßgeblich für die Berechnung der Lohnsteuer ist die Steuerklasse.

34 **d) Fiktive Berechnung.** Bei der Unterhaltsberechnung wird grundsätzlich die tatsächlich gewählte Steuerklasse zugrunde gelegt. **Heiratet** der Unterhaltspflichtige **wieder** und nimmt er in seiner neuen Ehe Steuerklasse III in Anspruch, ist bei der Berechnung des Ehegattenunterhalts des früheren Ehegatten der **Splittingvorteil aus der neuen Ehe** nicht zu berücksichtigen. Maßgeblich ist die fiktive steuerliche Veranlagung nach Steuerklasse I zuzüglich Realsplittingvorteil.[59] Beim **Kindesunterhalt** wird dagegen auch in diesen Fällen das tatsächlich vorhandene Einkommen mit allen steuerlichen Vorteilen (Steuerklasse III und Realsplitting) berücksichtigt.[60]

35 Wählt der **wieder verheiratete Unterhaltspflichtige**, obwohl sein neuer Ehepartner jedenfalls nicht wesentlich mehr verdient als er selbst, **Steuerklasse V**, wird diese Steuerklassenwahl als rechtsmissbräuchlich nicht akzeptiert und fiktiv Steuerklasse I unterstellt.[61] Andererseits trifft den Unterhaltsschuldner, wenn sein neuer Ehegatte jedenfalls nicht zu vernachlässigende Einkünfte erzielt, auch im Hinblick auf den Kindesunterhalt keine Obliegenheit, Steuerklasse III zu wählen.[62]

---

55 BGH 21.9.2011 – XII ZR 121/09, NJW 2011, 3577.
56 BGH 24.1.1990 – XII ZR 2/89, NJW 1990, 1477.
57 BGH 1.10.1986 – IVb ZR 68/85, NJW-RR 1987, 194.
58 BGH 28.2.2007 – XII ZR 37/05, NJW 2007, 1961.
59 BVerfG 7.10.2003 – 1 BvR 246/93, NJW 2003, 3466.
60 BGH 14.3.2007 – XII ZR 158/04, NJW 2007, 1169.
61 BGH 25.6.1980 – IVb ZR 530/80, NJW 1980, 2251.
62 OLG Bamberg 26.9.1995 – 2 WF 79/95, NJW-RR 1996, 647.

6. Vorsorgeaufwendungen

a) Kranken- und Pflegeversicherung. Vorsorgeaufwendungen für Kranken-, Pflege-, Renten- und Arbeitslosenversicherung sind abzusetzen. Berücksichtigungsfähig sind jeweils die Arbeitnehmeranteile (§ 346 SGB III, § 249 SGB V; § 168 Abs. 1 Nr. 1 SGB VI und § 58 SGB XI). Dabei beteiligen sich die Arbeitgeber seit Anfang 2019 auch an etwaigen **Zusatzbeiträgen** zur Hälfte. Bei der **privaten Kranken- und Pflegeversicherung** ist der gesamte Versicherungsbeitrag reduziert um die **Arbeitgeberzuschüsse** abzusetzen. Die Zuschüsse umfassen regelmäßig die Hälfte des tatsächlichen Aufwands. Begrenzt ist die Höhe des Zuschusses durch die Hälfte des Beitrages zur gesetzlichen Krankenversicherung (§ 257 Abs. 1, 2 SGB V; § 3 Nr. 62 EStG). Unterhält ein privat Krankenversicherter neben seiner eigenen Krankenversicherung auch noch eine **private Krankenversicherung für seine Familie**, bekommt er für die auf seine Familie entfallenden Beiträge keine Arbeitgeberzuschüsse. Wenn der Vorsorgeaufwand für die Familie unterhaltsrechtlich relevant ist, weil die Familienangehörigen unterhaltsrechtlich gleich- oder vorrangig sind, sind auch diese Mehraufwendungen abzusetzen. 36

Bei privaten Krankenversicherungen wird häufig ein **Selbstbehalt** vereinbart. Werden Aufwendungen bis zur Höhe des Selbstbehalts tatsächlich erbracht, sind auch diese abzugsfähig, weil sich durch die Vereinbarung des Selbstbehalts der ansonsten zu zahlende laufende Beitrag verringert.[63] Auch der Krankenvorsorgeunterhaltsanspruch umfasst einen vereinbarten Selbstbehalt.[64] Aufgrund der Einschränkungen der Leistungen der gesetzlichen Krankenversicherung sind auch **Zusatzversicherungen** für stationäre Krankenbehandlung, Zahnersatz und Ähnliches berücksichtigungsfähig, wenn sie für eine angemessene Vorsorge notwendig sind und in einem vernünftigen Verhältnis zum verfügbaren Einkommen stehen.[65] 37

b) Altersvorsorge. Bei der Altersvorsorge werden die primäre und sekundäre Altersvorsorge unterschieden. Zur primären Altersvorsorge gehören die Beiträge zur **gesetzlichen Rentenversicherung** sowie zur **betrieblichen Zusatzversorgung** und Zusatzversorgung im öffentlichen Dienst. Daneben erkennt die Rechtsprechung eine ergänzende Altersvorsorge in Höhe von 4 % bzw. beim Elternunterhalt von 5 % des Bruttoerwerbseinkommens an (→ *Private Altersvorsorge*; Leitlinien 10.1.2). In der Art der ergänzenden Altersvorsorge ist der Beteiligte eines Unterhaltsrechtsverhältnisses frei. 38

7. Berufsbedingte Aufwendungen

a) Erwerbstätigenbonus. Für die Einkommenserzielung notwendige **berufsbedingte Aufwendungen** sind zur Ermittlung des bereinigten Nettoeinkommens abzuziehen. Dabei sind berufsbedingt und privat veranlasste Aufwendungen zu trennen.[66] 39

Die berufsbedingten Aufwendungen werden regelmäßig vor dem Erwerbstätigenbonus abgesetzt, obwohl sich beide Abzüge in ihrer **Zielrichtung überschneiden**. Bei der Bestimmung des Bedarfs eines unterhaltsberechtigten Ehegatten soll dem erwerbstätigen Ehegatten ein die Hälfte des verteilungsfähigen Einkommens maßvoll übersteigender Betrag verbleiben.[67] Um das sicherzustellen, wird in der Praxis das Erwerbseinkommen um einen **Erwerbstätigenbonus** von überwiegend 1/7 bereinigt.[68] Der Bonus hat eine **Doppelfunktion:** Er soll Anreiz für die weitere Erwerbstätigkeit sein und pauschal den mit der Erwerbstätigkeit verbundenen Aufwand abgelten.[69] Der Bonus wird erst von dem um sämtliche Verbindlichkeiten und die Kindestabellenunterhaltsbeträge bereinigten Einkommen abgesetzt (Leitlinien 15.2; → *Erwerbstätigenbonus*). Wegen dieser teilweisen Überschneidungen des Zwecks wird der Erwerbstätigenbonus bei einem pauschalen Abzug berufsbedingter Aufwendungen gemäß vieler Leitlinien (15.2) auf 1/10 gekürzt.[70] 40

---

63 OLG Hamm 11.5.2010 – 2 UF 64/08, FamRZ 2010, 1911.
64 KG 2.10.2012 – 13 UF 174/11, FamRZ 2013, 1047.
65 BGH 31.10.2001 – XII ZR 292/99, NJW 2002, 436.
66 Leitlinien 10.2; Überblick bei Wendl/Dose UnterhaltsR/*Dose* § 1 Rn. 125.
67 BGH 20.7.1990 – XII ZR 74/89, NJW-RR 1990, 1346.
68 BGH 26.4.1989 – IVb ZR 59/88, NJW 1989, 1992.
69 BGH 20.7.1990 – XII ZR 74/89, NJW-RR 1990, 1346.
70 BGH 13.11.2019 – XII ZB 3/19, NJW 2020, 238.

41 **b) Pauschalierte berufsbedingte Aufwendungen.** Berufsbedingte Aufwendungen können pauschaliert oder konkret berechnet berücksichtigt werden. Überwiegend gehen die Unterhaltsleitlinien von einer **Pauschalierung** aus, wenn Anhaltspunkte für das grundsätzliche Anfallen berufsbedingter Aufwendungen vorliegen (Leitlinien 10.2.1). Es entspricht der Erfahrung, dass die Ausübung einer Erwerbstätigkeit in der Regel mit nur **schwer fassbaren Mehrbelastungen** verbunden ist, wie Mehrkosten für aushäusige Verpflegung, besondere Kleideranschaffungen und Ähnlichem. All das spricht für die Pauschalierung. Allerdings müssen die berufsbedingten Aufwendungen nicht zwangsläufig, was bei einer Pauschalierung der Fall ist, mit der Höhe des Einkommens steigen oder sinken. Deshalb sehen einige Unterhaltsleitlinien eine **höhenmäßige Begrenzung** oder Mindestbeträge des Pauschalabzuges vor (zB ua Düsseldorf und Frankfurt: 150 EUR Höchstbetrag und Düsseldorf 50 EUR Mindestbetrag). Wegen weiterer Einzelheiten → *Berufsbedingte Aufwendungen.*

III. Einkünfte aus selbstständiger Arbeit und Gewerbebetrieb

42 Nach § 2 Abs. 2 Nr. 1 EStG wird bei Einkünften aus selbstständiger Arbeit und Gewerbebetrieb der **Gewinn** versteuert. Bilanzpflichtige Kaufleute müssen ihren Gewinn nach § 4 Abs. 1 EStG durch einen **Betriebsvermögensausgleich** ermitteln. Nicht bilanzpflichtige Freiberufler und Gewerbetreibende erstellen zum Zweck der Gewinnermittlung nach § 4 Abs. 3 EStG eine **Einnahme-Überschuss-Rechnung**. Diese steuerlichen Abschlussunterlagen sind Ausgangspunkt für die Bestimmung des unterhaltsrelevanten Einkommens.

1. Jahresabschlussunterlagen bilanzpflichtiger Kaufleute und von Freiberuflern

43 **a) Grundsätze.** Ein bilanzpflichtiger Kaufmann muss jeweils bezogen auf den Beginn und den Schluss eines jeden Wirtschaftsjahres eine Bilanz aufstellen, aus der sich das **Verhältnis** seines **Vermögens zu seinen Schulden** darstellt. Er muss ferner zum Schluss eines jeden Geschäftsjahres eine Gegenüberstellung der im vergangenen Geschäftsjahr angefallenen Aufwendungen und Erträge fertigen (**Gewinn- und Verlustrechnung**). Zusammen bilden Bilanz und Gewinn- und Verlustrechnung den **Jahresabschluss** iSd § 242 HGB. Abgeleitet werden die Jahresabschlussunterlagen aus den Buchführungsunterlagen (§ 238 Abs. 1 HGB, § 41 GmbHG). Dabei ist ein Kaufmann bei der Bestimmung des Wirtschaftsjahres nicht an Kalenderjahre gebunden. Es steht ihm frei, für seinen Betrieb das Wirtschaftsjahr zB für die Zeit vom 1.10. eines Jahres bis zum 30.9. des Folgejahres festzulegen. Der Jahresabschluss ist im **Bundesanzeiger** zu veröffentlichen (§§ 325 ff. HGB).

44 **b) Bilanz.** Eine Bilanz ist eine **stichtagsbezogene, gegliederte Vermögensaufstellung**. Die **Handelsbilanz** dient der Rechenschaftslegung gegenüber Anteilseignern und Gläubigern. In ihr werden Vermögensgegenstände und Schulden **vorsichtig bewertet**. Aktiva sind stets mit dem niedrigsten möglichen Wert, Passiva mit dem höchstmöglichen Betrag im Rahmen einer Schätzung zu bewerten (§ 252 HGB). Gewinn und Vermögen sollen in der Handelsbilanz eher zu niedrig denn zu hoch dargestellt werden.

45 Daneben steht die **Steuerbilanz** (§§ 4 Abs. 1, 5 Abs. 1 EStG). Gegliedert ist die Steuerbilanz wie die Handelsbilanz. Die Bewertung erfolgt in der Steuerbilanz nach steuerrechtlichen Kriterien. Während bei den Bewertungsgrundsätzen im Rahmen der Handelsbilanz der Anlegerschutz und das Prinzip der Vorsicht im Vordergrund stehen, ist die Steuerbilanz auf eine **realistische Bewertung** ausgelegt, um eine am tatsächlichen Gewinn orientierte **Besteuerung** zu erreichen.

46 Bei kleinen und mittleren Unternehmen wird zur Vermeidung eines größeren Aufwands von vornherein nur eine **Einheitsbilanz** erstellt, die beiden Bewertungskriterien Rechnung tragen soll.

47 **c) Anlageverzeichnis.** Neben der Bilanz ist ein **Anlageverzeichnis** nach § 268 Abs. 2 HGB zu erstellen. Beim Auskunftsverlangen zur Vorbereitung der Ermittlung eines Unterhaltsanspruchs ist dieser Anlagespiegel unbedingt mit zu fordern (§ 1605 Abs. 1 BGB). Aus ihm ergeben sich Anschaffungs- und Herstellungskosten, Zugangs- und Abgangsjahre sowie die **Abschreibungsdauer der Anlagegegenstände**. Nur anhand des Anlageverzeichnisses lassen sich die vorgenommenen Abschreibungen nachvollziehen. Dabei

sind die steuerlichen Ansätze grundsätzlich zu übernehmen. Im Mehrjahresschnitt gleichen sich eventuell zu hohe oder zu geringe Abschreibungssätze regelmäßig aus.[71]

d) Gewinn- und Verlustrechnung. Zu den Jahresabschlussunterlagen gehört weiter die **Gewinn- und Verlustrechnung** (§ 275 HGB). Diese ist wie die Bilanz ein **Bestandsvergleich**. Neben den Umsatzerlösen werden daher auch Veränderungen im Bestand an fertigen und unfertigen Erzeugnissen erfasst. Berücksichtigt werden somit auch die Erzeugnisse, die schon produziert, aber noch nicht bezahlt sind. 48

e) Einnahme-Überschuss-Rechnung. In einer **Einnahme-Überschuss-Rechnung** nach § 4 Abs. 3 EStG werden demgegenüber als Erlös allein die tatsächlich eingenommenen Beträge berücksichtigt. In die Einnahme-Überschuss-Rechnung fließen erbrachte, aber noch nicht abgerechnete und von Kunden noch nicht bezahlte Leistungen nicht ein. Das ermöglicht es dem Kreis der „Einnahmen-Überschuss-Rechner" **Ausgaben- und Gewinnverlagerungen** vorzunehmen. So kann der Freiberufler die Inrechnungstellung von im Wirtschaftsjahr erbrachten Leistungen in das nächste Wirtschaftsjahr verschieben. Er kann ferner eigentlich erst im nächsten Wirtschaftsjahr fällige Betriebsausgaben vorziehen oder Abschlagszahlungen auf derartige Betriebsausgaben leisten.[72] 49

f) Betriebswirtschaftliche Auswertungen. Während des laufenden Kalenderjahrs bieten betriebswirtschaftliche Auswertungen (BWA) einen Überblick über die Kosten- und Erlössituation. Betriebswirtschaftliche Auswertungen basieren auf den laufenden Daten der Finanzbuchhaltung. Ein Vergleich der betriebswirtschaftlichen Auswertungen des gleichen Monats aus zwei Jahren kann Entwicklungen des Unternehmens verdeutlichen. In aller Regel enthalten die betriebswirtschaftlichen Auswertungen auch die aufgelaufenen Jahressummen, so dass die betriebswirtschaftlichen Auswertungen für den Monat Dezember eines jeden Kalenderjahrs je nach der Genauigkeit der laufenden Buchführung ziemlich exakt das **Jahresergebnis** wiedergeben. Sie können daher, falls Jahresabschlüsse noch nicht erstellt sind, auch zur Ermittlung des unterhaltsrelevanten Einkommens herangezogen werden. 50

g) Mehrjahresschnitt. Sowohl bei Gewinn- und Verlustrechnungen als auch bei Einnahme-Überschuss-Rechnungen ist für die Einkommensprognose bei der Ermittlung des unterhaltsrelevanten Einkommens ein Mehrjahresschnitt zu bilden. Damit sollen aus konjunkturellen oder sonstigen Gründen schwankende Einkommen ebenso wie steuerlich zulässige Einkommensverlagerungen ausgeglichen werden. Der Mehrjahresschnitt ist aus den dem Unterhaltszeitraum nächstliegenden Jahren zu bilden. Die Rechtsprechung geht üblicherweise vom **Schnitt der letzten drei Jahre** aus.[73] Geht es um Unterhalt für die Vergangenheit, ist allerdings allein das jeweils in dem maßgeblichen Kalenderjahr erzielte Einkommen zugrunde zu legen.[74] 51

Nicht in den Mehrjahresschnitt einzubeziehen sind Jahre, die **außergewöhnlichen**, nicht wieder auftretenden **Einflüssen** unterlagen.[75] So bleibt die Anlaufphase eines Betriebs, wenn die Gewinne später kontinuierlich gestiegen sind, außer Betracht.[76] Korrekturen an dem durch den Mehrjahresschnitt gewonnenen Ergebnis sind auch angezeigt, wenn die Vergangenheitserlöse sich aufgrund **struktureller Veränderungen** in Zukunft mit Sicherheit nicht mehr erzielen lassen. Zu berücksichtigen sind allerdings auch **Kompensationsmöglichkeiten** für entfallende Einnahmen, die Erschließung neuer Einnahmequellen und Kostensenkungsmaßnahmen. 52

Geboten ist zudem ein Vergleich der **einzelnen Kostenpositionen** in den der Prüfung zugrunde liegenden Jahren. Zu hinterfragen sind sowohl auffällige **Erlösminderungen** als auch **Kostensteigerungen**. Soweit der Unterhaltsberechtigte einzelne Positionen in der Einnahme-Überschuss-Rechnung/Gewinn- und Verlustrechnung in Zweifel zieht, muss auf **substantiierte Einwendungen** hin der Selbstständige 53

71 BGH 19.2.2003 – XII ZR 19/01, NJW 2003, 1734.
72 Wendl/Dose UnterhaltsR/*Spieker* § 1 Rn. 257.
73 BGH 16.1.1985 – IVb ZR 59/83, NJW 1985, 909.
74 BGH 4.7.2007 – XII ZR 141/05, NJW 2008, 57.
75 BGH 2.6.2004 – XII ZR 217/01, NJW-RR 2004, 1227.
76 OLG Köln 20.4.1994 – 27 UF 94/93, NJW-RR 1995, 1157.

Entwicklungen und Ansätze erläutern und nachweisen.[77] Kommt er dieser Obliegenheit nicht nach, legt er zB zu bestimmten Sammelpositionen nicht die Sachkontenauszüge vor, gilt das Vorbringen der anderen Prozesspartei als zugestanden. Ein pauschales Bestreiten der Richtigkeit der Ansätze reicht nicht.

54 **h) Privatentnahmen.** Privatentnahmen sind grundsätzlich kein Maßstab zur Ermittlung des unterhaltsrelevanten Einkommens. Sie gehören zur **Vermögensebene** des Unternehmens. Private und betriebsbedingte Vermögensänderungen müssen nach § 4 Abs. 1 EStG unterschieden werden. Sie werden daher auf gesonderten Konten – ebenso wie die gegenzurechnenden Privateinlagen – erfasst. Die Summe der Privatentnahmen und -einlagen eines Geschäftsjahrs wird daher in der Bilanz aufgeführt.

55 Aus dem Vorstehenden folgt, dass **Privatentnahmen** grundsätzlich **kein Einkommen** im unterhaltsrechtlichen Sinn darstellen. Entnahmen vermindern das Betriebsvermögen. Hat der Unternehmer seinen erwarteten Gewinn falsch prognostiziert, kann das dazu führen, dass er mehr entnommen hat, als er verdient hat. Durch die **überhöhte Entnahme** hat der Unternehmer mithin im Ergebnis einen Kredit im Unternehmensbereich für die Bestreitung seiner Lebenshaltungskosten aufgenommen. Da Unterhalt nur aus verfügbaren Mitteln gezahlt werden darf, ist der zu viel entnommene Betrag für die Unterhaltsbemessung irrelevant.[78] **Privatentnahmen auf Kosten der Betriebssubstanz** können nur dann Maßstab für die Bemessung des unterhaltsrelevanten Einkommens sein, wenn der Vermögensstamm einsatzpflichtig ist, etwa bei der Obliegenheit zur Aufgabe eines unrentablen Betriebs, oder wenn dadurch sichere zukünftige Gewinne vorfinanziert werden.

56 Entnimmt der Unternehmer weniger, als der Gewinn der Gesellschaft beträgt, bildet er Gesellschaftsvermögen. Diese Vermögensbildung ist bei der Unterhaltsberechnung irrelevant. Den Mehrheitsgesellschafter einer GmbH kann deshalb die Obliegenheit treffen, Gewinnausschüttungen vorzunehmen mit der Folge der **Zurechnung fiktiver Einkünfte** bei einem entsprechenden Unterlassen.[79]

57 In Ausnahmefällen können die Privatentnahmen bei ungeklärten wirtschaftlichen Verhältnissen als **Grundlage für eine Einkommensschätzung** dienen.[80] Sind die steuerlichen Unterlagen ersichtlich manipuliert, unzureichend geführt oder werden zweifelhafte Positionen nicht erläutert, ermöglichen Privatentnahmen einen Rückschluss darauf, welche Ertragskraft der Selbstständige seinem Betrieb selbst zubilligt. Geht man von Entnahmen bei der Unterhaltsbemessung aus, müssen allerdings erbrachte **Einlagen gegengerechnet** werden. Steuern müssen fiktiv berechnet und abgezogen werden. Für eine Unterhaltsberechnung steht nur der Saldo zur Verfügung.[81]

2. GmbH

58 **a) Einpersonengesellschaft.** Der **Alleingesellschafter- und -geschäftsführer** einer GmbH erzielt aus seinem Anstellungsverhältnis bei der GmbH Einkünfte aus unselbstständiger Tätigkeit. **Gewinnentnahmen** aus der GmbH sind Einkünfte aus Kapitalvermögen (§ 20 Abs. 1 Nr. 1 EStG). Wegen des Sachzusammenhangs zu den Einkünften selbstständig Tätiger werden die damit im Zusammenhang stehenden Fragen an dieser Stelle abgehandelt.

59 Das Anstellungsverhältnis des **Gesellschaftergeschäftsführers** mit der GmbH wird nicht als abhängige Beschäftigung im Sinne des Sozialversicherungsrechts angesehen. Der Gesellschaftergeschäftsführer einer GmbH ist daher nicht gesetzlich kranken- und rentenversichert. Die Bezüge eines Gesellschaftergeschäftsführers einer GmbH werden ohne derartige Abzüge ausgezahlt. Er erhält einen **Arbeitgeberzuschuss** in Höhe des Beitrags in der gesetzlichen Kranken- und Pflegeversicherung zu seinen privaten Kranken- und Pflegevorsorgeaufwendungen. Die gesamte Kranken- und Altersvorsorge muss – wie beim Selbstständigen – von dem Gesellschaftergeschäftsführer aus seinem Bruttoeinkommen selbst finanziert werden.

77 BGH 22.10.1997 – XII ZR 278/95, FamRZ 1998, 357.
78 OLG Frankfurt a. M. 13.7.2004 – 2 UF 207/04, FamRZ 2005, 803.
79 OLG Hamm 30.10.2008 – 2 UF 43/08, NJW-RR 2009, 294.
80 OLG Düsseldorf 6.4.1982 – 6 UF 221/81, FamRZ 1983, 397.
81 OLG Dresden 16.3.1998 – 20 WF 474/97, FamRZ 1999, 850.

Die Gesellschaft kann ihren Gesellschaftern eine **Altersvorsorge** zusagen und zu diesem Zweck **Rücklagen** bilden. Die Höhe dieser Rücklagen unterliegt einer Angemessenheitsprüfung durch die Finanzverwaltung. Bei der Ermittlung des unterhaltsrelevanten Einkommens ist zu prüfen, ob neben derartigen Rücklagen noch **private Altersvorsorgeaufwendungen** anerkannt werden können oder aber die Rücklagen nach den Kriterien des Unterhaltsrechts zu hoch sind. Bei Selbstständigen wird insgesamt eine Altersvorsorge in Höhe von 24 % des verfügbaren Bruttoeinkommens akzeptiert (→ *Private Altersvorsorge* Rn. 5 ff.). 60

Setzt der Gesellschaftergeschäftsführer sein Einkommen von Jahr zu Jahr entsprechend der Gewinnsituation neu fest, kann dies eine Berücksichtigung dieses Einkommens im Mehrjahresschnitt rechtfertigen.[82] 61

b) Gewinne der Gesellschaft. Gewinne und Verluste der GmbH sind für die Ermittlung des unterhaltsrelevanten Einkommens grundsätzlich ohne Bedeutung. Der Gewinn und Verlust fällt bei der Gesellschaft an. Die **Gesellschafterversammlung** (= der Alleingesellschafter) kann beschließen, den Gewinn/Verlust auf laufende Rechnung fortzuschreiben. Sie kann auch eine (Teil-)Ausschüttung von Gewinnen veranlassen. Bei der Gesellschaft unterfallen die Gewinne der **Körperschaftsteuer**. Für den Gesellschafter fällt auf den ausgeschütteten Gewinn **Kapitalertragsteuer** an. Da der Alleingesellschafter einer GmbH in seiner Ausschüttungspolitik frei ist, ist anhand der Jahresabschlussunterlagen der GmbH zu überprüfen, ob ohne sachlich gerechtfertigten Grund **Gewinne thesauriert**, dh nicht ausgeschüttet worden sind. Werden die Gewinne nicht zum Ausgleich von fortgeschriebenen Verlusten oder für in Kürze anstehende Investitionen benötigt, kann dies eine fiktive Zurechnung der nicht ausgeschütteten Gewinne rechtfertigen.[83] Der unterstellte Ausschüttungsbetrag ist allerdings fiktiv um die bei tatsächlicher Ausschüttung anfallenden **steuerlichen Belastungen** zu kürzen (Körperschaftssteuer bei der Gesellschaft und Kapitalertragsteuer beim Gesellschafter). Bei einem **Minderheitsgesellschafter** ist regelmäßig die unternehmerische Entscheidung, in welchem Umfang Gewinne ausgeschüttet werden, auch für die Unterhaltsberechnung zu akzeptieren. 62

c) Verluste der Gesellschaft. Aufgelaufene Verluste sind sonstigen Einnahmen des Gesellschaftergeschäftsführers so lange nicht gegenzurechnen, bis er nicht privat zum **Ausgleich dieser Verluste herangezogen** wird und tatsächlich Leistungen erbringt. Zunächst betreffen die Verluste – wie die Gewinne – allein die Gesellschaft und das Gesellschaftsvermögen. In aller Regel wird der GmbH-Alleingesellschafter sich allerdings mit seinem Privatvermögen für geschäftliche Verbindlichkeiten verbürgt haben, weil er ansonsten für die Gesellschaft keine Darlehen bekommen hätte. 63

3. Abschreibungen/Absetzungen für Abnutzung

a) Grundlagen. Bilanzpflichtige Kaufleute sowie Freiberufler und Kleingewerbetreibende dürfen **Investitionen**, die sie in einem Wirtschaftsjahr getätigt haben, **nicht in einer Summe** in dem Wirtschaftsjahr gewinnmindernd ansetzen, in dem sie die Investitionen getätigt haben. Sie sind vielmehr verpflichtet, die Kosten entsprechend dem Wertverfall des Wirtschaftsgutes auf die **Zeit der betriebsüblichen Nutzung** zu verteilen (§§ 253, 254 HGB; § 7 Abs. 1 EStG). Handelsrechtlich sind dies **Abschreibungen**, steuerrechtlich handelt es sich um **Absetzungen für Abnutzung (AfA)**. Aus alledem folgt, dass einer Abschreibung immer ein tatsächlicher Aufwand in Höhe des Gesamtabschreibungsbetrags gegenübersteht und am Ende auch ein hundertprozentiger Wertverzehr eintritt. Diskutabel ist deshalb allein der Zeitraum der Abschreibung. 64

b) Stille Reserve. Ist ein Wirtschaftsobjekt in einem weiter gehenden Umfang abgeschrieben, als dies dem tatsächlichen Wertverzehr entspricht, entsteht damit eine stille Reserve. Dies ist zB der Fall, wenn ein Wirtschaftsgut über die Abschreibungsdauer hinaus genutzt wird. Wird ein Anlagegegenstand während des Abschreibungszeitraums zu einem über dem Buchwert liegenden Preis veräußert, ist die Differenz zum Buchwert als **sonstiger betrieblicher Ertrag** zu versteuern. 65

82 OLG Köln 11.4.2006 – 4 UF 218/05, NJW-RR 2007, 941.
83 OLG Hamm 30.10.2008 – 2 UF 43/08, NJW-RR 2009, 294.

66 **c) Lineare Abschreibung.** In der Rechtsprechung hat sich deshalb die Auffassung durchgesetzt, die übliche lineare Abschreibung nach § 7 Abs. 1 S. 1 und 2 EStG auch für die Unterhaltsbemessung zu übernehmen.[84] Die lineare Abschreibung erfolgt nach vom Bundesministerium der Finanzen erstellten **AfA-Tabellen**. In diesen wird für die verschiedenen Wirtschaftsgüter ein für die Steuerbemessung maßgeblicher Abschreibungszeitraum festgelegt. Neben der Abschreibung können **Tilgungsbeträge für Betriebsmittelkredite** nicht berücksichtigt werden; die Abschreibung schafft die **Liquidität** für die Tilgung.[85]

67 **d) Geringwertige Wirtschaftsgüter.** Ebenfalls unterhaltsrechtlich in vollem Umfang zu akzeptieren ist die Möglichkeit der **Sofortabschreibung** geringwertiger Wirtschaftsgüter (**GWG**). Kostet die Anschaffung eines Wirtschaftsgutes bis zu 800 EUR netto, kann ein Wirtschaftsgut nach § 6 Abs. 2 EStG im Jahr der Anschaffung in vollem Umfang abgeschrieben werden. Üblicherweise differieren die jährlichen Anschaffungskosten von GWG von Jahr zu Jahr kaum. Da sie sich zudem schnell verbrauchen, werden keine **stillen Reserven** gebildet.

68 **e) Sonderabschreibungen.** Für die Ermittlung des unterhaltsrechtlich relevanten Nettoeinkommens korrekturbedürftig sind nur Sonderabschreibungen gem. §§ 7 a ff. EStG. Derartige Sonderabschreibungen orientieren sich nicht am Wertverzehr von Wirtschaftsgütern. Es handelt sich um **verdeckte Subventionen**, die Investitionsanreize schaffen sollen.[86]

4. Steuerabzüge

69 Die **Steuerbelastung** ist bei Selbstständigen in aller Regel **fiktiv** zu ermitteln.[87] Werden zB, um den Unterhaltsanspruch nach der Trennung zu berechnen, die Einkünfte der letzten drei Jahre des Zusammenlebens zugrunde gelegt, können die tatsächlich gezahlten Steuern schon deshalb nicht mehr maßgeblich sein, weil sie aufgrund gemeinsamer Veranlagung festgesetzt worden sind. Ferner können Steuervorteile, die aus der steuerlichen Berücksichtigung bei der Unterhaltsbemessung nicht anerkannter Positionen resultieren, nicht übernommen und fortgeschrieben werden. Dabei sollen nach der Rechtsprechung des Bundesgerichtshofs Steuervorteile, die aus der Inanspruchnahme von **Sonderabschreibungen** resultieren, allerdings in die Unterhaltsberechnung einbezogen werden.[88]

70 Richtigerweise wird man die Steuerbelastung so ermitteln, dass aus dem **Betriebsergebnis im Mehrjahresschnitt** ein **Bruttoeinkommen** abgeleitet wird. Dieses wird um die für den Unterhaltszeitraum aktuellen **individuellen steuerlichen Freibeträge** zur Ermittlung des zu versteuernden Einkommens bereinigt. Anhaltspunkt sind dafür die letzten ergangenen Steuerbescheide. Zu berücksichtigen ist das steuerliche Realsplitting inklusive Nachteilsausgleich. Auf dieser Basis wird dann fiktiv die Steuerlast berechnet, etwa mithilfe des **interaktiven Steuerrechners** des Bundesfinanzministeriums (www.bundesfinanzministerium.de).

5. Kranken- und Altersvorsorge

71 **a) Kranken- und Pflegeversicherung.** Bei Selbstständigen sind Beiträge für die Kranken- und Pflegeversicherung sowie für die Altersvorsorge in angemessenem Umfang in Abzug zu bringen. Grundsätzlich zu berücksichtigen sind die Beiträge für eine **freiwillige Kranken- und Pflegeversicherung** in der gesetzlichen Krankenversicherung oder eine **private** Kranken- und Pflegeversicherung zur Erlangung eines dem der gesetzlichen Krankenversicherung entsprechenden Versicherungsschutzes.[89] **Zusatzversicherungen** sind je nachdem absetzbar, ob sie bereits die ehelichen Lebensverhältnisse geprägt haben oder gehobene Einkommensverhältnisse vorliegen, so dass der Abzug dieser Beträge den angemessenen Unterhalt der

84 BGH 19.2.2003 – XII ZR 19/01, NJW 2003, 1734.
85 OLG Saarbrücken 14.11.2019 – 6 UF 78/19, NZFam 2020, 87.
86 BGH 19.2.2003 – XII ZR 19/01, NJW 2003, 1734.
87 BGH 2.6.2004 – XII ZR 217/01, NJW-RR 2004, 1227.
88 BGH 19.2.2003 – XII ZR 19/01, NJW 2003, 1734.
89 Wendl/Dose UnterhaltsR/*Gerhardt* § 1 Rn. 1036.

Berechtigten nicht schmälert. Ist ein **Selbstbehalt** vereinbart, ist, wenn der Selbstbehalt in Anspruch genommen worden ist, dieser Betrag auf den Monat umgelegt zusätzlich abzuziehen (→ Rn. 37).

b) Altersvorsorge. Altersvorsorgeleistungen können bis zur Höhe des **Arbeitnehmer- und Arbeitgeberbeitrags zur gesetzlichen Rentenversicherung** zuzüglich der privaten Altersvorsorge von 4 % bzw. 5 % des Bruttoeinkommens abgesetzt werden.[90] Dabei ist der Unternehmer in der Gestaltung seiner Altersvorsorge frei. Neben Beiträgen zu berufsständischen Versorgungswerken und freiwilligen Beiträgen in die gesetzliche Rentenversicherung sind auch Altersvorsorgeleistungen in Form von **Vermögensbildung** zu berücksichtigen, etwa Kapitallebensversicherungen, Fonds-Sparpläne und Ähnliches.[91] Zu berücksichtigen sind allerdings nur tatsächlich geleistete Beträge. **Fiktiv** kann ein Vorsorgeaufwand nicht abgesetzt werden (im Einzelnen → *Private Altersvorsorge* Rn. 5 ff.). 72

c) Sonstige Versicherungen. Wie bei nicht selbstständig Tätigen sind bei selbstständig Tätigen uU auch sonstige Versicherungen abzuziehen, dh **private Unfallversicherungen**, freiwillige Beiträge zur **gesetzlichen Unfallversicherung** und **Haftpflichtversicherungen**, wobei es für die Abzugsfähigkeit darauf ankommt, dass die Beiträge in einem angemessenen Verhältnis zum Einkommen stehen. 73

6. Berufsbedingte Aufwendungen/Erwerbstätigenbonus

Ein gesonderter Abzug – wie bei nicht selbstständig Tätigen – für berufsbedingte Aufwendungen, etwa in Höhe **einer Pauschale von 5 %**, kommt bei selbstständig Tätigen nicht in Betracht. Sämtliche berufsbedingten Aufwendungen sind bereits als Betriebsausgabe erfasst. 74

Auch dem selbstständig Tätigen ist auf sein unterhaltsrelevantes bereinigtes Einkommen der **Erwerbstätigenbonus** zuzubilligen. Zwar greift der Gesichtspunkt der pauschalen Abgeltung berufsbedingter Aufwendungen wegen der vollständigen Erfassung bei den Betriebsausgaben nicht, zum Tragen kommt jedoch – und das angesichts des unternehmerischen Risikos und der ungeregelten Arbeitszeiten in besonderem Maße – der zweite vom Bundesgerichtshof hervorgehobene Gesichtspunkt, dem Erwerbstätigen einen **Anreiz für die Fortführung seiner Erwerbstätigkeit** zu geben, indem ihm ein die Hälfte des unterhaltsrelevanten bereinigten Nettoeinkommens maßvoll übersteigender Betrag verbleibt (→ *Erwerbstätigenbonus*). 75

IV. Einkünfte aus Land- und Forstwirtschaft

1. Steuerliche Veranlagung

Einkünfte aus Land- und Forstwirtschaft werden entweder durch einen **Betriebsvermögensvergleich** nach § 4 Abs. 1 EStG oder nach **Durchschnittssätzen** gem. § 13 a EStG ermittelt. 76

Buchführungspflichtig und damit zur Ermittlung der Einkünfte durch Betriebsvermögensvergleich verpflichtet sind Landwirte mit einem Umsatz von mehr als 600.000 EUR oder einem Gewinn von mehr als 60.000 EUR im zurückliegenden Wirtschaftsjahr (§ 141 AO). Bei der Ermittlung des unterhaltsrelevanten Einkommens eines buchführungspflichtigen Land- und Forstwirts gelten die **gleichen Grundsätze wie bei Gewerbetreibenden**. Insbesondere sind lineare Abschreibungen auch auf Kulturen und Anlagevermögen für die Ermittlung des unterhaltsrelevanten Einkommens zu übernehmen.[92] Der Wert steuerlich nicht erfassten **Eigenverbrauchs**, etwa an Lebensmitteln, ist anhand der Darstellung der Beteiligten über die ehelichen Lebensverhältnisse zu schätzen.[93] 77

Ein Problem ergibt sich für die zeitnahe Feststellung der Einkünfte daraus, dass das **Wirtschaftsjahr** bei Land- und Forstwirten nach § 4 a Abs. 1 EStG die Zeit vom 1.7. bis zum 30.6. erfasst. Zur Ermittlung des im Kalenderjahr zu versteuernden Einkommens werden jeweils die Hälfte der Ergebnisse der in das jeweilige Kalenderjahr fallenden Wirtschaftsjahre zusammengerechnet. Da das für die Ermittlung des 78

90 BGH 16.7.2008 – XII ZR 109/05, NJW 2008, 3125.
91 Wendl/Dose UnterhaltsR/*Gerhardt* § 1 Rn. 1037.
92 BGH 19.2.2003 – XII ZR 19/01, NJW 2003, 1734.
93 BGH 9.6.2004 – XII ZR 277/02, NJW 2005, 433.

steuerlichen Einkommens maßgebliche letzte Wirtschaftsjahr erst zum 30.6. des Folgejahres endet, können Steuererklärungen und Steuerbescheide bei Landwirten nur mit größerer **Verzögerung** vorgelegt werden als bei sonstigen selbstständig Tätigen.

2. Probleme bei kleinen Betrieben

79 Schwierig ist die Ermittlung des unterhaltsrelevanten Einkommens bei kleinen Betrieben, die nicht buchführungspflichtig sind. Macht ein Landwirt von der Möglichkeit der Ermittlung des Gewinns nach **Durchschnittssätzen** gem. § 13 a EStG Gebrauch, sind diese Daten für die Ermittlung des unterhaltsrelevanten Einkommens nicht verwertbar. Die Ansätze sind rein abstrakt und haben keinen Bezug zum konkreten Betrieb. Bezweckt wird mit dieser Möglichkeit der Ermittlung steuerlicher Einnahmen eine **Subventionierung kleiner landwirtschaftlicher Betriebe**. Der betreffende Landwirt ist nicht verpflichtet, Aufzeichnungen zu machen oder Belege aufzubewahren. Üblicherweise wird er deshalb auch keine Auskunft zu den tatsächlichen Umsätzen geben können (wollen). Lassen sich konkrete Feststellungen nicht treffen, hilft nur die Einkommensermittlung im Wege der **Schätzung** anhand der Daten der tatsächlichen Lebensführung.

3. Einkommensfiktion

80 Gerade bei kleinen, **unrentablen landwirtschaftlichen Betrieben** stellt sich die Frage nach einer (Teil-)Verwertung des im landwirtschaftlichen Betrieb steckenden Vermögens. Häufig sind Maschinen, Viehbestand und vor allen Dingen Grundstücke des landwirtschaftlichen Betriebs von erheblichem Wert, ohne dass der Betrieb als solcher noch einen nennenswerten Gewinn abwirft. Für einen derartigen Fall kann bereits für den Trennungsunterhalt eine **Vermögensverwertungsobliegenheit** des Landwirts bestehen.[94] Die Obliegenheit zur Aufgabe des landwirtschaftlichen Betriebs besteht nicht, wenn dies unwirtschaftlich wäre oder der Landwirt aus einer anderen Beschäftigung kein höheres Einkommen erzielen könnte als aus seinem landwirtschaftlichen Betrieb.[95]

81 Für den **Elternunterhalt** ist die Obliegenheit zum Verkauf eines ererbten und verpachteten landwirtschaftlichen Betriebs in einem Fall angenommen worden, in dem der Unterhaltsverpflichtete seinen eigenen angemessenen Unterhalt aus einer anderen selbstständigen Tätigkeit bestritt.[96]

V. Einkünfte aus Kapitalvermögen

1. Anrechenbare Erträge

82 Vorhandenes Kapital ist vom Unterhaltsberechtigten bzw. -pflichtigen **ertragsgünstig, aber risikolos** anzulegen.[97] Zu den Einnahmen zählen Zinsen jeder Art, Diskonterträge bei Wechselgeschäften, Ausschüttungen von Investmentgesellschaften, Stückzinsen, Dividenden und Einkünfte aus sonstigen Wertpapieren.[98] Angerechnet werden auch **Spekulationsgewinne** nach Abzug der darauf entfallenden Steuern.[99] Bei der Berechnung von Ehegattenunterhalt ist stets zu prüfen, ob die Kapitaleinnahmen die **ehelichen Lebensverhältnisse geprägt** haben, dh zum Lebensunterhalt (mit-)verbraucht worden sind. Sind sie regelmäßig wieder angelegt worden, handelt es sich nicht um prägende Einkünfte.[100] Auch können Kapitalerträge aus einer nach der Trennung angefallenen Erbschaft den Bedarf nach den ehelichen Lebensverhältnissen nicht mehr erhöhen,[101] es sei denn die Erwartung des Erbfalls hat die ehelichen Lebensverhältnisse bereits geprägt.[102]

---

94 BGH 15.1.1986 – IVb ZR 22/85, NJW-RR 1986, 685.
95 OLG Hamm 28.3.2003 – 6 UF 44/02, BeckRS 2003, 30313975.
96 OLG Karlsruhe 27.3.2003 – 2 UF 23/02, NJW 2004, 296.
97 BGH 19.2.1986 – IVb ZR 16/85, NJW-RR 1986, 683.
98 Wendl/Dose UnterhaltsR/Dose § 1 Rn. 605.
99 OLG Stuttgart 20.9.2001 – 17 WF 232/01, FamRZ 2002, 635.
100 BGH 4.7.2007 – XII ZR 141/05, NJW 2008, 57.
101 BGH 11.7.2012 – XII ZR 72/10, NJW 2012, 3434.
102 BGH 23.11.2005 – XII ZR 51/03, NJW 2006, 1794.

Ist das Kapital in einer Weise angelegt, dass es Erträgnisse abwirft, die unter der Höhe der erzielbaren Erträge nach der Marktsituation im möglichen Anlagezeitpunkt liegen, besteht eine **Umschichtungsobliegenheit.**[103] Diskutiert wird diese Frage vor allen Dingen bei der Anlage von Kapital in einer Immobilie bei Teilfinanzierung des Restkaufpreises. Verbleibt zwischen dem anrechenbaren Mietwert und den abzusetzenden neu eingegangenen Schuldlasten keine gemessen am Ursprungskapital angemessene Rendite, besteht eine Umschichtungsobliegenheit und es werden Zinseinkünfte aus einer anderen Geldanlage fingiert[104] (→ *Fiktive Einkünfte* Rn. 4 ff.). Die Verwendung vorhandenen Kapitals zu einem Immobilienerwerb ohne Verschuldung kann auch in der jetzigen Niedrigzinsphase nicht verlangt werden.[105] 83

2. Herkunft des Kapitals

Auf die Herkunft des Kapitals kommt es nicht an. Angerechnet werden Kapitalerträge aus Erbteilen,[106] Sparguthaben, einem Versteigerungserlös, einem Lottogewinn[107] und Schmerzensgeldzahlungen.[108] Anzurechnen sind auch Einnahmen aus Kapital, das aus dem Unterhalt erspart worden ist.[109] Das anzulegende Kapital kann um Aufwendungen für persönliche Bedürfnisse im Rahmen einer sparsamen Lebensführung gekürzt werden.[110] 84

3. Höhe der anrechenbaren Erträge

Die Ermittlung der Höhe der Kapitaleinkünfte erfolgt durch **Überschussrechnung** unter Abzug der Werbungskosten von den Bruttoeinnahmen. Abziehbare Werbungskosten sind Depotgebühren, Bankspesen für die Verwaltung, Schließfachmiete, Kosten für die Teilnahme an Hauptversammlungen, Versicherungsbeiträge sowie anteilige Steuern. Die steuerlichen Pauschbeträge für Werbungskosten sind nicht maßgeblich. Es zählt nur der tatsächliche Aufwand. Nicht abziehbar ist ein Ausgleich für zukünftige **Kaufkraftverluste** des Kapitalstammes.[111] 85

Versteuert werden Kapitalerträge unter Berücksichtigung eines **Sparer-Pauschbetrages** von 801 EUR bei getrennter Veranlagung und 1.602 EUR bei Zusammenveranlagung (§ 20 Abs. 9 EStG). Der **Abgeltungssteuersatz** beträgt nach § 43 a Abs. 1 EStG 25 % zuzüglich Solidaritätszuschlag (5,5 %) und ggf. Kirchensteuer. Dabei sind die Neuregelungen zum Solidaritätszuschlag ab 1.1.2021 zu berücksichtigen (siehe Änderungen zum Solidaritätszuschlagsgesetz). 86

Als Einkommen anzurechnen sind die Zinseinnahmen vom **Zeitpunkt der Kapitalanlage** an. Auf den Zeitpunkt der Ertragsausschüttung kommt es nicht an. Die Zwischenzeit muss der Vermögensinhaber durch Konsumverzicht/Kreditaufnahme überbrücken.[112] 87

VI. Einkünfte aus Vermietung und Verpachtung sowie Wohnvorteil

1. Einkünfte aus Vermietung und Verpachtung

a) Allgemeines. Einkünfte aus Vermietung und Verpachtung gehören zum unterhaltsrelevanten Einkommen. Ausgangspunkt der Einkommensermittlung sind wiederum die **steuerlichen Unterlagen**. Nach § 2 Abs. 2 Nr. 2 EStG werden die Einkünfte aus Vermietung und Verpachtung als Überschuss der Einnahmen über die Werbungskosten ermittelt. Erfasst werden Einnahmen und abzusetzende Werbungskosten in der **Anlage V zur Einkommensteuererklärung**. Sind Mehrere gemeinsam Eigentümer einer Immobilie, 88

103 BGH 18.12.1991 – XII ZR 2/91, NJW 1992, 1044.
104 BGH 22.10.1997 – XII ZR 12/96, NJW 1998, 753.
105 OLG Stuttgart 17.9.2015 – 11 UF 100/15, NJW 2016, 575.
106 BGH 8.6.1988 – IVb ZR 68/87, NJW-RR 1988, 1282.
107 OLG Frankfurt a. M. 11.8.1994 – 6 UF 59/94, NJW-RR 1995, 2.
108 BGH 13.7.1988 – IVb ZR 39/87, NJW-RR 1988, 1093.
109 BGH 16.1.1985 – IVb ZR 62/83, NJW 1985, 1343.
110 OLG Hamm 23.1.1998 – 10 UF 55/97, NJW-RR 1998, 724.
111 BGH 19.2.1986 – IVb ZR 13/85, NJW-RR 1986, 682.
112 Palandt/*Brudermüller* BGB § 1577 Rn. 8.

wird der Gesamtüberschuss bzw. -verlust durch gesonderte und einheitliche Feststellungen nach § 180 Abs. 1 Nr. 2 Buchst. a AO auf die einzelnen Berechtigten verteilt. Für Einnahmen aus Vermietung und Verpachtung gilt – wie bei Freiberuflern, die ihre Einnahmen mit einer Einnahme-Überschuss-Rechnung erfassen (→ Rn. 49) – das **Zuflussprinzip**, dh erfasst werden die in einem Kalenderjahr erzielten Einnahmen und getätigten Ausgaben.

89 **b) Einnahmen und Ausgaben. Einnahmen** sind Miet- oder Pachtzinsen und Mietvorauszahlungen.[113] Bei den Kosten wird davon ausgegangen, dass alle nach der **Betriebskostenverordnung** (BetrKV) auf den Mieter umlagefähigen Kosten durch diesen getragen werden, mithin den bei der Unterhaltsbemessung anrechenbaren Nettokaltmietzins nicht mindern (zB Grundsteuer, öffentliche Gebühren für Müllabfuhr, Abwasser, Straßenreinigung und Schornsteinfeger, Kosten für Wasser, Strom, Gas).[114] Zu den abzugsfähigen Kosten zählen notwendige Reisekosten zum Objekt, etwaige Prozesskosten und Beiträge zu Interessenverbänden.

90 Abgesetzt werden können ferner **notwendige Erhaltungsaufwendungen**. Nicht berücksichtigt werden können demgegenüber Kosten für Ausbauten und wertsteigernde Verbesserungen. Der dafür getätigte Aufwand dient der Vermögensbildung.[115] Bei größeren notwendigen Erhaltungsaufwendungen ist, wenn sie aus eigenen Mitteln finanziert werden, eine Aufteilung des Aufwands auf einen Zeitraum von zwei bis fünf Kalenderjahren vorzunehmen.[116] **Instandhaltungsrücklagen** werden abgesetzt, soweit sie für eine konkrete Instandhaltungsmaßnahme bestimmt sind und sich der Aufwand im Rahmen dessen hält, was angesichts der Einnahmen und Ausgaben des Objekts durch zumutbare Rücklagen finanziert werden kann.[117]

91 **Abschreibungen** nach § 7 Abs. 4 S. 1 EStG, üblicherweise 2 % der Anschaffungs- und Herstellungskosten für Gebäude und Gebäudeteile, nicht für den Grund und Boden, werden bei der Einkommensermittlung in der Regel nicht berücksichtigt. Gebäude verlieren langfristig kaum an Wert und der kurzfristige Wertverlust wird durch die **Instandhaltungsaufwendungen** aufgefangen.[118] Nur in Einzelfällen ist es möglich, die Abschreibungsbeträge zu berücksichtigen, wenn ein Wertverlust konkret feststellbar ist.[119]

92 Ist eine fremd genutzte Immobilie ganz oder teilweise durch **Kredit** finanziert worden, können die **Tilgungsleistungen** abgesetzt werden, wenn die Immobilie Unterhaltsberechtigtem und- -pflichtigem gemeinsam gehört (→ *Zins- und Tilgungsleistungen* Rn. 2 ff.). Der Tilgungsaufwand kommt beiden als Vermögensbildung zugute.[120] Bei Alleineigentum eines Beteiligten an dem Unterhaltsrechtsverhältnis kommt es darauf an, ob die Tilgungsleistungen zu einer einseitigen Vermögensbildung führen (→ *Wohnwert* Rn. 13). Liegt bei Alleineigentum eine einseitige Vermögensbildung vor, kann ein Abzug im Rahmen der Grenzen für die ergänzende Altersvorsorge erfolgen (→ *Private Altersvorsorge* Rn. 6).

2. Wohnvorteil bei Wohnen im eigenen Heim

93 **a) Allgemeine Grundsätze. Jede Vermögensnutzung** – und damit auch das mietfreie Wohnen – ist bei der Unterhaltsberechnung unterhaltsrechtlich sowohl beim Verpflichteten als auch beim Berechtigten **als Einkommen zu berücksichtigen**. Bei Immobilien kommt es nicht darauf an, ob der Verpflichtete oder Berechtigte Allein- oder Miteigentümer der Immobilie, Nießbraucher oder Wohnrechtsberechtigter ist. Es spielt auch keine Rolle, aus welchen Mitteln die Immobilie angeschafft worden ist, sei es aus einer Erbschaft, Schmerzensgeldzahlung oder nach der Scheidung aus dem Zugewinnausgleichsbetrag.[121]

113 Wendl/Dose UnterhaltsR/*Gerhardt* § 1 Rn. 453.
114 BGH 27.5.2009 – XII ZR 78/08, NJW 2009, 2523.
115 BGH 20.1.1996 – XII ZR 70/95, NJW 1997, 735.
116 Wendl/Dose UnterhaltsR/*Gerhardt* § 1 Rn. 456.
117 BGH 20.10.1999 – XII ZR 297/97, NJW 2000, 284.
118 BGH 1.12.2004 – XII ZR 75/02, NJW 2005, 2077.
119 BGH 18.1.2012 – XII ZR 177/09, FamRZ 2012, 514.
120 Wendl/Dose UnterhaltsR/*Gerhardt* § 1 Rn. 458.
121 BGH 22.10.1997 – XII ZR 12/96, NJW 1998, 753.

Eine Ausnahme gilt nur bei **freiwilligen Zuwendungen** Dritter (→ *Wohnwert* Rn. 2 f.). Stellen Eltern ihrem Kind während der Ehe oder nach Trennung oder Scheidung kostenlos Wohnraum zur Verfügung, handelt es sich um eine freiwillige Leistung, die nicht als Einkommen zu bewerten ist. Die Zuwendung erfolgt ohne Verpflichtung und nicht mit dem Willen dem Schwiegerkind im Rahmen der Auseinandersetzung der gescheiterten Ehe einen Vermögensvorteil zukommen zu lassen. Diese Grundsätze gelten auch, wenn die Eltern ihrem Kind Geld zum Erwerb einer Immobilie schenken.[122] 94

Nicht als freiwillige Zuwendung Dritter wird die **Wohnungsgewährung durch einen Lebensgefährten** bewertet.[123] Es kommt bei einer Lebensgemeinschaft nicht darauf an, ob der Partner den Unterhaltsverpflichteten entlasten will oder nicht. Nach einer **Wiederverheiratung** ist die Wohnungsgewährung eine bedarfsdeckende Leistung durch den neuen Ehepartner im Rahmen des Familienunterhalts in der neuen Ehe.[124] 95

b) Objektiver und angemessener Mietwert. Grundsätzlich ist als unterhaltsrechtliches Einkommen der **objektive Marktmietwert** anzusetzen.[125] Für eine Übergangszeit ist für die Unterhaltsbemessung allerdings nur ein nach Billigkeitserwägungen zu bestimmender **angemessener Betrag** als Wohnwert zu berücksichtigen.[126] Maßstab für die Frage, welcher Mietwert anzusetzen ist, ist die Erfüllung oder Nichterfüllung der **Obliegenheit zur möglichst ertragreichen Nutzung oder Verwertung** des Vermögenswertes des Hauses.[127] Während des **Getrenntlebens** ist es den Ehegatten in der Regel nicht zumutbar, das frühere Familienheim anderweitig zu verwerten, sei es durch Verkauf oder Vermietung, um nicht eine Wiederherstellung der ehelichen Lebensgemeinschaft zu verhindern (→ *Wohnwert* Rn. 4 ff.). 96

VII. Pensionen und Renten

1. Die unterschiedlichen Renten und Pensionen

Pensionen und Renten aller Art nebst Zuschlägen und Zulagen sind **unterhaltsrelevantes Einkommen.** Das gilt insbesondere für gesetzliche Altersrenten (§§ 35 ff. SGB VI), Renten wegen Erwerbsminderung (§ 43 SGB VI) und Beamtenpensionen. Sie treten an die Stelle früherer Erwerbseinkünfte. Zu berücksichtigen sind ferner **Waisen- und Halbwaisenrenten**. Auch sie sollen den laufenden Lebensbedarf des Rentenbeziehers decken. Angerechnet wird der Nettobetrag nach Abzug der vom Rententräger einbehaltenen Kranken- und Pflegeversicherungsbeiträge (§§ 255, 256 SGB V; § 60 SGB XI). **Berufsbedingte Aufwendungen** oder ein **Erwerbstätigenbonus sind nicht abzusetzen** (→ *Berufsbedingte Aufwendungen* Rn. 2; → *Erwerbstätigenbonus* Rn. 2). Bei der Unterhaltsberechnung ist daher, wenn Berechtigter und Verpflichteter Rentenbezieher sind, uneingeschränkt mit der 50 %-Quote zu arbeiten; ist einer der Beteiligten Rentenbezieher, ist das Erwerbseinkommen des anderen vorab um etwaige berufsbedingte Aufwendungen und den Erwerbstätigenbonus zu vermindern und von der Differenz zur Rente des anderen dann der Unterhaltsanspruch auf der Basis der **50 %-Quote** zu ermitteln.[128] 97

Unterhaltsrelevantes Einkommen sind ferner **Versichertenrenten aus der gesetzlichen Unfallversicherung** (§§ 56 ff. SGB VII). Auch sie haben Lohnersatzfunktion und unterfallen daher nicht der Vermutung der §§ 1610 a, 1578 a, 1361 Abs. 1 S. 1 Hs. 2 BGB.[129] 98

---

122 OLG Schleswig 23.12.2013 – 15 UF 100/13, FamRZ 2014, 1643.
123 BGH 11.1.1995 – XII ZR 236/93, NJW 1995, 962.
124 BGH 6.2.2008 – XII ZR 14/06, NJW 2008, 1663.
125 BGH 1.10.2008 – XII ZR 62/07, NJW 2009, 145.
126 BGH 5.3.2008 – XII ZR 22/06, NJW 2008, 1946.
127 BGH 5.3.2008 – XII ZR 22/06, NJW 2008, 1946.
128 BGH 13.11.2019 – XII ZB 3/19, NJW 2020, 238.
129 Wendl/Dose UnterhaltsR/*Dose* § 1 Rn. 650.

2. Rentennachzahlungen

99 **a) Beim Unterhaltsverpflichteten.** Erhält der Unterhaltsverpflichtete eine Rentennachzahlung, erhöht diese seine Leistungsfähigkeit für die **Zukunft**. Der Nachzahlungsbetrag ist den laufenden Bezügen für einen angemessenen Zeitraum hinzuzurechnen.[130] Auch bei Fortbestand der Ehe hätte die Nachzahlung nur für zukünftige Unterhaltszwecke zur Verfügung gestanden. Etwas anderes gilt, wenn zum Zeitpunkt der Nachzahlung ein **Unterhaltsverfahren** noch nicht entschieden ist. Dann kann der rückständige Betrag auch für die Vergangenheit berücksichtigt werden.[131] Zu berücksichtigen ist allerdings allein die tatsächlich dem Verpflichteten zufließende Nachzahlung; häufig wird die Nachzahlung mit zwischenzeitlich vorschussweise geleisteten Kranken- oder Arbeitslosengeldzahlungen verrechnet.[132]

100 **b) Beim Unterhaltsberechtigten.** Erhält der Unterhaltsberechtigte eine Rentennachzahlung, gilt nichts anderes, wenn durch die Verteilung der Rentennachzahlung auf einen **zukünftigen Zeitraum** als bedürftigkeitsmindernd eine **volle Kompensation** erfolgt, mithin die Unterhaltsschuld des Verpflichteten sich entsprechend der Höhe der Nachzahlung mindert. Ist das nicht der Fall, etwa weil sich das Einkommen des Pflichtigen verringert oder aber aus sonstigen Gründen nach der Rentengewährung eine Unterhaltsbedürftigkeit des Unterhaltsberechtigten entfällt, steht dem Unterhaltsverpflichteten hinsichtlich des in der Vergangenheit gezahlten Unterhalts, soweit er bei Berücksichtigung der Nachzahlung nicht geschuldet wäre, ein **Erstattungsanspruch nach § 242 BGB** zu; der Pflichtige kann in derartigen Fällen den für die Dauer des Rentenantragsverfahrens des Berechtigten geschuldeten Unterhalt als **zins- und tilgungsfreies Darlehen** mit der Maßgabe zahlen, dass er auf die Rückzahlung des Darlehens bei Nichtgewährung der Rentennachzahlung verzichtet. Zur Sicherung des Darlehens kann der Unterhaltsverpflichtete sich den **Rentennachzahlungsanspruch abtreten** lassen[133] (→ *Rückforderung überzahlten Unterhalts* Rn. 17 f.).

3. Mehrbedarf

101 Gerade bei Rentnern stellt sich sowohl beim Unterhaltsberechtigten als auch beim -verpflichteten die Frage eines **alters- bzw. krankheitsbedingten Mehrbedarfs**. Derjenige, der diesen Mehrbedarf geltend macht, muss ihn konkret und substantiiert darlegen und im Bestreitensfall nachweisen.[134] In Betracht kommen beispielsweise von der Kranken- und Pflegeversicherung nicht erstattete notwendige Unterstützungsleistungen Dritter im Haushalt sowie die Kosten einer behinderungsbedingten Sonderausstattung von Pkw[135] oder **Pflegeheimkosten**.[136] Konkret bezifferte **Diätkosten** sind ebenso abzusetzen[137] wie **Medikamentenzuzahlungen**, die nach Nachweis für einen überschaubaren Zeitraum für die Zukunft pauschaliert werden können.[138]

4. Nebeneinkünfte

102 Nebeneinkünfte von Rentnern und Pensionären sind, wenn diese die Regelaltersgrenze erreicht haben, grundsätzlich nicht anzurechnen. Mit Erreichen der **Regelaltersgrenze** entfällt die **Verpflichtung zu einer Erwerbstätigkeit**. Das gilt auch für selbstständig Tätige.[139] Erwerbseinkünfte, die nach Überschreiten der Regelaltersgrenze erzielt werden, stammen damit aus **unzumutbarer Tätigkeit**. Die ausnahmsweise – ggf. teilweise – Anrechenbarkeit bestimmt sich nach den Umständen des Einzelfalls (§§ 242, 1577 Abs. 2 BGB).[140]

---

130 OLG Nürnberg 12.8.1996 – 8 UF 2277/96, FamRZ 1997, 961.
131 Wendl/Dose UnterhaltsR/*Dose* § 1 Rn. 660.
132 BGH 19.12.1989 – IVb ZR 9/89, NJW 1990, 709.
133 BGH 19.12.1989 – IVb ZR 9/89, NJW 1990, 709.
134 BGH 16.6.1982 – IVb ZR 709/80, NJW 1982, 1999.
135 BGH 7.4.1982 – IVb ZR 673/80, NJW 1982, 1594.
136 OLG Saarbrücken 31.1.2019 – 6 UF 76/18, FamRZ 2020, 422.
137 OLG Karlsruhe 26.8.1997 – 18 UF 44/97, FamRZ 1998, 1435.
138 OLG Hamm 21.8.1998 – 7 UF 39/97, FamRZ 1999, 1349.
139 BGH 12.1.2011 – XII ZR 83/08, NJW 2011, 670.
140 BGH 13.4.2005 – XII ZR 273/02, NJW 2005, 2145.

Etwas anderes gilt bei Empfängern von Altersruhegeld, die die Regelaltersgrenze noch nicht erreicht haben (§§ 36 ff., 236 ff. SGB VI). Besteht **kein anerkennenswerter Grund** für den **vorzeitigen Bezug von Altersruhegeld**, etwa eingeschränkte Gesundheit oder ansonsten drohender Verlust des Arbeitsplatzes,[141] besteht je nach den Umständen des Einzelfalls gar eine **Obliegenheit** zur Ausübung einer Nebentätigkeit[142] (→ *Erwerbsobliegenheit* Rn. 20). Wird die Nebentätigkeit nicht ausgeübt, können entsprechende Einkünfte fingiert werden.[143] Das Einkommen aus Nebentätigkeit ist bereinigt um berufsbedingte Aufwendungen und Erwerbstätigenbonus in die Unterhaltsberechnung einzubeziehen. 103

VIII. Sozialstaatliche Zuwendungen

Sozialstaatliche Zuwendungen, dh Leistungen ohne Einkommensersatzfunktion, gelten ebenfalls grundsätzlich als unterhaltsrelevantes Einkommen, soweit sie geeignet sind, den allgemeinen Lebensunterhalt sicherzustellen. Demgegenüber nicht anrechenbar sind **subsidiäre Sozialleistungen**.[144] Im Einzelnen: 104

Wohngeld ist grundsätzlich Einkommen (Leitlinien 2.3). Etwas anderes gilt, wenn es erhöhte Wohnkosten abdeckt. Insoweit spricht eine Vermutung dafür, dass der Bezug von Wohngeld dem **Ausgleich erhöhter Wohnkosten** dient.[145] Ausnahmen können eingreifen, wenn eine Wohnung von mehreren Personen mit jeweils eigenen Einkünften bewohnt wird.[146] 105

Anrechenbar sind **BAföG-Leistungen**, auch die darlehensweise Förderung (§ 17 Abs. 2, 3 BAföG, Leitlinien 2.4; → *BAföG*). **Berufsausbildungsbeihilfen** nach den §§ 59 f., 72 ff. SGB III sind ebenfalls Einkommen, soweit nicht nach § 72 Abs. 1 SGB III Vorausleistungen erbracht werden.[147] Leistungen zur **Grundsicherung im Alter und bei Erwerbsminderung** (§§ 41–43 SGB XII) sind im Rahmen des Verwandtenunterhalts Einkommen, beim Ehegattenunterhalt nicht (Leitlinien 2.9; → *Grundsicherung für Arbeitsuchende*). **Elterngeld** ist nur unter den Voraussetzungen des § 11 S. 4 BEEG anzurechnen, soweit es über den Sockelbetrag von 150 EUR bzw. 300 EUR hinausgeht (Leitlinien 2.5; → *Elterngeld*). **Pflegegeld** ist beim Pflegebedürftigen kein Einkommen. Bei der Pflegeperson ist das nach § 37 Abs. 1 SGB XI gezahlte Pflegegeld (Pflegegeld für selbst beschaffte Pflegehilfen) nach § 13 Abs. 6 S. 1 SGB XI grundsätzlich nicht anzurechnen. Die Ausnahmefälle sind der Regelung des Bundeserziehungsgeldes nachgebildet (§ 13 Abs. 6 S. 2 SGB XI). Das gem. § 64 SGB XII (Hilfe zur Pflege im Rahmen der Sozialhilfe) gezahlte Pflegegeld ist in Höhe des darin enthaltenen Vergütungsanteils Einkommen (Leitlinien 2.8; zu allem → *Pflegegeld*). 106

Kein Einkommen der Eltern stellt das **Kindergeld** (§§ 62 ff. EStG) dar (→ *Kindergeld*). Es dient dem allgemeinen Familienlastenausgleich. Das gilt auch für den Zählkindervorteil bei Kindern aus verschiedenen Beziehungen.[148] Beim Kind ist das Kindergeld dagegen Einkommen.[149] Das gilt auch für den Kinderzuschlag nach § 6 a BKGG.[150] Kein Einkommen beim Berechtigten, anders dagegen beim Verpflichteten, sind grundsätzlich subsidiäre Leistungen wie **Sozialhilfe** (SGB XII; Leitlinien 2.10; → *Sozialhilfe*) und **Arbeitslosengeld II** (§§ 7 ff. SGB II; Leitlinien 2.2; → *Arbeitslosengeld*). Leistungen nach dem **UVG** sind ebenfalls kein Einkommen (Leitlinien 2.11; Anspruchsübergang nach § 7 UVG; → *Unterhaltsvorschuss*). 107

Für bestimmte **Sozialleistungen** bewirken die §§ 1610 a, 1578 a, 1361 Abs. 1 S. 1 Hs. 2 BGB eine **Umkehr der Darlegungs- und Beweislast**. Die Regelung gilt für Berechtigte und Verpflichtete und für alle Unterhaltsansprüche. Sozialleistungen, die wegen **Körper- und Gesundheitsschäden** gewährt werden, werden 108

141 OLG Hamm 12.4.2000 – 12 UF 149/99, NJW-RR 2001, 433.
142 BGH 3.2.1999 – XII ZR 146/97, NJW 1999, 1547.
143 BGH 15.10.2003 – XII ZR 65/01, NJW-RR 2004, 505.
144 BGH 31.5.2000 – XII ZR 119/98, NJW-RR 2000, 1385.
145 BGH 19.2.2003 – XII ZR 67/00, NJW 2003, 1690.
146 Wendl/Dose UnterhaltsR/*Dose* § 1 Rn. 667.
147 OLG Oldenburg 30.6.1988 – 14 UF 195/87, FamRZ 1989, 531.
148 BGH 19.7.2000 – XII ZR 161/98, NJW 2000, 3140.
149 BGH 26.10.2005 – XII ZR 34/03, NJW 2006, 57.
150 BGH 28.10.2020 – XII ZB 512/19, NJW 2021, 472.

nur dann auch nur teilweise bei der Unterhaltsbemessung berücksichtigt, wenn der andere substantiiert darlegt und beweist, dass die Leistungen nicht vollständig für einen Mehrbedarf verbraucht werden.[151] Dieser Beweis ist praktisch nicht möglich. Unter die Regelung fallen Leistungen aus der **Pflegeversicherung**[152] (→ *Pflegegeld* Rn. 4), das nach landesrechtlichen Vorschriften gewährte **Blindengeld**,[153] die Grundrente, die Schwerstbeschädigtenzulage und Leistungen für Hilfsmittel nach dem **BVG**.[154] Leistungen nach § 16 Abs. 1 HIVHG bleiben bei der Unterhaltsbemessung stets unberücksichtigt.[155]

IX. Schulden und andere Belastungen

109 Bei der Frage, welche Schulden berücksichtigungswürdig sind, sind die Bedarfsermittlung beim Ehegattenunterhalt und die Bestimmung der Bedürftigkeit/Leistungsfähigkeit des Unterhaltsberechtigten/-verpflichteten beim Verwandtenunterhalt differenziert nach den verschiedenen Unterhaltsansprüchen zu unterscheiden (Leitlinien 10.4; ausführlich → *Verbindlichkeiten im Unterhalt*).

1. Verbindlichkeiten bei der Bedarfsermittlung

110 **a) Eheprägende Verbindlichkeiten.** Im Rahmen der Bedarfsbemessung beim Ehegattenunterhalt können die sog. ehebedingten Verbindlichkeiten abgesetzt werden.[156] **Ehebedingt** sind Verbindlichkeiten, wenn sie vor der Trennung mit ausdrücklicher oder stillschweigender Zustimmung des anderen Ehegatten begründet wurden und damit die ehelichen Lebensverhältnisse geprägt haben. Typische ehebedingte Verbindlichkeiten sind auch Verbindlichkeiten, die einer der Ehegatten **vor der Ehe** aufgenommen hat. Die darauf zu leistenden Beträge standen während der Ehe zur Bestreitung des Lebensunterhalts nicht zur Verfügung.

111 **b) Verbindlichkeiten nach Trennung.** Schulden, die nach der Trennung von einem Ehegatten begründet werden, bleiben bei der Unterhaltsbemessung grundsätzlich unberücksichtigt. Etwas anderes gilt nur, wenn die Eingehung der Verbindlichkeiten bereits in der Ehe geplant war.[157] Ansonsten prägen sie den Bedarf grundsätzlich nicht mehr. Das gilt auch für trennungsbedingte Verbindlichkeiten, die zur Finanzierung von Umzugskosten, Mietvorauszahlungen, Aufwendungen für neuen Hausrat, Scheidungskosten usw eingegangen worden sind. **Trennungsbedingter Mehrbedarf** entsteht typischerweise bei beiden Ehegatten und kann daher neben der Verteilung des bedarfsprägenden Einkommens nicht zusätzlich verlangt bzw. abgesetzt werden.[158] Berücksichtigt wird die Ablösung eines in der Ehe aufgelaufenen **Überziehungskredits**. Eine derartige Verbindlichkeit ist nichts anderes als die Umschuldung einer in der Ehe begründeten Verbindlichkeit im Rahmen eines vernünftigen Zins- und Tilgungsplanes.

112 Bei berücksichtigungsfähigen Verbindlichkeiten sind **Zins und Tilgung** bei der Bedarfsbemessung abzuziehen. Das gilt uneingeschränkt für Ratenzahlungs- und Kontokorrentkredite. Bei Darlehen im Zusammenhang mit Immobilien ist eine differenzierte Betrachtung geboten (→ *Zins- und Tilgungsleistungen*).

113 Sind ehebedingte Darlehen zurückgeführt, wirkt es bedarfserhöhend, wenn die Kreditrate nach Rechtskraft der Ehescheidung wegfällt. Die sichere **Erwartung des Auslaufens der Kreditverbindlichkeit** hat die ehelichen Lebensverhältnisse geprägt. Werden bei der Bedarfsbestimmung Kreditlasten berücksichtigt, stellt diese Berücksichtigung zugleich eine **anderweitige Bestimmung** iSd § 426 Abs. 1 BGB dar (→ *Gesamtschuldnerausgleich und Unterhalt*). Neben der Berücksichtigung bei der Unterhaltsbemessung scheidet ein Gesamtschuldnerausgleich aus.

151 OLG Schleswig 9.12.1999 – 15 UF 183/98, FamRZ 2000, 1367.
152 OLG Brandenburg 2.1.2007 – 9 UF 159/06, FamRZ 2008, 174.
153 OLG Schleswig 24.10.1991 – 13 UF 135/90, NJW-RR 1992, 390.
154 BGH 7.4.1982 – IVb ZR 673/80, NJW 1982, 1594.
155 BGH 4.7.2018 – XII ZB 448/17, NJW 2018, 2638.
156 BGH 22.4.1998 – XII ZR 161/96, NJW 1998, 2821.
157 BGH 23.12.1987 – IVb ZR 108/86, NJW 1988, 2034.
158 BGH 9.6.2004 – XII ZR 308/01, NJW 2004, 3106.

2. Berücksichtigung bei der Leistungsfähigkeit

Ob Verbindlichkeiten bei der Prüfung der Leistungsfähigkeit zu berücksichtigen sind, hängt wie bei der Bedarfsbestimmung von **Art, Anlass und Entstehungszeitpunkt** ab.[159] Weiter ist die **Art des Unterhaltsanspruchs** zu berücksichtigen (→ *Verbindlichkeiten im Unterhalt*). Danach sind bei der Prüfung der Leistungsfähigkeit auch beim Kindesunterhalt Verbindlichkeiten zu berücksichtigen, die während des Zusammenlebens der Eltern des Kindes einvernehmlich begründet worden sind. Im Übrigen ist eine umfassende **Abwägung aller konkreten Umstände** vorzunehmen (→ *Verbindlichkeiten im Unterhalt* Rn. 17 ff.). 114

159 BGH 6.2.2002 – XII ZR 20/00, NJW 2002, 1269.

89. Einstellung und Beschränkung der Vollstreckung

Grandel

I. Einführung

1 Wie bei den Vollstreckungsvoraussetzungen (→ *Vollstreckung in Familiensachen* Rn. 1 ff.) und den Regelungen zur (sofortigen) Wirksamkeit der Entscheidung (→ *Sofortige Wirksamkeit* Rn. 1 ff.) unterscheidet das FamFG auch bei der Möglichkeit der Einstellung und Beschränkung der Vollstreckung danach, ob ein Beschluss in einer **Familienstreitsache** oder in einer **FG-Familiensache** zu vollstrecken ist. Für Familienstreitsachen verweist § 120 Abs. 1 FamFG auf die Vorschriften der ZPO, regelt aber in § 120 Abs. 2 S. 2 FamFG spezielle Anforderungen an die Einstellung und Beschränkung der Vollstreckung vor Rechtskraft der Endentscheidung.

2 In **FG-Familiensachen** ist zu unterscheiden, ob die Vollstreckung nach §§ 95 ff. FamFG erfolgt oder nach §§ 88 ff. FamFG. Im ersten Fall enthält § 95 Abs. 3 für die Beschränkung der Vollstreckung einer Geldforderung eine Sondervorschrift. Im zweiten Fall ergeben sich die Voraussetzungen einer Einstellung der Vollstreckung aus § 93 FamFG.

3 § 93 FamFG ist für die Vollstreckung nach den Vorschriften der **§§ 95 ff. FamFG** nicht anwendbar. Die systematische Einordnung des § 93 FamFG in die Vorschriften zur Herausgabe von Personen und zur Regelung des Umgangs spricht gegen dessen erweiterte Anwendbarkeit.[1] Wäre eine allgemeine Anwendung in FG-Familiensachen gewollt, wäre die Vorschrift vom Gesetzgeber systematisch dem ersten Unterabschnitt (§§ 86, 87 FamFG) zugeordnet worden.

In den Fällen, in denen sich die Vollstreckung nach § 95 FamFG richtet, gelten über die Verweisung in § 95 Abs. 1 FamFG die Einstellungsvorschriften der ZPO ergänzt durch § 95 Abs. 3 FamFG.

II. Einstellung der Vollstreckung in Familienstreitsachen

4 Zu unterscheiden sind die Einstellungsmöglichkeiten des Familiengerichts erster Instanz und des Beschwerdegerichts.

1. Einstellung durch das Familiengericht

5 **a) § 120 Abs. 2 S. 2 FamFG. aa) Allgemeines.** Das aus der ZPO bekannte Zusammenspiel zwischen der Anordnung der vorläufigen Vollstreckbarkeit mit oder ohne Sicherheitsleistung und der Abwendungsbefugnis des Schuldners (§§ 708 ff. ZPO) wird in Familienstreitsachen durch die Regelung zur Anordnung der sofortigen Wirksamkeit und die Einstellungsmöglichkeiten gem. § 120 Abs. 2 FamFG verdrängt. Die §§ 708–713 ZPO sind unanwendbar. Die §§ 714–720 ZPO finden über die Verweisungsvorschrift des § 120

1 HK-ZV/*Giers/Bachmann* FamFG Rn. 165; *Giers* FPR 2008, 43; Prütting/Helms/*Hammer* FamFG § 93 Rn. 1.

Abs. 1 FamFG Anwendung, soweit sie mit den Sondervorschriften des § 120 Abs. 2 FamFG nicht in Widerspruch stehen.[2]

Über die Einstellung und Beschränkung der Vollstreckung entscheidet das Gericht erster Instanz. Die Entscheidung zu § 120 Abs. 2 FamFG ergeht nur auf **Antrag**. Der Antrag muss daher in erster Instanz vor Schluss der mündlichen Verhandlung (§ 714 Abs. 1 ZPO) gestellt werden. Eine Nachholung ist nicht möglich. Die Tatsachen, die für die Schutzanordnung sprechen, müssen unstreitig sein oder glaubhaft (§ 294 ZPO) gemacht werden (§ 120 Abs. 2 S. 2 FamFG). Das Gericht hat kein Ermessen bei der Entscheidung. Liegen die Voraussetzungen vor, muss eine Einstellung oder Beschränkung der Vollstreckung erfolgen. Die Entscheidung ist in den Tenor aufzunehmen. 6

bb) Nicht zu ersetzender Nachteil. Während die Entscheidung zur Anordnung der sofortigen Wirksamkeit das Interesse des Berechtigten im Blick hat, orientiert sich die Entscheidung zu § 120 Abs. 2 FamFG allein am **Schutzinteresse des Verpflichteten**. Die Vollstreckung kann eingestellt oder beschränkt werden, wenn dem Verpflichteten ein nicht zu ersetzender Nachteil bei einer Vollstreckung vor Rechtskraft entstehen würde. Darunter versteht man einen Schaden, der durch die Vollstreckung mit großer Sicherheit eintreten wird und nicht wieder gutgemacht werden kann.[3] Die Nachteile, die regelmäßig mit der Durchführung von Zwangsvollstreckungsmaßnahmen verbunden sind, reichen in der Regel nicht aus, zB die Versteigerung der gepfändeten Sachen, der Verlust der Kreditwürdigkeit oder die Abgabe der eidesstattlichen Versicherung. Ein nicht zu ersetzender Nachteil kann entstehen, wenn die vorläufige Vollstreckung zum Verlust der beruflichen oder gewerblichen Existenzgrundlage führen würde.[4] Diese Fallgestaltung ist in einem Zugewinnverfahren denkbar, wenn nach rechtskräftiger Scheidung ein Beteiligter zur Zahlung von Zugewinn verpflichtet wird und die Vollstreckung des Anspruchs vor Rechtskraft zum Verlust seiner wirtschaftlichen Existenz führen würde.[5] 7

Umstritten ist, ob auch der **dauerhafte Verlust einer nicht geschuldeten Geldsumme** ein unersetzbarer Nachteil ist. Der Bundesgerichtshof hat das in Übereinstimmung mit der arbeitsgerichtlichen Rechtsprechung (§ 62 Abs. 1 S. 2 ArbGG) zu § 719 ZPO bejaht.[6] Dafür reicht es aber nicht aus, dass die Durchsetzung eines Rückforderungsanspruchs längere Zeit in Anspruch nehmen würde und mühsam ist.[7] 8

In **Unterhaltssachen** sind viele Fälle denkbar, in denen bei Ausschluss des Entreicherungseinwandes zwar materiellrechtlich ein Rückforderungsanspruch wegen zu Unrecht bezahltem Unterhalt besteht, dieser aber dauerhaft nicht beitreibbar ist, weil der Unterhaltsberechtigte das Geld verbraucht hat, mittellos ist und nur unterhalb der Pfändungsfreigrenzen verdient. In der Rechtsprechung wird überwiegend angenommen, dass dies als ein nicht zu ersetzender Nachteil bewertet werden und die Vollstreckung mit dieser Begründung beschränkt oder von der Anordnung der sofortigen Wirksamkeit abgesehen werden kann.[8] Dagegen spricht, dass der Unterhaltsberechtigte seinerseits häufig zur Existenzsicherung auf die Unterhaltszahlung dringend angewiesen sein wird. Außerdem würde durch eine zu weitgehende Anwendung des § 120 Abs. 2 FamFG die Stellung des Gläubigers erheblich geschwächt, obwohl der Gesetzgeber durch die Neuregelung gerade 9

2 Musielak/Borth/*Borth* FamFG § 120 Rn. 2.

3 Bork/Jacoby/Schwab/*Löhnig* FamFG § 120 Rn. 6; Musielak/Borth/*Borth* FamFG § 120 Rn. 2.

4 BGH 28.9.1955 – III ZR 171/55, BGHZ 18, 219; OLG Rostock 28.5.2003 – 10 UF 46/03, FamRZ 2004, 127; OLG Koblenz 29.7.2004 – 11 UF 387/04, FamRZ 2004, 127; OLG Hamm 10.3.1999 – 10 UF 239/98, FamRZ 2000, 363.

5 Musielak/Borth/*Borth* FamFG § 120 Rn. 4.

6 BGH 30.1.2007 – X ZR 147/06, NJW-RR 2007, 1138; ebenso Musielak/Voit/*Lackmann* ZPO § 707 Rn. 9; OLG Hamm 21.9.2010 – 4 UF 94/10, FamRZ 2011, 322.

7 Prütting/Helms/*Helms* FamFG § 120 Rn. 7.

8 So im Anschluss an BGH 30.1.2007 – X ZR 147/06, NJW-RR 2007, 1138; zB OLG Brandenburg 3.6.2019 – 13 UF 71/19, FamRZ 2019, 1947 für Unterhaltsrückstände; OLG Rostock 7.3.2011 – 10 UF 219/10, FamRZ 2011, 306; OLG Hamm 28.12.2011 – 8 UF 137/11, FamFR 2012, 160; OLG Hamm 1.3.2011 – II 8 UF 40/11, FamRZ 2011, 232; OLG Hamm 2.2.2011 – 8 UF 15/11, FamRZ 2011, 1317; OLG Bremen 21.9.2010 – 4 UF 94/10, FamRZ 2011, 322; OLG Frankfurt a.M. 12.3.2010 – 2 UF 362/09, FamRZ 2010, 1370; HK-FamVerfR/*Kemper* § 120 Rn. 9.

eine Stärkung der Gläubigerrechte bezweckte.[9] Das OLG Brandenburg[10] und das OLG Karlsruhe[11] versuchen den Widerstreit auf der Ermessensebene zu lösen. Jedenfalls bei Vollstreckung laufenden Unterhalts (hier: Kindesunterhalt) soll eine Einstellung der Vollstreckung im Regelfall auf der Ermessensebene nicht in Betracht kommen, auch wenn eventuelle Rückforderungsansprüche wegen Mittellosigkeit ins Leere laufen würden. Die rechtliche Unsicherheit hinsichtlich der Beschränkung der Vollstreckung macht es für die Gläubiger aber interessant, zusätzlich zum Hauptsacheverfahren eine einstweilige Anordnung in Unterhaltssachen zu beantragen. Für den Unterhaltsschuldner besteht die Möglichkeit, durch einen im Beschwerdeverfahren anhängig zu machenden hilfsweisen Rückforderungsantrag in Höhe der nach dem Titel zu zahlenden Unterhaltsbeträge analog § 258 ZPO den Entreicherungseinwand auszuschließen (s. § 818 Abs. 4 ZPO); → *Rückforderung überzahlten Unterhalts* Rn. 10.

10 **cc) Möglichkeiten der Einstellung und Beschränkung.** § 120 Abs. 2 FamFG ermöglicht – entsprechend § 62 Abs. 1 S. 2 ArbGG – die Einstellung oder Beschränkung der Vollstreckung, wenn die sofortige Wirksamkeit der Entscheidung angeordnet wurde. **Einstellung** bedeutet, dass die Vollstreckung nicht begonnen bzw. nicht mehr fortgesetzt werden darf. **Beschränkung** bedeutet, dass die Vollstreckung auf einen Teil des titulierten Anspruchs begrenzt wird (zB auf einen Teil des titulierten Unterhalts oder auf den laufenden Unterhalt ohne die titulierten Rückstände) und/oder bestimmte Vollstreckungsmaßnahmen ausgeschlossen werden (zB Ausschluss der Zwangsversteigerung eines bestimmten Grundstücks). Die Aufhebung von Vollstreckungsmaßnahmen sieht § 120 Abs. 2 FamFG nicht vor.

11 Streitig ist, ob eine Einstellung der Vollstreckung **gegen Sicherheitsleistung** des Verpflichteten zulässig ist, vergleichbar §§ 717, 707 ZPO, oder ob eine Beschränkung der Gestalt zulässig ist, dass der Berechtigte die Vollstreckung nur gegen Sicherheitsleistung durchführen darf bzw. die sofortige Wirksamkeit nur gegen Sicherheitsleistung möglich ist.[12] Die Möglichkeit, die Vollstreckung gegen Sicherheitsleistung des Verpflichteten einzustellen, wäre eine vernünftige und praktikable Lösung, die schon bisher den gegensätzlichen Interessen gerecht geworden ist. Für sie spricht, dass § 120 Abs. 2 S. 3 FamFG für bestimmte Fallkonstellationen auf § 707 und § 719 ZPO verweist. Außerdem ist in § 120 FamFG – anders als in § 62 Abs. 1 S. 4 ArbGG – die Möglichkeit der Sicherheitsleistung nicht ausdrücklich ausgeschlossen.[13] Dem ist aber entgegenzuhalten, dass der Gesetzgeber[14] bewusst eine Systemänderung in Abweichung zu den §§ 708 ff. ZPO vorgenommen hat, die bindend ist, mit dem Ziel, die Gläubigerstellung zu stärken. Daher ist – was bedauerlich ist – die Möglichkeit der Beschränkung der Vollstreckung über die Anordnung einer Sicherheitsleistung nicht eröffnet.[15]

12 **dd) Rechtsbehelfe.** Die Entscheidung zu § 120 Abs. 2 FamFG ist nicht gesondert anfechtbar.[16] In der Vollstreckung selbst sind über die Verweisung in § 120 Abs. 1 FamFG die vollstreckungsrechtlichen Rechtsbehelfe anwendbar (§§ 732, 766, 793 ZPO).

13 **b) §§ 707 Abs. 1, 719 Abs. 1 S. 1 Alt. 1 ZPO iVm § 120 Abs. 2 S. 3 FamFG.** Das Familiengericht kann auch in den in § 707 Abs. 1 ZPO und § 719 Abs. 1 S. 1 Alt. 1 ZPO genannten Verfahren (ua Wieder-

9 So OLG Hamm 30.9.2011 – 10 UF 196/11, FamRZ 2012, 730; OLG Rostock 30.11.2009 – 10 UF 162/09; Keidel/*Weber* FamFG § 120 Rn. 17; s. zur Problematik auch Musielak/Borth/*Borth* FamFG § 120 Rn. 4; HK-ZV/*Giers/Bachmann* FamFG Rn. 77.

10 OLG Brandenburg 3.6.2019 – 13 UF 71/19, FamRZ 2019, 1947.

11 OLG Karlsruhe 30.11.2017 – 18 UF 227/17, NJW 2018, 1409.

12 Bejahend: OLG Jena 13.7.2015 – 1 UFH 4/15, FuR 2017, 98; OLG Frankfurt a. M. 12.3.2010 – 2 UF 362/09, FamRZ 2010, 1370; *Rasch* FPR 2010, 150 (152); *Blank* in: Bahrenfuss FamFG § 120 Rn. 5; HK-ZV/*Giers/Bachmann* FamFG Rn. 78; verneinend: Musielak/Borth/*Borth* FamFG § 95 Rn. 9; Prütting/Helms/*Helms* FamFG § 120 Rn. 8; *Griesche* FamRB 2011, 260; differenzierend Thomas/Putzo/*Seiler* FamFG § 120 Rn. 6 d, 7 und Keidel/*Weber* FamFG § 120 Rn. 14 a, 18: verneinend für § 120 Abs. 2 S. 2, aber bejahend für § 120 Abs. 2 S. 3 FamFG.

13 *Giers* FamRB 2009, 87 (88).

14 BT-Drs. 16/6308, 412.

15 OLG Brandenburg 3.6.2019 – 13 UF 71/19, FamRZ 2019, 1947; OLG Bremen 21.9.2010 – 4 UF 94/10, FamRZ 2011, 322; OLG Hamm 7.9.2010 – 11 UF 155/10, FamRZ 2011, 589.

16 *Griesche* FamRB 2009, 258 (263).

einsetzung in den vorigen Stand, Wiederaufnahme des Verfahrens, Einspruch nach Versäumnisbeschluss, Rügeverfahren nach § 321 a ZPO) die Vollstreckung einstellen oder beschränken. Das ist aber nur unter denselben Voraussetzungen wie in § 120 Abs. 2 S. 1 FamFG zulässig. Das ist in zweierlei Richtung von Relevanz. Zum einen setzt auch die Anwendung der §§ 707, 719 ZPO voraus, dass dem Verpflichteten ein **nicht zu ersetzender Nachteil** entstehen muss.[17] Zum anderen entspricht auch der Entscheidungsrahmen demjenigen aus § 120 Abs. 2 S. 2 FamFG (→ Rn. 12), so dass auch in diesen Fällen bedauerlicherweise **keine Einstellung gegen Sicherheitsleistung** möglich ist.[18] Im Übrigen wird auf die Ausführungen unter → Rn. 8 ff. verwiesen.

Eine **Anfechtung** der Entscheidung über den Einstellungsantrag ist **nicht möglich**, § 707 Abs. 2 S. 2 ZPO 14
iVm § 120 Abs. 1 FamFG.

c) § 242 FamFG iVm § 769 ZPO. Ist in einer Unterhaltssache ein **Abänderungsantrag** gem. §§ 238–240 15
FamFG auf Herabsetzung des titulierten Unterhalts oder ein Verfahrenskostenhilfeantrag hierfür **anhängig**, kann die Vollstreckung gem. § 769 ZPO einstweilig beschränkt werden (§ 242 FamFG). Nach altem Recht wurde § 769 ZPO analog angewendet. § 769 ZPO ist über den Wortlaut des § 242 FamFG hinaus auch anwendbar auf einen negativen Feststellungsantrag, der sich gegen eine Unterhaltsverpflichtung aus einer einstweiligen Anordnung richtet. Denn die Zielrichtung ist identisch. Wie ein Abänderungsantrag zielt er auf Beseitigung oder Herabsetzung einer Unterhaltspflicht aus einer einstweiligen Anordnung.[19] Dies entspricht auch der Rechtsprechung des Bundesgerichtshofs zum alten Recht.[20]

Notwendig ist ein **Antrag** des Antragstellers. Er unterliegt nicht dem Anwaltszwang, sondern kann zB 16
durch einen Bedürftigen selbst in Verbindung mit einem Antrag auf Verfahrenskostenhilfe gestellt werden (§ 114 Abs. 4 Nr. 1).[21]

Anders als im Fall für § 769 ZPO vertreten,[22] ist für die Einstellung gem. § 242 FamFG nicht Vorausset- 17
zung, dass die Verfahrenskostenhilfe für den Abänderungsantrag bewilligt ist.[23]

Der Antrag setzt nicht voraus, dass konkret bereits **Vollstreckungsmaßnahmen** eingeleitet wurden. Sie 18
müssen aber im Einzelfall **drohen.**[24] Die Erteilung der vollstreckbaren Ausfertigung ist nicht zwingend notwendig. Ist sie aber erteilt, besteht das Rechtsschutzbedürfnis für den Einstellungsantrag. Das Rechtsschutzbedürfnis fehlt, wenn die Zwangsvollstreckung bereits endgültig beendet ist.[25] Vollstreckt ein Gläubiger darüber hinaus in rechtswidriger Weise weiter, ist ein Vollstreckungsgegenantrag gem. § 767 ZPO mit einer Einstellungsmöglichkeit aus § 769 ZPO zulässig.

Die Entscheidung über die Einstellung mit oder ohne Sicherheitsleistung liegt im pflichtgemäßen **Ermes-** 19
sen des Gerichts. Maßgebend sind die Erfolgsaussichten des Abänderungsantrages und die wirtschaftlichen Auswirkungen der Entscheidung über die einstweilige Einstellung auf die Beteiligten. Eine Einstellung ohne Sicherheitsleistung setzt voraus, dass der Verpflichtete dazu nicht in der Lage ist und sein Abänderungsantrag hinreichende Erfolgsaussicht hat. Es ist Glaubhaftmachung erforderlich, § 769 Abs. 1 S. 2, 3 ZPO.

---

17 So auch OLG Hamm 2.2.2011 – 8 UF 15/11, FamRZ 2011, 1317.

18 Prütting/Helms/*Helms* FamFG § 120 Rn. 11; *Büte* FuR 2010, 124; aA OLG Hamm 2.2.2011 – 8 UF 15/11, FamRZ 2011, 1317; HK-FamVerfR/*Kemper* § 120 Rn. 7; Thomas/Putzo/*Hüßtege* FamFG § 120 Rn. 7; Keidel/*Weber* FamFG § 120 Rn. 18.

19 Musielak/Borth/*Borth* FamFG § 242 Rn. 2.

20 BGH 19.12.1984 – IVb ZR 51/83, NJW 1985, 1074.

21 S. auch Musielak/Borth/*Borth* FamFG § 242 Rn. 3.

22 ZB HK-ZPO/*Kindl* § 769 Rn. 4.

23 HK-ZV/*Schneiders* ZPO § 769 Rn. 16; Prütting/Helms/*Bömelburg* FamFG § 242 Rn. 4.

24 Musielak/Voit/*Lackmann* ZPO § 707 Rn. 5; weitergehend HK-ZV/*Schneiders* ZPO § 769 Rn. 17: Antrag auch zulässig, ohne dass Vollstreckung konkret droht.

25 Also mit vollständiger Erfüllung der titulierten Forderung einschließlich der entstandenen Vollstreckungskosten; Musielak/Voit/*Lackmann* ZPO Vor § 704 Rn. 29.

20 Ein **Wertungswiderspruch** im System der Vollstreckungsschutzvorschriften des FamFG liegt darin, dass im Rahmen des § 242 FamFG und des § 769 ZPO eine Einstellung gegen Sicherheitsleistung in Abänderungsverfahren zulässig sein soll,[26] während dies für § 120 Abs. 2 S. 2, 3 FamFG in erster Instanz und im Beschwerdeverfahren, wenn es um den Leistungsantrag auf Unterhalt geht, nach denselben Kommentarmeinungen für nicht möglich gehalten wird. Ein sachlicher Grund für die unterschiedliche Behandlung eines Leistungs- bzw. Beschwerdeverfahrens in einer Unterhaltssache und des Abänderungsverfahrens nach §§ 238 ff. FamFG ist nicht gegeben. Auch dies spricht dafür, § 120 FamFG dahin gehend zu korrigieren oder auszulegen, dass dort ebenfalls eine Einstellung gegen Sicherheitsleistung möglich ist.

21 Die Entscheidung ergeht durch **Beschluss** nach Anhörung des Antragsgegners. Eine mündliche Verhandlung ist nicht erforderlich. Das Gericht kann außer der Einstellung auch die einstweilige Aufhebung von Unterhaltsmaßnahmen anordnen. Das wird bei Verfahren auf Unterhaltsabänderung in der Praxis aber eine seltene Ausnahme sein. Eine Kostenentscheidung enthält der Beschluss nicht. Die Kosten dieses unselbstständigen Verfahrens sind Kosten des Hauptsacheverfahrens auf Unterhaltsabänderung.

22 Der Beschluss des Familiengerichts ist **nicht anfechtbar**, § 242 S. 2 FamFG. Möglich ist jederzeit ein Antrag auf Abänderung des Beschlusses. Hat in dringenden Fällen der Rechtspfleger des Vollstreckungsgerichts (§ 769 Abs. 2 S. 1 ZPO) entschieden, ist die befristete Rechtspflegererinnerung gem. § 11 Abs. 2 S. 2 RPflG möglich, über die der Richter des Vollstreckungsgerichts abschließend entscheidet.

2. Einstellung durch das Beschwerdegericht

23 Streitig ist, ob in Familienstreitsachen das Beschwerdegericht die Vollstreckung einstweilen gem. § 120 Abs. 2 FamFG einstellen darf, wenn in erster Instanz kein Antrag auf Beschränkung gestellt worden war. Das OLG Frankfurt a. M.[27] vertritt die Auffassung, dass ein Antrag auf Einstellung der Vollstreckung im Beschwerdeverfahren unzulässig ist, wenn der Schuldner es versäumt hat, erstinstanzlich einen Antrag nach § 120 Abs. 2 S. 2 FamFG zu stellen. Es zieht die Parallele zur Rechtsprechung des Bundesgerichtshofs, dass eine Einstellung der Vollstreckung im Revisionsverfahren nicht zulässig ist, wenn in der Berufungsinstanz **kein Schutzantrag** gestellt worden war.[28] Der Vollstreckungsschutz soll möglichst schon im erstinstanzlichen Erkenntnisverfahren geprüft werden. Nach OLG Frankfurt a.M.[29] ist ein erstmalig im Beschwerdeverfahren gestellter Einstellungsantrag nur zulässig, wenn er auf Gründe gestützt wird, die zur Zeit der letzten mündlichen Verhandlung erster Instanz noch nicht vorlagen oder aus anderen Gründen nicht vorgetragen und glaubhaft gemacht werden konnten. OLG Hamm[30] und OLG Hamburg[31] halten zwar einen Antrag aus § 120 Abs. 2 S. 2 FamFG ebenfalls für unzulässig, wollen aber einen Antrag aus § 120 Abs. 2 S. 3 FamFG, § 719 ZPO zulassen. Nach anderer Ansicht kommt es nicht darauf an, ob in erster Instanz ein Vollstreckungsschutzantrag gestellt worden war.[32] Der letzteren Ansicht ist zuzustimmen. Die Entscheidung des Bundesgerichtshofs beruht auf den Besonderheiten des Rechtsbeschwerdeverfahrens (keine Tatsacheninstanz) und ist nicht auf das Beschwerdeverfahren übertragbar. Aus Wortlaut und Systematik des § 120 Abs. 2 FamFG lassen sich solche Zulässigkeitsbeschränkungen nicht ableiten. Die Erfolgsaussichten der Beschwerde können sinnvoll nur vom Beschwerdegericht in die Entscheidung zum Vollstreckungsschutz einbezogen werden. Wegen der rechtlichen Unsicherheit sollte aber vorsorglich stets bereits in erster Instanz ein Schutzantrag gestellt werden. Bislang kommt das in der Praxis nur selten vor.

26 Vgl. Prütting/Helms/*Bömelburg* FamFG § 242 Rn. 4; Musielak/Borth/*Borth* FamFG § 242 Rn. 5.
27 OLG Frankfurt a. M. 22.2.2011 – 3 UF 460/10, NJW-RR 2011, 1303; ebenso *Spieker* NZFam 2016, 102.
28 BGH 6.4.2011 – XII ZR 111/10, FamRZ 2011, 884 und BGH 26.6.2013 – XII ZB 19/13, FamRZ 2013, 1299.
29 OLG Frankfurt a. M. (6. Senat) 15.6.2015 – 6 UF 105/15, FamRZ 2016, 76 und 12.8.2014 – 6 UF 205/14, FamRZ 2015, 1233.
30 OLG Hamm 1.3.2011 – 8 UF 40/11, FamRZ 2011, 1678.
31 OLG Hamburg 26.4.2012 – 2 UF 48/12, FamRB 2012, 249.
32 OLG Karlsruhe 30.11.2017 – 18 UF 227/17, NJW 2018, 1409; OLG Frankfurt a. M. (5. Senat) 26.1.2015 – 5 UF 265/14, NZFam 2015, 426; OLG Düsseldorf 28.1.2013 - II-7 UF 230/12, FamRZ 2014, 870; OLG Rostock 7.3.2011 – 10 UF 219/10, FamRZ 2011, 306; OLG Bremen 21.9.2010 – 4 UF 94/10, FamRZ 2011, 322; HK-ZV/*Giers/Bachmann* FamFG Rn. 87; Prütting/Helms/*Helms* FamFG § 120 Rn. 11.

Das Beschwerdegericht kann unter den gleichen Voraussetzungen wie das Familiengericht (§ 120 Abs. 2 S. 3 FamFG, § 719 ZPO) die Vollstreckung einstellen. Insoweit wird auf die Ausführungen unter → Rn. 13 Bezug genommen. Eingestellt werden kann nur, wenn die Vollstreckung dem Verpflichteten einen **nicht zu ersetzenden Nachteil** bringen würde.

Uneinheitlich wird bewertet, inwieweit bei der Beurteilung der Einstellungsvoraussetzungen auch die **Erfolgsaussichten eines Rechtsmittels** mit einzubeziehen sind. Nach OLG Hamm,[33] OLG Rostock[34] und OLG Frankfurt a.M.[35] sind die Erfolgsaussichten der Beschwerde mit zu berücksichtigen. Das OLG Karlsruhe[36] hält eine Einstellung für möglich bei evident bestehender Erfolgsaussicht oder bei Titulierung exorbitant hoher Unterhaltsverpflichtungen. Nach anderer Ansicht soll dies nur relevant sein, wenn entweder ein Rechtsmittel von vornherein als aussichtslos zu beurteilen ist[37] oder umgekehrt die angefochtene Entscheidung greifbar gesetzwidrig war.[38] Nach diesseitiger Auffassung muss bei der Beurteilung der Schuldnerinteressen im Rahmen des § 120 Abs. 2 FamFG auch die Erfolgsaussicht der Beschwerde berücksichtigt werden.[39] Es empfiehlt sich daher Sachvortrag dazu, wobei dieser im Beschwerdeverfahren durch die Beschwerdebegründung ohnehin erfolgt. 24

Die Einstellung setzt voraus, dass gegen die erstinstanzliche Entscheidung **Beschwerde** eingelegt wurde. Ein Verfahrenskostenhilfeantrag für eine beabsichtigte Beschwerde genügt nicht.[40] Eine Einstellung gegen Sicherheitsleistung ist nicht möglich (→ Rn. 13).

§ 64 Abs. 3 FamFG ermöglicht es dem Beschwerdegericht, eine **einstweilige Anordnung** zu erlassen, in der die Vollziehung des angefochtenen Beschlusses ausgesetzt wird. Das Verhältnis der Vorschrift zu § 120 Abs. 2 FamFG ist problematisch. § 120 FamFG ist die speziellere Regelung für die dort genannten Fallgestaltungen und gibt damit den Maßstab vor, an dem sich die Entscheidung über eine Einstellung der Vollstreckung orientieren muss. Dieser Maßstab darf nicht über § 64 Abs. 3 FamFG unterlaufen werden.[41]

III. Einstellung der Vollstreckung in FG-Familiensachen

Für die Einstellung der Vollstreckung in FG-Familiensachen stellt das FamFG spezielle Normen zur Verfügung. 25

1. § 93 Abs. 1 FamFG

Das Familiengericht kann die Vollstreckung von Entscheidungen über die **Herausgabe von Personen** und **Umgangsregelungen** in den dort genannten Fällen einstweilen einstellen und beschränken sowie Vollstreckungsmaßnahmen aufheben. Für Vollstreckungen in den Fällen des § 95 FamFG ist § 93 FamFG nicht anwendbar (→ Rn. 3). 26

Eines Antrags bedarf es theoretisch nicht. Zuständig für die Einstellungsentscheidung ist das Gericht, das die Vollstreckung betreibt (§ 88 Abs. 1 FamFG). Die Entscheidung liegt im pflichtgemäßen Ermessen des Gerichts. Gem. § 93 Abs. 2 FamFG muss die Vollstreckung in den Fällen des § 775 Nr. 1, 2 ZPO eingestellt und nach Maßgabe des § 776 ZPO aufgehoben werden. Das ist der Fall, wenn eine wirksame Entscheidung vorgelegt wird, aus der sich ergibt, dass der zu vollstreckende Beschluss nicht mehr vollstreckt werden darf oder die Vollstreckung einstweilen eingestellt wurde. 27

33 OLG Hamm 2.2.2011 – 8 UF 15/11, FamRZ 2011, 1317.
34 OLG Rostock 7.3.2011 – 10 UF 219/10, FamRZ 2011, 1679.
35 OLG Frankfurt a. M. 12.3.2010 – 2 UF 362/09, FamRZ 2010, 1370.
36 OLG Karlsruhe 30.11.2017 – 18 UF 227/17, NJW 2018, 1409.
37 Musielak/Borth/*Borth* FamFG § 120 Rn. 4.
38 OLG Hamm 7.9.2010 – 11 UF 155/10, FamRZ 2011, 589.
39 Ebenso *Spieker* NZFam 2016, 102.
40 HK-ZV/*Giers/Scheuch* ZPO § 719 Rn. 4; OLG Frankfurt a. M. 3.4.1998 – 8 W 13/98, MDR 1999, 828; aA OLG Brandenburg 12.5.2005 – 1 U 4/05, MDR 2005, 1192.
41 KG 9.5.2014 – 18 UF 43/13, FamRZ 2014, 1934.

28 Das **Beschwerdegericht** kann in Fällen der Nr. 3 die Vollstreckung durch einstweilige Anordnung einstweilen einstellen gem. § 64 Abs. 3 FamFG. Dies setzt eine zulässige Beschwerde voraus. Ein Antrag auf Verfahrenskostenhilfe genügt nicht. Der Beschluss ist nicht anfechtbar, § 93 Abs. 1 S. 3 FamFG.

2. § 95 Abs. 3 FamFG

29 § 95 FamFG erfasst die Vollstreckung anderer Vollstreckungstitel in FG-Familiensachen, die nicht die Herausgabe von Personen oder Umgangsregelungen betreffen und die keine Familienstreitsachen sind (für diese gilt § 120 FamFG).

30 Für die Vollstreckung einer **Geldforderung** enthält § 95 Abs. 3 FamFG eine besondere Regelung, die es erlaubt, die Vollstreckung vor Rechtskraft der Entscheidung auszuschließen. Diese Regelung ist vor dem Hintergrund zu sehen, dass in FG-Familiensachen die Entscheidung grundsätzlich schon mit ihrer Bekanntgabe und nicht erst mit ihrer Rechtskraft wirksam (§ 40 Abs. 1 FamFG) und vollstreckbar wird (§ 86 Abs. 2 FamFG). Für die Hauptanwendungsfälle des § 95 Abs. 1 Nr. 1 FamFG (Zahlungspflichten in Versorgungsausgleichssachen oder in Ehewohnungs- und Haushaltssachen) wird die Vorschrift nicht relevant, weil die Beschlüsse erst mit Rechtskraft wirksam werden (§§ 224 Abs. 1, 209 Abs. 2 S. 1 FamFG), es sei denn, die sofortige Wirksamkeit ist angeordnet (§ 209 Abs. 2 S. 2 FamFG).

31 Der Ausschluss der Vollstreckung setzt einen entsprechenden **Antrag** voraus. Der Antrag muss, da das erkennende Gericht darüber zu entscheiden hat, vor Erlass der Hauptsacheentscheidung gestellt werden. Über den Antrag wird zusammen mit der Hauptsache durch Beschluss entschieden. Eine nachträgliche Entscheidung ist nicht möglich, wohl aber eine Abänderung gem. § 48 FamFG.[42]

32 Die Vollstreckung muss ausgesetzt werden, wenn sie dem Verpflichteten einen **nicht zu ersetzenden Nachteil** bringen würde (→ Rn. 8 ff.). Ein Ermessen des Gerichts besteht nicht. Aus dem Wortlaut der Vorschrift, der nur den Ausschluss der Vollstreckung zulässt, ist der Schluss zu ziehen, dass eine Einstellung der Zwangsvollstreckung gegen Sicherheitsleistung nicht möglich ist.[43]

33 Das Ausgangsgericht kann in den Fällen des § 707 ZPO (Wiedereinsetzung in den vorigen Stand, Wiederaufnahme des Verfahrens gem. §§ 579 ff. ZPO), das Beschwerdegericht gem. § 719 ZPO die Vollstreckung im Rahmen seines Ermessens vorläufig einstellen, aber nur unter der Voraussetzung, dass ansonsten ein nicht zu ersetzender Nachteil für den Verpflichteten entstehen würde. Das ergibt sich aus § 95 Abs. 3 S. 2 FamFG.[44]

34 Der Einstellungsantrag kann im Beschwerdeverfahren auch dann gestellt werden, wenn die Gründe in erster Instanz schon vorgetragen und kein Antrag in erster Instanz gestellt worden war;[45] → Rn. 23.

35 Streitig ist, ob ein Beschluss gem. § 95 Abs. 3 S. 2 FamFG iVm § 707 ZPO mit der zweiwöchigen sofortigen Beschwerde aus § 87 Abs. 4 FamFG, §§ 567 ff. ZPO **anfechtbar** ist. Dafür spricht, dass in § 95 Abs. 3 S. 2 FamFG nur auf § 707 Abs. 1 ZPO verwiesen wird, nicht auf dessen Abs. 2.[46] Dagegen spricht, dass § 87 Abs. 4 FamFG nur Entscheidungen meint, die im Vollstreckungsverfahren ergehen, Entscheidungen des erstinstanzlichen Gerichts also nur erfasst, soweit es als Vollstreckungsgericht tätig wird.[47]

3. Einstellung der Vollstreckung gemäß § 95 FamFG außerhalb von Geldforderungen

36 In Fällen des § 95 Nr. 2–4 FamFG kann eine einstweilige Einstellung der Vollstreckung entsprechend §§ 707 Abs. 1, 719 Abs. 1 ZPO erfolgen. Das ergibt sich aus der Verweisung in die ZPO, § 95 Abs. 1

42 Musielak/Borth/*Borth* FamFG § 95 Rn. 9.
43 Musielak/Borth/*Borth* FamFG § 95 Rn. 9; offen Bork/Jacoby/Schwab/*Althammer* FamFG § 95 Rn. 11.
44 HK-ZV/*Giers/Bachmann* FamFG Rn. 243; Keidel/*Giers* FamFG § 95 Rn. 21.
45 Strittig, wie hier HK-ZV/*Giers/Bachmann* FamFG Rn. 243 iVm Rn. 87 mwN.
46 So Musielak/Borth/*Borth* FamFG § 95 Rn. 9.
47 HK-FamVerfR/*von Harbou* § 95 Rn. 16.

FamFG. Außerdem ist im Beschwerdeverfahren eine einstweilige Anordnung durch das Beschwerdegericht gem. § 64 Abs. 3 FamFG möglich.

4. Sonstige Einstellungsmöglichkeiten

Aufgrund der Verweisung in die ZPO sind in den Fällen des § 95 FamFG ua noch folgende Einstellungsmöglichkeiten gegeben: 37

- einstweilige Einstellung durch das Vollstreckungsgericht in Verfahren der **Vollstreckungserinnerung** gem. §§ 776 Abs. 1 S. 2, 732 Abs. 2 ZPO;
- Aussetzung der Vollziehung im Beschwerdeverfahren gegen Beschlüsse in Vollstreckungsverfahren gem. § 87 Abs. 4 FamFG, § 570 Abs. 2 ZPO;
- einstweilige Einstellung im Rahmen von **Vollstreckungsgegenanträgen** (§ 767 ZPO) oder **Drittwiderspruchsanträgen** (§ 771 ZPO) gem. § 769 ZPO;
- Vollstreckungsschutz gem. § 765 a ZPO, zB gegen die Entscheidung auf Räumung und Herausgabe der Ehewohnung; zuständig ist jedoch nicht das Familien-, sondern das Vollstreckungsgericht.[48]

48 OLG Frankfurt a. M. 22.2.2013 – 4 WF 48/13, NJW-RR 2013, 776.

90. Einstweiliger Rechtsschutz

Stockmann

I. Einführung

1 Die Regelungen des einstweiligen Rechtsschutzes der §§ 49 ff. FamFG **gelten für alle im FamFG geregelten Verfahrensbereiche**, also nicht nur in den Familiensachen des § 111 FamFG, sondern auch in den anderen Bereichen der freiwilligen Gerichtsbarkeit, also in den Betreuungssachen (§ 271 FamFG), Unterbringungssachen (§ 312 FamFG), Nachlass- und Teilungssachen (§ 342 FamFG), Registersachen (§ 374 FamFG), unternehmensrechtlichen Verfahren (§ 375 FamFG), Verfahren in weiteren Angelegenheiten der freiwilligen Gerichtsbarkeit (§ 410 FamFG), Freiheitsentziehungssachen (§ 415 FamFG) und Aufgebotssachen (§ 433 FamFG). In einigen der genannten Verfahrensarten wird die einstweilige Anordnung jedoch naturgemäß selten zur Anwendung gelangen. Die folgende Betrachtung beschränkt sich auf die Familiensachen.

II. Gesetzessystematik

2 Die **§§ 49 ff. enthalten** die **allgemeinen Bestimmungen** über den einstweiligen Rechtsschutz.

3 Darüber hinaus enthält das FamFG für bestimmte Verfahren zusätzliche **Sonderregelungen**: Durch § 119 Abs. 1 FamFG ist mit der Verweisung auf § 945 ZPO eine **Schadensersatzpflicht** eingeführt worden für den Beteiligten, der eine ungerechtfertigte einstweilige Anordnung erwirkt hat. Dieser hat dem Gegner den Schaden zu ersetzen, der ihm aus der Vollstreckung der einstweiligen Anordnung oder deren Abwendung oder Aufhebung entstanden ist. Diese Schadensersatzpflicht besteht (durch die Verweisung auf § 112 Nr. 2 und Nr. 3 FamFG) nur in

- Güterrechtssachen nach § 261 Abs. 1 FamFG (bei Eheleuten) bzw. nach § 269 Abs. 1 Nr. 10 FamFG (bei Lebenspartnern);
- sonstigen Familiensachen nach § 266 Abs. 1 FamFG;
- Lebenspartnerschaftssachen nach § 269 Abs. 2 FamFG;
- durch die ausdrückliche Erwähnung der Schadensersatzpflicht in § 248 Abs. 5 S. 2 FamFG bei einer einstweiligen Anordnung auf Unterhaltszahlung im Zusammenhang mit einem Verfahren auf Feststellung der Vaterschaft nach § 248 FamFG.

In den übrigen Fällen, in denen sich Maßnahmen des einstweiligen Rechtsschutzes als ungerechtfertigt erweisen, besteht keine Schadensersatzpflicht.

Zu weiteren Sonderbestimmungen für Gewaltschutzsachen (§ 214 Abs. 1 S. 2 FamFG) und Unterhaltssachen (§§ 246 ff. FamFG).[1]

Keine besonderen Bestimmungen enthält das FamFG hinsichtlich **einstweiliger Anordnungen betreffend Verfahrenskostenvorschuss.** 4

Da eine Verfahrenskostenvorschusspflicht das Unterhaltsrechtsverhältnis als Grundlage hat (§ 1360 a Abs. 4 BGB), betrifft eine auf Leistung von Verfahrenskostenvorschuss gerichtete einstweilige Anordnung die Unterhaltspflicht. Dementsprechend hat das FamFG in § 246 die einstweilige Anordnung auf Kostenvorschuss der einstweiligen Anordnung auf Zahlung von Unterhalt gleichgestellt. § 246 FamFG ist somit als verfahrensrechtliche Grundlage für alle einstweiligen Anordnungen betreffend Verfahrenskostenvorschuss an die Stelle der aufgeführten Einzelnormen des früheren Rechts getreten (im Einzelnen → Rn. 18 ff.).

III. Verhältnis zu anderen Möglichkeiten des einstweiligen Rechtsschutzes

1. Allgemein

Vorläufigen Rechtsschutz stellt das FamFG generell **nur in Form der einstweiligen Anordnung** zur Verfügung. Der Rückgriff auf einstweilige Verfügungen ist durch § 119 Abs. 1 S. 1 FamFG auch in den Familienstreitverfahren des § 112 FamFG ausgeschlossen. 5

2. Arrest

Konkurrenz besteht nur in den Familienstreitsachen des § 112 FamFG zum **Arrest** durch die ausdrückliche Erwähnung in § 119 Abs. 2 S. 1. Somit kann gegen den Schuldner ein persönlicher oder dinglicher Arrest ergehen. Für diesen Fall werden die Arrestvorschriften der §§ 916–934, 943–945 ZPO entsprechend angewendet. Die Kostenentscheidung erfolgt wegen der Verweisung des § 113 FamFG in Familienstreitsachen auf die Regelungen der ZPO nach §§ 91 ff. ZPO. Nach der Meinung des OLG Stuttgart[2] soll dann, wenn ein Arrest zur Sicherung eines Unterhaltsanspruches ergeht, die Kostennorm des § 243 FamFG nicht angewendet werden, da Verfahrensgegenstand des Arrestes nicht der Unterhaltsanspruch selbst, sondern dessen Sicherung sei. Über diese Ansicht kann man streiten, in den Alltagsfällen dürfte der Streit aber rein akademischen Charakter haben. 6

Aus der Gesetzesfassung lässt sich nicht eindeutig entnehmen, welches **Rechtsmittel gegen** erstinstanzliche **Arrestbeschlüsse** (in Familienstreitsachen) zur Verfügung steht. Diese Frage wird seit Inkrafttreten des FamFG ausführlich diskutiert, der Bundesgerichtshof hat hierzu noch nicht Stellung genommen. 7

Unstreitig sind folgende Fallgestaltungen:

- Beruht der Arrestbeschluss auf einer Säumnis (§§ 330, 331 ZPO), so steht der Einspruch nach § 338 ZPO zur Verfügung.
- Erging der Beschluss, mit dem der Arrest angeordnet wurde, aufgrund mündlicher Verhandlung, so ist die Beschwerde nach § 58 iVm § 119 Abs. 2 FamFG gegeben.
- Erging der Beschluss, mit dem der Arrest angeordnet wurde, ohne mündliche Verhandlung, so ist der Widerspruch nach § 113 Abs. 1 FamFG, § 924 Abs. 1 Nr. 2 ZPO gegeben.
- Wurde der Antrag auf Erlass eines Arrests nach mündlicher Verhandlung abgelehnt (evtl. auch teilweise, zB nach § 921 S. 2 ZPO), so steht die Beschwerde gem. § 58 FamFG zur Verfügung.
- Bei veränderten Umständen iSv § 927 ZPO kann ein Antrag auf Aufhebung des Arrests gestellt werden (§ 119 Abs. 2 FamFG, § 927 ZPO).

1 HK-FamVerfR/*Stockmann* § 49 Rn. 7 ff.

2 OLG Stuttgart 26.8.2011 – 17 UF 167/11, NJW-RR 2012, 135.

- Wurde der Arrestantrag ohne mündliche Verhandlung abgelehnt, so ist jedoch hoch **umstritten**, ob die Beschwerde nach § 58 iVm § 119 Abs. 2 FamFG oder die sofortige Beschwerde nach § 567 Abs. 1 Nr. 2 ZPO gegeben ist. Eine Meinung plädiert für die Anwendung der Beschwerde nach § 58 FamFG.[3] Dies wird im Wesentlichen damit begründet, dass § 119 Abs. 2 S. 2 FamFG lediglich auf die Anwendung der Arrestvorschriften der §§ 916 bis 934 ZPO und der §§ 943 bis 945 ZPO verweist, nicht aber auf die Beschwerderegelung der ZPO. Zudem sei die von der Gegenmeinung vorgenommene Differenzierung zwischen dem Arrestbeschluss, der dem Antrag stattgibt, und dem, der den Erlass des Arrests ablehnt – ausgehend vom Tatbestandsmerkmal der Endentscheidung in § 58 Abs. 1 FamFG –, nicht nachvollziehbar. Demgegenüber entnehmen andere der Entscheidung des Bundesgerichtshofs zu der Frage, welcher Rechtsbehelf bei der Anfechtung isolierter Kostenentscheidungen in Familienstreitsachen zur Verfügung steht, dass das Rechtsschutzsystem in Familienstreitsachen und damit auch bezüglich des Arrestes weitgehend den Verfahrensvorschriften der ZPO zu unterstellen ist. Letztere Meinung hat sich zwischenzeitlich durchgesetzt. Für sie sprechen auch die dogmatischen Überlegungen, die das OLG Koblenz[4] angestellt und der sich das KG[5] angeschlossen hat.

  Gegen Arrestentscheidungen des OLG ist die Rechtsbeschwerde nicht statthaft, § 70 Abs. 4 FamFG.

IV. Unabhängigkeit vom Hauptsacheverfahren

8 Die einstweilige Anordnung ist **verfahrensselbstständig und hauptsacheverfahrensunabhängig,** § 51 Abs. 3 S. 1 FamFG. Ein Hauptsacheverfahren ist somit nicht Voraussetzung für ein Verfahren betreffend eine einstweilige Anordnung. Auch wenn ein Hauptsacheverfahren anhängig sein sollte, wird das Verfahren der einstweiligen Anordnung getrennt geführt.

9 § 52 FamFG macht das Hauptsacheverfahren grundsätzlich von einem **Antrag** abhängig. Allerdings ist das Familiengericht nicht gehindert, in **Amtsverfahren** (zB im Falle des § 1666 BGB) ohne Antrag eines Beteiligten das Hauptsacheverfahren einzuleiten.[6]

10 Aus § 52 FamFG folgt auch, dass das Hauptsacheverfahren noch nach Erlass der einstweiligen Anordnung eingeleitet werden kann. Örtlich **zuständig für das** nach § 52 FamFG einzuleitende **Hauptsacheverfahren** ist in jedem Fall dasjenige Gericht, das die einstweilige Anordnung erlassen hat, und zwar auch dann, wenn durch zwischenzeitliche Aufenthaltsveränderungen ein anderes Gericht zuständig wäre.[7] Jedoch kommt sodann eine Abgabe nach § 4 FamFG oder eine Verweisung nach § 3 FamFG infrage, da § 52 FamFG die Zuständigkeit für das Hauptsacheverfahren nicht abweichend von den normalen Zuständigkeitsbestimmungen begründen kann.

11 Infolge dieser Verfahrensselbstständigkeit und Hauptsacheunabhängigkeit hat die einstweilige Anordnung die gleiche Stellung wie die einstweilige Verfügung. Hieraus ergibt sich nicht nur, dass das Gesetz Regelungen zur Ermittlung des zuständigen Gerichts (§ 50 FamFG) aufstellen musste (→ Rn. 12), sondern auch, dass der Beschluss, in dem über den Antrag auf Erlass einer einstweiligen Anordnung entschieden wird, in Familiensachen einen Ausspruch über die Kosten zu enthalten hat, § 81 Abs. 1 S. 3 FamFG.

---

3 OLG München 16.11.2010 – 33 UF 1650/10, FamRZ 2011, 746.

4 OLG Koblenz 18.12.2012 – 13 UF 984/12, NJW-Spezial 2013, 102.

5 KG 28.3.2013 – 18 UF 72/13, FamFR 2013, 251.

6 Vgl. HK-FamVerfR/*Stockmann* § 52 Rn. 5.

7 OLG München 21.12.2010 – 33 WF 2159/10, FamRZ 2011, 1078 mit Anm. *Löhnig*; Bork/Jakoby/Schwab/*Löhnig/Heiß* FamFG § 52 Rn. 4.

V. Zuständigkeit

1. Allgemeines

Das FamFG musste eine ausdrückliche Regelung dahin gehend treffen, welches Gericht für das Verfahren der einstweiligen Anordnung zuständig ist. § 50 FamFG stellt im Ergebnis auch eine – sinnvolle – Verknüpfung zum Hauptsacheverfahren her. 12

2. Bei Anhängigkeit der Hauptsache

a) Begriff des Hauptsacheverfahrens. Ist eine Hauptsache bei einem erstinstanzlichen Gericht anhängig, dann ist dieses Gericht auch für das Verfahren der einstweiligen Anordnung zuständig, § 50 Abs. 1 S. 2 Alt. 1 FamFG. Zu beachten ist hierbei, dass mit „Hauptsacheverfahren" dasjenige Verfahren gemeint ist, in dem der gleiche Regelungsgegenstand wie in dem Verfahren der einstweiligen Anordnung abgebildet ist.[8] 13

b) Verfahren nach § 248 FamFG. Für den Fall, dass in einer einstweiligen Anordnung nach § 248 FamFG der Unterhalt des Kindes bzw. seiner Mutter im Zusammenhang mit einem Verfahren auf Feststellung der Vaterschaft geregelt werden soll, bringt § 248 Abs. 1 FamFG zum Ausdruck, dass das Hauptsacheverfahren für diese einstweilige Anordnung das **Abstammungsverfahren** des § 169 Nr. 1 FamFG ist. Zuständig für die genannte einstweilige Anordnung ist also das Gericht, bei dem das Verfahren auf Feststellung der Vaterschaft anhängig ist. 14

c) Anhängigkeit beim Beschwerdegericht. Das Beschwerdegericht ist für die einstweilige Anordnung während der Anhängigkeit des Hauptsacheverfahrens in der zweiten Instanz zuständig, § 50 Abs. 1 S. 2 Alt. 2 FamFG. Dies gilt auch im Fall des § 248 Abs. 2 FamFG. Ist das Vaterschaftsfeststellungsverfahren beim Beschwerdegericht anhängig, so ist auch das Beschwerdegericht für den Erlass einer einstweiligen Anordnung auf Zahlung von Unterhalt zuständig. 15

d) Anhängigkeit beim Rechtsbeschwerdegericht. Für den Fall der Anhängigkeit des Hauptsacheverfahrens in der dritten Instanz geht infolge des Wortlauts des § 50 Abs. 1 S. 2 FamFG die Zuständigkeit an das **erstinstanzliche Gericht** zurück. 16

3. Hauptsacheverfahren ist nicht anhängig

Ist ein Hauptsacheverfahren nicht anhängig, ermittelt sich die Zuständigkeit gem. § 50 Abs. 1 S. 1 FamFG anhand der **Zuständigkeit für das fiktive Hauptsacheverfahren**. Dies entspricht der Regelung des § 937 Abs. 1 ZPO für einstweilige Verfügungen. 17

4. Speziell zur Zuständigkeit bei einer einstweiligen Anordnung betreffend Verfahrenskostenvorschuss

Aufgrund ihrer Verfahrensselbständigkeit ist auch eine einstweilige Anordnung betreffend Verfahrenskostenvorschuss stets ein selbstständiges Verfahren. Dies gilt auch dann, wenn das Hauptsacheverfahren bereits in der Beschwerdeinstanz anhängig ist und nunmehr ein Titel betreffend Verfahrenskostenvorschuss (→ *Verfahrenskostenvorschuss* Rn. 1 ff.) beantragt wird. Für das einzuleitende Verfahren der einstweiligen Anordnung ist stets das nach § 50 Abs. 1 S. 1 FamFG berufene Amtsgericht zuständig. § 50 Abs. 1 S. 2 FamFG greift nicht ein, da der Verfahrensgegenstand der einstweiligen Anordnung stets eigenständig von dem Verfahren der Hauptsache ist. 18

Ein Hauptsacheverfahren „Verfahrenskostenvorschuss" bzw. „Prozesskostenvorschuss" ist zwar theoretisch denkbar, kommt aber in der Praxis nicht vor, da es gerade beim Verfahrensgegenstand „Verfahrenskostenvorschuss" darum geht, rasch einen Titel und eine Leistung des Vorschusses zu erlangen, damit der Antragsteller das von ihm beabsichtigte eigentliche Verfahren rechtshängig machen kann. 19

---

8 Vgl. HK-FamVerfR/*Stockmann* § 50 Rn. 6.

20 **Beispiel 1:** Der Antragsteller berühmt sich eines Zugewinnausgleichanspruches. Er kann die finanziellen Mittel für die Einleitung des Hauptsacheverfahrens „Zugewinnausgleichanspruch" nicht aufbringen, sieht sich aber als berechtigt an, vom Antragsgegner einen Verfahrenskostenvorschuss fordern zu können.

Er hat zunächst eine einstweilige Anordnung mit dem Begehren, Verfahrenskostenvorschuss zu erlangen, gegen den Antragsgegner anhängig zu machen. Das Hauptsacheverfahren „Zugewinnausgleich" ist sinnvollerweise erst nach Erlangung des Verfahrenskostenvorschusses aufgrund der einstweiligen Anordnung anhängig zu machen.

21 Die Zuständigkeit für eine einstweilige Anordnung „Verfahrenskostenvorschuss" ermittelt sich anhand der für alle einstweiligen Anordnungen geltenden Vorschrift des **§ 50 FamFG**: Örtlich zuständig ist nach S. 1 dieser Norm das Gericht, das für die Hauptsache im ersten Rechtszug zuständig wäre. Dabei ist zu beachten, dass „Hauptsache" nicht etwa das Verfahren ist, das mit dem Verfahrenskostenvorschuss eingeleitet werden soll. „Hauptsache" iSv § 50 FamFG wäre ein Hauptsacheverfahren „Verfahrenskostenvorschuss". Ein solches wird – wie in → Rn. 19 erwähnt – in der Praxis kaum eingeleitet werden, jedoch wäre es das korrespondierende Hauptsacheverfahren.[9] Dieses Hauptsacheverfahren betrifft jedoch stets die Geltendmachung von Unterhalt, deshalb richtet sich die örtliche Zuständigkeit stets nach **§ 232 FamFG** (→ Rn. 4).

22 Diese Grundsätze gelten ebenso für den Fall, dass Verfahrenskostenhilfe für ein Beschwerdeverfahren begehrt wird:[10]

Beispiel 2: Der Antragsteller ist mit der Entscheidung des Familiengerichts über den von ihm begehrten Zugewinnausgleich nicht zufrieden und will Beschwerde einlegen. Für das Beschwerdeverfahren begehrt er eine einstweilige Anordnung „Verfahrenskostenvorschuss". Für das einzuleitende Verfahren der einstweiligen Anordnung ist stets das nach § 50 Abs. 1 S. 1 FamFG berufene Amtsgericht zuständig. § 50 Abs. 1 S. 2 FamFG greift nicht ein, weil nicht das zur einstweiligen Anordnung korrespondierende Hauptsacheverfahren beim Beschwerdegericht anhängig ist, sondern das Hauptsacheverfahren „Zugewinnausgleich".

5. Eilzuständigkeit

23 **a) Allgemein.** § 50 Abs. 2 S. 1 eröffnet in Anlehnung an § 942 Abs. 1 ZPO eine zusätzliche **Zuständigkeit für besonders dringende Fälle** der einstweiligen Anordnung. Diese besondere Zuständigkeit ist, da einstweilige Anordnungen generell nur dann ergehen können, wenn ein dringendes Bedürfnis besteht, daher nur in besonders dringenden Fällen gegeben.[11]

24 **b) Unterbringungssachen.** Eine **besondere Eilzuständigkeit** ergibt sich in Unterbringungssachen (§ 312 FamFG) aus der speziellen Regelung des § 313 Abs. 2 FamFG. Es ist neben der Zuständigkeit nach § 50 Abs. 1 FamFG auch das Gericht zuständig, in dessen Bezirk ein Bedürfnis für eine einstweilige Anordnung für Unterbringungsmaßnahmen bekannt wird. Diese Zuständigkeit wird auch in Familiensachen relevant, nämlich dann, wenn über die Genehmigung gem. § 1631 b BGB zu befinden ist. Die für diese Verfahren vorgesehene Norm des § 167 FamFG verweist nämlich auch auf § 313 FamFG. Zum praktischen Bedürfnis dieser Norm vgl. HK-FamFG/*Stockmann* § 50 Rn. 13.

25 Dem Gericht der Hauptsache nach § 313 Abs. 1 Nr. 1 und 2 FamFG ist über den Erlass der einstweiligen Anordnung Mitteilung zu machen, § 313 Abs. 2 S. 2 FamFG. Darüber hinaus enthält § 314 FamFG die Möglichkeit, das Verfahren unter den dort genannten Umständen an ein anderes Gericht abzugeben.

26 **c) Bedürfnis für Tätigwerden.** Maßgeblich ist für die Eilzuständigkeit nach § 50 Abs. 2 S. 1 FamFG der Ort, an dem das Bedürfnis für ein gerichtliches Tätigwerden hervortritt. Dieser Begriff ist nach der Begründung des Regierungsentwurfes weit auszulegen. Im Allgemeinen wird darauf abzustellen sein, **wo**

9 Vgl. HK-FamVerfR/*Stockmann* § 50 Rn. 7; Musielak/Borth/*Borth* FamFG § 50 Rn. 4.

10 OLG Oldenburg 23.8.2011 – 14 UFH 2/11, FamRZ 2012, 390; aA: Keidel/*Giers* FamFG § 50 Rn. 6: Zuständigkeit des Beschwerdegerichts aufgrund analoger Anwendung des § 50 Abs. 1 S. 2.

11 Vgl. HK-FamVerfR/*Stockmann* § 50 Rn. 15.

sich die Person oder die Sache, auf die sich die einstweilige Anordnung bezieht, **befindet**. Die besondere Eilzuständigkeit nach Abs. 2 besteht in allen Fällen sachlich immer beim Amtsgericht, da dort gem. § 22 c GVG flächendeckend ein Bereitschaftsdienst eingerichtet ist.

d) Abgabe an das an sich zuständige Gericht. § 50 Abs. 2 S. 2 FamFG ordnet die unverzügliche Abgabe des Verfahrens an das nach Abs. 1 zuständige Gericht an. Damit wird ua bewirkt, dass über die Abänderung bzw. Aufhebung von einstweiligen Anordnungen grundsätzlich das nach Abs. 1 zuständige Gericht entscheidet. 27

6. Zuständigkeit ab Anhängigkeit der Ehesache

Die Anhängigkeit der Ehesache ist nach dem Wortlaut des § 50 FamFG für die Zuständigkeit im Verfahren der einstweiligen Anordnung in Familiensachen nicht entscheidend. Dennoch kann diese Einfluss auf die Zuständigkeit haben: § 50 Abs. 1 FamFG knüpft an die Zuständigkeit für das Hauptsacheverfahren an. Ist dieses eine Familiensache, so enthält in manchen Fällen die jeweilige Vorschrift über die örtliche Zuständigkeit für dieses Verfahren die Aussage, dass während der Anhängigkeit der Ehesache das **Gericht der Ehesache** zuständig ist. Damit ist das Gericht der anhängigen Ehesache auch für die Bearbeitung einer einstweiligen Anordnung zuständig, deren Regelungsbereich eine solche Familiensache betrifft. Bezüglich Einzelheiten und zu der gegebenenfalls vorzunehmenden Abgabe des Verfahrens der einstweiligen Anordnung an das Gericht der Ehesache vgl. HK-FamFG/*Stockmann* § 50 Rn. 19 ff. 28

7. Zuständigkeit für ein nach § 52 FamFG einzuleitendes Hauptsacheverfahren

Wenn nach Erlass einer einstweiligen Anordnung gem. § 52 FamFG ein Hauptsacheverfahren einzuleiten ist, ist hierfür stets das Gericht zuständig, das die einstweilige Anordnung erlassen hat (→ Rn. 10). 29

VI. Vorschuss für die Gerichtskosten des Verfahrens der einstweiligen Anordnung

Mit § 14 Abs. 2 FamGKG hat der Gesetzgeber klargestellt, dass für den Antrag auf Erlass einer einstweiligen Anordnung in keinem Fall eine Verpflichtung zur Erbringung des Gerichtskostenvorschusses besteht, somit auch dann nicht, wenn das Verfahren den Anspruch aus einer Familienstreitsache betrifft. 30

VII. Anordnungsanspruch und Anordnungsgrund

1. Allgemein

Als Voraussetzungen für den Erlass der einstweiligen Anordnung müssen ein Anordnungsanspruch sowie ein Anordnungsgrund bestehen. Diese Voraussetzungen hat der Antragsteller gem. § 51 Abs. 1 S. 2 FamFG glaubhaft zu machen. Als Mittel der **Glaubhaftmachung** stehen gem. § 31 Abs. 1 FamFG alle Beweismittel, auch die Versicherung an Eides statt, zur Verfügung. 31

2. Anordnungsanspruch

Ob ein Anordnungsanspruch besteht, beurteilt sich nach dem **materiellen Recht**. Es ist selbstverständliche Voraussetzung für den Erlass einer einstweiligen Anordnung, dass die angestrebte Regelung mit dem materiellen Recht in Einklang steht. 32

3. Anordnungsgrund

Ein Anordnungsgrund liegt vor, wenn ein **dringendes Bedürfnis** für das sofortige Tätigwerden des Gerichts besteht. Dieser Anordnungsgrund entspricht dem der §§ 935, 917 ZPO. Eines solches dringendes Bedürfnis ist beispielsweise für eine einstweilige Anordnung auf Regelung des Aufenthaltsbestimmungsrechts dann nicht gegeben, wenn der Aufenthalt des Kindes bei dem einen Elternteil nicht streitig ist.[12] 33

12 Vgl. HK-FamVerfR/*Stockmann* § 49 Rn. 5 f.

34 In **Unterhaltssachen** besteht ein Regelungsbedürfnis nicht nur bezüglich eines „Notbedarfs". Vielmehr kann im Wege der einstweiligen Anordnung der volle Unterhalt begehrt und zugesprochen werden, um ein zusätzliches Hauptsacheverfahren zu vermeiden.[13] Jedoch wird eine Regelung von Unterhaltsrückständen nur ausnahmsweise in Frage kommen.[14]

VIII. Inhalt der einstweiligen Anordnung

35 Die in Betracht kommenden Maßnahmen der einstweiligen Anordnung werden in § 49 Abs. 2 FamFG angesprochen; infrage kommen **Sicherungsanordnungen** oder **Regelungsanordnungen**, aber auch vorläufige Regelungen bei einem Feststellungsantrag oder einem Begehren auf Rückforderung zu viel erbrachter Leistungen.[15]

36 Darüber hinaus sind in § 49 Abs. 2 S. 2 FamFG einige praktisch bedeutsame Fälle vorläufiger Maßnahmen, wie zB der Erlass eines Verfügungsverbotes, in nicht abschließender Weise aufgeführt.

37 Möglich ist auch die Anordnung einer Sicherheitsleistung.[16] Auch ohne ausdrückliche gesetzliche Normierung ist eine einstweilige Anordnung ihrem Zweck entsprechend sofort wirksam und vollstreckbar (→ *Sofortige Wirksamkeit* Rn. 6).

38 Ferner kann das Gericht nach § 49 Abs. 2 S. 3 FamFG Regelungen treffen, die die Vollstreckung oder sonstige Durchführung der Anordnung betreffen.[17]

IX. Aufhebung und Änderung der einstweiligen Anordnung

39 Für die Aufhebung oder Änderung einer einstweiligen Anordnung enthält **§ 54 FamFG** spezielle Möglichkeiten auf der Ebene des Ausgangsgerichts. Der Antrag hierzu ist jederzeit möglich, auch nach einer (negativen) Entscheidung nach Abs. 2, und auch, wenn die Möglichkeit der Einlegung eines Rechtsmittels nach § 57 S. 2 FamFG gegeben ist. Die Abänderungsmöglichkeit besteht ebenso, wenn das Gericht einen **Antrag auf Erlass einer einstweiligen Anordnung abgelehnt** hat.[18] Dann kann eine erneute Beschlussfassung über diesen Antrag begehrt werden. Einem Antrag, in einem neuen gesonderten Verfahren die ursprünglich abgelehnte einstweilige Anordnung zu erlassen, würde jedoch das Rechtsschutzbedürfnis fehlen: Der Antragsteller ist darauf zu verweisen, die Abänderung des abweisenden Beschlusses gem. § 54 FamFG zu erreichen.

40 Praktische Bedeutung hat dies ua wegen der unterschiedlichen Zuständigkeit: Bei einem Antrag in einem neuen Verfahren wäre diese aus § 50 Abs. 1 FamFG zu entnehmen, für den Änderungsantrag folgt sie aus § 54 Abs. 3 FamFG. Auch eine bereits abgeänderte einstweilige Anordnung kann erneut abgeändert werden.[19] Die Abänderungsmöglichkeit des § 54 Abs. 1 besteht wegen der Hauptsacheunabhängigkeit zeitlich unbeschränkt.

41 In Amtsverfahren (zB Verfahren nach § 1666 BGB oder auf Regelung des Umgangsrechts) und dann, wenn die Entscheidung über die beantragte einstweilige Anordnung ohne vorherige Durchführung einer gesetzlich vorgeschriebenen Anhörung ergangen ist, kann das Gericht auch ohne Antrag **von Amts wegen** die Änderung oder Aufhebung vornehmen (Abs. 1 S. 2 und 3). In den übrigen Fällen ist ein Antrag von einem Beteiligten erforderlich, der durch die einstweilige Anordnung beschwert ist.

42 Anlass für die Abänderung kann eine **Veränderung der tatsächlichen Verhältnisse oder der Rechtslage** sein. Nach heute wohl herrschender Ansicht besteht ein Rechtsschutzbedürfnis für eine Änderung auch

13 Vgl. HK-FamVerfR/*Stockmann* § 51 Rn. 25.
14 Keidel/*Giers* FamFG § 246 Rn. 4.
15 Vgl. im Einzelnen HK-FamVerfR/*Stockmann* § 49 Rn. 8 f.
16 Vgl. HK-FamVerfR/*Stockmann* § 49 Rn. 10 f.
17 Vgl. HK-FamVerfR/*Stockmann* § 49 Rn. 11.
18 HK-FamVerfR/*Stockmann* § 54 Rn. 2.
19 Prütting/Helms/*Dürbeck* FamFG § 54 Rn. 3.

dann, wenn unverändert gebliebene Verhältnisse (tatsächlicher oder rechtlicher Art) anders bewertet werden.[20] Ansonsten würde dem summarischen Charakter der einstweiligen Anordnung nicht ausreichend Rechnung getragen.

Während Abs. 1 in allen Verfahren der einstweiligen Anordnung nach dem FamFG anzuwenden ist, betrifft Abs. 2 nur Entscheidungen (auch ablehnende) über einstweilige Anordnungen, die in einer Familiensache (§ 111 FamFG) ergangen sind. 43

In welchem Verhältnis die Anträge nach Abs. 1 und Abs. 2 stehen, ist streitig. Die eine Meinung[21] vertritt die Ansicht, dass der Antrag nach Abs. 2 gewählt werden muss, wenn die Entscheidung ohne mündliche Verhandlung ergangen ist. Eine andere Ansicht[22] gibt dem Antragsteller ein Wahlrecht. Die Streitfrage bestand bereits im früheren Recht. Der Gesetzgeber hat sie bei der Einführung des FamFG nicht durch eine Vorrangregelung beantwortet. Daher erscheint es vorzugswürdig, dem Antragsteller die Wahlmöglichkeit einzuräumen. 44

Die **Zuständigkeit für die in § 54 FamFG angesprochenen Änderungsbegehren** ergibt sich aus § 54 Abs. 3 FamFG. Es handelt sich dabei um eine eigenständige Zuständigkeitsregelung, die sich von der des § 50 FamFG für den Erlass der einstweiligen Anordnung unterscheidet. Zuständig ist nach S. 1 idR das Gericht, das die einstweilige Anordnung erlassen hat. Dies gilt auch, wenn diejenigen Umstände, die für die ursprüngliche Zuständigkeitsbegründung maßgeblich waren (zB gewöhnlicher Aufenthalt des Kindes gem. § 152 Abs. 2 FamFG in Kindschaftssachen), sich zwischenzeitlich verändert haben, Anwendung des Grundsatzes „perpetuatio fori" (vgl. § 2 Abs. 2 FamFG, § 261 Abs. 3 Nr. 2 ZPO iVm § 113 Abs. 1 FamFG). 45

Wurde jedoch zwischenzeitlich das Verfahren der einstweiligen Anordnung an ein anderes Gericht verwiesen (zB nach § 154 FamFG) oder abgegeben (zB nach § 50 Abs. 2 FamFG oder nach § 153 FamFG), so hat dasjenige Gericht zu entscheiden, bei dem das Verfahren derzeit anhängig ist (S. 2). 46

Eine weitere Ausnahme von der gewöhnlichen Zuständigkeitsregelung des Abs. 3 S. 1 macht Abs. 4 für den Fall, dass das Verfahren der einstweiligen Anordnung in der Beschwerdeinstanz anhängig ist. Dann besteht eine größere Sachnähe des Beschwerdegerichts. Nur dieses entscheidet dann über Änderung oder Aufhebung einer einstweiligen Anordnung, die das erstinstanzliche Gericht erlassen hat. Der Umstand, dass das Hauptsacheverfahren in der Berufungsinstanz anhängig ist, hat jedoch keinen Einfluss auf die Zuständigkeit betreffend die Änderung der einstweiligen Anordnung.[23] Hat das Beschwerdegericht die einstweilige Anordnung erlassen, so ist gem. § 54 Abs. 3 S. 1 FamFG dieses auch für das Abänderungsverfahren zuständig. 47

Ausgeschlossen ist die Abänderung begrifflich, nachdem die einstweilige Anordnung außer Kraft getreten ist. Erforderlichenfalls ist dann ein neuer Antrag auf Erlass einer einstweiligen Anordnung zu stellen; diese ist dann in einem neuen Verfahren zu behandeln, dessen Zuständigkeit nach Art. 50 Abs. 1 FamFG zu ermitteln ist. Die **Aufhebung** der einstweiligen Anordnung ist nach dem Außerkrafttreten begrifflich ausgeschlossen, infrage kommt im Zweifelsfall die nach § 56 Abs. 3 S. 1 FamFG mögliche gerichtliche Feststellung des Außerkrafttretens. Die Entscheidung kann rückwirkend ab dem Zeitpunkt der Geltung der Ausgangsentscheidung erfolgen.[24] 48

Das **Gericht entscheidet** über den Abänderungsantrag in gleicher Weise wie über den ursprünglichen Antrag, nämlich in Form des Beschlusses, § 38 Abs. 1 FamFG. Die Entscheidung kann auf (teilweise) Abänderung, Aufhebung oder Aufrechterhaltung der einstweiligen Anordnung lauten. 49

---

20 BVerfG 27.8.2014 – 1 BvR 1822/14 Rn. 29, FamRZ 2014, 1772; HK-FamVerfR/*Stockmann* § 54 Rn. 6; Prütting/Helms/*Dürbeck* FamFG § 54 Rn. 2; differenzierend Musielak/Borth/*Borth* FamFG § 54 Rn. 6.

21 ZB Zöller/*Feskorn* FamFG § 54 Rn. 8.

22 ZB Keidel/*Giers* FamFG § 54 Rn. 14.

23 OLG Brandenburg 29.4.2013 – 13 UFH 1/12, MDR 2013, 854.

24 ZB Musielak/Borth/*Borth* FamFG § 54 Rn. 4; differenzierend: Zöller/*Feskorn* FamFG § 54 Rn. 11.

50 Sofern das Gericht ohne mündliche Verhandlung über das Abänderungsbegehren entscheidet, ist in Familiensachen durch § 54 Abs. 2 FamFG die Möglichkeit eröffnet, über den Abänderungsantrag erneut aufgrund mündlicher Verhandlung zu befinden.

51 **Gebührenrechtlich** gilt das Verfahren über Abänderung oder Aufhebung der ursprünglichen Entscheidung zwar als besonderes Verfahren, § 31 Abs. 2 S. 1 FamGKG. Nach der Vorbemerkung 1.4 Abs. 2 zum Gebührenverzeichnis des FamGKG werden die Gebühren im Verfahren über den Erlass der einstweiligen Anordnung und über deren Aufhebung oder Änderung aber nur einmal erhoben. Gesonderte Gerichtsgebühren entstehen daher nicht.

X. Rechtsbehelfe

1. Grundsatz der Unanfechtbarkeit

52 Grundsätzlich geht das Gesetz in § 57 S. 1 FamFG von der Unanfechtbarkeit von Entscheidungen über einstweilige Anordnungen in Familiensachen aus. Den Beteiligten verbleibt dann die Möglichkeit, eine **Entscheidung im Hauptsacheverfahren** (gegebenenfalls durch Antragstellung nach § 52 FamFG) herbeizuführen und diese notfalls durch das Rechtsmittelgericht überprüfen zu lassen.

53 Es besteht aber die Möglichkeit, über § 54 FamFG beim Ausgangsgericht eine **Aufhebung oder Änderung** zu beantragen. Die infolge der Antragstellung erforderliche mündliche Verhandlung hat wegen des Charakters des Eilverfahrens möglichst zügig zu erfolgen. Das OLG München[25] hält die Verfahrensweise, in einer Gewaltschutzsache den Verhandlungstermin erst sechs Wochen nach Eingang des Antrages durchzuführen, zutreffend für rechtswidrig.

54 Strittig wird die Frage diskutiert, ob in Unterhaltssachen einem Abänderungsantrag nach § 54 FamFG entsprechend dem § 241 FamFG auch die materiellrechtlichen Wirkungen der verschärften Haftung nach § 818 Abs. 4 BGB beikommen.[26]

55 Hinsichtlich der Anwaltsgebühren stellt das Abänderungsverfahren nach § 16 Nr. 5 RVG im Verhältnis zum Ausgangsverfahren keine neue Angelegenheit dar.[27]

2. Ausnahmsweise: Statthaftigkeit der Beschwerde

56 **a) Allgemein.** Erging die **einstweilige Anordnung aufgrund mündlicher Verhandlung** durch das erstinstanzliche Gericht, so ist ein Rechtsmittel nur in den in S. 2 genannten Fallgestaltungen gegeben, wenn nämlich das Gericht über einen der in den → Rn. 59 ff. aufgeführten Regelungsbereiche entschieden hat. Es wird nur darauf abgestellt, dass das Gericht eine Entscheidung getroffen hat, auf Erfolg oder Misserfolg des Antrags kommt es nicht an.

57 Die in § 57 S. 2 FamFG erwähnte „mündliche Erörterung" setzt einen Termin iSv §§ 32, 157 FamFG voraus, zu dem alle Beteiligten des Verfahrens geladen werden müssen.[28] Nicht erforderlich ist, dass auch alle Beteiligten erschienen sind und zur Sache verhandeln.[29] Die Durchführung der gesetzlichen Anhörungen (§§ 159, 160 FamFG) reicht für die Erfüllung der Voraussetzungen des § 57 S. 2 FamFG nicht aus.[30]

58 War **keine mündliche Verhandlung** vorausgegangen, kann gem. § 54 Abs. 2 FamFG beantragt werden, aufgrund mündlicher Verhandlung erneut zu entscheiden. Gegen diese Entscheidung kann dann, wenn von ihr einer der in → Rn. 59 ff. aufgeführten Regelungsbereiche betroffen ist, Beschwerde eingelegt

25 OLG München 20.5.2010 – 4 UF 254/10, NJW 2010, 2593.

26 Vgl. *Schlünder* FamRZ 2010, 2038; Prütting/Helms/*Bömelburg* FamFG § 241 Rn. 19. ablehnend: HK-FamVerfR/*Stockmann* § 54 Rn. 17 und OLG Karlsruhe 6.2.2014 – 2 UF 148/13, FamRZ 2014, 1387.

27 Vgl. auch *Müller-Rabe* NJW 2010, 2009.

28 OLG Braunschweig 20.2.2020 – 2 UF 32/20, FamRZ 2020, 1113.

29 OLG Frankfurt a. M. 16.8.2012 – 5 UF 221/12, FamRZ 2013, 316.

30 OLG Frankfurt a. M. 12.4.2011 – 3 UF 25/11, FamRZ 2012, 571.

werden. Ferner kann ein Antrag auf Einleitung des Hauptsacheverfahrens gestellt werden mit dem Ziel, eine die einstweilige Anordnung außer Kraft setzende anderweitige Regelung iSv § 56 Abs. 1 S. 1 FamFG herbeizuführen.[31] Bezüglich dieser Möglichkeiten steht den Beteiligten ein Wahlrecht zu.[32]

b) Beschwerdefähige Regelungsbereiche. Die einstweilige Anordnung muss betreffen: 59

- **Die elterliche Sorge für ein Kind**: Es ist ausreichend, wenn eine Teilregelung der elterlichen Sorge betroffen ist, zB die Regelung des Aufenthaltsbestimmungsrechts oder die Übertragung der Entscheidungsbefugnis nach § 1628 BGB. Nicht beschwerdefähig sind Entscheidungen über einstweilige Anordnungen betreffend das Umgangsrecht. Dies gilt auch für die Bestellung eines Umgangspflegers nach § 1684 Abs. 3 S. 3 BGB, weil dieser lediglich der Durchsetzung des Umgangsrechts dient und seine Bestellung entgegen § 1630 Abs. 1 BGB keinen Eingriff in das Sorgerecht mit sich bringt. Dies wird dann besonders deutlich, wenn beide um den Umgang streitenden Elternteile noch gemeinsam sorgeberechtigt sind.[33]

- **Die Herausgabe des Kindes** an den anderen Elternteil. Eine analoge Anwendung bei Herausgabe an 60 den Pfleger oder Vormund hält die hM[34] für nicht gerechtfertigt, weil der Gesetzgeber am 5.12.2012 zwar § 57 FamFG geändert hat, aber keinen Anlass zur Umformulierung von Nr. 2 gesehen habe.

- **Einen Antrag auf Verbleib des Kindes bei einer Pflege- oder Bezugsperson**: Diese die §§ 1632 61 Abs. 4, 1684 BGB betreffende Fallgestaltung hat der Gesetzgeber damit begründet, dass Entscheidungen über Verbleibensanordnungen ebenso hart in die persönlichen Verhältnisse des Kindes eingreifen wie die in → Rn. 60 genannte Fallgestaltung.

- **Einen Antrag nach §§ 1, 2 GewSchG.** 62

- **Einen Antrag auf Zuweisung der Ehewohnung** in einer Ehewohnungssache: Ob es hier ausreicht, 63 wenn der Antrag eine Teilzuweisung (zB einzelne Räume der Wohnung) betrifft, ist strittig.[35]

- **Die Genehmigung der freiheitsentziehenden Maßnahme oder Unterbringung** gem. § 151 Nr. 6 64 oder Nr. 7 FamFG: Diese Beschwerdemöglichkeit hat der Gesetzgeber vor Beginn der Aufzählung normiert. Das OLG Naumburg[36] weist darauf hin, dass es bei einer wörtlichen Auslegung der Norm für eine Beschwerde in derartigen Verfahren nicht einmal erforderlich ist, dass die Ausgangsentscheidung aufgrund mündlicher Verhandlung ergangen ist.

3. Beschwerdefrist

Bei einem Antrag auf Erlass einer einstweiligen Anordnung, über den das Amtsgericht entschieden hat, ist 65 – sofern der Regelungsgegenstand die in → Rn. 59–64 umschriebenen Bereiche betrifft – die Beschwerde nach §§ 58 ff. zum Oberlandesgericht (§ 119 Abs. 1 Nr. 1 GVG) zulässig. Es gilt die **verkürzte Beschwerdefrist** nach § 63 Abs. 2 Nr. 1 von **zwei Wochen.**

Dies gilt auch für die Fälle, in denen das Gericht den **Antrag auf Erlass einer einstweiligen Anordnung zurückgewiesen** hat. Dies hat der Gesetzgeber dadurch klargestellt, dass er die kürzere Frist für alle „Endentscheidungen" im Verfahren der einstweiligen Anordnung vorgesehen hat. Ebenso gilt die Frist für die Fälle des § 56 Abs. 3 S. 2 FamFG (Beschwerde gegen die Entscheidung, die das Außerkrafttreten der einstweiligen Anordnung feststellt)[37] und für die isolierte Anfechtung einer Kostenentscheidung.[38]

---

31 Vgl. HK-FamVerfR/*Stockmann* § 54 Rn. 2, § 56 Rn. 8.
32 OLG Jena 29.7.2011 – 1 WF 157/11, FamRZ 2012, 54.
33 Vgl. OLG Celle 16.12.2010 – 10 UF 253/10, FamRZ 2011, 574.
34 OLG Düsseldorf 24.10.2019 – 3 UF 122/19, FF 2020, 85; Prütting/Helms/*Dürbeck* FamFG § 57 Rn. 8.
35 Bejahend zB HK-FamVerfR/*Stockmann* § 57 Rn. 10; verneinend: OLG Nürnberg 16.3.2010 – 7 WF 237/10, NJW-RR 2010, 1662; Zöller/*Feskorn* FamFG § 57 Rn. 10.
36 OLG Naumburg 11.7.2012 – 8 UF 144/12, JAmt 2013, 48.
37 Vgl. HK-FamVerfR/*Stockmann* § 56 Rn. 23.
38 Prütting/Helms/*Abramenko* FamFG § 63 Rn. 4.

4. Abhilfebefugnis des Ausgangsgerichts

66 Entgegen dem Gesetzeswortlaut in § 68 Abs. 1 S. 2 FamFG besteht eine **Abhilfemöglichkeit** des Ausgangsgerichts.[39]

XI. Kosten und Gebühren

67 Für den **Gegenstandswert** sieht § 41 FamGKG vor, dass dieser bei der einstweiligen Anordnung in der Regel unter Berücksichtigung der geringeren Bedeutung der Hauptsache zu ermäßigen ist; dies gilt auch für Unterhaltsverfahren.[40] Generell ist wegen der geringeren Anforderungen an die Geltendmachung des Anspruchs sowie des Umstandes, dass eine einstweilige Anordnung keine in Rechtskraft erwachsende Entscheidung über den Unterhaltsanspruch schafft und somit eine Rückforderung gem. § 717 Abs. 2 ZPO in einem Hauptsacheverfahren möglich ist,[41] von der Hälfte des für die Hauptsache bestimmten Wertes auszugehen. Das Gericht kann den Gegenstandswert (nach § 55 FamGKG) somit auch höher als den hälftigen Hauptsachewert bemessen, insbesondere dann, wenn die im Verfahren der einstweiligen Anordnung getroffene Regelung das Hauptsacheverfahren überflüssig macht. Der Umstand allein, dass der Antragsteller den „vollen Unterhalt" geltend gemacht hat, rechtfertigt eine Festsetzung auf den Hauptsacheverfahrenswert nicht.[42]

68 Für eine einstweilige Anordnung auf **Verfahrenskostenvorschuss** ist **als Verfahrenswert** der verlangte Vorschuss in voller Höhe anzusetzen, weil damit das Hauptsacheverfahren insoweit regelmäßig obsolet wird.[43]

69 **Besondere Wertvorschriften enthält das FamGKG** ua für Kindschaftssachen (§§ 45, 46 FamGKG), Abstammungssachen (§ 47 FamGKG), Ehewohnungs- und Haushaltssachen (§ 48 FamGKG), Gewaltschutzsachen (§ 49 FamGKG), Unterhaltssachen (§ 51 FamGKG) und Güterrechtssachen (§ 52 FamGKG). Ansonsten kann auf die Vorschrift über den Auffangwert (§ 42 FamGKG) zurückgegriffen werden.

70 Die **Höhe der Gerichtsgebühren** ergibt sich ausgehend von dem festgesetzten Gegenstandswert in Anwendung der Anlage 2 zum FamGKG.

71 In welchem Umfang **Gebühren anfallen**, ergibt sich aus der Anlage 1 zum FamGKG. Das Gesetz differenziert zwischen einstweiligen Anordnungen in Kindschaftssachen (Nr. 1410 ff.) und sonstigen einstweiligen Anordnungen (Nr. 1420 ff.).

72 Die **anwaltlichen Gebühren** richten sich nach dem **RVG**. Aus § 17 Nr. 4 b RVG ergibt sich, dass das Verfahren der einstweiligen Anordnung in jedem Fall, also auch dann, wenn es von Amts wegen eingeleitet wird, als eigene Angelegenheit iSv § 15 RVG anzusehen ist. Die gerichtliche Wertfestsetzung nach dem FamGKG gilt nach § 23 Abs. 1 S. 1 RVG auch für die Ermittlung der anwaltlichen Gebühren. Hinsichtlich der anfallenden anwaltlichen Gebühren verbleibt es im gerichtlichen Verfahren bei den Gebührentatbeständen Nr. 3100 ff. RVG-VV (Anlage 1 zum RVG). Durch Abs. 3 der Vorbemerkung zu Teil 3 des RVG-VV

---

39 HK-FamVerfR/*Stockmann* § 57 Rn. 24; Bork/Jacoby/Schwab/*Löhnig/Heiß* FamFG § 57 Rn. 16; Keidel/*Sternal* FamFG § 68 Rn. 24; OLG Hamm 30.7.2010 – 10 WF 121/10, NJW 2010, 3246. Gegen Abhilfemöglichkeit: Zöller/*Feskorn* FamFG § 68 Rn. 2; Prütting/Helms/*Dürbeck* FamFG § 57 Rn. 16; Johannsen/Henrich/Althammer/*Kohlenberg* FamFG § 57 Rn. 13.

40 OLG Köln 17.11.2010 – 11 WF 133/10, FamFR 2011, 15. Vgl. die Einzelfalldarstellungen von NK-GK/*Schneider* FamGKG § 41 Rn. 5 ff.

41 OLG Celle 5.12.2011 – 10 WF 342/11, NJW 2012, 789.

42 OLG Stuttgart 17.11.2010 – 11 WF 133/10, FamFR 2011, 16; OLG Bamberg 7.11.2011 – 2 WF 300/11, das generell auf die Verhältnisse bei Antragstellung der einstweiligen Anordnung abstellt; zu diesem Zeitpunkt könne aber nicht prognostiziert werden, ob das Hauptsacheverfahren ersetzt werde oder nicht; aA OLG Düsseldorf 23.2.2010 – 3 WF 15/10, NJW 2010, 1385.

43 KG 27.4.2017 – 19 WF 135/16; OLG Karlsruhe 13.2.2017 – 2 WF 279/16, FamRZ 2017. 1766; OLG Celle 22.1.2019 – 15 WF 124/18, FamRZ 2019, 2024; Prütting/Helms/*Bömelburg* FamFG § 246 Rn. 95 b; Stockmann jurisPR-FamR 12/2016 Anm. 4; aA Prütting/Helms/*Dürbeck* FamFG § 246 Rn. 97; OLG Frankfurt a.M. 3.7.2015 – 6 WF 136/15; OLG Frankfurt a.M. 6.9.2018 – 5 WF 88/18.

ist auch klargestellt, dass für die Teilnahme an einem Termin im Verfahren der einstweiligen Anordnung stets eine Terminsgebühr entsteht.

Mehrere Verfahren der einstweiligen Anordnung stellen nach § 18 RVG jeweils verschiedene gebührenrechtliche Angelegenheiten dar, so dass der Anwalt für jedes Verfahren gesondert abrechnen kann.[44] 73

XII. Verhältnis zum Hauptsacheverfahren

Infolge der Verfahrensselbstständigkeit der einstweiligen Anordnung stellt sich die Frage nach dem Verhältnis des Verfahrens der einstweiligen Anordnung zum Hauptsacheverfahren. Hierzu ist folgendermaßen zu differenzieren: 74

(1) Ist bereits ein **deckungsgleiches Hauptsacheverfahren anhängig**, so ist die Frage nach einem Regelungsbedürfnis für ein Verfahren der einstweiligen Anordnung daran festzumachen, ob noch ein Anordnungsgrund besteht.[45] Dieser kann entfallen, wenn die Sachentscheidung in der Hauptsache abgewartet werden kann. Dies kann unter Umständen dann der Fall sein, wenn in einer Kindschaftssache das Gericht nach § 155 Abs. 2 FamFG bereits einen kurzfristigen Termin anberaumt und zudem signalisiert hat, es werde für den Fall, dass in diesem Termin keine Einigung erzielt werden kann, gem. § 156 Abs. 3 S. 1 FamFG gegebenenfalls von Amts wegen selbst eine einstweilige Anordnung erlassen. Eine streitige Hauptsacheentscheidung in einer Sorgerechtssache wird jedoch wegen der Verpflichtung des Gerichts, den Sachverhalt umfassend aufzuklären und gegebenenfalls Sachverständigengutachten einzuholen, kaum innerhalb kurzer Zeit möglich sein.[46] 75

(2) Ist ein **Hauptsacheverfahren noch nicht anhängig**, unterliegt es der freien Entscheidung des Antragstellers, ob er sein Begehren in einem Hauptsacheverfahren oder in einem Verfahren der einstweiligen Anordnung verfolgt. 76

(3) Ein bereits **anhängiges Verfahren der einstweiligen Anordnung** lässt gleichermaßen wie eine in einem solchen Verfahren ergangene Entscheidung das Rechtsschutzbedürfnis für ein Hauptsacheverfahren nicht entfallen.[47] Die einstweilige Anordnung trifft nämlich aufgrund einer summarischen Prüfung nur eine vorläufige Regelung, die keine rechtskräftige Entscheidung über den Anspruch darstellt und einer nachträglichen Feststellung im Hauptsacheverfahren nicht im Wege steht. Sie schafft lediglich eine Vollstreckungsmöglichkeit, jedoch keinesfalls – in vermögensrechtlichen Angelegenheiten – einen Rechtsgrund zum Behaltendürfen der durch sie empfangenen Leistung.[48] Durch § 52 FamFG, der ein Recht auf nachträgliche Einleitung des Hauptsacheverfahrens gewährt, hat der Gesetzgeber dieses Verhältnis nochmals herausgehoben. In Gewaltschutzverfahren, in denen sich die Frage nach der materiellen Rechtskraft nicht stellt, dürfte es jedoch als mutwillig anzusehen sein, wenn neben einem Antrag auf einstweilige Anordnung ein inhalts- und zeitgleicher Hauptsacheantrag gestellt wird.[49] 77

Daher ist es nicht statthaft, das Rechtsschutzbedürfnis für ein deckungsgleiches Hauptsacheverfahren pauschal unter Hinweis auf die Regelung der einstweiligen Anordnung zu verneinen. Dies gilt – wegen der gebotenen Gleichstellung von Bemittelten und Unbemittelten – auch für Verfahren, für die VKH begehrt wird.

---

44 *Witte* FPR 2010, 316.
45 HK-FamVerfR/*Stockmann* § 49 Rn. 13.
46 So auch *Elden* NJW-Spezial 2011, 708.
47 Prütting/Helms/*Dürbeck* FamFG § 49 Rn. 14; *Bömelburg* FF 2011, 355; restriktiver aber: *Viefhues* jurisPR-FamR Nr. 23/ 2011, Anm. 2.
48 BGH 29.5.1991 – XII ZR 157/90, FamRZ 1991, 1175.
49 OLG Frankfurt a.M. 7.7.2011 – 3 WF 150/11, FamRZ 2012, 144.

91. Elterliches Sorgerecht

Seebach/M. Teubel

I. Allgemeines/Grundsätze

1. Rechtsnatur

1 Die **elterliche Sorge** meint die Gesamtheit der Rechtsbeziehungen zwischen Eltern und ihren minderjährigen Kindern. Sie wird materiellrechtlich geregelt in §§ 1626 ff. BGB und ist **Ausfluss des verfassungsrechtlich garantierten und geschützten Elternrechts** gem. Art. 6 Abs. 2 S. 1 GG.[1] Sie ist ein höchstpersönliches und unverzichtbares Recht, kann jedoch zur Ausübung in Teilbereichen auch auf dritte Personen übertragen werden.[2] Die elterliche Sorge ist absolutes Recht sowie Pflichtrecht der Eltern, die diese zum **Schutz und Wohl des Kindes** auszuüben haben.[3]

2. Teilbereiche

2 Die elterliche Sorge gliedert sich in die Bereiche der **Personensorge** (→ *Personensorge* Rn. 1 ff.) sowie der **Vermögenssorge** (→ *Vermögenssorge* Rn. 1 ff.) auf. Unter bestimmten rechtlichen (→ *Ruhen des Sorgerechts* Rn. 4 ff.) oder tatsächlichen (→ *Ruhen des Sorgerechts* Rn. 11 ff.) Voraussetzungen tritt das **Ruhen der elterlichen Sorge** ein.[4]

3. Beginn und Ende

3 Gem. § 1626 BGB haben die Eltern[5] die Pflicht und das Recht, für das minderjährige Kind zu sorgen. Nach § 1626 a BGB steht bei nicht verheirateten Eltern die elterliche Sorge grundsätzlich der Mutter zu (→ *Sorgeerklärung* Rn. 1 ff.). Die elterliche Sorge beginnt mit der **Geburt des Kindes**[6] und endet mit dessen Volljährigkeit oder Tod.[7] Ein weiterer Grund für ein **Ende der elterlichen Sorge** im Bereich des Kindes ist dessen Adoption gem. § 1755 BGB.[8] Hinsichtlich der Eltern endet das Sorgerecht mit dem Tod des sorgeberechtigten Elternteils (→ *Ruhen des Sorgerechts* Rn. 7), einer Sorgerechtsübertragung gem. § 1671 BGB (→ *Elternvereinbarungen* Rn. 8), der Adoption des minderjährigen Kindes gem. § 1755 BGB oder dem Entzug der elterlichen Sorge gem. § 1666 BGB.[9]

1 NK-BGB/*Rakete-Dombek/Berning* § 1626 Rn. 1.
2 *Maier* in: FormB-FamR § 6 Rn. 38.
3 NK-BGB/*Rakete-Dombek/Berning* § 1626 Rn. 2.
4 NK-BGB/*Rakete-Dombek/Berning* § 1626 Rn. 8 f.
5 NK-BGB/*Rakete-Dombek/Berning* § 1626 Rn. 4.
6 NK-BGB/*Rakete-Dombek/Berning* § 1626 Rn. 5.
7 NK-BGB/*Rakete-Dombek/Berning* § 1626 Rn. 6.
8 HK-FamR/*Schmid* BGB § 1626 Rn. 3.
9 NK-BGB/*Rakete-Dombek/Berning* § 1626 Rn. 7.

4. Wächteramt

Unter bestimmten strengen Voraussetzungen hat der **Staat** das Recht und die Pflicht, in das verfassungsrechtlich verankerte Recht der Eltern einzugreifen.[10] Insbesondere unter den Voraussetzungen der §§ 1666, 1666 a BGB wegen drohender oder bestehender Kindeswohlgefährdung kann den Eltern die elterliche Sorge unter Wahrnehmung des staatlichen **Wächteramtes** entzogen werden (→ *Kindeswohlgefährdung* Rn. 1). Grundsätzlich ist der Elternverantwortung jedoch Vorrang einzuräumen vor staatlichen Eingriffen.[11] 4

II. Ausübung der elterlichen Sorge

1. Allgemeines

Als natürliches Elternrecht steht die Pflege und Erziehung der Kinder unter dem besonderen Schutz des Staates.[12] Den Eltern kommt ein **Abwehrrecht** gegenüber dem Staat zu. Der Staat wiederum hat sein sogenanntes **Wächteramt** wahrzunehmen zum Schutz und Wohl der minderjährigen Kinder (→ *Kindeswohlgefährdung* Rn. 1).[13] Das **Kindeswohl ist der zentrale Begriff** des Kindschaftsrechts und damit auch des Sorgerechts.[14] 5

Die elterliche Sorge wird verheirateten Eltern gem. § 1626 BGB zugewiesen, die gem. § 1627 BGB gleichberechtigt nebeneinander stehen.[15] Der Gesetzgeber geht davon aus, dass die einverständliche Ausübung der gemeinschaftlichen elterlichen Sorge dem Kindeswohl am besten dient. In Notfällen und im Bereich der täglichen Angelegenheiten (§ 1687 BGB) kann ein Elternteil alleine die elterliche Sorge ausüben (→ Rn. 14). Grundsätzlich haben die Eltern ein Einvernehmen untereinander herzustellen.[16] 6

Die gesetzliche Vertretung regelt § 1629 BGB (→ *Gesetzliche Vertretung Minderjähriger* Rn. 1 ff.).

Bei Meinungsverschiedenheiten der Eltern kann gem. § 1628 BGB das Familiengericht auf Antrag tätig werden, wobei § 1628 BGB nur bei Angelegenheiten von erheblicher Bedeutung (→ *Meinungsverschiedenheiten der Sorgeberechtigten* Rn. 3) eingreift, während bei Streitigkeiten betreffend alltägliche Angelegenheiten keine Regelung besteht.[17] 7

2. Kindeswohlprinzip

a) Allgemeines. Die Norm des § 1697 a BGB bestimmt das **Kindeswohlprinzip**[18] als allgemeinen und einzigen Entscheidungsgesichtspunkt im Bereich der elterlichen Sorge, soweit nicht in speziellen Vorschriften besondere Entscheidungsmaßstäbe gelten.[19] 8

b) Bedeutung. Der Begriff des Kindeswohls ist vom Gesetzgeber nicht klar definiert und daher für jeden Einzelfall und unter Berücksichtigung der Bedürfnisse des Kindes zu entwickeln. Insoweit wurden von der Rechtsprechung und der Literatur **zahlreiche Kriterien** entwickelt (→ *Aufenthaltsbestimmung bei Minderjährigen* Rn. 10). 9

3. Getrennt lebende Eltern

a) Allgemeines. Eltern, denen die **elterliche Sorge gemeinsam** zusteht, behalten grundsätzlich die gemeinsame Sorge auch nach Trennung bzw. Scheidung bei. Die Norm des § 1671 BGB unterscheidet inso- 10

10 HK-BGB/*Kemper* § 1626 Rn. 2.
11 HK-FamR/*Schmid* BGB § 1626 Rn. 2; HK-FamR/*Schmid* BGB § 1627 Rn. 1.
12 HK-FamR/*Schmid* BGB § 1626 Rn. 2.
13 HK-FamR/*Schmid* BGB § 1626 Rn. 2.
14 NK-BGB/*Rakete-Dombek/Berning* § 1627 Rn. 6.
15 HK-BGB/*Kemper* § 1627 Rn. 1.
16 NK-BGB/*Rakete-Dombek/Berning* § 1627 Rn. 2.
17 NK-BGB/*Rakete-Dombek/Berning* § 1627 Rn. 7.
18 NK-BGB/*Rakete-Dombek/Berning* § 1666 Rn. 9; NK-BGB/*Rakete-Dombek/Berning* § 1627 Rn. 6.
19 NK-BGB/*Harms/Bisping* § 1697 a Rn. 1.

weit nicht zwischen verheirateten oder nicht verheirateten Eltern. Wird kein Antrag vor Gericht gestellt, ob im Scheidungsverbund oder in einem isolierten Verfahren, so ergeht hinsichtlich der elterlichen Sorge keine gerichtliche Entscheidung.

11 **b) Sorgerechtsübertragungen.** Auch eine Einigung der Eltern über die Übertragung der elterlichen Sorge (→ *Elternvereinbarungen* Rn. 2 ff.) bedarf grundsätzlich der gerichtlichen Entscheidung, § 1671 Abs. 1 S. 1, 2 Nr. 1 BGB.[20]

12 Treffen die Eltern **keine einvernehmliche Regelung**, so kann ein Elternteil einen Antrag auf Übertragung der alleinigen elterlichen Sorge oder von Teilbereichen der elterlichen Sorge gem. § 1671 Abs. 1 S. 1, 2 Nr. 2 BGB stellen.[21] Es erfolgt eine gerichtliche Prüfung nach **Kindeswohlgesichtspunkten** (→ Rn. 8). Dies hat zur Konsequenz, dass einem Elternteil die elterliche Sorge alleine übertragen und dem anderen entsprechend entzogen wird (→ *Entzug des Sorgerechts* Rn. 10 ff.).

Eine Regelung im Hinblick auf nichteheliche Väter findet sich in § 1671 Abs. 2 BGB, wonach für den Fall des § 1626 a Abs. 3 BGB unter den gegebenen Voraussetzungen die elterliche Sorge alleine auf den nichtehelichen Vater zu übertragen ist. Es hat eine positive Kindeswohlprüfung zu erfolgen (→ Rn. 18).

13 Abzugrenzen ist die Norm des § 1671 BGB, die zu einem auf Dauer angelegten Sorgerecht eines Elternteils führt, von bloßen **Meinungsverschiedenheiten** bei Einzelfragen, die über § 1628 BGB zu regeln sind (→ *Meinungsverschiedenheiten der Sorgeberechtigten* Rn. 1 ff.).

14 **c) Angelegenheiten des täglichen Lebens.** Gem. § 1687 BGB ist auch bei getrennt lebenden Eltern, denen die elterliche Sorge gemeinsam zusteht, bei Entscheidungen von erheblicher Bedeutung für das Kind (→ *Meinungsverschiedenheiten der Sorgeberechtigten* Rn. 3) gegenseitiges Einvernehmen erforderlich.[22] In Angelegenheiten des täglichen Lebens kommt dem betreuenden Elternteil eine Alleinentscheidungsbefugnis zu.[23] Insoweit vertritt dieser Elternteil das Kind wirksam nach außen (→ *Gesetzliche Vertretung Minderjähriger* Rn. 17). Diese Alleinentscheidungsbefugnis kommt auch dem Umgang ausübenden Elternteil zu.[24] Ziel dieser Vorschrift ist eine Konfliktvermeidung der Elternteile.[25] Der andere Elternteil hat insoweit einen Auskunftsanspruch (→ *Auskunft über persönliche Verhältnisse des Kindes* Rn. 1).

4. Nichteheliche Väter

15 Die Vorschrift des § 1626 a BGB regelt die elterliche Sorge **nicht miteinander verheirateter Eltern**. Bei fehlender Sorgeerklärung (→ *Sorgeerklärung* Rn. 1 ff.) tritt grundsätzlich die alleinige elterliche Sorge der Kindesmutter gem. § 1626 a Abs. 3 BGB ein. Mit Heirat der Eltern ändert sich die Sorgerechtslage, § 1626 a Abs. 1 Nr. 2 BGB.

Nach der seit 1.7.1998 geltenden Gesetzesfassung war der Vater eines nichtehelichen Kindes sowohl hinsichtlich der Abgabe einer Sorgeerklärung gem. § 1626 a BGB als auch hinsichtlich der Erlangung der gemeinsamen elterlichen Sorge gem. § 1672 BGB auf die **Mitarbeit und die Zustimmung der Kindesmutter** angewiesen. Gegen ihren Willen war eine gemeinsame oder gar alleinige elterliche Sorge allenfalls über ein Verfahren nach § 1666 BGB zu erlangen. Dies war mit Art. 6 Abs. 2 GG unvereinbar (→ *Sorgeerklärung* Rn. 3).[26]

16 Seit Inkrafttreten des **Gesetzes zur Reform der elterlichen Sorge nicht miteinander verheirateter Eltern** am 19.5.2013 kann der nichteheliche Vater die gemeinsame elterliche Sorge gem. § 1626 a Abs. 2 BGB oder die alleinige elterliche Sorge gem. § 1671 Abs. 2 BGB für das gemeinsame Kind beim Familien-

20 HK-FamR/*Schmid* BGB § 1671 Rn. 2.
21 HK-FamR/*Schmid* BGB § 1671 Rn. 1.
22 NK-BGB/*Peschel-Gutzeit/Ebeling* § 1687 Rn. 6.
23 NK-BGB/*Peschel-Gutzeit/Ebeling* § 1687 Rn. 7.
24 NK-BGB/*Kaiser* § 1629 Rn. 32.
25 NK-BGB/*Peschel-Gutzeit/Ebeling* § 1687 Rn. 4.
26 BVerfG 21.7.2010 – 1 BvR 420/09, NJW 2010, 3008.

gericht beantragen. Es findet eine **negative Kindeswohlprüfung** statt, dh die gemeinsame elterliche Sorge ist anzuordnen, wenn diese dem Kindeswohl nicht widerspricht, § 1626 a Abs. 2 BGB. Ein genereller Vorrang zugunsten der gemeinsamen elterlichen Sorge wurde mit dieser Regelung jedoch nicht begründet.[27]

Im gerichtlichen Verfahren – geregelt in § 155 a FamFG – erhält die Kindsmutter Gelegenheit zur Stellungnahme, wobei ihr eine Frist eingeräumt wird, die frühestens sechs Wochen nach der Geburt endet (§ 155 a Abs. 2 FamFG). Das Gericht soll sodann in einem **beschleunigten, lediglich schriftlichen Verfahren** entscheiden, wobei eine Anhörung des Jugendamtes oder eine persönliche Anhörung der Eltern entbehrlich ist, sofern die Mutter entweder gar nicht Stellung nimmt oder die Gründe, die sie gegen die gemeinsame Sorge vorträgt, mit dem Kindeswohl nicht in Zusammenhang stehen bzw. keine Gründe sind, die der Übertragung entgegenstehen können. Das Kind ist jedoch nach § 159 FamFG anzuhören.[28] Werden dem Gericht durch den Vortrag der Beteiligten oder auf sonstige Weise Gründe bekannt, die der gemeinsamen elterlichen Sorge entgegenstehen können, soll das Gericht das „**normale Verfahren**" wählen, dh unter Beteiligung und Stellungnahme des Jugendamtes und unter persönlicher Anhörung der Beteiligten, ggf. auch Beiordnung eines Verfahrensbeistandes sowie Einholung eines Sachverständigengutachtens entscheiden, § 155 a Abs. 4 FamFG. Eine schwerwiegende und nachhaltige Störung auf der Kommunikationsebene der Eltern, die befürchten lässt, dass eine gemeinsame Entscheidungsfindung nicht möglich sein wird und dies das Kind erheblich belasten würde, kann gegen die gemeinsame Sorge sprechen.[29] Im Hinblick auf die alleinige elterliche Sorge des Kindsvaters muss diese gem. § 1671 Abs. 2 S. 1, 2 Nr. 2 BGB dem Kindeswohl am besten entsprechen (**positive Kindeswohlprüfung**).

5. Stiefelternteil – „kleines Sorgerecht"

Gem. § 1687 b BGB hat der Ehegatte eines allein sorgeberechtigten Elternteils ein sogenanntes „**kleines Sorgerecht**". Voraussetzung ist insoweit ein allein sorgeberechtigter Elternteil, eine neue Ehe sowie ein einvernehmliches Handeln, welches zur Mitentscheidung in Angelegenheiten des täglichen Lebens berechtigt.[30] Über § 1687 b Abs. 2 BGB kommt dem Stiefelternteil bei Gefahr in Verzug zum Wohl des Kindes eine Berechtigung zu, Rechtshandlungen vorzunehmen (→ *Gesetzliche Vertretung Minderjähriger* Rn. 13). 17

Der Stiefelternteil verliert die Befugnisse bei Begründung gemeinsamer elterlicher Sorge der Kindeseltern für das „Stiefkind" (→ *Gesetzliche Vertretung Minderjähriger* Rn. 14). Über § 9 LPartG gilt die Mitentscheidungsbefugnis auch im Rahmen einer Lebenspartnerschaft.

6. Tod eines Elternteils

Gem. § 1680 Abs. 1 BGB steht bei Tod eines Elternteils (→ *Ruhen der elterlichen Sorge* Rn. 7) die elterliche Sorge dem überlebenden Elternteil alleine zu, wenn zuvor die gemeinsame elterliche Sorge bestand.[31] 18

Bestand gem. § 1671 BGB oder § 1626 a Abs. 3 BGB die alleinige elterliche Sorge des verstorbenen Elternteils, überträgt das Familiengericht diese dem überlebenden Elternteil, wenn eine **negative Kindeswohlprüfung** ergibt, dass die Übertragung der elterlichen Sorge dem Wohl des Kindes nicht widerspricht. 19

War die elterliche Sorge dem überlebenden Elternteil gem. §§ 1666, 1666 a BGB entzogen, so gelten über § 1680 Abs. 3 BGB die Abs. 1 und 2 entsprechend. 20

27 BGH 15.6.2016 – XII ZB 419/15, NJW 2016, 2497.
28 BGH 15.6.2016 – XII ZB 419/15, NJW 2016, 2497.
29 BGH 15.6.2016 – XII ZB 419/15, NJW 2016, 2497 (2499).
30 NK-BGB/*Peschel-Gutzeit/Ebeling* § 1687 b Rn. 2 ff.
31 NK-BGB/*Friederici/Reinhardt* § 1680 Rn. 2.

III. Verfahren

1. Hinwirken auf Einvernehmen

21 Gem. § 156 FamFG wirkt das Familiengericht in jedem Stadium des Verfahrens auf ein mögliches **Einvernehmen der Beteiligten** hin. Grenze ist hierbei wiederum das Kindeswohl. Ziel ist es, die Eltern zu einer von ihnen getragenen Konfliktlösung zu führen, um die Belastungen für die Kinder zu minimieren.[32]

22 Das Gericht kann auch die Teilnahme der Eltern an einer **Beratung oder Mediation anordnen**, § 156 Abs. 1 S. 3 FamFG. Diese Anordnung erfolgt durch nicht anfechtbaren gerichtlichen Beschluss. Folgen die Beteiligten der Anordnung nicht, ist der gerichtliche Beschluss nicht durchsetzbar oder vollstreckbar, allerdings können Kostenfolgen die Beteiligten treffen, § 81 Abs. 2 Nr. 5 FamFG. Diese Anordnungen erfolgen in der gerichtlichen Praxis eher selten, da eine freiwillige – nicht durch Beschluss angeordnete – Teilnahme an einer Beratung erfolgversprechender erscheint und das gerichtliche Hinwirken auf eine derartige Teilnahme in der Regel auch ohne Beschluss erfolgreich sein wird.

2. Vergleiche

23 Im Bereich des Sorgerechts kann eine Übertragung nicht im Vergleichswege erreicht werden. Es ist stets ein gerichtlicher Beschluss erforderlich (→ *Elternvereinbarungen* Rn. 2 ff.).[33] Eine Einigung der Eltern entfaltet jedoch eine gewisse Indizwirkung dahin gehend, dass dies dem Wohl des Kindes am besten entspricht.

3. Beschleunigungsgebot

24 Das **Beschleunigungsgebot** gem. § 155 FamFG ist in Umgangsverfahren und Verfahren betreffend den **Aufenthalt des Kindes**, die **Herausgabe des Kindes** sowie in Verfahren wegen **Kindeswohlgefährdung** zu beachten. Ziel ist hierbei die besondere Wahrung des Kindeswohls.[34] Auch dieser Grundsatz der Verfahrensbeschleunigung wird durch das Kindeswohl begrenzt.[35]

4. Verbund

25 Gem. § 137 Abs. 1 FamFG ist über Scheidung und Folgesachen zusammen zu verhandeln und zu entscheiden. Gem. § 137 Abs. 3 FamFG sind Kindschaftssachen Folgesachen, wenn ein Ehegatte vor Schluss der mündlichen Verhandlung im ersten Rechtszug die **Einbeziehung in den Verbund** beantragt.[36] Die **Zweiwochenfrist** des § 137 Abs. 2 FamFG **gilt** gerade **nicht**. Das Gericht ist an den Antrag im Verbund nicht gebunden, wenn es eine Einbeziehung aus Gründen des Kindeswohls nicht für sachgerecht hält, was insbesondere bei einem Beschleunigungsbedürfnis der Fall sein wird. Eine in den Verbund gelangte Kindschaftsfolgesache kann nach § 140 Abs. 2 S. 2 Nr. 3 FamFG vom Gericht wieder aus dem Verbund abgetrennt werden, wenn dies aus Gründen des Kindeswohls sachgerecht erscheint.

5. Stellung des Jugendamts

26 Das Jugendamt ist anzuhören, eine Gelegenheit zur Stellungnahme ist dem Amt einzuräumen, § 155 Abs. 2 S. 3 FamFG. Auf **Antrag wird das Jugendamt Beteiligter**, § 162 Abs. 2 S. 2 FamFG. Dem Jugendamt kommt ein **eigenes Beschwerderecht** zu, § 162 Abs. 3 S. 2 FamFG.

Eine weitreichende sowie **frühzeitige Einbeziehung** des Jugendamts in Verfahren der elterlichen Sorge ist sinnvoll und gängige Praxis. In einer nicht unbedeutenden Anzahl von Verfahren sind die beteiligten Familien dem Amt bereits bekannt. Ohnehin ist es für viele Beteiligte sinnvoll und kostengünstiger, vor der Inanspruchnahme des Familiengerichts die Hilfe und Beratungsmöglichkeiten der Jugendämter in

---

32 HK-FamVerfR/*Völker/Clausius/Wagner* § 156 Rn. 1.
33 BGH 16.3.2011 – XII ZB 407/10, NJW 2011, 2360.
34 HK-FamVerfR/*Völker/Clausius/Wagner* § 155 Rn. 3.
35 HK-FamVerfR/*Völker/Clausius/Wagner* § 155 Rn. 4.
36 HK-FamVerfR/*Kemper* § 137 Rn. 35 ff.

Anspruch zu nehmen. Hierauf weist das Gericht auch gem. § 156 Abs. 1 S. 2 FamFG hin. Insoweit haben die Beteiligten eine Mitwirkungspflicht. Eine derartige Anordnung des Gerichts ist nicht vollstreckbar, kann aber Kostenpflichten auslösen gem. § 81 FamFG.

6. Kindesanhörung

Das Gericht hat das Kind gem. § 159 FamFG anzuhören und sich auf diese Art und Weise einen **persönlichen Eindruck** zu verschaffen.[37] Das Kind wird hierbei sein subjektives Interesse, seinen Kindeswillen in das Verfahren einbringen können. Ein beigeordneter **Verfahrensbeistand** (→ Rn. 31) ist bei der Anhörung zu beteiligen, § 159 Abs. 4 S. 3 FamFG. Eine notwendige unterbliebene Anhörung des Kindes stellt einen schwerwiegenden Verfahrensfehler dar. Dies gilt jedenfalls für den Bereich der Personensorge. Hinsichtlich der Vermögenssorge kann leichter von einer Anhörung abgesehen werden, § 159 Abs. 1 S. 2 FamFG. 27

Natürlich ist die durchzuführende Anhörung abhängig von Alter und Entwicklungsstand des Kindes. Das Gesetz sieht zwingend die Anhörung eines Kindes, das das **14. Lebensjahr** vollendet hat, vor. § 156 Abs. 2 FamFG regelt die Fälle der **Anhörung jüngerer Kinder**. Letztlich wird in Fällen der elterlichen Sorge eine Anhörung nur aus schwerwiegenden Gründen unterbleiben können. Ab einem Alter von ca. drei bis vier Jahren ist eine Anhörung durch das Gericht auch grundsätzlich möglich.[38] Der Gesetzentwurf zur Bekämpfung sexualisierter Gewalt gegen Kinder sieht den Wegfall der Unterscheidung nach dem Alter vor und betont die Pflicht zur persönlichen Anhörung des Kindes.[39] 28

7. Verfahrensbeistand

Dem Kind ist nach § 158 FamFG ein Verfahrensbeistand zu bestellen. Abs. 2 zählt Regelfälle auf, in denen eine Bestellung erforderlich ist. Eine unterbliebene Beiordnung stellt einen schwerwiegenden Verfahrensmangel dar.[40] Der Gesetzentwurf zur Bekämpfung sexualisierter Gewalt gegen Kinder sieht eine Neustrukturierung der Regelungen zum Verfahrensbeistand in §§ 158–158 c FamFG vor.[41] Der Verfahrensbeistand ist über eine Kindesanhörung durch das Gericht zu informieren. Grundsätzlich hat die **Anhörung in Anwesenheit des Verfahrensbeistands** zu erfolgen, § 159 Abs. 4 S. 3 FamFG. 29

Jedem Kind kann hierbei ein eigener Verfahrensbeistand beigeordnet werden. In Einzelfällen, widerstreitenden Kindesinteressen, sehr kinderreichen Familien und sehr umfangreichen Verfahren, kann dies mitunter sinnvoll sein.

Der Verfahrensbeistand hat gem. § 158 Abs. 4 FamFG das **Interesse des Kindes** festzustellen und im gerichtlichen Verfahren zum Ausdruck zu bringen. Er hat das subjektive Interesse des Kindes und das **objektive Kindesinteresse**, demnach das Kindeswohl, zu erfassen.[42] 30

Je nach Alter des Kindes hat der Verfahrensbeistand das Kind über die Entwicklung und den **Stand des Verfahrens** zu informieren. Der Wille des Gesetzgebers, einer einvernehmlichen Lösung den Vorrang einzuräumen, wird auch in § 158 Abs. 4 S. 3 FamFG deutlich, wonach bei Beiordnung mit erweitertem Wirkungskreis der Verfahrensbeistand ebenfalls auf eine **einvernehmliche Lösung** hinzuarbeiten hat.[43] 31

Der Verfahrensbeistand kann ein **eigenes Rechtsmittel** einlegen, § 158 Abs. 4 S. 5 FamFG. Er ist **nicht gesetzlicher Vertreter** des Kindes, § 158 Abs. 4 S. 6 FamFG. 32

37 BVerfG 5.11.1980 – 1 BvR 349/80, NJW 1981, 217.
38 HK-FamVerfR/*Völker/Clausius/Wagner* § 159 Rn. 1.
39 BT-Drs. 19/23707, 56.
40 HK-FamVerfR/*Völker/Clausius/Wagner* § 158 Rn. 419.
41 BT-Drs. 19/23707, 52.
42 HK-FamVerfR/*Völker/Clausius/Wagner* § 158 Rn. 20.
43 HK-FamVerfR/*Völker/Clausius/Wagner* § 158 Rn. 21.

8. Sachverständiger

33 In Verfahren betreffend die elterliche Sorge wird grundsätzlich vor gerichtlicher Entscheidung ein Sachverständigengutachten durch einen geeigneten Sachverständigen einzuholen sein (→ *Entzug des Sorgerechts* Rn. 17). Dies muss jedenfalls dann gelten, wenn in verfassungsrechtlich garantierte Elternrechte eingegriffen wird. Das Gericht wird aufgrund der Erheblichkeit des Eingriffs eine vollumfängliche Sachaufklärung unter Einbindung sämtlicher Erkenntnisquellen durchzuführen haben.

92. Elterngeld

Conradis

I. Einführung

Das Elterngeld löste zum 1.1.2007 das Erziehungsgeld ab. Der Funktion nach ist das Elterngeld eine **Lohnersatzleistung** und wird ähnlich wie das Arbeitslosengeld und das Krankengeld danach berechnet, welches Erwerbseinkommen zuvor erzielt wurde. Das Bundeselterngeld- und Elternzeitgesetz (BEEG) verfolgt mehrere Ziele, darunter ua auch das Ziel, Personen, die ein etwas höheres Einkommen haben, einen Anreiz zu verschaffen, sich ohne wesentliche finanzielle Einbußen für Kinder zu entscheiden. Auch sollen Väter in der Verantwortung für die Kindererziehung gestärkt werden.[1] 1

Der Kreis der Berechtigten ist weit gezogen, insbesondere können nach § 1 Abs. 3 BEEG auch Stiefeltern berechtigt sein sowie Väter, deren Vaterschaft noch nicht festgestellt ist. Voraussetzung für einen Anspruch ist, dass keine oder **keine volle Erwerbstätigkeit** ausgeübt wird (§ 1 Abs. 1 Nr. 4 BEEG). Nach § 1 Abs. 6 BEEG darf die wöchentliche Arbeitszeit 30 Wochenstunden nicht übersteigen. Soweit eine Berufsausbildung durchgeführt wird, gilt diese Grenze nicht. 2

II. Gesetzliche Regelung des Elterngeldes

1. Berechnung des Elterngeldes

Für die Berechnung der Höhe des Elterngeldes wird das in den **zwölf Monaten vor der Geburt** des Kindes durchschnittlich erzielte **Nettoeinkommen** zugrunde gelegt. Dabei wird höchstens ein Betrag von 1.800 EUR monatlich bewilligt. Die Ermittlung des Nettoeinkommens erfolgt nach §§ 2 b–2 e BEEG. Zugrunde gelegt wird zunächst das Bruttoeinkommen. Hiervon wird der Arbeitnehmer-Pauschbetrag abgezogen, weiterhin die Pflichtbeiträge zur gesetzlichen Sozialversicherung in pauschaler Form nach § 2 f BEEG sowie die Steuern nach Maßgabe von § 2 e BEEG. Im Hinblick auf die Steuerbelastung ist es sinnvoll, dass derjenige Elternteil, der die Elternzeit in Anspruch nehmen will, vor der Geburt wenig Steuern zahlt; dies kann eine rechtzeitige Änderung der Steuerklasse nahe legen. Es handelt sich um ein zulässiges Gestaltungsmittel, das nicht als Rechtsmissbrauch angesehen werden kann.[2] 3

Bis Ende 2010 wurde grundsätzlich 67 % des Nettoeinkommens als Elterngeld gezahlt, bis zu einem Höchstbetrag von 1.800 EUR. Zum 1.1.2011 wurde für ein Nettoeinkommen ab 1.200 EUR eine Absenkung vorgenommen, dies hat zur Folge, dass ab einem Nettoeinkommen von 1.240 EUR das Elterngeld **65 % des Nettoeinkommens** beträgt. Nach § 2 Abs. 2 BEEG wird der Prozentsatz angehoben, wenn das durchschnittlich erzielte monatliche Nettoeinkommen vor der Geburt geringer war als 1.000 EUR. Der Prozentsatz von 67 % erhöht sich um 0,1 Prozentpunkte für je 2 EUR, um die das maßgebliche Einkommen den Betrag von 1.000 EUR unterschreitet, bis zu 100 %. Zum Beispiel erhöht sich bei einem Nettoeinkommen von 800 EUR der Prozentsatz um 10 % auf 77 %. Das Elterngeld beträgt in diesem Fall 616 EUR. 100 % werden bei einem Nettoeinkommen von 340 EUR erreicht, es werden dann also 340 EUR gezahlt. 4

1 Zu den rechtspolitischen Zielen und den Einzelheiten s. *Schwab* FamRZ 2007, 7.

2 BSG 25.6.2009 – B 10 EG 3/08 R, NJW 2010, 1485.

5 Nach § 2 Abs. 5 BEEG wird ein **Sockelbetrag von 300 EUR** gezahlt, wobei diese Zahlung unabhängig von einem zuvor erzielten Erwerbseinkommen erfolgt. Dieser Betrag hat Bedeutung für die Berechnung von Unterhaltsansprüchen (→ Rn. 17 ff.).

6 Bei **Mehrlingsgeburten** erhöht sich das Elterngeld um 300 EUR für das zweite und jedes weitere Kind (§ 2 a Abs. 4 BEEG). Weiterhin tritt eine Erhöhung von 10 % des Elterngeldes, mindestens jedoch von 75 EUR, ein, wenn die berechtigte Person mit zwei Kindern, die das dritte Lebensjahr noch nicht vollendet haben, oder mit drei oder mehr Kindern, die das sechste Lebensjahr noch nicht vollendet haben, in einem Haushalt lebt (§ 2 a Abs. 1 BEEG).

2. Ermittlung des Einkommens, welches der Berechnung zugrunde gelegt wird

7 Einige Probleme ergeben sich bei der Ermittlung des Einkommens aus **nichtselbstständiger Tätigkeit**. Maßgebend ist das durchschnittliche Einkommen, welches in den letzten zwölf Kalendermonaten vor dem Monat der Geburt erzielt wurde (§ 2 b Abs. 1 BEEG). Es wird nur das **steuerpflichtige Einkommen** berücksichtigt, so dass steuerfreie Leistungen, wie zB eine steuerfreie Zahlung des Arbeitgebers an eine Pensionskasse[3] sowie Lohnersatzleistungen wie Krankengeld oder Arbeitslosengeld unberücksichtigt bleiben. Im Einzelnen ist die Abgrenzung manchmal schwierig. Sofern Zahlungen des Arbeitgebers verspätet – außerhalb des Berechnungszeitraumes – erfolgen, wurden sie nach der früheren Rechtsprechung des BSG einberechnet, da die Auffassung vertreten wurde, dass es auf den Zeitpunkt ankommt, in dem der Anspruch auf Zahlung entstanden ist.[4] Diese Rechtsprechung wurde mit dem Urteil des BSG vom 27.6.2019[5] aufgegeben. Nun werden auch Zahlungen des Arbeitgebers im Bemessungszeitraum als laufender Arbeitslohn angerechnet, die Lohnzeiträumen vor Beginn des Bemessungszeitraums zuzuordnen sind.

8 Bei der Berechnung des durchschnittlichen Nettoeinkommens werden **sonstige Bezüge** nach § 2 Abs. 7 S. 2 BEEG **nicht berücksichtigt**. Damit sind Sonderzahlungen wie Weihnachtsgeld oder Gratifikationen gemeint;[6] auch steuerfreie Einnahmen, wie steuerfreie Sonntagszuschläge, werden bei der Berechnung nicht berücksichtigt.[7] Provisionen werden nur in die Berechnung einbezogen, wenn sie monatlich gezahlt werden. Werden sie jedoch nur alle drei Monate überwiesen, werden sie nicht berücksichtigt.[8] Diese gegenüber der Unterhaltsberechnung unterschiedliche Vorschrift kann dazu führen, dass das Elterngeld erheblich weniger als 65 % des tatsächlichen durchschnittlichen Nettoeinkommens beträgt.

9 Die Berechnung des Einkommens aus **selbstständiger Tätigkeit** ist in §§ 2 b Abs. 2, 2 d BEEG geregelt. Danach sind für die Ermittlung des Einkommens aus selbstständiger Erwerbstätigkeit die jeweiligen steuerlichen Gewinnermittlungszeiträume maßgeblich, die dem letzten abgeschlossenen steuerlichen Veranlagungszeitraum vor der Geburt des Kindes zugrunde liegen (§ 2 b Abs. 2 S. 1 BEEG). Abweichungen können sich aus § 2 d Abs. 3 und 4 BEEG ergeben. Dies führt dann zu einem Nachteil, wenn der Gewinn zuvor geringer war.

10 Soweit vor der Geburt geringeres Einkommen erzielt wurde, weil die Mutter **schwangerschaftsbedingt erkrankt** war oder der Vater Wehrdienst oder Zivildienst geleistet hat, zählen diese Kalendermonate nicht mit (§ 2 b Abs. 1 BEEG). Problematisch ist jedoch, dass sich Elternzeit ohne Elterngeldbezug für ein älteres Kind nicht auswirkt, so dass für ein zweites Kind, welches erst zwei Jahre nach dem vorherigen Kind geboren wird, Elterngeld nicht nach dem früheren Einkommen berechnet wird, sondern nur nach dem in dem vor der Geburt liegenden Jahr, so dass es zu einem sehr geringen Zahlbetrag kommen kann. Das Bundesverfassungsgericht sieht diese Rechtslage nicht als verfassungswidrig an.[9]

3 BSG 25.6.2009 – B 10 EG 9/08 R, NJW 2010, 1487.
4 Ausführlich: *Oyda* NZS 2010, 194.
5 BSG 27.6.2019 – B 10 EG 1/18 R, NJW 2019, 3669.
6 Einzelheiten s. *Rühl* NJW 2010, 1418 (1422).
7 BSG 5.4.2012 – B 10 EG 3/11 R-P, FamRZ 2012, 1217.
8 BSG 14.2.2017 – B 10 EG 7/17 R, FamRZ 2018, 645.
9 BVerfG 11.3.2010 – 1 BvR 2909/08, NZS 2010, 626.

3. Anrechnung von anderen Leistungen

Wird nach der Geburt Einkommen erzielt, werden diese Einnahmen auf das Elterngeld angerechnet, soweit dieses den Betrag von 300 EUR übersteigt (§ 3 Abs. 2 BEEG). Wird Einkommen erzielt, welches durchschnittlich geringer ist als das Einkommen, welches vor der Geburt erzielt wurde, wird das Elterngeld nur nach dem Unterschiedsbetrag berechnet. Dabei werden höchstens 2.770 EUR im Hinblick auf das vor der Geburt erzielte Einkommen zugrunde gelegt (§ 2 Abs. 3 BEEG). 11

Das **Mutterschaftsgeld** wird nach § 3 Abs. 1 Nr. 1 BEEG in vollem Umfang auf das Elterngeld angerechnet. Ist die Mutter Mitglied einer gesetzlichen Krankenkasse, wird das Mutterschaftsgeld nach § 19 Abs. 1 MuSchG gezahlt. Die Höhe errechnet sich nach dem Nettoeinkommen, jedoch höchstens mit 13 EUR täglich (§ 24 i SGB V). Angerechnet wird ebenfalls der Differenzbetrag, der vom Arbeitgeber gem. § 14 MuSchG zu zahlen ist, wenn das Nettoeinkommen höher ist. Da in der Regel bei bisher berufstätigen Müttern das Mutterschaftsgeld, welches für die Dauer der Mutterschaftsfrist von acht Wochen (§ 6 Abs. 1 MuSchG) gezahlt wird, höher ist als das Elterngeld, bedeutet dies praktisch, dass für die ersten beiden Monate kein Anspruch auf Elterngeld (bzw. nur für wenige Tage) besteht. 12

Nach § 3 Abs. 2 BEEG werden auch **Sozialleistungen** auf das Elterngeld angerechnet, die nach ihrer Zweckbestimmung das Einkommen aus Erwerbstätigkeit ganz oder teilweise ersetzen, wie zB Arbeitslosengeld, Krankengeld, Verletztenrente. Da die Anrechnung nur auf das ersetzte Einkommen erfolgt, sind komplizierte Berechnungen vorzunehmen.[10] 13

4. Bezugszeitraum

Elterngeld kann für **zwölf oder 14 Monate** bezogen werden. Die Regeldauer beträgt zwölf Monate. Wenn für mindestens zwei Monate eine Minderung des Einkommens aus Erwerbstätigkeit erfolgt ist, kann Elterngeld 14 Monate bezogen werden (§ 4 Abs. 2 S. 4 BEEG). Hierzu ist aber weitere Voraussetzung, dass der andere Elternteil mindestens für zwei Monate das Elterngeld beansprucht. 14 Monate kann ein Elternteil Elterngeld erhalten, wenn er sich in einer erschwerten Lebenssituation befindet (§ 4 Abs. 3 S. 3 und 4 BEEG). Nach § 4 Abs. 3 WEG kann **Elterngeld Plus** bezogen werden. Die Bezugsdauer ist doppelt so lange, die Höhe halbiert, so dass sich insoweit keine Änderung ergibt. Einen Vorteil hat das Elterngeld Plus jedoch dann, wenn nach der Geburt eine Teilzeitbeschäftigung ausgeübt wird.[11] 14

Die Wahl, welcher Elternteil das Elterngeld beansprucht, wird nach § 5 BEEG geregelt. Im Übrigen können die Eltern das Elterngeld auch gleichzeitig beziehen (§ 4 Abs. 2 S. 4 BEEG). Dann mindert sich die Gesamtzeit entsprechend. Die Kombinationsmöglichkeiten bei Inanspruchnahme von Elterngeld durch beide Elternteile sind vielfältig, insofern ist eine detaillierte Beratung im Einzelfall erforderlich.[12] 15

III. Verhältnis des Elterngeldes zu anderen Leistungen

Elterngeld bleibt grundsätzlich in Höhe von 300 EUR monatlich bei anderen Sozialleistungen als Einkommen unberücksichtigt (§ 10 Abs. 1 BEEG). Soweit die Möglichkeit in Anspruch genommen wird, dass nur die Hälfte des Elterngeldes monatlich ausgezahlt wird und sich dadurch die Bezugsdauer bis auf 24 Monate bzw. 28 Monate verlängert (§ 6 BEEG), bleibt nur der Betrag von 150 EUR anrechnungsfrei. Seit dem 1.1.2011 wird dieser Sockelbetrag von 300 EUR (bzw. 150 EUR) im SGB II und SGB XII nur dann nicht angerechnet, wenn das Elterngeld aufgrund vorher erzielten Einkommens bewilligt wird. Andernfalls wird es vollständig als Einkommen angerechnet (§ 10 Abs. 5 BEEG). 16

10 Vgl. HK-MuSchG/*Lenz* § 3 Rn. 33 f.
11 Vgl. HK-MuSchG/*Lenz* § 4 Rn. 10 ff.
12 S. *Schramm* FPR 2007, 342.

IV. Berücksichtigung des Elterngeldes beim Unterhalt

17 In § 11 BEEG ist zunächst die Regel enthalten, dass Unterhaltsverpflichtungen durch die Gewährung des Elterngeldes nicht berührt werden. Für einige Vorschriften des BGB sind jedoch **Ausnahmen** enthalten, wobei das Gesetz nicht zwischen Unterhaltsverpflichteten und Unterhaltsberechtigten unterschieden hat, so dass theoretisch in beiden Konstellationen das Elterngeld als Einkommen berücksichtigt werden könnte.[13]

18 Aus dem Zweck der Vorschrift ergibt sich jedoch, dass nur in folgenden Konstellationen eine Anrechnung erfolgen sollte: In drei Vorschriften (nämlich §§ 1361 Abs. 3, 1579 und § 1611 Abs. 1 BGB) wird der Unterhaltsanspruch reduziert oder ausgeschlossen aufgrund eines **missbilligten Verhalten des Unterhaltsberechtigten**. In diesen Fällen kann eine Anrechnung des Elterngeldes nur auf Seiten des Unterhaltsberechtigten erfolgen, da diese Vorschriften eine Reduzierung des Unterhalts erlauben, was umso eher möglich ist, wenn ein anderes Einkommen, wie eben das Elterngeld, zur Verfügung steht. Kurz gefasst: Wer gewissermaßen schuldig im Sinne dieser Vorschriften ist, bei dem wird zur Strafe das Elterngeld (ganz oder teilweise) zu seinen Lasten berücksichtigt.[14]

19 Bei der Vorschrift des § 1603 Abs. 2 BGB ist die Sachlage etwas schwieriger. Insoweit ist aber der Fall zu bedenken, dass ein Elternteil Elterngeld bezieht und gegenüber einem minderjährigen Kind unterhaltspflichtig ist, mit dem er nicht zusammen lebt. Hierbei soll das Elterngeld, weil eine gesteigerte Unterhaltspflicht besteht, als Einkommen berücksichtigt werden.[15] Problematisch ist jedoch der Fall, dass ein Elternteil Elterngeld bezieht und selbst Unterhaltsansprüche geltend macht. Hierbei stellt sich die Frage, ob der Sockelbetrag des Elterngeldes bedarfsmindernd berücksichtigt werden darf.[16]

V. Betreuungsgeld

20 Nach langer kontroverser Diskussion wurde 2013 das **Betreuungsgeld** als weitere Sozialleistung geschaffen und als Abschnitt 2 (§§ 4 a–4 d BEEG) in das BEEG eingefügt. Die Höhe betrug zuletzt 150 EUR pro Monat. Das BVerfG hat mit Urteil vom 20.7.2015[17] die Gesetzgebungskompetenz des Bundesgesetzgebers für das Betreuungsgeld verneint und die Bestimmungen für nichtig erklärt.

21 Die Bundesländer haben die Kompetenz, ein Betreuungsgeld einzuführen. Dies ist bisher nur in **Bayern** durch Gesetz vom ein 20.6.2016 geschehen. Es wird in Höhe von 150 EUR monatlich für längstens 22 Monate gezahlt.[18] Da in § 11 BEEG bezüglich der Unterhaltspflichten neben dem Elterngeld auch das Betreuungsgeld und jeweils vergleichbare Leistungen der Länder genannt sind, gilt für die Berücksichtigung des Betreuungsgeldes dasselbe wie für das Elterngeld (→ Rn. 17 ff.).

13 Beispiele bei *Scholz* FamRZ 2007, 7.

14 S. *Klatt* FPR 2007, 349.

15 OLG Hamm 26.5.1999 – 12 UF 88/98, FamRZ 2000, 311; OLG Koblenz 5.11.1999 – 13 WF 583/99, FamRZ 2000, 687, jeweils zum Erziehungsgeld.

16 Ausführlich zu der gleichen Problematik beim Erziehungsgeld: *Krause* FamRZ 2002, 1452.

17 BVerfG 20.7.2015 – 1 BvF 2/13, NJW 2016, 2399.

18 Eine Kommentierung hierzu findet sich in: HK-MuSchG/*Wagner* BEEG Anh. zu §§ 4 a–4 d.

93. Elternunterhalt

Schausten

I. Einführung

Immer mehr Personen werden aufgrund ihrer Pflegebedürftigkeit und des Umstands, dass sie aus den eigenen Einkünften, dem Vermögen und den Leistungen der gesetzlichen Pflegeversicherung die ständig steigenden Kosten der Pflegeheime nicht decken können, im Alter auf **Unterhaltsleistungen ihrer eigenen Abkömmlinge** angewiesen sein. Diese Unterhaltsansprüche werden in der Regel aber nicht von den betroffenen Personen selbst, sondern durch den **Sozialhilfeträger**, der die ungedeckten Heimkosten trägt, über § 94 SGB XII bei den unterhaltsverpflichteten Kindern geltend gemacht. 1

Mit dem zum 1.1.2020 in Kraft getretenen Angehörigen-Entlastungsgesetz[1] hat der Gesetzgeber geregelt, dass Unterhaltsansprüche der Eltern gegen ihre Kinder nicht mehr auf den Sozialhilfeträger übergehen, wenn das Gesamteinkommen des Kindes iSd § 16 SGB IV 100.000 EUR nicht übersteigt (§ 94 Abs. 1 a SGB XII). Das Einkommen gem.§ 16 SGB IV entspricht im Wesentlichen dem zu versteuernden Einkommen; zu berücksichtigen sind sämtliche Einkünfte aus allen Einkunftsarten, nicht aber etwaig vorhandenes Vermögen. Diese gesetzliche Neuregelung führt dazu, dass Kinder nur noch in seltenen Fällen von dem Sozialhilfeträger aus übergegangenem Recht in Anspruch genommen werden können. 2

II. Materielle Rechtslage

Gem. § 1601 BGB sind **Verwandte in gerader Linie** (§ 1589 Abs. 1 BGB) einander zur Unterhaltsgewährung verpflichtet; diese Verpflichtung erstreckt sich auf alle in gerader Linie miteinander Verwandte, egal ob es sich dabei um eine ab- oder aufsteigende Linie handelt. 3

1 BGBl. 2019 I 2135.

1. Unterhaltsberechtigte

4 Eine Unterhaltsberechtigung ist gem. § 1602 Abs. 1 BGB gegeben, wenn der Betroffene außerstande ist, sich selbst zu unterhalten. Beim Elternunterhalt sind es eben die **Eltern**, die grundsätzlich unterhaltsberechtigt sind, wenn ihre eigenen Einkünfte und ihr Vermögen für die Deckung ihres Lebensbedarfs nicht ausreichen.

2. Unterhaltsverpflichtete

5 Vor den unterhaltspflichtigen Kindern haftet im Regelfall der **Ehegatte des Bedürftigen** gem. §§ 1608, 1584, 1318 BGB bzw. gem. §§ 26, 27, 39, 63 EheG. Dabei ist zu berücksichtigen, dass die Verwandten ausnahmsweise vor dem Ehegatten gem. § 1608 Abs. 1 S. 2 BGB haften, wenn der Ehegatte bei Berücksichtigung seiner sonstigen Verpflichtungen außerstande ist, ohne Gefährdung seines angemessenen Unterhalts den Unterhalt zu gewähren. Der angemessene Unterhalt des Ehegatten bestimmt sich nach den ehelichen Lebensverhältnissen.

6 Die **Abkömmlinge des Unterhaltsberechtigten** haften vor den Verwandten der aufsteigenden Linie (§ 1606 Abs. 1 BGB), es haften jeweils die näher Verwandten vor den entfernter Verwandten (§ 1606 Abs. 2 BGB).

7 Aus den vorstehenden Ausführungen ergibt sich, dass grundsätzlich auch die **Enkel** für den Unterhalt der Bedürftigen haften; dieses Problem ist aber nicht praxisrelevant, da der Sozialhilfeträger nur die Unterhaltsansprüche gegen die Kinder des Bedürftigen auf sich überleiten kann.

3. Bedarf

8 Der unterhaltsrechtliche Bedarf der Eltern bestimmt sich nach § 1610 Abs. 1 BGB. Danach ist die **eigene Lebensstellung** des Bedürftigen maßgeblich.

9 **a) Bedarfsbestimmung.** In der Praxis sind erfahrungsgemäß nur **zwei Konstellationen** von Bedeutung: Zum einen die Eltern, die noch nicht pflegebedürftig sind, aber deren Einkünfte unterhalb der in den unterhaltsrechtlichen Leitlinien ausgewiesenen Mindestbedarfssätze liegen.[2] In diesen Fällen wird für die Bestimmung des Bedarfs auf eben diese **Mindestbedarfssätze** zurückgegriffen, wobei möglicherweise Kosten für die Kranken- und Pflegeversicherung hinzuzurechnen sind.

10 Zum anderen die Eltern, die aufgrund ihrer Pflegebedürftigkeit in einem Pflegeheim leben. In diesen Fällen ist eine individuelle Bedarfsbestimmung notwendig, die sich nach den **Unterbringungskosten** in dem jeweiligen Pflegeheim sowie einem angemessenen Taschengeld richtet; der Bedarf ergibt sich dann aus der Differenz zwischen den Heim- und Pflegekosten einerseits und den Einkünften des Unterhaltsberechtigten andererseits.[3]

11 **b) Taschengeld.** Nach § 21 Abs. 3 S. 1 BSHG umfasste die Hilfe zum Lebensunterhalt in einem Heim oder einer gleichartigen Einrichtung grundsätzlich auch einen angemessenen **Barbetrag** zur persönlichen Verfügung. Falls der Hilfeempfänger einen Teil der Kosten des Heimaufenthalts selbst trug, erhielt er einen zusätzlichen Barbetrag in im Einzelnen festgelegter Höhe nach § 21 Abs. 3 S. 4 BSHG. § 35 Abs. 2 S. 1 SGB XII sieht ebenfalls im Rahmen des notwendigen Lebensunterhalts einen angemessenen Barbetrag vor. Darüber hinaus wird aufgrund der Besitzstandsregelung des § 133 a SGB XII für Personen, die am 31.12.2004 Anspruch auf einen zusätzlichen Barbetrag nach § 21 Abs. 3 S. 4 BSHG hatten, diese Leistung in der für den vollen Kalendermonat Dezember 2004 festgestellten Höhe weiter erbracht. In Höhe des Barbetrags und des **Zusatzbarbetrags** ist auch unterhaltsrechtlich ein Bedarf anzuerkennen. Der in einem Heim lebende Unterhaltsberechtigte ist darauf angewiesen, für seine persönlichen, von den Leistungen der Einrichtung nicht umfassten Bedürfnisse über bare Mittel verfügen zu können. Andernfalls wäre er nicht

---

2 Düsseldorfer Tabelle, Stand 2021: 960 EUR für Nichterwerbstätige bzw. 1.160 EUR für Erwerbstätige.

3 BGH 23.10.2002 – XII ZR 266/99, NJW 2003, 128.

in der Lage, etwa Aufwendungen für Körper- und Kleiderpflege, Zeitschriften und Schreibmaterial zu bestreiten und sonstige Kleinigkeiten des täglichen Lebens zu finanzieren.[4]

4. Bedürftigkeit

Nur wenn der Unterhaltsbegehrende nicht in der Lage ist, seinen Unterhaltsbedarf durch eigenes Einkommen oder Vermögen – oder durch Unterhaltsleistungen vorrangig Verpflichteter – zu decken, ist eine Unterhaltsberechtigung gegeben. 12

a) Eigene Einkünfte. Der berechtigte Elternteil muss primär seine **gesamten eigenen Einkünfte** zur Bedarfsdeckung verwenden. Ihm ist nicht gestattet, Sparbeträge beiseite zu legen. Dementsprechend sind sämtliche eigenen Renten- oder Versorgungsbezüge zur Bedarfsdeckung einzusetzen. 13

b) Eigenes Vermögen. Der berechtigte Elternteil muss nicht nur die Erträge aus seinem vorhandenen Vermögen, sondern auch den Stamm seines Vermögens zur Bedarfsdeckung einsetzen.[5] Dem Unterhaltsberechtigten steht ausnahmsweise ein sog. „**Notgroschen**" zu, um plötzlich auftretenden Sonderbedarf decken zu können. Die Höhe dieses Notgroschens entspricht regelmäßig zumindest dem Schonbetrag gem. § 90 SGB XII in Verbindung mit der zu § 90 Abs. 2 Nr. 9 SGB XII ergangenen Durchführungsverordnung; die sich danach ergebenden Beträge belaufen sich seit dem 1.4.2017 auf 5.000 EUR. 14

c) Nutz-, Nießbrauchs- und Wohnrechte. Oftmals stehen den Unterhaltsberechtigten noch Nutz-, Nießbrauchs- oder Wohnrechte zu, meistens ergeben diese sich aus früher stattgefundenen Immobilienübertragungen auf die jetzt unterhaltspflichtigen Kinder. In der Praxis treten regelmäßig dann Probleme auf, wenn insbesondere diese Wohn- bzw. Nutzungsrechte von den unterhaltsberechtigten Eltern nicht mehr persönlich ausgeübt werden können, eben weil sie pflegebedürftig sind und in ein Pflegeheim umziehen mussten. Zu beachten ist dabei, dass bspw. das Wohnrecht nicht automatisch erlischt, wenn der aus dem **Wohnungsrecht** Berechtigte an der Ausübung des Rechts gehindert ist.[6] Ist der Berechtigte an der Ausübung des Wohnrechts gehindert, folgt daraus andererseits nicht automatisch ein Zahlungsanspruch; es kann allerdings nach Treu und Glauben eine **Vertragsanpassung** nach §§ 315, 313 BGB angezeigt sein, wenn die Interessenlage der Beteiligten dies erfordert und die Nutzungs- und Pflegevereinbarung dies zulassen.[7] Eine solche Vertragsanpassung dürfte aber in der Regel dann nicht zumutbar sein, wenn das Wohnrecht bspw. eine nicht abgeschlossene Wohneinheit betraf.[8] Sollte im Zuge der Vertragsanpassung allerdings ein Zahlungsanspruch berechtigt sein, stellt dieser eigenes Einkommen des Unterhaltsberechtigten dar, welches die Bedürftigkeit mindert. 15

d) Pflegeversprechungen. Oftmals werden in Zusammenhang mit Immobilienübertragungen von den Begünstigten **Pflegeverpflichtungen** übernommen. Hier stellt sich in der Praxis regelmäßig die Frage, wie damit umzugehen ist, wenn die Erfüllung der Pflegeverpflichtung dem Verpflichteten nicht mehr möglich ist, weil der Berechtigte nunmehr in einem Pflegeheim wohnt. Die neuere Rechtsprechung geht davon aus, dass ein Familienangehöriger, der als Gegenleistung für die Übertragung eines Grundstücks die Pflege des Übergebers übernommen hat, diese aber nun wegen eines Umzugs des Übergebers in ein Pflegeheim nicht mehr erbringen kann, in der Regel nicht verpflichtet ist, anstelle des ersparten Zeitaufwands Zahlungen an den Übergeber zu leisten.[9] Nur wenn die Beteiligten bei Abschluss des Übergabevertrags übereinstimmend davon ausgegangen sind, dass der Übernehmer neben der Dienstleistung als solcher auch Aufwendungen wie bspw. die Bezahlung von Hilfskräften zu erbringen hatte, könnte sich ein Zahlungsanspruch wegen der **ersparten Aufwendungen** ergeben. 16

---

4 BGH 28.7.2010 – XII ZR 140/07, NJW 2010, 3161.
5 BGH 17.12.2010 – XII ZR 224/00, FamRZ 2004, 370.
6 BGH 28.7.2010 – XII ZR 140/07, NJW 2010, 3161.
7 BGH 21.9.2001 – V ZR 14/01, NJW 2002, 440.
8 Vgl. *Hauß*, Elternunterhalt – Grundlagen und anwaltliche Strategien, 3. Aufl. 2010, Rn. 73 ff.
9 BGH 29.1.2010 – V ZR 132/09, FamRZ 2010, 554.

17 **e) Grundsicherung im Alter.** Leistungen nach dem 4. Kapitel des SGB XII (Grundsicherung) sind nicht subsidiär, dementsprechend also bedarfsdeckend zu berücksichtigen. Antragsberechtigt sind Personen mit gewöhnlichem Aufenthaltsort in der Bundesrepublik Deutschland, die das 65. Lebensjahr vollendet haben. Unterhaltsansprüche gegenüber Kindern bleiben in diesen Fällen gem. § 43 Abs. 2 SGB XII unberücksichtigt, sofern deren jährliches zu versteuerndes Einkommen einen Betrag von 100.000 EUR nicht überschreitet.

18 Soweit Leistungen der Grundsicherung gewährt werden, sind diese von dem Berechtigten **bedarfsdeckend** in Anspruch zu nehmen;[10] im Hinblick auf den Vorrang der Grundsicherungsleistungen sind dem Berechtigten fiktive Einkünfte zuzurechnen, wenn er es leichtfertig versäumt, diese Ansprüche durchzusetzen.[11]

19 **f) Pflegewohngeld.** In einigen Bundesländern (Nordrhein-Westfalen, Schleswig-Holstein, Niedersachsen, Hamburg, Saarland, Mecklenburg-Vorpommern) wird zur Deckung der Investitionskosten des Pflegeheims ein Pflegewohngeld auf Antrag gewährt. Pflegewohngeld wird für Bewohner von voll stationären Pflegeheimen auf Antrag gewährt, wenn die Bewohner auf Dauer in der Einrichtung leben, mindestens Leistungen nach der Pflegestufe I beziehen und bestimmte Einkommens- und Vermögensgrenzen nicht überschritten werden. Der Antrag wird grundsätzlich von dem Pflegeheim gestellt, an welches das Pflegewohngeld auch ausgezahlt wird. Besteht ein Anspruch auf Pflegewohngeld, besteht unterhaltsrechtlich eine **Obliegenheit zur Inanspruchnahme**.

20 **g) Leistungen der Pflegeversicherung.** Die Leistungen aus der Pflegeversicherung nach SGB XI mindern ebenfalls den Bedarf des pflegebedürftigen Elternteils.

5. Einkommensermittlung

21 Der Schwerpunkt der anwaltlichen Tätigkeit liegt bei der Bearbeitung von elternunterhaltsrechtlichen Mandaten in der Regel bei der Ermittlung der Leistungsfähigkeit der Unterhaltsverpflichteten. Die Ermittlung des unterhaltsrechtlich relevanten Einkommens **entspricht** auch beim Elternunterhalt weitestgehend den **üblichen unterhaltsrechtlichen Grundsätzen**. Die **bedeutsamen Abweichungen** sollen nachfolgend dargestellt werden.

22 **a) Erwerbseinkommen.** Als Erwerbseinkommen sind alle Leistungen anzusehen, die im Hinblick auf das Arbeits- oder Dienstverhältnis gewährt werden, gleichgültig aus welchem Anlass sie im Einzelnen gezahlt werden,[12] zB Weihnachtsgeld, Urlaubsgeld, regelmäßige Sonderzuwendungen, Spesen, Abfindungen, Trinkgelder und sonstige geldwerte Vorteile (PKW, Werkswohnung, kostenlose Verpflegung, Rabatte oÄ).

23 Bei Einkünften aus nichtselbstständiger Tätigkeit wird in der Regel auf das monatliche Durchschnittseinkommen bezogen auf die vergangenen zwölf Monate abgestellt; bei Einkünften aus einem Gewerbebetrieb oder aus selbstständiger Tätigkeit wird auf den Schnitt der letzten 3 Geschäftsjahre abgestellt. Dabei ist immer zu berücksichtigen, dass es sich bei jeder Unterhaltsberechnung um eine Prognoseentscheidung handelt. Grundlage für die Prognose ist das Einkommen aus der Vergangenheit aber nur dann, wenn nicht schon jetzt Veränderungen in den Einkommensverhältnissen absehbar sind, bspw. wegen des Renteneintritts des Unterhaltsverpflichteten.

24 **Überstundenvergütungen** werden im Rahmen des Elternunterhalts nach den auch sonst im Unterhaltsrecht geltenden Maßstäben zum unterhaltsrelevanten Einkommen des Pflichtigen hinzugezählt.[13]

25 **Fiktive Einkünfte** sind dem Verpflichteten in Fällen des Elternunterhalts nur in ganz seltenen Ausnahmefällen hinzuzurechnen. Der Grund hierfür liegt darin, dass nach der hier vertretenen Auffassung eine Erwerbsobliegenheit des Unterhaltspflichtigen gegenüber dem unterhaltsberechtigten Elternteil nur in dem Umfang besteht, wie eine Erwerbstätigkeit zum Zeitpunkt des Entstehens der Unterhaltsverpflichtung

10 OLG Oldenburg 8.11.2003 – 12 UF 69/03, FamRZ 2004, 364.

11 OLG Saarbrücken 24.6.2004 – 6 UF 77/03, OLGR Saarbrücken 2005, 88.

12 BGH 25.6.2003 – XII ZR 63/00, FamRZ 2004, 186.

13 BGH 25.6.2003 – XII ZR 63/00, FamRZ 2004, 186.

tatsächlich ausgeübt wurde.[14] Übt der Unterhaltsverpflichtete also zum Zeitpunkt des Entstehens der Unterhaltsverpflichtung nur eine Teilzeittätigkeit aus, ist er nicht verpflichtet, diese auf eine Vollzeittätigkeit auszudehnen. Selbst ein Wechsel in die Teilzeittätigkeit, der nachweisbar bereits vor Entstehen der Unterhaltsverpflichtung geplant war, führt nicht zur Anrechnung fiktiver Einkünfte aus einer Vollzeittätigkeit. Gleiches gilt, wenn der Unterhaltsverpflichtete bereits in Altersteilzeit ist oder vor Entstehen der Unterhaltsverpflichtung bereits die notwendigen Schritte eingeleitet hat, um in Altersteilzeit zu gehen.[15]

b) Einkünfte aus Vermietung und Verpachtung. Einkünfte aus Vermietung und Verpachtung werden entsprechend den allgemeinen unterhaltsrechtlichen Grundsätzen bei der Ermittlung des Einkommens berücksichtigt. Fraglich ist im Ergebnis nur, wie mit **Tilgungsleistungen** umzugehen ist, die den Rahmen der zusätzlichen Altersvorsorge übersteigen. Die Rechtsprechung billigt dem Unterhaltspflichtigen beim Elternunterhalt Aufwendungen für die zusätzliche Altersvorsorge in Höhe von 5 % des Bruttoeinkommens zu; übersteigen die Bruttoeinkünfte die Beitragsbemessungsgrenze für die gesetzliche Rentenversicherung, kann der Unterhaltsverpflichtete von den darüber hinausgehenden Beträgen weitere 20 % für die zusätzliche Altersvorsorge beiseitelegen. Bewegen sich die Tilgungsleistungen innerhalb dieser Grenzen, sind sie als zusätzliche Altersvorsorge wie in anderen Unterhaltsverhältnissen auch vollständig abzugsfähig. 26

Übersteigen die Tilgungsleistungen diese Grenzen, sind sie in Fällen des Elternunterhalts trotzdem abzugsfähig, wenn eine Veräußerung der Immobilie dem Verpflichteten **nicht zumutbar** und eine Streckung oder Aussetzung der Tilgungsleistungen nicht möglich ist.[16] 27

c) Kapitaleinkünfte. Kapitaleinkünfte werden entsprechend den allgemeinen unterhaltsrechtlichen Grundsätzen dem Einkommen zugerechnet. 28

Zu berücksichtigen ist allerdings die Rechtsprechung zur Ermittlung des Altersvorsorgeschonvermögens.[17] Dieses ergibt sich, indem man 5 % des sozialversicherungspflichtigen und 25 % des nicht sozialversicherungspflichtigen Einkommens des Unterhaltspflichtigen über dessen Erwerbslebenszeit aufgezinst mit 4 % errechnet. Der Bundesgerichtshof führt zu Recht aus, dass es unlogisch wäre, einem Unterhaltspflichtigen 5 % für die zusätzliche Altersvorsorge als Abzug von seinem Einkommen zuzubilligen, andererseits aber das daraus resultierende Vermögen zur Finanzierung des Unterhaltsbedarfs des Elternteils heranzuziehen. Folgerichtig ist es aber auch logisch, die aus dem vorhandenen Altersvorsorgevermögen resultierenden **Kapitalerträge bis zu einem Betrag von 4 % nicht als Einkommen** des Unterhaltsverpflichteten zu berücksichtigen. Dies gilt nur dann nicht, wenn der Unterhaltsverpflichtete die Kapitalerträge verbraucht, also nicht thesauriert.[18] 29

d) Wohnvorteil. Die Berechnung des Wohnvorteils weicht in den Fällen des Elternunterhalts von der Berechnung in den anderen Unterhaltsverhältnissen ab. Zugrunde gelegt wird nur der **angemessene Wohnwert**, der sich nach dem individuellen ersparten Mietzins berechnet.[19] Dementsprechend kommt es also nicht auf den objektiven Mietwert der von dem Berechtigten bewohnten Immobilie an. 30

Viele Sozialhilfeträger berechnen den Wohnwert nach den in den **Selbstbehaltssätzen** der OLG-Leitlinien enthaltenen **Mietanteilen**, derzeit also Beträge in Höhe von maximal 700 EUR für einen alleinstehenden bzw. 1300 EUR für einen verheirateten Unterhaltspflichtigen. Solange der tatsächliche Wohnwert der Immobilie nicht niedriger liegt, kann diese Berechnung akzeptiert werden. 31

14 *Hauß* Rn. 350; aA *Herr* FamRZ 2005, 1019; *Strohal* Anm. zu BGH 28.1.2004 – XII ZR 218/01, FamRZ 2004, 795.
15 *Hauß* Rn. 136.
16 *Hauß* Rn. 149.
17 BGH 30.8.2006 – XII ZR 98/04, FamRZ 2006, 1511.
18 OLG Düsseldorf 14.1.2009 – II-8 UF 172/08, FamRZ 2009, 1077.
19 BGH 19.3.2003 – XII ZR 123/00, FamRZ 2003, 1179.

Neben den Zinsen sind die Tilgungsleistungen bis zur Höhe des Wohnvorteils vom Einkommen des Pflichtigen abzuziehen, ohne dass dies seine Befugnis zur Bildung eines zusätzlichen Altersvorsorgevermögens schmälert.[20]

32 **e) Steuererstattungen.** Auch Steuererstattungen werden entsprechend den allgemeinen unterhaltsrechtlichen Grundsätzen dem Einkommen hinzugerechnet. Dabei ist aber bei verheirateten Unterhaltspflichtigen darauf zu achten, dass die Steuererstattung nicht einfach dem zusammengerechneten Familieneinkommen der Ehegatten oder – was von den Sozialhilfeträgern auch häufig praktiziert wird – den Ehegatten jeweils hälftig oder anteilig nach den Einkommensanteilen am Familieneinkommen zugerechnet wird. Dies kann aufgrund der bei verheirateten Unterhaltspflichtigen anzuwendenden Berechnungsmethode zu fehlerhaften Ergebnissen führen.[21]

33 **f) Taschengeldanspruch.** Erzielt das unterhaltspflichtige Kind kein eigenes Einkommen, steht ihm möglicherweise ein Taschengeldanspruch gegen den anderen Ehegatten zu. Dieser Taschengeldanspruch ist grundsätzlich zur Befriedigung von Unterhaltsansprüchen eines Elternteils einzusetzen.[22] Dies gilt allerdings nicht in Höhe eines Betrages von 5–7 % des Mindestselbstbehalts des Unterhaltspflichtigen sowie in Höhe etwa der Hälfte des darüber hinausgehenden Taschengeldes.[23]

6. Einkommensbereinigung

34 Beim Elternunterhalt unterscheidet sich die Einkommensbereinigung in wenigen Punkten von den anderen Unterhaltsverhältnissen.

35 **a) Altersvorsorge.** Die eigene – zusätzliche – Altersvorsorge geht dem Elternunterhalt im Rang ausdrücklich vor. Die Vorsorgeaufwendungen sind konkret darzulegen und ggf. nachzuweisen, **fiktive Abzüge** können bei der Einkommensbereinigung **nicht berücksichtigt** werden.[24]

36 **aa) Nichtselbstständige.** Bei Angestellten und Beamten erfolgt die Altersversorgung primär durch die gesetzliche Rentenversicherung bzw. die Beamtenversorgung. Die Rechtsprechung hat jedoch festgestellt, dass diese primäre Vorsorge alleine für eine angemessene Altersversorgung nicht ausreicht, sondern zusätzlich private Vorsorge zu treffen ist. Dementsprechend sind zusätzliche Vorsorgeaufwendungen beim Elternunterhalt in Höhe von **5 % des Bruttoeinkommens** als abzugsfähig zu berücksichtigen.[25]

37 Erzielt der nichtselbstständig Tätige **Einkünfte oberhalb der Beitragsbemessungsgrenze** ist er berechtigt, von dem darüber hinausgehenden Teil weitere 20 % für die zusätzliche Altersvorsorge in Abzug zu bringen – auch hier gilt, dass diese Vorsorgeaufwendungen tatsächlich geleistet werden müssen, eine fiktive Anrechnung kommt nicht in Betracht.

38 **bb) Selbstständige und andere nicht sozialversicherungspflichtig Beschäftigte.** Bei Selbstständigen und anderen nicht sozialversicherungspflichtigen Beschäftigten wie bspw. dem Gesellschafter-Geschäftsführer einer GmbH sind Vorsorgeaufwendungen in Höhe von **25 % des Bruttoeinkommens** bei entsprechendem Nachweis für die Altersvorsorge einkommensmindernd zu berücksichtigen.

39 **cc) Billigenswerte Formen der Altersvorsorge.** Der Unterhaltspflichtige hat die Wahl, in welcher Art und Weise er neben der primären Altersvorsorge für sein Alter vorsorgen will. Nach Auffassung des BGH müssen grundsätzlich **alle vermögensbildenden Investitionen** als angemessene Altersvorsorge gebilligt werden, soweit sie geeignet erscheinen, diesen Zweck zu erreichen.[26] Dementsprechend kann die Altersvorsorge durch entsprechende Einzahlungen auf ein Sparbuch, durch den Erwerb von Immobilien, durch

20 BGH 18.1.2017 – XII ZB 118/16, FamRZ 2017, 519.
21 *Hauß* Rn. 167.
22 BGH 15.10.2003 – XII ZR 192/00, FamRZ 2004, 366.
23 BGH 12.12.2012 – XII ZR 43/11, FamRZ 2013, 363.
24 BGH 19.3.2003 – XII ZR 123/00, FamRZ 2003, 1179.
25 BGH 14.1.2004 – XII ZR 149/01, FamRZ 2004, 792.
26 BGH 19.2.2003 – XII ZR 67/00, FamRZ 2003, 860.

den Ankauf von Wertpapieren oder von Beteiligungen, aber auch durch Lebens- und Rentenversicherungen erfolgen.

dd) Dauer der Altersvorsorge. Altersvorsorgeaufwendungen können so lange berücksichtigt werden, wie der Unterhaltspflichtige noch keine Altersversorgung erhält. Das **Ende der Erwerbsphase** des Pflichtigen bspw. wegen Eintritts in den Vorruhestand oder in die Altersteilzeit bedeutet nicht, dass ab dann Altersvorsorgeaufwendungen unterhaltsrechtlich nicht mehr zu beachten wären.[27] 40

b) Vorsorge für den Fall der Arbeitslosigkeit. Vorsorgeaufwendungen für den Fall der Arbeitslosigkeit stellen grundsätzlich einen abzugsfähigen Posten dar;[28] ein Selbstständiger muss jedoch konkret darlegen, dass der Eintritt von Arbeitslosigkeit drohen kann. 41

c) Vorsorge hinsichtlich Krankheit und Pflege. Aufwendungen für die gesetzliche oder private Kranken- und Pflegeversicherung sind entsprechend den allgemeinen unterhaltsrechtlichen Grundsätzen einkommensmindernd zu berücksichtigen. Dies gilt auch für die in der privaten Krankenversicherung häufig anzutreffende **Eigenbeteiligung**, soweit dadurch tatsächlich Kosten entstehen. Gleiches gilt auch für die **Kostendämpfungspauschale**.[29] 42

Zuzahlungen zur Krankenbehandlung, der **Eigenanteil** an den Medikamenten- oder Krankenhauskosten und die **Praxisgebühr** sind nach wohl herrschender Auffassung nicht einkommensmindernd zu berücksichtigen, da auch Sozialhilfeberechtigte diese Zusatzkosten aus dem Regelsatz zu bestreiten haben.[30] 43

Krankenzusatzversicherungen sind abzugsfähig, wenn sie bei Eintritt der Unterhaltsverpflichtung bestanden. 44

d) Pflegezusatzversicherung. Viele Versicherer bieten zwischenzeitlich private Pflegezusatzversicherungen an, die das Risiko einer Pflegebedürftigkeit abdecken. Die dafür anfallenden Prämien sind bei der Einkommensermittlung abzugsfähig.[31] 45

e) Andere Unterhaltsansprüche. Alle anderen Unterhaltsansprüche gegenüber Kindern, geschiedenen oder getrennt lebenden Ehegatten oder nichtehelichen Elternteilen sind bei der Ermittlung der Leistungsfähigkeit vor dem Elternunterhaltsanspruch zu berücksichtigen (vgl. § 1609 Nr. 6 BGB). 46

Dies gilt nur dann nicht, wenn der Elternunterhaltsanspruch den Unterhaltsanspruch des nachrangig Berechtigten bereits geprägt hat, wenn also bspw. die ehelichen Lebensverhältnisse durch bereits **bestehende oder latente Unterhaltsansprüche** eines Elternteils geprägt wurden.[32] 47

Auch der Familienunterhalt geht dem Unterhaltsanspruch eines Elternteils vor. Dies ist bei der Auswahl der richtigen Berechnungsmethode zu berücksichtigen. 48

f) Andere Verbindlichkeiten. In den Fällen des Elternunterhalts ist bei der Berücksichtigung von Kreditverbindlichkeiten ein **großzügiger Maßstab** anzulegen.[33] Der Grund hierfür liegt darin, dass der Unterhaltspflichtige sich auf die Inanspruchnahme durch die Eltern nicht einstellen kann, deshalb sind seine in der Vergangenheit getroffenen wirtschaftlichen Dispositionen grundsätzlich anzuerkennen. 49

g) Aufwendungen für den Unterhaltsberechtigten. Angemessene Kosten für den **Besuch** des unterhaltsberechtigten Elternteils sind als besondere Belastungen einkommensmindernd zu berücksichtigen.[34] Auch 50

---

27 BGH 28.7.2010 – XII ZR 140/07, FamRZ 2010, 1535.
28 BGH 19.2.2003 – XII ZR 67/00, FamRZ 2003, 860.
29 OLG Düsseldorf 14.1.2009 – II-8 UF 172/08, FamRZ 2009, 1077.
30 *Hauß* Rn. 250.
31 *Hauß* Rn. 247.
32 BGH 25.6.2003 – XII ZR 63/00, FamRZ 2004, 186.
33 *Hauß* Rn. 286.
34 OLG Köln 5.7.2001 – 14 UF 13/01, FamRZ 2002, 572.

freiwillige Ausgaben des Unterhaltsverpflichteten für den im Heim lebenden Elternteil können das unterhaltsrechtlich relevante Einkommen beim Elternunterhalt mindern.[35]

7. Leistungsfähigkeit

51 Die Leistungsfähigkeit des Unterhaltspflichtigen ergibt sich unter Berücksichtigung seines unterhaltsrechtlich relevanten Einkommens einerseits und der vorrangigen Unterhaltspflichten sowie des dem Unterhaltspflichtigen und ggf. seiner Familie zustehenden Selbstbehalts andererseits.

52 **a) Konkrete Berechnung des Selbstbehalts.** Ein zum Elternunterhalt verpflichtetes Kind verfügt grundsätzlich nicht über einzusetzendes Einkommen, wenn es darlegt, dass die Ausgaben der Familie insgesamt so hoch gewesen sind, dass keine Vermögensbildung betrieben werden konnte.[36] Dies entspricht dem den Elternunterhalt überlagernden Grundsatz des Bundesgerichtshofs, dass das unterhaltspflichtige Kind im Verhältnis zu seinen Eltern **eine spürbare und dauerhafte Senkung seines Berufs- und einkommenstypischen Unterhaltsniveaus nicht hinzunehmen** braucht, solange es nicht einen nach den Verhältnissen unangemessenen Aufwand betreibt oder ein Leben im Luxus führt.[37]

53 Wenn das unterhaltsberechtigte Kind sich auf den **vollständigen Verbrauch des Einkommens** berufen will, liegt die volle Darlegungs- und Beweislast dafür bei dem unterhaltspflichtigen Kind. In derartigen Fällen ist es überaus hilfreich, wenn der Unterhaltspflichtige in der Vergangenheit bereits ein **Haushaltsbuch** geführt hat. Sofern der Unterhaltspflichtige verheiratet ist, kann der andere Ehegatte für die Vollständigkeit und Richtigkeit des Haushaltsbuchs als Zeuge benannt werden.

54 **b) Selbstbehalt gemäß den OLG-Leitlinien.** Seit Anfang 2020 belaufen sich die Selbstbehalte einheitlich auf **2.000 EUR** für den Unterhaltspflichtigen bzw. **1.600 EUR** für den mit dem Unterhaltspflichtigen zusammenlebenden Ehegatten. In diesen Selbstbehalten sind ein Betrag in Höhe von 700 EUR Warmmiete für den Unterhaltspflichtigen und ein Betrag von 600 EUR Warmmiete für den mit ihm zusammenlebenden Ehegatten enthalten.

55 Im Bereich des Elternunterhalts handelt es sich bei diesen Selbstbehalten nur um sog. **Mindestselbstbehalte**. Es ist in der Rechtsprechung allgemein anerkannt, dass die **Hälfte der Differenz** zwischen dem unterhaltsrechtlich relevanten Einkommen des Unterhaltspflichtigen und dem in den Leitlinien ausgewiesenen Selbstbehalt als weiterer Selbstbehalt zur Verfügung steht.[38]

Übersteigt die tatsächliche **Mietbelastung** des Unterhaltspflichtigen den in dem Selbstbehalt enthaltenen Wohnkostenanteil, ist der sich aus den Leitlinien ergebende Selbstbehalt um die Differenz zwischen den tatsächlichen Wohnkosten und dem sich aus den Leitlinien ergebenden Wohnkostenanteil zu erhöhen.[39] Ist die Mietbelastung des Unterhaltspflichtigen allerdings **geringer** als der Wohnkostenanteil in dem Mindestselbstbehalt, führt dies nicht zu einer Verringerung des Mindestselbstbehalts, denn es unterliegt grundsätzlich der freien Disposition des Unterhaltspflichtigen, wie er die ihm zu belassenden Mittel nutzt.[40]

56 **c) Erhöhung des Selbstbehalts wegen gesetzlicher Neuregelung.** In der Literatur[41] wird aufgrund des zum 1.1.2020 in Kraft getretenen Angehörigen-Entlastungsgesetz[42] die Auffassung vertreten, dass die sich aus der bisherigen Rechtsprechung des BGH und den Leitlinien der Oberlandesgerichte ergebende Berechnung der Leistungsfähigkeit nicht mehr mit den Zielen des genannten Gesetzes harmoniert. Gefordert wird dort ein angemessener Selbstbehalt von mindestens 5.000 EUR für einen alleinstehenden Unterhaltsverpflichteten und von mindestens 9.000 EUR für einen verheirateten Unterhaltspflichtigen. In den ab

35 OLG Hamm 2.11.2004 – 3 UF 263/00, FamRZ 2005, 1193.
36 OLG Hamm 22.11.2004 – 8 UF 411/00, FamRZ 2005, 1193.
37 BGH 23.10.2002 – XII ZR 266/99, FamRZ 2002, 1698.
38 BGH 23.10.2002 – XII ZR 266/99, FamRZ 2002, 1698.
39 *Hauß* Rn. 333.
40 BGH 24.6.2003 – XII ZR 63/00, FamRZ 2004, 186.
41 *Doering-Striening/Hauß/Schürmann* FamRZ 2020, 137.
42 BGBl. 2019 I 2135.

2021 geltenden Leitlinien der Oberlandesgerichte finden sich entsprechende Hinweise (bspw. Süddeutsche Leitlinien Ziffer 21.3.3. oder OLG Frankfurt a. M. Ziffer 21.3.3.).

d) Berechnungsmethoden zur Ermittlung der Leistungsfähigkeit. Bei der Ermittlung der Leistungsfähigkeit des unterhaltspflichtigen Kindes ist zwischen alleinstehenden bzw. getrennt lebenden Kindern einerseits und verheirateten und mit ihren Ehegatten zusammenlebenden Kindern andererseits zu unterscheiden. 57

aa) Alleinstehendes bzw. getrennt lebendes Kind. Liegen die Einkünfte eines solchen unterhaltspflichtigen Kindes unterhalb des Mindestselbstbehalts in Höhe von 2.000 EUR (Stand 2020), ist eine Unterhaltsverpflichtung aus dem Einkommen heraus nicht gegeben. Übersteigt das Einkommen diesen Mindestselbstbehalt, ist die Hälfte der Differenz zwischen dem unterhaltsrechtlich relevanten Einkommen und dem Mindestselbstbehalt dem Kind als zusätzlicher Selbstbehalt zu belassen. 58

Erzielt das Kind also bspw. unterhaltsrechtlich relevante Einkünfte in Höhe von 4.500 EUR, ist davon nach aktueller Rechtsprechung der Mindestselbstbehalt in Höhe von 2.000 EUR in Abzug zu bringen, so dass dann noch ein Restbetrag in Höhe von 2.500 EUR verbleibt. Die Hälfte hiervon, also ein Betrag in Höhe von 1.250 EUR, erhöht den Selbstbehalt auf 3.250 EUR, so dass eine Leistungsfähigkeit im Umfang von 1.250 EUR gegeben ist. 59

Folgt man der unter → Rn. 56 dargestellten Auffassung der Literatur zu dem höheren Selbstbehalt, ergäbe sich vorliegend keine Leistungsfähigkeit für den Elternunterhalt.

bb) Verheiratetes und mit seinem Ehegatten zusammenlebendes Kind. Bei diesen Kindern ist im Hinblick auf den Familienunterhalt nicht nur auf das Einkommen des unterhaltspflichtigen Kindes, sondern auch auf das Einkommen des Ehegatten abzustellen. Deshalb können in diesen Fällen auch unterhaltspflichtige Kinder auf Unterhalt in Anspruch genommen werden, deren Einkommen unterhalb des Selbstbehalts liegt, weil ihr eigener Unterhaltsbedarf durch den Familienunterhalt sichergestellt ist. 60

Liegen allerdings die unterhaltsrechtlich relevanten Einkünfte des unterhaltspflichtigen Kindes und seines Ehegatten unterhalb des Mindestselbstbehaltssatzes für Ehegatten in Höhe von 3.600 EUR (Stand 2020), ist auch in diesen Fällen keine Leistungsfähigkeit für Elternunterhalt gegeben. 61

Übersteigen die gemeinschaftlichen Einkünfte des unterhaltspflichtigen Kindes und seines Ehegatten den Mindestselbstbehalt, ist die in der Entscheidung des Bundesgerichtshofs vom 28.7.2010.[43] dargestellte **Berechnungsmethode** zu beachten. Der Bundesgerichtshof bringt von den zusammengerechneten Einkünften der Ehegatten den Familienselbstbehalt in Höhe von 3.600 EUR in Abzug. Von dem verbleibenden Rest bringt er 10 % als Haushaltsersparnis in Abzug. Die Hälfte der dann verbleibenden Differenz stellt zusammen mit dem Familienselbstbehalt den individuellen Familienselbstbehalt dar. Für diesen individuellen Selbstbehalt müssen die Ehegatten im prozentualen Verhältnis ihrer Einkünfte beitragen, der unterhaltspflichtige Ehegatte kann dann die Differenz zwischen seinem Einkommen und seinem Beitrag zum Familienunterhalt für den Elternunterhalt einsetzen. Die Berechnungsmethode sei an folgendem Beispiel verdeutlicht: 62

Einkommen Pflichtiger	5.000 EUR
Einkommen Ehegatte	1.000 EUR
Familieneinkommen	6.000 EUR
abzüglich Familienselbstbehalt	3.600 EUR
Differenz	2.400 EUR
abzüglich 10 % Haushaltsersparnis	240 EUR
Differenz	2.160 EUR
davon ½	1.080 EUR

43 BGH 28.7.2010 – XII ZR 140/07, FamRZ 2010, 1535.

zuzüglich Familienselbstbehalt	3.600 EUR
individueller Familienbedarf	4.680 EUR
Anteil des Unterhaltspflichtigen (75 %)	3.510 EUR
Einkommen des Unterhaltspflichtigen	5.000 EUR
abzüglich seines Anteils	3.510 EUR
Leistungsfähigkeit	1.490 EUR

Folgt man der unter → Rn. 56 dargestellten Auffassung der Literatur zu dem höheren Selbstbehalt, ergäbe sich vorliegend keine Leistungsfähigkeit für den Elternunterhalt.

63 **e) Vermögensverwertung für Elternunterhalt.** Reicht die Leistungsfähigkeit des unterhaltspflichtigen Kindes aus seinem Einkommen zur Bedarfsdeckung des Berechtigten nicht aus, ist das Kind grundsätzlich gehalten, zur Erfüllung der Unterhaltsverpflichtung auch den **Stamm seines Vermögens** einzusetzen.[44]

64 Nach der Rechtsprechung des Bundesgerichtshofs[45] richtet sich das dem Unterhaltsschuldner zu belassende Vermögen nicht nach festen Vermögensgrenzen, weil diese keine Rücksicht auf die individuellen Verhältnisse des Unterhaltsschuldners nehmen. Der BGH greift zur Berechnung der **individuellen Vermögensgrenze** auf seine Rechtsprechung zur unterhaltsrechtlich anerkennenswerten zusätzlichen Altersvorsorge zurück, wonach in der Regel 5 % des Bruttoeinkommens für die zusätzliche Altersvorsorge aufgewandt werden dürfen. Das Vermögen, das unter Berücksichtigung von 5 % des – gegenwärtigen – Bruttoeinkommens im Laufe eines Berufslebens mit einer Rendite von 4 % angespart werden kann, stellt die individuelle Schonvermögensgrenze des unterhaltspflichtigen Kindes dar. Kann das Kind aufgrund des Umstands, dass seine Bruttoeinkünfte die Beitragsbemessungsgrenze übersteigen, höhere Rücklagen für die Altersvorsorge bilden, ist dies bei der Berechnung des Schonvermögens ebenfalls zu berücksichtigen.

65 Der **Beginn der Ansparphase** für das Schonvermögen ist mit dem Eintritt der Volljährigkeit anzusetzen.[46]

66 **Selbstgenutztes Immobilienvermögen** gehört nicht zum Altersvorsorgevermögen. Der Wert einer angemessenen selbst genutzten Immobilie bleibt bei der Bemessung des Altersvorsorgevermögens eines auf Elternunterhalt in Anspruch genommenen Unterhaltspflichtigen grundsätzlich unberücksichtigt, weil ihm eine Verwertung nicht zumutbar ist.[47]

67 Zu beachten ist, dass nur das unterhaltspflichtige Kind mit dem Stamm seines Vermögens für den Elternunterhalt haftet. Das **Vermögen des Schwiegerkindes** ist nur mit seinen Erträgen zu berücksichtigen.

68 Übersteigt das vorhandene Vermögen des unterhaltspflichtigen Kindes sein Schonvermögen, ist der **Überschuss für Unterhaltszwecke** einsetzbar. Solange keine anderen unterhaltspflichtigen Geschwister vorhanden sind, ist aus dem Vermögen der offenbleibende Bedarf monatlich zu decken. Sind andere leistungsfähige Geschwister vorhanden, ist der Überschuss durch **Verrentung des Vermögens** über die statistische Lebenserwartung des unterhaltsberechtigten Elternteils mit dem sich dann ergebenden monatlichen Betrag auf die Leistungsfähigkeit des vermögenden Geschwisters anzurechnen.

Verwertbares Vermögen eines Unterhaltspflichtigen, der selbst bereits die Regelaltersgrenze erreicht hat, kann in der Weise für den Elternunterhalt eingesetzt werden, als dieses in eine an der statistischen Lebenserwartung des Unterhaltspflichtigen orientierte **Monatsrente umgerechnet** und dessen Leistungsfähigkeit aufgrund des so ermittelten (Gesamt-)Einkommens nach den für den Einkommenseinsatz geltenden Grundsätzen bemessen wird.[48]

44 BGH 21.4.2004 – XII ZR 326/01, FamRZ 2004, 1184.
45 BGH 30.8.2006 – XII ZR 98/04, FamRZ 2006, 1511.
46 *Hauß* Rn. 422.
47 BGH 7.8.2013 – XII ZB 269/12.
48 BGH 21.11.2012 – XII ZR 150/10, FamRZ 2013, 203.

Wird das verwertbare Vermögen in eine Monatsrente umgerechnet, ist darauf zu achten, dass ein **tatsächlich erzielbarer Zins** zugrunde gelegt wird. Soweit der Bundesgerichtshof es in dem zuletzt zitierten Urteil gebilligt hat, dass gem. § 14 BewG auf die vom Bundesministerium der Finanzen zur Verfügung gestellten Vervielfältiger für den Kapitalwert einer lebenslänglichen Leistung abgestellt wird, ist dabei zu berücksichtigen, dass diesen Vervielfältigern ein Zins von 5,5 % zugrunde liegt. Da es unter Berücksichtigung der Situation an den Finanzmärkten derzeit quasi unmöglich ist, mit sicheren Anlagen eine derartige Rendite zu erzielen, sind diese Vervielfältiger nach der hier vertretenen Auffassung nicht zu gebrauchen. Abzustellen ist vielmehr auf einen Zins von maximal 2,5 %. Hilfsmittel zur Berechnung können die regelmäßig vom statistischen Bundesamt veröffentlichten Versicherungsbarwerte für Leibrenten sein.

8. Geschwisterhaftung

Geschwister haften für den Bedarf des Elternteils anteilig entsprechend ihren Einkommens- und Vermögensverhältnissen (§ 1606 Abs. 3 S. 1 BGB). 69

9. Verwirkung von Elternunterhalt

a) Verwirkung wegen Zeitablauf. Eine Verwirkung durch Zeitablauf kommt in Betracht, wenn der Berechtigte ein Recht längere Zeit nicht geltend macht, obwohl er dazu in der Lage wäre (Zeitmoment), und der Verpflichtete sich mit Rücksicht auf das gesamte Verhalten des Berechtigten darauf einrichten durfte und eingerichtet hat, dass dieser sein Recht auch künftig nicht geltend machen wird (Umstandsmoment). Für den Elternunterhalt kommt diesem Aspekt besondere Bedeutung zu, da der Bundesgerichtshof bereits nach einer **Frist von mehr als einem Jahr** das Zeitmoment als erfüllt ansieht und darüber hinaus die Auffassung vertritt, dass an das Umstandsmoment **keine allzu hohen Anforderungen** zu stellen sind.[49] 70

b) Verwirkung gem. § 1611 BGB. Die Verwirkung gem. § 1611 BGB entspricht auch beim Elternunterhalt den sonstigen unterhaltsrechtlichen Grundsätzen. Besondere Bedeutung kommt im Elternunterhalt der **gröblichen Vernachlässigung** der eigenen Unterhaltspflicht zu. Die Unterhaltspflichtverletzung muss ein gewisses Gewicht haben, wobei auch die Dauer der Unterhaltspflicht und die Dauer der Schlecht- oder Nichterfüllung eine Rolle spielen.[50] **Fehlende Kontakte** zwischen dem unterhaltspflichtigen Kind und dem unterhaltsberechtigten Elternteil oder auch eine Vernachlässigung des Kindes durch den Elternteil rechtfertigen nur in Ausnahmefällen eine Verwirkung des Unterhaltsanspruchs.[51] Liegt ausnahmsweise eine Verwirkung des Unterhaltsanspruchs vor, kann dies zu einem teilweisen oder – im Falle einer groben Unbilligkeit – vollständigen Ausschluss der Unterhaltsverpflichtung führen (§ 1611 Abs. 1 BGB). 71

10. Auskunftsansprüche

Das unterhaltspflichtige Kind ist gem. § 1605 BGB im Regelfall zur Auskunftserteilung verpflichtet. Ausnahmsweise besteht keine Auskunftsverpflichtung, wenn die Auskunft zur Feststellung der Unterhaltsverpflichtung nicht erforderlich ist, bspw. weil der Unterhaltsanspruch offensichtlich vollständig verwirkt ist. 72

Darüber hinaus besteht eine öffentlich-rechtliche Auskunftsverpflichtung gem. § 117 SGB XII, die sowohl das unterhaltspflichtige Kind als auch dessen Ehegatten trifft. Die allgemein übliche Praxis der Sozialhilfeträger, von dem unterhaltspflichtigen Kind auch Auskunft über die Einkünfte seines Ehegatten zu verlangen, ist im Übrigen nicht durch § 117 SGB XII gedeckt. Der Auskunftsanspruch gem. § 117 SGB XII ist durch den Sozialhilfeträger mittels Verwaltungsakt geltend zu machen. 73

Der **Ehegatte** des unterhaltspflichtigen Kindes ist allerdings auch **nicht** nach § 117 SGB XII **verpflichtet**, Auskunft über seine **Vermögensverhältnisse** zu erteilen, weil der Stamm seines Vermögens für die Ermittlung der Leistungsfähigkeit des unterhaltspflichtigen Kindes ohne Bedeutung ist. Auch unter den 74

49 BGH 23.10.2002 – XII ZR 2 66/99, FamRZ 2002, 1698.
50 BGH 9.7.1986 – IVb 4/85, FamRZ 1986, 1262.
51 BGH 15.9.2010 – XII ZR 148/09, NJW 2010, 3714.

Geschwistern bestehen **wechselseitige Auskunftspflichten**.[52] Eine Geltendmachung dieser Auskunftsansprüche dürfte sich aber im Regelfall erübrigen, da der Unterhaltsberechtigte – ggf. der Sozialhilfeträger – im Rahmen der schlüssigen Darlegung des Unterhaltsanspruchs auch die Einkommens- und Vermögensverhältnisse der Geschwister sowie – soweit vorhanden – von deren Ehegatten darlegen und nachweisen muss.

III. Verfahrensrechtliche Hinweise

75 In allen Fällen, in denen mehr als ein Unterhaltspflichtiger für den Elternunterhalt in Betracht kommt, gehört es zur **Schlüssigkeit der Begründung des Unterhaltsanspruchs**, dass der Sozialhilfeträger die Einkommens- und Vermögensverhältnisse sämtlicher potenziell Unterhaltspflichtiger darlegt und nachweist. Die Sozialhilfeträger berufen sich außergerichtlich regelmäßig auf den Datenschutz und verweigern vor diesem Hintergrund nähere Angaben zu den wirtschaftlichen Verhältnissen der Geschwister. Die reine Behauptung über die vermeintlichen Einkommens- und Vermögensverhältnisse der Geschwister reicht zur schlüssigen Darlegung des Unterhaltsanspruchs nicht aus, es müssen nachvollziehbar Unterlagen wie Einkommensnachweise, Steuererklärungen etc vorgelegt werden.

76 Würde der Unterhaltsanspruch erst im gerichtlichen Verfahren durch den Sozialhilfeträger schlüssig dargelegt und nachgewiesen, kann das unterhaltspflichtige Kind ein vollständiges oder teilweises **sofortiges Anerkenntnis** abgeben mit der Folge, dass insoweit seitens des Sozialhilfeträgers auch die Anwaltskosten und die Kosten des Verfahrens zu tragen sind.[53]

52 BGH 7.5.2003 – XII ZR 229/00, FamRZ 2003, 1836.

53 *Hauß* Rn. 489.

94. Elternvereinbarungen

Seebach/M. Teubel

I. Allgemeines

Zwischen getrennt oder in Scheidung lebenden Eltern können **Absprachen und Vereinbarungen** getroffen werden. Es stellt sich sodann die Frage der **Bindungswirkung** (→ Rn. 3) dieser getroffenen Vereinbarungen, die Frage der **Vollstreckbarkeit** (→ Rn. 10) sowie ferner die Frage nach deren **Abänderbarkeit** (→ Rn. 11). Grundsätzlich unterliegen diese Elternvereinbarungen keinen Formerfordernissen.[1] 1

Meist werden derartige Vereinbarungen oder Vergleiche betreffend die Frage der Ausgestaltung des Umgangs des nicht betreuenden Elternteils abgeschlossen (→ *Umgangsrecht* Rn. 146).[2] Aber auch im Bereich der elterlichen Sorge sind Vereinbarungen denkbar, wobei eine Vielzahl von Konstellationen unterschieden werden muss.

II. Vereinbarungen im Sorgerecht

1. Vergleich

a) Allgemeines. Gem. § 36 Abs. 1 S. 1 FamFG können Beteiligte im familiengerichtlichen Verfahren einen **Vergleich** schließen, soweit sie über den Gegenstand des Verfahrens verfügen können. Verfahren betreffend das elterliche Sorgerecht sind **Kindschaftssachen** im Sinne des FamFG, so dass § 156 FamFG greift, wonach das Gericht in Kindschaftssachen, die die elterliche Sorge bei Trennung und Scheidung betreffen, in jeder Lage des Verfahrens auf ein Einvernehmen der Beteiligten hinwirken soll. Aus § 156 Abs. 2 FamFG ergibt sich, dass eine vergleichsweise Regelung durch gerichtlich gebilligten Vergleich sich auf Umgang oder Herausgabe des Kindes beschränkt. Hinsichtlich des Bereichs des gewöhnlichen Aufenthaltsortes des Kinds ist eine einvernehmliche Regelung im Termin das Ziel, § 155 Abs. 2 FamFG. Eine Vereinbarung bzw. ein gerichtlich gebilligter Vergleich dahin gehend, dass das Sorgerecht oder Teile des Sorgerechts auf einen Elternteil allein übertragen wird/werden, ist nicht möglich.[3] Auch ein gemeinsames Sorgerecht kann nicht durch Vergleich vereinbart werden. Hinsichtlich einer **Änderung der Sorgerechtssituation** bedarf es immer einer gerichtlichen Entscheidung durch **Beschluss**. Eine Ausnahme bildet insoweit die Abgabe einer Sorgeerklärung iSd § 1626 a BGB (→ *Sorgeerklärung* Rn. 1 ff.). 2

b) Ausgestaltungen. Vereinbarungen der Eltern über die **Ausgestaltung des Sorgerechts** hingegen sind wirksam und sinnvoll.[4] Jedenfalls im Elternverhältnis untereinander entfalten diese Regelungen auch **Bindungswirkung** (→ Rn. 10). Dies ist insbesondere zu beachten, wenn es zu späteren Abänderungen der ursprünglich getroffenen Entscheidung kommen soll (→ Rn. 11). 3

In **vermögensrechtlichen Angelegenheiten** sind Absprachen der Eltern untereinander möglich und nicht unüblich, insbesondere im Bereich des zu zahlenden Kindesunterhalts. Zu beachten ist jedoch § 1614 Abs. 1 BGB.[5] 4

---

1 *Maier* in: FormB-FamR § 6 Rn. 44.
2 *Maier* in: FormB-FamR § 7 Rn. 62 ff.
3 BGH 16.3.2011 – XII ZB 407/10, NJW 2011, 2360 (2365).
4 NK-BGB/*Rakete-Dombek/Berning* § 1626 a Rn. 15.
5 Wendl/Dose UnterhaltsR/*Klinkhammer* § 2 Rn. 755.

5 Im Bereich der **religiösen Erziehung** von Kindern gelten §§ 1, 2 RKEG, wonach die Eltern in diesem Bereich als Angelegenheit von erheblicher Bedeutung an die konkrete Vereinbarung gebunden sind, bis eine gerichtliche Entscheidung ergeht oder eine anderweitige Einigung erzielt wird.

6 Große Bedeutung entfalten Elternvereinbarungen im Bereich des Umgangsrechts (→ *Umgangsrecht* Rn. 1 ff.). Insoweit entfalten getroffene Vereinbarungen Bindungswirkung bis zu einer einvernehmlichen Änderung oder aus Kindeswohlgesichtspunkten.[6]

7 **c) Vollmachten.** Im gerichtlichen Verfahren kommt bei Bestehen des gemeinsamen Sorgerechts eine **Lösung des Elternkonflikts** dahin gehend in Betracht, dass der Elternteil, bei dem das Kind nicht seinen gewöhnlichen Aufenthalt hat, den betreuenden Elternteil hinsichtlich verschiedener Teilbereiche des elterlichen Sorgerechts bevollmächtigen kann. Eine derartige Vereinbarung hat den Vorteil, dass das gemeinsame Sorgerecht bestehen bleibt, der **bevollmächtigte Elternteil** aber über die in § 1687 BGB genannten Angelegenheiten des täglichen Lebens hinaus bevollmächtigt wird. Eine Entscheidung durch das Gericht ist dann nicht notwendig. Eine solche Vollmacht kann **gegenstands- und bereichsbezogen** erteilt werden.[7] Eine derartige Bevollmächtigung ist jedoch jederzeit widerruflich. Häufig werden Vereinbarungen dahin gehend getroffen, dass die Beteiligten sich einig sind, dass das Kind seinen gewöhnlichen Aufenthalt bei einem Elternteil hat. Hierin liegt lediglich eine **Vereinbarung über den Aufenthalt des Kindes**. Eine Übertragung des Aufenthaltsbestimmungsrechts ist hiermit nicht verbunden (→ *Aufenthaltsbestimmung bei Minderjährigen* Rn. 16).

Auch im Bereich der **gesetzlichen Vertretung** entfalten derartige Bevollmächtigungen ihre Wirkung (→ *Gesetzliche Vertretung Minderjähriger* Rn. 2).[8]

2. Verfahren nach § 1671 BGB

8 Sind sich die getrennt lebenden oder geschiedenen Eltern, denen das gemeinsame Sorgerecht hinsichtlich ihrer minderjährigen Kinder zusteht, einig, dass das gesamte Sorgerecht oder Teile des Sorgerechts, beispielsweise der Bereich betreffend schulische Angelegenheiten oder das Aufenthaltsbestimmungsrecht, auf **einen Elternteil alleine übertragen** werden soll, so ist ein Antrag gem. § 1671 Abs. 2 S. 1, 2 Nr. 1 BGB zu stellen, wobei der Elternteil, der bereit ist, auf die elterliche Sorge oder Teilbereiche zu verzichten, zustimmen muss.[9] Das **Gericht** ist an diesen Antrag mit Zustimmung des anderen Elternteils bei Einigkeit der Eltern **grundsätzlich gebunden**.[10]

Das Gericht kommt dem Antrag nur dann nicht nach, wenn gem. § 1671 Abs. 4 BGB die elterliche Sorge aufgrund anderer Vorschriften, insbesondere wegen Kindeswohlgefährdung gem. § 1666 BGB, abweichend geregelt werden muss (→ *Kindeswohlgefährdung* Rn. 1 ff.).[11]

3. Sorgeerklärungen

9 Der Begriff der Sorgeerklärung ist gesetzlich geregelt in § 1626 a BGB, wonach nicht verheiratete Eltern erklären können, dass sie die elterliche Sorge gemeinsam übernehmen wollen. Es handelt sich um einen **Sonderfall der Elternvereinbarungen** nicht miteinander verheirateter Eltern, unabhängig davon, ob diese zusammen oder getrennt leben (→ *Sorgeerklärung* Rn. 1 ff.). Derartige Sorgeerklärungen können wirksam gem. § 1626 d BGB auch in Form einer gerichtlich gebilligten Elternvereinbarung erfolgen.[12]

6 HK-FamR/*Schmid* BGB § 1684 Rn. 2.
7 NK-BGB/*Kaiser* § 1629 Rn. 21.
8 NK-BGB/*Kaiser* § 1629 Rn. 21.
9 *Maier* in: FormFamR § 6 Rn. 91 ff.
10 Palandt/*Götz* BGB § 1671 Rn. 10.
11 Palandt/*Götz* BGB § 1671 Rn. 53.
12 BGH 16.3.2011 – XII ZB 407/10, NJW 2011, 2360 (2362).

III. Verfahren

1. Vollstreckbarkeit

10 Entsprechend obiger Ausführungen sind hinsichtlich der Ausgestaltung der elterlichen Sorge, insbesondere im Bereich Aufenthalts- und Besuchsregelung, Kindergarten- oder Schulwahl, Vereinbarungen möglich. Hier beschränkt sich die Bindungswirkung auf die Eltern im Innenverhältnis, grundsätzlich unabhängig davon, ob eine derartige Vereinbarung gerichtlich oder außergerichtlich getroffen wurde.[13] **Vollstreckungsfähig** werden elterliche Vereinbarungen allerdings erst mit **gerichtlicher Billigung** gem. § 86 Abs. 1 Nr. 2 FamFG, wobei dies auf Herausgabe und Umgang begrenzt ist. Die Abänderbarkeit gerichtlich gebilligter Vergleiche richtet sich laut § 166 FamFG nach Maßgabe des § 1696 BGB.[14]

2. Abänderbarkeit von Vereinbarungen

11 Die Frage der **Abänderbarkeit getroffener Vereinbarungen** richtet sich nach § 1696 BGB. Danach sind Entscheidungen im Bereich des Sorgerechts oder ein gerichtlich gebilligter Vergleich dann zu ändern, wenn dies aus triftigen, das Wohl des Kindes nachhaltig berührenden Gründen angezeigt ist. **Außergerichtliche Absprachen** und Vereinbarungen unterfallen daher nicht § 1696 BGB.[15] Teilweise wird eine analoge Anwendung angenommen, insbesondere dann, wenn die Eltern sich ausdrücklich oder auch konkludent über den **Aufenthaltsort des Kindes** geeinigt haben.[16] Hinsichtlich der elterlichen Sorge kommt es letztlich nicht zu gerichtlich gebilligten Vergleichen, da immer eine gerichtliche Entscheidung durch Beschluss erforderlich ist (→ Rn. 2). Eine direkte Anwendung des § 1696 BGB betrifft demnach im Bereich der elterlichen Sorge ausschließlich gerichtliche Entscheidungen.[17] Bei einer Einigung über den Aufenthaltsort fehlt einem Antrag gegebenenfalls das Rechtsschutzbedürfnis (→ *Aufenthaltsbestimmung bei Minderjährigen* Rn. 16). Bei einer Vereinbarung der Eltern über den Aufenthaltsort des Kindes kann diese unter dem Aspekt der Kontinuität Bedeutung für eine spätere gerichtliche Entscheidung haben.[18]

Eine Abänderung von Amts wegen bleibt auf die Fälle beschränkt, in denen eine Kindeswohlgefährdung vorliegt oder zu befürchten ist.[19]

3. Verfahren nach § 1666 BGB

12 In familienrechtlichen Verfahren wegen **Kindeswohlgefährdung nach §§ 1666, 1666 a BGB** sind Vereinbarungen der Eltern nicht bindend.[20] Die Kindesschutzgesichtspunkte überwiegen, es gilt der **Amtsermittlungsgrundsatz** (→ *Kindeswohlgefährdung* Rn. 1). Das Gericht kann aber die von den Eltern vorgeschlagene Lösung in seine Überlegungen einbeziehen.

---

13 *Sarres* FPR 2000, 244; *Reinecke* FPR 2000, 267.
14 NK-BGB/*Harms/Bisping* § 1696 Rn. 24 ff.
15 NK-BGB/*Harms/Bisping* § 1696 Rn. 6.
16 OLG Brandenburg 10.12.2007 – 9 WF 367/07, FamRZ 2008, 2055.
17 BGH 16.3.2011 – XII ZB 407/09, NJW 2011, 2360 (2365).
18 OLG Brandenburg 11.10.2012 – 9 UF 91/11.
19 NK-BGB/*Harms/Bisping* § 1696 Rn. 28.
20 OLG Koblenz 24.1.2006 – 7 WF 27/06, NJW-RR 1151, 1152.

95. Endvermögen

Kretzschmar

I. Einführung

1 Das Endvermögen ist – neben dem Anfangsvermögen (→ *Anfangsvermögen* Rn. 1 ff.) gem. § 1374 BGB – die zweite Rechengröße, die man benötigt, um den Zugewinn gem. § 1373 BGB zu ermitteln. Das Endvermögen setzt sich aus den **Aktiva** unter Abzug der **Passiva** zusammen, die am maßgeblichen Stichtag (→ *Stichtag* Rn. 2) vorhanden waren. Die anzusetzenden Werte sind gem. § 1376 Abs. 2 und Abs. 3 BGB – bei landwirtschaftlichen Grundstücken § 1376 Abs. 4 BGB – zu ermitteln. Der Saldo zwischen Aktiva und Passiva bildet die Rechengröße des Endvermögens. Das Endvermögen kann auch negativ sein (§ 1375 Abs. 1 S. 2 BGB). Das Endvermögen ist gem. § 1375 Abs. 2 BGB zu erhöhen, sofern der Vermögensinhaber nach Eintritt des Güterstandes innerhalb der letzten zehn Jahre vor Beendigung des Güterstandes (§ 1375 Abs. 3 BGB) **illoyale Vermögensverfügungen** vorgenommen hat.

II. Maßgeblicher Stichtag

2 Das Endvermögen ist für folgende Zeitpunkte relevant und zu ermitteln, da diese für die Beendigung des Güterstandes maßgeblich sein können:

- bei Scheidung: Der Tag der **Rechtshängigkeit des Scheidungsantrags**; (§ 1384 BGB) sind beiderseits Scheidungsanträge eingereicht, gilt der Tag der **ersten Zustellung**; bei vorfristig eingereichtem Scheidungsantrag bleibt es bei dem durch die Zustellung herbeigeführten Stichtag, wenn der Ehescheidungsantrag nicht zurückgewiesen wurde;
- beim Tod eines Ehegatten zur Ermittlung des Zugewinnausgleichs im Todesfall, wenn der überlebende Ehegatte nicht Erbe ist, ggf., um gem. § 1371 BGB den pauschalen Zugewinn zu ermitteln (Erbteilserhöhung): der Todestag des Ehegatten (Sterbeurkunde);
- bei Beendigung des Güterstandes durch vertragliche Beendigung des Güterstandes und die Wahl eines der Wahlgüterstände: der Tag der Beurkundung bzw. der in dem Vertrag gewählte Zeitpunkt;
- bei Eheaufhebung gelten die Vorschriften über die Ehescheidung entsprechend; (§ 1318 Abs. 2 BGB)
- bei einem Verfahren auf vorzeitigen Zugewinnausgleich gilt ebenso der Tag der Rechtshängigkeit des Antrags; ist daneben auch das Scheidungsverfahren anhängig, bestimmt sich der Stichtag nach dem zuerst zugestellten Antrag.

Das **Stichtagsprinzip** wird streng gehandhabt. Abweichungen von den festgestellten Daten, die ggf. durch Einsicht in die Zustellungsnachweise in der Gerichtsakte zu prüfen sind, kommen nicht in Betracht.[1] Dies gilt auch, wenn das jeweilige Verfahren ruht. Der Stichtag bleibt. Lediglich, wenn die Ehegatten wieder zusammenfinden und ihre Ehe fortsetzen, kommt eine Verlegung des Stichtages unter engen Voraussetzungen in Betracht.[2]

III. Hinzurechnungen zum Endvermögen

3 Dem Endvermögen werden Vermögenswerte hinzugerechnet, die nicht mehr am Stichtag vorhanden waren, wenn sie in der Art und Weise, wie § 1375 Abs. 2 Nrn. 1–3 BGB dies abschließend aufzählt, aus dem Vermögen ausgeschieden sind. Treffen die Tatbestände zu, erhöht sich das Endvermögen um den hinzuzurechnenden Betrag. Der illoyale Ehegatte schuldet einen höheren Zugewinnausgleich. Gem. § 1378 Abs. 2 S. 2 BGB gilt die „Kappungsgrenze" in diesen Fällen nicht.

1 Vgl. aber BGH 13.12.2017 – XII ZB 488/16, DNotZ 2018, 615 zu dem Fall einer verfrühten Stellung des Scheidungsantrags durch den anderen Ehegatten.
2 OLG Karlsruhe 12.6.1980 – 16 UF 52/80, FamRZ 1980, 1119.

Drei Fallgruppen benennt das Gesetz als illoyal:

- Unentgeltliche Verfügungen;
- Vermögensverschwendung;
- Vermögensverfügungen in Benachteiligungsabsicht in Bezug auf den anderen Ehegatten.

Stichtag für den Wert des illoyal verminderten Vermögens für die Hinzurechnung zum Endvermögen ist der Zeitpunkt des Verlustes der Vermögensposition, also bereits das Verpflichtungsgeschäft, durch das eine vermögensmindernde Verbindlichkeit begründet wird. Der Wert wird – wie das Anfangsvermögen – indexiert. Die Fallgruppen sind abschließend und daher nicht analogiefähig. War der andere Ehegatte mit der unentgeltlichen Zuwendung, Abs. 2 Nr. 1, oder der Verschwendung, Abs. 2, Nr. 2, einverstanden, so ist auch die Hinzurechnung ausgeschlossen. Zwar wird in Abs. 2 Nr. 3 die Benachteiligungsabsicht nicht genannt, eine Hinzurechnung scheidet von vorne herein jedoch auch hier aus, da ein Einverständnis in diesem Fall bereits den Tatbestand der Benachteiligung entfallen lässt.

Jede tatsächliche Vermögensminderung kommt in Betracht, auch die Eingehung von Verbindlichkeiten, 4 ohne dass dieser eine Gegenleistung gegenübersteht, zählt hierzu. Die Vermögensminderung muss während des gesetzlichen Güterstandes und innerhalb von zehn Jahren vor seiner Beendigung erfolgt sein.

Die Zurechnungsvorschrift ist weiter gefasst als § 516 BGB, da die **objektive Unentgeltlichkeit** der 5 Verfügung ausreicht. Einer Einigung über die Unentgeltlichkeit bedarf es nicht. Es darf keine Gegenleistung erfolgt sein oder nur eine solche von geringem Gegenwert. In diesem Fall handelt es sich um eine **gemischte Schenkung**, bei der der unentgeltliche Teil dem Endvermögen hinzuzurechnen ist.[3]

Da Schenkungen häufig vorkommen, ist jede unentgeltliche Zuwendung darauf zu untersuchen, ob die Einschränkung von § 1375 Abs. 2 Nr. 2 BGB zutrifft, die Schenkung also erfolgt ist, um einer sittlichen Pflicht oder einer auf Anstand zu nehmenden Rücksicht zu genügen.

Hierbei ist **kein objektiver Maßstab** anzusetzen, sondern es sind vielmehr die individuellen Verhältnisse, die bisherige Übung während der Ehe, bisherige Gewohnheiten und die Beziehung zu dem Bedachten zu beachten. Geschenke, die zu gesellschaftlichen Anlässen gemacht wurden, bleiben für eine Zurechnung außer Betracht. Handelt es sich um ein wirtschaftlich wertvolles Geschenk, wird es keine „Anstandsschenkung" mehr sein. Häufig handelt es sich um Zuwendungen an die Kinder. Beachtlich ist, ob es sich um ein gemeinsames Kind handelt, in welchem Umfang Geschwister bereits bedacht wurden, ob der Umfang des Geschenkes der bisherigen Übung und auch dem Verhalten des anderen Ehegatten entspricht und im Verhältnis zu den wirtschaftlichen Verhältnissen vertretbar ist. Erfolgen werthaltige Geschenke an die Kinder im zeitlichen Zusammenhang mit Trennung und Scheidung, liegt das Motiv, dem anderen Ehegatten ausgleichspflichtiges Vermögen entziehen zu wollen, allerdings regelmäßig nahe. Es könnte daher auch Nr. 3 von § 1375 Abs. 2 BGB zur Anwendung kommen.[4]

Eine Verschwendung nach Nr. 2 von § 1375 Abs. 2 BGB kann selten angenommen werden. Es muss sich 6 um eine **sinnlose Vergeudung** von Werten handeln, die objektiv unnütz und übermäßig war. Hierunter können leichtfertige und hohe Verluste beim Glücksspiel fallen.[5] Ob subjektive Gründe einer unsinnigen Geldausgabe den Charakter einer Verwendung nehmen können, ist umstritten.[6]

Bei einer Vermögensverfügung muss die **Benachteiligungsabsicht** das leitende, wenn auch nicht das 7 einzige **Motiv** des Handelns sein. Soweit Geldbeträge von Verwandten oder Freunden „verwahrt" werden, um sie im eigenen Endvermögen nicht aufzuführen, mag dies zwar in Benachteiligungsabsicht erfolgen.

---

3 *Braeuer* Zugewinnausgleich Rn. 245.

4 *Braeuer* Zugewinnausgleich Rn. 256.

5 *Schulz/Hauß* Vermögensauseinandersetzung Rn. 97; *Braeuer* Zugewinnausgleich Rn. 265.

6 Befürwortend: *Schulz/Hauß* Vermögensauseinandersetzung Rn. 98; OLG Schleswig 1.9.1986 – 15 UF 297/85, FamRZ 1986, 1208; ablehnend: OLG Rostock 19.1.1999 – 8 WF 295/98, BeckRS 1999, 30985950; Palandt/*Brudermüller* BGB § 1376 Rn. 27.

Die Werte gehören aber weiterhin in das Endvermögen.[7] Schwierig wird es jedoch, derartige Vorgänge festzustellen. Soweit Anschaffungen getätigt werden, sind die erworbenen Gegenstände Teil des Endvermögens. Aber wer erkennt schon, dass der Ring an der Hand des Ehegatten entgegen den während der Ehe getätigten Schmuckanschaffungen plötzlich echt und überaus wertvoll ist? Gleiches gilt für Kunstgegenstände, vor allem, wenn kein Zutritt zu der Wohnung des anderen mehr besteht.

7 *Braeuer* Zugewinnausgleich Rn. 266.

96. Entzug des Sorgerechts

Seebach/M. Teubel

I. Allgemeines

Den schwerwiegendsten Eingriff in das elterliche Sorgerecht (→ *Elterliches Sorgerecht* Rn. 1) stellt der **Entzug der elterlichen Sorge** dar (→ Rn. 9). Art. 6 Abs. 2 S. 1 GG garantiert den Eltern das Recht auf Pflege und Erziehung der Kinder (→ *Erziehung* Rn. 1). Ein Eingriff in das verfassungsrechtlich geschützte Elternrecht hat zurückhaltend zu erfolgen und unterliegt strengen Voraussetzungen.[1] 1

Jedoch hat der Staat aufgrund des ihm verfassungsrechtlich zukommenden **Wächteramtes**, konkretisiert in Art. 6 Abs. 2 S. 2 GG, das Recht und die Pflicht, unter bestimmten, strengen Voraussetzungen aus Kindeswohlgesichtspunkten in dieses verfassungsrechtlich garantierte Elternrecht einzugreifen (→ *Kindeswohlgefährdung* Rn. 1). Hierbei gilt es jedoch zu beachten, dass das Kind kein Recht auf bestmögliche Förderung hat (→ *Kindeswohlgefährdung* Rn. 7). 2

Das Kind ist ebenfalls Träger von Grundrechten und steht unter dem Schutz des Staates.[2] Diesem Grundrechtsschutz sämtlicher Beteiligter hat das Gericht durch **umfassende Sachaufklärung** Rechnung zu tragen.[3] 3

Gem. § 1773 BGB erhält ein Kind einen Vormund, wenn es nicht unter elterlicher Sorge steht (→ *Ruhen des Sorgerechts* Rn. 9). Für den Fall der Entziehung der gesamten elterlichen Sorge hat das Gericht gem. § 1774 BGB von Amts wegen **Vormundschaft** anzuordnen. 4

Hiervon zu unterscheiden sind die Fälle, in denen Teilbereiche des Sorgerechts, zB das Aufenthaltsbestimmungsrecht (→ *Aufenthaltsbestimmung bei Minderjährigen* Rn. 1 ff.), entzogen werden. In derartigen Fällen wird **Ergänzungspflegschaft** angeordnet und dem Kind ein **Pfleger** bestellt, § 1909 Abs. 1 S. 1 BGB. 5

Die Auswahl des Pflegers richtet sich nach dem Wohl des Kindes und Praktikabilitätserwägungen.[4] In der Regel wird dem Jugendamt die Pflegschaft übertragen (→ *Jugendam* Rn. 1 ff.*t*). Aber auch die Großeltern oder andere Verwandte kommen als Pflegepersonen in Betracht (→ Rn. 20). 6

Ein besonderer Fall der Pflegschaft ist ausdrücklich geregelt mit der sogenannten **Umgangspflegschaft** gem. § 1684 Abs. 3 BGB (→ *Umgangspflegschaft* Rn. 1 ff.). Die Anordnung einer Umgangspflegschaft stellt letztlich einen Eingriff in das elterliche Sorgerecht, insbesondere in das Aufenthaltsbestimmungsrecht, dar (→ *Aufenthaltsbestimmung bei Minderjährigen* Rn. 1 ff.). 7

Stets ist auch § 1680 Abs. 3 BGB zu beachten (→ *Ruhen des Sorgerechts* Rn. 8) für den Fall, dass einem sorgeberechtigten Elternteil die elterliche Sorge entzogen wird. Danach steht dem anderen Elternteil bei 8

1 Palandt/*Götz* BGB § 1666 Rn. 31.
2 Palandt/*Götz* BGB § 1666 Rn. 1.
3 BVerfG 14.4.2009 – 1 BvR 467/09, FamFR 2009, 29.
4 HK-FamR/*Kemper* BGB § 1909 Rn. 8.

vorheriger gemeinsamer Sorge die alleinige Sorge zu (Abs. 1). Bei vorheriger alleiniger Sorge (Abs. 2) hat eine **negative Kindeswohlprüfung** stattzufinden.[5]

II. Entzug des Sorgerechts

1. Kindeswohlgefährdung

9 Bei Gefährdung des Kindeswohls (→ *Kindeswohlgefährdung* Rn. 1 ff.) hat das Familiengericht in Ausübung des staatlichen Wächteramtes die erforderlichen Maßnahmen zu treffen, um Gefahr für das Kind abzuwenden, § 1666 BGB.

Für die Trennung des Kindes von den Eltern bestehen hohe verfassungsrechtliche Hürden. Nach Art. 6 Abs. 3 GG dürfen Kinder gegen den Willen ihrer Eltern nur aufgrund Gesetzes getrennt werden, wenn die Erziehungsberechtigten versagen oder wenn die Kinder aus anderen Gründen zu verwahrlosen drohen. § 1666 a BGB normiert den Grundsatz der Verhältnismäßigkeit. Der Entzug der elterlichen Sorge, insbesondere sämtlicher Bereiche der elterlichen Sorge, ist stets Ultima Ratio.

2. Verfahren nach § 1671 BGB

10 **a) Allgemein.** Besteht gemeinsame elterliche Sorge getrennt lebender Eltern, so kann unter bestimmten Voraussetzungen auf Antrag[6] durch gerichtlichen Beschluss das gesamte Sorgerecht oder auch Teilbereiche der elterlichen Sorge **auf einen Elternteil alleine übertragen** werden. Der andere Elternteil verliert die elterliche Sorge in entsprechendem Umfang.

11 Die Aufhebung der gemeinsamen Sorge ist verfassungsrechtlich gerechtfertigt, wenn es an den tatsächlichen Voraussetzungen für die Ausübung, nämlich einer tragfähigen sozialen Beziehung der Eltern und einem Mindestmaß an Übereinstimmung zwischen ihnen, fehlt. Der Ausschluss eines Elternteils von der Verantwortung muss am Kindeswohl ausgerichtet sein.[7] Der Grundsatz der **Verhältnismäßigkeit** gilt auch für Entscheidungen nach § 1671 BGB.[8]

Häufig betreffen Anträge auf Übertragung des Sorgerechts nach § 1671 BGB das Aufenthaltsbestimmungsrecht (→ *Aufenthaltsbestimmung bei Minderjährigen* Rn. 1 ff.).

12 **b) Zweistufiger Prüfungsaufbau. aa) Fehlende Kooperationsfähigkeit.** Gegen die Beibehaltung der gemeinsamen elterlichen Sorge können beispielsweise fehlende Kooperation, Loyalitätskonflikte des Kindes, Gleichgültigkeit eines Elternteils sowie Erziehungsunfähigkeit und Gewalt gegenüber dem anderen Elternteil sprechen.[9] Erforderlich ist jedoch jeweils, dass sich dies auf das Kind auswirkt. Solange ein Grundkonsens hinsichtlich Pflege und Erziehung und eine auch nur geringe **Kooperationsfähigkeit und -bereitschaft** auch nur in Teilbereichen besteht, kommt ein Entzug der gesamten elterlichen Sorge nicht in Betracht.

13 Fehlt es an einem **Mindestmaß an Übereinstimmung** und Kooperationsfähigkeit sowie Kooperationswillen der beiden Elternteile, so kommt unter Beachtung des Grundsatzes der Verhältnismäßigkeit die Aufhebung der gemeinsamen elterlichen Sorge grundsätzlich in Betracht.

14 **bb) Kindeswohl.** Alleiniges ausschlaggebendes Kriterium einer Übertragung auf einen Elternteil ist das **Kindeswohl.**[10] Es ist zu überprüfen, ob die Aufhebung der gemeinsamen elterlichen Sorge und die Übertragung der Alleinsorge bzw. die Übertragung von Teilbereichen der elterlichen Sorge auf den antragstellenden Elternteil dem Kindeswohl am besten entspricht.[11]

---

5 Palandt/*Götz* BGB § 1680 Rn. 4.
6 NK-BGB/*Rakete-Dombek/Berning* § 1671 Rn. 2.
7 BVerfG 4.8.2015 – 1 BvR 1388/15, NZFam 2015, 1026.
8 BVerfG 23.1.2019 – 1 BvR 1461/18, NZFam 2019, 274.
9 NK-BGB/*Rakete-Dombek/Berning* § 1671 Rn. 10 ff.
10 BVerfG 4.8.2015 – 1 BvR 1388/15, NZFam 2015, 1026.
11 NK-BGB/*Rakete-Dombek/Berning* § 1671 Rn. 7 ff.

Es gelten hierbei die von der Rechtsprechung entwickelten Kriterien, die vor allem beim Aufenthaltsbestimmungsrecht eine wesentliche Rolle spielen (→ *Aufenthaltsbestimmung bei Minderjährigen* Rn. 10).

III. Verfahren

1. Allgemeines

Es gelten die Ausführungen im Bereich der elterlichen Sorge (→ *Elterliches Sorgerecht* Rn. 21 ff.) sowie der Kindeswohlgefährdung (→ *Kindeswohlgefährdung* Rn. 23 ff.). Es ist stets zu beachten, dass es sich bei der Entziehung des elterlichen Sorgerechts, sei es bei Verfahren nach §§ 1666, 1666 a BGB oder nach § 1671 BGB, um einen erheblichen Eingriff in das verfassungsrechtlich geschützte Elternrecht handelt, so dass eine **umfassende Sachaufklärung** des Gerichts erforderlich ist.[12] 15

Insbesondere hat eine **Kindesanhörung,** abhängig vom Alter des Kindes, grundsätzlich zu erfolgen (→ *Elterliches Sorgerecht* Rn. 27 f.). 16

2. Weitere Verfahrenshinweise

a) Sachverständigengutachten. Sobald der Entzug der elterlichen Sorge, ob gesamt oder Teilbereiche betreffend, in Betracht kommt, wird grundsätzlich ein Sachverständigengutachten erforderlich sein.[13] Hiervon kann nur in ganz seltenen Ausnahmefällen abgesehen werden. So ist in jedem Fall eine zuverlässige Entscheidungsgrundlage erforderlich, um eine am Kindeswohl orientierte Entscheidung treffen zu können.[14] Je stärker hierbei der Eingriff in die garantierten Elternrechte ausfällt, umso höhere Anforderungen sind an die Ermittlung der Entscheidungsgrundlage zu stellen. 17

Sowohl bei Entscheidungen nach §§ 1666, 1666 a BGB als auch nach § 1671 BGB ist an den Erlass einer **einstweiligen Anordnung** zu denken. Ist ein weiteres Zuwarten nicht möglich, so ist im Wege der einstweiligen Anordnung ein effektiver Grundrechtsschutz zu gewährleisten.[15] Insoweit handelt es sich um eine Eilentscheidung, die auch ohne Vorliegen eines Sachverständigengutachtens ergehen kann.[16] Wichtig ist dann, dass parallel in einem Hauptsacheverfahren ein solches Gutachten in Auftrag gegeben wird.[17] 18

Weigert sich ein Elternteil, an der Erstattung des Gutachtens mitzuwirken, insbesondere im Hinblick auf seine mögliche Erziehungsunfähigkeit, so gilt weiterhin der Amtsermittlungsgrundsatz des Gerichts. Eine zwangsweise Durchsetzung zwecks Mitwirkung an der Begutachtung ist nicht möglich.[18] 19

b) Übertragung auf Dritte. Eine in der Praxis seltene Überlegung ist die Übertragung der elterlichen Sorge auf **Verwandte des Kindes**. Zwar obliegt die Entscheidung über einen geeigneten Vormund oder Pfleger dem Gericht.[19] Dieses Auswahlermessen ist durch die Obergerichte auch nur eingeschränkt überprüfbar. Jedoch sollte in Verfahren des Entzugs der elterlichen Sorge stets auch nach möglichen geeigneten Personen innerhalb des **erweiterten Familienverbundes** Ausschau gehalten werden. Dies wird jedoch nur dann in Betracht kommen, wenn zwischen ihnen und den Eltern ein spannungsfreies Verhältnis besteht. 20

Bei entsprechenden Entscheidungen im Hinblick auf die elterliche Sorge steht weder Pflegeeltern noch Großeltern ein eigenes **Beschwerderecht** zu. Hinsichtlich der Beteiligung von Pflegeeltern (→ *Pflegefamilie* Rn. 22 ff.) ist an eine Verbleibensanordnung als milderes Mittel zu Entscheidungen nach § 1666 BGB zu denken.[20] 21

---

12 BVerfG 18.5.2009 – 1 BvR 142/09, FamRZ 2009, 1389.
13 BVerfG 18.5.2009 – 1 BvR 142/09, FamRZ 2009, 1389.
14 BVerfG 10.9.2009 – 1 BvR 1248/09, FamRZ 2009, 1897.
15 OLG Saarbrücken 30.9.2010 – 6 UF 86/19, FamFR 2010, 526.
16 BVerfG 14.4.2009 – 1 BvR 467/09, FamFR 2009, 29.
17 BVerfG 29.6.2009 – 1 BvR 1248/09, FamRZ 2009, 1897.
18 BVerfG 2.4.2009 – 1 BvR 683/09, FamRZ 2009, 944.
19 NK-BGB/*Rakete-Dombek/Berning* § 1630 Rn. 8.
20 BGH 22.1.2014 – XII ZB 68/11, NJW 2014, 1004.

22 **c) Auflösung gemeinsamer elterlicher Sorge.** Bei Auflösung der gemeinsamen elterlichen Sorge wird in das verfassungsrechtlich geschützte Elternrecht desjenigen Elternteils eingegriffen, der die elterliche Sorge verliert. Das Gericht hat gem. § 156 FamFG auf ein Einvernehmen der Beteiligten hinzuwirken. Im Zweifel wird das Gericht – mit Ausnahme von Eilfällen – in der Hauptsache **keine schnelle Entscheidung** fällen können. Die Erholung eines Sachverständigengutachtens (→ *Elterliches Sorgerecht* Rn. 33), die Kindesanhörung, die Bestellung eines Verfahrensbeistands (→ *Verfahrensbeistand* Rn. 1 ff.) sowie die mögliche Anordnung einer gerichtsnahen Beratung stehen dem entgegen. Diese Beratung kann gem. § 156 FamFG auch angeordnet werden.

23 Wird in Verfahren nach §§ 1666, 1671 BGB dem Kind ein Verfahrensbeistand beigeordnet, so ist die Bestellung eines Ergänzungspflegers nicht erforderlich (→ *Gesetzliche Vertretung Minderjähriger* Rn. 20).

24 **d) Beteiligung des nicht sorgeberechtigten Elternteils.** Besonders hinzuweisen ist darauf, dass auch der nicht sorgeberechtigte Elternteil am Verfahren zu beteiligen sein wird, für den Fall, dass dem sorgeberechtigten Elternteil das Sorgerecht entzogen wird. Dieser nicht an der elterlichen Sorge beteiligte Elternteil ist für den Fall, dass diese Regelung dem Kindeswohl nicht widerspricht, entsprechend dem gesetzgeberischen Willen einem neutralen Vormund oder Pfleger vorzuziehen. Dies ergibt sich aus § 1680 Abs. 2 und 3 BGB.

25 Bei gemeinsamer elterlicher Sorge steht gem. § 1680 Abs. 3, 1 BGB dem anderen Elternteil die elterliche Sorge von Gesetzes wegen zu.

26 **e) Überprüfung/Rückführung.** Gerichtliche Entscheidungen nach §§ 1666, 1666 a BGB sind gem. § 166 Abs. 2 FamFG in angemessenen Zeitabständen zu überprüfen. Hierbei ist in der Praxis von einem **Überprüfungsrahmen** von ein bis zwei Jahren auszugehen, wobei auch das Alter des Kindes maßgebend ist.

27 Befinden sich Kinder aufgrund gerichtlicher Entscheidungen in staatlicher Obhut, sei es in entsprechenden Einrichtungen oder Pflegefamilien, so hat der Staat grundsätzlich darauf zu achten, dass sich vorhandene Familienbindungen entwickeln können.[21] Je nach Fallkonstellation muss daher grundsätzlich die **Rückführung des Kindes** Ziel des Verfahrens und der gerichtlichen Überprüfung sein.

21 EGMR 8.4.2004 – 11057/02, NJW 2004, 3401.

97. Erbenhaftung

Schwarz

Sobald die Erbschaft vom Erben angenommen ist, folgt aus dem Prinzip der Universalsukzession (§ 1922 BGB) die Verschmelzung von Nachlassvermögen und Eigenvermögen. Für **die Schulden des Erblassers** haftet nunmehr diese Gesamtvermögensmasse. Auch nach der Erbschaftsannahme kann diese uneingeschränkte Erbenhaftung jedoch unter bestimmten Voraussetzungen noch beschränkt werden. 1

I. Dreimonatseinrede

Der Erbe kann für einen Zeitraum von drei Monaten nach Annahme der Erbschaft die Berichtigung von Nachlassverbindlichkeiten verweigern, sog. **Dreimonatseinrede** (§ 2014 BGB). Es handelt sich um ein zeitlich begrenztes Verweigerungsrecht. Die Einrede hat nur prozessuale und vollstreckungsrechtliche, nicht aber materiellrechtliche Wirkung.[1] Mangels materiellrechtlicher Wirkung wird ein Verzug des Erben und damit der Anfall von Verzugszinsen durch die Erhebung dieser Einrede nicht ausgeschlossen.[2] Die Verjährung wird nicht gehemmt.[3] 2

II. Einrede des Aufgebotsverfahrens

Nach § 2015 BGB hat der Erbe eine weitere **Schonungseinrede**, falls er zur Feststellung der vorhandenen Nachlassverbindlichkeiten ein Aufgebotsverfahren eingeleitet hat (§ 2015 BGB, §§ 947 ff. ZPO). Hat der Erbe diesen Antrag gestellt und ist der Antrag zugelassen, so kann er die Berichtigung der Nachlassverbindlichkeiten bis zur Beendigung des Aufgebotsverfahrens verweigern (§ 2015 Abs. 1 BGB). 3

Hinweis: Die Einreden nach §§ 2014, 2015 BGB sind ausgeschlossen, wenn der Erbe bereits unbeschränkt haftet (§ 2013 Abs. 1 BGB).

III. Verschweigungseinrede

Die Verschweigungseinrede nach § 1974 BGB soll den Erben vor Nachteilen durch nachlässige oder verhinderte Gläubiger schützen. Machen diese erst **nach Ablauf von fünf Jahren** ihre Forderungen geltend, so werden sie wie im Aufgebotsverfahren ausgeschlossene Gläubiger behandelt (§ 1974 Abs. 1 S. 1 BGB).[4] Gem. § 1973 Abs. 2 BGB besteht dann nur noch eine Haftung nach den Vorschriften über die Herausgabe einer ungerechtfertigten Bereicherung. 4

IV. Nachlassverwaltung

Auf Antrag des Erben kann das Nachlassgericht eine **Nachlassverwaltung** anordnen. Besondere Voraussetzungen bestehen nicht (§ 1981 Abs. 1 BGB). Haftet der Erbe allerdings bereits unbeschränkt, so ist er nicht mehr berechtigt, die Anordnung einer Nachlassverwaltung zu beantragen (§ 2013 Abs. 1 S. 1 Hs. 2 BGB). Nach § 1981 Abs. 2 BGB kann auch auf Antrag eines Nachlassgläubigers eine Nachlassverwaltung angeordnet werden, wenn Grund zu der Annahme besteht, dass die Befriedigung der Nachlassgläubiger aus dem Nachlass durch das Verhalten oder die Vermögenslage des Erben gefährdet wird. Forderung und Gefährdung sind glaubhaft zu machen.[5] Nach § 1982 BGB ordnet das Gericht die Nachlassverwaltung an, 5

1 Palandt/*Weidlich* BGB § 2014 Rn. 3.
2 Palandt/*Weidlich* BGB § 2014 Rn. 3.
3 Palandt/*Weidlich* BGB § 2014 Rn. 3.
4 Palandt/*Weidlich* BGB § 1974 Rn. 1.
5 KG 4.3.1977 – 1W 4073/76, OLGZ 1977, 309.

wenn eine den Kosten entsprechende Masse vorhanden ist. Wird Nachlassverwaltung angeordnet, so geht die Verwaltungs- und Verfügungsbefugnis nach § 1984 Abs. 1 BGB auf den Nachlassverwalter über.

6 Sinn und Zweck der Nachlassverwaltung ist **die Befriedigung der Nachlassgläubiger**. Der Erbe erreicht durch die Nachlassverwaltung eine **Beschränkung seiner Haftung**.

V. Nachlassinsolvenz

7 Wird eine **Überschuldung** des Nachlasses bekannt, so ist der Erbe verpflichtet, Nachlassinsolvenz zu beantragen (§ 1980 Abs. 1 BGB, §§ 305 ff. InsO). Nicht selten mündet die Nachlassverwaltung in die Nachlassinsolvenz. Haftet der Erbe bereits unbeschränkt, so besteht keine Antragspflicht (§ 2013 Abs. 1 S. 1 BGB). Neben dem Erben sind der Nachlassverwalter sowie ein anderer Nachlasspfleger, der Testamentsvollstrecker und Nachlassgläubiger antragsberechtigt (§ 317 InsO). Wenn die Summe der Nachlassverbindlichkeiten (ohne Verbindlichkeiten aus Vermächtnis und Auflagen, § 1980 Abs. 1 S. 2 BGB) die Summe aller Aktiva übersteigt, so liegt die insolvenzrelevante Überschuldung vor. Bei einer Verletzung der Insolvenzantragspflicht ist der Erbe den Gläubigern schadensersatzpflichtig (§ 1980 Abs. 1 S. 2 BGB).

8 Mit Eröffnung des Nachlassinsolvenzverfahrens besteht für den Erben nur noch eine **beschränkte Erbenhaftung** (§ 1975 Abs. 1 BGB).

VI. Dürftigkeitseinrede

9 Mit der Dürftigkeitseinrede des § 1990 BGB kann der Erbe im Falle der Nichtanordnung einer Nachlassverwaltung oder eines Nachlassinsolvenzverfahrens (mangels Masse) die Befriedigung der Nachlassgläubiger insoweit verweigern, als der Nachlass nicht ausreicht. Der Erbe befriedigt die Nachlassgläubiger dann in ihm überlassener Reihenfolge bzw. Höhe.

98. Erbvertrag

Schwarz

Die Besonderheit des Erbvertrags liegt darin, dass der Erblasser dort vertragsmäßige Verfügungen treffen kann, an die er bereits ab Vertragsabschluss **gebunden** ist.[1] Für eine erbrechtliche Bindungsmöglichkeit des Erblassers besteht ein praktisches Bedürfnis. 1

Beispiel: Der Sohn eines Unternehmers ist nur dann bereit, gute Stellenangebote abzulehnen und im väterlichen Betrieb zu arbeiten, wenn sicher ist, dass er später das Unternehmen auch erbt.

Der Erbvertrag hat eine **Doppelnatur**.[2] Er ist zum einen Verfügung von Todes wegen und zugleich Vertrag. Aus dem Vertragscharakter leitet sich die Bindungswirkung des Erblassers und die Einschränkung seiner Testierfreiheit ab (§ 2289 BGB). 2

Wie beim Testament verfügt der Erblasser nicht in dem Sinne, dass er eine unmittelbare Rechtsänderung herbeiführt. Er verpflichtet sich auch nicht schuldrechtlich. 3

Hinweis: Der bindende Erbvertrag hindert den Erblasser deshalb grundsätzlich nicht, über sein Vermögen durch Rechtsgeschäft unter Lebenden zu verfügen (§ 2286 BGB).

Als Verfügung von Todes wegen gelten weitgehend die Vorschriften über letztwillige Zuwendungen und Auflagen entsprechend (§ 2279 Abs. 1 BGB). Der im Erbvertrag bedachte Erbe erwirbt – wie beim Testament – vor dem Tode des Erblassers weder einen künftigen Anspruch noch eine rechtlich gesicherte Anwartschaft, sondern **lediglich** eine tatsächliche Aussicht. 4

I. Wirksamkeitsvoraussetzungen

Beim Vertragserblasser genügt nicht dessen Testierfähigkeit. Er muss **unbeschränkt geschäftsfähig** sein, weil er sich vertragsmäßig bindet (§ 2275 Abs. 1 BGB). 5

Der Vertragserblasser kann den Erbvertrag auch nur **persönlich** schließen (§ 2274 BGB). Stellvertretung ist ausgeschlossen. Für den Vertragsgegner hingegen kann der gesetzliche oder ein gewillkürter Vertreter handeln. 6

II. Form des Erbvertrages

Für den Erbvertrag ist die Form des öffentlichen Testaments vorgeschrieben, also **notarielle Beurkundung** (§ 2276 Abs. 1 S. 1 BGB). 7

Die Voraussetzung **gleichzeitiger Anwesenheit beider Teile** führt dazu, dass ein Erbvertrag nicht durch gesonderte Angebots- und Annahmeurkunden geschlossen werden kann. 8

Eine besondere amtliche **Verwahrung** des Erbvertrages bei Gericht (Amtsgericht, in dessen Bezirk der Notar seinen Amtssitz hat, § 344 Abs. 1 Nr. 1 und Abs. 3 FamFG) ist zwar die Regel, aber nicht zwingend. Vielmehr können die Vertragsparteien die besondere amtliche Verwahrung auch ausschließen (§ 34 Abs. 2 BeurkG). Dann bleibt die Urkunde in der Urkundensammlung des Notars (eine eigene Verwahrung ist nicht möglich). Im Zweifel ist ein Ausschluss der amtlichen Verwahrung jedoch anzunehmen, wenn mit dem 9

1 NK-BGB/*Kornexl* Vor §§ 2274–3202 Rn. 3.
2 NK-BGB/*Kornexl* Vor §§ 2274–3202 Rn. 18.

Erbvertrag noch ein anderer Vertrag in derselben Urkunde verbunden ist (§ 34 Abs. 2 letzter Hs. BeurkG), zB mit einem Ehevertrag.

III. Arten von Verfügungen in einem Erbvertrag

10 Nach dem möglichen Inhalt eines Erbvertrages werden **vertragsmäßige und einseitige Verfügungen** unterschieden. Vertragsmäßig können nur Erbeinsetzungen, Vermächtnisse (→ *Vermächtnis* Rn. 1 ff.) und Auflagen (→ *Auflagen* Rn. 1 ff.) getroffen werden gem. §§ 1941, 2278 Abs. 2 BGB.[3] Sämtliche übrigen Verfügungen sind hingegen nur einseitig anordnungsfähig, zB die Ernennung eines Testamentsvollstreckers.

11 Die im Erbvertrag enthaltenen **Erbeinsetzungen, Vermächtnisse und Auflagen** können vertragsmäßige Verfügungen sein, sie müssen es aber nicht. Gem. § 2299 Abs. 1 BGB darf jede Verfügung, die durch Testament erfolgen kann, auch einseitig im Erbvertrag getroffen werden. Es muss daher bei jeder Erbeinsetzung, jedem Vermächtnis und jeder Auflage im Erbvertrag geprüft werden, ob es sich um eine vertragsmäßige oder um eine einseitige Verfügung handelt. Ein Erbvertrag liegt aber nur dann vor, wenn mindestens eine Verfügung vertragsmäßig getroffen worden ist.

12 Eine **Auslegungsregel**, ob es sich um eine einseitige oder vertragsmäßige Verfügung handelt, gibt es nicht. Sollte die Art der Verfügung im Erbvertrag nicht durch Begriffe wie „vertragsmäßig" oder „einseitig" sowie „nicht vertragsmäßig" angegeben sein, muss die Verfügung ausgelegt werden.[4] Maßgeblich ist, ob der Vertragspartner des Erblassers ein Interesse an der Aufrechterhaltung der Verfügung und damit an der Bindung des Erblassers an dieser Verfügung gehabt hat oder jedenfalls haben konnte.

Beispiel: M und F haben sich im Erbvertrag gegenseitig zu Erben eingesetzt und den Neffen des M sowie die Nichte der F zu Erben des Überlebenden zu je 1/2. Nach dem Tode der F möchte der M anstelle seines Neffen und der Nichte seiner Frau seinen Bruder B zum Erben einsetzen. Die Erbeinsetzung zwischen M und F ist als vertragsmäßige Verfügung anzusehen. Auch wird die F ein Interesse daran haben, dass im Falle Ihres Vorversterbens nach dem weiteren Tode des M der Nachlass jedenfalls zu 1/2 Anteil in ihrer Verwandtschaft bleibt, mithin ist auch die Erbeinsetzung der Nichte als vertragsmäßig anzusehen. Der F wird es jedoch im Zweifel gleichgültig sein, welcher Verwandte auf der Seite des M nach dessen Tod den weiteren hälftigen Anteil erbt. Die Einsetzung des Neffen dürfte daher als einseitig anzusehen sein mit der Folge, dass M hinsichtlich des weiteren hälftigen Anteils statt seines Neffen auch eine andere Person, zB seinen Bruder, einsetzen kann.

IV. Verfügungsgeschäfte unter Lebenden trotz Erbvertrag

1. Verfügungsfreiheit

13 Da der Erbvertrag eine **rein erbrechtliche Bindung** bewirkt, ist das Recht des Erblassers, über sein Vermögen durch Rechtsgeschäft unter Lebenden zu verfügen, nicht beschränkt (§ 2286 BGB).

14 Die Position des Bedachten ist dadurch gekennzeichnet, dass **er vor dem Erbfall keinen Anspruch** gegen den Erblasser hat. Bis dahin hat er zwar eine rechtlich begründete Erwartung auf sein Erbrecht, aber nur eine tatsächliche Aussicht auf das Vermögen. Wegen § 2286 BGB muss er sich mit dem begnügen, was ihm der Erblasser übrig lässt. Es kann deshalb auch nicht von einem Anwartschaftsrecht gesprochen werden.

2. Schutz der Vertragserben

15 Die Stellung des Vertragserben wird, abgesehen von den §§ 138, 826 BGB, nur durch § 2287 BGB geschützt: Hat der Erblasser in der Absicht, den Vertragserben zu beeinträchtigen, einem Dritten eine **Schenkung** gemacht, so kann der Vertragserbe nach Anfall der Erbschaft von dem Beschenkten die Herausgabe des Geschenkes nach § 812 BGB verlangen. Eine objektive Beeinträchtigung des Vertragserben

3 NK-BGB/*Kornexl* § 2278 Rn. 5.
4 NK-BGB/*Kornexl* § 2278 Rn. 11.

fehlt, wenn sich dieser mit der Schenkung in Kenntnis der erbvertraglichen Verfügung einverstanden erklärt hat, da es dem Vertragserben gestattet sein muss, auf den Schutz des Gesetzes zu verzichten. Im Falle einer Einwilligung in die beeinträchtigende Verfügung verliert der Vertragserbe den Schutz des § 2287 BGB allerdings nur dann, wenn die Einwilligung in der für einen Erbverzicht erforderlichen Form (§ 2348 BGB) erklärt wurde.[5] Im Übrigen sind an die **Beeinträchtigungsabsicht** nur geringe Anforderungen zu stellen. Die Absicht, den Beschenkten zu begünstigen und die Absicht, den Vertragserben zu benachteiligen, stehen praktisch meist in untrennbarem Zusammenhang. Die Beeinträchtigungsabsicht ist damit häufig gegeben. Dennoch soll § 2287 BGB nicht bei jeder Schenkung eingreifen. Erforderlich für den Herausgabeanspruch ist vielmehr, dass der Erblasser das ihm verbliebene Recht zu lebzeitigen Verfügungen (§ 2286 BGB) missbraucht hat. Ein solcher Missbrauch liegt nicht vor, wenn der Erblasser ein **„lebzeitiges Eigeninteresse"** an der von ihm vorgenommenen Schenkung hatte.[6] Die Beweislast dafür, dass ein solches, vom Beschenkten dargetanes Interesse bei der Schenkung nicht vorlag, trägt der Vertragserbe. Ein lebzeitiges Eigeninteresse wird zB bejaht beim Bemühen des Erblassers, seine Altersversorgung zu sichern oder zu verbessern, wobei sein Bedürfnis hierfür mit den Jahren dringender und gewichtiger wird.[7] Ein lebzeitiges Eigeninteresse ist hingegen zu verneinen, wenn nur ein Sinneswandel des Erblassers dazu führte, eine andere Person als den Vertragserben zu bedenken.[8]

Nach dem Bundesgerichtshof liegt ein lebzeitiges Eigeninteresse vor, wenn der Beschenkte Leistungen übernehme, tatsächlich vornehme und auch in Zukunft erbringen wolle.[9] Bei Übernahme einer rechtlichen Verpflichtung zu Gegenleistungen fehle es bereits an einer Schenkung.[10] Nach dem OLG Oldenburg ist die Absicht, den Bestand des Unternehmens zu erhalten und es auf einen geeigneten Nachfolger zu übertragen, ein billigenswertes Eigeninteresse des Erblassers iSv § 2287 BGB.[11]

V. Aufhebung des Erbvertrages

Vertragsmäßige Verfügungen sind (anders als einseitige) nicht widerruflich. 16

Der Erblasser kann von dem Erbvertrag zurücktreten, wenn ihm der **Rücktritt** im Vertrag vorbehalten ist (§ 2293 BGB) oder ein gesetzlicher Rücktrittsgrund zusteht (§§ 2294, 2295 BGB). Die Rücktrittserklärung bedarf der notariellen Beurkundung (§ 2296 BGB).

Um sich von einem Erbvertrag zu lösen, besteht ferner ggf. die Möglichkeit, gem. §§ 2281 Abs. 1, 2078 BGB den Erbvertrag anzufechten. Die erfolgreiche **Anfechtung** führt zur Nichtigkeit des Erbvertrages von Anfang an (§ 142 BGB). Die Anfechtung ist gegenüber dem Vertragspartner zu erklären (§ 143 Abs. 2 BGB) und bedarf der notariellen Beurkundung (§ 2282 Abs. 3 BGB).

5 BGH 12.7.1989 – IV a ZR 174/89, BGHZ 108, 252.
6 NK-BGB/*Seiler* § 2287 Rn. 44.
7 BGH 27.1.1982 – IV a ZR 240/80, BGHZ 83, 44.
8 BGH 26.10.2011 – IV ZR 72/11, NJW-RR 2012, 207.
9 BGH 26.10.2011 – IV ZR 72/11, ZEV 2012, 37.
10 BGH 26.10.2011 – IV ZR 72/11, ZEV 2012, 37.
11 OLG Oldenburg 5.10.2010 – 12 U 51/10.

99. Erbverzicht

Schwarz

1 Mit einem **Erbverzichtsvertrag** können gem. § 2346 BGB Verwandte (→ *Verwandtschaft* Rn. 1 ff.) sowie der Ehegatte (→ *Eheschließung im Inland* Rn. 1 ff.) des Erblassers vor dem Tod des Erblassers aus der gesetzlichen Erbfolge ausscheiden.[1] Nach § 10 Abs. 7 LPartG gilt dies auch für gleichgeschlechtliche Lebenspartner. Seit dem 1.10.2017 ist die Begründung neuer Lebenspartnerschaften allerdings nicht mehr möglich.

2 Bei einem Erbverzichtsvertrag handelt es sich um ein **Rechtsgeschäft unter Lebenden auf den Todesfall**.[2] Dieser bedarf nach § 2348 BGB der **notariellen Beurkundung**. Der Erblasser kann den Vertrag gem. § 2347 Abs. 2 BGB nur **persönlich** schließen.

Hinweis: Während beim Erblasser eine Vertretung unwirksam ist, kann sich der Verzichtende durch einen Bevollmächtigten vertreten lassen.

Nach dem Bundesgerichtshof erstreckt sich die Formbedürftigkeit des Erbverzichts nicht auch auf dingliche Vollzugsgeschäfte, die mit dem Erbvertrag in Zusammenhang stehen.[3] Offengelassen hat der Bundesgerichtshof dabei die Fragen, ob es einer Mitbeurkundung des zugrunde liegenden Kausalgeschäfts bedarf bzw. ob eine etwaige notwendige, aber fehlende Beurkundung durch die Beurkundung des Erbverzichts geheilt wird.[4]

3 Besteht für den Verzichtenden eine **Vormundschaft** (→ *Vormundschaft* Rn. 1 ff.), so bedarf der Erbverzicht nach § 2347 Abs. 1 S. 1 Hs. 1 BGB der familiengerichtlichen Genehmigung. Gleiches gilt für den Fall, dass der Verzichtende noch unter elterlicher Sorge (→ *Elterliches Sorgerecht* Rn. 1 ff.) steht (§ 2347 Abs. 1 S. 1 Hs. 2 BGB), ausgenommen der Vertrag wird unter Ehegatten oder Verlobten geschlossen. Bei einem Verzicht durch den Betreuer ist die Genehmigung des Betreuungsgerichts gem. § 2347 Abs. 1 S. 2 BGB erforderlich.

4 Folge des Erbverzichts ist nach § 2346 Abs. 1 S. 2 BGB der **Ausschluss des Verzichtenden von der gesetzlichen Erbfolge**, wie wenn er zur Zeit des Erbfalls nicht mehr lebte.

Hinweis: Nach § 2310 S. 2 BGB wird der durch Erbverzicht von der gesetzlichen Erbfolge Ausgeschlossene bei der Berechnung des für den Pflichtteil maßgebenden Erbteils nicht mitgezählt. Dies führt im Ergebnis zu einer Erhöhung der Pflichtteilsquoten der anderen Verwandten.

5 Da nach § 2346 Abs. 1 S. 2 Hs. 2 BGB ein Erbverzicht **auch das Pflichtteilsrecht** (→ *Pflichtteilsrecht* Rn. 1 ff.) **ausschließt**, ist ein gesonderter Pflichtteilsverzicht nicht mehr erforderlich. Nach § 2349 BGB erstreckt sich der Erbverzicht eines Abkömmlings oder Seitenverwandten auch auf seine Abkömmlinge, sofern nichts anderes bestimmt wird. Damit scheidet grundsätzlich der gesamte Stamm aus der Erbfolge aus.

6 Eine Aufhebung des Erbvertrags kommt nach den gleichen Bestimmungen in Betracht, die für den Erbvertragsabschluss gelten (§ 2351 BGB). Es ist also notarielle Beurkundung erforderlich. Nach dem Tod scheidet eine Aufhebungsmöglichkeit aus.[5] Gleiches gilt für eine Anfechtung.[6]

7 Anders als der Erbverzicht ist der sog. **Zuwendungsverzicht** (§ 2352 BGB) ein Mittel zur Beseitigung einer Verfügung von Todes wegen. Die §§ 2347, 2348 BGB finden entsprechende Anwendung (§ 2352 S. 3 BGB). Er bedarf also der notariellen Beurkundung. Der Verzicht auf eine bereits erfolgte Zuwendung ist

1 *Riedel* in: FormB-ErbR § 8 Rn. 38.
2 NK-BGB/*Kroiß* § 2346 Rn. 2.
3 BGH 7.12.2011 – IV ZR 16/11, FamRZ 2012, 446.
4 Bejahend: *Keim* ZEV 2012, 148; verneinend: OLG Düsseldorf 21.6.2011 – I-3 Wx 56/11, FamRZ 2011, 1761.
5 BGH 24.6.1998 – IV ZR 159/97, NJW 1998, 3117.
6 Palandt/*Weidlich* BGB § 2290 Rn. 4.

möglich, nicht jedoch auf eine erst künftige.[7] Von Bedeutung ist die Möglichkeit des Zuwendungsverzichts vor allem bei wechselbezüglichen Verfügungen in einem gemeinschaftlichen Testament, die mit dem Tod des Ehegatten unabänderlich wurden.[8] Der Schlusserbe kann mit dem überlebenden Ehegatten einen Zuwendungsverzichtsvertrag schließen.[9] Gleiches gilt beim bindenden Erbvertrag.[10]

8 Über die Verweisung des § 2352 S. 3 BGB gilt auch § 2349 BGB. Der Zuwendungsverzicht eines Abkömmlings oder eines Seitenverwandten erfasst auch die Abkömmlinge, sofern nicht ein anderes bestimmt ist. Damit scheidet der gesamte Stamm des Verzichtenden aus der Erbfolge aus, und zwar unabhängig davon, ob für den Verzicht eine Abfindung geleistet wurde oder nicht.

7 BayObLG RPfleger 1987, 374.
8 NK-BGB/*Kroiß* § 2352 Rn. 22.
9 BayObLG 9.6.2000 – 1Z BR 25/00, MittBayNot 2000, 446.
10 OLG Frankfurt a. M. RPfleger 1997, 309.

sehr gute Übersicht: Haftung Siekmann S. 127

100. Ersatzhaftung

Poppen

I. Systematische Einordnung

1 Von der Ersatzhaftung zu unterscheiden sind die **Ausfallhaftung** wegen der Leistungsunfähigkeit eines Elternteils beim Volljährigenunterhalt (§ 1606 Abs. 3 S. 1 BGB), die **subsidiäre Haftung** des betreuenden Elternteils beim Minderjährigenunterhalt auch für den Barunterhalt (§ 1603 Abs. 2 S. 3 BGB, → *Kindesunterhalt Minderjähriger* Rn. 22 ff.) und sonstige Ausgleichsansprüche wegen anstelle des Barunterhaltspflichtigen erbrachter Zahlungen (→ *Familienrechtlicher Ausgleichsanspruch* Rn. 1 ff.). Die eigentliche Ersatzhaftung ist in § 1607 BGB geregelt. Dieser unterscheidet zwischen der originären Verpflichtung eines grundsätzlich nachrangigen Unterhaltsverpflichteten **ohne Rückgriffsmöglichkeit** gegen den eigentlich Unterhaltsverpflichteten (§ 1607 Abs. 1 BGB) und der subsidiären Haftung **mit Rückgriffsmöglichkeit** (§ 1607 Abs. 2 BGB). Die originäre Ersatzhaftung greift ein, wenn ein Unterhaltsanspruch gegen den vorrangig Unterhaltsverpflichteten nicht besteht, die subsidiäre Ersatzhaftung, wenn ein Unterhaltsanspruch zwar grundsätzlich besteht, jedoch nicht durchsetzbar ist.

2 § 1607 BGB erfasst, weil er allgemein für den Verwandtenunterhalt gilt, auch Unterhaltsansprüche der Mutter eines nichtehelichen Kindes (§ 1615 l Abs. 3 BGB). Auf die Vorschrift wird für den Familien- und Trennungsunterhalt (§ 1608 BGB) sowie nachehelichen Unterhalt (§ 1584 BGB) verwiesen. Die Ersatzhaftung greift nicht ein, wenn ein Unterhaltsanspruch nur deshalb nicht besteht, weil der Bedürftige seinen Unterhaltsanspruch gegen den vorrangig Unterhaltsverpflichteten **verwirkt** hat (§ 1611 Abs. 3 BGB).

II. Originäre Ersatzhaftung (§ 1607 Abs. 1 BGB)

1. Voraussetzungen

3 Voraussetzung der originären Ersatzhaftung ist es, dass ein Unterhaltsanspruch gegen **alle vorrangig Unterhaltsverpflichteten** wegen deren **Leistungsunfähigkeit** nicht besteht. Anspruchsverpflichtete können bei Leistungsunfähigkeit beider Eltern die Großeltern für den Unterhalt ihrer Enkelkinder sein, die Enkelkinder für den Unterhalt der Großeltern bei Leistungsunfähigkeit der Kinder, die Kinder des Bedürftigen für den Unterhalt des getrennt lebenden oder geschiedenen Ehegatten, bzw. wenn diese auch nicht leistungsfähig sind, die Eltern sowie die Verwandten der Mutter eines nichtehelichen Kindes bei Leistungsunfähigkeit des Kindesvaters. Dabei greift die Ersatzhaftung erst ein, wenn alle **vorrangig Unterhaltsverpflichteten** wegen ihrer eigenen Leistungsunfähigkeit nicht zum Unterhalt beitragen können. Ist beim Kindesunterhalt der grundsätzlich Barunterhaltspflichtige nicht leistungsfähig, ist zunächst der betreuende Elternteil nach § 1606 Abs. 3 S. 2 BGB vorrangig unterhaltsverpflichtet (→ Rn. 1).[1]

4 Gleichrangige Ersatzhaftende haften **anteilig**. Verlangt ein Enkelkind von seinen Großeltern Unterhalt, haften mithin alle Großeltern väterlicher- und mütterlicherseits entsprechend ihren Einkommensverhältnissen.[2] Die Großeltern untereinander können nach § 242 BGB Auskunft über die jeweiligen Einkünfte verlangen (→ *Auskunftsanspruch* Rn. 2).[3]

1 OLG Hamm 25.10.2012 – II-6 WF 232/12, NJW 2013, 1013.
2 OLG Frankfurt a. M. 11.12.2003 – 2 UF 181/03, FamRZ 2004, 1745.
3 OLG Frankfurt a. M. 11.12.2003 – 2 UF 181/03, FamRZ 2004, 1745.

2. Anspruchshöhe

Die **Höhe des Unterhaltsanspruchs** gegen den Ersatzhaftenden bestimmt sich nach der Höhe des An- 5
spruchs gegen den eigentlich Verpflichteten. Nimmt ein Enkelkind seine Großeltern wegen Leistungsunfähigkeit der Eltern in Anspruch, kann es somit nur den **Mindestunterhalt** nach § 1612 a BGB verlangen, nicht jedoch einen etwaigen höheren, an den Einkommensverhältnissen der Großeltern orientierten Unterhaltsbetrag. Beläuft sich der Unterhaltsanspruch einer studierenden, nichtehelichen Mutter gegen den Kindesvater auf 880 EUR (notwendiger Selbstbehalt des nicht Erwerbstätigen)[4] und ist der Kindesvater nicht leistungsfähig, haften die Eltern der Kindesmutter auf diesen Betrag und nicht den niedrigeren Bedarf eines studierenden Kindes mit eigenem Hausstand von 860 EUR.

3. Bedürftigkeit

Bedarfsdeckend sind alle Einkünfte anzurechnen. Das gilt auch für grundsätzlich **subsidiäre Sozialleistun-** 6
gen, soweit nach den einschlägigen Vorschriften Unterhaltsansprüche gegen den Ersatzhaftenden nicht übergehen, wie zB Ansprüche gegen Großeltern gem. § 7 UVG und § 94 Abs. 1 S. 3 SGB XII. Soweit mithin ein Enkelkind Leistungen nach dem **Unterhaltsvorschussgesetz** bezieht, können die Großeltern nur auf die Differenz zwischen den Leistungen der Unterhaltsvorschusskasse und dem Mindestunterhalt nach § 1612 a BGB in Anspruch genommen werden.[5] Leistungen nach dem **SGB II** sind in aller Regel dagegen wegen des Anspruchsübergangs nach § 33 Abs. 2 SGB II nicht als Einkommen anzurechnen.[6]

4. Leistungsfähigkeit

Hinsichtlich der Leistungsfähigkeit ist dagegen auf die Verhältnisse des Ersatzhaftenden abzustellen. Der 7
Selbstbehalt von Großeltern gegenüber ihren Enkeln wird wie der Selbstbehalt von Kindern bei der Inanspruchnahme auf Elternunterhalt bestimmt[7] Maßgeblich ist daher ein Selbstbehalt von zurzeit 2.000 EUR[8] zzgl. 50 % des darüberhinausgehenden Einkommens.[9] Eine Differenzierung zwischen der Ausübung einer Erwerbstätigkeit und einer Nichterwerbstätigkeit wird nicht vorgenommen.[10]

5. Verzug

Ansprüche gegen den Ersatzhaftenden wegen rückständigen Unterhalts können nur geltend gemacht wer- 8
den, soweit **Verzug** nach § 1613 Abs. 1 BGB vorliegt. Muss bei einem nichtehelichen Kind erst die Vaterschaft festgestellt werden, gilt § 1613 Abs. 2 Nr. 2 Buchst. a BGB auch gegenüber dem Ersatzhaftenden.[11]

6. Darlegungs- und Beweislast

Der Unterhaltsberechtigte, der einen Ersatzhaftenden in Anspruch nehmen will, muss die Leistungsunfä- 9
higkeit der vorrangig Verpflichteten darlegen und beweisen.[12] Er muss weiter die Haftungsanteile der mehreren gleichrangig ersatzweise haftenden Verwandten darlegen und beweisen.[13] Schließlich ist er für seine eigene Bedürftigkeit und die Leistungsfähigkeit der in Anspruch Genommenen darlegungs- und beweispflichtig.

---

4 BGH 16.12.2009 – XII ZR 50/08, FPR 2010, 182.
5 OLG Dresden 18.9.2009 – 20 UF 331/09, FamRZ 2010, 736.
6 Wendl/Dose/*Klinkhammer* UnterhaltsR § 2 Rn. 792.
7 BGH 20.12.2006 – XII ZR 137/04, NJW-RR 2007, 433.
8 Bundeseinheitliche Leitlinienstruktur 21.3.4.
9 BGH 28.7.2010 – XII ZR 140/07, NJW 2010, 3161.
10 BGH 3.5.2006 – XII ZR 35/04, FamRZ 2006, 1099.
11 BGH 10.3.2004 – XII ZR 123/01, NJW 2004, 1735.
12 BGH 28.1.1981 – IVb ZR 573/80, NJW 1981, 923.
13 OLG Frankfurt a. M. 11.12.2003 – 2 UF 181/03, FamRZ 2004, 1745.

III. Subsidiäre Ersatzhaftung (§ 1607 Abs. 2 BGB)

1. Voraussetzungen

10 § 1607 Abs. 2 BGB regelt den Fall, dass zwar ein Unterhaltsanspruch gegen einen vorrangig Verpflichteten besteht, dieser aber nicht durchsetzbar ist. Die Ersatzhaftung greift ein bei **unbekanntem Aufenthalt** des vorrangig Verpflichteten oder einem **Auslandswohnsitz**. Erfasst werden auch **fehlende Vollstreckungsmöglichkeiten** im Inland, etwa weil der Unterhaltspflichtige im Inland kein Vermögen hat,[14] oder die voraussichtliche Erfolglosigkeit der Zwangsvollstreckung zB in den Fällen, in denen die Unterhaltsverurteilung auf einer **Fiktion** beruht oder der vorrangig Verpflichtete Sozialleistungen bezieht.[15]

2. Anspruchsübergang

11 In den Fällen der subsidiären Ersatzhaftung geht, soweit der Ersatzverpflichtete den Unterhaltsanspruch erfüllt, der Unterhaltsanspruch auf ihn über (§ 1607 Abs. 2 S. 2 BGB). Auch soweit nicht unterhaltspflichtige andere Verwandte den Unterhaltsanspruch erfüllen, geht der Anspruch auf sie über (§ 1607 Abs. 3 S. 1 BGB).

12 § 1607 Abs. 3 S. 2 BGB regelt den **Scheinvaterregress** (→ *Scheinvaterregress*). Scheinvater ist derjenige, der anstelle des tatsächlich verpflichteten Vaters den Unterhaltsbedarf eines Kindes deckt. Voraussetzung des Übergangs des Unterhaltsanspruches ist, dass die Rechtsverfolgung gegen den tatsächlich Verpflichteten im Inland ausgeschlossen oder erheblich erschwert ist. Das ist beim nichtehelichen Kind schon dann der Fall, wenn die Vaterschaft noch nicht festgestellt oder anerkannt ist, weil bis dahin das nichteheliche Kind den tatsächlich Verpflichteten nicht in Anspruch nehmen kann.[16]

3. Darlegungs- und Beweislast

13 Im Fall der subsidiären Ersatzhaftung muss der Unterhaltsberechtigte neben den in → Rn. 9 genannten Voraussetzungen auch noch darlegen und beweisen, dass die Voraussetzungen des § 1607 Abs. 2 BGB vorliegen.[17]

14 BGH 8.6.2005 – XII ZR 75/04, NJW 2006, 142.
15 OLG Karlsruhe 22.12.2014 – 5 WF 86/14, FamRZ 2015, 1507.
16 Wendl/Dose UnterhaltsR/*Klinkhammer* § 2 Rn. 798.
17 BGH 8.6.2005 – XII ZR 75/04, NJW 2006, 142.

101. Erwerbslosigkeitsunterhalt

Finke

I. Einführung

Der Unterhaltsanspruch wegen Erwerbslosigkeit nach § 1573 Abs. 1 BGB regelt im Gegensatz zu den 1
sonstigen nachehelichen Unterhaltstatbeständen, die daran anknüpfen, dass wegen bestimmter Umstände wie Betreuung, Alter, Krankheit oder Ausbildung keine oder nur eine eingeschränkte Erwerbsobliegenheit besteht oder trotz Ausübung einer angemessenen Erwerbstätigkeit mit den daraus erzielten Einkünften der eheangemessene Bedarf nicht gedeckt werden kann, den Fall, dass der Berechtigte seiner an sich bestehenden Erwerbsobliegenheit nicht nachkommen kann, weil er trotz ausreichender Bemühungen keine angemessene Erwerbstätigkeit gefunden hat. Es geht also um die **unterhaltsrechtliche Erfassung des Arbeitsplatzrisikos**. § 1573 Abs. 4 BGB erweitert diese Regelung auf den Fall, dass es dem Berechtigten zwar gelungen war, eine angemessene Erwerbstätigkeit zu finden, er diese jedoch wieder verloren hat, bevor er mit den daraus erzielten Einkünften seinen **Unterhaltsbedarf nach den ehelichen Lebensverhältnissen nach der Scheidung nachhaltig sichern** konnte. Der Streit darüber, ob § 1573 Abs. 4 BGB einen eigenständigen Unterhaltstatbestand darstellt[1] oder lediglich einen weiteren Einsatzzeitpunkt für den Ansprüche nach § 1573 Abs. 1 u. 2 BGB regelt,[2] ist für die Praxis ohne Bedeutung.

Da die Erwerbslosigkeit unterschiedliche Gründe haben kann, kann der hieraus hergeleitete Unterhaltsan- 2
spruch auf unterschiedlichen Grundlagen beruhen. Die Ursache dafür, dass der Berechtigte keine angemessene Erwerbstätigkeit zu finden vermag bzw. eine gefundene Erwerbstätigkeit wieder verloren hat, bevor diese als nachhaltig gesichert angesehen werden konnte, können **ehebedingte Nachteile** in der Ausbildung oder der Berufsausübung sein. Der Unterhaltsanspruch nach § 1573 Abs. 1 BGB oder § 1573 Abs. 4 BGB kompensiert in diesem Fall ganz oder teilweise ehebedingte Nachteile, indem der Bedarf ohne Ansatz eines fiktiven Erwerbseinkommens des Berechtigten ermittelt wird.

Soweit der Bedarf dabei nicht auf dem fehlenden Erwerbseinkommen, sondern dem höheren Einkommen 3
des Pflichtigen beruht, handelt es sich in der Sache an sich um einen **Aufstockungsbedarf**, der jedoch in diesem Fall nicht als solcher ausgewiesen wird, sondern Bestandteil des Anspruchs wegen Erwerbslosigkeit ist. Eines Rückgriffs auf die entsprechende Anwendung von § 1573 Abs. 2 BGB, dessen Voraussetzungen wegen der Nichtausübung einer angemessenen Erwerbstätigkeit nicht vorliegen, bedarf es daher nicht. Hinsichtlich des Teils des Unterhaltsanspruchs, der auf dem höheren Einkommen des Pflichtigen beruht, ist die Grundlage die **nachwirkende eheliche Solidarität** (→ *Nacheheliche Solidarität* Rn. 1 ff.).

Besteht nur eine Teilerwerbsobliegenheit und im Übrigen ein Unterhaltsanspruch nach §§ 1570–1572 4
BGB, so tritt der Anspruch nach § 1573 Abs. 1 BGB bzw. § 1573 Abs. 4 BGB hinsichtlich des Teils des Anspruchs, der auf dem fehlenden Einkommen aus der angemessenen Teilerwerbstätigkeit, die nicht gefunden werden kann, beruht, daneben (→ Rn. 6).

Ursache der Erwerbslosigkeit kann auch die **Arbeitsmarktlage** sein, ohne dass berufliche Nachteile auf- 5
grund der Ehe hierbei eine Rolle spielen. In diesem Fall geht es nicht um das besondere Arbeitsplatzrisiko, welches auf den Auswirkungen der Rollenverteilung in der Ehe beruht, sondern um das allgemeine

1 Johannsen/Henrich/Althammer/*Hammermann* § 1573 Rn. 1.
2 MüKoBGB/*Maurer* § 1574 Rn. 6.

Arbeitsmarktrisiko, das zunächst für alle Arbeitnehmer und sodann für bestimmte Erwerbstätigkeiten, Personen- oder Altersgruppen in besonderem Maße gilt. Hier beruht der Unterhaltsanspruch wegen Erwerbslosigkeit ausschließlich auf der **nachwirkenden ehelichen Solidarität** (→ *Nacheheliche Solidarität* Rn. 1 ff.).

6 Aus der Gegenüberstellung des Erwerbslosigkeitsunterhalts mit den anderen Unterhaltstatbeständen (→ Rn. 1) ergibt sich ein **Ausschlussverhältnis** und nicht etwa eine Subsidiarität,[3] da hier eine Erwerbsobliegenheit besteht, welcher der Berechtigte aus nicht vorwerfbaren Gründen nicht nachkommt, während dies bei den anderen Unterhaltstatbeständen nicht der Fall ist. Wegen dieser unterschiedlichen Voraussetzungen schließen sich der Erwerbslosigkeitsunterhalt und die anderen Unterhaltstatbestände aus und ergänzen sich nicht etwa in der Weise, dass bei gleichem Sachverhalt ein subsidiärer Auffangtatbestand eingreifen kann, wenn die Voraussetzungen des vorrangigen Tatbestandes nicht erfüllt sind (zB im Verhältnis von § 1570 BGB und § 1576 BGB). Andererseits kann ein Unterhaltsanspruch neben dem Erwerbslosigkeitsunterhalt auch auf einem weiteren Unterhaltstatbestand beruhen, zB nach § 1570 BGB, soweit wegen Kindesbetreuung nur eine teilschichtige Erwerbstätigkeit möglich ist, und nach § 1573 Abs. 1 BGB, soweit der Berechtigte die zumutbare teilschichtige Beschäftigung trotz hinreichender Bemühungen nicht zu finden vermochte (→ Rn. 4).

II. Voraussetzungen des Anspruchs

1. Einsatzzeitpunkte, Anschlussunterhalt

7 Die Regelung in § 1573 Abs. 1 BGB betrifft zunächst nur den originären Anspruch wegen Erwerbslosigkeit **im Anschluss an die Scheidung**. Auch wenn das Gesetz nicht exakt auf den Zeitpunkt der Scheidung abstellt, sondern von „nach der Scheidung" spricht, so ist als tatbestandlicher Einsatzzeitpunkt die Rechtskraft der Scheidung anzusehen. Die gesetzliche Formulierung, die insoweit von derjenigen in §§ 1571, 1572 BGB abweicht, beruht darauf, dass die Tatsache, dass keine Erwerbsmöglichkeit besteht, sich in der Regel nach entsprechender Suche erst im Laufe eines unter Umständen nicht nur kurzen Zeitraumes herausstellt. Die Bemühungen um eine Arbeitsstelle haben bei bestehender Erwerbsobliegenheit spätestens mit der Rechtskraft der Scheidung zu beginnen, soweit eine solche Verpflichtung nach den Umständen des Einzelfalles nicht bereits vorher in der Trennungszeit bestand.[4] Daher wird „nach der Scheidung" so verstanden, dass die fehlende Erwerbsmöglichkeit nicht unbedingt bereits bei der Scheidung, wohl aber in einem zeitlichen Zusammenhang hiermit gegeben sein muss.[5]

8 Erwerbslosigkeitsunterhalt kommt auch als **Anschlussunterhalt** (→ *Anschlussunterhalt* Rn. 1 ff.) an einen vorhergehenden Unterhaltsanspruch auf der Grundlage eines anderen Unterhaltstatbestandes (Betreuungs-, Krankheits- oder Ausbildungsunterhalt) in Betracht. Dies folgt aus § 1573 Abs. 3 BGB, der den Wegfall dieser Ansprüche als **Einsatzzeitpunkte** bezeichnet. Soweit auch ein Anspruch wegen Alters nach § 1571 BGB als möglicher Voranspruch angegeben ist, ist nicht ersichtlich, wie eine solche Abfolge praktisch verlaufen soll, nachdem die Erwerbsobliegenheit zuvor wegen Alters entfallen ist.

9 Es bedarf in diesen Fällen immer der Feststellung einer **lückenlosen Kette von vorangegangenen Ansprüchen aufgrund anderer Unterhaltstatbestände**. Ist diese Voraussetzung erfüllt, so kann dies zur Folge haben, dass der Erwerbslosigkeitsunterhalt dem Umfang nach durch den Unterhaltstatbestand beschränkt wird, an den er anschließt. Bestand zB ein Betreuungsunterhaltsanspruch auf der Grundlage einer dem Berechtigten zumutbaren Teilerwerbstätigkeit, so kann der Anspruch nach § 1573 Abs. 1 BGB sich dem Umfang nach nur an diesen anschließen und nicht andere Bedarfslücken abdecken. Auf den Wegfall der Einkünfte aus der inzwischen verlorenen Teilerwerbstätigkeit (bzw. bei fiktiver Zurechnung einer

3 So aber zB NK-BGB/*FränkenHeistermann* § 1573 Rn. 33; *Borth* in: Schwab ScheidungsR-HdB IV 272.

4 NK-BGB/*Fränken/Heistermann* § 1573 Rn. 8 f.; *Borth* in: Schwab ScheidungsR-HdB IV Rn. 274; einschränkend BGH 2.7.1986 – IVb ZR 37/85, NJW-RR 1987, 196.

5 BGH 16.3.1988 – IVb ZR 40/87, NJW 1988, 2034: Erwerbsbemühungen erst 1 ½ Jahre nach der Scheidung sind nicht mehr rechtzeitig.

solchen Tätigkeit auf den Einwand, eine solche nicht finden zu können) kann der Berechtigte sich demnach nur berufen, wenn noch ein enger zeitlicher Zusammenhang mit der Scheidung besteht (→ Rn. 7) oder die Einkünfte aus der (fiktiven) Teilerwerbstätigkeit zu diesem Zeitpunkt noch nicht nachhaltig gesichert waren, so dass insoweit ein Anspruch auf Unterhalt wegen Erwerbslosigkeit nach § 1573 Abs. 4 BGB besteht.

2. Keine Möglichkeit einer angemessenen Erwerbstätigkeit

a) Angemessene Erwerbstätigkeit. Die Erwerbsobliegenheit des Berechtigten ist auf eine angemessene Erwerbstätigkeit nach § 1574 BGB gerichtet, und zwar grundsätzlich vollschichtig. Eine Einschränkung des Umfangs bis hin zum vollständigen Wegfall der Obliegenheit kann zunächst bestehen aufgrund der Unterhaltstatbestände der §§ 1570–1572, 1575 BGB, die der Einschränkung der Erwerbsmöglichkeit aufgrund Kindesbetreuung, Alters, Krankheit und Ausbildung Rechnung tragen. Außerdem sind Einschränkungen der Art und des Umfangs der Erwerbstätigkeit möglich aufgrund der Beschränkung durch die Voraussetzung der **Angemessenheit**. 10

Die Beschränkung auf eine angemessene Tätigkeit soll zusammen mit der Lebensstandardgarantie in § 1578 BGB iVm § 1573 Abs. 2 BGB einen sozialen Abstieg des Berechtigten vermeiden. Während die Aufrechterhaltung des Lebensstandards bereits durch die Begrenzungsmöglichkeiten in § 1573 Abs. 5 BGB aF sowie § 1578 Abs. 1 S. 2 BGB aF und in verstärktem Maß durch den die früheren Regelungen ersetzenden § 1578 b BGB Einschränkungsmöglichkeiten erfahren hat, findet dies hinsichtlich der dem Berechtigten zumutbaren Erwerbstätigkeit im Gesetzeswortlaut keine Entsprechung. 11

Der vom UÄndG in den Vordergrund gerückte **Grundsatz der Eigenverantwortung** der geschiedenen Ehegatten für die Sicherstellung ihres Unterhaltsbedarfs macht es indessen erforderlich, dass auch bei der Voraussetzung der angemessenen Erwerbstätigkeit Einschränkungen in der Weise möglich sind, dass höhere Anforderungen an die Erwerbsobliegenheit des Berechtigten gestellt werden, wenn er den geschiedenen Ehegatten auf Unterhalt in Anspruch nehmen will.[6] In welchem Umfang dies der Fall ist und welche Tätigkeit demzufolge als angemessen zumutbar ist, ist jeweils im Rahmen einer **Gesamtabwägung nach den durch § 1574 Abs. 2 BGB vorgegebenen Kriterien** zu bestimmen: 12

- **Ausbildung**: Hat der Berechtigte eine Ausbildung abgeschlossen, so ist grundsätzlich eine Tätigkeit entsprechend der hierdurch erlangten Qualifikation angemessen. Ist hierzu eine Fortbildung erforderlich, so ist der Berechtigte zu einer solchen Maßnahme nach § 1574 Abs. 2 BGB berechtigt und verpflichtet. Ist eine Rückkehr zu einer bereits ausgeübten Tätigkeit auch nach einer möglichen Fortbildung ausgeschlossen oder nicht Erfolg versprechend, so kann auch eine minder qualifizierte Erwerbstätigkeit zumutbar sein. Dies lässt sich jedoch nicht generell, sondern nur unter Abwägung der sonstigen Kriterien beurteilen. Die Zumutbarkeit wird eher dann zu bejahen sein, wenn auch die Voraussetzungen für eine Befristung oder Herabsetzung des Unterhaltsanspruchs vorliegen, da dann ehebedingte Nachteile nicht bzw. nur in beschränktem Umfang vorliegen. 13

  In welchem Umfang die **Unterschreitung des erreichten Ausbildungsniveaus** zumutbar ist, hängt somit von den Umständen des Einzelfalls ab. Bei bestehender Leistungsfähigkeit und guten wirtschaftlichen Verhältnissen des Pflichtigen wird die Verweisung auf deutlich unter dem Ausbildungsniveau liegende Tätigkeit (zB eine Putztätigkeit oder sonstige einfache Beschäftigung) nicht in Betracht kommen. Andererseits ist zB die Tätigkeit einer Verkäuferin für eine ausgebildete Erzieherin nicht von vornherein unangemessen.[7] Der geschiedenen Ehefrau eines Zahnarztes, die ihr Lehramtsstudium ehebedingt abgebrochen und zeitweise als ungelernte Empfangskraft in der Zahnarztpraxis gearbeitet hat, soll vier Jahre nach der Scheidung eine ungelernte Tätigkeit zB als Verkaufshilfe oder Callcenter-Angestellte zumutbar sein.[8] Dagegen ist die Verweisung einer bei Heirat als Au-pair-Mädchen tätig gewesenen Ehefrau nach der Scheidung auf eine Tätigkeit als Zimmermädchen oder Haushälterin 14

6 OLG Celle 11.3.2010 – 17 UF 154/09, FamRZ 2010, 1673; *Borth* in: Schwab ScheidungsR-HdB IV Rn. 292.
7 BGH 19.12.1990 – XII ZR 27/90, NJW 1991, 1049.
8 OLG Celle 11.3.2010 – 17 UF 154/09, FamRZ 2010, 1673.

anstelle eines beabsichtigten Hochschulstudiums nicht generell, sondern allenfalls aufgrund weiterer Besonderheiten (kurze Ehe, Hochschulstudium entspricht nicht den ehelichen Lebensverhältnissen) gerechtfertigt.[9]

15 ■ **Fähigkeiten**: In negativer, dh einschränkender Hinsicht bedeutet der Hinweis auf die Fähigkeiten, dass eine Tätigkeit, die nicht den Fähigkeiten des Berechtigten entspricht, nicht von ihm verlangt werden kann. Die Führung des eigenen Haushalts und die Betreuung eigener Kinder befähigt nicht in jedem Fall zur Führung eines fremden Haushalts bzw. zur Betreuung fremder Kinder.[10] In positiver Hinsicht kann das Abstellen auf bestimmte Fähigkeiten, zB praktische und/oder intellektuelle Kenntnisse, die sich der Berechtigte ohne eine Ausbildung angeeignet hat, dazu führen, dass ihm eine Tätigkeit zugemutet werden kann, bei der diese Fähigkeiten zum Tragen kommen. Allerdings ist bei dem in diesem Zusammenhang häufig zitierten Fall der Ehefrau, die ohne Ausbildung in dem Unternehmen oder der Praxis des Ehemannes mitgeholfen hat,[11] zu beachten, dass die Möglichkeiten, die hierbei erworbenen Erkenntnisse als Angestellte außerhalb des Familienbetriebes zu nutzen, sehr beschränkt sein können.

16 ■ **Frühere Erwerbstätigkeit**: Dieses Kriterium ist mit dem UÄndG seit 2008 in § 1574 Abs. 2 BGB eingefügt worden. Es soll verdeutlichen, dass eine Beschäftigung, die der vor der Ehe ausgeübten Erwerbstätigkeit entspricht, grundsätzlich angemessen ist.[12] Dies setzt allerdings voraus, dass die frühere Tätigkeit der Ausbildung und den Fähigkeiten des Berechtigten entspricht. Bildete die frühere Tätigkeit nur eine Zwischenstufe der noch nicht abgeschlossenen Ausbildung oder erfolgte sie nach dem Ende der Ausbildung, um während der Suche nach einer entsprechenden Anstellung den Lebensunterhalt zu sichern, so kann der Berechtigte nicht dauerhaft auf eine solche oder ähnliche Erwerbstätigkeit verwiesen werden. Ansonsten würde verkannt, dass heute Bewerber nach dem Abschluss ihrer Ausbildung vielfach auch bei guter Qualifikation längere Zeit benötigen, um eine Erstanstellung zu erhalten. Völlig verfehlt wird der Sinn des Gesetzes, wenn eine ersichtlich temporär angelegte Tätigkeit wie bei dem vorstehend zu dem Merkmal „Ausbildung“ (→ Rn. 14) zitierten Fall einer Beschäftigung als Au-pair-Mädchen,[13] wo in der Regel nicht einmal die Erwerbstätigkeit, sondern die Erfahrungen in fremder Umgebung und in einem fremden Land als mögliche Orientierungshilfe bei der Berufswahl im Vordergrund stehen, als Maßstab für die Angemessenheit der Beschäftigung herangezogen wird.

17 ■ **Lebensalter**: Eine allgemeine Altersgrenze, ab der auch vor Erreichen der Voraussetzungen für den Altersunterhalt nach § 1571 BGB (→ *Altersunterhalt* Rn. 1 ff.) die Möglichkeit einer angemessenen Erwerbstätigkeit verneint wird, besteht nicht. Der Berechtigte muss daher entsprechende Bemühungen darlegen, selbst wenn die tatsächlichen Beschäftigungschancen im Einzelfall sehr gering sein mögen. Das Alter kann die Möglichkeiten der Wiederaufnahme einer Erwerbstätigkeit nach längerer Unterbrechung aufgrund der Ehe erheblich einschränken, aber auch bei Verlust einer Beschäftigung in fortgeschrittenem Alter. Vielfach wird eine Tätigkeit in dem erlernten und ausgeübten Beruf in solchen Fällen auch nach Fortbildungsmaßnahmen daran scheitern, dass potenzielle Arbeitgeber jüngere Bewerber aufgrund ihrer aktuelleren praktischen Erfahrung sowie geringerer tariflicher Löhne bevorzugen. Ein Indiz für die mangelnden Aussichten kann die Weigerung der Arbeitsverwaltung sein, berufliche Wiedereingliederungs- oder Fördermaßnahmen zu finanzieren. Insbesondere bei nicht qualifizierten Tätigkeiten bleibt häufig nur die Aussicht auf eine Teilzeitbeschäftigung, und zwar nicht selten nur im geringfügigen Bereich. Kommen gesundheitliche Einschränkungen hinzu, ergeben sich weitere Einschränkungen.

18 ■ **Gesundheitszustand**: Werden gesundheitliche Beeinträchtigungen vom Berechtigten zur Beschränkung der ihm zumutbaren Erwerbstätigkeit vorgebracht, so können diese je nachdem, ob sie seine

---

9 OLG Karlsruhe 23.4.2008 – 2 UF 224/07, FamRZ 2009, 120.

10 MüKoBGB/*Maurer* § 1574 Rn. 20.

11 BGH 8.6.1988 – IVb ZR 68/87, NJW-RR 1988, 1282.

12 *Borth* in: Schwab ScheidungsR-HdB Rn. 275; Palandt/*Brudermüller* BGB § 1574 Rn. 4.

13 OLG Karlsruhe 23.4.2008 – 2 UF 224/07, FamRZ 2009, 120; zu Recht krit. *Drebold* FamRZ 2009, 790; Palandt/*Brudermüller* BGB § 1574 Rn. 4.

Erwerbsfähigkeit ganz oder nur teilweise beeinträchtigen, einen Anspruch wegen Krankheitsunterhalts (→ *Krankheitsunterhalt* Rn. 1 ff.) und daneben einen Anspruch wegen Aufstockungsunterhalts (→ *Aufstockungsunterhalt* Rn. 1 ff.) begründen. Bei der danach ggf. verbleibenden angemessenen Erwerbstätigkeit können die gesundheitlichen Beschwerden in Verbindung mit anderen Umständen wie zB dem Alter dazu führen, dass die tatsächliche Beschäftigungschance so stark beeinträchtigt ist, dass es praktisch nicht möglich ist eine entsprechende Beschäftigung zu finden und insoweit ein Anspruch nach § 1573 Abs. 1 BGB gegeben ist.

- **Eheliche Lebensverhältnisse, Ehedauer und Dauer der Kindesbetreuung**: Diese Kriterien schränken die Zumutbarkeit einer nach den vorstehenden Kriterien angemessenen Erwerbstätigkeit dahin gehend ein, dass sie auf der Grundlage der ehelichen Lebensverhältnisse nicht unbillig sein darf. Während die bis zum 31.12.2007 geltende Fassung des § 1574 BGB darauf abstellte, dass die zumutbare Erwerbstätigkeit den ehelichen Lebensverhältnissen entsprechen musste, reicht es nunmehr aus, dass sie unter Berücksichtigung der ehelichen Lebensverhältnisse nicht unbillig ist. Daraus ergeben sich erheblich höhere Anforderungen an den Unterhalt beanspruchenden Ehegatten. Eine **Billigkeitskorrektur** nach § 1574 Abs. 2 S. 2 BGB kann nur in wenigen Ausnahmefällen in Betracht kommen, etwa bei sehr guten finanziellen Verhältnissen des Pflichtigen und fortgeschrittenem Alter des Berechtigten. So hat der Bundesgerichtshof eine Entscheidung nicht beanstandet, bei der einer Verkäuferin, die während der Ehe nur stundenweise Bürotätigkeiten im Unternehmen ihres „unbeschränkt leistungsfähigen" Ehemannes ausgeübt hatte, eine Tätigkeit als Kassiererin im Supermarkt nicht mehr zugemutet worden war, wohl aber als Verkäuferin im gehobenen Einzelhandel oder Bürobereich.[14] Dies liegt auf einer ähnlichen Linie wie die zum früheren Recht ergangene Entscheidung, bei der für eine 50-jährige Ehefrau bei einer Ehedauer von 23 Jahren, 10.000 DM Bruttoeinkommen des Ehemannes und dem Fehlen der Möglichkeit einer Beschäftigung in ihrem früheren Beruf als Erzieherin eine Tätigkeit in einem gehobenen Einrichtungshaus als angemessen angesehen wurde.[15] 19

- Führt die Gesamtabwägung dazu, dass bei bestehender Erwerbsfähigkeit **keine angemessene Beschäftigung zu finden ist**, so ist ein Anspruch nach § 1573 Abs. 1 BGB gegeben. Dies wird nur im Ausnahmefall in Betracht kommen, wenn nicht nur wahrscheinlich, sondern sicher ist, dass eine Erwerbschance für eine zumutbare Tätigkeit nicht besteht.[16] Die Behauptung der fehlenden Vermittelbarkeit auf dem allgemeinen Arbeitsmarkt in eine angemessene Tätigkeit entspricht nur dann der Darlegungslast, wenn die hierfür maßgeblichen Umstände substanziiert dargelegt werden.[17] Der **maßgebliche Zeitpunkt für die Beurteilung**, ob und ggf. in welchem Umfang eine Erwerbstätigkeit angemessen ist, ist der Zeitpunkt des Einsetzens der Erwerbsobliegenheit nach Trennung oder Scheidung.[18] 20

- Entspricht die bisher **ausgeübte Erwerbstätigkeit** nicht den Anforderungen des § 1574 BGB, so kann es geboten sein, diese aufzugeben und eine **andere Beschäftigung zu suchen** oder neben der bisherigen noch eine weitere Tätigkeit auszuüben. Die Frage der Aufgabe stellt sich insbesondere bei einer selbstständigen Tätigkeit mit nur geringen Einkünften.[19] Eine **zusätzliche Beschäftigung** kommt dann in Betracht, wenn die Aufgabe der bisherigen sicheren Beschäftigung wegen der Gefahr, mit einer neuen Beschäftigung keine nachhaltige Sicherung zu erreichen, zu risikoreich erscheint.[20] Dies ist zum Beispiel der Fall bei einer nicht erweiterbaren Teilzeittätigkeit im öffentlichen Dienst. Die Zumutbarkeit einer weiteren Erwerbstätigkeit setzt voraus, dass diese zeitlich und von ihrer Art her mit der Haupttätigkeit zu vereinbaren ist. 21

---

14 BGH 18.1.2012 – XII ZR 178/09, NJW 2012, 1144.

15 BGH 19.12.1990 – XII ZR 27/90, NJW 1991, 1049.

16 OLG Hamm 3.3.2010 – 5 UF 145/09, FamRZ 2010, 1914: für eine 50-jährige Frau mit eingeschränkter psychischer Belastbarkeit als Rückkehrerin in ihren früheren Beruf als Textilverkäuferin.

17 BGH 4.7.2007 – XII ZR 141/05, NJW 2008, 57; OLG München 30.10.2007 – 4 UF 105/07, NJW-RR 2008, 524.

18 BGH 30.7.2008 – XII ZR 126/06, NJW 2008, 3635.

19 OLG Hamm 7.7.2006 – 11 UF 2/06, NJW-RR 2007, 583 bei monatlichen Nettoeinkünften von 220 EUR aus einem Nagelstudio.

20 OLG Düsseldorf 8.8.1990 – 5 F 58/90, FamRZ 1991, 194; NK-BGB/*Fränken/Heistermann* § 1573 Rn. 6.

22 ■ Setzt die Ausübung einer angemessenen Erwerbstätigkeit eine **Ausbildung, Fortbildung oder Umschulung** voraus, so besteht nach § 1574 Abs. 3 BGB eine dem Bemühen um eine Erwerbstätigkeit (→ Rn. 23 ff.) vergleichbare Obliegenheit des Berechtigten, solche Maßnahmen durchzuführen. Mit dieser Obliegenheit korrespondiert ein Anspruch auf Ausbildungsunterhalt nach § 1573 Abs. 1 BGB iVm § 1574 Abs. 3 BGB (zum Verhältnis des Anspruchs nach § 1575 BGB → *Ausbildungsunterhalt* Rn. 3).

23 **b) Erfolglose Bemühungen um eine angemessene Erwerbstätigkeit.** Die Erwerbslosigkeit des Berechtigten ist unterhaltsrechtlich nur relevant, wenn er sich hinreichend um eine angemessene Beschäftigung bemüht hat, ohne dass dies Erfolg hatte. Darauf kann nur dann verzichtet werden, wenn von vornherein sicher ist, dass eine angemessene Erwerbstätigkeit nicht gefunden werden kann (→ Rn. 20). Sind dagegen die Aussichten auf dem Arbeitsmarkt ungünstig und die Chancen einer Vermittelbarkeit äußerst gering, so kann **nicht ohne Erwerbsbemühungen** davon ausgegangen werden, dass keinerlei Erwerbschancen bestehen. Der Berechtigte muss auch in diesem Fall darlegen und ggf. beweisen, dass es ihm nicht möglich ist, eine sich ihm vielleicht ausnahmsweise bietende Chance wahrzunehmen. Die Obliegenheit hinreichender Erwerbsbemühungen folgt aus der Erwerbsobliegenheit. Verstößt der Berechtigte hiergegen, so muss er sich ein **fiktives Einkommen** (→ *Fiktive Einkünfte* Rn. 1 ff.) zurechnen lassen, dass er bei unterstelltem Erfolg der Erwerbsbemühungen erzielen könnte. Ein Anspruch nach § 1573 Abs. 1 BGB scheidet danach aus. In Betracht kommt allenfalls ein Anspruch auf Aufstockungsunterhalt nach § 1573 Abs. 2 BGB.[21]

24 Der **Umfang der Erwerbsbemühungen**, die der Obliegenheit genügen, richtet sich nach den Umständen des Einzelfalles. Eine abstrakte Verpflichtung, sich wie bei einem vollschichtigen Arbeitsverhältnis ganztägig zu bewerben,[22] geht an den Realitäten auf dem Arbeitsmarkt vorbei, die nach einer Differenzierung verlangen. Ebenso wenig kann eine bestimmte Zahl von monatlichen Bewerbungen als Mindeststandard zugrunde gelegt werden.[23] So kann es bei einer besonderen beruflichen Spezialisierung mit einem beschränkten Arbeitsmarkt sein, dass solche Stellen nicht regelmäßig und in großer Zahl angeboten werden. Bei anderen Tätigkeiten kann es dagegen sein, dass täglich eine so große Anzahl von Angeboten, zumal bei Einbeziehung überregionaler Stellenangebote, vorhanden ist, dass es ausgeschlossen ist, auf alle zu reagieren.

25 Blind- oder Initiativbewerbungen, die sich nicht auf ein bestimmtes Stellenangebot beziehen, sind zwar nicht ungeeignet, können jedoch die gezielte Bewerbung auf eine angebotene Stelle nicht ersetzen. Die Bewerbungen müssen eine **Ernsthaftigkeit** und ein Interesse an der Beschäftigung erkennen lassen, wogegen eine mangelnde **Sorgfalt** beim Abfassen der Bewerbung (äußere Form und Fehler) sowie das Herausstellen von möglicherweise negativen Aspekten sprechen können.[24] Sie müssen sich auf eine den Fähigkeiten des Bewerbers entsprechende Erwerbstätigkeit beziehen. In der Regel haben sie schriftlich zu erfolgen und sind für eine evtl. unterhaltsrechtliche Auseinandersetzung in nachprüfbarer Form zu dokumentieren, wobei ihm die Beweiserleichterung des § 287 ZPO nicht zugutekommt.[25] Eine Ausnahme kann bei einfachen ungelernten Tätigkeiten gelten, bei denen häufig kein schriftliches Bewerbungsverfahren erfolgt. In diesem Fall sind spätestens ab dem Zeitpunkt der Auseinandersetzung über den Unterhalt die schriftlich erfolgten Stellenangebote festzuhalten. In Betracht kommt auch, dass der Bewerber seine bei einem potenziellen Arbeitgeber erfolgte Bewerbung von diesem in einem vorbereiteten Schriftstück bestätigen lässt.

26 Ein **Ortswechsel zur Verbesserung der Bewerbungschancen** (→ *Bewerbungsbemühungen* Rn. 3 ff.) bzw. des erzielbaren Einkommens ist grundsätzlich zumutbar, soweit nicht persönliche, insbesondere fami-

---

21 BGH 10.2.1988 – IVb ZR 16/87, NJW-RR 1988, 1218.

22 OLG Hamm 6.10.1995 – 12 UF 61/95, FamRZ 1996, 629.

23 OLG Koblenz 24.6.1999 – 15 UF 203/99, FamRZ 2000, 313: 20 bis 30 Bewerbungen monatlich; OLG Karlsruhe 28.5.2002 – 18 UF 163/01 FamRZ 2002, 1567: 350 in rd. vier Jahren bzw. monatlich rd. acht Bewerbungen sind ausreichend; OLG Bamberg 4.2.1997 – 7 UF 112/96, FamRZ 1998, 289: 40 Bewerbungen und zwei eigene Inserate in sieben Monaten sind bei einem ungünstigen und begrenzten Arbeitsmarkt ausreichend.

24 OLG Karlsruhe 28.5.2002 – 18 UF 163/01, FamRZ 2002, 1567.

25 BGH 27.1.1993 – XII ZR 206/91, NJW-RR 1993, 131.

liäre Bindungen entgegenstehen.[26] Diese für den Unterhalt minderjähriger Kinder bei einer gesteigerten Erwerbsobliegenheit des Pflichtigen nach § 1603 Abs. 2 BGB geltenden Maßstäbe sind beim Ehegattenunterhalt nur selten gegeben. Abgesehen von vielfach entgegenstehenden persönlichen Bindungen, die besonders bei einem höheren Lebensalter auch im außerfamiliären Bereich besondere Bedeutung haben, weil sie nicht ohne Weiteres an einem anderen Ort neu aufgebaut werden können, sind auch die Umzugskosten vor dem Hintergrund eines möglichen Scheiterns eines neuen Arbeitsverhältnisses zu beachten.

c) Verlust der nicht nachhaltig gesicherten angemessenen Erwerbstätigkeit. Übt der Berechtigte an 27
einem der Einsatzzeitpunkte eine angemessene Erwerbstätigkeit aus, mit der er seinen Unterhaltsbedarf ganz oder teilweise zu decken vermag, führt dies grundsätzlich zur Unterbrechung der Unterhaltskette und damit zum Verlust des Unterhaltsanspruchs. Eine **Ausnahme** besteht für den Fall, dass der Unterhaltsbedarf noch nicht nachhaltig gesichert war, weil die Erwerbstätigkeit ihrerseits noch nicht nachhaltig gesichert war. Verliert der Berechtigte nachträglich eine solche Beschäftigung und ist ihm dies nicht vorzuwerfen, so hat er nach § 1573 Abs. 4 BGB einen Unterhaltsanspruch wegen Erwerbslosigkeit. Diese Regelung, die keine selbstständige Anspruchsgrundlage darstellt, sondern den Anwendungsbereich des § 1573 Abs. 1 BGB erweitert,[27] führt im Ergebnis zu einer Verschiebung des Einsatzzeitpunktes auf den Zeitpunkt des Verlustes des Arbeitsplatzes.[28] Die übrigen Voraussetzungen des Anspruchs richten sich nach § 1573 Abs. 1 BGB. Dies gilt vor allem für die Obliegenheit, sich um eine angemessene Erwerbstätigkeit zu bemühen.

Für eine **nachhaltige Sicherung** der Erwerbstätigkeit ist grundsätzlich maßgebend, ob die Erwerbstätigkeit 28
des geschiedenen Ehegatten im Zeitpunkt ihrer Aufnahme nach objektiven Maßstäben und allgemeiner Lebenserfahrung mit einer gewissen Sicherheit als dauerhaft angesehen werden konnte oder ob befürchtet werden musste, dass der Bedürftige sie durch außerhalb seiner Entschließungsfreiheit liegende Umstände in absehbarer Zeit wieder verlieren würde.[29] Dabei ist neben anderen Umständen auch eine latent bestehende Krankheit, wegen der die angestrebte Stellung in absehbarer Zeit wieder aufgegeben werden musste, zu berücksichtigen.[30]

Unerheblich ist, ob die Erwerbstätigkeit vor oder nach der Scheidung oder einem sonstigen Einsatzzeit- 29
punkt aufgenommen worden ist.[31] **Maßgeblicher Beurteilungszeitpunkt** ist frühestens die Scheidung bzw. ein sonstiger Einsatzzeitpunkt oder bei berechtigterweise erst späterer Aufnahme der Tätigkeit dieser Zeitpunkt.[32] Ob die Beurteilung bezogen auf den maßgeblichen Zeitpunkt **rückblickend** (ex post) oder **vorausschauend** (ex ante) zu erfolgen hat, ist streitig.[33] Auf der Grundlage einer Ex-ante-Betrachtung wird bei einem Anspruch auf einen Dauerarbeitsplatz eine nachhaltige Sicherung angenommen, selbst wenn der Verlust des Arbeitsplatzes nur wenige Tage nach der Scheidung erfolgt ist.[34] Ebenso für den Fall eines krankheitsbedingten Verlustes eines vor der Scheidung von einer Teilzeit- auf eine Vollzeitbeschäftigung ausgeweiteten Arbeitsplatzes aufgrund einer vier Jahre nach der Scheidung ausgebrochenen Erkrankung.[35]

III. Beschränkung des Anspruchs nach § 1578 b BGB

Für die Befristung oder Herabsetzung des Erwerbslosigkeitsunterhalts nach § 1578 b BGB gelten die 30
gleichen Grundsätze wie für den Aufstockungsunterhalt. Es wird auf die dortigen Ausführungen Bezug

26 BGH 31.5.2000 – XII ZR 119/98, NJW-RR 2000, 1385; BVerfG 29.12.2005 – 1 BvR 2076/03, NJW 2006, 2317; OLG Hamm 19.11.1997 – 8 UF 296/97, NJW-RR 1998, 1084.
27 MüKoBGB/*Maurer* § 1573 Rn. 17; aA OLG Bamberg 25.6.1996 – 2 UF 32/96, NJW-RR 1997, 198.
28 Wendl/Dose UnterhaltsR/*Bömelburg* § 4 Rn. 284.
29 BGH 17.9.2003 – XII ZR 184/01, NJW 2003, 3481; 9.10.1985 – IVb ZR 56/84, NJW 1986, 375.
30 BGH 3.4.1985 – IVb ZR 15/84, NJW 1985, 1699.
31 BGH 10.10.1984 – IVb ZR 12/83, NJW 1985, 431.
32 BGH 3.4.1985 – IVb ZR 15/84, NJW 1985, 1699.
33 Offengelassen in BGH 3.4.1985 – IVb ZR 15/84, NJW 1985, 1699 mwN zum Streitstand; auch in der Entscheidung BGH 17.9.2003 – XII ZR 184/01, NJW 2003, 3481 ist diese Frage offengeblieben.
34 OLG Bamberg 25.9.1996 – 2 UF 32/96, NJW-RR 1997, 198.
35 OLG Hamm 11.10.1996 – 12 UF 392/95, FamRZ 1997, 821.

genommen (→ *Aufstockungsunterhalt* Rn. 13 ff.). Es ist demnach bei der Billigkeitsabwägung danach zu differenzieren, auf welcher Grundlage der Unterhaltsanspruch ganz oder teilweise beruht. Ist die Erwerbslosigkeit möglicherweise eine Folge der Rollenverteilung in der Ehe, so liegt dem Anspruch insoweit der Gedanke der Kompensation ehebedingter Nachteile zugrunde. Soweit dies nicht der Fall ist, beruht der Anspruch auf dem Grundsatz der nachwirkenden ehelichen Solidarität. Im Übrigen sind im Rahmen der Gesamtabwägung sämtliche in Betracht kommenden Umstände des Einzelfalles zu berücksichtigen, so dass auch bei fehlenden ehebedingten Nachteilen nicht zwingend eine Begrenzung vorzunehmen ist.

IV. Darlegungs- und Beweislast

31 Der Berechtigte hat sämtliche **Tatbestandsvoraussetzungen** des Arbeitslosigkeitsunterhalts darzulegen und zu beweisen. Dies gilt nicht nur dann, wenn er diesen als Antragsteller verfolgt, sondern auch dann, wenn er sich als Antragsgegner im **Abänderungsverfahren** zur Verteidigung des bisher auf der Grundlage eines anderen Unterhaltstatbestandes bestehenden Titels auf den Tatbestand des § 1573 Abs. 1 BGB beruft.[36]

32 Der Begrenzungseinwand nach **§ 1578 b BGB**, der nicht ausdrücklich erhoben werden muss, sondern bei entsprechendem Sachvortrag in dem Abweisungs- oder Abänderungsantrag enthalten ist, stellt eine rechtsvernichtende bzw. rechtsbeschränkende Einwendung dar, deren Voraussetzungen vom Pflichtigen darzulegen und zu beweisen sind. Der Bundesgerichtshof hat seine frühere Rechtsprechung zu dieser Frage, die eine Beweislastumkehr vornehmen wollte, wenn der Pflichtige Umstände vorgetragen hatte, die das Vorliegen ehebedingter Nachteile nahe legten, ausdrücklich als nicht mit dem Gesetz vereinbar aufgegeben und die Beweislast uneingeschränkt beim Pflichtigen gesehen.[37] Lediglich hinsichtlich der Darlegungslast hält er eine teilweise Entlastung des Pflichtigen durch den Berechtigten nach den Grundsätzen der **sekundären Darlegungslast** für erforderlich. Dies rechtfertige sich nach allgemeinen Beweisregeln im Hinblick auf den von dem Pflichtigen zu erbringenden Negativbeweis über Umstände aus der Sphäre des Berechtigten. Dieser müsse die Behauptung, es seien keine ehebedingten Nachteile entstanden, **substanziiert bestreiten** und seinerseits darlegen, welche konkreten ehebedingten Nachteile entstanden sein sollen. Erst wenn das Vorbringen des Unterhaltsberechtigten diesen Anforderungen genügt, müssen die vorgetragenen ehebedingten Nachteile vom Unterhaltspflichtigen widerlegt werden.

36 BGH 31.1.1990 – XII ZR 36/89, NJW 1990, 2752.
37 BGH 24.3.2010 – XII ZR 175/08, FamRZ 2010, 875 mAnm *Finke*.

102. Erwerbsobliegenheit

Poppen

I. Allgemeines

Die Beteiligten eines Unterhaltsrechtsverhältnisses treffen **wechselseitige Obliegenheiten**. Der Unterhaltsberechtigte ist gehalten, die Belastungen beim Unterhaltsverpflichteten so gering wie möglich zu halten, der Unterhaltsverpflichtete muss dafür Sorge tragen, dass er seine Unterhaltsverpflichtung erfüllen kann. Vor diesem Hintergrund sind sowohl der Unterhaltsberechtigte als auch der Unterhaltsverpflichtete gehalten, ihre Arbeitskraft in angemessener Form zur Erzielung von Einkünften zu nutzen. Diese Obliegenheiten sind vom jeweils anderen nicht einklagbar. Verstößt ein Beteiligter eines Unterhaltsrechtsverhältnisses gegen eine ihn treffende Obliegenheit, kann dies zu einer **Einkommensfiktion** führen. Der Betreffende wird so behandelt, als ob er seiner Obliegenheit nachgekommen wäre (→ *Fiktive Einkünfte* Rn. 1 ff.). 1

Das Maß der Erwerbsobliegenheit richtet sich nach dem jeweiligen unterhaltsrechtlichen Verhältnis. Grundsätzlich ist jeder Beteiligte eines **Unterhaltsrechtsverhältnisses** gehalten, bis zum Erreichen der Regelaltersgrenze einer ganztägigen Tätigkeit nachzugehen. Im Einzelfall bestehen darüberhinausgehende Obliegenheiten, zB zur Aufnahme einer Nebentätigkeit, die Erwerbsobliegenheit kann allerdings auch ein geringeres Ausmaß annehmen. 2

II. Verwandtenunterhalt

1. Anspruchsteller

a) Minderjähriges Kind. Minderjährige Kinder trifft grundsätzlich **keine Erwerbsobliegenheit**. Das minderjährige Kind hat ein Recht darauf, einer Ausbildung nachzugehen. Neben einer Vollzeitausbildung wird eine Tätigkeit nicht erwartet. Gleichwohl erzielte Einkünfte sind als Einkommen aus unzumutbarer Tätigkeit analog § 1577 Abs. 2 BGB nicht oder nur teilweise anzurechnen.[1] 3

Befindet sich ein minderjähriges Kind **nicht in einer Ausbildung**, kann eine Erwerbsobliegenheit bestehen. Auf die Aufnahme einer Berufstätigkeit kann das minderjährige Kind allerdings nur verwiesen werden, wenn es nicht jünger als 15 Jahre ist oder der Vollzeitschulpflicht unterliegt (§§ 2 Abs. 3, 5 Abs. 1, 7 Abs. 1 JArbSchG). Soweit eine Beschäftigung eines minderjährigen Kindes gesetzlich erlaubt ist und das Kind sich nicht in einer Vollzeitausbildung befindet, kann die Obliegenheit zur Aufnahme jedenfalls einer **Aushilfstätigkeit** bestehen.[2] 4

b) Volljähriges Kind. Anders als das minderjährige Kind ist das volljährige Kind grundsätzlich gehalten, einer vollschichtigen Berufstätigkeit nachzugehen.[3] Das volljährige Kind muss **jede Arbeitsmöglichkeit** nutzen. Es gibt keine Zumutbarkeitsgrenzen. Insbesondere spielen die Lebensstellung des Kindes und ein etwa erlernter Beruf keine Rolle. Die Obliegenheit wird ähnlich bestimmt wie beim Unterhaltsverpflichteten gegenüber Unterhaltsansprüchen minderjähriger Kinder (→ Rn. 8).[4] 5

1 Palandt/*Brudermüller* BGB § 1602 Rn. 5.
2 OLG Düsseldorf 17.6.2010 – 8 WF 117/10, NJW-RR 2011, 221.
3 BGH 6.12.1984 – IVb ZR 53/83, NJW 1985, 806.
4 BGH 6.12.1984 – IVb ZR 53/83, NJW 1985, 806.

6 Diese Obliegenheit besteht nicht, wenn das volljährige Kind behindert oder **erwerbsunfähig erkrankt** ist. Aus dem Bezug von Leistungen nach dem Dritten Kapitel des SGB XII ergibt sich allerdings noch nicht, dass keine Erwerbstätigkeit von bis zu drei Stunden ausgeübt werden kann.[5] Keine Erwerbsobliegenheit besteht, wenn das volljährige Kind sich in einer **Schul- oder Berufsausbildung** befindet. Das volljährige Kind hat gegen seine Eltern Anspruch auf die Finanzierung einer seiner Begabung und seinen Neigungen entsprechenden angemessenen Ausbildung. Neben der Ausbildung muss das volljährige Kind keiner Tätigkeit nachgehen.[6] Gleichwohl erzielte Einkünfte sind im Rahmen der Billigkeit auf den Unterhaltsbedarf anzurechnen.[7] Verschweigt ein volljähriges Kind Einkünfte aus **Nebentätigkeiten**, kann dies zu einer teilweisen oder vollständigen Verwirkung des Unterhaltsanspruchs nach § 1611 Abs. 1 BGB führen.[8] Betreut das Kind selbst ein bis zu drei Jahre altes Kind und ist der Kindesvater zur Zahlung von Betreuungsunterhalt nicht in der Lage, gilt die Wertung des § 1615 l Abs. 2 S. 3 BGB, die den Vorrang der Eigenbetreuung des Kindes für die ersten drei Lebensjahre des Kindes statuiert, auch im Verhältnis zu den Eltern der kinderbetreuenden Mutter. Eine Erwerbsobliegenheit besteht nicht.[9]

7 **c) Elternunterhalt.** Grundsätzlich sind auch Eltern nach § 1602 BGB gehalten, einer Berufstätigkeit nachzugehen, bevor sie Unterhalt von ihren Kindern verlangen. Hier gelten die allgemeinen Grundsätze für die Erwerbsobliegenheit im Verwandtenunterhalt, dh den Eltern ist **jede Tätigkeit** ungeachtet ihrer Lebensstellung und früherer Berufstätigkeiten zumutbar. Die Erwerbsobliegenheit entfällt mit Erreichen der **Regelaltersgrenze** bzw. bei einer eine Erwerbstätigkeit ausschließenden Erkrankung.

2. Verpflichteter

8 **a) Eltern gegenüber minderjährigen Kindern.** Im Rahmen **der erweiterten Unterhaltspflicht** gegenüber minderjährigen Kindern (§ 1603 Abs. 2 S. 1 BGB) sind Eltern verpflichtet, ihre Arbeitskraft entsprechend ihrer Vorbildung, ihren Fähigkeiten und der Arbeitsmarktlage bestmöglich einzusetzen. Die Unterhaltsverpflichtung von Eltern gegenüber minderjährigen Kindern ist die stärkste Unterhaltspflicht, die das Gesetz kennt (→ *Kindesunterhalt Minderjähriger* Rn. 18 ff.). Eltern müssen daher **alle zumutbaren Erwerbsmöglichkeiten** ausschöpfen.[10] Diese Obliegenheit beinhaltet für den Fall, dass der Pflichtige keiner Erwerbstätigkeit nachgeht, die Pflicht, sich nachhaltig um eine Erwerbsstelle zu bemühen. Diese **Bemühungen** sind auf ein großräumiges Umfeld zum Wohnort, in letzter Konsequenz auf das gesamte Bundesgebiet zu erstrecken.[11]

9 Reicht das Erwerbseinkommen nicht zur Erfüllung der Unterhaltspflicht aus, kann eine Obliegenheit zum **Wechsel des Arbeitsplatzes**, auch zum Orts- oder Berufswechsel bestehen.[12] Eine unwirtschaftliche selbstständige Tätigkeit muss zugunsten einer abhängigen Beschäftigung aufgegeben werden.[13] Weiter kann die Obliegenheit bestehen, neben einer vollschichtigen Berufstätigkeit eine **Nebentätigkeit** aufzunehmen. Das gilt auch für Bezieher einer Rente wegen voller Erwerbsminderung.[14] Allerdings muss der Pflichtige nicht mehr als 48 Stunden pro Woche tätig sein (§ 9 Abs. 1 ArbZG).[15] Die zur Erfüllung der Unterhaltspflichten erforderlichen Einkünfte müssen allerdings objektiv erzielbar sein, ansonsten ist das Grundrecht nach Art. 2 Abs. 1 GG verletzt.[16]

5 OLG Frankfurt a. M. 2.10.2019 – 4 UF 209/18, NZFam 2020, 88.
6 BGH 25.1.1995 – XII ZR 240/93, NJW 1995, 1215.
7 BGH 19.6.1985 – IVb ZR 30/84, NJW 1985, 2331.
8 OLG Jena 10.10.2008 – 1 UF 121/08, NJW-RR 2009, 1450.
9 OLG Köln 26.3.2013 – 25 UF 241/12, NJW 2013, 2448.
10 BVerfG 11.3.2010 – 1 BvR 3031/08, NJW 2010, 1658.
11 OLG Köln 6.2.1998 – 4 WF 294/97, NJWE-FER 1999, 84.
12 BGH 9.7.1980 – IVb ZR 529/80, NJW 1980, 2414.
13 OLG Hamm 10.4.2018 – II-1 UF 186/17, NJW 2018, 2575.
14 BGH 9.11.2016 – XII ZB 227/15; NJW-RR 2017, 449.
15 BGH 24.9.2014 – XII ZB 111/13; NJW 2014, 3784.
16 BVerfG 9.11.2020 – 1 BvR 697/20, NZFam 2021, 74.

Unternimmt der früher berufstätige Unterhaltsschuldner in einer neuen Ehe die Haushaltsführung, während sein neuer Ehegatte erwerbstätig ist, ist zunächst die **Berechtigung des Rollenwechsels** zu prüfen (**Hausmann-Rechtsprechung**). Sind aus der neuen Ehe keine Kinder hervorgegangen, ist dieser Rollenwechsel unbeachtlich.[17] Es besteht eine Erwerbsobliegenheit (→ *Rollenwechsel* Rn. 1 ff.). 10

Sind aus der neuen Ehe Kinder hervorgegangen, kann die Erwerbsobliegenheit entfallen, wenn der Rollenwechsel mit einem erkennbaren **Vorteil für die neue Familie** verbunden ist.[18] Das ist der Fall, wenn das Einkommen des neuen Ehegatten wesentlich höher ist als das des die Haushaltsführung übernehmenden Unterhaltspflichtigen.

Kann der Unterhaltspflichtige sich auch gegenüber seinem minderjährigen Kind auf den Rollenwechsel berufen, muss er im Rahmen seiner gesteigerten Unterhaltspflicht in jedem Fall das ihm zustehende **Taschengeld** für den Kindesunterhalt verwenden.[19] Soweit die Betreuung des Kindes aus der neuen Ehe dies zulässt, trifft ihn auch eine **Nebenerwerbsobliegenheit**.[20] Während des Bezuges von Erziehungsgeld besteht regelmäßig keine Nebenerwerbsobliegenheit.[21] Allerdings ist das **Erziehungsgeld** nach § 9 S. 2 Bundeserziehungsgeldgesetz als Einkommen zu berücksichtigen und für den Unterhalt einzusetzen, soweit der eigene Selbstbehalt des Unterhaltspflichtigen gewahrt ist[22] (→ *Rollenwechsel* Rn. 9 ff.). 11

b) Eltern gegenüber volljährigen Kindern. Gegenüber einem volljährigen Kind trifft Eltern **keine gesteigerte Unterhaltspflicht**. Daraus folgt, dass die Eltern ihrer Erwerbsobliegenheit grundsätzlich durch die Ausübung einer vollschichtigen Tätigkeit nachkommen. Es besteht in aller Regel keine Obliegenheit zum Orts- oder Berufswechsel sowie zur Aufnahme von Nebentätigkeiten. Allerdings müssen Eltern, die Unterhaltsansprüchen volljähriger Kinder ausgesetzt sind, eigene Aus- und Fortbildungswünsche zurückstellen, bis das volljährige Kind seine Ausbildung abgeschlossen hat.[23] 12

Die „**Hausmannrechtsprechung**" (→ *Rollenwechsel* Rn. 1 ff.) ist gegenüber volljährigen Kindern nur teilweise anwendbar. Betreut der Elternteil in der neuen Ehe ein minderjähriges Kind, besteht gegenüber volljährigen Kindern keine Erwerbsobliegenheit.[24] Führt der wiederverheiratete Elternteil seinem neuen Ehepartner den Haushalt, ohne dass aus der zweiten Ehe ein Kind hervorgegangen ist, kann eine Obliegenheit zur Aufnahme einer Nebentätigkeit bestehen.[25] 13

c) Kinder gegenüber Eltern. Der Elternunterhaltsanspruch ist nach der Rechtsprechung des Bundesgerichtshofs schwach ausgestaltet (→ *Elternunterhalt* Rn. 1 ff.). Daraus folgt, dass ein in Anspruch genommenes Kind, welches zuletzt keiner Erwerbstätigkeit nachgegangen ist, **keine Erwerbsobliegenheit** im Hinblick auf Elternunterhaltsansprüche trifft. Allerdings darf das Kind bei der Inanspruchnahme durch die Eltern eine ausgeübte Erwerbstätigkeit nicht ohne zwingenden Grund (Gesundheit) aufgeben.[26] Durch die Einführung des § 94 Abs. 1 a SGB XII zum 1.1.2020 ist der **Anspruchsübergang auf den Sozialhilfeträger** ausgeschlossen, sofern die Gesamteinkünfte der Kinder 100.000 EUR nicht übersteigen. Damit dürfte die Frage einer Erwerbsobliegenheit in der Praxis keine Rolle mehr spielen. 14

17 BVerfG 14.1.1984 – 1 BVR 14, 1642/82, NJW 1985, 1211.
18 BGH 12.4.2006 – XII ZR 31/04, NJW 2006, 2404.
19 BGH 5.10.2006 – XII ZR 197/02, NJW 2007, 139.
20 BGH 18.10.2000 – XII ZR 191/98, NJW-RR 2001, 361.
21 BGH 12.4.2006 – XII ZR 31/04, NJW 2006, 2404.
22 BGH 12.4.2006 – XII ZR 31/04, NJW 2006, 2404.
23 Wendl/Dose UnterhaltsR/*Klinkhammer* § 2 Rn. 541.
24 BGH 11.2.1987 – IVb ZR 81/85, NJW 1987, 1549.
25 Wendl/Dose UnterhaltsR/*Klinkhammer* § 2 Rn. 294.
26 Wendl/Dose UnterhaltsR/*Wönne* § 2 Rn. 946.

III. Ehegattenunterhalt

1. Trennungsunterhalt

15 **a) Anspruchsteller.** Der während der Ehe nicht oder nur teilweise erwerbstätige Ehegatte kann nach der Trennung nicht ohne Weiteres auf die Ausübung einer Erwerbstätigkeit verwiesen werden (§ 1361 Abs. 2 S. 1 BGB). Die Vorschrift dient dem **Schutz des in der Ehe nicht oder nicht vollschichtig erwerbstätigen Ehegatten**. Während des Trennungsjahres besteht daher in aller Regel keine Erwerbsobliegenheit (Leitlinien Ziffer 17.2). Die Anforderungen an den Unterhaltsberechtigten in dieser Hinsicht steigen jedoch mit der Dauer der Trennungszeit. Einsetzen und Umfang der Erwerbsobliegenheit bestimmen sich nach dem Kriterienkatalog des § 1361 Abs. 2 BGB[27] (→ *Trennungsunterhalt* Rn. 20 ff.). Wurde in der Ehe eine Berufstätigkeit ausgeübt, besteht auch schon während des Trennungsjahres eine Erwerbsobliegenheit.[28]

16 Zu den maßgeblichen persönlichen Verhältnissen gehört in erster Linie die **Kinderbetreuung**. Dabei sind die Anforderungen an den bisher nicht oder nur teilweise berufstätigen Ehegatten geringer als im Rahmen des § 1570 BGB nach Rechtskraft der Ehescheidung.[29] **Erkrankungen** müssen behandelt werden. Ein unter Depressionen leidender Unterhaltsberechtigter muss alles Zumutbare unternehmen, um die Krankheit behandeln zu lassen.[30]

17 Sind keine Kinder zu betreuen, richtet sich der Umfang der Erwerbsobliegenheit nach der Dauer der Trennung, früheren Erwerbstätigkeiten und den beiderseitigen wirtschaftlichen Verhältnissen. Es ist regelmäßig eine **Gesamtabwägung** vorzunehmen. Die Erwerbsobliegenheit setzt in aller Regel nach dem **Trennungsjahr** ein, dies umso stärker, je enger die wirtschaftlichen Verhältnisse sind.[31] Liegt eine frühere Erwerbstätigkeit schon länger zurück, kann vor Aufnahme einer Erwerbstätigkeit ein Anspruch auf eine Wiederauffrischung der Fähigkeiten durch Schulungsmaßnahmen bestehen.

18 Die Angemessenheit der auszuübenden Erwerbstätigkeit bestimmt sich nach § 1574 Abs. 2 BGB. Dabei kommt es in erster Linie auf die **Lebensstellung des Unterhaltsberechtigten** selbst an. Die **ehelichen Lebensverhältnisse** sind nur ein **Billigkeitskorrektiv**. Nur dann, wenn die früher ausgeübte und erlernte Tätigkeit außer Verhältnis zu der Lebensstellung während der Ehe besteht, kann die Rückkehr in den früheren Beruf unangemessen sein.

19 Greift die Erwerbsobliegenheit, muss der Unterhaltsberechtigte sich intensiv um eine angemessene Erwerbstätigkeit bemühen. Meldungen bei der Bundesagentur für Arbeit sind erforderlich, reichen allein allerdings nicht aus.[32] Erwartet wird Eigeninitiative, dh **Bewerbungen auf Stellenanzeigen**, das initiative Ansprechen möglicher Arbeitgeber und die Aufgabe von eigenen Stellengesuchen. Bewerbungen müssen in ansprechender Form abgefasst sein.[33] Die Bemühungen müssen sich auf Stellen beziehen, für die der Unterhaltsbegehrende objektiv geeignet ist (→ *Bewerbungsbemühungen* Rn. 1 ff.).

20 **b) Verpflichteter.** Auch den Unterhaltspflichtigen trifft die Obliegenheit, im normalen Umfang einer Berufstätigkeit nachzugehen. Er muss die während der Ehe **ausgeübte Berufstätigkeit** grundsätzlich bis zum Erreichen der Regelaltersgrenze **fortsetzen**.[34] Eine tatsächliche Leistungsunfähigkeit ist allerdings zu beachten, zB wenn der Unterhaltspflichtige seinen Arbeitsplatz freiwillig aufgegeben hat.[35] Ein Verstoß gegen die Erwerbsobliegenheit liegt nur dann vor, wenn das Verhalten verantwortungslos oder leichtfertig war. Das gilt auch für die Beurteilung von **Vorruhestandsvereinbarungen**.[36] Etwas anderes kann gelten,

27 BGH 29.11.2000 – XII ZR 212/98, NJW 2001, 973.
28 OLG Hamm 2.3.2012 – 13 UF 169/11, FamRZ 2012, 1734.
29 BGH 18.4.2012 – XII ZR 73/10, NJW 2012, 2190.
30 OLG Hamm 13.2.2012 – 6 UF 176/11, NJW-RR 2012, 837.
31 Wendl/Dose UnterhaltsR/*Bömelburg* § 4 Rn. 35.
32 BGH 27.11.1985 – IVb ZR 79/84, NJW 1986, 718.
33 OLG Brandenburg 24.8.2005 – 15 UF 144/05, NJW-RR 2006, 944.
34 BGH 3.2.1999 – XII ZR 146/97, NJW 1999, 1547.
35 BGH 26.9.1984 – IVb ZR 17/83, NJW 1985, 732.
36 BGH 11.7.2012 – XII ZR 72/10; NJW 2012, 3434.

wenn das Einkommen nicht mehr zur Sicherstellung des notwendigen Unterhalts des Unterhaltsberechtigten ausreicht. In derartigen Fällen kann die Obliegenheit zur Aufnahme einer Nebentätigkeit bestehen.[37] Einkünfte aus einer tatsächlich ausgeübten Nebentätigkeit sind nach Billigkeitsgesichtspunkten bei der Unterhaltsbemessung zu berücksichtigen.[38]

War der Unterhaltspflichtige in der Ehe zuletzt nicht berufstätig, muss er sich um die Aufnahme einer Berufstätigkeit bemühen, notfalls auch einen Ortswechsel vornehmen. Insoweit gelten die gleichen Anforderungen an die **Bewerbungsbemühungen** wie für den Unterhaltsberechtigten (→ Rn. 19). 21

2. Nachehelicher Unterhalt

a) Anspruchsteller. Das nacheheliche Unterhaltsrecht ist vom **Grundsatz der Eigenverantwortung** geprägt (§ 1569 BGB). Nur in den im Gesetz enumerativ aufgeführten Fällen schuldet der andere Ehegatte nach dem **Grundsatz der nachwirkenden Mitverantwortung** Unterhalt (→ *Nacheheliche Solidarität* Rn. 1). Grundsätzlich trifft jeden der Ehepartner damit eine umfassende Erwerbsobliegenheit. Ausgeübt werden muss eine nach § 1574 Abs. 1 BGB angemessene Erwerbstätigkeit. Prüfungsmaßstab für die Angemessenheit ist **die eigene voreheliche Lebensstellung des Unterhaltsbegehrenden**. Nur wenn nach einer Billigkeitsabwägung die ehelichen Lebensverhältnisse eine derartige Erwerbstätigkeit ausschließen, mithin mit dieser Erwerbstätigkeit ein unangemessener sozialer Abstieg verbunden wäre, muss eine derartige Erwerbstätigkeit nicht ausgeübt werden.[39] Je nach den persönlichen Verhältnissen kann dann ein **Ausbildungsunterhaltsanspruch** bestehen (§ 1575 BGB). Hinsichtlich des Umfangs der Erwerbsbemühungen gelten die oben dargestellten Grundsätze (→ Rn. 19). 22

Betreut ein geschiedener Ehegatte **gemeinschaftliche Kinder**, besteht nach § 1570 Abs. 1 S. 1 BGB für mindestens drei Jahre nach der Geburt des gemeinschaftlichen Kindes keine Erwerbsobliegenheit (**Basisunterhalt**). Eine bis zur Trennung ausgeübte Tätigkeit kann während dieser Zeit aufgegeben werden.[40] Gleichwohl erzielte Einkünfte sind **Einkünfte aus überobligatorischer Erwerbstätigkeit**, die nur nach Treu und Glauben anrechenbar sind[41] (§ 1577 Abs. 2 BGB; → *Betreuungsunterhalt* Rn. 10). 23

Ist das Kind älter als drei Jahre, besteht eine eingeschränkte Erwerbsobliegenheit. Maßgeblich sind die Billigkeitskriterien des § 1570 Abs. 1 S. 2 und 3 BGB, die **kind- und elternbezogenen Gründe**. Dabei gilt der **Vorrang der Fremdbetreuung**. Soweit Fremdbetreuungsmöglichkeiten bestehen, ist der kinderbetreuende Elternteil zu einer ggf. teilweisen Berufstätigkeit verpflichtet[42] (→ *Betreuungsunterhalt* Rn. 11 ff.). 24

Keine Erwerbsobliegenheit besteht für den geschiedenen Ehegatten mit Erreichen der **Regelaltersgrenze** in der gesetzlichen Rentenversicherung (§ 235 SGB VI).[43] Die Erwerbsobliegenheit kann allerdings auch schon vorher entfallen, wenn der Unterhaltsberechtigte sich altersbedingt nach der Scheidung nicht mehr in das Erwerbsleben integrieren und keine angemessene Erwerbstätigkeit iSv § 1574 Abs. 2 BGB finden kann. Die maßgebliche Altersgrenze ist im Einzelfall zu bestimmen.[44] 25

Die Erwerbsobliegenheit entfällt, wenn der geschiedene Ehegatte aufgrund einer Erkrankung keiner Erwerbstätigkeit mehr nachgehen kann (§ 1572 BGB; → *Krankheitsunterhalt* Rn. 1 ff.). Besteht trotz **Erkrankung** noch eine teilweise Erwerbsfähigkeit, ergibt sich ein etwaiger Unterhaltsanspruch insgesamt, auch über die durch eine Vollerwerbstätigkeit erzielbaren Einnahmen hinaus, aus § 1572 BGB.[45] 26

37 OLG Koblenz 22.10.2003 – 9 UF 175/03, FamRZ 2004, 1573.
38 BGH 31.10.2012 – XII ZR 30/10, NJW 2013, 461.
39 Wendl/Dose UnterhaltsR/*Bömelburg* § 4 Rn. 144.
40 BGH 18.3.2009 – XII ZR 74/08, NJW 2009, 1876.
41 BGH 30.3.2011 – XII ZR 3/09, NJW 20011, 1582; Leitlinien Ziffer 17.1.
42 Ausführlicher Rechtsprechungsüberblick bei Wendl/Dose UnterhaltsR/*Bömelburg* § 4 Rn. 194 ff.
43 BGH 12.1.2011 – XII ZR 83/08, NJW 2011, 670.
44 OLG Zweibrücken 19.10.2011 – 2 UF 77/11, NJW-RR 2012, 259.
45 BGH 26.1.2008 – XII ZR 131/07, NJW 2009, 989.

27 **b) Verpflichteter.** Die Erwerbsobliegenheit des Unterhaltspflichtigen ist weniger stark als die Erwerbsobliegenheit des Unterhaltsberechtigten. Das ergibt sich aus dem in § 1569 BGB normierten Grundsatz der Eigenverantwortung trotz der grundsätzlichen **Spiegelbildlichkeit der beiderseitigen Obliegenheiten**.[46] Der Unterhaltsverpflichtete muss nach dem Grundsatz der nachehelichen Solidarität weiterhin besondere Rücksicht auf den Unterhaltsberechtigten nehmen. Insoweit gelten die oben für den Trennungsunterhalt dargestellten Gründe in abgeschwächter Form (→ Rn. 20 f.).

46 Palandt/*Brudermüller* BGB Vor § 1569 Rn. 9.

103. Erwerbstätigenbonus

Osthold

I. Sinn und Zweck

1 Seiner Natur nach modifiziert der Erwerbstätigenbonus den Halbteilungsgrundsatz und findet beim Trennungs- und nachehelichen Unterhalt Anwendung, dagegen nicht beim Familienunterhalt.[1] Dem Erwerbstätigen soll dadurch ein **Ausgleich des nicht quantifizierbaren berufsbedingten Mehraufwands** und außerdem als **Arbeitsanreiz** der Erwerbstätigenbonus belassen werden. Der Ansatz des Erwerbstätigenbonus ist in den letzten Jahren wieder zunehmend in die Kritik geraten. Er sei ein aus den Zeiten des Leitbilds der Hausfrauenehe übernommener Anachronismus, der bei einer Doppelverdienerehe nur dazu führe, den Besserverdienenden zu privilegieren. Außerdem würde der besondere Mehraufwand der Erwerbstätigkeit bereits ausreichend durch die Berücksichtigung der berufsbedingten Aufwendungen kompensiert. Schließlich führe der Erwerbstätigenbonus zu komplizierteren Berechnungen und zu bundesweit unterschiedlichen Sätzen. Der Bundesgerichtshof hat sich jüngst mit dieser Kritik eingehend auseinandergesetzt und die Einwände verworfen.[2] Der BGH nimmt die Kritik allerdings zum Anlass, noch einmal darauf hinzuweisen, dass die Höhe des Erwerbstätigenbonus im tatrichterlichen Ermessen liege. Man könne ihn also durchaus maßvoll einsetzen, was bei der süddeutschen Regelung mit 1/10 auch der Fall sei. Der BGH nutzt die Entscheidung, um auf die „guten Gründe" für eine bundesweit einheitliche Regelung hinzuweisen. Damit versagt er zwar der 1/7-Bemessung nicht die Berechtigung. Es wird aber mit Spannung zu erwarten sein, ob die Oberlandesgerichte die Entscheidung zum Anlass nehmen, künftig eine bundesweit einheitliche Regelung herbeizuführen. Der BGH stellt auch klar, dass der Erwerbstätigenbonus nicht auf Gegenseitigkeit beruhe, er also stets von Erwerbseinkünften abzuziehen sei, auch wenn der andere Ehegatte über keine Erwerbseinkünfte verfügt.

II. Anwendungsbereich

2 Der Erwerbstätigenbonus gilt nur für **Einkünfte aus Erwerbstätigkeit**. Bei einem **Scheinarbeitsverhältnis** mindert das Einkommen hieraus die Bedürftigkeit. Der Abzug eines Erwerbsanreizes kommt aber nicht infrage, weil eine Erwerbstätigkeit in Wirklichkeit nicht stattfindet.[3] Andere Einkunftsarten, wie beispielsweise Renteneinkünfte, Kapitaleinkünfte oder Einkünfte aus Vermietung und Verpachtung und der Wohnvorteil, sind bei der Bemessung des unterhaltsrechtlich relevanten Einkommens voll anzurechnen, ebenso Lohnersatzleistungen und Abfindungen. Da eine **Abfindung** nicht aus einer fortdauernden Erwerbstätigkeit herrührt, ist von ihr kein Erwerbstätigenbonus in Abzug zu bringen.[4] Der Abzug setzt auch voraus, dass tatsächlich gearbeitet wird. Wenn etwa ein Beamter unter Belassung der vollen Bezüge von jeglicher Arbeit freigestellt wird, ist kein Erwerbstätigenbonus abzuziehen.[5]

Bei Nichterwerbseinkünften findet eine Aufteilung im Wege der Halbteilung statt.[6] Bei Vorliegen besonderer Umstände kann im Einzelfall ausnahmsweise auch bei sonstigen Einkünften ein **Abweichen vom Grundsatz der Halbteilung** gerechtfertigt sein. Dies muss aber nach der Rechtsprechung des Bundesgerichtshofs besonders begründet werden[7] und könnte beispielsweise dann der Fall sein, wenn ein Einkom-

1 BGH 20.3.2002 – XII ZR 216/00, FamRZ 2002, 742.
2 BGH 13.11.2019 – XII ZB 3/19, FamRZ 2020, 171.
3 BGH 10.11.2010 – XII ZR 197/08, NJW 2011, 303.
4 BGH 28.3.2007 – XII ZR 163/04, FamRZ 2007, 983.
5 OLG Koblenz 6.2.2008 – 9 UF 665/07, FamRZ 2008, 2281.
6 BGH 28.3.2007 – XII ZR 163/04, FamRZ 2007, 983.
7 BGH 23.11.2005 – XII ZR 51/03, FamRZ 2006, 387.

men aus Vermietung und Verpachtung einen derartigen Umfang an Verwaltungstätigkeit erfordert, dass dies einer entsprechenden beruflichen Tätigkeit nachkommt. Konsequenterweise ist der Erwerbstätigenbonus bei **Mischeinkünften** in aller Regel also nur von dem entsprechenden Teil der Erwerbseinkünfte abzuziehen. Auch wenn fiktive Einkünfte zugerechnet werden, ist ein Erwerbstätigenbonus abzuziehen[8] (→ *Fiktive Einkünfte* Rn. 1 ff.).

3 Der Erwerbstätigenbonus ist bei der **Bedarfsberechnung** zu berücksichtigen. Er mindert das unterhaltsrechtlich relevante Erwerbseinkommen. Der Grund hierfür liegt darin, berufsbedingte Aufwendungen, die nicht eindeutig von den privaten Lebenserhaltungskosten abzugrenzen sind, auszugleichen sowie einen Anreiz zur Erwerbstätigkeit zu geben. Da dies für beide Ehegatten gleichermaßen gilt, ist der Erwerbstätigenbonus sowohl beim Unterhaltspflichtigen als auch beim Unterhaltsberechtigten abzuziehen.[9] Rechnet man also nach der Additionsmethode, so ist auch auf der Ebene der **Bedürftigkeit** der Erwerbstätigenbonus vom Einkommen des Unterhaltsgläubigers abzuziehen. Auf der Ebene der **Leistungsfähigkeit** des Unterhaltspflichtigen (§ 1581 BGB) ist der Erwerbstätigenbonus dagegen nicht abzuziehen.[10]

Außerhalb der Bedarfsermittlung nach Quoten besteht für den Abzug eines Erwerbsbonus auf Seiten des Unterhaltsberechtigten aus Gründen der Gleichbehandlung der Ehegatten keine Rechtfertigung. Der Unterhaltsbedarf des Unterhaltsberechtigten bestimmt sich in den oben aufgeführten Fällen – anders als beim Quotenunterhalt – nicht abhängig vom Einkommen des Unterhaltspflichtigen, sondern entweder nach dem **konkreten Bedarf** oder nach der **eigenen Lebensstellung** des Unterhaltsberechtigten. Soweit der Bundesgerichtshof in der Vergangenheit den Abzug eines Erwerbsbonus gebilligt hat, hält er daran nicht fest (→ *Konkreter Bedarf* Rn. 8).[11]

III. Bemessung

4 Der Erwerbstätigenbonus ist vom bereinigten, dh vom **verteilungsfähigen Nettoeinkommen** der Ehegatten in Abzug zu bringen. Das bereinigte Nettoeinkommen ist das Bruttoeinkommen vermindert um Steuern, Sozialabgaben und/oder angemessene, tatsächliche Vorsorgeaufwendungen, berufsbedingte Aufwendungen, und berücksichtigungswürdige Schulden.[12] Weiter ist vorweg der Kindesunterhalt (mit dem Zahlbetrag) in Abzug zu bringen. Existiert ein negativer Wohnwert, so ist auch dieser vor Ansatz des Erwerbstätigenbonus in Abzug zu bringen.[13] Bei Mischeinkünften sind allgemeine Verbindlichkeiten wie Darlehensrückzahlungen immer von den Erwerbseinkünften in Abzug zu bringen, um den Erwerbstätigenbonus zu begrenzen (sog. Prinzip der Bonusbegrenzung).[14] Der Erwerbstätigenbonus gilt nur bei Unterhaltsansprüchen von Ehegatten. Er wird nicht bei der Bemessung des Kindes- oder sonstigen Verwandtenunterhalts berücksichtigt. Auch bei Ansprüchen nach § 1615 l BGB dürfte direkt kein Erwerbstätigenbonus abzuziehen sein, denn § 1615 l Abs. 3 S. 1 BGB verweist auf die Vorschriften zum Verwandtenunterhalt.[15] Indirekt spielt der Erwerbstätigenbonus aber doch eine Rolle, da bei Ansprüchen nach § 1615 l BGB immer eine Vergleichsberechnung nach den Grundsätzen eines Ehegattenunterhaltsanspruchs durchzuführen ist, um zu vermeiden, dass der Unterhaltsgläubiger besser als ein Ehegatte steht.[16] Bei dieser Vergleichsberechnung ist konsequenterweise mit dem Erwerbstätigenbonus zu rechnen.[17]

---

8 BGH 11.1.1995 – XII ZR 122/93, FamRZ 1995, 346.
9 BGH 10.11.2010 – XII ZR 197/08, NJW 2011, 303.
10 BGH 26.6.2013 – XII ZR 133/11, FamRZ 2013, 399.
11 BGH 10.11.2010 – XII ZR 197/08, FamRZ 2011, 192; 11.8.2010 – XII ZR 102/09, FamRZ 2010, 1637.
12 SüdL Ziffer 10, Stand 1.1.2020.
13 OLG Koblenz 29.11.2017 – 13 UF 72/17, FuR 2018, 592.
14 OLG Schleswig 6.1.2015 – 10 UF 75/14, FuR 2015, 301: sog. Prinzip der Bonusbegrenzung.
15 So auch BeckOK BGB/*Reinken*, 52. Ed. 1.11.2019, BGB § 1615 l Rn. 16 b.
16 BGH 16.7.2008 – XII ZR 109/05, FamRZ 2008, 1739.
17 OLG Frankfurt a. M. 2.5.2019 – 2 UF 273/17, NZFam 2019, 627.

IV. Höhe

Die Rechtsprechung bemisst den Erwerbstätigenbonus mit einer **Pauschale**. Nach Ziffer 15.2 der Süddeutschen Leitlinien beträgt der Erwerbstätigenbonus **1/10** aus dem um Kindesunterhalt und berücksichtigungsfähige Verbindlichkeiten bereinigten Einkommen. Andere Oberlandesgerichte berücksichtigen den Erwerbstätigenbonus durch Vorwegabzug von **1/7** vom verteilungsfähigen Erwerbseinkommen (zB Düsseldorfer Tabelle B I 1). Diese Leitlinien besitzen keine Gesetzeskraft, sondern stellen für die Gerichte eine Orientierungshilfe für den Regelfall dar. Die Angemessenheit der Anwendung ist im Einzelfall zu prüfen, insbesondere bei beengten Verhältnissen (→ *Mangelfall und Selbstbehalt* Rn. 12). Der BGH hat sich nunmehr für eine Vereinheitlichung ausgesprochen, ohne diese zu verlangen. Es spreche „nichts dagegen, den Erwerbstätigenbonus – wie es die Süddeutschen Leitlinien vorsehen – allgemein auf ein Zehntel zu bemessen […]“.[18] 5

V. Verhältnis zu den berufsbedingten Aufwendungen

Soweit das Erwerbseinkommen bereits um berufsbedingte Aufwendungen bereinigt wurde, hat der Bundesgerichtshof mehrfach zu bedenken gegeben, ob neben einem pauschalen Abzug von 5 % für berufsbedingte Aufwendungen der Erwerbstätigenbonus nicht gegebenenfalls geringer bemessen werden sollte.[19] Dies würde allerdings zu einer **Ungleichbehandlung von Selbstständigen und Nichtselbstständigen** zulasten der Nichtselbstständigen führen. Beim Selbstständigen werden nämlich sämtliche berufsbedingten Aufwendungen bereits vorab als Betriebskosten gewinnmindernd in Ansatz gebracht. Weiter ist zu beachten, dass sowohl die Süddeutschen Leitlinien als auch die Düsseldorfer Tabelle eine Pauschale von 5 % für berufsbedingte Aufwendungen ausdrücklich neben dem Erwerbstätigenbonus vorsehen. Werden berufsbedingte Aufwendungen nicht anerkannt, da sie sich nicht eindeutig von den Kosten der privaten Lebenshaltung abgrenzen lassen, und lässt sich ein aus beruflichen Gründen entstandener Mehrbedarf mangels konkreter Angaben auch nicht mit der erforderlichen Zuverlässigkeit schätzen, ist davon auszugehen, dass ein derartig erhöhter Aufwand bei der Bemessung des Erwerbstätigenbonus mit enthalten ist.[20] Im Ergebnis kann es im Einzelfall gerechtfertigt sein, den Erwerbstätigenbonus also noch geringer als 1/10 anzusetzen.[21] In jedem Fall sind die berufsbedingten Aufwendungen vor Ermittlung des Erwerbstätigenbonus abzuziehen. 6

VI. Mangelfall

Ein Mangelfall liegt vor, wenn der Unterhaltspflichtige außerstande ist, Unterhaltsansprüche ohne die Wahrung seines eigenen angemessenen Unterhalts zu erfüllen. Dann gilt es, die dem Unterhaltspflichtigen zur Verfügung stehenden Einkünfte möglichst **gerecht zu verteilen** (→ *Mangelfall und Selbstbehalt* Rn. 12). In einer solchen Situation ist der Erwerbstätigenbonus nicht zugunsten des Unterhaltspflichtigen zu berücksichtigen.[22] Bei der Leistungsfähigkeit ist immer das gesamte Einkommen maßgeblich, auch wenn es auf Bedarfsebene keine Berücksichtigung gefunden hat, wie etwa Einkommen aus einem Karrieresprung. Der zusätzliche Arbeitsanreiz wird bereits in dem erhöhten Selbstbehalt für Erwerbstätige berücksichtigt.[23] Allerdings sollte immer geprüft werden, ob die Leitlinien des jeweils zuständigen Oberlandesgerichts zwischen einem Ehegattenselbstbehalt für Erwerbstätige und Nichterwerbstätige differenzieren. Der Bundesgerichtshof hat diese Unterscheidung ausdrücklich gebilligt.[24] 7

18 BGH 13.11.2019 – XII ZB 3/19, FamRZ 2020, 171.
19 BGH 13.11.2019 – XII ZB 3/19, FamRZ 2020, 171.
20 BGH 22.11.2006 – XII ZR 24/04, FamRZ 2007, 193.
21 BGH 13.11.2019 – XII ZB 3/19, FamRZ 2020, 171.
22 BGH 26.6.2013 – XII ZR 133/11, FamRZ 2013, 399.
23 BGH 16.10.2019 – XII ZB 341/17, FamRZ 2020, 97.
24 BGH 16.10.2019 – XII ZB 341/17, FamRZ 2020, 97.

104. Erziehung

Seebach/M. Teubel

I. Allgemeines

1 Die Erziehung der Kinder ist Recht und Pflicht der Eltern und gem. § 1631 Abs. 1 BGB **wichtigstes Element der elterlichen Personensorge** (→ *Personensorge* Rn. 1 ff.). Die Norm des § 1631 BGB stellt eine Ergänzung des § 1626 BGB dar.[1] Die Eltern oder sonstigen Erziehungsberechtigten haben im Rahmen ihrer Erziehungsaufgabe Sorge zu tragen für die **sittliche, geistige und seelische Entwicklung** des Kindes.[2] Erziehungsziel muss die Entwicklung des Kindes zu einer selbstständigen und verantwortungsvollen Persönlichkeit sein, wobei die Erziehung kein einseitiges Element, sondern vielmehr eine Wechselbeziehung aus der Eltern-Kind-Beziehung meint. Mit fortschreitendem Alter des Kindes kommt diesem mehr Eigenverantwortung zu, so dass die elterliche Erziehungspflicht in eben diesem Maße abnehmen wird.[3]

2 Hinsichtlich der **Erziehungsmittel** steht den Erziehungsberechtigten grundsätzlich das komplette Repertoire der pädagogischen Maßnahmen zu, in den Grenzen, die von § 1631 BGB gesetzt werden.[4] Mit der Norm des § 1631 BGB kommt der gesetzgeberische Wille zum Ausdruck, dass bei der Erziehung ein **Gewaltverbot** stets zu beachten ist.[5] Bei Erziehungsdefiziten bzw. Erziehungsunfähigkeit der Eltern kommt dem Staat eine **Wächterfunktion** zu, Art. 6 GG.[6]

3 Die Wahrnehmung von **Erziehungsaufgaben durch Dritte**,[7] insbesondere auch durch staatliche Organisationen, ist möglich (→ Rn. 8).

Neben den Regelungen des BGB wird in zahlreichen weiteren Normierungen der Erziehungsaufgabe und der Fürsorgepflicht der Eltern Rechnung getragen, sei es im Sozialgesetz- oder im Strafgesetzbuch (→ Rn. 5 f.).

II. Recht auf gewaltfreie Erziehung

1. Regelungen im BGB

4 Mit dem Gesetz zur Ächtung der Gewalt in der Erziehung vom 2.11.2000 fand das elterliche Züchtigungsrecht endgültig, nunmehr klargestellt durch den Gesetzgeber, ein Ende.[8] Das **Gewaltverbot** bei der Erziehung ist stets zu beachten und ausdrücklich normiert worden in § 1631 Abs. 2 S. 1 BGB. Bezüglich der Rechte des Kindes wurde einem Perspektivenwechsel, der sich gesellschaftlich vollzogen hat, Rechnung getragen. Häufig wird in diesem Zusammenhang von einer Subjektivierung des Kindes gesprochen. Die **Grundrechte der Kinder** auf Menschenwürde und freie Entfaltung ihrer Persönlichkeit sowie auf körperliche Unversehrtheit sind stets zu beachten. § 1631 BGB gilt im gesamten Bereich elterlichen Handelns und stellt den **Inhalt und die Grenzen der Personensorge** für ein minderjähriges Kind dar.[9]

---

1 NK-BGB/*Rakete-Dombek/Berning* § 1631 Rn. 1.
2 Palandt/*Götz* BGB § 1631 Rn. 2.
3 NK-BGB/*Rakete-Dombek/Berning* § 1631 Rn. 7.
4 Palandt/*Götz* BGB § 1631 Rn. 8.
5 NK-BGB/*Rakete-Dombek/Berning* § 1631 Rn. 10 ff.
6 NK-BGB/*Bisping* § 1568 Rn. 4; HK-FamR/*Schmid* BGB § 1666 Rn. 1.
7 NK-BGB/*Rakete-Dombek/Berning* § 1631 Rn. 4.
8 NK-BGB/*Rakete-Dombek/Berning* § 1631 Rn. 10.
9 NK-BGB/*Rakete-Dombek/Berning* § 1631 Rn. 11.

§ 1631 Abs. 2 S. 2 BGB konkretisiert, was der Gesetzgeber unter einer **gewaltfreien Erziehung** versteht. Verboten sind **körperliche Bestrafungen** jeder Art, wie Fesseln oder Festgurten, an den Haaren oder Ohren Ziehen, Ohrfeigen, Prügel oder auch Schütteln sowie „Klapse" gegen das Kind.[10] Hinsichtlich des Begriffs der körperlichen Bestrafungen kann die strafrechtliche Definition gem. § 223 StGB herangezogen werden, wobei die Norm des § 1631 BGB erheblich weiter auszulegen ist. Im Hinblick auf die Begrifflichkeit der **seelischen Verletzungen** ist zu denken an Miss- oder Nichtachtung des Kindes.[11] Der Begriff der **entwürdigenden Maßnahmen** ist als Auffangtatbestand zu sehen. Entwürdigende Maßnahmen wie Nichtbeachtung und Nichtansprechen unterfallen dem Begriff der Gewalt gegen das Kind und verstoßen somit gegen § 1631 Abs. 2 S. 1 BGB.[12] Auch hieraus ergibt sich deutlich, dass der Gewaltbegriff iSd § 1631 BGB erheblich weiter auszulegen ist als im Bereich des Strafrechts.

Gerade bei **getrennt lebenden Eltern** kann ein Verstoß des betreuenden Elternteils gegen das Gebot der gewaltfreien Erziehung zu einem **Aufenthaltswechsel** des Kindes führen. Es ist derjenige Elternteil vorzuziehen, der das Recht auf gewaltfreie Erziehung des Kindes beachtet (→ *Aufenthaltsbestimmung bei Minderjährigen* Rn. 9).

2. Regelungen im Sozialgesetzbuch

Nach § 1 SGB VIII hat jeder Mensch das Recht auf Förderung seiner Entwicklung sowie auf Erziehung 5
zu einer eigenverantwortlichen und gemeinschaftsfähigen Persönlichkeit. Die Pflege und Erziehung der Kinder ist hierbei das natürliche Recht der Eltern und ihnen zuvörderst obliegende Pflicht. Über diese Verpflichtung wacht die staatliche Gemeinschaft.

Im SGB VIII sind die möglichen **Jugendhilfemaßnahmen** geregelt (→ *Leistungen der Jugendhilfe* Rn. 1 ff.). Die Jugendhilfe **berät und unterstützt die Erziehungsberechtigten** bei der Erziehung. Aus der Verpflichtung und dem Recht zur Erziehung in Verbindung mit dem staatlichen Wächteramt hat der Staat den Erziehungsberechtigten entsprechende Hilfen anzubieten. Diese sind insbesondere aufgeführt in § 16 SGB VIII. In erster Linie sind sozialpädagogische Familienhilfen sowie Erziehungsbeistände, aber auch Tagesgruppen zu erwähnen. Selbst eine **Inobhutnahme** (→ *Kindeswohlgefährdung* Rn. 5) nach § 42 SGB VIII durch das Jugendamt kann eine Erziehungshilfe darstellen. Diese Leistungen dienen alle der Förderung und Unterstützung der Eltern und Erziehungsberechtigten. Insbesondere in Verfahren nach § 1666 BGB ist zu prüfen, ob nicht öffentliche Hilfe ausreichend sein kann, § 1666 a BGB (→ *Kindeswohlgefährdung* Rn. 24).

Ein entsprechender **Antrag auf Hilfemaßnahmen** nach dem SGB VIII ist durch die Eltern bzw. Erziehungsberechtigten zu stellen.

3. Strafgesetzbuch

Nach § 171 StGB ist die **Verletzung der Fürsorge- und Erziehungspflicht** gegenüber Minderjährigen 6
unter 16 Jahren bei Vorliegen der entsprechenden strafrechtlichen Voraussetzungen unter Strafe gestellt. Als Rechtsfolgen sind bei **Gefahr für die körperliche oder psychische Entwicklung** des Kindes Geldstrafe sowie Freiheitsstrafe bis zu drei Jahren vorgesehen. Auch diese Vorschrift ist letztlich Ausfluss des staatlichen Wächteramtes, wobei der Staat neben unterstützenden Maßnahmen für die Eltern nach dem SGB diese strafrechtlich belangt bei entsprechender Verletzung der Fürsorge- und Erziehungspflicht.[13] Neben der Vorschrift des § 171 StGB finden die allgemeinen strafrechtlichen Vorschriften, insbesondere §§ 223 ff. StGB wegen Körperverletzung, Anwendung.

10 HK-FamR/*Schmid* BGB § 1631 Rn. 3; Palandt/*Götz* BGB § 1631 Rn. 7.
11 NK-BGB/*Rakete-Dombek/Berning* § 1631 Rn. 13; Palandt/*Götz* BGB § 1631 Rn. 7.
12 NK-BGB/*Rakete-Dombek/Berning* § 1631 Rn. 14.
13 NK-BGB/*Rakete-Dombek/Berning* § 1631 Rn. 11.

4. Einzelfälle

7 **a) Religiöse Erziehung.** Auch die religiöse Erziehung ist Teil der Personensorge.[14] § 1801 BGB ergänzt insoweit § 1631 BGB.[15] Hierbei ist das Grundrecht auf **Religionsfreiheit** gem. Art. 4 GG zu beachten, wobei das Grundrecht auch beinhaltet, gerade keine Religion auszuüben.[16]

Streitigkeiten der Eltern über die **Art und Weise der Religionsausübung**, insbesondere Teilnahme des Kindes an der Taufe oder Kommunion, aber auch Wahl der Konfession, insbesondere bei Eltern aus unterschiedlichen Kulturkreisen, sind über § 1628 BGB zu lösen (→ *Meinungsverschiedenheiten der Sorgeberechtigten* Rn. 11). Insbesondere sind die Sondervorschriften des RKEG zu beachten.[17]

8 **b) Staatlicher Erziehungsauftrag.** Die Erziehung der Kinder durch die Eltern ist als grundsätzliche Privatsache durch öffentlich-rechtliche Bestimmungen eingeschränkt. Erwähnenswert ist in diesem Zusammenhang der staatliche Erziehungsauftrag in der Schule.[18] Insoweit ist eine **Übertragung der Erziehungsaufgaben** auf die staatlichen Schulorgane erfolgt. Die Eltern haben schulische Anordnungen zu akzeptieren und ihr Kind diesbezüglich zur Befolgung anzuleiten.[19] Selbst eine Bestrafung der Eltern bei Verstoß gegen diese Verpflichtung ist möglich.[20]

III. Verfahren

9 Das Recht auf gewaltfreie Erziehung ist **kein einklagbarer Anspruch** des Kindes gegen die Eltern. Bei § 1631 Abs. 2 BGB handelt es sich um **keine anspruchsbegründende Norm**, sondern um einen stets zu beachtenden Erziehungsgrundsatz.[21]

Bei einem **Verstoß der Eltern** gegen § 1631 BGB können Maßnahmen nach §§ 1666, 1666 a BGB wegen **Kindeswohlgefährdung** angezeigt sein (→ *Kindeswohlgefährdung* Rn. 9).[22] Insoweit gilt der Amtsermittlungsgrundsatz.[23] Zudem ist an die entsprechenden strafrechtlich relevanten Normen zu denken (→ Rn. 6).

10 Gem. § 1631 Abs. 3 BGB können die Eltern das Familiengericht um Hilfe ersuchen.[24] Die Norm ist eng auszulegen und nur in geeigneten Fällen anwendbar. Ein gerichtliches Einschreiten im Sinne einer **Erziehungshilfe durch das Gericht** ist nicht geboten und angezeigt, wenn dies unzweckmäßig oder nicht im Interesse des Kindes erscheint.[25]

Bei einem **Antrag** nach § 1631 Abs. 3 BGB wird in der Regel das Erscheinen des Kindes in geeigneten Fällen angeordnet, eine **Ermahnung des Kindes** durch das Gericht ist möglich. Funktionell zuständig ist gem. § 3 Nr. 2 RPflG der Rechtspfleger.[26] In der gerichtlichen Praxis kommt dieser Norm eine untergeordnete Bedeutung zu.

11 In Verfahren nach § 1671 BGB hinsichtlich der **Übertragung der elterlichen Sorge** oder von Teilbereichen der elterlichen Sorge auf einen Elternteil kann es auf die jeweilige Erziehungseignung der Elternteile ankommen (→ *Aufenthaltsbestimmung bei Minderjährigen* Rn. 10).

---

14 Palandt/*Götz* BGB § 1626 Rn. 12, BGB § 1801 Rn. 1.
15 HK-FamR/*Kemper* BGB § 1801 Rn. 1.
16 NK-BGB/*Fritsche/Katzenstein/Lohse* § 1801 Rn. 1.
17 NK-BGB/*Fritsche/Katzenstein/Lohse* § 1801 Rn. 4.
18 BVerfG 21.7.2009 – 1 BvR 1358/09, NJW 2009, 3151.
19 NK-BGB/*Rakete-Dombek/Berning* § 1631 Rn. 5.
20 BVerfG 31.5.2006 – 2 BvR 1693/04, FamRZ 2006, 1094.
21 NK-BGB/*Rakete-Dombek/Berning* § 1631 Rn. 11.
22 HK-BGB/*Kemper* § 1631 Rn. 4.
23 NK-BGB/*Rakete-Dombek/Berning* § 1631 Rn. 16.
24 HK-FamR/*Schmid* BGB § 1631 Rn. 4.
25 NK-BGB/*Rakete-Dombek/Berning* § 1631 Rn. 15.
26 HK-FamR/*Schmid* BGB § 1631 Rn. 5; NK-BGB/*Rakete-Dombek/Berning* § 1631 Rn. 16.

Soweit hinsichtlich des Bereichs der **religiösen Erziehung** eine Entziehung der elterlichen Sorge in Betracht kommt, wird regelmäßig ein **Ergänzungspfleger** gem. § 1909 BGB zu bestellen sein.[27] In derartigen Verfahren ergibt sich eine funktionelle Zuständigkeit des Richters gem. § 14 Nr. 11 RPflG. 12

27 NK-BGB/*Fritsche/Katzenstein/Lohse* § 1801 Rn. 5.

105. Externe Teilung

Weil

I. Externe Teilung als Teilungsform in Ausnahmefällen

1 Die externe Teilung gem. § 14 VersAusglG bzw. § 17 VersAusglG ist gegenüber der internen Teilung nachrangig. Nach dem Willen des Gesetzgebers soll die externe Teilung nur in einem sehr engen Rahmen möglich sein, wobei die Spezialregelung des § 17 VersAusglG bei betrieblichen Anrechten der Direktzusage bzw. der Unterstützungskassenzusage diese Regel zulasten des Berechtigten massiv aufweicht. Nach § 14 Abs. 1 VersAusglG begründet das Familiengericht für die ausgleichsberechtigte Person zulasten des Anrechts der ausgleichspflichtigen Person ein Anrecht in Höhe des Ausgleichswerts bei einem Versorgungsträger, der nicht mit dem Träger der Versorgung des ausgleichspflichtigen Ehegatten identisch ist.

Die externe Teilung kann nur in folgenden Fällen durchgeführt werden:

- Vereinbarung zwischen Versorgungsträger und Berechtigtem, § 14 Abs. 2 Nr. 1 VersAusglG
- Versorgungsträger verlangt externe Teilung und Ausgleichswert ist geringfügig, § 14 Abs. 2 Nr. 2 VersAusglG (vgl. § 18 Abs. 1 SGB IV)
- Sonderfall des § 17 VersAusglG: Anrecht iSd BetrAVG in Form einer Direktzusage oder Unterstützungskasse **und** der Ausgleichswert als Kapitalwert übersteigt nicht die zum Ehezeitende maßgebende Beitragsbemessungsgenze nach §§ 159, 160 SGB VITeilung.[1]

2 Der Versorgungsträger, bei dem das auszugleichende Anrecht der ausgleichspflichtigen Person besteht, hat dem Versorgungsträger, bei dem das auszugleichende Anrecht im Wege der externen Teilung begründet werden soll, den Ausgleichswert als Kapitalbetrag zu bezahlen. Handelt es sich bei dem auszugleichenden Anrecht nicht bereits selbst um einen Kapitalwert, errechnet sich der zu kapitalisierende Ausgleichswert in Form des korrespondierenden Kapitalwerts (§ 47 VersAusglG). Dieser nach § 14 Abs. 4 VersAusglG zu zahlende Ausgleichswert bezieht sich nach § 5 Abs. 2 VersAusglG wertmäßig auf den Stichtag **Ehezeitende**. Er ist jedoch erst mit Rechtskraft der Ehescheidung oder der isolierten Entscheidung zum Versorgungsausgleich fällig. Zur Vermeidung des Werteverzehrs ist der Ausgleichswert grundsätzlich ab Ende der Ehezeit bis zur Rechtskraft der Entscheidung über den Versorgungsausgleich in Höhe des Rechnungszinses der auszugleichenden Versorgung zu verzinsen.[2]

3 Ob eine Verzinsung bei **betrieblichen fondsgebundenen Anrechten** zu erfolgen hat, war mehrfach Gegenstand der Rechtsprechung des BGH. Derzeit geht der BGH davon aus, dass als Teilungsgegenstand im Versorgungsausgleich auch bei der externen Teilung Fondsanteile als die im Versorgungssystem verwendete Bezugsgröße in Betracht kommen. Der nachehezeitliche Wertzuwachs eines auszugleichenden fondsgebundenen Anrechts ist bei der Begründung des neuen Anrechts (§ 14 Abs. 1 VersAusglG) und der Festsetzung des an den Versorgungsträger der ausgleichsberechtigten Person zu entrichtenden Zahlbetrags (§ 14 Abs. 4 FamFG) dabei zu berücksichtigen.[3]

Nach § 14 Abs. 5 VersAusglG ist eine externe Teilung unzulässig, wenn das Anrecht für den ausgleichsberechtigten Ehegatten durch Beitragszahlung nicht mehr begründet werden kann, weil dieser sich bereits in der Rentenphase befindet. Stichtag für die Frage, ob bereits eine bindende Rente geleistet wird, ist idR das gesetzliche Ehezeitende.

1 Wert 2021 = 85.200 EUR.
2 BGH FamFR 2011, 1785; FamRZ 2013, 773; FamRZ 2014, 1182.
3 BGH FamRZ 2018, 1745; 2017, 1655, unter Aufgabe der Rechtsprechung BGH FamRZ 2012, 694.

4 Abweichend von den möglichen externen Teilungen nach § 14 VersAusglG kann ein betriebliches Anrecht im Rahmen der Direktzusage oder das bei einer Unterstützungskasse bestehende betriebliche Anrecht auch ohne Zustimmung des Ausgleichsberechtigten nach § 17 VersAusglG extern ausgeglichen werden, wenn der Ausgleichswert als Kapitalwert die zum Ehezeitende maßgebende gesetzliche Beitragsbemessungsgrenze gem. §§ 159, 160 SGB VI nicht übersteigt. Die externe Teilung eines solchen betrieblichen Anrechts ist in der Regel aus Sicht des Berechtigten unwirtschaftlich. Er erhält in keiner derzeit vorhandenen Zielversorgungen auch nur annähernd ein Anrecht in der Höhe, wie er es bei interner Teilung erhalten hätte. Dies beruht auf dem Problem des Rechnungszinses. Während der abgebende Versorgungsträger mit einem vom BGH **vorgegebenen Rechnungszins** kalkulieren muss, gibt es keine aufnehmende Zielversorgung, die derzeit und wohl auch in naher Zukunft auch nur einen annähernd gleich hohen Zinssatz garantiert.

5 Welcher Zinssatz vom Versorgungsträger für die Ermittlung des Ausgleichswertes zu verwenden ist, war lange umstritten. Der BGH hat sich in seiner **Rechnungszinsentscheidung** eindeutig für den vom Gesetzgeber favorisierten BilMoG-Zinssatz gem. § 253 Abs. 2 S. 2 HGB ausgesprochen.[4] Letzterer wird aus dem siebenjährigen Durchschnitt ermittelt, es sei denn, es liegt zB ein tatsächlicher Rechnungszins vor oder würde im Rahmen der Übertragung betrieblicher Anrechte zur Anwendung kommen.[5]

Nach Feststellung des BVerfG[6] ist die Norm des § 17 VersAusglG nicht verfassungswidrig. Allerdings kann die Durchführung des Versorgungsausgleichs zu verfassungswidrigen Ergebnissen führen, wenn bei der verpflichteten Person eine Kürzung des Anrechts erfolgt, ohne dass sich dies entsprechend im Erwerb eines selbstständigen Anrechts für die berechtigte Person auswirkt. Transferverluste aufgrund externer Teilung können zur Zweckverfehlung der Kürzung des Anrechts und damit zu deren Verfassungswidrigkeit führen. Die Prüfung und Festsetzung des Ausgleichswertes zur Vermeidung eines solchen verfassungswidrigen Ergebnisses obliegt den Familiengerichten.[7]

II. Wahlrecht hinsichtlich Zielversorgung

6 Der Ausgleichsberechtigte kann im Rahmen des § 15 VersAusglG die Zielversorgung selbst bestimmen. Er kann entscheiden, ob ein bestehendes Anrecht ausgebaut oder ein neues begründet werden soll. Das Anrecht muss eine **angemessene Versorgung** gewähren und darf nicht zu steuerpflichtigem Einkommen oder einer schädlichen Verwendung beim Ausgleichspflichtigen führen, es sei denn, dieser stimmt zu (§ 15 Abs. 3 VersAusglG). Um eine angemessene Zielversorgung handelt es sich immer dann, wenn der Kapitalbetrag in die gesetzliche Rentenversicherung, in einen Pensionsfonds, eine Pensionskasse oder eine Direktversicherung[8] oder in einen Vertrag nach dem AltZertG einbezahlt wird (§ 15 Abs. 4 VersAusglG).

7 Zu einer **Besteuerung** beim Ausgleichspflichtigen zum Zeitpunkt der Übertragung kommt es, wenn die Zielversorgung niedriger besteuert wird als das zu teilende Anrecht. Dies ist dann der Fall, wenn die Zielversorgung nur mit dem Ertragsanteil besteuert wird, wie zB eine klassische private Rentenversicherung, und das auszugleichende Anrecht zu einem höheren Anteil besteuert wird, was fast für alle Versorgungsanrechte der Fall ist, wie zB die gesetzliche Rentenversicherung, die Beamtenversorgung, berufsständische Versorgungen, betriebliche Altersversorgung über die Durchführungswege Direktzusage und Unterstützungskassenzusage. Bei Anrechten der betrieblichen Altersversorgung über die Durchführungswege Direktversicherung, Pensionskasse und Pensionsfonds ist es möglich, dass ein Teil der Leistungen ebenfalls nur der Besteuerung mit dem Ertragsanteil unterliegt. Dies sollte aus der Auskunft des Versorgungsträgers ersichtlich sein. (→ *Steuern und Sozialabgaben im Versorgungsausgleich* Rn. 7).

8 Für Anrechte im Sinne des Betriebsrentengesetzes gelten besondere Vorschriften hinsichtlich der externen Teilung. Übt der Berechtigte sein Wahlrecht nicht aus, so findet der Ausgleich über die Auffangeinrichtung

4 BGH FamRZ 2016, 781.
5 BGH FamRZ 2016, 781.
6 BVerfG 26.5.2020, FamRZ 2020, 1078.
7 Zur Vorgehensweise vgl. *Lies-Benachib* NZFam 2020, 946; *Borth* FamRZ 2020, 1053.
8 Vgl. JStG 2010, BT-Drs. 17/2249.

Versorgungsausgleichskasse statt (§ 15 Abs. 5 S. 2 VersAusglG). In allen anderen Fällen erfolgt der Ausgleich über die gesetzliche Rentenversicherung.

Mit Rechtskraft der Entscheidung erwirbt der berechtigte Ehegatte einen Anspruch auf die aus dem Ausgleichswert folgende Versorgungsleistung, so dass dem Träger der Zielversorgung das Risiko der Beitreibung des festgesetzten Kapitalbetrags obliegt.[9]

9 Übt der Ausgleichsberechtigte sein **Wahlrecht** nicht aus, wird für ihn ein Anrecht bei der **gesetzlichen Rentenversicherung** begründet, oder, falls das auszugleichende Anrecht ein Anrecht der betrieblichen Altersversorgung ist, bei der **Versorgungsausgleichskasse**.

III. Externe Teilung von Anrechten aus einem öffentlich-rechtlichen Dienstverhältnis

10 Während für Beamte des **Bundes** der Ausgleich gem. § 10 Abs. 1 VersAusglG im Wege der **internen** Teilung durchzuführen ist, haben sich bisher Länder und Kommunen der Neuregelung des Bundesbeamtenrechts nicht angeschlossen. Insofern verbleibt es bei einem Ausgleich von **Landesbeamtenanrechten** bei der **externen** Teilung gem. § 16 VersAusglG, dh bei dem aus dem alten Versorgungsausgleichsrecht bekannten Ausgleich gem. § 1587 b Abs. 2 BGB aF durch Begründung von gesetzlichen Anrechten in der gesetzlichen Rentenversicherung zulasten der Beamtenversorgung des Ausgleichspflichtigen. Der Ausgleichsberechtigte hat nach § 16 Abs. 1 iVm § 222 Abs. 4 FamFG keinerlei Wahlrecht hinsichtlich der Zielversorgung. Der Ausgleichsbetrag ist **immer** in die Zielversorgung **Gesetzliche Rentenversicherung** einzuzahlen.

Nach § 16 Abs. 2 VersAusglG sind Anrechte aus dem Beamtenverhältnis auf Widerruf sowie aus dem Dienstverhältnis eines Soldaten auf Zeit stets durch Begründung eines Anrechts in der gesetzlichen Rentenversicherung auszugleichen. Das gilt auch, wenn die Dienstzeit zum Ehezeitende noch nicht beendet ist.[10] Der Wert des Anrechts bestimmt sich dann als Wert der Nachversicherung in der gesetzlichen Rentenversicherung.

9 BGH FamRZ 2014, 1185.
10 OLG Hamm FamRZ 2014, 396.

106. Familiengerichtliches Verfahren

Stockmann

I. Umfang der Aufgaben des Familiengerichts

1. Katalog der Familiensachen im FamFG

1 Der Umfang der Aufgaben des Familiengerichts war seit seiner Einführung zum 1.7.1977 mehrfachen Veränderungen unterworfen.[1] Mit dem FGG-RG, das zum 1.9.2009 in Kraft getreten ist, wurde ein in § 111 FamFG zusammengefasster Katalog der Familiensachen geschaffen. Die gem. § 23 b GVG bei den Amtsgerichten angesiedelten Familiengerichte sind daher **ausschließlich zuständig** (vgl. § 23 a Abs. 1 und 2 GVG) für folgende Verfahren:

2 **a) Ehesachen (§ 111 Nr. 1 FamFG).** Diese sind in **§ 121 FamFG** näher beschrieben und umfassen folgende Verfahren:

- Scheidung der Ehe, § 121 Nr. 1 FamFG;
- Aufhebung der Ehe, § 121 Nr. 2 FamFG;

1 Zur historischen Entwicklung vgl. HK-FamVerfR/*Kemper* Einl. Rn. 1 ff. und § 111 Rn. 1 ff.

- Verfahren der Feststellung des Bestehens oder Nichtbestehens einer Ehe zwischen den Beteiligten, § 121 Nr. 3 FamFG.[2]

3 **b) Kindschaftssachen (§ 111 Nr. 2 FamFG).** Diese sind in **§ 151 FamFG** näher beschrieben und umfassen folgende Verfahren:

- elterliche Sorge, § 151 Nr. 1 FamFG;
- Umgangsrecht, § 151 Nr. 2 FamFG;
- Kindesherausgabe, § 151 Nr. 3 FamFG;
- Vormundschaft, § 151 Nr. 4 FamFG;
- Pflegschaft oder gerichtliche Bestellung eines sonstigen Vertreters für einen Minderjährigen oder für eine Leibesfrucht, § 151 Nr. 5 FamFG;
- Genehmigung von freiheitsentziehender Unterbringung und freiheitsentziehenden Maßnahmen nach §§ 1631 b, 1800 und 1915 BGB, § 151 Nr. 6 FamFG;
- Genehmigung oder Anordnung einer freiheitsentziehenden Unterbringung, freiheitsentziehenden Maßnahme oder ärztlichen Zwangsmaßnahmen bei einem Minderjährigen nach den Landesgesetzen über die Unterbringung psychisch Kranker, § 151 Nr. 7 FamFG;
- Aufgaben nach dem Jugendgerichtsgesetz, § 151 Nr. 8 FamFG. Dies betrifft Regelungen in §§ 53, 104 Abs. 4 JGG, über deren Sinnhaftigkeit an dieser Stelle nicht diskutiert werden soll.[3]

4 **c) Abstammungssachen (§ 111 Nr. 3 FamFG).** Diese sind in **§ 169 FamFG** näher beschrieben und umfassen folgende Verfahren:

- Feststellung des Bestehens oder Nichtbestehens eines Eltern-Kind-Verhältnisses, insbesondere der Wirksamkeit oder Unwirksamkeit einer Anerkennung der Vaterschaft, § 169 Nr. 1 FamFG;
- Ersetzung der Einwilligung in eine genetische Abstammungsuntersuchung und Anordnung der Duldung einer Probeentnahme, § 169 Nr. 2 FamFG;
- Antrag auf Einsicht in ein Abstammungsgutachten oder Aushändigung einer Abschrift, § 169 Nr. 3 FamFG;
- Anfechtung der Vaterschaft, § 169 Nr. 4 FamFG.[4]

5 **d) Adoptionssachen (§ 111 Nr. 4 FamFG).** Diese sind in **§ 186 FamFG** näher beschrieben und umfassen folgende Verfahren:

- Annahme als Kind, § 186 Nr. 1 FamFG;
- Ersetzung der Einwilligung zur Annahme als Kind, § 186 Nr. 2 FamFG;
- Aufhebung des Annahmeverhältnisses, § 186 Nr. 3 FamFG;
- Befreiung vom Eheverbot des § 1308 Abs. 1 BGB, § 186 Nr. 4 FamFG.[5]

6 **e) Ehewohnungs- und Haushaltssachen (§ 111 Nr. 5 FamFG).** Diese sind in **§ 200 FamFG** näher beschrieben und umfassen folgende Verfahren:

- Ehewohnungssachen nach §§ 1361 b, 1568 a BGB, § 200 Abs. 1 FamFG;
- Haushaltssachen nach §§ 1361 a, 1568 b BGB, § 200 Abs. 2 FamFG.[6]

7 **f) Gewaltschutzsachen (§ 111 Nr. 6 FamFG).** Diese sind in **§ 210 FamFG** beschrieben und umfassen alle Verfahren nach §§ 1, 2 Gewaltschutzgesetz.[7]

8 **g) Versorgungsausgleichssachen (§ 111 Nr. 7 FamFG).** Diese sind in **§ 217 FamFG** beschrieben und umfassen alle Verfahren betreffend den Versorgungsausgleich.[8]

---

2 Vgl. hierzu HK-FamVerfR/*Kemper* § 111 Rn. 11 f. und § 121 Rn. 2 ff.
3 Vgl. hierzu HK-FamVerfR/*Kemper* § 111 Rn. 13 ff. und HK-FamVerfR/*Völker/Clausius* § 151 Rn. 4 ff.
4 Vgl. hierzu HK-FamVerfR/*Kemper* § 111 Rn. 23 ff. und HK-FamVerfR/*Fritsche* § 169 Rn. 2 ff.
5 Vgl. hierzu HK-FamVerfR/*Kemper* § 111 Rn. 31 ff. und HK-FamVerfR/*Fritsche* § 186 Rn. 5 ff.
6 Vgl. hierzu HK-FamVerfR/*Kemper* § 111 Rn. 35 ff. und HK-FamVerfR/*Fritsche* § 200 Rn. 3 ff.
7 Vgl. hierzu HK-FamVerfR/*Kemper* § 111 Rn. 42 ff. und HK-FamVerfR/*Volpp* § 210 Rn. 1 ff.
8 Vgl. hierzu HK-FamVerfR/*Kemper* § 111 Rn. 44 ff. und HK-FamVerfR/*Kemper* § 217 Rn. 3 ff.

h) Unterhaltssachen (§ 111 Nr. 8 FamFG). Diese sind in **§ 231 FamFG** näher beschrieben und umfassen Verfahren mit folgenden Gegenständen: 9

- durch Verwandtschaft begründete gesetzliche Unterhaltspflicht, § 231 Abs. 1 Nr. 1 FamFG;
- durch Ehe begründete gesetzliche Unterhaltspflicht, § 231 Abs. 1 Nr. 2 FamFG;
- Ansprüche nach § 1615 l oder § 1615 m BGB, § 231 Abs. 1 Nr. 3 FamFG;
- Verfahren nach § 3 Abs. 2 S. 3 BKKG und § 64 Abs. 2 S. 3 EStG, § 231 Abs. 2 FamFG.[9]

Unterhaltsverfahren sind alle Ansprüche, die ihre Wurzeln im Unterhaltsrechtsverhältnis haben. Die Zuordnung zu den Familiensachen gilt daher auch für Ansprüche, die „zwar im Gewand eines Befreiungs-, Schadensersatz- oder Bereicherungsanspruchs geltend gemacht werden, aber ihre Wurzel im unterhaltsrechtlichen Verhältnis der Ehegatten zueinander haben".[10] 10

Demgemäß umfassen die Unterhaltssachen auch: 11

- Ansprüche von Eltern und Großeltern gegen Kinder („Elternunterhalt");
- Ansprüche aus Verträgen, wenn diese die gesetzliche Unterhaltsverpflichtung nur modifizieren, also regelmäßig alle Unterhaltsvereinbarungen;
- Auskunftsverlangen;
- Vollstreckungsgegenanträge betreffend Unterhaltstitel;
- negative Feststellungsanträge betreffend die gesetzliche Unterhaltspflicht;
- den familienrechtlichen Ausgleichsanspruch: Der an sich Verpflichtete kommt seiner Unterhaltspflicht (nicht in vollem Umfang) nach, der andere Elternteil streckt den Barunterhalt vor und begehrt nunmehr Ausgleich;[11]
- Schadensersatzansprüche betreffend das Unterhaltsverhältnis;

  Beispiele: Infolge einer gefälschten Verdienstbescheinigung wird ein unzutreffender Titel errichtet. Nach Titulierung verbessern sich die finanziellen Verhältnisse beim Unterhaltsgläubiger oder beim Unterhaltsschuldner. Er unterlässt eine Information an den anderen Beteiligten, so dass dieser von einer Abänderung des Titels absieht. Dies stellt einen Verstoß gegen § 823 Abs. 2 BGB iVm § 170 StGB (Unterhaltspflichtverletzung) dar.[12]
- Bereicherungsansprüche;

  Beispiel: Rückforderung zu viel gezahlten Unterhalts.
- interne Ausgleichsansprüche bei mehreren Schuldnern;

  Beispiel: Ansprüche zwischen beiden Elternteilen, weil einer Kindesunterhalt leistet, den der andere erbringen müsste.
- Geltendmachung und Rückgewähr von Prozesskostenvorschuss;[13]
- Geltendmachung des Unterhaltsanspruches durch Dritte im Zusammenhang mit einem Forderungsübergang, zB: § 1607 Abs. 3 BGB, § 33 SGB II, § 94 SGB XII, § 7 UVG, § 37 BAföG;
- Verzugsschaden wegen Nichterfüllung der Unterhaltspflicht, zB Anwaltskosten;[14]
- Unterhaltssache ist auch die Rückforderung von zu Unrecht gezahltem Unterhalt von Dritten, zB nach § 1607 Abs. 3 BGB. Zutreffend argumentiert nämlich BGH[15] damit, dass der Rückforderungsanspruch im gleichen Rechtsweg durchzusetzen sei wie der zugrunde liegende Unterhaltsanspruch.

---

9 Vgl. hierzu HK-FamVerfR/*Kemper* § 111 Rn. 60 ff. und HK-FamVerfR/*Viefhues* § 231 Rn. 6 ff.

10 BGH 9.2.1994 – XII ARZ 1/94, NJW 1994, 1416.

11 Vgl. Johannsen/Henrich/*Maier* FamFG § 231 Rn. 5.

12 So KG 30.8.2011 – 18 WF 93/11, NJW-RR 2012, 201; aA: OLG Rostock 14.1.2011 – 10 WF 4/11, FamRZ 2011, 910.

13 BGH 14.2.1990 – XII ZR 39/89, NJW 1990, 1476.

14 So OLG Dresden 21.4.2006 – 21 ARF 8/06, NJW 2006, 2128.

15 BGH 8.10.1980 – IVb ZR 535/80, NJW 1981, 48.

- Unterhaltssachen sind auch die „vereinfachten Verfahren über den Unterhalt Minderjähriger" nach §§ 249 ff. FamFG.[16]

12 **i) Güterrechtssachen (§ 111 Nr. 9 FamFG).** Diese sind in **§ 261 FamFG** näher beschrieben und umfassen folgende Verfahren:

- Verfahren, die Ansprüche aus dem ehelichen Güterrecht betreffen, auch wenn Dritte an dem Verfahren beteiligt sind, § 261 Abs. 1 FamFG;
- Verfahren nach §§ 1365 Abs. 2, 1369 Abs. 2, 1382, 1383, 1426, 1430, 1452 BGB, § 261 Abs. 2 FamFG.[17]

13 **Keine Güterrechtssachen** sind vermögensrechtliche Ansprüche, die den Güterstand unberührt lassen.

Dies betrifft zB Ansprüche auf Ausgleich ehebedingter Zuwendungen oder einer „Ehegatteninnengesellschaft", Ausgleichsansprüche bezüglich eines einzelnen Gegenstandes aufgrund einer Vereinbarung der Parteien, die den Güterstand nicht verändert oder Schadensersatzansprüche wegen Verfügungen eines Ehegatten über Vermögenswerte des anderen, zB nach § 1368 BGB.[18] Bei diesen Verfahren handelt es sich idR um „sonstige Familiensachen" nach § 266 Abs. 1 Nr. 3 FamFG.[19]

14 **j) Sonstige Familiensachen (§ 111 Nr. 10 FamFG).** Diese Auffangtatbestände kommen nur in Frage, wenn der Verfahrensgegenstand nicht bereits einer anderen Familiensache zugeordnet werden kann[20] und sind in **§ 266 FamFG** näher beschrieben:[21]

15 - Ansprüche zwischen miteinander verlobten oder ehemals verlobten Personen im Zusammenhang mit der Beendigung des **Verlöbnisses** sowie in den Fällen der §§ 1298 und 1299 BGB zwischen einer solchen und einer dritten Person, § 266 Abs. 1 Nr. 1 FamFG;

  Entgegen Literaturstimmen[22] fallen Ansprüche im Zusammenhang nichtehelicher Lebensgemeinschaften nicht generell unter die sonstigen Familiensachen. Dies wäre nur dann gegeben, wenn die Partner der nichtehelichen Lebensgemeinschaft sich verlobt hätten und nun die in §§ 1298 ff. BGB vorgegebenen Ansprüche aus dem Verlöbnis geltend machen würden. In allen anderen Fällen sind für Ansprüche aus nichtehelicher Lebensgemeinschaft die Zivilgerichte zuständig, vgl. → Rn. 23.

16 - Aus **der Ehe herrührende Ansprüche**, § 266 Abs. 1 Nr. 2 FamFG;

  Dies betrifft zB Streitigkeiten hinsichtlich der Mitwirkung bei der gemeinsamen Veranlagung zur Einkommensteuer, die Übertragung eines Schadensfreiheitsrabattes und auch hinsichtlich der Morgengabe. *Giers*[23] reiht diese Ansprüche in § 266 Abs. 1 Nr. 3 FamFG ein. Wenn jedoch unabhängig von Trennung und Scheidung die Morgengabe geltend gemacht wird, erscheint eine Qualifizierung nach § 266 Abs. 1 Nr. 2 FamFG gerechtfertigt.

17 - Ansprüche zwischen miteinander verheirateten oder ehemals miteinander verheirateten Personen oder zwischen einer solchen und einem Elternteil im Zusammenhang mit Trennung oder Scheidung oder Aufhebung der Ehe, § 266 Abs. 1 Nr. 3 FamFG;

  Damit werden beispielsweise erfasst:

  Ansprüche auf Rückabwicklung von ehebedingten Zuwendungen oder Schenkungen auch im Verhältnis zu den Schwiegereltern, Ausgleich einer Ehegatteninnengesellschaft, Schadensersatzansprüche

16 Vgl. *Büte* FuR 2012, 585 ff.

17 Vgl. hierzu HK-FamVerfR/*Kemper* § 111 Rn. 78 ff. und HK-FamVerfR/*Völker/Clausius/Wagner* § 261 Rn. 2 f.

18 OLG Zweibrücken 9.12.1986 – 7 U 96/86, FamRZ 1987, 1138; OLG Brandenburg 25.9.2006 – 9 AR 7/06, FamRZ 2007, 293; OLG Naumburg 23.7.2008 – 8 AR 6/08, FamRZ 2008, 2215.

19 AA: LG Stuttgart 21.11.2011 – 18 O 395/11, FamRZ 2012, 569: Güterrechtssache.

20 BGH 31.5.2020 – XII ZB 361/19; vgl. auch *Stockmann* jurisPR-FamR 23/2020 Anm. 1.

21 Vgl. hierzu HK-FamVerfR/*Kemper* § 111 Rn. 92 ff. und HK-FamVerfR/*Volpp* § 266 Rn. 3 ff.

22 *Burger* FamRZ 2009, 1018.

23 Keidel/*Giers* § 266 FamFG Rn. 15.

wegen unberechtigter Verfügungen über Vermögensgegenstände des anderen Ehegatten, Herausgabeansprüche aus dem Eigentum, Ansprüche betreffend der Auseinandersetzung gemeinsamen Eigentums oder Vermögens, auch betreffend die Regelung gemeinsamer Schulden.

Nach der Begründung des Regierungsentwurfs ist mit dem „**Zusammenhang**" sowohl ein inhaltlicher als auch ein zeitlicher Zusammenhang gemeint. Ein zeitlicher Zusammenhang wird von der Praxis generell abgelehnt: Die gerichtliche Zuständigkeit kann nicht davon abhängen, ob ein **ehebedingter Anspruch** in direktem zeitlichen Zusammenhang mit der Scheidung oder erst später geltend gemacht wird.[24] Demgegenüber hat ein nicht für Familiensachen zuständiger Senat des BGH[25] die Meinung vertreten, eine zeitliche Komponente sei zu berücksichtigen. Allerdings handele es sich dabei nicht um eine selbstständig zu prüfende Voraussetzung für die Zuständigkeit der Familiengerichte. Der Familiensenat des BGH[26] spricht sich für eine weite Auslegung des Tatbestandsmerkmals „im Zusammenhang mit Trennung und Scheidung" aus. Ein inhaltlicher Zusammenhang liege vor, wenn das Verfahren vor allem die wirtschaftliche Entflechtung der (vormaligen) Ehegatten betrifft. Im Hinblick auf die gewünschte, möglichst umfassende Zuständigkeit der Familiengerichte sei der Begriff des Zusammenhangs mit der Beendigung der ehelichen Gemeinschaft großzügig auszulegen. § 266 Abs. 1 FamFG ist demnach anwendbar, wenn der Rechtsstreit durch die bezeichneten familienrechtlichen Verhältnisse nicht unwesentlich mitgeprägt ist. Auszuscheiden sind die Fälle, in denen der familienrechtliche Bezug völlig untergeordnet ist, so dass eine Entscheidung durch das Familiengericht sachfremd erscheint. Der erforderliche inhaltliche Zusammenhang kann nach dem Bundesgerichtshof rechtlicher oder wirtschaftlicher Art sein. Trennung, Scheidung oder Aufhebung der Ehe müssten jedenfalls in tatsächlicher oder rechtlicher Hinsicht für die geltend gemachte Rechtsfolge ursächlich sein. 18

- aus dem **Eltern-Kind-Verhältnis** herrührende Ansprüche, § 266 Abs. 1 Nr. 4 FamFG; 19

  Damit sind nicht alle denkbaren Ansprüche zwischen Eltern und Kindern gemeint. Erfasst werden nur Ansprüche aus dem Eltern-Kind-Verhältnis in seiner familienrechtlichen Ausprägung (§§ 1616 ff. BGB).

  Beispiele: Schadensersatzansprüche des Kindes wegen Schädigung seines Vermögens im Rahmen der Ausübung der Vermögenssorge, Auskunftsanspruch des Kindes gegen seine Mutter auf Benennung seines möglichen Vaters; Streit der Eltern über die Verwaltung des Kindesvermögens.[27] Rein vertragsrechtliche oder erbrechtliche Ansprüche zwischen Eltern und Kindern fallen nicht hierunter.[28]

- Aus dem **Umgangsrecht** herrührende Ansprüche, § 266 Abs. 1 Nr. 5 FamFG; 20
  Gemeint sind zB wirtschaftliche Schadensersatzansprüche des Umgangsberechtigten gegenüber dem betreuenden Elternteil wegen Vereitelung eines bestehenden Umgangsrechts.

  Die Zuständigkeit in den vorgenannten Fällen des § 266 Abs. 1 FamFG besteht nur, sofern nicht die Zuständigkeit der Arbeitsgerichte gegeben ist oder das Verfahren eines der in § 348 Abs. 1 S. 2 Nr. 2 Buchst. a bis k ZPO genannten Sachgebiete, das Wohnungseigentumsrecht oder das Erbrecht betrifft und sofern es sich nicht bereits nach anderen Vorschriften um eine Familiensache handelt.[29]

- Antrag nach **§ 1357 Abs. 2 S. 1 BGB, § 266 Abs. 2 FamFG.**

k) Lebenspartnerschaftssachen (§ 111 Nr. 12 FamFG). Diese sind in **§ 269 FamFG** näher beschrieben und umfassen folgende Verfahren: 21

- Aufhebung der Lebenspartnerschaft aufgrund des Lebenspartnerschaftsgesetzes, § 269 Abs. 1 Nr. 1 FamFG;

24 OLG Zweibrücken 5.1.2012 – 1 W 2/12, FamRZ 2012, 1410; *Wever* FamRZ 2013, 741.
25 BGH 29.6.2017 – IX ZB 98/16, FamRZ 2017, 1602.
26 BGH 22.8.2018 – XII ZB 312/18, FamRZ 2018, 1853.
27 OLG Dresden 26.4.2011 – 17 W 400/11, FamRZ 2012, 146.
28 OLG Zweibrücken 19.1.2011 – 7 W 64/10, NJW-RR 2011, 584.
29 Vgl. *Wever* FF 2008, 399.

- Feststellung des Bestehens oder Nichtbestehens der Lebenspartnerschaft, § 269 Abs. 1 Nr. 2 FamFG;
- elterliche Sorge, das Umgangsrecht oder die Herausgabe in Bezug auf ein gemeinschaftliches Kind, § 269 Abs. 1 Nr. 3 FamFG;
- Annahme als Kind und die Ersetzung der Einwilligung zur Annahme als Kind, § 269 Abs. 1 Nr. 4 FamFG;
- Wohnungszuweisungssachen nach §§ 14, 17 LPartG, § 269 Abs. 1 Nr. 5 FamFG;
- Haushaltssachen nach §§ 13, 17 LPartG, § 269 Abs. 1 Nr. 6 FamFG;
- Versorgungsausgleich der Lebenspartner, § 269 Abs. 1 Nr. 7 FamFG;
- gesetzliche Unterhaltspflicht für ein gemeinschaftliches minderjähriges Kind der Lebenspartner, § 269 Abs. 1 Nr. 8 FamFG;
- die durch die Lebenspartnerschaft begründete gesetzliche Unterhaltspflicht, § 269 Abs. 1 Nr. 9 FamFG;
- Ansprüche aus dem lebenspartnerschaftlichen Güterrecht, auch wenn Dritte an dem Verfahren beteiligt sind, § 269 Abs. 1 Nr. 10 FamFG;
- Entscheidungen nach § 6 LPartG iVm §§ 1365 Abs. 2, 1369 Abs. 2, 1382, 1383 BGB, § 269 Abs. 1 Nr. 11 FamFG;
- Entscheidungen nach § 7 LPartG iVm §§ 1426, 1430, 1452 BGB, § 269 Abs. 1 Nr. 12 FamFG;
- sonstige Lebenspartnerschaftssachen, die zum Gegenstand haben:
  - Ansprüche nach § 1 Abs. 3 S. 2 LPartG iVm §§ 1298 bis 1301 BGB, § 269 Abs. 2 Nr. 1 FamFG;
  - Ansprüche aus der Lebenspartnerschaft, § 269 Abs. 2 Nr. 2 FamFG;
  - Ansprüche zwischen Personen, die eine Lebenspartnerschaft führen oder geführt haben oder zwischen einer solchen Person und einem Elternteil im Zusammenhang mit der Aufhebung der Lebenspartnerschaft, § 269 Abs. 2 Nr. 3 FamFG.

  Die Zuständigkeit in den drei letztgenannten Fällen des § 269 Abs. 2 FamFG besteht nur, sofern nicht die Zuständigkeit der Arbeitsgerichte gegeben ist oder das Verfahren eines der in § 348 Abs. 1 S. 2 Nr. 2 Buchst. a bis k ZPO genannten Sachgebiete, das Wohnungseigentumsrecht oder das Erbrecht betrifft und sofern es sich nicht bereits nach anderen Vorschriften um eine Lebenspartnerschaftssache handelt.
- Antrag nach § 8 Abs. 2 LPartG iVm § 1357 Abs. 2 S. 1 BGB, § 269 Abs. 3 FamFG.[30]

2. Familienrechtliche Verfahren außerhalb des Familiengerichts

22 Keine Familiensachen sind **Verfahren nach dem Personenstandsgesetz**, auch wenn deren Gegenstand im familienrechtlichen Bereich angesiedelt ist. So werden Verfahren nach § 49 PStG, in denen das Gericht den Standesbeamten zu einer Amtshandlung anweisen soll, auch dann nicht Familiensache, wenn es zB um die Vornahme einer Eheschließung (§ 1310 Abs. 1 S. 2 BGB) oder die Bestimmung des Ehenamens (§ 1355 BGB) geht. Zwar sind auf Personenstandssachen auch die Normen des FamFG anwendbar (Art. 12 FGG-RG), aber nicht diejenigen, die den Familiensachen vorbehalten sind.

23 Bedauerlicher ist hingegen, dass mit den **Verfahren betreffend nichteheliche Lebensgemeinschaften** ein wesentlich bedeutsamerer Bereich des Familienrechts nicht dem Familiengericht zugewiesen wurde. Während der Bundesgerichtshof mit seiner Rechtsprechung[31] die Möglichkeit eröffnete, Ausgleichsansprüche bei Auflösung einer nichtehelichen Lebensgemeinschaft geltend machen zu können, weist der Gesetzgeber die Zuständigkeit zu deren gerichtlicher Klärung weiterhin den Zivilgerichten zu.

II. Inkrafttreten des Familienverfahrensrechts und Übergangsbestimmungen

24 Das aktuelle Familienverfahrensrecht wurde zum 1.9.2009 durch das Gesetz zur Reform des Verfahrens in Familiensachen und in den Angelegenheiten der freiwilligen Gerichtsbarkeit (FGG-Reformgesetz – FGG-RG) in Kraft gesetzt. Es gilt nach Art. 112 FGG-RG für alle ab diesem Zeitpunkt anhängig gewordenen Verfahren.

---

30 Vgl. hierzu HK-FamVerfR/*Kemper* § 111 Rn. 104 und § 269 Rn. 3 ff.

31 BGH 9.7.2008 – XII ZR 179/05, NJW 2008, 3277; 9.7.2008 – XII ZR 39/06, NJW 2008, 3282.

Für Verfahren, die vor diesem Zeitpunkt eingeleitet wurden, bestimmt Art. 111 Abs. 1 S. 1 FGG-RG, dass diese **nach früherem Recht** abgewickelt werden. Grundsätzlich greift die Anwendung des früheren Rechts für alle Instanzen bis zum rechtskräftigen Abschluss.[32] 25

III. Örtliche Zuständigkeit in Familiensachen

Das FamFG regelt die örtliche Zuständigkeit für die einzelnen Familiensachen in jeweils gesonderten Vorschriften. Bei einigen Familienverfahren wird zusätzlich noch dahin gehend unterschieden, ob bei Anhängigwerden des Verfahrens bereits eine Ehesache zwischen den Beteiligten anhängig ist oder nicht. Demgemäß muss in der nachstehenden Darstellung ebenfalls differenziert werden. 26

1. Örtliche Zuständigkeit in Ehesachen

§ 122 FamFG enthält den Katalog der Zuständigkeitsbestimmungen betreffend die in § 121 FamFG aufgeführten Ehesachen. Aus dem Gesetzestext ergibt sich, dass die Fallgestaltungen in der im Gesetz aufgeführten zwingenden Rangfolge zu prüfen sind und ausschließliche Regelungen darstellen. 27

Danach ergibt sich das zuständige Gericht in Ehesachen wie folgt: 28

1. Gericht, in dessen Bezirk der gewöhnliche Aufenthalt eines Ehepartners mit allen gemeinsamen minderjährigen Kindern gegeben ist, § 122 Nr. 1 FamFG.
2. Gericht, in dessen Bezirk der gewöhnliche Aufenthalt eines Ehegatten mit einem Teil der minderjährigen Kinder gegeben ist, sofern bei dem anderen Ehegatten keine minderjährigen Kinder ihren Aufenthalt haben, § 122 Nr. 2 FamFG.
3. Gericht, in dessen Bezirk der letzte gemeinsame gewöhnliche Aufenthalt der Eheleute gegeben war, wenn einer der Ehepartner in jenem Gerichtsbezirk – es muss nicht die Ehewohnung sein – noch seinen gewöhnlichen Aufenthalt hat, § 122 Nr. 3 FamFG.
4. Gericht, in dessen Bezirk der gewöhnliche Aufenthalt des Antragsgegners (bzw. der Antragsgegnerin) gegeben ist, § 122 Nr. 4 FamFG.
5. Gericht, in dessen Bezirk der gewöhnliche Aufenthalt des Antragstellers (bzw. der Antragstellerin) gegeben ist, § 122 Nr. 5 FamFG.
6. Das Familiengericht beim Amtsgericht Schöneberg in Berlin, § 122 Nr. 6 FamFG.

Erklärungsbedürftig erscheint, warum mit dem Inkrafttreten des FamFG die Fallgestaltung des **§ 122 Nr. 2 FamFG** neu in das Gesetz aufgenommen wurde. 29

Beispiel: Die Eheleute lebten zusammen mit einem 19-jährigen, einem 16-jährigen und einem 10-jährigen Kind in Würzburg. Nach der Trennung verzieht der Mann mit dem 19-Jährigen nach Meiningen, die Frau mit dem 10-Jährigen nach Nürnberg. Der 16-Jährige kommt mit der Trennung seiner Eltern nicht zurecht und wird vom Jugendamt in einer Pflegefamilie in Würzburg untergebracht, wo er auch den Schulbesuch fortsetzen soll.

Für das von der Ehefrau angestrengte Scheidungsverfahren war nach früherem Recht das Familiengericht Meiningen zuständig. Dieses war dann auch zur Entscheidung von Sorge- oder Umgangsrechtsstreitigkeiten betreffend die minderjährigen Kinder berufen, obwohl keiner der beiden Minderjährigen in seinem Bezirk lebte. Nach § 122 Nr. 2 FamFG ist bei einem Scheidungsantrag nunmehr das AG Nürnberg zuständig, in dessen Bezirk zumindest einer der beiden Minderjährigen seinen gewöhnlichen Aufenthalt hat.

Hinsichtlich des in § 122 FamFG – und in den anderen Zuständigkeitsbestimmungen – verwendeten Begriffs des **„gewöhnlichen Aufenthaltes"** kann grundsätzlich auf die Definition in § 30 Abs. 3 S. 2 SGB I verwiesen werden. Demnach besteht der gewöhnliche Aufenthalt dort, wo die betreffende Person sich unter solchen Umständen aufhält, die erkennen lassen, dass sie an diesem Ort nicht nur vorübergehend verweilt. 30

32 BGH 3.11.2010 – XII ZB 197/10, NJW 2011, 386.

Hinsichtlich Minderjähriger führt dies idR dazu, dass der gewöhnliche Aufenthalt eines Kindes bei dem Elternteil gegeben ist, in dessen Obhut es sich befindet (→ *Gewöhnlicher Aufenthalt* Rn. 8 ff.).

31 Die in → Rn. 28 genannten Zuständigkeitsregelungen greifen nur dann ein, wenn eine Zuständigkeit eines **inländischen Gerichts** infrage kommt. Das deutsche Gesetz will keine Zuständigkeit eines ausländischen Gerichts herbeiführen.

32 Relevanter **Zeitpunkt** für die Prüfung der Anknüpfungsvoraussetzungen ist die Rechtshängigkeit des Begehrens.[33] Dies kann auch der Regelung des § 123 FamFG entnommen werden, wonach bei mehrfacher Rechtshängigkeit eines Scheidungsbegehrens dasjenige Gericht zuständig bleibt, bei dem der Scheidungsantrag zuerst rechtshängig geworden ist.

2. Örtliche Zuständigkeit in selbstständigen Familiensachen, solange keine Ehesache rechtshängig ist

33 Wie bereits in → Rn. 26 erwähnt, existieren für jede Familiensache gesonderte Bestimmungen über die örtliche Zuständigkeit. Gesetzestechnisch handelt es sich dabei um die jeweils zweite Norm des entsprechenden Unterabschnittes im FamFG.

Beispiel: § 151 FamFG listet diejenigen Verfahren auf, die zu den Kindschaftssachen zählen. § 152 FamFG enthält dann die Regelungen betreffend die örtliche Zuständigkeit des Familiengerichts für derartige Verfahren.

Dieser Gesetzesaufbau wird bei allen Familiensachen eingehalten.

34 **a) Örtliche Zuständigkeit in Kindschaftssachen. aa) Grundsätzliche Anknüpfung an gewöhnlichen Aufenthalt des Kindes.** Grundsätzlich richtet sich die örtliche Zuständigkeit gem. § 152 Abs. 2 FamFG nach dem gewöhnlichen Aufenthalt des Kindes, das von dem Kindschaftsverfahren betroffen ist. Hinsichtlich dieses gewöhnlichen Aufenthalts kommt es entscheidend auf den Zeitpunkt an, zu dem das Gericht mit der Sache befasst wird. In Kindschaftssachen, die aufgrund eines Antrags eingeleitet werden, ist dies somit der Antragseingang bei Gericht.[34]

Spätere Veränderungen des gewöhnlichen Aufenthalts sind nach § 2 Abs. 2 FamFG grundsätzlich unbeachtlich. Allerdings kann eine Abgabe an ein anderes Familiengericht aus wichtigem Grund erfolgen, § 4 FamFG (→ Rn. 40 ff.).

35 Zum Begriff des gewöhnlichen Aufenthalts → *Gewöhnlicher Aufenthalt* Rn. 8 ff. Es sei noch einmal betont, dass der gewöhnliche Aufenthalt sich allein aus den Fakten ergibt. Bei Minderjährigen ist deren gewöhnlicher Aufenthalt stets **unabhängig von dem seiner Eltern** zu ermitteln. Nur bei Kleinstkindern wird sich aufgrund der für das Überleben erforderlichen Betreuung und Versorgung durch die Eltern der gewöhnliche Aufenthalt regelmäßig von dem ihrer Eltern ableiten (→ *Gewöhnlicher Aufenthalt* Rn. 20 f.).

36 **bb) Fälle mit Aufenthaltswechsel.** Da sich der gewöhnliche Aufenthalt allein an den tatsächlichen Verhältnissen orientiert, kommt es dann zu Komplikationen, wenn ein sorgeberechtigter Elternteil eigenmächtig den **Aufenthaltsort des Kindes verändert**.

Für den Fall, dass ein Elternteil den Aufenthalt des Kindes ohne vorherige Zustimmung des anderen Elternteils geändert hat, ist zunächst zu prüfen, ob damit ein Wechsel des gewöhnlichen Aufenthalts eingetreten ist.

Beispiel 1: Die Ehegatten lebten mit dem gemeinsamen Kind in Leipzig. Die Mutter trennt sich und nimmt das Kind ohne Einverständnis des Vaters an ihren neuen Lebensmittelpunkt Lindau mit. Der in Leipzig verbliebene Vater beantragt unmittelbar nach der Trennung das Aufenthaltsbestimmungsrecht.

---

33 OLG Saarbrücken 13.9.2011 – 9 WF 80/11, FamRZ 2012, 654.

34 Vgl. HK-FamVerfR/*Völker/Clausius* § 152 Rn. 1.

Unmittelbar nach dem Aufenthaltswechsel ist weiterhin von einem gewöhnlichen Aufenthalt des Kindes am bisherigen Lebensmittelpunkt in Leipzig auszugehen. Denn es steht noch nicht fest, ob der Aufenthalt in Lindau auf längere Zeit angelegt ist. Zuständig für das vom Vater angestrengte Kindschaftsverfahren ist daher das Familiengericht in Leipzig.[35]

Beispiel 2: Der Vater stellt in dem in Beispiel 1 beschriebenen Fall den Antrag auf Übertragung des Aufenthaltsbestimmungsrechts erst nach drei Monaten. 37

Befindet sich das Kind aber bereits mehr als acht Wochen an seinem neuen Aufenthaltsort, so wird in aller Regel dann bereits dort sein gewöhnlicher Aufenthalt sein. Für das Sorgerechtsverfahren ist somit das Familiengericht Lindau zuständig.

Da in dem Beispielsfall 2 der Aufenthalt des Kindes einseitig von Leipzig nach Lindau verlegt wurde, 38 gibt § 154 FamFG dem Gericht des neuen Aufenthaltes die Möglichkeit, das Verfahren an das Gericht des früheren Aufenthaltsortes des Kindes zu verweisen. Dies gilt nach § 154 S. 2 FamFG ua dann nicht, wenn die „Flucht mit dem Kind“ zu dessen Schutz oder zum Schutz des betreuenden Elternteils erforderlich war. Im Beispielsfall 2 kann das Familiengericht Lindau daher das Verfahren an das Familiengericht Leipzig verweisen. Diese Verweisung ist bindend gem. § 3 Abs. 2 FamFG.

Der hinter der Regelung des § 154 FamFG stehende Rechtsgedanke ist der, dass derjenige, der unter Verlet- 39 zung des gemeinsamen Sorgerechts ein Kind „entführt“, auch hinsichtlich der gerichtlichen Zuständigkeit keinen Vorteil aus seiner einseitigen Handlungsweise ziehen soll.

Allerdings ist die praktische Auswirkung des § 154 FamFG in aller Regel begrenzt. In den für seine Anwendung in Betracht kommenden Fällen geht es dem Antragsteller in der Regel darum, rasch eine gerichtliche Rückgabeentscheidung zu erlangen. Die Berufung auf § 154 FamFG führt jedoch regelmäßig zu einer **Verfahrensverzögerung**: Das zunächst nach § 152 Abs. 2 FamFG örtlich zuständige Gericht muss vor einer Abgabe des Verfahrens an das Gericht des früheren Aufenthaltsortes rechtliches Gehör gewähren. Sonst kann es nämlich auch nicht darüber befinden, ob der Ausnahmetatbestand des § 154 S. 2 FamFG gegeben ist. Wird das Verfahren dann an ein anderes Gericht verwiesen, muss sich der dort dafür zuständige Richter erst einarbeiten. Zwischenzeitlich könnte vielfach bereits eine Sachentscheidung des zunächst angegangenen Familiengerichts ergangen sein.

cc) Abgabe an ein anderes Familiengericht. Trotz des in § 2 Abs. 2 FamFG festgeschriebenen Grund- 40 satzes der perpetuatio fori ist nach § 4 FamFG die Abgabe des Verfahrens an ein anderes – an sich unzuständiges – Gericht **aus wichtigem Grund** möglich.

Beispiel 3: Im Beispielsfall 2 stellt der Vater seinen Antrag in der Kindschaftssache beim Familiengericht Lindau. Nach Übermittlung der Antragsschrift verzieht die Mutter mit dem Kind nach Lübben (Spreewald).

Das AG Lindau bleibt grundsätzlich zuständig. § 4 FamFG lässt jedoch die Abgabe des Verfahrens an das Familiengericht Lübben zu. Diese Norm (die nicht nur für Kindschaftssachen, sondern für alle Nichtstreitverfahren gilt) setzt voraus, dass wichtige Gründe für die Abgabe vorliegen. Ist dies gegeben, so kann, falls das übernehmende Gericht zur Übernahme bereit ist, das Verfahren an dieses abgegeben werden.

Können sich die Gerichte nicht einigen, so hat das OLG, in dessen Bezirk ein Gericht zuerst mit der Sache befasst wurde, das zuständige Gericht zu bestimmen (§ 5 Abs. 1 Nr. 5 iVm Abs. 2 FamFG). Die Beteiligten sind zu hören, können die Abgabe aber nicht verhindern.

---

35 Vgl. OLG Hamm 13.7.2010 – 2 Sdb FamS Zust. 21/10, FamRZ 2011, 395: „Wechselt ein Minderjähriger den Aufenthaltsort, so ist damit nicht ein gewöhnlicher Aufenthaltsort im Sinne von § 152 Abs. 2 FamFG begründet, wenn die Aufenthaltsdauer nicht länger als 8 Wochen beträgt und sich aus den Umständen im Übrigen nicht schließen lässt, das der neue Aufenthalt auf längere Zeit angelegt ist und künftig der Daseinsmittelpunkt des Kindes werden soll, weil der zukünftige Lebensmittelpunkt maßgeblich vom Ergebnis des eingeleiteten Sorgerechtsverfahrens abhängen wird.“

§ 4 FamFG kann jedoch keine Anwendung finden, wenn das Ausgangsgericht wegen § 152 Abs. 1 FamFG (Anhängigkeit der Ehesache bei diesem Gericht) ausschließlich zuständig ist.[36] Aus § 153 FamFG folgt, dass der Gesetzgeber der Konzentration beim Gericht der Ehesache größere Bedeutung beimisst als der örtlichen Nähe des Gerichts.

41 Ein **wichtiger Grund** liegt zB dann vor, wenn es nach den Umständen des Einzelfalls unter Berücksichtigung des Kindeswohls zweckmäßig erscheint, dass nicht das örtlich zuständige, sondern das um Übernahme ersuchte Gericht mit der Sache befasst wird.[37]

42 Es ist ferner anerkannt, dass ein wichtiger Grund für die Abgabe eines Verfahrens an ein anderes Familiengericht insbesondere dann gegeben sein kann, wenn das betroffene Kind und der sorgeberechtigte Elternteil (oder der Vormund) ihren Aufenthalt dauerhaft in den Bezirk eines anderen Gerichts verlegen und der Aufenthaltswechsel mit Erschwernissen für das laufende Verfahren verbunden ist, dadurch dass die Beteiligten und das Gericht größere Entfernungen zurücklegen müssen, um an notwendigen gerichtlichen Maßnahmen teilzunehmen.[38]

43 Der eingetretene Wohnortwechsel führt aber nicht zwingend zum Vorliegen eines wichtigen Grundes für die Abgabe des Verfahrens. Maßgebend für die Beurteilung, ob ein wichtiger Grund vorliegt, ist in erster Linie das **Wohl des betroffenen Kindes**.

44 § 4 FamFG kann auch angewendet werden, um Verfahren, die bei verschiedenen Gerichten anhängig sind, aber in einem Zusammenhang stehen, bei einem dieser Gerichte zu konzentrieren.

Beispiel 4: Die zunächst in Leipzig wohnhaften Eltern haben zwei minderjährige Kinder. Bei der Trennung besteht Einvernehmen, dass der Sohn mit dem Vater nach Lübeck umzieht, die Tochter mit der Mutter nach Lindau. Die elterliche Sorge steht den Eltern weiterhin gemeinsam zu. Als der Vater die Tochter nach einem Wochenendbesuch bei ihm in Lübeck nicht wieder zur Mutter zurückbringt, will diese die Übertragung des alleinigen Sorgerechts für beide Kinder auf sich beantragen.

Das FamFG kennt keine Regelung der örtlichen Zuständigkeit für Verfahren, die Regelungen für Geschwister betreffen. Daher ermittelt sich die Zuständigkeit für jedes Kind gesondert. Für die Tochter besteht sie daher beim Familiengericht Lindau, für den Sohn beim Familiengericht Lübeck. Die beteiligten Gerichte können sich dahin gehend verständigen, dass ein Verfahren gem. § 4 FamFG aus wichtigem Grund an das andere Gericht abgegeben wird. **Wichtiger Grund** könnte sein, dass die durchzuführenden Ermittlungen in beiden Verfahren gleich sind (→ Rn. 42).

45 **Beispiel 5:** Beim Familiengericht Ludwigslust ist eine Gewaltschutzsache anhängig, beim Familiengericht Hagenow eine Kindschaftssache. In beiden Verfahren sind die gleichen Eheleute Beteiligte.

Hier kann über § 4 FamFG eine Konzentration der beiden Verfahren bei einem der Gerichte herbeigeführt werden.[39]

46 Die Abgabe nach § 4 FamFG ist **nicht bindend**. Das Gericht, das das Verfahren übernommen hat, kann – wenn ein wichtiger Grund es rechtfertigt – das Verfahren selbst wieder nach § 4 FamFG abgeben.[40]

47 **dd) Zuständigkeit nach Fürsorgebedürfnis.** Greift die Zuständigkeitsbestimmung des § 152 Abs. 2 FamFG nicht ein, so beschreibt § 152 Abs. 3 FamFG eine Zuständigkeit bei dem Gericht, in dessen Bezirk das Bedürfnis der Fürsorge bekannt wird.

36 Vgl. OLG Bremen 12.4.2013 – 4 AR 1/13, MDR 2013, 794.

37 Vgl. OLG Hamm 19.9.2006 – 2 Sdb (FamS) Zust. 10/06, FamRZ 2007, 567 in einer Entscheidung zum entsprechenden § 46 FGG.

38 OLG Koblenz 20.6.2018 – 9 WF 395/18 SmA FamRZ 2018, 1595.

39 Vgl. AG Ludwigslust 24.3.2010 – 5 F 56/10, FamRZ 2010, 1754.

40 Vgl. Prütting/Helms/*Prütting* FamFG § 4 Rn. 29.

Beispiel 6: Der in Konstanz lebende Vater begehrt von der von ihm geschiedenen Mutter gem. § 1686 BGB Auskunft über die persönlichen Verhältnisse der bei der Mutter lebenden gemeinsamen Kinder. Die Mutter befindet sich nach schweren Misshandlungen unter polizeilichem Schutz. Sie wurde in ein anderes Bundesland verbracht, ihr Aufenthalt und ihre neue Identität sind geheim und nur den in das Schutzprogramm involvierten Polizeibeamten bekannt.

Für das angestrengte Kindschaftsverfahren hält das OLG Karlsruhe[41] die örtliche Zuständigkeit des AG Konstanz für gegeben. Da der Aufenthalt der Kinder nicht (allgemein) bekannt ist, kommt eine Zuständigkeit nach § 152 Abs. 2 FamFG nicht in Betracht. § 152 Abs. 3 FamFG ist jedoch eine Auffangzuständigkeit. Diese sei in Konstanz gegeben, weil dort der Antragsteller lebe.

ee) Sonderregelung für Unterbringungsverfahren. Für die Unterbringungsverfahren betreffend **Minderjährige** nach § 151 Nr. 6 und 7 FamFG sind wegen der Verweisung des § 167 Abs. 1 FamFG auf die Vorschriften des Unterbringungsrechts für Erwachsene auch die Zuständigkeitsvorschriften des § 313 FamFG anstelle derjenigen des § 152 FamFG anzuwenden.[42] 48

ff) Sonderregelung bei Anhängigkeit von Verfahren nach dem IntFamRVG. Während der Anhängigkeit eines Verfahrens nach §§ 10–12 IntFamRVG betreffend die Anerkennung oder Vollstreckung einer ausländischen Entscheidung beim Familiengericht am Sitz des Oberlandesgerichts ist dieses wegen der Sonderregelung des § 13 IntFamRVG auch zuständig für alle dasselbe Kind betreffenden Familiensachen nach § 151 Nr. 1–3 FamFG einschließlich der Vollstreckungsverfügungen nach §§ 35, 89–94 FamFG sowie des Verfahrens betreffend die Anhörungsrüge nach § 44 FamFG. 49

Auch „eine andere Familiensache nach § 151 Nr. 1–3 FamFG“ (also, wenn sie ein anderes Kind derselben Eltern betrifft) kann unter den Voraussetzungen des § 13 Abs. 2 IntFamRVG dort anhängig gemacht werden.

b) Örtliche Zuständigkeit in Abstammungssachen. § 170 FamFG enthält den Katalog der Zuständigkeitsbestimmungen betreffend die in § 169 FamFG aufgeführten Abstammungssachen. Dabei sind die Fallgestaltungen wieder in der im Gesetz enthaltenen **zwingenden Rangfolge** zu prüfen und stellen **ausschließliche Regelungen** dar. 50

Danach ergibt sich das zuständige Gericht in Abstammungssachen wie folgt: 51

1. Gericht des gewöhnlichen Aufenthalts des Kindes in Deutschland, § 170 Abs. 1 FamFG.
2. Gericht des gewöhnlichen Aufenthalts der Mutter in Deutschland, § 170 Abs. 2 Alt. 1 FamFG.
3. Gericht des gewöhnlichen Aufenthalts des Vaters in Deutschland, § 170 Abs. 2 Alt. 2 FamFG.
4. Amtsgericht Schöneberg in Berlin, § 170 Abs. 3 FamFG.

c) Örtliche Zuständigkeit in Adoptionssachen. aa) Alternative Regelung in § 187 FamFG. § 187 FamFG enthält den Katalog der Zuständigkeitsbestimmungen betreffend die in § 186 FamFG aufgeführten Adoptionssachen. Dabei sind die Fallgestaltungen wieder in der im Gesetz enthaltenen **zwingenden Rangfolge** zu prüfen und **stellen ausschließliche Regelungen** dar. Allerdings differenziert das Gesetz die Rangfolge der ausschließlichen Zuständigkeit danach, ob eine Adoptionssache im eigentlichen Sinn (§ 186 Nr. 1–3 FamFG) Verfahrensgegenstand ist oder ob es um die Befreiung vom Eheverbot der durch Adoption begründeten Verwandtschaft (§ 186 Nr. 4 FamFG) geht.[43] 52

bb) Adoptionssachen nach § 186 Nr. 1–3 FamFG

1. Gericht des gewöhnlichen Aufenthalts des Annehmenden oder einer der Annehmenden, § 187 Abs. 1 FamFG. 53
2. Gericht des gewöhnlichen Aufenthalts des Kindes, § 187 Abs. 2 FamFG.

41 OLG Karlsruhe 28.7.2011 – 18 UF 117/11, FamRZ 2011, 1888.
42 OLG Schleswig 1.8.2012 – 8 UFH 11/12; Musielak/Borth/*Borth* FamFG § 167 Rn. 2.
43 Vgl. HK-FamVerfR/*Fritsche* § 187 Rn. 1 ff.

3. Familiengericht am Sitz des Oberlandesgerichts bzw. nach Landesrecht zentral zuständigem Familiengericht, für den Fall, dass der Annehmende seinen gewöhnlichen Aufenthalt im Ausland hat, § 187 Abs. 4 FamFG iVm § 5 Abs. 1 S. 1 und Abs. 2 AdWirkG.[44]
4. Amtsgericht Schöneberg in Berlin, § 187 Abs. 5 FamFG.

Das AG Schöneberg kann das Verfahren jedoch aus wichtigem Grund an ein anderes Gericht verweisen, § 187 Abs. 5 S. 2 FamFG. Diese Verweisung stellt eine Ergänzung des derartige Abgaben grundsätzlich regelnden § 4 FamFG dar und bedarf keiner Zustimmung des Gerichts, an das verwiesen wird.[45]

Im Falle einer Meinungsverschiedenheit zwischen dem AG Schöneberg und dem Gericht, an das verwiesen wird, darüber, ob für die Verweisung ein wichtiger Grund gegeben ist, ist eine Entscheidung nach § 5 Abs. 1 Nr. 5 FamFG herbeizuführen.[46] Die Zuständigkeit für die gerichtliche Bestimmung liegt gem. § 5 Abs. 2 in allen denkbaren Fällen beim KG.

cc) Adoptionssachen nach § 186 Nr. 4 FamFG

54 1. Gericht des gewöhnlichen Aufenthalts eines der Verlobten, § 187 Abs. 3 FamFG.
2. Familiengericht am Sitz des Oberlandesgerichts bzw. nach Landesrecht zentral zuständigem Familiengericht, für den Fall, dass der Annehmende seinen gewöhnlichen Aufenthalt im Ausland hat, § 187 Abs. 4 FamFG iVm § 5 Abs. 1 S. 1 und 2 AdWirkG.
3. Amtsgericht Schöneberg in Berlin, § 187 Abs. 5 FamFG.

Das AG Schöneberg kann das Verfahren jedoch aus wichtigem Grund an ein anderes Gericht verweisen, § 187 Abs. 5 S. 2 FamFG (→ Rn. 53).

55 **d) Örtliche Zuständigkeit in Ehewohnungs- und Haushaltssachen.** § 201 FamFG enthält den Katalog der Zuständigkeitsbestimmungen betreffend die in § 200 FamFG aufgeführten Ehewohnungs- und Haushaltssachen. Dabei sind die Fallgestaltungen wieder in der im Gesetz enthaltenen **zwingenden Rangfolge** zu prüfen und stellen **ausschließliche Regelungen** dar.

56 1. Gericht, in dessen Bezirk sich die gemeinsame Wohnung der Ehegatten befindet, § 201 Nr. 2 FamFG.
2. Gericht des gewöhnlichen Aufenthalts des Antragsgegners, § 201 Nr. 3 FamFG.
3. Gericht des gewöhnlichen Aufenthalts des Antragstellers, § 201 Nr. 4 FamFG.

57 **e) Örtliche Zuständigkeit in Gewaltschutzsachen.** § 211 FamFG enthält den Katalog der Zuständigkeitsbestimmungen betreffend die in § 210 FamFG aufgeführten Gewaltschutzsachen. Dabei stellen die Fallgestaltungen **ausschließliche Regelungen** dar. Jedoch hat das Gesetz dem Antragsteller ein **Wahlrecht zwischen den zuständigen Gerichten** eingeräumt:

58 1. Gericht, in dessen Bezirk die Tat begangen wurde, § 211 Nr. 1 FamFG.
2. Gericht, in dessen Bezirk sich die – noch existente – gemeinsame Wohnung befindet, § 211 Nr. 2 FamFG.
3. Gericht des gewöhnlichen Aufenthalts des Antragsgegners, § 211 Nr. 3 FamFG.

59 **f) Örtliche Zuständigkeit in Versorgungsausgleichssachen.** § 218 FamFG enthält den Katalog der Zuständigkeitsbestimmungen betreffend die in § 217 FamFG aufgeführten Versorgungsausgleichssachen. Dabei sind die Fallgestaltungen wieder in der im Gesetz enthaltenen **zwingenden Rangfolge** zu prüfen und stellen **ausschließliche Regelungen** dar.

60 1. Gericht des gemeinsamen gewöhnlichen Aufenthalts der Ehegatten, § 218 Nr. 2 Alt. 1 FamFG.
2. Gericht des letzten gemeinsamen gewöhnlichen Aufenthalts der Ehegatten, wenn einer noch in diesem Gerichtsbezirk seinen Aufenthalt hat, § 218 Nr. 2 Alt. 2 FamFG.
3. Gericht des gewöhnlichen Aufenthalts bzw. Sitzes des Antragsgegners, § 218 Nr. 3 FamFG.

---

44 Vgl.BT-Drs. 19/15618, 17.
45 Vgl. HK-FamVerfR/*Fritsche* § 187 Rn. 6.
46 Vgl. Musielak/Borth/*Borth* FamFG § 187 Rn. 5.

4. Gericht des gewöhnlichen Aufenthalts bzw. Sitzes des Antragstellers, § 218 Nr. 4 FamFG.
5. AG Schöneberg in Berlin, § 218 Nr. 5 FamFG.

Zu der Fallvariante 1 (§ 218 Nr. 2 Alt. 1 FamFG) vertritt *Götsche*[47] ausgehend vom Wortlaut der Norm die Meinung, ein „gemeinsamer Aufenthalt" sei nur bis zur Zeit der Trennung der Eheleute möglich. Dies erscheint im Ergebnis verfehlt, da ein Versorgungsausgleichsverfahren ohne vorherige Trennung der Ehegatten praktisch nicht denkbar ist und es zudem unwahrscheinlich ist, dass der Gesetzgeber eine in der Praxis nicht vorkommende Fallgestaltung zum Anknüpfungspunkt für eine gerichtliche Zuständigkeit bestimmt. Vielmehr ist es für diesen Begriff ausreichend, dass beide Ehegatten ihren gewöhnlichen Aufenthalt im gleichen Gerichtsbezirk haben.[48] 61

Der in § 218 Nr. 3 und 4 FamFG verwendete Begriff „**Sitz**" ist im FamFG nicht definiert. Unter dem Gesichtspunkt der Einheitlichkeit der Rechtsordnung kann die Regelung in § 17 Abs. 1 S. 2 ZPO herangezogen werden.[49] Auf den Sitz wird in diesem Zusammenhang insofern abgestellt, als ein Rentenversicherungsträger als Antragsteller oder Antragsgegner auftreten kann. 62

Praktisch relevant wird die in § 218 Nr. 3 FamFG enthaltene Zuständigkeitsvariante im Falle der §§ 33 f. VersAusglG. 63

Beispiel: Das Familiengericht Frankfurt a.M., in dessen Bezirk die Ehegatten zuletzt gemeinsam wohnten, hat im Rahmen des Scheidungsverbundverfahrens den Versorgungausgleich bestandskräftig durchgeführt. Zugunsten der nun in Wiesbaden lebenden Frau wurden Versorgungsanwartschaften des jetzt in Aschaffenburg lebenden Mannes bei der Deutschen Rentenversicherung Nordbayern übertragen. Der Mann hält die Voraussetzungen des § 33 VersAusglG für gegeben und will beantragen, dass die durch den Versorgungsausgleich vorgenommene Kürzung seiner Rente ausgesetzt wird.

Für dieses Begehren ist das Familiengericht Würzburg zuständig, da die DRV Nordbayern in Würzburg ihren Sitz hat. Vorrangige Zuständigkeiten bestehen nicht:

Es besteht kein gemeinsamer Aufenthalt der Ehegatten, zudem hat keiner von ihnen im Bezirk des Gerichts des letzten gemeinsamen Aufenthalts (Frankfurt a.M.) noch seinen Aufenthalt. Antragsgegner des Verfahrens ist die DRV Nordbayern, da diese die Anpassung vornehmen soll.[50]

Die Zuständigkeitsvariante des § 218 Nr. 4 FamFG kann wiederum im Falle der §§ 33 f. VersAusglG relevant werden, da § 34 Abs. 2 S. 2 VersAusglG auch dem Rentenversicherungsträger ein Antragsrecht gibt. 64

Im Zusammenhang mit Versorgungsausgleichsverfahren kann die in → Rn. 40 ff. beschriebene Abgabe an ein anderes Familiengericht nach § 4 FamFG infrage kommen. Das Begehren nach §§ 33 f. VersAusglG steht im Zusammenhang mit einer Unterhaltsverpflichtung. Ist bezüglich dieser bei einem anderen Gericht ein Unterhaltsverfahren anhängig, kann es wegen des Sachzusammenhangs geboten sein, die beiden Verfahren durch Abgabe des Versorgungsausgleichsverfahrens nach § 4 FamFG bei einem Gericht zu konzentrieren. Da § 4 FamFG nicht für das Unterhaltsverfahren gilt, (§ 113 Abs. 1 iVm § 112 Nr. 1 FamFG) kommt nur die Abgabe des Versorgungsausgleichsverfahrens infrage.[51] 65

g) Örtliche Zuständigkeit in Unterhaltssachen. aa) Überblick. § 232 FamFG enthält den Katalog der Zuständigkeitsbestimmungen betreffend die Unterhaltssachen. Diese Regelungen sind komplex, weil sie – je nach konkretem Verfahrensgegenstand – entweder ausschließlichen Charakter haben oder dem Antragsteller ein Wahlrecht einräumen. Demgemäß muss grundsätzlich unterschieden werden zwischen Unterhaltssachen, die die Unterhaltspflicht für ein minderjähriges Kind oder ein nach § 1603 Abs. 2 66

47 HK-FamVerfR/*Götsche* § 218 Rn. 11.
48 So auch Zöller/*Lorenz* FamFG § 218 Rn. 4.
49 So auch Zöller/*Lorenz* FamFG § 218 Rn. 5.
50 BGH 15.6.2016 – XII ZB 89/16, FamRZ 2016, 1438; BeckGK FamFG/*Hahne* § 218 Rn. 5.
51 Vgl. *Gutdeutsch* FamRZ 2010, 1140; *Schwamb* NJW 2011, 1648 (1649).

S. 2 BGB gleichgestelltes Kind betreffen, und Unterhaltssachen, die sonstige Unterhaltsansprüche zum Gegenstand haben.

67 **bb) Unterhaltsansprüche minderjähriger oder privilegiert volljähriger Kinder.** Für diese Ansprüche hält das Gesetz in § 232 Abs. 1 Nr. 2 FamFG eine besondere Regelung bereit, die zwar ausschließlichen Charakter hat, dem Antragsteller aber ein Wahlrecht gewährt:

68
1. **Gericht des gewöhnlichen Aufenthalts des Kindes** im Inland, § 232 Abs. 1 Nr. 2 Alt. 1.
2. **Gericht des gewöhnlichen Aufenthalts des handlungsbefugten Elternteils** im Inland, § 232 Abs. 1 Nr. 2 Alt. 2.

69 **Handlungsbefugt** iSd § 232 Abs. 1 Nr. 2 FamFG ist der Elternteil, der befugt ist, das minderjährige Kind bei der Durchsetzung seiner Unterhaltsansprüche gesetzlich zu vertreten. Steht den Eltern das Sorgerecht gemeinsam zu, so ist gem. § 1629 Abs. 2 S. 2 BGB der Elternteil, der das Kind in Obhut hat, zur gesetzlichen Vertretung bei der Geltendmachung von Kindesunterhaltsansprüchen gegen den anderen Elternteil befugt. Diese Handlungsbefugnis ist gegeben, unabhängig davon, ob der Obhutselternteil zusätzlich auch noch gesetzlicher Prozessstandschafter nach § 1629 Abs. 3 BGB ist oder nicht.

70 Der in § 1629 Abs. 2 S. 2 BGB verwendete Begriff der „Obhut" ist rein faktisch. Er besagt nicht, dass der betreffende Elternteil die Betreuung des Minderjährigen auch selbst erbringen müsste. Er kann diese Aufgabe delegieren, zB durch Unterbringung des Kindes bei Familienangehörigen oder in einem Heim. Der Elternteil nimmt seine Obhut dann dadurch wahr, dass er die von Dritten erfolgende Versorgung organisiert hat und diese überwacht.

71 **Beispiel:** Die Familie lebte zunächst gemeinsam in Würzburg. Nach der Trennung der Eltern verlegt die Mutter ihren gewöhnlichen Aufenthalt nach Nürnberg, das Kind, für das ihr das Aufenthaltsbestimmungsrecht zusteht, bringt sie bei ihren Eltern in Bayreuth unter, weil sie ganztags arbeiten muss. Da der in Würzburg verbliebene Vater auch keinen Kindesunterhalt zahlt, muss gegen ihn ein Verfahren anhängig gemacht werden.

Zuständig hierfür ist gleichermaßen das Familiengericht Bayreuth, in dessen Bezirk das Kind seinen gewöhnlichen Aufenthalt (bei den Großeltern mütterlicherseits) hat, als auch das Familiengericht Nürnberg, in dessen Bezirk die Mutter als gesetzliche Vertreterin des Kindes ihren gewöhnlichen Aufenthalt hat. Zwar sind beide Zuständigkeiten ausschließliche, die Mutter hat jedoch zwischen den Gerichtsständen Nürnberg und Bayreuth ein Wahlrecht.

72 Zu der Frage, ob der vertretungsbefugte Elternteil das Verfahren im eigenen Namen oder – als Prozessstandschafter – im Namen des Kindes einleiten muss → *Prozessstandschaft* Rn. 1.

73 Für den Fall, dass die Eltern sich nach ihrer Trennung die Betreuung des Kindes teilen, ist zunächst herauszufinden, ob dennoch ein **Schwerpunkt der Betreuung** durch einen Elternteil festzustellen ist. Dann liegt die Obhut bei diesem Elternteil und diesem steht somit die gesetzliche Vertretung in Unterhaltssachen allein zu.

Lässt sich ein Schwerpunkt nicht ermitteln, weil die Eltern ein **Wechselmodell** in Reinform praktizieren, so hat kein Elternteil die Obhut iSv § 1629 Abs. 2 S. 2 BGB inne und kann das Kind damit schon gar nicht im Unterhaltsverfahren vertreten. Dann muss der Elternteil, der den anderen für barunterhaltspflichtig hält, entweder die Bestellung eines Pflegers für das Kind herbeiführen, der dieses bei der Geltendmachung seines Unterhaltsanspruchs vertritt, oder der Elternteil muss beim Familiengericht beantragen, ihm gem. § 1628 BGB die Entscheidung zur Geltendmachung von Kindesunterhalt allein zu übertragen.[52]

Mit der Pflegerbestellung bzw. mit der Übertragung der Entscheidungsbefugnis wird die zur Vertretung befugte Person dann handlungsbefugt iSv § 232 Abs. 1 Nr. 2 FamFG.

52 Vgl. BGH 21.12.2005 – XII ZR 126/05, NJW 2006, 1015.

Die Zuständigkeit des § 232 Abs. 1 Nr. 2 FamFG betrifft **alle Verfahren**, die Unterhaltsansprüche von minderjährigen oder privilegiert volljährigen Kindern zum Gegenstand haben. Dazu gehören nicht nur Leistungsklagen seitens des Kindes, sondern auch Abänderungsbegehren oder Vollstreckungsgegenanträge (→ Rn. 76), die sich gegen das Kind richten. Ebenfalls werden Feststellungsverfahren davon betroffen. 74

Die Zuständigkeit betrifft aber nur das Verhältnis zwischen dem Kind und seinen Eltern oder einem Elternteil. Ist hingegen der gesetzliche Unterhaltsanspruch des Kindes gegen seine **Großeltern** im Streit, so fällt dieser nicht unter § 232 Abs. 1 Nr. 2 FamFG, sondern unter § 232 Abs. 3 S. 1 FamFG iVm §§ 12, 13 ZPO.[53] 75

Von der speziellen Regelung des § 232 Abs. 1 Nr. 2 FamFG werden auch **Vollstreckungsgegenanträge** in den dort beschriebenen Unterhaltssachen erfasst. Für diese sähen §§ 767, 802 ZPO zwar eine ausschließliche Zuständigkeit bei dem Gericht vor, das den Titel geschaffen hat. Durch § 232 Abs. 2 FamFG wird jedoch der ausschließlichen Zuständigkeit des § 232 Abs. 1 FamFG Vorrang eingeräumt. 76

Von § 232 Abs. 1 Nr. 2 FamFG werden alle Verfahren erfasst, bei denen auch Unterhalt für die Zeit der Minderjährigkeit bzw. die Zeit des Anspruchs nach § 1603 Abs. 2 S. 2 BGB im Raum steht.[54] Der Verfahrensgegenstand kann somit auch Unterhaltsansprüche mit umfassen, die nicht die Zeit der Minderjährigkeit oder der privilegierten Volljährigkeit betreffen. Nach Ende des Privilegierungszeitraums noch geltend gemachte Ansprüche für den zurückliegenden – privilegierten – Zeitraum fallen unter § 232 Abs. 1 Nr. 2 FamFG.[55] 77

cc) Sonstige Unterhaltsverfahren. Für die sonstigen Unterhaltsansprüche stellt das Gesetz dem Antragsteller wahlweise zur Verfügung: 78

- Die **Anwendung der entsprechenden Vorschriften der ZPO, nämlich §§ 12 ff. ZPO**, wobei an die Stelle des Wohnsitzes der gewöhnliche Aufenthalt tritt, § 232 Abs. 3 S. 1 FamFG.
- Bei **Ansprüchen auf Ehegattenunterhalt oder Unterhalt nach § 1615 l BGB**: Das Gericht, bei dem ein Verfahren über den Unterhalt des Kindes im ersten Rechtszug anhängig ist, § 232 Abs. 3 S. 2 Nr. 1 FamFG.
- Bei **Ansprüchen des Kindes gegen beide Elternteile**: Das Gericht, das für den Antrag gegen einen Elternteil zuständig ist, § 232 Abs. 3 S. 2 Nr. 2 FamFG.

Für den Fall, dass der Antragsgegner im Inland keinen Gerichtsstand hat, ist zudem der gewöhnliche Aufenthalt des Antragstellers Anknüpfungspunkt, § 232 Abs. 3 S. 2 Nr. 3 FamFG. 79

Eine **Sonderzuständigkeit** besteht für den Fall, dass in einem Verfahren auf Feststellung der Vaterschaft gleichzeitig der Unterhaltsanspruch des minderjährigen Kindes geltend gemacht wird. Eine solche Verbindung ist nach § 237 Abs. 1 FamFG in Abweichung von dem generellen Verbindungsverbot in Abstammungssachen (§ 179 Abs. 2 FamFG) zulässig. Ausschließlich zuständig ist nach § 237 Abs. 2 FamFG dann das Gericht, bei dem das Abstammungsverfahren im ersten Rechtszug anhängig ist. 80

Soweit eine **Geltendmachung von Unterhaltsansprüchen im Rahmen der EuUntVO** infrage kommt, (nämlich im Verhältnis zwischen den Mitgliedstaaten der EU mit Ausnahme Dänemarks, vgl. Art. 1 EuUntVO iVm deren Erwägungsgrund 48) sieht Art. 3 EuUntVO nicht nur eine Regelung der internationalen Zuständigkeit, sondern auch der örtlichen Zuständigkeit vor. 81

Diese ist nämlich gegeben bei

- dem Gericht des Ortes, an dem der Beklagte seinen gewöhnlichen Aufenthalt hat;
- dem Gericht des Ortes, an dem die berechtigte Person ihren gewöhnlichen Aufenthalt hat;

53 Vgl. OLG Köln 23.7.2003 – 4 WF 74/03, NJW-RR 2004, 869.

54 Vgl. Keidel/*Weber* FamFG § 232 Rn. 8.

55 Vgl. OLG Naumburg 12.2.2004 – 14 AR 4/03, FamRZ 2005, 120; OLG Hamm 2.9.2008 – 2 Sdb FamS Zust. 15/08, FamRZ 2009, 442.

- dem Gericht, das nach seinem Recht für ein Verfahren in Bezug auf den Personenstand zuständig ist, wenn in der Nebensache zu diesem Verfahren über eine Unterhaltssache zu entscheiden ist, es sei denn, diese Zuständigkeit begründet sich einzig auf der Staatsangehörigkeit einer der Parteien;
- dem Gericht, das nach seinem Recht für ein Verfahren in Bezug auf die elterliche Verantwortung zuständig ist, wenn in der Nebensache zu diesem Verfahren über eine Unterhaltssache zu entscheiden ist, es sei denn, diese Zuständigkeit begründet sich einzig auf der Staatsangehörigkeit einer der Parteien.

Die Regelung der EuUntVO hat als supranationale Vorschrift Vorrang gegenüber den nationalen Zuständigkeitsbestimmungen des FamFG.

82 Als Unterhaltssachen, auf die die vorstehenden Regelungen zur Ermittlung der örtlichen Zuständigkeit anzuwenden sind, sind auch – wie bei Unterhaltsansprüchen von Minderjährigen oder privilegiert Volljährigen (→ Rn. 74) – **Abänderungsanträge** bestehender Unterhaltstitel über gesetzliche Unterhaltsverpflichtungen nach §§ 238 f. FamFG anzusehen.

83 Hingegen existiert bezüglich von **Vollstreckungsgegenanträgen gem. § 767 ZPO** gegen die Vollstreckung einer gerichtlichen Endentscheidung keine dem § 232 Abs. 2 FamFG entsprechende Sonderregelung wie bei den Unterhaltsansprüchen von Minderjährigen oder privilegiert Volljährigen. Daraus ergibt sich, dass für Vollstreckungsgegenanträge, die nicht den in § 232 Abs. 1 Nr. 2 FamFG genannten Personenkreis betreffen, das Prozessgericht des ersten Rechtszuges zuständig ist, in dem der Titel, dessen Vollstreckung angegriffen wird, errichtet wurde. Diese Zuständigkeit nach § 767 Abs. 1 ZPO ist eine ausschließliche gem. § 802 ZPO und hat damit Vorrang vor der Zuständigkeit nach § 232 Abs. 3 FamFG.

84 Stellt der mit dem Vollstreckungsgegenantrag angegriffene Titel keine gerichtliche Endentscheidung dar, sondern ist zB eine **notarielle Verpflichtungsurkunde**, so ergibt sich die Zuständigkeit des Gerichtes für den Vollstreckungsgegenantrag aus § 797 Abs. 5 ZPO. Zuständig ist dann das Gericht, bei dem der Schuldner im Inland seinen allgemeinen Gerichtsstand (§§ 12, 13 ZPO) hat. Dieser Gerichtsstand ist ein ausschließlicher, § 802 ZPO. Diese Regelung gilt über § 60 S. 3 SGB VIII auch für Jugendamtstitel.

85 Unsicherheiten kann es geben, wenn der ursprüngliche Titel bereits durch einen **Abänderungsantrag nach §§ 238 f. FamFG** abgeändert wurde. Zur Verdeutlichung einige Fallgestaltungen:

Beispiel 1: Während der Anhängigkeit der Ehesache erstreitet das Kind beim zuständigen Familiengericht Würzburg einen Titel auf laufenden Kindesunterhalt gegen seinen Vater. Später begehrt das volljährig gewordene und auch nicht mehr iSv § 1603 Abs. 2 S. 2 BGB privilegierte Kind eine Abänderung dieses Titels, da es einen höheren Bedarf hat. Diese Abänderung erfolgte durch das Familiengericht Aschaffenburg, weil der beklagte Vater bei Rechtshängigkeit des Abänderungsantrags seinen gewöhnlichen Aufenthalt im Bezirk dieses Amtsgerichts hatte (§§ 232 Abs. 3 S. 1 FamFG iVm §§ 12, 13 ZPO).

Wenn der Vater sich zu einem späteren Zeitpunkt mit einem Vollstreckungsgegenantrag gegen die weitere Vollstreckung wenden will, ist das Gericht zuständig, das zuletzt (im Vorprozess) den Titel geschaffen hat. Dies ist das Familiengericht Aschaffenburg. Auf den gewöhnlichen Aufenthalt des Antragstellers oder des Antragsgegners kommt es nun nicht mehr an. Deshalb ist das Familiengericht Aschaffenburg zuständig, selbst wenn keiner der Beteiligten in seinem Bezirk einen Gerichtsstand hat. Wegen § 802 ZPO ist diese Zuständigkeit eine ausschließliche.

86 **Beispiel 2:** Ist in dem obigen Beispielsfall 1 das Kind im Zeitpunkt der Abänderung noch minderjährig oder privilegiert volljährig, so ist für den Abänderungsantrag nach § 232 Abs. 1 S. 2 FamFG das Gericht zuständig, in dessen Bezirk das Kind seinen gewöhnlichen Aufenthalt hat. Auf den gewöhnlichen Aufenthalt oder Wohnsitz des Vaters und Antragsgegners kommt es nicht an. Ist der gewöhnliche Aufenthalt des Kindes weiter im Bezirk des Familiengerichts Würzburg, so ist dieses für den Abänderungsantrag zuständig.

Für den späteren Vollstreckungsgegenantrag des Vaters gegen das – weiterhin minderjährige bzw. privilegiert volljährige – Kind ist nun dessen gewöhnlicher Aufenthalt entscheidend: Liegt dieser im Zeitpunkt der Antragserhebung beispielsweise im Bezirk des Familiengerichts Fulda, so ergibt sich für die Zuständigkeit:

§§ 767, 802 ZPO schreiben die ausschließliche Zuständigkeit des Gerichts des Vorprozesses, also des Familiengerichts Würzburg, vor. § 232 Abs. 1 Nr. 2 FamFG benennt als ausschließlich zuständiges Gericht das des jetzigen gewöhnlichen Aufenthalts des Kindes, also das Familiengericht Fulda. Diese ausschließliche Zuständigkeit ist aber vorrangig gem. § 232 Abs. 2 FamFG.

Beispiel 3: Beim Jugendamt Würzburg wird ein Titel betreffend Kindesunterhalt errichtet. Das Kind verlegt seinen gewöhnlichen Aufenthalt in den Bereich des Familiengerichts Meiningen, der verpflichtete Elternteil nimmt seinen gewöhnlichen Aufenthalt im Bereich des Familiengerichts Heidelberg. Für den Vollstreckungsgegenantrag des Kindesunterhalt schuldenden Elternteils ist zu differenzieren: 87

Ist das Kind noch minderjährig oder privilegiert volljährig, so ist das Familiengericht Meiningen zuständig, § 232 Abs. 1 Nr. 2, Abs. 2 FamFG. Fällt das Kind nicht unter die Privilegierung des § 232 Abs. 1 Nr. 2 FamFG, so ist das Familiengericht Heidelberg ausschließlich zuständig, §§ 797 Abs. 5, 802 ZPO.

Beispiel 4: Wie Fall 3, jedoch begehrt der Elternteil nach Wegfall der Privilegierung zunächst Abänderung des ursprünglichen Titels, nach erfolgter Abänderung wehrt er sich gegen die weitere Vollstreckung mit der Vollstreckungsgegenklage. 88

Für den Abänderungsantrag ist nach §§ 12, 13 ZPO iVm § 232 Abs. 3 S. 1 FamFG das Familiengericht Meiningen zuständig. Ändert dieses den Ausgangstitel, dann ist es auch für den Vollstreckungsgegenantrag zuständig, weil es das Prozessgericht des Vorprozesses war.

h) Örtliche Zuständigkeit in Güterrechtssachen. Wenn keine Ehesache anhängig ist, richtet sich die Zuständigkeit nach den **Zuständigkeitsbestimmungen der ZPO** (§§ 12–40 ZPO), wobei beim allgemeinen Gerichtsstand an die Stelle des Wohnsitzes der gewöhnliche Aufenthalt tritt (§ 262 Abs. 2 FamFG). 89

i) Örtliche Zuständigkeit in sonstigen Familiensachen. Hier gilt die gleiche Regelung wie bei den Güterrechtssachen (→ Rn. 89): Wenn keine Ehesache anhängig ist, richtet sich die Zuständigkeit nach den **Zuständigkeitsbestimmungen der ZPO** (§§ 12–40 ZPO), wobei beim allgemeinen Gerichtsstand an die Stelle des Wohnsitzes der gewöhnliche Aufenthalt tritt (§ 267 Abs. 2 FamFG). 90

j) Örtliche Zuständigkeit in Lebenspartnerschaftssachen. Für die Lebenspartnerschaftssachen gibt es keine eigenständigen Normen über die Zuständigkeit. § 270 FamFG verweist hinsichtlich der einzelnen Lebenspartnerschaftssachen auf die Normen für die entsprechenden Familiensachen (→ Rn. 31–90). 91

3. Örtliche Zuständigkeit in Familiensachen bei Anhängigkeit einer Ehesache

Eine zentrale Norm über die Zuständigkeit des Gerichts der Ehesache enthält das FamFG nicht. Stattdessen wird bei einzelnen (nicht allen) Familiensachen jeweils ausdrücklich aufgeführt, dass bei Anhängigkeit der Ehesache die Zuständigkeit des Gerichts der Ehesache Vorrang hat. Diese ausdrücklichen Bestimmungen finden sich stets bei den Regelungen über die örtliche Zuständigkeit in der zweiten Norm der Regelungen für die betreffende Familiensache und können aus der nachfolgenden Tabelle entnommen werden: 92

93

Kindschaftssachen	§ 152 Abs. 1 FamFG unter der Voraussetzung, dass die Kindschaftssachen gemeinschaftliche Kinder der Parteien der Ehesache betreffen
Wohnungszuweisungs- und Hausratssachen	§ 201 Nr. 1 FamFG
Versorgungsausgleichssachen	§ 218 Nr. 1 FamFG
Unterhaltssachen betreffend Ehegatten- und Kindesunterhalt für ein gemeinschaftliches Kind	§ 232 Abs. 1 Nr. 1 FamFG
Güterrechtssachen	§ 262 Abs. 1 FamFG
Verfahren in sonstigen Familiensachen	§ 267 Abs. 1 FamFG

94 Zu beachten ist, dass § 13 IntFamRVG (Zuständigkeitskonzentration in Anerkennungs- und Vollstreckungssachen) Vorrang vor §§ 152 Abs. 1, 137 FamFG hat. Das Gericht, bei dem nach §§ 10–11 IntFamRVG eine Kindschaftssache anhängig ist (dies ist nach § 12 IntFamRVG generell das Familiengericht am Sitz des Oberlandesgerichtes, in Berlin das Familiengericht Pankow/Weißensee, in Niedersachsen das Familiengericht Celle), bleibt auch bei Anhängigkeit der Ehesache für diese Verfahren zuständig.

95 **Keine Zuständigkeitskonzentration** beim Gericht der Ehesache gibt es für Abstammungssachen (§§ 169 ff. FamFG), Adoptionssachen (§§ 186 ff. FamFG) und Gewaltschutzsachen (§§ 210 ff. FamFG).

96 Für **Lebenspartnerschaftssachen** gibt es wegen der Verweisung in § 270 FamFG (→ Rn. 96) eine den vorstehenden Ergebnissen entsprechende Zuständigkeit des Gerichts, das mit der Auflösung der Lebenspartnerschaft befasst ist, für die entsprechende Lebenspartnerschaftssache.

97 In Verfahren betreffend **einstweilige Anordnungen** existiert keine ausdrückliche Regelung hinsichtlich der vorrangigen Zuständigkeit des Gerichts der Ehesache. Allerdings knüpft § 50 Abs. 1 FamFG an die Zuständigkeit für das entsprechende Hauptsacheverfahren an. Dadurch kommt es auch im Verfahren der einstweiligen Anordnung zur Anwendung der in der vorstehenden Tabelle aufgeführten Konzentrationsnorm bei Anhängigkeit der Ehesache.

4. Abgabe an das Gericht der Ehesache bei Rechtshängigkeit der Ehesache

98 Das FamFG enthält keine zentrale Norm über die Abgabe einer selbstständigen Familiensache an das Gericht der Ehesache. Stattdessen wird bei einzelnen Familiensachen jeweils ausdrücklich aufgeführt, dass bei Rechtshängigkeit der Ehesache ein bisher bei einem anderen Gericht geführtes Familienverfahren an das Gericht der Ehesache abzugeben ist. Diese ausdrücklichen Bestimmungen finden sich stets in der dritten Norm der Regelungen für die betreffende Familiensache und können aus der nachfolgenden Tabelle entnommen werden:

99

Kindschaftssachen	§ 153 FamFG unter der Voraussetzung, dass die Kindschaftssachen gemeinschaftliche Kinder der Parteien der Ehesache betreffen
Wohnungszuweisungs- und Hausratssachen	§ 202 FamFG
Unterhaltssachen betreffend Ehegatten- und Kindesunterhalt für ein gemeinschaftliches Kind	§ 233 FamFG
Güterrechtssachen	§ 263 FamFG
Verfahren in sonstigen Familiensachen	§ 268 FamFG

100 Ab Rechtshängigkeit der Ehesache sind anderswo anhängige Familiensachen, die in der vorstehenden Tabelle aufgeführt sind, von Amts wegen an das Gericht der Ehesache abzugeben.

101 **Keine Abgabenorm** zum Gericht der Ehesache gibt es für Abstammungssachen (§§ 169 ff. FamFG), Adoptionssachen (§§ 186 ff. FamFG) und Gewaltschutzsachen (§§ 210 ff. FamFG) sowie in Versorgungsausgleichssachen, weil ein Versorgungsausgleichsverfahren vor der Scheidung nicht denkbar ist (vgl. § 9 VersAusglG).

102 Für **Lebenspartnerschaftssachen** gibt es wegen der Verweisung in § 270 FamFG eine den vorstehenden Ergebnissen entsprechende Abgabe an das Gericht, das mit der Auflösung der Lebenspartnerschaft befasst ist, für die entsprechende Lebenspartnerschaftssache.

IV. Familienstreitsachen und Nichtstreitverfahren

1. Allgemeines

103 Eine für das familiengerichtliche Verfahren wesentliche Unterscheidung nimmt § 112 FamFG mit der Einführung des Begriffs Familienstreitsachen vor.

Als solche werden definiert:

- **Unterhaltssachen** nach § 231 Abs. 1 FamFG und lebenspartnerschaftliche Unterhaltssachen nach § 269 Abs. 1 Nr. 8 und 9 FamFG;
- **Güterrechtssachen** nach § 261 Abs. 1 FamFG und lebenspartnerschaftliche Güterrechtssachen nach § 269 Abs. 1 Nr. 10 FamFG;
- **sonstige Familiensachen** nach § 266 Abs. 1 FamFG bzw. derartige Verfahren betreffend Lebenspartnerschaften nach § 269 Abs. 2 FamFG.

Zu beachten ist, dass Unterhaltssachen nach § 231 Abs. 2 FamFG, nämlich Streitigkeiten betreffend den Bezug des Kindergeldes, Güterrechtssachen nach § 261 Abs. 2 bzw. § 269 Abs. 1 Nr. 11 FamFG und die in § 266 Abs. 2 FamFG erwähnten Verfahren betreffend die Beschränkung der Schlüsselgewalt nach § 1357 BGB nicht zu den Familienstreitsachen zählen, weil § 112 FamFG diese nicht benennt. 104

Familienstreitsachen sind somit nur die bereits seit jeher kontradiktorisch geführten **Verfahren betreffend Unterhalt, güterrechtliche und sonstige vermögensrechtliche Ansprüche**.[56]

Diejenigen Verfahren, die keine Familienstreitsachen sind, werden hier zur deutlicheren Unterscheidung als **Nichtstreitverfahren** bezeichnet. Das Gesetz hält für sie keine offizielle Bezeichnung bereit. Die anderswo verwendeten Begriffe „FG-Verfahren, „FGG-Verfahren", „echte FamFG-Verfahren", „andere Familiensachen" oÄ erscheinen nicht treffend. 105

Die besondere Bedeutung der **Unterscheidung zwischen Familienstreitsachen und Nichtstreitverfahren** liegt darin, dass für die Familienstreitsachen in § 113 Abs. 1 FamFG die Anwendung wesentlicher Verfahrensvorschriften des FamFG ausgeschlossen und stattdessen auf die entsprechenden Bestimmungen der ZPO verwiesen wird. Diese Verweisung betrifft daneben auch die in § 124 FamFG genannten **Ehesachen**, für die jedoch in §§ 121 ff. FamFG noch spezielle Bestimmungen bestehen. 106

Werden die Bestimmungen des FamFG, deren Anwendung durch § 113 Abs. 1 FamFG in Familienstreitsachen nicht möglich ist, näher betrachtet, so ergibt sich, dass davon gerade die Regelungen betroffen sind, die dem Gericht Amtsermittlung vorschreiben (vgl. §§ 26, 30, 37 FamFG). Ziel der Verweisung ist daher, dass die aus dem kontradiktorischen Zivilverfahren bekannten Normen des Parteibetriebs auf die Familienstreitsachen angewendet werden. Deswegen ist in diesen Verfahren die Möglichkeit einer Versäumnis- und Anerkenntnisentscheidung gegeben. Auch gilt der Beibringungsgrundsatz der ZPO.[57] 107

Jedoch hat der Gesetzgeber in § 113 Abs. 5 FamFG vorgesehen, dass in Familienstreitsachen, trotz der grundsätzlichen Anwendung der ZPO-Bestimmungen, die terminologischen Begriffe des FamFG (Verfahren, Antrag, Beteiligter etc) Anwendung finden. 108

Im Übrigen jedoch werden an die Unterscheidung zwischen Nichtstreitverfahren und Familienstreitsachen (und Ehesachen) vielfältige Unterschiede geknüpft, so zB betreffend der Verfahrensprinzipien (→ Rn. 110 ff.) und des Anwaltszwangs (→ Rn. 114 ff.). 109

2. Verfahrensprinzipien in Familienstreitsachen

In Familienstreitsachen kommen durch die Verweisung des § 113 Abs. 1 FamFG auf die Normen der ZPO die bekannten Verfahrensprinzipien der ZPO zur Geltung. Besonders zu nennen ist die **Dispositionsmaxime**, die im Kern besagt, dass die Verfahrensbeteiligten (Parteien) den Streitgegenstand bestimmen und darüber verfügen können.[58] Ferner wird das Verfahren durch den **Beibringungsgrundsatz** beherrscht, wonach das Gericht nur solchen Verfahrensstoff berücksichtigen darf, der von den Verfahrensbeteiligten eingeführt wurde.[59] Auch gelten grundsätzlich die Regeln der ZPO über die **Präklusion von Parteivor-** 110

56 Vgl. HK-FamVerfR/*Kemper* § 112 Rn. 2 ff.
57 Vgl. hierzu HK-FamVerfR/*Kemper* § 113 Rn. 20 ff.
58 Vgl. HK-ZPO/*Saenger* Einf. Rn. 63 ff.
59 Vgl. HK-ZPO/*Saenger* Einf. Rn. 66 ff.

bringen.[60] Diese werden allerdings in § 115 FamFG modifiziert und sind im Endergebnis weniger streng als die Regeln der ZPO.[61] Durch die Verweisung auf die ZPO werden insbesondere auch **Versäumnis- und Anerkenntnisentscheidungen** ermöglicht.

Zu den Verfahrensvorschriften der Familienstreitsachen vgl. insbesondere *Kemper*.[62] Zu der in § 116 Abs. 3 S. 2 FamFG vorgesehenen Möglichkeit, die sofortige Wirksamkeit der Entscheidung anzuordnen → *Sofortige Wirksamkeit* Rn. 11 ff.

3. Verfahrensprinzipien in Ehesachen

111 In Ehesachen wird mit § 113 FamFG grundsätzlich auf die Vorschriften der ZPO verwiesen. Gegenüber den Familienstreitsachen werden jedoch weitere Einschränkungen betreffend die Anwendung der Verfahrensprinzipien des ZPO vorgenommen, so zB in § 113 Abs. 4 FamFG.[63]

Dazu gehört ua § 307 ZPO, wodurch das prozessuale Anerkenntnis eines Antrages in einer Ehesache ausgeschlossen wird. Hingegen ist ein prozessualer Verzicht auf das Scheidungsbegehren gem. § 306 ZPO möglich, weil diese Norm nicht im Ausschlusskatalog des § 113 Abs. 4 FamFG genannt ist.[64]

Weitere Sonderregelungen beinhaltet zB § 127 FamFG hinsichtlich des eingeschränkten Amtsermittlungsgrundsatzes.[65]

4. Verfahrensprinzipien in Nichtstreitverfahren

112 Nichtstreitverfahren werden geprägt durch den in § 26 FamFG enthaltenen **Amtsermittlungsgrundsatz.**[66] Vorbringen der Verfahrensbeteiligten kann nicht als verspätet zurückgewiesen werden, da das Gericht alle entscheidungserheblichen Tatsachen berücksichtigen und gegebenenfalls selbst ermitteln muss.

113 Ferner können einige Nichtstreitverfahren auch von Amts wegen durch das Gericht eingeleitet werden („**Amtsverfahren**"), nämlich dann, wenn das Gericht von einem Sachverhalt Kenntnis erhält, der ein Einschreiten erfordert und das materielle Recht dem Gericht die Befugnis dazu gibt. Dies bringt das FamFG in verschiedenen Normen (zB §§ 22, 24, 51 FamFG) zum Ausdruck. Beispielhaft für Amtsverfahren seien diejenigen nach § 1666 BGB (Eingriff in das Sorgerecht wegen Gefährdung des Kindeswohls) oder nach § 1684 BGB (Umgangsrecht) genannt.[67]

V. Anwaltliche Vertretung in Familiensachen

1. Verfahren mit Anwaltszwang

114 In § 114 FamFG wird die Pflicht anwaltlicher Vertretung in einigen Familiensachen bestimmt. Danach besteht Anwaltszwang:

- vor dem Bundesgerichtshof für alle Beteiligten, § 114 Abs. 2 FamFG. Die Vertretung dort muss durch einen beim Bundesgerichtshof zugelassenen Anwalt erfolgen.
- vor dem Familiengericht und dem Oberlandesgericht:
  - in selbstständigen Familienstreitsachen (→ Rn. 103) für alle Beteiligten, § 114 Abs. 1 Alt. 2 FamFG;

60 Vgl. HK-ZPO/*Saenger* Einf. Rn. 51.
61 Vgl. HK-FamVerfR/*Kemper* § 115 Rn. 1 ff.
62 HK-FamVerfR/*Kemper* § 113 Rn. 20 ff.
63 Vgl. HK-FamVerfR/*Kemper* § 113 Rn. 16 ff.
64 Prütting/Helms/*Helms* FamFG § 113 Rn. 34.
65 Vgl. HK-FamVerfR/*Kemper* § 127 Rn. 1 ff.
66 Vgl. HK-FamVerfR/*Schreiber* § 26 Rn. 1 ff.
67 Vgl. die Auflistung bei HK-FamVerfR/*Stockmann* § 51 Rn. 3.

- in Ehesachen (§ 212 FamFG) und Folgesachen (§ 137 Abs. 2 und 3 FamFG) nur für die Ehegatten, § 114 Abs. 1 Alt. 1 FamFG.[68]

In den nicht beim Bundesgerichtshof geführten Verfahren sind alle nach der BRAO zugelassenen Anwälte zur Vertretung befugt (→ Rn. 127).

Besondere Regelungen bestreffend die Vertretung von Behörden enthält § 114 Abs. 3 FamFG.[69] Diese Sonderbestimmungen werden überwiegend relevant in Verfahren vor dem Bundesgerichtshof. 115

2. Verfahren ohne Anwaltszwang

Aus dem Umkehrschluss zu § 114 Abs. 1 und 2 FamFG folgt, dass in denjenigen Nichtstreitverfahren, die nicht im Folgesachenverbund mit einer Scheidungssache stehen, kein Anwaltszwang besteht. 116

3. Grundsätzliche Ausnahmen vom Anwaltszwang

Generelle – für alle Beteiligten infrage kommende – Ausnahmen vom Anwaltszwang sind in den in **§ 114 Abs. 4 FamFG** genannten Verfahrensabschnitten gegeben. Dies wird dann relevant, wenn das eigentliche Verfahren nach § 114 Abs. 1 und 2 FamFG anwaltspflichtig ist (→ Rn. 114). 117

Der **Anwaltszwang entfällt** demnach: 118

- **im Verfahren der einstweiligen Anordnung, Nr. 1**:
  Praktisch bedeutsam ist diese Regelung insbesondere in Verfahren, die den Unterhalt betreffen. Während die Hauptsacheverfahren wegen § 114 Abs. 1 FamFG iVm § 112 Nr. 1 FamFG dem Anwaltszwang unterliegen, ist dies im Verfahren der einstweiligen Anordnung nicht der Fall. Anwaltszwang besteht aber, da das Gesetz keine ausdrückliche Ausnahmeregelung vorsieht, für das Arrestverfahren, mit Ausnahme der Stellung des Arrestgesuchs wegen §§ 920 Abs. 3, 78 Abs. 3 ZPO iVm § 114 Abs. 4 Nr. 6 FamFG.

- für den Beteiligten, der im Rahmen der **Beistandschaft, der Ergänzungspflegschaft oder der Vormundschaft durch das Jugendamt** vertreten wird, **Nr. 2**: 119
  Praktisch relevant ist dies für die in § 1712 Abs. 1 Nr. 2 BGB genannten Unterhaltsverfahren, die dem Anwaltszwang unterliegen.

- für die **Zustimmung zur Scheidung** oder für die Zustimmung zur Rücknahme des Scheidungsantrags, bzw. den Widerruf der Zustimmung zur Scheidung, **Nr. 3**. 120

- für einen Antrag auf **Abtrennung einer Folgesache** aus dem Scheidungsverbund gem. § 140 FamFG, **Nr. 4**. 121

- im Verfahren über die **Verfahrenskostenhilfe** (VKH), **Nr. 5**: Hierbei ist aber zu beachten, dass die Befreiung vom Anwaltszwang nur innerhalb der jeweiligen Instanz gilt. Das bedeutet zB, dass in einem beim Bundesgerichtshof anhängigen Verfahren der Beteiligte zwar allein Verfahrenskostenhilfe beantragen kann. Er kann jedoch in einem Verfahren, das seinen Antrag auf Verfahrenskostenhilfe in einer unteren Instanz betrifft, nicht ohne einen Anwalt Rechtsbeschwerde beim Bundesgerichtshof einlegen. Diese unterliegt dem Anwaltszwang nach § 114 Abs. 2 FamFG.[70] Praktische Auswirkungen hat der Umstand, dass das Verfahrenskostenhilfeverfahren nicht anwaltspflichtig ist insoweit, als in diesem Verfahrensstadium ohne anwaltliche Beteiligung ein wirksamer Vergleich betreffend Verfahrensgegenstände geschlossen werden kann, die im Hauptsacheverfahren dem Anwaltszwang unterliegen. 122

- in den Fällen des § 78 Abs. 3 ZPO, **Nr. 6**: Dies betrifft im Wesentlichen Verfahrenshandlungen, die vor dem **Urkundsbeamten der Geschäftsstelle** vorgenommen werden können. Für diese Verfah- 123

68 Insofern unscharf HK-FamVerfR/*Kemper* § 114 Rn. 8.
69 Vgl. hierzu HK-FamVerfR/*Kemper* § 114 Rn. 9.
70 BGH 23.6.2010 – XII ZB 82/10, NJW-RR 2010, 1297.

renshandlungen ist anwaltliche Vertretung auch dann nicht erforderlich, wenn sie nicht zu Protokoll der Geschäftsstelle erklärt, sondern anderweitig vorgenommen werden.[71] Die Fallgestaltung des § 78 Abs. 3 ZPO trifft nach § 64 Abs. 2 S. 1 FamFG grundsätzlich auch für die Einlegung der Beschwerde in Familiensachen zu. Allerdings macht § 64 Abs. 2 S. 2 FamFG für Ehesachen und Familienstreitsachen hiervon eine Ausnahme: In beiden Fällen ist die Einlegung der Beschwerde zur Niederschrift der Geschäftsstelle ausgeschlossen. Aus dem Wortlaut der Regelung in § 64 Abs. 2 S. 2 FamFG geht nicht eindeutig hervor, ob vom Anwaltszwang somit auch Folgesachen mit Nichtstreitcharakter (zB Versorgungsausgleich), erfasst sind, wenn gegen ihre Regelung in einem Scheidungsverbundbeschluss isoliert Beschwerde eingelegt wird. Hierzu hat der BGH[72] entschieden, dass § 64 Abs. 2 S. 2 FamFG über seinen unmittelbaren Wortlaut hinaus nicht nur in Ehe- und Familienstreitsachen, sondern auch in Folgesachen iSd § 137 Abs. 2 FamFG gilt. Dem ist zuzustimmen. Wille des Gesetzgebers war es, in allen Folgesachen anwaltliche Vertretung vorzusehen (§ 114 Abs. 1 FamFG). Außerdem wäre das Ergebnis der Gegenansicht, dass eine Folgesache, die keine Familienstreitsache ist, zwar in der ersten und in der dritten, nicht aber in der zweiten Instanz dem Anwaltszwang unterliegt, mehr als absurd.

124 ■ hinsichtlich des **Versorgungsausgleichs**, **Nr. 7**, bei dem Antrag auf Durchführung trotz kurzer Ehedauer gem. § 3 Abs. 3 VersAusglG und bei den Erklärungen zum Wahlrecht nach § 15 Abs. 1 und 3 VersAusglG bei externer Teilung gem. § 14 VersAusglG.

125 Eine weitere Ausnahme vom Anwaltszwang ergibt sich nicht direkt aus § 114 Abs. 4 FamFG, sondern aus § 13 RPflG. Danach ist der Anwaltszwang nicht gegeben in Verfahren, die vor dem **Rechtspfleger** stattfinden.

Praktisch relevant ist diese Bestimmung in erster Linie für die **vereinfachten Verfahren über den Unterhalt Minderjähriger** gem. §§ 249 ff. FamFG, die wegen § 114 Abs. 1 iVm § 112 Nr. 1 FamFG als Familienstreitsachen an sich dem Anwaltszwang unterliegen. Jedoch weist § 25 Nr. 2 c RPflG die Zuständigkeit für die Vereinfachten Unterhaltsverfahren dem Rechtspfleger zu. Gleichfalls unterliegen die übrigen in § 25 RPflG aufgeführten Geschäfte des Rechtspflegers nicht dem Anwaltszwang.

126 Nicht ausdrücklich geregelt ist die Frage, ob Anwaltszwang besteht, wenn ein **Kindesunterhaltsverfahren nach § 237 FamFG** bei Anhängigkeit eines Vaterschaftsfeststellungsverfahrens gem. § 179 Abs. 1 S. 2 FamFG mit dem Abstammungsverfahren verbunden wird. Unterhaltsverfahren sind generell nach § 112 Nr. 1 FamFG Familienstreitsachen und damit gem. § 114 Abs. 1 FamFG anwaltspflichtig (→ Rn. 114). Abstammungsverfahren sind Nichtstreitsachen und damit nicht anwaltspflichtig (→ Rn. 116).

Die Fragestellung wurde bisher – soweit ersichtlich – noch nicht erschöpfend diskutiert. Zwar findet sich in nahezu allen Kommentierungen zu § 237 FamFG die stereotype Feststellung, dass das Unterhaltsverfahren auch im Falle der Verbindung den speziellen Charakter dieser Verfahrensart beibehalte.[73] Diese Aussage ergibt sich daraus, dass der Gesetzgeber das Verfahren nach § 237 FamFG als selbstständiges Verfahren ausgestaltet hat. Dies geschah, um betreffend das Unterhaltsbegehren Säumnis- und Anerkenntnisentscheidungen zu ermöglichen, was im früheren Recht nicht zulässig war.

Es ist jedoch nicht ersichtlich, dass es das Bestreben des Gesetzgebers gewesen sein soll, damit gleichzeitig die Anwaltspflicht in diesen Verfahren herbeizuführen. Man könnte zwar argumentieren, der Gesetzgeber habe (konkludent) Anwaltszwang angeordnet, weil er den Verfahren auch nach der Verbindung Unterhaltscharakter beigegeben hat.[74] Dem kann jedoch entgegengehalten werden, dass der in § 237 FamFG angesprochene Unterhaltsanspruch sowohl materiellrechtlich (nur Mindestunterhalt nach § 1612 a BGB) als auch im Übrigen förmlich (Abänderung nach § 240 FamFG und nicht nach § 238 FamFG) dem

---

71 Vgl. ausführlich hierzu HK-ZPO/*Bendtsen* § 78 Rn. 19 ff.
72 BGH 26.4.2017 – XII ZB 3/16, FamRZ 2017, 1151.
73 Vgl. zB HK-FamVerfR/*Viefhues* § 237 Rn. 1.
74 So wohl Keidel/*Weber* FamFG § 237 Rn. 1.

vereinfachten Unterhaltsverfahren nach §§ 249 ff. FamFG gleichgestellt ist. Dieses ist wegen der Regelung der §§ 13, 25 Nr. 2 c RPflG aber nicht anwaltspflichtig (→ Rn. 125).

Ich halte es daher rechtlich für zulässig und aus Praktikabilitätsgründen auch für sinnvoll, dass der Antrag nach § 237 FamFG nicht dem Anwaltszwang unterliegt.

4. Anforderungen an die anwaltliche Vertretung

Als geeigneter anwaltlicher Vertreter kommt jeder nach der BRAO postulationsfähige und nicht prozessun- 127
fähige Rechtsanwalt infrage.[75]

Die in § 78 Abs. 4 ZPO eröffnete Möglichkeit, dass ein Rechtsanwalt sich selbst vertreten kann, gilt auch im Familienverfahren.[76]

5. Folgen nicht ausreichender anwaltlicher Vertretung

Wegen der unterschiedlichen infrage kommenden Verfahrensarten ist zu differenzieren: 128

a) Familienstreitsachen. In Familienstreitsachen wird in § 113 Abs. 1 FamFG auf die Regeln der ZPO 129
verwiesen. Dies führt dann, wenn eine anwaltliche Vertretung vorgeschrieben ist, vom Verfahrensbeteiligten aber nicht herbeigeführt wird, zur Möglichkeit von **Säumnisentscheidungen**, §§ 330 ff. ZPO.

Diese Konsequenz gilt sowohl für selbstständige Familienstreitsachen als auch für Familienstreitsachen, die als Folgesache in einem Scheidungsverbundverfahren geltend gemacht werden. Im letzteren Fall ergeht die Teilsäumnisentscheidung innerhalb der Scheidungsverbundentscheidung, § 142 Abs. 1 FamFG.

b) Ehesachen. In Ehesachen verbietet § 130 Abs. 2 FamFG eine Säumnisentscheidung gegen den **An-** 130
tragsgegner. Ist dieser in einem Scheidungsverfahren nicht anwaltlich vertreten, so kann er gem. § 114 Abs. 4 Nr. 3 FamFG selbst wirksam die Zustimmung zur Scheidung erklären. Es ist dann eine einverständliche Scheidung nach § 1566 Abs. 1 BGB möglich. Eine einmal erklärte Zustimmung kann der Antragsgegner auch selbst widerrufen.

Gegen den nicht postulationsfähigen und damit säumigen **Antragsteller** kann aber Versäumnisbeschluss 131
ergehen, wenn der ordnungsgemäß vertretene Antragsgegner einen entsprechenden Antrag stellt. Nach § 130 Abs. 1 FamFG ist diese Säumnisentscheidung dahin gehend zu tenorieren, dass das Verfahren in der Hauptsache als erledigt gilt. Da somit keine Abweisung des Scheidungsbegehrens erfolgt, ist es nach Ablauf der Einspruchsfrist des § 339 ZPO möglich, einen erneuten Scheidungsantrag zu stellen, ohne dabei „neue Gründe“ geltend machen zu müssen.

Will der **anwaltlich nicht vertretene Antragsgegner** nicht geschieden werden, kann er seine gegen 132
das Scheidungsbegehren der Antragstellerseite sprechenden Argumente im Rahmen der Anhörung nach § 128 FamFG vorbringen. Das Gericht muss diese wegen des Amtsermittlungsgrundsatzes des § 127 FamFG zur Kenntnis nehmen und berücksichtigen. Hält das Gericht die Ehe trotz der ablehnenden Haltung des Antragsgegners für gescheitert, kann es sie in Anwendung des § 1565 Abs. 1 BGB scheiden. Die unwiderlegbare Vermutung des § 1566 Abs. 1 BGB steht dann nicht zur Verfügung, bei entsprechend langer Trennungszeit aber möglicherweise die des § 1566 Abs. 2 BGB.

Das Gericht kann dem anwaltlich nicht vertretenen Antragsgegner gem. § 138 FamFG auch einen **Anwalt** 133
beiordnen. Dies steht im pflichtgemäßen Ermessen des Richters und setzt voraus, dass er zu der Überzeugung gelangt, dass der Schutz des Antragsgegners in der Scheidungssache oder in einer Kindschaftsfolgesache dies erfordert.[77] Eine Beiordnung für andere Folgesachen ist nicht zulässig.[78]

---

75 Vgl. HK-ZPO/*Bendtsen* § 78 Rn. 6 ff; zur Vertretungsbefugnis der europäischen Rechtsanwälte vgl. Zöller/*Althammer* ZPO Vor § 78 Rn. 8 ff.

76 Vgl. Prütting/Helms/*Helms* FamFG § 114 Rn. 13.

77 Vgl. HK-FamVerfR/*Kemper* § 138 Rn. 3 ff.

78 Vgl. HK-FamVerfR/*Kemper* § 138 Rn. 8.

134 Die Beiordnung kann gem. § 138 Abs. 1 S. 1 Hs. 2 FamFG iVm § 78 c ZPO mit der **sofortigen Beschwerde** nach §§ 567 ff. ZPO angegriffen werden. *Kemper*[79] vertritt mit der überwiegenden Rechtsprechung und Literatur die Meinung, entgegen dem Wortlaut des § 78 c ZPO könne nicht nur die konkrete Auswahl des beigeordneten Rechtsanwaltes, sondern auch die Beiordnung an sich angegriffen werden.[80]

135 Zur **Stellung des beigeordneten Rechtsanwalts** als Beistand iSv § 90 ZPO[81] vgl. § 138 Abs. 2 FamFG.

136 **c) Nichtstreitverfahren mit Folgesachencharakter.** In Nichtstreitverfahren mit Folgesachencharakter kann der anwaltlich nicht vertretene Ehegatte keine eigenen Anträge stellen, ausgenommen die in § 114 Abs. 4 Nr. 4 und Nr. 7 FamFG aufgeführten (→ Rn. 121, 124). Er ist insofern nicht postulationsfähig. Zu Anträgen der Gegenseite kann er eine sachliche Stellungnahme abgeben, die das Gericht im Rahmen seiner in den Nichtstreitverfahren gebotenen Amtsermittlung nach § 26 FamFG zu berücksichtigen hat.

VI. Vorauszahlungspflicht für Gerichtskosten

137 Die Kostenregelungen für die Familiensachen enthält das **FamGKG**. Dort findet sich daher auch die Antwort auf die Frage, ob der Antragsteller eines Verfahrens in Familiensachen einen Vorschuss auf die Verfahrenskosten erbringen muss. Unter Anwendung der hierfür eingreifenden Bestimmungen (§§ 14 Abs. 1 und 3; 21 Abs. 1 FamGKG) ergibt sich die in → Rn. 140 dargestellte Übersicht für die einzelnen Verfahren.

138 Schwierigkeiten ergeben sich in **Nichtstreitverfahren** daraus, dass § 14 Abs. 3 FamGKG auf § 21 FamGKG verweist und letztere Norm auf die Kostenpflicht des Antragstellers abstellt. Es gibt jedoch Kindschaftssachen, die sowohl von Amts wegen, als auch auf Antrag eingeleitet werden können. Hierzu vertritt *Volpert*[82] die Ansicht, es könne aus Vereinfachungsgründen darauf abgestellt werden, ob in den von Nr. 1310 des Kostenverzeichnisses zum FamGKG erfassten Kindschaftsverfahren das Familiengericht generell auf Antrag tätig wird. Demgegenüber betrachten andere[83] die konkret vorliegende Kindschaftssache und bejahen eine Vorschusspflicht, wenn das jeweilige Verfahren (zB nach § 1671 BGB) nur durch Antrag eingeleitet werden kann. Handelt es sich dagegen um ein reines Amtsverfahren oder um ein Verfahren, das sowohl auf Antrag als auch von Amts wegen eingeleitet werden kann, besteht grundsätzlich keine Kostenvorschusspflicht. Eine solche besteht auch nicht in denjenigen reinen Antragsverfahren, die in § 21 Abs. 1 S. 2 FamGKG ausdrücklich von der Vorschusspflicht ausgenommen sind. Von dieser Rechtsauffassung geht die Tabelle in → Rn. 140 aus.

139 Jedoch ist zunächst auf die Bestimmung des § 15 FamGKG hinzuweisen, die diejenigen Fallgestaltungen aufführt, in denen ein **Verfahrenskostenvorschuss nicht eingefordert werden darf**:

- Dem Antragsteller ist Verfahrenskostenhilfe bewilligt worden, § 15 Nr. 1 FamGKG.
- Dem Antragsteller steht Gebührenfreiheit zu, § 15 Nr. 2 FamGKG. Die infrage kommenden Fallgestaltungen sind in § 2 FamGKG erfasst.[84]
- Der Antragsteller macht glaubhaft, dass ihm die alsbaldige Zahlung des Kostenvorschusses Schwierigkeiten bereitet und dass eine Verzögerung der Einleitung des Verfahrens ihm einen schwer zu ersetzenden Schaden bringen würde, § 15 Nr. 3 FamGKG.

Bei dieser Fallgestaltung darf zudem die beabsichtigte Rechtsverfolgung des Antragstellers nicht aussichtslos oder mutwillig erscheinen.[85]

79 HK-FamVerfR/*Kemper* § 138 Rn. 11.
80 Vgl. hierzu auch Keidel/*Weber* FamFG § 138 Rn. 7.
81 HK-FamVerfR/*Kemper* § 138 Rn. 13.
82 HK-FamGKG/*Volpert* § 14 Rn. 106.
83 BeckOK KostR/*Boiczenko* FamGKG § 14 Rn. 32 a; KG 25.8.2011 – 16 WF 112/11, FamRZ 2012, 239.
84 Vgl. HK-FamGKG/*Volpert* § 2 Rn. 21 ff. und § 15 Rn. 30 f.
85 Vgl. zum Ganzen HK-FamGKG/*Volpert* § 15 Rn. 35 ff.

140

Verfahrensart	Verfahrenskostenvorschuss erforderlich?	Begründung
Ehesachen (§ 121 FamFG)	Ja	§ 14 Abs. 1 FamGKG
Folgesachen (§ 137 Abs. 2 und 3 FamFG)	Nein	HK-FamGKG/*Volpert* § 14 Rn. 27
Selbstständige Familienstreitsachen des § 112 FamFG		
Generell	Ja	§ 14 Abs. 1 FamGKG
Vereinfachtes Unterhaltsverfahren (§ 249 FamFG)	Nein	Gebühr Nr. 1210 KV FamGKG fällt nicht unter § 14 Abs. 1 FamGKG, da keine Verfahrensgebühr[86]
Selbstständige Nichtstreitverfahren		
Abstammungssachen (§ 169 FamFG)		
von Kind oder Verfahrensbeistand eingeleitet	Strittig	§ 21 Abs. 1 S. 2 Nr. 3, 4 FamGKG[87]
ansonsten	Ja	§ 14 Abs. 3 FamGKG
Adoptionssachen (§ 186 FamFG)		
betreffend Minderjährige	Nein	Vorbem. 1.3.2 Abs. 1 Nr. 2 vor Nr. 1320 KV FamGKG
betreffend Volljährige	Ja	§ 14 Abs. 3 FamGKG
Ehewohnungs- und Haushaltssachen (§ 200 FamFG)	Ja	§ 14 Abs. 3 FamGKG
Gewaltschutzsachen (§ 210 FamFG)	Nein	§ 21 Abs. 1 S. 2 Nr. 1 FamGKG
Versorgungsausgleichssachen (§ 217 FamFG)	Ja	§ 14 Abs. 3 FamGKG
Unterhaltssachen nach § 231 Abs. 2 FamFG	Ja	§ 14 Abs. 3 FamGKG
Güterrechtssachen nach § 261 Abs. 2 FamFG	Ja	§ 14 Abs. 3 FamGKG
Sonstige Familiensachen nach § 266 Abs. 2 FamFG	Ja	§ 14 Abs. 3 FamGKG
Umgangs- und/oder Auskunftsantrag nach § 1586 a BGB	Ja	§ 21 Abs. 1 S. 2 FamGKG
Sonstige Umgangssachen (§ 151 Nr. 2 FamFG)	Nein	§ 21 Abs. 1 S. 1 FamGKG[88]
Sonstige Kindschaftssachen (§ 151 FamFG)		
Reine Antragsverfahren betreffend Bereiche der Personensorge, auf Antrag des Kindes	Nein	§ 21 Abs. 1 S. 2 Nr. 3 FamGKG
Reine Antragsverfahren betreffend Bereiche der Personensorge, auf Antrag einer anderen Person	Ja	§ 21 Abs. 1 S. 1 FamGKG
Sonstige Verfahren betreffend Bereiche der Personensorge	Nein	§ 21 Abs. 1 S. 1 FamGKG
Reine Antragsverfahren betreffend Vermögenssorge	Ja	§ 21 Abs. 1 S. 1 FamGKG
Amtsverfahren betreffend Vermögenssorge	Nein	§ 21 Abs. 1 S. 1 FamGKG
Vormundschafts- und Pflegschaftssachen	Nein	Keine Verfahrensgebühr nach Nr. 1310 FamGKG
Einstweilige Anordnungen, Arrest	Nein	§ 14 Abs. 2 FamGKG
Rechtsmittelverfahren	Nein	§ 14 Abs. 1 S. 1 FamFG

86 Vgl. HK-FamGKG/*Volpert* § 14 Rn. 36.
87 Vgl. HK-FamGKG/*Volpert* § 14 Rn. 110.
88 Vgl. HK-FamGKG/*Volpert* § 14 Rn. 106.

VII. Zuständigkeitskonflikte unter Beteiligung des Familiengerichts

141 § 23 a GVG regelt – ähnlich wie § 23 GVG die sachliche Zuständigkeit des Amtsgerichts in Zivilsachen im Vergleich zum Landgericht – die **sachliche Zuständigkeit des Amtsgerichts** in Familiensachen und in den Angelegenheiten der freiwilligen Gerichtsbarkeit.

Die Auflistung aller Familiensachen erfolgt in § 111 FamFG. § 23 b Abs. 1 GVG bezieht sich ebenfalls auf diese Aufzählung und bestimmt als **gesetzliche Geschäftsverteilungsregelung**, dass innerhalb des Amtsgerichts für die genannten Verfahren das Familiengericht zuständig ist.

142 Die Feststellung, dass § 23 b GVG nicht die sachliche Zuständigkeit regelt, ist wichtig für die Lösung von Zuständigkeitskonflikten. Den Zuständigkeitskonflikt zwischen der Abteilung für Familiensachen und den in dieser Norm genannten anderen Abteilungen des gleichen Amtsgerichts regelt § 17 a Abs. 6 GVG. Danach sind durch die Verweisung auf § 17 a Abs. 1–5 GVG förmliche Entscheidungen betreffend die Zuständigkeit bzw. Unzuständigkeit und die Verweisung des Verfahrens herbeizuführen.

143 **Beispiel 1:** Beim Familiengericht des Amtsgerichts Würzburg ist ein Antrag eingereicht worden, mit dem der Antragsteller eine Geldzahlung in Höhe von 3.000 EUR von seiner früheren Ehefrau begehrt. Der Familienrichter ist der Ansicht, es handle sich nicht um eine Familiensache, weil der Anspruch nicht unter eine der in § 111 FamFG beschriebenen Fallgestaltungen eingeordnet werden kann.

§ 17 a Abs. 6 GVG verweist auf die entsprechenden Bestimmungen des § 17 a Abs. 1–5 GVG betreffend das Verhältnis zu den Spezialgerichtsbarkeiten. Das Verfahren ist daher gem. § 17 a Abs. 2 GVG von Amts wegen an die zuständige Abteilung (im Falle des Beispiels 1 an die Zivilabteilung des Amtsgerichts Würzburg) zu verweisen.

144 Nach § 17 a Abs. 3 S. 2 GVG kann das Ausgangsgericht vorab (durch Beschluss, vgl. § 17 a Abs. 4 GVG) auch die Zulässigkeit des zu ihm beschrittenen Rechtsweges ausdrücklich feststellen, wenn eine Partei die Zulässigkeit rügt.

145 In beiden Fallgestaltungen (Ablehnung der Zuständigkeit des Ausgangsgerichts, → Rn. 143 bzw. Bejahung der Zuständigkeit des Ausgangsgerichts, → Rn. 144) kann der entsprechende Beschluss mit der **sofortigen Beschwerde** angegriffen werden. § 17 a Abs. 4 S. 3 GVG stellt fest, dass es sich dabei um die sofortige Beschwerde nach der jeweiligen Verfahrensordnung handelt. Für Familiensachen bedeutet dies:

- In **Ehe- und Familienstreitsachen** wird generell über § 113 Abs. 1 FamFG auf das Verfahren der ZPO verwiesen. Es kommt daher die sofortige Beschwerde nach §§ 567 ff. ZPO infrage.
- In **Nichtstreitverfahren** bleibt es an sich bei der Anwendung des FamFG. Dort gibt es aber keine „sofortige Beschwerde", sondern nur die Beschwerde nach §§ 58 ff. FamFG. *Lückemann*[89] hält dies für eine planwidrige Regelungslücke und schlägt, weil das FamFG in sonstigen Fällen für die Anfechtung von Zwischen- und Nebenentscheidungen (vgl. zB §§ 6 Abs. 2, 7 Abs. 5, 21 Abs. 1 FamFG) die Anwendung der §§ 567 ff. ZPO ausdrücklich vorschreibt, auch in Nichtstreitverfahren deren Anwendung im Rahmen des § 17 a Abs. 4 GVG vor.

146 Wird der in → Rn. 143 angesprochene Verweisungsbeschluss aber nicht nach § 17 a Abs. 4 GVG angefochten und damit bestandskräftig, ist die Verweisung für das Gericht, an das verwiesen wird, **hinsichtlich** des in § 17 a Abs. 6 GVG angesprochenen Verhältnisses **der geschäftsverteilungsmäßigen Zuständigkeit** bindend, § 17 a Abs. 2 S. 3 GVG. Ein rechtlicher Irrtum des Ausgangsgerichts führt nicht zur Unwirksamkeit.

Allenfalls bei **verfahrensrechtlicher Willkür** kann eine Bindungswirkung verneint werden.[90]

Nicht von der Bindungswirkung erfasst wird jedoch die Frage der sachlichen und örtlichen Zuständigkeit. Die hat das Gericht, an das verwiesen wird, nochmals selbstständig zu prüfen. Ggf. kann es das

---

89 Zöller/*Lückemann* GVG § 17 a Rn. 15.
90 Vgl. Zöller/*Lückemann* GVG § 17 a Rn. 13.

Verfahren gem. § 281 ZPO (in Ehe- und Familienstreitsachen) bzw. § 3 FamFG (in Nichtstreitverfahren) weiter verweisen.[91]

Für ein Verfahren nach § 5 Abs. 1 Nr. 3 FamFG oder nach § 36 Abs. 1 Nr. 6 ZPO besteht wegen der Spezialregelung des § 17 a Abs. 6 GVG kein Raum.[92] 147

Negiert das Gericht, an das verwiesen wird, jedoch die Bindungswirkung des § 17 a Abs. 2 S. 3 GVG und erklärt sich seinerseits für unzuständig, so kann gem. § 36 Abs. 1 Nr. 6 ZPO durch das übergeordnete gemeinschaftliche Gericht die Zuständigkeit bestimmt werden.[93] Sollte dies der BGH sein, so ist in Bayern wegen § 9 EGZPO nach seiner Wiedererrichtung am 15.9.2018 das BayObLG zuständig, jedoch nur für die in § 36 Abs. 2 umschriebenen Fälle.[94] Die Bestimmungsmöglichkeit besteht auch dann, wenn die Beteiligten die Unzuständigerklärung des Gerichts nicht mit dem zulässigen Rechtsmittel der sofortigen Beschwerde (→ Rn. 145) angegriffen haben.

Hingegen ist der **Zuständigkeitskonflikt zwischen dem Familiengericht und einem anderen Gericht betreffend die sachliche und örtliche Zuständigkeit** in § 281 ZPO (für die Ehe- und Familienstreitsachen) und in § 3 Abs. 1 FamFG (für die Nichtstreitsachen) geregelt: Das unzuständige Gericht verweist das Verfahren mit bindender Wirkung an das zuständige Gericht. 148

Beispiel 2: Das FamG Würzburg hält in dem obigen Beispielsfall 1 die Zuständigkeit des LG Würzburg für gegeben, weil der Streitwert 5.000 EUR übersteigt, §§ 23 Nr. 1, 71 Abs. 1 GVG;

- Verweisung gem. § 281 ZPO an das LG Würzburg.

Beispiel 3: Das FamG Würzburg hält in einer Ehesache die Zuständigkeit des FamG Bad Mergentheim für gegeben, weil im Zeitpunkt der Rechtshängigkeit ein Ehegatte mit allen gemeinsamen Kindern dort seinen gewöhnlichen Aufenthalt hat; 149

- Verweisung gem. § 281 ZPO iVm § 113 Abs. 1 FamFG an das AG Bad Mergentheim, da die örtliche Zuständigkeit betroffen ist.

Ist das Ausgangsgericht der Ansicht, es sei sowohl geschäftsverteilungsmäßig als auch örtlich oder sachlich nicht zuständig, so kann es gem. § 281 ZPO (in Ehe- und Familienstreitsachen) bzw. § 3 FamFG (in Nichtstreitverfahren) direkt an das sachlich bzw. örtlich zuständige Gericht verweisen, eine vorherige Verweisung gem. § 17 a GVG an die entsprechende Abteilung des eigenen Gerichts ist nicht erforderlich.[95] 150

Beispiel 4: Dem LG Stuttgart liegt ein Zivilprozess vor, den es als Familiensache (Güterrechtssache) beurteilt und die Zuständigkeit des AG Stuttgart gem. § 262 Abs. 2 FamFG als gegeben ansieht.

- Verweisung gem. § 281 ZPO an das AG Stuttgart, da es um die sachliche Zuständigkeit geht.[96]

Innerhalb des AG Stuttgart erfolgt dann die Zuteilung des Verfahrens gem. § 23 b GVG auf das dortige Familiengericht.

In der **Rechtsmittelinstanz** ist die Frage, ob in der Vorinstanz die Vorschriften der geschäftsverteilungsmäßigen Zuständigkeit eingehalten wurden, nicht mehr Gegenstand der Prüfung. Dies ergibt sich aus § 17 a Abs. 5 GVG. Voraussetzung für die Anwendung des § 17 a Abs. 5 GVG ist jedoch, dass das erstinstanzliche Gericht Zuständigkeitsrügen entsprechend den Vorgaben des § 17 a Abs. 2–4 GVG bearbeitet hat. Ist dies nicht erfolgt, wurde zB eine Zuständigkeitsrüge erst in den Endentscheidung zurückgewiesen, kann ein Rechtsmittel darauf gestützt werden, dass das Ausgangsgericht hinsichtlich der geschäftsverteilungs- 151

91 Vgl. OLG Karlsruhe 18.12.2014 – 9 AR 13/14, FamRZ 2015, 1824; Zöller/*Lückemann* GVG § 17 a Rn. 12.
92 OLG Hamm 18.5.2010 – 2 Sdb FamS Zust. 14/10, NJW 2010, 2740.
93 OLG Braunschweig 21.12.2011 – 1 W 47/11, MDR 2012, 489 unter Hinweis auf BGH 26.7.2005 – X ARZ 210/05.
94 Vgl. BayObLG 15.5.2019 – 1 AR 35/19.
95 Musielak/Borth/*Borth* FamFG § 3 Rn. 15.
96 So LG Stuttgart 21.11.2011 – 18 O 395/11 unter Heranziehung der Gesetzesbegründung; aA: Prütting/Helms/*Helms* FamFG § 111 Rn. 44; OLG Stuttgart 26.1.2012 – 17 AR 1/12: Verweisung nach § 17 a Abs. 6 GVG.

mäßigen Zuständigkeit (oder bezüglich des Rechtswegs) nicht zur Entscheidung berufen war.[97] Diese Zuständigkeitsrüge wird auch nicht durch § 65 Abs. 4 FamFG ausgeschlossen, weil das dort geregelte Verbot, dass das Beschwerdegericht die Zuständigkeit der Vorinstanz nicht zu prüfen hat, nur die sachliche, örtliche oder funktionelle Zuständigkeit betrifft.[98] Von diesem Verbot wird aber nicht die Frage des Rechtsweges erfasst[99] und damit wegen § 17 a Abs. 6 GVG auch nicht die der geschäftsverteilungsmäßigen Zuständigkeit.

Hingewiesen sei aber auf § 119 GVG. Danach knüpft die Zuständigkeit des Gerichts der 2. Instanz (OLG) allein an den formalen Umstand an, dass in der ersten Instanz das Familiengericht entschieden hat.

VIII. Entscheidungsfindung durch Beschluss

152 Im familiengerichtlichen Verfahren ergeht die **gerichtliche Entscheidung stets durch Beschluss.** Dies stellt § 116 Abs. 1 FamFG mit Wirkung auch für die Ehe- und Familienstreitsachen nochmals klar. Es gibt auch keine Differenzierung dahin gehend, dass der Entscheidung eine mündliche Verhandlung vorausgegangen ist oder nicht.

153 In § 38 FamFG wird die in **Form des Beschlusses** ergehende Endentscheidung angesprochen. Eine solche liegt dann vor, wenn durch sie der Verfahrensgegenstand ganz oder teilweise erledigt wird. In diesem Sinne ist auch die Entscheidung über einen Antrag auf einstweilige Anordnung eine Endentscheidung.

154 **Verfahrensleitende Entscheidungen**, die aber keine Sachentscheidungen über den Gegenstand des Verfahrens darstellen (zB Beweisbeschlüsse, Verhängung von Ordnungs- oder Zwangsmitteln), ergehen in Form eines Beschlusses. Ein derartiger Beschluss betreffend Zwischen- und Nebenentscheidungen hat aber nicht die Qualität des § 38 FamFG, so dass er nicht mit einer Rechtsbehelfsbelehrung zu versehen ist und hinsichtlich der Anfechtung nicht den Regeln der §§ 58 ff. FamFG unterliegt. Derartige Beschlüsse sind idR nicht anfechtbar. In Ausnahmefällen, wenn sie einen schwerwiegenden Eingriff in die Rechte der Beteiligten verursachen (vgl. zB §§ 33 Abs. 3 S. 5, 87 Abs. 4 FamFG), sieht das Gesetz ausdrücklich die Anfechtbarkeit in entsprechender Anwendung der §§ 567 ff. ZPO vor.

155 Nach § 39 FamFG hat jede Endentscheidung nach § 38 FamFG eine **Rechtsbehelfsbelehrung** zu enthalten. Der Gesetzgeber wollte damit einerseits die einschlägige Rechtsprechung des Bundesverfassungsgerichts zur Überschaubarkeit des Rechtsmittelsystems[100] umsetzen, andererseits aber das gerichtliche Verfahren von falschen Rechtsbehelfen verschonen.

Zu den in § 39 FamFG vorgeschriebenen Anforderungen an den Inhalt der Rechtsbehelfsbelehrungen vgl. *Simon.*[101]

Leider hat die Praxis nach Inkrafttreten des FamFG ergeben, dass zumindest das Ziel der Vermeidung fehlerhafter Rechtsbehelfe deutlich verfehlt worden ist. Dies ist darauf zurückzuführen, dass ein großer Teil der von den erstinstanzlichen Gerichten erteilten Rechtsbehelfsbelehrungen unzutreffend ist. Grund hierfür mag einerseits die Komplexität der den Familienrichtern seitens der Justizverwaltungen zur Verfügung gestellten Computerprogramme sein, andererseits ist der erstinstanzliche Richter von seiner Aufgabenstellung her nicht unbedingt ein Experte des Rechtsbehelfsrechts.

156 **Fehlerbehaftete Rechtsbehelfsbelehrungen** wären nicht weiter tragisch, wenn dem betreffenden Beteiligten daraus kein Nachteil entstehen würde. § 17 Abs. 2 FamFG gibt die Vermutung des Gesetzgebers wieder, dass ein Verschulden hinsichtlich einer Fristversäumung dann fehlt, wenn eine Rechtsbehelfsbelehrung

97 Vgl. Zöller/*Lückemann* GVG § 17 a Rn. 17.
98 Vgl. Zöller/*Heßler* ZPO § 513 Rn. 12; Zöller/*Feskorn* FamFG § 65 Rn. 8.
99 Vgl. Prütting/Helms/*Abramenko* FamFG § 65 Rn. 21.
100 Vgl. BVerfG 20.6.1995 – 1 BvR 166/93, NJW 1995, 3173.
101 HK-FamVerfR/*Simon* § 39 Rn. 1 ff.

unterblieben oder fehlerhaft ist. Diese Vermutung gibt dem Verfahrensbeteiligten dann die Möglichkeit, über die Wiedereinsetzung in den vorigen Stand seine Rechte weiter wahrzunehmen.

Allerdings sind große Teile der Rechtsprechung streng und lassen dem Verfahrensbeteiligten die Berufung 157
auf die falsche oder unterbliebene Rechtsbehelfsbelehrung dann nicht zu, wenn er **anwaltlich vertreten** ist.

Einmal ist § 17 FamFG in den anwaltspflichtigen Ehe- und Familienstreitsachen wegen § 113 FamFG sowieso nicht anwendbar. Dort gelten die Regeln der ZPO. Vom Anwalt wird zudem nach der überwiegend strengen Rechtsprechung zu § 233 ZPO die **Kenntnis des Rechtsmittelsystems** erwartet.[102] Aber auch in Nichtstreitverfahren, in denen § 17 FamFG Anwendung findet, wird Wiedereinsetzung dann versagt, wenn der Beteiligte (infolge einer anwaltlichen Vertretung) keiner Unterstützung durch eine Rechtsmittelbelehrung bedarf. Der BGH[103] erwartet von jedem im Familienrecht tätigen Rechtsanwalt – und nicht nur von einem Fachanwalt in Familiensachen – ua Kenntnisse von der Unterteilung in Familienstreitsachen und Nichtstreitverfahren sowie von den besonderen Anforderungen an Rechtsmittel in Familienstreitverfahren.

Demgegenüber betont der Bundesgerichtshof in einer anderen Entscheidung,[104] dass sich auch eine anwalt- 158
lich vertretene Partei im Grundsatz auf die Richtigkeit der Belehrung durch das Gericht verlassen dürfe.

Dabei nimmt er Bezug auf seine ältere, differenzierende Rechtsprechung.[105] Dort hatte er beispielsweise plastisch ausgeführt: „Zwar muss der Rechtsanwalt grundsätzlich umfassende Gesetzeskenntnis haben, insbesondere hier die durch eine Gesetzesänderung eingetretene Rechtslage … kennen, er muss jedoch nicht klüger sein als der zuständige Fachsenat des Berufungsgerichts und die vorgeschriebene Rechtsmittelbelehrung auf ihre Richtigkeit überprüfen."

In der erwähnten Entscheidung vom 12.1.2012 stellt der Bundesgerichtshof auf die Frage ab, ob ein **durch eine fehlerhafte Rechtsbehelfsbelehrung ausgelöster Rechtsirrtum** entschuldbar ist und stellt folgende Regel auf: „Entschuldbar ist der Rechtsirrtum … schon dann, wenn die Rechtsmittelbelehrung nicht offenkundig fehlerhaft und der durch sie hervorgerufene Irrtum nachvollziehbar ist."

Angesichts der insgesamt strengen Rechtsprechung ist dem Anwalt anzuraten, in jedem Fall die infrage 159
kommenden Rechtsmittel selbstständig zu ermitteln und den Lauf der Fristen zu prüfen und zu überwachen.

102 BGH 18.12.2013 – XII ZB 38/13, FamRZ 2014, 643.
103 BGH 24.1.2018 – XII ZB 534/17, FamRZ 2018, 699.
104 BGH 12.1.2012 – V ZB 198/11, NJW 2012, 2443.
105 ZB BGH 23.9.1993 – LwZR 10/92, NJW 1993, 3206.

107. Familienrechtlicher Ausgleichsanspruch

Poppen

I. Definition

1 Der familienrechtliche Ausgleichsanspruch ist seiner Rechtsnatur nach **kein Unterhaltsanspruch**. Es handelt sich um einen Anspruch eigener Art, der aus der anteiligen Unterhaltsverpflichtung beider Eltern gegenüber ihren Kindern abgeleitet wird. Der Anspruch dient der Durchsetzung der verhältnismäßigen Aufteilung der Unterhaltslast für die Vergangenheit.[1] Dieser von der Rechtsprechung entwickelte familienrechtliche Anspruch verdrängt Ansprüche aus Geschäftsführung ohne Auftrag oder ungerechtfertigter Bereicherung.[2] Hauptanwendungsfall sind der **Obhutswechsel** eines minderjährigen Kindes nach der Trennung der Eltern während eines laufenden Unterhaltsverfahrens oder der **Eintritt der Volljährigkeit eines Kindes**, wenn das volljährige Kind Unterhaltsrückstände aus der Zeit seiner Minderjährigkeit nicht mehr geltend machen will. In diesen Fällen entfällt die Prozessstandschaft (§ 1629 Abs. 3 S. 2 BGB) bzw. es endet die Vertretungsbefugnis des betreuenden Elternteils (§ 1629 Abs. 2 S. 2 BGB). Gegenstand des familienrechtlichen Ausgleichsanspruchs kann auch ein isolierter Kindergeldausgleich beim Wechselmodell[3] oder der Ausgleich kindbezogener Besoldungszuschläge sein.[4] Der Kinderzuschlag nach § 6 a BKGG ist allerdings allein Einkommen des Kindes und daher nicht unter den Eltern aufzuteilen.[5]

II. Voraussetzungen

1. Erfüllung einer Verpflichtung des Barunterhaltsverpflichteten

2 Ansprüche bestehen nur, soweit der den Unterhalt leistende Elternteil mit seiner Leistung im Innenverhältnis **eine dem anderen Elternteil obliegende Unterhaltsverpflichtung** erfüllt hat. Der andere Elternteil muss dem Kind gegenüber barunterhaltsverpflichtet und leistungsfähig gewesen sein. Von daher besteht kein Anspruch, wenn der leistende Elternteil aufgrund einer gegen ihn gerichteten rechtskräftigen Entscheidung gezahlt hat.[6] Besteht ein derartiger Titel, muss er mit dem Obhutswechsel im Wege eines Abänderungsverfahrens beseitigt werden. Das gilt nicht, wenn es sich bei dem Titel um einen gerichtlichen Vergleich oder eine Jugendamtsurkunde handelt.[7] Diese Titel erwachsen nicht in materielle Rechtskraft.

2. Absicht, Erstattung zu verlangen

3 Die Leistung muss in der Absicht erfolgt sein, von dem anderen Elternteil eine Erstattung zu verlangen (§ 1360 b BGB analog). Diese Voraussetzung ist erfüllt, wenn der andere Elternteil wegen des Kindesunterhalts in **Verzug** gesetzt wurde. Eine ausdrückliche Anmahnung des Ausgleichsanspruchs ist nicht erforderlich.[8]

1 BGH 17.4.2013 – XII ZB 329/12, NJW 2013, 1740.
2 BGH 25.5.1994 – XII ZR 78/93, NJW 1994, 2234.
3 BGH 20.4.2016 – XII ZB 45/15, NJW 2016, 1956.
4 OLG Oldenburg 14.12.2011 – 4 UF 119/11, FamRZ 2012, 1876.
5 BGH 28.10.2020 – XII ZB 512/19, FamRZ 2021, 181.
6 BGH 25.5.1994 – XII ZR 78/93, NJW 1994, 2234.
7 BGH 8.2.2017 – XII ZB 116/16, NJW 2017, 1108.
8 BGH 17.4.2013 – XII ZB 329/12, NJW 2013, 1740.

III. Anspruchsinhalt

1. Anspruchshöhe

Mit dem familienrechtlichen Ausgleichsanspruch kann Ersatz für erfolgte **Baraufwendungen** verlangt werden. Eine **Monetarisierung der Betreuungsleistungen** scheidet aus. Die Höhe des tatsächlich erbrachten Barunterhalts muss nicht im Einzelnen dargelegt werden. Zugunsten des Ersatz Verlangenden spricht die tatsächliche Vermutung, dass der Elternteil, der keinen Barunterhalt für das Kind erhalten hat, den gesamten Barbedarf gedeckt hat.[9] Die Höhe des Anspruchs richtet sich nach der einkommensmäßigen Einstufung des Erstattung verlangenden Elternteils in die Düsseldorfer Tabelle, vorausgesetzt, der andere Elternteil ist in dieser Höhe leistungsfähig.[10] Einen Bedarf in Höhe des Mindestbedarfs kann der in Anspruch genommene Elternteil nicht pauschal bestreiten.[11] Der Umfang der Leistungsfähigkeit kann bereits durch ein rechtskräftiges Urteil festgestellt sein, in welchem die Höhe des Unterhaltsanspruchs des minderjährigen Kindes nach der Leistungsfähigkeit des vorrangig barunterhaltspflichtigen Elternteils tituliert ist.[12] Ein familienrechtlicher Ausgleichsanspruch dient nicht der **Neufestsetzung der Unterhaltsanteile** der Eltern; soweit es eine Festsetzung gibt, ist diese bindend bzw. muss in einem Änderungsverfahren angepasst werden.[13] 4

2. Verjährung und Aufrechnung

Der Anspruch verjährt in drei Jahren (§§ 195, 197 Abs. 2 BGB).[14] Da es sich um einen rein vermögensrechtlichen Anspruch handelt, ist der Anspruch ohne Beschränkung pfändbar und abtretbar. 5

IV. Verfahrensfragen

Wenn das Kind ein Verfahren bei einem Obhutswechsel oder dem Eintritt der Volljährigkeit nicht weiterführen will, stellt es eine sachdienliche **Antragsänderung** dar, wenn der Elternteil, der das Kind betreut hat und für den Barunterhalt aufgekommen ist, nunmehr einen familienrechtlichen Ausgleichsanspruch geltend macht.[15] Entfällt für den bisher betreuenden Elternteil die Möglichkeit, das Verfahren fortzuführen, nach Abschluss der ersten Instanz, kann es zwingend sein, das Verfahren nach Antragsänderung in der **Beschwerdeinstanz** fortzuführen; erwächst der erstinstanzliche Beschluss in Rechtskraft, sind die dortigen Feststellungen zur Leistungsfähigkeit des Ausgleichsverpflichteten für den familienrechtlichen Ausgleichsanspruch bindend.[16] Ob bei einem Obhutswechsel in der Beschwerdeinstanz ein Beteiligtenwechsel gegen den Willen des verpflichteten Elternteils zulässig ist, ist allerdings umstritten.[17] 6

Zur **Darlegungslast** gilt, dass für den betreuenden und Barunterhalt leistenden Elternteil die Vermutung besteht, dass er einen Aufwand jedenfalls in Höhe des Mindestunterhalts nach § 1612 a BGB hatte.[18] Nur dann, wenn Ausgleich für über den Mindestbedarf hinausgehende Beträge verlangt wird, bedarf es weiterer Darlegungen. Die örtliche Zuständigkeit richtet sich bei minderjährigen Kindern nach § 232 Abs. 1 Nr. 2 FamFG.[19] 7

---

9 OLG Koblenz 3.7.1997 – 11 UF 1266/94, NJW-RR 1997, 1230.

10 OLG Frankfurt a. M. 18.9.1998 – 1 WF 185/98, FamRZ 1999, 1450.

11 OLG Brandenburg 26.1.2016 – 10 UF 92/14, NZFam 2016, 745.

12 OLG Hamm 16.12.2010 – 2 WF 279/10, NJW-RR 2011, 659.

13 BGH 25.5.1994 – XII ZR 78/93, NJW 1994, 2234.

14 BGH 3.4.1996 – XII ZR 86/95, NJW 1996, 1894.

15 OLG Frankfurt a. M. 6.2.2007 – 3 UF 67/05, FamRZ 2007, 909; anders OLG Rostock 26.11.2002 – 10 UF 301/01, FamRZ 2003, 933.

16 OLG Hamm 16.12.2010 – 2 WF 279/10, NJW-RR 2011, 659.

17 Dafür: OLG Hamburg 30.10.2018 – 12 UF 231/13, FamRZ 2019, 797; dagegen: OLG Hamm 14.4.2016 – 6 UF 54/15, NJW 2016, 2277.

18 OLG Frankfurt a. M. 6.2.2007 – 3 UF 67/05, FamRZ 2007, 909.

19 OLG Köln 28.7.2011 – 25 WF 178/11, FamRZ 2012, 574.

108. Familienunterhalt

Schausten

1 Gem. § 1360 BGB sind die Ehegatten einander verpflichtet, durch ihre Arbeit und mit ihrem Vermögen die Familie angemessen zu unterhalten. Dabei erfüllt derjenige Ehegatte, dem die Haushaltsführung übertragen wurde, diese Verpflichtung in der Regel durch die Führung des Haushalts. Der angemessene Unterhalt der Familie umfasst gem. § 1360 a Abs. 1 BGB alles, was nach den Verhältnissen der Ehegatten erforderlich ist, um die Kosten des Haushalts zu bestreiten und die persönlichen Bedürfnisse der Ehegatten und den Lebensbedarf der gemeinsamen unterhaltsberechtigten Kinder zu befriedigen.

2 In der Praxis spielt der Familienunterhalt in der Regel nur dann eine Rolle, wenn er **in Konkurrenz zu anderen Unterhaltsansprüchen**, insbesondere dem Elternunterhalt (→ *Elternunterhalt* Rn. 1 ff.) bzw. dem Unterhalt volljähriger Kinder (→ *Unterhalt volljähriger Kinder* Rn. 1 ff.), tritt. In solchen Fällen teilt die Rechtsprechung den Familienunterhalt auf die einzelnen Familienmitglieder auf und veranschlagt denselben in Geldbeträgen.

3 Der Familienunterhalt ist rechtlich nicht identisch mit den Unterhaltsansprüchen nach Trennung und Scheidung, auch deshalb ist er nicht auf die Gewährung einer Geldrente für den jeweils anderen Ehegatten gerichtet, die diesem zur freien Verfügung steht. Vielmehr handelt es sich um einen gegenseitigen Anspruch der Ehegatten auf Teilhabe an den finanziellen Mitteln des anderen entsprechend dem Lebensstandard der Familie.[1]

1 BGH 22.2.1995 – XII ZR 80/94, FamRZ 1995, 537.

109. Feststellung der Vaterschaft

Knahn/Siede

I. Einführung

1 Vater eines Kindes ist der Mann, der mit der Mutter gem. § 1591 BGB zum Zeitpunkt der Geburt verheiratet ist, § 1592 Nr. 1 BGB. Ihm gleichgestellt ist der **Ehemann**, der zum Zeitpunkt der Geburt bereits verstorben war, wenn das Kind innerhalb von 300 Tagen nach dem Tod geboren wurde, § 1593 S. 1 BGB. Ist die Mutter nicht verheiratet, ist derjenige Vater des Kindes, der die **Vaterschaft anerkannt** hat, § 1592 Nr. 2 BGB (→ *Anerkennung der Vaterschaft* Rn. 1 ff.).

Besteht keine Vaterschaft gem. § 1592 Nr. 1 oder Nr. 2 BGB ist derjenige der Vater, dessen Vaterschaft in einem **statusrechtlichen Abstammungsverfahren** (Feststellung eines Eltern-Kind-Verhältnisses gem. § 169 Nr. 1 FamFG) gerichtlich festgestellt wurde, § 1592 Nr. 3 BGB (→ Rn. 2 ff.). Ebenfalls kann das Nichtbestehen eines Eltern-Kind-Verhältnisses (**negatives Feststellungsverfahren**) festgestellt werden (→ Rn. 26 f.). Einem Postulat des Bundesverfassungsgerichts entsprechend[1] wurde mit dem Gesetz vom 26.3.2008[2] ein **Verfahren zur Klärung der Abstammung ohne Statuswirkung** (→ Rn. 28 ff.) geschaffen. Während der Anhängigkeit eines Feststellungsverfahrens kann bereits vor Feststellung der Vaterschaft ein **Unterhaltsverfahren** anhängig gemacht werden (→ Rn. 36).

II. Materielle Verfahrensvoraussetzungen (Begründetheit des Feststellungsantrags)

1. Anzuwendendes Recht

2 Nach Art. 19 Abs. 1 S. 1 EGBGB bestimmt sich die rechtliche Beurteilung der Abstammung, also auch der Feststellung der Vaterschaft, nach dem Recht des Staates, in dem das Kind seinen gewöhnlichen Aufenthalt hat. Alternativ kann das Recht des Heimatstaates des festzustellenden Vaters angewendet werden, § 19 Abs. 1 S. 2 EGBGB. Daneben kann nach dem Ehewirkungsstatut das Recht angewendet werden, welches im Zeitpunkt der Geburt die allgemeinen Wirkungen der Ehe nach Art. 14 Abs. 1 EGBGB bestimmt, wenn die Mutter bei Geburt des Kindes verheiratet ist. Wurde die Ehe vor der Geburt durch Tod aufgelöst, so ist dieser Zeitpunkt maßgeblich.

1 BVerfG 13.2.2007 – 1 BvR 421/05, NJW 2007, 753.
2 BGBl. I 2008, 441.

Die Anknüpfungsmöglichkeiten sind gleichrangig. Nach dem **Günstigkeitsprinzip** ist das Recht anzuwenden, das für das Kindeswohl günstiger ist, wenn die verschiedenen Abstammungsstatute zu unterschiedlichen Ergebnissen führen würden.[3] Demnach ist grundsätzlich das Recht anzuwenden, nach dem eine Abstammung zuerst festgestellt werden kann (**Prioritätsprinzip**);[4] denn es gilt zu vermeiden, dass bei Geburt unklar ist, welchem Vater ein Kind zuzuordnen ist.

2. Begründetheit nach deutschem Recht

3 Der Antrag ist begründet, wenn die gem. § 177 Abs. 2 FamFG durchzuführende förmliche Beweisaufnahme (→ *Abstammungsgutachten* Rn. 8) ergibt, dass die Vaterschaft (praktisch) erwiesen ist. Kann die Vaterschaft nicht bewiesen werden, gelten die Beweislastregelungen der Vaterschaftsvermutungen gem. § 1600 d Abs. 2 BGB (→ *Abstammungsvermutungen* Rn. 7 ff.). Sind dem Vater die Personalien des Kindes nicht bekannt, kann ihm uU ein Anspruch auf Auskunft gegen die Mutter zustehen.[5] Entsprechend wird auch ein Auskunftsanspruch anzunehmen sein, wenn der Putativvater nicht weiß, ob bzw. wann die Mutter von einem Kind entbunden wurde, das von ihm abstammen könnte. Besteht eine andere Vaterschaft nach §§ 1592 Nr. 1, 2, 1593 BGB ist der Antrag auf Feststellung der Vaterschaft unzulässig, nicht unbegründet.[6]

4 Grundsätzlich ist es unerheblich, auf welche Weise das Kind gezeugt wurde. Daher ist als Vater nicht nur ein Mann festzustellen, der der Mutter beigewohnt hat, sondern auch ein Mann, von dem der Samen stammt, wenn das Kind im Wege der **homologen** oder der **heterologen Insemination** (→ *Abstammung* Rn. 50 ff.) gezeugt wurde. Ausgeschlossen ist demgegenüber die Feststellung der Vaterschaft eines Samenspenders, der Samen in einer Entnahmeeinrichtung gem. § 2 Abs. 1 S. 1 SamenspenderregisterG (SaRegG) zur Durchführung einer ärztlich unterstützten künstlichen Befruchtung in einer Einrichtung gem. § 1 a Nr. 9 TPG Verfügung gestellt hat.[7]

III. Verfahren zur Feststellung eines Eltern-Kind-Verhältnisses

1. Abstammungssache gem. § 169 Nr. 1 FamFG

5 Das Verfahren auf Feststellung der Vaterschaft ist eine **Abstammungssache** gem. § 169 Nr. 1 FamFG und somit **Familiensache** gem. § 111 Nr. 3 FamFG. Für das Verfahren gelten die allgemeinen Vorschriften des 1. Buches des FamFG über das Verfahren in Angelegenheiten der freiwilligen Gerichtsbarkeit, soweit die §§ 113–120 FamFG und die §§ 169 ff. FamFG keine Sondervorschriften enthalten.

2. Beteiligte

6 **a) Beteiligte Personen.** Die Neuregelungen des FamFG zu den Beteiligten im Verfahren haben dazu geführt, dass die Nebenintervention gem. § 640 e Abs. 1 S. 2 ZPO aF und die Streitverkündung gem. § 640 e Abs. 2 ZPO aF überflüssig geworden sind.[8] Es handelt sich bei allen Abstammungsverfahren nicht mehr um kontradiktorische Verfahren, sondern um antragsgebundene FamFG-Verfahren, bei denen es keine Antragsgegner sondern nur noch Beteiligte gibt, die zum Verfahren hinzuzuziehen sind.[9]

7 Gem. §§ 7 Abs. 2 Nr. 2, 172 Abs. 1 FamFG sind das **Kind**, die **Mutter** und der **Vater** stets Beteiligte des Feststellungsverfahrens.

Da es im Verfahren auf Feststellung der Vaterschaft gerade noch keinen rechtlichen Vater gibt, ist § 172 Abs. 1 FamFG insoweit unklar.[10] Der vermeintliche Vater, dessen Vaterschaft festgestellt werden soll, ist

3 Palandt/*Thorn* EGBGB Art. 19 Rn. 6.
4 Vgl. BGH 20.6.2018 – XII ZB 369/17, NJW 2018, 2641; 19.7.2017 – XII ZB 72/16, NJW 2017, 2911.
5 OLG Hamm 28.12.2018 – II-12 UF 149/18, NZFam 2019, 233.
6 MüKoBGB/*Wellenhofer* § 1600 d Rn. 31.
7 Vgl. hierzu *Motejl* FamRZ 2017, 345.
8 HK-ZPO/*Kemper* FamFG § 172 Rn. 2.
9 BT-Drs. 16/6308, 243.
10 HK-FamVerfR/*Fritsche* § 172 Rn. 2.

gem. § 7 Abs. 1 FamFG Verfahrensbeteiligter, wenn er selbst den Antrag auf Feststellung seiner Vaterschaft stellt. In Fällen, in denen er als Vater von der Mutter oder dem Kind auf Feststellung in Anspruch genommen wird, ist er Verfahrensbeteiligter gem. § 7 Abs. 2 Nr. 1 FamFG, da er in seinen Rechten unmittelbar betroffen ist.[11]

Das **Jugendamt** ist grundsätzlich nicht Beteiligter des Feststellungsverfahrens, § 172 Abs. 2 FamFG. Es kann aber vom Gericht angehört werden, wenn ein Beteiligter minderjährig ist, § 176 Abs. 1 S. 2 FamFG. Im Fall der Anfechtung der Vaterschaft durch den Putativvater, die gem. § 182 FamFG gleichzeitig auf Feststellung seiner Vaterschaft gerichtet ist, ist es **auf seinen Antrag** hin am Verfahren zu beteiligen.

Weitere Personen sind zu beteiligen, sofern ihr **statusrechtliches Interesse** durch das Verfahren berührt wird. Dass deren Interessen nur mittelbar berührt werden (zB Erbquoten weiterer Abkömmlinge des festzustellenden Vaters), rechtfertigt die Hinzuziehung als Beteiligte nicht. Auch die Eltern und die Ehefrau des festzustellenden Vaters sowie weitere Männer, die ebenfalls als Vater in Betracht kommen, weil sie nach dem Vorbringen eines Beteiligten der Mutter während der Empfängniszeit ebenfalls beigewohnt haben, sind grundsätzlich nicht als Beteiligte hinzuzuziehen.[12]

b) Verfahrensfähigkeit. Die Verfahrensfähigkeit der Beteiligten richtet sich nach den allgemeinen Vorschriften des § 9 FamFG. Ein Kind, das das 14. Lebensjahr noch nicht vollendet hat, ist gem. § 9 Abs. 1 Nr. 3 FamFG **nicht verfahrensfähig** und muss sich daher gem. § 9 Abs. 2 FamFG von seinen gesetzlichen Vertretern vertreten lassen. 8

Das gilt aber auch dann, wenn das Kind das 14. Lebensjahr bereits vollendet hat und nicht geschäftsunfähig ist (§ 104 BGB). Die Ausnahme gem. § 9 Abs. 1 Nr. 3 FamFG bezieht sich nur auf Kindschaftssachen, die die Person des Kindes betreffen.[13] Dies ergibt sich daraus, dass nur im Fall von § 1600 a Abs. 2 S. 2 BGB ein beschränkt geschäftsfähiger Minderjähriger ohne Zustimmung seines gesetzlichen Vertreters die Vaterschaft anfechten kann. Hierbei handelt es sich um eine nicht analogie- und erweiterungsfähige Ausnahmevorschrift. 9

Soweit das Kind selbst nicht verfahrensfähig ist, stellt sich die Frage, ob dem Kind ein **Ergänzungspfleger** gem. § 1909 BGB bestellt werden muss, weil die Vertretung der mangels Vater gem. § 1626 a Abs. 2 BGB allein sorgeberechtigten Mutter gem. §§ 1629 Abs. 2 S. 1, 1795 Abs. 2, 181 BGB ausgeschlossen ist. 10

Die (im Anfechtungsverfahren) umstritten gewesene Frage, ob die Vertretungsmacht der allein sorgeberechtigten Mutter gem. §§ 1629 Abs. 2 S. 1, 1795 Abs. 1 Nr. 3 BGB stets ausgeschlossen ist, weil trotz Abkehr des FamFG vom kontradiktorischen Verfahren der ZPO dennoch ein Rechtsstreit (zwischen Ehegatten) vorliege (→ *Anfechtung der Vaterschaft* Rn. 16), ist im Feststellungsverfahren ohne Relevanz. Lediglich wenn es um die Feststellung der Vaterschaft des Ehemanns der alleinsorgeberechtigten Mutter geht, ist diese gem. § 1795 Abs. 1 Nr. 3 BGB von der Vertretung des Kindes ausgeschlossen.[14]

In Betracht käme im Übrigen nur der **Ausschluss der Vertretungsmacht** gem. §§ 1629 Abs. 2 S. 1, 1795 Abs. 2, 181 BGB. Der Ausschluss der Vertretungsmacht wird mit dem allgemeinen Grundsatz des Verbots des Selbstkontrahierens begründet, der auch für die Vertretung im Verfahren gelten soll. Eine Person dürfe in einem Verfahren nicht gleichzeitig Beteiligter und Vertreter eines anderen Beteiligten sein.[15] Ein Ausschluss der Vertretungsmacht der Mutter in Anwendung der §§ 1795, 181 BGB scheitert aber daran, dass ein Interessenkonflikt auch abstrakt zwischen Mutter und Kind gerade nicht besteht, weil die Klärung der Abstammung dem Kindeswohl dient.[16] Die Mutter ist nicht schon deswegen ausgeschlossen, weil

11 HK-FamVerfR/*Fritsche* § 172 Rn. 2.

12 Vgl. BGH 18.1.2017 – XII ZB 544/15, FamRZ 2017, 623; Prütting/Helms/*Dürbeck* FamFG § 172 Rn. 10.

13 Keidel/*Engelhardt* FamFG § 172 Rn. 6, MüKoFamFG/*Coester-Waltjen*/*Hilbig* § 172 Rn. 31; Prütting/Helms/*Dürbeck* FamFG § 172 Rn. 4; aA HK-FamVerfR/*Fritsche* § 172 Rn. 4; HK-ZPO/*Kemper* FamFG § 175 Rn. 2.

14 Prütting/Helms/*Dürbeck* FamFG § 172 Rn. 6.

15 *Kieninger* in: Helms/Kieninger/Rittner, Abstammungsrecht in der Praxis, Rn. 228.

16 *Schwonberg* FuR 2010, 441 (447); *Helms* in: Helms/Kieninger/Rittner Rn. 77.

sie nach § 172 Abs. 1 Nr. 2 FamFG Beteiligte des Verfahrens ist. Ein Ausschluss der Mutter von der gesetzlichen Vertretung widerspräche der bewussten gesetzlichen Wertung, dass die Mutter grundsätzlich in der Lage ist, das Kind seinen Interessen entsprechend im Verfahren zu vertreten.[17]

Ein **Entzug der Vertretungsmacht der Mutter gem. §§ 1629 Abs. 2 S. 3, 1796 BGB** ist in Vaterschaftsfeststellungsverfahren gem. § 1629 Abs. 2 S. 3 Hs. 2 BGB nicht möglich. In Betracht kommt daher lediglich der Entzug nach den strengen Maßstäben des § 1666 BGB, so dass im Ergebnis festzuhalten ist, dass in Verfahren auf Feststellung der Vaterschaft die Mutter regelmäßig das nicht verfahrensfähige Kind vertreten kann, wenn kein Fall der Kindeswohlgefährdung gem. § 1666 BGB vorliegt, sofern es sich bei dem festzustellenden Vater nicht um den Ehemann der Mutter handelt.

11 Wird das Kind im Verfahren durch das **Jugendamt** als **Beistand** vertreten, ist die Vertretung der sorgeberechtigten Mutter ausgeschlossen, § 173 FamFG.

12 **c) Verfahrensbeistand.** Dem minderjährigen Beteiligten ist gem. § 174 FamFG in Abstammungsverfahren ein Verfahrensbeistand (→ *Verfahrensbeistand* Rn. 1 ff.) zu bestellen, wenn dies zur Wahrnehmung seiner Interessen erforderlich ist. Das soll gem. § 158 Abs. 2 Nr. 1 FamFG in der Regel der Fall sein, wenn das Interesse des Kindes zu dem seiner gesetzlichen Vertreter in erheblichem Gegensatz steht. Der Verfahrensbeistand ist gem. § 158 Abs. 4 S. 6 FamFG nicht gesetzlicher Vertreter des Kindes, weshalb die Bestellung eines Ergänzungspflegers (→ Rn. 9) gesondert zu beurteilen ist. Liegen die Voraussetzungen, die zum Ausschluss oder Entzug der Vertretungsmacht führen, vor, besteht auch immer ein Interessenkonflikt gem. § 158 Abs. 1 Nr. 1 FamFG.[18]

3. Formelle Verfahrensvoraussetzungen (Zulässigkeit)

13 **a) Zuständigkeit. aa) International.** Die deutschen Gerichte sind gem. § 100 FamFG international zuständig, wenn ein Verfahrensbeteiligter Deutscher ist (§ 100 Nr. 1 FamFG) oder seinen gewöhnlichen Aufenthalt im Inland hat (§ 100 Nr. 2 FamFG). Dabei kommt es nicht auf die Frage an, ob die deutsche Staatsangehörigkeit die effektive ist.[19] Hinsichtlich des Vaters ist entscheidend, ob dieser Antragsteller ist oder als solcher festgestellt werden soll; die Ausübungssperre gem. § 1600 d Abs. 5 BGB gilt nicht.[20] Die internationale Zuständigkeit ist nicht ausschließlich, § 106 FamFG. Deutschland hat keine gem. § 97 FamFG vorrangigen internationalen Verträge auf dem Gebiet der Abstammungssachen geschlossen, so dass sich die internationale Zuständigkeit ausschließlich nach § 100 FamFG richtet.[21]

14 **bb) Sachlich.** Ausschließlich zuständig für die Abstammungssache als Familiensache (§ 111 Nr. 3 FamFG) sind die Amtsgerichte, § 23 a Abs. 1 S. 1 Nr. 1, S. 2 GVG. Innerhalb der Amtsgerichte sind die Abteilungen für Familiensachen (§ 23 b GVG) zuständig. Es handelt sich hierbei um eine gesetzliche Regelung der Geschäftsverteilung und nicht um eine funktionale Zuständigkeit.[22]

15 Bei Zuständigkeitsfragen innerhalb des Amtsgerichts (zB zwischen Familiengericht und Zivilabteilung) sind die Vorschriften des § 17 a GVG entsprechend anzuwenden (17 a Abs. 6 GVG), dh das Familiengericht oder der Richter der Zivilabteilung, der sich für unzuständig erachtet, hat die Sache durch Beschluss an die jeweils andere Abteilung zu verweisen. Der Beschluss ist dann durch sofortige Beschwerde (§ 17 a Abs. 4 S. 3 GVG) anfechtbar.

16 **cc) Örtlich.** Gem. § 170 Abs. 1 FamFG ist das Amtsgericht, in dessen Bezirk das Kind seinen gewöhnlichen Aufenthalt (→ *Gewöhnlicher Aufenthalt* Rn. 8 ff.) hat, örtlich zuständig (**kindesnaher Gerichts-**

17 BGH 2.11.2016 – XII ZB 583/15, FamRZ 2017, 123; 21.3.2012 – XII ZB 510/10, NJW 2012, 1731.
18 HK-FamVerfR/*Fritsche* § 174 Rn. 6.
19 HK-ZPO/*Kemper* FamFG § 100 Rn. 4.
20 OLG Frankfurt a.M. 29.10.2019 – 8 UF 137/19, NZFam 2020, 181.
21 Prütting/Helms/*Hau* FamFG § 100 Rn. 3.
22 Vgl. HK-ZPO/*Rathmann* GVG § 23 b Rn. 2.

stand). Dabei kommt es darauf an, dass sich das Kind dort nicht nur vorübergehend aufhält, sondern dort seinen tatsächlichen Lebensmittelpunkt hat.[23]

Ist danach die Zuständigkeit eines deutschen Gerichts nicht gegeben, ist gem. § 170 Abs. 2 FamFG der gewöhnliche Aufenthalt der Mutter maßgebend. Ist auch danach kein deutsches Gericht zuständig, richtet sich die örtliche Zuständigkeit nach dem gewöhnlichen Aufenthalt des Vaters.

In allen übrigen Fällen ist das Amtsgericht Schöneberg in Berlin ausschließlich zuständig, § 170 Abs. 3 FamFG.

b) Antragsberechtigte. Hinsichtlich der Antragsberechtigung beinhaltet das materielle Recht keine speziellen Vorgaben. Die **Antragsberechtigung des Kindes und der Mutter** ergibt sich daher direkt aus ihrer Beteiligteneigenschaft.[24] 17

Im neuen Recht ungeklärt ist aber die **Antragsberechtigung des vermeintlichen Vaters** selbst. Der vermeintliche Vater ist nicht direkt aus § 172 FamFG Beteiligter, da er ja noch nicht Vater im rechtlichen Sinne ist. Seine Beteiligtenstellung ergibt sich vielmehr aus der Antragstellereigenschaft gem. § 7 Abs. 1 FamFG (→ Rn. 6). Für die Frage der Antragsberechtigung ist daher eine wie oben vorgenommene Verweisung auf die Beteiligtenstellung unzulässig, da es sich um einen Zirkelschluss handeln würde. Die Antragsberechtigung ergab sich im früheren Recht aus § 1600 e Abs. 1 S. 1 Nr. 1 BGB aF.[25] Da den Begründungen zum FGG-RG nicht entnommen werden kann, dass insoweit eine Änderung der Rechtslage herbeigeführt werden sollte, muss der vermeintliche Vater weiterhin antragsberechtigt sein.[26]

c) Form. Das Feststellungsverfahren kann nur durch einen Antrag gem. § 23 FamFG eingeleitet werden, § 171 Abs. 1 FamFG (**Antragsprinzip**). Das Verfahrensziel und die betroffenen Personen sind anzugeben. Das Gericht hat bei Fehlen dieser Mindestanforderungen darauf hinzuweisen und auf eine Ergänzung des Antrages hinzuwirken, § 28 FamFG, bevor es den Antrag als unzulässig zurückweist.[27] 18

Der Antrag kann **schriftlich oder zur Niederschrift bei der Geschäftsstelle** des zuständigen Amtsgerichts abgegeben werden (§ 25 Abs. 1 FamFG), da eine Vertretung durch einen Rechtsanwalt in Abstammungsverfahren nicht vorgeschrieben ist (§ 114 Abs. 1 FamFG).

Der Antrag kann bis zur Rechtskraft der Endentscheidung zurückgenommen werden. Ist die Endentscheidung bereits ergangen, so bedarf die Rücknahme des Antrags der Zustimmung der übrigen Beteiligten (§ 22 Abs. 1 FamFG).

d) Keine Vaterschaft nach § 1592 Nr. 1, 2 BGB. Zulässigkeitsvoraussetzung für ein Vaterschaftsfeststellungsverfahren ist außerdem, dass keine Vaterschaft gem. § 1592 Nr. 1, 2 BGB besteht, § 1600 d Abs. 1 BGB. Die **Sperrwirkung** des § 1600 d Abs. 1 BGB hat zur Folge, dass die rechtliche Vaterschaft des Ehemannes oder des Vaters kraft Anerkennung zuerst angefochten werden muss.[28] In dem (erfolgreichem) Anfechtungsverfahren des vermeintlichen Vaters ist aber gem. § 182 Abs. 1 FamFG neben dem Nichtbestehen der Vaterschaft des bisherigen rechtlichen Vaters auch die tatsächliche Vaterschaft auszusprechen, (→ *Anfechtung der Vaterschaft* Rn. 50) so dass nur ein Verfahren durchzuführen ist. Umgekehrt wird das Vaterschaftsfeststellungsverfahren unzulässig, wenn während dieses Verfahrens ein Dritter mit Zustimmung der Mutter die Vaterschaft anerkennt. Für die Sperrwirkung der Feststellung der Vaterschaft gegenüber der Anerkennung und umgekehrt gilt also der Grundsatz der Priorität.[29] 19

23 HK-FamVerfR/*Fritsche* § 170 Rn. 4.
24 NK-BGB/*Gutzeit* Vor §§ 1591–1600 d Rn. 30.
25 Palandt/*Diederichsen*, 68. Aufl., BGB § 1600 e Rn. 6.
26 MüKoFamFG/*Coester-Waltjen/Hilbig* § 171 Rn. 6; ebenso zu § 100 FamFG OLG Frankfurt a. M. 29.10.2019 – 8 UF 137/19, NZFam 2020, 181.
27 BT-Drs. 16/6308, 244.
28 NK-BGB/*Gutzeit* § 1600 d Rn. 3.
29 NK-BGB/*Gutzeit* § 1600 d Rn. 3.

4. Wirksamkeit und Wirkung des Beschlusses

20 In Abweichung zum Grundsatz der Wirksamkeit eines Beschlusses mit Bekanntgabe (§ 40 Abs. 1 FamFG) wird die Endentscheidung in Abstammungssachen erst **mit Rechtskraft wirksam**, § 184 Abs. 1 S. 1 FamFG.

Die Endentscheidung im Feststellungsverfahren wirkt gem. § 184 Abs. 2 FamFG nicht nur zwischen den Beteiligten (subjektive Rechtskraftwirkung, § 325 ZPO), sondern für und gegen jedermann (**inter omnes**), soweit über die Abstammung entschieden wurde. Das bedeutet, dass mit der Rechtskraft der Statusentscheidung deren Inhalt in Zukunft allen weiteren Entscheidungen zugrunde zu legen ist, in denen die Statusfrage eine Rolle spielt. Das gilt auch dann, wenn die Feststellung aufgrund gesetzlicher Beweislastregeln oder Vermutungen (→ *Abstammungsvermutungen* Rn. 1 ff.) getroffen wurde.[30] Voraussetzung für die Inter-omnes-Wirkung ist allerdings, dass eine Sachentscheidung getroffen wurde. Wurde der Antrag als unzulässig abgewiesen, tritt die Rechtskrafterstreckung nicht ein. Auch wenn gar keine Entscheidung getroffen wird, sondern sich das Verfahren zB durch den Tod eines Beteiligten (§ 181 FamFG) erledigt, tritt die Wirkung des Beschlusses nicht ein.[31] Der den Feststellungsantrag **abweisende Beschluss** beinhaltet die Feststellung, dass der in Anspruch genommene Mann nicht der Vater des Kindes ist. Diese Feststellung hat Wirkung für und gegen alle und kann nur noch über die Wiederaufnahme (→ Rn. 21) geändert werden.[32]

5. Beschwerdeverfahren

21 Gegen den Beschluss ist die **Beschwerde gem. § 58 Abs. 1 FamFG** (→ *Beschwerdeverfahren* Rn. 1 ff.) statthaft. Beschwerdeberechtigt ist gem. § 59 Abs. 1 FamFG jeder, der durch die Entscheidung in seinen Rechten beeinträchtigt ist. Die allgemeinen Vorschriften gewährleisten nach ihrem Wortlaut nur eine Beschwerdeberechtigung für Vater und Kind. Deshalb erweitert § 184 Abs. 3 FamFG den Kreis der Beschwerdeberechtigten um alle, die am Verfahren beteiligt waren oder zu beteiligen gewesen wären, § 172 FamFG (→ Rn. 5 ff.).

Nicht beschwerdeberechtigt sind aber Personen, die nur mittelbar von dem Beschluss beeinträchtigt werden, zB Großeltern bezüglich eines Umgangsrechts oder Geschwisterkinder bezüglich der Höhe des Unterhaltsanspruchs.[33] Da sie nicht in statusrechtlichen Interessen durch die Feststellung der Vaterschaft berührt werden, sind weder die Ehefrau noch Erben oder Nachlasspfleger des Mannes, der als Vater festgestellt wurde, jedoch während des Verfahrens verstorben ist, beschwerdebefugt, mögen sie auch als Beteiligte zum Verfahren hinzugezogen worden sein.[34]

6. Wiederaufnahme des Verfahrens

22 Die Endentscheidung in Abstammungssachen ist **nicht gem. § 48 FamFG abänderbar** (§ 184 Abs. 1 S. 2 FamFG). Angreifbar sind rechtskräftige Entscheidungen nur mit der Wiederaufnahme gem. § 48 Abs. 2 FamFG iVm §§ 578 ff. ZPO und § 185 FamFG.

§ 185 Abs. 1 FamFG erweitert die Wiederaufnahmegründe des Buches 4 der ZPO. Danach findet die Wiederaufnahme auch statt, wenn ein Beteiligter ein **neues Gutachten** über die Abstammung vorlegt, das allein oder in Verbindung mit den im früheren Verfahren erhobenen Beweisen eine andere Entscheidung herbeigeführt haben würde. Die Wiederaufnahme kann nur durch einen Beteiligten des Vorverfahrens betrieben werden[35] nicht durch dessen Erben.[36] Gutachten ist dabei jede schriftlich abgefasste Stellungnahme über die Vaterschaft, die von einer Person stammt, deren Fachwissen gerichtsbekannt ist oder leicht festgestellt werden kann. Neu ist das Gutachten, wenn es zu einem Zeitpunkt erstellt wurde, in dem es

---

30 HK-FamVerfR/*Fritsche* § 184 Rn. 57.
31 HK-ZPO/*Kemper* FamFG § 184 Rn. 5.
32 HK-FamVerfR/*Fritsche* § 184 Rn. 5.
33 BT-Drs. 16/9733, 368.
34 BGH 31.1.2018 – XII ZB 25/17, FamRZ 2018, 764.
35 OLG Stuttgart 31.8.2018 – 17 UF 53/18, FamRZ 2019, 607.
36 OLG Celle 13.3.2000 – 15 UFH 1/00, NJW-RR 2000, 1100.

im Vorverfahren nicht mehr berücksichtigt werden konnte, jedenfalls wenn es nach der letzten mündlichen Verhandlung des Vorverfahrens ausgearbeitet wurde.[37] Die **Vorlage** des Gutachtens ist Zulässigkeitsvoraussetzung, welche spätestens zum Schluss der letzten mündlichen Verhandlung erfüllt sein muss.[38] Aus dem Gutachten muss sich ergeben, dass im Vorverfahren eine andere Entscheidung getroffen worden wäre, wenn das Gutachten damals bereits bekannt gewesen wäre. Nicht ausreichend ist also, dass jetzt eine andere Entscheidung getroffen werden könnte, sondern dass bereits im Vorverfahren eine andere Entscheidung (**hypothetische Ausgangsentscheidung**) möglich gewesen wäre.[39]

7. Verfahrenswert

Der Verfahrenswert für Abstammungssachen nach § 169 Nr. 1 und 4 FamFG beträgt gem. § 47 Abs. 1 FamGKG 2.000 EUR. Ist mit dem Feststellungsverfahren eine Unterhaltssache nach § 237 FamFG verbunden, ist nur der höhere Verfahrenswert maßgebend, § 33 Abs. 1 S. 2 FamGKG. 23

8. Kosten

Es gelten die allgemeinen Vorschriften (§ 81 FamFG). Die Kostenentscheidung richtet sich nach billigem Ermessen, wobei der Erfolg des Antrags nur ein Gesichtspunkt ist[40] (→ *Kostenentscheidung in Familiensachen* Rn. 33). 24

9. Rechtsanwaltsgebühren

Bezüglich der gerichtlichen und außergerichtlichen Tätigkeit des Rechtsanwalts bestehen keine Besonderheiten. Im außergerichtlichen Bereich entstehen die Gebühren nach Teil 2 VV RVG. Eine Einigungsgebühr gem. Nr. 1000, 1003 VV RVG entsteht, wenn im Feststellungsverfahren durch Mitwirkung des Rechtsanwalts eine Einigung darüber erzielt wird, dass eine Vaterschaftsanerkennung nach § 180 FamFG erfolgt und das Verfahren sodann für erledigt erklärt wird, oder in einer mit der Feststellung verbundenen Unterhaltssache eine Einigung über die Höhe des Unterhalts erzielt wird.[41] 25

10. Verfahrenskostenhilfe

In Abstammungsverfahren erfolgt die Beiordnung eines Rechtsanwaltes im Rahmen der Verfahrenskostenhilfe gem. § 78 Abs. 2 FamFG allein nach dem Kriterium der **Schwierigkeit der Sach- und Rechtslage**. Abweichend von § 121 Abs. 2 Alt. 2 ZPO kommt es nicht auf das Argument der Waffengleichheit an, da die Verfahren nicht mehr streng kontradiktorisch ausgestaltet sind. Der Grundsatz der Amtsaufklärung sowie die Vertretungsmöglichkeit des Jugendamtes als Beistand in den Abstammungsverfahren (§ 173 FamFG) wahren uU hinreichend die Rechte des Kindes,[42] während dem festzustellenden Vater sowie der Mutter regelmäßig ein Anwalt beizuordnen ist.[43] Die Schwierigkeit der Sach- und Rechtslage kann sich regelmäßig aus der **schwierigen Auswertung des Abstammungsgutachtens** ergeben. Die Schwere des Eingriffs und die weitreichenden Folgen der Abstammungssache (Unterhaltspflicht, Erbrecht) würden einen Bemittelten regelmäßig zur Beauftragung eines Rechtsanwaltes veranlassen.[44] 26

37 HK-ZPO/*Kemper* FamFG § 185 Rn. 5 f.
38 HK-FamVerfR/*Fritsche* § 185 Rn. 4.
39 HK-FamVerfR/*Fritsche* § 185 Rn. 4.
40 *Dürbeck* NZFam 2019, 524; OLG Saarbrücken 18.3.2019 – 6 UF 36/19, NZFam 2019, 461.
41 *Berndt* in: FormB-FamR § 14 Rn. 121.
42 HK-FamVerfR/*Harms* § 78 Rn. 4.
43 *Grün* in: Heilmann FamFG § 169 Rn. 25.
44 OLG Schleswig 13.10.2010 – 13 WF 134/10, NJW-RR 2011, 506.

IV. Verfahren zur Feststellung des Nichtbestehens eines Eltern-Kind-Verhältnisses

27 Neben der positiven Feststellung der Vaterschaft ist auch die negative Feststellung eines Eltern-Kind-Verhältnisses möglich. Es handelt sich um eine Abstammungssache gem. § 169 Nr. 1 FamFG. Inhalt des Verfahrens ist die Feststellung, dass ein Mann nicht der Vater des Kindes ist.

Bedeutung hat der **negative Feststellungsantrag** v.a. dann, wenn die Möglichkeit der Verwechslung eines Kindes im Krankenhaus im Raum steht, zweifelhaft ist, ob die Eltern bei Geburt des Kindes wirksam verheiratet waren oder wenn unklar ist, ob ein Kind innerhalb von 300 Tagen nach dem Tod des Ehemannes oder (bei verschiedenen ausländischen Rechtsordnungen) der Scheidung geboren wurde, weil der Geburtstermin möglicherweise unzutreffend beurkundet wurde.[45] Hat der Antrag keinen Erfolg, da festgestellt wird, dass der Mann doch der biologische Vater des Kindes ist, ist der Antrag abzuweisen und gleichzeitig die Vaterschaft im Beschlusstenor festzustellen, § 182 Abs. 2 FamFG. Bleibt die Vaterschaft des beteiligten Mannes ungeklärt (non-liquet), ist der Antrag als unbegründet abzuweisen.[46] Eine gesetzliche Abstammungsvermutung greift für diese Fälle nicht.

28 Der Antrag des vermeintlich biologischen Vaters gem. § 169 Nr. 1 FamFG auf Feststellung, dass zwischen Kind und rechtlichem Vater kein Eltern-Kind-Verhältnis vorliegt oder dass er selbst der Vater des Kindes ist, ist unzulässig.[47] Die bestehende Vaterschaft kann ausschließlich durch ein Anfechtungsverfahren beseitigt werden, in dem gleichzeitig die Vaterschaft des Antragstellers festzustellen ist (→ *Anfechtung der Vaterschaft* Rn. 9, 50).

Von dem Antrag auf Feststellung, dass ein Eltern-Kind-Verhältnis nicht besteht, ist der Fall des Antrags auf Feststellung der Unwirksamkeit der Anerkennung der Vaterschaft zu unterscheiden. Für diesen Antrag gilt der Prüfungsmaßstab des § 1598 BGB.[48]

V. Verfahren zur Klärung der Abstammung ohne Statuswirkung

29 Mit der Entscheidung vom 13.2.2007 hat das Bundesverfassungsgericht klargestellt, dass der rechtliche Vater nicht nur das Recht auf Kenntnis hat, ob ein Kind von ihm abstammt (→ *Kenntnis der Abstammung* Rn. 2), sondern auch auf Verwirklichung dieses Rechts.[49] Zwar hat es die Rechtsprechung des Bundesgerichtshofs zur Unverwertbarkeit heimlich eingeholter Abstammungsgutachten als verfassungskonform bestätigt, den Gesetzgeber aber gleichzeitig verpflichtet, eine entsprechende gesetzliche Regelung zu treffen, die eine Klärung der Abstammung ermöglicht und dabei den Status des Kindes unberührt lässt. Mit dem Gesetz zur Klärung der Vaterschaft unabhängig vom Anfechtungsverfahren vom 26.3.2008[50] wurde daher das statusunabhängige Abstammungsklärungsverfahren in § 1598 a BGB geschaffen.

Bevor ein Anfechtungsverfahren betrieben wird, welches bei Erfolg immer die abstammungsrechtlichen Beziehungen auflöst, kann nun im Rahmen des statusunabhängigen Klärungsverfahrens die Abstammung überprüft werden und dann – bei Kenntnis der genetischen Abstammung – die Entscheidung getroffen werden, ob das Anfechtungsverfahren betrieben werden soll oder nicht. Das Ergebnis dieses Verfahrens kann weiterhin die für die Anfechtung der Vaterschaft erforderliche plausible Darlegung ermöglichen, dass das Kind nicht von dem statusrechtlichen Vater abstammt. Schließlich kann das Vorliegen des Gutachtens auch die Anfechtungsfrist (§ 1600 b BGB) in Gang setzen. Umgekehrt ist diese Frist während der Anhängigkeit eines Klärungsverfahrens gehemmt (§ 1600 b Abs. 4 BGB).

---

45 Vgl. zu diesen Fällen Keidel/*Engelhardt* FamFG § 169 Rn. 7.

46 Keidel/*Engelhardt* FamFG § 182 Rn. 4.

47 BGH 6.12.2006 – XII ZR 164/04, NJW 2007, 1677.

48 Keidel/*Engelhardt* FamFG § 169 Rn. 6.

49 BVerfG 13.2.2007 – 1 BvR 421/05, NJW 2007, 753.

50 BGBl. I 2008, 441.

1. Einwilligung in Abstammungsuntersuchung und Duldung der Probeentnahme, § 1598 a Abs. 1 BGB

a) Materiellrechtliche Anspruchsgrundlage. § 1598 a Abs. 1 BGB normiert einen **materiellrechtlichen Anspruch** auf Einwilligung in eine genetische Abstammungsuntersuchung und auf Duldung einer für die Untersuchung geeigneten genetischen Probe. Der Anspruch steht dem Vater (Nr. 1), der Mutter (Nr. 2) sowie dem Kind (Nr. 3) jeweils gegen die anderen Anspruchsinhaber zu (**Klärungsberechtigte**). Vater ist dabei ausschließlich der rechtliche Vater iSv § 1592 BGB (→ *Anfechtung der Vaterschaft* Rn. 2), Mutter ist die Frau, die das Kind geboren hat, § 1591 BGB (→ *Mutterschaft* Rn. 3). Weitere Voraussetzungen sind nicht normiert, insbesondere entsteht der Anspruch nicht erst, wenn der Klärungsberechtigte von Umständen Kenntnisse erlangt, die gegen die Abstammung sprechen.[51] Der Anspruch besteht aber nicht bei **Rechtsmissbrauch**, der insbesondere dann vorliegt, wenn bereits ein Gutachten vorliegt und durch ein neues Gutachten keine weiteren Erkenntnisse zu erwarten sind oder wenn der Antragsteller bereits aus anderen Gründen hinreichend sichere Kenntnis von der Abstammung hat.[52] Der Anspruch verjährt nicht (§ 194 Abs. 2 BGB). 30

Die **genetische Abstammung von der Mutter** kann im Rahmen des § 1598 a BGB durch das Kind geklärt werden.[53] Dies kann in Fällen der gespaltenen Mutterschaft (→ *Mutterschaft* Rn. 3) aber auch bei vermeintlichen Kindesverwechslungen (→ *Mutterschaft* Rn. 8) von Bedeutung sein. Eine restriktive Auslegung des § 1598 a BGB unter Verweis auf den Normkontext der §§ 1592 ff. BGB dahin gehend, dass die Klärung der Abstammung von der Mutter nicht zulässig sei, findet nicht statt.[54]

Der vermeintliche biologische Vater ist **nicht klärungsberechtigt** gem. § 1598 a BGB. Vor dem Hintergrund der verfassungsrechtlichen Vorgaben zu seinem Recht auf Kenntnis der Abstammung und dessen Durchsetzung wird dies kritisch betrachtet.[55] Ihm bleibt lediglich die Anfechtung der Vaterschaft gem. § 1600 Abs. 1 Nr. 2 BGB unter den erschwerten Voraussetzungen des § 1600 Abs. 2 BGB (→ *Anfechtung der Vaterschaft* Rn. 5 ff.).

Die Einwilligung muss schriftlich und erst nach einer Aufklärung durch die für die Untersuchung verantwortliche Person erfolgen (§§ 17 Abs. 1, 8 GenDG). Die Probe muss dann nach den anerkannten Grundsätzen der Wissenschaft entnommen werden.[56]

b) Familiengerichtliches Verfahren. aa) Erkenntnisverfahren. Verweigert der Anspruchsgegner die Einwilligung, zu der er nach § 1598 a Abs. 1 BGB verpflichtet ist, kann der Klärungsberechtigte die Ersetzung der Einwilligung und die Anordnung der Probeentnahme beantragen, § 1598 a Abs. 2 BGB. Es handelt sich um eine **Abstammungssache** gem. § 169 Nr. 2 FamFG. Zuständig ist das Familiengericht, § 23 a Abs. 1 Nr. 1 GVG. Die örtliche Zuständigkeit richtet sich nach § 170 FamFG (→ *Anfechtung der Vaterschaft* Rn. 22). Im Verfahren wird nur die Einwilligung ersetzt und die Entnahme angeordnet, die eigentliche Begutachtung findet außerhalb des Verfahrens auf Kosten des Klärungsberechtigten statt.[57] 31

Ein minderjähriges Kind, das das 14. Lebensjahr bereits vollendet hat, ist auch für dieses Verfahren aus den genannten Gründen nicht **verfahrensfähig** (→ Rn. 8). 32

Die Eltern sind gem. § 1629 Abs. 2 a BGB von der gesetzlichen Vertretung des minderjährigen Kindes ausgeschlossen, weshalb diesem zwingend ein **Ergänzungspfleger** gem. § 1909 BGB zu bestellen ist.

Das Verfahren ist gem. § 1598 a Abs. 3 BGB **auszusetzen**, wenn die Klärung der Abstammung eine unzumutbare **Beeinträchtigung für das Wohl des minderjährigen Kindes** darstellen würde. Grundsätzlich 33

51 Palandt/*Brudermüller* BGB § 1598 a Rn. 2.
52 BGH 10.7.2019 – XII ZB 33/18 FamRZ 2019, 1543; 30.11.2016 – XII ZB 173/16, FamRZ 2017, 219.
53 NK-BGB/*Gutzeit* § 1598 a Rn. 5.
54 NK-BGB/*Gutzeit* § 1598 a Rn. 5.
55 Vgl. zur Kritik hieran die Nachweise bei Palandt/*Siede* BGB § 1598 a Rn. 7.
56 NK-BGB/*Gutzeit* § 1598 a Rn. 8.
57 Palandt/*Siede* BGB § 1598 a Rn. 14.

ist aber das Klärungsinteresse als vorrangig einzustufen. Die Kindeswohlklausel des Abs. 3 greift daher nur in besonderen Ausnahmesituationen. Die dem Verfahren immanente Härte des Verlusts des Vaters ist nicht ausreichend. In Betracht kommen nur atypische Umstände, insbesondere psychische und physische Gründe in der Person des Kindes, die dazu führen können, dass das Ergebnis des Gutachtens das Kind außergewöhnlich belastet, wie zum Beispiel Suizidgefahr oder die Gefahr der gravierenden Verschlechterung einer bereits bestehenden schweren Krankheit.[58]

34 **bb) Vollstreckungsverfahren.** Im Tenor der gerichtlichen Entscheidung wird die Einwilligung ersetzt, so dass insoweit **kein weiteres Vollstreckungsverfahren zur Abgabe der Willenserklärung** (§ 95 Abs. 1 Nr. 5 FamFG) mehr nötig ist. Gleichzeitig wird im Tenor die Duldung zur Probeentnahme angeordnet. Weigert sich der Anspruchsgegner im Anschluss die Entnahme zu dulden, so muss die gerichtliche Entscheidung nach § 95 Abs. 1 Nr. 4 FamFG iVm § 890 ZPO durch die Verhängung von Ordnungsgeld oder Ordnungshaft vollstreckt werden.[59] Bei wiederholter unberechtigter Verweigerung der Probeentnahme kann gem. § 96 a Abs. 2 FamFG auch unmittelbarer Zwang in Form einer zwangsweisen Vorführung zur Untersuchung und zwangsweisen Probeentnahme angewendet werden. Ein Zwischenverfahren über die Frage der unberechtigten Verweigerung gem. §§ 386–390 ZPO ist nicht durchzuführen. Die Verweisung in § 177 Abs. 2 FamFG gilt nur für die Begutachtung im Rahmen von Feststellungs- oder Anfechtungsverfahren gem. § 169 Nr. 1 und 4 FamFG.[60]

35 Die **Vollstreckung der Duldung der Probeentnahme** ist gem. § 96 a Abs. 1 FamFG ausgeschlossen (Vollstreckungsschutzvorschrift), wenn die Art der Probeentnahme der zu untersuchenden Person nicht zugemutet werden kann. Im Fall der Blutentnahme ist dies aus gesundheitlichen Gründen denkbar, nicht aber wenn eine Speichelprobe entnommen werden soll, deren Entnahme immer zumutbar sein wird.[61] Religiöse oder weltanschauliche Ansichten des Verpflichteten reichen nicht aus.[62] Hat ein einsichtsfähiges Kind die Entnahme der Probe zu dulden und verweigert es die Mitwirkung hieran, ist die Vollstreckung gegen dieses, nicht gegen den vertretungsberechtigten Elternteil zu richten.[63]

2. Einsicht in Abstammungsgutachten

36 Derjenige, der in die genetische Untersuchung eingewilligt und eine entsprechende Probe abgegeben hat, hat einen **Anspruch auf Einsicht in das Gutachten** oder Aushändigung einer Abschrift gegen den Klärungsberechtigten, § 1598 a Abs. 4 BGB. Der Anspruch besteht auch, wenn die Einwilligung ersetzt wurde und die Probe zwangsweise entnommen wurde. Abs. 4 muss außerdem erweiternd dahin gehend ausgelegt werden, dass allen Beteiligten gem. § 172 Abs. 1 FamFG das Recht auf Kenntnis des Gutachtens zusteht.[64]

VI. Unterhaltsverfahren und Vaterschaftsfeststellung

37 In **Ausnahme zur Rechtsausübungssperre** des § 1600 d Abs. 5 BGB können Unterhaltsansprüche des minderjährigen Kindes gem. § 237 Abs. 1 FamFG auch ohne bereits erfolgte gerichtliche Feststellung des Antragsgegners als Vater anhängig gemacht werden, wenn ein Vaterschaftsfeststellungsverfahren anhängig ist. Der Unterhaltsantrag ist gem. § 237 Abs. 3 FamFG auf den Mindestunterhalt gem. § 1612 a BGB beschränkt. Einwände des Unterhaltsverpflichteten können nicht berücksichtigt werden, insbesondere ist der Einwand der beschränkten oder nichtbestehenden Leistungsfähigkeit ausgeschlossen.[65] Eine Abänderung des Unterhaltstitels ist gem. § 240 FamFG möglich. Der Beschluss über den Unterhalt wird gem. § 237

58 BT-Drs. 16/6561, 13.
59 BT-Drs. 16/9733, 361.
60 HK-FamVerfR/*Fritsche* § 178 Rn. 2.
61 HK-ZPO/*Kemper* FamFG § 96 a Rn. 2.
62 Palandt/*Siede* BGB § 1598 a Rn. 17.
63 OLG Celle 25.6.2018 – 21 WF 41/18, NZFam 2019, 232 zu § 178 FamFG.
64 NK-BGB/*Gutzeit* § 1598 a Rn. 16.
65 HK-ZPO/*Kemper* FamFG § 237 Rn. 2.

Abs. 4 FamFG erst mit der Rechtskraft der Entscheidung über die Feststellung der Vaterschaft oder mit der Anerkennung der Vaterschaft wirksam. Das Verfahren gem. §§ 237, 248 FamFG wird unzulässig, wenn das Feststellungsverfahren vorzeitig durch rechtskräftige Feststellung oder Anerkennung der Vaterschaft endet, wenn zu diesem Zeitpunkt der Unterhalt noch nicht tituliert ist.[66]

Das Unterhaltsverfahren ist ein **selbstständiges Verfahren**, kann aber gem. § 179 Abs. 1 S. 2 FamFG mit einem Feststellungsverfahren verbunden werden.[67]

66 Str: wie hier Haußleiter/*Eickelmann* FamFG § 237 Rn. 10; aA OLG München 11.10.2018 – 26 UF 59/18, NJW 2019, 1467.

67 HK-ZPO/*Kemper* FamFG § 237 Rn. 2.

110. Feststellung des Bestehens oder Nichtbestehens einer Ehe

Gurk

I. Allgemeines

1 Die Frage, ob eine Ehe besteht oder nicht besteht, betrifft den Bereich der Eheschließung und ihrer Wirksamkeit sowie den Bereich der wirksamen Auflösung einer Ehe. § 121 Nr. 3 FamFG bestimmt, dass das Verfahren auf Feststellung des Bestehens oder Nichtbestehens einer Ehe eine **Ehesache** ist. Es handelt sich um ein **familiengerichtliches Feststellungsverfahren**, für das nunmehr die §§ 122–132 FamFG Anwendung finden.

2 Das Verfahren auf Feststellung des Bestehens oder Nichtbestehens einer **eingetragenen Lebenspartnerschaft** nach § 269 Abs. 1 Nr. 2 FamFG ist dagegen keine Ehesache. Gleichwohl gelten gem. § 270 Abs. 1 FamFG die Verfahrensvorschriften für die Feststellung des Bestehens oder Nichtbestehens einer Ehe entsprechend.

II. Verfahrensbeteiligte

3 An Ehesachen können nur die **Ehegatten** beteiligt sein. Allein § 129 FamFG erweitert den Kreis der Beteiligten. Demnach ist sowohl in Eheaufhebungsverfahren als auch in Verfahren auf Feststellung des Bestehens oder Nichtbestehens einer Ehe eine Beteiligung der **zuständigen Verwaltungsbehörde** gesetzlich vorgesehen.

4 § 129 Abs. 2 S. 3 iVm Abs. 2 S. 1 FamFG regelt die **Unterrichtungspflicht** des Familiengerichts gegenüber der zuständigen Verwaltungsbehörde in den Fällen, in denen ein Eheaufhebungsverfahren bzw. ein Verfahren auf Feststellung des Bestehens oder Nichtbestehens einer Ehe durch einen Ehegatten anhängig gemacht wurde.

5 Demgegenüber fehlt ein ausdrückliches **Antragsrecht** der zuständigen Verwaltungsbehörde für ein Verfahren auf Feststellung des Bestehens oder Nichtbestehens einer Ehe. § 129 Abs. 2 S. 3 FamFG verweist nicht auf eine entsprechende Anwendung des § 129 Abs. 1 FamFG, der seinerseits lediglich auf die Eheaufhebungsvorschriften verweist. Die Behörde kann das Verfahren, anders als bei Eheaufhebungsverfahren, also nicht initiativ einleiten.

Allerdings kann die Behörde nach erfolgter Unterrichtung das **Verfahren betreiben**, insbesondere also **selbstständige Anträge** stellen oder **Rechtsmittel** einlegen (§ 129 Abs. 2 S. 2 FamFG).

6 Die Bestimmung der Zuständigkeit der Verwaltungsbehörde obliegt den jeweiligen **Regierungen der Länder**.[1]

7 § 129 FamFG sieht auch kein Antragsrecht für **Dritte** auf Feststellung des Bestehens oder Nichtbestehens einer Ehe vor. Das für Eheaufhebungsverfahren in §§ 1316 Abs. 1 S. 1, 1306 BGB vorgesehene Antragsrecht Dritter gilt für das Feststellungsverfahren nicht.

8 Für das Verfahren besteht gem. § 114 Abs. 1 FamFG **Anwaltszwang** für die Beteiligten. Dieses gilt gem. § 114 Abs. 3 S. 1 FamFG nicht für die beteiligte Verwaltungsbehörde.

1 Darstellung der jeweils zuständigen Behörde bei Zöller/*Lorenz* FamFG § 129 Rn. 2.

III. Verfahrensgegenstand

Das Verfahren dient der Feststellung, ob 9

- eine Ehe wirksam geschlossen wurde oder
- eine ehemals wirksam geschlossene Ehe wirksam aufgelöst wurde.

1. Wirksame Eheschließung

Die gesetzliche Regelung der Eheschließung an sich findet sich in den §§ 1310–1312 BGB (→ *Eheschließung im Inland* Rn. 1 ff.). Daneben regeln die §§ 1303–1308 BGB die für die wirksame Eheschließung erforderlichen Voraussetzungen der **Ehefähigkeit** bzw. die **Eheverbote** (→ *Ehehindernisse und Eheverbote* Rn. 1 ff.). Von besonderer Bedeutung ist dabei, dass die Beteiligten ehefähig sind (→ *Ehefähigkeit* Rn. 1 ff.). 10

Die Eheschließung stellt einen **familienrechtlichen Vertrag** dar, der durch die gesetzlich vorgeschriebene Beteiligung eines Standesbeamten einer **besonderen Form** bedarf.

Besondere Anforderungen bestehen für die Eheschließung, wenn zumindest ein Ehepartner **Ausländer** ist (→ *Eheschließung mit Ausländern* Rn. 1 ff.) und/oder die Eheschließung im Ausland stattfindet (→ *Eheschließung im Ausland* Rn. 1 ff.). 11

2. Wirksame Auflösung einer Ehe

Seit 1.7.1998 kann eine Ehe nur durch **Ausspruch der Scheidung** und durch eine **Eheaufhebung** aufgelöst werden. Nur bei Vorliegen schwerwiegender formeller oder materieller Mängel kann eine (versuchte) Eheschließung ohne familienrechtliche Wirkung bleiben, weshalb man von einer „**Nichtehe**" spricht.[2] 12

Bis zum 30.6.1998 war im EheG auch noch die Möglichkeit der **Nichtigkeit einer Ehe** (ex nunc) vorgesehen, soweit die entsprechenden Voraussetzungen vorlagen. Der Gesetzgeber hat bei der Neuregelung des Eheschließungsrechts zum 1.7.1998 jedoch davon abgesehen, Regelungen über die Nichtigkeit einer Ehe fortzuschreiben. Damit bleibt es vermeintlichen Ehegatten, die zumeist an die Wirksamkeit ihrer Ehe geglaubt und oftmals über einen langen Zeitraum entsprechend gelebt haben, erspart, auf ihre „Ehe" als rechtlich nicht existent zurückblicken zu müssen. 13

Sowohl Ehescheidung als auch Eheaufhebung entfalten daher Wirkung nur für die **Zukunft**. 14

Sowohl Ehescheidung als auch Eheauflösung sind **innerhalb Deutschlands** grundsätzlich nur durch familiengerichtlichen Beschluss möglich (→ *Eheaufhebung* Rn. 49 ff.). **Ausländische Rechtsordnungen** sehen dagegen teilweise auch andere Formen von Ehescheidung oder Eheaufhebung vor (zB sog. **Privatscheidungen** mit oder ohne Beteiligung einer im Ausland zuständigen Behörde). 15

Allerdings wurde durch das „Gesetz zur Bekämpfung von Kinderehen" zum 22.7.2017 ua in Art. 13 Abs. 3 Nr. 1 EGBGB bestimmt, dass eine (im Ausland erfolgte) Eheschließung dann unwirksam ist, wenn ein Verlobter im Zeitpunkt der Eheschließung das 16. Lebensjahr noch nicht vollendet hatte (→ *Ehefähigkeit* Rn. 3). Damit hat der deutsche Gesetzgeber wiederum nichtige Ehen geschaffen. 16

Nachdem diese Neuregelung nach Auffassung des Bundesgerichtshofs[3] keine hinreichende Rechtssicherheit bietet, unter Umständen sogar Doppelehen (→ *Doppelehe* Rn. 11 ff.) möglich machen könnte, wurde das dortige Verfahren ausgesetzt und dem Bundesverfassungsgericht[4] vorgelegt.

---

2 Vgl. Palandt/*Brudermüller* BGB Vor § 1313 Rn. 5 mit Beispielen.
3 BGH 14.11.2018 – XII ZB 292/16, FamRZ 2019, 181.
4 1 BvL 7/18, bei Redaktionsschluss noch anhängig.

IV. Feststellungsinteresse

17 Weder in den Verfahrensvorschriften des FamFG (§§ 122–132 FamFG) noch in der vor dem 1.9.2009 für das Feststellungsverfahren einschlägigen Vorschrift des § 632 ZPO war das Erfordernis des Vorliegens eines Feststellungsinteresses als Prozess- bzw. **Verfahrensvoraussetzung**, anders als bspw. in § 256 Abs. 1 ZPO, ausdrücklich geregelt. Gleichwohl wird in der Literatur die Meinung vertreten, dass ein fehlendes Feststellungsinteresse der **Zulässigkeit der Klage** auf Feststellung des Bestehens oder Nichtbestehens einer Ehe entgegenstehen kann. Dieses soll insbesondere dann der Fall sein, wenn das Klage- bzw. Verfahrensziel im Wege eines **Eheaufhebungsverfahrens** erreicht werden kann.

18 **Hinweis**: Die Verfahren auf Feststellung des Bestehens bzw. Nichtbestehens einer Ehe sind in der Praxis nicht zuletzt deswegen selten, weil der Antragsteller in aller Regel unmittelbar die Aufhebung der Ehe beabsichtigt. Bestehen also Zweifel über die Frage der wirksamen Auflösung einer Ehe, ist es in jedem Fall ratsam, Antrag auf Aufhebung der Ehe zu stellen. In diesem Verfahren ist inzidenter zu prüfen, ob eine wirksame Ehe vorliegt.

V. Verfahrensgang

19 Für das Verfahren auf Feststellung des Bestehens oder Nichtbestehens einer Ehe gelten die Verfahrensvorschriften für Ehesachen, die in den §§ 122–132 FamFG geregelt sind.

VI. Ausländische Entscheidungen in Ehesachen

20 Die Feststellung des Bestehens oder Nichtbestehens einer Ehe kann auch die Entscheidung eines **ausländischen Gerichtes** betreffen. Betroffen sind solche Entscheidungen ausländischer Gerichte, mit denen eine Ehe für **nichtig erklärt** oder **aufgehoben wurde**. Betroffen sein kann daneben auch die Entscheidung eines ausländischen Gerichtes über das **Bestehen oder Nichtbestehen der Ehe** selbst.

21 In § 97 FamFG hat der Gesetzgeber – deklaratorisch – klargestellt, dass die im FamFG enthaltenen Regelungen des internationalen Verfahrensrechts nur anwendbar sind, wenn die jeweilige Frage nicht durch **internationale Rechtsakte** geregelt ist.[5]

22 Nur dann, wenn weder völkerrechtliche Vereinbarungen noch Rechtsakte der europäischen Union eine Spezialregelung enthalten, findet die in § 107 Abs. 1 S. 1 FamFG enthaltene Regelung Anwendung. Nach dieser Vorschrift werden Entscheidungen eines ausländischen Gerichtes in Ehesachen nur dann anerkannt, wenn zuvor durch die **Landesjustizverwaltung** festgestellt wurde, dass die Voraussetzungen einer Anerkennung vorliegen (→ *Auslandsscheidung* Rn. 1 ff.).

23 Daraus folgt, dass in den Fällen, in denen die Anerkennung einer ausländischen Entscheidung **Vorfrage in einem gerichtlichen Verfahren** ist, dieses nicht ohne vorherige Anerkennung abgeschlossen werden kann und darf. Vielmehr ist zunächst die Entscheidung der Landesjustizverwaltung einzuholen und abzuwarten. Bis dahin ist das **gerichtliche Verfahren auszusetzen**. Gerade die Frage nämlich, ob eine Entscheidung im Inland Wirksamkeit entfaltet, ist nach § 107 FamFG zu klären.[6]

24 In einem gerichtlichen Feststellungsverfahren wegen Bestehens oder Nichtbestehens einer Ehe, über die eine der in § 107 Abs. 1 S. 1 FamFG genannte Entscheidung eines ausländischen Gerichtes ergangen ist, muss also zunächst die behördliche Anerkennung nach § 107 FamFG erfolgen. Das für das Feststellungsverfahren zuständige Familiengericht darf über diese (Vor-)Frage nicht selbst entscheiden. Das **Aussetzungsgebot** ist zwingend und **von Amts wegen** in jedem Stadium des Verfahrens zu beachten.

25 Nachdem das Verfahren auf Feststellung des Bestehens oder Nichtbestehens einer **Lebenspartnerschaft** (§ 269 Abs. 1 Nr. 2 FamFG) keine Ehesache ist, besteht in diesen Verfahren kein Erfordernis für ein (vorausgehendes) Anerkennungsverfahren nach § 107 FamFG.

---

5 *Klinck* FamRZ 2009, 741.

6 Vgl. Zöller/*Geimer* FamFG § 107 Rn. 9.

Streiten die Partner einer eingetragenen Lebenspartnerschaft über die Frage, ob ihre Lebenspartnerschaft durch eine ausländische Entscheidung aufgelöst wurde, ist aber ein **Anerkennungsfeststellungsverfahren** nach § 108 Abs. 2 S. 1 FamFG möglich.[7] 26

VII. Verfahrensabschluss

Das Verfahren endet durch Beschluss des Familiengerichts. Durch das Gesetz zur Neuordnung des Eheschließungsrechts wurde die frühere Regelung, wonach die Entscheidung des Gerichts „für und gegen alle" wirkte, mit Wirkung zum 1.7.1998 aufgehoben und ersatzlos gestrichen. 27

Konsequenz ist, dass nunmehr nur noch **Gestaltungsentscheidungen** des Gerichts für und gegen alle Wirkung entfalten können. Gestaltungsentscheidungen sind aber nur solche, durch die eine Ehe geschieden oder aufgehoben wird. 28

Ein Beschluss, durch den das Bestehen oder Nichtbestehen einer Ehe festgestellt wird, ändert die **materielle Rechtslage** nicht, entfaltet also keinerlei Gestaltungswirkung. Daher kann der Feststellungsbeschluss des Familiengerichts nach heute geltender Rechtslage **nur zwischen den Beteiligten** Wirkung entfalten. 29

Erachtet das Familiengericht den Antrag für begründet, ergeht entsprechender **Feststellungsbeschluss**. Ansonsten ist der Antrag abzuweisen. Ein **Versäumnisbeschluss** gegen den Antragsgegner ist gem. § 130 Abs. 2 FamFG unzulässig. Ist der Antragsteller säumig, hat auf entsprechenden Antrag des Antragsgegners ein Beschluss dahin gehend zu ergehen, dass sein **Antrag als zurückgenommen** gilt (§ 130 Abs. 1 FamFG). Der Antrag des Antragsgegners gilt in diesem Fall als Zustimmung zur Antragsrücknahme. 30

7 Vgl. Zöller/*Lorenz*, 29. Aufl., FamFG § 269 Rn. 5.

111. Fiktive Einkünfte

Poppen

I. Obliegenheitspflichtverletzung

1 Sowohl beim Unterhaltsberechtigten als auch beim Unterhaltsverpflichteten können Einkünfte fingiert werden. Voraussetzung einer Einkommensfiktion ist die **Verletzung einer Obliegenheit zur Einkommenserzielung**. Der Berechtigte und der Verpflichtete eines Unterhaltsrechtsverhältnisses müssen alle Möglichkeiten der Einkommenserzielung ausschöpfen. Daraus folgt eine **Erwerbsobliegenheit** und die Obliegenheit, **Vermögenswerte** einzuziehen und einzusetzen. Eine Verpflichtung zur Anfechtung der Vaterschaft eines rechtlichen aber nicht leiblichen Kindes besteht nicht.[1] Die Obliegenheitspflichtverletzung muss vorwerfbar und für die Bedürftigkeit oder Leistungsunfähigkeit kausal sein, damit eine Fiktion erfolgen kann.

1. Erwerbsobliegenheit

2 Der **Umfang** der Erwerbsobliegenheit unterscheidet sich nach dem jeweiligen **Unterhaltsrechtsverhältnis**. Minderjährige Kinder als Anspruchsteller trifft grundsätzlich keine Erwerbsobliegenheit, Eltern, die sich Unterhaltsansprüchen ihrer minderjährigen Kinder ausgesetzt sehen, eine gesteigerte Erwerbsobliegenheit (→ *Erwerbsobliegenheit* Rn. 8 ff.). Verfügt ein Beteiligter eines Unterhaltsrechtsverhältnisses über keine Ausbildung, die es ihm ermöglicht, auf dem allgemeinen Arbeitsmarkt tätig zu werden, besteht eine **Ausbildungsobliegenheit** (für den nachehelichen Unterhalt: § 1574 Abs. 3 BGB).[2] Besteht am aktuellen Wohnort keine Beschäftigungsmöglichkeit, kann auch eine **Umzugsobliegenheit** bestehen.[3]

3 Jeden Erwerbstätigen trifft die Obliegenheit zur **Steuerminderung**. Der wiederverheiratete Unterhaltspflichtige darf sein Einkommen nicht nach Steuerklasse V versteuern, wenn sein zweiter Ehegatte nicht deutlich mehr verdient. Bei einer tatsächlichen Versteuerung nach Steuerklasse V ist die Steuerbelastung orientiert an der Versteuerung nach Steuerklasse IV zu korrigieren.[4] Steuermindernde Belastungen müssen durch die **Eintragung von Freibeträgen** geltend gemacht werden. Dies gilt für berufsbedingte Fahrtkosten und im Hinblick auf das steuerlich begrenzte Realsplitting für unstreitigen oder rechtskräftig titulierten Unterhalt.[5]

2. Vermögensnutzungsobliegenheit

4 **a) Vermögenseinziehung.** Im Hinblick auf Vermögenswerte besteht zunächst die Obliegenheit, Vermögenswerte einzuziehen. Ein an einem Unterhaltsrechtsverhältnis Beteiligter muss grundsätzlich zB **Pflichtteilsansprüche** geltend machen.[6] Unterlässt er dies, gibt es keinen einklagbaren Anspruch auf Geltendmachung; die Sanktion für das obliegenheitswidrige Verhalten liegt in der Zurechnung fiktiver Einkünfte.[7] Ein beherrschender Gesellschafter einer GmbH oder Personengesellschaft muss sich **thesaurierte Gewinne** als Einkommen anrechnen lassen, wenn sie ausgeschüttet werden können.[8]

---

1 BGH 29.1.2020 – XII ZB 580/18, NJW 2020, 925.
2 Für die Trennungszeit BGH 29.11.2000 – XII ZR 212/98, NJW 2001, 973.
3 BGH 9.7.1980 – IVb ZR 529/80, NJW 1980, 2414.
4 BGH 25.6.1980 – IVb ZR 530/80, NJW 1980, 2251.
5 Leitlinien 10.1.1; BGH 28.2.2007 – XII ZR 37/05, NJW 2007, 1961.
6 BGH 21.4.1993 – XII ZR 248/91, NJW 1993, 1920 für den Ehegattenunterhalt; OLG Oldenburg 2.1.2018 – 4 UF 135/17, FamRZ 2018, 917 für den Unterhalt volljähriger Kinder.
7 BGH 28.11.2012 – XII ZR 19/10, NJW 2013, 530.
8 OLG Dresden 29.8.2019 – 20 WF 728/19, NJW-RR 2019, 1478.

b) Anlageobliegenheit. Vorhandenes Vermögen ist bestmöglich, aber risikofrei zu nutzen. Geldbeträge sind verzinslich anzulegen. Ein Immobilienerwerb kann auch in der jetzigen Niedrigzinsphase nicht verlangt werden.[9] Sind Geldbeträge in einem thesaurierenden Fonds angelegt, können die thesaurierten Erträge als laufendes Einkommen berücksichtigt werden, auch wenn sie nicht ausgeschüttet werden.[10] Setzt ein Ehegatte Vermögen, welches er aus der Vermögensauseinandersetzung erhalten hat, ertraglos für eine neue Immobilie ein, kann eine **Vermögensumschichtungsobliegenheit** bestehen mit der Folge, dass bei Verletzung dieser Obliegenheit fiktiv ein Zinsertrag aus dem ursprünglich vorhanden gewesenen Kapital angerechnet wird.[11] Dabei kann ein Teilbetrag des Vermögens für trennungsbedingte Kosten, etwa für eine neue Wohnung oder Gerichts- und Anwaltskosten, ausgegeben werden.[12] 5

c) Vermögensverwertungsobliegenheit. Grundsätzlich besteht **keine Obliegenheit**, den Vermögensstamm zur Deckung des eigenen Unterhaltsbedarfs oder zur Zahlung von Unterhalt zu verwerten. Ob ausnahmsweise eine Obliegenheit besteht, ist aufgrund einer Billigkeitsabwägung zu entscheiden (vgl. §§ 1577 Abs. 1 S. 3, 1602 Abs. 1, 1581 S. 2, 1603 Abs. 2 S. 3 BGB). Als ein Billigkeitskriterium ist die Größe des Vermögens zu berücksichtigen. Je größer das Vermögen ist, desto eher muss es (teilweise) verwertet werden. 6

Weiteres Billigkeitskriterium ist die **Art des Unterhaltsanspruchs**. Für den Ehegattentrennungsunterhalt gibt es keine ausdrücklich gesetzliche Regelung. Die äußerste Grenze der Verwertungsobliegenheit bilden die Kriterien für den nachehelichen Unterhalt (§§ 1577 Abs. 3, 1581 S. 2 BGB). Diese Kriterien können allerdings erst nach langer Trennungszeit und bei niedrigen laufenden Einkünften angewandt werden.[13] 7

Beim **nachehelichen Unterhalt** steht als Maßstab die **Wirtschaftlichkeit** der Vermögensverwertung im Vordergrund. Unwirtschaftlich ist eine Vermögensverwertung, wenn zB vorübergehend der Verkehrswert des Vermögensgegenstandes nicht erzielt werden kann, etwa einer Immobilie.[14] Eine Verwertungsobliegenheit kann auch bei sehr guten Einkommensverhältnissen des Unterhaltspflichtigen entfallen.[15] 8

Im Verhältnis zu **minderjährigen Kindern** hat der Unterhaltsverpflichtete nach § 1603 Abs. 1 BGB den Stamm seines Vermögens grundsätzlich einzusetzen.[16] Das minderjährige Kind selbst braucht seinen eigenen Vermögensstamm nicht zu verwerten, solange die Eltern leistungsfähig sind (§ 1602 Abs. 2 BGB). Nur wenn der eigene angemessene Unterhalt der Eltern gefährdet ist, wenn sie ihren Kindesunterhaltsverpflichtungen nachkommen müssen, können die Eltern nach § 1603 Abs. 2 S. 3 BGB das Kind auf den Stamm seines Vermögens verweisen.[17] 9

Beim **Elternunterhalt** gibt es nach dem Gesetz keine allgemeine Billigkeitsgrenze für eine Vermögensverwertungsobliegenheit. Da Kinder für den Unterhalt ihrer Eltern in der Regel aus übergegangenem Recht durch den Sozialhilfeträger in Anspruch genommen werden, greifen in diesen Fällen zunächst die **sozialhilferechtlichen Vorschriften zum Schonvermögen** (§§ 90, 94 SGB XII). Für die Vermögensverwertungsobliegenheit ist weiter die besondere Lage der unterhaltspflichtigen Kinder gegenüber ihren Eltern zu berücksichtigen.[18] Den Kindern muss jedenfalls das Vermögen bleiben, welches sie im Rahmen einer unterhaltsrechtlich gebilligten **zusätzlichen Altersvorsorge** angespart haben.[19] Bezieht das unterhaltspflichtige Kind ebenfalls schon Rente, wird der zum Unterhalt einzusetzende Vermögensbetrag auf 10

9 OLG Stuttgart 17.9.2015 – 11 UF 100/15, NJW 2016, 575.
10 BGH 4.7.2007 – XII ZR 141/05, NJW 2008, 57.
11 BGH 19.2.1986 – IVb ZR 16/85, NJW-RR 1986, 683.
12 BGH 7.11.2012 – XII ZB 229/11, NW 2013, 161.
13 BGH 19.11.2008 – XII ZR 129/06, NJW-RR 2009, 289.
14 Palandt/*Brudermüller* BGB § 1577 Rn. 30 f.
15 OLG Koblenz 25.3.2020 – 13 UF 217/19, FamRZ 2020, 1998.
16 Verwertung der im Alleineigentum stehenden Immobilie: BGH 21.10.2020 –XII ZB 201/19, NZFam 2021, 29.
17 Palandt/*Brudermüller* BGB § 1603 Rn. 46.
18 BVerfG 7.6.2005 – 1 BvR 1508/96, NJW 2005, 1927.
19 BGH 30.8.2006 – XII ZR 98/04, NJW 2006, 3344.

die statistische Lebenserwartung des Kindes verteilt und der sich daraus ergebende Monatsbetrag als zusätzliches verfügbares Einkommen angesetzt.[20]

11 Wird eine Verwertungsobliegenheit angenommen, billigt die Rechtsprechung dem Betroffenen zu, einen **Sockelbetrag** zu behalten.[21] Erhält ein Unterhaltsberechtigter/-pflichtiger mit Eintritt in den Ruhestand eine **Lebensversicherung** ausgezahlt, ist diese Summe einschließlich der bis dahin erzielbaren Zinsen auf die Dauer der statistischen Restlebenserwartung zu verteilen und für den laufenden Unterhalt zu berücksichtigen. Lebensversicherungen dienen gerade der Aufrechterhaltung des früheren Lebensstandards nach Eintritt in den Ruhestand.[22]

II. Verschulden

12 Voraussetzung für die Zurechnung eines fiktiven Einkommens ist weiter Verschulden. Der Beteiligte des Unterhaltsrechtsverhältnisses muss vorwerfbar ihm zumutbare Anstrengungen, eine angemessene Tätigkeit zu finden, nicht unternommen haben.[23] Bei einem **Verlust der Arbeit** kann erst ein **schweres unterhaltsbezogenes Verschulden** die Fiktion begründen.[24] Wird wegen Alkoholmissbrauchs gekündigt, setzt die Fiktion voraus, dass dem Alkoholkranken bewusst war, dass sein Alkoholismus zum Wegfall seiner Einkünfte hätte führen können.[25]

III. Kausalität

13 Weitere Voraussetzung für eine Fiktion ist die Kausalität der Obliegenheitsverletzung für das Fehlen von Einkünften. Bei einem Verstoß gegen die Erwerbsobliegenheit muss daher bei entsprechenden Erwerbsbemühungen eine **reale Erwerbsmöglichkeit** bestehen. Die Fiktion kann nur eingreifen, wenn bei den persönlichen Voraussetzungen des Beteiligten des Unterhaltsrechtsverhältnisses (Ausbildung, Erwerbsbiografie, Alter, Gesundheitszustand) entsprechende Arbeitsstellen vorhanden sind.[26] Insbesondere bei Eltern, die minderjährigen Kindern Unterhalt schulden, ist dieser Gesichtspunkt zu prüfen, damit die Unterhaltspflicht nicht zu einer „Garantiehaftung" wird.[27] Es gilt allerdings ein strenger Maßstab, so dass allein die Abstammung des Unterhaltspflichtigen aus dem Ausland und das Fehlen einer Berufsausbildung der Fiktion eines Vollerwerbseinkommens nicht entgegensteht.[28] **Fehlen hinreichende Bemühungen**, muss derjenige, den die Erwerbsobliegenheit trifft, darlegen und beweisen, dass Bemühungen erfolglos gewesen wären.

IV. Höhe der fiktiven Einkünfte

14 Liegen die Voraussetzungen einer Fiktion vor, wird **das nach den individuellen Verhältnissen erzielbare Einkommen** als vorhanden fingiert. Das fiktive Einkommen ist nicht an der untersten Grenze, sondern an den tatsächlichen Möglichkeiten des Unterhaltsschuldners zu orientieren.[29] Als Anhaltspunkt für die Höhe können die tarifvertraglichen Vergütungen dienen.[30] Herangezogen werden können auch statistische Erhebungen wie die der Hans-Böckler-Stiftung, die eine differenzierte Schätzung auch unter Berücksichtigung der Berufserfahrung ermöglichen.[31] Fiktives Einkommen ist wie reales Erwerbseinkommen zu behandeln,

---

20 BGH 21.11.2012 – XII ZR 150/10, NJW 2013, 301.
21 BGH 5.11.1997 – XII ZR 20/96, NJW 1998, 978.
22 OLG Hamm 25.2.2000 – 11 UF 93/99, FamRZ 2000, 1286.
23 BGH 3.12.2008 – XII ZR 182/06, NJW 2009, 1410.
24 BGH 12.5.1993 – XII ZR 24/92, NJW 1993, 1974.
25 BGH 10.11.1993 – XII ZR 113/92, NJW 1994, 258.
26 BVerfG 11.3.2010 – 1 BvR 3031/01, NJW 2010, 1658.
27 BGH 3.12.2008 – XII ZR 182/06, NJW 2009, 1410.
28 BGH 22.1.2014 – XII ZB 185/12, NJW 2014, 932.
29 OLG Brandenburg 6.6.2019 – 10 UF 139/17, NZFam 2019, 691.
30 BGH 7.11.2012 – XII ZB 229/11, NJW 2013, 161; Überblick unter www.wsi.de.
31 www.lohnspiegel.de; OLG Köln 10.4.2018 – II-1 UF 186/17, NJW 2018, 2575.

dh um berufsbedingte Aufwendungen sowie tatsächlich vorhandene und berücksichtigungsfähige Verbindlichkeiten zu bereinigen. Auch gelten die üblichen Selbstbehaltssätze.

V. Dauer der Fiktion

Ist ein fiktives Einkommen zugrunde gelegt worden, bleibt es bei dieser Fiktion, solange die die Fiktion auslösende Obliegenheitspflichtverletzung für das Fehlen von Einkünften kausal ist. Ist zB wegen leichtfertiger Aufgabe des Arbeitsplatzes eine Einkommensfiktion vorgenommen worden, endet die Fiktion erst, wenn die unterstellte fiktive Tätigkeit aus nicht vertretbaren Gründen weggefallen ist. **Erfolglose spätere Bewerbungsbemühungen** können in diesem Fall die Fiktion nicht entfallen lassen.[32] Beruht die Fiktion auf fehlenden Bemühungen um einen Arbeitsplatz, endet sie, was in einem Änderungsverfahren geltend zu machen ist, wenn die Bemühungen nachgeholt worden sind und aufgrund nicht zu vertretener Umstände erfolglos waren.[33] 15

32 BGH 20.2.2008 – XII ZR 101/05, NJW 2008, 1525.
33 OLG Hamm 4.7.2013 – II-2 WF 203/1, NJW 2013, 3044.

112. Fortgesetzte Gütergemeinschaft

Kretzschmar

I. Einleitung

1 Die Gütergemeinschaft wird nach dem Tod eines Ehegatten fortgesetzt, der Güterstand also ausnahmsweise nicht beendet, wenn die Ehegatten **vertraglich** vereinbart haben, dass der überlebende Ehegatte die Gütergemeinschaft mit den gemeinschaftlichen **Abkömmlingen** fortsetzt, § 1483 BGB. Die Auseinandersetzung des Gesamtguts unterbleibt in diesem Fall. Dem überlebenden Ehegatten soll damit die Auseinandersetzung mit den Abkömmlingen erspart und das Vermögen soll für die Familie zusammengehalten werden.[1] Die fortgesetzte Gütergemeinschaft hat nur geringe tatsächliche Bedeutung.

2 Die **gesetzliche Regelungssystematik** lautet überblicksartig wie folgt:

- §§ 1483–1491 BGB regeln den Eintritt, Umfang und die Verwaltung;
- §§ 1492–1496 BGB regeln die Beendigung der fortgesetzten Gütergemeinschaft;
- §§ 1497–1506 BGB regeln die Auseinandersetzung;
- § 1507 BGB regelt die Erteilung eines Zeugnisses über die Fortsetzung der Gütergemeinschaft;
- §§ 1509–1517 BGB regeln die Ausschließung und die Anteilsberechtigung der Abkömmlinge;
- § 1518 BGB normiert die zwingende Geltung der vorstehenden Vorschriften.

II. Vermögensmassen

3 Im Rahmen der fortgesetzten Gütergemeinschaft sind vier Vermögensmassen zu unterscheiden:[2]

- das Gesamtgut gem. § 1485 Abs. 1, 3 BGB;
- das Vorbehaltsgut des überlebenden Ehegatten gem. § 1486 Abs. 1 BGB;
- das Sondergut des überlebenden Ehegatten gem. § 1486 Abs. 2 BGB;
- das persönliche Vermögen eines jeden anteilsberechtigten Abkömmlings gem. § 1485 Abs. 2 BGB.

III. Verwaltung

4 Der überlebende Ehegatte wird **Alleinverwalter** des Gesamtguts, § 1487 Abs. 1 BGB. Die anteilsberechtigten Abkömmlinge wirken durch Abgabe von Zustimmungen im Rahmen der §§ 1423–1425 BGB mit.

IV. Vor- und Nachteile der fortgesetzten Gütergemeinschaft

5 Zwar sind Abkömmlinge formell beteiligt. Sie haben aber eine wenig befriedigende Stellung bis zum Tod des überlebenden Ehegatten. Zudem ist die **Rechtslage außerordentlich kompliziert** und engt auch den überlebenden Ehegatten in seiner Dispositionsfreiheit ein. Daher ist die fortgesetzte Gütergemeinschaft **wenig attraktiv**,[3] wird in der notariellen Praxis erheblich verdrängt und kaum noch vereinbart. In den meisten Fällen dürften die Nachteile der fortgesetzten Gütergemeinschaft deren Vorteile überwiegen. Sie führt angesichts der stark gestiegenen Lebenserwartung und der abnehmenden Familienbindung zu einer **auf Dauer unzumutbaren Vermögensgemeinschaft** zwischen dem überlebenden Ehegatten und den Abkömmlingen und stellt ein nicht zu unterschätzendes Konfliktpotenzial dar.[4] Sollen die Abkömmlinge

1 MüKoBGB/*Münch* Vor § 1483 Rn. 3.
2 NK-BGB/*Völker* Vor § 1483 Rn. 2.
3 MüKoBGB/*Münch* Vor § 1483 Rn. 6.
4 MüKoBGB/*Münch* § 1483 Rn. 6.

das gemeinschaftliche Vermögen erst nach dem Tode des Letztversterbenden erhalten, so kann dies auch in anderer Weise erreicht werden, bspw. durch ein Berliner Testament.

V. Beendigung der fortgesetzten Gütergemeinschaft

Die fortgesetzte Gütergemeinschaft endet gem. § 1494 BGB mit dem Tod des überlebenden Ehegatten, der Todeserklärung, der Wiederverheiratung gem. § 1493 BGB, der Aufhebungsentscheidung gem. § 1492 BGB, der richterlichen Aufhebung gem. §§ 1495, 1496 BGB und dem Tod oder Verzicht aller anteilsberechtigten Abkömmlinge gem. §§ 1490, 1491 BGB. 6

113. Freiheitsentziehende Unterbringung und freiheitsentziehende Maßnahmen betreffend Minderjährige

Seebach/M. Teubel

I. Allgemeines

1 Die elterliche Personensorge (→ *Personensorge* Rn. 1 ff.) wird hinsichtlich einer beabsichtigten Unterbringung des minderjährigen Kindes in einer geschlossenen Einrichtung oder Anstalt durch ein **Verbot mit Erlaubnisvorbehalt** nach § 1631 b BGB beschränkt.[1] Bei einer geschlossenen Unterbringung eines Kindes handelt es sich um einen besonders gravierenden und einschneidenden **Eingriff in das Freiheitsgrundrecht** des minderjährigen Kindes, so dass eine gerichtliche Kontrolle notwendig ist.[2] Die Freiheit einer Person darf nur aus besonders gewichtigem Grund angetastet werden.[3]

2 Die gerichtliche Kontrolle orientiert sich hierbei am Kriterium des Kindeswohls.[4] Um eine **missbräuchliche Wahrnehmung** des elterlichen Sorgerechts zu verhindern, sind von Seiten des Gesetzgebers **gerichtliche Kontrollmaßnahmen** eingeführt worden.[5]

Auf der anderen Seite haben die Eltern die Verpflichtung, bei Vorliegen der entsprechenden Voraussetzungen Schutzmaßnahmen für das Kind zu ergreifen. Eine solche Schutzmaßnahme kann auch die Unterbringung in einer geschlossenen Abteilung darstellen. Andernfalls können bei der Notwendigkeit einer geschlossenen Unterbringung und deren Verweigerung durch die Eltern Maßnahmen gem. §§ 1666, 1666 a BGB angezeigt sein (→ *Kindeswohlgefährdung* Rn. 13). In diesem Spannungsfeld bewegt sich die Vorschrift des § 1631 b BGB, wobei § 167 FamFG die Besonderheiten verfahrensrechtlicher Art regelt, die bei der Unterbringung Minderjähriger zu beachten sind.[6]

II. Regelungsgehalt

1. Anwendungsbereich

3 **a) Persönlicher Anwendungsbereich.** § 1631 b BGB findet bei beabsichtigter Unterbringung eines **minderjährigen Kindes**, unabhängig von dessen Alter und Staatsangehörigkeit, Anwendung. Aus dem eindeutigen Wortlaut der Norm ergibt sich, dass eine gerichtliche Genehmigung **auch bei Einverständnis des Kindes** mit der Maßnahme erforderlich ist.[7] Insoweit bestehen gerade im Hinblick auf ältere Kinder bei den Einrichtungen und Kliniken erhebliche Unsicherheiten. Aufgrund der Erheblichkeit des Grundrechtseingriffs ist jedoch auch bei Einverständnis sämtlicher Beteiligter eine gerichtliche Kontrolle notwendig. Dies erscheint insoweit konsequent, als durchaus bezweifelt werden kann, ob das minderjährige Kind – unabhängig vom Alter – bei Notwendigkeit einer Unterbringung in einer geschlossenen Einrichtung die Tragweite und die Erheblichkeit des Eingriffs angemessen beurteilen kann.[8]

---

1 NK-BGB/*Rakete-Dombek/Berning* § 1631 b Rn. 1.
2 HK-FamR/*Schmid* BGB § 1631 b Rn. 1.
3 BVerfG 14.6.2007 – 1 BvR 338/07, NJW 2007, 3560.
4 Palandt/*Götz* BGB § 1631 b Rn. 9.
5 NK-BGB/*Rakete-Dombek/Berning* § 1631 b Rn. 1.
6 HK-FamVerfR/*Völker/Clausius/Wagner* § 167 Rn. 1 ff.
7 HK-FamR/*Schmid* BGB § 1631 b Rn. 3.
8 Palandt/*Götz* BGB § 1631 b Rn. 2; NK-BGB/*Rakete-Dombek/Berning* § 1631 b Rn. 10.

Grundsätzlich sind die bei Erwachsenen geltenden Unterbringungsvorschriften anzuwenden mit den in Kindschaftssachen geltenden Prinzipien.[9]

b) Sachlicher Anwendungsbereich. Von § 1631 b BGB sind Unterbringungen in **geschlossenen Einrichtungen** der Kinder- und Jugendhilfe sowie stationären Abteilungen psychiatrischer Krankenhäuser erfasst, auch geschlossene Stationen innerhalb einer an sich offenen Abteilung. Entscheidend ist, dass die persönliche Bewegungsfreiheit des Kindes eingeschränkt wird. Der Wille des Kindes, sich frei zu bewegen, kann gerade nicht durchgesetzt werden.[10] Die Vorschrift bezieht sich nur auf Unterbringungen des Kindes **außerhalb des Elternhauses**. Bloße Freiheitsbeschränkungen wie Hausarrest, Ausgehverbote und Nachsitzen sind nicht erfasst.[11] 4

Häufigste Ursache, die zu einer entsprechenden Unterbringung führt, ist die in § 1631 b BGB erwähnte **Selbst- bzw. Fremdgefährdung**. Typische Krankheitsbilder sind die depressive Störung, eine Störung des Sozialverhaltens, die schizophrene Psychose ua.[12] 5

Mit dem Gesetz zur Einführung eines familiengerichtlichen Genehmigungsvorbehaltes für freiheitsentziehende Maßnahmen bei Kindern vom 17.7.2017 wurde **§ 1631 b Abs. 2 BGB** eingefügt. Eine Genehmigung ist nun auch bei unterbringungsähnlichen Maßnahmen im Sinne von § 1906 Abs. 4 BGB erforderlich, nämlich wenn einem Kind durch mechanische Vorrichtungen, Medikamente oder auf andere Weise über einen längeren Zeitraum oder regelmäßig die Freiheit entzogen werden soll. § 1631 b Abs. 2 BGB gilt für Aufenthalte in einem Krankenhaus, einem Heim oder einer sonstigen Einrichtung der Kinder- und Jugendhilfe und der Behindertenhilfe sowie stationären oder ambulanten Einrichtungen, wie etwa Kindergärten und Tagesstätten, in denen Kinder über einen längeren Zeitraum oder kurzfristig wohnen oder fern von einer ständigen Kontrollmöglichkeit der Eltern betreut werden.[13] 6

Erfolgen die freiheitsentziehenden Maßnahmen in einer **geschlossenen Einrichtung**, dann bedürfen sie neben der nach § 1631 b Abs. 1 BGB erforderlichen Genehmigung für die Unterbringung als solche der zusätzlichen Genehmigung nach § 1631 b Abs. 2 BGB.[14] Für Zwangsbehandlungen wurde gerade keine Regelung getroffen. Es bleibt insoweit bei der Entscheidungsbefugnis der Eltern (→ *Körperliche Eingriffe bei Minderjährigen* Rn. 1 ff.).

2. Genehmigung des Familiengerichts

a) Kindeswohl. Bei der Erteilung der gerichtlichen **Genehmigung durch Beschluss** ist zu überprüfen, ob die Unterbringung in der geschlossenen Einrichtung bzw. die unterbringungsähnliche Maßnahme aus Gründen des Kindeswohls erforderlich ist.[15] Es gelten die Kriterien des § 1697 a BGB. 7

b) Verhältnismäßigkeit. Der Verhältnismäßigkeitsgrundsatz ist gem. § 1631 b Abs. 1 S. 2 BGB zu beachten.[16] Es ist zu überprüfen, ob eine **weniger einschneidende Maßnahme**, insbesondere die Anordnung von Jugendhilfemaßnahmen, ausreichend sein kann.[17] Bei einem derart gravierenden Eingriff in das Freiheitsgrundrecht ist stets eine strenge Prüfung am Grundsatz der Verhältnismäßigkeit durchzuführen. Die Unterbringung bzw. die unterbringungsähnliche Maßnahme muss sich als unumgänglich erweisen, um eine **drohende gesundheitliche Schädigung** von dem Kranken abzuwenden. Selbst dies gilt jedoch nicht ohne Ausnahme und ist auf besonders gewichtige Fälle zu beschränken.[18] Eine Genehmigung ist unzulässig 8

9 HK-FamVerfR/*Völker/Clausius/Wagner* § 167 Rn. 1 ff.
10 HK-FamR/*Schmid* BGB § 1631 b Rn. 2.
11 NK-BGB/*Rakete-Dombek/Berning* § 1631 b Rn. 4.
12 HK-FamR/*Schmid* BGB § 1631 b Rn. 5.
13 BT-Drs. 18/11278, 16.
14 Vgl. *Götz* FamRZ 2017, 1289 (1291).
15 HK-FamR/*Schmid* BGB § 1631 b Rn. 4.
16 NK-BGB/*Rakete-Dombek/Berning* § 1631 b Rn. 12.
17 OLG Naumburg 12.10.2011 – 8 UF 221/11.
18 BVerfG 14.6.2007 – 1 BvR 338/07, NJW 2007, 3560 (3562).

und hat zu unterbleiben, wenn insbesondere die **Heimerziehung in einer offenen Einrichtung** nicht aussichtslos erscheint.[19]

Erfolgt wegen Gefahr in Verzug eine Unterbringung bzw. eine unterbringungsähnliche Maßnahme ohne **Genehmigung**, so ist sie **unverzüglich nachzuholen**, da ansonsten eine Freiheitsberaubung gem. § 239 StGB vorliegt.[20]

Zu denken ist bei Verhinderung der Eltern und bestehender Dringlichkeit auch an eine Notzuständigkeit des Familiengerichts gem. § 1693 BGB.

III. Verfahren

1. Zuständigkeit

9 Das Familiengericht ist gem. §§ 23 a Abs. 1 Nr. 1, 23 b Abs. 1 Nr. 2 GVG, § 111 FamFG sachlich zuständig. Die örtliche Zuständigkeit richtet sich nach § 151 FamFG. Die funktionelle Zuständigkeit des Richters ergibt sich aus verfassungskonformer Auslegung des § 3 Nr. 2 Buchst. a RPflG.[21]

Es gilt der **Amtsermittlungsgrundsatz**. Hierbei ist zu beachten, dass die freiheitssichernde Funktion des Art. 2 Abs. 2 S. 2 GG Maßstäbe setzt für die Aufklärung des Sachverhalts und damit für die Anforderungen in Bezug auf die tatsächliche Grundlage der richterlichen Entscheidung. Eine zureichende richterliche Sachaufklärung, die der Bedeutung dieser Freiheitsgarantie entspricht, ist erforderlich.[22]

2. Sachverständigengutachten

10 Vor einer gerichtlichen Entscheidung ist gem. §§ 167 Abs. 1, 321 FamFG ein Sachverständigengutachten einzuholen.[23] Hierbei ist zu beachten, dass es sich um einen **fachlich geeigneten Sachverständigen** handeln muss.[24] In der Regel wird dies ein Arzt, tätig im Bereich der Kinder- und Jugendpsychiatrie, sein.[25] Dies gilt jedenfalls für den Fall der Unterbringung in einer psychiatrischen Anstalt. Etwas anderes kann gelten bei der Unterbringung in einer Jugendhilfeeinrichtung. Hier liegt möglicherweise keine psychiatrische Grunderkrankung vor, so dass ein kinderpsychologisches Gutachten ausreichend sein kann.

Das Ergebnis des Sachverständigengutachtens ist mit den Beteiligten, insbesondere auch mit dem Verfahrensbeistand, zu erörtern. Hierbei ist es gem. § 37 Abs. 2 FamFG erforderlich, dass die Beteiligten Kenntnis von dem Inhalt des Gutachtens erlangt haben.[26]

3. Anhörung des Kindes

11 Das Kind ist in jedem Fall anzuhören gem. §§ 167, 319 FamFG.[27] Die Anhörung hat durch den **erkennenden Richter** zu erfolgen. Problematisch sind daher **Anhörungen im Wege der Rechtshilfe** zu bewerten, § 319 Abs. 4 FamFG. Es ist zu beachten, dass eine persönliche Anhörung des Kindes neben der größtmöglichen Beschleunigung des Verfahrens als oberster Verfahrensgrundsatz im Rahmen der richterlichen Genehmigung zu beachten ist. Die mündliche Anhörung ist eine bedeutsame Verfahrensgarantie, deren Beachtung Art. 104 Abs. 1 GG fordert und mit grundrechtlichem Schutz versieht. Eine solche Anhörung hat stets auch vor Erlass einer **einstweiligen Anordnung** zu erfolgen.

---

19 BGH 18.7.2012 – XII ZB 661/11, NJW 2012, 2584.
20 NK-BGB/*Rakete-Dombek/Berning* § 1631 b Rn. 16.
21 NK-BGB/*Rakete-Dombek/Berning* § 1631 b Rn. 17.
22 BVerfG 23.3.1998 – 2 BvR 2270/96, NJW 1998, 1774.
23 NK-BGB/*Rakete-Dombek/Berning* § 1631 b Rn. 17.
24 HK-FamVerfR/*Völker/Clausius/Wagner* § 167 Rn. 9.
25 HK-ZPO/*Kemper* FamFG § 167 Rn. 7.
26 BGH 15.2.2012 – XII ZB 389/11, NJW 2012, 1582.
27 NK-BGB/*Rakete-Dombek/Berning* § 1631 b Rn. 17.

Gerade der **persönliche Eindruck** ist entscheidendes Kriterium im Rahmen der zu treffenden gerichtlichen Entscheidung und Kernstück des geltenden Amtsermittlungsgrundsatzes. Erst durch die persönliche Anhörung wird der Richter in die Lage versetzt, sich ein klares umfassendes Bild von der Persönlichkeit des Unterzubringenden zu verschaffen. Er genügt nur so seiner Pflicht, dem ärztlichen Gutachten richterliche Kontrolle entgegenzusetzen.[28] Jedenfalls wenn die Entfernung nur etwa 50 Kilometer beträgt, hat das Bundesverfassungsgericht eine persönliche Anhörung durch den erkennenden Richter für erforderlich erachtet. 12

In einer Kindschaftssache nach § 151 FamFG darf das Beschwerdegericht nicht gem. § 68 Abs. 3 S. 2 FamFG von einer erneuten Anhörung des Betroffenen absehen, wenn das Gericht des ersten Rechtszugs bei der Anhörung des Betroffenen zwingende Verfahrensvorschriften verletzt hat.[29]

Es erscheint fragwürdig, ob es bei einer Entscheidung auf die Entfernung des Kindes vom Gericht ankommen kann, da die Erheblichkeit des Eingriffs völlig unabhängig davon zu bewerten ist. Wird eine Entscheidung auch auf den persönlichen Eindruck vom Kind gestützt, was in der Regel der Fall sein wird, so ist eine Anhörung im Wege der Rechtshilfe abzulehnen. Gegebenenfalls ist an eine **Abgabe des Verfahrens** nach §§ 167, 314 FamFG zu denken. 13

4. Weitere Beteiligte

Die sorgeberechtigten **Eltern** sind am Verfahren zu beteiligen. Sie sind gem. § 167 Abs. 4 FamFG persönlich anzuhören. Die Argumente der Eltern, die aus ihrer Sicht gegen die Maßnahme der geschlossenen Unterbringung sprechen, sind zu hören.[30] Werden erforderliche Anträge durch die Sorgeberechtigten nicht gestellt, so sind Maßnahmen gem. §§ 1666, 1666 a BGB (→ *Kindeswohlgefährdung* Rn. 13) zu prüfen.[31] 14

Das Jugendamt ist gem. § 162 FamFG anzuhören.

Gem. § 167 Abs. 1 S. 3 FamFG ist wegen der besonderen Schutzbedürftigkeit des Kindes die **Bestellung eines Verfahrensbeistands** stets erforderlich. Eine Anhörung des Kindes (→ Rn. 11) hat in Anwesenheit des Verfahrensbeistandes zu erfolgen. 15

5. Folgen fehlender Genehmigung/Nachholen der Genehmigung

Grds. liegt in jeder Unterbringung in einer geschlossenen Anstalt bzw. einer unterbringungsähnlichen Maßnahme eine Freiheitsberaubung gem. § 239 StGB. Bei Gefahr in Verzug ist daher eine richterliche Genehmigung **unverzüglich nachzuholen**. Ein entsprechender Antrag ist unverzüglich zu stellen gem. § 121 FamFG.[32] Dies geschieht entweder durch die Eltern oder die behandelnde Einrichtung. 16

6. Beschwerde gegen einstweilige Anordnung

Gegen eine einstweilige Anordnung, die die Unterbringung des Minderjährigen bzw. die unterbringungsähnliche Maßnahme genehmigt, ist die Beschwerde statthaft, § 57 S. 1 FamFG. 17

Auch eine Person des Vertrauens des Kindes kann gem. § 335 Abs. 1 Nr. 2 FamFG beschwerdebefugt sein, selbst wenn diese als solche von dem Kind nicht benannt wurde.[33]

---

28 BVerfG 14.6.2007 – 1 BvR 338/07, NJW 2007, 3560 (3562 f.).
29 BGH 18.7.2012 – XII ZB 661/11, NJW 2012, 2584.
30 OLG Naumburg 14.12.2009 – 8 UF 213/09, NJW-RR 2010, 1516.
31 NK-BGB/*Rakete-Dombek/Berning* § 1631 b Rn. 17.
32 NK-BGB/*Rakete-Dombek/Berning* § 1631 b Rn. 16.
33 BGH 24.10.2012 – XII ZB 386/12, NJW-RR 2013, 65.

114. Gemeinschaftliches Testament

Schwarz

1 Das gemeinschaftliche Testament ist die Zusammenfassung gemeinschaftlich getroffener letztwilliger Verfügungen mehrerer Personen. Es kann nur **von Ehegatten** (→ *Eheschließung im Inland* Rn. 1 ff.) errichtet werden (§ 2265 BGB).

2 Die Ehegatten verfügen gemeinschaftlich, allerdings jeder einseitig. Im Gegensatz zum Erbvertrag (→ *Erbvertrag* Rn. 1 ff.) mit seiner Doppelnatur (Verfügung von Todes wegen und Vertrag) ist das gemeinschaftliche Testament nur Verfügung von Todes wegen und nicht auch Vertrag.[1] Der Vertragscharakter fehlt auch dann, wenn es sich um **wechselbezügliche Verfügungen** nach § 2270 BGB handelt (zB bei gegenseitiger Erbeneinsetzung). Denn selbst hier tritt mit Errichtung des gemeinschaftlichen Testaments zu Lebzeiten der Ehegatten keine Bindungswirkung ein (§ 2271 BGB).

I. Formprivileg

3 Das gemeinschaftliche Testament kann von den Ehegatten **eigenhändig** errichtet werden. Dabei genügt es, dass ein Ehegatte die Verfügungen beider Ehegatten eigenhändig schreibt und unterschreibt und der andere Ehegatte diese gemeinschaftliche Erklärung eigenhändig mit unterzeichnet (§ 2267 BGB).

II. Bindungswirkung

4 Aufgrund der **Bindungswirkung der wechselbezüglichen Verfügungen** nach dem Tode des Erstversterbenden wird das Vertrauen des Erstversterbenden, nach seinem Tode werde der Überlebende nicht anderweitig verfügen, geschützt. Während beim Erbvertrag Bindungswirkung für die vertragsmäßigen Verfügungen bereits mit Abschluss des Vertrages eintritt (wegen der Vertragsnatur), entsteht beim gemeinschaftlichen Testament die Bindungswirkung erst mit dem Tod des anderen Ehegatten (§ 2286 BGB entsprechend).[2] Vorher ist die Verfügung einseitig frei widerruflich durch notariell beurkundete und zugestellte Widerrufserklärung.[3]

III. Einheitsprinzip

5 **Im Zweifel** gilt nach § 2269 Abs. 1 BGB das Einheitsprinzip. Der Dritte ist im Zweifel für den gesamten Nachlass als Erbe des zuletzt versterbenden Ehegatten eingesetzt. Beim Tod des erstversterbenden Ehegatten verschmilzt dessen Vermögen mit dem des überlebenden Ehepartners rechtlich zu einer Einheit.[4] Beim Einheitsprinzip erhalten die Kinder nach dem Tode des ersten Elternteils nichts. Sie haben allenfalls eine tatsächliche, rechtlich nicht geschützte Aussicht auf die Erbschaft nach dem Tode des zweiten Elternteils. Die Kinder können beim Einheitsprinzip allerdings einen **Pflichtteilsanspruch** geltend machen, da sie durch das Berliner Testament nach dem Tode des ersten Elternteils enterbt wurden (§ 2303 Abs. 1 BGB).

6 Das Einheitsprinzip begünstigt das Kind, das nach dem Tode des Erstversterbenden bereits den Pflichtteil geltend macht. Dies ist **unbefriedigend**, denn dieses Kind wird – wie seine Geschwister – beim Tod der Mutter Erbe des gesamten Nachlasses. In diesem Nachlass befindet sich aufgrund der Verschmelzung auch das Vermögen des Erstversterbenden. Demnach kommt das betreffende Kind zweimal in den Genuss des Erstversterbenden-Nachlasses. Gleichzeitig wird die Pflichtteilslast erhöht. Der überlebende Ehegatte ist zusätzlichen Pflichtteilsansprüchen nach dem Tode des Vorverstorbenen ausgesetzt. Der Überlebende

1 NK-BGB/*Gierl* § 2265 Rn. 3.
2 BGH 23.9.1981 – IVa ZR 185/80, BGHZ 82, 274.
3 NK-BGB/*Müßig* § 2271 Rn. 11.
4 NK-BGB/*Gierl* § 2269 Rn. 22.

befindet sich zwar nicht in einer Erbengemeinschaft mit den Kindern, muss aber Liquidität beschaffen, um die Pflichtteilsansprüche, bei denen es sich um Geldforderungen handelt, befriedigen zu können, notfalls durch Veräußerung von Nachlassgegenständen.

Um dem entgegenzuwirken, wird in der **Gestaltungspraxis** von folgenden Möglichkeiten Gebrauch gemacht: 7

- Das Kind, das sich „erdreistet", nach dem Tode des erstverstorbenen Elternteils seinen Pflichtteil geltend zu machen, ist bevorzugt gegenüber den „braven" Geschwistern, die von Pflichtteilsansprüchen absehen. Um diese Ungerechtigkeit zu vermeiden, werden in gemeinschaftlichen Testamenten „**Verwirkungsklauseln**" (→ *Pflichtteilsstrafklauseln* Rn. 1 ff.) für die Schlusserbfolge vorgesehen, etwa des Inhalts: „Sollte eines unserer Kinder nach dem Tode des erstversterbenden Elternteils den Pflichtteil verlangen, so soll es nach dem Tode des Letztversterbenden von uns auch nur den Pflichtteil erhalten." **Aber**: Der Wortlaut solcher Strafklauseln ist genau zu überlegen und zu formulieren. In einem vom OLG Frankfurt entschiedenen Fall hatten die Kinder den Pflichtteil im Einvernehmen mit dem überlebenden Ehegatten geltend gemacht. Das Gericht sah die Pflichtteilsstrafklausel als erfüllt an. Die Kinder schieden deshalb als Erben aus.[5] Pflichtteilsstrafklauseln sollten deshalb besser so formuliert werden, dass sie nur greifen, wenn sie **gegen den Willen** des Überlebenden geltend gemacht werden.
- Wollen die Eltern nicht die Enterbung eines ihrer Kinder, befürchten sie aber, dass ein Pflichtteilsberechtigter beim ersten Erbfall den Pflichtteil fordert, können die Eltern durch Aussetzung von Geldvermächtnissen in Höhe des Pflichtteils – oder gegebenenfalls höher –, die beim ersten Erbfall anfallen, ihre übrigen Kindern privilegieren nach der sogenannten **Jastrowschen Formel** (→ *Pflichtteilsstrafklauseln* Rn. 1 ff.):

  ▶ Sollte eines unserer Kinder nach dem Tode des erstversterbenden Elternteils den Pflichtteil verlangen, so erhalten die anderen Kinder, die keine Pflichtteilsrechte geltend gemacht haben, in Höhe des Pflichtteilsbetrages Vermächtnisse, die mit dem Ableben des Längstlebenden von uns beiden fällig werden. ◀

IV. Trennungsprinzip

Ausnahmsweise kann nach dem sog. Trennungsprinzip **Vor- und Nacherbschaft** (→ *Vor- und Nacherbschaft* Rn. 1 ff.) angeordnet sein. Nach dem Tode des erstversterbenden Ehegatten wird dann der überlebende Ehegatte Vorerbe, die Kinder werden Nacherben. Beim Tode des längstlebenden Ehepartners tritt dann der Nacherbfall ein. Die Kinder erhalten beim Tode des längstlebenden Ehegatten zwei Vermögensmassen.[6] Als Nacherben ihres erstverstorbenen Elternteils dessen Nachlass, den der überlebende Elternteil als Vorerbe verwaltet hatte. Weiterhin erhalten sie als Vollerben den Nachlass des letztverstorbenen Elternteils. Beim Trennungsprinzip entsteht für die Kinder nach dem Tode des erstverstorbenen Elternteils eine veräußerliche und vererbliche Anwartschaft. Bei dieser angeordneten Vor- und Nacherbschaft kann das Kind nach dem Tode des erstverstorbenen Elternteils nur dann den Pflichtteil verlangen, wenn es wegen der Anwartschaft die Nacherbschaft ausschlägt (§ 2306 Abs. 2 BGB). Ist beispielsweise der Vater zuerst verstorben, kann es nach Ausschlagung der Nacherbschaft den Pflichtteil nach dem väterlichen Vermögen verlangen. Nach dem Tode der Mutter wird dieses Kind lediglich Erbe des mütterlichen Nachlasses. 8

5 OLG Frankfurt a. M. 2.8.2010 – 20 W 49/09, FamRZ 2011, 592.
6 NK-BGB/*Gierl* § 2269 Rn. 43.

115. Geringfügige Anrechte im Versorgungsausgleich

Weil

1 Um bei den Versorgungsträgern einen unverhältnismäßigen Verwaltungsaufwand und bei den Eheleuten Splitterversorgungen zu vermeiden, sollen Anrechte im Versorgungsaufwand wegen **Geringfügigkeit** nicht geteilt werden, wenn der Wertunterschied von beiderseitigen Anrechten gleicher Art gering ist (§ 18 Abs. 1 VersAusglG) oder wenn einzelne Anrechte nur einen geringen Ausgleichswert haben (§ 18 Abs. 1 VersAusglG). Unter Wertunterschied von Anrechten ist hier die Differenz der Ausgleichswerte zu verstehen. Der Wertunterschied von zwei Anrechten oder der Wert eines einzelnen Anrechts sind dann geringfügig, wenn sie die Differenz der Ausgleichswerte bzw. der Ausgleichswert des einzelnen Anrechts die Wertgrenzen des § 18 Abs. 3 VersAusglG nicht übersteigen.

Nach der Rechtsprechung des Bundesgerichtshofs stehen die beiden Regelungen des § 18 Abs. 1 und Abs. 2 VersAusglG in einem **Rangverhältnis** zueinander. Das bedeutet, dass zunächst zu prüfen ist, ob die Eheleute über Anrechte gleicher Art verfügen, deren Wertdifferenz gering ist und deren Ausgleich nach § 18 Abs. 1 VersAusglG unterbleiben soll. Anschließend ist zu prüfen, ob es einzelne Anrechte gibt, die geringfügig sind und deren Ausgleich wegen § 18 Abs. 2 VersAusglG unterbleiben soll. Anrechte, die bereits in die Geringfügigkeitsprüfung nach § 18 Abs. 1 VersAusglG einbezogen waren, sind hierbei nicht mehr zu berücksichtigen. In einem dritten Schritt ist abzuwägen, ob unter Billigkeitsgesichtspunkten ein Anrecht trotz des möglichen Ausschlusses nach § 18 Abs. 1 oder Abs. 2 VersAusglG dennoch auszugleichen ist.[1]

Anrechte der gesetzlichen Rentenversicherung sind nur dann gleichartig iSd § 18 Abs. 1 VersAusglG, wenn sie entweder beide in der allgemeinen oder knappschaftlichen Rentenversicherung bestehen und entweder beide regeldynamisch (EP West) oder angleichungsdynamisch (EP Ost) sind.[2]

2 Ein **Wertunterschied** oder ein **Ausgleichswert** ist nach § 18 Abs. 3 VersAusglG gering, wenn er **am Ende der Ehezeit** bei einem Rentenbetrag als maßgebliche Bezugsgröße höchstens 1 %,[3] in allen anderen Fälle als Kapitalwert höchstens 120 %[4] der monatlichen Bezugsgröße nach § 18 Abs. 1 SGB IV beträgt. Bei der gesetzlichen Rentenversicherung sind die Entgeltpunkte maßgebliche Bezugsgröße, daher ist auf den Kapitalwert abzustellen.[5] Unterschiedliche Bezugsgrößen können zur Folge haben, dass in Bezug auf die Rentenhöhe gleiche Anrechte in einem Versorgungssystem als geringwertig einzustufen sind, in einem anderen nicht.

Beispiel: Ehezeitende: erste Jahreshälfte 2013, Ausgleichswert: 20 EUR Monatsrente.

Fall 1: Beamtenversorgung: maßgebliche Bezugsgröße: Rente, maßgeblich ist daher der Rentenbetrag; 20 EUR < 26,95 EUR, dh das Anrecht ist geringwertig.

Fall 2: gesetzliche Rentenversicherung: maßgebliche Bezugsgröße sind Entgeltpunkte; maßgeblich ist daher der Kapitalwert in Höhe von 20 / 28,07 x 6.439,4190 EUR = 4.588,09 EUR; 4.588,09 > 3.234, dh das Anrecht ist nicht geringwertig.

3 Nach § 18 Abs. 1 VersAusglG soll nur der Wertausgleich von beiderseitigen **Anrechten gleicher Art** unterbleiben, wenn die Differenz ihrer Ausgleichswerte gering ist. Durch die Beschränkung auf Anrechte gleicher Art soll vermieden werden, dass die Regelung auf Anrechte Anwendung findet, die zwar zum Ende der Ehezeit einen ähnlichen Ausgleichswert haben, die jedoch eine deutlich andere Wertentwicklung oder deutlich unterschiedliche Leistungen erwarten lassen. Der BGH hat in seinen bisherigen Entscheidungen das Kriterium der Gleichartigkeit sehr eng ausgelegt. So können Anrechte, die auf Kapitalbildung

1 BGH 30.11.2011 – XII ZB 344/10, NJW 2012, 312.
2 BGH FamRZ 2013, 612; OLG Karlsruhe FamRZ 2012, 1306.
3 2020: 31,85 EUR.
4 2020: 3.822 EUR.
5 BGH 30.11.2011 – XII ZB 344/10, NJW 2012, 312 und BGH 30.11.2011 – XII ZB 328/10, NJW 2012, 194.

beruhen, wohl schon dann nicht mehr als gleichartig angesehen werden, wenn sie unterschiedlich verzinst werden oder bei unterschiedlichen Versorgungsträgern bestehen.[6]

Ob im Einzelfall trotz geringer Ausgleichswerte eine Teilung vorgenommen wird, liegt im Ermessen des Gerichts. Der Halbteilungsgrundsatz kann den Ausgleich von Anrechten mit geringem Ausgleichswert gebieten, wenn mit dem Ausgleich kein unverhältnismäßig hoher Verwaltungsaufwand für die Versorgungsträger verbunden ist und beim Ausgleichsberechtigten keine Splitterversorgung entsteht. Die Frage der Geringfügigkeit hat in den vergangenen Jahren aufgrund der Rechtsprechung des BGH im Hinblick auf den Begriff der **wirtschaftlichen Bedeutungslosigkeit** an Praxisrelevanz verloren.[7] Diese siedelt er bei ca. 1 EUR an. Teilweise werden Anrechte mit einem Ausgleichswert von 1,06 EUR ausgeglichen, wenn keinerlei Verwaltungsaufwand durch die Teilung entsteht.[8] Damit stellt sich insgesamt die Frage nach der Bedeutung der Vorschrift. 4

Nach überwiegender Rechtsprechung bemisst sich die Geringfügigkeit des Anrechts **vor** Abzug der Teilungskosten.[9]

6 *Norpoth* zu: BGH 18.1.2012 – XII ZB 501/11, FamFR 2012, 130.
7 BGH FamRZ 2017, 295; 2017, 97; 2016, 2018.
8 OLG Bremen FamRZ 2019, 439.
9 OLG Hamm FamRZ 2018, 1749 mwN.

116. Gesamtgut/Verwaltung

Sander

I. Gesamtgut

1. Einführung

1 Die Gütergemeinschaft führt zu einer **Verschmelzung des beiderseitigen Vermögens der Ehegatten**. Mit ihrer Begründung entsteht kraft Gesetzes eine Gemeinschaft zur gesamten Hand (auch sog. Gesamthandsgemeinschaft), vgl. § 1419 BGB. Es handelt sich bei ihr um Sondervermögen ohne eigene Rechtssubjektivität. Die Ehegatten sind Eigentümer[1] bzw. Forderungsinhaber im Rahmen der Gesamthandsgemeinschaft. Es besteht eine gemeinschaftliche Rechtszuständigkeit aller Mitberechtigten zur gesamten Hand. Ein Ehegatte kann somit weder über seinen Anteil am Gesamtgut noch über einzelne Gegenstände verfügen, die zum Gesamtgut gehören. Die Bindungswirkung reicht so weit, dass auch keine Teilung verlangt werden kann.[2] Sofern keine fortgesetzte Gütergemeinschaft vereinbart ist, kann jeder Ehegatte nach Beendigung der Gütergemeinschaft über seinen Anteil am Gesamtgut verfügen. Wegen des Erfordernisses der Gegenseitigkeit (§ 387 BGB) kann der Schuldner eines Ehegatten gegen eine Forderung des Gesamtgutes nur mit einer Gegenforderung aufrechnen, die aus dem Gesamtgut zu berichtigen ist (vgl. § 1419 Abs. 2 BGB).

2. Entstehung des Gesamtguts (§ 1416 Abs. 2 BGB)

2 Ohne dass es eines besonderen Übertragungsaktes erfordern würde, (§ 1416 Abs. 2 Hs. 2 BGB) wird kraft Gesetzes sämtliches Vermögen, das zu Beginn des Güterstandes (§ 1415 BGB) beiden Ehegatten gehört und nicht Sonder- oder Vorbehaltsgut (§§ 1417, 1418 BGB) ist, Gesamtgut.[3] Gleiches gilt für das während der Ehe eingebrachte Vermögen eines der Ehegatten, das nicht einer der anderen Vermögensmassen der Gütergemeinschaft zuzuweisen ist.[4] Ein auf den Erwerb für die Gemeinschaft gerichteter Wille ist nicht erforderlich.

3 Es ist umstritten, ob der **Erwerb des Gesamtguts** sofort und unmittelbar vom Veräußerer stattfindet (Unmittelbarkeitstheorie) oder ob zunächst für eine juristische Sekunde der erwerbende Ehegatte allein

1 Palandt/*Siede* BGB § 1416 Rn. 1.
2 Palandt/*Siede* BGB § 1419 Rn. 2.
3 NK-BGB/*Völker* § 1416 Rn. 2.
4 Palandt/*Siede* BGB § 1416 Rn. 2.

das Eigentum erwirbt und dieses erst danach auf das Gesamtgut übergeht (Durchgangstheorie).[5] Für die Durchgangstheorie spricht, dass nur sie mit dem sachenrechtlichen Publizitätserfordernis vereinbar ist. Nur mit ihr lässt sich auch ein Grundstückserwerb erklären. Bei Anwendung der Unmittelbarkeitstheorie würde im Falle des Grundstückserwerbs nur eines Ehegatten (Auflassung und Eintragung) dieser nicht Eigentümer im Grundbuch werden, da nach dieser Ansicht die Gesamthand direkt das Eigentum erwirbt. Andererseits hätte auch die Gesamthand kein Eigentum mangels Eintragung im Grundbuch erworben.[6]

3. Umfang des Gesamtguts

Zum Gesamtgut gehören und werden grundsätzlich alle Vermögenswerte und -rechte der Ehepartner, unabhängig vom Rechtsgrund des Erwerbs, sofern es sich um Gegenstände handelt, die durch Rechtsgeschäft übertragen werden können (vgl. § 1417 Abs. 2 BGB). In das Gesamtgut fallen 4

- Anwartschaftsrechte aus einer bedingten Übereignung;
- der Arbeitsverdienst und Einkünfte aus einem Erwerbsgeschäft beider Ehegatten;[7]
- der (künftige) Anspruch eines Gesellschafters auf das Auseinandersetzungsguthaben;[8]
- die Ausgleichsforderung aus einer früheren Zugewinngemeinschaft;[9]
- Aktien und sonstige Wertpapiere;
- das bei beiden Eheleuten vorhandene Bargeld;
- Bausparverträge;
- eine beschränkt persönliche Dienstbarkeit, wenn sie für beide Ehegatten bestellt wurde;
- erbrechtlicher Erwerb (Erbschaft, Vermächtnis, Pflichtteilsanspruch), sofern der Erblasser nicht die Zugehörigkeit zum Vorbehaltsgut gem. § 1418 Abs. 2 Nr. 2 BGB bestimmt hat (→ *Vorbehaltsgut* Rn. 6 ff.);
- das Erwerbsgeschäft, das von einem Ehegatten mit Zustimmung des anderen Ehegatten (§ 1456 BGB) oder des Gesamtgutsverwalters (§ 1431 BGB) selbstständig betrieben wird;
- der Anteil eines Abkömmlings aus einer beendeten (während des Bestehens: Sondergut), noch nicht auseinandergesetzten fortgesetzten Gütergemeinschaft;
- die laufenden Gehalts- oder Rentenzahlungen (soweit unpfändbar aber Sondergut);
- die Geschäftsanteile einer GmbH, die durch Gründung oder später erworben werden;
- die Rechte aus einer Lebensversicherung, einschließlich des Rechts zur Bestimmung des Bezugsberechtigten, auch wenn nur einer der Ehegatten den Vertrag im eigenen Namen abgeschlossen hat;[10]
- der Anteil eines Miterben am ungeteilten Nachlass (§ 2033 Abs. 1 S. 1 BGB) und an einzelnen Nachlassgegenständen;
- nicht übertragbare Vermögenswerte, wenn sie für beide Ehegatten in Gütergemeinschaft bestellt werden (zB Nießbrauch oder beschränkt persönliche Dienstbarkeit), sonst Sondergut;
- Nutzungen des Gesamtguts selbst und des Sonderguts, (§ 1417 Abs. 3 S. 2 BGB) es sei denn, ehevertraglich sind die Nutzungen des Sonderguts diesem zugewiesen;
- nicht Nutzungen des Vorbehaltsguts;
- übertragbarer Anteil eines Ehegatten an einer Personengesellschaft (wenn nicht übertragbar: Sondergut);
- persönliche Bedarfsgegenstände der Ehegatten wie Kleidung und Arbeitsgeräte Rentenzahlungen;
- Schadensersatzansprüche eines Ehegatten wegen Körperverletzung;
- deliktische Schadensersatzansprüche und Ersatzansprüche nach §§ 842, 843 BGB;

---

5 NK-BGB/*Völker* § 1416 Rn. 5 mwN zum Meinungsstreit.
6 *Mai* BWNotZ 2003, 55 (57).
7 Palandt/*Siede* BGB § 1416 Rn. 2.
8 MüKoBGB/*Münch* § 1416 Rn. 9.
9 MüKoBGB/*Münch* § 1416 Rn. 16.
10 NK-BGB/*Völker* § 1416 Rn. 6.

- Schmerzensgeldansprüche (§ 253 BGB)[11] – um eine eventuelle Unbilligkeit zu vermeiden, sollten die Ehegatten überlegen, ob diese Ansprüche dem Vorbehaltsgut zugewiesen werden sollen;
- Erbschaft oder Erbteil des Vorerben, sofern nicht § 1418 Abs. 2 Nr. 2 BGB greift;
- Nutzungsrechte an einem Urheberrecht, (§ 31 UrhG) das Urheberrecht selbst aufgrund seiner Unübertragbarkeit aber nicht;
- Wertersatzansprüche nach § 528 BGB wegen Verarmung des Schenkers.

4. Umwandlung des Gesamtguts

5 Um einen Gegenstand vom Gesamtgut in **Vorbehaltsgut** (→ *Vorbehaltsgut* Rn. 3 ff.) übertragen zu können, ist eine ehevertragliche Regelung (§ 1418 Abs. 2 Nr. 1 BGB) und nach ganz hM das entsprechende Verfügungsgeschäft, das dem Ehegatten das Alleineigentum an dem Gegenstand verschafft, erforderlich.[12] Bei der Umwandlung von bisherigem Vorbehaltsgut in Gesamtgut ist nach hM eine ehevertragliche Vereinbarung sowie ein zusätzlicher dinglicher Rechtsübergang erforderlich. § 1416 Abs. 2 BGB ist nicht anwendbar.[13] In der Praxis sollte der sicherste Weg durch Vornahme des dinglichen Rechtsgeschäftes gewählt werden.

6 Die Vorschrift, nach denen ein Gegenstand dem **Sondergut** zuzuordnen ist, ist abschließend und unterliegt nicht der Verfügungsbefugnis der Ehegatten (→ *Sondergut* Rn. 11 f.).

5. Eintragung im Grundbuch/Schiffsregister (§ 1416 Abs. 3 BGB)/Handelsregister

7 **a) Eintragung im Grundbuch.** Beim Grundstückserwerb durch beide Ehegatten hat nach entsprechender Auflassung an beide Ehegatten die **Eintragung im Grundbuch** zu erfolgen. Die Eintragung von Bruchteilseigentum ist nur dann statthaft, wenn die Ehegatten das Grundstück in Miteigentum erwerben und die Bruchteile jeweils Vorbehaltsgut der Ehepartner werden.[14] Unabhängig von der Verwaltungsbefugnis des erwerbenden Ehegatten kann dieser die Auflassung unmittelbar für das Gesamtgut entgegennehmen und die Miteintragung des anderen Ehegatten ohne dessen Zustimmung beantragen. Nimmt der Ehegatte die Auflassung allein entgegen und wird er allein in das Grundbuch eingetragen, ist eine Grundbuchberichtigung erforderlich.[15]

8 Ist ein Grundstück oder Grundstücksrecht auf einen Ehegatten eingetragen und unterfällt dieses später dem Gesamtgut, wird das Grundbuch **unrichtig**. Die gemeinschaftliche Berechtigung ist auf Antrag unter Angabe des maßgeblichen Rechtsverhältnisses (§ 47 GBO) einzutragen.[16] § 1416 Abs. 3 BGB enthält eine Anspruchsgrundlage, wonach jeder Ehegatte verpflichtet ist, an der **Grundbuchberichtigung** mitzuwirken. Für den Mitwirkungsantrag als Familienstreitsache (§§ 112 Nr. 2, 261 Abs. 1 FamFG) ist das Familiengericht nach § 111 Nr. 9 FamFG zuständig.

9 **b) Eintragung im Schiffsregister.** Für die Eintragung von Rechten im Schiffs- oder Schiffsbauregister (§§ 51, 74 SchiffsRegO) und im Register für Pfandrechte an Luftfahrzeugen (LuftRG) gelten dieselben Grundsätze wie für die Eintragung in das Grundbuch.[17]

10 **c) Eintragung im Handelsregister.** Grundsätzlich ist nur der das Handelsgeschäft verwaltende Ehegatte als Kaufmann im Handelsregister einzutragen. Grund hierfür ist, dass die Gütergemeinschaft als solche nicht Unternehmensträgerin ist.[18] Firmieren beide Eheleute mit dem zulässigen Zusatz „in Gütergemeinschaft", sind sie jedoch beide in das Handelsregister einzutragen.[19]

---

11 BeckOK BGB/*Siede/Spernath* § 1416 Rn. 3.
12 NK-BGB/*Völker* § 1416 Rn. 7; nun auch MüKoBGB/*Münch* § 1416 Rn. 11.
13 BeckOK BGB/*Siede/Spernath* § 1416 Rn. 11; Palandt/*Siede* BGB § 1416 Rn. 3; aA NK-BGB/*Völker* § 1416 Rn. 7.
14 NK-BGB/*Völker* § 1416 Rn. 13.
15 BeckOK BGB/*Siede/Spernath* § 1416 Rn. 13.
16 NK-BGB/*Völker* § 1416 Rn. 14.
17 NK-BGB/*Völker* § 1416 Rn. 16.
18 BayObLG 25.7.1991 – BReg 3 Z 16/91, NJW-RR 1992, 33.
19 BayObLG 25.7.1991 – BReg 3 Z 16/91, NJW-RR 1992, 33; NK-BGB/*Völker* § 1416 Rn. 17.

II. Verwaltung des Gesamtguts

1. Verwaltung

a) Allgemeines. Alle mit der Betreuung des Gesamtguts in rechtlicher und tatsächlicher Hinsicht zusammenhängenden Handlungen gehören zur Verwaltung des Gesamtguts. Im Ehevertrag muss bestimmt werden, ob die Verwaltung durch den Mann, die Frau oder durch beide Ehegatten übernommen wird (vgl. § 1421 S. 1 BGB). Enthält der Ehevertrag keine derartige Bestimmung, gilt die gemeinschaftliche Verwaltung des Gesamtguts (vgl. § 1421 S. 2 BGB). Unabhängig von der **ehevertraglichen Verwaltungsbestimmung** verwalten die Ehegatten das Gesamtgut zwischen der Beendigung der Gütergemeinschaft und deren endgültiger Auseinandersetzung nach § 1472 Abs. 1 BGB gemeinschaftlich. 11

b) Verwaltung durch einen Ehegatten. Verwaltet ein Ehegatte das Gesamtgut allein, steht ihm nach § 1422 S. 1 BGB ein umfassendes Verwaltungsrecht zu. Hierzu gehören die Inbesitznahme des Gesamtguts und die grundsätzlich bestehende alleinige Verfügungsbefugnis. Durch Rechtsgeschäfte des verwaltenden Ehegatten kann der andere Ehegatte nicht persönlich verpflichtet werden, sondern nur das Gesamtgut (vgl. § 1422 S. 2 BGB). 12

Der andere Ehegatte ist von der Verwaltung des Gesamtguts ausgeschlossen. Ihm steht nicht einmal ein Widerspruchsrecht zu.[20] Bei Geschäften über das Gesamtgut im Ganzen, bei Verfügungen über Grundstücke und Schenkungen ist jedoch nach §§ 1423 ff. BGB seine Zustimmung erforderlich. Seine Zustimmung kann jedoch ersetzt werden, vgl. § 1426 BGB. Um die Handlungsfreiheit des nicht verwaltenden Ehegatten zu erweitern, kann ihm eine – nach § 168 BGB frei widerrufliche – Vollmacht erteilt werden. Sollte die Vollmacht im Ehevertrag erteilt worden sein, ist sie hingegen nicht frei widerruflich. Bei Verfügungen des nicht verwaltenden Ehegatten ohne Vollmacht über einen Gegenstand des Gesamtguts, liegt eine Verfügung eines Nichtberechtigten nach § 185 BGB vor.[21] Soweit der nicht verwaltende Ehegatte mit Einwilligung des anderen Ehepartners ein selbstständiges Erwerbsgeschäft betreibt, ist er für diesen Aufgabenbereich selbstständig und mit Wirkung für das Gesamtgut verfügungsbefugt (§ 1431 BGB). 13

c) Notverwaltungsrecht des nicht verwaltenden Ehegatten. Soweit der Verwalter durch Krankheit oder Abwesenheit verhindert ist, steht dem nicht verwaltenden Ehegatten gem. § 1429 BGB ein Notverwaltungsrecht als Stellvertreter zu. Für das Eingreifen des Notverwaltungsrechts ist erforderlich, dass mit einem weiteren Aufschub des Rechtsgeschäftes eine Gefahr verbunden ist. 14

d) Pflichten des Verwalters. Der Pflichtenkreis des Verwalters ergibt sich aus § 1435 BGB, wonach er sich für die **Werterhaltung** und die **Mehrung** des Gesamtguts einzusetzen hat.[22] Er hat die Stellung eines Treuhänders. Als Ausprägung von § 1353 Abs. 1 BGB hat der Verwalter den anderen Ehegatten in angemessenen Zeitabständen unaufgefordert über die Verwaltung zu unterrichten (vgl. § 1435 S. 2 Alt. 1 BGB). Dadurch soll dem nicht verwaltenden Ehegatten die Kontrolle über die ordnungsgemäße Verwaltung des Gesamtguts ermöglicht werden. Die §§ 259 ff. BGB gelten hierfür nicht. Der nicht verwaltende Ehegatte hat dem Verwalter gegenüber nach § 1435 S. 2 Alt. 2 BGB ferner einen Anspruch auf Auskunft über den Stand der Verwaltung. Die §§ 259 ff. BGB sind anwendbar. Der Auskunftsanspruch kann durch Leistungsantrag beim Familiengericht (§ 111 Nr. 9 FamFG) geltend gemacht und nach §§ 888 Abs. 1, 889 ZPO vollstreckt werden. 15

e) Haftung des Alleinverwalters. Eine verschuldensunabhängige Haftung trifft den Verwalter, wenn er eines der in §§ 1423–1425 BGB genannten Geschäfte ohne Zustimmung des anderen Ehegatten vorgenommen hat und dem Gesamtgut hieraus Nachteile entstanden sind.[23] Bei schuldhaften Pflichtverletzungen, die nicht den §§ 1423–1425 BGB zuzuordnen sind, besteht die Verpflichtung zum Schadensersatz nach § 1435 S. 3 BGB, allerdings mit der Haftungsprivilegierung des § 1359 BGB. Der Schadensersatzanspruch 16

20 Palandt/*Siede* BGB § 1422 Rn. 3.
21 Palandt/*Siede* BGB § 1422 Rn. 3.
22 Palandt/*Siede* BGB § 1435 Rn. 2.
23 MüKoBGB/*Münch* § 1435 Rn. 11.

wird gem. § 1446 BGB erst nach Beendigung des Güterstandes fällig. Er umfasst nicht nur die Fälle der Minderung der Aktiva und der Erhöhung der Passiva, sondern auch die Fälle von entgangenem Gewinn.

17 **f) Verwaltung durch beide Ehegatten.** Sofern die Ehegatten im Ehevertrag die **gemeinsame Verwaltung** bestimmen oder keine vertragliche Regelung hierüber getroffen haben, erfolgt die Verwaltung des Gesamtguts gemeinschaftlich (vgl. § 1421 BGB). Dies bedeutet, dass alle Verfügungen gemeinsam getroffen werden müssen. Allerdings können die Ehegatten das Erfordernis der gemeinsamen Verwaltung dadurch umgehen, dass sie gegenseitige, nicht formbedürftige Bevollmächtigungen erteilen. Eine konkludente Vollmachtserteilung kann insbesondere dann angenommen werden, wenn ein Ehegatte dem anderen die Verwaltung bestimmter Angelegenheiten überlassen hat.[24]

18 Grundsätzlich müssen **Dritte** bei das Gesamtgut betreffenden Rechtsgeschäften gegenüber beiden Ehegatten gemeinsam handeln. § 1450 Abs. 2 BGB sieht hiervon allerdings die Ausnahme der Empfangszuständigkeit von Willenserklärungen vor. Danach genügt es, wenn empfangsbedürftige Willenserklärungen (zB Vertragsannahmen, Kündigungen, Mahnungen) nur einem Ehegatten zugegangen sind.

19 Hat ein Ehegatte eine Verfügung allein und ohne – konkludente – Vollmacht des anderen Ehegatten vorgenommen, ist diese nach § 1453 Abs. 1 iVm § 1366 BGB **schwebend unwirksam**. Der nicht verfügende Ehegatte kann sodann entscheiden, ob er die Verfügung nach § 1366 Abs. 1 BGB genehmigt oder sie durch Verweigerung der Genehmigung nach § 1366 Abs. 4 BGB endgültig unwirksam werden lässt. Nach § 1453 Abs. 1 iVm § 1367 BGB sind einseitige Verfügungen (zB Kündigung) von Anfang an unwirksam.

20 Wie bei der Alleinverwaltung steht auch im Falle der gemeinschaftlichen Verwaltung des Gesamtguts jedem Ehegatten ein **Notverwaltungsrecht** nach § 1454 BGB zu. Insoweit sind dieselben Grundsätze zu beachten (→ *Gesamtgut/Verwaltung* Rn. 14). In § 1455 BGB sind weitere Tatbestände beschrieben, die ein alleiniges Handeln eines Ehegatten zulassen.

21 **g) Auskunftsanspruch.** Eine mit der Alleinverwaltung gleichzusetzende Unterrichtungs- und Auskunftspflicht (§ 1435 S. 2 BGB) sieht das Gesetz nicht vor. Auskunftsansprüche können sich jedoch aus §§ 1353, 681, 666 BGB (Vollmachtserteilungen, Notverwaltungsrecht) ergeben.

22 **h) Nichteinigung über Verwaltungsmaßnahmen.** Können sich die Ehegatten über bestimmte Verwaltungsmaßnahmen nicht einigen, trifft auf Antrag eines Ehegatten das **Familiengericht** die Entscheidung und ersetzt die Zustimmung des anderen Ehegatten (vgl. § 1452 BGB).

23 **i) Schadensersatzanspruch gegen den Verwalter.** Mindert ein Ehegatte das Gesamtgut schuldhaft, besteht analog § 1435 S. 3 BGB eine Schadensersatzpflicht (→ *Gesamtgut/Verwaltung* Rn. 28).

2. Haftung – Gesamtgutsverbindlichkeiten

24 **a) Allgemeines.** Aufgrund der mangelnden Rechtspersönlichkeit der Gütergemeinschaft gibt es nur **persönliche Verbindlichkeiten** der Eheleute. Dabei sind die Vermögensmassen Gesamtgut sowie jeweils das Sonder- und Vorbehaltsgut zu unterscheidende Haftungsobjekte. Soweit das Gesamtgut für Verbindlichkeiten eines der Ehegatten oder beider Ehegatten haftet, handelt es sich um sog. Gesamtgutsverbindlichkeiten (vgl. §§ 1437, 1459 BGB). Bei allen Verbindlichkeiten ist vorab zu klären, ob das Gesamtgut für diese haftet oder nicht etwa das Vorbehalts- oder Sondergut eines der Ehegatten. Bei der Haftung des Gesamtguts wird danach differenziert, ob für das Gesamtgut die Alleinverwaltung eines der Ehegatten oder die gemeinschaftliche Verwaltung besteht.

25 **b) Haftung des Gesamtguts bei Alleinverwaltung.** Die Haftung bei Alleinverwaltung richtet sich nach §§ 1437–1440 BGB. Nach § 1437 Abs. 1 BGB können sich die Gläubiger des Verwalters und diejenigen des anderen Ehegatten aus dem Gesamtgut befriedigen, soweit die Regelungen der §§ 1438–1440 BGB nicht entgegenstehen. Ferner kommt es zur Haftung des Gesamtguts, wenn der nicht verwaltende Ehegatte mit Zustimmung des Verwalters ein Erwerbsgeschäft (§ 1431 BGB) selbstständig betreibt.

24 Palandt/*Siede* BGB § 1450 Rn. 2.

§ 1437 Abs. 2 BGB sieht vor, dass der **Verwalter** während des Bestehens der Gütergemeinschaft auch für die Gesamtgutsverbindlichkeiten des anderen persönlich und somit mit seinem Vorbehalts- und Sondergut haftet. Der nicht verwaltende Ehegatte haftet hingegen nicht persönlich für die Verbindlichkeiten des Verwalters, sondern nur mit seinem Anteil am Gesamtgut. 26

Das Gesamtgut haftet grundsätzlich umfassend für die Verbindlichkeiten beider Ehegatten, wobei in §§ 1438–1440 BGB **Ausnahmen** vorgesehen sind. So haftet nach § 1438 Abs. 1 BGB das Gesamtgut nicht, soweit ein Ehegatte eigenmächtig handelt. Eine Verpflichtung des Gesamtguts bei Handeln des nicht verwaltenden Ehegatten kann nur im Rahmen des Notverwaltungsrechts (§ 1429 BGB) begründet werden. Ferner haftet das Gesamtgut nicht für Verbindlichkeiten, die dem nicht verwaltenden Ehegatten durch den Anfall einer Erbschaft entstehen, wenn er den Nachlass als Sonder- oder als Vorbehaltsgut erwirbt (vgl. § 1439 BGB). Schließlich ist eine Haftung des Gesamtguts nach § 1440 BGB auch dann zu verneinen, wenn die während der bestehenden Gütergemeinschaft anfallenden Verbindlichkeiten das Vorbehalts- oder Sondergut des nicht verwaltenden Ehegatten betreffen. Hiervon macht § 1440 S. 2 BGB eine Gegenausnahme. 27

c) Haftung des Gesamtguts bei gemeinsamer Verwaltung. Bei gemeinschaftlicher Verwaltung des Gesamtguts richtet sich dessen Haftung nach §§ 1459–1462 BGB. Nach § 1459 Abs. 1 BGB haben alle Gläubiger eines jeden Ehegatten ein **Befriedigungsrecht aus dem Gesamtgut**, soweit die §§ 1460–1462 BGB nicht Gegenteiliges vorsehen. Bei Begründung der Gütergemeinschaft bestehende Schulden eines jeden Ehegatten werden zu Gesamtgutsverbindlichkeiten, für die das Gesamtgut haftet. Gem. § 1459 Abs. 2 BGB haftet der jeweils andere Ehegatte für diese Schulden daneben persönlich mit seinem Sonder- und Vorbehaltsgut. Für die Haftung für nach Beginn des Güterstandes entstehende Verbindlichkeiten gilt entsprechendes, es sei denn, dass die in §§ 1460–1462 BGB geregelten Ausnahmen greifen. 28

d) Haftung des Gesamtguts für Unterhaltsverpflichtungen. Im Zusammenhang mit der Bedarfsermittlung der Unterhaltsberechtigten sind die §§ 1583, 1604 BGB zu berücksichtigen. Danach bewirkt die umfassende Schuldenhaftung der Ehegatten, dass alle Einkünfte aus dem Gesamtgut dem Unterhaltsschuldner als Einkommen zugerechnet werden müssen.[25] 29

e) Ausnahmen von der Haftung des Gesamtguts. Nimmt ein Ehegatte während der Gütergemeinschaft bei gemeinsamer Verwaltung ein Rechtsgeschäft ohne Zustimmung des anderen Ehegatten vor, haftet das Gesamtgut nach § 1460 Abs. 1 BGB nicht. Dadurch wird der andere Ehegatte geschützt. Der **einseitig handelnde Ehegatte** verpflichtet nur sich selbst (Vorbehalts- und Sondergut), nicht das Gesamtgut und auch nicht den anderen Ehegatten. Eine Gesamtgutsverbindlichkeit würde nur dann bestehen, wenn der handelnde Ehegatte nach §§ 1454–1456 BGB zur Alleinverwaltung berechtigt gewesen ist. Des Weiteren haftet das Gesamtgut weder für Verbindlichkeiten einer Erbschaft, die während der Gütergemeinschaft als Vorbehalts- oder Sondergut angefallen ist (§ 1461 BGB) noch für Verbindlichkeiten, die währenddessen angefallen sind und nur das Vorbehalts- oder Sondergut betreffen (vgl. § 1462 S. 1 BGB; beachte: Ausnahme § 1462 S. 2 BGB). 30

f) Haftung der Ehegatten im Innenverhältnis. Im Innenverhältnis der Ehegatten zueinander muss eine **Differenzierung** zwischen den Gesamtgutslasten (= Verbindlichkeiten, die aus dem Gesamtgut beglichen werden) und den Sonderlasten (= Verbindlichkeiten, die ein Ehegatte allein zu tragen hat) vorgenommen werden. Gemäß der §§ 1441–1444 BGB können daher Gesamtgutsverbindlichkeiten im Innenverhältnis anders zu behandeln sein als im Außenverhältnis.[26] So haftet beispielsweise ein Ehegatte für eine Verbindlichkeit aus einem von ihm nach Begründung der Gütergemeinschaft begangenen Delikt im Innenverhältnis allein, § 1441 Nr. 1 BGB. 31

25 OLG Oldenburg 13.7.2009 – 13 UF 41/09, NJW-RR 2009, 1596–1598.

26 *Mai* BWNotZ 2003, 55 (62).

3. Verfahrenshinweise

32 **a) Parteifähigkeit bei Gütergemeinschaft.** Weder die Gütergemeinschaft noch das Gesamtgut sind iSv § 50 ZPO aktiv oder passiv parteifähig. Insolvenzfähig ist das Gesamtgut nur gem. §§ 333 ff. InsO.[27]

33 **b) Prozessfähigkeit bei Gütergemeinschaft.** Aktivprozesse führt der verwaltende Ehegatte als Prozessstandschafter im eigenen Namen. In den das Gesamtgut betreffenden Passivprozessen ist der Verwalter persönlich zu verklagen. Ein Leistungsurteil gegen ihn genügt für die Zwangsvollstreckung, vgl. § 740 Abs. 1 ZPO (→ *Gesamtgut/Verwaltung* Rn. 36).

34 Rechtsstreitigkeiten, die das Gesamtgut betreffen, müssen die gemeinschaftlich verwaltenden Eheleute **gemeinsam** führen, andernfalls ist die Klage mangels Aktivlegitimation abzuweisen. Die Vollstreckung in das gemeinsam verwaltete Gesamtgut ist nur bei Vorliegen eines Leistungstitels gegen beide Ehegatten statthaft, vgl. § 740 Abs. 2 ZPO.

35 **c) Zwangsvollstreckung in das Gesamtgut.** Durch die **gesamthänderische Bindung** können die Ehegatten über ihre Anteile am Gesamtgut nicht verfügen (§ 1419 BGB). Aus diesem Grunde können ihre Anteile bis zur Beendigung der Gütergemeinschaft nicht gepfändet werden (§ 860 Abs. 1 S. 1 ZPO). Nach der Beendigung gilt § 860 Abs. 2 ZPO. Ansonsten ist danach zu differenzieren, ob das Gesamtgut durch einen Ehegatten oder durch beide gemeinschaftlich verwaltet wird.

36 **d) Einzelverwaltung.** Gem. § 740 Abs. 1 ZPO ist bei Alleinverwaltung des Gesamtguts ein **Vollstreckungstitel gegen den Verwalter** erforderlich und genügend. Nicht ausreichend ist nach hM das Vorliegen eines Leistungstitels gegen den nicht verwaltenden Ehegatten und eines Duldungstitels gegen den verwaltenden Ehegatten.[28] Für die hM spricht, dass der Gesetzgeber in § 743 ZPO ausdrücklich zwischen Leistungs- und Duldungstitel differenziert und in § 740 Abs. 1 ZPO nur den Leistungstitel nennt. Nur im Falle des § 1431 BGB (selbstständiges Erwerbsgeschäft) genügt ein Titel gegen den nicht verwaltenden Ehegatten wegen § 741 ZPO. Liegt ein Titel gegen den verwaltenden Ehegatten vor, kann neben der Zwangsvollstreckung in das Gesamtgut auch in sein – pfändbares – Sondergut und Vorbehaltsgut vollstreckt werden.

37 **e) Gemeinschaftliche Verwaltung.** Erfolgt die Verwaltung des Gesamtgutes **gemeinschaftlich**, müssen die Ehegatten gem. § 740 Abs. 2 ZPO zur Leistung verurteilt worden und damit zwangsvollstreckungsrechtlich Schuldner sein. Dabei ist nicht Voraussetzung, dass die Ehegatten in einem Rechtsstreit zur Leistung verurteilt wurden, der Schuldgrund der Verpflichtung muss allerdings derselbe sein.[29]

38 Die **Zwangsvollstreckung in das Gesamtgut** ist für die Gläubiger der Ehegatten nur dann möglich, wenn es sich um eine Verbindlichkeit des Gesamtgutes handelt (vgl. § 1459 Abs. 1 BGB). Für diese Verbindlichkeit haften die Ehegatten nach § 1459 Abs. 2 BGB persönlich als Gesamtschuldner. Bei rechtsgeschäftlich eingegangenen Verbindlichkeiten ist § 1460 BGB zu beachten.

39 Ist die Gütergemeinschaft erst nach Rechtshängigkeit des Prozesses begründet worden, ist die **Umschreibung des Titels** nach § 742 ZPO zulässig, sonst nicht. Auch wenn ein Ehegatte aufgrund seines Notverwaltungsrechts (§ 1454 BGB) oder wegen der Kostenhaftung (§ 1460 Abs. 2 BGB) verklagt wurde, reicht ein Titel nur gegen diesen Ehegatten nicht aus. Die hM lehnt eine analoge Anwendung des § 742 ZPO wegen seines klaren Wortlautes[30] und wegen der Formalisierung des Zwangsvollstreckungsverfahrens ab. Andernfalls obläge dem Vollstreckungsorgan die materiellrechtliche Prüfung der Haftung des Gesamtguts.[31]

40 **f) Nach Beendigung der Gütergemeinschaft.** Bis zur vollständigen Auseinandersetzung des Gesamtguts benötigt der Gläubiger zur Vollstreckung einen Titel gegen beide Ehegatten (vgl. § 743 ZPO). Anders als

---

27 NK-BGB/*Völker* § 1416 Rn. 1.
28 BeckOK BGB/*Siede/Spernath* § 1437 Rn. 8.
29 OLG Zweibrücken 4.3.2009 – 3 W 38/09, FamRZ 2009, 1910 f.
30 NK-BGB/*Völker* § 1416 Rn. 22; aA Palandt/*Siede* BGB § 1459 Rn. 4.
31 NK-BGB/*Völker* § 1416 Rn. 22.

zuvor genügt es, dass gegen den einen Ehegatten ein Duldungstitel und gegen den anderen Ehegatten ein Leistungsurteil vorliegt.

g) Bei fortgesetzter Gütergemeinschaft. Im Falle der fortgesetzten Gütergemeinschaft ist nach § 745 Abs. 1 ZPO ein **Leistungstitel gegen den überlebenden Ehegatten** erforderlich. Ausreichend ist jedoch auch, die Abkömmlinge auf Duldung zu verklagen.[32] Sobald die fortgesetzte Gütergemeinschaft beendet ist, ist wegen § 745 Abs. 2 ZPO iVm §§ 743, 744 ZPO daneben ein Duldungstitel gegen die Abkömmlinge erforderlich. Die Umschreibung eines gegen den verstorbenen allein verwaltenden Ehegatten auf den überlebenden Ehegatten ist gem. § 744 ZPO möglich. Eine Titelumschreibung ist obsolet, wenn der überlebende Ehegatte vor Versterben seines Ehepartners Allein- oder Mitverwalter war. 41

h) Vermutungswirkungen im Rahmen der Zwangsvollstreckung. Auch wenn die Gütergemeinschaft nicht in das Güterrechtsregister eingetragen wurde, gilt nach § 1416 Abs. 1 BGB die widerlegliche Vermutung, dass die beweglichen Sachen beider Ehegatten Gesamtgut sind. § 740 ZPO ist (Abs. 1 – Alleinverwaltung, Abs. 2 – gemeinschaftliche Verwaltung) anzuwenden. Kann die Vermutungswirkung des § 1416 Abs. 1 BGB widerlegt werden, greift die Vermutung des § 1362 BGB iVm § 739 ZPO. Nach § 1362 Abs. 1 S. 1 BGB gehört der Gegenstand dem Schuldnerehegatten und nur dieser wird als Alleingewahrsamsinhaber angesehen. Wird gegen den verwaltenden Schuldnerehegatten vollstreckt, gilt der Alleingewahrsam sowohl an den Sachen, die sich in seinem Alleingewahrsam als auch an denjenigen Mobilien, die sich im Allein- oder Mitgewahrsam des nicht verwaltenden Ehegatten befinden. Der nicht verwaltende Ehegatte kann seine Rechte durch Erhebung der Vollstreckungsgegenklage nach § 771 ZPO geltend machen und die Vermutung des § 1362 BGB widerlegen.[33] 42

32 BeckOK BGB/*Siede/Spernath* § 1488 Rn. 3.
33 NK-BGB/*Völker* § 1416 Rn. 16.

117. Gesamtschuldnerausgleich und Unterhalt

Poppen

I. Ehezeit

1 Trägt während des **Bestehens der Ehe** ein Ehepartner, wobei die Einkommens- und Vermögensverhältnisse der Ehepartner keine Rolle spielen, allein gesamtschuldnerisch begründete Verbindlichkeiten ab, kann er nach dem Scheitern der Ehe für die Zeit der ehelichen Lebensgemeinschaft keine anteilige Erstattung seiner Aufwendungen verlangen. In der einvernehmlichen Handhabung während der intakten Ehe liegt eine „**anderweitige Regelung**" iSd § 426 Abs. 1 S. 1 BGB.[1] Dabei kann es sich um Darlehensschulden, die Miete für eine gemeinschaftlich angemietete Wohnung[2] oder nicht umlagefähige Kosten einer gemeinsamen Immobilie[3] handeln.

II. Rechtslage nach Trennung

1. Grundsatz

2 Mit der endgültigen **Trennung** der Ehegatten entfällt die Überlagerung der hälftigen Mitverpflichtung aus gemeinsamen Verbindlichkeiten durch die eheliche Lebensgemeinschaft. Das gilt auch bei einer Trennung innerhalb einer im ideellen Miteigentum beider Ehegatten stehenden Wohnung, für die gemeinschaftliche Verbindlichkeiten bestehen.[4] Mit dem endgültigen **Scheitern der Ehe** hat kein Ehepartner mehr einen Anlass, Verpflichtungen des anderen zu erfüllen.[5] Damit ist mit dem Scheitern der Ehe jeder Ehegatte grundsätzlich verpflichtet, anteilig die Hälfte gemeinschaftlicher Verbindlichkeiten zurückzuführen. Das gilt nicht für gemeinsame Verbindlichkeiten, die allein im Interesse eines Ehegatten aufgenommen worden sind, etwa eines in seinem Alleineigentum stehenden Kfz oder einer Immobilie.[6] Diese Verbindlichkeiten muss der Alleineigentümer im Innenverhältnis allein tragen.

2. Verrechnung beim Ehegatten- und Kindesunterhalt

3 Zahlt nach Scheitern der Ehe einer der Ehegatten die gemeinschaftlichen Verbindlichkeiten allein zurück und wird dieser Aufwand bei einer **Unterhaltsberechnung** berücksichtigt, stellt die Berücksichtigung der Zahlungen im Rahmen der Unterhaltsberechnung wiederum eine „anderweitige Regelung" nach § 426 Abs. 1 S. 2 BGB dar.[7] **Entfällt die Unterhaltsberechtigung**, bevor die Schuld abgezahlt ist, besteht keine „anderweitige Regelung" iSd § 426 Abs. 1 S. 1 BGB mehr. Von diesem Zeitpunkt an muss der bisher unterhaltsberechtigte Ehepartner sich wieder hälftig am Schuldabtrag beteiligen.[8]

4 Dies gilt allerdings nur für den Fall, dass die Verbindlichkeiten bei der Berechnung von Ehegattenunterhaltsansprüchen berücksichtigt worden sind. Nur insoweit handelt es sich um eine Regelung zwischen den Parteien des Gesamtschuldverhältnisses; nur bei der **Verrechnung beim Ehegattenunterhalt** findet eine hälftige Verteilung der Lasten statt. Dabei wird teilweise eine sämtliche Ansprüche erfassende anderweitige Regelung auch dann angenommen, wenn durch die Vorabberücksichtigung der Verbindlichkeiten vor der Berechnung des Unterhalts nach der **3/7-Quote** die Verbindlichkeiten nicht exakt hälftig aufgeteilt worden

1 BGH 30.11.1994 – XII ZR 59/93, NJW 1995, 652.
2 OLG Düsseldorf 17.3.2014 – II-2 UF 4/14, FamRZ 2014, 1296.
3 OLG Stuttgart 7.6.2017 – 15 UF 50/17, BeckRS 2017, 113166.
4 OLG Oldenburg 13.4.2012 – 11 UF 20/12, FamRZ 2013, 133.
5 BGH 27.11.1996 – XII ZR 43/95, FamRZ 1997, 487.
6 BGH 6.11.2019 – XII ZB 311/18, NJW 2020, 1300; OLG Brandenburg 17.3.2015 – 10 WF 15/15, FamRZ 2016, 232.
7 BGH 11.5.2005 – XII ZR 289/02, NJW 2005, 2307.
8 BGH 11.5.2005 – XII ZR 289/02, NJW 2005, 2307.

sind.[9] Werden lediglich die Zinsen eines **endfälligen Darlehens** bei der Unterhaltsberechnung berücksichtigt, stellt dies keine abschließende anderweitige Regelung iSd § 426 BGB für die Darlehensschuld als solche dar, weil es keine Regelung zur Tilgungslast gibt.[10]

Wird die gemeinsame Schuld allein bei der Bemessung von Kindesunterhaltsansprüchen berücksichtigt, bleiben Ansprüche nach § 426 Abs. 2 BGB unberührt.[11] Das Kind, für das als gesetzlicher Vertreter oder Prozessstandschafter ein Ehegatte auftritt, ist nicht Beteiligter des Gesamtschuldverhältnisses. Auch wirtschaftlich gesehen führt die Berücksichtigung des Alleinabtrags gemeinschaftlicher Schulden beim **Kindesunterhalt** wegen der dadurch allenfalls eintretenden Verringerung des Kindesunterhaltsanspruchs um eine oder zwei Stufen der Düsseldorfer Tabelle nicht zu einer hälftigen Aufteilung der Gesamtschuld.[12] 5

3. Vereinbarung der anderweitigen Bestimmung

Voraussetzung für eine „anderweitige Bestimmung" iSd § 426 Abs. 1 S. 1 BGB ist eine **ausdrückliche oder stillschweigende Vereinbarung**. Allein der tatsächliche Abtrag gemeinschaftlicher Verbindlichkeiten durch einen grundsätzlich Unterhaltsverpflichteten stellt keine derartige Vereinbarung dar, auch wenn der grundsätzlich Unterhaltsberechtigte im Hinblick auf diesen Abtrag auf die Geltendmachung von Ehegattenunterhaltsansprüchen verzichtet, ohne dies ausdrücklich zu erklären.[13] Etwas anderes gilt nur in den Fällen, in denen weitere besondere Umstände hinzutreten, die das Vorliegen einer konkludenten Vereinbarung begründen.[14] 6

Grundsätzlich kann der die Verbindlichkeiten bedienende Ehegatte **rückwirkend auf den Zeitpunkt des Scheiterns der Ehe** den Gesamtschuldnerausgleich nach § 426 Abs. 2 BGB geltend machen. Einer Inverzugsetzung bedarf es nicht. Der Anspruch nach § 426 Abs. 2 BGB ergibt sich als Folge der alleinigen Bedienung der Gesamtschuld aus dem Gesetz. Eine Grenze findet die rückwirkende Geltendmachung allein im Grundsatz der **Verwirkung** nach § 242 BGB.[15] Eine rückwirkende Geltendmachung von Unterhaltsansprüchen scheidet in diesen Fällen andererseits in aller Regel aus, wenn nicht Verzug begründet worden ist. Deshalb sollte immer dann, wenn der unterhaltsberechtigte Ehegatte im Hinblick auf eine Schuldtilgung durch den unterhaltspflichtigen Ehegatten seine Ehegattenunterhaltsansprüche nicht geltend macht, diese Überlegung dem anderen Ehegatten mitgeteilt und vorsorglich Verzug mit den Ehegattenunterhaltsansprüchen begründet werden. 7

9 OLG Koblenz 10.3.2010 – 1 U 392/09, FamRZ 2010, 1901; anders: OLG Köln 10.2.1990 – 2 W 58/90, FamRZ 1991, 1192.
10 OLG Stuttgart 21.1.2010 – 15 WF 4/10, NJW-RR 2010, 1011.
11 BGH 26.9.2007 – XII ZR 90/05, NJW 2007, 3564.
12 BGH 9.1.2008 – XII ZR 184/05, NJW 2008, 849.
13 BGH 9.1.2008 – XII ZR 184/05, NJW 2008, 849.
14 OLG Hamm 18.3.2016 – 2 WF 41/16, NJW-RR 2016, 901.
15 OLG Bremen 21.8.2006 – 4 W 24/06, NJW-RR 2006, 1657.

118. Geschiedenentestament

Schwarz

1 Zweck der Gestaltungen, die unter dem Begriff des sog. Geschiedenentestaments zusammengefasst werden, ist die **erbrechtliche Eliminierung des geschiedenen Ehegatten**. Nach der Scheidung besteht eine unmittelbare Beteiligung des geschiedenen Ehegatten am Nachlass des früheren Ehepartners zwar regelmäßig nicht mehr. Letztwillige Verfügungen, die der Erblasser zugunsten seines damaligen Ehegatten in Zeiten der intakten Ehe noch getroffen hat, werden unwirksam (§ 2077 Abs. 1 BGB). Entsprechend gilt dies auch für Verfügungen in einem gemeinschaftlichen Testament (§ 2268 Abs. 1 BGB) sowie in einem Erbvertrag (§ 2279 Abs. 1 BGB).

2 Problem ist, dass der frühere Ehegatte über ein gemeinschaftliches Kind am Nachlass des anderen Ehepartners mittelbar noch teilhaben könnte. Dieselben Probleme können sich auch bei Auflösung einer nichtehelichen Lebensgemeinschaft, aus der ein gemeinsames Kind hervorgegangen ist, ergeben.

I. Problem: Elterliche Sorge bei Minderjährigen

3 Nach dem Tod des einen Elternteils steht die elterliche Sorge für das gemeinsame minderjährige Kind regelmäßig dem anderen Elternteil alleine zu (§§ 1626 a Abs. 1 Nr. 1, 1680 Abs. 1 und 2 BGB). Der überlebende Elternteil als allein Sorgeberechtigter ist in dieser Eigenschaft auch zur Vermögenssorge für das Kind befugt. Ein beim Erbfall des erstversterbenden Elternteils auf das Kind übergegangenes Vermögen wird dann vom überlebenden Elternteil bis zur Volljährigkeit des Kindes verwaltet.

4 Ziel des erstversterbenden Elternteils ist es, dem nach seinem Tod allein Sorgeberechtigten die **Verwaltungsbefugnis** hinsichtlich des Nachlassvermögens zu entziehen. Dafür gibt § 1638 Abs. 1 BGB die Möglichkeit, dass der Erblasser eine entsprechende Anordnung in einer letztwilligen Verfügung trifft und dort bestimmt, dass der andere Elternteil von der Vermögensvorsorge für das vom minderjährigen Kind ererbte Nachlassvermögen ausgeschlossen wird. Die Vermögensverwaltung hat dann ein zu bestellender Ergänzungspfleger auszuüben (§ 1909 BGB). Der vorversterbende Ehegatte hat hier auch die Möglichkeit, die Person des Pflegers vorab verbindlich zu bestimmen (§ 1917 BGB). Zugunsten des Ergänzungspflegers können Befreiungen gem. §§ 1852, 1853, 1854 BGB festgelegt werden. Insbesondere kann der Pfleger von der jährlichen Rechnungslegungs- oder Hinterlegungspflicht von Wertpapieren befreit werden.

5 Über die Volljährigkeit des minderjährigen Kindes hinaus kann durch Anordnung einer **Verwaltungstestamentsvollstreckung** nach § 2209 S. 1 BGB auch noch längere Zeit die Verwaltungs- und Verfügungsbefugnis des Kindes einem Dritten (dem Testamentsvollstrecker) vorbehalten werden. Der Erblasser will seinem Kind den Nachlass auch nach Volljährigkeit noch nicht in vollem Umfang zur freien Verfügung überlassen. Dieses Gestaltungsziel hängt aber nicht mit dem „Schutz" vor dem überlebenden Elternteil zusammen. Vielmehr ist es eine Vorsichtsmaßnahme des vorversterbenden Elternteils, um das Kind erst langsam in die eigene Vermögensverantwortung hineinwachsen zu lassen und bis dorthin einen Testamentsvollstrecker an die Seite zu stellen.

II. Problem: Mittelbare Nachlassteilhabe über gemeinsame Abkömmlinge

6 Das Kind erbt nach dem Tod des erstversterbenden Elternteils. Verstirbt das Kind dann vor seinem anderen Elternteil ohne Hinterlassung eigener Abkömmlinge, so wäre der überlebende Elternteil als gesetzlicher Erbe des Kindes an dessen Nachlass (in dem sich das Vermögen des erstversterbenden Elternteils befindet) beteiligt. Zumindest hätte er einen Pflichtteilsanspruch daran. Über diesen Weg des gemeinsamen Kindes kann der geschiedene Ehegatte, obwohl ihm unmittelbar nach dem anderen Ehegatten nach der Scheidung kein Anspruch – weder als Erbe noch als Pflichtteilsberechtigter – zusteht, an dem Vermögen des vorverstorbenen früheren Ehegatten indirekt doch noch partizipieren. Diesen mittelbaren Substanzerwerb auszuschließen ist regelmäßiges Gestaltungsziel.

- **Gestaltung durch Vor- und Nacherbfolge:**[1]

Der (vorversterbende) Erblasser setzt das gemeinsame Kind lediglich als Vorerben ein. Das vom vorverstorbenen Elternteil ererbte Vermögen bleibt dann eine vom Eigenvermögen des Kindes getrennte Vermögensmasse. Diese getrennte Vermögensmasse geht im Nacherbfall (regelmäßig dem Tod des Vorerben) auf die vom Erblasser bestimmten Nacherben über. Dies hat zur Folge, dass ein etwaiger Erb- bzw. Pflichtteilsanspruch des überlebenden Elternteils den vom vorverstorbenen Elternteil stammenden Vermögensteil nicht erfasst. So wird verhindert, dass mittelbar über das gemeinsame Kind nach dessen Erbfall der überlebende Ehegatte an dem vom vorverstorbenen Ehegatten stammenden Nachlassvermögen partizipiert.

Eine solche **Trennung der Vermögensmassen** durch Vor- und Nacherbfolge ist allerdings nur so lange erforderlich, als der Ex-Ehegatte bzw. dessen einseitige Verwandte noch als gesetzliche Erben des Kindes in Betracht kommen. Der spätere Wegfall der Vor-/Nacherbfolge kann durch eine auflösende Bedingung gestaltet werden. Vor- und Nacherbfolge werden auflösend bedingt verfügt, dass sie dann entfallen, wenn beim Tod des Vorerben (Kind) weder dessen überlebender Elternteil noch einseitige, nicht mit dem vorverstorbenen Elternteil verwandte Personen gesetzliche Erben werden.

Nach der sogenannten „**Dieterleklausel**"[2] werden diejenigen Personen als Nacherben eingesetzt, die der Vorerbe zu seinen gewillkürten Erben bestimmt hat, sofern sie nicht zu dem vom Erblasser ausgeschlossenen Personenkreis gehören. Diese Klausel bewegt sich im Spannungsfeld des § 2065 Abs. 2 BGB. *Kössinger* hält diese Klausel deshalb für keine sichere Gestaltung.[3] Ebenso auch OLG Frankfurt a. M.[4] Eine höchstrichterliche Rechtsprechung gibt es bislang nicht.

- **Gestaltung durch Herausgabevermächtnis:**[5]

Der Vorerbe unterliegt, selbst wenn er als befreiter Vorerbe eingesetzt ist, immer noch einer Reihe von Beschränkungen. Um das Kind damit nicht zu belasten, kommt als Alternative zur Vorerbschaft/Nacherbschaft die Verfügung eines bedingten Herausgabevermächtnisses in Betracht.

Der Erblasser beschwert hier seine Kinder mit einem erst bei deren Tod fälligen Vermächtnis zugunsten Dritter. Der Erbe des Kindes ist mit diesem Vermächtnis belastet. Soweit Vermächtnisgegenstände aus dem Nachlass des vorversterbenden Ehegatten beim Tod des Kindes an den Ex-Partner oder einseitige Verwandte gehen würden, sind sie an die bestimmten Vermächtnisnehmer herauszugeben. Beim Tod des Kindes kann dem überlebenden Elternteil möglicherweise auch nur ein Pflichtteil zustehen. Der Nachlasswert, aus dem sich der Pflichtteil errechnet, ist jedoch mit diesem Herausgabevermächtnis als Abzugsposten belastet.

Auch dieses Herausgabevermächtnis wird auflösend bedingt angeordnet und entfällt, sobald die vermachten Gegenstände beim Tod des Kindes nicht mehr an den überlebenden Ehegatten bzw. dessen einseitige Verwandte gehen können.

Hinweis: Regelmäßig fällt das Vermächtnis sofort beim Tod des Erblassers an, wird aber erst fällig mit dem Tod des Kindes. Anders wäre es bei einem aufschiebend bedingten Vermächtnis, das erst mit dem Tod des Kindes entstehen würde. Problem bei Letzterem: In derselben Sekunde entsteht auch ein etwaiger Pflichtteilsanspruch des überlebenden Elternteils. Das Vermächtnis könnte deshalb als Abzugsposten vom maßgeblichen Nachlasswert möglicherweise nicht zu berücksichtigen sein (wegen der bestehenden Unsicherheit ist deshalb von dieser Variante abzuraten).

---

1 *Uricher* in: FormB-ErbR § 7 Rn. 390.

2 *Dieterle* BWNotZ 1971, 170.

3 *Nieder/Kössinger* Testamentsgestaltung-HdB § 21 Rn. 41 a.

4 OLG Frankfurt a. M. DNotZ 2001,143.

5 *Uricher* in: FormB-ErbR § 7 Rn. 392.

119. Gesetzliche Vertretung Minderjähriger

Seebach/M. Teubel

I. Einführung

1 Während die elterliche Sorge im Rahmen des § 1626 BGB das Innenverhältnis der Eltern zum Kind betrifft (→ *Elterliches Sorgerecht* Rn. 1 ff.), regelt § 1629 BGB die **Wirkung im Außenverhältnis**, wobei die elterliche Sorge die Vertretung im Außenverhältnis gegenüber Dritten beinhaltet.[1] § 1629 BGB gilt insbesondere im Hinblick auf **Rechtsgeschäfte** sowie alle ähnlichen Handlungen, nicht jedoch im Bereich höchstpersönlicher Erklärungen sowie bei erforderlicher Verstandesreife des Kindes, beispielsweise im Bereich der Einwilligung in ärztliche Heileingriffe (→ *Körperliche Eingriffe bei Minderjährigen* Rn. 2).

2 Eine **Vollmachtserteilung** ist möglich und zulässig (→ *Elternvereinbarungen* Rn. 7). Insbesondere können dritte Personen bevollmächtigt werden.[2] Vollmachten können gegenstands- und bereichsbezogen erteilt werden.[3] Eine erteilte Vollmacht ist frei widerruflich. Die Eltern selber können Vereinbarungen treffen (→ *Elternvereinbarungen* Rn. 1 ff.).

3 Nach § 1627 BGB können die Eltern, auch konkludent, bei der Vertretung des Kindes eine **Aufgaben- bzw. Funktionsteilung** vornehmen. Die Ausübung der elterlichen Sorge, auch des Vertretungsrechts, erfolgt in der Regel im Rahmen einer solchen Aufgabenteilung.[4]

4 Die Vertretung des Kindes endet, wie auch die elterliche Sorge, mit der Volljährigkeit des Kindes (→ *Elterliches Sorgerecht* Rn. 3).

5 Die gesetzlichen Vertreter sind in den Fällen von der Vertretung des Kindes ausgeschlossen, in denen auch der Vormund von der gesetzlichen **Vertretung ausgeschlossen** wäre, § 1795 BGB, sowie bei Vorliegen spezialgesetzlicher Regelungen.[5] Insbesondere in Abstammungsverfahren sowie bei der Geltendmachung von Kindesunterhalt gelten besondere Vertretungsregelungen (→ Rn. 22 f.).

6 In bestimmten Bereichen der gesetzlichen Vertretung ist eine **familienrechtliche Genehmigung** erforderlich.[6]

II. Inhalt und Umfang der gesetzlichen Vertretung

1. Allgemeines

7 Es gilt grundsätzlich das **Prinzip der Gesamtvertretung**, § 1629 Abs. 1 S. 2 BGB.[7] Diese Gesamtvertretung ist Ausfluss und Konsequenz der gemeinsamen Ausübung der elterlichen Sorge gem. § 1626 BGB. Bei Meinungsverschiedenheiten ohne Einigung der Eltern kann das Familiengericht nach § 1628 BGB entscheiden (→ *Meinungsverschiedenheiten der Sorgeberechtigten* Rn. 1 ff.).

---

1 NK-BGB/*Kaiser* § 1629 Rn. 2.
2 NK-BGB/*Kaiser* § 1629 Rn. 21.
3 NK-BGB/*Kaiser* § 1629 Rn. 21.
4 NK-BGB/*Kaiser* § 1629 Rn. 21.
5 HK-BGB/*Kemper* § 1629 Rn. 8.
6 HK-BGB/*Kemper* § 1629 Rn. 10; *Heinemann* FamFR 2009, 57.
7 NK-BGB/*Kaiser* § 1629 Rn. 3; HK-BGB/*Kemper* § 1629 Rn. 4.

Eine Alleinvertretungsberechtigung liegt bei **Alleinsorge eines Elternteils** vor, ferner bei Übertragung nach § 1628 BGB (→ *Meinungsverschiedenheiten der Sorgeberechtigten* Rn. 5). Dies ergibt sich bereits aus dem Wortlaut des § 1629 Abs. 1 S. 3 BGB. Eine **Notvertretung** ist möglich, beispielsweise bei einem Unfall des Kindes, § 1629 Abs. 1 S. 4 BGB.[8] 8

Gem. § 1629 Abs. 1 S. 3 BGB besteht ein **Alleinvertretungsrecht** trotz gemeinsamer elterlicher Sorge, wenn die elterliche Sorge des anderen Elternteils ruht (→ *Ruhen des Sorgerechts* Rn. 1). 9

Kraft der gesetzlichen Vertretungsmacht geben die Eltern **Willenserklärungen** ab, die das Kind berechtigen und verpflichten, § 164 BGB. Die §§ 104 ff. BGB sind zu beachten.[9] § 1629 BGB soll entsprechende Anwendung finden bei Einwilligungen in eine medizinische Behandlung (→*Körperliche Eingriffe bei Minderjährigen* Rn. 6).[10] 10

Die Stellvertretung muss **offenkundig sein**, eine **verdeckte Stellvertretung** ist **ausgeschlossen.**[11] Die Zurechnung des Elternverhaltens richtet sich nach § 166 BGB. Es besteht eine Haftungsprivilegierung der Eltern (→ *Haftung der gesetzlichen Vertreter* Rn. 1). 11

Bei Verstoß gegen den Grundsatz der Gesamtvertretung gelten die Regelungen der **Vertretung ohne Vertretungsmacht**, §§ 177, 179 BGB.[12]

Weigern sich die Eltern notwendige Vertretungshandlungen vorzunehmen, so sind Maßnahmen nach § 1666 BGB möglich (→ *Kindeswohlgefährdung* Rn. 1 ff.). Sind Teilbereiche der elterlichen Sorge entzogen, so ist insoweit die elterliche Vertretung beschränkt. 12

2. „Kleines Sorgerecht"

Ist der allein sorgeberechtigte Elternteil verheiratet oder verpartnert und nicht dauerhaft getrennt, greift nach § 1687 b BGB bzw. § 9 LPartG hinsichtlich seines Ehegatten oder Lebenspartners als **Stiefelternteil** das sogenannte „kleine Sorgerecht" mit Vertretungsrecht. Es gewährt ein **beschränktes Vertretungsrecht** in Angelegenheiten des täglichen Lebens des Kindes (→ *Elterliches Sorgerecht* Rn. 14). Es besteht jedoch ein Widerspruchsrecht des allein sorgeberechtigten Ehegatten.[13] Auch eine Notvertretung ist in § 1687 b Abs. 2 BGB gesetzlich normiert. 13

Aufgrund des eindeutigen Wortlauts gilt § 1687 b BGB nur bei alleiniger elterlicher Sorge. In der heutigen Zeit erscheinen Erwägungen hinsichtlich einer etwaigen Ausweitung sinnvoll und praxisgerecht. Die Zahl der sogenannten „**Patchwork-Familien**" ist stetig steigend, eine Umkehr der gesellschaftlichen Gepflogenheiten nicht zu erwarten, so dass vom Gesetzgeber erwartet werden muss, dass dieser sich den im starken Wandel befindlichen gesellschaftlichen Strukturen als Herausforderung stellt (→ *Elterliches Sorgerecht* Rn. 17). 14

Eine rechtliche Konkurrenzsituation mit dem anderen Elternteil dürfte kaum entstehen können. Der andere Elternteil ist zur Mitentscheidung in Angelegenheiten von erheblicher Bedeutung berufen, der Ehe- oder Lebenspartner zur Mitentscheidung in Angelegenheiten des täglichen Lebens.[14]

3. Pflegeeltern

Die Entscheidungsbefugnisse der Pflegepersonen ergeben sich aus § 1688 BGB, der ein Entscheidungs- und Vertretungsrecht in **Angelegenheiten des täglichen Lebens** (→ *Elterliches Sorgerecht* Rn. 14) gewährt. Gem. § 1688 Abs. 3 BGB kann der Inhaber der elterlichen Sorge etwas anderes erklären. 15

---

8 NK-BGB/*Kaiser* § 1629 Rn. 34 ff.
9 NK-BGB/*Kaiser* § 1629 Rn. 2.
10 NK-BGB/*Kaiser* § 1629 Rn. 12.
11 NK-BGB/*Kaiser* § 1629 Rn. 9.
12 NK-BGB/*Kaiser* § 1629 Rn. 26.
13 MüKoBGB/*Hennemann* § 1687 b Rn. 1.
14 MüKoBGB/*Hennemann* § 1687 b Rn. 3.

16 Das **Kindeswohl** ist auch hier maßgebendes Prinzip. Das Familiengericht kann daher die Befugnisse der Pflegepersonen nach § 1688 Abs. 3 S. 2 BGB einschränken oder ausschließen, wenn diese nicht zum Wohl des Kindes ausgeübt werden.

4. Getrennt lebende Eltern

17 Hinsichtlich getrennt lebender Eltern greift die Regelung des § 1687 BGB. Für die Angelegenheiten des täglichen Lebens (→ *Elterliches Sorgerecht* Rn. 14) besteht eine Alleinvertretungsbefugnis, die auch für den Umgang ausübenden Elternteil gilt.[15] Dies gilt unabhängig von der Sorgerechtslage. Auch bei der Wahl eines **Wechselmodells** (→ *Wechselmodell* Rn. 1 ff.) gelten diese Ausführungen im Hinblick auf die Vertretung bei Umgangsausübung sowie die allgemeinen Ausführungen, abhängig von der sorgerechtlichen Regelung.

5. Meinungsverschiedenheiten

18 Überträgt das Gericht die **Entscheidungskompetenz** gem. § 1628 BGB (→ *Meinungsverschiedenheiten der Sorgeberechtigten* Rn. 5) auf einen Elternteil, so ergänzt § 1629 Abs. 1 S. 3 BGB insoweit § 1628 BGB im Außenverhältnis.[16]

6. Beschränkungen

19 Das elterliche Vertretungsrecht ist für den Fall beschränkt, für den auch ein Vormund gem. § 1795 BGB von der Vertretung ausgeschlossen wäre, sowie für den Fall, dass ein Vormund einer **Genehmigung des Gerichts** bedürfte, § 1643 BGB.[17]

III. Vertretung im Verfahren

1. Eltern

20 Grundsätzlich vertreten die Eltern die minderjährigen Kinder auch im gerichtlichen Verfahren. In **Kindschaftsverfahren** ist das Kind formeller Beteiligter („Muss-Beteiligter"). Die **Vertretung im gerichtlichen Verfahren** ist für das Kind grundsätzlich von erheblicher Bedeutung. Bei Bestehen eines erheblichen Interessenkonfliktes bei Vertretung durch die Eltern ist ein Verfahrensbeistand (→ *Verfahrensbeistand* Rn. 22 ff.) grundsätzlich wirksamer Interessenvertreter des Kindes.[18] Dies ist gerade originäre Aufgabe des Verfahrensbeistands.

Die Bestellung eines Ergänzungspflegers in Kindschaftsverfahren ist daneben nicht notwendig, insbesondere unter Berücksichtigung der Tatsache, dass dadurch in das verfassungsrechtlich geschützte Elternrecht eingegriffen würde. Hinsichtlich einer etwaigen Entziehung der elterlichen Vertretungsbefugnis im Verfahren hat das Gericht in jedem Einzelfall zu prüfen, ob dem Interessengegensatz nicht auf andere Weise Rechnung getragen werden kann.[19]

2. Beistandschaft Jugendamt

21 Bei bestehender Beistandschaft des Jugendamts (→ *Beistandschaft* Rn. 1 ff.) sind die **Eltern** gem. § 173 FamFG oder § 234 FamFG von einer Vertretung des Kindes im Verfahren **ausgeschlossen**. Hiervon zu unterscheiden ist begrifflich der Verfahrensbeistand nach § 158 FamFG (→ *Verfahrensbeistand* Rn. 1 ff.). Dieser ist gerade nicht Ergänzungspfleger nach § 1909 BGB oder Beistand iSd §§ 173, 234 FamFG.[20]

15 NK-BGB/*Kaiser* § 1629 Rn. 32.
16 NK-BGB/*Kaiser* § 1629 Rn. 33.
17 NK-BGB/*Kaiser* § 1629 Rn. 62.
18 BGH 18.1.2012 – XII ZB 489/11, FamRZ 2012, 436; *Schürmann* FamFR 2009, 153.
19 BGH 7.9.2011 – XII ZB 12/11, FPR 2012, 393.
20 HK-FamVerfR/*Fritsche* § 173 Rn. 1.

3. Unterhaltsverfahren

Die Vertretung im Unterhaltsverfahren getrennt lebender Eltern im Hinblick auf den Kindesunterhalt (→ *Kindesunterhalt Minderjähriger* Rn. 1 ff.) ergibt sich bei gemeinsamer elterlicher Sorge aus § 1629 Abs. 2 S. 2 BGB. Der Elternteil, der das Kind **in Obhut** hat, ist **allein vertretungsberechtigt** für die Geltendmachung von Unterhaltsansprüchen des Kindes gegen den anderen Elternteil. Solange die (noch) verheirateten Eltern getrennt leben oder eine Ehesache zwischen ihnen anhängig ist, ordnet § 1629 Abs. 3 BGB eine **Verfahrensstandschaft** des Elternteils an (→ *Prozessstandschaft* Rn. 1 ff.). Nach Eintritt der Volljährigkeit kann das Kind in das laufende Verfahren im Wege eines gewillkürten Beteiligtenwechsels eintreten.[21] 22

4. Abstammungssachen

Die nicht mit dem Vater verheiratete, allein sorgeberechtigte Mutter kann das Kind grundsätzlich im Anfechtungsverfahren vertreten.[22] Der anfechtende (rechtliche) Vater ist kraft Gesetzes von der Vertretung des Kindes ausgeschlossen. Die Kindesmutter ist entsprechend § 1795 Abs. 1 Nr. 3 BGB ausgeschlossen, wenn sie mit dem Kindesvater verheiratet ist.[23] Es gilt § 1909 Abs. 2 BGB, wonach dem Kind im Anfechtungsverfahren ein **Ergänzungspfleger** zu bestellen ist (→ *Anfechtung der Vaterschaft* Rn. 28). 23

In Feststellungsverfahren ist § 1629 Abs. 2 S. 3 Hs. 2 BGB zu beachten, wonach ein Entzug des Sorgerechts nach § 1796 BGB nicht möglich ist. In gerichtlichen Verfahren zur Durchsetzung der Abstammungsuntersuchung nach § 1598 a Abs. 2 BGB sind Vater und Mutter von der Vertretung ausgeschlossen, § 1629 Abs. 2 a BGB. In den erforderlichen Eingriff kann das Kind bei erforderlicher geistiger Reife selbst einwilligen (→ *Körperliche Eingriffe bei Minderjährigen* Rn. 5; → *Abstammungsgutachten* Rn. 13).[24]

5. Zeugnisverweigerungsrecht

Wird ein Kind Opfer einer Straftat, insbesondere Opfer eines Sexualdelikts – begangen durch die Eltern oder einen Elternteil –, so ist im Hinblick auf das strafprozessuale Zeugnisverweigerungsrecht zu beachten, dass dem Kind bei nicht vorhandener Verstandesreife ein **Ergänzungspfleger** zu bestellen sein wird. Dieser hat sodann eine Erklärung über die Berufung auf das Zeugnisverweigerungsrecht abzugeben, § 55 Abs. 2 StPO, und entscheidet über dessen Ausübung.[25] Ein Ergänzungspfleger ist dann jedenfalls nicht erforderlich, wenn das Kind zur Aussage bereit ist und die Funktion und Bedeutung des Verweigerungsrechts erkennen kann.[26] 24

In der gerichtlichen Praxis wird sich der Antrag der Staatsanwaltschaft als Ermittlungsbehörde nicht auf eine Ergänzungspflegschaft für den Bereich Zeugnisverweigerung beschränken, sondern sich vielmehr auch auf die Bereiche **medizinische Untersuchung** und Zuführung zur Untersuchung, demnach das Aufenthaltsbestimmungsrecht, erstrecken.

Funktionell zuständig ist gem. §§ 3 Nr. 2 lit. a, 14 RPflG der Rechtspfleger.

6. Entziehung der Vertretungsmacht

Gem. § 1629 Abs. 2 S. 3 BGB kann das Gericht bei einer Kollision von Kindes- und Elterninteressen die **Vertretungsmacht entziehen**. Erforderlich ist insoweit ein erheblicher Interessengegensatz, beispielsweise in erbrechtlichen Angelegenheiten.[27] 25

21 BGH 19.6.2013 – XII ZB 39/11, NJW 2013, 2595.
22 BGH 2.11.2016 – XII ZB 583/15, NJW 2017, 561.
23 BGH 21.3.2012 – XII ZB 510/10, NJW 2012, 1731.
24 NK-BGB/*Kaiser* § 1629 Rn. 78.
25 OLG Düsseldorf 19.10.2010 – 8 UF 149/10, FamRZ 2011, 921.
26 OLG Bremen 22.9.2010 – 4 UF 91/10, NJW-RR 2011, 154; OLG Brandenburg 17.11.2009 – 10 UF 154/09, FamRZ 2010, 843.
27 NK-BGB/*Kaiser* § 1629 Rn. 79 ff.

Während bei § 1795 BGB eine abstrakte Gefährdung ausreicht, setzt § 1796 BGB eine konkrete Beeinträchtigung von Kindesinteressen voraus.

Wird lediglich einem Elternteil die Vertretungsmacht entzogen, greift § 1680 Abs. 3 BGB, so dass nunmehr der andere Elternteil alleine vertretungsbefugt ist.

120. Getrenntleben

Wegener

I. Einführung

Die **Trennung** der Eheleute ist neben der Zerrüttung der Ehe die zweite **Scheidungsvoraussetzung** (→ *Ehescheidung* Rn. 3). Sie muss mindestens ein Jahr angedauert haben, es sei denn, es liegen ausnahmsweise die Voraussetzungen einer Härtefallscheidung (→ *Härtefallscheidung* Rn. 2) vor, § 1565 Abs. 2 BGB. An den Tatbestand der Trennung knüpft sich eine Reihe von Rechtsfolgen. Ein (Zwischen-)Feststellungsantrag iSd § 113 Abs. 1 FamFG iVm § 256 ZPO über den Zeitpunkt der Trennung ist zulässig, ein Rechtsschutzbedürfnis zur Klärung liegt vor.[1] 1

II. Tatbestand der Trennung

1. Keine Registrierung

Der Gesetzgeber hat von einer amtlichen **Registrierung** der Trennung **abgesehen**. Diese ist auch nicht freiwillig möglich. Ein solcher Formalakt wird eher als scheidungsfördernd denn als scheidungsverhütend angesehen. Unsicherheit und Zweifel können daher im Einzelfall entstehen. Auch besteht die Gefahr eines einverständlichen, aber unzutreffenden Sachvortrags der Beteiligten. Die damit einhergehende Unsicherheit über den exakten Beginn und die Dauer der Trennung wird in Kauf genommen.[2] Umso mehr empfiehlt es sich, den Trennungszeitpunkt schriftlich festzuhalten (→ Rn. 11). 2

2. Legaldefinition

In § 1567 Abs. 1 S. 1 BGB findet sich die Legaldefinition der Trennung. Die Eheleute leben getrennt, wenn zwischen ihnen keine **häusliche Gemeinschaft** mehr besteht und ein Ehegatte sie erkennbar nicht wieder herstellen will, weil er sie ablehnt. 3

3. Objektiver Tatbestand

Die häusliche Gemeinschaft muss beendet worden sein. Zur häuslichen Gemeinschaft gehören grundsätzlich eine **räumliche Lebensgemeinschaft** der Eheleute und eine **Wirtschaftsgemeinschaft**. Hierunter fällt auch die Haushaltsführung nach § 1356 Abs. 1 BGB. 4

Die Eheleute können während ihrer Ehe in unterschiedlicher Weise eine häusliche Gemeinschaft begründet haben. § 1353 BGB spricht von einer Lebensgemeinschaft, nicht aber von einer **räumlichen Lebensgemeinschaft**. Das Entstehen einer Ehe ist auch nicht zwingend an die Begründung einer einzigen häuslichen Gemeinschaft geknüpft.[3] Die Eheleute sind nicht gehindert, ihre Ehe von vorneherein so anzulegen, dass jeder Ehepartner eine **eigene Wohnung** behält und auch weiterhin bewohnt. In irgendeiner Form wird aber eine häusliche Gemeinschaft stattfinden, wenn die Eheleute beispielsweise das Wochenende, einzelne Tage, 5

1 OLG Jena 4.9.2017 – 1 UF 432/16, FuR 2018, 94–95; Palandt/*Brudermüller* BGB § 1379 Rn. 3; aA OLG Koblenz 28.6.2017 – 13 UF 189/17, FamRZ 2018, 42–45.

2 *Gernhuber/Coester-Waltjen* FamR § 27 Rn. 31.

3 BGH 7.11.2001 – XII ZR 247/00, NJW 2002, 671.

den Urlaub oder dergleichen gemeinsam verbringen. Sollte auch das nicht der Fall sein, so ist an andere Gemeinsamkeiten zu denken, etwa im Bereich der regelmäßigen Kommunikation.

6 Die **Beendigung** der häuslichen Gemeinschaft ist im Einzelfall daher von der individuellen Ausgestaltung der Ehe abhängig. Sie ist aber in jedem Falle nur dann beendet, wenn überhaupt kein gemeinschaftlicher örtlicher Mittelpunkt und keine Wirtschaftsgemeinschaft mehr besteht. Es ist unerheblich, ob die Ehegatten zuvor zusammengelebt und durch die Trennung eine häusliche Gemeinschaft beendet haben oder eine solche nie bestand, weil sie von Anfang an getrennt lebten.[4]

7 Die Beendigung der häuslichen Gemeinschaft kann gem. § 1567 Abs. 1 S. 2 BGB ausdrücklich auch **innerhalb** der Ehewohnung erfolgen. Dies wird in vielen Fällen schon aus wirtschaftlichen Erwägungen heraus zumindest in der ersten Trennungsphase in Betracht kommen.

8 Je nach Ausgestaltung der **Ehewohnung** erfordert die Beendigung der häuslichen Gemeinschaft, dass die Eheleute verschiedene Räume oder zumindest je einen unterschiedlichen Raum zu ihrem Lebensmittelpunkt gestalten. Die gemeinsame Nutzung anderer Räume ist dann unschädlich. Es ist daher undenkbar, dass Eheleute getrennt leben, die das **Schlafzimmer** noch gemeinsam nutzen.[5] Dabei ist unerheblich, dass es zu keinem ehelichen Verkehr mehr gekommen ist. Innerhalb der Ehewohnung muss ein Höchstmaß an Absonderung objektiv nach außen erkennbar sein.

9 Die Beendigung auch der **Wirtschaftsgemeinschaft** ist Voraussetzung einer Trennung und erlangt gerade bei der Trennung innerhalb der Ehewohnung eine große Bedeutung. Es ist jede Form der gemeinsamen Haushaltsführung zu unterlassen, wozu auch gemeinsames Essen und Wäschewaschen für den anderen Ehepartner zählt.[6] Das Bestreiten der Haushaltskosten, der Einkäufe und der sonstigen Lebensführung aus einer gemeinsamen Kasse oder von einem gemeinsamen **(Haushalts-)Konto** steht der Beendigung der häuslichen Gemeinschaft entgegen. Es liegt ebenso wenig eine Beendigung der Wirtschaftsgemeinschaft vor, wenn ein Ehegatte Leistungen nach dem SGB II bezieht und angegeben wird, mit dem (getrennt lebenden) anderen Ehegatten werde eine Bedarfsgemeinschaft gebildet. Der sozialrechtliche Begriff des Getrenntlebens deckt sich mit dem familienrechtlichen Begriff des § 1567 Abs. 1 BGB.[7]

Es darf dem Ehepartner ausschließlich Trennungsunterhalt nach § 1361 BGB gewährt werden.[8] Auch ist ein arbeitsteiliges Zusammenwirken im Rahmen der Haushaltsführung, also der Erbringung von Leistungen zugunsten des anderen Ehegatten, zu unterlassen. Unerhebliches Zusammenwirken, wie etwa Handreichungen oder Vergleichbares, ist unschädlich.

4. Subjektiver Tatbestand

10 Neben der Beendigung der häuslichen Gemeinschaft muss der Wille zumindest eines Ehepartners hinzutreten, die häusliche Gemeinschaft nicht oder zumindest bis auf Weiteres nicht wieder herstellen zu wollen. Dabei muss das Motiv für diesen Willen gerade in der Ablehnung der ehelichen Lebensgemeinschaft liegen. Dieser **Ablehnungswille** muss unmissverständlich geäußert worden sein, also „erkennbar" sein, wobei es sich dabei nicht um eine empfangsbedürftige Willenserklärung iSd §§ 116 ff. BGB handelt. Deshalb kann sie auch von einem Geschäftsunfähigen geäußert werden, der noch zu einer natürlichen Willensäußerung fähig ist.[9] Gerade bei dauerhafter stationärer Unterbringung eines Ehepartners in einem Pflegeheim bedarf es einer entsprechenden Äußerung des trennungswilligen Ehepartners oder ein sonstiges für den anderen Ehegatten erkennbares Verhalten.[10]

---

4 BGH 9.2.2020 – XII ZB 358/19.
5 OLG Hamm 2.3.1998 – 5 WF 85/98, FamRZ 1999, 723; OLG Brandenburg 15.3.2015 – 10 UF 87/15, FamRZ 2016, 1869–1870.
6 OLG Brandenburg 15.3.2015 – 10 UF 87/15, FamRZ 2016, 1869–1870.
7 KG Berlin 30.4.2012 – 17 WF 108/12, FamRZ 2012, 1836.
8 OLG Zweibrücken 22.2.2000 – 5 UF 82/99, NJW-RR 2000, 1388.
9 NK-BGB/*Bisping* § 1567 Rn. 5.
10 BGH 27.4.2016 – XII ZB 485/14, FamRZ 2016, 1142–1144.

Gerade weil sich aber eine Vielzahl von Rechtsfolgen an die Trennung knüpfen, (→ Rn. 17 ff.) ist es empfehlenswert, den Trennungsbeginn und den Trennungswillen dem anderen Ehepartner schriftlich mitzuteilen. 11

Bei einer unfreiwilligen Aufhebung der häuslichen Gemeinschaft, beispielsweise bei einer Heimunterbringung des Ehegatten oder einem Gefängnisaufenthalt, kommt gerade dem Trennungswillen eine entscheidende Bedeutung zu.[11] Entsprechend ist dem **Trennungswillen** dann entscheidende Bedeutung beizumessen, wenn eine häusliche Gemeinschaft der Eheleute nie bestand. 12

III. Versöhnungsversuch

Mit dem Beginn der Trennung laufen die Trennungsfristen, die für die Scheidung der Ehe gem. §§ 1565 Abs. 2, 1566 BGB von Bedeutung sind. Wird die häusliche Gemeinschaft nach einer Trennung wieder hergestellt, weil sich die Eheleute versöhnt haben, findet grundsätzlich keine **Hemmung** der **Trennungsfrist** statt. Das Getrenntleben ist dadurch beendet. Trennen sich die Eheleute danach erneut, beginnt die Trennungsfrist von Neuem.[12] Eine vorangegangene Trennungszeit wird nicht hinzugerechnet. 13

Um den Eheleuten einen **Versöhnungsversuch** zu erleichtern, sieht § 1567 Abs. 2 BGB vor, dass ein Zusammenleben über kürzere Zeit die bereits laufende Trennungsfrist unberührt lässt, wenn dies wegen eines Versöhnungsversuches erfolgt. Ein Zusammenleben über längere Zeit führt dagegen zur Beendigung der Trennung, indem die Versöhnung vermutet wird, auch wenn der Versöhnungsversuch im Ergebnis scheiterte und die Eheleute sich erneut trennen. Nehmen die Eheleute nach Beginn eines Versöhnungsversuchs ihre wechselseitigen Scheidungsanträge zurück, liegt darin eine endgültige Versöhnung, ohne dass es auf die Dauer des Versöhnungsversuches noch ankäme.[13] In einer solchen Situation wäre es daher empfehlenswert, einen Aussetzungsantrag nach § 136 FamFG zu stellen. 14

Haben die Eheleute längere Zeit zusammengelebt oder sich wieder versöhnt, beginnt die **Trennungsfrist** von Neuem. Die bereits zuvor verstrichene Trennungszeit bleibt ohne Berücksichtigung.

Der Begriff der „kürzeren Zeit" ist im Verhältnis zur Trennungszeit zu sehen. Leben die Ehegatten beispielsweise drei Jahre getrennt, wird man eine längere Frist einräumen als bei einjähriger Trennungszeit. Allerdings müssen die Eheleute bei einer längeren Trennungszeit im letzten Trennungsjahr vor der Scheidung erheblich länger getrennt als zusammengelebt haben.[14] Ein Zeitraum von drei Monaten wird regelmäßig die **Obergrenze** darstellen, bis zu der noch ein Zusammenleben über kürzere Zeit angenommen werden kann.[15] Zumindest ist dies für die einjährige Trennungszeit anzunehmen.[16] Längere Fristen sind vor allem bei längerer Trennungszeit und bei längerer Ehezeit angebracht. Krisen lassen sich bei kürzeren Ehen eher schneller beheben als bei schon lange bestehenden Ehen.[17] 15

Derjenige Ehegatte, der sich gegen die Vermutung in § 1566 BGB wendet, die Ehe sei gescheitert, weil ein zu langer Versöhnungsversuch iSd § 1567 Abs. 2 BGB stattgefunden habe, trägt die **Darlegungs- und Beweislast**. 16

IV. Rechtsfolgen der Trennung

1. Scheidung

Die mindestens einjährige Trennung ist gemäß § 1565 BGB **Scheidungsvoraussetzung**, es sei denn, es liegen die Voraussetzungen der Härtefallscheidung nach § 1565 Abs. 2 BGB vor (→ *Härtefallscheidung* 17

---

11 BGH 25.1.1989 – IVb ZR 34/88, NJW 1989, 1988.
12 OLG München 29.6.1989 – 16 UF 854/89, FamRZ 1990, 885.
13 OLG Bremen 2.5.2012 – 4 WF 40/12, MDR 2012, 918.
14 NK-BGB/*Bisping* § 1567 Rn. 11.
15 OLG Saarbrücken 14.9.2009 – 6 WF 98/09, NJW-RR 2010, 508.
16 Palandt/*Siede* BGB § 1567 Rn. 8.
17 NK-BGB/*Bisping* § 1567 Rn. 12.

Rn. 1 ff.). Nach § 1566 BGB knüpft sich nach einjähriger (wenn beide Ehegatten scheidungswillig sind) bzw. dreijähriger Trennung die unwiderlegbare Vermutung für das Scheitern der Ehe an (→ *Ehescheidung* Rn. 2 ff.). Maßgeblich ist der Zeitraum vor dem Schluss der mündlichen Verhandlung in der letzten Tatsacheninstanz.[18]

2. Unterhalt, Haushaltsgegenstände, Ehewohnung

18 Die Trennung der Eheleute ist Voraussetzung zur Entstehung der Pflicht zur Zahlung von Unterhalt, § 1361 BGB (→ *Trennungsunterhalt* Rn. 2). Erst mit Beginn der Trennung können die vorläufige Verteilung von Haushaltsgegenständen oder die Herausgabe von Haushaltsgegenständen, die sich im **Alleineigentum** eines Ehegatten befinden, nach § 1361 a BGB sowie die vorläufige Zuweisung der Ehewohnung nach § 1361 b BGB verlangt werden. Die Zuweisung der Ehewohnung kann allerdings nach § 1361 b Abs. 1 BGB ausnahmsweise auch schon vor bzw. zur Durchführung der Trennung (→ *Wohnungszuweisung nach Trennung* Rn. 1 ff.) verlangt werden („will einer von ihnen getrennt leben").

3. Geschäfte zur Deckung des Lebensbedarfs

19 Mit Beginn der Trennung ruht gem. § 1357 Abs. 3 BGB die Mitverpflichtung bzw. Mitberechtigung des Ehegatten bei Rechtsgeschäften des jeweils anderen Ehegatten zur angemessenen Deckung des Lebensbedarfs (→ *Schlüsselgewalt* Rn. 1 ff.). Beenden die Eheleute die Trennung, weil sie sich wieder versöhnt haben, lebt die Schlüsselgewalt mit Wirkung für die Zukunft wieder auf. Entscheidend ist jeweils der Zeitpunkt des Abschlusses des Rechtsgeschäfts. Ein kurzes Zusammenleben während eines **Versöhnungsversuches** lässt in Konsequenz der Regelung des § 1567 Abs. 2 BGB die Schlüsselgewalt nicht kurzzeitig wieder aufleben.

4. Güterrecht

20 Mit Beginn der Trennung entsteht im Güterstand der Zugewinngemeinschaft gem. § 1379 Abs. 2 S. 1 BGB der **Auskunftsanspruch** über den Vermögensstand zum Zeitpunkt der Trennung.

21 Nach § 1375 Abs. 2 S. 2 BGB kehrt sich die **Beweislast** für Vermögensminderungen bezogen auf den Inhalt der Auskunft zum Trennungszeitpunkt und dem Zeitpunkt der Beendigung des Güterstandes um.

22 Nach § 1385 Nr. 1 BGB kann drei Jahre nach der Trennung der **vorzeitige Zugewinnausgleich** begehrt werden. Entsprechend kann nach § 1386 BGB nach dreijähriger Trennung auch die Aufhebung des Güterstandes der Zugewinngemeinschaft verlangt werden, mit der Folge des Eintritts der Gütertrennung nach § 1388 BGB.

5. Sorgerecht

23 Nach der Trennung der Eheleute kann ein **Sorgerechtsantrag** nach § 1671 BGB durch einen der getrenntlebenden Ehegatten gestellt werden (→ *Elterliches Sorgerecht* Rn. 10).

6. Miteigentum

24 Besteht Miteigentum an der **Ehewohnung** oder einem Eheanwesen, so kann nach der Trennung der Ehegatten und Auszug des einen Ehegatten gem. § 745 Abs. 2 BGB eine Neuregelung der Nutzung und Verwaltung verlangt werden, zB hinsichtlich der Zahlung einer Gegenleistung für die alleinige **Nutzung**, durch Übernahme der Lasten sowie die Verzinsung und Tilgung der für das Haus aufgenommenen **Darlehen** durch den das Miteigentum nutzenden Ehegatten.[19]

18 NK-BGB/*Bisping* § 1565 Rn. 12.
19 BGH 17.5.1983 – IX ZR 14/82, NJW 1983, 1845.

7. Gesamtschuldnerschaft

Mit der Trennung lebt § 426 Abs. 1 S. BGB wieder auf, wird also durch die eheliche Lebensgemeinschaft nicht mehr überlagert. Ab diesem Zeitpunkt gilt wieder der **Halbteilungsgrundsatz** hinsichtlich gemeinsamer Schulden.[20] 25

8. Gesamtgläubigerschaft

Die Regel des § 430 BGB, wonach die Gläubiger mangels anderweitiger Bestimmung zu gleichen Teilen berechtigt sind, gilt sowohl während des Zusammenlebens der Eheleute als auch nach der Trennung, ja sogar noch nach der Scheidung.[21] Allerdings endet mit der Trennung die **Vermutung**, dass ein tatsächliches Handeln eines Ehegatten aufgrund einer anderen **Bestimmung** erfolgt ist und sich der andere Ehegatte dies zuzurechnen hat.[22] Handelt also ein Ehegatte nach der Trennung der gleichen Teilhaberschaft beider Eheleute zuwider, trägt er die **Beweislast** dafür, dass diesem Handeln eine entsprechende abweichende Bestimmung der Eheleute zugrunde lag. 26

9. Steuerrecht

Nach § 26 Abs. 1 EStG können Ehegatten zwischen der **Einzelveranlagung** und der **Zusammenveranlagung** wählen, wenn sie im Veranlagungszeitraum nicht dauernd getrennt gelebt haben und diese Voraussetzung schon zu Beginn des Veranlagungszeitraumes vorlag. Daher scheidet das **Wahlrecht** in dem Kalenderjahr aus, das dem Beginn der Trennung folgt (→ *Steuerveranlagung* Rn. 47). Im Gegensatz zur früheren Rechtslage ist die Wahl mit Eingang beim Finanzamt grundsätzlich bindend (→ *Steuerveranlagung* Rn. 45). 27

Das Einkommensteuerrecht verwendet allerdings einen anderen Trennungsbegriff. Maßgeblich ist, ob im Veranlagungszeitraum eine **Wirtschaftsgemeinschaft** bestand. Deshalb bleibt selbst dann das Wahlrecht gem. § 26 Abs. 1 S. 1 EStG bestehen, wenn ein (gescheiterter) **Versöhnungsversuch** iSd § 1567 Abs. 2 BGB stattgefunden hat, weil insoweit eine Wirtschaftsgemeinschaft der Ehegatten bestand (→ *Versöhnung* Rn. 11 ff.). Allerdings ist ein kurzes Zusammenleben, beispielsweise von nur einer Woche, nicht ausreichend. Vielmehr wird ein Zeitraum von mindestens einem Monat gefordert, um nach außen erkennbar die Wiederbegründung einer Wirtschaftsgemeinschaft zu rechtfertigen.[23] Hat der Ehegatte seine persönliche Habe wieder in die Ehewohnung verbracht, reiche dies für die Annahme einer erkennbaren Wirtschaftsgemeinschaft aus, selbst wenn die Ehegatten sich nach drei Wochen erneut trennen.[24] 28

20 OLG Frankfurt a. M. 4.8.2004 – 1 U 284/03, NJW-RR 2004, 1586.
21 OLG Naumburg 24.11.2006 – 10 U 32/06, NJW-RR 2007, 1158.
22 Palandt/*Grüneberg* BGB § 430 Rn. 2.
23 FG Nürnberg 7.3.2005 – VI 160/2004, DStRE 2005, 938.
24 FG Köln 21.12.1993 – 2 K 4543/92, EFG 1994, 791.

121. Gewaltschutz

Kloster-Harz/Schönberger

I. Einführung

1 Das Gewaltschutzgesetz, das zum 1.1.2002 in Kraft getreten ist, beinhaltet vier Paragrafen. Es dient dem präventiven **zivilrechtlichen Schutz der Opfer von Gewalttaten, Bedrohungen oder Nachstellungen.**[1] Es beinhaltet Verfahrensrecht[2] und materielles Recht.[3] Der geschützte Personenkreis umfasst alle, die von einem anderen im häuslichen Bereich vorsätzlich oder widerrechtlich an Körper, Gesundheit oder Freiheit verletzt oder in entsprechender Weise mit sonstigem Übel bedroht oder belästigt werden. Erfasst sind daher nicht nur verheiratete oder geschiedene Eheleute. Unter den Schutz des Gesetzes fallen auch nichteheliche Lebensgefährten, Lebenspartner oder Personen, die in Verantwortungsgemeinschaften füreinander einen gemeinsamen Haushalt führen, wie zB zusammenlebende Senioren. Das Gesetz bietet aber auch Schutz vor sog. Stalking,[4] auch gegen schuldunfähigen Stalker.[5] Bei der Ausübung von Gewalt von Kindern gegen ihre Eltern kann das Gesetz ebenfalls Anwendung finden, auch bei Gewalt gegen Kindern von Dritten, die nicht sorgeberechtigt sind,[6] nicht jedoch bei der Anwendung von Gewalt der Eltern gegen die Kinder. Hierfür sind §§ 1666, 1666 a BGB lex specialis.[7] Zum grenzüberschreitenden Gewaltschutz in der Europäischen Union s. *Dutta* FamRZ 2015, 85 ff.

II. Schutzanordnungen

1. Eingriffsvoraussetzungen des § 1 GewSchG

2 Für die Rechtsgutsverletzungen ist auf § 823 Abs. 1 BGB zurückzugreifen.[8] Die **Verletzung des Körpers und der Gesundheit** ist jeder unbefugte Eingriff in die körperliche Integrität oder Befindlichkeit.

1 HK-FamR/*Schulz* GewSchG Rn. 1; zur Entwicklung der Gesetzgebung sowie den Zielen des Gesetzes beispielsweise: *Schumacher* FamRZ 2002, 645 ff.; *Schumacher* FamRZ 2001, 953 ff.; *Schumacher* FamRZ 2001, 953 ff.

2 BGH FamRZ 2014, 825 zu § 1 GewSchG.

3 Palandt/*Brudermüller* GewSchG § 2 Rn. 1; aA OLG Brandenburg FamRZ 2017, 117.

4 Palandt/*Brudermüller* GewSchG Einl. Rn. 3; GewSchG § 1 Rn. 12.

5 OLG Koblenz FamRZ 2017, 1933; aA OLG Frankfurt a. M. 2014, 1956; OLG Celle FamRZ 2012, 456.

6 OLG Karlsruhe FamRZ 2012, 460.

7 *Götz/Brudermüller* FamRZ 2015, 177 (182); *Janzen* FamRZ 2002, 785 ff.; OLG Bamberg FamRZ 2012, 459; s. auch familiäre Gewalt und Umgang: *Kindler/Salzgeber/Fichtner/Werner* FamRZ 2004, 1241 ff.

8 Palandt/*Brudermüller* GewSchG § 1 Rn. 5.

Dabei gehen die Verletzung des Körpers („äußere Integrität") und die Verletzung der Gesundheit („innere Integrität") ineinander über.[9] Eine Abgrenzung ist wegen der identischen Rechtsfolgen einer Verletzung entbehrlich.[10] Die Einwirkung kann physisch oder psychisch sein.[11] Eine **Freiheitsverletzung** liegt in der Entziehung der körperlichen Bewegungsfreiheit, beispielsweise durch auch nur kurzfristiges **Einsperren**.[12] Dagegen soll das **Aussperren** aus der Wohnung keine Freiheitsentziehung iSv § 1 GewSchG darstellen.[13] Eine **widerrechtliche Drohung** mit einer Verletzung wird der Verletzung gleichgestellt. Es genügt auch eine schlüssige oder versteckt ausgedrückte Drohung. Es muss aber eine ernsthafte Drohung iSv §§ 240, 241 StGB sein,[14] so dass bloße Verwünschungen, Beschimpfungen oder Prahlereien nicht ausreichen.[15] „Für die Abgrenzung kommt es darauf an, ob der Drohende unter Würdigung der Gesamtumstände des Falles den Eindruck der Ernstlichkeit erweckt oder ob die Ankündigung gewalttätigen Verhaltens aus der Sicht des objektiven Durchschnittsmenschen ernst zu nehmen war".[16] Für das **Eindringen in die Wohnung**[17] wird auf die Rechtsprechung zum Straftatbestand des Hausfriedensbruches nach § 123 StGB verwiesen.[18] Geschäftsräume fallen jedoch nicht unter § 123 StGB.[19] Das Hinüberlehnen über eine Balkonbrüstung stellt kein Eindringen dar.[20] **Nachstellen** meint das Verfolgen, Beschatten und Beobachten des Opfers, das wiederholte Erscheinen des Täters, aufdringliche Kontaktversuche und Annäherung bzw. hartnäckige Belästigung,[21] Telefonterror und Senden von SMS, E-Mails etc.[22] Ein einmaliges Nachstellen genügt nicht („wiederholt nachstellt"). Das zweimalige Beobachten mit einem Fernglas aus weiter Entfernung genügt ebenfalls nicht.[23] Zwar ist gesetzliche Voraussetzung, dass das Opfer ausdrücklich das Unterlassen gegenüber dem Täter verlangt. Sind bereits erfolgte Belästigungen jedoch offensichtlich unerwünscht oder haben sie einen beleidigenden oder bedrohlichen Charakter, so gilt die Vermutung, dass das Opfer diese Belästigungen nicht wünscht und dies auch zum Ausdruck gebracht hat.[24] Entsprechendes gilt für Handlungen des Täters, die die Häufigkeit und Form jeden üblichen Maßes übersteigen.[25] Der Täter muss **vorsätzlich** und **widerrechtlich** gehandelt haben. Er muss somit den rechtswidrigen Erfolg seines Tuns mindestens billigend in Kauf genommen haben (Dolus eventualis). § 1 Abs. 3 GewSchG greift ein, wenn der Täter wegen der Einnahme berauschender Mittel unzurechnungsfähig war. Ist der Täter hingegen dauernd[26] oder vorübergehend krankheitsbedingt schuldunfähig, findet § 1 Abs. 3 GewSchG keine Anwendung. In diesem Fall können Unterlassungsansprüche aber auf §§ 823, 1004 BGB gestützt werden.[27] Handelt der Täter fahrlässig, verbleibt es bei Schadenersatzansprüchen nach den allgemeinen Regeln. Das Verhalten

9 Keine Verletzung iSv § 1 GewSchG: Zusenden von nervenden bzw. belästigenden E-Mails: AG Tempelhof-Kreuzberg 19.11.2009 – 168 F 15257/09, FamRZ 2010, 919; bloße Beschimpfungen, Nötigungen oder fahrlässig verursachter Autounfall: OLG Rostock 16.10.2006 – 11 UF 39/06, FamRZ 2007, 921; Bedrohung als Folge einer geistigen Grunderkrankung: AG Wiesbaden 1.3.2005 – 533 F 355/04 EA I, FamRZ 2006, 1145.

10 Palandt/*Sprau* BGB § 823 Rn. 4.

11 Palandt/*Brudermüller* GewSchG § 1 Rn. 5.

12 OLG Brandenburg 20.4.2005 – 9 UF 27/05, FamRZ 2006, 949.

13 Weiter gehend *Grziwotz* NJW 2002, 872 ff.; *Brudermüller* FamRZ 2003, 1705 ff.; offen bei OLG Köln 6.2.2003 – 14 UF 249/02, FamRZ 2003, 1281.

14 OLG Bremen 25.2.2010 – 4 UF 9/10, MDR 2010, 746.

15 Zu einschränkend OLG Rostock 16.10.2006 – 11 UF 39/06, FamRZ 2007, 921.

16 OLG Bremen 25.2.2010 – 4 UF 9/10, MDR 2010, 746.

17 Der Versuch ist nicht ausreichend, OLG Celle 21.3.2012 – 10 UF 9/12, FamRZ 2012, 1950 f.

18 S. auch OLG Braunschweig FamRZ 2015, 264.

19 Palandt/*Brudermüller* GewSchG § 1 Rn. 14.

20 OLG Frankfurt a. M. FamRZ 2016, 1857.

21 OLG Koblenz 29.12.2009 – 13 WF 1002/09, FamRZ 2010, 1284; OLG Celle FamRZ 2015, 263.

22 *Von Pechstaedt* NJW 2007, 1233 ff.; *Kerbein/Pröbsting* ZRP 2002, 76 ff.; *Borchert* FPR 2004, 239 ff.; zu § 238 StGB, keine Festlegung einer Mindestanzahl von Angriffen, BGH 19.11.2009 – 3 StR 244/09, FamRZ 2010, 289; *Löhning* FamRZ 2007, 518 ff.; FA-FamR-HdB/*Weinreich* 8. Kap. Rn. 387.

23 OLG Koblenz 29.12.2009 – 13 WF 1002/09, FamRZ 2010, 1284.

24 OLG Köln FamRZ 2015, 1976.

25 Palandt/*Brudermüller* GewSchG § 1 Rn. 15.

26 AG Wiesbaden 1.3.2005 – 533 F 355/04 EA I FamRZ 2006, 1145; AG Bad Iburg 14.12.2009 – 5 F 596/09 EAGS FamRZ 2010, 1350.

27 Palandt/*Brudermüller* GewSchG § 1 Rn. 15; aA *Schumacher* FamRZ 2002, 645 ff.

des Täters, das Anlass gibt im Sinne des GewSchG einzugreifen, indiziert die Wiederholungsgefahr.[28] In Fällen, in denen Gewalttaten bereits geschehen sind, wird vermutet, dass weitere Taten zu erwarten sind. Der Täter kann diese Vermutung widerlegen, wobei hohe Anforderungen gestellt werden.[29] Schutzanordnungen dürfen jedoch nicht erlassen werden, wenn die zu unterlassende Handlung der Wahrnehmung der berechtigten Interessen des Täters dienen würde, wie beispielsweise die Ausübung des Umgangsrechts oder die Berufsausübung. In diesem Fall sind aber die beiderseitigen Interessen gegeneinander abzuwägen.[30] Die Anordnung nach dem GewSchG beschränkt sich auf die in §§ 1, 2 GewSchG genannten Fälle.[31] Ehre, Handlungsfreiheit, Besitz und Eigentum werden nicht durch § 1 GewSchG geschützt.[32]

2. Schutzanordnungen bei ausgeübter Gewalt

3 § 1 GewSchG schafft die präventive Maßnahme zur Verhinderung weiterer Gewalt. So schreibt die Regelung des § 1 GewSchG die Befugnis der Familiengerichte fest,

1. bei vorsätzlicher und widerrechtlicher Verletzung des Körpers, der Gesundheit oder der Freiheit einer Person, § 1 Abs. 1 GewSchG,
2. bei Drohung mit einer Verletzung des Körpers, der Gesundheit oder der Freiheit einer Person, § 1 Abs. 2 Nr. 1 GewSchG,
3. bei Eindringen in die Wohnung, § 1 Abs. 2 Nr. 2 Buchst. a GewSchG und/oder
4. bei Belästigung durch Nachstellen oder Verfolgen unter Verwendung von Fernmeldekommunikationsmitteln (sog. Stalking), § 1 Abs. 2 Nr. 2 Buchst. b GewSchG,

gerichtliche Schutzanordnungen zu erlassen, die zur Abwendung weiterer Verletzungen erforderlich sind. Im Gegensatz zu § 2 GewSchG handelt es sich um keine echte materielle Anspruchsgrundlage.

3. Konkrete Schutzanordnungen bei ausgeübter Gewalt

4 **a) Betretungsverbot.** Das Betretungsverbot betreffend die Wohnung des Opfers iSv § 1 Abs. 1 S. 3 Nr. 1 GewSchG soll eine gerichtliche Wohnungszuweisung nach § 1361 b BGB oder § 2 GewSchG ergänzen. Der Täter soll diese sodann nicht mehr nutzen und nicht mehr betreten dürfen. Für das Betretungsverbot ist es unerheblich, ob der Täter Mieter oder (Mit-)Eigentümer der Wohnung ist. Das Betretungsverbot – anders als die Maßnahme nach § 2 GewSchG – setzt auch keinen auf Dauer angelegten gemeinsamen Haushalt voraus. Das Betretungsverbot muss aber nach § 1 Abs. 1 S. 2 GewSchG befristet werden,[33] andernfalls würde es zu einer Wohnungsüberlassung nach § 2 GewSchG führen. Im Rahmen der Gefahrenabwehr erweitert das Betretungsverbot die Möglichkeit des sog. Platzverweises nach Polizeirecht.[34] Bei Streit unter Ehegatten sind die §§ 1361 b, 1568 a BGB vorrangig. Zudem können entsprechende Schutzanordnungen nach § 209 FamFG erlassen werden.[35]

5 **b) Näherungsverbot.** Nach § 1 Abs. 1 S. 3 Nr. 2 GewSchG kann das Verbot ausgesprochen werden, sich in einem bestimmten Umkreis der Wohnung des Opfers aufzuhalten. Dabei hat die Eingrenzung des Näherungsverbots die Besonderheiten der örtlichen Verhältnisse zu berücksichtigen. Im Einzelnen können dies städtischer oder ländlicher Bereich, städtische oder ländliche Bebauung, wie Mehrfamilienhaus oder Einfamilienhaus etc sein. Der konkret zu meidende Bereich ist genau zu bestimmen, so dass dem Opfer gewährleistet wird, sich gefahrlos in der Nähe seiner Wohnung aufhalten zu können, sog. Bannmeile.[36] § 1

---

28 **Beweiserleichterung**; OLG Hamm FamRZ 2012, 880; aber zu weit zurückliegende Taten: OLG Celle 6.2.2009 – 15 UF 154/08, FPR 2009, 426.

29 OLG Karlsruhe FamRZ 2016, 1193; OLG Brandenburg 20.4.2005 – 9 UF 27/05, FamRZ 2006, 949; zu § 1361 b BGB: OLG Stuttgart 12.9.2006 – 18 WF 176/06, FamRZ 2007, 829.

30 FA-FamR-HdB/*Weinreich* 8. Kap. Rn. 394.

31 OLG Celle FamRZ 2012, 1950.

32 OLG Brandenburg FamRZ 2019, 1325.

33 OLG Köln 6.2.2003 – 14 UF 249/02, FamRZ 2003, 1281.

34 Palandt/*Brudermüller* GewSchG § 1 Rn. 9.

35 FA-FamR-HdB/*Weinreich* 8. Kap. Rn. 399.

36 Palandt/*Brudermüller* GewSchG § 1 Rn. 10.

Abs. 1 S. 3 Nr. 2 GewSchG erweitert den Schutzbereich des Betretungsverbots nach § 1 Abs. 1 S. 3 Nr. 2 GewSchG.[37]

c) Erweitertes Näherungsverbot. § 1 Abs. 1 S. 3 Nr. 3 GewSchG beinhaltet ein Aufenthaltsverbot für bestimmte Orte, an welchen sich das Opfer typischerweise und wiederholt aufhält, wie beispielsweise Arbeitsplatz, Kindergarten, Schule, Supermarkt, Sportverein, Gasthaus etc. Es können somit auch öffentlich zugängliche Orte sein. Die richterliche Anordnung hat die verbotenen Orte exakt zu benennen. Dabei kann das Aufenthaltsverbot auf bestimmte Uhr- bzw. Tageszeiten beschränkt werden,[38] was im Einzelfall die Beachtung des Grundsatzes der Verhältnismäßigkeit gebieten könnte. 6

d) Kontakt- und Belästigungsverbot. Das Kontakt- und Belästigungsverbot nach § 1 Abs. 1 S. 3 Nr. 4 GewSchG beinhaltet das Verbot jeglicher Kontaktaufnahme, sei es direkt durch den Täter selbst oder mittels Telefon oder indirekt durch Briefpost, Telefax, E-Mails oder SMS. Das Kontaktverbot soll Schutz vor sog. Stalking bzw. einem „auflauernden, heranpirschenden oder nachstellenden Täter" bieten. Hierunter fallen die hartnäckigen Belästigungen des Opfers durch den Täter durch wiederholtes Beobachten, Überwachen, demonstrative Anwesenheit, aufdringliche Kontaktaufnahme, Telefonterror etc.[39] 7

e) „Verbot des Zusammentreffens". § 1 Abs. 1 S. 3 Nr. 5 GewSchG beinhaltet das Verbot für den Täter, mit dem Opfer zusammenzutreffen. Es greift auch bei zufälligem Zusammentreffen zwischen Täter und Opfer. In diesen Fällen hat der Täter einen bestimmten Abstand zum Opfer einzuhalten bzw. sich zu entfernen. Bei dieser Anordnung handelt es sich um einen sog. Auffangtatbestand. 8

4. Schutzanordnungen bei angedrohter Gewalt

Schutzanordnungen nach § 1 Abs. 1 GewSchG kommen auch bei **widerrechtlichen Drohungen** mit Verletzung des Lebens, des Körpers, der Gesundheit oder der Freiheit in Betracht, § 1 Abs. 2 Nr. 1 GewSchG. Weiter kommen Schutzanordnungen nach § 1 Abs. 1 GewSchG in Betracht, wenn in die Privatwohnung eingedrungen wird, § 1 Abs. 2 Nr. 2 Buchst. a GewSchG oder wiederholt dauerhaft nachgestellt wird, § 1 Abs. 2 Nr. 2 Buchst. b GewSchG. Zwar ist gesetzliche Voraussetzung, dass das Opfer ausdrücklich das Unterlassen gegenüber dem Täter verlangt. Sind bereits erfolgte Belästigungen jedoch offensichtlich unerwünscht oder haben sie einen beleidigenden oder bedrohlichen Charakter, so gilt die Vermutung, dass das Opfer diese Belästigungen nicht wünscht und dies auch zum Ausdruck gebracht hat. Entsprechendes gilt für Handlungen des Täters, die die Häufigkeit und Form jeden üblichen Maßes übersteigen.[40] 9

5. Befristung

Die Schutzanordnungen nach § 1 Abs. 1 S. 3 GewSchG sollen bzw. sind unter Beachtung des **Verhältnismäßigkeitsgrundsatzes** zu befristen, § 1 Abs. 1 S. 2 GewSchG.[41] Die Frist kann verlängert werden, § 1 Abs. 1 S. 2 Hs. 2 GewSchG, auch mehrfach, sofern mit Fristablauf weitere Verletzungen der Rechtsgüter des Opfers zu befürchten sind.[42] Der Antrag muss aber vor Fristablauf gestellt werden.[43] Es muss glaubhaft gemacht werden, dass eine Zuwiderhandlung gegen die vorhergehende bzw. noch laufende Anordnung gegeben ist.[44] Für die Länge der Frist ist auf die Umstände des Einzelfalls abzustellen.[45] Die Dauer 10

37 Keine Verpflichtung zur Wohnungsaufgabe des Gewalttäters, OLG Karlsruhe FamRZ 2012, 455.

38 FA-FamR-HdB/*Weinreich* 8. Kap. Rn. 401.

39 Palandt/*Brudermüller* GewSchG § 1 Rn. 12.

40 Palandt/*Brudermüller* GewSchG § 1 Rn. 14.

41 OLG Celle 6.2.2009 – 15 UF 154/08, FamRZ 2009, 1751; OLG Saarbrücken 19.5.2010 – 6 UF 38/10, FamRZ 2010, 1810.

42 Verlängerungsantrag löst einen neuen Gebührentatbestand aus: OLG Frankfurt a. M. 24.10.2006 – 6 WF 184/06 und 189/06, FamRZ 2007, 849.

43 OLG Koblenz FamRZ 2016, 1795; OLG Nürnberg FamRZ 2014, 63.

44 OLG Bremen FamRZ 2013, 1828; aber keine Überprüfung der Rechtmäßigkeit der ursprünglichen Anordnung, OLG Nürnberg FamRZ 2012, 646.

45 OLG Naumburg 8.10.2002 – 8 WF 194/02, FPR 2003, 376; OLG Brandenburg 12.10.2005 – 9 UF 137/05, ZKJ 2006, 375: idR sechs Monate; OLG Köln 6.2.2003 – 14 UF 249/02, FamRZ 2003, 1281.

der Frist bestimmt sich nach der Häufigkeit und der Schwere der bisherigen Rechtsverletzungen. Je geringer die Intensität der bisherigen Übergriffe war, umso kürzer wird die Frist der Schutzanordnung festzulegen sein und umgekehrt.[46] Im Einzelfall bzw. bei besonders schweren Taten soll aber auch eine Schutzanordnung unbefristet erlassen werden.[47] Bei einem späteren Ordnungsverfahren ist in diesen Fällen dem Verhältnismäßigkeitsgrundsatz besondere Beachtung zu schenken.[48] Eine vorläufige Maßnahme im Rahmen der einstweiligen Anordnung kann auch bis zum Erlass des Beschlusses in der Hauptsache befristet werden.[49]

6. Konkretisierung der Schutzanordnungen

11 Der Katalog des § 1 Abs. 1 S. 3 GewSchG normiert Schutzanordnungen für den Täter, wobei dieser nicht abschließend („insbesondere") ist.[50] Es können eine oder mehrere Schutzanordnungen erlassen werden. Bei der Auswahl der möglichen Maßnahmen hat das Familiengericht einen weiten Spielraum. Es ist aber an den Antrag des Opfers immer gebunden. Das Gericht hat eine oder mehrere Maßnahmen zu treffen, durch welche der Wiederholungsgefahr am besten begegnet wird.

7. Grundsatz der Verhältnismäßigkeit

12 Das Familiengericht hat bei der Auswahl der möglichen Schutzanordnungen den Grundsatz der Verhältnismäßigkeit zu beachten. Kommen mehrere Schutzanordnungen in Betracht, ist diejenige Maßnahme bzw. sind diejenigen Maßnahmen zu erlassen, durch welche der Wiederholungsgefahr am sichersten begegnet, zugleich aber am wenigsten in die Rechte des Täters eingegriffen wird.[51] Um diesem Verhältnismäßigkeitsgrundsatz gerecht zu werden, sind die Schutzanordnungen grundsätzlich zu **befristen**.[52]

8. Wahrnehmung berechtigter Interessen

13 Ist der Kontakt zwischen Täter und Opfer zur Wahrnehmung berechtigter Interessen nicht zu vermeiden, so darf die Schutzanordnung grundsätzlich nicht erlassen werden. Typische Fälle sind solche, in welchen die Schutzanordnung bzw. das Kontaktverbot dem Umgangsrecht zum gemeinsamen Kind entgegenstehen würde oder berufliche Gründe des Täters es erfordern, diesen bestimmten „verbotenen" Ort aufzusuchen. Bei den widerstreitenden Interessen des Kontaktverbots und des Umgangsrechts bzw. der Umgangspflicht sind die des Täters und des Opfers sorgfältig gegeneinander abzuwägen. Es könnte beispielsweise eine zur Vermittlung bereite Person als Dritter – wie auch das Jugendamt – eingeschaltet werden, um den uneingeschränkten Kontakt zu vermeiden.[53]

9. Eingeschränkte Verantwortlichkeit des Täters

14 § 1 Abs. 3 GewSchG greift ein, wenn der Täter wegen der Einnahme berauschender Mittel wie Alkohol oder Drogen **unzurechnungsfähig** war (eingeschränkte Verantwortlichkeit des Täters). Ist der Täter hingegen dauernd[54] oder vorübergehend krankheitsbedingt **schuldunfähig**, findet § 1 Abs. 3 GewSchG

---

46 OLG Saarbrücken 19.5.2010 – 6 UF 38/10, FamRZ 2010, 1810.

47 OLG Celle 13.2.2007 – 32 Ss 2/07, NJW 2007, 1606; aA OLG Köln 6.2.2003 – 14 UF 249/02, FamRZ 2003, 1281; keine Abänderung der Vereinbarung eines unbefristeten Kontaktverbots: OLG Rostock 6.11.2008 – 10 UF 122/08, FamRZ 2009, 997.

48 OLG Hamm FamRZ 2015, 1405.

49 OLG Naumburg 8.10.2002 – 8 WF 194/02, FamRB 2003, 216.

50 Keine Verpflichtung zur Aufgabe der Wohnung des Gewalttäters: OLG Karlsruhe 25.3.2011 – 5 UF 25/11, FamRZ 2012, 455.

51 OLG Stuttgart 27.11.2003 – 18 WF 190/03, FamRZ 2004, 876.

52 OLG Rostock 6.11.2008 – 10 UF 122/08, FamRZ 2009, 997.

53 Palandt/*Brudermüller* GewSchG § 1 Rn. 13.

54 AG Wiesbaden 1.3.2005 – 533 F 355/04 EA I, FamRZ 2006, 1145; AG Bad Iburg 14.12.2009 – 5 F 596/09 EAGS, FamRZ 2010, 1350; OLG Frankfurt a. M. 20.5.2010 – 5 UF 26/10, FamRZ 2010, 1812.

keine Anwendung.[55] In diesem Fall können Unterlassungsansprüche aber auf §§ 823, 1004 BGB gestützt werden.[56]

III. Anspruch auf Wohnungsüberlassung

§ 2 GewSchG regelt den Anspruch des „Gewaltopfers" auf Überlassung der von Täter und Opfer gemeinsam genutzten Wohnung zum alleinigen Gebrauch. Es handelt sich – anders als bei § 1 GewSchG – um eine echte materielle Anspruchsgrundlage. Die an der gemeinsam genutzten Wohnung bestehenden Rechtsverhältnisse, schuld- oder sachenrechtliche Ansprüche, haben bei dem Anspruch nach § 2 GewSchG keine unmittelbare Bedeutung. Sie werden jedoch bei der Dauer bzw. bei der Befristung nach § 2 Abs. 2 GewSchG berücksichtigt. Die Regelung unterscheidet zwischen der **vollendeten Gewalttat** nach § 2 Abs. 1 GewSchG und der **widerrechtlichen Bedrohung** nach § 2 Abs. 6 GewSchG. In letzterem Fall ist die Überlassung immer nur erforderlich, um eine unbillige Härte zu vermeiden. Bis zur Einführung des Gewaltschutzgesetzes war ein solcher Anspruch nur für Eheleute nach § 1361 b BGB gegeben. 15

1. Ausgeübte Gewalt nach § 2 Abs. 1 GewSchG

Hat der Täter das Opfer vorsätzlich an Körper, Gesundheit oder Freiheit iSv § 1 Abs. 1 S. 1 GewSchG verletzt, sog. ausgeübte Gewalt, hat das Opfer, sofern die sonstigen Voraussetzungen gegeben sind, **Anspruch auf Überlassung der Wohnung zur alleinigen Benutzung**. Da § 2 Abs. 1 GewSchG auch auf § 1 Abs. 3 GewSchG Bezug nimmt, ist der Überlassungsanspruch auch dann gegeben, wenn der Täter die Tat in einem die freie Willensbestimmung ausschließenden Zustand krankhafter Störung der Geistestätigkeit begangen hat, in den er sich durch alkoholische Getränke oder ähnliche Mittel versetzt hat. Sobald Gewalt ausgeübt wird, ist ohne Bedeutung, was der Grund der Verschlechterung der Beziehung der Beteiligten ist.[57] 16

2. Angedrohte Gewalt nach § 2 Abs. 6 GewSchG

Hat der Täter dem Opfer mit Gewalt bzw. einer Verletzung des Lebens, an Körper, Gesundheit oder Freiheit gedroht, besteht der Anspruch auf Überlassung der Wohnung nur, sofern die sonstigen Voraussetzungen gegeben sind, und wenn dies **erforderlich** ist, um eine **unbillige Härte** für das Opfer zu vermeiden. Eine unbillige Härte kann auch dann gegeben sein, wenn das Wohl von im Haushalt lebenden Kindern beeinträchtigt ist, § 2 Abs. 6 S. 2 GewSchG. Die Gründe der Konflikte im täglichen Leben von Täter und Opfer sind irrelevant. Die Drohung als solche reicht aus, um den Anspruch zu begründen.[58] 17

3. Auf Dauer angelegter gemeinsamer Haushalt

Der Gesetzgeber hat sich bei dem Begriff „auf Dauer angelegter gemeinsamer Haushalt" an § 563 Abs. 2 S. 3 BGB (Mietrecht) angelehnt. Hierunter werden primär die **nichtehelichen Lebensgemeinschaften** sowie die **nicht eingetragenen gleichgeschlechtlichen Lebenspartnerschaften** verstanden.[59] Auch fallen hierunter die **Eheleute** und die **eingetragenen Lebenspartnerschaften**. Das Gesetz soll aber auch für alte Menschen gelten, die dauerhaft zusammenleben und gegenseitig füreinander einstehen. Dies kommt typischerweise durch wechselseitig erteilte Vollmachten zum Ausdruck. Der Tatbestand erfordert jedoch nicht, dass nur zwei Personen zusammen leben.[60] Dagegen soll es für Wohngemeinschaften bzw. die lose Verbindung von Personen, bei denen der Zweck des Zusammenlebens nur darauf ausgerichtet ist, preiswert und/oder praktisch wohnen zu können, die somit keine inneren Bindungen haben, nicht gelten. Hieran 18

---

55 AA *Schumacher* FamRZ 2002, 645 ff.

56 Palandt/*Brudermüller* GewSchG § 1 Rn. 15; AG Bad Iburg 14.12.2009 – 5 F 596/09 EAGS, FamRZ 2010, 1350; OLG Frankfurt a. M. 20.5.2010 – 5 UF 26/10, FamRZ 2010, 1812; OLG Celle 24.8.2011 – 17 UF 3/11, FamRZ 2012, 456 ff.; aA *Schumacher* FamRZ 2002, 645 ff.

57 OLG Schleswig 16.6.2003 – 13 UF 93/03, NJW-RR 2004, 156.

58 OLG Schleswig 16.6.2003 – 13 UF 93/03, NJW-RR 2004, 156.

59 *Schulz* FamRZ 2007, 593 ff.

60 *Schumacher* FamRZ 2002, 645 ff.

ändert das gemeinsame Führen eines Haushalts nichts.[61] Der auf Dauer angelegte gemeinsame Haushalt fordert keinen gemeinsamen Mietvertrag oder einen sonstigen gemeinsamen Rechtsanspruch an der Wohnung. Hierauf kann es jedoch bei der Wahl der Rechtsfolge des Rechtsanspruchs „Wohnungszuweisung" ankommen. Ob der Haushalt **auf Dauer** angelegt ist, bestimmen die subjektiven Vorstellungen von Opfer und Täter.[62] Der Annahme des auf Dauer angelegten Haushalts widerspricht es nicht, wenn der Wille der Beteiligten zu Beginn der Haushaltsgemeinschaft hierauf nicht ausgerichtet war. In diesem Fall würde die tatsächliche Dauer als solche genügen, um den Tatbestand bejahen zu können. Das **bloße Mitbewohnen** begründet jedoch kein Führen eines auf Dauer ausgerichteten Haushalts iSv § 2 GewSchG. Insofern fallen hierunter nicht das Zusammenleben von Eltern und minderjährigen oder volljährigen Kindern sowie die Familie mit dem pflegebedürftigen Angehörigen. Grund hierfür ist das Erfordernis der Übernahme von Verantwortung für finanzielle, rechtliche oder tatsächliche Angelegenheiten. Dies fehlt jedoch bei dem bloßen Mitbewohnen.

4. Überlassungsdauer bei Mitberechtigung

19 Die Überlassungsdauer zugunsten des Opfers hängt von den Rechtsverhältnissen an der Wohnung iSv § 2 Abs. 2 GewSchG ab. Im Falle der **Mitberechtigung von Opfer und Täter** an der Wohnung, wie Mitmieter, Miteigentümer, gemeinsames Erbbaurecht, gemeinsamer Nießbrauch etc, ist die Nutzungsdauer zu befristen, § 2 Abs. 2 S. 1 GewSchG. Dies fordert der Grundsatz der Verhältnismäßigkeit unter Beachtung der Funktion des Gesetzes, nämlich die präventive Schutzmaßnahme. Der Gesetzgeber schreibt keine Höchstfrist vor, so dass dies für jeden Einzelfall gesondert zu entscheiden ist. Dabei können bzw. sollen die Dauer des Mietvertrages, die Dauer der Kündigungsfristen, die Rechtsverhältnisse an der Wohnung, örtliche Gegebenheiten am Wohnungsmarkt etc berücksichtigt werden. Im Einzelfall ist die Frist dergestalt zu bemessen, dass während der offenen Frist eine endgültige Regelung ergehen kann.[63]

5. Überlassungsdauer bei Alleinberechtigung

20 Im Falle der Alleinberechtigung des **Täters oder des Täters mit einem Dritten** ist die Wohnungsüberlassung zugunsten des Opfers auf **höchstens sechs Monate** zu befristen. Bei der Bemessung der Frist sind die örtlichen Gegebenheiten am Wohnungsmarkt zu berücksichtigen. Das Opfer soll ausreichend Zeit haben, sich eine angemessene Ersatzwohnung beschaffen zu können. Konnte das Opfer innerhalb der vom Gericht (als Erstes) bestimmten Frist keinen angemessenen Wohnraum unter zumutbaren Bedingungen finden, so kann das Gericht die (erste) Frist um längstens weitere sechs Monate verlängern, es sei denn, überwiegende Belange des Täters oder des Dritten stehen entgegen, § 2 Abs. 2 S. 3 GewSchG. Dieser erweiterte Überlassungsanspruch bedarf einer Interessenabwägung der Beteiligten, uU auch des Dritten. Diese maximale Jahresfrist darf nicht überschritten werden. Eine Wohnungsüberlassung über ein Jahr hinaus wäre allenfalls nach § 1666 BGB unter der Voraussetzung der Abwendung der Gefährdung eines in der Wohnung lebenden Kindes zulässig.[64] Ist das **Opfer alleine oder mit einem Dritten** an der Wohnung berechtigt, ist die Überlassungsdauer nicht zu befristen.[65]

6. Ausschluss des Anspruchs auf Wohnungsüberlassung

21 § 2 Abs. 3 GewSchG schreibt fest, unter welche Voraussetzungen der Anspruch auf Wohnungsüberlassung ausgeschlossen ist. Er ist nur unter den dort genannten Voraussetzungen ausgeschlossen, so dass die Regelung weder weit auszulegen noch analog anzuwenden ist. Die dort benannten Fälle sind abschließend:

1. **mangelnde Wiederholungsgefahr** nach § 2 Abs. 3 Nr. 1 GewSchG,
2. **Fristablauf** nach § 2 Abs. 3 Nr. 2 GewSchG und
3. **Härteklausel** nach § 2 Abs. 3 Nr. 3 GewSchG.

---

61 Palandt/*Brudermüller* GewSchG § 2 Rn. 2; *Schumacher* FamRZ 2002, 645 ff.
62 NK-BGB/*Heinke* GewSchG § 2 Rn. 14.
63 Palandt/*Brudermüller* GewSchG § 2 Rn. 4.
64 Palandt/*Brudermüller* GewSchG § 2 Rn. 5.
65 Palandt/*Brudermüller* GewSchG § 2 Rn. 6, 10.

a) Mangelnde Wiederholungsgefahr nach § 2 Abs. 3 Nr. 1 GewSchG. Sind keine weiteren Gewalttaten (mehr) zu besorgen bzw. besteht keine Wiederholungsgefahr mehr, ist der Überlassungsanspruch nach § 2 Abs. 1 GewSchG ausgeschlossen. Ausgenommen hiervon ist der Umstand, dass dem Opfer das weitere Zusammenleben mit dem Täter wegen der Schwere der Tat nicht mehr zuzumuten ist. Letzteres wäre beispielsweise bei Vergewaltigung, schwerer Körperverletzung, versuchtem Tötungsdelikt der Fall. Hierbei handelt es sich um eine gesetzliche Vermutung, so dass der Täter darzulegen und zu beweisen hat, dass keine Wiederholungsgefahr mehr besteht. Es sind hohe Anforderungen an die Widerlegung der gesetzlichen Vermutung zu stellen.[66] Selbst wenn dem Täter die Widerlegung der der Wiederholungsgefahr gelingen würde, wäre der Überlassungsanspruch gegeben – und eben nicht nach § 2 Abs. 3 GewSchG ausgeschlossen –, wenn die Schwere der vollendeten Gewalttat das Zusammenleben des Opfers mit dem Täter unzumutbar macht. Dabei sind auch die Belange der im Haushalt lebenden Kinder zu berücksichtigen. Deren Wohl kann durch die Anwesenheit bei Gewalttaten beeinträchtigt bzw. verletzt sein.[67] 22

b) Fristablauf nach § 2 Abs. 3 Nr. 2 GewSchG. Der Anspruch auf Wohnungsüberlassung ist ausgeschlossen, wenn das Opfer nicht **innerhalb von drei Monaten** nach der Gewalttat vom Täter die Überlassung der Wohnung **schriftlich verlangt**, § 2 Abs. 3 Nr. 2 GewSchG. Diese Ausschlussregelung im Sinne der Verwirkung dient der Schaffung der Klarheit über die Nutzungsverhältnisse nach der Gewalttat einerseits und gewährt dem Opfer ausreichend Zeit für die Neugestaltung seiner künftigen Lebens- und Wohngestaltung andererseits.[68] Die Frist läuft auch bei Flucht des Opfers aus der gemeinsamen Wohnung. Ist der Täter jedoch unbekannten Aufenthaltes, beginnt die Frist nicht zu laufen. Entsprechendes soll gelten, wenn dem Opfer aus sonstigen Gründen das schriftliche Verlangen nicht möglich oder nicht zumutbar ist. Das Opfer hat den Nachweis des fristgerechten Zugangs des schriftlichen Verlangens zu führen. Dabei reicht es aus, wenn innerhalb der Frist der Antrag nach dem GewSchG gestellt wurde.[69] 23

c) Härteklausel nach § 2 Abs. 3 Nr. 3 GewSchG. Die Wohnungsüberlassung nach § 2 Abs. 1 GewSchG ist ausgeschlossen, wenn **schwerwiegende Interessen des Täters** entgegenstehen, § 2 Abs. 3 Nr. 3 GewSchG, sog. Härteklausel. Typische Fälle der Anwendung der Härteklausel sind die Behinderung des Täters, schwerwiegende Erkrankungen des Täters, unzureichende oder unzumutbare Möglichkeiten der Beschaffung einer Ersatzwohnung. Dabei sind auch die Belange von Kindern des Täters zu berücksichtigen, sofern das Opfer für diese nicht sorgeberechtigt ist.[70] Mit dieser Regelung sollen „offene" Lösungen ermöglicht werden, um den Interessen aller Beteiligten gerecht zu werden (vgl. Wortlaut „soweit"). Insofern könnte auch daran gedacht werden, dem Opfer die Wohnung nur teilweise zu überlassen, sofern eine Aufteilung möglich und praktikabel ist und dem Opfer hierdurch noch ausreichend Schutz gewährt wird. Unberührt von § 2 Abs. 2 GewSchG kann auch eine Befristung in Betracht kommen.[71] 24

7. Rechtsfolgen

Für die Rechtsfolge der Überlassung der Wohnung ist zwischen den gegebenen Rechtslagen an der Wohnung zu unterscheiden: 25

- Das Opfer ist an der Wohnung alleine berechtigt.
- Der Täter ist an der Wohnung alleine berechtigt.
- Opfer und Täter sind an der Wohnung gemeinsam berechtigt.

Hintergrund ist der zu wahrende **Grundsatz der Verhältnismäßigkeit**. Zudem wird in die gegebenen Rechtsverhältnisse nicht eingegriffen, dh der Täter als Mieter, der aus der Wohnung gewiesen wird, bleibt dennoch Mieter.[72] Der Vermieter wird nicht am Verfahren beteiligt. 26

66 OLG Brandenburg 20.4.2005 – 9 UF 27/05, NJW-RR 2006, 220; OLG Jena 13.3.2007 – 1 WF 31/07, FamRZ 2007, 1337.
67 FA-FamR-HdB/*Weinreich* 8. Kap. Rn. 416.
68 *Schumacher* FamRZ 2002, 645 ff.
69 AA, Zustellung innerhalb der Frist: FA-FamR-HdB/*Weinreich* 8. Kap. Rn. 417.
70 *Schumacher* FamRZ 2002, 645 ff.
71 Palandt/*Brudermüller* GewSchG § 2 Rn. 7.
72 Empfehlenswert hierzu: AG Ludwigsburg WuM 2004, 608.

27 **a) Alleinberechtigung des Opfers.** Ist das Opfer alleine an der Wohnung berechtigt, beispielsweise **alleiniger Mieter** oder **Alleineigentümer**, so kann das Familiengericht die alleinige Nutzung dem Opfer unbefristet überlassen, § 2 Abs. 2 GewSchG. Hieran ändert sich nichts, wenn das Opfer mit einem Dritten an der Wohnung berechtigt ist. Es soll jedoch nicht möglich sein, dass das Opfer den Täter im Wege der Selbsthilfe aus der Wohnung verweisen kann.[73]

28 **b) Alleinberechtigung des Täters.** Die Wohnung ist an das Opfer längstens sechs Monate zur Alleinnutzung zu überlassen, wenn der Täter, auch mit einem Dritten, an der Wohnung berechtigt ist, beispielsweise **Alleinmieter** oder **Alleineigentümer** ist, § 2 Abs. 2 S. 1 GewSchG. Dem Opfer soll ausreichend Zeit eingeräumt werden sich eine angemessene Ersatzwohnung zu besorgen. Die Dauer der Frist (jedoch maximal sechs Monate) hat sich an die Gegebenheiten des örtlichen Wohnungsmarktes zu orientieren. Ausnahmsweise kann diese erste bzw. maximale Frist von sechs Monaten um weitere maximale sechs Monate verlängert werden, wenn es dem Opfer nicht möglich war, angemessenen Wohnraum zu zumutbaren Bedingungen zu beschaffen, § 2 Abs. 2 S. 3 GewSchG. Überwiegende Belange des Täters oder eines Dritten dürfen der Fristverlängerung jedoch nicht entgegenstehen, § 2 Abs. 2 S. 3 GewSchG. Dieser erweiterte Überlassungsanspruch bedarf einer Abwägung der Interessen der Beteiligten, uU auch des Dritten.

29 **c) Gemeinsame Berechtigung.** Sind Opfer und Täter **gemeinsam an der Wohnung berechtigt**, so ist die Dauer der Nutzungsüberlassung zu befristen, § 2 Abs. 2 S. 1 GewSchG. Das Gesetz schreibt aber keine Höchstdauer fest. Insofern ist bezüglich der Festschreibung der Dauer der Frist eine Interessenabwägung vorzunehmen. Die Dauer hängt von dem jeweiligen gemeinsamen Rechtsverhältnis und den gegebenen Umständen ab. Sind Täter und Opfer **Miteigentümer**, so bleibt dem Täter der Antrag der Aufhebung der Miteigentümergemeinschaft im Wege der Teilungsversteigerung. Sind Opfer und Täter **Mitmieter**, kann eine endgültige Regelung gefunden werden, indem eine einvernehmliche Vertragsaufhebung sowie ein Neuabschluss des Mietvertrags zwischen Vermieter und Opfer durchgeführt werden. Zwangsweise zulasten des Vermieters kann dies nicht erfolgen. Eine Kündigung der Mieter hat nur Rechtsgültigkeit, wenn beide Mieter diese erklärt haben. Der Täter kann das Opfer auf Zustimmung zur Abgabe der Willenserklärung (Kündigung) verklagen. Verstößt das Opfer gegen die Pflicht zur Mitwirkung an der Kündigung, §§ 723 bzw. 749 BGB, könnte eine Schadensersatzpflicht bestehen. Diese besteht in einem Freistellungsanspruch bzw. aus der Weigerung gründet die Pflicht zur alleinigen Fortzahlung des Mietzinses.[74]

8. Unterlassungsanordnungen

30 Nach § 2 Abs. 4 GewSchG hat der Täter alles zu unterlassen, was das Alleinnutzungsrecht des Opfers erschweren oder vereiteln würde. Diese Vorschrift der **Beeinträchtigungs- und Vereitelungsverbote** entspricht der Regelung des § 1361 b Abs. 3 S. 1 BGB. Ist der Täter alleiniger Mieter, kann ihm ein Kündigungsverbot auferlegt werden. Ist der Täter Alleineigentümer, ist streitig, ob ihm ein Veräußerungsverbot auferlegt werden darf.[75] Ein gerichtlich angeordnetes Veräußerungsverbot ist ein Verbot iSd § 136 BGB (sog. relatives Veräußerungsverbot). Es wirkt daher nur gegenüber dem Opfer, nicht gegenüber dem Käufer. Die Unterlassungsanordnung nach § 2 Abs. 4 GewSchG soll das Alleinbenutzungsrecht an der Wohnung sichern bzw. unterstützen, darf aber nicht darüber hinausgehen. Das Kündigungsverbot nach § 2 Abs. 4 GewSchG hat keinerlei Auswirkungen auf den Vermieter, da dies Sinn und Zweck des Gewaltschutzgesetzes zuwiderlaufen würde. Sog. begleitende Maßnahmen nach § 2 Abs. 4 GewSchG können auch solche nach § 1 Abs. 1 GewSchG sein, wie beispielsweise Betretungsverbot, Näherungsverbot etc. Da die Strafandrohung nach § 4 GewSchG jedoch nur auf Maßnahmen nach § 1 GewSchG gestützt werden darf, muss das Familiengericht dies bei der Wahl der Rechtsgrundlage berücksichtigen.[76]

---

73 FA-FamR-HdB/*Weinreich* 8. Kap. Rn. 421.

74 Palandt/*Brudermüller* GewSchG § 2 Rn. 9.

75 Nein: Palandt/*Brudermüller* GewSchG § 2 Rn. 12; BGB § 1361 b Rn. 17; ja, zumindest befristet: FA-FamR-HdB/*Weinreich* 8. Kap. Rn. 425.

76 Vgl. auch BGH 15.3.2007 – 5 StR 536/06, FamRZ 2007, 812.

IV. Nutzungsvergütung

Nach § 2 Abs. 5 GewSchG kann der Täter von dem Opfer eine Nutzungsvergütung verlangen, soweit dies der Billigkeit entspricht. Diese Vorschrift entspricht der des § 1361 b Abs. 3 S. 2 BGB.[77] Auf diesbezügliche Grundsätze kann daher verwiesen werden. Eine Nutzungsvergütung oder **sog. Billigkeitsvergütung** ist daher idR zu bezahlen, wenn der Täter Alleinmieter oder Mitmieter bzw. Miteigentümer oder Alleineigentümer ist. Ist der Wohnwert jedoch bereits Bestandteil der Unterhaltsberechnung geworden, so kann keine (doppelte) Nutzungsvergütung verlangt werden. Die Höhe der Vergütung richtet sich grundsätzlich nach dem objektiven Wohnwert der Wohnung. Der Antrag auf Nutzungsvergütung kann zeitgleich, während oder nach Beendigung des Hauptsacheverfahrens gestellt werden.[78] 31

V. Anwendungsbereich des GewSchG

Da das Gewaltschutzgesetz zum **Schutz erwachsener Opfer** geschaffen wurde, findet es keine Anwendung, wenn eine unter elterlicher Sorge, Vormundschaft oder unter Pflegschaft stehende Person Opfer der Eltern, des Vormunds oder Pflegers wird, § 3 GewSchG.[79] In solchen Gewaltfällen gelten die für das Sorgerechts-, Vormundschafts- oder Pflegschaftsverhältnis einschlägigen Vorschriften. Für das sog. Eltern-Kind-Verhältnis finden die **§§ 1666 ff. BGB** sowie das Kinder- und Jugendhilferecht des § 3 SGB VIII Anwendung.[80] Bei Vormundschaft und Pflegschaft finden die §§ 1837 Abs. 2, 1886, 1915 Abs. 1 BGB Anwendung. Diese Vorschriften sind jeweils leges speciales gegenüber §§ 1, 2 GewSchG.[81] Nach §§ 1666, 1666 a BGB ist eine Wohnungszuweisung zum Schutz des Kindes vor Gewalt durch einen Elternteil oder durch Dritte, beispielsweise den neuen Partner des Elternteils, möglich[82] sowie die weitere Konkretisierung von Rechtsfolgen iSv § 1 GewSchG. Zudem ermöglicht § 1666 BGB auch das Eingreifen von Amts wegen. Das Gewaltschutzgesetz findet jedoch Anwendung, wenn das Kind gegen die Eltern den Vormund oder Pfleger Gewalt ausüben sollte.[83] Die Pflicht zur Unterstützung durch das Jugendamt in solchen Fällen ist in § 42 Abs. 3 SGB VIII festgeschrieben. 32

VI. Konkurrenzen des GewSchG

Nach § 3 Abs. 2 GewSchG wird klargestellt, dass das Opfer **Schadenersatz** bzw. Schmerzensgeld nach §§ 823 ff. BGB gegen den Täter geltend machen kann.[84] Streitig ist, ob § 2 GewSchG neben § 1361 b BGB ausgeschlossen ist. Nach der hM ist **§ 1361 b BGB für Ehegatten vorrangig.**[85] Leben Ehegatten daher noch nicht getrennt oder haben sie noch keine Trennungsabsichten, können sie sich auf § 2 GewSchG berufen. Leben hingegen die Ehegatten bereits getrennt oder will sich einer der Ehegatten trennen (Trennungsabsicht) und liegen die sonstigen Voraussetzungen vor, so ist § 1361 b BGB lex specialis gegenüber § 2 GewSchG. Schutzmaßnahmen nach dem GewSchG können und sollen jedoch eine Wohnungszuweisung des Familiengerichts – gleich ob während der Trennung nach § 1361 b BGB oder nach Rechtskraft der Ehescheidung nach § 1568 a BGB – ergänzen. Der Streit ist für die Praxis relevant, da die Wohnungszuweisung nach dem Gewaltschutzgesetz zeitlich zu begrenzen ist, deren Vollstreckung aber leichter umgesetzt werden kann.[86] 33

---

77 S. HK-FamR/*Schulz* GewSchG Rn. 48.

78 OLG Hamm 11.5.2005 – 11 WF 135/05, FamRZ 2006, 50; *Wever* FamRZ 2006, 365 ff.

79 LG Heilbronn 15.4.2008 – 4 T 6/08 Ko, FamRZ 2009, 72; OLG Bamberg 29.8.2011 – 2 UF 184/11, FamRZ 2012, 459.

80 S. auch *Röchling* FamRZ 2008, 1945 ff.

81 KG 16.1.2004 – 18 WF 414/03, FPR 2004, 267.

82 *Janzen* FamRZ 2002, 785 ff.; OLG Karlsruhe 31.10.2011 – 5 WF 166/11, FamRZ 2012, 460.

83 HK-FamR/*Schulz* GewSchG Rn. 51.

84 S. auch *Löhnig* FamRZ 2007, 518 ff.

85 OLG Jena 22.11.2005 – 2 W 597/05, FamRZ 2006, 868; *Brudermüller* FamRZ 2003, 1705 ff.; *Brudermüller* FamRZ 2006, 1157 ff.; aA *Ehinger* FPR 2010, 567 ff.

86 FA-FamR-HdB/*Weinreich* 8. Kap. Rn. 433.

VII. Strafbarkeit

34 Nach § 4 S. 1 Nr. 1 GewSchG ist festgeschrieben, dass der rechtswidrige oder vorsätzliche Verstoß gegen eine gerichtliche Schutzanordnung nach § 1 GewSchG strafbar ist und mit Geldstrafe oder Freiheitsstrafe bis zu einem Jahr geahndet werden kann.[87] Diese Strafbewehrung dient der effektiven Durchsetzung der richterlichen Anordnungen.[88] Wird durch das Strafgericht die Unrechtmäßigkeit der Anordnung des Familiengerichts festgestellt, beispielsweise weil der Täter die Tat nicht begangen hat,[89] ist der Tatbestand des § 4 GewSchG nicht erfüllt und die Strafe kann nicht verhängt werden. Fehlt der Anordnung die notwendige Fristbestimmung, so hat das Strafgericht zu entscheiden, ob der Verstoß gegen die Anordnung innerhalb einer dem Grundsatz der Verhältnismäßigkeit entsprechenden Frist vom Täter begangen wurde.[90] Ist die zugrunde liegende Entscheidung des Familiengerichts dem Täter nicht wirksam zugestellt worden, kann er nach § 4 GewSchG nicht bestraft werden.[91] In der Vergangenheit bzw. vor dem 1.3.2017 war ein von den Beteiligten geschlossener Vergleich keine Anordnung in diesem Sinne und daher nicht nach § 4 GewSchG strafbar.[92] Durch das Gesetz zur Verbesserung des Schutzes gegen Nachstellen vom 1.3.2017, in Kraft seit 10.3.2017, wurde in § 4 S 1 Nr. 2 GewSchG klargestellt, dass auch der Verstoß gegen einen durch Beschluss gerichtlich bestätigten Vergleich strafbar ist.[93] Die richterliche Bestätigung hat von Amts wegen zu erfolgen.[94] Nach § 4 S. 2 GewSchG wird festgeschrieben, dass der Täter auch noch nach anderen Strafvorschriften bestraft werden kann, wie beispielsweise §§ 123, 223 ff., 240 ff. StGB.

VIII. Verfahren

35 In §§ 111 Nr. 6, 210 FamFG ist eine umfassende **Zuständigkeit** des Familiengerichts für die Gewaltschutzverfahren festgeschrieben worden.[95] Auf eine Differenzierung, ob Täter und Opfer einen auf Dauer angelegten gemeinsamen Haushalt führen oder innerhalb der letzten sechs Monate geführt haben, kommt es nicht mehr an.[96] Das Verfahren richtet sich – gleichgültig, ob Täter und Opfer verheiratet sind oder waren oder ob eine **persönliche Nähebeziehung** zwischen ihnen gegeben ist – nach den Regeln der §§ 210 ff. FamFG. Für die örtliche und ausschließliche Zuständigkeit gilt die Besonderheit, dass der Antragsteller zwischen drei Gerichten wählen kann, sofern diese auseinanderfallen sollten: (§ 211 FamFG)

1. das Gericht, in dessen Bezirk die Tat geschehen ist (Tatort),
2. das Gericht, in dessen Bezirk die gemeinsame Wohnung liegt, oder
3. das Gericht, in dessen Bezirk der Antragsgegner bzw. Täter seinen gewöhnlichen Aufenthalt hat.

36 Das Gericht des Tatorts iSv § 211 Nr. 1 FamFG kann der Tatort und der Erfolgsort sein. Dies kann beispielsweise bei Telefonterror oder Belästigungen per E-Mail entscheidend sein.

---

87 Straftaten nach § 4 GewSchG und die Auswirkungen auf § 1579 Nr. 2 BGB: OLG Bamberg 5.1.2006 – 2 UF 338/05, FamRZ 2007, 1465.

88 NK-BGB/*Heinke* GewSchG § 4 Rn. 1.

89 Das Strafgericht ist an die Entscheidung des Familiengerichtes nicht gebunden BGH FamRZ 2014, 559; andererseits kann eine laufende Ermittlung des Staatsanwaltes ein Aussetzungsgrund des Gewaltschutzverfahrens in der Hauptsache sein, OLG Hamburg FamRZ 2013, 238.

90 OLG Celle 13.2.2007 – 32 Ss 2/07, NJW 2007, 1606; OLG Rostock 16.10.2006 – 11 UF 39/06, FamRZ 2007, 921.

91 BGH 15.3.2007 – 5 StR 536/06, FamRZ 2007, 812; BGH FamRZ 2012, 1216.

92 NK-BGB/*Heinke* GewSchG § 4 Rn. 2; OLG Karlsruhe FamRZ 2013, 1320.

93 Palandt/*Brudermüller* GewSchG § 4 Rn. 1; Zöller/*Lorenz* FamFG § 214 a Rn. 1.

94 Zöller/*Lorenz* FamFG § 214 a Rn. 2.

95 HK-FamVerfR/*Volpp* § 210 Rn. 1; *Ehinger* FPR 2010, 567 ff.; *Borth* FamRZ 2007, 1925 ff.; s. auch *Meyer-Seitz/Kröger/Heiter* FamRZ 2005, 1430 ff.

96 HK-FamR/*Schulz* GewSchG Rn. 55; s. nach altem Recht: OLG Rostock 21.12.2006 – 10 WF 222/06, FamRZ 2007, 742; OLG Hamm 29.7.2003 – 2 Sdb Zust. 20/03, FamRZ 2004, 38.

Das Verfahren richtet sich umfassend nach den Vorschriften des FamFG. Es gelten somit der Grundsatz der **Amtsermittlung** und der sog. **Freibeweis.**[97] Maßgeblicher Zeitpunkt für die Frage des Vorliegens der Voraussetzungen nach § 1 Abs. 1 S. 1 GewSchG ist der Zeitpunkt der Entscheidungsreife.[98]

Die einstweilige Anordnung richtet sich nach § 214 FamFG.[99] Hiernach können Regelungen auf der Grundlage des § 1 GewSchG[100] und des § 2 GewSchG erlassen werden. Der **Antrag auf einstweilige Anordnung** kann unabhängig von einer Hauptsache oder von einem Verfahrenskostenhilfeantrag eingereicht werden, § 51 Abs. 3 FamFG. Es bedarf aber immer eines dringenden Bedürfnisses.[101] Streitig ist nunmehr, ob es nach Erlass der einstweiligen Anordnung noch eines Hauptsacheverfahrens bedarf. Hiernach könnte ein zusätzlicher Hauptsacheantrag mutwillig sein, so dass die Verfahrenskostenhilfe versagt werden könnte.[102] Da § 49 Abs. 1 FamFG aber eine vorläufige Maßnahme erlässt, kann es den Beteiligten nicht verwehrt sein, eine abschließende Regelung zu erwirken.[103] Zur Angemessenheit der Ladungsfrist in Gewaltschutzsachen, s. OLG Frankfurt a. M. FamRZ 2013, 316.

Zur **Verfahrenskostenhilfebewilligung** bzw. Beiordnung des Rechtsanwalts nach § 78 Abs. 2 FamFG bei Gewaltschutzverfahren hat der BGH nunmehr für Klarheit gesorgt: Hiernach richtet sich die Erforderlichkeit der Einschaltung eines Rechtsanwalts auch nach den subjektiven Fähigkeiten des Betroffenen. Im Übrigen zählen bei Gewaltschutzverfahren die speziellen subjektiven Gründe der Angst vor neuer bzw. weiterer Gewalt.[104] Beziffert wird der **Streitwert** bei § 1 GewSchG auf 2.000 EUR, bei § 2 GewSchG auf 3.000 EUR, § 49 Abs. 1 FamGKG.[105] In Einzelfällen kann nach den Grundsätzen der Billigkeit hiervon abgewichen werden, § 49 Abs. 2 FamGKG.[106] Sind in einem Verfahren Schutzmaßnahmen nach §§ 1, 2 GewSchG zu treffen, sind die Kosten des Verfahrens dem Täter aus Billigkeitsgründen regelmäßig aufzuerlegen.[107] Im Regelfall entspricht es der Billigkeit, die Kostenentscheidung nach dem Obsiegen und Unterliegen zu treffen.[108]

IX. Anhörungs- und Mitteilungspflichten

Das **Jugendamt** ist im Wohnungszuweisungsverfahren nach § 2 GewSchG grundsätzlich und unabhängig von dem Ausgang des Verfahrens anzuhören, wenn in dem Haushalt **minderjährige Kinder** wohnen, § 213 FamFG. Insofern sollte in der Antragsschrift auf das Vorhandensein minderjähriger Kinder hingewiesen werden. Bei einem offensichtlich unbegründeten Antrag oder sonstigen begründeten Ausnahmefällen kann die Anhörung unterbleiben („soll"). Unterbleibt die Anhörung wegen Gefahr im Verzug, ist sie nachzuholen, § 213 Abs. 1 S. 2 FamFG. In jedem Fall (auch ohne Beteiligung des Jugendamts) ist der Beschluss dem Jugendamt mitzuteilen, § 213 Abs. 2 S. 1 FamFG. Das Jugendamt hat auch ein eigenes Beschwerderecht nach § 213 Abs. 2 S. 2 FamFG.[109] Schließlich kann das Jugendamt nach § 212 FamFG 37

97 Kein Rechtsschutzbedürfnis einer Unterlassungsanordnung bei entsprechender außergerichtlicher Vereinbarung: LG Kassel 5.7.2005 – 1 T 108/05, FamRZ 2006, 1144.

98 OLG Köln FamRZ 645.

99 S. auch *Bruns* der Einstweiligen Anordnung nach § 1 GewSchG, Grundlagen und ausgewählte Praxisprobleme FamRZ 2012, 1024 ff.

100 S. *Bruns* FamRZ 2012, 1024 ff.

101 *Ehinger* FPR 2010, 567 ff.

102 OLG Frankfurt a. M. FamRZ 2012, 144; OLG Zweibrücken 9.11.2009 – 2 WF 211/09, FamRZ 2010, 579.

103 OLG Hamm 9.12.2009 – 10 WF 274/09, FamRZ 2010, 825; OLG München FamRZ 2012, 1234.

104 BGH 23.6.2010 – XII ZB 232/09, NJW 2010, 3029; s. auch OLG Frankfurt a. M. FamRZ 2016, 394, OLG Karlsruhe FamRZ 2016, 1193; OLG Brandenburg FamRZ 2015, 353; OLG Frankfurt a. M. FamRZ 2015, 947; Bewilligung der Verfahrenskostenhilfe abgelehnt: OLG Celle FamRZ 2014, 1046; Verfahrenskostenhilfe und Beiordnung in der Zwangsvollstreckung: OLG Brandenburg 9.1.2006 – 10 WF 317/05, FamRZ 2007, 57.

105 Vor dem FamFG: OLG Zweibrücken 22.5.2007 – 2 WF 97/07, FamRZ 2008, 1878; OLG Dresden 21.10.2005 – 23 WF 775/05, FamRZ 2006, 803; OLG Koblenz 23.5.2005 – 7 WF 123/05, FamRZ 2005, 1849; OLG Karlsruhe 28.8.2009 – 5 WF 145/03, FamRZ 2004, 895; OLG Dresden 26.5.2003 – 22 WF 306/03, FamRZ 2003, 1312.

106 HK-FamGKG/*Thiel* Verfahrenswert-ABC Rn. 117.

107 OLG Brandenburg FamRZ 2015, 524.

108 KG FamRZ 2012, 1323.

109 OLG Karlsruhe 30.1.2004 – 16 WF 201/03, FamRZ 2005, 120.

beantragen, dass es am Verfahren beteiligt wird. Eine Hinzuziehung des Jugendamts von Amts wegen kommt jedoch nicht in Betracht. Durch die stärkere Einbeziehung des Jugendamts werden die Rechte minderjähriger Kinder gestärkt. Dem Jugendamt wird ermöglicht, seine Beratungs- und Unterstützungsfunktion wahrzunehmen. Die Beteiligung Dritter, wie Vermieter, Eigentümer etc iSv § 204 Abs. 1 FamFG ist für das Verfahren nach § 2 GewSchG nicht vorgesehen. Nach § 216 a FamFG hat das Gericht die Anordnungen nach §§ 1, 2 GewSchG, deren Änderungen oder Aufhebungen der zuständigen Polizeibehörde oder anderen öffentlichen Stellen, die von der Anordnung und deren Durchführung betroffen sind, beispielsweise Kindergärten, Schulen etc unverzüglich (iSv § 121 Abs. 1 S. 1 BGB) mitzuteilen. Dies dient der Strafverfolgung und Gefahrenabwehr.

X. Zwangsvollstreckung

38 Die Entscheidungen nach dem Gewaltschutzgesetz werden nach den **Regeln der ZPO** vollstreckt, § 95 FamFG (→ *Vollstreckungsvoraussetzungen* Rn. 1, 8, 14). Auch ein in dem Gewaltschutzverfahren ordnungsgemäß protokollierter gerichtlicher Vergleich stellt einen Vollstreckungstitel dar,[110] der nicht der gerichtlichen Bestätigung nach § 214 a FamFG, aber der Zustellung bedarf.[111] Die Verhängung eines Ordnungsgeldes setzt wegen des repressiven Charakters den Vollbeweis eines schuldhaften Verstoßes gegen die Gewaltschutzanordnung voraus.[112] Die Anträge des Antragstellers und die Anordnungen des Gerichtes müssen grundsätzlich so konkret formuliert werden, dass das Unterlassungsbegehren bzw. -gebot aus sich heraus verständlich ist, auch für einen Dritten.[113] Die Vollstreckung einer Unterlassungsanordnung erfolgt nach § 95 FamFG, § 890 ZPO.[114] Hiernach sind – nach Anhörung des Täters – nur ein Ordnungsgeld und keine Zwangshaft möglich. Der frühere Streit, ob zur Vollziehung einer einstweiligen Anordnung auch eine Vollstreckungsklausel erforderlich ist,[115] wurde mit der Regelung des § 53 Abs. S. 1 FamFG klargestellt. Zur wirksamen Vollstreckung von Schutzanordnungen nach § 1 GewSchG ist unmittelbarer Zwang durch den Gerichtsvollzieher, notfalls durch Hinzuziehung der Polizei, anwendbar, § 96 Abs. 1 FamFG. Sofern der Verstoß gegen ein befristetes Unterlassungsgebot nach § 1 GewSchG innerhalb offener Frist erfolgte, kann er auch nach Frist durch Ordnungsgeld geahndet werden.[116] Für die Entscheidung nach § 2 GewSchG ist innerhalb ihrer Geltungsdauer **Mehrfachvollzug** möglich, § 96 Abs. 2 FamFG. Für § 885 ZPO reicht die erste Zustellung aus. Ein sog. Verbrauch des Titels tritt nicht ein.[117] Das Opfer darf den Vollstreckungstitel nicht nach einer Versöhnung vorsorglich bzw. „auf Vorrat" behalten.[118] Die Endentscheidung in der Hauptsache wird erst **mit formeller Rechtskraft wirksam**, § 216 Abs. 1 S. 1 FamFG. Die sofortige Wirksamkeit soll jedoch angeordnet werden, § 216 Abs. 1 S. 2 FamFG. Auch **vor Zustellung**[119] der für sofort wirksam erklärten Entscheidung an den Täter bzw. Antragsgegner ist die Vollstreckung zulässig, wenn das Gericht dies auf Antrag oder von Amts wegen angeordnet hat, § 216 Abs. 2 FamFG (→ *Vollstreckungsvoraussetzungen* Rn. 14). Für § 216 Abs. 2 FamFG genügt nicht die Anordnung der sofortigen Wirksamkeit. Auch bei der einstweiligen Anordnung ist die Anordnung der Vollziehung vor Zustellung nach § 53 Abs. 2 FamFG möglich. Die Vollstreckung der unvertretbaren Handlungen erfolgt nach § 95 FamFG, § 888 Abs. 1 ZPO. Die Einweisung in den Mitbesitz erfolgt nach § 95 FamFG, § 885 Abs. 1 ZPO.

---

110 OLG Karlsruhe FamRZ 2015, 1405.

111 OLG Hamburg FamRZ 2019, 1449.

112 OLG Koblenz FamFG 2019, 1947; OLG Schleswig FamRZ 2014, 1659.

113 OLG Köln FamRZ 2015, 163; hierzu auch OLG Hamburg FamRZ 2019, 1449.

114 OLG Frankfurt a. M. 6.3.2006 – 6 WF 33/06, NJW-RR 2006, 1441; OLG Bremen 7.12.2006 – 4 WF 138/06, FamRZ 2007, 1033; *Hohloch* FPR 2008, 430 ff.; gegen minderjährige Kinder ist der Erlass einer einstweiligen Anordnung oder die Festsetzung von Ordnungsgeld bzw. Anordnung von Ordnungshaft nach § 890 ZPO unzulässig: LG Bonn 11.5.2006 – 6 T 110/06, FamRZ 2006, 1290.

115 OLG Karlsruhe 19.9.2007 – 20 WF 104/07, FamRZ 2008, 291; hierzu auch *Looff* FamRZ 2008, 1391 ff.

116 BGH FamRZ 2017, 1329; aA für Ordnungshaft OLG Celle FamRZ 2013, 1758.

117 Palandt/*Brudermüller* GewSchG Einl. Rn. 8.

118 KG 2.5.2005 – 16 UF 53/05, FamRZ 2006, 49; OLG Hamburg FamRZ 2016, 989, s. auch *Cirullies*, „Gewaltschutz und Versöhnung – wie verträgt sich das?", FamRZ 2016, 953 ff.

119 Zu den Zustellungsproblemen und Möglichkeiten in der Praxis: *Cirullies* FamRZ 2012, 1854 ff.

122. Gewöhnlicher Aufenthalt

Stockmann

I. Allgemeines

Der Begriff des „gewöhnlichen Aufenthaltes“ wird in Familiensachen insbesondere dazu benutzt, die **gerichtliche Zuständigkeit** festzulegen. 1

Dabei wird diese Anknüpfung nicht nur in Ehesachen (vgl. § 122 FamFG) und Nichtstreitverfahren (zB § 152 FamFG für Kindschaftssachen) verwendet, sondern auch in den Familienstreitsachen (vgl. zB § 232 Abs. 1 Nr. 2 FamFG betreffend Unterhaltssachen). Soweit in Familienstreitsachen hinsichtlich der örtlichen Zuständigkeit auf die entsprechenden Normen der ZPO verwiesen wird, bestimmt das FamFG ausdrücklich, dass hierbei an die Stelle des Wohnsitzes der gewöhnliche Aufenthalt tritt (§§ 232 Abs. 3 S. 1, 262 Abs. 2, 267 Abs. 2 FamFG). 2

Zur Bestimmung der internationalen Zuständigkeit dient der Begriff des gewöhnlichen Aufenthaltes sowohl im nationalen Recht (vgl. zB §§ 98 ff. FamFG) als auch im europäischen Familienverfahrensrecht (vgl. zB Art. 3 a, 8 ff. EuEheVO; Art. 3 EuUntVO). 3

Daneben dient der Begriff sowohl im deutschen Internationalen Privatrecht (vgl. zB Art. 13 Abs. 2 Nr. 1, Art. 21 EGBGB) als auch im völkerrechtlichen Internationalen Privatrecht (vgl. zB Art. 3 HUP; Art. 15 Abs. 3 KSÜ) und im europarechtlichen Internationalen Privatrecht[1] zur Ermittlung des infrage kommenden Sachrechts. 4

Der Begriff wird in den Vorschriften des nationalen Rechts grundsätzlich gleich verstanden.[2] Auch im europäischen Recht soll der Begriff gleich ausgelegt werden. Der Europäische Gerichtshof[3] fordert zwar einerseits eine autonome und **einheitliche Auslegung** in allen Mitgliedstaaten, die sich nur an den Vorschriften des Unionsrechts orientiert, stellt aber andererseits[4] fest, dass die Voraussetzungen für die Annahme eines gewöhnlichen Aufenthaltes nicht einheitlich sind: Je nach Zweck der Norm müsse der gewöhnliche Aufenthalt anhand aller tatsächlicher Umstände des Einzelfalls ermittelt werden. Insbesondere könne der gewöhnliche Aufenthalt von Kindern anders zu bestimmen sein als der von Erwachsenen. 5

Besondere Bedeutung erlangt der Begriff, wenn ein **Aufenthaltswechsel** erfolgt ist, es also infrage steht, ob der neue Aufenthalt bereits die Qualität des „gewöhnlichen Aufenthaltes“ erreicht hat (→ Rn. 12 ff.), an den die vorstehend aufgeführten Tatbestände anknüpfen. 6

Bei **Minderjährigen** ist der gewöhnliche Aufenthalt nach den nachstehenden Kriterien (→ Rn. 12 ff.) bezogen auf die Person des Minderjährigen selbstständig zu ermitteln; er leitet sich nicht vom gewöhnlichen Aufenthalt des Sorgeberechtigten ab.[5] 7

1 ZB Art. 8 EuVO v. 20.10.2010 über die „Verstärkte Zusammenarbeit im Bereich des auf die Ehescheidung und Trennung ohne Auflösung des Ehebandes anzuwendenden Rechts – Rom III“.

2 Prütting/*Helms* FamFG § 122 Rn. 4.

3 EuGH 22.12.2010 – C-497/10 PPU FamRZ 2011, 617.

4 EuGH 2.4.2009 – C-523/07, FamRZ 2009, 843.

5 BGH 29.10.1980 – IVb ZB 586/80, NJW 1981, 520; HK-FamVerfR/*Völker/Clausius* § 152 Rn. 3.

II. Definition des „gewöhnlichen Aufenthaltes“

1. Definition des Gesetzgebers

8 Weder der deutsche noch der supranationale Gesetzgeber haben im Bereich des Familienrechts eine Begriffsbestimmung des gewöhnlichen Aufenthaltes vorgenommen. Außerhalb des Familienrechts enthält § 30 Abs. 3 S. 2 SGB I folgende **Umschreibung**: „Den gewöhnlichen Aufenthalt hat jemand dort, wo er sich unter Umständen aufhält, die erkennen lassen, dass er an diesem Ort oder in diesem Gebiet nicht nur vorübergehend verweilt.“

§ 9 AO, der sich ebenfalls mit dem gewöhnlichen Aufenthalt beschäftigt, enthält einen Zusatz, wonach ein zeitlich zusammenhängender Aufenthalt von sechs Monaten gefordert wird. Obwohl zur Abgrenzung des „gewöhnlichen Aufenthaltes“ von anderen Aufenthaltstypen zweifellos eine **zeitliche Komponente** erforderlich ist (→ Rn. 12), ist die in § 9 AO angesprochene starre Fixierung auf sechs Monate eher den speziellen Bedürfnissen des Steuerrechts geschuldet. Eine pauschale Übertragung auf das Familienrecht verbietet sich.

9 In den europäischen Normen wird der Begriff nicht näher definiert. Zwar enthalten die „Rom-Verordnungen“ der EU eine Definition (Art. 19 Rom I; Art. 23 Rom II). Diese stellt aber auf Personen ab, die gewerblich tätig werden, und bezieht sich auf den Ort der Hauptniederlassung.

10 Hilfreich für die Rechtspraxis erscheint eine **vom Europarat vorgenommene Begriffsdefinition**, die vom österreichischen Gesetzgeber in § 66 Abs. 2 S. 2 Jurisdiktionsnorm (JN) übernommen wurde:

„Der Aufenthalt einer Person bestimmt sich ausschließlich nach tatsächlichen Umständen; er hängt weder von der Erlaubtheit noch von der Freiwilligkeit des Aufenthalts ab. Bei der Beurteilung, ob ein Aufenthalt als gewöhnlicher Aufenthalt anzusehen ist, sind seine Dauer und seine Beständigkeit sowie andere Umstände persönlicher oder beruflicher Art zu berücksichtigen, die dauerhafte Beziehungen zwischen einer Person und ihrem Aufenthalt anzeigen.“

2. Definition der Rechtsprechung

11 Der Bundesgerichtshof definiert den gewöhnlichen Aufenthalt als den Ort, in dem der Schwerpunkt der Bindungen der betreffenden Person, ihr **Daseinsmittelpunkt**, liegt.[6]

Im Einzelnen fordert er dabei nicht nur einen Aufenthalt von einer **Dauer**, die nicht nur gering sein darf, sondern auch das Vorhandensein weiterer Beziehungen, insbesondere in familiärer oder beruflicher Hinsicht, in denen der **Schwerpunkt der Bindungen** der betreffenden Person zu sehen ist. Vom Wohnsitz unterscheide sich der gewöhnliche Aufenthalt dadurch, dass der Wille, den Aufenthaltsort zum Mittelpunkt oder Schwerpunkt der Lebensverhältnisse zu machen, nicht erforderlich ist. Es handle sich um einen „faktischen“ Wohnsitz, der ebenso wie der gewillkürte Wohnsitz Daseinsmittelpunkt sein muss.

III. Einzelheiten

1. Zeitliches Moment

12 Nach der Rechtsprechung des Bundesgerichtshofs bedeutet das in seiner Begriffsbestimmung (→ Rn. 11) verwendete Merkmal der **nicht nur geringen Dauer** des Aufenthalts dabei nicht, dass im Falle eines **Wechsels des Aufenthaltsorts** ein neuer gewöhnlicher Aufenthalt immer erst nach Ablauf einer entsprechenden Zeitspanne begründet werden könnte und bis dahin der frühere gewöhnliche Aufenthalt fortbestehen würde. Der gewöhnliche Aufenthalt an einem Ort wird vielmehr grundsätzlich schon dann begründet, wenn sich aus den Umständen ergibt, dass der Aufenthalt an diesem Ort auf eine längere Zeitdauer angelegt ist und der neue Aufenthaltsort künftig anstelle des bisherigen Daseinsmittelpunkt sein soll.[7]

---

6 BGH 5.6.2002 – XII ZB 74/00, NJW 2002, 2955.

7 BGH 29.10.1980 – IVb ZB 586/80, NJW 1981, 520.

Bei Aufenthalten, die noch keine längere Zeitspanne angedauert haben, ist also auch der **Aufenthaltswille** (→ Rn. 22 ff.) festzustellen. Innerhalb welchen Zeitraums hierbei das Willenselement noch zu berücksichtigen ist, hängt von den Umständen des Einzelfalls ab. Es wurde bereits (→ Rn. 8) darauf hingewiesen, dass die in § 9 AO genannte Zeitdauer von **sechs Monaten** nicht unbesehen übernommen werden kann. Gleichwohl legt die Rechtsprechung häufig eine Aufenthaltsdauer von sechs Monaten zugrunde.[8] Dabei lässt es der Bundesgerichtshof in dieser Entscheidung ausdrücklich offen, ob diese „nach der Erfahrung im Regelfall angemessene Zeitspanne" bei einem Kleinkind, das zusammen mit einem Elternteil den Aufenthaltsort wechselt, noch unterschritten wird. 13

Steht jedoch **„legal kidnapping"** im Raum, also der Fall, dass ein minderjähriges Kind gegen den Willen des (Mit-)Sorgeberechtigten an einen anderen Aufenthaltsort, insbesondere im Ausland, verbracht wurde, so haben Teile der Rechtsprechung[9] besonders scharfe Anforderungen an die Kriterien zur Begründung des gewöhnlichen Aufenthaltes gestellt. Der Bundesgerichtshof[10] lehnt derartige besondere Anforderungen ab und geht davon aus, dass nach einer entsprechenden Verweildauer und der sozialen Bindung des Kindes an seinem neuen Aufenthaltsort ein gewöhnlicher Aufenthalt begründet wird (→ Rn. 25 ff.). 14

Auch dann, wenn ein Beteiligter Zuflucht in einer hierfür geschaffenen Einrichtung (zB **Frauenhaus**) sucht, ist neben dem zeitlichen Moment der Aufenthaltswille von Bedeutung: Ist die Zuflucht nur vorübergehend, beispielsweise bis zum Erlass einer Gewaltschutzanordnung des Familiengerichts, so wird dort idR noch kein gewöhnlicher Aufenthalt begründet.[11] Anders dann, wenn der Aufenthalt bis auf Weiteres, „gewissermaßen mit unbestimmtem Ende",[12] angelegt ist.[13] 15

Für den Fall, dass bei Begründung eines neuen Aufenthaltes eine Rückkehrmöglichkeit und ein Rückkehrwille des Betroffenen besteht, wird diesem Willen nach einer Aufenthaltsdauer von **zwei bis drei Jahren** keine Bedeutung mehr beigemessen: Dann ist regelmäßig davon auszugehen, dass sich der neue Aufenthalt **zum gewöhnlichen Aufenthalt verfestigt** hat.[14] 16

Spielt somit das zeitliche Moment eine Rolle, so stellt sich die Frage, zu welchem Zeitpunkt die infrage kommende Aufenthaltsdauer abgelaufen sein muss, so dass ein gewöhnlicher Aufenthalt festgestellt werden kann. Wenn es dabei um die Begründung der örtlichen Zuständigkeit für ein familiengerichtliches Verfahren in Deutschland geht, so ist nicht auf den Zeitpunkt der erstinstanzlichen Entscheidung oder gar auf den Zeitpunkt der Einleitung des Verfahrens abzustellen. Maßgebender Zeitpunkt ist – wie bei allen Prozessvoraussetzungen – der **Zeitpunkt der letzten mündlichen Verhandlung**.[15] Somit kann allein durch Zeitablauf aus einem bis dahin nicht relevanten schlichten Aufenthalt an dem fraglichen Stichtag ein relevanter gewöhnlicher Aufenthalt geworden sein. 17

Andererseits wird in Art. 8 Abs. 1 EuEheVO hinsichtlich der gerichtlichen Zuständigkeit in Verfahren betreffend die elterliche Verantwortung mit Auslandsbezug ausdrücklich auf den gewöhnlichen Aufenthalt im Zeitpunkt der Antragstellung abgestellt. Der BGH[16] hält es aber für ausreichend, dass auch in diesem Fall der gewöhnliche Aufenthalt erst während der Anhängigkeit des Verfahrens begründet wird. Denn dann könnte der Antrag in zulässiger Weise sofort wiederholt werden. Dies gilt zumindest dann, wenn nicht zwischenzeitlich in einem anderen Staat ein zulässiger Antrag gestellt worden ist.[17]

---

8 BGH 29.10.1980 – IVb ZB 586/80, NJW 1981, 520.
9 OLG Hamm 13.6.1989 – 1 UF 117/89, FamRZ 1989, 1109.
10 BGH 5.6.2002 – XII ZB 74/00, NJW 2002, 2955.
11 BGH 14.12.1994 – XII ARZ 33/94, NJW 1995, 1224.
12 So Zöller/*Lorenz* FamFG § 122 Rn. 4.
13 BGH 8.7.1992 – XII ARZ 14/92, FamRZ 1993, 48.
14 Johannsen/Henrich/Althammer/*Markwardt* FamFG § 122 Rn. 4.
15 BGH 8.3.1979 – VII ZR 48/78, NJW 1980, 520.
16 BGH 17.2.2010 – XII ZB 68/09, FamRZ 2010, 720 Rn. 9 mwN.
17 Vgl. hierzu *Andrae* IntFamR § 9 Rn. 47 ff.

2. Soziale Bindungen

18 Die infrage kommenden sozialen Bindungen sind **je nach Altersstufe** an unterschiedlichen Kriterien festzumachen.

19 Bei einem **Erwachsenen** ist vorwiegend auf evtl. Wohn- und Arbeitsverhältnisse abzustellen. Bei einem Auseinanderfallen von Wohn- und Arbeitsort wird regelmäßig die Wohnsituation größeres Gewicht haben: Derjenige, der auswärts arbeitet und regelmäßig zu seinem Wohnort zurückkehrt, hat an diesem seinen gewöhnlichen Aufenthalt.[18] Dieser Grundsatz gilt auch zB für Montage- oder Schiffspersonal, das oft erst nach monatelanger Abwesenheit wieder zum Wohnort zurückkehrt. In solchen Fällen kommt wiederum der Aufenthaltswille (→ Rn. 27) zum Tragen. Der gewöhnliche Aufenthalt bleibt bestehen, wenn eine Rückkehr beabsichtigt ist.[19]

20 Bei **Schulkindern und Jugendlichen** können sich die sozialen Bindungen zB durch Schulbesuch, Freundschaften oder Freizeitaktivitäten äußern. Daneben spielen die Bindungen an Familienmitglieder (zB Obhut eines Elternteils) ebenfalls eine bedeutsame Rolle. Eine ausbildungsbedingte vorübergehende Abwesenheit (zB in einem Internat) ändert an dem gewöhnlichen Aufenthalt beim betreuenden Elternteil nichts.[20]

21 Bei **Kleinkindern** findet die soziale Integration ihren Ausdruck regelmäßig allein in der familiären Bindung, zB an den betreuenden Elternteil. Denn altersbedingt ist das Kleinkind von der Betreuung und Versorgung von Erwachsenen abhängig.[21] Der gewöhnliche Aufenthalt eines im Ausland von einer Leihmutter geborenen Kindes, das entsprechend dem übereinstimmenden Willen aller an der **Leihmutterschaft** beteiligten Personen alsbald nach der Geburt rechtmäßig nach Deutschland verbracht wird, ist nach der Rechtsprechung des BGH[22] in Deutschland. Ein vorheriger gewöhnlicher Aufenthalt im Geburtsland bestand dann nicht.

3. Aufenthaltswille

22 Grundsätzlich orientiert sich der gewöhnliche Aufenthalt allein an den faktischen Umständen. Ein Wille, den Aufenthaltsort zum Mittelpunkt der Lebensverhältnisse zu machen, ist nicht erforderlich (→ Rn. 11).

23 Demgemäß führt ein langjähriger **Haftaufenthalt** in einer Strafanstalt oder eine Sicherungsverwahrung zu einem gewöhnlichen Aufenthalt am Haftort, auch wenn der Verbleib dort gegen den Willen des Betroffenen erfolgt.[23] Dies gilt ebenso – wobei diese Fallgestaltung familienrechtlich kaum relevant werden dürfte – für den Fall der Verschleppung in ein ausländisches Lager (zB Guantanamo).

24 Da ein Aufenthaltswille generell nicht erforderlich ist, kann bei Minderjährigen ein gewöhnlicher Aufenthalt auch **gegen den Willen eines Sorgeberechtigten** begründet werden. Es kommt nur auf den tatsächlichen Daseinsmittelpunkt des Minderjährigen an.

25 Wenn ein **Minderjähriger** von einem nicht (allein) sorgeberechtigten Elternteil **an einen anderen Aufenthaltsort** verbracht wird, wird sich allerdings der entgegenstehende Wille des anderen (sorgeberechtigten) Elternteils regelmäßig rein tatsächlich dahin auswirken, dass der Aufenthalt des Minderjährigen an dem neuen Aufenthaltsort noch nicht von vornherein als auf Dauer angelegt angesehen werden kann und aus diesem Grunde ein Wechsel des gewöhnlichen Aufenthalts jedenfalls nicht sofort eintritt. Der Wille des nicht (allein) sorgeberechtigten Elternteils und gegebenenfalls auch derjenige des Minderjährigen selbst, am neuen Aufenthaltsort zu verbleiben, können diesen Aufenthalt objektiv auf Dauer noch nicht festlegen, solange die Möglichkeit besteht, dass der Mitsorgeberechtigte bzw. Alleinsorgeberechtigte die

18 Johannsen/Henrich/Althammer/*Markwardt* FamFG § 122 Rn. 4.
19 Johannsen/Henrich/Althammer/*Markwardt* FamFG § 122 Rn. 4.
20 Johannsen/Henrich/Althammer/*Markwardt* FamFG § 122 Rn. 5.
21 BGH 29.10.1980 – IVb ZB 586/80, NJW 1981, 520; EuGH 22.12.2010 – C 497/10 PPU „Mercredi", FamRZ 2011, 617.
22 BGH 20.3.2019 – XII ZB 530/17, FamRZ 2019, 892.
23 Johannsen/Henrich/Althammer/*Markwardt* FamFG § 122 Rn. 4.

Rückführung des Minderjährigen durchsetzt, ehe es zu dessen sozialer Eingliederung in seine neue Umwelt gekommen ist. Diese Grundsätze gelten auch für den Fall der **Aufenthaltsverlegung in das Ausland**. Eine rechtliche Abhängigkeit des gewöhnlichen Aufenthalts des Minderjährigen vom Willen des Sorgeberechtigten besteht jedoch nicht.[24] Diese Anforderungen sollen verhindern, dass sich ein Elternteil die Zuständigkeit ausländischer oder auswärtiger Gerichte durch „legal kidnapping“ erschleicht.[25]

In diesen **Entführungsfällen** wird aber, wenn eine angemessene Aufenthaltsdauer (→ Rn. 12 ff.) in der neuen Umgebung erfolgt ist und soziale Bindungen dorthin gegeben sind (→ Rn. 18 ff.), ein neuer gewöhnlicher Aufenthalt auch gegen den Willen des Sorgeberechtigten begründet werden. Der Bundesgerichtshof[26] begründet dies damit, dass die Gerichte des Aufenthaltsstaates wegen der bestehenden Sachnähe in aller Regel zu einer sachgerechten Beurteilung der Verhältnisse in der Lage sind und darüber hinaus Entscheidungen der Gerichte des Aufenthaltsstaates die Gewähr für eine rasche Durchsetzbarkeit der getroffenen Maßnahmen bieten. Diese Argumentation ist grundsätzlich auch auf innerstaatliche Entführungsfälle anwendbar. 26

Allerdings ist – wie bereits erwähnt – die Feststellung eines Aufenthaltswillens dann erforderlich, wenn im Zusammenhang mit den übrigen Kriterien der „gewöhnliche Aufenthalt“ von anderen Aufenthaltstypen abzugrenzen ist (→ Rn. 13, 19). 27

4. Mehrfacher oder kein gewöhnlicher Aufenthalt

Unter besonderen Umständen ist ein mehrfacher gewöhnlicher Aufenthalt denkbar.[27] Dies kann sowohl bei Kindern, die durch ihre Eltern einem **„Wechselmodell“** des Aufenthalts ausgesetzt sind, als auch bei Erwachsenen (zB mit doppeltem Familienleben) der Fall sein und führt dann gegebenenfalls zu einer doppelten Zuständigkeit. Eine solche ist nach den hierfür im anwendbaren Verfahren vorgesehenen Regeln (§ 2 Abs. 1 FamFG für Nichtstreitverfahren, § 261 Abs. 3 Nr. 1 ZPO iVm § 113 Abs. 1 FamFG für Ehe- und Familienstreitsachen, Art. 19 EuEheVO für die in Art. 1 Abs. 1 EuEheVO genannten Verfahren) aufzulösen. 28

Es gibt aber auch Fallgestaltungen, in denen ein „gewöhnlicher Aufenthalt“ von Kindern nicht feststellbar ist. So im Fall „entwurzelter Kinder“, die (evtl. mit ihren Bezugspersonen) ständig die Aufenthaltsorte wechseln.[28] Für ein erforderliches Kindschaftsverfahren wäre dann auf die alternative Zuständigkeit des § 152 Abs. 3 FamFG („Bedürfnis der Fürsorge“) zurückzugreifen. Die EuEheVO enthält in Art. 13 f. ebenfalls Alternativzuständigkeiten.

5. Melderecht

Die Anmeldung eines Wohnsitzes bei den Meldebehörden ist für die Begründung des gewöhnlichen Aufenthaltes nicht erforderlich.[29] Ist eine Anmeldung erfolgt, so reicht diese allein nicht aus, um einen gewöhnlichen Aufenthalt zu bejahen. Dem Umstand kommt allenfalls **Indizwirkung** zu.[30] 29

24 BGH 29.10.1980 – IVb ZB 586/80, NJW 1981, 520.
25 BGH 5.6.2002 – XII ZB 74/00, NJW 2002, 2955.
26 BGH 29.10.1980 – IVb ZB 586/80, NJW 1981, 520.
27 Johannsen/Henrich/Althammer/*Markwardt* FamFG § 122 Rn. 4.
28 Vgl. AG Hamm 28.3.2014 – 3 F 37/14, NJW-Spezial 2014, 485.
29 KG 3.3.1987 – 1 VA 6/86, NJW 1988, 649.
30 BGH 15.3.1995 – XII ARZ 37/94, FamRZ 1995, 1135.

123. Gläubigeranfechtung

Grandel

I. Einführung

1 Bei der Anfechtung von Rechtshandlungen eines Schuldners, die zu einer Benachteiligung des Gläubigers führen, ist zwischen der Anfechtung **innerhalb** und **außerhalb eines Insolvenzverfahrens** zu unterscheiden. Die Anfechtungsmöglichkeiten des Insolvenzverwalters sind in den §§ 129 ff. InsO geregelt. Die nachfolgenden Ausführungen betreffen nur die Anfechtung außerhalb eines Insolvenzverfahrens nach den Regeln des Anfechtungsgesetzes.

2 Die Gläubigeranfechtung ist **kein Gestaltungsrecht**, sondern begründet einen schuldrechtlichen Anspruch gegen den Anfechtungsgegner. Der Anspruch richtet sich in der Regel auf Duldung der Zwangsvollstreckung in den vom Schuldner an den Antragsgegner übertragenen Gegenstand. Der Antragsgegner soll dazu verpflichtet werden, den erhaltenen Gegenstand aus dem angefochtenen Rechtsgeschäft dem Gläubiger zur Verfügung zu stellen, soweit er ihn zur Befriedigung seiner Forderung gegen den Schuldner benötigt (§ 11 AnfG). Es erfolgt also keine Rückübertragung in das Vermögen des Schuldners. Der schuldrechtliche Anspruch entsteht mit der Verwirklichung der Anfechtungstatbestände, die in den §§ 3–6 a AnfG geregelt sind.

3 Das Anfechtungsrecht ist ein **akzessorisches Hilfs- und Nebenrecht der Hauptforderung** des Gläubigers.[1] Es kann nicht unabhängig von der Hauptforderung abgetreten werden. Die Ansprüche gegen den Anfechtungsgegner entstehen erst dann, wenn eine Hauptforderung des Gläubigers gegen den Schuldner besteht. Das Anfechtungsrecht steht dem Gläubiger nur solange und nur soweit zu, wie er Inhaber der Hauptforderung ist.[2] Der anfechtende Gläubiger muss aber zum Zeitpunkt der Vornahme der anfechtbaren Rechtshandlung noch nicht Gläubiger der Forderung gewesen sein.[3]

II. Anfechtungsberechtigte

4 Zur Anfechtung ist **jeder Gläubiger** berechtigt, der einen vollstreckbaren Schuldtitel erlangt hat und dessen Forderung fällig ist und deren Vollstreckung nicht zu einer vollständigen Befriedigung des Schuldners geführt hat oder nicht dazu führen würde (§ 2 AnfG; → *Vollstreckungstitel* Rn. 1 ff.). Arreste sind keine Vollstreckungstitel iSd § 2 AnfG.[4]

5 Die Forderung des Gläubigers gegen den Schuldner muss eine **Geldforderung** sein. Das steht zwar nicht ausdrücklich in § 2 AnfG, folgt aber aus dem Ziel der Anfechtung, dass der Gegenstand, über den der Schuldner verfügt hat, dem Gläubiger zur Befriedigung zur Verfügung gestellt werden soll.[5] Ansprüche,

1 HK-ZV/*Haertlein* AnfG Vor §§ 1–20 Rn. 7.
2 HK-ZV/*Haertlein* AnfG Vor §§ 1–20 Rn. 7.
3 BGH 28.9.1964 – VIII ZR 21/61, MDR 1965, 41.
4 BGH 25.10.1990 – IX ZR 211/89, NJW 1991, 496.
5 BGH 29.1.1970 – VII ZR 34/68, NJW 1970, 752; 25.10.1990 – IX ZR 211/89, NJW 1991, 496.

die gegebenenfalls in Geldforderungen übergehen können, reichen erst dann aus, wenn daraus Geldforderungen geworden sind.[6]

Die Geldforderung muss **fällig** sein. Bei wiederkehrenden Geldforderungen ist die Forderungshöhe maßgeblich, die bis zur letzten mündlichen Verhandlung im Anfechtungsprozess fällig geworden ist.[7] 6

Geldforderungen, die nur Zug um Zug vollstreckt werden können, schließen die Anfechtungsberechtigung nicht aus. Gegebenenfalls kann der Anfechtungsgegner zur Duldung der Zwangsvollstreckung Zug um Zug gegen Leistung des Gläubigers an den Schuldner verurteilt werden.[8] 7

Die Zwangsvollstreckung muss gegen den Schuldner zunächst **erfolglos** gewesen oder voraussichtlich erfolglos sein. Maßgebend ist dabei die Vollstreckung in das Vermögen des Schuldners, auf das ohne Weiteres zugegriffen werden kann, dessen Verwertung also keine rechtlichen oder tatsächlichen Schwierigkeiten entgegenstehen.[9] Die eidesstattliche Versicherung muss der Schuldner nicht abgegeben haben.[10] Umgekehrt ist die eidesstattliche Versicherung ein Indiz für die Aussichtslosigkeit der Zwangsvollstreckung. Sie darf aber nicht älter als drei Jahre sein.[11] 8

Kann der Gläubiger mit seiner Geldforderung gegen den Schuldner wirksam **aufrechnen**, scheidet ein Anfechtungsrecht des Gläubigers aus. Eine Aufrechnung steht der Befriedigung durch Zwangsvollstreckung gleich.[12] Zum Schutz des Anfechtungsgegners ist der Gläubiger gehalten, zunächst durch Aufrechnung gegen den Schuldner seine Forderung gegen diesen zu verwerten, vorausgesetzt auf Seiten des Gläubigers steht kein Aufrechnungsverbot entgegen. Anderes soll nur gelten, wenn der Gläubiger die Forderung des Schuldners gegen ihn in relevanter Weise bestreitet. 9

Der Anfechtungsgegner kann gegen die Anfechtungsberechtigung des Gläubigers Folgendes **einwenden**: 10

- Materiellrechtliche Einwendungen sind entsprechend § 767 Abs. 2 ZPO nur insoweit möglich, als sie erst nach dem Schluss der letzten mündlichen Verhandlung im Prozessverfahren des Gläubigers gegen den Schuldner entstanden sind und durch Einspruch nicht mehr geltend gemacht werden konnten.[13] Diese Präklusion gilt nur für Urteile, nicht für andere Titel.
- Der Schuldtitel sei unwirksam, später weggefallen, erschlichen oder durch kollusives Zusammenwirken mit dem Schuldner entstanden.[14]
- Dem Schuldner stehe gegen die Hauptforderung eine Einrede oder ein Gestaltungsrecht (Verjährung, Anfechtungsrecht) entgegen.[15]

III. Anfechtungstatbestände

Die Anfechtungstatbestände sind in den §§ 3–6 a AnfG geregelt mit jeweils unterschiedlichen Anfechtungsfristen: 11

1. Anfechtung wegen vorsätzlicher Benachteiligung (§ 3 Abs. 1 AnfG)

Anfechtbar ist eine **Rechtshandlung**, die der Schuldner mit dem Vorsatz, seine Gläubiger zu benachteiligen, vorgenommen hat, wenn der andere Teil zur Zeit der Handlung den Vorsatz des Schuldners kannte (§ 3 Abs. 1 AnfG). Durch das Gesetz zur Verbesserung der Rechtssicherheit bei Anfechtungen nach der 12

6 HK-ZV/*Haertlein* AnfG § 2 Rn. 12.
7 HK-ZV/*Haertlein* AnfG § 2 Rn. 13.
8 BGH 13.5.2004 – IX ZR 128/01, ZIP 2004, 1370.
9 BGH 22.9.1982 – VIII ZR 293/81, NJW 1983, 1678.
10 BGH 22.9.1982 – VIII ZR 293/81, NJW 1983, 1678.
11 S. BGH 27.9.1990 – IX ZR 67/90, NJW-RR 1991, 104.
12 BGH 16.8.2007 – IX ZR 63/06, NZI 2007, 575 (328).
13 BGH 23.2.1984 – IX ZR 26/83, NJW 1984, 1968; aA *Gerhardt* ZIP 1984, 397.
14 BGH 11.12.1963 – VIII ZR 168/62, NJW 1964, 1277; 23.2.1984 – IX ZR 26/83, NJW 1984, 1968.
15 HK-ZV/*Haertlein* AnfG § 2 Rn. 27.

InsO und dem AnfG vom 29.3.2017,[16] in Kraft getreten am 5.4.2017, wurde § 3 AnfG um die Abs. 2 und 3 erweitert, während der bisherige Abs. 2 zu Abs. 4 wurde. Die Gesetzesänderung verfolgte das Ziel, Rechtsunsicherheiten im Bereich der Vorsatzanfechtung zu beseitigen und einen Gleichklang der Vorsatzanfechtung innerhalb und außerhalb des Insolvenzverfahrens zu schaffen bzw. zu erhalten. Sie führte zu einer Modifikation der maßgeblichen Zeiträume, in denen Rechtshandlungen des Schuldners angefochten werden können. Maßgeblich sind folgende **Zeiträume**:

- Grundsätzlich sind Rechtshandlungen mit Benachteiligungsvorsatz innerhalb von zehn Jahren anfechtbar, wenn die Voraussetzungen des § 3 Abs. 1 AnfG vorliegen.
- Hat die Rechtshandlung dem Dritten eine Sicherung oder Befriedigung gewährt oder ermöglicht, beträgt der Zeitraum vier Jahre. Diese Verkürzung des Zeitraumes ist neu und gilt seit 5.4.2017. Die Übergangsvorschrift des § 20 Abs. 4 AnfG regelt, dass nur für Fälle, in denen die Anfechtbarkeit vor dem 5.4.2017 gerichtlich geltend gemacht worden ist, die bis dahin geltenden alten Vorschriften (zehn Jahre) weiter anzuwenden sind.

13 Für den **Vorsatz** auf Seiten des Schuldners reicht es aus, dass er die Benachteiligung seines Gläubigers als mutmaßliche Folge des Handelns erkannt und gebilligt hat, diesen Erfolg also billigend in Kauf genommen hat.[17]

14 Der Anfechtungsgegner muss zur Zeit der Vornahme der anfechtbaren Rechtshandlung den bedingten Benachteiligungsvorsatz des Schuldners positiv **gekannt** haben. Grob fahrlässige Unkenntnis ist unschädlich. Einen eigenen Benachteiligungsvorsatz braucht der Anfechtungsgegner nicht zu haben.[18]

15 Das Gesetz stellt Vermutungsregeln für die Kenntnis des Anfechtungsgegners auf. Eine **gesetzliche Vermutung** der Kenntnis ist gegeben, wenn der Anfechtungsgegner wusste, dass die Zahlungsunfähigkeit drohte und das Handeln des Schuldners den Gläubiger benachteiligt (§ 3 Abs. 1 S. 2 AnfG).

Hat die Rechtshandlung dem Dritten eine Sicherung oder Befriedigung gewährt oder ermöglicht, welche dieser in der Art oder zu der Zeit beanspruchen konnte, ist die Vermutungsregelung verschärft. Die Kenntnis von der **drohenden** Zahlungsunfähigkeit des Schuldners genügt dann nicht. Vielmehr setzt die Vermutungswirkung voraus, dass der Anfechtungsgegner die **eingetretene** Zahlungsunfähigkeit gekannt hat.

Zu den Beweisanzeichen, auf deren Grundlage der Tatrichter das Vorliegen eines Gläubigerbenachteiligungsvorsatzes bejahen kann, gehört auch das Ersuchen des Schuldners um **Zahlungserleichterungen**, wozu insbesondere Stundungen oder die Vereinbarung von Ratenzahlungen gehören.[19] Zwar hat der Bundesgerichtshof zwischenzeitlich entschieden, dass die Bitte des Schuldners um Abschluss einer Ratenzahlungsvereinbarung, wenn sie sich im Rahmen der Gepflogenheiten des Geschäftsverkehrs hält, als solche kein Indiz für eine Zahlungseinstellung oder Zahlungsunfähigkeit des Schuldners ist.[20] Durch die gesetzliche Regelung in § 3 Abs. 3 S. 2 AnfG soll denjenigen Gläubigern weitere Rechtssicherheit verschafft werden, die im Rahmen der Durchsetzung ihrer Forderung auf eine gütliche Erledigung bedacht sind und auf der Grundlage gesetzlicher Regelungen mit dem Schuldner Zahlungsvereinbarungen abschließen oder diesem in anderer Weise Zahlungserleichterungen gewähren.[21]

Soweit die Vermutung greift, steht dem Anfechtungsgegner die Möglichkeit offen, sie zu entkräften. Da der Nachweis der subjektiven Voraussetzungen bei Schuldner und Anfechtungsgegner schwierig ist, kann der **Vorsatz** anhand von Indizien und Beweiserleichterungen belegt werden. Von erheblicher praktischer Bedeutung sind die Fälle der sogenannten **inkongruenten Deckung**. Von Kenntnis der Inkongruenz kann

16 BGBl. 2017, 50.
17 BGH 4.12.1997 – IX ZR 47/97, ZIP 1998, 248; 13.3.1997 – IX ZR 93/96, ZIP 1997, 853, ständige Rspr.
18 BGH 23.5.1985 – IX ZR 124/84, ZIP 1985, 1008.
19 BGH 30.6.2011 – IX ZR 134/10, NZI 2011, 589.
20 BGH 16.4.2015 – IX ZR 6/14, NZI 2015, 470.
21 Gesetzentwurf der Bundesregierung v. 16.12.2015, BT-Drs. 18/7054, 13.

auf den Vorsatz des Schuldners geschlossen werden, wenn dieser nicht durch besondere Umstände wieder entkräftet wird.[22]

Kenntnis der Inkongruenz ist gegeben, wenn die Tatsachen bekannt sind, aus denen sie folgt.[23] 16

Eine inkongruente Deckung liegt vor, wenn der Anfechtungsgegner eine Befriedigung seiner Ansprüche 17 erlangt oder ihm vom Schuldner eine Sicherheit eingeräumt wird, auf die er – jedenfalls zur Zeit der Vornahme der anfechtbaren Handlung – **keinen Anspruch** hat (s. § 131 Abs. 1 InsO).[24]

Die Kenntnis dieser Umstände lässt auch beim Anfechtungsgegner den notwendigen **Vorsatz** vermuten.[25] 18

2. Anfechtung entgeltlicher Verträge mit nahestehenden Personen (§ 3 Abs. 4 AnfG)

§ 3 Abs. 4 AnfG regelt einen besonderen Fall der Vorsatzanfechtung. Der Begriff „nahestehende Personen" 19 iSd § 3 Abs. 4 AnfG ist mit dem in § 138 InsO identisch. Dort wird danach differenziert, ob es sich beim Schuldner um eine natürliche Person oder eine juristische Person bzw. eine Gesellschaft ohne Rechtspersönlichkeit handelt. Bei Verträgen mit nahestehenden Personen ist im Regelfall anzunehmen, dass sie die wirtschaftlichen Hintergründe des Handels des Schuldners kennen. Sie sind auch eher bereit, mit dem Schuldner zum Nachteil seiner Gläubiger Verträge abzuschließen.[26]

Verträge iSd § 3 Abs. 4 AnfG sind **schuldrechtliche wie dingliche Verträge aller Art**. Es fallen auch 20 einseitige Rechtshandlungen des Schuldners darunter, wenn sie im Einverständnis mit dem Anfechtungsgegner vorgenommen werden.[27]

Entgeltlich iSd § 3 Abs. 4 AnfG ist jeder Erwerb des Anfechtungsgegners, dem eine ausgleichende 21 Gegenleistung gegenüber steht, wobei die Gegenleistung den Schuldner oder einem Dritten gewährt werden kann.[28] Der wirtschaftliche Vorteil für den Schuldner kann zB in einer Stundung der Forderung des Anfechtungsgegners liegen oder in der Übereignung eines Vermögensgegenstandes zur Befreiung von einer Schuld. Der entgeltliche Vertrag muss zur Zeit der Vornahme des Rechtsgeschäfts unmittelbar zu einer Benachteiligung der Gläubiger geführt haben. Der wirtschaftliche Nachteil darf nicht erst durch zusätzliche Umstände entstanden sein.

Auch im Falle der Anfechtung nach § 3 Abs. 4 AnfG ist **Vorsatz** des Schuldners und Anfechtungsgegners 22 zur Zeit des Vertragsschlusses erforderlich (§ 3 Abs. 2 S. 2 Alt. 2. AnfG; s. auch → Rn. 12 ff.). Die Anfechtung ist ausgeschlossen, wenn der Vertrag früher als zwei Jahre vor der Anfechtung geschlossen wurde. Da es allein auf den Vertragsschluss ankommt, ist für die Berechnung dieser Ausschlussfrist § 8 AnfG nicht anwendbar (zur Fristberechnung → Rn. 37).

Aus der Formulierung in § 3 Abs. 4 AnfG ergibt sich, dass der Anfechtungsgegner darlegen und **beweisen** 23 muss, dass die Anfechtungsfrist nicht eingehalten wurde.[29]

3. Anfechtung unentgeltlicher Leistungen des Schuldners (§ 4 AnfG)

Ein Anfechtungsgegner ist **nicht schutzwürdig**, wenn der Schuldner zu seinen Gunsten eine unentgeltliche 24 Leistung vornimmt. § 4 AnfG ermöglicht daher die Anfechtung, es sei denn, die Leistung ist früher als vier Jahre vor der Anfechtung vorgenommen worden. Ausgenommen sind gebräuchliche Gelegenheitsgeschenke geringen Wertes (§ 4 Abs. 2 AnfG). Darunter fallen Zuwendungen zu üblichen Anlässen wie

22 BGH 12.11.1992 – IX ZR 236/91, ZIP 1993, 276.
23 BGH 2.12.1999 – IX ZR 412/98, ZIP 2000, 82.
24 Vgl. auch *Huber* AnfG § 3 Rn. 10 ff.
25 BGH 23.5.1985 – IX ZR 124/84, ZIP 1985, 1008.
26 BGH 17.9.1975 – III ZR 217/74, NJW 1975, 2193.
27 HK-ZV/*Haertlein* AnfG § 3 Rn. 32.
28 HK-ZV/*Haertlein* AnfG § 3 Rn. 33.
29 HK-ZV/*Haertlein* AnfG § 3 Rn. 35.

Hochzeiten, Weihnachten, Geburtstag ua. Wann der Wert der Zuwendung gering ist, bestimmt sich nach den Umständen des Einzelfalles, wobei auf die Interessen des Gläubigers abzustellen ist.[30]

25 **„Leistung"** ist jede Rechtshandlung, die zu einer Minderung des Vermögens des Schuldners führt und an der der Schuldner mitwirkt. Zugriffe anderer Gläubiger, die ohne Mitwirkung des Schuldners geschehen, fallen nicht darunter.

26 **Unentgeltlich** ist die Leistung, der keine adäquate Gegenleistung an den Schuldner oder einem Dritten gegenüber steht.[31] Eine Einigkeit über die Unentgeltlichkeit der Zuwendung, wie sie beispielsweise für eine Schenkung erforderlich ist, ist nicht Voraussetzung.[32] Daher fallen auch unbenannte Zuwendungen darunter, weil keine rechtliche Verpflichtung zu ihrer Leistung besteht.[33]

27 Für die Beurteilung der Unentgeltlichkeit kommt es auf die **objektiven Umstände** an, nicht auf die Vorstellungen des Schuldners.[34] Unerheblich ist es, wenn der Schuldner mit dem Anfechtungsgegner die unentgeltliche Leistung nachträglich in eine entgeltliche umwandelt.[35] Allerdings wäre ein nachträglicher Wegfall der Gläubigerbenachteiligung erheblich. Diese muss bis zur letzten mündlichen Tatsachenverhandlung gegeben sein. Eine zunächst vorliegende Gläubigerbenachteiligung entfällt, wenn der Anfechtungsgegner dem Schuldner bis zu diesem Zeitpunkt als (weitere) Gegenleistung der angefochtenen Zuwendung Vermögenswerte zukommen lässt, welche die angefochtene Leistung nunmehr vollständig ausgleichen und dem Zugriff des Gläubigers offen stehen.[36]

28 Beispiele für (teilweise) **unentgeltliche Leistungen** sind:

- Schenkung und gemischte Schenkung;
- Tilgung fremder Schulden, ohne dazu verpflichtet zu sein;
- Sicherung fremder Schulden, ohne dazu verpflichtet zu sein;
- unbenannte Zuwendungen.

29 Der Gläubiger muss im Prozessverfahren **darlegen** und gegebenenfalls **beweisen**, dass der Schuldner eine Leistung an den Anfechtungsgegner erbracht hat. Zur Frage der Unentgeltlichkeit gelten die Grundsätze der korrespondierenden Darlegungslast. Dh, der Gläubiger muss schlüssig behaupten, dass die Leistung unentgeltlich erfolgt ist. Dann ist es Sache des Anfechtungsgegners, die Entgeltlichkeit darzustellen.[37] Eine Vermutung der Unentgeltlichkeit kann sich bei Leistungen zwischen Ehegatten aus § 1362 Abs. 1 BGB ergeben.

30 Im Gegensatz zur Vorsatzanfechtung des § 3 AnfG ist ein **Vorsatz** des Schuldners oder Anfechtungsgegners bei der Anfechtung nach § 4 AnfG **nicht erforderlich**.[38]

4. Anfechtungen von Rechtshandlungen des Erben (§ 5 AnfG)

31 Anfechtungsberechtigt sind nach § 5 AnfG nur **Nachlassgläubiger**, die bei einem Insolvenzverfahren über den Nachlass dem Anfechtungsgegner regelmäßig vorgehen oder gleichstehen würden. Das Rangverhältnis ist in § 327 InsO geregelt. Weil der Nachlass primär zur Begleichung von Nachlassverbindlichkeiten zu verwenden ist, sollen Nachlassgläubiger davor geschützt werden, dass der Erbe als Gesamtrechtsnachfolger des Schuldners den Nachlass durch Erfüllung von Pflichtteilsansprüchen, Vermächtnissen oder Auflagen aushöhlt.

30 MüKoInsO/*Kirchhof*, 3. Aufl., § 134 Rn. 48.
31 BGH 29.11.1990 – IX ZR 29/90, NJW 1991, 560.
32 BGH 29.11.1990 – IX ZR 29/90, NJW 1991, 560.
33 BGH 21.1.1999 – IX ZR 429/97, NJW 1999, 1033.
34 BGH 29.11.1990 – IX ZR 29/90, NJW 1991, 560.
35 BGH 16.8.2007 – IX ZR 63/06, NZI 2007, 575.
36 BGH 16.8.2007 – IX ZR 63/06, NZI 2007, 575.
37 BGH 17.12.1998 – IX ZR 196/97, ZIP 1999, 196.
38 OLG Brandenburg 18.7.2007 – 7 U 59/05, JurBüro 2008, 48.

Darauf, ob der Erbe Allein- oder Miterbe ist, oder ob er das Erbe angenommen hat, kommt es nicht an.[39] Rechtshandlungen des Testamentsvollstreckers, Nachlassverwalters oder -pflegers gelten als Handlungen des Erben.[40] 32

Die Anfechtungsmöglichkeit besteht nicht, wenn der Erbe zur Zeit der Leistung bereits unbeschränkt (vgl. §§ 2005 ff. BGB) haftet. Denn dann ist die Leistung nicht mehr „aus dem Nachlass" erfolgt.[41] 33

Aus der Verweisung auf § 4 AnfG folgt, dass Erbe und Anfechtungsgegner nicht vorsätzlich gehandelt haben müssen und die Anfechtungsfrist von vier Jahren gilt. 34

§ 5 AnfG schließt eine Vorsatzanfechtung gem. § 3 AnfG nicht aus.[42] 35

5. Anfechtung der Rückzahlung oder Sicherung von Darlehen eines Gesellschafters oder eines Dritten (§§ 6, 6 a AnfG)

§§ 6, 6 a AnfG regeln ergänzend die Anfechtungsmöglichkeit der Rückzahlung der Sicherung von Darlehen des Gesellschafters oder eines Dritten durch die Gesellschaft außerhalb des Insolvenzverfahrens. Die Anfechtung im Insolvenzverfahren ist vorrangig und in § 135 InsO geregelt. 36

IV. Anfechtungsfristen

Für die in §§ 3, 4 AnfG und kraft Verweisung in § 5 AnfG genannten Anfechtungstatbestände regelt § 7 AnfG die Fristberechnung. Die **Frist** ist grundsätzlich rückwärts zu rechnen von dem Zeitpunkt an, in dem die Anfechtbarkeit gerichtlich geltend gemacht wird. Für die Rückrechnung sind die §§ 187 ff. BGB analog anzuwenden.[43] 37

„Gerichtliche Geltendmachung" meint entweder die Erhebung der Klage oder Widerklage oder die Geltendmachung als Einrede (§ 9 AnfG). 38

1. Gerichtliche Geltendmachung

Die Klage ist mit ihrer Rechtshängigkeit erhoben (§§ 261 Abs. 1, 167 ZPO). Die **Anforderungen** an die Anfechtungsklage ergeben sich aus § 13 AnfG: 39

a) Der **Klageantrag** muss bestimmt bezeichnen, in welchem Umfang und in welcher Weise der Anfechtungsgegner das Erlangte zur Verfügung stellen soll (§ 13 AnfG). Hat der Anfechtungsgegner bewegliche oder unbewegliche Sachen vom Schuldner erhalten, richtet sich der Klageantrag auf Duldung der Zwangsvollstreckung durch den Anfechtungsgegner in die erlangten Sachen. Hat der Anfechtungsgegner Geld vom Schuldner bekommen, kann Auszahlung des Betrages verlangt werden. Ist das Erlangte nicht mehr vorhanden, richtet sich der Klageantrag auf Wertersatz in bezifferter Höhe. Die Klage ist als Leistungsklage ausgestaltet.

   Hatte der Schuldner dem Anfechtungsgegner eine Forderung abgetreten, lautet der Klageantrag auf Duldung der Zwangsvollstreckung, falls die Forderung noch nicht eingezogen wurde, andernfalls auf Auszahlung des erlangten Betrages als Sekundäranspruch.[44]

b) Der zu vollstreckende Anspruch des Gläubigers gegen den Schuldner auf Zahlung einer Geldsumme muss mit einer **bezifferten Höhe** angegeben werden.[45] Besteht die Forderung des Gläubigers gegen den Schuldner nur noch aus einem Teilbetrag, muss auch dieser genau beziffert werden.

---

39 HK-ZV/*Haertlein* AnfG § 5 Rn. 4.
40 HK-ZV/*Haertlein* AnfG § 5 Rn. 4.
41 Kübler/Prütting/Bork/*Paulus* AnfG § 5 Rn. 7.
42 *Huber* AnfG § 5 Rn. 14.
43 HM, vgl. ua und zur Fristberechnung *Huber* AnfG § 7 Rn. 32; nach aA soll § 139 InsO analog gelten, so Kübler/Prütting/Bork/*Paulus* AnfG § 7 Rn. 2.
44 BGH 19.9.1991 – IX ZR 69/90, NJW-RR 1992, 612.
45 BGH 25.10.1990 – IX ZR 211/89, NJW 1991, 496.

c) Wurde Geld anfechtbar weggegeben, ist der Anfechtungsgegner nach geltendem Recht verpflichtet, von der Vornahme der Rechtshandlung an **Zinsen** als gezogene oder schuldhaft nicht gezogene Nutzungen bereitzustellen. Abweichend zum früheren Recht ist eine Geldschuld allein unter den Voraussetzungen des Schuldnerverzugs oder des § 291 BGB zu verzinsen. Demgemäß können Zinsen auch nicht mehr als gezogene oder schuldhaft nicht gezogene Nutzungen herausverlangt werden.[46]

2. Anfechtungseinrede

40 Die gerichtliche Geltendmachung der Anfechtung kann auch durch Einrede oder Gegeneinrede im gerichtlichen Verfahren erfolgen, § 9 AnfG. Häufigster Fall dürfte die Einrede des Gläubigers in einer gegen ihn vom Anfechtungsgegner erhobenen **Drittwiderspruchsklage** sein. Die Anfechtungseinrede kann wirksam erhoben werden, auch ohne dass der Gläubiger bereits einen vollstreckbaren Schuldtitel gegen den Schuldner iSd § 2 AnfG hat. Er muss ihn aber vor der gerichtlichen Entscheidung binnen einer vom Gericht zu bestimmenden angemessenen Frist beibringen. Eine Jahresfrist ist in der Regel nicht unangemessen.[47] Maßgebend ist, wie lange der Gläubiger benötigt, um gegen den Schuldner einen Titel zu erlangen. Die Frist kann vom Gericht (wiederholt) verlängert werden (§§ 224 Abs. 2, 225 Abs. 2 ZPO). Liegt bis zum Schluss der mündlichen Verhandlung kein Titel vor, ist die Einrede unzulässig, kann aber später erneut geltend gemacht werden.[48]

41 Wird der Titel erst nach Fristablauf, aber bis zur letzten mündlichen Verhandlung vorgelegt, hat das Gericht über die Begründetheit der Anfechtungseinrede zu entscheiden.[49] Die Einrede kann in mündlicher Verhandlung oder durch zuzustellenden Schriftsatz erhoben werden.

3. Anfechtungsankündigung (§ 7 Abs. 2 AnfG)

42 Zur **Wahrung der Anfechtungsfristen** reicht unter bestimmten Voraussetzungen die schriftliche Mitteilung an den Anfechtungsgegner, in der der Gläubiger seine Absicht, eine Rechtshandlung anzufechten, mitteilt (§ 7 Abs. 2 AnfG). Dann wird die Anfechtungsfrist vom Zeitpunkt des Zugangs dieser Mitteilung zurückgerechnet. Folgende **Voraussetzungen** müssen erfüllt sein:

a) Es handelt sich um eine einseitige schriftliche Willenserklärung. Die elektronische Form genügt (§ 126 Abs. 3 BGB). Die Erklärung muss dem Antragsgegner zugehen.
b) Wie bei einer fristwahrenden Anfechtungsklage muss die Forderung des Gläubigers gegen den Schuldner genau bezeichnet sein (→ Rn. 39).
c) Die Rechtshandlung, die angefochten werden soll, muss ausreichend bezeichnet sein.
d) Die Hauptforderung des Gläubigers gegen den Schuldner darf noch nicht fällig und tituliert, muss aber rechtswirksam begründet sein.[50] Ist die Hauptforderung bereits tituliert und fällig, ist eine wirksame Anfechtungsankündigung nicht mehr möglich, weil der Gläubiger zugleich Anfechtungsklage erheben kann.[51]
e) Die gerichtliche Geltendmachung der Anfechtung muss binnen zwei Jahren nachgeholt werden (§ 7 Abs. 2 AnfG). Als materiellrechtliche Ausschlussfrist unterliegt sie nicht der Parteidisposition.
f) Der Schuldner muss schon zur Zeit des Zugangs der Anfechtungsankündigung unfähig gewesen sein, die Forderung des Gläubigers zu erfüllen.

43 Nur wenn die Ankündigung die genannten Anforderungen erfüllt, tritt die Wirkung des § 7 Abs. 2 AnfG ein und auch nur für die in der Anfechtungsankündigung bezeichnete Forderung des Gläubigers gegen den Schuldner.[52] Wegen der Besonderheiten bei Maßnahmen nach dem KWG s. § 7 Abs. 3 AnfG.

---

46 Gesetzentwurf der Bundesregierung v. 16.12.2015, BT-Drs. 18/7054, 21.
47 OLG Frankfurt a.M. 25.3.1976 – 5 W 11/76, MDR 1976, 676.
48 HK-ZV/*Haertlein* AnfG § 9 Rn. 14.
49 HK-ZV/*Haertlein* AnfG § 9 Rn. 14.
50 HK-ZV/*Haertlein* AnfG § 7 Rn. 22.
51 HK-ZV/*Haertlein* AnfG § 7 Rn. 22.
52 HK-ZV/*Haertlein* AnfG § 7 Rn. 24.

4. Zeitpunkt der Vornahme der Rechtshandlung (§ 8 AnfG)

Ob die Anfechtungsfrist gewahrt ist, hängt davon ab, wann die anfechtbare Rechtshandlung vorgenommen wurde. Gem. § 8 Abs. 1 AnfG ist das zu dem Zeitpunkt der Fall, in dem ihre **rechtlichen Wirkungen eintreten**. § 8 Abs. 2 AnfG regelt, dass bei Registereintragungen (zB in das Grundbuch) dieser Zeitpunkt vorverlagert wird. Maßgebend ist nicht der Zeitpunkt der Registereintragung, sondern wann die Willenserklärung für den Schuldner bindend geworden ist und der andere Teil den Eintragungsantrag ins Register gestellt hat (vgl. zB § 873 Abs. 2 BGB). Für aufschiebend bedingte oder befristete Rechtshandlungen des Schuldners bestimmt § 8 Abs. 3 AnfG, dass der Zeitpunkt des Eintritts der Bedingung oder der Befristung außer Betracht bleibt. 44

V. Prozessuale Hinweise

Im Allgemeinen wird es sich bei Anfechtungsklagen um eine bürgerliche Rechtsstreitigkeit handeln, die vor dem **Zivilgericht** zu führen ist. Sie kann jedoch eine sonstige Familiensache iSd § 266 Abs. 1 Nr. 2, 3 FamFG sein, wenn Eheleute oder ehemalige Eheleute Beteiligte des Anfechtungsprozesses sind.[53] 45

53 Anders zum alten Recht OLG Bamberg 4.1.1989 – SA 9/88, NJW-RR 1989, 517.

124. Gleichgeschlechtliche Ehe

Stockmann

I. Einführung

1 Das **traditionelle Eheverständnis** ging – auch noch für den Grundgesetzgeber bei der Formulierung des Art. 6 Abs. 1 GG – davon aus, dass damit die Lebens-, Geschlechts- und Solidargemeinschaft zwischen einem Mann und einer Frau gemeint war. Dies war so selbstverständlich, dass das Erfordernis der Verschiedengeschlechtlichkeit der Ehepartner nicht ausdrücklich in Gesetz und Verfassung aufgenommen wurde.[1]

2 Mit dem **Lebenspartnerschaftsgesetz** (LPartG) unternahm der Gesetzgeber im Jahr 2001 einen – zaghaften – Versuch, für gleichgeschlechtliche Paare ein Institut zur Verfügung zu stellen, das diesen auch eine gewisse rechtliche Absicherung bot. Entgegen den Erwartungen konservativer Kreise, das BVerfG werde das LPartG als Untergrabung des Instituts der Ehe auf die Normenkontrollklagen der Bundesländer Bayern, Thüringen und Sachsen „kassieren", entschied das BVerfG jedoch, dass der Gesetzgeber durch Art. 6 Abs. 1 GG nicht gehindert ist, für die gleichgeschlechtliche Lebenspartnerschaft Rechte und Pflichten vorzusehen, die denen der Ehe gleich- oder nahekommen.[2]

3 In der Folgezeit mahnte das BVerfG[3] weitere gesetzliche Regelungen an, um eine „am allgemeinen Gleichheitssatz des Art. 3 Abs. 1 GG zu messende Ungleichbehandlung wegen der sexuellen Orientierung" zu beseitigen.

4 Der EGMR[4] stellte zwar fest, dass aus Art. 8 EMRK keine Verpflichtung folge, die Ehe auch für gleichgeschlechtliche Paare zu öffnen, die Staaten müssten dann aber ein Rechtsinstitut schaffen, das in seinen Wirkungen der Ehe im Wesentlichen entspricht.

5 Hierdurch ermuntert hatte der Bundesrat bereits im Jahr 2015 den Entwurf eines **„Gesetzes zur Einführung des Rechts auf Eheschließung für Personen gleichen Geschlechts"**[5] eingebracht. Die ablehnende Haltung der CDU/CSU, die die größte Regierungsfraktion stellte, führte aber dazu, dass dieser Antrag im Bundestag vertagt wurde und die weitere Behandlung damit unterblieb. Nachdem die damalige CDU-Vorsitzende jedoch überraschend im Juni 2017 gegenüber einer Frauenzeitschrift geäußert hatte, die Eheschließung zwischen Personen gleichen Geschlechts sei eine „Gewissensfrage", nahm schon 4 Tage später der 18. Bundestag in seiner letzten Sitzung den Gesetzentwurf des Bundesrates an. Mitursächlich für die rasche Beschlussfassung war sicherlich der kurz bevorstehende Wahltermin zum 19. Bundestag. Das Gesetz trat am 1.10.2017 in Kraft.[6]

6 Mit der durch das erwähnte Gesetz erfolgten **Neufassung des § 1353 Abs. 1 BGB**, wonach die Ehe von zwei Personen verschiedenen oder gleichen Geschlechts geschlossen werden kann, brachte der Gesetzgeber zum Ausdruck, dass das Eherecht des BGB insgesamt (und auch das Ehesachen betreffende Verfahrensrecht des FamFG) uneingeschränkt auch für Ehen zwischen Partnern gleichen Geschlechts gilt.[7]

7 Die überstürzte Verabschiedung des Gesetzes und insbesondere seine davor erfolgte jahrelange Nichtbefassung im Bundestag hatten zur Konsequenz, dass einige Auswirkungen der Gesetzesänderungen auf

1 Vgl. Staudinger/*Voppel* BGB § 1353 Rn. 16 a.
2 BVerfG 17.7.2002 – 1 BvF 1/01 ua.
3 ZB BVerfG 7.5.2013 – 2 BvR 909/06 ua.
4 EGMR 21.7.2015 – Beschwerde Nr. 18766/11 ua FamRZ 2015, 1785.
5 BT-Drs. 18/6665.
6 BGBl. 2017 I 2787.
7 Vgl. BeckOGK/*Erbath* BGB § 1353 Rn. 22.

bestehende Rechtsvorschriften unstimmig waren. Diese Unstimmigkeiten hat der Gesetzgeber in der Folgezeit weitgehend korrigiert. Nachstehend sollen ausgehend von der aktuellen Rechtslage die wesentlichsten Auswirkungen der Neuregelung angesprochen werden.

II. Verhältnis zur eingetragenen Lebenspartnerschaft

Mit Inkrafttreten des in → Rn. 5 angesprochenen Gesetzes wurde zudem bestimmt, dass ab 1.10.2017 **keine neuen Lebenspartnerschaften** mehr begründet werden können. Dies ist nunmehr in § 1 Abs. 1 S. 1 LPartG festgelegt. 8

Für zu diesem Zeitpunkt bestehende Lebenspartnerschaften sieht § 28 a LPartG die **Möglichkeit der Umwandlung in eine (gleichgeschlechtliche) Ehe** vor.[8] 9

III. Ausdehnung auf intersexuelle Personen

Unmittelbar nach Verabschiedung des Gesetzes betreffend die Eheschließung von Personen gleichen Geschlechts setzte eine Diskussion über die Anwendbarkeit auf jene Personen ein, die sich weder dem männlichen, noch dem weiblichen Geschlecht zuordnen lassen (→ *Intersexualität* Rn. 1). Die Ausgrenzung dieses Personenkreises wurde als verfassungswidrig beanstandet.[9] 10

Nachdem zudem das BVerfG[10] den Gesetzgeber verpflichtet hatte, für den betroffenen Personenkreis einen Personenstandseintrag zu ermöglichen, reagierte dieser mit dem am 22.12.2018 in Kraft getretenen **„Gesetz zur Änderung der in das Geburtenregister einzutragenden Angaben“**.[11] § 45 b Abs. 1 S. 1 PStG lässt nunmehr beispielsweise die Bezeichnung „divers“ zu (→ *Intersexualität* Rn. 4). 11

Die überwiegende Literatur (→ *Intersexualität* Rn. 16) sieht damit die in → Rn. 10 erwähnten **verfassungsrechtlichen Bedenken ausgeräumt**. Sofern man nicht wegen der unterschiedlichen Geschlechtsbezeichnungen sowieso schon von einer direkten Anwendung des § 1353 BGB auf eine Ehe unter Beteiligung einer intersexuellen Person ausgeht, wird zumindest eine analoge Anwendung vertreten (→ *Intersexualität* Rn. 16). 12

IV. Besondere Regelungen im Internationalen Privatrecht

Art. 13 EGBGB benennt in einem Fall mit Auslandsbezug grundsätzlich dasjenige Recht, das auf die **Voraussetzungen der Eheschließung** anzuwenden ist. Infolge der dort vorgenommenen Anknüpfung an das Heimatrecht des jeweiligen Verlobten schien diese Regelung jedoch für die gleichgeschlechtliche Ehe nicht sachgerecht, weil damit eine Verweisung auf ein Recht erfolgen könnte, das eine gleichgeschlechtliche Ehe nicht kennt. Deshalb wurde – wie bereits betreffend die Eingetragene Lebenspartnerschaft (Art. 17 b Abs. 1 EGBGB) – in Art. 17 b Abs. 4 EGBGB durch die Verweisung auf Art. 17 b Abs. 1 EGBGB auf die **Sachvorschriften des Register führenden Staates** abgestellt. Damit wird auf eine gleichgeschlechtliche Eheschließung, die in Deutschland erfolgt, hinsichtlich der Eheschließungsvoraussetzungen deutsches Recht angewendet. Gleiches gilt für die **allgemeinen Ehewirkungen** mit Ausnahme des Ehegüterrechts. 13

Konsequenz der die Anwendung des Art. 13 Abs. 1 EGBGB ausschließenden Sonderregelung ist ua, dass die unter Art. 17 b Abs. 4 S. 1 EGBGB fallenden Ehen für ihre Begründung **keine Vorlage eines Ehefähigkeitszeugnisses** voraussetzen. Der ein solches fordernde § 1309 Abs. 1 S. 1 BGB nimmt nur auf Ehen Bezug, die durch Art. 13 EGBGB erfasst werden. Dieses Ergebnis wird wegen der Besserstellung gleichgeschlechtlicher Ehen für verbesserungsbedürftig gehalten.[12] 14

8 Vgl. ausführlich *Dutta* FamRZ 2019, 163.
9 Vgl. BeckOGK/*Erbath* BGB § 1353 Rn. 24 ff.
10 BVerfG 10.10.2017 – 1 BvR FamRZ 2017, 2046.
11 BGBl. 2018 I 2635.
12 Vgl. *Kaiser* FamRZ 2019, 845 (851).

15 Hinsichtlich der **güterrechtlichen Ehewirkungen** verweist Art. 17 b Abs. 4 S. 2 EGBGB auf die EuGüVO (und nicht etwa auf die EUPartVO). Hinsichtlich der **Ehescheidung** und der Trennung ohne Auflösung des Ehebandes verweist die genannte Norm auf die Rom III-Verordnung der EU.

16 Geht es um die **Aufhebung der gleichgeschlechtlichen Ehe** (etwa nach §§ 1313 ff. BGB) gilt – mangels ausdrücklicher Erwähnung in Art. 17 b Abs. 4 EGBGB – die allgemeine Verweisung über Art. 17 b EGBGB auf die Sachvorschriften des Register führenden Staates.

V. Keine Änderung des Abstammungsrechtes

17 Im Zusammenhang mit den vorgenannten Gesetzesänderungen erfolgte keine Änderung des Abstammungsrechts. Dessen **analoge Anwendung** (insbesondere des § 1592 Nr. 1 BGB zur Begründung einer „Mit-Mutterschaft" oder einer „Mit-Vaterschaft") hat der BGH[13] ausdrücklich **abgelehnt**: Eine direkte Anwendung scheide aus, weil die Norm nach ihrem klaren Wortlaut allein die Vaterschaft regele und diese aufgrund einer widerlegbaren Vermutung einem bestimmten Mann zuweise. Das Gesetz nehme ausgehend davon, dass ein Kind einen männlichen und einen weiblichen Elternteil hat, eine Zuordnung des Kindes zu zwei Elternteilen unterschiedlichen Geschlechts vor.

18 Zudem fehle es an der Vergleichbarkeit einer gleichgeschlechtlichen Ehe mit der von § 1592 Nr. 1 BGB geregelten Elternschaft des mit der Kindesmutter verheirateten Mannes. Denn die Vaterschaft kraft Ehe beruhe darauf, dass diese rechtliche Eltern-Kind-Zuordnung auch die tatsächliche Abstammung regelmäßig abbilde. Die der gesetzlichen Regelung zugrunde liegende widerlegbare Vermutung der Vaterschaft sei für die mit der Kindesmutter verheiratete Frau dagegen keinesfalls begründet.

19 Bis zu einer evtl. Neuregelung durch den Gesetzgeber bleibt der gleichgeschlechtlichen Ehefrau einer Kindesmutter daher nur die Adoption nach § 1741 Abs. 2 S. 3 BGB, um in die rechtliche Elternstellung zu gelangen, → Rn. 21.

20 Im Frühjahr 2019 hat das Bundesjustizministerium einen **„Diskussionsteilentwurf" zur Reform des Abstammungsrechts** vorgelegt. Dieser sieht die Möglichkeit einer „Anerkennung der Mitmutterschaft" durch die Ehefrau der Mutter vor. Ebenfalls soll eine gerichtliche Feststellung der Vaterschaft bzw. Mit-Mutterschaft der Person, die gemeinsam mit der Mutter in die ärztlich unterstützte künstliche Befruchtung mittels Samenspende eines Dritten eingewilligt hat, ermöglicht werden.

Der Diskussionsentwurf hält an dem „Zwei-Eltern-Prinzip" fest mit der Argumentation, dass ein voller Elternstatus von mehr als 2 Personen einen Konfliktfall erheblich komplizieren würde.

VI. Adoptionsrecht

21 Den Partnern einer Eingetragenen Lebenspartnerschaft ist mit § 9 Abs. 7 LPartG die Möglichkeit der **Stiefkindadoption**, dh die Annahme eines Kindes des einen Lebenspartners durch den anderen Lebenspartner, eröffnet. Die Stiefkindadoption steht einem gleichgeschlechtlichen Ehepaar wegen der direkten Anwendung des § 1741 Abs. 2 BGB ebenfalls zur Verfügung.

22 Die **gemeinsame Adoption eines fremden Kindes** ist den Partnern einer Eingetragenen Lebenspartnerschaft nicht möglich, da § 9 Abs. 7 LPartG dies nicht vorsieht. Die Ehegatten einer gleichgeschlechtlichen Ehe haben hingegen wegen der Anwendbarkeit von § 1741 Abs. 2 S. 2 BGB dieses Recht. Zum Eintrag in die Geburtsurkunde des Kindes für einen solchen Fall vgl. *Kaiser*.[14]

---

13 BGH 10.10.2018 – XII ZB 231/18.

14 *Kaiser* FamRZ 2017, 1889 (1894).

125. Go-Order nach § 1666 a BGB

Kloster-Harz/Schönberger

I. Einleitung

Nach § 1666 a Abs. 1 S. 2 BGB kann einem Elternteil vorübergehend oder auf unbestimmte Zeit die **Nutzung der Familienwohnung untersagt** werden, wenn **der Gefahr für das Kind** nicht durch andere Weise begegnet werden kann. Dabei kann diese Vorschrift nicht isoliert, sondern nur in Verbindung mit § 1666 BBG Anwendung finden, wonach das Familiengericht die Maßnahmen zu treffen hat, die zur Abwehr der Gefahr für das Kind erforderlich sind, und die Eltern nicht gewillt oder in der Lage sind, die Gefahr abzuwenden. 1

II. Persönlicher Anwendungsbereich

Die Regelung betrifft die **sorgeberechtigten Eltern**, unabhängig davon, ob sie miteinander verheiratet sind oder nicht, das unter elterlicher Sorge stehende Kind und dritte Personen, wie den Lebensgefährten eines sorgeberechtigten Elternteils. 2

III. Gefährdung des Kindeswohls

Das Wohl des Kindes stellt einen unbestimmten Rechtsbegriff dar. Der Wortlaut des Gesetzes macht jedoch mit der Differenzierung von körperlichem, geistigem und seelischem Kindeswohl verständlich, dass es um den **umfassenden Schutz** des in der Entwicklung befindlichen Kindes geht. Der Staat darf auch eingreifen, wenn die Gefährdung noch nicht entstanden ist. Gefährdungen setzen die begründete Besorgnis voraus, dass bei Nichteingreifen des Gerichts das Wohl des Kindes beeinträchtigt wird.[1] 3

IV. Wohnungsmaßnahmen zum Schutz des Kindes vor Gewalt

§ 1666 a Abs. 1 S. 2 BGB ist als Vervollständigung der Regelungen des Gewaltschutzgesetzes zu sehen (→ *Gewaltschutz*). Hiernach können Maßnahmen gegen einen Elternteil oder einen Dritten erlassen werden, wenn der Elternteil oder Dritte nur das Kind und nicht die Mutter misshandeln sollte. Andernfalls würde das Gewaltschutzgesetz Anwendung finden. Die Regelung dient zudem dazu, dem Kind die vertraute Umgebung zu belassen und eine Unterbringung bei Pflegeeltern oder in einem Heim zu unterbinden. 4

1. Betroffene Personen

Die Maßnahmen des Gerichts können sich gegen einen Elternteil oder eine dritte Person richten. Voraussetzung ist jedoch, dass sie **Inhaber oder Mitinhaber der Familienwohnung** sind, wie Mieter oder Eigentümer. Für eine Nutzungsuntersagung soll aber auch eine bloße Mitbenutzung durch das Kind oder eine „andere Wohnung" genügen, wenn der Dritte oder Elternteil von dort aus das Kind gefährdet, beispielsweise die Nachbarwohnung.[2] 5

2. Maßnahmen

Die Regelung nennt ausdrücklich nur die **Nutzungsuntersagung** der Wohnung. Damit ist die Familienwohnung, nicht zwingend die Ehewohnung iSv §§ 1361 b, 1568 a BGB gemeint. Ergänzend stehen dem 6

1 OLG Nürnberg 13.4.1981 – 11 UF 3104/80, FamRZ 1981, 707; Palandt/*Götz* BGB § 1666 Rn. 7 ff.

2 Palandt/*Götz* BGB § 1666 a Rn. 5.

Gericht aber auch die Maßnahmen nach § 1 Abs. 1 S. 3 GewSchG offen, wie beispielsweise das Betretungsverbot, das Näherungsverbot, das Kontaktverbot. Diese Verbote können zusätzlich oder alternativ ausgesprochen bzw. festgeschrieben werden. Sofern die betroffene Person umgangsberechtigt sein sollte, können zusätzliche Maßnahmen nach §§ 1684, 1685 BGB erlassen werden, wie beispielsweise begleiteter Umgang etc.

3. Dauer

7 Das Gericht kann das Nutzungsverbot der Wohnung oder die sonstigen Maßnahmen nach § 1 Abs. 1 S. 3 GewSchG **befristet oder unbefristet** erlassen. Dabei sind bezüglich der Dauer der Maßnahme die Möglichkeit des Eintritts der Normalisierung der Verhältnisse sowie die Rechtsverhältnisse der betroffenen Person an der Wohnung zu berücksichtigen (§ 2 Abs. 2 GewSchG).

4. Verhältnismäßigkeit

8 Die Nutzungsuntersagung der Familienwohnung kann zur Trennung des Kindes von dem anderen Elternteil führen. Sie soll daher nur erfolgen, wenn **keine weniger einschneidenden Maßnahmen** möglich sind. Die Maßnahmen zur Unterstützung der Familie haben dabei Vorrang.

5. Verfahren

9 Das Gericht wird **von Amts wegen** tätig. Eines gesonderten Antrags des anderen Elternteils bedarf es daher nicht. In der Regel ist ein **Verfahrensbeistand** zu bestellen. Im Übrigen sind die erlassenen Maßnahmen in angemessenen Zeitabständen von Gerichts wegen zu überprüfen. Sie sind aufzuheben, sofern eine Kindeswohlgefährdung nicht mehr besteht.

126. Grobe Unbilligkeit im Zugewinn

Knahn/Holthusen

I. Einführung

Die starren und schematischen Regelungen zum Zugewinnausgleich können zu systemimmanenten Unbilligkeiten führen. Das **Leistungsverweigerungsrecht des § 1381 BGB** ist aber nur in Einzelfällen anwendbar, in denen besondere Umstände zu einer groben Unbilligkeit führen. Systemimmanente Unbilligkeiten alleine reichen nicht aus.[1] Im Anwendungsbereich des § 1381 BGB kann eine **unzulässige Rechtsausübung iSv § 242 BGB** nicht zu einer Beschränkung des Zugewinnausgleichsanspruchs führen, da § 1381 BGB als abschließende Sonderregelung die Anwendung des § 242 BGB ausschließt. Allerdings kann § 242 BGB auf die entstandene Ausgleichforderung angewendet werden und zB zu einer Verwirkung des Zugewinnausgleichanspruchs führen (→ Rn. 15). 1

II. Leistungsverweigerung wegen grober Unbilligkeit (§ 1381 BGB)

1. Begriff

Der Begriff der groben Unbilligkeit ist in § 1381 BGB nicht definiert. In § 1381 Abs. 2 BGB ist ein nicht abschließender Beispielsfall normiert, der zur Typologisierung und Entwicklung von Richtlinien herangezogen werden kann.[2] Als absolute Ausnahmevorschrift ist § 1381 BGB restriktiv auszulegen. Eine grobe Unbilligkeit kann nur dann angenommen werden, wenn die Gewährung des Ausgleichsanspruchs in der vom Gesetz grundsätzlich vorgesehenen Weise **dem Gerechtigkeitsempfinden in unerträglicher Weise widerspricht**.[3] Die Anforderungen sind damit strenger als bei § 242 BGB oder § 1579 BGB.[4] Die grobe Unbilligkeit darf dabei aber nicht nur vorübergehend bestehen, in diesen Fällen geht die Möglichkeit der Stundung gem. § 1382 BGB (→ Rn. 14) vor.[5] 2

2. Fallgruppen

a) Nichterfüllung wirtschaftlicher Verpflichtungen. § 1381 Abs. 2 BGB sieht als Hauptanwendungsfall für das Vorliegen einer groben Unbilligkeit die schuldhafte und längere Zeit andauernde Nichterfüllung wirtschaftlicher Verpflichtungen, die sich aus dem ehelichen Verhältnis ergeben, vor. 3

aa) Schuldhaftes Handeln. Die Nichterfüllung wirtschaftlicher Verpflichtungen muss stets schuldhaft, also **vorsätzlich oder fahrlässig** erfolgen. Maßstab für fahrlässiges Handeln ist dabei nicht § 276 Abs. 2 BGB, da unter Ehegatten § 1359 BGB gilt.[6] Die Ehegatten haben danach bei der Erfüllung der sich aus 4

1 Palandt/*Brudermüller* BGB § 1381 Rn. 4.
2 NK-BGB/*Fischinger* § 1381 Rn. 4.
3 BGH 20.6.2018 – XII ZB 84/17, NJW 2018, 2871.
4 Palandt/*Brudermüller* BGB § 1381 Rn. 2.
5 BGH 3.6.1970 – IV ZR 64/69, NJW 1970, 1600.
6 NK-BGB/*Fischinger* § 1381 Rn. 6.

dem ehelichen Verhältnis ergebenden Verpflichtungen einander nur für **diejenige Sorgfalt** einzustehen, die sie in eigenen Angelegenheiten anzuwenden pflegen. Dies stellt einen milderen Haftungsmaßstab dar, zu dessen Bestimmung auf die subjektive Veranlagung und das gewohnheitsmäßige Verhalten des Handelnden abzustellen ist.[7] Die Ehegatten sind dabei aber gem. § 277 BGB jedenfalls nicht von grober Fahrlässigkeit befreit.

5 **bb) Wirtschaftliche Verpflichtungen aus dem ehelichen Verhältnis.** Unter § 1381 Abs. 2 BGB fallen die Pflicht zum Familienunterhalt gem. § 1360 BGB sowie zum Trennungsunterhalt gem. § 1361 BGB, die Pflicht zur Haushaltsführung gem. § 1356 Abs. 1 BGB,[8] die Pflicht zum Kindesunterhalt gegenüber gemeinsamen minderjährigen ehelichen Kindern,[9] die Mitarbeitspflicht in Beruf oder Geschäft, wenn eine solche durch eine entsprechende Vereinbarung begründet wurde, unter Umständen auch die Entgegennahme nicht geschuldeten Unterhalts.[10] Auch die aus § 1353 BGB entspringenden vermögensrechtlichen Pflichten fallen unter § 1381 Abs. 2 BGB, zB die Schädigung durch Preisgabe von Geschäftsgeheimnissen.[11]

6 **cc) Dauer.** Die Pflichtverletzung muss gem. § 1381 Abs. 2 BGB **längere Zeit** andauern. Die Dauer der Pflichtverletzung ist dabei im Verhältnis zur Dauer der Zugewinngemeinschaft und nicht zur Dauer des tatsächlichen Zusammenlebens zu sehen.[12] Bei besonders schweren Pflichtverletzungen kann das Zeitmoment entfallen.[13] Je länger die Zugewinngemeinschaft andauerte, desto höher sind die Anforderungen an die Zeitdauer der Pflichtverletzung zu stellen.[14]

7 **b) Mangelhafte Verwaltung des eigenen Vermögens.** Im Rahmen der Zugewinngemeinschaft besteht **keine Pflicht**, das eigene Vermögen ordnungsgemäß zu verwalten. Die eigene Misswirtschaft des Zugewinnausgleichsgläubigers stellt daher keine grobe Unbilligkeit gem. § 1381 BGB dar.[15] Es ist daher unschädlich, wenn der Ehegatte kein eigenes Vermögen aufgebaut hat, sparsamer hätte wirtschaften können oder nicht an der Vermögensmehrung des anderen Ehegatten mitgewirkt hat.[16] Für die Fälle der Misswirtschaft eines Ehegatten stellt die Zurechnungsregelung des § 1375 Abs. 2 BGB eine abschließende Sonderregelung dar.[17]

8 **c) Fehlverhalten im persönlichen Bereich.** Verfehlungen eines Ehegatten während der Ehe, die sich nicht wirtschaftlich ausgewirkt haben, können grundsätzlich **kein Leistungsverweigerungsrecht** begründen, da § 1381 BGB keine Sanktionsnorm für eheliches Fehlverhalten darstellt.[18] Ein Leistungsverweigerungsrecht kommt aber in Ausnahmefällen dann in Betracht, wenn ein **exzessiv ehestörendes Verhalten** eines Ehegatten vorliegt.[19]

9 Das Vorliegen einer groben Unbilligkeit wurde in folgenden Fällen **bejaht**:

- schwerwiegende und über Jahre hinweg dauernde außereheliche Beziehung der Ehefrau, die in 22 Jahren Ehe sechs Kinder gebar, wovon vier nicht vom Ehemann stammten, was dieser nicht wusste;[20]

---

7 NK-BGB/*Wellenhofer* § 1359 Rn. 2.
8 Palandt/*Brudermüller* BGB § 1381 Rn. 14.
9 OLG Düsseldorf 21.1.1987 – 5 UF 101/86, FamRZ 1987, 821.
10 NK-BGB/*Fischinger* § 1381 Rn. 7.
11 MüKoBGB/*Koch* § 1381 Rn. 16.
12 BGH 9.7.1980 – IVb ZR 531/80, FamRZ 1980, 877.
13 HK-FamR/*Häcker* BGB § 1381 Rn. 20; aA MüKoBGB/*Koch* § 1381 Rn. 23.
14 Palandt/*Brudermüller* BGB § 1381 Rn. 12.
15 Palandt/*Brudermüller* BGB § 1381 Rn. 16.
16 NK-BGB/*Fischinger* § 1381 Rn. 10.
17 Vgl. Palandt/*Brudermüller* BGB § 1381 Rn. 16; **aA** MüKoBGB/*Koch* § 1381 Rn. 16; Staudinger/*Thiele* BGB § 1381 Rn. 16.
18 HK-FamR/*Häcker* BGB § 1381 Rn. 9.
19 Palandt/*Brudermüller* BGB § 1381 Rn. 17; aA NK-BGB/*Fischinger* § 1381 Rn. 20.
20 OLG Celle 8.12.1977 – 10 O 41/77, FamRZ 1979, 431.

- Tötung des Ehegatten;[21]
- jahrzehntelange Unterdrückung und Missachtung durch den Ehemann.[22]

Das Vorliegen einer groben Unbilligkeit wurde hingegen in folgenden Fällen **verneint**: 10

- einjähriger Seitensprung nach zuvor bestehender siebenjähriger Ehe;[23]
- Ehebruch in den letzten neun Monaten einer zehnjährigen Ehe, in der vier gemeinsame Kinder aufgezogen wurden;[24]
- Ehebruch, wenn dieser durch den anderen Ehegatten hingenommen wurde;[25]
- heimliche eheliche Untreue oder innere Abwendung;[26]
- Drohungen und körperliche Auseinandersetzungen in der Trennungssituation;[27]
- die Ansteckung mit einer Geschlechtskrankheit;[28]
- schwere körperliche Misshandlungen mit Todesdrohungen, Alkoholmissbrauch und ehebrecherisches Verhalten mit Prostituierten, wenn zugleich das Endvermögen des Ausgleichspflichtigen vom Ausgleichsberechtigten erwirtschaftet wurde und dieser einseitig Vermögensbildung zugunsten des Ausgleichspflichtigen betrieben hat, um eine Alterssicherung für beide Partner zu schaffen.[29]

d) Sonstige Fälle. Eine **Doppelehe** kann ein Leistungsverweigerungsrecht begründen, soweit der Zugewinn in der Zeit außerhalb der ehelichen Lebensgemeinschaft erzielt worden ist.[30] Ein Leistungsverweigerungsrecht kann ferner infrage kommen, wenn der Zugewinnausgleichsschuldner über längere Zeit zu Unrecht erheblich **erhöhten Unterhalt** bezahlt hat und ihm ein Rückforderungsanspruch nicht zusteht;[31] jedoch in aller Regel nicht, wenn der Unterhalt auf einem rechtskräftigen Titel beruht.[32] Eine **kurze Ehedauer** allein stellt keine grobe Unbilligkeit dar.[33] Unerheblich ist auch, welcher Ehegatte den größeren **wirtschaftlichen Beitrag zum Vermögenserwerb** erbracht hat, da der Zugewinnausgleichsanspruch nicht von der Mitwirkung oder der Mitarbeit des anderen Ehegatten abhängt.[34] Eine Korrektur grob unbilliger Ergebnisse bei **unverschuldetem Vermögensverlust**, die durch die Vorverlegung des Stichtages für die Begrenzung der Zugewinnausgleichsforderung durch die Neuregelung des § 1384 BGB entstehen können, kann über § 1381 BGB erfolgen.[35] Die Auszahlung einer im Endvermögen nur eines Ehegatten berücksichtigten, aber an den anderen Ehegatten ausgezahlten **Lebensversicherung** fällt unter § 1381 BGB.[36] 11

Wird das Vermögen erst während einer längeren Trennungszeit gebildet, stellt dies noch keine grobe Unbilligkeit dar, sondern es müssen weitere Gründe hinzutreten,[37] unabhängig von der Herkunft des Vermögens und ob der andere Ehegatte einen Beitrag zu dem Vermögenserwerb geleistet hat.[38] 12

21 OLG Karlsruhe 16.4.1987 – 2 UF 267/85, FamRZ 1987, 823.
22 OLG Bamberg 5.12.1996 – 2 UF 181/96, NJW-RR 1997, 1435.
23 BGH 3.6.1970 – IV ZR 64/69, NJW 1970, 1600.
24 OLG Köln 20.6.1978 – 21 UF 412/77, FamRZ 1979, 511.
25 OLG Düsseldorf 14.1.1981 – 5 UF 155/80, NJW 1981, 829.
26 OLG Düsseldorf 14.1.1981 – 5 UF 155/80, NJW 1981, 829.
27 AG Tempelhof-Kreuzberg 14.11.2003 – 176 F 6596/97, FamRZ 2005, 107.
28 OLG Bamberg 20.7.1989 – 2 UF 202/88, FamRZ 1990/408.
29 OLG Düsseldorf 28.1.2009 – II-8 UF 55/05, NJW-Spezial 2009, 326.
30 Palandt/*Brudermüller* BGB § 1381 Rn. 22.
31 OLG Brandenburg 10.2.2003 – 9 WF 191/02, NJW-RR 2003, 1083; aA MüKoBGB/*Koch* § 1381 Rn. 26.
32 BGH 20.6.2018 – XII ZB 84/17, NJW 2018, 2871.
33 Palandt/*Brudermüller* BGB § 1381 Rn. 18.
34 BGH 9.7.1980 – IVb ZR 531/80, FamRZ 1980, 877.
35 BGH 4.7.2012 – XII ZR 80/10, NJW 2012, 2657.
36 OLG Hamburg 20.10.2014 – 2 UF 70/12, NZFam 2015, 219.
37 BGH 9.10.2013 – XII ZR 125/12, NJW 2013, 3642.
38 BGH 16.10.2013 – XII ZB 277/12, NJW 2013, 2645 Lottogewinn.

3. Rechtsfolge

13 Die Einrede des § 1381 BGB bewirkt eine teilweise Begrenzung oder einen vollumfänglichen Ausschluss des Zugewinnausgleichsanspruchs. Bei wirtschaftlichen Pflichtverletzungen (→ Rn. 3 ff.) stellt der durch den Vermögensschaden entstandene Fehlbetrag einen objektiven Anhaltspunkt für das Maß einer dem Grunde nach gerechtfertigten Kürzung dar, ohne dass ihm der Kürzungsbetrag zwingend gleichzustellen ist.[39] Bei rein persönlichem Fehlverhalten (→ Rn. 8 ff.) ist regelmäßig nur eine Begrenzung des Ausgleichsbetrages möglich.[40]

4. Verhältnis zu § 1382 BGB und § 242 BGB

14 **a) Stundung der Ausgleichsforderung (§ 1382 BGB).** Besteht die grobe Unbilligkeit nur **vorübergehend**, geht die Stundungseinrede des § 1382 BGB dem Leistungsverweigerungsrecht des § 1381 BGB vor (→ *Stundungseinrede*).[41]

15 **b) Unzulässige Rechtsausübung (§ 242 BGB).** Im Anwendungsbereich des § 1381 BGB kann eine unzulässige Rechtsausübung iSv § 242 BGB nicht zu einer Beschränkung des Zugewinnausgleichsanspruchs führen, da § 1381 BGB als abschließende Sonderregelung die Anwendung der Generalklausel des § 242 BGB ausschließt.[42] Allerdings kann § 242 BGB auf die entstandene Ausgleichforderung angewendet werden.[43] Das bedeutet, dass der Anwendungsbereich des § 1381 BGB und somit auch der Vorrang vor § 242 BGB nur Unbilligkeiten erfasst, die bis zur Rechtskraft der Scheidung entstanden sind. Die mit Rechtskraft der Scheidung entstandene Ausgleichsforderung unterliegt fortan dem Gebot von Treu und Glauben des § 242 BGB und ein Verstoß kann zB zu einer Verwirkung des Zugewinnausgleichanspruchs führen.[44]

III. Geltendmachung

1. Einrede

16 § 1381 BGB ist eine dauerhafte (peremptorische) Einrede, die vom Ausgleichsverpflichteten, und nach dessen Versterben und nach Entstehung der Ausgleichsforderung, aber vor Erfüllung der Forderung von dessen Erben erhoben werden kann.[45]

17 Die Geltendmachung der Einrede aus § 1381 BGB wird wie bei jedem subjektiven Recht durch § 242 BGB begrenzt. Die Berufung auf die Einrede ist einem Ehegatten nach dem Grundsatz des **venire contra factum proprium** dann verwehrt, wenn in Kenntnis der das Leistungsverweigerungsrecht begründenden Umstände bereits Abschlagszahlungen geleistet wurden, bevor die Einrede geltend gemacht wurde.[46]

2. Verzicht

18 Vor Entstehung der Ausgleichsforderung ist der Verzicht auf die Einrede des § 1381 BGB nur wirksam, wenn er Teil einer **notariell beurkundeten Vereinbarung** gem. § 1378 Abs. 3 BGB ist und der Schuldner bei Vertragsschluss alle für § 1381 BGB relevanten Umstände kennt.[47] Nach Ende des Güterstandes ist der Verzicht formlos möglich.[48]

---

39 NK-BGB/*Fischinger* § 1381 Rn. 30.
40 BGH 22.4.1966 – IV ZR 58/65, NJW 1966, 2109.
41 BGH 3.6.1970 – IV ZR 64/69, NJW 1970, 1600.
42 BGH 4.7.2012 – XII ZR 80/12, NJW 2012, 2657.
43 MüKoBGB/*Koch* § 1381 Rn. 4.
44 Palandt/*Brudermüller* BGB § 1381 Rn. 6.
45 NK-BGB/*Fischinger* § 1381 Rn. 31.
46 BGH 13.10.1976 – IV ZR 104/74, FamRZ 1977.
47 NK-BGB/*Fischinger* § 1381 Rn. 33.
48 Palandt/*Brudermüller* BGB § 1381 Rn. 8.

3. Darlegungs- und Beweislast

Der Zugewinnausgleichsschuldner trägt die Darlegungs- und Beweislast für die Tatsachen, aus denen sich ein Leistungsverweigerungsrecht ergibt (→ *Darlegungs- und Beweislast im Zugewinn* Rn. 12). 19

IV. Auskunftsanspruch

Der Auskunftsanspruch eines Ehegatten gem. § 1379 BGB wird durch § 1381 BGB grundsätzlich nicht beeinträchtigt, da die Verpflichtung zur Auskunftserteilung über den Bestand des Endvermögens grundsätzlich nicht davon abhängt, ob der Auskunftspflichtige die Erfüllung der Ausgleichsforderung nach § 1381 BGB verweigern kann.[49] Ausnahmsweise besteht ein Auskunftsanspruch aber nicht, wenn unzweifelhaft ist, dass aufgrund der Einrede des § 1381 BGB eine Ausgleichsforderung nicht besteht.[50] 20

49 BGH 10.10.1979 – IV ZR 79/78, NJW 1980, 229.
50 Palandt/*Brudermüller* BGB § 1379 Rn. 5.

127. Grundsicherung für Arbeitsuchende

Conradis

I. Einführung

1 Das SGB II, welches seit dem 1.1.2005 die Grundsicherung für Arbeitsuchende regelt, brachte die Zusammenführung von Arbeitslosenhilfe und Sozialhilfe auf dem Niveau der Sozialhilfe. Die existenzsichernden Leistungen werden überwiegend nach dem SGB II geleistet, nur ein sehr kleiner Personenkreis erhält Sozialhilfe nach dem SGB XII (→ *Sozialhilfe* Rn. 1 ff.) und eine zunehmende Anzahl von vor allem alten Menschen ist auf Leistungen nach dem 4. Kapitel des SGB XII angewiesen (→ *Grundsicherung im Alter und bei Erwerbsminderung* Rn. 1 ff.). In vielen Fällen, in denen die Trennung von Ehegatten zur Bedürftigkeit führt, kommen Leistungen nach dem SGB II in Betracht. Soweit Hilfebedürftigkeit vorliegt, sind Berechtigte nach diesem Gesetz alle Personen, die das 15. Lebensjahr vollendet und das Eintrittsalter für die Regelaltersente nicht vollendet haben und erwerbsfähig sind (§ 7 Abs. 1 SGB II). Durch die Heraufsetzung der Altersrente in der gesetzlichen Rentenversicherung erhöht sich die Altersgrenze entsprechend, § 7 a SGB II. Diese als **erwerbsfähige Leistungsberechtigte** bezeichneten Personen erhalten die Leistungen als Arbeitslosengeld II (§ 19 Abs. 1 SGB II). Außerdem haben Personen Anspruch auf Leistungen nach diesem Gesetz, die mit erwerbsfähigen Hilfebedürftigen in einer Bedarfsgemeinschaft leben (§ 7 Abs. 2 S. 1 SGB II). Sie erhalten die Leistungen als **Sozialgeld** (§ 19 Abs. 1 S. 2 SGB II).

2 Soweit das 65. Lebensjahr (oder ein höheres Alter nach Maßgabe des § 7 a SGB II) noch nicht vollendet ist, besteht ein Anspruch nach dem SGB II dem Grunde nach, wenn in der Bedarfsgemeinschaft (→ *Bedarfsgemeinschaft* Rn. 1 ff.) mindestens eine erwerbsfähige Person lebt. Entscheidend ist mithin die **Definition der Erwerbsfähigkeit**. Nach § 8 Abs. 1 SGB II ist erwerbsfähig, wer nicht wegen Krankheit oder Behinderung auf absehbare Zeit außerstande ist, unter den üblichen Bedingungen des allgemeinen Arbeitsmarktes mindestens drei Stunden täglich erwerbstätig zu sein. Damit werden – bis auf andere kleinere Personengruppen, die für diese Darstellung keine Rolle spielen – nur die Erwerbsgeminderten vom SGB II nicht erfasst. Allein das Beziehen einer Rente wegen Erwerbsminderung bedeutet jedoch nicht, dass das SGB II nicht anzuwenden ist, da auch bei teilweiser Erwerbsminderung – wenn Leistungsfähigkeit für drei bis sechs Stunden besteht (§ 43 Abs. 1 S. 2 SGB VI) – ein Rentenanspruch bestehen kann.

3 Das SGB II findet auch Anwendung, wenn aus persönlichen Gründen eine **Arbeit derzeit nicht zugemutet** werden kann, zB wegen der Erziehung von kleinen Kindern (→ Rn. 46) oder wegen der Pflege von Angehörigen. Denn dies ist eine Frage der Zumutbarkeit der Arbeitsaufnahme (geregelt in § 10 SGB II), nicht aber eine Frage der Erwerbsfähigkeit. Der typische Fall der getrennt lebenden Ehefrau, die mit mehreren minderjährigen Kindern zusammenlebt und derzeit deshalb an einer Arbeitsaufnahme gehindert ist, fällt daher unter das SGB II.

II. Leistungen

4 Die Leistungen zur Sicherung des Lebensunterhalts setzen sich zusammen aus dem **Regelbedarf** (bis Ende 2010 als Regelleistung bezeichnet) und den davon abgeleiteten Regelbedarfen für die weiteren Personen der Bedarfsgemeinschaft, den Mehrbedarfszuschlägen (→ Rn. 7 ff.) sowie Leistungen für Unterkunft und Heizung (→ Rn. 12 ff.). Einmalige Leistungen sind nur für wenige Fälle vorgesehen und können im Übrigen in der Regel nicht bewilligt werden (→ Rn. 21 ff.).

1. Regelbedarfsleistungen

Die Regelbedarfe sind durch das Regelbedarfsermittlungsgesetz (RBEG) vom 24.3.2011[1] festgelegt wor- 5
den. Sie sind aufgeteilt in sechs **Regelbedarfsstufen** (§ 8 Abs. 1 RBEG). Diese unterscheiden sich nach Alter und Stellung in der Bedarfsgemeinschaft. Die Beträge werden jährlich mit Wirkung zum 1. Januar des Folgejahres geändert, in der Regel erhöht. Durch das Regelbedarfsermittlungsgesetz vom 9.12.2020[2] sind die Beträge zuletzt erhöht worden. Die Beträge für das Jahr 2021 sind:

Alleinstehend/Alleinerziehend	446 EUR
Partner	401 EUR
Beginn des 19. bis Vollendung des 25. Lebensjahres	357 EUR
Beginn des 15. bis Vollendung des 18. Lebensjahres	373 EUR
Beginn des 7. bis Vollendung des 14. Lebensjahres	309 EUR
Geburt bis Vollendung des 6. Lebensjahres	283 EUR

Die Höhe des Bedarfs für junge Erwachsene ist nicht im RBEG geregelt, sondern in § 20 Abs. 2 Nr. 2 SGB II.

Die Regelbedarfe umfassen den **gesamten Bedarf zur Sicherung des Lebensunterhalts**, insbesondere 6
Ernährung, Kleidung, Körperpflege, Hausrat, Haushaltsenergie, Bedarfe des täglichen Lebens sowie in vertretbarem Umfang auch Beziehung zur Umwelt und eine Teilnahme am kulturellen Leben (§ 20 Abs. 1 S. 1 SGB II). Bis auf die wenigen Ausnahmen für die Bewilligung von weiteren Leistungen (→ Rn. 21 ff.) muss damit der gesamte Lebensbedarf gedeckt werden, zB auch Strom- und Telefonkosten, Eigenbeteiligungen und Zuzahlungen bei Krankheitskosten, Fahrtkosten.

2. Mehrbedarfszuschläge

Nach § 21 SGB II sind verschiedene Mehrbedarfszuschläge zu bewilligen. Von Bedeutung sind der Mehr- 7
bedarf für werdende Mütter (§ 21 Abs. 2 SGB II), der Mehrbedarfszuschlag für Alleinerziehende (§ 21 Abs. 2 SGB II), der Mehrbedarfszuschlag wegen kostenaufwendiger Ernährung (§ 21 Abs. 5 SGB II; Einzelheiten → *Grundsicherung im Alter und bei Erwerbsminderung* Rn. 11) sowie der Mehrbedarf für Warmwasserkosten, wenn die Warmwassererzeugung dezentral erfolgt (§ 21 Abs. 7 SGB II). Als Mehrbedarf wird weiterhin der Anspruch auf laufenden besonderen Bedarf nach § 21 Abs. 6 SGB II anerkannt (→ Rn. 23).

Nach § 21 Abs. 2 SGB II erhalten **werdende Mütter** nach der zwölften Schwangerschaftswoche einen Zu- 8
schlag von 17 % des maßgebenden Regelbedarfs. Für Alleinerziehende sind dies derzeit 73,444 EUR. Der Mehrbedarf ist vom ersten Tag der 13. Schwangerschaftswoche, also ab dem 85. Tag der Schwangerschaft zu bewilligen. Die Schwangerschaft ist durch ein Attest eines Arztes oder einer Hebamme nachzuweisen.

Der Mehrbedarfszuschlag für **Alleinerziehende** in Höhe von 12 % des maßgebenden Regelbedarfs wird 9
für jedes minderjährige Kind bewilligt (auch wenn dies in dem Gesetzeswortlaut nicht so eindeutig zum Ausdruck kommt). Bei der Erziehung eines Kindes unter sieben Jahren oder zwei Kindern unter 16 Jahren erhöht sich der Zuschlag auf 36 %. Voraussetzung ist die überwiegende alleinige Erziehung der Kinder. Der Mehrbedarfszuschlag entfällt nicht, wenn beispielsweise die Mutter in einem Frauenhaus wohnt und **zeitweise auch andere Personen für die Betreuung** des Kindes zur Verfügung stehen. Auch wenn das Kind oder die Kinder im Kindergarten (ganztags) sind, ändert dies nichts an der Alleinerziehung. Etwas anderes gilt jedoch, wenn das Kind überwiegend beispielsweise bei einem Großelternteil untergebracht ist. Auch wenn ein Elternteil zusammen mit den Großeltern in deren Haushalt lebt und diese die Pflege und Erziehung für einen Teil des Tages sicherstellen, soll kein Mehrbedarfszuschlag in Betracht kommen.[3] Le-

1 BGBl. 2011 I 453.
2 BGBl. 2020 I 2855.
3 OVG Lüneburg 9.10.2003 – 12 ME 425/03, FEVS 55, 452.

ben Alleinerziehende in einer eheähnlichen Gemeinschaft, ist die alleinige Erziehung und Pflege gegeben, wenn sich der Partner nicht wesentlich an der Erziehung beteiligt.[4]

10 Soweit sich die Eltern etwa **zur Hälfte** bei der Versorgung des Kindes abwechseln, wenn zB das Kind eine Woche bei dem einen und die andere Woche bei dem anderen Elternteil wohnt, so liegt bei beiden Elternteilen jeweils für diese Zeiträume Alleinerziehung vor und sie haben somit Anspruch auf jeweils den halben Mehrbedarf.[5] Das Bundessozialgericht hat allerdings eine Einschränkung dahin gehend vorgenommen, dass dies nur dann gelten soll, wenn die zeitlichen Intervalle mindestens eine Woche dauern.[6] Damit scheidet der Mehrbedarfszuschlag aus, wenn die Eltern die Kinder täglich oder halbwöchentlich abwechselnd betreuen. Liegt keine hälftige Teilung vor, sondern eine auch nur geringfügige Abweichung, wird für den Elternteil, der das Kind zeitlich weniger versorgt, kein Mehrbedarf anerkannt.[7]

11 Seit 2011 ist in § 21 Abs. 7 SGB II ein Mehrbedarf für die **Kosten der Warmwasserbereitung** aufgenommen worden. Dieser wird pauschal nach einem Prozentsatz der jeweiligen Regelbedarfsstufe bewilligt. Er beträgt für eine alleinstehende Person 2,3 % des Regelbedarfs, mithin derzeit 10,26 EUR monatlich. Für Partner und Kinder ist ein geringerer Prozentsatz vorgesehen. Für Partner ist dies derzeit ein Betrag von 9,22 EUR; bei Kindern bis zur Vollendung des 6. Lebensjahres sind dies lediglich 2,26 EUR. Nach § 21 Abs. 7 S. 2 Hs. 2 SGB II kann ein abweichender Bedarf geltend gemacht werden, wobei Gründe hierfür vorgetragen werden müssen. Der höhere Verbrauch muss durch eine separate Messeinrichtung nachgewiesen werden.

3. Unterkunftskosten

12 Die Leistungen für Unterkunft und Heizung werden in tatsächlicher Höhe nur dann übernommen, wenn diese **angemessen** sind (§ 22 Abs. 1 S. 1 SGB II). Zu den Unterkunftskosten zählen auch Aufwendungen für Schönheitsreparaturen sowie Auszugs- und Einzugsrenovierung.[8]

13 Bei den Unterkunftskosten für ein selbst genutztes **Eigenheim** wurden zunächst Schuldzinsen, nicht aber **Tilgungsbeträge** anerkannt. Das Bundessozialgericht[9] hat anerkannt, dass auch Tilgungsleistungen zu den Unterkunftskosten zählen, soweit sie nicht vermeidbar sind und zusammen mit den anderen Aufwendungen nicht höher sind als die Miete einer Wohnung, die für die Personenzahl als angemessen angesehen wird. Im Ergebnis werden jedoch meist nur die Schuldzinsen als Unterkunftskosten anerkannt, nicht jedoch die Tilgungskosten.

14 Die **Angemessenheit der Höhe der Mietkosten** wird bestimmt nach der **Produkttheorie.**[10] Danach gilt als angemessene Miete das Produkt aus angemessener Wohnfläche und angemessenem Quadratmeterpreis. Wenn dieser Betrag nicht überschritten wird, kommt es mithin auf die Größe der Wohnung nicht an. Der **Quadratmeterpreis** richtet sich nach den örtlichen Verhältnissen, daher gibt es bisher in jeder Gemeinde unterschiedliche Richtsätze. Dies wurde bisher weder bundeseinheitlich noch landeseinheitlich geregelt. Soweit ein Bundesland eine gesetzliche Ermächtigung beschließt, kann durch eine Satzung bestimmt werden, welche Kosten für Unterkunft und Heizung angemessen sind (§ 22 a SGB II).

15 Bei der Frage, welche **Wohnfläche** als angemessen anzusehen ist, hat sich eine bestimmte Größenzuordnung durchgesetzt, auch wenn es teilweise kleinere Abweichungen gibt. Die Praxis und die Rechtsprechung orientieren sich hierbei an den Verwaltungsvorschriften zum Wohnungsbindungsgesetz über die Angemessenheit von Wohnungsgrößen im sozialen Wohnungsbau. Damit wird häufig von folgenden Werten ausgegangen:

---

4 OVG Lüneburg 24.2.1972 – IV A 141/79, FEVS 21, 258.
5 BSG 3.3.2009 – B 4 AS 50/07 R, NZS 2010, 106.
6 BSG 3.3.2009 – B 4 AS 50/07 R, NZS 2010, 106.
7 BSG 11.2.2015 – B 4 AS 26/14 R, FamRZ 2015, 1187.
8 *Berlit* in: LPK-SGB II § 22 Rn. 41; BSG 16.12.2008 – B 4 AS 49/07 R, SozR 4-4200 § 22 Nr. 16.
9 BSG 18.6.2008 – B 14/11 b AS 67/06 R, NDV-RD 2009,14.
10 Vgl. *Berlit* in: LPK-SGB II § 22 Rn. 80.

- für eine Person 50 qm,
- für jede weitere Person weitere 15 qm.

Liegen **Besonderheiten** vor, kann ein höherer Raumbedarf anerkannt werden. In Nordrhein-Westfalen ist dies zB bei **Alleinerziehenden** mit einem oder mehreren Kindern ab sechs Jahren vorgesehen. Allerdings wird kein höherer Wohnbedarf allein im Hinblick auf einen regelmäßigen Umgang anerkannt. Vielmehr ist in jedem Einzelfall anhand einer konkreten Angemessenheitsprüfung festzustellen, ob ein höherer Wohnbedarf gegeben ist. Soweit ein paritätisches Wechselmodell durchgeführt wird, ist in der Regel der Wohnbedarf des Kindes zu berücksichtigen.[11] Der Bedarf für zwei oder sogar drei Wohnungen bei dem sogenannten Nestmodell wird nicht anerkannt.[12]

Soweit die Aufwendungen für die Unterkunft den **angemessenen Umfang übersteigen**, können sie in der 16
Regel nur noch längstens für sechs Monate übernommen werden (§ 22 Abs. 1 S. 3 SGB II). In besonderen Fällen kann diese Frist verlängert werden. Erhebliche Probleme können entstehen, wenn Leistungsberechtigte **umziehen** wollen oder müssen. Die Trennung vom Ehegatten führt oft dazu, dass eine kleinere Wohnung bezogen werden soll, weil die bisherige Wohnung zu groß für die Restfamilie ist. Dann ist die Zustimmung des Leistungsträgers für den Umzug einzuholen; nur dann werden vom Leistungsträger die Umzugskosten (Kosten des eigentlichen Umzugs, evtl. Kaution, evtl. Renovierungskosten) getragen (§ 22 Abs. 6 SGB II). Die Leistungsträger genehmigen den Umzug nur dann, wenn die bisherige Wohnung erheblich zu teuer ist oder ansonsten gravierende Gründe für den Auszug sprechen und die zu beziehende Wohnung angemessen ist. In diesem Fall ist der kommunale Träger zur **Zusicherung** verpflichtet (§ 22 Abs. 6 S. 2 SGB II). Damit kann eine solche Zusicherung gesondert beim Gericht eingeklagt werden.[13]

Wird eine **Wohnung bezogen, deren Kosten höher sind** als der Betrag, der vom örtlichen Leistungsträger 17
anerkannt wird, ist die Miete in der Höhe als Bedarf anzuerkennen, die als angemessen angesehen wird. Voraussetzung ist jedoch der Nachweis, dass der fehlende **Rest der Miete aufgebracht werden kann**. Handelt es sich nur um einen geringfügigen Betrag, wird dieser aus der Regelleistung aufgebracht werden können. Beträgt die Differenz jedoch mehr als etwa 20 % des Regelbedarfs, kann der Leistungsträger die Vermutung aufstellen, dass eine solche Ausgabe auf Dauer nicht möglich ist. Stehen weitere Beträge als der Regelbedarf zur Verfügung, zB ein Mehrbedarfszuschlag für Alleinerziehende, kann dieser Zuschlag hierfür verwandt werden. Ist auch dies nicht der Fall, kommt in Betracht, dass Verwandte zweckgerichtet ihre Bereitschaft erklären, die Differenz zu tragen. Dies dürfen aber nicht unterhaltspflichtige Verwandte sein, da dann eine solche Zahlung als Unterhalt berücksichtigt und auf das Einkommen angerechnet würde. Auch darf die Differenz nicht an die betroffenen Hilfeempfänger, sondern muss direkt an den Vermieter gezahlt werden, so dass der Betrag nicht als Einkommen des Leistungsberechtigten angerechnet werden kann.

Recht häufig entsteht die Konstellation, dass auch nach Beginn des Getrenntlebens die bisherige Wohnung 18
beibehalten werden soll, obwohl diese nach den Richtlinien des Leistungsträgers zu teuer ist. Soweit die Scheidung noch nicht eingereicht ist, sollte der Leistungsträger in der Regel akzeptieren, dass **bis zu einem Jahr des Getrenntlebens** die Wohnung zunächst weiter finanziert wird. Denn im Scheidungsverfahren wird in der Regel verlangt, dass ein Jahr des Getrenntlebens vorliegt, und zwar vor dem Hintergrund, dass bis dahin noch eine Versöhnung der Ehegatten stattfinden kann bzw. in der Regel nach einem Jahr dies nicht mehr vermutet wird. Liegen auch nur gewisse Anzeichen dafür vor, dass es zu einer Versöhnung der Ehegatten innerhalb des Trennungsjahres kommen könnte, darf der Leistungsträger diese Möglichkeit nicht dadurch verhindern, dass er bereits den Umzug in eine kleinere Wohnung verlangt, in die der getrennt lebende Ehegatte nicht oder nur unter erschwerten Bedingungen mit einziehen könnte. Insofern liegt dann eine Abweichung von der Regelfrist von sechs Monaten vor, die in § 22 Abs. 1 S. 2 SGB II vorgesehen

11 Einzelheiten vgl. *Conradis/Jansen* FamRB 2019, 199.
12 LSG Niedersachsen-Bremen 19.5.2017 – L 11 AS 245/17 B ER, FamRZ 2017, 1886.
13 *Berlit* in: LPK-SGB II § 22 Rn. 212.

ist. Dementsprechend kann auch nicht vor Ablauf des Trennungsjahrs eine Verwertung des Familienheims verlangt werden.[14]

19 **Entstehen bei einem notwendigen Umzug weitere Kosten**, wie Wohnraumbeschaffungskosten und Aufwendungen für Mietkautionen, werden diese übernommen, wenn eine **vorherige Zusicherung** des kommunalen Trägers eingeholt wird (§ 22 Abs. 6 S. 1 SGB II). Die Zusicherung soll erteilt werden, wenn der Umzug durch den kommunalen Träger veranlasst oder aus anderen Gründen notwendig ist und ohne diese Zusicherung eine Unterkunft in einem angemessenen Zeitraum nicht gefunden werden kann (§ 22 Abs. 6 S. 2 SGB II). Zu den Wohnraumbeschaffungskosten können Maklergebühren gehören sowie nicht vermeidbare Aufwendungen für eine doppelte Miete, wenn sich der Neubezug mit der Beendigung des alten Mietverhältnisses überschneidet.

20 Eine **Kaution** soll als Darlehen bewilligt werden (§ 22 Abs. 6 S. 3 SGB II). Ein solches Darlehen wird nur bewilligt, wenn die Zahlung weder durch Vermögen noch auf andere Weise gedeckt werden kann (§ 42 a Abs. 1 S. 1 SGB II). Es muss daher auch auf den Freibetrag des Barvermögens zurückgegriffen werden. Das Darlehen wird zwingend mit 10 % des Regelbedarfs monatlich aufgerechnet (§ 42 a Abs. 2 S. 1 SGB II). Nach Auffassung des Bundessozialgerichts ist eine solche Aufrechnung verfassungsrechtlich zulässig.[15]

4. Weitere Leistungen

21 Mit dem Regelbedarf werden grundsätzlich alle Bedarfe abgedeckt, wobei es jedoch einige Ausnahmen gibt. **Gesondert bewilligt** werden können nach § 24 Abs. 3 SGB II insbesondere noch folgende Bedarfe:

- Erstausstattungen für die Wohnung einschließlich Haushaltsgeräten;
- Erstausstattungen für Bekleidung und Erstausstattungen bei Schwangerschaft und Geburt; Anschaffung und Reparaturen von orthopädischen Schuhen, Reparaturen von therapeutischen Geräten und Ausrüstungen sowie die Miete von therapeutischen Geräten.

22 Die **Erstausstattung für die Wohnung** kommt bei einer Trennung vom Ehepartner in Betracht, soweit eine alsbaldige Teilung der Haushaltsgegenstände nicht möglich bzw. diese nicht ausreichend ist. Hierbei ist es ausreichend, wenn in Folge der Trennung auch nur ein Teil, zB eine Waschmaschine, benötigt wird,[16] während der übrige Hausrat ausreichend vorhanden ist. Allerdings gehört ein Fernsehgerät nicht zur Erstausstattung.[17] Die Leistungen der Erstausstattung können als Geldleistungen oder Sachleistungen oder in Form von Pauschalen bewilligt werden (§ 24 Abs. 3 S. 5 SGB II).

23 Soweit im Einzelfall ein **laufender besonderer Bedarf** besteht, der erheblich von einem durchschnittlichen Bedarf abweicht, ist nach § 21 Abs. 6 SGB II die Leistung zu erbringen. Diese sog. Härtefälle sollen auf dringende Bedarfssituationen beschränkt werden. Anerkannt ist, dass aufgrund dieser Vorschrift die **Fahrtkosten zur Durchführung des Umgangsrechts** zu bewilligen sind (zu den Lebenshaltungskosten → *Bedarfsgemeinschaft* Rn. 10). Hierzu vertritt das Bundessozialgericht die Auffassung, dass trotz der Möglichkeit der Hilfegewährung keine unbeschränkte Sozialisierung der Scheidungsfolgekosten erfolgen darf.[18] So soll überprüft werden, ob die Art der Durchführung des Umgangsrechts erforderlich ist. Hierzu wurde bereits entschieden, dass auch die Kosten für Reisen in die USA in einem Rhythmus von drei Monaten bewilligt werden müssen (→ *Umgangskosten* Rn. 25).[19] Andererseits wurde die Übernahme der Kosten abgelehnt, weil der Vater nach der Trennung in einen entfernten Ort umgezogen war und damit die Höhe der Kosten verursacht hatte.[20]

14 LSG Niedersachsen-Bremen 31.5.2017 – L 13 AS 105/16, FamRZ 2017, 1886 – Ls.
15 BSG 28.11.2018 – B 14 AS 31/17 R, NJW 2019, 1970.
16 BSG 19.9.2008 – B 14 AS 64/07 R, FEVS 60, 513.
17 BSG 24.2.2011 – B 14 AS 75/10 R, FEVS 63, 145.
18 BSG 7.11.2006 – B 7 b AS 14/06 R, FEVS 58, 289 (297).
19 LSG Rheinland-Pfalz 14.11.2010 – L 1 SO 133/10 B ER.
20 LSG Rheinland-Pfalz 3.8.2010 – L 13 AS 3318/10 ER-B, Sozialrecht aktuell 2011, 76.

In § 28 SGB II sind Ansprüche auf Leistungen für Bildung und Teilhabe aufgenommen worden. Dabei geht es vor allem um Kosten für Schulausflüge und Klassenfahrten, Ausstattung zum persönlichen Schulbedarf, der zum 1.8. des Jahres mit 100 EUR und zum 1.2. mit 50 EUR berücksichtigt wird. Weiterhin können Aufwendungen zur Schülerbeförderung, Lernförderung und gemeinschaftlichen Mittagsverpflegung bewilligt werden. Schließlich kann ein monatlicher Betrag von 15 EUR zur Teilhabe am sozialen und kulturellen Leben beansprucht werden, zB für einen Mitgliedsbeitrag im Sportverein. 24

Ist ein Bedarf nicht von der Härtefallregelung erfasst, kann eine Leistung als Darlehen erfolgen (§ 24 Abs. 1 S. 1 SGB II); nach dem Gesetzeswortlaut muss der Bedarf unabweisbar sein. Das **Darlehen** wird durch monatliche Aufrechnung von 10 % des Regelbedarfs getilgt (§ 42 a Abs. 2 SGB II). 25

5. Einzelanspruch, Bedarfsgemeinschaft und Haushaltsgemeinschaft

In den Bescheiden nach dem SGB II werden alle Personen der Bedarfsgemeinschaft zusammengefasst. Der Bescheid wird nur an eine Person gerichtet, da nach § 38 SGB II ein erwerbsfähiger Hilfebedürftiger als bevollmächtigt gilt. Aus den Bescheiden kann – wenn auch manchmal nur mit Mühe – entnommen werden, welche Person in welcher Höhe Leistungen erhält. Dabei werden die **Unterkunftskosten zu gleichen Anteilen** nach der Kopfzahl aufgeteilt.[21] Trotz dieser gemeinsamen Berechnung beruhen die Leistungen auf einem jeweiligen **Einzelanspruch**. Damit müssen zB bei einer Klage in der Regel sämtliche Personen der Bedarfsgemeinschaft als Kläger auftreten. Bei Rückforderungsbescheiden hat dies zur Folge, dass von jeder Person der anteilige Betrag zurückgefordert werden muss. 26

Soweit zusammenlebende Personen nicht Mitglieder einer Bedarfsgemeinschaft (→ *Bedarfsgemeinschaft* Rn. 1 ff.) sind, kommt die Zugehörigkeit zu einer **Haushaltsgemeinschaft** (§ 9 Abs. 5 SGB II) in Betracht. Diese ist anzunehmen, wenn Leistungsberechtigte in einer Haushaltsgemeinschaft mit Verwandten oder Verschwägerten leben. Dann wird vermutet, dass sie von ihnen Leistungen erhalten, soweit dies nach deren Einkommen und Vermögen erwartet werden kann. Dabei wird den Verwandten ein Selbstbehalt zugebilligt, der erheblich über dem bisherigen Sozialhilfebedarf liegt. Nach § 1 Abs. 2 Alg II-V ist eine Konkretisierung dahin gehend vorgenommen, dass den Verwandten und Verschwägerten ein Freibetrag in Höhe der doppelten Regelleistung zuzüglich Unterkunftskosten zugebilligt wird und der Einkommenseinsatz in Höhe von 50 % der übersteigenden Einnahmen erwartet wird. 27

III. Anrechnung von Einkommen und Vermögen

1. Unterscheidung von Einkommen und Vermögen

Einkommen ist grundsätzlich in voller Höhe anzurechnen (hiervon gibt es Ausnahmen, insbesondere beim Erwerbseinkommen), während beim Vermögen nach § 12 SGB II nicht unerhebliche Freibeträge eingeräumt werden (→ Rn. 39 ff.). Sobald eine Zahlung eingeht, ist es daher für den Betroffenen in der Regel günstiger, wenn die Zahlung als Vermögen anzusehen ist, weil sie dann ganz oder teilweise anrechnungsfrei ist. Es muss also zunächst geklärt werden, wie eingehende Zahlungen zu qualifizieren sind. 28

Nach der Definition in § 11 Abs. 1 S. 1 SGB II gehörten früher zum **Einkommen alle Einkünfte in Geld oder Geldeswert** (so auch weiterhin im SGB XII). Einnahmen in Geldeswert gehören – bis auf die in § 11 Abs. 1 S. 2 SGB II genannten Ausnahmen – nicht mehr zu dem zu berücksichtigenden Einkommen. Sachleistungen können also entgegengenommen werden, ohne dass diese auf den Anspruch nach dem SGB II angerechnet werden. Das Einkommen muss zur Deckung des Bedarfs tatsächlich zur Verfügung stehen. Es wird dabei alles als Einkommen berücksichtigt, was jemand in der Bedarfszeit wertmäßig dazu erhält. Vermögen ist damit nur das, was der Leistungsberechtigte in der Bedarfszeit bereits hat. Danach werden sämtliche Zahlungen, die eingehen, auch wenn sie für einen vergangenen Zeitraum gedacht sind, dennoch als Einkommen angerechnet. Dies gilt zB für Steuererstattungen,[22] für eine Zahlung einer 29

21 BSG 15.8.2008 – B 14/7 b AS 58/06 R, NDV-RD 2008, 115.
22 BSG 16.12.2008 – B 4 AS 48/07 R, FEVS 60, 546.

Abfindung aus einem Arbeitsverhältnis,[23] für eine Nachzahlung von Wohngeld,[24] für die Nachzahlung einer Überstundenvergütung[25] oder auch für eine **Nachzahlung von Unterhalt**. Hingegen soll es sich bei einer Kfz-Steuererstattung um Vermögen handeln, da diese als Rückfluss betrachtet wird.[26] Diese Rechtsprechung ist nicht unproblematisch.[27] So ist es wenig plausibel, dass eine Realisierung einer bestehenden Forderung eine Einnahme sein soll,[28] während der Erlös aus einem Verkauf als Vermögungsumschichtung anzusehen ist[29] – ebenso wie die Rückerstattung einer Schenkung.

30 Eine **Erbschaft** wird als Vermögen berücksichtigt, sofern sie vor dem Leistungsbezug angefallen ist, andernfalls als Einkommen.[30] Vereinbaren Ehegatten anlässlich der Scheidung, dass der Anspruch auf **Versorgungsausgleich** in Geld abgegolten wird, handelt es sich um eine zweckbestimmte Einnahme, die nicht als Einkommen angerechnet werden soll.[31]

31 Problematisch ist, ob auch ein **Anspruch auf Zugewinnausgleich** als Einkommen zu werten ist. Diese Frage ist noch nicht höchstrichterlich entschieden worden. Es wird vertreten, dass Zahlungen aus Zugewinnausgleich Vermögen darstellen.[32] Wegen der Unsicherheit der Rechtslage ist bei einer kleineren Zugewinnausgleichsforderung zu prüfen, ob statt Zahlung eines Zugewinnausgleichsbetrages zB Haushaltsgegenstände oder ein Kraftfahrzeug in Empfang genommen werden, da diese Gegenstände nicht als Einkommen angerechnet werden (→ Rn. 30) und in der Regel nicht als verwertbares Vermögen angerechnet werden können.[33]

2. Anrechnung von Einkommen

32 Der Grundsatz, dass jeglicher Zufluss als Einkommen anzurechnen ist, wird in mehreren Bestimmungen durchbrochen. In verstreuten einzelnen Bestimmungen ist geregelt, dass einige Sozialleistungen nicht als Einkommen angerechnet werden.[34] **Anrechnungsfrei** sind unter anderem das Elterngeld (→ *Elterngeld* Rn. 15) in Höhe des Sockelbetrages von 300 EUR nach § 10 BEEG, sofern dies auf vorherigem Einkommen beruht, sowie Leistungen nach dem Gesetz zur Errichtung der Stiftung Mutter und Kind – Schutz des ungeborenen Lebens. Von Bedeutung ist weiter, dass die Grundrente nach dem Bundesverwaltungsgericht anrechnungsfrei ist.

33 **Einnahmen**, die monatlich 10 EUR nicht übersteigen, werden nicht angerechnet (§ 1 Abs. 1 Nr. 1 Alg II-V). Für Arbeit während der Ferien wird Schülern ein Freibetrag von 2.400 EUR jährlich anrechnungsfrei belassen (§ 1 Abs. 4 Alg II-V). Von anderen Einnahmen wird für private Versicherungen ein Pauschbetrag von monatlich 30 EUR anerkannt, der vom Einkommen volljähriger Hilfebedürftiger abgesetzt werden kann (§ 6 Abs. 1 Nr. 1 Alg II-V). Geldgeschenke an Minderjährige anlässlich der Firmung, Kommunion, Konfirmation oder vergleichbarer religiöser Feste sowie anlässlich der Jugendweihe werden bis zu einem Betrag in Höhe von 3.100 EUR nicht als Einkommen angerechnet (§ 1 Abs. 1 Nr. 12 Alg II-V).

34 Die **Absetzbeträge von Einkommen aus Erwerbstätigkeit** sind in §§ 11 b, 11 c SGB II geregelt. Nach § 11 b Abs. 2 S. 1 SGB II wird zunächst ein Freibetrag von 100 EUR abgesetzt; werden bei Einkommen über 400 EUR höhere Werbungskosten nachgewiesen, werden diese anerkannt. Von dem Bruttobetrag, der 100 EUR monatlich übersteigt, sind nach § 11 b Abs. 3 SGB II folgende **Freibeträge** zu berechnen:

23 BSG 3.3.2009 – B 4 AS 47/08 R, NZS 2010, 158.
24 VGH Mannheim 17.3.2004 – 12 S 1615/03, FEVS 56, 90.
25 VGH Kassel 27.7.2004 – 10 UE 2988/02, FEVS 56, 42.
26 VGH Mannheim 1.9.2004 – 12 S 844/04, FEVS 56, 128.
27 Kritisch hierzu *Brühl* info also 2000, 124 (185).
28 Vgl. *Hengelhaupt* in: Hauck/Noftz SGB II § 12 Rn. 76.
29 *Hengelhaupt* in: Hauck/Noftz SGB II § 12 Rn. 71.
30 BSG 24.2.2011 – B 14 AS 45/09 R, NDV-RD 2011, 77.
31 SG Karlsruhe 25.2.2010 – S 16 AS 2693/09, FamRZ 2010, 1774.
32 SG Berlin 28.1.2010 – S 128 AS 25352/07, ZFSH/SGB 2010, 183.
33 Zu möglichen Gestaltungsformen vgl. *Doering-Striening* FamRB 2004, 270.
34 Zu Einzelheiten vgl. *Geiger* in: LPK-SGB II § 11 a Rn. 6.

- über 100 EUR bis 1.000 EUR: 20 %;
- über 1.000 EUR bis 1.200 EUR: 10 %;
- über 1.200 EUR bis 1.500 EUR: 10 %, wenn der Hilfesuchende mindestens ein Kind hat oder mit einem Kind zusammenwohnt.

Laufende Einnahmen sind für den Monat zu berücksichtigen, in dem sie zufließen. Wird der Lohn erst im 35
Folgemonat gezahlt, erfolgt die Anrechnung erst in diesem Monat. **Einmalige Einnahmen** werden nach § 11 Abs. 3 SGB II im Zuflussmonat angerechnet oder, wenn bereits die Zahlung der Leistungen erfolgte, im Folgemonat. Übersteigt die einmalige Einnahme den Leistungsbetrag für einen Monat, erfolgt eine Anrechnung auf sechs Monate (§ 11 Abs. 3 S. 2 SGB II). Ist die Einnahme so hoch, dass nach den sechs Monaten noch ein Betrag verbleibt, ist dies für den Folgezeitraum als Vermögen anzusehen.[35]

Grundsätzlich werden **laufende Unterhaltszahlungen** in dem Kalendermonat als Einkommen berücksich- 36
tigt, in dem sie gezahlt werden. Hierbei ist der Pauschbetrag für private Versicherungen von 30 EUR pro Monat (→ Rn. 33) abzusetzen. Treten Veränderungen bei dem Bezug von Unterhaltszahlungen ein, ergibt sich Folgendes: Fällt bei Bezug von Alg II unter Anrechnung von laufend gezahltem Unterhalt die Unterhaltszahlung in einem Monat aus, ist nach § 48 SGB X eine Änderung zu beantragen, die auch rückwirkend erfolgen kann. Umgekehrt gilt: Wird Alg II ohne Anrechnung von Unterhalt gezahlt, weil der Unterhaltsschuldner bisher nicht gezahlt hat, und gelingt es nun, beispielsweise durch Pfändung eine Zahlung zu erreichen, wird die Zahlung in dem Kalendermonat des Eingangs auf das Alg II angerechnet mit der Folge, dass die betroffene Person zu viel Alg II erhalten hat. Der Leistungsbescheid ist also insoweit rechtswidrig und die Überzahlung kann zurückgefordert werden, ohne dass es auf Verschulden des Unterhaltsberechtigten ankommt. Der Sozialleistungsträger kann eine Änderung nach § 48 SGB X vornehmen. Dabei darf er – falls ihm der alsbaldige Zufluss bekannt ist – zunächst, um eine Überzahlung zu vermeiden, eine vorläufige Einstellung der Zahlung ohne Bescheid vornehmen (§ 40 Abs. 2 Nr. 4 SGB II).

Nach § 11 b Abs. 1 Nr. 7 SGB II werden vom Einkommen **Aufwendungen zur Erfüllung gesetzlicher** 37
Unterhaltspflichten abgesetzt, soweit ein Unterhaltstitel vorliegt. Damit ist diese Zahlung für den Unterhaltspflichtigen, der Einkommen erzielt, ein durchlaufender Posten. Erzielt zB ein Unterhaltspflichtiger ein Nebeneinkommen von 400 EUR, verbleibt ihm ohne Unterhaltszahlung ein Betrag von 160 EUR (100 EUR Grundfreibetrag und 20 % des übersteigenden Einkommens, → Rn. 34). Muss er 200 EUR Unterhalt zahlen, verbleiben ihm ebenfalls 160 EUR, da die Freibeträge vom Bruttoeinkommen berechnet werden.

Die **Anrechnung von Kindergeld** bei Leistungen nach dem SGB II ist in § 11 Abs. 1 SGB II geregelt. 38
Das Kindergeld wird dem Kind bis zur Vollendung des 25. Lebensjahres als Einkommen angerechnet. Kindergeld, welches für volljährige Kinder gezahlt wird, die nicht im Haushalt der Eltern leben, wird den Eltern zugerechnet, es sei denn, sie geben es ausdrücklich an das Kind weiter, zB durch Einzahlung auf ein Konto des Kindes, § 1 Abs. 1 Nr. 8 Alg II-V. Lebt ein über 25 Jahre altes Kind im Haushalt der Eltern und wird für das Kind aufgrund einer Behinderung Kindergeld gezahlt, gilt das Kindergeld ebenfalls als Einkommen der Eltern, auch wenn es gemeinsam verbraucht wird.

3. Anrechnung von Vermögen

Grundsätzlich ist alles verwertbare Vermögen zu berücksichtigen (§ 12 Abs. 1 SGB II). Schon die Frage der 39
Verwertbarkeit kann zu erheblichen Rechtsproblemen führen.[36] Die geschützten **Vermögenswerte** sind in § 12 SGB II im Einzelnen aufgeführt. Erwähnt werden sollen hier folgende **geschützte Gegenstände**: angemessener Hausrat, ein selbst genutztes Hausgrundstück von angemessener Größe oder eine entsprechen-

35 *Geiger* in: LPK-SGB II § 11 Rn. 67.
36 Einzelheiten vgl. *Geiger* in: LPK-SGB II § 12 Rn. 11 ff.

de Eigentumswohnung sowie für jeden erwerbsfähigen Hilfebedürftigen ein angemessenes Kraftfahrzeug. Das Bundessozialgericht[37] sieht für ein Kraftfahrzeug einen Wert von 7.500 EUR als angemessen an.

40 An **Geldvermögen** bleibt für jeden erwerbsfähigen Hilfebedürftigen (also auch für Kinder ab Vollendung des 15. Lebensjahres, § 7 Abs. 1 Nr. 1 SGB II) ein Betrag von 150 EUR pro vollendetem Lebensalter, mindestens jeweils 3.100 EUR anrechnungsfrei. Weiter wird für jeden in der Bedarfsgemeinschaft lebenden Hilfebedürftigen ein Freibetrag von 750 EUR eingeräumt (§ 12 Abs. 1 Nr. 4 SGB II), der für notwendige Anschaffungen dienen soll, jedoch keineswegs für diese Zwecke ausgegeben werden muss.

41 Für die **Altersvorsorge** bleibt ein Freibetrag von je 750 EUR pro vollendetem Lebensjahr für jeden erwerbsfähigen Hilfebedürftigen anrechnungsfrei. Voraussetzung ist, dass der Inhaber die Altersversorgung aufgrund einer vertraglichen Vereinbarung nicht vor Eintritt in den Ruhestand verwerten kann. Bei laufenden Verträgen ist daher zu beachten, dass die Grenze nicht überschritten wird. Zusätzlich wird das nach Bundesrecht ausdrücklich als Altersvorsorge geförderte Vermögen (sog. **Riester-Rente**) nicht als Vermögen berücksichtigt.

42 Nach § 12 Abs. 3 Nr. 4 SGB II ist ein **selbstgenutztes Haus** bzw. eine **Eigentumswohnung** von angemessener Größe als Schonvermögen geschützt. Im Gegensatz zu § 90 SGB XII kommt es allein auf die Größe an. Das Bundessozialgericht hat bereits über die Angemessenheit der Größe von Häusern[38] und Eigentumswohnungen[39] entschieden, dass in der Regel folgende Größen nicht überschritten werden dürfen:

	Haus	Eigentumswohnung
1 oder 2 Personen	90 qm	80 qm
3 Personen	110 qm	100 qm
4 Personen	130 qm	120 qm

43 Als Vermögen sind nach § 12 Abs. 3 Nr. 6 SGB II solche Vermögenswerte nicht zu berücksichtigen, deren **Verwertung offensichtlich unwirtschaftlich** ist oder für den Betroffenen eine besondere Härte bedeuten würde. Wann die Grenze der Unwirtschaftlichkeit anzunehmen ist, wurde bisher noch nicht abschließend geklärt. Nach einer Entscheidung des Bundessozialgerichts[40] ist ein Verlust von 12,9 % hinzunehmen, während ein Verlust von 48,2 % unwirtschaftlich und damit nicht zuzumuten ist.

44 Trotz vorhandenen Vermögens, welches nicht nach § 12 SGB II geschützt ist, kann die Grundsicherung für Arbeitsuchende als **Darlehen** geleistet werden, wenn der sofortige Verbrauch oder die sofortige Verwertung nicht möglich ist oder eine besondere Härte bedeuten würde (§ 14 Abs. 5 SGB II). Bei einer solchen darlehensweisen Bewilligung besteht keine Mitgliedschaft in der Kranken- und Pflegeversicherung. Darlehen werden zwingend mit 10 % vom Regelbedarf aufgerechnet (§ 42 a SGB II).

IV. Arbeitspflicht

45 Ein getrennt lebender Ehegatte hat unabhängig davon, ob er gegenüber dem anderen Ehegatten verpflichtet ist, erwerbstätig zu sein, eine solche **weitergehende Pflicht gegenüber dem Träger der Grundsicherung**. Grundsätzlich ist jeder, der hierzu gesundheitlich in der Lage ist, verpflichtet, sich um eine Arbeit zu bemühen und damit unabhängig von der Grundsicherung zu werden. Die sehr weitgehenden Anforderungen werden in § 2 SGB II als Grundsatz des Forderns formuliert. Die **Sanktionen** bei der Weigerung, diesen Anforderungen nachzukommen, sind in §§ 31 ff. SGB II enthalten. Die Einzelheiten sind sehr umfangreich und sollen in vorliegendem Zusammenhang nicht weiter ausgeführt werden. Hinzuweisen ist jedoch auf die im Gesetz enthaltene Möglichkeit, dass auch die Ableistung von Ein-Euro-Jobs – Arbeitsgelegenheiten

37 BSG 6.9.2007 – B 14/7 b AS 66/06 R, NJW 2008, 2281.
38 BSG 16.5.2007 – B 11 b AS 37/06 R, FEVS 58, 49.
39 BSG 7.11.2006 – B 7 b AS 2/05 R, FEVS 58, 241.
40 BSG 6.9.2007 – B 14/7 b AS 66/06 R, FEVS 2008, 385.

nach § 16 d SGB II – verlangt werden kann und die Ablehnung zu einer Sanktion und damit Absenkung des Alg II für drei Monate führen kann.

In § 10 SGB II ist im Einzelnen geregelt, wann eine Arbeit nicht zugemutet werden kann. Dies gilt insbesondere dann, wenn die **Erziehung eines Kindes** oder eines **Kindes des Partners** gefährdet würde. Dies wird generell angenommen, wenn das Kind noch nicht das dritte Lebensjahr vollendet hat und damit auch in der Regel noch nicht im Kindergarten ist (§ 10 Abs. 1 Nr. 3 SGB II). Bis zur Vollendung des dritten Lebensjahres eines Kindes besteht also grundsätzlich keine Arbeitspflicht gegenüber dem Träger der Grundsicherung. Hat das Kind jedoch das dritte Lebensjahr vollendet, wird vermutet, dass in der Regel die Erziehung des Kindes nicht gefährdet ist, wenn die Betreuung des Kindes in einer Tageseinrichtung oder in Tagespflege sichergestellt ist. Dabei muss der Träger der Grundsicherung darauf hinwirken, dass Erziehenden vorrangig ein Platz zur Tagesbetreuung des Kindes angeboten wird. 46

Die Arbeitspflicht nach dem SGB II ging früher sehr viel weiter als die Erwerbsobliegenheit gegenüber dem getrennt lebenden oder geschiedenen Ehegatten, die nach der Rechtsprechung erst begann, wenn das Kind etwa das sechste oder siebte Lebensjahr vollendet hatte (Teilzeitarbeit) sowie wenn es das 12. bis 15. Lebensjahr vollendet hatte (Vollzeitarbeit). Durch die **Änderung des Unterhaltsrechts** zum 1.1.2008 ist eine **weitgehende Annäherung** erfolgt. 47

V. Besonderheiten aus Anlass der Covid-19-Pandemie

Aus Anlass der Covid-19-Pandemie wurde in § 67 SGB II eine Sondervorschrift eingefügt, zunächst für die Zeit von März bis August 2020, derzeit verlängert bis einschließlich Dezember 2021. Neben der Regelung, dass vorübergehend die Angemessenheit der Unterkunftskosten nicht überprüft wird, ist vor allem von Bedeutung, dass der Einsatz des Vermögens nicht geprüft wird, wenn es nicht erheblich ist (§ 67 Abs. 2 SGB II). Dabei werden als Grenzbeträge für erhebliches Vermögen die Beträge von 60.000 EUR für die erste Person und je 30.000 EUR für die weiteren Personen aus dem Wohngeldrecht übernommen (→ *Wohngeld* Rn. 3). 48

128. Grundsicherung im Alter und bei Erwerbsminderung

Conradis

I. Einführung

1 Die Grundsicherung im Alter und bei Erwerbsminderung wurde bis Ende 2004 eigenständig im GSiG geregelt. Durch die Aufnahme der Grundsicherung in das SGB XII als Viertes Kapitel (§§ 41–46 SGB XII) ist diese Leistung **weitgehend der Hilfe zum Lebensunterhalt angeglichen** (→ *Sozialhilfe* Rn. 1 ff.) worden. Nur sehr wenige Unterschiede sind für den vorliegenden Zusammenhang von Bedeutung.

2 Leistungsberechtigt sind zum einen ältere Personen, die das Alter für die **Regelaltersrente** erreicht haben, also mindestens 65 Jahre alt sind. Für Personen, die nach dem 31.12.1946 geboren sind, erhöht sich das Renteneintrittsalter stufenweise, so dass der Anspruch auch erst dann beginnt (§ 41 Abs. 2 SGB XII). Zum anderen sind dauerhaft voll erwerbsgeminderte Personen leistungsberechtigt, die das 18. Lebensjahr vollendet haben (§ 41 Abs. 3 SGB XII).

3 Nicht leistungsberechtigt sind Personen, die in den letzten zehn Jahren ihre Bedürftigkeit vorsätzlich oder grob fahrlässig herbeigeführt haben (§ 41 Abs. 4 SGB XII); diese haben Anspruch auf Leistungen der Sozialhilfe nach dem Dritten Kapitel des SGB XII. Auswirkungen hat dies vor allem bei dem Übergang von Unterhaltsansprüchen (→ *Übergang von Unterhaltsansprüchen* Rn. 1 ff.). In der Praxis greift die Vorschrift, wenn **Schenkungen gegenüber Kindern** vorgenommen wurden, deren Rückforderung daran zu scheitern droht, dass der Schenker seine Bedürftigkeit vorsätzlich oder durch grobe Fahrlässigkeit herbeigeführt hat.[1]

4 Die Grundsicherung nach §§ 41 ff. SGB XII ist **antragsabhängig** und wird ab Beginn des Antragsmonats gezahlt (§ 44 Abs. 1 S. 2 SGB XII). Die Leistung wird in der Regel für zwölf Kalendermonate bewilligt (§ 44 Abs. 1 S. 1 SGB XII). Damit handelt es sich praktisch um eine rentenähnliche **Dauerleistung**. Ein einmal gestellter Antrag gilt über das Ende des Bewilligungszeitraums hinaus fort.[2] Der Leistungsanspruch besteht auch bei einem Auslandsaufenthalt weiter bis zu einer Dauer von vier Wochen (§ 41 a SGB XII).

II. Leistungsumfang

1. Höhe der Leistung

5 Die Höhe der Leistungen der Grundsicherung im Alter, der Hilfe zum Lebensunterhalt und der Grundsicherung für Arbeitsuchende ist identisch. Wegen der Höhe sei daher auf die Übersicht für Leistungen nach dem SGB II verwiesen (→ *Grundsicherung für Arbeitsuchende* Rn. 5).

2. Unterkunftskosten

6 Weiterhin besteht nach § 42 Abs. 1 Nr. 2 SGB XII ein Anspruch auf Bewilligung der **angemessenen** tatsächlichen Aufwendungen für Unterkunft und Heizung nach § 35 SGB XII. Im Hinblick auf die „entsprechende" Anwendung ist eine Abweichung der Interpretation der Angemessenheit von der Hilfe zum Lebensunterhalt möglich.[3] Es kann daher ein altersbedingter Bedarf bzw. auch die geringere Flexibilität im Hinblick auf einen Umzug berücksichtigt werden.[4]

1 *Thie* in: LPK-SGB XII § 41 Rn. 18.
2 BSG 29.9.2009 – B 8 SO 13/08 R, FEVS 61, 364.
3 *Schoch* ZfF 2004, 197 (201).
4 BSG 23.3.2010 – B 8 SO 24/08 R, NDV-RD 2010, 127.

Das Problem, wie die Angemessenheit der Unterkunftskosten ermittelt wird, unterscheidet sich im Übrigen nicht von den Unterkunftskosten im SGB II, so dass darauf verwiesen werden kann (→ *Grundsicherung für Arbeitsuchende* Rn. 1 ff.). Zu den Unterkunftskosten gehören auch **Nachforderungen** aus Abrechnungen über die Nebenkosten. Wird hingegen vom Vermieter eine Erstattung von Nebenkosten vorgenommen, gilt diese Zahlung als Einkommen und mindert den Anspruch auf die laufende Leistung der Grundsicherung. 7

Ein **Zuschlag für Betreuung** kann jedenfalls dann als Teil der Unterkunftskosten übernommen werden, wenn dieser Zuschlag im Mietvertrag mit vereinbart ist.[5] 8

Die Aufwendungen für Unterkunft und Heizung werden nach **Kopfteilen** verteilt, so dass gleiche Anteile auf die Anzahl der im Haushalt lebenden Personen entfallen. Auch wenn ältere Menschen mit ihren Kindern zusammenleben, kann daraus nicht ohne Weiteres entnommen werden, dass sie bei diesen kostenfrei wohnen. Gibt es keine anderen Hinweise, muss von einem gleichen Anteil ausgegangen werden. Wird zwischen den grundsicherungsberechtigten Menschen und ihren Kindern ein Mietvertrag geschlossen, der eine höhere Miete enthält als die Aufteilung nach Köpfen, so ist dieser Betrag zugrunde zu legen. 9

3. Mehrbedarfszuschläge

In § 42 Abs. 1 Nr. 3 SGB XII wird auf die Mehrbedarfszuschläge des § 30 SGB XII verwiesen. Von Bedeutung ist vor allem der Zuschlag für Personen, die das 65. Lebensjahr vollendet haben oder unter 65 Jahren und voll erwerbsgemindert sind und einen Schwerbehindertenausweis mit dem Merkzeichen „G“ besitzen. Der Mehrbedarf beträgt 17 % des maßgebenden Regelbedarfs, soweit nicht im Einzelfall ein abweichender Bedarf besteht (§ 31 Abs. 1 SGB XII). 10

Als weiterer Zuschlag kommen insbesondere die **Diätkosten** nach § 30 Abs. 5 SGB XII in Betracht. Menschen, die einer kostenaufwendigen Ernährung bedürfen, sollen einen Mehrbedarf in angemessener Höhe erhalten. Für bestimmte Erkrankungen sind vom Deutschen Verein für öffentliche und private Fürsorge Empfehlungen entwickelt worden,[6] an die sich die meisten Sozialleistungsträger und die Gerichte halten. Sie sehen monatliche Beträge in Höhe von 5 % bis 30 % des Regelsatzes vor. Für Aufwendungen aufgrund von Schluckstörungen sind die tatsächlichen Aufwendungen nachzuweisen.[7] 11

III. Besonderheiten gegenüber der Hilfe zum Lebensunterhalt

Die Vermutung der Bedarfsdeckung bei **Haushaltsgemeinschaften** ist ausdrücklich ausgeschlossen (§ 43 Abs. 1 letzter Hs. SGB XII). Bei Sozialhilfeleistungen – ebenso wie bei Leistungen nach dem SGB II – wird hingegen vermutet, dass eine Bedarfsdeckung durch andere Personen der Haushaltsgemeinschaft erfolgt (§ 36 SGB XII). 12

Der **Einsatz des Einkommens** ist nach § 43 Abs. 1 SGB XII in der gleichen Weise geregelt wie bei der Hilfe zum Lebensunterhalt (§ 82–84 SGB XII). Nicht angerechnet werden die **Kindererziehungsleistungen** an Mütter der Geburtsjahrgänge vor 1921 – in den neuen Bundesländern vor 1927 – (§ 92 S. 1 SGB VI). Weiterhin werden bestimmte Leistungen nach dem Lastenausgleichsgesetz, Entschädigungen für Opfer des Nationalsozialismus im Beitrittsgebiet und für Opfer politischer Verfolgung nicht berücksichtigt. Von Bedeutung ist vor allem, dass die Grundrente nach dem Bundesverwaltungsgericht nicht als Einkommen angerechnet wird (§ 82 Abs. 1 S. 1 SGB XII). 13

Auch das **Vermögen** ist grundsätzlich in derselben Weise einzusetzen wie bei der Hilfe zum Lebensunterhalt nach dem Dritten Kapitel des SGB XII. Zum Vermögen gehören auch Ansprüche aus Lebensversicherungen oder Bausparverträgen. Vorsorgebeträge für die Bestattung stellen nur in eingeschränktem Maße verwertbares Vermögen dar. Auch ein Kraftfahrzeug, welches einen Wert oberhalb des Schonvermögens hat, muss ggf. verwertet werden. Im Gegensatz zu § 12 Abs. 3 Nr. 2 SGB II ist im SGB XII ein Kraftfahr- 14

5 BSG 14.4.2011 – B 8 SO 19/09 R, FEVS 63, 154.

6 Zunächst NDV 2015, 1; überarbeitet NDV 2020, 540, abrufbar unter www.deutscher-verein.de.

7 Vgl. *Thie* in: LPK-SGB XII § 30 Rn. 24 ff.

zeug grundsätzlich nicht geschützt. Anders kann sich die Lage darstellen, wenn aufgrund der Behinderung oder sonstiger Umstände des Einzelfalls die Benutzung eines Kraftfahrzeugs dringend erforderlich ist.

IV. Grundsicherung und Unterhalt

15 Die Leistungen der Grundsicherung unterschieden sich bis Ende 2019 vor allem im Hinblick auf die Heranziehung von Unterhaltspflichtigen erheblich von der Hilfe zum Lebensunterhalt nach dem Dritten Kapitel des SGB XII. Durch die Änderung bei dem Übergang von Unterhaltsansprüchen (→ *Übergang von Unterhaltsansprüchen* Rn. 4) unterscheidet sich die Rechtslage insoweit nicht mehr von der zur Hilfe zum Lebensunterhalt. Die Inanspruchnahme der Grundsicherung ist, sofern kein Übergang auf den Leistungsträger stattfindet, vorrangig. Tatsächlich gezahlter Unterhalt wird jedoch als Einkommen angerechnet (Einzelheiten → *Elternunterhalt* Rn. 1 ff.).

V. Besonderheiten aus Anlass der Covid-19-Pandemie

16 In § 141 SGB XII wurde im Jahr 2020 eine Sondervorschrift aus Anlass der Covid-19-Pandemie eingefügt, die ab dem 1.3.2020 bis derzeit zum 31.12.2021 gilt. Von Bedeutung ist vor allem, dass vorübergehend Vermögen nur oberhalb eines Betrages von über 60.000 EUR berücksichtigt wird und unter bestimmten Umständen die Anerkennung der tatsächlichen Unterkunftskosten und nicht nur der angemessenen in Betracht kommt (Einzelheiten → *Sozialhilfe* Rn. 9). Für die Leistungsempfänger nach diesem Kapitel sind im Übrigen Erleichterungen bei der Antragstellung aufgenommen worden (§ 141 Abs. 4, 5 SGB XII).

129. Gütergemeinschaft

Kretzschmar

I. Einführung

Neben der Gütertrennung (→ *Gütertrennung* Rn. 1 ff.) bietet das BGB in §§ 1415–1518 BGB den Güterstand der Gütergemeinschaft als vertraglichen Wahlgüterstand an. 1

Die Ehegatten können die Gütergemeinschaft nur durch **formbedürftigen Ehevertrag** gem. §§ 1415, 1408 BGB begründen und zwar vor oder während der Ehe.

Wenn die Ehegatten Gütergemeinschaft vereinbart haben, finden die §§ 1416 ff. BGB Anwendung. Es handelt sich hierbei überwiegend um **dispositives Recht**, soweit sich aus dem Normcharakter nichts anderes ergibt.

Die **gesetzliche Regelungssystematik** lautet überblicksartig wie folgt: 2

- Allgemeine Vorschriften §§ 1415–1421 BGB
- Alleinverwaltung des Gesamtguts §§ 1422–1449 BGB
- Gemeinschaftliche Verwaltung des Gesamtguts §§ 1450–1470 BGB
- Auseinandersetzung des Gesamtguts §§ 1471–1482 BGB
- Fortgesetzte Gütergemeinschaft §§ 1483–1518 BGB.

Wesentliches Merkmal der Gütergemeinschaft ist die Bildung eines gesamthänderisch gebundenen gemeinschaftlichen Vermögens, des **Gesamtguts** (→ *Gesamtgut/Verwaltung* Rn. 1). Sowohl in die Ehe eingebrachtes Vermögen der Ehegatten als auch während der Ehe hinzuerworbenes Vermögen – soweit es sich nicht um Vorbehaltsgut handelt – wird ohne einen besonderen Übertragungsakt gemeinschaftliches Vermögen beider Ehegatten. Besonderer Übertragungsakte bedarf es nicht (Universalsukzession). Neben dem Gesamtgut kann jeder Ehegatte für sich **Sondergut** (→ *Sondergut* Rn. 1) innehaben. Hierzu gehören die Gegenstände, die nicht durch Rechtsgeschäft übertragen werden können, § 1417 BGB (Rentenansprüche, nicht abtretbare oder pfändbare Forderungen, nicht übertragbare dingliche Rechte, Urheberrechte, Beteiligungen an Personengesellschaften etc). Gegenstände des Sonderguts können nur durch Ehevertrag in Vorbehaltsgut umgewandelt werden, mangels ihrer Übertragbarkeit nicht aber in Gesamtgut.[1] 3

Daneben ist als Vermögensmasse das **Vorbehaltsgut** (→ *Vorbehaltsgut* Rn. 1) möglich. Hierzu gehören die Gegenstände, die die Ehegatten durch Ehevertrag zum Vorbehaltsgut erklärt haben und die damit vom Gesamtgut ausgeschlossen sind, oder die Gegenstände, die ein Ehegatte von Todes wegen oder durch unentgeltliche Zuwendung erlangt hat und die der Zuwendende zum Vorbehaltsgut bestimmt hat, § 1418 BGB. Sondergut und Vorbehaltsgut stehen im **Alleineigentum** des jeweiligen Ehegatten. Damit sind insgesamt **fünf Vermögensmassen** in der ehelichen Gütergemeinschaft möglich.

II. Verbreitung der Gütergemeinschaft

Während der Güterstand der Gütergemeinschaft früher weit verbreitet war und als vollkommener Ausdruck einer idealen Ehe empfunden wurde, entspricht die Gütergemeinschaft heute kaum mehr den Vorstellungen 4

1 Palandt/*Siede* BGB § 1417 Rn. 1.

einer modernen Ehe und wird zunehmend als **„nicht mehr zeitgemäß“**[2] angesehen. Er ist in ländlichen Gegenden aber noch häufig anzutreffen.[3]

III. Rechtsfolgen der vereinbarten Gütergemeinschaft

1. Gesamthänderische Bindung

5 Die Ehegatten sind gesamthänderisch an ihr Gesamtgut gebunden. Dem einzelnen Ehegatten steht damit weder ein gegenständlich festgelegter noch ein rechnerischer Anteil am Gesamtgut zu.

Aus der **gesamthänderischen Bindung** folgt, dass der einzelne Ehegatte grundsätzlich nicht wirksam über einen Vermögensgegenstand aus dem Gesamtgut und auch nicht über seinen Anteil an dem Gesamtgut verfügen kann, § 1419 Abs. 1 BGB. Anders als in anderen Gesamthandsgemeinschaften kann ein Ehegatte zudem keine Verfügung unter Lebenden über seinen Anteil an der Gesamthand treffen. Lediglich durch Verfügung von Todes wegen kann der Anteil an der Gesamthand übertragen werden und dies auch nur dann, sofern keine fortgesetzte Gütergemeinschaft (→ *Fortgesetzte Gütergemeinschaft* Rn. 1 ff.) eintritt.[4]

2. Gemeinschaftliche Verwaltung, Alleinverwaltung

6 Es ist immer zwischen den einzelnen Vermögensmassen zu unterscheiden. Hinsichtlich des Gesamtguts sollen die Ehegatten gem. § 1421 S. 1 BGB im Ehevertrag festlegen, ob der Mann oder die Frau das Gesamtgut verwaltet oder ob beide das Gesamtgut gemeinschaftlich verwalten. Sofern der Ehevertrag keine Bestimmung enthält, verwalten sie das Gesamtgut gemeinschaftlich, § 1421 S. 2 BGB.

7 Gemeinschaftlich verwalten die Ehegatten das Gesamtgut, wenn der Ehevertrag dies anordnet oder der Ehevertrag keine **Verwaltungsbestimmung** enthält, § 1421 BGB.

8 Allein verwaltet ein Ehegatte das Gesamtgut, wenn der Ehevertrag diesen zum Verwalter erklärt, § 1421 BGB.

Das Sondergut und das Vorbehaltsgut verwaltet jeder Ehegatte allein, §§ 1417 Abs. 3, 1418 Abs. 3 BGB.

3. Güterrechtsregistereintragung als Voraussetzung für die Wirkung gegenüber Dritten

9 Nur wenn die Ehegatten die Eintragung der Gütergemeinschaft in das Güterrechtsregister des zuständigen Amtsgerichts veranlassen, können sie Einwendungen gegen ein Rechtsgeschäft, das zwischen einem der Ehegatten und einem Dritten vorgenommen wird, herleiten, § 1412 Abs. 1 BGB. Der Dritte ist bei (unwirksamen) Geschäften nur geschützt, wenn keine Eintragung in das Güterrechtsregister erfolgte und er keine Kenntnis über den Güterstand hatte. Beruft sich der Dritte auf die Nichteintragung, beurteilt sich die Rechtslage wie beim gesetzlichen Güterstand. Die Eintragung ist keine Wirksamkeitsvoraussetzung für die Gütergemeinschaft selbst, sondern dient durch die **Publizitätswirkung** dem **Verkehrsschutz**. Das Gleiche gilt auch für Änderungen oder der Aufhebung des Ehevertrages, § 1412 Abs. 2 BGB.

4. Verfügungsbefugnis

10 Aus der Gütergemeinschaft folgt für die Verpflichtungs- und Verfügungsgeschäfte keine allgemeine Vertretungseigenschaft des einen Ehegatten für den anderen.[5]

Zunächst ist immer zwischen den einzelnen **Vermögensmassen** und der **Verwaltungsanordnung** zu differenzieren:

- **Sondergut**: Jeder Ehegatte bleibt Alleineigentümer und ist damit allein verfügungsbefugt, § 1417 Abs. 3 BGB.

2 *Langenfeld* FamRZ 1987, 9 (13).
3 Vgl. *Schulz/Hauß* Vermögensauseinandersetzung Rn. 935.
4 Palandt/*Siede* BGB § 1419 Rn. 2.
5 Palandt/*Siede* BGB § 1416 Rn. 1.

- **Vorbehaltsgut**: Jeder Ehegatte ist Alleineigentümer und damit allein verfügungsbefugt, § 1418 Abs. 3 BGB.
- **Gesamtgut**: Die Ehegatten sind gemeinschaftlich Eigentümer und damit gesamthänderisch gebunden. Grundsätzlich können sie wegen der gesamthänderischen Bindung nur gemeinschaftlich über Gegenstände des Gesamtguts verfügen, vgl. § 1419 Abs. 1 BGB. Sofern die Ehegatten jedoch im Ehevertrag vereinbart haben, dass ein Ehegatte allein das Gesamtgut verwaltet, so folgt aus diesem Verwaltungsrecht auch die alleinige Verfügungsbefugnis über das Gesamtgut mit Wirkung für und gegen das Gesamtgut, vgl. § 1422 S. 1 BGB.

Im Übrigen vermag der Gesamtgutsverwalter auch mit Wirkung für das Gesamtgut Verpflichtungsgeschäfte abzuschließen.[6]

5. Haftungsgemeinschaft

Das Gesamtgut haftet für gesetzliche Verbindlichkeiten, sog. Gesamtgutsverbindlichkeiten, §§ 1437 Abs. 1, 1459 Abs. 1 BGB. Gesamtgutsverbindlichkeiten sind sowohl vorhandene Schulden als auch die während der Gütergemeinschaft kraft Gesetzes entstehenden Verbindlichkeiten, also auch aus Delikt und Unterhaltsschulden. Daneben haftet der verwaltende Ehegatte für die Gesamtgutsverbindlichkeiten persönlich, also mit seinem Vorbehaltsgut und dem Sondergut. 11

Näher zur Haftung → *Gesamtgut/Verwaltung* Rn. 24 ff.

6. Aufrechnungsbeschränkung

Der Schuldner kann gem. § 1419 Abs. 2 BGB gegen eine Hauptforderung aus dem Gesamtgut nur mit einer Gegenforderung, deren Begleichung er aus dem Gesamtgut verlangen kann, aufrechnen. 12

7. Unrichtigkeit des Grundbuchs

Mit dem Übergang der Vermögensgegenstände auf beide Ehegatten durch Universalsukzession mit Abschluss des Ehevertrages, frühestens mit Eingehung der Ehe, wird das Grundbuch unrichtig. Jeder Ehegatte kann die **Berichtigung** des Grundbuchs durch Nachweis der Unrichtigkeit (Eheurkunde und Ehevertrag) in urkundlicher Form gem. §§ 22 Abs. 1, 29 Abs. 1 GBO beantragen. Ohne Vorlegung des Unrichtigkeitsnachweises muss der andere Ehegatte bei der Grundbuchberichtigung durch Zustimmung mitwirken, § 22 Abs. 2 GBO. Einen wechselseitigen **Mitwirkungsanspruch** normiert § 1416 Abs. 3 S. 1 BGB. Zu beachten ist jedoch, dass der öffentliche Glaube des Grundbuchs auch dann erhalten bleibt, wenn im Güterrechtsregister die Gütergemeinschaft der Ehegatten eingetragen ist. Wenn also bis zur Berichtigung des Grundbuchs der Dritte von dem im Grundbuch noch allein eingetragenen Grundeigentümer erwirbt, ist der Erwerb wirksam.[7] 13

8. Zwangvollstreckung

Verwaltet ein Ehegatte das Gesamtgut allein, so ist für die Zwangsvollstreckung in das Gesamtgut ein Titel gegen diesen Ehegatten erforderlich, § 740 Abs. 1 ZPO. 14

Die Zwangsvollstreckung in das Gesamtgut ist bei gemeinschaftlicher Verwaltung der Ehegatten nur zulässig, wenn ein **Titel gegen beide** Ehegatten vorliegt, § 740 Abs. 2 BGB. Für die Zwangsvollstreckung in Gegenstände des Vorbehaltsguts eines Ehegatten ist ein Titel gegen diesen Ehegatten notwendig.[8]

Zu beachten ist, dass der Anteil eines Ehegatten an dem Gesamtgut gem. § 860 Abs. 1 ZPO während des Güterstands der Gütergemeinschaft unpfändbar ist.

---

6 Palandt/*Siede* § 1422 Rn. 1.
7 *Gernhuber/Coester-Waltjen* FamR § 38 Rn. 23 (dort Fn. 26).
8 MüKoBGB/*Münch* § 1418 Rn. 17.

9. Insolvenzverfahren

15 Wird das Insolvenzverfahren über das Vermögen eines in Gütergemeinschaft lebenden und das Gesamtgut verwaltenden Ehegatten eröffnet, dann gehört das Gesamtgut zur Insolvenzmasse, § 37 Abs. 1 S. 1 InsO. Die Eröffnung des Insolvenzverfahrens über das Vermögen des nicht verwaltenden Ehegatten berührt das Gesamtgut nicht, § 37 Abs. 1 S. 3 InsO. Bei gemeinschaftlicher Verwaltung durch die Ehegatten wird das Gesamtgut durch das Insolvenzverfahren über das Vermögen eines Ehegatten nicht berührt, § 37 Abs. 2 InsO.

Der Anteil eines Ehegatten am Gesamtgut gehört wegen **Unpfändbarkeit** nicht zur Insolvenzmasse, § 36 Abs. 1 InsO.

IV. Beendigung der Gütergemeinschaft

16 Der Güterstand der Gütergemeinschaft endet mit der Ehe, also mit dem Tod eines Ehegatten (es sei denn, es tritt die fortgesetzte Gütergemeinschaft ein), mit der Ehescheidung, der Eheaufhebung und der Eheauflösung. Daneben ist die Beendigung durch ehevertragliche oder gerichtliche Aufhebung möglich.[9]

Nach der Beendigung findet eine Auseinandersetzung (→ *Auseinandersetzung der Gütergemeinschaft* Rn. 13 ff.) über das Gesamtgut statt, § 1471 Abs. 1 BGB.

9 *Schulz/Hauß* Vermögensauseinandersetzung Rn. 989 f.

130. Gütertrennung

Rakete-Dombek

I. Einführung

Durch Ehevertrag (§ 1410 BGB) vor oder während der Ehe können die Ehegatten gem. § 1408 BGB ihre güterrechtlichen Verhältnisse abweichend von dem gesetzlichen Güterstand der Zugewinngemeinschaft (§§ 1383 ff. BGB) regeln. Hierfür stehen mittlerweile drei Wahlgüterstände zur Verfügung: Die Gütertrennung (§ 1414 BGB) und die Gütergemeinschaft (§§ 1415 ff. BGB) sowie der seit Inkrafttreten des Abkommens vom 4.2.2010 zwischen Frankreich und Deutschland am 1.5.2013 hinzugekommene deutsch-französische Wahlgüterstand. 1

Die Gütertrennung ist gesetzlich nicht geregelt, lediglich ihr Eintreten ist normiert. Der Güterstand der Gütertrennung ist einfach und schafft klare Verhältnisse zwischen den Ehegatten.[1] Durch die Gütertrennung entfällt die Erbteilserhöhung aus § 1931 Abs. 4 BGB, so dass sich der Erbteil des überlebenden Ehegatten verringert. Schon aus steuerlichen Gründen wird daher häufig die Gestaltung der modifizierten Zugewinngemeinschaft gewählt. Der Bundesgerichtshof hält trotz entgegenstehender Stimmen in der Literatur[2] bisher daran fest, dass sich die Vereinbarung der Gütertrennung nach seiner Kernbereichslehre ehevertraglicher Gestaltung als am weitesten zugänglich (BGH 11.2.2004 – XII ZR 265/02, NJW 2004, 930; Rakete-Dombek NJW 2004, 1273) erweist. Lediglich im Bereich der ehebedingten Zuwendungen oder der Ehegatteninnengesellschaft (→ *Ehegatteninnengesellschaft* Rn. 1 ff.) sowie in Fällen der sog. Funktionsäquivalenz (vgl. ua OLG Karlsruhe 31.10.2014 – 20 UF 7/14, NZFam 2015, 126) behält sich der Bundesgerichtshof vor, Korrekturen vorzunehmen. 2

Durch die Vereinbarung der Gütertrennung stehen sich die Ehegatten güterrechtlich weiterhin wie nicht miteinander Verheiratete gegenüber. Jeder verwaltet sein Vermögen selbst. Ein Ausgleich bei Beendigung der Ehe oder der Beendigung des Güterstandes findet nicht statt. Der Gütertrennungsvertrag ist nicht in jeder Ehe auch der sachgerechte Güterstand. Verbunden hiermit ist häufig eine Benachteiligung der haushaltsführenden oder kindererziehenden Frau. Eine modifizierte Zugewinngemeinschaft kann dem besser Rechnung tragen.[3] Modifikationen der Zugewinngemeinschaft sind ohne Weiteres möglich.[4] 3

II. Regelung und Wirkungen

Durch die notarielle Vereinbarung der Gütertrennung bleiben die Vermögen der Eheleute weiter getrennt. Ein Zugewinnausgleich findet nicht statt, weder bei der Beendigung der Ehe durch den Tod eines Ehegatten noch bei Ehescheidung. Die Verfügungsbeschränkungen der §§ 1365, 1369 BGB finden keine Anwendung. 4

Die Gütertrennung berührt jedoch nicht die gegenseitigen **Unterhaltspflichten**. Auch wirkt sie nicht auf die Rechtsverhältnisse an **Ehewohnung** und Haushaltsgegenständen, selbst wenn diese im Alleineigentum eines Ehegatten stehen. Die Ehegatten sind trotz Gütertrennung Mitbesitzer insoweit. Hinsichtlich des **Hausrats** gilt ebenso die Miteigentumsvermutung des § 1568 b BGB.[5] Die Auskunftspflicht über das Vermögen in groben Zügen aus § 1353 Abs. 1 BGB gilt auch bei Gütertrennung. Auch die gesetzliche Vermutung des § 1362 Abs. 1 BGB zugunsten des Gläubigers ist dadurch nicht aufgehoben. Ein Ehegatte kann den anderen gem. § 1357 BGB bei Geschäften zur Deckung des Lebensbedarfs verpflichten. 5

1 *Langenfeld/Milzer* Eheverträge-HdB Rn. 359.
2 *Dauner-Lieb* FF 2010, 343.
3 *Brambring* Ehevertrag S. 72 f.
4 BGH 17.7.2013 – XII ZB 143/12, FamRZ 2013, 1543; OLG Frankfurt 13.1.2020 – 8 UF 115/19 BeckRS 2020, 949.
5 *Johannsen/Henrich* BGB § 1414 Rn. 4, 5.

6 Soweit Ehegatten trotz der Gütertrennung gemeinsame Konten unterhalten, gemeinsam Darlehen aufnehmen und gemeinsam Eigentum erwerben, fehlt es an gesetzlichen Regelungen, so dass auf die allgemeinen **Regeln des Schuld- und Sachenrechts** zurückgegriffen werden muss. Die Vereinbarung der Gütertrennung verhält sich zu vertraglichen Beziehungen der Ehegatten insoweit neutral.[6] Hierbei ist zu beachten, dass auch die in Gütertrennung geführte Ehe eine eheliche Lebensgemeinschaft als Schicksals- und Risikogemeinschaft bleibt,[7] so dass sich in der Rechtsprechung Durchbrechungen des starren Gütertrennungsprinzips zunehmend finden, um beiden Ehegatten eine angemessene Teilhabe an dem gemeinsam während der Ehe Erarbeiteten zu verschaffen.

7 Der **Nachteil** der Gütertrennung besteht im „Alles oder Nichts".[8] Modifikationen sind in diesem Güterstand nicht möglich.

Im **Erbfall** können sich die Pflichtteilsansprüche der Kinder erhöhen. Der überlebende Ehegatte verliert den steuerfreien Zugewinnausgleichsbetrag aus § 1931 Abs. 4 BGB. Auch im Ehescheidungsfall wäre der Ausgleich des Zugewinns steuerfrei. Haben die Ehegatten Gütertrennung vereinbart, findet § 5 EStG keine Anwendung, auch nicht auf freiwillige Vermögensübertragungen. Diese wären mit Ausnahme des Familienheims schenkungssteuerpflichtig. Wird gleichzeitig der Versorgungsausgleich ausgeschlossen und trifft ein Ehegatte Vorsorge für sein Alter ausschließlich durch Vermögensbildung, sind auch diese Werte einem Ausgleich entzogen (sog. eingesperrter Versorgungsausgleich).[9]

III. Beendigung der Gütertrennung

8 Die Eheleute können die Gütertrennung jederzeit aufheben, was sich im fortgeschrittenen Alter im Hinblick auf die erbrechtlichen Gestaltungen oft sogar empfiehlt. Häufig ist die Gütertrennung anlässlich der Eheschließung aus falschen Motiven vereinbart worden (Haftungsvermeidung oder Streitvermeidung bei Ehescheidung). Die Gütertrennung kann auch rückwirkend auf den Tag der Eheschließung aufgehoben werden. Allerdings wirkt diese **Aufhebung** steuerlich erst ab Vertragsschluss, nicht ab dem Tag der Eheschließung, so dass insoweit die steuerliche Anerkennung rückwirkend versagt bleibt.[10]

---

6 *Johannsen/Henrich* BGB § 1414 Rn. 6.
7 BGH 15.2.1989 – IVb ZR 105/87, NJW 1989, 1986.
8 *Brambring* Ehevertrag S. 71 f.
9 *Münch* FPR 2009, 514.
10 *Brambring* Ehevertrag S. 74 f.

131. Haftung der Ehegatten

J. Teubel

I. Einführung

Vor dem Hintergrund der engen persönlichen Beziehung der Ehegatten stellt sich die Frage, ob Eheleute in der Erfüllung von Verpflichtungen einander ebenso haften sollen wie gegenüber Dritten. Das deutsche Recht verneint sie und sieht einen milderen Haftungsmaßstab vor. 1

II. Materielles Recht

1. Haftungsprivileg

Die Ehegatten haben bei der Haftung gegenüber dem anderen nur für diejenige Sorgfalt einzustehen, die sie in eigenen Angelegenheiten anwenden (**§ 1359 BGB**). Die Vorschrift ist keine Anspruchsgrundlage, sondern bestimmt nur den Haftungsmaßstab bei Ansprüchen zwischen Ehegatten. 2

2. Anwendungsbereich/eheliches Verhältnis

Die Haftungsprivilegierung gilt nicht für alle Rechtsgeschäfte zwischen den Ehegatten. Vielmehr wird danach unterschieden, ob es sich um Verpflichtungen aus dem ehelichen Verhältnis handelt oder nicht. Die Vorschrift gilt für die Haftung im Rahmen der Unterhaltspflicht gem. §§ 1360 a Abs. 3, 1613 BGB, für Ansprüche aus dem ehelichen Güterrecht, für Rechtsgeschäfte zwischen Ehegatten, die mit der Verwirklichung der **ehelichen Lebensgemeinschaft** (→ *Eheliche Lebensgemeinschaft* Rn. 15 ff.) zusammenhängen, oder bei Ausübung der Schlüsselgewalt (→ *Schlüsselgewalt* Rn. 5 ff.). 3

§ 1359 BGB gilt auch für rechtsgeschäftliche Vereinbarungen oder **Verträge zwischen Ehegatten** (Darlehen, Schenkung etc). 4

Die Haftungsprivilegierung gilt auch für **Deliktsansprüche** wie bei Körperverletzungen und Sachbeschädigungen im häuslichen Bereich oder bei gemeinsamem Freizeitsport. Keine Anwendung findet sie dagegen im Straßenverkehr, wenn etwa ein Ehegatte unter Verstoß gegen die Regeln des Straßenverkehrs den anderen am Körper verletzt oder dessen Sachen beschädigt, oder beim Gebrauch eines motorgetriebenen Fahrzeugs wie einem Motorboot.[1] Dies ergibt sich aus der Schutzfunktion des Haftungsrechts sowie dem Grundsatz der Gleichbehandlung aller Verkehrsteilnehmer, der keinen Spielraum für individuelle Sorgfalt erlaubt. Außerdem soll einem in Anspruch genommenen Zweitschädiger der Rückgriff gegen den Versicherer des mitschuldigen Ehegatten nicht genommen werden.[2] 5

3. Zeitliche Geltung des Haftungsprivilegs

Das Haftungsprivileg soll auch während des Getrenntlebens gelten, beispielsweise bei Schäden an Haushaltsgegenständen oder der Ehewohnung, die der eine Ehegatte dem anderen zur Weiterbenutzung überlassen hat.[3] Maßgeblich sind die Verhältnisse im Moment der Anspruchsentstehung, nicht bei der Geltendmachung. 6

1 BGH 24.3.2009 – VI ZR 79/08, NJW 2009, 1875.
2 BGH 27.6.1961 – VI ZR 205/60, NJW 1961, 1966.
3 OLG Stuttgart 17.9.1982 – 2 U 28/82, FamRZ 1983, 68; aA MüKoBGB/*Roth* § 1359 Rn. 8.

4. Außenverhältnis

7 Bei einem Amtshaftungsanspruch gegen einen weiteren Schädiger wird die Forderung gegen den schädigenden Ehegatten nicht als anderweitige Ersatzmöglichkeit iSd § 839 Abs. 1 S. 2 BGB berücksichtigt.[4] Haben bei einer **Unfallhaftung** zwischen Ehegatten Dritte den verletzten Ehegatten entschädigt, scheidet ein Rückgriff gegen den schädigenden Ehegatten in Anlehnung an § 86 Abs. 3 VVG aus.[5]

5. Haftung im Zusammenhang mit Kindern

8 Der Haftungsmaßstab des § 1359 BGB ist auch bei einer Aufsichtspflichtverletzung gem. § 832 BGB, die zu einer Schädigung des anderen Ehegatten geführt hat, anwendbar, wenn ein Anspruch des anderen nicht ohnehin daran scheitert, dass er selbst auch aufsichtspflichtig ist.[6] Zur Haftung der Ehegatten gegenüber gemeinsamen Kindern → *Haftung der gesetzlichen Vertreter* Rn. 5 ff.

6. Folgen des Haftungsprivilegs

9 Das Haftungsprivileg befreit nicht von der Haftung wegen **grober Fahrlässigkeit** (§ 277 BGB). Liegt objektiv leichte oder mittlere Fahrlässigkeit vor und kann der handelnde Ehegatte beweisen, dass er in eigenen Angelegenheiten genauso verfährt, kommt ihm das Haftungsprivileg zugute. Handelt der Ehegatte in eigenen Angelegenheiten noch sorgfältiger, als es § 276 BGB verlangt, führt § 1359 BGB zu keiner Haftungsverschärfung. Es bleibt beim Maßstab des § 276 BGB.[7]

7. Abdingbarkeit

10 § 1359 BGB ist **dispositives Recht**. Die Ehegatten können im Innenverhältnis Haftungsverschärfungen oder -erleichterungen vereinbaren. Ein Haftungsausschluss gilt nur im Verhältnis der Ehegatten untereinander.[8]

III. Verfahrenshinweise

11 Der Ehegatte, der sich auf das Haftungsprivileg beruft, muss **beweisen**, dass er in eigenen Angelegenheiten genauso verfährt wie bei dem schädigenden Ereignis.

IV. Internationales Privatrecht

12 Welches Recht für Ansprüche zwischen Ehegatten maßgeblich ist, bestimmt sich nach dem jeweiligen Rechtsverhältnis. Für Ansprüche aus unerlaubter Handlung, etwa wegen eines Verkehrsunfalls in einem gemeinsamen Fahrzeug, ist die Rom II-VO[9] maßgebend. Allerdings wird die Anknüpfung an den Schadensort gem. Art. 4 Abs. 1 Rom II-VO idR durch das Recht des Staates des gemeinsamen gewöhnlichen Aufenthalts (Art. 4 Abs. 2 Rom II-VO) oder das Recht des Staates, zu dem die betreffende unerlaubte Handlung in offensichtlich engerer Verbindung steht (Art. 4 Abs. 3 Rom II-VO), verdrängt. Dies kann das Recht sein, dem die allgemeinen Ehewirkungen unterliegen (→ *Eheliche Lebensgemeinschaft* Rn. 30 ff.).[10] Das **Ehewirkungsstatut** bestimmt zudem über Haftungsprivilegierungen zwischen Ehegatten wie § 1359 BGB.[11]

4 BGH 27.1.1977 – III ZR 173/74, NJW 1977, 1238.
5 BGH 21.9.1976 – VI ZR 210/75, NJW 1977, 108.
6 OLG Stuttgart 17.9.1982 – 2 U 28/82, FamRZ 1983, 68.
7 MüKoBGB/*Roth* § 1359 Rn. 6.
8 NK-BGB/*Wellenhofer* § 1359 Rn. 13.
9 VO (EG) Nr. 864/2007 über das auf außervertragliche Schuldverhältnisse anzuwendende Recht.
10 OLG Nürnberg 31.10.2018 – 7 UF 617/18, NJW-RR 2019, 710.
11 *Erbarth* NZFam 2018, 249 (252).

132. Haftung der gesetzlichen Vertreter

Seebach/M. Teubel

I. Allgemeines

Gem. § 1664 BGB haben Eltern bei der **Ausübung der elterlichen Sorge** dem Kind gegenüber nur für die Sorgfalt einzustehen, die sie in eigenen Angelegenheiten anzuwenden pflegen.[1] Es handelt sich insoweit um eine **Haftungsprivilegierung der Eltern** im Eltern-Kind-Verhältnis.[2] 1

Die Eltern haften dem Kind gegenüber als **Gesamtschuldner**, wenn sie für den Schaden gemeinsam verantwortlich sind.[3] Das Kind kann demnach gem. § 421 S. 1 BGB von jedem Elternteil den Ersatz des vollen Schadens verlangen. Allerdings gilt für jeden Elternteil gesondert der Maßstab des § 1664 BGB, so dass gegebenenfalls ein unterschiedlicher Haftungsmaß anzulegen sein wird.[4] In einer solchen Konstellation kann hinsichtlich eines Elternteils der Anspruch entfallen, so dass gerade kein Gesamtschuldverhältnis, auch kein gestörtes Gesamtschuldverhältnis, vorliegt.[5] 2

Bereits aus dem eindeutigen Wortlaut der Norm ergibt sich, dass § 1664 BGB nur im Verhältnis der Eltern zum Kind („dem Kind gegenüber") Anwendung findet und **gegenüber Dritten** nicht gilt.[6] Selbst dann, wenn diese Dritten im **Auftrag der Eltern** deren Aufgaben, beispielsweise als Haushaltshilfe oder Babysitter wahrnehmen, greift im Verhältnis des Dritten zum Kind § 1664 BGB nicht ein, so dass es bei den allgemeinen Haftungsgrundsätzen verbleibt.[7] **Sinn und Zweck** des § 1664 BGB ist es gerade, den Familienfrieden zu sichern und zu wahren. Eine analoge Anwendung auf Aufsichtspersonen scheidet aufgrund des familienrechtlich geprägten Ausnahmecharakters[8] der Vorschrift aus. Gem. § 1793 Abs. 1 S. 3 BGB gilt § 1664 aber für den Vormund entsprechend. 3

Art. 6 GG schützt die Familie als tatsächliche Lebens- und Erziehungsgemeinschaft und gilt dann, wenn die Eltern getrennt leben, hinsichtlich beider nunmehr bestehender Gemeinschaften. § 1664 BGB gilt demnach im **Eltern-Kind-Verhältnis** dem Kind gegenüber unabhängig davon, ob die Eltern zusammen oder getrennt leben, verheiratet sind oder nicht, gemeinsam sorgeberechtigt sind oder lediglich Umgangskontakte des Kindes mit dem nicht betreuenden Elternteil bestehen (→ Rn. 5). 4

II. Haftung der gesetzlichen Vertreter

1. Haftungsmaßstab

Die Eltern haften den Kindern gegenüber gerade nur für die Sorgfalt, die sie in eigenen Angelegenheiten anzuwenden pflegen (→ Rn. 1). Dies befreit von der **Haftung für einfache Fahrlässigkeit**, wenn sie in eigenen Angelegenheiten ebenso sorglos verfahren, nicht aber von der Haftung für grobe Fahrlässigkeit (§ 277 BGB). Elterliche Sorge meint den gesamten Bereich der elterlichen Personen- sowie Vermögenssorge.[9] Auch auf den **umgangsberechtigten Elternteil** findet § 1664 BGB Anwendung, selbst wenn er 5

1 HK-BGB/*Kemper* § 1664 Rn. 2.
2 Palandt/*Götz* BGB § 1664 Rn. 1.
3 Palandt/*Götz* BGB § 1664 Rn. 5.
4 NK-BGB/*Rakete-Dombek/Berning* § 1664 Rn. 3.
5 OLG Celle 11.6.2008 – 14 U 179/07, NJW 2008, 2353.
6 NK-BGB/*Kaiser* § 1629 Rn. 19.
7 NK-BGB/*Rakete-Dombek/Berning* § 1664 Rn. 4.
8 BGH 17.10.1995 – VI ZR 358/94, NJW 1996, 53 (54).
9 NK-BGB/*Rakete-Dombek/Berning* § 1664 Rn. 1.

nicht sorgeberechtigt ist.[10] Eine solche Auslegung der Vorschrift ist sinnvoll und entgegen dem insoweit scheinbar eindeutigen Wortlaut auch zulässig, da der Sinn und Zweck der Norm (→ Rn. 3) zum einen auch bei getrennt lebenden Eltern gilt, zum anderen auch gegenüber dem nicht sorgeberechtigten, aber regelmäßig Umgang pflegenden Elternteil gelten muss.[11]

6 **Unabhängig von der rechtlichen Sorgerechtslage** nimmt der umgangsberechtigte Elternteil während des Umgangs Sorgerechtsaufgaben wahr.[12] Insbesondere bei der **Beaufsichtigung des Kindes** handelt es sich um einen wichtigen Bereich der elterlichen Sorge.[13] Im Hinblick auf den Schutzzweck der Norm, den Familienfrieden zu wahren, ist zu beachten, dass das Kind bei einem regelmäßigen, länger währenden Umgang mit dem nicht betreuenden Elternteil auch in dessen Lebenswelt eingebunden ist. Dieses Familienverhältnis kann nachhaltig gestört werden, was durch die Haftungsprivilegierung des § 1664 BGB vermieden werden soll. Für eine solche Auslegung spricht bereits der Wortlaut der Norm, die von Ausübung der elterlichen Sorge spricht, und gerade nicht davon, wer Inhaber der elterlichen Sorge ist. Hinsichtlich der **Haftung gegenüber Dritten** gilt § 832 BGB ohne Haftungsprivilegierung.[14]

2. Haftungsmaßstab im Straßenverkehr

7 Nach allgemeiner Meinung gilt diese Haftungsprivilegierung jedoch **nicht im Bereich des Straßenverkehrs.**[15] Nehmen Eltern und Kinder gemeinsam am Straßenverkehr teil, so ist es in diesem der Allgemeinheit zugänglichen Bereich nicht zulässig, dass die Eltern sich auf den in der Familie üblichen, milderen Sorgfaltsmaßstab berufen.[16] Im Bereich der **Gefährdungshaftung** wird § 1664 BGB demnach teleologisch reduziert.[17] Diese Reduktion greift nach gängiger Rechtsprechung im Bereich des § 1359 BGB betreffend die Sorgfaltspflicht der Ehegatten untereinander (→ *Haftung der Ehegatten* Rn. 5)[18] und wird entsprechend auch bei § 1664 BGB fortgeführt.[19]

Etwas anderes kann gelten, wenn das Kind ohne grobfahrlässige Verletzung der elterlichen Aufsichtspflicht durch ein fremdes Kraftfahrzeug verletzt wird, ohne dass der Führer des anderen Kraftfahrzeugs oder andere Personen gefährdet wurden.[20] Neben § 1664 BGB und § 1359 BGB finden sich weitere Haftungsprivilegierungen in § 708 BGB und § 4 LPartG.

3. Deliktische Haftung

8 Im Bereich der Deliktshaftung sowie im Bereich der **Beaufsichtigung der Kinder** ist die Anwendung von § 1664 BGB umstritten. Teilweise wird die Meinung vertreten, dass die elterliche Aufsichtspflicht nach objektiven Kriterien zu bestimmen sei und die Haftungsprivilegierung nach § 1664 BGB nicht gelten könne, wenn allgemeine, gegenüber jedermann bestehende Rechtspflichten verletzt würden. § 1664 BGB gelte demnach nicht im Bereich der deliktischen Haftung der Eltern gegenüber dem Kind und auch nicht bei Verletzung der Aufsichtspflicht gegenüber dem Kind.[21]

9 Dies widerspricht dem Sinn und Zweck sowie dem eindeutigen Wortlaut der Norm. § 1664 BGB gilt in Bereichen, die im Zusammenhang mit der Ausübung der elterlichen Sorge stehen, auch und gerade bei Verletzungen des Kindes infolge mangelnder Beaufsichtigung. Die Beaufsichtigung der Kinder ist

10 NK-BGB/*Rakete-Dombek/Berning* § 1664 Rn. 2; Palandt/*Götz* BGB § 1664 Rn. 2.
11 BGH 1.3.1988 – VI ZR 190/87, NJW 1988, 2667.
12 HK-FamR/*Schmid* BGB § 1664 Rn. 2.
13 NK-BGB/*Rakete-Dombek/Berning* § 1664 Rn. 7.
14 HK-FamR/*Schmid* BGB § 1664 Rn. 1; Palandt/*Götz* BGB § 1664 Rn. 4.
15 Palandt/*Götz* BGB § 1664 Rn. 4; HK-FamR/*Schmid* BGB § 1664 Rn. 1.
16 HK-BGB/*Staudinger* § 840 Rn. 7.
17 NK-BGB/*Rakete-Dombek/Berning* § 1626 Rn. 21.
18 NK-BGB/*Wellenhofer* § 1359 Rn. 7.
19 HK-BGB/*Schulze* § 277 Rn. 2.
20 OLG Bamberg 14.2.2012 – 5 U 149/11, NJW 2012, 1820 (1821).
21 OLG Stuttgart 28.3.1980 – 2 U 178/79, VersR 1980, 952.

zentraler Bereich der elterlichen Sorge.[22] Einzig im Bereich des Straßenverkehrs kommt es zu oben dargelegter teleologischer Reduktion.[23]

Ansonsten ist für eine weitergehende beschränkte Anwendung des § 1664 BGB kein Raum. Eine solche Beschränkung wurde vom Gesetzgeber auch bewusst nicht vorgenommen. Ein Widerspruch zu § 832 BGB ist nicht gegeben.[24] Die Gegenmeinung verkennt gerade, dass § 1664 BGB nur dem Kind gegenüber gilt. 10

Verletzt ein **Dritter neben den Eltern** das Kind und greift hinsichtlich der Verantwortlichkeit der Eltern der Maßstab des § 1664 BGB, so kann der Dritte sich hierauf nicht berufen.[25] Seine Ersatzpflicht dem Kind gegenüber bleibt unberührt. 11

4. Anspruchsgrundlage

Nach allgemeiner Ansicht bestimmt § 1664 BGB nicht nur den Haftungsmaßstab. Vielmehr ist dies eine selbstständige Anspruchsgrundlage der Kinder[26] gegen die Eltern zur Geltendmachung von Schadensersatz nach einer Pflichtverletzung.[27] 12

5. Verhältnis zu § 1618 a BGB

Selbst wenn sich ein Anspruch des Kindes gegen die Eltern trotz Haftungsprivilegierung ergibt, kann dennoch eine Pflicht des Kindes gegeben sein, diesen an sich bestehenden Anspruch nicht geltend zu machen.[28] Gem. § 1618 a BGB sind Eltern und Kinder einander **Beistand und Rücksicht** schuldig. Der § 1618 a BGB ist der § 242 BGB im Eltern-Kind-Verhältnis.[29] 13

Dabei greift § 1618 a BGB grundsätzlich dann ein, wenn das Kind auf den Schadenersatz nicht unmittelbar angewiesen ist, was regelmäßig bei **Schmerzensgeldansprüchen**, dagegen nicht bei materiellen Schäden, anzunehmen sein wird.[30] Ob § 1618 a BGB auch im Stiefkindverhältnis Anwendung findet, ist umstritten.[31] 14

6. Geldanlagen

Bei der **Vermögenssorge** als Teilbereich der elterlichen Sorge (→ *Vermögenssorge*), insbesondere bei Geldanlagen, haben Eltern gem. § 1664 BGB die Grundsätze einer **wirtschaftlichen Vermögensverwaltung** zu beachten, soweit die Einkünfte aus dem Kindesvermögen nicht nach § 1649 BGB verwendet werden.[32] Auch hierbei gilt der Haftungsmaßstab aus § 1664 BGB.[33] 15

III. Verfahren

Derjenige, der sich auf die Haftungsbeschränkung nach § 1664 BGB beruft, muss darlegen und beweisen, dass er in eigenen Angelegenheiten einen ähnlichen Sorgfaltsmaßstab anlegt. Insofern liegt die **Darlegungs- und Beweislast** bei den Eltern. Das Kind ist hinsichtlich des Schadens sowie des Verschuldens der Eltern beweispflichtig.[34] 16

---

22 Palandt/*Götz* BGB § 1664 Rn. 3.
23 NK-BGB/*Rakete-Dombek/Berning* § 1664 Rn. 7.
24 HK-FamR/*Schmid* BGB § 1664 Rn. 1.
25 NK-BGB/*Rakete-Dombek/Berning* § 1664 Rn. 14.
26 HK-FamR/*Schmid* BGB § 1664 Rn. 1.
27 So die hM, vgl. Palandt/*Götz* BGB § 1664 Rn. 1.
28 Staudinger/*Hilbig-Lugani* BGB § 1618 a Rn. 64.
29 NK-BGB/*Czeguhn/Schmitz* § 1618 a Rn. 1.
30 Staudinger/*Hilbig-Lugani* BGB § 1618 a Rn. 64.
31 NK-BGB/*Czeguhn/Schmitz* § 1618 a Rn. 4.
32 NK-BGB/*Rakete-Dombek/Berning* § 1642 Rn. 3.
33 NK-BGB/*Rakete-Dombek/Berning* § 1642 Rn. 5.
34 NK-BGB/*Rakete-Dombek/Berning* § 1664 Rn. 12.

17 Während der Dauer der elterlichen Sorge (→ *Elterliches Sorgerecht* Rn. 3) ist hinsichtlich der Geltendmachung von Ansprüchen des minderjährigen Kindes gegen die Eltern die **Bestellung eines Ergänzungspflegers** erforderlich.[35]

18 Familiengerichtliche Verfahren, die Ansprüche aus dem Eltern-Kind-Verhältnis betreffen, sind Sonstige Familiensachen nach § 266 Abs. 1 Nr. 4 FamFG (Familienstreitsache gem. § 112 Nr. 3 FamFG).

35 NK-BGB/*Rakete-Dombek/Berning* § 1664 Rn. 11.

133. Härtefallscheidung

Wegener

I. Einführung

1 Unter dem Begriff „Härtefallscheidung“ ist der Scheidungstatbestand des § 1565 Abs. 2 BGB zu verstehen, also die Scheidung vor Ablauf des Trennungsjahres. Wie bei den anderen drei Scheidungstatbeständen (→ *Ehescheidung* Rn. 1 ff.) ist auch im Rahmen einer Härtefallscheidung die Erfüllung des Grundtatbestandes (Scheitern der Ehe) Scheidungsvoraussetzung. Auch bei der Härtefallscheidung können ausnahmsweise die Härtegründe des § 1568 BGB dazu führen, dass eine gescheiterte Ehe (noch) nicht geschieden werden kann (→ *Ehescheidung* Rn. 15).

II. Tatbestandsvoraussetzungen

2 Nach § 1565 Abs. 2 BGB kann schon vor Ablauf des ersten Trennungsjahres die Ehe geschieden werden, wenn der Ausnahmetatbestand der **unzumutbaren Härte** vorliegt.

3 Auch in diesem Fall muss zunächst der Scheidungsgrundtatbestand des § 1565 Abs. 1 BGB erfüllt sein, die Ehe muss **gescheitert** sein (→ *Ehescheidung* Rn. 2). Wenn dies der Fall ist, müssen in der Person des Scheidungsgegners Gründe vorliegen, die für den die Scheidung begehrenden Antragsteller eine unzumutbare Härte darstellen, so dass der Ablauf des Trennungsjahres ausnahmsweise nicht verlangt werden kann. Ein zwischenzeitlicher Versöhnungsversuch schließt die Feststellung einer unzumutbaren Härte nicht aus.[1]

4 Die Gründe der besonderen Härte müssen also ausschließlich in der Person des **anderen Ehegatten** liegen. Liegt beim scheidungswilligen Ehegatten ebenfalls ein Fehlverhalten vor, kommt eine Härtefallscheidung nach § 1565 Abs. 2 BGB nicht in Betracht.

5 Die Scheidung vor Ablauf des Trennungsjahres ist als **absolute Ausnahmeregelung** zu verstehen. Es müssen also erhebliche schwerwiegende Gründe in der Person des anderen Ehegatten vorliegen, die es für den die Scheidung begehrenden Antragsteller unzumutbar machen, an der Bindung durch die Ehe festzuhalten. Dabei ist eine **objektive Beurteilung** vorzunehmen. Auf das subjektive Befinden des antragstellenden Ehegatten kommt es nicht an. Maßstab dafür soll sein, wie ein vernünftiger Dritter bei ruhiger Abwägung aller Umstände des vom anderen Ehegatten nach Art und Schwere ausgehenden Verstoßes gegen die Grundlagen der auf Liebe, Achtung und Treue aufgebauten Ehe reagieren würde.[2] Dabei muss sich die unzumutbare Härte auf das Eheband, also das nicht weiter miteinander Verheiratetsein beziehen und nicht bloß auf die Fortsetzung des ehelichen Zusammenlebens.[3]

6 Derjenige Ehegatte, der sich auf die Härtescheidung beruft, trägt die **Darlegungs- und Beweislast** im Rahmen des § 127 Abs. 2 FamFG. In der Regel wird es zur Beweisführung auf die Anhörung der Eheleute gem. § 128 Abs. 1 FamFG in besonderem Maße ankommen. Aber auch der Zeugenbeweis und andere Beweismittel kommen in Betracht.

7 Leben die Ehegatten während des Scheidungsverfahrens ein Jahr getrennt, vollendet sich also das Trennungsjahr, kommt eine Härtefallscheidung nicht mehr in Betracht. Die besonderen Gründe, die eine unzumutbare Härte rechtfertigen könnten, dürfen nicht mehr ermittelt werden. Insoweit fehlt es am **Rechtsschutzbedürfnis**.[4] Es kommt dann nur noch auf die Feststellung der Zerrüttung gem. § 1565 Abs. 1 S. 2 BGB an (→ *Ehescheidung* Rn. 4).

---

1 OLG Karlsruhe 9.12.2016 – 5 WF 133/16, FamRZ 2017, 1037–1038.

2 OLG Stuttgart 17.9.2015 – 11 UF 76/15, FamRB 2016, 255–256.

3 OLG Dresden 16.4.2012 – 23 UF 1041/11, NJW-RR 2012, 1284.

4 NK-BGB/*Bisping* § 1565 Rn. 14.

III. Rechtsprechungsübersicht zur Härtefallscheidung

8 In der Rechtsprechung werden in erster Linie **schwere Eheverfehlungen**, namentlich die Anwendung körperlicher Gewalt gegen den Ehepartner oder nahestehende Dritte, schwere Beleidigungen, Bedrohungen oder andere vorsätzliche, gegen den Ehepartner gerichtete Straftaten, unter erschwerenden Begleitumständen erfolgte Treuebrüche, unter besonderen Umständen aber auch Schicksalhaftes, wie zum Beispiel schwere Krankheiten, als Härtegrund anerkannt.[5] Aus der umfassenden Kasuistik zu den Voraussetzungen der Härtefallscheidung werden nachfolgend einige besondere **Beispiele** aufgelistet:[6]

- **Alkoholmissbrauch/Alkoholismus:** Gravierende Übergriffe und Drohungen eines alkoholbedingt gewalttätigen Ehemannes können eine Scheidung vor Ablauf des Trennungsjahres rechtfertigen.[7]
- **Beleidigung/Bedrohung:** Gegenüber Dritten geäußerte massive – ernsthafte – Morddrohungen können eine unzumutbare Härte darstellen.[8] Dies gilt besonders dann, wenn eine generelle Gewaltbereitschaft des Drohenden festgestellt werden kann.[9]
- Es liegt eine besondere Härte vor, wenn der Antragsgegner nach einem Gewaltexzess entgegen einem **Kontaktverbot** weiter in bedrohlicher Weise den Kontakt zur Antragstellerin sucht.[10]
- **Ehebruch:** Der Ehebruch an sich stellt keinen Härtefall dar, selbst wenn er wenige Tage nach der Eheschließung erfolgt. Es müssen weitere Gründe bzw. besondere Begleitumstände hinzutreten.[11] Ein die Härtefallscheidung rechtfertigender Begleitumstand liegt beispielsweise dann vor, wenn die getrennt lebende Ehefrau den neuen Partner in die ehemalige Ehewohnung aufnimmt.[12] Dies gilt entsprechend, wenn der Ehegatte während einer schweren, zum Tode führenden Erkrankung des anderen eine ehewidrige Beziehung aufnimmt und beide als Paar auftreten.[13]
- **Homosexualität:** Die Eingehung einer gleichgeschlechtlichen Lebensgemeinschaft rechtfertigt keine Härtefallscheidung.[14]
- **Misshandlung/Gewalttätigkeit:** Körperliche Misshandlung ist keine unzumutbare Härte iSd § 1565 Abs. 2 BGB, wenn es sich um einen einmaligen Vorfall im Affekt handelt,[15] anders bei jahrelangen Demütigungen und Tätlichkeiten.[16]
- **Prostitution:** Die Aufnahme der Tätigkeit als Prostituierte ohne Zustimmung des Ehemannes rechtfertigt die Härtefallscheidung auch dann, wenn dies nach der Trennung erfolgt.[17]
- **Psychische Erkrankung:** Fehlverhalten eines Ehepartners, das auf einer psychischen Erkrankung beruht, rechtfertigt grundsätzlich keine Härtefallscheidung.[18] Es stellt sich aber anders dar, wenn die (vorzeitige) Scheidung erforderlich ist, um dem psychisch erkrankten Ehepartner dadurch einen „sicheren Ort“ im Sinne einer Traumabewältigung zu verschaffen.[19]
- **Schwangerschaft:** Will der Ehemann geschieden werden, weil die Ehefrau von einem anderen Mann schwanger ist, damit er nicht als gesetzlicher Vater des Kindes gilt, kann dies eine Härtefallscheidung rechtfertigen.[20] Begründet wird dies mit dem Hinweis auf die Rechtslage zur Vaterschaftsanfechtung

---

5 OLG Saarbrücken 27.9.2001 – 6 UF 58/01, FamRB 2002, 226.
6 Eine ausführliche Übersicht findet sich bei *Garbe* in: PHdB-FamS § 2 Rn. 289.
7 OLG Schleswig 31.1.2007 – 15 WF 22/07, FamRB 2008, 67.
8 OLG Brandenburg 18.1.2001 – 9 UF 166/00, FamRZ 2001, 1458.
9 OLG Dresden 16.4.2012 – 23 UF 1041/11, NJW-RR 2012, 1284.
10 OLG Düsseldorf 7.6.2019 – 6 WF 134/19.
11 OLG München 28.7.2010 – 33 WF 1104/10, NJW-RR 2011, 77–79.
12 OLG Saarbrücken 5.10.2004 – 9 WF 111/04, NJW-RR 2005, 1305–1306.
13 OLG Stuttgart 17.9.2015 – 11 UF 76/15, FamRB 2016, 255–256.
14 OLG München 3.2.1995 – 16 WF 534/95, OLGReport München 1995, 80.
15 OLG Stuttgart 17.2.2001 – 17 UF 411/00, FamRZ 2002, 239.
16 OLG Oldenburg 27.4.2018 – 4 UF 44/18, FamRZ 2018, 1897.
17 OLG Bremen 26.9.1995 – 5 WF 66/95, FamRZ 1996, 489.
18 OLG Brandenburg 5.10.1994 – 9 WF 124/94, FamRZ 1995, 807.
19 KG Berlin 4.10.2017 – 13 WF 183/17, FamRZ 2018, 751–752.
20 OLG Frankfurt a. M. 6.6.2005 – 1 WF 89/05, FamRZ 2006, 625; OLG Karlsruhe 13.4.2000 – 20 WF 32/00, NJW-RR 2000, 1389.

nach § 1599 Abs. 2 S. 1 BGB, wenn das Kind nach Anhängigkeit eines Scheidungsantrags geboren wird.

Diese Auffassung ist aber streitig. Das OLG Stuttgart sieht in der ehebrecherischen Schwangerschaft gerade keinen Härtegrund,[21] es sei denn, beide Ehegatten bejahen das Vorliegen des Härtegrundes.[22] So auch das OLG Naumburg[23] zu dem Wunsch der schwangeren Frau, den biologischen Kindsvater noch vor der Geburt heiraten zu wollen. Dieser Härtegrund scheitert aber wohl schon daran, dass er in der Person der antragstellenden Ehefrau verwirklicht ist und nicht in der Person des Ehemannes.

- **Unterhaltsverweigerung:** Allein die Nichtzahlung von geschuldetem Unterhalt rechtfertigt keine Härtefallscheidung.[24]
- **Verlassen eines Ehepartners:** Verlässt der Ehemann die schwangere Ehefrau mit der Erklärung, er werde nicht zurückkehren, und ist er seit dem unauffindbar, rechtfertigt dies eine Scheidung vor Ablauf des Trennungsjahres wegen unzumutbarer Härte.[25]

21 OLG Stuttgart 29.4.1998 – 15 WF 203/98, FamRZ 1999, 722.
22 OLG Hamm 16.6.2014 – 8 WF 106/14, FamRZ 2014, 2004–2005.
23 OLG Naumburg 5.11.2004 – 14 WF 211/04, NJW 2005, 1812.
24 OLG Stuttgart 7.2.2001 – 18 WF 44/01, FamRZ 2001, 1458.
25 OLG Celle 5.8.1977 – 10 WF 24/77, FamRZ 1977, 718.

134. Haushaltssachen

Kloster-Harz/Schönberger

I. Haushaltsgegenstand

1. Überblick

1 Zum 1.9.2009 wurde in zahlreichen bürgerlich-rechtlichen Regelungen der bisher verwendete Begriff „Hausrat" in „**Haushaltsgegenstand**" umbenannt. Eine materiellrechtliche Änderung ist damit jedoch nicht erfolgt (siehe etwa §§ 1361 a, 1568 b, 1369 BGB, §§ 109 Abs. 4 Nr. 3, 133 Abs. 1 Nr. 2 FamFG). Unter den Begriff „Haushaltsgegenstand" iSv §§ 1361 a, 1568 b BGB fallen bei einer erforderlichen **weiten Auslegung**[1] alle Gegenstände – **bewegliche Sachen** (§ 90 BGB), einschließlich **wesentlicher Bestandteile** (§ 93 BGB) und **Zubehör** (§ 97 BGB) sowie die betreffenden **Rechte** an dem Haushaltsgegenstand, die nach den Lebens-, Einkommens- und Vermögensverhältnissen der Ehegatten und deren Kinder für das Zusammenleben, eingeschlossen die Freizeitgestaltung (beispielsweise Sportgeräte und Musikinstrumente), und die Wohn- und Hauswirtschaft, eingeschlossen Dekoration (beispielsweise Kunstgegenstände und Antiquitäten) üblicherweise dienen oder zu dienen bestimmt sind.[2] Dabei kommt es nicht auf den Zeitpunkt der Anschaffung, das Motiv der Anschaffung[3] oder den Wert des Gegenstandes[4] an. Für die weite Auslegung spricht auch der Umstand, dass zumindest bei der vorläufigen Regelung des § 1361 a BGB die Eigentumsverhältnisse unberührt bleiben, § 1361 a Abs. 4 BGB. Der Begriff ist **gegenständlich/funktional** (Sachen und Rechte) und **zeitlich**[5] **einzugrenzen**. Der Haushaltsgegenstand ist zum **güterrechtlichen Vermögen abzugrenzen**, da der im Haushalt genutzte Gegenstand je nach den einzelnen Anspruchsgrundlagen unterschiedlich verteilt wird, vorläufig nach § 1361 a BGB, **endgültig** nach § 1568 a BGB, oder aber den güterrechtlichen Regeln nach §§ 1363 ff. BGB unterliegt.

2. Bewegliche Sachen

2 Haushaltsgegenstände sind bewegliche Sachen iSv § 90 BGB. Entscheidend für die Qualifizierung einer beweglichen Sache als Haushaltsgegenstand sind allein die Funktion und die Widmung.[6] Der Gegenstand muss als Haushaltsgegenstand geeignet sein (**Funktion**). Der Gegenstand muss zudem zweckbestimmt, nämlich zu seinem tatsächlichen Gebrauch im Rahmen der gemeinsamen Lebens- und Haushaltsführung, einschließlich der Freizeitgestaltung[7] angeschafft[8] bzw. hergestellt und verwendet werden (sog.

1 *Brudermüller* FamRZ 1999, 129 ff.
2 BGH 14.3.1984 – IVb ARZ 59/83, FamRZ 1984, 575; OLG Karlsruhe 17.5.2006 – 16 UF 220/05, FamRB 2006, 358 = FamRZ 2007, 59; OLG Naumburg 4.9.2003 – 8 UF 211/02, FamRZ 2004, 889; OLG Dresden 25.3.2003 – 10 ARf 2/03, FPR 2003, 596; OLG Köln 20.3.2001 – 22 UF 157/00, FamRZ 2002, 322; OLG Bamberg 1.7.1996 – 2 WF 48/96, FamRZ 1997, 378; OLG Düsseldorf 1.7.1986 – 9 UF 145/85, FamRZ 1986, 1134.
3 OLG Düsseldorf 15.5.1986 – 9 UF 207/85, FamRZ 1986, 1132.
4 BGH 14.3.1984 – IVb ARZ 59/83, NJW 1984, 1758.
5 Ehebeginn bis zur endgültigen Trennung, § 1567 BGB; OLG Brandenburg 25.7.2002 – 9 WF 118/02, OLGR Brandenburg 2002, 487; OLG Naumburg 9.3.2009 – 8 WF 19/09, NJW-Spezial 2009, 598.
6 OLG Karlsruhe 17.5.2006 – 16 UF 220/05, FamRZ 2007, 59.
7 *Brudermüller* FamRZ 1999, 129 ff.
8 Bezogen auf Pkw, siehe *Krumm* FamRZ 2014, 1241 ff.

BGB § 1369 Verfügungen über Haushaltsgegenstände	Koch	Münchener Kommentar zum BGB 8. Auflage 2019	Rn. 35

IX. Rechtsfolgen

35 Die Einschränkungen der Handlungsfreiheit der Ehegatten in § 1365 und § 1369 unterscheiden sich nur vom Geschäftsgegenstand her, in ihrer rechtlichen Struktur aber sind die Bindungen gleich. Von daher **verweist** § 1369 Abs. 3 bezüglich der Rechtsfolgen **auf** die in **§§ 1366–1368** für Gesamtvermögensgeschäfte getroffenen Regelungen. Die Frage der Einwilligung und der Genehmigung, ferner die Frage des Schwebezustandes nach einem Vertragsschluss ohne die erforderliche Zustimmung und die nach seiner Beendigung, schließlich die Frage nach der Rechtslage bei vollzogenem, jedoch unwirksamen Erwerb werden also gleich beantwortet. Auch die gesetzlich nicht geregelten gegenstandsneutralen Anschlussfragen wie die der Haftung des veräußernden Ehegatten dem Dritten gegenüber (→ § 1366 Rn. 37 f.), sind gleich zu beantworten.

Zitiervorschläge:

MüKoBGB/Koch BGB § 1369 Rn. 35

MüKoBGB/Koch, 8. Aufl. 2019, BGB § 1369 Rn. 35

Widmung). Daher sind der Zeitpunkt, der Anlass[9] oder das Motiv der Anschaffung und die Herkunft der Mittel zur Anschaffung[10] sowie der Wert oder die Qualität des Gegenstandes[11] kein Kriterium zur Qualifizierung des Gegenstandes als Haushaltsgegenstand. **Typische Haushaltsgegenstände** sind daher Geschirr, Haushaltswäsche, Mobiliar, Gartenmöbel, Literatur für das Allgemeinwissen (Lexikon) oder die Unterhaltung, Kommunikationsmedien wie Radio, TV, Filmgeräte, Video- und Audiogeräte oder sonstige elektronische Geräte,[12] Kunst und Antiquitäten zur Dekoration der Ehewohnung,[13] Sport- und Hobbygeräte wie Räder, Segel-[14] und Motorboot,[15] Musikinstrumente, es sei denn die Gegenstände dienen ausschließlich den persönlichen Interessen eines Ehegatten oder deren Kinder oder wurden als Kapitalanlage angeschafft. Gegenstände in einem Wochenendhaus, welches den Eheleuten gemeinsam gehört und auch von beiden genutzt wurde, sind ebenfalls Haushaltsgegenstände.[16] An der Qualifizierung des Gegenstandes als Haushaltsgegenstand ändert sich nichts, wenn dieser geleast,[17] gemietet oder geliehen ist oder im Sicherungseigentum steht.[18] Auch die Wohnungseinrichtung bzw. Gegenstände, die als Ausstattung zur Eheschließung einem Ehegatten geschenkt wurden, sind Haushaltsgegenstände, sofern sie der Lebens- und Haushaltsführung der Eheleute gedient haben.[19]

3. Vorräte

Vorräte an **Heizmaterial** oder **Nahrungsmitteln** (insbesondere auch Weinvorräte, ausgenommen wertvolle 3
Sammlerstücke oder Raritäten) sind keine Haushaltsgegenstände im eigentlichen Sinne.[20] Aus prozessökonomischen Gründen sind die Vorschriften für Haushaltsgegenstände nach §§ 1361 a, 1568 b BGB jedoch analog anzuwenden.[21] Dies ist sinnvoll, da eine umfassende und schnelle Herstellung des Rechtsfriedens für die Eheleute Vorrang hat.

4. Tiere

Nach § 90 a BGB sind Tiere keine Sachen. §§ 1361 a, 1568 b BGB sind jedoch auf **Haustiere** entsprechend 4
anzuwenden.[22] Folgerichtig kann im Rahmen des Verfahrens nach §§ 1361 a, § 1586 b BGB kein Umgangsrecht des getrennt lebenden (geschiedenen) Ehegatten mit dem früher gemeinsam gehaltenen Haustier, beispielsweise einem Hund, festgeschrieben werden.[23] Bei sog. **Nutztieren** muss differenziert werden. Nutztiere, mit denen Gewinne oder Zusatzeinnahmen erzielt werden sollen, beispielsweise Viehwirtschaft oder landwirtschaftliches Inventar, sind keine Haushaltsgegenstände.[24] Nutztiere, die überwiegend als Nahrungsmittel (sog. lebender Vorrat zum eigenen Verzehr, zB Stallhase, Hühner) gehalten werden, sind

9 OLG Düsseldorf 15.5.1986 – 9 UF 207/85, FamRZ 1986, 1132.
10 OLG Düsseldorf 23.3.1987 – 10 UF 258/86, FamRZ 1987, 1055.
11 BGH 1.12.1983 – IX ZR 41/83, FamRZ 1984, 144; 14.3.1984 – IVb ARZ 59/83, FamRZ 1984, 575; *Vomberg* FPR 2000, 67 ff.
12 AG Amberg 23.1.2008 – 1 F 729/07, NJW-RR 2009, 2; *Holzwarth* FPR 2010, 559 ff.
13 OLG Köln 12.7.1995 – 11 U 36/95, NJW-RR 1996, 904; OLG Bamberg 1.7.1996 – 2 WF 48/96, FamRZ 1997, 378; OLG Brandenburg 25.7.2002 – 9 WF 118/02, FamRZ 2003, 532.
14 LG Ravensburg 31.3.1995 – 3 O 2221/94, FamRZ 1995, 1585.
15 OLG Dresden 25.3.2003 – 10 ARf 2/03, FamRZ 2004, 273.
16 OLG Bamberg 14.9.1992 – SA 11/92, FamRZ 1993, 335.
17 OLG Oldenburg 22.7.1996 – 12 WF 106/96, OLGR Oldenburg 1996, 189.
18 OLG Bamberg 4.12.1997 – 2 UF 194/97, OLGR Bamberg 1998, 203.
19 OLG Köln 17.4.1986 – 4 UF 64/86, FamRZ 1986, 703.
20 Zu Weinvorräten: AG München 3.12.2010 – 566 F 881/08, FamRZ 2012, 1304 ff.
21 Palandt/*Brudermüller* BGB § 1361 a Rn. 7; *Quambusch* FamRZ 1989, 691 ff.
22 OLG Bamberg FamRZ 2019, 354; OLG Nürnberg FamRZ 2017, 513; OLG Stuttgart FamRZ 2014, 1300; OLG Bamberg 10.6.2003 – 7 UF 103/03, FamRZ 2004, 559; OLG Zweibrücken 5.2.1998 – 2 UF 230/97, FamRZ 1998, 1432; OLG Schleswig 21.4.1998 – 12 WF 46/98, NJW 1998, 3127; *Hochloh* Jus 1999, 190; *Neumann* FamRB 2004, 73; *Brudermüller* FamRZ 2003, 1705 ff.; OLG Schleswig FamRZ 2012, 1984.
23 OLG Schleswig 21.4.1998 – 12 WF 46/98, NJW 1998, 3127; OLG Bamberg 10.6.2003 – 7 UF 103/03, FamRZ 2004, 559; aA AG Bad Mergentheim 19.12.1996 – 1 F 142/95, FamRZ 1998, 1432; *Schneider* MDR 1999, 193 ff.; *Niepmann* MDR 1999, 653 ff.; *Büttner* FamRZ 1999, 761.
24 OLG Naumburg 29.10.1999 – 3 UF 95/99, FamRZ 2001, 481.

Haushaltsgegenstände. Ebenso Tiere, die für die Freizeitgestaltung eines Ehegatten oder der Kinder genutzt werden – beispielsweise das Reitpferd,[25] der Jagdhund –, die somit ausschließlich der Liebhaberei dienen,[26] sind Haushaltsgegenstände. Es sind auch Tierwohlaspekte zu berücksichtigen.[27]

5. Keine Haushaltsgegenstände

5 Gegenstände, die lediglich dem **persönlichen Gebrauch** oder **persönlichen Bereich** eines Ehegatten zu dienen bestimmt sind, die persönlichen Bedürfnisse abdecken oder den persönlichen Interessen eines Ehegatten oder der Kinder dienen, fallen nicht unter den Begriff der Haushaltsgegenstände.[28] So beispielsweise Kleidung, Schmuck, Versicherungsunterlagen,[29] Pkw (→ Rn. 7; → *Pkw* Rn. 1 ff.),[30] Familienandenken, Ausweise, alleiniges Hobby, Sammlungen (Briefmarken) – es sei denn, sie sind nach der Lebensanschauung der Familie als Teil der Wohnungseinrichtung zu betrachten (Uhrensammlung) –, Spielsachen, Schulbücher, Mobiliar im eigenen Arbeitszimmer.[31] Gegenstände, die der **Berufsausübung** eines Ehegatten ausschließlich oder überwiegend dienen,[32] sind keine Haushaltsgegenstände.[33] Sie sind Alleineigentum eines jeden Ehegatten, § 1362 Abs. 2 BGB. Beispielsweise sind das PC, Berufskleidung, Handwerkszeug, Fachbücher, Fotoausrüstung,[34] Einrichtung des beruflich genutzten Arbeitszimmers. Ebenfalls keine Haushaltsgegenstände sind Gegenstände, die als **Kapitalanlage** ausschließlich wegen des Wertes angeschafft werden und nicht für die gemeinsame Lebensführung genutzt werden, wie beispielsweise Antiquitäten (→ *ABC der Vermögenswerte* Rn. 15),[35] Kunstgegenstände, Bilder, Teppiche, Vasen, Porzellan.

Wurden diese Gegenstände jedoch in der Ehewohnung platziert und dienten somit der Ausstattung der Ehewohnung, sind sie je nach den Lebensumständen oder wirtschaftlichen Verhältnissen als Haushaltsgegenstände zu werten.[36] Dabei kommt es nicht auf den Anlass der Anschaffung, sondern auf die tatsächliche Nutzung der Gegenstände an. Selbst wenn bei der Anschaffung das Motiv der Kapitalanlage mitgespielt hat, hindert dies nicht die Qualifizierung als Haushaltsgegenstand.[37] Wurden diese Gegenstände in einem gemeinsam genutzten Raum aufgestellt/aufbewahrt, beispielsweise Wohnzimmer, ist dies ein Indiz für die Einordnung als Haushaltsgegenstand. Das Gartenhaus in der Kleingartenanlage ist ebenfalls kein Haushaltsgegenstand (→ *Wohnungszuweisung nach Trennung* Rn. 1).[38] Mit der Neuordnung des Familienverfahrensrechts – siehe § 266 FamFG: „sonstige Familiensachen" bzw. „großes Familiengericht" – ist der Streit, ob das Familien- oder Zivilgericht zuständig ist, erledigt, wenn ein Ehegatte nach Trennung Zutritt zur Ehewohnung begehrt, um persönliche Gegenstände abzuholen.[39] Der Herausgabeanspruch beruht auf §§ 985, 1353 BGB.

---

25 OLG Naumburg 29.10.1999 – 3 UF 95/99, FamRZ 2001, 481.
26 OLG Naumburg 29.10.1999 – 3 UF 95/99, FamRZ 2001, 481.
27 OLG Stuttgart FamRZ 2019, 1406; OLG Oldenburg FamRZ 2019, 784.
28 *Heiß* FamR/*Heiß* Teil 15: Haushaltsauseinandersetzung, Rn. 18.
29 OLG Düsseldorf 3.12.1982 – 4 WF 134/82, FamRZ 1983, 514.
30 BayObLG 24.9.1981 – Allg reg 78/81, FamRZ 1982, 399.
31 BGH 14.3.1984 – IVb ARZ 59/83, FamRZ 1984, 575; OLG Hamm 25.5.1992 – 8 WF 160/92, FamRZ 1993, 211; OLG Düsseldorf 1.7.1986 – 9 UF 145/85, FamRZ 1986, 1134; OLG Bamberg 1.7.1996 – 2 WF 48/96, FamRZ 1997, 378; *Holzwarth* FPR 2010, 559 ff.
32 BGH 1.12.1983 – IX ZR 41/83, FamRZ 1984, 144 oder BGHZ 89, 137.
33 *Heiß* FamR/*Heiß* Teil 15: Haushaltsauseinandersetzung, Rn. 18.
34 OLG Zweibrücken 21.12.1981 – 6 WF 133/81, FamRZ 1982, 942.
35 OLG Naumburg 4.9.2003 – 8 UF 211/02, FamRZ 2004, 889.
36 BGH 14.3.1984 – IVb ARZ 59/83, FamRZ 1984, 575; KG 13.6.1995 – 18 UF 4677/91, KGR Berlin 1996, 21; OLG Köln 12.7.1995 – 11 U 36/95, NJW-RR 1996, 904; OLG Bamberg 1.7.1996 – 2 WF 48/96, FamRZ 1997, 378; *Gernhuber* FamRZ 1984, 1053 f.
37 BGH 14.3.1984 – IVb ARZ 59/83, FamRZ 1984, 575.
38 Palandt/*Brudermüller* BGB § 1361 a Rn. 4.
39 OLG Düsseldorf 16.10.1984 – 9 WF 153/84, FamRZ 1985, 497; OLG Frankfurt a. M. 14.3.1988 – 1 UFH 4/88, FamRZ 1989, 75; OLG Bamberg 14.9.1992 – SA 11/92, FamRZ 1993, 335; offen bei BGH 22.9.1982 – IVb ARZ 32/82, FamRZ 1982, 1200; OLG Hamm 25.5.1992 – 8 WF 160/92, FamRZ 1993, 211.

6. Antiquitäten

Antiquitäten sind entsprechend den Einkommens- und Vermögensverhältnissen der Familie als Haushaltsgegenstände zu werten, sofern sie **zur Benutzung angeschafft** und auch entsprechend dieser Zweckbestimmung genutzt wurden. Dies gilt auch dann, wenn das Motiv der Anschaffung als eine Kapitalanlage mitbestimmend war.[40] Somit können unter diesen Voraussetzungen auch teure, antike Möbel als Haushaltsgegenstand qualifiziert werden, wenn sie für den familiären Gebrauch bestimmt waren und auch entsprechend genutzt wurden. Haben sie hingegen ausschließlich den persönlichen Interessen eines Ehegatten gedient, sind sie keine Haushaltsgegenstände.[41] 6

7. Pkw

Grundsätzlich ist der Pkw nach dem allgemeinen Sprachgebrauch und der Verkehrsauffassung nicht als Haushaltsgegenstand einzuordnen. In Einzelfällen kann er unter besonderen Voraussetzungen als Haushaltsgegenstand qualifiziert werden:[42] Der Pkw war unberührt der Eigentumsverhältnisse[43] ausschließlich für das familiäre und eheliche Zusammenleben[44] wie beispielsweise für die Einkaufsfahrten, für die Fahrten der Kinder (Schule, Sport-, Musikunterricht etc), für Familienausflüge am Wochenende etc bestimmt[45] und wurde auch entsprechend genutzt (**Funktion**). Der Pkw diente daher nicht ausschließlich den persönlichen oder beruflichen Zwecken nur eines Ehegatten.[46] Zur gemischten Nutzung → Rn. 11. 7

Der sog. **Zweitwagen** der Familie, der vom nicht berufstätigen Ehegatten ausschließlich für die Haushalts- und Familienfahrten genutzt wird, ist daher Haushaltsgegenstand.[47] Besitzt jedoch jeder der Ehegatten einen Pkw und sind beide berufstätig, spricht dies grundsätzlich gegen die Zuordnung als Haushaltsgegenstand, selbst wenn mit einem der Fahrzeuge auch die Einkäufe für die Familie und Kinderfahrten etc erledigt werden.[48] Entscheidungserheblich kommt es daher auf die ausdrückliche oder konkludente **Widmung** und **Funktion** des Pkw an.[49] Kann der Pkw als Haushaltsgegenstand nach Widmung und Funktion bejaht werden und wird der Pkw auch weiterhin für die Betreuung der Restfamilie benötigt, rechtfertigt es daher die Zuweisung des Pkw als Haushaltsgegenstand an einen Ehegatten.[50]

40 OLG Brandenburg 25.7.2002 – 9 WF 118/02, OLGR Brandenburg 2002, 487; OLG Naumburg 4.9.2003 – 8 UF 211/02, FamRZ 2004, 889.

41 OLG Naumburg 4.9.2003 – 8 UF 211/02, FamRZ 2004, 889.

42 BGH 1.12.1983 – IX ZR 41/83, FamRZ 1984, 144 = BGHZ 89, 137; 24.10.1990 – XII ZR 101/89, FamRZ 1991, 43; *v. Heintschel-Heinegg* JA 2003, 55 ff.; *Friederici* jurisPR-FamR 3/2007 Anm. 6; *Brudermüller* FamRZ 2003, 1705 ff.

43 OLG München 2.7.1997 – 12 UF 958/97, FamRZ 1998, 1230; OLG Karlsruhe 3.4.2000 – 2 WF 111/99, FamRZ 2001, 760.

44 OLG Köln 20.3.2001 – 22 UF 157/00, FamRZ 2002, 322; KG 17.1.2003 – 13 UF 439/02, FamRZ 2003, 1927; *Brudermüller* FamRZ 2003, 1705 ff.

45 Widmung; BGH 24.10.1990 – XII ZR 101/89, FamRZ 1991, 43; 14.3.1990 – 10 WF 36/90, FamRZ 1990, 1126; OLG Zweibrücken 30.1.1991 – 2 UF 87/90, FamRZ 1991, 848; OLG Oldenburg 22.7.1996 – 12 WF 106/96, OLGR Oldenburg 1996, 189; OLG Naumburg 4.9.2003 – 8 UF 211/02, FamRZ 2004, 889.

46 OLG Hamm 11.7.1989 – 7 UF 140/89, FamRZ 1990, 54; OLG Düsseldorf 31.1.1992 – 3 UF 134/91, FamRZ 1992, 1445; BGH 15.1.1992 – XII ZB 148/91, FamRZ 1992, 538; OLG Hamburg 12.2.1990 – 2 UF 79/89 G, FamRZ 1990, 1118; aA OLG Stuttgart 14.5.1992 – 17 UF 147/92, FamRZ 1992, 1446: Der Pkw wurde vom Ehemann benutzt, um zur Arbeitsstelle zu fahren und somit den Familienunterhalt zu sichern, so dass der Pkw nicht herausgegeben werden muss, aber eine Ausgleichszahlung in Betracht kommt.

47 S. a. OLG Düsseldorf 31.1.1992 – 3 UF 134/91, FamRZ 1992, 1445: Der berufstätige Ehegatte verzichtet auf den Gebrauch und nutzt die öffentlichen Verkehrsmittel.

48 BGH 24.10.1990 – XII ZR 101/89, FamRZ 1991, 43.

49 OLG Düsseldorf 18.7.1991 – 3 WF 97/91, FamRZ 1992, 60.

50 OLG Düsseldorf 18.7.1991 – 3 WF 97/91, FamRZ 1992, 60.

Für die rechtliche Einordnung des Pkw als Haushaltsgegenstand kommt es nicht darauf an, welcher Ehegatte **Eigentümer und/oder Halter** des Pkw ist,[51] ob der Pkw geleast wurde[52] und wer im Kfz-Brief eingetragen ist, wenn der Eigentümer bzw. Halter das Kfz der ausschließlichen familiären Nutzung gewidmet hatte. Hat beispielsweise der Ehemann einen Pkw für die Ehefrau geleast (Ehemann = Leasingnehmer), und hat die Ehefrau diesen ausschließlich für familiäre Zwecke genutzt, ist der geleaste Pkw Haushaltsgegenstand.[53] Es kommt auch nicht darauf an, ob nur einer der Ehegatten im Besitz eines Führerscheins ist.[54] Liegen hingegen Indizien vor, die dafür sprechen, dass nach dem Willen der Ehegatten **Miteigentum** an dem Pkw gegeben sein sollte, so kann der getrennt lebende Ehegatte die Herausgabe als Haushaltsgegenstand nicht verlangen. Hat beispielsweise ein Ehegatte einen Pkw gekauft und den hierzu erforderlichen Kreditvertrag abgeschlossen und wurde der andere Ehegatte in die Mithaftung genommen und im Kfz-Brief eingetragen, und wenn der Pkw zunächst dem von ihm geführten Geschäftsbetrieb diente, so kann der mithaftende Ehegatte die Herausgabe als Haushaltsgegenstand nicht verlangen.[55] Wird das Kfz einem der Ehegatten für die Dauer des Getrenntlebens zur alleinigen Nutzung bzw. als Haushaltsgegenstand zugewiesen, so ist der bedachte Ehegatte unabhängig vom Eigentum als Halter zu qualifizieren und daher verpflichtet, eine Haftpflichtversicherung für den Pkw abzuschließen und die Steuern zu leisten.[56] Hat dieser Pkw noch einen relativ hohen Wert, so kann dem Ehegatten auch aufgegeben werden, eine Vollkaskoversicherung abzuschließen, § 209 FamFG.[57] Ob zudem für die Nutzung und die hierdurch bedingte Wertminderung eine **Nutzungsentschädigung** zu zahlen ist, hat das Familiengericht nach den beiderseitigen Einkommens- und Vermögensverhältnissen nach den Gesichtspunkten der Billigkeit zu entscheiden, § 1361 a Abs. 3 S. 2 BGB.[58] Würde eine solche Entschädigung den Wertverlust nicht kompensieren, so ist dies hinzunehmen. Es entspricht in jedem Falle der Billigkeit, einem Ehegatten, der zwei Kinder (eines davon ein Kleinkind) betreut, das Kfz zur vorläufigen Nutzung nach § 1361 a Abs. 1 S. 2 BGB zuzuweisen.[59] Führt ein Ehegatte als Alleininhaber eine Firma und wurde dem anderen Ehegatten ein Pkw der Firma bzw. ein Geschäftswagen während des Zusammenlebens im Rahmen eines sog. Ehegattenarbeitsverhältnisses pro forma überlassen, welches ausschließlich steuerrechtlichen und sozialversicherungsrechtlichen Umständen diente, wurde zugleich aber der Pkw ausschließlich und einvernehmlich als Familienfahrzeug genutzt, so kann der andere Ehegatte sich auf § 1361 a BGB berufen.[60] Ein Herausgabeanspruch des Firmeninhabers kommt aber bei der endgültigen Regelung nach Rechtskraft der Scheidung in Betracht. Die Übereignung des Pkw, der Haushaltsgegenstand ist, an einen Dritten ist gegenüber dem anderen Ehegatten nach § 1369 BGB unwirksam.[61] Die Beweislast trägt der Ehegatte, der sich auf die Qualifizierung des Pkw als Haushaltsgegenstand beruft.

8. Wohnwagen/Wohnmobile

8 Die Grundsätze für die Qualifikation des Pkw als **Haushaltsgegenstand** gelten entsprechend für Wohnwagen und Wohnmobile, wenn sie gemeinsam angeschafft und für gemeinsame Urlaubsreisen genutzt worden

51 BGH 2.3.1983 – IVb ARZ 1/83, FamRZ 1983, 794; OLG München 2.7.1997 – 12 UF 958/97, FamRZ 1998, 1230; OLG Karlsruhe 3.4.2000 – 2 WF 111/99, FamRZ 2001, 760; OLG Köln 20.3.2001 – 22 U 157/00, FamRZ 2002, 322.
52 OLG Stuttgart 14.1.1995 – 18 UF 416/94, FamRZ 1995, 1275.
53 OLG Stuttgart 14.1.1995 – 18 UF 416/94, FamRZ 1995, 1275; OLG Oldenburg 22.7.1996 – 12 WF 106/96, OLGR Oldenburg 1996, 189.
54 OLG Hamburg 12.2.1990 – UF 79/89 G, FamRZ 1990, 1118.
55 OLG Bremen 4.10.1996 – 5 WF 106/96, OLGR Bremen 1997, 27.
56 OLG München 2.7.1997 – 12 UF 958/97, FamRZ 1998, 1230.
57 OLG Koblenz 18.3.1991 – 11 UF 204/91, FamRZ 1991, 1302.
58 OLG München 2.7.1997 – 12 UF 958/97, FamRZ 1998, 1230.
59 KG 17.1.2003 – 13 UF 439/02, FamRZ 2003, 1927.
60 AA LAG Köln 24.3.2006 – 11 Sa 811/05, NZA-RR 2006, 425.
61 KG 17.1.2003 – 13 UF 439/02, FamRZ 2003, 1927.

sind.[62] Bei Schaustellern, Zirkusleuten uÄ kann auch der Wohnwagen die Ehewohnung darstellen, sofern dieser den überwiegenden Mittelpunkt des ehelichen Zusammenlebens darstellte (→ *Wohnungszuweisung nach Trennung* Rn. 1).

9. Einbaumöbel

Einbaumöbel, insbesondere **Einbauküchen**, stellen keine Haushaltsgegenstände dar, wenn sie als **wesentliche Bestandteile** iSv § 94 Abs. 2 BGB oder **Zubehör** iSv § 97 Abs. 2 BGB eines Gebäudes und damit des Grundstücks zu qualifizieren sind.[63] Einbaumöbel bzw. Einbauküchen stellen somit wesentliche Bestandteile oder Zubehör dar, wenn sie dem Gebäude nach der Verkehrsanschauung ein besonderes Gepräge geben, ohne welche es noch nicht fertig gestellt erscheint, oder die dem Baukörper besonders angepasst sind und deswegen mit ihm eine Einheit bilden. Diese Qualifizierung ist jedoch jeweils nach den gesamten **Umständen des Einzelfalls** zu entscheiden.[64] Serienteile oder Normteile sind somit Haushaltsgegenstände, wenn und soweit sie ohne großen finanziellen Aufwand und/oder Werteverlust ausgebaut und anderweitig wieder – unter Umständen etwas abgeändert und/oder ergänzt – mit gleicher Funktion „vernünftig" eingebaut werden können.[65] Montagekosten allein sind jedoch kein Entscheidungskriterium.[66] Ein durch den Umzug eventuell eintretender Wertverlust und/oder eventuelle Mehrkosten können im Einzelfall nach § 1568 b Abs. 3 BGB ausgeglichen werden. Auf den Zeitpunkt des Einbaus, beispielsweise auch im Zuge eines Umbaus oder einer Renovierung, kommt es jedoch nicht an. Eingebaute Möbel bzw. Einbauküchen sind dann nicht als Haushaltsgegenstände zu qualifizieren, wenn sie unter bestimmten Umständen und mit besonderem Aufwand auf das Gebäude abgestimmt wurden,[67] wie Sonderanfertigungen.[68] Häufig wird diese Abgrenzung regional unterschiedlich vorgenommen,[69] was aus heutiger Sicht oft nicht nachvollziehbar ist. Zur Beweislast OLG Bremen FamRZ 2018, 251. 9

10. Besonderheiten

a) Abgrenzungsprobleme. In zahlreichen Einzelfällen wird es immer wieder Abgrenzungsprobleme geben.[70] Dies gilt insbesondere, wenn alle Familienmitglieder den PC benutzt haben,[71] teils beruflich, teils privat aus Hobbygründen.[72] Entsprechend ist es schwierig zu qualifizieren, wenn beispielsweise alle Familienmitglieder ein Musikinstrument überwiegend gemeinsam benutzt haben.[73] In der Praxis werden gemeinsam genutzte Musikinstrumente als Haushaltsgegenstände qualifiziert; hingegen stellen das nur von einem Ehegatten genutzte Klavier oder der jeweils von beiden Ehegatten gespielte Flügel keine Haushaltsgegenstände dar.[74] Entsprechend schwierig ist in der Praxis häufig die Qualifizierung bei Pkw (→ Rn. 7; 10

---

62 OLG Köln 10.12.1991 – 4 UF 250/91, FamRZ 1992, 696; OLG Koblenz 16.11.1993 – 3 U 449/93, FamRZ 1994, 1255; *Brudermüller* FamRZ 2003, 1705 ff.; OLG Hamm 14.12.1998 – 12 WF 109/98, MDR 1999, 615; aA OLG Düsseldorf 18.7.1991 – 3 WF 97/91, FamRZ 1992, 60.

63 OLG Stuttgart 17.4.1998 – 11 UF 80/98, FamRZ 1999, 855; OLG Hamm 1.6.1990 – 5 UF 50/90, FamRZ 1991, 89; *Brudermüller* FamRZ 2003, 1705 ff.; *Holzwarth* FPR 2010, 559 ff.

64 BGH 25.5.1984 – V ZR 149/83, NJW 1984, 2277; 15.2.1990 – VII ZR 175/89, NJW-RR 1990, 787.

65 OLG Schleswig 10.3.1988 – 14 W 7/88, NJW-RR 1988, 1459.

66 BGH 15.2.1990 – VII ZR 175/89, NJW-RR 1990, 787; OLG Zweibrücken 19.8.1992 – 5 UF 191/91, FamRZ 1993, 82.

67 OLG Frankfurt a. M. 8.3.1982 – 5 UF 130/81, FamRZ 1982, 938.

68 OLG Köln 16.5.1991 – 12 U 130/88, NJW-RR 1991, 1077.

69 OLG Koblenz FamRZ 2017, 1391; OLG Zweibrücken 19.8.1992 – 5 UF 191/91, FamRZ 1993, 82; OLG Hamm 1.6.1990 – 5 UF 50/90, FamRZ 1991, 89; 15.5.1997 – 4 UF 491/96, FamRZ 1998, 1028; OLG Celle 31.3.1989 – 4 UF 34/88, NJW-RR 1989, 913; OLG Köln 16.5.1991 – 12 U 130/88, NJW-RR 1991, 1077; OLG Karlsruhe 12.11.1987 – 9 U 216/86, NJW-RR 1988, 459.

70 *Kemper* FPR 2007, 202 ff.

71 OLG Hamburg 12.2.1990 – 2 UF 79/89 G, FamRZ 1990, 1118.

72 AG Amberg 23.1.2008 – 1 F 729/07, NJW-RR 2009, 2.

73 BayObLG OLGZ 1952, 279.

74 *Brudermüller* FamRZ 2003, 1705 ff.; AG Weilburg 26.5.1999 – 22 F 645/98, FamRZ 2000, 1017.

→ *Pkw* Rn. 1 ff.) Wohnwagen/Wohnmobilen (→ Rn. 8) und Einbaumöbeln, insbesondere Einbauküchen (→ Rn. 9).

11 **b) Gemischte Nutzung.** Schwierig ist die Abgrenzung bzw. rechtliche Qualifizierung bei der sog. gemischten Nutzung, was beispielsweise häufig beim Pkw vorkommt. Bei gemischter Nutzung ist **der Schwerpunkt der Nutzung** entscheidend.[75] Wird also der Pkw nach Funktion und gemeinsamer Zweckbestimmung **überwiegend** für die Belange der Familie genutzt, wie beispielsweise bei Einkaufsfahrten, zur Betreuung der Kinder, für Wochenend- und Urlaubsreisen, so ist er Haushaltsgegenstand.[76] Nach neuerer Auffassung soll dies auch **bei nur gelegentlicher Nutzung** für die Familie gelten, wenn nur ein Pkw für die Familie vorhanden war, der nicht nur für die Fahrten zum Arbeitsplatz eines Ehegatten, sondern auch für die Familienfahrten genutzt werden musste.[77] Die Abgrenzungsschwierigkeiten ergeben sich im Einzelfall, da es bei der gemischten Nutzung allein auf den Schwerpunkt der Nutzung ankommen soll. Dann darf jedoch die Eigenschaft des Pkw als Haushaltsgegenstand nicht auch danach beurteilt werden, wer den Pkw finanziert und/oder ob die Berufsausübung der Sicherung der Familie gedient hat.[78] So hat auch der Bundesgerichtshof richtigerweise entschieden, dass es auf das Ausmaß beruflicher oder privater Nutzung und auch auf die bloße Mitbenutzung des Pkw für eheliche und/oder familiäre Zwecke während intakter Ehe nicht ankommt.[79] Die reine Mitbenutzung für familiäre Bedürfnisse führt daher noch nicht zur Einordnung des Pkw als Haushaltsgegenstand. Vielmehr muss der Nutzung des Pkw für die Familie der Vorrang eingeräumt worden sein.

12 **c) Rechte an den Haushaltsgegenständen.** Das einen Haushaltsgegenstand betreffende Recht, zB Benutzungsrecht, Anwartschaft aus einem Ratenvertrag, Anspruch auf Sicherungsübereignung, Anspruch aus einem Leasingvertrag, Herausgabeanspruch sowie Ersatzanspruch gegen einen Dritten aus einer Hausratsversicherung oder Schadensersatzanspruch gegen einen Dritten, kann ein verteilungsfähiger „Haushaltsgegenstand" sein. Dabei darf jedoch nicht in Rechte eines Dritten eingegriffen werden (→ Rn. 18).

13 **d) Surrogate.** Der Gesetzgeber hat mit Wirkung zum 1.9.2009 die Regelung des § 1370 BGB („Ersatz von Haushaltsgegenständen", sog. **Surrogatserwerb**) aufgehoben.[80] Jedoch hat die Regelung weiterhin praktische Bedeutung, da der Gesetzgeber in Art. 229 § 20 Abs. 1 EGBGB festgeschrieben hat, dass § 1370 BGB bei der Behandlung von Haushaltsgegenständen aus Anlass der Scheidung, welche vor dem 1.9.2009 **angeschafft** wurden, in der bis zu diesem Tage geltenden Fassung anzuwenden ist. Solange § 1370 BGB noch anzuwenden ist, gilt, dass Haushaltsgegenstände, die anstelle von nicht mehr vorhandenen oder wertlos gewordenen Gegenständen angeschafft werden, zu Eigentum des Ehegatten werden, dem die nicht mehr vorhandenen oder wertlos gewordenen Gegenstände gehört haben. Dabei kommt es nicht darauf an, wer die Gegenstände bezahlt hat.[81] Wertlos sind die Gegenstände auch dann, wenn sie den persönlichen Zwecken der Ehegatten nicht mehr genügen.[82] Eine Modernisierungsabsicht reicht aus.[83] Die Vermutung des § 1370 BGB geht der Vermutung des § 1568 b Abs. 2 BGB vor, sofern die erste Regelung noch Anwendung findet. Dies gilt auch, wenn die Ersatzstücke wesentlich wertvoller sind als die ersetzten Haushaltsgegenstände.[84]

75 OLG Köln 20.3.2001 – 22 U 157/00, FamRZ 2002, 322; *Brudermüller* FamRZ 2003, 1705 ff.

76 *Brudermüller* FamRZ 2003, 1705 ff.; OLG Köln 20.3.2001 – 22 U 157/00, FamRZ 2002, 322; OLG Hamburg 12.2.1990 – 2 UF 79/89 G, FamRZ 1990, 1118; OLG Karlsruhe 3.4.2000 – 2 WF 111/99, FamRZ 2001, 760; OLG Naumburg 4.9.2003 – 8 UF 211/02, FamRZ 2004, 889; OLG Koblenz 7.7.2005 – 9 WF 371/05, OLGR 2005, 787; OLG Zweibrücken 1.7.2004 – 2 UF 84/04, FamRZ 2005, 902.

77 KG 17.1.2003 – 13 UF 439/02, FamRZ 1927; OLG Düsseldorf 23.10.2006 – II-2 UF 97/06, FamRZ 2007, 1325; *Wever* FamRZ 2008, 1485 ff.; *Kogel* FamRB 2007, 215 ff.

78 So jedoch entschieden von OLG Stuttgart 7.12.1992 – 17 UF 147/92, FamRZ 1993, 1461.

79 BGH 24.10.1990 – XII ZR 101/89, FamRZ 1991, 43; OLG Hamm 11.7.1989 – 7 UF 140/89, FamRZ 1990, 54; OLG Düsseldorf 31.1.1992 – 3 UF 134/91, FamRZ 1992, 1445; OLG Zweibrücken 30.1.1991 – 2 UF 87/90, FamRZ 1991, 848.

80 Siehe auch *Götz/Brudermüller* FamRZ 2009, 1261 ff.

81 Palandt/*Brudermüller*, 68. Aufl. 2009, BGB § 1370 Rn. 2.

82 Palandt/*Brudermüller*, 68. Aufl. 2009, BGB § 1370 Rn. 1.

83 Palandt/*Brudermüller*, 68. Aufl. 2009, BGB § 1370 Rn. 1.

84 BayObLG 26.8.1969, FamRZ 1970, 31.

Bei § 1370 BGB ist zu prüfen, wer ursprünglich Eigentümer war bzw. ob Miteigentum vorlag. Derjenige Ehegatte, der den Haushaltsgegenstand für sich in Anspruch nimmt, muss beweisen, dass er gleiche Gegenstände gehabt hat und sie nicht mehr vorhanden oder wertlos geworden sind.[85] Nach der Aufhebung des § 1370 BGB wird kaum mehr Alleineigentum an während der Ehe erworbenen Haushaltsgegenständen bestehen. Denn grundsätzlich ist beim Kauf von Haushaltsgegenständen die Erklärung auch nur eines Ehegatten dergestalt zu verstehen, dass auch der andere Ehegatte Miteigentümer werden soll, ausgenommen es wird anderes erklärt oder es kann den Umständen Abweichendes entnommen werden.[86]

II. Abgrenzung zum Vermögen

Der Haushaltsgegenstand ist vom **güterrechtlichen Vermögen** abzugrenzen, da der im Haushalt genutzte Gegenstand je nach den einzelnen Anspruchsgrundlagen (§§ 1361 a, 1568 b BGB) unterschiedlich verteilt wird oder aber den güterrechtlichen Regeln nach §§ 1363 ff. BGB unterliegt (→ *ABC der Vermögenswerte* Rn. 1 ff.). Für die Abgrenzung von Haushaltsgegenständen iSv §§ 1361 a, 1568 b BGB und Vermögensgegenständen iSv §§ 1371 ff. BGB ist die Rechtsprechung heranzuziehen, da der Gesetzgeber keine eindeutige und klare Regelungen geschaffen hat.[87] Das gesamte Vermögen bzw. **alle rechtlich geschützten Positionen von wirtschaftlichem Wert** eines Ehegatten unterliegen grundsätzlich güterrechtlichen Regelungen, es sei denn, die Eheleute haben vertraglich etwas anderes vereinbart, die Vermögenswerte sind dem Versorgungsausgleich zugeschrieben oder der Gegenstand oder das Recht unterliegt der endgültigen **Sonderregelung des § 1568 b BGB**. Diese Sonderregelung umfasst alles, was nach dieser Vorschrift verteilt werden kann, soweit keine anderweitige Vereinbarung besteht, sowie den festzusetzenden Wertausgleich anlässlich der Zuweisung von Haushaltsgegenständen.[88] Hierdurch können auch wertvolle Gegenstände dem Zugewinnausgleich entzogen werden.[89] Dabei handelt es sich aber grundsätzlich nur um **Haushaltsgegenstände im gemeinsamen Eigentum** der Eheleute.[90] Mittelbar findet nach § 1568 b BGB aber auch eine Entscheidung über die Zuordnung von Haushaltsgegenständen im Alleineigentum und zur Zuordnung des Güterrechts statt. Ist auf der Grundlage von § 1568 b BGB eine (teilweise) Einigung der Eheleute gelungen, spricht eine tatsächliche Vermutung dafür, dass die Eheleute damit eine abschließende Einigung der im Vergleich berücksichtigten Gegenstände und damit auch keinen weiteren Streit über diese Gegenstände im Güterrecht haben wollen.[91] Vereinbarungen und/oder Entscheidungen über die Verteilung von Haushaltsgegenständen nach § 1568 b BGB können daher in güterrechtlichen Verfahren nicht mehr korrigiert werden bzw. sind verbindlich.[92] Ein **Haushaltsgegenstand im Alleineigentum** unterliegt jedoch dem Zugewinnausgleich, auch wenn er vor Rechtshängigkeit des Scheidungsverfahrens durch unwirksame – mangels zwingender notarieller Beurkundung – Aufteilungsvereinbarung berücksichtigt worden ist.[93] 14

III. Eigentumslage

1. Bedeutung der Eigentumslage

Sowohl bei der vorläufigen Regelung nach § 1361 a BGB als auch bei der endgültigen Regelung nach § 1568 b BGB ist die Eigentumslage – Alleineigentum oder Miteigentum, wobei gleichgültig ist, ob es sich 15

85 Palandt/*Brudermüller*, 68. Aufl. 2009, BGB § 1370 Rn. 3.
86 Palandt/*Brudermüller* BGB § 1568 b Rn. 6.
87 BGH 1.12.1983 – IX ZR 41/83, FamRZ 1984, 144 = BGHZ 89, 137; OLG Karlsruhe 17.5.2006 – 16 UF 220/05, FamRZ 2007, 59; *Erbarth* FPR 2010, 548 ff.; *Gernhuber* FamRZ 1984, 1053 ff.; *Smid* NJW 1985, 173 ff.; *Müller* DAVorm 1990, 585 ff.
88 OLG Karlsruhe 10.12.1981 – 16 UF 142/01, FamRZ 1982, 277; aA *Müller* DAVorm 1991, 351 ff.
89 BGH 14.3.1984 – IVb ARZ 59/83, FamRZ 1984, 575; LG Ravensburg 31.3.1995 – 3 O 2221/94, FamRZ 1995, 1585.
90 BGH 1.12.1983 – IX ZR 41/83, FamRZ 1984, 144 = BGHZ 89, 137; 14.3.1984 – IVb ARZ 59/83, FamRZ 1984, 575; 24.10.1990 – XII ZR 101/89, FamRZ 1991, 43; *Klingelhöffer* FamRZ 1991, 882 ff.; *Cramer* MedR 1992, 313 ff.; OLG Düsseldorf 18.7.1991 – 3 WF 97/91, FamRZ 1992, 60.
91 BGH 1.12.1983 – IX ZR 41/83, FamRZ 1984, 144 = BGHZ 89, 137.
92 OLG Karlsruhe 10.12.1981 – 16 UF 142/81, FamRZ 1982, 277.
93 OLG Düsseldorf 9.9.2004 – 9 UF 119/03, FamRZ 2005, 273.

um Miteigentum nach Bruchteilen oder um eine Gesamthandsgemeinschaft handelt – an dem jeweiligen Haushaltsgegenstand von Bedeutung.[94] Denn die jeweilige Eigentumslage führt zu unterschiedlichen Anspruchsgrundlagen bzw. Rechtsfolgen, beispielsweise zum Herausgabeanspruch bei Alleineigentum nach § 1361 a Abs. 1 S. 1 BGB, oder zur Verteilung bei Miteigentum nach § 1361 a Abs. 2 BGB. Erst nach **Klärung der Eigentumslage** an dem jeweiligen Haushaltsgegenstand sind Regelungen möglich bzw. Erwägungen der Notwendigkeit oder Billigkeit anzustellen. Streiten sich die Eheleute über die Eigentumslage an einem Haushaltsgegenstand, so hat das Familiengericht wegen der unterschiedlichen Anspruchsgrundlagen die Eigentumslage von Amts wegen aufzuklären, § 26 FamFG.[95] Die Mitwirkungspflichten der Eheleute sind spürbar verstärkt worden, und können im Einzelfall durch gerichtliche Anordnungen durchgesetzt werden, vgl. §§ 203, 206, 81 Abs. 2 Nr. 4 FamFG. Bei der vorläufigen Regelung nach § 1361 a BGB dürfte wegen der Vorläufigkeit der Beweismaßstab hinsichtlich der Eigentumslage herabgesenkt sein. Ein Dritter ist an die Entscheidung des Familiengerichts über die Eigentumslage jedoch nicht gebunden, da er nicht beteiligt ist. Der Streit über das Eigentum mit dem Dritten ist daher vor dem Streitgericht zu klären. Das Verfahren vor dem Familiengericht wäre insoweit auszusetzen. Die Änderung der Eigentumslage nach Rechtskraft der Scheidung ist unbeachtlich, zB die Übertragung des Eigentums an einem Haushaltsgegenstand auf einen Dritten.[96]

2. Miteigentumsvermutung

16 Nach § 1568 b Abs. 2 BGB wird – unabhängig vom Güterstand der Eheleute – **widerleglich vermutet**, dass während der Ehe angeschaffte Haushaltsgegenstände als solche im Miteigentum anzusehen sind, es sei denn, das Alleineigentum eines Ehegatten steht fest. Insofern ist auch die Einigungserklärung des einen Ehegatten nur dahin zu verstehen, dass beide Ehegatten Miteigentümer werden sollen.[97] Nutzung fremden Eigentums hingegen begründet nicht ohne Weiteres Miteigentum.[98] Diese Miteigentumsvermutung nach § 1568 b Abs. 2 BGB ist analog für die vorläufigen Regelungen nach § 1361 a BGB anzuwenden.[99] Denn die Regelung der Miteigentumsvermutung soll die Auseinandersetzung der Haushaltsgegenstände erleichtern, indem sie häufig nicht lösbare Zweifel über die Eigentumslage an den während der Ehe angeschafften Haushaltsgegenständen beseitigt und langwierige Beweiserhebungen darüber ausschließt. Tragen die Eheleute zu der Miteigentumslage der während der Ehe genutzten Haushaltsgegenstände nichts Gegenteiliges vor, ist somit Miteigentum zu vermuten.[100] Die Miteigentumsvermutung des § 1568 b Abs. 2 BGB gilt aber grundsätzlich nur für während der Ehe **entgeltlich erworbene bzw. gekaufte Haushaltsgegenstände**, nicht für geerbte oder geschenkte Haushaltsgegenstände, auch wenn diese als Ersatz für wertlose Gegenstände dienen.[101] Die vor der Eheschließung für die gemeinsame Ehe angeschafften Haushaltsgegenstände sind jedoch auch gemeinsames Eigentum, da bei der Anschaffung Miteigentum mit bestimmter Zweckrichtung begründet wurde.[102] Die nach der Trennung der Ehegatten angeschafften Haushaltsgegenstände sind nicht für den gemeinsamen Haushalt bestimmt, so dass Alleineigentum anzunehmen ist.[103]

Derjenige Ehegatte, der sich auf Alleineigentum an einem Haushaltsgegenstand beruft, muss die Miteigentumsvermutung des § 1568 b Abs. 2 BGB **im Strengbeweis widerlegen**. Nach der ersatzlosen Streichung des § 1370 BGB, der eine dingliche Surrogation bei der Ersatzbeschaffung von Haushaltsgegenständen festgeschrieben hatte, wird seltener als bisher Alleineigentum an Haushaltsgegenständen bestehen. Während der Ehe angeschaffte Haushaltsgegenstände zum Zwecke der gemeinsamen Lebensführung sind nach

94 *Brötel* Jura 1994, 470.
95 AA OLG Hamm 29.9.1989 – 13 UF 123/89, FamRZ 1990, 531.
96 OLG Hamm 14.3.1990 – 10 WF 36/90, FamRZ 1990, 1126.
97 BGH 13.3.1991 – XII ZR 53/90, FamRZ 1991, 923.
98 Palandt/*Brudermüller* BGB § 1568 b Rn. 6.
99 Palandt/*Brudermüller* BGB § 1361 a Rn. 16; OLG Hamburg 9.8.1979 – 15 a UF 6/79 H, FamRZ 1980, 250.
100 OLG Stuttgart 14.5.1992 – 17 UF 147/92, FamRZ 1992, 1446; OLG Koblenz 13.9.1991 – 5 WF 400/91, FamRZ 1992, 1303; *Krebs* FamRZ 1994, 281 ff.
101 OLG Stuttgart 20.11.1981 – 15 UF 243/81 WH FamRZ 1982, 485; aA FA-FamR-HdB/*Klein* 8. Kap. Rn. 104.
102 OLG Brandenburg 25.7.2002 – 9 WF 118/02, FamRZ 2003, 532.
103 OLG Köln 20.3.2001 – 22 U 157/00, FamRZ 2002, 322.

dem Willen der Eheleute im Zweifel Miteigentum.[104] Zieht ein Ehepartner aus der Ehewohnung aus, geht das Miteigentum an den Haushaltsgegenständen nicht verloren. Die Eigentumsvermutung des Besitzers nach § 1006 BGB ist für den verbleibenden Ehegatten nicht anzuwenden, auch nicht bei gerichtlicher Zuweisung eines Haushaltsgegenstandes. Die Eheleute können jedoch das Miteigentum oder Anwartschaften hieran übertragen und/oder die Eigentumsverhältnisse anderweitig vereinbaren. Haben die Eheleute beispielsweise vereinbart, dass alle Haushaltsgegenstände einem von ihnen gehören sollen, so ist im gerichtlichen Verfahren nur noch zu klären, ob bestimmte Gegenstände in der Vereinbarung erfasst wurden.[105] Werden Haushaltsgegenstände im Miteigentum zerstört, sind die Eheleute Mitgläubiger nach § 432 BGB,[106] da bezüglich des Schadensbetrages von einer gemeinsamen Empfangszuständigkeit auszugehen ist.

3. Alleineigentum

Der Ehegatte, der Alleineigentum an einem Haushaltsgegenstand behauptet, muss **dies darlegen und** 17
beweisen.[107] Die Miteigentumsvermutung des § 1568 b Abs. 2 BGB ist widerlegt, wenn der Ehegatte insoweit Beweis geführt hat, dass ihm das Alleineigentum an dem betreffenden Haushaltsgegenstand zusteht oder wenn es unstreitig ist, dass an dem betreffenden Haushaltsgegenstand Alleineigentum besteht. Erwirbt ein Ehegatte im Rahmen der sog. Schlüsselgewalt des § 1375 Abs. 1 BGB einen Haushaltsgegenstand für den gemeinsamen Haushalt, dann berechtigt und verpflichtet dieses Geschäft zwar auch den anderen Ehegatten. Er erwirbt jedoch nicht bereits kraft Gesetzes Miteigentum, da § 1357 BGB keine dingliche Wirkung hat. Vielmehr kommt es entscheidend auf die dinglichen Erklärungen des Erwerbers und des Veräußerers an. Sofern nichts ausdrücklich erklärt wird und/oder keine besonderen Umstände gegeben sind, ist die Erklärung beim Erwerb von Haushaltsgegenständen für den gemeinsamen Haushalt des einen Ehegatten nur dergestalt auszulegen, dass beide Eheleute Miteigentümer werden sollen. Da es dem Veräußerer grundsätzlich egal sein wird, wer Eigentum an dem Haushaltsgegenstand erwirbt, richtet sich dessen Erklärung regelmäßig nach dem Rechtsprinzip „Übereignung an den, den es angeht". Folgerichtig sind die Erklärungen des Erwerbers und des Veräußerers nur so zu verstehen, dass beide Ehegatten Miteigentümer werden sollen.[108] Für den Beweis des Alleineigentums reicht es nicht aus, dass der Haushaltsgegenstand mit eigenen Mitteln erworben wurde. In diesem Falle müsste zusätzlich bewiesen sein, dass der Ehegatte den Haushaltsgegenstand für sich erwerben wollte. Der Einwand eines Ehegatten, alle Haushaltsgegenstände seien ausschließlich von seinem allein verdienten Geld angeschafft worden, ist ohne Bedeutung.[109] Alleineigentum an einem Pkw ist beispielsweise auch nicht damit belegt, wenn nur einer der Ehegatten Käufer des Kaufvertrags, Rechnungsadressat oder im Kfz-Brief eingetragen ist, oder den Pkw alleine finanziert hat.[110] Vielmehr ist auf das Abstraktionsprinzip zu achten. Kann hieraus nichts eindeutig geschlossen werden, sind die gesetzlichen Vermutungen heranzuziehen. Häufig stammen die Mittel zur Finanzierung aus unterschiedlichen Quellen, wie aus Inzahlungnahme des bereits vorhandenen Autos, aus Ersparnissen beider Eheleute, Verdienst, Zuwendungen aus der Familie etc. Die Herkunft der Mittel und der Umstand, dass der Pkw für die gemeinsame Lebensführung erworben wurde, spricht für gemeinschaftliches Eigentum nach § 1357 BGB.[111]

104 OLG Köln 20.3.2001 – 22 U 157/00, FamRZ 2002, 322; BGH 13.3.1991 – XII ZR 53/90, NJW 1991, 2283.

105 OLG Düsseldorf 15.5.1986 – 9 UF 207/85, FamRZ 1986, 1132; aA OLG Düsseldorf 8.12.1980 – 5 U 124/80, FamRZ 1981, 545.

106 OLG Karlsruhe 17.5.2007 – 16 UF 220/05, FamRZ 2007, 59; *Müller* FamRB 2006, 358.

107 OLG Karlsruhe 17.5.2006 – 16 UF 220/05, FamRZ 2007, 59; OLG Schleswig FamRZ 2013, 1984.

108 BGH 13.3.1991 – XII ZR 53, 90, FamRZ 1991, 923.

109 OLG Düsseldorf 23.3.1987 – 10 UF 258/86, FamRZ 1987, 1055.

110 OLG Bremen 4.10.1996 – 5 WF 106/96, OLGR Bremen 1997, 27; OLG Köln 10.12.1991 – 4 UF 250/91, FamRZ 1992, 696; OLG Hamburg 12.2.1990 – 2 UF 79/89 G, FamRZ 1990, 1118.

111 OLG Schleswig 5.5.1988 – 7 U 25/86, FamRZ 1989, 88; OLG Naumburg 4.9.2003 – 8 UF 211/02, FamRZ 2004, 889.

4. Rechte Dritter

18 §§ 1361 a und 1568 b BGB sind auch auf Haushaltsgegenstände anwendbar, an denen Rechte Dritter bestehen, wie **geliehene, gemietete oder geleaste Haushaltsgegenstände**, die somit im fremden Eigentum stehen, oder bei Mitbesitz an Haushaltsgegenständen. Die Haushaltsgegenstände, an denen Rechten Dritter bestehen, dürfen – auch ohne Zustimmung des Rechtsinhabers bzw. (Mit-)Eigentümers – mittels Übertragung der entsprechenden Rechte der Eheleute, wie Besitzrechte oder Anwartschaften, (vorläufig) verteilt werden. Dabei hat das Familiengericht jedoch durch umfassende Abwägung allen Interessen – und damit auch den Belangen des dritten Rechtsinhabers – gerecht zu werden.[112] Haushaltsgegenstände unter Eigentumsvorbehalt Dritter iSv § 449 BGB sollen dem anderen Ehegatten – durch Übertragung der Anwartschaft – nur zugesprochen werden, wenn der Dritte bzw. Gläubiger damit einverstanden ist. Denn hierdurch kann eine wirtschaftliche Situation zulasten der Gläubiger eintreten, da das für die Vollstreckung verfügbare Vermögen des Schuldners verringert werden könnte. Bei Anwartschaftsübertragung auf den anderen Ehegatten bleiben die Rechte des Gläubigers unberührt, § 433 Abs. 2 BGB. Um diesem Umstand zu begegnen, kann die Zuweisung des Haushaltsgegenstandes unter Eigentumsvorbehalt von der vorzeitigen Restzahlung abhängig gemacht werden. Es handelt sich um eine Prozesserklärung. In einem solchen Fall ändern sich mit Zustimmung und Zahlung die Gläubigerrechte. Das Einverständnis des Eigentümers ist gegenüber dem Familiengericht abzugeben.

5. Schenkungen

19 Bei den Schenkungen ist zwischen **Schenkungen Dritter** und **Schenkungen unter den Eheleuten** zu differenzieren. **Hochzeitsgeschenke** (von Dritten) stehen nach der Miteigentumsvermutung des § 1568 b Abs. 2 BGB im Miteigentum beider Eheleute. Ansonsten ist bei Geschenken Dritter das Eigentum nach den Gesamtumständen des Einzelfalls zu bestimmen. Dabei sind Kriterien die Person des Schenkers und sein Bezug bzw. Verhältnis zu den Eheleuten sowie der Wert des Geschenkes; vgl. auch § 1374 Abs. 2 BGB. In der Praxis ordnen Gerichte Haushaltsgegenstände gerne demjenigen Ehegatten zu, aus dessen Verwandtschaftskreis das Geschenk herrührt. Für § 1568 a Abs. 2 BGB soll Raum sein, wenn beide Ehegatten beschenkt wurden oder Zweifel bleiben, obwohl die Miteigentumsvermutung grundsätzlich keine Anwendungen bei Schenkungen finden soll (→ Rn. 16). Bei Schenkungen der Ehegatten untereinander besteht kein Miteigentum, sondern Alleineigentum, auch wenn das Geschenk dem gemeinsamen Haushalt dient.

112 OLG Hamm 29.9.1989 – 13 UF 123/89, FamRZ 1990, 531.

135. Illoyale Vermögensverfügung und Ansprüche gegen Dritte

Knahn/Holthusen

I. Einführung

1 Der Zugewinn eines Ehegatten ist gem. § 1373 BGB der Betrag, um den das Endvermögen das Anfangsvermögen (→ *Anfangsvermögen* Rn. 1 ff.) übersteigt. Das Endvermögen besteht dabei gem. § 1375 Abs. 1 BGB aus dem Vermögen, das bei Beendigung des Güterstandes einem Ehegatten nach Abzug der Verbindlichkeiten gehört. Diesem Betrag ist gem. § 1375 Abs. 2 BGB das Vermögen hinzuzurechnen, um das dieses Vermögen nach Eintritt des Güterstandes durch **illoyale Vermögensverfügungen** eines Ehegatten iSv § 1375 Abs. 2 Nr. 1–3 BGB vermindert wurde (→ Rn. 3 ff.). Damit soll verhindert werden, dass ein Ehegatte seinen Zugewinn zum Nachteil des ausgleichsberechtigten Ehegatten schmälert und dessen Ausgleichsanspruch durch illoyale Vermögensminderungen vereitelt.[1]

2 Hat ein Ehegatte sein Endvermögen durch eine unentgeltliche Zuwendung in Benachteiligungsabsicht verringert und übersteigt die Ausgleichsforderung das vorhandene Vermögen des Ausgleichsverpflichteten, gewährt § 1390 BGB dem Ausgleichsberechtigten einen **Anspruch gegen Dritte** auf Ersatz des Wertes der Zuwendung (→ Rn. 22 ff.). Das Gleiche gilt für andere Rechtshandlungen, wenn dem Dritten die Benachteiligungsabsicht bekannt war (→ Rn. 30 ff.).

II. Illoyale Vermögensverfügung

1. Voraussetzungen

3 Voraussetzung für eine Hinzurechnung gem. § 1375 Abs. 2 BGB ist, dass **während des Güterstandes** eine illoyale Vermögensminderung stattgefunden hat. Unter **Vermögensminderung** versteht man alle negativen wirtschaftlichen Veränderungen der Vermögenslage. Ein dinglicher Vollzug der Vermögensverfügung braucht daher noch nicht vorzuliegen, das Eingehen von Verbindlichkeiten ist ausreichend. Dabei kommt es auf die Entstehung des die Vermögensminderung herbeiführenden Rechtsverhältnisses an (Verpflichtungsgeschäft) und nicht auf die Fälligkeit oder die tatsächliche Erfüllung.[2]

4 Eine Vermögensminderung ist dann illoyal, wenn sie unter die Hinzurechnungstatbestände des § 1375 Abs. 2 Nr. 1–3 BGB fällt. Diese sind **abschließend und nicht analogiefähig**.[3]

5 **a) Unentgeltliche Zuwendung (§ 1375 Abs. 2 Nr. 1 BGB).** Eine unentgeltliche Zuwendung liegt insbesondere bei Schenkungen, Ausstattungen, Vermögensübertragungen unter vorweggenommener Erbfolge, Spenden sowie Stiftungen vor.[4] Die Zuwendung erfolgt dabei **unentgeltlich**, wenn der Vermögensminde-

1 NK-BGB/*Heiß/Löhnig* § 1375 Rn. 1.
2 Staudinger/*Thiele* BGB § 1375 Rn. 35 f.
3 NK-BGB/*Heiß/Löhnig* § 1375 Rn. 19.
4 Palandt/*Brudermüller* BGB §§ 1374–1376 Rn. 25.

rung keine Gegenleistung gegenübersteht.[5] **Abfindungsklauseln in Gesellschaftsverträgen**, nach denen beim Ausscheiden eines Ehegattengesellschafters eine Abfindung teilweise oder vollumfänglich ausgeschlossen ist, stellen eine unentgeltliche Verfügung zugunsten der Mitgesellschafter dar, wenn nur einzelne Gesellschafter sich ihr ohne rechtfertigenden Grund unterworfen haben.[6] Bei **gemischten Schenkungen**, also teilweise unentgeltlichen Zuwendungen, ist der unentgeltliche Teil dem Endvermögen hinzuzurechnen. Ist grundsätzlich eine Gegenleistung vereinbart, steht diese aber in einem groben Missverhältnis zur Leistung, spricht eine tatsächliche Vermutung für eine gemischte Schenkung.[7]

6 Die Erfüllung einer verjährten Forderung ist **nicht unentgeltlich**.[8] Das Gleiche gilt für sog. unvollkommene Verbindlichkeiten wie **Spiel- oder Wettschulden**, § 762 BGB, für den **Erbverzicht** und die Erb- oder Vermächtnisausschlagung des Ehegatten selbst und für die **Erfüllung von Nachlassverbindlichkeiten** eines überschuldeten Nachlasses.[9]

7 Eine Hinzurechnung erfolgt nicht bei unentgeltlichen Zuwendungen, mit denen einer **sittlichen Pflicht** oder einer auf den Anstand zu nehmenden Rücksicht entsprochen wurde. Da durch die Zuwendung auch der andere Ehegatte betroffen ist, ist eine Interessenabwägung erforderlich.[10] Eine sittliche Pflicht stellen die Aussteuer und Ausstattungen an Kinder dar sowie die Unterstützung bedürftiger naher Verwandter ohne Unterhaltsanspruch, Spenden an karitative Einrichtungen und die Errichtung gemeinnütziger Stiftungen.[11] Die Zuwendung an eine mit dem Ehegatten in nichtehelicher Lebensgemeinschaft lebende Frau kann ebenfalls einer sittlichen Pflicht entsprechen.[12] Eine sittliche Pflicht besteht nicht zur Übertragung eines Vermögensgegenstandes an einen Abkömmling im Rahmen der vorweggenommene Erbfolge, auch wenn sie zum Erhalt von Familienvermögen im Generationengang erforderlich ist.[13]

8 **b) Vermögensverschwendung (§ 1375 Abs. 2 Nr. 2 BGB).** Unter Vermögensverschwendung versteht man das ziellose und unnütze Ausgeben von Geld in einem Maße, das in keinem Verhältnis zu den Einkommens- und Vermögensverhältnissen der Ehegatten steht.[14] Dabei reicht ein großzügiger Lebensstil oder ein Leben über die Verhältnisse alleine nicht aus.[15] Nach der hM sind rein wirtschaftliche Aspekte nicht allein entscheidend, auch psychische Ursachen und Motive wie Wut und Enttäuschung über das Walten des anderen Ehegatten sind mit einzubeziehen.[16]

9 Das Vorliegen einer Vermögensverschwendung wurde bspw. bejaht bei der Wahl der **getrennten Veranlagung** zur Einkommensteuer,[17] bei der **Vernichtung von Geld aus Wut oder Enttäuschung**.[18] Beim Glücksspiel wird es auf die Frage des konkreten Ausmaßes ankommen.

10 **c) Handlungen in Benachteiligungsabsicht (§ 1375 Abs. 2 Nr. 3 BGB).** Darunter fallen Vermögensverfügungen sowie tatsächliche Handlungen (zB durch Beschädigung oder Zerstörung),[19] bei denen der **Wille, den anderen Ehegatten zu benachteiligen**, der leitende, wenn auch nicht notwendig der einzige, Beweggrund für die Vornahme der vermögensmindernden Handlung gewesen ist.[20] Der Ehegatte muss dabei mit

5 BGH 9.4.1986 – IVb ZR 14/86, FamRZ 1986, 565.
6 Palandt/*Brudermüller* BGB §§ 1374–1376 Rn. 25.
7 BGH 21.6.1972 – IV ZR 221/69, NJW 1972, 1709.
8 HK-FamR/*Häcker* BGB § 1375 Rn. 23.
9 NK-BGB/*Heiß/Löhnig* § 1375 Rn. 23.
10 Palandt/*Brudermüller* BGB §§ 1374–1376 Rn. 26.
11 NK-BGB/*Heiß/Löhnig* § 1375 Rn. 26 f.
12 Staudinger/*Thiele* BGB § 1375 Rn. 26.
13 Palandt/*Brudermüller* BGB §§ 1374–1376 Rn. 26.
14 BGH 20.5.2015 – XII ZB 341/14, NJW-RR 2015, 897.
15 BGH 19.4.2000 – XII ZR 62/98, NJW 2000, 2347.
16 *Schulz/Hauß* Vermögensauseinandersetzung Kap. 1 Rn. 98; aA Palandt/*Brudermüller* BGB §§ 1374–1376 Rn. 27.
17 BGH 13.10.1976 – IV ZR 104/74, NJW 1977, 378.
18 OLG Rostock 19.1.1999 – 8 WF 295/98, FamRZ 2000, 228.
19 BGH 9.4.1986 – IVb ZR 14/86, FamRZ 1986, 565.
20 BGH 19.4.2000 – XII ZR 62/98, NJW 2000, 2347.

Absicht (dolus directus) handeln.[21] Kenntnis der Benachteiligungsabsicht des Empfängers der Zuwendung wird nicht vorausgesetzt.[22] Nach der hM sind an die Darlegung der Benachteiligungsabsicht keine hohen Anforderungen zu stellen.[23]

Das Vorliegen einer Handlung in Benachteiligungsabsicht wurde im Falle des **Verbrennens von Bargeld aus Wut und Enttäuschung** über den anderen Ehegatten bejaht.[24] Bei Zerstörungen infolge eines Suizidversuchs fehlt es am leitenden Beweggrund, so dass eine Benachteiligungsabsicht verneint wurde.[25] 11

2. Rechtsfolge

Liegt eine der Voraussetzungen des § 1375 Abs. 2 Nr. 1–3 BGB vor, wird der indexierte (→ Rn. 19 ff.) Wert der Vermögensminderung dem Endvermögen hinzugerechnet. 12

Eine Hinzurechnung entfällt gem. § 1375 Abs. 3 BGB, wenn die Vermögensminderung mindestens **zehn Jahre vor Beendigung des Güterstands** eingetreten ist oder wenn der andere Ehegatte mit der unentgeltlichen Zuwendung oder der Verschwendung **einverstanden** gewesen ist. Die Frist beginnt gem. §§ 1384, 1387 BGB mit Zustellung des Scheidungsantrags bzw. des Antrags auf vorzeitigen Zugewinnausgleich oder vorzeitiger Aufhebung der Zugewinngemeinschaft. Dabei kommt es auf das Verpflichtungsgeschäft und nicht auf die Erfüllung der Verpflichtung an.[26] Das Einverständnis im Falle des § 1375 Abs. 2 Nr. 3 BGB wirkt bereits tatbestandsausschließend, so dass eine Aufzählung in Abs. 3 nicht erforderlich ist.[27] 13

Die **Begrenzung der Ausgleichsforderung** (§ 1378 Abs. 2 BGB) auf das zum Endzeitpunkt vorhandene positive Vermögen erhöht sich gem. § 1378 Abs. 2 S. 2 BGB ebenfalls um die Hinzurechnungen nach § 1375 Abs. 2 BGB. Der ausgleichspflichtige Ehegatte muss unter Umständen nicht nur sein gesamtes Vermögen für den Zugewinnausgleich aufbringen, sondern ist gegebenenfalls auch dazu verpflichtet, Verbindlichkeiten einzugehen, um die Ausgleichsforderung zu erfüllen.[28] 14

3. Darlegungs- und Beweislast

Nach dem ungeschriebenen Grundprinzip der Beweislastverteilung[29] muss der Ehegatte, der den Zugewinnausgleich begehrt, die Voraussetzungen des Anspruchs darlegen und beweisen (→ *Darlegungs- und Beweislast im Zugewinn* Rn. 6 ff.), somit neben dem eigenen Endvermögen auch Bestand und Wert des Endvermögens des anderen Ehegatten.[30] Die **allgemeine Beweislast** gilt auch für die Hinzurechnungstatbestände des § 1375 Abs. 2 BGB, so dass der Ehegatte, der sich auf illoyale Vermögensverfügungen beruft, diese darzulegen und zu beweisen hat.[31] Nach § 1379 BGB steht ihm hierfür ein **Auskunftsanspruch** gegenüber dem anderen Ehegatten auch bezüglich illoyaler Vermögensverfügungen zu, wenn er konkrete Tatsachen vorträgt, die ein unter § 1375 Abs. 2 S. 1 BGB fallendes Handeln nahelegen.[32] 15

Ist das Endvermögen eines Ehegatten geringer als das Vermögen, das er in der Auskunft zum Trennungszeitpunkt angegeben hat, so hat dieser Ehegatte gem. § 1375 Abs. 2 S. 2 BGB darzulegen und zu beweisen, dass die Vermögensminderung nicht auf Handlungen iSd § 1375 Abs. 2 Nr. 1–3 BGB zurückzuführen ist (**Beweislastumkehr**). Die Vorschrift wurde mit dem Gesetz zur Änderung des Zugewinnausgleichs- und 16

---

21 NK-BGB/*Heiß/Löhnig* § 1375 Rn. 31.
22 HK-FamR/*Häcker* BGB § 1375 Rn. 22.
23 HK-FamR/*Häcker* BGB § 1375 Rn. 23.
24 OLG Rostock 19.1.1999 – 8 WF 295/98, FamRZ 2000, 228.
25 OLG Frankfurt a. M. 4.9.1984 – 1 UF 18/84, FamRZ 1984, 1097.
26 Palandt/*Brudermüller* BGB §§ 1374–1376 Rn. 29.
27 MüKoBGB/*Koch* § 1375 Rn. 58.
28 NK-BGB/*Heiß/Löhnig* § 1378 Rn. 12.
29 HK-ZPO/*Saenger* § 286 Rn. 58.
30 BGH 26.4.1989 – IV b ZR 48/88, NJW 1989, 2821.
31 NK-BGB/*Heiß/Löhnig* § 1375 Rn. 36.
32 BGH 15.8.2012 – XII ZR 80/11, NJW 2012, 3635.

Vormundschaftsrechts vom 6.7.2009[33] eingeführt und knüpft an den in § 1379 Abs. 1 Nr. 1 BGB neu normierten Auskunftsanspruch zum Trennungsvermögen an.

17 Für das Tatbestandsmerkmal der Benachteiligungsabsicht des § 1375 Abs. 2 Nr. 3 BGB gilt eine abgestufte Darlegungslast. Der andere Ehegatte muss sich zu dem Vortrag, eine Handlung sei in Benachteiligungsabsicht erfolgt, substantiiert erklären.[34]

4. Indexierung

18 Wenn die Vermögensminderung bereits einige Zeit vor dem Stichtag zur Berechnung des Endvermögens getroffen wurde (gem. § 1375 Abs. 3 BGB maximal zehn Jahre), muss das Vermögen an die alleine durch die Geldentwertung (**Inflation**) entstandene nominale Wertsteigerung des Endvermögens nach § 1375 Abs. 1 BGB angepasst werden. Dies erfolgt durch Indexierung des verminderten Vermögens, dh der Wert muss auf den Geldwert des Endvermögens hochgerechnet werden.

19 Für die Umrechnung hat sich der seit 1962 durch das Statistische Bundesamt ermittelte Verbraucherpreisindex durchgesetzt (→ *Verbraucherpreisindex* Rn. 1 ff.). Der **Verbraucherpreisindex für Deutschland** misst anhand eines monatlichen Vergleichs eines einheitlichen Warenkorbs die durchschnittliche Preisentwicklung aller Waren und Dienstleistungen, die von privaten Haushalten für Konsumzwecke gekauft werden. Er ist damit der zentrale Indikator zur Beurteilung der Geldwertentwicklung in Deutschland. Nähere Informationen können auf den Internetseiten des Statistischen Bundesamtes unter http://www.destatis.de (Startseite → Preise → Verbraucherpreisindizes) abgerufen werden.

20 Die Umrechnung der illoyalen Vermögensminderung erfolgt dabei nach folgender Formel:

$$\frac{\text{Wert der Vermögensminderung zum Zeitpunkt des Verlustes x Index Endzeitpunkt}}{\text{Index Zeitpunkt des Verlustes}}$$

III. Ansprüche gegen Dritte (§ 1390 BGB)

21 Hat ein Ehegatte sein Endvermögen durch eine unentgeltliche Zuwendung in Benachteiligungsabsicht verringert und übersteigt die Ausgleichsforderung das vorhandene Vermögen des Ausgleichsverpflichteten, gewährt § 1390 Abs. 1 BGB dem Ausgleichsberechtigten einen **Anspruch gegen den Dritten** auf Ersatz des Wertes der Zuwendung. Das Gleiche gilt gem. § 1390 Abs. 2 BGB für andere Rechtshandlungen, wenn dem Dritten die Benachteiligungsabsicht bekannt war.

1. Voraussetzungen

22 **a) § 1390 Abs. 1 BGB. aa) Unentgeltliche Zuwendung (§ 1390 Abs. 1 Nr. 1 BGB).** Eine unentgeltliche Zuwendung gem. § 1390 Abs. 1 Nr. 1 BGB liegt insbesondere bei Schenkungen, Ausstattungen, Vermögensübertragungen unter vorweggenommener Erbfolge, Spenden sowie Stiftungen vor (→ Rn. 5). Die Zuwendung erfolgt dabei **unentgeltlich**, wenn der Vermögensminderung keine Gegenleistung gegenübersteht.[35]

23 Wurde mit der unentgeltlichen Zuwendung einer **sittlichen Pflicht** oder einer auf den Anstand zu nehmenden Rücksicht entsprochen, scheidet die Anwendung des § 1390 BGB aus. Zwar ist dieses einschränkende Merkmal aus § 1375 Abs. 2 Nr. 1 BGB im Tatbestand des § 1390 Abs. 1 BGB nicht enthalten. Die Vorschrift ist aber im Zusammenhang mit § 1375 Abs. 2 BGB insoweit restriktiv auszulegen. Das Gleiche gilt für die Ausnahmevorschrift des § 1375 Abs. 3 BGB. Ansprüche aus § 1390 BGB scheiden aus, wenn

33 BGBl. 2009 I 1696.
34 BGH 23.4.1986 – IVb ZR 2/85, NJW-RR 1986, 1325.
35 BGH 9.4.1986 – IVb ZR 14/86, FamRZ 1986, 565.

die Zuwendung mindestens zehn Jahre vor Beendigung des Güterstands erfolgt ist oder wenn der andere Ehegatte mit ihr einverstanden war.[36]

bb) Benachteiligungsabsicht. Die unentgeltliche Zuwendung oder die andere Rechtshandlung muss in Benachteiligungsabsicht erfolgt sein (→ Rn. 10 f.). Maßgebend ist, dass der **Wille, den anderen Ehegatten zu benachteiligen**, der leitende, wenn auch nicht notwendig der einzige, Beweggrund für die Vornahme der vermögensmindernden Handlung gewesen ist.[37] 24

cc) Wert des Endvermögens geringer als Ausgleichsforderung. Die Höhe der Ausgleichsforderung muss den Wert des nach Abzug der Verbindlichkeiten bei Beendigung des Güterstands vorhandenen Vermögens des ausgleichspflichtigen Ehegatten übersteigen, § 1390 Abs. 1 Nr. 2 BGB. 25

Nach altem Recht war die Ausgleichsforderung immer auf den Wert des Endvermögens begrenzt (§ 1378 Abs. 2 BGB aF). Durch das Gesetz zur Änderung des Zugewinnausgleichs- und Vormundschaftsrechts vom 6.7.2009[38] wurde § 1378 Abs. 2 S. 2 BGB eingeführt. Danach erhöht sich die **Begrenzung der Ausgleichsforderung** um die Hinzurechnungen nach § 1375 Abs. 2 BGB. Die Ergänzung soll sicherstellen, dass die Grundregel des hälftigen Ausgleichs (§ 1378 Abs. 1 BGB) nicht zu einem Schutz illoyaler Vermögensminderung führt, womit die Rechtsposition des von einer illoyalen Vermögensminderung betroffenen Ehegatten deutlich gestärkt wird. Dies kann zur Folge haben, dass der illoyale Ehegatte in diesen Fällen auch sein ganzes Vermögen abführen oder sich wegen der Hinzurechnung dieses eventuell nicht mehr vorhandenen Vermögensteils zur Ausgleichsforderung verschulden muss.[39] 26

§ 1390 Abs. 1 Nr. 2 BGB bietet daher einen zusätzlichen Schutz des ausgleichsberechtigten Ehegatten, indem er einen weiteren Anspruch gewährt, der neben der Ausgleichsforderung besteht. Dies ergibt sich bereits aus der Gesamtschuldnerhaftung, § 1390 Abs. 1 S. 4 BGB. 27

b) § 1390 Abs. 2 BGB. Die Höhe der Ausgleichsforderung muss den Wert des nach Abzug der Verbindlichkeiten bei Beendigung des Güterstands vorhandenen Vermögens des ausgleichspflichtigen Ehegatten übersteigen, § 1390 Abs. 1 Nr. 2 BGB. 28

aa) Andere Rechtshandlungen. § 1390 Abs. 2 BGB umfasst alle Rechtshandlungen, die keine unentgeltlichen Zuwendungen sind. Anders als § 1375 Abs. 2 BGB können nur rechtsgeschäftliche Handlungen mit Dritten gemeint sein, da nur dann ein Anspruch gegen die dritte Person entstehen kann. Tatsächliche Handlungen wie Beschädigung oder Zerstörung scheiden aus. In Betracht kommen **entgeltliche Rechtsgeschäfte** wie zB Kreditgewährungen, bei denen die Zahlungsunfähigkeit des Dritten zulasten des anderen Ehegatten bewusst in Kauf genommen wurde, außerdem die bewusste Nichtunterbrechung einer Verjährungsfrist, die Inkaufnahme eines Versäumnisurteils oder das bewusste Versäumen einer Rechtsmittelfrist.[40] 29

bb) Benachteiligungsabsicht. Die Rechtshandlung muss in Benachteiligungsabsicht erfolgt sein (→ Rn. 10 f.). Maßgebend ist, dass der **Wille, den anderen Ehegatten zu benachteiligen**, der leitende, wenn auch nicht notwendig der einzige, Bewegrund für die Vornahme der vermögensmindernden Handlung gewesen ist.[41] 30

cc) Kenntnis der Benachteiligungsabsicht. Voraussetzung ist aber immer, dass dem Dritten die Benachteiligungsabsicht **bekannt** war. Dabei ist auf den Zeitpunkt des Eintritts der Rechtswirkungen der Handlung abzustellen.[42] 31

---

36 NK-BGB/*Löhnig* § 1390 Rn. 2.
37 BGH 19.4.2000 – XII ZR 62/98, NJW 2000, 2347.
38 BGBl. 2009 I 1696.
39 BT-Drs. 16/10798, 17.
40 NK-BGB/*Löhnig* § 1390 Rn. 5.
41 BGH 19.4.2000 – XII ZR 62/98, NJW 2000, 2347.
42 Palandt/*Brudermüller* BGB § 1390 Rn. 3.

32 **dd) Wert des Endvermögens geringer als Ausgleichsforderung.** Da § 1390 Abs. 2 BGB nur das Tatbestandsmerkmal der unentgeltlichen Zuwendung ersetzt, muss die weitere Voraussetzung des § 1390 Abs. 1 Nr. 2 BGB ebenfalls vorliegen.[43] Daher muss die Höhe der Ausgleichsforderung den Wert des nach Abzug der Verbindlichkeiten bei Beendigung des Güterstands vorhandenen Vermögens des ausgleichspflichtigen Ehegatten übersteigen, § 1390 Abs. 1 Nr. 2 BGB (→ Rn. 25 ff.).

2. Rechtsfolge

33 Der ausgleichsberechtigte Ehegatte kann von dem Dritten Wertersatz nach den Vorschriften der **unberechtigten Bereicherung** verlangen, § 1390 Abs. 1 S. 2 BGB. Der Dritte kann gem. § 1390 Abs. 1 S. 3 BGB den Zahlungsanspruch durch Herausgabe des Erlangten abwenden (Ersetzungsbefugnis). Der Dritte und der ausgleichspflichtige Ehegatte haften als **Gesamtschuldner**, § 1390 Abs. 1 S. 4 BGB. Der Anspruch besteht dabei neben dem Zugewinnausgleichsanspruch. Die Haftung des Dritten reicht aber nur so weit, wie der tatsächlich bestehende Anspruch von dem hypothetischen Anspruch, der sich ohne die Drittbegünstigung ergeben hätte, abweicht.[44]

34 § 1390 Abs. 1 S. 2 BGB ist **Rechtsfolgenverweisung.**[45] Da der Anspruch unmittelbar als Wertersatzanspruch ausgestaltet ist, sind § 818 Abs. 1 und 2 BGB nicht anwendbar. Der Dritte kann sich aber auf Entreicherung gem. § 818 Abs. 3 BGB berufen. Dies ist ihm allerdings ab Rechtshängigkeit des Wertersatzanspruchs verwehrt (§ 818 Abs. 4 BGB). Das Gleiche gilt ab dem Zeitpunkt, ab dem der Dritte vom Mangel des rechtlichen Grundes Kenntnis hat (§ 819 Abs. 1 BGB). Maßgeblich ist hierbei die Kenntnis der Benachteiligungsabsicht des ausgleichspflichtigen Ehegatten.[46]

3. Verjährung

35 Der Anspruch auf Wertersatz verjährt in der **regelmäßigen Verjährungsfrist** des § 195 BGB (drei Jahre). Abweichend von § 199 BGB beginnt die Verjährungsfrist am Tag der Beendigung des Güterstandes, § 1390 Abs. 3 S. 1 BGB, wobei es nicht auf die Kenntnis des Anspruchsinhabers ankommt.[47] Die Hemmungstatbestände aus dem Allgemeinen Teil des BGB werden durch § 1390 Abs. 3 S. 2 BGB verdrängt.[48]

43 NK-BGB/*Löhnig* § 1390 Rn. 4.
44 NK-BGB/*Löhnig* § 1390 Rn. 7.
45 MüKoBGB/*Koch* § 1390 Rn. 5.
46 Palandt/*Brudermüller* BGB § 1390 Rn. 5.
47 Palandt/*Brudermüller* BGB § 1390 Rn. 8.
48 NK-BGB/*Löhnig* § 1390 Rn. 11.

136. Inhalts- und Ausübungskontrolle

Reetz

I. Einführung/Begrifflichkeit

Inhaltskontrolle von Eheverträgen bedeutet seit der grundlegenden Entscheidung des Bundesgerichtshofs vom 11.2.2004[1] und den vielen Weiterentwicklungen[2] die Suche nach den Grenzen vertraglicher Disponibilität einzelner oder einer Vielzahl von Scheidungsfolgen. Der Bundesgerichtshof leitet jede seiner Entscheidungen zur Inhaltskontrolle mit dem „Textbaustein" ein, dass das geltende Recht einen unverzichtbaren Mindestgehalt nachehelichen Unterhalts zugunsten des berechtigten Ehegatten nicht kennt. Sogleich danach betont der XII. Senat ebenso deutlich, dass die bereits einfachgesetzlich garantierte Gestaltungsfreiheit (= Vertragsfreiheit, § 1585 c S. 1 BGB; § 6 Abs. 1 VersAusglG) andererseits nicht so verstanden werden dürfe, dass der jeweilige **Schutzzweck der gesetzlichen Scheidungsfolgenregelung** durch vertragliche Vereinbarungen beliebig unterlaufen werden könne. Ergebnis der vertraglichen Gestaltung darf es nicht sein, dass insgesamt nicht hinnehmbare, evident einseitige und durch die individuelle Gestaltung der ehelichen Lebensverhältnisse nicht gerechtfertigte Lastenverteilungen zwischen den Ehegatten entstehen.[3] 1

Um aber überhaupt eine ehevertragliche Vereinbarung als **evident einseitige Lastenverteilung** identifizieren zu können, bedarf es zunächst einer wertenden Betrachtung des Schutzgehalts der einzelnen gesetzlichen Scheidungsfolgenregelungen; diese erfolgt nach wie vor mittels der **sog. Kernbereichslehre**, also der Bildung von Rangstufen. Die Kernbereichslehre[4] stellt nicht einheitlich auf den Schutzgedanken einer „nachehelichen Teilhabe" ab. Der Schutzgehalt muss sich aus einem darüber hinausgehenden oder ergänzenden Zweck ergeben. Hierbei bleibt die Diskussion umgeben von schwer fassbaren Kategorien wie „Drittschutz für gemeinsame Kinder", „Beseitigung ehebedingter Nachteile", „nacheheliche Solidarität", „Vertrauensschutz" und „Billigkeit". Möglicherweise tendiert die Lösung von Wertungsproblemen in einen **„ehebedingten Nachteilsausgleich"** in dem Sinne, dass einem Ehegatten solche Dispositionen auszugleichen sind, die er „um der Ehe willen" getroffen hat, oder jedenfalls ohne die konkrete Ehe nicht getroffen hätte. 2

Aus der Kernbereichslehre heraus hat der Bundesgerichtshof jedenfalls ein **zweistufiges Prüfungsmodell** (= zusammenfassend Inhaltskontrolle) entwickelt, das aus einer Wirksamkeits- (Maßstab: § 138 Abs. 1 BGB) und einer sich ggf. anschließenden Ausübungskontrolle (§ 242 BGB und § 313 BGB) zusammengesetzt ist (s. auch § 8 Abs. 1 VersAusglG). Methodisch ergänzt wird die zweistufige Prüfung von einem 3

1 XII ZR 265/02, BGHZ 158, 81.

2 BGH BeckRS 2018, 16247 Rn. 24 = DNotZ 2018, 835 = FamRZ 2018, 1415 mAnm *Bergschneider*; NJW 2013, 380; FamRZ 2013, 269 = NJW 2013, 457 (461); FamRZ 2014, 1978 = NJW 2015, 52 (54 f.); offengelassen in OLG Karlsruhe NZFam 2015, 126 = FamRZ 2015, 500 = RNotZ 2015, 220.

3 Vgl. etwa BGH 15.3.2017 – XII ZB 109/16, FamRZ 2017, 884 zu einem „Unternehmerehevertrag".

4 Grundlegend: BGHZ 158, 81.

Zusammenspiel der Bewertung einzelner vertraglicher Regelungen durch eine Gesamtschau aller Regelungen und Regelungsmotive der Ehegatten.

II. Wirksamkeitskontrolle

1. Ungleiche Verhandlungsposition und objektive Benachteiligung

4 Innerhalb der präventiven Wirksamkeitskontrolle hat sich der Vertragsgestalter (vor allem auch der beurkundende Notar als Teil der Verfahrensgestaltung) zunächst davon zu überzeugen, ob eine ungleiche Verhandlungsposition und damit eine **Disparität bei Vertragsabschluss** vorliegt, die es einem Ehegatten erlaubt, unter Ausnutzung der Zwangslage des anderen Ehegatten, seine Interessen einseitig und ohne Rechtfertigung durchsetzen zu können. Eine aus der Disparität resultierende **evidente (und objektive) Benachteiligung** kann nur ausnahmsweise hinzunehmen sein, wenn nämlich für den Ausschluss (oder die Modifikation) einer konkreten Scheidungsfolge überwiegende, anzuerkennende und berechtigte Interessen des objektiv bevorzugten Ehegatten sprechen. Dies wird man wohl nur anhand des von den Ehegatten vorgestellten, „geplanten Ehetypus“ beurteilen können. Eine berechtigte Interessenverfolgung im Rahmen güterrechtlicher Vereinbarungen kann der „Unternehmensschutz“ sein. Für eine notarielle Urkunde bedeutet die dominante Berücksichtigung subjektiver Elemente bei Vertragsschluss, dass eine sachgerechte Darstellung des „geplanten Ehetypus“ sowie der persönlichen und wirtschaftlichen (beruflichen) Verhältnisse in einer „Vorbemerkung“ („Sachverhalt“, „Präambel“ oÄ) erforderlich ist.

2. Subjektive Unterlegenheit (Vertragsparität)

5 Im Rahmen der Wirksamkeitsprüfung nach § 138 Abs. 1 BGB gibt es selbst bei einer durch Ehevertrag bewirkten, **evident einseitigen Lastenverteilung** keine „bereits objektive Seite“, die an sich die Herleitung eines Sittenwidrigkeitsurteils rechtfertigen könnte. Zur subjektiven Tatbestandsseite gehört daher regelmäßig die Beantwortung der Frage, ob die objektiv nachteiligen, vertraglichen Vereinbarungen eine auf **ungleicher Verhandlungsposition** basierende **einseitige Dominanz** eines Ehegatten widerspiegeln, die zugleich das nicht gerechtfertigte **Ausnutzen einer Zwangslage**[5] darstellt. Bei der **Imparitätsprüfung** wirkt der einseitig benachteiligende Vertragsinhalt lediglich als **Indiz,** das jedoch als solches keinesfalls ausreicht, disparitätische Verhältnisse bei Vertragsschluss und deren Ausnutzen anzunehmen.[6] Anhaltspunkte und Feststellungen zu zusätzlichen notwendigen Imparitätsmerkmalen ergeben sich dabei typischerweise aus Umständen, die außerhalb der notariellen Ehevertragsurkunde zu finden sind.[7] **Anhaltspunkte** außerhalb der Urkunde und ihres niedergeschriebenen Inhalts können Fälle einer **gravierenden wirtschaftlichen** wie **sozialen Imparität** der Ehegatten,[8] der erhebliche **Alters- und Erfahrungsunterschied** bzw. die deutliche **Geschäftsunerfahrenheit** eines Ehegatten;[9] die signifikante **intellektuelle Unterlegenheit** („Bildungshintergrund“) des objektiv benachteiligten Ehegatten;[10] die sog. **Bleiberechtsehen**[11] unter Beteiligung ausländischer Ehegatten, der Beteiligung **schwangerer Frauen**[12] oder die **Benachteiligung des Sozialhilfeträgers**[13] sein. Ein Ehevertrag kann sich jedenfalls nur dann als sittenwidrig und daher als insgesamt nichtig erweisen, wenn eine konkrete Unterlegenheitssituation des benachteiligten Ehegatten bestand und ausgenutzt worden ist; allein aus der Unausgewogenheit des Vertragsinhalts ergibt sich die Sittenwidrigkeit des gesamten Ehevertrages regelmäßig noch nicht.[14] Der Bundesgerichtshof[15] betont dabei

---

5 Zusf. BGH 21.11.2012 – XII ZR 48/11, NJW 2013, 457 (460).
6 BGH 15.3.2017 – XII ZB 109/16, NJW 2017, 1883 Rn. 39.
7 Zusf. BGH 31.10.2012 – XII ZR 129/10, NJW 2013, 380.
8 BGH 9.7.2008 – XII ZR 6/07, FamRZ 2008, 2011 zum Versorgungsausgleich.
9 BGH 17.5.2006 – XII ZB 250/03, NJW 2006, 2331 (2333).
10 BGH NJW 17.1.2018 – XII ZB 20/17, 2018, 1015 Rn. 19.
11 Zuletzt: BGH 17.1.2018 – XII ZB 20/ 17, NJW 2018, 1015; zusf. *Kanzleiter* notar 2008, 354.
12 BGH 9.7.2008 – XII ZR 6/07, FamRZ 2008, 2011.
13 BGH 25.10.2006 – XII ZR 144/04, FamRZ 2007, 197.
14 Zusf. BGH 31.10.2012 – XII ZR 129/10, DNotZ 2013, 528.
15 28.11.2007 – XII ZR 132/05, FamRZ 2008, 582.

immer wieder, dass nicht Schematismus, sondern im Einzelfall eine Gesamtschau der Versorgungs- und Existenzsicherungslage, also aller Scheidungsfolgen, anzustellen und letztendlich maßgebend sei. Das bedeutet für den Vertragsgestalter, dass er beispielsweise bei einem vereinbarten Unterhaltsverzicht gleichzeitig alle anderen vertraglichen Ausgleichsregelungen im Blick haben muss.

Die Annahme der subjektiven Unterlegenheit kann auch in folgenden Fällen indiziert sein: 6

- bei einem sog. „**Last-Minute-Ehevertrag**" (Stichworte: **„Überrumpelung"; „zeitliche Drucksituation"**), es sei denn, über ihn wurde bereits vor Eheschließung angemessen verhandelt;[16]
- Ehegatte **„wurde zum Notar geschleppt"**;[17]
- Der belastete Ehegatte erlangt vor dem Notartermin **keine Kenntnis** von intendierten Regelungen;[18]
- Ehegatte nicht in die **Vertragsverhandlung und -gestaltung** eingebunden;[19]
- **Vertrag „nie in die Hand bekommen"**, selbst bei der Beurkundung nicht;[20]
- **Ablenkung** durch das noch nicht einmal ein Monat alte, gemeinsame Kind in der Beurkundung;[21]
- Ehegatte hatte vor dem Notartermin **keine Kenntnis** von intendierten Verzichts- und Ausschlussgestaltungen (= **kein eigener Entwurf** vor Beurkundung).[22]

Vorsicht ist in folgenden Fällen geboten:

- Ehegatte war bereits **bei Vertragsschluss erkrankt**;[23]
- **Ehegatte ist ohne Ausbildung**, hat keine vernünftigen Berufschancen und damit keine Chance zum Aufbau einer Altersversorgung;[24]
- der eine Ehegatte verfügt über ein abgeschlossenes **Hochschulstudium**, der andere über einen **Hauptschulabschluss**;[25]
- Ehegatte müsste im Alter oder bei Invalidität **voraussichtlich Grundsicherung nach dem IV. Kap. SGB XII** in Anspruch nehmen;[26]
- Ehegatte war bei Vertragsabschluss nicht persönlich anwesend (**Vertretung/vollmachtlose Vertretung**);
- Zustimmung zum Ausschluss nur, um die dann doch gescheiterte Ehe zu retten;[27]
- auch nur ansatzweise Verknüpfung von Umgangsrecht oder Sorgerecht mit Zugeständnissen in geldwerte Scheidungsfolgen.

Der Umstand, dass **Hochzeitsvorbereitungen** vergeblich gewesen wären, kann keinen dermaßen subjektiv unlösbaren Konflikt begründen, der eine vertragliche Vereinbarung von vornherein zu einer evident einseitigen Übervorteilung machen würde.[28] Der Ehevertragsschluss **kurz vor der Hochzeit** indiziert eine Disparität nicht grundsätzlich (BGH 21.11.2012 – XII ZR 48/11, NJW 2013, 457: am Tag vor der Hochzeit), rechtfertigt es also nicht schematisch, den Vertrag einer verstärkten tatrichterlichen Inhaltskontrolle zu unterziehen. So lässt allein der Umstand, dass der Ehevertrag – nach einer langen Phase des nichtehelichen Zusammenlebens – **ein Tag vor der Eheschließung** beurkundet worden ist, keinen Schluss auf eine besondere Zwangslage der benachteiligten Ehefrau oder eine dadurch herbeigeführte

---

16 BGH 9.7.2008 – XII ZR 6/07, FamRZ 2008, 2011; den Begriff „Überrumpelung" verwendet BGH 21.11.2012 – XII ZR 48/11, NJW 2013, 457 (460).
17 BGH 6.10.2004 – XII ZB 110/99, FamRZ 2005, 26 (27).
18 BGH 9.7.2008 – XII ZR 6/07, FamRZ 2008, 2011 (2014).
19 „Schwiegerelternvertrag"; BGH 15.3.2017 – XII ZB 109/16, NJW 2017, 1883; s. auch *Reetz* DNotZ 2017, 809.
20 BGH 15.3.2017 – XII ZB 109/16, NJW 2017, 1883.
21 BGH 15.3.2017 – XII ZB 109/16, NJW 2017, 1883.
22 BGH 15.3.2017 – XII ZB 109/16, NJW 2017, 1883.
23 OLG Koblenz 25.10.2005 – 11 UF 424/04, FamRZ 2006, 428 (429); OLG Naumburg 20.8.2001 – 8 WF 169/01, FamRZ 2002, 456.
24 BGH 22.11.2006 – XII ZR 119/04, NJW 2007, 907.
25 Gesichtspunkt der intellektuellen Unterlegenheit; BGH 27.5.2020 – XII ZB 447/19, BeckRS 2020, 15779 Rn. 31.
26 S. zum VersAusglG: BT-Drs. 16/10144, 53.
27 OLG 12.12.1995 – 5 UF 49/95, Zweibrücken FamRZ 1996, 869.
28 KG 19.5.2011 – 13 UF 136/10, BeckRS 2011, 16441.

Unterlegenheit zu. Das gilt erst recht, wenn den Ehegatten zur Vorbereitung der Beurkundung Entwürfe zugeleitet worden sind, wodurch wiederum die Gestaltung des Beurkundungsverfahrens in den Vordergrund tritt. Imparität liegt zudem nicht bereits dann vor, wenn der benachteiligte Ehegatte die Bedeutung und Tragweite des Abschlusses eines Ehevertrags grundsätzlich erkennt, die konkreten Vertragsbestimmungen jedoch nicht versteht, und sodann weitere Beratung und Aufklärung vor Abschluss des Ehevertrags deshalb nicht einholt, weil er **seinem Ehegatten „blind" vertraut.** Der bewusste Verzicht darauf, im Rahmen der Vertragsverhandlungen selbst oder durch Berater die eigenen Interessen zu wahren, rechtfertigt für sich betrachtet nicht die Bejahung des subjektiven Sittenwidrigkeitselements.[29] Andererseits kann die **widerstandslose Hinnahme** eines objektiv benachteiligenden Ehevertrages nicht als Zustimmung gewertet werden; es ist nicht erforderlich, dass der benachteiligte Ehegatte den Ehevertrag nur mit Bedenken oder quasi widerwillig hinnimmt.[30]

7 Zudem ist zu beachten, dass andererseits es Ehegatten grundsätzlich erlaubt ist, im Rahmen ihrer grundrechtlich geschützten Vertragsfreiheit **Lebensrisiken eines Ehegatten**, zB eine schon bestehende Krankheit (und das daraus etwa resultierende Sozialhilferisiko), aus der gemeinsamen Verantwortung der Ehegatten füreinander vertraglich herauszunehmen. Deshalb ist es auch im **Verhältnis zum Sozialhilfeträger nicht sittenwidrig**, dass durch den Unterhaltsverzicht eine bereits bestehende Sozialhilfebedürftigkeit eines Ehegatten bestehen bleibt.[31]

3. Rechtsfolgenseite

8 Von der Rechtsfolgenseite bedeutet die Unwirksamkeit einer vertraglichen Klausel infolge der Wirksamkeitskontrolle, dass die **gesetzlichen Scheidungsfolgen** in vollem Umfang zur Anwendung gelangen.[32] Ob darüber hinaus die Nichtigkeit einzelner Klauseln (also auch einer Vielzahl von Einzelklauseln) zu einer **Gesamtnichtigkeit des Vertrages** führt, ist einerseits durch die **Gesamtschau** aller vertraglichen Regelungen unter dem Gesichtspunkt ihres Zusammenwirkens und anhand der Kriterien des § 139 BGB zu ermitteln. Beruht die Nichtigkeit nicht auf dem Ergebnis der Gesamtschau können **Salvatorische Klauseln** oder andere Erhaltungsklauseln des Ehevertrages richtungweisend sein.[33] Führt die **Gesamtschau** zur anfänglichen Nichtigkeit des gesamten Ehevertrages, sind auch die vereinbarten Salvatorischen Klauseln bedeutungslos.

9 Zusammenfassend:

In subjektiver Hinsicht sind in die Würdigung ehevertraglicher Gestaltungen immer einzubeziehen:

- die von jedem Ehegatten mit dem Ehevertrag verfolgten („anerkennenswerten") Zwecke,
- Beweggründe des begünstigten Ehegatten zur gewählten ehevertraglichen Gestaltung (Welche sind seine Regelungsziele?),
- Beweggründe des benachteiligten Ehegatten, der Gestaltung zuzustimmen.

In objektiver Hinsicht sind in die Würdigung ehevertraglicher Gestaltungen immer einzubeziehen:

- ein möglicher vertraglicher Eingriff in gesetzliche Kernbereichsregelungen,
- Einkommens- und Vermögensverhältnisse der Ehegatten,
- „geplanter" und „gelebter Ehetypus",
- Auswirkungen auf die Ehegatten (ihre Kinder oder Dritte).

Maßgeblich sind die Umstände im **Zeitpunkt des Vertragsabschlusses**.

29 OLG Karlsruhe 12.12.2014 – 20 UF 7/14, FamRZ 2015, 500.
30 BGH 15.3.2017 – XII ZB 109/16, NJW 2017, 1883.
31 BGH 25.10.2006 – XII ZR 144/04, FamRZ 2007, 197.
32 Vgl. BGH 17.10.2007 – XII ZR 96/05, FamRZ 2008, 386 (387).
33 BGH 25.5.2005 – XII ZR 296/01, NJW 2005, 2386.

III. Ausübungskontrolle

1. Ausgangspunkt: abweichende eheliche Lebensgestaltung

Ist die vertragliche Vereinbarung wirksam zustande gekommen, hat sie mit anderen Worten die Hürde der Wirksamkeitskontrolle übersprungen und die „Höchststrafe" nach § 138 Abs. 1 BGB vermieden, ist auf der zweiten Stufe, nämlich der Ausübungskontrolle (Anwendungsfälle der §§ 242, 313 BGB) zu prüfen, ob und ggf. inwieweit der durch die Vereinbarung begünstigte Ehegatte die ihm vertraglich eingeräumte Rechtsmacht missbraucht, wenn er im Scheidungsfall die vom Gesetz abweichende Regelung tatsächlich (vollständig) durchsetzt und sich auf sie beruft. Entscheidend ist auf dieser zweiten Prüfungsebene, ob das Vereinbarungsergebnis eine **nicht hinnehmbare, evident einseitige Lastenverteilung** darstellt, weil die tatsächliche Gestaltung der ehelichen Lebensverhältnisse (**„gelebter Ehetypus"**) von der ursprünglichen, dem Vertrag zugrunde gelegten Lebensplanung (**„geplanter Ehetypus"**) erheblich abweicht und durch die Vereinbarung ein sich aus der abweichenden Lebensgestaltung ergebender ehebedingter Nachteil entstanden ist und sich ggf. sogar fortsetzt. Bei dem Vergleich des „gelebten Ehetypus" zum ehedem „geplanten Ehetypus" sind **Zeiträume vor der Ehe**, also des vorehelichen Zusammenlebens und der hier angelegten Veränderungen, im Vertrauen in den Bestand der späteren Ehe belanglos und auch nicht geeignet, einen ehebedingten Nachteil zu begründen.[34] 10

Als **Fälle relevanter abweichender Lebensgestaltung** gegenüber der vorgestellten Lebensplanung im Zeitpunkt des Vertragsschlusses (in vorsorgenden Eheverträgen) gelten im Rahmen der Ausübungskontrolle zum Versorgungsausgleich folgende Konstellationen: 11

- beide Ehegatten **wollten** eigentlich **immer erwerbstätig sein**;[35]
- die **spätere ungeplante Berufsaufgabe** eines Ehegatten, zumeist der Frau (zB wegen der Betreuung gemeinsamer Kinder/Pflege eines Familienangehörigen/berufsbedingter (Mit-)Umzug des Ehegatten in eine andere Stadt;[36]
- **Erkrankung** eines Ehegatten;[37]
- die **Vermögensverhältnisse beider Ehegatten** erschienen zunächst gesichert und sollen auch der Altersvorsorge dienen;[38]
- beträchtliche **Altersversorgung** war bei Eheschließung **bereits erworben und fällt später weg**;[39]
- anfänglich realistische Vorstellung über den Aufbau einer jeweils eigenen Altersversorgung erfüllen sich nicht;[40]
- allgemein das **Nichtleisten versprochener Kompensationsleistungen**.[41]

Trotz **relevanter abweichender Lebensgestaltung** gegenüber der vorgestellten Lebensplanung im Zeitpunkt des Vertragsschlusses (in vorsorgenden Eheverträgen) können vertragliche Ausschlussgestaltungen ohne Anpassung und ohne vereinbarte Kompensation Bestand haben, wenn

- der benachteiligte Ehegatte bereits vorehelich einen signifikanten Teil seiner Altersvorsorge erworben hatte und nach den Regeln des Ehevertrags – wenn auch eingeschränkt – ausbauen kann;[42]
- die Unterbrechung der Erwerbstätigkeit durch den Erwerb von **Kindererziehungszeiten** in der gesetzlichen Rentenversicherung kompensiert ist;[43]

---

34 BGH 26.5.2010 – XII ZR 143/08, FamRZ 2010, 1238; BGH 6.10.2010 – XII ZR 202/08, FamRZ 2010, 1971.
35 BGH 28.3.2007 – XII ZR 130/0, FamRZ 2007, 1310.
36 OLG Koblenz 10.3.2009 – 11 UF 520/08, RNotZ 2009, 487.
37 BGH 28.11.2007 – XII ZR 132/05, NJW 2008, 1080.
38 OLG Brandenburg 13.9.2006 – 9 UF 80/06, FamRZ 2007, 736 (737).
39 BGH 12.1.2005 – XII ZR 238/03, FamRZ 2005, 691.
40 OLG Karlsruhe 11.9.2006 – 20 UF 164/05, FamRZ 2007, 477 (478).
41 BGH 25.5.2005 – XII ZR 296/01, FamRZ 2005, 1444 (1449).
42 BGH 12.1.2005 – XII ZR 238/03, NJW 2005, 1370.
43 BGH 27.5.2020 – XII ZB 447/19, BeckRS 2020, 15779.

- ein **hoher Geldbetrag** gezahlt wurde, den der betreffende Ehegatte zur Alterssicherung hätte verwenden können;[44]
- in der Alters-Differenzehe als Zweitehe der begünstigte Ehegatte ein erhebliches Interesse daran, dass seine Versorgung durch eine Scheidung nicht weiter geschmälert wird.[45]

2. Rechtsfolgenseite

12 Hält die ehevertragliche Vereinbarung der Ausübungskontrolle nicht stand, führt dies auf der Rechtsfolgenseite weder zur Unwirksamkeit der vertraglichen Klausel noch dazu, dass einfach die gesetzliche Regelung in Vollzug gesetzt wird. Der benachteiligte Ehegatte soll vielmehr im Wege einer (richterlichen) **Vertragsanpassung**[46] so gestellt werden, wie er stünde, wenn die **bei Vertragsschluss beabsichtigte Lebensplanung** verwirklicht worden wäre (**hypothetischer Parallelverlauf**). Die Ausübungskontrolle will damit in ausgewogener Weise die berechtigten Belange beider Vertragsparteien wahren;[47] es handelt sich im Wesentlichen um einen Anwendungsfall der Grundsätze über den Wegfall der Geschäftsgrundlage (§ 313 BGB). Die Korrektur orientiert sich dabei zusehends am Ausgleich **ehebedingter Nachteile**; ein „Mehr" soll Vertragsanpassung jedenfalls nicht leisten. Das mit einem **Ehevertrag** von den Ehegatten **verfolgte Regelungsziel** bleibt somit auch für die Vertragsanpassung **maßgeblich**; die Dispositionsfreiheit wird zumindest insoweit gewahrt.[48] Bei der Vertragsanpassung bilden die Kriterien des geltenden Scheidungsfolgenrechts jeweils die Obergrenze.[49] Man kann im übertragenen Sinn von einer **„geltungserhaltenden Reduktion" der Rechtsfolgen** einer Vereinbarung sprechen. Jedenfalls ist auch die Ausübungskontrolle nach zutreffender Ansicht des BGH selbst im Kernbereich des Scheidungsfolgenrechts **keine Halbteilungskontrolle**.[50]

13 **Jungen Eheleuten** ist ausnahmslos zu raten, dem Fall der Geburt gemeinsamer Kinder und dem dadurch ggf. bedingten Verzicht eines Ehegatten auf eigene Erwerbstätigkeit vertraglich Rechnung zu tragen.

IV. Kernbereichsorientierte Inhaltskontrolle und Unterhaltstatbestände

1. Betreuungsunterhalt (§ 1570 BGB)

14 Betreuungsunterhalt gehört im Rahmen der Kernbereichsbetrachtung als wertende Grundlage der Inhaltskontrolle auf die oberste Stufe (1. Stufe) der wichtigen Scheidungsfolgen. Nicht entschieden ist, ob hier auch der **rein eltern- bzw. ehebezogene verlängerte Betreuungsunterhalt** nach § 1570 Abs. 2 BGB einzustufen ist. Mit Blick auf seine **drittschützende Funktion** zugunsten des Kindeswohls und dessen verfassungsrechtlicher Bedeutung unterliegt jedenfalls der Betreuungsunterhalt nach § 1570 Abs. 1 BGB (in der Variante Basisunterhalt und kindbezogene Verlängerung) nicht der gänzlich freien Dispositionsbefugnis der Ehegatten, ist andererseits einer Modifikation auch nicht gänzlich entzogen.[51] In diesen Zusammenhang gehören im Rahmen des § 1570 Abs. 1 BGB Gestaltungen, die es dem betreuenden Elternteil während jeder Alters- und Entwicklungsphase des Kindes gestatten, ohne Betreuungseinbußen (= Drittschutzkomponente) einer Berufstätigkeit nachzugehen, oder nach denen Dritte auch schon vor Vollendung des dritten Lebensjahres des Kindes zur Fremdbetreuung herangezogen werden können aber nicht müssen. Die vertragschließenden Eltern können in Ausübung ihrer sorgerechtlichen Befugnisse individuelle „Altersphasenmodelle" vereinbaren. Jede Gestaltung steht dabei unter dem Vorbehalt der Billigkeit, also vor allem der **Wahrung des Kindeswohls**. Im Bereich des § 1570 Abs. 1 BGB sind schon mit Blick auf den gleichgelagerten Unterhaltsanspruch nach § 1615 l BGB dennoch Vereinbarungen zur Annäherung an den **angemessenen**

44 AG Mönchengladbach-Rheydt 26.5.2006 – 19 F 251/04, FamRZ 2007, 1026 (1027).
45 „berechtigtes Interesse"; vgl. OLG Saarbrücken 5.10.2007 – 9 UF 67/07, FamRZ 2008, 1189 (1190).
46 BGH 17.10.2007 – XII ZR 96/05, FamRZ 2008, 386; BGH 25.5.2005 – XII ZR 296/01, FamRZ 2005, 1444 (1448).
47 Statt vieler BGH 11.2.2004 – XII ZR 265/02, BGHZ 158, 81.
48 Vgl. Leitsatz 4 aus BGH 28.2.2007 – XII ZR 165/04, FamRZ 2007, 974.
49 Vgl. BGH 2.2.2011 – XII ZR 11/09, FamFR 2011, 392.
50 Vgl. BGH 27.5.2020 – XII ZB 447/19, BeckRS 2020, 15779 Versorgungsausgleich; 29.1.2014 – XII ZB 303/13, NJW 2014, 1101.
51 Vgl. BGH 15.3.2017 – XII ZB 109/16, NJW 2017, 1883; 31.10.2012 – XII ZR 129/10, NJW 2013, 380 Rn. 19.

Bedarf und somit ein Abwenden vom eheangemessenen Bedarf des § 1578 Abs. 1 BGB denkbar. Dabei sollte im Blick behalten werden, dass eine ehevertragliche Vereinbarung, die eine **rigide Herabsetzung des Lebensstandards** des betreuenden und unterhaltsberechtigten Elternteils bewirkt, evident die Gestaltung der Betreuung als solche beeinflusst. Das hat regelmäßig erhebliche Auswirkungen auf das Wohl der bei Abschluss des Vertrags gewünschten oder für möglich gehaltenen, gemeinsamen Kinder, für die der betreuende Elternteil (zumeist die Ehefrau) persönlich zur Verfügung stehen soll.[52]

2. Unterhalt wegen Alters (§ 1571 BGB) und Krankheit (§ 1572 BGB)

Unterhalt wegen Alters und/oder Krankheit sind Teil des Kernbereichs des Scheidungsfolgenrechts der 15 **2. Stufe**. Im Vordergrund der Regelung steht nicht etwa der ehebedingte Nachteilsausgleich, sondern die gesetzlich gewollte fortwirkende Einstandspflicht der Ehegatten als Teil der nachehelichen Solidarität.

Verzichte oder vertragliche Modifikationen sind trotz der hohen Einstufung nicht schlechthin ausgeschlos- 16 sen.[53] Soweit **Alters- oder Krankheitsunterhalt im Anschluss an Betreuungsunterhalt** (§ 1570 Abs. 1 BGB) zu leisten wäre, ist bei der Vertragsgestaltung zumindest Vorsicht geboten. Den Vorwurf der Sittenwidrigkeit (§ 138 Abs. 1 BGB – Wirksamkeitskontrolle) kann ein Verzicht/Teilverzicht auf Unterhalt wegen Alters jedenfalls dann begründen, wenn die Ehegatten bei ihrer Lebensplanung im Zeitpunkt des Vertragsschlusses bereits davon ausgegangen sind, dass der Verzichtende sich dauerhaft oder doch langfristig völlig aus dem Erwerbsleben zurückziehen und der Familienarbeit widmen sollte. In einem solchen Fall wäre dem Verzichtenden der Aufbau einer eigenen Sicherung gegen die Risiken des Alters auf Dauer verwehrt und würde eine stete Abhängigkeit vom anderen Ehegatten begründen,[54] die ggf. auch nicht in einem adäquaten Maße durch den **Versorgungsausgleich** kompensiert werden würde.

Gegen einen vertraglich vereinbarten Verzicht oder Modifikationen bestehen dann keine Bedenken, wenn 17 **im Zeitpunkt des Vertragsschlusses**

- für die Parteien noch gar nicht absehbar war, ob, wann und unter welchen wirtschaftlichen Gegebenheiten der verzichtende Ehegatte wegen Alters oder Krankheit unterhaltsbedürftig werden könnte (ggf. Anpassung);
- die ggf. unterhaltsauslösende Krankheit bereits ausgebrochen oder erkennbar angelegt war;
- eine Unterhaltsbedürftigkeit wegen Alters oder Krankheit im Anschluss an eine Kindesbetreuung realistisch nicht in Betracht kommt („Einsatzzeitpunkt“);
- die Ehegatten sich bereits in einem Lebensabschnitt (jedenfalls ab dem 45. Lebensjahr) befinden, in dem üblicherweise ein nicht unwesentlicher Teil der Alters- und Erwerbsunfähigkeitsversorgung erworben ist.

Im Anwendungsbereich des § 1578 b BGB, der immer auch einen Ansatzpunkt zur vertraglichen Definition 18 von Billigkeit bietet, ist eine Erkrankung nicht schon deshalb als „ehebedingter Nachteil“ anzusehen, weil die Krankheit zeitlich während der Ehe eingetreten ist. Das gilt auch dann, wenn eine latent vorhandene psychische Erkrankung durch die Ehekrise und Trennung ausgelöst worden ist.[55] Grundsätzlich ist eine zeitlich unbegrenzte Unterhaltsverpflichtung nicht ohne Weiteres zu rechtfertigen, weil es sich bei einer Krankheit regelmäßig um eine schicksalhafte Entwicklung handelt, die nur zufällig in den zeitlichen Rahmen der Ehe fällt.

52 Vgl. OLG Celle 13.9.2018 – 17 UF 28/18, NJW 2018, 3462 Rn. 24.

53 Siehe etwa BGH 28.11.2007 – XII ZR 132/05, FamRZ 2008, 582; BGH 30.6.2010 – XII ZR 9/09, FamRZ 2010, 1414; BGH 17.11.2010 – XII ZR 170/09, FamRZ 2011, 188.

54 So bereits BGH 11.2.2004 – XII ZR 265/02, BGHZ 158, 81, 104.

55 Vgl. BGH 30.6.2010 – XII ZR 9/09, FamRZ 2010, 1414; BGH 17.11.2010 – XII ZR 170/09, FamRZ 2011, 188.

3. Unterhalt wegen Erwerbslosigkeit (§ 1573 Abs. 1 BGB)

19 Unterhalt wegen Erwerbslosigkeit ist nach Ansicht des Bundesgerichtshofs nachrangig (3. Stufe) und einer vertraglichen Modifikation daher weitgehend zugänglich.[56] Gegen einen Verzicht sind auf der Ebene der Wirksamkeitskontrolle regelmäßig keine Bedenken zu erheben, weil das Gesetz das Arbeitsplatzrisiko ohnehin auf den Berechtigten verlagert, sobald dieser einen nachhaltig gesicherten Arbeitsplatz gefunden hat (§ 1573 Abs. 4 BGB, vgl. auch § 1573 Abs. 5 BGB).

20 Der Unterhaltsanspruch dient allerdings auch dem **Ausgleich beruflicher Nachteile**, die ein Ehegatte um der Ehe willen in Kauf genommen hat und die deshalb im Scheidungsfall auf beide Ehegatten verteilt werden sollen. Insoweit kann Unterhalt wegen Erwerbslosigkeit (oder wegen Ausbildung, § 1575 BGB) **Teil des ehebedingten Nachteilsausgleichs** sein, dem § 1578 b BGB – aufbauend auf der Rechtsprechung des Bundesgerichtshofs – entscheidende systematische Bedeutung im Zusammenhang mit dem Scheidungsfolgenrecht beimisst. Der Gesichtspunkt des Nachteilsausgleichs kann deshalb bei einer Gesamtschau benachteiligender Regelungen ins Gewicht fallen. Bei der Beurkundung von Unterhaltsvereinbarungen kann der Gesichtspunkt einer beruflichen Wiedereingliederung bzw. der sonstige ehebedingte Nachteilsausgleich im Bereich der Erwerbstätigkeit auch im Rahmen einer ausführlicheren Vereinbarung zu § 1570 Abs. 2 BGB berücksichtigt werden. Die Grenzen der Tatbestände sind insoweit fließend.

4. Unterhalt zur Aufstockung, wegen Ausbildung, aus Billigkeit (§§ 1573 Abs. 2, 1575, 1576 BGB)

21 Der von Ehegatten vereinbarte Verzicht auf oder die Modifikation des Aufstockungsunterhalts nach § 1573 Abs. 2 BGB, des Ausbildungsunterhalts nach § 1575 BGB oder des Billigkeitsunterhalts nach § 1576 BGB rechtfertigt schon nach der Bedeutung dieser Unterhaltstatbestände im System des Scheidungsfolgenrechts (jeweils 4. Stufe) das Verdikt der Sittenwidrigkeit regelmäßig nicht. Diese Unterhaltstatbestände waren bereits vor dem Inkrafttreten der Unterhaltsrechtsreform zum 1.1.2008 aufgrund gesetzlicher Vorbehalte modifizierbar ausgestaltet. Insbesondere für den Aufstockungsunterhalt ist und war eine Eingrenzung schon immer sachgerecht, weil ansonsten ein verbleibender Unterschied der unterhaltsrelevanten Einkünfte der Ehegatten zu einer lebenslangen, gleichbleibenden Unterhaltspflicht führen müsste. Eine vertragliche Befristung des Aufstockungsunterhalts scheidet deswegen auch nicht grundsätzlich aus, wenn eine **lange Ehedauer**, beispielsweise von über 20 Jahren, vorliegt. Maßgebend ist auch für die Vertragsgestaltung allein die Einzelfallbetrachtung.

5. Unterhalt wegen Alters-, Kranken- bzw. Pflegevorsorge (§ 1578 Abs. 2 Alt. 1, Abs. 3 BGB)

22 Zu jedem Unterhaltstatbestand innerhalb der vier Stufen der Kernbereichslehre gehört korrespondierend der jeweilige (unselbstständige) Unterhalt wegen der Kosten der Alters- oder Kranken- bzw. Pflegevorsorge nach § 1578 Abs. 2 Alt. 1, Abs. 3 BGB,[57] der in der Beratungs- und Beurkundungspraxis häufig übergangen wird. Die vertragliche Disponibilität richtet sich nach dem auslösenden Unterhaltsanspruch, also beispielsweise nach § 1570 Abs. 1 BGB.

V. Kernbereichsorientierte Inhaltskontrolle und Versorgungsausgleich

23 Die Inhaltskontrolle von Vereinbarungen zum Versorgungsausgleich ist positivrechtlich in **§ 8 Abs. 1 VersAusglG** geregelt, ohne dass dadurch andere Maßstäbe als beispielsweise bei der Überprüfung von Unterhaltsvereinbarungen zum Tragen kämen. Nach Auffassung des Bundesgerichtshofs ist der **Versorgungsausgleich** als eine Variante des **Unterhalts wegen Alters** (§ 1571 BGB) Teil des Kernbereichs des Scheidungsfolgenrechts der **2. Stufe**.[58] Wegen dieser hohen Einstufung werden jedenfalls Vereinbarungen zum (entschädigungslosen) Totalausschluss des Wertausgleichs nach dem VersAusglG **nach denselben Kriterien** geprüft werden **wie ein Verzicht auf Altersunterhalt**.[59] Unrichtig ist die Auffassung, wonach

56 BGH 11.2.2004 – XII ZR 265/02, BGHZ 158, 85, 97.
57 Vgl. BGH 25.5.2005 – XII ZR 296/01, FamRZ 2005, 1444 (1449).
58 BGH 6.10.2004 – XII ZB 110/99, FamRZ 2005, 26; BGH 6.10.2004 – XII ZB 57/03, FamRZ 2005, 185.
59 BGH 28.11.2007 – XII ZR 132/05, FamRZ 2008, 582.

die Inhaltskontrolle zum Ausschluss des Versorgungsausgleichs in die Nähe der Kriterien für die Genehmigungsfähigkeit von Scheidungsfolgenvereinbarungen nach § 1587 o Abs. 2 S. 2 und 3 BGB aF gerückt seien.

Nach den **Regeln der Wirksamkeitskontrolle** ist ein vereinbarter Ausschluss des Versorgungsausgleichs – trotz hoher Wertigkeit – für sich nicht als sittenwidrig (§ 138 Abs. 1 BGB = **Wirksamkeitskontrolle**) anzusehen, wenn im Zeitpunkt des Vertragsschlusses für die Parteien redlicherweise nicht absehbar war, ob, wann und unter welchen wirtschaftlichen Gegebenheiten der verzichtende Ehegatte im Alter signifikante und verbleibende Lücken in der Versorgung aufweisen könnte,[60] insbesondere weil beide Vertragsbeteiligten für die Zukunft davon ausgingen, 24

- beide Ehegatten bei Vertragsschluss für die Zukunft und für die Rollenverteilung in ihrer Ehe davon ausgingen und auch ausgehen durften, dass sie weiterhin (sozialversicherungsrelevante) Erwerbseinkünfte erzielen werden und deshalb der Ausbau der Altersversorgung jeweils durch die eigene Erwerbstätigkeit sichergestellt ist[61] und
- deshalb der Ausbau der Altersversorgung durch eine eigene Erwerbstätigkeit gewollt war.

Eine solche – häufige – Fallgestaltung der Anpassung liegt vor, wenn nach den Vorstellungen der Ehegatten keine gemeinsamen Kinder und eine fortgesetzte Erwerbstätigkeit geplant waren.[62] 25

Eine berechtigter Ausschluss liegt regelmäßig vor, wenn im Zeitpunkt des Vertragsschlusses auf Seiten eines **Unternehmer-Ehemannes** zu erwarten war, dass dieser keine Anwartschaften aufbauen würde, die dem Versorgungsausgleich unterliegen und dessen Altersvorsorge im Wesentlichen durch den Wert des Unternehmens und ggf. auch Kapitallebensversicherungen sichergestellt werden soll. Im Zeitpunkt des für die Prüfung der Sittenwidrigkeit maßgeblichen Vertragsschlusses war daher zu erwarten, dass der andere (versicherungspflichtige) Ehegatte von der Durchführung eines Versorgungsausgleichs nicht profitieren würde.[63] 26

VI. Kernbereichsorientierte Inhaltskontrolle und Zugewinnausgleich (§§ 1378 ff. BGB)

Der Zugewinnausgleich ist **nicht vom Kernbereich des Scheidungsfolgenrechts umfasst** und erweist sich deswegen – bei isolierter Betrachtung aller Regelungen – am weitestgehenden ehevertraglich gestaltbar.[64] Das **Güterrecht** und damit auch der vertragliche Ausschluss oder die Modifikation des **Zugewinnausgleichs** (= Abweichung vom Teilhabegedanke) ist schon wegen der vom Gesetz ausdrücklich zur Verfügung gestellten verschiedenen (Wahl-)Güterstände einer vertraglichen Gestaltung nahezu unbeschränkt zugänglich[65] und rechtfertigt regelmäßig nicht das Verdikt der Sittenwidrigkeit. Das BGB kennt keine bestimmte Zuordnung des Vermögenserwerbs innerhalb der Ehe. Die eheliche Lebensgemeinschaft muss nicht notwendigerweise auch eine Vermögensgemeinschaft oder eine Vermögenszugewinngemeinschaft sein. Die Güterstandswahl ist gesetzlich erkennbar nicht an die individuellen Verhältnisse eines beabsichtigten oder gelebten Ehetyps anzupassen. Die güterrechtliche Wahlfreiheit vor, während und bei Beendigung der Ehe wird **durch den Teilhabegedanken nicht eingeschränkt**; das Güterrecht beinhaltet zudem kein Ausgleichssystem zur Regelung aktueller Bedarfslagen oder zur Existenzsicherung. 27

Selbst die aus einer Disparität resultierende evidente (und objektive) Benachteiligung eines Ehegatten kann hinzunehmen sein, wenn für den Ausschluss (oder die Modifikation) des Zugewinnausgleichs überwiegende, anzuerkennende und berechtigte **Interessen des objektiv bevorzugten Ehegatten** sprechen: Ein solches ist etwa die **Erhaltung der wirtschaftlichen Substanz eines Unternehmens** als Wirtschafts- 28

60 BGH 28.11.2007 – XII ZR 132/05, FamRZ 2008, 582; BGH 12.1.2005 – XII ZR 238/03, FamRZ 2005, 691 (692).
61 BGH 15.3.2017 – XII ZB 109/16, NJW 2017, 1883.
62 KG 19.5.2011 – 13 UF 136/10.
63 Vgl. OLG Hamm 23.1.2020 – II-4 UF 86/17, BeckRS 2020, 4314 Rn. 40.
64 So bereits BGHZ 158, 81 (95), 98 f.
65 Zuletzt und zusammenfassend BGH 21.11.2012 – XII ZR 48/11, NJW 2013, 457; BGH 28.11.2007 – XII ZR 132/05, FamRZ 2008, 582; OLG Hamm 8.6.2005 – 11 UF 6/05, FamRZ 2006, 337.

und Lebensgrundlage.[66] Hiernach sind insbesondere alle Gestaltungen, die einzelne Vermögensgegenstände oder Sachgesamtheiten aus dem Zugewinnausgleich herausnehmen, in einem besonders hohen Maß von der Dispositionsfreiheit umfasst.

29 Allerdings kann eine **Gesamtschau** aller vertraglichen Vereinbarungen zur Gesamtnichtigkeit des Ehevertrages unter Einbeziehung der güterrechtlichen Regelungen führen. Das gilt insbesondere, wenn die Gesamtwürdigung ergibt, dass der Inhalt aller Vereinbarungen für einen Ehegatten ausnahmslos nachteilig ist und dessen Einzelregelungen durch keine berechtigten Belange der anderen Partei gerechtfertigt werden.[67]

30 Entscheidungen zur Anpassung güterrechtlicher Regelungen im Wege der **Ausübungskontrolle** sind – soweit bekannt – bisher nicht ergangen. Allerdings behebt oder mildert der Bundesgerichtshof (erhebliche) nachteilige Auswirkungen gelegentlich durch die Zuerkennung von rein schuldrechtlichen Ausgleichsansprüchen, etwa aus einer Ehegatteninnengesellschaft oder einem familienrechtlichen Kooperationsvertrag.[68] Bei der Ehevertragsgestaltung bleiben trotz hoher Disponibilität folgende Fragen offen:

- Welche verfassungsrechtliche Bedeutung hat der **Teilhabegedanke im Güterrecht**?
- Wann kann man von der **Angemessenheit eines Verzichts** – auch für die Vergangenheit – des haushaltsführenden Ehegatten nach **langjähriger Ehe**[69] ausgehen?
- Was gilt, wenn ein Ehegatte **auf den Zugewinnausgleich** (Vermögensausgleich) für seine Versorgung **angewiesen** ist (also nicht nur Vermögensgesichtspunkte maßgeblich sein können), weil Unterhalt oder/und Versorgungsausgleich ehebedingt nicht ausreichen („**Hinübergreifen**" in das Güterrecht in Fällen der sog. **Funktionsäquivalenz** zum Vorsorgevermögen, das dem Versorgungsausgleich unterliegt)?

31 Zum letzten Punkt ist zu beachten, dass in der Rspr. des BGH die Auffassung dominiert, dass die einzelnen Scheidungsfolgen streng isoliert zu betrachten und ein kompensierendes **„Hinübergreifen" in andere Scheidungsfolgen**, und damit auch in das Güterrecht, abzulehnen ist.[70] Daher kommt selbst in Fällen einer sich aufdrängenden **Funktionsäquivalenz** unterschiedlicher Scheidungsfolgen nur in besonders gelagerten **Ausnahmefällen** der **Unzumutbarkeit** und des **Angewiesenseins** eine Anpassung güterrechtlicher Vereinbarungen im Rahmen der Ausübungskontrolle in Betracht.[71] Es ist nicht abschließend geklärt, welche **„engen" Kriterien** vorliegen müssen, die einerseits die Annahme der „Unzumutbarkeit" und des hinübergreifenden „Angewiesensein" auf zugewinnausgleichsrechtliche Ansprüche (beispielsweise zur Sicherstellung der Altersvorsorge) rechtfertigen und andererseits eine vorrangige Kompensation über den Nachscheidungsunterhalt ausschließen. Der BGH hat jedoch wiederholt klargestellt, dass **Korrekturen mittels Ausübungskontrolle** der güterrechtlichen Vereinbarungen vorstellbar sind.[72, 73]

VII. Kernbereichsorientierte Inhaltskontrolle sonstiger Ausgleichsregelungen

32 Über erb- und pflichtteilsrechtliche Regelungen der Ehegatten im Zusammenhang mit dem Abschluss eines Ehevertrages oder über sonstige vermögensrechtliche Ausgleichsregelungen der Ehegatten hat der Bundesgerichtshof bisher nicht unter dem Gesichtspunkt der Inhalts- und Ausübungskontrolle entschieden.

▶ Muster: Belehrung zur Inhalts- und Ausübungskontrolle (allgemein)

(...) Der Notar hat uns darauf hingewiesen, dass der vorstehend vereinbarte (Teil-)Verzicht [die vereinbarte Modifikation], sofern er Dritte benachteiligt, nichtig oder im Einzelfall ein Berufen auf Verzichte unzu-

66 Ausführlich: BGH 28.3.2007 – XII ZR 130/04, FamRZ 2007, 1310 f.
67 BGH 17.5.2006 – XII ZB 250/03, FamRZ 2006, 1097.
68 Dazu bereits *Hahne* DNotZ 2004, 84 (92 f.).
69 *Grziwotz* FamRB 2004, 239.
70 Vgl. BGH 20.6.2018 – XII ZB 84/17, FamRZ 2018, 1415.
71 Vgl. insgesamt BGH 8.10.2014 – XII ZB 318/11, FamRZ 2014, 1978 = NJW 2015, 52 Ls. 4.
72 Vgl. BGH 20.6.2018 – XII ZB 84/17, FamRZ 2018, 1415 Rn. 24.
73 ZB BGH FamRZ 2005, 26; 2005, 185; 2005, 691; 2005, 1444; 2005, 1449; 2006, 1097; 2006, 1359; 2007, 197; 2007, 450; 2007, 974; 2007, 1157 [nochmals zu 2006, 450]; 2007, 1310; 2008, 386; 2008, 582; 2008, 2011; NJW 2013, 457; 2017, 1883; zuletzt BGH 20.3.2019 – XII ZB 310/18, NJW 2019, 220.

lässig sein kann. Zudem unterliegen die Vereinbarungen zum Unterhalt (Versorgungsausgleich), Teile davon und im Wege einer Gesamtschau auch andere Regelungen dieses Vertrages bei Scheidung der Ehe, insbesondere dann, wenn die bei Vertragsschluss beabsichtigte von der tatsächlich verwirklichten Lebensplanung der Ehegatten abweicht, der richterlichen Inhaltskontrolle und ggf. auch der Anpassung. ◀

137. Inobhutnahme (§ 42 SGB VIII)

Hoffmann

I. Einführung

1 Mit dem Begriff Inobhutnahme wird die **vorläufige Unterbringung** eines Kindes oder Jugendlichen außerhalb seiner Herkunftsfamilie – etwa bei Pflegeeltern oder in einer Einrichtung – bezeichnet. Die Inobhutnahme kann im Einverständnis mit den Sorgeberechtigten oder gegen deren Willen erfolgen. Kennzeichen einer Inobhutnahme, auch einer im Einverständnis mit den Sorgeberechtigten, ist, dass es sich um eine vorläufige, zeitlich begrenzte Maßnahme handelt, bei der aufgrund einer **dringenden Gefahr** für das Wohl des Kindes oder Jugendlichen das an sich vorgesehene Verfahren der Bewilligung einer Leistung der Jugendhilfe – insbesondere einer Hilfe zur Erziehung außerhalb der Familie (§§ 27, 33, 34 SGB VIII) inklusive der erforderlichen Hilfeplanung (§ 36 SGB VIII) – unter dem Gesichtspunkt des Kindeswohls nicht abgewartet werden kann. Die Befugnis und Verpflichtung zur Inobhutnahme ist Ausfluss der Wahrnehmung des staatlichen Wächteramts zugunsten von Kindern und Jugendlichen.[1] Besonderheiten gelten bei einer Inobhutnahme, die aufgrund einer Bitte des Kindes oder Jugendlichen erfolgt.

2 Das Jugendamt besitzt im Rahmen einer Inobhutnahme die Möglichkeit zu einem Handeln **gegen den Willen** der Personensorge- bzw. Erziehungsberechtigten. Liegen die Voraussetzungen für eine Inobhutnahme nicht vor, etwa da keine dringende Gefahr besteht, hält das Jugendamt jedoch eine Hilfe zur Erziehung für erforderlich, mit der der Personensorgeberechtigte nicht einverstanden ist, hat das Jugendamt (→ *Jugendamt* Rn. 1 ff.) ausschließlich die Verpflichtung und Befugnis, beim Familiengericht einen teilweisen Entzug der elterlichen Sorge anzuregen (§ 8 a Abs. 2 SGB VIII), um so die Anordnung einer Pflegschaft (→ *Pflegschaft* Rn. 1 ff.) oder Vormundschaft (→ *Vormundschaft* Rn. 1 ff.) und damit einen Wechsel in der Person des Sorgeberechtigten zu ermöglichen.

3 Hält sich das Kind bei einem (teilweise) nicht mehr sorgeberechtigten Elternteil oder in einer Pflegefamilie auf und fordert das Jugendamt als Vormund oder Pfleger mit der Befugnis zur Aufenthaltsbestimmung (→ *Aufenthaltsbestimmung bei Minderjährigen* Rn. 1 ff.) die Herausgabe des Kindes (→ *Kindesherausgabe* Rn. 1 ff.) oder Jugendlichen, liegt grundsätzlich keine Inobhutnahme durch Verwaltungsakt – also ein öffentlich-rechtliches Handeln – vor, sondern handelt das Jugendamt wie jeder andere Vormund oder Pfleger im Rahmen seiner zivilrechtlichen Befugnis zur Aufenthaltsbestimmung.[2] Daher steht gegen das Handeln des Jugendamts als Vormund oder Pfleger auch nicht der Weg zu den Verwaltungsgerichten offen. Einen zivilrechtlichen Herausgabeanspruch kann das Jugendamt andererseits nicht mit Mitteln der Verwaltungsvollstreckung durchsetzen, und daher auch nicht um Vollzugshilfe ersuchen. Bei einer dringenden Gefahr ist das Jugendamt daher auch in dieser Konstellation zu einer Inobhutnahme befugt.

4 Zu unterscheiden ist eine Inobhutnahme nach § 42 SGB VIII von der vorläufigen Inobhutnahme nach § 42 a SGB VIII eines ausländischen Kindes oder Jugendlichen, das bzw. der unbegleitet nach Deutschland

---

1 §§ 1 Abs. 2, 8 a SGB VIII, Art. 6 Abs. 2 GG, ausführlich *Trenczek/Düring/Neumann-Witt* Inobhutnahme, 3. Aufl. 2017.

2 Ausführlich *Mix/Katzenstein* JAmt 2016, 119.

einreist. Die vorläufige Inobhutnahme nach § 42 a SGB VIII geht einer Inobhutnahme nach § 42 SGB VIII voraus. Die Rechte und Pflichten des Jugendamts während der vorläufigen Inobhutnahme ähneln denen bei Inobhutnahme. Hinzu kommen weitere Pflichten, die sich aus der besonderen Konstellation ergeben. So muss das Jugendamt einschätzen und entscheiden, ob das Kind oder der Jugendliche zur Verteilung anzumelden ist oder nicht, und hat das der Verteilungsstelle des jeweiligen Landes mitzuteilen, die das Kind oder den Jugendlichen beim Bundesverwaltungsamt zur Verteilung anmeldet oder den Ausschluss der Verteilung anzeigt. Die vorläufige Inobhutnahme endet durch eine Inobhutnahme nach § 42 Abs. 1 Nr. 3 SGB VIII durch das Jugendamt, dem das Kind oder der Jugendliche zugewiesen wurde, bzw. das Jugendamt der vorläufigen Inobhutnahme, wenn keine Verteilung erfolgt. Da die rechtlichen Fragestellungen der §§ 42 a ff. SGB VIII primär jugendhilferechtlicher bzw. verwaltungsrechtlicher Natur sind, werden diese hier nicht vertieft.[3]

II. Voraussetzungen einer Inobhutnahme

Das Jugendamt ist in **drei Konstellationen** berechtigt und dann auch verpflichtet, ein Kind oder einen Jugendlichen in seine Obhut zu nehmen: erstens, wenn ein Kind oder ein Jugendlicher um Obhut bittet (§ 42 Abs. 1 S. 1 Nr. 1 SGB VIII), zweitens in Fällen, in denen eine dringende Gefahr für das Wohl des Kindes oder des Jugendlichen eine Inobhutnahme erfordert und die Personensorgeberechtigten nicht widersprechen oder eine familiengerichtliche Entscheidung nicht rechtzeitig eingeholt werden kann (§ 42 Abs. 1 S. 1 Nr. 2 SGB VIII) und drittens in Konstellationen, in denen ein ausländisches Kind oder ein ausländischer Jugendlicher unbegleitet nach Deutschland kommt und sich weder Personensorge- noch Erziehungsberechtigte in Deutschland aufhalten (§ 42 Abs. 1 S. 1 Nr. 3 SGB VIII). 5

Bei einer Inobhutnahme auf **Bitte des Kindes** oder Jugendlichen ist das Vorliegen einer dringenden Gefahr nicht zu prüfen.[4] Eine Inobhutnahme kann daher nicht mit der Begründung abgelehnt werden, eine dringende Gefahr bestehe nicht. Vielmehr hat das Kind oder der Jugendliche einen Rechtsanspruch auf Inobhutnahme. Die Bitte ist keine rechtsgeschäftliche Willensäußerung. Maßgeblich ist der natürliche Wille des Kindes bzw. Jugendlichen. Auch die Motive der Bitte sind nicht zu prüfen. Ausreichend ist, dass das Kind oder der Jugendliche sich subjektiv für gefährdet hält.[5] 6

Personensorgeberechtigte haben keinen Anspruch auf eine Inobhutnahme – auch wenn diese mit ihrem Einverständnis erfolgt. Das Jugendamt hat vielmehr zur Beseitigung der dringenden Gefahr die Inobhutnahme von Amts wegen durchzuführen. 7

Der **Begriff der Gefahr** in § 42 Abs. 1 S. 1 Nr. 2 SGB VIII ist in Anlehnung an den Begriff der Kindeswohlgefährdung in § 1666 Abs. 1 BGB zu bestimmen.[6] Eine Gefahr ist **dringend**, wenn eine sofortige Intervention erforderlich erscheint, da die Gefahr im Rahmen der prognostischen ex-ante-Betrachtung als gegenwärtig einzuschätzen ist. Gegenwärtig ist die Gefahr, wenn die Einwirkung des schädigenden Ereignisses bereits begonnen hat, unmittelbar bevorsteht oder in allernächster Zeit mit an Sicherheit grenzender Wahrscheinlichkeit bevorstehen wird.[7] Eine bloß abstrakte Gefahr ist nicht ausreichend.[8] 8

Steht der Wille der Personensorge- oder Erziehungsberechtigten einer Inobhutnahme entgegen, setzt eine Inobhutnahme zudem voraus, dass eine familiengerichtliche Entscheidung – auch in Form einer einstweiligen Anordnung – nicht mehr zeitgerecht möglich ist (§ 42 Abs. 1. S. 1 Nr. 2 Buchst. b SGB VIII).[9] Bei gemeinsamer elterlicher Sorge liegt ein Widersprechen iSd § 42 Abs. 1 S. 1 Nr. 2 Buchst. b SGB VIII vor, 9

3 Hierzu etwa *Achterfeld* JAmt 2019, 294; *Kunkel* ZfF 2016, 49.
4 OVG Münster 13.7.2017 – 12 B 646/17.
5 Ebenso *Kepert* in: LPK-SGB VIII § 42 Rn. 21.
6 *Hohmann-Dennhardt* FF 2019, 289; *Kepert* in: LPK-SGB VIII § 42 Rn. 25.
7 *Kepert* in: LPK-SGB VIII § 42 Rn. 25; hingegen hinreichende Wahrscheinlichkeit ausreichend und nicht erst bei unmittelbar bevorstehender Gefahr OVG Münster 18.5.2017 – 12 B 528/17, FamRZ 2017, 1136.
8 VGH München 9.1.2017 – 12 CS 16.2181, FamRZ 2017, 1136.
9 OVG Greifswald 26.4.2018 – 1 LZ 238/17, NZFam 2018, 705.

wenn ein Elternteil widerspricht.[10] Aufgrund der bei den Amtsgerichten vorhandenen Bereitschaftsdienste liegen die Voraussetzungen für eine Inobhutnahme daher nur in besonders gelagerten akuten Gefährdungssituationen vor.[11]

10 Da das **Einverständnis** der Personensorgeberechtigten bzw. dessen Fehlen zu den Voraussetzungen einer Inobhutnahme zählt, hat das Jugendamt grundsätzlich zu versuchen, die Personensorge- und gegebenenfalls auch die Erziehungsberechtigten vor einer Inobhutnahme zu kontaktieren. Eine Inobhutnahme ist rechtswidrig, wenn die Personensorgeberechtigten erreichbar gewesen wären, das Jugendamt jedoch gar nicht erst versucht hat, sie zu erreichen. Ausnahmsweise ist entsprechend dem Rechtsgedanken des § 8 a Abs. 1 S. 2 SGB VIII ein Kontaktversuch entbehrlich, wenn eine vorherige Kontaktaufnahme den wirksamen Schutz des Kindes oder Jugendlichen gefährden würde.

11 Die Motive für das Einverständnis der Personensorgeberechtigten sind nicht erheblich. Ein Einverständnis liegt auch vor, wenn die Inobhutnahme nur geduldet wird, um familiengerichtliche Maßnahmen nach §§ 1666, 1666 a BGB zu vermeiden.[12] Selbst aus der Äußerung eines Personensorgeberechtigten, dass es einer Inobhutnahme nicht bedürfe, kann nicht auf ein fehlendes Einverständnis geschlossen werden. Bei einem minderjährigen Elternteil ist das Erklären eines Einverständnisses Teil seiner Personennebensorge (§ 1673 Abs. 2 BGB).

III. Feststellen der Voraussetzungen für eine Inobhutnahme

12 Das Jugendamt ist **von Amts wegen** verpflichtet, das Vorliegen der Voraussetzungen für eine Inobhutnahme zu prüfen, wenn es Kenntnis von einem Sachverhalt erhält, der eine Inobhutnahme erforderlich machen könnte (§ 20 SGB X). Zu den Voraussetzungen zählt die Minderjährigkeit, deren Feststellung insbesondere im Kontext der Inobhutnahme eines unbegleiteten minderjährigen Ausländers nach § 42 Abs. 1 S. 1 Nr. 3 SGB VIII von Bedeutung ist. Allerdings wird in der Regel bereits im Rahmen der vorläufigen Inobhutnahme nach § 42 f SGB VIII eine Altersbestimmung erfolgt sein, die eine erneute Überprüfung entbehrlich macht.[13]

13 Bei der Sachverhaltsermittlung hat sich das Jugendamt an die **datenschutzrechtlichen Vorgaben** von SGB VIII, SGB X und DS-GVO zu halten. Zu diesen zählt insbesondere, dass das Jugendamt Daten grundsätzlich bei der betroffenen Person zu erheben hat (§ 62 Abs. 2 S. 1 SGB VIII) und die einer Fachkraft im Jugendamt durch eine betroffene Person im Rahmen einer persönlichen und erzieherischen Hilfe anvertrauten Daten im Grundsatz auch an andere Fachkräfte im Jugendamt nur mit deren Einwilligung übermittelt oder weitergegeben werden dürfen (§ 65 Abs. 1 S. 1 Nr. 1 SGB VIII).

14 Ausnahmen von diesen Regelungen sind zur Wahrnehmung des staatlichen Wächteramts normiert. So kann eine Fachkraft im Jugendamt bei konkreten Anhaltspunkten für eine dringende Gefahr zur Feststellung der Voraussetzungen einer Inobhutnahme Erzieherinnen eines Kindes in einer Tagesstätte, Nachbarn oder den das Kind behandelnden Arzt befragen (§ 62 Abs. 3 Nr. 2 Buchst. c SGB VIII) und anvertraute Daten mit anderen Fachkräften zur gemeinsamen Abschätzung des Gefährdungsrisikos weitergeben (§ 65 Abs. 1 Nr. 4 SGB VIII).

15 Das Feststellen der Voraussetzungen für eine Inobhutnahme liegt in der alleinigen Verantwortung des Jugendamts. Das **Familiengericht** kann das Jugendamt nicht zu einer Inobhutnahme verpflichten oder bewusst auf familiengerichtliche Eingriffe in die elterliche Sorge verzichten, weil das Jugendamt nach Ansicht des Familiengerichts die Möglichkeit zu einer Inobhutnahme hat.[14] Sofern das Familiengericht

---

10 *Kepert* in: LPK-SGB VIII § 42 Rn. 33; *Ernst* FamRZ 2017, 1120.

11 VG Cottbus 2.12.2019 – 6 L 580/19; OVG Berlin-Brandenburg 28.3.2017 – OVG 6 S 8.17, ZKJ 2017, 241; *Köhler* ZKJ 2019, 12.

12 *Kepert* in: LPK-SGB VIII § 42 Rn. 31.

13 Ausführlich: *Achterfeld* JAmt 2019, 294; *Grünewald* ZKJ 2019, 296; *Kirchhoff* NVwZ 2017, 1167; zur Zulässigkeit einer radiologischen Untersuchung vgl. OVG Bremen 4.6.2018 – 1 B 82/18, FamRZ 2018, 1467.

14 OVG Münster 26.9.2018 – 12 E 210/18.

die Möglichkeit zum Erlass einer einstweiligen Anordnung nach § 157 Abs. 3 FamFG in Verfahren nach §§ 1666, 1666 a BGB ausdrücklich nicht nutzen will und daher eine Inobhutnahme erforderlich wird, ist der Erlass einer einstweiligen Anordnung anzuregen, um die Rechtmäßigkeit der Inobhutnahme sicherzustellen.[15]

Die Inobhutnahme ist auch dann rechtmäßig, wenn sich im Nachgang – ex post – herausstellt, dass die Voraussetzungen für eine Inobhutnahme nicht vorgelegen haben, sofern das Jugendamt aus der Perspektive zum Zeitpunkt seiner Entscheidung – ex ante – aufgrund seiner sorgfältigen und fachlichen Standards entsprechenden Ermittlungen davon ausgehen durfte, dass die Voraussetzungen für eine Inobhutnahme vorlagen. 16

IV. Inobhutnahme als Verwaltungsakt

Die Inobhutnahme ist ein **Verwaltungsakt**. Adressat des Verwaltungsakts sind das Kind oder der Jugendliche und die Personensorgeberechtigten (§ 31 SGB X). Vor dem Erlass des Verwaltungsakts sind die Adressaten grundsätzlich anzuhören (§ 24 SGB X). Die Anhörung sorgeberechtigter Eltern wird in der Regel mit der Erkundigung nach ihrem Einverständnis mit einer Inobhutnahme zusammenfallen. Die Anhörung kann ua bei Gefahr im Verzug unterbleiben (§ 24 Abs. 2 Nr. 1 SGB X). 17

Nach allgemeinen Grundsätzen kann der Verwaltungsakt in schriftlicher, mündlicher oder in anderer Form ergehen (§ 33 Abs. 2 S. 1 SGB X). Die Entscheidung sollte zur Dokumentation jedenfalls im Anschluss schriftlich fixiert werden.[16] Allen Adressaten ist der Verwaltungsakt bekanntzugeben (§ 37 SGB X). Dies kann mündlich geschehen.[17] 18

Nach § 80 Abs. 2 Nr. 4 VwGO kann ein Jugendamt die **sofortige Vollziehbarkeit** einer Inobhutnahme anordnen. Zu beachten ist, dass die Anordnung eines sofortigen Vollzugs nach § 80 Abs. 3 S. 1 VwGO einer schriftlichen Begründung bedarf und daher dann Schriftform des Verwaltungsakts erforderlich ist. 19

Die Rechtmäßigkeit einer Inobhutnahme unterliegt als Verwaltungsentscheidung de lege lata ausschließlich einer Kontrolle durch die **Verwaltungsgerichte**, und nicht einer durch die Familiengerichte.[18] Ist eine Inobhutnahme beendet, lehnt die überwiegende Rechtsprechung meist das Bestehen eines Fortsetzungsfeststellungsinteresses wegen Wiederholungsgefahr und daher die Möglichkeit zu einer Fortsetzungsfeststellungsklage nach § 113 Abs. 1 S. 4 VwGO ab.[19] Im Einzelfall kann jedoch ein Rehabilitationsinteresse ein Feststellungsinteresse begründen.[20] 20

Ruft das Jugendamt im Rahmen einer Inobhutnahme das **Familiengericht** an, hat dieses demnach nicht über die Rechtmäßigkeit der Inobhutnahme oder deren Fortdauer, sondern allein über die Erforderlichkeit sorgerechtlicher Maßnahmen nach §§ 1666, 1666 a im Anschluss an die Inobhutnahme zu entscheiden. Die Möglichkeit der Parallelität eines Verfahrens nach §§ 1666, 1666 a BGB vor dem Familiengericht und eines zur Überprüfung der Rechtmäßigkeit der Inobhutnahme als Verwaltungsakt vor dem Verwaltungsgericht wird im Hinblick darauf, dass beide Gerichte zu prüfen haben, ob eine (dringende) Gefährdung des Kindeswohls vorliegt bzw. vorlag, kritisch hinterfragt.[21] De lege lata bietet es sich an, dass das Verwaltungsgericht sein Verfahren bis zur Entscheidung des Familiengerichts nach § 94 VwGO aussetzt.[22] 21

Das **Widersprechen** der Personensorge- oder Erziehungsberechtigten als Voraussetzung einer Inobhutnahme gegen deren Willen ist von deren **Widerspruch** im Sinne des Einlegens eines förmlichen Rechtsbehelfs 22

15 DIJuF JAmt 2018, 94.
16 *Kepert* in: LPK-SGB VIII § 42 Rn. 122.
17 Zur Bekanntgabe gegenüber dem Kind oder Jugendlichen *Kepert* JAmt 2013, 562.
18 OLG Brandenburg 10.7. 2019 – 13 UF 121/19, NJW-RR 2019, 1290 Rn. 4; OLG Frankfurt a. M. 22.1.2019 – 4 WF 145/18, FamRZ 2019, 1059; *Kepert* ZKJ 2020, 455.
19 VGH Kassel 8.9.2020 – 10 A 82/19, NZFam 2020, 978.
20 *Hohmann-Dennhardt* FF 2019, 289.
21 Ausführlich *Hohmann-Dennhardt* FF 2019, 289; *Köhler* ZKJ 2019, 12; *Ernst* FamRZ 2017, 1120.
22 *Hoffmann* JAmt 2012, 244.

nach einer erfolgten Inobhutnahme zu unterscheiden. Der Widerspruch führt zur Überprüfung des Handelns des Jugendamts als Verwaltungshandeln – in Abhängigkeit von den Regelungen des Landesrechts zunächst im Widerspruchsverfahren und dann durch das Verwaltungsgericht oder unmittelbar durch das Verwaltungsgericht, wenn das Landesrecht kein Widerspruchsverfahren (mehr) kennt. Auch ein Elternteil, der nur teilweise zur elterlichen Sorge berechtigt ist, etwa nicht zur Bestimmung des Aufenthalts befugt ist, ist zum Widerspruch befugt, da eine Inobhutnahme seine noch bestehenden sorgerechtlichen Kompetenzen einschränkt.[23]

23 Stellt das Jugendamt die Inobhutnahme eines noch nicht geborenen Kindes in Aussicht, liegt ein qualifiziertes Rechtsschutzbedürfnis als Voraussetzung für einen Antrag auf vorläufigen vorbeugenden Rechtsschutz gegen die beabsichtigte Inobhutnahme vor, da der Verweis auf nachträglichen Rechtsschutz den Eltern nicht unzumutbar ist.[24]

V. Folgen einer Inobhutnahme

1. Befugnis zur Wegnahme und zur Unterbringung

24 Durch die Inobhutnahme erhält das Jugendamt unabhängig vom Grund der Inobhutnahme die Befugnis, das Kind oder den Jugendlichen bei einer geeigneten Person, in einer geeigneten Einrichtung oder in einer sonstigen Wohnform **vorläufig unterzubringen** (§ 42 Abs. 1 S. 2 Hs. 1 SGB VIII). Ob eine Person oder Einrichtung geeignet ist, bestimmt sich ausschließlich im Einzelfall aus der Perspektive des Kindeswohls.[25] Auch eine Unterbringung beim nicht zur Sorge berechtigten Elternteil, bei Großeltern etc oder an dem Ort, an dem sich das Kind gerade aufhält, etwa in Fällen, in denen das Kind einer weiteren stationären ärztlichen Behandlung in einem Krankenhaus bedarf, ist möglich. Die Unterbringung bei einem teilweise sorgeberechtigten Elternteil stellt hingegen auch dann eine Beendigung der Inobhutnahme dar, wenn der Elternteil nicht die Befugnis zur Bestimmung des Aufenthalts besitzt.[26]

25 Bei einer Inobhutnahme gegen den Willen der Personensorge- oder Erziehungsberechtigten besteht die Befugnis, das Kind oder den Jugendlichen von den Personensorge- bzw. Erziehungsberechtigten oder einer anderen Person **wegzunehmen** (§ 42 Abs. 1 S. 2 Hs. 2 SGB VIII). Sofern die andere Person die Herausgabe verweigert, weil sie meint, dass einer Herausgabe ihre zivilrechtlichen Pflichten – etwa aus einem Betreuungsvertrag – entgegenstehen, setzt die Herausnahme den Erlass einer Duldungsverfügung voraus.[27] Lässt sich eine Wegnahme nur unter Anwendung von Zwang durchführen, hat das Jugendamt die zuständigen Stellen, regelmäßig die Polizei, um Vollzugshilfe zu bitten. Das Jugendamt selbst ist nicht zur Anwendung von unmittelbarem Zwang befugt (§ 42 Abs. 6 SGB VIII).[28]

2. Verpflichtung zur Klärung der Situation und zur materiellen Fürsorge

26 Während der Inobhutnahme hat das Jugendamt die Verpflichtung, die Situation, die zur Inobhutnahme geführt hat, zusammen mit dem Kind oder dem Jugendlichen zu **klären** und Möglichkeiten der Hilfe und Unterstützung aufzuzeigen (§ 42 Abs. 2 S. 1 SGB VIII). Es hat dem Kind oder dem Jugendlichen unverzüglich Gelegenheit zu geben, eine Person seines Vertrauens zu benachrichtigen (§ 42 Abs. 2 S. 2 SGB VIII). Das Jugendamt ist verpflichtet, für das Wohl des Kindes oder des Jugendlichen zu sorgen (§ 42 Abs. 2 S. 3 SGB VIII). Dabei ist auch der materielle Bedarf des Kindes, also der notwendige **Unterhalt** und gegebenenfalls Krankenhilfe, sicherzustellen.

---

23 VGH München 9.1.2017 – 12 CS 16.2181, FamRZ 2017, 1136.

24 VG Köln 23.8.2019 – 26 L 1754/19, FamRZ 2020, 761; VG Stuttgart 14.12.2017 – 7 K 18365/17, FamRZ 2018, 933.

25 Zur Bedeutung des elterlichen Willens bei der Auswahl des Unterbringungsorts vgl. DIJuF JAmt 2020, 451.

26 *Ernst* FamRZ 2017, 1120.

27 *Kunkel* SRa 2015, 181; *Kepert* SRa 2015, 231.

28 AA *Finke* JAmt 2011, 251 mit zahllosen Nachweisen zur hM.

3. Sorgerechtliche Befugnisse

Das Jugendamt hat während einer Inobhutnahme sorgerechtliche Befugnisse und kann im Rahmen dieser Befugnis alle **Rechtshandlungen vornehmen**, die zum Wohl des Kindes oder Jugendlichen notwendig sind (§ 42 Abs. 2 S. 4 Hs. 1 SGB VIII) – etwa in eine ärztliche Behandlung einwilligen. Diese Notkompetenz ist öffentlich-rechtlich zu qualifizieren.[29] Die sorgerechtlichen Befugnisse der Personensorgeberechtigten sind während einer Inobhutnahme nur suspendiert. Inhaber der elterlichen Sorge wird das Jugendamt im Rahmen der Inobhutnahme anders als bei Vormund-/Pflegschaft des Jugendamts nicht.[30] 27

Nach einer Entscheidung des Bundesverfassungsgerichts[31] besteht keine Befugnis zur Beantragung der Genehmigung einer Entscheidung für eine freiheitsentziehende Unterbringung (§ 1631 b BGB). Das Jugendamt hat daher zunächst beim Familiengericht anzuregen, dass den Eltern insoweit gem. §§ 1666, 1666 a BGB das Sorgerecht zu entziehen ist. 28

Eine Begrenzung der sorgerechtlichen Befugnisse ergibt sich aus der Notwendigkeit, eine Rechtshandlung gerade während der Inobhutnahme vorzunehmen: Ist ein Abwarten bis zu einer Entscheidung des Familiengerichts oder einem Ende der Inobhutnahme möglich, so besteht keine Befugnis, eine Entscheidung zu treffen. Zudem hat das Jugendamt den **mutmaßlichen Willen** der Personensorge- bzw. Erziehungsberechtigten angemessen zu berücksichtigen (§ 42 Abs. 2 S. 4 Hs. 2 SGB VIII). 29

Da die elterliche Sorge nur suspendiert wird, kann der Personensorgeberechtigte weiterhin vor dem Familiengericht die **Herausgabeanspruch** nach § 1632 Abs. 1 BGB (→ *Kindesherausgabe*) geltend machen. Begründet ist ein Anspruch jedoch nur, wenn der Verwaltungsakt Inobhutnahme wegen offenkundiger Rechtswidrigkeit nichtig ist,[32] denn während einer Inobhutnahme wird das Kind dem Personensorgeberechtigten nicht widerrechtlich vorenthalten.[33] 30

4. Verpflichtung zur Unterrichtung des Personensorgeberechtigten

Das Jugendamt hat die Personensorge- bzw. Erziehungsberechtigten unverzüglich von der Inobhutnahme zu **unterrichten**, wenn diese nicht in deren Gegenwart erfolgte, und mit ihnen das Gefährdungsrisiko abzuschätzen (§ 42 Abs. 3 S. 1 SGB VIII). Die Angabe der Namen der Personensorge- oder Erziehungsberechtigten kann gegenüber dem Kind jedoch nicht mit Zwang durchgesetzt werden. 31

Bei einer Inobhutnahme auf Bitte eines Kindes oder Jugendlichen wünschen diese teilweise nicht, dass ihr Aufenthaltsort den Personensorge- und/oder Erziehungsberechtigten bekannt wird. Insoweit ist festzuhalten, dass sich aus der Pflicht zur Unterrichtung aus datenschutzrechtlicher Perspektive eine Befugnis zur Übermittlung von Daten ohne oder gegen den Willen selbst eines im Hinblick auf sein Grundrecht auf informationelle Selbstbestimmung einsichts- und urteils-, demnach einwilligungsfähigen Kindes oder Jugendlichen ergibt (§ 69 Abs. 1 SGB X). Dies gilt jedoch nicht im Hinblick auf die der Fachkraft persönlich anvertrauten Daten im Sinne des § 65 SGB VIII. Das Übermitteln dieser Daten setzt bei einsichts- und urteilsfähigen Kindern und Jugendlichen deren **Einwilligung** voraus. Ohne Einwilligung kann dann nur der Aufenthaltsort übermittelt werden. 32

Auch hinsichtlich der Übermittlung des **Aufenthaltsorts** sind jedoch der Zweck der Inobhutnahme und die sich aus dem Zweck ergebenden Verpflichtungen, insbesondere die Verpflichtung die Situation, die zur Inobhutnahme geführt hat, zusammen mit dem Kind oder dem Jugendlichen zu klären und ihm Möglichkeiten der Hilfe und Unterstützung aufzuzeigen, zu beachten (§ 42 Abs. 2 S. 1 SGB VIII). Zudem darf durch die Information nicht die Akzeptanz weiterer Hilfen durch das Kind oder den Jugendlichen gefährdet werden (§ 64 Abs. 2 SGB VIII). Dies kann dazu führen, dass im Einzelfall nur das Übermitteln 33

29 OVG Münster 24.1.2013 – 12 E 1259/12.
30 *Köhler* ZKJ 2019, 12.
31 BVerfG 14.6.2007 – 1 BvR 338/07, NJW 2007, 3560.
32 Heilmann/*Dürbeck* § 42 Rn. 36.
33 OLG Brandenburg 18.2. 2019 – 13 WF 210/18, FamRZ 2019, 1060; OLG Frankfurt a. M. 22.1.2019 – 4 WF 145/18, FamRZ 2019, 1059.

der Tatsache der Inobhutnahme und des zuständigen Jugendamts zulässig ist, jedoch nicht des konkreten Aufenthaltsorts. Auch bei der Auslegung von „unverzüglich" sind die genannten Grundsätze zu beachten.

5. Verpflichtungen bei Inobhutnahme gegen den Willen oder bei Nichterreichbarkeit der Personensorgeberechtigten

34 Erfolgt eine Inobhutnahme gegen den Willen der Personensorge- oder Erziehungsberechtigten, so hat das Jugendamt nach der Inobhutnahme erneut zu prüfen, ob das Kind oder der Jugendliche den Personensorge- oder Erziehungsberechtigten **übergeben** werden kann, da eine Gefährdung des Kindeswohls nicht (mehr) besteht oder die Personensorge- oder Erziehungsberechtigten (nunmehr) bereit und in der Lage sind, die Gefährdung abzuwenden, (§ 42 Abs. 3 S. 2 Nr. 1 SGB VIII) oder ob es die Inobhutnahme bis zu einer vom Jugendamt herbeizuführenden Entscheidung des **Familiengerichts** über die aufgrund des entgegenstehenden Willens erforderlichen sorgerechtlichen Maßnahmen zum Wohl des Kindes oder des Jugendlichen[34] aufrechterhält (§ 42 Abs. 3 S. 2 Nr. 2 SGB VIII).

35 Kann das Familiengericht einerseits keine endgültige Entscheidung über die Erforderlichkeit eines (teilweisen) Entzugs des Sorgerechts treffen, hält es jedoch andererseits eine Rückkehr des Kindes in den elterlichen Haushalt nicht für möglich, hat es eine einstweilige Anordnung zu erlassen, in der den Eltern zumindest das Aufenthaltsbestimmungsrecht entzogen wird.[35] Sofern die Eltern des Kindes Umgang mit ihrem Kind einfordern, ist zudem ein familiengerichtliches Umgangsverfahren anzuregen, da die sorgerechtliche Notkompetenz die Befugnis zur Bestimmung des Umgangs des Kindes mit seinen Eltern nicht über den gesamten Zeitraum einer Inobhutnahme legitimieren kann.[36]

36 Sind die Personensorge- oder Erziehungsberechtigten nicht erreichbar, ist ebenfalls eine Entscheidung des Familiengerichts herbeizuführen (§ 42 Abs. 3 S. 3 SGB VIII). Bei unbegleiteten minderjährigen **Flüchtlingen** ist zudem unverzüglich, also innerhalb weniger Tage die Bestellung eines Vormunds oder Pflegers zu veranlassen (§ 42 Abs. 3 S. 4 SGB VIII).[37]

6. Verpflichtungen bei Einverständnis der Personensorgeberechtigten

37 Sind die Personensorgeberechtigten mit der Inobhutnahme einverstanden, so ist unverzüglich ein **Hilfeplanverfahren** zur Gewährung einer Hilfe einzuleiten (§ 42 Abs. 3 S. 5 SGB VIII). Da nur die Personensorgeberechtigten einen Anspruch auf Hilfen zur Erziehung besitzen, ist ein Einverständnis nur der Erziehungsberechtigten nicht ausreichend.

VI. Freiheitsentziehende Inobhutnahme

38 Das Jugendamt ist zur Einwilligung in freiheitsentziehende Maßnahmen oder in eine freiheitsentziehende Unterbringung im Rahmen der Inobhutnahme befugt, wenn und soweit diese erforderlich sind, um eine Gefahr für Leib oder Leben des Kindes oder des Jugendlichen oder eine Gefahr für Leib oder Leben Dritter abzuwenden (§ 42 Abs. 5 S. 1 SGB VIII). Es handelt sich insoweit um eine **Notkompetenz**. Eine freiheitsentziehende Maßnahme oder eine freiheitsentziehende Unterbringung auf Grundlage einer Inobhutnahme ist daher ohne gerichtliche Entscheidung spätestens mit Ablauf des Tages nach ihrem Beginn zu beenden (§ 42 Abs. 5 S. 2 SGB VIII).

39 Als gerichtliche Entscheidung kommt die gerichtliche Anordnung einer öffentlich-rechtlichen Unterbringung auf Grundlage des jeweiligen Psychisch-Kranken-Gesetzes oder eine zivilrechtliche Unterbringung aufgrund einer Entscheidung der Personensorgeberechtigten in Betracht, die einer gerichtlichen Genehmigung bedarf (§ 1631 b BGB). Das Jugendamt kann eine Genehmigung seiner Einwilligung in eine

34 OVG Münster 11.9.2012 – 12 B 1020/12, ZKJ 2013, 133.
35 OVG Münster 11.9.2012 – 12 B 1020/12, ZKJ 2013, 133.
36 Ähnlich Heilmann/*Dürbeck* § 42 Rn. 13.
37 OVG Koblenz 6.12.2018 – 7 A 10777/18.

freiheitsentziehende Unterbringung nach **§ 1631 b BGB** nur anregen, wenn es Vormund oder Pfleger mit der Befugnis zur Aufenthaltsbestimmung für das Kind oder den Jugendlichen ist.[38]

Wenn bei der Inobhutnahme die Anwendung **unmittelbaren Zwangs** erforderlich ist, so sind ebenfalls die dazu befugten Stellen – insbesondere die Polizei – hinzuzuziehen (§ 42 Abs. 6 SGB VIII). Auch insoweit kann das nur im Rahmen einer Inobhutnahme zur Ausübung von elterlicher Sorge befugte Jugendamt anders als ein Jugendamt, das zum Vormund oder Pfleger bestellt wurde, Dritte – etwa das Personal von Einrichtungen – nicht zur Anwendung von unmittelbarem Zwang ermächtigen. 40

VII. Zuständigkeit

Für eine Inobhutnahme ist der örtliche Träger der Jugendhilfe zuständig, in dessen Bereich sich das Kind oder der Jugendliche vor Beginn der Maßnahme tatsächlich aufhält (§ 87 SGB VIII). 41

VIII. Kosten

Für die Inobhutnahme ist ein **Kostenbeitrag** zu erheben (§ 91 Abs. 1 Nr. 7 SGB VIII). Kostenbeitragspflichtig sind ua die rechtlichen Eltern – also auch nicht zur elterlichen Sorge berechtigte Eltern oder sorgeberechtigte, einer Inobhutnahme widersprechende Eltern (§ 92 Abs. 1 Nr. 5 SGB VIII). Das Erheben eines Kostenbeitrags setzt die Rechtmäßigkeit der Inobhutnahme voraus. 42

IX. Ende einer Inobhutnahme

Die Inobhutnahme endet mit der **Übergabe** des Kindes oder Jugendlichen an die Personensorge- oder Erziehungsberechtigten (§ 42 Abs. 4 S. 1 Nr. 1 SGB VIII)[39] oder mit der Entscheidung über das Gewähren einer **Sozialleistung** (§ 42 Abs. 4 S. 1 Nr. 2 SGB VIII).[40] Neben Leistungen der Kinder- und Jugendhilfe nach dem SGB VIII kommen insbesondere Leistungen nach dem SGB XII, SGB V oder Leistungen der Opferentschädigung in Betracht. 43

Die Inobhutnahme als vorläufige Maßnahme endet nicht, wenn sich das Kind oder der Jugendliche **faktisch** nicht mehr in der Obhut befindet – etwa, da es oder er aus einer Einrichtung entweicht.[41] Wird das Kind oder der Jugendliche erneut aufgegriffen, ist daher keine weitere Inobhutnahme erforderlich. Die Inobhutnahme endet auch nicht kraft Gesetzes, wenn eine familiengerichtliche Entscheidung nach §§ 1666, 1666 a BGB ergeht.[42] 44

Das Jugendamt, das das Kind oder den Jugendlichen in Obhut genommen hat, ist nur zur Übergabe, nicht zur Übergabe am Wohnort des Personensorge- oder Erziehungsberechtigten verpflichtet. Das Abholen des Kindes oder Jugendlichen ist Bestandteil der Verpflichtungen aus der elterlichen Sorge. Im Einzelfall kann das für das Erbringen von Leistungen der Jugendhilfe zuständige Jugendamt (§ 86 SGB VIII) zur Unterstützung verpflichtet sein. 45

38 BVerfG 14.6.2007 – 1 BvR 338/07, NJW 2007, 3560.
39 OVG Münster 28.3.2017 – 12 B 1360/16; zur Übergabe bei getrennt lebenden Eltern *Ernst* FamRZ 2017, 1120.
40 OVG Münster 8.5.2017 – 12 B 18/17.
41 *Kepert* in: LPK-SGB VIII § 42 Rn. 105; aA *Köhler* ZKJ 2019, 12.
42 Ebenso *Kepert* ZKJ 2020, 455 sowie *Köhler* ZKJ 2019, 12, aA Heilmann/*Dürbeck* § 42 Rn. 21.

138. Insolvenzverfahren bei natürlichen Personen

Grandel

I. Einführung

1 Das Insolvenzverfahren hat nicht nur die gemeinschaftliche **Gläubigerbefriedigung** zum Ziel, sondern auch die **Restschuldbefreiung** des sich redlich verhaltenden Schuldners (§§ 1 S. 1, 286 InsO).

2 Restschuldbefreiung kann nur eine **natürliche Person** erlangen (§ 286 InsO). Ihr geht ein Insolvenzverfahren voraus, das eröffnet und nicht mangels Masse wieder eingestellt worden ist (§ 207 InsO).

3 Anstelle eines regulären Insolvenzverfahrens gelten für Kleinverfahren natürlicher Personen die vereinfachten Verfahrensregeln der **Verbraucherinsolvenz**. Ein Verbraucherinsolvenzverfahren ist möglich, wenn der Schuldner

- nicht selbstständig ist oder war,
- er selbstständig tätig war, seine Vermögensverhältnisse aber überschaubar sind. Das ist in der Regel der Fall, wenn weniger als 20 Gläubiger vorhanden sind, § 304 Abs. 2 InsO. Es dürfen außerdem keine Forderungen aus Arbeitsverhältnissen gegen ihn bestehen.

Ansonsten ist das Regelinsolvenzverfahren einzuleiten. Daneben gibt es besondere Insolvenzverfahren (zB die Nachlassinsolvenz).

Zur Obliegenheit des **Unterhaltsschuldners**, ein Insolvenzverfahren einzuleiten → *Obliegenheit zur Verbraucherinsolvenz* Rn. 1 ff.

II. Rückschlagsperre

4 Vollstreckungsmaßnahmen von Gläubigern werden unwirksam, wenn sie innerhalb eines Monats (bei einem Regelinsolvenzverfahren, § 88 Abs. 1 InsO) bzw. drei Monaten (bei Verbraucherinsolvenzverfahren auf Antrag des Schuldners, § 88 Abs. 2 InsO) vor dem Antrag auf Eröffnung eines Insolvenzverfahrens oder danach zur Sicherung eines Gläubigers durchgeführt wurden. Führte die Zwangsvollstreckung nicht zur Sicherung, sondern zur Befriedigung des Gläubigers, wird dies von der Rückschlagsperre nicht erfasst. Es kommt dann eine Insolvenzanfechtung in Betracht (§ 131 InsO). Die Rückschlagsperre betrifft nur Insolvenzgläubiger, nicht dagegen die Gläubiger, die aussonderungs- und absonderungsberechtigt sind, und nicht Massegläubiger. Es gibt auch keine Privilegierung mehr, wenn pfändbares Arbeitseinkommen vom Schuldner vor Insolvenzeröffnung abgetreten oder vom Gläubiger gepfändet wurde. § 114 Abs. 1 InsO, der regelte, dass die Abtretung für zwei Jahre ab Insolvenzeröffnung wirksam blieb, wurde ersatzlos gestrichen. Damit steht auch das Arbeitseinkommen als regelmäßig einzige Einnahmequelle der Gläubigergesamtheit von Anfang an ungeschmälert zur Verfügung.

5 Bei **Pfändung beweglicher Sachen** ist die Sicherung mit der Inbesitznahme durch den Gerichtsvollzieher erlangt, bei einem Pfändungs- und Überweisungsbeschluss mit Zustellung an den Drittschuldner. Eine Vorpfändung vor der Rückschlagfrist schützt nicht, da deren Wirkung nur eintreten kann, wenn auch der Pfändungs- und Überweisungsbeschluss wirksam werden kann, was aber gerade an § 88 InsO scheitert.[1] Bei der Pfändung künftiger Forderungen entsteht das Pfändungspfandrecht und damit die Sicherung erst

1 So hM; HK-ZV/*Gruber* InsVf Rn. 41 mwN.

mit dem Entstehen der Forderung.[2] Bei der Zwangssicherungshypothek ist der Zeitpunkt der Eintragung in das Grundbuch maßgebend, nicht der Zeitpunkt des Eingangs des Eintragungsantrages.[3]

Die Rückschlagsperre führt dazu, dass die darunter fallenden **Zwangsvollstreckungsmaßnahmen** mit 6
Eröffnung des Insolvenzverfahrens kraft Gesetzes **unwirksam** werden. Auf die Rechtskraft des Eröffnungsbeschlusses kommt es nicht an.[4] Die Unwirksamkeit besteht nicht nur gegenüber dem Insolvenzverwalter und den Insolvenzgläubigern. Die Unwirksamkeit wirkt absolut gegenüber jedermann.[5] Es besteht kein verwertbares Pfändungspfandrecht mehr, aber die öffentlich-rechtliche Beschlagnahme (Verstrickung) bleibt bestehen, so dass das zuständige Vollstreckungsorgan die Entstrickung vornehmen muss, wobei streitig ist, ob das von Amts wegen[6] oder nur auf Antrag des Insolvenzverwalters erfolgen muss. Es sind Pfandsiegel zu entfernen und ein Pfändungs- und Überweisungsbeschluss ist aufzuheben. Gepfändete Vermögensgegenstände müssen freigegeben werden; Zwangsversteigerungsverfahren sind aufzuheben.[7] Eine eingetragene Zwangssicherungshypothek, die unter die Rückschlagsperre fällt, wird unwirksam und erlischt. Es entsteht keine Eigentümergrundschuld.[8] Das Grundbuch wird insoweit unrichtig und der Insolvenzverwalter kann deren Löschung im Wege der Berichtigung des Grundbuchs oder durch Vorlage einer Löschungsbewilligung des Gläubigers beantragen.[9]

Uneinheitlich wird beurteilt, ob aus § 88 InsO eine dauernde absolute Unwirksamkeit und Nichtigkeit der erlangten Sicherung folgt oder nur eine schwebende Unwirksamkeit, die endet, wenn der betreffende Gegenstand aus dem Insolvenzverfahren freigegeben wird oder das Insolvenzverfahren endet und der Gegenstand bis dahin noch nicht verwertet wurde.[10] Nach gefestigter Rechtsprechung des Bundesgerichtshofs entsteht eine erloschene Zwangssicherungshypothek ohne Neueintragung wieder neu, wenn sie noch im Grundbuch eingetragen ist und der Insolvenzverwalter das belastete Grundstück freigibt oder das Insolvenzverfahren ohne Verwertung des Grundstücks aufgehoben wird, allerdings mit ggf. entsprechend verändertem Rang.[11]

Für die Forderungspfändung verlangt der Bundesgerichtshof in einem obiter dictum, dass der Pfändungs- und Überweisungsbeschluss zur Neubegründung des Pfändungspfandrechts erneut zugestellt werden muss. Dies spricht für die Annahme, dass das Pfandrecht neu begründet werden muss. Andererseits ist in der Entscheidung vom „Wiederaufleben" der Forderungspfändung die Rede. Der Bundesgerichtshof hat die Frage letztlich offen gelassen.[12]

Ist die Pfändung einer Sache gem. § 88 InsO unwirksam und wird der Gegenstand durch den Gerichtsvollzieher an den Insolvenzverwalter herausgegeben, endet damit der Besitz des Gerichtsvollziehers iSd § 808 ZPO, ebenso die öffentlich-rechtliche Beschlagnahme (Verstrickung) der Sache. Nach Freigabe des Gegenstandes kann kein Pfändungspfandrecht analog § 185 Abs. 2 S. 1 2. Alt. BGB aufgrund der alten Pfändung entstehen.[13]

---

2 BGH 20.3.2003 – IX ZR 166/02, NJW 2003, 2171; OLG Frankfurt a. M. 22.1.2003 – 17 U 69/02, ZInsO 2003, 283.

3 HM; LG Bonn 2.12.2003 – 4 T 519/03, ZIP 2004, 1374; MüKoInsO/*Breuer/Flöther* § 88 Rn. 31; HK-ZV/*Gruber* InsVf Rn. 41 mwN; aA Kübler/Prütting/Bork/*Lüke* InsO § 88 Rn. 17.

4 BGH 19.1.2006 – IX ZR 232/04, NJW 2006, 1286; HK-ZV/*Gruber* InsVf Rn. 42.

5 BGH 19.1.2006 – IX ZR 232/04, NJW 2006, 1286.

6 So die hM, s. HK-ZV/*Gruber* InsVf Rn. 43 mwN.

7 Vgl. Nerlich/Römermann/*Kruth* InsO § 88 Rn. 12.

8 Nerlich/Römermann/*Kruth* InsO § 88 Rn. 12 mwN.

9 BGH 12.7.2012 – V ZB 219/11, NJW 2012, 3574; BGH 19.1.2006 – IX ZR 232/04, NJW 2006, 1286.

10 S. zum Meinungsstand HK-ZV/*Gruber* InsO Rn. 46 ff.; MüKoInsO/*Breuer/Flöther* § 88 Rn. 33 ff.

11 BGH 12.7.2012 – V ZB 219/11, NJW 2012, 3574; BGH 19.1.2006 – IX ZR 232/04, NJW 2006, 1286; aA *Keller* ZIP 2006, 1174; *Demharter* RPfleger 2006, 256 (257); *Böttcher* NotBZ 2007, 86 (88).

12 BGH 19.1.2006 – IX ZR 232/04, NJW 2006, 1286.

13 *Keller* ZIP 2006, 1174 (1178).

III. Insolvenzverfahren und Einzelzwangsvollstreckung

7 Mit der Eröffnung des Insolvenzverfahrens tritt ein **Vollstreckungsverbot** ein, § 89 InsO. Das Vollstreckungsgericht kann auch schon vor der Verfahrenseröffnung die Einstellung der Zwangsvollstreckung anordnen, § 21 Abs. 2 Nr. 3 InsO. Das Vollstreckungsverbot betrifft grundsätzlich nur die Insolvenzgläubiger, deren Ansprüche bereits vor der Insolvenzeröffnung begründet wurden (**Altgläubiger**). Sie dürfen weder in das zur Insolvenzmasse gehörende noch in das insolvenzfreie Vermögen des Schuldners vollstrecken. Zulässig sind nur vorbereitende Maßnahmen, also Maßnahmen, die keine unmittelbare Vollstreckungswirkung auslösen wie zB der Antrag auf Erteilung einer vollstreckbaren Ausfertigung des Titels. Die Abgabe der eidesstattlichen Versicherung durch den Schuldner darf nicht mehr verlangt werden.

8 **Neugläubiger**, dh Gläubiger, die ihre Forderungen gegen den Schuldner erst nach der Insolvenzeröffnung erworben haben, können diese Forderungen weiter vollstrecken, sofern es nicht um die Vollstreckung in künftige Forderungen des Schuldners aus Dienstverhältnissen geht (§ 89 Abs. 2 S. 1 InsO). Das soll dem Schuldner ermöglichen, künftige pfändbare Forderungen aus einem Arbeitsverhältnis zum Zwecke der Restschuldbefreiung an einen Treuhänder abzutreten.[14] Diese Beschränkung der Vollstreckung gilt wiederum nicht für Neugläubiger von Unterhaltsforderungen (§ 89 Abs. 2 S. 2 InsO). Sie können in den Betrag vollstrecken, um den der Pfandfreibetrag gegenüber Unterhaltsschulden geringer ist als der normale Pfändungsfreibetrag (vgl. §§ 850 d, 850 f Abs. 2 ZPO; → *Vollstreckung von Unterhaltsansprüchen* Rn. 1 ff.). Dieser erhöhte pfändbare Betrag gehört nicht zur Insolvenzmasse.

IV. Insolvenzgläubiger und Neugläubiger bei Unterhaltsforderungen

1. Während des Insolvenzverfahrens

9 **Unterhaltsansprüche** sind Insolvenzforderungen, wenn sie vor Verfahrenseröffnung entstanden sind (**Altgläubiger**). Unterhaltsansprüche entstehen in jedem Zeitpunkt, in dem ihre Voraussetzungen vorliegen, neu und sind monatlich im Voraus zu erfüllen.[15] Daher sind die bis zur Insolvenzeröffnung aufgelaufenen **Rückstände** Insolvenzforderungen, die im Verfahren anzumelden sind. Dazu gehört auch der Unterhaltsanspruch für den Monat, in dem das Insolvenzverfahren eröffnet wurde.[16] Anderes gilt nur, wenn eine andere monatliche Fälligkeit vereinbart ist und die Eröffnung des Verfahrens vorher erfolgt.[17]

10 Unterhaltsforderungen, die Insolvenzforderungen sind, können nicht mehr gesondert gerichtlich geltend gemacht werden. Zu den Insolvenzforderungen gehören – unabhängig davon, ob sie für die Zeit vor oder nach Insolvenzeröffnung verlangt werden – Unterhaltsansprüche, für die der Insolvenzschuldner als Erbe des Verpflichteten haftet. Das sind die seltenen Fälle der §§ 1586 b, 1615 n BGB.

11 **Unterhaltsansprüche für die Monate nach Insolvenzeröffnung** können gesondert gerichtlich durchgesetzt und weiter vollstreckt werden. Aus schon bestehenden Unterhaltstiteln kann für die Zeit nach Insolvenzeröffnung auch vollstreckt werden. Sie werden auch nicht von der Restschuldbefreiung umfasst. Laufende Unterhaltsprozesse werden hinsichtlich des künftigen Unterhalts nach Insolvenzeröffnung nicht nach § 240 ZPO, § 113 Abs. 1 FamFG unterbrochen.[18]

12 Der **Neugläubiger** kann jedoch nur eingeschränkt vollstrecken. Neuerwerb des Schuldners während des Insolvenzverfahrens gehört gem. § 35 InsO zur Insolvenzmasse, in die nicht vollstreckt werden kann.

Steuerrückerstattungen an Lohn-/Einkommensteuer während der Privatinsolvenz stehen der Insolvenzmasse zu, sofern die Rückerstattung den Zeiträumen vor und während des Insolvenzverfahrens zuzuordnen ist, also bis zur Aufhebung des Insolvenzverfahrens und dem Beginn der Wohlverhaltensphase. Sie sind daher auch dem Zugriff von Neugläubigern entzogen. Steuerrückzahlungen, die während der Wohlverhaltenspha-

14 BGH 27.9.2007 – IX ZB 16/06, NJW-RR 2008, 294.
15 FA-FamR-HdB/*Perleberg-Kölbel* Kap. 18 Rn. 346.
16 OLG Nürnberg 4.10.2004 – 11 WF 2713/04, ZInsO 2005, 443.
17 Zur Zulässigkeit von Fälligkeitsabreden s. Palandt/*von Pückler* BGB § 1612 Rn. 3.
18 OLG Koblenz 15.5.2002 – 9 UF 440/01, ZInsO 2002, 833.

se erfolgen, sich aber auf Zeiträume vor oder während des Insolvenzverfahrens beziehen, stehen ebenfalls noch der Insolvenzmasse zu und können über eine vom Insolvenzverwalter zu beantragende Nachtragsverteilung zur Masse eingezogen werden. Häufig enthält der Beschluss zur Aufhebung des Privatinsolvenzverfahrens bereits den Vorbehalt der Nachtragsverteilung von Steuerrückerstattungsansprüchen bis zur Aufhebung des Insolvenzverfahrens. Nur dann, wenn die Steuerrückzahlung den Erklärungszeitraum während der Wohlverhaltensperiode umfasst, verbleibt die Steuerrückzahlung beim Insolvenzschuldner und ist ggf. pfändbar.[19]

Daher bleibt auch einem Neugläubiger wenig Raum für Vollstreckungen.

Die Vollstreckung bleibt möglich in den Vorrechtsbereich des privilegierten Unterhaltsgläubigers gem. 13
§ 850 d Abs. 1 ZPO. Neue Gläubiger können auch Antrag auf Abgabe der eidesstattlichen Versicherung gegen den Schuldner stellen. Altgläubiger können die Zwangsvollstreckung wegen Unterhaltsrückständen bis zur Insolvenzeröffnung nicht mehr betreiben, auch nicht in den erweitert pfändbaren Betrag aus § 850 d ZPO.[20]

Ausnahmsweise kann laufender Unterhalt aus der Insolvenzmasse gezahlt werden (§ 100 InsO). Die Gläubigerversammlung entscheidet nach freiem Ermessen, so dass der Schuldner keinen Anspruch auf Unterhaltsgewährung hat. Bei Ablehnung besteht kein Rechtsmittel.[21]

2. Während der Wohlverhaltensperiode des Restschuldbefreiungsverfahrens

Für Altgläubiger gilt weiterhin das Vollstreckungsverbot, § 294 Abs. 1 InsO. Neugläubiger können weiter- 14
hin in den erweiterten pfändbaren Betrag aus § 850 d ZPO vollstrecken. Zu Steuererstattungsansprüchen während der Wohlverhaltensperiode (→ Rn. 12). Gläubiger können schließlich auch den hälftigen Erbteil pfänden, der dem Schuldner gem. § 295 Abs. 1 Nr. 2 InsO zusteht.[22] Das gilt für gesetzliche wie testamentarische oder erbvertragliche Erbfolge.[23] Gleiches gilt auch für Pflichtteils- oder Vermächtnisansprüche, Schenkungen von Todes wegen, nicht hingegen für Schenkungen von Todes wegen gem. § 2301 BGB.[24]

3. Rechtsbehelfe

Für Streitigkeiten darüber, ob ein Verstoß gegen § 89 InsO vorliegt, ist die **Erinnerung** gem. § 766 15
ZPO eröffnet. Zuständig ist das Insolvenzgericht (§ 89 Abs. 3 InsO). Der Insolvenzverwalter kann die Erinnerung einlegen, wenn in die Insolvenzmasse vollstreckt wird, der Schuldner, wenn das insolvenzfreie Vermögen betroffen ist.

V. Restschuldbefreiung

Das Restschuldbefreiungsverfahren beginnt mit dem Antrag des Schuldners auf Insolvenzeröffnung und 16
Restschuldbefreiung (§ 287 InsO). Der Antrag auf Restschuldbefreiung kann **erfolglos** sein gem. § 290 InsO. Ansonsten kündigt das Insolvenzgericht durch Beschluss an, dass bei Erfüllung der in § 287 a InsO genannten Voraussetzungen die Restschuldbefreiung eintritt. Mit Rechtskraft dieses Beschlusses ist das Insolvenzverfahren aufgehoben. Daran schließt sich eine **Wohlverhaltensperiode von grundsätzlich sechs Jahren** nach Eröffnung des Insolvenzverfahrens an, in der alle pfändbaren Beträge an den vom Gericht eingesetzten Treuhänder zu zahlen sind, der jährlich Verteilungen an die Insolvenzgläubiger vornimmt (§ 292 Abs. 1 S. 1 InsO). Durch das Gesetz zur Verkürzung des Restschuldbefreiungsverfahrens

19 BGH 12.1.2006 – IX ZB 239/04, NJW 2006, 1127; FA-FamR-HdB/*Perleberg-Kölbel* Kap. 18 Rn. 361.
20 AG Essen 19.12.2008 – 32 M 686/07, NZI 2009, 252; aA LAG Nürnberg 16.4.2008 – 3 Sa 551/07, FamRZ 2009, 142.
21 FA-FamR-HdB/*Perleberg-Kölbel* Kap. 18 Rn. 348.
22 FA-FamR-HdB/*Perleberg-Kölbel* Kap. 18 Rn. 362.
23 LG Göttingen 24.8.2004 – 10 T 94/04, NZI 2004, 678.
24 Braun/*Lang* InsO § 295 Rn. 11.

und zur Stärkung der Gläubigerrechte vom 15.7.2013[25] trat ab 1.7.2014 eine Änderung im Verfahren der Verbraucherinsolvenz in Kraft: Wenn der Schuldner innerhalb einer dreijährigen Abtretungsfrist nach Eröffnung des Insolvenzverfahrens 35 % der im Privatinsolvenzverfahren angemeldeten Forderungen sowie die Verfahrenskosten befriedigt hat, erhält er vorzeitig die Restschuldbefreiung (§ 300 Abs. 1 Nr. 2 InsO, Verkürzung des Insolvenzverfahrens). Gelingt dies dem Schuldner nicht (und das wird wohl der Regelfall sein), verbleibt es für ihn wie bisher bei der sechsjährigen Frist bzw. bei fünf Jahren, falls zumindest die Kosten des Verfahrens in dieser Zeit aufgebracht werden können (§ 300 Abs. 1 Nr. 3 InsO).

Mit dem Gesetz zur weiteren Verkürzung des Restschuldbefreiungsverfahrens und zur Anpassung pandemiebedingter Vorschriften im Gesellschafts-, Genossenschafts-, Vereins- und Stiftungsrechts sowie im Miet- und Pachtrecht vom 22.12.2020 wurde die **Dauer des Restschuldbefreiungsverfahrens weiter verkürzt** auf nunmehr nur noch drei Jahre (§ 287 Abs. 2 S. 1 InsO).[26] Das neue Recht gilt für alle ab dem 1.10.2020 beantragten Verfahren. Eine Übergangsregelung gilt für die zwischen dem 17.12.2019 und dem 30.9.2020 beantragten Verfahren. Für diese Verfahren verkürzt sich die Abtretungsfrist gem. der gestaffelten Regelung in Art. 103 k EGInsO.

Ob die Verfahrenskosten gedeckt sind und eine Mindestquote auf die angemeldeten Forderungen befriedigt ist, ist unerheblich.

17 Verhält sich der Insolvenzschuldner gesetzeskonform und kommt er seinen Obliegenheiten nach, erlangt er **Befreiung von bis dahin nicht erfüllten Verbindlichkeiten**. Aus Vollstreckungstiteln darf nicht mehr vollstreckt werden. Die Ansprüche von Neugläubigern werden von der Restschuldbefreiung nicht erfasst. Von der Restschuldbefreiung sind außerdem Forderungen aus einer vorsätzlich begangenen unerlaubten Handlung ausgeschlossen (§ 302 Nr. 1 InsO). Auch Verbindlichkeiten des Schuldners aus rückständigem gesetzlichem Unterhalt, den der Schuldner vorsätzlich pflichtwidrig nicht gewährt hat, oder aus einem Steuerschuldverhältnis, sofern der Schuldner im Zusammenhang damit wegen einer Steuerstraftat nach den §§ 370, 373 oder 374 der Abgabenordnung rechtskräftig verurteilt worden ist, sind von der Restschuldbefreiung ausgenommen, wenn der Gläubiger die entsprechende Forderung unter Angabe dieses Rechtsgrundes nach § 174 Abs. 2 angemeldet hatte. Das gilt auch zugunsten der Staatskasse, die Unterhaltsvorschuss anstelle des Schuldners geleistet hat. Wenn der Gläubiger seine Forderung als aus vorsätzlich unerlaubter Handlung entstanden zur Insolvenztabelle anmeldet, hat der Schuldner zu entscheiden, ob er im Prüfungstermin die Forderung anerkennt oder ihr widerspricht, gegebenenfalls isoliert auf die Privilegierung als Vorsatztat. Erfolgt kein Widerspruch, wird die Forderung mit dem Rechtsgrund der vorsätzlich unerlaubten Handlung zur Insolvenztabelle anerkannt und ist von der späteren Restschuldbefreiung ausgenommen.

18 Bei **Widerspruch gegen die Annahme einer Vorsatztat** kann der Gläubiger Klage erheben mit dem Ziel, feststellen zu lassen, dass die Forderung eine Vorsatztat zur Rechtsgrundlage hat.

19 Eine Versagung der Restschuldbefreiung ist erweitert möglich, wenn der Schuldner in den letzten drei Jahren vor dem Antrag auf Eröffnung des Insolvenzverfahrens oder nach diesem Antrag vorsätzlich oder grob fahrlässig die Befriedigung der Insolvenzgläubiger dadurch beeinträchtigt hat, dass er unangemessene Verbindlichkeiten begründet oder Vermögen verschwendet oder ohne Aussicht auf eine Besserung seiner wirtschaftlichen Lage die Eröffnung des Insolvenzverfahrens verzögert hat (§ 290 Abs. 1 Nr. 4 InsO). Der Insolvenzgläubiger, der seine Forderung angemeldet hatte, kann bis zum Schlusstermin schriftlich einen Antrag auf Versagung der Restschuldbefreiung aus den in § 290 InsO genannten Gründen stellen (§ 290 Abs. 2 InsO). Es gibt seit 1.7.2014 die Möglichkeit, die Restschuldbefreiung nachträglich zu versagen, wenn einem Insolvenzgläubiger nachträglich ein Versagungsgrund bekannt wird und er den Antrag auf Versagung der Restschuldbefreiung binnen sechs Monaten ab Kenntnis des Versagungsgrunds stellt, § 297 a InsO. Diese Voraussetzungen müssen vom Antragsteller glaubhaft gemacht werden.

25 BGBl. I 2379.
26 BGBl. I 3328.

Bei **rechtskräftiger Versagung der Restschuldbefreiung** während oder nach der Wohlverhaltensperiode endet die Laufzeit der an den Treuhänder abgetretenen Bezüge und die Beschränkung der Gläubigerrechte (§ 299 InsO). Die Gläubiger können dann ihre Ansprüche wieder unbeschränkt geltend machen (§ 201 Abs. 1 InsO). Die Versagung und der Widerruf der Restschuldbefreiung werden ins Schuldnerverzeichnis eingetragen, § 303 a InsO.

VI. Besonderheiten des Verbraucherinsolvenzverfahrens

Der Schuldner hat zunächst **außergerichtlich** den Versuch zu unternehmen, mit seinen Gläubigern zu einer 20
Einigung zu gelangen. Dazu muss er einen außergerichtlichen Schuldenbereinigungsplan erstellen und dem Gläubiger zur Zustimmung vorlegen, § 305 Abs. 1 Nr. 1 InsO. Wenn keine Zustimmung aller Gläubiger erfolgt, kann ein gerichtlicher Schuldenbereinigungsplan an seine Stelle treten.

Kommt auch dieser nicht zustande, kann das Verbraucherinsolvenzverfahren eröffnet werden (§§ 304 ff., 21
311 InsO).

Den **Antrag** zur Eröffnung kann auch ein Gläubiger stellen (§ 306 Abs. 3 InsO). Der Schuldner wird 22
aber einen eigenen Antrag nachschieben, da er sonst die Restschuldbefreiung nicht in Anspruch nehmen könnte.[27] Sein Antrag muss den Anforderungen des § 305 InsO entsprechen. Die Eröffnung des Verfahrens bewirkt ein Vollstreckungsverbot gem. § 89 InsO mit Rückschlagsperre von drei Monaten (§ 88 Abs. 2 InsO, s. auch → Rn. 4 f.).

Im eröffneten Verbraucherinsolvenzverfahren übernimmt ein **Treuhänder** die Aufgabe des Insolvenzver- 23
walters. Er vereinnahmt die Einkünfte des Schuldners und nimmt die Insolvenzmasse in Besitz. Unpfändbare Gegenstände gibt er an den Schuldner frei und verwertet die Insolvenzmasse. Masseunzulänglichkeit muss er gem. § 208 InsO anzeigen. Nach Abschluss der Verwertung entscheidet das Insolvenzgericht in einem Beschlusstermin durch Beschluss, ob eine Restschuldbefreiung versagt oder angekündigt wird.

27 BGH 17.2.2005 – IX ZB 176/03, NJW 2005, 1433.

139. Internationales Familienrecht

J. Teubel

I. Grundprinzip

1 In jedem Fall mit **Auslandsberührung** (zB ausländische Staatsangehörigkeit oder gewöhnlicher Aufenthalt eines Beteiligten im Ausland, Eheschließung im Ausland) sind vor der eigentlichen Entscheidung in der Sache zwei Fragen zu klären. Sowohl in verfahrensrechtlicher als auch in materieller Hinsicht können wegen des Auslandsbezugs der Sache mehrere Rechtsordnungen in Betracht kommen. Als Erstes ist die **verfahrensrechtliche** Frage zu klären, ob **deutsche Gerichte international zuständig** sind, also über die Sache entscheiden dürfen, oder ob die Gerichte eines anderen Staates zuständig sind. In materieller Hinsicht stellt sich die Frage, welche Rechtsordnung für die Entscheidung der Sache maßgeblich ist. Letzteres bestimmt das **Internationale Privatrecht (IPR)**, auch als Kollisionsrecht oder Verweisungsrecht bezeichnet. Dieses verweist auf das **anzuwendende Recht** und bestimmt die Rechtsordnung, in der man die Entscheidung für die Sache findet. Es bereitet somit die Lösung der eigentlichen Rechtsfrage vor. Ist auf der kollisionsrechtlichen Ebene die maßgebliche Rechtsordnung bestimmt, erfolgt als Zweites nach den Vorschriften dieser Rechtsordnung auf der sachrechtlichen Ebene die Entscheidung in der Sache selbst.

2 Wichtigste **Rechtsquellen** auf dem Weg von der „internationalen" zur „nationalen" Ebene sind zunächst a) unmittelbar anwendbare Regelungen der EU, sodann b) Regelungen in völkerrechtlichen Vereinbarungen, soweit sie unmittelbares innerstaatliches Recht geworden sind, und zuletzt c) nationale Vorschriften (im Verfahrensrecht zB §§ 98–103 FamFG oder im Kollisionsrecht Art. 3 ff. EGBGB).

3 Der **Praktiker** muss immer alle Stufen dieser Leiter nacheinander hinabsteigen, wenn er einen Familienfall mit Auslandsbezug hat.

4 Zentrale Frage bei einer Sache mit Auslandsberührung ist die **Auswahl des international zuständigen Gerichts**. Diese Auswahl bestimmt den Ausgang des Verfahrens in vielerlei Hinsicht. So wendet das angerufene Gericht grundsätzlich sein eigenes Verfahrensrecht an.[1] Es wendet zudem, wenn keine vorrangigen EU- und völkerrechtlichen Kollisionsnormen bestehen, das eigene Internationale Privatrecht an, um das für die Lösung des Falles maßgebliche materielle Recht zu ermitteln. Das IPR kann sich nämlich von Staat zu Staat unterscheiden. Es ist kein „internationales Recht", sondern im Grundsatz nationales Recht. Je nachdem, wie das IPR eines Staates ausgestaltet ist, gelangt man bei der Frage nach dem maßgeblichen materiellen Recht zu verschiedenen Antworten. Da sich die nationalen materiellen Rechte ganz erheblich unterscheiden können, führt dies zu unterschiedlichen Ergebnissen in der eigentlichen Rechtsfrage. So beträgt beispielsweise das gesetzliche Erbrecht des Ehegatten vorbehaltlich güterrechtlicher Besonderheiten bei Zusammentreffen mit Kindern nach Schweizer Recht (Art. 462 ZGB) die Hälfte, nach österreichischem Recht (§ 744 ABGB) ein Drittel und nach deutschem Recht (§ 1931 Abs. 1 BGB) grundsätzlich ein Viertel der Erbschaft. Deshalb kommt es darauf an, wenn die Gerichte mehrerer Staaten international zuständig sind, vor Einleitung des Verfahrens die infrage kommenden nationalen Rechtsordnungen zu prüfen und die Sache vor die Gerichte jenes Staates zu führen, dessen IPR eine Rechtsordnung zur Anwendung beruft, die für die Partei die größten Aussichten auf Erfolg hat (**forum shopping**). Durch die Kollisionsrechtsvereinheitlichung innerhalb der Europäischen Union hat dieser Gedanke allerdings an Bedeutung verloren, wobei aber nicht übersehen werden darf, dass die Unionsrechtsakte zum Güterrechts- und Scheidungskollisionsrecht nur im Wege der Verstärkten Zusammenarbeit ergangen sind und nicht in allen Mitgliedstaaten gelten (→ *Auslandsbezug bei Güterrechtssachen* Rn. 1; → *Auslandsbezug bei Ehesachen* Rn. 29) Vor Einleitung eines Verfahrens mit Auslandsbezug im Inland ist außerdem die Prüfung unerlässlich, ob die

---

1 BGH 14.10.1992 – XII ARZ 23/92, NJW-RR 1993, 130.

deutsche Entscheidung im Ausland, insbesondere im Heimatstaat der Beteiligten, **anerkennungs- und vollstreckungsfähig** ist.

II. Praktische Hinweise

1. Anwendung des EU-Rechts

Wichtig sind in der Praxis die verschiedenen **EG-Verordnungen** zu Zuständigkeit, Anerkennung und Vollstreckung sowie zum anwendbaren Recht, die den nationalen Vorschriften der Mitgliedstaaten vorgehen. 5

Die EU-Verordnungen, die sich mit **Verfahrensfragen**, insbesondere mit der internationalen Zuständigkeit sowie Anerkennung und Vollstreckung befassen, werden in Anknüpfung an das Brüsseler Übereinkommen von 1968 zur internationalen Zuständigkeit und Vollstreckung in Zivil- und Handelssachen als „**Brüssel-Verordnungen**" bezeichnet. Für die Zuständigkeit in Ehesachen und für Fragen der elterlichen Verantwortung ist aktuell die sog. Brüssel IIa-VO maßgeblich(→ *Auslandsbezug bei Ehesachen* Rn. 2 ff.; → *Auslandsbezug bei Kindschaftssachen* Rn. 2 ff.). 6

Die Regelungen der EU, die sich mit dem **IPR** befassen, werden in Anlehnung an das Übereinkommen von Rom vom 19.6.1980 über das auf vertragliche Schuldverhältnisse anzuwendende Recht (abgek. EVÜ) als „**Rom-Verordnungen**" bezeichnet. Für die Bestimmung des anwendbaren Rechts in Scheidungssachen und Ehetrennungssachen ist die sog. Rom III-VO maßgeblich (→ *Auslandsbezug bei Ehesachen* Rn. 29 ff.). 7

Weder als „Brüssel-" noch als „Rom-Verordnung" werden die daneben existierenden EU-Verordnungen bezeichnet, die sowohl Verfahrensfragen als auch das anwendbare Recht betreffen, wie die Unterhaltsverordnung oder die Verordnungen zum ehelichen Güterstand und zu den güterrechtlichen Wirkungen eingetragener Partnerschaften (→ *Auslandsbezug bei Unterhaltssachen* Rn. 2 ff.; → *Auslandsbezug bei Güterrechtssachen* Rn. 1 ff.). 8

Wichtig ist im Bereich des Unionsrechts das Prinzip der **autonomen Auslegung**. Die Rechtsakte dürfen nicht durch die „nationale Brille" betrachtet werden, sondern es ist – wie auch bei völkerrechtlichen Verträgen – eine Auslegung ohne Rückgriff auf das nationale Vorverständnis vorzunehmen. Nur so lässt sich eine einheitliche Anwendung des Unionsrechts gewährleisten. 9

2. Rück- und Weiterverweisung

Anders als bei den IPR-Vorschriften des Unionsrechts, die unmittelbar das anwendbare materielle Recht bestimmen (sog. Sachnormverweisung; Art. 11 Rom III-VO; Art. 32 EuGüVO/EuPartVO), ist bei Anwendung der Vorschriften des EGBGB eine **Rück- oder Weiterverweisung** (sog. **renvoi**) grundsätzlich zu beachten (Art. 4 Abs. 1 EGBGB). Verweisen die Vorschriften auf ausländisches Recht, ist zunächst das ausländische IPR anzuwenden, das seinerseits anders anknüpfen kann, etwa an den gewöhnlichen Aufenthalt statt an die Staatsangehörigkeit. Es kann auf diese Weise die Anwendung des deutschen Rechts (Rückverweisung; Art. 4 Abs. 1 S. 2 EGBGB, dann bleibt es bei der Anwendung der deutschen Sachvorschriften) oder eines dritten Rechts (Weiterverweisung) vorsehen. Man spricht von einer **Gesamtverweisung**. Dieser Zwischenschritt darf nicht übersehen werden. Das gilt aber nicht bei einer Rechtswahl (Art. 4 Abs. 2 S. 2 EGBGB). 10

3. Staatsangehörigkeit

Vielfach wird das anwendbare Recht aufgrund der Staatsangehörigkeit einer Person ermittelt (zB Art. 13 Abs. 2, 19 Abs. 1 S. 2 EGBGB, → *Eheschließung mit Ausländern* Rn. 3, → *Auslandsbezug bei Abstammungssachen* Rn. 8), auch wenn diese Anknüpfung zugunsten des Rechts am gewöhnlichen Aufenthalt auf dem Rückzug ist. Bei einem **Staatenlosen**, einem Flüchtling iSd Genfer Flüchtlingskonvention oder einem Asylberechtigten tritt an die Stelle der Staatsangehörigkeit als Anknüpfungspunkt der gewöhnliche Aufenthalt. Bei diesen Personen wird das Heimatrecht durch das Recht des Staates ersetzt, in dem sie ihren gewöhnlichen Aufenthalt oder ihren Aufenthalt haben, welches damit zum Personalstatut dieser Personen wird (Art. 5 Abs. 2 EGBGB). Gehört eine Person mehreren Staaten an (**Doppel- oder Mehrstaater**), 11 ist für die Zwecke des EGBGB das Recht des Staates maßgeblich, mit dem die Person am engsten verbunden ist (**effektive Staatsangehörigkeit**). Ist die Person auch Deutscher, hat diese Rechtsstellung Vorrang (Art. 5 Abs. 1 EGBGB). Dies ist aber auf EU-Verordnungen, die auf die Staatsangehörigkeit Bezug nehmen, nicht unbesehen zu übertragen (→ *Auslandsbezug bei Ehesachen* Rn. 10, 52 f.; *Auslandsbezug bei Güterrechtssachen* Rn. 17). Zum Anknüpfungsgegenstand „gewöhnlicher Aufenthalt" → *Auslandsbezug bei Ehesachen* Rn. 9, 46.

4. Amtsprüfung, Amtsermittlung

12 Die internationale Zuständigkeit ist Zulässigkeitsvoraussetzung (Prozessvoraussetzung). Sie ist von Amts wegen in jeder Lage des Verfahrens zu prüfen. Die Einschränkungen der §§ 65 Abs. 4, 72 Abs. 2 FamFG gelten ebenso wenig wie die der §§ 513 Abs. 2, 545 Abs. 2 ZPO.[2]

13 Die Vorschriften des Internationalen Privatrechts – seien sie im Unionsrecht oder sonstigen deutschen Recht enthalten – sind vom Richter von Amts wegen anzuwenden, auch wenn sich die Beteiligten nicht darauf berufen.

14 Das **ausländische Recht** ist so anzuwenden, wie es im betreffenden Land ausgelegt und angewandt wird. Dazu hat das Gericht den Inhalt des ausländischen Rechts amtswegig im Wege des Freibeweises zu ermitteln. Es kann etwa auf Veröffentlichungen in der Literatur, amtliche Auskünfte von in- und ausländischen Behörden oder ein Sachverständigengutachten zurückgreifen.[3] In der Praxis ist dafür das formlose Europäische Übereinkommen betr. Auskünfte vom 7.6.1968 von Bedeutung.[4] Ein sehr wichtiges Hilfsmittel in der Praxis ist Bergmann/Ferid/Henrich, Internationales Ehe- und Kindschaftsrecht (s. auch die Länderberichte in NK-BGB).

15 Nützliche **Internetadressen** für das Internationale Familienrecht sind:

- Bundesministerium der Justiz und für Verbraucherschutz: www.bmjv.de
- Bundesamt für Justiz: www.bundesjustizamt.de
- EUR-Lex: www.eur-lex.europa.eu/de/index.htm
- Europäisches Justizielles Netz für Zivil- und Handelssachen: ec.europa.eu/civiljustice/index_de.htm
- Europäisches Justizportal (elektronisches Justizportal der EU-Kommission): e-justice.europa.eu
- Haager Konferenz für Internationales Privatrecht: www.hcch.net (mit Übersichten über die Vertragsstaaten der Haager Übereinkommen)
- Internationale Rechtshilfe mit Rechtshilfeordnung in Zivilsachen (ZRHO) und Länderteil: www.ir-online.nrw.de (Datenbank des Landes NRW).
- EDV-Programm „FTCAM", entwickelt von Familienrichtern: www.ftcam.de

2 BGH 10.12.2014 – XII ZB 662/13, NJW 2015, 694 Rn. 11.
3 Vgl. BGH 24.5.2017 – XII ZB 337/15, NJW-RR 2017, 902 Rn. 14 f.
4 S. dazu MüKoZPO/*Prütting* § 293 Rn. 33 ff.

140. Interne Teilung

Weil

I. Interne Teilung als vorrangige Teilungsform

1 Die interne Teilung ist die Teilungsform, die im Versorgungsausgleich bei einem Wertausgleich bei Scheidung nach § 9 Abs. 2 VersAusglG **Vorrang** hat. Bei der internen Teilung begründet das Familiengericht für die ausgleichsberechtigte Person ein eigenständiges Anrecht in Höhe des Ausgleichswertes bei dem Versorgungsträger, bei dem auch das Anrecht der ausgleichspflichtigen Person besteht (§ 10 Abs. 1 VersAusglG). Im Tenor der Entscheidung ist die geprüfte Fassung der Versorgungsregelung konkret zu benennen.[1] Die Höhe des intern zu teilenden Anrechts, dh desjenigen Anrechts, das dem ausgleichsberechtigten Ehegatten gutgeschrieben wird, bestimmt sich nach den Regelungen des § 5 VersAusglG iVm § 1 Abs. 2 VersAusglG. Hierbei ist zu beachten, dass die Teilung auf verschiedene Bezugsgrößen zurückzuführen sein kann.

Sind für beide Ehegatten Anrechte gleicher Art bei demselben Versorgungsträger auszugleichen, wird die Teilung vom Versorgungsträger durch Übertragung eines Anrechts nur in Höhe des Unterschiedes nach Verrechnung vollzogen. Ob er Anrechte als gleichartig ansieht und eine Verrechnung vornimmt, entscheidet der Versorgungsträger, denn das Gericht ordnet die Verrechnung nicht an. Auch Anrechte verschiedener Versorgungsträger können verrechnet werden, wenn die Versorgungsträger für bestimmte Anrechte die Möglichkeit einer Verrechnung vereinbart haben (§ 10 Abs. 2 VersAusglG).

2 In den in § 9 Abs. 3 VersAusglG genannten **Ausnahmefällen** kann statt einer internen Teilung eine externe Teilung vorgenommen werden (→ *Externe Teilung* Rn. 1).

II. Anforderungen an die interne Teilung

3 Nach dem Wortlaut des § 11 Abs. 1 VersAusglG muss durch die interne Teilung eine **gleichwertige Teilhabe** der Ehegatten an den in der Ehezeit erworbenen Anrechten sichergestellt werden. Dies ist nach Ansicht des Gesetzgebers dann der Fall, wenn dem ausgleichsberechtigten Ehegatten ein eigenständiges und entsprechend gesichertes Anrecht eingeräumt wird, ein Anrecht in Höhe des Ausgleichswertes mit entsprechender Wertentwicklung entsteht und der gleiche Risikoschutz gewährt wird. Der Risikoschutz kann nach § 11 Abs. 1 Nr. 3 VersAusglG auch auf eine reine Altersrente beschränkt werden, wenn für das nicht abgesicherte Risiko ein Ausgleich bei der Altersversorgung verschafft wird. Wenn nichts anderes vereinbart wird, gelten nach § 11 Abs. 1 VersAusglG für das Anrecht des Ausgleichsberechtigten dieselben Regelungen wie für das ursprüngliche Anrecht.

Eine vergleichbare Wertentwicklung ist dann nicht gegeben, wenn im Rahmen der Zusage einer betrieblichen Altersversorgung die Teilungsordnung des Versorgungsträgers für das Anrecht der ausgleichsberechtigten Person nicht denselben Rechnungszins vorsieht wie für das Anrecht der ausgleichspflichtigen Person.[2] Auch bei einem Tarifwechsel von der Pflichtversicherung in die freiwillige Versicherung bei geringerem Rechnungszins liegt keine gleichwertige Teilhabe i.R. der internen Teilung vor.[3]

4 Die Versorgungsträger haben Sorge zu tragen, dass die Aufnahme der Ausgleichsberechtigten in ihr Versorgungssystem die **Finanzierung des Versorgungssystems** nicht gefährdet. Ein besonders kritischer Punkt ist hierbei die Absicherung bei Invalidität (Erwerbsminderung, Berufsunfähigkeit usw), denn hier

---

1 BGH FamRZ 2011, 547.
2 OLG Hamm FamRZ 2019, 26; OLG Frankfurt a.M. FamRZ 2017, 878; OLG Nürnberg FamRZ 2019, 876; OLG Koblenz FamRZ 2016, 375.
3 OLG Frankfurt a.M. NZFam 2019, 794.

gibt es gravierende Unterschiede zwischen den verschiedenen Berufsgruppen, was die Wahrscheinlichkeit betrifft, dass solche Leistungen in Anspruch genommen werden, und damit auch bezüglich der Kosten für den Versorgungsträger. Aus Sicht der Versorgungsträger ist es daher verständlich, dass vielfach von der Möglichkeit Gebrauch gemacht wird, gem. § 11 Abs. 1 Nr. 3 VersAusglG den Risikoschutz auf eine Altersversorgung zu beschränken. Für die Risikoabsicherung der Eheleute nach dem Versorgungsausgleich kann dies jedoch gravierende Folgen haben (→ *Risikoschutz im Versorgungsausgleich* Rn. 5). In vielen Fällen ist es jedoch unschwer möglich, diese negativen Folgen durch geeignete Vereinbarungen zum Versorgungsausgleich zu vermeiden oder zumindest deutlich abzumindern (→ *Vereinbarungen zum Versorgungsausgleich* Rn. 18 ff.).

5 Der Wegfall von abgesicherten Risiken im originären Anrecht, zB Invalidität und/oder Hinterbliebenenversorgung, ist dann gem. § 1 Abs. 1 Nr. 3 VersAusglG durch einen Zuschlag bei der im Regelfall abgesicherten Altersrente auszugleichen. Der Zuschlag ist **nicht** beim Ausgleichswert, sondern erst bei der Rückrechnung des Ausgleichswerts zu berücksichtigen.[4] Der Kompensationszuschlag muss aus den Berechnungen oder der Satzung des Versorgungsträgers erkennbar sein, damit sowohl das Gericht als auch die Rechtsanwälte die Angemessenheit prüfen können.[5]

III. Rechtsfolge der internen Teilung von Betriebsrenten

6 Gilt für das auszugleichende Anrecht das **Betriebsrentengesetz** (→ *Betriebliche Altersversorgung* Rn. 1 ff.), so erlangt der ausgleichsberechtigte Ehegatte nach § 12 VersAusglG mit der Übertragung die **Stellung eines ausgeschiedenen Arbeitnehmers** im Sinne des Betriebsrentengesetzes. Damit ist sichergestellt, dass für sein Anrecht die entsprechenden arbeitsrechtlichen Schutzbestimmungen des Betriebsrentengesetzes greifen. Das Anrecht des Ausgleichsberechtigten ist danach in gleicher Weise wie das des Ausgleichspflichtigen nach den Vorschriften der §§ 7 f. BetrAVG beim Pensions-Sicherungs-Verein (PSV) für den Fall einer Insolvenz des Arbeitgebers abgesichert. Laufende Renten sind in gleicher Weise gem. § 16 BetrAVG anzupassen. In der Rentenphase ist somit die gleiche Dynamik gegeben wie beim Anrecht des Ausgleichspflichtigen. Dies gilt jedoch nicht unbedingt für die Anwartschaftsphase.[6]

Unverfallbare Anwartschaften aus einer Direktzusage oder einer Unterstützungskassenzusage sind in der Anwartschaftsphase meist statisch und zwar unabhängig von der Dynamik des geteilten Anrechts. Die in § 11 Abs. 1 Nr. 2. VersAusglG geforderte vergleichbare Wertentwicklung ist damit für diese Anrechte in aller Regel nicht gegeben. Die **Anwartschaftsdynamik** kann in diesen Fällen nur **schuldrechtlich** ausgeglichen werden. Die Stellung des Ausgleichsberechtigten hat auch zur Folge, dass er bei einem Anrecht bei einer Direktversicherung, Pensionskasse oder einem Pensionsfonds das Recht zur Fortsetzung der Versorgung mit eigenen Beiträgen gem. § 1 b Abs. 5 S. 1 Nr. 2 BetrAVG hat, außerdem steht ihm das Recht zur Mitnahme gem. § 4 Abs. 3 BetrAVG zu.

IV. Teilungskosten

7 Bei einer internen Teilung kann der Versorgungsträger die hierbei entstehenden Kosten in einer angemessenen Höhe jeweils hälftig mit den Anrechten beider Eheleute verrechnen. Zu der Frage, **in welcher Höhe Teilungskosten** angesetzt werden dürfen und welche Kosten hierbei berücksichtigt werden dürfen, hat der BGH[7] Stellung genommen. Danach ist die Umlage sämtlicher anfallender Kosten möglich, die allerdings vom Versorgungsträger nachgewiesen werden müssen, sofern sie die pauschal akzeptierte Obergrenze von 500 EUR überschreiten.[8] Darunter fallen auch die Kosten für die Aufnahme des Berechtigten in das System sowie die zukünftigen Verwaltungskosten. Die Kosten können proportional in Abhängigkeit vom Ehezeitanteil bzw. ehezeitlichen Barwert angesetzt werden. Allerdings ist eine Kostenkontrolle durch das

4 OLG Karlsruhe FamRZ 2015, 1291.
5 BGH NZFam 2015, 555.
6 OLG Nürnberg FamRZ 2018, 905.
7 FamRZ 2012, 610 (942), 1546, 1549.
8 BGH FamRZ 2015, 913 (916).

Gericht vorzunehmen. Diese setzt voraus, dass die Angaben durch den Versorgungsträger übersichtlich und nachvollziehbar iSd § 220 Abs. 4 FamFG übermittelt wurden.

V. Tenorierung

Im Rahmen der internen Teilung ist im gerichtlichen Tenor die Fassung oder das Datum der Versorgungsregelung zu benennen, die der Entscheidung zugrunde liegt.[9] Auch ist auf die jeweilige **Bezugsgröße** abzustellen.[10] Damit hat das Amtsgericht dokumentiert, dass es eine Überprüfung der Versorgungsregelung auf gleichmäßige Teilhabe vorgenommen hat. Wenn die Maßgaben nicht vorliegen, darf das Gericht das Anrecht **nicht** nach Maßgabe der Versorgungsregelung des Versorgungsträgers ausgleichen. 8

9 BGH FamRZ 2011, 547.
10 BGH FamRZ 2012, 1545.

141. Intersexualität

Hoffmann

I. Einführung

1 **Intersexualität** wird in diesem Stichwort als Oberbegriff für eine heterogene Gruppe von **angeborenen Varianten** der **Geschlechtsdeterminierung** oder **-differenzierung** (Varianten der Geschlechtsentwicklung) verstanden, die zur Folge haben, dass sich das Geschlecht eines Menschen nicht eindeutig den biologischen Kategorien „männlich" bzw. „weiblich" zuordnen lässt. Die Variationen können die genetischen, hormonalen, gonadalen und genitalen Anlagen eines Menschen betreffen. Ob der Mensch selbst sich subjektiv dem männlichen, dem weiblichen, einem dritten oder keinem Geschlecht zuordnet, ist bei dieser Definition unerheblich. In welchem Umfang Regelungen für in diesem Sinne intersexuelle Menschen auf Menschen Anwendung finden, deren biologisches Geschlecht sich der Kategorie „männlich" bzw. „weiblich" zuordnen lässt, die sich **subjektiv** jedoch **nicht** ihrem **biologischen Geschlecht**, sondern einem anderen oder keinem Geschlecht angehörig fühlen, wird unter dem Stichwort Transsexualität erörtert (→ *Transsexualität* Rn. 3 ff.).

II. Ersteintrag des Geschlechts im Geburtenregister

2 Nach § 21 Abs. 1 Nr. 3 PStG ist im Geburtenregister das Geschlecht einzutragen. Kann das Kind weder dem **weiblichen** noch dem **männlichen** Geschlecht zugeordnet werden, kann nach § 22 Abs. 3 PStG der Personenstandsfall auch **ohne** eine solche Angabe oder mit der Angabe **divers** in das Geburtenregister eingetragen werden. Im Kontext der Ersteintragung des Geschlechts als divers ist keine ärztliche Bescheinigung vorzulegen. Macht der/machen die gesetzlichen Vertreter keine Angaben zum Geschlecht des Kindes bzw. weigern sie sich, eine Wahl vorzunehmen, hat der Standesbeamte das Feld leer zu lassen.[1]

3 Die am 22.12.2018 in Kraft getretene Regelung ist Folge einer **Entscheidung** des **BVerfG**[2] zur vorherigen Regelung. Diese erlaubte zwar den Eintrag „männlich" bzw. „weiblich", bot jedoch keine Möglichkeit zur Eintragung einer positiven Geschlechtsbezeichnung für einen intersexuellen Mensch. Dieser konnte sich nur dafür entscheiden, die Kategorie offenzulassen. Diese Rechtslage war nach der Auffassung des BVerfG verfassungswidrig.

III. Änderung des im Geburtenregister eingetragenen Geschlechts

4 Personen mit Varianten der Geschlechtsentwicklung können nach § 45 b Abs. 1 S. 1 PStG gegenüber dem Standesamt erklären, dass die Angabe zu ihrem **Geschlecht** durch eine andere in § 22 Abs. 3 PStG vorgesehene Bezeichnung **ersetzt** oder **gestrichen** werden soll. Eine Erklärung kann mehrfach abgegeben werden.[3] Für die Entgegennahme der Erklärung ist nach § 45 b Abs. 4 S. 1 PStG das Standesamt zuständig, das das Geburtenregister für die betroffene Person führt.

5 Für ein geschäftsunfähiges oder noch nicht 14 Jahre altes **Kind** kann nach § 45 b Abs. 2 S. 1 PStG nur sein/e gesetzlicher/n Vertreter die Erklärung abgeben. Das geschäftsfähige Kind, das das **14. Lebensjahr vollendet** hat, kann nach § 45 b Abs. 2 S. 2 PStG die Erklärung nur selbst abgeben, bedarf hierzu jedoch

1 *Siebrichs* FamRZ 2019, 329.
2 BVerfG 10.10.2017 – 1 BvR 2019/16, FamRZ 2017, 2046.
3 *Bruns* StAZ 2019, 97.

der **Zustimmung** seines/r gesetzlichen Vertreter/s. Die Zustimmung muss nicht öffentlich beglaubigt sein, sondern kann analog § 18 PStG mündlich oder schriftlich erfolgen.[4]

Stimmt der/stimmen die gesetzliche/n Vertreter nicht zu, so **ersetzt** das **Familiengericht** nach § 45 b Abs. 2 S. 3 PStG die Zustimmung, wenn die Änderung der Angabe zum Geschlecht dem **Kindeswohl nicht widerspricht**. Eine Ersetzung setzt demnach nicht voraus, dass sich die Weigerung des/der gesetzlichen Vertreter/s, der Erklärung des Kindes zuzustimmen, als Kindeswohlgefährdung iSd § 1666 Abs. 1 BGB darstellt. Das Standesamt hat das Fehlen der Zustimmung des/der gesetzlichen Vertreter/s nach § 168 a Abs. 1 FamFG dem Familiengericht mitzuteilen. Hierdurch wird vermieden, dass das Kind selbst ein Verfahren anregen muss.[5] Das Verfahren ist eine Kindschaftssache. 6

Nach § 45 b Abs. 3 S. 1 PStG ist durch Vorlage einer **ärztlichen Bescheinigung** nachzuweisen, dass eine Variante der Geschlechtsentwicklung vorliegt. Die Bescheinigung muss **keine** genaue **Diagnose** enthalten[6] und an sie sind auch im Übrigen keine besonderen inhaltlichen Anforderungen zu stellen.[7] Es genügt das Attest eines approbierten Arztes, dass die betroffene Person eine Variante der Geschlechtsentwicklung aufweist. Der Arzt muss keiner bestimmten Fachrichtung angehören oder über bestimmte berufliche Erfahrungen verfügen.[8] Da der Arzt die Diagnose nicht zu begründen braucht, kann der Standesbeamte keine Erläuterung der Diagnose anfordern. Er hat demnach keine Kontrollfunktion.[9] In Betracht kommt auch die Bescheinigung des Hausarztes.[10] 7

Statt einer ärztlichen Bescheinigung kommt nach § 45 b Abs. 3 S. 2 PStG eine **eidesstattliche Versicherung** der Person in Betracht, wenn diese über keine ärztliche Bescheinigung einer erfolgten medizinischen Behandlung verfügt und bei ihr das Vorliegen der Variante der Geschlechtsentwicklung wegen der Behandlung nicht mehr oder nur durch eine unzumutbare Untersuchung nachgewiesen werden könnte. 8

Nach § 45 b Abs. 1 S. 3 PStG können durch eine weitere Erklärung neue Vornamen bestimmt werden. Eine **Änderung** der **Vornamen** ohne vorherige Änderung des Geschlechts ist nicht möglich.[11] 9

Das geschäftsfähige Kind, das das **14. Lebensjahr vollendet** hat, kann nach § 45 b Abs. 2 S. 2 PStG die Erklärung nur selbst abgeben, bedarf hierzu jedoch der **Zustimmung** seines/r gesetzlichen Vertreter/s (→ Rn. 5). 10

IV. Geschlechtskorrigierende Operationen

Der Koalitionsvertrag der Bundesregierung vom 7.2.2018 hält fest: „Wir werden gesetzlich klarstellen, dass geschlechtsangleichende medizinische Eingriffe an Kindern nur in unaufschiebbaren Fällen und zur Abwendung von Lebensgefahr zulässig sind." Eine **gesetzliche Regelung** ist **dringlich**, da die Anzahl an durchgeführten Feminisierungs- und Maskulinisierungsoperationen im Verhältnis zur Diagnosestellung zwischen 2005 und 2016 relativ konstant geblieben ist.[12] Zu erwarten ist die zivilrechtliche Regelung in einem § 1631 e BGB, in der wie in § 1631 b BGB die Voraussetzungen normiert werden, bei deren Vorliegen der/die gesetzliche/n Vertreter eines Kindes in einen solchen Eingriff einwilligen können. Zu vermuten ist, dass zudem wie in § 1631 b BGB auch eine familiengerichtliche Genehmigung des Eingriffs zur Voraussetzung gemacht wird. 11

Derzeit gelten für geschlechtskorrigierende Operationen die **allgemeinen Regelungen**. Nach hier vertretener Ansicht bedeutet dies, dass das Erteilen einer stellvertretenden Einwilligung in einen solchen Eingriff 12

4 *Bruns* StAZ 2019, 97.
5 *Siebrichs* FamRZ 2019, 329.
6 *Bruns* StAZ 2019, 97.
7 BGH 10.6.2020 – XII ZB 451/19, FamRZ 2020, 1402; *Krömer* StAZ 2019, 280.
8 BGH 10.6.2020 – XII ZB 451/19, FamRZ 2020, 1402; *Krömer* StAZ 2019, 280.
9 *Bruns* StAZ 2019, 97.
10 *Krömer* StAZ 2019, 280.
11 *Berndt-Benecke* StAZ 2019, 65.
12 *Tolmein* medstra 2019, 131.

an einem nicht selbst einwilligungsfähigen Kind nur zulässig ist, wenn die Zuweisung zu einem bestimmten Geschlecht nicht vermeidbare Folge eines aus anderen Gründen medizinisch indizierten Eingriffs ist. Dabei ist ein solcher Eingriff im Hinblick auf seine gravierenden und in der Regel irreversiblen Folgen nur **verhältnismäßig**, wenn die stellvertretende Einwilligung zur Abwendung einer Lebensgefahr für das Kind oder eines **erheblichen gesundheitlichen Schadens** erfolgt.[13]

13 Hingegen entspricht das Erteilen einer stellvertretenden Einwilligung in einen chirurgischen Eingriff, der primär der Zuweisung zu einem bestimmten Geschlecht bzw. der Verdeutlichung eines vermuteten bestimmten Geschlechts dient, der also als kosmetische Operation anzusehen ist, nicht dem Wohl des Kindes. Das Erteilen einer stellvertretenden Einwilligung in allein **kosmetische** geschlechtskorrigierende Operationen ist daher bereits de lege lata **nicht zulässig**.[14] Es ist davon auszugehen, dass der größte Teil der geschlechtskorrigierenden Eingriffe in diese Kategorie fällt[15] und demnach nach hier vertretener Auffassung rechtswidrig ist.

14 Hingegen kann das hinsichtlich der Irreversibilität und des Ausmaßes der Auswirkungen eines geschlechtskorrigierenden Eingriffs auf die eigene Persönlichkeit und die eigene Lebensgestaltung selbst **einsichts- und urteilsfähige Kind** de lege lata in einen allein kosmetischen geschlechtskorrigierenden Eingriff einwilligen.[16] De lege ferenda ist zu überlegen, dem minderjährigen Kind diese Befugnis wie in Bezug auf eine Sterilisation in § 1631 c BGB gesetzlich zu entziehen. Nach hier vertretener Ansicht würde es im Hinblick auf die weitreichenden Folgen solcher Eingriffe keinen unverhältnismäßigen Eingriff in das Recht eines Kindes auf Selbstbestimmung darstellen, wenn ihm eine solche Entscheidung erst nach **Vollendung des 18. Lebensjahres**, also als Volljährigem, offenstehen würde.

15 Nach Ansicht des LSG München[17] war es Mitte der 90er Jahre des vergangenen Jahrhunderts üblich, eine medizinische Indikation dafür anzunehmen, bei einem intersexuellen Menschen auf die Zuordnung zum männlichen oder weiblichen Geschlecht hinzuwirken, und ihm zudem seinen Chromosomensatz nicht mitzuteilen. Auch ein als vorsätzliche Körperverletzung mangels hinreichender Aufklärung strafbarer ärztlicher Eingriff sei jedoch nur dann ein tätlicher Angriff iSd OEG, wenn er aus der Sicht eines verständigen Dritten in keiner Weise dem Wohle des Patienten gedient habe.[18] Auch bei einem ohne Aufklärung erfolgten Eingriff sei dies bezogen auf einen Eingriff Mitte der 90er Jahre nicht der Fall. Daher stelle ein solcher Eingriff **keinen rechtswidrigen tätlichen Angriff iSd OEG** dar. Das zuständige Landgericht[19] hat bezogen auf den gleichen Sachverhalt **zivilrechtliche Schadensersatzansprüche** aufgrund einer Behandlung ohne wirksame Einwilligung bejaht.

V. Intersexualität und Eheschließung

16 Nach **§ 1353 Abs. 1 S. 1 BGB** wird die Ehe von zwei Personen verschiedenen oder gleichen Geschlechts auf Lebenszeit geschlossen. Nach ganz überwiegender Meinung ist diese Regelung **analog** anzuwenden, wenn im PStG auf die Angabe eines Geschlechts verzichtet wurde.[20] Ein intersexueller Mensch kann daher ohne Weiteres eine Ehe schließen.

VI. Intersexualität im Abstammungsrecht

17 Das deutsche Recht knüpft die Mutterschaft in § 1591 BGB daran an, wer das Kind geboren hat. Ein intersexueller Mensch, der ein Kind gebiert, ist unabhängig von seinem im PStG eingetragenen Geschlecht

13 Beispiele bei *Lindenberg* MedR 2019, 208.
14 Ebenso *Lindenberg* MedR 2019, 208.
15 *Lindenberg* MedR 2019, 208.
16 Ebenso *Lindenberg* MedR 2019, 208.
17 LSG München 10.5.2016 – L 15 VG 39/12.
18 BSG 25.10.2016 – B 9 V 43/16 B.
19 LG Nürnberg-Fürth 17.12.2015 – 4 O 7000/11, hierzu *Siqueira* medstra 2018, 153.
20 *Kraus* StAZ 2019, 348; *Helms* StAZ 2018, 33; *Bäumerich* FuR 2018, 239; *Berndt-Benecke* NVwZ 2019, 286.

daher de lege lata **analog § 1591 BGB** als **Mutter** im Geburtenregister einzutragen.[21] Die **Vaterschaft** eines intersexuellen Menschen bestimmt sich **analog** der Regelung in **§ 1592 BGB**.[22] De lege ferenda ist von einer Regelung auszugehen, in der wie in anderen Rechtsordnungen üblich Elternschaft nicht anhand des Geschlechts in Mutter-/Vaterschaft differenziert wird,[23] sondern neutral von „Elternteil" oÄ gesprochen wird.

VII. Intersexualität im Arbeitsrecht

Arbeitgeber dürfen Arbeitnehmer nach den Regelungen des Allgemeinen Gleichbehandlungsgesetzes (AGG) nicht wegen ihres Geschlechts benachteiligen. Der Begriff **Geschlecht** umfasst im **AGG** jegliche subjektive Zuordnung zu einem Geschlecht ebenso wie das Empfinden, sich keinem Geschlecht oder zeitabschnittsweise jeweils einem anderen oder keinem Geschlecht zugehörig zu fühlen. Der Begriff umfasst daher auch Transsexuelle, die sich nicht als dem männlichen oder weiblichen Geschlecht zugehörig fühlen.[24] 18

Die Ausschreibung eines Arbeitsplatzes hat geschlechtsneutral zu erfolgen. Anderenfalls schafft ein Arbeitgeber Tatsachen, die iSd § 22 AGG die Benachteiligung eines Geschlechts vermuten lassen, demnach dem Arbeitgeber die Beweislast dafür auferlegen, dass kein Verstoß gegen die Bestimmungen des AGG vorgelegen hat. Diese Anforderung wird etwa bei Verwendung eines geschlechtsneutralen Oberbegriffs wie „Leitung" und/oder (**m/w/d**) oder (m/w/i/t) erfüllt.[25] 19

VIII. Intersexualität im Sport

Umstritten ist, die Teilnahme intersexueller Menschen, die nach ihrem Geburtseintrag weiblich sind, an sportlichen Wettbewerben in der Gruppe „Frauen" im Hinblick auf vermutete/vermeintliche **Wettbewerbsvorteile** intersexueller Menschen.[26] Am 1.5.2019 hat der Court of Arbitration for Sport (CAS) seine Entscheidung im Verfahren von Mokgadi Caster Semenya[27] und des Athletics South Africa[28] gegen die International Association of Athletics Federation (IAAF) verkündet. Nach Ansicht des CAS kann die IAAF Läuferinnen bestimmter Distanzen (400 m bis eine Meile), die einen bestimmten Testosteron-Grenzwert im Blut überschreiten (5 Nanomol pro Liter Blut), die Teilnahme an internationalen Wettkämpfen verweigern, wenn diese ihren **Testosteronspiegel** nicht unter den Grenzwert senken. Zwar sei diese Regel diskriminierend, allerdings sei die Chancengleichheit in den Wettbewerben höher zu bewerten. Das Urteil ist verbreitet auf Kritik gestoßen. Überwiegend wird die Zulassung intersexueller Menschen zu allen Wettbewerben in der Gruppe „Frauen" ohne Einschränkungen bzw. ohne besondere Zulassungsvoraussetzungen gefordert.[29] Derzeit ist das Verfahren beim Schweizer Bundesgericht anhängig. Sollte dieses Gericht die Regelung ebenfalls für zulässig erachten, könnte Semenya noch vor dem Europäischen Gerichtshof für Menschenrechte (EGMR) klagen. 20

21 *Reuß* StAZ 2019, 42; *Gössl* ZRP 2018, 174.
22 *Reuß* StAZ 2019, 42; *Gössl* ZRP 2018, 174.
23 Vgl. zur historischen/heutigen Bedeutung der Anknüpfung an das Geschlecht BGH 6.9.2017 – XII ZB 660/14, FamRZ 2017, 1855.
24 *Körlings* NZA 2018, 282.
25 *Bettinghausen* BB 2018, 372.
26 Ausführlich *Jakob* SpuRt 2018, 143.
27 CAS 2018/O/5794.
28 CAS 2018/O/5798.
29 *Jakob* SpuRt 2018, 143.

142. Jugendamt

Hoffmann

I. Einführung – Jugendamt im Sinne des SGB VIII

1 Unter „dem Jugendamt" wird umgangssprachlich eine Behörde des örtlichen Trägers der öffentlichen Jugendhilfe verstanden. In der Konzeption des SGB VIII ist diese Behörde Teil des **zweigliedrigen Jugendamts**, das sich aus dem Jugendhilfeausschuss als einem beschließenden Ausschuss des örtlichen Trägers der öffentlichen Jugendhilfe, und der „Verwaltung des Jugendamts" – dem Jugendamt im umgangssprachlichen Sinne – zusammensetzt (§ 70 Abs. 1 SGB VIII).

2 Jeder örtliche Träger der öffentlichen Jugendhilfe hat ein zweigliedriges Jugendamt einzurichten (§ 69 Abs. 3 SGB VIII). Das Jugendamt in diesem Sinne wurde als Institution durch das Reichsjugendwohlfahrtsgesetz aus dem Jahr 1922, in Kraft getreten im Jahr 1924, etabliert. Aufgaben und Funktionen des Jugendamts bzw. der örtlichen Träger der öffentlichen Jugendhilfe als **Sozialleistungsträger** und **Garant** für das **Kindeswohl** werden heute zuvörderst im SGB VIII (KJHG) als Nachfolgegesetz zum Reichsjugendwohlfahrtsgesetz und in den zu diesem Gesetz ergangenen Ausführungsgesetzen der Länder normiert. Zuständigkeiten für das Jugendamt finden sich jedoch auch in anderen Gesetzen, etwa im Adoptionsvermittlungsgesetz (AdVermiG).

II. Träger der öffentlichen Jugendhilfe

3 Die Träger der öffentlichen Jugendhilfe – die **örtlichen** und **überörtlichen Träger** der Jugendhilfe – werden durch Landesrecht bestimmt (§ 69 Abs. 1 SGB VIII). Örtliche Träger sind in der Praxis in der Regel die Kreise und die kreisfreien Städte, teilweise auch kreisangehörige Gemeinden. Die Aufgaben nach dem SGB VIII sind **Selbstverwaltungsaufgaben**, so dass nur Rechts-, aber keine Fachaufsicht der Aufsichtsbehörden besteht. Folge der Trägerschaft der Kommunen ist eine **dezentrale Struktur** der Kinder- und Jugendhilfe, die diese von anderen Sozialleistungen – etwa solcher nach dem SGB II – unterscheidet: In Deutschland gibt es circa 600 Jugendämter, die jeweils in eigener Verantwortung ihre Aufgaben wahrnehmen. Eine divergierende Verwaltungspraxis benachbarter Jugendämter ist Bestandteil dieser Struktur.

III. Jugendhilfeausschuss

4 Dem Jugendhilfeausschuss eines örtlichen Trägers der öffentlichen Jugendhilfe gehören neben Mitgliedern der **politischen Vertretungskörperschaft** – Stadtrat, Kreistag etc – auch Frauen und Männer an, die auf Vorschlag der im Bereich des öffentlichen Trägers wirkenden und anerkannten Träger der freien Jugendhilfe von der Vertretungskörperschaft gewählt werden (§ 71 Abs. 1 Nr. 2 SGB VIII). Dies unterscheidet den Jugendhilfeausschuss von anderen kommunalen Ausschüssen.

5 Der Jugendhilfeausschuss ist insbesondere für die **Weiterentwicklung** der Jugendhilfe, die Jugendhilfeplanung und alle wesentlichen Entscheidungen – wie die Verteilung der Zuschüsse an die Träger der freien Jugendhilfe oder die Einrichtung einer Kindertagesstätte – zuständig (§§ 71 Abs. 2, 70 Abs. 2 SGB VIII). Durch die Tätigkeit des Jugendhilfeausschusses kommt der Träger der öffentlichen Jugendhilfe seiner Gesamtverantwortung einschließlich seiner Planungsverantwortung nach (§ 79 Abs. 1 SGB VIII).

IV. Verwaltung des Jugendamts, „das Jugendamt"

Die Verwaltung des Jugendamts – „das Jugendamt" im umgangssprachlichen Sinne – führt alle **laufenden Geschäfte**, die sich aus dem Vollzug des SGB VIII und der sonstigen Aufgaben des Trägers der öffentlichen Jugendhilfe ergeben (§ 70 Abs. 2 SGB VIII). Es erbringt etwa Leistungen bei Trennungs-, Scheidungs- und Umgangskonflikten, (→ *Leistungen der Jugendhilfe* Rn. 10 ff.) bewilligt eine einzelne Hilfe zur Erziehung (→ *Leistungen der Jugendhilfe* Rn. 14 ff.), wirkt in familiengerichtlichen Verfahren mit (→ *Leistungen der Jugendhilfe* Rn. 19 ff.) und nimmt den staatlichen Schutzauftrag zugunsten von Kindern und Jugendlichen wahr (→ *Leistungen der Jugendhilfe* Rn. 29 ff.). Zur Erfüllung der Aufgaben der laufenden Verwaltung muss die Verwaltung des Jugendamts über dem Fachkräftegebot entsprechende soziale Dienste und Einrichtungen verfügen und mit sozialpädagogisch ausgebildeten Fachkräften, aber auch mit Verwaltungsfachkräften besetzt sein (§ 72 SGB VIII). Aufgrund der Organisationshoheit der Kommunen kann das Jugendamt im Sinne des SGB VIII im Erscheinungsbild der Kommune auch in ein Amt für Soziale Dienste, einen Fachbereich Jugend oder Ähnliches, eventuell unter völligem Verzicht auf die Bezeichnung Jugendamt, integriert sein. 6

Die sozialpädagogischen Fachkräfte des **Allgemeinen Sozialen Diensts** der Verwaltung des Jugendamts sind in der Regel Absolventen eines Studiengangs der Sozialen Arbeit. Diese Fachkräfte werden in allen Aufgaben und Leistungsbereichen – von der Gefährdungseinschätzung bei einem Verdacht auf Kindeswohlgefährdung oder den Ermittlungen zur Feststellung eines erzieherischen Bedarfs bis zur Leistungserbringung, etwa als Erziehungsbeistand oder Familienhelfer (→ *Leistungen der Jugendhilfe* Rn. 1 ff.) – tätig. 7

Schwerpunkt der Tätigkeit der im Jugendamt beschäftigten Verwaltungsfachkräfte – in der Regel Absolventen einer Hochschule für öffentliche Verwaltung – sind meist diejenigen Aufgaben, die weniger mit persönlicher Hilfe oder pädagogischer Einschätzung verbunden sind – etwa die Heranziehung von Unterhaltspflichtigen zu den Kosten einer Hilfe zur Erziehung oder die Berechnung von Annexleistungen zu Hilfen zur Erziehung wie dem Pflegegeld oder Leistungen der Krankenhilfe (§§ 39 f. SGB VIII). Diese Tätigkeiten der Verwaltung des Jugendamts werden auch als „**wirtschaftliche Jugendhilfe**" bezeichnet. 8

V. Zuständigkeit

Zuständig für Leistungen und andere Aufgaben ist in der Regel der Träger der öffentlichen Jugendhilfe an dem Ort, an dem derjenigen, dem die Leistung erbracht wird, oder gegenüber dem andere Aufgaben wahrzunehmen sind, seinen **gewöhnlichen Aufenthalt** hat (§§ 86 ff., 87 ff. SGB VIII). 9

VI. Kooperation

Das Jugendamt unterliegt keiner Aufsicht durch das **Familiengericht**. Das Familiengericht kann dem Jugendamt auch keine Weisungen erteilen. Jugendamt und Familiengericht stehen vielmehr als selbstständige Fachbehörden gleichberechtigt in **Verantwortungsgemeinschaft** für das Wohl von Kindern und Jugendlichen.[1] Ihre Tätigkeiten sind vielfach, auch durch gesetzliche Regelungen etwa im BGB, FamFG und SGB, verzahnt. Ebenso ist ein Jugendamt zur Kooperation mit anderen Sozialleistungsträgern, insbesondere weiteren Rehabilitationsträgern (§ 6 SGB IX), und Schulen verpflichtet. 10

Da der örtliche Träger der öffentlichen Jugendhilfe/das Jugendamt – mit Ausnahme der Befugnisse zur und während einer Inobhutnahme (→ *Inobhutnahme*; § 42 SGB VIII) – keine Befugnisse zu Eingriffen in die elterliche Sorge besitzt, ist er/es insbesondere bei deren Erforderlichkeit auf eine Kooperation mit dem Familiengericht angewiesen (§ 8 a Abs. 2 SGB VIII). Zur Anwendung unmittelbarer Gewalt oder anderer Zwangsmaßnahmen ist der örtliche Träger der öffentlichen Jugendhilfe/das Jugendamt nicht befugt, sondern muss insoweit mit dazu befugten Stellen, primär mit der Polizei, kooperieren. Eine Weitergabe von – auch von einer Fachkraft im Jugendamt persönlich anvertrauten – Daten an das Familiengericht oder die Polizei ist zur Sicherung des Kindeswohls erlaubt (§ 69 Abs. 1 SGB X, § 65 Abs. 1 S. 1 SGB VIII). 11

1 OVG Bremen 7.4.2017 – 1 B 291/17, FamRZ 2017, 1936; BVerfG 29.7.2015 – 1 BvR 1468/15, FamRZ 2015, 1686.

143. Kenntnis der Abstammung

Knahn/Siede

I. Einführung

1 Die Abstammung nimmt nach der Rechtsprechung des Bundesverfassungsgerichts[1] im Bewusstsein des Einzelnen eine Schlüsselstellung für seine Individualitätsfindung, für sein Selbstverständnis und sein familiäres Verhältnis zu anderen ein. Das Recht auf freie Entfaltung der Persönlichkeit und die Verpflichtung zur Achtung und zum Schutz der Menschenwürde sichern gem. Art. 2 Abs. 1 iVm Art. 1 Abs. 1 GG jedem Einzelnen einen autonomen Bereich privater Lebensgestaltung, in dem er seine Individualität entwickeln und wahren kann. Verständnis und Entfaltung der Individualität sind dabei mit der Kenntnis der für sie konstitutiven Faktoren, wozu auch die Abstammung gehört, eng verbunden. Die Möglichkeit, sich als Individuum nicht nur sozial, sondern auch genealogisch in eine Beziehung zu anderen zu setzen, wird deshalb vom Schutz des Persönlichkeitsrechts mit umfasst.

Daraus ergibt sich für den Mann das Recht auf **Kenntnis, ob ein Kind von ihm abstammt** (→ Rn. 2 f.). Das Kind hat ein Recht auf **Kenntnis der eigenen Abstammung**, woraus sich ein Auskunftsanspruch gegen die Mutter in Bezug auf die Person des Vaters, den Vater in Bezug auf die Person der Mutter[2] oder gegen die Personen, die an einer fortpflanzungsmedizinischen Behandlung mitgewirkt haben, ergeben kann (→ Rn. 4). In Einzelfällen kommt auch ein **Anspruch des Scheinvaters** auf Nennung des biologischen Vaters (→ Rn. 5) sowie ein **Recht des biologischen Vaters** auf Nennung des Mannes, der die Vaterschaft anerkannt hat (→ Rn. 7), jeweils gegen die Mutter in Betracht.

II. Recht des Mannes auf Kenntnis, ob ein Kind von ihm abstammt

2 Das Bundesverfassungsgericht hat ausgeführt, dass es mit Art. 6 Abs. 1 GG nicht vereinbar ist, den leiblichen Vater auch dann von der Möglichkeit, die rechtliche Stellung als Vater einzunehmen, auszuschließen, wenn der rechtliche Vater an einer sozial-familiären Beziehung zu seinem Kind nicht interessiert ist. Im Rahmen des Verfahrens, durch das die Vaterschaft des rechtlichen Vaters anzufechten und die des leiblichen Vaters festzustellen ist, wird die Abstammung des Kindes von diesem geklärt.[3] Der Gesetzgeber wurde deshalb verpflichtet, die Stellung des biologischen Vaters für das Vaterschaftsanfechtungsverfahren zu verbessern, weshalb mit dem Gesetz zur Änderung der Vorschriften über die Anfechtung der Vaterschaft und das Umgangsrecht von Bezugspersonen vom 23.4.2004[4] ein eigenes Anfechtungsrecht des biologischen Vaters in § 1600 Abs. 1 Nr. 2 BGB eingerichtet wurde (→ *Anfechtung der Vaterschaft* Rn. 25). In dieser Entscheidung hat das BVerfG auch ausgeführt, dass Art. 2 Abs. 1 iVm Art. 1 Abs. 1 GG als Ausformung des allgemeinen Persönlichkeitsrechts grundsätzlich das Recht eines Mannes auf Kenntnis, ob ein Kind von ihm abstammt, gewährleisten. Dieses Recht besteht aber nicht schrankenlos. Es ist daher verfassungsrechtlich nicht zu beanstanden, dass der Gesetzgeber dem biologischen Vater weder über § 1600 Abs. 1 Nr. 2 BGB hinaus ein Recht auf statusrechtliche Feststellung der Vaterschaft eingeräumt hat, noch ein Recht auf Einwilligung in eine genetische Untersuchung (§ 1598 a BGB).[5] Der leibliche Vater hat daher

1 BVerfG 19.4.2016 – 1 BvR 3309/13, NJW 2016, 1939.
2 Palandt/*Götz* BGB § 1618 a Rn. 3.
3 BVerfG 9.4.2003 – 1 BvR 1493/96, NJW 2003, 2151.
4 BGBl. I 2004, 598.
5 BGH 26.7.2017 – XII ZB 125/17, NJW 2017, 2829; BVerfG 19.4.2016 – 1 BvR 3309/13, NJW 2016, 1939 für den entsprechenden Anspruch des Kindes.

nur im Rahmen des statusrechtlichen Anfechtungsverfahrens die Möglichkeit, die Abstammung des Kindes mit Wirkung erga omnes zu klären. Weiterhin kann er die Abstammung auch inzident klären, wenn er das Auskunfts- und Umgangsrecht gem. § 1686 a BGB geltend macht. In diesem Fall sind die Mutter und das Kind verpflichtet, an den zur Feststellung der Abstammung erforderlichen Untersuchungen mitzuwirken (§ 167 a FamFG).

Mit seiner Entscheidung vom 13.2.2007 hat das Bundesverfassungsgericht klargestellt, dass der rechtliche 3
Vater nicht nur das Recht auf Kenntnis hat, ob ein Kind von ihm abstammt, sondern auch ein Verfahren vorzusehen ist, aufgrund dessen der statusrechtliche Vater zuverlässig feststellen kann, ob ein ihm gem. § 1592 Nr. 1, 2 BGB zugeordnetes Kind tatsächlich von ihm abstammt.[6] Der Gesetzgeber wurde daher verpflichtet, eine entsprechende gesetzliche Regelung zu treffen, weshalb mit dem Gesetz zur Klärung der Vaterschaft unabhängig vom Anfechtungsverfahren vom 26.3.2008[7] das statusunabhängige Abstammungsklärungsverfahren in § 1598 a BGB (→ *Feststellung der Vaterschaft* Rn. 28 ff.) geschaffen wurde.

III. Auskunftsansprüche

1. Ansprüche des Kindes

Das Kind hat gegen seine Mutter gem. § 1618 a BGB einen **Auskunftsanspruch** auf Benennung des leibli- 4
chen Vaters..[8] Der Anspruch ergibt sich aus dem Recht auf informationelle Selbstbestimmung des Kindes gem. Art. 2 Abs. 1 iVm Art. 1 Abs. 1 GG und muss im Einzelfall mit dem allgemeinen Persönlichkeitsrecht der Mutter abgewogen werden.[9] Kann die Mutter den Anspruch nicht erfüllen, da sie selbst keine sichere Kenntnis der Vaterschaft hat, muss sie Namen und Anschrift aller Männer benennen, mit denen sie in der gesetzlichen Empfängniszeit Geschlechtsverkehr hatte.[10]

Spiegelbildlich steht dem Kind auch gegen den Vater ein Anspruch auf Benennung der Mutter zu, falls dem Kind ausnahmsweise die Person der Mutter nicht bekannt ist.[11] Beide Ansprüche bestehen auch nach Eintritt der Volljährigkeit des Kindes fort.

Die Auskunftsrechte eines durch **heterologe Insemination** gezeugten Kindes wurden durch das Samenspenderregistergesetz,[12] in Kraft getreten am 1.7.2018 neu geregelt. Demnach ist ein Verfahren vorgesehen, das gewährleistet, dass bei der Herbeiführung einer Schwangerschaft im Wege der ärztlich assistierten heterologen Insemination mithilfe von Spendersamen einer Samenbank (sog. „Entnahmeeinrichtung" gem. § 2 SaRegG) zuverlässig **dokumentiert** ist, von welchem Mann der verwendete Samen stammt. Mit Vollendung des 16. Lebensjahres kann das Kind eigenständig Auskunft über die Person des Samenspenders beim Deutschen Institut für Medizinische Dokumentation und Information verlangen (§ 10 SaRegG).

Liegen diese Voraussetzungen nicht vor, stehen einem durch heterologe Insemination (**künstliche Befruchtung**) gezeugten Kind neben den bereits genannten Ansprüchen gegen seine Eltern Auskunftsansprüche gegen den Arzt, der als Reproduktionsmediziner an der künstlichen Befruchtung mitgewirkt hat, zu. Dieser kann sich gegenüber dem Auskunftsanspruch grundsätzlich nicht darauf berufen, dass er dem Samenspender Anonymität zugesichert habe;[13] denn im Rahmen der verfassungsrechtlich gebotenen Abwägung zwischen dem Recht des Kindes auf Kenntnis seiner Abstammung und den aus dem allgemeinen Persönlichkeitsrecht des Samenspenders folgenden Belangen geht das **Informationsinteresse** des Kindes regelmäßig vor.

6 BVerfG 13.2.2007 – 1 BvR 421/05, NJW 2007, 753.
7 BGBl. I 2008, 441.
8 Palandt/*Götz* BGB § 1618 a Rn. 3.
9 BVerfG 6.5.1997 – 1 BvR 409/90, NJW 1997, 1769.
10 LG Münster 26.8.1998 – 1 S 414/98, NJW 1999, 726.
11 Palandt/*Götz* BGB § 1618 a Rn. 3.
12 Art. 1 G zur Regelung des Rechts auf Kenntnis der Abstammung bei heterologer Verwendung von Samen BGBl. 2017 I, 2513 – SaRegG.
13 BGH 23.1.2019 – XII ZR 71/18, NJW 2019, 848.

2. Anspruch des Scheinvaters gegen die Mutter

5 Ein Anspruch des Scheinvaters (→ *Scheinvaterregress* Rn. 1) gegen die Mutter auf Nennung des oder der möglichen Erzeuger besteht grundsätzlich nicht. Zwar ist es nicht grundsätzlich ausgeschlossen, dass der Scheinvater von der Mutter Auskunft über die Person des leiblichen Vaters verlangen kann, um gegen diesen wegen geleisteten Unterhalts Regressansprüche geltend zu machen. Das BVerfG hat allerdings entschieden, dass an der bisherigen Rechtsprechung, die einen solchen Anspruch nach Treu und Glauben gem. § 242 BGB zuerkannt hatte, wenn das Interesse des Scheinvaters an der Kenntnis der Person des leiblichen Vaters das Interesse der Mutter an der Wahrung ihrer Intimsphäre ausnahmsweise überwog, nicht festgehalten werden könne. Aufgrund der Bedeutung der betroffenen Grundrechtspositionen von Mutter, Kind und Vater sei vielmehr eine gesetzliche Regelung erforderlich (grundrechtlicher Parlamentsvorbehalt).[14] Der Gesetzgeber hat hierauf mit dem Entwurf eines Gesetzes zur Reform des Scheinvaterregresses reagiert.[15] Dieser Entwurf fiel der Diskontinuität der Wahlperiode zum Opfer. Es ist derzeit nicht absehbar, wann und ob der Gesetzgeber diesen Auftrag umsetzt.

3. Anspruch des Scheinvaters gegen das Kind

6 Der Scheinvater, dessen Vaterschaft erfolgreich angefochten wurde und der im Wege des Scheinvaterregresses (→ *Scheinvaterregress* Rn. 1 ff.) übergegangene Ansprüche geltend machen will, hat gegen das Kind einen Anspruch auf Auskunft, ob die Vaterschaft anerkannt oder festgestellt wurde und wer der Vater ist.[16] Dieser Anspruch besteht gem. §§ 412, 402 BGB gegen das volljährige Kind, wenn es diese Kenntnis tatsächlich hat. Andernfalls ist das Kind aber nicht verpflichtet, gem. § 1618 a BGB einen entsprechenden Auskunftsanspruch gegen die Mutter durchzusetzen. Ist das Kind minderjährig, hat es die Auskunft, vertreten durch die Mutter, zu erteilen. Hier wird die Mutter in gleichem Umfang die Auskunft verweigern können, als würde der Scheinvater sie selbst in Anspruch nehmen.[17]

4. Ansprüche des biologischen Vaters gegen die Mutter

7 Der vermeintlich biologische Vater hat gegen die Mutter einen Auskunftsanspruch aus § 242 BGB bzgl. des Mannes, der die Vaterschaft anerkannt hat, um ein Vaterschaftsanfechtungsverfahren gem. § 1600 Abs. 1 Nr. 2 BGB in die Wege zu leiten. Dabei ist das allgemeine Persönlichkeitsrecht des biologischen Vaters (Art. 2 Abs. 1 iVm Art. 1 Abs. 1 GG) mit dem Recht auf Achtung des Persönlichkeitsrechts der Mutter **abzuwägen**, wobei kein Geheimhaltungsinteresse der Mutter besteht, wenn bekannt ist, dass sie in der gesetzlichen Empfängniszeit einem weiteren Mann beigewohnt hat.[18] Auch sonst werden die Grundsätze der Entscheidung BVerfG 24.2.2015 – 1 BvR 472/14, BVerfGE 138, 377 auf diese Konstellation nicht zu übertragen sein, da es nicht um den Schutz der Intimsphäre der Mutter geht, sondern lediglich um die Frage, wer hinsichtlich eines möglicherweise leiblich von dem Antragsteller abstammenden Kindes mit Zustimmung der Mutter die Vaterschaft für dieses Kind anerkannt hat.[19]

Weiterhin kann dem potenziellen leiblichen Vater auch ein Auskunftsanspruch gegen die Mutter hinsichtlich Name und Geburtsdatum des Kindes zustehen.[20] Dies gilt auch für die Frage, ob aus einem intimen Kontakt ein Kind hervorgegangen ist.

5. Auskunftsanspruch der Kindesmutter gegen Dritte

8 Hat eine Frau mehreren ihr über ein Internetportal vermittelten Männern sexuelle Dienstleistungen erbracht, kann sie im Falle einer Schwangerschaft von dem Betreiber des Internetportals Auskunft über

14 BVerfG 24.2.2015 – 1 BvR 472/14, BVerfGE 138, 377.
15 BT-Drs. 18/10343.
16 OLG Köln 18.3.2002 – 27 WF 41/02, FamRZ 2002, 1214.
17 *Fröschle* FamRZ 2015, 1858.
18 OLG Oldenburg 28.6.2010 – 13 UF 12/10, NJOZ 2011, 585.
19 Ebenso MüKoBGB/*Wellenhofer* § 1598 a Rn. 76.
20 OLG Hamm 28.12.2018 – II-12 UF 149/18, NZFam 2019, 233.

die Identität der vermittelten Männer verlangen.[21] Der Anspruch ergibt sich als Nebenpflicht aus dem nicht sittenwidrigen Auktionsvertrag, da sie ein berechtigtes Interesse daran hat, die Vaterschaft für ihr noch ungeborenes Kind zu klären. Dagegen besteht kein Anspruch der Mutter gegen den Hotelbetreiber, wenn aus einer flüchtigen Bekanntschaft mit einem Gast des Hotels ein Kind hervorgegangen ist.[22] Der Wertungsunterschied zwischen beiden Fällen beruht darauf, dass der Betreiber des Portals zumindest mittelbar mit der Mutter in vertraglicher Beziehung stand – mag dieser nach damaliger Ansicht ggf. auch unwirksam gewesen sein –, während der Hotelier nur mit seinem Gast in vertraglicher Beziehung stand, mag ihn die Mutter auch auf seinem gemieteten Zimmer besucht haben. Eine vertragliche Nebenpflicht zur Information war in diesem Fall daher ausgeschlossen.

IV. Familiengerichtliches Verfahren

Aufgrund der abschließenden Aufzählung in § 169 FamFG handelt es sich bei der Geltendmachung des 9
Auskunftsanspruchs nicht um eine Abstammungssache. Der Auskunftsanspruch zwischen Kind, Vater und Mutter ist **als sonstige Familiensache** gem. § 266 Abs. 1 Nr. 4 FamFG eine Familienstreitsache gem. § 112 Nr. 3 FamFG. Die Auskunftsansprüche sind gem. § 120 Abs. 1 FamFG iVm § 888 ZPO vollstreckbar.[23] Im Übrigen ist der Auskunftsanspruch – v.a. gegen Dritte – als allgemeine Leistungsklage der ZPO vor den allgemeinen Zivilgerichten geltend zu machen.

21 LG Stuttgart 11.1.2008 – 8 O 357/07, NJW 2008, 2048.
22 AG München 28.10.2016 – 191 C 521/16, FamRZ 2017, 1187.
23 BGH 3.7.2008 – 1 ZB 87/06, NJW 2008, 2919.

144. Kindergeld

Conradis

I. Einführung

1 Ab 1997 wurde das sozialrechtliche Kindergeld im Wesentlichen ersetzt durch eine rein **steuerrechtliche Leistung**. Nach § 31 EStG besteht ein Anspruch auf einen Kinderfreibetrag oder auf Kindergeldzahlung. Zur Sicherung des steuerfreien Existenzminimums der Kinder wird das Kindergeld monatlich als Steuervergütung ausgezahlt. Ist die durch den Freibetrag bewirkte Steuerentlastung geringer als das gezahlte Kindergeld, wird die Einkommensteuer ohne Berücksichtigung des Kindergeldes berechnet. Ist die Steuerentlastung durch den Freibetrag höher als das gezahlte Kindergeld, wird die Einkommensteuer unter Anrechnung des gezahlten Kindergeldes berechnet. Damit ist sichergestellt, dass die Steuerentlastung mindestens in Höhe des Kindergeldes beim Steuerpflichtigen verbleibt. Die Vorschriften über das Kindergeld finden sich für den Regelfall in §§ 62–78 EStG.

2 Nur für einen kleinen Personenkreis gilt noch das **sozialrechtliche Kindergeld**, welches im BKGG geregelt ist. Erfasst hiervon sind Personen, die nicht unbeschränkt steuerpflichtig sind, zB die als Entwicklungshelfer Unterhaltsleistungen nach dem EntwicklungshelferG erhalten, und Vollwaisen, § 1 Abs. 2 BKGG.

3 Für den Regelfall ist das Kindergeld eine steuerliche Leistung mit der Folge, dass die Abgabenordnung (AO) anzuwenden und der **Rechtsweg zum Finanzgericht** gegeben ist. Nur in wenigen Fällen gilt das BKGG, wobei jedoch Rechtsstreitigkeiten wegen des Kinderzuschlags auch von Sozialgerichten entschieden werden. Die Besonderheiten des Verfahrens für das steuerrechtliche Kindergeld werden unter → Rn. 15 ff. dargestellt (zur Möglichkeit der **Abzweigung** von Kindergeld → *Abzweigung von Sozialleistungen* Rn. 9 ff.).

4 Die Frage der Berücksichtigung des Kindergeldes wird bei der Berechnung des Kindesunterhalts erörtert (→ *Kindesunterhalt Minderjähriger* Rn. 1 ff.). Das Hauptproblem bezüglich des Anspruchs auf Kindergeld tritt bei **Trennung der Eltern** auf, da nunmehr zu klären ist, wer das Kindergeld in Zukunft erhält. Falls hierbei nicht klare Regelungen getroffen werden und ggf. der Anspruchsinhaber gewechselt wird, kann es zu erheblichen Komplikationen führen.

5 Die **Berücksichtigung des Kindergeldes im Sozialrecht** ist unterschiedlich:

- Nach § 11 Abs. 1 S. 3 SGB II wird das Kindergeld dem Kind bis zur Vollendung des 25. Lebensjahres als Einkommen zugerechnet;
- in § 82 Abs. 1 S. 2 SGB XII wird das Kindergeld ebenfalls als Einkommen des Kindes zugerechnet, jedoch nur bis zur Vollendung des 18. Lebensjahres;
- bei der Berechnung der Unterhaltsvorschussleistung wird das Kindergeld, welches für das erste Kind gezahlt wird, angerechnet;
- auf die Leistungen nach dem BAföG wird Kindergeld nicht angerechnet.

II. Höhe des Kindergeldes

6 Das Kindergeld beträgt seit dem 1.1.2021: (§ 6 Abs. 1 BKGG; § 66 Abs. 1 EStG)

- für die ersten beiden Kinder je 219 EUR,
- für das dritte Kind 225 EUR,
- für jedes weitere Kind je 250 EUR.

In den Monaten September und Oktober 2020 wurde ein Kinderbonus in Höhe von 200 EUR und 100 EUR gezahlt. Diese Beträge dürften genauso behandelt werden wie das regelmäßige Kindergeld.[1] Die Zuordnung des Kindergeldes erfolgt auf die einzelnen Kinder so, wie es den Kindern zusteht. Eine gleichmäßige Verteilung des Gesamtbetrages auf die Kinder erfolgt nicht. Die Bewilligung des Kindergeldes erfolgt schriftlich (§ 70 EStG). Auf Antrag wird eine Bescheinigung über das im Kalenderjahr gezahlte Kindergeld erteilt (§ 68 Abs. 3 EStG). Ein vergleichbarer Kinderbonus in Höhe von 150 Euro wurde für den Monat Mai 2021 in das Gesetz aufgenommen.

Anspruch auf Kindergeld hat immer **nur ein Elternteil**. Dies hat vor allem dann Bedeutung, wenn bei getrennt lebenden Ehegatten das Kindergeld an den Nichtberechtigten gezahlt wurde: Der Berechtigte kann eine entsprechende Nachzahlung verlangen. Es gibt **keine Antragsfrist** für das Kindergeld, so dass es für lange zurückliegende Zeiträume nachgezahlt werden kann. Eingeschränkt ist der Zeitraum der Nachzahlung jedoch durch die Festsetzungsverjährung von vier Jahren nach § 171 AO. 7

III. Kindergeldanspruch bei Trennung

Soweit die Eltern nach der Trennung noch **in einer Wohnung** wohnen, sind beide im Prinzip berechtigt, das Kindergeld zu erhalten, da das Kind im gemeinsamen Haushalt lebt. Einigen sich die Eltern nicht darüber, wer Berechtigter sein soll, entscheidet das Familiengericht auf Antrag eines Beteiligten (§ 64 Abs. 2 S. 3 EStG; § 3 Abs. 2 BKGG). Das Familiengericht muss sich bei seiner Entscheidung am Wohl des Kindes orientieren. Als weiteres Kriterium ist auf den Kontinuitätsgrundsatz abzustellen.[2] 8

Wird eine **räumliche Trennung** vorgenommen, indem ein Ehegatte auszieht, ist nur der Ehegatte kindergeldberechtigt, der weiterhin zusammen mit dem Kind im Haushalt lebt (§ 64 Abs. 2 S. 1 EStG). Eine einvernehmliche Regelung der Eltern in dem Sinne, dass der Elternteil, der die Kinder nicht bei sich im Haushalt hat, weiterhin das Kindergeld erhält, ist gegenüber der Familienkasse nicht wirksam. Zieht ein Elternteil, der das Kindergeld erhalten hat, ohne das Kind aus, verliert er den Anspruch auf das Kindergeld, was zur Aufhebung des Bescheides nach § 70 Abs. 2 EStG führt, und zwar ab Beginn des folgenden Monats. Überzahlungen sind nach § 37 Abs. 2 AO zu erstatten. 9

Lebt das Kind **in beiden Haushalten** der Eltern in etwa gleichem Umfang, ist § 64 Abs. 2 EStG analog anzuwenden: Die Eltern bestimmen dann einvernehmlich den Berechtigten und müssen, wenn keine Einigung erzielt wird, das Familiengericht einschalten. 10

Lebt das **Kind nicht im Haushalt der Eltern** und auch nicht in dem Haushalt eines sonst möglichen Kindergeldberechtigten, erhält derjenige das Kindergeld, der den **höheren Unterhalt** zahlt (§ 64 Abs. 3 S. 2 EStG). Hierbei bleibt das Kindergeld außer Betracht, welches ein Elternteil erhält und dem Kind als Unterhalt weiterleitet.[3] Praktisch relevant wird dies bei volljährigen Kindern, die außer Haus leben und deren Eltern noch dem Grunde nach kindergeldberechtigt sind. Bei gleich hohem Unterhalt können sie selbst den Berechtigten bestimmen. Kann keine Einigung erzielt werden, entscheidet auch hier das Familiengericht auf Antrag (§ 64 Abs. 3 S. 4 EStG). 11

Probleme können sich ergeben, wenn der Auszug des Kindergeldberechtigten aus dem gemeinsamen Haushalt der Familienkasse nicht mitgeteilt wird. Der nicht berechtigte Ehegatte muss dann möglicherweise für mehrere Jahre das **Kindergeld zurückerstatten**. Auf der anderen Seite hat in einem solchen Fall der Ehegatte, der mit dem Kind in dem Haushalt verblieben ist, einen Anspruch, auch rückwirkend das Kindergeld zu erlangen. Da die Möglichkeit, rückwirkend Kindergeld zu beantragen, ab 2018 auf sechs Monate (zuvor war dies für bis zu vier Jahre möglich) verkürzt wurde, (§ 70 Abs. 1 S. 2 EStG) kann dies in Fällen, in denen längere Zeit an den Nichtberechtigten gezahlt wurde, dazu führen, dass der eine Elternteil 12

1 Vgl. AG Bergheim 12.10.2020 – 61 F 80/20, FamRZ 2021, 102.
2 KG 29.8.2019 – 13 WF 69/19, FamRB 2019, 430.
3 BFH 2.6.2005 – III R 66/04, FamRB 2006, 16.

für mehrere Jahre das Kindergeld zurückzahlen muss, der andere Elternteil jedoch nur für ein halbes Jahr rückwirkend das Kindergeld erhält.

13 Der nichtberechtigte Ehegatte kann die Rückzahlung nur vermeiden, wenn er beweisen kann, dass er das Kindergeld an den anderen Ehegatten weitergeleitet hat. Nach dem sog. **Weiterleitungserlass** vom 30.6.1997[4] ist in Fällen, in denen das Kindergeld zwar an eine nachrangig berechtigte Person gezahlt worden ist, die vorrangig berechtigte Person es jedoch im Ergebnis erhalten hat, von einer Rückabwicklung abzusehen und bestandskräftige Aufhebungsbescheide sind nicht mehr zu vollziehen. In diesem Fall muss eine schriftliche Bestätigung der vorrangig berechtigten Person vorgelegt werden über den Erhalt – die Weiterleitung – des Kindergeldes. Durch eine solche bestätigte Weiterleitung gilt sowohl der grundsätzlich bestehende Erstattungsanspruch der Familienkasse gegenüber der nachrangig berechtigten Person als auch der entsprechende Zahlungsanspruch der vorrangig berechtigten Person gegenüber der Familienkasse als erfüllt. Allerdings wirkt sich diese Regelung wegen der beschränkten rückwirkenden Bewilligungsmöglichkeit (→ Rn. 12) nur für bis zu sechs Monate aus.

IV. Kindergeld für volljährige Kinder

14 Ein Anspruch auf Kindergeld für volljährige Kinder besteht nur, wenn bestimmte, in § 32 Abs. 1 EStG genannte Voraussetzungen vorliegen. Bis zur Vollendung des 21. Lebensjahres wird ein Kind berücksichtigt, wenn es bei einer Agentur für Arbeit **arbeitsuchend** gemeldet ist. Bis zur Vollendung des 25. Lebensjahres werden Kinder erfasst, die sich entweder in einer Berufsausbildung befinden oder einen Ausbildungsplatz suchen oder ein freiwilliges soziales Jahr (oder weitere im Gesetz genannte ähnliche Tätigkeiten) durchführen. Liegen die Voraussetzungen für den Anspruch auf Kindergeld bei dem Kind nicht vor, kann zu Unrecht gezahltes Kindergeld zurückgefordert werden. Dies gilt auch dann, wenn das Kind den Elternteil nicht informiert hat und auch, wenn das Kindergeld an das Kind weitergeleitet wurde. Bei der Entscheidung über die Rückforderung besteht kein Ermessen (→ Rn. 18).

15 Bis Ende 2011 war weitere Voraussetzung für die Berücksichtigung dieser Kinder, dass sie keine Einkünfte oberhalb einer Grenze bezogen, die im Laufe der Jahre erhöht wurde und zuletzt 8.004 EUR betrug. Durch das Steuervereinfachungsgesetz 2011 vom 1.11.2011[5] wurde diese Regelung abgeschafft. Jetzt gibt es bei einer erstmaligen Ausbildung oder bei einem Erststudium keine Einschränkung mehr. Für andere Fälle, insbesondere für eine Zweitausbildung besteht nur dann ein Anspruch, wenn das Kind keiner Erwerbstätigkeit von mehr als 20 Stunden nachgeht (§ 32 Abs. 1 S. 2 EstG).[6] Die Rechtsprechung zur Frage, unter welchen Umständen eine einheitliche Ausbildung anerkannt wird, ist sehr differenziert.[7] So kann eine zeitliche Zäsur zwischen Erstausbildung und weiterführender Berufsausbildung dazu führen, Letztere lediglich als Zweitausbildung zu werten.[8]

16 Ein volljähriges Kind wird ohne Altersbegrenzung berücksichtigt, wenn es wegen körperlicher, geistiger oder seelischer **Behinderung** außerstande ist, sich selbst zu unterhalten. Hierbei muss die Behinderung vor Vollendung des 25. Lebensjahres eingetreten sein (§ 32 Abs. 1 Nr. 3 EStG). Dabei müssen alle Tatbestandsmerkmale des Behinderungsbegriffs des § 2 Abs. 1 S. 1 SGB IX vor Vollendung der Altersgrenze eingetreten sein und zusätzlich auch während des Zeitraums bestehen, für den der Kindergeldanspruch geltend gemacht wird.[9]

4 BStBl. I 1997, 654.
5 BGBl. 2011 I 2131.
6 Vgl. hierzu *Felix* NJW 2012, 22.
7 Beispiele bei *von Koppenfeld/Spies* NZS 2020, 619 (624).
8 BFH 11.4.2018 – III R 18/17, FamRB 2019, 24.
9 BFH 27.11.2019 – III R 44/17, NJW 2020, 2357.

V. Verfahrensfragen

Soweit ausnahmsweise Kindergeld nach dem BKGG gezahlt wird, richtet sich das Verwaltungsverfahren nach dem SGB I und X. Das Sozialgericht ist für Klagen gegen die Versagung eines solchen Kindergeldes zuständig. Im Regelfall stellt jedoch das Kindergeld eine steuerliche Leistung dar mit der Folge, dass die Abgabenordnung (AO) anzuwenden und der Rechtsweg zum Finanzgericht gegeben ist. Damit ergeben sich verschiedene **Besonderheiten.** Nachstehend sind einige wichtige Punkte genannt: 17

Bei einer **Rückforderung** von Kindergeld hat die Familienkasse **keinen Ermessensspielraum**, wie es sonst bei Sozialleistungen nach § 45 SGB X möglich ist. Auch hat ein Einspruch keine aufschiebende Wirkung. Soll die aufschiebende Wirkung hergestellt werden, muss ein gesonderter Antrag bei der Familienkasse bzw. beim Finanzgericht gestellt werden. Da die Rückforderung zwingend ist, kommt nur ein Erlassantrag in Betracht – der allerdings nur unter besonderen Bedingungen erfolgversprechend ist. 18

Ist der **Widerspruch erfolgreich**, kann im Gegensatz zum sonstigen Steuerrecht eine **Erstattung** der Kosten verlangt werden. Nach § 77 EStG werden die Kosten im Vorverfahren in der gleichen Weise erstattet wie nach § 65 SGB X. **Klagen zum Finanzgericht** müssen von dem Kindergeldberechtigten erhoben werden, unabhängig davon, wem das Kindergeld sozialrechtlich zugeordnet wird. Zu beachten ist, dass – im Gegensatz zu Verfahren vor dem Sozialgericht – bei Klagen vor dem Finanzgericht **Gerichtsgebühren** anfallen. 19

Seit Juli 2019 kann nach § 71 EStG die Zahlung vorläufig ohne Erteilung eines Bescheides eingestellt werden, wenn der Familienkasse Tatsachen bekannt werden, die zur Aufhebung der Kindergeldfestsetzung führen können. Wird jedoch innerhalb von zwei Monaten kein entsprechender Aufhebungsbescheid erlassen, muss das Kindergeld sofort nachgezahlt werden (§ 71 Abs. 3 EStG). 20

145. Kinderschutzübereinkommen

Knahn/Siede

I. Einführung

1 Das Haager Übereinkommen über die Zuständigkeit, das anzuwendende Recht, die Anerkennung, Vollstreckung und Zusammenarbeit auf dem Gebiet der elterlichen Verantwortung und der Maßnahmen zum Schutz von Kindern (**Haager Kinderschutzübereinkommen,** → Rn. 3 ff.) vom 19.10.1996 ist ein völkerrechtlicher Vertrag auf dem Gebiet des internationalen Zivilverfahrensrechts und des internationalen Privatrechts. Es ist in Deutschland am 1.1.2011 in Kraft getreten.[1] Es hat das Übereinkommen über die Zuständigkeit der Behörden und das anzuwendende Recht auf dem Gebiet des Schutzes von Minderjährigen (**Haager Minderjährigenschutzabkommen,** → Rn. 18 ff.) vom 5.10.1961[2] weitestgehend abgelöst.

2 **Vorrangig** gilt in der EU die Verordnung (EG) Nr. 2201/2003 des Rates über die Zuständigkeit und die Anerkennung und Vollstreckung von Entscheidungen in Ehesachen und in Verfahren betreffend die elterliche Verantwortung und zur Aufhebung der Verordnung (EG) Nr. 1347/2000 vom 27.11.2003 (**Brüssel IIa-Verordnung,** → *Internationales Familienrecht* Rn. 12). Sie gilt unmittelbar in allen EU-Staaten mit Ausnahme Dänemarks, derzeit also in 26 Staaten (Belgien, Bulgarien, Deutschland, Estland, Finnland, Frankreich, Griechenland, Irland, Italien, Kroatien, Lettland, Litauen, Luxemburg, Malta, Niederlande, Österreich, Polen, Portugal, Rumänien, Schweden, Slowakei, Slowenien, Spanien, Tschechien, Ungarn, und Zypern). Für das Vereinigte Königreich gilt die Brüssel IIa-VO fort für alle Verfahren, die bis 31.12.2020 anhängig geworden sind.[3] Für Verfahren, die nach diesem Zeitpunkt anhängig werden, gilt das KSÜ unmittelbar, außerdem die Vorschriften der Brüssel IIa-VO mit Ausnahme von Art 14, 15. Anerkennung und Vollstreckung richten sich nach Art. 67 des Austrittsabkommens.

II. Haager Kinderschutzübereinkommen (KSÜ)

1. Vertragsstaaten

3 Vertragsstaaten des KSÜ sind ua: Australien, Albanien, Armenien, Bulgarien, Ecuador, Deutschland, Dominikanische Republik, Estland, Finnland, Frankreich, Irland, Kroatien, Lettland, Litauen, Luxemburg, Malta (noch nicht im Verhältnis zu Deutschland), Marokko, Monaco, Niederlande, Österreich, Polen, Rumänien, Schweiz, Slowakei, Slowenien, Spanien, Tschechien, Türkei, Ukraine, Ungarn, Uruguay, Vereinigtes Königreich und Zypern.

Eine aktuelle Liste aller Staaten mit Datum des Inkrafttretens im Verhältnis zu Deutschland ist auf den Internetseiten des Bundesamtes für Justiz unter http://www.bundesjustizamt.de unter den Verweisungen „Int. Sorgerecht" – „Staatenliste" abrufbar.[4]

---

1 BGBl. II 2010, 1527.
2 BGBl. II 1971, 219.
3 Art. 67 Austrittsabkommen zwischen der Europäischen Union und dem Vereinigten Königreich, ABl. 2019 C 384 I/01.
4 Letzter Zugriff: 22.1.2020.

2. Geltungsbereich

§ 97 FamFG stellt klar, dass den nationalen Regelungen hinsichtlich der internationalen Zuständigkeit in Familiensachen Gemeinschaftsrecht sowie völkerrechtliche Verträge vorgehen. Derartige Regelungen existieren im Bereich der Kindschaftssachen in großer Zahl, so dass für die Anwendung des § 99 FamFG nur ein geringer Bereich bleibt.[5] 4

Die Brüssel IIa-Verordnung ist für alle EU-Mitgliedstaaten (außer Dänemark) unmittelbar geltendes Recht und geht daher gem. Art. 61 lit. a VO (EG) Nr. 2201/03 dem KSÜ vor, wenn sich das Kind in einem Mitgliedstaat befindet. Die Brüssel IIa-Verordnung enthält allerdings nur Vorschriften über die internationale Zuständigkeit sowie die Anerkennung und Vollstreckung von Entscheidungen. Kollisionsrechtliche Bestimmungen enthält diese Verordnung nicht. Daher ist das anzuwendende Recht bei einem internationalen Sachverhalt auch dann Art. 15 KSÜ zu entnehmen, wenn sich die internationale Zuständigkeit nicht nach diesem Übereinkommen richtet.[6] Das KSÜ ist daher für Deutschland für die Bestimmung der internationalen Zuständigkeit nur von Bedeutung, wenn sich das Kind in einem Staat aufhält, der Vertragsstaat des KSÜ, nicht aber Mitgliedstaat der EU (außer Dänemark) ist.[7] Dies ist ua im Verhältnis zu **Australien, Albanien, Armenien, Dänemark, Ecuador, Dominikanische Republik, Marokko, Monaco, Russische Föderation, Schweiz, Türkei, Ukraine und Uruguay** anwendbar. Das gilt auch dann, wenn sich an sich aufgrund einer anderen Bestimmung der Brüssel IIa-Verordnung eine internationale Zuständigkeit ergeben würde.[8] Sofern keine andere Vereinbarung getroffen wird, wird für Verfahren, die nach dem 31.12.2020 anhängig werden, auch im Verhältnis zum Vereinigten Königreich die internationale Zuständigkeit gem. den Vorschriften des KSÜ zu bestimmen sein, sofern sich die Zuständigkeit deutscher Gerichte nicht weiterhin aus der Brüssel IIa-Verordnung ergibt, dies v.a. wegen des gewöhnlichen Aufenthalts des Kindes im Inland (→ Rn. 1). 5

3. Anwendungsbereich

Das KSÜ ist auf **Kinder ab ihrer Geburt bis zu der Vollendung des 18. Lebensjahres** anzuwenden (Art. 2 KSÜ). Es gilt für Regelungsbedürfnisse auf dem Gebiet der elterlichen Verantwortung, der elterlichen Sorge einschließlich Aufenthaltsbestimmungsrecht und Umgangsrecht, der Vormundschaft und Pflegschaft, der Unterbringung in einer Pflegefamilie und der Vermögenssorge (Art. 3 KSÜ). 6

Nicht anwendbar ist das KSÜ für Maßnahmen auf folgenden Gebieten: Feststellung und Anfechtung des Eltern-Kind-Verhältnisses, Adoptionsentscheidungen, Namensgebung, Volljährigerklärung, Unterhaltspflichten, Trusts und Erbschaften, soziale Sicherheit, öffentliche Maßnahmen allgemeiner Art in Angelegenheiten der Erziehung und Gesundheit, Maßnahmen infolge von Straftaten, die von Kindern begangen wurden, sowie Entscheidungen über Asylrecht und Einwanderung (Art. 4 KSÜ).

4. Zuständigkeiten

a) Zuständigkeit der Gerichte des gewöhnlichen Aufenthalts. Gem. Art. 5 Abs. 1 KSÜ sind die Gerichte des Vertragsstaates international zuständig, Maßnahmen nach Art. 3 KSÜ zu treffen, in dem das Kind seinen **gewöhnlichen Aufenthalt** hat (→*Gewöhnlicher Aufenthalt* Rn. 1 ff.). Der Begriff ist autonom auszulegen.[9] Er bezeichnet den Ort des tatsächlichen Mittelpunktes der Lebensführung des Kindes, des Schwerpunktes seiner sozialen Bindungen, insbesondere in familiärer und schulischer oder beruflicher Hinsicht. Erforderlich ist ein Aufenthalt von gewisser, nicht zu geringer Dauer in dem betreffenden Staat. Feststehende Zeiten für die Mindestdauer des Aufenthalts gibt es nicht.[10] 7

5 *Andrae* IntFamR § 91 Rn. 16.
6 BGH 20.12.2017 – XII ZB 333/17, NJW 2018, 613; *Andrae* IntFamR § 9 Rn. 10.
7 *Hausmann* IntEuFamR F Rn. 375.
8 ZB Art. 12 Brüssel IIa-VO; vgl. *Hausmann* IntEuFamR F Rn. 375.
9 *Andrae* IntFamR § 9 Rn. 32.
10 *Andrae* IntFamR § 9 Rn. 34; BGH 20.3.2019 – XII ZB 530/17, NJW 2019, 1605 zu Art. 19 EGBGB.

8 Bei einem Wechsel des gewöhnlichen Aufenthaltes wechselt gem. Art. 5 Abs. 2 KSÜ auch die internationale Zuständigkeit. Das KSÜ folgt daher (wie das MSA) nicht dem Grundsatz der perpetuatio fori.[11] Die Zuständigkeit muss also bis zum Schluss der mündlichen Verhandlung in der Tatsacheninstanz gegeben sein. Dieses Prinzip setzt sich auch durch, wenn ein Kind während des Verfahrens den gewöhnlichen Aufenthalt aus einem Mitgliedstaat der EU in einen Vertragsstaat des KSÜ verlegt. Dann gilt nicht der Grundsatz der perpetuatio fori, sondern die Zuständigkeit gem. Art. 8 Brüssel IIa-VO entfällt und an deren Stelle tritt die Zuständigkeit gem. Art. 5 KSÜ.[12]

Der ursprüngliche Vertragsstaat **bleibt zuständig**, wenn das Kind **widerrechtlich** (Art. 7 Abs. 2 KSÜ) in den anderen Vertragsstaat verbracht oder dort zurückgehalten wird und der neue Aufenthalt nicht von allen Sorgeberechtigten genehmigt wurde (Art. 7 Abs. 1 lit. a KSÜ) oder das Kind sich in dem anderen Staat mindestens ein Jahr aufgehalten hat, nachdem die sorgeberechtigte Person, Behörde oder sonstige Stelle seinen Aufenthaltsort kannte oder hätte kennen müssen, kein während dieses Zeitraums gestellter Antrag auf Rückgabe mehr anhängig ist und das Kind sich in seinem neuen Umfeld eingelebt hat (Art. 7 Abs. 1 lit. b KSÜ).

9 **b) Zuständigkeit für Flüchtlinge und Kinder unbekannten gewöhnlichen Aufenthalts.** Für Maßnahmen betreffend Flüchtlingskinder und Kinder, die infolge von Unruhen in ihrem Land in ein anderes Land gelangt sind oder deren Aufenthalt nicht festgestellt werden kann, sind die Stellen eines Vertragsstaates zuständig, in dessen Hoheitsgebiet sich das Kind **befindet** (Art. 6 KSÜ). Hat das Kind seinen gewöhnlichen Aufenthalt in einem Mitgliedstaat der EU (außer Dänemark), so geht Art. 13 Brüssel IIa-VO vor.[13]

10 **c) Abgabe und Übernahme des Verfahrens wegen besserer Beurteilungsmöglichkeit.** In Ausnahme zum Grundsatz der Zuständigkeit gem. Art. 5 KSÜ können die Gerichte des eigentlich zuständigen Staates die zuständigen Stellen um Übernahme des Verfahrens ersuchen (Art. 8 KSÜ). Ebenso kann eine eigentlich unzuständige Stelle eines Vertragsstaates die mit dem Verfahren befasste und gem. Art. 5 KSÜ zuständige Stelle eines anderen Vertragsstaates um Abgabe des Verfahrens ersuchen. Maßstab für die Abgabe ist, dass die Stelle des anderen Staates besser in der Lage ist, das **Wohl des Kindes im Einzelfall** zu beurteilen. Diese Vorschriften sind auch anwendbar wenn der ersuchte oder abgebende Staat Mitgliedstaat der Brüssel IIa-Verordnung ist.[14]

11 **d) Zuständigkeit während Anhängigkeit einer Ehesache.** Unabhängig von den Zuständigkeitsregelungen der Art. 5 bis 9 KSÜ können die Behörden eines Vertragsstaats während der Anhängigkeit (bis zur rechtskräftigen Entscheidung oder anderweitigen Beendigung, Art. 10 Abs. 2 KSÜ) einer Ehesache bzgl. der Eltern eines Kindes, das seinen gewöhnlichen Aufenthalt in einem anderen Vertragsstaat hat, sofern das Recht ihres Staates dies zulässt, Maßnahmen gem. Art. 3 KSÜ zum Schutz der Person oder des Vermögens des Kindes treffen, wenn

- ein Elternteil zu Beginn des Verfahrens seinen **gewöhnlichen Aufenthalt** in diesem Staat und ein Elternteil **die elterliche Verantwortung** für das Kind hat (Art. 10 Abs. 1 lit. a KSÜ) und
- die Eltern und jede andere Person, welche die elterliche Verantwortung für das Kind hat, die **Zuständigkeit** dieser Behörden für das Ergreifen solcher Maßnahmen **anerkannt** haben und
- diese Zuständigkeit dem **Wohl des Kindes** entspricht (Art. 10 Abs. 1 lit. b KSÜ). Diese Vorschrift ist durch einen Mitgliedstaat der Brüssel IIa-Verordnung nur anzuwenden, wenn das Kind seinen gewöhnlichen Aufenthalt in einem Staat hat, der Vertragsstaat des KSÜ, nicht aber Mitgliedstaat der Brüssel IIa-Verordnung ist.[15]

12 **e) Dringende Fälle und vorläufige Maßnahmen.** Gem. Art. 11 Abs. 1 KSÜ sind in dringenden Fällen die Behörden jedes Vertragsstaats, in dessen Hoheitsgebiet sich das Kind oder ihm gehörendes Vermögen

11 *Andrae* IntFamR § 9 Rn. 50.
12 *Andrae* IntFamR § 9 Rn. 23.
13 *Hausmann* IntEuFamR F Rn. 436.
14 *Hausmann* IntEuFamR F Rn. 459.
15 *Hausmann* IntEuFamR F Rn. 476 b.

befindet, zuständig, die erforderlichen Schutzmaßnahmen zu treffen. Gleiches gilt für vorläufige Maßnahmen (Art. 12 Abs. 1 KSÜ). Maßnahmen nach Art. 11 Abs. 1 KSÜ oder Art. 12 Abs. 1 KSÜ treten außer Kraft, sobald die gem. Art. 5 bis 10 KSÜ zuständigen Stellen eine andere Regelung treffen. Hat das Kind seinen gewöhnlichen Aufenthalt in einem Mitgliedstaat der EU (außer Dänemark), geht die Zuständigkeit gem. Art. 20 Brüssel IIa-VO der Zuständigkeit gem. Art. 11, 12 KSÜ vor.[16]

5. Anwendbares Recht

Art. 15 Abs. 1 KSÜ bestimmt, dass die Gerichte bei der Ausübung ihrer Zuständigkeit für Schutzmaßnahmen nach dem KSÜ ihr eigenes Recht anwenden (**lex fori**). Art. 15 ff. KSÜ kommen nicht nur dann zur Anwendung, wenn die nationalen Behörden ihre Zuständigkeit aus dem KSÜ ableiten, sondern auch ergänzend dann, wenn sich die Zuständigkeit aus der Brüssel II a-Verordnung ergibt.[17] Ausnahmsweise kann das Gericht gem. Art. 15 Abs. 2 KSÜ, soweit es der Schutz der Person oder des Vermögens des Kindes erfordert, das Recht eines anderen Staates anwenden oder berücksichtigen, zu dem der Sachverhalt eine **enge Verbindung** hat. 13

Nach Art. 16 Abs. 1 KSÜ richtet sich die **Zuweisung oder das Erlöschen der elterlichen Verantwortung kraft Gesetzes**, (zB elterliche Sorge kraft Heirat, § 1626 a Abs. 1 Nr. 2 BGB) ohne dass eine Entscheidung eines Gerichts oder einer Behörde für das Kind hierüber getroffen ist, nach dem Recht des gewöhnlichen Aufenthalts des Kindes. Gleiches gilt für Zuweisungen oder Erlöschen kraft Vereinbarungen oder durch einseitiges Rechtsgeschäft (Art. 16 Abs. 2 KSÜ), wobei es auf den Zeitpunkt ankommt, in dem der Vertrag oder das einseitige Rechtsgeschäft wirksam wird.[18] 14

Verweisungen des KSÜ auf ausländisches Recht sind grundsätzlich **Sachnormverweisungen** (Art. 21 KSÜ). Eine Ausnahme besteht bei Verweisung auf das Recht eines Nichtteilnehmerstaates, dessen Kollisionsrecht auf das Recht eines anderen Nichtteilnehmerstaates verweist, das wiederum die Verweisung annimmt. Dieser Verweisungskette wird dann gefolgt.[19] 15

Die Anwendung des nach dem KSÜ anzuwendenden Rechts unterbleibt, wenn das Recht der öffentlichen Ordnung (**ordre public**) offensichtlich widerspricht, wobei das Wohl des Kindes zu berücksichtigen ist (Art. 22 KSÜ). 16

6. Anerkennung und Vollstreckung ausländischer Entscheidungen

Entscheidungen von Gerichten und Behörden eines Staates können als Hoheitsakte nur im eigenen Hoheitsgebiet unmittelbare Rechtskraft erlangen. Durch Anerkennung können ihre Wirkungen auch auf das Gebiet eines anderen Staates erstreckt werden. Soll aus der Entscheidung vollstreckt werden, ist eine Vollstreckbarerklärung (Exequatur) im anerkennenden Staat erforderlich.[20] 17

Nach Art. 23 Abs. 1 KSÜ werden Maßnahmen eines Vertragsstaates kraft Gesetzes in den anderen Vertragsstaates grundsätzlich anerkannt.

Ausnahmsweise kann die **Anerkennung versagt** werden,

- wenn die Maßnahme von einer Behörde getroffen wurde, die nicht nach den Regelungen des KSÜ **international zuständig** war (Art. 23 Abs. 2 lit. a KSÜ). Die zuständige Stelle des Staates, der um Anerkennung ersucht wird, ist dabei nach Art. 25 KSÜ an die Tatsachenfeststellungen gebunden, auf welche die entscheidende Stelle ihre Zuständigkeit gestützt hat,
- wenn die Maßnahme, außer in dringenden Fällen, im Rahmen eines Gerichts- oder Verwaltungsverfahrens getroffen wurde, ohne dass **dem Kind rechtliches Gehör** gewährt wurde, und dadurch gegen

16 *Hausmann* IntEuFamR § 9 Rn. 489, 502.
17 *Andrae* IntFamR § 9 Rn. 103.
18 *Andrae* IntFamR § 9 Rn. 113.
19 *Andrae* IntFamR § 9 Rn. 120.
20 *Andrae* IntFamR § 9 Rn. 196.

wesentliche Verfahrensgrundsätze des ersuchten Staates verstoßen wurde (Art. 23 Abs. 2 lit. b KSÜ). Maßstab hierfür ist in Deutschland § 159 FamFG,

- auf Antrag jeder Person, die geltend macht, dass die Maßnahme ihre elterliche Verantwortung beeinträchtigt, wenn diese Maßnahme, außer in dringenden Fällen, getroffen wurde, ohne dass dieser Person **rechtliches Gehör** gewährt wurde, (Art. 23 Abs. 2 lit. c KSÜ)
- wenn die Anerkennung der öffentlichen Ordnung (**ordre public**) des ersuchten Staates offensichtlich widerspricht, wobei das **Wohl des Kindes** zu berücksichtigen ist (Art. 23 Abs. 2 lit. d KSÜ). Entscheidend ist, ob die Entscheidung **offensichtlich** dem Kindeswohl widerspricht, denn die Elternverantwortung ist auf das Wohl des Kindes auszurichten und muss das Kind in seiner Persönlichkeit als Grundrechtsträger berücksichtigen. Die Anerkennung scheitert am ordre public, wenn der deutschen Mutter aufgrund ihrer fehlenden Zugehörigkeit zur islamischen Religion die Personensorge entzogen wird,[21]
- wenn die Maßnahme mit einer später im Nichtvertragsstaat des gewöhnlichen Aufenthalts des Kindes getroffenen Maßnahme unvereinbar ist, sofern die spätere Maßnahme die für ihre Anerkennung im ersuchten Staat erforderlichen Voraussetzungen erfüllt (Art. 23 Abs. 2 lit. e KSÜ) oder
- wenn das Verfahren nach Art. 33 KSÜ nicht eingehalten wurde (Art. 23 Abs. 2 lit. f KSÜ).

Das Verfahren richtet sich im Einzelnen nach §§ 16 ff. IntFamRVG.

III. Haager Minderjährigenschutzabkommen (MSA)

18 Die Brüssel IIa-Verordnung ist für alle EU-Mitgliedstaaten (außer Dänemark) unmittelbar geltendes Recht und geht daher gem. Art. 60 lit. a VO (EG) Nr. 2201/03 dem MSA vor, wenn sich das Kind in einem Mitgliedstaat befindet. Das MSA ist für Deutschland nur noch im Verhältnis zu **Macao** anwendbar. Hinsichtlich der übrigen Mitgliedstaaten (Frankreich, Italien, Lettland, Litauen, Luxemburg, Niederlande, Österreich, Polen, Portugal, Schweiz, Spanien und Türkei) **wurde es durch das KSÜ abgelöst**, nachdem auch Italien und die Türkei durch Ratifikation dem KSÜ beigetreten sind (vgl. Art. 51 KSÜ). Aufgrund des geringen Anwendungsbereichs wird im Folgenden auf dieses Abkommen nicht näher eingegangen. Einzelheiten können der Kommentierung von *Thorn* in PalHome, MSA entnommen werden.

21 *Andrae* IntFamR § 9 Rn. 161.

146. Kinderzuschlag

Conradis

I. Einführung

1 Mit Wirkung zum 1.1.2005 wurde der Kinderzuschlag nach § 6 a Abs. 1 BKGG eingeführt, durch den **vermieden** werden soll, dass Eltern aufgrund der Unterhaltsbelastung für ihre minderjährigen Kinder **Leistungen nach dem SGB II** in Anspruch nehmen müssen. Hingegen wird dieser Zuschlag nicht bewilligt, wenn dadurch Leistungen nach dem SGB XII vermieden werden könnten. Diese Ungleichbehandlung ist verfassungsrechtlich nicht verständlich. Durch Art. 5 des Gesetzes vom 24.3.2011[1] wurde bestimmt, dass Leistungsempfänger des Kinderzuschlags einen Anspruch für ihre Kinder auf Leistungen für Bildung und Teilhabe haben, die dem Leistungsumfang des SGB II entsprechen, § 6 b BKGG. Erhebliche Leistungsverbesserungen wurden durch das **„Starke-Familien-Gesetz"** vom 29.4.2019 vorgenommen. Während sich die Erhöhung nur wenig auswirkt, bedeuten die geänderten Regelungen zur Anrechnung des Einkommens der Kinder und der Wegfall der oberen Einkommensgrenze eine erhebliche materielle Verbesserung. Weitere Änderungen, insbesondere im Verfahrensrecht, können zu einer weitergehenden Inanspruchnahme dieser Leistung führen. Die Berechnung des Kinderzuschlags ist sehr kompliziert, so dass hierzu auf die Erläuterungen in den Kommentaren zum SGB II hingewiesen wird.[2]

2 Der Kinderzuschlag steht einem **Elternteil** zu, wird jedoch dem jeweiligen **Kind als Einkommen zugerechnet** (§ 11 Abs. 1 S. 2 SGB II). Praktisch kommt es häufig dann zur Antragstellung, wenn Leistungen nach dem SGB II abgelehnt werden. In der Begründung des Ablehnungsbescheides kann es heißen, dass das Einkommen so gering unter dem Gesamtbedarf liegt, dass durch Zahlung des Kinderzuschlags die Bedürftigkeit vermieden werden kann. Dies ist dann Anlass, den Kinderzuschlag zu beantragen. Keineswegs bedeutet dies aber, dass der Kinderzuschlag sodann tatsächlich bewilligt wird, da die Familienkasse eine eigene Prüfung durchführt. Falls der Kinderzuschlag nicht bewilligt wird, ist es möglich, unverzüglich **nachträglich** noch Leistungen nach dem SGB II zu beantragen (§ 40 Abs. 3 SGB II). Für den Fall, dass Leistungen nach dem SGB II abgelehnt werden, kann umgekehrt nachträglich ein Antrag auf Kinderzuschlag gestellt werden (§ 6 a Abs. 3 S. 5 BKGG).

3 Der Kinderzuschlag betrug zunächst 140 EUR, zuletzt 185 EUR und seit dem 1.1.2021 monatlich **höchstens 205 EUR** für jedes zu berücksichtigende Kind. Damit soll erreicht werden, dass der Zuschlag zusammen mit dem Kindergeld und dem auf das Kind entfallenden Wohngeldanteil den durchschnittlichen Bedarf eines Kindes abdeckt. Die Bewilligung soll jeweils für sechs Monate erfolgen (§ 6 a Abs. 2 S. 3 BKGG).

4 Während zuvor das **Einkommen des Kindes** (zB Unterhalt oder Unterhaltsvorschuss) in voller Höhe angerechnet wurde, wird seit der Neuregelung aus dem Jahre 2019 der Kinderzuschlag nur noch um 45 % des Einkommens des Kindes gemindert. Somit kommt ein Anspruch auf Kinderzuschlag bis zu einem Einkommen des Kindes iHv rund 455 EUR in Betracht.

5 Das **Vermögen des Kindes** wird in derselben Weise berücksichtigt wie bei Leistungen nach dem SGB II. Der Freibetrag für minderjährige Kinder beträgt 3.100 EUR zuzüglich Haushaltsfreibetrag, also insgesamt 3850 EUR; für volljährige Kinder erhöht sich der Freibetrag pro Lebensjahr um jeweils 150 EUR (§ 12 SGB II).

6 Materiell bringt allein der Kinderzuschlag – für sich gesehen – den Leistungsempfängern keinen Vorteil gegenüber Leistungen nach dem SGB II, weil er nur in der Höhe gezahlt wird, wie andernfalls ein Anspruch nach dem SGB II bestehen würde. Als Vorteil ist jedoch anzusehen, dass mit der Zahlung die Pflichten nach dem SGB II entfallen. Materiell ist entscheidend, dass mit der Zahlung des Kinderzuschlags ein **Anspruch auf Wohngeld** entstehen kann, der bei Leistungsbezug nach dem SGB II nicht besteht.

---

1 BGBl. 2011 I 453.
2 ZB *Schwitzky* in: LPK-SGB II BKGG § 6 a (SGB II Anh. § 12 a).

II. Berücksichtigung des Kinderzuschlags beim Unterhalt

7 Der Kinderzuschlag stellt gegenüber Unterhaltsansprüchen eine vorrangige Leistung dar, da die Leistung endgültig dem Berechtigten verbleibt. Eine Anrechnungsvorschrift des Kinderzuschlags ist im BGB nicht vorgesehen, möglicherweise auch übersehen worden. Da im Unterhaltsrecht grundsätzlich jegliches Einkommen anzurechnen ist, ist der **Kinderzuschlag bedarfsmindernd** zu berücksichtigen.

8 Im Gesetz ist die Frage nicht geklärt, ob der Kinderzuschlag den **Eltern oder dem Kind zuzurechnen** ist. Einerseits handelt es sich bei dem Kinderzuschlag um Einkommen der Eltern, andererseits wird nach § 11 Abs. 1 S. 3 SGB II der Kinderzuschlag ausdrücklich dem Kind zugeordnet. Zum Teil wird vertreten, dass der Kinderzuschlag beim Einkommen des betreuenden Elternteils zu berücksichtigen ist. Dies hat zur Folge, dass, soweit ein Kinderzuschlag gezahlt wird, dieser bedarfsdeckend bei dem Elternteil anzurechnen ist. Richtig dürfte jedoch sein, davon auszugehen, dass der Kinderzuschlag die Bedürftigkeit des Kindes mindert. Dies entspricht auch der Aussage des BVerfG zum Kindergeld, wonach dies dem Kind zugewandt werden muss.[3] Es wird daher überwiegend die Auffassung vertreten, dass der Kinderzuschlag als Einkommen dem Kind zuzurechnen ist.[4]

9 Damit besteht die unterhaltsrechtliche Obliegenheit, diesen Kinderzuschlag zu beantragen, um insoweit den unterhaltsrechtlichen Bedarf des Kindes zu mindern. Ob die Berücksichtigung des Kinderzuschlags in derselben Weise zu erfolgen hat, wie es für das Kindergeld in § 1612 b Abs. 1 Nr. 1 BGB vorgesehen ist, ist nicht geklärt, ist aber anzunehmen.[5]

---

3 BVerfG 14.7.2011 – 1 BvR 932/10, NJW 2011, 315.

4 OLG Hamm 4.7.2019 – II-4 UF 21/19, FamRZ 2020, 30; ausführlich *Borth* FamRZ 2019, 853; jetzt auch BGH 28.10.2020 – XII ZB 512/19.

5 Vgl. *Borth* FamRZ 2019, 853 (855).

147. Kindesentführung

Knahn/Siede

I. Einführung

Unter dem Begriff der **Kindesentführung** wird im Folgenden das widerrechtliche Verbringen von Kindern ins Ausland oder das Vorenthalten von Kindern im Ausland verstanden. Nicht als Kindesentführung, sondern als **Kindesentziehung** werden Fälle ohne Auslandsbezug bezeichnet. Hierfür gelten ausschließlich die nationalen Bestimmungen über die Kindesherausgabe (→ *Kindesherausgabe* Rn. 1 ff.). 1

Die Anzahl von Ehen und Lebensgemeinschaften zwischen Partnern unterschiedlicher Nationalität nimmt immer mehr zu. Damit steigt naturgemäß auch die Zahl der Fälle, in denen die Ehegatten oder Partner bzgl. ihrer gemeinsamen Kinder in Konflikt geraten. Häufig versucht ein Elternteil, eigenmächtig mit den Kindern in seinen Heimatstaat zurückzukehren. Es kommt aber auch vor, dass ein Elternteil mit den Kindern eigenmächtig zu einem neuen Partner ins Ausland (nach-)ziehen will. Für den verbleibenden Elternteil stellt sich dann die Frage, wie diese Kindesentführung wieder rückgängig gemacht und die Rückführung durchgesetzt werden kann.

Deutschland ist Vertragsstaat zweier internationaler Abkommen, die für Fälle internationaler Kindesentführungen Lösungen vorsehen (→ Rn. 2 ff.). Die Europäische Gemeinschaft hat hierzu mit der Verordnung (EG) Nr. 2201/2003 (Brüssel IIa-Verordnung) eine ergänzende Regelung für Sachverhalte innerhalb der Gemeinschaft geschaffen (→ Rn. 14). Kindesentführung ist strafbar (→ Rn. 16).

II. Internationale Übereinkommen und Gemeinschaftsrecht

1. Haager Übereinkommen über die zivilrechtlichen Aspekte internationaler Kindesentführung (HKÜ)

Das Haager Übereinkommen über die zivilrechtlichen Aspekte internationaler Kindesentführung (HKÜ) vom 25.10.1980[1] will die **rasche Rückführung** widerrechtlich, dh unter Verletzung eines faktisch ausgeübten Obhutsverhältnisses entführter oder zurückgehaltener Kinder ermöglichen und dabei den **status quo wiederherstellen**, wobei eine Entscheidung über das Sorgerecht nicht vorweggenommen werden soll.[2] 2

a) Anwendungsbereich. Eine internationale Kindesentführung liegt vor, wenn ein Kind (bis zu 16 Jahren, Art. 4 S. 2 HKÜ) widerrechtlich in einen Vertragsstaat (→ Rn. 12) verbracht oder in diesem zurückgehalten wird und es unmittelbar davor seinen gewöhnlichen Aufenthalt in einem anderen Mitgliedstaat des Übereinkommens hatte (Art. 1 lit. a und Art. 4 S. 1 HKÜ). Es muss sich also um eine **internationale Entführung zwischen Vertragsstaaten** handeln. 3

1 BGBl. II 1990, 206.
2 Palandt/*Thorn* EGBGB Anh. zu Art. 24 Rn. 31.

Verbringen ist das Herausnehmen des Kindes aus seinem gewöhnlichen Lebensraum, wo es sich in der Obhut einer oder mehrerer Personen befand, die ihm gegenüber rechtmäßig das Sorgerecht ausübten. Dem gleichgestellt ist das **Zurückhalten**, also die Weigerung, das Kind nach einem Auslandsaufenthalt, dem die Person, die das Sorgerecht ausübt, zugestimmt hatte, in seine bisherige Umwelt wieder einzugliedern.[3]

Widerrechtlichkeit liegt dabei vor, wenn durch das Verbringen oder Zurückhalten das Sorgerecht verletzt wird, das einer Person allein oder gemeinsam mit einer anderen Person nach dem Recht des Staates zusteht, in dem das Kind unmittelbar vor dem Verbringen oder Zurückhalten seinen gewöhnlichen Aufenthaltsort hatte, Art. 3 Abs. 1 lit. a HKÜ, wobei das Sorgerecht tatsächlich ausgeübt worden sein muss. Das HKÜ vermutet hierbei unausgesprochen, dass der Inhaber der Sorge diese auch tatsächlich ausgeübt hat.[4]

4 **b) Antrag.** Der Antrag auf Rückgabe des Kindes kann bei der **zentralen Behörde des Heimatstaates** des Antragsstellers gem. Art. 6 HKÜ gestellt werden. Der Antrag ist binnen eines Jahres ab dem Zeitpunkt des Verbringens oder des Zurückhaltens zu stellen, da ansonsten die Rückgabeanordnung abgelehnt werden kann, wenn sich das Kind in das neue Umfeld eingelebt hat (→ Rn. 8).

In Deutschland ist gem. § 3 Abs. 1 IntFamRVG das Bundesamt für Justiz als zentrale Behörde zuständig. Die Anschrift lautet:

Bundesamt für Justiz
– Zentrale Behörde für internationale Sorgerechtskonflikte –
Adenauerallee 99–103
53113 Bonn

Telefon: (0228) 99 410 – 5212
Telefax: (0228) 99 410 – 50.501
DE-Mail: post@bundesjustizamt.de-mail.de.

Antragsformulare können in verschiedenen Sprachen auf den Internetseiten des Bundesamtes für Justiz unter „http://www.bundesjustizamt.de" unter den Verweisungen „Int. Sorgerecht" – „Formulare" heruntergeladen werden.

Der Antragssteller kann sich auch an die ausländische zentrale Behörde oder unmittelbar an die für die Rückgabeanordnung zuständige Stelle (Gericht/Behörden) des ersuchten Staates wenden. Die örtliche und sachliche Zuständigkeit und auch die Frage des Anwaltszwangs richten sich dabei nach den nationalen Vorschriften. Für die Frage der internationalen Zuständigkeit gilt bei Verfahren innerhalb der EU (mit Ausnahme von Dänemark) die Brüssel IIa-Verordnung (→ Rn. 14).

Für Rückgabeanordnungen aus Deutschland in den Staat des Antragsstellers ist gem. §§ 11, 12 IntFamRVG das Familiengericht am Sitz des jeweiligen Oberlandesgerichts zuständig.

5 Die für die Rückgabeanordnung zuständige Stelle kann vor Erlass der Anordnung vom Antragsteller die Vorlage einer Bescheinigung verlangen, aus der sich die Widerrechtlichkeit iSv Art. 3 HKÜ ergibt. Diese sollte daher möglichst zeitnah beantragt werden. Die **Widerrechtlichkeitsbescheinigung** wird gem. § 41 IntFamRVG von dem mit dem Sorgerechtsstreit befassten Familiengericht, dem Gericht des letzten gewöhnlichen Aufenthaltes des Kindes oder hilfsweise dem Gericht, in dessen Bezirk das Besorgnis der Fürsorge auftritt, ausgestellt. In deutschen Rückführungsverfahren wird die Feststellung grundsätzlich ohne weitere Sachprüfung übernommen, von einer rechtlichen Bindung ist jedoch nicht auszugehen.[5]

6 **c) Anordnung der sofortigen Rückgabe des Kindes.** Ist der Anwendungsbereich des HKÜ eröffnet, ordnet die im Zufluchtsstaat zuständige Stelle (Gericht/Behörde) auf Antrag die **sofortige Rückgabe** des Kindes an, wenn zum Zeitpunkt der Antragstellung eine Frist von weniger als einem Jahr seit dem

3 *Andrae* IntfFamR § 9 Rn. 218.
4 *Andrae* IntFamR § 9 Rn. 226.
5 *Andrae* IntFamR § 9 Rn. 222.

Verbringen oder Zurückhalten verstrichen ist (Art. 12 Abs. 1 HKÜ). Ist der Antrag erst nach Ablauf der Jahresfrist eingegangen, so ist die Rückgabe des Kindes ebenfalls anzuordnen, sofern nicht erwiesen ist, dass das Kind sich in seine neue Umgebung eingelebt hat (Art. 12 Abs. 2 HKÜ).

d) Ausschlussgründe. Grundsätzlich orientiert sich das HKÜ an dem **Kindeswohl**, wobei es von der Vermutung ausgeht, dass die sofortige Rückführung des Kindes an seinen bisherigen Aufenthaltsort dem Kindesinteresse dient.[6] Die Anordnung nach Art. 12 HKÜ darf daher nur unterbleiben, wenn ein Ausschlussgrund vorliegt. Die – restriktiv auszulegenden – Ausschlusstatbestände finden sich in Art. 13, 20 HKÜ.[7] 7

Es stellt grundsätzlich keinen Ausschlussgrund dar, dass im ersuchten Staat bereits eine Entscheidung (zugunsten des Entführers) über das Sorgerecht getroffen wurde. Allerdings können die Entscheidungsgründe bei der Anwendung des HKÜ berücksichtigt werden (Art. 17 HKÜ). Wurde der gewöhnliche Aufenthalt im Zufluchtsstaat durch eine Sorgerechtsentscheidung des Herkunftsstaates bereits gebilligt, steht das der beantragten Rückführung aber grundsätzlich entgegen.[8]

aa) Art. 13 Abs. 1 HKÜ. Die Anordnung der Rückgabe kann **unterbleiben**, wenn nachgewiesen wird, 8

- dass der Sorgerechtsberechtigte, der die Rückführung verlangt, das Sorgerecht zum Zeitpunkt der Kindesentführung **tatsächlich nicht ausgeübt** oder dem Verbringen oder der Zurückhaltung **zugestimmt** oder sie nachträglich genehmigt hat (Art. 13 Abs. 1 lit. a HKÜ) oder
- wenn die Rückgabe für das Kind mit einer **schwerwiegenden Gefahr** eines körperlichen oder seelischen Schadens verbunden ist oder es auf andere Weise in eine **unzumutbare Situation** gebracht wird (Art. 13 Abs. 1 lit. b HKÜ).

Der entführende Elternteil hat den Ausschlussgrund schlüssig darzulegen und zu beweisen (Ausnahme vom Amtsermittlungsgrundsatz). Die Entscheidung liegt im **Ermessen** der zuständigen Stelle. Als Ausnahme zum Grundsatz der sofortigen Rückgabe ist eine **restriktive Auslegung** geboten.[9]

An die Tatbestandsmerkmale des lit. b sind hohe Anforderungen zu stellen. Nicht maßgebend ist, wessen Erziehung und Betreuung dem Wohl des Kindes am besten entspricht. Ebenso kann die Rückführung nicht schon deshalb abgelehnt werden, weil der entführende Elternteil die Hauptbezugsperson des Kindes ist. Mit der Rückführung des Kindes verbundene typische Belastungsfolgen sind grundsätzlich als unvermeidbar hinzunehmen. Welchem Elternteil das Sorgerecht letztlich zukommen müsste, ist in diesem Zusammenhang nicht zu prüfen. Grundsätzlich ist auch davon auszugehen, dass die Rückführung für den Entführer zumutbar ist, selbst wenn gegen ihn Haftbefehl wegen der Entführung vorliegt.[10]

bb) Art. 13 Abs. 2 HKÜ. Das Gericht kann es außerdem ablehnen, die Rückgabe anzuordnen, wenn sich das **Kind der Rückgabe widersetzt** und ein Alter und eine Reife erreicht hat, angesichts derer es angebracht erscheint, seine Meinung zu berücksichtigen (Art. 13 Abs. 2 HKÜ). 9

Der Widerstand muss ernsthaft und aus freien Stücken erfolgen und sich gegen die Rückführung selbst richten. Die Rückkehr ist daher anzuordnen, wenn sich das Kind nur weigert zu dem Antragsteller zurückzukehren und beim Entführer bleiben will und dem Entführer die Rückkehr zumutbar ist.[11]

Es gilt der **Amtsermittlungsgrundsatz**.[12] Die Entscheidung liegt im Ermessen der zuständigen Stelle. Als Ausnahme zum Grundsatz der sofortigen Rückgabe ist eine **restriktive Auslegung** geboten.[13]

---

6 Palandt/*Thorn* EGBGB Anh. zu Art. 24 Rn. 31.
7 *Andrae* IntFamR § 9 Rn. 241.
8 *Thorn* in: PalHome HKÜ Art. 17 Rn. 43.
9 *Andrae* IntFamR § 9 Rn. 241.
10 *Andrae* IntFamR § 9 Rn. 246, 247; instruktiv auch OLG Stuttgart 17.9.2018 – 17 UF 146/18, NZFam 2019, 121 f.
11 *Andrae* IntFamR § 9 Rn. 248, 246.
12 *Andrae* IntFamR § 9 Rn. 248.
13 *Andrae* IntFamR § 9 Rn. 241.

10 **cc) Art. 12 Abs. 2 HKÜ.** Die Anordnung unterbleibt, wenn der Antrag nach Ablauf eines Jahres seit dem Verbringen oder Zurückhalten gestellt wurde und nachgewiesen ist, dass sich das Kind in seine neue Umgebung eingelebt hat (Art. 12 Abs. 2 HKÜ). Das Kind muss sich in das neue familiäre, soziale und kulturelle Umfeld voll integriert haben. Es gilt der **Amtsermittlungsgrundsatz**.[14] Im Falle des Zurückhaltens beginnt die Frist mit dem Zeitpunkt der Pflicht zur Rückgabe.[15]

11 **dd) Art. 20 HKÜ.** Die Rückgabe kann abgelehnt werden, wenn sie den Grundwerten des ersuchten Staates über den Schutz der Menschenrechte und Grundfreiheiten widerspricht (Art. 20 HKÜ). Die Vorschrift enthält einen **ordre public**-Vorbehalt zugunsten der inländischen Menschenrechte und Grundfreiheiten.[16] Die Bestimmung ist als Vorbehaltsklausel restriktiv auszulegen[17] und erfasst nur flagrante Verletzungen der EMRK oder der deutschen Grundrechte.[18]

12 **e) Vertragsstaaten.** Eine aktuelle Liste aller Mitgliedstaaten kann auf der Internetseite der Haager Konferenz für Internationales Privatrecht unter „http://www.hcch.net/index_de.php?" unter den Verweisungen „Übereinkommen" – „ Haager Übereinkommen über die zivilrechtlichen Aspekte internationaler Kindesentführung" – „Statustabelle" abgerufen werden.

Vertragsstaaten des HKÜ sind: Albanien, Argentinien, Australien, Belgien, Bosnien und Herzegowina, Brasilien, Bulgarien, Chile, Costa Rica, Deutschland, Dänemark, Ecuador, Ehemalige Jugoslawische Republik Mazedonien, Estland, Finnland, Frankreich, Georgien, Griechenland, Irland, Island, Israel, Italien, Kanada, Kroatien, Lettland, Litauen, Luxemburg, Malta, Marokko, Mauritius, Mexiko, Monaco, Montenegro, Neuseeland, Niederlande, Norwegen, Österreich, Panama, Paraguay, Peru, Polen, Portugal, Rumänien, Schweden, Schweiz, Serbien, Slowakei, Slowenien, Spanien, Sri Lanka, Südafrika, Tschechische Republik, Türkei, Ukraine, Ungarn, Uruguay, Venezuela, Vereinigte Staaten von Amerika, Vereinigtes Königreich Großbritannien, Volksrepublik China, Weißrussland und Zypern (Mitgliedstaaten der Haager Konferenz) sowie Andorra,[19] Armenien, Bahamas, Belize, Burkina Faso, Dominikanische Republik, El Salvador, Fidschi, Gabun, Guatemala, Honduras, Kolumbien, Moldau, Nicaragua, San Marino, Seychellen, Simbabwe, Singapur, St. Kitts und Nevis, Thailand, Trinidad und Tobago, Turkmenistan, Usbekistan (beigetretene Staaten).

Staaten, die bei dem Abschluss des Übereinkommens am 25.10.1980 noch nicht Mitglied der Haager Konferenz – einer zwischenstaatlichen internationalen Organisation – waren, können das Übereinkommen nicht mit Wirkung für und gegen alle anderen Vertragsstaaten zeichnen und ratifizieren, sondern ihm nur beitreten. Nach Art. 38 Abs. 3 HKÜ wirkt der Beitritt des neuen Staates nur für und gegen die bisherigen Vertragsstaaten, die ihn annehmen. Im Verhältnis zu Deutschland ist das HKÜ bislang nur gegenüber Gabun nicht wirksam. Eine aktuelle Liste aller Staaten im Verhältnis des Inkrafttretens mit Deutschland ist auf den Internetseiten des Bundesamtes für Justiz unter „http://www.bundesjustizamt.de" unter den Verweisungen „Int. Sorgerecht" – „Staatenliste" abrufbar.

2. Luxemburger Europäisches Übereinkommen über die Anerkennung und Vollstreckung von Entscheidungen über das Sorgerecht für Kinder und die Wiederherstellung des Sorgeverhältnisses (ESÜ)

13 Das Europäische Sorgerechtsübereinkommen[20] bietet Möglichkeiten insbesondere zur Anerkennung und Vollstreckung ausländischer Entscheidungen, die teilweise alternativ im Verhältnis zum HKÜ genutzt werden können. Im Verhältnis zu den übrigen Mitgliedstaaten der Europäischen Union (außer Dänemark) ist es jedoch weitgehend durch die Brüssel IIa-Verordnung (→ Rn. 14) abgelöst worden. Bedeutung für

14 *Andrae* IntFamR § 9 Rn. 233.
15 *Andrae* IntFamR § 9 Rn. 249.
16 BeckOGK/*Markwardt* HKÜ Art. 20 Rn. 2.
17 *Andrae* IntFamR § 9 Rn. 250.
18 BeckOGK/*Markwardt* HKÜ Art. 20 Rn. 3.
19 Seit Juli 2011.
20 BGBl. II 1990, 220.

die Rückführung bzw. Herausgabe von Kindern hat es daher aus deutscher Sicht nur noch im Verhältnis zu Dänemark, Island, Liechtenstein, zur ehemaligen jugoslawischen Republik Mazedonien (heute: Republik Nordmazedonien), zu Moldau, Montenegro, Norwegen, der Schweiz, Serbien und der Türkei. Eine aktuelle Liste aller Staaten im Verhältnis des Inkrafttretens mit Deutschland ist auf den Internetseiten des Bundesamtes für Justiz unter „http://www.bundesjustizamt.de" unter den Verweisungen „Int. Sorgerecht" – „Staatenliste" abrufbar. Im Verhältnis zum HKÜ ist es grundsätzlich nur nachrangig anzuwenden (§ 37 IntFamRVG).

3. Brüssel IIa-Verordnung

Die Verordnung (EG) Nr. 2201/2003 des Rates über die Zuständigkeit und die Anerkennung und Vollstreckung von Entscheidungen in Ehesachen und in Verfahren betreffend die elterliche Verantwortung und zur Aufhebung der Verordnung (EG) Nr. 1347/2000 vom 27.11.2003 (Brüssel IIa-Verordnung oder EheVO) gilt seit 1.3.2005.[21] Sie geht gem. Art. 60 lit. e VO (EG) Nr. 2201/03 im Verhältnis zwischen den Mitgliedstaaten (mit Ausnahme Dänemarks) dem HKÜ vor. Die Verordnung enthält in Art. 10 VO (EG) Nr. 2201/03 eine eigene Regelung hinsichtlich der internationalen Zuständigkeit für Sorgerechtsentscheidungen in Fällen von Kindesentführungen und modifiziert in Art. 11 VO (EG) Nr. 2201/03 das Verfahren hinsichtlich einer nach dem HKÜ beantragten Rückgabe. 14

Die Rückgabe ist gem. Art. 13 Abs. 1 lit. b HKÜ (→ Rn. 8) nicht ausgeschlossen, wenn nachgewiesen ist, dass angemessene Vorkehrungen getroffen wurden, um den Schutz des Kindes nach seiner Rückkehr zu gewährleisten (Art. 11 Abs. 4 VO (EG) Nr. 2201/03). Zu diesem Zweck kann der Antragsteller Zusicherungen (sog. „undertakings") geben.[22]

Gem. Art. 11 Abs. 2 VO (EG) Nr. 2201/03 muss im Rahmen der Rückführungsanordnung sichergestellt sein, dass das Kind die Möglichkeit hat, während des Verfahrens gehört zu werden, sofern dies nicht aufgrund seines Alters oder seines Reifegrads unangebracht erscheint. Art. 11 Abs. 3 VO (EG) Nr. 2201/03 beinhaltet ein Beschleunigungsgebot. Das Gericht muss bei einem Rückführungsantrag mit gebotener Eile handeln und sich dabei der zügigsten Verfahren bedienen. Spätestens sechs Wochen nach seiner Befassung mit dem Antrag muss eine Entscheidung ergehen, es sei denn, dass dies aufgrund außergewöhnlicher Umstände nicht möglich ist. Gem. Art. 11 Abs. 5 VO (EG) Nr. 2201/03 kann ein Gericht die Rückgabe eines Kindes erst dann verweigern, wenn dem Antragssteller Gelegenheit gegeben wurde, gehört zu werden.[23]

Für Entführungsfälle von bzw. nach Großbritannien gilt ab 1.1.2021 Folgendes: Die britischen Behörden wenden die Vorschriften des KSÜ und des HKÜ an, nicht mehr aber die Vorschriften der Brüssel IIa-VO.[24] Bei einer Kindesentführung aus dem Vereinigten Königreich in einen Mitgliedstaat sind die Regeln über das Verfahren gem. Art. 11 Brüssel IIa-VO nicht anzuwenden. Weiterhin ergibt sich die Zuständigkeit nicht mehr aus Art. 10 Brüssel IIa VO. Vielmehr gelten die Vorschriften des KSÜ und des HKÜ unmittelbar; denn Art. 11 Brüssel IIa-VO ist nur anwendbar, wenn ein Kind aus einem Mitgliedstaat in einen anderen verbracht wurde.[25] Für Übergangsfälle gelten die Regelungen gem. Art. 67 Austrittsabkommen.

4. Kindesentführung in andere Staaten

Wenn zwischen Deutschland und dem Nicht-EU-Staat, in den das Kind entführt wurde, kein internationales Abkommen besteht, bleibt nur die Möglichkeit, den **dortigen Rechtsweg** zu beschreiten. Dabei sind die Besonderheiten des nationalen Rechts zu beachten, weshalb empfohlen wird, sich in jedem Fall durch ortsansässige Anwälte beraten und vertreten zu lassen. Wenn nach der dortigen Rechtsordnung dem zurückgelassenen Elternteil kein oder nur ein beschränktes Sorgerecht zukommt, können die Erfolgsaussichten gerichtlichen Vorgehens von vornherein beschränkt sein. Hilfestellung bieten das Auswärtige Amt (http://w 15

21 Im Verhältnis zu Bulgarien und Rumänien seit 1.1.2007.
22 *Andrae* IntFamR § 9 Rn. 247.
23 *Hausmann* IntEuFamR F Rn. 171.
24 *Zühlsdorff* JAmt 2020, 606.
25 *Rieck* NZFam 2016, 878; EuGH 9.10.2014 – C-376/14, PPUFamRZ 2015, 107.

ww.konsularinfo.diplo.de/Vertretung/konsularinfo/de/03/Kinder/__Kindesentziehung__Allgemein.html), der Verband binationaler Familien und Partnerschaften (iaf) eV (http://www.verband-binationaler.de) sowie der internationale Sozialdienst (http://www.issger.de). UU kann sich zwar die internationale Zuständigkeit deutscher Gerichte aus § 99 FamFG ergeben, wenn das Kind die deutsche Staatsangehörigkeit hat. Besteht kein internationales Abkommen, wird eine entsprechende Entscheidung im Aufenthaltsstaat allerdings kaum anerkannt und vollstreckt werden.

5. Bundeskontaktstelle im Europäischen Justiziellen Netz für Zivil- und Handelssachen

16 Im Europäischen Justiziellen Netz für Zivil- und Handelssachen (EJN) wurden von den Mitgliedstaaten **Verbindungsrichter** benannt, die als Ansprechpartner für Richter im In- und Ausland zur Verfügung stehen und bei der Lösung von grenzüberschreitenden Rechtsstreitigkeiten helfen. Die Kontaktdaten der deutschen Verbindungsrichter und weitere Informationen finden sich auf den Internetseiten des Bundesjustizamtes http://www.bundesjustizamt.de unter den Verweisungen „Themen" – „Europäisches Justizielles Netz für Zivil- und Handelssachen" – „Die deutschen Verbindungsrichterinnen und -richter im EJN".[26]

III. Strafbarkeit

17 Die Entführung von Kindern ins Ausland ist gem. § 235 Abs. 2 StGB strafbar. Der **Strafrahmen** beträgt Geldstrafe oder Freiheitsstrafe bis zu fünf Jahren.

Im Gegensatz zu der Kindesentziehung nach § 235 Abs. 1 StGB (→ *Kindesherausgabe* Rn. 10) bei der neben der gewaltsamen oder nötigenden Entziehung (Nr. 1) insbesondere der **Täterkreis** auf Nicht-Angehörige beschränkt ist (Nr. 2), erweitert die Entführung gem. § 235 Abs. 2 StGB den Täterkreis auf jedermann, so dass sich insbesondere auch Angehörige (auch mitsorgeberechtigte Elternteile) strafbar machen können.

Tatobjekt ist das Kind, also eine Person unter 14 Jahren (§ 176 Abs. 1 StGB). **Geschützt** sind die sorgeberechtigten Eltern oder ein Elternteil alleine, das Umgangsrecht des nicht sorgeberechtigten Elternteils, die Adoptiveltern, der Vormund und der Pfleger.[27]

Tathandlung ist gem. Nr. 1 das Entziehen eines Kindes, um es in das Ausland zu verbringen (aktive Entführung). Ein Entziehen liegt dabei vor, wenn der Täter den wesentlichen Inhalt des Rechts auf Personensorge durch räumliche Trennung von gewisser Dauer beeinträchtigt.[28] Der Täter muss dabei die besondere Absicht aufweisen, das Kind ins Ausland verbringen zu wollen. Das Kind muss also noch nicht ins Ausland verbracht worden sein. Tathandlung nach Nr. 2 ist das **Vorenthalten des Kindes im Ausland**, wenn sich das Kind im Einvernehmen mit dem oder den Sorgeberechtigten im Ausland befindet (passive Entführung). Ein Vorenthalten liegt vor, wenn der Täter die Herausgabe des Kindes verweigert oder wenn er durch Verheimlichen des Aufenthaltsorts oder durch anderweitige Unterbringung die Herausgabe des Kindes erschwert.[29]

Der **Versuch** ist gem. § 235 Abs. 3 StGB strafbar. Gem. § 235 Abs. 4 StGB beträgt der **Strafrahmen** Freiheitsstrafe von einem Jahr bis zehn Jahren, wenn das Opfer durch die Tat in die Gefahr des Todes oder einer schweren Gesundheitsschädigung oder einer erheblichen Schädigung der körperlichen oder seelischen Entwicklung gebracht wird (Nr. 1), oder wenn der Täter die Tat gegen Entgelt oder in Bereicherungsabsicht begeht (Nr. 2). § 235 Abs. 5 StGB sieht als **Erfolgsqualifikation** (§ 18 StGB) eine Strafschärfung von Freiheitsstrafe nicht unter drei Jahren vor, wenn der Täter durch die Tat den Tod des Opfers verursacht hat. **In minder schweren Fällen** des Abs. 4 verringert sich der Strafrahmen auf Freiheitsstrafe von sechs Monaten bis zu fünf Jahre, in minder schweren Fällen des Abs. 5 auf Freiheitsstrafe von einem Jahr bis zu zehn Jahren. Es handelt sich in den Fällen des § 235 Abs. 1–3 StGB um ein **relatives Antragsdelikt** (Abs. 7).

26 Vgl. auch *Menne* FamRZ 2018, 1644.
27 *Fischer* StGB § 235 Rn. 3.
28 *Fischer* StGB § 235 Rn. 6.
29 *Fischer* StGB § 235 Rn. 7.

148. Kindesherausgabe

Knahn/Siede

I. Einführung

Das Aufenthaltsbestimmungsrecht als Teil der Personensorge umfasst das Recht, die Herausgabe des Kindes von jedem zu verlangen, der es dem Inhaber des Aufenthaltsbestimmungsrechts **widerrechtlich vorenthält** (§ 1632 BGB). Der Herausgabeanspruch beruht auf dem gem. Art. 6 Abs. 1 GG verfassungsrechtlich geschützten Elternrecht. Es handelt sich um einen eigenständigen Anspruch, der aus dem Recht der Personensorge entspringt. Er ist daher eigenständig zu titulieren und ggf. gem. §§ 88 ff. FamFG zu vollstrecken; er kann demgegenüber nicht durch Vollstreckung einer Sorgerechtsentscheidung geltend gemacht werden, da diese gestaltende Wirkung hat.[1] Der **Herausgabeanspruch** (→ Rn. 2 ff.) endet mit Volljährigkeit des Kindes. Er ist im **familiengerichtlichen Verfahren** (→ Rn. 6 ff.) als Kindschaftssache geltend zu machen. Das widerrechtliche Vorenthalten ist gem. § 235 StGB **strafbar** (→ Rn. 10). 1

II. Herausgabeanspruch

1. Anspruchsberechtigte

Der **Inhaber des Aufenthaltsbestimmungsrechts** ist berechtigt, die Herausgabe zu verlangen. Das sind entweder die Eltern gemeinsam oder ein Elternteil allein, wenn er insoweit alleinsorgeberechtigt ist oder Gefahr im Verzug gem. § 1629 Abs. 1 S. 4 BGB vorliegt.[2] Bei gemeinsamer elterlicher Sorge muss der Anspruch auch von beiden Elternteilen geltend gemacht werden, wobei die stillschweigende Zustimmung eines Elternteils ausreichen kann.[3] Soweit den Eltern das Aufenthaltsbestimmungsrecht nicht zusteht, ist der **Pfleger** oder der **Vormund** anspruchsberechtigt. 2

2. Anspruchsgegner

Das Herausgabeverlangen ist gegen denjenigen zu richten, der das Kind widerrechtlich vorenthält (→ Rn. 4 f.). Das kann **jeder Dritte**, aber auch der **andere Elternteil** sein. Besteht die gemeinsame elterliche Sorge auch hinsichtlich des Aufenthaltsbestimmungsrechts, ist grundsätzlich erst die Übertragung des Aufenthaltsbestimmungsrechts gem. §§ 1628, 1671 BGB auf einen Elternteil zu beantragen, bevor dieser von dem anderen Herausgabe des Kindes verlangen kann.[4] Str. ist, ob bei gemeinsamem Aufenthaltsbestimmungsrecht ein Herausgabeanspruch ausnahmsweise gegen den anderen Elternteil geltend gemacht werden kann, wenn dieser einer Vereinbarung der Ehegatten zuwider gehandelt hat.[5] Da das Sorgerecht nicht disponibel ist, sprechen die besseren Gründe dafür, dass auch in diesem Fall unter Berücksichtigung der Vereinbarung der Eltern gem. §§ 1628, 1671 BGB einem Elternteil das Aufenthaltsbestimmungsrecht durch das Familiengericht zu übertragen ist und dieser dann den Herausgabeanspruch gegen den anderen geltend machen kann. 3

3. Anspruchsvoraussetzungen

Der Anspruchsgegner muss das Kind dem Anspruchsberechtigten **vorenthalten**. Darunter ist jedes aktive Tun zu verstehen, das die Rückkehr des Kindes zum Sorgeberechtigten verhindert oder erschwert. Neben 4

1 Vgl. NK-BGB/*Rakete-Dombek* § 1632 Rn. 2.
2 Palandt/*Götz* BGB § 1632 Rn. 3.
3 NK-BGB/*Rakete-Dombek* § 1632 Rn. 3.
4 HK-FamR/*Schmid* BGB § 1632 Rn. 2.
5 Vgl. MüKoBGB/*Huber* § 1632 Rn. 26.

dem **gewaltsamen Zurückhalten** durch Einsperren, Verschleppen, Entführen etc kann dabei schon jede nachhaltige **psychische Beeinflussung** des Kindes ausreichend sein.[6] Verhält sich derjenige, bei dem sich das Kind gegen den Willen der Eltern aufhält, aber passiv, indem er das Kind in seiner Wohnung lediglich duldet und versorgt, so liegt kein Vorenthalten vor.[7]

5 Das Vorenthalten muss **widerrechtlich** sein. Die Widerrechtlichkeit entfällt, wenn sich das Kind aufgrund einer Verbleibensanordnung nach § 1632 Abs. 4 BGB bei einer Pflegeperson (→ *Verbleibensanordnung* Rn. 3 ff.) oder gem. § 1682 BGB bei einer engen Bezugsperson (→ *Verbleibensanordnung* Rn. 12 ff.) aufhält. Die Widerrechtlichkeit entfällt, wenn das Vorenthalten zur Abwehr einer Gefahr für das Kindeswohl erforderlich ist.[8] Grundsätzlich kommt das nur für den Zeitraum in Betracht, der erforderlich ist, bis das zuständige Jugendamt oder das Familiengericht die Aufgabe des Kinderschutzes übernehmen können. Eine frühere bindende Einigung der gemeinsam sorgeberechtigten Eltern über den Lebensmittelpunkt des Kindes schließt daher im Kindeswohlinteresse bis zu einer gegensätzlichen gerichtlichen Entscheidung über das Aufenthaltsbestimmungsrecht die Widerrechtlichkeit aus.[9] Sind beide Eltern sorgeberechtigt und gab es einen gemeinsamen Aufenthalt der Familie in der Ehewohnung, stellt die Mitnahme des Kindes durch einen Elternteil beim Auszug anlässlich der Trennung und auch der nach dem Auszug erfolgende spätere Umzug im Inland kein widerrechtliches Vorenthalten dar;[10] denn in diesem Fall fehlt es an einer Entscheidung des Aufenthaltsbestimmungsberechtigten über den Aufenthalt des Kindes im Anschluss an die Trennung. Mit der Rückführung zwangsläufig verbundene Beeinträchtigungen des Kindes sind nicht geeignet, die Herausgabeanordnung in Frage zu stellen.[11] Das gilt auch dann, wenn ein Elternteil, dem das alleinige Aufenthaltsbestimmungsrecht zugewiesen wurde, von dem anderen die Herausgabe des Kindes verlangt.

III. Besonderheiten des familiengerichtlichen Verfahrens

6 Bei der Geltendmachung des Herausgabeanspruchs handelt es sich um eine Kindschaftssache gem. § 151 Nr. 3 FamFG. Es gelten die besonderen Verfahrensvorschriften der §§ 152 ff. FamFG.[12]

7 Trotz des Verbots[13] der Vorwegnahme der Hauptsache in Familiensachen kann eine **einstweilige Anordnung** zur Herausgabe des Kindes ergehen, da im Interesse des Kindes durch einen kurzfristigen Wechsel des gewöhnlichen Aufenthalts keine Fakten geschaffen werden sollen, die durch eine spätere Herausgabeentscheidung in der Hauptsache uU rückgängig zu machen sind.[14] Ist umgekehrt aus Gründen des Kindeswohls ein Aufenthaltswechsel erforderlich, bevor in der Hauptsache eine Entscheidung ergehen kann, kann die Herausgabe des Kindes auch durch einstweilige Anordnung herbeigeführt werden. Das kommt insbesondere in Fällen der Kindeswohlgefährdung in Betracht. Die Anordnung kann dann gemeinsam mit einem Eingriff in die elterliche Sorge gem. § 1666 BGB, insbesondere durch Entzug des Aufenthaltsbestimmungsrechts und weiterer Aufgabenkreise, ergehen.

Das Verfahren der einstweiligen Anordnung ist gem. § 51 Abs. 3 FamFG ein selbstständiges Verfahren, welches eine Hauptsacheentscheidung entbehrlich machen kann.[15] Insbesondere vor dem Hintergrund des Schutzauftrags des Staates zugunsten des Kindeswohls kann das Verbot der Vorwegnahme der Hauptsache als Ausgestaltung einer Rechtsschutzgarantie zurückstehen müssen.

6 NK-BGB/*Rakete-Dombek* § 1632 Rn. 5.
7 Palandt/*Götz* BGB § 1632 Rn. 3.
8 NK-BGB/*Rakete-Dombek* § 1632 Rn. 6.
9 NK-BGB/*Rakete-Dombek* § 1632 Rn. 6.
10 HK-FamR/*Schmid* BGB § 1632 Rn. 2.
11 Palandt/*Götz* BGB § 1632 Rn. 4.
12 HK-ZPO/*Kemper* FamFG § 151 Rn. 14 ff.
13 HK-FamVerfR/*Stockmann* § 49 Rn. 2.
14 Ähnlich aus Sicht des Antragstellers NK-BGB/*Rakete-Dombek* § 1632 Rn. 13.
15 HK-FamVerfR/*Stockmann* § 49 Rn. 2.

Eine gerichtliche Anordnung der Herausgabe eines Kindes wird auch ohne formelle Rechtskraft gem. § 40 Abs. 1 FamFG durch die Bekanntgabe wirksam und kann somit nach den Vorschriften der §§ 88 ff. FamFG vollstreckt werden (→ *Vollstreckung familiengerichtlicher Entscheidungen* Rn. 12 ff.). 8

Findet das Vorenthalten im Ausland statt, liegt ein Fall der Kindesentführung vor, weshalb innerhalb der EU aufgrund unmittelbar geltenden Gemeinschaftsrechts und im Übrigen aufgrund internationaler Übereinkommen die sofortige Rückführung des Kindes beantragt werden kann (→ *Kindesentführung* Rn. 1 ff.). 9

IV. Strafbarkeit des Vorenthaltens

Die Entziehung Minderjähriger ist gem. § 235 Abs. 1 StGB strafbar. Der **Strafrahmen** beträgt Geldstrafe oder Freiheitsstrafe bis zu fünf Jahren. 10

Im Gegensatz zu der Kindesentführung nach § 235 Abs. 2 StGB (→ *Kindesentführung* Rn. 16), bei der der Täterkreis auf jedermann erweitert ist, so dass sich insbesondere auch Angehörige (auch mitsorgeberechtigte Elternteile) strafbar machen können, ist im Falle der Kindesentziehung nach Abs. 1 neben der gewaltsamen oder nötigenden Entziehung Minderjähriger (Nr. 1) der **Täterkreis** auf Nicht-Angehörige beschränkt (Nr. 2). Ohne Gewalt oder Nötigung macht sich daher ein Angehöriger nicht strafbar, wenn er ein Kind dem Sorgeberechtigten vorenthält.

Tatobjekt im Falle des § 235 Abs. 1 Nr. 2 StGB ist das Kind, also eine Person unter 14 Jahren (§ 176 Abs. 1 StGB). **Geschützt** sind die sorgeberechtigten Eltern oder ein Elternteil alleine, das Umgangsrecht des nicht sorgeberechtigten Elternteils, die Adoptiveltern, der Vormund und der Pfleger.[16]

Tathandlung ist das Entziehen oder Vorenthalten eines Kindes. Ein Entziehen liegt dabei vor, wenn der Täter den wesentlichen Inhalt des Rechts auf Personensorge durch räumliche Trennung von gewisser Dauer beeinträchtigt.[17] Ein Vorenthalten liegt vor, wenn der Täter die Herausgabe des Kindes verweigert oder wenn er durch Verheimlichen des Aufenthaltsorts oder durch anderweitige Unterbringung die Herausgabe des Kindes erschwert.[18]

Der **Versuch** ist im Falle des § 235 Abs. 1 Nr. 2 StGB gem. Abs. 3 strafbar. Gem. § 235 Abs. 4 StGB beträgt der **Strafrahmen** Freiheitsstrafe von einem Jahr bis zehn Jahren, wenn das Opfer durch die Tat in die Gefahr des Todes oder einer schweren Gesundheitsschädigung oder einer erheblichen Schädigung der körperlichen oder seelischen Entwicklung gebracht wird (Nr. 1), oder wenn der Täter die Tat gegen Entgelt oder in Bereicherungsabsicht begeht (Nr. 2). § 235 Abs. 5 StGB sieht als **Erfolgsqualifikation** (§ 18 StGB) eine Strafschärfung von Freiheitsstrafe nicht unter drei Jahren vor, wenn der Täter durch die Tat den Tod des Opfers verursacht hat. **In minder schweren Fällen** des Abs. 4 verringert sich der Strafrahmen auf Freiheitsstrafe von sechs Monaten bis zu fünf Jahren, in minder schweren Fällen des Abs. 5 auf Freiheitsstrafe von einem Jahr bis zu zehn Jahren. Es handelt sich in den Fällen des § 235 Abs. 1–3 StGB um ein **relatives Antragsdelikt** (Abs. 6).

16 *Fischer* StGB § 235 Rn. 3.
17 *Fischer* StGB § 235 Rn. 6.
18 *Fischer* StGB § 235 Rn. 7.

149. Kindesunterhalt Minderjähriger

Schausten

I. Materielle Grundlagen

1 Gem. § 1601 BGB schulden Verwandte in gerader Linie einander Unterhalt. Der Unterhaltsanspruch minderjähriger und volljähriger Kinder beruht jeweils auf dieser Anspruchsgrundlage, er ist daher identisch, wenn auch mit geringen Abweichungen. Diese Identität des Unterhaltsanspruchs führt dazu, dass auch das volljährige Kind aus einem Unterhaltstitel, der während seiner Minderjährigkeit geschaffen wurde, die Zwangsvollstreckung betreiben kann.

1. Bedarf

2 **a) Einführung.** Gem. § 1610 BGB umfasst der Unterhalt den **gesamten Lebensbedarf** des Kindes, einschließlich der Kosten einer angemessenen Vorbildung zu einem Beruf. Der Bedarf eines minderjährigen Kindes richtet sich prinzipiell nach den Lebensverhältnissen der Eltern. In der Praxis ergibt sich der Bedarf des Kindes nach der jeweils gültigen Düsseldorfer Tabelle, die in Abhängigkeit von dem Alter des Kindes, den unterhaltsrechtlich relevanten Einkünften des Unterhaltspflichtigen und der Anzahl der Unterhaltsberechtigten den Bedarf bestimmt. Die **Düsseldorfer Tabelle** nebst Anmerkungen beruht auf Koordinierungsgesprächen, die unter Beteiligung aller Oberlandesgerichte und der Unterhaltskommission des Deutschen Familiengerichtstages eV stattgefunden haben. Basis für die Bedarfssätze der Düsseldorfer Tabelle ist der seit dem 1.1.2008 gültige Mindestunterhalt, der gem. § 1612 a Abs. 1 S. 2 BGB dem sächlichen Existenzminimum eines Kindes entspricht; die Höhe wird durch das Bundesministerium der Justiz durch Rechtsverordnung (Mindestunterhaltsverordnung) festgelegt. Daraus ergeben sich dann die Bedarfssätze für die erste Einkommensgruppe der Düsseldorfer Tabelle.

3 Bei **besonders hohen Einkünften** des Barunterhaltspflichtigen, also bei Einkünften, die den Höchstbetrag der 10. Einkommensgruppe der Düsseldorfer Tabelle übersteigen, ist eine begrenzte Fortschreibung der in der Düsseldorfer Tabelle enthaltenen Bedarfsbeträge bis zur Höhe des Doppelten des höchsten darin (zurzeit) ausgewiesenen Einkommensbetrags nach der neueren BGH-Rechtsprechung[1] nicht mehr ausgeschlossen. Die Konsequenzen dieser Entscheidung konnten in der Düsseldorfer Tabelle 2021 noch nicht berücksichtigt werden, hier ist die Entwicklung zu beobachten.

4 Die Bedarfssätze der Düsseldorfer Tabelle entsprechen dem Barunterhaltsanspruch des minderjährigen Kindes, sie setzen also voraus, dass dem Kind daneben noch Betreuungsleistungen durch den anderen Elternteil erbracht werden. Ist dies nicht der Fall, beispielsweise weil das Kind in einer Pflegefamilie lebt, ergibt sich der Barunterhaltsanspruch unter Berücksichtigung der unterhaltsrechtlich relevanten **Einkünfte beider Elternteile**. Ist ein Elternteil beispielsweise verstorben und kann der andere Elternteil die Betreuung des Kindes nicht übernehmen, so hat er neben dem Barunterhalt auch für die Kosten der Betreuung des Kindes aufzukommen.

1 BGH 16.9.2020 – XII ZB 499/19, NZFam 2020, 1062.

Die Düsseldorfer Tabelle geht davon aus, dass der Unterhaltspflichtige insgesamt **zwei Personen** gegenüber unterhaltspflichtig ist. Bei einer größeren/geringeren Anzahl Unterhaltsberechtigter können Ab- oder Zuschläge durch Einstufung in niedrigere/höhere Gruppen angemessen sein. 5

b) Bedarf beim Wechselmodell. Übernimmt jeder Elternteil in etwa die **Hälfte der Versorgungs- und Erziehungsaufgaben** für das Kind, kann eine anteilige Barunterhaltspflicht beider Elternteile in Betracht kommen, weil diese auch nur anteilig für den Betreuungsunterhalt aufkommen.[2] An der aus dem Schwergewicht der Betreuung durch einen Elternteil folgenden Aufteilung zwischen Bar- und Betreuungsunterhalt ändert sich allerdings nicht bereits dann etwas, wenn der barunterhaltspflichtige Elternteil Betreuungs- und Versorgungsleistungen erbringt, selbst wenn dies im Rahmen eines über das übliche Maß hinaus wahrgenommenen Umgangsrechts erfolgt, dessen Ausgestaltung sich bereits einer Mitbetreuung annähert. Wenn und soweit der andere Elternteil gleichwohl die Hauptverantwortung für ein Kind trägt, muss es dabei bleiben, dass dieser Elternteil seine Unterhaltspflicht iSd § 1606 Abs. 3 S. 2 BGB durch die Pflege und Erziehung des Kindes erfüllt. Zur Beantwortung der Frage, ob ein Elternteil die Hauptverantwortung für ein Kind trägt, kommt der zeitlichen Komponente der von ihm übernommenen Betreuung indizielle Bedeutung zu, ohne dass die Beurteilung sich allein hierauf zu beschränken braucht.[3] 6

Übernehmen aber beide Elternteile in etwa die Hälfte der Versorgungs- und Erziehungsaufgaben, bedeutet dies nicht, dass dann kein Elternteil mehr Barunterhalt schulden würde. Vielmehr richtet sich der Bedarf des Kindes in derartigen Fällen nach den beiderseitigen Einkünften der Eltern; dem so ermittelten Bedarf sind Mehrkosten, die durch erhöhte Wohn- oder Fahrtkosten entstehen, hinzuzurechnen(→ *Wechselmodell* Rn. 1 ff.). Für den so errechneten Bedarf haften beide Elternteile entsprechend ihren Einkommens- und Vermögensverhältnissen, wobei die beiderseits erbrachten Naturalunterhaltsleistungen bedarfsmindernd zu berücksichtigen sind.[4] 7

c) Mehrbedarf/Sonderbedarf. Der sich aus der Düsseldorfer Tabelle ergebende Unterhaltsanspruch kann sich wegen eines Mehrbedarfs oder eines Sonderbedarf des Kindes erhöhen (→ *Mehrbedarf/Sonderbedarf beim Kindesunterhalt* Rn. 1 ff.). 8

d) Kranken- und Pflegevorsorge. Den Bedarfssätzen der Düsseldorfer Tabelle liegt zugrunde, dass das minderjährige Kind in der **gesetzlichen Familienversicherung gegen Krankheit** mitversichert ist. Ist dies ausnahmsweise nicht der Fall, wie dies insbesondere bei Beamten und Selbstständigen vorkommen kann, hat der Barunterhaltspflichtige zusätzlich auch für die **Kosten der Krankenversicherung** des Kindes aufzukommen. Diese Kosten mindern das unterhaltsrechtlich relevante Einkommen des Unterhaltspflichtigen. 9

Kosten für die **Pflegeversicherung** fallen bei minderjährigen Kindern in der Regel nicht an, weil diese beitragsfrei in der Pflegeversicherung ihrer Eltern mitversichert sind, egal ob es sich dabei um eine gesetzliche oder eine private Krankenversicherung handelt. 10

e) Kind mit eigenem Haushalt. Lebt das minderjährige Kind mit Einverständnis des oder der Sorgeberechtigten in einem eigenen Haushalt, ist es angemessen, den **Bedarf** des minderjährigen Kindes entsprechend dem Bedarfsbetrag für ein volljähriges Kind mit eigenem Haushalt mit derzeit **860 EUR** (Stand 2021) anzusetzen. Da in diesen Fällen regelmäßig keiner der Elternteile mehr Naturalunterhalt leistet, sind dementsprechend auch beide Elternteile zum Barunterhalt entsprechend ihren Einkommens- und Vermögensverhältnissen verpflichtet. 11

2. Bedürftigkeit

Eigene Einkünfte des minderjährigen Kindes, insbesondere **Zinseinkünfte** oder eine **Ausbildungsvergütung**, werden in der Regel hälftig sowohl auf den Barunterhalt als auch den Naturalunterhalt angerechnet. Gem.§ 1602 Abs. 2 BGB muss ein minderjähriges unverheiratetes Kind den Stamm seines Vermögens nicht 12

2 BGH 21.12.2005 – XII ZR 126/03, NJW 2006, 2258.
3 BGH 28.2.2007 – XII ZR 161/04, NJW 2007, 1882.
4 Zur Berechnung: BGH 11.1.2017 – XII ZB 565/15, FamRZ 2017, 437.

zu Unterhaltszwecken einsetzen. Gemäß den Anmerkungen zur Düsseldorfer Tabelle ist die anzurechnende Ausbildungsvergütung um einen Betrag in Höhe von 100 EUR für ausbildungsbedingten Mehrbedarf zu kürzen. Der Unterhaltsanspruch eines Kindes, das eine Ausbildung aufnimmt, gegenüber dem barunterhaltspflichtigen Elternteil entfällt oder reduziert sich für den gesamten Monat ab dem Beginn desjenigen Monats, in dessen Verlauf die erste Ausbildungsvergütung tatsächlich ausgezahlt wird.[5]

13 **Kindergeld** deckt gem. § 1612 b BGB den Bedarf des Kindes. Betreut ein Elternteil das Kind, wird das Kindergeld zur Hälfte auf die sich aus der Düsseldorfer Tabelle ergebenden Bedarfssätze angerechnet, in allen anderen Fällen mindert das Kindergeld den Bedarf in vollem Umfang.

14 Minderjährige Kinder sind grundsätzlich nicht zu einer Nebentätigkeit verpflichtet. Üben Sie dennoch eine solche Tätigkeit aus, sind die daraus erzielten Einkünfte in entsprechender Anwendung des § 1577 Abs. 2 BGB nur nach Billigkeit anzurechnen.

3. Leistungsfähigkeit

15 Der Unterhaltspflichtige muss für den verlangten Unterhaltsanspruch des Kindes leistungsfähig sein. Der **notwendige Selbstbehalt**, der dem Unterhaltspflichtigen verbleiben muss, beträgt nach den seit dem 1.1.2021 gültigen Leitlinien der Oberlandesgerichte bei einem nicht erwerbstätigen Unterhaltsschuldner 960 EUR, bei einem Erwerbstätigen 1.160 EUR.

16 **a) Bedarfskontrollbetrag.** Der sich aus der Düsseldorfer Tabelle für die jeweilige Einkommensgruppe ergebende Bedarfskontrollbetrag ist nicht identisch mit dem Selbstbehalt des Unterhaltspflichtigen. Er hat die Aufgabe, eine **ausgewogene Verteilung des Einkommens** zwischen dem Unterhaltspflichtigen und den Unterhaltsberechtigten zu gewährleisten.[6] In der Regel führt die Unterschreitung des Bedarfskontrollbetrags unter Berücksichtigung sämtlicher Unterhaltspflichten dazu, dass die Gerichte den Bedarf des Kindes aus der nächst niedrigeren Einkommensgruppe, deren Bedarfskontrollbetrag unter Berücksichtigung sämtlicher Unterhaltspflichten nicht unterschritten wird, entnehmen.

17 **b) Vermögenseinsatz.** Reichen die erzielbaren Einkünfte des barunterhaltspflichtigen Elternteils nicht aus, um den Mindestunterhalt seiner minderjährigen Kinder zu decken, ist er verpflichtet, vorhandenes Vermögen einzusetzen, soweit die zu beachtende **Opfergrenze** nicht überschritten wird. Diese Opfergrenze ist in der Regel nur dann überschritten, wenn der Unterhaltspflichtige sein Vermögen zur Deckung des eigenen Unterhaltsbedarfs braucht.[7]

18 **c) Gesteigerte Erwerbsobliegenheit.** Steht die vollständige oder teilweise Leistungsunfähigkeit fest, muss zudem die gesteigerte Erwerbsobliegenheit des Unterhaltspflichtigen aus § 1603 Abs. 2 S. 1 BGB beachtet werden (→ *Erwerbsobliegenheit* Rn. 1 ff.). Die für einen Unterhaltsanspruch vorausgesetzte Leistungsfähigkeit des Unterhaltsverpflichteten wird nicht allein durch das tatsächlich vorhandene Einkommen/Vermögen des Unterhaltsschuldners, sondern vielmehr auch durch seine Erwerbsfähigkeit bestimmt. Reichen seine tatsächlichen Einkünfte nicht aus, so trifft ihn unterhaltsrechtlich die Obliegenheit, seine Arbeitsfähigkeit in bestmöglicher Weise einzusetzen und eine mögliche Erwerbstätigkeit auszuüben.[8] Gegenüber minderjährigen Kindern erfährt diese Verpflichtung aufgrund der Vorschrift des § 1603 Abs. 2 S. 1 BGB eine Verschärfung dahin, dass den Unterhaltspflichtigen eine noch erheblich gesteigerte Verpflichtung zur Ausnutzung seiner Arbeitskraft trifft. Die **Zurechnung real erzielbarer Einkünfte** bei einem Verstoß gegen die Erwerbsobliegenheiten ist auch verfassungsrechtlich nicht zu beanstanden.[9] Aus § 1603 Abs. 2 BGB sowie aus Art. 6 Abs. 2 GG folgt die Verpflichtung der Eltern zum Einsatz der eigenen Arbeitskraft, um ihre Unterhaltspflicht ihren Kindern gegenüber zu erfüllen. Daher ist nicht zu beanstanden, hierbei auch

---

5 OLG Hamm 8.1.2013 – 3 UF 245/12, Familienrecht kompakt 2013, 91.
6 BGH 6.2.2008 – XII ZR 14/06, NJW 2008, 1663.
7 OLG Nürnberg 3.11.2010 – 11 UF 806/10, FamFR 2011, 55.
8 BGH 9.7.2003 – XII ZR 83/00, NJW 2003, 3123.
9 BVerfG 8.7.2005 – 1 BvR 1078/05, NJW-RR 2005, 1448.

fiktiv erzielbare Einkünfte zu berücksichtigen, wenn der Unterhaltsverpflichtete eine ihm mögliche und zumutbare Erwerbstätigkeit unterlässt, obwohl er diese „bei gutem Willen" ausüben könnte.[10]

Die **Zurechnung fiktiver Einkünfte**, welche die Leistungsfähigkeit begründen sollen, hat neben den **fehlenden subjektiven Erwerbsbemühungen** des Unterhaltsschuldners **objektiv** zur Voraussetzung, dass die zur Erfüllung der Unterhaltspflichten erforderlichen Einkünfte für den Verpflichteten **überhaupt erzielbar** sind, was von den persönlichen Voraussetzungen des Unterhaltsschuldners (Alter, Ausbildung, Berufserfahrung, Gesundheitszustand) und dem Vorhandensein entsprechender Arbeitsstellen abhängig ist. 19

Eine Zurechnung fiktiver Einkünfte, die aktuell nicht mehr erzielt werden und möglicherweise auch nicht mehr erzielbar sind und die tatsächlich zu einer aktuell gegebenen wirtschaftlichen Möglichkeiten übersteigenden Zahlungsverpflichtung führt, kommt nur bei einem verantwortungslosen, zumindest leichtfertigen bzw. grob schuldhaften Verhalten des Unterhaltsverpflichteten in Betracht.[11] 20

Oftmals verlangen die Familiengerichte von den Unterhaltsschuldnern die Bereitschaft, sich **bundesweit um eine Arbeitsstelle** zu bemühen (→ *Bewerbungsbemühungen* Rn. 4 ff.). In diesen Fällen ist aber zu prüfen, ob eine bundesweite Arbeitsaufnahme dem Unterhaltsverpflichteten unter Berücksichtigung seiner persönlichen Bindungen, insbesondere seines Umgangsrechts mit seinen Kindern, sowie der Kosten der **Ausübung dieses Umgangsrechts** und der Umzugskosten zumutbar ist.[12] 21

d) Keine gesteigerte Erwerbsobliegenheit bei Vorhandensein anderer leistungsfähiger Verwandter. Gem. § 1603 Abs. 2 S. 3 BGB besteht keine gesteigerte Erwerbsobliegenheit, wenn ein anderer unterhaltspflichtiger Verwandter vorhanden ist oder das Kind seinen Unterhalt aus dem Stamm seines Vermögens bestreiten kann. 22

Als andere unterhaltspflichtige Verwandte kommen zum einen die Großeltern, in Ausnahmefällen aber auch **der das Kind betreuende Elternteil** in Betracht. 23

Eine – anteilige – Haftung des betreuenden Elternteils kommt insbesondere dann in Betracht, wenn auf Seiten des eigentlichen barunterhaltspflichtigen Elternteils der angemessene Selbstbehalt in Höhe von 1.400 EUR gefährdet ist, während der betreuende Elternteil in der Lage wäre, den Barunterhalt des Kindes ohne Gefährdung seines eigenen angemessenen Unterhalt zu leisten. Eine derartige – anteilige – Haftung des betreuenden Elternteils setzt aber weiter voraus, dass die Inanspruchnahme des nicht betreuenden Elternteils zu einem finanziellen Ungleichgewicht zwischen den Eltern führen würde.[13] Dem betreuenden Elternteil muss also nach Deckung des Kindesunterhalts ein deutlich höherer Betrag verbleiben als dem Barunterhaltspflichtigen. 24

Ferner kommt eine – anteilige – Haftung des betreuenden Elternteils dann in Betracht, wenn dieser in **deutlich günstigeren wirtschaftlichen Verhältnissen** lebt als der eigentlich barunterhaltspflichtige Elternteil, auch wenn der angemessene Selbstbehalt des barunterhaltspflichtigen Elternteils bei Erfüllung der Unterhaltspflicht nicht gefährdet würde. Nach den Leitlinien des OLG Frankfurt a. M. (Ziffer 12.3) ist dies beispielsweise bei einem dreifach höheren Einkommen und günstigen Vermögensverhältnissen der Fall. 25

II. Verfahrensrechtliche Hinweise

1. Prozessstandschaft/gesetzliche Vertretung

Solange die Eltern des Kindes **miteinander verheiratet** sind, kann der Elternteil, in dessen Obhut sich das Kind befindet, Unterhaltsansprüche des Kindes gegen den anderen Elternteil nur im eigenen Namen geltend machen (§ 1629 Abs. 3 iVm § 1629 Abs. 2 S. 2 BGB). Sind die Eltern geschieden oder waren 26

10 BVerfG 15.2.2010 – 1 BvR 2236/09, FamRZ 2010, 626.
11 BVerfG 12.11.2007 – 1 BvR 48/05, FamRZ 2008, 131.
12 BVerfG 14.12.2006 – 1 BvR 2236/06, NJW-RR 2007, 649.
13 BGH 31.10.2007 – XII ZR 112/05, NJW 2008, 227.

sie nicht miteinander verheiratet, ist das **Kind selbst Partei** des Verfahrens, allerdings gesetzlich vertreten durch den allein sorgeberechtigten Elternteil als gesetzlichem Vertreter (§ 1629 Abs. 1 S. 3 BGB) oder bei gemeinsamer elterlicher Sorge vertreten durch den Elternteil, in dessen Obhut sich das Kind befindet (§ 1629 Abs. 2 S. 2 BGB).

2. Vertretung bei Wechselmodell

27 Betreuen geschiedene Eltern ihr Kind nach einem echten Wechselmodell, so lässt sich ein Betreuungsschwerpunkt nicht ermitteln. Dies hat zur Folge, dass kein Elternteil die Obhut gem. § 1629 Abs. 2 S. 2 BGB innehat. Bei der Geltendmachung von Kindesunterhalt muss daher für das Kind ein **Verfahrenspfleger** bestellt werden, oder ein Elternteil muss beim Familiengericht beantragen, ihm gem. § 1628 S. 1 BGB die **Alleinentscheidung** für diese Einzelangelegenheit zu übertragen.

3. Wechsel der Obhut/elterlichen Sorge

28 Problematisch sind die Fälle, in denen während des laufenden Verfahrens die elterliche Sorge oder die Obhut für das betroffene Kind zu dem beklagten Elternteil wechselt. In derartigen Fällen wird das Unterhaltsverfahren unzulässig, der das Kind bis dahin betreuende Elternteil kann auch den möglicherweise rückständigen Unterhalt nicht weiter geltend machen. In derartigen Fällen kann sich zugunsten des betroffenen Elternteils ein familienrechtlicher Ausgleichsanspruch ergeben.

4. Darlegungs- und Beweislast

29 Verlangt das Kind nur den **Mindestunterhalt**, also Unterhalt nach der ersten Einkommensgruppe der Düsseldorfer Tabelle, braucht es zum Einkommen des Unterhaltspflichtigen nicht vorzutragen. Wenn der Unterhaltspflichtige der Auffassung ist, diesem Mindestunterhalt nicht leisten zu können, ist er darlegungs- und beweispflichtig für seine **fehlende Leistungsfähigkeit**.[14] Dazu bedarf es der vollständigen Darlegung sowohl der eigenen Einkünfte wie auch des eigenen Vermögens durch den Unterhaltspflichtigen. Legt der Unterhaltspflichtige seine Einkünfte oder sein Vermögen im streitgegenständlichen Zeitraum nicht umfassend offen, kann er sich nicht mit Erfolg auf seine Leistungsunfähigkeit zur Zahlung des Mindestunterhalts berufen.[15]

30 Auch für seine fiktive Leistungsunfähigkeit bzw. die Einhaltung der an die gesteigerte Erwerbsobliegenheit zu stellenden Anforderungen ist der Verpflichtete in vollem Umfang darlegungs- und beweisbelastet.[16]

14 BGH 6.2.2002 – XII ZR 20/00, NJW 2002, 1269.
15 OLG Brandenburg 25.3.2010 – 9 UF 17/09.
16 BGH 6.2.2002 – XII ZR 20/00, NJW 2002, 1269.

150. Kindesunterhalt Volljähriger

Schausten

I. Einführung

Mit Eintritt der Volljährigkeit eines Kindes besteht für alle Beteiligten (Kind, Vater, Mutter) Anlass, die Unterhaltsverpflichtung gegenüber dem Kind zu überprüfen. Dies ist ganz unabhängig von der Frage, ob der Unterhaltsanspruch während der Zeit der Minderjährigkeit des Kindes tituliert gewesen ist oder nicht. 1

Denn mit der Volljährigkeit des Kindes endet die **Pflicht zur Pflege und Erziehung** für den Elternteil, der bisher im Rahmen der Betreuung des Kindes seinen Unterhaltsanspruch gegenüber dem Kind durch die Gewährung von Naturalunterhalt erfüllt hat; vielmehr sind mit Vollendung des 18. Lebensjahres des Kindes **beide Elternteile** dem Kind gegenüber **barunterhaltspflichtig** – natürlich immer unter der Voraussetzung, dass ein Unterhaltsanspruch dem Grunde nach gegeben ist. 2

II. Vorhandener Unterhaltstitel und Eintritt der Volljährigkeit

Der Unterhaltsanspruch des Kindes beginnt mit der Geburt und endet grundsätzlich erst mit einer abgeschlossenen Ausbildung oder wenn das Kind auf andere Art und Weise eine eigenständige Lebensstellung erlangt hat. Deshalb ist der Unterhaltsanspruch des minderjährigen Kindes mit dem des volljährigen Kindes dem Grunde nach identisch. Aufgrund dieser **Identität** zwischen dem Unterhaltsanspruch minderjähriger Kinder und dem Volljährigenunterhalt gelten Unterhaltstitel, die während der Minderjährigkeit des Kindes erlangt wurden, auch nach Eintritt der Volljährigkeit fort. 3

Manchmal liegen in der Praxis aber auch Unterhaltstitel vor, die bis zur Volljährigkeit des Kindes befristet worden sind, dies trifft insbesondere auf Urkunden des Jugendamts zu. Ist dies der Fall, kann nach Eintritt der Volljährigkeit aus diesem Titel nicht mehr vollstreckt werden, der Unterhaltsanspruch muss dann durch einen Leistungsantrag geltend gemacht werden. 4

III. Durchsetzung einer Abänderung nach Eintritt der Volljährigkeit

Liegt ein Unterhaltstitel vor, der auch für die Zeit nach Eintritt der Volljährigkeit fortgilt, kann eine Änderung der titulierten Unterhaltsverpflichtung nur durch einen Abänderungsantrag geltend gemacht werden; dies gilt sowohl für ein **Herabsetzungsverlangen** des Unterhaltsschuldners als auch für ein **Erhöhungsverlangen** des Unterhaltsgläubigers. 5

Der Unterhaltsschuldner kann in diesen Fällen das Abänderungsverlangen schon darauf stützen, dass infolge des Eintritts der Volljährigkeit nunmehr auch eine anteilige Barunterhaltsverpflichtung des anderen Elternteils besteht. Außerdem ist der Umstand, dass das volljährige Kind in die Altersgruppe 4 der Düsseldorfer Tabelle wechselt, ein **Abänderungsgrund**. 6

IV. Darlegungs- und Beweislast

7 Im Fall der Abänderung ist der Unterhaltsgläubiger – also das volljährige Kind – für den Fortbestand seines Unterhaltsanspruchs, seinen Bedarf und die auf beide Elternteile gem. § 1606 Abs. 3 S. 1 BGB entfallenden Haftungsanteile darlegungs- und beweispflichtig.[1] Dies gilt auch und insbesondere für das unterhaltsrechtlich relevante Einkommen des bisher das Kind betreuenden Elternteils.

8 Möglicherweise müssen durch das Kind nicht nur die Einkommens- und Vermögensverhältnisse der eigenen Eltern, sondern auch die **Einkommensverhältnisse der jeweiligen Ehegatten** der Eltern dargelegt und nachgewiesen werden, damit überprüft werden kann, ob und inwieweit die Elternteile selbst leistungsfähig sind oder ihr Selbstbehalt durch den Unterhaltsanspruch gegen den neuen Ehegatten abgedeckt ist.[2]

9 Für eine Einschränkung seiner **eigenen Leistungsfähigkeit** ist allerdings der Unterhaltsschuldner auch in diesen Verfahren selbst darlegungs- und beweispflichtig.

V. Grundlagen des Volljährigenunterhalts

10 Der Unterhaltsanspruch volljähriger Kinder ergibt sich aus § 1601 BGB; er richtet sich primär gegen die Eltern, grundsätzlich aber auch gegen alle anderen Verwandten in aufsteigender Linie, also die Großeltern oder Urgroßeltern.

1. Anspruchsgrundlage

11 **a) Erstausbildung.** Grundsätzlich ist ein volljähriges Kind als Erwachsener für seinen Lebensunterhalt selbst verantwortlich. Gem. § 1610 Abs. 2 BGB hat das Kind aber Anspruch auf die **Kosten einer angemessenen Ausbildung** zu einem Beruf. Eine Ausbildung ist dann als angemessen anzusehen, wenn sie der Begabung und den Fähigkeiten, dem Leistungswillen und den nicht nur vorübergehenden Neigungen des Kindes entspricht und sich in den Grenzen der wirtschaftlichen Leistungsfähigkeit der Eltern hält.[3] Die Entscheidung über sein Berufsziel trifft das volljährige Kind im Rahmen der vorstehenden Ausführungen selbst.

12 Wenn das Kind eine angemessene Berufsausbildung erhalten hat, sind die **Eltern** unabhängig von der Frage, ob sie die erste Berufsausbildung finanziert haben oder nicht, **nicht verpflichtet**, die **Kosten der weiteren Ausbildung** zu tragen. Ausnahmen von diesem Grundsatz lässt die Rechtsprechung zu, wenn die erste Ausbildung auf einer deutlichen Fehleinschätzung der Begabung des Kindes beruhte[4] oder wenn die Eltern das Kind **in eine Ausbildung gedrängt** haben, die seiner Begabung oder seinen Fähigkeiten nicht entsprach. Auch bei einem **Abbruch** des zuerst gewählten Studiums und der späteren Aufnahme eines anderen Studiums kann der Unterhaltsanspruch fortbestehen.[5]

13 Ferner kommt eine fortdauernde Unterhaltspflicht in Betracht, wenn die weitere Ausbildung zweifelsfrei als eine bloße in **engem sachlichen und zeitlichen Zusammenhang** stehende Weiterbildung zu dem bisherigen Ausbildungsweg anzusehen ist und von vornherein angestrebt war, oder während der ersten Ausbildung eine besondere, die Weiterbildung erfordernde Begabung deutlich wurde.[6] Bei Aufnahme eines **Master-Studiengangs** nach erfolgreich absolviertem Bachelor-Studium ist Voraussetzung für eine fortbestehende Unterhaltspflicht, dass zwischen dem Bachelor- und dem Master-Studiengang ein enger zeitlicher Zusammenhang besteht. Zum anderen muss sich die Fortsetzung des Studiums nach dem erfolgreichen Bachelor-Abschluss als eine fachliche Ergänzung und Weiterführung oder Vertiefung erweisen.[7]

---

1 OLG Koblenz 9.11.2006 – 7 WF 1042/06, NJW-RR 2007, 438.
2 OLG Hamm 19.7.2002 – 11 UF 432/01, FamRZ 2003, 1025.
3 BGH 17.5.2006 – XII ZR 54/04, NJW 2006, 2984.
4 BGH 17.5.2006 – XII ZR 54/04, NJW 2006, 2984.
5 OLG Hamm 5.2.2013 – 7 UF 166/12, NJW-RR 2013, 772.
6 BGH 29.6.1977 – IV ZR 48/76, NJW 1977, 1774.
7 OLG Brandenburg 18.1.2011 – 10 UF 161/10, FamRZ 2011, 1067.

b) Abitur-Lehre-Studium-Fälle. Diese Grundsätze hat die Rechtsprechung für die Fälle modifiziert, in denen ein Kind nach Erlangung der Hochschulreife auf dem herkömmlichen schulischen Weg (Abitur) eine praktische Ausbildung (Lehre) absolviert hat und sich erst danach zu einem Studium entschließt (sog. Abitur-Lehre-Studium-Fälle). Grund für die Modifizierung war das zunehmend geänderte Ausbildungsverhalten der Studienberechtigten, die sich durch eine praktische Berufsausbildung eine sichere Lebensgrundlage schaffen, ein anschließendes Studium aber nicht von vornherein ausschließen wollen. Dabei hat die Rechtsprechung allerdings wegen des aus § 1610 Abs. 2 BGB abzuleitenden Merkmals der **Einheitlichkeit des Ausbildungsgangs** daran festgehalten, dass die einzelnen Ausbildungsabschnitte in engem zeitlichen und sachlichen Zusammenhang stehen und die praktische Ausbildung und das Studium sich jedenfalls sinnvoll ergänzen müssen. Er hat es jedoch genügen lassen, dass der Studienabschluss nicht von vornherein, sondern erst nach Beendigung der Lehre gefasst wird, weil es gerade der Eigenart des vom herkömmlichen Bild abweichenden Ausbildungsverhaltens entspricht, dass sich der Abiturient bei Aufnahme der praktischen Ausbildung vielfach noch nicht über ein anschließendes Studium schlüssig ist.[8] 14

c) Realschulabschluss-Lehre-Fachoberschule-Fachhochschulstudium-Fälle. Eine Übertragung dieser für die sog. Abitur-Lehre-Studium-Fälle entwickelten Grundsätze auf Ausbildungsabläufe, in denen nach einem Realschulabschluss zunächst eine Lehre, dann die Fachoberschule und später die Fachhochschule absolviert wird, hat die Rechtsprechung stets abgelehnt. In solchen Fällen werden die einzelnen Ausbildungsabschnitte nur dann als einheitliche, von den Eltern zu finanzierende Berufsausbildung angesehen, wenn schon bei **Beginn der praktischen Ausbildung** erkennbar eine Weiterbildung einschließlich des späteren Studiums angestrebt wurde.[9] Denn auch insoweit können die Eltern nicht für die Kosten einer zweiten oder weiteren Ausbildung herangezogen werden, wenn sie ihre Unterhaltspflicht durch Finanzierung einer begabungsgerechten abgeschlossenen Berufsausbildung in rechter Weise erfüllt haben. Dahinter steht der Gedanke, dass die Unterhaltspflicht der Eltern von der Frage mitbestimmt wird, inwieweit sie damit rechnen müssen, dass ihr Kind nach einem Schulabschluss und einer zu Ende geführten, in sich geschlossenen Berufsausbildung noch eine berufsqualifizierende Ausbildung – ggf. über weitere Ausbildungsstufen hinweg – anstrebt. Denn die Belange der Unterhaltspflichtigen dürfen insoweit nicht unberücksichtigt bleiben. Die Eltern müssen sich in ihrer eigenen Lebensplanung in etwa darauf einstellen können, wie lange sie mit einer Unterhaltslast zu rechnen haben. Das Ausbildungsunterhaltsverhältnis zwischen Eltern und Kindern ist auch insoweit von **gegenseitiger Rücksichtnahme** geprägt, als einerseits die Eltern leichtere Verzögerungen oder ein zeitweiliges Versagen hinnehmen müssen, andererseits das Kind seine Ausbildung mit Fleiß und Zielstrebigkeit anzugehen hat.[10] 15

d) Promotion. Für eine von dem Kind beabsichtigte Promotion müssen die Eltern grundsätzlich nicht aufkommen, hier ist dem Kind regelmäßig eine Teilzeitarbeit zuzumuten, mit der es seinen eigenen Bedarf abdecken kann. Nur teilweise wird die Auffassung vertreten, dass eine Verpflichtung zur Finanzierung einer Promotion besteht, wenn Berufseinsteiger ohne Promotion den promovierten Berufseinsteigern im fraglichen Beruf in der Regel unterlegen sind. 16

e) Auslandsstudium. Ein Auslandsstudium ist von dem Unterhaltspflichtigen – im Rahmen seiner Leistungsfähigkeit – dann zu finanzieren, wenn das unterhaltsberechtigte Kind dadurch Kenntnisse erwirbt, vertieft oder erweitert, die seine **fachliche Qualifikation und seine Berufsaussichten fördern**; selbst wenn dies zu einer Verlängerung der Gesamtstudiendauer führen kann.[11] 17

Mehrkosten, die dadurch entstehen, dass ein unterhaltsberechtigtes volljähriges Kind ein begonnenes Studium im Ausland fortsetzt, stellen keinen Sonderbedarf iSd § 1613 Abs. 2 S. 1 BGB dar. Hinsichtlich solcher Mehrkosten fehlt es insoweit an dem Kriterium der Unregelmäßigkeit des Unterhaltsmehrbedarfs. Eine Erhöhung des regelmäßigen und titulierten Unterhaltsbedarfs wegen eines Auslandsstudiums kann deshalb 18

8 BGH 23.5.2001 – XII ZR 148/99, NJW-RR 2002, 1.
9 BGH 10.10.1990 – XII ZR 111/89, NJW-RR 1991, 195.
10 BGH 17.5.2006 – XII ZR 54/04, NJW 2006, 2984.
11 BGH 26.2.1995 – XII ZR 97/91, NJW-RR 1992, 1026.

nicht einem Leistungsantrag, sondern nur mit einem Antrag auf Unterhaltsabänderung nach §§ 238, 239 FamFG verfolgt werden.[12]

19 **f) Wechsel des Studienorts.** Haben Eltern ihrem Kind als angemessene Ausbildung ein Studium zu finanzieren, so steht dem Kind unbeschadet seiner Verpflichtung, seine Ausbildung mit Fleiß und Zielstrebigkeit zu betreiben, ein gewisser **Spielraum** bei dem eigenverantwortlichen Aufbau des Studiums zu, sofern dadurch nicht der ordnungsgemäße Abschluss des Studiums innerhalb angemessener Frist gefährdet wird. Innerhalb dieses Rahmens kann das Kind auch den Studienort wechseln, wenn der Ortswechsel der Ausbildung dient. Dies ist jedenfalls dann der Fall, wenn Kenntnisse erworben, vertieft oder erweitert werden sollen, die seine fachliche Qualifikation und seine Berufsaussichten fördern. Entsteht durch den Ortswechsel ein erhöhter Unterhaltsbedarf, hat der Unterhaltsverpflichtete diesen zu tragen, sofern sich die Finanzierung in den Grenzen seiner wirtschaftlichen Leistungsfähigkeit hält.[13]

20 **g) Freiwilliges soziales oder ökologisches Jahr.** Nach der neueren obergerichtlichen Rechtsprechung ist – wenngleich teilweise mit gewissen Einschränkungen – der Anspruch auf Ausbildungsunterhalt des Kindes in Anschluss an die Beendigung der Schulausbildung für die Zeit der Ableistung eines freiwilligen sozialen (oder ökologischen) Jahres nicht mehr davon abhängig, dass dieses zwingende Voraussetzung für die geplante Ausbildung oder das angestrebte Studium ist.[14]

2. Bedarf

21 **a) Allgemeines.** Der Bedarf richtet sich nach der Lebensstellung des volljährigen Kindes. Die Lebensstellung des volljährigen Kindes richtet sich nach den wirtschaftlichen Verhältnissen seiner Eltern. Bei bereinigten Einkünften der Eltern oberhalb der höchsten Einkommensgruppe der Düsseldorfer Tabelle, also ab einem Betrag von mehr als 5.500 EUR, kann nach den Umständen des Einzelfalls auch ein höherer Bedarf als der nach der höchsten Einkommensgruppe in Betracht kommen. Achtung: Eine begrenzte Fortschreibung der in der Düsseldorfer Tabelle enthaltenen Bedarfsbeträge bis zur Höhe des Doppelten des höchsten darin (zurzeit) ausgewiesenen Einkommensbetrags ist nach der neueren BGH-Rechtsprechung[15] nicht mehr ausgeschlossen. Die Konsequenzen dieser Entscheidung konnten in der Düsseldorfer Tabelle 2021 noch nicht berücksichtigt werden, hier ist die Entwicklung zu beobachten.

22 **b) Kinder im Haushalt der Eltern.** Bei volljährigen Kindern, die noch im Haushalt ihrer Eltern oder zumindest eines Elternteils leben, richtet sich der Unterhaltsbedarf nach der **4. Altersstufe** der Düsseldorfer Tabelle. Bei der Einkommensermittlung ist auf die Summe der unterhaltsrechtlich relevanten Einkünfte der Eltern abzustellen. Eine Höher- oder Herabgruppierung aufgrund gegenüber mehr oder weniger als zwei Unterhaltsberechtigten bestehender Unterhaltslast wird abgelehnt. Ausnahmsweise richtet sich die Ermittlung des Unterhaltsbedarfs nur nach dem Einkommen eines Elternteils, wenn der andere Elternteil nicht leistungsfähig ist.

23 **c) Kinder mit eigenem Haushalt.** Der Unterhaltsbedarf eines Kindes mit eigenem Haushalt beläuft sich gemäß der Düsseldorfer Tabelle auf monatlich **860 EUR** (Stand 2021). Dieser Betrag wird von allen Oberlandesgerichten in den jeweiligen Leitlinien übernommen.

24 **d) Kranken- und Pflegeversicherung.** Die Kosten einer Kranken- und Pflegeversicherung sind in den vorgenannten Bedarfssätzen **nicht enthalten**. Sofern das Kind nicht aufgrund einer eigenen versicherungspflichtigen Tätigkeit kranken- und pflegeversichert ist oder bei einem Elternteil in der gesetzlichen Krankenversicherung mitversichert ist, muss dieser Bedarf gesondert geltend gemacht werden. Er ist von den Eltern im **Verhältnis ihrer Haftungsanteile** zu decken.

12 OLG Hamm 1.3.1994 – 13 UF 435/93, NJW 1994, 2627.
13 BGH 26.2.1992 – XII ZR 97/91, NJW-RR 1992, 1026.
14 Vgl. OLG Düsseldorf 1.3.2019 – II-3 WF 140/18, FamRZ 2019, 1136 mwN.
15 BGH 16.9.2020 – XII ZB 499/19, NZFam 2020, 1062.

e) Studiengebühren/Semesterbeiträge. Auch Studiengebühren sind – im Gegensatz zu den Semesterbeiträgen – in den Bedarfssätzen nicht enthalten. Sie stellen Mehrbedarf des Kindes dar und können rückwirkend nur unter der Voraussetzung des Verzugs geltend gemacht werden. Das Kind kann nicht auf die teilweise angebotenen zinsgünstigen Darlehen zur Finanzierung der Studiengebühren verwiesen werden. Auch bei BAföG-Leistungen wird die Inanspruchnahme grundsätzlich nur für den Fall eines zinslos gewährten Darlehens für zumutbar gehalten. 25

3. Bedürftigkeit

a) Allgemeines. Nach dem sich aus § 1602 Abs. 1 BGB ergebenden **Grundsatz der Eigenverantwortung** ist ein gesunder Volljähriger grundsätzlich verpflichtet, sich selbst zu unterhalten. Diese Verpflichtung entfällt nur dann, wenn das volljährige Kind sich in einer angemessenen Ausbildung befindet, erwerbsunfähig erkrankt oder behindert ist. Nur in seltenen Ausnahmefällen bleibt außerhalb dieser Fallgestaltungen eine Unterhaltsverpflichtung bestehen. 26

b) Kindergeld. Gem. § 1612 b Abs. 1 Nr. 2 BGB ist das Kindergeld in voller Höhe auf den Unterhaltsbedarf des Kindes zu verrechnen und mindert in diesem Umfang seine Bedürftigkeit. Die Eltern haften dann nur für den Restbedarf anteilig entsprechend ihrer Erwerbs- und Vermögensverhältnisse. Bei einer entsprechenden Berechnung hat das Kind dann natürlich gegen den das Kindergeld beziehenden Elternteil einen Anspruch auf Auszahlung des Kindergelds, sofern es nicht mit diesem Elternteil in einem Haushalt lebt und der Betrag mit erbrachten Naturalleistungen verrechnet werden kann. 27

c) Ausbildungsvergütung. Die Ausbildungsvergütung des Kindes ist nach Bereinigung um ausbildungsbedingte Mehraufwendungen in der dann verbleibenden Höhe vollumfänglich auf den Unterhaltsbedarf des volljährigen Kindes anzurechnen; der **ausbildungsbedingte Mehrbedarf** wird in der Regel mit einem Betrag in Höhe von 100 EUR bemessen.[16] Der Unterhaltsanspruch eines Kindes, das eine Ausbildung aufnimmt, gegenüber dem barunterhaltspflichtigen Elternteil entfällt oder reduziert sich für den gesamten Monat ab dem Beginn desjenigen Monats, in dessen Verlauf die erste Ausbildungsvergütung tatsächlich ausgezahlt wird.[17] 28

d) BAföG-Leistungen. Gem. § 17 Abs. 2 BAföG erfolgt die Ausbildungsförderung derzeit zur Hälfte als Zuschuss und zur anderen Hälfte als zinsloses Darlehen. Sowohl der als Zuschuss geleistete als auch der als Darlehen gewährte Teil mindern den Unterhaltsbedarf des volljährigen Kindes.[18] Der Unterhaltsbedarf des Kindes wird nicht durch Leistungen iSd § 36 BAföG gemindert. In diesen Fällen geht der Unterhaltsanspruch auf das Land über. 29

Unterlässt das Kind die Beantragung von BAföG-Leistungen, können dem Kind **fiktive BAföG-Leistungen** bedarfsmindernd zugerechnet werden.[19] 30

e) Andere Einkünfte. Auch andere Einkünfte des Kindes, beispielsweise eine Halbwaisenrente, Mieterträge oder Kapitaleinkünfte, vermindern die Bedürftigkeit des Kindes und sind entsprechend der allgemeinen Vorschriften auf den Bedarf anzurechnen; Gleiches gilt für die Berücksichtigung eines Wohnvorteils. 31

Erwerbseinkünfte von Schülern und Studenten sind allerdings in der Regel **überobligatorisch** und daher nur nach Billigkeitsgesichtspunkten bei der Unterhaltsbemessung zu berücksichtigen. 32

f) Vermögen. Ein volljähriges Kind hat sein Vermögen sukzessive zur Deckung seines Lebensbedarfs einzusetzen (Umkehrschluss aus § 1602 Abs. 2 BGB) und darf das Vermögen nicht anderweit verbrauchen. Bei einem Verstoß gegen diese Obliegenheit muss es sich so behandeln lassen, als ob noch Vermögen vor- 33

16 Vgl. Anm. A. 8 zur Düsseldorfer Tabelle.
17 OLG Hamm 8.1.2013 – 3 UF 245/12, Familienrecht kompakt 2013, 91.
18 BGH 19.6.1985 – IVb ZR 30/84, NJW 1985, 2331.
19 OLG Schleswig 24.8.2005 – 15 UF 75/05, FamRZ 2006, 571.

handen wäre und bedarfsdeckend eingesetzt werden könnte.[20] Dem volljährigen Kind ist ein Schonbetrag zu belassen, dessen Höhe umstritten ist.[21]

VI. Verfahrenskostenvorschuss

34 Auch dem volljährigen Kind steht ein Anspruch auf Zahlung eines Verfahrenskostenvorschusses gegen seine Eltern zu, wenn es sich noch in der Ausbildung befindet und noch keine selbstständige Lebensstellung erreicht hat.[22]

35 Dass im Verwandtenunterhalt eine Regelung zur Zahlung eines Prozesskostenvorschusses fehlt, schließt allerdings eine **entsprechende Anwendung des § 1360 a Abs. 4 BGB** für solche Fälle nicht aus, die der besonderen Unterhaltspflicht zwischen Ehegatten vergleichbar ist. Das ist nach inzwischen einhelliger Auffassung für die Unterhaltspflicht der Eltern gegenüber ihren minderjährigen unverheirateten Kindern der Fall. Die dem gesetzlichen Zweck vergleichbare Situation ist jedoch nicht auf den Unterhaltsanspruch minderjähriger Kinder beschränkt, sondern im Wesentlichen darauf zurückzuführen, dass die Kinder wegen ihres Alters und Ausbildungsbedarfs noch keine eigene Lebensstellung erreicht haben und sich deswegen noch nicht selbst unterhalten können. Das allerdings gilt für volljährige Kinder vor Erreichen einer eigenen Lebensstellung entsprechend, zumal ihr Unterhaltsanspruch mit dem Anspruch auf Minderjährigenunterhalt identisch ist.

36 Das Gesetz enthält deswegen mit der unvollständigen Regelung des § 1610 BGB eine unbewusste Regelungslücke, die durch entsprechende Anwendung des § 1360 a Abs. 4 BGB geschlossen werden kann, wenn die Situation des bedürftigen volljährigen Kindes derjenigen eines unterhaltsberechtigten Ehegatten vergleichbar ist. Das ist hinsichtlich des Unterhaltsanspruchs volljähriger Kinder dann der Fall, wenn sie wegen der Fortdauer ihrer Ausbildung noch keine eigene Lebensstellung erworben haben und deswegen übergangsweise wie minderjährige Kinder der Unterstützung durch ihre Eltern bedürfen.

VII. Verfahrensrechtliche Hinweise

37 Gerichtliche Auseinandersetzungen über den Unterhalt volljähriger Kinder gehören zu den Unterhaltssachen, für die die Amtsgerichte sachlich zuständig sind (§ 111 Nr. 8 FamFG, § 23 a Abs. 1 Nr. 1 GVG).

38 Ist zwischen den Eltern eine **Ehesache anhängig**, ist das Gericht, bei dem die Ehesache anhängig ist oder war, ausschließlich örtlich zuständig (vgl. § 232 Abs. 1 Nr. 1 FamFG); wird im Laufe des Verfahrens über den Volljährigenunterhalt eine Ehesache rechtshängig, ist das Unterhaltsverfahren an das Gericht der Ehesache abzugeben (vgl. § 233 FamFG). Geht es um den Unterhaltsanspruch privilegierter volljähriger Kinder ist § 232 Abs. 1 Nr. 2 FamFG zu berücksichtigen; danach ist ausschließlich das Gericht zuständig, in dessen Bezirk das Kind seinen gewöhnlichen Aufenthalt hat. Nur wenn keine ausschließliche Zuständigkeit gegeben ist, bestimmt sich die örtliche Zuständigkeit gem. § 232 Abs. 3 FamFG nach den allgemeinen Vorschriften der ZPO.

39 Bei **unterschiedlichen Gerichtsständen** der Eltern ist § 232 Abs. 3 S. 2 Nr. 2 FamFG zu berücksichtigen, wonach das Kind bei einem gegen beide Elternteile gerichteten Unterhaltsantrag die Wahl hat, bei welchem Gerichtsstand es das Verfahren anhängig machen will. Abgesehen davon, dass dieses Vorgehen schon deshalb anzuraten ist, um divergierende Entscheidungen zu vermeiden, kann über diese Vorschrift erreicht werden, dass das Verfahren am Wohnort des Kindes zu führen ist, wenn dieses beispielsweise noch bei einem Elternteil wohnhaft ist.

---

20 OLG Zweibrücken 16.10.2015 – 2 UF 107/15, FamRZ 2016, 726.

21 Vgl. OLG Jena 3.3.2016 – 1 UF 340/15, NJW-RR 2016, 973.

22 BGH 23.3.2005 – XII ZB 13/05, NJW 2005, 1722.

151. Kindeswohlgefährdung

Seebach/M. Teubel

I. Anwendungsbereich/Einführung

Art. 6 Abs. 2 S. 1 GG garantiert den Eltern das Recht auf Pflege und Erziehung der Kinder (→ *Erziehung* Rn. 1 ff.). Der Staat hat aufgrund des ihm verfassungsrechtlich zukommenden **Wächteramtes**, konkretisiert in Art. 6 Abs. 2 S. 2 GG, das Recht und die Pflicht, unter bestimmten, strengen Voraussetzungen aus Kindeswohlgesichtspunkten in dieses verfassungsrechtlich garantierte Elternrecht einzugreifen. 1

§ 1666 BGB ist **Ausfluss dieses staatlichen Wächteramts**. Voraussetzung für ein **gerichtliches Einschreiten** ist eine körperliche, geistige oder seelische Kindeswohlgefährdung. Erforderlich ist eine gegenwärtige, in einem solchen Maß vorhandene Gefahr, dass sich bei der weiteren Entwicklung des Kindes eine erhebliche Schädigung mit ziemlicher Sicherheit voraussehen lässt, ohne dass Schäden bereits eingetreten sein müssen.[1] Die **Trennung des Kindes von den Eltern** ist allein unter den Voraussetzungen des Art. 6 Abs. 3 GG zulässig. Für die Eltern ist der Entzug der elterlichen Sorge und die damit häufig einhergehende Herausnahme des Kindes aus dem Haushalt der stärkste staatliche **Eingriff in das elterliche Sorgerecht**, der nur unter strenger Wahrung des Grundsatzes der Verhältnismäßigkeit gerechtfertigt sein kann.[2] Hinsichtlich der Grundrechte des Kindes gilt das Gebot effektiven Grundrechtsschutzes.[3]

Bloße **Meinungsverschiedenheiten** der Eltern (→ *Meinungsverschiedenheiten der Sorgeberechtigten* Rn. 2 ff.) rechtfertigen in der Regel keine Maßnahmen nach § 1666 BGB. Ferner sind **Verfahren nach § 1671 BGB** auf Übertragung der gesamten oder von Teilbereichen der elterlichen Sorge auf den anderen Elternteil von Verfahren nach § 1666 BGB abzugrenzen (→ *Elterliches Sorgerecht* Rn. 4). Der Übergang kann insoweit fließend sein, als gerade auch ein kindeswohlgefährdendes Verhalten eines Elternteils den anderen Elternteil dazu bewegen kann, entsprechende Anträge nach § 1671 BGB zu stellen (→ *Entzug des Sorgerechts* Rn. 10). 2

Gesondert betrachtet werden müssen auch Verfahren betreffend eine **Regelung des Umgangs** nach § 1684 BGB (→ *Umgangsrecht* Rn. 1 ff.), wobei zu beachten ist, dass ein problematisches Elternverhalten im Umgangsverfahren zu einer Einleitung eines Verfahrens nach § 1666 BGB führen kann (→ Rn. 11). Eine weitere Abgrenzung hat hinsichtlich einer möglichen **Verbleibensanordnung** nach § 1632 Abs. 4 BGB zu erfolgen, bei der das Kindeswohl in anderem Umfang geprüft wird (→ *Verbleibensanordnungen* Rn. 1 ff.). 3

1 NK-BGB/*Rakete-Dombek/Berning* § 1666 Rn. 10.
2 BGH 6.2.2019 – XII ZB 408/18, NJW 2019, 1435.
3 Palandt/*Götz* BGB § 1666 Rn. 1.

II. Kindeswohlgefährdung

1. Kind

4 Kind im Sinne des § 1666 BGB meint das unter der elterlichen Sorge stehende **minderjährige Kind.**[4] Teilweise wird die Meinung vertreten, dass auch das ungeborene Kind bereits dem Schutzbereich der Norm unterfällt. Unstreitig kommt dem **ungeborenen Kind** verfassungsrechtlich garantierter Schutz auch gegenüber der Mutter zu.[5] Zu seinem Schutz könnten daher grundsätzlich auch Maßnahmen nach § 1666 BGB gegen die schwangere Mutter in Betracht kommen.[6] Diese Rechtsauffassung übersieht, dass erst das geborene Kind rechtsfähig ist, § 1 BGB, und unter den Schutzbereich der Norm fällt. Der Wortlaut des Gesetzes ist insoweit eindeutig. Maßnahmen gegen eine die Leibesfrucht möglicherweise schädigende Mutter, die beispielsweise raucht, legale oder illegale Drogen konsumiert oder auf andere Art und Weise das ungeborene Leben gefährdet, sind daher nicht auf § 1666 BGB zu stützen. Es können möglicherweise Maßnahmen **unmittelbar nach Geburt** des Kindes angezeigt sein, da das Verhalten der Schwangeren Rückschlüsse zulassen kann auf ihre grundsätzliche Erziehungsfähigkeit. Ein nach § 218 StGB zulässiger oder gerechtfertigter **Schwangerschaftsabbruch** rechtfertigt kein gerichtliches Einschreiten nach § 1666 BGB.[7]

2. Inobhutnahme durch das Jugendamt

5 In der Regel wird ein Verfahren wegen Kindeswohlgefährdung durch die Jugendämter initiiert, denen Tatsachen bekannt werden, die ein Handeln erforderlich machen. Bereits im Vorfeld kann bei Gefahr im Verzug und Unmöglichkeit der rechtzeitigen Entscheidung durch das Familiengericht eine Herausnahme des Kindes aus der Familie im Wege einer **Inobhutnahme** nach dem SGB VIII erfolgen (→ *Inobhutnahme* Rn. 1 ff.).[8]

3. Unvermögen der Eltern zur Gefahrenabwehr

6 Für ein Einschreiten des Staates von Amts wegen ist es unerheblich, ob die Eltern zur Gefahrenabwehr für ihr Kind nicht in der Lage sind – aus welchen Gründen auch immer – oder ob sie nicht willens sind.[9] Eine bewusste Gefährdung des Kindes ist gerade nicht Voraussetzung für staatliches Eingreifen. Eine in diesem Zusammenhang auftauchende Begrifflichkeit ist die **Erziehungsfähigkeit der Eltern.**[10]

7 Es ist bei Prüfung der Voraussetzungen des § 1666 BGB zu berücksichtigen, dass es nicht Aufgabe des Staates ist, die Fähigkeiten eines Kindes bestmöglich zu fördern. Das Kind teilt insofern die **Herkunft und die sozialen Verhältnisse der Eltern.**[11] So führt die Tatsache, dass ein Kind in einer anderen Familie besser gefördert werden würde, nicht dazu, dass in das verfassungsrechtlich garantierte Elternrecht eingegriffen werden darf.[12] Nicht jedes Elternversagen oder jede **Nachlässigkeit der Eltern** kann dazu führen, diese von der Pflege und Erziehung ihres Kindes auszuschließen.[13]

4. Gefährdung des körperlichen, geistigen oder seelischen Wohls des Kindes

8 Maßstab einer gerichtlichen Entscheidung nach § 1666 BGB ist das Kindeswohl.[14] Eine Kindeswohlgefährdung kann durch eine Vielzahl von **Verhaltensweisen der Sorgeberechtigten oder auch dritter Personen**

4 NK-BGB/*Rakete-Dombek/Berning* § 1666 Rn. 4.
5 BVerfG 28.5.1993 – 2 BvF 2/90, NJW 1993, 1751.
6 Palandt/*Götz* BGB § 1666 Rn. 5.
7 HK-FamR/*Schmid* BGB § 1666 Rn. 11.
8 HK-FamR/*Schmid* BGB § 1666 Rn. 2.
9 NK-BGB/*Rakete-Dombek/Berning* § 1666 Rn. 12.
10 *Holldorf* FamFR 2011, 69; HK-FamR/*Schmid* BGB § 1666 Rn. 3 ff.
11 HK-FamR/*Schmid* BGB § 1666 Rn. 13.
12 NK-BGB/*Rakete-Dombek/Berning* § 1666 Rn. 10.
13 HK-FamR/*Schmid* BGB § 1666 Rn. 4.
14 NK-BGB/*Rakete-Dombek/Berning* § 1666 Rn. 9.

verwirklicht werden. Gefährdung meint hierbei eine gegenwärtige, in einem solchen Maß vorhandene Gefahr, dass sich bei der weiteren Entwicklung mit ziemlicher Sicherheit eine erhebliche Schädigung voraussehen lässt.[15] Es muss eine **nachhaltige körperliche, geistige oder seelische Gefährdung** zu befürchten sein.[16] An die Wahrscheinlichkeit eines Schadenseintritts sind umso geringere Anforderungen zu stellen, je schwerer der drohende Schaden wiegt.[17] Häufig wird man auf Vorfälle aus der – insbesondere jüngeren – Vergangenheit abstellen. Teilweise wird dies als problematisch und nicht zulässig angesehen, jedoch kann das Verhalten gegenüber anderen Kindern in die zu treffende Entscheidung einbezogen werden.[18] Von Seiten des Gerichts ist eine ausreichende Tatsachenfeststellung zu treffen.[19] In einer Vielzahl von Fällen sind die Eltern bzw. Sorgeberechtigten bereits auffällig und dem Jugendamt oder Gericht bekannt geworden.

a) Kindesmisshandlung. In einer Kindesmisshandlung durch **körperliche Züchtigung** ist grundsätzlich eine Kindeswohlgefährdung zu sehen.[20] Insoweit liegt ein Missbrauch des elterlichen Sorgerechts vor. Das Kind hat nach § 1631 Abs. 2 BGB ein Recht auf **gewaltfreie Erziehung** (→ *Erziehung* Rn. 4). 9

Probleme in der Praxis stellen sich insbesondere dann, wenn ein Elternteil das Kind körperlich misshandelt, und der andere Elternteil an der Ehe oder Partnerschaft festhalten möchte. Es muss sichergestellt sein, dass der nicht übergriffige Elternteil eine Gefährdung des Kindeswohls durch den anderen Elternteil ausschließen kann. Ein Weiterführen der Beziehung oder Ehe kann dem Kindeswohl daher entgegenstehen. Dies gilt ebenso bei Vernachlässigung (→ Rn. 16) und Verwahrlosung des Kindes.

b) Sexueller Missbrauch. Sexueller Missbrauch des Kindes stellt zweifellos eine Kindeswohlgefährdung 10
dar. Im Einzelfall ist zu prüfen, ob ein gänzlicher Ausschluss des Umgangs mit dem betreffenden Elternteil angezeigt oder noch ein begleiteter Umgang vertretbar ist. In der Praxis sind derartige Vorfälle – insbesondere bei Übergriffen gegen jüngere Kinder – oft von **Nachweisproblemen** geprägt.[21] Ein sicherer Nachweis eines sexuellen Übergriffs ist jedoch – anders als im Strafrecht – nicht erforderlich. Ausreichend sind überzeugende Anhaltspunkte dafür, dass ein derartiges Verhalten stattgefunden haben kann.[22] In Anbetracht des drohenden Schadens ist eine hinreichende Wahrscheinlichkeit, beruhend auf konkreten Verdachtsmomenten, ausreichend.[23] Es sind sodann alle erforderlichen Maßnahmen zu ergreifen, um das Kind zu schützen. Die Unschuldsvermutung, die im Strafrecht gilt, kann und darf im familiengerichtlichen Verfahren gerade nicht greifen. Durch eine Vielzahl von Maßnahmen ist – meist über einen längeren Zeitraum – sicherzustellen, dass eine Gefährdung des Kindes nicht stattfindet. Auch ein **sexueller Missbrauch durch Dritte**, beispielsweise den Lebensgefährten, kann Maßnahmen nach § 1666 BGB auslösen, wenn die Eltern nicht willens oder in der Lage sind, eine weitere Gefährdung des Kindes zu verhindern und Maßnahmen gegen den Dritten nicht ausreichen.

Wie einige spektakuläre Missbrauchsfälle (zB „Fall Staufen“)[24] gezeigt haben, ist bei dem Verdacht eines Kindesmissbrauchs eine umfassende gerichtliche Sachverhaltsermittlung erforderlich. Ferner müssen gerichtliche Maßnahmen dahin gehend überprüft werden, ob sie ausreichen und auch eingehalten werden.

c) Umgangsprobleme. In der gerichtlichen Praxis von enormer Bedeutung sind Verfahren getrennt le- 11
bender Eltern betreffend die **Behinderung des Umgangs** des Kindes mit dem anderen Elternteil. Eine

15 BVerfG 20.6.2011 – 1 BvR 303/11, NJW 2011, 3355.
16 NK-BGB/*Rakete-Dombek/Berning* § 1666 Rn. 10.
17 BGH 23.11.2016 – XII ZB 149/16, NJW 2017, 1032.
18 Palandt/*Götz* BGB § 1666 Rn. 8.
19 BVerfG 29.1.2010 – 1 BvR 374/09, NJW 2010, 2333.
20 HK-FamR/*Schmid* BGB § 1666 Rn. 7.
21 OLG Jena 10.3.2003 – 1 UF 264/02, FPR 2003, 669; OLG Düsseldorf 30.11.1994 – 3 Wx 560/94, NJW 1995, 1970.
22 Palandt/*Götz* BGB § 1666 Rn. 18.
23 BGH 6.2.2019 – XII ZB 408/18, NZFam 2019, 342.
24 Vgl. hierzu *Heilmann* FamRZ 2018, 1797.

Behinderung oder ein **Abbruch von Umgangskontakten** kann eine Kindeswohlgefährdung darstellen.[25] Dies liegt darin begründet, dass es in der Regel dem Wohl des Kindes dient, den Umgang mit dem Elternteil zu pflegen, bei dem es nicht seinen gewöhnlichen Aufenthalt hat.

Die weitestgehende gerichtliche Möglichkeit bei Boykottierung des Umgangs mit dem anderen Elternteil ist die **Entziehung des Aufenthaltsbestimmungsrechts** (→ *Aufenthaltsbestimmung bei Minderjährigen* Rn. 1 ff.) des betreuenden Elternteils. Zuvor ist jedoch die Anordnung einer Umgangspflegschaft (→ *Umgangspflegschaft* Rn. 1 ff.) als milderes Mittel zu prüfen. Insbesondere ist im Rahmen einer Gesamtbetrachtung auch zu würdigen, ob eine etwaige Fremdunterbringung des Kindes die Situation verbessern kann oder nicht auf Dauer schädlicher ist.[26]

Ein Verbringen des Kindes durch den betreuenden **Elternteil ins Ausland** stellt ohne weitergehende Anhaltspunkte trotz etwaiger Umgangserschwernisse noch keine Kindeswohlgefährdung dar (→ *Aufenthaltsbestimmung bei Minderjährigen* Rn. 12).[27]

12 **d) Schulische Angelegenheiten.** Die Verweigerung oder auch die fehlende Überwachung und Beaufsichtigung des regelmäßigen Schulbesuchs des Kindes stellt eine Kindeswohlgefährdung dar.[28] Häufig weisen gerade auch Schulen die Jugendämter auf Schulverweigerer oder unregelmäßigen Schulbesuch eines Kindes hin. In der Regel stellt die mangelnde Einflussnahme der Eltern auf den Schulbesuch des Kindes ein Erziehungsversagen der Eltern dar.[29] Ein Abhalten des Kindes vom Schulbesuch, beispielsweise aus religiösen Gründen, führt zu einer Prüfung einer Kindeswohlgefährdung.[30] Die Ablehnung staatlicher Schulerziehung kann Maßnahmen auslösen, gerechtfertigt durch den staatlichen Erziehungsauftrag.[31]

13 **e) Medizinisch-ärztliche Versorgung.** Die Verweigerung einer medizinisch **notwendigen und erforderlichen Behandlung** des minderjährigen Kindes stellt eine weitere mögliche Form der Kindeswohlgefährdung dar.[32] In der gerichtlichen Praxis spielt vor allem die Unterbringung in einer geschlossenen psychiatrischen Anstalt oder einer geschlossenen Jugendhilfeeinrichtung eine Rolle (→ *Freiheitsentziehende Unterbringung und freiheitsentziehende Maßnahmen betreffend Minderjährige* Rn. 1 ff.). Eine verweigerte Antragstellung auf Unterbringung durch einen oder beide Elternteile kann ein Eingreifen nach § 1666 BGB rechtfertigen.[33] Dies gilt grundsätzlich bei sämtlichen medizinisch notwendigen Eingriffen, deren Durchführung durch die Sorgeberechtigten verhindert wird.

14 Ein **beabsichtigter Schwangerschaftsabbruch** durch die minderjährige Schwangere stellt hingegen keine Kindeswohlgefährdung des Fötus dar, da der Fötus dem Schutzbereich der Norm des § 1666 BGB nicht unterfällt. Auch stellt grundsätzlich die **verweigerte Zustimmung der Eltern zu einem Schwangerschaftsabbruch** der minderjährigen Tochter keine Kindeswohlgefährdung dar (→ *Körperliche Eingriffe bei Minderjährigen* Rn. 20).

15 Einen in der Praxis zunehmend bedeutsameren und rechtlich sowie medizinisch schwierig zu beurteilenden Fall stellt die **Medikation Minderjähriger**, beispielsweise mit Ritalin im Falle von ADS oder ADHS, dar.[34] Eine verweigerte Zustimmung der Eltern kann – wie bereits dargelegt – staatliche Eingriffe rechtfertigen, wenn das Kindeswohl gefährdet ist.

16 **f) Vernachlässigung des Kindes.** Ist die Versorgung des Kindes vernachlässigt, können Eingriffe nach § 1666 BGB angezeigt sein. Hierzu zählen insbesondere **Vernachlässigungen in der Pflege** des Kindes,

25 HK-FamR/*Schmid* BGB § 1666 Rn. 9.
26 BGH 26.10.2011 – XII ZB 247/11, NJW 2012, 151.
27 BGH 16.3.2011 – XII ZB 407/10, NJW 2011, 2360.
28 Palandt/*Götz* BGB § 1666 Rn. 17.
29 HK-FamR/*Schmid* BGB § 1666 Rn. 10.
30 HK-BGB/*Kemper* § 1666 Rn. 4.
31 BGH 17.10.2007 – XII ZB 42/07, NJW 2008, 369.
32 HK-FamR/*Schmid* BGB § 1666 Rn. 11.
33 BVerfG 14.6.2007 – 1 BvR 338/07, NJW 2007, 3560.
34 Vgl. Palandt/*Götz* BGB § 1666 Rn. 11.

aber auch emotionale Vernachlässigung und fehlende Zuwendung.[35] Häufig übernehmen vernachlässigte Kinder in der Familie Aufgaben, die ihnen als Kinder nicht zukommen. Relevant werden diese Fälle vor allem bei **alkoholabhängigen oder psychisch auffälligen** Eltern.

Die freiwillige Unterbringung der Kinder bei Dritten, beispielsweise in einer Pflegefamilie oder bei Großeltern, stellt jedoch keine Vernachlässigung dar.[36] Alleine auf die unzulänglichen finanziellen Mittel oder die Wohnsituation als solche kann eine Maßnahme in der Regel nicht gestützt werden.

g) Kindeswohlgefährdung durch Verhalten Dritter. Auch durch das Verhalten dritter Personen kann das Kindeswohl gefährdet sein. Hier ist es Aufgabe der Sorgeberechtigten, das Wohlergehen des Kindes, nötigenfalls mit rechtlichen Mitteln, zu gewährleisten. In den sogenannten **Patchwork-Familien** kann eine Gefährdung im Verhalten des neuen Partners zu sehen sein.[37] Auch Angehörige, wie beispielsweise Großeltern, können das Wohl des Kindes gefährden.[38] Das Familiengericht kann Maßnahmen unmittelbar gegen den Dritten anordnen. 17

h) Kinder ausländischer Eltern. Die Besonderheiten bei Kindern ausländischer Eltern können in der **kulturellen Verschiedenheit** sowie den unterschiedlichen Auffassungen im Hinblick auf Kindererziehung und Förderung liegen. Die körperliche Züchtigung von Kindern kann beispielsweise in anderen Kulturkreisen als durchaus adäquates **Erziehungsmittel** angesehen werden. Teilweise erfahren auch behinderte Kinder in anderen Kulturkreisen eine oftmals sogar herausragende Rolle, was jedoch nicht eine der Behinderung angemessene Förderung zur Folge haben muss. Ferner sind kulturelle Verschiedenheiten relevant im Hinblick auf rituelle Beschneidungen (→ *Körperliche Eingriffe bei Minderjährigen* Rn. 28 ff.) und Genitalverstümmelungen.[39] 18

Es findet das national geltende Recht Anwendung, so dass sich ausländische Eltern bzw. Eltern mit anderem kulturellen Hintergrund dem Recht des Staates unterzuordnen haben, in dem sie leben.

i) Kindsmutter als Prostituierte. Dass die Kindsmutter als Prostituierte arbeitet, rechtfertigt für sich noch keinen Eingriff nach § 1666 BGB. Jedoch entspricht der regelmäßige Umgang mit Zuhältern oder wechselnder „Kundschaft", also Kontakt zum **beruflichen Milieu der Mutter**, nicht dem Kindeswohl.[40] Es ist im Einzelfall die konkrete Situation unter Beachtung der erörterten Grundsätze zu prüfen. 19

j) Jugendliche Straftäter. Häufige oder regelmäßige **Straftaten eines Minderjährigen** können zu einer Überprüfung der Erziehungseignung der Eltern führen. In der Regel erfahren die Familiengerichte hiervon durch eine **Vorlage der Strafakte** zur Überprüfung oder durch die Jugendämter, die über die Jugendgerichtshilfe in das Strafverfahren eingebunden sind. Die Eltern sind frühzeitig am Strafverfahren zu beteiligen.[41] 20

k) Herausnahme aus Pflegefamilie. In der Herausnahme des minderjährigen Kindes aus einer **Pflegefamilie**[42] kann eine Kindeswohlgefährdung liegen. Dies führt in der Regel zu einer sogenannten **Verbleibensanordnung** (→ *Verbleibensanordnungen* Rn. 1 ff.). Entscheidend ist auch insoweit das Kindeswohl, § 1632 Abs. 4 BGB. 21

l) Umgangsbestimmungsrecht. Lebt ein Kind in einer Pflegefamilie, ist zu beachten, dass den Eltern auch bei Entzug des Aufenthaltsbestimmungsrechts nach wie vor das Umgangsbestimmungsrecht zusteht. Die Eltern bestimmen ihren Umgang mit dem eigenen Kind. Zu erwägen ist bei einer Ausübung des Umgangsrechts zum Nachteil des Kindes eine Umgangsregelung von Amts wegen nach § 1684 BGB, die 22

35 HK-FamR/*Schmid* BGB § 1666 Rn. 13.
36 HK-FamR/*Schmid* BGB § 1666 Rn. 13.
37 HK-FamR/*Schmid* BGB § 1666 Rn. 15.
38 NK-BGB/*Heinke/Frank* GewSchG § 3 Rn. 5.
39 BGH 15.12.2004 – XII ZB 166/03, NJW 2005, 672.
40 HK-FamR/*Schmid* BGB § 1666 Rn. 15.
41 BVerfG 16.1.2003 – 2 BvR 716/01, NJW 2003, 2004.
42 HK-FamR/*Schmid* BGB § 1666 Rn. 6.

Einrichtung einer Umgangspflegschaft oder ein vorübergehender Umgangsausschluss bis hin zum Entzug des Umgangsbestimmungsrechts.[43]

III. Verfahren

1. Verhältnismäßigkeit

23 Bei Maßnahmen nach § 1666 BGB handelt es sich um einen erheblichen Eingriff in das Elternrecht, wobei die Herausnahme des Kindes aus der Familie den **stärksten Eingriff in das Elternrecht** darstellt. Das Gericht hat daher bei Anordnung der Maßnahmen neben Kindeswohlgesichtspunkten den **Grundsatz der Verhältnismäßigkeit** zu beachten.[44] Es hat eine Abwägung stattzufinden, wobei die konkrete Gefährdungssituation des Kindes in Abwägung zu stellen ist mit den Rechten der Eltern.[45] Die gerichtlich angeordnete Maßnahme muss geeignet, erforderlich sowie angemessen sein. Die Verhältnismäßigkeit der Maßnahme ist ausdrücklich gesetzlich normiert in § 1666 a BGB.

24 Zu beachten ist insbesondere der **Vorrang öffentlicher Hilfen**, § 1666 a Abs. 1 S. 1 BGB (→ *Leistungen der Jugendhilfe* Rn. 6 ff.). Es muss geprüft werden, ob durch öffentliche Hilfen nach dem SGB VIII Gefährdungen des Kindes abgewendet werden können.[46] In der Regel rechtfertigt sich eine Herausnahme des Kindes bei Versagen der Eltern durch Vernachlässigung der Kinder erst nach erfolgloser oder nicht ausreichender Inanspruchnahme einer Familienhilfe.[47] Verweigern die Eltern entsprechende Angebote und Hilfen oder werden erforderliche Anträge nicht gestellt, so ist eine entsprechende Maßnahme nicht möglich bzw. ungeeignet.

25 Auch die Möglichkeit einer **Mutter-Kind-Einrichtung** ist zu prüfen. Für den Fall, dass sich die Kindesmutter bereit erklärt, eine solche Einrichtung zu besuchen, kann eine Herausnahme des Kindes möglicherweise – je nach Einzelfall – unverhältnismäßig werden.

26 Mögliche Maßnahmen sind in § 1666 Abs. 3 BGB genannt, wobei der Katalog nicht abschließend ist. Es ist zu beachten, dass § 1666 Abs. 3 BGB für einen erheblichen Eingriff in andere Grundrechte der Eltern, beispielsweise bei Anordnung der **Fortsetzung einer Psychotherapie**, keine taugliche gesetzliche Grundlage darstellt.[48] Die Anordnung kann auch nicht damit begründet werden, dass diese Maßnahme gegenüber einem Sorgerechtsentzug das mildere Mittel darstellt.

2. Maßnahmen gegen Dritte

27 Maßnahmen gegen dritte Personen sind möglich. Insbesondere ist an die Anordnung von **Kontaktverboten** zu denken.[49]

3. Erörterungstermin

28 Gem. § 157 FamFG findet in Verfahren nach §§ 1666, 1666 a BGB ein **Erörterungstermin** statt. Im Erörterungstermin sind vorrangig die **Kindeseltern und das Jugendamt** zu hören.[50] Möglichkeiten öffentlicher Hilfen sind zu besprechen. In der Regel werden Maßnahmen nach dem SGB VIII bereits geleistet worden sein, so dass zu überlegen ist, ob weitergehende Maßnahmen und Eingriffe erforderlich sind, um das Kindeswohl zu gewährleisten.[51]

---

43 BGH 6.7.2016 – XII ZB 47/15, NJW-RR 2016, 1089.
44 HK-FamR/*Schmid* BGB § 1666 Rn. 22.
45 BVerfG 28.2.2012 – 1 BvR 3116/11, FamRZ 2012, 1127.
46 NK-BGB/*Rakete-Dombek/Berning* § 1666 a Rn. 6.
47 OLG Hamm 17.10.2011 – 8 UF 176/11.
48 BVerfG 1.12.2010 – 1 BvR 1572/10, NJW 2011, 1661.
49 Palandt/*Götz* BGB § 1666 Rn. 41.
50 HK-FamVerfR/*Völker/Clausius/Wagner* § 157 Rn. 2, 5.
51 HK-FamVerfR/*Völker/Clausius/Wagner* § 157 Rn. 3.

In der Regel werden in diesem ersten Erörterungstermin die Weichen gestellt für den weiteren Fortgang des Verfahrens. Unter Wahrung des Verhältnismäßigkeitsgrundsatzes ist der Entzug der elterlichen Sorge oder von Teilbereichen der elterlichen Sorge möglich (→ *Entzug des Sorgerechts* Rn. 1 ff.). Auch der nicht sorgeberechtigte nichteheliche Vater ist wegen § 1680 Abs. 3 BGB am Verfahren zu beteiligen.[52]

4. Verfahrensbeistand

Der Verfahrensbeistand wird mit dem Ziel beigeordnet, die **Kindesinteressen im Verfahren** wirksam zu 29
wahren, dessen Belange sicherzustellen und zu vertreten (→ *Verfahrensbeistand* Rn. 1 ff.). In Verfahren nach §§ 1666, 1666 a BGB richtet sich die Beiordnung nach § 158 Nr. 2 FamFG. Dies führt in der Praxis dazu, dass in Verfahren nach §§ 1666, 1666 a BGB eine **Beiordnung durch das Gericht zwingend** zu erfolgen hat.[53]

52 OLG Frankfurt a. M. 13.12.2011 – 3 WF 310/11, FamRZ 2013, 46.
53 HK-FamVerfR/*Völker/Clausius/Wagner* § 158 Rn. 1 ff.

152. Konkreter Bedarf

Osthold

I. Einordnung

1 Die Darlegung eines konkreten Unterhaltsbedarfs ist eine Variante der Darstellung des Unterhaltsbedarfs des Unterhaltsgläubigers. Sie ist sowohl bei der Berechnung von Ansprüchen auf Trennungs- und nachehelichen Unterhalt als auch bei der Berechnung von Ansprüchen auf Kindesunterhalt durch die Rechtsprechung entwickelt und anerkannt. Sie findet abweichend von der üblichen, pauschal an den Einkommensverhältnissen anknüpfenden Bestimmung des Unterhaltsbedarfs **bei besonders günstigen wirtschaftlichen Verhältnissen** Anwendung. Während bei gewöhnlichen Verhältnissen die Rechtsprechung eine tatsächliche Vermutung anerkennt, dass sämtliches Einkommen zum Konsum verwendet wird, so besteht bei besonders günstigen Einkommensverhältnissen diese Vermutung nicht mehr. Denn es entspricht allgemeiner Lebenserfahrung, dass in diesen Fällen Einkommensbestandteile für die **Vermögensbildung** verwendet werden. Da der Unterhalt nicht der Vermögensbildung, sondern der Deckung der Lebenshaltungskosten dient, können diese Bestandteile des Einkommens bei der Berechnung des Unterhaltsbedarfs keine Berücksichtigung finden. Daher muss derjenige Teil des Einkommens, welcher der Deckung der Konsum- und Lebensbedürfnisse dient, konkret ermittelt und dargestellt werden.

Praktisch stellt der Einwand der Darstellung des konkreten Bedarfs im Ehegattenunterhalt ein **Verteidigungsmittel gegen einen Unterhaltsanspruch** dar, weil Einkommensbestandteile bei der Berechnung außer Betracht bleiben. Im Rahmen des Kindesunterhalts ist dies umgekehrt. Die Darstellung eines konkreten Bedarfs kann einen Unterhaltsanspruch jenseits der höchsten Einkommensgruppe der Düsseldorfer Tabelle rechtfertigen. Entsprechend enthält die Düsseldorfer Tabelle den Hinweis, der Unterhalt sei „nach den Umständen des Falles" zu ermitteln.

II. Konkreter Bedarf und Ehegattenunterhalt

1. Einsatz der konkreten Bedarfsbestimmung

2 Die Bedarfsermittlung richtet sich nach den ehelichen Lebensverhältnissen (→ *Bedarfsermittlung* Rn. 1 ff., → *Eheliche Lebensverhältnisse* Rn. 1 ff.). Grundsätzlich ist für die Bestimmung des Bedarfs daher an das bereinigte Nettoeinkommen der Ehegatten, welches die Lebenshaltungskosten gespeist hat, nach Quote anzuknüpfen. Der BGH geht von einer tatsächlichen Vermutung des vollständigen Verbrauchs des zur Verfügung stehenden Einkommens bis zu einer Grenze von einem zusammengerechneten monatlichen um alle unterhaltsrechtlich anerkannten Abzugspositionen **bereinigten Nettoeinkommen** beider Ehegatten von **derzeit 11.000 EUR** aus.[1] Maßgeblich ist nur der Elementarunterhalt. In einem vereinfachten Fall, in dem dieses Einkommen allein beim Unterhaltsschuldner aus Erwerbseinkommen erzielt würde, könnte also ein Unterhaltsanspruch von 11.000 EUR*3/7 = rund 4.714 EUR noch nach der Quotenmethode geltend gemacht werden (4.950 EUR nach der süddeutschen Methode). Jenseits dieser Grenze bleibt eine Berechnung nach der Quotenmethode jedoch weiterhin zulässig. Der Unterhaltsanspruch wäre also auch nach Quote weiterhin schlüssig dargelegt.[2] Allerdings steht es dem Unterhaltsschuldner jenseits dieser

1 BGH 25.9.2019 – XIIZB 25/19, FamRZ 2020, 21: das Doppelte des Höchstbetrags der Düsseldorfer Tabelle.
2 BGH 25.9.2019 – XIIZB 25/19, FamRZ 2020, 21.

Grenze offen, den vollständigen Verbrauch des Einkommens zu Konsumzwecken substantiiert zu bestreiten. Sollte ihm dies gelingen, so ist für eine schlüssige Darlegung des Bedarfs eine konkrete Darlegung der Lebenshaltungskosten erforderlich.

Der BGH hatte die nunmehr festgelegte Grenze lange recht großzügig der tatrichterlichen Würdigung des Einzelfalles überlassen und im Einzelfall verschiedene Grenzen gebilligt.[3] Verschiedene Oberlandesgerichte hatten eigene Grenzen entwickelt, die sich wohl auch an den örtlichen Einkommensverhältnissen orientiert hatten. Deshalb kam es in Deutschland zu ganz unterschiedlichen Grenzwerten. Die jüngste Entscheidung des BGH hat dazu geführt, dass die konkrete Bedarfsdarstellung zurückgedrängt wurde.[4] Allerdings hat der BGH einen anderen, niedrigeren Ansatz für die Grenzziehung auch nicht ausgeschlossen. Die Leitlinien der OLG sehen bisher nur zum Teil ausdrückliche Grenzen vor, zum Teil auch nicht und unterscheiden sich noch untereinander. Insofern sollte im Falle der Befassung mit der Thematik immer auch ein Blick in die **örtlichen Leitlinien** geworfen werden. Es ist zu erwarten, dass aufgrund der jüngsten Entscheidung des BGH nun ein stärkerer Vereinheitlichungsprozess stattfinden wird.

2. Der Einwand der Vermögensbildung

Der Einwand der Vermögensbildung muss durch den Unterhaltsschuldner jenseits der oben genannten 3
Grenze nach dem BGH ausdrücklich in substantiierter Art und Weise erfolgen.[5] Die Rechtsprechung geht auch diesbezüglich von einer **sekundären Darlegungslast des Unterhaltsschuldners** aus.[6] Pauschale Behauptungen wie „häufige Investitionen" dürften unzureichend sein. Die genauen Anforderungen sind allerdings unklar. Da der BGH ausdrücklich auf das bereinigte Nettoeinkommen abstellt,[7] sind nämlich Aufwendungen für Vermögensbildung im Rahmen der (sekundären) Altersvorsorge[8] oder zB zur Tilgung von Immobilienkrediten bereits bei der Bedarfsdarstellung berücksichtigt und führen durch die Reduktion des Einkommens dazu, dass in die Quotenberechnung abgerutscht werden kann. Zugleich fällt dadurch der Bedarf aber auch bereits niedriger aus. In der Literatur wird zu Recht darauf hingewiesen, dass Vermögensbildung aber nicht nur durch regelmäßige Fixkosten betrieben wird. Monatliches Einkommen kann „übrig bleiben", sich ansammeln und bei Gelegenheit fester angelegt werden.[9] Letztlich kann die Vermögenbildung auch insgesamt höher gewesen sein, als dies im Rahmen der Altersvorsorge durch die Rechtsprechung akzeptiert wird. In der Praxis sollte dieses Problem gesehen und alle Umstände vorgetragen werden, die zur Bildung von Vermögen geführt haben.

Der Darlegung der Vermögensbildung durch den Unterhaltsschuldner kann der Unterhaltsgläubiger widersprechen. Er ist dann allerdings in der Beweislast dafür, dass kein Vermögen gebildet wurde.[10] Gelingt der Beweis, kann der Bedarf weiterhin nach der Quotenmethode bestimmt werden.

3. Positionen der Bedarfsbestimmung

Der Unterhaltsgläubiger hat seine **gesamten Lebenshaltungskosten** im Einzelnen substanziiert vorzutra- 4
gen. Maßstab sind die noch bei bestehender ehelicher Lebensgemeinschaft herrschenden Verhältnisse bis zur Trennung.[11] Gleichwohl erkennen die Obergerichte auch nach Trennung neu hinzutretende Positionen im Einzelfall an, wenn sie sich im Rahmen des bis zur Trennung herrschenden Ausgabeverhaltens bewe-

3 BGH 30.11.2011 – XII ZR 34/09, FamRZ 2012, 947: hier noch gemeinsames Einkommen in Höhe der höchsten Einkommensgruppe der Düsseldorfer Tabelle.

4 Ein solches Einkommen dürfte nur bei 0,5 % aller Steuerpflichtigen bestehen, vgl. *Schwamb* NZFam 2019, 133.

5 BGH 15.11.2017 – XII ZB 503/16, FamRZ 2018, 260; BGH 25.9.2019 – XIIZB 25/19, FamRZ 2020, 21.

6 OLG Zweibrücken 18.4.2013 – 6 UF 156/12, FamRZ 2014, 216.

7 So konkret in BGH 25.9.2019 – XIIZB 25/19, FamRZ 2020, 21.

8 Bei guten Einkommensverhältnissen ist eine primäre Altersvorsorge ja auch jenseits der Beitragsbemessungsgrenze der Deutschen Rentenversicherung zulässig, vgl. BGH 25.9.2019 – XII ZB 25/19, FamRZ 2020, 21.

9 *Niepmann* NZFam 2019, 1094.

10 BGH 25.9.2019 – XII ZB 25/19, FamRZ 2020, 21.

11 OLG Zweibrücken 18.4.2013 – 6 UF 156/12, FamRZ 2014, 216.

gen.[12] Ein absinkender Bedarf nach Trennung, der etwa ausbleibenden Unterhaltszahlungen geschuldet ist, der aber weiterhin angestrebt wird, ist demgegenüber nicht beachtlich.[13] Anders ist es, wenn er dem Grunde nach, etwa wegen auftretender gesundheitlicher Probleme, wegfällt.[14]

5 Folgende **Positionen** erkennt die obergerichtliche Rechtsprechung unter Auswertung der bisher ergangenen Entscheidungen an:[15]

- Wohnkosten:[16] Entscheidend sind die Mietkosten (einschließlich Nebenkosten), die für eine Wohnung, die dem Standard und der Lage der Ehewohnung entspricht und der Größe nach für eine Person (statt wie vorher für zwei) ausgelegt ist (das Platzbedürfnis kann sich an demjenigen der Ehewohnung umgelegt auf Kopfteile orientieren), anfallen. Platzbedürfnisse der Kinder sind nicht miteinzubeziehen, wenn die Kinder Unterhalt erhalten, da hier bereits Wohnkosten enthalten sind.[17]
- Lebensmittel, Hygieneartikel und Körperpflegeprodukte, Kosmetik, Zigarettenkonsum etc
- Kleidung, Schuhwerk, Schmuck, Reinigungskosten
- Hobbykosten (Sport, Reitstunden, Musikunterricht, Fitness- und Sonnenstudio etc), Friseurbesuche, Restaurantbesuche, Besuch kultureller Einrichtungen (Museen, Konzerte, Theater etc)
- Telefon-, Internet- und Mobilfunkkosten, Kosten für Zeitschriften und Zeitungen, Literatur
- Hauspersonalkosten (Gärtner, Putzhilfe, Kinderbetreuung) und Tierhaltungskosten
- Kontoführungs-, Depot-, Kreditkarten-, Bankschließfach- und Onlinebanking-Kosten
- Rücklage für Haushaltsgeräteanschaffung, Hausrat und Kleinreparaturen
- Urlaubskosten: Es ist auf die umgelegten Durchschnittskosten für Urlaube pro Monat hinsichtlich der gesamten Ehe abzustellen, nicht nur die der letzten Jahre vor Trennung.[18]
- Rücklage für Möbelanschaffung[19]
- Pkw-Kosten[20]
- Kosten für Versicherungen wie Krankenversicherungen (nebst Selbstbehalt) und sonstigen Versicherungen sowie Altersvorsorgekosten; bei Kosten, die der Unterhaltsgläubiger von seinem Einkommen auf der Ebene der Bedürftigkeit absetzen will, kann keine Einstellung im Bedarf erfolgen, damit es nicht zu unzulässiger Doppelverwertung kommt.[21]
- Kosten für den Erwerb von Kunstgegenständen[22]

6 Die genauen Kosten für jede Bedarfsposition müssen mit Blick auf den **individuellen Konsumstandard** der Ehe angemessen sein, weshalb ein zu dürftiger oder übermäßiger Aufwand außer Betracht zu bleiben hat.[23] Es genügt aus Sicht des Unterhaltsgläubigers, die Kosten überschlägig darzustellen, damit das Gericht die Möglichkeit hat, auf dieser Basis die Kosten nach § 113 Abs. 1 S. 2 FamFG, § 287 ZPO zu schätzen.[24] Es ist aber zu empfehlen, sehr sorgfältig zu den Ausgaben vorzutragen und mögliche Belege vorzulegen. Da die tatsächlichen Lebensumstände maßgeblich sind, kann etwa eingewendet werden, dass

12 OLG Düsseldorf 18.9.2014 – II-7 UF 26/14, 7 UF 26/14, FamRZ 2015, 1392: neues Hobby, Ausgaben für Berufscoaching.
13 BGH 11.8.2010 – XII ZR 102/09, FamRZ 2010, 1637.
14 OLG Hamm 10.2.2006 – 5 UF 104/05, FamRZ 2006, 1603.
15 Eine ergänzende Liste findet sich bei *Born* FamRZ 2013, 1613 (1618).
16 BGH 18.1.2012 – XII ZR 177/09, FamRZ 2012, 514.
17 OLG München 21.6.2004 – 17 UF 1571/03, FamRZ 2005, 367.
18 OLG München 21.6. 2004 – 17 UF 1571/03, FamRZ 2005, 367; OLG Hamm 17.10.2013 – II-4 UF 161/11, 4 UF 161/11, FamRZ 2014, 1372.
19 OLG Düsseldorf 18.9.2014 – II-7 UF 26/14, 7 UF 26/14, FamRZ 2015, 1392.
20 Aber nicht, soweit vor Trennung die Kosten von dem Unternehmen eines Ehegatten bezahlt worden sind, OLG Bremen 6.2.2015 – 4 UF 38/14, FamRZ 2015, 1395.
21 OLG Bremen 6.2.2015 – 4 UF 38/14, FamRZ 2015, 1395.
22 OLG Bremen 6.2.2015 – 4 UF 38/14, FamRZ 2015, 1395: 35 EUR pro Monat.
23 OLG Bremen 6.2.2015 – 4 UF 38/14, FamRZ 2015, 1395: 35 EUR pro Monat.
24 OLG Koblenz 20.12.2017 – 13 UF 202/17, FamRZ 2018, 913.

vor Trennung für bestimmte Positionen ein Pauschalbetrag (Haushaltsgeld) gezahlt worden ist. Dieser stellt dann die Obergrenze der Schätzung dar.[25]

4. Berechnung von Kranken- und Altersvorsorgeunterhalt

Im Falle der konkreten Bedarfsdarstellung entfällt bei Geltendmachung von Kranken- und Altersvorsorgeunterhalt eine zweistufige Berechnung des Elementarunterhalts,[26] wie sie beim Quotenunterhalt geboten wäre. Denn diese Methode soll lediglich den Halbteilungsgrundsatz schützen. Dafür besteht bei guten Einkommensverhältnissen aber keine Notwendigkeit, weil der Elementarbedarf dann neben dem Vorsorgebedarf gedeckt werden kann. Daher ist der konkrete Unterhaltsbetrag, der sich nach der Darstellung des konkreten Bedarfs unter Berücksichtigung der Bedürftigkeit ergibt, lediglich **nach der Bremer Tabelle hochzurechnen**. Hierbei ist auf die neuen Grundsätze des Bundesgerichthofs zu achten, nach denen eine sekundäre Altersvorsorge zu berücksichtigen ist, soweit der Unterhaltschuldner diese ebenfalls in Anspruch nimmt.[27] 7

5. Besonderheiten bei der Bestimmung der Bedürftigkeit

Zum Ersten ist anerkannt, dass der Unterhaltsgläubiger **keinen Erwerbstätigenbonus** von seinen Einkünften abziehen kann.[28] Dies gebietet die Gleichbehandlung, denn bei der Bedarfsbestimmung findet er ebenfalls keine Berücksichtigung. Zum Zweiten ist zu beachten, dass der **Wohnvorteil** eines Unterhaltsgläubigers auf Ebene der Bedürftigkeit nach den gleichen Grundsätzen zu bemessen ist wie bei der Quotenmethode. Während bei der Bedarfsbestimmung nur die Wohnkosten für den angemessenen Wohnraum des Gläubigers selbst anzusetzen sind, kann ihm bei Bewohnen einer zu großen Wohnung ein darüber hinausgehender objektiver Wohnwert als fiktives Einkommen zugerechnet werden.[29] Zum Dritten ist darauf zu achten, dass bei der Bestimmung des Einkommens des Unterhaltsgläubigers keine Abzugspositionen abgezogen werden dürfen, die sich bereits in der Darstellung des Bedarfs befinden, da es sonst zulasten des Unterhaltsschuldners zu einer Doppelverwertung der Position kommt.[30] 8

6. Besonderheiten bei der Leistungsfähigkeit

Die Obergrenze der Darstellung bildet aber der Halbteilungsgrundsatz, so dass im Wege der konkreten Bedarfsdarstellung keine höheren Beträge als nach der Quotenmethode herauskommen dürfen.[31] Vorsicht ist bei dem in früheren Zeiten beliebten Einwand geboten, der Unterhaltsschuldner sei **„unbegrenzt leistungsfähig"**. Dies wurde zur Vermeidung einer Auskunftspflicht über die Einkommensverhältnisse erklärt. Der BGH sieht in einer solchen Erklärung „regelmäßig" den Verzicht auf den Einwand der Leistungsunfähigkeit.[32] Diese Erklärung sollte unbedingt vermieden werden, zumal der BGH entschieden hat, dass sie gerade nicht dazu führt, dass der Auskunftsanspruch nicht mehr geltend gemacht werden kann.[33] 9

7. Prozessuales

Für einen schlüssigen Antrag reicht in jedem Fall eine Berechnung mit der Quotenmethode verbunden mit dem Vortrag aus, es habe keine Vermögensbildung aus den Einkünften gegeben und Angaben, in welchem Umfang das Einkommen verbraucht wurde.[34] 10

---

25 OLG Hamm 17.10.2013 – II-4 UF 161/11, 4 UF 161/11, FamRZ 2014, 1372.
26 BGH 30.11.2011 – XII ZR 35/09, FamRZ 2012, 945.
27 BGH 25.9.2019 – XIIZB 25/19, FamRZ 2020, 21.
28 BGH 10.11.2010 – XII ZR 197/08, FamRZ 2011, 192.
29 BGH 18.1.2012 – XII ZR 177/09, FamRZ 2012, 514; OLG Bremen 6.2.2015 – 4 UF 38/14, FamRZ 2015, 1395.
30 OLG Bremen 6.2.2015 – 4 UF 38/14, FamRZ 2015, 1395.
31 *Gutdeutsch* NJW 2012, 561 (564).
32 BGH 15.11.2017 – XII ZB 503/16, FamRZ 2018, 260.
33 BGH 15.11.2017 – XII ZB 503/16, FamRZ 2018, 260.
34 BGH 25.9.2019 – XII ZB 25/19, FamRZ 2020, 21.

In Abänderungsverfahren ist eine Erhöhung des Bedarfs nur mit der Argumentation möglich, dass der Lebensbedarf aus anerkennenswerten Gründen gestiegen ist. Dies dürften aber Ausnahmefälle bleiben. Die Erhöhung der Einkünfte des Unterhaltsschuldners rechtfertigt gerade keine Erhöhung.[35] Bei längeren Zeiträumen kommt allerdings eine kaufkraftverlustbedingte Erhöhung des Unterhalts in Betracht.[36] Eine Abänderung zugunsten des Unterhaltsschuldners ist demgegenüber bei gesunkenem Einkommen möglich, so dass dann auch zur Quotenberechnung übergegangen werden kann, wobei die Absenkung des Einkommens natürlich unterhaltsrechtlich hinzunehmen sein muss.[37] Auch steigende Einkünfte des Unterhaltsgläubigers rechtfertigen eine Abänderung.

III. Konkreter Bedarf und Kindesunterhalt

1. Einsatz der konkreten Bedarfsbestimmung

11 Eine konkrete Bedarfsbestimmung setzt derzeit **jenseits der zehnten Einkommensgruppe** der Düsseldorfer Tabelle ein. Ab einem bereinigten Nettoeinkommen des Unterhaltsschuldners von derzeit 5.501 EUR (Stand 1.1.2021) ist der Unterhaltsbedarf nach den Umständen des Einzelfalles zu ermitteln. Eine Fortführung der Düsseldorfer Tabelle über deren höchste Einkommensgruppe ist aufgrund der Anknüpfung dieser an § 6 RBEG nicht sachgerecht.[38] Es soll keine pauschale Teilhabe am Luxus des Unterhaltsschuldners erfolgen, wenn keine entsprechenden Lebenshaltungskosten bestehen (das Kind soll bekommen, was es braucht, nicht das, was es wünscht). Der BGH lehnt daher eine Fortschreibung der Düsseldorfer Tabelle ab.[39]

Allerdings hat der BGH in seiner Entscheidung vom 16.9.2020 eine **Reform der Einkommensgruppen der Düsseldorfer Tabelle** angeregt und damit in gewisser Hinsicht seine Rechtsprechung mit derjenigen zur konkreten Bedarfsbemessung beim Ehegattenunterhalt synchronisiert. So müsse weiterhin eine Teilhabe des Kindes an der wirtschaftlichen Situation der Eltern „auch bei höherem Elterneinkommen“ gewährleistet bleiben. Daher sei eine begrenzte Fortschreibung der bisher geltenden Düsseldorfer Tabelle sachgerecht. Die vorstehend genannten Grundsätze seien jedenfalls „noch nicht berührt“, wenn man die Düsseldorfer Tabelle anhand der Vorgaben aus der Rechtsprechung zur konkreten Bedarfsbemessung beim Ehegattenunterhalt fortschreibe.[40] Daher dürfte nun eine Reform der Düsseldorfer Tabelle durch Fortschreibung der Einkommensgruppen bis zu einem bereinigten Nettoeinkommen von 11.000 EUR angezeigt sein. Der BGH gibt den Hinweis, dass die Einkommensgruppen dabei durchaus in größeren als den bisherigen 400 EUR-Größen fortgeführt werden könnten und es auch nur zu einer „moderaten einkommensabhängigen Steigerung des Kindesunterhalts“ kommen müsse. Fraglich ist derzeit also allein, ob eine neue Düsseldorfer Tabelle schon vor dem 1.1.2022 erscheinen wird und wie genau die neuen Einkommensgruppen und die damit verbundenen Unterhaltsteigerungen zu bemessen sind.[41] Eine zügige Reform wäre aufgrund der bundesweiten Gleichbehandlung der Fälle und der damit verbundenen Rechtssicherheit wünschenswert, denn derzeit obliegt es dem jeweiligen Tatrichter, die Entscheidung des BGH umzusetzen.

Eine konkrete Bedarfsbemessung bleibt weiterhin ausdrücklich möglich, jedoch hat der BGH nicht ganz eindeutig geklärt, ab wann in die konkrete Bedarfsbemessung übergegangen werden kann. Im Zusammenhang mit den Ausführungen „zur Fortschreibung der Düsseldorfer Tabelle“ schließt der BGH diese mit der Bemerkung: „Daneben bleibt dem unterhaltsberechtigten Kind die konkrete Darlegung eines höheren Bedarfs unbenommen“. Die Entscheidung sollte im Zusammenhang mit der ausdrücklich bezüglichen Rechtsprechung zur konkreten Bedarfsbemessung beim Ehegattenunterhalt verstanden werden. Danach dürfte

35 BGH 15.11.1989 – IVb ZR 95/88, FamRZ 1990, 280.
36 OLG Köln 11.10.2012 – II-12 UF 130/11, FamRZ 2013, 1134.
37 BGH 5.2.2003 – XII ZR 29/00, FamRZ 2003, 848.
38 *Schramm* NJW-Spezial 2017, 644.
39 BGH 13.10.1999 – XII ZR 16/98, FamRZ 2000, 358; BGH 4.6.1986 – IVb ZR 51/85, FamRZ 1987, 58.
40 BGH 16.9.2020 – XII ZB 499/19, FamRZ 2021, 29 (30).
41 Erste Vorschläge finden sich bei *Borth*, Anm. zu BGH 16.9.2020 – XII ZB 499/19, FamRZ 2021, 31 (32).

jenseits der neuen höchsten Einkommensgruppe ab einem bereinigten Nettoeinkommen von 11.001 EUR offenkundig nur noch eine konkrete Bedarfsbemessung möglich sein. In den noch zu schaffenden Einkommensgruppen zwischen 5.501 EUR bis zu 11.000 EUR dürfte die konkrete Bedarfsbemessung neben dem Quotenunterhalt möglich sein. Bis zur derzeit zehnten Einkommensgruppe dürfte sie dagegen nicht möglich sein, da man andernfalls zu stark vom Prinzip der Pauschalierung des Unterhaltsbedarfs, und damit vom Sinn und Zweck der Düsseldorfer Tabelle, abweichen könnte.[42] Die genaue Umsetzung der Entscheidung bleibt aber abzuwarten. Generell wurde in der Rechtsprechung ein Kindesunterhalt jenseits der höchsten Einkommensgruppe immer nur zurückhaltend gewährt, denn zum einen soll es nicht zu einer indirekten Erhöhung des Lebensstandards des betreuenden Elternteils kommen und zum anderen soll der Unterhalt einem gedeihlichen Eltern-Kind-Verhältnis nicht im Wege stehen.[43] Dabei wird es jenseits der höchsten Einkommensgruppe der noch zu schaffenden Düsseldorfer Tabelle sicher bleiben. Die Fälle der konkreten Bedarfsbemessung werden sich nunmehr eher noch verringern, zumal in der Praxis die Darlegung des konkreten Bedarfs immer mit höherem Aufwand verbunden ist, weshalb in der Spanne zwischen 5.501 EUR und 11.000 EUR die Geltendmachung eines Quotenunterhalts der Regelfall bleiben wird.

2. Positionen der Bedarfsbestimmung

Wie auch im Ehegattenunterhalt sind die geltend gemachten Bedarfspositionen **im Einzelnen vorzutragen**. 12
Auch hier kann man sich an den Verhältnissen vor der Trennung der Eltern orientieren, denn dem Kind soll der vor Trennung erreichte Lebensstandard grundsätzlich auch nach der Trennung erhalten bleiben.[44] Der BGH betont allerdings auch, dass der erhöhte Bedarf des Kindes auch nach der Trennung erst neu entstehen kann. Es ist also nicht zwingend nötig, dass dieser bereits aus der Zeit des Zusammenlebens stammt. Dieser Rechtssatz könnte für die Praxis in diesen Fällen ein besonderes Streitpotential bergen, weil es auch eine Grenze der Angemessenheit geben muss, wenn sich nach der Trennung **neue und hohe Kostenpositionen** ergeben. Diese Kosten sollten in Bezug auf deren Höhe im Verhältnis zum Einkommen des Pflichtigen angemessen bleiben und sich eindeutig auf ein bestehendes Bedürfnis des Kindes beziehen[45] und einer „gehörigen, altersbedingten Fortentwicklung" entsprechen.[46] Die Begrenzung ergibt sich nämlich nicht in ausreichendem Maße aus dem Sorgerecht. Bei Angelegenheiten der Alltagssorge nach § 1687 Abs. 1 S. 2 BGB entscheidet der hauptbetreuende Elternteil allein und kann das Kind nach § 1629 Abs. 1 S. 3 BGB auch allein nach außen hin vertreten. In nahezu allen Fällen wird daher der betreuende Elternteil die Bedarfsposition nach außen hin allein rechtswirksam durch Vertragsschluss schaffen können. Es bleibt abzuwarten, ob sich in der Praxis diesbezüglich Probleme ergeben. Wie oben ausgeführt, gibt es dieses Problem auch schon beim Ehegattenunterhalt, bei dem es auch keine ausnahmslose Festschreibung der Bedarfspositionen zum Zeitpunkt der Trennung gibt. Eine Rolle kann auch spielen, wie lange das Kind vor der Trennung von den hohen Einkünften profitiert hat.

Als **Bedarfspositionen** kommen zunächst diejenigen in Betracht, welche im Tabellenunterhalt abgebildet werden (Nahrung, Bekleidung und Schuhe, Wohn- und Wohnnebenkosten, Hausrat, Gesundheitspflege, Mobilitätskosten, Telekommunikation, Freizeit und Kultur, Bildung, Gaststättendienstleistungen). Die vorgetragenen Kosten für diese Positionen müssen über den im maximalen Tabellenbetrag enthaltenen Kosten liegen, welche über den Vergleich mit § 6 RBEG ermittelt werden können. Der BGH spricht in Bezug auf über dem im Tabellenunterhalt liegenden Kosten für Tabellenbedarfspositionen von „erhöhtem Regelbedarf", der ausdrücklich kein Mehrbedarf sei.[47] Dabei kann man das Verhältnis der Zusammensetzung des

---

42 Das Prinzip der bundesweiten Vereinheitlichung des Lebensbedarfs aller Kinder gerät allerdings zunehmend durch die regionalen Besonderheiten in Frage. Das Dilemma zeigt sich auch schon bei der stets unter den Oberlandesgerichten stark umstrittenen Höhe der Selbstbehalte.

43 OLG Hamm 27.5.2010 – 3 UF 234/09, FamRZ 2010, 2080; OLG Schleswig 24.11.2011 – –10 UF 220/10, FamRZ 2012, 990.

44 OLG Hamm 27.5.2010 – 3 UF 234/09, FamRZ 2010, 2080.

45 Es dürfen also nicht verkappt Bedürfnisse des betreuenden Elternteils gedeckt werden, vgl. dazu auch KG 26.6.2019 – 13 UF 89/17, NZFam 2019, 718 (724). Darauf dürfte zB bei erhöhten Wohnkosten zu achten sein.

46 Zitat nach OLG Frankfurt a. M. 12.7.2013 – 4 UF 265/12, NZFam 2014, 31.

47 BGH 16.9.2020 – XII ZB 499/19, FamRZ 2021, 29 (30).

jeweiligen Mindestunterhalts auf den Maximalbetrag übertragen und vorab prüfen, ob die vorgetragenen Kosten überhaupt die Kosten für die einzelnen Bedarfsbestandteile überschreiten.[48] Typischerweise wird man mit teuren Hobbykosten oder vielen und teureren Urlaubsreisen erfolgversprechend argumentieren können.[49] Denn bei der Erhöhung der Tabellenbedarfsbeträge für typische Verbrauchskosten sind die Gerichte eher zurückhaltend bzw. erhöhen diese Beträge nur maßvoll. Deshalb muss auch – anders als beim Ehegattenunterhalt – nicht der gesamte Bedarf dargelegt werden, sondern eine Beschränkung auf einzelne kostenintensive Bedürfnisse ist zulässig, wie zB die Wohnkosten.[50] Auch das Alter des Kindes spielt eine große Rolle. Gerade bei kleineren Kindern sind außergewöhnlich hohe Lebenshaltungskosten eher zurückhaltend anzunehmen. Bei Volljährigen ist besonders darauf zu achten, dass der Unterhalt nicht deutlich über dem Einkommen eines Akademikers liegen sollte. Nur zum Teil werden in der Literatur Grenzen von rund 1.000 EUR vertreten,[51] zum Teil sehen die Leitlinien der Oberlandesgerichte unter Ziffer 13.1. selbst Grenzen vor (OLG Brandenburg: doppelter Fixbetrag eines Studierenden).

Die **Darlegungs- und Beweislast** liegt beim Unterhaltsgläubiger. Das Gericht kann jedoch auch hier eine Schätzung nach § 113 Abs. 1 S. 2 FamFG, § 287 ZPO vornehmen, wobei keine übertriebenen Anforderungen an den Vortrag zu stellen sind.[52]

3. Einwände des Unterhaltsgläubigers

13 Dem Unterhaltsgläubiger bleibt es offen, substanziiert zu bestreiten, dass der Unterhaltsgläubiger an den hohen Einkommensverhältnissen vor Trennung teilgenommen hat, zB aus erzieherischen Gründen.[53] Die Beweislast liegt dann beim Unterhaltsgläubiger. Bei minderjährigen Kindern können auch pädagogische Einschränkungen vorgetragen werden, die gegen eine zu üppige Alimentierung sprechen. Dies ist aber nur möglich, soweit dem Unterhaltsschuldner auch das Sorgerecht zusteht. Besteht bei gemeinsamer Sorge darüber Streit, wird zum Teil vertreten, dass eine Entscheidung über die Unterhaltshöhe dann nach § 1628 BGB geklärt werden könne.[54]

4. Konkreter Bedarf bei Volljährigen

14 Bei einem volljährigen Kind, das keiner beruflichen Ausbildung nachgeht, weil es krank oder körperlich oder geistig behindert ist, erscheint eine Bedarfsbemessung nach der Düsseldorfer Tabelle nicht mehr angemessen. Deshalb wird in diesen Fällen ebenfalls eine konkrete Bedarfsbemessung zu erfolgen haben, bei der der Bedarf genau zu ermitteln und vorzutragen ist.[55] Bei in einer Einrichtung untergebrachten Kindern hat die Rechtsprechung insoweit die Unterbringungskosten neben einem angemessenen Taschengeld in Ansatz gebracht.[56] Hat das Kind dagegen bereits eine eigene Lebensstellung erlangt, so ist diese Lebensstellung für die Bemessung des Bedarfs relevant.[57] Teilweise wird der Bedarf aber auch nach der Düsseldorfer Tabelle als Ausgangsbedarf herangezogen und dann um entsprechenden Mehrbedarf zB wegen einer Behinderung erhöht.[58]

48 So etwa OLG Schleswig 24.11.2011 – 10 UF 220/10, FamRZ 2012, 990.
49 Vgl. dazu etwa OLG Frankfurt a. M. 12.7.2013 – 4 UF 265/12, NZFam 2014, 31. Bejaht bei Nachweis: Wohnkosten, Tierhaltungskosten, Kosten für Fußball, Tennis, Ballett und Malunterricht.
50 BGH 16.9.2020 – XII ZB 499/19, FamRZ 2021, 29 (30); Wendl/Dose UnterhaltsR/*Klinkhammer* § 2 Rn. 342.
51 Wendl/Dose UnterhaltsR/*Klinkhammer* § 2 Rn. 230.
52 BGH 13.10.1999 – XII ZR 16/98, FamRZ 2000, 358; BGH 11.4.2001 – XII ZR 152/99, FamRZ 2001, 1603.
53 Wendl/Dose UnterhaltsR/*Klinkhammer* § 2 Rn. 342.
54 BeckOGK/*Witt*, Stand 1.2.2020, BGB § 1610 Rn. 121.
55 OLG Koblenz 21.10.2014 – 11 UF 337/14, FamRZ 2015, 1811.
56 OLG Oldenburg 28.9.1995 – 14 UF 50/95, FamRZ 1996, 625.
57 OLG Brandenburg 11.3.2004 – 10 UF 176/03, FPR 2004, 474.
58 OLG Düsseldorf 26.9.2001 – 5 UF 3/01, FamRZ 2002, 854.

153. Körperliche Eingriffe bei Minderjährigen

Seebach/M. Teubel

I. Allgemeines

Bei **ärztlichen Heileingriffen** handelt es sich um Eingriffe in die körperliche Unversehrtheit, so dass eine **Einwilligung** des Patienten **grundsätzlich erforderlich** ist. Letztere lässt die Rechtswidrigkeit der Rechtsgutsverletzung entfallen.[1] 1

Ausgangsfrage im Rahmen der ärztlichen Heilbehandlung Minderjähriger muss sein, ob Minderjährige in ärztliche Heileingriffe überhaupt wirksam einwilligen können, und ob zusätzlich die Zustimmung der Eltern erforderlich ist oder diese möglicherweise alleine maßgeblich ist.[2] Bei der Frage der Einwilligungsfähigkeit ist auf die sogenannte **Einsichtsfähigkeit und Urteilsfähigkeit von Minderjährigen** abzustellen und gerade nicht auf deren Geschäftsfähigkeit iSd §§ 104 ff. BGB.[3] Es liegt die Gestattung einer **tatsächlichen Handlung** vor.[4] Allerdings ist die Rechtsprechung in diesem Bereich nicht einheitlich. Dies gilt vor allem dann, wenn es um erhebliche medizinische Eingriffe geht, wie beispielsweise den Schwangerschaftsabbruch bei Minderjährigen (→ Rn. 22 ff.). Es wird unterschieden zwischen Routineeingriffen und erheblichen medizinischen Eingriffen.[5] 2

Probleme treten insbesondere dann auf, wenn die Erklärung des Minderjährigen im **Widerspruch** zu der Erklärung des gesetzlichen Vertreters und Sorgeberechtigten steht. Es stellt sich die Frage, ob dem Willen und der Entscheidung der Sorgeberechtigten oder aber dem Willen des Minderjährigen entscheidende Bedeutung zukommt. Auf der einen Seite ist die verfassungsrechtlich geschützte elterliche Personensorge und auf der anderen Seite das Selbstbestimmungsrecht des Minderjährigen zu sehen. Es stellen sich im Zusammenhang mit der medizinischen Behandlung Minderjähriger drei grundsätzliche Problemfelder. Zu unterscheiden sind der wirksame Abschluss eines **Behandlungsvertrages** (→ Rn. 33 ff.), die **Einwilligung** in den Eingriff (→ Rn. 5 ff.) sowie die Problematik der **Schweigepflicht** (→ Rn. 36 ff.). 3

Die Einwilligung der Eltern in die medizinische Behandlung ist Teil der **Personensorge** (→ *Personensorge* Rn. 11),[6] der Abschluss des Behandlungsvertrages ist Teil der Unterhaltspflicht der Eltern.[7] 4

II. Medizinische Behandlung

1. Einwilligungsfähigkeit

a) Allgemein. Ein Minderjähriger kann in einen ärztlichen Eingriff einwilligen, wenn er aufgrund des **geistigen und sittlichen Reifegrads** in der Lage ist, die Bedeutung des Eingriffs und dessen Schwere und Tragweite zu erkennen. Der Minderjährige muss in der Lage sein, die Bedeutung der erteilten Erlaubnis einzuschätzen. Entscheidend ist die natürliche Einsichtsfähigkeit, wie auch die Regelung des § 630 d BGB 5

1 HK-BGB/*Staudinger* § 823 Rn. 78.
2 Palandt/*Sprau* BGB § 823 Rn. 38.
3 BGH 16.11.1971 – VI ZR 76/70, NJW 1972, 335.
4 BGH 5.12.1958 – VI ZR 266/57, NJW 1959, 811.
5 BGH 16.11.1971 – VI ZR 76/70, NJW 1972, 335.
6 Palandt/*Götz* BGB § 1626 Rn. 10.
7 NK-BGB/*Rakete-Dombek/Berning* § 1626 Rn. 20.

zeigt.[8] Auf die Geschäftsfähigkeit nach den §§ 104 ff. BGB kommt es dagegen nicht an. Jeder **konkrete Einzelfall** ist für sich zu beurteilen, wobei als objektivstes Kriterium das **Alter des Minderjährigen** anzusehen ist. Grundsätzlich wird man davon ausgehen können, dass mit zunehmendem Alter auch die sittliche und geistige Reife zunimmt.

6 **b) Nichteinwilligungsfähiger Minderjähriger.** Für den Fall, dass das minderjährige Kind nach obigen Kriterien und Erwägungen als nicht einwilligungsfähig angesehen werden kann, da es die Bedeutung und Tragweite der ärztlichen Behandlung gerade nicht ausreichend beurteilen kann, bedarf es in jedem Fall der **Einwilligung der gesetzlichen Vertreter** bzw. Sorgeberechtigten. Steht die elterliche Sorge den Eltern gemeinsam zu, müssen grundsätzlich auch beide sorgeberechtigten Elternteile der ärztlichen Behandlung zustimmen.[9] Allerdings kann ein Elternteil den anderen Elternteil **ermächtigen bzw. bevollmächtigen,** für ihn mit zu entscheiden, was auch durch **konkludentes Verhalten** geschehen kann.[10] Der anwesende Elternteil kann daher – nach erfolgter Aufklärung und Beratung durch den Arzt – wirksam in die Behandlung einwilligen.[11]

7 In der Regel kann der behandelnde Arzt davon ausgehen, dass der ermächtigte Elternteil mit dem Kind zur Behandlung bei ihm erschienen ist. Dies gilt jedenfalls bei **Routineeingriffen** und bei leichteren Erkrankungen oder Verletzungen, soweit dem Arzt keine anderen Umstände bekannt sind.[12]

8 Anders ist dies bei **erheblicheren Erkrankungen** oder Verletzungen sowie bei zu erwartenden **erheblichen Kosten** einer ärztlichen Behandlung zu beurteilen. Hier wird der Arzt im Zweifel bei dem erschienenen Elternteil nach der Sorgerechtslage und der Einwilligung des nicht erschienenen sorgeberechtigten Elternteils fragen. Überwiegend wird die Meinung vertreten, dass der Arzt grundsätzlich auf die ihm sodann erteilte Auskunft vertrauen darf.[13] Jedoch wird man sagen müssen, dass je schwerer der ärztliche Eingriff oder die Erkrankung sich darstellt und je mehr Risiken mit der ärztlichen Behandlung verbunden sind, umso eher der Arzt gehalten sein wird, den nicht erschienenen Elternteil in die Behandlung mit einzubinden und dessen Einwilligung einzuholen.

Dies gilt auch dann, wenn ein an sich einwilligungsfähiger Minderjähriger aus sonstigen Gründen seine Einwilligung nicht erklären kann, so wenn er bewusstlos ist oder im Koma liegt.

9 Einen Sonderfall stellt insoweit die Regelung des § 1631 b BGB betreffend die **Unterbringung Minderjähriger** dar, die einen erheblichen Eingriff in das Selbstbestimmungsrecht des Minderjährigen betrifft. Hier reicht die Einwilligung der Eltern alleine nicht aus. Vielmehr ist eine gerichtliche Genehmigung der Unterbringung des Minderjährigen erforderlich (→ *Freiheitsentziehende Unterbringung und freiheitsentziehende Maßnahmen betreffend Minderjährige* Rn. 1).

10 Eine **verweigerte Zustimmung bzw. Einwilligung** der Eltern in einen notwendigen medizinischen Eingriff bzw. eine notwendige medizinische Behandlung kann Maßnahmen nach § 1666 BGB erforderlich machen (→ *Kindeswohlgefährung* Rn. 13). Hinsichtlich eines Schwangerschaftsabbruchs einer Minderjährigen führt eine verweigerte Zustimmung nicht zwingend zu Maßnahmen nach § 1666 BGB (→ *Kindeswohlgefährdung* Rn. 14).

11 **c) Veto-Recht des Minderjährigen.** Die Elternverantwortung der sorgeberechtigten Eltern muss im konkreten Einzelfall gesehen werden. Die Personensorge für den behandlungsbedürftigen Minderjährigen ist gerade Teil des verfassungsrechtlich garantierten Eltern- und Erziehungsrechts. In § 1626 Abs. 2, 3 BGB kommt das **gesetzliche Leitbild der Erziehung** zum Ausdruck (→ *Erziehung* Rn. 1 ff.).

8 BT-Drs. 17/10488, 23.
9 BGH 28.6.1988 – VI ZR 288/87, NJW 1988, 2946 (2947).
10 Palandt/*Götz* BGB § 1629 Rn. 5.
11 OLG München 4.6.2009 – 1 U 3200/08, FamRZ 2009, 2099.
12 BGH 15.2.2000 – VI ZR 48/99, NJW 2000, 1784 (1785).
13 OLG München 4.6.2009 – 1 U 3200/08, FamRZ 2009, 2099.

Gem. § 1626 Abs. 2 S. 2 BGB ist hierbei grundsätzlich auf ein Einvernehmen zwischen Eltern und Kind hinzuwirken. Die gesetzlichen Vertreter haben bei der Erziehung die wachsenden Fähigkeiten des Kindes zu selbstständigem, verantwortungsbewusstem Handeln zu beachten, Fragen der elterlichen Sorge mit dem Kind zu besprechen und einvernehmliche Lösungen anzustreben (→ *Erziehung* Rn. 1). Grundsätzlich entscheiden **bei nicht erzielbarem Einvernehmen** die Eltern. Die elterliche Entscheidungskompetenz findet ihre Einschränkung mit wachsender Einsichtsfähigkeit und Reife des Kindes. Das Elternrecht wird durch das Grundrecht des Kindes auf freie Entfaltung seiner Persönlichkeit begrenzt. Diese allgemeinen Grundsätze gelten ebenso bei einer ärztlichen Behandlung, jedenfalls dann, wenn bei relativ geringen Eingriffen das minderjährige Kind über ausreichende Urteilsfähigkeit verfügt.[14] 12

Eine **medizinische Zwangsbehandlung** bei einer verweigerten Einwilligung des minderjährigen Patienten in den ärztlichen Heileingriff erscheint daher unter Beachtung der sich gegenseitig begrenzenden Grundrechte von Eltern und Kind fragwürdig. Einen Ausnahmefall bildet die Unterbringung Minderjähriger, wobei gerade hier die Genehmigung durch das Familiengericht erforderlich ist (→ *Freiheitsentziehende Unterbringung und freiheitsentziehende Maßnahmen betreffend Minderjährige* Rn. 1). Jedoch hat jedenfalls bei einem nicht einwilligungsfähigen Minderjährigen die Entscheidung der Eltern im Rahmen ihrer Elternverantwortung Vorrang. 13

d) Alleinentscheidungsbefugnis des Minderjährigen. Teilweise wird die Meinung vertreten, dass die Einwilligung grundsätzlich nur durch die Sorgeberechtigten erteilt werden könne, wobei dem Minderjährigen unter bestimmten Voraussetzungen eine **Mitentscheidungsbefugnis** zukomme.[15] 14

Hierbei wird jedoch das verfassungsrechtlich garantierte Recht auf körperliche Unversehrtheit sowie das Selbstbestimmungsrecht des Minderjährigen vernachlässigt. In dem Moment, in dem minderjährige Kinder die nötige geistige Reife und Einsichtsfähigkeit besitzen, selbst entscheiden zu können, muss die elterliche Sorge zurücktreten. Die Problematik liegt gerade umgekehrt zu dem Fall einer verweigerten Einwilligung des Minderjährigen in einen ärztlichen Heileingriff. Es geht um die rechtliche Bewertung bei erteilter Einwilligung des Minderjährigen und Weigerung der Sorgeberechtigten. 15

Es stellt sich die Frage, ob das verfassungsrechtlich geschützte Elternrecht geeignet ist, die durch den Minderjährigen erteilte Einwilligung zu umgehen und die medizinische Behandlung zu verhindern. So könnte gegen den Willen des einwilligungsfähigen Minderjährigen eine Behandlung durch die Sorgeberechtigten untersagt werden. Jedenfalls bei entsprechender medizinischer Indikation sind Maßnahmen über § 1666 BGB möglich (→ *Kindeswohlgefährdung* Rn. 13). Aber auch darüber hinaus muss gelten, dass für den Fall, dass ein Minderjähriger über die erforderliche Einwilligungsfähigkeit verfügt, dessen erklärte Einwilligung ausschlaggebend ist und nicht durch die Ausübung des Elternrechts und die verweigerte Einwilligung der Eltern/Sorgeberechtigten umgangen werden kann. Dies gilt im Hinblick auf die tatsächlich vorzunehmende ärztliche Behandlung bzw. den ärztlichen Heileingriff. Die Frage des wirksamen Abschlusses eines Behandlungsvertrages ist dagegen rechtlich anders zu bewerten (→ Rn. 35). 16

2. Kindeswohlgefährdung

In bestimmten Fällen kommt im Bereich der Einwilligung bzw. **verweigerten Einwilligung** der Sorgeberechtigten[16] in eine medizinische oder ärztliche Behandlung eine Entziehung des Sorgerechts bzw. von Teilen des Sorgerechts, nämlich Aufenthaltsbestimmung und Gesundheitsfürsorge, in Betracht (→ *Kindeswohlgefährdung* Rn. 13), insbesondere, wenn psychische oder physische Schäden zu erwarten sind.[17] Entscheidend ist hierbei das **Kindeswohl**. 17

In der Regel wird in solchen Fällen entweder das Jugendamt oder direkt das Familiengericht von solch einer notwendigen Behandlung informiert. Es wird sodann ein Verfahren nach § 1666 BGB eingeleitet, 18

14 BGH 10.10.2006 – VI ZR 74/05, NJW 2007, 217 (219).
15 *Nebendahl* MedR 2009, 197.
16 HK-FamR/*Schmid* BGB § 1666 Rn. 11.
17 *Völker* jurisPR-FamR 5/2005.

wobei in Eilfällen **einstweilige Anordnungen** ergehen können. Dies ist jedenfalls immer dann notwendig, wenn die Einwilligung durch den minderjährigen Patienten alleine nicht erteilt werden kann (→ Rn. 6).

19 Aber auch die Einwilligung in einen **Behandlungsabbruch** – wie zum Beispiel das Abschalten der Beatmungsmaschine oder der Abbruch der künstlichen Ernährung – kann eine Kindeswohlgefährdung darstellen.[18] Grundsätzlich jedoch liegt die Entscheidung hierüber im alleinigen Verantwortungsbereich der Eltern.[19] Eine solche Einwilligung kann nicht familienrechtlich genehmigt werden.[20]

20 Eine verweigerte Zustimmung der Sorgeberechtigten zu einem **Schwangerschaftsabbruch** stellt grundsätzlich keine Kindeswohlgefährdung der minderjährigen Schwangeren dar.[21] Dies gilt grundsätzlich auch bei einer erteilten Einwilligung in einen Schwangerschaftsabbruch (→ *Kindeswohlgefährdung* Rn. 14).

3. Dringende (eilbedürftige) ärztliche Heileingriffe

21 Bei dringenden ärztlichen Eingriffen, die **keinen Aufschub** dulden, gelten für den Fall, dass kein einwilligungsfähiger Elternteil erreichbar ist, die Grundsätze der **Geschäftsführung ohne Auftrag** sowie der erteilten **mutmaßlichen Einwilligung**. Insoweit greift darüber hinaus auch ein sogenanntes Notvertretungsrecht (→ *Gesetzliche Vertretung Minderjähriger* Rn. 8).

4. Schwangerschaftsabbruch

22 Auch bei einem beabsichtigten Schwangerschaftsabbruch durch die **minderjährige Schwangere** gilt, dass die Einwilligung keine Willenserklärung darstellt und daher gerade nicht den gesetzlichen Regelungen der §§ 107 ff. BGB unterfällt. Grundsätzlich stellt sich kein rechtliches Problem, wenn sowohl die minderjährige Schwangere als auch die Eltern ihre Einwilligung in den beabsichtigten Schwangerschaftsabbruch erklären und dieser im Rahmen der bestehenden gesetzlichen Regelungen gem. § 218 a StGB auch zulässig ist.

23 Es müssen die aufgestellten Grundsätze beachtet werden, wobei die Erheblichkeit und Bedeutsamkeit des Eingriffs besonders zu würdigen sind. Es ist erneut auf das Kriterium der **Einsichts- bzw. Einwilligungsfähigkeit der Minderjährigen** abzustellen.[22]

24 Teilweise wird die Meinung vertreten, dass bei derartigen Eingriffen immer die Zustimmung der gesetzlichen Vertreter erforderlich sei, auch wenn die Minderjährige die nötige geistige und sittliche Reife besitzt.[23] Dies geht zurück auf eine Entscheidung des BGH, wonach bei aufschiebbaren nicht unwichtigen Eingriffen in der Regel die Einwilligung der Minderjährigen nicht ausreichend ist.[24]

25 Folgende Konstellationen sind zu unterscheiden: die erteilte Einwilligung der Eltern bei einer einwilligungsunfähigen minderjährigen Schwangeren, die verweigerte Einwilligung der Eltern bei erklärter Einwilligung der einwilligungsfähigen minderjährigen Schwangeren und die erteilte Einwilligung der Eltern bei verweigerter Einwilligung der einwilligungsfähigen minderjährigen Schwangeren.[25]

26 Bei einer **einwilligungsunfähigen Minderjährigen** muss grundsätzlich gelten, dass es alleine auf die Einwilligung der Eltern in Ausübung ihrer elterlichen Sorge gem. § 1626 BGB ankommt. Aufgrund der Bedeutung und Erheblichkeit des Eingriffs ist die **Einwilligung beider sorgeberechtigter Elternteile** erforderlich. Bei Meinungsverschiedenheiten der Eltern hat das Familiengericht gem. § 1628 BGB hierüber zu entscheiden (→ *Meinungsverschiedenheiten der Sorgeberechtigten*). Ein Elternteil kann ferner gem.

18 BVerfG 6.6.2007 – 1 BvQ 18/07, FamRZ 2007, 2046.
19 OLG Hamm 24.5.2007 – 1 UF 78/07, NJW 2007, 2704.
20 OLG Brandenburg 17.2.2000 – 10 UF 45/99, NJW 2000, 2361.
21 Palandt/*Götz* BGB § 1626 Rn. 11.
22 *Scherer* FamRZ 1997, 589.
23 OLG Hamm 16.7.1998 – 15 W 274/98, NJW 1998, 3424.
24 BGH 16.11.1971 – VI ZR 76/70, NJW 1972, 335 (337).
25 *Siedhoff/Scherer* FamRZ 1998, 8.

§ 1671 BGB beantragen, den entsprechenden Teilbereich der elterlichen Sorge bzw. die Entscheidung über die Erteilung der Einwilligung ihm alleine zu übertragen. Ein Entzug der elterlichen Sorge kommt nur bei missbräuchlicher Ausübung des elterlichen Sorgerechts in Betracht. Grundsätzlich sei die Schwangere auch zur Austragung des ungeborenen Kindes verpflichtet, eine missbräuchliche Ausübung des Sorgerechts könne aber bei fehlender Unterstützung bei der Betreuung des Enkelkindes und beim eigenen Vorwärtskommen des Kindes vorliegen.[26]

Bei den anderen genannten Konstellationen ist auf die Einwilligung bzw. die nicht erteilte **Einwilligung der minderjährigen Schwangeren** abzustellen.[27] Es können gerade aufgrund der Erheblichkeit des Eingriffs keine anderen Kriterien gelten als bei anderen ärztlichen Eingriffen in die körperliche Unversehrtheit der Minderjährigen.[28] Die Regelung des § 630 d BGB bringt den gesetzgeberischen Willen zum Ausdruck, jeweils anhand des konkreten Einzelfalls eine Entscheidung zu treffen. An die Feststellung der Einwilligungsfähigkeit durch den behandelnden Arzt sind jedoch hohe Anforderungen zu stellen. Die Schwangere muss fähig sein, den medizinischen Eingriff, die Rechtsgüterabwägung und mögliche psychische Belastungen des Eingriffs zu bewerten.[29] 27

5. Beschneidung

Bei einer medizinisch indizierten Behandlung gelten die og Grundsätze für notwendige Eingriffe. 28

Fraglich ist, ob **religiös motivierte** Beschneidungen – denkbar vor allem im jüdischen oder muslimischen Kulturkreis – zulässig sind. Grundsätzlich können ärztliche Eingriffe durch Vorliegen einer Einwilligung gedeckt sein, unabhängig vom Bestehen einer Indikationslage.

Eine **Beschneidung von Mädchen** ist gem. § 226 a StGB als Verbrechen strafbar und eine das Kindeswohl in hohem Maße beeinträchtigende Behandlung.[30] Eine Einwilligung der Eltern stellt eine Kindeswohlgefährdung dar, so dass Maßnahmen nach § 1666 BGB angezeigt sind.[31] Der Bereich der Gesundheitsfürsorge bzw. die Regelung der medizinischen Behandlung ist den Eltern zu entziehen.[32] Dies gilt auch bei Einwilligung sämtlicher Beteiligter, dh auch der Minderjährigen selbst. Es findet insbesondere § 228 StGB Anwendung.[33] 29

Davon abzugrenzen ist die Situation bei der **Beschneidung minderjähriger Jungen**. Hier ist zu unterscheiden, ob der Minderjährige in die Behandlung einwilligt oder die Behandlung gegen seinen Willen erfolgen soll. Das Vorliegen einer Einwilligungsfähigkeit des Minderjährigen ist zu prüfen. 30

Jedoch kann auch die Beschneidung eines – beispielsweise aufgrund seines Alters – einwilligungsunfähigen Kindes gegen seinen Willen eine Kindeswohlgefährdung darstellen.[34] Es erscheint angezeigt, eine Beschneidung gegen den Willen des Kindes in jedem Falle abzulehnen. In Zweifelsfällen sollte ein familienrechtliches Verfahren nach § 1666 BGB angestrengt werden.

Das LG Köln hat in einer umstrittenen Entscheidung eine Körperverletzungshandlung bei der Beschneidung eines minderjährigen Jungen auch bei vorliegender Einwilligung der Eltern bejaht, den behandelnden Arzt letztlich aber wegen eines unvermeidbaren Verbotsirrtums freigesprochen.[35]

26 OLG Naumburg 19.11.2003 – 8 WF 152/03, FPR 2004, 512.
27 OLG Hamm 29.11.2019 – 12 UF 236/19, NZFam 2020, 14.
28 AG Schlüchtern 29.4.1997 – X 17/97, NJW 1998, 832.
29 OLG Hamm 29.11.2019 – 12 UF 236/19, NZFam 2020, 14.
30 OLG Karlsruhe 25.5.2009 – 5 UF 224/08, NJW 2009, 3521.
31 BGH 15.12.2004 – XII ZB 166/03, NJW 2005, 672.
32 *Wüstenberg* FamRZ 2007, 692.
33 *Völker* jurisPR-FamR 5/2005.
34 OLG Frankfurt a. M. 21.8.2007 – 4 W 12/07, NJW 2007, 3580.
35 LG Köln 7.5.2012 – 151 Ns 169/11, NJW 2012, 2128.

31 Durch das **Beschneidungsgesetz**, in Kraft getreten am 28.12.2012, wurde mittlerweile eine Regelung getroffen und diese in **§ 1631 d BGB** im Familienrecht verortet. Hiernach umfasst die Personensorge der Eltern für ein männliches Kind grundsätzlich das Recht, bei Einhaltung bestimmter Anforderungen in eine medizinisch nicht indizierte Beschneidung des nicht einsichts- und urteilsfähigen Sohnes einzuwilligen. Das Gesetz belässt hiermit die Entscheidung über die religiöse Beschneidung bei den Eltern und setzt die Grenzen, die sich aus dem Kindeswohl ergeben. So muss der Eingriff fachgerecht, dh nach den Regeln der ärztlichen Kunst, erfolgen. Wie bei jedem ärztlichen Eingriff muss eine entsprechende Aufklärung erfolgt sein, wobei der Kindeswille in die Entscheidung einzubeziehen ist. Von einer Beschneidung ist abzusehen, wenn im Einzelfall das Kindeswohl gefährdet wird. Letzteres ergibt sich zwangsläufig bereits aus dem staatlichen Wächteramt.

Zu beachten ist ferner noch, dass in den ersten sechs Lebensmonaten des männlichen Kindes auch von einer Religionsgesellschaft hierfür vorgesehene Personen den Eingriff vornehmen dürfen, wenn sie hierfür besonders ausgebildet wurden und dementsprechend, einem Arzt vergleichbar, zur Durchführung befähigt sind.

6. Sterilisation

32 Gem. § 1631 c BGB ist die Einwilligung der Eltern in die Sterilisation des Kindes **nicht möglich**. Das Kind selbst kann ebenfalls nicht einwilligen. Der Gesetzeswortlaut ist eindeutig. Im Umkehrschluss kann aus der Formulierung des § 1631 c BGB jedoch gefolgert werden, dass in anderen Fallkonstellationen die Einwilligung des Kindes durchaus entscheidend sein kann. Die Sterilisation als **unbeabsichtigte Folge** eines anderen ärztlichen Eingriffs fällt nicht unter § 1631 c BGB.

III. Ärztlicher Behandlungsvertrag

33 Der ärztliche Behandlungsvertrag kann im eigenen Namen der Eltern als Vertrag zugunsten Dritter abgeschlossen werden. Wird der Vertrag im Namen des Kindes abgeschlossen, sind die Vorschriften der §§ 107 ff. BGB über die Abgabe von Willenserklärungen zu beachten. Der Abschluss des Behandlungsvertrags unterfällt der Personensorge (→ Rn. 4).

34 Willigen die Eltern in die ärztliche Behandlung ein, so folgt hieraus die Einwilligung in den Abschluss des ärztlichen Behandlungsvertrags.

35 Bei **verweigerter Einwilligung** gilt entsprechend der obigen Ausführungen, dass der Minderjährige bei Vorliegen der Voraussetzungen in die ärztliche Behandlung einwilligen kann. Ohne Zustimmung kann jedoch ein ärztlicher Behandlungsvertrag nicht abgeschlossen werden. Eine Lösung bietet hier § 1666 Abs. 3 BGB, nach dem die entsprechende Zustimmung durch das Familiengericht ersetzt werden kann.

IV. Schweigepflicht

36 Die ärztliche Schweigepflicht gilt im Patientenverhältnis, dh auch gegenüber Minderjährigen.[36] Es besteht insofern ein Spannungsverhältnis zwischen ärztlicher Schweigepflicht und dem Informationsanspruch der Eltern.[37]

37 So wurde eine Verpflichtung zur **Unterrichtung der Eltern** über eine bestehende Schwangerschaft abgelehnt.[38]

38 Die Bestellung eines **Ergänzungspflegers** hinsichtlich des Bereichs der Entbindung von der ärztlichen Schweigepflicht ist dann nicht notwendig und angezeigt, wenn der Minderjährige selbst wirksam die entsprechende Erklärung abgeben kann, da er die Tragweite der Erklärung erkennt.[39]

---

36 NK-BGB/*Wellenhofer* § 1357 Rn. 19.
37 *Bender* MedR 1997, 7.
38 LG Köln 17.9.2008 – 25 O 35/08, PatR 2008, 87.
39 LG Stuttgart 23.7.1986 – 2 T 598/86, DAVorm 1987, 147.

V. Verfahren

In einem Verfahren betreffend die Frage eines Schwangerschaftsabbruchs hat das OLG Hamm im Tenor der Entscheidung auf Antrag der Schwangeren festgestellt, dass eine Zustimmung der sorgeberechtigten Eltern in den Schwangerschaftsabbruch nicht erforderlich ist.[40] 39

Im Falle der erforderlichen Einwilligung der Eltern in eine medizinisch notwendige Behandlung kann eine **Kindeswohlgefährdung** vorliegen. Dann gelten die Regelungen des § 1666 BGB und es kann unter den entsprechenden Voraussetzungen in das elterliche Sorgerecht eingegriffen werden (→ *Kindeswohlgefährdung*).

Im Übrigen sind Verfahren nach § 1628 BGB bei Meinungsverschiedenheiten der Eltern (→ *Meinungsverschiedenheiten der Sorgeberechtigten*) denkbar. 40

Sind die Eltern an der Erteilung einer Einwilligung zB in eine Operation des Kindes verhindert, so kann das Familiengericht gem. § 1693 BGB die erforderlichen Maßnahmen treffen.[41] 41

40 OLG Hamm 29.11.2019 – 12 UF 236/19.
41 HK-FamR/*Schmid* BGB § 1693 Rn. 2.

154. Korrespondierender Kapitalwert

Weil

I. Einführung

1 Für den Versorgungsausgleich werden die **Werte von Anrechten** in den verschiedensten „Maßeinheiten" (maßgebliche Bezugsgrößen) ermittelt. Solange es um die Handhabung des einzelnen Anrechts geht, ist dies von Vorteil, denn es ermöglicht bei jedem Versorgungssystem die Berechnung des Ehezeitanteils und Ausgleichswertes in einer Einheit, die sich für das jeweilige Versorgungssystem gut eignet. Wenn Anrechte jedoch extern geteilt werden sollen, wenn Vereinbarungen getroffen oder Anrechte miteinander verrechnet werden sollen oder wenn beurteilt werden soll, ob ein Anrecht geringwertig ist, benötigt man einen Kapitalbetrag, der den „kaufmännischen Wert" des Anrechts möglichst gut widerspiegelt. Vielfach stellt bereits die maßgebliche Bezugsgröße und damit auch der Ausgleichswert einen Kapitalbetrag dar, der diese Kriterien erfüllt. In allen anderen Fällen verlangt § 5 Abs. 3 VersAusglG die Angabe eines solchen Wertes zusätzlich zum Ausgleichswert. Er wird als korrespondierender Kapitalwert bezeichnet.

2 Wie der korrespondierende Kapitalwert zu ermitteln ist, ist in Abhängigkeit von der Art des Anrechts in § 47 VersAusglG geregelt (→ Rn. 3). Wegen der großen Vielfalt an Versorgungssystemen mit den unterschiedlichsten Formen der Finanzierung ist es nicht möglich, eine einheitliche Berechnungsvorschrift festzulegen, und es ist auch nicht möglich, wirklich vergleichbare Kapitalwerte zu erhalten. Der Gesetzgeber bezeichnet den korrespondierenden Kapitalwert daher, obwohl er beim Versorgungsausgleich an einigen Stellen eine sehr wichtige Rolle spielt, als **Hilfsgröße**. Dieser Tatsache sollte man sich bei der Verwendung des Wertes bewusst sein. Man muss sich jedoch auch darüber im Klaren sein, dass es aufgrund der unterschiedlichen Finanzierungssysteme nicht möglich ist, für alle Arten von Anrechten vergleichbare Kapitalwerte zu ermitteln. Es liegt also in der Natur der Sache und nicht an einer mangelhaften gesetzlichen Vorschrift, dass korrespondierende Kapitalwerte nicht vergleichbar sind. Es hängt von den Gegebenheiten des Einzelfalles ab, ob es möglich ist, Werte zu ermitteln, die den jeweiligen Zweck besser erfüllen können als die korrespondierenden Kapitalwerte. Allgemein gültige Aussagen oder gar eine allgemein gültige Rechenvorschrift kann es hierfür nicht geben (→ Rn. 4).

3 Grundsätzlich soll nach § 47 Abs. 2 VersAusglG der korrespondierende Kapitalwert dem **Beitrag** entsprechen, der zum Ende der Ehezeit aufzubringen wäre, um bei dem Versorgungsträger für die ausgleichspflichtige Person ein Anrecht in Höhe des Ausgleichswertes zu begründen. Ausnahmen sind in § 47 Abs. 3–5 VersAusglG geregelt (→ Rn. 5 ff.).

4 Der korrespondierende Kapitalwert ist, wie auch der Ehezeitanteil und der Ausgleichswert, ein **Bruttowert**. Dies ist zu bedenken, wenn man im Rahmen einer Vereinbarung zB eine Verrechnung von Anrechten im Versorgungsausgleich mit Vermögenswerten vornimmt. In diesem Fall sollte nur der Nettowert des Versorgungsanrechts in Ansatz gebracht werden, denn nur dieser wird später auf der Vermögensebene zur Verfügung stehen. Das bedeutet, dass die Steuern und Sozialabgaben, die bei dem Anrecht voraussichtlich zu entrichten sein werden, in Abzug gebracht werden müssen (→ *Steuern und Sozialabgaben im Versorgungsausgleich* Rn. 1 ff.).

II. Korrespondierende Kapitalwerte bei den verschiedenen Versorgungssystemen

5 Bei Anrechten der **gesetzlichen Rentenversicherung** wird der korrespondierende Kapitalwert berechnet, indem der in Entgeltpunkten ermittelte Ausgleichswert, mit dem zum Ende der Ehezeit maßgeblichen Umrechnungsfaktor für die Umrechnung von Entgeltpunkten in Beiträge multipliziert wird. Bei einem Ende der Ehezeit in 2019 beträgt der Umrechnungsfaktor für Entgeltpunkte (EP) 7235,5860. Einem Ausgleichswert von zwei EP entspricht zB bei einem aktuellen Rentenwert von 33,05 EUR einer monatlichen Altersrente ab Erreichen der Regelaltersgrenze in Höhe von 66,10 EUR. Der korrespondierende Kapitalwert hierfür ist: 2 x 7235,5860 = 14.471,17 EUR.

Gem. § 47 Abs. 3 VersAusglG sind die Rechengrößen der gesetzlichen Rentenversicherung auch bei Anrechten gem. § 44 Abs. 1 VersAusglG maßgeblich, dh bei der **Beamtenversorgung**, anderen Anrechten aus einem **öffentlich-rechtlichen Dienst-** oder **Amtsverhältnis** und bei **Anrechten nach beamtenrechtlichen Grundsätzen** oder **Vorschriften**. Da die maßgebliche Bezugsgröße der Beamtenversorgung der Betrag der Altersrente ist, muss diese Rente zunächst in Entgeltpunkte umgerechnet werden. Diese Entgeltpunkte müssen dann mit dem Umrechnungsfaktor der gesetzlichen Rentenversicherung für die Umrechnung von Renten in Beiträge in einen Beitrag umgerechnet werden. Dieser Beitrag stellt dann den korrespondierenden Kapitalwert dar. 6

Bei **berufsständischen Versorgungen** wird der korrespondierende Kapitalwert ebenfalls häufig in Form eines Beitrags ermittelt. Hierbei sind die im jeweiligen Versorgungswerk zum Ende der Ehezeit maßgeblichen Umrechnungsfaktoren eines Beitrags in eine Rente zu verwenden. Dies ist jedoch nicht immer der Fall. Maßgeblich sind die Regelungen des jeweiligen Versorgungswerkes. 7

Bei Anrechten der **betrieblichen Altersversorgung** ist nach § 47 Abs. 4 VersAusglG der Übertragungswert nach § 4 Abs. 5 BetrAVG als korrespondierender Kapitalwert anzusetzen (→ *Betriebliche Altersversorgung* Rn. 8), bei einem Anrecht der Zusatzversorgung des öffentlichen oder kirchlichen Dienstes der versicherungsmathematische Barwert. 8

Kann der korrespondierende Kapitalwert nicht nach den Grundsätzen des § 47 Abs. 1–4 VersAusglG ermittelt werden, so ist der nach **versicherungsmathematischen Grundsätzen ermittelte Barwert** maßgeblich (§ 47 Abs. 5 VersAusglG). 9

155. Kostenentscheidung in Familiensachen

Stockmann

I. In Ehe- und Scheidungsfolgesachen

1 Von den Ehesachen des § 121 FamFG sind in der Praxis die Scheidungs- und Scheidungsfolgesachen besonders relevant. Für diese gilt mit § 150 FamFG eine spezielle Regelung, → Rn. 2 ff.

Ebenfalls besteht eine spezielle Regelung in § 132 FamFG für die Kosten eines Eheaufhebungsverfahrens (→ *Eheaufhebung* Rn. 57 ff.). Diese besonderen Vorschriften schließen einen Rückgriff (über § 113 Abs. 1 FamFG) auf die Kostenbestimmungen der ZPO aus.

Für Verfahren auf Feststellung des Bestehens oder Nichtbestehens einer Ehe (§ 121 Nr. 3 FamFG) können hingegen – wie in selbständigen Familienstreitsachen (→ Rn. 21 ff.) – die Regelungen der ZPO zur Anwendung kommen.

1. Fall der Scheidung

2 **a) Grundsatz der Kostenaufhebung.** Im Fall der Scheidung werden die Kosten von Scheidung und Folgesachen grundsätzlich gegeneinander aufgehoben, § 150 Abs. 1 FamFG. Es erfolgt wegen des den Kostenausspruch erfassenden Verbundprinzips eine **einheitliche Kostenentscheidung** für alle zusammen mit dem Scheidungsausspruch ergehenden Folgesachenentscheidungen.[1]

3 Der Begriff der **Kostenaufhebung** ist im FamFG nicht näher definiert. Dies ist auch nicht erforderlich, weil aufgrund der für Ehe- und Familienstreitsachen erfolgenden Verweisung des § 113 Abs. 1 FamFG in die ZPO die Regelung des § 92 Abs. 1 S. 2 ZPO greift: Die Gerichtskosten (einschließlich der gerichtlichen Auslagen, zB für Zeugen etc) trägt jeder der Ehegatten zur Hälfte, ebenso wie seine eigenen außergerichtlichen Kosten.

1 Vgl. Musielak/Borth/*Borth* FamFG § 150 Rn. 3.

b) Ausnahmen. Von diesem Grundsatz kommt eine Abweichung in folgenden Fällen in Betracht: 4

- **Parteivereinbarung:** Das Gericht kann eine Vereinbarung, die die beteiligten Ehegatten über die Kostenverteilung getroffen haben, teilweise oder ganz übernehmen, § 150 Abs. 4 S. 3 FamFG. Von einer solchen Vereinbarung darf das Gericht nur aus triftigen Gründen abweichen.[2]
- **Ergebnis einer Unterhalts- oder Güterrechtsfolgesache**: Aus Billigkeitsgründen kann das Gericht den unterschiedlichen Anteil des Obsiegens bzw. Unterliegens in den Folgesachen Unterhalt und Güterrecht (§ 137 Abs. 2 Nr. 2 und 4 FamFG) bei der Kostenentscheidung berücksichtigen, § 150 Abs. 3 S. 1 FamFG. Bei diesen Verfahren handelt es sich um Familienstreitsachen, in denen es sachgerecht erscheinen kann, den Misserfolg eines Begehrens auch im Rahmen der Kostenentscheidung zu berücksichtigen. Diese Möglichkeit besteht jedoch nicht bei den Folgesachen mit Nichtstreitcharakter (Versorgungsausgleich, § 137 Abs. 2 Nr. 1 FamFG; Ehewohnungs- und Haushaltssachen, 137 Abs. 2 Nr. 3 FamFG; Kindschaftssachen, § 137 Abs. 3 FamFG).
- **Verweigerung bei einer außergerichtlichen Streitbeilegung anhängiger Folgesachen:** Verweigert ein Ehegatte die Mitwirkung an einem vom Gericht gem. § 135 FamFG angeordneten Informationsgespräch über die außergerichtliche Streitbeilegung in einer Folgesache, kann dies gem. § 150 Abs. 4 S. 2 FamFG ebenfalls durch eine vom Grundsatz der Kostenaufhebung abweichenden Entscheidung sanktionieren. *Kemper*[3] plädiert für eine zurückhaltende Anwendung dieser Möglichkeit, weil sie systemfremd ist.
- **Sonstige Ausnahmen:** Der weitere in § 150 Abs. 4 S. 2 FamFG genannte Ausnahmetatbestand der Versöhnung kommt bei einem die Scheidung aussprechenden Beschluss nicht zum Tragen. Jedoch ist die Aufzählung der Ausnahme in Abs. 4 nur beispielhaft. Das Gesetz erwähnt „insbesondere" die genannten Fälle. Damit besteht Spielraum, auch andere Gesichtspunkte bei der Billigkeitsentscheidung zu berücksichtigen.

c) Kostenentscheidung in Ausnahmefällen. Greift einer der vorstehend geschilderten Ausnahmefälle ein, so dass dem Gericht aus Billigkeitsgründen ein Abweichen von dem Grundsatz der Kostenaufhebung angemessen erscheint, gibt das Gesetz nicht vor, auf welche Weise die Billigkeitsentscheidung zu ergehen hat. Dem Gericht ist insofern ein **Ermessen** eingeräumt, um die besonderen Umstände des Einzelfalls angemessen berücksichtigen zu können. 5

Im Betracht kommen vor allem folgende Möglichkeiten: 6

- **Quotierung** des einheitlichen Kostenausspruches;
- **gesonderte Kostenentscheidung** betreffend die fragliche Folgesache und die übrigen Bestandteile des Scheidungsverbundbeschlusses;
- **Auferlegung der Mehrkosten**, die durch die erfolglose Folgesache entstanden sind, auf den unterlegenen Ehegatten. In diesem Fall erfolgt die Ermittlung der Mehrkosten nach einer Differenzmethode.[4]

d) Drittbeteiligte im Scheidungsverbundverfahren. aa) In Verfahren mit Familienstreitcharakter. Im Scheidungsverbundverfahren sind oftmals **Dritte** beteiligt. Sofern diese in den Folgesacheverfahren mit Familienstreitcharakter (Unterhalt, Güterrecht) auftreten, sieht § 140 Abs. 1 FamFG die Abtrennung dieser Verfahren aus dem Verbund vor. Zweck dieser Abtrennung ist, dass gerade nicht die Kostenvorschrift des § 150 FamFG Anwendung findet, sondern dass diejenigen Dritten, die durch Stellung eines erfolglosen Antrages Verfahrenskosten verursacht haben, zur Kostentragung herangezogen werden können.[5] Dieses abgetrennte Verfahren behält zwar den Folgesachencharakter, § 137 Abs. 5 S. 1 FamFG, es kann also eine Regelung für den Fall der Scheidung begehrt werden. Die Kostenentscheidung ergeht aber nicht nach § 150 FamFG, sondern entweder nach § 243 FamFG (in einer Unterhaltssache) oder nach §§ 91 ff. FamFG (in einer Güterrechtssache).[6] 7

---

2 Vgl. HK-FamVerfR/*Kemper* § 150 Rn. 8.
3 HK-FamVerfR/*Kemper* § 150 Rn. 11.
4 Vgl. OLG Köln 6.1.1997 – 14 WF 245/96, NJW-RR 1997, 1025.
5 Vgl. Prütting/Helms/*Helms* FamFG § 140 Rn. 7.
6 Vgl. Musielak/Borth/*Borth* FamFG § 140 Rn. 3.

8 **bb) In Verfahren mit Nichtstreitcharakter.** In Folgesachen mit Nichtstreitcharakter regelt § 150 Abs. 3 FamFG, dass Dritte (zB die **Rentenversicherungsträger**) ihre außergerichtlichen Kosten selbst tragen. Zur Tragung der Gerichtskosten oder der Kosten der anderen Beteiligten werden sie nicht herangezogen.

9 Denkbar ist in solchen Fällen aber auch eine Anwendung der **Billigkeitsregelung** des § 150 Abs. 4 FamFG (→ Rn. 5 f.). *Helms*[7] nennt beispielhaft die Kostenentscheidung bei einer erfolgreichen Beschwerde eines Dritten, so dass es auch möglich ist, die außergerichtlichen Kosten des Dritten den Ehegatten aufzuerlegen.

2. Abweisung oder Rücknahme des Scheidungsbegehrens

10 **a) Bei einseitigem Scheidungsantrag des Antragstellers. aa) Generelle Regelung.** Bei Abweisung oder Rücknahme des von ihm **einseitig** gestellten Scheidungsantrages trägt der Antragsteller die Kosten von Scheidung und denjenigen Folgesachen, die mit Abweisung des Scheidungsantrages gegenstandlos werden (§§ 141 S. 1, 142 Abs. 2 S. 1 FamFG), § 150 Abs. 2 S. 1 FamFG. Wenn in einer Verbundsache der Scheidungsantrag zurückgenommen wird und daraufhin der Antragsgegner Kostenantrag stellt, so ist dies als schlüssige Zustimmung zur Antragsrücknahme zu werten.[8]

11 **bb) Versöhnung.** Wird das Scheidungsverfahren infolge einer **Versöhnung** der Ehegatten nicht weiter fortgesetzt, gestattet § 150 Abs. 4 S. 1 FamFG, dass das Gericht die Kostenentscheidung nach billigem Ermessen trifft, wenn die Kostentragung allein durch den Antragsteller unbillig erscheint.

12 **cc) Speziell zu den Kosten fortgesetzter (bisheriger) Folgesachen.** Folgesachen, die trotz **Rücknahme** des Scheidungsantrages nach §§ 141 S. 2, 142 Abs. 2 S. 2 FamFG fortgesetzt werden, weil ein Beteiligter rechtzeitig erklärt hat, diese Verfahren fortsetzen zu wollen, wechseln ihren Charakter vom Folgesacheverfahren zu dem einer selbstständigen Familiensache. Gleiches gilt für die in den aufgeführten Normen genannten Kindschaftssachen.

Die Kostenentscheidung für diese Verfahren ergeht dann nach den entsprechenden Verfahrensregeln, je nachdem, ob eine Familienstreitsache (→ Rn. 21 ff.) oder eine Nichtstreitsache (→ Rn. 24 ff.) Verfahrensgegenstand ist, § 150 Abs. 5 S. 2 FamFG. Die Regelung des § 150 Abs. 5 S. 1 FamFG ist auf diese Fälle nicht anzuwenden, da die **fortgesetzten** Verfahren nicht mehr Folgesachencharakter haben.

13 **b) Abweisung oder Rücknahme beiderseitiger Scheidungsbegehren.** In diesem Fall erscheint es dem Gesetzgeber – wie beim Erfolg eines Scheidungsbegehrens – sachgerecht, dass die Kosten der Scheidungssache und der Folgesachen **gegeneinander aufgehoben** werden. Auch in dieser Konstellation kann es vorkommen, dass ein Bedürfnis zur Fortsetzung von Folgesacheverfahren besteht. Es gelten dann die unter → Rn. 12 beschriebenen Konsequenzen.

14 **c) Erledigung des Scheidungsbegehrens.** Die Erledigung des Scheidungsbegehrens kann eintreten durch **Erledigungserklärung** entsprechend § 91 a ZPO oder durch **Tod** eines Ehegatten, § 131 FamFG. Die Kostenregelung ergeht in diesen Fällen wie bei Rücknahme oder Abweisung der beiderseitigen Scheidungsanträge, § 150 Abs. 2 S. 2 FamFG (→ Rn. 13). Die im Falle der Erledigung durch Tod ergehende Kostenentscheidung betrifft nur noch das Rechtsverhältnis zwischen dem überlebenden Ehegatten und den Erben des Verstorbenen.[9] Beerbt der überlebende Ehegatte den Verstorbenen aber allein, ergeht keine Kostenentscheidung, da eine Kostenerstattung nicht infrage kommt.[10]

15 **d) Speziell bei Abweisung eines verfrühten Scheidungsantrages. aa) Einseitiger verfrühter Scheidungsantrag des Antragstellers.** Bei verfrühter Stellung des Scheidungsantrages kann das Familiengericht umgehend Termin zur mündlichen Verhandlung ansetzen und das **Scheidungsbegehren als unbegründet abweisen**. Wird gegen diese Entscheidung vom Antragsteller Beschwerde eingelegt, läuft die gesetzliche Trennungszeit in der Regel während des Beschwerdeverfahrens ab. Da das Oberlandesgericht

7 Prütting/Helms/*Helms* FamFG § 150 Rn. 7.
8 OLG Bamberg 25.4.1996 – 7 WF 45/96, FamRZ 1997, 91.
9 Keidel/*Weber* FamFG § 131 Rn. 10.
10 OLG Hamm 10.8.2011 – 8 WF 162/11, FamRZ 2012, 811.

die Rechtslage zum Zeitpunkt seiner letzten mündlichen Verhandlung zu beurteilen hat, wird es dann zur Aufhebung der familiengerichtlichen Entscheidung und zur Zurückverweisung an die Ausgangsinstanz kommen, § 146 FamFG. Das Beschwerdegericht kann, wenn das Trennungsjahr zum Zeitpunkt der letzten Beschwerdeverhandlung abgelaufen ist, die Abweisung des Scheidungsbegehrens auch dann nicht vornehmen, wenn der Scheidungsantrag rechtsmissbräuchlich zu früh gestellt wurde, mit dem Ziel, die für Versorgungsausgleich und Güterrecht maßgebliche Ehezeit abzukürzen.

16 Das Familiengericht hat im Falle einer Zurückverweisung normalerweise in seiner Verbundentscheidung unter Anwendung des § 150 Abs. 4 S. 1 FamFG über die Kosten des Beschwerdeverfahrens zu entscheiden. Nach dem Bundesgerichtshof[11] sind die **Kosten** in analoger Anwendung des § 97 Abs. 2 ZPO **dem letztlich erfolgreichen Antragsteller aufzuerlegen**. Dieser hat durch verfrühte Einreichung des Scheidungsantrages die Kosten des Beschwerdeverfahrens selbst verursacht. Die Partei, die in der ersten Instanz nicht sachgerecht prozessiert hat und deshalb erst in der zweiten Instanz obsiegt, soll die Rechtsmittelkosten tragen.[12]

17 Da diese Rechtslage bereits zum Zeitpunkt der Entscheidung des Beschwerdegerichts feststeht, kann das Oberlandesgericht in diesem Fall der Zurückverweisung ausnahmsweise selbst über die Verfahrenskosten der zweiten Instanz entscheiden.[13]

18 Die vorstehenden Überlegungen sind nach dem OLG Stuttgart[14] auf den Fall zu übertragen, dass ein **Aufhebungsantrag** in erster Instanz abgewiesen wird, in der nächsten Instanz dann aber die erfolgte Antragumstellung auf Scheidung Erfolg hat.

19 **bb) Beiderseitiger verfrühter Scheidungsantrag.** Haben jedoch beide Beteiligte den verfrühten Scheidungsantrag zu verantworten, so bleibt es bei der Kostenregelung des § 150 Abs. 1 FamFG.[15]

3. Kostenfestsetzung

20 Durch die Verweisung des § 113 Abs. 1 FamFG auf die entsprechenden Bestimmungen der ZPO gelten für das Kostenfestsetzungsverfahren direkt **§§ 103 ff. ZPO**. Die Tatbestände für die Gebühren des Gerichts finden sich jedoch im FamGKG, ebenso wie das Verzeichnis der gerichtlichen Auslagen (KV Nr. 2000 ff.). Hinsichtlich der anwaltlichen Gebühren und Auslagen gelten die Regeln des RVG.

II. In selbstständigen Familienstreitsachen

1. Grundsatz

21 In den Familienstreitsachen sowie in Verfahren betreffend die Feststellung des Bestehens oder Nichtbestehens einer Ehe (→ Rn. 1) wird (durch § 113 Abs. 1 FamFG) auf die Regeln der ZPO verwiesen. Die Kostenfolge ergibt sich daher nach den normalen zivilprozessualen **Regeln entsprechend dem Umfang des Obsiegens** bzw. **Unterliegens**. Gem. § 91 Abs. 2 ZPO bedeutet dies für die Anwaltskosten, dass diese der obsiegende Beteiligte erstattet bekommen kann.

2. Sonderregelung für Unterhaltssachen

22 Einen Sonderfall im Bereich der Familienstreitsachen bilden die Unterhaltssachen nach § 231 Abs. 1 FamFG. Hierzu gehören auch die „Vereinfachten Verfahren über den Unterhalt Minderjähriger", §§ 249 ff. FamFG.[16] Für diese Unterhaltssachen sieht § 243 FamFG abweichend von den Regeln der ZPO eine

11 BGH 4.12.1996 – XII ZR 231/95, NJW 1997, 1007.
12 Prütting/Helms/*Helms* FamFG § 150 Rn. 23.
13 So auch BGH 4.12.1996 – XII ZR 231/95, NJW 1997, 1007.
14 OLG Stuttgart 25.1.2007 – 11 UF 169/06, FamRZ 2007, 1111.
15 OLG Hamm 16.11.1999 – 3 UF 169/99, NJWE-FER 2000, 264; OLG Brandenburg 26.3.2009 – 9 UF 90/08.
16 OLG Köln 22.12.2011 – 4 UHF 4/11, FamRZ 2012, 1164.

Kostenentscheidung nach billigem Ermessen des Gerichts vor, wobei insbesondere folgende, vom Gesetzgeber beispielhaft aufgeführte **Gesichtspunkte** zu berücksichtigen sind:[17]

- das Verhältnis von Obsiegen und Unterliegen der Beteiligten, einschließlich der Dauer der Unterhaltsverpflichtung, § 243 S. 2 Nr. 1 FamFG; der Gesetzgeber wollte damit dem Umstand Rechnung tragen, dass in Unterhaltssachen der Dauercharakter der Verpflichtung bei der Streitwertermittlung nur begrenzt berücksichtigt werden kann. Die Dauer der Unterhaltsverpflichtung hat im Rahmen des § 234 FamFG vor allem Bedeutung, wenn über die zeitliche Dauer des Unterhaltsanspruches gestritten wird.
- der Umstand, dass ein Beteiligter vor Beginn des Verfahrens eine berechtigte Aufforderung des Gegners zur Erteilung der Auskunft und Vorlage von Belegen über das Einkommen nicht oder nicht vollständig erfüllt hat, § 243 S. 2 Nr. 2 FamFG;
- der Umstand, dass ein Beteiligter einer Aufforderung des Gerichts nach § 235 Abs. 1 FamFG (zur Erteilung von Auskunft bzw. zur Vorlage von Belegen über Einkommen, Vermögen und persönliche oder wirtschaftliche Verhältnisse) innerhalb der gesetzten Frist nicht oder nicht vollständig nachgekommen ist, § 243 S. 2 Nr. 3 FamFG;
- ein sofortiges Anerkenntnis nach § 93 der Zivilprozessordnung, § 243 S. 2 Nr. 4 FamFG.

3. Kostenfestsetzung

23 Es gelten die gleichen Ausführungen wie unter → Rn. 20.

III. In Nichtstreitverfahren

1. Grundsätze

24 In Nichtstreitverfahren (zum Begriff → *Familiengerichtliches Verfahren* Rn. 105) gelten die besonderen Vorschriften der §§ 80 ff. FamFG. Somit ist **stets** ausdrücklich **über die Kosten zu entscheiden** (§ 81 Abs. 1 S. 3 FamFG) und zwar regelmäßig zusammen mit der Endentscheidung (§ 82 FamFG).

Isolierte **Kostenentscheidungen** sind in Familiensachen auch in den Fällen des § 83 FamFG erforderlich, wenn das Gericht keine Sachentscheidung mehr treffen muss, weil sich diese aufgrund von Erklärungen der Beteiligten (zB Vergleich, Erledigung, Antragsrücknahme) erübrigt hat.

25 In den übrigen Verfahrensbereichen des FamFG (dh in **Nichtfamiliensachen**) ist eine obligatorische Kostenentscheidung nicht erforderlich. Wenn keine Entscheidung getroffen wird, ergibt sich der Umfang der Gerichtskosten direkt aus dem FamGKG. Außergerichtliche Kosten hat dann jeder Beteiligte selbst zu tragen. Eine Kostenerstattung findet in diesem Fall nicht statt.

26 Das Gericht kann gem. § 81 Abs. 1 S. 1 FamFG **nach billigem Ermessen** über die Kosten entscheiden und diese beispielsweise (nur) einem Beteiligten ganz oder zum Teil auferlegen, der sich am Verfahren beteiligt und Anträge gestellt hat.

27 Auch kann von der **Erhebung der Kosten abgesehen** werden, § 81 Abs. 1 S. 2 FamFG. Wird davon Gebrauch gemacht, findet keine Erstattung der Kosten und der Auslagen des Gerichts statt.

Diese Möglichkeit der Kostenregelung sollte genutzt werden, wenn die Beteiligten keine eigenen Interessen verfolgen, sondern die des **Kindes**.[18] Beispielhaft seien Verfahren auf Genehmigung der freiheitsentziehenden Unterbringung eines Minderjährigen nach § 1631 b BGB oder Maßnahmen wegen Verhinderung der Eltern (zB infolge eines Unfalls) gem. § 1693 BGB genannt. Hingegen rechtfertigen schlechte wirtschaftliche Verhältnisse die Anwendung der Norm nicht, wenn die Beantragung von Verfahrenskostenhilfe möglich gewesen wäre.[19]

---

17 Vgl. hierzu im Einzelnen HK-FamVerfR/*Viefhues* § 243 Rn. 2 ff.

18 So Prütting/Helms/*Feskorn* FamFG § 81 Rn. 16.

19 KG 8.12.2011 – 19 UF 128/11 FamRZ 2012, 1162.

§ 81 Abs. 2 FamFG führt beispielhaft, dh nicht abschließend, Fälle auf, in denen das Gericht die **Kosten** des Verfahrens ganz oder teilweise **einem Beteiligten auferlegen** soll.[20] Damit wird die Reaktion auf Verhalten von Beteiligten ermöglicht, die das Verfahren bzw. dessen Verzögerung zu verantworten haben. Das Gericht hat somit Variationsmöglichkeiten, um den besonderen Gegebenheiten gerecht zu werden. 28

Wenn das Verfahren durch **Vergleich** erledigt wird und die Beteiligten keine Bestimmung über die Kosten getroffen haben, fallen die Gerichtskosten jedem Teil zu gleichen Teilen zur Last, die außergerichtlichen Kosten trägt jeder Beteiligte selbst (§ 83 Abs. 1 FamFG). 29

Sofern das Verfahren **auf sonstige Weise erledigt** oder der **Antrag zurückgenommen** wird, gilt § 81 FamFG entsprechend (§ 83 Abs. 2 FamFG; → Rn. 26 ff.). 30

2. Besonderes für einzelne Familiensachen

Nach der Rechtsprechung entspricht es jedoch regelmäßig der Billigkeit, **in Sorge- und Umgangssachen** die Gerichtskosten (einschließlich evtl. angefallener Auslagen für Gutachten) zwischen den Eltern aufzuteilen und eine Erstattung der außergerichtlichen Kosten nicht vorzunehmen.[21] Das OLG Köln[22] hat trotz grundsätzlicher Billigung der genannten Rechtsprechung jedoch die in einem Umgangsverfahren angefallenen Kosten für ein familienpsychologisches Sachverständigengutachten dem betreuenden Elternteil allein auferlegt, nachdem es festgestellt hatte, dass diesen die Verantwortung für die Umgangsverweigerung des Kindes trifft. Nach dem OLG Celle[23] entspricht es regelmäßig nicht der Billigkeit, dem im Rahmen seiner Aufgabenstellung tätig gewordenen Jugendamt die Kosten des Verfahrens nach § 81 Abs. 1 FamFG aufzuerlegen. Allein die Tatsache, dass ein Elternteil in wirtschaftlicher Hinsicht erheblich bessergestellt ist als der andere Elternteil, rechtfertigt es nicht, jenen unter Billigkeitsgesichtspunkten kostenmäßig stärker zu belasten als diesen.[24] 31

Für **Abstammungssachen** enthält § 183 FamFG eine Sonderregelung: Im Falle des **Erfolges einer Anfechtung der Vaterschaft** tragen die Beteiligten, mit Ausnahme des minderjährigen Kindes, die Gerichtskosten zu gleichen Teilen sowie ihre eigenen außergerichtlichen Kosten. Beteiligte können die in § 1600 Abs. 1 BGB genannten Anfechtungsberechtigten sein, also auch der leibliche Vater. Das minderjährige Kind ist zwar gem. § 172 Abs. 1 FamFG auch Beteiligter, ihm können aber nach der ausdrücklichen Aussage des § 183 FamFG keine Kosten auferlegt werden. Ist ein volljähriges Kind verfahrensbeteiligt, kann auch dieses in die Kostenaufteilung einbezogen werden. 32

Für **andere Fallkonstellationen in Abstammungsverfahren**, so bei erfolgloser Anfechtung oder beim Vaterschaftsfeststellungsverfahren, gilt § 183 FamFG nicht. Es sind dann die Grundsätze des § 81 FamFG anzuwenden. Da die Sondervorschriften der §§ 81 Abs. 3, 183 FamFG nicht greifen, kann das Kind wie die weiteren Beteiligten auch nach billigem Ermessen herangezogen werden. 33

Jedoch dürfte dies im Regelfall unbillig sein.[25] *Siede*[26] weist zutreffend darauf hin, dass die Ursache für die Unsicherheit der Abstammung die Mutter und der Mann gesetzt haben, aber nicht das Kind. Dieses habe gegen seine Eltern einen Anspruch auf Aufklärung seiner Abstammung.

Der BGH hat für den Fall eines erfolgreichen Antrages auf Feststellung der Vaterschaft angemahnt, dass die Gerichte das ihnen vom Gesetz eingeräumte weite Ermessen auch ausüben. Es sei bei der Ermessensausübung verfehlt, von einem Regel-Ausnahme-Verhältnis auszugehen und beispielsweise dem Mann, dessen Vaterschaft festgestellt wurde, generell die Kosten des Verfahrens aufzuerlegen. Als mögli-

20 Vgl. hierzu HK-FamVerfR/*Schneider* § 81 Rn. 46 ff.

21 So auch Prütting/Helms/*Feskorn* FamFG § 81 Rn. 14 a.

22 OLG Köln 1.4.2016 – 10 UF 81/15, FamRZ 2017, 383.

23 OLG Celle 4.5.2012 – 10 UF 69/12, FamRZ 2012, 1896; vgl. auch BGH 28.9.2016 – XII ZB 251/16, FamRZ 2017, 50.

24 OLG Bremen 4.3.2012 – 5 UF 11/12, FamFR 2013, 304.

25 OLG Saarbrücken 30.4.2015 – 6 WF 36/15, FamRZ 2015, 1746.

26 *Siede* FamRB 2015, 381.

che maßgebliche Umstände, die (neben anderen) im konkreten Einzelfall bei der Kostenentscheidung zu berücksichtigen sind, nennt der BGH:[27]

- Das Maß des Obsiegens und Unterliegens
- Die Frage, ob dem festgestellten Vater zuzumuten gewesen wäre, das Verfahren durch eine urkundliche Anerkennung der Vaterschaft zu vermeiden. Zumindest für den Fall, dass die Mutter „Mehrverkehr" während der gesetzlichen Empfängniszeit eingeräumt hat, sei eine Vaterschaftsanerkennung vor Kenntnis vom Ergebnis des Abstammungsgutachtens nicht zumutbar. Gleiches gelte dann, wenn Umstände gegeben sind, welche bei objektiver Betrachtung Zweifel des in Anspruch genommenen Mannes rechtfertigen. Anders dürfte das Ermessen auszuüben sein, wenn der Vater lediglich allgemeine Zweifel äußert, es könne auch ein anderer Mann als Erzeuger in Frage kommen.

ME sind in diesem Fall die Kosten zwischen Vater und Mutter zu teilen, da beide ein gleich großes Interesse an der Feststellung der Vaterschaft haben.[28] In dem Fall, dass der Mann überhaupt keine sachbezogene Stellungnahme zu dem – im Ergebnis erfolgreichen – Feststellungsbegehren abgibt, erscheint eine Kostentragung allein durch den Vater angemessen.[29]

3. Heranzuziehende Beteiligte

34 Die Kostenauferlegung in Nichtstreitverfahren ist nur gegenüber „den Beteiligten" möglich, § 81 Abs. 2 FamFG. Wer Beteiligter ist, definiert § 7 FamFG (→ *Beteiligte* Rn. 5 ff.); vgl. auch die Auflistung der möglichen Beteiligten von *Schneider*.[30]

35 Einige formell Beteiligte können aber aufgrund ausdrücklicher Regelungen **nicht zur Kostentragung herangezogen** werden. Dies sind:

- Minderjährige Beteiligte in Kindschaftsverfahren, die ihre Person betreffen, § 81 Abs. 3 FamFG. In Kindschaftssachen, die die Vermögenssorge betreffen, ist eine Kostenauferlegung aber auch gegenüber Minderjährigen zulässig.[31]
- Der Verfahrensbeistand wegen § 158 Abs. 8 FamFG.

4. Kostenfestsetzung

36 Unter Kosten im Sinne dieser Vorschriften fallen nach § 80 S. 1 FamFG sowohl die **Gerichtskosten**[32] als auch die notwendigen Aufwendungen der Parteien.[33] Bezüglich der als Aufwendungen zu qualifizierenden **Anwaltskosten** findet eine Erstattung gem. § 80 S. 1 FamFG nur dann statt, wenn diese zur Durchführung des Verfahrens notwendig war.[34] Hierüber entscheidet im Rahmen der Kostenfestsetzung der Rechtspfleger (§ 85 FamFG iVm § 104 ZPO, § 21 Nr. 1 RPflG), wenn nicht der Richter gem. § 81 Abs. 1 FamFG die Anwaltskosten einem Beteiligten auferlegt hat.[35]

IV. In der Rechtsmittelinstanz

1. In Ehe- und Familienstreitsachen

37 Für das Scheidungs- und Scheidungsverbundverfahren bleibt es auch in der **Rechtsmittelinstanz** bei der Anwendung der speziellen Norm des § 150 FamFG;[36] für Verfahren betreffend die Eheaufhebung bei

27 BGH 19.2.2014 – XII ZB 15/13, FamRZ 2014, 744.
28 OLG Hamm 29.3.2019 – 12 WF 49/19, FamRZ 2019, 1352.
29 OLG Bremen 8.1.2016 – 5 UF 117/15, FamRZ 2016, 1481.
30 HK-FamVerfR/*Schneider* § 81 Rn. 64 f.
31 Vgl. HK-FamVerfR/*Schneider* § 81 Rn. 66.
32 Gebühren nach dem FamGKG, Auslagen nach Kostenverzeichnis Nr. 2000 ff. FamGKG.
33 Vgl. hierzu im Einzelnen HK-FamVerfR/*Schneider* § 80 Rn. 32 ff.
34 Vgl. hierzu im Einzelnen HK-FamVerfR/*Schneider* § 80 Rn. 35 ff.
35 Zum Festsetzungsverfahren vgl. HK-FamVerfR/*Schneider* § 85 Rn. 1 ff.
36 Prütting/Helms/*Helms* FamFG § 159 Rn. 21.

§ 132 FamFG. Im Übrigen richtet sich die Kostenentscheidung in der Rechtsmittelinstanz aufgrund der Verweisung des § 113 Abs. 1 FamFG nach § 97 ZPO. Der Verlierer hat also die Kosten des Verfahrens zu tragen. Bei teilweisem Unterliegen sind die Kosten quotenmäßig aufzuteilen. Für die Kostenfestsetzung gelten die Darlegungen unter → Rn. 20.

2. In Nichtstreitverfahren

In **Nichtstreitverfahren** soll das Gericht bei Rechtsbehelfen die Kosten eines ohne Erfolg eingelegten Rechtsmittels dem Beteiligten auferlegen, der es eingelegt hat (§ 84 FamFG). Die Kostenfestsetzung erfolgt gem. § 85 FamFG entsprechend §§ 103–107 ZPO (→ Rn. 36). 38

V. Isolierte Anfechtung von Kostenentscheidungen

1. In Ehe- und Familienstreitsachen

In Ehe- und Familienstreitsachen war die Frage, ob eine isolierte Anfechtung der Kostenentscheidung zulässig ist, nach Inkrafttreten des FamFG heftig umstritten. Zwischenzeitlich ist die vom BGH[37] mit überwiegender dogmatischer Argumentation vertretene Ansicht allgemein akzeptiert.[38] Diese basiert auf der Verweisung des § 113 Abs. 1 FamFG auf die entsprechenden Normen der ZPO und gelangt wegen § 99 Abs. 1 ZPO zu einer nur beschränkten Anfechtbarkeit – nämlich nur im Rahmen der dort in speziellen Normen (§ 91 a Abs. 2 ZPO betreffend die Erledigung der Hauptsache; § 99 Abs. 2 ZPO betreffend die Anerkenntnisentscheidung; § 269 Abs. 5 ZPO betreffend die Antragsrücknahme) geregelten Anfechtbarkeit. 39

Die Konsequenz, dass die Anfechtung isolierter Kostenentscheidungen in Nichtstreitverfahren und Familienstreitsachen **rechtlich unterschiedlich** zu beurteilen ist, nimmt der BGH als vom Gesetzgeber gewollt hin.

Wenn man dem Bundesgerichtshof folgt und auf die isolierte Kostenbeschwerde in Ehe- und Familienstreitsachen die **Bestimmungen der ZPO anwendet**, so ist neben der eingeschränkten Statthaftigkeit zu beachten, dass die Frist zur Einlegung dieses Rechtsmittels zwei Wochen beträgt, § 569 Abs. 1 S. 1 ZPO. Statthaft ist die sofortige Beschwerde auch nur, wenn der Beschwerdewert von 200 EUR überschritten ist, § 567 Abs. 2 ZPO. Das Gesetz kennt auch keine Zulassung, so dass die sofortige Beschwerde stets unstatthaft ist, wenn der Beschwerdewert nicht erreicht ist. 40

Als nicht statthaft wird die Beschwerde gegen die isolierte Kostenentscheidung aber dann angesehen, wenn ein **Rechtsmittel in der Hauptsache** selbst **nicht statthaft** wäre.[39] Der Rechtszug könne bei einer Beschränkung auf die Kostenentscheidung nicht weiter gehen als der Rechtszug der zugehörigen Sachentscheidung.[40] Beispielhaft ist hier die Entscheidung in einer einstweiligen Anordnung anzuführen: Diese ist in Familiensachen – abgesehen von den in § 57 S. 2 FamFG aufgeführten Fällen – grundsätzlich nicht anfechtbar, § 52 S. 1 FamFG. Dann ist auch die isolierte Anfechtung einer Kostenentscheidung einer solchen einstweiligen Anordnung nicht statthaft.[41] 41

2. In Nichtstreitverfahren

Die Kostenentscheidung, die das Gericht trifft, ergeht in Beschlussform und stellt eine Endentscheidung iSv § 38 Abs. 1 S. 1 FamFG dar. Damit ist eine **Beschwerde** nach § 58 FamFG gegen Kostenentscheidungen jedenfalls in Nichtstreitverfahren **statthaft**.[42] Dies gilt unabhängig davon, ob die Kostenentscheidung zusammen mit der Sachentscheidung ergangen ist oder ob ein isolierter Kostenbeschluss erfolgt ist, zB 42

37 BGH 28.9.2011 – XII ZB 2/11, FamRZ 2011, 1933.
38 Vgl. zB Prütting/Helms/*Helms* FamFG § 150 Rn. 19.
39 OLG Zweibrücken 15.6.2011 – 2 WF 25/11, FamRZ 2012, 50.
40 BGH 8.5.2003 – I ZB 40/02, NJW-RR 2003, 1075.
41 OLG Hamburg 26.10.2010 – 7 UF 154/10, FamRZ 2011, 752.
42 Vgl. OLG Zweibrücken 18.7.2011 – 2 WF 92/11, FamRZ 2011, 426.

nach Antragsrücknahme, Vergleich oder Erledigterklärung. Das FamFG enthält nämlich kein dem § 99 Abs. 1 ZPO entsprechendes Verbot der isolierten Kostenanfechtung.

43 Die Anwendung der §§ 58 ff. FamFG führt zu einer **Beschwerdefrist von einem Monat**, § 63 Abs. 1 FamFG.

44 Hinsichtlich der isolierten Kostenbeschwerde war wiederum strittig, ob für diese generell die Norm des § 61 Abs. 1 FamFG über den **Beschwerdewert** anzuwenden ist oder ob es dabei darauf ankommt, welchen Verfahrensgegenstand das ursprüngliche Hauptsacheverfahren hatte. BGH[43] hat dann klargestellt, dass § 61 Abs. 1 FamFG auch für den Fall einer isolierten Kostenentscheidung keine Anwendung findet, wenn es sich bei der Hauptsache um eine nichtvermögensrechtliche Streitigkeit gehandelt hat. Er begründete seine Meinung ua damit, dass nur durch diese Auslegung die Entscheidung des Gesetzgebers, in Nichtstreitverfahren eine isolierte Kostenanfechtung zuzulassen, überhaupt praktische Auswirkungen erlangen könne.

45 Es sind somit drei **Beschwerdewertgrenzen** zu unterscheiden, wenn es um die isolierte Anfechtung von Kostenentscheidungen in Familiensachen geht:

- In Nichtstreitverfahren mit nichtvermögensrechtlichem Verfahrensgegenstand in der Hauptsache gibt es keine Mindestbeschwer (Umkehrschluss aus § 61 Abs. 1 FamFG).
- In Ehe- und Familienstreitsachen beträgt die Mindestbeschwer 200,01 EUR (Aufgrund der Verweisung des § 113 Abs. 1 S. 1 FamFG auf §§ 91 a Abs. 2, 99 Abs. 2, 269 Abs. 5 ZPO kommt es nicht zur Anwendung des § 61 FamFG. Es gelten §§ 567 ff. ZPO und damit der Grenzwert des § 567 Abs. 2 ZPO).
- In den Anwendungsbereich des § 61 Abs. 1 FamFG fallen damit – bezüglich isolierter Kostenbeschwerden – nur solche Nichtstreitverfahren mit in der Hauptsache vermögensrechtlichem Charakter (zB Versorgungsausgleichssachen). Hier beträgt der Grenzbetrag gem. § 61 Abs. 1 FamFG 600,01 EUR.

43 BGH 25.9.2013 – XII ZB 464/12, FamRZ 2013, 1876.

156. Krankenversicherung

Conradis

I. Familienversicherung

1 Trennung und Scheidung können zu erheblichen Konsequenzen beim Krankenversicherungsschutz der Ehegatten und auch der Kinder führen. Allerdings haben sich die Probleme dadurch reduziert, dass nach Beendigung der Mitversicherung bei dem Ehegatten kein Antrag mehr auf Weiterversicherung gestellt werden muss, was früher innerhalb von drei Monaten nach Ende der Familienversicherung erforderlich war, um den Versicherungsschutz in der gesetzlichen Krankenversicherung zu erhalten.

Die Probleme im Hinblick auf den Krankenvorsorgeunterhalt werden in einem gesonderten Kapitel erörtert (→ *Krankenvorsorgeunterhalt* Rn. 1 ff.).

2 Die Familienversicherung nach § 10 SGB V ist beitragsfrei (§ 3 S. 3 SGB V). Ehegatten und Kinder sind nach § 10 SGB V über den anderen Ehegatten mitversichert, wenn dieser Mitglied der gesetzlichen Krankenkasse ist und der Ehegatte und die Kinder kein **Gesamteinkommen** haben, das regelmäßig im Monat ein Siebtel der monatlichen Bezugsgröße nach § 18 SGB IV überschreitet. Die Bezugsgröße wird jährlich neu durch eine VO bekannt gegeben, zuletzt durch die VO vom 17.12.2019.[1] Die Bezugsgröße ist in den alten und neuen Bundesländern unterschiedlich. In der Krankenversicherung gilt jedoch nur die Bezugsgröße (West), die im Jahr 2021 auf 3.290 EUR festgesetzt wurde.

3 Ein Siebtel der Bezugsgröße sind **470 EUR**. Für die Definition des Gesamteinkommens ist § 16 SGB IV zugrunde zu legen. Es sind also die Werbungskosten abzuziehen, so dass durch entsprechende Geltendmachung ggf. die Grenze unterschritten werden kann. Es ist darüber hinaus auch der Sparerfreibetrag bei der Ermittlung des Einkommens abzuziehen. Wird allein die Werbungkostenpauschale von 1.000 EUR berücksichtigt, beträgt der Grenzbetrag 553,33 EUR. Soweit der Ehegatte eine **geringfügige Beschäftigung** ausübt, wird die dort geltende Einkommensgrenze von **450 EUR** zugrunde gelegt.

4 Der **Ausschluss der kostenlosen Mitversicherung von Kindern** bei Überschreiten der Einkommensgrenze gilt nur bei Ehegatten, nicht aber bei eheähnlichen Partnern. Es liegt keine verfassungswidrige Ungleichbehandlung in der Hinsicht vor, dass Kinder einer eheähnlichen Gemeinschaft insoweit besser gestellt sind, als das Einkommen des nicht verheirateten Elternteils nicht zum Ausschluss führen kann.[2] Die ungleiche Behandlung wurde weiter damit begründet, dass andererseits bei Ehegatten eine kostenlose Familienversicherung möglich sei, nicht hingegen bei eheähnlichen Partnern; es sei nicht verfassungswidrig, dass diese Vorschrift auch bei getrennt lebenden Ehegatten gilt.[3]

II. Getrennt lebende Ehegatten

5 Die Trennung der Ehegatten hat auf die Mitversicherung grundsätzlich keinen Einfluss. Die Mitversicherung kann jedoch **erlöschen**, wenn Unterhaltsleistungen erbracht werden, die den Betrag von 470 EUR überschreiten. Gem. § 10 Abs. 1 a Nr. 1 EStG können die Unterhaltsleistungen an den dauernd getrennt lebenden Ehegatten als Sonderausgaben abgesetzt werden. Beim Unterhaltsempfänger ist der Unterhalt in diesem Fall nach § 22 Nr. 1 a EStG zu versteuern. Der Unterhalt gilt mithin als Einkommen nach § 10 Abs. 1 Nr. 5 SGB V.[4] Wird ein Unterhaltsbetrag von mehr als 455 EUR im Wege dieses sog. begrenzten Realsplittings steuerlich geltend gemacht, erlischt nach eindeutigem Wortlaut des § 10 Abs. 1 Nr. 5 SGB V

1 BGBl. 2019 I 2484, vgl. FamRZ 2020, 151.
2 BVerfG 12.2.2003 – 1 BvR 624/01, NZS 2003, 423.
3 BSG 25.1.2001 – B 12 KR 5/00 R, NZS 2001, 493 – Ls.
4 BSG 3.2.1994 – 12 RK 5/92, FamRZ 1994, 1239; hierzu *Böhmel* FamRZ 1992, 270.

die kostenfreie Familienversicherung. In der **Praxis** scheint dies bisher nur selten eine Rolle zu spielen; die Krankenkassen prüfen dies anscheinend in der Regel bisher nicht nach. Auch steht zumeist erst im Nachhinein fest, dass die Versteuerung entsprechend vorgenommen wird. Wird jedoch für die Zeit des Getrenntlebens eine Unterhaltsvereinbarung getroffen mit der Verpflichtung, der Zahlung des Unterhalts als Sonderausgabe zuzustimmen, besteht die Gefahr, dass die Krankenkassen sich doch im Einzelfall hierauf berufen. Bei einer Vereinbarung im Hinblick auf diese Erklärung sollte daher berücksichtigt werden, dass die gesamten (nicht nur die steuerlichen) Nachteile vom Unterhaltspflichtigen auszugleichen sind.[5]

6 Es besteht jedoch auch die Möglichkeit, nur einen Betrag bis zu dem Grenzbetrag von derzeit 470 EUR nach § 10 Abs. 1 a Nr. 1 EStG abzusetzen, um die mögliche Krankenversicherungspflicht des unterhaltsberechtigten Ehegatten zu vermeiden. Die finanziellen Konsequenzen sollten – evtl. mithilfe eines Steuerberaters – ermittelt werden, um die vorteilhafteste Lösung zu finden.

7 Endet die Familienversicherung wegen der Einkommensüberschreitung, erfolgt die **Fortsetzung als freiwillige Versicherung** (§ 188 Abs. 4 SGB V). Die früher geltende Frist von drei Monaten, innerhalb derer ein Antrag gestellt werden musste, ist mithin entfallen. Die freiwillige Mitgliedschaft setzt sich jedoch nicht fort, wenn innerhalb von zwei Wochen nach einem entsprechenden Hinweis der Krankenkasse der Austritt erklärt wird. Der Austritt wird nur wirksam, wenn das Mitglied das Bestehen eines anderweitigen Anspruchs auf Absicherung im Krankheitsfall nachweist (§ 188 Abs. 4 S. 1, 2 SGB V). Eine Beihilfeberechtigung nach einem Bemessungssatz von 50 % ist kein ausreichender Anspruch auf Absicherung im Krankheitsfall.[6] Abgesehen von dieser Ausnahme handelt es sich faktisch um eine Pflichtversicherung.

8 Der Beitrag zur Krankenversicherung kann als **Teil des Getrenntlebensunterhalts** beansprucht werden. Zwar ist dieser Beitrag in § 1361 BGB nicht erwähnt, doch ist anerkannt, dass die Kosten der Krankenversicherung auch schon während der Ehe zum Unterhaltsanspruch gehören.[7] Einzelheiten hierzu → *Krankenvorsorgeunterhalt* Rn. 1 ff.

III. Krankenversicherung nach der Scheidung

9 Nach Rechtskraft der Scheidung gelten dieselben Bestimmungen im Hinblick auf die Fortsetzung der gesetzlichen Krankenversicherung wie bei getrennt lebenden Ehegatten (→ Rn. 7). Bestand während der Ehe keine gesetzliche, sondern eine private Krankenversicherung, kann die Mitgliedschaft in der gesetzlichen Krankenversicherung nur unter bestimmten Bedingungen erreicht werden. In der Regel ist eine Weiterversicherung nur in der privaten Krankenversicherung möglich.

10 Ist lediglich der **Abschluss einer privaten Krankenversicherung** möglich, kann diese nach dem **Basistarif** durchgeführt werden, der sich aus § 257 Abs. 2 a Nr. 2 SGB V ergibt. Er errechnet sich aus dem Höchstbeitrag in der gesetzlichen Krankenversicherung zuzüglich des durchschnittlichen Zusatzbeitrags. Im Jahr 2021 beträgt er 769,16 EUR. Für Leistungsbezieher nach dem SGB II oder SGB XII ist die Hälfte dieses Beitrags, im Jahr 2021 mithin 384,58 EUR, zu zahlen. Bei Bezug von Leistungen nach dem SGB II muss der halbe Basisbetrag vom Jobcenter übernommen werden.[8]

11 Durch das GKV-WSG vom 28.3.2007 wurde ab 1.4.2007 die **Versicherungspflicht** für alle Personen eingeführt, die keinen anderweitigen Anspruch auf Absicherung im Krankheitsfall haben und zuletzt gesetzlich krankenversichert waren oder bisher weder gesetzlich noch privat versichert waren (§ 5 Abs. 1 Nr. 13 SGB V). Im letzten Fall besteht jedoch keine Versicherungspflicht – und damit auch keine Möglichkeit des Beitritts – wenn die Betroffenen **selbstständig** tätig oder nach § 6 Abs. 1 SGB V versicherungsfrei (zB Beamte) sind. Ebenfalls nicht pflichtversichert sind Sozialhilfeempfänger nach dem 3. Kapitel des SGB XII (§ 5 Abs. 8 a SGB V).

5 Vgl. hierzu OLG Stuttgart 16.8.2019 – 11 UF 36/19, FamRZ 2020, 1639.
6 BSG 10.12.2019 – B 12 KR 20/18 R, NZS 2020, 803.
7 BGH 7.12.1988 – IV b ZR 21/88.
8 BSG 18.1.2011 – B 4 AS 108/10 R, NDV-RD 2012, 54.

Der Krankenkassenbeitrag ist Teil des Unterhaltsanspruchs, unabhängig davon, ob es sich um eine gesetzliche oder private Krankenversicherung handelt (→ *Krankenvorsorgeunterhalt* Rn. 1 ff.). 12

IV. Zahlungsverzug

Wird eine freiwillige Versicherung durchgeführt, ist zu beachten, dass diese nicht mehr durch **Zahlungsverzug** enden kann; die Vorschrift des § 191 Nr. 2 SGB V wurde aufgehoben. Nach § 16 Abs. 3 a S. 2 SGB V ruht der Anspruch jedoch, wenn Verzug in Höhe von Beiträgen für zwei Monate vorliegt. Es besteht dann nur noch ein Anspruch auf Leistungen, die zur Behandlung akuter Erkrankungen und Schmerzzustände sowie bei Schwangerschaft und Mutterschaft erforderlich sind. Voraussetzung für das Ruhen ist eine Mahnung durch die Krankenkasse. Das Ruhen endet bei Hilfebedürftigkeit nach dem SGB II oder SGB XII.[9] 13

V. Krankenversicherung der Kinder

Kinder von Versicherten sind nach Maßgabe des § 10 SGB V kostenfrei mitversichert. Da die Vorschrift nicht für eheähnliche Partner gilt, kann hier eine gesetzliche Krankenversicherung des nicht verwandten Elternteils keine Familienversicherung begründen, so dass die Kinder nicht mitversichert sind. Die **kostenfreie Mitversicherung** gilt nach § 10 Abs. 2 SGB V nicht, wenn ein Ehegatte nicht Mitglied einer gesetzlichen Krankenkasse ist und sein Gesamteinkommen regelmäßig im Monat ein zwölftel der Jahresarbeitsentgeltgrenze übersteigt und regelmäßig höher als das Gesamteinkommen des Mitgliedes ist. Dies gilt unabhängig von der Anzahl der Kinder, die sonst als Familienversicherte in Betracht kämen.[10] 14

Der Ausschluss der Familienversicherung von Kindern während des Bestehens der Ehe wegen des zu hohen Einkommens des nicht versicherten Ehegatten endet mit der Rechtskraft der Scheidung, da die Eltern nun nicht mehr Ehegatten sind. Für diesen Fall besteht nach § 9 Abs. 1 Nr. 2 SGB V die Möglichkeit, die freiwillige Mitversicherung innerhalb von drei Monaten zu beantragen. 15

VI. Krankengeld bei Erkrankung von Kindern

Nach der Trennung bzw. Scheidung stellt sich für die dann **alleinerziehenden erwerbstätigen** Mütter oder Väter die Frage, wie weit sie abgesichert sind, wenn das Kind erkrankt. Der Gesetzgeber hat zeitlich befristete Ansprüche gegen die Krankenkasse für diesen Fall geschaffen. Bei der Erkrankung von Kindern besteht nach Maßgabe des § 45 SGB V ein Anspruch auf Krankengeld. Zwar ist eine solche Leistung auch bei nicht getrennt lebenden Ehegatten möglich, doch häufiger werden die Voraussetzungen von Alleinerziehenden erfüllt. Versicherte haben Anspruch auf Zahlung von Krankengeld nach § 45 Abs. 1 SGB V, wenn es nach ärztlichem Zeugnis erforderlich ist, dass sie zur Betreuung oder Pflege ihres erkrankten und versicherten Kindes der Arbeit fernbleiben, eine andere in dem Haushalt lebende Person das Kind nicht beaufsichtigen, betreuen und pflegen kann und das Kind das zwölfte Lebensjahr noch nicht vollendet hat. 16

Der Anspruch besteht in jedem Kalenderjahr für jedes Kind für alleinerziehende Versicherte **längstens für 20 Arbeitstage**, jedoch für nicht mehr als insgesamt 50 Arbeitstage je Kalenderjahr (§ 45 Abs. 2 SGB V). Für diese Zeiten besteht gegen den Arbeitgeber ein Anspruch auf unbezahlte Freistellung (§ 45 Abs. 3 SGB V). Auch bei gemeinsamem Sorgerecht gelten Versicherte als alleinerziehend, wenn das Kind bei ihnen im Haushalt lebt.[11] Im Hinblick auf die Corona-Pandemie wurde § 45 Abs. 2 a SGB V eingefügt, wonach die Dauer des Krankengeldes für das Kalenderjahr 2021 – auch für weitere dort geregelte Fälle – auf 40 Tage bzw. eine Gesamtdauer von 90 Tagen erhöht wurde. Ein Anspruch nach § 56 Abs. 1 a IfSG ist vorrangig (§ 45 Abs. 2 b SGB V). 17

9 Einzelheiten: *Marburger* ZfF 2008, 79.
10 BSG 15.1.2001 – B 12 KR 8/00 R, SozR 3-2500 § 10 SGB V Nr. 21.
11 BSG 26.6.2007 – B 1 KR 33/06, RdL 2008, 11.

157. Krankenvorsorgeunterhalt

Finke

I. Einführung

1 Die Kosten der Kranken- und Pflegevorsorge sind Bestandteil der laufenden Lebenshaltungskosten und gehören zum Unterhaltsbedarf des Berechtigten, wobei im Gegensatz zu dem nachrangigen Altersvorsorgeunterhalt ein **Gleichrang mit dem Elementarunterhalt** besteht. § 1578 Abs. 2 BGB schafft insoweit keinen zusätzlichen Anspruch, sondern stellt lediglich klar, dass diese Aufwendungen dem Unterhaltsbedarf hinzuzurechnen sind, soweit der Berechtigte nicht bereits eine eigene Krankenversicherung aufgrund eigener Erwerbseinkünfte unterhält und die von ihm hierfür zu tragenden Beiträge bei der Ermittlung seines Nettoeinkommens abgezogen worden sind.

2 Dem Berechtigten steht sowohl beim **Trennungsunterhalt** als auch beim **nachehelichen Unterhalt** nach § 1578 Abs. 2 BGB (ab Rechtskraft der Scheidung) neben dem Elementarunterhalt ein Anspruch auf Krankenvorsorgeunterhalt in Höhe der Kosten für eine angemessene Krankenversicherung zu. Auch wenn für den Trennungsunterhalt eine ausdrückliche gesetzliche Regelung (wie in § 1361 Abs. 1 S. 2 BGB für den Altersvorsorgeunterhalt) fehlt, so ist dennoch anerkannt, dass auch die Aufwendungen für die Krankenvorsorge zum Unterhaltsbedarf zu rechnen sind und einen entsprechenden Unterhaltsanspruch gegen den anderen Ehegatten ergeben können. § 1578 Abs. 2 BGB ist demnach beim Trennungsunterhalt entsprechend anzuwenden.[1]

II. Voraussetzungen des Anspruchs

3 Der Altersvorsorgeunterhalt ist **unselbstständiger Teil des Gesamtunterhaltsanspruchs**, der sich aus Elementar-, Krankenvorsorge- und ggf. Altersvorsorgeunterhalt zusammensetzt, wobei im Unterhaltsverfahren eine Bindung des Gerichts iSv § 113 Abs. 1 S. 2 FamFG, § 308 ZPO lediglich hinsichtlich des geforderten Gesamtbetrags, nicht dagegen der hierin enthaltenen Teilbeträge, besteht.[2] Eine Abhängigkeit vom Elementarunterhaltsanspruch besteht dann, wenn sich seine Höhe danach richtet (→ Rn. 6). Er kann nicht nur zusammen mit dem Elementarunterhalt, sondern auch **isoliert** geltend gemacht werden, jedoch in aller Regel nur dann, wenn ein Anspruch auf Elementarunterhalt nach §§ 1361, 1570 ff. BGB besteht. Eine isolierte Forderung von Krankenvorsorgeunterhalt ist ausnahmsweise dann möglich, wenn das Einkommen des Berechtigten zwar den Elementarunterhaltsbedarf abdeckt, nicht jedoch die im Verhältnis hierzu außergewöhnlich hohen Aufwendungen für den Krankenvorsorgeunterhalt.[3] In anderen Fällen kann es nicht zu einem isolierten Krankenvorsorgebedarf kommen, da das Einkommen des Berechtigten anteilig auf seinen Elementar- und Krankenvorsorgebedarf zu verteilen ist.[4]

4 Verfügt der Berechtigte nur über geringfügige oder keine Einkünfte, so ist er bis zur Rechtskraft der Scheidung über den Pflichtigen im Rahmen der **Familienversicherung** nach § 10 Abs. 1 SGB V mitversichert, soweit dieser Mitglied der gesetzlichen Krankenversicherung ist. Voraussetzung ist, dass das Einkommen des Berechtigten 1/7 der monatlichen Bezugsgröße in der Sozialversicherung nach § 18 SGB IV (2020: 3.185 EUR x 1/7 = 455 EUR) oder bei einem sog. Minijob-Beschäftigungsverhältnis monatlich 450 EUR nicht überschreitet. Dabei ist zu beachten, dass der Unterhalt dann dem Erwerbseinkommen hinzuzurechnen ist, wenn vom Pflichtigen mit Zustimmung des Berechtigten das sog. begrenzte Realsplitting nach § 10 Abs. 1 a Nr. 1 EStG in Anspruch genommen wird.

1 OLG Düsseldorf 23.10.1990 – 3 UF 228/89, NJW 1991, 2970; NK-BGB/*Schürmann* § 1578 Rn. 118.
2 BGH 7.12.1988 – IVb ZR 23/88, NJW-RR 1989, 386.
3 OLG Oldenburg 26.11.2009 – 14 UF 114/09, NJW-RR 2010, 512.
4 BGH 7.12.1988 – IVb ZR 23/88, NJW-RR 1989, 386.

Da der Verlust der Mitversicherung und die dann entstehenden zusätzlichen Krankenversicherungskosten von beiden Ehegatten zu tragen sind (vom Pflichtigen durch die Belastung mit dem Krankenvorsorgeunterhalt, vom Berechtigten durch die Kürzung des Elementarunterhalts), sollte in der **Trennungszeit** immer diese mögliche Folge des begrenzten Realsplittings bedacht werden. Die vorstehenden Grenzbeträge können übrigens auch durch sonstige Einkünfte des Berechtigten (zB Kapital- und Mieteinkünfte sowie die kostenlose Nutzung der Wohnung des Pflichtigen als Naturalunterhaltsleistung) überschritten werden. Besteht keine Mitversicherung oder auf eigenen Einkünften beruhende Versicherung des Berechtigten in der gesetzlichen oder der privaten Krankenversicherung, so sind die Aufwendungen hierfür bereits während der Trennungszeit in entsprechender Anwendung von § 1578 Abs. 2 BGB als Unterhaltsbedarf zu berücksichtigen.[5] 5

Der bisher im Rahmen der Familienversicherung mitversicherte Berechtigte kann in einer **Ausschlussfrist** von drei Monaten nach Rechtskraft der Scheidung (§ 9 Abs. 1, 2 Nr. 2, 10 SGB V, § 188 Abs. 2 SGB V) als **freiwillig Versicherter** in die gesetzliche Krankenversicherung eintreten. Die Höhe des Beitrags bestimmt sich nach § 240 SGB V nicht nur nach der Höhe des Unterhalts, sondern auch nach sonstigen Einkünften, wie insbesondere Kapitaleinkünften. Der Mindestbeitrag bestimmt sich nach § 240 Abs. 4 SGB V. Sobald der Berechtigte dagegen über sozialversicherungspflichtige Erwerbseinkünfte verfügt, ist er Pflichtmitglied in der gesetzlichen Krankenversicherung, so dass ein zusätzlicher Unterhaltsbedarf wegen der Krankenversicherungskosten nicht mehr besteht. Ihm steht voller Versicherungsschutz bereits bei einer Teilzeittätigkeit mit dem Erreichen der sog. Gleitzone (§ 20 Abs. 2 SGB IV) oberhalb der geringfügigen Einkünfte aus einem Minijob (bis 450 EUR monatlich) zu.[6] Wird dem Berechtigten **fiktives Einkommen** zugerechnet, so erstreckt sich diese Fiktion auch auf das Bestehen einer entsprechenden Krankenvorsorge. Im Einzelfall sollen wegen der existenziellen Bedeutung der Krankenvorsorge Ausnahmen hiervon möglich sein.[7] Die hierfür als Begründung angeführte nachwirkende eheliche Solidarität vermag nicht zu überzeugen.[8] 6

Bestehen die vorstehend dargestellten Möglichkeiten des Eintritts des Berechtigten in die gesetzliche Krankenversicherung nicht, so ist ihm mangels Vorversicherungszeiten (§ 9 SGB V) der Zugang hierzu insgesamt verwehrt. Es besteht für ihn dann ausschließlich die Möglichkeit der **privaten Krankenversicherung**, die mit zunehmendem Alter wesentlich höhere Aufwendungen erfordert als die gesetzliche Krankenversicherung. Dies gilt neben privat versicherten Ehegatten von Selbstständigen oder Arbeitnehmern mit Einkünften oberhalb der Pflichtversicherungsgrenze auch für **Ehegatten von Beamten** ohne versicherungspflichtiges Erwerbseinkommen, die neben der privaten Krankenversicherung beihilfeberechtigt waren. Daraus folgt in diesen Fällen eine erhebliche Mehrbelastung, da das bisher durch die Beihilfe abgedeckte Kostenrisiko zusätzlich in der privaten Krankenversicherung abgedeckt werden muss, um eine dem bisherigen Umfang entsprechende Krankenvorsorge zu behalten. 7

Auch wenn nach den maßgeblichen ehelichen Lebensverhältnissen grundsätzlich der Krankenversicherungsschutz im gleichen Umfang wie in der Ehe zu gewährleisten ist, kann es vor allem bei dem **Wegfall des Beihilfeanspruchs** im Einzelfall geboten sein, eine Korrektur des Anspruchs auf Ausgleich der Kosten einer privaten Vollversicherung vorzunehmen, wenn die Höhe der Aufwendungen hierfür außer Verhältnis zur Höhe des Elementarunterhalts steht.[9] Dies kann der Fall sein bei hohen Risikozuschlägen wegen einer Vorerkrankung des Versicherten. Andererseits ist zu bedenken, dass gerade dann der Ehegatte in besonderem Maße auf einen angemessenen Versicherungsschutz angewiesen ist, was letztlich auch im Interesse des unterhaltspflichtigen Ehegatten liegt, da er hierdurch vor dem Risiko der Inanspruchnahme wegen Sonderbedarfs nach § 1585 Abs. 1 BGB geschützt wird.[10] Unabhängig von diesen Überlegungen kann nach § 1578 b Abs. 1 BGB eine **Herabsetzung** des Krankenvorsorgebedarfs nach Billigkeitsgesichtspunkten 8

5 OLG Düsseldorf 23.10.1990 – 3 UF 228/89, NJW 1991, 2970; NK-BGB/*Schürmann* § 1578 Rn. 118.
6 NK-BGB/*Schürmann* BGB § 1578 Rn. 123.
7 OLG Frankfurt a. M. 19.12.1991 – 1 UF 84/91, NJW-RR 1993, 7.
8 NK-BGB/*Schürmann* § 1578 Rn. 123.
9 BGH 7.12.1988 – IVb ZR 23/88, NJW-RR 1989, 386.
10 BGH 7.12.1988 – IVb ZR 23/88, NJW-RR 1989, 386.

erfolgen,[11] und zwar unter Abwägung der Umstände des Einzelfalls bis zur Höhe des hinsichtlich des Leistungsumfangs an der gesetzlichen Krankenversicherung orientierten **Basistarifs** der privaten Krankenversicherer.[12]

III. Höhe des Anspruchs

9 Die Höhe des Krankenvorsorgeanspruchs richtet sich nach den für die angemessene Krankenversicherung erforderlichen Kosten. Dies ist bei einer **privaten Krankenversicherung** der – unabhängig von der Höhe des Einkommens – für eine Krankenvollversicherung aufgrund der individuellen Verhältnisse des Berechtigten (Alter, Vorerkrankungen, besondere Risiken) zu zahlende Beitrag. Dieser Betrag wird vom Einkommen des Pflichtigen wie eine sonstige Verbindlichkeit abgezogen. Sodann wird der Elementarunterhalt in der üblichen Weise nach einer Quote ermittelt, soweit nicht ausnahmsweise eine konkrete Bedarfsermittlung (→ *Konkreter Bedarf* Rn. 1 ff.) stattfindet.

10 Bei einer Krankenvorsorge in der **gesetzlichen Krankenversicherung** richtet sich der Beitrag nach der Höhe des Einkommens des Berechtigten einschließlich des Elementarunterhalts (§ 241 SGB V, allgemeiner Beitragssatz für 2019/20: 14,6 %; § 242 SGB V: Zusatzbeitrag der jeweiligen Krankenkasse), der deshalb zunächst vorläufig zu bestimmen ist. Der auf der Basis des vorläufigen Elementarunterhalts in mehreren Schritten[13] ermittelte Krankenversicherungsbeitrag ist als Krankenvorsorgeunterhalt **auszuweisen und ggf. zu titulieren** und in dieser Höhe vom Einkommen des Pflichtigen abzuziehen, das anschließend die Basis der Berechnung des endgültigen Elementarunterhalts ist. Mit dieser **mehrstufigen Berechnung** wird verhindert, dass der Halbteilungsgrundsatz verletzt wird (→ *Altersvorsorgeunterhalt* Rn. 14). Außerdem wird hierdurch erreicht, dass der Krankenvorsorgeunterhalt auf der Grundlage des Einkommens des Berechtigten aus Elementarunterhalt, des Kranken- und ggf. des Altersvorsorgeunterhalts zu ermitteln ist. Soweit auch Altersvorsorgeunterhalt zu zahlen ist, ist dieser als Teil des für den Krankenvorsorgeunterhalt maßgeblichen Einkommens[14] vorab zu ermitteln.

Der auf den Unterhalt entfallende Krankenversicherungsbeitrag ist demnach auf der Grundlage des Gesamtunterhalts aus Elementar-, Altersvorsorge- und Krankenvorsorgeunterhalt zu ermitteln. Eine diesem Ansatz gerecht werdende exakte Rechnung ist nicht möglich. Das Problem liegt darin, dass das Ergebnis Teil der Berechnung ist. Als praktische, aber ziemlich aufwändige Lösung besteht die Möglichkeit einer mehrfachen Wiederholungsrechnung der nachstehend dargestellten dreistufigen Grundrechnung. Bei den sich daran anschließenden mehrfachen Rechengängen wird der bei der jeweils vorangegangenen Rechnung als Ergebnis ermittelte Krankenvorsorgeunterhalt in der ersten Stufe der neuen Rechnung anstelle des bisherigen Einkommensanteils des Unterhaltsberechtigten aus Krankenvorsorgeunterhalt eingesetzt.[15] In der veröffentlichten Rechtsprechung gibt es bisher keine Hinweise darauf, dass eine praktische Auseinandersetzung mit dieser Problematik erfolgt.

Beispiel:

1. Stufe:	Einkommen Pflichtiger:		3.500 EUR
	3/7	vorläufiger Elementarunterhalt:	1.500 EUR
	Beitragssatz der gesetzlichen Krankenversicherung: 14,6 % (ggf. erhöht um Zusatzbeitrag u. Beitrag zur Pflegeversicherung)		
		vorläufiger Vorsorgeunterhalt:	219 EUR

11 OLG Oldenburg 26.11.2009 – 14 UF 114/09, NJW-RR 2010, 512.
12 BGH 6.7.2005 – XII ZR 145/03, NJW-RR 2005, 1450.
13 Vgl. Wendl/Dose UnterhaltsR/*Gutdeutsch* § 4 Rn. 911 ff.
14 BSG 19.8.2015 – B 12 KR 11/14 R, FamRZ 2016, 304.
15 Eingehend zu den praktischen Schwierigkeiten und Lösungsansätzen vgl. *Weil* FamRZ 2016, 684 und *Hauß* FamRB 2016, 273.

2. Stufe:	Einkommen des Pflichtigen abzüglich des vorläufigen Vorsorgeunterhalts: 3.500 EUR ./. 219 EUR	3.281 EUR
	3/7	vorläufiger Elementarunterhalt: 1.406 EUR
	zuzüglich vorläufiger Vorsorgeunterhalt	219 EUR
	14,6 %	1.625 EUR
		endgültiger Vorsorgeunterhalt: 237 EUR
3. Stufe:	Einkommen des Pflichtigen abzüglich des endgültigen Vorsorgeunterhalts 3.500 EUR ./. 237 EUR	3.263 EUR
	3/7	**endgültiger** Elementarunterhalt: **1.398 EUR**

Ergebnis: Der Unterhaltsanspruch erhöht sich durch die Geltendmachung des Krankenvorsorgeunterhalts auf 1.635 EUR. Dies sind 135 EUR mehr als bei Geltendmachung lediglich des Elementarunterhalts. Die Mehrbelastung des Pflichtigen von 135 EUR entspricht 4/7 des Krankenvorsorgeunterhalts von 237 EUR. Die restlichen 102 EUR, dh 3/7 von 237 EUR, trägt der Berechtigte durch Kürzung seines Elementarunterhaltsanspruchs um diesen Betrag.

Der Pflichtige behält für seinen Elementarbedarf: 3.500 EUR ./. 1.398 EUR ./. 237 EUR = 1.865 EUR;
der Berechtigte hat für seinen Elementarbedarf: 1.398 EUR + 237 EUR = 1.635 EUR;
der Halbteilungsgrundsatz ist nicht verletzt.

Unter Berücksichtigung der Entscheidung des BSG vom 19.8.2015 ist dies nur ein Zwischenergebnis. Um eine Annäherung an die richtige Höhe des Beitragssatzes/Krankenvorsorgeunterhalts zu erreichen, muss der vorstehend ermittelte Krankenvorsorgeunterhalt in eine erneute Rechnung nach dem vorstehenden Schema als Teil des Gesamteinkommens des Berechtigten eingestellt werden. Dies ist mehrfach zu wiederholen.

11 Aus dem Zweck der zweistufigen Berechnung, eine übermäßige Belastung des Pflichtigen und insbesondere eine Verletzung des Halbteilungsgrundsatzes zu vermeiden, ergibt sich auch die Grenze ihrer Anwendung. Ist der Pflichtige aufgrund seiner günstigen wirtschaftlichen Verhältnisse in der Lage, den Krankenvorsorgebedarf des Berechtigten ohne Beeinträchtigung seines angemessenen Unterhalts zu befriedigen, so bedarf es nicht der zweistufigen Berechnung. Eine **einstufige Berechnung** kommt demnach dann in Betracht, wenn der Pflichtige nur einen Teil seines Einkommens für den Unterhalt einsetzen muss, wie dies bei der konkreten Bedarfsbestimmung regelmäßig der Fall ist, da sie davon ausgeht, dass bei besonders guten wirtschaftlichen Verhältnissen die Eheleute nicht ihr gesamtes Einkommen für ihren Lebensbedarf ausgeben.[16] Der Einsatz nur eines Teils der Einkünfte des Pflichtigen für den Unterhalt ist indes nicht auf besonders günstige wirtschaftliche Verhältnisse beschränkt. Eine solche Situation kann auch dann gegeben sein, wenn der Berechtigte bedarfsdeckend Einkommen oder Vermögen einsetzen muss, welches bei der Bedarfsermittlung unberücksichtigt geblieben ist (zB bei einer Erbschaft oder sonstigem Vermögen, welches die ehelichen Lebensverhältnisse nicht geprägt hat). In diesen Fällen der Anrechnungsmethode wird der Pflichtige entsprechend entlastet, so dass eine höhere Leistungsfähigkeit besteht, die beim Vorsorgeunterhalt berücksichtigt werden kann.[17]

IV. Durchsetzung des Anspruchs

12 Mit dem Krankenvorsorgeunterhalt werden Grundbedürfnisse des täglichen Lebensbedarfs gedeckt. Er ist daher mit dem Elementarunterhalt **gleichrangig** und gegenüber dem Altersvorsorgeunterhalt **vorrangig**. Für die Vergangenheit kann Krankenvorsorgeunterhalt nicht erst von dem Zeitpunkt an verlangt werden, in dem er ausdrücklich geltend gemacht worden ist. Vielmehr kann der Berechtigte diesen Unterhalt **ab dem Verzugszeitpunkt**, ggf. durch eine Stufenmahnung, beanspruchen.[18] Der Berechtigte kann grundsätzlich **Zahlung** des Krankenvorsorgeunterhalts **an sich selbst** verlangen. Es gelten insoweit die gleichen

16 BGH 11.8.2010 – XII ZR 102/09, NJW 2010, 3372.
17 BGH 25.11.1998 – XII ZR 33/97, NJW-RR 1999, 297 für den Altersvorsorgeunterhalt.
18 BGH 22.11.2006 – XII ZR 24/04, NJW 2007, 511 für den Altersvorsorgeunterhalt.

Grundsätze wie beim Altersvorsorgeunterhalt.[19] Danach ist der Berechtigte nicht verpflichtet, mit der Geltendmachung des Anspruchs eine bestimmte Verwendung darzulegen.[20] Allerdings obliegt es ihm, den Krankenvorsorgeunterhalt bestimmungsgemäß zu verwenden. Der Pflichtige kann die Zahlung direkt an die Krankenversicherung nur dann verlangen, wenn hinreichende Anhaltspunkte für eine zweckwidrige Verwendung des Vorsorgeunterhalts durch den Berechtigten vorliegen. Dies erfolgt ggf. im Abänderungsverfahren.[21] Eine zweckwidrige Verwendung des Krankenvorsorgeunterhalts ist nach § 1579 Nr. 4 BGB zu beurteilen (s. hierzu weiter die vergleichbare Situation beim → *Altersunterhalt* Rn. 17).

13 Da der Krankenvorsorgeunterhalt unselbstständiger Teil des Gesamtunterhaltsanspruchs ist, reicht es aus, wenn er zumindest in der Begründung des Antrags beziffert wird, da er nicht von Amts wegen zugesprochen wird.[22] Für das Gericht besteht eine **Bindung an den Antrag** iSv § 113 Abs. 1 S. 2 FamFG, § 308 ZPO lediglich hinsichtlich des Gesamtbetrages, nicht aber hinsichtlich der Aufteilung durch den Antragsteller in Elementar- und Vorsorgeunterhalt.[23] Das Gericht kann also zu einer anderen Aufteilung kommen und entsprechend entscheiden, ohne dass es hierzu einer Umstellung des Antrags bedarf. Es hat im **Tenor** der Entscheidung die Aufteilung anzugeben, da der Unterhaltsbetrag für den Berechtigten einer entsprechenden Zweckbindung unterliegt.[24]

14 Hat es der Berechtigte dagegen im Unterhaltsverfahren unterlassen, den Krankenvorsorgeunterhalt geltend zu machen, ohne den Antrag als Teilantrag zu bezeichnen, so ist es ihm verwehrt, dies mit einem Nachforderungs-/Leistungsantrag nachzuholen, da ohne entsprechenden Vorbehalt des Antragstellers davon auszugehen ist, dass in dem Vorverfahren der gesamte Unterhalt und nicht nur ein Teilbetrag tituliert worden ist.[25] Auch mit einem **Abänderungsantrag** nach § 238 FamFG kann die nachträgliche Titulierung des Krankenvorsorgeunterhalts erst erreicht werden, wenn der Abänderungsantrag aufgrund der Änderung sonstiger Umstände zulässig ist, da die Abänderung aufgrund von Präklusion (§ 238 Abs. 2 FamFG) nicht darauf gestützt werden kann, dass die Titulierung des Krankenvorsorgeunterhalts bisher unterblieben ist. Die Rechtskraft des früheren Titels steht einer Berücksichtigung des Krankenvorsorgeunterhalts im Rahmen eines aus anderen Gründen zulässigen Abänderungsverfahrens nicht entgegen, da sich der frühere Titel nur darauf bezieht, ob und in welchem Umfang dem Berechtigten Elementarunterhalt zustand, und einen möglichen weitergehenden Anspruch auf der Basis des Krankenvorsorgebedarfs überhaupt nicht behandelt hat. Als Antragsgegner im Abänderungsverfahren kann sich der Berechtigte zur Verteidigung des Titels immer auf den in dem Vorverfahren nicht geltend gemachten Krankenvorsorgeunterhalt berufen, da auch in diesem Fall die Rechtskraft der früheren Entscheidung nicht berührt wird. Ist der Krankenvorsorgebedarf erst nach der Titulierung des Elementarunterhalts entstanden, so kann dies jederzeit mit einem Abänderungsantrag geltend gemacht werden.[26]

19 BGH 7.12.1988 – IVb ZR 23/88, NJW-RR 1989, 386.
20 BGH 26.5.1982 – IVb ZR 715/80, NJW 1982, 1983.
21 BGH 25.3.1987 – IVb ZR 32/86, NJW 1987, 2229.
22 BGH 3.4.1985 – IVb ZR 19/84, NJW 1985, 1701 zum Altersvorsorgeunterhalt.
23 BGH 26.5.1982 – IVb ZR 715/80, NJW 1982, 1983.
24 BGH 6.10.1982 – IVb ZR 311/81, NJW 1983, 1547.
25 BGH 3.4.1985 – IVb ZR 19/84, NJW 1985, 1701.
26 OLG Frankfurt a. M. 18.4.2006 – 2 WF 110/06, NJW-RR 2006, 1230.

158. Krankheitsunterhalt

Finke

I. Einführung

Nach § 1572 BGB kann ein geschiedener Ehegatte von dem anderen Ehegatten Unterhalt verlangen, 1
soweit von ihm zu bestimmten Zeitpunkten, den sog. Einsatzzeitpunkten, wegen Krankheit oder anderer Gebrechen oder Schwäche seiner körperlichen oder geistigen Kräfte eine Erwerbstätigkeit – ganz oder teilweise – nicht erwartet werden kann. Weitere Anspruchsvoraussetzung ist, dass der Ehegatte außerstande ist, seinen Bedarf nach § 1578 BGB aus eigenen Einkünften, die ihm tatsächlich zur Verfügung stehen bzw. die er bei Ausübung einer – unter Berücksichtigung der gesundheitlichen Beeinträchtigungen – nach § 1574 BGB angemessenen Erwerbstätigkeit erzielen könnte, zu decken. Dabei können Bedarf und Bedürftigkeit in dem Fall, dass krankheitsbedingt **keine Erwerbsobliegenheit** besteht (volle Erwerbsunfähigkeit bzw. krankheitsbedingtes Fehlen einer realistischen Erwerbschance), neben der Nichterzielung eigener Erwerbseinkünfte auch darauf beruhen, dass der andere Ehegatte unabhängig hiervon über ein höheres Einkommen verfügt. Der Unterhaltsanspruch hat seine Grundlage dann ausschließlich in § 1572 BGB, auch wenn er nicht nur auf dem krankheitsbedingten Wegfall des Erwerbseinkommens des Berechtigten, sondern zusätzlich auch auf dem Einkommensgefälle zwischen den Ehegatten beruht (→ *Anschlussunterhalt* Rn. 9). Führen die gesundheitlichen Beeinträchtigungen des Berechtigten dagegen nur zu einem **teilweisen Wegfall der Erwerbsobliegenheit**, so beschränkt sich der Anspruch nach § 1572 BGB darauf, die unterhaltsrechtlichen Auswirkungen des durch die Erwerbsbeschränkung verursachten Einkommensverlustes auszugleichen, während der durch das unterschiedliche Einkommen der Eheleute bedingte Unterhaltsanspruch als Aufstockungsunterhalt auf § 1573 Abs. 2 BGB beruht. Die Teilansprüche nach den unterschiedlichen Unterhaltstatbeständen sind gegeneinander abzugrenzen[1] im Hinblick auf die unterschiedlichen Voraussetzungen beim Anschlussunterhalt (→ *Anschlussunterhalt* Rn. 1 ff.) und bei der Beschränkung nach § 1578 b BGB.[2]

Bei der dem Anspruch zugrunde liegenden gesundheitlichen Beeinträchtigung handelt es sich in aller Regel 2
nicht um eine Folge der ehelichen Rollenverteilung oder der Geburt und der Betreuung von Kindern, sondern um eine schicksalhafte Entwicklung, die auch ohne die Eheschließung eingetreten wäre oder bereits vor der Eheschließung vorhanden gewesen sein kann.[3] Da somit der Ausgleich ehebedingter Nachteile ausscheidet, hat die Inanspruchnahme des Pflichtigen beim Krankheitsunterhalt ihre Grundlage in der **nachwirkenden ehelichen Solidarität** (→ *Nacheheliche Solidarität* Rn. 1 ff.). Diese Begründung zur Durchbrechung des Grundsatzes der nachehelichen Selbstverantwortung in § 1569 S. 1 BGB, der durch das UÄndG gestärkt werden sollte, wird teilweise kritisch gesehen.[4]

II. Voraussetzungen des Anspruchs

1. Anschlussunterhalt, Anspruchskette

Der Krankheitsunterhalt kommt, soweit seine Voraussetzungen nicht bereits im Zeitpunkt der Scheidung 3
vorliegen, sondern erst später eintreten, als **Anschlussunterhalt** (→ *Anschlussunterhalt* Rn. 1 ff.) an einen

1 BGH 26.2.2014 – XII ZB 235/12, FamRZ 2014, 823 Rn. 12.
2 Vgl. *Finke* FamRB 2017, 64 ff.
3 BGH 9.2.1994 – XII ZR 183/92, NJW 1994, 1286.
4 Staudinger/*Verschraegen* BGB § 1572 Rn. 2; Johannsen/Henrich/*Büttner* BGB § 1572 Rn. 1; *Hohmann-Dennhardt*, Brühler Schriften zum Familienrecht, 18. Dt. Familiengerichtstag 2009, S. 32.

vorhergehenden Unterhaltsanspruch auf der Grundlage eines anderen Unterhaltstatbestandes in Betracht. Es bedarf in diesen Fällen immer der Feststellung einer **lückenlosen Kette von Ansprüchen** aufgrund der im Gesetz ausdrücklich bezeichneten Unterhaltstatbestände (Betreuungs-, Ausbildungs-, Erwerbslosigkeits- und Aufstockungsunterhalt) in der vorangegangenen Zeit. Ist diese Voraussetzung erfüllt, so kann dies zur Folge haben, dass der Krankheitsunterhalt dem Umfang nach durch den Unterhaltstatbestand beschränkt wird, an den er anschließt.[5] Bestand zB bis zum Einsatzzeitpunkt nach § 1572 Nr. 4 BGB ein Anspruch auf Aufstockungsunterhalt nach § 1573 Abs. 2 BGB, so kann der Anspruch auf Krankheitsunterhalt nicht über den hierdurch bisher gedeckten Unterhaltsbedarf hinausgehen. Dabei besteht wegen der Möglichkeit der Änderung der nach § 1578 BGB maßgebenden ehelichen Lebensverhältnisse keine Beschränkung auf einen bestimmten Unterhaltsbetrag. Vielmehr ist abzustellen auf die Quote des durch den vorangegangenen Unterhaltsanspruch gedeckten Teils des Gesamtunterhaltsbedarfs des Berechtigten, soweit der übrige Bedarf des Berechtigten bis zu diesem Zeitpunkt nachhaltig gesichert war.[6]

2. Einsatzzeitpunkte

4 Besteht die gesundheitlich bedingte Einschränkung der Erwerbsobliegenheit bereits im **Zeitpunkt der Scheidung**, so kann die hierdurch bedingte Lücke bei der Bedarfsdeckung einen Anspruch nach § 1572 Nr. 1 BGB begründen. Daneben kommen bezüglich des weiteren Unterhaltsbedarfs weitere Anspruchsgrundlagen in Betracht, wie zB Betreuungs- und/oder Aufstockungsunterhalt. Ist der Berechtigte wegen Kindesbetreuung in gleichem oder sogar noch in weitergehendem Umfang nicht zu einer Erwerbstätigkeit verpflichtet als aufgrund seiner Erkrankung, so ergibt sich der Unterhaltsanspruch bereits aus § 1570 BGB, ohne dass es eines Rückgriffs auf den außerdem gegebenen Tatbestand des § 1572 BGB bedarf. Fällt der Betreuungsunterhalt später weg oder ermäßigt er sich wegen des mit dem zunehmenden Alter des betreuten Kindes geringer werdenden Betreuungsbedarfs, so ist nicht der Einsatzzeitpunkt des § 1572 Nr. 2 BGB maßgeblich, wenn und soweit der Anspruch nach § 1572 BGB bereits im Zeitpunkt der Scheidung bestand. Dabei kommt es nicht darauf an, ob dieser Anspruch früher tituliert oder überhaupt geltend gemacht worden ist. Dies gilt auch dann, wenn abweichend von der vorstehend zugrunde gelegten Konstellation des Nebeneinanders von Betreuungs- und Krankheitsunterhalt im Zeitpunkt der Scheidung lediglich ein Anspruch auf Krankheitsunterhalt in Betracht gekommen wäre, dieser jedoch bei Vorliegen der sonstigen Voraussetzungen lediglich an der Leistungsfähigkeit des Pflichtigen gescheitert ist (→ *Anschlussunterhalt* Rn. 2).

5 Ein Anschlussunterhalt nach § 1572 Nr. 2 BGB ist dann gegeben, wenn im **Zeitpunkt des Wegfalls der Kindesbetreuung** eine Erkrankung des Berechtigten vorliegt, die seine Erwerbsfähigkeit einschränkt oder sogar ausschließt. Dabei ist zu beachten, dass der Krankheitsunterhalt dem Umfang nach durch den Unterhaltstatbestand beschränkt wird, an den er anschließt (→ Rn. 3). Bei einer Erkrankung der unterhaltsberechtigten Mutter im Zeitpunkt des Wegfalls des Betreuungsunterhalts kann der Krankheitsunterhalt nur in dem Umfang an die Stelle des Betreuungsunterhalts treten, in dem dieser den Gesamtbedarf der Mutter abgedeckt hat, selbst wenn der durch die Erwerbsunfähigkeit bedingte Einkommensausfall höher sein sollte.[7] § 1572 Nr. 2 BGB wird über seinen Wortlaut hinaus allgemein so verstanden, dass es nicht allein auf die Beendigung der Pflege und Erziehung eines gemeinsamen Kindes, sondern auf den Wegfall eines hierdurch begründeten Anspruchs auf Betreuungsunterhalt nach § 1570 BGB ankommt.[8] Auch hier ist nicht die Titulierung oder Geltendmachung des Betreuungsunterhalts, sondern allein das Vorliegen der Voraussetzungen dieses Unterhaltstatbestandes erforderlich, wobei die Voraussetzung der mangelnden Leistungsfähigkeit des Pflichtigen in der Vergangenheit unschädlich ist (→ Rn. 4). Für die Einsatzzeitpunkte nach § 1572 Nr. 3 BGB (**Ende der Ausbildung oder Umschulung**) und § 1572 Nr. 4 BGB (Wegfall der Voraussetzungen des § 1573 BGB) gelten die vorstehenden Ausführungen entsprechend (zum Wegfall des Aufstockungsunterhalts → Rn. 3).

---

5 BGH 27.6.2001 – XII ZR 135/99, NJW 2001, 3260.
6 BGH 27.6.2001 – XII ZR 135/99, NJW 2001, 3260.
7 OLG Düsseldorf 5.11.1993 – 6 UF 93/93, NJW-RR 1994, 1415.
8 BGH 31.1.1990 – XII ZR 36/89, NJW 1990, 2752.

Beim Wegfall der Voraussetzungen eines Unterhaltsanspruchs nach § 1573 BGB ist auch der Tatbestand des § 1573 Abs. 4 BGB zu beachten, der einen Unterhaltsanspruch für den Fall vorsieht, dass der Berechtigte sein zeitweise erzieltes Erwerbseinkommen, mit dem er seinen Bedarf decken konnte, trotz ausreichender Bemühungen **nicht nachhaltig sichern konnte** und hierdurch wieder bedürftig geworden ist (→ *Arbeitslosenunterhalt* Rn. 27 ff.). Diese Regelung stellt die Ausnahme des Grundsatzes dar, wonach ein Unterhaltsanspruch wegen der Bedarfsdeckung durch eigene Einkünfte endgültig entfällt. Ist die Bedarfssicherung dagegen nicht oder noch nicht nachhaltig, was insbesondere bei einem gerade begonnenen oder einem erkennbar gefährdeten älteren Arbeitsverhältnis der Fall sein kann, so soll der Pflichtige an diesem Risiko beteiligt werden und noch mit einem Wiederaufleben des Unterhaltsanspruchs des Berechtigten rechnen müssen. Es erscheint daher gerechtfertigt, den Einsatzzeitpunkt nach § 1572 Nr. 4 BGB bis zu dem Zeitpunkt auszudehnen, von dem an von einer nachhaltigen Sicherung des Bedarfs durch eigenes (auch fiktivem) Erwerbseinkommen ausgegangen werden kann und ein Anspruch nach § 1573 Abs. 4 BGB ausscheidet.[9] 6

Die Regelung des Krankheitsunterhalts in den Fällen des § 1572 Nr. 2–4 BGB ausschließlich als Anschlussunterhalt führt dazu, dass die Einschränkung der Bedarfsdeckung durch eigene Erwerbseinkünfte infolge gesundheitlicher Beeinträchtigungen nur dann berücksichtigt werden kann, wenn zuvor ein Anspruch aufgrund eines anderen Unterhaltstatbestandes entfallen ist. Soweit dies nicht der Fall ist, besteht keine Möglichkeit, eine durch das Fehlen oder den Wegfall von Erwerbseinkünften infolge einer Erkrankung entstandene Bedürftigkeit unterhaltsrechtlich zu berücksichtigen. Lediglich in dem Fall des **§ 1572 Nr. 1 BGB**, bei dem es sich nicht um einen Anschlusstatbestand handelt, besteht die Möglichkeit, die krankheitsbedingte Bedürftigkeit neben möglicherweise anderen Unterhaltstatbeständen im Rahmen des einheitlichen Unterhaltsanspruchs zu berücksichtigen. Voraussetzung ist auch hier, dass die krankheitsbedingte Einschränkung der Erwerbsfähigkeit und der hierdurch verursachte Einkommensverlust bereits im Zeitpunkt der Rechtskraft der Scheidung als dem maßgeblichen Einsatzzeitpunkt vorliegt. Treten diese Umstände erst später ein, so können sie grundsätzlich erst bei Eintritt eines der weiteren Einsatzzeitpunkte nach § 1572 Nr. 2–4 BGB Berücksichtigung finden, und zwar nur im Umfang des zu diesem Zeitpunkt wegfallenden bisherigen Unterhaltsanspruchs, unabhängig davon, ob dieser bis dahin überhaupt geltend gemacht worden war.[10] 7

Diese Folgen des Abstellens auf Einsatzzeitpunkte und Anschlussunterhaltstatbestände, die bei strikter Handhabung unbillig sein können, werden dadurch abgemildert, dass eine lückenlose Unterhaltskette auch dann bejaht wird, wenn im Einsatzzeitpunkt eine Erkrankung vorliegt und die hierdurch bedingte Einschränkung der Erwerbsfähigkeit erst später eintritt.[11] Dabei wird teilweise auch das Vorliegen einer **latenten Erkrankung**, die also noch nicht ausgebrochen und demzufolge im Einsatzzeitpunkt noch nicht bekannt war, für ausreichend gehalten. In jedem Fall wird jedoch eine zeitliche Nähe zu dem in Betracht kommenden Einsatzzeitpunkt gefordert.[12] Ein Zeitraum von knapp zwei Jahren soll dem nicht mehr entsprechen.[13] 8

Besteht zu einem der gesetzlichen Einsatzzeitpunkte eine Erkrankung, die bereits zu einer teilweisen Erwerbsunfähigkeit geführt hat, und **verschlimmert sich später die Erkrankung** und führt zu einer weitergehenden Erwerbsunfähigkeit, so soll diese Entwicklung unabhängig von weiteren Einsatzzeitpunkten beim Unterhalt berücksichtigt werden können.[14] Bestand der Unterhaltsanspruch nach § 1572 BGB bis 9

9 OLG Hamm 24.7.2002 – 5 UF 131/01, FamRZ 2002, 1564.

10 OLG Koblenz 29.9.2005 – 7 UF 284/05, NJW-RR 2006, 151.

11 OLG Koblenz 29.9.2005 – 7 UF 284/05, NJW-RR 2006, 151; KG 1.2.2002 – 3 UF 184/01, FamRZ 2002, 460; offengelassen in BGH 27.6.2001 – XII ZR 135/99, NJW 2001, 3260.

12 NK-BGB/*Fränken/Heistermann* § 1572 Rn. 12.

13 BGH 27.6.2001 – XII ZR 135/99, NJW 2001, 3260: 23 Monaten zu lang; OLG Koblenz 29.9.2005 – 7 UF 284/05, NJW-RR 2006, 151: 21 Monate zu lang; dagegen wird in KG 1.2.2002 – 3 UF 184/01, FamRZ 2002, 460 ein Zeitraum von bis zu einem Jahr noch als zeitnah in dem vorstehenden Sinn angesehen.

14 BGH 25.3.1987 – IVb ZR 32/86, NJW 1987, 2229; MüKoBGB/*Maurer* § 1572 Rn. 34; aA OLG Schleswig 31.3.2006 – 15 UF 147/04, FuR 2006, 283; NK-BGB/*Fränken/Heistermann* § 1572 Rn. 13.

dahin nur als Anschlussunterhalt, so ist dies mit den sich hieraus ergebenden Beschränkungen hinsichtlich des Umfangs des Anspruchs auch bei dem aufgrund der Verschlimmerung der Erkrankung möglicherweise gegebenen weitergehenden Anspruch zu berücksichtigen.

10 Bei fehlendem Einsatzzeitpunkt ist zu prüfen, ob nicht ein Unterhaltsanspruch nach § 1576 BGB (→ *Billigkeitsunterhalt* Rn. 1 ff.) gegeben ist, der gegenüber dem Tatbestand des § 1572 BGB subsidiär ist.[15]

3. Teilweiser bzw. vollständiger Wegfall der Erwerbsobliegenheit aufgrund Krankheit

11 **a) Krankheit.** Das Gesetz nennt neben der **Krankheit** noch andere **Gebrechen** oder eine **Schwäche der körperlichen oder geistigen Kräfte** als Formen der gesundheitlichen Beeinträchtigungen, die zu einem Unterhaltsanspruch führen können, der in der Praxis vereinfachend immer als Krankheitsunterhalt bezeichnet wird. Diese Definition des Krankheitsbegriffs entspricht derjenigen des Sozialversicherungsrechts in der bis 1992 geltenden Fassung des § 1247 RVO bzw. des früheren § 24 AVG. Im aktuellen Rentenrecht ist diese Begrifflichkeit durch „Krankheit oder körperliche oder seelische Behinderung" ersetzt (zB §§ 9, 10 SGB VI), was in der Sache gleichbedeutend mit der älteren Fassung ist und sämtliche gesundheitlichen Beeinträchtigungen erfasst. Da die rentenrechtliche Definition des Krankheitsbegriffs den Sachverständigen in der Regel geläufig ist, sollte hierauf Bezug genommen werden. Dies ist dann von Bedeutung, wenn es im konkreten Fall zweifelhaft sein kann, ob die festgestellten gesundheitlichen Beeinträchtigungen Krankheitswert haben.[16] Als Gebrechen sind nicht durch eine Erkrankung bedingte Gesundheitsstörungen zu sehen (zB Blindheit, Taubheit).

12 Gesundheitsstörungen der genannten Art sind immer dann von Bedeutung, wenn sie zu einer Beeinträchtigung der Erwerbsfähigkeit führen. Dies ist bei **Erkrankungen aller Art** möglich,[17] wobei die Abgrenzung zu unbeachtlichen Normabweichungen, die lediglich zu Erschwernissen bei einer möglichen Erwerbstätigkeit führen, besonders schwierig ist im Bereich der psychischen Verfassung des Betroffenen, wie zB bei Persönlichkeitsveränderungen bzw. einem sog. Borderline-Syndrom. Problematisch sind auch Suchterkrankungen (Alkohol-, Medikamenten- und Rauschgiftsucht sowie auch Magersucht), da sich die Betroffenen häufig nicht als krank empfinden und hierzu nicht bzw. nur unvollständig vortragen.[18] Daraus folgt ein weiteres Problem hinsichtlich der grundsätzlich bestehenden unterhaltsrechtlichen Obliegenheit, **Behandlungs- und Therapiemöglichkeiten** zur Besserung des Gesundheitszustandes wahrzunehmen. Wegen der häufig nicht bestehenden Krankheitseinsicht, die den Suchterkrankungen immanent ist, kann nicht jede unterlassene Maßnahme dazu führen, dass ein optimaler Verlauf unterstellt und ein dann erzielbares Einkommen fiktiv zugrunde gelegt wird.

13 Erforderlich ist in diesen Fällen ein schuldhaftes Verhalten des Betroffenen. Geht man mit der überwiegenden Auffassung davon aus, dass dies unter dem Gesichtspunkt eines vorwerfbaren Verhaltens im Sinne der **mutwilligen Verursachung der eigenen Bedürftigkeit** nach § 1579 Nr. 4 BGB zu prüfen ist,[19] so führt dies dazu, dass die Beweislast für die Vorwerfbarkeit beim Pflichtigen liegt, was im Zweifel zugunsten des Berechtigten den Ausschlag gibt. Sieht man dagegen in der Wahrnehmung einer bestehenden Behandlungsmöglichkeit eine Obliegenheit, die sich aus dem Eigenverantwortungsgrundsatz ergibt und vom Berechtigten bei der Geltendmachung seines Unterhaltsanspruchs darzulegen und zu beweisen ist,[20] so ändert dies zwar nichts an dem Erfordernis der Vorwerfbarkeit, wohl aber an der Beweislast. An einer Mutwilligkeit in diesem Sinne kann es fehlen, wenn der Suchtkranke die Notwendigkeit einer Entziehungskur zwar einsehen, infolge einer Persönlichkeitsstörung, die sich in Willensschwäche und fehlendem

15 BGH 17.9.2003 – XII ZR 184/01, NJW 2003, 3481.
16 OLG Bamberg 4.2.1999 – 7 UF 265/98, FamRZ 2000, 231 für den Fall einer Persönlichkeitsstörung.
17 OLG Köln 16.7.1991 – 4 UF 145/89 FamRZ 1992, 65 bei Fettleibigkeit.
18 *Finke* FPR 1998, 9.
19 BGH 13.1.1988 – IVb ZR 15/87, NJW 1988, 1147; OLG Köln 6.2.2012 – 4 WF 214/11, NJW-RR 2012, 1285.
20 So *Borth* in: Schwab ScheidungsR-HdB IV Rn. 254.

Durchhaltevermögen äußert, aber nicht einsichtsgemäß handeln kann.[21] Entsprechend den hierzu im Schadensersatzrecht entwickelten Grundsätze besteht eine Verpflichtung zur Durchführung einer **Operation oder sonstigen risikobehafteten Heilbehandlung** nur dann, wenn der in Betracht kommende Eingriff einfach und gefahrlos ist, nicht mit besonderen Schmerzen verbunden ist und sichere Aussicht auf Heilung oder wesentliche Besserung bietet.[22]

Depressionen, im Einzelfall auch in der leichteren Verlaufsform von sog. depressiven Verstimmungen, können wie andere psychische Erkrankungen auch zu einer beachtlichen Einschränkung der Erwerbsfähigkeit führen.[23] Da Entstehung und Verlauf dieser Erkrankungen für den Laien häufig wenig nachvollziehbar sind, bedarf es eingehender Aufklärung durch Sachverständige. Laienhafte Beurteilungen, wonach der Unterhaltsanspruch die Krankheit verfestige und eine Erwerbstätigkeit die Therapie sei, was im Einzelfall zwar zutreffen kann, jedoch der Auswirkung einer echten Depression in keiner Weise gerecht wird, sollten vermieden werden. Noch problematischer ist die unterhaltsrechtliche Behandlung von sog. **Unterhaltsneurosen**,[24] die mit der aus dem Schadensrecht bekannten Rentenneurose vergleichbar ist. Es handelt sich hierbei um eine seelische Fehlhaltung, die dadurch gekennzeichnet ist, dass der Betroffene sich – möglicherweise auch unbewusst – in seinem Begehren nach materieller Sicherung und um den Schwierigkeiten des Arbeitslebens auszuweichen in die Krankheit flüchtet. Dieses Verhalten kann Krankheitswert haben. Auch hier können die im Schadensrecht entwickelten Grundsätze herangezogen werden, wobei die Situation im Unterhaltsrecht dadurch etwas entschärft ist, dass Dauer und Höhe des Unterhaltsanspruchs nach § 1578 b BGB beschränkt werden können. 14

b) Ursächlichkeit zwischen Erkrankung und Einschränkung der Erwerbstätigkeit. Der Anspruch auf Krankheitsunterhalt setzt voraus, dass der Berechtigte aufgrund der gesundheitlichen Beeinträchtigung nicht bzw. nur eingeschränkt in der Lage ist, eine **angemessene Erwerbstätigkeit** auszuüben. Nicht erforderlich ist die Feststellung, dass der Berechtigte eine Erwerbstätigkeit aufgenommen hätte, wenn er gesund geblieben wäre.[25] Die Angemessenheit einer Beschäftigungsmöglichkeit ist nach § 1574 Abs. 2 BGB nach den individuellen Verhältnissen zu bestimmen. Neben der Vorbildung und den ehelichen Lebensverhältnissen ist insbesondere die in der Ehe ausgeübte Tätigkeit von Bedeutung, während eine vom Versorgungsamt bescheinigte Minderung der Erwerbsfähigkeit in Höhe eines bestimmten Prozentsatzes wegen ihres pauschalen Charakters lediglich die Möglichkeit einer Beeinträchtigung der Erwerbsfähigkeit nahe legt, ohne sie indes zu begründen. Wird trotz gesundheitlicher Beeinträchtigung eine Erwerbstätigkeit ausgeübt, so können die hieraus erzielten Einkünfte auf überobligationsmäßiger Tätigkeit beruhen und nach § 1577 Abs. 2 BGB zu beurteilen sein.[26] Es kommt auf die Umstände des Einzelfalls an.[27] Dabei ist auch zu berücksichtigen, mit welchem persönlichen Einsatz der Pflichtige sein Einkommen erzielt und in welchem Umfang er leistungsfähig ist.[28] 15

Ob bei einer **Teilerwerbsfähigkeit** eine angemessene Beschäftigung nach § 1574 Abs. 2 BGB nicht mehr möglich ist, da eine Vermittelbarkeit in eine mögliche Beschäftigung nicht mehr besteht oder hinreichende Erwerbsbemühungen erfolglos geblieben sind, so dass an sich ein Anspruch nach § 1573 Abs. 1 BGB in Betracht käme, kann im Zweifelsfall dahinstehen, da hinsichtlich der Möglichkeit der Beschränkung des Anspruchs nach § 1578 b BGB bei beiden Unterhaltstatbeständen die gleichen Voraussetzungen gelten und sich auch im Übrigen keine unterschiedlichen Rechtsfolgen ergeben. Wegen des Gebots, den Pflichtigen 16

---

21 BGH 13.1.1988 – IVb ZR 15/87, NJW 1988, 1147; OLG Zweibrücken 17.11.2006 – 2 UF 79/06, FamRZ 2007, 2073.

22 BGH 15.3.1994 – VI ZR 44/93, NJW 1994, 1592; Palandt/*Brudermüller* BGB § 1572 Rn. 6.

23 NK-BGB/*Fränken/Heistermann* § 1572 Rn. 5.

24 BGH 21.3.1984 – IVb ZR 68/82, NJW 1984, 1816.

25 BGH 26.1.1983 – IVb ZR 347/81, FamRZ 1984, 353.

26 MüKoBGB/*Maurer* § 1572 Rn. 46; NK-BGB/*Fränken/Heistermann* § 1572 Rn. 17; aus BGH 22.4.1998 – XII ZR 161/97, NJW 1998, 2821 kann entgegen Palandt/*Brudermüller* BGB § 1572 Rn. 17 nichts Gegenteiliges hergeleitet werden.

27 OLG Hamm 20.2.1992 – 1 UF 528/90, FamRZ 1992, 1184 bei Erwerbstätigkeit trotz Rheumaleidens.

28 *Borth* in: Schwab ScheidungsR-HdB IV Rn. 258.

möglichst zu schonen und seine wirtschaftlichen Interessen zu beachten, kann die **Obliegenheit zur Stellung eines Rentenantrags** bestehen.[29] Es ist nicht erforderlich, dass die Gesundheitsstörung ehebedingt oder erst nach der Eheschließung entstanden ist.[30]

17 **c) Darlegungs- und Beweislast.** Der Berechtigte muss zur Darlegung der Voraussetzungen des § 1572 BGB die von ihm behaupteten Krankheiten im Einsatzzeitpunkt im Einzelnen darlegen und angeben, inwiefern sich diese auf seine Erwerbsfähigkeit auswirken. Er darf sich nicht generell auf Erwerbsunfähigkeit berufen, sondern muss, insbesondere im Hinblick darauf, dass eine teilweise Erwerbsunfähigkeit vorliegen kann, Art und Umfang der gesundheitlichen Beeinträchtigungen oder des Leidens darlegen.[31] Macht der Pflichtige die Genesung des Berechtigten von einer bisher unstreitig bestehenden chronischen Erkrankung geltend, so genügt die pauschale Behauptung nicht. Erforderlich ist die Darlegung der Umstände, die zu der angeblichen Genesung geführt haben.[32]

18 Unabhängig von diesem Erfordernis der Substanziierung des Vortrags des Pflichtigen verbleibt es bei der grundsätzlichen Beweislast des Berechtigten für die behauptete gesundheitsbedingte Einschränkung seiner Erwerbsfähigkeit. Eine Ausnahme besteht lediglich für das Abänderungsverfahren, in dem der Pflichtige als Antragsteller seine Behauptung, der Gesundheitszustand des Berechtigten habe sich gebessert, darlegen und beweisen muss (→ *Unterhaltsabänderung* Rn. 27). Etwas anderes gilt dann, wenn sich der Berechtigte als Antragsgegner im Abänderungsverfahren zur Verteidigung des bisher auf der Grundlage eines anderen Unterhaltstatbestandes bestehenden Titels erstmals auf den Tatbestand des § 1572 BGB beruft.[33]

19 Die Bewilligung einer Erwerbsminderungsrente indiziert die Erkrankung des Berechtigten und deren Auswirkung auf die Erwerbsfähigkeit,[34] muss aber nicht zwingend den vollständigen Wegfall einer Erwerbsobliegenheit bedeuten.[35] Das bedeutet, dass bei begründeten Einwänden gegen die im Rentenverfahren getroffenen Feststellungen eine Begutachtung im gerichtlichen Verfahren erforderlich ist.[36] Vor allem psychiatrische Sachverständigengutachten lassen nicht selten die erforderliche Klarheit in Bezug auf die Beweisfrage vermissen. Dies macht eine weitere Aufklärung notwendig, wobei im Streitfall auch die Bezugstatsachen wie zB die Befunde früherer Behandlungen zu belegen sind. Bleibt es zweifelhaft, ob die Erkrankung im Einsatzzeitpunkt zumindest latent vorhanden war, ist nach Beweislast zu entscheiden.

III. Beschränkung des Anspruchs nach § 1578 b BGB

20 Das maßgebliche Kriterium für die Begrenzung des Krankheitsunterhalts nach § 1578 b BGB ist die **nachwirkende eheliche Solidarität** (→ Rn. 1 f.). Ehebedingte Nachteile kommen in aller Regel nicht in Betracht, da im Zweifelsfall davon auszugehen ist, dass die gesundheitsbedingte Beschränkung der Erwerbsfähigkeit auch ohne die Ehe eingetreten wäre. Ausnahmen sind denkbar für den Fall, dass zB eine psychische Erkrankung als Folge der Geburt eines ehelichen Kindes eingetreten ist oder der Berechtigte wegen der Ehe einen Beruf (bzw. die Ausbildung hierzu) aufgegeben hat, in dem er trotz der Erkrankung, die ihn jetzt an einer angemessenen Erwerbstätigkeit hindert, tätig sein könnte. Die Möglichkeit, dass eine psychische Erkrankung durch eine Ehekrise ausgelöst worden ist, rechtfertigt es nicht, sie als ehebedingten Nachteil zu behandeln.[37] Die Berücksichtigung eines ehebedingten Nachteils kommt auch dann ausnahmsweise in Betracht, wenn die Aufgabe einer vor der Ehe ausgeübten Erwerbstätigkeit dazu führt, dass die

29 Palandt/*Brudermüller* BGB § 1572 Rn. 7.

30 BGH NJW 1982, 40: anders möglicherweise bei einem bewussten Verschweigen bei Eheschließung.

31 BGH 25.10.2006 – XII ZR 190/03, NJW 2007, 839, wo die Berufung auf Rückenbeschwerden und Bluthochdruck sowie die Einholung eines Sachverständigengutachtens und des Zeugnisses des behandelnden Arztes als unzureichend angesehen worden ist.

32 BGH 6.7.2005 – XII ZR 145/03, NJW-RR 2005, 1490.

33 BGH 31.1.1990 – XII ZR 36/89, NJW 1990, 2752 für den gleichgelagerten Fall bei § 1571 BGB.

34 OLG Brandenburg 11.1.1996 – 9 UF 76/95, FamRZ 1996, 866; Palandt/*Brudermüller* BGB § 1572 Rn. 20.

35 BGH 9.11.2016 – XII ZB 227/15, FamRZ 2017, 109.

36 NK-BGB/*Fränken/Heistermann* § 1572 Rn. 16.

37 BGH 30.6.2010 – XII ZR 9/09, NJW 2010, 2953; 30.3.2011 – XII ZR 63/09, FamRZ 2011, 875.

Voraussetzungen für eine Rente wegen Erwerbsminderung nicht erfüllt sind.[38] Ein durchgeführter Versorgungsausgleich steht dem nicht entgegen. Der Grundsatz, dass der Versorgungsausgleich die Nachteile bei der Rentenversorgung im Alter und bei Erwerbsunfähigkeit abschließend ausgleicht, erfährt hier eine weitere Ausnahme (→ *Altersunterhalt* Rn. 20).

Wie bei den anderen Unterhaltsbeständen auch, beschränkt sich die vorzunehmende Billigkeitsentscheidung nicht auf das wichtigste Kriterium, hier die nacheheliche Solidarität. Vielmehr ist immer eine umfassende Bewertung und Abwägung aller in Betracht kommenden Aspekte erforderlich. Zu den **Kriterien** der Billigkeitsabwägung sowie zur **Darlegungs- und Beweislast** → *Aufstockungsunterhalt* Rn. 16, 28 ff. Beim Unterhalt nach § 1572 BGB, bei dem die Krankheit selbst regelmäßig nicht ehebedingt ist, ist ein ehebedingter Nachteil denkbar, wenn ein Unterhaltsberechtigter aufgrund der Rollenverteilung in der Ehe nicht ausreichend für den Fall der **krankheitsbedingten Erwerbsminderung** vorgesorgt hat und seine Erwerbsminderungsrente infolge der Ehe- oder Kindererziehung geringer ist als sie ohne die Ehe wäre oder sie vollständig entfällt.[39] Während im vorzitierten Fall die Beschwerdeentscheidung mangels Feststellungen zum Umfang des ehebedingten Nachteils aufgrund eines möglichen **ehebedingten Verlustes des Anspruchs auf eine Erwerbsminderungsrente** aufgehoben worden ist, hat der BGH jetzt die Versagung einer Anspruchsbeschränkung nach § 1578 b BGB schon für die Zeit vor dem Bezug der Altersrente durch die Berechtigte durch das Beschwerdegericht gebilligt, obwohl keine Feststellungen zur Höhe der Erwerbsminderungsrente, welche die Berechtigte ohne die Ehe hätte beziehen können, vorlagen.[40] 21

Etwas besser, wenn auch nicht immer einfach, lässt sich der angemessene Bedarf des Berechtigten nach § 1578 b Abs. 1 BGB bestimmen. Dieser stellt die untere Grenze dar, bis zu welcher der Unterhalt **herabgesetzt** werden kann. Dazu ist festzustellen, welches Einkommen er heute zur Verfügung haben würde, wenn er nicht geheiratet hätte. Das gilt nicht nur dann, wenn der Anspruch bei einer teilweisen Erwerbsunfähigkeit neben § 1572 BGB zusätzlich noch auf einem Aufstockungsunterhaltsanspruch nach § 1573 Abs. 2 BGB beruht. Auch im Fall der vollständigen Erwerbsunfähigkeit, in dem der Anspruch ausschließlich auf § 1572 BGB zu stützen ist (→ Rn. 1), ist im Rahmen der Billigkeitsabwägung nach § 1578 b BGB zu beachten, dass der Anspruch sich häufig zu einem ganz wesentlichen Teil aus dem höheren Einkommen des Pflichtigen herleitet. In diesem Umfang kann der Anspruch herabgesetzt werden, wobei zu beachten ist, dass dies die Untergrenze der Herabsetzungsmöglichkeit darstellt[41] und unter Berücksichtigung der übrigen Abwägungskriterien nur eine geringere oder sogar keine Herabsetzung in Betracht kommen kann. Die – ggf. stufenweise – Herabsetzung bis zur Höhe des ohne die Ehe angemessenen Bedarfs kann auch zu einem Wegfall des Anspruchs führen, wenn das tatsächliche oder zuzurechnende Eigeneinkommen diesen Bedarf deckt,[42] so dass sich in diesen Fällen die Frage der Befristung nicht mehr stellt. 22

38 BGH 2.3.2011 – XII ZR 44/09, NJW 2011, 1285; OLG Koblenz 4.1.2012 – 13 UF 657/11, FamRZ 2012, 1394; OLG Saarbrücken 5.7.2012 – 6 UF 172/11, NJW-RR 2013, 7.
39 BGH 2.3.2011 – XII ZR 44/09, NJW 2011, 1285.
40 BGH 16.10.2019 – XII ZB 341/17, NJW-RR 2020, 1.
41 BGH 10.11.2010 – XII ZR 197/08, NJW 2011, 303.
42 BGH 29.6.2011 – ZR 157/09, NJW 2011, 3645.

159. Leibgeding, Leibrente, Nießbrauch und Wohnrecht im Zugewinn

Caspary

I. Überblick

1 Ein Leibgeding, auch **Altenteil** genannt, wird häufig als **Gegenleistung für die lebzeitige Übertragung von Grundstücken** vereinbart, und zwar in der Regel im Sinne von § 1374 Abs. 2 BGB mit Rücksicht auf ein künftiges Erbrecht. Es hat meist verschiedene Bestandteile, zB die Gewährung eines Wohnrechts oder Nießbrauchs und/oder die Verpflichtung zu Geldzahlungen (Leibrenten) und/oder Sach- und Pflegeleistungen.[1] Alle Bestandteile sind gesondert zu bewerten.

2 Für die Zwecke des Zugewinnausgleichs ist zudem zu unterscheiden, ob eine Belastung oder ein Anspruch vorliegt. Je nach dem ist das Wohnrecht etc als Passiv- oder Aktivposition zu erfassen. Problematisch ist dabei vor allem die **Bewertung des Wohnrechts** oder Nießbrauchs als Belastung eines Grundstücks, das einem Ehegatten zugewendet worden ist.

3 Die Rechtsprechung des Bundesgerichtshofs zur Berücksichtigung eines Nießbrauchrechts oder eines Wohnrechts im Zugewinn hat einige Kapriolen geschlagen. Während der Bundesgerichtshof ursprünglich der Auffassung war, dass die Belastung eines Grundstücks mit einem Wohnrecht oder einem Nießbrauch nicht gesondert zu bewerten ist, sondern außen vor gelassen werden kann, vertrat er zwischenzeitlich der Auffassung, dass der Wert eines Wohnrechts oder Nießbrauchs **im Anfangs- und Endvermögen zu ermitteln** (→ *Anfangsvermögen* Rn. 1 ff., → *Endvermögen* Rn. 1 ff.) und vom Grundstückswert in Abzug zu bringen sei. Der gleitende Vermögenserwerb, der sich daraus ergibt, dass aufgrund der abnehmenden Lebenserwartung des Berechtigten die mit einem Wohnrecht oder einem Nießbrauch verbundene Belastung sinkt, sollte berechnet und entsprechend § 1374 Abs. 2 BGB vom Zugewinn ausgenommen werden.[2] Unterdessen ist der BGH im Wesentlichen zu seiner ursprünglichen Rechtsprechung zurückgekehrt, nach der im Regelfall auf eine Berechnung des gleitenden Vermögenserwerbs verzichtet werden kann und der Wert des Nießbrauchs oder Wohnrechts weder in das Anfangs- noch in das Endvermögen einzustellen ist. Lediglich wenn ausnahmsweise der Wert des Nießbrauchs- oder Wohnrechts, vor allem wegen gestiegener Grundstückspreise, gestiegen ist, muss der Wert des Nießbrauch- oder Wohnrechts für das Anfangs- und Endvermögen ermittelt und bei der Berechnung des Zugewinns berücksichtigt werden.[3]

4 Eine Leibrente oder die Verpflichtung zur Gewährung von Sach- oder Pflegeleistungen sind nach der neueren Rechtsprechung des Bundesgerichtshofs dagegen **nicht mehr zugewinnneutral**, sondern gesondert für das Anfangs- und Endvermögen zu bewerten. Im Unterschied zum Wohnrecht oder Nießbrauch soll der andere Ehegatte an dem Wertzuwachs, der mit der Abnahme der Belastung infolge der sinkenden Lebenserwartung des Berechtigten verbunden ist, teilhaben.[4]

II. Einzelheiten

1. Wohnrecht und Nießbrauch

5 **a) Passiva.** Nach der neuerlichen Änderung der Rechtsprechung des BGH bleibt es dabei, dass im Regelfall ein Wohnrecht oder ein Nießbrauch bei der Berechnung des Zugewinns außen vor bleiben kann, dh

1 *Schulz/Hauß* Vermögensauseinandersetzung Kap. 1 Rn. 297.
2 BGH 22.11.2006 – XII ZR 8/05, FamRZ 2007, 978.
3 BGH 6.5.205 – XII ZB 306/14, FamRZ 2015, 1268.
4 BGH 7.9.2005 – XII ZR 209/02, FamRZ 2005, 1974.

der Wert des Wohnrechts oder des Nießbrauchs muss nicht ermittelt werden. Wohnrecht oder Nießbrauch sind **weder in das Anfangs- noch in das Endvermögen als Passiva einzustellen**. Auf diese Weise wird erreicht, dass der Wertzuwachs des Grundstücks, der sich daraus ergibt, dass der Berechtigte immer älter und damit die Belastung des Grundstücks durch das Wohnrecht oder den Nießbrauch immer geringer wird, vom Zugewinnausgleich entsprechend § 1374 Abs. 2 BGB ausgenommen wird.[5]

Ausgenommen hiervon ist der Fall, dass der Wert des Wohnrechts oder Nießbrauchs steigt, weil das mit einem Wohnrecht oder Nießbrauch belastete Grundstück im Wert gestiegen ist. Liegt eine solche Konstellation vor, was angesichts der allgemein stark gestiegenen Grundstückspreise entgegen dem BGH eher die Regel als die Ausnahme sein dürfte, muss der Wert des Wohnrechts oder Nießbrauchs am Anfang der Ehe oder am Tag der Zuwendung sowie am Ende der Ehe ermittelt und in die Passiva eingestellt werden. Denn anderenfalls würde zwar die Wertsteigerung des Grundstücks vom Zugewinn erfasst, aber nicht berücksichtigt werden, dass gleichzeitig auch die Belastung durch das Wohnrecht oder den Nießbrauch gestiegen ist, wodurch die Wertsteigerung des Grundstücks zum Teil kompensiert wird, dh der Zugewinn fiele zu hoch aus. Die unterschiedliche Behandlung rechtfertigt der BGH damit, dass die Wertsteigerung des Grundstücks und damit auch des Wohnrechts oder eines Nießbrauchs aufgrund gestiegener Immobilienpreise nicht auf einer Zuwendung nach § 1374 Abs. 2 BGB beruht, sondern auf den allgemeinen Marktgegebenheiten.[6]

Zu vergleichen ist dabei immer der Wert des Wohnrechts oder Nießbrauchs am Ende der Ehe mit dem **indexierten Wert** am Anfang der Ehe oder dem Tag der Zuwendung. Anzusetzen ist also nicht etwa der nominale Wert.[7]

Für die Frage, wie der Wert des Wohnrechts oder Nießbrauchs zu ermitteln ist, kann auf die nachfolgenden Ausführungen zur Berücksichtigung eines Wohnrechts oder Nießbrauchs bei den Aktiva verwiesen werden. Es ist dabei darauf zu achten, dass die Belastungen nicht schon bei der Grundstücksbewertung berücksichtigt werden, zum Beispiel nach § 4 iVm § 6 ImmoWertVO.

b) Aktiva. Steht dem Ehegatten ein Wohnrecht oder ein Nießbrauchrecht zu, stellt dies einen **wirtschaftlichen Wert** dar, der beim Anfangs- und Endvermögen zu berücksichtigen ist – ungeachtet dessen, ob das Recht übertragbar oder vererblich ist.[8] Für die Bewertung ist die jährliche **Nettokaltmiete** zu ermitteln, die dann unter Berücksichtigung der jeweils verbleibenden Lebenserwartung zu kapitalisieren ist.[9] Für die Berechnung wird auf die Ausführungen zur **Kapitalisierung von Leibrenten** verwiesen (→ Rn. 8 f.). Fraglich ist, ob auf die objektiv erzielbare Marktmiete auch dann abgestellt .werden kann, wenn der Berechtigte die Marktmiete nicht realisieren kann, weil das Objekt nicht vermieten oder verpachten kann, was beim Wohnberechtigten im Unterschied zum Nießbraucher in der Regel der Fall ist.[10] Haben sich Eheleute als Gesamtberechtigte nach § 428 BGB einen Nießbrauch bestellen lassen, soll die Aufhebung der Gemeinschaft nicht entsprechend § 749 Abs. 1 BGB verlangt werden können.[11] 6

2. Leibrente

a) Passiva. Ist ein Ehegatte verpflichtet, eine Leibrente zu zahlen, muss diese nach der neueren Rechtsprechung des Bundesgerichtshofs mit dem jeweiligen kapitalisierten Wert **in die Passiva des Anfangs- und Endvermögens** des verpflichteten Ehegatten **eingestellt** werden, um die Wertsteigerung zu erfassen, die aus dem zunehmenden Alter des Leibrentenberechtigten bzw. der damit einhergehenden Minderung der 7

5 BGH 6.5.205 – XII ZB 306/14, FamRZ 2015, 1268; zur Kritik an dieser neuerlichen Änderung der Rechtsprechung vgl. *Kogel* Zugewinnausgleich Rn. 1061 ff.
6 BGH 6.5.205 – XII ZB 306/14, FamRZ 2015, 1268.
7 *Kogel*, Der Nießbrauch im Zugewinn – eine unendliche Geschichte, FamRZ 2016, 1129 ff.
8 OLG Koblenz 3.7.1987 – 13 UF 1070/86, FamRZ 1988, 64.
9 *Schulz/Hauß* Vermögensauseinandersetzung Kap. 1 Rn. 326 ff. Nießbrauch, Rn. 355 Wohnrecht.
10 Dagegen *Schulz/Hauß* Vermögensauseinandersetzung Kap. 1 Rn. 355; dafür *Kogel* Zugewinnausgleich Rn. 1072 ff.
11 BGH 6.3.2020 – V ZR 329/18 FamRB 2020, 343 m. krit. Anm. *Heinemann*.

Belastung folgt.[12] Ist der Leibrentenberechtigte am für die Ermittlung des Endvermögens maßgeblichen Stichtag bereits verstorben, entfällt die Belastung.

8 Um den **kapitalisierten Wert der Leibrente** bestimmen zu können, müssen drei Dinge ermittelt werden, nämlich der Jahresbetrag der Leibrente, die Lebenserwartung des Leibrentenberechtigten und der Kapitalisierungsfaktor. Die Lebenserwartung wird anhand der im Internet zugänglichen Sterbetafeln des Statistischen Bundesamts (www.destatis.de) bestimmt. Der Kapitalisierungsfaktor hängt von der Höhe des anzusetzenden Zinssatzes ab. Maßgeblich ist dabei nicht der am Stichtag aktuelle Zinssatz, sondern der langfristig erzielbare Wert, den der Bundesgerichtshof bisher mit 5,5 % angesetzt hat.[13] Der sich daraus ergebende Kapitalisierungsfaktor kann der Anlage 1 zu § 20 der Immobilienwertverordnung entnommen werden, die ebenfalls im Internet zu finden ist (www.gesetze-im-internet.de). Der Laufzeit entspricht dabei die am Stichtag noch bestehende Lebenserwartung. Der Jahresbetrag der Leibrente ist mit dem für die Laufzeit maßgeblichen Faktor zu multiplizieren, um den kapitalisierten Wert der Leibrente zu erhalten. Sofern es um Anfangsvermögen geht, muss der Wert noch indexiert werden.[14]

9 **Beispiel:** Die Leibrente beträgt 500 EUR monatlich. Die berechtigte Mutter hat am Stichtag noch eine Lebenserwartung von 20 Jahren. Nach der Anlage 1 zu § 20 der Immobilienwertverordnung beläuft sich bei einer Laufzeit von 20 Jahren der Kapitalisierungsfaktor auf 11,95. Die Leibrente hat also einen kapitalisierten Wert von 71.700 EUR (500 x 12 = 6.000 x 11,95). Gegebenenfalls wäre der Wert noch zu indexieren.

10 **b) Aktiva.** Steht einem Ehegatten unwiderruflich ein Anspruch auf Gewährung einer Leibrente zu, unterfällt das Anrecht nach § 2 Abs. 2 und Abs. 4 VersAusglG dem **Versorgungsausgleich.**[15]

3. Sach- und Pflegeleistungen

11 Für die Bemessung des Werts von Sach- und Pflegeleistungen (Kost, Wartung, Pflege), die im Rahmen eines Leibgedings versprochen worden sind, ist auf die **Ersparnis** abzustellen, die sich **aus dem Wegfall der Verpflichtung** für den Ehegatten ergibt, der die Sach- und Pflegeleistungen übernommen hat.[16] Die Ersparnis wiederum kann man finanziell mit den Beträgen gleichsetzen, die der Sozialhilfeträger auf sich überleitet, wenn der Leibgedingberechtigte ins Heim muss. Für die Verköstigung des Pflegebedürftigen wird in der Regel ein Drittel des Eckregelsatzes nach § 28 SGB XII und für Wartung und Pflege die Hälfte des Satzes der Pflegestufe I[17] angesetzt. Die jeweiligen Jahresbeträge sind dann, wie bei der Leibrente, bezogen auf die verbleibende Lebensdauer zu kapitalisieren.[18]

Vertreten wird, dass neben dem finanziellen Wert der Wartungs- und Pflegeleistungen zusätzlich die Pflegewahrscheinlichkeit und die zu erwartende Dauer der Pflege zu bestimmen sind, wobei gilt, dass die Pflegewahrscheinlichkeit desto geringer ist, je jünger der Berechtigte ist. Die erforderlichen Berechnungen erstellen Sachverständige für Grundstücks- und Gebäudebewertungen.[19]

---

12 BGH 7.9.2005 – XII ZR 209/02 FamRZ 2005, 1974.

13 BGH 15.10.2003 – XII ZR 23/01, FamRZ 2004, 527.

14 Vgl. zu den Einzelheiten, insbesondere zur Kapitalisierung: *Schulz/Hauß* Vermögensauseinandersetzung Kap. 1 Rn. 316 ff.

15 HK-FamR/*Hauß* VersAusglG § 2 Rn. 13; *Schulz/Hauß* Vermögensauseinandersetzung Kap. 1 Rn. 324.

16 BGH 21.9.2001 – V ZR 14/01, FamRZ 2002, 1178.

17 § 64 Abs. 1 SGB XII iVm § 37 Abs. 1 S. 3 Nr. 3 SGB XI.

18 Vgl. zu den Einzelheiten *Schulz/Hauß* Vermögensauseinandersetzung Kap. 1 Rn. 303 ff.

19 *Schulz/Hauß* Vermögensauseinandersetzung Kap. 1 Rn. 309 und Kap. 13 Rn. 2342 ff. mit Tabellen und Berechnungsbeispielen.

160. Leistungen der Jugendhilfe

Hoffmann

I. Einführung

Ziel aller Leistungen und Aufgaben der Jugendhilfe ist die Förderung der Entwicklung und Erziehung von Kindern und Jugendlichen zu eigenverantwortlichen und gemeinschaftsfähigen Persönlichkeiten (§ 1 Abs. 1 SGB VIII). Jugendhilfe ist daher zunächst **personale** und nicht finanzielle **Hilfe**. Nur als Annexleistung zu pädagogischen Leistungen stellen Jugendämter den Lebensunterhalt durch materielle Leistungen sicher – etwa bei der Unterbringung in einem Heim oder in einer Pflegefamilie (§§ 39 f. SGB VIII). Bedarf ein Kind oder ein Jugendlicher ausschließlich finanzieller Hilfen, kommen insbesondere Leistungen nach dem SGB II als laufende oder einmalige Leistungen – etwa als Zuschuss zu einer Klassenfahrt – in Betracht. 1

Jugendämter (→ *Jugendamt* Rn. 1 ff.) haben anders als die Schule (Art. 7 GG) kein eigenständiges, staatliches Erziehungsrecht, sondern bedürfen für ihr Handeln grundsätzlich einer Ermächtigung durch die sorgeberechtigten Eltern bzw. den Vormund oder Pfleger des Kindes. Bei ihrer Tätigkeit haben die Fachkräfte die **vorrangige Erziehungsverantwortung** der Eltern zu beachten (Art. 6 Abs. 2 GG, §§ 1 Abs. 2, 9 Nr. 1 SGB VIII). 2

Auch im Rahmen des staatlichen Wächteramts können die Fachkräfte des Jugendamts grundsätzlich nicht in die Befugnisse von Sorgeberechtigten eingreifen. Scheinen Maßnahmen und Möglichkeiten des Jugendamts nicht ausreichend, um eine Gefährdung des Wohls eines Kindes oder Jugendlichen durch das Verhalten sorgeberechtigter Eltern abzuwenden, hat das Jugendamt das **Familiengericht** zu informieren (§ 8 a Abs. 2 S. 1 SGB VIII), das unter bestimmten Voraussetzungen zu in die elterliche Sorge eingreifenden Maßnahmen befugt ist (§§ 1666, 1666 a BGB). Allein in **akuten Krisensituationen**, bei denen familiengerichtliche Maßnahmen nicht mehr zeitgerecht möglich sind, ist das Jugendamt befugt, ein Kind oder einen Jugendlichen vorübergehend auch gegen den Willen seiner Eltern in Obhut zu nehmen (§ 42 Abs. 1 S. 1 Nr. 2 Buchst. b SGB VIII, → *Inobhutnahme* Rn. 1 ff.). 3

Leistungen der Jugendhilfe können sowohl von Trägern der öffentlichen (→ *Jugendamt* Rn. 1 ff.) als auch der **freien Jugendhilfe**, wie Vereinen, Kirchen, Elterninitiativen etc, erbracht werden (§ 3 Abs. 2 SGB VIII). Das Erbringen von **Leistungen** durch die Träger der freien Jugendhilfe setzt keinen Auftrag durch einen Träger der öffentlichen Jugendhilfe voraus. Nur für eine Refinanzierung ihrer Ausgaben sind Träger der freien Jugendhilfe auf eine Kooperation mit Trägern der öffentlichen Jugendhilfe angewiesen. Zunehmend häufiger finden sich auch privat-gewerbliche Anbieter von Leistungen der Jugendhilfe. 4

Sogenannte **andere Aufgaben** des Jugendamts wie Inobhutnahmen (→ *Inobhutnahme* Rn. 1 ff.) oder die Mitwirkung in familiengerichtlichen Verfahren (→ Rn. 23 ff.) können von anerkannten Trägern der **freien Jugendhilfe** wahrgenommen werden, wenn ein Träger der öffentlichen Jugendhilfe sie an der Durchführung dieser Aufgaben beteiligt oder ihnen diese Aufgaben zur Ausführung übertragen hat (§ 76 Abs. 1 SGB VIII). Das Jugendamt ist nur zur Delegation bestimmter anderer Aufgaben befugt. 5

II. Leistungen der Jugendhilfe und andere Aufgaben der Jugendämter

1. Leistungen der Jugendhilfe und andere Aufgaben der Jugendämter im Überblick

6 **Leistungen** der Jugendhilfe sind insbesondere:

- Angebote der **Jugendarbeit**, der Jugendsozialarbeit und des erzieherischen Kinder- und Jugendschutzes (§ 2 Abs. 2 Nr. 1 SGB VIII, §§ 11–14 SGB VIII), wie Jugendzentren, Jugendfreizeiten, Stadtranderholungen, allgemeine Präventionsprogramme in Schulen etc;
- Angebote zur **Förderung der Erziehung** in der Familie (§§ 2 Abs. 2 Nr. 2, 16–21 SGB VIII), wie Angebote der Familienbildung;
- Angebote zur Förderung von Kindern in **Tageseinrichtungen** und in **Tagespflege** (§§ 2 Abs. 2 Nr. 3, 22–25 SGB VIII), wie die Betreuung durch eine Tagesmutter oder in einem Kindergarten;
- **Hilfen zur Erziehung** und ergänzende Leistungen (§§ 2 Abs. 2 Nr. 4, 27–35, 36, 37, 39, 40 SGB VIII), wie die Unterbringung in einer Pflegefamilie oder die Unterstützung eines alleinerziehenden Elternteils durch eine Familienhelferin und
- **Hilfen** für **seelisch behinderte Kinder** und Jugendliche und ergänzende Leistungen, (§§ 2 Abs. 2 Nr. 5, 35 a–37, 39, 40 SGB VIII), wie eine Schulbegleitung oder die Unterbringung in einem Internat mit einem besonderen Angebot.

7 **Andere Aufgaben** der Jugendämter sind insbesondere:

- **Inobhutnahme** (→ *Inobhutnahme* Rn. 1 ff.) von Kindern und Jugendlichen (§§ 2 Abs. 3 Nr. 1, 42 SGB VIII);
- Erteilen, Widerruf und Zurücknahme einer **Pflegeerlaubnis** (§§ 2 Abs. 3 Nr. 3, 43, 44 SGB VIII),
- Erteilen, Widerruf und Zurücknahme einer **Erlaubnis** für den Betrieb einer **Einrichtung** sowie die Erteilung nachträglicher Auflagen (§§ 2 Abs. 3 Nr. 4, 45–47, 48 a SGB VIII);
- Tätigkeitsuntersagung (§§ 2 Abs. 3 Nr. 5, 48, 48 a SGB VIII);
- **Mitwirkung in Verfahren** (→ Rn. 23 ff.) vor den Familiengerichten (§§ 2 Abs. 3 Nr. 6, 50 SGB VIII);
- Beratung und Belehrung in Verfahren zur Annahme als Kind (§§ 2 Abs. 3 Nr. 7, 51 SGB VIII);
- Mitwirkung in Verfahren nach dem Jugendgerichtsgesetz (§§ 2 Abs. 3 Nr. 8, 52 SGB VIII);
- **Beratung und Unterstützung** von Müttern bei Vaterschaftsfeststellung und Geltendmachung von Unterhaltsansprüchen sowie von Pflegern und Vormündern (§§ 2 Abs. 3 Nr. 9, 52 a, 53 SGB VIII);
- Erteilen, Widerruf und Zurücknahme einer Erlaubnis zur Übernahme von Vereinsvormundschaften (§§ 2 Abs. 3 Nr. 10, 54 SGB VIII);
- **Beistandschaft**, Amtspflegschaft, **Amtsvormundschaft** und Gegenvormundschaft des Jugendamts (§§ 2 Abs. 3 Nr. 11, 55–58 SGB VIII);
- **Beurkundung** bestimmter Erklärungen (§§ 2 Abs. 3 Nr. 11, 59 SGB VIII);
- Aufnahme vollstreckbarer Urkunden (§§ 2 Abs. 2 Nr. 12, 60 SGB VIII).

2. Verhältnis zu anderen Sozialleistungsträgern und staatlichen Institutionen

8 Grundsätzlich sind Leistungen der Jugendhilfe **nachrangig** gegenüber den Leistungen anderer Sozialleistungsträger, etwa der Kranken- und Rentenversicherung, wenn auch die Voraussetzungen für Leistungen eines anderen Sozialleistungsträgers vorliegen (§ 10 Abs. 1 SGB VIII). Komplexer gestaltet sich das Verhältnis zur Grundsicherung für Arbeitsuchende (SGB II) sowie der Sozialhilfe (SGB XII). Nach § 10 Abs. 3 und 4 SGB VIII besteht zwar prinzipiell ein Vorrang der Leistungen der Jugendhilfe, dieser wird jedoch für bestimmte Leistungen wieder modifiziert, etwa für Leistungen der Eingliederungshilfe für junge Menschen, die körperlich oder geistig behindert oder von einer solchen Behinderung bedroht sind (§ 10 Abs. 4 S. 2 SGB VIII), oder für die Vermittlung und Eingliederung junger Menschen in Arbeit (§ 10 Abs. 3 S. 2 SGB VIII). Schwierig ist im Einzelfall auch die Abgrenzung von Leistungen der Jugendhilfe zu vorrangigen Verpflichtungen der Schule, insbesondere bei Teilleistungsschwächen.

9 Sofern ein anderer Sozialleistungsträger oder die **Schule** Leistungen verweigert, obgleich solche aus der Perspektive der Jugendhilfe durch den anderen Sozialleistungsträger bzw. die Schule zu erbringen wären, hat der Träger der öffentlichen Jugendhilfe Leistungen zu bewilligen, wenn auch die Voraussetzungen

einer Leistung der Jugendhilfe vorliegen. Der Träger der öffentlichen Jugendhilfe ist dann sogenannter Ausfallbürge.[1] Bezogen auf den Kernbereich pädagogischer Arbeit der Schule ist dies nicht der Fall, so dass insoweit keine nachrangigen Ansprüche gegenüber einem Träger der öffentlichen Jugendhilfe bestehen.[2]

Gegenüber anderen Sozialleistungsträgern wird der Nachrang des Trägers der öffentlichen Jugendhilfe über eine **Erstattung** wiederhergestellt (§§ 102 ff. SGB X). Insbesondere die Abgrenzung zwischen einer seelischen und einer geistigen Behinderung führt in der Praxis vielfach zu Problemen, die zu zahlreichen gerichtlichen Streitigkeiten über das Bestehen von Erstattungspflichten zwischen Trägern der Eingliederungshilfe nach SGB IX und der Jugendhilfe führen.[3] Auch nach dem RegE eines Kinder- und Jugendstärkungsgesetz vom 2.12.2020 sollen erst ab dem 1.1.2028 auch Leistungen der Eingliederungshilfe für junge Menschen mit (drohenden) körperlichen oder geistigen Behinderungen vorrangig als Leistung der Kinder- und Jugendhilfe dem SGB VIII zugeordnet sein. 10

3. Leistungen bei Trennungs-, Scheidungs- und/oder Umgangskonflikten

Generell besteht ein Rechtanspruch von Müttern und Vätern auf eine **Beratung** in Fragen der Partnerschaft, **Trennung** und **Scheidung** (§ 17 Abs. 1 SGB VIII). Ziele dieser Beratung sind ua eine Hilfe bei der Bewältigung von Konflikten und Krisen und ein Fördern der Bedingungen für eine das Wohl der betroffenen Kinder und Jugendlichen förderliche Wahrnehmung der Elternverantwortung. Zudem sind Eltern bei der Entwicklung eines einvernehmlichen Konzepts für die Wahrnehmung der elterlichen Sorge zu **unterstützen**. Dieses Konzept kann auch als Grundlage für die richterliche Entscheidung über die elterliche Sorge nach der Trennung oder Scheidung dienen (§ 17 Abs. 2 SGB VIII). Die Familiengerichte sind verpflichtet, die Rechtshängigkeit einer Scheidungssache, wenn gemeinschaftliche minderjährige Kinder vorhanden sind, sowie Namen und Anschriften der Parteien dem Jugendamt mitzuteilen, damit dieses die Eltern über das Leistungsangebot der Jugendhilfe unterrichten kann (§ 17 Abs. 3 SGB VIII). Im Rahmen der Beratung sind die Träger der Jugendhilfe zur Rechtsberatung befugt (§ 8 Abs. 1 Nr. 2, 5 RDG). 11

Nach §§ 1684, 1685, 1686 a BGB Umgangsberechtigte haben einen Anspruch auf **Beratung** und **Unterstützung** bei der Ausübung ihres **Umgangsrechts** (§ 18 Abs. 3 S. 1–3 SGB VIII). Ein erzieltes Einvernehmen ist als gerichtlich gebilligter Vergleich aufzunehmen, wenn die Regelung dem Kindeswohl nicht widerspricht (§ 156 Abs. 2 FamFG). Zudem hat das Jugendamt bei der Herstellung von Umgangskontakten und bei der Ausführung gerichtlicher oder vereinbarter Umgangsregelungen zu vermitteln und in geeigneten Fällen Hilfestellung – eventuell auch eine Begleitung beim Umgang – zu leisten (§ 18 Abs. 3 S. 4 SGB VIII). Das Jugendamt prüft in eigener Verantwortung und unabhängig von der familiengerichtlichen Anordnung eines **begleiteten Umgangs** (→ *Begleiteter Umgang* Rn. 1 ff.) nach § 1684 Abs. 4 S. 3 BGB, ob die Voraussetzungen dieser Leistungen der Jugendhilfe vorliegen. Lehnt das Jugendamt eine Leistung ab, kann allgemeine Leistungsklage beim Verwaltungsgericht erhoben werden.[4] Bezogen auf Fragen des Umgangs ist ebenfalls eine Rechtsberatung zulässig (§ 8 Abs. 1 Nr. 2, 5 RDG). 12

Leistungen der Trennungs- und Scheidungsberatung eines Trägers der öffentlichen Jugendhilfe sind **kostenfrei** (§ 90 Abs. 1 SGB VIII; → Rn. 44 ff.). 13

4. Hilfen zur Erziehung

Auf Hilfen zur Erziehung haben der oder die Personensorgeberechtigten einen Anspruch, wenn eine dem Wohl des Kindes oder des Jugendlichen entsprechende Erziehung nicht gewährleistet ist – also ein **erzieherischer Bedarf** besteht – und es eine geeignete und notwendige Hilfe zur Erziehung gibt, die den erzieherischen Bedarf abdecken kann (§ 27 Abs. 1 SGB VIII). Entsprechend der Varianz erzieherischer 14

---

1 VGH München 15.7.2019 – 12 ZB 16.1982.

2 BSG 9.12.2016 – B 8 SO 8/15 R JAmt 2017, 266; BVerwG 18.10.2012 – 5 C 21/11, JAmt 2013, 98.

3 Vgl. etwa BSG 4.4.2019 – B 8 SO 11/17 R; zur Beweislast in solchen Verfahren OVG Saarlouis 12.8.2019 – 2 A 77/18.

4 OVG Münster 17.1.2019 – 12 A 396/18.

Bedarfe hat die Jugendhilfe eine breite Palette ganz unterschiedlicher Leistungen der Hilfen zur Erziehung vorzuhalten.

15 Das SGB VIII selbst benennt als Hilfen zur Erziehung insbesondere die Erziehungsberatung, die sozialpädagogische Familienhilfe, die soziale Gruppenarbeit, die Erziehungsbeistandschaft, die sozialpädagogische Tagesgruppe, die Unterbringung in einer Pflegefamilie oder in einer Einrichtung und die intensive sozialpädagogische Einzelbetreuung (§§ 28 ff. SGB VIII). Es kommt auch eine Unterbringung des Kindes bei seinen Verwandten oder ihm aus anderen Gründen vertrauten Personen wie einem Stiefelternteil als Hilfe zur Erziehung in Betracht.

16 Die Voraussetzungen einer Hilfe zur Erziehung sind im Rahmen der **Hilfeplanung** festzustellen, das weitere Vorliegen der Voraussetzungen ist durch eine regelmäßige Fortschreibung des Hilfeplans zu überprüfen (§ 36 SGB VIII). Der Personensorgeberechtigte und das Kind oder der Jugendliche sind an der Hilfeplanung zu beteiligen, ihnen kommt besondere Bedeutung sowohl hinsichtlich der Feststellung des erzieherischen Bedarfs als auch im Hinblick auf die konkret geeignete und notwendige Hilfe zu. An der Hilfeplanung sind zudem mehrere Fachkräfte des Jugendamts und gegebenenfalls auch die die Leistung durchführenden Personen, Dienste oder Einrichtungen zu beteiligen.

17 Hilfen zur Erziehung nach den §§ 32–35 SGB VIII umfassen die Kosten für den **Sachaufwand** sowie für die Pflege und Erziehung des Kindes oder Jugendlichen (§ 39 SGB VIII, speziell zum Pflegegeld vgl. § 39 Abs. 4–6 SGB VIII) sowie **Krankenhilfe** entsprechend den Regelungen nach dem SGB XII, wenn das Kind oder der Jugendliche nicht krankenversichert ist (§ 40 SGB VIII).

18 Für (teil-)stationäre Hilfen zur Erziehung kann ein Kostenbeitrag erhoben werden (§§ 91 ff. SGB VIII, → Rn. 44 ff.).

5. Eingliederungshilfe für seelisch behinderte Kinder

19 Kinder und Jugendliche haben nach § 35 a Abs. 1 SGB VIII Anspruch auf Leistungen der Eingliederungshilfe als Leistung der Jugendhilfe, wenn ihre seelische Gesundheit mit hoher Wahrscheinlichkeit **länger als sechs Monate** von dem für ihr Lebensalter typischen Zustand abweicht und daher ihre **Teilhabe** am Leben in der Gesellschaft **beeinträchtigt** ist oder eine solche Beeinträchtigung zu erwarten ist.

20 Hinsichtlich der Abweichung der seelischen Gesundheit ist nach § 35 a Abs. 1 a SGB VIII durch den Träger der öffentlichen Jugendhilfe die **Stellungnahme eines Arztes** für Kinder- und Jugendpsychiatrie und -psychotherapie, eines Kinder- und Jugendpsychotherapeuten oder eines Arztes oder eines psychologischen Psychotherapeuten, der über besondere Erfahrungen auf dem Gebiet seelischer Störungen bei Kindern und Jugendlichen verfügt, einzuholen. Hingegen obliegt das Feststellen des Vorliegens einer Teilhabebeeinträchtigung den Fachkräften des Jugendamts.

21 **Hilfearten** sind nach § 35 a Abs. 2 SGB VIII die gleichen wie bei Hilfen zur Erziehung, demnach Hilfen in ambulanter Form, in Tageseinrichtungen für Kinder oder in anderen teilstationären Einrichtungen, durch geeignete Pflegepersonen und in Einrichtungen über Tag und Nacht sowie in sonstigen Wohnformen.

22 Geistig und körperlich behinderte Kinder erhalten durch die jeweiligen Sozialleistungsträger Leistungen der **Eingliederungshilfe nach SGB IX**. Seit Jahren wird ein „**inklusives SGB VIII**" gefordert, das Rechtsansprüche auch für geistig und körperlich behinderte Kinder kennt. Nach dem RegE eines Kinder- und Jugendstärkungsgesetz vom 2.12.2020 sollen ab dem 1.1.2028 alle jungen Menschen vorrangig Anspruch auf Leistungen der Eingliederungshilfe als Leistung der Kinder- und Jugendhilfe nach dem SGB VIII besitzen.

6. Mitwirkung im familiengerichtlichen Verfahren

23 Das Jugendamt **unterstützt** das **Familiengericht** (→ *Jugendamt* Rn. 10 f.) und wirkt in familiengerichtlichen Verfahren, die Kindschaftssachen (§ 162 FamFG), Abstammungssachen (§ 176 FamFG), Adoptionssachen (§§ 188 Abs. 2, 189, 194, 195 FamFG), Ehewohnungssachen (§§ 204 Abs. 2, 205 FamFG) sowie

Gewaltschutzsachen (§§ 212, 213 FamFG) betreffen, mit (§ 50 Abs. 1 SGB VIII). Es ist insbesondere Aufgabe des Jugendamts über angebotene und erbrachte Leistungen zu informieren, erzieherische und soziale Gesichtspunkte zur Entwicklung des Kindes oder des Jugendlichen in das Verfahren einzubringen und auf weitere Möglichkeiten der Hilfe hinzuweisen (§ 50 Abs. 2 SGB VIII).

Das Jugendamt wirkt als eigene Aufgaben wahrnehmende **Fachbehörde** und demnach nicht als Sachverständiger im Sinne des FamFG mit. Eine bestimmte Fachkraft kann daher nicht wegen Befangenheit abgelehnt werden. Es entscheidet über **Art und Weise der Mitwirkung** nach pflichtgemäßem Ermessen. Familiengericht, Eltern bzw. andere Personen oder Institutionen können eine bestimmte Aufgabenwahrnehmung durch das Jugendamt nicht einfordern bzw. ablehnen. Dies gilt etwa im Hinblick auf das persönliche Erscheinen einer Fachkraft, die schriftliche/mündliche/fernmündliche Form der Stellungnahme, den Zeitpunkt der Stellungnahme, die Vorgehensweise des Jugendamts, um eine qualifizierte Stellungnahme überhaupt erst zu ermöglichen, den Inhalt der Stellungnahme etc. 24

Eltern haben keinen Rechtsanspruch auf Teilnahme ihres Verfahrensbevollmächtigten an Gesprächen mit den Fachkräften des Jugendamts, da es sich bei der Mitwirkung nicht um ein Verwaltungsverfahren im Sinne des § 8 SGB X handelt. Gegen die Tätigkeit des Jugendamts als schlicht-hoheitliches, öffentliches Handeln bzw. gegen die Vorgehensweise einer bestimmten Fachkraft können Dienst-, Fach- und Rechtaufsichtsbeschwerde eingelegt werden. 25

Durch die Mitwirkung wird das Jugendamt grundsätzlich nicht zum Beteiligten eines familiengerichtlichen Verfahrens im Sinne des FamFG. Das FamFG normiert jedoch eine Option des Jugendamts auf die **Stellung eines Beteiligten** in allen familiengerichtlichen Verfahren, in denen es auch mitzuwirken hat (§§ 162 Abs. 2 S. 2, 172 Abs. 2 S. 1, 188 Abs. 2 S. 1, 204 Abs. 2 S. 1, 212 Abs. 2 S. 1 FamFG). Optiert das Jugendamt für seine Beteiligung, ergeben sich keine Unterschiede zur Stellung anderer Beteiligter im familiengerichtlichen Verfahren. Etwas anderes gilt in Verfahren nach §§ 1666, 1666 a BGB. In diesen Verfahren ist das Jugendamt durch das Familiengericht zu beteiligen (§ 162 Abs. 2 S. 1 FamFG). 26

Das Jugendamt hat seine Aufgaben im Rahmen der **datenschutzrechtlichen Vorgaben** zu erfüllen.[5] Gemäß dem Grundsatz der Datenerhebung bei der betroffenen Person ist das Erheben von Daten bei Dritten ohne Einwilligung der Eltern und/oder des Kindes oder Jugendlichen für die Mitwirkung im familiengerichtlichen Verfahren auch dann nicht zulässig, wenn diese eine Zusammenarbeit mit dem Jugendamt verweigern (§ 62 Abs. 2 S. 1 SGB VIII).[6] Eine Datenerhebung bei Dritten kommt primär bei der Wahrnehmung des Schutzauftrags nach § 8 a SGB VIII in Betracht (§ 62 Abs. 3 SGB VIII). 27

Fachkräfte des Jugendamts können etwa für eine Stellungnahme in einem familiengerichtlichen Verfahren Daten bei Lehrern, Erziehern, Ärzten oder Psychotherapeuten des Kindes oder Jugendlichen grundsätzlich nur erheben, wenn eine **Einwilligung** der Eltern oder, bei Einwilligungsfähigkeit des Kindes oder Jugendlichen, durch dieses/n selbst vorliegt. Allein aus der gesetzlichen Verpflichtung zur Mitwirkung im familiengerichtlichen Verfahren ergibt sich keine Befugnis zur Datenerhebung bei jedem Dritten. 28

Wirken die Eltern und/oder das Kind bzw. der Jugendliche bei der Datenerhebung mit, dürfen Daten aus dem Familiensystem – etwa über Geschwister – als Ausnahme vom Grundsatz der Betroffenenerhebung auch bei den Eltern bzw. dem Kind oder Jugendlichen erhoben werden (§ 62 Abs. 4 S. 2 SGB VIII). 29

Ein Übermitteln von zur Unterstützung, Mitwirkung oder Beteiligung erhobener Daten an das Familiengericht ist grundsätzlich zulässig, da das Jugendamt damit seine Aufgaben wahrnimmt (§ 69 Abs. 1 S. 1 Nr. 1 SGB X). Allerdings sind die für jedes Übermitteln von Daten geltenden Beschränkungen zu beachten. So dürfen Daten nach § 64 Abs. 2 SGB VIII nicht übermittelt werden, soweit dadurch der Erfolg einer zu gewährenden oder gewährten Leistung, etwa einer Trennungs- und Scheidungsberatung nach § 17 SGB VIII, gefährdet wird. 30

5 Ausführlich zu den datenschutzrechtlichen Vorgaben *Hoffmann* ZKJ 2020, 45.

6 VGH Kassel 16.9.2014 – 10 A 500/13, NVwZ-RR 2015, 258 Rn. 32 ff.

31 Zudem dürfen Daten, die nicht für die Unterstützung, Mitwirkung oder Beteiligung erhoben wurden, sondern die einer Fachkraft im Rahmen einer persönlichen und erzieherischen Hilfe anvertraut wurden, von dieser Fachkraft ohne Einwilligung der betroffenen Person weder unmittelbar an das Familiengericht übermittelt noch an im Verfahren mitwirkende Fachkräfte weitergeleitet werden (§ 65 Abs. 1 S. 1 Nr. 1 SGB VIII). Eine Einwilligung ist auch erforderlich, wenn ein und dieselbe Fachkraft im Verfahren mitwirkt und Sozialleistungen erbringt (etwa Eltern oder einen Jugendlichen berät) oder bewilligt.

32 Bezogen auf eine Trennungs- und Scheidungsberatung ergibt sich, dass grundsätzlich der Inhalt der Beratung im Rahmen der Mitwirkung nur beim Vorliegen einer Einwilligung der betroffenen Person an das Familiengericht übermittelt werden darf. Ohne Einwilligung kann regelmäßig nur die Tatsache einer Leistung bzw. ihres Angebots übermittelt werden, da diese Daten nicht anvertraut iSd § 65 Abs. 1 S. 1 SGB VIII sind.

7. Schutzauftrag bei Kindeswohlgefährdung

33 Das Jugendamt ist **Garant für das Kindeswohl** (§§ 1 Abs. 2 S. 2, Abs. 3 Nr. 3, 8 a SGB VIII). Werden dem Jugendamt gewichtige Anhaltspunkte für die Gefährdung des Wohles eines Kindes oder Jugendlichen bekannt, so hat es das **Gefährdungsrisiko** unter Einbezug der Personensorgeberechtigten sowie des Kindes oder Jugendlichen **abzuschätzen**, soweit hierdurch der wirksame Schutz des betroffenen Kindes oder Jugendlichen nicht infrage gestellt wird. Kommt das Jugendamt zu dem Ergebnis, dass eine Gefährdung vorliegt, und hält es ein Abwenden der Gefährdung durch das Gewähren von Hilfen für möglich, so hat es diese **Hilfen anzubieten** (§ 8 a Abs. 1 SGB VIII).

34 Das Familiengericht muss vom Jugendamt nur informiert werden, wenn die Personensorgeberechtigten oder die Erziehungsberechtigten nicht bereit oder in der Lage sind, bei der Abschätzung des Gefährdungsrisikos mitzuwirken oder erforderliche Maßnahmen ablehnen. Besteht eine dringende Gefahr und kann eine familiengerichtliche Entscheidung nicht abgewartet werden, ist das Jugendamt berechtigt und verpflichtet, das Kind oder den Jugendlichen vorläufig durch Verwaltungsakt in Obhut zu nehmen (§ 8 a Abs. 2 SGB VIII, → *Inobhutnahme* Rn. 1 ff.).

35 Ergeben sich für Fachkräfte eines **Trägers der freien Jugendhilfe** entsprechende Anhaltspunkte, so treffen die Fachkräfte im Grundsatz die gleichen Pflichten wie das Jugendamt. Eine Verpflichtung zur Information des Jugendamts besteht nur, wenn die durch die Personensorgeberechtigten angenommenen Hilfen nicht ausreichend erscheinen, um die Gefährdung des Kindeswohls abzuwenden (§ 8 a Abs. 4 SGB VIII).

III. Anspruch auf Leistungen der Jugendhilfe

36 Auf einige Leistungen der Jugendhilfe und andere Aufgaben des Jugendamts bestehen Rechtsansprüche, auf andere, insbesondere niederschwellige, allgemein präventive Leistungen wie Angebote der Familienbildung oder der Jugendarbeit nicht. Wer **Inhaber des Anspruchs** ist, variiert entsprechend des Inhalts und der Intention der Leistung. Als Anspruchsinhaber werden etwa das Kind in Bezug auf den Platz in einer Kindertagesstätte (§ 24 Abs. 1 SGB VIII), der Personensorgeberechtigte bei Hilfen zur Erziehung (§ 27 Abs. 1 SGB VIII), Mütter und Väter bei der Trennungs- und Scheidungsberatung (§ 17 Abs. 1 SGB VIII) oder das Kind bei Leistungen der Eingliederungshilfe (§ 35 a Abs. 1 SGB VIII) genannt. Ist Anspruchsberechtigter „der Personensorgeberechtigte“, sind dies bei gemeinsamer elterlicher Sorge beide Elternteile gemeinsam (§ 1629 Abs. 1 BGB).

37 Die Anspruchsberechtigten haben das Recht, zwischen Einrichtungen und Diensten verschiedener Träger zu **wählen** und **Wünsche** hinsichtlich der Gestaltung der Hilfe zu **äußern**. Sie sind auf dieses Recht hinzuweisen (§ 5 Abs. 1 SGB VIII). Ihrer Wahl und ihren Wünschen soll entsprochen werden, sofern dies nicht mit unverhältnismäßigen **Mehrkosten** verbunden ist (§ 5 Abs. 2 S. 1 SGB VIII). Unverhältnismäßig sind die Mehrkosten, wenn sie im Verhältnis zur Bedeutung des Wunsches nicht mehr angemessen sind. Ein rein

rechnerischer Kostenvergleich ist nicht möglich, sondern eine wertende Betrachtungsweise erforderlich.[7] Mehrkosten bis zu 20 % sind grundsätzlich nicht als unverhältnismäßig anzusehen.[8]

Wünscht der Anspruchsberechtigte die Erbringung bestimmter in § 78 a SGB VIII genannter (teil-)stationärer Leistung in einer Einrichtung, mit deren Träger der Träger der öffentlichen Jugendhilfe keine Vereinbarungen nach § 78 b SGB VIII abgeschlossen hat, so soll der Wahl nur entsprochen werden, wenn die Erbringung der Leistung in dieser Einrichtung im Einzelfall oder nach Maßgabe des Hilfeplans geboten ist (§ 5 Abs. 2 S. 2 SGB VIII). 38

Umstritten ist, ob überhaupt bzw. unter welchen Voraussetzungen **Hilfen zur Erziehung**, da sie einen konkreten, individuellen, erzieherischen Bedarf abdecken, **rentengleiche Dauerleistungen** sind. Wird die Bewilligung einer Hilfe zur Erziehung nicht als Dauerverwaltungsakt bewertet, hat dies zur Folge, dass weder § 48 SGB X, der das Aufheben eines Verwaltungsakts mit Dauerwirkung für die Zukunft regelt, noch § 45 Abs. 2, 3 SGB X, der die Rücknahme eines rechtswidrigen begünstigenden Verwaltungsakts für die Zukunft regelt, anzuwenden sind. Ändern sich die Verhältnisse, beispielsweise da ein Jugendlicher nicht mehr zur Zusammenarbeit mit seinem Erziehungsbeistand bereit ist, erledigt sich dann der Verwaltungsakt wegen Wegfalls seiner Voraussetzungen – der Geeignetheit einer Hilfe – nach § 39 Abs. 2 SGB X in anderer Weise, ohne dass es eines Aufhebungsakts bedarf. 39

Mit der neueren Rechtsprechung und Literatur ist anzunehmen, dass als **Dauerleistungen** Leistungen zu bewerten sind, die von einem individuellen, erzieherischen Bedarf unabhängig sind, sowie Leistungen, bei denen ein langfristiger, individueller, erzieherischer bzw. sonstiger Bedarf absehbar ist wie bei der Unterbringung einer Vollwaisen in einer Dauerpflegestelle oder bei einer Eingliederungshilfe nach § 35 a SGB VIII bei bestimmten Krankheitsbildern.[9] Der vorläufige Rechtsschutz gegen die Aufhebung einer solchen Bewilligung richtet sich daher nach § 80 Abs. 5 VwGO. 40

IV. Selbstbeschaffung von Leistungen

Der Träger der öffentlichen Jugendhilfe trägt die Kosten einer Hilfe zur Erziehung oder einer Eingliederungshilfe nach § 35 a SGB VIII grundsätzlich nur dann, wenn sie auf der Grundlage seiner Entscheidung nach Maßgabe des Hilfeplans unter Beachtung des Wunsch- und Wahlrechts erbracht wird (§ 36 a Abs. 1 Hs. 1 SGB VIII). Eine Selbstbeschaffung scheidet auch aus, wenn Eltern durch das Familiengericht oder Jugendliche und junge Volljährige durch den Jugendrichter zur Inanspruchnahme von Hilfen verpflichtet werden (§ 36 a Abs. 1 Hs. 2 SGB VIII). Gegebenenfalls ist vor dem Verwaltungsgericht **auf Leistung zu klagen**. Die Regelungen zur Selbstbeschaffung einer Hilfe zur Erziehung gelten analog für die Selbstbeschaffung eines Platzes in einer Tageseinrichtung oder für die Betreuung durch eine Tagespflegeperson.[10] 41

Ausnahmen gelten für ambulante Hilfen, insbesondere für die Erziehungsberatung. Hier hat der Träger der öffentlichen Jugendhilfe eine unmittelbare, niederschwellige Inanspruchnahme durch den Anspruchsinhaber qua Selbstbeschaffung zuzulassen (§ 36 a Abs. 2 S. 1 SGB VIII). 42

Bezogen auf eine einzelne Leistung ist der Träger der öffentlichen Jugendhilfe trotz Selbstbeschaffung zur Übernahme der erforderlichen Aufwendungen verpflichtet, wenn der Leistungsberechtigte den Träger vor der Selbstbeschaffung über den Hilfebedarf in **Kenntnis** gesetzt hat, die Voraussetzungen für das Gewähren einer Hilfe vorlagen und die Deckung des Bedarfs bis zu einer Entscheidung des Trägers über die Gewährung der Leistung oder bis zu einer Entscheidung über ein Rechtsmittel nach einer zu Unrecht abgelehnten Leistung keinen zeitlichen Aufschub geduldet hat (§ 36 a Abs. 3 SGB VIII).[11] War es dem 43

7 OVG Münster 8.5.2018 – 12 A 1434/16, JAmt 2019, 107.
8 DIJuF JAmt 2017, 237.
9 VG Freiburg 19.2.2019 – 4 K 5705/18, EuG 2019, 475; OVG Münster 12.6.2017 – 12 E 1120/16; DIJuF JAmt 2018, 143.
10 BVerwG 26.10.2017 – 5 C 19/16, JAmt 2018, 279.
11 OVG Münster 16.11.2015 – 12 A 1639/14.

Leistungsberechtigten unmöglich, den Träger rechtzeitig über den Hilfebedarf in Kenntnis zu setzen, so hat er dies unverzüglich nach Wegfall des Hinderungsgrundes nachzuholen.

V. Kostenbeteiligung

44 Leistungen der Jugendhilfe sind teilweise kostenfrei, teilweise ist sich an den Kosten zu beteiligen. Eine pauschalierte Kostenbeteiligung kommt nach § 90 Abs. 1 SGB VIII für die Leistungen der Jugendarbeit (§ 11 SGB VIII), Angebote der allgemeinen Förderung der Erziehung in der Familie (§ 16 Abs. 1, 2 Nr. 1, 3 SGB VIII) und die Förderung von Kindern in Tageseinrichtungen und Kindertagespflege (§§ 22 ff. SGB VIII) in Betracht.

45 Zu **vollstationären** und teilstationären **Leistungen** und bei einer Inobhutnahme ist ein Kostenbeitrag zu erheben (§ 91 SGB VIII). Zu einem Kostenbeitrag können nach § 92 Abs. 1 SGB VIII aus ihrem Einkommen (§ 93 SGB VIII) unter anderem Kinder und Jugendliche – etwa bei Bezug einer Rente oder aus ihrer Ausbildungsvergütung – und ihre Elternteile – auch ein nicht zur Sorge berechtigter Elternteil – herangezogen werden. Die Heranziehung erfolgt durch Erhebung eines Kostenbeitrags, der durch Leistungsbescheid festgesetzt wird (§ 92 Abs. 2 SGB VIII). Von der Heranziehung soll im Einzelfall ganz oder teilweise abgesehen werden, wenn sonst Ziel und Zweck der Leistung gefährdet würden oder sich aus der Heranziehung eine besondere Härte ergäbe (§ 92 Abs. 5 SGB VIII), etwa da der Kostenbeitragspflichtige ganz oder teilweise sozialhilfebedürftig wird.[12] Die Regelung in § 94 Abs. 6 SGB VIII, nach der junge Menschen 75 % ihres Einkommens als Kostenbeitrag einzusetzen haben, ist bezogen auf das Erwerbseinkommen im Hinblick auf das Ziel der Förderung einer eigenverantwortlichen Persönlichkeit seit Jahren umstritten.[13] Der RegE eines Kinder- und Jugendstärkungsgesetz vom 2.12.2020 schlägt vor, die Kostenheranziehung in § 94 Abs. 6 SGB VIII auf höchstens 25% zu verringen.

46 Nach § 94 Abs. 1 SGB VIII sind die Kostenbeitragspflichtigen aus ihrem Einkommen in angemessenem Umfang zu den Kosten heranzuziehen. Der bezogen auf das Einkommen angemessene Umfang der Heranziehung bestimmt sich – mit Ausnahme des Kostenbeitrags des jungen Menschen selbst – nach der **KostenbeitragsVO** (§ 94 Abs. 5 SGB VIII). Bei vollstationären Leistungen ist zumindest ein Beitrag in der Höhe des Kindergeldes zu zahlen (§ 94 Abs. 3 SGB VIII). Der Träger der öffentlichen Jugendhilfe ist berechtigt, das auf das Kind entfallende Kindergeld durch Geltendmachung eines Erstattungsanspruchs nach § 74 Abs. 2 EStG in Anspruch zu nehmen.

47 Soweit die Zahlung des Kostenbeitrags die Leistungsfähigkeit des Unterhaltspflichtigen mindert oder der Bedarf des jungen Menschen durch Leistungen und vorläufige Maßnahmen nach diesem Buch gedeckt ist, ist dies bei der Berechnung des Unterhalts zu berücksichtigen (§ 10 Abs. 2 S. 2 SGB VIII). Der Kostenbeitrag kann dementsprechend nach § 92 Abs. 3 S. 1 SGB VIII ab dem Zeitpunkt erhoben werden, ab dem dem Kostenbeitragspflichtigen die Gewährung der Leistung mitgeteilt und er über die Folgen für seine zivilrechtlichen Unterhaltspflichten aufgeklärt wurde.

VI. Verwaltungsgerichtliche Kontrolle

48 Das Handeln des Jugendamts unterliegt einer Kontrolle durch die **Verwaltungsgerichte** (§ 40 Abs. 1 VwGO). In Abhängigkeit vom Rechtscharakter des Handelns des Jugendamts kommen etwa in Betracht: eine Verpflichtungsklage auf Bewilligen einer Hilfe zur Erziehung, eine allgemeine Leistungsklage auf Beratung und Unterstützung beim Umgang mit dem Kind, eine Klage auf Feststellung, dass die Aufnahme eines Kindes keiner Pflegeerlaubnis bedarf etc. In der Praxis finden sich Klagen Leistungsberechtigter insbesondere bezogen auf die Förderung von Kindern in Tageseinrichtungen und Tagespflege und Leistungen der Eingliederungshilfe für seelisch behinderte Kinder und Jugendliche. Im Übrigen dominieren Klagen auf Erstattung zwischen verschiedenen Trägern der öffentlichen Jugendhilfe bzw. anderen Sozialleistungsträgern.

12 OVG Schleswig 23.10.2018 – 3 LB 30/15.
13 Ausführlich DIJuF JAmt 2018, 327.

Ob vor Klageerhebung bei Nichtbewilligung einer Leistung ein Widerspruchsverfahren durchzuführen ist, ergibt sich aus dem jeweiligen Landesrecht. Anfechtungs- und Verpflichtungsklage sind nach allgemeinen Regeln nur innerhalb eines Monats nach Zustellung des Widerspruchsbescheids bzw. innerhalb eines Monats nach Bekanntgabe des belastenden oder die Leistung ablehnenden Verwaltungsakts zulässig (§ 74 Abs. 1 VwGO). 49

Eine **Klagebefugnis** setzt die substanziierte Behauptung einer Verletzung in eigenen Rechten voraus. An einer Klagebefugnis kann es etwa im Hinblick auf Leistungen fehlen, wenn ein Elternteil nicht (mehr) zur elterlichen Sorge befugt ist. In diesem Fall kann er die Rechtswidrigkeit der Leistung im Rahmen seiner Heranziehung zu den Kosten überprüfen lassen.[14] Pflegeeltern sind nicht klagebefugt, sofern sie nicht zugleich als Pfleger oder Vormund des Kindes zur Personensorge berechtigt sind. 50

Bei seiner Entscheidung über die Hilfeart besitzt das Jugendamt nach der neueren Rechtsprechung einen der gerichtlichen Kontrolle entzogenen Beurteilungsspielraum. Dieser ist in Bezug auf unbestimmte Rechtsbegriffe wie die Geeignetheit einer Hilfe (§ 27 Abs. 1 SGB VIII) nicht verletzt, wenn der Rechtsbegriff nicht generell verkannt und von einem richtigen Sachverhalt ausgegangen wird sowie allgemein gültige Beurteilungsmaßstäbe eingehalten und keine sachfremden Erwägungen eingestellt wurden.[15] Hingegen ist das Vorliegen einer Teilhabebeeinträchtigung iSd § 35 a SGB VIII als unbestimmter Rechtsbegriff voll gerichtlich überprüfbar.[16] Hinsichtlich der Durchführung des verwaltungsgerichtlichen Verfahrens bzw. der Durchführung von Verfahren im vorläufigen Rechtsschutz (§§ 80 ff. VwGO, 123 VwGO) ergeben sich keine Besonderheiten zu anderen verwaltungsgerichtlichen Verfahren. 51

14 OVG Lüneburg 27.8.2018 – 10 LA 7/18, DÖV 2018, 1064; VG Augsburg 21.7.2015 – Au 3 K 14.1550, JAmt 2016, 33.

15 OVG Münster 9.7.2020 – 12 A 2816/17; OVG Schleswig 26.5.2020 – 15 A 289/18, NDV-RD 2020, 94; OVG Bautzen 30.9.2019 – 3 A 581/19, ZKJ 2019, 471.

16 OVG Münster 12.6.2014 – 12 A 659/14.

161. Leistungsfähigkeit

Finke

I. Grundlagen

1. Grundsatz der Verhältnismäßigkeit der Inanspruchnahme des Pflichtigen

1 Die Leistungsfähigkeit des Pflichtigen ist im Unterhaltsrecht neben dem Bedarf und der Bedürftigkeit des Pflichtigen die wesentliche Voraussetzung für das Bestehen eines Unterhaltsanspruchs. Für den Verwandtenunterhalt, der von seiner Bedeutung her in erster Linie den Kindesunterhalt (→ *Kindesunterhalt Minderjähriger* Rn. 15 ff.), daneben aber auch die Unterhaltspflicht gegenüber Eltern und Enkelkindern betrifft, regelt § 1603 BGB die Leistungsfähigkeit. Für den Ehegattenunterhalt enthält § 1581 BGB eine Regelung, die sich auf den nachehelichen Unterhalt bezieht, jedoch mit dem darin zum Ausdruck kommenden Grundsatz der Verhältnismäßigkeit der Inanspruchnahme des Pflichtigen auch auf den Trennungsunterhalt nach § 1361 BGB (→ *Trennungsunterhalt* Rn. 38) anzuwenden ist.[1] Beim Ehegattenunterhalt sowie beim Unterhaltsanspruch nach § 1615 l Abs. 2 BGB wird der Grundsatz der Verhältnismäßigkeit weiter als sog. **Halbteilungsgrundsatz** dahin konkretisiert, dass dem Pflichtigen in keinem Fall weniger Einkommen verbleiben darf als dem Berechtigten.[2] Verzichtet der Pflichtige mit der Erklärung, er sei unbegrenzt leistungsfähig, auf den Einwand seiner Leistungsunfähigkeit, so bedarf es hierzu keiner weiteren Feststellungen.[3] Soweit er in anderen Fällen seine eingeschränkte oder fehlende Leistungsfähigkeit geltend macht, ist er hierfür darlegungs- und beweispflichtig.

2. Selbstbehalte

2 Die **Grenze der Unterhaltspflicht** ist danach spätestens dann erreicht, soweit dem Pflichtigen nicht mehr die zur Deckung seines eigenen angemessenen, billigen oder notwendigen Lebensunterhalts erforderlichen Mittel verbleiben. Die Differenzierung bei der Höhe des dem jeweiligen Unterhaltsschuldner zu belassenden Selbstbehalts (→ *Mangelfall und Selbstbehalt* Rn. 1 ff.) beruht darauf, dass die Anforderungen an die Einschränkungen, die der Pflichtige für einen gegen ihn gerichteten Unterhaltsanspruch hinnehmen muss, nach der Art des Unterhaltsanspruchs unterschiedlich hoch sind. Lediglich gegenüber dem Anspruch von minderjährigen oder diesen gleichgestellten Kindern muss sich der Pflichtige in seiner Lebensführung maximal bis zur Grenze des notwendigen **Selbstbehalts** einschränken (§ 1603 Abs. 2 BGB). Liegen diese Voraussetzungen nicht vor, so setzt die Grenze der Inanspruchnahme schon oberhalb des Existenzminimums ein. Dem Pflichtigen muss dann zumindest der **angemessene Selbstbehalt** oder

1 BVerfG 25.6.2002 – 1 BvR 2144/01, NJW 2002, 2701.

2 BGH 15.3.2006 – XII ZR 30/04, NJW 2006, 1654 gegenüber dem Ehegatten; 15.12.2004 – XII ZR 121/03, NJW 2005, 818 gegenüber der Mutter eines nichtehelichen Kindes.

3 BGH 15.11.2017 – XII ZB 503/16, NJW 2018, 468.

beim Ehegattenunterhalt der (zwischen dem angemessenen und notwendigen Selbstbehalt liegende) **billige Selbstbehalt**[4] verbleiben.

Für die verschiedenen Selbstbehalte des Pflichtigen sind für die Unterhaltspraxis in der Düsseldorfer Tabelle[5] und den Leitlinien der Oberlandesgerichte (jeweils unter Nr. 21) **Pauschalbeträge** vorgesehen. Zur Struktur des notwendigen Selbstbehalts, dh der bei seiner Bestimmung berücksichtigten Bedarfsbeträge und des Verhältnisses zum sozialhilferechtlichen Existenzminimums, vgl. *Niepmann* FamRZ 2015, 17. 3

Übersicht über die Selbstbehalte (2021):

notwendiger SB	
– bei Erwerbstätigkeit:	1.160 EUR,
– ohne Erwerbstätigkeit:	960 EUR;
billiger SB gegenüber getrennter oder geschiedener Ehefrau:	1.280 EUR;
– teilweise bei Nichterwerbstätigkeit	1.180 EUR;
angemessener SB gegenüber volljährigem Kind:	1.400 EUR;
angemessener SB gegenüber Eltern:	2.000 EUR.

Die vorstehenden Selbstbehalte sind bisher vom Bundesgerichtshof in ständiger Rechtsprechung nicht beanstandet worden. Im **Regelfall** kann daher hierauf abgestellt werden. Es ist jedoch bei entsprechendem Sachvortrag der Beteiligten immer zu prüfen, ob **im Einzelfall abweichende Beträge** anzusetzen sind. Es ist nämlich möglich, dass der rechnerisch nicht unterschrittene Pauschalbetrag nicht ausreicht, das Existenzminimum zu gewährleisten, wenn der konkrete Mindestbedarf aufgrund besonderer Umstände höher ist. Dies kann beispielsweise der Fall sein bei unvermeidbar höheren Wohnkosten als in dem Pauschalbetrag enthalten, aber auch bei anzuerkennenden zusätzlichen Belastungen, die nicht aus dem Existenzminimum bestritten werden können, wie zB bei erheblichen Umgangskosten (→ Rn. 24). 4

Unabhängig von besonderen Belastungen des Pflichtigen kann eine Erhöhung des Selbstbehalts auch aus sonstigen Gründen der Billigkeit entsprechen. Es handelt sich bei den vorstehend aufgeführten Pauschalbeträgen um die Untergrenze, die jedenfalls dann, wenn es nicht um den Mindestunterhalt von Kindern geht, keineswegs regelmäßig zugrunde gelegt werden muss. Das **Erfordernis eines variablen Selbstbehalts**[6] ergibt sich für den **Ehegattenunterhalt** aus § 1581 BGB, nach dem im Rahmen einer Billigkeitsabwägung eine Grenze der Inanspruchnahme des Pflichtigen zwischen seinem konkreten angemessenen Bedarf (1/2 oder 4/7 bzw. 11/20 des für ihn und den getrennten oder geschiedenen Ehegatten zur Verfügung stehenden Einkommens) und dem pauschalen Selbstbehalt zu bestimmen ist.[7] Mit der Einbeziehung von Elementen der Leistungsfähigkeit in die Bedarfsfeststellung hat der Bundesgerichtshof diese von ihm selbst vorher auch nicht konsequent verfolgte Linie aufgegeben mit der Begründung, dass es einer zusätzlichen Grenze der Leistungsfähigkeit nicht mehr bedürfe.[8] Nachdem dies vom Bundesverfassungsgericht beanstandet worden ist,[9] kann hieran nicht mehr festgehalten werden. Es ist vielmehr nach Billigkeitsgrundsätzen ein individueller Selbstbehalt zu ermitteln. Beim **Elternunterhalt** bestimmt der pauschale Selbstbehalt ebenfalls nur die Untergrenze der Inanspruchnahme, während diesem Betrag das darüber hinausgehende Einkommen zur Hälfte hinzugerechnet wird, woraus sich der für den Pflichtigen maßgebliche **individuelle Selbstbehalt** ergibt (→ *Elternunterhalt* Rn. 51 ff.). 5

Da das unterhaltsrechtliche Existenzminimum eines Erwerbstätigen mit 1.160 EUR (ab 2020) bei Warmmietkosten von 430 EUR[10] nur 25 EUR[11] über dem sozialhilferechtlichen Existenzminimum bei gleichen 6

---

4 BGH 19.11.2008 – XII ZR 51/08, NJW 2009, 675.
5 Anmerkungen A. 5, B. IV, D I u. 2.
6 NK-BGB/*Schürmann* § 1581 Rn. 53.
7 BGH 18.10.1989 – IVb ZR 89/88, NJW 1990, 1172.
8 BGH 15.3.2006 – XII ZR 30/04, NJW 2006,1654.
9 BVerfG 25.6.2002 – 1 BvR 2144/01, NJW 2002, 2701.
10 Düsseldorfer Tabelle A5.
11 S. *Schürmann* FamRB 2020, 33.

angemessenen Wohnkosten sowie bis zu 200 EUR freiem Einkommen bei Erwerbstätigkeit (§ 11 b Abs. 2 SGB II) und einem Regelsatz von 432 EUR (2020) liegt, verbleibt zur **Deckung unvermeidbarer erhöhter oder zusätzlicher Ausgaben aus dem Selbstbehalt** – wenn überhaupt – **nur ein äußerst geringer finanzieller Spielraum**. Dabei ist zu beachten, dass die Einhaltung eines **Abstandes des notwendigen Selbstbehalts zum sozialhilferechtlichen Existenzminimum** geboten ist, da dem Empfänger von Sozialleistungen in der Regel für seinen Lebensunterhalt zusätzlich noch finanzielle Vorteile durch Befreiungen bzw. Vergünstigungen bei den Kosten für den Zugang zu öffentlichen und teilweise auch privaten Einrichtungen (zB Verkehrsbetriebe, Freibäder, Museen und Sportvereine) zukommen, die der Erwerbstätige, der mit dem ihm für seinen Lebensunterhalt verbleibenden Einkommen nur geringfügig über dem sozialhilferechtlichen Existenzminimum liegt, nicht erhält.

7 Sind Verbindlichkeiten oder erhöhte Aufwendungen zur Deckung des Lebensunterhalts des Pflichtigen unvermeidbar, so sind sie bei der Beurteilung der Leistungsfähigkeit unabhängig davon, ob sie beim Bedarf Berücksichtigung gefunden haben, von seinem Einkommen abzuziehen, wenn ansonsten sein Existenzminimum gefährdet würde. Das gleiche Ergebnis wird erreicht durch eine entsprechende **Erhöhung des Selbstbehalts** des Pflichtigen. Eine solche Änderung des Selbstbehalts ist auch dann geboten, wenn in dem dem Pflichtigen zur Verfügung stehenden Einkommen neben Barmitteln auch Nutzungsvorteile (zB Wohnwert, Firmenwagen) enthalten sind, die zwar mit ihrem objektiven Wert zutreffend bemessen sind, jedoch in einem Missverhältnis zu den für die sonstigen Lebenshaltungskosten zur Verfügung stehenden Mitteln stehen. Dies ist zB der Fall, wenn im notwendigen Selbstbehalt von derzeit 1.160 EUR ein Wohnwert von 700 EUR[12] oder ein gleichhoher geldwerter Vorteil für die Nutzung eines Firmenwagens enthalten ist.[13]

8 Da die in den Leitlinien der Oberlandesgerichte angegebenen Selbstbehalte von einem Pflichtigen ausgehen, der einen eigenen Haushalt führt und nicht mit einem finanziell leistungsfähigen Partner zusammenlebt, können die **Selbstbehalte herabgesetzt** werden, wenn dies nicht der Fall ist. Mit Rücksicht auf die sog. **Synergieeffekte des Zusammenlebens** (Telefon, Zeitung, Rundfunkbeitrag) sowie evtl. Ersparnisse bei den Wohnkosten kann in Anlehnung an die Regelung in § 20 Abs. 3 SGB II eine Herabsetzung des Selbstbehalts um 10 % vorgenommen werden.[14] Grenze der Herabsetzung ist das sozialhilferechtliche Existenzminimum in Höhe von 90 % des Regelsatzes zzgl. der Hälfte der angemessenen Wohnaufwendungen.[15] Eine Herabsetzung des Selbstbehalts setzt in jedem Fall voraus, dass der Partner, mit dem der Pflichtige zusammenlebt, in der Lage ist, seinen Anteil an den Lebenshaltungskosten zu tragen. Als Partner des Pflichtigen beim gemeinsamen Wirtschaften in einem Haushalt kommen nicht nur Lebenspartner, sondern auch andere Personen, wie zB volljährige Kinder mit eigenem Einkommen, in Betracht.[16]

Wird der Bedarf des Pflichtigen teilweise durch den Beitrag seines Ehegatten zum **Familienunterhalt** nach §§ 1360, 1360 a BGB gedeckt, so kann der Selbstbehalt teilweise oder sogar vollständig entfallen. Jedoch ist zu berücksichtigen, dass es sich bei dem Anspruch auf Familienunterhalt nicht um einen Zahlungsanspruch gegen den Ehegatten handelt und deshalb der Unterhaltsanspruch des Dritten gegen den Pflichtigen maximal auf das diesem tatsächlich zur Verfügung stehende eigene Einkommen beschränkt ist.[17] Leistet der Pflichtige dagegen **Unterhalt für seinen vorrangigen Ehegatten**, so ist diese Belastung bei seiner Unterhaltspflicht gegenüber seinem volljährigen Kind oder seinen Eltern mit einem Betrag in Höhe seines eigenen Selbstbehalts leistungsmindernd zu berücksichtigen, wobei im Fall des Zusammenlebens der Ehegatten die Synergieeffekte mit 10 % des Gesamtbetrags beider Selbstbehalte als Ersparnis

12 BVerfG 25.6.2002 – 1 BvR 2144/01, NJW 2002, 2701; *Hammer* LL Nr. 21.5.

13 BVerfG 20.8.2001 – 1 BvR 1509/97, NJW-RR 2002, 73; BGH 19.3.2003 – XII ZR 123/00, NJW 2003, 2306 für den Elternunterhalt; *Hammer* LL Nr. 21.5.

14 BGH 9.1.2008 – XII ZR 170/05, NJW 2008, 1373; vgl. auch Nr. 21.5 der Leitlinien der Oberlandesgerichte, wo überwiegend Empfehlungen zu dieser Konstellation gegeben werden.

15 BGH 9.1.2008 – XII ZR 170/05, NJW 2008, 1373.

16 OLG Hamm 9.6.2011 – 6 UF 47/11, NJW 2011, 3310.

17 BGH 11.2.2015 – XII ZB 181/14, NJW 2015, 1178; zur Bedeutung des Anspruchs des Pflichtigen auf Familienunterhalt für Bedarf und Leistungsfähigkeit s. *Finke* FF 2018, 90 ff. mit Berechnungsbeispielen.

abzusetzen sind.[18] Auf einen solchen **Familienselbstbehalt** kann sich der Pflichtige, der mit einem Partner nichtehelich zusammenlebt, nicht berufen.[19]

Dagegen rechtfertigt der Umstand, dass der Pflichtige **geringere Wohnkosten** hat, als sie im Selbstbehalt berücksichtigt werden, nicht die Herabsetzung.[20] Dies folgt daraus, dass es dem Pflichtigen überlassen bleiben muss, wie er seine ohnehin äußerst knappen Mittel einsetzt. Beruhen die geringeren Wohnkosten jedoch nicht auf einer freiwilligen Einschränkung des Pflichtigen, so kann es gerechtfertigt sein, den Selbstbehalt zu kürzen.[21] 9

Soweit die pauschalen Selbstbehalte nach **Erwerbstätigkeit** oder **Nichterwerbstätigkeit** des Pflichtigen differenzieren, beruht dies neben dem Erwerbsanreiz auch auf der Überlegung, dass dem Nichterwerbstätigen mehr Zeit und Möglichkeiten zur Verfügung stehen, die Lebenshaltungskosten durch eine sparsame Haushaltsführung zu mindern. Erzielt der Pflichtige sein Einkommen nur zum Teil aus einer Erwerbstätigkeit, so kommt ein Zwischenwert in Betracht.[22] Beim notwendigen Selbstbehalt ist ein um 180 EUR höherer Betrag für den Erwerbstätigen bereits deshalb zwingend geboten, weil beim sozialrechtlichen Existenzminimum ein Erwerbseinkommen bis zu diesem Betrag anrechnungsfrei bleibt (§ 11 Abs. 2 Nr. 6 SGB II, § 30 SGB II) und bei Nichteinhaltung dieses Abstandes beim unterhaltsrechtlichen Existenzminimum die Möglichkeit bestünde, dass dem Pflichtigen weniger als das sozialrechtliche Existenzminimum eines Erwerbstätigen verbleiben würde (→ Rn. 4). Für den billigen Selbstbehalt des Pflichtigen beim Ehegattenunterhalt, der über dem unterhaltsrechtlichen Existenzminimum liegt, besteht in der Rechtsprechung keine einheitliche Handhabung hinsichtlich der Differenzierung nach Erwerbstätigkeit und Nichterwerbstätigkeit (→ *Nachehelicher Unterhalt* Rn. 15). 10

3. Mangelfall und Rangfolge

Ist es dem Pflichtigen unter Beachtung des ihm zustehenden individuellen Selbstbehalts oder sogar des noch darunter liegenden pauschalen Selbstbehalts nicht möglich, den Unterhaltsanspruch vollständig zu erfüllen, so liegt ein Mangelfall vor. Kann er bei mehreren Berechtigten nur die Ansprüche der vorrangig Berechtigten befriedigen und die Ansprüche der sonstigen Berechtigten nur teilweise oder gar nicht, so besteht ein **relativer Mangelfall**, während ein **absoluter Mangelfall** vorliegt, wenn bereits die vollständige Erfüllung der vorrangigen Ansprüche an der mangelnden Leistungsfähigkeit scheitert. Die Düsseldorfer Tabelle (Anmerkung C) sowie zahlreiche Leitlinien der Oberlandesgerichte enthalten Beispiele für Mangelfallberechnungen.[23] 11

Bei der Aufteilung des den Selbstbehalt übersteigenden Einkommens des Pflichtigen unter mehreren Berechtigten kommt der **Rangfolge** der Unterhaltsansprüche nach § 1609 BGB (→ *Mangelfall und Selbstbehalt* Rn. 9 ff.) eine maßgebliche Bedeutung zu. Der Rechtsprechung des Bundesgerichtshofs, die beim Ehegattenunterhalt den Mangelfall und die Rangfolge der Ansprüche bereits beim Bedarf berücksichtigen und damit die vom Gesetz vorgesehene Differenzierung zwischen Bedarf und Leistungsfähigkeit aufgeben wollte,[24] hat das Bundesverfassungsgericht eine Absage erteilt, weil eine solche Bestimmung des nachehelichen Bedarfs nicht mit § 1578 BGB vereinbar sei.[25] Neben der Rangfolge ist im Mangelfall zu beachten, dass auch bei einem Gleichrang der Berechtigten unterschiedliche Selbstbehalte gelten und unterschiedlich hohe Einkünfte des Pflichtigen zugrunde zu legen sein können (→ Rn. 13). 12

---

18 Düss.-Tab. Anm. B VI 2 sowie LL der OLG Nr. 22.2 u. 22.3.

19 BGH 9.3.2016 – XII ZB 693/14, NJW 2016, 1511.

20 BGH 23.8.2006 – XII ZR 26/04, NJW 2006, 3561.

21 OLG Brandenburg 23.12.2010 – 9 UF 79/10, FamRZ 2011, 31; OLG München 29.9.2010 – 33 WF 1567/10, FamRZ 2011, 386; OLG Hamm 28.4.2009 – 13 UF 2/09, NJW 2009, 3446.

22 BGH 19.11.2008 – XII ZR 51/08, NJW 2009, 675.

23 ZB *Süddeutsche* LL Anhang 3; *Hammer* LL Anhang III 2.

24 BGH 15.3.2006 – XII ZR 30/04, NJW 2006, 1654.

25 BVerfG 25.1.2011 – 1 BvR 918/10, NJW 2011, 836.

II. Einzusetzendes Einkommen

13 Der Pflichtige hat grundsätzlich sein gesamtes Einkommen einzusetzen. Fraglich kann im Einzelfall sein, ob und in welchem Umfang

- Einkünfte aus einer überobligationsmäßigen Erwerbstätigkeit,
- Einkommensbestandteile, die für bestimmte Zwecke gewährt werden, die außerhalb des Unterhaltsrechtsverhältnisses liegen,
- Verbindlichkeiten und
- Einkünfte, die auf einer besonderen beruflichen Entwicklung im Sinne eines sog. Karrieresprungs beruhen,

als das Einkommen erhöhende oder mindernde Bestandteile berücksichtigt werden. Dies kann nicht für alle Unterhaltsansprüche in gleicher Weise beantwortet werden, da die Anforderungen an den Unterhaltspflichtigen durch das Gesetz und die Rechtsprechung unterschiedlich ausgestaltet sind. Dies kann dazu führen, dass neben unterschiedlichen Selbstbehalten auch auf **unterschiedlich hohe Einkünfte des Pflichtigen gegenüber verschiedenen Berechtigten** abzustellen ist, wenn er Unterhaltsansprüche von mehreren Berechtigten zu befriedigen hat. Im Mangelfall sind dann ggf. **mehrstufige Mangelverteilungen** (auf der Grundlage unterschiedlich hoher Einkünfte des Pflichtigen gegenüber dem jeweiligen Unterhaltsberechtigten) vorzunehmen. Zum **Einsatz des Taschengeldes** eines Pflichtigen, dessen eigener Unterhaltsbedarf durch seinen Ehegatten sichergestellt wird, vgl. BGH 12.12.2012 – XII ZR 43/11, FamRZ 2013, 363.

1. Überobligationsmäßig erzieltes Einkommen

14 Der Grundsatz, dass Einkünfte des Pflichtigen, die aus einer über den gebotenen Einsatz der Arbeitskraft hinausgehenden Tätigkeit erzielt werden, nur nach Billigkeitsgesichtspunkten zur Deckung der Ansprüche von Unterhaltsgläubigern verwendet werden müssen, hat im Gesetz unmittelbar keinen Ausdruck gefunden. Er wird jedoch als **allgemeiner Rechtsgedanke** aus der für die Berücksichtigung von Erwerbseinkünften des Berechtigten in **§ 1577 Abs. 2 BGB** enthaltenen Regelung hergeleitet und nach § 242 BGB auch auf den Pflichtigen angewendet.[26] Er gilt über den Ehegattenunterhalt hinaus auch für andere Unterhaltsverpflichtungen, wobei für die Schwelle der Unzumutbarkeit nach der unterschiedlichen Bedeutung der Unterhaltsansprüche zu differenzieren ist.

15 Eine Überobligationsmäßigkeit der Erwerbstätigkeit liegt vor, wenn sie **unzumutbar** ist mit der Konsequenz, dass sie jederzeit aufgegeben werden kann. Die Unzumutbarkeit kann zB beruhen auf

- der **Betreuung von minderjährigen Kindern neben der Erwerbstätigkeit**, wobei hinsichtlich der Zumutbarkeit die gleichen Anforderungen gelten müssen wie im Rahmen des § 1570 BGB bzw. des § 1615 l Abs. 2 BGB;
- der Leistung von **Überstunden** oder einer **Nebentätigkeit** neben einer vollschichtigen Haupttätigkeit, die im Umfang nicht mehr berufstypisch bzw. nicht von geringem Umfang sind; dabei sind die Umstände des Einzelfalles (Höhe der Einkünfte, Schulden sowie Bedeutung der jeweiligen Unterhaltspflicht) von maßgeblicher Bedeutung;[27] bei Ausübung dieser Tätigkeiten ohne eine bestehende Notlage kann hierin ein Indiz für ihre Zumutbarkeit gesehen werden.[28] Diese Grundsätze gelten auch für die Berücksichtigung von Vergütungen aufgrund des Verzichts auf Urlaub;[29]
- einer **Erwerbstätigkeit nach Erreichen der Regelaltersgrenze** in der gesetzlichen Rentenversicherung, und zwar auch bei Selbstständigen. Dabei kann eine ungenügende Altersvorsorge ein wichtiges Kriterium für die Beurteilung der Unzumutbarkeit der weiteren Erwerbstätigkeit sein.[30]

---

26 BGH 12.1.2011 – XII ZR 83/08, NJW 2011, 670.
27 BGH 25.6.1980 – IVb ZR 530/80, NJW 1980, 2251.
28 BGH 16.1.1985 – IVb ZR 60/83, NJW 1985, 907.
29 BGH 8.7.1992 – XII ZR 127/91, NJW-RR 1992, 1282.
30 BGH 12.1.2011 – XII ZR 83/08, NJW 2011, 670.

2. Familienzuschläge zum Einkommen sowie ehebezogene steuerliche Vorteile

Die **familien- bzw. ehebezogenen Einkommensbestandteile** aufgrund von Familienzuschlägen im öffentlichen Dienst oder von steuerlichen Vorteilen aus dem sog. **Ehegattensplitting** sollen grundsätzlich der Familie bzw. der Ehe erhalten bleiben, für die sie bestimmt sind.[31] Im Rahmen der Dreiteilung der Gesamteinkünfte beim Ehegattenunterhalt bei zwei unterhaltsberechtigten Ehegatten hatte der Bundesgerichtshof diese Rechtsprechung aufgegeben.[32] Da er die verfassungsrechtlichen Bedenken gegen die Dreiteilung[33] auf die Bedarfsbestimmung beschränkt sieht, hält er die Dreiteilung auf der Ebene der Leistungsfähigkeit weiterhin für eine § 1581 BGB entsprechende Lösungsmethode,[34] so dass weiterhin sämtliche Einkünfte – also einschließlich Splittingvorteil, Familienzuschlägen und Erhöhungen, die auf einem Karrieresprung beruhen – in die Mangelverteilung einzubeziehen sind. 16

Der aus einer neuen Ehe herrührende Splittingvorteil des Pflichtigen soll seinen Kindern aus erster Ehe auch dann uneingeschränkt beim Unterhalt zugutekommen, wenn für den in der neuen Ehe den Haushalt führenden und Kinder betreuenden Ehegatten wegen seines unterhaltsrechtlichen Nachrangs gegenüber den gemeinsamen und nicht gemeinsamen Kindern des allein erwerbstätigen Ehegatten kein Einkommen zur Deckung seines Anspruchs auf (Familien-)Unterhalt verbleibt.[35] Die auch nur teilweise **Reservierung des Splittingvorteils im Mangelfall für den nichterwerbstätigen Ehegatten** wird abgelehnt. Die hierfür gegebene Begründung, dass mit dem in § 1609 Nr. 1 BGB vorgesehenen absoluten Vorrang des Kindesunterhalts dessen Deckung im Vordergrund stehe und eine Korrektur zugunsten des Ehegatten des Pflichtigen nicht zulasse, überzeugt nicht, da der Splittingvorteil allein auf der neuen Ehe (insbesondere durch die Zurechnung des doppelten steuerlichen Grundfreibetrages, dh auch des Existenzminimums des nicht erwerbstätigen Ehegatten, zugunsten des erwerbstätigen Ehegatten) und nicht auf der steuerlichen Entlastung wegen Unterhaltsverpflichtungen gegenüber Kindern beruht. 17

3. Sachbezüge und geldwerte Vorteile

Eine vom Arbeitgeber in Form von Sachbezug (**Firmenwagen** zur privaten Nutzung, **Personalrabatt**, verbilligte **Firmenwohnung** und -verpflegung) erbrachte Vergütung ist mit dem Wert der ersparten Aufwendungen (ggf. auch über den hierfür steuerlich angesetzten pauschalen Betrag hinaus, keinesfalls darunter) dem Einkommen hinzuzurechnen bzw. in dem ermittelten Nettoeinkommen zu belassen, wenn der hierfür angesetzte Betrag nicht zu beanstanden ist. Dabei ist im Mangelfall zu beachten, dass dem Pflichtigen neben dem zugerechneten Sachbezug so viele Mittel zur Verfügung stehen, dass er hiermit seinen übrigen Lebensbedarf in Höhe des Existenzminimums bzw. des ihm zu belassenden sonstigen Selbstbehalts zu decken vermag (→ Rn. 1 mit Rechtsprechungsnachweisen). Die vorstehenden Ausführungen gelten in gleicher Weise für geldwerte Vorteile aufgrund der kostenfreien oder kostengünstigen Nutzung (**mietfreies Wohnen** in der eigenen Immobilie, → *Wohnwert* Rn. 1 ff., private **Nutzung eines Firmenwagens durch einen Selbstständigen**). Soweit hierfür in der Gewinn- und Verlustrechnung ein Betrag als Privatentnahme verbucht worden ist, ist dieser auf den Nutzungsvorteil anzurechnen, soweit er den Gewinnanteil des Pflichtigen aus dem Unternehmen oder Geschäft erhöht hat. 18

4. Einkünfte aufgrund von Steuerersparnissen, die auf Aufwendungen beruhen, die unterhaltsrechtlich nicht berücksichtigt worden sind

Sind Verbindlichkeiten des Pflichtigen nicht einkommensmindernd berücksichtigt worden, so ist es nicht gerechtfertigt, die hierauf beruhenden **steuerlichen Vorteile** (für Abschreibungen und/oder Darlehenszinsen) oder sonstigen Vorteile (zB Einnahmen aus einer Immobilie) bei der Leistungsfähigkeit dem 19

---

31 BVerfG 7.10.2003 – 1 BvR 246/93, NJW 2003, 3466; BGH 11.5.2005 – XII ZR 211/02, NJW 2005, 3277 für den Splittingvorteil; 28.7.2007 – XII ZR 37/07, NJW 2007, 1961 für Familienzuschläge nach § 40 BBesG.

32 BGH 30.7.2008 – XII ZR 177/06, NJW 2008, 3213.

33 BVerfG 25.1.2011 – 1 BvR 918/10, NJW 2011, 836.

34 BGH 7.12.2011 – XII ZR 151/09, NJW 2012, 384.

35 BGH 2.6.2010 – XII ZR 160/08, NJW 2010, 2515; krit. Anm. *Schürmann* FamRZ 2010, 1322; *Bosch* FF 2010, 417.

Einkommen zuzurechnen.[36] Es handelt sich um **Ausnahmen von dem sog. „In-Prinzip"**,[37] wonach unterhaltsrechtlich grundsätzlich auf die in dem jeweiligen Veranlagungszeitraum tatsächlich entrichteten Steuern (Vorauszahlungen für das laufende Steuerjahr sowie evtl. Nachzahlungen und Erstattungen für andere Veranlagungszeiträume) und nicht auf die für diesen Zeitraum zu zahlenden Steuern abzustellen ist („Für-Prinzip").

20 Eine Sonderstellung nehmen auch Einkünfte ein, die aus Steuervorteilen für Ausgaben herrühren, die erst später getätigt werden sollen. Es handelt sich um sog. **Ansparabschreibungen** bzw. seit 2009 um sog. **Investitionsabzugsbeträge** nach § 7 g EStG, mit denen an sich erst nach Vornahme der Investition mögliche Abschreibungen vorgezogen werden können, um dem Unternehmen damit die nötige Liquidität für die betriebliche Investition zu verschaffen. Auch hier ist es nicht gerechtfertigt, den steuerlichen Vorteil in die unterhaltsrechtliche Leistungsfähigkeit einzubeziehen, soweit nicht auch die steuerliche Mehrbelastung nach der getätigten Investition (§ 7 g Abs. 2, 3 EStG) bzw. deren Unterlassen (§ 7 g Abs. 4 EStG) in dem für die Berechnung der Leistungsfähigkeit maßgeblichen Zeitraum Berücksichtigung findet;[38] in der Regel ist die Leistungsfähigkeit für jedes abgelaufene Kalenderjahr gesondert festzustellen.[39]

5. Fiktive Einkünfte

21 Auch fiktive Einkünfte sind bei der Leistungsfähigkeit zu berücksichtigen, wenn der Pflichtige gegen seine Erwerbsobliegenheit verstößt, da er keiner bzw. keiner ausreichenden Erwerbstätigkeit nachgeht (→ *Fiktive Einkünfte* Rn. 1 ff.). Die Frage der Verpflichtung zu einer Nebenbeschäftigung zusätzlich zu einer vollschichtigen Erwerbstätigkeit stellt sich ausschließlich bei der Leistungsfähigkeit hinsichtlich des Mindestkindesunterhalts (→ *Mindestunterhalt* Rn. 1 ff.), da nur dort eine gesteigerte Unterhaltsverpflichtung besteht, die Voraussetzung für eine solche besondere Anforderung an den Pflichtigen ist (→ Rn. 41). Werden fiktive Einkünfte zugerechnet, so ist bei den Verbindlichkeiten des Pflichtigen ein fiktiver Schuldendienst zu berücksichtigen, wenn davon auszugehen ist, dass die Raten gezahlt worden wären, wenn das zugerechnete Einkommen zur Verfügung gestanden hätte.[40] Anhaltspunkt hierfür ist das Verhalten des Pflichtigen während des früheren Bezugs von Einkommen.

6. Verbindlichkeiten

22 § 1603 Abs. 1 BGB sowie § 1581 S. 1 BGB verlangen ausdrücklich die Berücksichtigung der **sonstigen Verpflichtungen** des Unterhaltsschuldners (→ *Verbindlichkeiten im Unterhalt* Rn. 1 ff.) bei der Feststellung, ob der angemessene Unterhalt des Unterhaltsschuldners gefährdet und damit seine Leistungsfähigkeit beeinträchtigt ist, wenn der Unterhaltsbedarf des Berechtigten von ihm gedeckt wird. Ob und ggf. in welchem Umfang Verbindlichkeiten **berücksichtigungsfähig** sind, kann nicht generell, sondern nur in einer auf den Einzelfall bezogenen Gesamtabwägung bestimmt werden. Der Umstand, dass eine Verbindlichkeit bereits bei der Bedarfsfeststellung keine Berücksichtigung gefunden hat, spricht zwar dafür, dies auch im Rahmen der Leistungsfähigkeit so zu handhaben. Eine solche Verfahrensweise ist jedoch keineswegs zwingend, da andernfalls ein wesentlicher Aspekt der Bedeutung der Leistungsfähigkeit beim Unterhalt verloren gehen würde.

23 Bei der im Einzelfall bei der Frage der Berücksichtigungsfähigkeit einer Verbindlichkeit vorzunehmenden Gesamtabwägung[41] ist vor allem der **Zweck der Verbindlichkeit** von Bedeutung. War die Eingehung der Verbindlichkeit unumgänglich oder ist sie zumindest dem Pflichtigen im Hinblick auf die konkrete Unterhaltspflicht **nicht vorwerfbar**, so spricht dies grundsätzlich für ihre Berücksichtigung mit der Folge, dass

---

36 BGH 1.10.1986 – IVb ZR 68/85, NJW-RR 1987, 194 für Bauherrenmodell; BGH 1.12.2004 – XII ZR 75/02, NJW 2005, 2077 bei Nichtberücksichtigung von Kosten für den Erwerb einer Immobilie wegen der vom Berechtigten nicht hinzunehmenden damit verbundenen Vermögensbildung.

37 Zur Einschränkung vgl. BGH 21.9.2011 – XII ZR 121/09, NJW 2011, 3577.

38 BGH 2.6.2004 – XII ZR 217/01, NJW-RR 2004, 1227.

39 BGH 4.7.2007 – XII ZR 141/05, FamRZ 2007, 1532; *Hammer* LL Nr. 1.5.

40 *Hammer* LL Nr. 10.4.

41 BGH 9.5.1984 – IVb ZR 74/82, NJW 1984, 2351; s. außerdem Nr. 10.4 der Leitlinien der Oberlandesgerichte.

eine eingeschränkte oder sogar vollständig fehlende Leistungsfähigkeit in Betracht kommt. Der Umfang der Beschränkung der Leistungsfähigkeit hängt von einer Abwägung der Umstände des Einzelfalles ab. Dabei sind folgende **Kriterien** von maßgeblicher Bedeutung:

- **Bedeutung des Unterhaltsanspruchs**. Das Gesetz misst den verschiedenen Unterhaltsansprüchen durch ihre Ausgestaltung – insbesondere ihren Rang gegenüber anderen Unterhaltsansprüchen (§ 1609 BGB) – einen unterschiedlichen Stellenwert in dem System der Unterhaltsansprüche zu. Die höchsten Anforderungen an den Pflichtigen werden beim Unterhalt minderjähriger Kinder (§ 1603 Abs. 2 S. 1 BGB) oder ihnen gleichgestellten privilegierten volljährigen Kindern (§ 1603 Abs. 2 S. 2 BGB) gestellt, da zur Sicherstellung des Mindestbedarfs (→ *Mindestbedarf* Rn. 1 ff.) eine Inanspruchnahme nicht nur bis zur Grenze des eigenen angemessenen Unterhaltsbedarfs des Pflichtigen, sondern sogar bis zum unterhaltsrechtlichen Existenzminimum, dem notwendigen Selbstbehalt möglich ist (**gesteigerte Unterhaltspflicht**). Der niedrigste Stellenwert kommt insoweit dem Elternunterhalt zu, bei welchem dem Pflichtigen nicht nur der höchste Selbstbehalt belassen wird, sondern auch in größerem Umfang die Tilgung von Schulden zulasten des Unterhaltsanspruchs berücksichtigt werden kann.[42] Gleichrangige Kindesunterhaltsansprüche, die mangels Voraussetzungen des § 1613 Abs. 1 BGB nicht mehr erfüllt werden müssen und aller Voraussicht nach auch in Zukunft nicht erfüllt werden, sind bei der Beurteilung der Leistungsfähigkeit des Pflichtigen hinsichtlich eines anderweitigen Kindesmindestunterhaltsanspruchs nach § 1603 Abs. 2 S. 1 BGB nicht zu berücksichtigen.[43]
- **Zeitpunkt und Art der Entstehung** der Verbindlichkeit: zB Entstehen der Verbindlichkeit in der Ehe; evtl. Mitwirkung des Berechtigten als Kreditnehmer oder Bürge; Berechtigtem sind wirtschaftliche Vorteile des mit dem Kredit finanzierten Aufwandes zugutegekommen.
- **Eingehung der Verbindlichkeit in Kenntnis von Grund und Höhe der Unterhaltsverpflichtung**. Dies spricht jedenfalls dann gegen die Berücksichtigung der Belastung, wenn sie nicht zwingend notwendig war. Musste der Pflichtige dagegen nicht ohne Weiteres mit seiner Inanspruchnahme rechnen, was insbesondere beim Elternunterhalt regelmäßig der Fall ist, so können die von ihm eingegangenen Verpflichtungen zu berücksichtigen sein. Die lediglich abstrakte Möglichkeit, später durch die pflegebedürftigen Eltern in Anspruch genommen zu werden, beseitigt nicht den Vertrauenstatbestand, der im Zeitpunkt des Eingehens der Verbindlichkeit bestand. Anders verhält es sich dagegen, wenn die Bedürftigkeit der Eltern bei Eingehung der Verpflichtung bereits konkret absehbar war. Es gelten hier die gleichen Überlegungen wie bei der Frage, ob die Unterhaltslast gegenüber den Eltern sich in der Ehe hinreichend konkretisiert hatte, um sie als eheprägende Verpflichtung zu berücksichtigen.[44] Soweit dies verneint wird, ist auch die Eingehung von Verbindlichkeiten nicht zu beanstanden, so dass die hieraus bestehenden Belastungen bei der Leistungsfähigkeit zu berücksichtigen sind.
- **Dringlichkeit der Schuldentilgung** gegenüber dem Interesse des Unterhaltsgläubigers an der Unterhaltszahlung. Die Privilegierung der Unterhaltsgläubiger durch die Anhebung der Pfändungsgrenzen für sonstige Gläubiger des Pflichtigen in § 850 c ZPO stellt lediglich eine Lösung des möglichen Konflikts von Unterhaltsgläubigern mit diesen sonstigen Gläubigern dar, besagt jedoch noch nichts darüber, ob nicht ein schützenswertes Interesse des Pflichtigen besteht, zumindest ein weiteres Ansteigen seiner Schulden gegenüber seinen sonstigen Gläubigern bis hin zur völligen Überschuldung zu verhindern. Der vollstreckungsrechtliche Vorrang von Unterhaltsgläubigern führt nicht dazu, dass generell in diesem Umfang Verbindlichkeiten des Unterhaltsschuldners gegenüber sonstigen Gläubigern des Unterhaltsschuldners unberücksichtigt bleiben.[45]
- Bei der gebotenen Abwägung der Interessen kommt der Bedeutung des Unterhaltsanspruchs (s. vorstehend) ein besonderes Gewicht zu. Eine Entschuldung zulasten des Unterhaltsanspruchs wird beim Mindestkindesunterhalt (→ *Mindestbedarf* Rn. 1 ff.) nur in ganz besonderen Ausnahmefällen in Be-

42 BGH 19.3.2003 – XII ZR 123/00, NJW 2003, 2306 und noch weitergehend BGH 18.1.2017 – XII ZB 118/16, NJW 2017, 1169.
43 BGH 22.5.2019 – XII ZB 313/16, NJW 2019, 3783.
44 BGH 14.1.2004 – XII ZR 149/01, NJW-RR 2004, 793.
45 BGH 9.5.1984 – IVb ZR 74/82, NJW 1984, 2351.

tracht kommen,[46] während ein Zurückstehen des Unterhaltsgläubigers eher zumutbar erscheint, wenn es nur vorübergehend ist; hier ist allerdings vorrangig die Möglichkeit der Stundung zu prüfen, auf die sich ein Gläubiger jedenfalls dann einlassen dürfte, wenn ihm ohnehin zurzeit eine Vollstreckung nicht möglich ist. Die Verweisung des Pflichtigen auf die **Einleitung eines Insolvenzverfahrens** (→ *Verbraucherinsolvenz* Rn. 1 ff.) führt in solchen Fällen eines vorübergehenden finanziellen Engpasses nicht weiter. Ohnehin ist die vor einigen Jahren in den Vordergrund gerückte Lösung des Interessenkonflikts über das Insolvenzverfahren weitgehend in den Hintergrund gerückt und wird allenfalls noch beim Kindesunterhalt gefordert (→ Rn. 44). Die Sicherung des Existenzminimums von minderjährigen Kindern hat Vorrang gegenüber dem Interesse des Pflichtigen an einer Erhöhung seiner Altersvorsorge durch Aufwendungen für eine sogenannte **sekundäre Altersvorsorge**.[47]

- **Möglichkeit, die Rückzahlung des Kredits zu stunden oder zeitlich zu strecken** und hierdurch die momentane Belastung zu senken (dies kann zB dann zumutbar sein, wenn die Unterhaltsverpflichtung in absehbarer Zeit entfällt oder geringer wird, so dass zusätzliche Mittel zur Schuldentilgung frei werden).

24 Sind Verbindlichkeiten bei der einkommensabhängigen Bedarfsbestimmung (beim Kindes- und Ehegattenunterhalt) unberücksichtigt geblieben, so können sie im Rahmen der Leistungsfähigkeit beachtlich sein, wenn ansonsten das unterhaltsrechtliche Existenzminimum, dh der notwendige Selbstbehalt des Pflichtigen nicht gewahrt bliebe. So können zB **Umgangskosten** einschließlich der **Kosten für die Versorgung des Kindes während der Umgangskontakte**, die nicht zu einer Minderung des Kindesunterhaltsbedarfs führen, soweit die Betreuung 50 % der Gesamtbetreuungszeit nicht erreicht,[48] im Rahmen der Leistungsfähigkeit von Bedeutung sein. Dabei ist zu beachten, dass dem Pflichtigen seit der 2008 eingeführten Anrechnungsregelung in § 1612 b BGB nicht mehr der auf ihn entfallende Kindergeldanteil (anders als beim betreuenden Elternteil) verbleibt, aus dem er solche Aufwendungen ganz oder teilweise bestreiten könnte. Soweit das Existenzminimum des Pflichtigen ansonsten nicht gewahrt werden kann, sind diese Aufwendungen zu berücksichtigen und vom Einkommen des Pflichtigen abzuziehen oder – im Ergebnis gleich – dem notwendigen Selbstbehalt hinzuzurechnen.[49] Ein uneingeschränkter Vorrang des Unterhalts gegenüber dem Umgang ist nicht gerechtfertigt,[50] und zwar auch dann nicht, wenn es um den Mindestunterhalt eines minderjährigen Kindes geht.

25 Die vorstehenden Erwägungen gelten in gleicher Weise für andere Aufwendungen, die beim Bedarf keine Rolle gespielt haben, wie zB Kreditraten für die **Beschaffung von neuem Hausrat** nach der Trennung. Waren diese Aufwendungen unvermeidbar und angemessen, so sind sie in der angegebenen Weise zur Wahrung des Existenzminimums zu berücksichtigen. Die Ablehnung der Berücksichtigung einer Kreditbelastung mit Verweisung auf die Durchführung einer Hausratsteilung[51] verkennt, dass in der Regel auch bei einer solchen Teilung weiterer Anschaffungsbedarf bei beiden Ehegatten besteht, da die erhaltenen Gegenstände nicht zur Führung eines selbstständigen Haushalts ausreichen. Mit dieser Argumentation kann daher lediglich die Höhe der Aufwendungen, nicht jedoch ihre grundsätzliche Berücksichtigungsfähigkeit infrage gestellt werden.

26 Eine besondere Stellung nehmen bei den Verbindlichkeiten des Pflichtigen **Unterhaltsansprüche Dritter** ein. Diese sind unabhängig von dem Zeitpunkt ihres Entstehens mangels Vorwerfbarkeit bei der Leistungsfähigkeit zu berücksichtigen. Dabei ist der jeweilige Rang von maßgeblicher Bedeutung, da der nachrangig Berechtigte diese Ansprüche vorgehen lassen muss, was zur Minderung des für den Anspruch des Berechtigten zur Verfügung stehenden Einkommens des Pflichtigen führt. Bei Gleichrangigkeit ist eine

46 BGH 11.12.1985 – IVb ZR 80/84, NJW-RR 1986, 428.
47 BGH 30.1.2013 – XII ZR 158/10, NJW 2013, 1005.
48 BGH 28.2.2007 – XII ZR 161/04, NJW 2007, 1882.
49 BGH 23.2.2005 – XII ZR 56/02, NJW 2005, 1493.
50 NK-BGB/*Schürmann* § 1581 Rn. 51.
51 OLG Brandenburg 19.7.2011 – 10 UF 20/11, FamFR 2011, 393.

Mangelverteilung vorzunehmen, soweit das Einkommen nicht zur Deckung der vor- und gleichrangigen Ansprüche ausreicht.

III. Einzusetzendes Vermögen

Während die **Vermögenseinkünfte** des Pflichtigen (Zinsen, Mieteinnahmen, Dividenden) wie sonstige Einkünfte – jedoch ohne Abzug eines Erwerbstätigenbonus – im Rahmen der Leistungsfähigkeit berücksichtigt werden, ist es nicht von vornherein klar, in welchem Umfang der Pflichtige auch das Vermögen selbst, dh den **Vermögensstamm** zu Unterhaltszwecken einsetzen muss. Dies wird vom Gesetz nur teilweise unmittelbar geregelt und im Übrigen von der Rechtsprechung für die unterschiedlichen Unterhaltsansprüche unterschiedlich beantwortet (→ Rn. 28 ff.). Es besteht im Übrigen für den Pflichtigen (in gleicher Weise wie für den Berechtigten im Rahmen seiner Bedürftigkeit) die Obliegenheit, Vermögenswerte zu realisieren, zB durch die Rückforderung von Schenkungen oder Darlehen sowie die Geltendmachung eines Pflichtteilsanspruchs.[52] 27

1. Ehegattenunterhalt

Das Gesetz sieht eine Einschränkung des Zugriffs auf den Stamm des Vermögens des Pflichtigen in § 1581 S. 2 BGB für den **nachehelichen Ehegattenunterhalt** vor. Für den **Trennungsunterhalt** gelten ähnliche Grundsätze, wobei im Hinblick auf den möglichen Fortbestand der Ehe keine weitgehenden Vermögensverfügungen mit endgültigem Charakter verlangt werden können. Vom Berechtigten ist in diesem Fall eine stärkere Rücksichtnahme auf die Interessen des Pflichtigen zu erwarten.[53] 28

Soweit seine Einkünfte nicht ausreichen, um den Bedarf des Berechtigten zu decken, muss der Pflichtige auch sein Vermögen hierzu einsetzen. Eine **Grenze** findet diese Verpflichtung dann, wenn der Pflichtige sein Vermögen zur **Deckung seines eigenen angemessenen Lebensbedarfs** benötigt oder der Verbrauch bzw. die sonstige Verwertung des Vermögens unwirtschaftlich oder unter Berücksichtigung der beiderseitigen wirtschaftlichen Verhältnisse unbillig ist. Dieser Maßstab ist identisch mit den Anforderungen an den Einsatz des Vermögens zur Bedarfsdeckung durch den Berechtigten nach § 1577 Abs. 3 BGB. Haben beide Ehegatten Vermögen, so kann die zum Umfang des Vermögenseinsatzes vorzunehmende Billigkeitsprüfung nicht isoliert bei der Bedürftigkeit (für das Vermögen des Berechtigten) oder bei der Leistungsfähigkeit (für das Vermögen des Pflichtigen) vorgenommen werden. Vielmehr ist der Umfang des Vermögenseinsatzes einheitlich im Rahmen einer Gesamtbetrachtung der beiderseitigen wirtschaftlichen Verhältnisse zu bestimmen, wobei dem Berechtigten wegen des Vorranges der selbstständigen Deckung seines Bedarfs (§ 1569 S. 1 BGB) grundsätzlich mehr abzuverlangen ist als dem Pflichtigen. 29

Unwirtschaftlich ist die Verwertung insbesondere dann, wenn eine Veräußerung 30

- wegen einer momentan ungünstigen Marktlage zu einem erheblichen Mindererlös führen würde oder nach Abzug des Erlöses kein Gewinn oder sogar noch Schulden verbleiben würden (wie zB bei überteuert erworbenen Immobilien in den neuen Bundesländern);
- die Basis für eine langfristige (auch teilweise) Unterhaltssicherung beseitigen würde.

Unbillig ist die Verwertung von **sozialhilferechtlichem Schonvermögen** nach § 90 Abs. 2 SGB XII, insbesondere:

- Kapital aus einer mit öffentlichen Mitteln geförderten zusätzlichen Altersvorsorge nach § 10 a EStG (sog. Riester-Rente) sowie §§ 79 ff. EStG (Nr. 2);
- ein selbst genutztes angemessenes Hausgrundstück (Nr. 8) und
- kleinere Barbeträge oder sonstige Geldwerte als sog. „Notgroschen" (Nr. 9), dh Beträge von 2.000–3.000 EUR.

52 BGH 28.11.2012 – XII ZR 19/10, NJW 2013, 530, wo aber auch die Grenzen für die Vollstreckung durch den Unterhaltsgläubiger aufgezeigt werden, da ein einklagbarer Anspruch gegen den Unterhaltsschuldner auf Geltendmachung dieser Ansprüche nicht besteht.

53 BGH 9.6.2004 – XII ZR 277/02, NJW 2005, 433.

31 Die Unbilligkeit des Vermögenseinsatzes kann sich auch daraus ergeben, dass der Berechtigte ein gleich großes oder ähnliches **Vermögen anlässlich der Vermögensauseinandersetzung** bei der Scheidung erhalten und ohne Not ausgegeben hat. Hat dagegen der Berechtigte durch Abzug der Aufwendungen zur Vermögensbildung auf Seiten des Pflichtigen von dessen Einkommen eine Kürzung seines Unterhalts hinnehmen müssen, so kommt ein Rückgriff auf das Vermögen zu Unterhaltszwecken umso eher in Betracht. Daher ist zB Kapital, welches der Pflichtige nach der Scheidung aus einer zusätzlichen Altersvorsorge erhält, deren **Aufwendungen beim Unterhalt in der Vergangenheit berücksichtigt** worden sind, im Rentenfall für den Unterhalt einzusetzen.[54]

32 Bei der Zumutbarkeit des Einsatzes des Vermögens ist ggf. nach dem Unterhaltstatbestand bzw. dem Grund für die Inanspruchnahme des Pflichtigen zu differenzieren. So ist der **Betreuungsunterhalt** nach § 1570 BGB am Kindeswohl ausgerichtet, indem er eine Betreuung durch einen Elternteil in den ersten drei Lebensjahren umfassend und in der Zeit danach in dem Umfang ermöglichen soll, wie sie neben einer verfügbaren und zumutbaren Fremdbetreuung erforderlich ist. Die Bedeutung des Anspruchs wird insbesondere auch durch seinen besonderen Rang im System der Unterhaltsansprüche (§ 1609 Nr. 2 BGB) hervorgehoben. Dies rechtfertigt es, von dem Pflichtigen den Einsatz vorhandenen Vermögens jedenfalls dann immer zu verlangen, wenn ansonsten nicht ein Bedarf des betreuenden Elternteils gewährleistet ist, der im Bereich des Existenzminimums bzw. des billigen Eigenbedarfs,[55] wie er auch vom Pflichtigen selbst beansprucht werden kann, liegt. Wegen der zeitlichen Begrenztheit dieses Anspruchs kann dem Pflichtigen zugemutet werden, in einem solchen Fall zeitlich begrenzt auf Rücklagen für eine sekundäre Altersvorsorge zu verzichten.

2. Kindesunterhalt

33 Für den **Minderjährigenunterhalt** (→ *Kindesunterhalt Minderjähriger* Rn. 1 ff.) sowie den Unterhalt privilegierter volljähriger Kinder (§ 1603 Abs. 2 S. 2 BGB) sieht § 1603 Abs. 2 S. 3 BGB indirekt eine Einschränkung des Zugriffs auf das Vermögen des Pflichtigen zur Bedarfsdeckung vor. Danach muss das minderjährige Kind als Berechtigter bei der Sicherstellung seines Mindestbedarfs (→ *Mindestbedarf*) abweichend von der Regel, dass der Unterhaltsgläubiger vor einer Inanspruchnahme des Schuldners auf sein eigenes Vermögen zurückzugreifen hat, den Stamm seines Vermögens nur dann zur Bedarfsdeckung verwenden, wenn der Schuldner zur Bedarfsdeckung bei Einsatz seines Einkommens und Vermögens nur bei Unterschreitung seines eigenen angemessenen Bedarfs in der Lage wäre. Verfügt das Kind über ausreichendes eigenes Vermögen, so entfällt in diesem **Sonderfall** die gesteigerte Unterhaltspflicht nach § 1603 Abs. 2 S. 1 BGB, so dass eine Inanspruchnahme des Pflichtigen mit seinem Einkommen und Vermögen nur noch bis zum angemessenen Selbstbehalt möglich ist. Daraus ist zu schließen, dass der Pflichtige unabhängig von diesem relativ seltenen Sonderfall, der die Inanspruchnahme des Pflichtigen bis zum notwendigen Selbstbehalt betrifft, immer mit seinem Einkommen und Vermögen für die Sicherstellung des Unterhaltsbedarfs – auch über den Mindestbedarf hinaus – haftet, wenn ihm selbst der angemessene Selbstbehalt verbleibt. Dabei ist zu beachten, dass sich der Bedarf des Kindes nach § 1610 Abs. 1 BGB in aller Regel nach seiner von den Lebensverhältnissen der Eltern abgeleiteten Lebensstellung richtet, wobei für die Lebensverhältnisse der Eltern regelmäßig deren Einkünfte maßgeblich sind, während das Vermögen nur von Bedeutung ist, soweit hieraus bisher der Lebensbedarf gedeckt worden ist und eine Beibehaltung dieser Praxis für den Pflichtigen nicht unzumutbar ist („Leben über die Verhältnisse").

34 Für den **Unterhalt volljähriger Kinder** (→ *Kindesunterhalt Volljähriger* Rn. 1 ff.) – ausgenommen die bereits vorstehend behandelten privilegierten Volljährigen – sieht das Gesetz **keine allgemeine Billigkeitsgrenze** für den Einsatz des Vermögens des Pflichtigen vor.[56] Hinsichtlich der Zumutbarkeit des Vermögenseinsatzes kommt eine Anlehnung an die Regelung beim nachehelichen Unterhalt nicht in Betracht.

54 FA-FamR-HdB VI Rn. 227.

55 Düss. Tabelle 2021: 1.280/1.180 EUR billiger Eigenbedarf (Anm. B. IV.); 1.160/960 EUR notwendiger Eigenbedarf/Existenzminimum (Anm. B.V.).

56 BGH 23.10.1985 – IVb ZR 52/84, NJW 1986, 1345.

Vielmehr ist hier zunächst vom Berechtigten der Einsatz vorhandenen Vermögens zu verlangen bis zur Grenze der **groben Unbilligkeit.**[57] Erst dann besteht die Verpflichtung des Verpflichteten, sein Vermögen zur Deckung des Unterhaltsbedarfs seines Kindes zu verwenden.

Wegen der Stellung des Anspruchs im System der Unterhaltsansprüche (in der Rangfolge nach § 1609 Nr. 4 BGB hinter dem Minderjährigen- und Ehegattenunterhalt und vor dem Eltern- und Enkelunterhalt) ist darauf zu achten, dass dem Pflichtigen ausreichendes Vermögen verbleibt, soweit er dies für seinen angemessenen laufenden Unterhalt oder aber für seine Altersvorsorge benötigt. Dies kann nur nach den **Umständen des Einzelfalls** beurteilt werden (Höhe von Einkommen, Vermögen und Unterhaltsanspruch und deren Verhältnis zueinander). Von Bedeutung kann auch sein, woher das Vermögen stammt (zB bei Abfindung des Arbeitgebers) und ob besondere Umstände den Vermögenseinsatz nahe legen (bei der ohne wirtschaftliche Not getroffenen Entscheidung, die bisherige abhängige Beschäftigung zugunsten einer selbstständigen Erwerbstätigkeit aufzugeben). Der dem Kind von seinem Vermögen zu belassende sog. Notgroschen hat sich an § 90 Abs. 2 Nr. 9 SGB XII zu orientieren.[58] 35

3. Eltern- und Enkelunterhalt

Zum Vermögenseinsatz des Pflichtigen beim sonstigen Verwandtenunterhalt nach §§ 1601 ff. BGB – Kinder gegenüber ihren Eltern sowie Großeltern gegenüber ihren Enkeln – enthält § 1603 BGB keine Aussage. Das **Schweigen des Gesetzes** ist besonders misslich im Hinblick darauf, dass es keine mit den beim Einsatz des Einkommens vergleichbare – nach dem Gewicht des jeweiligen Unterhaltsanspruchs betragsmäßig gestaffelte – Selbstbehalte bzw. Schongrenzen für den Einsatz des Vermögens gibt. Dass es solcher Grenzen bedarf, steht außer Frage, da es keinen Grund gibt, den Einsatz des Vermögens anders zu beurteilen als den Einsatz des Einkommens. Dabei ist von Bedeutung, dass die Unterhaltsansprüche sowohl von Eltern als auch von Enkeln im System der Unterhaltsansprüche noch hinter den Ansprüchen volljähriger Kinder rangieren (§ 1609 Nr. 5 bzw. Nr. 6 BGB). Bei der Beurteilung der **Zumutbarkeit des Vermögenseinsatzes** ist die schwächere Stellung des Elternunterhalts zu berücksichtigen.[59] 36

Der Pflichtige muss auch nach Leistung von Elternunterhalt in der Lage sein, seinen eigenen angemessenen Unterhalt jetzt und im Alter dauerhaft zu befriedigen.[60] Ob ein vorhandenes Vermögen zusammen mit dem Einkommen hierzu ausreicht, kann anhand einer **Umrechnung des zur Verfügung stehenden Kapitals in eine Monatsrente** unter Berücksichtigung der statistischen Lebenserwartung des Pflichtigen festgestellt werden. Die Umrechnung kann in Anlehnung an § 14 BewG erfolgen,[61] dh auf der Grundlage eines Zins- und Zinseszinsanteils von zusammen jährlich 5,5 %,[62] der auch in der Anlage 9 zu § 14 BewG für das Jahr 2020 vorgesehen ist. 37

Als Maßstab für das dem Pflichtigen für seine Altersversorgung zu belassende **Schonvermögen** kann auch auf den Kapitalbetrag abgestellt werden, welcher dem Pflichtigen im Alter zur Verfügung stünde, wenn er eine ihm zustehende **zusätzliche Altersvorsorge iHv 5 % des Bruttoeinkommens** (des Vorjahres) betreiben würde. In dem entschiedenen Fall hat der BGH bei einem monatlichen Betrag von 107 EUR, einem Rechnungszins von 4 % und einer Laufzeit von 35 Jahren ein Betrag von fast 100.000 EUR ermittelt. Handelt es sich um einen selbstständig tätigen Unterhaltspflichtigen, der **bis zu 25 % seines Bruttoeinkommens** zur Altersvorsorge verwenden darf, so ist ihm ein entsprechend höheres Vermögen zu belassen, soweit er keine entsprechenden Altersvorsorgeaufwendungen von seinem Einkommen abzieht. 38

57 BGH 5.11.1997 – XII ZR 20/96, NJW 1998, 978; OLG Köln 14.8.1998 – 4 UF 251/97, NJWE-FER 1999, 176.
58 BGH 5.11.1997 – XII ZR 20/96, NJW 1998, 978.
59 BGH 21.11.2012 – XII ZR 150/10, NJW 2013, 301.
60 BGH 21.11.2012 – XII ZR 150/10, NJW 2013, 301.
61 BGH 21.11.2012 – XII ZR 150/10, NJW 2013, 301.
62 OLG Düsseldorf 27.10.2010 – 8 UF 38/10, FamRZ 2011, 982.

Bei der Abwägung der Zumutbarkeit des Vermögenseinsatzes ist auch zu berücksichtigen, dass jedenfalls in Fällen hochbetagter unterhaltsberechtigter Eltern Einkommen und Vermögen des Pflichtigen regelmäßig nur vorübergehend in Anspruch genommen werden.[63]

4. Anspruch nach § 1615 l BGB

39 Da der Betreuungsunterhalt nach § 1615 l BGB eine gleich hohe Bedeutung für das Kindeswohl hat wie der Betreuungsunterhalt nach § 1570 BGB, ist die Zumutbarkeit des Vermögenseinsatzes hier ähnlich zu bewerten (→ Rn. 32).

IV. Besonderheiten bei der Beurteilung der Leistungsfähigkeit

1. Kindesunterhalt (Möglichkeiten der Erhöhung der Leistungsfähigkeit)

40 Bei der Sicherstellung des Mindestunterhalts eines minderjährigen Kindes sind besonders in der Zeit etwa seit dem Jahr 2000 Versuche erkennbar, der eingeschränkten Leistungsfähigkeit des Pflichtigen aufgrund der Stagnation oder sogar Rückläufigkeit der Erwerbseinkommen in unteren Lohnbereichen dadurch zu begegnen, dass neben der bereits erörterten Herabsetzung des Selbstbehalts (→ Rn. 8) vom Pflichtigen eine zusätzliche Erwerbstätigkeit erwartet und bei Überschuldung die Einleitung eines Insolvenzverfahrens verlangt wird (→ *Obliegenheit zur Verbraucherinsolvenz* Rn. 1 ff.). Die vom Ergebnis her geleiteten Überlegungen sind dabei nicht immer überzeugend. Hinsichtlich der Kürzung des Selbstbehalts ist bereits auf die zu beachtenden Grenzen hingewiesen worden (→ Rn. 8 f.).

41 **a) Nebentätigkeit.** Unter Berufung auf die gesteigerte Unterhaltspflicht nach § 1603 Abs. 2 S. 1 BGB wird teilweise eine grundsätzliche Verpflichtung zu einer maßvoll **über eine Vollzeitbeschäftigung hinausgehenden** Erwerbstätigkeit bejaht, wenn es um die Sicherstellung des Mindestbedarfs eines minderjährigen Kindes geht,[64] und teilweise bereits vom Grundsatz her abgelehnt.[65] **Voraussetzung** ist jedoch immer, dass eine weitere Tätigkeit

- **mit der Vollzeitbeschäftigung vereinbar** ist, wozu im konkreten Fall die Beschäftigungszeiten mit den damit verbundenen Fahrtzeiten festzustellen sind;[66] daher in der Regel nicht zumutbar bei einer Haupttätigkeit in Wechselschicht[67] oder sonstigen unregelmäßigen Arbeitszeiten;
- mit den geltenden **Arbeitsschutzbestimmungen** (zB des ArbZG) vereinbar ist;[68] danach darf die tägliche Arbeitszeit acht Stunden (§ 3 ArbZG), die wöchentliche Arbeitszeit 48 Stunden (§ 2 ArbZG) nicht überschreiten und an Sonn- und Feiertagen nicht gearbeitet werden (§ 9 Abs. 1 ArbZG);
- arbeitsrechtlich zulässig ist; soweit der Arbeitsvertrag einen **Zustimmungsvorbehalt des Arbeitgebers** enthält, kann sich der Arbeitnehmer nicht ohne Weiteres über eine verweigerte Zustimmung des Arbeitgebers hinwegsetzen, selbst wenn die Auffassung des Arbeitgebers rechtlich möglicherweise unzutreffend ist; in der Regel dürfte es im Interesse des Erhalts des Beschäftigungsverhältnisses nicht zumutbar sein, gegen den Arbeitgeber arbeitsrechtlich vorzugehen;[69] das bedeutet nicht, dass der Pflichtige sich nicht um die Zustimmung bemühen und diese Bemühungen darlegen müsste;
- nicht aufgrund gesundheitlicher Beeinträchtigungen unzumutbar ist;

---

63 BGH 21.11.2012 – XII ZR 150/10, NJW 2013, 301.

64 OLG Hamm FamRZ 1996, 303; OLG Köln NJW 1998, 3127.

65 OLG Hamm 25.5.2011 – 8 UF 6/11; OLG Stuttgart 21.11.2006 – 15 WF 283/06, FamRZ 2007, 1763; OLG Brandenburg 5.3.2007 – 10 WF 13/07, ZFE 2007, 271.

66 OLG Hamm 4.1.2005 – 2 WF 604/04, FamRZ 2005, 1113: keine fiktive zusätzliche Erwerbstätigkeit neben einer fiktiven vollschichtigen Tätigkeit.

67 OLG Saarbrücken 8.2.2011 – 9 WF 123/10, FamRZ 2011, 1302.

68 BVerfG 5.3.2003 – 1 BvR 752/02, FamRZ 2003, 661 = FPR 2003, 479; BGH 4.5.2011 – XII ZR 70/09, NJW 2011, 1875.

69 OLG Hamm 8.7.2004 – 2 WF 307/04, FamRZ 2005, 649.

- den durch die **Betreuung von Kindern**, auch im Rahmen von **Umgangskontakten** eingeschränkten zeitlichen Rahmen berücksichtigt.[70]

Insgesamt lässt die Rechtsprechung eine Tendenz erkennen, die im Ergebnis eine Obliegenheit zur Ausübung einer Nebentätigkeit neben einer vollschichtigen Tätigkeit nur in Ausnahmefällen bejaht. Anders verhält es sich bei der Zumutbarkeit einer solchen Tätigkeit **neben einer Teilerwerbstätigkeit**. Allerdings sind auch hier die vorgenannten Kriterien der Vereinbarkeit der beiden Tätigkeiten zu beachten. 42

b) Insolvenzverfahren. Im Falle der dauerhaften **Überschuldung des Pflichtigen** infolge von unterhaltsrechtlich berücksichtigungsfähigen Schulden ist zu prüfen, ob dem Pflichtigen nicht die Stellung eines Antrages auf Durchführung des **Verbraucherinsolvenzverfahrens** obliegt, um hierdurch ggf. seine Leistungsfähigkeit zu steigern (→ *Obliegenheit zur Verbraucherinsolvenz* Rn. 1 ff.). Ob und unter welchen Voraussetzungen eine solche Obliegenheit des Unterhaltspflichtigen besteht, ist streitig. Nachdem der Bundesgerichtshof dies bisher nur für den Kindesunterhalt bejaht[71] und für den Trennungsunterhalt[72] sowie den nachehelichen Unterhalt eines Ehegatten[73] ausdrücklich verneint hat, hat diese vor allem in der Literatur in der Zeit von 2002 bis 2006 sehr intensiv erörterte Frage[74] nur noch beim Kindesunterhalt Bedeutung, und zwar ausschließlich **zur Sicherstellung des Mindestunterhalts von minderjährigen Kindern**. 43

Die Rechtsprechung des Bundesgerichtshofs vermag indes nicht zu überzeugen, soweit sie auf die angeblich **besseren Vollstreckungsmöglichkeiten** bei Durchführung eines Insolvenzverfahrens abstellt. Beim Minderjährigenunterhalt ist im Rahmen der Leistungsfähigkeit zunächst von Bedeutung, ob die Schulden des Pflichtigen gegenüber sonstigen Gläubigern unterhaltsrechtlich anzuerkennen sind. Erst danach stellt sich die Frage, welche Auswirkung eine Verbraucherinsolvenz auf die Leistungsfähigkeit des Pflichtigen haben würde. 44

Werden die **sonstigen Schulden** nach der bei der Prüfung der Leistungsfähigkeit erforderlichen umfassenden Abwägung der Umstände des Einzelfalles unterhaltsrechtlich **nicht anerkannt**, was nach der ständigen Rechtsprechung des Bundesgerichtshofs[75] regelmäßig das Ergebnis der Gesamtabwägung ist, wenn es um die Sicherstellung des Mindestbedarfs von Kindern geht, so bringt das Insolvenzverfahren des Pflichtigen insoweit zunächst keinen Vorteil, da die Vollstreckungsmöglichkeiten während der Dauer des Insolvenzverfahrens mit der sechsjährigen Wohlverhaltensphase nicht verbessert werden. Das Kind kann nämlich auch ohne die Eröffnung des Insolvenzverfahrens – im Gegensatz zu sonstigen Gläubigern – auf den Teil des Einkommens zwischen dem vollstreckungsrechtlichen Selbstbehalt gem. § 850 d ZPO[76] und der Pfändungsgrenze nach § 850 c ZPO für sonstige Schuldner zurückgreifen. Anders verhält es sich erst **nach der Entschuldung**, weil dann auch das die Pfändungsfreigrenze übersteigende Einkommen des Pflichtigen zur Verfügung steht, ohne dass die alten Schuldner gleichzeitig hierauf zugreifen. Die unterhaltsrechtliche Leistungsfähigkeit beeinflusst dies aber nicht, da der Anspruch des berechtigten Kindes ohnehin ohne Berücksichtigung der sonstigen Schulden des Pflichtigen bestimmt wird. 45

Werden dagegen **sonstige Schulden** trotz der dadurch bedingten Beeinträchtigung des Kindesunterhalts unterhaltsrechtlich **anerkannt**, kann nur über das Insolvenzverfahren erreicht werden, dass die die Höhe des Unterhaltsanspruchs beeinträchtigende Verbindlichkeit mit der Eröffnung des Insolvenzverfahrens unberücksichtigt bleibt, so dass sich der Unterhaltsanspruch entsprechend erhöht. Die Möglichkeit, den Unterhaltsanspruch im Wege der Zwangsvollstreckung zu verfolgen, unterscheidet sich nicht von der vorstehend dargestellten Alternative bei Nichtberücksichtigung der Schulden. Der Berechtigte kann lediglich 46

70 BGH 3.12.2008 – XII ZR 182/06, NJW 2009, 1410: bei Umgangskontakten; OLG Nürnberg 28.7.2009 – 9 UF 215/09, FuR 2010, 50: bei Zusammenleben mit einem 16-jährigen Kind.

71 BGH 23.2.2005 – XII ZR 114/03, NJW 2005, 1279.

72 BGH 12.12.2007 – XII ZR 23/06, NJW 2008, 851.

73 BGH 2.6.2010 – XII ZR 138/08, NJW 2010, 2582.

74 Zum Überblick über den Meinungsstand vgl. *Tomfort/Carlberg* FPR 2008, 107.

75 BGH 9.5.1984 – IVb ZR 74/82, NJW 1984, 657; 11.12.1985 – IVb ZR 80/84, NJW-RR 1986, 428.

76 BGH FamRZ 2003, 1466: Sozialhilfesatz zzgl. sozialhilferechtlicher Einmalleistungen – seit 2005 pauschal im Regelsatz enthalten – zzgl. tatsächlichem Wohnaufwand.

auf das Einkommen des Pflichtigen zwischen dem vollstreckungsrechtlichen Selbstbehalt gem. § 850 d ZPO und der Pfändungsgrenze nach § 850 c ZPO zugreifen. Die Eröffnung des Insolvenzverfahrens verbessert demnach für den Unterhaltsgläubiger die Vollstreckungsmöglichkeit bis zum Zeitpunkt einer möglichen Restschuldbefreiung nicht, da diese zumindest in dem gleichen Umfang auch ohne ein solches Verfahren besteht.[77]

47 **c) Hausmann-Rechtsprechung.** Die sog. Hausmannfälle[78] betreffen Sachverhalte, bei denen der gegenüber einem minderjährigen Kind barunterhaltspflichtige Elternteil in einer neuen Ehe ein weiteres eigenes Kind betreut und nicht erwerbstätig ist, während der neue Ehegatte einer Erwerbstätigkeit nachgeht. Diese **Rollenwahl** (→ *Rollenwechsel* Rn. 1 ff.) und der damit verbundene Wegfall bzw. die Reduzierung der Erwerbseinkünfte muss von dem Kind aus erster Ehe nur hingenommen werden, wenn das **Interesse des Pflichtigen** und seiner neuen Familie an dieser Wahl das **Interesse des Kindes** aus erster Ehe an der Beibehaltung der bisher ausgeübten Erwerbstätigkeit **deutlich überwiegt**.[79] Allein der Wunsch, das Kind aus der neuen Ehe persönlich betreuen zu wollen, ist nicht ausreichend. Hinzukommen muss, dass der neue Partner ein deutlich höheres Einkommen erzielen kann als der Pflichtige, wenn der neue Partner die alleinige Betreuung des gemeinsamen Kindes übernehmen würde.[80] Ein weniger strenger Maßstab kommt in Betracht, wenn der Pflichtige auch in der früheren Ehe wegen der Betreuung eines Kindes nicht erwerbstätig gewesen ist, also kein Rollentausch vorliegt.[81]

48 Sind die Voraussetzungen gegeben, nach denen eine Beschränkung auf die Kindesbetreuung in der neuen Ehe hinzunehmen ist, so bedeutet dies nicht den Wegfall des Unterhaltsanspruchs des Kindes aus erster Ehe mangels Leistungsfähigkeit des Pflichtigen. Dieser ist vielmehr gehalten, auf das Unterhaltsinteresse dieses Kindes, dem er in gleicher Weise, dh auch **gleichrangig** zum Unterhalt, verpflichtet ist wie dem von ihm betreuten Kind aus der neuen Ehe, Rücksicht zu nehmen. Es ist von ihm regelmäßig eine **Nebentätigkeit** zu verlangen, um mit diesen Einkünften – **ohne Abzug eines Selbstbehalts**, soweit das Einkommen seines Ehepartners seinen notwendigen Bedarf im Rahmen des nach §§ 1360, 1360 a BGB zu leistenden Familienunterhalts deckt[82] – zur Sicherung des Unterhalts des Kindes aus erster Ehe beizutragen. Ihm ist es dabei verwehrt, sich auf eine im Hinblick auf die Haushaltsführung und Kindesbetreuung überobligationsmäßige Belastung zu berufen, da sein Ehepartner verpflichtet ist, ihn zumindest zeitweise bei seinen häuslichen Aufgaben zu entlasten, damit er einer Nebentätigkeit (zB in den Abendstunden oder am Wochenende) nachgehen kann. Obwohl er außerhalb des Unterhaltsverhältnisses des Pflichtigen zu seinem Kind aus erster Ehe steht, ist es **dem neuen Ehegatten zumutbar** die Betreuung des eigenen Kindes während der Nebentätigkeit des Pflichtigen zu übernehmen und damit ggf. über eine vollschichtige Erwerbstätigkeit hinaus für den Familienunterhalt einzustehen, da er den Pflichtigen in Kenntnis des gegen in bestehenden Barunterhaltsanspruchs geheiratet hat.[83]

49 Eine Nebentätigkeitsverpflichtung **während der Zeit des Bezuges von Elterngeld** wird abgelehnt.[84] Dadurch ist der **Anwendungsbereich der Hausmann-Rechtsprechung**, die ohnehin nur dann zum Erfolg, dh der Möglichkeit der Inanspruchnahme des Pflichtigen, führen kann, wenn dieser im Rahmen seiner Obliegenheit zu einer Nebentätigkeit tatsächlich eigene Einkünfte erzielt, **sehr stark eingeschränkt**. Sie kann nämlich während der ersten drei Lebensjahre des Kindes nur in dem Zeitraum eingreifen, in dem der einem Kind aus einer anderen Beziehung barunterhaltspflichtige Elternteil kein Elterngeld für das von ihm betreu-

77 Vgl. auch *Wohlgemuth* FF 2004, 9.
78 NK-BGB/*Saathoff/Knatz* § 1603 Rn. 14 f.
79 BGH 21.2.2001 – XII ZR 308/98, NJW 2001, 1488.
80 BGH 12.4.2006 – XII ZR 31/04, NJW 2006, 2404; aA OLG Oldenburg 2.11.2004 – 12 UF 66/04, NJW-RR 2005, 516, das dies auch bei einem gleich hohen Einkommen nicht ausschließt.
81 BGH 12.4.2006 – XII ZR 31/04, NJW 2006, 2404.
82 BGH 15.3.2006 – XIIZR 30/04, NJW 2006, 1654; nach BGH 5.10.2006 – XII ZR 197/02, NJW 2007, 139 muss dem neuen Ehegatten allerdings mindestens der pauschale Ehegattenselbstbehalt verbleiben.
83 BGH 31.3.1982 – IVb ZR 667/80, NJW 1982, 1590.
84 BGH 11.2.2015 – XII ZB 181/14, NJW 2015, 1178 in Fortsetzung der Rechtsprechung zum Erziehungsgeld in BGH 12.4.2006 – XII ZR 31/04, NJW 2006, 2404.

te Kind aus einer neuen Beziehung bezieht. Für die Zeit nach der Vollendung des dritten Lebensjahres des betreuten Kindes besteht eine grundsätzliche Erwerbsobliegenheit des barunterhaltspflichtigen Elternteils, die im Einzelfall in ihrem Umfang durch das Betreuungsbedürfnis des Kindes eingeschränkt sein kann.[85] Dagegen wurde die Hausmann-Rechtsprechung begründet, als bis zur Vollendung des achten Lebensjahres des betreuten Kindes in der Regel keine Erwerbsobliegenheit bestand, so dass eine Heranziehung des betreuenden Elternteils für den Barunterhalt eines anderen Kindes nur möglich war, wenn an diesen über den normalen Umfang hinausgehende Anforderungen an seine Erwerbsobliegenheit gestellt wurden.

Eine Begrenzung des Unterhaltsanspruchs des Kindes auf den Betrag, der ohne den Rollenwechsel des Pflichtigen auf der Basis seines früheren Erwerbseinkommens zu leisten wäre, findet nicht statt.[86] Soweit notwendig, kann das barunterhaltsberechtigte Kind auch auf einen **Taschengeldanspruch** des Pflichtigen gegen seinen Ehegatten zurückgreifen.[87] Die vorstehenden Grundsätze gelten nicht nur bei völliger Aufgabe der Erwerbstätigkeit, sondern auch bei deren Reduzierung. Sie sind ebenfalls anzuwenden, wenn der Pflichtige statt in einer neuen Ehe in einer **nichtehelichen Lebensgemeinschaft** lebt und dort ein gemeinsames Kind betreut.[88] 50

d) Vorhandensein eines anderen unterhaltspflichtigen Verwandten. Nach § 1603 Abs. 2 S. 3 BGB greift die gesteigerte Unterhaltspflicht nach § 1603 Abs. 2 S. 1 BGB gegenüber einem minderjährigen oder diesem gleichgestellten privilegierten volljährigen Kind nicht ein, soweit ein anderer unterhaltspflichtiger Verwandter zur Verfügung steht, der den Unterhalt **ohne Beeinträchtigung seines eigenen angemessenen Unterhaltsbedarfs** leisten kann. Der Pflichtige wird in diesem Fall also nur von einer Inanspruchnahme bis zum notwendigen Selbstbehalt ausgenommen, während er bis hin zum angemessenen Selbstbehalt weiterhin haftet.[89] Es geht demnach um die Differenz zwischen diesen Selbstbehalten, dh bezogen auf einen erwerbstätigen Pflichtigen um 200 EUR. Erzielt der primär Unterhaltspflichtige dagegen kein Einkommen über den angemessenen Selbstbehalt hinaus, so haftet ein vorhandener unterhaltspflichtiger sonstiger Verwandter des Kindes ohnehin nach § 1606 BGB. 51

Als anderer unterhaltspflichtiger Verwandter kommt auch der **andere Elternteil** unabhängig davon, dass er seiner Unterhaltspflicht bereits an sich ausreichend durch die Betreuung des Kindes nachkommt (§ 1606 Abs. 3 BGB), in Betracht.[90] Dies hat zur Folge, dass der andere Elternteil den Betreuungs- und Barunterhalt im Rahmen seiner Leistungsfähigkeit zu tragen hat. Ein solches Eintreten des betreuenden Elternteils in die Barunterhaltspflicht des anderen Elternteils ist nicht davon abhängig, dass dessen Einkommen um ein Vielfaches höher ist als das Einkommen des an sich vorrangig barunterhaltspflichtigen Elternteils. 52

Für die Auffassung, die Inanspruchnahme des betreuenden Elternteils auf Barunterhalt setze voraus, dass dieser über ein wesentlich höheres Einkommen als der an sich allein barunterhaltspflichtige Elternteil verfüge[91] fehlt es an einer gesetzlichen Grundlage. So hat der Bundesgerichtshof zu Recht entschieden, dass eine Barunterhaltsverpflichtung des betreuenden Elternteils bei einem Nettoeinkommen von monatlich rd. 1.600 EUR und Einkünften des an sich barunterhaltspflichtigen Elternteils unterhalb des – bereits herabgesetzten – pauschalen angemessenen Selbstbehalts in Betracht kommt.[92] Soweit die Erzielung des Erwerbseinkommens neben der Kindesbetreuung mit einer besonderen Belastung verbunden ist, was vor allem bei der Betreuung jüngerer Kinder auch neben einer weitgehenden Fremdbetreuung während der Zeit der Erwerbstätigkeit möglich ist, kommt es in Betracht, dem betreuenden Elternteil einen Teil seines Einkommens anrechnungsfrei zu belassen (→ Rn. 14). 53

85 Vgl. *Finke* FF 2018, 90.
86 BGH 5.10.2006 – XII ZR 197/02, NJW 2007, 139.
87 BGH 5.10.2006 – XII ZR 197/02, NJW 2007, 139.
88 BGH 21.2.2001 – XII ZR 308/08, NJW 2001, 1488.
89 BGH 4.5.2011 – XII ZR 70/09, NJW 2011, 1874.
90 BGH 4.5.2011 – XII ZR 70/09, NJW 2011, 1874.
91 OLG Brandenburg 15.2.2011 – 10 UF 106/10, FamRZ 2011, 176; OLG Hamm 10.3.2009 – 3 UF 118/08, FamRZ 2009, 1919: doppelt so hohes Einkommen.
92 BGH 4.5.2011 – XII ZR 70/09, NJW 2011, 1874.

54 Eine von den vorstehenden Sachverhalten zu unterscheidende Frage ist, ob bei **sehr hohen Einkommensunterschieden der Eltern** unabhängig von der Regelung des § 1603 Abs. 2 Nr. 3 BGB aus Gründen der **Billigkeit** eine Beteiligung des in sehr viel besseren wirtschaftlichen Verhältnissen lebenden betreuenden Elternteils an der an sich allein den anderen Elternteil treffenden Barunterhaltspflicht in Betracht kommt. Dies beruht darauf, dass der Grundsatz der Gleichwertigkeit von Bar- und Betreuungsunterhalt in § 1606 Abs. 3 S. 2 BGB nicht uneingeschränkt gilt, sondern Korrekturen unterliegt, wenn ein Elternteil in deutlich besseren wirtschaftlichen Verhältnissen lebt.[93] Dabei kann eine **vollständige Übernahme des Barunterhalts** durch den betreuenden Elternteil bei einem etwa dreifach höheren Einkommen dieses Elternteils der Billigkeit entsprechen, während unterhalb dieser Grenze bei einem erheblichen Gefälle der Einkommens- und Vermögensverhältnisse der Eltern eine **anteilige Haftung** beider Elternteile in Betracht kommt, bei der der vorweg abzuziehende angemessene **Selbstbehalt** auf Seiten des betreuenden Elternteils **zu erhöhen** ist, um dem Umstand Rechnung zu tragen, dass dieser zusätzlich auch den dem Barunterhalt gleichwertigen Betreuungsunterhalt erbringt.[94]

55 **e) Haftungsanteile bei Barunterhaltspflicht beider Eltern.** Während die Barunterhaltspflicht beider Eltern bei einem minderjährigen Kind nur in dem vorstehend dargestellten Sonderfall (→ Rn. 51 ff.) sowie bei vollständiger Fremdunterbringung und -betreuung in Betracht kommt, ist sie bei volljährigen Kindern einschließlich der privilegiert Volljährigen nach § 1603 Abs. 2 S. 2 BGB regelmäßig gegeben. Die Eltern sind dabei nicht Gesamt-, sondern **Teilschuldner** hinsichtlich des jeweils auf sie entfallenden Haftungsanteils. Dieser Anteil wird ermittelt nach dem Verhältnis der nach Abzug des Selbstbehalts verbleibenden Einkünfte. Bei volljährigen Kindern ist auf den pauschalen angemessenen Selbstbehalt abzustellen. Dies gilt auch bei privilegiert volljährigen Kindern, soweit zumindest ein Elternteil mit seinem Einkommen diesen Selbstbehalt übersteigt und den Unterhaltsbedarf decken kann.[95]

56 Soweit ein Elternteil gegen den anderen einen noch nicht titulierten Unterhaltsanspruch hat, stellt sich die Frage, ob dieser vorab ohne Abzug des Kindesunterhalts ermittelt und erst dann die Haftungsquote bestimmt wird oder ob, mit Rücksicht auf die Bedarfsprägung des Kindesunterhalts für den Ehegattenunterhalt, dieser nach Abzug des Kindesunterhalts festgestellt wird. Richtig erscheint die zuerst genannte Vorgehensweise, da die durch den Ehegattenunterhalt bedingte Steigerung der Leistungsfähigkeit beim unterhaltsberechtigten Ehegatten und die Reduzierung auf Seiten des unterhaltspflichtigen Ehegatten beim Kindesunterhalt zu berücksichtigen ist. Die Unterschiede der Ergebnisse beider Methoden, die durch die Abweichung von der Halbteilung beim Ehegattenunterhalt infolge des 1/7-Bonus des Erwerbstätigen bedingt sind, sind in der Regel relativ gering, zumal sie noch unterschiedliche steuerliche Auswirkungen haben können (Absetzbarkeit des Ehegattenunterhalts im Rahmen des begrenzten Realsplittings nach § 10 Abs. 1 a Nr. 1 EStG).

57 Eine andere Problematik kann sich hinsichtlich des **Vorwegabzugs** der vorrangigen (gegenüber privilegiert Volljährigen gleichrangigen) **Unterhaltsverpflichtungen gegenüber minderjährigen Kindern** ergeben, wenn es sich dabei teilweise um nicht gemeinsame Kinder der gemeinsam haftenden Eltern handelt. Dies kann dazu führen, dass die Haftungsquote zuungunsten eines Elternteils erheblich verändert wird aufgrund von Umständen, die ausschließlich im Bereich des anderen Elternteils liegen. Es kann daher im Einzelfall aus Billigkeitsgründen eine **Korrektur der Haftungsquote** geboten sein.[96] Sie erübrigt sich, wenn der Vorwegabzug nicht zu einer unangemessenen Belastung des anderen Elternteils in seinen wirtschaftlichen Verhältnissen führt.[97]

58 Verfügt ein Elternteil nur über ein ihm wegen Verletzung seiner Erwerbsobliegenheit zuzurechnendes **fiktives Einkommen** (→ *Fiktives Einkommen* Rn. 1 ff.), so kann dies bei der Ermittlung der Haftungsquote nicht berücksichtigt werden, da der Bedarf des Kindes nicht mit fiktiven Einkünften gedeckt werden

93 Vgl. BGH 19.11.1997 – XII ZR 1/96, NJW-RR 1998, 505.
94 BGH 10.7.2013 – XII ZB 297/12, NJW 2013, 2897.
95 BGH 12.1.2011 – XII ZR 83/08, NJW 2011, 670.
96 *Hammer* LL Nr. 13.3.2.
97 OLG Hamm 11.1.2011 – 2 WF 191/10, FamRZ 2011, 1599.

kann.[98] Etwas anderes kann gelten, wenn das Kind mit dem nicht bzw. dem nicht ausreichend erwerbstätigen Elternteil in einem Haushalt lebt und einen Teil seines Bedarfs durch Naturalunterhaltsleistungen dieses Elternteils deckt[99] oder wenn beiden Elternteilen fiktive Erwerbseinkünfte zuzurechnen sind.[100]

2. Ehegattenunterhalt

Nachdem das Bundesverfassungsgericht[101] der Vermischung von Elementen des Bedarfs und der Leistungsfähigkeit im Rahmen der Rechtsprechung des Bundesgerichtshofs von den „wandelbaren ehelichen Lebensverhältnissen“[102] eine Absage erteilt hat, ist die **Konkurrenz von Ansprüchen mehrerer Ehegatten** sowie von Ehegattenunterhalt und sonstigen nach der Ehe entstandenen Unterhaltsansprüchen wieder ausschließlich im Rahmen der Leistungsfähigkeit (§ 1581 BGB) und nicht mehr bereits bei der Bedarfsbestimmung zu berücksichtigen. Zu den Einzelheiten → *Mehrere Bedürftige* Rn. 1 ff. 59

98 OLG Köln 14.3.2011 – 14 WF 20/11, FamRZ 2011, 1599; Wendl/Dose UnterhaltsR/*Klinkhammer* § 2 Rn. 567, 578; aA OLG Karlsruhe 24.2.2011 – 2 UF 45/09, FamRZ 2011, 1303.
99 Wendl/Dose UnterhaltsR/*Klinkhammer* § 2 Rn. 567.
100 FA-FamR-HdB VI Rn. 158, 178.
101 BVerfG 25.1.2011 – 1 BvR 918/10, NJW 2011, 836.
102 BGH 28.1.2009 – XII ZR 119/07, NJW 2009, 1271.

162. Lohnsteuerklassen

Perleberg-Kölbel

I. Einführung

1 Die Einkommensteuer bei Einkünften aus nichtselbstständiger Arbeit iSd § 19 EStG wird durch einen Abzug vom Arbeitslohn erhoben. Die Lohnsteuer ist keine eigene Steuer, sondern vielmehr eine **Unterart** und **besondere Erhebungsform der Einkommensteuer**. **Schuldner** der Lohnsteuer ist der Arbeitnehmer, § 38 Abs. 2 S. 1 EStG. Die Lohnsteuer entsteht hierbei in dem Zeitpunkt, in dem der Arbeitslohn dem Arbeitnehmer zufließt, § 38 Abs. 2 S. 2 EStG. Sie wird für Rechnung des Arbeitnehmers bei jeder Lohnzahlung vom Arbeitsentgelt einbehalten, § 38 Abs. 3 S. 1 EStG und erfolgt unabhängig davon, ob der Arbeitnehmer zur Einkommensteuer veranlagt wird oder nicht.

2 Die LStDV definiert ua in § 1 die Arbeitnehmer- und Arbeitgebereigenschaft, in § 2 den Arbeitslohn und in § 5 die besonderen Aufzeichnungs- und Mitteilungspflichten im Rahmen der betrieblichen Altersversorgung.

II. Einteilungen

3 Die Einreihung in Steuerklassen erfolgt für unbeschränkt steuerpflichtige Arbeitnehmer, § 38 b EStG. Danach ist der Arbeitnehmer iSd Steuerklassen III und IV unbeschränkt einkommensteuerpflichtig, wenn er die Voraussetzungen des § 1 Abs. 1 oder 2 bzw. des § 1 a EStG erfüllt, § 38 b Abs. 1 S. 3 EStG.

4 Folgende Einteilungen sind nach § 38 b Abs. 1 S. 2 EStG zu unterscheiden:

- **Steuerklasse I:**
  - a) unbeschränkt einkommensteuerpflichtige
    - aa) Ledige
    - bb) Verheiratete, Geschiedene oder Verwitwete, wenn die Voraussetzungen für Steuerklasse III oder IV nicht erfüllt sind.
  - b) beschränkt Einkommensteuerpflichtige
- **Steuerklasse II:** wie Steuerklasse I und wenn der Freibetrag für Alleinerziehende zu berücksichtigen ist, § 24 b EStG.
- **Steuerklasse III:**
  - a) Verheiratete, beide unbeschränkt einkommensteuerpflichtig und nicht dauernd getrennt lebend. Der andere Ehegatte darf keinen Lohn beziehen oder muss auf gemeinsamen Antrag in die Steuerklasse V eingruppiert sein.
  - b) Verwitwete für das Jahr nach dem Tod des Ehegatten bei beiderseitiger unbeschränkter Einkommensteuerpflicht und keinem dauernden Getrenntleben im Todeszeitpunkt.
  - c) Bei aufgelöster Ehe für das Jahr der Auflösung, in dem die Eheleute (beide unbeschränkt einkommensteuerpflichtig) nicht dauernd getrennt lebten. Der andere Ehegatte muss im gleichen Jahr wieder geheiratet haben und darf nicht dauernd getrennt leben. Er und sein neuer Ehegatte müssen unbeschränkt einkommensteuerpflichtig sein.
- **Steuerklasse IV:** Verheiratete, beide Lohnbezieher, unbeschränkt steuerpflichtig sowie nicht dauernd getrennt lebend.
- **Steuerklasse V:** Arbeitnehmer wie bei Steuerklasse IV, wenn der Ehegatte auf beiderseitigen Antrag Steuerklasse III hat.

- **Steuerklasse VI:** Arbeitnehmer mit Lohn aus mehr als einem Arbeitsverhältnis für das zweite Arbeitsverhältnis und weitere Arbeitsverhältnisse sowie in den Fällen des § 39 c EStG (Einbehaltung der Lohnsteuer ohne Lohnsteuerabzugsmerkmale).

III. Faktorverfahren

Seit 2010 wird das sog. „Faktorverfahren" gem. § 39 f. EStG als **Alternative** für Ehegatten, die unter die Steuerklassenkombination III/IV oder IV/IV fallen, angeboten. Auf der Lohnsteuerkarte kann jeweils die Steuerklasse IV in Verbindung mit einem Faktor, nämlich **IV-Faktor/IV-Faktor,** eingetragen werden. Der Faktor ist stets kleiner als eins und berücksichtigt außerdem die steuermindernde Wirkung des Splittingverfahrens beim Lohnsteuerabzug.[1] 5

Die Ehegatten müssen hierzu am Beginn eines jeden Jahres ihre voraussichtlichen Jahresarbeitslöhne dem Finanzamt übermitteln. Auf dieser Grundlage wird die voraussichtliche Höhe der gemeinsamen Einkommensteuer nach Splittingtarif und auch die voraussichtliche Höhe des Lohnsteuerabzugs in der Steuerklasse IV festgestellt.[2] Diese beiden Werte werden dann ins Verhältnis gesetzt, wobei die Finanzbehörde auf den Lohnsteuerkarten der Ehegatten jeweils neben der Angabe „Steuerklasse IV" das Ergebnis, den „Faktor", einträgt. 6

Der **Faktor** ergibt sich folglich durch die Division der voraussichtlichen Einkommensteuer nach Splittingtarif durch die Summe der Lohnsteuer für beide Ehegatten nach der Steuerklasse IV. Dem jeweiligen Ehegatten verbleiben hierbei mindestens die ihm persönlich zustehenden Abzugsbeträge, wie der Grundfreibetrag, die Vorsorgepauschale, der Sonderausgaben-Pauschbetrag und der Kinderfreibetrag nach § 32 Abs. 6 EStG. 7

Das Faktorverfahren setzt einen gemeinsamen **freiwilligen Antrag** (also ohne amtlichen Vordruck) der Ehegatten bis **spätestens zum 30.11.** eines Kalenderjahres bei der Finanzbehörde unter Vorlage der Lohnsteuerkarten und unter Angabe der voraussichtlichen Arbeitslöhne des Kalenderjahres beider Ehegatten voraus. 8

Die Ehegatten bleiben weiterhin verpflichtet, für den Veranlagungszeitraum eine **Steuererklärung** abzugeben. Die Finanzbehörde stellt dann im Rahmen der Veranlagung die genaue Einkommensteuer fest, § 46 Abs. 2 Nr. 3 a EStG. 9

Der **Vorteil** des Splitting-Tarifs erscheint monatlich in Gestalt der Steigerung vom Nettolohn und wird auf beide Ehegatten entsprechend verteilt. 10

Das Faktorverfahren berührt nicht nur die steuerrechtliche Situation der Ehegatten, sondern steigert zB die Grundlage für das Arbeitslosengeld und für weitere Leistungen der Agentur für Arbeit, wie das Unterhalts-, Überbrückungs-, Kurzarbeiter-, Insolvenz-[3] und das Elterngeld. Da das Einkommen des § 2 Abs. 1 BEEG nicht dem Nettoeinkommen iSd EStG entspricht, wird gem. § 2 Abs. 7 BEEG das Einkommen vielmehr nach Abzug der auf Grundlage der gewählten Steuerklasse monatlich anfallenden Lohnsteuer nebst Sozialabgaben ermittelt. Daher steigert sich wegen des Wechsels zur Steuerklassenwahl IV/IV und des Faktorverfahrens der Elterngeldanspruch.[4] Die **Höhe des Elterngeldes** wird individuell errechnet. Es beträgt nach § 2 BEEG als Einkommensersatzleistung 67 % bzw. ab einem Nettoeinkommen von rd. 1.200 EUR 65 % des Nettoentgeltes, das aufgrund der Betreuung von Kindern wegfällt. Es wird bis zu einem Höchstbetrag von 1.800 EUR monatlich gezahlt. Ab VZ 2011 entfällt das Elterngeld bei einem Jahreseinkommen von mehr als 250.000 EUR bei Ledigen bzw. 500.000 EUR bei Verheirateten. Für **ab VZ 2013** geborene Kinder berechnet sich das Elterngeld gem. § 2 Abs. 1 S. 2 BEEG nach dem **Bruttoeinkommen**, dh das Einkom- 11

1 Siehe auch die Beispiele im Merkblatt zur Steuerklassenwahl bei Ehegatten, die beide Arbeitnehmer sind, www.bundesfinanzministerium.de.

2 *Bißmaier* FamRZ 2009, 1451.

3 *Perleberg-Kölbel* FuR 2009, 562.

4 *Hosser* FamRZ 2010, 951.

men aus Erwerbstätigkeit errechnet sich nach Maßgabe der §§ 2 c bis 2 f EStG aus der um die Abzüge für Steuern und Sozialabgaben verminderten Summe der positiven Einkünfte aus nichtselbständiger Arbeit nach § 2 Abs. 1 S. 1 Nr. 4 EStG sowie aus Land- und Forstwirtschaft, Gewerbebetrieb und selbstständiger Arbeit nach § 2 Abs. 1 S. 1 Nr. 1 bis 3 EStG, die im Inland zu versteuern sind und die die berechtigte Person durchschnittlich monatlich im Bemessungszeitraum hat.

Hilfe bei der Berechnung bietet der Elterngeldrechner unter www.elterngeld.net.

Auch eingetragene **Lebenspartner** können nun den Lohsteuerabzug, die Lohnsteuerklassenkombinationen IV/IV, III/V oder das sogenannte Faktorverfahren wählen. Die Änderungen im Einkommensteuergesetz sind am 19.7.2013 in Umsetzung der Entscheidung des Bundesverfassungsgerichts vom 7.5.2013[5] in Kraft getreten.[6] Nach § 2 Abs. 8 EStG sind die Regelungen des Einkommensteuergesetzes zu Ehegatten und Ehen auch auf Lebenspartner und Lebenspartnerschaften anzuwenden.

§ 1 Abs. 1 S. 1 LPartG definiert den Begriff „Lebenspartner und Lebenspartnerinnen". Dies sind zwei Personen gleichen Geschlechts, die gegenseitig und bei gleichzeitiger Anwesenheit vor der zuständigen Behörde erklären, miteinander eine Partnerschaft auf Lebenszeit führen zu wollen. Vom 1.8.2001 bis zum 30.9.2017 konnten Partner einer gleichgeschlechtlichen Beziehung ihr Zusammenleben durch die eingetragene Lebenspartnerschaft legalisieren. Dieses familienrechtliche Institut sollte eine weitgehende Gleichstellung von eingetragenen homosexuellen Paaren und Ehepaaren erreichen. Seit dem 1.10.2017 können gleichgeschlechtliche Paare nur noch die Ehe eingehen, eine eingetragene Lebenspartnerschaft kann nicht mehr begründet werden. Solange eine bereits bestehende eingetragene Lebenspartnerschaft nicht in eine Ehe umgewandelt wird, bleibt sie bestehen.

IV. Lohnsteuertabellen

12 Die Lohnsteuertabellen bezeichnen die für die einzelnen Lohnsteuerklassen in Betracht kommenden Lohnsteuerbeträge. Es gilt die allgemeine von der besonderen Lohnsteuertabelle zu unterscheiden.

1. Differenzierungen

13 Die **allgemeine Lohnsteuertabelle** wird für Arbeitnehmer angewandt, die in allen Sozialversicherungszweigen versichert sind, während dagegen die **besondere Lohnsteuertabelle** in Betracht kommt, wenn der Arbeitnehmer in keinem Sozialversicherungszweig pflichtversichert oder privat kranken- oder pflegeversichert ist (zB Beamte).

2. Auswirkungen

14 In die Lohnsteuertabelle sind für die einzelnen Steuerklassen bereits Freibeträge bzw. Pauschbeträge, Vorsorgepauschale und der Entlastungsbetrag für Alleinerziehende eingearbeitet, § 39 b Abs. 2 Nr. 3 EStG.

15 Der **Grundfreibetrag** in den Steuerklassen I, II und IV betrug im VZ 2020 9.408 EUR. Im VZ 2021 beträgt der Grundfreibetrag 9.744 EUR und ab 2022 soll der Grundfreibetrag dann auf 9.984 EUR steigen. Um der „kalten Progression" zu begegnen, werden die Eckwerte des Einkommensteuertarifs für den Veranlagungszeitraum 2020 um 1,95 % nach rechts verschoben. Hiermit will man dem Effekt entgegenwirken, durch den Einkommenssteigerungen bei einer Inflation durch den progressiven Steuersatz ihre Wirkung verlieren. Siehe hierzu auch das BMF-Schreiben v. 09.11.2020.[7]

5 BT-Drs. 17/13870.
6 BGBl. 2013 I 2397.
7 Merkblatt zur Steuerklassenwahl für das Jahr 2021 bei Ehegatten oder Lebenspartnern, die beide Arbeitnehmer sind, NWB EAAAH-63549.

Der Pauschbetrag für Werbungskosten gem. § 9 a S. 1 Nr. 1 a EStG ist in allen Steuerklassen gleich hoch mit 920 EUR angegeben (rückwirkend **ab VZ 2011** 1.000 EUR durch das am 9.6.2011 beschlossene Steuervereinfachungsgesetz 2011).[8] 16

Soweit es sich um Versorgungsbezüge iSv § 19 Abs. 2 EStG handelt, beträgt der Pauschbetrag gem. § 9 a S. 1 Nr. 1 b EStG ab VZ 2009 102 EUR.

Freibeträge beim Lohnsteuerabzug müssen nicht mehr jährlich beantragt werden. Sie gelten für zwei Jahre. Bei Veränderungen zugunsten des Arbeitnehmers kann jedoch jederzeit eine Anpassung beantragt werden.

Der Sonderausgaben-Pauschbetrag beläuft sich nach § 10 c EStG auf 36 EUR in den Steuerklassen I, II, IV und V, während er sich in der Steuerklasse III auf 72 EUR verdoppelt. Er wird abgezogen, wenn der Steuerpflichtige keine höheren Aufwendungen nachweist. 17

V. Lohnsteuerkarte/elektronisches System Elster Lohn II

Die Lohnsteuerkarte erfasst die persönlichen Merkmale des Steuerpflichtigen. Die letzte in Papierform ist die des Kalenderjahres 2010, die auch in 2011 ihre Gültigkeit behält, §§ 39 Abs. 1 S. 1, 39 e Abs. 9 S. 1 EStG. 18

Seit VZ 2013 wird die Lohnsteuerkarte durch das **elektronische System „ElsterLohn II"** abgelöst, § 39 e EStG. Lohnsteuerliche Merkmale der Arbeitnehmer (Steuerklasse, Kinder, Religionszugehörigkeit und Freibeträge) werden allein in diesem System gespeichert, wobei der Arbeitgeber mithilfe der ihm von seinem Arbeitnehmer zur Verfügung gestellten Daten die für den Lohnsteuerabzug benötigten Auskünfte bei der Finanzverwaltung abruft. Die Speicherung der Daten erfolgt zentral in der sog. **ELStAM-Datenbank** (Elektronische Lohnsteuerabzugsmerkmale) beim Bundeszentralamt für Steuern. 19

Die Gemeinde als Meldebehörde hat mit der Bildung von Lohnsteuerabzugsmerkmalen aufgrund der Meldedaten nichts mehr zu tun. Ergeben sich Änderungen der Lohnsteuerabzugsmerkmale aufgrund von melderechtlichen Änderungen, zB infolge einer Heirat, erfolgt eine automatisierte Datenübermittlung der Meldebehörde an die ELStAM-Datenbank. Dort werden die Grunddaten entsprechend geändert. Die Arbeitgeber beider Ehegatten erhalten zum nächsten Monat eine Änderungsliste mit dem Hinweis auf die geänderten ELStAM.[9] 20

Ab VZ 2020 wird der Abruf der Elektronischen Lohnsteuerabzugsmerkmale (ELStAM) für beschränkt einkommensteuerpflichtige Arbeitnehmer nach § 1 Abs. 4 EStG ermöglicht. Daher wurde bereits ab Januar 2019 in der Papierbescheinigung für den Lohnsteuerabzug für diese Arbeitnehmer die steuerliche Identifikationsnummer (IdNr.) des Arbeitnehmers aufgenommen.[10]

Mit § 42 g EStG ist ähnlich einer Umsatzsteuer-Nachschau die **Lohnsteuer-Nachschau** eingeführt worden, wonach Mitarbeiter des Finanzamts unangemeldet Unternehmen aufsuchen und sich einen Überblick über die betrieblichen Verhältnisse verschaffen dürfen. Es handelt sich hierbei weder um eine Außenprüfung, noch um eine Steuerfahndungsprüfung. Schriftliche und elektronische Aufzeichnungen sind vorzulegen und Auskünfte zu erteilen. Es dürfen allerdings keine Unterlagen mitgenommen oder Durchsuchungen vorgenommen werden. 21

8 BGBl. 2011 I 2131.

9 Siehe auch *Schramm/Harder-Buschner* NWB 2012, 3526.

10 S. a. Merkblatt: „Wichtige Änderungen bei dem Antrag auf Erteilung einer Bescheinigung für den Lohnsteuerabzug ab 1.1.2020 für beschränkt einkommensteuerpflichtige Arbeitnehmer", www.bundesfinanzministerium.de.

163. Mangelfall und Selbstbehalt

Osthold

I. Selbstbehalt

1. Allgemeines

1 Nach §§ 1581, 1603 BGB hat der Unterhaltspflichtige nur dann Unterhalt zu leisten, wenn sein **eigener angemessener Unterhalt**, dh sein Selbstbehalt (oder Eigenbedarf), gewahrt bleibt. Anderenfalls liegt ein Mangelfall vor. Welcher Betrag dem Unterhaltspflichtigen zur **Sicherstellung seines Existenzminimums** als Selbstbehalt zu belassen ist, ist anders als beim Mindestunterhalt Minderjähriger nicht gesetzlich festgelegt (→ *Mindestunterhalt* Rn. 1). Das Urteil des Bundesverfassungsgerichts vom 9.2.2010, sog. **Hartz IV-Urteil**, leistet insoweit eine erfreuliche Klarstellung.[1] Denn das Existenzminimum ist am Bedarf einer Person orientiert und umfasst alle **existenznotwendigen Aufwendungen**, die für ein menschenwürdiges Existenzminimum benötigt werden. Auch der Selbstbehalt des Unterhaltspflichtigen ist also zunächst eine reine Bedarfsgröße. Bisher wird dieser noch nicht dynamisch an die Entwicklung der Lebenshaltungskosten angepasst. Dies sollte der Gesetzgeber ändern. Wie dieser Selbstbehalt konkret aussieht, ergibt sich je nach der Unterhaltsverpflichtung. Die Selbstbehaltsätze sind mittlerweile pauschaliert. Sie können jedoch im Einzelfall angepasst werden.

2. Notwendiger Selbstbehalt

2 Der notwendige Selbstbehalt ist die **unterste Grenze des Eigenbedarfs**, der dem Unterhaltspflichtigen verbleiben muss und nicht unterschritten werden darf.[2] Der notwendige Selbstbehalt gilt gegenüber minderjährigen Kindern und dem sie betreuenden Ehegatten sowie gegenüber privilegierten volljährigen Kindern. Er beträgt beim Nichterwerbstätigen 960 EUR und beim Erwerbstätigen 1.160 EUR. In diesem Betrag sind Kosten für Unterkunft und Heizung in Höhe von 430 EUR enthalten.[3] Auch der notwendige Selbstbehalt kann bis auf den **notwendigen Lebensbedarf nach sozialhilferechtlichen Grundsätzen** ermäßigt werden, wenn der Unterhaltspflichtige mit einem leistungsfähigen Partner zusammenlebt und durch die gemeinsame Haushaltsführung, vor allem durch eine gemeinsame Wohnung, Ersparnisse entstehen, durch die er sich auch sozialhilferechtlich auf einen im Rahmen seiner Bedarfsgemeinschaft geringeren Bedarf verweisen lassen muss, wobei der Selbstbehalt regelmäßig höchstens um 10 % gekürzt werden darf[4] (→ *Mindestbedarf* Rn. 7). Der Selbstbehalt für Nichterwerbstätige ist bei Bezug von Arbeitslosengeld I und II, Übergangsgeld oder längerem Bezug (ab ca. 6 Monaten) von Krankengeld anzusetzen.[5]

1 BVerfG 9.2.2010 – I BvL 1/09, I BvL 3/09, I BvL 4/09, NJW 2010, 505.
2 BGH 20.7.1990 – XII ZR 74/89, FamRZ 1990, 1090.
3 Vgl. zB Ziffer 21.2 SüdL, Stand 1.1.2021; Anmerkung 5 Düsseldorfer Tabelle.
4 BGH 30.1.2013 – XII ZR 158/10, NJW 2013, 1005.
5 OLG Rostock 6.12.2016 – 10 UF 16/16, FuR 2018, 46.

3. Angemessener Selbstbehalt

a) Volljähriges Kind. Der angemessene Selbstbehalt gilt gegenüber volljährigen Kindern, die sich in Ausbildung befinden und **nicht privilegiert** iSd § 1603 Abs. 2 S 2 BGB sind, also kumulativ noch nicht das 21. Lebensjahr vollendet haben, noch im Haushalt eines Elternteils leben und sich noch in der allgemeinen Schulausbildung befinden. Der angemessene Selbstbehalt beträgt nach Anmerkung 5 der Düsseldorfer Tabelle, Stand 1.1.2021, 1.400 EUR. Hierin sind Kosten für Unterkunft und Heizung in Höhe von 550 EUR enthalten. Hat ein erwachsenes Kind erst eine eigene Lebensstellung erreicht und wird dann später etwa aufgrund einer Behinderung wieder unterhaltsbedürftig, so ist der Selbstbehalt der Unterhaltspflichtigen noch weiter zu erhöhen, weil die Eltern sich auf den dauerhaften Wegfall der Unterhaltsverpflichtung einstellen durften. Der Bundesgerichtshof hat bestätigt, dass sich ein Elternteil in diesem Fall auf den gleichen Selbstbehalt berufen kann wie beim Elternunterhalt. Nach Stand der Düsseldorfer Tabelle 1.1.2021 wäre dies ein Sockelselbstbehalt von 2.000 EUR und darüber hinaus die Hälfte des bereinigten Nettoeinkommens. Je nach Einzelfall kann ein Familienselbstbehalt angesetzt werden.[6] 3

b) Elternunterhalt. Gegenüber Eltern (auch Großeltern und Enkeln) beträgt der angemessene Selbstbehalt **mindestens 2.000 EUR**. Auch hierin sind Kosten für Unterkunft und Heizung in Höhe von 700 EUR enthalten.[7] Die Konsequenzen aus dem Angehörigen-Entlastungsgesetz vom 10.12.2019 lassen jedoch unterhaltsrechtlich erhebliche Konsequenzen erwarten. Die Leitlinien tragen dem bereits Rechnung und führen teilweise den soeben genannten Selbstbehalt seit dem 1.1.2021 nicht mehr explizit auf, sondern verweisen bei der Bemessung nur noch auf „Zweck und Rechtsgedanken" des Angehörigenentlastungsgesetzes.[8] Bereits jetzt werden zukünftige Selbstbehalte von nicht unter 5.000 EUR diskutiert.[9] Daher sollte die weitere Entwicklung der Rechtsprechung und deren Niederschlag in den Leitlinien der Oberlandesgerichte in Zukunft besonders genau beobachtet werden. Ausgangspunkt der Bemessung des Selbstbehalts sollte aber die bisherige Rechtsprechung bleiben. Beim Elternunterhalt ergibt sich weiter die Besonderheit, dass das über den angemessenen Selbstbehalt hinausgehende Einkommen des unterhaltspflichtigen Kindes nach den unterhaltsrechtlichen Leitlinien grundsätzlich über den Selbstbehalt hinaus **zur Hälfte anrechnungsfrei** verbleibt. Nach der Rechtsprechung handelt es sich bei dem angemessenen Selbstbehalt bei der Inanspruchnahme auf Elternunterhalt um keine feste Größe. Er steht in Abhängigkeit zum verfügbaren Einkommen, dem vorhandenen Vermögen sowie dem sozialen Rang des unterhaltspflichtigen Kindes. Das Kind soll eine dauerhafte und spürbare Senkung seines berufs- und einkommenstypischen Unterhaltsniveaus nicht hinnehmen. Auf keinen Fall kann vom unterhaltspflichtigen Kind verlangt werden, mehr von seinem Einkommen für den Unterhalt eines Elternteils einzusetzen, als ihm selbst verbleibt.[10] In dieser Entscheidung hat der Bundesgerichtshof ebenfalls ausgeführt, dass im Falle des Elternunterhalts keine Absenkung des Selbstbehaltes deshalb in Betracht kommt, weil das unterhaltspflichtige Kind preisgünstiger wohnt, als es der in dem Selbstbehaltsatz berücksichtigten Warmmiete von derzeit 700 EUR entspricht. 4

Lebt das unterhaltspflichtige Kind unverheiratet mit einem Partner zusammen, so sind 45 % des Einkommens, das den Sockelselbstbehalt von derzeit 2.000 EUR (Stand 1.1.2021) überschreitet, für den Unterhalt einzusetzen, um der Ersparnis durch die gemeinsame Haushaltsführung Rechnung zu tragen.[11] Ist das Kind mit dem Partner verheiratet, so hat der Bundesgerichtshof – mittlerweile für alle Ehekonstellationen des Pflichtigen (Hausfrauen-, Doppelverdienerehe, Ehe mit beidseitiger Elternunterhaltsverpflichtung) – eine neue Berechnungsmethode, nämlich den sog. **individuellen Familienselbstbehalt**, entwickelt,[12] um der Konkurrenz mit dem Anspruch auf Familienunterhalt sowie der Haushaltsersparnis um 10 % zugleich Rechnung zu tragen. Der Sockelselbstbehalt berechnet sich nach dem Standardsockel von derzeit 5

6 BGH 18.7.2012 – XII ZR 91/10, NJW 2012, 2883.
7 Ziffer 21 3.3. SüdL, Stand 1.1.2020.
8 So etwa Ziffer 21.3.3. SüdL, Stand 1.1.2021.
9 Vgl. etwa *Schürmann* FF 2020, 48 (57).
10 BGH 25.6.2003 – XII ZR 63/00, NJW-RR 2004, 217.
11 BGH 28.7.2010 – XII ZR 140/07, FamRZ 2010, 1535.
12 BGH 28.7.2010 – XII ZR 140/07, FamRZ 2010, 1535; 5.2.2014 – XII ZB 25/13, FamRZ 2014, 538; BGH 20.3.2019 – XII ZB 365/18, FamRZ 2019, 885.

1.600 EUR, zuzüglich Mindestbedarf des Ehegatten.[13] Derzeit wären das zusammengerechnet 3.600 EUR. Dieser sog. allgemeine Familienselbstbehalt (3.600 EUR) wird dann vom zusammengerechneten bereinigten Nettoeinkommen beider Ehegatten abgezogen (zB 6.000 EUR). Von dem verbleibenden Differenzbetrag (2.400 EUR) werden 45 % errechnet (1.080 EUR) und dann auf den allgemeinen Familienselbstbehalt draufgeschlagen, um den sog. individuellen Familienselbstbehalt zu ermitteln (4.680 EUR). In einem letzten Schritt wird jetzt kein Selbstbehalt mehr, sondern die konkrete Höhe der Leistungsfähigkeit des Pflichtigen ermittelt. Dazu muss man zunächst den prozentualen Anteil des bereinigten Nettoeinkommens des Unterhaltspflichtigen am bereinigten beidseitigen Nettoeinkommen der Ehegatten errechnen (zB 75 %, wenn der Ehemann 4.500 EUR und die Ehefrau 1.500 EUR bereinigt netto hat). Dann wird dieser Prozentsatz vom Betrag des zuvor individuellen Familienselbstbehalts genommen (0,75*4.680 EUR = 3.510 EUR). Die sich so ergebende Zahl zieht man dann vom bereinigten Nettoeinkommen des Elternunterhaltspflichtigen ab (4.500 EUR – 3.510 EUR). Das Ergebnis beschreibt genau die Höhe der Leistungsfähigkeit, also den Betrag, den der Pflichtige einzusetzen hat (hier 990 EUR). Die Rechenmethode ist allerdings nicht anwendbar, wenn das Kind nur unbare Mittel wie allein den Wohnvorteil oder bloß einen Anspruch auf Familienunterhalt gegen seinen Ehegatten hat.[14]

4. Ehegattenselbstbehalte und Ansprüche aus § 1615 l BGB

6 Beim Ehegattenunterhalt sind zunächst zwei Selbstbehalte voneinander zu unterscheiden. Am praxisrelevantesten ist der sog. **Ehegattenmindestselbstbehalt**, der leider häufig missverständlich auch der eheangemessene Selbstbehalt genannt wird. Dieser wird als **Mittelbetrag zwischen dem notwendigen und angemessenen Selbstbehalt** veranschlagt.[15] Entgegen der früheren Rechtsprechung des Bundesgerichtshofs bedarf es einer zusätzlichen Grenze der Leistungsfähigkeit nach den individuellen ehelichen Lebensverhältnissen nicht. Der Betrag ist daher im Ausgangspunkt ein Fixbetrag und in den Leitlinien der OLG unter Ziffer 21.4 festgehalten. Er betrug bisher 1.280 EUR (Stand 1.1.2020). Der BGH hat mit seiner Entscheidung vom 16.10.2019 im Ehegattenunterhalt die Differenzierung in Selbstbehalte für Erwerbs- und Nichterwerbstätige gebilligt.[16] Sahen die Leitlinien bis zum 31.12.2019 noch keine Differenzierung vor, so kann nunmehr – wie beim notwendigen Selbstbehalt – zwischen den Selbstbehalten eines Erwerbstätigen und eines Nichterwerbstätigen differenziert werden. Für einen Erwerbstätigen werden derzeit 1.280 EUR und für einen Nichterwerbstätigen 1.180 EUR angesetzt. Das haben die Leitlinien – soweit ersichtlich – seit dem 1.1.2021 flächendeckend umgesetzt.[17] Nicht alle Leitlinien gingen diese Differenzierung so schon im Jahr 2020 ausdrücklich mit.[18] Es sollten jetzt immer die einschlägigen Leitlinien geprüft werden, wie diese Selbstbehalte umgesetzt worden sind. Diese Sätze gelten für geschiedene und getrennt lebende Ehegatten in gleichem Maße.[19] Wird dieser Mindestselbstbehalt im Falle der Zahlung des Ehegattenunterhalts unterschritten, spricht man von einem sog. **absoluten Mangelfall**. Daneben existiert noch ein weiterer Selbstbehalt. Dieser wird teilweise auch **eheangemessener Selbstbehalt**, teilweise aber auch nur „eigener angemessener Unterhalt" in Anlehnung an den Wortlaut des § 1581 BGB genannt. Der Bundesgerichtshof nennt diesen auch die „Kehrseite des Bedarfs" und macht damit auch dessen Höhe deutlich.[20] Er besteht im individuellen Fall in der Höhe des hälftigen zur Verfügung stehenden bereinigten Nettoeinkommens beider Ehegatten und schützt somit den Halbteilungsgrundsatz. Er ist damit kein Fixbetrag. Wird dieser Betrag unterschritten, spricht man von einem sog. **relativen Mangelfall**. Er hat heute keine wesentliche Bedeutung

---

13 Ziffer 22.3. der Leitlinien, derzeit 1.600 EUR, Stand 1.1.2021. Es ist zu beachten, dass viele Leitlinien seit dem 1.1.2021 hier keine Werte mehr ausweisen, wie zB die SüdL.

14 BGH 12.12.2012 – XII ZR 43/11, FamRZ 2013, 363.

15 BGH 15.3.2006 – XII ZR 30/04, FamRZ 2006, 683.

16 BGH 16.10.2019 – XII ZB 341/17, FamRZ 2020, 97.

17 So zB Ziffer 21.4 SüdL, Stand 1.1.2021.

18 Die Leitlinien zB des OLG Schleswig, Stand 1.1.2020, nannten unter Ziffer 21.4 zB nur den Selbstbehalt in Höhe von 1.280 EUR; die Leitlinien zB des OLG Hamburg, Stand 1.1.2020, nannten unter Ziffer 21.4 ausdrücklich für beide Gruppen den Selbstbehalt von 1.280 EUR.

19 BGH 17.12.2008 – XII ZR 63/07, FamRZ 2009, 404.

20 BGH 7.12.2011 – XII ZR 151/09, FamRZ 2012, 281; 15.3.2006 – XII ZR 30/04, FamRZ 2006, 683.

mehr, wenn nur ein Ehegatte vorhanden ist, weil dessen Bedarf ohnehin nach dem Halbteilungsgrundsatz ermittelt wird und dem Pflichtigen dann rechnerisch die andere Hälfte des gemeinsamen Einkommens verbleibt. Daher ist in diesen Fällen nur auf den Ehegattenmindestselbstbehalt zu achten. Im Falle mehrerer Unterhaltsberechtigter kommt dem relativen Mangelfall hingegen eine große Bedeutung zu (→ Rn. 22 f.; → *Mehrere Bedürftige (Drittelmethode)* Rn. 20 ff.).

Für Ansprüche nach § 1615 l BGB wird, obwohl der Anspruch auf den Verwandtenunterhalt nach § 1615 l Abs. 3 S. 1 BGB verweist (dies wird stark kritisiert und eine entsprechende Anwendung des § 1581 BGB gefordert),[21] der Selbstbehalt von den meisten Leitlinien der Oberlandesgerichte so wie derjenige des Ehegattenunterhalts bemessen.[22] Auch hier sollte vorsorglich immer ein Blick in die einschlägigen Leitlinien geworfen werden.

5. Anpassung des Selbstbehalts

a) Herabsetzung. Eine Herabsetzung des Selbstbehalts kommt insbesondere durch eine aufgrund **gemeinsamer Haushaltsführung** eintretende **Ersparnis** infrage, jedoch höchstens auf das **Existenzminimum nach sozialrechtlichen Grundsätzen**[23] (→ *Mindestbedarf* Rn. 7). Das Zusammenleben mit einem leistungsfähigen neuen Partner reduziert nach aktueller Rechtsprechung des Bundesgerichtshofs ausdrücklich im Regelfall den Selbstbehalt um 10 %.[24] Leistungsfähigkeit besteht, wenn der Partner Einkommen in Höhe des um 10 % verminderten notwendigen Selbstbehalts für Nichterwerbstätige erzielt.[25] Auch hier sollten aber immer die einschlägigen aktuellen Leitlinien eingesehen werden. Bei im Ausland lebenden Pflichtigen, bei denen das Lebenshaltungskostenniveau geringer ist, kann der Selbstbehalt gekürzt werden.[26] Das Statistische Bundesamt gibt im Internet verfügbare Vergleichstabellen heraus, an denen man sich orientieren kann.[27] Dort kann man das Verhältnis der Durchschnittslöhne in der verarbeitenden Industrie heranziehen. Möglich ist auch die Heranziehung von Eurostat-Tabellen.[28] Keine Herabsetzung soll regelmäßig erfolgen, wenn die Wohnkosten die im Selbstbehalt enthaltenen Pauschalen unterschreiten.[29] Ausnahmen sind nur in Regionen mit signifikant geringeren Wohnkosten denkbar. Keine Herabsetzung soll des Weiteren gegenüber Ansprüchen auf Betreuungsunterhalt erfolgen.[30] Hier bedarf es keiner Privilegierung des Unterhaltsgläubigers. 7

b) Erhöhung des Selbstbehalts. Die pauschalierten Selbstbehaltssätze sind im Einzelfall auf ihre Angemessenheit zu überprüfen. So kommt eine Erhöhung des Selbstbehalts beispielsweise bei **unvermeidbaren höheren Mietkosten** wie die im Selbstbehalt berücksichtigten Kosten in Betracht. Insbesondere im Trennungsjahr können Kosten der ehemaligen Mietwohnung selbstbehaltserhöhend sein, wenn eine Beendigung des Mietverhältnisses (noch) nicht möglich oder nicht zumutbar ist. Im Übrigen tat sich die bisherige Rechtsprechung sehr schwer mit diesem Einwand, da die Darlegung der Unvermeidbarkeit oftmals voraussetzte, Nachweise vorzulegen, sich um eine günstigere Wohnung bemüht, aber keine gefunden zu haben.[31] Zu beachten ist zudem, dass der Unterhaltspflichtige einen Anspruch auf staatliches Wohngeld haben könnte.[32] Nicht nur das tatsächlich bezogene Wohngeld, sondern auch schon der insoweit bestehende Anspruch, der vom Unterhaltspflichtigen geltend gemacht werden muss, mindert dagegen die Mietbelastung. 8

---

21 Vgl. etwa *Götz* FamRZ 2018, 144 (1484).
22 So zB Ziffer 21.3.2. SüdL, Stand 1.1.2021.
23 BGH 9.1.2008 – XII ZR 170/05, FPR 2008, 172.
24 BGH 19.3.2014 – XII ZB 19/13, FamRZ 2014, 912.
25 Derzeit: 864 EUR, Stand 1.1.2021.
26 BGH 13.4.1988 – IVb ZR 34/87, FamRZ 1988, 705.
27 Internationaler Vergleich der Verbraucherpreise, Fachserie 17 Reihe 10.
28 Siehe dazu das Vorgehen in OLG Karlsruhe 5.8.2016 – 5 UF 87/14, FamRZ 2017, 282.
29 BGH 23.8.2006 – XII ZR 26/04, FamRZ 2006, 1664.
30 BGH 19.11.2008 – XII ZR 51/08, FamRZ 2009, 311.
31 OLG Schleswig 22.12.2008 – 13 UF 100/08, NJW 2009, 1218; OLG Hamburg 13.9.2002 – 10 UF 52/01, FamRZ 2003, 1205.
32 Wohngeld ist unterhaltsrechtlich Einkommen, soweit es nicht erhöhte Wohnkosten deckt, s. Ziffer 2.3 der Leitlinien: sehr häufig wird das Wohngeld aber erhöhte Wohnkosten abdecken.

Nach der Rechtsprechung des Bundesgerichtshofs können auch **nicht unerhebliche Umgangskosten**, die der Unterhaltspflichtige aus den Mitteln, die ihm über den notwendigen Selbstbehalt hinaus verbleiben, nicht bestreiten kann, zu einer maßvollen Erhöhung des Selbstbehalts führen.[33] Denkbar ist hier ebenso ein bereinigender Abzug vom Einkommen.[34] Die Kosten müssen aber ganz konkret vorgetragen werden und müssen nicht unerheblich über dem jeweiligen hälftigen Kindergeldbetrag liegen.[35] Denn der dem Pflichtigen durch die Reduktion des Tabellenbetrags auf den Zahlbetrag zukommende Anteil am Kindergeld steht diesem für Kindesbelange zur Verfügung. Dieser Anteil ist zur Bestreitung der Umgangskosten einzusetzen. Beim Elternunterhalt gilt ohnehin der erhöhte Selbstbehalt und die 50 %-Grenze des darüber hinausgehenden Einkommens (→ Rn. 4). Krankheits- oder Pflegekosten können den Selbstbehalt ebenfalls erhöhen. Auch hier muss konkret vorgetragen werden.

II. Rangfolge

1. Allgemeines

9 Ein Kernstück der Unterhaltsrechtsreform ist die Neufassung des **§ 1609 BGB**. Danach gilt seit dem 1.1.2008 folgende **Rangordnung:**

- **Stufe 1**: minderjährige unverheiratete Kinder und Kinder iSd § 1603 Abs. 2 S. 2 BGB (privilegierte volljährige Kinder).
- **Stufe 2**: Elternteile, die wegen der Betreuung eines Kindes unterhaltsberechtigt sind oder im Falle einer Scheidung wären, sowie Ehegatten und geschiedene Ehegatten bei einer **Ehe von langer Dauer**. Nach dem Urteil des Bundesgerichtshofs vom 30.7.2008 ist bei der Prüfung der langen Ehedauer zu berücksichtigen, inwieweit durch die Ehe Nachteile eingetreten sind, um für den eigenen Unterhalt zu sorgen[36] (→ *Nacheheliche Solidarität* Rn. 5). Liegen auch bei einer längeren Ehedauer keine ehebedingten Nachteile vor, handelt es sich nicht um eine lange Ehe iSd § 1609 Nr. 2 BGB. Bei zusammengesetzten Anspruchsgrundlagen zieht der Betreuungsunterhalt den gesamten Anspruch unter Stufe 2.[37]
- **Stufe 3**: Ehegatten, die nicht unter Nr. 2 fallen.
- **Stufe 4**: Kinder, die nicht unter Nr. 1 fallen.
- **Stufe 5**: Enkelkinder und weitere Abkömmlinge.
- **Stufe 6**: Eltern.
- **Stufe 7**: Weitere Verwandte der aufsteigenden Linie, wobei in dieser Rangstufe die näheren Verwandten den entfernteren vorgehen.

10 Mit Ausnahme von § 1609 Nr. 7 BGB besteht **innerhalb einer Rangstufe Gleichrang**. Die Einführung einer klaren Rangfolge bedeutet systematisch, dass zunächst der volle Bedarf der Vorrangigen erfüllt werden muss und dann erst nachrangige Unterhaltsbedürftige Unterhalt erhalten. Zu beachten ist, dass die Frage des Rangs nicht bei der Bedarfsermittlung, sondern erst bei der Leistungsfähigkeit von Bedeutung ist.

2. Minderjährige und privilegierte volljährige Kinder

11 Der Vorrang dieser Unterhaltsansprüche bezieht sich auf den **gesamten Unterhalt** und nicht lediglich auf den Mindestunterhalt iSd § 1612 a BGB. Das bedeutet auch, dass Mehr- und Sonderbedarf umfasst sind, weil sie Bestandteile eines einheitlichen Unterhaltsanspruchs sind.[38] Im Einzelfall ist der Unterhalt allerdings auf seine **Angemessenheit** hin zu überprüfen, wobei ein ausgewogenes Verhältnis zwischen den vorrangigen Ansprüchen der minderjährigen Kinder und nachrangigen Ansprüchen auf Betreuungsunter-

33 BGH 23.2.2005 – XII ZR 56/02, FamRZ 2005, 708.
34 BGH 17.6.2009 – XII ZR 102/08, FamRZ 2009, 1391.
35 OLG Rostock 6.12.2016 – 10 UF 16/16, FuR 2018, 46.
36 BGH 30.7.2008 – XII ZR 177/06, FamRZ 2008, 1911.
37 BGH 1.10.2014 – XII ZB 185/13, FamRZ 2014, 1987.
38 BGH 1.10.2014 – XII ZB 185/13, FamRZ 2014, 1987.

halt oder sonstigen Unterhalt zu beachten ist.[39] So kann der Regelbedarf auf den Mindestunterhalt reduziert werden, wenn andernfalls das Existenzminimum des nachrangigen Ehegatten nicht gesichert wäre. In diesem Fall kann auch der Zusatzbedarf eines Kindes gekürzt werden. Nach der Rechtsprechung des Bundesgerichtshofs kann die Ausgewogenheit des Unterhaltsbedarfs verschiedener Unterhaltsberechtigter durch Anwendung der **Bedarfskontrollbeträge** der Düsseldorfer Tabelle oder auf andere Weise erreicht werden.[40] Der Bedarfskontrollbetrag hat deshalb nichts mit dem Selbstbehalt zu tun. In beengten Verhältnissen kann dies dazu führen, dass zur Wahrung des Unterhaltsanspruchs eines geschiedenen Ehegatten den minderjährigen Kindern lediglich der Mindestunterhalt und den privilegiert volljährigen Kindern lediglich der Unterhalt nach der 1. Einkommensstufe der 4. Altersgruppe der Düsseldorfer Tabelle zusteht. Nur in solchen Fällen beschränkt sich der Vorrang nach § 1609 Nr. 1 BGB auf diesen Mindestunterhalt, der dann dem angemessenen Unterhalt iSv § 1610 Abs. 1 BGB entspricht. Bei besseren finanziellen Verhältnissen gilt der Vorrang hingegen auch für höhere Ansprüche.

III. Mangelfall

1. Einkommenskorrektur

Hier ist zwischen Ehegattenunterhalt und den sonstigen Unterhaltsansprüchen zu differenzieren. Denn 12
der Ehegattenunterhaltsanspruch hat in Bezug auf den Bedarf eine zeitliche Grenze (→ *Eheliche Lebensverhältnisse* Rn. 2 ff.). Es kann daher besonders im nachehelichen Unterhalt nach längerer Zeit zum Auseinanderfallen von berücksichtigungswürdigem Einkommen auf der Ebene des Bedarfs und auf der Ebene der Leistungsfähigkeit kommen. Beim Kindesunterhalt ist wegen des Charakters des abgeleiteten Unterhaltsbedarfs das Einkommen auf Bedarfsebene mit demjenigen auf Leistungsfähigkeitsebene grundsätzlich zumeist identisch. Ausnahmen gibt es dennoch. Besonders die Akzeptanz der Abzugspositionen ändert sich im Mangelfall. Beim Bedarf nach § 1615 l BGB spielt das Einkommen des Pflichtigen bei der Bedarfsbemessung keine Rolle (→ *Bedarfsermittlung* Rn. 51 ff.). Beim Elternunterhalt richtet sich der Bedarf nach der Lebensstellung der Eltern selbst,[41] was vornehmlich im Falle des Aufenthalts im Pflegeheim die Betreuungs- und Unterbringungskosten sind.[42] Bei der **Leistungsfähigkeit** nach § 1581 BGB und damit insbesondere im Mangelfall ist stets das **gesamte Einkommen** des Pflichtigen anzusetzen. Das zunächst ermittelte bereinigte Nettoeinkommen ist im Mangelfall nochmals zu überprüfen und gegebenenfalls nach **Billigkeitskriterien** zu korrigieren, um einen Mangelfall zu vermeiden. Im Rahmen des § 1581 BGB sind sämtliche, nicht bedarfsprägende neue Einkünfte sowie auch der Splittingvorteil oder familienbezogene Gehaltszuschläge aus der neuen Ehe anzusetzen.[43] Abzüge sind jedoch nur nach umfassender Billigkeitsabwägung zu berücksichtigen (insofern täuscht der Wortlaut des § 1581 BGB, der scheinbar auf alle Verbindlichkeiten abstellt). Unterschiede können sich bei zusätzlichen Fahrtkosten ergeben oder der Inanspruchnahme der Pauschale für berufsbedingte Aufwendungen. Hier kann eine schärfere Abwägung erfolgen als auf Bedarfsebene. Schulden spielen eine größere Rolle. So kann es bei eheprägenden Verbindlichkeiten Obliegenheiten zur Umschuldung oder Ratenreduktion bzw. Tilgungsaussetzung geben. Bei nichteheprägenden Schulden gilt ein strenger Maßstab, der in der Regel zur Nichtberücksichtigung führen wird. Verfahrenskosten oder Verfahrenskostenhilferaten sind nur in besonderen Ausnahmefällen berücksichtigungsfähig.[44]

Im Rahmen des Kindesunterhalts nach § 1603 BGB wird eine Einkommenskorrektur vor allem bei den Abzügen virulent, jedoch können teilweise auch Einkünfte herangezogen werden, die auf Bedarfsebene nicht zu berücksichtigen sind. So verlangt die gesetzliche Wertung des § 1603 Abs. 2 BGB, dass der Mindestunterhalt des Kindes stets Vorrang vor den Interessen des Unterhaltspflichtigen an einer zusätzlichen

39 BGH 17.9.2008 – XII ZR 72/06, FamRZ 2008, 2189.
40 BGH 6.2.2008 – XII ZR 14/06, FamRZ 2008, 968.
41 BGH 19.2.2003 – XII ZR 67/00, FamRZ 2003, 860.
42 BGH 21.11.2012 – XII ZR 150/10, FamRZ 2013, 203.
43 BGH 7.12.2011 – XII ZR 151/09, FamRZ 2012, 281.
44 OLG Karlsruhe 18.7.1997 – 2 UF 227–96, NJW-RR 1998, 578.

Altersvorsorge oder Rentenversicherung hat.[45] Außerdem können folgende üblicherweise nicht anrechenbare **Einkommensbestandteile** in Ansatz gebracht werden:

- freiwillige Leistungen Dritter, auf die kein Rechtsanspruch besteht[46] (→ *Bedarfsermittlung* Rn. 18);
- überobligatorische Einkünfte;
- der Erwerbstätigenbonus kann reduziert oder insgesamt herangezogen werden (→ *Erwerbstätigenbonus* Rn. 7);
- der notwendige Selbstbedarf kann bis auf das sozialhilferechtliche Existenzminimum gekürzt werden, wenn sich der Unterhaltspflichtige in eine neue Partnerschaft begibt (→ Rn. 7);
- Schuldentilgungen können im Mangelfall gegenüber minderjährigen Kindern nur in Ausnahmefällen Berücksichtigung finden; Kredite müssen dann tilgungsfrei gestellt werden und die Raten müssen auf ein Minimum gekürzt werden;[47]
- höhere Fahrtkosten können im Mangelfall in der Regel nicht berücksichtigt werden, es kann die Benutzung öffentlicher Verkehrsmittel verlangt werden.[48]

13 Dabei ist im Einzelfall bei Ansprüchen minderjähriger Kinder ein strengerer Maßstab anzulegen, weil sie sich nicht selbst unterhalten können und deshalb ihnen gegenüber nach § 1603 Abs. 2 S. 1 BGB alle Mittel einzusetzen sind. Beim Ehegatten und sonstigen Nachrangigen ist dagegen je nach Rang eine großzügigere Einzelfallbetrachtung angebracht.

2. Mangelfall bei einem Berechtigten

14 Die Unterhaltsberechnung erfolgt bei einem Unterhaltsberechtigten im Mangelfall **in zwei Stufen:** Zunächst wird der volle Unterhaltsbedarf festgestellt. Anschließend wird der volle Unterhaltsbedarf um den Teil gekürzt, der den Selbstbehalt unterschreitet, weil die Verteilungsmasse nicht ausreicht. Der Unterhaltsanspruch entspricht in diesem Fall der Verteilungsmasse.

3. Mangelfall bei mehreren Unterhaltsberechtigten

15 **a) Allgemeines.** Aufgrund der zum 1.1.2008 eingeführten Rangordnung nach **§ 1609 BGB** liegt ein sog. **absoluter Mangelfall** nur noch vor, wenn innerhalb eines Rangs mehrere Bedürftige vorhanden sind. Der frühere von der Rechtsprechung des Bundesgerichtshofs entwickelte Ansatz von Mindestbeträgen beim absoluten Mangelfall minderjähriger Kinder und Ehegatten entfällt durch den Vorrang der minderjährigen Kinder.[49] Der **Mindestunterhalt** kommt jedoch dann zum Tragen, wenn es bei beengten Verhältnissen um die Eingruppierung beim Kindesunterhalt geht oder um die Feststellung eines Missverhältnisses beim Bedarf eines Vorrangigen durch Berücksichtigung nachrangiger Unterhaltslasten, dh bei einem Mangelfall des Bedürftigen (→ Rn. 11). Im Verhältnis der Erst- und Zweitfamilie sowie eines minderjährigen Kindes und Ehegatten bzw. Ansprüchen nach § 1615 l BGB ist auf ein **ausgewogenes Ergebnis** zu achten.

16 Zur **Feststellung des Mangelfalles** bei mehreren Unterhaltsberechtigten ist wie folgt vorzugehen:

1. Errechnung des Unterhaltsbedarfs des einzelnen Berechtigten;
2. Feststellung der Verteilungsmasse und des Mangelfalls;
3. Prüfung der Rangfragen;
4. Ausscheiden der Nachrangigen und Neuberechnung des Bedarfs der Vorrangigen;
5. anteilige Unterhaltskürzung bei den Gleichrangigen;
6. Ergebniskorrektur im Einzelfall.

Die **Kürzungsformel** bei Gleichrangigen **lautet wie bisher**:

K = V : S x 100 (K = Kürzungsfaktor, V = Verteilungsmasse, S = Summe aller Einsatzbeträge)

---

45 BGH 30.1.2013 – XII ZR 158/10, NJW 2013, 1005.
46 BGH 17.3.1999 – XII ZR 139/97, FamRZ 1999, 843.
47 BGH 6.2.2002 – XII ZR 20/00, FamRZ 2002, 536.
48 OLG Brandenburg 30.6.1998 – 10 WF 58/98, FamRZ 1999, 1010.
49 BGH 22.1.2003 – XII ZR 2/00, FamRZ 2003, 363.

b) Minderjährige Kinder und privilegierte Volljährige. Reicht die **Verteilungsmasse**, also die Differenz zwischen dem notwendigen Selbstbehalt und dem bereinigten Nettoeinkommen des Pflichtigen nicht aus, um den Unterhalt mehrerer gleichrangiger minderjähriger Kinder zu decken, ist der Unterhalt entsprechend der unter Ziffer 1 genannten Formel (K = V : S x 100) anteilig zu kürzen. Das Kindergeld ist vorab nach § 1612 b Abs. 1 BGB bedarfsdeckend anzusetzen.[50] Ein Mangelfall liegt deshalb nur vor, wenn unter Berücksichtigung der Zahlbeträge der notwendige Selbstbehalt unterschritten wird. Der Unterhalt aller Nachrangigen ist wegen der Mangellage nicht zu berücksichtigen. Für die Eingruppierung in die Düsseldorfer Tabelle ist deshalb nur die Anzahl der minderjährigen Kinder und privilegierten Volljährigen heranzuziehen. Im Mangelfall ist ein Mehr- oder Sonderbedarf im Vergleich zum Elementarbedarf subsidiär und wird deshalb in die Mangelfallberechnung nicht mit einbezogen.[51] 17

c) Bedürftige Ehegatten. aa) Rechtsprechung des BVerfG und des BGH. Bei einem oder mehreren bedürftigen Ehegatten ist zunächst der vorrangige Kindesunterhalt bei der Bereinigung des Nettoeinkommens des Pflichtigen abzuziehen, und zwar wegen der Bedarfsdeckung des Kindergelds nach § 1612 b Abs. 1 Nr. 1 BGB in Höhe des Zahlbetrags. Reicht danach für mehrere nachrangige Ehegatten bzw. Ansprüche nach § 1615 l BGB die Verteilungsmasse nicht aus, ist zu beachten, dass nach der Begründung des Gesetzgebers zur Unterhaltsrechtsreform im besonderem Maße auf die **Erzielung gerechter Ergebnisse** im Verhältnis minderjähriger Kinder und betreuender Elternteile zu achten ist (→ Rn. 11, 15).[52] Die Rechtsprechung ist an den Willen des Gesetzgebers gebunden. Da es beim **Vorrang des Kindesunterhalts** in beengten Fällen in erster Linie um die **Sicherung des Existenzminimums** durch den Mindestunterhalt geht, der dem Kind voll verbleibt, kann dies im Verhältnis minderjähriger Kinder und betreuender Elternteile im Mangelfall nicht dazu führen, Kindern möglichst viel und dem nachrangig betreuenden Elternteil im Verhältnis zu wenig zuzusprechen. Der Bundesgerichtshof hat deshalb entschieden, dass der Kindesunterhalt im Mangelfall im zweiten Rang trotz seines Vorrangs nur als Mindestunterhalt anzusetzen sein kann (→ Rn. 11).[53] 18

Nach der Rechtsprechung des Bundesgerichtshofs war bis zu der einschneidenden Entscheidung des Bundesverfassungsgerichts vom 25.1.2011[54] der Bedarf bei gleichrangigen unterhaltsberechtigten Ehegatten bzw. bei Unterhaltsansprüchen nach § 1615 l BGB im Wege der **Dreiteilung** zu ermitteln.[55] Soweit der Bedarf in dieser Form ermittelt wurde, hat das Bundesverfassungsgericht dies in seiner Entscheidung vom 25.1.2011 für verfassungswidrig erklärt (→ *Eheliche Lebensverhältnisse* Rn. 6; → *Mehrere Bedürftige (Drittelmethode)* Rn. 7 ff.). 19

Das Bundesverfassungsgericht hat in seiner Entscheidung ausdrücklich darauf hingewiesen, dass die neue Rangordnung in § 1609 Nr. 2 BGB **nur für die Leistungsfähigkeit** und nicht im Rahmen der Bedarfsermittlung zum Tragen kommt. Bei **gleichrangigen** Ehegatten bzw. Unterhaltsberechtigten gemäß § 1615 l BGB führt eine Mangelfallberechnung bei der Leistungsfähigkeit wegen des vom Bundesverfassungsgericht bestätigten Grundsatzes der Halbteilung notwendigerweise zur Dreiteilung. Die Dreiteilung im Rahmen der Leistungsfähigkeit steht nicht im Widerspruch zu den Ausführungen des Bundesverfassungsgerichts. Zum einen befasst sich das Bundesverfassungsgericht lediglich mit der Bedarfsermittlung und hat insbesondere den Willen des Gesetzgebers zu den Auswirkungen der Rangänderung beim Ehegattenunterhalt nicht beanstandet. Nach dem Willen des Gesetzgebers darf es zu keiner Bevorzugung eines gleichrangigen Unterhaltsbedürftigen kommen, auch nicht des geschiedenen Ehegatten. Diesen Hinweis auf die Gleichrangigkeit und Gleichwertigkeit beider Ehen wurde in der Entscheidung des Bundesverfassungsgerichts ausdrücklich bestätigt. 20

50 BGH 19.11.2008 – XII ZR 51/08, FamRZ 2009, 311.
51 OLG Stuttgart 7.3.2012 – 11 UF 331/11, NJW-Spezial 2012, 356.
52 BT-Drs. 16/1830, 24.
53 BGH 17.9.2008 – XII ZR 72/06, FamRZ 2008, 2189.
54 BVerfG 25.1.2011 – 1 BvR 918/10, FamRZ 2011, 437.
55 StRspr des BGH, zB BGH 17.12.2008 – XII ZR 9/07, 2009, 411.

Dieser Auffassung ist nun auch der Bundesgerichtshof mit seiner Entscheidung vom 7.12.2011 gefolgt;[56] (→ *Mehrere Bedürftige (Drittelmethode)* Rn. 7 ff.; → *Eheliche Lebensverhältnisse* Rn. 6) und nimmt nunmehr bei gleichrangigen Unterhaltsberechtigten im Rahmen der Leistungsfähigkeit des Unterhaltverpflichteten nach § 1581 BGB eine Billigkeitsabwägung in Form einer Dreiteilung des gesamten unterhaltsrelevanten Einkommens vor. Das heißt, dass auch eigene Einkünfte des neuen Unterhaltsberechtigten mit einzubeziehen sind.

21 Die unterhaltsrechtliche Literatur hat unterschiedliche Berechnungsmethoden entwickelt. Im Ergebnis kann es nur zu einer Dreiteilung kommen (→ *Mehrere Bedürftige (Drittelmethode)* Rn. 1 ff.).

22 **bb) Lösung.** Auf der Ebene der Leistungsfähigkeit ist zwischen dem Vorhandensein von zwei gleichrangigen bedürftigen Ehegatten und dem Vorhandensein von vor- und nachrangigen Ehegatten zu differenzieren (→ *Mehrere Bedürftige (Drittelmethode)* Rn. 18 ff.).

23 Bei der Berechnung des Unterhalts des zweiten **gleichrangigen Ehegatten** ist die nach **§ 1581 BGB** gekürzte Unterhaltsverpflichtung gegenüber dem ersten Ehegatten vorab abzuziehen. Dies folgt aus der gemäß der Entscheidung des Bundesverfassungsgerichts bestehenden **Gleichrangigkeit und Gleichwertigkeit** beider Ehen. Die Kürzung muss demnach zum Ziel haben, den **Grundsatz der Halbteilung** zu wahren, was bei zwei bedürftigen Ehegatten rechnerisch immer die **Dreiteilung** zur Folge hat (→ *Mehrere Bedürftige (Drittelmethode)* Rn. 20).

24 Bei mehreren Berechtigten entsteht das Problem des relativen Mangelfalls, wenn der Unterhaltsanspruch des ersten Ehegatten auf Bedarfsebene unter Ausschluss der Unterhaltsverpflichtung des zweiten Ehegatten bemessen wird. Denn dann muss der Pflichtige aus seinem nach der Halbteilung bemessenen Bedarf auch noch dem zweiten Ehegatten Unterhalt zahlen, so dass ihm weniger als dem ersten Ehegatten verbleibt. Es kommt dann zu einem sog. relativen Mangelfall auf der Ebene der Leistungsfähigkeit, denn bei Gleichrang ist dort die Unterhaltsverpflichtung gegenüber dem zweiten Ehegatten vom Einkommen des Pflichtigen abzugsfähig (→ Rn. 6). In jedem Fall ist dabei aber auch sicherzustellen, dass dem Pflichtigen der Ehegattenmindestselbstbehalt verbleibt und somit kein absoluter Mangelfall entsteht. Kommt es zu einem absoluten Mangelfall, so ist das Einkommen über dem Ehegattenselbstbehalt nach Quote auf beide Berechtigten zu verteilen (→ *Mehrere Bedürftige (Drittelmethode)* Rn. 20).

25 Auch bei **Vor- und Nachrang** eines bedürftigen Ehegatten erfolgt eine gesonderte Ermittlung des Bedarfs jedes Ehegatten. Liegt danach ein **absoluter Mangelfall** vor, gilt die sog. **Vorranglösung**, dh der ermittelte Bedarf des Vorrangigen wird durch den Nachrangigen nicht gekürzt (→ *Mehrere Bedürftige (Drittelmethode)* Rn. 21).

26 Bei einem relativen Mangelfall im Falle des Vorrangs- oder Nachrangs kann es im Grundsatz bei den Rangregelungen der §§ 1582, 1609 BGB bleiben (→ *Mehrere Bedürftige (Drittelmethode)* Rn. 21 ff.).

Es können sich aber im Einzelfall Korrekturbedürfnisse ergeben, wobei im Falle des Vorrangs des zweiten Ehegatten anders verfahren wird, da nach dem Bundesgerichtshof im Rahmen des § 1581 BGB nur gleich- oder vorrangige Unterhaltsverpflichtungen zu berücksichtigen sind. Die erste Ehefrau müsste sich also im Falle des eigenen Vorrangs auf Ebene der Leistungsfähigkeit nicht die Unterhaltsverpflichtung gegenüber der zweiten Ehefrau entgegenhalten lassen müssen. Hier wird teilweise ebenfalls die Anwendung der Dreiteilung im Rahmen der Leistungsfähigkeit gegenüber dem Unterhaltsanspruch des ersten Ehegatten befürwortet (→ *Mehrere Bedürftige (Drittelmethode)* Rn. 22).

56 BGH 7.12.12011 – XII ZR 151/09, FamRZ 2012, 281.

164. Mehrbedarf/Sonderbedarf beim Kindesunterhalt

Schausten

I. Einleitung

1 Der nach den Sätzen der Düsseldorfer Tabelle ermittelte Unterhaltsbedarf eines Kindes umfasst den notwendigen allgemeinen Lebensbedarf wie Aufwendungen für die Ernährung, Unterkunft, Kleidung, Körperpflege und persönliche Bedürfnisse des täglichen Lebens. Daneben können noch weitere Bedarfspositionen entstehen, für die im Einzelfall zu überprüfen ist, ob sie aus dem laufenden Unterhalt zu tragen sind, oder ob es sich dabei um sog. Sonder- oder Mehrbedarf handelt.

II. Materielle Grundlagen

2 Gemäß der Definition in § 1613 Abs. 2 Nr. 1 BGB liegt Sonderbedarf bei einem **unregelmäßigen und außergewöhnlich hohen Bedarf** vor; es handelt sich um einen überraschenden, nicht mit Wahrscheinlichkeit voraussehbaren und der Höhe nach nicht abschätzbaren Bedarf, der beim laufenden Unterhalt nicht – auch nicht als Mehrbedarf – berücksichtigt werden konnte.[1] Ob der insoweit außer der Reihe auftretende Bedarf als außergewöhnlich hoch bewertet werden muss, ist abhängig vom jeweils laufenden Unterhalt im konkreten Fall, jedoch auch von den sonstigen Einkünften des Berechtigten, dem Lebenszuschnitt der Beteiligten sowie auch Art und Umfang der besonderen Aufwendung.[2] Über die Vorschrift des § 1585 b Abs. 1 BGB sind die Regelungen zum Sonderbedarf auch auf den **nachehelichen Ehegattenunterhalt** anwendbar.

3 Als **Mehrbedarf** ist der Teil des Lebensbedarfs anzusehen, der regelmäßig während eines längeren Zeitraums anfällt und das Übliche derart übersteigt, dass er mit den Regelsätzen nicht erfasst werden kann, andererseits aber kalkulierbar ist und deshalb bei der Bemessung des laufenden Unterhalts berücksichtigt werden kann.[3]

III. Anerkennungsfähigkeit des Zusatzbedarfs

4 Sonder- und Mehrbedarf sind Teil des Lebensbedarfs iSd § 1610 Abs. 2 BGB und dienen nicht der Finanzierung unnötiger Aufwendungen. Es muss sich in jedem Fall um die **Deckung notwendiger Lebensbedürfnisse** handeln, wobei auf die Sicht eines objektiven Betrachters unter Berücksichtigung der konkreten Lebensumstände abzustellen ist.[4] Der Unterhaltsberechtigte hat die Verpflichtung, die Inanspruchnahme des Unterhaltspflichtigen so gering wie möglich zu halten und seine Leistungsfähigkeit nicht über Gebühr zu strapazieren. Verlangt der Unterhaltsberechtigte beispielsweise den Ersatz von Kosten für Zusatzleistungen des Zahnarztes im Rahmen einer kieferorthopädischen Behandlung, sind diese nur dann zu erstatten,

---

1 BGH 15.2.2006 – XII ZR 4/04, NJW 2006, 1509.
2 NK-BGB/*Saathoff* § 1613 Rn. 14.
3 BGH 5.3.2008 – XII ZR 150/05, NJW 2008, 2337.
4 OLG Hamm 21.12.2010 – 2 WF 285/10, NJW 2011, 1087.

wenn der Unterhaltsverpflichtete diesen Zusatzleistungen vorab zugestimmt hatte oder die Zusatzleistungen medizinisch notwendig gewesen sind.[5]

5 Haben die unterhaltsverpflichteten Eltern ihrem Kind ein Studium zu finanzieren, so steht dem Kind ein gewisser Spielraum bei der selbstständigen Auswahl der Lehrveranstaltungen und dem eigenverantwortlichen Aufbau des Studiums zu, sofern dadurch nicht der ordnungsgemäße Abschluss des Studiums innerhalb angemessener Frist gefährdet wird. Innerhalb dieses Rahmens kann das Kind auch den Studienort wechseln. Soweit mit einem Ortswechsel ein erhöhter Unterhaltsbedarf des Kindes entsteht, ist dieser regelmäßig vom Unterhaltsverpflichteten zu tragen, sofern sich die Finanzierung in den Grenzen seiner wirtschaftlichen Leistungsfähigkeit hält. Die Finanzierung des Mehrbedarfs darf dem Verpflichteten wirtschaftlich nicht unzumutbar sein.[6]

IV. Einzelfälle

1. Klassenfahrten

6 Ist ein **Englandaustausch** ebenso wie eine **Klassenfahrt** Bestandteil des regelmäßigen Schulprogramms für die jeweilige Klassenstufe, fehlt es am Merkmal des überraschenden Auftretens.[7] Die Kosten für eine Klassenfahrt können, auch wenn sie vorhersehbar sind, Sonderbedarf darstellen, wenn dafür eine **Rücklagenbildung** aus dem laufenden Unterhalt **nicht möglich** ist.[8]

2. Schüleraustausch

7 Die Teilnahme an einem deutlich über eine Schulveranstaltung hinausgehenden Angebot eines Schüleraustauschs mit **China** kann nicht als notwendig angesehen werden.[9] Bei den Kosten für einen **USA-Aufenthalt** einer Schülerin in der Jahrgangsstufe 11 handelt es sich um einen nicht notwendigen Sonderbedarf, dessen Finanzierung trotz Sinnhaftigkeit des Aufenthalts bei normalen Einkommensverhältnissen nicht verlangt werden kann.[10]

3. Internatskosten

8 **Schulkosten**, die durch den Besuch eines **Internats im Ausland** entstehen, sind kein Sonderbedarf, sondern ein Mehrbedarf des unterhaltsberechtigten Kindes. Die Schulkosten sind vorab kalkulierbar und fallen auch nicht einmalig, sondern über einen längeren Zeitraum laufend und den Regelsatz übersteigend an; es ist im Einzelfall sehr sorgfältig zu prüfen, ob wichtige Gründe vorliegen, die es rechtfertigen, den Unterhaltspflichtigen mit den erheblichen Mehrkosten zu belasten: Entscheidend ist neben den Einkommens- und Vermögensverhältnissen des Unterhaltspflichtigen, ob eine kostengünstigere Alternative zu der gewählten Schulform existiert, die einen vergleichbaren Erfolg verspricht.[11]

9 Die Kosten von **Lern- und Arbeitsmitteln für den Schulunterricht**, von **Tagesklassenfahrten**, der Teilnahme an der Schülerhilfe und an sportlichen Aktivitäten sind kein Sonderbedarf.[12] Bei dem **Schulgeld** für den Besuch einer Privatschule handelt es sich um ausbildungsbedingten Mehrbedarf.[13] Allgemein bessere Fördermöglichkeiten an einem **Privatgymnasium** gegenüber einem staatlichen Gymnasium stellen keinen gewichtigen Grund dar, die einen Unterhaltsmehrbedarf rechtfertigen.[14] Die Wahl einer kostenver-

5 OLG Frankfurt a. M. 21.7.2010 – 4 UF 55/10, FamRZ 2011, 570.
6 BGH 26.2.1992 – XII ZR 97/91, NJW-RR 1992, 1026.
7 OLG Hamm 21.12.2010 – 2 WF 285/10, NJW 2011, 1087.
8 OLG Hamm 5.4.2004 – 11 WF 62/04, NJW-RR 2004, 1446.
9 OLG Hamm 21.12.2010 – 2 WF 285/10, NJW 2011, 1087.
10 OLG Schleswig 15.2.2006 – 15 UF 134/05, NJW 2006, 1601; OLG Dresden 9.2.2006 – 21 UF 619/05, OLGR Dresden 2006, 357.
11 KG 18.6.2002 – 19 UF 73/01, FuR 2003, 178.
12 OLG Braunschweig 1.3.1995 – 1 WF 76/94, FamRZ 1995, 1010.
13 OLG Karlsruhe 21.9.2007 – 5 UF 3/07, FamRZ 2008, 1209.
14 OLG Jena 9.9.2008 – 3 UF 31/08, NJW 2009, 1285.

ursachenden, teuren **privaten Internatsschule** durch den **sorgeberechtigten Elternteil** ist für den Unterhaltsschuldner dann nicht verbindlich, wenn der Sorgerechtsinhaber dadurch einen nicht unerheblichen Mehrbedarf im Vergleich zu anderen Lösungen der Schulauswahl verursacht, der nicht durch wichtige Gründe – insbesondere in der Entwicklung und Persönlichkeit des Kindes – zu rechtfertigen ist.[15]

4. Nachhilfekosten

Nachhilfekosten kündigen sich durch die kontinuierliche Verschlechterung der schulischen Leistungen an 10
und treten daher nicht unerwartet auf, daher handelt es sich dabei nicht um Sonderbedarf; dem Unterhaltsberechtigten steht aber ein Anspruch auf Beteiligung an den kalkulierbaren Nachhilfekosten als Mehrbedarf zu.[16]

5. Fahrtkosten

Fahrtkosten zwischen Wohnort und Schule stellen Mehrbedarf des Kindes dar, weil bei dem üblichen schu- 11
lischen Bedarf davon ausgegangen wird, dass die Schule sich am Wohnort des Kindes befindet; verlangt werden können nur die Kosten des günstigsten Tickets.[17] Die Transportkosten im Rahmen des Besuchs der Privatschule sind nicht als schulischer Mehrbedarf zu werten, diese Kosten sind auch von ihrem Umfang her allgemeiner Lebensbedarf und damit von den Regelsätzen des Tabellenunterhalts erfasst.[18]

6. Kieferorthopädische Behandlungskosten

Kieferorthopädische Behandlungskosten stellen regelmäßig Sonderbedarf dar, soweit sie nicht von den 12
Krankenkassen erstattet werden.[19]

7. Erstausstattung eines Säuglings

Die Erstausstattung eines Säuglings stellt Sonderbedarf dar; soweit nicht überdurchschnittliche Verhältnisse 13
vorliegen, kann als erforderlicher Aufwand für die Säuglingserstausstattung im Wege der Schätzung von einem Pauschalbetrag von 1.000 EUR ausgegangen werden.[20] Bei den Kosten für die Grundausstattung eines Babys handelt es sich um Sonderbedarf des Kindes, der ganz konkret darzulegen und nicht nur mit einem willkürlich gegriffenen Betrag anzugeben ist.[21]

8. Studiengebühren

In dem Unterhaltsbedarf eines volljährigen studierenden Kindes sind zu entrichtende Studiengebühren 14
nicht enthalten; dabei handelt sich um Mehrbedarf.[22]

9. Kindergartenbeiträge

Kindergartenbeiträge bzw. vergleichbare Aufwendungen für die Betreuung eines Kindes in einer kind- 15
gerechten Einrichtung sind in den Unterhaltsbeträgen, die in den Unterhaltstabellen ausgewiesen sind, unabhängig von der sich im Einzelfall ergebenden Höhe des Unterhalts nicht enthalten, es handelt sich

15 OLG München 18.9.2007 – 30 UF 34/0 7, FF 2008, 509; OLG Oldenburg 26.7.2018 – 4 UF 92/18, BeckRS 2018, 25943.

16 OLG Hamm 22.5.2006 – 6 WF 302/05, FamRZ 2007, 77; OLG Düsseldorf 8.7.2005 – 3 UF 21/05, NJW-RR 2005, 1529.

17 OLG Jena 12.8.2010 – 8 UF 102/10, FamFR 2010, 487.

18 OLG Karlsruhe 21.9.2007 – 5 UF 3/07, FamRZ 2008, 1209.

19 OLG Köln 15.6.2010 – 4 UF 19/10, ZFE 2011, 31; OLG Frankfurt a. M. 21.7.2010 – 4 UF 55/10, FamRZ 2011, 570.

20 OLG Koblenz 12.5.2009 – 11 UF 24/09, NJW-RR 2009, 1305.

21 OLG Celle 20.10.2008 – 10 WF 336/08, FamRZ 2009, 704.

22 OLG Koblenz 23.12.2008 – 11 UF 519/08, NJW-RR 2009, 1153.

dabei um Mehrbedarf; die in einer Kindereinrichtung anfallenden **Verpflegungskosten** sind dagegen mit dem Tabellenunterhalt abgegolten.[23]

Wird die Betreuung eines Kindes durch Dritte allein infolge der Berufstätigkeit des betreuenden Elternteils erforderlich, stellen die Betreuungskosten keinen Mehrbedarf des Kindes dar, sondern gehören zur allgemeinen Betreuung, die vom betreuenden Elternteil im Gegenzug zur Barunterhaltspflicht des anderen allein zu leisten ist.[24]

10. Kommunion/Konfirmation

16 Kosten für eine Konfirmation können Sonderbedarf darstellen;[25] Aufwendungen für die Konfirmation stellen dann Sonderbedarf dar, wenn sie nicht innerhalb eines Zeitraums von etwa vier Monaten aus dem laufenden Unterhalt aufgebracht werden können.[26] Der Bundesgerichtshof hat allerdings in einer Grundsatzentscheidung festgestellt, dass die Kosten für eine Konfirmation nicht überraschend entstehen, sondern spätestens mit Beginn des Konfirmandenunterrichts absehbar sind, weshalb diese Kosten nicht als Sonderbedarf geltend gemacht werden können;[27] damit dürfte aber nicht ausgeschlossen sein, diese Kosten ggf. als Mehrbedarf geltend zu machen – abhängig von der Höhe der monatlichen Unterhaltsrente und den für die Konfirmation anfallenden Kosten.

11. Tiere

17 Wird dem unterhaltsberechtigten minderjährigen Kind nach der Trennung der Eltern von einem Elternteil ein **Pferd** geschenkt und dies mit der Zusage verbunden, er werde für den Unterhalt des Tieres aufkommen, sind diese Unterhaltsaufwendungen unterhaltsrechtlich als Mehrbedarf zu behandeln.[28]

12. Computer

18 Bei bestehender Lernschwäche eines unterhaltsberechtigten Kindes (bspw.: bestehendes Aufmerksamkeitsdefizitsyndrom mit Hyperaktivität) kann ein Computer Sonderbedarf sein. Die Anschaffung des Computers kann erforderlich sein, um die Lerndefizite des Kindes so gut wie möglich auszugleichen; es ist aber zu prüfen, ob die Aufwendungen nicht aus dem laufenden Unterhalt hätten angespart werden können.[29]

V. Haftung nach Quoten

19 Für Sonderbedarf haften bei Leistungsfähigkeit beide Elternteile nach ihren Einkommensverhältnissen quotenmäßig auf Barunterhalt;[30] vor der Gegenüberstellung der jeweiligen Einkommen ist bei jedem Elternteil grundsätzlich ein Sockelbetrag in Höhe des angemessenen Selbstbehalts abzuziehen.[31]

20 Sonderbedarf des Kindes kann bei eingeschränkter Leistungsfähigkeit des Unterhaltspflichtigen auch ratenweise gezahlt werden.[32]

---

23 BGH 26.11.2008 – XII ZR 65/07, NJW 2009, 1816.
24 BGH 4.10.2017 – XII ZB 55/17, FamRZ 2018, 23.
25 OLG Schleswig 20.8.2004 – 10 UF 64/04, FamRZ 2005, 1277; KG 15.10.2002 – 19 WF 259/02, FamRZ 2003,1584.
26 OLG Hamburg 30.10.2010 – 4 WF 100/02, FamRZ 2003, 1585.
27 BGH 15.2.2006 – XII ZR 4/04, NJW 2006, 1509.
28 OLG Karlsruhe 3.8.2004 – 18 UF 248/02, FamRZ 2005, 233.
29 OLG Hamm 1.8.2003 – 11 UF 243/02, NJW 2004, 858.
30 OLG Köln 15.6.2010 – 4 UF 19/10, ZFE 2011, 31.
31 BGH 26.11.2008 – XII ZR 65/07, NJW 2009, 1816.
32 OLG Düsseldorf 19.8.2003 – 8 WF 186/03, ZFE 2003, 348.

VI. Verfahrensrechtliche Hinweise

1. Sonderbedarf

Der Sonderbedarf ist im Rahmen eines normalen **Leistungsantrags** in einer bestimmten Summe geltend zu machen, die Darlegungs- und Beweislast für sämtliche anspruchsbegründenden Tatsachen einschließlich der Haftungsanteile aller Unterhaltsverpflichteten trägt der Unterhaltsberechtigte. 21

Sonderbedarf kann auch **rückwirkend** gem. § 1613 Abs. 2 Nr. 1 BGB geltend gemacht werden; nach Ablauf eines Jahres seit seiner Entstehung allerdings nur unter der Voraussetzung, dass der Verpflichtete vorher in Verzug gesetzt wurde oder der Anspruch rechtshängig geworden ist. 22

Bezüglich **zukünftig** entstehenden Sonderbedarfs kann **Feststellung** beantragt werden, dass der Unterhaltsschuldner zur Übernahme des Sonderbedarfs verpflichtet ist und den Unterhaltsberechtigten von entsprechenden Zahlungen freizustellen hat.[33] 23

2. Mehrbedarf

Die Wahl des richtigen Verfahrens hängt bei der Geltendmachung von Mehrbedarf davon ab, ob bereits ein Titel über den den allgemeinen Lebensbedarf deckenden Unterhalt vorliegt und ob dieser Titel einerseits einvernehmlich bzw. durch eine gerichtliche Entscheidung oder andererseits einseitig durch den Unterhaltsschuldner geschaffen wurde. 24

Liegt ein **Unterhaltstitel** vor, in dem die Beteiligten die Gesamthöhe des Unterhalts einvernehmlich festgelegt haben (beispielsweise ein gerichtlicher Vergleich oder im Rahmen einer notariellen Urkunde), oder handelt es sich bei dem Titel um ein Urteil oder einen Beschluss, ist der Mehrbedarf im Wege eines **Abänderungsverfahrens** gem. §§ 238, 239 FamFG geltend zu machen.[34] 25

Hat der Unterhaltsverpflichtete seine Unterhaltsverpflichtung im Rahmen einer Jugendamtsurkunde (§§ 60, 59 Abs. 1 S. 1 Nr. 3 SGB VIII) oder durch notarielle Urkunde anerkannt, ohne dass es vorher zu einer Einigung über den Gesamtunterhalt des Unterhaltsberechtigten gekommen wäre, hat der Unterhaltsberechtigte die Wahl, ob er im Rahmen eines Abänderungsverfahrens oder im Rahmen eines allgemeinen Leistungsantrags den Mehrbedarf geltend macht.[35] 26

Liegt überhaupt kein Unterhaltstitel vor, zahlt der Unterhaltsschuldner aber den den allgemeinen Lebensbedarf abdeckenden Unterhalt freiwillig, kann der Unterhaltsberechtigte mit dem einfachen **Leistungsantrag** den über den Regelbedarf hinausgehenden Mehrbedarf als zusätzlichen Unterhalt geltend machen, wobei in dem Antrag deutlich gemacht werden muss, dass dieser Betrag über den freiwillig gezahlten Betrag hinaus geltend gemacht wird. 27

Bei der gerichtlichen Geltendmachung des Mehrbedarfs ist der Unterhaltsberechtigte **darlegungs- und beweisbelastet** hinsichtlich aller anspruchsbegründenden Tatsachen einschließlich der Haftungsanteile. 28

Mehrbedarf kann rückwirkend nur unter den **Voraussetzungen des Verzugs** verlangt werden. Fordert das unterhaltsberechtigte Kind den Unterhaltsverpflichteten erst zur Auskunft auf, nachdem es sein Studium aufgenommen und die angefallenen Studiengebühren für das Semester bereits gezahlt hat, entfällt bezüglich dieser Studiengebühren die Zahlungsverpflichtung.[36] 29

33 OLG Koblenz 15.6.2010 – 4 UF 19/10, ZFE 2011, 31.
34 KG 18.6.2002 – 19 UF 370/01, FuR 2003, 178; OLG Hamm 1.3.1994 – 13 UF 4 35/93, NJW 1994, 2627.
35 BGH 5.3.2008 – XII ZR 150/05, NJW 2008, 2337.
36 OLG Koblenz 23.12.2008 – 11 UF 519/08, NJW-RR 2009, 1153.

165. Mehrbedarf/Sonderbedarf beim Ehegattenunterhalt

Osthold

I. Allgemeines

1 Der Umfang des Bedarfs des Unterhaltsberechtigten umfasst den **gesamten laufenden Lebensbedarf**. Die praktische Schwierigkeit liegt darin, dass der laufende Bedarf meist nicht konkret unter Berücksichtigung aller vorhersehbaren Bedürfnisse bestimmt wird, sondern mit Ausnahme des konkreten Bedarfs schematisch nach Quoten (→ *Bedarfsermittlung* Rn. 31). In der Regel ist davon auszugehen, dass dadurch die zur Verfügung stehenden Mittel angemessen aufgeteilt sind. Insbesondere ist der **Halbteilungsgrundsatz** zu berücksichtigen und außerdem, dass der Pflichtige auch wegen Mehr- oder Sonderbedarfs nur bis zur Grenze seiner Leistungsfähigkeit in Anspruch genommen werden kann. Bei der konkreten Bedarfsermittlung entsteht das Problem eines Mehrbedarfs nicht, da dort per se alle Bedarfspositionen konkret ermittelt werden (→ *Konkreter Bedarf* Rn. 1 ff.).

II. Mehrbedarf

1. Überblick

2 Ein Mehrbedarf besteht, wenn bei einem Ehegatten aufgrund besonderer Umstände des Einzelfalls **regelmäßig zusätzliche Mittel für besondere Aufwendungen** benötigt werden, die durch den Elementarbedarf nicht abgedeckt werden und deshalb zusätzlich geleistet werden müssen. Die typischen Fälle des Mehrbedarfs sind der **Krankenvorsorgeunterhalt** (→ *Bedarfsermittlung* Rn. 5; → *Krankenvorsorgeunterhalt* Rn. 1 ff.) und der **Altersvorsorgeunterhalt** (→ *Bedarfsermittlung* Rn. 8 ff.; → *Altersvorsorgeunterhalt* Rn. 1 ff.). Hierbei ist zur Wahrung des Halbteilungsgrundsatzes eine zweistufige Berechnung erforderlich, es sei denn, der Elementarunterhalt errechnet sich nach dem konkreten Bedarf (→ *Unterhaltsberechnung* Rn. 4). Fällt der Mehrbedarf auf Seiten des Unterhaltsberechtigten an, so ist der Mehrbedarf grundsätzlich vorab vom unterhaltsrechtlich relevanten Einkommen des Unterhaltspflichtigen in Abzug zu bringen und erst anschließend der Quotenunterhalt zu berechnen.[1] Der Unterhaltsberechtigte erhält dann den Mehrbedarf und den entsprechend reduzierten Quotenunterhalt. So ist zu verfahren, wenn der Mehrbedarf bereits die ehelichen Lebensverhältnisse geprägt hat. Sollte der Mehrbedarf erst nach der Trennung angefallen oder gestiegen sein und liegen beim Berechtigten Einkünfte aus einem Karrieresprung vor, so kann im Einzelfall auch dieses zusätzliche Einkommen zur Deckung des Mehrbedarfs herangezogen werden. In diesem Fall kann dann auch kein Vorwegabzug beim Einkommen des Unterhaltspflichtigen mehr stattfinden. Auf Seiten des Unterhaltspflichtigen ist ein solcher Mehrbedarf von seinen Einkünften reduzierend in Abzug zu bringen. Bei Einkommen, welches die ehelichen Lebensverhältnisse noch nicht geprägt hat, kommt im Einzelfall ebenfalls in Betracht, dass der Pflichtige diesen Teil der Einkünfte für die Deckung des Mehrbedarfs einzusetzen hat, so dass ein (vollständiger) Abzug von eigenen Einkünften nicht mehr in Betracht kommt.

2. Krankheits- und altersbedingter Mehrbedarf

3 Bei krankheits- und altersbedingtem Mehrbedarf ist zunächst abzugrenzen, welche Positionen dem allgemeinen Lebensbedarf zuzurechnen sind. Die Rechtsprechung geht davon aus, dass sowohl die mittlerweile abgeschaffte **Praxisgebühr** als auch die **Zuzahlung zu Arzneimitteln** keinen krankheitsbedingten Mehr-

1 BGH 21.1.1981 – IVb ZR 548/80, FamRZ 1981, 338.

bedarf darstellen.[2] Dies seien Kosten der allgemeinen Lebensführung. Genauso wie die Kosten der vollstationären Krankenhausbehandlung treffen sie jeden in der gesetzlichen Krankenversicherung Versicherten, der das 18. Lebensjahr vollendet hat. Die damit verbundenen Belastungen für den Versicherten werden durch die Vorschriften des § 62 SGB V abgemildert, wonach der Versicherte während eines Kalenderjahres nur Zuzahlungen bis zu einer Belastungsgrenze, in der Regel 2 % des jährlichen Bruttoeinkommens, bei chronisch Kranken 1 % des jährlichen Bruttoeinkommens, in Anspruch genommen werden können. Etwas anderes gilt bei **Kosten für Pflegepersonal** sowie für die Unterbringung in einem **Alters- oder Pflegeheim**.[3] Hier sind zunächst die Kosten in konkreter Höhe anzusetzen, wenn sie die ehelichen Lebensverhältnisse bis zur Trennung geprägt haben.[4] Der Ehegatte, der sich auf den Mehrbedarf beruft, hat diesen konkret darzulegen und zu beweisen. Bei entsprechenden Anhaltspunkten kann er nach § 287 ZPO, § 113 Abs. 1 S. 2 FamFG geschätzt werden.[5] In der zitierten Entscheidung des OLG Hamm vom 24.5.2005 ging es etwa um einen krankheitsbedingten Mehrbedarf aufgrund der Ernährung mittels einer Magensonde. Insoweit ist darzulegen, ob und in welchem Umfang die ernährungsbedingten Mehrkosten die häufig auftretenden Ersparnisse wegen Aufwendungen für die Normalernährung übersteigen.

3. Ausbildungsbedingter Mehrbedarf

Für den nachehelichen Unterhalt findet sich eine Regelung über Ausbildungskosten in § 1578 Abs. 2 BGB. 4
Danach besteht **kein allgemeiner Ausbildungskostenfinanzierungsanspruch**, sondern ein Anspruch nur insoweit, als sich aus §§ 1574, 1575 BGB eine Pflicht zur Ausbildungsfinanzierung ergibt (→ *Ausbildungsunterhalt* Rn. 1 ff.). § 1578 Abs. 2 BGB ergänzt insoweit den Unterhaltstatbestand des Ausbildungsunterhaltsanspruchs, als bei Vorliegen des Tatbestands die Ausbildungskosten, somit der ausbildungsbedingte Mehrbedarf, grundsätzlich zu tragen sind. Auch der geschuldete ausbildungsbedingte Mehrbedarf ist vorab vom bereinigten Nettoeinkommen des Unterhaltspflichtigen in Abzug zu bringen, bevor der Quotenunterhalt berechnet wird, es sei denn, der Unterhalt berechnet sich nach dem konkreten Bedarf (→ *Unterhaltsberechnung* Rn. 2). Dies gilt allerdings nur, wenn der Unterhaltsberechtigte keine eigenen Einkünfte hat. Verfügt er über eigene Einkünfte, hat er die Kosten vom eigenen Einkommen abzusetzen, so dass kein zusätzlicher Anspruch mehr in Betracht kommt. Der Unterhaltsberechtigte ist gehalten, bezüglich der Ausbildung einen **kostengünstigen Ausbildungsweg** zu wählen. Die Kosten für Privatschulen sind deshalb nur bei besonders günstigen Einkommensverhältnissen des Pflichtigen geschuldet, wenn auch eine kostengünstigere Variante zur Verfügung steht. Darüber hinaus ist dem Unterhaltsberechtigten zumutbar, die Ausbildungskosten auch durch auf Darlehensbasis gewährte öffentliche Mittel (BAföG) zu finanzieren.

4. Trennungsbedingter Mehrbedarf

Infolge der Trennung entstehen durch die **doppelte Haushaltsführung** sowohl auf Seiten des Unterhalts- 5
pflichtigen als auch des Unterhaltsberechtigten zusätzliche Kosten (→ *Bedarfsermittlung* Rn. 9). Durch den trennungsbedingten Mehrbedarf kann sich sowohl der Bedarf des Berechtigten erhöhen als auch die Leistungsfähigkeit des Pflichtigen einschränken. Unter den trennungsbedingten Mehrbedarf fallen insbesondere die **Mietkosten für eine neu anzumietende Wohnung** einschließlich Umzugskosten und Kaution, die Kosten für die **Anschaffung neuen Hausrats** und der nunmehr doppelt anfallenden Kosten der Lebenshaltung, etwa für Wohnnebenkosten, Pkw, Versicherungen, Telefon oder etwa **Anwalts- und Verfahrenskosten der Scheidung**. Trennungsbedingter Mehrbedarf kann somit auch Sonderbedarf darstellen, wenn es sich um keinen regelmäßigen Bedarf handelt, also beispielsweise bei Umzugskosten. Wenngleich der trennungsbedingte Mehrbedarf jeder Trennung immanent ist, kommt er unterhaltsrechtlich in den meisten Fällen deshalb nicht zum Tragen, da das gesamte vorhandene Einkommen der Eheleute ohnehin im Wege der Halbteilung zwischen den Ehegatten geteilt wird und deshalb kein Raum mehr für eine zusätzliche Belastung des Unterhaltspflichtigen zumutbar ist, den trennungsbedingten Mehrbedarf

2 OLG Karlsruhe 13.2.2008 – 2 WF 5/08, NJW-RR 2008, 1458.
3 OLG Saarbrücken 4.12.2003 – 6 UF 38/03, FamRZ 2004, 1293.
4 OLG Hamm 30.6.2017 – 6 WF 105/17, FamRZ 2018, 259.
5 BGH 21.1.1981 – IVb ZR 548/80, FamRZ 1981, 338; OLG Hamm 24.5.2005 – 2 UF 509/04, FamRZ 2006, 124.

zusätzlich zum Quotenunterhalt zu bezahlen.[6] Derartige Kosten kann ein Ehegatte allenfalls als unvermeidbare Darlehensverbindlichkeiten seinerseits einkommensmindernd in Ansatz bringen, wenn diese nicht leichtfertig oder mutwillig nach der Trennung eingegangen worden sind und keine bestehenden sonstigen Mittel oder neues, nicht in der Ehe angelegtes Einkommen dafür zur Verfügung stehen (→ *Bedarfsermittlung* Rn. 27).[7] Ungeachtet der Tatsache, dass das Vorliegen des trennungsbedingten Mehrbedarfs nach einer Trennung auf der Hand liegt, sind solche Mehrkosten konkret vorzutragen. Nach früherer Rechtsprechung des Bundesgerichtshofs konnte ein trennungsbedingter Mehrbedarf bei Vorliegen von nichtprägendem Einkommen auf Seiten des Pflichtigen hieraus bezahlt werden. Nach der neueren Rechtsprechung des Senats ist allerdings schon der Quotenunterhalt regelmäßig nach dem gesamten verfügbaren Einkommen zu bemessen, weil auch die Haushaltstätigkeit und Kindererziehung die ehelichen Lebensverhältnisse in einem Umfang geprägt haben, wie es sich aus dem als Surrogat an ihre Stelle getretenen Einkommen ergibt.[8] Neben dem deswegen im Wege der Differenzmethode zu ermittelnden höheren Unterhaltsbedarf würde ein konkret zu bemessender zusätzlicher Bedarf eines Ehegatten stets zu einem Verstoß gegen den Halbteilungsgrundsatz führen. Weil ein trennungsbedingter Mehrbedarf regelmäßig auch nicht in den ehelichen Lebensverhältnissen angelegt war, kann er deshalb in der Regel nicht neben dem nach der Differenzmethode ermittelten Quotenunterhalt berücksichtigt werden. Aufgrund dieser Rechtsprechung kommt dem trennungsbedingten Mehrbedarf in der Praxis kaum mehr eine Bedeutung zu. Die Berücksichtigung hat Ausnahmecharakter und kann unter Umständen verlangt werden, wenn auf Seiten des Unterhaltspflichtigen weitere Einkünfte vorhanden sind, die nicht in die Bedarfsberechnung mit eingeflossen sind. Nicht selten trifft dies die Fälle der konkreten Bedarfsbemessung. Bei der konkreten Bedarfsbemessung ist ein trennungsbedingter Mehrbedarf jedoch inkludiert (→ *Konkreter Bedarf* Rn. 1 ff.).

III. Sonderbedarf

1. Überblick

6 In Abgrenzung zum Mehrbedarf handelt es sich beim Sonderbedarf (§§ 1585 b Abs. 1, 1613 Abs. 2 BGB) um einen **unregelmäßigen, außergewöhnlich hohen Bedarf**, der nicht mit Wahrscheinlichkeit vorauszusehen ist. Ob er außergewöhnlich hoch ist, hängt letztlich davon ab, ob und wieweit dem Berechtigten bei einer Gesamtbetrachtung zugemutet werden kann, diesen Bedarf selbst zu bestreiten. Streitig ist in der Praxis oft die Voraussehbarkeit eines anfallenden Sonderbedarfs. Hierbei ist maßgeblich, ob die Ausgaben bis zu ihrem Eintritt bei objektiver Betrachtungsweise hätten einkalkuliert werden können, also ob der Unterhaltsberechtigte bis zum tatsächlichen Entstehen des Sonderbedarfs bei der Verwendung des bis dahin zur Verfügung stehenden Einkommens **Rücklagen** hätte bilden können. Eine nachträgliche Umlegung der Kosten auf einen längeren Zeitraum kommt nicht in Betracht.[9] Sonderbedarf kann zB durch die **Umzugskosten** im Zuge der Trennung und/oder die Renovierung einer Wohnung begründet sein. Weiter fallen darunter **unvorhergesehene Krankheits- und/oder Operationskosten**. Der BGH[10] hat bestätigt, dass auch Kosten künftiger **kosmetischer Operationen** als Sonderbedarf anzusehen und für jeden Einzelfall geltend zu machen sind. Auch bezüglich des Sonderbedarfs obliegt dem Unterhaltsberechtigten die Darlegungs- und Beweislast. Darüber hinaus ist beim Sonderbedarf zu beachten, dass der Halbteilungsgrundsatz nicht verletzt werden darf, weshalb – wie auch beim Mehrbedarf – eine Belastung des Unterhaltspflichtigen mit dem Sonderbedarf des Unterhaltsberechtigten dann nicht in Betracht kommt, wenn das gesamte verfügbare Einkommen in die Bedarfsermittlung und somit in den Quotenunterhalt des Unterhaltsberechtigten eingeflossen und damit bereits hälftig geteilt worden ist. Ein zusätzlicher Anspruch auf Sonderbedarf ist deshalb wie auch beim Mehrbedarf nur ausnahmsweise gegeben, wenn Einkommen vorhanden ist, welches nicht beim laufenden Unterhalt berücksichtigt wurde, oder aber der Unterhaltspflichtige über Vermögen verfügt.

---

6 BGH 18.1.2009 – XII ZR 65/09, FamRZ 2010, 111.

7 BGH 9.6.2004 – XII ZR 308/01, FamRZ 2004, 1357; vgl. dazu auch Wendl/Dose UnterhaltsR/*Gerhardt* § 1 Rn. 1084.

8 BGH 13.6.2001 – XII ZR 343/99, NJW 2001, 2254.

9 OLG Karlsruhe 6.6.1997 – 2 UF 186/96, NJW-RR 1998, 1226.

10 BGH 18.1.2012 – XII ZR 177/09, FamRZ 2012, 514.

Der Anspruch auf Sonderbedarf entsteht, wenn er bezifferbar ist, somit spätestens mit dessen Fälligkeit.[11] 7
Weiter ist die **Zeitgrenze des § 1613 Abs. 2 Nr. 1 BGB** zu berücksichtigen. Sonderbedarf kann bis zu einem Jahr ab seiner Entstehung, für eine länger zurückliegende Zeit nur bei Verzug, Rechtshängigkeit oder vertraglicher Anerkennung verlangt werden.

2. Verfahrenskostenvorschuss

Hauptfall des Sonderbedarfs und ein besonderer Streitpunkt in der Praxis ist die Geltendmachung eines 8
Verfahrenskostenvorschusses. Dieser Anspruch umfasst die **Kosten für die Rechtsverfolgung des Unterhaltsberechtigten**, somit seine Anwalts- und Gerichtskosten. Gerade im Rahmen der Trennung und Scheidung ist es oft nur schwer vermittelbar, dass der Unterhaltspflichtige neben den eigenen auch noch für die Rechtsanwaltskosten des Unterhaltsberechtigten, und somit häufig seines eigenen Verfahrensgegners, aufkommen soll. Voraussetzung für einen Anspruch auf Verfahrenskostenvorschuss ist neben der Unterhaltsberechtigung als solche, dass der Rechtsstreit eine **persönliche Angelegenheit** betrifft.[12] Weiter setzt der Anspruch eine **hinreichende Erfolgsaussicht der Rechtsverfolgung** voraus.[13] Der Bundesgerichtshof führt in dieser Entscheidung aus, dass im Interesse der Klarheit und Gleichbehandlung für den Anspruch auf Verfahrenskostenvorschuss derselbe Maßstab gelten muss wie im Verfahrenskostenhilfeverfahren. Auch Verfahrenskostenhilfe wird nur dann gewährt, wenn die beabsichtigte Rechtsverfolgung hinreichende Erfolgsaussichten hat. Dies gilt jedenfalls für alle Verfahren, in denen es auf eine Prüfung der Erfolgsaussicht ankommt, somit nicht im Scheidungsverfahren selbst. § 1360 a Abs. 4 BGB gewährt einen Anspruch auf Verfahrenskostenvorschuss gegen den anderen Ehegatten nur, soweit er der Billigkeit entspricht. Aufgrund dieses Billigkeitskriteriums ist es dem Unterhaltspflichtigen nicht zumutbar, dem Unterhaltsberechtigten ein Verfahren zu finanzieren, das aller Voraussicht nach erfolglos bleibt und sich in den meisten Fällen auch noch gegen ihn selbst richtet.

Der Anspruch auf Verfahrenskostenvorschuss ist **unterhaltsrechtlicher Natur** und setzt deshalb das Beste- 9
hen eines Unterhaltsanspruchs voraus. Das bedeutet, dass der Antragsteller **bedürftig** und der Pflichtige **leistungsfähig** sein muss. Ein Anspruch auf Verfahrenskostenvorschuss besteht deshalb nicht, wenn der Vorschusspflichtige selbst Verfahrenskostenhilfe ohne Raten erhalten würde.[14] Kann der Vorschusspflichtige wegen eingeschränkter Leistungsfähigkeit den gesamten Betrag nicht in einer Summe bezahlen, ist nach unterhaltsrechtlichen Maßstäben zu entscheiden, ob er den Verfahrenskostenvorschuss neben den sonstigen Verpflichtungen in Raten ohne Gefährdung seines eigenen Selbstbehalts bezahlen kann. Bei durchschnittlichen Einkünften des Pflichtigen besteht beim Trennungsunterhalt in der Regel keine Leistungsfähigkeit für einen Verfahrenskostenvorschuss, da die gemeinsamen Einkünfte der Eheleute über den Quotenunterhalt hälftig verteilt werden. Die Zubilligung eines Verfahrenskostenvorschusses neben der Unterhaltsquote würde somit zu einer **Verletzung des Halbteilungsgrundsatzes** führen.[15] Ein Anspruch auf Verfahrenskostenvorschuss scheidet deshalb immer dann aus, wenn der Unterhalt nach einer Quote bemessen wird und weder nicht prägendes Einkommen noch Vermögen vorhanden ist.[16] Daran ändert sich auch nichts, wenn die Unterhaltsberechnung unter Einbezug fiktiver Einkünfte stattfand.[17] Ein Anspruch auf Verfahrenskostenvorschuss besteht als Teil des Trennungsunterhalts nur, solange die Ehe besteht, somit bis zur Rechtskraft der Scheidung.[18] Der nacheheliche Unterhaltsanspruch kennt mangels gesetzlicher Regelung nämlich keinen Anspruch auf Verfahrenskostenvorschuss.[19] Die Scheidungsfolgesachen können

11 OLG Karlsruhe 12.8.1999 – 16 UF 93/99, FamRZ 2000, 1166.
12 OLG Karlsruhe 8.10.2004 – 16 WF 118/04, FamRZ 2005, 1744.
13 BGH 7.2.2001 – XII ZB 2/01, NJW 2001, 1646.
14 BGH 4.8.2004 – XII ZA 6/04, FamRZ 2004, 1633.
15 OLG München 13.9.2005 – 16 WF 1542/05, FamRZ 2006, 791.
16 OLG Karlsruhe 25.6.2015 – 16 WF 59/15, FamRZ 2016, 265; OLG Hamm 19.3.2012 – 5 WF 58/12, FamFR 2012, 392.
17 OLG Düsseldorf 3.1.2019 – II-3 WF 114/18, FamRZ 2019, 992.
18 Dies soll auch bei Abtrennung einer Folgesache aus dem Verbund gelten; indirekt bestätigt durch BGH 12.4.2017 – XII ZB 254/16, FamRZ 2017, 1052.
19 BGH 9.11.1983 – IVb ZR 14/83, FamRZ 1984, 148.

bei Antragstellung im Verbund aber noch über einen Verfahrenskostenvorschuss finanziert werden (der Anspruch selbst kann wiederum nicht im Scheidungsverbund gestellt werden, denn er entsteht nicht für den Fall der Scheidung), da hier dann noch der Anspruch auf Trennungsunterhalt besteht. Die Rechtsprechung lässt es teilweise auch ausreichen, wenn vor Rechtskraft der Scheidung noch Verzug begründet worden ist.[20] Der BGH hat diese Frage zuletzt offengelassen.[21]

10 Nach Beendigung des Verfahrens oder der Instanz, für welche der Verfahrenskostenvorschuss geltend gemacht wird, kann dieser nicht mehr verlangt werden, wenn der Anspruch gegenüber dem Unterhaltspflichtigen bis dahin noch nicht geltend gemacht war.[22] Unter engen Voraussetzungen besteht ein **Anspruch auf Rückzahlung des Verfahrenskostenvorschusses**, wie sich schon aus dem Begriff „Vorschuss" ergibt. Die Rückforderung ist gerechtfertigt, wenn sich die wirtschaftlichen Verhältnisse des Unterhaltsberechtigten, der den Verfahrenskostenvorschuss erhalten hat, wesentlich verbessert haben. In der Praxis ist dies häufig dann der Fall, wenn der Empfänger des Verfahrenskostenvorschusses entweder den Zugewinnausgleich oder aber den rückständigen Unterhalt ausbezahlt erhält. In beiden Fällen empfiehlt es sich, schon im Verfahren die **Aufrechnung** mit dem Verfahrenskostenvorschuss zu erklären. Weiter ist eine Rückforderung aus Billigkeitsgründen möglich. Dies hat der Bundesgerichtshof in einem Urteil vom 14.2.1990 für den Fall bejaht, dass die gesetzlichen Voraussetzungen für den Verfahrenskostenvorschuss von vornherein nicht vorlagen, beispielsweise weil der Unterhaltsberechtigte überhaupt nicht bedürftig war.[23]

11 Die **Höhe des Verfahrenskostenvorschusses** errechnet sich aus den Anwaltsgebühren, die für das beabsichtigte Verfahren anfallen, zuzüglich der zu verauslagenden Gerichtskosten und gegebenenfalls der Kosten für das Verfahren auf einstweilige Anordnung (→ *Unterhaltsberechnung* Rn. 1 ff.). Es können dabei immer nur die Kosten einer Instanz geltend gemacht werden. Es können auch nur diejenigen Gebühren verlangt werden, die bereits angefallen sind oder für die ein Vorschuss bereits verlangt werden kann. Bei Rechtsanwaltsgebühren ist dies nach § 9 RVG stets der Fall. Bei den Gerichtsgebühren entsteht die Vorschusspflicht bei Sachverständigengebühren nach §§ 112 Nr. 2, 113 Abs. 1 FamFG, §§ 402, 379 ZPO, § 16 FamGKG erst durch die Anordnung der Vorschusszahlung im Beweisbeschluss, nicht bereits nach Anhängigmachung des Verfahrens.[24] In Kindschaftssachen kann zudem nach § 16 Abs. 3 FamGKG ein Vorschuss verlangt werden, muss aber nicht. In einem laufenden Verfahren können nur noch die noch nicht angefallenen Gebühren verlangt werden, wobei die Verfahrensgebühr des Rechtsanwalts als Dauergebühr davon ausgenommen ist.[25]

12 Der Verfahrenskostenvorschuss kann **im Wege der einstweiligen Anordnung** gerichtlich geltend gemacht werden (→ *Einstweiliger Rechtsschutz* Rn. 1 ff.). Der Unterhaltsberechtigte ist vor der Beantragung von Verfahrenskostenhilfe gehalten zu prüfen, ob er einen Anspruch auf Verfahrenskostenvorschuss gegen den anderen Ehegatten hat. Denn der Anspruch auf Verfahrenskostenvorschuss stellt vorhandenes Vermögen nach § 117 Abs. 3 ZPO dar.[26] Allerdings muss der Verfahrenskostenvorschuss auch zeitnah durchsetzbar sein. Daran fehlt es, wenn der Unterhaltspflichtige den Anspruch dem Grunde und der Höhe nach bestreitet.[27]

---

20 OLG Frankfurt a. M. 18.11.2004 – 19 W 33/04, MDR 2005, 590.
21 BGH 12.4.2017 – XII ZB 254/16, FamRZ 2017, 1052.
22 BGH 15.5.1985 – IVb ZR 33/84, NJW 1985, 2263.
23 BGH 14.2.1990 – XII ZR 39/89, NJW 1990, 1476.
24 BGH 12.4.2017 – XII ZB 254/16, FamRZ 2017, 1052.
25 MüKoBGB/*Maurer* § 1578 Rn. 369.
26 BGH 4.8.2004 – XII ZA 6/04, FamRZ 2004, 1633.
27 OLG Düsseldorf 3.1.2019 – II-3 WF 114/18, FamRZ 2019, 992.

166. Mehrere Bedürftige (Drittelmethode)

Osthold

I. Entwicklung der Rechtsprechung des Bundesgerichtshofs

1. Rechtsprechung des Bundesgerichtshofs bis zur Bundesverfassungsgerichtentscheidung vom 25.1.2011

Als Konsequenz aus der entwickelten Rechtsprechung des Bundesgerichtshofs zu den **wandelbaren ehelichen Lebensverhältnissen** (→ *Eheliche Lebensverhältnisse* Rn. 4) hatte der Bundesgerichtshof entschieden, dass es sich auf den Unterhaltsbedarf eines geschiedenen Ehegatten auch auswirkt, wenn später neue Unterhaltsberechtigte hinzutreten. Auf den Rang dieser neuen Unterhaltsansprüche sollte es dabei grundsätzlich nicht ankommen.[1] Weil der Bundesgerichtshof in seiner neueren Rechtsprechung für die Bemessung des Unterhaltsbedarfs nach den ehelichen Lebensverhältnissen grundsätzlich auf die **tatsächlichen Verhältnisse** abstellt, sollte es keinen Unterschied machen, ob den Unterhaltspflichtigen eine weitere Unterhaltspflicht gegenüber einem neugeborenen Kind oder gegenüber einem neuen Ehegatten bzw. aus § 1615 l Abs. 2 BGB trifft. Eine neue Ehe war ebenso wenig ein unterhaltsrechtlich vorwerfbares Verhalten wie die Geburt eines Kindes.[2] Anderenfalls würde der Grundsatz der Halbteilung verletzt werden. Ist der Unterhaltspflichtige neben einem geschiedenen Ehegatten auch einem neuen Ehegatten unterhaltspflichtig, hat der Bundesgerichtshof für diese konkurrierenden Unterhaltsansprüche den Grundsatz der Dreiteilung entwickelt.[3] 1

Umstritten war diese Rechtsprechung insbesondere in dem Fall, in dem einer oder beide Berechtigte über eigenes Einkommen verfügten oder eine Ersparnis wegen Zusammenlebens vorlag, was in die Bedarfsberechnung mit eingeflossen ist (**Synergieeffekt**).[4] Der Bedarf ermittelte sich bei eigenen Einkünften der Berechtigten aus der Summe sämtlicher Einkünfte, die dann zu dritteln war. Dies führte jedoch entgegen der geäußerten Kritik nicht zu einem Unterhaltsanspruch eines Unterhaltsberechtigten gegenüber dem ihm nicht unterhaltspflichtigen anderen Unterhaltsberechtigten. Die Tatsache, dass ein weiterer Unterhaltsberechtigter vorhanden ist, führte grundsätzlich zu einer Kürzung des Unterhalts, der ohne den anderen Berechtigten jedem unterhaltsberechtigten Ehegatten allein im Verhältnis zum Unterhaltspflichtigen im Wege der Halbteilung zustünde. Somit führte die Rechtsprechung des Bundesgerichtshofs zur Dreiteilung nicht dazu, dass der nichtverdienende Unterhaltsberechtigte von den Einkünften des anderen Unterhaltsberechtigten profitierte, da sein Unterhalt geringer ausfiel, als wenn der andere Unterhaltsberechtigte nicht vorhanden gewesen wäre. Dieser Rechtsprechung des Bundesgerichtshofs lag folgende Entwicklung zugrunde:

1 Ständige Rechtsprechung zB BGH 18.11.2009 – XII ZR 65/09, FamRZ 2010, 111.
2 BGH 17.12.2008 – XII ZR 9/07, FamRZ 2009, 411.
3 Ständige Rechtsprechung zB BGH 14.4.2010 – XII ZR 89/08, FamRZ 2010, 869.
4 BGH 17.3.2010 – XII ZR 204/08, FamRZ 2010, 802.

2. Stichtagsprinzip

2 Lange Zeit stellte der Bundesgerichtshof bei der Ermittlung der ehelichen Lebensverhältnisse auf das Stichtagsprinzip ab. Maßgeblich für die Bestimmung der ehelichen Lebensverhältnisse war danach der **Zeitpunkt der Rechtskraft der Scheidung**. Änderungen nach rechtskräftiger Scheidung wurden nur berücksichtigt, wenn ihnen eine Entwicklung zugrunde lag, die im Zeitpunkt der Scheidung **mit hoher Wahrscheinlichkeit zu erwarten** war, und diese Erwartung die ehelichen Lebensverhältnisse bereits mitbestimmt hatte. Berücksichtigungsfähig und damit **prägend** waren zudem nachteilige Veränderungen, die auch bei Fortbestand der Ehe mitgetragen hätten werden müssen (→ *Eheliche Lebensverhältnisse* Rn. 2).

3. Surrogatsrechtsprechung

3 Später sah der Bundesgerichtshof das Einkommen, das nach der Scheidung durch den zuvor in der Ehe haushaltsführenden Ehegatten erzielt wurde, ebenfalls als die ehelichen Lebensverhältnisse prägend an, da es als **Surrogat des wirtschaftlichen Wertes der früheren Haushalts- und Erziehungstätigkeit** anzusehen ist[5] (→ *Eheliche Lebensverhältnisse* Rn. 3).

4. Rechtsprechung zu den wandelbaren ehelichen Lebensverhältnissen

4 Sodann hat der Bundesgerichtshof seine Rechtsprechung zu den wandelbaren ehelichen Lebensverhältnissen entwickelt und sich von der Orientierung am Stichtagsprinzip losgelöst (→ *Eheliche Lebensverhältnisse* Rn. 4). Nunmehr waren **alle späteren Änderungen** des verfügbaren Einkommens bei der Bedarfsbemessung nach den ehelichen Lebensverhältnissen zu berücksichtigen und zwar unabhängig davon, wann und bei wem sie eingetreten sind und ob es sich um Minderungen oder Verbesserungen handelt.[6] Bei einer Einkommenssteigerung ist allerdings zu prüfen, ob diese bereits in der Ehe „angelegt" war oder unvorhersehbar eingetreten ist und somit von einem außergewöhnlichen **Karrieresprung** auszugehen ist (→ *Eheliche Lebensverhältnisse* Rn. 9 ff.). Einkommensminderungen, die auf einem **unterhaltsrechtlich leichtfertigen Verhalten** des Schuldners beruhen, sind ebenfalls nicht in die Bedarfsermittlung mit einzubeziehen. Ein solches unterhaltsbezogen leichtfertiges Verhalten fehle aber bei Schließung einer neuen Ehe und daraus hervorgehenden Kindern, so dass sich auch diese neu hinzutretenden Unterhaltsverpflichtungen – unabhängig vom Rang der Unterhaltsberechtigten – auf den Bedarf auswirken.[7]

Bei Zusammentreffen von Unterhaltsansprüchen eines geschiedenen und eines neuen vor- oder gleichrangigen Ehegatten ermittelte der Bundesgerichtshof den Bedarf dabei nach der sog. **Drittelmethode** (→ *Eheliche Lebensverhältnisse* Rn. 4). Danach wurden alle tatsächlichen oder fiktiven Einkünfte der berechtigten Partner und des Unterhaltsverpflichteten zusammengerechnet und durch drei geteilt, um den Bedarf jedes Einzelnen zu ermitteln. Im Rahmen des Gesamteinkommens war auch der Splittingvorteil aus der neuen Ehe zu berücksichtigen.[8] **Etwaige Synergieeffekte**, beispielsweise durch das Zusammenleben der neuen Partner, wurden durch leichte Abzüge beim Bedarf der Zusammenlebenden und einem entsprechenden Zuschlag auf Seiten des Geschiedenen berücksichtigt. Zudem war die bestehende Ehe im Rahmen der Dreiteilung wie eine geschiedene Ehe zu behandeln, so dass auch die neue Ehefrau grundsätzlich eine Erwerbsverpflichtung hatte und ihr gegebenenfalls ein fiktives Einkommen zuzurechnen war.[9]

5 Soweit dem geschiedenen Ehegatten nach der Rechtsprechung des Bundesverfassungsgerichts zum Splittingvorteil kein höherer Unterhaltsanspruch zustehen darf als er ihn ohne die neue Ehe des Unterhaltspflichtigen hätte, ist dies in besonders gelagerten Fällen, in denen der neue Ehegatte wegen eigener Einkünfte keinen oder nur einen sehr geringen Unterhaltsbedarf hat, durch eine **Kontrollberechnung** sicherzustellen.[10] Einem geschiedenen Ehegatten steht danach Unterhalt allenfalls in der Höhe zu, wie er sich

5 BGH 13.6.2001 – XII ZR 343/99, FamRZ 2001, 986.
6 Ständige Rechtsprechung, zB BGH 30.7.2008 – XII ZR 177/06, FamRZ 2008, 1911.
7 BGH 17.12.2008 – XII ZR 9/07, FamRZ 2009, 411.
8 BGH 30.7.2008 – XII ZR 177/06, FamRZ 2008, 1911.
9 BGH 18.11.2009 – XII ZR 65/09, FamRZ 2010, 111.
10 BVerfG 7.10.2003 – 1 BvR 246/93, FamRZ 2003, 1821.

ergäbe, wenn der Unterhaltspflichtige nicht erneut geheiratet hätte und deswegen weder ein Splittingvorteil noch ein neuer unterhaltsberechtigter Ehegatte vorhanden wäre.[11]

Ausnahmen von dieser Dreiteilung ergeben sich bei unterschiedlicher Rangfolge nur im Rahmen der Leistungsfähigkeit, wenn ein Mangelfall vorliegt (→ *Mangelfall und Selbstbehalt* Rn. 15 ff.).

Die Anwendung der Drittelmethode stützte der Bundesgerichtshof vor allem auf die **wechselseitige Beeinflussung der verschiedenen Unterhaltsansprüche** und auf den **Grundsatz der Halbteilung**. Dieser besagt, dass jeder Ehegatte nach der Scheidung einen Anspruch auf gleichmäßige Teilhabe an den verfügbaren Mitteln hat. Dem lässt sich der allgemeine Grundgedanke entnehmen, dass der Unterhaltsbedarf eines Unterhaltsberechtigten den Betrag nicht übersteigen darf, der dem Verpflichteten verbleibt. Bei Zusammentreffen zweier Berechtigter führt dies rechnerisch zwangsläufig zu einer Drittelung.[12] 6

II. Entscheidung des Bundesverfassungsgerichts vom 25.1.2011 und die Reaktion des Bundesgerichtshofes vom 7.12.2011

Mit seiner Entscheidung vom 25.1.2011 hat das Bundesverfassungsgericht die zur Auslegung des § 1578 Abs. 1 S. 1 BGB entwickelte Rechtsprechung des Bundesgerichtshofs unter Anwendung der Berechnungsmethode der sog. Dreiteilung für verfassungswidrig erklärt[13] (→ *Eheliche Lebensverhältnisse* Rn. 6). 7

Das Bundesverfassungsgericht führt aus, dass nach dem Konzept des Gesetzgebers die Bestimmung des Bedarfs der Ausgangspunkt der Unterhaltsberechnung ist, an dessen Ermittlung sich die Prüfung der Bedürftigkeit, Leistungsfähigkeit sowie die Verteilung verfügbarer Geldmittel des Pflichtigen im Mangelfall anschließt. An dieser Strukturierung des nachehelichen Unterhalts hat der Gesetzgeber anlässlich der Unterhaltsreform von 2007 festgehalten, die Vorschrift des § 1578 Abs. 1 S. 1 BGB wurde keiner Änderung unterzogen. Die Ausrichtung des Unterhaltsmaßes ist weiterhin an den ehelichen Lebensverhältnissen und der damit grundsätzlich einhergehenden Bezugnahme auf die individuellen Einkommensverhältnisse der geschiedenen Ehegatten im **Zeitpunkt der Rechtskraft der Scheidung** vorzunehmen, womit das **Stichtagsprinzip** weiterhin maßgebend ist. 8

Der Bundesgerichtshof habe diese gesetzliche Differenzierung zwischen Unterhaltsbedürftigkeit und -bedarf einerseits und Leistungsfähigkeit andererseits aufgehoben und das Konzept des Gesetzgebers zur Berechnung des nachehelichen Unterhalts – geleitet von eigenen Gerechtigkeitsvorstellungen – durch das Modell der Dreiteilung ersetzt. Der Bundesgerichtshof gehe bei Anwendung der Drittelmethode nicht – wie es § 1578 Abs. 1 S. 1 BGB vorschreibe – von den ehelichen Lebensverhältnissen der aufgelösten Ehe aus, sondern ersetze diese durch den neuen Maßstab der wandelbaren Lebensverhältnisse, was letztlich zu einer – gesetzlich nicht gewollten – Anknüpfung an die gewandelten tatsächlichen Lebensverhältnisse führe. 9

Die Dreiteilungsmethode des Bundesgerichtshofs stehe zudem in keinem Bezug zu dem neu geschaffenen **§ 1578 b BGB**. Der Bedarf dürfe nicht schon im ersten Schritt durch die Berücksichtigung aller nachehelichen Entwicklungen reduziert und dann im zweiten Schritt im Rahmen des § 1578 b BGB nochmals gekürzt werden. 10

Die Rechtsprechung des Bundesgerichtshofs unter Anwendung der Berechnungsmethode der sog. Dreiteilung lasse sich mit keiner der anerkannten Auslegungsmethoden rechtfertigen. Sie widerspreche dem Wortlaut des § 1578 Abs. 1 S. 1 BGB und seiner systematischen Stellung sowie seiner Zwecksetzung und der mit ihr verbundenen gesetzgeberischen Intention. Es könne nicht unterstellt werden, dass der Gesetzgeber das von der Rechtsprechung neu geschaffene Konzept zur Bedarfsermittlung ausdrücklich oder stillschweigend gebilligt habe. 11

Der Bundesgerichtshof gab als Reaktion auf diese Bundesverfassungsgerichtsentscheidung in einer Entscheidung vom 7.12.2011 seine Rechtsprechung zur Bemessung des Unterhaltsbedarfs nach den ehelichen 12

---

11 BGH 30.7.2008 – XII ZR 177/06, FamRZ 2008, 1911.
12 BGH 30.7.2008 – XII ZR 177/06, FamRZ 2008, 1911.
13 BVerfG 25.1.2011 – 1 BvR 918/10, FamRZ 2011, 437.

Lebensverhältnissen insoweit auf und kehrte für die Bedarfsbemessung nach den ehelichen Lebensverhältnissen in Bezug auf Unterhaltsverpflichtungen, die erst nach Rechtskraft der Scheidung entstanden sind, zu dem seiner früheren Rechtsprechung zugrunde liegenden **Stichtagsprinzip** (→ Rn. 2; → *Eheliche Lebensverhältnisse* Rn. 2) zurück.[14] Daher sind Unterhaltspflichten für neue Ehegatten sowie für nachehelich geborene Kinder und dem dadurch bedingten Betreuungsunterhalt nach § 1615 l BGB nicht bei der Bemessung des Unterhaltsbedarfs eines geschiedenen Ehegatten nach § 1578 Abs. 1 S. 1 BGB zu berücksichtigen.[15] Nunmehr könne bei gleichrangigen Unterhaltsberechtigten im Rahmen der Leistungsfähigkeit (→ *Leistungsfähigkeit* Rn. 60 ff.) des Unterhaltverpflichteten nach § 1581 BGB eine Billigkeitsabwägung in Form einer **Dreiteilung des gesamten unterhaltsrelevanten Einkommens** durchzuführen sein. Der BGH hat zuletzt in einer neueren Entscheidung nochmals klargestellt, dass die Dreiteilung im Rahmen der Leistungsfähigkeit „nicht zu beanstanden", aber auch keine zwingende Vorgabe sei.[16] Bei dem gesamten unterhaltsrelevanten Einkommen sind bei Durchführung der Dreiteilung auch die eigenen Einkünfte des neuen Unterhaltsberechtigten mit einzubeziehen. Allerdings müsse nunmehr im Rahmen der Leistungsfähigkeit auch wieder der Halbteilungsgrundsatz berücksichtigt werden, was zu einem relativen Mangelfall führen kann (→ *Mangelfall und Selbstbehalt* Rn. 15 ff.).

III. Konsequenzen aus der Entscheidung des Bundesverfassungsgerichts vom 25.1.2011 im Lichte der darauffolgenden Rechtsprechung des Bundesgerichtshofs für die Praxis

1. Behandlung des Aufeinandertreffens eines nachehelichen Unterhaltsanspruchs mit einem Unterhaltsanspruch nach § 1615 l BGB/Trennungs- oder nachehelichen Unterhaltsanspruchs eines zweiten Ehegatten

13 Das Problem mehrerer Bedürftiger setzt eine Konkurrenz zwischen dem geschiedenen Ehegattenunterhaltsberechtigten und mindestens einem weiteren Berechtigten voraus. Diese Konkurrenz entsteht, wenn der geschiedene Ehemann einer Mutter nach § 1615 l Abs. 2 S. 2 BGB oder einer zweiten Ehefrau im Rahmen des Familien-, Trennungs- oder nachehelichen Unterhalts verpflichtet ist. Für die Lösung des Falles muss im Ausgangspunkt immer nach dem Rang differenziert werden. Die zweite Frau kann vorrangig, gleichrangig oder nachrangig gegenüber der geschiedenen ersten Ehefrau sein. Wenn die zweite Frau der geschiedenen Ehefrau gegenüber nachrangig wäre, führt die Regelung des §§ 1582, 1609 BGB zwar zunächst zu einer klaren Bevorzugung, jedoch kann im Einzelfall im relativen Mangelfall doch noch eine Korrektur angezeigt sein.[17] Kommt es zu einem Gleichrang beider Frauen, wird regelmäßig die Berechnung im Wege der Dreiteilung notwendig werden. Hier ruht der Kern des Problems in Folgendem: Die Ehegattenunterhaltsansprüche sind nach § 1609 BGB eigentlich gleichrangig, jedoch wird die zweite Frau durch die Regeln zur Bedarfsermittlung nach den ehelichen Lebensverhältnissen benachteiligt, weil nur bei ihr der Unterhaltsanspruch der ersten Frau den Bedarf (kürzend) prägt (das liegt am beschriebenen strengen Stichtagsprinzip für die Berücksichtigung von Unterhaltsverpflichtungen nach Trennung). Dadurch entsteht ein gewisser Widerspruch zur Ranggleichheit beider Frauen. Auf der Ebene der Leistungsfähigkeit bedarf es deshalb eines korrigierenden Eingriffs, um dem Gleichrang Geltung zu verschaffen. Wäre demgegenüber wiederum die zweite Frau vorrangig, verbliebe im Rahmen der Leistungsfähigkeit für die erste Ehefrau wegen des Nachrangs grundsätzlich kein Unterhaltsanspruch mehr, wenn nicht sehr gute Einkommensverhältnisse gegeben sind. Die Berücksichtigung des Unterhaltsanspruchs der zweiten Frau auf der Leistungsfähigkeitsebene in Bezug auf den nachehelichen Unterhaltsanspruch der geschiedenen ersten Frau führt dann häufig zur Leistungsunfähigkeit des Pflichtigen. Auch hier regelt § 1609 BGB den Fall grundsätzlich klar. Wegen der im Einzelfall möglichen Korrektur kann auch hier bei relativen Mangelfällen jedoch entgegen der Rangregelung ein Ausgleich in Betracht kommen. Im Folgenden geht es aber zunächst um die Konstellation der Gleichrangigkeit der ersten und zweiten Frau.

---

14 BGH 7.12.2011 – XII ZR 151/09, FamRZ 2012, 281.
15 S. a. BGH 25.1.2012 – XII ZR 139/09, FamRZ 2012, 525.
16 BGH 7.5.2014 – XII ZB 258/13, FamRZ 2014, 1183.
17 BGH 7.5.2014 – XII ZB 258/13, FamRZ 2014, 1183.

2. Auswirkungen im Rahmen der Bedarfsermittlung

a) Bedarfsbemessung der geschiedenen (ersten) Ehefrau. Hinsichtlich der **Bedarfsermittlung** der geschiedenen ersten Frau ist die Entscheidung des Bundesverfassungsgerichts eindeutig. Diese ist ohne die Unterhaltslast des Verpflichteten gegenüber dem neuen Ehegatten oder der Mutter mit einem Anspruch nach § 1615 l Abs. 2 S. 2 BGB vorzunehmen. Auch ein etwaiges Kind aus der zweiten Verbindung bleibt, soweit es nach Rechtskraft der Scheidung von der ersten Frau geboren wurde, bei der Bedarfsbemessung außer Betracht. Weiterhin hat das Bundesverfassungsgericht ausdrücklich bestätigt, dass es bei der Bedarfsermittlung bei dem Grundsatz der Halbteilung verbleibe. Auf Bedarfsebene ist eine Dreiteilung also verboten. Überdies sind bei der Einkommensbestimmung des Pflichtigen auch ein Einkommen aus einem Karrieresprung oder ein etwaiger Splittingvorteil aus der zweiten Ehe nicht zu berücksichtigen. Daran darf die geschiedene Frau nicht partizipieren.[18] 14

b) Bedarfsbemessung der zweiten (Ehe-)Frau. In Bezug auf das Einkommen des Pflichtigen sind bei der zweiten Frau demgegenüber alle aktuellen Einkünfte von Bedeutung, auch die aus einem sog. Karrieresprung. Bei einem Anspruch nach § 1615 l BGB haben diese auf Bedarfsebene aber allenfalls bei der probehalber durchzuführenden Vergleichsrechnung bei fiktivem Ehegattenunterhaltsanspruch Bedeutung, da sich der Bedarf allein nach der Lebensstellung der Mutter ohne Geburt des Kindes richtet (→ *Bedarfsermittlung* Rn. 53). 15

Der Unterhaltsanspruch gegenüber der geschiedenen Ehefrau hat gegenüber der zweiten Frau allerdings in jedem Fall deren eheliche Lebensverhältnisse mitgeprägt. Daher ist der Unterhaltsanspruch der ersten Frau bereits bei der Bedarfsbestimmung vom Einkommen des Pflichtigen abzuziehen.[19] 16

Der Bundesgerichtshof ist des Weiteren der Auffassung, dass der Unterhaltsanspruch der zweiten Frau „als hypothetischer nachehelicher Unterhalt zu bemessen ist" und deshalb bei der zweiten Frau ein von ihr erzielbares Einkommen zu berücksichtigen ist.[20] „Dem liegt die allgemeine Billigkeitserwägung zugrunde, dass der neue Ehegatte des Unterhaltspflichtigen seine Erwerbsmöglichkeiten in gleicher Weise ausschöpfen soll, wie es auch von dem geschiedenen Ehegatten in einer vergleichbaren Lebenssituation erwartet werden würde".[21] Das ist ein ganz wesentlicher Umstand. Der Bundesgerichtshof setzt also bei der zweiten Ehefrau in diesem Beispiel grundsätzlich ein fiktives Einkommen an, wenn im Falle einer gedachten Scheidung zum Zeitpunkt über die Entscheidung des Unterhaltsanspruchs der geschiedenen ersten Ehefrau die zweite Frau auch eine Erwerbsobliegenheit treffen würde. Der Pflichtige kann sich gegenüber der geschiedenen ersten Frau nicht darauf berufen, dass der zweite Ehegatte aufgrund einer gemeinsamen Entscheidung im Rahmen der ehelichen Lebensführung nicht erwerbstätig sei. Kein fiktives Einkommen kann aber dann zugerechnet werden, wenn die zweite Frau einen Betreuungsunterhaltsanspruch gegen den Pflichtigen hätte.[22] Diese Zurechnung von Einkommen findet hier auch schon bei der Bestimmung des Bedarfs nach den ehelichen Lebensverhältnissen im Rahmen der Prüfung des Unterhaltsanspruchs der zweiten Frau statt. Wie gleich noch zu zeigen sein wird, muss dieser nämlich im Rahmen der Prüfung der Leistungsfähigkeit bei der Prüfung des Anspruchs der ersten geschiedenen Ehefrau inzident geprüft werden. Dies gilt übrigens auch in solchen Fällen, in denen die zweite Ehefrau nicht vom Pflichtigen getrennt lebt, es mithin um einen Anspruch auf Familienunterhalt ginge.[23] 17

3. Auswirkungen im Rahmen der Leistungsfähigkeit

a) Grundsätzliches. Zur Berechnung des Unterhalts der beteiligten Ehegatten auf der Ebene der Leistungsfähigkeit wurde vom Bundesverfassungsgericht außer dem Hinweis auf Gleichrangigkeit und Gleichwertigkeit beider Ehen nichts Näheres ausgeführt. Es hat allerdings auf die klare Trennung zwischen 18

18 BGH 7.5.2014 – XII ZB 258/13, FamRZ 2014, 1183.
19 BGH 7.12.2011 – XII ZR 151/09, FamRZ 2012, 281.
20 BGH 7.12.2011 – XII ZR 151/09, FamRZ 2012, 281.
21 BGH 7.5.2014 – XII ZB 258/13, FamRZ 2014, 1183.
22 BGH 7.5.2014 – XII ZB 258/13, FamRZ 2014, 1183.
23 BGH 7.5.2014 – XII ZB 258/13, FamRZ 2014, 1183.

Bedarf und Leistungsfähigkeit hingewiesen und auch betont, dass beide Ehen gleichwertig durch das Grundgesetz geschützt seien und auch auf die geänderten Rangfolgeregelungen durch den Gesetzgeber hingewiesen. Der Bundesgerichtshof hat deshalb die Dreiteilung auf der Ebene der Leistungsfähigkeit im Falle gleichrangiger Ehegatten als verfassungskonform angesehen. Die eindeutige Vorgabe des Bundesverfassungsgerichts beschränkt sich also darauf, dass **keine Dreiteilung auf Bedarfsebene** stattfinden darf. Der Bedarf des geschiedenen Ehegatten ist also stets ohne Abzug der Unterhaltsverpflichtung gegenüber der zweiten Frau zu ermitteln, während auf der Ebene der Leistungsfähigkeit der Pflichtige der geschiedenen Frau nach dem Bundesgerichtshof diese Unterhaltslast aber entgegenhalten kann.

19 Wie bereits unter → Rn. 14 ausgeführt, sind **Rangfragen auf der Ebene der Leistungsfähigkeit** grundsätzlich durchschlagend. „Denn es ist grundsätzlich zu beachten, dass der sich aus § 1609 BGB ergebende Rang der Unterhaltsansprüche selbst Ausdruck einer gesetzlichen Billigkeitswertung ist, die den – vollständigen – Vorrang des vom Gesetzgeber als schutzbedürftiger angesehenen Unterhaltsberechtigten sichern soll […]. Dies wird in der Regel […] dazu führen, dem vorrangigen geschiedenen Ehegatten den nach den ehelichen Lebensverhältnissen bemessenen Bedarf insgesamt zu belassen und die neue Ehe ergänzend auf die durch den nachrangigen Ehegatten erzielten oder erzielbaren Einkünfte sowie auf die der neuen Ehe vorbehaltenen wirtschaftlichen Vorteile […] zu verweisen“.[24] Beim Gleichrang kommt man aber über § 1609 BGB zu keinem Ergebnis. Daher ist bei der Unterhaltsberechnung des geschiedenen Ehegatten auf der Ebene der Leistungsfähigkeit inzident der Anspruch der zweiten Frau zu berechnen und dann im Wege der Dreiteilung leistungskürzend gegenüber der geschiedenen Ehefrau zu berücksichtigen. Hier sind verschiedene Variationen denkbar. Im Folgenden wird der Grundfall bei Gleichrang auch anhand eines Beispiels aufgezeigt.

20 **b) Bei gleichrangigen Ehegatten.** Rechnerisch löst man diese Fälle wie folgt: Es ist zunächst der Unterhaltsanspruch der geschiedenen ersten Ehefrau zu errechnen (stark vereinfachtes Bsp. ohne Erwerbstätigenbonus: M hat ein bereinigtes Einkommen von 3.600 EUR, F1 von 1.000 EUR; der Unterhaltsanspruch von F1 beträgt 1.300 EUR). Nun ist die Ebene der Leistungsfähigkeit in den Blick zu nehmen. Vorrangige oder gleichrangige Unterhaltspflichten erkennt der Bundesgerichtshof als zu berücksichtigende sonstige Verpflichtungen nach § 1581 BGB an.[25] Hier bestünde eine gleichrangige Unterhaltspflicht gegenüber der zweiten Frau. Im nächsten Schritt ist jetzt der Unterhaltsanspruch der zweiten Frau zu errechnen (Bsp: F2 hat kein Einkommen, kann aber fiktiv ebenfalls 1.000 EUR verdienen; M kann sich den Unterhalt von F1 bedarfsprägend abziehen, so dass ihm 2.300 EUR verbleiben. Der Bedarf der F2 errechnet sich aus 2.300 EUR + 1.000 EUR fiktive Einkünfte geteilt durch zwei; ihr Unterhaltsanspruch bestünde wegen eigener (fiktiver) Einkünfte in Höhe von 1.000 EUR noch in Höhe von 650 EUR). Diesen Unterhaltsanspruch kann M der ersten Frau auf der Ebene der Leistungsfähigkeit entgegenhalten. Dort entsteht ein relativer Mangelfall, weil er weniger als die erste Frau von den gemeinsamen Einkünften hat (M: 2.300 EUR – 650 EUR = 1.650 EUR; F1 hat 1.300 EUR Unterhalt + 1.000 EUR Einkommen = 2.300 EUR). In einem dritten Schritt muss nun die Leistungsfähigkeit gegenüber der ersten Frau neu berechnet werden, um diesen sog. relativen Mangelfall zu beseitigen. Hier kann die sog. Dreiteilungsmethode nun einen Ausgleich zwischen den beiden Berechtigten schaffen.[26] Dazu wird eine Dreiteilung aller Einkommen vorgenommen (weiter im Bsp. also: 3.600 EUR + 1.000 EUR + 1.000 EUR = 5.600 EUR/3 = rund 1.867 EUR; hier müsste übrigens M jetzt auch sein gesamtes Einkommen einsetzen, also auch Einkommen aus Karrieresprüngen und den Splittingvorteil aus der zweiten Ehe).[27] Jetzt ändert sich der Unterhaltsanspruch der ersten Frau und zwar in Form einer Absenkung auf 867 EUR (1.867 EUR – 1.000 EUR). Auch der Unterhaltsanspruch der zweiten Frau ändert sich, und zwar in Form einer Erhöhung auf 867 EUR (1.867 EUR – 1.000 EUR). Entscheidend sind jedoch die Auswirkungen für den Pflichtigen. Ohne die Dreiteilung hätte er an die erste Frau einen Betrag von 1.300 EUR zu zahlen gehabt. Ihm wären dann 2.300 EUR verblieben. Das wäre mehr als sein angemessener Unterhalt nach § 1581 BGB

24 BGH 7.5.2014 – XII ZB 258/13, FamRZ 2014, 1183.
25 BGH 7.12.2011 – XII ZR 151/09, FamRZ 2012, 281.
26 BGH 7.5.2014 – XII ZB 258/13, FamRZ 2014, 1183.
27 Vgl. BGH 7.12.2011 – XII ZR 151/09, FamRZ 2012, 281.

gewesen, der als „Kehrseite des Bedarfs" die Halbteilung des Bedarfs ausmacht (3.600 EUR + 1.000 EUR = 4.600 EUR/2 = 2.300 EUR). Aus diesem Betrag hätte der Pflichtige jetzt aber der zweiten Frau noch einen Unterhalt von 650 EUR zahlen müssen. Er hätte dann gegenüber der ersten Frau weniger als 2.300 EUR gehabt, nämlich 1.650 EUR. Es läge ein sog. relativer Mangelfall gegenüber der ersten Frau vor. Gegenüber der zweiten Frau läge allerdings kein relativer Mangelfall vor. Ein absoluter Mangelfall, also das Unterschreiten des fixen Mindestehegattenselbstbehalt von derzeit 1.280 EUR (Stand 1.1.2020), läge in keinem Unterhaltsverhältnis vor. Durch die Anwendung der Dreiteilung hat der Pflichtige jetzt gegenüber beiden Frauen 1.867 EUR. Es liegt so gegenüber keiner Frau mehr ein relativer Mangelfall vor. Der Bundesgerichtshof lässt bei der Dreiteilung allerdings Spielraum. Sie dürfe nicht starr angewendet werden. § 1581 BGB biete insoweit den Vorteil, im Einzelfall Billigkeitserwägungen einfließen zu lassen.[28] Damit können die Rangregelungen des §§ 1582, 1609 BGB im Einzelfall quasi umgangen werden und es kann zu einer Korrektur der Unterhaltsbeträge kommen. Die Rangregelungen setzen sich letztlich nur im absoluten Mangelfall voll durch. Eine **Korrektur** ist zB vorzunehmen, wenn bei der Dreiteilung ein bedürftiger Ehegatte seinen Unterhalt selbst deckt; der Bedarf des verbleibenden Ehegatten ist dann durch die Halbteilung begrenzt, da ein Drittel nicht über der Hälfte liegen kann. Die Dreiteilung soll also nicht dazu führen, dass ein Ehegatte durch den Einbezug eines dritten Einkommens in den Dreierbedarf am Ende einen höheren Bedarf und damit einen höheren Unterhaltsanspruch hätte.

Dem Pflichtigen muss allerdings immer mindestens der Ehegattenmindestselbstbehalt von derzeit 1.280 EUR verbleiben.[29] Verbleibt dem Pflichtigen wie im obigen Beispielsfall nach erfolgter Gleichteilung ein Einkommen von über 1.280 EUR (sog. **relativer Mangelfall**), ist die Korrektur des Unterhalts des ersten Ehegatten bei gleichzeitiger Herabsetzung des Selbstbehalts des Pflichtigen abgeschlossen.[30] Nur im sog. **absoluten Mangelfall** – also wenn der Ehegattenmindestselbstbehalt unterschritten ist – ist bei Gleichrangigen eine anteilige Kürzung des ermittelten Unterhalts vorzunehmen[31] (→ *Mangelfall und Selbstbehalt* Rn. 15 ff.). Zu dieser Konstellation kommt es, wenn das Einkommen des Pflichtigen weder ausreicht, um den Bedarf der ersten, noch den Bedarf der zweiten Frau vollständig zu decken. Dann wird dasjenige Einkommen, das dem Pflichtigen noch über dem Mindestselbstbehalt zur Verfügung steht, ins Verhältnis zu den Einsatzbeträgen gebracht, die beide Ehegatten als Unterhaltsbeträge verlangen könnten (zB F1 hätte einen Anspruch auf 300 EUR und F2 auf 500 EUR, der Pflichtige M hat aber nur 250 EUR über dem Mindestselbstbehalt: 250 EUR von 800 EUR sind rund 31 %. Daher bekäme F1 300*0,31 = 95 EUR und F2 500*0,31 = 155 EUR).

c) Bei Vor- und Nachrang. Bei Vor- und Nachrang eines bedürftigen Ehegatten ist die zum 1.1.2008 21
geänderte Rechtslage zu beachten. Für die Bedarfsfeststellung ergeben sich zunächst im Vergleich zu den obigen Ausführungen keine Änderungen. In jedem Fall kann die Unterhaltsverpflichtung der zweiten Frau den Bedarf der ersten Frau nicht prägen. Umgekehrt ist dies allerdings sehr wohl der Fall. Daher ist das Rangproblem allein auf der Ebene der Leistungsfähigkeit zu verorten. Eigentlich sehen die §§ 1582, 1609 BGB jetzt klare Regelungen vor. Ein vorrangiger Ehegatte bekäme bei starrer Anwendung der Rangvorschriften stets den ungekürzten Unterhalt. Soweit noch Einkommen des Pflichtigen über dem Mindestselbstbehalt zur Verfügung stünde, würde dieses für den nachrangigen Berechtigten zur Verfügung stehen. So kann grundsätzlich auch verfahren werden, jedoch kann es Fälle geben, in denen dieses Ergebnis als unbillig empfunden wird. Der Bundesgerichtshof eröffnet deshalb eine Möglichkeit der Korrektur. „Im Einzelfall erlaubt die nach § 1581 BGB gebotene Billigkeitserwägung allerdings auch davon [den Rangregelungen der §§ 1582, 1609 BGB, Anm. Verf.] abweichende Ergebnisse, die neben dem Rang auf weitere individuelle Umstände gestützt werden können [...]. Als weiteres Billigkeitskriterium ist insbesondere zu

28 BGH 7.12.2011 – XII ZR 151/09, FamRZ 2012, 281.
29 BGH 15.3.2006 – XII ZR 30/04, FamRZ 2006, 683.
30 Vgl. *Gerhardt/Gutdeutsch* FamRZ 2011, 597 (772); *Gerhardt* FamRZ 2012, 589 (592).
31 Vgl. die Berechnungsbeispiele bei *Gerhardt/Gutdeutsch* FamRZ 2011, 597 (772); *Gerhardt* FamRZ 2012, 589 (593).

berücksichtigen, ob der Mindestbedarf eines Unterhaltsberechtigten gedeckt wird.".[32] Diese Möglichkeit gilt aber immer nur im relativen Mangelfall auf Seiten des Pflichtigen.

Beim **absoluten Mangelfall** gilt immer die sog. **Vorranglösung**, dh der ermittelte Bedarf des Vorrangigen wird durch den Nachrangigen nicht gekürzt.

22 **Bei Vorrang des zweiten Ehegatten** hat der Bundesgerichtshof bisher keine klare Vorgabe gemacht: „Ist der Unterhaltsanspruch des neuen Ehegatten gegenüber dem Unterhaltsanspruch eines geschiedenen Ehegatten vorrangig, ist es im Rahmen des § 1581 S. 1 BGB erst recht geboten, diesen Unterhaltsanspruch im Rahmen der Leistungsfähigkeit gegenüber dem geschiedenen Ehegatten zu berücksichtigen".[33] Über die genaue Art der Berücksichtigung besteht in der Literatur Uneinigkeit. Teilweise wird vertreten, dass es einfach keiner weiteren Billigkeitsabwägung bedürfe und man den vorrangigen Anspruch der zweiten Ehefrau voll vom Einkommen des Pflichtigen im Rahmen der Prüfung der Leistungsfähigkeit gegenüber der ersten Frau abziehen könne. Die erste Frau habe schon einen gewissen Vorteil, dass ihr so verbleibender Anspruch immerhin den Bedarf der zweiten Frau kürze und es somit wahrscheinlicher sei, dass für sie mehr Raum für einen verbleibenden Anspruch auf nachehelichen Unterhalt bestehen bleibt.[34] Eine andere Auffassung möchte die vom Bundesgerichtshof eröffnete Möglichkeit nutzen. Vorgeschlagen wird auch hier die Anwendung der Dreiteilung des Bedarfs.[35] Vertretbar sind beide Auffassungen. Es wird empfohlen, die Umstände des jeweiligen Einzelfalles für die Argumentation heranzuziehen. So betont der Bundesgerichtshof, dass der Mindestbedarf ein solches Kriterium darstelle. Die Lösung sollte daher versuchen, die Mindestbedarfe der beiden Frauen zu decken unter gleichzeitig möglichst weitgehender Vermeidung eines relativen Mangelfalles zwischen Pflichtigem und erster Frau.

23 Bei **Nachrang des zweiten Ehegatten** äußert sich der Bundesgerichtshof dahin gehend, dass der Unterhaltsanspruch des zweiten Ehegatten dem ersten Ehegatten gegenüber nicht zu berücksichtigen ist.[36] Später hat er dies noch einmal bekräftigt, allerdings mit dem Zusatz „in aller Regel".[37] Der zweite Ehegatte profitiere nämlich noch von der Teilhabe an den aktuellen Einkünften wie Karrieresprungeinkommen, dem Splittingvorteil oder sonstigen familienbezogenen Gehaltszuschlägen, welche bei der Bedarfsbestimmung des ersten Ehegatten keine Berücksichtigung fänden. Dem folgt die Literatur soweit ersichtlich einhellig.

IV. Empfehlung für die Praxis

24 Die praktische Relevanz dieser Fälle dürfte nicht besonders hoch sein. Durch die Anwendung der Dreiteilungsmethode auf der Ebene der Leistungsfähigkeit werden im Vergleich zur alten Lösung auf Bedarfsebene nun dogmatisch saubere Lösungen erreicht, wenngleich sich die Ergebnisse der Unterhaltsberechnung in den meisten Fällen nicht ändern. Der Bundesgerichtshof hat nun auch hinreichende Vorgaben für die Fälle des Vorrangs und des Nachrangs eines Berechtigten gemacht. Dabei hat er eine Abweichungsmöglichkeit für den Einzelfall geschaffen. Die Lösung über § 1581 BGB bietet diesbezüglich auch mehr Spielraum als es eine Lösung über die Bedarfsebene getan hätte.[38]

Eine Ausnahme zur Bedarfslösung ist nur bei **Vorrang des geschiedenen Ehegatten** gegeben. Dort ergibt sich ein deutlich anderes Ergebnis zu dessen Gunsten.[39] Sollte ein solcher Fall in der Praxis auftauchen, wird eine genauere Befassung mit der Materie notwendig werden. Sehr hilfreich wäre dann auch eine Befassung mit konkreten Rechenbeispielen.[40]

32 BGH 7.12.2011 – XII ZR 151/09, FamRZ 2012, 281.
33 BGH 7.12.2011 – XII ZR 151/09, FamRZ 2012, 281.
34 So etwa MüKoBGB/*Maurer* § 1581 Rn. 62 f.
35 ZB *Gutdeutsch* FamRZ 2015, 96 (97); *Borth* FamRZ 2012, 253 (257).
36 BGH 7.12.2011 – XII ZR 151/09, FamRZ 2012, 281.
37 BGH 7.5.2014 – XII ZB 258/13, FamRZ 2014, 1183.
38 *Gerhardt* FamRZ 2011, 597 (772).
39 *Götz/Brudermüller* NJW 2011, 808.
40 ZB *Reinken* NZFam 2015, 689.

167. Meinungsverschiedenheiten der Sorgeberechtigten

Seebach/M. Teubel

I. Allgemeines

1 **Gemeinsam sorgeberechtigte Eltern**, unabhängig davon, ob verheiratet oder nicht, sind nach § 1627 S. 2 BGB gehalten, sich bei bestehenden Uneinigkeiten und Streitigkeiten zu **einigen**. Wichtige Entscheidungen und Erziehungsfragen haben Eltern, ob getrennt oder zusammenlebend, gemeinsam zu entscheiden. Ein staatlicher Eingriff in die elterliche Erziehung (→ *Erziehung* Rn. 1 ff.) hat zurückhaltend zu erfolgen.[1] Auf **Antrag eines Elternteils** hat das Familiengericht gem. § 1628 BGB die Entscheidung in einer einzelnen Angelegenheit oder in einer bestimmten Art von Angelegenheiten der elterlichen Sorge, deren Regelung für das Kind von erheblicher Bedeutung ist, einem Elternteil zu übertragen, wenn sich die Eltern hierüber nicht einigen können.

Ein ernsthafter Einigungsversuch hat einem Verfahren nach § 1628 BGB voranzugehen. Auch das Gericht hat nach § 156 FamFG noch im Verfahren auf eine Einigung der Beteiligten hinzuwirken.[2] Eine Handlungsunfähigkeit der Eltern soll so vermieden werden. Die Vorschrift des § 1628 BGB ist restriktiv auszulegen und von gerichtlichen Verfahren bzw. Entscheidungen nach § 1671 BGB (→ *Entzug des Sorgerechts* Rn. 10 ff.) sowie § 1666 BGB (→ *Kindeswohlgefährdung* Rn. 2 ff.) abzugrenzen.[3] Höchstpersönliche Rechte des Kindes sind von einer Einigung der Eltern nicht abhängig und unterfallen einer Regelung nach § 1628 BGB gerade nicht.

Bei Vorliegen von **Spezialvorschriften** tritt § 1628 BGB zurück. Insbesondere bei Fragen der religiösen Erziehung ist eine Anwendbarkeit des § 2 RKEG vorrangig zu prüfen.[4]

II. Voraussetzungen

1. Bestimmte Angelegenheit

2 Von § 1628 BGB werden nur die Fälle einer **konkreten Angelegenheit** oder konkrete Arten von Angelegenheiten erfasst. Nur **punktuelle Streitigkeiten** sollen von der Norm des § 1628 BGB erfasst sein.[5] Es muss ein **konkreter Einzelfall** betroffen sein, bei dessen Regelung die Eltern ihre Differenzen nicht überwinden können.[6]

2. Erhebliche Bedeutung

3 Im Hinblick auf den Begriff der Regelung einer Angelegenheit, die für das Kind von erheblicher Bedeutung ist, verwendet der Gesetzgeber dieselbe Begrifflichkeit wie in § 1687 Abs. 1 S. 1 BGB.[7] Abzugrenzen sind diese Angelegenheiten daher von den Angelegenheiten des täglichen Lebens (§ 1687 Abs. 1 S. 2

1 NK-BGB/*Rakete-Dombek/Berning* § 1628 Rn. 1.
2 NK-BGB/*Rakete-Dombek/Berning* § 1628 Rn. 10.
3 NK-BGB/*Rakete-Dombek/Berning* § 1628 Rn. 4.
4 NK-BGB/*Rakete-Dombek/Berning* § 1628 Rn. 3.
5 HK-BGB/*Kemper* § 1628 Rn. 2.
6 NK-BGB/*Rakete-Dombek/Berning* § 1628 Rn. 4, 6.
7 NK-BGB/*Rakete-Dombek/Berning* § 1628 Rn. 7.

BGB). Diese Angelegenheiten des täglichen Lebens sind in der Regel solche, die häufig vorkommen und keine schwer abzuändernden Auswirkungen auf die Entwicklung des Kindes haben (§ 1687 Abs. 1 S. 3 BGB). In Angelegenheiten des täglichen Lebens liegt gem. § 1687 Abs. 2 S. 2 BGB im Falle getrennt lebender Eltern die Alleinentscheidungsbefugnis ohnehin beim betreuenden sowie gem. § 1687 Abs. 2 S. 4 BGB beim Umgang ausübenden Elternteil.[8] Erfasst von § 1628 BGB sind daher alle Angelegenheiten, deren Entscheidung von erheblicher Auswirkung für die Entwicklung des Kindes ist und daher grundsätzlich von den Eltern gemeinsam getragen werden soll.[9] Hierzu ist eine Vielzahl von Entscheidungen ergangen.[10] So wurde insbesondere geurteilt in Bezug auf den Familiennamen des Kindes (→ *Namensbestimmung bei Minderjährigen* Rn. 1 ff.), die Zugehörigkeit zu einer Religionsgemeinschaft bzw. Taufe oder Kommunion des Kindes,[11] den Umzug des Kindes, die Beantragung von Ausweisdokumenten, Urlaubsreisen,[12] den Schul- oder Kindergartenbesuch, die Behandlung des Kindes mit Ritalin,[13] das Übernachten bei Drittpersonen,[14] den Wechsel des Familiennamens,[15] den längeren Auslandsaufenthalt eines Elternteils[16] oder Impfungen.[17]

Spielen in erster Linie finanzielle Belange und Interessen der Eltern eine Rolle, so sind die Voraussetzungen des § 1628 BGB nicht gegeben.[18] Unerheblich sind ferner regelmäßige Streitigkeiten, zB über Taschengeld, Erziehungsmethoden, Fernsehkonsum und dergleichen. Das Gericht weist in diesem Fall den Antrag ab.[19]

3. Antrag eines Elternteils

4 Für Entscheidungen des Familiengerichts nach § 1628 BGB ist ein Antrag eines Elternteils **zwingend erforderlich**.[20] Dies ergibt sich aus der Subsidiarität des staatlichen Handelns. Das Gericht kann ein Verfahren nach § 1628 BGB – anders als bei Kindeswohlgefährdung nach § 1666 BGB – nicht von Amts wegen einleiten. Bei einem durch Antragstellung eingeleiteten Verfahren gilt dann jedoch der Amtsermittlungsgrundsatz.[21]

III. Verfahren

1. Entscheidung des Gerichts

5 Anders als bei Verfahren nach § 1666 BGB oder § 1671 BGB trifft das Gericht gerade **keine eigene Sachentscheidung**. Die Entscheidungskompetenz wird auf einen Elternteil antragsgemäß übertragen oder der Antrag wird zurückgewiesen.[22] Auch eine Übertragung auf den nicht antragstellenden Elternteil ist möglich, wenn und soweit diese dem **Kindeswohl** entspricht.[23]

6 Das Kindeswohlprinzip gem. § 1697 a BGB (→ *Elterliches Sorgerecht* Rn. 8) als Auffangregel gilt auch im Rahmen des § 1628 BGB als Maßstab der gerichtlichen Entscheidung.[24] Es ist daher eine gerichtliche

8 NK-BGB/*Rakete-Dombek/Berning* § 1628 Rn. 8.
9 Palandt/*Götz* BGB § 1687 Rn. 4 mwN.
10 HK-FamR/*Schmid* BGB § 1628 Rn. 3.
11 OLG Düsseldorf 7.12.2009 – 4 UF 221/09, FamRZ 2010, 1255.
12 OLG Hamburg 23.7.2011 – 12 UF 80/11, FamRZ 2012, 562.
13 OLG Bamberg 26.8.2002 – 7 UF 94/02, FPR 2003, 333.
14 OLG Jena 24.5.2006 – 1 UF 503/05, FamRZ 2009, 894.
15 BGH 9.11.2016 – XII ZB 298/15, NJW 2017, 1242.
16 OLG Köln 22.7.2011 – 4 UF 144/11, NJW-RR 2012, 4.
17 BGH 3.5.2017 – XII ZB 157/16, NZFam 2017, 561.
18 OLG München 25.1.2008 – 12 UF 1776/07, NJW-RR 2008, 1534.
19 Palandt/*Götz* BGB § 1628 Rn. 10.
20 Palandt/*Götz* BGB § 1628 Rn. 2.
21 NK-BGB/*Rakete-Dombek/Berning* § 1628 Rn. 15.
22 HK-FamR/*Schmid* BGB § 1628 Rn. 5.
23 NK-BGB/*Rakete-Dombek/Berning* § 1628 Rn. 10.
24 HK-FamR/*Schmid* BGB § 1697 a Rn. 3.

Entscheidung hinsichtlich der Regelung der strittigen Angelegenheit dahin gehend zu treffen, welcher Elternteil bei der Entscheidung für das Kind das **Kindeswohl am besten beachten** und eine **am Kindeswohl ausgerichtete Entscheidung** treffen wird. Sämtliche relevanten Kriterien sind zu prüfen und gegeneinander abzuwägen. Es sind letztlich die im Rahmen einer Sorgerechtsentscheidung geltenden Kriterien anzuwenden, auch wenn in das Sorgerecht an sich nicht eingegriffen wird. Das Gericht hat gerade nicht darauf abzustellen, welche Entscheidung seiner Meinung nach die beste ist.[25] Das **soziale Umfeld des Kindes** ist hinsichtlich der Auswirkungen der Entscheidung zu beachten.[26] Der ermächtigte Elternteil kann die konkrete Angelegenheit nach ergangener Entscheidung alleine regeln und das Kind insoweit gem. § 1629 Abs. 1 S. 3 BGB alleine vertreten (→ *Gesetzliche Vertretung Minderjähriger* Rn. 8). Der Elternteil übt insoweit die elterliche Sorge und Vertretung des Kindes alleine aus.

Die gerichtliche Entscheidung kann gem. § 1628 S. 2 BGB mit **Auflagen oder Beschränkungen** verbunden werden. Zu denken ist insoweit an die Vorlage von Belegen oder auch an eine zeitliche Begrenzung.[27] 7
Allerdings dürfen die Auflagen und Beschränkungen nicht so weit gehen, dass quasi doch eine eigene Sachentscheidung des Gerichts vorliegt.[28]

Eine **Abänderung** der ergangenen Entscheidung nach § 1696 BGB ist nicht vorgesehen. Maßnahmen nach 8
§ 1666 BGB sind bei Vorliegen der entsprechenden Voraussetzungen weiterhin möglich.[29]

2. Kindesanhörung; Verfahrensbeistand; Sachverständigengutachten

Nach §§ 159, 160 FamFG sind Eltern und Kind auch in Verfahren nach § 1628 BGB persönlich anzuhö- 9
ren.[30] Die Anhörung und Beteiligung des Jugendamts bestimmt sich nach § 162 FamFG.

Ob die Bestellung eines **Verfahrensbeistands** nach § 158 FamFG und die Einholung eines **Sachverständigengutachtens** erforderlich ist, ist im Einzelfall zu entscheiden.

Da Sorgerechtskriterien im Rahmen einer Entscheidung nach § 1628 BGB anzuwenden sind, gelten auch die diesbezüglich aufgestellten Verfahrensgrundsätze (→ *Elterliches Sorgerecht* Rn. 21 ff.).

3. Einzelne Fragen/Beispiele

a) Abstammungsverfahren. Die Zulässigkeit eines **Vaterschaftsanfechtungsantrags** des minderjährigen 10
Kindes setzt die Entscheidung des sorgeberechtigten Elternteils voraus, dass das Kind dieses Anfechtungsverfahren betreiben will (→ *Anfechtung der Vaterschaft* Rn. 9). Bei **gemeinsamer elterlicher Sorge** kann eine Entscheidung nach § 1628 BGB ergehen, wenn sich die Eltern gerade nicht einig sind, ob ein derartiger Antrag erhoben werden soll. Die Bestellung eines **Ergänzungspflegers** gem. § 1909 BGB mit dem Wirkungskreis „Vertretung im Anfechtungsverfahren" bedeutet dabei nicht, dass der Ergänzungspfleger über das „Ob" der Anfechtung entscheiden kann.[31]

b) Uneinigkeit über religiöse Erziehung des Kindes. Meinungsverschiedenheiten über die religiöse 11
Erziehung des Kindes reichen für die Übertragung der gesamten elterlichen Sorge nicht aus. Zu prüfen ist, ob dem Anliegen mit einer Entscheidung nach § 1628 BGB Rechnung getragen werden kann; ggf. kommt andernfalls die Übertragung dieses Teilbereichs der elterlichen Sorge in Betracht.[32] Es kann auch geboten sein, einen Antrag nach § 1628 BGB zurückzuweisen, wenn die Eltern unterschiedlichen Kulturkreisen

25 MüKoBGB/*Huber* § 1628 Rn. 16.
26 BVerfG 4.12.2002 – 1 BvR 1870/02, NJW 2003, 1031.
27 Palandt/*Götz* BGB § 1628 Rn. 9.
28 NK-BGB/*Rakete-Dombek/Berning* § 1628 Rn. 11.
29 HK-FamR/*Schmid* BGB § 1628 Rn. 5.
30 NK-BGB/*Rakete-Dombek/Berning* § 1628 Rn. 16.
31 BGH 18.2.2009 – XII ZR 156/07, NJW 2009, 1496 (1498).
32 BGH 11.5.2005 – XII ZB 33/04, NJW 2005, 2080.

angehören und es daher geboten erscheint, das Kind nicht schon frühzeitig endgültig in eine Religionsgemeinschaft zu integrieren.[33] Das RKEG ist zu beachten.[34]

12 **c) Urlaubsreisen.** Die Frage, ob bei Uneinigkeit der gemeinsam sorgeberechtigten Eltern über eine von einem Elternteil mit dem Kind beabsichtigte Urlaubsreise, zB in das europäische Ausland, eine Einigung der Eltern überhaupt erforderlich ist, entscheidet sich danach, ob eine **Angelegenheit von erheblicher Bedeutung** vorliegt.[35] Andernfalls ist eine Alleinentscheidung eines Elternteils bereits durch § 1687 BGB gedeckt. Ferner hat auch hier eine genaue Abgrenzung des § 1628 BGB zu Entscheidungen über das Aufenthaltsbestimmungsrecht nach § 1671 BGB zu erfolgen.[36] Häufig werden gerade in derartigen Fällen weitergehende Anträge zur Entscheidung über das Aufenthaltsbestimmungsrecht gestellt, während ein Antrag nach § 1628 BGB als das mildere Mittel ausreichend wäre.

13 In der jüngeren Rechtsprechung wird zunehmend auch bei Reisen in das Nicht-EU-Ausland nicht von einer Angelegenheit von erheblicher Bedeutung ausgegangen, so dass der reisende Elternteil alleine über den Urlaubsantritt bestimmen darf.[37]

14 Allerdings wird man eine Reise in ein Land, für das eine **Reisewarnung** besteht, als Angelegenheit von erheblicher Bedeutung ansehen müssen.[38] Grundsätzlich jedoch ist für eine beabsichtigte Urlaubsreise auch bei Uneinigkeit der sorgeberechtigten Eltern eine Entscheidung nach § 1628 BGB nicht erforderlich.[39] Auch kann eine einmalige Weigerung eines Elternteils nicht dazu führen, die Entscheidungskompetenz hinsichtlich zukünftiger beabsichtigter Urlaubsreisen generell auf den anderen Elternteil zu übertragen.

15 Oftmals wird eine Uneinigkeit der Eltern in einer solchen Angelegenheit sich auf den Bereich der **Ausweispapiere** für ein minderjähriges Kind auswirken. Hier ist mit der gängigen Rechtsprechung davon auszugehen, dass es sich hinsichtlich der Beantragung von Ausweisdokumenten[40] um eine für das Kind erhebliche Angelegenheit handelt und der Besitz oder auch die Verlängerung von Ausweisdokumenten grundsätzlich dem Kindeswohl entspricht.[41] Die Herausgabe des Ausweises zur Durchführung der Reise richtet sich nach §§ 1632 Abs. 1, 1684 Abs. 2 BGB entsprechend.[42]

16 **d) Umzug.** Grundsätzlich stellt ein **beabsichtigter Umzug des minderjährigen Kindes** nicht lediglich eine Angelegenheit des täglichen Lebens dar, sondern vielmehr eine Angelegenheit von erheblicher Bedeutung für das Kind.[43] Ein Umzug verändert grundsätzlich die Lebenssituation des Kindes, hat Auswirkungen auf die **sozialen Kontakte des Kindes** und auf den Schul- bzw. Kindergartenbesuch (→ Rn. 21). Die Eltern haben sich demzufolge hinsichtlich eines geplanten Umzugs des betreuenden Elternteils abzusprechen und gemeinsam zu entscheiden.[44]

17 Etwas anders kann gelten bei einem Umzug innerhalb desselben Stadtteils oder auch derselben Stadt, ja sogar innerhalb des Landkreises, wenn die sozialen Kontakte des Kindes fortbestehen, insbesondere ein Schul- oder Kindergartenwechsel (→ Rn. 21) mit dem Umzug nicht verbunden ist. Teilweise wird auch die Ansicht vertreten, dass bei jedem beabsichtigten Umzug ein Antrag nach § 1628 BGB gestellt werden müsse. Diese Ansicht verkennt, dass jeweils eine **Einzelfallprüfung** stattzufinden hat. Auch muss beachtet werden, dass der betreuende Elternteil nicht in seinem verfassungsrechtlich garantierten Recht

33 OLG Düsseldorf 7.12.2009 – 4 UF 221/09, FamRZ 2010, 1255.
34 NK-BGB/*Rakete-Dombek/Berning* § 1628 Rn. 2.
35 *Maier* in: FormB-FamR § 6 Rn. 49.
36 NK-BGB/*Rakete-Dombek/Berning* § 1628 Rn. 4.
37 OLG Frankfurt a. M. 21.7.2016 – 5 UF 206/16, FamRZ 2016, 1595, Türkei; OLG Karlsruhe 5.8.2014 – 5 WF 115/14, FamRZ 2015, 150, Ukraine; KG 2.2.2017 – 13 UF 163/16, NJW-RR 2017, 774, Thailand.
38 OLG Frankfurt a. M. 21.7.2016 – 5 UF 206/16, FamRZ 2016, 1595, Türkei.
39 Johannsen/Henrich/Althammer/*Rake* BGB § 1687 Rn. 10.
40 *Maier* in: FormB-FamR § 6 Rn. 51.
41 OLG Köln 27.3.2012 – II-4 UF 24/12, FamRZ 2012, 1502.
42 BGH 27.3.2019 – XII ZB 345/18, NJW-RR 2019, 897.
43 *Stockmann* jurisPR-FamR 20/2010.
44 *Maier* in: FormB-FamR § 6 Rn. 49.

auf freie Entfaltung seiner Persönlichkeit unangemessen eingeschränkt werden darf. Der getrennt lebende Elternteil darf den anderen Elternteil in seinem Lebensplan nicht behindern (→ *Aufenthaltsbestimmung bei Minderjährigen* Rn. 11 f.). Auf der anderen Seite muss das Umgangsrecht des nicht betreuenden Elternteils berücksichtigt werden. Entscheidend sind jedoch die Auswirkungen des beabsichtigten Umzugs auf das Kind selbst.

Häufig werden derartige Streitigkeiten in einem Verfahren über das Aufenthaltsbestimmungsrecht für das Kind ausgetragen (→ *Aufenthaltsbestimmung bei Minderjährigen* Rn. 1 ff.); aber auch ein Verfahren betreffend einen konkret beabsichtigten Umzug im Rahmen des § 1628 BGB ist denkbar, wenn auch in der gerichtlichen Praxis eher ein Ausnahmefall. 18

Das Gericht muss bei seinen Erwägungen berücksichtigen, ob der Elternteil, der einen Umzug plant, die Kindesinteressen sieht und wahrnimmt. Ferner muss in die Abwägung eingestellt werden, ob der Elternteil, der sich gegen einen Umzug ausspricht, eventuell die Betreuung des Kindes übernehmen kann.[45] In der Regel wird jedoch dann keine Entscheidung nach § 1628 BGB, sondern vielmehr eine gerichtliche Entscheidung nach § 1671 BGB hinsichtlich der Übertragung des Aufenthaltsbestimmungsrechts ergehen (→ *Aufenthaltsbestimmung bei Minderjährigen* Rn. 1 ff.). 19

Geht mit einem Umzug ein **Schulwechsel** (→ Rn. 16, 21) einher, so ist der Elternteil hinsichtlich der schulischen Angelegenheiten nicht zwangsläufig ermächtigt. Ferner erfolgt mit einem beabsichtigten Umzug eine **Ummeldung des Kindes**. Daher werden in der Regel Verfahren nach § 1628 BGB nicht ausschließlich die Umzugsproblematik betreffen, sondern eine Vielzahl von Teilbereichen der elterlichen Sorge, so dass bei Meinungsverschiedenheiten der Eltern Verfahren nach § 1671 BGB zu betreiben sind. 20

e) Schulwechsel. Ein Schulwechsel mit einer erheblichen Entfernung zum Wohnort hat für das minderjährige Kind grundsätzlich erhebliche Bedeutung.[46] Selbst wenn die Eltern insoweit eine Vereinbarung getroffen haben (→ *Elternvereinbarungen* Rn. 1 ff.), so kann sich ein Elternteil hiervon lossagen, wenn diese mit den Kindesinteressen nicht mehr vereinbar ist.[47] 21

45 *Stockmann* jurisPR-FamR 20/2010.
46 OLG Frankfurt a. M. 18.4.2019 – 4 UF 81/19, FamRZ 2019, 1244.
47 *Maier* in: FormB-FamR § 6 Rn. 44.

168. Mindestbedarf

Osthold

I. Begriff und Bemessung

1 Durch den Unterhalt soll grundsätzlich der **gesamte Lebensbedarf** des Unterhaltsberechtigten gedeckt werden. Deshalb muss der Unterhalt zumindest das **Existenzminimum** des Unterhaltsberechtigten sicherstellen. Dieses stellt die **Untergrenze des Bedarfs** in einem jeden Unterhaltsrechtsverhältnis dar. Der Mindestbedarf wurde nach und nach für alle Unterhaltsrechtsverhältnisse eingeführt. Mit der Unterhaltsrechtsreform aus dem Jahr 2007, in Kraft seit dem 1.1.2008, wurde die vormals umstrittene Frage des Kindesunterhalts durch den Gesetzgeber geklärt (vor 1998 galt schon einmal ein solcher Mindestbedarf, der dann durch das Kindesunterhaltsgesetz vom 6.4.1998 entfiel). Im Betreuungs-, Ehegatten-, und sonstigen Verwandtenunterhalt sorgte der Bundesgerichtshof nach und nach für die Anerkennung eines Mindestbedarfs. Die Mindestbedarfe orientieren sich vornehmlich an sozialhilferechtlichen Bedarfen zur Sicherung des Existenzminimums. Allen Mindestbedarfen ist gemein, dass der Unterhaltsgläubiger diesen in jedem Fall ansetzen kann, er also nicht gehalten ist, im Rahmen der Darlegung seines Bedarfs irgendwie zu den Einkünften des Unterhaltspflichtigen vorzutragen.[1]

Bei **minderjährigen Kindern** hat das Unterhaltsänderungsgesetz zum 1.1.2008 in Form des gesetzlichen Mindestunterhalts für minderjährige, nicht aber privilegiert volljährige Kinder einen Mindestbedarf festgelegt (→ *Bedarfsermittlung* Rn. 31; → *Mindestunterhalt* Rn. 1 ff.). Dieser richtete sich zunächst nach dem doppelten Freibetrag für das sächliche Existenzminimum eines Kindes, also nach dem doppelten Kinderfreibetrag des § 32 Abs. 4 S. 1 EStG. Seit dem 26.11.2015 wurde die Koppelung mit dem Steuerrecht aber aufgehoben. Seither wird der Mindestbedarf durch die sog. Mindestunterhaltsverordnung geregelt (§ 1612 a Abs. 4 BGB), die sich am sächlichen Existenzminimum orientiert. Letzteres wird von der Bundesregierung alle zwei Jahre auf der Grundlage eines Existenzminimumberichts ermittelt, der den sozialhilferechtlichen Mindestbedarf zum Gegenstand hat.

2 Für den **Elternunterhalt** hat der Bundesgerichtshof als Erstes entschieden, dass der Lebensbedarf des Unterhaltsgläubigers mindestens dem Existenzminimum entspricht.[2]

3 Beim **Ehegattenunterhalt** hatte der Bundesgerichtshof trotz bestehender Kritik einen Mindestbedarf lange abgelehnt, da sich der Bedarf nach den individuellen Lebens-, Einkommens-, und Vermögensverhältnissen der Ehegatten berechnet und nicht ausgeschlossen werden konnte, dass ein pauschalierter Mindestbedarf über diesen Verhältnissen lag, was nach früherer Auffassung des Bundesgerichtshofs zu einer ungerechtfertigten Bevorzugung des Unterhaltsgläubigers hätte führen können. Der Bundesgerichtshof ist deshalb lange davon ausgegangen, dass der Bedarf nach den ehelichen Lebensverhältnissen auch unterhalb des Existenzminimums liegen kann. Diese Rechtsprechung hat der Bundesgerichtshof aber aufgegeben und zunächst in Anknüpfung an ein Urteil aus dem Jahr 2008[3] einen Mindestbedarf für den Betreuungsunterhalt und den nachehelichen Unterhalt insgesamt festgelegt.[4] Der Betreuungsunterhalt erfasst auch **Ansprüche nach § 1615 l Abs. 2 BGB**, so dass auch hier ein Mindestbedarf gilt.[5]

---

1 Zum Mindestkindesunterhalt: BGH 19.9.2018 – XII ZB 385/17, FamRZ 2019, 112; zum Ehegattenunterhalt: BeckOGK/*Witt*, Stand 1.2.2019, BGB § 1578 Rn. 544.

2 BGH 19.2.2003 – XII ZR 67/00, FamRZ 2003, 860.

3 BGH 16.7.2008 – XII ZR 109/05, FamRZ 2008, 1739.

4 BGH 13.1.2010 – XII ZR 123/08, FamRZ 2010, 444; 16.12.2009 – XII ZR 50/08, FamRZ 2010, 357.

5 BGH 16.12.2009 – XII ZR 50/08, FamRZ 2010, 357.

Der Mindestbedarf ist von den sog. Eigenbedarfssätzen streng zu unterscheiden. Während der Mindestbedarf allein die Darstellung des Bedarfs nach den ehelichen Lebensverhältnissen betrifft und relevant ist, wenn ein Unterhaltsgläubiger seinen eigenen Bedarf geltend macht, beschreiben die Eigenbedarfssätze[6] den Bedarf des Ehegatten eines auf Unterhalts in Anspruch genommenen Pflichtigen durch den gegenüber diesem Ehegatten nachrangigen Unterhaltsgläubiger. Der Unterhaltspflichtige hat in diesen Konstellationen immer einen Ehegatten, mit dem er zusammenlebt[7] oder der von ihm getrennt lebt und ebenfalls unterhaltsberechtigt ist[8] und wird entweder durch einen nachrangigen Ehegatten (§ 1609 Nr. 3 BGB), ein nicht privilegiertes volljähriges Kind (§ 1609 Nr. 4 BGB), einen Enkel (§ 1609 Nr. 5 BGB) oder Elternteil (§ 1609 Nr. 6 BGB) auf Unterhalt in Anspruch genommen. Die Eigenbedarfssätze stellen sicher, dass dem Ehegatten des Pflichtigen genug Mittel verbleiben, um den eigenen Bedarf zu decken. Der nachrangige Unterhaltsgläubiger kann also keinen Unterhalt verlangen, der dazu führen würde, dass dem Ehegatten des Pflichtigen ein geringerer Bedarf zukäme. 4

Im Rahmen der gebotenen **Pauschalierung** des Mindestbedarfs im Ehegatten- und Betreuungsunterhalt nach § 1615 l BGB ist für einen Mindestbedarf in Höhe des Existenzminimums auf den notwendigen Selbstbehalt eines erwerbstätigen Unterhaltspflichtigen gegenüber einem minderjährigen oder privilegiert volljährigen Kind abzustellen (→ *Mangelfall und Selbstbehalt* Rn. 2). Dieser beträgt gegenwärtig nach der Düsseldorfer Tabelle und den unterhaltsrechtlichen Leitlinien der Oberlandesgerichte **960 EUR**.[9] Es wird bewusst nicht auf den eheangemessenen Selbstbehalt des Unterhaltspflichtigen abgestellt[10] und auch kein Erwerbsanreiz miteingeschlossen. 5

II. Grundsatz der Halbteilung

Der Mindestbedarf in Höhe des Existenzminimums ist nicht nur dem Unterhaltsberechtigten zuzubilligen, sondern muss entsprechend dem Grundsatz der Halbteilung auch mindestens dem Unterhaltspflichtigen verbleiben. Dies ist schon deshalb gewährleistet, da dem Unterhaltspflichtigen regelmäßig ein Selbstbehalt von seinem eigenen Einkommen verbleibt, dessen Höhe zwar von der Art seiner Unterhaltsverpflichtung abhängig ist, der den nur geringfügig über dem Existenzminimum pauschalierten Mindestbedarf aber keinesfalls unterschreitet[11] (→ *Mangelfall und Selbstbehalt* Rn. 1 ff.). Der Selbstbehalt des Unterhaltspflichtigen liegt daher immer höher als der Mindestbedarf, weshalb Verletzungen des Halbteilungsgrundsatzes nicht zu besorgen sind. 6

III. Ersparnis des Zusammenlebens

Die Pauschalierung des Mindestbedarfs schließt aber den **Nachweis eines höheren oder geringeren Bedarfs** nicht aus, beispielsweise aufgrund der Ersparnis durch gemeinsame Haushaltsführung. Wohnt der Unterhaltspflichtige in neuer Lebensgemeinschaft und spart er dadurch Kosten für die Wohnung oder die allgemeine Lebensführung, so wird auch sozialhilferechtlich eine Kürzung des Bedarfs akzeptiert. Insoweit hat der Bundesgerichtshof entschieden, dass der Mindestbedarf eines Unterhaltsgläubigers durch die gemeinsame Haushaltsführung mit einem leistungsfähigen Partner gekürzt werden kann.[12] Die Kürzung wird man im Regelfall mit 10 % bemessen können.[13] Dieses Vorgehen ist bei der Kürzung des Selbstbehalts des Unterhaltspflichtigen für alle Unterhaltsansprüche bereits seit längerem anerkannt[14] (→ *Mangelfall* 7

6 Leitlinien der OLG Ziffer 22.
7 Leitlinien der OLG Ziffer 22.
8 Leitlinien der OLG Ziffer 23.
9 Leitlinien der OLG Ziffer 15.4.
10 Leitlinien der OLG Ziffer 21.4.
11 BGH 16.12.2009 – XII ZR 50/08, FamRZ 2010, 357.
12 BGH 18.4.2012 – XII ZR 73/10, FamRZ 2012, 1201.
13 BeckOGK/*Witt*, Stand 1.2.2019, BGB § 1578 Rn. 545.
14 Leitlinien der OLG Ziffer 21.5.

und Selbstbehalt Rn. 7). **Untergrenze** für diese Kürzung ist der **sozialhilferechtliche Mindestbedarf**.[15] Voraussetzung für die Kürzung des Mindestbedarfs ist, dass der neue Partner, mit dem der Unterhaltsgläubiger zusammenlebt, über ausreichende Einkünfte verfügt, um sich an den Kosten für die Lebensführung zu beteiligen. Dafür muss er über Einkünfte oberhalb seines eigenen Existenzminimums verfügen, dass derzeit ebenfalls bei 960 EUR liegt.

15 BGH 18.4.2012 – XII ZR 73/10, FamRZ 2012, 1201.

169. Mindestunterhalt

Osthold

I. Klare Definition

Mit der durch das Unterhaltsrechtsreformgesetz eingeführten Neuregelung des § 1612 a BGB ist der Gesetzgeber der Forderung des Bundesverfassungsgerichts nachgekommen, die bis dahin unverständliche Verflechtung von Sozial-, Steuer- und Unterhaltsrecht so zu gestalten, dass sie dem **Grundsatz der Normenklarheit** entspricht.[1] Ausgangspunkt ist dabei der in § 1612 a BGB neu (wieder-)eingeführte Mindestunterhalt für alle minderjährigen Kinder. Die **Höhe des Mindestunterhalts** entsprach zunächst dem doppelten Freibetrag des sächlichen Existenzminimums eines Kindes (**Kinderfreibetrag**) gem. § 32 Abs. 6 S. 1 EStG. Durch das Gesetz zur Änderung des Unterhaltsrechts und des Unterhaltsverfahrensrechts etc. vom 20.11.2015 ist zum 26.11.2015 die Anknüpfung an das Steuerrecht entfallen. Stattdessen regelt die Mindestunterhaltsverordnung vom 3.12.2015, derzeit in der Fassung vom 28.9.2017, den Mindestkindesunterhalt. Die Rechtsgrundlage für den Erlass dieser durch das Bundesministerium für Justiz und Verbraucherschutz zu erlassenden Verordnung findet sich in § 1612 a Abs. 4 BGB. Die Verordnung orientiert sich nunmehr am sächlichen Existenzminimum, welches direkt auf Grundlage eines Existenzminimumberichts der Bundesregierung, der alle zwei Jahre erstellt wird, ermittelt und festgelegt wird. Daher bezieht sich § 1612 a Abs. 1 S. 2 BGB jetzt nur noch auf das „steuerfrei zu stellende sächliche Existenzminimum des minderjährigen Kindes". Die Verordnung nennt nun verbindliche konkrete Zahlen, so dass der Mindestunterhaltsbedarf auch schon für das Jahr 2021 feststeht. Die Verordnung selbst ist sehr kurz und besteht nur aus zwei Paragrafen, die den Mindestkindesunterhalt direkt und das Inkrafttreten festlegen. Die Verordnung gilt bundesweit. 1

II. Dynamisierter Unterhalt

Der Kindesunterhalt kann nach der Düsseldorfer Tabelle als dynamischer Unterhalt geltend gemacht werden. Es besteht insoweit ein Wahlrecht. Der Unterhaltsgläubiger kann also die Erstellung eines dynamischen Titels verlangen und zwar sogar dann, wenn es bereits einen statischen Titel gibt.[2] Die Höhe des geschuldeten Unterhalts für das minderjährige Kind bestimmt sich nach einem **Prozentsatz des gesetzlich definierten Mindestunterhalts**. Der Gesetzgeber hat mit dem Mindestunterhalt eine dynamische Grundlage geschaffen, die den früheren Regelbetrag nach der Regelbetragsverordnung abgelöst hat. Dies hat den Vorteil, dass sich der Unterhalt bei jeder Änderung der Düsseldorfer Tabelle sowie bei jedem Aufstieg in eine neue Altersgruppe automatisch aktualisiert. Dies gilt allerdings nicht jenseits der dritten Altersstufe. Der dynamische Titel bleibt also auch nach Volljährigkeit des Kindes auf der dritten Altersstufe stehen, weil § 1612 a Abs. 1 S. 3 BGB nur drei Altersstufen nennt.[3] Gleichwohl besteht ein Anspruch auf einen unbefristeten Titel.[4] Der Unterhaltspflichtige muss also aufpassen, dass er stets den aktuellen Betrag bezahlt, denn durch den titulierten Anspruch ist er automatisch in Verzug,[5] so dass der Unterhaltsgläubiger Rechtsanwaltskosten, die notwendig sind, um den Pflichtigen zur korrekten Zahlung zu mahnen, als Verzugsschäden geltend machen kann. Eine Dynamisierung macht keinen Sinn, wenn weniger als der Mindestkindesunterhalt geschuldet ist, oder wenn sich der Tabellenbetrag wegen § 1603 Abs. 3 S. 3 BGB verändert, weil sich der betreuende Elternteil am Barunterhalt beteiligen muss. 2

1 BVerfG 9.4.2003 – 1 BvR 1/01, 1 BvR 1749/01, FamRZ 2003, 1370.
2 OLG Hamm 20.9.2010 – 13 WF 207/10, FamRZ 2011, 1158.
3 OLG Karlsruhe 24.2.2011 – 2 UF 45/09, FamRZ 2011, 1303.
4 OLG Bamberg 14.5.2018 – 2 UF 14/18, FamRZ 2019, 30.
5 BGH 26.1.1983 – IVb ZR 351/81, FamRZ 1983, 352.

III. Kindergeldanrechnung

3 Entgegen der bis zum 31.7.2007 geltenden Regelung, wonach innerhalb der ersten fünf Einkommensgruppen der Düsseldorfer Tabelle das Kindergeld nur teilweise zur Anrechnung kam, wird dieses aufgrund der seit 1.1.2008 geltenden Neuregelung des § 1612 b BGB hälftig auf den Unterhaltsbedarf des Kindes, gleichgültig nach welcher Einkommensgruppe sich dieser ergibt, angerechnet. Das **hälftige Kindergeld** wirkt sich **bedarfsmindernd** auf den Barunterhaltsanspruch des Kindes aus, die Zahlungsverpflichtung des Unterhaltspflichtigen reduziert sich entsprechend. Dies hat zur Folge, dass auch bei der Berechnung des Ehegattenunterhalts nunmehr stets der tatsächliche Zahlbetrag einkommensmindernd in Abzug zu bringen ist, wodurch sich die Verteilungsmasse für die nachrangigen Unterhaltsberechtigten vergrößert. Ab Erreichen der Volljährigkeit wird das Kindergeld dann voll auf den Bedarf angerechnet. Zu differenzieren ist deshalb nur noch, ob es sich um das erste, zweite, dritte oder vierte Kind handelt, weil ab dem dritten Kind die Kindergeldbeträge ansteigen.

4 Die **Grenze der Leistungsfähigkeit** ist erreicht, wenn der Unterhaltspflichtige den **Zahlbetrag** (Bedarf abzüglich des anzurechnenden Kindergeldes) nicht mehr vollständig leisten kann, ohne seinen notwendigen Selbstbehalt zu unterschreiten.[6] Nach § 1612 b Abs. 1 Nr. 1 BGB ist das Kindergeld zur Deckung des (Mindest-)Bedarfs des Kindes zu verwenden, und zwar hälftig, wenn der andere Elternteil seine Unterhaltsverpflichtung durch die Betreuung des Kindes erfüllt (§ 1606 Abs. 3 S. 1 BGB). Unterhaltsrechtlich handelt es sich somit um **Einkommen des Kindes**, das daher wie anderes Einkommen auch dessen Bedarf kürzt.

IV. Darlegungs- und Beweislast

5 Die Wiedereinführung des Mindestunterhalts führt im Ergebnis zu einer bedeutsamen Beweislastumkehr (→ *Darlegungs- und Beweislast beim Unterhalt* Rn. 7) für den Kindesunterhalt. Wird vom Unterhaltsberechtigten nur der Mindestunterhalt geltend gemacht, muss der Unterhaltspflichtige darlegen und beweisen, dass er für diese Zahlung nicht leistungsfähig ist. Das Kind muss im Falle der Geltendmachung nur des Mindestkindesunterhalts dagegen überhaupt nichts zu seinem Bedarf vortragen, so dass keine Ausführungen zu dem Einkommen des Unterhaltspflichtigen notwendig sind.[7] Denn das Kind macht dann seinen das Existenzminimum sichernden Mindestbedarf geltend, den es in jedem Fall verlangen kann (→ *Mindestbedarf* Rn. 1). Wegen der **gesteigerten Erwerbsobliegenheit** gegenüber minderjährigen Kindern ist der Nachweis der Leistungsunfähigkeit in der Praxis schwer zu führen (→ *Erwerbsobliegenheit* Rn. 1 ff.). Reichen die tatsächlich vorhandenen Einkünfte nicht aus, um den Mindestunterhalt zu zahlen, bestimmt sich aufgrund der gesteigerten Erwerbsverpflichtung die Leistungsfähigkeit nicht nur anhand der tatsächlichen, sondern auch der **fiktiven oder erzielbaren Einkünfte**, wenn der Unterhaltspflichtige eine ihm mögliche und zumutbare, eventuell zusätzliche Erwerbstätigkeit unterlässt, obwohl er diese bei gutem Willen ausüben könnte (→ *Fiktive Einkünfte* Rn. 1 ff.).

V. Mangelfall

6 Liegt ein Mangelfall vor, dh reicht das Einkommen des Unterhaltspflichtigen unter Wahrung seines eigenen Selbstbehalts nicht aus, alle Ansprüche der Unterhaltsberechtigten zu decken, sind die Unterhaltsansprüche der vorrangigen minderjährigen Kinder nicht mit dem sich aufgrund der Einkommensgruppe der Düsseldorfer Tabelle ergebenden Unterhaltsbetrag, sondern mit dem Mindestunterhalt[8] in die Unterhaltsberechnung einzustellen (→ *Mangelfall und Selbstbehalt* Rn. 12, 15). Praktische Unterschiede zwischen der Verwendung beider genannten Beträge dürften aber seit der Änderung der Einkommensgruppenstruktur der Düsseldorfer Tabelle zum 1.1.2018 nunmehr kaum noch bestehen, denn die erste Einkommensgruppe reicht jetzt bis 1.900 EUR bereinigtes Nettoeinkommen.

6 OLG München 17.7.2009 – 2 WF 1288/09, FamRZ 2010, 988.
7 OLG Frankfurt a. M. 29.4.2014 – 7 UF 2/14, FamRZ 2014, 1927.
8 Einkommensgruppe 1 der Düsseldorfer Tabelle abzüglich hälftiges Kindergeld.

170. Mutterschaft

Knahn/Siede

I. Einführung

1 Grundsätzlich geht das Gesetz nach dem **Abstammungsprinzip** des § 1589 BGB davon aus, dass die **Verwandtschaft**[1] zwischen Kind und Eltern auf der genetischen Herkunft beruht.[2] Die Rechtslage vor dem Kindschaftsrechtsreformgesetz vom 16.12.1997[3] sah es als selbstverständlich an, dass die Frau, die das Kind gebärt, auch dessen genetische Mutter ist. Da die moderne Fortpflanzungsmedizin[4] es aber ermöglicht, dass eine Frau ein genetisch fremdes Kind durch Ei- oder Embryonenspende austrägt (v.a. im Rahmen der Ersatzmutterschaft, → Rn. 10 ff.), sah sich der Gesetzgeber veranlasst, die Mutterschaft (→ Rn. 3) mit der Einführung des § 1591 BGB gesetzlich zu regeln.[5]

2 Das Abstammungsrecht wurde durch das Kindschaftsrechtsreformgesetz vom 16.12.1997[6] und das Kinderrechteverbesserungsgesetz vom 9.4.2002[7] wesentlich geändert. Aufgrund der Entscheidung des Bundesverfassungsgerichts zur Stellung des biologischen Vaters in Anfechtungsverfahren[8] wurde mit Gesetz vom 23.4.2004[9] mit § 1600 Abs. 1 Nr. 2 BGB die Anfechtungsmöglichkeit des biologischen Vaters eingeführt (→ *Anfechtung der Vaterschaft* Rn. 25). Infolge der Rechtsprechung des Bundesverfassungsgerichts zu heimlichen Vaterschaftstests[10] wurde mit dem Gesetz vom 26.3.2008[11] ein Verfahren zur Klärung der Abstammung ohne Statuswirkung (→ *Feststellung der Abstammung* Rn. 28 ff.) geschaffen.

II. Gesetzliche Regelung der Mutterschaft

1. Mutterschaft, § 1591 BGB

3 Nach § 1591 BGB ist Mutter eines Kindes die Frau, die es geboren hat. Dabei kommt es allein auf den äußeren Vorgang der Geburt, unabhängig von der Frage der genetischen Herkunft des Kindes an. In Fällen, bei denen die gebärende Frau zuvor durch eine Ei- oder Embryonenspende ein genetisch fremdes Kind implantiert erhalten hat, also eine **gespaltene Mutterschaft** zwischen gebärender Frau und genetischer Mutter vorliegt, ist alleine die gebärende Frau Mutter gem. § 1591 BGB (**Durchbrechung des Abstammungsprinzips** des § 1589 BGB).

---

1 S. NK-BGB/*Gutzeit* § 1589 Rn. 4.
2 BT-Drs. 13/4899, 82.
3 BGBl. I, 2942.
4 NK-BGB/*Gutzeit* Vor §§ 1591–1600 d Rn. 8 ff.
5 BT-Drs. 13/4899, 82.
6 BGBl. I 1997, 2942.
7 BGBl. I, 1239.
8 BVerfG 9.4.2003 – 1 BvR 1493/96, NJW 2003, 2151.
9 BGBl. I, 598.
10 BVerfG 13.2.2007 – 1 BvR 421/05, NJW 2007, 753.
11 BGBl. I, 441.

4 Die weiteren verwandtschaftlichen Beziehungen des Kindes durch die Mutter richten sich ausschließlich nach der Mutter iSv § 1591 BGB.[12] Die genetische Abstammung des Kindes ist aber im Rahmen des Eheverbots gem. § 1307 BGB, § 173 StGB der rechtlichen Abstammung gleichgestellt.[13]

2. Übergangsvorschrift

5 Da Art. 224 § 1 Abs. 1 EGBGB für den am 1.7.1998 in Kraft getretenen § 1591 BGB keine Übergangsvorschrift enthält, gilt § 1591 BGB gleichermaßen für alle Kinder, die vor, am oder nach dem 1.7.1998 geboren wurden.[14]

III. Abstammungsverfahren

1. Keine Anfechtung der Mutterschaft

6 Die Mutterschaft der gebärenden Frau steht dabei nach dem ausdrücklichen Willen des Gesetzgebers dauerhaft fest, dh sie kann nicht durch Anfechtung beseitigt werden. Es handelt sich daher niemals, auch nicht im Falle der gespaltenen Mutterschaft, um eine **Scheinmutterschaft**.[15]

Allerdings besteht die Möglichkeit, die genetische Abstammung im Rahmen des § 1598 a BGB (→ *Feststellung der Abstammung* Rn. 28 ff.) zu klären. Eine Statusänderung kann dabei aber nicht erlangt werden, dh die Mutterschaft im rechtlichen Sinne kann nicht verändert werden.

2. Abstammungsverfahren nach § 169 Nr. 1 FamFG

7 Für die Fälle der **gespaltenen Mutterschaft** bleibt der genetischen Mutter auch ein Verfahren auf Feststellung eines Eltern-Kind-Verhältnisses nach § 169 Nr. 1 FamFG bereits begrifflich verwehrt,[16] da das Eltern-Kind-Verhältnis durch die klare Normierung der Mutterschaft in § 1591 BGB insoweit nicht verändert werden kann.[17]

8 In Fällen von **Kindesverwechslung**,[18] **Kindesunterschiebung** oder **Kindesraub** kann die Frau, die das Kind geboren hat, ihre Mutterschaft in einem Verfahren auf Feststellung eines Eltern-Kind-Verhältnisses nach § 169 Nr. 1 FamFG feststellen lassen.[19]

IV. Anerkennung der Mutterschaft, § 27 Abs. 2 PStG

9 Die **Beurkundung** der Anerkennung der Mutterschaft im Geburtenregister ist gem. § 27 Abs. 2 PStG möglich, wenn die Mutter oder der Mann, dessen Vaterschaft anerkannt oder rechtskräftig festgestellt ist oder von dem das Kind nach Angabe der Mutter stammt, eine fremde Staatsangehörigkeit besitzen und das Heimatrecht dieses Elternteils eine Anerkennung der Mutterschaft vorsieht. Dies ist zB in Art. 316 CC für französische Kinder vorgesehen, wenn die Mutter in der Geburtsurkunde des Kindes nicht benannt ist.[20]

V. Ersatzmutterschaft

1. Begrifflichkeit

10 Gem. § 13 a AdVermiG ist **Ersatzmutter** eine Frau, die aufgrund einer Vereinbarung bereit ist, (1.) sich einer künstlichen oder natürlichen Befruchtung zu unterziehen oder (2.) einen nicht von ihr stammenden

12 Palandt/*Siede* BGB § 1591 Rn. 4.
13 NK-BGB/*Kleist* § 1307 Rn. 2.
14 NK-BGB/*Gutzeit* § 1589 Rn. 7.
15 BT-Drs. 13/4899, 82; HK-BGB/*Kemper* § 1591 Rn. 1.
16 Palandt/*Siede* BGB § 1591 Rn. 2.
17 HK-FamR/*Stern* BGB Vor § 1591 Rn. 1; NK-BGB/*Gutzeit* § 1591 Rn. 3.
18 OLG Bremen 6.1.1995 – 5 UF 93/94, FamRZ 1995, 1291.
19 NK-BGB/*Gutzeit* § 1591 Rn. 3.
20 Vgl. hierzu *Frank* StAZ 2012, 190.

Embryo auf sich übertragen zu lassen oder sonst auszutragen und das Kind nach der Geburt Dritten zur Annahme als Kind oder zur sonstigen Aufnahme auf Dauer zu überlassen.

Nur im Fall des § 13 a Nr. 2 AdVermiG sowie im Fall der Eizellspende kommt es dabei zur gespaltenen Mutterschaft zwischen genetischer Mutter und gebärender Frau (**Leihmutter,** auch Ammenmutter genannt. In den anderen Fällen spricht man von einer **übernommenen Mutterschaft**, dh der Frau wird die künstlich befruchtete eigene Eizelle wieder eingepflanzt, allerdings auch hier mit dem Ziel, das Kind nach der Geburt einer dritten Person zu überlassen, § 13 Nr. 1 AdVermiG.

2. Verbot der Ersatzmutterschaft

Nach § 13 c AdVermiG ist die **Ersatzmuttervermittlung verboten** und wird gem. § 14 Abs. 1 Nr. 2 lit. c 11
AdVermiG als Ordnungswidrigkeit geahndet oder ist gem. § 14 b AdVermiG strafbar. Nicht strafbar sind die Ersatzmutter und die Bestelleltern (§ 14 b Abs. 3 AdVermiG).

Derjenige, der **Handlungen zur Herbeiführung einer Ersatzmutterschaft** iSv § 13 a Nr. 2 AdVermiG durchführt, also in der Regel der Arzt, macht sich gem. § 1 Abs. 1 Nr. 7 ESchG strafbar. Auch hier gilt, dass sich die Eizellspenderin und die Ersatzmutter nicht strafbar machen (§ 1 Abs. 3 ESchG).

Der Ersatzmuttervertrag ist **sittenwidrig** und daher gem. § 138 BGB nichtig.[21] 12

3. Anerkennung ausländischer Entscheidungen

Nach deutschem Recht ist die Ersatzmutter Mutter des Kindes. Ein Wechsel der abstammungsrechtlichen 13
Zuordnung ist dann nur durch **Adoption** des Kindes durch die Wunschmutter/-eltern möglich (vgl. zur Abstammung von Kindern, die im Ausland von einer Leihmutter ausgetragen wurden).[22]

Einfacher ist es, wenn ein Abstammungsverhältnis zwischen der Wunschmutter und dem Kind bereits in 14
dem Staat, in dem die reproduktionsmedizinische Behandlung durchgeführt wurde, begründet wurde, das gem. §§ 108, 109 Abs. 1 Nr. 3 FamFG anerkannt und im Personenstandsregister gem. § 36 PStG nachbeurkundet werden kann. Formal ist dafür Voraussetzung, dass eine gerichtliche oder vergleichbare Behördenentscheidung ergeht, durch die das Kind dem Wunschelternteil zugeordnet wird. Die bloße Eintragung des Wunschelternteils als Elternteil im Geburtsregister dieses Staates entsprechend dem Abstammungsrecht dieses Staates genügt nicht (Eintragung der „Wunschmutter" im Geburtsregister der Ukraine).[23]

Weiterhin darf die Anerkennung nicht gegen den verfahrensrechtlichen **ordre public** gem. § 109 Abs. 1 15
Nr. 3 FamFG verstoßen. Dafür ist nach derzeitiger Rechtsprechung Voraussetzung, dass das Kind zumindest mit einem Elternteil auch leiblich verwandt ist, auf die Leihmutter kein Zwang ausgeübt wurde, den Vertrag zu schließen und nach Geburt das Kind herauszugeben, und dass die Zuordnung des Kindes an den Wunschelternteil in einem rechtsstaatlichen Verfahren ergangen ist.[24] Das Erfordernis, dass das Kind mit einem Wunschelternteil auch genetisch verwandt sein muss, ergibt sich aus der Bezugnahme des BGH auf die Rechtsprechung des EGMR. Es bleibt abzuwarten, ob der BGH an diesem Erfordernis für die Frage der Anerkennungsfähigkeit einer ausländischen Entscheidung, durch die das Kind den Wunscheltern zugeordnet wird, festhalten wird. Es steht im Spannungsverhältnis zu dem Grundsatz, dass die Abstammung in Bezug auf jeden Elternteil unabhängig von der Frage, woraus sich diese für den anderen Elternteil ergibt, ableitet. Daher sollte eine Entscheidung eines ausländischen Gerichts, durch die ein Kind den Wunscheltern zugeordnet wird, auch dann anerkannt werden, wenn die Ersatzmutter der Anerkennung der Vaterschaft des Mannes zugestimmt hat, jedoch nicht festgestellt ist, dass das Kind von diesem Mann auch abstammt. Weiterhin sollten auch Entscheidungen anerkannt werden, durch die das Kind nur einem Wunschelternteil zugeordnet wird.

21 OLG Hamm 2.12.1985 – 11 W 18/85, NJW 1986, 781.
22 *Behrentin/Grünenwald*, Leihmutterschaft im Ausland und die deutsche Rechtsordnung NJW 2019, 2057.
23 BGH 20.3.2019 – XII ZB 320/17, NJW 2019, 1608.
24 BGH 5.9.2018 – XII ZB 224/17, FamRZ 2018, 1846; 10.12.2014 – XII ZB 463/13, NJW 2015, 479.

4. Adoption bei Ersatzmutterschaft

16 Die Adoption eines Kindes durch Annahmewillige, die an einer im Inland verbotenen Ersatzmuttervermittlung mitgewirkt haben, ist nach allgemeinen Vorschriften möglich. Für die Annahme eines Kindes, das mittels Eizellspende und Leihmutterschaft gezeugt und ausgetragen wurde, gelten die erschwerten Voraussetzungen von § 1741 Abs. 1 S. 2 BGB nicht; denn diese Vorschrift soll Kinderhandel und vergleichbaren Praktiken, nicht aber im Inland den betreffenden Berufsträgern verbotenen Formen der Reproduktionsmedizin, entgegenwirken.[25] Danach kann ein Kind angenommen werden, wenn dies dem **Kindeswohl** dient und zu erwarten ist, dass sich zwischen Annehmenden und Anzunehmendem ein **Eltern-Kind-Verhältnis** entwickelt. Dies wird im Verhältnis zwischen Wunscheltern und Kind häufig der Fall sein.

17 **Vereinbarungen** zwischen Annahmewilligen und Ersatzmutter auf Einwilligung in die Adoption sowie eine entsprechende Entgeltabrede sind gem. § 134 BGB **nichtig.**[26] Dies sollte aber auf die unmittelbare Verpflichtung der Leihmutter, das Kind auszutragen, herauszugeben und ggf. der Adoption zuzustimmen bzw. sonst daran mitzuwirken, dass das Kind den Wunscheltern abstammungsrechtlich zugeordnet wird, beschränkt werden. Es gibt keinen Grund, der Ersatzmutter auch die Titulierung und Durchsetzung der Ansprüche zu versagen, die ihr zustehen, wenn sie sich an die Absprachen mit den Wunscheltern hält; denn dann ist sie in ihrer höchstpersönlichen, durch die Geburt des Kindes geprägten Sphäre nicht verletzt.

---

25 Palandt/*Götz* BGB § 1741 Rn. 6; wohl auch BGH 20.3.2019 – XII ZB 530/17, NJW 2019, 1605 Rn. 28; OLG Frankfurt a. M. 28.2.2019 – 1 UF 71/18, FamRZ 2019, 899.

26 Palandt/*Siede* BGB Vor § 1591 Rn. 22.

171. Nacheheliche Solidarität

Osthold

I. Begriff und Bedeutung

Der Begriff der nachehelichen Solidarität wird im Familienrecht an mehreren Stellen verwendet. Er findet 1
etwa Anwendung bei der Herleitung bestimmter Verpflichtungen aus der Generalklausel des § 1353 BGB (zB Zustimmung zur einkommensteuerlichen Zusammenveranlagung oder zum sog. begrenzten Realsplitting).[1] In dem hier verwendeten Sinn ist er jedoch ein Kriterium für die Prüfung der Begrenzung des nachehelichen Unterhalts nach § 1578 b BGB, obwohl der Begriff selbst im Gesetz nicht ausdrücklich erwähnt wird. Ausgangspunkt für die Begrenzung des nachehelichen Unterhalts ist zunächst der durch das Unterhaltsrechtsreformgesetz gestärkte **Grundsatz der Eigenverantwortung** (§ 1569 BGB). Er besagt, dass nach der Scheidung jeder Ehegatte gehalten ist, selbst für seinen Unterhalt zu sorgen. Mit dem Grundsatz der Eigenverantwortung geht die **Abschaffung der Lebensstandardgarantie** einher. Eine nacheheliche Unterhaltsverpflichtung ist, soweit sie unbillig erscheint, zu korrigieren, indem der Unterhaltsanspruch auf Basis des Bedarfs nach den ehelichen Lebensverhältnissen auf den angemessenen Lebensbedarf herabzusetzen ist und/oder (§ 1578 b Abs. 3 BGB), indem der Anspruch zu befristen ist. Eine Begrenzung des nachehelichen Unterhaltsanspruchs soll nur aus zwei Gründen unterbleiben.[2] Zum Ersten soll sie dann unterbleiben, wenn und solange beim Unterhaltsberechtigten noch ehebedingte Nachteile bei der Erzielung der eigenen Erwerbseinkünfte vorliegen. Zum Zweiten soll eine Begrenzung unterbleiben, falls die sog. nacheheliche Solidarität noch für die Gewährung eines Unterhaltsanspruchs spricht. Die Prüfung, ob ehebedingte Nachteile einer Begrenzung entgegenstehen, ist aber vorrangig, so dass der nachehelichen Solidarität nur eine nachgeordnete Bedeutung zukommt, wenn keine ehebedingten Nachteile bestehen.[3] Diese hat folglich insbesondere Bedeutung bei Unterhaltstatbeständen, die nicht auf einer ehebedingten Bedürftigkeit beruhen, insbesondere beim Unterhalt wegen Alters und Krankheit.[4] Das Maß der nachehelichen Solidarität ist nach dem Bundesgerichtshof immer eine Frage des Einzelfalls. Wesentliche Aspekte hierbei sind neben der Dauer der Ehe insbesondere die in der Ehe gelebte Rollenverteilung wie auch die vom Unterhaltsberechtigten während der Ehe erbrachte Lebensleistung. Die nacheheliche Solidarität hat im Rahmen der Herabsetzungs- und Befristungsmöglichkeiten des § 1578 b BGB also den Stellenwert eines **Billigkeitskriteriums**, für den Fall, dass kein ehebedingter Nachteil vorliegt. Schließlich kommt der nachehelichen Solidarität noch eine nachgelagerte Funktion zu, wenn die Prüfung des § 1578 b BGB zu dem Ergebnis kommt, dass eine Begrenzung auszusprechen ist. Denn sowohl für die Bemessung der Übergangszeit bis zur vollständigen Herabsetzung auf den angemessenen Lebensbedarf, als auch für die Bemessung der Frist bei der Befristung, soll das Maß der nachehelichen Solidarität herangezogen werden. Inhaltlich wird der Begriff der nachehelichen Solidarität oft mit demjenigen der „Dauer der Ehe" verknüpft oder gar gleichgesetzt (→ Rn. 3, 5). Tatsächlich geht es um das Maß der wirtschaftlichen Abhängigkeit des Unterhaltsberechtigten, das bei Ehen von langer Dauer typischerweise steigt. Die Rechtsprechung hat Kriterien entwickelt, die eine inhaltliche Prüfung im Einzelfall ermöglichen (→ Rn. 4 f.).

1 Vgl. etwa OLG Brandenburg 22.10.2015 – 9 UF 72/15, FamRZ 2016, 817.
2 So schon die Gesetzesbegründung, BT-Drs. 16/1830, 18 f.
3 BGH 8.6.2016 – XII ZB 84/15, FamRZ 2016, 1345.
4 BGH in ständiger Rechtsprechung, zB BGH 4.8.2010 – XII ZR 7/09, FamRZ 2010, 1633.

II. Ehebedingte Nachteile

2 Aufgrund der Abschaffung der Lebensstandardgarantie ist der Begriff des ehebedingten Nachteils zum vorrangig zu berücksichtigenden Kriterium bei der Begrenzung des nachehelichen Unterhalts geworden. Bereits vor der zum 1.1.2008 eingeführten Herabsetzungs- und Befristungsvorschrift des § 1578 b BGB hat die Rechtsprechung des Bundesgerichtshofs dieses Kriterium für den **Aufstockungsunterhalt** aufgegriffen und den Ehegatten dann auf seinen **Lebensstandard**, den er **ohne Ehe** hätte, verwiesen, wenn keine ehebedingten Nachteile vorlagen.[5] Durch § 1578 b BGB wurde dann eine **Befristungs- und Herabsetzungsmöglichkeit für sämtliche Unterhaltstatbestände** eingeführt. Die Begrenzung ist vorzunehmen, wenn ein Unterhaltsanspruch unbillig erscheint. Im Falle der festgestellten Unbilligkeit besteht dann kein Ermessen des Gerichts mehr.[6] Unbillig ist der fortdauernde Unterhaltsanspruch vornehmlich, wenn keine ehebedingten Nachteile bezüglich der Erwerbsmöglichkeit des Unterhaltsberechtigten (mehr) vorliegen und auch die nacheheliche Solidarität es nicht gebietet (dazu sogleich). Vorrangig ist, wie bereits ausgeführt, zu prüfen, ob (noch) solche ehebedingten Nachteile vorliegen.[7] Der ehebedingte Nachteil ist der Unterschied zwischen dem tatsächlich erzielten bzw. erzielbaren Einkommen des Unterhaltsberechtigten und dem hypothetischen Einkommen, das er ohne Ehe und Kindererziehung erzielen könnte.[8] Ehebedingte Nachteile sind vor allem Erwerbsnachteile, die durch die von den Ehegatten praktizierte Rollenverteilung während der Ehe entstanden sind. Sie können sich ergeben, wenn ein Ehegatte sich entschließt, seinen Arbeitsplatz aufzugeben, um die Haushaltsführung und Kinderbetreuung zu übernehmen. Ein Nachteil ist nur dann ehebedingt, wenn die Ehegestaltung für den Erwerbsnachteil auch ursächlich geworden ist. Das ist zB nicht der Fall, wenn der Unterhaltsberechtigte seinen Arbeitsplatz ausschließlich aus Gründen aufgegeben oder verloren hat, die außerhalb der Ehegestaltung liegen, so etwa aufgrund einer von ihm persönlich beschlossenen beruflichen Neuorientierung oder wegen einer betriebs- oder krankheitsbedingten Kündigung seitens des Arbeitgebers. Ein ehebedingter Nachteil kann sich bei einem nicht ehebedingten Arbeitsplatzverlust indes daraus ergeben, dass der unterhaltsberechtigte Ehegatte mit Rücksicht auf die Ehe und die übernommene Rollenverteilung von der Aufnahme einer seiner beruflichen Qualifikation und Fähigkeiten entsprechenden Erwerbstätigkeit absieht und ihm dadurch eine dauerhafte Einkommenseinbuße entsteht.[9] Liegt ein ehebedingter Nachteil vor, so kann, solange dies noch der Fall ist, regelmäßig keine Begrenzung nach § 1578 b Abs. 2 BGB ausgesprochen werden. In Betracht kommt dann nur eine Herabsetzung auf die Höhe des angemessenen Lebensbedarfs, der genau der Differenz zwischen den erzielten bzw. erzielbaren Einkünften und dem hypothetisch ohne Ehe und Kindererziehung erzielten Einkommen entspricht.[10]

III. Prüfungsort der nachehelichen Solidarität im Rahmen des § 1578 b BGB

3 Liegen keine ehebedingten Nachteile vor, so ist in einem zweiten Schritt zu prüfen, ob eine **Begrenzung des Unterhaltsanspruchs aufgrund der nachehelichen Solidarität** geboten erscheint. Dies wird wegen der Unterhaltsrechtsreform mit deren Fixierung auf den Ausgleich ehebedingter Nachteile nicht selten übersehen und hat im Jahr 2013 sogar zu einer Klarstellung des Wortlauts des § 1578 b Abs. 1 S. 2 BGB geführt, weil der Gesetzgeber der bis dahin verbreiteten Praxis entgegenwirken wollte, den Unterhaltsanspruch bei fehlenden ehebedingten Erwerbsnachteilen automatisch zu begrenzen.[11] Die nacheheliche Solidarität ist eigentlich Grundlage aller nachehelichen Unterhaltsansprüche. Sie sorgt im Rahmen des § 1578 b BGB dafür, dass in gewissen Fällen sich doch die alte Lebensstandardgarantie durchsetzen kann, weil es im Einzelfall unbillig erscheinen würde, wenn der Unterhaltsgläubiger sich auf den angemessenen

5 Grundsatzentscheidung des BGH 12.4.2006 – XII ZR 240/03, FamRZ 2006, 1006.
6 BT-Drs. 16/1830, 19.
7 BGH in ständiger Rechtsprechung, zB BGH 27.5.2009 – XII ZR 111/08, FamRZ 2009, 1207; 11.8.2010 – XII ZR 102/09, FamRZ 2010, 1637.
8 BGH 26.3.2014 – XII ZB 214/13, FamRZ 2014, 1007.
9 BGH 26.3.2014 – XII ZB 214/13, FamRZ 2014, 1007.
10 BGH 13.3.2013 – XII ZB 650/11, FamRZ 2013, 935.
11 Vgl. dazu BGH 20.3.2013 – XII ZR 72/11, FamRZ 2013, 853.

Lebensbedarf oder gar die Befristung des Unterhaltsanspruchs verweisen lassen müsste.[12] Um dies zu beurteilen, muss der Tatrichter das Maß der gebotenen nachehelichen Solidarität im Einzelfall anhand aller Umstände ermitteln.[13] Der Bundesgerichtshof hat bestimmte Kriterien entwickelt, anhand derer der Tatrichter dieses Maß an nachehelicher Solidarität im Einzelfall zu ermitteln hat (dazu sogleich).

Die nacheheliche Solidarität hat – wenig glücklich – jedoch neben ihrer Funktion als eigenständiges Kriterium neben den ehebedingten Nachteilen, welches einer Begrenzung des nachehelichen Unterhaltsanspruchs entgegenstehen kann, noch eine **zweite nachgelagerte Bedeutung**. Kommt ein Gericht zu dem Ergebnis, dass ein Unterhaltsanspruch nach § 1578 b Abs. 1 BGB herabzusetzen ist, so soll die **Herabsetzung** im Regelfall nicht schon gleich mit Rechtskraft der Scheidung erfolgen, sondern es ist dem Unterhaltsgläubiger eine Übergangszeit einzuräumen, bis eine Abschmelzung auf den angemessenen Lebensbedarf abgeschlossen ist. Für die **Bemessung der Dauer dieser Übergangszeit** soll wiederum das Maß der nachehelichen Solidarität entscheidend sein.[14] Gleiches gilt, für die **Bemessung der Frist**, wenn ein Unterhaltsanspruch mangels ehebedingter Nachteile nach § 1578 Abs. 2 BGB **zu befristen** ist. Die dabei zu prüfenden Kriterien sind auch hier weitgehend die gleichen. In der soeben dargestellten Konstellation kann es also zB sein, dass zunächst ehebedingte Nachteile geprüft und bejaht werden. Dann ist regelmäßig nur eine Herabsetzung nach § 1578 b Abs. 1 BGB möglich. In diesem Fall wäre für die Bemessung der Übergangszeit bis zur Herabsetzung auf den angemessenen Bedarf nachgelagert noch zusätzlich das Maß der nachehelichen Solidarität zu prüfen. So können also sowohl das Vorliegen ehebedingter Nachteile als auch das Maß an nachehelicher Solidarität anhand eines Falles nacheinander zu prüfen sein.

IV. Maßgebliche Kriterien für die Prüfung des Maßes der nachehelichen Solidarität

Folgende Kriterien hat der Bundesgerichtshof für die Feststellung des Maßes der nachehelichen Solidarität 4
im Einzelfall aufgestellt: Zunächst verwies der BGH auf die Kriterien in § 1578 b Abs. 1 S. 3 BGB, die auch der Feststellung dienen, ob ein **ehebedingter Nachteil** vorliegt.[15] Später hat er zu Recht eigene weitere Kriterien ausformuliert, denn bei Erfüllung der vorgenannten Kriterien anhand des Falles käme man eigentlich immer zu einem ehebedingten Nachteil, so dass die nacheheliche Solidarität dann nur noch für die Frage der Bemessung der Übergangszeit bei einer Herabsetzung oder Befristung bedeutsam wäre. Der Bundesgerichtshof nennt in seinen neueren Entscheidungen folgende Kriterien: **Ehedauer, Aufteilung von Erwerbstätigkeit** und **Haushaltsführung/Kinderbetreuung**, Alter und Gesundheitszustand, die Lebensleistung des Unterhaltsgläubigers mit Blick auf das Erwerbsfortkommen des Unterhaltsschuldners und die wirtschaftlichen Verhältnisse der Beteiligten, wobei hier besonders bedeutsam ist, wie dringend der Unterhaltsgläubiger auf die Zahlungen angewiesen ist und wie sehr der Unterhaltsschuldner durch diese und auch sonstige Unterhaltsverpflichtungen belastet ist bzw. bisher schon war.[16] Hierbei spielt auch die Dauer der bisher erbrachten Ehegattenunterhaltszahlungen eine Rolle. Diese Kriterien werden im Folgenden noch einmal kurz vertiefend dargestellt.

1. Dauer der Ehe und eheliche Rollenverteilung

Die Dauer der Ehe war bis zur Grundsatzentscheidung des Bundesgerichtshofs vom 12.4.2006 das maß- 5
gebliche Prüfungskriterium für die Begrenzung des Aufstockungsunterhaltsanspruchs und wurde dann durch den ehebedingten Nachteil ersetzt.[17] Die Dauer der Ehe ist im Rahmen des heutigen § 1578 b BGB für sich genommen nicht mehr das entscheidende Kriterium, sondern ein Prüfungspunkt im Rahmen des Maßes der nachehelichen Solidarität im Einzelfall, wenngleich der Gesetzgeber ausgerechnet den

12 BGH 16.10.2019 – XII ZB 341/17, FamRZ 2020, 97; 6.10.2010 – XII ZR 202/08, FamRZ 2010, 1971.
13 BGH 20.3.2013 – XII ZR 72/11, FamRZ 2013, 853.
14 BGH 4.7.2018 – XII ZB 448/17, FamRZ 2018, 1506; 4.8.2010 – XII ZR 7/09, FamRZ 2010, 1633; BeckOGK/*Schlecht*, Stand 1.2.2020, BGB § 1578 b Rn. 119.
15 BGH 20.2.2013 – XII ZR 148/10, FamRZ 2013, 224.
16 So BGH 16.10.2019 – XII ZB 341/17, FamRZ 2020, 97; 4.7.2018 – XII ZB 448/17, FamRZ 2018, 1506.
17 BGH 12.4.2006 – XII ZR 240/03, FamRZ 2006, 1006.

Begriff „Dauer der Ehe" in § 1578 b Abs. 1 S. 2 BGB zum 1.3.2013 neu in das Gesetz aufgenommen und neben den ehebedingten Nachteil gesetzt hat. Der Bundesgerichtshof hat jedoch ausgeführt, dass diese Aufnahme nur deklaratorisch gemeint war und der bis dahin geltenden Rechtsprechung des Bundesgerichtshofs, dass einer Begrenzung neben (vorrangig festzustellenden) ehebedingten Nachteilen auch die nacheheliche Solidarität entgegenstehen kann, damit nur stärker Ausdruck verschafft werden sollte, „um einer [...] Praxis entgegenzuwirken, beim Fehlen ehebedingter Nachteile automatisch zu einer Begrenzung des Unterhaltsanspruchs zu gelangen."[18] Die Dauer der Ehe ist kein Selbstzweck, sondern nur ein **Indiz für die wirtschaftliche Verflechtung**. Diese Verflechtung nimmt zu, wenn der Unterhaltsgläubiger lange Zeit keiner Erwerbstätigkeit nachgegangen und dadurch in eine große Abhängigkeit geraten ist. Das wird in der Rechtsprechung daran deutlich, dass eine lange Ehedauer ohne wirtschaftliche Verflechtung und damit auch ohne ehebedingten Nachteil einer Begrenzung für sich gerade nicht entgegensteht, wenn keine weiteren Aspekte des Falles hinzutreten.[19]

Als Gründe für eine wirtschaftliche Verflechtung sind die **eheliche Rollenverteilung** sowie die **Betreuung der Kinder** zu nennen. Da in diesen Fällen häufig aber schon echte ehebedingte Nachteile vorliegen werden, kommt diesen Aspekten im Rahmen der Begrenzung wegen nachehelicher Solidarität nur dann eine eigenständige Bedeutung zu, wenn ein ehebedingter Nachteil gerade nicht festgestellt werden kann. Daher sind häufig Umstände für die eigenen Einschränkungen der Erwerbsmöglichkeiten maßgeblich, die nicht ehebedingt sind, wobei es dann häufig um Alters- oder Krankenunterhalt gehen wird.[20] So kann eine lange Ehedauer und ein vergleichsweise hohes Alter trotz fehlender ehebedingter Nachteile dazu führen, dass ein Unterhaltsanspruch unbegrenzt gegeben sein kann. Dies gilt erst recht, wenn weitere Kriterien hinzutreten, also etwa Unterhaltszahlungen dem Pflichtigen wirtschaftlich zumutbar sind und der Berechtigte besonders darauf angewiesen ist. Auch wenn einem vor Rechtskraft der Scheidung erkrankten Ehegatten in einer kinderlosen Ehe wegen der mangelnden Kausalität zwischen Erkrankung und Ehe keine ehebedingten Nachteile entstanden sind, so kann eine Begrenzung dennoch ausscheiden.[21] Bei der Bemessung der Befristung hat sich bei der Ehedauer mittlerweile trotz der Betonung des Bundesgerichtshofs, dass nicht in Schematismus zu verfallen sei,[22] bei gewöhnlichen wirtschaftlichen Verflechtungen durch gewisse Erwerbseinbußen des Unterhaltsgläubigers die **Faustformel** herausgebildet, dass man als Ausgangspunkt der Fristbemessung rund ein Drittel der Ehezeit nehmen und dieses je nach Einzelfall herab- oder heraufsetzen könne.[23]

2. Sonstige Umstände

6 Als sonstige Umstände sind das **Alter** oder der **Gesundheitszustand** des Unterhaltsberechtigten zu nennen. Der Bundesgerichtshof nennt auch die in der Ehe erbrachte Lebensleistung des Unterhaltsberechtigten,[24] die zB darin liegen kann, dem Unterhaltsverpflichteten durch starke Entlastung eine berufliche Karriere ermöglicht und die Erziehung und Betreuung der Kinder weitgehend allein übernommen zu haben. Auch die Mitarbeit und der Aufbau des Betriebs des Unterhaltspflichtigen können hier gewürdigt werden, insbesondere wenn nach der Scheidung dort keine Mitarbeit mehr möglich ist. Auch das Auflösen von eigenen Vermögenspositionen, womöglich noch unter Preisgabe von Einkünften, kann zu berücksichtigen sein (Verkauf einer Immobilie, Auflösung oder Veräußerung eines Gesellschaftsanteils). Diese Umstände können aber auch zulasten des Unterhaltsberechtigten ausschlagen, wenn sie sich umkehren, sich also Vermögens- und Einkommenssituation während der Ehe wesentlich verbessert haben. So spielt auch die Belastung des Unterhaltspflichtigen eine Rolle, zB wenn dieser schon lange Trennungsunterhalt gezahlt

18 BGH 20.3.2013 – XII ZR 72/11, FamRZ 2013, 853.

19 BGH 6.10.2010 – XII ZR 202/08, FamRZ 2010, 1971.

20 BGH 4.8.2010 – XII ZR 7/09, FamRZ 2010, 1633.

21 So etwa in BGH 27.5.2009 – XII ZR 111/08, FamRZ 2009, 1308: Heirat der Berechtigten mit 16 Jahren, vier Kinder, 26 Jahre Ehedauer, Krebserkrankung.

22 BGH 25.6.2008 – XII ZR 109/07, FamRZ 2008, 1508.

23 Wendl/Dose UnterhaltsR/*Wönne* § 4 Rn. 1069 mit Beispielen aus der Rechtsprechung.

24 BGH 8.6.2016 – XII ZB 84/15, FamRZ 2016, 1345.

hat. Hierbei hat aber keine 1:1-Anrechnung zu erfolgen, zumal eine Dauer von rund zweijährigen Trennungsunterhaltszahlungen bis zur Rechtskraft der Scheidung zunächst noch im normalen Mittel liegen dürfte.[25] Insgesamt sind die Einkommens- und Vermögensverhältnisse beider Ehegatten in den Blick zu nehmen. Einem vermögenden und gut verdienenden Pflichtigen wird man längere Unterhaltszeiträume zumuten können als Schuldnern, die am eheangemessenen Selbstbehalt liegen und kaum Vermögen haben. Diese Situation kann auch durch nachrangige Unterhaltspflichten eintreten.[26] Umgekehrt besteht bei durchschnittlichen oder guten Einkünften des Berechtigten ein Bedürfnis für noch längere Unterhaltszeiträume tendenziell weniger. Letztlich können aber auch weitere „Lebensumstände" Berücksichtigung finden, wie etwa der Umstand, dass sich ein kranker Ehegatte vorwerfbar einer Therapie entzogen hat.[27] Auch die Mitverantwortlichkeit eines Ehegatten für die Krankheit des anderen ist ein solcher Umstand.[28] Schließlich kann das geschuldete Maß an nachehelicher Solidarität abnehmen, wenn der Unterhaltsberechtigte nach längerer Trennung selbst eine „emotionale Distanz" zur Ehe zeigt, zB durch ein langjähriges intimes Verhältnis zu einem anderen Partner.[29] In diesen Fällen muss jedoch stets daran gedacht werden, ob man nicht über § 1579 Nr. 2 BGB (verfestigte Lebensgemeinschaft) zu einer Verwirkung kommen kann. Für die genannte Fallgestaltung bleibt also nur Raum, wenn (noch) nicht von Verwirkung auszugehen ist.

3. Keine zu berücksichtigenden Umstände

Keine Rolle spielen demgegenüber folgende Umstände: **voreheliches Zusammenleben** oder **voreheliche** 7
Kinderbetreuung.[30] Auch **eheliches Fehlverhalten**, das zB zu Ehekrisen oder zur Trennung führte, erzeugt grundsätzlich kein gesteigertes Maß an nachehelicher Solidarität.[31] Subjektiv vorwerfbare Umstände sind insoweit auch nur im Rahmen des § 1579 BGB zu prüfen, während § 1578 b BGB bewusst gerade auf objektive Umstände abstellt.[32] Eine voreheliche Erkrankung oder eine psychische Erkrankung, die erst aus Anlass einer Ehekrise oder der Trennung ausgebrochen oder ausgelöst worden ist, spielt keine Rolle, wenn sie nicht durch die Ehe oder durch das eheliche Lebensmodell verursacht worden ist.[33] Des Weiteren spielt keine Rolle, wenn es um die Wahrnehmung prozessualer Rechte geht, die zu langen Verfahren mit hoher Belastung führen.[34] Hieraus kann ebenfalls keine zusätzliche Verlängerung oder Verkürzung des Unterhaltsanspruchs hergeleitet werden. Typischerweise ist auch die geringere Altersvorsorge, die ein Ehegatte während der Ehezeit aufgebaut hat, kein Grund. Denn soweit der Versorgungsausgleich ordnungsgemäß durchgeführt worden ist und der Unterhaltsschuldner die Möglichkeit der Geltendmachung von Altersvorsorgeunterhalt hat, sind solche Nachteile als vollständig kompensiert anzusehen.[35] Auch der Verlust eines Unterhaltsanspruchs aus vorausgegangener Ehe durch Wiederheirat spielt keine Rolle.[36]

V. Prozessuales

Der Unterhaltspflichtige, der sich auf eine Begrenzung des nachehelichen Unterhalts beruft, trägt die 8
Darlegungs- und Beweislast hinsichtlich der hierfür sprechenden Tatsachen. In die Darlegungs- und Beweislast des Unterhaltspflichtigen fällt deshalb grundsätzlich auch der Umstand, dass dem Unterhaltsberechtigten keine ehebedingten Nachteile nach § 1578 b BGB entstanden sind. Er muss letztlich auch beweisen, dass keine Umstände vorliegen, die eine nacheheliche Solidarität dahin gehend erzeugen und damit einer Begrenzung entgegenstehen. Die dem Unterhaltspflichtigen obliegende Darlegungs- und Beweislast

25 Wendl/Dose UnterhaltsR/*Wönne* § 4 Rn. 1083.
26 BGH 20.3.2013 – XII ZR 72/11, FamRZ 2013, 853.
27 BGH 14.4.2010 – XII ZR 89/08, FamRZ 2010, 869.
28 BGH 7.7.2010 – XII ZR 157/08, FamRZ 2011, 188.
29 BGH 8.6.2011 – XII ZR 17/09, FamRZ 2011, 1381.
30 BGH 16.2.2011 – XII ZR 108/09, FamRZ 2011, 628.
31 BGH 19.6.2013 – XII ZB 309/11, FamRZ 2013, 1291.
32 BT-Drs. 16/1830, 19 f.; BGH 16.2.2011 – XII ZR 108/09, FamRZ 2011, 628.
33 BGH 3.6.2010 – XII ZR 9/09, FamRZ 2010, 1414.
34 BGH 7.3.2012 – XII ZR 179/09, FamRZ 2012, 772.
35 BGH 26.2.2014 – XII ZB 235/12, FamRZ 2014, 823.
36 BGH 23.11.2011 – XII ZR 47/10, FamRZ 2012, 197.

erfährt jedoch eine Erleichterung nach den von der Rechtsprechung zum Beweis negativer Tatsachen entwickelten Grundsätzen. Danach trifft den Unterhaltsberechtigten eine **sekundäre Darlegungslast**, die im Rahmen von § 1578 b BGB zum Inhalt hat, dass der Unterhaltsberechtigte die Behauptung, es seien keine ehebedingten Nachteile entstanden und die nacheheliche Solidarität gebiete keinen unbegrenzten Unterhaltsanspruch, substanziiert bestreiten und seinerseits darlegen muss, welche konkreten ehebedingten Nachteile entstanden sein oder welche Umstände ein besonderes Maß an nachehelicher Solidarität begründen sollen. Erst wenn das Vorbringen des Unterhaltsberechtigten diesen Anforderungen genügt, müssen die vorgetragenen Lebenssachverhaltsumstände vom Unterhaltspflichtigen widerlegt werden (→ *Darlegungs- und Beweislast beim Unterhalt* Rn. 18 ff.). Das Gericht hat deshalb allen **Beweisanträgen** des Unterhaltspflichtigen nachzugehen, um dem Unterhaltspflichtigen die Widerlegung dieses Vortrags zu ermöglichen.[37] Eine Begrenzung nach § 1578 b BGB ist durch das Gericht nur auszusprechen, wenn im **Zeitpunkt der Entscheidung** bereits zuverlässig absehbar ist, ob und wie lange ehebedingte Nachteile noch bestehen werden.[38] Das Gericht muss dabei zwischen Herabsetzung und Befristung differenzieren und beides prüfen. Es kann also sein, dass eine Befristung nicht möglich ist, aber schon über eine Herabsetzung entschieden werden kann. Ist keine Entscheidung möglich, so ist der Unterhaltspflichtige auf das Abänderungsverfahren zu verweisen.[39]

37 BGH 26.3.2014 – XII ZB 214/13, FamRZ 2014, 1007.
38 BGH 4.7.2018 – XII ZB 448/17, FamRZ 2018, 1506.
39 BGH 4.7.2018 – XII ZB 448/17, FamRZ 2018, 1506.

172. Nachehelicher Unterhalt

Finke

I. Systematik und Grundlagen der Tatbestände des nachehelichen Unterhalts

1. Systematik des nachehelichen Unterhalts

Das System des nachehelichen Unterhalts ist gekennzeichnet durch mehrere voneinander unabhängige Unterhaltstatbestände nach §§ 1570 ff. BGB, die mit Ausnahme des Aufstockungsunterhalts (→ *Aufstockungsunterhalt* Rn. 1 ff.) daran anknüpfen, dass aus unterschiedlichen Gründen von einem Ehegatten keine Erwerbstätigkeit ausgeübt werden kann und er deshalb seinen Unterhaltsbedarf nicht zu decken vermag. Der Anspruch kann auf einem oder mehreren dieser Tatbestände beruhen. Es handelt sich um folgende Tatbestände: 1

- Betreuungsunterhalt nach § 1570 BGB (→ *Betreuungsunterhalt* Rn. 1 ff.),
- Altersunterhalt nach § 1571 BGB (→ *Altersunterhalt* Rn. 1 ff.),
- Krankheitsunterhalt nach § 1572 BGB (→ *Krankheitsunterhalt* Rn. 1 ff.),
- Erwerbslosigkeitsunterhalt nach § 1573 Abs. 1 und Abs. 4 BGB (→ *Erwerbslosigkeitsunterhalt* Rn. 1 ff.),
- Aufstockungsunterhalt nach § 1573 Abs. 2 BGB (→ *Aufstockungsunterhalt* Rn. 1 ff.),
- Ausbildungsunterhalt nach § 1575 BGB (→ *Ausbildungsunterhalt* Rn. 1 ff.),
- Billigkeitsunterhalt nach § 1576 BGB (→ *Billigkeitsunterhalt* Rn. 1 ff.).

Der nacheheliche Unterhalt ist in §§ 1569 ff. BGB eigenständig geregelt, und zwar einerseits gegenüber den sonstigen gesetzlichen Unterhaltsansprüchen und andererseits gegenüber dem Unterhalt für die Trennungszeit in § 1361 BGB (→ *Trennungsunterhalt* Rn. 1 ff.). Mit dem Trennungsunterhalt besteht nach gefestigter Rechtsprechung keine Identität in dem Sinn, dass der nacheheliche Unterhalt die Fortsetzung desselben Anspruchs darstellt. Vielmehr bestehen unterschiedliche Voraussetzungen, die dazu führen, dass sich der nacheheliche Unterhaltsanspruch **von dem Trennungsunterhaltsanspruch** (→ *Trennungsunterhalt* Rn. 1 ff.) nicht nur hinsichtlich des Anspruchszeitraums, sondern auch **seinem Wesen nach unterscheidet.**[1] 2

Der wesentliche Unterschied des nachehelichen Unterhalts gegenüber dem Trennungsunterhalt liegt in der stärkeren Betonung des Grundsatzes der **Eigenverantwortung** für die Sicherstellung seines Unterhaltsbedarfs, die seit 2008 in der durch das UÄndG geänderten Fassung des § 1569 BGB ausdrücklich Bestandteil der gesetzlichen Regelung geworden ist, indem dort von einer Obliegenheit, selbst für seinen Unterhalt zu sorgen, die Rede ist. Diese Anforderung an den Berechtigten bestand zwar ohne besondere Erwähnung bereits nach der früheren Gesetzeslage, jedoch soll durch die jetzige Hervorhebung der Eigenverantwortung diesem Gesichtspunkt nach dem Willen des Gesetzgebers größere Bedeutung bei der Anwendung der gesetzlichen Regelungen zum nachehelichen Unterhalt beigemessen werden.[2] Der Pflichtige hat alle ihm möglichen Anstrengungen zu unternehmen, seinen Unterhaltsbedarf durch eigene Einkünfte zu decken, bevor er unter bestimmten Voraussetzungen den Pflichtigen auf nachehelichen Unterhalt in Anspruch nimmt. 3

---

1 BGH 13.1.1988 – IVb ZR 7/87, NJW 1988, 1137.

2 BT-Drs. 16/1830, 16 f.; krit. hierzu *Schwab* FamRZ 2005, 1417 (1418).

Erst dann kann von dem Pflichtigen **nacheheliche Solidarität** (→ *Nacheheliche Solidarität* Rn. 1 ff.) erwartet werden, deren Umfang sich nach den Umständen des Einzelfalles richtet.

4 Die verstärkte Bedeutung der Eigenverantwortung, die bei der Auslegung und Anwendung der nachehelichen Unterhaltstatbestände seit 2008 zu berücksichtigen ist, hat auch Auswirkung auf die Anforderungen an die Erwerbsobliegenheit des Berechtigten. Dementsprechend wird in § 1574 Abs. 1 BGB in der durch das UÄndG geänderten Fassung die Obliegenheit hervorgehoben, einer angemessenen Erwerbstätigkeit (→ *Erwerbslosigkeitsunterhalt* Rn. 10) nachzugehen. Demgegenüber kann von einem getrennt lebenden Ehegatten eine zur angemessenen Ausnutzung seiner Arbeitskraft möglicherweise erforderliche völlige Änderung seiner Lebensverhältnisse aus der Zeit des ehelichen Zusammenlebens nicht verlangt werden, zumindest solange das endgültige Scheitern der Ehe noch nicht feststeht.

5 Weiter kommt die Betonung der Eigenverantwortlichkeit zum Ausdruck in den höheren Anforderungen an die Erwerbsobliegenheit des betreuenden Elternteils beim Betreuungsunterhalt nach § 1570 BGB. Es wird von ihm neben der gegenüber der früheren Rechtslage, die durch das sog. Altersphasenmodell geprägt wurde, **deutlich früher einsetzenden Erwerbsobliegenheit** vor allem erwartet, dass er eine mögliche und unter Berücksichtigung der Kindesinteressen zumutbare **Fremdbetreuung** in Anspruch nimmt (→ *Betreuungsunterhalt* Rn. 13). Am stärksten wirkt sich der Grundsatz der Eigenverantwortung nach dem neuen Recht jedoch durch die Erweiterung der Möglichkeiten der **Begrenzung des nachehelichen Unterhalts nach § 1578 b BGB** (→ *Unterhaltsbegrenzung* Rn. 1 ff.) und der damit verbundenen Abkopplung des Bedarfs von den ehelichen Lebensverhältnissen aus. Höhe und Dauer des Unterhaltsanspruchs bestimmen sich wesentlich danach, ob und in welchem Umfang infolge der Rollenverteilung in der Ehe Nachteile bei einem der Ehegatten eingetreten sind, oder anders ausgedrückt, ob der Bedarf ehebedingt ist oder nicht.[3] Andererseits erschöpft sich der Unterhaltsanspruch nicht in der Kompensation solcher Nachteile,[4] sondern findet seine Grundlage auch in der bereits angesprochenen nachehelichen Solidarität (→ Rn. 3).

6 Anders als bei § 1361 BGB, der bei Bedürftigkeit des Berechtigten und Leistungsfähigkeit des Pflichtigen immer einen Trennungsunterhaltsanspruch vorsieht, müssen beim nachehelichen Unterhalt zusätzliche Voraussetzungen erfüllt sein, die sich aus den einzelnen Unterhaltstatbeständen der §§ 1570–1573 BGB sowie § 1576 BGB ergeben. Dies betrifft insbesondere die **Einsatzzeitpunkte** (ausgenommen der Billigkeitsunterhalt nach § 1576 BGB), zu denen die sonstigen Tatbestandvoraussetzungen vorliegen müssen sowie eine bis zu diesem Zeitpunkt bestehende **ununterbrochene Kette von Unterhaltsansprüchen** (→ *Anschlussunterhalt* Rn. 1). Dabei sind die genannten Unterhaltstatbestände abschließend,[5] so dass eine Erweiterung auf andere Sachverhalte, die diese Voraussetzungen nicht erfüllen, nicht möglich ist.

7 Der nacheheliche Unterhalt kann auf mehreren Unterhaltstatbeständen nach §§ 1570 ff. BGB beruhen (s. hierzu die Ausführungen zu den einzelnen Unterhaltstatbeständen). Es handelt sich auch in diesem Fall um einen **einheitlichen Anspruch**, der nur einheitlich geltend gemacht werden kann. Der Anspruchsteller muss sein Unterhaltsbegehren ohnehin nicht auf einen bestimmten Unterhaltstatbestand stützen, sondern lediglich den Sachverhalt vortragen, aus dem sich nach seiner Auffassung sein Anspruch ergibt, während die gerichtliche Entscheidung die Tatbestandsvoraussetzungen feststellen muss. Wird ein Teiltatbestand mangels entsprechenden Vortrags nicht berücksichtigt, so kann eine Abänderung des Titels hierauf nicht gestützt werden.[6]

2. Differenzierung bei mehreren Einzeltatbeständen des Gesamtanspruchs

8 Es wird die Auffassung vertreten, eine Differenzierung nach den einzelnen Unterhaltstatbeständen sei nicht erforderlich, nachdem die gesetzlichen Begrenzungsmöglichkeiten nach § 1578 b BGB anders als vor 2008

3 MüKoBGB/*Maurer* § 1569 Rn. 5.
4 BT-Drs. 16/1830, 19; BGH 6.10.2010 – XII ZR 202/08, NJW 2011, 147.
5 NK-BGB/*Fränken/Heistermann* § 1569 Rn. 3.
6 NK-BGB/*Fränken/Heistermann* § 1569 Rn. 2.

für alle Unterhaltstatbestände gleichermaßen Geltung hätten.[7] Der Bundesgerichtshof ist dem nicht gefolgt und verlangt in nunmehr ständiger Rechtsprechung ausdrücklich eine **Differenzierung nach den Anteilen der einzelnen Unterhaltstatbestände am Gesamtanspruch**.[8] Dies wird bei einem Teilunterhaltsanspruch nach § 1570 BGB ua begründet mit der unterschiedlichen Behandlung der Teilansprüche bei der Rangfolge nach § 1609 BGB.

Eine Differenzierung kann auch deshalb geboten sein, weil die Möglichkeit besteht, dass einer der Unterhaltstatbestände endgültig entfällt und der andere bestehen bleibt, so dass zu einem späteren Einsatzzeitpunkt ein Anschlussunterhalt nur noch teilweise möglich ist. Wegen dieser immer bestehenden **Möglichkeit der unterschiedlichen Entwicklung der Teilansprüche** ist es notwendig, die Differenzierung des Gesamtanspruchs nach den unterschiedlichen Tatbeständen vorzunehmen, soweit eine gerichtliche Entscheidung ergeht oder der Unterhaltstitel in einem Vergleich geschaffen wird.[9] Ansonsten ist die fehlende Differenzierung ggf. im Abänderungsverfahren nachzuholen, um feststellen zu können, ob die Voraussetzungen eines Anschlusstatbestandes gegeben sind. 9

Für eine Unterscheidung der Unterhaltstatbestände spricht schließlich, dass ihnen zumindest teilweise unterschiedliche Gründe wie der Ausgleich ehebedingter Nachteile oder die Inanspruchnahme nachwirkender ehelicher Solidarität zugrunde liegen können, die für die Billigkeitsabwägung nach § 1578 b BGB möglicherweise von unterschiedlicher Bedeutung sind. Eine Differenzierung erübrigt sich, wenn der Anspruch ausschließlich auf einem Unterhaltstatbestand beruht, was immer dann der Fall ist, wenn aufgrund Kindesbetreuung, Alters oder Krankheit keinerlei Erwerbsobliegenheit besteht. Dies ist deshalb problematisch, weil auch in diesem Fall die Höhe des Anspruchs nicht allein durch den Ausfall eigener Erwerbseinkünfte, sondern durch das ohnehin höhere Einkommen des Pflichtigen bestimmt wird, was für die Begrenzungsmöglichkeit nach § 1578 b BGB von Bedeutung ist (→ *Anschlussunterhalt* Rn. 8). Dem könnte aber durch eine unterschiedliche Gewichtung der Begrenzungskriterien bei der Billigkeitsabwägung Rechnung getragen werden.[10] 10

3. Bedarf des Berechtigten

Die **Höhe** des nachehelichen Unterhalts richtet sich gem. § 1578 BGB nach den ehelichen Lebensverhältnissen (→ *Eheliche Lebensverhältnisse* Rn. 1 ff.). Besondere Probleme können bei der Bedarfsfeststellung auftreten, wenn mehrere Ehefrauen (geschiedene, getrennt lebende und/oder noch mit dem Pflichtigen zusammenlebende) unterhaltsberechtigt sind (→ *Mehrere Bedürftige/Drittelmethode* Rn. 1 ff.). 11

Überwiegend wird der Bedarf nach der sog. **Quotenmethode** ermittelt (→ *Bedarfsermittlung* Rn. 30). Bei deutlich über dem Durchschnitt liegenden Gesamteinkünften, die nach Abzug der sonstigen Verbindlichkeiten (→ *Verbindlichkeiten im Unterhalt* Rn. 1 ff.) für ihren Bedarf zur Verfügung stehen, kann eine konkrete Bedarfsermittlung in Betracht kommen (→ *Bedarfsermittlung* Rn. 30). Allerdings wird die Anwendung der Quotenmethode nach der neueren Rechtsprechung des Bundesgerichtshofs im Anwendungsbereich der **konkreten Bedarfsermittlung** nicht durch diese verdrängt, sondern lediglich ergänzt, so dass **der Berechtigte zwischen den beiden Methoden frei wählen kann**.[11] Nach langer Zeit der Ablehnung wird inzwischen vom Bundesgerichtshof ein Mindestbedarf beim nachehelichen Unterhalt anerkannt (→ *Mindestbedarf* Rn. 1 ff.). Soweit nicht bedarfsprägendes Einkommen des Pflichtigen vorhanden ist oder er aus sonstigen Gründen nicht sein gesamtes Einkommen für seinen eigenen und den Unterhalt des Ehegatten aufwenden muss, kommt ausnahmsweise die Berücksichtigung eines trennungsbedingten Mehrbedarfs bei der Bedarfsermittlung in Betracht (→ *Mehrbedarf/Sonderbedarf beim Ehegattenunterhalt* Rn. 1 ff.). Die Bedarfsberechnung erfolgt in allgemein anerkannter Weise nach der Anrechnungs-, Differenz- oder Additionsmethode (→ *Unterhaltsberechnung* Rn. 1 ff.). Die vom Bundesgerichtshof in ständiger Recht- 12

7 FA-FamR-HdB/*Maier* VI Rn. 479.
8 BGH 14.4.2010 – XII ZR 89/08, FamRZ 2010, 869.
9 NK-BGB/*Fränken/Heistermann* § 1569 Rn. 2.
10 Palandt/*Brudermüller* BGB § 1569 Rn. 9.
11 BGH 25.9.2019 – XIIZB 25/19, FamRZ 2020, 21.

sprechung vertretene Einbeziehung von Elementen der Leistungsfähigkeit in die Bedarfsfeststellung ist vom Bundesverfassungsgericht als eine mit § 1578 BGB nicht zu vereinbarende Rechtsfortbildung für verfassungswidrig erklärt worden[12] (→ *Leistungsfähigkeit* Rn. 59).

4. Bedürftigkeit des Berechtigten

13 Der Berechtigte muss sich nach § 1577 Abs. 1 BGB seine tatsächlichen bzw. die erzielbaren **Einkünfte** (aus Erwerbstätigkeit und Vermögen) auf seinen Bedarf anrechnen lassen und ggf. auch den **Stamm seines Vermögens** zur Bedarfsdeckung verwenden, soweit dies nicht im Einzelfall unwirtschaftlich ist oder unter Berücksichtigung der beiderseitigen wirtschaftlichen Verhältnisse unbillig wäre (§ 1577 Abs. 3 BGB). Der danach verbleibende ungedeckte Bedarf stellt die Bedürftigkeit dar (→ *Bedürftigkeit* Rn. 1 ff.). Die Bedürftigkeit kann bei Streit über die Berechtigung des Unterhaltsanspruchs auch nicht regelmäßig durch das Angebot eines zinslosen Darlehens durch den Pflichtigen, welches nur bei späterer Zurückweisung des Unterhaltsanspruchs durch das Gericht zurückzuzahlen ist, beseitigt werden. In der höchstrichterlichen Rechtsprechung ist eine solche **Darlehenslösung** zunächst nur für den Sonderfall der ausstehenden Entscheidung über den Rentenantrag des Berechtigten anerkannt worden[13] (→ *Altersunterhalt* Rn. 15). Eine weitergehende Akzeptanz der Darlehenslösung erscheint problematisch;[14] im Rahmen eines Abänderungsbegehrens[15] besteht seit Geltung des § 241 FamFG kein Bedarf mehr für eine solche Lösung.

5. Leistungsfähigkeit des Pflichtigen

14 Der Pflichtige hat nach § 1581 Abs. 1 BGB den offenen Unterhaltsbedarf des Berechtigten mit seinen tatsächlichen bzw. erzielbaren **Einkünften** (aus Erwerbstätigkeit und Vermögen) zu decken und hierzu ggf. auch den **Stamm seines Vermögens** einzusetzen, wobei die Vermögensverwertung wie bei dem Berechtigten dadurch begrenzt wird, dass sie nicht unwirtschaftlich und nach den beiderseitigen wirtschaftlichen Verhältnissen nicht unbillig sein darf. Die Verpflichtung findet ihre Grenze dort, wo sein **angemessener eigener Bedarf gefährdet** würde, wenn entsprechend der Bedürftigkeit des Berechtigten voller Unterhalt geleistet würde. In diesem Mangelfall muss er Unterhalt nur insoweit leisten, als es mit Rücksicht auf die Bedürfnisse und die Erwerbs- und Vermögensverhältnisse der geschiedenen Ehegatten der Billigkeit entspricht. In diese Abwägung sind auch Einkünfte und Verbindlichkeiten (→*Verbindlichkeiten im Unterhalt* Rn. 1 ff.) einzubeziehen, die bei der Bedarfsermittlung unberücksichtigt geblieben sind.

15 Angemessener Unterhalt iSd § 1581 Abs. 1 S. 1 BGB ist der eheangemessene Unterhalt, dh der nach einer Quote oder einer konkreten Bedarfsrechnung ermittelte Bedarf nach § 1578 BGB (→ *Bedarfsermittlung* Rn. 1 ff., → *Sättigungsgrenze/konkrete Einzelbedarfsberechnung* Rn. 1 ff.). Er stellt die **Einstiegsschwelle für die Billigkeitsabwägung** nach § 1581 BGB dar,[16] dh ihre Unterschreitung bedarf einer Begründung nach Billigkeitsgesichtspunkten. Die **Haftungsuntergrenze**, dh die Grenze, bis zu welcher der Pflichtige maximal zur Zahlung von Ehegattenunterhalt herangezogen werden kann, ist in der Regel der sog. **Mindestselbstbehalt** (teilweise auch als **billiger Selbstbehalt** bezeichnet), der von den Oberlandesgerichten in ihren Unterhaltsleitlinien (Nr. 21.4) pauschal mit einem Betrag bestimmt wird, der zwischen dem (pauschalen) angemessenen Selbstbehalt und dem (pauschalen) notwendigen Selbstbehalt liegt.[17] Der Tatrichter hat den Selbstbehalt ohne Bindung, aber in möglicher Orientierung an den Leitlinien nach den Umständen des Einzelfalles zu bestimmen. Das nur eingeschränkt überprüfbare Ergebnis dieser Abwägung wird vom

12 BVerfG 25.1.2011 – 1 BvR 918/10, NJW 2011, 836.
13 BGH 23.3.1983 – IVb 358/81, FamRZ 1983, 574.
14 Vgl. *Christl* NZFam 2017, 791.
15 BGH 17.6.1992 – XII ZR 119/91, FamRZ 1992, 1152.
16 BGH 18.10.1989 – IVb ZR 89/88, NJW 1990, 1172.
17 2021: 1.280 EUR bzw. 1.180 EUR bei Nichterwerbstätigkeit des Pflichtigen; überwiegend wurde bisher in den Leitlinien der Oberlandesgerichte keine Differenzierung nach Erwerbstätigkeit oder Nichterwerbstätigkeit vorgenommen.

Bundesgerichtshof in ständiger Rechtsprechung nicht beanstandet, wenn bei Nichterwerbstätigkeit ein niedrigerer Selbstbehalt bestimmt wird.[18]

Der Billigkeitsabwägung nach § 1581 BGB, die nach der Rechtsprechung des Bundesgerichtshofs zur sog. **Drittelmethode** bei der Unterhaltsberechtigung mehrerer Ehegatten (→ *Mehrere Bedürftige* (*Drittelmethode*) Rn. 1 ff.) völlig durch pauschale Berechnungen verdrängt worden war, kommt nach der Entscheidung des Bundesverfassungsgerichts, nach der diese Methode sowie die Aufhebung der Trennung von Bedarf und Leistungsfähigkeit **verfassungswidrig** sind,[19] wieder eine Bedeutung zu. 16

Im Einzelfall kann eine weitere **Herabsetzung des Mindestselbstbehalts** (→ *Mangelfall und Selbstbehalt* Rn. 1 ff.) erfolgen, was insbesondere dann in Betracht kommt, wenn der Pflichtige mit einem neuen Partner zusammenlebt und durch die Synergieeffekte des gemeinschaftlichen Wirtschaftens Ersparnisse hat.[20] Überwiegend werden in Anlehnung an sozialrechtliche Regelungen (§ 20 Abs. 3 SGB II) Abzüge von jeweils 10 % des Bedarfs auf Seiten des Pflichtigen und seines Partners vorgeschlagen. Voraussetzung ist aber die Leistungsfähigkeit des Partners, zu den Kosten der gemeinsamen Haushaltsführung beizutragen. Das sozialrechtliche Existenzminimum (90 % des Regelsatzes zzgl. hälftige angemessene Wohnkosten) stellt die Untergrenze für eine solche Herabsetzung des Selbstbehalts dar. 17

Eine **Erhöhung des Selbstbehalts** ist erforderlich, wenn dem Pflichtigen ansonsten aufgrund der besonderen Verhältnisse nicht das Existenzminimum verbleibt.[21] Eine Erhöhung ist ebenfalls zu erwägen, wenn rein rechnerisch dem Pflichtigen zwar der Selbstbehalt verbleibt, es ihm aber tatsächlich nicht möglich ist, hiervon seinen Mindestbedarf zu bestreiten, was zB bei der Nichtberücksichtigung von Tilgungsleistungen (mit dem Argument der Vermögensbildung zulasten des anderen Ehegatten), der Zurechnung eines im Verhältnis zu dem sonstigen Einkommen hohen Wohnwerts[22] oder Nutzungswerts eines Firmenwagens[23] der Fall sein kann. Voraussetzung ist, dass die Unterschreitung seines Existenzminimums für den Pflichtigen nicht vermeidbar ist durch eine andere Verwendung seines Einkommens. 18

6. Begrenzung des Anspruchs aus Billigkeitsgründen

Ein der Höhe und/oder der Dauer nach unbegrenzter Anspruch auf nachehelichen Unterhalt kann für den Pflichtigen im Einzelfall unbillig sein. Eine Beschränkung kann erfolgen nach § 1579 BGB bei grober Unbilligkeit (→ *Unbilligkeit/Verwirkung* Rn. 1 ff.) und nach § 1578 b BGB bei Unbilligkeit des Festhaltens an den ehelichen Lebensverhältnissen (zu den einzelnen Unterhaltstatbeständen → *Betreuungsunterhalt* Rn. 37 ff., → *Altersunterhalt* Rn. 18 ff., → *Krankheitsunterhalt* Rn. 20 ff., → *Erwerbslosigkeitsunterhalt* Rn. 30, → *Ausbildungsunterhalt* Rn. 8, → *Aufstockungsunterhalt* Rn. 13 ff.). 19

7. Verwirkung des Anspruchs nach § 242 BGB mangels zeitnaher Geltendmachung

Eine **Verwirkung** rückständigen Unterhalts kommt vor Ablauf der Verjährung (§§ 195, 197 Abs. 2 BGB) in Betracht,[24] wenn die Geltendmachung durch den Berechtigten als illoyales Verhalten gegenüber dem Pflichtigen im Rahmen des Unterhaltsrechtsverhältnisses zu bewerten ist und somit gegen § 242 BGB verstößt.[25] Die Verwirkung wird damit begründet, dass andernfalls die Unterhaltsrückstände zu einer erdrückenden Last für den Schuldner anwachsen könnten. Außerdem sind die maßgeblichen Einkommensverhältnisse nach längerer Zeit nur noch schwer aufklärbar. Voraussetzung für die Verwirkung ist zunächst, das Vorliegen des **Zeitmoments**. An dessen Feststellung sind keine allzu strengen Anforderungen zu stellen, 20

18 BGH 16.10.2019 – XII ZB 341/17, FamRZ 2020, 97.
19 BVerfG 25.1.2011 – 1 BvR 918/10, NJW 2011, 836.
20 BGH 17.3.2010 – XII ZR 204/08, NJW 2010, 1665.
21 BGH 23.2.2005 – XII ZR 56/02, NJW 2005, 1493: Erhöhung um Umgangskosten.
22 BVerfG 25.6.2002 – BvR 2144/01, NJW 2002, 2701.
23 BVerfG 20.8.2001 – BvR 1509/97, NJW-RR 2002, 73.
24 BGH 31.1.2018 – XII ZB 133/17, NJW 2018, 1013: auch während der Hemmung der Verjährung nach § 207 Abs. 1 S. 2 Nr. 2 BGB.
25 BGH 22.3.1995 – XII ZR 20/94, NJW 1995, 2032.

weil Unterhalt für die Vergangenheit ohnehin nur ausnahmsweise gefordert werden kann und der Gläubiger auf laufende Unterhaltszahlungen angewiesen ist.[26] Deshalb muss man vom Unterhaltsgläubiger eher als von anderen Gläubigern eine zeitnahe Durchsetzung seines Anspruchs verlangen. Auf der Grundlage der teilweise bestehenden gesetzlichen Regelungen zur zeitlichen Begrenzung der Geltendmachung von Unterhaltsansprüchen in §§ 1585 b Abs. 3, 1613 Abs. 2 Nr. 1, 1360 a Abs. 3, 1361 Abs. 4 S. 4 BGB wird allgemein der Ablauf der **Jahresfrist** für das Zeitmoment als ausreichend angesehen, wenn der Berechtigte an der Geltendmachung nicht gehindert war.[27]

21 Hinzukommen muss als **Umstandsmoment**, dass sich der Verpflichtete mit Rücksicht auf das gesamte Verhalten des Berechtigten darauf einrichten durfte, dass dieser sein Recht in der Zukunft nicht geltend machen wird, zB hingenommene Reduzierung der Unterhaltszahlungen.[28] Das bloße Unterlassen der Geltendmachung des Unterhalts oder der Fortsetzung einer begonnenen Geltendmachung kann das Umstandsmoment der Verwirkung jedoch nicht begründen.[29] Es müssen im konkreten Einzelfall weitere Umstände hinzukommen, aufgrund derer der Pflichtige darauf **vertrauen** durfte, vom Berechtigten nicht bzw. nicht in weiterem Umfang als bisher in Anspruch genommen zu werden. Dabei kommt es nicht darauf an, ob der Pflichtige aufgrund dieses Vertrauens konkrete Investitionen vorgenommen hat oder ihm konkrete Nachteile durch die verspätete Inanspruchnahme durch den Berechtigten entstanden sind.[30] Das Umstandsmoment entfällt, wenn nicht ersichtlich ist, dass sich der Pflichtige in seiner Lebensführung auf die Nichtinanspruchnahme auf Zahlung von Unterhalt eingestellt hat.[31]

Auch **titulierte Ansprüche** können der Verwirkung unter dem Gesichtspunkt illoyal verspäteter Rechtsausübung unterliegen.[32] Das Unterlassen von Vollstreckungsversuchen über einen Zeitraum von 13 Jahren kann für sich genommen noch keinen Vertrauenstatbestand begründen.[33]

8. Übersicht der Prüfungsfolge des Anspruchs

22 Zusammenfassend ergibt sich nach den vorstehenden Ausführungen für den nachehelichen Unterhalt folgende Prüfungsfolge:

- Voraussetzungen zumindest eines Unterhaltstatbestandes nach §§ 1570 ff. BGB;
- Bedarf nach den ehelichen Lebensverhältnissen nach § 1578 BGB;
- Bedürftigkeit nach Anrechnung von eigenem Einkommen und Vermögen des Berechtigten nach § 1577 BGB auf den Bedarf;
- Beschränkung des Anspruchs wegen grober Unbilligkeit nach § 1579 BGB;
- Herabsetzung und/oder Befristung des Anspruchs nach § 1578 b BGB;
- Anspruchsausschluss wegen Verwirkung nach § 242 BGB mangels zeitnaher Geltendmachung.

23 Die §§ 1569 ff. BGB gelten nach § 1318 Abs. 1 BGB für **aufgehobene Ehen** entsprechend, wenn die Voraussetzungen des § 1318 Abs. 2 BGB erfüllt sind.

II. Geltendmachung des Anspruchs

24 Der Anspruch auf nachehelichen Unterhalt kann sowohl als **Folgesache** im Scheidungsverbund (§ 137 Abs. 2 Nr. 3 FamFG) als auch im **isolierten Verfahren** geltend gemacht werden, dann aber erst nach Rechtskraft der Scheidung. Der Verzicht auf die Verfolgung des Anspruchs im Verbund kann nahe liegen, wenn das Scheidungsverfahren beschleunigt werden soll. Der Nachteil besteht in diesem Fall darin, dass der nacheheliche Unterhalt als Folge seiner Nichtidentität mit dem Trennungsunterhalt (→ Rn. 2) **erst**

26 BGH 22.11.2006 – XII ZR 152/04, NJW 2007, 1273.
27 BGH 22.11.2006 – XII ZR 152/04, NJW 2007, 1273.
28 BGH 22.11.2006 – XII ZR 152/04, NJW 2007, 1273.
29 BGH 31.1.2018 – XII ZB 133/17, NJW 2018, 1013.
30 BGH 15.9.2010 – XII ZR 148/09, NJW 2010, 3714.
31 BGH 10.12.1999 – XII ZR 155/01, NJW-RR 2004, 649: verneint bei einem Nettoeinkommen von 13.000 DM.
32 BGH 16.6.1999 – XII ZA 3 /99, NJW-FER 1999, 711.
33 BGH 9.10.2013 – XII ZR 59/12, NJW-RR 2014, 195.

nach Rechtskraft der Scheidung angemahnt werden kann, was dazu führen kann, dass zwischen dem Ende des Trennungsunterhalts und dem Beginn des nachehelichen Unterhalts ein regelungsloser Zeitraum verbleiben kann. Weiterer Nachteil des isolierten Verfahrens ist, dass die Entscheidung erst erhebliche Zeit nach der Scheidung ergeht und in der Zwischenzeit nur die Möglichkeit einer Regelung im einstweiligen Anordnungsverfahren verbleibt, die häufig nicht den vollen Bedarf sicherstellt.

Die Geltendmachung des nachehelichen Unterhalts als Folgesache erfolgt teilweise auch aus **verfahrens-taktischen Gründen**, denen gegenüber dem Pflichtigen, der an einer schnellen Scheidung interessiert ist, kaum Mittel zur Verfügung stehen. Die **Abtrennung der Unterhaltsfolgesache** ist nach § 140 Abs. 2 Nr. 5 FamFG nur unter den gleichen von der Rechtsprechung eng ausgelegten Voraussetzungen möglich wie die Vorabentscheidung über den Scheidungsantrag nach der früheren Regelung in § 628 Abs. 1 Nr. 4 ZPO aF, die nur in Ausnahmefällen eine spätere Entscheidung über die Folgesachen zuließ. Neben der langen Verfahrensdauer, die in der Regel ab zwei Jahren bejaht wird,[34] muss eine unzumutbare Härte für den scheidungswilligen Ehegatten vorliegen, die nicht durch die Verfahrensdauer indiziert wird, sondern auf sonstigen Umständen beruhen muss. Maßgeblich sind die Umstände des Einzelfalls.[35] Für den Fall der Stellung des Scheidungsantrags vor Ablauf des Trennungsjahres enthält § 140 Abs. 4 FamFG eine Sonderregelung zur Bemessung der Verfahrensdauer. 25

Soll nur ein **Teilbetrag** des Unterhaltsanspruchs verlangt werden, so ist dies im Antrag unbedingt deutlich zu machen, da andernfalls davon auszugehen ist, dass eine entsprechende Titulierung den gesamten Anspruch umfasst. Unterbleibt eine eindeutige Geltendmachung als Teilanspruch, so hat dies zur Folge, dass eine Nachforderung nur unter engen Voraussetzungen im Abänderungsverfahren möglich ist. Die Zulässigkeit des Abänderungsbegehrens kann dabei nicht auf den fehlenden Teilbetrag gestützt werden, sondern muss aufgrund anderer Umstände, die eine Änderung der Grundlage des Titels darstellen, eröffnet sein (→ *Unterhaltsabänderung* Rn. 5, 30). „Vergessener" **Alters- oder Krankenvorsorgeunterhalt** kann ebenfalls nur im Abänderungsverfahren, dessen Zulässigkeit aus sonstigen Gründen gegeben ist, verfolgt werden (→ *Altersvorsorgeunterhalt* Rn. 18). 26

III. Darlegungs- und Beweislast

Die Darlegungs- und Beweislast trägt hinsichtlich des **Bedarfs** der Berechtigte (→ *Darlegungs- und Beweislast bei Unterhalt* Rn. 1 ff.). Von Bedeutung ist dieser Grundsatz insbesondere bei der Feststellung der für den Bedarf maßgeblichen Einkünfte des Pflichtigen, die dieser seinerseits darzulegen und zu beweisen hat, soweit er sich auf eine Einschränkung seiner **Leistungsfähigkeit** beruft.[36] Die Einkünfte des Pflichtigen sind also bei der Prüfung eines Unterhaltsanspruchs unter zwei unterschiedlichen Gesichtspunkten mit unterschiedlicher Darlegungs- und Beweislast von Bedeutung. Es handelt sich um sog. doppelt relevante Tatsachen. 27

Da die Bedarfsermittlung der Frage der Leistungsfähigkeit vorgeht, muss zunächst der Berechtigte seiner Darlegungs- und Beweispflicht nachkommen. Allerdings kann sich der Pflichtige nicht auf ein pauschales Bestreiten beschränken, wenn der Berechtigte ein in vertretbarer Weise geschätztes Einkommen des Pflichtigen behauptet. Ihn trifft dann die **Pflicht zum substanziierten Bestreiten** mit der Folge, dass bei ihrer Nichterfüllung die behauptete Tatsache gem. § 138 Abs. 3 ZPO als zugestanden gilt.[37] 28

Die Verpflichtung zum substanziierten Bestreiten wird daraus hergeleitet, dass es hier um Umstände geht, die ausschließlich im Wahrnehmungsbereich des Unterhaltspflichtigen liegen und über die er ohne besondere Schwierigkeiten Auskunft geben kann. Zum substanziierten Bestreiten gehören nicht nur kon- 29

34 BGH 29.5.1991 – XII ZR 108/90, NJW 1991, 2491; OLG Düsseldorf 9.1.2008 – 5 UF 148/07, FamRZ 2008, 1266.
35 OLG Celle 11.4.1996 – 15 UF 266/95, FamRZ 1996, 1485; BGH 29.5.1991 – XII ZR 108/90, NJW 1991, 2491: überhöhter Trennungsunterhalt kann Indiz für unzumutbare Härte sein.
36 BGH 23.4.1980 – IVb ZR 510/80, NJW 1980, 2083.
37 BGH 15.10.1986 – IVb ZR 78/85, NJW 1987, 1201.

krete Angaben zur Höhe der Einkünfte, sondern auch die Vorlage von Belegen. Es können hier ähnlich ausführliche Angaben verlangt werden wie bei einem unterhaltsrechtlichen Auskunftsanspruch.[38]

30 Die Verpflichtung des unterhaltspflichtigen Ehegatten zum substanziierten Bestreiten besteht unabhängig von einem evtl. gegebenen Auskunftsanspruch des Berechtigten nach § 1605 BGB. Insbesondere rechtfertigt die Möglichkeit eines Auskunftsanspruchs nicht die Versagung von Verfahrenskostenhilfe für einen Unterhaltsantrag, der auf ein zulässigerweise geschätztes und nicht „ins Blaue hinein" behauptetes Einkommen des Pflichtigen gestützt wird.[39] Erweist sich das vom Berechtigten nach vorangegangener erfolgloser Auskunftsaufforderung geschätzte Einkommen im Laufe des Unterhaltsverfahrens als zu hoch, können dem Pflichtigen trotz der insoweit erfolgreichen Rechtsverteidigung nach § 243 Nr. 2 FamFG die Kosten auferlegt werden.

31 Behauptet der Berechtigte **zusätzliche bedarfsprägende Einkünfte des Pflichtigen** aus weiteren Tätigkeiten neben seiner hauptberuflichen Erwerbstätigkeit, so wird man sich mit seinem Vortrag nicht auf pauschale Angaben oder Vermutungen beschränken dürfen, sondern seinerseits substanziierte Ausführungen machen müssen, um dem Pflichtigen als Antragsgegner die Möglichkeit zu dem von ihm geforderten substanziierten Bestreiten zu geben.

32 Macht der Pflichtige **Einkünfte des Berechtigten** geltend, so obliegt dem Berechtigten der Beweis, dass er diese Einkünfte nicht erzielt.[40] Da ein solcher Negativbeweis besondere Anforderungen an den Beweispflichtigen stellt, reichen allgemeine Behauptungen des Unterhaltspflichtigen nicht aus. Vielmehr sind konkrete Angaben zu der Art dieser Einkünfte erforderlich, die es dem Berechtigten erlauben, hierauf konkret zu erwidern und gegebenenfalls Beweis anzutreten. Der Berechtigte hat bei entsprechender Behauptung des Prozessgegners darzulegen und zu beweisen, dass er seinem neuen Partner keine geldwerten Leistungen in Form von Versorgungsleistungen erbringt.[41]

33 Die Darlegungs- und Beweislast für Umstände, die die unterhaltsrechtliche Berücksichtigungsfähigkeit von **Verbindlichkeiten des Pflichtigen** (→ *Verbindlichkeiten im Unterhalt* Rn. 2 ff.) ergeben sollen, trägt dieser selbst, da er die Minderung seiner Leistungsfähigkeit geltend macht.[42] Diese Argumentation kann indes nicht, wie dies häufig geschieht und auch in der Rechtsprechung nicht hinreichend beachtet wird, auf die Bedarfsfeststellung übertragen werden. Die Berufung auf Verbindlichkeiten betrifft nämlich vor der Frage der Leistungsfähigkeit zunächst die Höhe des Bedarfs, da der hierfür aufgewendete Teil des Einkommens nicht für den Lebensunterhalt zur Verfügung gestanden hat und steht. Die Beweislast dafür, dass der Bedarf nicht durch solche Aufwendungen beschränkt war, trägt der Berechtigte. Dabei wird ihm dieser Nachweis für den Fall, dass nur der Pflichtige hierüber exakte Kenntnis und insbesondere Belege hat, dadurch erleichtert, dass dieser die angebliche Verbindlichkeit substanziiert darlegen muss.

34 Handelt es sich um **gemeinsame Verbindlichkeiten der Eheleute**, so führt das pauschale Bestreiten der Verbindlichkeit oder der Zahlungen hierauf bzw. das Bestreiten mit Nichtwissen zur Geständnisfiktion des § 138 Abs. 4 ZPO,[43] da der Unterhaltsgläubiger sich als Darlehensnehmer jederzeit selbst Kenntnis über die Entwicklung des Darlehenskontos verschaffen kann. Ist der Ehegatte dagegen nicht Darlehensnehmer, sondern Bürge, so entfällt eine solche Möglichkeit zur Information mangels Auskunftsberechtigung gegenüber dem Kreditgeber. Der Pflichtige trägt die Beweislast für den **Einwand, dass er bestimmte Einkünfte nicht mehr erziele**.[44]

38 BGH 15.10.1986 – IVb ZR 78/85, NJW 1987, 1201: Vorlage von Bilanzen sowie Gewinn- und Verlustrechnungen; OLG Hamm 19.3.1996 – 2 WF 56/96, FamRZ 1996, 1216: Selbstständiger muss die unterhaltsrechtliche Relevanz der steuerlichen Ansätze seiner Gewinnermittlung darlegen.
39 OLG Hamm 12.5.1998 – 2 WF 155/98, FamRZ 1998, 1602.
40 BGH 30.11.1994 – XII ZR 226/93, NJW 1995, 1148.
41 BGH 30.11.1994 – XII ZR 226/93, NJW 1995, 1148.
42 BGH 18.3.1992 – XII ZR 1/91, NJW 1992, 1624; 15.11.1989 – IVb ZR 3/89, NJW-RR 1990, 323.
43 BGH 18.3.1992 – XII ZR 1/91, NJW 1992, 1624 797; BGH 15.11.1989 – IVb ZR 3/89, NJW-RR 1990, 323.
44 OLG Karlsruhe 20.2.1990 – 18 UF 133/89, NJW-RR 1990, 642.

Die Beweislast für den Einwand der groben Unbilligkeit nach **§ 1579 BGB** trägt der Pflichtige. Dasselbe gilt für die Voraussetzungen der Begrenzung des nachehelichen Unterhalts nach **§ 1578 b BGB**. Zu Einzelheiten s. die Ausführungen zur Darlegungs- und Beweislast bei den einzelnen Unterhaltstatbeständen (→ *Altersunterhalt* Rn. 23 ff., → *Erwerbslosigkeitsunterhalt* Rn. 32, → *Aufstockungsunterhalt* Rn. 27 ff.). Im Abänderungsverfahren trägt die Darlegungslast in der Regel der Antragsteller, und zwar auch für solche Umstände, die bei der erstmaligen Titulierung des Anspruchs durch den jetzigen Antragsgegner darzulegen und zu beweisen waren. Hierzu sowie zu den Ausnahmen von diesem Grundsatz → *Unterhaltsabänderung* Rn. 32 ff. 35

173. Nachehelicher Unterhalt im Erbfall

Schwarz

I. Normzweck und Grundsätze

1 Der mit dem Eherechtsreformgesetz vom 14.6.1976 eingeführte und zum 1.7.1977 in Kraft getretene § 1586 b BGB stellt eine Besonderheit im System der Unterhaltsfolgen bei Tod des Verpflichteten dar. Er unterscheidet sich sowohl vom Ehegattenunterhalt während bestehender Ehe als auch vom Kindesunterhalt. Der **Kindesunterhalt** (→ *Kindesunterhalt Minderjähriger* Rn. 1 ff.; → *Kindesunterhalt Volljähriger* Rn. 1 ff.) endet mit dem Tod des Unterhaltsverpflichteten (§ 1615 Abs. 1 BGB). Grund: Das Kind ist gesetzlicher Erbe bzw. zumindest pflichtteilsberechtigt (§§ 1924, 2303 BGB). Auch der **Ehegattentrennungsunterhalt** (→ *Trennungsunterhalt* Rn. 1 ff.) bei bestehender Ehe endet beim Tod des Unterhaltsverpflichteten (§§ 1361 Abs. 4 S. 4, 1360 a Abs. 3, 1615 Abs. 1 BGB). Grund auch hier: Der Ehegatte ist gesetzlicher Erbe bzw. zumindest pflichtteilsberechtigt (§§ 1931, 2303 BGB). Der bereits **geschiedene Ehegatte** hingegen ist vom gesetzlichen Erbrecht (und damit auch Pflichtteilsrecht) ausgeschlossen. Sein nachehelicher Unterhaltsanspruch (→ *Nachehelicher Unterhalt* Rn. 1 ff.) bleibt deshalb auch im Erbfall – Tod des Verpflichteten – bestehen (§ 1586 b BGB; ebenso über § 1933 BGB bei Tod während anhängigem Scheidungsverfahren). § 1586 b BGB ist das Äquivalent für die mit der Scheidung verloren gegangenen erbrechtlichen Ansprüche.

2 § 1586 b BGB befasst sich nur mit den **künftigen Unterhaltsansprüchen** des Berechtigten, also mit Unterhaltsansprüchen ab dem Tod des Verpflichteten. Die zum Todeszeitpunkt des Verpflichteten bestehenden Ansprüche auf Unterhalt für die Vergangenheit, wegen Sonderbedarfs und auf Erfüllung oder Schadenersatz wegen Nichterfüllung (§ 1585 b Abs. 1, 2 BGB) stellen „normale" Nachlassverbindlichkeiten dar und sind nicht anders zu behandeln als andere Nachlassverbindlichkeiten (§ 1967 BGB). Gleiches gilt für etwaige Ansprüche auf eine Kapitalabfindung (§ 1585 Abs. 2 BGB), wenn der Abfindungsanspruch bereits entstanden ist, sei es durch Urteil, sei es durch Vereinbarung. Der laufende Unterhaltsanspruch muss sich dann bereits vor dem Tod des Unterhaltsverpflichteten in einen Anspruch auf Kapitalabfindung verwandelt haben und zu Lebzeiten des Schuldners ganz oder teilweise nicht mehr erfüllt worden sein. Diese Nachlassverbindlichkeiten unterliegen aber gegebenenfalls der beschränkten Erbenhaftung (§§ 1975, 1990 BGB). Da der Unterhalt monatlich im Voraus zu zahlen ist und der Verpflichtete den vollen Monatsbetrag auch dann schuldet, wenn der Unterhaltsberechtigte im Laufe des Monats verstirbt (§ 1585 Abs. 1 S. 2, 3 BGB), bedeutet dies im Ergebnis, dass lediglich die Unterhaltsansprüche ab Beginn des dem Tode des Verpflichteten folgenden Monats nach § 1586 b BGB zu behandeln sind.

3 Unter § 1586 b BGB fallen nur die **gesetzlichen Unterhaltsansprüche**. Unterhaltsansprüche sind auch dann gesetzlich, wenn sie vertraglich ausgeformt sind. Bei Zweifeln, ob es sich um gesetzliche oder rein vertragliche Unterhaltsansprüche handelt, ist regelmäßig ein gesetzlicher, von § 1586 b BGB erfasster Unterhaltsanspruch anzunehmen. Um vertragliche Unterhaltsansprüche handelt es sich lediglich in den seltenen Fällen, in denen eindeutig ein Unterhaltsanspruch überhaupt nicht oder nicht annähernd im vereinbarten Umfang besteht.[1] Ein vertraglicher Anspruch ist mithin nur dann anzunehmen, wenn besondere Anhaltspunkte dafür sprechen.

1 BGH 8.6.1988 – IV b ZR 80/87, FamRZ 1988, 935.

Die nach § 1586 b BGB übergehende Unterhaltspflicht bleibt eine **familienrechtliche Unterhaltspflicht**, für die grundsätzlich weiterhin die allgemeinen Vorschriften des nachehelichen Unterhaltsrechts gelten. An der Rechtsnatur als Unterhaltspflicht ändert sich mit dem Erbfall nichts. Es ändert sich lediglich die Person des Schuldners: An die Stelle des geschiedenen Ehegatten tritt als künftiger Schuldner nunmehr der Erbe. Das Fortbestehen als Unterhaltsanspruch hat zur Folge, dass dieser nicht pfändbar (§ 850 b Abs. 1 Nr. 2 ZPO), nicht abtretbar (§ 400 BGB) und auch eine Aufrechnung (§ 394 BGB) nicht zulässig ist.[2] Demgegenüber aber – obgleich systemisch ein Unterhaltsanspruch: Der unterhaltspflichtige geschiedene Ehegatte hat unter den Voraussetzungen des § 33 VersAusglG die Möglichkeit, die aufgrund des Versorgungsausgleichs eintretende Rentenkürzung zu vermeiden, wenn er an den unterhaltsberechtigten geschiedenen Ehegatten Unterhalt bezahlt. Stirbt der Unterhaltspflichtige und wird bspw. seine zweite Ehefrau Erbin, so hat diese zwar gem. § 1586 b BGB weiterhin Unterhalt zu zahlen, ihre Witwenversorgung wird jedoch aufgrund des Versorgungsausgleichs gleichwohl gekürzt.[3] Ferner: Obgleich es sich um einen Unterhaltsanspruch handelt, kann der Erbe seine Unterhaltszahlungen an den geschiedenen Ehegatten des Erblassers nicht im Wege des begrenzten Realsplittings iSv § 10 Abs. 1 a Nr. 1 EStG von seiner Einkommensteuer abziehen.[4] 4

II. Anspruchsvoraussetzungen

Der Fortbestand als Unterhaltsanspruch hat zur Folge, dass grundsätzlich die Bestimmungen der §§ 1569–1586 a BGB gelten: 5

1. Bedürftigkeit

Der Unterhaltsberechtigte muss weiterhin **bedürftig** (→ *Bedürftigkeit* Rn. 1 ff.) sein (§ 1577 BGB). Bedürftigkeitsänderungen nach dem Tod des Unterhaltspflichtigen sind also zu berücksichtigen, und zwar auch solche, die sich ggf. erst aufgrund des Todes des Unterhaltspflichtigen ergeben.[5] 6

Beispiel: Der Unterhaltspflichtige hat seinen geschiedenen Ehegatten in einer Lebensversicherung für den Fall seines Todes als Bezugsberechtigten eingesetzt, so dass dieser über genügend Eigenmittel zur Bedarfsdeckung verfügt. Die Bedürftigkeit kann im Fall des § 1933 BGB (der in seinem S. 3 auf den § 1586 b BGB verweist) auch dadurch erfolgen, dass der überlebende Ehegatte einen Zugewinnausgleichsanspruch gem. § 1371 Abs. 2 BGB hat. Die Erfüllung dieses Zugewinnausgleichsanspruchs mindert regelmäßig die Bedürftigkeit bzw. lässt sie sogar ganz wegfallen.

2. Unterhaltstatbestände

Eine Unterhaltsverpflichtung des Erben besteht nur dann, wenn sich der Unterhaltsberechtigte weiterhin auf einen der **Unterhaltstatbestände** (→ *Nachehelicher Unterhalt* Rn. 1) der §§ 1570–1573, 1575, 1576 BGB berufen kann.[6] So entfällt zB ein Unterhaltsanspruch, wenn der Unterhalt begehrende geschiedene Ehegatte sich wegen des Alters der Kinder nicht mehr auf den Unterhaltstatbestand der Kindesbetreuung (§ 1570 BGB) berufen kann und kein Anschlusstatbestand nach §§ 1571 Nr. 2, 1572 Nr. 2, 1573 Abs. 3 BGB gegeben ist. 7

3. Unterhaltsbeschränkung

Der Unterhaltsanspruch entfällt, wenn, soweit und sobald die Voraussetzungen einer **Unterhaltsbeschränkung nach §§ 1578 b, 1579 BGB** (→ *Unterhaltsbegrenzung* Rn. 1 ff.) eintreten. Ist eine solche Beschränkung nicht in der Unterhaltsentscheidung oder der Unterhaltsvereinbarung enthalten, kann sie grundsätzlich nicht mehr nachgetragen werden.[7] Eine Ausnahme gilt, wenn der Grund, der zur Unterhaltsbeschränkung 8

2 Wendl/Dose UnterhaltsR/*Bömelburg* § 4 Rn. 134.
3 VGH Mannheim 21.10.1988 – 4 S 1767/88, FamRZ 1990, 102.
4 BFH 12.11.1997 – XR 83/94, FamRZ 1998, 738.
5 Palandt/*Brudermüller* BGB § 1586 b Rn. 4.
6 MüKoBGB/*Maurer* § 1586 b Rn. 2.
7 BGH 9.7.1986 – IVb ZR 39/85, FamRZ 1986, 886.

führt, erst nach Erlass der Entscheidung oder nach dem Abschluss der Vereinbarung entstanden ist, beispielsweise die sozio-ökonomische Gemeinschaft erst später aufgenommen worden ist oder sich erst später verfestigt hat. Für § 1586 b BGB bedeutet dies, dass sich auch der Erbe grundsätzlich nur unter den für den unterhaltspflichtigen Ehegatten geltenden Voraussetzungen auf eine Unterhaltsbeschränkung berufen kann. Entsprechendes gilt auch für den Fall der Verwirkung gem. § 242 BGB.

Beispiel: Der unterhaltspflichtige Ehemann hat lange Jahre Unterhalt bezahlt, obwohl er wusste, dass seine geschiedene Ehefrau die gesamte Zeit in eheähnlicher Gemeinschaft mit einem anderen Mann lebte. Hier kommt es darauf an, ob das Verhalten des Erblassers den Schluss zulässt, er habe von diesem Einwand keinen Gebrauch machen wollen. Dieser Schluss ist beispielsweise dann nicht gerechtfertigt, wenn der Erblasser den Unterhalt weitergezahlt hat, damit seine Rente nicht um den Versorgungsausgleich gekürzt wird (§ 33 VersAusglG).[8]

4. Kein Einwand fehlender Leistungsfähigkeit

9 Nach der ausdrücklichen Regelung in § 1586 b Abs. 1 S. 2 BGB fallen die Beschränkungen des § 1581 BGB weg. Der Grund hierfür besteht darin, dass mit dem Tod des Unterhaltspflichtigen sein angemessener Unterhalt nicht mehr gefährdet werden kann und zudem die übrigen Unterhaltsverpflichtungen erlöschen.[9] Dies bedeutet, dass der Erbe sich nicht mehr auf die **beschränkte Leistungsfähigkeit** (→ *Nachehelicher Unterhalt* Rn. 14) des verstorbenen Unterhaltspflichtigen berufen kann. Der Berechtigte kann somit den vollen Unterhalt nach den ehelichen Lebensverhältnissen (§ 1578 Abs. 1 S. 1 BGB) verlangen. Da die Rangfolgenregelung des § 1582 BGB eine verminderte Leistungsfähigkeit voraussetzt und sie sich ausdrücklich auf § 1581 BGB bezieht, bleiben auch die Beschränkungen des Unterhaltsanspruchs wegen des Vorrangs eines minderjährigen Kindes oder wegen des Gleichrangs eines neuen Ehegatten des Verpflichteten nunmehr außer Betracht.[10] In der Praxis kann diese Bestimmung zur Folge haben, dass sich der Betrag der monatlich zu zahlenden Unterhaltsrente ab dem Tod des Unterhaltspflichtigen erhöht.

III. Haftungsbeschränkung

10 Die Haftung des Erben bezüglich des Unterhalts ist jedoch **betragsmäßig beschränkt („gedeckelt")** (→ *Pflichtteilsrecht* Rn. 1 ff.). Nach § 1586 b Abs. 1 S. 3 BGB wird der Höchstbetrag der Haftung (Haftsumme) durch den fiktiven Pflichtteil begrenzt, der dem geschiedenen Ehegatten zustünde, wenn die Ehe nicht geschieden wäre. Es wird also der Fortbestand der geschiedenen Ehe bis zum Tode des Unterhaltspflichtigen fingiert. Zur Quote des Pflichtteils bestimmt § 1586 b Abs. 2 BGB, dass Besonderheiten aufgrund des Güterstandes, in dem die geschiedenen Ehegatten gelebt haben, außer Betracht bleiben. Zur Klarstellung: Der Berechtigte kann nicht den Pflichtteil fordern, sondern nur den Unterhalt bis zu einem Höchstbetrag, der sich aus der Pflichtteilsquote und der Höhe des pflichtteilserheblichen Nachlasses berechnet.

11 Diese Haftungsbeschränkung tritt nicht von Gesetzes wegen ein. Vielmehr ist sie vom Erben durch eine einseitige empfangsbedürftige Willenserklärung gegenüber dem Unterhaltsberechtigten geltend zu machen.[11]

1. Maßgebliche Pflichtteilsquote

12 Die Pflichtteilsquote (→ *Pflichtteilsrecht* Rn. 8 ff.) des überlebenden geschiedenen Ehegatten hängt zunächst davon ab, welcher **Erbordnung** iSv §§ 1924 ff. BGB die erbrechtlich konkurrierenden Verwandten angehören.[12] Nach § 1931 Abs. 1 S. 1 BGB erbt der Ehegatte neben Abkömmlingen des Erblassers (Verwandte der ersten Ordnung) 1/4. Sein Pflichtteil beträgt nach § 2303 Abs. 1 S. 2 BGB davon die

8 OLG Koblenz 19.9.2001 – 9 UF 647/00, FamRZ 2002, 1038.
9 MüKoBGB/*Maurer* § 1586 b Rn. 6.
10 Palandt/*Brudermüller* BGB § 1586 b Rn. 5.
11 MüKoBGB/*Maurer* § 1586 b Rn. 7.
12 Palandt/*Weidlich* BGB § 1931 Rn. 3.

Hälfte, also 1/8. Neben Erblassereltern, deren Abkömmlingen (Verwandte der zweiten Ordnung) und noch lebenden Großeltern erbt der Ehegatte die Hälfte; sein Pflichtteil beträgt damit 1/4.

Hinweis: Da nach § 1586 b Abs. 2 BGB bei der Berechnung des Pflichtteils des überlebenden geschiedenen Ehegatten Besonderheiten aufgrund des Güterstandes, in dem die geschiedenen Ehegatten gelebt haben, außer Betracht bleiben, kommt es nicht zur Erhöhung des Ehegattenerbteils nach §§ 1931 Abs. 3, 1371 Abs. 1 BGB, wenn die Ehegatten vor der Scheidung im Güterstand der Zugewinngemeinschaft gelebt haben. Maßgebend ist also der sogenannte **kleine Pflichtteil**. Auch die in § 1931 Abs. 4 BGB für die Gütertrennung vorgesehene Sonderregelung gilt nicht, wenn es um den Pflichtteil des überlebenden geschiedenen Ehegatten geht.

Bei der Ermittlung der Pflichtteilsquote ist auf den **Zeitpunkt des Erbfalls** abzustellen.[13] Wird deshalb 13
ein Abkömmling nach der Scheidung geboren, ist das Kind bei der Ermittlung der Quote des überlebenden geschiedenen Ehegatten gleichwohl zu berücksichtigen. Dabei macht es keinen Unterschied, ob das Kind nichtehelich ist oder aus einer weiteren Ehe stammt. Konsequenterweise: Hat der unterhaltspflichtige Ehegatte vor seinem Tod wieder geheiratet, bleibt der „neue" Ehegatte bei der Ermittlung der Quote des überlebenden geschiedenen Ehegatten ebenfalls unberücksichtigt. Gleiches gilt für weitere Partner aus einer früheren Ehe, die bei der Quotenbildung ebenfalls nicht zu berücksichtigen sind.

Bei der Feststellung der Pflichtteilsquote ist im Übrigen nach **§ 2310 BGB** zu verfahren.[14] Wer durch 14
letztwillige Verfügung von der Erbfolge ausgeschlossen ist, die Erbschaft ausgeschlagen hat oder für erbunwürdig erklärt ist, wird bei der Feststellung des für die Berechnung des Pflichtteils maßgebenden Erbteils **mitgezählt**. Wer hingegen durch Erbverzicht von der gesetzlichen Erbfolge ausgeschlossen ist, wird bei der Ermittlung der Pflichtteilsquote nicht mit berücksichtigt.

Beispiele: Der Erblasser hatte ein Kind aus erster Ehe. Die zweite Ehe ist kinderlos geblieben. Weitere Verwandte hatte der Erblasser nicht. Das Kind aus erster Ehe hat einen Erbverzicht erklärt. Da das Kind in diesem Fall nicht mitgezählt wird, beträgt die Pflichtteilsquote seiner vom Erblasser geschiedenen Mutter 1/2. Ohne Erbverzicht würde sich deren Pflichtteilsquote auf 1/8 belaufen.

Die erste Ehe des Erblassers war kinderlos geblieben. Aus der zweiten Ehe ist ein Kind hervorgegangen. Dieses Kind schlägt die Erbschaft aus. Da das Kind in diesem Fall mitgezählt wird, beträgt die Pflichtteilsquote der ersten Ehefrau 1/8.

2. Pflichtteilserheblicher Nachlass

Nicht nur bei Ermittlung der Pflichtteilsquote, sondern auch des pflichtteilserheblichen Nachlasses ist 15
auf den **Zeitpunkt des Erbfalls** abzustellen.[15] Die Regelung des § 1586 b BGB bedeutet im Ergebnis eine Teilhabe am nachehelichen Erwerb des Erblassers. Das Vermögen des Erblassers zum Zeitpunkt der Scheidung ist damit ohne Bedeutung. Sowohl für die Pflichtteilsquote als auch für die Berechnung des pflichtteilserheblichen Nachlasses ist es ebenso ohne Bedeutung, ob bei der Scheidung der Zugewinn ausgeglichen worden ist. Auch sonst gelten für die Berechnung des Pflichtteils die Vorschriften der §§ 2311 ff. BGB. In den Nachlassbestand sind auf der Aktivseite nicht nur der Ist-Bestand einzubeziehen, sondern auch die Ansprüche auf Pflichtteilsergänzung gem. §§ 2325 ff. BGB.[16]

Ob auf der Passivseite **Nachlassverbindlichkeiten** abzuziehen sind, die mit Rücksicht auf eine spätere, 16
durch den Tod des Erblassers aufgelöste Ehe begründet wurden, ist zweifelhaft. Hier sind zwei Arten von Verbindlichkeiten von besonderer Bedeutung. Dies sind zum einen etwaige Unterhaltsverbindlichkeiten des verstorbenen Ehegatten gegenüber seiner „neuen" Ehefrau, von der er beispielsweise getrennt lebt,

---

13 Erman/*Dieckmann* BGB § 1586 b Rn. 8.
14 Erman/*Dieckmann* BGB § 1586 b Rn. 8.
15 BGH 29.11.2000 – XII ZR 165/98, BGHZ 146, 114.
16 BGH 29.11.2000 – XII ZR 165/98, FamRZ 2001, 282.

und zum anderen güterrechtliche Ausgleichsforderungen des überlebenden Ehegatten aus einer Zugewinngemeinschaftsehe nach § 1371 Abs. 2 BGB.

- Es ist allgemeine Meinung, dass die **Unterhaltsschuld gegenüber dem zweiten Ehegatten** bei der Ermittlung der Haftsumme nicht zu berücksichtigen ist.[17]
- Umstritten ist, ob eine güterrechtliche **Ausgleichsforderung des überlebenden Ehegatten aus einer Zugewinngemeinschaftsehe** bei der Ermittlung des für die Haftsumme erheblichen Nachlasses abzusetzen ist, wenn es für den überlebenden Ehegatten zur güterrechtlichen Lösung nach § 1371 Abs. 2 S. 1 BGB kommt. Teilweise wird die Auffassung vertreten, eine solche güterrechtliche Ausgleichsforderung des überlebenden Ehegatten sei als Nachlassverbindlichkeit vom Wert des Vermögens des Erblassers zur Zeit der Scheidung in Abzug zu bringen. Begründet wird diese Auffassung mit folgender Überlegung: Bei der „gängigen" Pflichtteilsberechnung ist nach hM die Zugewinnausgleichsforderung vom Nachlass abzuziehen, da das Vermögen des Erblassers schon zu dessen Lebzeiten güterrechtlich gebunden sei.[18] Diese Überlegung setzt sich jedoch über den Wortlaut des § 1586 b Abs. 1 S. 3 BGB hinweg, wonach der Pflichtteil dem Betrag zu entsprechen hat, welcher dem geschiedenen Ehegatten zustände, wenn die Ehe nicht geschieden worden wäre. Wäre die Ehe nicht geschieden worden, so hätte der Unterhaltsverpflichtete nicht erneut heiraten können und es wäre aus der neuen Ehe auch keine Zugewinnausgleichforderung entstanden. Im Übrigen entspricht es der Intention des § 1586 b BGB, den geschiedenen Unterhaltsberechtigten nicht durch die Schließung einer neuen Ehe zu benachteiligen. Wenn die Pflichtteilsquote des ersten Ehegatten sich nicht durch eine zweite Eheschließung ändert, so ist auch kein Grund ersichtlich, den Nachlassbestand durch Zugewinnausgleichsverpflichtungen zu schmälern.

17 Treffen Unterhaltsansprüche von Ehegatten **aus mehreren früher geschiedenen Ehen** aufeinander, so ist zunächst die Haftsumme für den Ehegatten aus der ersten geschiedenen Ehe zu ermitteln, dann aus der zweiten und gegebenenfalls aus der dritten. Ausgangswert für den frühesten Ehegatten ist der Gesamtnachlass; für spätere Ehegatten der um den Unterhaltsanspruch des früheren Ehegatten gekürzte Wert. Folge ist, dass die Haftsumme aus der früher geschiedenen Ehe stets größer ist als für den Ehegatten aus der später geschiedenen, weil bei der Berechnung des Nachlasses nach § 2311 BGB dasjenige vorab abzuziehen ist, was dem jeweils vorausgegangenen Ehegatten zusteht.[19]

3. Ausschöpfung des Höchstbetrages

18 Dieser Höchstbetrag kann je nach der Höhe des Nachlasses und der Höhe des monatlich zu zahlenden Unterhalts früher oder später ausgeschöpft sein. Es ist auch möglich, dass dieser Höchstbetrag nie ausgeschöpft wird, sei es wegen seiner absoluten Höhe, sei es wegen des vorzeitigen Todes des überlebenden unterhaltsberechtigten Ehegatten. Als Nachlassverbindlichkeit ist der Höchstbetrag dann nicht in die Auseinandersetzung mit den Erben und den übrigen Pflichtteilsberechtigten einzustellen, wenn – zB wegen des hohen Alters des Unterhaltsberechtigten – zweifelhaft ist, ob der Höchstbetrag überhaupt ausgeschöpft werden wird. In einem solchen Fall ist der Wert der Unterhaltsverpflichtung nach § 2311 Abs. 2 BGB zu schätzen, wobei auf Leibrenten-Grundsätze und versicherungsmäßige Berechnungen zurückzugreifen ist.[20]

IV. Vertragsgestaltung

1. Wirkungen eines Erb- oder Pflichtteilsverzichts

19 Die Frage, ob ein **Erbverzicht** (→ *Erbverzicht* Rn. 1 ff.) gem. § 2346 Abs. 1 BGB oder ein **Pflichtteilsverzicht** (→ *Pflichtteilsverzicht* Rn. 1 ff.) gem. § 2346 Abs. 2 BGB auch einen Verzicht auf die Rechte nach

17 *Dieckmann* FamRZ 1977, 161 (170).
18 Staudinger/*Haas* BGB § 2311 Rn. 40.
19 MüKoBGB/*Maurer* § 1586 b Rn. 9.
20 *Dieckmann* FamRZ 1977, 161 ff.

§ 1586 b BGB bedeutet, ist streitig. Die Meinungen pro und contra sind annähernd gleich zahlreich,[21] einschlägige Gerichtsentscheidungen sind nicht bekannt geworden.

2. Theorienstreit

Diejenigen, die bei einem Erb- oder Pflichtteilsverzicht auch die Unterhaltslast des Erben entfallen lassen, gehen vom Normzweck des § 1586 b BGB aus, der einen Ausgleich für das durch die Scheidung weggefallene Erbrecht darstellt. Entsprechend diesem Normzweck verliert der Unterhaltsanspruch gegen den Erben seine Ersatzfunktion und damit seine Berechtigung, wenn der Unterhaltsberechtigte auf seinen Pflichtteil verzichtet hat.[22] Diese Meinung führt zu dem Ergebnis, dass der Erb- und Pflichtteilsverzicht dem Verzicht auf den nachehelichen Unterhaltsanspruch gegen den Erben gem. § 1586 b Abs. 1 BGB gleichkommt. 20

Die **Gegenmeinung** stellt darauf ab, dass es sich beim Anspruch nach § 1586 b BGB um einen Unterhaltsanspruch und bei der Beschränkung auf den Pflichtteil um eine höhenmäßige Begrenzung handelt.[23] Diese Meinung dürfte zutreffend sein, weil von der Rechtsnatur des Anspruchs auszugehen ist. Dieser ist eindeutig unterhaltsrechtlich und macht damit eine Auslegung nach dem Normzweck der Vorschrift gegenstandslos.

3. Vertragsgestaltung

Vor dem Hintergrund dieses nach wie vor offenen Theorienstreits sollte bei der Vertragsgestaltung eine klarstellende Regelung erfolgen. In den Erb-/Pflichtteilsverzicht (→ *Erbverzicht* Rn. 1 ff., → *Pflichtteilsverzicht* Rn. 1 ff.) ist entweder **ausdrücklich ein Unterhaltsverzicht aufzunehmen** oder festzuhalten, dass der Erb-/Pflichtteilsverzicht ohne Einfluss auf den Unterhaltsanspruch nach § 1586 b BGB ist.[24] 21

Bei der Konzeption von Eheverträgen (→ *Vereinbarungen zum nachehelichen Unterhalt* Rn. 1 ff.) bzw. Scheidungsvereinbarungen sollte in den Fällen, in denen es zu keinem umfassenden Verzicht auf nachehelichen Unterhalt kommt, überlegt werden, ob nicht jedenfalls ein **Unterhaltsverzicht für den Fall des Todes** aufzunehmen ist. In der Praxis besteht die Auswirkung des § 1586 b BGB häufig darin, dass sich der Berechtigte mit seinen nachehelichen Unterhaltsansprüchen an die gemeinsamen Kinder wenden muss, was bei der Scheidung möglicherweise nicht bedacht wird. Dabei kann auch der sozialhilferechtliche Aspekt von Bedeutung sein. 22

Beispiel: Der unterhaltspflichtige Ehemann stirbt lange Jahre nach der Scheidung. Seine geschiedene Ehefrau wird pflegebedürftig und kommt in ein Heim. Da die gesetzliche Rente und das Pflegegeld die Kosten des Pflegeheims nicht abdecken, tritt die **Sozialhilfe** ein. Ist der Unterhaltsanspruch aufgrund eines auf § 1586 b BGB beschränkten Unterhaltsverzichts weggefallen, kann sich das Sozialamt nicht an die Erben wenden. Es können zwar Unterhaltsansprüche gegen die Kinder aus dem Gesichtspunkt des Verwandtenunterhalts (§§ 1601 ff. BGB) in Betracht kommen. Aufgrund der höheren Freibeträge beim Verwandtenunterhalt kann sich aber eine im Vergleich zum Ehegattenunterhalt geringere Beanspruchung ergeben. Zu beachten ist allerdings, dass der Unterhaltsverzicht nicht erkennbar zur Sozialhilfebedürftigkeit des Verzichtenden führen darf, da sonst ein Fall der Sittenwidrigkeit gem. § 138 BGB vorliegen kann.[25] 23

Zwischen den Eheleuten kann aber auch weitergehend vereinbart werden, dass § 1586 b BGB ohne Beschränkung auf die Höhe des Pflichtteils gelten soll. In diesem Fall ist auch nach dem Tode des Unterhaltspflichtigen unbefristet Unterhalt zu zahlen, die Haftungsbeschränkung nach § 1586 b Abs. 1 S. 3 BGB entfällt. Auch eine Befristung, also eine Unterhaltsleistung für eine bestimmte Übergangszeit, wäre eine mögliche Gestaltung. Die Eheleute könnten ferner eine Vereinbarung dahin gehend abschließen, dass 24

21 Palandt/*Brudermüller* BGB § 1586 b Rn. 8; *Dieckmann* FamRZ 1992, 633; *Dieckmann* FamRZ 1999, 1029; *Grziwotz* FamRZ 1991, 1258.

22 Palandt/*Brudermüller* BGB § 1586 b Rn. 8.

23 *Grziwotz* FamRZ 1991, 1258.

24 *Riedel* in: FormB-ErbR § 8 Rn. 83.

25 BGH 8.12.1982 – IVb ZR 333/81, FamRZ 1983, 137.

die Unterhaltspflicht nach § 1586 b BGB durch eine Lebensversicherung auf Rentenbasis abgelöst und im Übrigen auf Unterhalt verzichtet wird.

25 Beruht der nacheheliche Unterhalt auf einer vertraglichen Regelung, sollte jedenfalls stets festgelegt werden, ob und gegebenenfalls mit welchen Modifikationen § 1586 b BGB entsprechend anwendbar ist.

174. Namensänderung

Hoffmann

I. Einführung

Vor- und Geburtsname sind wesentliche **Identifikationsmerkmale** eines Menschen, die wie die Geburt selbst in einem öffentlichen Register, dem Personenstandsregister, dokumentiert werden. Es besteht ein **öffentliches Interesse** an einer Namenskontinuität und Namensklarheit. Zivilrechtliche Namensbestimmung und Namensänderung unterliegen detaillierten Regelungen. Namensrechtliche Erklärungen sind vielfach höchstpersönlich abzugeben und formgebunden. Namensänderungen lässt sowohl das BGB als auch das öffentlich-rechtliche Namensänderungsgesetz nur unter engen Voraussetzungen zu. Die Entgegennahme namensrechtlicher Erklärungen, namensrechtlicher Entscheidungen etc sind regelmäßig Aufgabe des Standesamts. 1

II. Namensgebung

1. Vorname

Zur erstmaligen Bestimmung des Vornamens sind bzw. ist nach allgemeinen Grundsätzen die/der zur **Personensorge** Berechtigte/n befugt. In der Wahl des Vornamens sind die Namensbestimmungsberechtigten bis zur Grenze der Kindeswohlgefährdung **frei**. Kindeswohlgefährdend kann beispielsweise die bloße Anzahl der Vornamen, deren Ungewöhnlichkeit, die fehlende Möglichkeit, sich anhand des Vornamens mit seinem Geschlecht zu identifizieren etc sein. In der Praxis wird die elterliche Wahl immer seltener als das Wohl des Kindes gefährdend angesehen.[1] Können sich gemeinsam sorgeberechtigte Eltern nicht auf einen (Vor-)Namen einigen, kommt die Übertragung der Entscheidung auf einen Elternteil nach § 1628 BGB in Betracht.[2] 2

Die erfolgte Bestimmung ist dem **Standesamt** anzuzeigen (§§ 18 ff. PStG). Die Eintragung des Vornamens beim Standesamt ist für die Namensbestimmung nicht konstitutiv. Sofern der Standesbeamte die Vornamensbestimmung für kindeswohlgefährdend hält, hat er die Eintragung des Vornamens abzulehnen. Gegen seine Entscheidung kann eine Entscheidung des Amtsgerichts beantragt werden (§ 49 PStG). 3

2. Geburtsname

Zum Geburtsnamen des Kindes wird, wenn die rechtlichen Eltern des Kindes miteinander verheiratet sind und sie einen Ehenamen führen, kraft Gesetzes der **Ehename der Eltern** (§§ 1355 Abs. 1, 1616 BGB). Führen die rechtlichen Eltern keinen Ehenamen und haben sie die gemeinsame elterliche Sorge, können sie durch Erklärung gegenüber dem Standesbeamten den Namen, den der Vater oder die Mutter zur Zeit der Erklärung führt, zum Geburtsnamen des Kindes bestimmen (§ 1617 Abs. 1 S. 1 BGB). Treffen die Eltern binnen eines Monats nach der Geburt des Kindes keine Bestimmung, überträgt das Familiengericht das Bestimmungsrecht einem Elternteil (§ 1617 Abs. 2 BGB). Die Bestimmung der Eltern gilt auch für ihre weiteren Kinder (§ 1617 Abs. 1 S. 3 BGB). Auch ein weiteres Kind mit einem bislang abweichenden Namen erwirbt im Moment der Begründung des gemeinsamen Sorgerechts den Geburtsnamen des ersten Geschwisterkinds kraft Gesetzes.[3] Die Rechtslage nach einer Adoption des Kindes gestaltet sich ähnlich 4

1 OLG Hamm 28.5.2020 – 15 W 374/19: Müller als 3. Vorname eines Mädchens zulässig.
2 OLG Nürnberg 30.7.2018 – 10 UF 838/18, FF 2018, 511.
3 BGH 13.11.2019 – XII ZB 118/17, FamRZ 2020, 331.

(§ 1757 Abs. 1 S. 1, Abs. 2 S. 1 BGB). Ein **Doppelname** aus dem Namen des Vaters und dem der Mutter kann nach deutschem Recht nicht gebildet werden.[4] Ein im EU-Ausland registrierter Doppelname kann daher auch dann nicht gewählt, werden, wenn dieser rechtswidrig nicht nach deutschem Namensrecht gebildet wurde, obwohl aus kollisionsrechtlicher Sicht deutsches Recht anzuwenden gewesen wäre.[5]

5 Führen die Eltern keinen Ehenamen und steht die elterliche Sorge nur einem Elternteil zu, so erhält das Kind kraft Gesetzes den Namen, den der allein zur elterlichen Sorge befugte Elternteil im Zeitpunkt der Geburt des Kindes führt (§ 1617 a Abs. 1 BGB).

III. Änderung des Vornamens

1. Vornamensänderung nach BGB

6 Ein einmal bestimmter[6] Vorname des Kindes kann nach den Regelungen im BGB grundsätzlich nicht geändert werden. Eine Ausnahme gilt nur im Rahmen der **Adoption** eines Kindes: Auf Antrag der Annehmenden kann der Vorname des Kindes mit dessen Einwilligung durch das Familiengericht im Rahmen des Adoptionsbeschlusses geändert oder um weitere Vornamen ergänzt werden, wenn dies dem Wohl des Kindes entspricht (§ 1757 Abs. 4 S. 1 Nr. 1 BGB), etwa da ein Geschwisterkind bereits diesen Vornamen führt oder es sich mit dem Namen durch dessen vorherigen Gebrauch in der Pflegezeit identifiziert. Ein eigenständiges, dem Annahmeverfahren nachgehendes zivilrechtliches Namensänderungsverfahren ist nicht zulässig.

2. Vornamensänderung nach dem Namensänderungsgesetz

7 Nach der Eintragung ist eine Änderung des Vornamens nur auf Antrag bei der zuständigen unteren Verwaltungsbehörde nach dem NamÄndG möglich, wenn ein **wichtiger Grund** für die Änderung des Vornamens vorliegt (§§ 11, 1, 3, 5 NamÄndG).[7] Bei der Annahme eines wichtigen Grunds ist die Verwaltung äußerst zurückhaltend. So soll kein wichtiger Grund für das Hinzufügen eines weiblichen zu einem männlichen Vornamen anzunehmen sein, wenn ein Mensch intersexuell (→ *Intersexualität* Rn. 1) ist oder zwar biologisch dem männlichen oder dem weiblichen Geschlecht zuzurechnen ist, jedoch nicht nach seinem subjektiven Empfinden.[8] Hingegen soll ein die Änderung des Vornamens rechtfertigender Grund iSd § 3 Abs. 1 NamÄndG vorliegen, wenn ein Mensch aus religiöser Überzeugung einem Vornamen einen als „Taufnamen" beigegebenen Vornamen voranstellen will.[9] Der faktische Gebrauch eines anderen Namens stellt keinen wichtigen Grund dar. Keine (Vor-)Namensänderung ist die Transliteration eines ausländischen Vornamens in die deutsche Sprache. Hat eine Person mehrere Vornamen, ist es jedoch möglich, deren Reihenfolge durch Erklärung gegenüber dem Standesamt neu zu bestimmen.

IV. Änderung des Geburtsnamens

1. Namensänderung nach dem BGB

8 Ein **allein zur Sorge berechtigter Elternteil**, dessen Kind kraft Gesetzes seinen Namen führt (§ 1617 a Abs. 1 BGB), kann durch Erklärung gegenüber dem Standesbeamten[10] seinem Kind den Namen des anderen Elternteils erteilen, sofern der andere Elternteil und ab Vollendung des fünften Lebensjahres auch das Kind in die Namenserteilung einwilligen (§ 1617 a Abs. 2 S. 3 BGB).

---

4 Hingegen ist die Wahl des Namens „Müller" als Vornamen nach OLG Hamm 28.5.2020 – 15 W 374/19 zulässig.

5 BGH 20.2.2019 – XII ZB 130/16, FamRZ 2019, 967.

6 Zur Berichtigung bei einer Eintragung im Geburtenregister entgegen der Bestimmung KG 6.10.2020 – 1 W 1042/20, NZFam 2020, 1077.

7 OLG Nürnberg 29.3.2018 – 11 W 2245/17, FamRZ 2018, 1908.

8 BVerwG 19.5.2016 – 6 B 38/15, FamRZ 2016, 1359.

9 BVerwG 19.4.2018 – 6 B 62/17, StAZ 2018, 353.

10 OLG Frankfurt a. M. 2.3.2017 – 20 W 243/16, StAZ 2018, 88.

Wird eine gemeinsame elterliche Sorge erst begründet, wenn das Kind bereits einen Namen führt, können die Eltern innerhalb von drei Monaten nach **Begründung der gemeinsamen elterlichen Sorge** den Namen des Kindes neu bestimmen (§ 1617 b Abs. 1 S. 1 BGB), sofern nicht bereits für ein erstes Geschwisterkind ein Name bestimmt wurde. In dieser Konstellation erhält das weitere Kind, wenn sein Name vor der Begründung der gemeinsamen Sorge von dem des ersten Geschwisterkinds abweicht, den Geburtsnamen des ersten Geschwisterkinds kraft Gesetzes.[11] Bei einem Kind, das das fünfte Lebensjahr vollendet hat, ist die Namensänderung nur wirksam, wenn sich das Kind der Bestimmung anschließt. Für die Erklärung des Kindes muss kein Ergänzungspfleger bestellt werden.[12] 9

Wird nachträglich im Rahmen einer **Vaterschaftsanfechtung** rechtskräftig festgestellt, dass der Mann, der als rechtlicher Vater des Kindes galt, nicht dessen Vater ist (Scheinvaterschaft), erhält das Kind auf seinen Antrag sowie bis zur Vollendung seines fünften Lebensjahrs auch auf Antrag des Mannes, der als rechtlicher Vater des Kindes galt, den Namen, den die Mutter zum Zeitpunkt der Geburt führte, als Geburtsnamen (§ 1617 b Abs. 2 BGB). 10

Bestimmen die Eltern des Kindes **nachträglich** einen **Ehenamen**, erstreckt sich die Änderung kraft Gesetzes auf den Geburtsnamen jedes Kindes, das das fünfte Lebensjahr noch nicht vollendet hat. Hat das Kind das fünfte Lebensjahr bereits vollendet, erwirbt das Kind diesen Namen nur, wenn es sich der Änderung anschließt (§ 1617 c Abs. 1 S. 1 BGB; → Rn. 9). 11

Durch **Trennung** oder **Scheidung** ändern sich weder die Namen der Ehegatten noch der Name des Kindes kraft Gesetzes. Ein ehemaliger Ehegatte, dessen Name nicht zum Ehenamen wurde, kann seinen Geburtsnamen wieder annehmen (§ 1355 Abs. 5 BGB). Das Kind behält seinen bisherigen Namen, sofern nicht die Voraussetzungen für eine Einbenennung nach § 1618 BGB oder eine öffentlich-rechtliche Namensänderung vorliegen. Nach der neueren Rechtsprechung kann eine seelische Belastung als wichtiger Grund für eine Namensänderung angesehen werden, wenn sie unter Berücksichtigung der gegebenen Umstände nach allgemeiner Verkehrsauffassung verständlich und begründet und nicht nur als übertriebene Empfindlichkeit zu werten ist.[13] Die vom Bundesministerium des Innern, für Bau und Heimat und vom Bundesministerium der Justiz und für Verbraucherschutz eingesetzte Expertengruppe schlägt in den Eckpunkten zur Reform des Namensrechts vom 11.2.2020 vor, dass ein anerkennenswerter Grund für eine Namensänderung genügen solle. Dabei könne auch allein der Wunsch des Namensträgers, einmal binnen zehn Jahren seinen Namen zu ändern, als anerkennenswert anzusehen sein. 12

Ein allein oder gemeinsam sorgeberechtigter Elternteil und sein Ehegatte oder eingetragener Lebenspartner, der nicht zugleich Elternteil des Kindes ist, können einem im gemeinsamen Haushalt der Ehegatten lebenden Kind durch Erklärung gegenüber dem Standesbeamten ihren Ehenamen erteilen bzw. diesen Namen dem von dem Kind zur Zeit der Erklärung geführten Namen voranstellen oder anfügen (additive Einbenennung), es „**einbenennen**“[14] (§ 1618 S. 1, 2 BGB, § 9 Abs. 5 LPartG). In den gemeinsamen Haushalt aufgenommen ist das Kind, wenn beide Ehegatten und das Kind tatsächlich in einer gemeinsamen Wohnung den Mittelpunkt ihrer Lebensführung haben. Dieses Tatbestandsmerkmal, das regelmäßig durch die Vorlage einer Meldebescheinigung nachgewiesen wird, ist von dem Standesbeamten zu prüfen. Liegt diese Voraussetzung nicht vor, ist die Einbenennung unwirksam. Der vorangestellte oder angefügte Name ist Begleitname. In eine Pflegefamilie kann das Kind nicht nach § 1618 BGB einbenannt werden. 13

Die Erteilung, Voranstellung oder Anfügung des Namens bedarf bei gemeinsamer elterlicher Sorge oder in den Fällen, in denen das Kind seinen Namen führt, der **Einwilligung** des **anderen Elternteils**, sowie, wenn das Kind das fünfte Lebensjahr vollendet hat, auch der Einwilligung des Kindes (§ 1618 S. 3 BGB; → Rn. 9). Nach dem Tod des nicht sorgeberechtigten Elternteils ist dessen Einwilligung in die 14

11 BGH 13.11.2019 – XII ZB 118/17, FamRZ 2020, 331.

12 OLG München 12.2.2015 – 31 Wx 7/15, FamRZ 2015, 1039.

13 VGH München 8.1.2019 – 5 ZB 18.1912, FamRZ 2019, 717; OVG Koblenz 6.5.2019 – 7 A 10074/19, NJW-Spezial 2019, 518 Rn. 38.

14 Ausführlich *Leeb/Weber* RPfleger 2013, 241.

Namenserteilung nicht (mehr) erforderlich und muss daher auch nicht gem. § 1618 S. 3 und 4 BGB ersetzt werden.[15]

15 Das Familiengericht kann die **Einwilligung** des anderen Elternteils in die (additive) Einbenennung **ersetzen**, wenn die Erteilung, Voranstellung oder Anfügung des Namens zum Wohl des Kindes erforderlich ist (§ 1618 S. 4 BGB). Die Gerichte nehmen eine Erforderlichkeit nur an, wenn anderenfalls schwerwiegende Nachteile für das Kind zu erwarten wären oder die Einbenennung einen so erheblichen Vorteil für das Kind darstellen würde, dass ein sich verständig um sein Kind sorgender Elternteil auf der Erhaltung des Namensbands nicht bestehen würde.[16] Allerdings kommt eine Einbenennung nach der neueren Rechtsprechung nicht erst dann in Betracht, wenn ohne sie das Wohl des Kindes iSd § 1666 Abs. 1 BGB gefährdet wäre.[17]

16 Bei einer **Adoption** erhält das Kind kraft Gesetzes den **Familiennamen der Annehmenden** bzw. des Annehmenden (§ 1757 Abs. 1 S. 1 BGB). Sofern annehmende Ehegatten keinen Familiennamen führen, bestimmen sie den Geburtsnamen des Kindes vor dem Ausspruch der Annahme durch das Gericht (§ 1757 Abs. 2 BGB). Dem Geburtsnamen qua Adoption kann der bisherige Familienname des Kindes auf Antrag der Annehmenden vorangestellt oder angefügt werden, wenn dies aus schwerwiegenden Gründen für dessen Wohl erforderlich ist (§ 1757 Abs. 3 S. 1 Nr. 2 BGB). Es entsteht dann ein Doppelname.[18]

17 Bei einer **Volljährigenadoption** muss dem Angenommen nach hier vertretener Ansicht von vornherein nicht in jedem Fall der Name der Annehmenden als Geburtsname zugewiesen werden. §§ 1767 Abs. 2, 1757 Abs. 4 BGB ermöglichen es auch, dass der Angenommene allein seinen eigenen, bisher geführten Namen behält, wenn er ein besonderes Interesse am Fortbestand seines bisherigen Namens geltend machen kann, so dass das Interesse an Namenskontinuität das Interesse, die Integration in eine neue Bindung auch namensmäßig zu dokumentieren, deutlich überwiegt. § 1757 Abs. 4 BGB ist, da primär für die Adoption Minderjähriger konzipiert, weit auszulegen.[19] Der BGH holt derzeit eine Entscheidung des BVerfG zu der Frage ein, ob es mit dem Schutz des allgemeinen Persönlichkeitsrechts (Art. 2 Abs. 1 GG iVm Art. 1 Abs. 1 GG) unvereinbar ist, dass es gem. §§ 1767 Abs. 2 S. 1, 1757 BGB bei einer sog. schwachen Volljährigenadoption für einen Angenommenen, der bis zur Annahme als Kind seinen Geburtsnamen als Familiennamen, nicht aber als Ehenamen geführt hat, auch bei Vorliegen besonderer Umstände nicht die Möglichkeit gibt, diesen Geburtsnamen als alleinigen Familiennamen fortzuführen.[20] Der als Folge einer späteren Adoption geänderte Geburtsname tritt auch als Beiname zum Ehenamen zwingend an die Stelle des früheren Geburtsnamens. Will der Angenommene seinen neuen Geburtsnamen nicht als Beinamen zum Ehenamen führen, kann er die Beifügung des Geburtsnamens widerrufen.[21]

18 Erklärungen und Anträge zur Änderung des Geburtsnamens bedürfen grundsätzlich einer **öffentlichen Beglaubigung** (vgl. etwa §§ 1617 a Abs. 2, 1617 c Abs. 1 S. 3, 1618 S. 5 BGB) und sind in der Regel gegenüber dem Standesamt abzugeben bzw. zu stellen (vgl. etwa §§ 1617 b Abs. 2 S. 2, 1617 c Abs. 1 S. 3, 1618 S. 1 BGB).

2. Geburtsnamensänderung nach dem Namensänderungsgesetz

19 Eine Geburtsnamensänderung kann nach dem NamÄndG auf Antrag (§ 1 NamÄndG) erfolgen, wenn ein **wichtiger Grund** für die Änderung vorliegt (§ 3 Abs. 1 NamÄndG). Kein wichtiger Grund ist der faktische

15 OLG Hamm 16.8.2007 – 15 W 107/07, FamRZ 2008, 180.

16 OLG Hamm 29.12.2015 – II-4 UF 178/15, Familienrecht kompakt 2016, 60; zu den Anforderungen bei einer additiven Einbenennung vgl. OLG Brandenburg 24.2.2020 – 9 UF 186/18, FamRZ 2020, 594.

17 So: OLG Brandenburg 23.10.2013 – 13 WF 202/13, FamRZ 2014, 570; OLG Karlsruhe 24.4.2012 – 5 UF 199711, FamRZ 2013, 226; enger: OLG Hamm 28.4.2020 – II-2 WF 14/20, FamRZ 2020, 1918; weiter: OLG Frankfurt a. M. 18.12. 2019 – 1 UF 140/19, FamRZ 2020, 591.

18 OLG Düsseldorf 31.10.2018 – I-3 Wx 40/17, FamRZ 2019, 904.

19 Wie hier OLG Hamm 29.6.2012 – II-2 UF 274/11, FamRZ 2013, 557; aA OLG Stuttgart 28.8.2019 – 15 UF 184/19, NZFam 2019, 888 Rn. 16 unter Zulassung der Rechtsbeschwerde.

20 BGH 13.5.2020 – XII ZB 427/19, FamRZ 2020, 1275.

21 BGH 17.8.2011 – XII ZB 656/10, FamRZ 2011, 1718.

Gebrauch eines anderen Namens – etwa beim Bekanntsein einer Person allein unter ihrem Künstlernamen. Nur nach dem NamÄndG möglich sind auch alle Namensänderungen in Konstellationen, die sich nicht unter § 1618 BGB subsumieren lassen, etwa Fälle der sogenannten Scheidungshalbwaisen, bei denen der den früheren Ehenamen entsprechende Geburtsname des Kindes durch den wiederangenommenen Geburtsnamen des sorgeberechtigten Elternteils ersetzt werden soll.

Ob in den Fällen, in denen das Kind nach einer Trennung oder Scheidung mit einem Elternteil allein oder mit diesem Elternteil und dessen neuen Partner bzw. Partnerin zusammenlebt, ein wichtiger Grund für eine Namensänderung vorliegt, wird von den Verwaltungsgerichten in Anlehnung an die Rechtsprechung zur Zulässigkeit der Ersetzung der Einwilligung eines Elternteils bei einer zivilrechtlichen Einbenennung (§ 1618 BGB) bestimmt (→ Rn. 12).[22] 20

Ein wichtiger Grund für eine öffentlich-rechtliche Namensänderung – zumindest in additiver Form – wird in der Tendenz angenommen, wenn eine Namensungleichheit zum alleinsorgeberechtigten Elternteil und keine Kontakte zum anderen Elternteil bestehen und anzunehmen ist, dass dies auch dauerhaft der Fall sein wird.[23] Das Gleiche gilt dann, wenn ein Kind in Dauerpflege lebt und die Pflegeeltern auch dessen Vormund sind.[24] 21

Den Antrag zur Namensänderung hat bei Minderjährigen deren gesetzlicher Vertreter zu stellen (§ 2 Abs. 1 S. 1 Hs. 1 NamsÄndG). Der Antrag eines Vormunds oder Pflegers bedarf einer Genehmigung des Familiengerichts (§ 2 Abs. 1 S. 1 Hs. 2 NamsÄndG). Dabei darf das Familiengericht das Erteilen einer Genehmigung nur in den Fällen verweigern, in denen eine Namensänderung gesetzlich untersagt ist, hingegen nicht der behördlichen Sachentscheidung vorgreifen.[25] Im Verfahren hat das Gericht das über 16 Jahre alte Kind zu hören (§ 2 Abs. 2 NamsÄndG). Der Antrag ist bei der unteren Verwaltungsbehörde zu stellen, in deren Bezirk der Antragsteller seinen Wohnsitz oder beim Fehlen eines Wohnsitzes seinen Aufenthalt hat (§ 5 Abs. 1 NamsÄndG). 22

22 VGH München 11.3.2019 – 5 ZB 18.408, KommunalPraxis BY 2019, 187.

23 OVG Saarlouis 13.12.2018 – 2 A 867/17, FamRZ 2019, 973.

24 VGH München 21.8.2020 – 5 ZB 19.1233; OVG Schleswig 9.9.2019 – 4 O 25/19, FamRZ 2020, 590; DIJuF JAmt 2019, 318; unter Berücksichtigung der Position der leiblichen Eltern zweifelnd OLG Stuttgart 21.11.2019 – 16 WF 181/19, NZFam 2020, 309.

25 BGH 8.1.2020 – XII ZB 478/17, FamRZ 2020, 585; OLG Stuttgart 21.11.2019 – 16 WF 181/19, NZFam 2020, 309; hingegen Prüfung der Erfolgsaussichten in Verfahren nach § 1628 BGB, also eines Konflikts zwischen Eltern über eine Namensänderung, BGH 9.11.2016 – XII ZB 298/15, FamRZ 2017, 119.

175. Namensbestimmung bei Minderjährigen

Seebach/M. Teubel

I. Allgemeines

1 Das **Namensrecht innerhalb der Familie** hat durch geänderte Lebensverhältnisse innerhalb der letzten Jahrzehnte grundlegende Änderungen erfahren.

Hinsichtlich minderjähriger Kinder ist es den Geburtsnamen betreffend in den §§ 1616 ff. BGB geregelt. Entsprechend der gesetzgeberischen Wertung und dem Grundsatz der **Namenseinheit innerhalb einer Familie** knüpft § 1616 BGB an § 1355 BGB an (→ *Ehename* Rn. 2 ff.).[1] Die Normen der §§ 1616, 1617 BGB sowie § 1617 a Abs. 1 BGB regeln den **Geburtsnamen des Kindes**, die Normen der §§ 1617 a Abs. 2, 1617 b, 1617 c, 1618 BGB die Möglichkeit einer Namensänderung (→ *Namensänderung* Rn. 8 ff.).

2 Eine Namensänderung setzt einen wichtigen Grund voraus.[2] Dies widerspricht weder Art. 6 Abs. 1 GG noch dem elterlichen Sorgerecht.[3] Dem Nachnamen kommt eine Ordnungsfunktion zu, weiterhin sind sicherheitsrechtliche Aspekte zu beachten und sprechen für eine grundsätzliche Beibehaltung des Nachnamens (→ *Namensänderung* Rn. 1).

3 Bei der Bestimmung des **Vornamens** des Kindes ist zu beachten, dass dieser in erster Linie der Individualisierung sowie der Identifizierung dient und eine grundsätzliche Namenskontinuität gilt. Die **Wahl des Vornamens** unterfällt dem Bereich der Personensorge (→ *Personensorge* Rn. 1 ff.). Bei Uneinigkeit der Eltern gilt § 1628 BGB (→ *Meinungsverschiedenheiten der Sorgeberechtigten* Rn. 1 ff.). Das Gericht kann einem Elternteil gem. § 1617 Abs. 2 S. 1 BGB iVm § 1697 a BGB das Bestimmungsrecht übertragen (→ Rn. 29).

II. Namensrechtliche Bestimmungen

1. Verheiratete Eltern

4 Bei miteinander verheirateten Eltern, die einen **gemeinsamen Ehenamen** führen, trägt das Kind als Geburtsnamen den Ehenamen der Eltern, § 1616 BGB. Dies gilt auch bei einem sogenannten **echten Doppelnamen**, den nicht nur ein Ehegatte, sondern beide Ehegatten als Ehenamen führen.[4] Dieser gemeinsame Doppelname wird an das Kind weitergegeben.[5]

5 Bestimmen die Eltern erst **nach der Geburt** des Kindes einen gemeinsamen Ehenamen, so richtet sich der Geburtsname des Kindes nach §§ 1617, 1617 a BGB, wonach sich der Geburtsname des Kindes mit Wirkung für die Zukunft ändert. Ggf. ist eine Einwilligung des Kindes erforderlich.[6] Haben die Eltern bis zur Bestimmung ihres nunmehr gemeinsamen Ehenamens keinen Geburtsnamen für das Kind bestimmt, so erwirbt das Kind den Ehenamen nunmehr rückwirkend als Geburtsnamen.[7]

---

1 NK-BGB/*Czeguhn/Schmitz* § 1616 Rn. 1.
2 NK-BGB/*Czeguhn/Schmitz* Vor §§ 1616 ff. Rn. 3.
3 VGH München 22.7.2010 – 5 ZB 10.406.
4 BVerfG 5.5.2009 – 1 BvR 1155/03, NJW 2009, 1657.
5 NK-BGB/*Czeguhn/Schmitz* § 1616 Rn. 2; NK-BGB/*Czeguhn/Schmitz* § 1617 Rn. 15.
6 NK-BGB/*Czeguhn/Schmitz* § 1617 Rn. 9.
7 NK-BGB/*Czeguhn/Schmitz* § 1616 Rn. 3.

Tragen die sorgeberechtigten, miteinander verheirateten Eltern **keinen gemeinsamen Ehenamen**, so haben sie gem. § 1617 Abs. 1 S. 1 BGB die Möglichkeit, den Familiennamen der Mutter oder den des Vaters als Geburtsnamen des Kindes zu bestimmen.[8] 6

Fehlt ein gemeinsamer Ehename und führt ein Ehegatte einen **unechten Doppelnamen**, § 1355 Abs. 4 S. 1 BGB, so kann nach heute herrschender Ansicht der Begleitname als persönlicher Namenszusatz des Ehegatten auch auf das Kind übergehen.[9] Diese Möglichkeit ergibt sich aus dem Umkehrschluss zu § 1757 Abs. 1 S. 2 BGB, wonach im Rahmen einer Namensänderung bei Adoptionen der Begleitname ausdrücklich ausgeschlossen ist. Dies ist bei § 1617 BGB gerade nicht der Fall; eine derartige Regelung sieht hier das Gesetz nicht vor. Für das Kind entsteht in einem solchen Fall wiederum ein sogenannter **echter Doppelname.**[10] 7

So kann unter Umständen das Kind auch den Namen erhalten, den Lebenspartner als **Lebenspartnerschaftsnamen** gewählt haben.[11] 8

Das Bundesverfassungsgericht hat entschieden, dass der Gesetzgeber mit den §§ 1617, 1617 a BGB die Möglichkeit geschaffen hat, einen bereits aus früher geführtem Ehenamen und Begleitnamen **zusammengesetzten Doppelnamen** eines Elternteils zum Geburtsnamen eines Kindes zu bestimmen.[12] Eine Bildung eines Doppelnamens aus den Namen der Eltern hat das Bundesverfassungsgericht jedoch bislang als nicht zulässig angesehen. Das ursprüngliche Ziel, Doppelnamen als Geburtsnamen zu vermeiden, ist jedoch, wie die bisherigen Ausführungen ergeben, bereits erheblich aufgeweicht.[13] 9

2. Scheidung der Eltern

a) Anhängiges Scheidungsverfahren. Während die Elterneigenschaft der Kindesmutter in der Regel feststeht, kann dies beim Vater zweifelhaft sein. Bei im Zeitpunkt der Geburt bestehender Ehe folgt die rechtliche Vaterschaft aus § 1592 Nr. 1 BGB. Dies gilt auch dann, wenn ein **Scheidungsverfahren bereits anhängig** ist. Grundsätzlich gelten dann die Ausführungen hinsichtlich verheirateter Eltern (→ Rn. 4 ff.). Allenfalls kann eine Namensänderung gem. § 1617 b Abs. 2 BGB analog in Betracht kommen (→ *Namensänderung* Rn. 12).[14] 10

b) Rechtskräftige Scheidung. Wird das gemeinsame Kind erst **nach rechtskräftiger Scheidung** geboren, so greift § 1617 BGB, jedenfalls dann, wenn die gemeinsame elterliche Sorge andauert (→ Rn. 12 ff.). Dies ist in der überwiegenden Anzahl der Scheidungen der Fall. Endet die gemeinsame elterliche Sorge nach der Scheidung, so gilt § 1617 a BGB. Teilweise wird die Meinung vertreten, dass § 1616 BGB auch derartige Fälle erfassen würde.[15] § 1616 BGB trägt dem Grundgedanken des Gesetzgebers hinsichtlich der **Einheitlichkeit eines Familiennamens** Rechnung. Nach der Scheidung jedoch besteht diese Familie gerade nicht mehr. 11

3. Nichtverheiratete Eltern

a) Gemeinsames Sorgerecht. Die Vorschriften der §§ 1616, 1617 a BGB sind stets vor § 1617 BGB zu prüfen. Dies ergibt sich aus der systematischen Stellung sowie aus den gesetzgeberischen Wertungen. § 1617 BGB regelt den Fall, dass zwei sorgeberechtigte Eltern bei Geburt des Kindes **keinen gemeinsamen Ehenamen** führen. 12

8 NK-BGB/*Czeguhn/Schmitz* § 1617 Rn. 1.
9 NK-BGB/*Czeguhn/Schmitz* § 1617 Rn. 17.
10 NK-BGB/*Czeguhn/Schmitz* § 1617 Rn. 17.
11 HK-FamR/*Haibach* LPartG § 9 Rn. 9 ff.
12 BVerfG 5.5.2009 – 1 BvR 1155/03, NJW 2009, 1657.
13 NK-BGB/*Czeguhn/Schmitz* § 1617 Rn. 19.
14 NK-BGB/*Czeguhn/Schmitz* § 1616 Rn. 4.
15 NK-BGB/*Czeguhn/Schmitz* § 1616 Rn. 6 mwN.

13 Gem. § 1617 Abs. 1 S. 1 BGB haben die unverheirateten Eltern die Möglichkeit, entweder den aktuellen Namen der Mutter oder den des Vaters als Geburtsnamen des Kindes zu bestimmen. Wählen die Eltern gem. § 1617 Abs. 1 S. 1 BGB einen Geburtsnamen, so sind sie hinsichtlich weiterer gemeinsamer Kinder an diese getroffene Entscheidung gebunden, § 1617 Abs. 1 S. 3 BGB.

14 Den später geborenen Kindern stehen Kinder gleich, die bereits leben, jedoch noch keinen Namen haben, da zB die Namensbestimmung wirksam angefochten wurde. Grundsätzlich haben die Eltern mit Ausübung ihres Wahlrechts dieses auch hinsichtlich etwaiger weiterer Kinder erschöpft. Es gilt der Grundsatz der **geschwisterlichen Namensgleichheit**. Tragen jedoch mindestens zwei Geschwister bereits unterschiedliche Namen, so gilt dieser Grundsatz nicht mehr.[16] Die Möglichkeit, dem Kind einen aus den Namen der Eltern zusammengesetzten Geburtsnamen zu bestimmen, haben die Eltern gerade nicht (→ Rn. 9).

15 **b) Alleinsorge.** Der **allein sorgeberechtigte Elternteil** kann gem. § 1617 a BGB dem Kind grundsätzlich auch den Familiennamen erteilen, den der andere – nicht sorgeberechtigte – Elternteil aktuell führt.[17] Soll das Kind den **Namen des nicht sorgeberechtigten Elternteils** gem. § 1617 a BGB erhalten, sind entsprechende Erklärungen beider Eltern erforderlich. Ferner ist auch eine Einwilligung des Kindes erforderlich, wenn dieses das fünfte Lebensjahr vollendet hat.

16 Bei den entsprechenden Erklärungen handelt es sich um **höchstpersönliche Rechtsgeschäfte**. Mit dem Tod des nicht sorgeberechtigten Elternteils ist eine Übertragung seines Namens auf das Kind daher nicht mehr möglich.

17 Auch **vor der Geburt des Kindes** ist die Abgabe entsprechender Erklärungen (→ *Sorgeerklärung* Rn. 1 ff.) durch die Eltern möglich, so dass das Kind den Namen mit der Geburt erwirbt.[18]

18 § 1617 a BGB ist zugeschnitten auf die im Regelfall **allein sorgeberechtigte Kindesmutter**. An dieser Regelung hat der Gesetzgeber auch bei der Reform der elterlichen Sorge nicht miteinander verheirateter Eltern (→ *Elterliches Sorgerecht* Rn. 16) nichts geändert. Es gilt daher zu beachten, dass nicht jeder Sorgerechtswechsel zu einem Namenswechsel führen kann. Es gilt der **Vorrang der Namenskontinuität**, der Name knüpft gerade nicht an das Sorgerecht an.

19 **c) Nachträgliche gemeinsame elterliche Sorge.** Gem. § 1617 b Abs. 1 BGB haben Eltern nach **Heirat** oder durch **Abgabe von Sorgeerklärungen** die Wahlmöglichkeit, die sie nach § 1617 BGB gehabt hätten, wenn die gemeinsame Sorge bereits zum Zeitpunkt der Geburt bestanden hätte. Es gilt hinsichtlich einer Neubestimmung des Namens eine sogenannte **Ausschlussfrist von drei Monaten** ab Begründung der gemeinsamen Sorge.[19] Erwerben die Eltern nach Heirat einen gemeinsamen Ehenamen, so gilt § 1617 c BGB.

20 § 1617 b Abs. 2 BGB ermöglicht eine Namensänderung bei erfolgreicher **Anfechtung einer Vaterschaft**, für den Fall, dass das Kind den Namen des Scheinvaters erhalten hat.[20]

21 Bei **nachträglichen Namensänderungen** sind die Erklärungen beider Eltern erforderlich (→ *Namensänderung* Rn. 14). Das Kind, das das fünfte Lebensjahr vollendet hat, muss sich der Namensänderung jedoch anschließen gem. § 1617 b Abs. 1 S. 3 und 4 BGB.[21]

22 Dogmatisch gesehen handelt es sich um die **Nachholung der Namensbestimmung** aus § 1617 BGB. Haben die Eltern das Namensbestimmungsrecht bereits ausgeschöpft, evtl. durch Namensbestimmung für ein anderes gemeinsames Kind, so besteht das Recht zur Namensänderung nicht mehr.[22]

16 NK-BGB/*Czeguhn/Schmitz* § 1617 Rn. 2 f.
17 Palandt/*Götz* BGB § 1617 a Rn. 6 ff.
18 NK-BGB/*Czeguhn/Schmitz* § 1617 a Rn. 4.
19 NK-BGB/*Czeguhn/Schmitz* § 1617 b Rn. 4.
20 HK-FamR/*Pauling/Tanto* BGB § 1617 b Rn. 3.
21 NK-BGB/*Czeguhn/Schmitz* § 1617 b Rn. 3.
22 BGH 13.11.2019 – XII ZB 118/17, NJW 2020, 470.

4. „Stiefeltern"-Familie

Bei der Integration eines Kindes in eine neue **Stieffamilie** kann eine Anpassung des Namens erforderlich sein, sog. Einbenennung, § 1618 BGB. Stimmt der andere Elternteil nicht zu, kann dessen Einwilligung nach § 1618 S. 4 BGB ersetzt werden. Dabei ist eine umfassende Abwägung der Interessen der Beteiligten vorzunehmen. Erforderlich ist eine konkrete Kindeswohlgefährdung (→ *Kindeswohlgefährdung* Rn. 8 ff.), die eine **Einbenennung des Kindes** unerlässlich macht.[23] 23

5. Pflegefamilie

Eine ähnliche Problematik ergibt sich bei dem Aufenthalt eines Kindes in einer **Dauerpflegefamilie** bei nicht zu erwartender Rückführung des Kindes (→ *Pflegefamilie* Rn. 3). Es gilt das NamÄndG, wonach hinsichtlich einer Namensänderung grundsätzlich ein wichtiger Grund erforderlich ist (→ *Namensänderung* Rn. 19).[24] 24

6. Adoption

Hinsichtlich des Namens des **angenommenen Kindes** gilt § 1757 Abs. 2 S. 2 BGB.[25] 25

7. Auslandsberührung

Bei Geburtsnamen eines Kindes mit **Auslandsberührung** gilt Art. 10 Abs. 3 EGBGB, so dass grundsätzlich die Wahl besteht zwischen dem Namensrecht verschiedener Nationen. Hierbei hat die Ausübung des bestehenden Wahlrechts **einheitlich für alle Kinder** des Elternpaares zu erfolgen.[26] 26

III. Verfahren

Grundsätzlich richtet sich die örtliche Zuständigkeit des Gerichts nach dem **Wohnsitz des Kindes**. Bei mehreren Wohnsitzen kann sich daher eine **Doppelzuständigkeit** ergeben.[27] 27

Geht es um eine Namensänderung betreffend eine **Pflegefamilie**, so sind am Verfahren die leiblichen Eltern sowie die Pflegeeltern zu beteiligen, das Jugendamt gibt eine Stellungnahme ab. Liegt das Sorgerecht bei den Eltern, so ist dem Kind im Verfahren ein **Ergänzungspfleger** zu bestellen (→ *Namensänderung* Rn. 22). 28

Bei **Uneinigkeit** hinsichtlich des Namens des Kindes gilt § 1617 Abs. 2 S. 1 BGB iVm § 1697 a BGB und verdrängt insoweit die §§ 1628, 1666 BGB.[28] 29

23 BGH 10.3.2005 – XII ZB 153/03, NJW 2005, 1779 (1780).
24 OVG Münster 31.8.2010 – 16 A 3226/08.
25 HK-FamR/*Pauling/Tanto* BGB § 1617 Rn. 4.
26 NK-BGB/*Czeguhn/Schmitz* Vor §§ 1616 ff. Rn. 4.
27 NK-BGB/*Czeguhn/Schmitz* § 1617 Rn. 13.
28 NK-BGB/*Czeguhn/Schmitz* § 1617 Rn. 12.

176. Nichteheliche Lebensgemeinschaft

Gurk

I. Einführung

1 Wenngleich die nichteheliche Lebensgemeinschaft begrifflich in verschiedenen Gesetzen Erwähnung findet, fehlt es gleichwohl an einer **gesetzlichen Definition.**

Die Rechtsprechung definierte sie als die Lebensgemeinschaft eines Mannes und einer Frau, die auf Dauer angelegt ist, daneben keine weitere Lebensgemeinschaft gleicher Art zulässt und sich durch innere Bindungen auszeichnet, die ein gegenseitiges Einstehen der Partner füreinander begründen, also über die Beziehungen in einer reinen Haushalts- und Wirtschaftsgemeinschaft hinausgehen.[1]

Der Gesetzgeber hat durch das Gesetz zur Umsetzung des Gesetzes zur Einführung des Rechts auf Eheschließung für Personen gleichen Geschlechts vom 18.12.2018 gleichgeschlechtliche Partnerschaften der unmittelbaren und vollumfänglichen Anwendung des Rechts der Eheschließung unterstellt. Unabhängig vom Geschlecht können danach Paare nach dem 30.9.2017 lediglich eine Ehe miteinander eingehen. Verschiedengeschlechtliche und gleichgeschlechtliche Ehe wurden somit gleichgestellt, die eingetragene Lebenspartnerschaft abgeschafft (im Einzelnen → *Eingetragene Lebenspartnerschaft* Rn. 5 ff.).

1 BVerfG 2.9.2004 – 1 BvR 1962/04, FamRZ 2004, 1950.

Auch für Ansprüche zwischen Partnern aus nichtehelichen Lebensgemeinschaften gibt es insoweit keinen Grund (mehr), zwischen verschiedengeschlechtlichen und gleichgeschlechtlichen Lebensgemeinschaften zu unterscheiden.[2]

Gleichgeschlechtliche Partnerschaften sind heute rechtlich folglich nicht anders zu behandeln als verschiedengeschlechtliche Zweierbeziehungen. Grundlage bleibt indes das Bestehen einer **Verantwortungs- und Einstehensgemeinschaft.**[3] Für die nunmehr überholte Begriffsdefinition der Obergerichte und des Bundesverfassungsgerichts wird an dieser Stelle auf die Vorauflage Bezug genommen.

II. Unterhaltsansprüche nichtehelicher Partner

1. Innerhalb bestehender Lebensgemeinschaft

Unterhaltsansprüche zwischen Partnern einer nichtehelichen Lebensgemeinschaft bestehen nicht, solange die Beziehung andauert. § 1361 bzw. § 1569 ff. BGB kommen weder unmittelbar noch analog zur Anwendung. Gleiches gilt für die in § 1360 a Abs. 4 BGB geregelte Verfahrens-/Prozesskostenvorschusspflicht. 2

2. Nach Scheitern der Lebensgemeinschaft

a) Gesetzliche Unterhaltsansprüche. Ein gesetzlich geregelter Unterhaltsanspruch findet sich lediglich in **§ 1615 l BGB**. Dort geregelt ist der Anspruch der nicht verheirateten Mutter gegen den Erzeuger ihres nichtehelichen Kindes. Innerhalb eines Zeitraumes von **vier Monaten vor der Geburt bis zu mindestens drei Jahren nach der Geburt** besteht demgemäß eine Unterhaltsverpflichtung des nichtehelichen Vaters gegenüber der Mutter. 3

Ein darüber hinaus gehender Unterhaltsanspruch besteht dann, wenn ein solcher der Billigkeit entspricht (§ 1615 l Abs. 2 S. 4 BGB). Zu den Voraussetzungen → *Unterhaltsanspruch des nichtehelichen Elternteils* Rn. 4 ff. 4

b) Vertragliche Unterhaltsansprüche. Losgelöst vom Bestehen bzw. Nichtbestehen gesetzlicher Unterhaltstatbestände können die Partner einer nichtehelichen Lebensgemeinschaft Unterhaltspflichten auf vertraglicher Basis begründen. Eine **ausdrücklich hierzu getroffene Vereinbarung** ist zulässig und wirksam. Erst dann, wenn durch die Vereinbarung die Auflösung der Gemeinschaft verhindert oder über die Maßen erschwert wird, kommt eine **Unwirksamkeit** in Betracht.[4] Beispielhaft sei die vertragliche Vereinbarung einer Vertragsstrafe erwähnt. 5

Zu denken ist daneben an eine mögliche **Sittenwidrigkeit** einer zwischen den Partnern getroffenen Unterhaltsvereinbarung. Hierfür reicht es nach der Rechtsprechung jedoch nicht aus, dass Angehörige durch die Vereinbarung benachteiligt werden. Einzelne sittenwidrige Regelungen in einer vertraglichen Unterhaltsvereinbarung können dagegen zur vollständigen Unwirksamkeit führen.

Folgt aus der Vereinbarung **keine darüber hinaus gehende besondere Belastung** des Angehörigen und/oder kommen **keine weiteren besonders verwerflichen Motive** für die getroffene Vereinbarung hinzu, scheidet eine Nichtigkeit gem. § 138 Abs. 1 BGB aus.[5]

Die **Grenze zur Sittenwidrigkeit** einer vertraglichen Unterhaltsvereinbarung zwischen den Partnern einer nichtehelichen Lebensgemeinschaft ist nach der Rechtsprechung selbst dann nicht überschritten, wenn einer oder beide Partner mit Dritten verheiratet sind. Voraussetzung für die Wirksamkeit ist allein, dass sich die Partner in einer auf Dauer angelegten und von innerer Bindung getragenen Beziehung befinden und 6

---

2 Vgl. bspw. BGH 11.7.2018 – XII ZR 108/17, FamRZ 2018, 1517.
3 So auch *Schulz/Hauß* Vermögensauseinandersetzung Kap. 10 Rn. 2155.
4 *Schreiber* FPR 2010, 387.
5 Vgl. BayObLG 24.7.2001 – 1 Z BR 20/01, FamRZ 2002, 915 (917) zum „Geliebten-Testament".

Ehegatten oder sonstige nahe Familienangehörige durch die Vereinbarung nicht erheblich wirtschaftlich getroffen werden.[6]

7 **Hinweis**: Zur Vermeidung von Streitigkeiten während bestehender und nach beendeter nichtehelicher Lebensgemeinschaft sollten Höhe und Dauer der Zahlungsverpflichtung, Abänderungsvoraussetzungen und -möglichkeiten und die Beweggründe für die getroffene Vereinbarung auf jeden Fall im Vertrag geregelt sein.

8 Grundsätzlich denkbar ist auch eine **konkludent getroffene Vereinbarung** zur Leistung von Unterhalt über den Bestand der Beziehung hinaus. In vielen Beziehungen findet sich, wie auch bei Ehen, eine Ausgestaltung des Zusammenlebens in der Form, dass einer der Partner den Haushalt führt und lediglich der andere einer Erwerbstätigkeit nachgeht und dadurch den Lebensunterhalt finanziert. Gleichwohl kommt eine konkludent geschlossene Unterhaltsvereinbarung nach der **Rechtsprechung** auch und gerade in diesen Fällen nur ausnahmsweise in Betracht. Die nichteheliche Lebensgemeinschaft ist gerade davon geprägt, dass sie jederzeit beendet werden kann. Das Vertrauen auf deren Fortbestand, welches die Grundlage einer konkludent getroffenen Unterhaltsvereinbarung sein müsste, ist gerade nicht schützenswert.[7]

9 In der **Literatur** findet sich hierzu erhebliche Kritik verbunden mit der Forderung, in Fällen einer nachhaltigen Erwerbseinbuße aufgrund gemeinschaftlicher Lebensplanung aus Gründen des Vertrauensschutzes einen zeitlich und der Höhe nach begrenzten Unterhaltsanspruch zu gewähren.[8]

10 In **formaler Hinsicht** ist § 761 BGB zu beachten, die Vereinbarung also schriftlich zu fixieren. Zwar handelt es sich bei der vertraglichen Verpflichtung zur Zahlung von Unterhalt an den Lebensgefährten begrifflich nicht um ein Leibrentenversprechen in engeren Sinn. Für Unterhaltsansprüche zwischen den Partnern einer nichtehelichen Lebensgemeinschaft fehlt – abgesehen von § 1615 l BGB, der jedoch das Bestehen der Lebensgemeinschaft nicht zur Voraussetzung hat – eine gesetzliche Grundlage. Die §§ 759 ff. BGB finden daher (analoge) Anwendung.

Eine **notarielle Beurkundung** ist nicht erforderlich. Eine solche wäre nur dann erforderlich, wenn das Versprechen zur Unterhaltsgewährung als Schenkung iSd § 518 Abs. 1 BGB zu qualifizieren wäre, was nach der Rechtsprechung im Rahmen nichtehelicher Lebensgemeinschaften selbst dann nicht in Betracht kommt, wenn die Verfügung ohne direkte vermögenswerte Gegenleistung erfolgt.[9] Nicht zuletzt unter dem Gesichtspunkt der Zwangsvollstreckung empfiehlt sich in der Praxis die notarielle Beurkundung.

III. Gemeinsame Kinder

1. Sorgerecht

11 § 1626 a Abs. 2 BGB aF enthielt bis zum 19.5.2013 die gesetzlich normierte Vorgabe, dass der nicht verheirateten Mutter die elterliche Sorge für gemeinsame Kinder allein zusteht. Die Begründung der gemeinsamen elterlichen Sorge war gem. § 1626 a Abs. 1 Nr. 1 BGB zwangsläufig von der Zustimmung der Kindsmutter abhängig, es sei denn, die Eltern heirateten einander (§ 1626 a Abs. 1 Nr. 2 BGB). Die Übertragung der alleinigen elterlichen Sorge, die gem. § 1626 a Abs. 2 BGB aF der Mutter zusteht, war gem. § 1672 Abs. 1 S. 1 BGB aF ebenfalls nur mit Zustimmung der Kindsmutter möglich.

Durch Beschluss des Bundesverfassungsgerichts vom 21.7.2010[10] wurde sowohl § 1626 a Abs. 1 Nr. 1 BGB als auch § 1672 Abs. 1 BGB wegen Verstoßes gegen Art. 6 Abs. 2 GG für verfassungswidrig erklärt. Zum 19.5.2013 ist das Gesetz zur Reform der elterlichen Sorge nicht miteinander verheirateter Eltern in Kraft getreten. Seitdem besteht für unverheiratete Väter die Möglichkeit, auch ohne Zustimmung der Mutter durch Beschluss des Familiengerichtes die gemeinsame elterliche Sorge zu erhalten (§ 1626 a Abs. 1

6 So OLG Hamm 20.4.1999 – 29 U 186/98, FamRZ 2000, 95 (96).
7 Vgl. FA-FamR-HdB/*Weinreich* Kap. 11 Rn. 34.
8 *Schreiber* FPR 2010, 387; vgl. auch *Schumacher* FamRZ 1994, 857 (861).
9 Vgl. OLG Köln 22.11.2000 – 11 U 84/00, FamRZ 2001, 1608 (1609) mwN.
10 BVerfG 21.7.2010 – 1 BvR 420/09, FPR 2010, 465 = NJW 2010, 3008.

Nr. 3 iVm Abs. 2 BGB). § 1672 BGB wurde aufgehoben (zu den Einzelheiten → *Elterliches Sorgerecht* Rn. 15 ff.).

2. Umgangsrecht

Die gesetzliche Regelung des Umgangsrechtes im Verhältnis Eltern/Kind, die sich in § 1684 BGB findet, 12
unterscheidet ausdrücklich nicht danach, ob die Eltern miteinander verheiratet sind bzw. wer die elterliche Sorge innehat. Das Umgangsrecht zwischen Kindern und nicht miteinander verheirateten Eltern untersteht daher den allgemeinen Grundsätzen (im Einzelnen → *Umgangsrecht* Rn. 5 ff.).

3. Erbrechtliche Stellung nichtehelicher Kinder

Mit seinem Beschluss vom 29.1.1969[11] erteilte das Bundesverfassungsgericht dem Gesetzgeber den kla- 13
ren und eindeutigen Auftrag, das bis dahin geltende „**Unehelichenrecht**" zu reformieren. Bis zu dieser Entscheidung galten nichteheliche Kinder und deren Väter nach dem Gesetz nicht als verwandt, was in eklatantem Widerspruch zu Art. 6 Abs. 5 GG stand, der den Gesetzgeber dazu verpflichtet, die unehelichen den ehelichen Kindern gleichzustellen. Am 19.8.1969 trat daraufhin das „**Gesetz über die rechtliche Stellung der nichtehelichen Kinder** (**NEhelG**)" in Kraft, mit dem den nichtehelichen Kindern ein Erb- und Pflichtteilsrecht zuerkannt wurde.

Ausgenommen von dieser Regelung waren allerdings **Kinder, die vor dem 1.7.1949 geboren** waren. 14
Hintergrund war, dass diese Kinder zum Zeitpunkt des Inkrafttretens des NEhelG bereits mindestens 21 Jahre alt, nach damaligem Recht also volljährig waren und der Gesetzgeber davon ausging, dass spätestens ab diesem Zeitpunkt die Beziehung zwischen nichtehelichem Kind und Vater bzw. väterlicher Familie, die ohnehin als schwach angesehen wurde, quasi beendet sein würde. Diese Kinder hatten nach der Vorstellung des Gesetzgebers regelmäßig ihr Leben bereits selbst in die Hand genommen und auf ein selbst erarbeitetes Fundament gestellt, weshalb die **rechtliche Konstruktion eines verwandtschafts- bzw. erbrechtlichen Verhältnisses** nicht mehr erforderlich war.

Im Zuge der Wiedervereinigung wurde es dann erforderlich, die Stichtagsregelung zu überdenken, nach- 15
dem in der **ehemaligen DDR** die nichtehelichen Kinder den ehelichen Kindern bereits lange zuvor erbrechtlich vollumfänglich gleichgestellt worden waren. Gleichwohl entschied man sich nicht dazu, die für das Gebiet der Bundesrepublik geltende Stichtagsregelung aufzugeben. Vielmehr wurde durch den Einigungsvertrag nichtehelichen Kindern, deren Väter vor dem 2.10.1990 ihren gewöhnlichen Aufenthalt in der DDR hatten, ihr vollumfängliches Erbrecht erhalten, egal, ob sie vor oder nach dem 1.7.1949 geboren waren.

Beanstandet wurde die Stichtagsregelung in neuerer Zeit allerdings durch den **Europäischen Gerichtshof** 16
für Menschenrechte. In seiner Entscheidung vom 28.5.2009 heißt es, dass Art. 12 § 10 Abs. 2 S. 1 NEhelG, der ein vor dem 1.7.1949 geborenes nichteheliches Kind von jeglicher gesetzlicher Erbfolge nach dem Vater ausschließt, ohne dafür einen finanziellen Ausgleich zu gewähren, Art. 14 iVm Art. 8 EMRK verletzt.[12] Diese Entscheidung wurde vom Gesetzgeber zum Anlass genommen, die erbrechtliche Stellung eines vor dem 1.7.1949 geborenen, nichtehelichen Kindes zu überdenken.

Rückwirkend zum 29.5.2009 trat im April 2011 das „Zweite Gesetz zur erbrechtlichen Gleichstellung 17
nichtehelicher Kinder" in Kraft. Insbesondere die gesetzliche Regelung des Art. 12 § 10 NEhelG wurde dahin gehend reformiert, dass die bisher in Art. 12 § 10 Abs. 2 S. 1 NEhelG aF vorgenommene **Differenzierung zwischen vor und nach dem 1.7.1949 geborenen nichtehelichen Kindern** für die ab dem 29.5.2009 eintretenden bzw. eingetretenen Erbfälle **nicht mehr besteht**.

In den Fällen vor dem 29.5.2009, in denen dem nichtehelichen Kind ein gesetzliches Erbrecht mangels gesetzlicher Regelung bzw. Rückwirkung nicht zusteht, jedoch dem Bund oder einem Land gem. § 1936

11 BVerfG 29.1.1969 – 1 BvR 26/66, BVerfGE 25, 167.
12 EGMR 28.5.2009 – 3545/04, FamRZ 2009, 1293.

BGB der Nachlass zugefallen war, wird dem Kind durch Art. 12 § 10 Abs. 2 S. 1 NEhelG nF ein **Wertersatzanspruch** zuerkannt. In den Erbfällen, in denen vor dem 29.5.2009 den vor dem 1.7.1949 geborenen nichtehelichen Kindern mangels gesetzlicher Regelung bzw. Rückwirkung kein gesetzliches Erbrecht zustand und der Nachlass auch nicht dem Bund oder einem Land zugefallen ist, ergibt sich jedoch keine Änderung. Für diese Kinder ist durch das Zweite Gesetz zur erbrechtlichen Gleichstellung nichtehelicher Kinder weder ein Erbrecht noch ein irgendwie gearteter Wertersatzanspruch geschaffen worden.

Die hiergegen eingelegten **Verfassungsbeschwerden** zweier nichtehelicher, vor dem 1.7.1949 geborener Kinder von im Jahre 2006 bzw. 2007 verstorbener Erblasser, die mit der Geltendmachung von Erb- bzw. Pflichtteilsansprüchen in allen Instanzen gescheitert waren, wurden durch Beschluss des Bundesverfassungsgerichts vom 18.3.2013 nicht zur Entscheidung angenommen.[13] Die Regelung ist damit **verfassungskonform**.

4. Stiefkindadoption

18 Nach den allgemeinen Regeln des Adoptionsrechts (§ 1741 Abs. 2 BGB) war eine zur gemeinsamen Elternschaft führende Adoption eines Stiefkindes nur möglich, wenn der Stiefelternteil mit dem rechtlichen Elternteil verheiratet ist. Dies schloss eine Stiefkindadoption in nichtehelichen Lebensgemeinschaften faktisch aus, weil mit der Annahme eines Kindes des rechtlichen Elternteils gem. §§ 1754 Abs. 2, 1755 BGB kraft Gesetzes das Verwandtschaftsverhältnis zum rechtlichen Elternteil erlöschen würde.

Nachdem bereits der EGMR in mehreren Entscheidungen ähnliche Regelungen in benachbarten Staaten für europakonventionswidrig erklärt hatte, hat auch das Bundesverfassungsgericht[14] diese Konsequenz als Verstoß gegen den Gleichheitsgrundsatz beanstandet.

18a Als Reaktion hierauf fügte der Gesetzgeber mit Wirkung vom 31.3.2020 **§ 1766 a BGB** in das Gesetz ein.[15]

Nach dieser Norm werden Paare, die in einer verfestigten Lebensgemeinschaft leben, mit einer Generalverweisung Ehepaaren in Bezug auf die Stiefkindadoption gleichgestellt.

Die Anforderungen an eine **verfestigte Lebensgemeinschaft** finden sich in zwei Regelbeispielen:

- Eheähnliches Zusammenleben seit mindestens vier Jahren
- Eheähnliches Zusammenleben mit einem gemeinschaftlichen Kind.

Die in § 1766 a Abs. 2 S. 2 Abs. 3 BGB geschaffene Möglichkeit der Annahme des Kindes eines nichtehelichen Lebenspartners durch den anderen, zum Zeitpunkt der Annahme noch anderweitig verheirateten Lebenspartner, war im ursprünglichen Gesetzentwurf[16] nicht vorgesehen gewesen. Sie wurde in den Bundestagsberatungen eingeführt, weil Konstellationen denkbar seien, in denen unter Kindeswohlgesichtspunkten eine Adoption nicht von vornherein am Bestehen eines nur noch formal vorhandenen Ehebandes scheitern sollte.

Voraussetzung für einen Ausnahmefall werde in jedem Fall ein dauerhaftes Getrenntleben der Ehegatten sein. Darüber hinaus müssten – nach der Begründung des Gesetzgebers[17] – besondere Umstände hinzukommen.

Eine Adoption bei bestehender Ehe mit einem Dritten werde insbesondere dann in Betracht kommen, wenn sich die Verwehrung der Adoption aufgrund des nur noch formal bestehenden Ehebandes mit Blick auf das Kindeswohl bei Abwägung aller Umstände als unvertretbar darstelle.

13 BVerfG 18.3.2013 – 1 BvR 2436/11, 1 BvR 3155/11.
14 BVerfG 26.3.2019 – 1 BvR 673/17, NJW 2019, 1793.
15 Ausführliche Darstellungen der Neuregelung zB *Helms* FamRZ 2020, 645; *Teklote* NZFam 2020, 409.
16 BT-Drs. 19/15618.
17 BT-Drs. 19/17154, 8.

IV. Rückgewähr von Leistungen bei Scheitern der Lebensgemeinschaft

1. Rechtsprechungsübersicht

Die Rechtsprechung des Bundesgerichtshofs hat in den vergangenen Jahren grundlegende Änderungen zu der Frage erfahren, unter welchen Voraussetzungen und in welchem Umfang Ausgleichsansprüche zwischen Partnern einer gescheiterten nichtehelichen Lebensgemeinschaft bestehen. 19

Zur Rechtslage vor dem 9.7.2008 kann an dieser Stelle auf die Vorauflage verwiesen werden.

Mit seinen beiden Entscheidungen vom 9.7.2008[18] hat der zwölfte Senat dem Bedürfnis Rechnung getragen, Ausgleichsansprüche zuzulassen, die nicht auf gesellschaftsrechtlichen Normen beruhen, und seine **bisherige Rechtsprechung grundlegend neu geregelt**. 20

Der Bundesgerichtshof hat erkannt, dass die Begründung einer nichtehelichen Lebensgemeinschaft durchaus auf eine **Entscheidung der Partner gegen die Rechtsform der Ehe** mit all deren rechtlichen Konsequenzen schließen lässt. Dieses lässt jedoch nicht zwangsläufig den weiteren Schluss zu, man habe sich damit auch der Möglichkeit begeben wollen, **Konflikte nach festen Rechtsregeln austragen zu können**.[19] 21

Wie in einer Ehe stehen bei bestehenden nichtehelichen Lebensgemeinschaften die persönlichen Beziehungen im Vordergrund und bestimmen das **vermögensbezogene Handeln** der Partner, ohne dass daraus hinsichtlich überobligationsmäßiger Leistungen auf das Fehlen einer Rechtsgemeinschaft geschlossen würde. Wie auch bei ehebezogenen Zuwendungen können gemeinschaftsbezogene Zuwendungen nach der Trennung zu **Ausgleichsansprüchen** nach den Grundsätzen über den Wegfall der Geschäftsgrundlage führen.[20] Zudem vermag auch das Argument, der die Zuwendung erbringende Partner einer nichtehelichen Lebensgemeinschaft habe deren **Scheitern bewusst in Kauf genommen**, mithin nicht auf deren Bestand vertrauen dürfen, nicht länger zu überzeugen. Jeder der Partner weiß zwar, dass die Lebensgemeinschaft jederzeit beendet werden kann. Seiner Zuwendung wird aber regelmäßig die **Erwartung** zugrunde liegen, dass die Gemeinschaft von Bestand sein werde. Soweit er hierauf tatsächlich und für den Empfänger der Leistung erkennbar vertraut hat, ist dieses schutzwürdig. 22

Dass nur das Vertrauen von Ehegatten in die lebenslange Dauer ihrer Verbindung rechtlich geschützt ist (§ 1353 Abs. 1 S. 1 BGB), vermag mit Blick auf die **hohe Scheidungsquote** eine unterschiedliche Behandlung nicht überzeugend zu begründen.[21]

Deshalb sind nach der Rechtsprechung des XII. Senates des Bundesgerichtshofs seit dem 9.7.2008 Ansprüche, die nach allgemeinen Regeln begründet sind, nicht mit der Begründung zu versagen, dass die Partner nicht miteinander verheiratet sind bzw. waren. Mit seiner Entscheidung vom 6.7.2011[22] sowie seinen neueren Entscheidungen seitdem hat der Bundesgerichtshof diese Rechtsprechung sowohl fortgesetzt als auch weiter verfeinert. 23

2. Ausgleichsansprüche bei Zuwendungen und Arbeitsleistungen

Die neuere Rechtsprechung des Bundesgerichtshofs führt nicht dazu, dass **sämtliche Leistungen** zwischen Partnern einer nichtehelichen Lebensgemeinschaft bei deren Scheitern auszugleichen sind bzw. ausgeglichen werden können. Vielmehr soll ein Ausgleich nur in **Ausnahmefällen** verlangt werden können. 24

Es bleibt also dabei, dass, wie schon nach der früheren Rechtsprechung, die Leistungen, die im Rahmen der **Haushalts- und Lebensführung** erbracht werden und dadurch das Zusammenleben in der gewollten Art erst ermöglichen, einem grundsätzlichen **Abrechnungs- und Verrechnungsverbot** unterfallen. 25

18 BGH 9.7.2008 – XII ZR 179/05, FPR 2008, 519; 9.7.2008 – XII ZR 39/06, FamRZ 2008, 1828.
19 Soergel/*Lange*, 12. Aufl., NEhelG Rn. 6.
20 Vgl. *Hausmann/Hohloch* Nichtehel. Lebensgemeinschaft-HdB Kap. 4 Rn. 4.
21 BGH 9.7.2008 – XII ZR 179/05, FPR 2008, 519; 9.7.2008 – XII ZR 39/06, FamRZ 2008, 1828.
22 BGH 6.7.2011 – XII ZR 190/08, NJW 2011, 2880.

26 Solche Leistungen werden regelmäßig in dem Bewusstsein erbracht, dass jeder Partner nach seinen Möglichkeiten zur Gemeinschaft beizutragen hat, weshalb sie **nicht schutzwürdig** sind.[23]

27 **a) Abgrenzung zu Schenkungen.** Mit seiner Rechtsprechung nach dem 9.7.2008 hat der Familiensenat des Bundesgerichtshofs den Begriff der **gemeinschaftsbezogenen Zuwendung** und der **gemeinschaftsbezogenen Arbeitsleistung** geprägt.

28 Die Begriffe gehen zurück auf die Definition der **ehebedingten Zuwendung** unter Ehegatten, der nach der Rechtsprechung des Bundesgerichtshofs die Vorstellung oder Erwartung des zuwendenden Ehegatten in den Bestand der Ehe zugrunde liegt oder die als Beitrag zur Verwirklichung oder Ausgestaltung der ehelichen Lebensgemeinschaft erbracht wird und darin ihre Geschäftsgrundlage hat.[24] Diese Differenzierung kann und soll auf Zuwendungen zwischen den Partnern einer nichtehelichen Gemeinschaft übertragen werden.[25]

29 Der **Begriff der Zuwendung** entstammt dem **Schenkungsrecht**, dort dem § 516 Abs. 1 BGB. Definiert wird die Zuwendung demnach als Hingabe eines Vermögensgegenstandes an eine andere Person, wobei es zu einer Verminderung von Vermögenssubstanz beim Zuwendenden und einer objektiv messbaren und dauerhaften Vermögensmehrung beim Beschenkten kommen muss.

30 Zuwendender und Beschenkter müssen darüber einig sein, dass die Zuwendung **unentgeltlich** sein soll.[26]

31 Dem Merkmal der Unentgeltlichkeit widerspricht es jedoch, wenn die Zuwendung in **Abhängigkeit zum Bestand der nichtehelichen Lebensgemeinschaft** steht. Nach der Rechtsprechung des Bundesgerichtshofs zu Schenkungen unter Ehegatten, die auf die nichteheliche Lebensgemeinschaft übertragbar ist, fehlt es an einer für die Bejahung einer Schenkung erforderlichen **echten Freigiebigkeit**, wenn die Übertragung von Vermögenssubstanz an weitergehende Erwartungen geknüpft wird.[27] Gemeinschaftsbezogene Zuwendungen sind daher – ebenso wie ehebedingte Zuwendungen – **keine Schenkungen**.

32 Sollte die Zuwendung oder die Erbringung von Arbeitsleistung tatsächlich die vorstehenden Merkmale aufweisen und damit schenkweise erfolgt sein, kommt ein Ausgleich lediglich über einen **Schenkungswiderruf** nach § 530 BGB in Betracht.

33 **b) Abgrenzung ausgleichsfähige/nicht ausgleichsfähige Leistungen. aa) Gemeinschaftsbezogene Zuwendungen.** Liegt demnach keine echte Schenkung vor, folgt daraus noch nicht, dass die Zuwendung automatisch einem Ausgleichsanspruch unterliegt. Ein Ausgleichsanspruch kommt vielmehr nur dann in Betracht, wenn die **Leistung deutlich über das hinausgeht, was die Gemeinschaft Tag für Tag benötigt.**[28] Sie muss über das hinausgehen, was zur Verwirklichung der nichtehelichen Lebensgemeinschaft erforderlich ist.

34 Damit kommt ein Ausgleichsanspruch nicht in Betracht für Leistungen, die schlicht der gemeinsamen Lebensführung dienen. Hierzu gehört bspw. die Entrichtung der **Miete für die gemeinsame Wohnung**.[29]

35 Auch die Erfüllung der **laufenden Unterhaltsbedürfnisse** zählt zu den nicht auszugleichenden sog. gemeinschaftsbezogenen Zuwendungen. Gleiches betrifft die **Finanzierung eines gemeinsamen Urlaubes**.[30]

36 Hinzukommen muss vielmehr, dass der gemeinschaftsbezogenen Zuwendung die **Vorstellung oder Erwartung** zugrunde lag, die Lebensgemeinschaft, deren Ausgestaltung sie gedient hat, werde Bestand

23 *Schulz* FPR 2010, 373 (373).
24 Vgl. BGH 19.9.2012 – XII ZR 136/10, FamRZ 2013, 1789 (1790); 23.4.1997 – XII ZR 20/95, NJW 1997, 2747.
25 BGH 9.7.2008 – XII ZR 39/06, FamRZ 2008, 1828.
26 So bspw. BGH 12.10.2003 – IV ZR 249/02, NJW 2004, 1382.
27 BGH 23.4.1997 – XII ZR 20/95, NJW 1997, 2747.
28 BGH 18.2.2009 – XII ZR 163/07, FamRZ 2009, 849.
29 BGH 3.2.2010 – XII ZR 53/08, FPR 2010, 409.
30 Kritisch hierzu *Grziwotz* FPR 2010, 369 (371).

haben.[31] Nur unter diesen engen Voraussetzungen kann ein Ausgleichsanspruch des leistenden Partners überhaupt in Betracht kommen.

bb) Gemeinschaftsbezogene Arbeitsleistungen. Arbeitsleistungen können **mangels Übertragung von Vermögenssubstanz** keine Zuwendung darstellen. Wirtschaftlich betrachtet stellen Arbeitsleistungen jedoch ebenso eine **geldwerte Leistung** dar. Nach der Rechtsprechung des Bundesgerichtshofs können daher Ausgleichsansprüche des Partners, der sie zugunsten des anderen erbracht hat, dem Grunde nach in Betracht kommen. Begrifflich handelt es sich um **gemeinschaftsbezogene Arbeitsleistungen**.[32] 37

Die Frage der Ausgleichsfähigkeit gemeinschaftsbezogener Arbeitsleistungen steht zunächst unter **denselben Voraussetzungen** wie die gemeinschaftsbezogenen Zuwendungen. 38

Auch die **gemeinschaftsbezogenen Arbeitsleistungen** müssen also weit über das hinausgehen, was das tägliche Zusammenleben der Partner erfordert. Damit scheiden auch schlichte **Gefälligkeiten** aus. 39

Darüber hinaus müssen die Arbeitsleistungen zu einem messbaren und noch vorhandenen **Vermögenszuwachs** des anderen Partners geführt haben. Der Höhe nach begrenzt wird der Anspruch durch die **ersparten Kosten einer fremden Arbeitskraft**.[33] 40

Sind diese Voraussetzungen erfüllt, kann davon ausgegangen werden, dass die gemeinschaftsbezogene Arbeitsleistung auf der Basis einer **stillschweigenden Übereinkunft** mit dem anderen Partner zur Ausgestaltung der Lebensgemeinschaft erbracht wurde. Die Übereinkunft bildet die **Geschäftsgrundlage** für die erbrachte Arbeitsleistung und führt zur Annahme eines zwischen den Partnern geschlossenen **Kooperationsvertrages**. Ein solcher wurde nach der Rechtsprechung des Bundesgerichtshofs bereits bei erbrachten Arbeitsleistungen unter Ehegatten konstruiert.[34] 41

cc) Dienstvertrags-/Arbeitsvertragsrecht. Grundsätzlich kommt in Fällen gemeinschaftsbezogener Arbeitsleistungen auch eine Abwicklung nach den Regeln des **Dienstvertragsrechts** in Betracht. 42

Eine Abwicklung nach Dienstvertragsrecht hat auf jeden Fall immer dann zu erfolgen, wenn die Partner ausdrücklich eine entsprechende **Vereinbarung getroffen** haben. In der Praxis fehlt es idR jedoch an einer derartigen ausdrücklichen Vereinbarung. 43

Fehlt eine ausdrückliche Vereinbarung, ist zu prüfen, ob eine solche möglicherweise **stillschweigend** getroffen wurde. Die Abgrenzung und rechtliche Einordnung erfolgt anhand des Merkmals der **Gegenleistung**. Soweit keine ausdrückliche Vereinbarung anderen Inhaltes zwischen den Partner geschlossen wurde, ist davon auszugehen, dass die gemeinschaftsbezogene Arbeitsleistung wegen der aus der Lebensgemeinschaft zu erbringenden **Solidarität** erfolgt. 44

Davon, dass der Leistende durch seine Arbeit eine konkrete Gegenleistung, insbesondere in Form von Geld oder eines darauf gerichteten Anspruchs, zu erwerben beabsichtigte oder bezweckte, ist ohne konkrete Anhaltspunkte nicht auszugehen.

Entscheidend sind, wie so häufig, die **Umstände des Einzelfalls**. Gegen die Annahme eines Dienstvertrages spricht es bspw., wenn der die Arbeitsleistungen Erbringende Lohn erst nach der Beendigung der nichtehelichen Lebensgemeinschaft fordert.[35] 45

Auf der anderen Seite kann ein Arbeitsverhältnis in Betracht kommen, wenn der Partner seiner im Betrieb mitarbeitenden Lebensgefährtin über einen längeren Zeitraum hinaus sowohl **Rentenversicherungsbeiträge gezahlt** als auch das an sie gezahlte **Gehalt als Betriebsausgabe** steuerlich abgesetzt hat.[36] 46

31 BGH 9.7.2008 – XII ZR 179/05, FamRZ 2008, 1822 (1826).
32 BGH 9.7.2008 – XII ZR 179/05, FamRZ 2008, 1822 (1827).
33 So BGH 6.7.2011 – XII ZR 190/08.
34 So BGH 30.6.1999 – XII ZR 230/96, FamRZ 1999, 1580.
35 Vgl. LAG Köln 17.6.1999 – 10 Sa 69/99, MDR 1999, 1331.
36 So OLG Bremen 9.12.1997 – 4 W 19/97, FamRZ 1999, 227 bei Ehegatten.

47 Liegen nach einer **Gesamtabwägung der Umstände** die Voraussetzungen für einen Dienst- oder Arbeitsvertrag vor, kann der Leistende gem. §§ 611, 612 BGB eine **angemessene Vergütung** als Ausgleich fordern.

48 Stets und auch in diesem Zusammenhang gilt als Prüfungsmaßstab das **allgemeine Aufrechnungsverbot**, woraus folgt, dass Arbeitsleistungen, die das tägliche Zusammenleben erst ermöglichen, keinem Ausgleichanspruch zugänglich sind (→ Rn. 25).

49 **dd) Aufwendungsersatzansprüche bei Auftrag/Geschäftsbesorgung.** Ein Ausgleich für gemeinschaftsbezogene Arbeitsleistungen kann daneben auch auf der Basis eines **Aufwendungsersatzanspruches nach § 670 BGB** begründet sein. Dann jedoch müsste zwischen Leistendem und Empfänger ein **Auftrags-/Geschäftsbesorgungsverhältnis** bestehen oder aber die Leistung auf der Basis einer **Geschäftsführung ohne Auftrag** erfolgen. Wird ein Auftragsverhältnis oder ein Geschäftsbesorgungsvertrag ausdrücklich geschlossen, hat die Abwicklung innerhalb des Vertrages zu erfolgen. Allerdings fehlt es in der Praxis, wie auch beim Dienstvertrag, regelmäßig an einem ausdrücklich geschlossenen Vertrag. Hier ist also eine **Gesamtabwägung der Umstände und Indizien** vorzunehmen, um zu prüfen, ob möglicherweise stillschweigend ein Vertragsverhältnis begründet wurde.

50 Stehen Aufwendungen eines Partners jedoch in **unmittelbarem Zusammenhang** mit der bestehenden Lebensgemeinschaft, scheiden Aufwendungsersatzansprüche von vornherein aus.

51 Ein solcher unmittelbarer Zusammenhang fehlt aber bspw. in den Fällen, in denen einer der Partner ein Darlehen zur Finanzierung eines im **Alleineigentum des anderen** stehenden Fahrzeuges aufnimmt. Wird dieses Fahrzeug nach der Anschaffung **gemeinsam genutzt**, ist das Darlehen gerade **nicht allein im Interesse des anderen Partners** aufgenommen worden. Ein Aufwendungsersatzanspruch kann daher allenfalls wegen der Raten in Betracht kommen, die **nach der Trennung** gezahlt wurden.[37]

52 **ee) Aufwendungsersatzanspruch bei Bürgschaft.** Denkbar sind auch Aufwendungsersatzansprüche bei **Übernahme einer Bürgschaft** eines der Lebensgefährten für seinen Partner.

53 In der Regel ist im **Innenverhältnis** zwischen Bürge und Hauptschuldner von einem Auftragsverhältnis auszugehen, aus dem sich **nach der Trennung** ein Aufwendungsersatzanspruch des bürgenden Partners ergeben kann.[38]

54 Auch in Bürgschaftsfällen ist jedoch zu unterscheiden, ob das **Darlehen ausschließlich im Interesse des anderen** aufgenommen wurde. Denn nur in diesen Fällen kann der Bürge auf der Basis des § 774 Abs. 1 S. 1 BGB volle Erstattung der von ihm gezahlten Raten verlangen.

55 Stand der aufgenommene Kredit dagegen im **alleinigen Interesse des Bürgen** selbst, steht dem Bürgen die zugunsten des Hauptschuldners bestehende Einwendung des § 774 Abs. 1 S. 3 BGB entgegen. Im Innenverhältnis scheitert also der **gesetzliche Forderungsübergang** nach § 774 Abs. 1 BGB.

56 Kommt das Darlehen schließlich beiden Partnern zugute, ist streitig, ob Ausgleichsansprüche in Betracht kommen. Dem Grunde nach stellt das Darlehen sowohl auf Seiten des Hauptschuldners als auch auf Seiten des Bürgen eine Verbindlichkeit dar. Teilweise wird daher in der **Rechtsprechung** die Ansicht vertreten, dass für eine Inanspruchnahme des Bürgen aus der Bürgschaft nichts anderes gelten kann als für die Tilgung von Schulden, die im Rahmen einer nichtehelichen Lebensgemeinschaft von einem der Partner begründet werden. Ein Ausgleich im Innenverhältnis zwischen den Partnern findet in diesen Fällen selbst dann nicht statt, wenn die Erfüllung der Verbindlichkeiten erst nach der Trennung erfolgt bzw. zu erfolgen hat.[39]

57 Diese Auffassung entspricht letztendlich dem **allgemeinen Aufrechnungsverbot** (→ Rn. 25).

37 Vgl. FA-FamR-HdB/*Weinreich* Kap. 11 Rn. 176 ff.
38 Palandt/*Sprau* BGB Vor § 765 Rn. 5.
39 So bspw. LG Bamberg 29.5.1987 – 3 S 11/87, NJW 1988, 1219.

Nach gegenteiliger Auffassung soll eine Sachbehandlung parallel zu einer bestehenden **Gesamtschuld** zwischen den Lebensgefährten behandelt werden. Eine solche Handhabung führt im Ergebnis zu einem hälftigen Ausgleichsanspruch des in Anspruch genommenen Bürgen.[40] 58

3. Rangfolge der Anspruchsgrundlagen

a) Ansprüche aus Gesellschaftsrecht. Zwar ist die Rechtsprechung des II. Zivilsenates des Bundesgerichtshofs zur Entstehung einer faktischen BGB-Gesellschaft spätestens seit der Entscheidung des XII. Senates vom 28.9.2005 als überholt anzusehen. Das bedeutet aber nicht, dass Ausgleichsansprüche von Partnern nichtehelicher Lebensgemeinschaften aus dem Gesellschaftsrecht von vornherein ausscheiden. 59

Vielmehr folgt ein Ausgleich gemeinschaftsbezogener Leistungen dann dem Gesellschaftsrecht, wenn die Partner der nichtehelichen Lebensgemeinschaft ausdrücklich oder durch schlüssiges Verhalten einen entsprechenden **Gesellschaftsvertrag** geschlossen haben.[41] In diesen Fällen gehen die vertraglichen Ansprüche den allgemeinen Ausgleichsansprüchen vor. 60

aa) Lebenspartnerinnengesellschaft. Begrifflich liegt in diesen Fällen eine sog. Lebenspartnerinnengesellschaft vor.[42] 61

In der Praxis sind, ebenso wie bei Ehegatten, die Fälle eher selten, in denen eine ausdrückliche vertragliche Regelung getroffen wurde. Es ist daher vorrangig zu prüfen, ob die Partner beabsichtigt haben, mit dem Erwerb eines Vermögensgegenstandes – wenn auch nur wirtschaftlich – einen gemeinschaftlichen Wert zu schaffen, der von ihnen für die Dauer der Partnerschaft nicht nur gemeinsam genutzt werden, sondern ihnen nach ihrer Vorstellung auch gemeinsam gehören sollte.[43] Im Vordergrund steht also die Frage der **Vermögensbildung**.[44] 62

Für die Voraussetzungen der Entstehung, der Bewertung und der Abwicklung kann auf die gleichen Grundsätze zurückgegriffen werden wie bei der **Ehegatteninnengesellschaft**.[45] 63

Nachdem, anders als bei Ehegatten, bei der nichtehelichen Lebensgemeinschaft **weder rechtliche Mitarbeitspflichten noch güterrechtliche Ausgleichsmöglichkeiten** bestehen, ist nach der Rechtsprechung des Bundesgerichtshofs eine großzügigere Auslegung möglich. 64

Der zumindest konkludente Abschluss eines Gesellschaftsvertrages ist und bleibt jedoch **unabdingbare Voraussetzung** für die Abwicklung von Leistungen nach gesellschaftsrechtlichen Grundsätzen.[46] 65

Nicht zuletzt aufgrund des **umfassenden Aufrechnungs- bzw. Verrechnungsverbotes** muss derjenige Partner, der einen Ausgleichsanspruch behauptet, einen **nach objektiven Kriterien zu beurteilenden wesentlichen Beitrag** geleistet haben. 66

bb) Bau oder Erwerb von Immobilien/Aufbau eines Unternehmens. Häufigste Streitfälle in der Praxis sind die **Hausbau- und Immobilienmitfinanzierungs**fälle sowie die Fälle, in denen in nichtehelicher Lebensgemeinschaft ein **Unternehmen** aufgebaut wurde. 67

Beiden Entscheidungen des Bundesgerichtshofs vom 9.7.2008 lag ein Streit über die Frage zugrunde, ob ein Partner nach Scheitern der nichtehelichen Lebensgemeinschaft einen Ausgleich verlangen kann für Geld- und Arbeitsleistungen, die für eine Immobilie aufgewendet wurden. Dabei bestand in einem Fall 68

40 So bspw. *Schulz* FamRZ 2007, 593 (605).
41 BGH 28.9.2005 – XII ZR 189/02, FamRZ 2006, 607 (609).
42 *Schulz* FamRZ 2007, 593 (595).
43 BGH FamRZ 2008, 1822 (1825).
44 BGH 25.6.2003 – XII ZR161/01, FamRZ 2003, 1454 (1456).
45 BGH 28.9.2005 – XII ZR 189/02, FamRZ 2006, 607; grundlegend zur Ehegatteninnengesellschaft BGH 30.6.1999 – XII ZR 230/96, FamRZ 1999, 1580.
46 Vgl. BGH 9.7.2008 – XII ZR 179/05, FamRZ 2008, 1822 (1825).

hälftiges Miteigentum,[47] im zweiten Fall wurde investiert in eine Immobilie, die im **Alleineigentum** des anderen Partners stand.[48]

69 Fakt ist, dass es auf die dingliche Zuordnung des Vermögenswertes nicht entscheidend ankommt. Ausschlaggebend für die Beurteilung, ob ein gesellschaftsvertraglicher Ausgleich erfolgt, ist die **Absicht der Partner, den Vermögenswert gemeinsam zu nutzen** sowie die **Vorstellung, dass ihnen der Vermögenswert gemeinsam gehört**.

70 Dieses gilt für Fälle des Immobilienerwerbs bzw. der Immobilienerrichtung. Die Grundsätze gelten aber auch in Fällen des gemeinsamen Aufbaus und Betrieb eines Unternehmens.

71 Alleineigentum kann, muss aber nicht das ausschlaggebende Indiz gegen eine – wirtschaftlich gesehen – **gemeinschaftliche Wertschöpfung** darstellen. Die Absicht der gemeinschaftlichen Wertschöpfung kann sich im Rahmen einer **Gesamtwürdigung der Umstände** jedenfalls bei Vermögenswerten von erheblicher wirtschaftlicher Bedeutung bereits daraus ergeben, dass der Partner, der nicht (Mit-)Eigentümer ist, wesentliche Beiträge zum Erwerb leistet. In aller Regel zählt ein gemeinsam erworbenes oder erbautes Haus oder eine gemeinsam gekaufte Eigentumswohnung zu diesen Vermögenswerten.[49]

72 Auf der anderen Seite reicht es nach der Rechtsprechung des Bundesgerichtshofs aber nicht aus, wenn bspw. auf einem Grundstück, welches im Alleineigentum eines der Partner steht, ein Haus gebaut wird, welches der andere mitfinanziert und dessen Errichtung er tatkräftig unterstützt. Diese Beiträge können nämlich auch allein zur Verwirklichung der Lebensgemeinschaft erbracht werden. Der **die Lebensgemeinschaft überschreitende Zweck** fehlt in diesen Fällen, weshalb ein Ausgleichsanspruch ausscheiden muss.[50]

73 Bei der **Ehegatteninnengesellschaft** fordert der Bundesgerichtshof, dass die Eheleute durch ihre beiderseitigen Leistungen einen über den typischen Rahmen der ehelichen Lebensgemeinschaft hinausgehenden Zweck verfolgen, indem sie etwa durch Einsatz von Vermögenswerten und Arbeitsleistungen gemeinsam ein Vermögen aufbauen oder berufliche oder gewerbliche Tätigkeiten ausüben.

Ist dagegen **ein solcher Zweck nicht gegeben** und gilt der Einsatz von Vermögen und Arbeit nur dem Bestreben, die Voraussetzungen für die Verwirklichung der ehelichen Lebensgemeinschaft zu schaffen, etwa durch den Bau eines Familienheims, oder geht die Mitarbeit nicht über den Rahmen des für die Ehegattenmitarbeit Üblichen hinaus, **scheidet eine konkludente Ehegatteninnengesellschaft aus**.[51]

74 Gleiches gilt für die Lebenspartnerinnengesellschaft. Zwar ist bei der **nichtehelichen Lebensgemeinschaft** für die Annahme eines konkludent geschlossenen Gesellschaftsvertrages die Verfolgung eines über den typischen Rahmen der Lebensgemeinschaft hinausgehenden Zwecks nicht zwingend erforderlich. Verfolgen die Partner jedoch keinen Zweck, der über die Verwirklichung der Lebensgemeinschaft hinausgeht, bestehen grundsätzlich **Zweifel an dem erforderlichen Rechtsbindungswillen**.[52]

Losgelöst von Fragen des Bestehens von Rückgewährsansprüchen erfolgt die tatsächliche Auseinandersetzung gemeinsamen Immobilienvermögens – wenn nicht einvernehmlich möglich – im Wege der **Teilungsversteigerung** (→ Rn. 113 f.).

75 **cc) Gleichberechtigte Mitarbeit.** Unverzichtbar setzen sowohl die Lebenspartnerinnengesellschaft als auch die Ehegatteninnengesellschaft eine gleichberechtigte Mitarbeit beider Partner voraus. Dabei darf das Merkmal der **Gleichberechtigung** nicht mit einer **Gleichwertigkeit** verwechselt werden. Letztere ist

47 BGH 9.7.2008 – XII ZR 39/06, FamRZ 2008, 1828.
48 BGH 9.7.2008 – XII 179/05, FamRZ 2008, 1822.
49 BGH 4.11.1991 – II ZR 26/91, NJW 1992, 906.
50 BGH 6.7.2011 – XII ZR 190/08, NJW 2011, 2880.
51 Vgl. ua BGH 5.10.1988 – IVb ZR 52/87, FamRZ 1989, 147; 26.4.1995 – XII ZR 132/93, FamRZ 1995, 1062 (1063).
52 BGH 9.7.2008 – XII ZR 179/05, FamRZ 2008, 1822 (1825).

innerhalb der Gesellschaft nämlich gerade nicht erforderlich. Es müssen weder gleiche noch gleich hohe Beiträge geleistet werden.

An gleichberechtigter Mitarbeit fehlt es aber bspw. im Verhältnis Unternehmer/Sekretärin. In Form eines **Über-/Unterordnungsverhältnisses** kann eine Gesellschaft nicht bestehen. Ein solches Verhältnis grenzt vielmehr den gesellschaftsrechtlichen vom arbeitsrechtlichen Bereich ab. 76

dd) Ermittlung des Ausgleichsanspruchs. Der Ausgleichsberechtigte erwirbt bei der durch die Beendigung der Lebensgemeinschaft bedingten Auflösung der Gesellschaft einen **schuldrechtlichen Anspruch auf Zahlung des Auseinandersetzungsguthabens**. Die Rechtsgrundlage stellt § 738 BGB dar. 77

Demnach haben eine **Bestandsaufnahme** und eine **Vermögensbewertung** zu erfolgen. 78

Stichtag für beides ist der **Zeitpunkt der Auflösung der Gesellschaft**. Diesen Zeitpunkt stellt die Trennung dar, da in aller Regel ab diesem Zeitpunkt nicht mehr von einer gemeinsamen Vermögensbildung ausgegangen werden kann.

Der Anspruch betrifft lediglich das Vermögen, welches **gemeinsam erwirtschaftet** wurde. Eine Verwertung der im Eigentum des anderen stehenden Vermögensgegenstände kann der Ausgleichsberechtigte nicht verlangen. 79

Relevant wird dieses vor allem in den Fällen, in denen der Partner **in ein bereits bestehendes Unternehmen** eingestiegen ist. War bei Beginn der Gesellschaft bereits Vermögen vorhanden oder wurde es nicht durch den Partner, sondern **von dritter Seite** vermehrt, so sind diese nicht gemeinsam erwirtschafteten Vermögensbestandteile vor der Berechnung des Abfindungsanspruches **vom Vermögenswert abzuziehen**.[53] 80

Die Frage, mit welchem **Anteil die Gesellschafter am Gewinn** teilnehmen, richtet sich grundsätzlich nach der Vereinbarung im Gesellschaftsvertrag. Da in der Praxis regelmäßig der Gesellschaftsvertrag stillschweigend geschlossen wird, fehlt zumeist eine ausdrückliche Absprache hierzu. Gegebenenfalls ist anhand einer **ergänzenden Vertragsauslegung** zu prüfen, ob sich aus anderen feststellbaren Umständen Hinweise auf eine bestimmte Verteilungsabsicht ergeben. Fehlt es daran, greift ergänzend die Regelung des § 722 Abs. 1 BGB ein, wonach jeder Gesellschafter ohne Rücksicht auf Art und Größe seines Beitrags einen **gleich hohen Anteil** hat. Dieses betrifft sowohl Gewinne als auch Verluste. 81

Wer mehr als die Hälfte für sich beansprucht, muss dies nach allgemeinen Grundsätzen des Beweisrechts darlegen und beweisen.[54] 82

Daneben kommt ein Anspruch des ausscheidenden Gesellschafters auf **Erstattung seiner Einlagen** gem. § 733 Abs. 2 S. 2 BGB in Betracht. Bei **Werk- oder Dienstleistungen** erfolgt ein Ersatz jedoch lediglich dann, wenn sie einen **bleibenden Wert** geschaffen haben.[55] 83

b) Ansprüche aus ungerechtfertigter Bereicherung. Bis zu seinen Entscheidungen vom 9.7.2008 hat der Bundesgerichtshof stets Ansprüche aus ungerechtfertigter Bereicherung im Rahmen der Abwicklung einer gescheiterten nichtehelichen Lebensgemeinschaft verneint. 84

Der Grundsatz des **umfassenden Abrechnungs- und Verrechnungsverbotes** zwischen Partnern einer gescheiterten nichtehelichen Lebensgemeinschaft stand der Annahme entgegen, das Scheitern lasse die **Geschäftsgrundlage** für die bisher erbrachten Leistungen entfallen.[56] 85

Diese Rechtsprechung blieb nicht ohne Kritik, mit der der damals noch nicht lange zuständige zwölfte Senat des Bundesgerichtshofs sich in seiner Entscheidung vom 31.10.2007[57] auseinandersetzt. Konkret 86

53 *Schulz* FamRZ 2007, 593 (596).
54 BGH 30.6.1999 – XII ZR 230/96, FamRZ 1999, 1580 zur Ehegatteninnengesellschaft.
55 Palandt/*Sprau* BGB § 733 Rn. 10.
56 BGH 8.7.1996 – II ZR 340/95, FamRZ 1996, 1141 (1142).
57 BGH 31.10.2007 – XII ZR 261/04, FamRZ 2008, 247 (249).

Bezug genommen wird auf die bereits damals in der Literatur vertretene Ansicht, wonach für gemeinschaftsbezogene Leistungen eines Partners ein Ausgleichsanspruch nach **§ 812 Abs. 1 S. 2 Alt. 2 BGB (condictio causa data causa non secuta)** in Betracht kommen konnte.

87 Stets verneinte der Bundesgerichtshof jedoch das Vorliegen einer für die Bejahung des Anspruchs erforderliche **Rechtsgemeinschaft** zwischen den Partnern einer nichtehelichen Lebensgemeinschaft. Die für einen Anspruch aus § 812 Abs. 1 S. 2 Alt. 2 BGB **notwendige Zweckabrede** wurde als Widerspruch zum Willen der Partner angesehen, ihre Beziehung jederzeit beenden zu können.

88 Schon damals zeichnete sich ab, dass der Bundesgerichtshof nach dem Zuständigkeitswechsel der Senate an seiner sehr restriktiven Rechtsprechung nicht mehr festhalten würde. Die Aufgabe dieser Rechtsprechung erfolgte dann bereits kurze Zeit später in den Entscheidungen vom 9.7.2008. Unter nunmehr klar definierten Voraussetzungen kann ein Partner einen Ausgleich gemeinschaftsbezogener Leistungen, die nicht auf der Basis eines Gesellschaftsvertrages erbracht wurden, nach § 812 Abs. 1 S. 2 Alt. 2 BGB verlangen.

89 **aa) Konkrete Zweckabrede.** Erforderlich ist zunächst eine konkrete Zweckvereinbarung zwischen Leistendem und Empfänger. Beide Lebensgefährten müssen darüber einig sein, dass zwischen der Leistung und dem erwarteten, nicht erzwingbaren Erfolg eine Verknüpfung besteht. Die Leistung muss in **Abhängigkeit zum bezweckten Erfolg** stehen. Eine einseitige Vorstellung nur eines der Lebensgefährten genügt nicht.[58]

90 Geht es um eine Zuwendung oder Arbeitsleistung, die nicht über das hinausgeht, was die Gemeinschaft Tag für Tag benötigt, scheidet ein Ausgleich aus (→ Rn. 33).

91 Nachdem vielfach keine ausdrückliche Übereinkunft über den verfolgten Zweck zwischen den Partnern getroffen wird, bejaht die Rechtsprechung eine **stillschweigende Einigung** in den Fällen, in denen der eine Teil mit seiner Leistung einen bestimmten Zweck verfolgt, der andere Teil dieses erkennt und die Leistung widerspruchslos entgegennimmt.[59] Bloßes Kennenmüssen ersetzt jedoch nicht die erforderliche **positive Kenntnis von der Zweckvorstellung** des anderen Teils.

92 Vermehrt also bspw. der eine Partner das Vermögen des anderen in der Erwartung, an dem erworbenen Gegenstand **langfristig partizipieren zu können**, sind nach der Rechtsprechung des Bundesgerichtshofs die Voraussetzungen einer konkreten Zweckabrede zwar teilweise erfüllt,[60] jedoch mangelt es in der Regel an der positiven Kenntnis vom beabsichtigten Zweck beim Empfänger. Damit fehlt aber die – stillschweigende – Einigung über die **Verknüpfung von Leistung und Erfolg**.

93 Da die Beteiligten im Zeitpunkt der Zuwendung in der Regel nicht an ein später mögliches Scheitern der Beziehung denken, werden sich bereicherungsrechtliche Ausgleichsansprüche in der Praxis daher auf **Ausnahmefälle** beschränken.[61]

94 **bb) Auf Kosten des Leistenden etwas erlangt.** Bei diesen beiden Merkmalen des Bereicherungsanspruches bestehen **keine Besonderheiten**. Besonderheiten bestehen lediglich im Rahmen des Merkmals der Leistung und des Mangels des Rechtsgrundes (→ Rn. 95).

95 **cc) Ohne rechtlichen Grund.** Bei der Leistungskondiktion liegt der Zweck der Leistung in der Regel in der Erfüllung eines Vertrages. In diesen Fällen ist der Vertrag der Rechtsgrund, der später in Wegfall gerät und damit den bereicherungsrechtlichen Anspruch begründet.

96 Sind zwischen den Partnern einer nichtehelichen Lebensgemeinschaft keine (vorrangigen) vertraglichen Ansprüche gegeben, kommt ein bereicherungsrechtlicher Ausgleichsanspruch nach § 812 Abs. 1 S. 2 Alt. 2

---

58 BGH 18.2.2009 – XII ZR 163/07, FamRZ 2009, 849 (850); 6.7.2011 – XII ZR 190/08, NJW 2011, 2880 – finale Ausrichtung auf einen nicht erzwingbaren Erfolg.

59 BGH 2.10.1991 – XII ZR 145/90, NJW 1992, 427.

60 Vgl. BGH 9.7.2008 – XII ZR 179/05, FamRZ 2008, 1822 (1826).

61 *Schulz* FPR 2010, 373 (375).

BGB dann in Betracht, wenn endgültig feststeht, dass der mit der Leistung bezweckte Erfolg ausbleibt. Der **Mangel des Rechtsgrundes** ist demnach die **Zweckverfehlung**. Das Vertrauen in den Bestand der Lebensgemeinschaft und die damit verbundene dauerhafte Nutzungsmöglichkeit des Vermögenswertes stellen den Regelfall der Zweckverfehlung bei Scheitern der Lebensgemeinschaft dar.

Daraus folgt auch, dass dann, wenn das Vorliegen einer konkreten Zweckabrede (→ Rn. 89) bejaht werden konnte, das **Scheitern der Beziehung den Mangel des rechtlichen Grundes durch Zweckverfehlung** begründet.

dd) Einwendungen. Neben den allgemeinen bereicherungsrechtlichen Einwendungen und der Tatsache, 97
dass die Anwendung des § 814 BGB mangels Vorliegens einer Verbindlichkeit im Zeitpunkt der Leistung ausscheidet, ist **insbesondere § 815 BGB** zu beachten.

Zwar ist die Möglichkeit, dass auch die nichteheliche Lebensgemeinschaft ein Leben lang Bestand hat, 98
nicht von Anfang an unmöglich, weshalb die Vorschrift von ihrem Wortlaut her nicht einschlägig ist. Jedoch kann die Einwendung einschlägig sein in den Fällen, in denen **der Leistende die Lebensgemeinschaft wider Treu und Glauben** hat scheitern lassen.

Ob in den Fällen, in denen das Vorliegen eines bereicherungsrechtlichen Rückforderungsanspruches bejaht werden konnte, einer Rückforderung ausnahmsweise die Einwendung des § 815 BGB entgegensteht, kann nur im Rahmen einer **Gesamtabwägung** aller Umstände beurteilt werden. Die Beantwortung dieser Frage erfordert eine Abwägung der Art und Weise der Beendigung der Beziehung durch den Leistenden, insbesondere eine Abwägung der Umstände, die ihn zur Beendigung der Beziehung bewegt haben.

Die **Beweislast** für das Bestehen der Einrede des § 815 BGB liegt bei demjenigen Lebensgefährten, der die 99
Leistungen empfangen hat. Den Beweis, dass der andere die Beziehung auf vorwerfbare Art bzw. auf der Basis einer vorwerfbaren Motivationslage beendet hat, wird letztendlich kaum zu führen sein.

c) Wegfall der Geschäftsgrundlage. Ein Ausgleich nach den Grundsätzen des Wegfalls der Geschäfts- 100
grundlage (§ 313 BGB) soll nach der neueren Rechtsprechung des Bundesgerichtshofs nunmehr in den Fällen in Betracht kommen können, in denen es nicht zu einem gesellschaftsrechtlichen Ausgleich kommt, oder bereicherungsrechtliche Ansprüche mangels Zweckabrede scheitern.[62]

Auch wenn der Bundesgerichtshof nunmehr grundsätzlich die Möglichkeit von Ausgleichsansprüchen 101
wegen Störung oder Wegfall der Geschäftsgrundlage zugelassen hat, darf sie **nicht als Auffangtatbestand** verstanden werden.

Es bleibt vielmehr dabei, dass der Ausgleich von gemeinschaftsbezogenen Zuwendungen oder gemein- 102
schaftsbezogenen Arbeitsleistungen ein **Ausnahmefall** bleiben soll. Daher ist es neben dem Grundsatz, dass nur Leistungen ausgeglichen werden können, die deutlich über den täglichen Bedarf der Lebensgemeinschaft hinausgehen, erforderlich, dass dem leistenden Lebenspartner die Beibehaltung der herbeigeführten Vermögensverhältnisse nach Treu und Glauben nicht zugemutet werden kann.[63]

Die **Voraussetzungen für einen Ausgleichsanspruch** nach den Grundsätzen des Wegfalls der Geschäfts- 103
grundlage sind demnach:

- Es liegt eine **gemeinschaftsbezogene Leistung** vor, mit der
- die Partner **keinen gemeinsamen Vermögenswert** schaffen wollten, wobei
- eine **konkrete Zweckabrede** nicht gegeben oder nicht beweisbar ist,
- der Leistung die **Vorstellung bzw. Erwartung** zugrunde lag, die Beziehung werde Bestand haben und
- eine **Gesamtabwägung der Umstände des Einzelfalles** einen Ausgleich für den Leistenden erforderlich macht.

62 BGH 9.7.2008 – XII ZR 179/05, FamRZ 2008, 1822 (1827).
63 BGH 9.7.2008 – XII ZR 179/05, FamRZ 2008, 1822 (1827).

104 In die Gesamtabwägung der Umstände ist insbesondere die **Dauer der Beziehung einzubeziehen**, da je länger die Beziehung gedauert hat, der Zweck der Leistung bereits mehr und mehr eingetreten sein kann. Hat die Beziehung seit der Zuwendung bspw. bereits 20 Jahre gedauert, kann es angemessen erscheinen, einen Ausgleichsanspruch zu verneinen. Besteht die Beziehung seit der Zuwendung zehn Jahre, kann es bei Abwägung der Gesamtumstände des Einzelfalles angemessen sein, einen Ausgleichsanspruch in Höhe von 50 % der Zuwendung zuzubilligen.[64]

105 Maßstab sollen die vom Bundesgerichtshof entwickelten Abwägungskriterien für einen Ausgleich zwischen Ehegatten im **Güterstand der Gütertrennung** sein.[65]

106 In seinen Entscheidungen vom 9.7.2008[66] hat der Bundesgerichtshof – wie schon in seiner Rechtsprechung zum Ausgleich unter Ehegatten – ausdrücklich auch darauf hingewiesen, dass der Ausgleichsanspruch **der Höhe nach begrenzt** ist durch den Wert, der im Vermögen des Leistungsempfängers im Zeitpunkt des endgültigen Scheiterns der Beziehung tatsächlich noch vorhanden ist und – bezogen auf erbrachte Arbeitsleistungen – auf die ersparten Kosten einer fremden Arbeitskraft.[67] Die Frage, ob der Ausgleichsanspruch durch Höchstgrenzen einzuschränken ist, wird in der Literatur kontrovers diskutiert. Teilweise wird diesbezüglich vertreten, der Rückforderungsanspruch sei keiner Höchstgrenze zu unterwerfen, solle sich vielmehr an der **Lebenserwartung des Paares orientieren**.[68] In der Rechtsprechung findet ein derartiger Ansatz jedoch bislang keinen Niederschlag.

Der Ausgleich soll bewirken, dass der rückgewährpflichtige Ehegatte im **wirtschaftlichen Ergebnis** nicht anders steht als er stünde, wenn ihm der zugewandte Gegenstand verbliebe und der Zuwendende von ihm für die Zuwendung, soweit deren Geschäftsgrundlage entfallen ist, seinerseits eine Ausgleichszahlung verlangen könnte.[69] Aus diesem Grund scheiden aber auch Ausgleichsansprüche für Investitionen aus, die während einer nichtehelichen Lebensgemeinschaft in das im Alleineigentum des Partners stehende Hausgrundgrundstück getätigt wurden, wenn der Zuwendende das Grundstück nach der Trennung – abgesichert durch ein dingliches Wohnrecht – **allein weiter nutzt**.[70]

Ebenso scheitert ein Rückforderungsanspruch für geleistete Zahlungen an den Partner zur Tilgung von mit Grundschulden gesicherten Darlehen für eine in dessen Alleineigentum stehende Immobilie, wenn zwischen den Partnern vereinbart wurde, dass die Immobilie nach erfolgter Tilgung an den die Zahlung leistenden Partner (oder dessen Kinder) zurückübertragen wird.[71] Derartige Zahlungen dienen nicht dem Fortbestand der Gemeinschaft.

Darüber hinaus scheidet nach der Rechtsprechung des Bundesgerichtshofs auch die **leibliche Abstammung eines Kindes als Geschäftsgrundlage** einer Zuwendung an die Mutter des Kindes aus, es sei denn, ein auf das Kind bezogener Geschäftswille ist erkennbar.[72] Hintergrund der Entscheidung war ein nach der Zuwendung erfolgreich durchgeführtes Vaterschaftsanfechtungsverfahren.

Anderes gilt in den Fällen, in den die Zuwendung unmittelbar, zumindest aber mittelbar auch **zur Befriedigung des Unterhaltsbedarfs eines Kindes** erfolgt. In diesen Fällen kann die leibliche Abstammung nicht nur Geschäftsgrundlage für die Zuwendung sein. Das Verschweigen einer möglichen Nichtvaterschaft

64 Vgl. *Schulz* FPR 2010, 373 (375).
65 BGH 9.7.2008 – XII ZR 179/05, FamRZ 2008, 1822 (1827).
66 BGH 9.7.2008 – XII ZR 179/05, FamRZ 2008, 1822 ff.
67 Vgl. auch BGH 6.7.2011 – XII ZR 190/08, NJW 2011, 2880; 19.9.2012 – XII ZR 136/10, FamRZ 2013, 1789 (1791).
68 Vgl. *Wever* FamRZ 2013, 1 ff.
69 Vgl. *Wagenitz* in: Schwab/Hahne, Familienrecht im Brennpunkt, 2004, S. 160, 172.
70 OLG Naumburg 2.1.2012 – 8 W 7/11, FamRZ 2013, 55.
71 OLG Oldenburg 2.1.2012 – 11 W 6/11, FamRZ 2012, 1656 f.
72 BGH 27.6.2012 – XII ZR 203/09, FamRZ 2012, 1623.

kann darüber hinaus zur Anfechtung einer Zuwendung wegen arglistiger Täuschung berechtigen und zu bereicherungsrechtlichen Rückforderungsansprüchen führen.[73]

Die aus Billigkeitsgründen geschuldete Ausgleichszahlung erschöpft sich auf Seiten des Zuwendungsempfängers jedenfalls in dem **Wert der Zuwendung**, soweit dieser nicht bereits durch Leistungen aufgewogen wird, die der Zuwendungsempfänger im Hinblick auf die Zuwendung an den Zuwendenden erbracht hat. 107

Wertsteigerungen, die der zugewandte Gegenstand nach der Zuwendung erfahren hat, verbleiben daher ebenso wie der zugewandte Gegenstand selbst grundsätzlich dem Zuwendungsempfänger.[74] 108

4. Fazit

Bei Scheitern einer nichtehelichen Lebensgemeinschaft kommen Ausgleichsansprüche nach Gesellschaftsrecht, nach Bereicherungsrecht (§ 812 Abs. 1 S. 2 Alt. 2 BGB) oder nach den Grundsätzen über den Wegfall der Geschäftsgrundlage in Betracht. Wenngleich durch die Aufgabe der früheren Rechtsprechung des Bundesgerichtshofs in den Entscheidungen vom 9.7.2008 dem Grunde nach neue bzw. bereits früher diskutierte, jedoch vormals abgelehnte Ausgleichsmechanismen für gescheiterte nichteheliche Lebensgemeinschaften zugelassen werden, wird sich für den einen Ausgleich verlangenden Lebenspartner nur **bedingt eine Besserstellung** ergeben. 109

Letztendlich erfolgt durch die beiden Entscheidungen eine dem gesellschaftlichen Wandel angepasste **Gleichstellung** der Vermögensauseinandersetzung von Partnern einer nichtehelichen Lebensgemeinschaft **zu Ehegatten im Güterstand der Gütertrennung**. 110

Der Bundesgerichtshof beabsichtigt aber offenbar, seine Rechtsprechung auch auf **andere Formen des gemeinschaftlichen Lebens und Wirtschaftens** auszuweiten, für die insbesondere ein sexueller Bezug nicht erforderlich ist. Hierzu sollen bspw. verwitwete Geschwister, Verwandte und sogar Freunde zählen.[75] 111

Die Zukunft wird zeigen, inwieweit die neue Rechtsprechung einen Ausgleich schaffen kann und soll bspw. zwischen einem unverheirateten Kind im fortgeschrittenen Alter, das im Haushalt seines verwitweten Elternteiles lebt, Geldzuwendungen wegen einer zu erwartenden Pflege erhält und dann doch noch einen Partner findet und auszieht.[76]

Die neue Rechtsprechung führt auch dazu, dass es durchaus überlegenswert sein kann, ob statt der Finanzierung des täglichen Einkaufs oder der Urlaubsreise nicht die Mitfinanzierung einer Immobilie im Hinblick auf einen späteren Ausgleich vorteilhafter sein kann.[77]

V. Auseinandersetzung gemeinsamen Vermögens

Die Art und Weise der Auseinandersetzung gemeinsamen Vermögens ist abhängig von der Frage, worin es überhaupt besteht. Betroffen ist in der Regel entweder **Miteigentum an Gegenständen oder Immobilien/Grundstücken** oder aber **gemeinschaftliches Geldvermögen** auf Konten oder Depots, wobei Letzteres sowohl aus Guthaben als auch aus Verbindlichkeiten, also **negativem Vermögen**, bestehen kann. 112

1. Immobilien und Grundstücke

Sind die Lebensgefährten **Miteigentümer** einer Immobilie oder eines Grundstückes, so erfolgt die Auseinandersetzung in den Fällen, in denen keine einvernehmliche Auseinandersetzung möglich ist, im Wege der **Teilungsversteigerung** (§§ 180 ff. ZVG). 113

73 BGH 27.6.2012 – XII ZR 47/09, FamRZ 2012, 1363 ff.

74 BGH 7.9.2005 – XII ZR 316/02, NJW-RR 2006, 664 zu Rückgewähransprüchen der Schwiegermutter bei Ehegatten und den in die Gesamtabwägung einzubeziehenden Kriterien.

75 BGH 9.7.2008 – XII ZR 179/05, FamRZ 2008, 1822 (1826).

76 Zu denkbaren Ausgleichsansprüchen in verschiedenen Konstellationen gemeinschaftlichen Zusammenlebens s. *Grziwotz* FPR 2010, 369 ff.

77 *Grziwotz* FPR 2010, 369 ff.

Im Rahmen der nach einer Teilungsversteigerung vorzunehmenden **Erlösverteilung** besteht gem. § 430 BGB die gesetzliche Vermutung der hälftigen Teilhabe. Werden von einem Partner (oder beiden Partnern) über den Hälfteanteil hinaus Ansprüche am Erlös geltend gemacht, obliegt ihm bzw. ihnen jeweils die Beweislast. Als Ansprüche kommen in diesem Zusammenhang insbesondere die unter → Rn. 19 ff. behandelten **Rückgewähransprüche** in Betracht.

114 Hiervon zu unterscheiden ist die Frage der Sachbehandlung und Abwicklung der **gemeinsamen Nutzung einer Wohnung** bzw. Immobilie. Die §§ 1361 b und 1568 a BGB (früher HausrVO) finden **keine analoge Anwendung.**[78]

115 **a) Nutzungsrechte bei gemeinsamem Eigentum.** Vor Auseinandersetzung des Miteigentums steht keinem Eigentümer ein bevorrechtigtes Nutzungsrecht zu. Der gem. § 866 BGB bestehende **Mitbesitz** schützt beide Partner in gleicher Weise.

116 Etwas anderes kommt nur **in Fällen häuslicher Gewalt** und der daraus resultierenden Anwendbarkeit des Gewaltschutzgesetzes in Betracht. Gem. § 2 Abs. 1 GewSchG ist das Opfer einer häuslichen Gewalt berechtigt, vom Täter die **Alleinnutzung der gemeinsam bewohnten Wohnung** zu verlangen. Allerdings führt bestehendes Miteigentum auch im Rahmen der Anwendung des Gewaltschutzgesetzes dazu, dass die Wohnungszuweisung nicht endgültig, sondern **zeitlich befristet** zu erfolgen hat.[79]

117 Das Gewaltschutzgesetz findet bei Vorliegen häuslicher Gewalt unabhängig davon Anwendung, ob beide Partner Eigentümer/Mieter sind oder nur einer von beiden (zu den Details der Anwendung des Gewaltschutzgesetzes → *Gewaltschutz* Rn. 15 ff.).

118 **b) Nutzungsrechte bei Alleineigentum.** Ist nur einer der Lebensgefährten Eigentümer der gemeinsam genutzten Wohnung, erübrigt sich die Frage nach einer Vermögensauseinandersetzung.

119 Infrage steht lediglich, welche Rechte der Nichteigentümer nach Scheitern der Lebensgemeinschaft hat, vor allem natürlich die Frage, ob dem Eigentümer das Recht zusteht, den anderen „von heute auf morgen vor die Tür zu setzen".

120 Haben die Lebensgefährten einen förmlichen **Mietvertrag** abgeschlossen, so gelten die darin fixierten Vereinbarungen, insbesondere darin vereinbarte Kündigungsfristen. Ein solcher Vertragsschluss liegt aber nicht schon konkludent in dem Umstand, dass zwei Partner sich zu einer nichtehelichen Lebensgemeinschaft zusammenschließen und der eine Partner künftig das Hausanwesen des anderen mitbewohnt. Regeln sie ihre Beziehung nicht erkennbar besonders, handelt es sich bei der gemeinsamen Nutzung um einen **rein tatsächlichen Vorgang**, der **keine rechtliche Bindung** begründet.[80]

121 Fehlt es an einem förmlichen Mietvertrag zwischen den Lebensgefährten, so kann der Eigentümer dem Nichteigentümer die Nutzung gleichwohl nicht ohne Weiteres versagen bzw. die Möglichkeit der Nutzung vereiteln (zB durch Austauschen der Schlösser). Speziell dann, wenn – was in aller Regel der Fall ist – dem Partner ein **eigener Wohnungsschlüssel** zur Verfügung gestellt wird, entsteht **Mitbesitz iSd § 866 BGB**.

122 Die Mitbenutzung der gemeinsamen, aber im Alleineigentum eines Partners stehenden Wohnung beruht auf einer **tatsächlichen Gestattung**. Die **Befugnis zur Mitbenutzung endet**, wenn die tatsächliche Gestattung nicht mehr besteht, etwa weil der Eigentümer der Wohnung die Herausgabe des Mitbesitzes verlangt.[81] Damit entfällt auch ein **Besitzrecht iSd § 986 BGB**.

123 Endet die Befugnis zur Mitbenutzung, ist der Eigentümer berechtigt, ab diesem Zeitpunkt eine **Nutzungsentschädigung** zu verlangen.

78 Vgl. OLG Hamm 11.4.2005 – 4 WF 86/05, FamRZ 2005, 2085.
79 Vgl. *Haußleiter/Schulz* Vermögensauseinandersetzung, 5. Aufl. 2011, Kap. 11 Rn. 26.
80 BGH 30.4.2008 – XII ZR 110/06, NJW 2008, 2333 (2335).
81 Vgl. BGH 30.4.2008 – XII ZR 110/06, NJW 2008, 2333 (2334).

Weigert sich der Nichteigentümer, die Wohnung zu verlassen, benötigt der Eigentümer für eine zwangsweise Räumung einen **Räumungstitel**. Für den Nichteigentümer besteht unter Umständen jedoch die Möglichkeit, die Einräumung einer **Räumungsfrist** nach § 721 Abs. 1 ZPO zu beantragen. 124

Achtung: Wird der Nichteigentümer eigenmächtig vom Eigentümer aus der Wohnung ausgesperrt, kann dieser im Wege der einstweiligen Verfügung **Wiedereinräumung seines (Mit-)Besitzes gem. § 861 BGB** verlangen.[82] 125

c) Nutzungsrechte und Pflichten bei gemeinsamer Miete. Ein gemeinsam von beiden Lebensgefährten abgeschlossener Mietvertrag kann nur von beiden **gemeinsam gekündigt** werden. Gegenüber dem Vermieter besteht insbesondere kein Anspruch des ausgezogenen Partners, aus dem **Mietverhältnis entlassen** zu werden. Der Mietvertrag kann weder einseitig gekündigt noch kann ein wirksamer **Aufhebungsvertrag** mit dem Vermieter geschlossen werden, ohne dass der andere Partner mitwirkt.[83] 126

Zieht einer der Partner aus, haftet er im **Außenverhältnis** weiterhin als Gesamtschuldner auf Zahlung der vollen Miete (§§ 421, 427 BGB). Für das **Innenverhältnis** besteht jedoch die Gestaltungsmöglichkeit nach § 426 Abs. 1 BGB, was wiederrum voraussetzt, dass sich beide über die anderweitige Ausgestaltung – zumindest konkludent – einigen. 127

Gelingt dieses, resultiert daraus ein **Freistellungs- oder Befreiungsanspruch** des ausgezogenen Partners.[84] Ein solcher kann auch bereits dann in Betracht kommen, wenn einer der Partner aus der gemeinsam gemieteten Wohnung auszieht und der andere zu erkennen gibt, dass er beabsichtigt, die Wohnung weiterhin allein zu nutzen.[85] 128

Gleiches gilt für den Fall, dass es **vor Einzug** in eine gemeinsam angemietete Wohnung zur **Trennung** der nichtehelichen Lebensgemeinschaft kommt, einer der Partner gleichwohl in die Wohnung einzieht.[86]

Gelingt eine Einigung nicht und weigert sich einer der Partner, gegenüber dem Vermieter eine gemeinsame Kündigung auszusprechen, finden die Vorschriften des **Gesellschaftsrechts** Anwendung: Nach Scheitern einer nichtehelichen Lebensgemeinschaft können die vormaligen Lebensgefährten regelmäßig wechselseitig die Mitwirkung bei der Kündigung des Mietverhältnisses hinsichtlich der bisher gemeinsam bewohnten Wohnung verlangen.[87] Gestützt wird der Anspruch auf die Bestimmungen über die **Auflösung der Gesellschaft** (§§ 705, 723 Abs. 1 S. 1 BGB) oder der **Gemeinschaft** (§§ 741, 749, 242 BGB).[88] Dieses gilt auch für den Partner, der in der Wohnung dauerhaft zu bleiben beabsichtigt.[89] 129

Der sich weigernde Partner ist im Streitfall also auf **Abgabe der Kündigungserklärung** zu verklagen. Mit Rechtskraft der Entscheidung gilt die Erklärung gem. § 894 ZPO als abgegeben. 130

Da die Kündigungsfristen des § 573 c BGB im **Innenverhältnis** zwischen den Partnern einer nichtehelichen Lebensgemeinschaft nicht gelten, muss die Kündigungsfrist nach **§ 242 BGB aber angemessen sein.**[90] 131

---

82 AG Kiel 13.8.1999 – 108 C 59/99, NJW-RR 2001, 154; FA-FamR-HdB/*Weinreich*, 11. Aufl., Kap. 11 Rn. 105 (mit Verweis auf Rn. 98).

83 FA-FamR-HdB/*Weinreich*, 11. Aufl., Kap. 11 Rn. 99.

84 *Schulz/Hauß* Vermögensauseinandersetzung Kap. 10 Rn. 2198.

85 Vgl. OLG Köln 25.6.2003 – 19 U 203/02, FamRZ 2003, 1664.

86 LG Koblenz 15.6.2000 – 14 S 263/99, FamRZ 2001, 95.

87 OLG Düsseldorf 2.5.2007 – 10 W 29/07, FamRZ 2007, 154.

88 OLG Hamburg 18.5.2001 – 8 U 177/00, NJW-RR 2001, 1012 bei Ehegatten; AG Bad Homburg 24.3.1992 – 2 C 2499/91, NJW-RR 1992, 1035; *Schulz* FamRZ 2007, 593 (600).

89 Vgl. OLG Düsseldorf 2.5.2007 – 10 W 29/07, FamRZ 2007, 154.

90 *Schulz/Hauß* Vermögensauseinandersetzung Kap. 10 Rn. 2200; AG Bad Homburg 24.3.1992 – 2 C 2499/91, NJW-RR 1992, 1035 für eine unangemessen lange Kündigungsfrist.

132 Ziehen beide aus der gemeinsamen Wohnung aus, haften beide **gesamtschuldnerisch** für die Miete **bis zum Ablauf der Kündigungsfrist.**[91]

133 **d) Nutzungsrechte und Pflichten bei Alleinmiete.** Ist nur einer der Lebensgefährten Mieter einer Wohnung bzw. Immobilie, kann hinsichtlich der Rechte und Pflichten der Partner nach Scheitern der nichtehelichen Lebensgemeinschaft auf die Ausführungen bei Alleineigentum eines der Partner (→ Rn. 118 ff.) verwiesen werden. Rechte und Pflichten gleichen sich. Auch das Gewaltschutzgesetz greift bei Vorliegen häuslicher Gewalt (→ Rn. 116).

134 Bevor es jedoch zur Begründung von Mitbesitz kommt, tritt häufig die Frage auf, ob der Vermieter berechtigt ist, seinem Mieter die **Aufnahme seines Lebensgefährten in die Wohnung zu untersagen**. Das Gesetz sieht in § 540 Abs. 1 S. 1 BGB und § 553 Abs. 1 BGB (als Sondervorschrift für die Wohnungsmiete) für Dritte eine **Erlaubnispflicht** für den Mieter vor, wobei der **Lebensgefährte Dritter** im Sinne dieser Normen ist, und zwar unabhängig von Bestehen oder Art sexueller Beziehungen.[92]

Vor dem Hintergrund der mittlerweile gewandelten sozialen Anschauungen über hetero- oder homosexuelle Lebensgemeinschaften und der darauf beruhenden Wertentscheidungen des Mietrechtsreformgesetzes ist der – nicht näher zu begründende, weil auf höchstpersönlichen Motiven beruhende – Wunsch des Mieters, eine solche Gemeinschaft zu bilden oder fortzusetzen, in aller Regel für die **Darlegung eines berechtigten Interesses** an der Aufnahme des Dritten in die Wohnung ausreichend.

135 Stützt der Mieter gegenüber dem Vermieter sein Anliegen auf eine derartige Absicht, hat er einen **klagbaren Rechtsanspruch auf Erteilung der Erlaubnis**, die der Vermieter nur dann versagen kann, wenn in der Person des Dritten ein wichtiger Grund vorliegt, der Wohnraum übermäßig belegt würde oder dem Vermieter die Überlassung aus sonstigen Gründen nicht zugemutet werden kann.[93]

2. Kraftfahrzeuge

136 Besteht Miteigentum an einem Kfz und gelingt es den Partnern nicht, über dessen Schicksal und Verbleib eine Einigung zu erzielen, sieht das Gesetz für die Auseinandersetzung die **öffentliche Versteigerung** nach §§ 753 Abs. 1, 1235 Abs. 1, 383 Abs. 3 BGB vor. Es liegt dabei auf der Hand, dass – zumindest in wirtschaftlicher Hinsicht – dieser Weg der Auseinandersetzung dringend vermieden werden sollte. Allein die Kosten einer vom Gerichtsvollzieher zu bewirkenden öffentlichen Versteigerung, die vom Erlös in Abzug zu bringen und somit von den Miteigentümern gemeinsam zu tragen sind, zehren vielfach einen Großteil des Erlöses auf.

Es sollte daher – ggf. nach erfolgter Wertermittlung – einer der Partner das Fahrzeug **gegen Zahlung eines vereinbarten Wertanteiles übernehmen** oder aber das Fahrzeug **freihändig verkauft** und der Erlös hälftig bzw. vereinbarungsgemäß geteilt werden. Ist es gleichwohl nicht möglich, die öffentliche Versteigerung zu vermeiden, ist der ggf. verbleibende **Erlös hälftig zu teilen**, und zwar unabhängig davon, ob bspw. nur einer der Partner finanziell für das Fahrzeug aufgekommen ist.[94]

137 Es greift erneut (→ Rn. 25) das **grundsätzliche Abrechnungs- und Verrechnungsverbot** von im Rahmen der Haushalts- und Lebensführung erbrachten Leistungen der Partner nach deren Trennung.

138 In der Praxis zumeist fraglich bzw. oftmals schwierig zu beantworten ist die im Vorfeld zu klärende Frage, ob **Miteigentum oder Alleineigentum** eines der Partner am Kfz besteht.

139 Alleineigentum eines Partners besteht dann, wenn er das Fahrzeug bereits **vor der Begründung der Lebensgemeinschaft** hatte und in die Beziehung eingebracht hat. Scheitert die Beziehung, ist allein er

91 Vgl. aber *Schulz/Hauß* Vermögensauseinandersetzung Kap. 10 Rn. 2201; OLG Köln 20.12.2005 – 4 U 17/05, FamRZ 2006, 1123 zur Alleinverdiener-Ehe und Fortsetzung der Aufgabenteilung nach der Scheidung.

92 Palandt/*Weidenkaff* BGB § 540 Rn. 5, BGB § 553 Rn. 4.

93 BGH 5.11.2003 – VIII ZR 371/02, NJW 2004, 56 (58).

94 Vgl *Schulz/Hauß* Vermögensauseinandersetzung Kap. 10 Rn. 2217.

berechtigt, das Kfz zu behalten. Ein Ersatzanspruch des anderen Partners für Aufwendungen auf das Fahrzeug während bestehender Gemeinschaft besteht nicht (Abrechnungsverbot, → Rn. 25).

Bei einem Erwerb des Fahrzeuges **während bestehender Lebensgemeinschaft** hat derjenige Partner einen Herausgabeanspruch, der sein Alleineigentum nachweisen kann. Derjenige Partner, der sich auf sein Alleineigentum beruft, hat zu beweisen, dass im Zeitpunkt des Erwerbs die Voraussetzungen des § 929 BGB vorlagen.

Nachdem es in der Praxis in der Regel an ausdrücklichen Erklärungen der Beteiligten hierzu mangelt, hat die Beantwortung der Frage, ob Alleineigentum eines der Partner gegeben ist, oftmals anhand einer **Sammlung und Abwägung von Indizien** zu erfolgen.

Die **alleinige Unterschrift eines der Partner auf dem Kaufvertrag** reicht für den Nachweis des Allein- 140
eigentums jedenfalls nicht aus. Zur Rechtslage zwischen Ehegatten hat der Bundesgerichtshof in diesem Zusammenhang entschieden, dass bei der Anschaffung größerer Haushaltsgegenstände der Kaufvertrag – oftmals wegen besonderer Kenntnisse oder Erfahrungen eines Ehepartners auf einem bestimmten Gebiet – vielfach nur von einem der Ehegatten abgeschlossen wird, ohne dass das Interesse auch des anderen Ehepartners am Erwerb des Einrichtungsgegenstands zweifelhaft sein kann.[95] Treten bspw. beide Partner gegenüber dem Verkäufer als Käufer auf, erwerben sie **hälftiges Miteigentum**.[96] Im Übrigen wäre in derartigen Fällen immer derjenige Partner benachteiligt, der im Rahmen der Gestaltung der Lebensgemeinschaft andere, jedoch gleichwertige Leistungen wie bspw. die Betreuung der gemeinsamen Kinder übernommen hat.

Diese Grundsätze gelten auch für nichteheliche Lebensgemeinschaften, was es erforderlich macht, auf der 141
Basis des zugrunde liegenden Sachverhaltes eine Auslegung und Abwägung vorzunehmen.

Ausgangspunkt für die Abwägung der Indizien sollte die Frage sein, ob die **Beziehung im Zeitpunkt des** 142
Erwerbs des Fahrzeugs stabil war, oder sich bereits in der Schieflage, sich ggf. sogar schon in Auflösung befand.

Im Anschluss daran helfen oftmals folgende **Fragestellungen**:

- Wer hat den Kaufvertrag unterschrieben?
- Wer steht im Fahrzeugbrief als Eigentümer?
- Wer steht im Fahrzeugschein als Halter?
- Wer hat das Fahrzeug bezahlt?
- Wer hat die Kfz-Steuer/die Kfz-Versicherung gezahlt?
- Wer hat die Reparaturen gezahlt?
- Wer hat das Fahrzeug ausgesucht?
- Wer hat das Fahrzeug regelmäßig gefahren?
- Sind beide Partner im Besitz einer Fahrerlaubnis?

Beweisbelastet für das Bestehen von Alleineigentum ist derjenige Partner, der sich auf ein solches beruft. 143
Gelingt dem beweisbelasteten Partner der Nachweis des Alleineigentums nicht oder können sich beide Partner auf Mit- bzw. Alleineigentum begründende Indizien berufen, greift die **Miteigentumsvermutung des § 1006 Abs. 1 S. 1 BGB**.

Gelingt der Nachweis des Alleineigentums, steht dem Eigentümer ein **Herausgabeanspruch** auf der Basis 144
des § 985 BGB zu. Nutzt der andere Partner das Fahrzeug weiter, steht dem Eigentümer daneben ab dem Zeitpunkt, ab dem die Herausgabe verlangt wurde, ein **Nutzungsersatzanspruch** zu.

95 Vgl. BGH 23.3.2004 – XI ZR 114/03, FamRZ 2004, 1017 bei kreditfinanzierter Anschaffung eines PKW von Ehegatten.

96 Vgl. OLG Hamm 7.6.2002 – 29 U 1/02, FamRZ 2003, 530.

145 In den Fällen, in denen ein Partner ein Fahrzeug zu Alleineigentum erworben hat, der andere zu dessen Finanzierung jedoch einen Kredit aufgenommen hat, kann dieser für die Zeit nach der Trennung **Erstattung der Kreditraten auf Basis eines Auftragsverhältnisses** verlangen (Aufwendungsersatzanspruch, § 670 BGB). Ein solcher besteht jedoch nicht, wenn der das Alleineigentum des anderen finanzierende Partner das Kfz ebenfalls genutzt hat.[97] In diesem Fall wurde nämlich nicht ausschließlich ein Geschäft des anderen besorgt.

146 Diese Entscheidung verwundert zumindest auf den ersten Blick, führt sie doch dazu, dass der Nichteigentümer die Kreditraten trotz zwischenzeitlicher Trennung ohne Erstattungsanspruch weiter zu leisten hat. Nach der Rechtsprechung des Bundesgerichtshofs macht es jedoch keinen Unterschied, ob das Fahrzeug des anderen aus Guthaben oder aus Kredit finanziert wurde. Vielmehr bestand zum Zeitpunkt der Anschaffung die Lebensgemeinschaft noch und der Kredit wurde zu deren Ausgestaltung aufgenommen, was einem Erstattungsanspruch entgegensteht.

147 Für die Zeit vor der Trennung scheitern jegliche Erstattungsansprüche am **allgemeinen Abrechnungs- und Aufrechnungsverbot** (→ Rn. 25).

3. Haushaltsgegenstände

148 Bei Haushaltsgegenständen hat zunächst die **Zuordnung des Eigentums** zu erfolgen. Steht ein Haushaltsgegenstand im Alleineigentum eines Lebensgefährten, steht diesem der Herausgabeanspruch des § 985 BGB zu. Beweisbelastet für das Bestehen von Alleineigentum ist derjenige, der ein solches geltend macht und behauptet. Die **Bezahlung der Anschaffungsrechnung** entscheidet auch bei den Haushaltsgegenständen nicht über die Frage des Eigentums (→ *Haushaltssachen* Rn. 17).

149 Bei **Gegenständen von geringerem Wert** ist aber davon auszugehen, dass diese in aller Regel für die Gemeinschaft angeschafft werden. Die Zahlung erfolgt dann durch denjenigen, der sie gerade anschafft, ohne dass Alleineigentum begründet werden soll bzw. wird.[98]

150 Bei bestehendem **Miteigentum** oder Scheitern des Nachweises von Alleineigentum hat die Auseinandersetzung in Natur zu erfolgen. Ist eine solche nicht möglich, greift das Gemeinschaftsrecht (**Teilung durch Pfandverkauf**, § 753 Abs. 1 BGB mit hälftiger Erlösverteilung).

151 Haushaltsgegenstände, die einer der Partner mit in die Beziehung gebracht hat, bleiben dessen Alleineigentum. § 1568 b BGB gilt weder unmittelbar, noch ist die Vorschrift analog anwendbar.

4. Guthaben auf Bankkonten

152 **a) Gemeinschaftskonten.** Grundsätzlich ist bei der Frage der Auseinandersetzung von Kontoguthaben zuerst die **Kontoinhaberschaft** zu klären.

153 Bankkonten können als **Einzelkonto** eines Lebensgefährten geführt sein. **Gemeinsame Konten** können als sog. „**Und-Konten**" oder als „**Oder-Konten**" bestehen.

Letztgenannte unterscheiden sich dadurch, dass bei einem „Oder-Konto" jeder Kontoinhaber allein verfügungsberechtigt ist, während bei einem „Und-Konto" nur beide Kontoinhaber gemeinsam verfügen können. In der Praxis kommen „Und-Konten" eher selten vor, da ihre Handhabung zumeist umständlich ist. Gleichwohl bietet das „Und-Konto" ein absolutes Maß an Sicherheit gegen unberechtigte Verfügungen eines der Kontoinhaber.

154 Guthaben auf **gemeinschaftlichen Konten** stehen gem. § 430 BGB beiden Kontoinhabern **zu gleichen Anteilen** zu, unabhängig davon, ob sie miteinander verheiratet sind oder nicht. Es ist auch unerheblich,

---

97 Vgl. OLG Oldenburg 26.2.1986 – 3 U 229/85, FamRZ 1986, 465.
98 FA-FamR-HdB/*Weinreich*, 11. Aufl., Kap. 11 Rn. 117.

woher das Geld stammt, ob es also bspw. nur von einem der Kontoinhaber auf das Konto eingezahlt oder überwiesen wurde.[99] Im Falle der Trennung ist das Kontoguthaben folglich hälftig zu teilen.

Während bestehender Lebensgemeinschaft kommt ein Ausgleich von Abhebungen eines Partners, die über den Hälftebetrag hinausgehen, regelmäßig nicht in Betracht. Im Rahmen einer intakten Beziehung ist von einem – zumindest konkludenten – Verzicht auf Ausgleichsansprüche auszugehen.[100] 155

Etwas anderes kann nur dann gelten, wenn das Geld nicht für Gemeinschaftszwecke verwendet wurde[101] oder über Beträge verfügt wurde, die über eine ordentliche Wirtschaftsführung hinausgehen.[102] **Beweisbelastet** für die nicht gemeinschaftsbezogene Verwendung ist der den Ausgleich begehrende Partner. 156

Wurde **nach erfolgter Trennung** von einem Partner über mehr als den Hälftebetrag verfügt, ist der **Differenzbetrag** zu erstatten. Gleiches gilt auch im Falle des **Versterbens** eines Kontoinhabers.[103] 157

b) Einzelkonten. Vom Gemeinschaftskonto grundlegend zu unterscheiden ist die alleinige Kontoinhaberschaft eines der Partner (bei der dem anderen vielfach Kontovollmacht eingeräumt wird). Berechtigt am Kontoguthaben ist allein der Kontoinhaber. Kommt es zur Trennung, so erlischt im **Innenverhältnis** zwischen den ehemaligen Partnern die dem anderen erteilte **Kontovollmacht**. 158

Im **Außenverhältnis** bleibt eine solche allerdings so lange bestehen, bis sie nach Maßgabe des § 170 BGB **widerrufen** wurde. Es ist daher dringend ratsam, im Falle der Trennung die dem anderen erteilten Vollmachten unverzüglich bei den beteiligten Banken zu widerrufen. 159

Verfügt der ehemals Bevollmächtigte nach der Trennung gleichwohl über das Einzelkonto des anderen, werden dadurch zwar **Schadenersatzansprüche** gem. § 823 Abs. 2 BGB iVm § 266 Abs. 1 StGB begründet. Der Kontoinhaber kann daneben auch die **Herausgabe des Geldes** gem. § 687 Abs. 2 BGB verlangen. Die Ansprüche können jedoch ins Leere gehen, sollte das Geld bereits ausgegeben und anderweitiges Vermögen nicht vorhanden sein. 160

Auch bei Einzelkonten gilt, dass dem Kontoinhaber unabhängig von der Herkunft der Gelder das Guthaben grundsätzlich allein zusteht. In seinem Urteil vom 11.9.2002 führt der Bundesgerichtshof[104] jedoch im Falle von Einzahlungen von Ehegatten auf ein alleiniges Sparkonto eines der Ehegatten aus: 161

„Die Ehegatten können aber – auch stillschweigend – eine Bruchteilsberechtigung des Ehegatten, der nicht Kontoinhaber ist, an der Kontoforderung vereinbaren. Unter welchen Voraussetzungen eine solche konkludente Vereinbarung anzunehmen ist, hängt von den Umständen des Einzelfalls ab. Leisten etwa beide Ehegatten Einzahlungen auf ein Sparkonto und besteht Einvernehmen, daß die Ersparnisse beiden zugute kommen sollen, so steht ihnen die Forderung gegen die Bank im Innenverhältnis im Zweifel zu gleichen Anteilen gemäß den §§ 741 ff BGB zu ... “.

Auch wenn die vorgenannte Entscheidung das Innenverhältnis zwischen Ehegatten betrifft, ist kein Grund ersichtlich, warum die Grundsätze nicht auch auf die nichteheliche Lebensgemeinschaft anwendbar sein sollten. Es ist in der Praxis also in jedem Fall ratsam, auch bei Einzelkonten zu prüfen, ob nicht ein Anspruch auf **Teilhabe am Kontoguthaben** des Nicht-Kontoinhabers nach den Grundsätzen der Bruchteilsgemeinschaft in Betracht kommt. 162

5. Schulden

Wie bei der Frage der Aufteilung von Kontoguthaben ist auch bei der Frage der Haftung für Verbindlichkeiten zunächst zu prüfen, ob die Partner der nichtehelichen Lebensgemeinschaft gesamtschuldnerisch 163

---

99 BGH 29.11.1989 – IVb ZR 4/89, NJW 1990, 705 für Ehegatten.
100 *Schulz/Hauß* Vermögensauseinandersetzung Kap. 6 Rn. 1795 für Ehegatten.
101 *Schulz* FPR 2010, 373 (378).
102 *Schulz/Hauß* Vermögensauseinandersetzung Kap. 10 Rn. 2221.
103 FA-FamR-HdB/*Weinreich*, 11. Aufl., Kap. 11 Rn. 200.
104 BGH 11.9.2002 – XII ZR 9/01, FamRZ 2002, 1696 (1697).

haften oder nur einer der Partner allein die Haftung übernommen hat. In beiden Fällen können sich jedoch für das Innenverhältnis der Partner Abweichungen von der rein formalen Haftung im Außenverhältnis ergeben:

164 **a) Gesamtschulden.** Haben Partner einer nichtehelichen Lebensgemeinschaft gemeinsam ein Darlehen aufgenommen, haften sie im **Außenverhältnis** gem. § 426 Abs. 1 S. 1 BGB zu gleichen Teilen, soweit nicht ein anderes bestimmt ist.

165 Während bestehender Lebensgemeinschaft gilt ein **umfassendes Verrechnungs- und Abrechnungsverbot** (→ Rn. 25), weshalb keine Ausgleichsansprüche desjenigen bestehen, der die Verbindlichkeiten tatsächlich bedient hat. Es gilt vielmehr der Grundsatz, dass im Rahmen einer bestehenden Lebensgemeinschaft derjenige von den Partnern Zahlungen oder Leistungen erbringt, der dazu besser in der Lage ist,[105] es sei denn, die Partner haben tatsächlich eine andere Regelung unter sich getroffen.

166 Spätestens und ausdrücklich seit der Entscheidung des Familiensenates des Bundesgerichtshofs vom 3.2.2010[106] steht fest, dass Ausgleichsansprüche eines Partners nicht nur für erbrachte Leistungen während der Zeit des Zusammenlebens ausscheiden, sondern auch für solche Leistungen, die **nach der Trennung** von einem der Partner auf gemeinsame Verbindlichkeiten erbracht wurden, aufgrund der Art und Weise der Gestaltung des täglichen Zusammenlebens während bestehender Lebensgemeinschaft aber eben von diesem Partner auch zu erbringen gewesen wären.[107]

In folgenden weiteren Fällen kommt im Innenverhältnis eine **alleinige Haftung eines der Partner für Gesamtschulden** in Betracht:

a) Ein Partner übernimmt nach der Trennung einen gesamtschuldnerisch finanzierten Gegenstand zu Alleineigentum bzw. nutzt diesen allein.
b) Mit einem gemeinschaftlichen Kredit wurden Verbindlichkeiten eines der Partner getilgt bzw. die Verbindlichkeiten ausschließlich in dessen Interesse aufgenommen.
c) Auszug eines Partners aus der gemeinsam angemieteten Wohnung im Einverständnis des anderen bei dessen Verbleib in der Wohnung.

167 Zieht im letztgenannten Fall der Lebensgefährte **ohne Einverständnis des anderen** aus der gemeinsam angemieteten Wohnung aus, so haftet er bis zum Ablauf der gesetzlichen Kündigungsfrist hälftig für die Miete weiter.[108]

168 Losgelöst von der vorstehend dargestellten Rechtslage bleibt stets zu prüfen, inwieweit – gerade nach Beendigung einer nichtehelichen Lebensgemeinschaft mit einem Alleinverdiener – die Rechtsprechung des Bundesgerichtshofs zur **Sittenwidrigkeit von Bürgschaft/Mithaftung** Anwendung finden kann.[109]

169 **b) Alleinschulden.** Für allein auf den eigenen Namen begründete Verbindlichkeiten haftet jeder Partner grundsätzlich selbst und ausschließlich. Etwas anderes gilt ausnahmsweise dann, wenn die Verbindlichkeiten ausschließlich zu dem Zweck aufgenommen wurden, bereits **bestehende Verbindlichkeiten des anderen** zu tilgen. Zumindest für die **Zeit nach der Trennung** (vorher gilt das Verrechnungsverbot) kommt in diesen Fällen ein Aufwendungsersatzanspruch bzw. Freistellungsanspruch des Kreditnehmers gegen seinen Ex-Lebensgefährten in Betracht (→ Rn. 48).

105 BGH 3.2.2010 – XII ZR 53/08, FamRZ 2010, 542 (543).
106 BGH 3.2.2010 – XII ZR 53/08, FamRZ 2010, 524.
107 Vgl. BGH FamRZ 2010, 542 (543); die Entscheidung betrifft Mietzahlungen des allein verdienenden Lebensgefährten bei gemeinsamem Mietvertrag.
108 So *Schulz/Hauß* Vermögensauseinandersetzung Kap. 10 Rn. 2232.
109 Vgl. bspw. BGH 25.4.2006 – XI ZR 330/05, FamRZ 2006, 1024.

VI. Ausgleichsansprüche bei Tod eines Partners

In gleicher und vor allem konsequenter Weise setzt der Bundesgerichtshof mit seiner Entscheidung vom 25.11.2009[110] seine Rechtsprechung zu Ausgleichsansprüchen bei Scheitern der Lebensgemeinschaft auch für den Fall der Beendigung der Lebensgemeinschaft durch Tod eines Partners fort. Die Weichen hierfür hatte der Bundesgerichtshof bereits mit seiner Entscheidung vom 31.10.2007[111] gestellt. 170

1. Problemstellung

Die Frage, ob und inwieweit Ausgleichsansprüche gegen einen Partner einer nichtehelichen Lebensgemeinschaft bestehen, ist nicht nur dann relevant, wenn die Beziehung durch bewusste und selbstbestimmte Entscheidung beendet wird, sondern auch dann, wenn die Beendigung durch den Tod eines Partners erfolgt. Denkbar ist in diesen Fallkonstellationen die Geltendmachung von **Ausgleichsansprüchen durch die Erben des Verstorbenen** für dessen lebzeitig erbrachte Zuwendungen an den überlebenden Partner. In gleicher Weise denkbar sind **Ausgleichsansprüche des überlebenden Partners** für von ihm erbrachte Zuwendungen gegen die Erben des Verstorbenen, also des Zuwendungsempfängers. 171

2. Rechtsprechung des Bundesgerichtshofs bis zum 31.10.2007

Nach der (früheren) Rechtsprechung des Bundesgerichtshofs zu Ausgleichsansprüchen bei Beendigung einer Lebensgemeinschaft durch Trennung scheiterten solche am Grundsatz des umfassenden Abrechnungs- und Aufrechnungsverbotes. Ob die nichteheliche Lebensgemeinschaft durch Trennung oder durch Tod beendet wurde, war in rechtlicher Hinsicht nicht relevant. 172

Soweit nach Beendigung der Lebensgemeinschaft noch ein Ausgleich erfolgte, dann allein aus **Solidarität**, nicht in Erfüllung einer Rechtspflicht. Der nichtehelichen Lebensgemeinschaft war nach der Rechtsprechung des zunächst noch zuständigen 2. Zivilsenates des Bundesgerichtshofs die Vorstellung, für Leistungen im gemeinsamen Interesse könnten „Gegenleistungen“, „Wertersatz“, „Ausgleichung“ oder „Entschädigung“ verlangt werden, grundsätzlich fremd.[112] Etwas anderes sollte nur dann gelten, wenn die Partner diesbezüglich eine besondere Vereinbarung getroffen hatten. 173

Erst nachdem die Zuständigkeit des XII. (Familien-)Senates begründet wurde, trat eine Änderung der Rechtsprechung ein. Auch ohne ausdrückliche anderweitige Vereinbarung kamen Ausgleichsansprüche ausnahmsweise in Betracht, und zwar nach gesellschaftsrechtlichen Grundsätzen. **Voraussetzung** war, dass durch gemeinschaftliche Leistung zwischen den Partnern – zumindest konkludent – eine Innengesellschaft begründet wurde, was in der Regel dann in Betracht kam, wenn ein Vermögenswert geschaffen wurde, der in dinglicher Hinsicht nur einem der Partner gehörte, beide Partner jedoch die Absicht verfolgt hatten, einen gemeinschaftlichen Vermögenswert zu schaffen, der von ihnen gemeinsam genutzt und ihnen nach ihrer Vorstellung gemeinsam gehören sollte. Aufgrund des fehlenden Rechtsbindungswillens zwischen Partnern einer nichtehelichen Lebensgemeinschaft erschien eine Bewertung nach gesellschaftsrechtlichen Gesichtspunkten erforderlich.[113] 174

Sowohl Ansprüche aus Bereicherungsrecht, insbesondere wegen Zweckverfehlung, als auch Ansprüche wegen Wegfalls der Geschäftsgrundlage kamen grundsätzlich nicht in Betracht (zum Wandel der Rechtsprechung insgesamt → Rn. 19 ff.; → 2. Aufl. 2013, Rn. 23 ff.).

3. Rechtsprechung des Bundesgerichtshofs nach dem 31.10.2007

a) Tod des Zuwendenden. So wie in den beiden Entscheidungen des Bundesgerichtshofs vom 9.7.2008, die die Frage des Bestehens von Ausgleichsansprüchen nach trennungsbedingter Beendigung der Lebensgemeinschaft zum Inhalt hatten, erkennt der Bundesgerichtshof in seiner Entscheidung vom 31.10.2007 175

110 BGH 25.11.2009 – XII ZR 92/06, FamRZ 2010, 277.
111 BGH 31.10.2007 – XII ZR 261/04, FamRZ 2008, 247.
112 Vgl. BGH 24.3.1980 – II ZR 191/79, NJW 1980, 1520 (1521).
113 Vgl. BGH 28.9.2005 – XII ZR 189/02, NJW 2006, 1268 (1270).

auch bei der Beendigung einer nichtehelichen Lebensgemeinschaft durch Tod eines Partners erstmals an, dass den Erben Ausgleichsansprüche auch nach bereicherungsrechtlichen Grundsätzen bzw. wegen Wegfalls der Geschäftsgrundlage zustehen können.[114]

176 Es bleibt zwar dabei, dass Ausgleichsansprüche grundsätzlich hinsichtlich solcher Leistungen ausscheiden, die das Zusammenleben in der gewollten Art erst ermöglicht haben, die also auf das gerichtet sind, was die **Gemeinschaft Tag für Tag benötigt**.[115]

177 In den Fällen jedoch, in denen Leistungen des verstorbenen Partners hierüber hinausgegangen sind, kommen **Ausgleichsansprüche für die Erben** unter verschiedenen Gesichtspunkten in Betracht, die der Bundesgerichtshof in seiner Entscheidung vom 25.11.2009[116] im Einzelnen dargestellt hat.

178 Der Entscheidung lag der **Sachverhalt** zugrunde, dass der verstorbene Partner einer nichtehelichen Lebensgemeinschaft lebzeitig zunächst einen hälftigen Miteigentumsanteil, einige Zeit danach auch den weiteren hälftigen Miteigentumsanteil einer von beiden bewohnten Immobilie auf seine Lebensgefährtin übertragen hatte. Die Immobilie war bei der Anschaffung von ihm alleine bezahlt und teilweise finanziert worden. Die Darlehensraten wurden von ihm gezahlt. Für den Fall des Scheiterns der Beziehung hatte er sich einen Rückübertragungsanspruch vorbehalten sowie ein lebenslanges Wohnrecht eintragen lassen. Nach seinem Tod verlangten seine Erben Ausgleich der Zuwendungen von der Lebensgefährtin.

179 Der Bundesgerichtshof prüfte zunächst die Frage des Bestehens von Ausgleichsansprüchen nach § 426 Abs. 1 BGB, verneinte diese jedoch mit der Begründung, dass eine **Ausgleichspflicht nach Kopfteilen** den tatsächlichen Verhältnissen einer nichtehelichen Lebensgemeinschaft nicht gerecht wird. Das Gesamtschuldverhältnis wird durch die nichteheliche Lebensgemeinschaft überlagert, was als „andere Bestimmung" iSd§ 426 Abs. 1 S. 1 BGB gilt.

180 Im nächsten Schritt setzte der Bundesgerichtshof sich mit der Frage auseinander, ob dem verstorbenen Lebensgefährten ein Ausgleichsanspruch nach **gesellschaftsrechtlichen Grundsätzen** zugestanden haben könnte, der auf seine Erben übergegangen ist. Auch diese Frage wird verneint, nachdem derartige Ansprüche nur dann in Betracht kommen, wenn die Partner die Absicht verfolgt haben, mit dem Erwerb eines Vermögensgegenstands, etwa einer Immobilie, einen – wenn auch nur wirtschaftlich – gemeinschaftlichen Wert zu schaffen, der von ihnen für die Dauer der Partnerschaft nicht nur gemeinsam genutzt werden, sondern ihnen nach ihrer Vorstellung auch wirtschaftlich gemeinsam gehören sollte.

Gegen die Vorstellung der Schaffung eines gemeinsamen Vermögenswertes spricht sowohl das eingeräumte lebenslange Wohnrecht als auch der Rückübertragungsanspruch für den Fall des Scheiterns der Beziehung.

181 Geprüft wurden vom Bundesgerichthof darüber hinaus **bereicherungsrechtliche Ansprüche** wegen Zweckverfehlung (§ 812 Abs. 1 S. 2 Alt. 2 BGB). Durch das lebenslange Wohnrecht, welches der Erblasser sich im Rahmen der Überschreibung des Miteigentums hatte einräumen lassen, konnte der von ihm verfolgte Zweck, nämlich die Möglichkeit der Nutzung, zwar problemlos festgestellt werden. Dieser von ihm beabsichtigte Zweck wurde aber gerade erreicht, nachdem der Erblasser bis zu seinem Tod in der Immobilie wohnte.

182 Und aus eben diesem Grund kommen nach der Entscheidung des Bundesgerichtshofs auch keine Ausgleichsansprüche der Erben wegen **Wegfalls der Geschäftsgrundlage** in Betracht. In der Regel kommt einzig die Beziehung der Lebensgefährten als Geschäftsgrundlage in Betracht. Diese bestand aus Sicht des Zuwendenden jedoch bis zu seinem Tod, ist folglich also nicht gescheitert oder weggefallen. Für Ansprüche wegen Wegfalls der Geschäftsgrundlage bleibt daher nur dann Raum, wenn die Geschäftsgrundlage über die Beziehung hinaus geht bzw. ging.

---

114 BGH 31.10.2007 – XII ZR 261/04, NJW 2008, 443; *v. Proff* FPR 2010, 382 (384).
115 BGH 3.2.2010 – XII ZR 53/08, NJW 2010, 868 = FPR 2010, 409.
116 BGH 25.11.2009 – XII ZR 92/06, FamRZ 2010, 277.

Im Ergebnis kommt es daher regelmäßig nicht zu einem Ausgleichsanspruch der Erben des Zuwendenden gegen die überlebende Lebensgefährtin. Neu an der Rechtsprechung des Bundesgerichtshofs ist jedoch, dass nunmehr – wie auch bei trennungsbedingter Beendigung der nichtehelichen Lebensgemeinschaft – Ausgleichsansprüche sowohl nach Bereicherungsrecht als auch wegen Wegfalls der Geschäftsgrundlage ausdrücklich möglich sind. 183

Obwohl der verstorbene Lebensgefährte im vorgenannten Fall bei seinem Tod noch verheiratet war, setzt sich der Bundesgerichtshof mit der Frage, ob Rückforderungsansprüche der Erben auf der Basis einer **Sittenwidrigkeit** der erbrachten Leistungen in Betracht kommen, nicht (mehr) auseinander. Zwar ist die frühere Rechtsprechung des Bundesgerichtshofs zum „**Geliebtentestament**", bei der derartige Zuwendungen im Zweifel als Belohnung für geschlechtliche Hingabe galten und damit sittenwidrig waren, längst überholt. Gleichwohl ist die Möglichkeit der Sittenwidrigkeit von Zuwendungen zwischen Partnern einer nichtehelichen Lebensgemeinschaft nicht von vornherein auszuschließen, da eine solche auch nach der neueren Rechtsprechung durchaus noch in den Fällen in Betracht kommen kann, in denen der Zuwendung eine verwerfliche, ehe- bzw. familienfeindliche Gesinnung zugrunde lag, die dem Ehegatten bzw. den Kindern nicht zuzumuten ist.[117] 184

b) Tod des Zuwendungsempfängers. In seiner Entscheidung vom 25.11.2009 hatte der Bundesgerichtshof zwar ausschließlich den Fall zu entscheiden, in dem der Zuwendende verstorben war. Gleichwohl setzt der Bundesgerichtshof sich – zumindest kurz – auch mit der Frage auseinander, wie die Rechtslage im Falle des Versterbens des Zuwendungsempfängers zu beurteilen ist, wenn der Zuwendende an dem Vermögenswert bspw. deswegen nicht mehr partizipieren kann, weil dieser **auf die Erben des Zuwendungsempfängers übergeht**. 185

Konsequenterweise lässt der Bundesgerichtshof auch in diesen Fällen Raum für Ausgleichsansprüche des Zuwendenden gegen die Erben des Zuwendungsempfängers sowohl auf Basis eines Wegfalls der Geschäftsgrundlage als auch auf bereicherungsrechtlicher Ebene wegen Zweckverfehlung. Dieses jedenfalls in den Fällen, in denen die durch den Tod beendete Beziehung Geschäftsgrundlage des Zuwendenden für seine Leistung war. 186

VII. Zuständigkeiten/Prozessuales

1. Gerichtliche Zuständigkeit

Mit Inkrafttreten des FamFG zum 1.9.2009 hat der Gesetzgeber durch die §§ 266–268 FamFG das **große Familiengericht** ins Leben gerufen. Streitigkeiten, die eine besondere Nähe zu familienrechtlich geregelten Rechtsverhältnissen aufweisen oder die in engem Zusammenhang mit der Auflösung eines solchen Rechtsverhältnisses stehen, unterfallen der Zuständigkeit der Familiengerichte. Sowohl vor als auch nach Inkrafttreten des FamFG sind die Familiengerichte für **Unterhaltsstreitigkeiten** und Streitigkeiten aus dem Bereich des **Sorge- und Umgangsrechts** zwischen Partnern einer nichtehelichen Lebensgemeinschaft zuständig. 187

Gleichwohl hat der Gesetzgeber sich dagegen entschieden, auch **vermögensrechtliche Streitigkeiten** zwischen den Lebensgefährten den Familiengerichten zuzuordnen. Bis zum Bundesgerichtshof, bei dem die Geschäftsverteilung eine Zuständigkeit des XII. (Familien-)Senates vorsieht, sind also – streitwertabhängig – in erster Instanz die Amts- bzw. Landgerichte für Streitigkeiten aus den Bereichen sachlich zuständig, in denen es nicht um Unterhalt bzw. Sorge- oder Umgangsrecht geht. 188

Für die örtliche Zuständigkeit ergeben sich keine Besonderheiten.

117 Vgl. *Weinreich* FPR 2010, 379.

2. Verjährung von Ansprüchen

189 Zur Vermeidung von Störungen des Familienfriedens hat der Gesetzgeber in § 207 BGB die **Hemmung der Verjährung** von Ansprüchen aus familiären Gründen geregelt. Der in dieser Vorschrift genannte **Personenkreis** ist jedoch abschließend, was im Ergebnis dazu führt, dass Ansprüche von Partnern einer nichtehelichen Lebensgemeinschaft der Vorschrift nicht unterfallen. Der Gesetzgeber hat sich damit bewusst gegen die im Gesetzgebungsverfahren ausgesprochene Empfehlung des Bundesrates entschieden.

3. Pfändungsfreigrenzen

190 Im Rahmen der **Pfändung von Arbeitseinkommen** sieht § 850 c Abs. 1 S. 2 ZPO eine Erhöhung der Pfändungsfreigrenzen vor. Die Erhöhung greift jedoch nur dann, wenn dem nichtehelichen Partner Unterhalt nach § 1615 l BGB gewährt wird.

191 Erforderlich ist also die Gewährung von Unterhalt aufgrund einer **gesetzlichen Verpflichtung**. Die Gewährung von Unterhalt im Verhältnis der nichtehelichen Partner untereinander führt also außerhalb der gesetzlichen Unterhaltsverpflichtung nicht zu einer Erhöhung der Pfändungsfreigrenzen. Dieses betrifft auch den Fall von Anträgen auf **Abänderung des unpfändbaren Teils** von Arbeitseinkommen nach § 850 f ZPO, der ebenfalls ausdrücklich auf gesetzlich bestehende Unterhaltspflichten abstellt.

4. Ersatzzustellungen an den Lebensgefährten

192 § 178 Abs. 1 Nr. 1 ZPO sieht vor, dass die Zustellung eines Schriftstücks in der Wohnung des Empfängers auch dann wirksam ist, wenn es einem **erwachsenen ständigen Mitbewohner** übergeben wird. Unter diesen Personenkreis fallen auch die zusammenlebenden Partner einer nichtehelichen Lebensgemeinschaft. Eine Zustellung an den Lebensgefährten ist – unter der Einschränkung des § 178 Abs. 2 ZPO – daher zulässig und wirksam.

5. Gewahrsamsvermutung

193 Im Rahmen der **Zwangsvollstreckung wegen beweglicher Sachen** gegen Ehegatten und Lebenspartner gilt zugunsten der Gläubiger der jeweilige Schuldner sowohl als Alleineigentümer als auch als alleiniger Besitzer, § 1362 Abs. 1 S. 1 BGB, § 739 Abs. 1 ZPO. Diese gesetzliche Vermutung ist auf die nichteheliche Lebensgemeinschaft weder unmittelbar noch entsprechend anwendbar.[118]

6. Zeugnisverweigerungsrecht

194 Weder im Zivilprozess (§ 383 ZPO) noch im Strafprozess (§ 52 StPO) hat der Gesetzgeber für die Partner einer nichtehelichen Lebensgemeinschaft ein **Zeugnisverweigerungsrecht aus persönlichen Gründen** vorgesehen. Wenngleich in der Literatur teilweise die analoge Anwendung der Vorschriften gefordert wird, hat sich diese Auffassung bislang nicht durchgesetzt. Die zwischen Partnern einer nichtehelichen Lebensgemeinschaft bestehenden persönlichen Beziehungen sind im Vergleich zu denen zwischen Ehegatten, Lebenspartnern nach dem Lebenspartnerschaftsgesetz und Verlobten nicht konkret genug definiert, weshalb eine Analogie abgelehnt wird.

7. Prozess-/Verfahrenskostenhilfe

195 Bei der im Rahmen der Entscheidung über die Bewilligung von Prozess-/Verfahrenskostenhilfe gem. § 115 ZPO vorzunehmenden Prüfung des Einsatzes von Einkommen und Vermögen findet **keine Zurechnung von Einkommen des Lebensgefährten** statt. Gleiches gilt für den Wert einer Haushaltsführung durch den die Prozess-/Verfahrenskostenhilfe begehrenden Lebensgefährten. In gleicher Weise scheidet jedoch auch ein **Abzug von Leistungen** aus, die der die Prozess-/Verfahrenskostenhilfe begehrende Lebensgefährte seinem Partner gegenüber erbracht hat bzw. erbringt.

118 BGH 14.12.2006 – IX ZR 92/05, NJW 2007, 992.

177. Nutzungsvergütung und Unterhalt

Poppen

I. Nutzungsvergütung

1. Anspruchsgrundlagen

1 Der (Mit-)Eigentümer einer Immobilie oder (Mit-)Berechtigte eines Wohnrechts[1] kann von dem anderen Ehegatten, der die Immobilie allein oder mit gemeinsamen Kindern nutzt, eine Nutzungsvergütung verlangen. Für die Trennungszeit ergibt sich das aus § 1361 b Abs. 3 S. 2 BGB (→ *Wohnungszuweisung nach Trennung* Rn. 16 ff.), für die Zeit nach Rechtskraft der Ehescheidung besteht ein **Anspruch auf Begründung eines Mietverhältnisses** mit Festsetzung eines Mietzinses (§ 1568 a Abs. 5 BGB; → *Wohnungszuweisung nach Scheidung* Rn. 21 ff.). Diese familienrechtlichen Ansprüche verdrängen die allgemeinen Ansprüche aus §§ 987 Abs. 1, 990 Abs. 1, 100, 745 Abs. 2 BGB.[2] Sie bestehen auch bei freiwilliger Nutzungsüberlassung (→ *Wohnungszuweisung nach Trennung* Rn. 30).[3] Für die Zeit nach Rechtskraft der Ehescheidung bleibt es bei den **allgemeinen Ansprüchen**, wenn keiner der Ehegatten die Begründung eines Mietverhältnisses verlangt hat.[4]

2. Höhe

2 Die Höhe der Nutzungsvergütung in der **Trennungszeit** nach § 1361 b Abs. 3 S. 2 BGB richtet sich nach **Billigkeit** (→ *Wohnungszuweisung nach Trennung* Rn. 17). Hier gelten die gleichen Grundsätze wie bei der Bemessung des anzurechnenden Wohnwertes bei der Unterhaltsberechnung (→ *Wohnwert* Rn. 4 ff.). Dabei kann bei der Billigkeitsabwägung auch berücksichtigt werden, dass dem zur Zahlung der Nutzungsvergütung verpflichteten Ehegatten dann ein Ehegattenunterhaltsanspruch zustehen könnte, wenn bei dem die Nutzungsvergütung fordernden Ehegatten die Nutzungsvergütung als zusätzliches Einkommen berücksichtigt wird und Ehegattenunterhaltsansprüche bislang nicht festgelegt worden sind.[5] Verlangt einer der Ehegatten **nach Rechtskraft der Ehescheidung** die Begründung eines Mietverhältnisses, richtet sich die Miethöhe nach den ortsüblichen Bedingungen, dh es ist der **Marktmietwert** zugrunde zu legen (§ 1568 a Abs. 5 S. 3 BGB).

3 Für die Vergangenheit kann eine Nutzungsvergütung erst nach einer eindeutigen Zahlungsaufforderung verlangt werden.[6] Das Unterlassen einer **ziffernmäßigen Mahnung** durch einen Rechtsanwalt kann Regressansprüche begründen.[7] Nimmt der die Immobilie nutzende Ehegatte, der die Kreditlasten gezahlt hat, den anderen Ehegatten auf **Gesamtschuldnerausgleich** in Anspruch, was grundsätzlich ohne Mahnung rückwirkend möglich ist (→ *Gesamtschuldnerausgleich und Unterhalt* Rn. 7), kann diesem Anspruch der Anspruch auf Nutzungsvergütung bis zur Höhe des geltend gemachten Ausgleichsanspruchs entgegengehalten werden,[8] auch wenn die Nutzungsvergütung nicht angemahnt worden ist. Dies folgt daraus, dass beide Ansprüche aus einem einheitlichen Rechtsverhältnis resultieren.

1 BGH 18.12.2013 – XII ZB 268/13, NJW 2014, 462.
2 BGH 22.2.2017 – XII ZB 137/16, NJW 2017, 2544.
3 BGH 15.2.2006 – XII ZR 202/03, NJW-RR 2006, 1081.
4 Palandt/*Brudermüller* BGB § 1568 a Rn. 8; OLG Schleswig 24.3.2010 – 15 UF 166/09, FamRZ 2010, 1985.
5 OLG Frankfurt a. M. 9.5.2012 – 4 UF 14/12, FamRZ 2013, 135.
6 OLG Hamm 6.122013 – II-14 UF 166/13, NJW 2014, 1022.
7 OLG Düsseldorf 23.2.2010 – 24 U 164/09, FPR 2010, 586.
8 BGH 13.1.1993 – XII ZR 212/90, NJW-RR 1993, 386.

II. Verrechnung beim Unterhalt

1. Trennungsunterhalt

4 Werden in der Trennungszeit die Vor- und Nachteile der Nutzung einer gemeinschaftlichen oder im Alleineigentum des anderen Ehegatten stehenden Immobilie in die Unterhaltsrechnung einbezogen, hat diese **Unterhaltsregelung** Vorrang und schließt ergänzende Ansprüche auf Nutzungsvergütung aus (→ *Nutzungsvergütung und Unterhalt* Rn. 11). Insbesondere ist es nicht möglich, wenn bei der Unterhaltsbemessung ein angemessener Mietwert berücksichtigt worden ist, die Differenz zum Marktmietwert nach § 1361 b Abs. 3 S. 2 BGB geltend zu machen. Die Einbeziehung in die Unterhaltsregelung stellt eine abschließende Regelung dar. Zahlt ein Ehegatte dem anderen eine Nutzungsvergütung, ist bei einem Unterhaltsverfahren der Wohnvorteil abzüglich der gezahlten Nutzungsvergütung auf der einen Seite zu berücksichtigen. Auf der anderen Seite stellt die Nutzungsvergütung ein zusätzliches Einkommen dar.[9]

2. Nachehelicher Unterhalt

5 Ist im Rahmen der Festsetzung des nachehelichen Unterhalts der Wohnwert bereits berücksichtigt, lässt das die Zweckmäßigkeit des Verlangens nach der Begründung eines Mietverhältnisses nach § 1568 a Abs. 5 BGB nicht entfallen. Zwar kann, wenn der Wohnwert in die Unterhaltsberechnung einbezogen worden ist, ein Anspruch auf Miete daneben nicht durchgesetzt werden;[10] die **Begründung eines Mietverhältnisses** dient allerdings dem **Schutz** des Berechtigten beim **Verkauf** der Ehewohnung durch den Alleineigentümer oder bei einer **Teilungsversteigerung** bei Miteigentum.[11] Im Fall der Veräußerung kann der Ehepartner sich gegenüber dem Erwerber der Immobilie auf § 566 BGB berufen. Dieser tritt in das bestehende Mietverhältnis ein. Im Fall der Teilungsversteigerung ist das Sonderkündigungsrecht des Erstehers nach § 57 a ZVG gem. § 183 ZVG ausgeschlossen. Deshalb kann in diesen Fällen der Mietvertrag andererseits auch zeitlich begrenzt werden (→ *Wohnungszuweisung nach Scheidung* Rn. 10 aE). Der Anspruch auf Begründung des Mietverhältnisses kann im Wege der einstweiligen Anordnung nach §§ 49 ff. FamFG durchgesetzt werden.

---

9 OLG Koblenz 15.4.2019 – 7 UF 53/19, FamRZ 2020, 239.
10 Johannsen/Henrich/Althammer/*Dürbeck* BGB § 1568 a Rn. 53.
11 Johannsen/Henrich/Althammer/*Dürbeck* BGB § 1568 a Rn. 50.

178. Obliegenheit zur Verbraucherinsolvenz

Schausten

I. Einführung

Im Rahmen der Ermittlung des unterhaltsrechtlich relevanten Einkommens stellt sich bei Vorhandensein erheblicher Verbindlichkeiten die Frage, ob der Unterhaltspflichtige gehalten ist, ein Verbraucherinsolvenzverfahren einzuleiten. Hintergrund hierfür ist, dass die Eröffnung des Verbraucherinsolvenzverfahrens die Leistungsfähigkeit des Unterhaltspflichtigen deutlich erhöhen kann. Das Einkommen des – abhängig beschäftigten – Unterhaltspflichtigen fällt nämlich nur insoweit in die Insolvenzmasse, als es den Pfändungsfreibetrag **des § 850 c Abs. 1 ZPO übersteigt**. Zudem können **laufende Unterhaltsansprüche** in den Vorrechtsbereich des § 850 d ZPO vollstreckt werden: Unterhaltsgläubiger können wegen des Verbots der Einzelzwangsvollstreckung für andere Gläubiger hinsichtlich ihrer laufenden Unterhaltsansprüche auf den Differenzbetrag zwischen den Pfändungsfreigrenzen des § 850 c ZPO und dem dem Schuldner zu belassenden Unterhalt iSv § 850 d Abs. 1 S. 2 ZPO zugreifen. Ebenso kann der **selbstständig tätige Insolvenzschuldner** beantragen, dass ihm von den pfändbaren Ansprüchen so viel als Einkommen belassen wird, wie er für den eigenen Unterhalt und den der Unterhaltsberechtigten benötigt (§ 36 Abs. 1 InsO iVm § 850 i Abs. 1 ZPO); dieser Betrag kann allerdings nicht höher sein als der Pfändungsfreibetrag bei einem abhängig Beschäftigten. 1

Bei der Frage, ob der Unterhaltspflichtige gehalten sein kann, einen Antrag auf Einleitung des Verbraucherinsolvenzverfahrens zu stellen, ist zu berücksichtigen, dass die Rechtsprechung es **grundsätzlich ablehnt**, den Ansprüchen von Unterhaltsberechtigten einen **allgemeinen Vorrang** vor anderen Verbindlichkeiten des Unterhaltspflichtigen einzuräumen.[1] Es ist dem Unterhaltsschuldner nämlich auch aus verfassungsrechtlichen Gründen unzumutbar, durch seine Unterhaltszahlungen immer tiefer in Schulden zu geraten. Da aber nunmehr mit der Restschuldbefreiung im Rahmen eines Verbraucherinsolvenzverfahrens dem Unterhaltspflichtigen die Möglichkeit eröffnet wurde, den ohne Berücksichtigung von Drittschulden bemessenen laufenden Unterhalt zu zahlen und dennoch nach Ablauf der Wohlverhaltensphase Befreiung von den Schulden zu erlangen, musste diese Rechtsprechung überdacht werden. 2

Der Bundesgerichtshof hat in zwei wesentlichen Entscheidungen die Richtlinien vorgegeben; danach ist nunmehr zu unterscheiden zwischen den **Unterhaltsansprüchen von minderjährigen Kindern** und den ihnen gleichgestellten privilegierten Volljährigen einerseits und den **Unterhaltsansprüchen von Ehegatten** andererseits. 3

II. Unterhaltsansprüche Minderjähriger und privilegierter Volljähriger

Wenn ein Verbraucherinsolvenzverfahren zulässig und geeignet ist, den Unterhaltsansprüchen minderjähriger oder ihnen nach § 1603 Abs. 2 BGB gleichgestellter Kinder Vorrang vor sonstigen Verbindlichkeiten des Unterhaltsschuldners einzuräumen, trifft den Unterhaltspflichtigen eine **Obliegenheit zur Einleitung dieses Verfahrens**; es sei denn, er trägt Umstände vor, die eine Antragspflicht im konkreten Einzelfall als unzumutbar darstellen.[2] Begründet wird diese Rechtsprechung mit der gesteigerten Unterhaltspflicht der Eltern gegenüber ihren minderjährigen und privilegierten volljährigen Kindern (§ 1603 Abs. 2 S. 1, 2 BGB). Hinsichtlich dieser Ansprüche sind den Eltern stärkere Anstrengungen zumutbar, als es bei anderen Unterhaltstatbeständen der Fall ist, was den Eingriff in ihre durch Art. 2 Abs. 1 GG geschützte Handlungsfreiheit rechtfertigen kann. 4

1 BGH 9.5.1984 – IVb ZR 74/82, FamRZ 1984, 657.
2 BGH 23.2.2005 – XII ZR 114/03, NJW 2005, 1279.

5 Der Bundesgerichtshof verkennt nicht, dass durch die Einleitung des Insolvenzverfahrens dem Unterhaltsschuldner **weitere Kosten** entstehen. Er kommt aber zu dem Ergebnis, dass diese Kosten den Unterhaltsschuldner nicht unangemessen belasten und für sich allein genommen nicht geeignet sind, das Verfahren für den Unterhaltsschuldner als unzumutbar anzusehen. Auch der Umstand, dass der Unterhaltsschuldner in seiner wirtschaftlichen Selbstständigkeit nicht unerheblich eingeschränkt wird, macht das Insolvenzverfahren nach Auffassung des Bundesgerichtshofs im Vergleich mit den Interessen der minderjährigen Kinder regelmäßig nicht unzumutbar.

6 Bei der Abwägung, ob die Einleitung des Insolvenzverfahrens dem Unterhaltsschuldner zumutbar ist, ist ferner die **Dauer des Insolvenzverfahrens** einerseits und die voraussichtliche Fortdauer der Unterhaltsverpflichtung andererseits zu berücksichtigen. Nur wenn die voraussichtliche Dauer der Unterhaltsverpflichtung deutlich kürzer als die Wohlverhaltensperiode des Insolvenzverfahrens ist, spricht dieser Umstand gegen die Obliegenheit zur Einleitung des Insolvenzverfahrens.

7 Der Umstand, dass mit der Einleitung des Insolvenzverfahrens erhebliche Einschnitte in die Rechte anderer Gläubiger verbunden sind, ist Folge der vom Gesetzgeber geschaffenen Verbraucherinsolvenz; dieser Umstand kann dementsprechend grundsätzlich nicht zu einer Unzumutbarkeit des Verfahrens für den Unterhaltsschuldner führen. Nach geltendem Recht sind Forderungen auf **rückständigen Unterhalt** nicht mehr von der Restschuldbefreiung umfasst, wenn der Schuldner diese vorsätzlich pflichtwidrig nicht gezahlt hat, § 302 Nr. 1 InsO. Die Unterhaltsansprüche sind dann vorsätzlich pflichtwidrig nicht gezahlt worden, wenn eine gesetzliche Unterhaltspflicht besteht, dh wenn der Unterhaltsberechtigte (Kind oder Ehegatte) bedürftig ist und der Unterhaltsschuldner **leistungsfähig** ist.

8 Die unterhaltsrechtliche Obliegenheit zur Einleitung der Verbraucherinsolvenz kann entfallen, wenn es dem Unterhaltsschuldner gelungen ist, sämtliche relevanten Schulden mit einem neuen, langfristig angelegten und in vertretbaren Raten abzutragenden **Kredit** abzulösen. Die für diesen Kredit aufzubringenden Raten sind jedenfalls dann in voller Höhe vom Nettoeinkommen des Unterhaltsschuldners abzusetzen, wenn die berechtigten Unterhaltsgläubiger dadurch nicht schlechter stehen als im Fall der Verbraucherinsolvenz.[3]

III. Unterhaltsansprüche von Ehegatten, Lebenspartnern und nichtehelichen Elternteilen

9 Im Rahmen des **Trennungsunterhalts** trifft den Unterhaltsschuldner grundsätzlich **keine Obliegenheit** zur Einleitung der Verbraucherinsolvenz.[4] Diese Entscheidung ist – wie sich auch aus der Begründung selbst ergibt – auf den **nachehelichen Ehegattenunterhalt** zu übertragen. Darüber hinaus sind keine Gründe ersichtlich, die Unterhaltsansprüche von **Lebenspartnern** anders zu behandeln.

10 Die Rechtsprechung begründet die Unterscheidung zu den Unterhaltsansprüchen minderjähriger und privilegierter volljähriger Kinder damit, dass sich eine Obliegenheit zur Einleitung der Verbraucherinsolvenz nur aus besonders gewichtigen Gründen rechtfertigen lässt, hinter denen die wirtschaftliche Selbstbestimmung des Unterhaltsschuldners, die verfassungsrechtlich geschützt ist, zurücktreten muss. Solche Umstände sind regelmäßig in der gesteigerten Unterhaltspflicht gegenüber minderjährigen und privilegierten volljährigen Kindern nach § 1603 Abs. 2 BGB zu erblicken. Denn diese Unterhaltspflicht beruht auf dem verfassungsrechtlichen Gebot zur Pflege und Erziehung der Kinder aus Art. 6 Abs. 2 und 5 GG und überwiegt deswegen grundsätzlich die nur im Rahmen der allgemeinen Gesetze durch Art. 2 Abs. 1 GG gewährleistete allgemeine Handlungsfreiheit des Unterhaltsschuldners. Hinzu kommt, dass minderjährige und privilegierte volljährige Kinder in der Regel keine Möglichkeit haben, selbst für ihren Unterhalt zu sorgen. Diese Begründung ist auf den Unterhaltsanspruch getrennt lebender oder geschiedener Ehegatten nicht in gleicher Weise übertragbar. Wegen der grundsätzlichen Möglichkeit getrennt lebender oder geschiedener Ehegatten, den eigenen Unterhalt selbst sicherzustellen, hat der Gesetzgeber die gesteigerte Unterhaltspflicht nicht – wie in § 1603 Abs. 2 BGB – auf den Ehegattenunterhalt erstreckt. Zudem ist

3 OLG Hamm 10.11.2006 – 11 UF 145/06, NJW-RR 2007, 866.
4 BGH 12.12.2007 – XII ZR 23/06, NJW 2008, 851.

der Unterhaltsanspruch von Ehegatten und Lebenspartnern gem. § 1609 BGB dem Unterhaltsanspruch minderjähriger und privilegierter volljähriger Kinder nachrangig.

Auch gegenüber dem Anspruch aus **§ 1615 l Abs. 1, 2 BGB** besteht **keine Obliegenheit** zur Einleitung eines Insolvenzverfahrens mit Restschuldbefreiung.[5] 11

War der Unterhaltsschuldner aufgrund anderweitiger Unterhaltsansprüche minderjähriger oder privilegierter volljähriger Kinder verpflichtet, ein Insolvenzverfahren einzuleiten, sind die Auswirkungen bei der Berechnung des Ehegattenunterhalts bedarfsprägend zu berücksichtigen.[6] 12

IV. Andere Unterhaltsansprüche

Ebenso wenig wie für den Ehegattenunterhalt dürfte auch für weitere Unterhaltsansprüche, beispielsweise für den **Volljährigenunterhalt** oder auch den **Elternunterhalt**, regelmäßig eine Obliegenheit zur Einleitung des Verbraucherinsolvenzverfahrens bestehen. Denn auch gegenüber diesen Unterhaltsansprüchen dürfte die wirtschaftliche Selbstbestimmung des Unterhaltsschuldners höher zu bewerten sein. 13

5 OLG Koblenz 21.7.2005 – 7 UF 773/04, NJW-RR 2005, 1457.
6 OLG Karlsruhe 16.11.2005 – 2 UF 41/05, FamRZ 2006, 953.

179. Patchworkfamilie im Erbrecht

Schwarz

1 In der heutigen Gesellschaft sind Ehen, in denen nicht nur gemeinsame Kinder, sondern auch einseitige Abkömmlinge, zB aus früheren Beziehungen, vorhanden sind, keine Seltenheit. Daraus können sich verschiedene Erbrechtsziele ergeben, denen in der Gestaltungspraxis Rechnung zu tragen ist.

I. Zielvorstellung: Vererben des Vermögens nur an die eigenen einseitigen Kinder

2 Die einseitigen Abkömmlinge erhalten hier als Erben die Vermögenssubstanz. Zur Absicherung des überlebenden Ehegatten wird diesem regelmäßig ein weitgehendes **Nutzungsrecht** zugewendet (zB in Gestalt eines Nießbrauchsvermächtnisses).

3 Problem: Dieser Nachlassplan wird durch Pflichtteilsrechte (→ *Pflichtteilsrecht* Rn. 1 ff.) des überlebenden Ehegatten sowie die Möglichkeit der Ausschlagung und Forderung des Zugewinnausgleichs (§ 1371 Abs. 3 BGB) gefährdet. Dem kann dadurch begegnet werden, dass die Eheleute zB in einem Ehevertrag den Zugewinnausgleichsanspruch nach § 1371 Abs. 2 und 3 BGB ausschließen. Hinsichtlich der Pflichtteilsproblematik kann durch einen **gegenseitigen Pflichtteilsverzicht** Vorsorge getragen werden.

II. Zielvorstellung: Vermögensrechtliche Gleichstellung aller Kinder

4 Häufig besteht unter den Eheleuten der Wunsch, sich gegenseitig zu Alleinerben einzusetzen. Beim Tod des Längerlebenden (Schlusserbfolge) soll dann eine gleichmäßige Teilhabe aller Kinder erfolgen. Die Eheleute bedienen sich dazu des **Berliner Testaments** (Einheitslösung).

5 Problem: Einseitige Abkömmlinge sind jeweils beim Erbfall ihres Elternteils pflichtteilsberechtigt.

6 **Beispiel:** Ehemann und Ehefrau sind im gesetzlichen Güterstand verheiratet. Der Ehemann hat ein Kind K 1, die Ehefrau hat drei Kinder K 2, K 3 und K 4 aus einer früheren Ehe. Stirbt nun die Ehefrau zuerst, so erbt der Ehemann alleine. Die drei Kinder der verstorbenen Ehefrau (K 2, K 3 und K 4) haben bei diesem ersten Erbfall Pflichtteilsansprüche. Stirbt danach der überlebende Ehemann, so kommen aufgrund der angeordneten Schlusserbfolge K 1, K 2, K 3 und K 4 zu gleichen Teilen zur Erbfolge, also alle zu jeweils 1/4. K 1 wäre jedoch als alleiniger gesetzlicher Erbe seines letztversterbenden Vaters bereits zu 1/2 pflichtteilsberechtigt. Seine Quoteneinsetzung von 1/4 liegt darunter, so dass K 1 bei diesem zweiten Erbfall einen Pflichtteilsrestanspruch nach § 2305 BGB hätte. Diese Konstellationen beim ersten und zweiten Erbfall können zu einer erheblichen Störung der von den Eheleuten angedachten gleichmäßigen Vermögensverteilung nach ihrer beider Tod auf alle vier Kinder führen.

7 **Lösungsüberlegungen**:

- Der störenden Geltendmachung von Pflichtteilen kann am besten durch entsprechende **Pflichtteilsverzichtverträge** (→ *Pflichtteilsverzicht* Rn. 1 ff.) begegnet werden. Dies setzt jedoch die Bereitschaft der Beteiligten zum Abschluss solcher Pflichtteilsverzichtsverträge voraus. Sollte ein Verzicht erklärt werden, sind die verzichtenden Kinder durch auflösende Bedingungen abzusichern, falls nämlich die Eheleute nachträglich anderweitige Verfügungen treffen. Der Pflichtteilsverzicht ist auflösend bedingt für den Fall der Änderung der Nachlassverteilung, wobei die Elternteile zusätzlich jeweils Verzichtserklärungen hinsichtlich der Einrede der Verjährung abgeben.
- Nicht selten sind die Kinder zur Abgabe eines Pflichtteilsverzichts jedoch nicht bereit. Sollten die Kinder im Übrigen noch minderjährig sein, so wird es häufig auch an einer Beibringung der erforderlichen familiengerichtlichen Genehmigung fehlen. Für diesen Fall:

  Durch **bedingte Quotenvermächtnisse** (→ *Vermächtnis* Rn. 1 ff.) mit Beschwerung des überlebenden Ehegatten und Begünstigung der leiblichen Kinder des Erstversterbenden kann die Berechnungsgrundlage für den Pflichtteilsrestanspruch des Kindes des überlebenden Ehegatten reduziert werden. Dieser

Anspruch soll aber nur realisiert werden können, wenn der Pflichtteilsrestanspruch geltend gemacht wird. Andernfalls entfallen die Herausgabevermächtnisse (auflösende Bedingung).

Die Kinder, die beim Erstversterbenden ihren Pflichtteil verlangen, erhalten kein Quotenvermächtnis. 8
Dieses wird insofern ebenfalls auflösend bedingt verfügt. Ferner entfällt die Schlusserbeneinsetzung der Kinder des Erstversterbenden, falls diese den Pflichtteil nach dessen Tod geltend machen (**Pflichtteilsstrafklausel**).

180. Patientenverfügung

Reetz

I. Legaldefinition und Reichweite

1 Die gesetzliche Grundlage der Patientenverfügung[1] einschließlich ihrer Legaldefinition findet sich seit dem Inkrafttreten des 3. BtÄndG (2009) in § 1901 a Abs. 1 BGB[2] (zur Registrierung im Vorsorgeregister → *Vorsorgevollmacht* Rn. 21).

2 Die Bedeutung dieses Instituts liegt – unabhängig von ihrer gesetzlichen Verankerung – in der Verwirklichung grundlegender Freiheitsgrundrechte des Verfügenden, nämlich auf **körperliche Unversehrtheit und Selbstbestimmung** (Art. 2 Abs. 2 S. 1 GG). In den **Schutzbereich dieser Grundrechte** fallen alle Arten von willensgestützten Entscheidungen eines (später) Patienten zu ihn betreffenden **ärztlichen** (und pflegerischen) **Maßnahmen**, und zwar auch dann, wenn sie nicht unmittelbar bevorstehen und/oder in ihrer Konsequenz zum Tode führen können (= **Sterbeautonomie**). Die grundrechtliche Dimension bedingt wiederum, dass **Zwangsbehandlungen** nur unter den engen Voraussetzungen des § 1906 a BGB zulässig sein können.

3 Ihrer engen **Definition** nach ist eine „Patientenverfügung" iSd § 1901 a Abs. 1 BGB die einseitige **schriftliche Willensbekundung** eines **einwilligungsfähigen Volljährigen,** für den Fall seiner (späteren) **Einwilligungsunfähigkeit** bei Vorliegen bestimmter oder zumindest bestimmbarer Umstände (= zukünftige Lebens- und Behandlungssituation) in **ärztlicherseits angebotene Untersuchungen** seines Gesundheitszustandes, **Heilbehandlungen** oder **sonstige Eingriffe** einzuwilligen, sie abzulehnen oder auch abzubrechen (= antizipierte Behandlungsentscheidung). Die derart definierte „Patientenverfügung" kann für jeden Fall und jedes Stadium einer **im Errichtungszeitpunkt noch nicht vorliegenden, jedoch sodann behandlungsbedürftigen Krankheit** mit dem Anspruch auf Beachtung und situationsbezogener Umsetzung getroffen werden (= Fernwirkung, Zukunftsbezug der Verfügung). Zu bedenken ist dabei, dass die nicht empfangsbedürftigen Willensbekundungen in einer Patientenverfügung weder rechtsgeschäftliche Willenserklärungen (§§ 104 ff. BGB) noch Verfügungen ieS darstellen, sondern **geschäftsähnliche Erklärungen** in der Art einer **Gestattung oder Ermächtigung zur Vornahme tatsächlicher Handlungen** darstellen, die in den Rechtskreis des Verfügenden eingreifen.[3]

4 **Adressaten** einer Patientenverfügung sind die sodann involvierten Ärzte, das Pflegepersonal, der Vorsorgebevollmächtigte/Betreuer, die Vertrauenspersonen iSd § 1901 b Abs. 2 BGB und nicht zuletzt das Betreuungsgericht.[4]

---

1 Früher auch: Patiententestament, Patientenbrief, Euthanasietestament oder Patientenvollmacht; Formulare: Kersten/Bühling/*Kordel* FormB FGG § 96 Rn. 89 ff.; *Müller/Renner* BetreuungsR und Vorsorgeverfügungen Rn. 435 ff., 1115 ff.; Bergschneider/*Winkler* BeckFormB FamR Form. S.V.1.; *Zimmermann* Vorsorgevollmacht; Lipp/Röthel/Spalckhaver/*Lipp* Vorsorge-HdB 353 ff.; Bayerisches Staatsministerium der Justiz: http://www.freistaat.bayern/dokumente/leistung/299431265284; grundlegend *Uhlenbruck* NJW 1978, 566; BGH 25.6.2010 – 2 StR 454/09, DNotZ 2011, 34 mAnm *Albrecht* – sog. „Bad Hersfelder Entscheidung"; BGH 10.11.2010 – 2 StR 320/10, DNotZ 2011, 622; *Albrecht* MittBayNot 2003, 348; *Langenfeld* ZEV 2003, 449.

2 Insgesamt zur Entstehungsgeschichte: MüKoBGB/*Schwab* § 1901 a Rn. 1.

3 BGH 28.6.1988 – VI ZR 288/87, BGHZ 105, 45 (47 f.) = NJW 1988, 2946 f.

4 MüKoBGB/*Schwab* § 1901 a Rn. 8.

5 Der in der Praxis vielen Verfügenden vor Augen stehende, einer „Patientenverfügung“ zugrunde liegende Sachverhalt der **medizintechnischen Lebensverlängerung**, wenn das Grundleiden einen irreversiblen und letztlich tödlichen Verlauf angenommen hat,[5] beschreibt den möglichen **Umfang** und die gedachte **Reichweite** von Anordnungen und Äußerungen eines künftigen Patienten in einer Patientenverfügung eingeschränkt und mehr als ungenau. Bereits aus § 1901 a Abs. 3 BGB ergibt sich demgegenüber, dass es gerade keine Reichweitenbeschränkungen für Patientenverfügungen gibt. Vor allem ist deren Anwendungsbereich nicht auf das Endstadium tödlich verlaufender Krankheiten beschränkt. Soweit sich in einer konkreten Beratungssituation allerdings ergibt, dass die Reichweite beispielsweise auf Fälle eines „*länger andauernden Wachkomas*“ oder „*schwerer Hirnschädigungen bzw. Demenz*“, die ein Leben mit eigener Persönlichkeitsgestaltung und bewusster Umweltwahrnehmung gänzlich ausschließen, beschränkt werden soll, können auch gewillkürte Reichweitenbeschränkungen unter Beachtung des Bestimmtheitsgrundsatzes zum Verfügungsinhalt gemacht werden.

6 **Maßnahmen der Basisbetreuung** unterfallen nicht § 1901 a Abs. 1 BGB; sie sind für Ärzte und Pflegepersonal immer verpflichtend und können durch eine Patientenverfügung nicht unterbunden werden.[6] Hierher gehören Maßnahmen zur ärztlichen Sterbebegleitung, menschenwürdigen Unterbringung, Zuwendung, Körperpflege, des Linderns von Schmerzen, Atemnot und Übelkeit sowie das Stillen von Hunger und Durst auf natürlichem Wege. Allerdings kann der von dem Verfügenden bestellte Vorsorgebevollmächtigte zur **Überwachung von Maßnahmen der Basisbetreuung** ausdrücklich befugt werden. Wünsche des Verfügenden über den Ort, die **Auswahl der Klinik** oder des behandelnden Arztes etc sind kein möglicher Inhalt einer „Patientenverfügung“.

7 Eine „Patientenverfügung“ oder jede andere Art einer Patientenäußerung mit dem Anspruch auf Bindung Dritter und Umsetzung darf die Grenzziehung zur strafbaren „**aktiven Sterbehilfe**“ nicht verwischen; Behandlungsanweisungen und -wünsche zur „aktiven Sterbehilfe“ oder gar zur **Tötung auf Verlangen** können kein wirksamer Inhalt einer „Patientenverfügung“ sein.[7]

II. Form und Errichtung

8 Die qualifizierte Patientenverfügung iSd § 1901 a Abs. 1 BGB bedarf zumindest der Schriftform (§ 126 Abs. 1 BGB „Unterschriftsform“; § 126 a BGB ist anwendbar) und kann als Ausdruck des „wirklichen Willens“ lediglich von einwilligungsfähigen und volljährigen Verfügenden errichtet werden; es gilt zudem der Grundsatz der Höchstpersönlichkeit, rechtsgeschäftliche oder gesetzlich begründete Vertretung ist bei der Errichtung einer Patientenverfügung ausgeschlossen. Auch ein rechtsgeschäftlich berufener **Vorsorgebevollmächtigter** oder ein gerichtlich bestellter **Betreuer** können für den Vertretenen keine Patientenverfügung errichten, ändern oder widerrufen.

Das Schriftformerfordernis bewirkt ua, dass **Schreibunfähige** ihre qualifizierte Patientenverfügung notariell beurkunden lassen müssen (§ 126 Abs. 4 BGB, § 25 BeurkG). Hat der Verfügende das **Formerfordernis nicht beachtet**, jedoch eindeutig und auch nachweisbar konkrete und situationsbezogene Willensbekundungen über die Einwilligung oder Nichteinwilligung in eine bestimmte, noch nicht unmittelbar bevorstehende ärztliche Maßnahme abgegeben, liegt zwar keine qualifizierte Patientenverfügung gem. § 1901 a Abs. 1 BGB vor, nicht aber ein Fall der Nichtigkeit iSd § 125 S. 1 BGB. Nicht formgerecht geäußerte Behandlungsentscheidungen sind vielmehr in der kongruenten Lebens- und Behandlungssituation, soweit

---

5 Grundlegend BGH 13.9.1994 – 1 StR 357/94, NJW 1995, 204; nunmehr BGH 10.11.2010 – 2 StR 320/10, DNotZ 2011, 622 mit Anm. *Ihrig*.

6 BT-Drs. 16/8442, 13.

7 Grundlegend zur strafrechtlichen Abgrenzung BGHSt 40, 257 = NJW 1995, 204; nunmehr BGH NJW 2011, 161 = DNotZ 2011, 622 mAnm *Ihrig*; BGH 25.6.2010 – 2 StR 454/09, DNotZ 2011, 34 mAnm *Albrecht* – sog. „Bad Hersfelder Entscheidung“; zur straffreien Suizidassistenz und zum Recht auf Zugang zu Betäubungsmitteln bei Suizidabsicht BVerwG 2.3.2017 – 3 C 19/15, FamRZ 2017, 1183; BVerfG 21.12.2015 – 2 BvR 2347/15, NJW 2016, 558; zu sozialrechtlichen Aspekten des Bestands einer Witwenrente/Sterbegeld LSG Berlin-Brandenburg 7.11.2013 – L 3 U 36/12, NJW-Spezial 2014, 328.

es sich eindeutig um **freien Willensbetätigungen** handelt, als **Behandlungswunsch** (§ 1901 a Abs. 2 S. 1 BGB) bei der Umsetzungsentscheidung des Vorsorgebevollmächtigten/Betreuer zwingend zu beachten.[8] Insoweit ist der mit dem Formerfordernis einhergehende Grundrechtseingriff nicht allein durch Übereilungsschutz, Klarstellungsinteresse und Beweisfunktion gerechtfertigt, sondern durch die fortgeltende Bedeutung der nicht formgerechten Patientenäußerung nach § 1901 a Abs. 2 BGB auch verhältnismäßig.

Patientenverfügungen sollten Angaben zu Zeit und Ort ihrer Errichtung enthalten; ein Wirksamkeitserfordernis ist dies indes nicht.[9]

9 Der Abgrenzung zwischen **Einwilligungs- und Geschäftsfähigkeit** des Verfügenden kommt in der gelebten Praxis wenig Bedeutung zu, wohl aber deren Feststellung überhaupt. **Einwilligungsfähigkeit** ist jedenfalls dann gegeben, wenn der Betroffene im Errichtungszeitpunkt über natürliche **Einsichts- und Steuerungsfähigkeit** verfügt, also die Bedeutung, die Tragweite und auch die Risiken seiner antizipierenden Behandlungsentscheidung zu erkennen und abzuschätzen vermag.[10] Auch wenn im Einzelfall ein **Minderjähriger eindeutig einsichts- und steuerungsfähig** ist, können weder er selbst[11] noch seine sorgeberechtigten Eltern oder ein Vormund für ihn eine Patientenverfügung errichten.[12]

10 Die Errichtung der Patientenverfügung kann zusammen mit einer Vorsorgevollmacht in einer oder getrennten Urkunden erfolgen; zwingend ist eine sog. „Paketlösung"[13] nicht. Wird die Patientenverfügung zusammen mit einer Vorsorgevollmacht errichtet, ist sie insoweit zugleich Teil des der Vollmachtserteilung zugrundeliegenden Grundgeschäfts. Erfolgt die Errichtung vor einem Notar (Niederschrift, Unterschriftsbeglaubigung), sollte unbedingt auf das Erfordernis der Umsetzung einer Patientenverfügung durch einen Bevollmächtigten/Betreuer hingewiesen werden. Es erscheint daher sinnvoll, in einer **isolierten Patientenverfügung** einen zur Umsetzung befugten Bevollmächtigten für den Fall zu bestimmen, dass anderweitig kein Bevollmächtigter bestellt ist.[14] Anders als bei rechtsgeschäftlicher Vertretung gilt bei der Umsetzung der Patientenverfügung durch einen Vorsorgebevollmächtigten/Betreuer nicht der Grundsatz der Repräsentation.

III. Verpflichtungs- und Kopplungsverbot

11 Für Patientenverfügungen gilt nach § 1901 a Abs. 4 S. 1 u. 2 BGB ein umfassendes, den freien Willen des Verfügenden schützendes **Verpflichtungs- und Kopplungsverbot**[15] Unwirksam sind daher Verpflichtungen zur Errichtung einer Patientenverfügung in einem Heimvertrag oder in der Gemeinschaftsordnung einer Wohnungseigentumsanlage zum betreuten Wohnen. Unklar sind die Wirkungen des Kopplungsverbots auf eine dennoch errichtete und inhaltlich gewollte Patientenverfügung bzw. das gekoppelte Geschäft.[16]

IV. Fortgeltung, Widerruf und ärztliche Vorab-Mitwirkung bzw. Aufklärung

12 Der durch eine wirksame Patientenverfügung geäußerte wirkliche Wille ist so lange zu beachten, bis sich der geschäftsfähige Verfügende mit erkennbarem Widerrufswillen distanziert.[17] Hierzu bestimmt § 1901 a Abs. 1 S. 3 BGB, dass der Widerruf jederzeit formlos erfolgen kann, also gerade nicht derselben Form wie die Errichtung der Patientenverfügung bedarf. Eine später eingetretene Einwilligungs- bzw. Geschäfts-

8 Siehe BT-Drs. 16/8442, 13.
9 Vgl. Palandt/*Götz* BGB § 1901 a Rn. 11.
10 Vgl. BT-Drs. 17/10488, 23, dort der Begriff „natürliche Willensfähigkeit"; von „Entscheidungsfähigkeit" spricht MüKoBGB/*Schwab* § 1901 a Rn. 9.
11 Abl. *Renner* ZNotP 2009, 370 (377); *Spickhoff* FamRZ 2009, 1949; Palandt/*Götz* BGB § 1901 a Rn. 3.
12 *Müller* NotBZ 2009, 289 (291).
13 Begriff bei Münch/*Renner* FamR-NotGP § 16 Rn. 32.
14 *Müller*, in: WürzNotar-HdB Teil 3 Kap. 3 Rn. 114.
15 *Albrecht/Albrecht* Patientenverfügung Rn. 46; *Spickhoff* FamRZ 2009, 1949 (1954).
16 Instruktiv *Ihrig* notar 2009, 380 (384).
17 Kersten/Bühling/*Kordel* FormB FGG § 96 Rn. 97; siehe bereits *Renner* ZNotP 2004, 388.

unfähigkeit des Verfügenden/Patienten ändert an der Maßgeblichkeit des einmal geäußerten und bis dahin nicht widerrufenen Willens nichts mehr (§ 130 Abs. 2 BGB). Ein Widerrufsverzicht ist in jeder Hinsicht unwirksam.[18] Inhaltliche **Änderungen einer qualifizierten Patientenverfügung** nach § 1901 a Abs. 1 S. 1 BGB, die einen partiellen Widerruf voraussetzen, bedürfen indes wiederum der Schriftform.

Eine regelmäßige Bestätigung oder fortlaufende Erneuerung des geäußerten Patientenwillens bzw. der Patientenverfügung (und der Vorsorgevollmacht) ist unter Wirksamkeitsgesichtspunkten nicht erforderlich;[19] Bestätigungsklauseln sollten daher vermieden werden. Das Gesetz geht von **Fortgeltung** aus. Dennoch sind sog. Fortgeltungsklauseln,[20] die deklaratorische Wirkung und erläuternde Funktion haben, in der Praxis nicht unüblich. Sie enthalten typischerweise den Hinweis darauf, dass die Patientenverfügung (ebenso eine erteilte Vorsorgevollmacht) auch dann wirksam bleibt, wenn der Verfügende geschäftsunfähig werden sollte oder für ihn durch das Betreuungsgericht ein Betreuer bestellt wird. Allerdings sollten unter Beachtung des § 1901 a Abs. 1 S. 3 BGB keine Klauseln verwendet werden, die auf eine **Fortgeltung bis zum schriftlichen Widerruf** abstellen. 13

Der in der Patientenverfügung zum Ausdruck kommende wirkliche Willen des Verfügenden, ist in seiner schriftlichen Verkörperung somit solange zu beachten, bis sich der **einwilligungsfähige Verfügende** mit **erkennbarem Widerrufswillen** hiervon distanziert,[21] also ausdrücklich oder konkludent widerruft.

Kein Wirksamkeitserfordernis der Patientenverfügung ist eine (vorherige) ärztliche Aufklärung und Vorab-Beratung oder gar dessen Mitunterzeichnung bei der notwendigen schriftlichen Abfassung. Allerdings kann eine solche Beratung wichtig und sinnvoll sein.[22] Wird ein Arzt vorab hinzugezogen, kann eine Bezugnahme in die Patientenverfügung aufgenommen werden. Bestehen **Zweifel an der Einwilligungsfähigkeit** des Verfügenden im Zeitpunkt der Verfügungserrichtung, ist die Zuziehung tunlich. 14

Irritationen sind im Zusammenhang mit zwingenden **ärztlichen Aufklärungspflichten** aus dem **Recht des Behandlungsvertrages** entstanden.[23] Nach der missverständlichen Gesetzesbegründung soll eine Patientenverfügung, die eine eindeutige **Einwilligung in eine ärztliche Maßnahme** enthält, nur mit **vorangegangener ärztlicher Aufklärung** oder bei erklärtem **Aufklärungsverzicht** „wirksam" sein.[24] Fehlt der ausdrücklich erklärte Verzicht nach § 630 e Abs. 3 BGB, soll die Patientenverfügung lediglich als Indiz für den mutmaßlichen Patientenwillen zu werten sein. Es müsste sodann, selbst im Anwendungsbereich des § 1901 a Abs. 1 S. 1 iVm § 630 d Abs. 1 S. 2 BGB, die Entscheidung des ärztlich aufgeklärten Vorsorgebevollmächtigten/Betreuers eingeholt werden. Demgegenüber ist die **Ablehnung einer ärztlichen Maßnahme** in einer Patientenverfügung unabhängig von ärztlicher Aufklärung wirksam.[25] Die Aussagen der Gesetzesbegründung zur Wirksamkeit einer Patientenverfügung relativieren die Bedeutung der Eigenentscheidung des Verfügenden erheblich und können nicht überzeugen; letztlich gehören §§ 630 a ff. BGB in das Behandlungsvertragsrecht, ohne dass dem ein besonderer Regelungsgehalt für eine Patientenverfügung zu entnehmen ist.

V. Einfache und qualifizierte Patientenverfügung; Behandlungswunsch; mutmaßlicher Behandlungswille

Patientenverfügungen sind der **Auslegung** zugänglich.[26] Dabei ist auch für Patientenverfügungen die sog. „Andeutungstheorie" zu beachten, nach der bei formbedürftigen Willenserklärungen außerhalb der 15

18 BGH 8.6.2005 – XII ZR 177/03, DNotZ 2005, 924 mAnm *Müller* = MittBayNot 2006, 49 mAnm *Albrecht*.
19 Teilweise anders im europäischen Ausland, vgl. *Heggen* FPR 2011, 272 (273 f.).
20 ZB Kersten/Bühling/*Kordel* FormB FGG § 96 Rn. 100.
21 Kersten/Bühling/*Kordel* FormB FGG § 96 Rn. 97; *Renner* ZNotP 2004, 388.
22 Vgl. BT-Drs. 16/8442, 14; BT-Drs. 16/13314, 19.
23 §§ 630 ff. BGB „Behandlungsvertrag"; G v. 20.2.2013, BGBl. I S. 277.
24 Vgl. BT-Drs. 17/10488, 23; Palandt/*Götz* BGB § 1901 a Rn. 13.
25 BT-Drs. 17/10488, 23 f.
26 BGH 14.11.2018 – XII ZB 107/18, NJW 2019, 600 Rn. 21; BGH 17.9.2014 – XII ZB 202/13, Z 202, 226 Rn. 30; Palandt/*Götz* BGB § 1901 a Rn. 11; *Müller* ZEV 2016, 605 (608).

Urkunde liegende Umstände nur dann berücksichtigt werden dürfen, wenn der einschlägige Wille des Erklärenden in der formgerechten Urkunde einen wenn auch nur unvollkommenen oder andeutungsweisen Ausdruck gefunden hat.[27]

16 Von einer **Patientenverfügung im engen Sinne** der Legaldefinition des § 1901 a Abs. 1 S. 1 BGB (auch als „**qualifizierte Patientenverfügung**" oder „konkreter Behandlungswunsch" bezeichnet) kann nur gesprochen werden, wenn der Verfügende (= späterer Patient) eine unmittelbar bindende – also hinreichend konkrete oder konkretisierbare – **Behandlungsentscheidung** für eine verknüpfte – ebenfalls hinreichend konkrete oder konkretisierbare – **Lebens- und Behandlungssituation** trifft, die im Zeitpunkt der Festlegung (noch) nicht unmittelbar bevorsteht (= antizipierte Einwilligung oder Nichteinwilligung in Untersuchungen des Gesundheitszustands, Heilbehandlungen oder ärztliche Eingriffe).

Liegt eine derartige Verfügung vor, hat ein Vorsorgebevollmächtigter/Betreuer lediglich die Anwendbarkeit der **Eigenentscheidung des Verfügenden** (= nunmehr einwilligungsunfähiger Patient) auf die nunmehr **verwirklichte Lebens- und Behandlungssituation** festzustellen (= Kongruenzprüfung) und sodann die **bindende Eigenentscheidung** des Verfügenden situationsbezogen **umzusetzen** (Fall des § 1901 a Abs. 1 S. 1 BGB), also dem schriftlich niedergelegten Willen **Ausdruck und Geltung** zu verschaffen (§ 1901 a Abs. 1 S. 2, Abs. 5 BGB). Raum für eine **Eigenentscheidung des Bevollmächtigten**/Betreuers in dem Sinne, dass er die maßgebliche Einwilligung oder Nichteinwilligung erteilt oder zu erteilen hätte, bleibt bei einer Patientenverfügung im engeren Sinne nicht.[28] Im Gegenteil, setzt sich der Bevollmächtigte/Betreuer über die bindende Eigenentscheidung des Betroffenen in der kongruenten Lebens- und Behandlungssituation offenkundig hinweg, wäre unter strenger Beachtung des Verhältnismäßigkeitsgrundsatzes der Weg zu einer **Kontrollbetreuung mit Widerrufsbefugnis** als ultima ratio eröffnet.

Liegt eine Patientenverfügung im engen Sinne und somit eine **bindende Eigenentscheidung des Verfügenden** vor, findet zudem **§ 1904 BGB** keine Anwendung. Eine betreuungsgerichtliche Genehmigung ist überflüssig, weil es an einer Entscheidung des Bevollmächtigten/Betreuers fehlt.

In Abgrenzung zu den beiden Alternativen des § 1901 a Abs. 2 BGB (= Behandlungswunsch und mutmaßlicher Behandlungswille) müssen sich aus dem verschriftlichten Inhalt einer Patientenverfügung iSd § 1901 a Abs. 1 BGB mit **genügender Bestimmtheit** sowohl die maßgebenden ärztlichen Maßnahmen (Untersuchung/Medikation/sonstige Therapie/Operation/Abbruch etc) als auch die künftige Lebens- und Behandlungssituation, auf die sich die antizipierte Einwilligung- oder Nichteinwilligungsentscheidung bezieht, ergeben. Zusammenfassend ist somit eine Patientenverfügung nur dann ausreichend bestimmt, wenn sich feststellen lässt, in welcher Lebens- und Behandlungssituation welche ärztlichen Maßnahmen durchgeführt werden bzw. unterbleiben sollen.[29] Hierbei ist das **Maß der erforderlichen Konkretisierung** ein besonderer Streitpunkt: Bei der **inhaltlichen Gestaltung einer Patientenverfügung** genügen jedenfalls allgemein gehaltene Formulierungen oder gar die Beschränkung auf allgemeine Wertvorstellungen den inhaltlichen Anforderungen an die erforderliche Konkretisierung nach § 1901 a Abs. 1 BGB nicht. Eher **allgemeine Richtlinien**[30] des Betroffenen „**ein würdevolles Sterben zu ermöglichen oder zuzulassen**", wenn ein Therapieerfolg nicht mehr zu erwarten sei, sind nicht hinreichend bestimmt und erzeugen keine unmittelbare Bindung.[31] Ähnliches gilt für Patientenäußerungen, wie: „**wenn ich einmal sehr krank und nicht mehr in der Lage bin, ein für mich erträgliches umweltbezogenes Leben zu führen, möchte ich würdevoll sterben dürfen**",[32] „**keine lebenserhaltenden Maßnahmen zu wünschen**" oder einen Behandlungsabbruch herbeizuführen, wenn ein „**schwerer Dauerschaden des Gehirns**" festgestellt ist.[33]

27 BGH 14.11.2018 – XII ZB 107/18, NJW 2019, 600 Rn. 24.
28 *Müller/Renner* BetreuungsR und Vorsorgeverfügungen Rn. 483.
29 BGH 14.11.2018 – XII ZB 107/18, NJW 2019, 600 Rn. 19; BGH 8.2.2017 – XII ZB 604/15, Z 214, 62 Rn. 17.
30 Zu diesem Abgrenzungsbegriff BT-Drs. 16/8442, 13.
31 Vgl. auch BGH 6.7.2016 – XII ZB 61/16, Z 211, 62 Rn. 46; BGH 17.9.2014 – XII ZB 202/13, Z 202, 226 Rn. 29; Palandt/*Götz* BGB § 1901 a Rn. 5.
32 BT-Drs. 16/8442, 13.
33 BGH 14.11.2018 – XII ZB 107/18, NJW 2019, 600 Rn. 21; BGH 8.2.2017 – XII ZB 604/15, BGHZ 214, 62 Rn. 24.

Behandlungswünsche iSd § 1901 a Abs. 2 S. 1 Alt. 1 BGB ergeben sich nicht nur aus mangelnder Konkretisierung iSd des engen Begriffs der Patientenverfügung nach § 1901 a Abs. 1 BGB, in Betracht kommen vielmehr grundsätzlich alle Äußerungen eines Betroffenen, die **Festlegungen für die nunmehr eingetretene konkrete Lebens- und Behandlungssituation** enthalten und dennoch einzelnen Anforderungen nach § 1901 a Abs. 1 BGB nicht genügen. Erfasst sind daher auch Fälle des Schriftformverstoßes oder die Verfügung des einsichtsfähigen, jedoch minderjährigen Betroffenen. 17

Behandlungswünsche sind insbesondere dann aussagekräftig, wenn sie in Ansehung der Erkrankung **zeitnah geäußert** werden, **konkrete Bezüge** zur aktuellen Behandlungssituation aufweisen und die **Zielvorstellungen des Patienten** erkennen lassen.[34] Keine Behandlungswünsche liegen indes vor, wenn sie einen ausschließlich allgemein gehaltenen Inhalt aufweisen und/oder kein hinreichender Bezug zur aktuellen Behandlungssituation gegeben ist.[35] Liegt für die nunmehr eingetretene konkrete Lebens- und Behandlungssituation ein feststellbarer Behandlungswunsch, jedoch gerade keine bindende Eigenentscheidung des Patienten vor, ist es zunächst die Aufgabe des Vorsorgebevollmächtigten/Betreuers die erforderliche **Kongruenz** festzustellen. Geltung und Ausdruck verschafft der Vorsorgebevollmächtigte/Betreuer dem Behandlungswunsch, indem er (und gerade nicht der Verfügende) nach positiver Kongruenzfeststellung, die eigentliche, **gebundene Behandlungsentscheidung** trifft (§ 1901 a Abs. 2 S. 1 BGB).

Auf den **mutmaßlichen Willen der Betroffenen** iSd § 1901 a Abs. 2 S. 1 Alt. 2 BGB ist nach der Art eines Ausschussprinzips abzustellen, wenn sich ein auf die aktuelle Lebens- und Behandlungssituation bezogener „wirklicher Wille" des Betroffenen nicht feststellen lässt, also kein Subsumtionsergebnis auf der Basis von geäußerten Behandlungswünschen hergestellt werden kann. Damit sind Fälle erfasst, in denen sich der Betroffene insoweit nicht geäußert hat oder der „wirkliche Wille" aus der Patientenverfügung nicht eindeutig feststellbar ist. 18

Positiv ist der mutmaßliche Wille (und ggf. auch der zu mutmaßende Wille) des Betroffenen anhand **konkreter Anhaltspunkte** zu ermitteln, insbesondere auf der Grundlage früherer mündlicher oder schriftlicher Äußerungen, die jedoch keinen feststellbaren Bezug zur aktuellen Lebens- und Behandlungssituation aufweisen oder der konkreten Situation nicht vollständig entsprechen. In den Kontext der Ermittlung des mutmaßlichen Willens gehört schließlich die Einbeziehung der **ethischen oder religiösen Überzeugungen** und sonstigen **persönlichen Wertvorstellungen** des Betroffenen, aber auch **Äußerungen in einer einfachen Patientenverfügung**, die sich wiederum nicht als Behandlungswünsche qualifizieren lassen (§ 1901 a Abs. 2 S. 2 u. 3 BGB). Im Anwendungsbereich des § 1901 a Abs. 2 BGB kann daher eine Patientenverfügung als ausfüllungsbedürftige „Richtungsentscheidung" verstanden werden und bedeutsam sein.[36]

Der BGH hat die hermeneutische Herangehensweise zur Feststellung des mutmaßlichen Willens in seiner Leitentscheidung vom 17.9.2014[37] als das **Aufstellen einer These**, wie sich der Betroffene selbst in der konkreten Lebens- und Behandlungssituation entschieden hätte, wenn er noch über sich selbst bestimmen könnte, beschrieben. Nur im Rahmen des § 1901 a Abs. 2 BGB kann dem Bevollmächtigten zudem ein **Ermessensspielraum** eingeräumt werden, die erforderlichen Entscheidungen nach bestem Wissen und Gewissen so zu treffen, wie sie dann in der aktuellen Lebens- und Behandlungssituation dem Wohl des Verfügenden entsprechen. Die ausdrückliche Einräumung eines Ermessensspielraums reicht als Grundlage für die **Entscheidung zu einem Behandlungsabbruch** aus.[38]

---

34 BGH 17.9.2014 – XII ZB 202/13, Z 202, 226.

35 BGH 17.9.2014 – XII ZB 202/13, BGHZ 202, 226 Rn. 28 f.; BGH 6.7.2016 – XII ZB 61/16, FamRZ 2016, 1671 Rn. 54; BGH 8.2.2017 – XII ZB 604/15, BGHZ 214, 62 Rn. 33.

36 Münch/*Renner* FamR-NotGP § 16 Rn. 168.

37 XII ZB 202/13, Z 202, 226.

38 Vgl. *Albrecht/Albrecht* Patientenverfügung Rn. 129.

VI. Ziel- und Rechtsgüterkonflikt: Behandlungsabbruch und Recht auf Leben

19 Von besonderer Bedeutung sind aussagekräftige Patientenverfügungen im Zusammenhang mit Entscheidungen zum **Abbruch lebenserhaltender oder -verlängernder Maßnahmen** (Behandlungsabbruch); hierbei sind zugleich Fragen der straffreien „passiven Sterbehilfe" betroffen.[39] Hierunter fällt das Unterlassen der Fortführung bereits begonnener und erforderlicher medizinischer Maßnahmen (zB keine weitere Nahrungsflasche bei künstlicher Ernährung mittels Magensonde) oder das Unterlassen des Beginns der eigentlich erforderlichen Behandlung (zB erstmalige Einleitung einer künstlichen Ernährung). Vieles spricht dafür, die **Ablehnung (künstlicher) enteraler Sonden- und intravenöser Ernährung** bei beispielhaft benannten Behandlungssituationen ausdrücklich in die Patientenverfügung aufzunehmen.

Steht die Entscheidung eines Vorsorgebevollmächtigten/Betreuers, in einer konkreten Lebens- und Behandlungssituation keinen Behandlungsabbruch vornehmen zu wollen, nicht offenkundig im Widerspruch zu dem als Behandlungswunsch geäußerten oder festgestellten mutmaßlichen Willen des Betroffenen und sind alle verfügbaren Erkenntnisquellen zur Feststellung eines konkretisierbaren Behandlungswunsches oder des mutmaßlichen Behandlungswillens ergebnislos, ausgeschöpft oder verbleiben Zweifel an deren Reichweite, gebietet das **hohe Rechtsgut auf Leben** entsprechend dem Wohl des Vollmachtgebers zu entscheiden und dabei dem **Schutz des Lebens** Vorrang einzuräumen.[40]

VII. Zielkonflikt: Behandlungsabbruch und Organ- bzw. Gewebespende

20 Zielkonflikte zwischen typischen Anordnungen einer Patientenverfügung zum Behandlungsabbruch, der zum Tode führt, und der Bereitschaft zur Organ- und Gewebespende (vgl. § 1 a TPG) können dadurch entstehen, dass vor allem Spenderorgane nur nach **Feststellung des Hirntodes** und zugleich bei **Aufrechterhaltung des Kreislaufs** entnommen werden können. Damit kommt es (zumeist kurzfristig) zur Durchführung intensivmedizinischer Maßnahmen mit dem Zweck der Bestimmung des Hirntods und zur anschließenden Entnahme der medizinisch in Frage kommenden Organe. Dieser Zielkonflikt, der sich auch ergibt, wenn der Hirntod nach ärztlicher Einschätzung in wenigen Tagen bevorsteht, sollte in einer Patientenverfügung als Ausnahme der Abbruchsanordnung angesprochen werden.

VIII. Umsetzung (Erörterungs- und Umsetzungsverfahren)

21 Grundsätzlich ist für die **Umsetzung des festgestellten Patientenwillens** (= situationsbezogene Behandlungsentscheidung) die vorherige Durchführung eines zusammenwirkenden **Erörterungs- und Umsetzungsverfahren** zwischen behandelndem Arzt und Vorsorgebevollmächtigtem/Betreuer erforderlich (vgl. § 1901 b Abs. 1 BGB). Hierbei prüft der behandelnde Arzt in seiner primären Funktion und Verantwortung, welche ärztliche Behandlung im Hinblick auf den Gesamtzustand und die Prognose des Patienten indiziert ist und erörtert dies sodann mit dem Bevollmächtigten/Betreuer, jeweils unter Berücksichtigung der Anordnungen der Patientenverfügung. Der Bevollmächtigte/Betreuer prüft wiederum in seinem primären Verantwortungsbereich die Kongruenz zwischen Patientenverfügung und eingetretener Lebens- und Behandlungssituation mit dem Ziel, dem Patientenwillen Ausdruck und Geltung zu verschaffen. Zugleich prüft er, ob die zeitlich früher erfolgten Festlegungen des Verfügenden noch seinem Willen entsprechen, also tatsächlich fortgelten.[41]

Die **situationsbezogene Behandlungsentscheidung** trifft sodann der Vorsorgebevollmächtigte, wenn und soweit sie der Verfügende und nunmehrige Patient nicht bereits selbst in einer „qualifizierten Patientenverfügung" gem. § 1901 a Abs. 1 BGB getroffen hat. Allerdings ist die genaue Bedeutung und Wirkungsweise

39 Grundlegend BGH 17.9.2014 – XII ZB 202/13, Z 202, 226; BGH 25.6.2010 – 2 StR 454/09 FamRZ 2010, 1551 Rn. 27.

40 Grundlegend BGH 17.9.2014 – XII ZB 202/13, BGHZ 202, 226.

41 Vgl. BT-Drs. 16/8442, 14.

der **Verbindlichkeit** einer „qualifizierten Patientenverfügung" nach wie vor umstritten.[42] Das gilt insbesondere für die Frage, ob der **behandelnde Arzt** iR einer Verfügung nach § 1901 a Abs. 1 BGB bereits derart gebunden wird, dass es der Einschaltung eines Bevollmächtigten/Betreuers im Zweifel nicht bedarf, also zur Entscheidungsfindung und Umsetzung des Patientenwillens nicht zwingend ein **Drei-Personen-Verhältnis** (Patient/Arzt/Bevollmächtigter) hergestellt werden muss. Dieser Frage kommt Bedeutung zu, wenn zwar eine „qualifizierte Patientenverfügung" vorliegt, jedoch weder ein Bevollmächtigter berufen noch ein Betreuer bestellt ist und somit zunächst ein Betreuungsverfahren eingeleitet werden müsste.[43]

Für eine unmittelbare Verbindlichkeit spricht, dass der Bevollmächtigte/Betreuer (und alle anderen Adressaten) iRd des § 1901 a Abs. 1 BGB keine eigene Behandlungsentscheidung treffen können, und es deshalb im Schutzbereich der Grundrechtsausübung des Verfügenden nach Art. 2 Abs. 2 S. 1 GG unverhältnismäßig und auch nicht erforderlich erscheint, eine Drittbeteiligung allein aus verfahrensrechtlichen Gründen zu erzwingen.[44] Auch § 630 d Abs. 1 S. 2 BGB kann als Indiz für eine unmittelbare Verbindlichkeit gelten.[45] **Gegen eine unmittelbare Verbindlichkeit spricht** indes, dass § 1901 b Abs. 1 S. 1 und 2 BGB unterschiedslos für alle situationsbezogenen Behandlungsentscheidungen nach § 1901 a BGB ein **Zusammenwirken mit dem behandelnden Arzt** voraussetzen und für das Erörterungs- und Umsetzungsverfahren abgrenzbare Verantwortungsbereiche zwischen behandelndem Arzt und Bevollmächtigtem/Betreuer definiert. Zudem misst der BGH aus strafrechtlicher Sicht[46] dem strikten Einhalten des **Umsetzungsverfahren** eine wohl unabdingbare Bedeutung zu. Auch die Gesetzgebungsgeschichte spricht für die eigenständige Bedeutung des **Erörterungsverfahrens mit anschließender – gebundener- Umsetzung** durch einen Vorsorgebevollmächtigten/Betreuer.[47]

Vor der Umsetzung des Patientenwillens „sollen" iÜ auch nahe Angehörige und **benannte Vertrauenspersonen**, deren Namen in die Patientenverfügung aufgenommen werden können, in einer Art **Konsilsituation** gehört werden (§ 1901 b Abs. 2 BGB). Diese Verfahrensregeln haben indes nur flankierenden Charakter (*Renner* ZNotP 2009, 371 (373). Bei § 1901 b Abs. 2 BGB handelt es sich nämlich nach dem insoweit eindeutigen Wortlaut lediglich um eine Soll-Vorschrift, deren Nichtbeachtung nicht zur Rechtswidrigkeit der (Nicht-)Einwilligung des berufenen Bevollmächtigten führt.[48] Der Verfügende kann die Beteiligung naher Angehöriger auf der Grundlage des § 1901 b Abs. 2 BGB ebenso ausschließen.[49] Über diese Möglichkeit sollte intensiv nachgedacht werden, weil auch ein Dissens der nahen Angehörigen und benannten Vertrauenspersonen untereinander zu einem betreuungsgerichtlichen Verfahren führen könnte. 22

IX. Betreuungsgerichtliche Genehmigung

Zur Umsetzung der Patientenverfügung bzw. des Patientenwillens im Bereich ärztlicher Maßnahmen bedarf es nach § 1904 Abs. 5 iVm Abs. 1 und 2 BGB der **Genehmigung des Betreuungsgerichts**; eine solche Genehmigung ist jedoch dann nicht erforderlich, wenn – wie im Regelfall – zwischen dem behandelnden Arzt und dem Bevollmächtigten Einvernehmen darüber besteht, dass die Erteilung, die Nichterteilung oder der Widerruf einer Einwilligung dem nach den gesetzlichen Vorschriften, insbesondere auf der Grundlage einer Patientenverfügung festgestellten Willen des Vollmachtgebers entspricht (sog. „Konsenslösung", vgl. § 1904 Abs. 4 BGB). Damit ist das gerichtliche Genehmigungserfordernis im 23

42 Vgl. *Albrecht/Albrecht* Patientenverfügung MittBayNot 2009, 426 (427); *Beckmann* FPR 2010, 278; *Coeppicus* NJW 2011, 2085 (2086); *Coeppicus* NJW 2013, 2939; Münch/*Renner* FamR-NotGP § 16 Rn. 166 ff.; vermittelnd *Müller* DNotZ 2010, 169.

43 *Müller*, in: WürzNotar-HdBTeil 3 Kap. 3 Rn. 114 rät deswegen zu einer vorsorglichen Vollmachtserteilung in einer Patientenverfügung.

44 MüKoBGB/*Schwab* § 1901 a Rn. 35.

45 Anders jedoch BT-Drs. 17/10488, 23.

46 BGH 25.6.2010 – 2 StR 454/09, DNotZ 2011, 34 mAnm *Albrecht* – sog. „Bad Hersfelder Entscheidung"; 10.11.2010 – 2 StR 320/10, DNotZ 2011, 622 mAnm *Ihrig*.

47 Vgl. auch *Albrecht/Albrecht* Patientenverfügung MittBayNot 2009, 426 (432).

48 BGH 6.7.2016 – XII ZB 61/16, Z 211, 67 Rn. 50; MüKoBGB/*Schwab* § 1901 b Rn. 9.

49 Kersten/Bühling/*Kordel* FormB FGG § 96 Rn. 92 ff. mwN.

Bereich der Umsetzung ärztlicher Maßnahmen zumeist auf Konflikt- oder Dissenssituationen zwischen behandelndem Arzt und Bevollmächtigtem beschränkt.[50] Eines **Negativattestes** bedarf es nicht; es kann jedoch eingeholt werden.[51]

24 Im Bereich von Entscheidungen zur **freiheitsentziehenden Unterbringung** oder zu **freiheitsentziehenden** Maßnahmen **in einem Krankenhaus, Heim oder sonstigen Einrichtung,** zu Entscheidungen über das **Verbringen in ein Krankenhaus** gegen den natürlichen Willen des Patienten und zu **ärztlichen** Zwangsmaßnahmen nach §§ 1906 Abs. 1 und 4; 1906 a Abs. 1 und 4 BGB bedarf die Umsetzung des Patientenwillens immer der **Genehmigung des Betreuungsgerichts** (§§ 1906 Abs. 2 S. 1 und Abs. 4; 1906 a Abs. 2 und Abs. 4 BGB); eine „Konsenslösung" nach dem Muster des § 1904 Abs. 4 BGB existiert hier nicht. Auf die gerichtliche Überprüfung kann der Vollmachtgeber/Patient nicht vorgreifend verzichten.[52] Das folgt im Rahmen unterbringungs- oder unterbringungsähnlicher Maßnahmen bereits aus der Natur des Überprüfungsgegenstands. Zwar soll das Betreuungsrecht einerseits die Fähigkeit des Betroffenen stärken, in voller geistiger Klarheit durch eine Patientenverfügung und Vorsorgevollmacht über sein künftiges Wohl und Wehe entscheiden zu können. Andererseits soll das Betreuungsrecht über Genehmigungsvorbehalte jedoch auch sicherstellen, dass einschneidende grundrechtsbezogene Maßnahmen, in die der Bevollmächtigte einwilligt, gerichtlich kontrollierbar bleiben.[53]

25 Das Betreuungsgericht hat letztlich in allen Genehmigungsfällen die gesetzesgemäße Handhabung der Vorsorgevollmacht durch den Bevollmächtigten auf der Grundlage des über die Patientenverfügung festgestellten, wirklichen oder mutmaßlichen oder objektiv zu mutmaßenden Patientenwillens zu prüfen; diese Kontrolle dient immer und ausschließlich der Sicherung des – in Ausübung seines Selbstbestimmungsrechts – artikulierten Willens des Betroffenen;[54] es handelt sich insoweit um eine reine Rechtmäßigkeitsprüfung (vgl. § 1904 Abs. 3 BGB). Kein geeigneter Überprüfungsmaßstab ist hingegen eine abstrakte Feststellung zum „Wohl des Patienten". Die komplexen Verfahrensregeln ergeben sich aus §§ 298 Abs. 2–4, 287 Abs. 3, 312 ff. FamFG.

Annex: Betreuungsverfügung

26 Nach § 1901 Abs. 2 S. 2 BGB kann der (zukünftig) Betreute seine **Vorstellungen zu seiner Lebensführung** nach Eintritt des Betreuungsfalls durch Betreuungsverfügungen autonom bestimmen (zur Registrierung einer Betreuungsverfügung → *Vorsorgevollmacht* Rn. 21). Solche Anordnungen sind für den Betreuer und das Betreuungsgericht maßgebend, soweit sie dem Betreuer zumutbar sind und dem Wohl des Betreuten nicht zuwiderlaufen. Für die Errichtung der Betreuungsverfügung reicht die natürliche Einsichtsfähigkeit.[55] Eine unwiderrufliche Selbstbindung für die Zeit nach Eintritt der Betreuungsbedürftigkeit ist mit der Abfassung einer antizipierenden Betreuungsverfügung nicht verbunden.[56]

In einer vorsorgenden Betreuungsverfügung kann beispielsweise die Person eines Betreuers zur Bestellung durch das Betreuungsgericht benannt werden;[57] ebenso kann verfügt werden, dass eine bestimmte Person gerade nicht Betreuer werden soll. Die Betreuungsverfügung kann insbesondere auch Wünsche und konkrete Vorstellungen zur Durchführung einer Betreuung enthalten. Betreuungsverfügungen, beispielsweise zur Bestimmung eines Betreuers, sollten in Vorsorgevollmachten und/oder Patientenverfügungen integriert werden.

Schriftlich niedergelegte Betreuungsverfügungen sind nach § 1901 c S. 1 BGB (s. auch § 285 FamFG) spätestens bei Bekanntwerden von der Einleitung oder Durchführung eines Betreuungsverfahrens beim zu-

50 *Müller* NotBZ 2009, 289 (293); *Schmitz* FPR 2010, 275 (276).
51 Palandt/*Götz* BGB § 1901 a Rn. 22; LG Kleve 31.5.2010 – 4 T 77/10, NJW 2010, 2666.
52 MüKoBGB/*Schwab* § 1906 Rn. 119; für ärztliche Zwangsmaßnahmen *Müller* ZEV 2013, 304 (305).
53 BGH 27.6.2012 – XII ZB 24/12, FamRZ 2012, 1372 unter Verweis auf BT-Drs. 13/7158, 34.
54 BVerfG 7.1.2009 – 1 BvL 2/05, FamRZ 2009, 945 (947).
55 BayObLG 18.6.2003 – 3 Z BR 108/03, BtPrax 2003, 270.
56 Vgl. HK-Betreuungsrecht/*Jurgeleit/Kieß* § 1901 Rn. 43.
57 Grundsätzlich Bindung des Betreuungsgerichts nach § 1897 Abs. 4 BGB.

ständigen Betreuungsgericht abzuliefern.[58] Auch für isolierte Betreuungsverfügungen ist seit dem 1.9.2009 die freiwillige Registrierungsmöglichkeit im **Zentralen Register der Bundesnotarkammer für Vorsorgeurkunden** gegeben.

▶ **Muster (einfache Patientenverfügung nach § 1901 a Abs. 2 BGB – ausführlich):**

Patientenverfügung[59]

Für den Fall, dass ich,

...

nicht mehr in der Lage sein sollte, meinen Willen zu bilden oder verständlich zu äußern, errichte ich folgende

Patientenverfügung

I.

Widerruf

Ich widerrufe hiermit alle bisher von mir errichteten Patientenverfügungen (§ 1901 a Abs. 1 BGB) oder Behandlungswünsche (§ 1901 a Abs. 2 BGB). Es sollen nur die in dieser Urkunde niedergelegten Anordnungen oder spätere Änderungen gelten.

II.

Meine Wertvorstellungen

Nachfolgende Erklärungen gebe ich nicht nur im Vollbesitz meiner geistigen Kräfte und bei voller Entscheidungsfähigkeit ab, sondern nach sorgfältiger Information zugleich in voller Kenntnis von Inhalt und Tragweite meines hier geäußerten Willens.

Das Leben ist für mich von hohem Wert. Es gibt aber Situationen, in denen das Leben nur noch ein Martyrium bzw. eine Folter darstellt und der Tod die ersehnte Erlösung von einem für mich unerträglichen Leiden bedeuten würde. In einem solchen Fall möchte ich selbst entscheiden dürfen, ob mein Leben mit den Mitteln der modernen Apparatemedizin künstlich aufrechterhalten und mein Leiden verlängert wird oder ob dem Krankheits- bzw. Sterbevorgang sein natürlicher Verlauf gelassen wird.

Über Lebenmüssen und Sterbendürfen entscheiden meine eigenen Wertvorstellungen, nicht dagegen die der Ärzte, Angehörigen oder sonstigen Personen. Auch ein von mir Bevollmächtigter, ggf. auch ein vom Betreuungsgericht bestellter Betreuer, soll sich bei seinen Entscheidungen, die er für mich in Gesundheitsangelegenheiten trifft, an meinen Wertvorstellungen orientieren und nicht daran, was medizinisch und technisch machbar ist.

Ich ordne an, natürlichen Vorgängen eines Sterbeprozesses und unheilbaren, zum Tode führenden Erkrankungen absoluten Vorrang einzuräumen gegenüber den technischen Möglichkeiten einer zeitlich begrenzten Lebensverlängerung. Ich schätze die Lebensqualität in jedem Fall höher ein als die Lebensquantität, zumal wenn Letztere mit Schmerzen, Qualen oder dauernder Bewusstlosigkeit verbunden ist. Ich möchte nach Möglichkeit meine letzten Wochen, Tage oder Stunden in einer mir vertrauten Umgebung verbringen.

III.

Situationen, für die die Patientenverfügung gelten soll

Die Patientenverfügung gilt in folgenden Situationen:

1. Alternative:

- wenn ich mich aller Wahrscheinlichkeit nach unabwendbar im unmittelbaren Sterbeprozess befinde;
- wenn ich mich im Endstadium einer unheilbaren, tödlich verlaufenden Krankheit befinde, selbst wenn der Todeszeitpunkt noch nicht absehbar ist;

58 HK-Betreuungsrecht/*Jurgeleit/Kieß* § 1901 Rn. 42.

59 In Anlehnung an die Schrift des Bayerischen Staatsministeriums der Justiz: Vorsorge für Unfall, Krankheit, Alter.

- wenn infolge einer Gehirnschädigung meine Fähigkeit, Einsichten zu gewinnen, Entscheidungen zu treffen und mit anderen Menschen in Kontakt zu treten, nach Einschätzung zweier erfahrener Ärzte aller Wahrscheinlichkeit nach unwiederbringlich erloschen ist, selbst wenn der Todeszeitpunkt noch nicht absehbar ist. Dies gilt für direkte Gehirnschädigung, zB durch Unfall, Schlaganfall, Entzündung, ebenso wie für indirekte Gehirnschädigung, zB nach Wiederbelebung, Schock oder Lungenversagen. Es ist mir bewusst, dass in solchen Situationen die Fähigkeit zu Empfindungen erhalten sein kann und dass ein Aufwachen aus diesem Zustand nicht ganz sicher auszuschließen, aber äußerst unwahrscheinlich ist;
- wenn ich infolge eines sehr weit fortgeschrittenen Hirnabbauprozesses (zB bei Demenzerkrankung) auch mit ausdauernder Hilfestellung nicht mehr in der Lage bin, Nahrung und Flüssigkeit auf natürlicher Weise zu mir zu nehmen.

Vergleichbare, hier nicht ausdrücklich erwähnte Krankheitszustände sollen entsprechend beurteilt werden.

2. Alternative:

wenn das Grundleiden nach ärztlicher Überzeugung mit infauster (hoffnungsloser) Prognose, einen irreversiblen (nicht umkehrbaren) tödlichen Verlauf genommen hat und der Tod ohnehin in kurzer Zeit eintritt.

IV.

Festlegungen zu ärztlichen und pflegerischen Maßnahmen

1.In den unter Abschnitt III. beschriebenen Situationen verlange ich:

- lindernde pflegerische Maßnahmen, insbesondere Mundpflege zur Vermeidung des Durstgefühls, sowie lindernde ärztliche Maßnahmen, im Speziellen Medikamente zur wirksamen Bekämpfung von Schmerzen, Luftnot, Angst, Unruhe, Erbrechen und anderen Krankheitserscheinungen. Die Möglichkeit einer Verkürzung meiner Lebenszeit durch diese Maßnahmen nehme ich in Kauf;

2.In den unter Abschnitt III. beschriebenen Situationen lehne ich Folgendes ab:

- Maßnahmen, die zum Zwecke der Lebenserhaltung bzw. Lebensverlängerung eingesetzt werden und nicht ausschließlich der Linderung von Leiden dienen, wie zB maschinelle Beatmung, Dialyse oder Operationen.
- Wiederbelebungsmaßnahmen.

3.In den unter Abschnitt III. beschriebenen Situationen, insbesondere in den Situationen, in denen der Tod nicht unmittelbar bevorsteht, möchte ich sterben und verlange:

- keine künstliche Ernährung (weder über Sonde durch den Mund, die Nase oder die Bauchdecke noch über die Vene) und keine Flüssigkeitsgabe (außer zur Beschwerdelinderung).

Sollten von den in den vorstehenden Ziffern 2. und 3. näher beschriebenen Maßnahmen eine oder mehrere bereits eingeleitet oder teilweise oder ganz durchgeführt sein, sind diese Maßnahmen sofort zu beenden (zB Abbruch künstlicher Ernährung).

V.

Anweisung an den Bevollmächtigten, ggf. an einen Betreuer

1. Alternative:

Ich nehme Bezug auf die neben dieser Patientenverfügung am ... vor dem Notar ... in Köln unter der UR. Nr. R ... für ... beurkundete Vorsorgevollmacht und die darin an meinen Bevollmächtigten, ggf. an einen Betreuer, erteilten Anweisungen.

Der Bevollmächtigte wird beauftragt und ermächtigt, dem von mir in dieser Patientenverfügung geäußerten Willen Ausdruck und Geltung zu verschaffen und die von mir geäußerten Behandlungswünsche umzusetzen und durchzusetzen. Unabhängig davon, dass der Bevollmächtigte grundsätzlich die von mir in dieser Patientenverfügung getroffenen Anweisungen zu beachten hat, räume ich dem Bevollmächtigten einen Ermessensspielraum dahin gehend ein, die in der konkreten Situation notwendigen Entscheidungen nach bestem Wissen und Gewissen so zu treffen, wie sie dann in der aktuellen Lebens- und Behandlungssituation meinem Wohl entsprechen (§ 1901 Abs. 2 S. 1 BGB).

Die Anweisungen im vorstehenden Absatz gelten in gleicher Weise auch für einen vom Betreuungsgericht bestellten Betreuer.

Mir ist Folgendes bekannt:

a) Die Umsetzung der Anordnungen in dieser Patientenverfügung bedarf ggf. der Genehmigung des Betreuungsgerichts; eine Genehmigung ist nicht erforderlich, wenn zwischen dem behandelnden Arzt und dem Bevollmächtigten Einvernehmen darüber besteht, dass die Erteilung, die Nichterteilung oder der Widerruf der Einwilligung in die vorgesehene oder bestehende ärztliche Maßnahme meinem nach den gesetzlichen Vorschriften festgestellten Willen entspricht.
b) Die Entscheidung über freiheitsentziehende und -beschränkende Maßnahmen sowie zu ärztlichen Zwangsbehandlungen bedarf immer der Genehmigung des Betreuungsgerichts.

Die vorbezeichneten Genehmigungen des Betreuungsgerichts bitte ich zu erteilen, wenn die gesetzlichen Voraussetzungen hierfür erfüllt sind und die Entscheidung meinem Wohl entspricht (§ 1901 Abs. 2 Satz 1 BGB).

2. Alternative:

Ich habe am ... anstelle einer Vorsorgevollmacht ausschließlich eine Betreuungsverfügung erstellt.

VI.

Schlussbestimmungen

Ich habe diese Patientenverfügung nach sorgfältiger Überlegung erstellt. Sie ist Ausdruck meines Selbstbestimmungsrechts.

Ich wünsche nicht, dass mir zu irgendeinem zukünftigen Zeitpunkt, insbesondere auch im Falle einer schweren Erkrankung, eine Änderung meines in dieser Patientenverfügung bekundeten Willens unterstellt wird, solange ich ihn nicht ausdrücklich schriftlich oder nachweisbar mündlich oder in anderer Weise widerrufen habe.

Mir ist bekannt, dass ich die Patientenverfügung jederzeit abändern oder insgesamt widerrufen kann.

1. Alternative:

Für den Fall des Hirntodes bin ich mit einer Organ- und/oder Gewebeentnahme – nicht – einverstanden.

2. Alternative:

Es ist mir bewusst, dass Organe nur nach Feststellung des Hirntodes bei aufrechterhaltenem Kreislauf entnommen werden können. Deshalb gestatte ich ausnahmsweise für den Fall, dass bei mir eine Organspende medizinisch in Frage kommt, die kurzfristige (Stunden bis höchstens wenige Tage umfassende) Durchführung intensivmedizinischer Maßnahmen zur Bestimmung des Hirntods nach den Richtlinien der Bundesärztekammer und zur anschließenden Entnahme der Organe.

Eine Abschrift dieser Patientenverfügung soll zu meinen Krankenunterlagen genommen werden.

Sollte eine Anhörung meiner Angehörigen und sonstigen Vertrauenspersonen gemäß § 1901 b Abs. 2 BGB erforderlich sein, soll folgender/n Person(en) – soweit ohne erhebliche Verzögerung möglich – Gelegenheit zur Äußerung gegeben werden:

Name: ....

Geburtsdatum: ....

Straße: ....

Wohnort: ....

Folgende Person(en) soll(en) nicht zu Rate gezogen werden:

Name: ....

Geburtsdatum: ....

Straße: ....

Wohnort: ....

Köln, den ...

____

Unterschrift ◀

181. Personensorge

Seebach/M. Teubel

I. Allgemeines

Die elterliche Sorge (→ *Elterliches Sorgerecht* Rn. 1 ff.) begründet nach § 1626 Abs. 1 BGB neben der Vermögenssorge die Pflicht und das Recht, für das minderjährige Kind zu sorgen (**Personensorge**). Die Norm des § 1631 BGB konkretisiert § 1626 BGB dahin gehend, dass die Personensorge insbesondere die Pflicht und das Recht umfasst, das Kind **zu pflegen, zu beaufsichtigen und seinen Aufenthalt zu bestimmen**. Weitergehende Regelungen finden sich in § 1631 a BGB hinsichtlich Ausbildung und Beruf des Kindes (→ Rn. 15 ff.), in § 1631 b BGB hinsichtlich der Unterbringung des Kindes (→ *Freiheitsentziehende Unterbringung und freiheitsentziehende Maßnahmen betreffend Minderjährige* Rn. 1 ff.; → Rn. 14), in § 1631 c BGB hinsichtlich einer Sterilisation als besonderen Fall der medizinischen Behandlung von Minderjährigen (→ *Körperliche Eingriffe bei Minderjährigen* Rn. 32; → Rn. 11) sowie in § 1632 BGB hinsichtlich eines etwaigen Herausgabeanspruchs der Eltern des Kindes gegenüber Dritten und hinsichtlich der Bestimmung des Umgangs (→ Rn. 18). 1

Die Übertragung der Personensorge auf Dritte ist möglich (→ Rn. 7). Die Vertretung des Kindes (→ *Gesetzliche Vertretung Minderjähriger* Rn. 1 ff.) durch die Eltern, auch im Rahmen der Ausübung der Personensorge, erfährt eine gesetzliche Regelung in § 1629 BGB (→ Rn. 5). 2

Der schwerwiegendste **staatliche Eingriff** in die Personensorge[1] ist die Möglichkeit des Entzugs der elterlichen Sorge gem. § 1666 BGB (→ *Kindeswohlgefährdung* Rn. 1). 3

Bei bestehender **Vormundschaft** für das minderjährige Kind verweist § 1800 BGB auf die §§ 1631–1632 BGB. Der Vormund ist hinsichtlich der Personensorge den Eltern gleichgestellt.[2] Hinsichtlich der **religiösen Erziehung** eines unter Vormundschaft stehenden Kindes sind die speziellen Regelungen des § 1801 BGB und des § 3 RKEG – die allerdings nur in seltenen Fällen praktische Bedeutung erlangen – zu beachten. 4

II. Regelung der Personensorge

1. Ausübung

a) Inhaber. Inhaber der Personensorge sind die **Eltern des Kindes** oder auch ein **Elternteil** alleine, dem gem. § 1671 BGB die elterliche Sorge übertragen wurde. Hinsichtlich nicht verheirateter Eltern gilt die Regelung des § 1626 a BGB. Ferner sind Inhaber der elterlichen Personensorge die **Adoptiveltern** gem. § 1754 BGB, der **Vormund** gem. §§ 1793, 1797, 1800 BGB, der **Pfleger**, dem gem. § 1630 BGB die elterliche Sorge oder Teilbereiche übertragen wurde/n, sowie gem. § 1687 BGB hinsichtlich Angelegenheiten des täglichen Lebens der **getrennt lebende Elternteil**, bei dem sich das Kind gerade aufhält.[3] 5

---

1 NK-BGB/*Rakete-Dombek/Berning* § 1666 Rn. 23.
2 HK-BGB/*Kemper* § 1800 Rn. 1.
3 NK-BGB/*Rakete-Dombek/Berning* § 1631 Rn. 3.

6 Bei einem **minderjährigen Elternteil** gilt § 1673 Abs. 2 BGB (→ *Ruhen des Sorgerechts* Rn. 10). Danach ist die Ausübung der **tatsächlichen Personensorge** durch den minderjährigen Elternteil nicht beschränkt,[4] die Vertretung in Personensorgeangelegenheiten steht dem minderjährigen Elternteil jedoch nicht zu.

7 **b) Übertragung auf Dritte.** Die Übertragung der Personensorge durch die Eltern auf Dritte ist möglich. Zu erwähnen sind insbesondere Krippenplätze, Kindergärten, Tagespflegeeinrichtungen, aber auch Kliniken oder sonstige Betreuungseinrichtungen, die Aufgaben der elterlichen Sorge im Bereich der Personensorge übernehmen (→ *Erziehung* Rn. 8). Die Eltern bleiben Inhaber der elterlichen Sorge und werden von ihren Rechten und Pflichten mit Abgabe an die dritte Person nicht befreit. Auf die Ausübung der elterlichen Sorge kann durch die Eltern nicht einfach verzichtet werden.[5] Insbesondere trifft die Eltern ein etwaiges Verschulden bei der Auswahl der dritten beaufsichtigenden Person (→ *Haftung der gesetzlichen Vertreter* Rn. 1 ff.).

8 **c) Staatlicher Erziehungsauftrag.** Die Personensorge kann durch öffentlich-rechtliche Bestimmungen eingeschränkt werden. So ist auch der Staat gehalten, seinem staatlichen Erziehungsauftrag nachzukommen (→ *Erziehung* Rn. 8). Der Besuch einer Schule und die bestehende **Schulpflicht** stellen einen derartigen staatlichen Eingriff in die Personensorge der Eltern dar. Der elterliche Erziehungsauftrag wird zulässig durch die allgemeine Schulpflicht beschränkt, wobei es in Einzelfällen, insbesondere im Hinblick auf die **religiöse Erziehung** des Kindes (→ *Erziehung* Rn. 7) zu Konflikten kommen kann.[6]

9 Auch im Bereich des **Jugendstrafrechts** steht der Erziehungsgedanke im Vordergrund, insbesondere bei der Verhängung etwaiger Auflagen und Weisungen sowie bei der Verhängung eines Arrestes oder einer Jugendstrafe. Die Eltern haben trotz bestehender Personensorge derartige staatliche Maßnahmen gegen ihr Kind hinzunehmen.

10 Ferner sind **Jugendhilfemaßnahmen** nach dem SGB VIII, insbesondere eine sozialpädagogische Familienhilfe oder sonstige staatliche Unterstützungs- und Fördermaßnahmen, zu erwähnen, die jedoch entweder einen Antrag der Eltern oder eine gerichtliche Anordnung voraussetzen.[7] Dem Jugendamt kommt gem. § 42 SGB VIII im Bereich der Inobhutnahme eine eigenständige Befugnis für einen vorübergehenden Eingriff in die elterliche Sorge zu (→ *Erziehung* Rn. 5).

Den **erheblichsten staatlichen Eingriff** in die Personensorge der Eltern stellen Anordnungen nach § 1666 BGB bei bestehender oder drohender **Kindeswohlgefährdung** dar (→ *Kindeswohlgefährdung* Rn. 1 ff.).

2. Inhalt

11 **a) Pflege.** Die in § 1631 BGB erwähnte Pflege des Kindes meint den körperlichen Aspekt der Betreuung.[8] Hierzu zählen die körperlichen Versorgungs- und Hygienemaßnahmen sowie die medizinische Versorgung und Behandlung.[9] Die Begrifflichkeit meint demnach die Sorge für das Wohlbefinden sowie die Sicherung der psychischen Existenz des Kindes. Aber auch die Sicherung und Geltendmachung von Unterhaltsansprüchen wird umfasst.[10] Gesondert geregelt ist die Sterilisation des minderjährigen Kindes (§ 1631 c BGB; → *Körperliche Eingriffe bei Minderjährigen* Rn. 32).

12 **b) Erziehung.** Unter Erziehung versteht man die Pflicht, für die **sittliche, geistige und seelische Entwicklung** des Kindes zu sorgen.[11] Die Erziehung wird vielfach als wichtigstes Element der Personensorge angesehen (→ *Erziehung* Rn. 1). Die Erziehung hat gem. § 1631 Abs. 2 BGB **gewaltfrei** zu erfolgen

4 HK-FamR/*Schmid* BGB § 1673 Rn. 2; Palandt/*Götz* BGB § 1673 Rn. 3.
5 NK-BGB/*Rakete-Dombek/Berning* § 1631 Rn. 4.
6 NK-BGB/*Rakete-Dombek/Berning* § 1631 Rn. 5.
7 NK-BGB/*Rakete-Dombek/Berning* § 1631 Rn. 5.
8 Palandt/*Götz* BGB § 1631 Rn. 2.
9 NK-BGB/*Rakete-Dombek/Berning* § 1631 Rn. 6.
10 HK-BGB/*Kemper* § 1631 Rn. 3.
11 Palandt/*Götz* BGB § 1631 Rn. 2; NK-BGB/*Rakete-Dombek/Berning* § 1631 Rn. 7.

(→ *Erziehung* Rn. 4). Erziehungsziel ist die Entwicklung des Kindes zu einer selbstverantwortlichen Persönlichkeit.[12]

c) Beaufsichtigung. Die Eltern haben die **Aufsichtspflicht** für ihre minderjährigen Kinder und die Pflicht, sich über deren Angelegenheiten zu informieren und diese zu überwachen.[13] Neben der allgemeinen Beaufsichtigung haben die Eltern auf den Umgang ihrer Kinder mit Dritten zu achten und diesen gegebenenfalls zu regeln oder zu untersagen. Bei **Verletzung ihrer Aufsichtspflicht** haften die Eltern, wobei die beschränkte Haftung gem. § 1664 BGB zu beachten ist (→ *Haftung der gesetzlichen Vertreter* Rn. 5). Die Beaufsichtigung kann auf dritte Personen übertragen werden (→ Rn. 7). Maßnahmen nach § 1666 BGB sind möglich (→ *Kindeswohlgefährdung* Rn. 16 f.). 13

d) Aufenthaltsbestimmungsrecht. Die Eltern bestimmen die Wohnung sowie den **Wohnort des minderjährigen Kindes**. Die Begrifflichkeiten sind abzugrenzen von dem Begriff des Wohnsitzes iSd § 11 BGB (→ *Aufenthaltsbestimmung bei Minderjährigen* Rn. 1).[14] 14

Ein besonders schwerer Eingriff ist insoweit die **Unterbringung des Kindes** in einer geschlossenen Einrichtung gem. § 1631 b BGB (→ *Freiheitsentziehende Unterbringung und freiheitsentziehende Maßnahmen betreffend Minderjährige* Rn. 1 ff.).

e) Ausbildung und Beruf. aa) Allgemeines. Gem. § 1631 a BGB haben die Eltern in Angelegenheiten der Ausbildung und des Berufs Rücksicht auf die **Eignung und Neigung des Kindes** zu nehmen. In Zweifelsfällen soll der Rat eines Lehrers oder einer anderen geeigneten Person eingeholt werden. Die Neigung meint hierbei die subjektive Einschätzung des Kindes, wobei im Zweifel die Eignung ausschlaggebend sein soll. § 1631 a BGB konkretisiert § 1626 Abs. 2 S. 1 BGB, wonach Erziehung eine **Wechselbeziehung** darstellt zwischen Eltern und Kind und letztlich Erziehung auszurichten ist an den Bedürfnissen des Kindes (→ *Erziehung* Rn. 1). Die Vorstellung des Gesetzgebers zielt auf eine **kooperative Erziehung**. Dem Prestigedenken der Eltern soll vorgebeugt werden.[15] 15

bb) Regelungsgehalt. Der Begriff der Ausbildung ist weit auszulegen und erfasst auch **Fähigkeiten und Tätigkeiten**, die **außerhalb der Schule** stattfinden. Hierunter fallen Tätigkeiten im Bereich des Sports, der Musik, der Sprachbildung sowie weitere Bereiche außerschulischen Lernens. Die Eltern haben im Rahmen des Ausbildungs- und Berufswegs des Kindes dessen Gesundheit und zeitliche Belastung sowie Belastbarkeit zu beachten. Die Interessen und Belange anderer Familienmitglieder, insbesondere anderer Kinder, sind einzubeziehen.[16] Die Vertretung im Rahmen der Personensorge umfasst auch den Abschluss eines Lehrvertrags.[17] 16

Bei § 1631 a BGB handelt es sich um eine Soll-Vorschrift, so dass Maßnahmen nach §§ 1666, 1666 a BGB im Zweifel nicht angezeigt und auf **krasse Fehlentscheidungen** beschränkt sind.[18] In der Regel werden Verstöße der Eltern daher sanktionslos sein.[19] 17

3. Herausgabegabeanspruch

Die Norm des § 1632 BGB hat vor allem in **Umgangsverfahren** Bedeutung (→ *Durchsetzung von Umgangsregelungen* Rn. 14 ff.). Es hat eine **Abgrenzung zu Maßnahmen nach § 1631 BGB** zu erfolgen. So wird das Verbot der Eltern, bestimmte Orte, wie zB Lokale und Gaststätten, aufzusuchen, von § 1631 BGB gedeckt (→ *Aufenthaltsbestimmung bei Minderjährigen* Rn. 2). § 1632 BGB umfasst die **Umgangsbestimmung mit dritten Personen**. Soziale Kontakte gehören zu einer gesunden und freiheitlichen Entwicklung 18

12 Palandt/*Götz* BGB § 1631 Rn. 2.
13 HK-BGB/*Kemper* § 1631 Rn. 5.
14 Palandt/*Götz* BGB § 1631 Rn. 4.
15 NK-BGB/*Rakete-Dombek/Berning* § 1631 a Rn. 1; Palandt/*Götz* BGB § 1631 a Rn. 1.
16 HK-FamR/*Schmid* BGB § 1631 a Rn. 2.
17 HK-FamR/*Schmid* BGB § 1626 Rn. 5.
18 MüKoBGB/*Huber* § 1631 a Rn. 16.
19 BayObLG 8.8.1990 – 1 a Z 47/90, NJW-RR 1991, 329.

des Kindes, während die von dritten Personen ausgehenden Gefahren von Eltern überwacht und beschränkt werden sollen.[20] Hier hat eine Abwägung stattzufinden.

Im Rahmen ihres **Aufenthaltsbestimmungsrechts** haben die Eltern das Recht, von jedem die Herausgabe des Kindes gem. § 1632 Abs. 1 BGB zu verlangen (→ *Kindesherausgabe* Rn. 1 ff.). § 1632 Abs. 4 BGB regelt die Verbleibensanordnung innerhalb der Pflegefamilie. Insoweit erfährt das Aufenthaltsbestimmungsrecht der Eltern eine Einschränkung (→ *Verbleibensanordnungen* Rn. 1 ff.).

III. Verfahren

19 Gem. § 1631 Abs. 3 BGB hat das Familiengericht die Eltern auf deren Antrag bei der Ausübung der Personensorge in geeigneten Fällen zu unterstützen. In der Praxis wird jedoch in erster Linie das Jugendamt Anlaufstelle der Eltern sein, zumal das Gericht sich in den meisten Fällen auch der Hilfe des Jugendamts bedienen muss.[21]

Im Übrigen gelten die allgemeinen Ausführungen im Bereich der elterlichen Sorge (→ *Elterliches Sorgerecht* Rn. 21 ff.).

20 NK-BGB/*Rakete-Dombek/Berning* § 1632 Rn. 13.
21 NK-BGB/*Rakete-Dombek/Berning* § 1631 Rn. 15.

182. Personenstandssachen

Hoffmann

I. Personenstand

1 Der Personenstand eines Menschen im Sinne des Personenstandsgesetzes (PStG) ist die sich aus dem **Familienrecht des BGB** ergebende Stellung einer Person innerhalb der deutschen Rechtsordnung einschließlich ihres Namens (§ 1 Abs. 1 S. 1 PStG). Der Personenstand umfasst demnach Daten über Geburt, Eheschließung, Begründung einer Lebenspartnerschaft – möglich bis September 2017 – und Tod sowie die damit in Verbindung stehenden familien- und namensrechtlichen Tatsachen wie eine Vaterschaftsanerkennung oder -anfechtung, eine Annahme als Kind, eine Ehescheidung, Vor- und Geburtsname etc (§ 1 Abs. 1 S. 2 PStG).

II. Personenstandsregister

2 Die Personenstandstatsachen werden in den **vier Personenstandsregistern**, dem Ehe-, Lebenspartnerschafts-, Geburten- und Sterberegister, die beim zuständigen Standesamt in elektronischer Form geführt werden, gespeichert (§§ 3 f. PStG). Die Registereinträge bestehen aus einem urkundlichen Teil (Haupteintrag und Folgebeurkundungen) und einem Hinweisteil (§ 3 Abs. 1 S. 2 PStG). Die im **Haupteintrag** zu beurkundenden Tatsachen sind gesetzlich festgelegt (§§ 15, 21, 31 PStG).

3 **Folgebeurkundungen** sind Einträge, die den Beurkundungsinhalt des Haupteintrags verändern (§ 5 Abs. 2 PStG). Die Tatsachen, die als Folgebeurkundungen in ein Register aufgenommen werden, wie eine Ehescheidung (§ 16 Abs. 1 Nr. 2 PStG) oder eine Vaterschaftsanerkennung nach der Beurkundung der Geburt (§ 27 Abs. 1 PStG), sind gesetzlich festgelegt (§§ 16, 17, 27, 32 PStG). Die Berichtigung eines Eintrags ist ebenfalls eine Folgebeurkundung (§§ 16 Abs. 1 Nr. 8, 27 Abs. 3 Nr. 6, 32 S. 1 PStG).

4 **Hinweise** in einem Register stellen den Zusammenhang zwischen verschiedenen Beurkundungen her, die dieselbe Person, deren Ehegatten, Lebenspartner, Eltern oder Kinder betreffen (§ 5 Abs. 3 PStG). Öffentliche Stellen haben dem Standesamt Anlässe, die zu einer Folgebeurkundung oder zu einem Hinweis führen, mitzuteilen (§ 5 Abs. 4 S. 2 PStG).

III. Beurkundung in den Personenstandsregistern

5 **Eintragungen** in den Personenstandsregistern werden aufgrund von Anzeigen, Anordnungen, Erklärungen, Mitteilungen und eigenen Ermittlungen des Standesamts sowie von Einträgen in anderen Personenstandsregistern, Personenstandsurkunden oder sonstigen öffentlichen Urkunden vorgenommen.[1] Für die Beurkundung sind die **Standesämter** zuständig. Die Anerkennungsfähigkeit ausländischer Entscheidungen bestimmt sich nach § 108 FamFG. Eine ausländische Entscheidung iSd § 108 FamFG liegt bei einer Eintragung allein im ausländischen Geburtenregister nicht vor.[2]

6 Tatsachen, die in den Personenstandsregistern zu verzeichnen sind, insbesondere Geburten und Todesfälle (§§ 18, 28 PStG), sind dem zuständigen Standesamt anzuzeigen. Dabei ist letztlich jedermann zur **Anzeige** verpflichtet, wenn die vorrangig Verpflichteten, etwa kraft Gesetzes sorgeberechtigte Eltern bezogen auf die Geburt ihres Kindes, an einer Anzeige gehindert oder gar nicht vorhanden sind (§§ 19, 29 PStG). Bei Geburten und Todesfällen in einer Einrichtung ist daneben auch der Träger der Einrichtung zur Anzeige

1 § 9 Abs. 1 PStG, zur Beurkundung von anonymen Geburten, Kindern aus Babyklappen und bei Personen mit ungewissem Personenstand vgl. *Spindler* StAZ 2012, 97.
2 BGH 20.3.2019 – XII ZB 530/17, FamRZ 2019, 892; 20.3.2019 – XII ZB 320/17, FamRZ 2019, 890.

verpflichtet (§§ 20, 30 PStG). Mit der Anzeige eines Todesfalls kann auch ein bei einer Handwerkskammer oder Industrie- und Handelskammer registriertes Bestattungsunternehmen beauftragt werden (§ 29 Abs. 2 PStG).

7 Nach § 21 Abs. 1 Nr. 4 PStG wird auf Wunsch eines Elternteils seine rechtliche Zugehörigkeit zu einer Religionsgemeinschaft, die Körperschaft des öffentlichen Rechts ist, beurkundet. Nach Ansicht des BVerfG[3] begegnet es keinen verfassungsrechtlichen Bedenken, die Religionszugehörigkeit eines Kindes nur dann ins Geburtenregister aufzunehmen, wenn es sich bei der Religionsgemeinschaft um eine Körperschaft des öffentlichen Rechts handelt. Nach § 21 Abs. 1 Nr. 3 PStG ist im Geburtenregister das Geschlecht einzutragen. Kann das Kind weder dem weiblichen noch dem männlichen Geschlecht zugeordnet werden, kann nach § 22 Abs. 3 PStG der Personenstandsfall auch ohne eine solche Angabe oder mit der Angabe „divers" in das Geburtenregister eingetragen werden.[4] Personen mit Varianten der Geschlechtsentwicklung können nach § 45 b PStG auch gegenüber dem Standesamt erklären, dass die Angabe zu ihrem Geschlecht durch eine andere in § 22 Abs. 3 PStG vorgesehene Bezeichnung ersetzt oder diese gestrichen werden soll.[5]

8 Die zur Anzeige Verpflichteten haben die für die Beurkundung des Personenstandsfalls erforderlichen **Angaben** zu machen, soweit diese nicht Registern entnommen werden können, zu denen das Standesamt einen Zugang hat (§ 10 Abs. 1 PStG). Personenstandsrechtliche Erklärungen können beim Urkundsbeamten des Standesamts beurkundet werden (§ 2 Abs. 1 PStG). Für eine Beurkundung beim Standesamt werden Gebühren und Auslagen nach Maßgabe des jeweiligen Landesrechts erhoben. Auch beim Jugendamt können bestimmte personenstandsrechtliche Erklärungen beurkundet werden (§ 59 Abs. 1 S. 1 Nr. 1, 2 SGB VIII). Beurkundungen beim Jugendamt sind **gebühren- und auslagenfrei** (§ 64 Abs. 1, 2 S. 3 Nr. 2 SGB X), sofern Landesrecht nicht nach § 97 c SGB VIII – wie etwa § 25 Abs. 1 AGKJHG-Brandenburg – etwas anders regelt.

9 Personen, die aufgrund des PStG zu Anzeigen oder zu sonstigen Handlungen verpflichtet sind, können hierzu vom Standesamt durch Festsetzung eines **Zwangsgeldes** angehalten werden (§ 69 PStG). Derjenige, der eine Anzeige nicht, nicht richtig, nicht vollständig, nicht in der vorgeschriebenen Weise oder nicht rechtzeitig erstattet, handelt ordnungswidrig und kann mit einer **Geldbuße** belegt werden (§ 70 PStG).

10 Lehnt das Standesamt die Vornahme einer Amtshandlung – etwa die Eintragung einer Erklärung oder das Erteilen einer Auskunft – ab, so kann das Standesamt auf Antrag der Beteiligten oder der Aufsichtsbehörde durch das Gericht **zur Vornahme der Amtshandlung angewiesen** werden (§ 49 Abs. 1 PStG). Das Standesamt kann in Zweifelsfällen auch von sich aus eine gerichtliche Entscheidung darüber herbeiführen, ob eine Amtshandlung vorzunehmen ist (§ 49 Abs. 2 PStG). Das Verfahren richtet sich nach dem FamFG (§ 51 PStG) und den Sonderregelungen in den §§ 48 ff. PStG.[6] Für entsprechende Verfahren sind ausschließlich die Amtsgerichte zuständig, die ihren Sitz am Ort eines Landgerichts haben. Ihr Bezirk umfasst den Bezirk des Landgerichts (§ 50 Abs. 1 PStG). Dabei wird die örtliche Zuständigkeit durch den Sitz des Standesamts bestimmt, das die Sache dem Gericht zur Entscheidung vorgelegt hat oder das die Amtshandlung vornehmen soll (§ 50 Abs. 2 PStG). Die nach Landesrecht zuständige Aufsichtsbehörde, das Standesamt und die Beteiligten können in jeder Lage des Verfahrens diesem beitreten – auch durch Einlegung eines Rechtsmittels (§ 51 Abs. 2 PStG). Eine Entscheidung, durch die das Standesamt zu einer Amtshandlung angehalten wird, wird erst mit ihrer Rechtskraft wirksam (§ 53 Abs. 1 PStG). Die zuständige Aufsichtsbehörde ist beschwerdebefugt (§ 53 Abs. 2 PStG). Für die Zurückweisung von Anträgen auf eine gerichtliche Anordnung sowie für die Verwerfung oder Zurückweisung einer Beschwerde gegen eine gerichtliche Entscheidung werden die in §§ 130 f. KostO bestimmten Gebühren erhoben (§ 127 Abs. 2 KostO).

---

3 BVerfG 2.7.2015 – 1 BvR 1312/13, FamRZ 2015, 1685.

4 Ausführlich zur Kategorie „Geschlecht" im Personenstandsregister *Völzmann* JZ 2019, 381.

5 Der Anwendungsbereich der §§ 45 b, 22 Abs. 3 PStG umfasst keine allein empfundene Intersexualität, vgl. BGH 10.6.2020 – XII ZB 451/19, FamRZ 2020, 1402; 22.4.2020 – XII ZB 383/19, FamRZ 2020, 1009.

6 Ausführlich zum gerichtlichen Verfahren in Personenstandssachen *Jennissen* StAZ 2012, 8.

Eine Anweisung durch das Gericht kommt etwa in Betracht, wenn ein Standesbeamter die Eintragung des Vornamens eines Kindes ablehnt, weil er durch die Namensbestimmung das Kindeswohl als gefährdet ansieht (→ *Namensänderung* Rn. 2), oder wenn die Eintragung zweier nicht in Lebenspartnerschaft oder Ehe verbundener Elternteile, die gemeinsam ein Kind im Ausland adoptiert haben, trotz Vorliegens einer familiengerichtlichen Anerkennungsentscheidung verweigert wird.[7] 11

IV. Benutzung der Personenstandsregister

Benutzung ist die **Erteilung von Personenstandsurkunden** aus einem Registereintrag sowie die Auskunft aus einem bzw. die Einsicht in einen Registereintrag sowie die Durchsicht mehrerer Registereinträge (§ 61 Abs. 1 S. 2 Hs. 1 PStG). Personenstandsurkunden wie Ehe- und Lebenspartnerschafts-, Geburts- und Sterbeurkunden (§§ 57 ff. PStG) **beweisen** Eheschließung, Begründung der Lebenspartnerschaft, Geburt und Tod und die darüber gemachten näheren Angaben sowie die sonstigen Angaben über den Personenstand der Personen, auf die sich der Eintrag bezieht (§ 54 Abs. 1 S. 1, Abs. 2 PStG). Erfolgte eine Folgebeurkundung, so werden nur die geänderten Tatsachen in die Personenstandsurkunde aufgenommen (§ 56 Abs. 2 PStG). Hinweise haben keine Beweiskraft (§ 54 Abs. 2 S. 2 PStG). 12

Urkunden sind auf **Antrag** der Person zu erteilen, auf die sich der Registerauszug bezieht, sowie auf Antrag von deren Ehegatten, Lebenspartnern, Vorfahren und Abkömmlingen (§ 62 Abs. 1 S. 1 PStG). Andere Personen haben ein Recht auf Erteilung, wenn sie ein rechtliches Interesse glaubhaft machen, Geschwister in Bezug auf das Geburten- und Sterberegister auch bei einem berechtigten Interesse (§ 62 Abs. 1 S. 2 PStG). Eine Antragsbefugnis besteht für über 16 Jahre alte Personen (§ 62 Abs. 1 S. 3 PStG). 13

Die gleichen Grundsätze bestehen für **Auskünfte** und **Einsicht** in ein Register (§ 62 Abs. 2 PStG). Sonderregelungen gelten bei einer Verwandtschaft kraft Adoption (§ 63 Abs. 1 PStG) und bei der alleinigen Änderung des Vornamens eines Menschen nach dem Transsexuellengesetz (§ 63 Abs. 2 PStG, → *Transsexualität* Rn. 6). Wie im Melderegister kann unter bestimmten Voraussetzungen ein **Sperrvermerk** eingetragen werden (§ 64 PStG). 14

Behörden und Gerichten sind auf Ersuchen Personenstandsurkunden zu erteilen sowie Auskunft aus einem oder Einsicht in einen Registereintrag zu gewähren, soweit dies zur Erfüllung der in ihrer Zuständigkeit liegenden Aufgaben erforderlich ist. Gleiches gilt für Auskunft aus den und Einsicht in die Sammelakten (§ 65 Abs. 1 PStG). Zudem können auch allen **Religionsgemeinschaften** im Inland, die Körperschaften des öffentlichen Rechts sind, Personenstandsurkunden und Auskünfte aus einem Personenstandsregister erteilt werden, soweit das Ersuchen Mitglieder ihrer Religionsgemeinschaft betrifft (§ 65 Abs. 2 PStG). Das Mitglied kann nicht beantragen, dass bestimmte Einträge, etwa eine Verpartnerung, nicht mitgeteilt werden.[8] 15

Für die entsprechenden Amtshandlungen werden **Gebühren** und Auslagen nach Maßgabe des jeweiligen Landesrechts erhoben. 16

V. Berichtigung der Personenstandsregister

Sind in der schriftlichen Anzeige einer Geburt oder eines Sterbefalls Angaben unrichtig oder unvollständig und ist der richtige oder vollständige Sachverhalt durch öffentliche Urkunden oder aufgrund eigener Ermittlungen des Standesamts festgestellt, so sind die entsprechenden Angaben unter Hinweis auf die Grundlagen zu **ändern** (§ 46 PStG). Zudem können in einem abgeschlossenen Registereintrag **offenkundige Schreibfehler** berichtigt werden (§ 47 Abs. 1 S. 1 PStG). 17

Im Übrigen können Personenstandstatsachen nur unter bestimmten Voraussetzungen und nur bestimmte Personenstandssachen durch die Beamten des Standesamts **berichtigt** werden (§ 47 Abs. 1 S. 2, Abs. 2 PStG). Liegt keiner dieser Tatbestände vor, darf ein abgeschlossener Registereintrag nur auf Anordnung 18

7 KG 11.12.2012 – 1 W 404/12, FamRZ 2013, 717.
8 *Kissner* StAZ 2012, 213.

des Gerichts berichtigt werden (§ 48 Abs. 1 PStG). Einen Antrag auf **Anordnung der Berichtigung** können alle Beteiligten, das Standesamt und die Aufsichtsbehörde stellen (§ 48 Abs. 2 PStG). Das Verfahren richtet sich nach dem FamFG (§ 51 PStG) und den Sonderregelungen in den §§ 48 ff. PStG. Eine Entscheidung, durch die das Standesamt zur Berichtigung des Personenstandsregisters angehalten wird, wird erst mit ihrer Rechtskraft wirksam (§ 53 PStG).

183. Pfändungsschutzkonto (P-Konto)

Grandel

I. Einführung

1 Mit dem Gesetz zur Reform des Kontopfändungsschutzes ist zum 1.7.2010 das Pfändungsschutzkonto (P-Konto) eingeführt worden, das die **Sicherung des Existenzminimums des Schuldners** zum Ziel hatte. Der Kontopfändungsschutz galt nicht für jede Art von Einkünften. Er setzte außerdem die Durchsetzung vor dem Vollstreckungsgericht in einem aufwändigen Verfahren voraus. Problematisch war auch der Pfändungsschutz bei Einkünften Selbstständiger. Seit dem 1.1.2012 ist der Kontopfändungsschutz ausschließlich über das P-Konto geregelt. Durch das Pfändungsschutzkonto-Fortentwicklungsgesetz vom 22.11.2020 (PKoFoG)[1] ist eine umfassende Neustrukturierung der Vorschriften erfolgt. Das Gesetz tritt allerdings erst am 1.12.2021 in Kraft. Im Folgenden wird daher die aktuelle Rechtslage dargestellt. Bei wesentlichen Änderungen wird auf die künftige Rechtslage hingewiesen.

II. Einrichtung des P-Kontos und Folgen mehrerer P-Konten

2 Ein P-Konto kann nur eine natürliche Person einrichten. Nur ein **Girokonto** kann in ein P-Konto umgewandelt werden, nicht ein Sparbuch[2] oder sonstiges Bankkonto. Das Konto muss ein **Einzelkonto** sein. „Und-Konten" oder „Oder-Konten" können nicht als P-Konto geführt werden.[3] Der Schuldner kann aber die Umwandlung eines gemeinschaftlichen Kontos in ein P-Konto verlangen, was zur Aufteilung des gemeinschaftlichen Kontos in zwei getrennte Konten und zu einem verdoppelten Pfändungsschutz führt. Vollmachten für Dritte stehen einem P-Konto nicht entgegen.

3 Das Kreditinstitut muss **auf Verlangen des Schuldners** sein Girokonto als P-Konto führen (§ 850 k Abs. 7 S. 2 ZPO; ab 1.12.2021: § 850 k Abs. 1 S. 1). Der Schuldner hat gegen das Kreditinstitut einen gesetzlichen Anspruch auf Abschluss eines Vertrages zur Führung des P-Kontos. Die Umstellung auf ein P-Konto ist auch bei einem schon gepfändeten Konto möglich, wie sich aus § 850 k Abs. 7 S. 3 ZPO (ab 1.12.2021: § 850 k Abs. 2 S. 1) ergibt. Der Schuldner kann dann die Umstellung erst zum vierten auf seinen Antrag folgenden Geschäftstag verlangen.

4 Jeder Schuldner darf aber nur **ein einziges P-Konto** führen (§ 850 k Abs. 8 S. 1 ZPO; ab 1.12.2021: § 850 k Abs. 3 S. 1). Deswegen muss der Schuldner gegenüber dem Kreditinstitut versichern, dass er kein weiteres P-Konto unterhält. Das Kreditinstitut darf in der Auskunft mitteilen, dass es für den Schuldner ein P-Konto unterhält und darf Auskunft verlangen, ob der Schuldner schon anderweitig ein solches Konto eingerichtet hat. Da es keine Verpflichtung zur Meldung und keine zentrale Erfassung der Meldungen gibt, lässt sich keine sichere Abklärung vornehmen.[4]

5 Wenn der Schuldner unzulässigerweise **mehr als ein P-Konto** führt, kann ein Gläubiger beim Vollstreckungsgericht beantragen, dass nur das von ihm bezeichnete Girokonto als P-Konto verbleibt (§ 850 k Abs. 9 S. 1 ZPO; ab 1.12.2021: § 850 k Abs. 4). Zu seinem Antrag muss der Gläubiger durch Vorlage der jeweiligen Drittschuldnererklärungen glaubhaft machen, dass mehrere P-Konten geführt werden. Um zu verhindern, dass der Schuldner vor der Entscheidung des Vollstreckungsgerichts zum Nachteil des Gläu-

---

1 BGBl. 2020 I 2466.
2 AG Bielefeld 12.6.2012 – 185 M 640/12, ZVI 2012, 315.
3 *Stöber/Rellermeyer* Forderungspfändung Rn. 1300 o.
4 S. dazu *Bitter* ZIP 2011, 149 (157).

bigers verfügt, erfolgt keine vorherige Anhörung des Schuldners (§ 850 k Abs. 9 S. 3 ZPO; ab 1.1.2021: 850 k Abs. 4 S. 3). Die Entscheidung des Vollstreckungsgerichts wird allen beteiligten Kreditinstituten zugestellt. Mit der Zustellung entfallen die Wirkungen der P-Konten bis auf das verbliebene. Das gilt nicht nur im Verhältnis zum antragstellenden Gläubiger, sondern gegenüber allen Gläubigern des Schuldners.[5] Stellen mehrere Gläubiger den Antrag, ist derjenige des rangbesten Gläubigers maßgebend, nicht die zeitliche Reihenfolge der Antragstellung.[6]

III. Wirkungen des P-Kontos

6 Mit Einrichtung des P-Kontos entsteht ein Basispfändungsschutz zugunsten des Schuldners. Dem Schuldner verbleibt monatlich jeweils ein **pfandfreier Sockelbetrag des Guthabens im Kalendermonat**. Darauf, wann der Pfändungsbeschluss zugestellt wurde, kommt es nicht an. Dem Schuldner verbleibt daher auch bei einer Pfändung gegen Ende des Monats der volle pfandfreie Betrag. Unter Guthaben iSd § 850 k Abs. 1 ZPO versteht man das Guthaben zur Zeit der Wirksamkeit der Kontenpfändung zuzüglich aller Zugänge im laufenden Kalendermonat. Abbuchungen oder Abhebungen zugunsten des Schuldners nach Zugang der Pfändung verringern den restlichen pfandfreien Betrag. Nicht verbrauchte pfandfreie Beträge werden auf den Folgemonat übertragen (§ 850 k Abs. 1 S. 3 ZPO), aber nicht auf weitere Monate;[7] (zur Rechtslage ab 1.12.2021: die Übertragung des nicht verbrauchten Guthabens wird von einem auf drei Monate erweitert, § 899 Abs. 2 S. 1). Wird er vom Schuldner bis dahin nicht verbraucht, fällt er an den Pfändungsgläubiger. Dem Schuldner kann deswegen maximal der doppelte Freibetrag zustehen;[8] (ab 1.1.2021: maximal der vierfache Freibetrag). Ein weiteres „Ansparen" zugunsten eines besonders sparsamen Schuldners ist nicht möglich.[9] Kontoverfügungen vor Wirksamwerden der Pfändung verringern den monatlichen Sockelbetrag im Zustellungsmonat nicht.[10] Hebt der Schuldner am letzten Tag des Monats einen Barbetrag am Geldautomaten ab, der das Guthaben iSd § 850 k Abs. 1 S. 3 ZPO nicht übersteigt, hat er an diesem Tag über sein Guthaben verfügt, auch wenn die Abhebung erst im Folgemonat von der Bank verbucht wird.[11]

1. Pfändungsfreier Betrag

7 Der pfandfreie Betrag beträgt:

a) Sockelbetrag

8 Pfandfreier Betrag aus § 850 c Abs. 1 S. 1 ZPO, Stand: 1.1.2020[12] 1.1178,59 EUR

Der pfandfreie Betrag ändert sich alle zwei Jahre jeweils zum 1.7. entsprechend der prozentualen Entwicklung des Grundfreibetrages nach § 32 a Abs. 1 Nr. 1 EStG, derzeit Stand 1.7.2019.

(Zur Rechtslage ab 1.8.2021: Der dann geänderte § 850 c Abs. 4 ZPO sieht eine jährliche Anpassung der Pfändungsfreigrenze vor.)

9 Dieser Sockelbetrag gilt unabhängig davon, welche Art von Einkünften auf dem Konto eingehen (ab 1.12.2021: der Sockelbetrag wird auf volle 10 EUR aufgerundet).

Wird wegen **titulierter Unterhaltsansprüche** iSd § 850 d ZPO gegen den Schuldner vollstreckt, ist der Sockelbetrag nicht maßgebend. An seine Stelle tritt der im Pfändungsbeschluss enthaltene (geringere) Freibetrag aus § 850 d Abs. 1 S. 2 ZPO (§ 850 k Abs. 3 ZPO; ab 1.12.2021: § 906 Abs. 1 sowie S. 2,

5 HK-ZPO/*Kemper* § 850 k Rn. 39; Thomas/Putzo/*Seiler* ZPO § 850 k Rn. 45.
6 HK-ZPO/*Kemper* § 850 k Rn. 36; *Stöber/Rellermeyer* Forderungspfändung Rn. 1300 r.
7 Thomas/Putzo/*Seiler* ZPO § 850 k Rn. 12; aA *Ahrens* NJW 2010, 2001.
8 HK-ZPO/*Kemper* § 850 k Rn. 12.
9 HK-ZV/*Meller-Hannich* ZPO § 850 k Rn. 15.
10 HK-ZV/*Meller-Hannich* ZPO § 850 k Rn. 13.
11 BGH 17.10.2017 – XI ZR 419/15, NJW 2018, 299.
12 S. Pfändungsfreigrenzenbekanntmachung 2019 v. 4.4.2019, BGBl. I 443.

der § 850 k Abs. 4 S. 1 ersetzt). Obergrenze ist der Sockelbetrag zuzüglich des Aufstockungsbetrages aus § 850 k Abs. 2 ZPO.

b) Erhöhung des Sockelbetrages gemäß § 850 k Abs. 2 ZPO. Der Sockelbetrag aus Abs. 1 erhöht sich automatisch nach Maßgabe des § 850 k Abs. 2 ZPO. Folgende **Zahlungspflichten** führen zur Erhöhung des Sockelbetrages (ab 1.12.2021: modifizierte Regelung in § 902): 10

- **Gesetzliche Unterhaltspflichten** des Schuldners, die er tatsächlich bezahlt, erhöhen den Sockelbetrag um den nach § 850 c Abs. 1 S. 2 und Abs. 2 a S. 1 ZPO unpfändbaren Betrag (ab 1.8.2021: Neufassung des § 850 c). § 850 c Abs. 2 ZPO ist allerdings nicht anwendbar, dh, das den Freibetrag dann übersteigende Guthaben ist in voller Höhe pfändbar. „Gesetzliche" Unterhaltspflichten sind auch solche aufgrund vertraglicher Vereinbarungen, die den gesetzlichen Unterhaltsanspruch ausgestalten, nicht aber Zahlungspflichten losgelöst von gesetzlich sich errechnenden Unterhaltsbeträgen. Der Unterhalt muss auch tatsächlich vom Schuldner bezahlt werden. Gemeint sind nur nicht-titulierte Unterhaltsansprüche. Denn für titulierten Unterhalt ergibt sich der Pfandfreibetrag nur aus § 850 d ZPO.
- Der Sockelbetrag erhöht sich auch, wenn der Schuldner Geldleistungen nach SGB II und XII, die auf dem Konto eingehen, für mit ihm in einer **Bedarfsgemeinschaft** lebende Personen entgegennimmt, denen er nicht gesetzlich zum Unterhalt verpflichtet ist, § 850 k Abs. 2 Nr. 1 b ZPO (ab 1.12.2021: § 902 Nr. 1 b). Darunter fallen zB die Grundsicherung für Arbeitssuchende (ALG II) oder Sozialhilfeleistungen. Der Hauptfall ist, dass der Schuldner in nichtehelicher Lebensgemeinschaft mit einer ebenfalls bedürftigen Person lebt.
- Gutschriften aus einmaligen **Sozialleistungen** iSd § 54 Abs. 2 SGB I und Geldleistungen iSd § 54 Abs. 3 Nr. 3 SGB I wegen Körper- und Gesundheitsschäden erhöhen den Sockelbetrag, weil sie besonderen Bedarf abdecken.
- Der Sockelbetrag wird automatisch um das **Kindergeld** und andere Geldleistungen für Kinder erhöht, es sei denn, die Vollstreckung erfolgt gerade wegen Kindesunterhalt. Dann muss der Schuldner das bezogene Kindergeld zur Tilgung dieser Ansprüche einsetzen (§ 850 k Abs. 2 Nr. 3 ZPO (ab 1.12.2021. § 902 Nr. 5)).

Auch soweit sich der Sockelbetrag in den vorgenannten Fällen erhöht, folgt eine **Übertragung nicht verbrauchter Guthaben auf den Folgemonat** (§ 850 k Abs. 2 S. 2 ZPO; ab 1.12.2021: § 902 S. 2: Übertragung auf bis zu drei Folgemonate). Das Kreditinstitut hat die Pflicht, selbstständig den Sockelbetrag und die Erhöhungsbeträge zu ermitteln und an den Schuldner auszubezahlen (§ 850 k Abs. 5 S. 1 ZPO; ab 1.12.2021: § 908 Abs. 1). Um prüfen zu können, ob eine Erhöhung nach Abs. 2 zu beachten ist, muss der Schuldner geeignete Nachweise vorlegen. Eine fälschlicherweise überhöhte Auszahlung an den Schuldner hat für das Kreditinstitut eine befreiende Wirkung, wenn ihm die Unrichtigkeit einer vorgelegten Bescheinigung weder bekannt noch infolge grober Fahrlässigkeit unbekannt ist (§ 850 k Abs. 5 S. 3 ZPO). 11

Problematisch ist, welchen Inhalt die verlangten **Bescheinigungen** haben müssen. Eine Pflicht beteiligter Stellen, solche Bescheinigungen zur Vorlage bei Banken auszustellen, besteht nicht. Bescheinigungen von Privaten genügen nur, wenn sie dem äußeren Anschein nach Gewähr für ihre Richtigkeit bieten.[13] Der Anwalt sollte mit der Ausstellung von Bescheinigungen für den Schuldner vorsichtig sein. Er kann zwar gegebenenfalls Angaben zu bestehenden Unterhaltspflichten machen, aber kaum dazu, ob sie auch regelmäßig bezahlt werden. Es besteht ein nicht unerhebliches Haftungsrisiko. Die Arbeitsgemeinschaft Schuldnerberatung der Verbände hat im Zusammenwirken mit dem Bankenverband eine P-Konto Musterbescheinigung veröffentlicht, die im Internet ua auf der Seite: https://die-dk.de/media/files/AG-SBV_P-Konto_Bescheinigung.pdf (letzter Zugriff: 5.2.2021) heruntergeladen werden kann (ab 1.12.2021: Neuregelung und Konkretisierung der Anforderungen an Bescheinigungen in § 903). Kann der Schuldner den Nachweis nicht führen, bestimmt das Vollstreckungsgericht auf Antrag die Erhöhungsbeträge. Die gerichtliche Bestimmung ist subsidiär zur Vorlage von Bescheinigungen beim Kreditinstitut gem. § 850 k Abs. 5 S. 2 ZPO.[14] 12

13 Thomas/Putzo/*Seiler* ZPO § 850 k Rn. 29.
14 LG Koblenz 10.4.2012 – 2 T 215/12, Vollstreckung effektiv 2012, 92.

13 § 850 k Abs. 5 S. 5 ZPO stellt klar, dass die Regelungen aus Abs. 5 S. 1–4 auch für die Hinterlegung gelten.

14 **c) Zusätzliche Anordnungen durch das Vollstreckungsgericht, § 850 k Abs. 4 ZPO.** Während § 850 k Abs. 1 und 2 ZPO die pfandfreien Beträge qua Gesetz „automatisch" vorschreiben, gibt § 850 k Abs. 4 ZPO (ab 1.12.2021: modifizierte Regelungen in §§ 905, 906) dem Vollstreckungsgericht die Möglichkeit, zusätzliche Anordnungen nach Maßgabe der in Abs. 4 S. 2 eröffneten Möglichkeiten zu treffen. Das können Erhöhungen und Herabsetzungen des Sockelbetrages sein. Ist zB das Arbeitseinkommen schon beim Arbeitgeber gepfändet worden, kann das Gericht auf Antrag einen Betrag in Höhe des Teils des Arbeitseinkommens, der auf dem Bankkonto eingeht, als pfandfrei bestimmen, weil es sich ohnehin nur um den unpfändbaren Teil des Arbeitseinkommens handelt.[15] Der pfändungsfreie Betrag ist grundsätzlich zu beziffern. Eine Ausnahme gilt für Fälle, in denen das Arbeitseinkommen beim Schuldner gepfändet ist und vom Arbeitgeber nur der unpfändbare Teile des Arbeitseinkommens auf das P-Konto überwiesen wird, die Höhe dieses Auszahlungsbetrages aber monatlich ständig in unterschiedlicher Höhe den Sockelbetrag übersteigt. Weder dem Schuldner noch dem Vollstreckungsgericht ist es zumutbar, dass der Schuldner jeden Monat einen neuen Antrag gem. § 850 k Abs. 4 ZPO stellt. Deswegen genügt in solchen Fällen die von der Bank zu beachtende Anordnung des Vollstreckungsgerichts, dass der Freibetrag in Höhe des vom Arbeitgeber monatlich überwiesenen Arbeitseinkommens festgesetzt wird.[16] Der Sockelbetrag kann auch um das Pflegegeld für ein Pflegekind erhöht werden, wobei hier eine gerichtliche Anordnung notwendig ist, weil das Pflegegeld nicht unter die in § 850 k Abs. 2 ZPO aufgeführten pfändungsfreien Beträge fällt.[17]

2. Abwicklung der Pfändung

15 Gem. § 833 a ZPO umfasst die Kontenpfändung – ohne dass es einer entsprechenden konkreten Anordnung im Pfändungsbeschluss bedarf – auch die jeweils zukünftigen Guthabensalden. Der Schuldner kann jedoch bis zum Ablauf des jeweiligen Kalendermonats jeweils über den pfändungsfreien monatlichen Betrag verfügen. Wenn der Freibetrag in einem Monat nicht verbraucht wurde, ist er auf den Folgemonat zu übertragen. Ein Guthaben am Monatsende kann aber nur dann an den Gläubiger ausbezahlt werden, wenn es zusätzlich zu dem noch bestehenden restlichen Freibetrag aus dem abgelaufenen Monat auch den Sockelbetrag des nächsten Monats übersteigt (§ 835 Abs. 4 ZPO).[18] Damit können auch die Fälle der sog. Monatsanfangsproblematik in den Griff bekommen werden. Gemeint sind damit Überweisungen nach Verbrauch des pfandfreien Betrages auf das gepfändete Konto zum Monatsende, die schon für den Folgemonat bestimmt waren (zB Sozialleistungen). Diese Gutschriften sind gem. § 833 a ZPO zwar von der Pfändung umfasst, sind aber nicht für den laufenden, sondern den kommenden Monat bestimmt, während der Freibetrag jeweils kalendermonatlich gewährt wird und bereits verbraucht war. Sie bleiben in Höhe des Freibetrages für den Folgemonat zunächst pfandfrei. Im Folgemonat würden sonst diese Einkünfte zur Wiederauffüllung des neuen Freibetrages fehlen.

16 Wird der übertragene Freibetrag im Folgemonat wieder nicht verbraucht, unterliegt das Guthaben insoweit jedoch der Pfändung des Gläubigers.[19] Zur Rechtslage ab 1.12.2021: § 835 Abs. 4 ist aufgehoben; an seine Stelle tritt § 900.

17 Gehen **Sozialleistungen** oder **Kindergeld** auf dem Bankkonto ein, gilt als Ersatz für den bisherigen speziellen Pfändungsschutz das **Verrechnungsverbot** zulasten des Kreditinstituts aus § 850 k Abs. 6 ZPO. Es schränkt die Kontokorrentabrede beim Girokonto ein. Die Bank darf für die Dauer von 14 Tagen nur

---

15 HK-ZV/*Meller-Hannich* ZPO § 850 k Rn. 39.

16 BGH 10.11.2011 – VII ZB 64/10, NJW 2012, 79.

17 LG Offenburg 11.5.2012 – 4 T 107/12.

18 Vgl. die zum 16.4.2011 in Kraft getretene gesetzliche Regelung in § 835 Abs. 4 S. 1 ZPO, die als speziellere Regelung dem § 835 Abs. 3 S. 2 ZPO vorgeht; vgl. BGH 28.7.2011 – VII ZB 94/10, Vollstreckung effektiv 2011, 168; 28.7.2011 – VII ZB 92/10, NZI 2011, 717; so vor Einführung des § 835 Abs. 4 ZPO bereits LG Düsseldorf 15.4.2011 – 25 T 155/11; AG Köln 11.10.2010 – 142 C 441/10, WM 2011, 31; s. auch Thomas/Putzo/*Seiler* ZPO § 850 k Rn. 12.

19 AG Würzburg 8.5.2012 – 15 C 619/12, VuR 2012, 316.

mit Kontogebühren aufrechnen, nicht dagegen mit sonstigen Forderungen, insbesondere nicht mit einem Sollsaldo auf dem Girokonto. Der Schuldner kann über diese Sozialleistungen also 14 Tage lang frei verfügen. Er kann die Sozialleistung abheben oder Überweisungen tätigen, denen die Bank nicht wegen fehlender Kontodeckung widersprechen kann (§ 850 k Abs. 6 S. 2 ZPO). Voraussetzung dafür ist, dass der Schuldner der Bank nachweist, dass es sich bei dem gutgeschriebenen Betrag um Sozialleistungen bzw. Kindergeld handelt; neue Rechtslage ab 1.12.2021: Konkretisierung und Erweiterung des Auf- und Verrechnungsverbotes durch die Bank, § 901.

IV. Anordnung der Unpfändbarkeit des P-Kontos

Der Schuldner hat die Möglichkeit, zur Vermeidung zweckloser Pfändungen durch Dritte eine **befristete** 18
Unpfändbarkeit des P-Kontos zu erlangen (§ 850 l Abs. 1 ZPO; ab 1.12.2021: § 907). Folgende Voraussetzungen müssen vorliegen:

- Antrag des Schuldners an das Vollstreckungsgericht;
- dem Konto wurden in den letzten sechs Monaten vor Antragstellung ganz überwiegend nur unpfändbare Beträge gutgeschrieben;
- der Schuldner macht glaubhaft, dass dies auch die nächsten zwölf Monate der Fall sein wird (ab 1.12.2021: sechs Monate);
- überwiegende Belange des Gläubigers stehen nicht entgegen.

Welche Geldeingänge unpfändbar sind, ergibt sich vor allem aus §§ 850 a ff. ZPO, § 54 SGB I, aber 19
auch aus speziellen Landesgesetzen. Die Geldeingänge müssen ganz überwiegend unpfändbar sein. Das hängt vom Einzelfall ab. Ein Prozentsatz von 90 % soll dafür in der Regel noch nicht genügen.[20] Eine zu beantragende Zusammenrechnung (§§ 850 e Nr. 2, 2 a ZPO) für an sich unpfändbarer Beträge kann einen pfändbaren Betrag ergeben.[21] Ein **überwiegendes Gläubigerinteresse** hindert die Anordnung der Unpfändbarkeit: Es kann vorliegen, wenn wegen Unterhaltsansprüchen, Verletzungsrenten oder Schadenersatzansprüchen aus vorsätzlicher unerlaubter Handlung vollstreckt wird.[22]

Die Anordnung der Unpfändbarkeit ist zeitlich zu **befristen**, längstens für die Dauer von zwölf Monaten. 20
Fällt eine der genannten Voraussetzungen weg, ist auf Antrag des Gläubigers die Unpfändbarkeitsanordnung wieder aufzuheben, § 850 l Abs. 1 S. 3 ZPO. Nach Ablauf der Befristung ist ein erneuter Antrag möglich.

20 Musielak/Voit/*Becker* ZPO § 850 l Rn. 2.
21 Musielak/Voit/*Becker* ZPO § 850 l Rn. 2.
22 *Griesche* FPR 2010, 170; Musielak/Voit/*Becker* ZPO § 850 l Rn. 3.

184. Pflegefamilie

Knahn/Siede

I. Einführung

1 Pflegefamilien sind Familien, die ein fremdes Kind, das von seinen Eltern nicht (mehr) selbst erzogen werden kann, über einen längeren Zeitraum bei sich aufnehmen, betreuen und erziehen. Der Begriff Pflegefamilie beschreibt dabei allgemein die Gesamtheit aller rechtlichen und tatsächlichen Beziehungen zwischen Pflegeperson und Pflegekind, ohne Rücksicht auf die rechtliche **Form des Pflegeverhältnisses** (→ Rn. 2 ff.). Die Unterbringung in einer Pflegefamilie kann **Auswirkungen auf die elterliche Sorge** (→ Rn. 6 ff.), die **Bestimmung des Aufenthalts** des Kindes (→ Rn. 19) sowie das **Umgangsrecht** (→ Rn. 20) haben. Im familiengerichtlichen Verfahren besteht die Möglichkeit der **Verfahrensbeteiligung** (→ Rn. 21 ff.).

II. Familienpflege

1. Formen der Familienpflege

2 Das Gesetz kennt den Begriff der Pflegefamilie nicht. Es verwendet aber den Begriff der Familienpflege und beschreibt damit den Umstand, dass ein Kind oder Jugendlicher in einer anderen als seiner Herkunftsfamilie Pflege und Erziehung erfährt.[1] Die Rechtsform der Familienpflege kann dabei auf verschiedene Art und Weise ausgestaltet sein. Die Begriffe Familienpflege und Pflegeperson in den Vorschriften der §§ 1630, 1632 Abs. 4, 1688 BGB und § 160 FamFG sind aber nicht identisch mit dem Begriff der Familienpflege iSd SGB VIII. Die Vorschriften des Sozialgesetzbuchs, in denen dieser Begriff verwendet wird, geben lediglich Anhaltspunkte für ihre Auslegung.[2]

3 **a) Familienpflege nach dem SGB VIII.** Die Vollzeitpflege gem. § 33 SGB VIII, die Tagespflege gem. § 23 SGB VIII sowie die besonderen Formen der Familienpflege gem. §§ 34 Nr. 2, 35 a SGB VIII sind als Hilfen zur Erziehung (§§ 27 ff. SGB VIII), Förderung von Kindern in Tageseinrichtungen und in Kindertagespflege (§§ 22 ff. SGB VIII) bzw. Eingliederungshilfe für seelisch behinderte Kinder und Jugendliche (§ 35 a SGB VIII) **Aufgaben der Jugendhilfe** gem. § 2 Nr. 2 SGB VIII. Die Vorschriften des SGB VIII richten sich also insoweit an die öffentlichen Träger der Jugendhilfe (Jugendämter gem. § 69 Abs. 3 SGB VIII) gem. § 3 Abs. 2 S. 2 SGB VIII und verpflichten sie zur Erbringung der Leistungen der Jugendhilfe nach Maßgabe dieser Vorschriften.

Bei der **Vollzeitpflege** gem. § 33 SGB VIII wird das Kind befristet (Bereitschaftspflege) oder auf Dauer in einer Pflegefamilie untergebracht und erzogen. Dafür braucht die Pflegeperson grundsätzlich eine Erlaub-

1 BGH 4.7.2001 – XII ZB 161/98, NJW 2001, 3337.
2 Vgl. zur Verwendung des Begriffs in § 1630 BGB NK-BGB/*Rakete-Dombek* § 1630 Rn. 14.

nis des Jugendamts gem. § 44 SGB VIII. Ausgenommen von der Erlaubnispflicht sind Pflegeverhältnisse iSv § 35 a SGB VIII aufgrund Vermittlung durch das Jugendamt, Vormund und Pfleger im Rahmen ihres Wirkungskreises als Pflegepersonen, Verwandte und Verschwägerte bis zum dritten Grad, Pflegeverhältnisse bis zur Dauer von acht Wochen, Jugend- und Schüleraustausch sowie die Adoptionspflege gem. § 1744 BGB (§ 44 Abs. 2 SGB VIII).

Bei der **Tagespflege** gem. § 23 SGB VIII werden Kinder bis zum 14. Lebensjahr regelmäßig für einen Teil des Tages oder ganztags durch eine Tagespflegeperson in deren oder in dem Haushalt des Tagespflegekindes betreut. Es findet also im Gegensatz zur Vollzeitpflege keine Unterbringung über Tag und Nacht statt.

Besondere Formen der Familienpflege sind in den §§ 34 f. SGB VIII geregelt:

- Hilfe zur Erziehung in Form von Heimerziehung oder Unterbringung in sonstiger betreuter Wohnform (§ 34 SGB VIII);
- intensive sozialpädagogische Einzelbetreuung (§ 35 SGB VIII);
- Eingliederungshilfe für seelisch behinderte Kinder und Jugendliche durch geeignete Pflegepersonen (§ 35 a Abs. 2 Nr. 3 SGB VIII);
- Eingliederungshilfe für seelisch behinderte Kinder und Jugendliche in Einrichtungen über Tag und Nacht sowie sonstigen Wohnformen (§ 35 a Abs. 2 Nr. 4 SGB VIII).

b) Faktisches Pflegeverhältnis. Ein **faktisches Pflegeverhältnis familienähnlicher Art** liegt vor, wenn 4
ein Kind Pflege und Erziehung in einer anderen als seiner Herkunftsfamilie, auch durch eine Einzelperson, erfährt[3] und dabei keine Dauerpflege iSv § 33 SGB VIII (→ Rn. 3) vorliegt. Entscheidend für das Vorliegen eines faktischen Pflegeverhältnisses ist die **persönliche Beziehung** zwischen Kind und Pflegeperson. Das Kind muss in einen besonderen, seiner Natur nach auf Dauer angelegten und durch vielfältige und unterschiedliche wechselseitige Bindungen gekennzeichneten Personenverband eingegliedert sein. Pflegepersonen können daher auch Verwandte und Verschwägerte, Großeltern, der nichteheliche Vater oder Stiefeltern sein.[4]

Auch bei Tagespflege und in besonderen Formen der Familienpflege können die **Voraussetzungen für** 5
ein faktisches Pflegeverhältnis begründet sein, wenn die entsprechende persönliche Beziehung und auf Dauer angelegte Eingliederung in einen Familienverband vorliegen. Bei Tages- und Heimpflege dürften die Voraussetzungen seltener vorliegen, da Einbindung und Verwurzelung des Kindes nicht so stark ausgebildet sind bzw. die Unterbringung in einem Heim weniger auf Dauer gerichtet, weniger persönlich und weniger durch ein komplexes Beziehungsgefüge gekennzeichnet ist. Ist die Unterbringung familienähnlich ausgestaltet und eine starke soziale Verwurzelung des Kindes vorhanden, kann ein faktisches Pflegeverhältnis vorliegen. Demgegenüber reicht es nicht aus, dass eine im Bereich der Heimpflege tätige Pflegeperson dem Kind besondere Zuwendung entgegenbringt und sich bei seiner Betreuung und Versorgung besonders engagiert.[5]

c) Adoptionspflegeverhältnis. Gem. § 1744 BGB soll die Annahme eines minderjährigen Kindes erst 6
ausgesprochen werden, wenn der Annehmende das Kind angemessene Zeit in Pflege gehabt hat. Während dieser Zeit ruht die elterliche Sorge des Elternteils, der in die Adoption eingewilligt hat (§ 1751 Abs. 1 BGB). Das Jugendamt wird Vormund. Für die Rechtsstellung des Annehmenden gilt § 1688 Abs. 1–3 BGB entsprechend (§ 1751 Abs. 1 S. 4 BGB). Nach Maßgabe von § 1688 Abs. 3 BGB sind die Adoptionsbewerber allerdings an Weisungen des Jugendamtes als Amtsvormund gebunden.[6] Aufgrund einer Entscheidung des BVerfG[7] wurde die Stiefkindadoption neu geregelt. Das Gesetz ist am 31.3.2020 in Kraft getreten.

3 Palandt/*Götz* BGB Vor § 1626 Rn. 16.
4 NK-BGB/*Rakete-Dombek* § 1632 Rn. 17.
5 NK-BGB/*Rakete-Dombek* § 1632 Rn. 17.
6 Vgl. NK-BGB/*Dahm* § 1751 Rn. 12.
7 BVerfG 26.3.2019 – 1 BvR 673/17, NZFam 2019, 473.

Der leibliche Elternteil, zu dem das Verwandtschaftsverhältnis nicht erlischt,[8] übt während des Verfahrens die elterliche Sorge allein aus. Die nichteheliche Familie wird demnach einer Ehe gleichgestellt, wenn zwei Personen seit mindestens vier Jahren oder als Eltern mit einem gemeinschaftlichen Kind eheähnlich zusammenleben. Die Stiefkindadoption ist ausnahmsweise auch dann möglich, wenn einer der Partner verheiratet ist (§ 1766 a BGB nF).

2. Ausübung der elterlichen Sorge

7 Befindet sich ein Kind in Familienpflege, wird die elterliche Sorge weiterhin von den gem. §§ 1626, 1626 a BGB sorgeberechtigten Eltern ausgeübt, soweit sie nicht gem. § 1666 BGB entzogen und auf einen Vormund oder Pfleger übertragen wurde. § 1688 BGB überträgt aber bestimmte Befugnisse auf die Pflegeperson.

Pflegeperson iSv § 1688 Abs. 1 BGB ist dabei aber nur derjenige, bei dem das Kind im Rahmen der Vollzeitpflege gem. § 33 SGB VIII (→ Rn. 3) untergebracht ist. Außerhalb der Vollzeitpflege begründete Pflegeverhältnisse unterliegen nicht dem Anwendungsbereich des § 1688 Abs. 1 BGB.[9] § 1688 Abs. 2 BGB erweitert den Personenkreis um Personen, die in besonderen Formen der Familienpflege gem. §§ 34 ff. SGB VIII (→ Rn. 3) die Erziehung und Betreuung übernommen haben. Durch § 1688 Abs. 4 BGB werden die Entscheidungs- und Vertretungsbefugnisse auch auf Personen außerhalb der §§ 33 ff. SGB VIII ausgedehnt, wenn sich das Kind dort aufgrund einer Verbleibensanordnung gem. § 1632 Abs. 4 BGB (→ *Verbleibensanordnung* Rn. 3 ff.) aufhält.

8 **a) Entscheidungsbefugnis in Angelegenheiten des täglichen Lebens.** In Angelegenheiten des täglichen Lebens sind die Pflegepersonen berechtigt, Entscheidungen zu treffen und den oder die Inhaber der elterlichen Sorge zu vertreten (§ 1688 Abs. 1 S. 1 BGB). **Entscheidungen in Angelegenheiten des täglichen Lebens** sind dabei gem. § 1687 Abs. 1 S. 3 BGB solche, die häufig vorkommen und die keine schwer abzuändernden Auswirkungen auf die Entwicklung des Kindes haben (→ *Personensorge* Rn. 5). Den Pflegepersonen steht dabei kein eigenes Vertretungsrecht für das Kind zu, sie verpflichten das Kind nur mittelbar, indem sie den gesetzlichen Vertreter vertreten.[10] Sollen Teile der elterlichen Sorge und der gesetzlichen Vertretung, die über die Entscheidungsbefugnis in Angelegenheiten des täglichen Lebens hinausgehen, auf die Pflegeperson übertragen werden, muss eine entsprechende rechtsgeschäftliche Bevollmächtigung gem. § 167 BGB durch den Inhaber der elterlichen Sorge erfolgen.[11]

9 **b) Geltendmachung und Verwaltung von Arbeitsverdienst, Unterhalts- und Sozialleistungen.** Die Pflegeperson ist berechtigt, den Arbeitsverdienst des Kindes (§ 113 BGB) zu verwalten sowie Unterhalts-, Versicherungs-, Versorgungs- und sonstige Sozialleistungen für das Kind geltend zu machen und zu verwalten (§ 1688 Abs. 1 S. 2 BGB). Dabei gilt die Vertretungsmacht aber nur im Verhältnis zu Dritten und nicht gegenüber dem Inhaber der elterlichen Sorge, da die Vertretung nur mittelbar über die Vertretung des Sorgeberechtigten angelegt ist.[12] Daraus folgt, dass zur Geltendmachung von Unterhaltsansprüchen des Kindes gegen die Eltern ein Pfleger zu bestellen ist.[13] Die Entscheidungs- und Vertretungsbefugnisse der Pflegeperson sind auch im Rahmen des § 1688 Abs. 1 S. 2 BGB auf **Angelegenheiten des täglichen Lebens** beschränkt.[14] Die Pflegeperson ist daher weder berechtigt, Hilfe zur Erziehung gem. § 33 SGB VIII zu verlangen,[15] noch Leistungen zum Unterhalt des Kindes, für das Hilfe zur Erziehung in Vollzeitpflege

8 Ehegatte oder leiblicher Elternteil iSv § 1766 a BGB idF des Gesetzes zur Umsetzung der Entscheidung des Bundesverfassungsgerichts vom 26.3.2019 zum Ausschluss der Stiefkindadoption in nichtehelichen Familien.

9 NK-BGB/*Harms* § 1688 Rn. 4; BeckOK BGB/*Veit* § 1688 Rn. 2; Palandt/*Götz* BGB § 1688 Rn. 2; weitergehend MüKoBGB/*Hennemann* § 1688 Rn. 2.

10 Palandt/*Götz* BGB § 1688 Rn. 3.

11 Palandt/*Götz* BGB § 1688 Rn. 6.

12 NK-BGB/*Harms* § 1688 Rn. 9.

13 NK-BGB/*Harms* § 1688 Rn. 9.

14 NK-BGB/*Harms* § 1688 Rn. 11.

15 Palandt/*Götz* BGB § 1688 Rn. 4.

gewährt wird, nach § 39 SGB VIII geltend zu machen, denn dieser Anspruch steht nicht dem Kind, sondern dem Personensorgeberechtigten zu.[16]

c) Notvertretungsbefugnis. § 1688 Abs. 1 S. 3 BGB ordnet die entsprechende Geltung des § 1629 Abs. 1 S. 4 BGB an. Damit ist die Pflegeperson befugt, bei **Gefahr im Verzug** alle Rechtshandlungen vorzunehmen, die zum Wohl des Kindes notwendig sind (Notvertretungsbefugnis). Der Inhaber der elterlichen Sorge ist unverzüglich davon zu unterrichten. 10

d) Beschränkung der Entscheidungsbefugnisse. aa) Durch den Inhaber der elterlichen Sorge. Der Inhaber der elterlichen Sorge kann die Entscheidungs- und Vertretungsbefugnis der Pflegeperson durch Erklärung **einschränken oder ausschließen** (§ 1688 Abs. 3 S. 1 BGB). Besteht die gemeinsame elterliche Sorge, muss die Erklärung im gegenseitigen Einvernehmen abgegeben werden. Zugunsten der Pflegeperson geht das Gesetz von der Vermutung aus, dass die volle Entscheidungs- und Vertretungsbefugnis des § 1688 Abs. 1 BGB besteht.[17] Die Inhaber der elterlichen Sorge sind also beweispflichtig dafür, dass eine Einschränkung der Befugnisse erfolgt ist.[18] Die Erklärung ist nicht formbedürftig. 11

Wird die Vertretungsmacht der Pflegeperson so weit einschränkt, dass dies eine dem Wohl des Kindes oder des Jugendlichen förderliche Erziehung nicht mehr ermöglicht, sowie bei sonstigen Meinungsverschiedenheiten sollen die Beteiligten das **Jugendamt** einschalten (§ 38 SGB VIII).

Der Inhaber der elterlichen Sorge kann die Entscheidungs- und Vertretungsbefugnisse nach Abs. 1 einer Person, bei der sich das Kind aufgrund einer gerichtlichen Verbleibensanordnung (→ Rn. 19) aufhält, **nicht einschränken oder ausschließen**, da § 1688 Abs. 4 BGB dies ausdrücklich dem Familiengericht vorbehält. Da in diesen Fällen bereits ein Konflikt zwischen sorgeberechtigten Eltern und Pflegeperson bzgl. des Aufenthalts des Kindes entstanden ist, soll die Entscheidungsbefugnis über Angelegenheiten des täglichen Lebens klar zugeordnet sein, da weitere Auseinandersetzungen drohen.[19]

bb) Durch das Familiengericht. Das Familiengericht kann eine entsprechende Einschränkung oder einen Ausschluss der Befugnisse vornehmen, wenn dies **zum Wohl des Kindes erforderlich** ist. Dies gilt – im Gegensatz zu den Einschränkungsmöglichkeiten der sorgeberechtigten Eltern – auch gegenüber Pflegepersonen aufgrund einer Verbleibensanordnung (§ 1688 Abs. 4 BGB). Das Familiengericht kann im Gegensatz zu den Eltern die Befugnisse der Pflegeperson nicht ausweiten (→ Rn. 10). Ist dies aber dennoch notwendig, da das Kindeswohl sonst gefährdet wäre, muss das Sorgerecht insoweit gem. § 1666 BGB entzogen und im Rahmen der Pflegschaft die entzogenen Teilbereiche übertragen werden.[20] 12

e) Übertragung von Teilbereichen der elterlichen Sorge, § 1630 Abs. 3 BGB. Neben der Entscheidungs- und Vertretungsbefugnis der Pflegeperson in Angelegenheiten des täglichen Lebens (→ Rn. 7) sieht § 1630 Abs. 3 BGB die Möglichkeit der Übertragung einzelner Teilbereiche der elterlichen Sorge vor, wenn sich das Kind **längere Zeit in Familienpflege** befindet und die sorgeberechtigten Eltern der Übertragung **zustimmen**. Durch die Übertragung erlangt die Pflegeperson die Stellung eines Pflegers, dh die Ausübung der elterlichen Sorge ist insoweit gem. § 1630 Abs. 1 BGB eingeschränkt. 13

Die Übertragung endet ohne Weiteres bei Tod oder Wechsel der Pflegeperson.[21] Eine Rückübertragung muss auf Antrag der Eltern oder der Pflegeperson erfolgen, sofern hierdurch nicht das Kindeswohl gefährdet wird.[22] Von Amts wegen ist die Rückübertragung gem. § 1696 Abs. 1 BGB möglich, wenn dies aus triftigen, das Wohl des Kindes nachhaltig berührenden Gründen angezeigt ist.

---

16 NK-BGB/*Harms* § 1688 Rn. 10.
17 NK-BGB/*Harms* § 1688 Rn. 15.
18 Palandt/*Götz* BGB § 1688 Rn. 6.
19 BT-Drs. 13/4899, 108.
20 Palandt/*Götz* BGB § 1688 Rn. 7.
21 NK-BGB/*Rakete-Dombek* § 1630 Rn. 21.
22 Palandt/*Götz* BGB § 1630 Rn. 11.

Das Verfahren gem. § 1630 Abs. 3 BGB ist insgesamt recht aufwändig. Ist es nicht erforderlich, dass die Pflegeperson statusrechtlich die Rechtsstellung eines vom Familiengericht bestallten und kontrollierten Pflegers erlangt, erscheint es vorzugswürdig, dass der sorgeberechtigte Elternteil die Pflegeperson rechtsgeschäftlich bevollmächtigt, die elterliche Sorge für ihn über die Angelegenheiten der Alltagssorge hinaus auszuüben.

14 **aa) Familienpflege.** Bei der Anwendung von § 1630 Abs. 3 BGB kommt es nicht darauf an, ob ein Pflegeverhältnis im Rahmen der Vollzeitpflege (§ 33 SGB VIII) vorliegt. Eine Verbleibensanordnung kann bei allen **faktischen Pflegeverhältnissen familienähnlicher Art** (→ Rn. 4) getroffen werden.[23] Allerdings muss das Kind gem. § 1630 Abs. 3 BGB in Familienpflege **leben**. Daher wird der Anwendungsbereich für Kinder in Tagespflege meist ausgeschlossen sein, da das Kind noch immer in der Herkunftsfamilie lebt. Das Kind muss durch die sorgeberechtigten Eltern in Familienpflege gegeben worden sein, eine Inpflegegabe durch Vormund oder Pfleger reicht nicht aus.[24]

15 **bb) Dauer des Pflegeverhältnisses.** Voraussetzung für eine Übertragung nach § 1630 Abs. 3 BGB ist, dass das Kind **seit längerer Zeit** in der Pflegefamilie lebt. Der Begriff ist dabei nicht an absoluten Maßstäben, sondern vielmehr an dem kindlichen Zeitgefühl, der individuellen Bindungsfähigkeit und Bindungsbereitschaft des Kindes und auch an der Erreichbarkeit der Eltern auszurichten. Entscheidend ist nicht die objektive Dauer des Pflegeverhältnisses, sondern die Verwurzelung des Kindes in der Pflegefamilie, die Möglichkeit des Kindes, zu der Pflegeperson und seinem sozialen Umfeld engere Bindungen entwickeln zu können.[25]

16 **cc) Antrag.** Die Entscheidung setzt einen Antrag der Pflegeperson oder der Eltern voraus. Das Kind ist nicht antragsberechtigt. Bei einem Streit der gemeinsam sorgeberechtigten Eltern um die Übertragung von Teilbereichen der elterlichen Sorge gem. § 1630 Abs. 3 BGB genügt der Antrag eines Elternteils, wenn ihm das Familiengericht die Antragstellung gem. § 1628 BGB übertragen hat.[26] Dies ist möglich, soweit das Familiengericht die Entscheidung in einer bestimmten Art von Angelegenheiten auch dem Elternteil selbst gem. § 1628 BGB übertragen könnte.

17 Der Antrag muss sich auf **bestimmte Teilbereiche der elterlichen Sorge** beziehen.[27] Umstritten ist, ob die **Übertragung der gesamten elterlichen Sorge** zulässig ist. Das OLG Jena verneint dies mit der überzeugenden Begründung, dass § 1630 Abs. 3 S. 3 BGB im Rahmen der Übertragung ausdrücklich die Rechte und Pflichten eines Pflegers anordnet und eine Übertragung der gesamten elterlichen Sorge nicht mehr zu einer Pflegschaft, sondern zu einer Vormundschaft führen würde.[28] Allerdings können die sorgeberechtigten Eltern die Pflegeperson bevollmächtigen, die Ausübung der elterlichen Sorge in ihrem Namen insgesamt wahrzunehmen.[29] Gegen diese Lösung bestehen die og Bedenken nicht, da es die Eltern jederzeit in der Hand haben, die Vollmacht zu widerrufen, und da der Bevollmächtigte ihnen gegenüber auskunfts- und rechenschaftspflichtig ist.

18 **dd) Zustimmung der Eltern.** Dem Antrag der Pflegeperson auf Übertragung von Teilbereichen der elterlichen Sorge müssen die Eltern zustimmen (§ 1630 Abs. 3 S. 2 BGB). Der Begriff der Eltern ist dabei einschränkend auf die jeweils sorgeberechtigten Eltern anzuwenden, da nur diese über die Frage der Übertragung der elterlichen Sorge verfügungsberechtigt sein können. Bei gemeinsamer elterlicher Sorge

23 NK-BGB/*Rakete-Dombek* § 1630 Rn. 14.
24 NK-BGB/*Rakete-Dombek* § 1630 Rn. 14.
25 NK-BGB/*Rakete-Dombek* § 1630 Rn. 14.
26 BeckOK BGB/*Veit* § 1630 Rn. 12; aA NK-BGB/*Rakete-Dombeck* § 1630 Rn. 15.
27 Palandt/*Götz* BGB § 1630 Rn. 11.
28 OLG Jena 9.12.2008 – 1 UF 162/08, NJW-RR 2009, 586; aA KG 8.2.2006 – 25 UF 74/05, FamRZ 2006, 1291; HK-FamR/*Schmid* BGB § 1630 Rn. 4; Staudinger/*Peschel-Gutzeit* BGB § 1630 Rn. 53; MüKoBGB/*Huber* § 1630 Rn. 26.
29 Vgl. OLG Celle 12.9.2016 – 19 UF 95/16, FamRZ 2017, 450.

müssen daher beide Sorgeberechtigte zustimmen, ist hingegen ein Elternteil allein sorgeberechtigt, reicht dessen Zustimmung aus.[30]

Bei einem Antrag der Eltern auf Übertragung von Teilbereichen der elterlichen Sorge auf die Pflegeperson ist die **Einwilligung der Pflegeperson** ungeschriebene Voraussetzung. Die Einwilligung muss selbstverständlich vorliegen, da eine Übertragung gegen den Willen nicht stattfinden kann, weil keine Pflicht zur Übernahme der elterlichen Sorge besteht.[31]

ee) Kindeswohl. Nach dem Kindeswohlprinzip des § 1697 a BGB ist weitere Voraussetzung für eine Übertragung nach § 1630 Abs. 3 BGB, dass unter Berücksichtigung der tatsächlichen Gegebenheiten und Möglichkeiten sowie der berechtigten Interessen der Beteiligten die Übertragung dem Wohl des Kindes am besten entspricht. Eine Entscheidung darf dabei nicht ergehen, wenn die Eltern sich unter Umgehung einer Adoption ihrer elterlichen Verantwortung entledigen wollen. Die Übertragung muss die Lage des Kindes verbessern, auf eine Notwendigkeit kommt es nicht an.[32] 19

3. Verbleibensanordnung, § 1632 Abs. 4 BGB

Das Familiengericht kann auf Antrag der Pflegeperson oder von Amts wegen anordnen, dass das Kind bei der Pflegeperson verbleibt, wenn und solange das **Kindeswohl durch die Wegnahme gefährdet** würde (§ 1632 Abs. 4 BGB). Bei der Anwendung von § 1632 Abs. 4 BGB kommt es nicht darauf an, ob ein Pflegeverhältnis im Rahmen der Vollzeitpflege (§ 33 SGB VIII) mit der entsprechenden Erlaubnis (§ 44 SGB VIII) vorliegt. Eine Verbleibensanordnung kann bei allen **faktischen Pflegeverhältnissen familienähnlicher Art** getroffen werden.[33] Voraussetzungen sind, dass die Familienpflege bereits längere Zeit besteht und das Kindeswohl durch die Wegnahme gefährdet wäre. Da § 1632 Abs. 4 BGB einen starken Eingriff in die Elternrechte aus Art. 6 GG darstellt, gelten für eine Verbleibensanordnung strenge verfassungsrechtliche Vorgaben (→ *Verbleibensanordnung* Rn. 8). 20

4. Umgangsrecht, § 1685 Abs. 2 BGB

Ehemalige Pflegepersonen können unter den weiteren Voraussetzungen des § 1685 Abs. 2 BGB umgangsberechtigt sein. Schon aus der Definition der Umgangsberechtigten als **enge Bezugspersonen** ergibt sich, dass sich das Umgangsrecht nicht auf Pflegepersonen in Familienpflege gem. § 33 SGB VIII beschränken kann, sondern auch alle faktischen Pflegeverhältnisse familienähnlicher Art umfasst.[34] Voraussetzung ist aber jedenfalls, dass die Pflegeperson tatsächlich eine enge Bezugsperson für das Kind ist und eine sozial-familiäre Beziehung zwischen ihnen besteht. Nach der Legaldefinition des § 1685 Abs. 2 S. 1 BGB liegt eine sozial-familiäre Beziehung vor, wenn die Bezugsperson für das Kind tatsächliche Verantwortung trägt oder getragen hat. Dabei stellt § 1685 Abs. 2 S. 2 BGB die Regelvermutung auf, dass die Übernahme tatsächlicher Verantwortung in der Regel anzunehmen ist, wenn die Person mit dem Kind längere Zeit in häuslicher Gemeinschaft zusammengelebt hat.[35] 21

Das Umgangsrecht der Pflegeperson besteht aber nur dann, wenn der Umgang dem **Kindeswohl dient**, § 1685 Abs. 1 BGB (→ *Umgangsrecht* Rn. 89 ff.).

III. Beteiligung im familiengerichtlichen Verfahren

1. Beteiligtenstellung der Pflegeperson

§ 161 Abs. 1 FamFG ermöglicht es, Pflegepersonen in Kindschaftssachen gem. § 151 FamFG als Beteiligte gem. § 7 Abs. 3 FamFG hinzuzuziehen (Kannbeteiligte), wenn das Kind seit längerer Zeit in Familien- 22

30 OLG Braunschweig 2.1.2001 – 1 UF 176/00, FamRZ 2002, 118.
31 NK-BGB/*Rakete-Dombek* § 1630 Rn. 17.
32 NK-BGB/*Rakete-Dombek* § 1630 Rn. 18.
33 NK-BGB/*Rakete-Dombek* § 1632 Rn. 17.
34 NK-BGB/*Peschel-Gutzeit* § 1685 Rn. 10.
35 NK-BGB/*Peschel-Gutzeit* § 1685 Rn. 13 ff.

pflege lebt und die Beteiligung **im Interesse des Kindes** ist. Durch die Beteiligung soll sichergestellt werden, dass die Pflegeperson vollumfänglich über den Verfahrensablauf in Kenntnis gesetzt wird, selbst auf den Verfahrensablauf Einfluss nehmen und in die gerichtliche Entscheidung mit einbezogen werden kann.[36] Denn in Kindschaftssachen betreffend das Sorge- oder Umgangsrecht wird nicht unmittelbar in ein subjektives Recht der Pflegeperson eingegriffen, so dass sich nach den allgemeinen Vorschriften (§ 7 Abs. 2 Nr. 1 FamFG) eine Beteiligtenstellung der Pflegepersonen nicht ergibt.[37]

2. Anhörung der Pflegeperson

23 Auch ohne Beteiligung sind die Pflegepersonen stets anzuhören, wenn das Kind längere Zeit in Familienpflege lebt (§ 161 Abs. 2 FamFG). Das Tatbestandsmerkmal „längere Zeit" richtet sich dabei nicht nach verbindlichen Zeitvorgaben, sondern ist vielmehr auf die kindlichen Zeitvorstellungen ausgerichtet. Entscheidend ist, in welchem Umfang sich Bindungen zwischen dem Kind und der Pflegeperson und weiteren Mitgliedern der Pflegefamilie entwickelt haben. Von der Anhörung kann nicht abgesehen werden, sie muss aber nicht persönlich erfolgen.[38]

3. Beschwerdebefugnis

24 Anders als bei der Mitwirkung des Jugendamts nach § 162 Abs. 3 S. 2 FamFG sieht § 161 FamFG für die Pflegeperson **keine beschwerunabhängige Beschwerdebefugnis** vor. Die Rechtsmittelbefugnis richtet sich allein nach einer Beschwer der Pflegeperson (§ 59 Abs. 1 FamFG).

4. Form des Pflegeverhältnisses

25 Da es sich bei § 161 Abs. 1 FamFG um eine Ermessensentscheidung handelt, die sich am Interesse des Kindes zu orientieren hat, ist für das Merkmal der Familienpflege nicht allein auf den formellen Begriff iS einer Vollzeitpflege gem. § 33 SGB VIII (→ Rn. 3) abzustellen. Ausreichend kann **auch ein faktisches Pflegeverhältnis familienähnlicher Art** (→ Rn. 4) sein.[39] Enge Bezugspersonen können im familiengerichtlichen Verfahren einen erheblichen Beitrag zur Feststellung des Sachverhalts leisten, so dass die Beteiligung unabhängig von der Form der Familienpflege dem Kindesinteresse dienen kann.

IV. Steuerliche Auswirkungen

26 Eine Pflegeperson hat unter den weiteren Voraussetzungen des § 62 EStG **Anspruch auf Kindergeld** für Pflegekinder gem. §§ 63 Abs. 1 Nr. 1, 32 Abs. 1 Nr. 2 EStG. Steuerrechtlich sind Pflegekinder aufgrund der Legaldefinition in § 32 Abs. 1 Nr. 2 EStG Personen, mit denen der Steuerpflichtige durch ein familienähnliches, auf längere Dauer berechnetes Band verbunden ist, sofern er sie nicht zu Erwerbszwecken in seinen Haushalt aufgenommen hat und das Obhuts- und Pflegeverhältnis zu den Eltern nicht mehr besteht (→ *Kindergeld* Rn. 1 ff.).

Bei dem Abzug des **Kinderfreibetrages** gem. § 32 Abs. 6 EStG im Rahmen der Einkommensteuerveranlagung werden auch Pflegekinder gem. § 32 Abs. 1 Nr. 2 EStG berücksichtigt (→ *Steuerliche Freibeträge* Rn. 1 ff.).

Der **Kinderzuschlag** gem. § 6 a BKGG wird auch für Pflegekinder gem. § 2 Abs. 1 Nr. 2 BKGG gewährt (→ *Kinderzuschlag* Rn. 1 ff.). Pflegekinder sind dabei Personen, mit denen der Berechtigte durch ein familienähnliches, auf Dauer berechnetes Band verbunden ist, sofern er sie nicht zu Erwerbszwecken in seinen Haushalt aufgenommen hat und das Obhuts- und Pflegeverhältnis zu den Eltern nicht mehr besteht (Legaldefinition des § 2 Abs. 1 Nr. 2 BKGG).

36 HK-FamVerfR/*Völker/Clausius/Wagner* § 161 Rn. 1.
37 BGH 13.4.2005 – XII ZB 54/03, NJW 2005, 2149.
38 HK-FamVerfR/*Völker/Clausius/Wagner* § 161 Rn. 3.
39 Keidel/*Engelhardt* FamFG § 161 Rn. 2.

185. Pflegegeld

Conradis

I. Einführung

1 Der Begriff des Pflegegeldes wird in mehreren Sozialgesetzen benutzt, hat jedoch unterschiedliche Bedeutung. In erster Linie bedeutet es eine Leistung, die einer Person erbracht wird, die (körperlicher) Pflege bedarf. Zum anderen meint dieser Begriff die Leistung, die eine Pflegeperson für ein Pflegekind erhält, weil es dieses zur Pflege aufgenommen hat. Ob und in welchem Maß das Pflegegeld bei Unterhaltsansprüchen zu berücksichtigen ist, muss daher jeweils gesondert ermittelt werden.

2 Eine gleichartige Leistung stellt die **Pflegezulage** nach § 35 BVG dar, die Beschädigte erhalten, die infolge der Schädigung hilflos sind. Der Begriff der Hilflosigkeit wird im Sinne der Pflegebedürftigkeit definiert, wobei eine Erweiterung gegenüber der gesetzlichen Pflegebedürftigkeit besteht, § 35 Abs. 1 S. 2, 3 BVG. Empfänger solcher Leistungen können zB Opfer von Gewalttaten nach dem Opferentschädigungsgesetz (OEG) sein. Die Höhe der Pflegezulage beträgt zwischen 342 EUR und 1.706 EUR.[1] Nach § 1610 a BGB kann diese Leistung nicht als einsetzbares Einkommen angerechnet werden.

II. Pflegegeld der gesetzlichen Pflegeversicherung

3 Die Höhe des Pflegegeldes in der gesetzlichen Pflegeversicherung ist seit 2017 unverändert. Einzelheiten hierzu → *Pflegeversicherung* Rn. 2 ff. Die Problematik der Anrechnung des Pflegegeldes bei häuslicher Pflege nach § 37 SGB XI stellt sich in zwei Konstellationen: Zum einen ist fraglich, ob das Pflegegeld, welches die leistungsberechtigte Person erhält, als einzusetzendes Einkommen anzurechnen ist. Zum anderen kommt eine Berücksichtigung des Pflegegeldes bei der Pflegeperson – die pflegende Person nach § 19 SGB XII – in Betracht.

4 Ob Pflegegeld bei dem **Empfänger des Pflegegeldes als Einkommen** in vollem Umfang anzurechnen ist, ist noch nicht abschließend geklärt. Übereinstimmung herrscht dahin gehend, dass Pflegegeld unter den Anwendungsbereich des § 1610 a BGB fällt.[2] Damit ist nach § 1610 a BGB zu prüfen, ob die Kosten der Aufwendungen für den Körper- oder Gesundheitsschaden nicht geringer sind als die Höhe der Sozialleistungen. In den unterhaltsrechtlichen Leitlinien wird teilweise lediglich darauf hingewiesen, dass § 1610 a BGB zu beachten ist.[3] Es wird zum Teil darauf abgestellt, ob und in welcher Höhe das Pflegegeld an eine Pflegeperson weitergegeben wird. Pflegegeld, welches an die Pflegeperson weitergeleitet wird, wurde nicht als Einkommen bei der Ermittlung von Unterhaltsansprüchen berücksichtigt.[4] Soweit das Pflegegeld nicht weitergegeben wird, soll es hingegen als Einkommen berücksichtigt werden.[5] Hierbei wird allerdings zum Teil vertreten, dass die gesetzliche Vermutung nur durch den Nachweis widerlegt werden kann, es werde hierfür der Konsum oder eine Vermögensbildung finanziert.[6]

5 Ob das **weitergeleitete Pflegegeld bei der Pflegeperson als Einkommen** zu berücksichtigen ist, war früher umstritten. Mit Wirkung vom 1.8.1999 wurde in das SGB XI eine ähnliche Regelung wie beim Erziehungsgeld – heute Elterngeld – aufgenommen, nämlich § 13 Abs. 4 SGB XI. Danach bleibt das

---

1 § 35 Abs. 1 S. 1, 4 BVG in der Fassung der 26. KOV-AnpV 2020 vom 8.6.2020, BGBl. I 1222.

2 BGH 25.11.1992 – XII ZR 164/91, FamRZ 1993, 417; Palandt/*Brudermüller* BGB § 1610 a Rn. 3.

3 Leitlinien der Oberlandesgerichte Ziff. 2.7.

4 Sämtliche Leitlinien der Oberlandesgerichte Ziff. 2.8; OLG Saarbrücken 19.11.2005 – 9 UF 25/03, FamRZ 2004, 1674 – nur Ls.

5 OLG Hamm 14.12.1998 – 8 UF 274/98, FamRZ 2000, 114 – nur Ls.; OLG Köln 4.12.2007 – 4 WF 189/07, FamRZ 2008, 1276.

6 OLG Koblenz 7.4.2005 – 7 UF 999/04, FamRZ 2005, 1482.

weitergeleitete Pflegegeld bei der Ermittlung von Unterhaltsansprüchen und Unterhaltsverpflichtungen **unberücksichtigt**.[7]

6 Ausnahmsweise doch zu berücksichtigen ist das Pflegegeld in den Fällen des § 1361 Abs. 3 BGB, der §§ 1579, 1603 Abs. 2 BGB und des § 1611 Abs. 1 BGB. Während Rechtsprechung zu der gleich lautenden Vorschrift für das Erziehungsgeld schon vorliegt (→ *Elterngeld* Rn. 19), sind Entscheidungen im Hinblick auf die Berücksichtigung des Pflegegeldes in diesen Fällen noch nicht ersichtlich.

7 In § 13 Abs. 6 Nr. 2 SGB XI findet sich jedoch folgende **Sonderregelung**: Soweit der Pflegebedürftige mit dem Unterhaltspflichtigen **nicht in gerader Linie verwandt** ist, wird das an die Pflegeperson weitergeleitete Pflegegeld grundsätzlich doch als Einkommen angerechnet, wenn von der Pflegeperson erwartet werden kann, ihren Unterhaltsbedarf ganz oder teilweise durch eigene Einkünfte zu decken. Für **Unterhaltspflichtige**, die pflegen und weitergeleitetes Pflegegeld erhalten, bedeutet dies, dass bei der Pflege von Verwandten in gerader Linie das Einkommen nur bei Unterhaltsansprüchen von minderjährigen unverheirateten Kindern berücksichtigt wird (§ 1603 Abs. 2 BGB). Bei der Pflege von nicht in gerader Linie Verwandten ist eine Wertung nach § 13 Abs. 6 Nr. 2 SGB XI durchzuführen.

8 Für **Unterhaltsberechtigte** heißt dies, dass vor allem in den Fällen der beschränkten Unterhaltsberechtigung aufgrund von nicht loyalem Verhalten eine Anrechnung des weitergeleiteten Pflegegeldes in Betracht kommt. Hierbei ist jedoch zu beachten, dass die grundsätzliche Nichtberücksichtigung (mit den Ausnahmen) nur dann zum Tragen kommt, wenn die Pflegeperson einen Verwandten in gerader Linie pflegt. Das Pflegegeld wird hingegen grundsätzlich angerechnet, wenn von der Pflegeperson erwartet werden kann, ihren Unterhaltsbedarf ganz oder teilweise durch eigene Einkünfte zu decken und der Pflegebedürftige mit dem Unterhaltspflichtigen nicht in gerader Linie verwandt ist (§ 13 Abs. 6 Nr. 2 SGB XI).

9 Die von der Pflegekasse für die **vollstationäre Pflege** nach § 43 SGB XII zu erbringenden Leistungen werden im allgemeinen Sprachgebrauch ebenfalls als Pflegegeld bezeichnet, stellen aber nach dem Gesetzeswortlaut pauschale Leistungsbeträge für die pflegebedingten Aufwendungen dar. Diese Leistung ist kein verfügbares Einkommen, weil sie für den tatsächlichen Aufwand verbraucht wird.

III. Weitere Pflegegeldregelungen

10 Das Pflegegeld der **gesetzlichen Unfallversicherung** nach § 44 SGB VII entspricht dem Pflegegeld nach § 37 SGB XII. Die Beträge sind jedoch höher, sie wurden festgelegt ab 1.7.2020 auf Beträge zwischen 387 EUR und 1.542 EUR (§ 44 Abs. 2 S. 1 SGB VII), wobei eine jährliche Anpassung erfolgt, zuletzt durch VO vom 6.6.2020.[8] Dieses Pflegegeld ist in der Regel nach § 1610 a BGB nicht als Einkommen zu berücksichtigen. Soweit es an die Pflegeperson weitergegeben wird, ist § 13 Abs. 6 SGB XI anzuwenden, da in dieser Vorschrift auch auf vergleichbare Regelungen verwiesen wird.[9]

11 Weiterhin kennen einige Bundesländer ein **Landespflegegeld**. Insoweit hat der Bundesgerichtshof entschieden,[10] dass das (Landes-)Pflegegeld auf den behinderungsbedingten Bedarf anzurechnen ist. Ob es auch auf den Lebensbedarf anzurechnen ist, hat der Bundesgerichtshof ausdrücklich offen gelassen.

12 Das Pflegegeld nach § 64 SGB XII stellt eine **Sozialhilfeleistung** dar und entspricht dem Pflegegeld nach dem SGB XI, auch der Höhe nach. Es gilt daher die Vermutung des § 1610 a BGB.[11] Bei der Weiterleitung an die Pflegeperson wird jedoch teilweise die Auffassung vertreten, dass ein Teil als Einkommen anzurechnen sei.[12] Eine unterschiedliche Behandlung beim Unterhalt ist daher nicht gerechtfertigt.

---

7 BGH 1.3.2006 – XII ZR 157/03, FamRZ 2006, 846.
8 BGBl. 2020 I 1220.
9 *Kruse* in: LPK-SGB XII § 13 Rn. 43.
10 BGH 25.11.1992 – XII ZR 164/91, FamRZ 1993, 415.
11 OLG Brandenburg 2.1.2007 – 9 UF 159/06, FamRZ 2008, 174.
12 Wendl/Dose UnterhaltsR/*Dose* Rn. 464: ein Drittel des weitergeleiteten Pflegegeldes.

IV. Pflegegeld nach dem SGB VIII

13 Eine ganz andere Qualität hat das Pflegegeld im **Kinder- und Jugendhilferecht**. Nach § 39 SGB VIII besteht als Bestandteil der erzieherischen Hilfe ein Anspruch auf **Pflegegeld**, welcher dem Grunde nach voraussetzt, dass eine Hilfe zur Erziehung nach §§ 27 ff. SGB VIII erbracht wird. Diese Leistung ist also ein Annex der erzieherischen Hilfe und kann nicht unabhängig hiervon erbracht werden. Das Pflegegeld ist zum Unterhalt des in Pflege genommenen Kindes oder Jugendlichen bestimmt. Anspruchsinhaber ist der erziehende Elternteil,[13] wobei jedoch der im Pflegegeld enthaltene Barbetrag dem Minderjährigen zur persönlichen Verfügung zu stellen ist (§ 39 Abs. 2 S. 2 SGB VIII).

14 In § 39 SGB VIII finden sich im Einzelnen Regelungen über die Berechnung der finanziellen Leistungen. Es sind Pauschalbeträge für laufende Leistungen zum Unterhalt nach § 39 Abs. 5 SGB VIII festzusetzen. Diese Pauschalbeträge werden nach Landesrecht festgesetzt (§ 39 Abs. 5 S. 3 SGB VIII). Häufig werden die **Empfehlungen des Deutschen Vereins für öffentliche und private Fürsorge** zugrunde gelegt. Die für 2021 geltenden Empfehlungen[14] differenzieren, wie auch schon früher, nach drei Altersstufen, und zwar wie folgt:

- Minderjährige bis fünf Jahre: 571 EUR
- 6–11 Jahre: 657 EUR
- 12–18 Jahre: 722 EUR.

Als **Kosten der Erziehung**, die hinzukommen (§ 39 Abs. S. 2 SGB VIII), werden für alle Altersstufen einheitlich 249 EUR empfohlen. Wird bei dem Kind das Kindergeld berücksichtigt, so ist ein Betrag in Höhe der Hälfte des Kindergeldes für ein erstes Kind, also derzeit 109,50 EUR, auf die laufenden Leistungen anzurechnen (§ 39 Abs. 6 SGB VIII).

15 Während die Pauschalbeträge für die laufenden Leistungen zum Unterhalt als Einkommen des Kindes bzw. Jugendlichen gelten, war lange Zeit nicht geklärt, ob der Anteil für die **Kosten der Erziehung** ein Einkommen der Pflegeperson darstellt. Das OVG Münster[15] hat diesen Anteil nicht als Einkommen der Eltern angesehen, sondern als eine für den Unterhalt des Kindes bzw. Jugendlichen zweckbestimmte Leistung. Entschieden wurde diese Frage vom OVG jedoch nur im Verhältnis zur Sozialhilfe. Im Unterhaltsrecht wurde die Meinung vertreten, dass dieser Anteil als Einkommen der Pflegeperson zu berücksichtigen ist.[16] Inzwischen scheint sich die Auffassung durchzusetzen, dass der Erziehungsbeitrag kein unterhaltsrelevantes Einkommen darstellt.[17]

13 *Münder* in: FK-SGB VIII § 39 Rn. 4.
14 NDV 2020, 459.
15 OVG Münster 24.11.1995 – 24 A 4833/94, FamRZ 1996, 900.
16 OLG Köln 15.10.2009 – 4 WF 160/09, FamRZ 2010, 904 – nur Ls.; Leitlinie OLG Oldenburg Ziff. 2.8; die anderen Leitlinien äußern sich zu dieser Frage nicht.
17 OLG Koblenz 29.8.2018 – 13 UF 178/18, FamRZ 1919, 197.

186. Pflegeversicherung

Conradis

I. Einführung

1 Grundsätzlich sind alle Personen in der sozialen Pflegeversicherung versichert, die in der gesetzlichen Krankenversicherung versichert sind. Wer gegen Krankheit bei einer privaten Krankenversicherung versichert ist, muss eine **private Pflegeversicherung** abschließen (§ 1 Abs. 2 SGB XI). Durch §§ 23, 110 SGB X ist geregelt, dass in der privaten Pflegeversicherung die versicherungsrechtlichen Voraussetzungen und die Leistungsansprüche denjenigen der sozialen Pflegeversicherung entsprechen. Die private Pflegeversicherung richtet sich nach den allgemeinen Versicherungsbedingungen für die private Pflegepflichtversicherung Bedingungsteil MB/PPV 2010.

2 Die im vorliegenden Zusammenhang wichtigsten Leistungen der Pflegeversicherung sind das **Pflegegeld** sowie die Sachleistungen bei häuslicher Pflege. Durch die Pflegestärkungsgesetze wurden mit Wirkung zum 1.7.2017 erhebliche Änderungen vorgenommen.[1] Es wurde ein neuer Pflegebedürftigkeitsbegriff eingeführt. Das neue Einstufungsverfahren brachte fünf Pflegegrade (statt zuvor drei Pflegestufen). Leistungen werden bis auf Ausnahmen nur für Pflegebedürftige ab Pflegegrad 2 erbracht. Die Höhe der Leistungen ist seit Januar 2017 unverändert. In § 30 SGB XI ist bestimmt, dass die Bundesregierung alle drei Jahre, also erstmals im Jahr 2020, die Notwendigkeit und Höhe einer Anpassung prüfen muss. Daher ist nunmehr zum Juli 2021 eine Erhöhung um etwa 5 % geplant.

3 Soweit die Pflege im Haushalt stattfindet – ohne Inanspruchnahme eines Pflegedienstes –, besteht ein Anspruch auf folgende Beträge (§ 37 Abs. 1 SGB XI).

Pflegegrad 2	316 EUR
Pflegegrad 3	535 EUR
Pflegegrad 4	728 EUR
Pflegegrad 5	901 EUR

4 Statt des Pflegegeldes können auch **Sachleistungen** in Anspruch genommen werden (§ 36 SGB XI). Der Wert der Pflegesachleistungen – also der Betrag, der für die Pflege durch einen zugelassenen Pflegedienst erbracht wird – beträgt:

Pflegegrad 2	689 EUR
Pflegegrad 3	1.298 EUR
Pflegegrad 4	1.612 EUR
Pflegegrad 5	1.995 EUR

Es können auch teilweise Pflegegeld und teilweise Sachleistungen (**Kombinationsleistungen**, § 38 SGB XI) in Anspruch genommen werden.

5 Wird eine **vollstationäre Pflege** durchgeführt, ist die Höhe des Pflegegeldes in § 43 Abs. 5 SGB XI geregelt, es beträgt:

Pflegegrad 2	770 EUR
Pflegegrad 3	1.262 EUR
Pflegegrad 4	1.775 EUR
Pflegegrad 5	2.005 EUR

1 Vgl. *Richter* NJW 2016, 598.

Pflegebedürftige des Pflegegrades 1, die vollstationäre Pflege wählen, erhalten einen Zuschuss in Höhe von 125 EUR monatlich (§ 43 Abs. 3 SGB XI). Schließlich ist die Möglichkeit von erheblicher Bedeutung, dass für Pflegepersonen, die einen Pflegebedürftigen mit mindestens Pflegegrad 2 pflegen, unter den Voraussetzungen des § 44 SGB XI **Beiträge zur gesetzlichen Rentenversicherung** gezahlt werden können. Sie sind dann auch in der gesetzlichen Unfallversicherung und in der Arbeitslosenversicherung versichert. 6

Durch das **Gesetz über die Pflegezeit** vom 28.5.2008[2] wird Arbeitnehmern das Recht eingeräumt, sich wegen der Pflegetätigkeit vorübergehend von der Arbeit freistellen zu lassen. Nach § 2 PflegeZG kann eine Arbeitsbefreiung von bis zu **zehn Arbeitstagen** bei einer **akut auftretenden Pflegesituation** verlangt werden. Eine Pflicht zur Fortzahlung der Vergütung kann sich nur aus einem Gesetz oder aufgrund einer Vereinbarung ergeben. Ob § 616 BGB zu einem Vergütungsanspruch führt, ist zweifelhaft.[3] Weiterhin kann in Betrieben mit mehr als 15 Beschäftigten eine **Freistellung bis zu sechs Monaten** verlangt werden (§§ 3, 4 PflegeZG). Hierbei scheidet eine Vergütung aus. Von Bedeutung ist jedoch der besondere Kündigungsschutz, der von der Ankündigung bis zur Beendigung der Pflegezeit gilt (§ 5 PflegeZG). 7

II. Änderungen infolge des Getrenntlebens und der Scheidung

1. Getrenntleben

Die Regelungen über die Beendigung der Mitgliedschaft in der sozialen Pflegeversicherung sind mit jenen in der gesetzlichen Krankenversicherung fast identisch (→ *Krankenversicherung* Rn. 1 ff.). Die Bestimmungen in der **privaten Pflegeversicherung** sind hingegen eigenständig geregelt. Hier findet eine selbstständige Versicherung des Ehegatten statt. Es muss auch ein gesonderter Beitrag gezahlt werden, der praktisch 50 % des Beitrages des anderen Ehegatten darstellt. Nach § 110 Abs. 1 Nr. 2 Buchst. g SGB XI kann für Ehegatten keine Prämie in Höhe von mehr als 150 % des Höchstbeitrages der sozialen Pflegeversicherung erhoben werden. Beide Ehegatten zusammen zahlen also eine Prämie von bis zu 150 %. Endet diese Vergünstigung, weil der Ehegatte aufgrund von Arbeit oder aufgrund des im Wege des Realsplittings gezahlten Unterhalts ein Gesamteinkommen von mehr als 1/7 der monatlichen Bezugsgröße hat, hat dies zur Folge, dass die Versicherung fortgesetzt wird, jedoch die Beitragsermäßigung entfällt und nunmehr ein voller Beitrag gezahlt werden muss. Da im Gegensatz zur sozialen Pflegeversicherung in der privaten Pflegeversicherung die Ehegatten schon während der Ehe nicht kostenfrei mitversichert sind, sondern den erwähnten Beitrag zahlen müssen, kann dieser nach § 1361 BGB als Unterhalt beansprucht werden. 8

2. Scheidung

Für Angehörige eines Mitglieds besteht unter den **gleichen Voraussetzungen wie in der gesetzlichen Krankenversicherung** ein Anspruch auf Familienversicherung. Die Vorschrift des § 25 SGB XI entspricht weitgehend § 10 SGB V über die Familienversicherung in der gesetzlichen Krankenversicherung. Mit Rechtskraft der Scheidung erlischt die Familienversicherung ebenso wie bei der gesetzlichen Krankenversicherung (→ *Krankenversicherung* Rn. 7 ff.). Da in der Regel die Krankenversicherung als freiwillige Versicherung fortgesetzt wird, wird auch die Pflegeversicherung fortgesetzt. Denn die Versicherungspflicht in der Pflegeversicherung folgt der Krankenversicherung und gilt auch bei einer freiwilligen Krankenversicherung.[4] Sofern nach der Scheidung die freiwillige Krankenversicherung nicht fortgesetzt werden soll (→ *Krankenversicherung* Rn. 7), kann unter den in § 26 SGB XI genannten Bedingungen die Weiterversicherung in der gesetzlichen Pflegeversicherung erreicht werden. 9

Für Ehegatten, die in der **privaten Pflegeversicherung** Mitglied sind, stellt sich im Falle der Scheidung nicht das Problem der Weiterversicherung, weil die eigenständige Versicherung besteht. Es ist lediglich zu beachten, dass nunmehr die Prämie in der Regel auf das Doppelte steigt, da die Vergünstigung für 10

2 BGBl. 2008 I 874.
3 *Böhm* in: LPK-SGB XI PflegeZG § 2 Rn. 20; *Glatzel* NJW 2009, 1377.
4 *Lecke* in: LPK-SGB XI § 20 Rn. 17.

Ehegatten nicht mehr besteht. Es muss also nunmehr beim nachehelichen Unterhalt der entsprechend höhere Beitrag für die private Pflegeversicherung einbezogen werden.

III. Beitrag zur Pflegeversicherung als Teil des Unterhaltsanspruchs

11 Die **Höhe des Beitrags** ist in § 55 Abs. 1 SGB XI geregelt. Der Beitragssatz beträgt bundeseinheitlich derzeit 3,05 %. Personen, die nach beamtenrechtlichen Vorschriften Anspruch auf Beihilfe oder Heilfürsorge haben, zahlen die Hälfte dieses Beitragssatzes – dafür erhalten sie auch nur die Hälfte der ihnen jeweils zustehenden Leistungen (§ 28 Abs. 2 SGB XI). Von kinderlosen Mitgliedern ab Vollendung des 23. Lebensjahres, die nach dem 31.12.1939 geboren sind, ist aufgrund des Kinder-Berücksichtigungsgesetzes vom 15.12.2004[5] seit dem 1.1.2005 ein Zuschlag von 0,25 %-Punkten zu zahlen, so dass der der Gesamtbeitrag 3,3 % beträgt. Der Beitragszuschlag für kinderlos Versicherte verstößt nicht gegen die Verfassung.[6]

12 Bei **freiwilligen Mitgliedern** ist gem. § 57 Abs. 4 SGB XI für die Beitragsbemessung § 240 SGB V entsprechend anzuwenden, so dass hier ebenfalls ein Mindestbeitrag nach der Regelung für die gesetzliche Krankenversicherung anfällt (→ *Krankenversicherung* Rn. 19). Da als monatliche Einnahme im Jahr 2021 mindestens 1.096,67 EUR gelten, beträgt derzeit der Mindestbeitrag bei Mitgliedern mit Kindern 3,05 %hiervon, mithin 33,45 EUR. Bei kinderlosen Mitgliedern erhöhte sich der Beitrag auf 36.19 EUR.

13 Der **Beitrag zur Pflegeversicherung** kann **als Unterhalt** vom geschiedenen Ehegatten verlangt werden (§ 1578 BGB). Auch hier ist zu beachten, dass der Beitrag von dem Gesamtunterhalt zu berechnen ist, also einschließlich des Beitrages für die Krankenkasse, zur Pflegeversicherung und ggf. Rentenversicherung. Es darf also bei der Berechnung des Beitrags für die Pflegeversicherung nicht lediglich der Elementarunterhalt zugrunde gelegt werden. Wegen der Einzelheiten wird auf die Ausführungen zur Höhe des Krankenvorsorgeunterhalts verwiesen (→ *Krankenversicherung* Rn. 16 ff.). Da die Beiträge zur Kranken- und Pflegeversicherung regelmäßig gleichzeitig geltend gemacht werden, sind beide Beträge in die Unterhaltsberechnung aufzunehmen.

IV. Pflegegeld als anrechenbares Einkommen

14 Ob und in welchem Maß das Pflegegeld als anrechenbares Einkommen bei der Berechnung von Unterhaltsansprüchen zu berücksichtigen ist, wird unter dem Stichwort Pflegegeld (→ *Pflegegeld* Rn. 3 ff.) behandelt.

---

5 BGBl. 2004 I 3448.

6 BSG 27.2.2008 – B 12 P 2/07 R, SGb 2008, 291.

187. Pflegschaft

Hoffmann

I. Einführung

Eine Pflegschaft für ein Kind oder einen Jugendlichen (Pflegling) wird erforderlich, wenn die Eltern oder ein Vormund (→ *Vormundschaft* Rn. 1 ff.) in Teilbereichen der Personen- und/oder Vermögenssorge nicht zur rechtlichen Vertretung (→ *Gesetzliche Vertretung Minderjähriger* Rn. 1 ff.), zu tatsächlichen Handlungen und zur Erziehung (→ *Erziehung* Rn. 1 ff.) ihres Kinds befugt bzw. verpflichtet sind (§ 1909 Abs. 1 BGB). Der Staat muss dem Kind oder Jugendlichen dann im Rahmen seiner öffentlich-rechtlichen Verpflichtung zur **Rechtsfürsorge** für diese Bereiche der elterlichen Sorge neben den Eltern oder dem Vormund eine Person an die Seite stellen, die diese Teile der Befugnisse zur Vertretung und zum Wahrnehmen der anderen Befugnisse und Pflichten aus der elterlichen Sorge wahrnimmt. Da die Regelungen zur elterlichen Sorge selbst familienrechtliche und demnach zivilrechtliche Regelungen eines Rechtsverhältnisses zwischen Privaten sind, ist die Tätigkeit eines Pflegers – auch bei einer Pflegschaft des Jugendamts – dem Zivilrecht und nicht dem öffentlichen Recht zuzuordnen. 1

Der Gesetzgeber des BGB fasste das Wahrnehmen der Rechte und Pflichten aus der elterlichen Sorge auch bei teilweiser Verhinderung der Eltern als eine Familienangelegenheit auf. Ein Verein (§§ 1915 Abs. 1, 1791 a BGB) bzw. das Jugendamt (§§ 1915 Abs. 1, 1791 b BGB) sind nach den Regelungen im BGB daher vom Familiengericht nur dann als Pfleger auszuwählen, wenn keine geeignete Einzelperson vorhanden ist, die die Vormundschaft ehrenamtlich führen kann. In der Praxis wird zum Pfleger meist das Jugendamt bestellt (**Amtspflegschaft**). Als juristische Person bedient sich das Jugendamt bei der Führung einer Pflegschaft einer der dort tätigen Fachkräfte, auf die das Amt durch verwaltungsinterne Einzelverfügung delegiert wird (§ 55 Abs. 2 SGB VIII). 2

II. Entstehen und Voraussetzungen einer Pflegschaft

Die Gründe für das Bestehen eines Vertretungsbedürfnisses (§ 1909 Abs. 1 BGB) sind vielfältig. Die Notwendigkeit einer Vertretung ergibt sich unmittelbar aus dem BGB, etwa wegen des 3

- Bestehens eines **gesetzlichen Vertretungsverbots** für die Eltern oder den Vormund für bestimmte Rechtsgeschäfte und bei Insichgeschäften (§§ 1629 Abs. 2 S. 1, 1795 BGB);
- Verbots der stellvertretenden Entscheidung über die Ausübung des **Zeugnisverweigerungsrechts** durch einen Minderjährigen, wenn der Sorgeberechtigte selbst Beschuldigter ist bzw. als Nichtbeschuldigter bei gemeinsamer elterlicher Sorge (§ 52 Abs. 2 S. 2 StPO).

Die **Notwendigkeit einer Vertretung** ergibt sich infolge einer gerichtlichen Entscheidung etwa nach einer 4

- familiengerichtlichen Entscheidung, durch die den Eltern oder einem Vormund die **elterliche Sorge teilweise entzogen** wurde (§§ 1666 Abs. 3 Nr. 6, 1666 a, 1837 Abs. 4 BGB). Entsprechend dem Grundsatz der Verhältnismäßigkeit ordnen die Familiengerichte in Fällen, in denen eine **Kindeswohlgefährdung** einen Eingriff in die elterliche Sorge erforderlich macht, heute vielfach eine Pfleg- und keine Vormundschaft an;
- familiengerichtlichen Entscheidung, in der festgestellt wurde, dass die **elterliche Sorge** aus tatsächlichen Gründen längere Zeit **teilweise nicht ausgeübt** werden kann (§ 1674 Abs. 1 BGB);
- familiengerichtlichen Entscheidung, durch die den Eltern oder einem Vormund die Vertretung für einzelne Angelegenheiten oder einen bestimmten Kreis an Angelegenheiten wegen eines **erheblichen Interessengegensatzes** entzogen wurde (§§ 1796, 1629 Abs. 2 S. 3 BGB).

5 Auch bei einem Vertretungsverbot kraft Gesetzes entsteht keine Amtspflegschaft des Jugendamts kraft Gesetzes. Die Vertretungsbefugnis eines Pflegers setzt vielmehr eine familiengerichtliche **Anordnung** der Pflegschaft und die familiengerichtliche Auswahl und **Bestellung** seiner Person zum Pfleger voraus. Die Verfahren sind Kindschaftssachen (§ 151 Nr. 5 FamFG). De lege lata fällt die Auswahl und Bestellung eines Pflegers ausschließlich in den Zuständigkeitsbereich des Rechtspflegers (§ 3 Nr. 2 Buchst. a RPflG). In der Praxis erfolgt die Auswahl und Bestellung vielfach durch den Familienrichter. Dieser Verstoß gegen die funktionale Zuständigkeit ist für die Wirksamkeit der Bestellung unerheblich (§ 8 RPflG). Vor Wirksamwerden des Beschlusses über die Bestellung ist ein Pfleger nicht zur Vertretung befugt (§§ 40 f. FamFG).

III. Aufgaben eines Pflegers

6 Im Grundsatz ergeben sich zwischen den Aufgaben eines Vormunds und denen eines Pflegers nur insoweit Unterschiede, als sich die Aufgaben des Pflegers auf den **Aufgabenbereich** beschränken, für den er zum Pfleger bestellt wurde (§§ 1915 Abs. 1 S. 1, 1793 Abs. 1 BGB). Im Folgenden werden daher nur die Besonderheiten dargestellt, die sich daraus ergeben, dass ein Pfleger nur teilweise zur elterlichen Sorge berechtigt und verpflichtet ist. Im Übrigen wird auf die Darstellung zu den Aufgaben eines Vormunds (→ *Vormundschaft* Rn. 8 ff.) verwiesen.

7 Wie ein Vormund so ist auch ein Pfleger rechtlich bereits deswegen zur **Zusammenarbeit** mit den Eltern verpflichtet, weil diese, auch wenn ihnen das Recht zur Aufenthaltsbestimmung entzogen wurde, weiterhin das Recht und die Pflicht zum Umgang mit ihrem Kind besitzen (§ 1684 Abs. 1 BGB; → *Umgangsrecht* Rn. 1 ff.) und sie einen Auskunftsanspruch haben (§ 1686 BGB; → *Auskunft über die persönlichen Verhältnisse* Rn. 1 ff.). Vielfach wird eine Zusammenarbeit jedoch ferner deswegen erforderlich sein, weil sich die sorgerechtlichen Befugnisse der Eltern und die des Pflegers zwar nicht inhaltlich überschneiden, aber so berühren, dass Absprachen zu treffen sind – etwa, wenn der Pfleger zur Bestimmung des Aufenthalts und die Eltern zur Bestimmung des Umgangs befugt sind.

8 Bei **dauerhaften Konflikten** ist denkbar, dass die Eltern Aufsichtsmaßnahmen nach § 1837 Abs. 2–4 BGB gegenüber dem Pfleger oder dessen Entlassung nach § 1887 Abs. 2 BGB beim Familiengericht anregen. Ebenso kann ein Pfleger eine Erweiterung seines Aufgabenkreises anregen, wenn er der Ansicht ist, dass die Konflikte zwischen ihm und den Eltern das Wohl des Kindes im Sinne von §§ 1666, 1666 a BGB (→ *Entzug des Sorgerechts* Rn. 1 ff.) gefährden.

9 Hinsichtlich der Ansprüche von Pflegern auf Beratung und Unterstützung durch Familiengericht und Jugendamt bzw. der Aufsicht und Kontrolle durch diese Institutionen, der zivilrechtlichen Haftung und strafrechtlichen Verantwortung von Pflegern sowie Ansprüchen auf Information und Akteneinsicht durch die eine Pflegschaft führende Fachkraft bei einer Amtspflegschaft ergeben sich keine Unterschiede zur Vormundschaft (→ *Vormundschaft* Rn. 12 ff.).

IV. Ende einer Pflegschaft

10 Eine Pflegschaft endet kraft Gesetzes, wenn das Kind oder der Jugendliche **volljährig** wird (§ 1918 Abs. 1 BGB). Eine Pflegschaft zur Besorgung einer einzelnen Angelegenheit, etwa zur Ausschlagung einer Erbschaft, endet kraft Gesetzes mit der Erledigung der Angelegenheit (§ 1918 Abs. 3 BGB). Ansonsten ist die Pflegschaft aufzuheben, wenn der Grund für die Anordnung der Pflegschaft weggefallen ist, etwa, da eine Rückübertragung der Teile der elterlichen Sorge (§ 1696 Abs. 2 BGB), die den Eltern entzogen wurden, erfolgte (§ 1919 BGB).

11 Im Übrigen ergeben sich hinsichtlich der Pflichten eines Pflegers bei Ende einer Pflegschaft und Ansprüchen auf Akteneinsicht bei einer Pflegschaft des Jugendamts **keine Unterschiede zur Vormundschaft** (→ *Vormundschaft* Rn. 23 ff.).

188. Pflichtteilsrecht

Schwarz

I. Pflichtteilsgläubiger/Pflichtteilsschuldner

Das Pflichtteilsrecht sichert den nächsten Angehörigen des Erblassers eine **Mindestbeteiligung** an dessen Nachlass, wenn sie von der gesetzlichen Erbfolge durch Verfügung von Todes wegen (→*Verfügung von Todes wegen* Rn. 1 ff.) – Testament oder Erbvertrag – (§ 2303 Abs. 1 S. 1 BGB) ausgeschlossen wurde.[1] Der **Ausschluss von der gesetzlichen Erbfolge** kann entweder durch ausdrückliche Enterbung geschehen oder dadurch, dass der Erblasser den Pflichtteilsberechtigten in seiner letztwilligen Verfügung einfach nicht erwähnt.[2] Die Einsetzung zum Ersatzerben steht der Enterbung gleich. Ist jemand als Erbe eingesetzt oder erbt er nach den Regeln der gesetzlichen Erbfolge, so kann er grds. nicht die Erbschaft ausschlagen und dann den Pflichtteil verlangen. Hiervon gibt es allerdings zwei **Ausnahmen**: 1

- nach § 1371 Abs. 3 BGB kann bei Zugewinngemeinschaft (→ *Zugewinngemeinschaft* Rn. 1 ff.) der überlebende Ehegatte das Erbe ausschlagen und erhält dann den konkret zu berechnenden güterrechtlichen Zugewinnausgleich und den kleinen Pflichtteil.
- § 2306 Abs. 1 BGB gibt dem als Erbe eingesetzten Pflichtteilsberechtigten, der mit Beschränkungen oder Beschwerungen belastet ist, ein Recht, den Erbteil auszuschlagen, um seinen ordentlichen Pflichtteil zu erhalten.

Hinweis: Die gelegentlich immer noch anzutreffende irrige Auffassung, man müsse – um seinen Pflichtteil zu erhalten – die Erbschaft ausschlagen, würde dazu führen (sollte keiner der vorgenannten Ausnahmefälle vorliegen), dass der Ausschlagende dann weder die Erbschaft noch einen Pflichtteil erhält.[3] 2

Zum **pflichtteilsberechtigten Personenkreis** gehören gem. § 2303 BGB: 3

- die Abkömmlinge (eheliche, nichteheliche, angenommene), Ausnahme: vor dem 1.7.1949 in der früheren BRD geborene Abkömmlinge des Erblassers;
- der Ehegatte;
- die Eltern;
- der eingetragene Lebenspartner (§ 10 Abs. 6 LPartG).

Schuldner des Pflichtteilsanspruchs ist der Erbe bzw. die Miterben. Gegen ihn bzw. sie richtet sich der mit dem Erbfall (§ 2317 BGB) entstandene Pflichtteilsanspruch. Vor der Teilung kann sich der einzelne Miterbe auf die Einrede des ungeteilten Nachlasses berufen (§ 2059 Abs. 1 S. 1 BGB). Nach der Teilung kann ein selbst pflichtteilsberechtigter Miterbe gem. § 2319 BGB die Befriedigung eines anderen Pflichtteilsberechtigten so weit verweigern, dass ihm sein eigener Pflichtteil verbleibt. 4

---

1 NK-BGB/*Bock* § 2303 Rn. 1.
2 *Riedel* in: FormB-ErbR § 4 Rn. 8 f.
3 NK-BGB/*Bock* § 2303 Rn. 20.

5 Der Pflichtteilsanspruch ist gem. § 2317 Abs. 2 BGB **vererblich und übertragbar**.

II. Berechnung des Pflichtteils

6 Der Pflichtteil besteht in der **Hälfte** des Wertes des gesetzlichen Erbteils (§ 2303 Abs. 1 S. 2 BGB).

7 Er ist in zwei Schritten zu ermitteln und bestimmt sich

- nach der Höhe des gesetzlichen Erbteils (Erbquote) und
- dem Nachlassvermögen zum Zeitpunkt des Erbfalls.

1. Ermittlung der Pflichtteilsquote/Wert-Pflichtteil

8 Zur Berechnung des Pflichtteils eines Ehegatten und/oder der Abkömmlinge bzw. Eltern des Erblassers ist zunächst deren **gesetzliches Erbteil** gem. §§ 2303, 2316 BGB zu ermitteln (→ *Ehegattenerbrecht* Rn. 1 ff., → *Verwandtenerbrecht* Rn. 1 ff.).

9 Vorempfänge beeinflussen den gesetzlichen Erbteil nach durchgeführter Ausgleichung (sie verschieben die Quoten, man spricht vom sog. Wert-Erbteil). Die Hälfte hiervon entspricht dem sog. Wert-Pflichtteil gem. § 2316 BGB.

Hinweis: Gem. § 2310 BGB sind bei der Feststellung des Erbteils diejenigen pflichtteilsberechtigten Personen mitzuzählen, die vom Erblasser durch Testament oder Erbvertrag von der Erbfolge ausgeschlossen wurden, die die Erbschaft ausgeschlagen haben oder für erbunwürdig erklärt wurden. Nicht mitzuzählen bei der Berechnung ist jedoch, wer auf sein Erbe verzichtet hat und deswegen nicht erbt. Es empfiehlt sich deshalb unter diesem Aspekt in der Regel ein bloßer Pflichtteilsverzicht und kein Erbverzicht.

2. Ermittlung des Nachlasswerts

10 In einem zweiten Schritt ist dann der konkrete Nachlasswert nach den §§ 2311–2313 BGB zu ermitteln. Hierzu muss zunächst der **Bestand des Nachlasses** festgestellt werden. Auszusondern sind Vermögenspositionen, welche bei der Berechnung des Pflichtteils nicht zu berücksichtigen sind.[4] Hierzu zählen insbesondere Verträge zugunsten Dritter auf den Todesfall (Lebensversicherungen, Bankguthaben).

Hinweis: Außer Ansatz bei der Berechnung des Pflichtteils eines Elternteils oder Abkömmlings bleibt auch der dem überlebenden Ehegatten zustehende „Voraus".

11 Der Wert des Nachlasses (aktiver und passiver) kann, soweit eine andere Erfassung nicht möglich ist, durch Schätzung ermittelt werden. Auf eine vom Erblasser getroffene Wertbestimmung kommt es nicht an.

III. Regelungen zum Schutz des Pflichtteilsberechtigten vor Beeinträchtigungen seines Pflichtteils

12 Das Gesetz enthält zum Schutz des Pflichtteilsberechtigten vor Beeinträchtigung seines Pflichtteilsanspruchs Regelungen, welche sich in **drei Gruppen** einteilen lassen:

- §§ 2305–2308 BGB: Pflichtteilsanspruch bei zu geringem oder belastetem Erbteil sowie bei Vermächtnis;
- §§ 2315, 2316 BGB: Anrechnung und Ausgleichung lebzeitiger Zuwendungen des Erblassers auf den Pflichtteil; Ausgleichung besonderer Leistungen gem. § 2057 a BGB;
- §§ 2325–2331 BGB: Ergänzungsansprüche wegen lebzeitiger Schenkungen des Erblassers.

4 Palandt/*Weidlich* BGB § 2311 Rn. 2.

1. Pflichtteil bei Erbeinsetzung des zu gering oder belastet bedachten Pflichtteilsberechtigten

a) Zusatzpflichtteil (§ 2305 BGB). Ist der Erbteil eines pflichtteilsberechtigten Erben geringer als sein Pflichtteil, so hat der Erbe einen Anspruch gegen den/die Miterben in Höhe des Betrages, der zum Pflichtteil fehlt. 13

Beispiel: Der Erblasser hat seine mit ihm in Zugewinngemeinschaft lebende Ehefrau testamentarisch zu 5/6, seinen einzigen Sohn S zu 1/6 als Erben eingesetzt. Der Wert des Nachlasses beträgt 600.000 EUR. S kann, da sein Pflichtteil 1/4 (= 150.000 EUR) des Nachlasswerts beträgt, zu seinem zugewandten Erbteil von 1/6 (= 100.000 EUR) hinzu noch den Wert von 1/12 (= 50.000 EUR) als Geldanspruch verlangen. Der Zusatzpflichtteil, auch „Pflichtteilsrestanspruch" genannt, ist ein echter – wenn auch nur in begrenzter Höhe – bestehender Pflichtteilsanspruch.[5] Wenn S aber zB aus Verärgerung seinen Erbteil ausschlägt, so erhielte er keinen Pflichtteil. Er könnte dann nur noch den Pflichtteilsrestanspruch von 1/12 verlangen.[6] 14

b) Wegfall von Beschränkungen und Beschwerungen (§ 2306 BGB). § 2306 Abs. 1 BGB in seiner **bis 31.12.2009** gültigen Fassung (auf bis zu diesem Zeitpunkt eingetretene Erbfälle ist die aF nach wie vor anzuwenden) unterschied zwei Fälle: 15

- § 2306 Abs. 1 S. 1 BGB: Der Testamentserbteil übersteigt die Hälfte des gesetzlichen Erbteils (= Pflichtteil) nicht; dann Wegfall der Beschränkungen und Beschwerungen;
- § 2306 Abs. 1 S. 2 BGB: Der Testamentserbteil übersteigt die Hälfte des gesetzlichen Erbteils (= Pflichtteil); dann Ausschlagungsrecht und Möglichkeit, den Pflichtteil zu verlangen.

Mit dem **ErbVerjRÄndG** zum 1.1.2010 war die frühere Unterscheidung in § 2306 Abs. 1 BGB danach, ob der dem Pflichtteilsberechtigten hinterlassene Erbteil kleiner bzw. gleich seinem Pflichtteil war oder seinen Pflichtteil überstieg, aufgegeben und damit eine besondere Haftungsfalle beseitigt worden. In der Praxis war diese Differenzierung nicht selten übersehen worden: Bei Nichtübersteigen der Erbquote über die Pflichtteilsquote fielen angeordnete Beschränkungen und Beschwerungen bereits kraft Gesetzes weg. Das Wahlrecht, den beschwerten Erbteil zur Erlangung des Pflichtteils auszuschlagen, bestand nur für den Fall, dass der zugewendete Erbteil den Pflichtteil überstieg. Hatte der Erbe ausgeschlagen, obwohl die letztgenannte Fallkonstellation (§ 2306 Abs. 1 S. 2 BGB aF) gar nicht vorlag, so hatte er weder Erbteil noch Pflichtteilsanspruch. Es verblieb dann nur die Möglichkeit der nicht zwingend erfolgreichen Irrtumsanfechtung der Erbausschlagung. 16

Seit 1.1.2010 besteht das Wahlrecht, die Erbschaft auszuschlagen oder mit den angeordneten Beschränkungen und Beschwerungen zu behalten, nun **unabhängig vom Verhältnis des hinterlassenen Erbteils zur Pflichtteilsquote**.[7] Kehrseite ist, dass nunmehr alle Fallkonstellationen dem zeitlichen Druck der sechswöchigen Ausschlagungsfrist unterliegen. 17

Hinweis: Nach der Neuregelung des § 2305 S. 2 BGB bleiben die in § 2306 BGB genannten Beschränkungen und Beschwerungen bei der Ermittlung des Zusatzpflichtteils außer Betracht. Anders als zur früheren Rechtslage kann der Erbe damit bei Erbschaftsannahme im Ergebnis trotz Zusatzpflichtteil uU insgesamt auch weniger als seinen Pflichtteil erhalten,[8] so dass sich die Ausschlagung zur Sicherung des Pflichtteils in der Regel empfehlen wird.

Beispiel: E hinterlässt ein einziges Kind K, das er nur zu ¼ als Erbe einsetzt und mit einem Vermächtnis von 1.000 EUR belastet. Der Nachlasswert beträgt 10.000 EUR. Nach § 2306 Abs. 1 S. 1 BGB aF fiel das Vermächtnis weg. Der Zusatzpflichtteil belief sich auf 2.500 EUR (= Pflichtteil 5000 EUR./. unbelasteter Erbteil 2.500 EUR). Insgesamt bekam der Erbe damit nach altem Recht 5.000 EUR (= Pflichtteil 2.500 EUR und Zusatzpflichtteil 2.500 EUR). Bei Erbfällen seit dem 1.1.2010 bleibt nun das Vermächtnis bei § 2306 BGB bestehen. Der akzeptierte Erbteil hat einen Wert von 1.500 EUR (= 2.500 EUR zuge-

5 Palandt/*Weidlich* BGB § 2305 Rn. 1.
6 BGH 21.3.1973 – IV ZR 157/71, NJW 1973, 995.
7 NK-BGB/*Bock* § 2306 Rn. 1.
8 Palandt/*Weidlich* BGB § 2305 Rn. 4.

wandter Erbteil./. 1.000 EUR Vermächtnis). Der Zusatzpflichtteil wird errechnet ohne die Beschränkung durch das Vermächtnis: also 5.000 EUR./. 2.500 EUR = 2.500 EUR. Insgesamt erhält der Erbe damit nur 4.000 EUR (2.500 EUR Erbteil./. 1.000 EUR Vermächtnis zzgl. Zusatzpflichtteil von 2.500 EUR). K hätte also zur Realisierung des vollen Pflichtteilswerts nach § 2306 BGB ausschlagen müssen.

18 **c) Zuwendung eines Vermächtnisses (§ 2307 BGB).** Ist ein Pflichtteilsberechtigter mit einem Vermächtnis bedacht, so kann er wählen:

- Will er den **ordentlichen – ungekürzten – Pflichtteil**, dann muss er das Vermächtnis ohne Rücksicht auf dessen Größe durch formlose Erklärung gegenüber dem Beschwerten (§ 2180 Abs. 2 BGB) ausschlagen;[9]
- Schlägt er nicht aus, kann er das Vermächtnis verlangen. Soweit dessen Wert hinter seinem Pflichtteilsanspruch zurückbleibt, hat er einen **Pflichtteilsrestanspruch**. Erreicht oder übersteigt der Wert des Vermächtnisses den Pflichtteilsanspruch, gibt es einen solchen nicht.

19 Bei der Wertberechnung des angenommenen Vermächtnisses bleiben gem. § 2307 Abs. 1, 2 Hs. 2 BGB Beschränkungen und Beschwerungen unberücksichtigt, wirken sich also nicht wertmindernd aus, so dass sich hier häufig die Ausschlagung empfiehlt.

2. Anrechnung und Ausgleichung (§§ 2315, 2316 BGB)

20 Sinn und Zweck der Anrechnungs- und Ausgleichungsvorschriften ist es, lebzeitige Zuwendungen des Erblassers an den Pflichtteilsberechtigten oder an Dritte beim Pflichtteil zu berücksichtigen, um eine **Bevorzugung** einzelner Pflichtteilsberechtigter am Vermögen des Erblassers und eine damit verbundene Minderung anderer Pflichtteilsberechtigter **zu verhindern**.

Hinweis: Die Anrechnung (anders als die Ausgleichung) kommt bei allen Pflichtteilsberechtigten, also auch beim Ehegatten und den Eltern des Erblassers, in Betracht. Sie schmälert den Pflichtteil des Anrechnungspflichtigen um den Vorempfang. Die ursprünglich im Gesetzentwurf zur Änderung des Erb- und Verjährungsrechts noch vorgesehene und in der Reformdiskussion an sich nie streitige Einführung einer auch nachträglichen Anordnungsmöglichkeit von Ausgleichungs- und Anrechnungspflichten wurde unter Hinweis auf das schützenswerte Vertrauen des Zuwendungsempfängers letztlich im Ergebnis dann doch nicht umgesetzt. Eine Ausgleichs- bzw. Anrechnungsbestimmung hat also nach wie vor spätestens bei der Zuwendung zu erfolgen.

21 Nicht selten wird in Verträgen **ungenau** wie folgt formuliert:

▶ Der Übernehmer erhält die Zuwendung in Anrechnung auf seinen späteren Erb- und Pflichtteil. ◀

22 Eine Anrechnung auf den Erbteil kennt das Gesetz jedoch nicht. Vielfach ist mit einer solchen Formulierung deshalb eine **Ausgleichung von lebzeitigen Vorempfängen** unter Abkömmlingen nach § 2050 BGB gemeint. Ob damit auch gleichzeitig eine Anrechnung auf den Pflichtteil nach § 2315 BGB gemeint ist, ist streitig, weil sich über die Vorschrift des § 2316 BGB die Ausgleichung selbst schon auf das Pflichtteilsrecht auswirkt.[10]

23 Es empfiehlt sich eine **klarstellende Formulierung**, zB:

▶ Der Übernehmer hat den Wert der Zuwendung gem. §§ 2050 ff., 2316 BGB auszugleichen und sich auf den Pflichtteil nach § 2315 BGB anrechnen zu lassen. ◀

oder

▶ Der Übernehmer hat den Wert der Zuwendung gem. §§ 2050 ff., 2316 BGB auszugleichen, sich jedoch nicht auf den Pflichtteil nach § 2315 BGB anrechnen zu lassen. ◀

---

9 *Riedel* in: FormB-ErbR § 4 Rn. 74.

10 Vgl. hierzu OLG Nürnberg 25.2.1992 – 1 U 3542/91, NJW 1992, 2303.

a) Anrechnung (§ 2315 BGB). Für jeden einzelnen Pflichtteilsberechtigten errechnet sich sein Anspruch aus der Summe von Nachlass und (nur) seiner Zuwendung.[11] Dazu wird der erhaltene Vorempfang dem Nachlasswert zugerechnet. Aus diesem wird entsprechend der Pflichtteilsquote der Pflichtteilsanspruch errechnet und sodann der anzurechnende Betrag abgezogen. Für jeden Pflichtteilsberechtigten erfolgt eine individuelle Berechnung, so dass bei unterschiedlich hohen Vorempfängen von unterschiedlich hohen fiktiven Nachlässen auszugehen ist.[12] 24

Berechnungsschema: 25

	realer Nachlass
+	anrechnungspflichtiger Vorempfang
=	fiktiver Nachlass
	daraus Pflichtteilsquote
./.	anrechnungspflichtiger Vorempfang
=	realer Anspruch (Wertpflichtteil)

Beispiel: Erblasser E hinterlässt seine Ehefrau F, mit welcher er in Gütertrennung lebte, sowie die Kinder S und T. Erblasser E hat seinen Freund X zum Alleinerben eingesetzt. Vor seinem Tode hatte er – jeweils mit Anrechnungsbestimmung – seiner Ehefrau F 30.000 EUR und seiner Tochter T 60.000 EUR geschenkt. Der Nachlasswert beträgt 600.000 EUR. 26

Lösung: F: realer Nachlass 600.000 EUR, zuzüglich 30.000 EUR Vorempfang, hiervon 1/6 = 105.000 EUR, abzüglich Vorempfang 30.000 EUR, ergibt einen Pflichtteilsanspruch für F in Höhe von 75.000 EUR; T: realer Nachlass 600.000 EUR, zuzüglich 60.000 EUR Vorempfang, hiervon 1/6 = 110.000 EUR, abzüglich Vorempfang 60.000 EUR, ergibt einen Pflichtteilsanspruch für T in Höhe von 50.000 EUR; S hat keinen Vorempfang erhalten, sein Pflichtteilsanspruch beläuft sich deshalb auf 100.000 EUR.

b) Ausgleichung (§ 2316 BGB). Hier sind lebzeitige Zuwendungen des Erblassers von dem Abkömmling auszugleichen, der die Zuwendung erhalten hat. Die Ausgleichung findet **nur unter Abkömmlingen** statt und nur, wenn mindestens zwei von ihnen zur gesetzlichen Erbfolge berufen wären.[13] Der überlebende Ehegatte nimmt an der Ausgleichung nicht teil. 27

Die Ausgleichungsverpflichtung hängt davon ab, ob **bei gesetzlicher Erbfolge** nach den §§ 2050 ff. BGB eine Ausgleichungspflicht bestünde. 28

Hinweis: Der Erblasser kann eine bestehende Ausgleichungspflicht nicht zum Nachteil eines Pflichtteilsberechtigten ausschließen (§ 2316 Abs. 3 BGB).

Bei der Ausgleichung wird der Nachlass bei der Berechnung der Pflichtteile der Abkömmlinge um die Summe aller auszugleichenden Beträge erhöht (im Gegensatz zur Anrechnung). Bei der Ausgleichung ist der auszugleichende Betrag schon vor der abschließenden Berechnung des Pflichtteils von dem Wert abzuziehen, der dem gesetzlichen Erbteil entspricht. 29

Die **Berechnung** erfolgt wie bei der Berechnung des gesetzlichen Werterbteils gem. §§ 2055–2057 a BGB und ist dann zu halbieren. 30

Berechnungsschema: 31

	Bildung des Ausgangsnachlasses durch Bereinigung des realen Nachlasses um die Ansprüche der nicht an der Ausgleichung Beteiligten
+	ausgleichungspflichtige Vorempfänge aller Ausgleichungsverpflichteten
=	Ausgleichungsnachlass

11 MüKoBGB/*Lange* § 2315 Rn. 21.
12 NK-BGB/*Bock* § 2315 Rn. 14.
13 NK-BGB/*Bock* § 2316 Rn. 6.

hieraus Anteil am Nachlass (= Ausgleichungsnachlass geteilt durch Anzahl der Ausgleichungsbeteiligten)
./. eigener Vorempfang

= Werterbteil
hiervon 1/2 = realer Anspruch (Wertpflichtteil)

32 **Beispiel:** Erblasser E hinterlässt Ehefrau F, mit welcher er in Gütertrennung lebte, sowie die Kinder S 1, S 2 und T. Der Nachlass beträgt 300.000 EUR. Ausgleichungspflichtige Zuwendungen haben – jeweils indexiert – erhalten: S 1 20.000 EUR, S 2 40.000 EUR. Der Erblasser hat den Freund X zum Erben eingesetzt.

Lösung: Ehefrau F erhält bei einer Pflichtteilsquote von 1/8 ihren Pflichtteil von 37.500 EUR, für die Berechnung der Pflichtteile der Kinder erfolgt zunächst ein Vorabzug des gesetzlichen Erbteils der nicht an der Ausgleichung beteiligten F (1/4) = 75.000 EUR, verbleiben mithin 225.000 EUR.

S 1: Ausgangsnachlass (nach Abzug von ges. Erbteil F) = 225.000 EUR, zuzüglich aller Zuwendungen insgesamt 60.000 EUR ergibt einen Ausgleichungsnachlass von 285.000 EUR, gebührender Anteil am Nachlass von 1/3 = 95.000 EUR, abzüglich eigener Vorempfang von 20.000 EUR, ergibt für S 1 einen Werterbteil von 75.000 EUR, hiervon Wertpflichtteil 1/2 = 37.500 EUR.

S 2: Ausgangsnachlass (nach Abzug von ges. Erbteil F) = 225.000 EUR, zuzüglich aller Zuwendungen insgesamt 60.000 EUR, ergibt einen Ausgleichungsnachlass von 285.000 EUR, gebührender Anteil am Nachlass von 1/3 = 95.000 EUR, abzüglich eigener Vorempfang von 40.000 EUR, ergibt für S 2 einen Werterbteil von 55.000 EUR, hiervon Wertpflichtteil 1/2 = 27.500 EUR.

T: Ausgangsnachlass (nach Abzug von ges. Erbteil F) = 225.000 EUR, zuzüglich aller Zuwendungen insgesamt 60.000 EUR, ergibt einen Ausgleichungsnachlass von 285.000 EUR, gebührender Anteil am Nachlass von 1/3 = 95.000 EUR, T hatte keinen eigenen Vorempfang, sein Wertpflichtteil von 1/2 beträgt damit 47.500 EUR.

3. Pflichtteilsergänzungsanspruch (§ 2325 BGB)

33 Der Pflichtteilsergänzungsanspruch ist ein vom ordentlichen Pflichtteil unabhängiger – selbstständiger – Pflichtteilsanspruch.[14] Er steht dem Pflichtteilsberechtigten unabhängig vom ordentlichen Pflichtteil zu (§ 2326 BGB). Der Pflichtteilsergänzungsanspruch umfasst **Schenkungen** des Erblassers an Dritte **innerhalb der letzten zehn Jahre** vor dem Erbfall. Bei Schenkungen an Ehegatten beginnt die Frist nicht vor Auflösung der Ehe (§ 2325 Abs. 3 Hs. 2 BGB). Der Pflichtteilsberechtigte kann als Ergänzung seines Pflichtteils den Betrag verlangen, um den sich der Pflichtteil erhöht, wenn der verschenkte Gegenstand dem Nachlass hinzugerechnet wird (fiktiver Nachlass). Der selbst beschenkte Pflichtteilsberechtigte muss sich ein Eigengeschenk gem. § 2327 BGB auf seinen Ergänzungsanspruch anrechnen lassen (die Zehnjahresfrist des § 2325 Abs. 3 BGB gilt hier nicht).

34 **a) Wertermittlung.** Der Wert des verschenkten Gegenstandes ist grundsätzlich mit dessen **Verkehrswert** anzusetzen (Ausnahme: lediglich Ertragswert bei Landgut gem. § 2312 BGB).

35 Der **Bewertungsstichtag** ist je nach Art des verschenkten Gegenstandes unterschiedlich:

- alle verbrauchbaren Sachen (§ 92 BGB – Geld, Wertpapiere usw) werden stets mit ihrem Wert zum Zeitpunkt der Schenkung (§ 2325 Abs. 2 S. 1 BGB) angesetzt. Der Kaufkraftschwund (Geldentwertung) ist durch Indexierung auszugleichen;
- für andere – nicht verbrauchbare – Gegenstände (zB Immobilien, Gesellschaftsanteile) gilt das sog. „**Niederstwertprinzip**" (§ 2325 Abs. 2 S. 2 BGB). Nach dem Niederstwertprinzip ist der Wert des verschenkten Gegenstandes an zwei Stichtagen vergleichend festzustellen, nämlich zum Zeitpunkt der

14 BGH 18.12.1987 – IV ZR 163/86, BGHZ 103, 33.

Schenkung (indexiert) und zum Zeitpunkt des Erbfalls. Bei der Schenkung von Grundbesitz ist auf die Verhältnisse zum Zeitpunkt des dinglichen Vollzugs, also der Eintragung im Grundbuch, abzustellen.[15] Bei der Übertragung von Gesellschaftsanteilen kommt es auf deren Übergang an. Der an den beiden Stichtagen (Schenkung mit Indexierung im Vergleich zum Erbfall) niedrigere Wert ist dann für die Berechnung des Pflichtteilsergänzungsanspruches maßgebend.

Bei vorbehaltenen **Nutzungsrechten** (Nießbrauch, Wohnungsrecht) ist zunächst festzuhalten, dass nach gefestigter Rechtsprechung des Bundesgerichtshofs die Zehnjahresfrist überhaupt nicht zu laufen beginnt.[16] Erblasserschenkungen mit diesen vorbehaltenen Nutzungsrechten sind mithin voll pflichtteilsergänzungspflichtig.[17] Bei der Feststellung des Niederstwertes lässt der Bundesgerichtshof dann den Nießbrauch in einem ersten Schritt zunächst außer Betracht.[18] Ergibt die Ermittlung des Niederstwertes, dass der Wert des Gegenstandes zum Zeitpunkt der Schenkung maßgebend ist, wird in einem zweiten Schritt für die konkrete Berechnung der Wert der Zuwendung unter Berücksichtigung des Nießbrauchs ermittelt. Dabei ist der Jahresnutzwert des Wohnrechts bzw. Nießbrauchrechts als künftig wiederkehrende Gegenleistung auf den Zeitpunkt der Übertragung (bei Grundbesitz Tag der Eintragung im Grundbuch) zu kapitalisieren. Ist dagegen der Wert des Gegenstandes zum Erbfall (zu dem das Wohnrecht bzw. der Nießbrauch erloschen sind) der niedrigere und damit der maßgebliche Wert, so bleibt der Nießbrauch unberücksichtigt.[19] Der Bundesgerichtshof hat seine Rechtsprechung gegen Kritik aus Literatur und Instanzengerichten[20] bestätigt.[21] 36

Bei der Bewertung von **Lebensversicherungen** gilt: Hat der Erblasser bei Abschluss der Lebensversicherung einen Bezugsberechtigten benannt, fällt mit dem Tod des Versicherungsnehmers die Versicherungssumme nicht in den Nachlass. Der Bezugsberechtigte erwirbt den Auszahlungsanspruch im Wege der Sondernachfolge (§§ 328, 331 BGB). Fällt die Versicherungssumme hingegen nicht in den Nachlass, so kann § 2325 BGB in Betracht kommen. Der Bundesgerichtshof[22] stellt bei der Bewertung der Lebensversicherung darauf ab, dass als Berechnungsgrundlage der Wert maßgeblich ist, den der Erblasser aus den Rechten seiner Lebensversicherung in der letzten (juristischen) Sekunde seines Lebens nach objektiven Kriterien für sein Vermögen hätte umsetzen können. In aller Regel sei deshalb auf den **Rückkaufswert** abzustellen. Als Berechnungsgrundlage kommen weder die ausbezahlte Versicherungssumme noch die vom Erblasser entrichteten Prämien in Betracht. Denn der Anspruch auf die Versicherungsleistung stand dem Erblasser nie zu und ist demzufolge weder seinem Vermögen noch dem Nachlass zurechenbar. Die geleisteten Prämien wiederum waren im Erblasservermögen nicht (mehr) vorhanden. Im Übrigen erfasst auch die seit 2010 geltende Abschmelzungsregelung den Fall nicht, da die Schenkung durch den Nichtwiderruf erst eine juristische Sekunde vor dem Erbfall erfolgte. Der Rückkaufswert ist deshalb im Rahmen des § 2325 BGB voll anzusetzen.

b) Berechtigter. Nach früherer Rechtsprechung des Bundesgerichtshofs erfasste der Schutzzweck des Pflichtteilsergänzungsanspruchs nur den, der bei der Schenkung schon Pflichtteilsberechtigter war.[23] Dieses Erfordernis einer „Doppelberechtigung" des Pflichtteilsberechtigten sowohl im Zeitpunkt des Erbfalls wie auch bei der Schenkung hat der Bundesgerichtshof aufgegeben.[24] 37

15 BGH 8.4.1992 – IV ZR 2/91, BGHZ 118, 49.
16 BGH 17.9.1986 – IVa ZR 13/85, BGHZ 98, 226; 27.4.1994 – ZR 132/93, BGHZ 125, 395.
17 Palandt/*Weidlich* BGB § 2325 Rn. 24–29.
18 BGH 8.4.1992 – IV ZR 2/91, BGHZ 118, 49.
19 BGH 30.5.1990 – IV ZR 254/88, FamRZ 1991, 552.
20 Ua OLG Celle 14.7.2003 – 6 W 72/03, ZErb 2003, 383.
21 BGH 16.7.2003 – IV ZR 73/03, ZEV 2003, 416.
22 BGH 28.4.2010 – IV ZR 73/08, ZEV 2010, 305.
23 BGH 25.6.1997 – IV ZR 233/96, ZEV 1997, 373.
24 BGH 23.5.2012 – IV ZR 250/11, ZEV 2012, 478.

38 **c) Abschmelzungslösung durch Gesetzesänderung.** Mit dem ErbVerjRÄndG zum 1.1.2010 ist § 2325 Abs. 3 BGB geändert worden. Nach § 2325 Abs. 3 BGB aF bestand eine „Alles-oder-Nichts-Regelung".[25] Fiel die Schenkung in die Zehnjahresfrist vor dem Erbfall, wurde sie voll berücksichtigt und der Pflichtteilsberechtigte so gestellt, als befände sich die Schenkung noch im Nachlass des Erblassers. Nur wenn die Schenkung außerhalb der Zehnjahresfrist erfolgte, blieb sie außen vor. Seit 2010 wird die Schenkung nun immer weniger berücksichtigt, je länger sie zurückliegt (sog. „Abschmelzungsmodell"). Nur eine im ersten Jahr vor dem Erbfall vorgenommene Schenkung wird noch voll im Rahmen der Pflichtteilsergänzung angesetzt. Ansonsten mindert sich der Ergänzungsbetrag pro abgelaufenem Jahr um jeweils 1/10 (eine Schenkung wird also im zweiten Jahr mit 9/10, im dritten Jahr mit 8/10, im vierten Jahr mit 7/10 usw bis sie im zehnten Jahr nur noch mit 1/10 berücksichtigt wird; nach Ablauf von zehn Jahren erfolgt dann kein Ansatz bei der Pflichtteilsergänzung mehr).

Hinweis: Diese Neuregelung gilt für alle Erbfälle **ab dem 1.1.2010**, aber auch für Schenkungen, die bereits vor Inkrafttreten des Gesetzes erfolgten (Art. 229 § 21 Abs. 4 S. 2 EGBGB).

39 Bei **Schenkungen an den Ehegatten beginnt** die Zehnjahresfrist nicht zu laufen. Zuwendungen eines Ehegatten an den anderen zwecks angemessener Altersversorgung sind aber dann nicht unentgeltlich, sofern sie sich in einem den Einkommens- und Vermögensverhältnissen angemessenen Rahmen halten.[26]

40 **d) Kein Fristenanlauf bei vorbehaltenen Rechten.** Schenkungen werden nicht berücksichtigt, wenn seit der „Leistung des Zuwendungsgegenstandes" zehn Jahre verstrichen sind bzw. es erfolgt seit dem 1.1.2010 eine **Abschmelzung** (pro-rata-Regelung). Die Ausfüllung des unbestimmten Rechtsbegriffs der „Leistung" bleibt weiterhin der Rechtsprechung überlassen, was angesichts unterschiedlicher Urteile erhebliche Unsicherheit mit sich bringt und keinen Rechtsfrieden schafft. Eine fristauslösende Leistung liegt jedenfalls nicht bereits bei Verlust des Eigentums, sondern erst ab wirtschaftlicher Ausgliederung aus dem Vermögen des Schenkers vor. Der Erblasser muss den Genuss des verschenkten Gegenstandes tatsächlich entbehrt haben.

Eine Leistung liegt vor diesem Hintergrund (so lange) nicht vor, wie der Übergeber sich den umfassenden **Nießbrauch** vorbehält. In diesem Fall hat der Übergeber keinen spürbaren Vermögensverlust erlitten. Die Frist begänne dann erst mit einem Wegfall des Nutzungsrechts zu laufen.

41 Noch nicht eindeutig geklärt ist, ob ein vorbehaltenes **Wohnungsrecht** den Fristbeginn hindert. In der Literatur wird dies überwiegend bejaht. Es läge hier ebenfalls kein Nutzungsverzicht vor.[27] Oftmals wird das Wohnungsrecht nicht am Gesamtobjekt, sondern nur an einzelnen Räumen bzw. einer einzelnen Wohnung (eines Mehrfamilienhauses) bestellt. Ob auch hier bereits eine wirtschaftliche Ausgliederung erfolgte, ist nach wie vor streitig. Nach Ansicht des OLG Karlsruhe wurde bei Vorbehalt des Wohnrechts an einer von zwei Wohnungen die wesentliche Nutzung aufgegeben und die Frist in Lauf gesetzt,[28] anders das OLG Düsseldorf,[29] wobei sich hier der Übergeber an allen Räumen im EG und zusätzlich noch an einem Raum im OG ein Wohnrecht vorbehalten hatte. Hinzu kam die Nutzungsmöglichkeit von Gemeinschaftsflächen sowie eine Rückübertragungsklausel. Das LG Rottweil bejahte hingegen den Fristenlauf in seiner Entscheidung vom 21.4.2011 in einem Fall, in dem das vorbehaltene Wohnrecht an einer Wohnung im 1. OG (120–125 qm) nur 11 % der verschenkten Gesamtfläche ausmachte.[30] Die „Pflichtteilsfestigkeit" einer Vertragsgestaltung bei Vorbehalt von Wohnrechten kann angesichts der unterschiedlichen Rechtsprechung gegenwärtig nicht eindeutig prognostiziert werden. Gleichwohl ergibt sich eine Tendenz dahin, dass bei Wohnrechtsvorbehalt mit nur ca. 10 % der Gesamtnutzungsmöglichkeit ein wesentlicher Genussverzicht und damit ein Fristenanlauf gegeben ist. Denn der Bundesgerichtshof hat in

25 NK-BGB/*Bock* § 2325 Rn. 37.
26 OLG Stuttgart 26.1.2011 – 19 W 52/10, FamRZ 2011, 1823.
27 Ua *Mayer* ZEV 1995, 325 (328); *Worm* DNotZ 2003, 535 (548).
28 OLG Karlsruhe 15.1.2008 – 12 U 124/07, NJW-RR 2008, 601.
29 OLG Düsseldorf 11.4.2008 – 7 U 70/07, DNotZ 2009, 67.
30 LG Rottweil 21.4.2011 – 3 O 83/10, ZErb 11/2012, 282.

seiner Nichtzulassungsbeschwerde[31] im Fall des LG Rottweil[32] angeführt, dass weder eine grundsätzliche Bedeutung noch die Fortbildung des Rechts oder die Sicherung einer einheitlichen Rechtsprechung eine Entscheidung erfordere und damit im Umkehrschluss zum Ausdruck gebracht, dass die Entscheidung des LG Rottweil in Übereinstimmung mit der BGH-Rechtsprechung steht.

Ein Fristbeginn wird von der hM ferner verneint bei einem **freien Rückforderungsrecht** des Übergebers.[33] 42 Es fehle auch hier an einer effektiven Ausgliederung aus dem Vermögen des Übergebers. Die stets drohende Rückforderung sei geeignet, eine selbstständige Nutzung des Gegenstandes zu beeinträchtigen.[34] Anderes soll hingegen bei „enumerativen Rückerwerbsrechten" gelten, deren Voraussetzungen der Schenker nicht selbst herbeiführen kann (zB Heirat, Ehescheidung, Insolvenz). Behält sich der Schenker zB deren Rückforderung nur für den Fall vor, dass die übertragene Immobilie ohne seine Zustimmung veräußert oder belastet wird (Verfügungsverbot) oder der Beschenkte vor ihm stirbt, so ist nach LG München I die wesentliche Nutzung bereits übergegangen und eine Leistung erfolgt.[35]

Also: Liegt kein vollständiger Genussverzicht vor, wird die Frist des § 2325 Abs. 3 BGB nicht in Gang gesetzt. Ein Ausweg könnte die alternative Vereinbarung von Vorsorgeleistungen („Flucht in die Leibrente") sein.[36]

IV. Pflichtteilslast – Kürzungsrecht des Erben bei Vermächtnis

1. Kürzungsrecht – Grundtatbestand

§ 2318 Abs. 1 BGB verteilt im Innenverhältnis die Pflichtteilslast auf den Erben und den Vermächtnisnehmer (→ *Vermächtnis* Rn. 1 ff.) bzw. den Auflagenbegünstigten.[37] Im Außenverhältnis verbleibt es bei der alleinigen Haftung des Erben. 43

Beispiel: Der verwitwete Erblasser E setzt den F zu seinem Alleinerben ein. Der X vermacht er 20.000 EUR. Er hinterlässt einen einzigen Sohn S. Der hinterlassene Nachlass beträgt 100.000 EUR. 44

Lösung: Die Pflichtteilslast wird gem. § 2318 Abs. 1 BGB verhältnismäßig vom Alleinerben und dem Vermächtnisnehmer getragen, die Pflichtteilslast von 1/2 bzgl. des Sohnes S beträgt 50.000 EUR, das Verhältnis Vermächtnis- zum Nachlasswert beträgt 20 %, der Vermächtnisnehmer hat deshalb 20 % vom Pflichtteilsbetrag (50.000 EUR) mithin 10.000 EUR, zu übernehmen, der Erbe kann das Vermächtnis der X demzufolge um 10.000 EUR kürzen und insoweit die Erfüllung verweigern. Der Sohn S erhält als Pflichtteil 50.000 EUR, die Vermächtnisnehmerin (gekürzt) 10.000 EUR, dem Erben verbleiben 40.000 EUR.

2. Erweitertes Kürzungsrecht

Der Erbe hat nach § 2318 Abs. 3 BGB ein erweitertes Kürzungsrecht, wenn er pflichtteilsberechtigt ist, und zwar so weit, dass ihm sein eigener Pflichtteil verbleibt. 45

Beispiel: Erblasser E hat zwei Kinder, S und T. Er setzt S zu seinem Alleinerben ein, T wird enterbt. Seinem Freund F setzt E ein Geldvermächtnis in Höhe von 220.000 EUR aus. Der Nachlasswert beträgt 300.000 EUR. 46

Lösung: S muss der T einen Pflichtteil von 75.000 EUR bezahlen, das Verhältnis Vermächtniswert zu Nachlasswert beträgt 73,33 %, S kann deshalb das Vermächtnis von 220.000 EUR um 55.000 EUR (= 73,33 % des Pflichtteilswerts 75.000 EUR) kürzen, verbleibendes Vermächtnis damit 165.000 EUR (220.000 – 55.000 EUR), zzgl. Pflichtteil gegenüber T von 75.000 EUR müsste der Erbe S an sich

31 BGH 25.7.2012 – IV ZR 14/12.

32 2. Instanz OLG Stuttgart.

33 *Mayer* ZEV 1994, 325 (329); BeckOK BGB/*Mayer* § 2325 Rn. 32.

34 OLG Düsseldorf 4.4.2008 – 20 U 2205/08, DNotZ 2009, 67.

35 LG München I 11.2.2008 – 35 O 167/44, NJW 2009, 1121.

36 BGH 7.9.2005 – XII ZR 311/02, FamRZ 2005, 1974.

37 NK-BGB/*Bock* § 2318 Rn. 1.

insgesamt 240.000 EUR (als Vermächtnis und Pflichtteil) ausbezahlen, ihm verblieben selbst nur noch 60.000 EUR (was unter seinem eigenen Pflichtteil läge), S kann deshalb nach § 2318 Abs. 3 BGB eine weitere Kürzung des Vermächtnisses um 15.000 EUR vornehmen, damit er auf seinen Pflichtteil von 75.000 EUR kommt.

3. Berücksichtigung des § 2306 BGB

47 **Hinweis:** Der pflichtteilsberechtigte Erbe ist nicht immer geschützt; § 2306 Abs. 1 BGB ist mit zu berücksichtigen.

48 **Beispiel:** wie zuvor; allerdings beträgt nunmehr das Vermächtnis zugunsten des F nicht nur 220.000 EUR, sondern 240.000 EUR.

Lösung: Kürzung des Vermächtnisses um 80 % des Pflichtteils = 60.000 EUR, verbleibendes Vermächtnis damit (240.000 – 60.000) 180.000 EUR, zzgl. Pflichtteilslast gegenüber T von 75.000 EUR ergibt für Erben S eine Zahlungspflicht in Höhe von insgesamt 255.000 EUR, dem S verblieben nur noch 45.000 EUR. Kann der S das Vermächtnis um weitere 30.000 EUR kürzen, um auf seinen eigenen Pflichtteil von 75.000 EUR zu kommen?

Nein: Denn § 2318 Abs. 3 BGB ist im Zusammenhang mit § 2306 Abs. 1 BGB zu sehen, S hätte ohne die Pflichtteilslast der T bereits lediglich 60.000 EUR erhalten, er hätte seinen ungeschmälerten Pflichtteil durch Ausschlagung nach § 2306 Abs. 1 BGB erlangen können. Folge: Erbe S kann lediglich weitere 15.000 EUR verlangen (insgesamt 60.000 EUR), aber nicht mehr.

189. Pflichtteilsstrafklausel

Schwarz

In gemeinschaftlichen Testamenten (→ *Gemeinschaftliches Testament* Rn. 1 ff.) bzw. Erbverträgen (→ *Erbvertrag* Rn. 1 ff.) setzen sich Ehegatten häufig gegenseitig als Alleinerben ein. Die gemeinsamen Kinder sollen als Schlusserben zum Zuge kommen und dann den gesamten Nachlass erhalten. Diese Konstellation führt dazu, dass die gemeinsamen Kinder beim ersten Erbfall von der gesetzlichen Erbfolge ausgeschlossen, also enterbt sind und demzufolge ihren Pflichtteil verlangen können. Die Gestaltungspraxis bedient sich hier der Pflichtteilsstrafklauseln, um mit gewissen **Sanktionen** einem derartigen **Pflichtteilsverlangen** zu begegnen. Mit einer einfachen Pflichtteilsstrafklausel werden die Abkömmlinge, die nach dem Tod des Erstversterbenden ihren Pflichtteil fordern, beim Tod des Längerlebenden enterbt.[1] Im Einzelfall kann es aber sogar wünschenswert sein, dass ein Pflichtteilsverlangen von den Schlusserben gestellt wird (zB zur Verminderung der Erbschaftsteuerlast). Die Pflichtteilsklausel sollte daher so gestaltet werden, dass sie nur greift, wenn Pflichtteilsansprüche „gegen den Willen des Längerlebenden" eingefordert werden. 1

Hinweis: Die nachteiligen Wirkungen aus der Pflichtteilsgeltendmachung können nicht dadurch rückgängig gemacht werden, dass der geleistete Pflichtteilsbetrag nachträglich zurückgezahlt wird.[2]

Anstelle einer Strafklausel kann auch lediglich ein **Änderungsvorbehalt** aufgenommen werden, der den Längerlebenden berechtigt, den Pflichtteil fordernden Abkömmling von der Erbfolge auszuschließen. 2

Der Pflichtteil, der dem Abkömmling auch nach dem Tod des Letztversterbenden im Ergebnis nicht entzogen werden kann, hängt von dem Wert des Nachlasses beim Tod des überlebenden Ehegatten ab. Wenn dieser überlebende Ehegatte den Nachlass des Erstversterbenden im Wesentlichen nicht geschmälert hat, so werden die bereits beim ersten Erbfall ihren Pflichtteil fordernden Abkömmlinge im Ergebnis den Pflichtteil zweimal erhalten. Ziel der **Jastrowschen Klausel** (→ *Gemeinschaftliches Testament* Rn. 7) ist es hier, den Nachlasswert im zweiten Erbfall und damit im Ergebnis auch den Pflichtteil zu verringern.[3] Hier werden die Abkömmlinge, die ihren Pflichtteil beim ersten Erbfall nicht verlangt haben, mit Vermächtnissen aus dem Nachlass des erstversterbenden Ehegatten bedacht.[4] Deren Erfüllung wird auf den Tod des überlebenden Ehegatten hinausgeschoben und belastet deshalb den überlebenden Ehegatten wirtschaftlich zu seinen Lebzeiten nicht. Als Nachlassverbindlichkeiten aus dem Nachlass des Erstverstorbenen haben sie Vorrang vor den Pflichtteilsansprüchen auf den Tod des überlebenden Ehegatten. Den „braven" Abkömmlingen werden **Geldvermächtnisse** (→ *Vermächtnis* Rn. 1 ff.) regelmäßig entsprechend ihrer gesetzlichen Erbteile, anfallend beim Tod des Erstversterbenden, zu zahlen aber erst beim Tod des Letztversterbenden, zugewandt.[5] 3

Hinweis: Wenn die Vermächtnisse beim Tod des Erstversterbenden anfallen und nur auf den Tod des Letztversterbenden gestundet sind, so könnten sie vom Vermächtnisnehmer an Dritte vererbt werden. Dem kann dadurch begegnet werden, dass die Vermächtnisse aufschiebend befristet auf den Tod des Letztversterbenden und auch nur dann anfallen, wenn der Bedachte den Tod des Letztversterbenden erlebt.[6]

---

1 *Uricher* in: FormB-ErbR § 7 Rn. 310.
2 BayObLG 20.4.2004 – 1 Z BR 134/02, MittBayNot 2005, 50.
3 NK-BGB/*Kornexl* § 2281 Rn. 19.
4 *Uricher* in: FormB-ErbR § 7 Rn. 312.
5 *Langenfeld/Fröhler* Testamentsgestaltung Rn. 342.
6 *Langenfeld/Fröhler* Testamentsgestaltung Rn. 641.

190. Pflichtteilsverzicht

Schwarz

1 Nach § 2346 Abs. 2 BGB kann anstatt eines umfassenden Erbverzichts der Verzicht auf das Pflichtteilsrecht (→ *Pflichtteilsrecht* Rn. 1 ff.) beschränkt werden.[1] Verzichtet wird dabei auf das abstrakte Pflichtteilsrecht, nicht auf einen erst im Erbfall entstehenden Pflichtteilsanspruch.[2] Der Pflichtteilsverzichtsvertrag bedarf ebenso wie der Erbverzichtsvertrag (→ *Erbverzicht* Rn. 1 ff.) der **notariellen Beurkundung** und erstreckt sich beim Verzicht eines Abkömmlings oder Seitenverwandten auch auf die Abkömmlinge des Verzichtenden.

Hinweis: Im Gegensatz zum Erbverzicht wird beim bloßen Pflichtteilsverzicht der Verzichtende im Rahmen der Feststellung des Erbteils nach § 2310 BGB mitgezählt. Das bedeutet, dass sich durch einen Pflichtteilsverzicht die Pflichtteilsquoten der übrigen gesetzlichen Erben nicht erhöhen. In der Gestaltungspraxis wird deshalb statt eines Erbverzichts in der Regel ein bloßer Pflichtteilsverzicht erklärt. Der Erblasser hat **volle Testierfreiheit**, ohne die Pflichtteilsquoten der übrigen Erben zu verändern.

2 Von einem uneingeschränkten Pflichtteilsverzicht wird insbesondere auch der Zusatzpflichtteil nach § 2305 BGB sowie der Pflichtteilsergänzungsanspruch nach § 2325 BGB erfasst.[3]

3 Es ist auch möglich und in der Gestaltungspraxis durchaus üblich, den Pflichtteilsverzicht auf bestimmte Gegenstände zu beschränken, die dann bei der späteren Nachlassbewertung außer Acht bleiben. Es handelt sich um einen **gegenständlich beschränkten Pflichtteilsverzicht**. Anders als beim Pflichtteilsverzicht ist beim Erbverzicht eine solche Verzichtsbeschränkung auf einzelne Nachlassgegenstände nicht möglich.

4 Pflichtteilsverzichtsverträge werden häufig im Zusammenhang mit Überlassungsverträgen bei der vorweggenommenen Erbfolge geschlossen, um den **vermögensrechtlichen Gesamtverteilungsplan** durch spätere Pflichtteilsforderungen nicht zu gefährden. Auch der Pflichtteilsverzicht eines Sozialleistungsbeziehers verstößt nicht gegen die guten Sitten.[4]

1 NK-BGB/*Kroiß* § 2346 Rn. 16.
2 BGH 13.11.1996 – IV ZR 62/96, NJW 1997, 521.
3 NK-BGB/*Kroiß* § 2346 Rn. 16.
4 BGH 19.1.2011 – IV ZR 7/10, FamRB 2011, 118.

191. Pkw

Caspary

Geht es um einen Pkw, ist zunächst zu klären, ob er als Haushaltsgegenstand oder als Vermögen anzusehen und somit über den Zugewinn auszugleichen ist. Steht der Pkw im **Alleineigentum** eines Ehegatten, ist er zwingend beim Zugewinn zu berücksichtigen,[1] da nach § 1568 b Abs. 1 BGB nur im Miteigentum stehende Gegenstände dem Haushaltsteilungsverfahren unterfallen.[2] Auf die Frage, ob es sich bei dem Pkw um einen Haushaltsgegenstand oder Vermögen handelt, kommt es daher vor allem bei Miteigentum an. 1

Wem ein Pkw gehört, ist nicht immer leicht zu klären. Die bloße Eintragung eines Ehegatten im Kfz-Brief bzw. im Kaufvertrag[3] oder die Zahlung des Kaufpreises[4] reicht nicht aus. Es ist vielmehr eine Gesamtbetrachtung vorzunehmen,[5] bei der vor allem folgende **Indizien** eine Rolle spielen: Wer steht im Kaufvertrag und in den Fahrzeugpapieren? Wer hat den Kreditvertrag unterzeichnet? Wer hat den Erwerb und die laufenden Kosten bezahlt? Von wem wurde der Pkw genutzt? Wer hat den Pkw ausgesucht? Wieviele Pkw gab es in der Familie[6]? Die **Beweislast** trägt der Ehegatte, der sich auf Alleineigentum beruft. Gibt es nur ein Fahrzeug, liegt **im Zweifel Miteigentum** vor.[7] Auch die Vermutung des § 1006 BGB kann herangezogen werden.[8] 2

Wann ein beiden Ehegatten als Miteigentümern gehörender Pkw dem Zugewinn unterfällt und wann es sich um einen Haushaltsgegenstand handelt, ist unklar. Nach einer Meinung zählt der Pkw **nur ausnahmsweise zum Hausrat**, und zwar dann, wenn er nach der gemeinsamen Zweckbestimmung beider Eheleute hauptsächlich für private Zwecke der gesamten Familie, nicht aber überwiegend von einem Ehegatten für die Fahrten zur Arbeit benutzt worden ist.[9] Auch bei wirtschaftlich beengten Verhältnissen und wenn der Pkw für besondere Zwecke, wie den Transport des behinderten Sohns, verwendet wird, soll der Pkw dem Vermögen zuzuordnen sein.[10] 3

Nach anderer Ansicht ist darauf abzustellen, ob es nur **ein oder mehrere Fahrzeuge in der Familie** gibt. Ist nur ein Fahrzeug vorhanden, wird dieses in der Regel auch für familiäre Belange genutzt, dh das Fahrzeug ist als Haushaltsgegenstand zu qualifizieren. Selbst wenn das Fahrzeug von einem Ehegatten überwiegend für die Fahrt zum Arbeitsplatz genutzt wird, soll nichts anderes gelten, da mit der Arbeit der Unterhalt für die Familie erwirtschaftet wird, das Fahrzeug also auch in diesem Fall familiären Zwecken dient.[11] Haben beide Eheleute einen Pkw, gehören die Fahrzeuge dagegen idR nicht zum Hausrat, sondern sind über den Zugewinn auszugleichen.[12] 4

Ist der Pkw **beim Zugewinn zu berücksichtigen**, muss sein Wert ermittelt werden. Unklar ist, welcher Wert anzusetzen ist, der **Veräußerungswert** oder der **Wiederbeschaffungswert**, der wegen der Händ- 5

1 BGH 24.10.1990 – XII ZR 101/89, FamRZ 1991, 43.
2 BGH 11.5.2011 – XII ZR 33/09, FamRZ 2011, 1039.
3 OLG Hamburg 12.2.1990 – 2 UF 79/89 G FamRZ 1990, 1118.
4 AG Weilburg 5.2.1991 – 2 F 351/86, FamRZ 1992, 191.
5 OLG Köln 20.3.2001 – 22 U 157/00, FamRZ 2002, 322.
6 Vgl. *Kogel* Zugewinnausgleich Rn. 1089 ff.
7 OLG Bremen 4.10.1996 – 5 WF 106/96, FamRZ 1997, 943; *Kogel* Zugewinnausgleich Rn. 700; *Haußleiter/Schulz* Vermögensauseinandersetzung Kap. 1 Rn. 559.
8 OLG Köln 20.3.2001 – 22 U 157/00, FamRZ 2002, 322.
9 BGH 24.10.1990 – XII ZR 101/89, FamRZ 1991, 43; OLG Zweibrücken 1.7.2004 – 2 UF 84/04, FamRZ 200, 902; OLG Karlsruhe 5.2.2004 – 16 UF 245/03; OLG Köln 20.3.2001 – 22 U 157/00, FamRZ 2002, 322; OLG Karlsruhe 3.4.2000 – 2 WF 111/99, FamRZ 2001, 760; *Kogel* Zugewinnausgleich Rn. 1086ff; *Haußleiter/Schulz* Vermögensauseinandersetzung Kap. 5 Rn. 1243 ff. mwN.
10 BGH 11.5.2011 – XII ZR 33/09, FamRZ 2017, 191.
11 OLG Düsseldorf 23.10.2006 – 2 UF 97/06, FamRZ 2007, 1325; OLG Koblenz 7.7.2005 – 9 WF 371/05, FamRB 2006, 102; OLG Naumburg 4.9.2003 – 8 UF 211/02, FamRZ 2004, 889; KG 17.1.2003 – 13 UF 439/02, FamRZ 2003, 1927; *Brudermüller* FamRZ 2006, 1160; *Haußleiter/Schulz* Vermögensauseinandersetzung Kap. 5 Rn. 1243 ff. mwN.
12 BGH 24.10.1990 – XII ZR 101/89, FamRZ 1991, 43.

lerspanne regelmäßig höher als der Veräußerungswert ist. In der Praxis wird oft auf den anhand der Schwacke-Liste ermittelten Veräußerungswert abgestellt. Das erscheint jedenfalls dann falsch, wenn das Fahrzeug, wie meist, gar nicht veräußert, sondern weiter genutzt werden soll. In diesen Fällen sollte auf den Wiederbeschaffungswert abgestellt werden.[13] Steht der Pkw im Alleineigentum eines der Ehegatten, ist das Fahrzeug nur bei ihm zu berücksichtigen. Bei Miteigentum sind jeweils die hälftige Werte bei beiden Ehegatten in die Berechnung des Zugewinnausgleichs einzustellen, vorausgesetzt, das Fahrzeug ist nicht ausnahmsweise als Haushaltsgegenstand zu qualifizieren.

6 Handelt es sich bei dem Pkw um einen Haushaltsgegenstand, kann während des Getrenntlebens auch ein im Alleineigentum eines Ehegatten stehender Pkw dem anderen Ehegatten nach § 1361 a Abs. 1 Satz 2 BGB **zur Nutzung zugewiesen** sein, soweit dieser das Fahrzeug zur Führung eines abgesonderten Haushalts benötigt und die Überlassung nach den Umständen des Falles der Billigkeit entspricht. Steht das Fahrzeug im Miteigentum beider Eheleute, ist nach § 1361 b Abs. 2 BGB nach Billigkeit zu entscheiden, wer das Fahrzeug während der Trennung nutzen darf.[14]

Das Eigentum an einem Pkw kann vom Gericht nur bei im **Miteigentum** beider Eheleute stehenden Fahrzeugen im Rahmen der Haushaltsteilung nach § 1568 b Abs. 1 BGB auf einen Ehegatten allein übertragen werden (→ *Haushaltssachen* Rn. 7 ff.). Unterfällt der Pkw dagegen dem Zugewinn, müssen sich die Eheleute einigen. Wollen Eheleute eine **Regelung über den Pkw** treffen, müssen sie sich darüber im Klaren sein, dass die Regelung gemäß § 1378 Abs. 3 S. 2 BGB der **notariellen Beurkundung** bedarf. Berücksichtigen die Eheleute den Pkw gleichwohl im Rahmen einer Einigung über den Hausrat, ist die Vereinbarung ggf. formunwirksam.

13 *Haußleiter/Schulz* Vermögensauseinandersetzung Kap. 1 Rn. 560 ff.; aA *Kogel* Zugewinnausgleich Rn. 1103.
14 OLG Köln 11.9.2009 – 4 WF 128/09, FamRZ 2010, 470.

192. Private Altersvorsorge

Poppen

I. Überblick

1 Jeder Unterhaltsberechtigte bzw. -verpflichtete hat das Recht, durch eine entsprechende Vorsorge zu gewährleisten, dass sein angemessener Lebensbedarf auch im Alter gedeckt ist. Unterschieden wird dabei zwischen der **primären Altersvorsorge** und der **privaten Altersvorsorge**. Primäre Altersvorsorge sind die Beiträge zur gesetzlichen Rentenversicherung, die Beamtenversorgung und die sonstigen Versorgungen nach § 32 VersAusglG. Daneben besteht ein Anspruch auf eine private Altersvorsorge (vgl. Ziffer 10.1.2 der Unterhaltsleitlinien). Altersvorsorge darf bis zum Erreichen der **Regelaltersgrenze** betrieben werden,[1] auch wenn zuvor schon Erwerbsunfähigkeitsrente bezogen wird[2] oder der Unterhaltspflichtige in den vorgezogenen Ruhestand gegangen ist.[3]

II. Höhe der privaten Altersvorsorge

1. Nicht selbstständig Tätiger

2 Erzielt ein nicht selbstständig Tätiger Bruttoeinkünfte, die über der aktuellen **Beitragsbemessungsgrenze** zur Rentenversicherung liegen,[4] kann er, weil für die über der Beitragsbemessungsgrenze liegenden Einkommensbestandteile keine primäre Altersvorsorge anfällt, Aufwendungen in Höhe des jeweiligen Beitragsbemessungssatzes der gesetzlichen Rentenversicherung (2020: 18,6 %) bezogen auf das über der Beitragsbemessungsgrenze liegende Einkommen für eine private Altersvorsorge absetzen.[5] Auf der anderen Seite hat der Unterhaltsberechtigte, wenn sein Elementarunterhaltsanspruch über der Beitragsbemessungsgrenze liegt, einen auch über die Beitragsbemessungsgrenze hinausgehenden **Anspruch auf Altersvorsorgeunterhalt** (→ *Altersvorsorgeunterhalt* Rn. 8).[6]

3 In allen Fällen steht dem Unterhaltsberechtigten und -verpflichteten neben der primären Altersvorsorge zur Ergänzung dieser primären Altersvorsorge ein Anspruch auf private Altersvorsorge zu.[7] Die **Höhe** dieses Anspruchs orientiert der Bundesgerichtshof nicht an dem voraussichtlich im Alter zu sichernden Bedarf, sondern an der **Höhe der aktuellen Bruttoeinkünfte**. In Anlehnung an das Altersvermögensgesetz vom 20.6.2011 (Riester-Rente) billigt der Bundesgerichtshof Unterhaltsberechtigten und -verpflichteten einen Betrag von 4 % des Bruttoeinkommens als private Altersvorsorge zu.[8] Beim Elternunterhalt erhöht sich dieser Abzugsposten auf 5 %.[9]

4 Eine Ausnahme gilt bei **Mangelfällen**, bzw. wenn unter Berücksichtigung dieser zusätzlichen privaten Altersvorsorge der Mindestunterhalt eines minderjährigen Kindes nicht gewährleistet werden kann.[10]

---

1 BGH 11.1.2012 – XII ZR 22/10, NJW-RR 2012, 898.
2 BGH 20.10.21999 – XII ZR 297/97, NJW 2000, 284.
3 BGH 28.7.2010 – XII ZR 140/07, NJW 2010, 3161 für den Elternunterhalt.
4 2020: 82.800 EUR West; 77.400 EUR Ost.
5 Wendl/Dose UnterhaltsR/*Gerhardt* § 1 Rn. 1033.
6 BGH 25.10.2006 – XII ZR 141/04, NJW 2007, 744.
7 BGH 27.5.2009 – XII ZR 111/08, NJW 2009, 2450.
8 BGH 11.5.2005 – XII ZR 211/02, NJW 2005, 3277.
9 BGH 14.1.2004 – XII ZR 149/01, NJW-RR 2004, 793.
10 BGH 19.2.2003 – XII ZR 19/01, NJW 2003, 1734.

2. Selbstständig Tätige

5 Selbstständig Tätige dürfen als private Altersvorsorge Aufwendungen bis zur Gesamthöhe von 22,6 % ihres Bruttoeinkommens beim Kindes- und Ehegattenunterhalt bzw. 23,6 % ihres Einkommens beim Elternunterhalt absetzen. Dieser Betrag entspricht der Gesamtsumme der **Arbeitgeber- und Arbeitnehmerbeiträge** zur gesetzlichen Rentenversicherung bei nicht selbstständig Tätigen (2020: 18,6 %) zuzüglich der privaten Altersvorsorge (4 % bzw. 5 %).

III. Art der privaten Altersvorsorge

6 Unterhaltsberechtigter und -verpflichteter sind in der Form ihrer privaten Altersvorsorge frei.[11] Die private Altersvorsorge kann betrieben werden durch betriebliche Zusatzversorgungen, etwa durch Leistungen an die VBL, durch Direktversicherungen im Wege der Gehaltsumwandlung, durch die Tilgung von Verbindlichkeiten im Zusammenhang mit Immobilien (→ *Zins- und Tilgungsleistungen* Rn. 5; →*Verbindlichkeiten im Unterhaltsrecht* Rn. 8; → *Wohnwert* Rn. 14),[12] durch die Leistung in Sparpläne oder schlichtweg durch Ansparleistungen auf Sparbüchern.[13] Der Abzug wird nur vorgenommen, wenn Aufwendungen tatsächlich erbracht werden. Die Berücksichtigung **fiktiver Aufwendungen** scheidet aus.[14]

11 BGH 11.1.2012 – XII ZR 22/10, NJW-RR 2012, 898.
12 BGH 5.3.2008 – XII ZR 22/06, NJW 2008, 1946.
13 Wendl/Dose UnterhaltsR/*Gerhardt* § 1 Rn. 1034.
14 BGH 28.2.2007 – XII ZR 37/05, NJW 2007, 1961.

193. Prozessstandschaft

Stockmann

I. Einführung

Das aus dem Zivilprozess bekannte Institut der Prozessstandschaft[1] hat in den Familiensachen große Bedeutung, insbesondere bei der **Geltendmachung von Unterhaltsansprüchen Minderjähriger gegen einen Elternteil**. Oftmals wird hierfür wegen der Sprachregelung des § 113 Abs. 5 FamFG auch die Bezeichnung „**Verfahrensstandschaft**" benutzt. Aus Gründen der Verständlichkeit bleibt es hier bei der vertrauten Bezeichnung „Prozess". Grundsätzlich steht die Prozessführungsbefugnis in Familienstreitsachen, für die wegen der Verweisung des § 113 Abs. 1 FamFG die Regeln der ZPO Anwendung finden, dem Inhaber des streitbefangenen Rechts zu.[2] Demnach ist dann, wenn dem Kind zustehende Ansprüche geltend gemacht werden, grundsätzlich das Kind selbst Verfahrensbeteiligter (→ *Beteiligte* Rn. 23). Im Verfahren tritt für das Kind sein gesetzlicher Vertreter auf, § 51 Abs. 1 ZPO. 1

Von diesem Grundsatz macht § 1629 Abs. 3 BGB durch die dort vorgeschriebene Notwendigkeit einer **gesetzlichen Prozessstandschaft** für die Familienstreitsachen betreffend Kindesunterhalt eine bedeutsame Ausnahme. Nach dieser Norm muss der Elternteil, der das Kind in Obhut hat und dem daher gem. § 1629 Abs. 2 BGB die Alleinvertretungsbefugnis für die Unterhaltsansprüche des Kindes gegen den anderen Elternteil zusteht, diese im eigenen Namen geltend machen, wenn die Eltern verheiratet sind, aber getrennt leben oder eine Ehesache zwischen ihnen anhängig ist. Das gleiche gilt dann, wenn die Eltern in einer eingetragenen Lebenspartnerschaft leben und ein Verfahren auf Aufhebung bzw. auf Feststellung des Bestehens oder Nichtbestehens der Lebenspartnerschaft anhängig ist. Da die letztgenannte Fallgestaltung in der Praxis höchst selten auftritt, wird sie im Weiteren nicht nochmals gesondert erwähnt. 2

Die gesetzliche Prozessstandschaft gibt also dem Prozessstandschafter die Befugnis, ein **fremdes Recht im eigenen Namen** geltend zu machen. Da sie an die Alleinvertretungsbefugnis des Obhutselternteils nach § 1629 Abs. 2 BGB anknüpft, kann sie dann nicht entstehen, wenn es wie zB beim „Wechselmodell" keinen Elternteil gibt, der das Kind überwiegend betreut (→ *Wechselmodell* Rn. 11 f.). 3

Der **Zweck der Regelung** des § 1629 Abs. 3 BGB erschließt sich daraus, dass sie nur während der **Anhängigkeit der Ehesache** und dem davor liegenden **Zeitraum des Getrenntlebens**, der üblicherweise zur Anhängigkeit einer Scheidungssache führt, eingreift. § 137 Abs. 2 Nr. 2 FamFG ermöglicht es, dass Unterhaltsansprüche innerhalb des Scheidungsverbundverfahrens geregelt werden können. Gäbe es die Norm des § 1629 Abs. 3 S. 1 BGB nicht, müssten die Kinder ihre Unterhaltsansprüche stets im eigenen Namen geltend machen. Dies ginge dann aber nicht mehr **im Rahmen des Scheidungsverbundverfahrens**, da § 140 Abs. 1 FamFG vorsieht, dass eine Unterhaltsfolgesache abzutrennen ist, wenn ein Dritter Verfahrensbeteiligter wird. Das Kind, das Unterhalt im eigenen Namen geltend machen müsste, wäre innerhalb des Scheidungsverfahrens ein solcher Dritter. 4

Folglich dient die gesetzliche Prozessstandschaft dazu, das Scheidungsverbundverfahren auch bezüglich des Kindesunterhaltes zu ermöglichen. Dabei ist ohne Bedeutung, dass in der Praxis Kindesunterhalt in Form eines Folgesachenantrages nach § 137 Abs. 2 FamFG kaum geltend gemacht wird. Weil der Kindesunterhaltsanspruch im Regelfall durch die Scheidung der Eltern weder in seiner Grundlage noch

1 Vgl. HK-ZPO/*Bendtsen* § 51 Rn. 12 ff.
2 Vgl. HK-ZPO/*Bendtsen* § 51 Rn. 10.

in seinem Umfang beeinträchtigt wird und ein in der Trennungszeit erlangter Titel über die Rechtskraft der Scheidung hinaus fortwirkt, besteht oft kein Bedürfnis für eine entsprechende Antragstellung im Scheidungsverbundverfahren.

Die immer wieder[3] aufgestellte Behauptung, Sinn und Zweck der Regelung sei es, das Kind aus dem Streit der Eltern herauszuhalten und nicht in eine Parteirolle gegen einen Elternteil zu drängen, liegt neben der Sache, insbesondere weil die gesetzliche Prozessstandschaft nicht diejenigen Fälle erfasst, in denen der Kindesunterhalt nach Rechtskraft einer Scheidung im Streit ist.

II. Umfang

5 Die gesetzliche Prozessstandschaft betrifft – nach zutreffender Ansicht[4] – nicht nur den **Aktivprozess**, sondern auch den **Passivprozess**. Auch die Verteidigung gegen Angriffe auf den Unterhaltsanspruch bedeutet eine Geltendmachung des Kindesunterhaltes.[5] Daher sind alle entsprechenden Begehren, seien es negative Feststellungsanträge, Abänderungsbegehren oder Vollstreckungsabwehrbegehren, in dem fraglichen Zeitraum (→ Rn. 4) gegen den Prozessstandschafter und nicht gegen das Kind zu richten. Dogmatisch verfehlt und im Übrigen auch völlig unpraktikabel ist mE die Entscheidung des OLG Naumburg:[6] Danach soll die Alleinvertretung des § 1629 Abs. 2 S. 2 BGB nur bei Aktivverfahren eingreifen; im Passivprozess müsste dem Kind ein Ergänzungspfleger bestellt werden.

6 Auch die **außergerichtliche Geltendmachung** des Unterhalts durch den Prozessstandschafter ist wirksam.[7]

7 Die gesetzliche Prozessstandschaft betrifft auch die Vollstreckung: Der Elternteil, der den Titel auf Kindesunterhalt im eigenen Namen erstritten hat, vollstreckt auch aus dem auf ihn lautenden Titel (**Vollstreckungsstandschaft**).

8 Der Prozessstandschafter wird selbstverständlich nicht Inhaber der Unterhaltsforderung. Daher ist es nach Beendigung der gesetzlichen Prozessstandschaft Sache des Kindes, noch nicht titulierte Unterhaltsrückstände für den zurückliegenden Zeitraum geltend zu machen, in dem die Prozessstandschaft bestanden hat. Unabhängig von der Frage eines familienrechtlichen Ausgleichsanspruchs steht die Befugnis in erster Linie dem Kind als Inhaber des Anspruchs zu.

III. Auswirkungen des Wegfalls der Voraussetzungen im laufenden Verfahren

9 Die **Prozessstandschaft dauert** nach erfolgter Scheidung bis zur rechtskräftigen Beendigung eines isolierten Verfahrens **fort**, wenn dieses in dem Zeitraum des § 1629 Abs. 3 S. 1 BGB eingeleitet wurde,[8] und zwar auch für die nächste Instanz und die Folgesache Kindesunterhalt, wenn der Scheidungsausspruch rechtskräftig geworden ist.[9] Diese fortbestehende Prozessführungsbefugnis kann rechtlich mit einer entsprechenden Anwendung des § 265 Abs. 2 S. 1 ZPO begründet werden, da die dort geregelte Situation vergleichbar ist.[10] Der Bundesgerichtshof[11] begründet das Ergebnis zudem mit „unabweisbaren praktischen Bedürfnissen".

Beispiel 1: Während der Anhängigkeit des Scheidungsverfahrens zwischen M und F hat F als gesetzliche Vertreterin und gesetzliche Prozessstandschafterin für das minderjährige Kind K Kindesunterhalt in einem isolierten Verfahren eingeklagt. Am 1.9. wird der Scheidungsausspruch rechtskräftig. Das isolierte

3 ZB Jauernig/*Budzikiewicz* BGB § 1629 Rn. 8.
4 ZB NK-BGB/*Kaiser* BGB § 1629 Rn. 52; OLG Brandenburg 5.10.2018 – 13 UF 55/17, FamRZ 2019, 910.
5 OLG Naumburg 24.9.2002 – 14 WF 96/02, FamRZ 2003, 1115.
6 OLG Naumburg 16.1.2007 – 8 WF 12/07, ZFE 2007, 237.
7 Johannsen/Henrich/Althammer/*Lack* BGB § 1629 Rn. 17.
8 BGH 15.11.1989 – IVb ZR 3/89, NJW-RR 1990, 323.
9 BGH 22.9.1999 – XII ZR 250/97, NJW 2000, 812.
10 Vgl. Zöller/*Philippi*, 26. Aufl. 2007, ZPO § 623 Rn. 14.
11 BGH 15.11.1989 – IVb ZR 3/89, NJW-RR 1990, 323.

Kindesunterhaltsverfahren ist aber noch nicht entscheidungsreif. F kann das Verfahren im eigenen Namen weiterführen.

Die Fortdauer gilt aber nur solange, wie beim Prozessstandschafter dessen gesetzliche Vertretungsmacht nicht durch Eintritt der Volljährigkeit oder durch Verlust des Sorgerechts wegfällt. 10

Anders aber ist es, wenn das **Kind**, für das der berechtigte Elternteil als Prozessstandschafter Unterhalt eingeklagt hat, während des Prozesses **volljährig wird**. In diesem Fall endet nicht nur die Prozessstandschaft, sondern auch die gesetzliche Vertretung. Nach der neueren Rechtsprechung des BGH[12] haben der Prozessstandschafter und das Kind die Möglichkeit, einen gewillkürten Parteiwechsel zu vereinbaren. Erfolgt dieser, tritt das Kind an Stelle des Prozessstandschafters ins Verfahren ein. Der Parteiwechsel bedarf nicht der Zustimmung des Verfahrensgegners. 11

Beispiel 2: Wie Beispiel 1, jedoch wird das Kind am 1.9. volljährig. Nunmehr endet nicht nur die gesetzliche Prozessstandschaft, sondern auch die gesetzliche Vertretung der F überhaupt. K hat die Möglichkeit, durch Vereinbarung mit F Partei des Prozesses zu werden. Das Kind übernimmt gem. § 1629 Abs. 3 S. 2 BGB das Verfahren in dem Stand, in dem es sich zum Zeitpunkt der Volljährigkeit befindet.

Beispiel 3: Das minderjährige Kind wechselt im laufenden Verfahren die Obhut des Elternteils. 12

Mit dem **Obhutswechsel** gehen die gesetzliche Vertretung des Kindes und die gesetzliche Prozessstandschaft kraft Gesetzes auf den Elternteil über, der nunmehr das Kind in Obhut hat. Dieser Elternteil hatte im Verfahren bisher die Stellung des Antragsgegners inne. Ein Eintritt des neuen gesetzlichen Vertreters in das Verfahren kann aber in diesem Fall nicht erfolgen, denn sonst stünde der neue Prozessstandschafter sowohl auf der Antragsteller- als auch auf der Antragsgegnerseite, was unzulässig wäre.

Soweit Streitgegenstand rückständiger Kindesunterhalt ist, kann der bisherige Kläger das Verfahren „retten", indem er eine „Klageänderung" vornimmt und statt des rückständigen Unterhaltsanspruches des Kindes seinen **familienrechtlichen Ausgleichsanspruch** (→ *Familienrechtlicher Ausgleichsanspruch* Rn. 1 ff.) begehrt.[13] Nach § 264 Nr. 3 ZPO stellt dieser Fall streng genommen keine Klageänderung dar. Wenn es eine wäre, wäre sie sicherlich nach § 263 ZPO sachdienlich.[14] 13

Soweit der Streitgegenstand laufender oder künftiger Unterhalt ist, kann der bisherige Antragsteller den Rechtsstreit in der Hauptsache für erledigt erklären.[15] 14

IV. Auswirkungen des Wegfalls der Voraussetzungen auf bereits erwirkte Unterhaltstitel

Beispiel 4: Der gesetzliche Prozessstandschafter hat im eigenen Namen einen Kindesunterhaltstitel erwirkt. Er hat ebenso im eigenen Namen aus diesem Titel den Unterhaltsanspruch des Kindes vollstreckt (Vollstreckungsstandschaft). Nunmehr endet die Prozessstandschaft. Daher stellt sich die Frage, ob aus diesem Titel weiter vollstreckt werden kann oder ob er nunmehr auf das Kind umgeschrieben werden muss. 15

12 BGH 19.6.2013 – XII ZB 39/11, FamRZ 2013, 1378.
13 Vgl. BGH 19.6.2013 – XII ZB 39/11, FamRZ 2013, 1378.
14 OLG Frankfurt a.M. 6.2.2007 – 3 UF 67/05, FamRZ 2007, 909.
15 OLG Köln 6.6.2005 – 4 UF 88/05, FamRZ 2005, 1999; Johannsen/Henrich/Althammer/*Lack* BGB § 1629 Rn. 16.

Zu unterscheiden sind folgende Fallgestaltungen:

1. Prozessstandschaft endet durch Scheidung

16 Es besteht die **Möglichkeit der Umschreibung** nach § 727 ZPO.[16] Einen in Prozessstandschaft erwirkten Titel kann der durch den Prozessstandschafter verdeckte Gläubiger (also das Kind) ohne Weiteres auf sich überschreiben lassen, wenn die Prozessstandschaft beendet ist.[17]

Der gesetzliche Vertreter ist aber weiterhin zur Vollstreckung berechtigt, auch dann, wenn der Titel nicht umgeschrieben wurde.[18]

17 Für die Umschreibung eines Jugendamtstitels ist gem. § 60 Nr. 1 SGB VIII das Jugendamt zuständig, denn es handelt sich in diesem Fall nicht um die Erteilung einer „weiteren vollstreckbaren Ausfertigung" nach § 60 Nr. 2 SBG VIII, für die das Amtsgericht zuständig wäre.

2. Prozessstandschaft endet durch Volljährigkeit etc.

18 Eine **Titelumschreibung** ist **erforderlich**. Dies gilt auch hinsichtlich der Rückstände. Diese stehen zunächst materiellrechtlich dem Kind als Inhaber des Unterhaltstitels zu (es sei aber auf die Möglichkeit der Abtretung an den bisher betreuenden Elternteil hingewiesen).

19 Der bisherige Titelinhaber kann jedoch zunächst weiterhin im eigenen Namen vollstrecken. Gegen die Vollstreckung durch den Prozessstandschafter kann der Schuldner nach hM aber **Vollstreckungsgegenklage** nach § 767 ZPO beim Prozessgericht erheben und den Wegfall der Prozessführungsbefugnis geltend machen.[19]

20 Nach einer Mindermeinung[20] ist in diesem Fall die **Vollstreckungserinnerung** nach § 766 ZPO beim Vollstreckungsgericht zu erheben. Diese Rechtsansicht mag dogmatisch zutreffender sein als die Heranziehung der Vollstreckungsgegenklage, weil letztlich keine materiellrechtliche Einwendung gegen die Vollstreckung erhoben wird. Die Abwehrmöglichkeit über die Vollstreckungserinnerung hat jedoch den für die Praxis wesentlichen Nachteil, dass sie noch nicht möglich ist, wenn die Vollstreckung noch nicht erfolgt, sondern nur angedroht ist. Sie erfasst nämlich nur bereits erfolgte und konkret angefochtene Vollstreckungshandlungen.[21] Deshalb sollte die Vorschrift des § 767 ZPO zumindest analog angewendet werden.

21 Das OLG Nürnberg[22] will differenzieren: Lautet der Titel auf das Kind, sei die Vollstreckungserinnerung nach § 766 ZPO (die beim Vollstreckungsgericht zu erheben ist) zutreffend; lautet der Titel auf den Prozessstandschafter, sei die Vollstreckungsabwehrklage nach § 767 ZPO (beim Familiengericht) zu erheben. Wegen der aufgeführten unterschiedlichen Zuständigkeit haben diese verschiedenen Ansichten nicht unerhebliche praktische Auswirkungen.

22 Will das Kind aus dem noch auf den Prozessstandschafter lautenden Titel vollstrecken, ohne dass dieser umgeschrieben wurde, hat der Gläubiger die Vollstreckungserinnerung gem. § 766 ZPO zu erheben, denn er bringt keine Einwendung gegen den Anspruch selbst vor, der dem Kind möglicherweise materiellrechtlich im gleichen Umfang wie bisher zusteht.[23]

16 Johannsen/Henrich/Althammer/*Lack* BGB § 1629 Rn. 21 mwN.
17 OLG Hamm 27.3.2000 – 7 WF 132/00, FamRZ 2000, 1590; beim Amtsgericht Würzburg besteht die Übung, dass die „Umschreibung" dergestalt erfolgt, dass auf dem Titel eine „Klarstellung" angebracht wird, dass Inhaber des Anspruches nunmehr das Kind ist.
18 HM, zB LG Kleve 19.7.2006 – 4 T 244/06, FamRZ 2007, 1663.
19 OLG Nürnberg 30.5.2001 – 10 WF 1851/01, NJW-RR 2002, 1158.
20 OLG Nürnberg 1.2.2010 – 7 WF 45/10, FamRZ 2010, 1010.
21 *Wolf/Lecking* MDR 2011, 1.
22 OLG Nürnberg 1.2.2010 – 7 WF 45/10, FamRZ 2010, 1010.
23 BGH 7.5.1992 – IX ZR 175/91, NJW 1992, 2159.

3. Prozessstandschaft eines Elternteils endet, weil sich das Kind in die Obhut des anderen Elternteils begibt

Der bisherige Prozessstandschafter darf aus dem Titel nicht mehr vollstrecken, auch nicht bezüglich aufgelaufener Rückstände. Der Titel kann nicht für die Vollstreckung für einen dem bisherigen Prozessstandschafter zustehenden familienrechtlichen Ausgleichsanspruch (→ *Familienrechtlicher Ausgleichsanspruch* Rn. 1 ff.) verwendet werden. Eine Auswechslung titulierter Ansprüche ist unstatthaft.[24] 23

Wird die Vollstreckung dennoch weiter betrieben, so gelten im Prinzip die unter → Rn. 19 ff. dargestellten Möglichkeiten: Gegen die Vollstreckung durch den bisherigen Prozessstandschafter ist nach überwiegender Meinung die Vollstreckungsgegenklage nach § 767 ZPO gegeben.[25] Nach dem OLG Koblenz[26] soll jedoch die Erinnerung nach § 766 ZPO eingreifen. 24

Darüber hinaus hat nach OLG Koblenz[27] der (neue) Sorgerechtsinhaber einen **Anspruch auf Herausgabe des Titels** betreffend den Unterhaltsanspruch. Bei gerichtlicher Durchsetzung der Herausgabe des Titels ist dies eine „sonstige Familiensache" nach § 266 Abs. 1 Nr. 4 FamFG (Anspruch aus dem Eltern-Kind-Verhältnis). 25

24 *Hochgräber* FamRZ 1996, 272; *Viefhues* FF 2008, 294.
25 Johannsen/Henrich/Althammer/*Lack* BGB § 1629 Rn. 21.
26 OLG Koblenz 12.7.2004 – 7 WF 570/04, FamRZ 2005, 993.
27 OLG Koblenz 6.2.2007 – 11 UF 1211/06.

194. Realsplitting/Nachteilsausgleich

Perleberg-Kölbel

I. Einführung

1 Eine **begrenzte Möglichkeit des Sonderausgabenabzugs** von bestimmten Unterhaltsleistungen im Rahmen der Einkommensteuer bietet das sog. begrenzte Realsplitting. Es wird in § 10 Abs. 1 a Nr. 1 EStG geregelt und besteht alternativ zum Abzug von Unterhaltszahlungen als außergewöhnliche Belastungen in besonderen Fällen gem. § 33 a Abs. 1 EStG (→ *Außergewöhnliche Belastung* Rn. 20). Ein Antrag auf Berücksichtigung des Sonderausgabenabzugs ändert den Rechtscharakter der Ausgaben von einkommensteuerrechtlich grundsätzlich unbeachtlichen Unterhaltsleistungen nach § 12 Nr. 2 EStG in zu berücksichtigende Sonderausgaben.[1] § 12 Nr. 2 EStG schließt ua freiwillige Zuwendungen an eine gegenüber dem Steuerpflichtigen oder seinem Ehegatten gesetzlich unterhaltsberechtigte Person oder deren Ehegatten aus.

2 Voraussetzung der **Berücksichtigung von Unterhaltsleistungen als Sonderausgaben** ist, dass der Unterhaltsschuldner und der Unterhaltsgläubiger geschiedene oder dauernd getrenntlebende Ehegatten sind (→ *Versöhnung* Rn. 3), der Unterhaltsgläubiger unbeschränkt einkommensteuerpflichtig ist und der Unterhaltsschuldner bei der Finanzbehörde mit Zustimmung des Unterhaltsgläubigers den Sonderausgabenabzug beantragt. Nach § 2 Abs. 8 EStG sind die Regelungen des Einkommensteuergesetzes zu Ehegatten und Ehen auch auf Lebenspartner und Lebenspartnerschaften anzuwenden. Die Änderungen im Einkommensteuergesetz sind am 19.7.2013 in Umsetzung der Entscheidung des Bundesverfassungsgerichts vom 7.5.2013[2] in Kraft getreten.[3] Vom 1.8.2001 bis zum 30.9.2017 konnten Partner einer gleichgeschlechtlichen Beziehung ihr Zusammenleben durch die eingetragene Lebenspartnerschaft legalisieren. Dieses familienrechtliche Institut sollte eine weitgehende Gleichstellung von eingetragenen homosexuellen Paaren und Ehepaaren erreichen.

§ 1 Abs. 1 S. 1 LPartG definiert den Begriff „**Lebenspartner** und Lebenspartnerinnen". Dies sind zwei Personen gleichen Geschlechts, die gegenseitig und bei gleichzeitiger Anwesenheit vor der zuständigen Behörde erklären, miteinander eine Partnerschaft auf Lebenszeit führen zu wollen. Seit dem 1.10.2017 können gleichgeschlechtliche Paare nur noch die Ehe eingehen, eine eingetragene Lebenspartnerschaft kann nicht mehr begründet werden. Solange eine bereits bestehende eingetragene Lebenspartnerschaft nicht in eine Ehe umgewandelt wird, bleibt sie bestehen.

Das begrenzte Realsplitting findet keine Anwendung bei einer **nichtehelichen Lebensgemeinschaft** und nicht in dem Jahr der Trennung, wenn noch eine Zusammenveranlagung durchgeführt wird. Die Entscheidung über eine steuerliche Berücksichtigung von Unterhaltsleistungen nach § 10 Abs. 1 a Nr. 1 EStG obliegt allein der Finanzbehörde. Diese muss allerdings bei Verweigerung der Zustimmung zur Zusammen-

1 BFH 12.12.2007 – XI R 36705, BFH/NV 2008, 792.
2 BVerfG FamRZ 2013, 1103.
3 BGBl. 2013 I 2397.

veranlagung nicht prüfen, ob die Verweigerung oder Unterlassung der Zustimmung rechtsmissbräuchlich ist.[4]

II. Steuerliche Voraussetzungen

1. Unterhaltsleistungen

Das begrenzte Realsplitting kommt nur zum Tragen, wenn die Unterhaltspflichten **anerkannt oder rechtskräftig tituliert** worden sind bzw. **freiwillig erfüllt** werden.[5] Auch **Sachleistungen** werden als begünstigte Aufwendungen anerkannt, wie zB der Mietwert einer unentgeltlich überlassenen Wohnung und die Zahlung von Nebenkosten, wie Strom, Heizung, Wasser, Abwasser und Müll.[6] 3

Als Wertmaßstab dienen die amtlichen Sachbezugswerte[7] bzw. im Falle der Mietwohnung auch der objektive Mietwert, also die ortsübliche Miete. Befindet sich die überlassene Wohnung im Miteigentum, kann der überlassende Ehegatte neben dem Mietwert seines Miteigentumsanteils auch die von ihm aufgrund einer Unterhaltsvereinbarung getragenen verbrauchsunabhängigen Kosten für den Anteil des Ehegatten als Sonderausgaben abziehen.[8] Auch Nach- und Vorauszahlungen von Unterhalt sind Sonderausgaben, soweit sie den jährlichen Höchstbetrag nicht überschreiten.[9]

Keine Sonderausgaben iSd § 10 Abs. 1 a Nr. 1 EStG sind die für einen Rechtsanwalt aufgewendeten **Kosten zur Durchsetzung der Zustimmung zum begrenzten Realsplitting**,[10] wobei ein Abzug von Steuerberatungskosten für die Erstellung einer Einkommensteuererklärung nach Aufhebung des § 10 Abs. 1 Nr. 6 EStG durch das Gesetz zum Einstieg in ein steuerliches Sofortprogramm vom 22.12.2005[11] ohnehin obsolet geworden ist. Die Abschaffung der Abzugsfähigkeit privater Steuerberatungskosten ist auch verfassungsgemäß.[12] 4

Ebenso wenig fallen **Zahlungen für ein gemeinsames Kind** darunter, selbst dann, wenn der Ehegatte von der Zahlung freigestellt wird.[13]

Unterhaltszahlungen an eine nicht unbeschränkt einkommensteuerpflichtige Person, die ihren gewöhnlichen Aufenthalt oder **Wohnsitz in der EU/EWR** hat, sind Sonderausgaben. Allerdings muss hierfür die Besteuerung beim Unterhaltsempfänger durch eine Bescheinigung der zuständigen ausländischen Finanzbehörde nachgewiesen werden, § 1 a Abs. 1 Nr. 1 EStG. Ist die Besteuerung der Unterhaltszahlungen im Wohnsitzland des Unterhaltsempfängers nicht vorgesehen (zB in Österreich), entfällt ein Sonderausgabenabzug. Nicht erforderlich ist, dass der Ehegatte auch die Staatsangehörigkeit eines EU- oder EWR-Staats besitzt. Unter diese Vorschrift fallen daher auch Angehörige von Drittstaaten, die in einem Staat der EU oder des EWR ansässig sind. Es reicht demzufolge nicht aus, dass der empfangende Ehegatte zwar die Staatsbürgerschaft eines EU- oder EWR-Staates hat, nicht aber den Wohnsitz oder gewöhnlichen Aufenthalt in einem dieser Staaten. Ein weiterer Wohnsitz in einem Drittstaat ist unbeachtlich. Befindet sich der **Wohnsitz nicht in der EU**, ist ein Sonderausgabenabzug nur bei Vorliegen eines Doppelbesteuerungsabkommens möglich, dh, wenn das Besteuerungsrecht der erhaltenen Unterhaltszahlungen dem Wohnsitzstaat 5

4 BFH 25.7.1990 – X R 137/88, FamRZ 1991, 75.
5 BGH 6.2.2008 – XII ZR 14/06, FamRZ 2008, 968; *Hahne* FF 2009, 226; *Melchers* FuR 2008, 524.
6 *Engels*, Steuerrecht für die familienrechtliche Praxis, 1. Aufl. 2009, Rn. 921.
7 Ab 1.1.2012 gilt die 4. VO zur Änderung der SozialversicherungsentgeltVO v. 2.12.2011, BGBl. I 2453; derzeit gilt die 11. VO zur Änderung der SozialversicherungsentgeltVO v. 29.11.2019, BGBl I 1997.
8 BFH 12.4.2000 – XI R 127/96, BFH/NV 2000, 1286.
9 BFH 7.11.2000 – III R 23/98, BFH/NV 2001, 673.
10 BFH 10.3.1999 – XI R 86/95, BFH/NV 1999, 1405.
11 BGBl. 2005 I 3682; BStBl. I 2006, 79.
12 FG Niedersachsen 17.1.2008 – 10 K 103/0, EFG 2008, 622.
13 BFH 3.2.2000 – XI B 35/99, XI B 36/99, BFH/NV 2000, 841.

des Empfängers zugewiesen wird. Entsprechende Regelungen gibt es zB in dem DBA mit Dänemark[14] sowie außerhalb der EU in der mit der Schweiz getroffenen Verständigungsvereinbarung.[15]

Es kommt ggf. ein Abzug der Unterhaltsleistungen als außergewöhnliche Belastungen in Betracht, wenn die Voraussetzungen des § 33 a Abs. 1 S. 5 EStG vorliegen.[16]

2. Antrag

6 Der Steuerpflichtige muss sich für **jedes Veranlagungsjahr** erneut entscheiden, ob er den Abzug von Unterhaltsleistungen in Form des Sonderausgabenabzugs oder der außergewöhnlichen Belastungen iSd § 33 a Abs. 1 EStG in Anspruch nimmt (→ *Außergewöhnliche Belastung*). Eine Rücknahme ist nicht möglich. Der Unterhaltsschuldner kann den Antrag noch nach Bestandskraft der eigenen Steuerfestsetzung und der Steuerfestsetzung gegen den anderen Ehegatten stellen. Gem. § 175 Abs. 1 S. 1 Nr. 2 AO ist der ursprüngliche Einkommensteuerbescheid aufzuheben und zu ändern.[17]

Wenn erst nach Eintritt der Bestandskraft sowohl die Zustimmung vom Unterhaltsempfänger erteilt als auch der Antrag vom Unterhaltsgeber gestellt wird, handelt es sich um ein rückwirkendes Ereignis iSv § 175 Abs. 2 AO, das zur **Änderung eines Steuerbescheides** nach seiner Bestandskraft führt. Ohne Antragstellung bleiben die Unterhaltsleistungen nach § 12 Nr. 2 EStG ertragsteuerrechtlich neutral und, von der Ausnahme des § 33 a EStG abgesehen, unbeachtlich. Erst durch die Beantragung zum Sonderausgabenabzug ändert sich der Rechtscharakter des Aufwands. Der Antrag ist nicht nur Verfahrenshandlung, sondern selbst Merkmal des gesetzlichen Tatbestandes. Kein rückwirkendes Ereignis liegt bei einer vor Bestandskraft erteilten Zustimmung zum Realsplitting vor.[18]

3. Zustimmung des Unterhaltsgläubigers

7 Die Zustimmungserklärung ist **bedingungsfeindlich** und **nicht begrenzbar**. Ebenso wie der Antrag kann die Zustimmungserklärung nicht zurückgenommen werden. Eine nachträgliche Beschränkung ist auch trotz Antrags beider Ehegatten nicht zulässig.[19] Die Bindung der am Realsplitting Beteiligten an die von ihnen abgegebenen Erklärungen widerspricht nicht den Zielvorstellungen des Gesetzgebers. Dieser ging wegen der Auswirkungen des Realsplittings auf die Besteuerung des Empfängers davon aus, dass die Betroffenen ihre gemeinsame Wahl unter gleichzeitiger Berücksichtigung auch des Unterhaltsrechts treffen und dabei die Belastungsverschiebungen in angemessener Weise ausgleichen würden.[20] In diesem Zusammenhang ist es danach sowohl dem Geber als auch dem Empfänger zuzumuten, bereits vor der Ausübung ihres Wahlrechts die möglichen Auswirkungen des Realsplittings auf ihre jeweilige Steuerschuld hin zu prüfen. Durch die Möglichkeit der Beschränkung des Antrags auf einen bestimmten Betrag können sie die für sie günstigste Steuerbelastung erreichen.[21]

8 Die Zustimmung bedarf **keiner besonderen Form**. Es genügt, wenn sie nachweisbar – etwa schriftlich oder zur Niederschrift des Finanzamts – erklärt wird.[22] Nach dem Wortlaut des Vordrucks „Anlage U" würde der zustimmende Ehegatte ansonsten mit seiner Unterschrift gleichzeitig die Richtigkeit der von dem Antragsteller angegebenen Unterhaltsleistungen bestätigen.[23]

9 Der Unterhaltsgläubiger kann seine Zustimmung betragsmäßig auf die tatsächlich erbrachten Unterhaltsrenten **beschränken**. Bei Streit über die Höhe der erbrachten Unterhaltsleistungen oder über die steuerliche

14 NWB RAAAA-87592.
15 DBA Schweiz NWB NAAAA-87657.
16 Vfg. OFD Frankfurt v. 21.2.2007, S 2221aA – 1 – St 218, DB 2007, 1222.
17 BFH 12.7.1989 – X R 8/84, BStBl. II 1989, 957.
18 FG Münster 5.9.2012 – 12 K 1948/11 E; Rev. zugelassen.
19 BFH 22.9.1999 – XI R 121/96, BStBl. II 2000, 218.
20 BT-Drs. 8/2201, 8.
21 BFH 22.9.1999 – XI R 121/96, BStBl. II 2000, 218; 14.4.2005 – XI R 33/03, BStBl. II 2005, 825.
22 BGH 29.4.1998 – XII ZR 266/96, FamRZ 1998, 953.
23 BGH 26.9.1984 – IVb ZR 26/83.

Anerkennungsfähigkeit muss der Unterhaltsschuldner dennoch zustimmen. Würde seine Verpflichtung voraussetzen, dass sich infolge der Erklärung die steuerliche Belastung des anderen Ehegatten vermindert, so würde dem Unterhaltsschuldner im Falle einer ablehnenden Entscheidung des Familiengerichts die Möglichkeit einer steuerlichen Entlastung ohne eine Entscheidung der zuständigen Finanzbehörden genommen. Eine solche eingeschränkte Zustimmungspflicht steht mit der familienrechtlichen Verpflichtung dabei mitzuwirken, dass die finanziellen Lasten des anderen Ehegatten nach Möglichkeit vermindert werden, nicht in Einklang. Dieses Ziel ist nur dann zu erreichen, wenn dem steuerpflichtigen Ehegatten die Möglichkeit eröffnet wird, eine Klärung der Frage des Sonderausgabenabzugs durch die Finanzbehörden bzw. die Finanzgerichte herbeizuführen.[24]

Die Zustimmung gilt beim Unterhaltsgläubiger bis zu ihrem **Widerruf**. Ein Widerruf kann sowohl gegenüber dem Wohnsitz-FA des Unterhaltsempfängers als auch gegenüber dem Wohnsitz-FA des Unterhaltsleistenden erfolgen.[25] Eine blanko erteilte Zustimmung entfaltet auch für die Folgejahre Wirkungen, falls sie nicht rechtzeitig widerrufen oder der Höhe nach beschränkt wird. Erst mit Zugang bei dem Finanzamt wird der Widerruf der Zustimmung wirksam. Der Steuerbescheid des Unterhaltleistenden ist daraufhin wegen neuer Tatsachen nach § 173 Abs. 1 Nr. 1 AO zu ändern. Dies gilt auch, wenn der Widerruf der Zustimmung den vertraglichen Vereinbarungen zwischen den geschiedenen Ehegatten widersprechen oder missbräuchlich sein sollte.[26] 10

Bei **Beschränkung** oder **Versäumnis des Widerrufs** soll eine nachteilige Berücksichtigung zu vermeiden sein, wenn die Unterhaltsbeteiligten übereinstimmend eine sog. „0"-Meldung abgeben und dadurch die Durchführung des Sonderausgabenabzugs vermieden wird.[27]

Beim **Widerruf im Laufe des Kalenderjahres** wirkt die Zustimmung bis zum Ablauf des Kalenderjahres fort und ihre Wirkung entfällt frühestens ab Beginn des nachfolgenden Kalenderjahres.[28] 11

Eine für das Jahr 01 erteilte Zustimmung gilt danach auch für das Jahr 02 und die Folgejahre, es sei denn, sie ist widerrufen worden. Zur Frage des Zeitpunkts, zu dem die Wirkung der Zustimmung nach deren Widerruf erstmals entfällt, sieht § 10 Abs. 1 a Nr. 1 S. 4 EStG vor, dass der Widerruf vor Beginn des Kalenderjahres, für das die Zustimmung erstmals nicht gelten soll, gegenüber dem Finanzamt erklärt werden muss. Eine im Laufe eines Kalenderjahres widerrufene Zustimmung wirkt folglich bis zum Ablauf dieses Kalenderjahres fort und entfaltet frühestens ab Beginn eines nachfolgenden Kalenderjahres keine Wirkung mehr. Daraus folgt, dass die Zustimmung weder mit Wirkung für ein abgelaufenes noch mit Wirkung für ein laufendes Kalenderjahr, sondern nur mit Wirkung für ein **zukünftiges Kalenderjahr** widerrufen werden kann.

Bei einem im Jahr 2020 erklärten Widerruf verliert zB eine im Jahr 2019 erklärte Zustimmung zum Realsplitting frühestens 2021 ihre Wirkung. Der Unterhaltsleistende, dem gegenüber die Zustimmung zum Realsplitting im Jahr 2020 für das Jahr 2019 erteilt wurde, darf somit allein aufgrund der gesetzlichen Regelung in § 10 Abs. 1 a S. 4 EStG auch im Jahr 2020 die Unterhaltsleistungen als Sonderausgaben abziehen, gleichgültig, ob im Jahr 2020 zugleich der Widerruf der Zustimmung erklärt wurde oder ob er im Jahr 2019 tatsächlich Unterhaltsleistungen als Sonderausgaben abgezogen hat. Demzufolge muss der Unterhaltsempfänger, dessen Zustimmung auch nach deren Widerruf im Jahr 2020 noch bis zum Ablauf des Jahres 2020 fortwirkt, die im Jahr 2020 erhaltenen Unterhaltszahlungen im Jahr 2020 gem. § 22 Nr. 1 a EStG versteuern. Es ist demzufolge nicht möglich, im Jahr 2020 die Zustimmung für das Jahr 2019 zu erteilen, ohne sich dadurch auch für das Jahr 2020 zu binden.

24 BGH 29.4.1998 – XII ZR 266/96, FamRZ 1998, 953.
25 BFH 2.7.2003 – XI R 8/03, BStBl. II 2003, 803.
26 BFH 2.7. 2003 – XI R 8/03, BStBl. II 2003, 803.
27 *Engels*, Steuerrecht für die familienrechtliche Praxis, Rn. 932.
28 BFH 8.2.2007 – XI B 124/06, BFH/NV 2007, 903.

4. Höhe der Abzugsbeträge

12 Unterhaltszahlungen bis zu **13.805 EUR (entspricht monatlich 1.150,42 EUR)** können berücksichtigt werden, § 10 Abs. 1 a Nr. 1 S. 1 EStG. Wenn der Unterhaltsschuldner für den Unterhaltsgläubiger zusätzlich **Beiträge zur Kranken- und Pflegeversicherung** zahlt, erhöhen diese Zahlungen seinen Sonderausgabenabzugsbetrag (→ *Sonderausgabenabzug* Rn. 25).

13 Zahlt der Unterhaltspflichtige an **mehrere Unterhaltsberechtigte,** erfolgt die Berücksichtigung des Höchstbetrages bis zur Höhe von 13.805 EUR bei jedem Unterhaltsberechtigten. Es gibt keinen Übertrag. Wird über den Betrag von 13.805 EUR hinaus geleistet, findet der übersteigende Betrag auch keine Berücksichtigung als außergewöhnliche Belastung iSd § 33 a EStG (→ *Außergewöhnliche Belastung* Rn. 9).

14 Wenn **zunächst nur geringere Zahlungen** abgezogen worden sind, müssen Vorauszahlungen und Nachzahlungen von Unterhaltszahlungen im Rahmen des Höchstbetrages von 13.805 EUR im Kalenderjahr als Sonderausgaben berücksichtigt werden.[29]

5. Korrespondenzprinzip

15 Infolge der Berücksichtigung des Sonderausgabenabzugs beim Unterhaltsschuldner kommt es aufgrund des Korrespondenzprinzips beim Unterhaltsgläubiger zu einer **Versteuerung der Unterhaltszahlungen als sonstige Einkünfte** gem. § 22 Nr. 1 a EStG.[30] Beide Sphären sind deckungsgleich, wobei der Unterhaltsgläubiger bei der Ermittlung seines Einkommens vom Gesamtbetrag seiner Einkünfte noch einen Werbungskostenpauschbetrag in Höhe von 102 EUR, § 9 a EStG, und Beiträge zu einer Basiskranken- und Pflegeversicherung, § 10 Abs. 1 Nr. 3 EStG, berücksichtigen lassen kann. **Prozesskosten zur Erlangung nachehelichen Unterhalts** sind als Werbungskosten bei den sonstigen Einkünften des Unterhaltsempfängers abziehbar.[31]

III. Realsplitting und Familienrecht

1. Pflicht zur Zustimmung

16 Da der Unterhaltsschuldner infolge des Sonderausgabenabzugs steuerlich entlastet wird, muss der Unterhaltsgläubiger grundsätzlich dem begrenzten Realsplitting zustimmen. Die Zustimmung stellt eine **unterhaltsrechtliche Nebenpflicht** iSd § 1353 Abs. 1 S. 2 iVm § 242 BGB dar und ist Ausfluss des zwischen den geschiedenen oder getrennt lebenden Ehegatten bestehenden Unterhaltsverhältnisses. Dies bestimmt, dass einerseits die finanziellen Lasten des anderen Ehegatten zu mindern und andererseits die eigenen Interessen zu beachten sind.[32] Die Verpflichtung besteht **Zug um Zug** gegen die Zusicherung des Nachteilsausgleichs, dh der Unterhaltsschuldner hat dem Unterhaltsgläubiger alle steuerrechtlichen, sozialrechtlichen und sonstigen wirtschaftlichen Nachteile auszugleichen.

Der Nachteilsausgleich berechnet sich **bei Annahme eines fiktiven Einkommens** des Berechtigten nach dessen konkreter Steuerpflicht und seinen tatsächlich entstandenen Steuernachteilen. Es kommt zu keinem Aufschlag für den Ausgleich einer steuerlichen Mehrbelastung beim monatlich errechneten Unterhaltsbetrag.[33]

---

29 BFH 7.11.2000 – III R 23/98, BFH/NV 2001, 673.

30 FAKomm FamR/*Perleberg-Kölbel* EStG § 22 Rn. 4.

31 FG Münster 3.12.2019 – 1 K 494/18 E, Rev. eingelegt, Az. BFH: VI R 1/20.

32 BGH 23.3.1983 – IV b ZR 369/81, FamRZ 1983, 576; 29.1.1992 – XII ZR 248/90, FamRZ 1992, 534; 29.4.1998 – XII ZR 266/96, FamRZ 1998, 953; 11.5.2005 – XII ZR 108/02, FamRZ 2005, 1162; 17.2.2010 – XII ZR 104/07, FamRZ 2010, 717.

33 OLG München 23.1.2013 – 3 U 947/12, FamFR 2013, 13 mit Praxishinweis *Perleberg-Kölbel.*

Diese Grundsätze gelten grundsätzlich auch für die Fälle, dass **Unterhaltszahlungen an den jeweiligen Träger der Sozialhilfe** geleistet werden[34] oder wenn die Finanzbehörde zur Durchführung des begrenzten Realsplittings die Vorlage einer vom Unterhaltsempfänger persönlich unterzeichneten Erklärung verlangt.[35] 17

2. Informationspflicht

Aus der nachehelichen Solidarität und dem Rechtsgedanken des § 1353 Abs. 1 S. 2 iVm § 242 BGB wird eine Verpflichtung abgeleitet, dem Unterhaltsgläubiger mitzuteilen, ob der Realsplittingvorteil auch im Folgejahr genutzt werden soll oder nicht und welche steuerlichen Vorteile voraussichtlich damit verbunden sein werden. Diese Pflicht korrespondiert mit der Zustimmungsverpflichtung. 18

Besonders wichtig ist diese Mitteilung für Unterhaltsgläubiger, die ihre Zustimmung bis auf Widerruf erklären. Nach § 37 EStG haben diese nämlich regelmäßig auf die voraussichtlich geschuldete Einkommensteuer **vierteljährliche Vorauszahlungen** zu entrichten. Diese werden von der Finanzbehörde nach dem Ergebnis der letzten Steuerveranlagung durch Vorauszahlungsbescheid selbst dann festgesetzt, wenn die Unterhaltsrente inzwischen reduziert worden oder weggefallen ist. Generell ist dem Unterhaltsgläubiger daher anwaltlich zu raten, seine Zustimmung jeweils auf ein Kalenderjahr zu beschränken.[36] 19

3. Auskunft

Zur Prüfung, ob sich die Durchführung des begrenzten Realsplittings rechnet, wird auch dem Unterhaltsschuldner ein Auskunftsanspruch hinsichtlich der zu erwartenden Nachteile gegenüber dem Unterhaltsgläubiger zugestanden.[37] 20

4. Tabellarische Bestimmung

Die **Höhe des Realsplittingvorteils** kann überschlägig der Tabelle „Tabellarische Bestimmung des Realsplittingvorteils"[38] entnommen werden. Dennoch ist eine konkrete steuerrechtliche Überprüfung im Einzelfall zu empfehlen.[39] Unterhaltsverpflichteter und Unterhaltsberechtigter können bei Inanspruchnahme des Realsplittings ein zwischen ihnen bestehendes **Progressionsgefälle** ausnutzen und damit eine niedrigere Steuerbelastung erreichen. Insofern wird ein dem Ehegattensplitting (§ 32 a Abs. 5 EStG) ähnlicher Effekt erreicht. 21

5. Obliegenheit

Der Unterhaltsschuldner muss die Steuervorteile aus dem Realsplitting nutzen, um seine Leistungsfähigkeit zu erhöhen.[40] 22

6. Fiktive Berechnung

Da sich der Unterhaltsanspruch bei **Wiederheirat des Unterhaltspflichtigen** ohne dessen Splittingvorteil aus der neuen Ehe fiktiv errechnet, ist auch der Realsplittingvorteil auf der Grundlage dieses fiktiv nach der Grundtabelle bemessenen Einkommens zu bestimmen.[41] 23

Das Familiengericht darf nicht im Wege einer **vorweggenommenen fiktiven Berechnung** des Realsplittingvorteils von dem danach neu zu berechnenden Unterhalt ausgehen. Nach § 11 Abs. 2 S. 1 EStG sind 24

34 OLG Köln 30.9.2000 – 27 WF 165/00, FamRZ 2001, 1569.
35 OLG Oldenburg 28.10.2010 – 14 UF 141/10, FamRZ 2011, 1126.
36 *Kogel* FamRB 2008, 277.
37 OLG Köln 30.1.1998 – 4 WF 253/97, FamRZ 1999, 31.
38 FamRB 2013, 165–167, generelle Hinweise zur Anwendung bei *Hauß* FamRB 2002, 61.
39 Zur **schrittweisen Bestimmung** des Splittingvorteils beim Realsplitting nach § 10 Abs. 1 Nr. 1 EstG aF: BGH 23.5.2007 – XII ZR 245/04, NJW 2007, 2628.
40 BGH 28.2.2007 – XII ZR 37/05, FamRZ 2007, 793.
41 BVerfG 25.1.2011 – 1 BvR 918/10, FamRZ 2011, 437; so schon zuvor BGH 23.5.2007 – XII ZR 245/04, FamRZ 2007, 1232.

nur Ausgaben für das Kalenderjahr abzusetzen, in dem diese geleistet worden sind. Dies entspricht dem In-Prinzip.[42] Käme es in der Rechtsmittelinstanz noch zu einer Änderung des Unterhaltsanspruchs, wäre der Unterhaltspflichtige der Gefahr ausgesetzt, eine Steuernachzahlung selbst dann leisten zu müssen, wenn sich die Unterhaltszahlungen nachträglich verringerten. Der Realsplittingvorteil könnte in diesem Fall nicht mehr bzw. nicht mehr in der zuvor angenommenen Höhe in Anspruch genommen werden.

7. Inhalt und Form der Freistellungserklärung

25 Dem Unterhaltsschuldner ist zu raten, gegenüber dem Unterhaltsgläubiger möglichst eine schriftliche und rechtsverbindliche Freistellungsverpflichtung hinsichtlich aller steuerlichen und sonstigen Nachteile mit dem Hinweis abzugeben, entweder den Vordruck „Anlage U" zum Mantelbogen der Einkommensteuererklärung zu unterschreiben oder auf direktem Wege gegenüber dem Finanzamt die Zustimmung zu erklären.

26 Es besteht kein Anspruch, die „**Anlage U**" zu unterschreiben.[43] Ein entsprechender Antrag ist unschlüssig. Erteilt der Unterhaltsgläubiger die Zustimmung direkt gegenüber der Finanzbehörde, muss er den Unterhaltsschuldner darüber in Kenntnis setzen. Anderenfalls riskiert er, Veranlassung (mit Kostenfolge) zu einem gerichtlichen Antrag auf Zustimmung gegeben zu haben.[44]

27 **Im Insolvenzfall** ist der Anspruch auf Zustimmung gegen den **Insolvenzverwalter** des zur Zustimmung verpflichteten Ehegatten zu richten. Bei diesem Anspruch handelt es sich um keinen Vermögensanspruch gem. § 38 InsO. Er kann daher nicht gem. §§ 174 ff. InsO zur Insolvenztabelle angemeldet werden. Der Insolvenzschuldner ist zwar als Steuerpflichtiger weiterhin steuerpflichtig; der Insolvenzverwalter vertritt ihn aber bei der Erfüllung seiner steuerlichen Pflichten, § 80 Abs. 1 InsO, § 34 Abs. 3 AO. Der Insolvenzverwalter wird damit Steuerpflichtiger kraft eigener steuerrechtlicher Pflichten, § 33 Abs. 1 AO.

8. Auslegung der Freistellungserklärung

28 Die tatrichterliche Auslegung einer Freistellungserklärung ist vom Revisionsgericht nur eingeschränkt nachzuprüfen. Die Prüfung beschränkt sich darauf, ob gesetzliche oder allgemein **anerkannte Auslegungsregeln**, Denkgesetze oder Erfahrungssätze verletzt worden sind, der Grundsatz einer nach beiden Seiten hin interessengerechten Auslegung beachtet worden ist, oder ob die Auslegung auf Verfahrensfehlern beruht.[45]

29 Wenn sich zB der Unterhaltsschuldner in Kenntnis der Wiederverheiratung der Unterhaltsgläubigerin zum Nachteilsausgleich verpflichtet, lässt sich ohne weitere Anhaltspunkte nicht darauf schließen, dass er eine Verbindlichkeit eingehen wollte, die über den Umfang der unter Billigkeitsgesichtspunkten bestehenden Ausgleichspflicht hinausgeht.[46]

9. Nachteilsausgleich

30 Der Unterhaltschuldner hat dem zustimmenden Unterhaltsgläubiger alle steuerrechtlichen, sozialrechtlichen und sonstigen wirtschaftlichen Nachteile **seit ihrer Entstehung** auszugleichen.[47]

31 Der Anspruch erstreckt sich folglich auf Freistellung bzw. Ersatz von solchen Nachteilen, die sich aus der Besteuerung der erhaltenen Unterhaltsleistungen bei dem Unterhaltsgläubiger ergeben, sowie von sonstigen

42 BGH 14.2.1990 – XII ZR 51/89, FamRZ 1990, 981; 19.2.2003 – XII ZR 19/01, FamRZ 2003, 741; 6.2.2008 – XII ZR 14/06, FamRZ 2008, 968.

43 OLG Brandenburg 2.1.2008 – 9 UF 188/07, ZFE 2008, 150.

44 OLG Karlsruhe 14.4.2003 – 2 WF 124/02, FamRZ 2004, 960.

45 BGH 17.2.2010 – XII ZR 104/07, FamRZ 2010, 717.

46 BGH 17.2.2010 – XII ZR 104/07, FamRZ 2010, 717.

47 BGH 23.3.1983 – IV b ZR 369/81, FamRZ 1983, 576 f. noch für Unterhaltszahlungen bis 9.000 DM; 29.1.1992 – XII ZR 248/90, FamRZ 1992, 534; 29.4.1992 – XII ZR 50/91, FamRZ 1992, 1050; 29.4.1998 – XII ZR 266/96, FamRZ 1998, 953; 11.5.2005 – XII ZR 108/02, FamRZ 2005, 1162.

Nachteilen, etwa im Bereich von Leistungen, die nur bis zu bestimmten Einkommensgrenzen gewährt werden.[48]

Für die Frage des Nachteilsausgleichs im Rahmen des Realsplittings kommt es nicht darauf an, ob der bis zur Wiederheirat der Unterhaltsgläubigerin bestehende gesetzliche Unterhaltsanspruch des Unterhaltsgläubigers nach § 1586 Abs. 1 BGB im Jahr der Wiederheirat – vor oder nach der erneuten Eheschließung – oder erst in einem späteren Jahr erfüllt wird.[49] 32

Steuerliche Nachteile können bei der Einkommensteuer, dem Solidaritätszuschlag und der Kirchensteuer auftreten, weil die Abzugsfähigkeit des Unterhaltsschuldners von der Versteuerung beim Unterhaltsgläubiger in Form einer Steuerbelastung oder Steuermehrbelastung abhängt. Steuerliche Nachteile treten bereits dann auf, wenn eine Unterhaltsleistung das steuerliche Existenzminimum nach § 32 a EStG[50] überschreitet. 33

Nachteile wegen Einkommensteuervorauszahlungen verwirklichen sich generell erst mit der endgültigen Steuerfestsetzung.[51] Sie fallen aber dann bereits unter die steuerlichen Nachteile, wenn schon hieraus finanzielle Nachteile erwachsen.[52] Nach dem OLG Oldenburg[53] liegen bereits in der Festsetzung von Steuervorauszahlungen gegenwärtige Nachteile für den Unterhaltsgläubiger vor, wenn mit der Durchführung des Realsplittings im fraglichen Jahr gerechnet werden kann, für das Vorauszahlungen erhoben werden. Wenn der Unterhaltsberechtigte Vorauszahlungen in Hinblick auf die Versteuerung der Unterhaltsleistungen nach § 22 Nr. 1 a EStG vornehmen muss, sollte ihm der Unterhaltsschuldner rechtzeitig mitteilen, ob er den Sonderausgabenabzug auch im Folgejahr vornehmen möchte. Der Unterhaltsberechtigte hat so die Gelegenheit, eine Abänderung des Vorauszahlungsbescheides zu beantragen oder gegen den Vorauszahlungsbescheid Einspruch einzulegen.[54]

Vorauszahlungen sind jedoch nur dann zu erstatten, wenn sie vom Unterhaltsberechtigten in einer Höhe zu entrichten sind, die seine zum Lebensunterhalt zur Verfügung stehenden Mittel fühlbar schmälern würden. Ist dies zB wegen eines Rückgriffs auf sonstiges Vermögen nicht der Fall, ist (erst) der nach Abschluss der steuerlichen Veranlagung feststehende steuerliche Mehrbetrag vom Unterhaltsschuldner ausgleichspflichtig. Eine Freistellungserklärung (gegenüber dem Finanzamt) kann von ihm insoweit nicht verlangt werden.[55]

Keinen Ausgleichsanspruch gibt es hinsichtlich der infolge der Zusammenveranlagung mit dem neuen Ehegatten entstandenen Nachteile, wenn hierüber zuvor keine ausdrückliche Vereinbarung vorliegt. Eine weitergehende Steuerbelastung ist nämlich generell Folge der von den Ehegatten gewählten Zusammenveranlagung. 34

Durch die Zusammenveranlagung selbst entsteht kein steuerlicher Nachteil, sondern beide in der neuen Ehe verbundenen Steuerpflichtigen erlangen hierdurch einen Vorteil im Rahmen des Splittingverfahrens. Einem scheinbaren Nachteil, der in einer Heranziehung der Einkünfte des Unterhaltsgläubigers zu einer gemeinsamen Veranlagung liegt, steht der Vorteil des neuen Ehegatten gegenüber, seine zu versteuernden Einkünfte teilweise auf seinen Ehegatten zu verlagern und dadurch einer günstigeren Besteuerung zuzuführen.[56] Folg- 35

48 BGH 17.2.2010 – XII ZR 104/07, FamRZ 2010, 717.

49 BGH 17.2.2010 – XII ZR 104/07, FamRZ 2010, 717 mAnm *Schlünder/Geißler* FamRZ 2010, 801; *Engels* FF 2010, 255.

50 Bis VZ 2007 7.834 EUR/15.668 EUR, ab VZ 2013 8.130 EUR/16.206 EUR, ab VZ 2014 8.354 EUR/16.708 EUR, ab VZ 2015 8.472 EUR/16.944 EUR, ab VZ 2016 8.652 EUR/17.304 EUR, ab VZ 2017 8.820 EUR/17.640 EUR, ab VZ 2018 9.000 EUR/18.000 EUR, ab VZ 2019 9.168 EUR/18.336 EUR; ab VZ 2020 9.408 EUR/18.816 EUR, ab VZ 2021 9.744 EUR/19.488 EUR und ab VZ 2022 9.984 EUR/19.968 EUR.

51 OLG Frankfurt a. M. 20.7.2006 – 1 UF 180/05, FuR 2007, 430.

52 AG Biedenkopf 27.5.2008 – 30 F 192/08 UE FamRZ 2009, 607.

53 OLG Oldenburg 1.6.2010 – 13 UF 36/10, FamRZ 2010, 1831 mAnm *Götz*.

54 *Engels*, Steuerrecht für die familienrechtliche Praxis, Rn. 944.

55 OLG Brandenburg 1.2.2016 – 13 UF 170/14, NWB 35/2016, 2630.

56 BGH 17.2.2010 – XII ZR 104/07, FamRZ 2010, 717 mAnm *Schlünder/Geißler* FamRZ 2010, 801; *Engels* FF 2010, 255 = BGH FuR 2010, 347 = FamRB 2010, 144 mAnm *Christ*, 145.

lich kann bei dieser Konstellation nur der Ausgleich des steuerlichen Nachteils gefordert werden, der dem Unterhaltsgläubiger bei getrennter Veranlagung durch die Besteuerung der Unterhaltsbezüge entstanden wäre. Dieser Nachteil ist fiktiv zu berechnen.

36 Ebenfalls kein steuerlicher Nachteil ist anzunehmen, wenn der Unterhaltsgläubiger bei einer Zusammenveranlagung mit dem neuen Ehegatten als Gesamtschuldner für die gegen beide Ehegatten festgesetzte Steuer gem. § 44 Abs. 1 AO haftet.[57] Jeder Ehegatte hat es schließlich in der Hand, seine Haftung auf den auf ihn rechnerisch entfallenden Anteil zu begrenzen (→ *Aufteilung der Steuerschuld*).

37 Auch Nachteile **außerhalb des Steuerrechts** kommen infrage, weil der Sonderausgabenabzug des Unterhaltsschuldners beim Unterhaltsgläubiger zu Einkünften führt. Aufgrund der Überschreitung von maßgeblichen Einkommensgrenzen kann es zu Kürzungen oder zum Wegfall von Leistungen zB im Sozialbereich, beim Erziehungsgeld oder bei Gebührenermäßigungen nach Kindergartensatzungen kommen.[58] Auch muss für die **Familienkrankenversicherung** das Folgende beachtet werden.

38 Hat für den geschiedenen Ehegatten während der Ehe eine gesetzliche Krankenversicherung im Rahmen der sog. Familienversicherung bestanden, erlischt der Versicherungsschutz drei Monate nach Rechtskraft der Ehescheidung (§ 9 Abs. 2 Nr. 1 SGB V), es sei denn, der Ehegatte hat der Krankenversicherung gegenüber erklärt, dass der Versicherungsschutz und damit seine Mitgliedschaft als eigenständige fortbestehen soll. Es handelt sich um eine **Ausschlussfrist.**[59] Ein freiwilliger Beitritt ist jedoch für Personen möglich, für die die Familienversicherung erlischt (§ 9 Abs. 1 Nr. 2 SGB V). Beitrittsberechtigt sind der Ehegatte und die Kinder, für die die Familienversicherung endet; Kinder auch dann, wenn der Anspruch deswegen ausgeschlossen ist, weil der mit den Kindern verwandte Ehegatte des Versicherten nicht versichert ist und ein Einkommen hat, das höher ist als die Jahresarbeitsentgeltgrenze und zugleich auch höher ist als das Einkommen des anderen Ehegatten. Voraussetzung ist, dass der Familienangehörige oder der Elternteil, aus dessen Versicherung die Familienversicherung abgeleitet wurde, die Vorversicherungszeit erfüllt. Auch hier tritt die obligatorische Anschlussversicherung des § 188 Abs. 4 SGB V ein. Lediglich im Falle der Geburt eines Kindes ist der Beitritt der Krankenkasse innerhalb von drei Monaten nach der Geburt anzuzeigen.

39 Erhält der Unterhaltsberechtigte neben seinen Einkünften noch Unterhalt, steigt ggf. auch sein Beitrag in der Krankenkasse. Auf die haftungsrechtlichen Folgen beim Anwalt wird verwiesen.[60]

40 **Kosten für den Steuerberater** sind ein Nachteil und auszugleichen, wenn dessen Inanspruchnahme erforderlich geworden war, zB bei einer sog. Hausfrauen(mann)ehe, in der der Unterhaltsgläubiger niemals zuvor eine Steuererklärung selbst gefertigt hat und keinerlei steuerlichen Kenntnisse aufweisen kann.[61]

41 Eine Hilfestellung durch die Finanzbehörden ist gesetzlich nicht vorgesehen. Diese haben keine allgemeinen Beratungs- und Auskunftspflichten, sondern müssen nur ihren sich aus § 89 AO abzuleitenden Fürsorge- und Betreuungspflichten nachkommen. Nach § 89 Abs. 2 AO gibt es keinen Anspruch auf Erteilung von Auskünften materiellen Rechts. § 89 AO ersetzt somit keine Hilfestellung durch die Angehörigen der steuerberatenden Berufe.[62]

10. Aufrechnung

42 Gegenüber dem Anspruch des Zustimmenden auf Nachteilsausgleich gibt es keine Aufrechnungsmöglichkeit. Der Anspruch auf Nachteilsausgleich ist unterhaltsähnlicher Natur.[63]

---

57 BGH 17.2.2010 – XII ZR 104/07, FamRZ 2010, 717 mAnm *Schlünder/Geißler* FamRZ 2010, 801.
58 *Kogel* FamRB 2008, 277; *Butz-Seidl* FuR 1996, 108.
59 MAH FamR § 1 Das familienrechtliche Mandat Rn. 5799.
60 *Kogel* FamRB 2008, 277.
61 BGH 13.4.1988 – IVb ZR 46/87, FamRZ 1988, 820.
62 *Pump/Leibner/Kurella* AO § 89 Rn. 11.
63 BGH 29.5.2002 – XII ZR 263/00, FamRZ 2002, 1179.

11. Zurückbehaltungsrecht

Muss befürchtet werden, dass der Unterhaltsschuldner zum Nachteilsausgleich nicht bereit oder in der Lage ist, zB bei laufenden Zwangsvollstreckungsmaßnahmen, Insolvenzantragstellung oder Abgabe der eidesstattlichen Versicherung, kann der Unterhaltsgläubiger seine Zustimmung von der Stellung einer Sicherheitsleistung in Höhe der zu erwartenden Nachteile abhängig machen.[64] Er hat ein Zurückbehaltungsrecht.[65] 43

Bei pflichtwidriger Verweigerung der Zustimmung kann von dem nicht um den Realsplittingvorteil erhöhten Einkommen ausgegangen werden.[66] 44

12. Anteil an der Steuerersparnis

Eine Steuerersparnis erhöht die Leistungsfähigkeit des Unterhaltsschuldners und der Unterhaltsgläubiger erhält eine höhere Unterhaltsrente. Aus diesem Grund kann der Unterhaltsgläubiger seine Zustimmung zum Sonderausgabenabzug nicht von einer Teilhabe an der Ersparnis von Steuern abhängig machen.[67] 45

13. Schadenersatz

Dem Unterhaltspflichtigen steht **bei pflichtwidriger Verweigerung** nicht nur ein Antrag auf Zustimmung, sondern auch ein Schadensersatzanspruch zu. Dabei ist eine Verrechnung der Schadensersatzforderung mit der Unterhaltsforderung wegen § 394 BGB, § 850 b ZPO ausgeschlossen.[68] 46

Ein Schadensersatzanspruch ist dann **begründet**, wenn bei der Berechnung der Unterhaltsansprüche Steuervorteile durch das begrenzte Realsplitting berücksichtigt worden sind, der Unterhaltsberechtigte aber pflichtwidrig seine Zustimmung verweigert.[69] 47

Zur **Durchsetzung** von Schadenersatzansprüchen ist es nicht notwendig, zunächst den Antrag auf Zustimmung zu verfolgen. Der Unterhaltsschuldner kann auf den Abzug von Sonderausgaben verzichten und gleich Schadenersatzansprüche geltend machen.[70] 48

14. Verjährung

Die Verjährungsfrist für den Anspruch auf Ausgleich steuerrechtlicher Nachteile des Unterhaltsberechtigten beträgt drei Jahre, § 195 BGB.[71] Die Sonderverjährungsfrist von 30 Jahren für familienrechtliche Ansprüche gem. § 197 Abs. 1 Nr. 2 BGB ist durch das Gesetz zur Änderung des Erb- und Verjährungsrechts[72] beseitigt worden. 49

Bei Ansprüchen zwischen Ehegatten während bestehender Ehe ist die **Verjährungshemmung** gem. § 207 Abs. 1 BGB (zuvor § 204 BGB aF) zu beachten. Die Verjährung beginnt **mit Kenntnis** der den Anspruch begründenden Umstände, § 199 Abs. 1 Nr. 2 BGB, in der Regel nach Zustellung des Einkommensteuerbescheids.[73] 50

64 OLG Schleswig 27.9.2006 – 15 W 4/06, ZFE 2007, 38; *Kleffmann* FuR 2008, 124.
65 BGH 23.3.1983 – IV b ZR 369/81, NJW 1983, 1545; verneinend OLG Zweibrücken für den Fall, dass der Unterhaltsschuldner seiner Pflicht zum Nachteilsausgleich immer erst nach Inanspruchnahme gerichtlicher Hilfe nachgekommen ist: OLG Zweibrücken 14.10.2005 – 2 UF 57/05, FamRZ 2006, 791 = FamRB 2006, 177 mAnm *Roessink*.
66 Johannsen/Henrich/*Büttner* BGB § 1361 Rn. 150.
67 BGH 23.3.1983 – IV b ZR 369/81, NJW 1983, 1545.
68 BGH 13.4.1988 – IVb ZR 46/87, FamRZ 1988, 820.
69 OLG Hamm 11.6.2008 – 2 Sdb (FamS) Zust. 12/08, FamRZ 2008, 2040.
70 OLG Köln 7.8.1986 – 14 UF 55/86, FamRZ 1986, 1111.
71 *Wever* Rn. 815 aE.
72 BGBl. 2009 I 3142.
73 OLG Saarbrücken 11.3.2009 – 6 WF 19/0, FamRZ 2009, 1905.

15. Gerichtsbarkeit

51 Für Streitigkeiten im Rahmen des begrenzten Realsplittings ist das **Familiengericht** zuständig. Es handelt sich um eine Familienstreitsache iSv §§ 111 Nr. 8, 231 Abs. 1 Nr. 2 FamFG. Das **Verfahren auf Ersatz der aus dem begrenzten Realsplitting entstandenen Nachteile** ist nach dem BGH eine Unterhaltssache und als solche eine Familienstreitsache.[74] Die Zustimmung zum begrenzten Realsplitting ist eine **öffentlich-rechtliche Willenserklärung**, die durch Beschluss oder Einigung im Verfahren **ersetzt** werden kann. Sie gilt mit rechtskräftigem Beschluss gem. § 894 ZPO als abgegeben.[75] Wenn die Abgabe der Erklärung von einer Sicherheitsleistung des Unterhaltsschuldners abhängig ist, tritt die Wirkung der Erklärung ein, sobald diesem die vollstreckbare Ausfertigung erteilt ist.[76]

52 Art. 5 Nr. 2 EuGVVO begründet eine **internationale Zuständigkeit**. Der Antrag auf Ausgleich der Nachteile betrifft eine unterhaltsrechtliche Streitigkeit. Der Begriff der Unterhaltssache in Art. 5 Nr. 2 EuGVVO ist autonom auszulegen.[77]

16. Gegenstandswerte

53 Der Streitwert richtet sich gem. § 48 Abs. 1 GKG, § 3 ZPO nach den vermögensrechtlichen Interessen des Antragstellers, der die Willenserklärung begehrt. Das OLG Frankfurt a. M.[78] bestimmt das vermögensrechtliche Interesse nach den Steuervorteilen abzüglich der dem Zustimmenden entstandenen Nachteile. Die Steuervorteile auf der Seite des Unterhaltsschuldners sind mit den Steuernachteilen auf der Seite des Unterhaltsgläubigers zu saldieren.

74 BGH 13.5.2020 – XII ZB 361/19, FamRZ 2020, 1394.

75 BGH 29.4.1998 – XII ZR 266/96, FamRZ 1998, 953.

76 BFH 25.10.1988 – IX R 53/84, NJW 1989, 1504.

77 BGH 17.10.2007 – XII ZR 146/05, FamRZ 2008, 40.

78 OLG Frankfurt a. M. 27.11.2008 – 3 WF 256/08; 2.5.2017 – 2 WF 85/17, openJur 2019, 35181 = https://www.rv.hessenrecht.hessen.de/bshe/document/LARE190019066.

195. Rentenversicherung

Conradis

I. Einführung

1 Aus dem Recht der gesetzlichen Rentenversicherung werden nur einige Punkte dargestellt, die für das Familienrecht von besonderer Bedeutung sind. Dabei wird der Versorgungsausgleich hier nur insoweit einbezogen, als es um die Auswirkung auf die **rentenrechtliche Wartezeit** für die Person geht, auf die Anwartschaften übertragen werden. Außerdem werden die Folgen erörtert, die sich nach einer Scheidung ergeben, falls eine **Hinterbliebenenrente wieder auflebt** oder erstmals ein Anspruch auf eine weitere Rentenart – die Erziehungsrente – entstehen kann. Ergänzend wird erörtert, ob die unterhaltsrechtliche Verpflichtung besteht, einen Rentenantrag zu stellen,

II. Wartezeit

2 Bei der Durchführung des Versorgungsausgleichs werden nicht nur Rentenanwartschaften der Höhe nach übertragen, sondern gleichzeitig Zeiten, die bei der Wartezeit berücksichtigt werden (§ 52 SGB VI). Die einzelnen Wartezeiten sind in § 50 SGB VI aufgeführt. Von Bedeutung ist die Wartezeit von **fünf Jahren** für die Regelaltersrente, die Rente wegen Erwerbsminderung und die Hinterbliebenenrente sowie die Erziehungsrente. Für die übrigen Renten sind hingegen längere Wartezeiten erforderlich.

3 Die übertragenen Zeiten führen jedoch nicht zur Erfüllung der besonderen versicherungsrechtlichen Voraussetzungen für eine **Rente wegen Erwerbsminderung** (§ 43 SGB VI). Nach § 43 Abs. 1 Nr. 2 SGB VI besteht ein Anspruch auf Erwerbsminderungsrente nur, wenn in den letzten fünf Jahren vor Eintritt der Erwerbsminderung drei Jahre Pflichtbeiträge für eine versicherte Tätigkeit entrichtet worden sind; der Zeitraum kann durch bestimmte Zeiten, insbesondere Anrechnungszeiten, verlängert werden. Für diese Pflichtbeiträge muss ein Beschäftigungsverhältnis vorgelegen haben; Kindererziehungszeiten oder die übertragenen Wartezeiten durch den Versorgungsausgleich reichen hierfür nicht aus.

4 Die **Anzahl der Monate**, die gutgeschrieben werden, errechnet sich aus der Teilung der übertragenen oder begründeten Entgeltpunkte durch 0,0313 (§ 52 Abs. 1 SGB VI). Daraus folgt, dass bei der Übertragung von einem Entgeltpunkt (EP) – der erreicht wird, wenn in einem Jahr das durchschnittliche Einkommen aller Versicherten erzielt wird – 32 Monate auf die Wartezeit angerechnet werden.

5 Die Erfüllung der Wartezeit ist in zwei Fällen von entscheidender Bedeutung. Zwar ist es grundsätzlich möglich, durch **Zahlung von freiwilligen Beiträgen** (§ 7 Abs. 2 S. 1 SGB VI) diese allgemeine Wartezeit zu erreichen, da diese als Beitragszeiten gelten (§ 55 Abs. 1 S. 1 SGB VI). Dies ist jedoch nicht (mehr) möglich, wenn es um die Voraussetzungen für die Bewilligung einer **Erziehungsrente** geht. Weiterhin können Personen, die versicherungsfrei sind (§ 5 SGB VI), nur dann freiwillige Beiträge entrichten, wenn sie die allgemeine Wartezeit schon erfüllt haben. Damit können **Beamte** nur dann aus übertragenen Rentenanwartschaften eine Altersrente erwerben, wenn damit – unter Einbeziehung eigener Anwartschaften – eine Wartezeit von 60 Monaten erreicht wird. Sind keine eigenen Anwartschaften vorhanden, müssen daher etwa monatliche Rentenanwartschaften in Höhe von fast zwei Entgeltpunkten übertragen werden, um einen Anspruch auf eine Rente zu erwerben.

III. Aufgelebte Hinterbliebenenrente

6 Mit Rechtskraft der Scheidung kann eine **Witwen- bzw. Witwerrente nach dem vorletzten Ehegatten** wieder aufleben (§ 46 Abs. 3 SGB VI). Es müssen die übrigen Voraussetzungen des § 46 SGB VI gegeben sein. Das Wiederaufleben kann nur nach einer weiteren Ehe erfolgen, auf weitere Ehen kann nicht zurück-

gegriffen werden.[1] Von erheblicher Bedeutung ist hierbei, dass auf solche Witwen- bzw. Witwerrenten nach dem vorletzten Ehegatten **Unterhaltsansprüche** nach dem letzten Ehegatten angerechnet werden (§ 90 SGB VI). Hierbei kommt es nicht darauf an, ob Unterhalt tatsächlich geltend gemacht und gezahlt wird, sondern ob Unterhaltsansprüche bestehen. Ein Verzicht auf Unterhalt oder eine entsprechende Unterhaltsvereinbarung ist nur dann von der Rentenversicherung zu beachten, wenn die Witwe bzw. der Witwer einen verständlichen Grund für den Verzicht auf den gesetzlichen Unterhaltsanspruch geltend machen kann.[2] Dabei ist es grundsätzlich zumutbar, bestehende Unterhaltsansprüche zu realisieren, sofern nicht besondere Umstände entgegenstehen. Die Anrechnung des Unterhaltsanspruchs hat zur Folge, dass sich die wieder aufgelebte Witwen- bzw. Witwerrente in Höhe des Anspruchs vermindert. Die dann zu zahlende – restliche – aufgelebte Rente ist nicht auf den Unterhaltsanspruch anzurechnen.[3] Bei besonderen Konstellationen, insbesondere bei Billigkeitsunterhalt oder ähnlichen Unterhaltsfällen, in denen die Billigkeit eine Rolle spielt, könnte etwas anderes gelten.[4]

7 Soweit eine **Unterhaltsvereinbarung** getroffen wird, die von der gesetzlichen Lage abweicht, ist in einer solchen Konstellation äußerste Vorsicht geboten. Es kann günstiger sein, einen Unterhaltsanspruch – oder dessen Versagung – ausurteilen zu lassen, als einen Vergleich zu schließen, der dann von der Rentenversicherung nicht anerkannt wird. Soweit der Rentenversicherungsträger einen Unterhaltsverzicht nicht anerkennt und daher die Rentenzahlung reduziert, wird im Sozialgerichtsverfahren die Frage der Berechtigung des Unterhaltsanspruchs bzw. dessen Verzicht von Amts wegen in vollem Umfang ermittelt.

IV. Geschiedenen-Witwenrente

8 Zum 1.7.1977 wurde der Versorgungsausgleich eingeführt, so dass ein entsprechender Schutz für zuvor geschiedene Ehen nicht bestand. In diesen Altfällen – **Scheidungen vor dem 1.7.1977** – kann nach § 243 SGB VI die sog. Geschiedenen-Witwenrente beansprucht werden, wenn die Witwe vor dem Tod des früheren Ehegatten tatsächlich Unterhalt bezogen hat oder ein Anspruch hierauf bestand und sie nicht wieder geheiratet hat. Wann die Voraussetzungen im Einzelnen erfüllt sind, ist in der Rechtsprechung in vielen Entscheidungen detailliert erörtert worden, so dass auf die Kommentare zu § 243 SGB VI verwiesen wird. Von Bedeutung ist diese Rente vor allem deshalb, weil sie zwar bei einer Wiederverheiratung entfällt, jedoch unter den Voraussetzungen des § 243 Abs. 1 und 2 SGB VI wieder auflebt, wenn die neue Ehe aufgelöst wurde. Die Rentenzahlung setzt nur auf Antrag wieder ein. Es werden dabei jedoch Ansprüche auf andere Renten und auf Unterhalt angerechnet (§ 90 SGB VI).

V. Erziehungsrente

9 Nach § 47 SGB VI haben Versicherte bis zum Erreichen der Regelaltersrente Anspruch auf Erziehungsrente, wenn sie nach dem 30.6.1977 (in den neuen Bundesländern jedoch auch bei Scheidungen vor dem 1.7.1977: § 243 a SGB VI) geschieden sind und ihr **geschiedener Ehegatte verstorben** ist und sie ein eigenes Kind oder ein Kind des geschiedenen Ehegatten erziehen und nicht wieder geheiratet haben. Dies gilt bis zur Vollendung des 18. Lebensjahres des Kindes. Wird für ein Kind in häuslicher Gemeinschaft gesorgt, welches wegen einer Behinderung außerstande ist, sich selbst zu unterhalten, so gilt dies auch über das 18. Lebensjahr hinaus (§§ 46 Abs. 2 S. 3, 47 Abs. 1 Nr. 2 SGB VI). Für einen solchen Anspruch ist die Erfüllung der allgemeinen Wartezeit von fünf Jahren erforderlich. Diese kann auch durch Übertragung und Begründung von Rentenanwartschaften durch den Versorgungsausgleich erreicht werden (→ Rn. 4). Es ist allerdings zu berücksichtigen, dass die Rente aus der Rentenanwartschaft der Person gebildet wird, die die Elternrente bezieht. Insoweit greift auch hier das Prinzip, dass mit der Scheidung und der Durchführung des Versorgungsausgleichs die Rentenschicksale grundsätzlich getrennt sind. Lediglich der

1 BVerfG 21.10.1980 – 1 BvR 179, 464/78, NJW 1981, 107.
2 BSG 21.2.1983 – 4 RJ 101/81, NJW 1984, 326.
3 BGH 4.6.1986 – IVb ZR 48/85, FamRZ 1986, 889 für die vergleichbare Vorschrift des § 44 BVG.
4 Ausführlich zur Problematik: *Dieckmann* FamRZ 1987, 231.

Tod des geschiedenen Ehegatten und der Wegfall der damit potenziell bestehenden Unterhaltspflicht soll ausgeglichen werden durch die Möglichkeit, eine solche Erziehungsrente zu erlangen.

VI. Verpflichtung zur Beantragung einer Rente

Unter welchen Umständen es unterhaltsrechtlich verlangt werden kann, einen Rentenantrag zu stellen, 10
ist bisher nicht abschließend geklärt. Grundsätzlich dürfte sowohl für den Unterhaltspflichtigen als auch für den Unterhaltsberechtigten eine solche Pflicht bestehen, wenn keine vertretbaren Gründe dagegen sprechen. Bei einer Erwerbsminderungsrente dürfte dies zweifelhaft sein, ebenso bei einer vorzeitigen Altersrente mit Abschlägen (dies kann jedoch das Jobcenter nach § 12 a SGB II verlangen), weil beide Rentenarten zu einer dauerhaften Verminderung der Regelaltersrente führen. Damit kann verlangt werden, die Regelaltersrente zu beantragen.

Die praktischen Folgen einer solchen Pflicht sind in zwei Möglichkeiten denkbar. Entweder wird fiktiv die 11
Rentenzahlung ab dem Zeitpunkt berücksichtigt, ab dem bei rechtzeitigem Antrag eine Bewilligung erfolgt wäre (→ *Altersunterhalt* Rn. 15). Oder der Ehegatte wird zur Abgabe einer Willenserklärung gegenüber der Rentenversicherung verpflichtet, die gem. § 894 ZPO mit Rechtskraft der gerichtlichen Entscheidung als abgegeben gilt.[5] Die erste Alternative erscheint einfacher, die zweite hingegen dann erforderlich, wenn es um die Rente des Unterhaltspflichtigen geht und die tatsächliche Zahlung der Rente erforderlich ist, um den Unterhalt zahlen zu können.

5 OLG Celle 7.2.2018 – 21 WF 219/17, FamRB 2018, 349.

196. Risikoschutz im Versorgungsausgleich

Weil

I. Einführung

1 Die **Risikoabsicherung** eines Menschen für das **Alter**, für den Fall der **Invalidität** und den **Todesfall** erfolgt über seine Versorgungsanrechte. Sie haben die wichtige Aufgabe, in den Lebensphasen, in denen kein hinreichendes Erwerbseinkommen mehr erzielt werden kann, den Lebensunterhalt abzusichern. Im Alter ist das Risiko die Langlebigkeit. Eine lebenslänglich zu zahlende Rente (Altersrente, vorgezogene Altersrente) kann hier in der Regel eine bessere Absicherung bieten als Vermögenswerte. Tritt schon zu einem früheren Zeitpunkt der Versorgungsfall der Invalidität ein, weil zB aufgrund einer Krankheit oder eines Unfalls keiner auskömmlichen Beschäftigung mehr nachgegangen werden kann (Invalidität als Sammelbegriff für die unterschiedlichen Bezeichnungen in den verschiedenen Versorgungssystemen wie zB Erwerbsminderung, Berufsunfähigkeit, Dienstunfähigkeit), soll die Versorgung ebenfalls abgesichert sein. Gleiches gilt für den Todesfall. Hier haben Versorgungsanrechte die Aufgabe, finanziell abhängige Hinterbliebene zu versorgen (Hinterbliebenenversorgung als Sammelbegriff für Begriffe wie zB Witwenrente, Witwerrente, Ehegattenrente, Partnerrente, Waisenrenten).

2 Ein Ereignis, das bei einem Anrecht eine Leistung auslöst, nennt man einen **Versorgungsfall**. Mögliche Versorgungsfälle sind das Erreichen der Altersgrenze, das Erreichen einer vorgezogenen Altersgrenze, Eintritt der Invalidität oder der Tod. Da niemand im Vorhinein weiß, wie sein Leben verlaufen wird, ist für den Einzelnen auch nicht absehbar, wann er welche Leistungen benötigt. Es ist daher sehr wichtig, für **jeden der möglichen Versorgungsfälle** eine hinreichende Absicherung zu haben. Diese Absicherung ist kostspielig und meist nur zu erzielen, wenn bereits in jungen Jahren mit dem Aufbau begonnen wird. Besonders schwierig ist die Absicherung für den Fall der Invalidität (→ Rn. 3). Bei einem Versorgungsausgleich nach neuem Recht wird massiv in die einzelnen Versorgungsanrechte eingegriffen. Die gesetzlichen Regelungen zielen nur auf den **Werterhalt als Ganzes** ab, nicht aber auf die Absicherung der **einzelnen Risiken**. In vielen Fällen wird dem Ausgleichsberechtigten nur eine Versorgung im Alter gewährt. So ist gerade bei der im Versorgungsausgleichsgesetz als Regelfall vorgesehenen Teilung aller Anrechte in vielen Fällen nach Durchführung des Versorgungsausgleichs eine hinreichende Risikoabsicherung der Eheleute nicht oder nicht mehr gewährleistet. In diesen Fällen ist es wichtig zu prüfen, was sich diesbezüglich durch eine geeignete Vereinbarung erreichen lässt. Häufig können so auf recht einfache Weise schwerwiegende Nachteile des Versorgungsausgleichs für die Versorgung der Eheleute vermieden werden (→ *Vereinbarungen zum Versorgungsausgleich* Rn. 18 ff.).

II. Absicherung bei Invalidität

3 Ein besonderes Augenmerk ist im Versorgungsausgleich auf die Absicherung der Eheleute für den Fall der Invalidität zu richten. Obwohl diese Absicherung sehr wichtig ist, ist sie oft schon vor dem Versorgungsausgleich nur unzureichend. Unnötige Eingriffe in diese Versorgung sollten daher möglichst vermieden werden. Zu diesen Eingriffen kommt es, wenn die Eheleute durch die Teilung der eigenen Anrechte einen Teil ihrer eigenen Absicherung verlieren und bei den Anrechten, die sie erhalten, der **Risikoschutz** für den Fall der Invalidität entweder nach § 11 Abs. 1 Nr. 3 VersAusglG **ausgeschlossen** ist oder **verlorengeht**, weil die Regelungen des erworbenen Anrechts den Risikoschutz an Bedingungen knüpfen, die der Ausgleichsberechtigte nicht erfüllen kann. Die Regelungen der §§ 35, 36 VersAusglG können hier nur teilweise einen Ausgleich schaffen, denn ihr Geltungsbereich ist auf die Regelsicherungssysteme beschränkt (→ *Anpassung wegen Invalidität, besonderer Altersgrenze oder Tod* Rn. 2 ff.).[1] Bei Anrechten der privaten

1 *Borth* Versorgungsausgleich S. 584 ff.

und der betrieblichen Altersversorgung gelten sie nicht. Außerdem wird durch diese Regelungen nur eine Kürzung eigener Anrechte ganz oder teilweise vermieden. Leistungen aus übertragenen Anrechten werden hierdurch nicht begründet.

Versorgungsträger schließen eine Absicherung gegen Invalidität für die ausgleichsberechtigten Ehegatten vor allem dann aus, wenn sie selbst eine Personengruppe absichern, bei der dieses Risiko gering ist. Die Absicherung des Invaliditätsrisikos für einen Ehegatten, der eventuell zu einer Berufsgruppe mit einem höheren Invaliditätsrisiko gehört, würde ein zusätzliches Kostenrisiko bedeuten. Aus diesen Gründen erhält bei einer internen Teilung eines Anrechts in einem **berufsständischen Versorgungswerk** und in der **betrieblichen Altersversorgung** insbesondere bei **Direktzusagen** und **Unterstützungskassenzusagen** der Ausgleichsberechtigte meist keine Invaliditätsabsicherung. 4

In anderen Fällen ist eine Absicherung bei Invalidität für den ausgleichsberechtigten Ehegatten deshalb nicht gegeben, weil er die **Voraussetzungen** für eine Invalidenrente nicht erfüllen kann. Häufig ist dies der Fall, wenn im Rahmen einer externen Teilung Anrechte bei der **gesetzlichen Rentenversicherung** begründet werden. Durch die Übertragung von Anrechten im Versorgungsausgleich kann zwar die allgemeine Wartezeit erfüllt werden und damit ein Anspruch auf Altersrente begründet werden. Hat der Berechtigte die Voraussetzungen des § 43 Abs. 2 Nr. 2 SGB VI (in den letzten fünf Jahren vor der Erwerbsminderung drei Jahre Pflichtbeiträge für eine versicherungspflichtige Tätigkeit) zum Zeitpunkt der Übertragung nicht erfüllt, kann er jedoch erst mit Erreichen der Regelaltersgrenze eine Versorgung hieraus erhalten. 5

Beispiel: Ehegatte A hat eine Beamtenversorgung mit einem Ausgleichswert von 800 EUR Monatsrente, Ehegatte B eine gesetzliche Rente mit einem Ausgleichswert von 200 EUR Monatsrente und einer betrieblichen Altersversorgung mit einem Ausgleichswert von 100 EUR Monatsrente; die **Altersrente** von A wird durch den Versorgungsausgleich um 800 EUR – 200 EUR – 100 EUR = 500 EUR gekürzt. Bei **Invalidität** des Ehegatten A erfolgt dagegen eine Kürzung um 800 EUR bis er Leistungen aus den Anrechten von Ehegatte B erhalten kann. Nach § 35 VersAusglG kann die Kürzung der Beamtenversorgung von A in Höhe von 200 EUR (Ausgleichswert der gesetzlichen Rentenversicherung) ausgesetzt werden, so dass dieses Anrecht zunächst nur um 800 – 200 = 600 EUR gekürzt wird. Die Betriebsrente führt nicht zu einer Aussetzung der Kürzung; ab wann hieraus eine Leistung bezogen werden kann, hängt von der Versorgungszusage ab. Bis A die 100 EUR aus dem Anrecht der betrieblichen Altersversorgung beziehen kann, ist seine Versorgung durch den Versorgungsausgleich um 600 EUR gekürzt. Ab danach reduziert sich dieser Betrag auf 500 EUR. Tritt bei Ehegatte B Invalidität ein, ist entscheidend, ob bei seiner gesetzlichen Rente die 3/5 Belegung erreicht ist. Wenn ja, kann er seine um den Ausgleichswert gekürzte gesetzliche Rente und die Leistungen aus der übertragenen Beamtenversorgung beziehen. Ist die 3/5 Belegung nicht gegeben, besteht kein Anspruch auf Invalidenrente aus dem eigenen Anrecht. Wird die Beamtenversorgung extern geteilt, besteht wegen der fehlenden 3/5 Belegung auch aus diesem Anrecht kein Anspruch auf Invalidenrente. Bei einer internen Teilung der Beamtenversorgung gilt wegen § 2 Abs. 3 BVersTG im Ergebnis dasselbe. Ab wann die um den Ausgleichswert gekürzte Betriebsrente bezogen werden kann, hängt von der Versorgungszusage ab.

Invaliditätsschutz, der durch die Teilung eines Anrechts im Versorgungsausgleich entfallen ist, kann meist nur zu hohen Kosten wiedererlangt werden. Teilweise erlauben die Versorgungssysteme, die Kürzung eines Anrechts im Versorgungsausgleich durch Beitragszahlung rückgängig zu machen (gesetzliche Rentenversicherung nach § 187 Abs. 1 Nr. 2 b SGB VI, Beamtenversorgung nach § 58 BeamtVG, bei berufsständischen Versorgungswerken gemäß der jeweiligen Satzung), womit auch die Absicherung bei Invalidität wieder aufgestockt werden kann. Diese Beiträge können wirtschaftlich jedoch häufig nicht getragen werden. Eine private Absicherung ist außer bei gutem Gesundheitszustand und in jungen Jahren allenfalls zu hohen Kosten erreichbar. Haben beide Eheleute Versorgungsanrechte erworben, kann es daher in vielen Fällen sinnvoll sein, zum Erhalt des Invaliditätsschutzes zunächst eine **Verrechnung der Anrechte** und eine Teilung nur in Bezug auf den Restbetrag vorzunehmen (→ *Vereinbarungen zum Versorgungsausgleich* Rn. 18 ff.). Dies bietet sich insbesondere bei hohen Anrechten der betrieblichen oder privaten Anrechte an, bei denen eine Anpassung nach den §§ 35, 36 VersAusglG nicht in Betracht kommt. 6

III. Absicherung bei besonderen Altersgrenzen

7 Zu Versorgungslücken kann es auch dann kommen, wenn für einen Ehegatten eine besondere Altersgrenze gilt, wie zB für Berufssoldaten oder Polizisten. Das bedeutet, dass dieser Ehegatte aus seinen eigenen Anrechten zu einem Zeitpunkt eine Altersrente beziehen kann, zu dem ihm diese Leistung aus den ihm im Versorgungsausgleich übertragenen Anrechten noch nicht zusteht. Auch in diesen Fällen ist durch die Regelungen der §§ 35, 36 VersAusglG für einen Ausgleich gesorgt, jedoch nur in Bezug auf die Anrechte der Regelsicherungssysteme (→ *Anpassung wegen Invalidität, besonderer Altersgrenze oder Tod* Rn. 3).

IV. Absicherung im Todesfall

8 Für den Todesfall sehen Versorgungsanrechte in der Regel eine Absicherung der hinterbliebenen Ehegatten bzw. der Lebenspartner und der Waisen vor. Die Absicherung der hinterbliebenen Ehegatten bzw. der Lebenspartner dürfte nach einer Scheidung in der Regel zunächst von untergeordneter Bedeutung sein. Wichtig ist jedoch, dass im Versorgungsausgleich die Absicherung für die Kinder erhalten bleibt, solange diese minderjährig oder in der Berufsausbildung sind. Macht ein Versorgungsträger von der Möglichkeit des § 11 Abs. 1 Nr. 3 VersAusglG Gebrauch und gewährt nur eine reine Altersversorgung, geht auch der anteilige Anspruch auf **Waisenrente** verloren. Teilweise haben die Versorgungsträger wegen der besonderen Schutzbedürftigkeit dieser Personengruppe in ihren Teilungsordnungen dafür Sorge getragen, dass die Absicherung der Waisen voll erhalten bleibt, teilweise ist dies jedoch nicht der Fall. Sind im Einzelfall waisenrentenberechtigte Kinder vorhanden, sollte auch dieser Aspekt im Versorgungsausgleich beachtet werden.

V. Absicherung im Alter

9 Zu der externen Teilung eines großen Anrechts kann es nach § 16 Abs. 1 VersAusglG bei **Landes- und Kommunalbeamten** kommen, wenn das maßgebliche Beamtenversorgungsgesetz keine interne Teilung vorsieht. Zielversorgung ist in diesen Fällen die gesetzliche Rentenversicherung. Maßgebliche Bezugsgröße ist die Rentenhöhe.[2] Zu einer Einbuße in Bezug auf die Rentenhöhe kommt es daher bei der Übertragung nicht. Diese kann sich allenfalls durch eine spätere unterschiedliche Dynamik entwickeln.

10 Auch bei Zusagen der betrieblichen Altersversorgung über den Durchführungsweg **Direktzusage** oder **Unterstützungskassenzusage** werden regelmäßig hohe Anrechte extern geteilt. Hier ist eine externe Teilung fast immer zulässig, da der Grenzwert des § 17 VersAusglG (2021 = 85.200 EUR) nur in seltenen Fällen überschritten wird. Bei diesen externen Teilungen hat der ausgleichsberechtigte Ehegatte in der Regel eine große Einbuße in Bezug auf die Höhe seiner Altersrente in Kauf zu nehmen (Transferverluste). Dafür gibt es im Wesentlichen zwei Ursachen, die je nach den Umständen des Einzelfalles in unterschiedlichem Umfang zum Tragen kommen: die unterschiedlichen **Rechnungsgrundlagen** (→ *Zinsen im Versorgungsausgleich* Rn. 6) für auszugleichendes Anrecht und Zielversorgung und **Abschluss- und Verwaltungskosten**, die bei der Zielversorgung vom Ausgleichsberechtigten zu tragen sind. Daran ändert idR auch die vorzunehmende Verzinsung des Ausgleichswerts nichts.

2 *Borth* Versorgungsausgleich S. 597 ff.

197. Rollenwechsel

Schausten

I. Einführung

Schwierig zu lösen sind Fälle, in denen der gegenüber seinen Kindern aus erster Ehe Unterhaltsverpflichtete in der neuen Ehe die Haushaltsführung und ggf. auch die Kinderbetreuung übernimmt. Diese sog. Hausmann-Rechtsprechung gilt im Übrigen auch für Hausfrauen. 1

II. Materielle Rechtslage

Nach ständiger Rechtsprechung des Bundesgerichtshofs entfällt die **unterhaltsrechtliche Verpflichtung zur Aufnahme einer zumutbaren Erwerbstätigkeit** gegenüber minderjährigen unverheirateten Kindern nicht ohne Weiteres dadurch, dass der Unterhaltspflichtige eine neue Ehe eingegangen ist und darin im Einvernehmen mit seinem Ehegatten allein die Haushaltsführung übernommen hat. Zwar können die Ehegatten nach § 1356 Abs. 1 BGB die Haushaltsführung im gegenseitigen Einvernehmen regeln und sie dabei einem von ihnen allein überlassen. Unterhaltsrechtlich entlastet die Haushaltsführung den Ehegatten aber nur gegenüber den Mitgliedern der durch die Ehe begründeten neuen Familie und auch dies nur im Regelfall. 2

Die Hausmann-Rechtsprechung findet entsprechende Anwendung, wenn der Unterhaltspflichtige in **nichtehelicher Lebensgemeinschaft** mit einem anderen Partner zusammenlebt und ein aus dieser Beziehung stammendes Kind betreut.[1]

1. Kriterien zur Überprüfung der Rollenwahl

Minderjährigen unverheirateten Kindern aus einer früheren Ehe, die nicht innerhalb der neuen Familie leben, kommt die Haushaltsführung in dieser Familie **weder unmittelbar noch mittelbar zugute**. Da diese Kinder den Mitgliedern der neuen Familie unterhaltsrechtlich nicht nachstehen, darf sich der unterhaltspflichtige Ehegatte nicht ohne Weiteres auf die Sorge für die Mitglieder seiner neuen Familie beschränken. Auch dass die vom Unterhaltspflichtigen betreuten jüngsten Kinder in der neuen Ehe geboren sind, ändert nichts daran, dass die Unterhaltsansprüche aller minderjährigen unverheirateten Kinder aus den verschiedenen Ehen gleichrangig sind und der Unterhaltspflichtige seine Arbeitskraft zum Unterhalt aller Kinder einsetzen muss. 3

a) Bei früherer Erwerbstätigkeit. Sind aus der neuen Ehe **keine betreuungsbedürftigen Kinder** hervorgegangen, so kann sich der unterhaltspflichtige Elternteil gegenüber den minderjährigen Kindern aus der früheren Ehe regelmäßig nicht auf eine Einschränkung seiner Leistungsfähigkeit durch die Haushaltsführung berufen.[2] 4

Wenn der Unterhaltspflichtige in der früheren Ehe erwerbstätig war und diese Erwerbstätigkeit im Rahmen eines Rollenwechsels zugunsten der Haushaltsführung und Kinderbetreuung in der neuen Ehe aufgegeben

1 BGH 21.2.2001 – XII ZR 308/98, NJW 2001, 1488.
2 BGH 18.10.2000 – XII ZR 191/98, NJW-RR 2001, 363.

hat, kann der Rollentausch und die sich daraus ergebende Minderung der Erwerbseinkünfte unterhaltsrechtlich nur dann akzeptiert werden, wenn **wirtschaftliche Gesichtspunkte**, die einen **erkennbaren Vorteil** für die neue Familie mit sich bringen, im Einzelfall den Rollentausch rechtfertigen. Die Rollenwahl muss beispielsweise – unter Abwägung der beiderseitigen Interessen im Einzelfall – dann hingenommen werden, wenn sich der Familienunterhalt in der neuen Ehe dadurch, dass der andere Ehegatte voll erwerbstätig ist, wesentlich günstiger gestaltet als es der Fall wäre, wenn dieser die Kindesbetreuung übernehmen würde und der unterhaltspflichtige Elternteil voll erwerbstätig wäre.[3]

Allerdings kann die Möglichkeit, in der neuen Ehe durch den Rollentausch eine Erhöhung des wirtschaftlichen Lebensstandards und eine Verbesserung der eigenen Lebensqualität zu erreichen, dann nicht mehr ohne Weiteres als Rechtfertigung dienen, wenn sie gleichzeitig dazu führen würde, dass der Unterhaltspflichtige sich gegenüber den Berechtigten auf seine damit einhergehende Leistungsunfähigkeit beruft und damit deren bisherigen Lebensstandard verschlechtert.

Außer den wirtschaftlichen Gesichtspunkten können auch **sonstige Gründe, die einen erkennbaren Vorteil für die neue Familie mit sich bringen**, im Einzelfall einen Rollentausch rechtfertigen.[4] Damit ist allerdings keine Auflockerung des strengen, auf enge Ausnahmefälle begrenzten Maßstabs verbunden, der einen wesentlichen, den Verzicht auf den Rollentausch unzumutbar machenden Vorteil für die neue Familie voraussetzt und selbst im Falle eines zulässigen Rollentausches vom unterhaltspflichtigen Ehegatten verlangt, die Tätigkeit im Haushalt auf das unbedingt notwendige Maß zu beschränken und die Beeinträchtigung der Unterhaltsansprüche der Berechtigten so gering wie möglich zu halten. Vielmehr müssen die sonstigen Gründe von gleich großem Gewicht sein, wenn der Unterhaltspflichtige damit seine Aufgabenverteilung in der neuen Ehe gegenüber den Unterhaltsansprüchen seiner alten Familienmitglieder rechtfertigen will. Denn diese müssen eine Einbuße ihrer Unterhaltsansprüche nur dann hinnehmen, wenn das Interesse des Unterhaltspflichtigen und seiner neuen Familie an der Aufgabenverteilung ihr eigenes Interesse an der Beibehaltung ihrer bisherigen Unterhaltssicherung deutlich überwiegt. Dabei stellen jene Fälle, in denen die Übernahme der Haushaltsführung und Kindesbetreuung im Vergleich zur Erwerbstätigkeit in der früheren Ehe mit einem Rollenwechsel verbunden ist, eine besondere Kategorie dar, in denen die Gründe, die einen solchen Rollentausch rechtfertigen, besonders **restriktiv** zu fassen sind. Diese restriktive Betrachtungsweise führt in der Praxis dazu, dass bisher noch keine Entscheidungen veröffentlicht sind, in denen **die sonstigen Gründe** einen **Rollenwechsel gerechtfertigt** hätten. Der Wunsch nach einer intensiven Kindesbeziehung reicht jedenfalls zur Rechtfertigung der Rollenwahl nicht aus.[5]

5 **b) Bei früherer Kinderbetreuung/Haushaltsführung.** Erfolgte kein Rollenwechsel, weil der betreuende Elternteil bereits während der früheren Ehe wegen der Haushaltsführung und Kinderbetreuung keine Erwerbstätigkeit ausgeübt hat, und erzielt der neue Ehegatte ein erheblich höheres Einkommen als der betreuende Ehegatte unter Berücksichtigung seiner Vorbildung erzielen könnte, ist diese Rollenwahl in der Regel nicht zu beanstanden.[6]

6 **c) Fazit.** Die Kinder aus erster Ehe müssen eine Einbuße ihrer Unterhaltsansprüche also nur dann hinnehmen, wenn das Interesse des Unterhaltspflichtigen und seiner neuen Familie an der Aufgabenverteilung ihr eigenes Interesse an der Beibehaltung der bisherigen Unterhaltssicherung **deutlich überwiegt**. Nur in solchen Fällen ist der neue Ehegatte verpflichtet, insoweit auf die Unterhaltspflicht seines Partners außerhalb der Ehe Rücksicht zu nehmen, zum Nachteil seiner Familie auf eine eigene Erwerbstätigkeit zu verzichten und stattdessen die Kinderbetreuung zu übernehmen.

3 BGH 21.2.2001 – XII ZR 308/98, NJW 2001, 1488.
4 BGH 13.3.1996 – XII ZR 2/95, NJW 1996, 1815.
5 BGH 13.3.1996 – XII ZR 2/95, NJW 1996, 1815.
6 BGH 12.4.2006 – XII ZR 31/04, NJW 2006, 2404.

2. Ermittlung der Leistungsfähigkeit

a) Bei nicht gerechtfertigter Übernahme der Haushaltsführung/Kinderbetreuung. Ist die Rollenwahl in der neuen Beziehung nicht durch wirtschaftliche oder sonstige Gründe gerechtfertigt, ist dem Unterhaltspflichtigen ein **fiktives Einkommen aus einer vollschichtigen Erwerbstätigkeit** (→ *Fiktive Einkünfte*) zuzurechnen. Der Unterhaltspflichtige muss sich so behandeln lassen, als ob er auch in der neuen Ehe einer vollschichtigen Erwerbstätigkeit nachginge und mit den erzielbaren Einkünften allen gleichrangigen Unterhaltsberechtigten unter Wahrung seines Selbstbehalts unterhaltspflichtig wäre.[7] 7

b) Bei gerechtfertigter Übernahme der Haushaltsführung/Kinderbetreuung. aa) Obliegenheit der Aufnahme einer Nebentätigkeit. Ist die Übernahme der Haushaltsführung und Kinderbetreuung des Unterhaltspflichtigen in der neuen Beziehung gerechtfertigt, stellt sich die Frage, in welchem **Umfang** er trotzdem zu Unterhaltsleistungen an die Berechtigten aus der früheren Ehe verpflichtet ist. 8

Der unterhaltspflichtige Ehegatte ist ungeachtet seiner Pflichten aus der neuen Ehe selbst dann, wenn die Rollenwahl in dieser Ehe nicht zu beanstanden ist, verpflichtet, erforderlichenfalls durch **Aufnahme eines Nebenerwerbs** zum Unterhalt von minderjährigen, unverheirateten Kindern aus der früheren Ehe beizutragen. Wegen des Gleichrangs aller Unterhaltsansprüche minderjähriger Kinder (§ 1609 Abs. 1 BGB) darf die mit der Rollenwahl verbundene Verminderung der Leistungsfähigkeit des geschiedenen Ehegatten nicht in unzumutbarer Weise zulasten der Kinder aus erster Ehe gehen. Unterhaltsrechtlich entlastet die häusliche Tätigkeit einen unterhaltspflichtigen Ehegatten nämlich nur gegenüber den Mitgliedern seiner neuen Familie, denen die Fürsorge – im Gegensatz zu den nicht im neuen Familienverbund lebenden minderjährigen Kindern aus erster Ehe – allein zugutekommt. Deswegen und wegen der gesteigerten Unterhaltspflicht gegenüber seinen minderjährigen Kindern (§ 1603 Abs. 2 S. 1 BGB) hat der Unterhaltspflichtige seine Leistungsfähigkeit über die Hausmannrolle in zweiter Ehe hinaus in vollem Umfang auszuschöpfen und **im Rahmen der individuellen Möglichkeiten eine Nebentätigkeit aufzunehmen.**[8]

Der **neue Ehegatte** hat die Erfüllung dieser Obliegenheit nach dem Rechtsgedanken des § 1356 Abs. 2 BGB zu ermöglichen, zumal bei der Aufgabenverteilung in der neuen Ehe die beiderseits bekannte Unterhaltslast gegenüber Kindern aus früheren Ehen berücksichtigt werden muss.[9] Denn der neue Ehegatte müsste es auch im Falle der Vollerwerbstätigkeit des unterhaltspflichtigen Ehegatten hinnehmen, dass die Einnahmen daraus nicht ganz zur Bestreitung des Familienunterhalts zur Verfügung stünden, sondern zum Teil zum Unterhalt der gleichrangigen Kinder aus der früheren Ehe verwendet werden müssten.[10]

bb) Einkommen aus einer Nebentätigkeit. Das **Einkommen** aus seiner Nebentätigkeit kann der Unterhaltspflichtige **in vollem Umfang** für den Unterhaltsanspruch der minderjährigen Kinder aus erster Ehe verwenden, wenn und soweit **sein eigener Selbstbehalt durch seinen Anspruch auf Familienunterhalt** in der neuen Ehe abgesichert ist. Nur wenn bei unterhaltsrechtlich hinzunehmender Rollenwahl der neue Ehegatte den Selbstbehalt des Unterhaltspflichtigen durch sein Einkommen nicht vollständig sicherstellen kann, darf der Unterhaltspflichtige seine Einkünfte aus der Nebentätigkeit zunächst zur Sicherung des eigenen notwendigen Selbstbehalts verwenden.[11] 9

Der **Umfang** der Verpflichtung des betreuenden barunterhaltspflichtigen Ehegatten zur Aufnahme einer Nebentätigkeit hängt im Übrigen davon ab, in welchem Maße er nach den **individuellen Verhältnissen in seiner zweiten Ehe** zu einer solchen Tätigkeit in der Lage ist. Dabei sind neben dem Alter der von ihm betreuten Kinder auch die berufliche Inanspruchnahme seines neuen Ehegatten und **sonstige Betreuungsmöglichkeiten** zu berücksichtigen. Ist der neue Ehegatte beruflich derart belastet, dass er den barunterhaltspflichtigen Ehegatten nicht persönlich entlasten kann oder will, ist stets zu prüfen, ob der neue Ehegatte seiner Verpflichtung zur Rücksichtnahme auf die weiteren Unterhaltspflichten seines

7 BGH 5.10.2006 – XII ZR 197/02, NJW 2007, 139.
8 BGH 5.10.2006 – XII ZR 197/02, NJW 2007, 139.
9 BGH 18.10.2000 – XII ZR 191/98, NJW-RR 2001, 363.
10 BGH 31.3.1982 – IVb ZR 667/80, NJW 1982, 1590.
11 BGH 12.4.2006 – XII ZR 31/04, NJW 2006, 2404.

Ehegatten nicht auf andere Weise genügen kann. Das kann auch durch die Finanzierung einer **Hilfe für die Haushaltsführung und Kindesbetreuung** geschehen.[12]

Eine solche Obliegenheit zur Aufnahme einer Nebenerwerbstätigkeit besteht nicht, solange der betreuende Elternteil Einkünfte aus Erziehungsgeld erzielt.[13] Diese Rechtsprechung ist auf das heutzutage gewährte **Elterngeld** übertragbar.

10 **cc) Taschengeldanspruch.** Bei der Bemessung der Unterhaltspflicht des barunterhaltspflichtigen Ehegatten gegenüber seinen minderjährigen Kindern kann auch auf dessen Taschengeld zurückgegriffen werden. Das Taschengeld ist Bestandteil des Familienunterhalts nach den §§ 1360, 1360 a BGB. Nach diesen Vorschriften sind Ehegatten einander verpflichtet, durch ihre Arbeit und mit ihrem Vermögen die Familie angemessen zu unterhalten (§ 1360 S. 1 BGB). Jeder der Ehegatten hat Anspruch auf einen angemessenen Teil des Gesamteinkommens als Taschengeld, dh auf einen Geldbetrag, der ihm die Befriedigung seiner persönlichen Bedürfnisse nach eigenem Gutdünken und freier Wahl unabhängig von einer Mitsprache des anderen Ehegatten ermöglichen soll. Wie der gesamte Familienunterhalt hat deswegen auch das Taschengeld zunächst den Zweck, die notwendigen Bedürfnisse des Unterhaltspflichtigen, also seinen gegenüber den minderjährigen Klägern zu wahrenden notwendigen Selbstbehalt, sicherzustellen.[14]

3. Kontrollberechnung

11 Die auf der Grundlage der Hausmannrolle und der Obliegenheit des Beklagten zur Aufnahme einer Nebenerwerbstätigkeit errechnete Unterhaltspflicht ist nicht durch eine fiktive Unterhaltspflicht begrenzt, wie sie sich ergäbe, wenn der unterhaltspflichtige Ehegatte in seiner neuen Ehe nicht die Hausmannrolle, sondern eine vollzeitige Erwerbstätigkeit übernommen hätte, aus deren Einkünften er unter Berücksichtigung seines eigenen notwendigen Selbstbehalts die Unterhaltsansprüche der Kläger, der damit gleichrangigen Kinder aus zweiter Ehe und ggf. der zweiten Ehefrau sicherstellen müsste. Dies führt nach Auffassung der Rechtsprechung auch nicht zu Wertungswidersprüchen im Vergleich mit solchen Fällen, in denen die Hausmannrolle unberechtigt übernommen wurde und deswegen ein fiktives Einkommen aus Vollzeittätigkeit zu berücksichtigen ist.[15]

12 BGH 12.4.2006 – XII ZR 31/04, NJW 2006, 2404.
13 BGH 12.4.2006 – XII ZR 31/04, NJW 2006, 2404.
14 BGH 12.4.2006 – XII ZR 31/04, NJW 2006, 2404.
15 BGH 12.4.2006 – XII ZR 31/04, NJW 2006, 2404.

198. Rückforderung überzahlten Unterhalts

Poppen

I. Unterhaltszahlungen ohne Bestehen eines Titels

1. Grundsatz

Leistet der Unterhaltsschuldner, ohne dass der Unterhaltsanspruch tituliert ist, mehr, als er eigentlich schuldet, sind diese **freiwilligen Mehrleistungen** grundsätzlich nicht rückforderbar. Für den Familien- und Trennungsunterhalt ergibt sich das aus §§ 1361 Abs. 4 S. 4, 1360 b BGB, für den nachehelichen Unterhalt und den Verwandtenunterhalt aus § 814 BGB. 1

2. Rückforderung nach Bereicherungsrecht

a) Anspruchsgrundlage. Bei allen nicht titulierten Unterhaltsansprüchen ist eine Rückforderung möglich, wenn der Unterhaltsschuldner sich ausdrücklich die **Rückforderung vorbehalten hat**. Anspruchsgrundlage ist dann § 812 Abs. 1 S. 2 BGB.[1] 2

b) Entreicherungseinwand. Einem Rückforderungsverlangen kann der Unterhaltsempfänger den **Einwand der Entreicherung** entgegenhalten. Da Unterhaltsleistungen üblicherweise zum Lebensunterhalt ausgegeben werden, entfällt in aller Regel ein Wertersatzanspruch nach § 818 Abs. 2 BGB, weil der Unterhaltsempfänger nicht mehr bereichert ist (§ 818 Abs. 3 BGB). Ausgeschlossen ist der Einwand der Entreicherung nur, wenn die Unterhaltszahlungen zu einem Vermögensvorteil geführt haben, etwa der Bildung von Ersparnissen, Anschaffungen oder der Tilgung von Verbindlichkeiten.[2] Voraussetzung ist allerdings, dass die rechtsgrundlose Unterhaltszahlung kausal für diesen Vermögensvorteil gewesen ist. Daran fehlt es, wenn der Unterhaltsempfänger sich den **Vermögensvorteil** auch durch Einschränkung seines Lebensstandards oder durch Zuwendungen Dritter geschaffen hat oder hätte.[3] Ausgeschlossen ist der Entreicherungseinwand, wenn der Unterhaltsempfänger weiß, dass zum Zeitpunkt der Zahlung kein Unterhaltsanspruch bestand.[4] 3

Für die Voraussetzungen des Einwands der Entreicherung ist der Unterhaltsempfänger **darlegungs- und beweispflichtig**. Bei normalen Einkommensverhältnissen spricht die Lebenserfahrung dafür, dass empfangenes Geld für die laufenden Bedürfnisse ausgegeben worden ist.[5] Insoweit steht dem Unterhaltsempfänger eine **Beweiserleichterung** zur Seite. Allerdings muss der Unterhaltsempfänger seine Einkommens- und Vermögensverhältnisse substantiiert darlegen.[6] 4

c) Verschärfte Haftung. Ein realisierbarer Bereicherungsanspruch auf Rückerstattung überzahlten Unterhalts besteht nach alledem in der Regel nur, wenn die **Voraussetzungen der verschärften Haftung** nach 5

1 Palandt/*Brudermüller* BGB § 1361 b Rn. 3.
2 BGH 17.6.1992 – XII ZR 119/91, NJW 1992, 2415.
3 BGH 17.6.1992 – XII ZR 119/91, NJW 1992, 2415; OLG Köln 27.3.1998 – 4 UF 164/97, NJW-RR 1998, 1701.
4 OLG Düsseldorf 2.8.2013 – II-3 UF 92/13, FamRZ 2014, 566.
5 BGH 27.10.1999 – XII ZR 239/97, NJW 2000, 740.
6 OLG Düsseldorf 13.10.2011 – 24 U 108/11, FamRZ 2012, 1252.

den §§ 818 Abs. 4, 819 Abs. 1 und 2, 820 Abs. 1 BGB vorliegen. Allein die Erklärung, dass Zahlungen „unter Vorbehalt“ erfolgen, reicht für die Begründung der verschärften Haftung nicht aus. Erforderlich ist die Rechtshängigkeit eines Rückforderungsanspruchs.[7]

6 „**Rechtshängigkeit**“ iSd § 818 Abs. 4 BGB bezieht sich auf den Rückforderungsanspruch selbst. Werden während eines laufenden Verfahrens, in dem der Unterhaltsberechtigte seinen Unterhaltsanspruch erstmals geltend macht, zu hohe Beträge gezahlt, begründet die **Anhängigkeit des Leistungsantrags** keine verschärfte Haftung.

7 **d) Darlehensangebot.** Zur Sicherung der Rückforderbarkeit geleisteter Zahlungen kann der Unterhaltsschuldner dem Unterhaltsberechtigten den Unterhalt als **zins- und tilgungsfreies Darlehen** anbieten. Dieses Angebot muss mit der Verpflichtung verbunden sein, dass in dem Umfang auf die Rückzahlung des als Darlehen gezahlten Unterhalts verzichtet wird, in dem im gerichtlichen Verfahren Unterhalt tituliert wird. Ein derartiges Darlehensangebot muss der Unterhaltsberechtigte nach Treu und Glauben annehmen.[8] Nimmt der Unterhaltsberechtigte das Darlehen an, schuldet er die **Rückzahlung von Überzahlungen auf vertraglicher Grundlage**. Nimmt er das Angebot nicht an, macht der Unterhaltsempfänger sich in Höhe der Überzahlung schadensersatzpflichtig.[9] In beiden Fällen kann der Unterhaltsverpflichtete die überzahlten Beträge zurückfordern, ohne dem Einwand der Entreicherung ausgesetzt zu sein.

II. Zahlungen aufgrund einer einstweiligen Anordnung

1. Rechtsnatur der einstweiligen Anordnung

8 Einstweilige Anordnungen titulieren den Unterhaltsanspruch nicht endgültig, sondern schaffen im Interesse des Unterhaltsberechtigten schnell eine **Vollstreckungsmöglichkeit**. Ist eine einstweilige Anordnung erlassen, kann der Verpflichtete beantragen, dass das Gericht die Entscheidung im einstweiligen Anordnungsverfahren aufhebt oder ändert (§ 54 FamFG). Während dieses Verfahrens kann die **Aussetzung der Vollstreckung** angeordnet werden (§ 55 FamFG). § 241 FamFG ist nicht analog anwendbar.[10] Ist der Sachverhalt in der abzuändernden oder aufzuhebenden einstweiligen Anordnung vollständig erfasst, wird sich auf diesem Weg eine Änderung der einstweiligen Anordnung in aller Regel ebenso wenig erreichen lassen wie eine Aussetzung der Vollstreckung. Ein Rechtsmittel gegen eine einstweilige Anordnung, mit der Unterhalt festgesetzt worden ist, ist nicht statthaft (§ 57 FamFG).

9 Erst das **Hauptsacheverfahren** legt fest, ob und in welcher Höhe der Unterhaltsanspruch besteht. Soweit die einstweilige Anordnung der Höhe nach über die spätere Titulierung im Hauptsacheverfahren hinausgeht, sind aufgrund einstweiliger Anordnung gezahlte Unterhaltsbeträge ohne Rechtsgrund gezahlt (§ 812 Abs. 1 S. 1 BGB).[11] Auch insoweit kann der Unterhaltsverpflichtete überzahlte Beträge zurückfordern, wird aber in aller Regel mit seinem Anspruch daran scheitern, dass der Unterhaltsberechtigte den Entreicherungseinwand erhebt (§ 818 Abs. 3 BGB).

2. Antrag zur Hauptsache

10 Um das zu vermeiden, kann der Unterhaltsverpflichtete nach § 52 Abs. 1 FamFG nach Erlass einer einstweiligen Anordnung beantragen, dass der Unterhaltsberechtigte **Antrag zur Hauptsache** erheben muss. Im Hauptsacheverfahren kann der Unterhaltsverpflichtete mit einem Widerantrag die Rückzahlung der möglicherweise nach den Feststellungen im Hauptsacheverfahren aufgrund der einstweiligen Anordnung überzahlten Unterhaltsbeträge verlangen. Mit diesem Antrag wird **Rechtshängigkeit** iSd § 818 Abs. 4 BGB begründet. Die Unterhaltsbeträge, die zurückgefordert werden, sind konkret zu beziffern (§ 113 FamFG,

7 BGH 11.8.2010 – XII ZR 102/09, NJW 2010, 3372.
8 BGH 17.6.1992 – XII ZR 119/91, NJW 1992, 2415; 11.8.2010 – XII ZR 102/09, NJW 2010, 3372.
9 Wendl/Dose UnterhaltsR/*Siebert* § 6 Rn. 234.
10 OLG Karlsruhe 6.2.2014 – 2 UF 148/13, NJW 2014, 1744.
11 Wendl/Dose UnterhaltsR/*Siebert* § 6 Rn. 205.

§ 253 Abs. 2 Nr. 2 ZPO).[12] Auch hier gilt, dass der Unterhaltsverpflichtete, um dem Entreicherungseinwand zu entgehen, den Unterhalt darlehensweise anbieten kann (→ Rn. 7).[13]

3. Vollstreckungsrechtliche Schadenersatzansprüche

Vollstreckt der Unterhaltsberechtigte aus einer einstweiligen Anordnung, so entstehen keine **Schadener-** 11
satzansprüche analog § 717 Abs. 2 ZPO. Für eine analoge Anwendung fehlt es an einer planwidrigen Regelungslücke. Der Gesetzgeber hat die einstweilige Anordnung ausdrücklich als Instrument für den Unterhaltsberechtigten ausgestaltet, mit dem dieser schnell zu den für die Deckung seines laufenden Lebensunterhalts notwendigen Beträgen kommen soll.[14] Der Unterhaltsberechtigte sollte daher immer, auch wenn er möglicherweise erstinstanzlich einen für sofort wirksam erklärten Unterhaltsbeschluss erwirkt hat, während des Rechtsmittelverfahrens aus einer parallel noch wirksamen einstweiligen Anordnung vollstrecken, soweit dieser Titel reicht. Vollstreckt er aus dem Beschluss in der Hauptsache, entsteht der Schadenersatzanspruch nach § 120 Abs. 1 FamFG iVm § 717 Abs. 2 ZPO; → Rn. 14).

III. Hauptsachetitel

1. Änderungsverfahren

Begehrt der Unterhaltspflichtige die Änderung eines Hauptsachetitels, eines Beschlusses, Vergleichs oder 12
einer vollstreckbaren Urkunde, führt bereits die **Rechtshängigkeit des Abänderungsverfahrens** nach den §§ 238 ff. FamFG zur verschärften Haftung des Unterhaltspflichtigen (§ 241 FamFG). Eines gesonderten Rückforderungsverlangens bedarf es nicht (→ *Änderung/Wegfall der Geschäftsgrundlage* Rn. 23).

Allerdings greift die Wirkung des § 241 FamFG erst mit Rechtshängigkeit des Änderungsantrags; wird 13
in dem Antrag – etwa wegen vorgerichtlicher Verhandlungen – eine **rückwirkende Änderung** verlangt, verliert für die Zeit bis zur Rechtshängigkeit des Änderungsantrags der Unterhaltsberechtigte nicht die Möglichkeit, sich auf die Entreicherung zu berufen (→ *Änderung/Wegfall der Geschäftsgrundlage* Rn. 23). Auch hier bleibt dem Unterhaltsberechtigten nur der Weg, mit dem ersten außergerichtlichen Herabsetzungsverlangen den Unterhalt als Darlehen anzubieten (→ Rn. 7).[15]

2. Vollstreckungsrechtliche Schadenersatzansprüche

Vollstreckt der Unterhaltsberechtigte aus einem **für sofort wirksam erklärten Unterhaltsbeschluss** des 14
Familiengerichts, der in der Rechtsmittelinstanz nachträglich aufgehoben oder geändert wird, besteht gem. § 120 Abs. 1 FamFG, § 717 Abs. 2 ZPO ein Schadenersatzanspruch des Unterhaltsverpflichteten. Voraussetzung ist allerdings, dass tatsächlich die Vollstreckung betrieben oder zur Abwendung einer drohenden Vollstreckung geleistet wird. Die bloße Erwirkung des Beschlusses reicht nicht aus, um die Haftung nach § 717 Abs. 2 ZPO zu begründen. Der Unterhaltsberechtigte muss sich jedenfalls eine **vollstreckbare Ausfertigung** des Beschlusses erteilen und dem Unterhaltsverpflichteten zustellen lassen.[16]

3. Deliktische Schadensersatzansprüche

Erwirkt ein Unterhaltsberechtigter durch **vorsätzlich falsche Angaben** im Unterhaltsverfahren einen 15
Unterhaltstitel und vollstreckt er aus diesem Titel, hat der Unterhaltsverpflichtete einen Schadenersatzanspruch aus § 823 Abs. 2 BGB iVm § 263 StGB. Der Anspruch kann auch bestehen, wenn der Unterhaltsberechtigte einer **Pflicht zur ungefragten Information** über Änderungen in seiner wirtschaftlichen Situation nicht nachkommt (→ *Auskunftsanspruch im Unterhaltsrecht* Rn. 19 ff.).

---

12 OLG Köln 13.3.2003 – 14 WF 5/03, NJW-RR 2003, 1228.
13 BGH 27.10.1999 – XII ZR 239/97, NJW 2000, 740.
14 BGH 27.10.1999 – XII ZR 239/97, NJW 2000, 740.
15 Wendl/Dose UnterhaltsR/*Siebert* § 6 Rn. 225.
16 BGH 27.10.1999 – XII ZR 239/97, NJW 2000, 740.

16 In extremen Ausnahmefällen können auch Ansprüche gem. § 826 BGB bestehen. Da der Unterhaltsberechtigte grundsätzlich auf die Rechtskraft des Unterhaltstitels vertrauen darf, bedarf es besonderer Umstände, um einen **Schadenersatzanspruch nach § 826 BGB** auszulösen. Verlangt wird Vorsatz in Bezug auf die Schadenzufügung.[17]

IV. Rückforderungsansprüche in Sonderfällen

1. Rückforderung bei Rentennachzahlungen

17 Beantragt ein Unterhaltsberechtigter eine Rente, vergeht in aller Regel einige Zeit, bis über den **Rentenantrag** entschieden ist. Während dieser Zeit besteht die Unterhaltsbedürftigkeit fort. Der Umstand der Rentengewährung kann erst mit Auszahlung der Rentennachzahlung und der laufenden Rente berücksichtigt werden.[18]

18 Weiß der Unterhaltsverpflichtete, dass der Unterhaltsberechtigte einen Rentenantrag gestellt hat, hat er die Möglichkeit, den Unterhalt darlehensweise (→ Rn. 7) anzubieten.[19] Weiß er nicht davon, kann er überzahlte Unterhaltsbeträge nach § 242 BGB aufgrund eines aus Treu und Glauben abgeleiteten **Ausgleichsanspruchs** aus der Rentennachzahlung erstattet verlangen.[20]

2. Verfahrenskostenvorschuss

19 Verfahrenskostenvorschüsse sind grundsätzlich nicht rückforderbar (→ *Verfahrenskostenvorschuss* Rn. 26 f.). Nur ausnahmsweise muss der Vorschussempfänger den Vorschuss erstatten, wenn sich seine wirtschaftlichen Verhältnisse nachträglich erheblich verbessert haben oder die Rückzahlung aus sonstigen Gründen der Billigkeit entspricht.[21] Diese Voraussetzungen liegen zB vor, wenn der Vorschussberechtigte aus der **Vermögensauseinandersetzung** der Beteiligten größere Beträge erhalten hat, oder aber, weil das Familiengericht bei Erlass des Beschlusses von falschen Voraussetzungen ausging, ein Vorschussanspruch von vornherein nicht bestand.[22] Bei dem Anspruch handelt es sich um einen **familienrechtlichen Anspruch eigener Art**, so dass die §§ 814, 818 Abs. 3 BGB nicht gelten.[23]

17 BGH 25.1.1987 – IVb ZR 96/86, NJW 1988, 1965.
18 BGH 19.12.1989 – IVb ZR 9/89, NJW 1990, 709.
19 BGH 17.6.1992 – XII ZR 119/91, NJW 1992, 2415.
20 BGH 19.12.1989 – IVb ZR 9/89, NJW 1990, 709.
21 BGH 14.2.1990 – XII ZR 39/89, NJW 1990, 1476.
22 Wendl/Dose UnterhaltsR/*Siebert* § 6 Rn. 244.
23 BGH 14.2.1990 – XII ZR 39/89, NJW 1990, 1476.

199. Ruhen des Sorgerechts

Seebach/M. Teubel

I. Allgemeines

Die elterliche Sorge eines Elternteils kann entweder aus **rechtlichen Gründen** gem. § 1673 BGB oder aus **tatsächlichen Gründen** gem. § 1674 BGB ruhen. Folge des Ruhens ist, dass der Betroffene nicht berechtigt ist, das Sorgerecht auszuüben, § 1675 BGB. Das Recht der elterlichen Sorge als solches bleibt bestehen.[1] Abzugrenzen ist die Anordnung eines Ruhens der elterlichen Sorge von der Übertragung der elterlichen Sorge auf einen Elternteil gem. § 1671 BGB (→ *Entzug des Sorgerechts* Rn. 10 ff.). Die Feststellung des Ruhens der elterlichen Sorge entspricht in ihren Auswirkungen der vollständigen Entziehung des Sorgerechts, so dass wegen des damit verbundenen Eingriffs in das Elternrecht bei der Prüfung strenge Maßstäbe anzulegen sind.[2] 1

Gem. § 1751 Abs. 1 S. 1 BGB ruht die elterliche Sorge eines Elternteils ferner mit Einwilligung in die Annahme eines Kindes im Rahmen der **Adoption**. 2

Hinsichtlich der **nicht verheirateten Kindesmutter**, der gem. § 1626 a Abs. 3 BGB die elterliche Sorge alleine zusteht, gilt § 1678 Abs. 2 BGB, wonach das Familiengericht die elterliche Sorge dem anderen Elternteil überträgt, wenn keine Aussicht besteht, dass der Grund des Ruhens wegfällt und wenn dies dem Kindeswohl nicht widerspricht. 3

Dasselbe gilt, wenn die Sorge des Elternteils ruht, dem sie nach § 1671 BGB alleine zustand.

II. Ruhen der elterlichen Sorge

1. Ruhen aus rechtlichen Gründen

a) Geschäftsunfähigkeit eines Elternteils. Gem. § 1673 Abs. 1 BGB ruht die elterliche Sorge eines Elternteils, wenn dieser geschäftsunfähig ist. Die Geschäftsunfähigkeit bestimmt sich nach § 104 Nr. 2 BGB. Eine nur **vorübergehende Geschäftsunfähigkeit** begründet kein rechtliches, sondern ggf. ein tatsächliches Hindernis.[3] Hier sind Maßnahmen nach §§ 1693, 1678 BGB denkbar. 4

Die **Anordnung einer Betreuung** für einen sorgeberechtigten Elternteil reicht für das Ruhen der elterlichen Sorge nicht aus. Sie bewirkt keine Feststellung der Geschäftsunfähigkeit und hat daher grundsätzlich keine Auswirkung auf die elterliche Sorge.[4] Dies gilt auch hinsichtlich des Vorliegens einer **psychischen Erkrankung** eines Elternteils. Es ist zu prüfen, ob die Erkrankung ein Hindernis für die Ausübung der elterlichen Sorge darstellt.[5] 5

Bei Vorliegen der entsprechenden Voraussetzungen tritt das **Ruhen der elterlichen Sorge** nach § 1673 BGB **kraft Gesetz** ein. Einer gerichtlichen Feststellung bedarf es nicht.[6] Ein dennoch ergehender gerichtlicher Beschluss hat lediglich **deklaratorische Wirkung**. 6

---

1 NK-BGB/*Friederici/Reinhardt* § 1675 Rn. 1.
2 OLG Karlsruhe 8.1.2010 – 18 UF 124/08, RPfleger 2010, 369.
3 NK-BGB/*Rakete-Dombek/Berning* § 1673 Rn. 2.
4 Palandt/*Götz* BGB § 1673 Rn. 5.
5 OLG Karlsruhe 8.1.2010 – 18 UF 124/08, RPfleger 2010, 369.
6 NK-BGB/*Rakete-Dombek/Berning* § 1673 Rn. 3.

7 Die Wirkung des Ruhens der elterlichen Sorge ergibt sich aus § 1675 BGB.[7] Besteht gemeinschaftliche elterliche Sorge, so übt der andere Elternteil die elterliche Sorge gem. § 1678 Abs. 1 BGB alleine aus. Mit dem **Tod des Elternteils**, dessen elterliche Sorge ruht, tritt Alleinsorge nach § 1680 BGB beim überlebenden Elternteil ein.[8]

8 Ist der andere Elternteil wegen § 1671 BGB nicht sorgeberechtigt, lebt dessen ursprüngliche elterliche Sorge mit dem Ruhen der Sorge des sorgeberechtigten Elternteils nicht automatisch wieder auf. Es gilt § 1678 Abs. 2 BGB (→ Rn. 3).

Sofern die alleinige elterliche Sorge auf einer Entscheidung nach § 1666 BGB beruhte, kann der andere Elternteil eine Änderung nur über § 1696 BGB erreichen.[9]

9 Ist ein sorgeberechtigter Elternteil nicht vorhanden, so ist ein **Pfleger oder Vormund** von Amts wegen zu bestimmen (→ *Vormundschaft* Rn. 3 ff.). Es ist zu überprüfen, ob ein weiterer Elternteil zur Verfügung stehen könnte, bevor voreilig Vormundschaft angeordnet wird.

10 **b) Minderjähriger Elternteil.** Nach § 1673 Abs. 2 BGB ruht die elterliche Sorge bei beschränkter Geschäftsfähigkeit des **minderjährigen Elternteils** ebenfalls (→ *Personensorge* Rn. 6). Hinsichtlich der Vermögenssorge sowie der rechtlichen Vertretung des Kindes tritt hier kraft Gesetzes ein Ruhen der elterlichen Sorge ein. Es gelten die obigen Ausführungen.

Anders ist die rechtliche Situation bei der **tatsächlichen Personensorge.**[10] Diese ruht gerade nicht. Sie steht dem minderjährigen Elternteil in gleichem Maße zu wie dem volljährigen Elternteil. Eine Alleinsorge eines minderjährigen Elternteils ist jedoch nicht möglich. Fehlt ein weiterer sorgeberechtigter Elternteil, so steht dem minderjährigen Elternteil ein Vormund oder Pfleger zur Seite, § 1773 BGB.

Gem. § 1673 Abs. 2 S. 3 BGB geht bei Meinungsverschiedenheiten zwischen einem minderjährigen tatsächlich personensorgeberechtigten Elternteil und einem Vormund oder Pfleger die Meinung des minderjährigen Elternteils grundsätzlich vor.[11] Die tatsächliche Personensorge hat also **Vorrang gegenüber einem Vormund oder Pfleger**. Ausschlaggebendes Kriterium ist jedoch das Kindeswohl.[12]

2. Ruhen bei tatsächlichem Hindernis

11 **a) Allgemeines.** § 1674 BGB regelt den Fall des Ruhens der elterlichen Sorge aus tatsächlichen Gründen. Es müssen Umstände vorliegen, die die Ausübung des Sorgerechts durch einen Sorgeberechtigten über **längere Zeit** tatsächlich hindern.[13] Diese Umstände dürfen gerade **nicht endgültig** sein. Es muss die Aussicht bestehen, dass diese wieder entfallen.[14] Nur vorübergehende Umstände sind ebenfalls nicht ausreichend, da insoweit § 1678 Abs. 1 BGB die einschlägige Norm ist.[15]

12 **b) Regelungsgehalt.** Es ist alleine auf die tatsächlichen Verhältnisse abzustellen und zu überprüfen, ob das Sorgerecht aus tatsächlichen Gründen nicht ausgeübt werden kann.[16] Die **räumliche Entfernung** allein ist in der Regel nicht ausreichend.[17] Eine **Haftsituation** eines Elternteils kann, je nach Einzelfall und Ausgestaltung des Vollzugs, ausreichend sein.[18] Abgestellt werden kann hierbei nicht auf die Unterscheidung zwischen Straf- und Untersuchungshaft, wobei zu berücksichtigen ist, dass eine Untersuchungshaft

7 NK-BGB/*Rakete-Dombek/Berning* § 1673 Rn. 4.
8 HK-FamR/*Schmid* BGB § 1675 Rn. 2.
9 HK-BGB/*Kemper* § 1678 Rn. 3.
10 NK-BGB/*Rakete-Dombek/Berning* § 1673 Rn. 8.
11 NK-BGB/*Rakete-Dombek/Berning* § 1673 Rn. 9.
12 Palandt/*Götz* BGB § 1673 Rn. 4.
13 HK-FamR/*Schmid* BGB § 1674 Rn. 1.
14 NK-BGB/*Friederici/Reinhardt* § 1674 Rn. 6.
15 Palandt/*Götz* BGB § 1674 Rn. 1.
16 NK-BGB/*Friederici/Reinhardt* § 1674 Rn. 2.
17 BGH 6.12.2004 – XII ZB 80/04, NJW 2005, 105.
18 OLG Brandenburg 29.1.2009 – 9 UF 105/08, FamRZ 2009, 1683.

regelmäßig zeitlich überschaubar ist. Bei einer länger andauernden Strafhaft ist ein Fall des Ruhens der elterlichen Sorge grundsätzlich anerkannt.[19]

Teilweise wird sogar die Meinung vertreten, dass insoweit ein Sorgerechtsentzug, und nicht nur lediglich ein Ruhen der elterlichen Sorge, anzuordnen ist. Dies soll dann gelten, wenn die Inhaftierung vor der Volljährigkeit des Kindes nicht endet.[20]

Auch ein **längerer Auslandsaufenthalt** kann einen Ruhensfall darstellen. In erster Linie ist darauf abzustellen, inwieweit eine Kommunikation der Sorgeberechtigten im Einzelfall möglich ist. Je schwieriger und unsicherer sich Kontaktaufnahmen darstellen, desto eher wird man ein Ruhen der elterlichen Sorge annehmen können.[21] Jedoch führt in der Regel selbst ein überschaubarer, **zeitlich befristeter Auslandseinsatz** eines Soldaten nicht zu einem Ruhen der elterlichen Sorge.[22] Entscheidend ist das Vorhandensein von Kommunikationsmöglichkeiten. 13

Dasselbe gilt für Kinder, die sich als unbegleitete minderjährige Flüchtlinge ohne ihre Eltern im Inland aufhalten. Eine theoretische Kontaktmöglichkeit über Dritte ist nicht ausreichend, um die Personensorge sachgerecht auszuüben.[23]

Bei **körperlichen und/oder geistigen Erkrankungen** kann ein Ruhen der elterlichen Sorge angezeigt sein.[24] Entscheidend ist die Erkrankung im Einzelfall, die Dauer und Intensität. Hier ergeben sich regelmäßig Schnittstellen mit § 1673 BGB wegen Ruhens aus rechtlichen Gründen (→ Rn. 4 ff.). § 1674 BGB ist dann anzuwenden, wenn eine Krankheit einen Elternteil an der Ausübung der elterlichen Sorge hindert, jedoch eine Geschäftsunfähigkeit nicht sicher feststellbar ist. In der Praxis wird man daher eher zu einer Anwendbarkeit nach § 1674 BGB gelangen. 14

Ein jedenfalls **längerer unbekannter Aufenthalt** eines sorgeberechtigten Elternteils rechtfertigt in der Regel die Feststellung des Ruhens der elterlichen Sorge aus tatsächlichen Gründen.[25] 15

III. Beendigung der Ruhenswirkungen

Fällt der Grund, der zum Ruhen der elterlichen Sorge geführt hat, weg, so ist zu differenzieren: 16

Lag ein Fall des **§ 1673 BGB (rechtliches Hindernis)** vor, so lebt mit Wegfall dieses Hindernisses das Sorgerecht des betroffenen Elternteils kraft Gesetzes (evtl. wieder) auf.

Beispiel: Wird die minderjährige Mutter volljährig, so darf sie in vollem Umfang das elterliche Sorgerecht ausüben. Eine diese Wirkung feststellende gerichtliche Entscheidung hätte nur deklaratorischen Charakter. Ist jedoch durch Beschluss das Ruhen der elterlichen Sorge bereits deklaratorisch festgestellt worden, erscheint ein gegenläufiger deklaratorischer Beschluss bei Aufleben sinnvoll.[26]

Lag ein Fall des **§ 1674 BGB (tatsächliches Hindernis)** vor, so lebt die elterliche Sorge bei Wegfall des Grundes nicht automatisch wieder auf.[27] Vielmehr ist erneut eine Entscheidung durch Beschluss erforderlich, § 1674 Abs. 2 BGB, selbst dann, wenn die Feststellung nach § 1674 Abs. 1 BGB ergangen ist, ohne dass die Voraussetzungen tatsächlich vorlagen. 17

Trat das Ruhen gem. **§ 1751 Abs. 1 S. 1 BGB (Einwilligung in die Adoption)** ein, so lebt das Sorgerecht ebenfalls nicht wieder automatisch auf, wenn die erklärte Einwilligung nach § 1750 Abs. 4 BGB ihre 18

19 HK-FamR/*Schmid* BGB § 1674 Rn. 2; OLG Hamm 27.3.2012 – II-2 WF 213/11.
20 OLG Koblenz 7.12.2011 – 13 UF 839/11, FamRZ 2012, 726.
21 HK-FamR/*Schmid* BGB § 1674 Rn. 2.
22 OLG Nürnberg 28.12.2005 – 10 UF 1260/05, FamRZ 2006, 878.
23 OLG Hamm 10.8.2015 – 4 UF 117/15.
24 NK-BGB/*Friederici/Reinhardt* § 1674 Rn. 5.
25 OLG Saarbrücken 6.5.2010 – 6 UF 24/10, FamFR 2010, 358.
26 NK-BGB/*Rakete-Dombek/Berning* § 1673 Rn. 3.
27 NK-BGB/*Friederici/Reinhardt* § 1674 Rn. 7, 10.

Kraft verloren hat: § 1751 Abs. 3 BGB sieht für diesen Fall eine erneute Übertragungsentscheidung des Familiengerichts vor, die sich am Kindeswohl zu orientieren hat.

IV. Verfahren

19 Das gem. § 152 FamFG örtlich zuständige Familiengericht entscheidet durch Beschluss. Das Jugendamt ist gem. § 162 FamFG am Verfahren zu beteiligen. Nicht selten wird eine Anregung oder ein Antrag im Verfahren auf Ruhen der elterlichen Sorge vom Jugendamt gestellt werden. Ein eigenes Beschwerderecht folgt aus § 162 Abs. 3 FamFG.

Vor dem bereits skizzierten Hintergrund der Unterscheidung zwischen Entscheidungen nach § 1671 BGB und § 1673 BGB bzw. § 1674 BGB bestehen entsprechend unterschiedliche funktionale Zuständigkeiten. Während die Entscheidung nach § 1671 BGB in die richterliche Zuständigkeit fällt, ergehen Entscheidungen nach § 1673 BGB bzw. § 1674 BGB grundsätzlich durch den **Rechtspfleger**, §§ 3 Abs. 2 Buchst. a, 14 RPflG. Auch hieran zeigt sich die unterschiedliche Schwere des Eingriffs in das elterliche Sorgerecht. Insbesondere findet **keine Prüfung des Kindeswohls** statt. Es ist also aufgrund der unterschiedlichen Auswirkungen gerichtlicher Beschlüsse streng zwischen dem Ruhen aus tatsächlichen (→ Rn. 11 ff.) und dem Ruhen aus rechtlichen Gründen (→ Rn. 4 ff.) zu unterscheiden.

Eine funktionelle **Zuständigkeit des Richters** ergibt sich dann, wenn gem. § 1680 Abs. 2, 3 BGB sowie nach § 1678 Abs. 2 BGB Kindeswohlerwägungen stattfinden.

20 Bei der Möglichkeit einer Ruhensanordnung ist zu beachten, dass diese grundsätzlich bei Vorliegen der entsprechenden Voraussetzungen einem Eingriff in das elterliche Sorgerecht durch gerichtlichen Entzug (→ *Entzug des Sorgerechts* Rn. 1 ff.) vorzuziehen ist. Dies folgt aus der Bedeutung des verfassungsrechtlich geschützten Elternrechts und dem geltenden Verhältnismäßigkeitsgrundsatz. Eine Ruhensanordung ist als deutlich mildere Maßnahme anzusehen.

21 Vor einer endgültigen Entscheidung ist eine **einstweilige Anordnung** grundsätzlich möglich, wegen § 1678 Abs. 1 BGB aber nur in seltenen Fällen notwendig.

200. Scheidungskosten

Perleberg-Kölbel

Scheidungskosten waren zum Teil als außergewöhnliche Belastungen abzugsfähig (→ *Außergewöhnliche Belastung*). Voraussetzung hierfür war, dass eine für den Steuerpflichtigen „zumutbare Belastung" überschritten wurde. Scheidungskosten sind nicht durch eine Einkünfteerzielung veranlasst und stellen deshalb weder Werbungskosten nach § 9 Abs. 1 EStG noch Betriebsausgaben nach § 4 Abs. 4 EStG dar. 1

§§ 33 Abs. 3 a, 52 Abs. 45 EStG sehen vor, dass Aufwendungen für die Führung eines Rechtsstreits (Prozesskosten) vom Abzug ausgeschlossen sind, es sei denn, es handelt sich um Aufwendungen, ohne die der Steuerpflichtige Gefahr liefe, seine Existenzgrundlage zu verlieren und seine lebensnotwendigen Bedürfnisse in dem üblichen Rahmen nicht mehr befriedigen zu können. 2

Aufgrund einer Ergänzung in § 33 Abs. 2 S. 4 EStG werden Prozesskosten und damit auch Scheidungskosten seit dem **VZ 2013** nicht mehr als außergewöhnliche Belastungen von der Finanzverwaltung anerkannt.

Fraglich war zunächst, ob und unter welchen Voraussetzungen im Zusammenhang mit einer Scheidung angefallene Gerichts- und Rechtsanwaltskosten weiterhin als außergewöhnliche Belastung abzugsfähig waren. Diese Frage hat der BFH inzwischen geklärt. Nach der Rechtsprechung des BFH sind auch „Scheidungskosten Aufwendungen für die Führung eines Rechtsstreits (Prozesskosten) iSd § 33 Abs. 2 S. 4 EStG. Sie sind durch § 33 Abs. 2 S. 4 EStG vom Abzug als außergewöhnliche Belastungen ausgeschlossen. Ein Steuerpflichtiger erbringt die Aufwendungen für ein Scheidungsverfahren regelmäßig nicht zur Sicherung seiner Existenzgrundlage und seiner lebensnotwendigen Bedürfnisse".[1]

Nach dem Urteil des BFH vom 13.8.2020[2] ist unter einer Existenzgrundlage iSd § 33 Abs. 2 S. 4 EStG nur die materielle Lebensgrundlage des Steuerpflichtigen zu verstehen. Prozesskosten anlässlich eines Umgangsrechtsstreits und der Rückführung des Kindes aus dem Ausland zurück nach Deutschland sind gem. § 33 Abs. 2 S. 4 EStG vom Abzug als außergewöhnliche Belastungen ausgeschlossen. 3

1 BFH 18.5.2017 – VI R 66/14, NWB WAAAG-58599; 18.5.2017 – VI R 9/16, BStBl. II 2017, 88; 18.5.2017 – VI R 9/16, NWB MAAAG-58598.
2 BFH 13.8.2020 – VI R 15/18, www.bundesfinanzhof.de.

201. Scheidungsverbund

Wegener

I. Allgemeines

1 § 137 FamFG definiert den Verbund des Scheidungsverfahrens dahingehend, dass über die Scheidung und die Folgesachen zusammen zu verhandeln und zu entscheiden ist. Der Verbund von Scheidung und Folgesachen betrifft also sowohl die einheitliche Verhandlung als auch die **einheitliche Entscheidung**, also eine Entscheidung über die Scheidung und alle verbundenen Folgesachen gem. § 142 FamFG.

2 Die Konzeption des **Verbundverfahrens** soll dem wirtschaftlich schwächeren Ehepartner dienen, indem er vor einer Mehrzahl einzelner Verfahren geschützt wird. Bis zur Entscheidung über alle Folgesachen bleibt die Ehe bestehen. Erreicht wird dies auch durch die **Zusammenrechnung** der **Streitwerte** (→ Rn. 86), was zur Verringerung der Gebühren des FamGKG und des RVG führt. Der Verbund hat aber einen weiteren Vorteil. Entscheidungen in einzelnen Folgesachen haben häufig **Auswirkungen** auf andere Folgesachen. Man denke nur daran, dass güterrechtliche Entscheidungen sich ohne Weiteres im Unterhalt auswirken können, weil die Einkünfte aus Kapitalvermögen sich ändern und Ähnliches. Der Vorteil des Verbundverfahrens ist daher auch, dass die Eheleute und die Verfahrensbeteiligten einschließlich des Gerichts die oftmals verzahnten **Rechtsbeziehungen** der Eheleute besser erkennen und berücksichtigen können.

II. Verbund von Scheidungs- und Folgesachen

1. Voraussetzung

3 Nach § 137 Abs. 1 FamFG ist der Verbund dadurch definiert, dass über die **Scheidung** und über Folgesachen **zusammen** zu verhandeln und zu entscheiden ist. Damit steht fest, dass nur im Rahmen einer Scheidung als einzige der in § 121 FamFG genannten Ehesachen ein Verbundverfahren zulässig ist. Verfahren auf **Aufhebung der Ehe** oder ein **Feststellungsverfahren** können nicht im Verbund durchgeführt werden. § 126 Abs. 2 FamFG stellt dies ausdrücklich klar.

Was ist aber, wenn in einem Verfahren sowohl die Aufhebung der Ehe als auch die Scheidung beantragt wird? Nach § 126 Abs. 3 FamFG ist die Ehe aufzuheben, wenn der Antrag begründet ist, und zwar auch dann, wenn zugleich der Ehescheidungsantrag begründet wäre. Dem Aufhebungsantrag ist daher primär stattzugeben. In diesem Fall findet ein Verbundverfahren nicht statt, da keine Entscheidung über die Scheidung der Ehe erfolgt, § 137 Abs. 1 FamFG. Kommt das Gericht zu dem Ergebnis, das Aufhebungsverlangen ist nicht begründet, ist über den Scheidungsantrag zu entscheiden. In diesem Fall findet das Verbundverfahren statt. 4

Ein Verbundverfahren findet auch statt, wenn **ausländisches Scheidungsrecht** zur Anwendung kommt. 5
Das Verbundverfahren ist Verfahrensrecht und daher ist das deutsche Verfahrensrecht als lex fori anwendbar.[1] Voraussetzung ist lediglich, dass die einzelnen Verfahren denjenigen in § 137 Abs. 2 und Abs. 3 FamFG entsprechen. Selbst bei **scheidungsähnlichen** Verfahren entsteht der Scheidungsverbund.[2] Verfahren auf Trennung von Tisch und Bett nach italienischem Recht sind nach anderer Ansicht allerdings nicht verbundfähig, da es sich nur um eine Vorstufe eines Scheidungsverfahrens handele.[3]

2. Folgesachen

Das Verbundverfahren findet mit den Folgesachen statt, die in § 137 Abs. 2 und Abs. 3 FamFG aufgeführt 6
sind. Folgesachen können also bestimmte **Familienstreitsachen** iSd § 112 FamFG mit Ausnahme der sonstigen Familiensachen sein und die **allgemeinen Familiensachen** Versorgungsausgleich, Ehewohnungs- und Haushaltssachen sowie bestimmte Kindschaftssachen. Nur für den Versorgungsausgleich bedarf es grundsätzlich keines Antrags, um zur Folgesache im Scheidungsverbund zu werden, § 137 Abs. 2 S. 2 FamFG. Der Verbund entsteht daher in diesem Fall automatisch. Insoweit ist es gerechtfertigt, vom **Zwangsverbund** zu sprechen.[4] Dadurch wird zum Schutze der Altersversorgung der Ehegatten das Amtsverfahren gewährleistet. Eine Ausnahme besteht bei kurzer Ehe oder wenn ein Fall des Art. 17 Abs. 4 S. 2 EGBGB vorliegt.

a) Versorgungsausgleichssachen. Die Einbeziehung in den Scheidungsverbund erfolgt grundsätzlich au- 7
tomatisch, es besteht kein Antragserfordernis, § 137 Abs. 2 S. 2 FamFG (Zwangsverbund). Der Versorgungsausgleich nach §§ 6–19, 28 VersAusglG erfolgt grundsätzlich **von Amts wegen**. Es soll also unabhängig von Anträgen der Ehegatten im Scheidungsverbund über die Ansprüche auf Versorgungsausgleich entschieden werden. Ausgenommen hiervon ist der Fall der **kurzen Ehe** gem. § 3 Abs. 3 VersAusglG (→ Rn. 37).

Sind in einem Verfahren nur **ausländische Eheleute** beteiligt und kommt es gem. Art. 17 Abs. 4 S. 2 8
EGBGB auf die Stellung eines Antrages an (kein Heimatrecht der Beteiligten kennt den Versorgungsausgleich, einer hat aber Anwartschaften bei einem inländischen Versorgungsträger erworben), entsteht auch erst mit einem solchen Antrag der Scheidungsverbund. Dieser Antrag kann nur durch einen **Rechtsanwalt** gem. § 114 Abs. 1 FamFG gestellt werden. Eine dem § 114 Abs. 4 Nr. 7 FamFG entsprechende Ausnahmevorschrift besteht nicht.

Kommt ausnahmsweise eine Entscheidung über schuldrechtliche Ausgleichsansprüche nach der Scheidung 9
gem. §§ 20–26 VersAusglG schon während der Scheidung in Betracht, weil zB der Berechtigte die Regelaltersgrenze erreicht hat, bedarf es gem. § 223 FamFG eines Antrages. Auch in diesem Ausnahmefall entsteht insoweit der Verbund daher erst mit dem Antrag, der nur von einem Rechtsanwalt gem. § 114 Abs. 1 FamFG erhoben werden kann. Eine dem § 114 Abs. 4 Nr. 7 FamFG entsprechende Ausnahmevorschrift besteht auch insoweit nicht.

---

1 HK-FamVerfR/*Kemper* § 137 Rn. 4.

2 OLG Karlsruhe 12.1.1999 – 2 WF 128/98, FamRZ 1999, 1680: Verfahren auf Trennung von Tisch und Bett nach italienischem Recht; OLG Hamm 8.2.1989 – 8 UF 72/88, NJW 1989, 2203: Ehescheidungsverfahren nach türkischem Recht.

3 OLG München 19.10.1992 – 11 WF 951/92, FamRZ 1993, 459.

4 *Garbe* in: PHdB-FamS § 2 Rn. 128.

10 Beteiligte am Verfahren sind neben den Ehegatten die betroffenen **Versorgungsträger** und gegebenenfalls **Hinterbliebene** gem. § 219 FamFG.

11 **b) Unterhaltssachen.** Diejenigen Unterhaltssachen, die einen entsprechenden Bezug zur Ehe haben, gehören nach § 137 Abs. 2 Nr. 2 FamFG zum Verbundverfahren. Es sind zum einen die Unterhaltsverfahren, die den Unterhalt für ein **gemeinschaftliches minderjähriges Kind** der Eheleute betreffen. Besteht zwischen den Eltern Streit darüber, bei wem das gemeinschaftliche Kind zukünftig seinen ständigen Aufenthalt hat, wer also barunterhaltspflichtig werden wird, kann jeder Elternteil vom anderen Unterhalt im Verbundverfahren verlangen. Dies ist möglich im Wege der nach § 1629 Abs. 3 BGB bis zur Rechtskraft der Scheidung bestehenden **Verfahrensstandschaft**. Dabei ist es unerheblich, bei wem zu diesem Zeitpunkt das Kind seinen ständigen Aufenthalt hat. Der Unterhalt **volljähriger Kinder** ist nicht verbundfähig, da sie nicht Beteiligte am Verfahren sind. Wird das Kind, dessen Unterhaltsanspruch im Verbund rechtshängig ist, vor Rechtskraft des Scheidungsverfahrens volljährig, muss abgetrennt werden (→ Rn. 54). Vom Verbundverfahren ausgenommen ist das **vereinfachte Verfahren** über den Unterhalt gemeinschaftlicher Kinder nach § 249 FamFG. Dies würde dem Beschleunigungsgedanken und dem Ziel der Vereinfachung widersprechen.

Zum anderen gehört in den Scheidungsverbund der **nacheheliche Unterhalt** (Scheidungsunterhalt). Der Anspruch entsteht mit Rechtskraft der Scheidung (→ *Nachehelicher Unterhalt* Rn. 24).

12 Das Verfahren über **Trennungsunterhalt** ist ein gesondertes Verfahren. Es ist nicht verbundfähig, weil insoweit keine Entscheidung „für den Fall der Scheidung“ gem. § 137 Abs. 2 S. 1 FamFG zu treffen ist. Der Antrag auf den sogenannten Nachscheidungsunterhalt sollte dies dadurch kenntlich machen, dass Unterhalt für die Zeit ab Rechtskraft der Scheidung begehrt wird.

13 Ohne Weiteres fällt auch ein Stufenantrag in den Scheidungsverbund, selbst wenn (zunächst) nur die erste Stufe der Auskunft beantragt wird. Denn es wird im Rahmen der dritten Stufe des Antrags Scheidungsunterhalt bzw. Kindesunterhalt begehrt, dessen Höhe aber noch nicht bezifferbar ist. Dagegen ist der isoliert geltend gemachte **Auskunftsanspruch** gem. §§ 1580, 1605 BGB nicht verbundfähig. Die begehrte Auskunftsentscheidung ist nicht „für den Fall der Scheidung“ gem. § 137 Abs. 2 S. 1 FamFG zu treffen.[5] Nach Auffassung des OLG Hamm ist dagegen der Auskunftsanspruch nach § 4 VersAusglG während eines anhängigen Scheidungsverfahrens zwingend im Verbund und nicht als selbstständige Familiensache geltend zu machen.[6] Die Begründung, der Auskunftsanspruch habe vorbereitenden Charakter, überzeugt nicht, da die Entscheidung über den Auskunftsanspruch nicht für den Fall der Scheidung zu treffen ist. Vielmehr ist der Auskunftsanspruch in einem isolierten Verfahren beim Gericht der Scheidungssache geltend zu machen.[7] Es handelt sich um einen Auskunftsanspruch der Ehegatten, über den nicht von Amts wegen zu entscheiden ist.

14 **Beteiligte** am Verfahren sind die **Ehegatten**. Geht der Unterhaltsanspruch auf Dritte über, weil beispielsweise das minderjährige Kind volljährig wird (→ Rn. 54), oder haften Dritte hierfür, werden auch sie Beteiligte. Das Unterhaltsverfahren ist dann gem. § 140 Abs. 1 FamFG abzutrennen.

15 **c) Ehewohnungs- und Haushaltssachen.** Soweit Verfahren nach den §§ 1568 a, 1568 b BGB geltend gemacht werden, handelt es sich um Verfahren, die die Nutzung der Ehewohnung bzw. die Aufteilung von Haushaltsgegenständen für die Zeit nach Rechtskraft der Scheidung betreffen. Deshalb handelt es sich um **Folgesachen** iSd § 137 Abs. 2 Nr. 3 FamFG. Die in der Praxis häufiger vorkommenden Verfahren nach den §§ 1361 a, 1361 b BGB (vorläufige Regelungen zu Haushaltsgegenständen und Ehewohnung) können keine Folgesachen sein, da insoweit nur Regelungen für die Trennungszeit getroffen werden können.

---

5 OLG Hamm 17.11.1992 – 7 UF 227/92, FamRZ 1993, 984; aA OLG Frankfurt a. M. 10.6.1986 – 4 UF 233/85, FamRZ 1987, 299, allerdings hinsichtlich des güterrechtlichen Auskunftsanspruchs.

6 OLG Hamm 27.8.2012 – 6 WF 152/12, NJW-Spezial 2012, 742.

7 So auch *Schramm*, in: PHdB-FamS § 5 Rn. 80.

Beteiligte am Verfahren können die in § 204 FamFG genannten Personen sein (zB Vermieter, Grundstückseigentümer und andere). Anders als in Unterhaltssachen oder Güterrechtssachen wird bei einer Beteiligung Dritter das Verfahren nicht abgetrennt, da die Verfahren Ehewohnung und Haushaltssachen in § 140 Abs. 1 FamFG nicht genannt sind. 16

d) Güterrechtssachen. Güterrechtssachen sind nach § 261 Abs. 1 FamFG alle Verfahren, die Ansprüche aus dem **ehelichen Güterrecht** betreffen. Daher sind alle Verfahren des ehelichen Güterrechts verbundfähig, für die im Zusammenhang mit der Scheidung eine Entscheidung zu treffen ist. 17

Verbundfähige Verfahren können demnach Verfahren nach § 1378 BGB im Zusammenhang mit dem Güterstand der **Zugewinngemeinschaft** sowie Verfahren nach § 1478 BGB im Zusammenhang mit dem Güterstand der **Gütergemeinschaft** sein. Die Verfahren nach § 1382 BGB (Stundung) und § 1383 BGB (Übertragung von Vermögensgegenständen) werden als **Annexverfahren** zum Zugewinnausgleich betrachtet und sind deshalb verbundfähig.[8] Deshalb ist es auch sachgerecht, wenn bei unstrittiger (und nicht anhängiger) Ausgleichsforderung der isolierte **Stundungsantrag** in den Verbund aufgenommen wird.[9] 18

Nicht in den Verbund gehört die **Aufhebungsklage** bei Gütergemeinschaft nach § 1447 BGB oder § 1469 BGB. Denn die Aufhebungsklage hat die bestehende Ehe mit der Folge zur Voraussetzung, dass nach Rechtskraft der Entscheidung gem. § 1449 Abs. 1 BGB bzw. § 1470 Abs. 1 BGB Gütertrennung gilt. Mit Rechtskraft der Ehescheidung ist der Güterstand der Gütergemeinschaft aber ohnehin beendet.[10] 19

Ebenso wenig sind die Verfahren nach §§ 1385, 1386 BGB wegen **vorzeitigem Zugewinnausgleich** oder **vorzeitiger Aufhebung der Zugewinngemeinschaft** verbundfähig (→ *Vorzeitiger Zugewinnausgleich* Rn. 26). Sie können aber als isolierte Verfahren parallel zum Scheidungsverfahren geführt werden.[11] 20

Wird während der Anhängigkeit der Folgesache Zugewinnausgleich der Antrag umgestellt auf vorzeitigen Zugewinnausgleich, ist der Verbund des Güterrechtsverfahrens aufzuheben.[12] Es genügt das Vorliegen der dreijährigen Trennung, ein besonderes Interesse am vorzeitigen Zugewinnausgleich ist nicht darzulegen.[13] Die begehrte Entscheidung ist dann nicht mehr „für den Fall der Scheidung" iSd § 137 Abs. 2 S. 1 FamFG zu treffen. 21

Wird umgekehrt das Scheidungsverfahren rechtskräftig, bevor im Verfahren über den vorzeitigen Zugewinnausgleich entschieden wurde, erledigt sich dieses Verfahren.[14] 22

Wird während der Anhängigkeit der Folgesache Zugewinnausgleich die Entscheidung über die **Aufhebung** der **Zugewinngemeinschaft** nach § 1386 BGB rechtskräftig, tritt gem. § 1388 BGB Gütertrennung ein. Gleichzeitig ist die Ausgleichsforderung gem. § 1378 Abs. 3 S. 1 BGB entstanden. Ihr Entstehen ist nicht mehr von der Rechtskraft der Scheidung abhängig. Eine Entscheidung „für den Fall der Scheidung" ist daher ausgeschlossen. Deshalb ist auch in diesem Fall unter Hinweis auf § 137 Abs. 2 S. 1 FamFG der Verbund des Güterrechtsverfahrens aufzuheben. 23

Wird in diesem Falle das Scheidungsverfahren rechtskräftig, bevor im Verfahren über den vorzeitigen Zugewinnausgleich entschieden wurde, erledigt sich dieses Verfahren ebenso. Die Rechtslage ist vergleichbar mit dem bis 31.8.2009 geltenden § 1388 BGB aF, wonach mit der rechtskräftigen Entscheidung über den vorzeitigen Zugewinnausgleich zugleich Gütertrennung eintrat. 24

Beteiligte sind in der Regel nur die **Ehegatten**. Müssen Dritte beteiligt werden, ist die Folgesache nach § 140 Abs. 1 FamFG abzutrennen. 25

---

8 NK-BGB/*Fischinger* § 1383 Rn. 16; Zöller/*Lorenz* FamF 13 und 13 ein Annex zu den G § 137 Rn. 21.
9 NK-BGB/*Fischinger* § 1382 Rn. 33.
10 Vgl. NK-BGB/*Völker* § 1447 Rn. 10.
11 Vgl. NK-BGB/*Fischinger* § 1386 Rn. 37.
12 NK-BGB/*Fischinger* § 1386 Rn. 36.
13 BGH 20.3.2019 – XII ZB 544/18, FamRZ 2019, 1045–1046.
14 OLG Düsseldorf 8.7.2002 – 2 UF 27/02, FamRZ 2003, 388.

26 **e) Kindschaftssachen.** Bestimmte Kindschaftssachen sind gem. § 137 Abs. 3 FamFG ebenfalls verbundfähig. Obwohl es sich dabei nicht um Entscheidungen handelt, die für den Fall der Scheidung zu treffen sind, ist aus Gründen der **Zweckmäßigkeit** (einheitliche Entscheidung aller relevanten Fragen im Scheidungsverbund) die Verbundfähigkeit herbeigeführt worden. Es muss sich entweder um ein Sorgerechtsverfahren, Umgangsverfahren oder ein Herausgabeverfahren eines oder mehrerer **gemeinsamer Kinder** der Ehegatten handeln. Dabei ist Voraussetzung, dass die Eheleute beteiligt sind. Dies ist bei Sorgerechtsverfahren gemeinschaftlicher Kinder immer der Fall. Daher sind nicht nur Verfahren nach § 1671 BGB verbundfähig, sondern auch Verfahren nach § 1666 BGB. Ob ein Sorgerechtsverfahren auf Antrag oder von Amts wegen eingeleitet wurde, ist unerheblich.[15]

27 Begehrt während der Rechtshängigkeit eines Scheidungsverfahrens ein Dritter **Umgang** mit einem gemeinschaftlichem Kind gem. §§ 1684, 1685 BGB, ist das Umgangsverfahren nicht verbundfähig.

28 Begehrt dagegen ein **Ehegatte** Umgang mit einem Kind des anderen Ehegatten (§ 1685 Abs. 2 BGB), ist dieses Verfahren nach § 137 Abs. 3 FamFG jedoch verbundfähig.

29 In allen Fällen bedarf es aber eines ausdrücklichen Antrags mindestens eines **Ehegatten**. Der Antrag unterliegt dem **Anwaltszwang**. § 114 Abs. 4 FamFG sieht keine Ausnahme vor. Kindschaftssachen werden also nicht von Gesetzes wegen oder auf richterliche Anordnung in den Scheidungsverbund aufgenommen, sondern nur, wenn ein Ehegatte dies in der ersten Instanz vor dem Schluss der mündlichen Verhandlung verlangt.

30 Das Gericht hat die Möglichkeit, die Einbeziehung in den Verbund aus Gründen des **Kindeswohls** abzulehnen, wenn es die Einbeziehung nicht für sachgerecht hält. Dies kann etwa dann der Fall sein, wenn das Scheidungsverfahren in absehbarer Zeit nicht entscheidungsreif ist, die Kindschaftssache aber aus Gründen des Kindeswohls eine zeitnahe Entscheidung erfordert (§ 155 Abs. 1 FamFG).

31 Beteiligte des Verfahrens sind die **Eltern** (§ 7 Abs. 2 FamFG) und das **Jugendamt**, das nach § 162 Abs. 2 FamFG auf seinen Antrag zu beteiligen ist. Das Kind selber ist nicht beteiligt, wenn es auch im Rahmen des § 159 FamFG anzuhören ist, § 7 Abs. 6 FamFG. Auch Pflegeeltern sind wie das Kind nicht Beteiligte, auch wenn sie nach § 161 FamFG hinzugezogen werden.[16]

32 Wird dem Kind jedoch ein **Verfahrensbeistand** bestellt, ist dieser gem. § 158 Abs. 3 S. 2 FamFG Beteiligter und kann auch selbst im Interesse des Kindes Rechtsmittel einlegen, § 158 Abs. 4 S. 5 FamFG.

3. Antrag

33 Hinsichtlich aller Folgesachen bedarf es zur Herbeiführung des Verbundes eines Antrags, mit Ausnahme des Zwangsverbundes bei bestimmten Versorgungsausgleichsangelegenheiten gem. § 137 Abs. 2 S. 2 FamFG.

34 Der Antrag ist spätestens zwei Wochen vor der **mündlichen Verhandlung** im ersten Rechtszug anhängig zu machen, § 137 Abs. 2 S. 1 FamFG, außer es handelt sich um eine Kindschaftssache nach § 137 Abs. 3 FamFG. Dann reicht es aus, den Antrag spätestens vor dem Schluss der mündlichen Verhandlung in der ersten Instanz zu stellen. Die Fristberechnung erfolgt in entsprechender Anwendung des § 187 Abs. 1 BGB iVm § 113 FamFG, § 222 ZPO. Bei der Berechnung der „Rückwärtsfrist“ darf der Terminstag daher nicht mitgezählt werden. Zwischen dem Eingang des Folgesachenantrags und dem Terminstag müssen mindestens volle 14 Tage liegen,[17] Näheres → Rn. 38 f.

35 Die Folgesachen müssen **rechtzeitig** anhängig gemacht worden sein. Die Zweiwochenfrist dient der **Verfahrensstraffung** und soll einer „**Verzögerungstaktik**“ vorbeugen, da nach dem bisherigen Recht die

15 HK-FamVerfR/*Kemper* § 137 Rn. 37.
16 HK-FamVerfR/*Kemper* § 137 Rn. 42.
17 OLG Braunschweig 6.10.2011 – 2 UF 92/11, FamRB 2012, 83; OLG Brandenburg 20.12.2011 – 13 UF 128/11, FamRB 2012, 116.

Antragstellung bis zum Schluss der mündlichen Verhandlung in erster Instanz möglich war. Wird der Antrag verspätet anhängig gemacht, ist er als unzulässig abzuweisen. Ein Antrag in einer Folgesache wird **anhängig** gemacht

- in Familiensachen (Kindschaftssachen, Ehewohnungs- und Haushaltssachen) durch Erklärung gegenüber dem Gericht, eine Entscheidung für den Fall der Scheidung zu begehren, und
- in Familienstreitsachen (Unterhalt, Güterrecht) durch Einreichung einer Antragsschrift, die den Erfordernissen des § 113 Abs. 1 S. 2 FamFG, § 253 ZPO entsprechen muss.

Verweist das Gericht des zweiten Rechtszuges das Verfahren wieder an das Erstgericht, befindet es sich 36
(erneut) in der ersten Instanz. Die Frist zur rechtzeitigen Anhängigmachung einer Folgesache ist dann wieder eröffnet.

Liegt eine **kurze Ehe** iSd § 3 Abs. 3 VersAusglG vor, kann der Antrag auf Durchführung des Versor- 37
gungsausgleichs ohne Beachtung der Zweiwochenfrist gestellt werden. Über den Versorgungsausgleich ist notwendigerweise gem. § 137 Abs. 2 S. 2 FamFG im Verbund zu entscheiden. Deshalb ist der Antrag nach § 3 Abs. 3 VersAusglG kein Verfahrensantrag, der den Verbund erst herbeiführen würde.[18] Der Antrag kann aus dem gleichen Grund auch von einem anwaltlich nicht vertretenen Beteiligten gestellt werden, § 114 Abs. 4 Nr. 7 FamFG.

Das Gericht muss dafür Sorge tragen, dass die Zweiwochenfrist auch eingehalten werden kann. Obwohl 38
in **Anwaltsprozessen** die Ladungsfrist nur mindestens eine Woche gem. § 113 Abs. 1 S. 2 FamFG, § 217 ZPO beträgt, kann auf diese kurze Frist nicht zurückgegriffen werden. Die Zweiwochenfrist bezieht sich nicht ausschließlich auf den ersten Termin in einem Scheidungsverbundverfahren. Die Intention des Gesetzgebers, der unnötigen Verzögerung vorzubeugen, wird dadurch erreicht, dass ein Termin gemeint ist, in dem die Scheidung und alle bislang anhängigen Folgesachen **entscheidungsreif** sind. Dies kann selbstverständlich auch der erste Termin sein.

Bei der **Fristberechnung** ist zu beachten, dass es sich um eine **Rückwärtsfrist** handelt. Es muss sichergestellt sein, dass der Antrag volle zwei Wochen vor dem Termin anhängig gemacht wird. Die Fristberechnung erfolgt daher entsprechend § 113 Abs. 1 S. 2 FamFG iVm § 222 ZPO nach den Vorschriften des Bürgerlichen Gesetzbuches, hier nach § 188 Abs. 2 BGB. Das maßgebliche Ereignis ist die mündliche Verhandlung. Fristbeginn ist bei einer Rückwärtsfrist nicht das Ende, sondern der Beginn (um 0.00 Uhr) des Tages, welcher durch seine Benennung dem Tag der Verhandlung entspricht.[19] Fällt die mündliche Verhandlung beispielsweise auf einen Mittwoch, ist die Zweiwochenfrist nur gewahrt, wenn der verfahrenseinleitende Schriftsatz spätestens zwei Wochen zuvor am Dienstag 24.00 Uhr bei Gericht eingeht.

Liegen zwischen der Zustellung der **Ladung** und dem **Verhandlungstermin** weniger als zwei Wochen, 39
ist nicht auf den Wortlaut des § 137 Abs. 2 S. 1 FamFG abzustellen. Die Vorschrift ist dahingehend verfassungskonform auszulegen, dass das Gericht den Verhandlungstermin zu verlegen hat, wenn in einem solchen Fall ein Antrag zur Einbeziehung einer Folgesache in den Scheidungsverbund anhängig gemacht wird.[20] Nur dadurch ist gewährleistet, dass der Beteiligte die Möglichkeit erhält, innerhalb von zwei Wochen vor dem Verhandlungstermin den Antrag anhängig zu machen. Es empfiehlt sich in einem solchen Fall, diesen mit einem Antrag auf Terminsverlegung zu verbinden. Das Familiengericht hat demnach so zu terminieren, dass zwischen der Zustellung der Terminsladung und dem Termin mindestens **drei Wochen** Zeit zur Verfügung steht. Nach Auffassung des Bundesgerichtshofs muss den Beteiligten mindestens eine Woche Zeit gegeben werden, um einen entsprechenden Antrag zu fertigen und bei Gericht unter Beachtung der Frist von zwei Wochen (→ Rn. 38) noch rechtzeitig einreichen zu können.[21]

---

18 OLG Dresden 24.8.2010 – 20 UF 526/10, NJW-RR 2011, 154; OLG Frankfurt a. M. 23.6.2012 – 3 UF 26/12, FamFR 2012, 473.

19 OLG Dresden 26.11.2012 – 23 UF 890/12, NJW Spezial 2013, 70.

20 OLG Stuttgart 11.1.2011 – 17 UF 304/10, NJW 2011, 1522; OLG Oldenburg 23.8.2010 – 13 UF 46/10, FamRZ 2010, 2015; aA MüKo FamFG/*Heiter* § 137 Rn. 44–52.

21 BGH 21.3.2012 – XII ZB 447/10, NJW 2012, 1734; BGH 5.6.2013 – XII ZB 724/12, NJW 2013, 2199.

40 Zur Wahrung der Frist (→ Rn. 38) ist nach § 137 Abs. 2 S. 1 FamFG die Scheidungsfolgensache **anhängig** zu machen. Erforderlich ist gem. § 23 Abs. 1 FamFG die Einreichung eines verfahrenseinleitenden Schriftsatzes eines Rechtsanwalts (→ Rn. 41), der gem. § 113 Abs. 1 S. 2 FamFG, § 253 Abs. 2 ZPO in Ehesachen und Familienstreitsachen einen bestimmten Antrag enthalten und begründet sein muss. Wird für eine Folgesache lediglich isoliert **Verfahrenskostenhilfe** beantragt, kann dadurch die Frist nicht gewahrt werden. Der Verfahrenskostenhilfeantrag führt nicht zur **Anhängigkeit** einer Familiensache oder Familienstreitsache iSd § 137 Abs. 2 S. 1 FamFG.[22] Mit der Begründung der Gleichbehandlung bedürftiger und nicht bedürftiger Beteiligter legen einige Gerichte die Vorschrift dahin gehend aus, ein formal ordnungsgemäßer Verfahrenskostenhilfeantrag reiche aus, einen Verfahrensverbund herzustellen.[23]

Diese Auffassung ist abzulehnen, weil sie der Intention des Gesetzgebers, Manipulationen vorzubeugen, zuwider laufen kann. Selbst ein unbegründeter Antrag auf Verfahrenskostenhilfe würde den Verbund entstehen lassen und zur Verfahrensverzögerung führen. Es ist ungeklärt, was mit dem entstandenen Verbund erfolgen soll, falls die Verfahrenskostenhilfe beispielsweise mangels Bedürftigkeit des Antragstellers, wegen fehlender hinreichender Aussicht auf Erfolg oder Mutwilligkeit (§ 113 Abs. 1 S. 2 FamFG, § 114 S. 1 ZPO) nicht bewilligt wird und es in Folge dessen nicht zur Rechtshängigkeit der Folgesache kommt. Auch würde in diesem Fall ein Beschwerdeverfahren wegen der versagten Verfahrenskostenhilfe zur weiteren **Verzögerung** des Scheidungsverbundverfahrens führen. Dem Antragsteller ist daher zu empfehlen, im Falle der Ausnutzung der Frist des § 137 Abs. 2 S. 1 FamFG den Antrag rechtzeitig einzureichen und gleichzeitig Verfahrenskostenhilfe (unbedingt) zu beantragen.

41 Im Rahmen des § 114 Abs. 1 FamFG kann der Antrag nur durch einen **Rechtsanwalt** wirksam gestellt werden. Ausgenommen ist nach § 114 Abs. 4 Nr. 7 FamFG der Antrag eines Ehegatten nach § 3 Abs. 3 VersAusglG, auch bei kurzer Ehe den Versorgungsausgleich durchzuführen und damit das Versorgungsausgleichsverfahren in den Verbund aufzunehmen.

4. Entscheidung, Wirksamwerden

42 Die Entscheidung des Gerichts ergeht gem. § 116 Abs. 1 FamFG durch Beschluss. Die Besonderheit des Verbundverfahrens zeigt sich nach § 142 Abs. 1 FamFG gerade darin, dass durch **einheitlichen Beschluss** hinsichtlich sämtlicher Verbundsachen zu entscheiden ist. Wird der Scheidungsantrag abgewiesen, werden alle Folgesachen gegenstandslos, § 142 Abs. 2 FamFG. Insoweit ist die Rechtslage die Gleiche wie bei der Rücknahme des Scheidungsantrages gem. § 141 FamFG (→ Rn. 74).

43 Nach § 116 Abs. 2 FamFG wird der Scheidungsbeschluss erst mit **Rechtskraft** wirksam. Folgesachen können demgemäß auch erst mit Rechtskraft des Scheidungsausspruches gem. § 148 FamFG wirksam werden.

5. Kosten

44 Im Falle der Scheidung sind die Kosten grundsätzlich gegeneinander aufzuheben. Es ergeht eine **einheitliche Kostenentscheidung** hinsichtlich der Scheidung und aller Folgesachen, § 150 Abs. 1 FamFG (→ *Kostenentscheidung in Familiensachen* Rn. 2 ff.). Der Antragsteller trägt die Kosten, wenn der Antrag zurückgenommen oder abgewiesen wird. Nehmen beide Beteiligte ihre Anträge zurück, werden beide Anträge abgewiesen oder ist die Hauptsache erledigt, bleibt es bei der Kostenaufhebung, § 150 Abs. 2 FamFG.

45 Auch wenn einzelne Folgesachen **abgetrennt** wurden, bleibt es bei der einheitlichen Kostenentscheidung, § 150 Abs. 5 S. 1 FamFG. Nach OLG Frankfurt[24] ist es zulässig, nach der Abtrennung entstandene Mehrkosten entsprechend des Ausgangs der Folgesache zu verteilen. In den Fällen, in denen nach Rücknahme

22 Zöller/*Lorenz* FamFG § 137 Rn. 27.

23 OLG Bamberg 26.10.2010 – 2 UF 180/10, FamRZ 2011, 1416; OLG Oldenburg 26.12.2011 – 11 UF 168/11, FamRB 2012, 117.

24 OLG Frankfurt 5.10.2016 – 6 WF 146/16.

des Scheidungsantrags oder nach dessen Abweisung eine Folgesache als **selbstständige** Familiensache fortgeführt wird (§§ 141 S. 3, 142 Abs. 2 S. 3 FamFG), scheidet allerdings eine einheitliche Kostenentscheidung aus. Nach § 150 Abs. 5 S. 2 FamFG wird in diesen Verfahren nach den allgemeinen Kostenvorschriften gesondert entschieden.

Die Beteiligten können in allen Fällen eine von der gesetzlichen Anordnung abweichende **Kostenvereinbarung** treffen, die das Gericht seiner Kostenentscheidung gem. § 150 Abs. 4 S. 3 FamFG zugrunde legen soll. 46

In den Fällen des § 150 Abs. 1–3 FamFG kann das Gericht aus Billigkeitsgründen abweichende Kostenentscheidungen treffen. § 150 Abs. 4 FamFG nennt als Grund die **Versöhnung** der Eheleute oder das Ergebnis einer **Unterhalts- oder Güterrechtssache**. Auch kann die unentschuldigte Nichtteilnahme an einem nach § 135 FamFG angeordneten **Informationsgespräch** auf der Kostenebene sanktioniert werden. 47

III. Auflösung des Verbundes

1. Einleitung

Das Verbundverfahren soll den wirtschaftlich Schwächeren vor einer Vielzahl einzelner Verfahren schützen und eine einheitliche Entscheidung aller innerhalb des Scheidungsverfahrens zu regelnde Ansprüche ermöglichen (→ Rn. 2). Diesen Vorteilen können aber auch Nachteile gegenüberstehen, die dazu führen, dass aus Gründen der Vermeidung einer besonderen **Härte** der Scheidungsverbund hinsichtlich einzelner Folgesachen aufgelöst werden muss. In § 140 FamFG sind diese Fälle zusammengefasst geregelt. 48

2. Abtrennung bestimmter Folgesachen

a) Versorgungsausgleich. aa) Abtrennung wegen Unmöglichkeit der Entscheidung vor Auflösung der Ehe. Eine Abtrennung ist dann möglich, wenn die Entscheidung über den Versorgungsausgleich von der vorherigen Auflösung der Ehe abhängt, § 140 Abs. 2 S. 2 Nr. 1 FamFG. Der praktische Wert dieser Vorschrift ist gering. Für die Entscheidung über den Versorgungsausgleich ist nach § 3 Abs. 1 FamFG auf den Monat vor Rechtshängigkeit des Scheidungsantrags und nicht auf die Rechtskraft der Scheidung abzustellen. So verweist aber der bis zum 31.8.2009 gültige § 2 Abs. 1 VAÜG auf § 140 Abs. 2 Nr. 1 FamFG für die Fälle, in denen der Versorgungsausgleich auszusetzen war. 49

bb) Abtrennung wegen eines Rechtsstreits über ein Anrecht. Ist ein Rechtsstreit über ein Anrecht anhängig, das im Rahmen des Versorgungsausgleichsverfahrens einzubeziehen ist, hat das Gericht das Verfahren gem. § 221 Abs. 2 FamFG auszusetzen, bis der Rechtsstreit entschieden ist. Entsprechendes gilt bei einem Streit über ein solches Anrecht gem. § 221 Abs. 3 FamFG, wenn ein Rechtsstreit (noch) nicht anhängig ist. In diesen Fällen kommt eine Abtrennung gem. § 140 Abs. 2 S. 2 Nr. 2 FamFG in Betracht. 50

cc) Abtrennung wegen Zeitablauf. Das Gesetz sieht in § 140 Abs. 2 S. 2 Nr. 4 FamFG eine Möglichkeit vor, dass grundsätzlich der Versorgungsausgleich nach Ablauf von drei Monaten nach Rechtshängigkeit abgetrennt werden kann. Gerade in unstreitigen Scheidungsverfahren kann dies zu einer Beschleunigung der Scheidung führen, wenn sich das Versorgungsausgleichsverfahren aus Gründen verzögert, die nicht in der Sphäre der beteiligten Eheleute liegen. 51

Voraussetzung ist zum einen, dass beide Eheleute die erforderlichen **Mitwirkungshandlungen** vorgenommen haben und ein Ehegatte die Abtrennung beantragt. Dabei sind die erforderlichen Mitwirkungshandlungen in § 220 FamFG gemeint, die für die Feststellung der Anrechte erforderlich sind. 52

Die **Frist** beginnt mit der Rechtshängigkeit des Scheidungsantrags, nach § 140 Abs. 4 FamFG frühestens aber nach Ablauf des ersten Trennungsjahres, es sei denn, es liegen die Voraussetzungen einer Härtefallscheidung nach § 1565 Abs. 2 BGB vor. Allerdings ist auch im Rahmen einer Scheidung vor Ablauf des Trennungsjahres der Versorgungsausgleich durchzuführen und kann nicht deshalb abgetrennt werden.[25] 53

---

25 OLG Stuttgart 17.9.2015 – 11 UF 76/15, FamRB 2016, 255–256.

54 **b) Unterhaltssachen. aa) Abtrennung wegen Beteiligung Dritter.** Es sind Fälle denkbar, in denen in einer Unterhaltsfolgesache Dritte beteiligt werden müssen. Dies ist zB dann der Fall, wenn im Verbund **Kindesunterhalt** geltend gemacht wird und während des Ehescheidungsverfahrens das Kind **volljährig** wird. In diesem Fall ist das volljährige Kind zu beteiligen, da das gesetzliche Vertretungsrecht des einen Elternteils nach § 1629 Abs. 3 BGB beendet ist. Das Unterhaltsverfahren ist nach § 140 Abs. 1 FamFG von Amts wegen abzutrennen.

55 **bb) Abtrennung im Zusammenhang mit einer Kindschaftsfolgesache.** Besteht ein Zusammenhang zwischen einer **Unterhaltssache** und einer **Kindschaftsfolgesache**, kann das Gericht gem. § 140 Abs. 3 FamFG auf Antrag eines Ehegatten neben der Kindschaftsfolgesache auch die Unterhaltsfolgesache abtrennen. Sinnvoll wäre dies beispielsweise in den Fällen, in denen die Entscheidung über einen Nachscheidungsunterhalt von der Entscheidung abhängt, ob gemeinschaftliche Kinder ihren ständigen **Aufenthalt** bei demjenigen Elternteil haben werden, der den Unterhalt begehrt. Dagegen wird man die Voraussetzungen zur Abtrennung verneinen müssen, wenn es beispielsweise ausschließlich um Krankheits- oder Aufstockungsunterhalt geht.[26]

56 **c) Ehewohnungs- und Haushaltssachen.** In § 140 FamFG wird für diese Folgesachen keine Abtrennungsmöglichkeit vorgesehen. Deshalb kommt allenfalls eine Abtrennung wegen besonderer Verzögerung gem. § 140 Abs. 2 S. 2 Nr. 5 FamFG in Betracht (→ Rn. 61)

57 **d) Güterrechtssachen. aa) Abtrennung wegen Beteiligung Dritter.** Der ausgleichsberechtigte Ehegatte kann unter den Voraussetzungen des § 1390 BGB auch Dritten gegenüber Ansprüche erheben. Dann liegt gem. § 261 Abs. 1 FamFG eine **Güterrechtssache** vor. Der Dritte wird Beteiligter. Nach § 140 Abs. 1 FamFG ist die Güterrechtsfolgesache von Amts wegen abzutrennen.

58 **bb) Abtrennung wegen Unmöglichkeit der Entscheidung vor Auflösung der Ehe.** Nach § 1378 Abs. 2 BGB ist im Rahmen des Zugewinnausgleichs die Höhe der **Ausgleichsforderung** durch den Vermögenswert zum Zeitpunkt der Beendigung des Güterstandes, also zum Zeitpunkt der **Rechtskraft** des Scheidungsbeschlusses begrenzt. Soweit es darauf ankommt, kann die Güterrechtsfolgesache gem. § 140 Abs. 2 S. 2 Nr. 1 FamFG abgetrennt werden. Eine vergleichbare Situation kann sich im Rahmen der **Gütergemeinschaft** ergeben (→ *Auseinandersetzung der Gütergemeinschaft* Rn. 29), in Bezug auf die Ermittlung des Überschusses nach § 1476 Abs. 1 BGB und des Wertes von Gegenständen, die einer der Ehegatten nach § 1477 Abs. 2 BGB gegen Wertersatz übernimmt.[27]

59 **e) Kindschaftssachen.** Ist das Verfahren einer **Kindschaftsfolgesache** (§ 151 FamFG) ausgesetzt, kann das Gericht das Verfahren nach § 140 Abs. 2 S. 2 Nr. 3 FamFG abtrennen. Das gilt auch, wenn das Gericht dies aus Kindeswohlgründen für sachgerecht hält. Zur Wahrung des Beschleunigungsgebots in Kindschaftsverfahren drängt sich die Abtrennung geradezu auf.[28]

60 Das Gericht in der ersten Instanz übt bei der Abtrennungsentscheidung ein richterliches **Ermessen** aus, das in der Beschwerdeinstanz nur einer begrenzten Kontrolle unterliegt.[29]

3. Abtrennung wegen besonderer Verzögerung

61 Die Abtrennungsvorschrift des § 140 Abs. 2 S. 2 Nr. 5 FamFG gilt uneingeschränkt für alle Folgesachen. Voraussetzung ist, dass sich der Scheidungsausspruch so lange verzögert, dass ein Fall unzumutbarer Härte in der Person des antragstellenden Ehegatten eintritt (→ Rn. 64).

---

26 HK-FamVerfR/*Kemper* § 140 Rn. 21.
27 HK-FamVerfR/*Kemper* § 140 Rn. 24.
28 OLG Brandenburg 11.2.2019 – 13 WF 21/19, NJW 2019, 3315–3316.
29 OLG Celle 4.7.2011 – 10 UF 98/11, FamFR 2011, 353.

a) Außergewöhnliche Verzögerung. Eine außergewöhnlich lange **Dauer** des Verbundverfahrens wird regelmäßig dann angenommen, wenn das Verfahren länger als **zwei Jahre** gedauert hat.[30] Es kommt auf die Zeit zwischen der Rechtshängigkeit der Ehesache und der Abtrennungsentscheidung an.[31] 62

Liegen ganz außergewöhnliche **Härtegründe** vor, kann unter Umständen auch eine kürzere Dauer zur Feststellung einer außergewöhnlichen Verzögerung führen. Insoweit bestehen Wechselwirkungen mit der zweiten Voraussetzung des § 140 S. 2 Nr. 5 FamFG.[32] Bei einer erheblichen Zahl und einem erheblichen Umfang von Folgesachen kann umgekehrt auch eine längere Verfahrenslaufzeit als zwei Jahre nicht außergewöhnlich, sondern normal sein. 63

b) Unzumutbare Härte. Selbst bei einer außergewöhnlichen Dauer des Verfahrens muss dies bei mindestens einem Ehegatten zu einer unzumutbaren Härte führen, um die Abtrennung zu rechtfertigen.[33] Das Gericht hat dabei die **Bedeutung der Folgesache** zu würdigen, die abgetrennt werden soll. Handelt es sich beispielsweise um eine Folgesache, die für die **wirtschaftliche Existenz** des anderen Ehegatten von Bedeutung ist, müssen die Anforderungen umso strenger geprüft werden. Dies wird man am ehesten für die Folgesachen Kindesunterhalt und Ehegattenunterhalt annehmen können. Sowohl das Sorgerecht als auch der Versorgungsausgleich ist für die Ehegatten zwar von besonderer Bedeutung. Die Entscheidung ist aber meist nicht dringlich, zumindest soweit sie sich erst mit Eintritt in das Rentenalter der Beteiligten auswirken wird. Ebenso dürften in den meisten Fällen Güterrechtsentscheidungen und Entscheidungen über den Versorgungsausgleich (zumindest wenn die Beteiligten noch nicht das Rentenalter erreicht haben) eher nicht dringlich sein.[34] 64

Bei der Entscheidung ist auch zu berücksichtigen, wer etwaige Verzögerungen zu vertreten hat. Haben beide Ehegatten das Zugewinnausgleichsverfahren nicht besonders gefördert, kann eine Abtrennung auch nach dreijähriger Verfahrensdauer abgelehnt werden.[35] 65

Die alleinige Absicht, sobald wie möglich wieder heiraten zu wollen, rechtfertigt keine unzumutbare Härte, solange der **Heiratswunsch** nicht mit dem fortgeschrittenen Alter oder dem Gesundheitszustand eines der Heiratswilligen oder einer bestehenden Schwangerschaft begründet wird.[36] 66

Durch das Antragserfordernis ist klargestellt, dass eine Abtrennung nach dieser Vorschrift von Amts wegen nicht möglich ist. 67

4. Antrag

Obwohl in Ehesachen und Folgesachen grundsätzlich die Vertretung durch Rechtsanwälte nach § 114 Abs. 1 FamFG vorgesehen ist, gilt dies nicht für Anträge auf Abtrennung einer Folgesache. § 114 Abs. 4 Nr. 4 FamFG nimmt diese Anträge ausdrücklich von der anwaltlichen Vertretungspflicht aus. Soweit ein Ehegatte im Scheidungsverfahren anwaltlich nicht vertreten ist, soll ihm dennoch die Möglichkeit eines Antrages auf Abtrennung einer Folgesache eröffnet sein, da ansonsten nur deshalb ein Anwalt beauftragt werden müsste. 68

5. Beendigung des Verbundes aus anderen Gründen

Der Verbund mit einer Güterrechtsfolgesache wird beendet, wenn vor Rechtskraft des Scheidungsverbundverfahrens das Verfahren auf den vorzeitigen Zugewinnausgleich gem. § 1385 BGB umgestellt wird. Das Gleiche gilt, wenn in einem gesonderten Verfahren auf vorzeitige Aufhebung der Zugewinngemeinschaft 69

30 BGH 29.5.1991 – XII ZR 108/90, NJW 1991, 2491 mwN.
31 *Garbe* in: PHdB-FamS § 2 Rn. 200.
32 HK-FamVerfR/*Kemper* § 140 Rn. 7.
33 OLG Karlsruhe 28.7.2015 – 18 UF 246/13, NJW 2016, 652–654.
34 HK-FamVerfR/*Kemper* § 140 Rn. 13.
35 OLG Hamm 28.4.1992 – 9 UF 332/91, FamRZ 1992, 1086.
36 KG Berlin 24.11.2000 – 13 UF 7180/00, FamRZ 2001, 928.

rechtskräftig entschieden wird. Denn in diesem Fall tritt mit der Rechtskraft der Entscheidung Gütertrennung gem. § 1388 BGB ein (→ Rn. 23).

70 Eines formalen **Abtrennungsbeschlusses** nach § 140 FamFG bedarf es nicht, da eine Abtrennung durch das Gericht nicht vorliegt. Das Verfahren scheidet aus dem Verbund aus, weil die Voraussetzung des § 137 Abs. 2 S. 1 FamFG nicht mehr vorliegt („Entscheidung für den Fall der Scheidung"). Es empfiehlt sich, dass das Gericht hierauf klarstellend hinweist.

6. Rechtsbehelf

71 Nach § 140 Abs. 6 FamFG findet gegen den Abtrennungsbeschluss kein Rechtsbehelf statt. Daher kann die Abtrennung nur im Rahmen der Beschwerde gegen den **Scheidungsbeschluss** in der Weise gerügt werden, das Gericht habe zu Unrecht abgetrennt und deshalb den Scheidungsbeschluss zu Unrecht vor der abgetrennten Folgesache erlassen. Es reicht aus zu beantragen, die Entscheidung aufzuheben und zur Wiederherstellung des Verbundes an das Ausgangsgericht zurückzuverweisen.[37] Beide Ehegatten sind insoweit beschwert und daher auch beschwerdeberechtigt.

7. Abgetrennte Verfahren

72 Die abgetrennten Verfahren bleiben **Folgesachen**, mehrere abgetrennte Verfahren bleiben daher auch **verbunden**, § 137 Abs. 5 S. 1 FamFG. Nach § 137 Abs. 5 S. 2 FamFG gilt dies aber nicht für Kindschaftssachen, die als selbstständige Sachen nach der Trennung geführt werden. Dies ist nur konsequent, da diese ohnehin nur Folgesachen aufgrund der ausdrücklichen gesetzlichen Anordnung in § 137 Abs. 3 FamFG sind, obwohl die Entscheidung in einer Kindschaftssache nicht „für den Fall der Scheidung" zu treffen ist.

8. Rücknahme des Scheidungsantrags

73 Der Antrag auf Scheidung der Ehe kann wie eine Klage unter den entsprechenden Voraussetzungen zurückgenommen werden. Nach § 113 Abs. 1 S. 2 FamFG sind die entsprechenden Vorschriften der ZPO anwendbar, also insbesondere § 269 ZPO. Die Zurücknahme des Scheidungsantrages kann gem. § 114 Abs. 1 FamFG nur durch einen Rechtsanwalt erfolgen, da es sich um eine Verfahrenshandlung handelt. Soweit eine Einwilligung gem. § 113 Abs. 1 S. 2 FamFG, § 269 Abs. 1 ZPO erforderlich ist, gilt dies entsprechend.

74 Durch die Rücknahme des Scheidungsantrages gilt die Scheidung gem. § 113 Abs. 1 S. 2 FamFG, § 269 Abs. 3 S. 1 ZPO als nicht anhängig geworden. Daher ist es die konsequente Folge des **Scheidungsverbundes**, dass er gem. § 141 FamFG in diesem Fall grundsätzlich **aufgelöst** wird. Dies betrifft auch bereits gem. § 140 FamFG **abgetrennte Verfahren**, selbst wenn in diesen bereits rechtskräftig entschieden worden sein sollte. Denn nach § 148 FamFG können Entscheidungen auch in diesen Folgesachen erst mit Rechtskraft des Scheidungsausspruches wirksam werden.

75 Von diesen Wirkungen ausgenommen sind nach § 141 S. 2 FamFG die Verfahren, die die Übertragung der **elterlichen Sorge** oder eines Teiles hiervon wegen **Gefährdung des Kindeswohls** auf einen Elternteil, Vormund oder Pfleger zum Gegenstand haben. Aus Kindeswohlgründen werden diese Folgesachen als selbstständige Verfahren fortgeführt, § 141 S. 3 FamFG.

76 Das Gleiche gilt für diejenigen Folgesachen, die nach der Erklärung eines Beteiligten fortgeführt werden sollen. Dies könnte für die Folgesache **Kindesunterhalt** in Betracht kommen, gegebenenfalls auch für die Folgesache **Zugewinnausgleich**, wenn auf den vorzeitigen Zugewinnausgleich nach § 1385 BGB umgestellt wird. Denn in diesem Fall wäre der Verbund der Güterrechtsfolgesache ohnehin aufzuheben gewesen (→ Rn. 21).

---

37 BGH 30.5.1979 – IV ZR 160/78, NJW 1979, 1603.

IV. Verfahrenskostenhilfe

1. Reichweite der Verfahrenskostenhilfe im Verbundverfahren

Maßgeblich für die Verfahrenskostenhilfe im Scheidungsverbundverfahren sind zunächst die allgemeinen 77
Vorschriften nach § 113 Abs. 1 S. 2 FamFG iVm §§ 114 ff. ZPO. Insoweit ergeben sich keine Besonderheiten im Hinblick auf die Voraussetzungen der Verfahrenskostenhilfe (→ *Verfahrenskostenhilfe* Rn. 3 ff.).

Nach § 137 Abs. 2 S. 2 FamFG entsteht im Rahmen des Ehescheidungsverfahrens in der Regel der 78
Zwangsverbund mit der Folgesache Versorgungsausgleich (→ Rn. 6). Daher ist es folgerichtig, dass sich gem. § 149 FamFG die für das Scheidungsverfahren bewilligte Verfahrenskostenhilfe auch auf die **Versorgungsausgleichsfolgesache** erstreckt, ohne dass es hierzu eines Antrags bedarf. Voraussetzung ist dabei aber, dass es sich um eine Folgesache handelt, was beispielsweise nicht der Fall ist, wenn es um den Wertausgleich nach der Scheidung nach §§ 20 ff. VersAusglG geht oder um Verfahren, die erst nach der Scheidung anhängig gemacht werden (Art. 17 Abs. 4 EGBGB; → Rn. 6).

Zunächst gab es unterschiedliche Auffassungen, welche Gebührentatbestände bei einer Einigung auch über nicht rechtshängige Ansprüche von der bewilligten Verfahrenskostenhilfe umfasst sind. Einigkeit bestand nur, dass die Einigungsgebühr erfasst ist. Ob aber auch die Verfahrensdifferenzgebühr (VV 3101 Nr. 2 RVG) und/oder die Terminsgebühr (VV 3104 RVG) gewährt wird, wurde unterschiedlich entschieden. Nach der ab 1.8.2013 geltenden Fassung des § 48 Abs. 3 S. 1 RVG, wonach sich die Beiordnung in einer Ehesache auf alle mit der Herbeiführung der Einigung erforderlichen Tätigkeiten erstreckt, hat der Gesetzgeber die Unklarheit beseitigt. Es ist auch die Verfahrensdifferenzgebühr und/oder die Terminsgebühr bei Vorliegen der sonstigen Voraussetzungen zu gewähren.

Nach § 149 Hs. 2 FamFG kann im Bewilligungsbeschluss über die Verfahrenskostenhilfe für das Ehe- 79
scheidungsverfahren die Erstreckung der Verfahrenskostenhilfe auf das Versorgungsausgleichsverfahren **ausgenommen** werden. Die Wahrnehmung der Interessen im Versorgungsausgleichsverfahren kann nicht mutwillig sein, da es sich um einen Zwangsverbund handelt. Deshalb kommt diese Herausnahme wohl nur ganz ausnahmsweise in Betracht, wenn mit Gewissheit feststeht, dass ein Versorgungsausgleich nicht stattfindet.[38]

2. Erforderlichkeit der gesonderten Beantragung

Alle anderen **Folgesachen**, die also nicht den Versorgungsausgleich betreffen, werden von der Verfahrens- 80
kostenhilfebewilligung für das Ehescheidungsverfahren nicht erfasst. Deshalb ist darauf zu achten, dass in jedem einzelnen Fall gegebenenfalls gesondert die Bewilligung von Verfahrenskostenhilfe beantragt werden muss, § 113 Abs. 1 S. 2 FamFG iVm § 117 ZPO.

V. Rechtsmittel

1. Beschwerde

Es gelten die allgemeinen Vorschriften der §§ 58–75 FamFG, soweit in § 117 FamFG nicht besondere 81
Regelungen enthalten sind (→ *Beschwerdeverfahren* Rn. 8 ff., 98 ff.). Zusammengefasst gilt auch in Scheidungs- und Scheidungsverbundsachen:

- Das Rechtsmittel gegen Entscheidungen in Scheidungs- und Scheidungsverbundsachen ist die Beschwerde nach § 58 Abs. 1 FamFG.
- Die erforderliche Beschwer ergibt sich aus § 59 FamFG.
- Die Beschwerdefrist beträgt einen Monat gem. § 63 Abs. 1 FamFG.
- Das Oberlandesgericht ist sachlich zuständiges Beschwerdegericht gem. § 119 Abs. 1 Nr. 1 a GVG.
- Die Beschwerde ist beim erstinstanzlichen Familiengericht durch Einreichung einer Beschwerdeschrift einzulegen, § 64 Abs. 1 FamFG.

38 HK-FamVerfR/*Kemper* § 149 Rn. 4.

- Für die Einlegung der Beschwerde in einer Ehesache, Familienstreitsache oder auch in einer einfachen Familiensache als Folgesache bedarf es grundsätzlich der anwaltlichen Vertretung. Dies gilt entgegen des Wortlautes von § 64 Abs. 2 S. 2 FamFG auch dann, wenn eine Beschwerde isoliert gegen eine Folgesache eingelegt wird, bei der es sich um eine einfache Familiensache handelt. Bei der Nichterwähnung der Folgesachen der freiwilligen Gerichtsbarkeit in der Ausnahmevorschrift des § 64 Abs. 2 S. 2 FamFG handelt es sich nach allgemeiner Auffassung um einen redaktionellen Fehler. In allen Verfahren, wie beispielsweise der Ehescheidung, die dem Anwaltszwang schon in erster Instanz unterliegen, kann auch die Beschwerde nur durch einen Rechtsanwalt eingelegt werden.[39]

82 Nach § 117 Abs. 1 FamFG ist ein bestimmter **Sachantrag** zu stellen und die Beschwerde innerhalb einer Frist von zwei Monaten zu begründen, wenn Beschwerde in einer Ehesache oder Familienstreitsache eingelegt wird. Hierin liegt ein wesentlicher Unterschied zu den allgemeinen Rechtsbehelfsvorschriften, die eine gesetzlich vorgeschriebene Pflicht zur Antragstellung und Begründung nicht kennen, § 65 Abs. 1, 2 FamFG.

83 Da es gem. § 68 Abs. 1 S. 2 FamFG in Familiensachen grundsätzlich keine Abhilfebefugnis des erstinstanzlichen Gerichts gibt, ist jede Beschwerde stets dem Beschwerdegericht vorzulegen.

84 Das Beschwerdeverfahren ist gem. § 65 Abs. 3 FamFG im Gegensatz zum Berufungsverfahren der ZPO als vollständige **Tatsacheninstanz** ausgestaltet. Nach § 68 Abs. 3 FamFG kann das Berufungsgericht von der Durchführung eines Termins, einer mündlichen Verhandlung oder einzelner Verfahrenshandlungen absehen, worauf gem. § 117 Abs. 3 FamFG die Beteiligten allerdings hinzuweisen sind.

2. Rechtsbeschwerde

85 Gegen die Entscheidungen des Beschwerdegerichts ist unter den Voraussetzungen der §§ 70–75 FamFG die Rechtsbeschwerde möglich (→ *Beschwerdeverfahren* Rn. 113 ff.).

VI. Streitwert

1. Verbundverfahren

86 Die Besonderheit des Verbundverfahrens drückt sich auch bei der Ermittlung des für die Bemessung der Gerichtsgebühren und der Anwaltsvergütung maßgeblichen Streitwertes aus. Nach § 44 Abs. 1 FamGKG gelten die **Scheidungssache** und die **Folgesache** als ein Verfahren. Demnach werden die jeweils zu ermittelnden Streitwerte der Ehesache und aller Folgesachen addiert, § 44 Abs. 2 S. 2 FamGKG. Dies gilt nach § 44 Abs. 2 S. 3 FamGKG auch dann, wenn ein nicht vermögensrechtlicher Anspruch mit einem daraus hergeleiteten vermögensrechtlichen Anspruch verbunden wird.

87 Es bleibt auch im Falle der **Abtrennung** von Folgesachen bei der Addition der einzelnen Verfahrenswerte, denn die abgetrennten Verfahren bleiben nach § 137 Abs. 5 S. 1 FamFG Folgesachen, es sei denn, es handelt sich um Kindschaftssachen iSd § 137 Abs. 3 FamFG, die als selbstständige Verfahren fortgeführt werden, § 137 Abs. 5 S. 2 FamFG. Da diese Sachen keine Folgesachen mehr sind, erfolgt auch keine Wertaddition. Das Gleiche gilt für Folgesachen, die nach Zurücknahme oder Abweisung des Scheidungsantrags als selbstständige Folgesachen gem. §§ 141 S. 3, 142 Abs. 2 S. 3 FamFG fortgeführt werden.

2. Ehesache

88 Nach § 43 Abs. 1 FamGKG sind für die **Wertbestimmung** der Umfang und die Bedeutung der Sache sowie die Vermögens- und Einkommensverhältnisse maßgeblich. Der **Umfang** einer Sache soll dann beachtet werden, wenn er aus dem üblichen Rahmen fällt. Die nicht näher begründete Feststellung, ein Scheidungsverfahren sei einfach und wenig arbeitsintensiv gewesen, reicht nicht aus, um den sich aus

39 So BGH 26.4.2017 – 12 ZB 3/16, FamRZ 2017, 1151–1155.

den Einkommensverhältnissen ergebenden Streitwert herabzusetzen, ebenso wenig der Umstand, dass Verfahrenskostenhilfe bewilligt wurde.[40]

Maßgeblich sind nach § 34 S. 1 FamGKG die Einkommens- und Vermögensverhältnisse zum Zeitpunkt der jeweiligen **Beantragung**. Spätere Verbesserungen oder Verschlechterungen bleiben unbeachtlich. Die **Einkommensverhältnisse** werden gem. § 43 Abs. 2 FamGKG nach dem dreifachen Monatsnettoeinkommen beider Ehegatten ermittelt, die diese vor der Anhängigkeit des Scheidungsantrages erzielt haben. 89

Unter Einkommen sind grundsätzlich **alle Einkünfte** zu verstehen. Zu den Einkünften zählen Abfindungen, Gratifikationen, Einkünfte aus Kapitalvermögen, aus Vermietung und Verpachtung, Wohngeld, Hartz IV, Sozialhilfe, ALG II.[41] Ob **Transferleistungen**, wie beispielsweise ALG II, zur Bemessung des Streitwertes heranzuziehen sind, ist allerdings umstritten. Das OLG Stuttgart verneint dies mit dem Hinweis, Sozialleistungen sicherten nur das Existenzminimum und bildeten nicht den zuvor erarbeiteten Lebensstandard ab.[42] Diese Auffassung überzeugt nicht. Bei bescheidenden Einkommensverhältnissen kommt es auch dann nur auf die konkrete Höhe der Einkünfte an, wenn diese unterhalb des Existenzminimums liegen sollten. Lediglich der Mindeststreitwert von 3.000 EUR ist als korrigierender Auffangwert vorgesehen. Der frühere Lebensstandard spielt nach § 34 FamGKG gerade keine Rolle, da es nur auf den Zeitpunkt der Antragstellung ankommt. Die meisten Oberlandesgerichte ziehen auch Transferleistungen zur Streitwertbemessung heran, denn letztendlich soll die Wirtschaftskraft der Beteiligten streitwertbestimmend sein.[43] 90

Auch das **Kindergeld** zählt zu den Einkünften, zumindest dann, wenn bei der Einkommensermittlung für jedes unterhaltsberechtigte Kind ohne Rücksicht auf die tatsächliche Höhe von Unterhaltsansprüchen ein Pauschalbetrag abgesetzt wird.[44] Besser bleibt der Unterhalt für Kinder von vorneherein unberücksichtigt, ebenso wie das Kindergeld, wodurch der geringeren Leistungsfähigkeit der Eltern bereits ausreichend Rechnung getragen wird.[45]

Das **Vermögen** beider Eheleute ist nach § 43 Abs. 1 S. 1 FamGKG in jedem Fall bei der Streitwertbemessung von Bedeutung, auch wenn es sich um eine einverständliche Scheidung handelt.[46] Von dem addierten Vermögen beider Eheleute sind **Freibeträge** abzuziehen.[47] In welcher Höhe dies zu erfolgen hat, wird in der Rechtsprechung unterschiedlich beantwortet. Ein Freibetrag von 30.000 EUR je Ehegatten erscheint angemessen.[48] Kinder bleiben unberücksichtigt[49] oder es werden auch für diese Freibeträge anzusetzen, in der Regel der halbe Betrag.[50] Leben die Kinder nicht mehr bei den Eltern, bleiben sie in der Regel unberücksichtigt. 91

40 BVerfG 17.12.2008 – 1 BvR 1369/08, FamRZ 2009, 491.

41 OLG Bamberg 22.5.2017 – 2 WF 122/17, FamRZ 2017, 1770–1771; *Hartmann* FamGKG § 43 Rn. 29–32 mit weiteren Beispielen.

42 OLG Stuttgart 23.3.2011 – 18 WF 56/11, FamRZ 2011, 1810.

43 ZB OLG Zweibrücken 10.1.2011 – 5 WF 178/10, NJW 2011, 1235; OLG Brandenburg 10.1.2011 – 9 WF 403/09, FamRZ 2011, 1423; OLG Düsseldorf 16.7.2008 – 8 WF 76/08, FamRZ 2009, 453.

44 OLG Karlsruhe 4.4.2008 – 2 WF 40/08, FamRZ 2008, 2050; OLG Hamm 27.1.2006 – 11 WF 333/05, FamRZ 2006, 718; OLG Karlsruhe 23.2.2006 – 5 WF 31/06, FamRZ 2006, 1055; OLG Brandenburg 12.10.2015 – 15 WF 176/15, FamRZ 2016, 1295–1297; aA OLG Düsseldorf 13.1.2006 – 3 WF 298/05, FamRZ 2006, 807.

45 So OLG Köln 16.11.2016 – 4 WF 106/16.

46 OLG Stuttgart 16.4.2010 – 18 WF 71/10, FamRZ 2010, 1940.

47 Anders OLG Brandenburg 11.2.2016 – 10 WF 71/15, FamRZ 2016, 1298–1301: kein Abzug eines Freibetrags.

48 OLG Stuttgart 4.1.2018 – 18 WF 149/17 unter Aufgabe der früheren Rechtsprechung; OLG Schleswig 4.8.2017 – 10 WF 137/17, FamRZ 2018, 1175–1176; 60.000 EUR je Ehegatte laut OLG Bamberg 13.4.2017 – 2 WF 51/17, FamRZ 2017, 1771–1773.

49 OLG Stuttgart 4.1.2018 – 18 WF 149/17.

50 OLG Bamberg 13.4.2017 – 2 WF 51/17, FamRZ 2017, 1771–1773.

92 Von dem dann verbleibenden Vermögenswert ist ein Prozentsatz anzusetzen, dessen Höhe wiederum in der Rechtsprechung unterschiedlich festgesetzt wird. Nach OLG Stuttgart[51] ist ein Wert von 5 % des Vermögens angemessen, nach OLG Schleswig[52] sind es 10 %.

93 Letztendlich liegt die Höhe des Freibetrages und des Prozentsatzes gem. § 43 Abs. 1 S. 1 FamGKG im **Ermessen** des Gerichts.

94 Gem. § 43 Abs. 1 S. 2 FamGKG beträgt der **Mindestwert 3.000 EUR**. Der Mindestwert kommt nur dann in Betracht, wenn die dreifachen Nettoeinkünfte der Eheleute niedriger sind. Eine Herabsetzung auf den Mindestwert mit der Begründung, beiden Eheleuten sei **Verfahrenskostenhilfe** bewilligt worden, verstößt gegen Art. 12 Abs. 1 GG.[53] Es ist also in jedem Fall festzustellen, welche konkreten Einkünfte und welches Vermögen beide Eheleute haben (→ Rn. 88 ff.). Der gesetzlich festgelegte Höchstwert beträgt 1 Million EUR.

3. Folgesachen

95 **a) Kindschaftssachen.** Werden Kindschaftssachen als Folgesache in den Scheidungsverbund nach § 137 Abs. 3 FamFG aufgenommen, wird der Verfahrenswert nicht mit dem Festbetrag von 4.000 EUR nach § 45 FamGKG bestimmt. Er reduziert sich vielmehr gem. § 44 Abs. 2 FamGKG auf 20 % des Wertes der Ehesache, wobei ein Höchstbetrag von 4.000 EUR gilt. Der Wert wird nicht erhöht, wenn mehrere Kinder betroffen sind.

96 Nach § 44 Abs. 3 FamGKG kann aus **Billigkeitsgründen** der Verfahrenswert der Kindschaftssache erhöht oder vermindert werden, demnach auch über den Wert von 4.000 EUR hinausgehend.[54] Liegen besondere Umstände vor, die zur Unbilligkeit des Pauschalwertes führen, kann das Gericht den Streitwert anderweitig festsetzen. Eine **Herabsetzung** kommt nur in besonders **unterdurchschnittlich** gelagerten Fällen in Betracht. Ist im Rahmen der Bewilligung von Verfahrenskostenhilfe ein Rechtsanwalt beigeordnet worden, kann wegen § 78 Abs. 2 FamFG von vorneherein ein unterdurchschnittlicher Fall nicht angenommen werden.[55] Eine **Erhöhung** ist angezeigt, wenn die Verhandlung länger dauerte,[56] wenn mehr als ein Verhandlungstermin erforderlich war oder ein Sachverständigengutachten eingeholt wurde und durchgearbeitet werden musste.[57]

97 **b) Ehewohnungs- und Haushaltssachen.** Es gelten die in § 48 FamGKG festgelegten festen **Verfahrenswerte** für die Ehewohnungssache nach § 200 Abs. 1 Nr. 2 FamFG in Höhe von 4.000 EUR und für die Haushaltssache nach § 200 Abs. 2 Nr. 2 FamFG 3.000 EUR. Auch hier kann aus **Billigkeitsgründen** der jeweilige Wert korrigiert werden, § 48 Abs. 3 FamGKG.

98 **c) Versorgungsausgleich.** Für die Ermittlung des Verfahrenswertes ist das in drei Monaten erzielte **Nettoeinkommen** beider Eheleute die Berechnungsbasis, § 50 Abs. 1 S. 1 FamGKG. Dieses Einkommen ist nicht zu kürzen, beispielsweise um einen Pauschalbetrag für Kindesunterhalt, da hier – anders als bei § 43 Abs. 1 S. 1 FamGKG – dem Gericht kein Ermessen eingeräumt wird.

99 Von diesem Wert ist für jedes **Anrecht** 10 % anzusetzen, auch wenn es nicht ausgeglichen wird, weil beispielsweise ein Fall der Geringfügigkeit gem. § 18 VersAusglG vorliegt.[58] Der Verfahrenswert beträgt mindestens 1.000 EUR, § 50 Abs. 1 S. 2 FamGKG.

---

51 OLG Stuttgart 4.1.2018 – 18 WF 149/17 und OLG Bamberg 13.4.2017 – 2 WF 51/17, FamRZ 2017, 1771–1773.
52 OLG Schleswig 4.8.2017 – 10 WF 137/17, FamRZ 2018, 1175–1176.
53 BVerfG 17.12.2008 – 1 BvR 1369/08, FamRZ 2009, 491.
54 *Garbe* in: PHdB-FamS § 2 Rn. 220.
55 OLG Celle 24.1.2012 – 10 WF 11/12, FamFR 2012, 132.
56 Hier: 4 Stunden, OLG Naumburg 3.11.2017 – 3 UF 85/17.
57 OLG Hamm 19.9.2011 – 6 WF 307/11, FamFR 2011, 574.
58 OLG Frankfurt a. M. 1.8.2018 – 2 WF 196/18, FamRZ 2019, 305.

Wird ein Anrecht erst nach der Scheidung ausgeglichen, bleibt es beim Wertansatz im Verbundverfahren unberücksichtigt. Dies folgt schon daraus, dass es in dem dann zu führenden isolierten Versorgungsausgleichsverfahren mit 20 % angesetzt wird.[59] 100

Nach § 50 Abs. 3 FamGKG ist eine Abweichung vom festgestellten Verfahrenswert aus **Billigkeitsgründen** möglich. Allein der Umstand, dass Anrechte wegen Geringfügigkeit nicht ausgeglichen wurden, rechtfertigt jedoch keine Herabsetzung des Verfahrenswertes.[60] 101

d) Unterhaltssachen. In den Folgesachen Kindesunterhalt und Ehegattenunterhalt ermittelt sich der Verfahrenswert gem. § 51 FamGKG nach dem für die ersten zwölf Monate geforderten **Unterhaltsbetrag**. Da diese Anträge stets für den Fall der rechtskräftigen Scheidung zu stellen sind, ist der Zeitpunkt der Rechtskraft des Scheidungsurteils und nicht der Zeitpunkt der Antragstellung maßgeblich. Auch kommt die zusätzliche Geltendmachung von Unterhaltsrückständen im Rahmen der Folgesache nicht in Betracht. Der Antrag kann nur in die Zukunft gerichtet sein. Bei einem **Stufenantrag** ist nur der höhere Wert nach § 38 FamGKG maßgeblich. Durch die am 1.8.2013 in Kraft getretene Neufassung des § 51 Abs. 1 S. 1 FamGKG („und in sonstigen den Unterhalt betreffenden Familiensachen") ist klargestellt, dass auch Streitigkeiten über vertraglich vereinbarte Unterhaltsansprüche nach dieser Vorschrift zu bewerten sind. 102

e) Güterrechtssache. Für die Verfahrenswertbestimmung kommt es auf den geltend gemachten **Betrag** gem. § 35 FamGKG an. Bei einem Stufenantrag ist nur der höhere Wert nach § 38 FamGKG maßgeblich. Nach § 52 FamGKG werden die Werte addiert, wenn neben dem Zahlungsantrag auch Stundung oder die Übertragung von Vermögensgegenständen beantragt wird. 103

VII. Gebühren und Vergütung

1. Gerichtsgebühren

Nach §§ 9 Abs. 1, 14 FamGKG ist für **Ehesachen** ein Kostenvorschuss zu erheben. Für das Ehescheidungsverfahren ermittelt sich der Verfahrenswert für den Kostenvorschuss daher nur aus dem Wert der Ehesache gem. § 43 FamGKG. Ein höherer Verfahrenswert kann wegen bereits in der Scheidungsantragsschrift einbezogener **Folgesachen** nicht angesetzt werden. 104

Für das Verfahren in erster Instanz entsteht nach KV 1110 FamGKG eine 2,0 Verfahrensgebühr für das Ehescheidungsverfahren einschließlich aller Folgesachen. In der Beschwerdeinstanz erhöht sich die Gebühr auf 3,0 (KV 1120) und in der Rechtsbeschwerdeinstanz auf 4,0 (KV 1130) und zwar jeweils auch dann, wenn sich das Rechtsmittel auf eine Folgesache beschränkt. 105

2. Rechtsanwaltsvergütung

In der ersten Instanz kommen in Betracht: die 1,3 Verfahrensgebühr nach VV 3100 RVG und die 1,2 Terminsgebühr nach VV 3104 RVG. Im Falle einer Einigung entsteht die 1,0 Einigungsgebühr nach VV 1000, 1003 RVG. In **Ehesachen** (und in Lebenspartnerschaftssachen) kann eine Einigungsgebühr nicht entstehen, VV 1000 Abs. 5, 1003 RVG (s. aber → Rn. 108). In **Kindschaftssachen** entsteht eine Einigungsgebühr auch dann, wenn über den Gegenstand der Vereinbarung vertraglich nicht verfügt werden kann (zB Sorgerechtsentscheidung), wenn die gerichtliche Entscheidung dadurch entbehrlich wird oder die Entscheidung der Vereinbarung folgt. Sie entsteht auch, wenn ein Vergleich gerichtlich gebilligt wird, VV 1003 Abs. 2 RVG. Im Falle der bewilligten Verfahrenskostenhilfe werden die Verfahrensdifferenzgebühr und die Terminsgebühr bei Vorliegen der sonstigen Voraussetzungen nach der ab 1.8.2013 geltenden Fassung des § 48 Abs. 3 S. 1 RVG gewährt (→ Rn. 78). 106

Es werden jeweils die Verfahrenswerte derjenigen Folgesachen zugrunde gelegt, über die eine Einigung erfolgt ist. 107

59 OLG Brandenburg 14.6.2011 – 10 UF 249/10, AGS 2011, 393.
60 OLG Stuttgart 16.11.2010 – 11 WF 153/10, NJW 2010, 540.

108 Wirkt der Anwalt an der Aussöhnung der Eheleute mit, nachdem ein Scheidungsverfahren anhängig geworden ist, entsteht die **Aussöhnungsgebühr** in Höhe von 1,0 nach VV 1001, 1003 RVG.

109 In der Beschwerdeinstanz sind die VV 3200 ff. RVG anwendbar, was sich aus Vorbemerkung 3.2.1 Nr. 2 b RVG ergibt. Es kommen daher die 1,6 Verfahrensgebühr nach VV 3200 RVG und die 1,2 Terminsgebühr nach VV 3202 RVG in Betracht. Im Falle einer Einigung bzw. Aussöhnung entsteht die 1,3 Einigungsgebühr/Aussöhnungsgebühr nach VV 1000, 1001, 1004 Abs. 1 RVG.

110 In der Rechtsbeschwerdeinstanz sind die VV 3206 ff. RVG anwendbar, was sich aus Vorbemerkung 3.2.2 Nr. 1 a RVG ergibt. Es kommen daher die 2,3 Verfahrensgebühr nach VV 3208 RVG und die 1,5 Terminsgebühr nach VV 3210 RVG in Betracht. Im Falle einer Einigung bzw. Aussöhnung entsteht die 1,3 Einigungsgebühr/Aussöhnungsgebühr nach VV 1000, 1001, 1004 Abs. 1 RVG.

202. Scheinehe

J. Teubel

I. Einführung

Mit der Scheinehe wird ein **ehefremder Zweck** verfolgt. Die Ehe wird nicht zu dem Zweck geschlossen, eine eheliche Lebensgemeinschaft zu begründen, sondern zu dem Zweck, einem der Partner einen Vorteil, meistens ein Aufenthaltsrecht, zu verschaffen. 1

II. Materielles Recht

1. Fehlender Wille zur Begründung einer Lebensgemeinschaft

Das deutsche Recht missbilligt den **Missbrauch** der Institution der Ehe. Gem. § 1314 Abs. 2 Nr. 5 BGB ist die Ehe aufhebbar, wenn **beide Ehegatten** keine Verpflichtung gem. § 1353 Abs. 1 BGB begründen wollen. Das Ehehindernis wurde eingeführt, um die Ehen zu verhindern, die ausschließlich zu dem Zweck erfolgten, dem ausländischen Partner die Einreise nach Deutschland zu ermöglichen oder seine Abschiebung aus Deutschland zu verhindern. Ist die Aufhebbarkeit offenkundig, muss der Standesbeamte gem. § 1310 Abs. 1 S. 3 Nr. 1 BGB seine Mitwirkung bei der Eheschließung verweigern. Hiergegen kann Rechtsschutz nach § 49 PStG gesucht werden.[1] Einem deutschen Verlobten darf in einer solchen Konstellation kein Ehefähigkeitszeugnis für eine Eheschließung im Ausland ausgestellt werden (§ 39 Abs. 2 PStG); eine Befreiung von der Beibringung eines Ehefähigkeitszeugnisses eines Ausländers (§ 1309 Abs. 2 BGB) wird nicht gewährt.[2] 2

Bei der Scheinehe fehlt nicht der Wille zur Eheschließung. Es fehlt der Wille, die eheliche Lebensgemeinschaft zu begründen und Verantwortung für den anderen zu übernehmen (§ 1353 Abs. 1 BGB). 3

Die Regelung des § 1314 Abs. 2 Nr. 5 BGB iVm § 1310 Abs. 1 S. 3 Nr. 1 BGB stellt allein auf den **fehlenden Willen** zur ehelichen Lebensgemeinschaft ab, so dass nicht nur Ehen erfasst werden, die allein zur Begründung eines Aufenthaltsrechts geschlossen werden. Gleichwohl ist die Vorschrift wegen der verfassungsrechtlich geschützten Eheschließungsfreiheit (Art. 6 Abs. 1 GG) eng auszulegen.[3] **Keine Scheinehe** liegt vor, wenn Teilbereiche der ehelichen Lebensgemeinschaft gem. § 1353 Abs. 1 BGB durch Vereinbarung der Eheleute ausgeschlossen werden, ebenso wenig, wenn eine eheliche Lebensgemeinschaft aus tatsächlichen Gründen nicht geführt werden kann. 4

Indizien für eine Scheinehe können fehlende sprachliche Verständigungsmöglichkeiten, weit auseinander liegende Aufenthaltsorte der Eheschließenden,[4] Zusammenleben eines der Beteiligten mit einem Dritten oder widersprüchliche Angaben über die Umstände des Kennenlernens sein.[5] 5

2. Rechtsfolgen

§ 117 BGB gilt für die Scheinehe nicht. Die Scheinehe ist wirksam, jedoch aufhebbar (§ 1314 Abs. 2 Nr. 5 BGB). Solange kein Aufhebungsantrag gestellt ist, besteht auch ein Ehegattenerbrecht, da § 1314 Abs. 2 6

1 OLG Düsseldorf 6.12.2018 – 3 Wx 75/18, FamRZ 2019, 1088.
2 *Andrae* IntFamR § 1 Rn. 77.
3 Palandt/*Siede*, 80. Aufl. 2021, BGB § 1310 Rn. 9.
4 S. aber KG 17.9.2012 – 1 VA 7/12, FamRZ 2013, 953: Kontakt über Internet ohne persönliche Begegnung.
5 NK-BGB/*Antomo* § 1310 Rn. 11.

Nr. 5 BGB in § 1318 Abs. 5 BGB nicht genannt ist. Der Aufhebungsgrund entfällt, wenn die Ehegatten nachträglich miteinander als Ehegatten gelebt haben (§ 1315 Abs. 1 S. 1 Nr. 5 BGB).

III. Auflösung der Scheinehe

7 Die Ehegatten können die **Aufhebung**, aber auch die Scheidung der Ehe beantragen. Welcher Weg vorzuziehen ist, hängt von dem Ziel ab, das ein Partner mit der Auflösung der Ehe verfolgt. Bei der Aufhebung der Scheinehe gibt es keine Unterhaltsansprüche, bei der Scheidung sehr wohl. Dafür muss bei der Scheidung das **Trennungsjahr** eingehalten werden, auch muss der fehlende Wille, die Ehe fortzuführen, bekundet werden.[6] Dagegen kann die Aufhebung der Ehe jederzeit beantragt werden (zum Verfahren → *Ehehindernisse und Eheverbote* Rn. 13).

IV. Verfahrenshinweise

8 Es ist nicht rechtsmissbräuchlich, für einen Antrag auf Aufhebung einer zur Verschaffung eines Aufenthaltsrechts eingegangenen Ehe **Verfahrenskostenhilfe** zu beantragen. Ein Ehegatte, der für die rechtsmissbräuchliche Eheschließung ein Entgelt erhalten hat, muss hiervon aber grundsätzlich Rücklagen bilden, um die Kosten eines Eheaufhebungsverfahrens finanzieren zu können.[7]

V. Nebengebiete

1. Ausländerrecht

9 Meistens geht es in der Praxis bei einer Scheinehe darum, dem anderen „Ehegatten" eine Aufenthaltserlaubnis zu verschaffen (**Aufenthaltsehe**). Gem. § 27 Abs. 1 a Nr. 1 AufenthG wird der Familiennachzug nicht zugelassen, wenn feststeht, dass die Eheschließung nur zu dem Zweck erfolgte, dem Nachziehenden die Einreise in das oder den Aufenthalt im Bundesgebiet zu ermöglichen.

10 Die Scheinehe mit einem ausreisepflichtigen Ausländer verschafft diesem kein Aufenthaltsrecht.[8] Auch eine Scheinehe führt zur Vaterschaft gem. § 1592 Nr. 1 BGB, so dass das **Kind** einer mit einem Deutschen verheirateten ausländischen Mutter die deutsche Staatsangehörigkeit erlangt.[9]

2. Versorgungsehe

11 Oft kommt in der Praxis auch der Fall der sog. Versorgungsehe vor. Hier erfolgt die Eheschließung zu dem Zweck, dem überlebenden Ehegatten, meistens der Ehefrau, eine **Hinterbliebenenrente** zu verschaffen. Gem. **§ 19 Abs. 1 S. 2 Nr. 1 BeamtVG** besteht kein Anspruch auf Witwengeld, wenn die Ehe mit dem Verstorbenen nicht mindestens ein Jahr gedauert hat, es sei denn, dass die Verschaffung der Versorgung nicht der überwiegende Zweck der Heirat war. Ebenso sieht **§ 46 Abs. 2 a SGB VI** vor, dass Witwen oder Witwer keinen Anspruch auf Witwenrenten oder Witwerrente haben, wenn die Ehe nicht mindestens ein Jahr gedauert hat, es sei denn, dass die Begründung des Anspruchs auf Hinterbliebenenversorgung nicht der überwiegende Zweck der Heirat war. Dabei kommt es jeweils auf die besonderen Umstände des Falles an. Ein Anspruch besteht danach nur, wenn die von der Versorgungsabsicht verschiedenen Beweggründe beider Ehegatten insgesamt gesehen überwiegen oder zumindest gleichwertig sind.[10] Ähnliche Klauseln wie im Beamtenversorgungsgesetz finden sich auch in ärztlichen Versorgungswerken sowie in Versorgungswerken für Rechtsanwälte.[11]

6 OLG Karlsruhe 28.4.1986 – 2 WF 174/85, FamRZ 1986, 680.
7 BGH 30.3.2011 – XII ZB 212/09, NJW 2011, 1814.
8 BVerwG 23.3.1982 – 1 C 20/81, NJW 1982, 1956.
9 OVG Berlin-Brandenburg 6.5.2008 – 3 N 246/06, NJW-RR 2008, 826.
10 BSG 5.5.2009 – B 13 R 55/08, FamRZ 2009, 1667; BVerwG 28.1.2016 – 2 C 21/14, NVwZ 2016, 1483.
11 ZB § 22 Abs. 2 der Satzung des Versorgungswerk der Rechtsanwälte NRW; vgl. auch BVerwG 27.5.2009 – 8 CN 1/09, NJW 2009, 3316.

VI. Internationales Familienrecht

12 Bei einer Ehe mit Auslandsbezug kommt die Aufhebbarkeit der Ehe gem. § 1314 Abs. 2 Nr. 5 BGB nur in Betracht, wenn kollisionsrechtlich auf die Eheschließungsvoraussetzungen (**Art. 13 Abs. 1 EGBGB**) deutsches Recht wenigstens hinsichtlich eines Beteiligten anwendbar ist. Das erfordert, dass einer der Eheschließenden Deutscher ist oder als staatenlose Person ein deutsches Personalstatut hat (→ *Eheschließung mit Ausländern* Rn. 3 f.).

13 Im Übrigen ergeben sich die Folgen einer Scheinehe aus der Rechtsordnung, die strenger ist. Auch wenn die Heimatrechte beider Beteiligter eine Scheinehe nicht verbieten, kann die Mitwirkung des Standesbeamten an der Scheineheschließung im Inland an Art. 6 EGBGB (**ordre public**) scheitern.[12]

12 Vgl. KG 27.3.2001 – 1 VA 36/99, NJW-RR 2001, 1373.

203. Scheinvaterregress

Knahn/Siede

I. Einführung

1 Durch die gesetzliche Regelung der Vaterschaft in § 1592 Nr. 1 und 2 BGB kann es zu sog. **Scheinvaterschaften** kommen, dh dass der rechtliche Vater tatsächlich nicht der genetische Vater des Kindes ist. Grundsätzlich geht das Gesetz nach dem Abstammungsprinzip des § 1589 BGB zwar davon aus, dass die Verwandtschaft[1] zwischen Kind und Eltern auf der genetischen Herkunft beruht.[2] Bei der Vaterschaft des Ehemannes nach § 1592 Nr. 1 BGB sowie bei der Vaterschaft kraft Anerkennung gem. § 1592 Nr. 2 BGB findet eine Überprüfung der genetischen Abstammung aber nicht statt, so dass der rechtliche Vater nicht unbedingt auch der genetische (biologische) Vater ist (→ *Anfechtung der Vaterschaft* Rn. 3). Auch bei der Vaterschaft aufgrund gerichtlicher Feststellung gem. § 1592 Nr. 3 BGB ist denkbar, dass im Rahmen eines Wiederaufnahmeverfahrens gem. § 185 FamFG (→ *Feststellung der Vaterschaft* Rn. 21) eine andere Entscheidung bzgl. der Vaterschaft ergeht und der ursprünglich festgestellte Vater somit nur Scheinvater war.

In diesen Fällen sieht § 1607 Abs. 3 S. 2 BGB einen **gesetzlichen Forderungsübergang** der Unterhaltsansprüche des Kindes auf den Scheinvater vor, dh der Scheinvater kann als Legalzessionar Regress beim genetischen Vater nehmen (**Scheinvaterregress**).

II. Ersatzanspruch des Scheinvaters

1. Voraussetzungen

2 **a) Unterhaltsleistung als Vater.** Gem. § 1607 Abs. 3 S. 2 BGB muss dem Kind ein **Dritter** als Vater Unterhalt geleistet haben. Dabei kommt es nicht darauf an, ob die Vaterschaft aufgrund der Ehe mit der Mutter des Kindes gem. § 1592 Nr. 1 BGB, aufgrund Anerkennung gem. § 1592 Nr. 2 BGB oder gerichtlicher Feststellung gem. § 1592 Nr. 3 BGB bestanden hat. Unschädlich ist es, wenn der Scheinvater gewusst hat, dass er nicht der biologische Vater ist.[3] Eine rechtliche Vaterschaft kann auch überhaupt nicht vorgelegen haben. Es ist dann ausreichend, dass der Dritte aufgrund einer intimen Beziehung zur Mutter irrtümlich angenommen hat, dass er der biologische Vater sei.[4]

3 **b) Keine Sperrwirkung der Vaterschaft.** Der Anspruch kann erst durchgesetzt werden, wenn die bestehende rechtliche Vaterschaft des Scheinvaters durch Anfechtung beseitigt wird und die Vaterschaft des in Regress genommenen Mannes aufgrund von Anerkennung oder gerichtlicher Feststellung feststeht.[5] Versäumt der rechtliche Vater die Frist zur Anfechtung seiner Vaterschaft, kann er sich nicht auf eine Durchbrechung der Rechtsausübungssperre des § 1600 d Abs. 5 BGB berufen.[6]

1 S. NK-BGB/*Gutzeit* § 1589 Rn. 4.
2 BT-Drs. 13/4899, 83.
3 OLG Schleswig 19.3.2007 – 13 UF 157/05, NJW-RR 2007, 1017.
4 NK-BGB/*Saathoff/Reuter* § 1607 Rn. 6.
5 BGH 17.2.1993 – XII ZR 238/91, NJW 1993, 1195.
6 BGH 11.1.2012 – XII ZR 194/09, NJW 2012, 852.

Ausnahmsweise muss die Vaterschaft des in Regress genommenen Mannes noch nicht feststehen, sondern kann im Unterhaltsregressverfahren des Scheinvaters **inzident** festgestellt werden, wenn (ggf. nach erfolgreicher Anfechtung der Vaterschaft des Scheinvaters) sowohl die Mutter als auch der vermeintliche Vater nicht bereit sind, die Vaterschaft gerichtlich feststellen zu lassen oder durch Anerkennung zu konstatieren und wenn die Vaterschaft des Dritten gem. § 1600 d Abs. 2 BGB vermutet wird.[7] Der Scheinvater wäre in diesen Fällen rechtlos gestellt, weshalb ausnahmsweise eine Durchbrechung der Rechtsausübungssperre des § 1600 d Abs. 5 BGB und damit eine inzidente Vaterschaftsfeststellung zulässig ist. 4

Die Sperrwirkung des § 1600 d Abs. 5 BGB verhindert die **rückwirkende Geltendmachung** der Unterhaltsansprüche nicht, da § 1613 Abs. 2 Nr. 2 a BGB die Geltendmachung für die Vergangenheit ohne Einschränkung erlaubt, wenn der Unterhaltsberechtigte aus rechtlichen Gründen an der Geltendmachung gehindert war. Dies ist grundsätzlich der Fall, weil das Kind den leiblichen Vater aus Rechtsgründen erst ab Feststellung der Vaterschaft auf Zahlung von Unterhalt in Anspruch nehmen kann, sofern nicht einer der Ausnahmefälle des §§ 247, 248 FamFG vorliegt. 5

c) Rechtsverfolgung im Inland ausgeschlossen oder erschwert? Die Verweisung des § 1607 Abs. 3 S. 2 BGB auf S. 1 gilt grundsätzlich auch für die weitere Verweisung des S. 1 auf Abs. 2 S. 1. Sie hat insoweit allerdings meist keine eigenständige Bedeutung, weil die Rechtsverfolgung gegen den leiblichen Vater ausgeschlossen ist, solange die Vaterschaft des Scheinvaters besteht. Hat allerdings ein Dritter im Glauben, der leibliche Vater zu sein, Unterhalt geleistet, ohne statusrechtlich Vater zu sein, kann er den Dritten nur in Anspruch nehmen, wenn auch die Voraussetzungen des § 1607 Abs. 2 S. 1 BGB vorliegen. Das ist insbesondere dann und solange der Fall, wie er keinen Grund hatte, an seiner tatsächlichen Vaterschaft zu zweifeln oder die Voraussetzungen für die inzidente Feststellung der Vaterschaft nicht vorliegen und der Dritte nicht als Vater festgestellt ist.[8] Unter den zuletzt genannten Voraussetzungen kann auch der Scheinvater nach Rechtskraft der Anfechtung der Vaterschaft den Dritten auf Unterhalt in Anspruch nehmen. 6

2. Umfang des Forderungsübergangs

Einwendungen gegen den Unterhaltsanspruch bleiben erhalten (§§ 404, 412 BGB). Der Anspruch ist abtretbar und ohne die Privilegierungen des § 850 d ZPO pfändbar, gegen ihn kann aufgerechnet werden, §§ 406, 412 BGB.[9] 7

Der Scheinvater kann neben den Unterhaltsleistungen auch den Ersatz der **Kosten des Vaterschaftsanfechtungsverfahrens**[10] einschließlich der Rechtsanwaltskosten geltend machen.[11] Die Kosten des Anfechtungsverfahrens können dann nicht geltend gemacht werden, wenn die Vaterschaft aufgrund Anerkennung bestand.[12] Auch Naturalleistungen in Form von Betreuung oder Unterkunft können geltend gemacht werden und sind in deren Geldwert umzurechnen.[13]

Da der Anspruch des Kindes gegenüber dem neuen rechtlichen Vater übergeht, kann der Scheinvater nur Ersatz in der Höhe verlangen, in der auch der leibliche Vater zur Zahlung verpflichtet gewesen wäre. Der Anspruch ist daher doppelt begrenzt durch die Höhe des tatsächlich geleisteten Unterhalts und durch die Höhe des Unterhalts, der dem Kind aufgrund der Einkommensverhältnisse des in Anspruch genommenen Vaters rechtlich zustand.[14] Hat der Scheinvater mit dem Kind lange in einer intakten Familie zusammengelebt, kann der übergegangene Anspruch wegen **unbilliger Härte** zu kürzen sein.[15]

7 BGH 16.4.2008 – XII ZR 144/06, NJW 2008, 2433.
8 Vgl. hierzu Palandt/*von Pückler* BGB § 1607 Rn. 17; BeckOK BGB/*Reinken* § 1607 Rn. 19.
9 Palandt/*von Pückler* BGB § 1607 Rn. 14.
10 BGH 25.11.1987 – IVb ZR 109/86, NJW-RR 1988, 582.
11 AG Landau i.d. Pfalz 4.8.1998 – 5 C 599/98, FamRZ 1999, 1296.
12 OLG Jena 5.8.2005 – 1 UF 55/01, NJW 2006, 522.
13 AG Köln 30.5.1990 – 382 C 49/90, FamRZ 1991, 735.
14 KG 15.3.1999 – 18 WF 740/99, FamRZ 2000, 441.
15 OLG Celle 10.4.2019 – 21 UF 53/17, NZFam 2019, 450.

Der Anspruch **verjährt** grundsätzlich in drei Jahren (§§ 195, 199 BGB). Die Verjährung beginnt grundsätzlich erst mit Beginn des Jahres, das auf die Rechtskraft der Anfechtung der Vaterschaft des Scheinvaters, der den Unterhalt geleistet hat, und den Eintritt der Rechtskraft der Feststellung der Vaterschaft des Dritten bzw. der Voraussetzungen, dass die Vaterschaft inzident festgestellt werden kann, folgt.[16]

3. Auskunftsanspruch

8 Der Scheinvater kann **von dem Kind** Auskunft verlangen, ob die Vaterschaft anerkannt oder festgestellt wurde und wer der Vater ist.[17] Ein Auskunftsanspruch gegen die Mutter auf Bekanntgabe des Namens des leiblichen Vaters besteht dagegen grundsätzlich nicht[18] (→ *Kenntnis der Abstammung* Rn. 5).

4. Benachteiligungsverbot

9 Die Inanspruchnahme des nunmehr festgestellten Vaters im Wege des Scheinvaterregresses für bereits in der Vergangenheit geleisteten Unterhalt soll den laufenden Unterhaltsanspruch des Kindes nicht gefährden, weshalb § 1607 Abs. 4 BGB anordnet, dass der Forderungsübergang nicht zum Nachteil des Kindes als Unterhaltsberechtigten geltend gemacht werden kann (Benachteiligungsverbot). Das Benachteiligungsverbot hat somit Auswirkungen sowohl im Erkenntnisverfahren des Kindes als auch im Vollstreckungsverfahren des Scheinvaters gegen den Unterhaltspflichtigen.

Im **Erkenntnisverfahren des Kindes wegen laufenden Unterhalts** hat das Benachteiligungsverbot die Wirkung, dass der auf den Scheinvater übergegangene Anspruch des Kindes auf rückständigen Unterhalt nachrangig ist und daher bei der Bemessung der Leistungsfähigkeit des Unterhaltsschuldners nicht berücksichtigt wird.[19]

Der Scheinvater ist aber nicht daran gehindert, den Ersatzanspruch gerichtlich geltend zu machen. Das Urteil muss auch keinen entsprechenden Vorbehalt aussprechen,[20] weil das Benachteiligungsverbot im Übrigen im **Vollstreckungsverfahren (des Scheinvaters)** gemäß §§ 850 c Abs. 1 S. 2, 850 d Abs. 1 S. 2 ZPO von Amts wegen zu berücksichtigen ist. Die Vollstreckung darf daher nur erfolgen, wenn der laufende Unterhalt dadurch nicht gefährdet wird, was aufgrund der Pfändungsfreigrenzen in der Regel gewährleistet sein wird. Die Regelung des § 1607 Abs. 4 BGB ist mit § 7 Abs. 3 S. 2 UVG und der dazu ergangenen Rechtsprechung[21] vergleichbar.

5. Weitere Anspruchsgrundlagen des Scheinvaters

10 Ansprüche des Scheinvaters **gegen das Kind** gem. § 812 Abs. 1 S. 2 BGB sind wegen des Entreicherungseinwandes gem. § 818 Abs. 3 BGB regelmäßig nicht durchsetzbar. Ein deliktischer Anspruch gegen die Mutter gem. § 823 BGB bei einem Ehebruchskind scheidet aus, da insoweit die Scheidungsfolgen eine abschließende Regelung enthalten. Ausnahmsweise kann § 826 BGB erfüllt sein, wenn weitere Schädigungsumstände hinzutreten, zB bei arglistiger Täuschung oder Verschweigen des tatsächlichen Vaters[22] oder wenn die Mutter durch bewusste Falschaussage die (falsche) Feststellung der Vaterschaft verursacht oder dem rechtlichen Vater die Anfechtung vereitelt hat.[23] Weiterhin scheidet aus diesen Gründen auch ein deliktischer Anspruch gegen den Erzeuger des Kindes aus, weil andernfalls die Mutter über den Gesamtschuldausgleich mittelbar doch durch den Schadensersatzanspruch unabhängig von den Scheidungsfolgen belastet wäre.

---

16 BGH 22.3.2017 – XII ZB 56/16, NJW 2017, 1954.
17 OLG Köln 18.3.2002 – 27 WF 41/02, FamRZ 2002, 1214.
18 Palandt/*Siede* BGB Vor § 1591 Rn. 3.
19 HK-FamR/*Pauling*/*Maier* BGB § 1607 Rn. 14; Palandt/*von Pückler* BGB § 1607 Rn. 19.
20 Palandt/*von Pückler* BGB § 1607 Rn. 19.
21 BGH 23.8.2006 – XII ZR 26/04, NJW 2006, 3561.
22 BGH 19.12.1989 – IV b ZR 56/88, NJW 1990, 706.
23 LG Verden 26.11.2009 – 5 O 60/09, FamRZ 2011, 1078; Koch/*Wellenhofer* UnterhaltsR-HdB § 6 Rn. 54.

III. Unterhaltsverfahren gem. § 231 Abs. 1 Nr. 1 FamFG

1. Familienstreitsache

Der Scheinvater kann als Legalzessionar den Regressanspruch gegen den Vater gerichtlich als Unterhaltssache gem. § 231 Abs. 1 Nr. 1 FamFG geltend machen.[24] Es handelt sich daher um eine Familienstreitsache gem. §§ 111 Nr. 8, 112 Nr. 1 FamFG. Für das Verfahren sind weitestgehend die Normen der ZPO gem. § 113 FamFG entsprechend anzuwenden. Es besteht **Anwaltszwang**, § 114 Abs. 1 FamFG. 11

2. Zuständigkeit

a) International. Für die Frage der internationalen Zuständigkeit deutscher Gerichte ist die Verordnung (EG) Nr. 4/2009 über die Zuständigkeit, das anwendbare Recht, die Anerkennung und Vollstreckung von Entscheidungen und die Zusammenarbeit in Unterhaltssachen – EuUnterhVO) als unmittelbar geltendes Gemeinschaftsrecht anzuwenden. Der Anspruch des Scheinvaters aus übergegangenem Recht stellt eine Unterhaltssache gem. Art. 1 Abs. 1 EuUnterhVO dar.[25] Der Anspruch kann daher gem. Art. 3 b EuUnterhVO auch bei den Gerichten des Mitgliedstaates geltend gemacht werden, in dem das Kind seinen gewöhnlichen Aufenthalt hat, da ErwG Nr. 14 der EuUnterhVO insoweit nur eine Ausnahme zulasten der öffentlichen Hand vorsieht.[26] Die Argumentation in der bisherigen Rechtsprechung des EuGH spricht dafür, dass diese Bereichsausnahme auf Regeressansprüche Privater wegen übergegangenen Unterhalts nicht zu erstrecken ist,[27] zumal der EuGH sie auch auf gem. § 7 UVG übergegangene Ansprüche nicht angewandt hat.[28] Für Kinder mit gewöhnlichem Aufenthalt in einem der Mitgliedstaaten bleibt diese internationale Zuständigkeit auch nach Wirksamwerden des Brexits erhalten, für Kinder mit gewöhnlichem Aufenthalt im Bereich des Vereinigten Königreichs gelten für ab 1.1.2021 eingeleitete Verfahren dessen autonome Vorschriften.[29] 12

Die **örtliche Zuständigkeit** folgt bei international-privatrechtlichen Sachverhalten aus §§ 26, 28 AUG.

b) Sachlich. Ausschließlich zuständig für die Unterhaltssache als Familiensache (§ 111 Nr. 8 FamFG) sind die Amtsgerichte, § 23 a Abs. 1 Nr. 1 GVG. 13

Innerhalb der Amtsgerichte sind die Abteilungen für **Familiensachen** (§ 23 b GVG) zuständig. Es handelt sich hierbei um eine gesetzliche Regelung der Geschäftsverteilung und nicht um eine funktionale Zuständigkeit.[30]

Bei Zuständigkeitsfragen innerhalb des Amtsgerichts (zB zwischen Familiengericht und Zivilabteilung) sind die Vorschriften des § 17 a GVG entsprechend anzuwenden (§ 17 a Abs. 6 GVG), dh das Familiengericht oder der Richter der Zivilabteilung, der sich für unzuständig erachtet, hat die Sache durch Beschluss an die jeweils andere Abteilung zu verweisen. Der Beschluss ist dann durch sofortige Beschwerde (§ 17 a Abs. 3 S. 3 GVG) anfechtbar.

c) Örtlich. Gem. § 232 Abs. 1 Nr. 2 FamFG ist das Gericht **ausschließlich zuständig**, in dessen Bezirk das Kind seinen **gewöhnlichen Aufenthalt** (→ *Gewöhnlicher Aufenthalt* Rn. 1 ff.) hat, wenn der Scheinvater für ein minderjähriges Kind oder ein nach § 1603 Abs. 2 S. 2 BGB gleichgestelltes Kind Unterhalt geleistet hat (→ *Familiengerichtliches Verfahren* Rn. 67 ff.). 14

In allen übrigen Fällen sind gem. § 232 Abs. 3 FamFG die Vorschriften der ZPO über den allgemeinen Gerichtsstand (§§ 12 ff. ZPO) anzuwenden, mit der Abweichung, dass anstatt des Wohnsitzes der gewöhn-

24 HK-ZPO/*Kemper* FamFG § 231 Rn. 10.
25 *Andrae* IntFamR § 10 Rn. 29.
26 Vgl. zur Problematik Thomas/Putzo/*Hüßtege* EuUntVO Vor Art. 1 Rn. 21 a; BGH 5.6.2019 – XII ZB 44/19, FamRZ 2019, 1340.
27 EuGH 15.1.2004 – C 433/01 (Freistaat Bayern./. Jan Blijdenstein), NJW 2004, 1439.
28 EuGH 17.9.2020 – C-590/19, NJW 2020, 3229.
29 *Zühlsdorff* JAmt 2020, 606.
30 HK-ZPO/*Rathmann* GVG § 23 b Rn. 2.

liche Aufenthalt maßgeblich ist. Daher ist meist das Gericht, in dessen Bezirk der Antragsgegner seinen gewöhnlichen Aufenthalt hat, zuständig, §§ 12, 13 ZPO, § 232 Abs. 3 FamFG (→ *Familiengerichtliches Verfahren* Rn. 78 ff.).

Zuständig ist – vorbehaltlich der Regelungen über die internationale Zuständigkeit (→ Rn. 11) – wahlweise auch das Gericht, in dessen Bezirk der **Antragsteller seinen gewöhnlichen Aufenthalt** hat, wenn der Antragsgegner im Inland keinen Gerichtsstand hat (§ 232 Abs. 3 S. 2 Nr. 3 FamFG).

204. Schlüsselgewalt

Vlassopoulou/J. Teubel

I. Einführung

Schlüsselgewalt ist die **Rechtsmacht** eines Ehegatten, Geschäfte im Rahmen der Haushaltsführung mit Wirkung auch für den anderen Ehegatten zu tätigen. Ursprünglich hatte nur die Ehefrau, die meist ohne Einkommen war, die „Schlüsselgewalt" bei der Führung des ehelichen Haushalts. Das ermöglichte ihr, selbstständig ihre Haushaltspflichten und damit auch ihren Beitrag zum Familienunterhalt zu erfüllen, ohne auf eine Vollmacht ihres Mannes angewiesen zu sein. Den Vertragspartnern der Ehefrau entstanden aus diesen Geschäften keinerlei Nachteile, weil ihnen auch der verdienende Ehemann als Schuldner zur Verfügung stand. Im deutschen Recht steht die Schlüsselgewalt heute Mann wie Frau zu, egal, ob die Ehe eine Hausfrauen-, eine Doppelverdiener- oder Zuverdienstehe ist.[1] 1

II. Gesetzliche Regelung der Schlüsselgewalt (§ 1357 BGB)

Jeder Ehegatte ist berechtigt, **Geschäfte zur angemessenen Deckung des Lebensbedarfs** der Familie mit Wirkung auch für den anderen Ehegatten zu besorgen. Durch solche Geschäfte werden grundsätzlich beide Ehegatten berechtigt und verpflichtet (§ 1357 Abs. 1 BGB). Dies gilt unabhängig vom Güterstand. Bei einer eingetragenen Lebenspartnerschaft gilt § 1357 BGB entsprechend (§ 8 Abs. 2 LPartG). 2

1. Zusammenleben/Gemeinsamer Hausstand

Die Anwendung der Norm setzt voraus, dass eine wirksame Ehe besteht, in der die Eheleute zusammenleben und einen gemeinsamen Hausstand führen. Leben die Ehegatten – auch innerhalb der Ehewohnung[2] – getrennt, treten die Rechtsfolgen des § 1357 BGB nicht ein (§ 1357 Abs. 3 BGB) Während des Getrenntlebens **ruht die Schlüsselgewalt**, so dass der jeweils handelnde Ehegatte nur sich selbst verpflichtet, es sei denn, er vertritt den anderen nach allgemeinen Vertretungsregeln.[3] Guter Glaube des Dritten an das Zusammenleben und die Schlüsselgewalt wird grundsätzlich nicht geschützt. 3

Maßgeblich für die Mitverpflichtung ist, ob die Ehegatten im Moment des Vertragsschlusses zusammenlebten und nicht getrennt waren. Dies gilt auch für vor der Trennung begründete **Dauerschuldverhältnisse** (zB Energielieferung, Telekommunikation für die Ehewohnung) hinsichtlich der nach der Trennung erbrachten Leistungen.[4] Der mitverpflichtete Ehegatte soll aber seine Verpflichtung durch Anzeige der Trennung an den Vertragspartner oder Kündigung zu Fall bringen können.[5] 4

1 NK-BGB/*Wellenhofer* § 1357 Rn. 2.
2 MüKoBGB/*Roth* § 1357 Rn. 50, str.
3 BGH 15.5.1991 – VIII ZR 212/90, NJW 1991, 2958.
4 BGH 24.4.2013 – XII ZR 159/12, NJW-RR 2013, 897.
5 Vgl. *Lange* FamRZ 2016, 354 (358).

2. Geschäfte zur angemessenen Deckung des Lebensbedarfs der Familie

5 Das im Rahmen der Schlüsselgewalt getätigte Geschäft muss einen Bezug zum **Familienunterhalt** (→ *Familienunterhalt* Rn. 1) haben. Auf die Notwendigkeit des Rechtsgeschäfts kommt es nicht an. Entscheidend ist, ob das Geschäft im konkreten Fall der individuellen angemessenen Bedarfsdeckung der Familie zu dienen bestimmt ist (vgl. § 1360 a BGB), ohne dass eine vorherige Verständigung der Ehegatten angezeigt erscheint. Die Angemessenheit entscheidet sich deshalb unter Berücksichtigung der individuellen Verhältnisse der Familie aus der Sicht eines objektiven Betrachters.[6]

6 Typischerweise fallen unter § 1357 BGB die Anschaffung von Lebensmitteln und notwendigen Kleidern, Spielzeug und Schulbedarf für Kinder, der Kauf oder die Reparatur von Hausgeräten und einzelnen Einrichtungsgegenständen, Verträge über Energieversorgung und Telekommunikation für die Ehewohnung einschließlich ihrer Kündigung, desgleichen die Beauftragung von Handwerkern für Reparaturarbeiten in der gemeinsamen Ehewohnung. Versicherungsverträge sind erfasst, wenn sie nach den individuellen Verhältnissen den Lebensbedarf angemessen decken.[7] Ebenso fallen unter § 1357 BGB ein Zahlungsaufschub oder eine sonstige Finanzierungshilfe iSv §§ 506 f. BGB und Ratenlieferungsverträge (§ 510 BGB), wenn sie zur angemessenen Deckung des Familienbedarfs dienen.[8] Bei Verbraucherdarlehensverträgen, die mit einem solchen Geschäft verbunden (§ 358 BGB) sind, kommt die Mithaftung in Betracht, im Übrigen scheidet § 1357 BGB bei Geldkrediten aus.[9]

7 Nicht unter § 1357 BGB fallen sog. Grundlagengeschäfte, wie die Anmietung einer Wohnung, der Kauf oder Bau eines Hauses einschließlich der Darlehensaufnahme dafür, Aufwendungen zum Zwecke des Getrenntlebens, in aller Regel die Anschaffung eines Autos, ebenso wenig Geschäfte zur Kapitalanlage und Vermögensbildung oder beruflich bedingte Anschaffungen.

8 Auch Geschäfte über **ärztliche Behandlungen** können unter § 1357 BGB fallen. Aus Verträgen über die medizinisch gebotene Behandlung der gemeinsamen Kinder oder die medizinisch gebotene und unaufschiebbare ärztliche Behandlung eines Ehegatten wird der andere Ehegatte verpflichtet, wobei sich aber aufgrund des Bestehens von Krankenversicherungsschutz „aus den Umständen etwas anderes“ ergeben kann.[10] Ähnliches gilt für eine zahnärztliche Behandlung. Dagegen fallen Wahlleistungen oder Zusatzleistungen eines Krankenhauses nicht unter § 1357 BGB, es sei denn, die Ehegatten haben dies ausdrücklich oder erkennbar abgestimmt.[11] Zahlreiche Beispiele aus der Rechtsprechung zu Geschäften, die idR unter § 1357 BGB fallen oder nicht, finden sich bei NK-BGB/*Wellenhofer* § 1357 Rn. 15 f.; MüKoBGB/*Roth* § 1357 Rn. 23 f.

3. Rechtsfolgen

9 **a) Außenverhältnis.** Für das Außenverhältnis spielt es keine Rolle, wie die Haushaltsführung im Innenverhältnis der Ehegatten verteilt ist. Durch Abschluss eines Rechtsgeschäfts mit einem Dritten zur angemessenen Deckung des Familienbedarfs werden beide Ehegatten berechtigt und verpflichtet, unabhängig davon, ob der Vertragspartner von der Ehe weiß oder nicht.[12] Die Schlüsselgewalt kommt somit dem **Gläubiger** zugute, der vom Gesetzgeber einen zweiten Schuldner erhält. Insofern liegt eine Schlechterstellung verheirateter Paare gegenüber unverheirateten Paaren vor. Gleichwohl ist die „Schlüsselgewalt“ verfassungskonform.[13] Handelt ein Ehegatte als Vertreter mit Vollmacht des anderen, ist seine eigene Haftung nur ausgeschlossen, wenn der Ausschluss seiner Mitverpflichtung ausdrücklich offengelegt wird.[14]

---

6 BGH 13.2.1985 – IVb ZR 72/83, NJW 1985, 1394.
7 ZB Vollkaskoversicherung für Familienfahrzeug, s. BGH 28.2.2018 – XII ZR 94/17, NJW 2018, 1313.
8 NK-BGB/*Wellenhofer* § 1357 Rn. 18.
9 MüKoBGB/*Roth* § 1357 Rn. 27.
10 BGH 27.11.1991 – XII ZR 226/90, NJW 1992, 909.
11 BGH 13.12.1985 – IVb ZR 72/83, NJW 1985, 1394.
12 *Brudermüller* NJW 2004, 2265 (2267).
13 BVerfG 3.10.1989 – 1 BvL 78/86, 1 BvL 79/86, NJW 1990, 175.
14 BGH 13.2.1985 – IVb ZR 72/83, NJW 1985, 1394.

§ 1357 BGB hat **keine dingliche Wirkung.**[15] Die Ehegatten werden nicht automatisch hälftige Miteigentümer (§ 1008 BGB) der erworbenen Gegenstände. Vielmehr ist die dingliche Einigung auszulegen, wobei der Verkäufer vielfach an „den, den es angeht", übereignen will. Nach den Umständen geht der Wille des handelnden Ehegatten bei Haushaltsgegenständen idR dahin, dass beide Ehegatten erwerben sollen. Diese Auffassung führt auch bei Gütertrennung zum Miteigentum der Ehegatten am Hausrat. 10

Die Ehegatten sind Gesamtgläubiger (§ 428 BGB).[16] Der Dritte kann mit befreiender Wirkung an jeden Ehegatten leisten. Gestaltungsrechte kann auch der nicht kontrahierende Ehegatte ausüben. Schadensersatzansprüche stehen nur dem jeweiligen Geschädigten zu. 11

Die Ehegatten haften als **Gesamtschuldner** (§ 421 BGB). Die Mithaftung umfasst auch Ansprüche aus Pflichtverletzungen bei Verhandlungen, Ansprüche im Zusammenhang mit dem Geschäftsabschluss oder der Abwicklung des Geschäfts, dagegen nicht Ansprüche wegen unerlaubter Handlungen.[17] 12

b) Innenverhältnis. Wenn einem Ehegatten die gesamte **Haushaltsführung** überlassen wurde, ist nur er im Innenverhältnis berechtigt und verpflichtet, für den angemessenen Lebensbedarf der Familie Geschäfte zu tätigen. Der andere Ehegatte ist verpflichtet, das erforderliche Haushaltsgeld im Rahmen seiner Unterhaltspflicht (§§ 1360, 1360 a BGB) vorzuschießen. Bei Aufteilung der verschiedenen Haushaltsführungsaufgaben beschränkt sich im Innenverhältnis die Befugnis, Geschäfte abzuschließen, auf den Bereich, der einem Ehegatten zugewiesen wurde.[18] Haben die Ehegatten nichts vereinbart, dürfen beide durch ihr Handeln zur Bedarfsdeckung den anderen verpflichten. 13

c) Minderjähriger Ehegatte. Soweit eine (aufhebbare) Ehe eines Minderjährigen noch möglich ist (→ *Ehefähigkeit* Rn. 3), kann auch der minderjährige Ehegatte den anderen verpflichten, wenn er mit Zustimmung seines gesetzlichen Vertreters oder als Vertreter des anderen Ehegatten (§ 165 BGB) handelt. Der Minderjährige selbst wird aus Geschäften des anderen Ehegatten nur verpflichtet, wenn sein **gesetzlicher Vertreter** zugestimmt hat. Dem Minderjährigen geht durch die Heirat der Schutz der §§ 107, 179 Abs. 3 BGB nicht verloren. 14

4. Ausschluss der Mitverpflichtung und -berechtigung (§ 1357 Abs. 1 S. 2 BGB)

Die Mitverpflichtung oder Mitberechtigung des anderen Ehegatten tritt nicht ein, wenn sich aus den Umständen etwas anderes ergibt (§ 1357 Abs. 1 S. 2 BGB). Dies bestimmt sich nicht nach dem Gläubigerschutz, sondern unter Beachtung der Einbindung des § 1357 BGB in das eheliche Unterhaltsrecht.[19] Ausschlaggebend ist, wie der **Lebenszuschnitt der Familie** nach außen in Erscheinung tritt.[20] Das ist zB der Fall, wenn die Kosten einer ärztlichen Behandlung die **wirtschaftliche Leistungsfähigkeit** der Familie eindeutig überschreiten (→ Rn. 8) oder wenn der handelnde Ehegatte eindeutig zum Ausdruck bringt, dass der andere Ehegatte nicht Vertragspartner werden soll. 15

5. Ausschluss und Beschränkung der Schlüsselgewalt (§ 1357 Abs. 2 BGB)

Jeder Ehegatte kann bei bestehender Ehe die Schlüsselgewalt des anderen beschränken oder ausschließen (§ 1357 Abs. 2 BGB). Dies erfolgt durch **formlose Erklärung** gegenüber dem anderen Ehegatten oder dem Dritten entsprechend §§ 167 Abs. 1, 168 S. 3 BGB. Die Beschränkung oder Ausschließung der Schlüsselgewalt entfaltet gegenüber Dritten nur dann Wirkung, wenn sie diesen bekannt oder im **Güterrechtsregister** eingetragen ist (§ 1357 Abs. 2 S. 2 BGB). Zur Eintragung genügt der Antrag des ausschließenden Ehegatten (§ 1561 Abs. 2 Nr. 4 BGB). 16

15 BGH 13.3.1991 – XII ZR 53/90, NJW 1991, 2283.
16 BGH 28.2.2018 – XII ZR 94/17, NJW 2018, 1313.
17 NK-BGB/*Wellenhofer* § 1357 Rn. 23.
18 Palandt/*Siede*, 80. Aufl. 2021, BGB § 1357 Rn. 23.
19 Palandt/*Siede*, 80. Aufl. 2021, BGB § 1353 Rn. 17.
20 BGH 28.4.2005 – III ZR 351/04, NJW 2005, 2069.

17 Die Ausschließung wirkt unabhängig davon, ob ein Grund hierfür vorliegt. Durch die gegenseitige Entziehung der an sich zwingenden Schlüsselgewalt nach § 1357 Abs. 2 BGB können die Ehegatten sie praktisch ausschließen.

III. Verfahrenshinweise

1. Verfahren zwischen den Ehegatten

18 Wenn für die Aufhebung oder Beschränkung der Schlüsselgewalt kein Grund besteht, kann der ausgeschlossene Ehegatte beim Familiengericht die Aufhebung der Maßnahme beantragen. Das Verfahren nach § 1357 Abs. 2 BGB zählt zu den sonstigen Familiensachen (§ 266 Abs. 2 FamFG), ist aber keine Familienstreitsache (§ 112 FamFG). Zum Verfahren s. NK-BGB/*Wellenhofer* § 1357 Rn. 29.

2. Verfahren mit Dritten

19 Im Rahmen des § 1357 BGB kann jeder Ehegatte einzeln klagen und verklagt werden. Klagen sie gemeinsam, sind die Ehegatten **notwendige Streitgenossen** (§ 62 Abs. 1 ZPO).

3. Beweislast

20 Derjenige, der sich auf die Schlüsselgewalt beruft, muss beweisen, dass inhaltlich ein Geschäft zur angemessenen Deckung des familiären Lebensbedarfs vorliegt. Das kann auch der Ehegatte selbst sein, wenn er eine Berechtigung aus Rechtsgeschäften des anderen Ehegatten geltend macht. Für Umstände, die die Mithaftung bzw. Mitberechtigung ausschließen, ist der in Anspruch genommene Ehegatte bzw. Vertragspartner beweispflichtig.

IV. Internationales Privatrecht

21 In Fällen mit Auslandsberührung richtet sich die Schlüsselgewalt als Haftung des einen Ehegatten für die Verbindlichkeiten des anderen nach dem Recht, welches von der **EuGüVO** bestimmt wird (Art. 27 Buchst. c EuGüVO), sofern diese zeitlich anwendbar ist (→ *Auslandsbezug bei Güterrechtssachen* Rn. 10). Andernfalls gilt das Recht, das für die Regelung der allgemeinen Wirkungen der Ehe maßgeblich ist (**Ehewirkungsstatut**; → *Eheliche Lebensgemeinschaft* Rn. 30 ff.), wobei für Geschäfte ab dem 29.1.2019 die aktuelle Fassung des Art. 14 EGBGB anzuwenden ist. Verfahrensfragen richten sich nach der lex fori.

22 Soweit die EuGüVO anwendbar ist, sieht Art. 28 EuGüVO eine Regelung zum **Verkehrsschutz** bei der Geltung ausländischen Rechts vor. Danach kann das für den Güterstand maßgebende Recht einem Dritten, der es nicht kannte oder kennen musste, nicht entgegengehalten werden. Ist die EuGüVO zeitlich nicht anwendbar, so ist auf ein Inlandsgeschäft im Verhältnis zu Dritten § 1357 BGB anstelle des ausländischen Rechts anzuwenden, soweit diese Vorschrift für gutgläubige Dritte günstiger ist als das fremde Recht (Art. 229 § 47 Abs. 2 Nr. 2 EGBGB iVm Art. 16 Abs. 2 EGBGB aF).

205. Schuldrechtlicher Versorgungsausgleich

Weil

I. Einführung

Ein Ziel der neuen gesetzlichen Regelungen zum Versorgungsausgleich war es, **Ausgleichsansprüche nach der Scheidung (schuldrechtlicher Ausgleich)** nach Möglichkeit zu vermeiden. Nach § 20 Abs. 1 VersAusglG werden weiterhin sämtliche Anrechte, die in der Erstentscheidung zum Versorgungsausgleich nicht öffentlich-rechtlich ausgeglichen wurden oder werden konnten, vom schuldrechtlichen Ausgleich erfasst. Hierunter fallen ua: 1

- Anrechte, die im bisherigen Recht aufgrund der Regelung des § 1587 f Nr. 1–5 BGB aF dem schuldrechtlichen Ausgleich unterfielen. Hierzu zählen auch die nach altem Recht ergangenen Entscheidungen, die einen Teilausgleich nach § 3 b Abs. 1 Nr. 1 VAHRG vorsahen,[1]
- Anrechte, die im jetzigen Recht gem. § 19 VersAusglG als nicht ausgleichsreif bewertet wurden,
- Anrechte, die im jetzigen Recht durch eine Vereinbarung der Ehegatten gem. § 6 VersAusglG vom öffentlich-rechtlichen Ausgleich ausgenommen wurden.

Vergessene, übersehene und/oder verheimlichte Anrechte können nicht im Rahmen der §§ 20 ff. VersAusglG schuldrechtlich ausgeglichen werden.[2] Wurde ein Anrecht in der Altentscheidung fehlerhaft als nicht ausgleichsreif behandelt und somit dem öffentlich-rechtlichen (Teil-)Ausgleich entzogen, kann es laut BGH aber im Gegensatz zu vergessenen, übersehenen oder verschwiegenen Anrechten noch schuldrechtlich ausgeglichen werden.[3]

II. Schuldrechtliche Ausgleichszahlungen

Über Ausgleichsansprüche nach der Scheidung entscheidet das Familiengericht nach § 223 FamFG iVm § 124 FamFG **nur auf Antrag**. **Voraussetzung** für eine schuldrechtliche Rente ist, dass der Ausgleichspflichtige bereits eine laufende Rente bezieht (§ 20 Abs. 1 VersAusglG) oder eine Kapitalzahlung aus einem noch nicht ausgeglichenen Anrecht erhält (§ 22 VersAusglG). Der Anspruch ist jedoch erst **fällig**, wenn der ausgleichsberechtigte Ehegatte entweder bereits selbst eine Rente bezieht oder die Regelaltersgrenze der gesetzlichen Rentenversicherung erreicht hat oder die gesundheitlichen Voraussetzungen für eine laufende Invaliditätsversorgung erfüllt (§ 20 Abs. 2 VersAusglG), der sog. doppelte Versorgungsfall. Realisiert die schuldrechtlich ausgleichspflichtige Person daher ihren materiellrechtlichen Versorgungsanspruch nicht, kommt auch ein schuldrechtlicher Ausgleichsanspruch nicht in Betracht.[4] 2

1. Höhe der schuldrechtlichen Ausgleichsrente

Für die Bewertung einer laufenden schuldrechtlich auszugleichenden Versorgung ist gem. § 5 Abs. 2 S. 1 VersAusglG grundsätzlich auf das Ehezeitende als **Bewertungsstichtag** abzustellen.[5] Allgemeine **Wertanpassungen**, die nach dem Ende der Ehezeit zu einer Wertsteigerung der schuldrechtlich auszugleichenden Versorgung geführt haben, sind nach § 5 Abs. 4 S. 2 VersAusglG zu berücksichtigen, „dies setzt voraus, dass dem Versorgungsanrecht die nacheheliche Wertveränderung schon latent inne wohnte und diese lediglich zu einer Aktualisierung des bei Ehezeitende bestehenden Werts geführt hat". Das ist zum Beispiel dann der Fall, wenn das Versorgungsanrecht nach dem Ende der Ehezeit planmäßig an die Lohnentwicklung 3

1 BGH 15.4.2015 – XII ZB 30/13, FamRZ 2015, 1100.
2 BGH 24.7.2013 – XII ZB 340/11, FamRZ 2013, 1548; 24.7.2013 – XII ZB 415/12, FamRZ 2013, 1642.
3 BGH 30.11.2016 – XII ZB 167/15, FamRZ 2017, 197.
4 OLG Stuttgart 6.10.2014 – 18 UF 181/14, FamRZ 2015, 324.
5 BGH 9.12.2015 – XII ZB 586/13, FamRZ 2016, 442.

angepasst wird, nicht aber bei einer nachehezeitlichen Verbesserung der Versorgungszusage, wenn der Grund dafür in individuellen Umständen des Ausgleichspflichtigen liegt.[6]

4 Erhält der Ausgleichspflichtige aus einem noch nicht ausgeglichenen Anrecht eine Kapitalzahlung, besteht ein Anspruch des Ausgleichsberechtigten nach § 22 VersAusglG in Höhe des Ausgleichswertes als Kapitalzahlung.[7] Dies gilt auch für Rentenanrechte, die zu einem späteren Zeitpunkt in Kapitalanrechte umgewandelt wurden. Die schuldrechtliche Ausgleichsrente ist nach dem **Netto-Prinzip** zu bestimmen. Nach § 20 Abs. 1 S. 2 VersAusglG sind die auf den Ausgleichswert entfallenden Sozialversicherungsbeiträge und sonstige Aufwendungen abzuziehen. Hierbei handelt es sich um Beiträge zur gesetzlichen Kranken- und Pflegeversicherung bei Pflichtversicherten, aber auch um Beiträge zur privaten Kranken- und Pflegeversicherung.[8] Nach OLG Karlsruhe[9] ist der auf den Ausgleichswert entfallende Teil der geltend gemachten Aufwendungen zur privaten Kranken- und Pflegeversicherung gemäß § 20 Abs. 1 S. 2 VersAusglG voll umfänglich, dh insbesondere auch ohne Begrenzung durch den Vergleich mit dem Leistungsspektrum der gesetzlichen Krankenversicherung, abzuziehen. Weder aus dem Gesetz noch aus den Gesetzesmaterialien sei eine Einschränkung zu entnehmen, dass ein identisches oder vergleichbares Leistungsspektrum zwingende Voraussetzung für die Vergleichbarkeit von Beiträgen zur gesetzlichen und privaten Krankenversicherung sei. Da für den Ausgleichspflichtigen darüber hinaus keine Obliegenheit bestehe, im Falle der Zahlung der schuldrechtlichen Ausgleichsrente einen günstigeren Tarif zu wählen, ist von der vollen Abzugsfähigkeit der Beiträge auszugehen.

5 Lohn- und Einkommensteuern können nicht abgezogen werden. **Steuerrechtlich** kann weiterhin die schuldrechtliche Ausgleichsrente vom ausgleichsberechtigten Ehegatten gem. § 10 Abs. 1 a Nr. 4 EStG als Sonderausgabe geltend gemacht werden, der ausgleichsberechtigte Ehegatte muss seinerseits die Einnahmen gem. § 22 EStG versteuern. Ein Anspruch auf den steuerlichen Nachteilsausgleich besteht nicht.

6 Ist in der Erstentscheidung bereits ein öffentlich-rechtlicher Teilausgleich des schuldrechtlich auszugleichenden Anrechts erfolgt, ist dieser Teil gem. § 53 VersAusglG mindernd bei der Höhe zu berücksichtigen. Ist das schuldrechtlich auszugleichende Anrecht geringfügig iSd § 18 Abs. 3 VersAusglG, so bedarf es nach § 20 Abs. 1 S. 3 VersAusglG keines Ausgleichs.

7 Der ausgleichsberechtigte Ehegatte kann gem. § 21 Abs. 1 VersAusglG vom ausgleichspflichtigen Ehegatten verlangen, den Anspruch der Ausgleichsrente abzutreten. Die **Abtretung** der schuldrechtlichen Ausgleichsrente ist auf die Höhe der tatsächlichen schuldrechtlichen Ausgleichsrente begrenzt. Zudem scheidet ein Abtretungsanspruch aus, wenn noch keine schuldrechtliche Ausgleichsrente geltend gemacht wurde. Rückständige schuldrechtliche Ausgleichsansprüche können gem. § 21 Abs. 2 VersAusglG nicht abgetreten werden.

Die Abtretung gem. § 21 VersAusglG ist nur bei **inländischen** Anrechten bzw. inländischen Versorgungsträgern möglich. Eine Abtretung schuldrechtlicher Ausgleichsansprüche hinsichtlich ausländischer, über- oder zwischenstaatlicher Anrechte kommt nicht in Betracht, da ausländische, zwischen- oder überstaatliche Versorgungsträger nicht von deutschen Familiengerichten zu einer solchen Abtretung verpflichtet werden können.

2. Abfindung

8 Wenn eine Abfindungszahlung für den Ausgleichspflichtigen zumutbar ist, kann der Ausgleichsberechtigte eine zweckgebundene **Abfindung** (→ *Abfindung im Versorgungsausgleich* Rn. 1 ff.) seiner Ausgleichsansprüche nach Scheidung verlangen. Die Zahlung der Abfindung ist schon dann wirtschaftlich zumutbar, wenn der Verpflichtete sie in Raten zahlen kann. Die Abfindung ist an eine Zielversorgung nach § 15

6 BGH 9.12.2015 – XII ZB 586/13, FamRZ 2016, 442; 24.6.2009 – XII ZB 160/07, FamRZ 2009, 1738; 11.6.2008 – XII ZB 154/07, FamRZ 2008, 1512.

7 BGH 17.10.2018 – XII ZB 209/18, FamRZ 2019, 103.

8 BGH 1.10.2014 – XII ZB 635/13, FamRZ 2015, 37; 2.2.2011 – XII ZB 133/08, FamRZ 2011, 706.

9 OLG Karlsruhe 11.10.2018 – 20 UF 153/17, FamRZ 2019, 442.

VersAusglG zu zahlen, bei dem ein Anrecht für den Ausgleichsberechtigten ausgebaut oder begründet werden soll (→ *Zielversorgung* Rn. 1 ff.). Die Geltendmachung einer Abfindung sollte von der ausgleichsberechtigten Person immer in den Fällen angestrebt werden, bei denen es um den Ausgleich ausländischer Anrechte geht oder der Anspruch auf eine verlängerte Ausgleichsrente aufgrund der Wiederheirat des Berechtigten erloschen ist, dies vor dem Hintergrund, dass die Zahlung mit dem Tod der ausgleichspflichtigen Person entfällt oder die verlängerte schuldrechtliche Ausgleichsrente gegebenenfalls gem. § 26 VersAusglG gegenüber einer tatsächlichen Witwe/einem tatsächlichen Witwer geltend gemacht werden muss.

Nach der Bestimmung des § 24 VersAusglG ist für die Höhe der Abfindung der **Zeitwert des Ausgleichwerts** zugrunde zu legen. Dies bedeutet, dass zunächst der bezogen auf den Zeitpunkt des Endes der Ehezeit bestimmte Ausgleichswert als Zeitwert, dh als aktueller Wert des Ausgleichwerts bezogen auf den Abfindungszeitpunkt, zu bestimmen ist; letzterer Zeitpunkt sollte erkennbar dokumentiert sei. Hinsichtlich des aktualisierten Ausgleichwerts ist anschließend der entsprechende Abfindungsbetrag nach versicherungsmathematischen Grundsätzen zu bestimmen, wobei die Rechnungsprämissen auf den Abfindungszeitpunkt zu beziehen sind. Da es sich um die Abfindung eines schuldrechtlichen Anspruchs handelt, sind Sozialversicherungsabgaben und sonstige Aufwendungen abzuziehen.

3. Verlängerter schuldrechtlicher Ausgleich

Stirbt der ausgleichspflichtige Ehegatte, so kann der Ausgleichsberechtigte vom Versorgungsträger die 9 **Hinterbliebenenversorgung** verlangen, die er erhielte, wenn die Ehe bis zum Todeszeitpunkt bestanden hätte. Die Höhe der verlängerten schuldrechtlichen Ausgleichsrente, die vom Versorgungsträger zu leisten ist, richtet sich nach derjenigen Rente, die der ausgleichspflichtige Ehegatte zum Zeitpunkt seines Todes noch zu zahlen gehabt hätte. Dabei darf die vom Versorgungsträger zu zahlende Leistung eine fiktive Hinterbliebenenleistung (Witwer/Witwen Versorgung) nicht überschreiten. Sie ist ohne Abzug anteiliger Sozialversicherungsbeiträge oder vergleichbarer Aufwendungen, also als Bruttobetrag, zu bemessen.[10] Haben sich die Ehegatten vergleichsweise auf eine schuldrechtliche Netto-Ausgleichsrente geeinigt, die unter dem gesetzlich geschuldeten Ausgleichswert des Anrechts liegt, begrenzt der vereinbarte Betrag nach § 25 Abs. 3 S. 1 VersAusglG den Teilhabeanspruch nach Versterben des ausgleichspflichtigen Ehegatten. Der vereinbarte Nettobetrag ist allerdings auf den entsprechenden Bruttobetrag hochzurechnen.

Der Teilhabeanspruch an der Hinterbliebenenversorgung (verlängerter schuldrechtlicher Ausgleich) gem. § 25 VersAusglG ist in zweierlei Hinsicht begrenzt: Zum einen ergibt sich die Begrenzung aus dem bisherigen schuldrechtlichen Ausgleichsanspruch, der gegen den verstorbenen Ehegatten bestand, und zum anderen ist er begrenzt auf die Höhe der in der Versorgungsordnung vorgesehenen Hinterbliebenenversorgung.

Ein ausländischer Versorgungsträger kann nicht von einem inländischen Gericht zur Zahlung einer Hinterbliebenenversorgung verpflichtet werden. Wird von dem ausländischen Versorgungsträger keine Leistung in Höhe der schuldrechtlichen Ausgleichsrente an den hinterbliebenen ausgleichsberechtigten Ex-Ehegatten geleistet, so muss dieser nach § 26 VersAusglG seinen (verlängerten schuldrechtlichen) Ausgleichsanspruch gegenüber einem nachgeheirateten Ehegatten geltend machen, soweit dieser eine reguläre Witwen/Witwer-Rente bezieht.

10 BGH 19.7.2017 – XII ZB 486/15, FamRZ 2017, 1660.

206. Sicherungsvollstreckung

Grandel

I. Einführung

1 Hängt die Vollstreckung von einer vom Gläubiger zu leistenden Sicherheit ab, darf grundsätzlich die Zwangsvollstreckung nur durchgeführt werden, wenn die Sicherheit geleistet ist (§ 751 Abs. 2 ZPO). Eine Ausnahme stellt die Sicherungsvollstreckung gemäß § 720 a ZPO dar.

2 In Familiensachen hat die Sicherungsvollstreckung an Bedeutung verloren. Das aus der ZPO bekannte Zusammenspiel zwischen der Anordnung der vorläufigen Vollstreckbarkeit gegen Sicherheitsleistung und Abwendungsbefugnis des Schuldners wird in Familienstreitsachen durch die Regelung zur **Anordnung der sofortigen Wirksamkeit** und die **Einstellungsmöglichkeit gem. § 120 Abs. 2 FamFG** verdrängt. Zu § 120 FamFG ist herrschende Meinung, dass eine Einstellung gegen Sicherheitsleistung nicht möglich ist (→ *Einstellung und Beschränkung der Vollstreckung* Rn. 1 ff.). Die Sicherungsvollstreckung kann aber vor allem im Falle des unterhaltsrechtlichen Abänderungsverfahrens relevant werden, wenn das Gericht nach § 242 FamFG, § 769 ZPO anordnet, dass die Vollstreckung nur gegen Sicherheitsleistung fortgesetzt werden darf.

II. Anwendungsbereich

3 Die Sicherungsvollstreckung findet Anwendung auf Urteile und familienrechtliche Beschlüsse, die nur gegen Sicherheitsleistung vorläufig vollstreckbar sind, § 709 ZPO, und auf Urteile mit Anordnungen gem. § 712 Abs. 1 S. 2 und Abs. 2 S. 2 ZPO, die auf Zahlung einer Geldsumme oder auf Duldung der Zwangsvollstreckung in ein Grundstück wegen einer Geldforderung lauten. Auf Urteile, deren vorläufige Vollstreckbarkeit nach §§ 708, 711 ZPO tituliert ist, sind die Vorschriften der Sicherungsvollstreckung nicht anwendbar.[1]

4 Endbeschlüsse in Familienstreitsachen sind wie Urteile Endentscheidungen. Es kann die Konstellation auftreten, dass das Familiengericht im Rahmen eines anhängigen Abänderungsverfahrens auf Herabsetzung des titulierten Unterhalts die weitere Vollstreckung durch den Gläubiger nur gegen Leistung von Sicherheit gem. § 242 FamFG, § 769 ZPO zulässt. Dann ist die Sicherungsvollstreckung gem. § 120 FamFG iVm § 720 a ZPO möglich.

III. Voraussetzungen

5 Es müssen **die allgemeinen Vollstreckungsvoraussetzungen** vorliegen. § 750 Abs. 3 ZPO schreibt vor, dass Urteil und Vollstreckungsklausel mindestens zwei Wochen vor Beginn der Zwangsvollstreckung zugestellt sein müssen. Nach der Rechtsprechung des Bundesgerichtshofs muss – entgegen dem Wortlaut des Gesetzes und der hM – die einfache Vollstreckungsklausel (§ 724 Abs. 1 ZPO) nicht zugestellt werden, sondern nur die qualifizierte Klausel gem. §§ 750 Abs. 2, 727 ff. ZPO.[2] Der Zustellung der Klausel bedarf es nach dem Bundesgerichtshof nur, wenn der Schuldner die Vollstreckungsreife nicht aus dem Urteil selbst entnehmen könne.[3] Weiter ist Voraussetzung, dass der Schuldner von seiner Abwendungsbefugnis gem. § 720 a Abs. 3 ZPO nicht Gebrauch gemacht hat.

---

1 HK-ZPO/*Kindl* § 720 a Rn. 1.
2 Musielak/Voit/*Lackmann* ZPO § 750 Rn. 23.
3 BGH 5.7.2005 – VII ZB 14/05, RPfleger 2005, 548.

IV. Zulässige Vollstreckungsmaßnahmen

Folgende **Pfändungsmaßnahmen** lässt die Sicherungsvollstreckung zu: 6

- Pfändung beweglichen Vermögens (§ 808 ZPO);
- Pfändung von Forderungen (§ 829 ZPO) und anderen Rechten (§ 857 ZPO);
- Eintragung einer Zwangssicherungshypothek (§ 866 ZPO) bzw. Schiffshypothek;
- Vorpfändungen.[4] Da die Vorpfändung nicht voraussetzt, dass eine vollstreckbare Ausfertigung des Titels erteilt und der Titel zugestellt ist, kann sie auch ohne Einhaltung der Wartefrist aus § 750 Abs. 3 ZPO ausgebracht werden.[5]

Die streitige Frage, ob die eidesstattliche Versicherung (Vermögensauskunft) auch im Rahmen der Sicherungsvollstreckung abgegeben werden muss, hat der Bundesgerichtshof bejaht[6] und begründet dies mit der im Wesentlichen gleichen Situation wie bei der Arrestvollstreckung. 7

V. Wirkung der Sicherungsvollstreckung

Die Vollstreckung darf nur zur Pfändung des Vermögensgegenstandes beim Schuldner führen. Eine Verwertung ist unzulässig. Ein Pfändungsbeschluss wird ohne den Überweisungsteil der Forderung zur Einziehung (§ 835 ZPO) erlassen. 8

4 BGH 29.11.1984 – IX ZR 44/84, NJW 1985, 863; OLG Rostock 21.3.2006 – 3 U 18/06, JurBüro 2006, 382.
5 Musielak/Voit/*Lackmann* ZPO § 720 a Rn. 4; HK-ZV/*Giers/Scheuch* ZPO § 720 a Rn. 8.
6 BGH 2.3.2006 – IX ZB 23/06, NJW-RR 2006, 996.

207. Sofortige Wirksamkeit

Grandel

I. Einführung

1 Die Wirksamkeit von Entscheidungen ist Voraussetzung für ihre Vollstreckung. Familienstreitsachen werden gem. § 116 Abs. 2 FamFG erst mit Rechtskraft wirksam. Um ähnlich wie in den §§ 708 ff. ZPO eine vorläufige Vollstreckbarkeit unter bestimmten Voraussetzungen zu ermöglichen, kennt das FamFG die Anordnung der sofortigen Wirksamkeit von Entscheidungen in Familienstreitsachen gem. **§ 116 Abs. 3 FamFG**.

2 In **Unterhaltssachen** soll das Gericht die sofortige Wirksamkeit anordnen, § 116 Abs. 3 S. 3 FamFG. Ehesachen werden immer erst mit Rechtskraft wirksam. Eine sofortige Wirksamkeit kann nicht angeordnet werden. Folgesachen werden gem. § 148 FamFG nicht vor Rechtskraft der Scheidung wirksam. Die Anordnung der sofortigen Wirksamkeit kann daher nur für die Zeit ab Rechtskraft erfolgen, weil die Scheidung zeitlich vor der Folgesache rechtskräftig werden kann, vgl. § 145 FamFG; s. auch → *Vollstreckung in Familiensachen* Rn. 9.

3 In **FG-Familiensachen** (§ 111 Nr. 1–7 FamFG und entsprechenden Lebenspartnerschaftssachen) werden Entscheidungen dem Grundsatz nach bereits mit Bekanntgabe und nicht erst mit Rechtskraft wirksam (§ 40 Abs. 1 FamFG). Dann bestehen kein Bedürfnis und kein Raum für die Anordnung einer sofortigen Wirksamkeit. Allerdings wird dieser Grundsatz in vielen Fällen durchbrochen und auch in FG-Familiensachen die Wirksamkeit der Entscheidung von ihrer Rechtskraft abhängig gemacht. In diesen Fällen ist eine Anordnung sofortiger Wirksamkeit denkbar, aber nur dann, wenn das Gesetz es ausdrücklich zulässt.[1]

4 Im Einzelnen:

Wirksamkeit von Entscheidungen in FG-Familiensachen erst ab Rechtskraft	Möglichkeit der Anordnung der sofortigen Wirksamkeit
■ Beschluss, durch den die Ermächtigung oder die Zustimmung eines anderen zu einem Rechtsgeschäft ersetzt wird, § 40 Abs. 3 S. 1 FamFG	§ 40 Abs. 3 S. 2 FamFG (bei Gefahr in Verzug)
■ Beschränkung oder Ausschluss der Schlüsselgewalt, § 40 Abs. 1 S. 3 FamFG	§ 40 Abs. 3 S. 2 FamFG (bei Gefahr in Verzug)
■ Abstammungssachen, § 184 Abs. 1 S. 1 FamFG	nicht möglich
■ Adoptionssachen, § 198 Abs. 1 S. 1 FamFG	§ 198 Abs. 1 S. 2 FamFG (bei Gefahr in Verzug)
■ Ehewohnungssachen, § 209 Abs. 2 S. 1 FamFG	§ 209 Abs. 2 S. 2 FamFG: Soll angeordnet werden in Verfahren des § 1361 b BGB; in Verfahren des § 1568 a BGB nicht möglich[2]
■ Haushaltssache, § 209 Abs. 2 S. 1 FamFG	nicht möglich
■ Gewaltschutzsachen, § 216 Abs. 1 S. 1 FamFG	§ 216 Abs. 1 S. 1 FamFG: Soll angeordnet werden.

5 Als Ausgleich zur Anordnung der sofortigen Wirksamkeit sehen die §§ 120 Abs. 2, 95 Abs. 3 FamFG unter den dort gegebenen Voraussetzungen eine Beschränkung der Vollstreckung vor (→ *Einstellung und Beschränkung der Vollstreckung* Rn. 1 ff.).

---

1 Musielak/Borth/*Borth* FamFG § 40 Rn. 4.
2 So Bork/Jakoby/Schwab/*Schwab* FamFG § 209 Rn. 11; Musielak/Borth/*Borth* FamFG § 209 Rn. 12.

Für **einstweilige Anordnungen** in FG-Familiensachen und Familienstreitsachen fehlen Regelungen, wann sie wirksam und damit vollstreckbar werden. Sie sind Endentscheidungen, weil sie das Anordnungsverfahren als selbstständiges Verfahren abschließen. Ein Rückgriff auf die Vorschriften zur Wirksamkeit der Hauptsacheentscheidung würde aber dem Sinn und Zweck einer einstweiligen Anordnung als Eilmaßnahme widersprechen, jedenfalls in den Fällen, in denen die Hauptsacheentscheidung erst mit Rechtskraft wirksam wird und ggf. nicht einmal eine sofortige Wirksamkeit angeordnet werden könnte (s. zB § 209 Abs. 2 FamFG oder wenn im Verbundverfahren eine Folgesache nicht vor Rechtskraft der Scheidung wirksam werden kann). Wie bei Arrest und einstweiliger Verfügung wird die einstweilige Anordnung daher **sofort wirksam**, ohne dass es der Anordnung einer sofortigen Wirksamkeit bedarf. Dieses Ergebnis lässt sich auch aus § 53 Abs. 2 FamFG ableiten.[3] Bei einer einstweiligen Anordnung Unterhalt bedarf es ohnehin keiner Anordnung der sofortigen Wirksamkeit, da gem. § 57 S. 1 FamFG gegen Unterhaltsentscheidungen in einstweiligen Anordnungen keine Beschwerdemöglichkeit gegeben ist. 6

II. Voraussetzungen

Die Anordnung der sofortigen Wirksamkeit ist eine **Ermessensentscheidung** des Gerichts. § 116 Abs. 3 S. 2 FamFG ist eine „Kann-Vorschrift". In anderen Fällen ist das Ermessen des Gerichts eingeschränkt. In Unterhaltssachen, Entscheidungen gem. § 161 BGB und in Gewaltschutzsachen „soll" die sofortige Wirksamkeit angeordnet werden. Andere Vorschriften sehen vor, dass die Anordnung nur bei Gefahr in Verzug getroffen werden kann (zB §§ 40 Abs. 3, 198 Abs. 1 S. 2 FamFG). 7

Im Rahmen des § 116 Abs. 3 S. 2 FamFG müssen die Interessen des Berechtigten und Verpflichteten gegeneinander abgewogen werden. Die Intention des Gesetzgebers war dabei, die Rechtsposition des Berechtigten/Gläubigers zu verbessern.[4] Daraus und aus dem Zusammenspiel von § 116 Abs. 3 S. 2 mit § 120 Abs. 2 FamFG wird zum Teil gefolgert, dass im Zweifel die sofortige Wirksamkeit angeordnet werden soll. Die Interessen des Verpflichteten seien durch die Beschränkungsmöglichkeiten des § 120 Abs. 2 FamFG ausreichend gewahrt.[5] Ohne die Anordnung der sofortigen Wirksamkeit könnte der Berechtigte sonst vor Rechtskraft der Entscheidung auch in den Fällen nicht vollstrecken, in denen ihm nach altem Recht die Möglichkeit gegeben war, die Vollstreckung gegen Sicherheitsleistung zu betreiben. 8

In **Unterhaltssachen** soll die sofortige Wirksamkeit angeordnet werden. Das dient der Existenzsicherung des unterhaltsberechtigten Beteiligten. Andererseits kann eine Anordnung in der Regel unterbleiben, wenn zum Unterhalt bereits eine einstweilige Anordnung ergangen ist.[6] Gleiches gilt, wenn auf die Staatskasse übergegangene Unterhaltsansprüche geltend gemacht werden.[7] Die Anordnung kann auf den laufenden Unterhalt beschränkt werden.[8] Hinsichtlich zugesprochener Unterhaltsrückstände ist zu differenzieren. Für länger zurückliegende Unterhaltsansprüche, deren sofortige Nachzahlung zur Existenzsicherung derzeit nicht erforderlich ist, kann von einer sofortigen Wirksamkeitsanordnung abgesehen werden. Nach BGH[9] sollen im Wesentlichen Entscheidungen über den laufenden Unterhalt für sofort wirksam erklärt werden. Entscheidungen über länger zurückliegende Unterhaltsrückstände sollen dagegen grundsätzlich erst mit Rechtskraft wirksam werden und damit auch erst zu diesem Zeitpunkt vollstreckbar sein. Es ist dem OLG Jena[10] zuzustimmen, dass die sofortige Wirksamkeit für Unterhaltsrückstände grundsätzlich nicht angeordnet werden soll. Die Unterhaltszahlung soll den Lebensunterhalt des Berechtigten sichern. Er dient nicht der Bildung von Reserven. Den Lebensunterhalt für vergangene Zeitabschnitte, für die der Schuldner Unterhalt zwar schuldete, aber nicht geleistet hat, hat der Unterhaltsberechtigte offensichtlich aus anderen 9

3 Keidel/*Giers* FamFG § 53 Rn. 2; Musielak/Borth/*Borth* FamFG § 53 Rn. 1.
4 Prütting/Helms/*Helms* FamFG § 116 Rn. 27.
5 Prütting/Helms/*Helms* FamFG § 116 Rn. 27.
6 Musielak/Borth/*Borth* FamFG § 116 Rn. 7.
7 Thomas/Putzo/*Hüßtege* FamFG § 117 Rn. 10; HK-FamVerfR/*Kemper* § 116 Rn. 10; Bork/Jacoby/Schwab/*Löhnig* FamFG § 116 Rn. 5.
8 OLG Bamberg 22.6.2012 – 2 UF 296/11, FamRZ 2013, 481.
9 BGH 1.8.2013 – VII ZB 1/13, FamRZ 2013, 1731.
10 OLG Jena 13.7.2015 – 1 UFH 4/15, FuR 2017, 98.

Quellen abgedeckt. In der Abwägung der gegenseitigen Interessen ist daher für den Regelfall hinzunehmen, dass der titulierte Rückstand erst vollstreckt werden kann, wenn die darauf gerichtete Entscheidung unanfechtbar geworden ist. Anderes mag gelten für Rückstände, die zB benötigt werden, um dringende Bankschulden abzudecken, die während des Unterhaltszeitraums aufgelaufen sind.[11] Typische Fallgestaltungen, die für eine sofortige Wirksamkeit sprechen, sind zB Beschlüsse auf Unterlassung güterstandswidriger Verfügungen oder Beschlüsse auf Zustimmung zu gemeinsamer steuerlicher Veranlagung oder zu begrenztem Realsplitting, wenn Fristen des Finanzamts ablaufen, oder Beschlüsse in Ehestörungsverfahren.[12]

III. Verhältnis des § 116 Abs. 3 S. 2 zu § 120 Abs. 2 FamFG

10 Problematisch und nicht gelungen ist die Ausgestaltung des Verhältnisses zwischen der Anordnung der sofortigen Wirksamkeit und deren **Einstellung** bzw. **Beschränkung**. Es macht keinen Sinn, im ersten Schritt die sofortige Wirksamkeit anzuordnen, um die Vollstreckung dann im zweiten Schritt einzustellen. Die Einstellung gegen Sicherheitsleistung des Schuldners ist nicht möglich. Das wird – vom Fall des § 116 Abs. 2 S. 3 FamFG abgesehen – eher dazu führen, dass das Gericht von der Anordnung der sofortigen Wirksamkeit absieht, wenn es zum Ergebnis kommt, dass ein Fall der Einstellung der Vollstreckung vorliegt. Da der Berechtigte dann nicht einmal gegen Sicherheitsleistung vollstrecken kann, steht er entgegen der Intention des Gesetzgebers schlechter da als nach früherem Recht.[13] In Unterhaltssachen wird es sich wegen § 120 Abs. 2 FamFG anbieten, eine einstweilige Anordnung auf Unterhalt zu beantragen. Mangels Beschwerdemöglichkeit ist diese dann wirksam und vollstreckbar.

11 In der Praxis kommt es bislang kaum vor, dass in erster Instanz vom Unterhaltsschuldner vorsorglich ein Antrag auf Einstellung der Vollstreckung gem. § 120 Abs. 2 S. 2, 3 FamFG gestellt wird. Zumindest sollte jedoch vorgetragen werden, aus welchen Gründen von einer Anordnung der sofortigen Wirksamkeit abgesehen werden soll. Für den Antragsgegner empfiehlt es sich jedoch wegen des letztlich untrennbaren Zusammenhangs zwischen Anordnung der sofortigen Wirksamkeit und deren Beschränkung, einen gestaffelten Antrag zu stellen gem. nachfolgender Formulierung:

▶ 1. Die sofortige Wirksamkeit wird nicht angeordnet.
2. Hilfsweise für den Fall der Anordnung der sofortigen Wirksamkeit wird die Einstellung der Vollstreckung beantragt. ◀

IV. Verfahren

1. Familienstreitsachen

12 Die Entscheidung zur sofortigen Wirksamkeit ist vom Gericht im Beschluss **von Amts wegen** zu treffen. Die Anordnung setzt keinen Antrag voraus. Abgesehen vom Fall des § 116 Abs. 3 S. 2 FamFG muss der Berechtigte jedoch die Tatsachen vortragen, aus denen sich ergibt, dass die vorläufige Vollstreckung erforderlich ist, um die Durchsetzung der Forderung zu sichern, und ein Zuwarten bis zur Rechtskraft nicht angemessen ist. Der Sachvortrag muss in Familienstreitsachen rechtzeitig erfolgen. Nach Schluss der mündlichen Verhandlung kann er nicht mehr berücksichtigt werden (§ 113 Abs. 1 FamFG iVm § 296 a ZPO). Das Gericht ist an seine Entscheidung gebunden, § 113 Abs. 1 FamFG, § 318 ZPO. Nur unter den Voraussetzungen des § 321 ZPO ist eine nachträgliche Ergänzung möglich (§ 120 Abs. 1 FamFG iVm § 716 ZPO).[14] Die Anordnung der sofortigen Wirksamkeit gehört in den Tenor der Endentscheidung.

13 Die Anordnung der sofortigen Wirksamkeit ist **nicht selbstständig anfechtbar**. Im Beschwerdeverfahren kann jedoch das Beschwerdegericht auf Antrag gem. § 120 Abs. 2 S. 3 FamFG iVm § 719 ZPO unter denselben Voraussetzungen, die § 120 Abs. 2 S. 2 FamFG vorgibt, die Vollstreckung einstellen oder beschränken. Umgekehrt kann das Beschwerdegericht gem. § 64 Abs. 3 FamFG, der auch für Familienstreitsachen

11 So auch Musielak/Borth/*Borth* FamFG § 116 Rn. 7; ähnlich Prütting/Helms/*Helms* FamFG § 116 Rn. 28.

12 Vgl. HK-ZV/*Giers/Bachmann* FamFG Rn. 64.

13 S. auch Musielak/Borth/*Borth* FamFG § 120 Rn. 3.

14 S. auch Prütting/Helms/*Helms* FamFG § 116 Rn. 30.

anwendbar ist, die sofortige Wirksamkeit der Endentscheidung erster Instanz unter Einbeziehung des Rechtsgedankens aus § 120 Abs. 1 FamFG, § 718 Abs. 1 ZPO durch einstweilige Anordnung aussprechen, wenn das Familiengericht eine Entscheidung dazu übersehen hatte.[15]

2. FG-Familiensachen

Zu § 40 Abs. 3 S. 2 FamFG wird vertreten, dass die Anordnung der sofortigen Wirksamkeit einen **Antrag** des Berechtigten voraussetzt.[16] Das ergibt sich aus dem Wortlaut der Vorschrift jedoch nicht und war auch im früheren Recht des § 53 FGG aF nicht gefordert.[17] Außerdem wird vertreten, dass die Anordnung auch nachträglich durch Beschluss ergehen könne, solange das Verfahren noch nicht beim Beschwerdegericht anhängig ist.[18] Dem steht jedoch gem. § 68 Abs. 1 S. 2 FamFG die fehlende Abhilfebefugnis des Erstgerichts bezüglich der Endentscheidung entgegen. Das Beschwerdegericht kann seinerseits mit einstweiliger Anordnung die sofortige Wirksamkeit des § 64 Abs. 3 FamFG aussprechen. 14

V. Tenorierung

In der Tenorierung ist die Reichweite der sofortigen Wirksamkeit festzulegen. Das gilt insbesondere, wenn in Unterhaltssachen rückständiger Unterhalt nicht erfasst sein soll. Im Verbundverfahren ist klarzustellen, dass die sofortige Wirksamkeit erst ab Rechtskraft der Scheidung gilt. 15

Formulierungsbeispiele: 16

▶ **Verbundverfahren:**

1. Die am ... geschlossene Ehe der Beteiligten wird geschieden.
2. Der Antragsgegner wird verpflichtet, an die Antragstellerin ab Rechtskraft der Scheidung einen monatlichen nachehelichen Unterhalt in Höhe von 500 EUR zu bezahlen, zahlbar jeweils monatlich im Voraus zum Ersten eines Monats.
3. Die sofortige Wirksamkeit der Entscheidung aus Ziffer 2 wird mit Eintritt der Rechtskraft der Scheidung angeordnet.
4. (Kosten) ◀

▶ **Laufender Unterhalt und Unterhaltsrückstände:**

1. Der Antragsgegner wird verpflichtet, an die Antragstellerin einen rückständigen Trennungsunterhalt für die Zeit vom 1.3.2020 bis zum 31.3.2021 in Höhe von 6.500 EUR zu bezahlen.
2. Der Antragsgegner wird verpflichtet, an die Antragstellerin ab 1.4.2021 einen monatlichen Trennungsunterhalt in Höhe von 500 EUR zu bezahlen, zahlbar monatlich im Voraus zum Ersten eines Monats.
3. Die sofortige Wirksamkeit der Entscheidung in Ziffer 2 wird angeordnet. Die sofortige Wirksamkeit der Entscheidung in Ziffer 1 wird angeordnet, soweit es den rückständigen Unterhalt für die Zeit von Januar 2021 bis März 2021 in Höhe von 1.500 EUR betrifft. ◀

---

15 OLG Karlsruhe 7.1.2019 – 20 UF 146/18, NJW-RR 2019, 581; OLG Bamberg 22.6.2012 – 2 UF 296/11, FamRZ 2013, 481; Prütting/Helms/*Helms* FamFG § 116 Rn. 30.

16 Prütting/Helms/*Abramenko* FamFG § 40 Rn. 19.

17 HK-FamVerfR/*Simon* § 40 Rn. 22.

18 Prütting/Helms/*Abramenko* FamFG § 40 Rn. 19.

208. Sonderausgabenabzug

Perleberg-Kölbel

I. Einführung

1 Sonderausgaben sind Lebenshaltungskosten, die der Gesetzgeber zum Abzug vom Gesamtbetrag der Einkünfte zulässt, weil sie eine unvermeidbare oder förderungswürdige Minderung der wirtschaftlichen Leistungsfähigkeit bewirken. Die Aufzählung in §§ 10–10 i EStG ist abschließend.

Das steuerrechtliche Einkommen bildet die Basis für die Ermittlung des Unterhaltseinkommens. Sonderausgaben sind bei der Ermittlung zu berücksichtigen. Zahlt ein Unterhaltschuldner zB an seine Eltern Versorgungsleistungen, wird diese Zahlung von seinen Einkünften bei der Ermittlung des Unterhaltseinkommens in Abzug gebracht.[1]

2 Bei den Sonderausgaben handelt es sich um Aufwendungen, die **vom Gesamtbetrag der Einkünfte abgezogen** werden können. Sonderausgaben werden ihrer Art und ihrer betragsmäßigen Auswirkungen nach auf das Einkommen des Steuerpflichtigen in unbeschränkt oder beschränkt abzugsfähige Sonderausgaben eingeteilt.

3 **Unbeschränkt abzugsfähige Sonderausgaben** sind Vermögensübertragungen gegen Versorgungsleistungen, bestimmte Zahlungen im Rahmen des Versorgungsausgleichs und die gezahlte Kirchensteuer.

4 **Beschränkt abzugsfähige Sonderausgaben** werden in Sonderausgaben untergliedert, die entweder Vorsorgeaufwendungen darstellen oder nicht.

5 **Vorsorgeaufwendungen** sind hierbei Altersvorsorgeaufwendungen, § 10 Abs. 1 Nr. 2 EStG, sonstige Vorsorgeaufwendungen, § 10 Abs. 1 Nr. 3, 3 a EStG, sowie zusätzliche Altersvorsorgebeiträge wie die sog. Riester-Beiträge, § 10 a EStG.

6 Unter die beschränkt abzugsfähigen Sonderausgaben, die **keine Vorsorgeaufwendungen** darstellen, fallen Unterhaltsleistungen an bestimmte Ehegatten (→ *Realsplitting/Nachteilsausgleich*), Aufwendungen für die eigene Berufsausbildung, privat veranlasste Kinderbetreuungskosten und Zuwendungen wie Spenden und Mitgliedsbeiträge.

7 Zur Berücksichtigung der Sonderausgaben werden bestimmte Mindestbeträge als Pauschalbeträge angesetzt. Es handelt sich um den Sonderausgaben-Pauschbetrag nach § 10 c Abs. 1 EStG und zusätzlich die Vorsorgepauschale. Im Rahmen der Einkommensteuerveranlagung können höhere Sonderausgaben berücksichtigt werden, wenn diese nachgewiesen werden. Der Arbeitnehmer kann schon während des laufenden Jahres einen Freibetrag auf der Lohnsteuerkarte eintragen lassen, § 39 a Abs. 1 Nr. 2 EStG (→ *Lohnsteuerklassen*).

1 OLG Hamm 30.10.2008 – 2 UF 43/08, FamRZ 2009, 981.

II. Unbeschränkt abzugsfähige Sonderausgaben

1. Vermögensübertragungen gegen Versorgungsleistungen

Auf besonderen Verpflichtungsgründen beruhende Versorgungsleistungen stellen unter bestimmten Voraussetzungen Sonderausgaben nach § 10 Abs. 1 a Nr. 2 EStG dar. 8

Empfänger des Vermögens können Abkömmlinge, gesetzlich erbberechtigte Verwandte des Übergebers, nahestehende Dritte (zB Schwiegerkinder, Neffen und Nichten) und auch familienfremde Dritte sein, wenn diese aufgrund persönlicher Beziehungen ein Interesse an der lebenslangen Versorgung des Übergebers haben. 9

Empfänger der Vermögensleistungen sind der Übergeber selbst, dessen Ehegatte, seine gesetzlich erb- und pflichtteilsberechtigen Abkömmlinge, Lebenspartner einer eingetragenen Lebenspartnerschaft und Eltern des Übergebers, wenn der Übergeber das übergebene Vermögen seinerseits von den Eltern im Wege der Vermögensübertragung gegen Versorgungsleistungen erhalten hat. 10

Ferner muss ein **Versorgungsvertrag** zwischen dem Empfänger des Vermögens und dem Empfänger der Vermögensleistungen geschlossen worden sein. In diesem sind die gegenseitigen Rechte und Pflichten klar und eindeutig rechtswirksam zu definieren – wie der Umfang des Vermögens, die Höhe der Versorgungsleistungen und die Art und Weise der Zahlungen.[2] Die Vereinbarung muss darüber hinaus zu Beginn des durch den Vertrag begründeten Rechtsverhältnisses oder bei Änderung des Verhältnisses für die Zukunft getroffen werden. 11

Änderungen sind steuerlich nur unter bestimmten Voraussetzungen zulässig, zB bei verändertem Versorgungsinteresse oder wirtschaftlicher Leistungsfähigkeit des Verpflichteten;[3] siehe zur Steuerschädlichkeit BFH 19.1.2005 – X 23/04, BStBl. II 2005, 434; zu Vertragsanpassungen BFH 13.12.2005 – X R61/0, BFHE 212, 195 (Umzug des Versorgungsbedürftigen in ein Pflegeheim); zum mangelnden Rechtsbindungswillen bei Wertsicherungsklausel BFH 3.3.2004 – X R 14/01, BStBl. II 2004, 826 und zu Umschichtungen von überlassenem Vermögen in nicht ausreichend Ertrag bringende Wirtschaftsgüter BFH 18.8.2010 – X R 55/09, BFHE 231, 510. Es ist zulässig, eine ursprünglich als dauernde Last vereinbarte Versorgungsleistung bei geänderter Interessenlage in eine Leibrente umzuwandeln, wenn ein tiefgreifendes Zerwürfnis zwischen den Vertragsparteien besteht. Ein Festhalten an der – von den schwankenden und im Einzelfall nicht immer eindeutig quantifizierbaren Größen „Leistungsfähigkeit" und „Bedarf" abhängigen – Abänderbarkeit der Leistungen würde ansonsten laufend neue Streitigkeiten hervorrufen, an deren Vermeidung beide Parteien ein erhebliches Interesse haben. Ein Vorbehalt der Rechte aus § 323 ZPO in einem Versorgungsvertrag ist nicht nur prozessual zu verstehen, sondern bedeutet auch, dass der Vertrag nach Maßgabe des materiellen Rechts, auf das die Vorschrift des § 323 ZPO Bezug nimmt, abänderbar sein soll. Dies gilt ebenso für die Bedeutung eines ausdrücklichen Ausschlusses von § 323 ZPO.[4] 12

Versorgungszahlungen müssen bestimmte Kriterien erfüllen. Rentenzahlungen eines Erben sind zB nur dann Sonderausgaben, wenn der Empfänger zum sog. Generationennachfolgeverband gehört, dh zu den pflichtteilsberechtigten Personen. Lebensgefährten des Erblassers zählen nicht hierzu.[5] **Keine Versorgungsleistungen** sind Zahlungen, die nach einer Wiederaufnahme der ursprünglich vereinbarten Leistungen vorgenommen werden, wenn die Aussetzung willkürlich und die Versorgung des Übergebers gefährdet war.[6] **Keine wiederkehrenden Leistungen** liegen vor, wenn der Vermögensübernehmer das überlassene Vermögen in nicht ausreichend Ertrag bringende Wirtschaftsgüter umschichtet und die Beteiligten die geschuldeten Versorgungsleistungen an die Erträge der neu erworbenen Vermögensgegenstände anpassen.[7] 13

---

2 BFH 15.7.1992 – X R 165/90, BStBl. II 1992, 1020.
3 BFH 15.9.2010 – X R 13/09, BFHE 231, 116.
4 BFH 13.4.2011 – X B 69/10, BFH /NV 2011, 1330.
5 BFH 31.8.2010 – III B 61/10, FamRZ 2011, 35.
6 BFH 15.9.2010 – X R 13/09, FamRZ 2011, 112.
7 BFH 18.8.2010 – X R 55/09, FamRZ 2011, 562; BFH 17.3.2010 – X R 38/06, FamRZ 2010, 1440.

Familienrechtlich bleiben die während der Ehe eingegangenen Verpflichtungen aus einem Altenteilvertrag mit den Eltern des Ehemannes gemeinsame Verpflichtungen, wenn die Eheleute keine andere Regelung vereinbaren.[8]

Begnügt sich ein Ehegatte mit der Zuwendung laufender Zahlungen unter Verzicht auf seinen Pflichtteil und ähnliche Ansprüche (**Zugewinn**), liegt ebenso eine Vermögensübergabe gegen Versorgungsleistungen vor. Voraussetzung ist, dass das übertragende Vermögen ausreichend ertragreich ist und die Vertragsparteien vereinbarungsgemäß ihren Verpflichtungen nachkommen.[9]

14 Aufgrund des **Korrespondenzprinzips** unterliegen die Versorgungsbezüge der Besteuerung nach § 22 Nr. 1aEStG.[10] Ergibt sich jedoch aus dem Übergabevertrag, dass sich die an die Eltern des Übernehmers zugesagten monatlichen Zahlungen beim Tod eines der Elternteile nicht verringern und fehlen darüber hinaus Anhaltspunkte, dass die Zahlungsverpflichtung von der Leistungsfähigkeit des Übernehmers abhängig ist, so sind die zugesagten Versorgungsleistungen nicht abänderbar und damit beim Empfänger als Leibrente mit dem Ertragsanteil zu versteuern.[11]

2. Schuldrechtlicher Versorgungsausgleich

15 Ab dem **VZ 2008** regelt § 10 Abs. 1 a Nr. 3 EStG,[12] dass Ausgleichszahlungen im Rahmen des schuldrechtlichen Versorgungsausgleichs nach §§ 20, 21, 22, 26 VersAusglG, §§ 1587 f., 1587 g, 1587 i BGB und § 3 a des Gesetzes zur Regelung von Härten im Versorgungsausgleich Sonderausgaben darstellen. Bis einschließlich VZ 2007 war die schuldrechtliche Ausgleichsrente als **dauernde Last** nach § 10 Abs. 1 Nr. 1 a EStG aF abzugsfähig. Voraussetzung ist, dass sich das Anrecht bereits in der Leistungsphase befindet und eine Ausgleichsrente an den Ausgleichsberechtigten gezahlt wird. Ein schuldrechtlicher Versorgungsausgleich kann ebenso in einem **Ehevertrag** vereinbart werden.[13]

16 Der ausgleichspflichtete Ehegatte kann infolge des **Korrespondenzprinzips** Ausgleichszahlungen im Rahmen des Versorgungsausgleichs in dem Umfang als Sonderausgaben nach § 22 Nr. 1 a EStG ansetzen, in dem die zugrunde liegenden Einnahmen beim ausgleichsberechtigten Ehegatten der Besteuerung unterliegen. Hat der Ausgleichsverpflichtete dem Ausgleichsberechtigten seinen Anspruch gegen den Versorgungsträger in Höhe der **Ausgleichsrente abgetreten**, § 21 VersAusglG, sind die Versorgungsleistungen in der Auszahlungsphase beim Ausgleichsverpflichteten steuerlich zu erfassen, soweit sie aufgrund der Abtretung unmittelbar an den Ausgleichsberechtigten geleistet werden.

Zahlt der Ausgleichsverpflichtete einen **Ausgleichswert für Kapitalzahlungen** aus einem noch nicht ausgeglichenen Anrecht, § 22 VersAusglG, ist die Zahlung beim Ausgleichsverpflichteten als Sonderausgabe in dem Umfang zu berücksichtigen, wie die dem Ausgleichswert zugrunde liegenden Kapitalzahlungen beim Ausgleichsverpflichteten der Besteuerung unterliegen.

Ein Sonderausgabenabzug kommt nicht in Betracht, wenn statt einer schuldrechtlichen Ausgleichszahlung ein **Anrecht nach § 23 VersAusglG** abgefunden wird. Der Zahlungsfluss zwischen dem Ausgleichsverpflichteten und dem aufnehmenden Versorgungsträger findet hier allein auf der privaten Vermögensebene statt und führt zu keinem steuerbaren Zufluss beim Ausgleichsberechtigten. Die Besteuerung der dem Ausgleichsberechtigten aufgrund der Abfindung später zufließenden Versorgungsleistungen richtet sich in diesem Fall nach der Rechtsnatur der Leistungen. Handelt es sich zB um Rentenzahlungen aus der gesetzlichen Rentenversicherung, sind diese als Leibrenten nach § 22 Nr. 1 S. 3 Buchst. a aa EStG zu versteuern.

8 OLG Hamm 10.4.2013 – 8 UF 200/12.
9 BFH 25.5.2014 – X R 34/11, BFH/NV 2014, 1300.
10 FAKomm FamR/*Perleberg-Kölbel* EStG § 10 Rn. 73.
11 FG München 18.6.2012 – 7 K 1217/09.
12 In Kraft getreten am 1.9.2009, BGBl. I 700.
13 BFH 22.8.2012 – X R 36/09, FamRZ 2013, 455.

Besteht ein noch nicht ausgeglichenes Anrecht bei einem ausländischen, zwischenstaatlichen oder überstaatlichen Versorgungsträger und leistet der Versorgungsträger eine **Hinterbliebenenversorgung** nach dem Ableben des Ausgleichsverpflichteten, kann die Witwe oder der Witwer zu Leistungen an den ausgleichsberechtigten geschiedenen Ehegatten des Verstorbenen verpflichtet sein, § 26 VersAusglG. Die Leistungen an den Ausgleichsberechtigten stellen Sonderausgaben dar.

Die auszugleichenden Einnahmen müssen folglich einer **nachgelagerten Besteuerung** unterliegen.[14] 17

Sind sie **nicht steuerbar oder steuerfrei**, kommt ein Sonderausgabenabzug nicht in Betracht. 18

Der ausgleichsberechtigte Ehegatte hat die Ausgleichszahlungen als **sonstige Einkünfte** gem. § 22 Nr. 1 a 19
EStG zu versteuern (Korrespondenzprinzip). Bei deren Ermittlung ist § 9 a S. 1 Nr. 3 EStG zu beachten. Ein Pauschbetrag für Werbungskosten nach § 9 a S. 1 Nr. 3 EStG in Höhe von 102 EUR kann abgezogen werden.

Anders als beim begrenzten Realsplitting nach § 10 Abs. 1 Nr. 1 EStG bedarf es **keiner Zustimmung** 20
von Seiten des Ausgleichsberechtigten. Es fehlt an einer rechtlichen Grundlage für einen steuerlichen Nachteilsausgleich.[15]

3. Kirchensteuer

Die Abzugsfähigkeit der Kirchensteuer als Sonderausgabe findet sich in § 10 Abs. 1 Nr. 4 EStG. Sie wird 21
über eine komplizierte Formel im Abgeltungssteuersatz berücksichtigt. Bei der Kirchensteuer handelt sich um eine Geldleistung, die aufgrund gesetzlicher Vorschriften von den als Körperschaften des öffentlichen Rechts anerkannten Religionsgemeinschaften festgesetzt wird. Die Kirchensteuer kann nur in der Höhe berücksichtigt werden, in der sie den erstatteten Betrag übersteigt (→ *Aufteilung der Steuerschuld* Rn. 11). Bei Kirchenaustritt im Laufe des VZ ist bereits bei der Erstveranlagung die zu erwartende spätere Erstattung abzuziehen.[16] Die Kirchensteuer wird dann nach Pauschalsteuersätzen von der Lohnsteuer berechnet, wenn auch der Arbeitslohn pauschal berechnet wird. Ab **VZ 2015** wurde ein automatisches Verfahren zum Abzug von Kirchensteuer auf abgeltend besteuerte Kapitalerträge eingerichtet, § 51 a Abs. 2 b–e und Abs. 6 EStG.

Ein Abzug unterbleibt, wenn die Kirchensteuer als Zuschlag zur Kapitalertragsteuer oder als Zuschlag 22
auf die nach § 32 d Abs. 1 EStG ermittelte Einkommensteuer gezahlt wird. Die Kirchensteuer wird in diesem Fall analog zu anrechenbaren ausländischen Steuern mindernd in dem Abgeltungssteuersatz erfasst. Kirchensteuern, die auf die Abgeltungsteuer für private Kapitaleinnahmen entfallen, sind somit nicht zusätzlich als Sonderausgabe abzugsfähig. Falls die Kirchensteuerbeträge nicht in Abzug gebracht werden können, sind sie als **Spende** gem. § 10 b EStG zu behandeln.

Unterhaltsrechtlich ist die Kirchensteuer alleine dem Kirchensteuerpflichtigen zuzurechnen und nicht seinem Ehepartner.[17]

---

14 Hierzu *Borth* Versorgungsausgleich Rn. 630, 686.

15 Zur einkommensteuerlichen Behandlung und den Formen von Ausgleichszahlungen im Rahmen des Versorgungsausgleichs nach § 10 Abs. 1 Nr. 1 b EstG aF und § 22 Nr. 1 c EstG aF: BMF-Schreiben v. 9.4.2010 – IV C 3 – S 2221/09/10024, BStBl. I 2010, 567; zur einkommensteuerlichen Behandlung von Vorsorgeaufwendungen: BMF-Schreiben v. 13.9.2010 – IV C 3 – S 2222/09/10041 IV C, BStBl. I 2010, 681; zu möglichen Haftungsfallen: *Perleberg-Kölbel* ZFE 2011, 7 und zu Zahlungen zur Abfindung des schuldrechtlichen Versorgungsausgleichs als Werbungskosten: BFH 17.6.2010 – VI R 33/08, FamRB 2011, 12; *Perleberg-Kölbel* FuR 2019, 535.

16 BFH 14.7.2004 – XI B 187/03, BFH/NV 2004, 1642.

17 OLG Hamm 17.12.2012 – 9 UF 64/12, FamRZ 2013, 1146.

III. Beschränkt abzugsfähige Sonderausgaben als Vorsorgeaufwendungen

1. Altersvorsorgeaufwendungen

23 Als Grundversorgung sind Altersvorsorgeaufwendungen gem. § 10 Abs. 1 Nr. 2 EStG beschränkt abzugsfähige Sonderausgaben. Vorsorgeaufwendungen sind hier die gesetzlichen Rentenversicherungen, die landwirtschaftlichen Alterskassen, die berufsständischen Versorgungseinrichtungen, wie die Rechtsanwaltsversorgung und auch die private kapitalgedeckte Leibrentenversicherung. Bei der kapitalgedeckten Leibrentenversicherung muss der Vertrag die Zahlung einer monatlichen Rente ab dem 60. Lebensjahr (bei Versicherungsabschluss ab dem 1.1.2012: ab dem 62. Lebensjahr) berücksichtigen. Die Ansprüche dürfen ferner nicht vererblich, übertragbar, beleihbar, veräußerbar und kapitalisierbar sein (sog. Rürup-Beiträge).

Der Bundesrat hat am 7.6.2013 dem **Altersvorsorge-Verbesserungsgesetz** zugestimmt.[18] Nach § 10 Abs. 1 Nr. 2 S. 1 Buchst. b EStG werden Beiträge zum Aufbau einer eigenen kapitalgedeckten Altersversorgung als Sonderausgaben behandelt, wenn der Vertrag nur die Zahlung einer monatlichen, auf das Leben des Steuerpflichtigen bezogenen lebenslangen Leibrente nicht vor Vollendung des 62. Lebensjahres oder zusätzlich die ergänzende Absicherung des Eintritts der Berufsunfähigkeit (Berufsunfähigkeitsrente), der verminderten Erwerbsfähigkeit (Erwerbsminderungsrente) oder von Hinterbliebenen (Hinterbliebenenrente) vorsieht. Hinterbliebene sind der Ehegatte des Steuerpflichtigen und die Kinder, für die er Anspruch auf Kindergeld oder auf einen Freibetrag nach § 32 Abs. 6 EStG besitzt.

Sonderausgaben sind ferner auch Beiträge für die Absicherung gegen den Eintritt der Berufsunfähigkeit oder der verminderten Erwerbsfähigkeit (Versicherungsfall), wenn der Vertrag nur die Zahlung einer monatlichen, auf das Leben des Steuerpflichtigen bezogenen lebenslangen Leibrente für einen Versicherungsfall vorsieht, der bis zur Vollendung des 67. Lebensjahres eingetreten ist. Der Vertrag kann die Beendigung der Rentenzahlung wegen eines medizinisch begründeten Wegfalls der Berufsunfähigkeit oder der verminderten Erwerbsfähigkeit vorsehen. Die Höhe der zugesagten Rente kann vom Alter des Steuerpflichtigen bei Eintritt des Versicherungsfalls abhängig gemacht werden, wenn der Steuerpflichtige das 55. Lebensjahr vollendet hat. Die Ansprüche dürfen nicht vererblich, nicht übertragbar, nicht beleihbar, nicht veräußerbar und nicht kapitalisierbar sein. Neben den genannten Auszahlungsformen darf ferner kein weiterer Anspruch auf Auszahlungen bestehen.

24 Zu den begünstigten Beiträgen gehören die des Arbeitgebers und Arbeitnehmers. Wenn Eltern eine Altersversorgung für ihre **Kinder** aufbauen wollen, sind diese Beiträge nicht zu berücksichtigen.

2. Sonstige Vorsorgeaufwendungen

25 **a) Kranken- und Pflegeversicherungsbeiträge.** Das Bürgerentlastungsgesetz Krankenversicherung bzw. das Gesetz zur verbesserten steuerlichen Berücksichtigung von Vorsorgeaufwendungen vom 16.7.2009[19] hat die steuerliche Situation von sonstigen Vorsorgeaufwendungen für den Steuerpflichtigen verbessert. Der Gesetzgeber hat mit § 10 Abs. 1 Nr. 3 EStG die Vorgaben des Bundesverfassungsgerichtes[20] umgesetzt.

26 Durch die Regelung im Bürgerentlastungsgesetz finden **seit VZ 2010** die Beiträge zur Krankenversicherung und Pflegeversicherung steuerlich besser Berücksichtigung. Ab VZ 2013 sind auch solche Beiträge Sonderausgaben, die an ein Versicherungsunternehmen außerhalb der EU und des EWR geleistet werden. Diese sind in voller Höhe als Sonderausgaben abziehbar, wenn sie der Basisabsicherung dienen.[21] Es handelt sich um eine Absicherung auf Sozialhilfeniveau, so dass Kosten für den Zuschlag für ein Ein-Bett-Zimmer oder die Kosten für den Chefarzt steuerlich nicht anerkannt werden dürfen.

18 BGBl. 2013 I 1667.
19 BStBl. I 2009, 1959.
20 BVerfG 13.2.2008 – 2 BvR 1220/04, 2 BvR 410/05, NJW 2008, 1868.
21 FAKomm FamR/*Perleberg-Kölbel* EStG § 10 Rn. 13.

Unterhaltsrechtlich sind Aufwendungen für eine zusätzliche Altersversorgung und Zusatzkrankenversicherung bei gesteigerter Unterhaltspflicht nicht berücksichtigungsfähig, wenn der Mindestunterhalt nicht aufgebracht werden kann.[22]

b) Weitere sonstige Vorsorgeaufwendungen. Nach § 10 Abs. 1 Nr. 3 a EStG werden Beiträge zur Arbeitslosenversicherung, Berufs- und Erwerbsunfähigkeitsversicherung, Unfallversicherung, Haftpflichtversicherung, Krankenversicherung (wenn sie zB einen höheren Komfort anlässlich eines Krankenhausaufenthalts vorsehen) und zu Lebensversicherungs-Altverträgen iSd § 10 Abs. 1 Nr. 2 Buchst. b bb EStG als Sonderausgaben behandelt. Sie sind aber nur anzuerkennen, wenn die Aufwendungen gem. § 10 Abs. 1 Nr. 3 EStG nicht bereits voll in Abzug gebracht worden sind. Die Regelung über die beschränkte Abziehbarkeit von sonstigen Vorsorgeaufwendungen (§ 10 Abs. Nr. 3 a EStG idF des BürgEntlG KV) ist verfassungsrechtlich nicht zu beanstanden.[23] 27

Der **Höchstbetrag** beträgt hier nach § 10 Abs. 4 EStG beim Selbstständigen **2.800 EUR**. Im Falle eines unselbstständig Tätigen beläuft sich der Höchstbetrag auf **1.900 EUR**. Dies gilt auch für Rentner, Besoldungsempfänger und familienversicherte Angehörige. 28

Nach § 10 Abs. 4 a EStG erfolgt für die **VZ 2005 bis 2019** hinsichtlich des Vorwegabzugs eine Günstigerprüfung von Amts wegen.

3. Zusätzliche Altersvorsorgebeiträge/sog. Riester-Rente

Bei der sog. Riester-Rente iSd §§ 10 a, 82 EStG können **Beiträge bis zu 2.100 EUR** jährlich als Sonderausgaben anerkannt werden. Gem. § 10 a Abs. 2 EStG prüft das Finanzamt von Amts wegen, ob der Anspruch auf Berücksichtigung der sog. Riester-Rente-Zulage steuerlich für den Steuerpflichtigen günstiger ist als die Berücksichtigung als weitere zusätzliche Sonderausgabe. 29

Die steuerliche Förderung der privaten Altersvorsorge und betrieblichen Altersversorgung regelt ausführlich das BMF-Schreiben vom 24.7.2013 – IV C 3-S2015/11/1002 und IV C 5-S2333/09/1005, BGBl. 2013 I 270.

IV. Beschränkt abzugsfähige Sonderausgaben, die keine Vorsorgeaufwendungen sind

1. Unterhaltsleistungen

Unterhaltszahlungen iSd § 10 Abs. 1 a Nr. 1 EStG an den geschiedenen oder dauernd getrennt lebenden Ehegatten können vom Geber bis zur Höhe von 13.805 EUR jährlich als Sonderausgaben abgezogen werden. Seit dem 1.1.2010 erhöht sich der Betrag von 13.805 EUR um die Beiträge, die der Unterhaltsverpflichtete für die Kranken- und Pflegeversicherung des Unterhaltsberechtigten gezahlt hat (→ *Realsplitting/Nachteilsausgleich* Rn. 12). 30

2. Aufwendungen für eigene Berufsausbildung

Aufwendungen für die erstmalige Berufsausbildung iSd § 10 Abs. 1 Nr. 7 EStG iVm § 12 Nr. 5 EStG in einem nicht ausgeübten Beruf oder für das erstmalig angetretene Studium können **bis zu 4.000 EUR bis VZ 2011 und bis zu 6.000 EUR ab VZ 2012** jährlich als Sonderausgabe in Abzug gebracht werden. Hierunter fallen zB Fachbücher, Fahrtkosten, Verpflegungsmehraufwendungen und die Kosten für eine Zweitwohnung. Erfüllen Ehepartner die Voraussetzungen nach § 26 Abs. 1 S. 1 EStG, gilt diese Regelung für jeden von ihnen (→ *Steuerveranlagung* Rn. 5). 31

Aufwendungen nach dem Abschluss einer Erstausbildung sind Fortbildungskosten und keine Sonderausgaben. Sie stellen entweder Werbungskosten oder Betriebsausgaben dar. 32

22 BGH 30.1.2013 – XII ZR 158/10, FamRZ 2013, 616.
23 BFH 9.9.2015 – X R 5/13, www.bundesfinanzhof.de Verfahrensverlauf; BVerfG 21.9.2017 – 2 BvR 2445/15, www.bundesverfassungsgericht.de, nicht zur Entscheidung angenommen.

3. Kinderbetreuungskosten

33 **a) Erwerbsbedingte Kinderbetreuungskosten.** Privat veranlasste Kinderbetreuungskosten für Kinder im Alter von drei bis fünf Jahren konnten bis VZ 2011 nach § 9 c Abs. 2 S. 4 EStG in Abzug gebracht werden, sofern die Kosten nicht bereits nach § 9 c Abs. 1 EStG Anerkenntnis fanden. Demnach waren 2/3 der Kinderbetreuungskosten, **höchstens jedoch 4.000 EUR je Kind**, Sonderausgaben und daher abziehbar.

34 Wenn **beide Elternteile arbeiteten**, waren die Kinderbetreuungskosten entweder Werbungskosten gem. § 9 EStG oder Betriebsausgaben gem. § 4 Abs. 4 EStG.

35 **b) Nicht erwerbsbedingte Kinderbetreuungskosten.** Wenn der Steuerpflichtige – nicht das Kind – in der Ausbildung, körperlich oder geistig behindert war, waren privat veranlasste Kinderbetreuungskosten beschränkt abzugsfähige Sonderausgaben, § 9 c Abs. 2 S. 1 EStG. Gem. § 9 c Abs. 2 S. 1 EStG waren 2/3 der Kinderbetreuungskosten, **bis 4.000 EUR pro Kind**, Sonderausgaben.

36 Im Falle einer **Erwerbstätigkeit beider Eltern** waren auch in diesen Fällen die Kinderbetreuungskosten weder Werbungskosten noch Betriebsausgaben.

37 **c) Regelung seit 2012.** Nach dem Steuervereinfachungsgesetz 2011[24] sind seit dem VZ 2012 Kinderbetreuungskosten nur noch **Sonderausgaben** iSd § 10 Abs. 1 Nr. 5 EStG. Unabhängig von der Tätigkeit der Eltern werden die Kosten für eine Betreuung bis zur Vollendung des 14. Lebensjahrs des Kindes berücksichtigt. Der Sonderausgabenabzug für Kinderbetreuungskosten hängt folglich nicht mehr davon ab, ob die Eltern arbeiten oder nicht. Abziehbar sind 2/3 der Kinderbetreuungskosten, **höchstens 4.000 EUR pro Jahr und Kind**. Kinderbetreuungskosten werden ab dem 1.1.2012 ohne Prüfung der persönlichen Anspruchsvoraussetzungen anerkannt.[25]

38 Ein Abzug als Werbungskosten- bzw. Betriebsausgaben ist nicht mehr zulässig. Der Wegfall des Betriebsausgabenabzugs für Kinderbetreuungskosten ab 2012 wird gewerblich tätigen Unternehmern Nachteile bringen, weil die Kinderbetreuungskosten vom Gewinn abgezogen werden konnten und sich dadurch die Gewerbesteuerbelastung verringerte.

Bei **zusammenlebenden und nicht verheirateten Eltern** ist zu beachten, dass derjenige Elternteil, der die Kosten steuerlich geltend machen will, diese auch tatsächlich bezahlt[26] bzw. auch die Betreuungsverträge unterschreibt. Die in §§ 4 f. und 9 Abs. 5 S. 1 EStG idF des Gesetzes zur steuerlichen Förderung von Wachstum und Beschäftigung vom 26.4.2006[27] enthaltene Beschränkung des Abzugs erwerbsbedingter Kinderbetreuungskosten auf 2/3 der Aufwendungen und einen Höchstbetrag von 4.000 EUR je Kind verstößt nicht gegen das GG.[28]

4. Zuwendungen

39 Zuwendungen zur Förderung steuerbegünstigter Zwecke, § 10 b Abs. 1 EStG, oder Zuwendungen an politische Parteien, § 10 b Abs. 2 EStG, fallen unter die beschränkt abzugsfähigen Sonderausgaben. Der Sonderausgabenabzug für Beiträge an politische Parteien iSd § 2 Parteiengesetz beträgt bis 1.650 EUR/ 3.300 EUR für Zuwendungen, für die eine Steuerermäßigung nach § 34 g EStG nicht gewährt wird.

40 Mit Zuwendungen sind hier **Leistungen ohne Gegenleistungen** gemeint, die dem Vermögen des Steuerpflichtigen entstammen. Auch eine **Sachzuwendung** kann eine Zuwendung iSd § 10 b Abs. 1 EStG sein. Nutzungen und sog. sonstige Leistungen sind keine Zuwendungen. Mitgliedsbeiträge zur Förderung des Sports oder der Heimatpflege sind daher zB nicht abzugsfähig.

---

24 BGBl. 2011 I 2131.

25 Siehe zur Anwendung auch das BMF-Schreiben vom 14.3.2012 – IV C 4 – S 2221/07/0012 : 012, BStBl. 2012 I, 307.

26 BFH 25.11.2010 – III R 79/09, DStR 2011, 560.

27 BGBl. 2006 I 1091.

28 BFH 9.2.2012 – III R 67/09, BStBl. II 2012, 567.

§ 10 b Abs. 1 S. 1 EStG begrenzt die maximale Abzugsfähigkeit geleisteter Zuwendungen auf 20 % des Gesamtbetrags der Einkünfte oder 4 % der Umsätze und aufgewendeten Löhne und Gehälter. Die zweite Alternative spielt nur dann eine Rolle, wenn entsprechende Einkünfte erzielt werden. Die der Abgeltungsteuer unterliegenden Einkünfte bleiben gem. § 2 Abs. 5 b EStG bei der Ermittlung des maßgeblichen Gesamtbetrags der Einkünfte außen vor.

209. Sondergut

Sander

I. Einführung

1 § 1417 BGB regelt das Sondergut, das neben dem Gesamtgut und dem Vorbehaltsgut eine **eigenständige Vermögensmasse der Gütergemeinschaft** darstellt (vgl. §§ 1417 Abs. 1, 1418 Abs. 1 BGB). Das Sondergut entsteht bei Begründung der Gütergemeinschaft kraft Gesetzes. Aufgrund ihrer Unübertragbarkeit verbleiben die dem Sondergut zuzuordnenden Gegenstände im Alleineigentum des jeweiligen Ehegatten.

II. Umfang des Sonderguts (§ 1417 Abs. 2 BGB)

1. Sondergut kraft Gesetzes

2 Zum Sondergut gehören die Gegenstände und Vermögensrechte, die von Gesetzes wegen aufgrund ihrer höchstpersönlichen Natur oder aufgrund besonderer gesetzlicher Anordnung durch Rechtsgeschäft nicht übertragen werden können.[1]

2. Sondergut wegen vertraglicher Unübertragbarkeit

3 Es ist umstritten, ob darüber hinaus ein Gegenstand dem Sondergut zuzuordnen ist, wenn seine Übertragbarkeit durch Rechtsgeschäft ausgeschlossen wurde (zB § 399 Alt. 2 BGB). Für die Zuordnung zum Sondergut spricht, dass sich § 1417 BGB keine gegenteilige Beschränkung entnehmen lässt.[2] Die rechtsgeschäftlich vereinbarte Unübertragbarkeit wirkt absolut und bezweckt den Schutz des Dritten davor, dass ihm gegen seinen Willen ein neuer Gläubiger aufgedrängt wird. § 1417 Abs. 2 BGB ist abschließend und kann nicht durch vertragliche Vereinbarung abgeändert werden.[3]

3. Umfang des Sonderguts

4 Dem Sondergut sind folgende **Vermögenswerte** zuzuordnen:

- nicht abtretbare und unpfändbare Forderungen (§§ 399, 400 BGB);
- der Anteil eines Abkömmlings am Gesamtgut der fortgesetzten Gütergemeinschaft während deren Bestehens (beachte aber: Der Anteil eines Abkömmlings aus einer beendeten, aber noch nicht auseinandergesetzten fortgesetzten Gütergemeinschaft gehört zum Gesamtgut);[4]
- der unpfändbare Gehalts- und Rentenanspruch gem. §§ 850 ff. ZPO (beachte: Gehalts- und Rentenzahlungen gehören zum Gesamtgut (→ *Gesamtgut/Verwaltung* Rn. 4);
- nicht übertragbare dingliche Rechte wie Nießbrauch und beschränkte persönliche Dienstbarkeiten,[5] soweit sie nicht unmittelbar für die Ehegatten in Gütergemeinschaft bestellt werden (→ *Gesamtgut/Verwaltung* Rn. 4);
- Beteiligung an einer Personengesellschaft, soweit diese nicht nach dem Gesellschaftsvertrag für übertragbar erklärt ist,[6] sonst Gesamtgut (→ *Gesamtgut/Verwaltung* Rn. 4);

---

1 NK-BGB/*Völker* § 1417 Rn. 1.
2 MüKoBGB/*Münch* § 1417 Rn. 3; NK-BGB/*Völker* § 1417 Rn. 3; aA Palandt/*Siede* BGB § 1417 Rn. 3.
3 BeckOK BGB/*Siede/Spernath* § 1417 Rn. 2.
4 BeckOK BGB/*Siede/Spernath* § 1417 Rn. 3; aA MüKoBGB/*Münch* § 1417 Rn. 4: auch nach deren Beendigung bis zur Auseinandersetzung, § 1487 Abs. 1, § 1497 Abs. 2, § 1419.
5 BeckOK BGB/*Siede/Spernath* § 1417 Rn. 3.
6 HM: BFH 19.10.2006 – IV R 22/02, NJW-RR 2007, 248 ff.

- der unpfändbare Unterhaltsanspruch;[7]
- das Urheberrecht (§ 29 S. 2 UrhG), nicht aber Nutzungsrechte hieraus; auch nicht der Schmerzensgeldanspruch (→ *Gesamtgut/Verwaltung* Rn. 4).

III. Verwaltung des Sonderguts (§ 1417 Abs. 3 BGB)

Das Sondergut bleibt **Alleineigentum** des jeweiligen Ehegatten. Er verwaltet es allein und selbstständig (vgl. § 1417 Abs. 3 S. 1 BGB). Hierzu gehört auch die selbstständige Prozessführung.[8] Der andere Ehegatte hat kein Recht auf Mitwirkung oder Einspruch. Die Verwaltung kann dem anderen Ehegatten jedoch nach § 1413 BGB übertragen werden. Behauptet ein Ehegatte die Überlassung der Vermögensverwaltung, trägt er für den Abschluss eines entsprechenden Verwaltungsvertrages die Beweislast. An die Bejahung des hierfür erforderlichen Rechtsbindungswillens sind strenge Maßstäbe anzusetzen, so dass das einvernehmliche Zusammenleben der Ehegatten kein Beweis für die Annahme eines Rechtsbindungswillens ist.[9] 5

Gem. § 1417 Abs. 3 S. 2 BGB verwaltet jeder Ehegatte sein Sondergut für Rechnung des Gesamtgutes. Dem Gesamtgut sind daher auch die **Nutzungen des Sonderguts** (§§ 100, 99 BGB) zuzuordnen, soweit sie übertragbar sind.[10] Das Gesamtgut haftet ebenfalls für die Lasten (§ 103 BGB) des Sonderguts, soweit diese in der Regel aus den Einkünften des Sonderguts getragen werden. Das Sondergut gehört wirtschaftlich gesehen zum Gesamtgut und stellt folglich kein nur dem jeweiligen Ehegatten zustehendes Sondervermögen, mithin keine Privilegierung dar. Es soll dem Ehegatten nicht wie das Vorbehaltsgut eine Sphäre der Ungebundenheit sichern. Die Unübertragbarkeit der Vermögenswerte des Sondergutes stellt lediglich eine rechtslogische Konsequenz dar.[11] 6

Die **Haftung** besteht im Außenverhältnis gegenüber den Gläubigern (vgl. §§ 1440 S. 2, 1462 S. 2 BGB) und im Innenverhältnis der Ehegatten zueinander (vgl. §§ 1442 S. 1, 1464 S. 1 BGB). Empfinden es die Ehegatten als unbillig, dass das Sondergut für Rechnung des Gesamtguts verwaltet wird, können sie das Sondergut in Vorbehaltsgut umwandeln.[12] Alternativ kann die Verwaltung des Sonderguts aber auch auf eigene Rechnung des betreffenden Ehegatten geregelt werden.[13] 7

IV. Surrogate des Sonderguts

Surrogate des Sonderguts werden Gesamtgut, soweit diese **durch Rechtsgeschäft übertragbar** sind.[14] Eine Surrogation findet nicht statt.[15] Die Ehegatten können aber auch durch Ehevertrag vereinbaren, dass Surrogate des Sonderguts eines Ehegatten in dessen Vorbehaltsgut fallen sollen, sofern die Surrogate nicht selbst wieder Sondergut sind.[16] 8

V. Umwandlung des Sonderguts

Aufgrund der Unübertragbarkeit der Gegenstände des Sonderguts ist eine **Umwandlung in Gesamtgut** bzw. umgekehrt nicht möglich.[17] Wird allerdings die rechtsgeschäftliche Vinkulierung nachträglich aufgehoben (zB nachträglich vereinbarte Übertragbarkeit einer Forderung), fällt der Vermögenswert ipso iure dem Gesamtgut zu.[18] 9

---

7 Palandt/*Siede* BGB § 1417 Rn. 2.
8 BeckOK BGB/*Siede/Spernath* § 1417 Rn. 5.
9 NK-BGB/*Völker* § 1413 Rn. 17.
10 BeckOK BGB/*Siede/Spernath* § 1417 Rn. 5.
11 *Langenfeld/Milzer* Eheverträge-HdB 2. Teil Rn. 404.
12 MüKoBGB/*Münch* § 1417 Rn. 5.
13 MüKoBGB/*Münch* § 1417 Rn. 7.
14 NK-BGB/*Völker* § 1417 Rn. 5.
15 BeckOK BGB/*Siede/Spernath* § 1417 Rn. 5.
16 *Mai* BWNotZ 2003, 55 (67).
17 *Mai* BWNotZ 2003, 55 (59).
18 MüKoBGB/*Münch* § 1417 Rn. 5.

10 Wird nach Zuordnung eines Vermögenswertes zum Gesamtgut dessen Übertragbarkeit vertraglich ausgeschlossen, führt dies nicht dazu, dass es sich nunmehr um Sondergut handelt. Der Vermögenswert bleibt dann vielmehr Gesamtgut, da sich die Übertragungsproblematik nicht stellt.[19] Es ist außerdem möglich, dass ein nicht übertragbares Recht für die Ehegatten in Gütergemeinschaft durch Rechtsgeschäft mit einem **Dritten** bestellt wird.[20] Grund hierfür ist, dass es sich bei der Erstbestellung nicht um eine Übertragung handelt. So ist es möglich, einen Nießbrauch, eine beschränkt persönliche Dienstbarkeit (zB Wohnrecht) oder ein unübertragbar ausgestaltetes Leibgeding für die Ehegatten in Gütergemeinschaft zu bestellen. Als Alternative hierzu kann jedem Ehegatten ein selbstständiges, inhalts- und ranggleiches Recht dieser Art bestellt werden, welches dann dem jeweiligen Sondergut zuzuordnen ist.

11 Die Vermögenswerte des Sonderguts können durch ehevertragliche Regelung in **Vorbehaltsgut umgewandelt** werden, da die Sonderzuständigkeit des jeweiligen Ehegatten gewahrt bleibt.[21] Andererseits ist die Zuordnung eines Gegenstandes des Vorbehaltsgutes zum Sondergut wegen der nicht dispositiven und abschließenden Vorschrift des § 1417 Abs. 2 BGB nicht möglich.[22]

12 Mangels Übertragbarkeit der in das Sondergut fallenden Vermögenswerte ist auch eine **Transaktion in das Sondergut des anderen Ehegatten** nicht möglich.[23]

VI. Eintragung des Sonderguts

13 Die Eintragung der Sondergutseigenschaft in das Grundbuch ist **unzulässig**.[24]

14 Zur Eintragung in das Güterrechtsregister → *Gütergemeinschaft* Rn. 9.

VII. Verfahrenshinweise

15 Grundsätzlich trägt der Ehegatte die **Beweislast**, der sich auf die Ausnahme von der Regel beruft. Macht also ein Ehegatte geltend, dass ein bestimmter Vermögenswert in sein Sondergut fällt, trägt er hierfür die Beweislast, da die Zugehörigkeit zum Gesamtgut die Regel darstellt (→ *Gesamtgut/Verwaltung* Rn. 2)[25].16

Da jeder Ehegatte Alleineigentümer seines Sonderguts ist, genügt für die Zwangsvollstreckung in dieses ein Vollstreckungstitel gegen den jeweiligen Ehegatten. Ob die **Zwangsvollstreckung in das Sondergut** überhaupt möglich ist, bestimmt sich nach den §§ 851, 857 Abs. 1, 3 ZPO. Fallen die Nutzungen des Sonderguts in das Gesamtgut, richtet sich die Pfändung der Nutzungen nach den Vorschriften der Pfändung von Gesamtgutsgegenständen.[26]

19 MüKoBGB/*Münch* § 1417 Rn. 5.
20 BeckOK BGB/*Siede/Spernath* § 1417 Rn. 2.
21 MüKoBGB/*Münch* § 1417 Rn. 5.
22 *Mai* BWNotZ 2003, 55 (60).
23 *Mai* BWNotZ 2003, 55 (60).
24 Palandt/*Siede* BGB § 1417 Rn. 1.
25 NK-BGB/*Völker* § 1417 Rn. 12.
26 NK-BGB/*Völker* § 1417 Rn. 13.

210. Sorgeerklärung

Seebach/M. Teubel

I. Allgemeines

Gem. § 1626 a Abs. 1 Nr. 1 BGB haben **nicht miteinander verheiratete** Eltern die Möglichkeit, durch Abgabe entsprechender **Sorgeerklärungen** die gemeinsame elterliche Sorge zu erlangen. Die Sorgeerklärung kann bereits pränatal, vor Geburt des Kindes, abgegeben werden.[1] 1

Die von den Eltern abgegebene Erklärung hat den Erwerb der **gemeinsamen elterlichen Sorge kraft Gesetzes** zur Folge. Es handelt sich hierbei um formgebundene, einseitige, rechtsgeschäftsähnliche Willenserklärungen. Durch die formgerechte Abgabe der Sorgerechtserklärungen wird die elterliche Sorge unmittelbar begründet **ohne gerichtliche oder behördliche Kontrolle**.[2]

Eine so begründete gemeinsame elterliche Sorge kann ohne gerichtliche Entscheidung nicht wieder abgeändert werden. Die durch Sorgeerklärung erworbene gemeinsame Sorge steht auch nicht mehr zur Disposition der Eltern.[3] Eine spätere Alleinsorge des Kindesvaters kann durch einen Antrag nach § 1671 Abs. 1 BGB erreicht werden (→ *Elterliches Sorgerecht* Rn. 12 ff.). Ist eine gerichtliche Entscheidung zum Sorgerecht ergangen, so ist ein Übergang zur gemeinsamen elterlichen Sorge wegen § 1626 b Abs. 3 BGB durch Abgabe einer Sorgeerklärung nicht mehr möglich. Es bedarf insoweit einer **gerichtlichen Entscheidung** gem. § 1696 Abs. 1 BGB. 2

Bis zur Neuregelung des § 1626 a BGB am 19.5.2013 konnte das gemeinsame Sorgerecht des Kindesvaters **gegen den Willen der Mutter** nicht erreicht werden. Hierzu hatte das Bundesverfassungsgericht festgestellt, dass gegen das verfassungsrechtlich geschützte Elternrecht des nichtehelichen Vaters verstoßen wird, weil dieser ohne Zustimmung der Kindsmutter generell vom Sorgerecht ausgeschlossen wurde.[4] Der Kindesvater war hinsichtlich der Abgabe einer Sorgeerklärung gem. § 1626 a Abs. 1 Nr. 1 BGB auf die Mitarbeit und die Zustimmung der Kindesmutter angewiesen. 3

Durch die **gesetzliche Neuregelung** mit dem Gesetz zur Reform der elterlichen Sorge kann der nicht mit der Mutter verheiratete Vater nunmehr gem. § 1626 a Abs. 1 Nr. 3, Abs. 2 BGB die gemeinsame elterliche Sorge (bzw. die Alleinsorge gem. § 1671 Abs. 2 BGB) für das gemeinsame Kind beim Familiengericht beantragen (→ *Elterliches Sorgerecht* Rn. 15 ff.).

Erfolgt keine gerichtliche Begründung des Mitsorgerechts des Vaters und werden auch keine Sorgeerklärungen abgegeben, hat die nicht verheiratete Mutter weiterhin gem. § 1626 a Abs. 3 BGB das alleinige Sorgerecht.

II. Voraussetzungen

1. Eltern

Die Sorgeerklärung bezieht sich auf **nicht miteinander verheiratete Eltern**. Die Elternschaft der Mutter ergibt sich aus § 1591 BGB, die des Vaters aus § 1592 Nr. 2, 3 BGB. Auf die biologische Elternschaft kommt es daher nicht an. Die Elternschaft beider Teile muss rechtlich bestehen. Bei Abgabe einer Sorgeerklärung vor gerichtlicher Feststellung der Vaterschaft gem. § 1600 d BGB oder vor Anerkennung der Vaterschaft ist diese schwebend unwirksam. Bei verheirateten Eltern erübrigt sich eine Sorgeerklärung, da 4

---

1 HK-FamR/*Schmid* BGB § 1626 b Rn. 3.
2 NK-BGB/*Rakete-Dombek/Berning* § 1626 a Rn. 5.
3 NK-BGB/*Rakete-Dombek/Berning* § 1626 a Rn. 5.
4 BVerfG 21.7.2010 – 1 BvR 420/09, NJW 2010, 3008.

die gemeinsame elterliche Sorge mit Geburt des Kindes eintritt (→ *Elterliches Sorgerecht* Rn. 6).[5] Auch eine **spätere Heirat** begründet die gemeinsame elterliche Sorge gem. § 1626 a Abs. 1 Nr. 2 BGB, und zwar dergestalt, dass die Eltern sorgerechtlich so behandelt werden, als wären sie schon bei der Geburt des Kindes miteinander verheiratet gewesen. Allerdings muss die Vaterschaft bei Eheschließung anerkannt oder gerichtlich festgestellt sein. Sonst bleibt trotz Heirat die Alleinsorge der Mutter bestehen. Eine spätere Vaterschaftsfeststellung oder Vaterschaftsanerkennung (→ *Anerkennung der Vaterschaft* Rn. 1 ff.) wirkt grundsätzlich auf die Geburt zurück.[6] Für die Abgabe einer Sorgeerklärung ist die Beziehung der Eltern des betroffenen Kindes zueinander entscheidend. Auf eine mögliche Ehe oder Lebenspartnerschaft eines Elternteils mit einem Dritten kommt es hierbei nicht an.[7]

2. Wirksame Abgabe

5 Die Sorgeerklärungen müssen von den Eltern höchstpersönlich abgegeben werden (§ 1626 c Abs. 1 BGB). Ferner ist die Erklärung gem. § 1626 b Abs. 1 BGB bedingungsfeindlich. Eine gemeinsame Abgabe der Sorgeerklärung ist nicht notwendig. Ein Widerruf ist grundsätzlich möglich, jedoch allenfalls bis zum Wirksamwerden der Abgabe des anderen Elternteils.[8]

Die Erklärenden müssen **geschäftsfähig** sein. Gem. § 1626 c Abs. 2 S. 1 BGB bedarf ein beschränkt geschäftsfähiger Elternteil der Zustimmung seines gesetzlichen Vertreters. Auch diese Zustimmung der gesetzlichen Vertreter ist höchstpersönlich, bedingungsfeindlich und kann bereits vor der Geburt abgegeben werden. Es gelten die Vertretungsregelungen gem. § 1673 BGB betreffend minderjährige Eltern. Dies gilt insbesondere dann, wenn **beide Elternteile minderjährig** sind (→ *Ruhen des Sorgerechts* Rn. 9). Eine Sorgeerklärung Geschäftsunfähiger sieht das Gesetz nicht vor.[9]

6 Sorgeerklärungen können formwirksam gem. § 1626 d BGB auch in Form einer gerichtlich gebilligten Elternvereinbarung (→ *Elternvereinbarungen* Rn. 9) erfolgen.[10]

3. Inhalt

7 Die herrschende Meinung geht davon aus, dass die **Übertragung von Teilbereichen** durch Abgabe einer Sorgerechtserklärung nicht möglich ist. Zur Begründung werden der Gesetzeswortlaut und die Bedingungsfeindlichkeit der Erklärung nach § 1626 b Abs. 1 BGB angeführt. Der Verweis der Eltern auf eine anschließende Rückübertragung von Teilen nach § 1671 BGB wird allerdings als unbefriedigend empfunden.[11] Mit dem Gesetz zur **Reform der elterlichen Sorge**[12] hat der Gesetzgeber für den Fall des § 1626 a Abs. 1 Nr. 3 BGB eine Wertung vorgenommen, indem er in § 1626 a Abs. 2 BGB ausführt, dass auch ein Teil der elterlichen Sorge beiden Elternteilen gemeinsam übertragen werden kann. Dies gilt dann, wenn die Übertragung dem Kindeswohl nicht widerspricht, wobei dafür eine **gesetzliche Vermutung** aufgestellt wird, wenn der andere Elternteil keine Gründe vorträgt, die der Übertragung entgegenstehen können, und diese auch sonst nicht ersichtlich sind.

Dagegen ist ein Vorschlag des Bundesrats zur Einführung einer Teilbarkeit der Sorgeerklärung von der Bundesregierung zurückgewiesen und nicht Gesetz geworden.[13]

8 Die Kindesmutter muss Inhaberin der elterlichen Sorge bzw. der Teilbereiche der elterlichen Sorge sein. Steht ihr die elterliche Sorge ganz oder in Teilbereichen durch gerichtliche Entscheidungen nach § 1666

---

5 Palandt/*Götz* BGB § 1626 a Rn. 2.
6 NK-BGB/*Rakete-Dombek/Berning* § 1626 a Rn. 18.
7 NK-BGB/*Rakete-Dombek/Berning* § 1626 a Rn. 7.
8 Palandt/*Götz* BGB § 1626 a Rn. 5.
9 NK-BGB/*Rakete-Dombek/Berning* § 1626 a Rn. 9.
10 BGH 16.3.2011 – XII ZB 407/10, FamFR 2011, 213.
11 NK-BGB/*Rakete-Dombek/Berning* § 1626 a Rn. 11.
12 BGBl. 2013 I 795.
13 Staudinger/*Coester* BGB § 1626 a Rn. 60.

BGB oder § 1671 BGB nicht mehr zu, ist eine Erklärung nach § 1626 a Abs. 1 Nr. 1 BGB insoweit unwirksam.[14]

Die Sorgeerklärung muss sich auf ein **bestimmtes Kind** beziehen. Nicht alle gemeinsamen Kinder müssen von einer Sorgeerklärung erfasst werden. Insbesondere muss nicht für alle gemeinsamen Kinder eine **einheitliche Regelung** getroffen werden. Die inhaltliche Ausgestaltung der elterlichen Sorge, Aufgabenverteilungen und dergleichen werden von einer Sorgeerklärung nicht erfasst. Ein Zusammenleben der Eltern ist nicht erforderlich. So bleibt auch nach einer eventuellen Trennung die durch Sorgeerklärung begründete gemeinsame elterliche Sorge erhalten.[15] 9

Die **Zustimmung des Kindes** ist nicht notwendig, eine **Anhörung** erfolgt nicht. Eine gerichtliche oder behördliche Überprüfung findet gerade nicht statt (→ Rn. 1). Vielmehr liegt der Entscheidung der Eltern die Überlegung zugrunde, sich um das gemeinsame Kind in gemeinsamer Verantwortung zu kümmern und sich ihrer gemeinsamen Elternverantwortung zu stellen, unabhängig von einer Heirat oder einem Zusammenleben. 10

III. Rechtsfolgen/Verfahren

Mit wirksamer Abgabe der zweiten Sorgeerklärung tritt die **gemeinsame elterliche Sorge im Ganzen oder in Teilbereichen kraft Gesetzes** ein.[16] Ein Widerruf sowie ein späterer Verzicht sind nicht mehr möglich).[17] Ein gerichtliches Eingreifen in die elterliche Dispositionsbefugnis ist allenfalls nach § 1666 BGB möglich (→ *Kindeswohlgefährdung* Rn. 1 ff.), wenn die Begründung der gemeinsamen elterlichen Sorge eine Kindeswohlgefährdung darstellt.[18] 11

Binnen drei Monaten nach Wirksamwerden der zweiten Sorgeerklärung können die Eltern gem. § 1617 b Abs. 1 S. 1 BGB den Namen des Kindes neu bestimmen (→ *Namensbestimmung bei Minderjährigen* Rn. 19 ff.).

Gem. § 1687 b BGB hat der Ehegatte eines allein sorgeberechtigten Elternteils, der nicht Elternteil des Kindes ist, im Einvernehmen mit dem sorgeberechtigten Elternteil die Befugnis zur Mitentscheidung in Angelegenheiten des täglichen Lebens des Kindes im Rahmen eines sogenannten „kleinen Sorgerechts" (→ *Elterliches Sorgerecht* Rn. 17). Mit einer Sorgeerklärung und damit verbundenen gemeinsamen Sorge der Eltern enden die Befugnisse des Ehegatten aus § 1687 b BGB. Allerdings würde auch bei Fortbestand rein faktisch keine Konkurrenzsituation entstehen, da der Ehegatte nur in alltäglichen Dingen Befugnisse hat, und der Elternteil nur in Angelegenheiten von erheblicher Bedeutung.[19] 12

Das **Verfahren** hinsichtlich der gemeinsamen Sorgeerklärung richtet sich nach §§ 1626 b–d BGB. 13

Ist die Mutter nicht bereit, eine Sorgeerklärung abzugeben, kann der Vater über § 1626 a Abs. 1 Nr. 3, Abs. 2 iVm § 155 a FamFG die Übertragung des gemeinsamen Sorgerechts durch gerichtliche Entscheidung beantragen (→ *Elterliches Sorgerecht* Rn. 16).

---

14 NK-BGB/*Rakete-Dombek/Berning* § 1626 a Rn. 8.
15 NK-BGB/*Rakete-Dombek/Berning* § 1626 a Rn. 13.
16 NK-BGB/*Rakete-Dombek/Berning* § 1626 a Rn. 5.
17 Palandt/*Götz* BGB § 1626 a Rn. 5.
18 NK-BGB/*Rakete-Dombek/Berning* § 1626 a Rn. 14.
19 MüKoBGB/*Hennemann* § 1687 b Rn. 3.

211. Sozialhilfe

Conradis

I. Einführung

1 Leistungen der Sozialhilfe sind im SGB XII geregelt, welches als Nachfolgegesetz zum BSHG geschaffen wurde. Hierbei gibt es **zwei Leistungssysteme**: Nach dem Fünften bis Neunten Kapitel besteht Anspruch auf Hilfen, die in besonderen Lebenslagen auftreten und daher im BSHG auch als „Hilfen in besonderen Lebenslagen" bezeichnet wurden. Diese spielen für das Familienrecht nur eine geringe Rolle. Zur Anrechnung des Pflegegeldes nach § 64 SGB XII → *Pflegegeld* Rn. 12. Die existenzsichernden Leistungen, die dem Leistungsrecht des SGB II entsprechen, sind im Dritten und Vierten Kapitel des SGB XII geregelt. Das Dritte Kapitel enthält die Bestimmungen der Sozialhilfe im Sinne der **Hilfe zum Lebensunterhalt**. Die im Vierten Kapitel geregelten Leistungen werden unter dem Stichwort Grundsicherung im Alter und bei Erwerbsminderung (→ *Grundsicherung im Alter und bei Erwerbsminderung*) erörtert.

2 Die Sozialhilfe nach dem Dritten Kapitel hat praktisch nur geringe Bedeutung, da nur wenige Personenkreise unter diese Regelung fallen. Die meisten Hilfebedürftigen haben Anspruch auf Leistungen nach dem SGB II (→ *Grundsicherung für Arbeitsuchende* Rn. 1). Dies ist dann der Fall, wenn sie mit Leistungsempfängern nach dem SGB II in einer Bedarfsgemeinschaft leben (→ *Bedarfsgemeinschaft* Rn. 2). Sozialhilfe erhalten daher im Wesentlichen Personen, die vorübergehend erwerbsgemindert sind, sowie Kinder vor Vollendung des 15. Lebensjahres, wenn diese jeweils nicht mit einem Leistungsempfänger nach dem SGB II zusammenwohnen. Leistungsberechtigt können weiterhin Personen sein, die ausdrücklich vom SGB II ausgeschlossen sind, zB weil sie in einer stationären Einrichtung untergebracht sind, sowie Bezieher einer Altersrente, zB aus dem Ausland, die noch nicht das Alter für die Regelaltersrente (§ 41 Abs. 2 SGB XII) erreicht haben.

3 Ein erheblicher Teil der Regelungen für die Sozialhilfe nach dem SGB XII stimmt mit denjenigen im SGB II überein. Es werden hier daher nur die wichtigsten Abweichungen dargestellt (zu den Problemen beim Übergang von Unterhaltsansprüchen → *Übergang von Unterhaltsansprüchen*).

II. Besonderheiten in der Sozialhilfe

4 Die Regelung über den **Einsatz des Einkommens und Vermögens** in einer Einsatzgemeinschaft entspricht dem Grunde nach den Vorschriften des SGB II. Allerdings ist in das SGB XII keine Vorschrift aufgenommen worden, die § 9 Abs. 2 S. 3 SGB II entspricht. Unterschiede ergeben sich damit bei der Zuordnung der Leistungen, wenn ein Hilfeempfänger über Einkommen verfügt. Denn nach § 19 SGB XII besteht eine Leistungsberechtigung nur, wenn der Einzelne nicht über genug Einkommen für sich verfügt. Durch den Bedarf von anderen Personen der Einsatzgemeinschaft kann er mithin nicht hilfebedürftig werden, während dies im SGB II möglich ist. Eine Abweichung besteht auch bei der Zuordnung des Kindergeldes; nach § 82 Abs. 1 S. 3 SGB XII wird das Kindergeld nur den Minderjährigen zugerechnet, soweit sie hilfebedürftig sind, nicht hingegen den Kindern bis zur Vollendung des 25. Lebensjahres, wie es im SGB II vorgesehen ist.

5 Die Anrechnung des **Einkommens aus Erwerbstätigkeit** ist etwas anders geregelt als im SGB II. Zunächst sind die in § 82 Abs. 2 SGB XII genannten Ausgaben abzusetzen. Zur Berechnung der Einkünfte und Werbungskosten finden sich Einzelheiten in der VO zur Durchführung des § 82 SGB XII vom 27.12.2003,[1] die im Wesentlichen eine Fortschreibung der früheren VO zu § 76 BSHG darstellt. Als pauschale Werbungskosten werden lediglich 5,20 EUR berücksichtigt. Für Fahrtkosten ist ein Betrag in

1 BGBl. 2003 I 3022 (3059).

Höhe von 5,20 EUR pro Kilometer Entfernung von der Wohnung zur Arbeit pro Monat vorgesehen, wenn ein Kraftfahrzeug benutzt wird. Eine Pauschale für Versicherungen, die für das SGB II in der Alg II-VO mit 30 EUR pro Monat bestimmt ist, gibt es nicht, so dass im Einzelnen Kosten für Versicherungen geltend gemacht werden müssen. Der **Freibetrag vom Einkommen beträgt** nach § 82 Abs. 3 S. 1 SGB XII 30 % des Einkommens aus selbstständiger und nichtselbstständiger Tätigkeit, jedoch nicht mehr als 50 % des Regelbedarfs.

Die **Höhe des Schonvermögens**, welches nicht eingesetzt werden muss, unterscheidet sich wesentlich von den Regelungen des SGB II (→ *Grundsicherung für Arbeitsuchende* Rn. 39 ff.). Es wurden bis 2017 lediglich recht niedrige Freibeträge zugebilligt, die sich nicht wesentlich unterschieden von den Beträgen, die bis Ende 2004 nach dem BSHG galten. Der Grundfreibetrag wurde mit 1.600 EUR festgesetzt – für Personen, die das 60. Lebensjahr vollendet hatten 2.600 EUR – und es gab Erhöhungen in bestimmten Fällen. Nach der Änderung der VO zur Durchführung des § 90 Abs. 2 Nr. 9 SGB XII vom 22.3.2017 mit Wirkung zum 1.4.2017[2] beträgt der Freibetrag für jede volljährige Person 5.000 EUR. Für jede überwiegend unterhaltene Person erhöht sich der Betrag um 500 EUR. 6

Nach § 2 der VO zu § 90 SGB XII ist der Freibetrag angemessen zu erhöhen, wenn im Einzelfall eine besondere Notlage der nachfragenden Person besteht. Dies kann zB der Fall sein, wenn bei Beginn des Getrenntlebens ein etwas höherer Betrag vorhanden ist, der für die Kosten anlässlich des Auszugs bzw. der Neueinrichtung der Wohnung benötigt wird. Einen gesonderten Freibetrag für die Altersvorsorge gibt es – im Gegensatz zum SGB II – nicht. Es müssen daher auch Lebensversicherungen eingesetzt werden, soweit deren Wert die Freibeträge überschreitet.[3] 7

Im Unterschied zum SGB II wird in § 36 SGB XII der Einsatz des Einkommens und Vermögens in der **Haushaltsgemeinschaft** geregelt. Während im SGB II nur Verwandte und Verschwägerte erfasst werden, sind in § 36 Abs. 1 S. 1 SGB XII alle Personen der Haushaltsgemeinschaft einbezogen, soweit gemeinsam gewirtschaftet wird. Nach § 36 Abs. 1 S. 2 SGB XII ist jedoch Hilfe zum Lebensunterhalt zu gewähren, wenn die nachfragende Person keine ausreichenden Leistungen zum Lebensunterhalt erhält. 8

III. Besonderheiten aus Anlass der Covid-19-Pandemie

Im Gesetz für den erleichterten Zugang zu sozialer Sicherung aufgrund der Covid-19-Pandemie wurde in § 141 SGB XII eine Sondervorschrift eingefügt, die zunächst für die Zeit von 1.3 bis 31.8.2020 galt. Die Geltung wurde inzwischen bis zum 31.12.2021 verlängert.[4] Neben der Regelung, dass vorübergehend die Angemessenheit der Unterkunftskosten nicht überprüft wird, ist vor allem von Bedeutung, dass der Einsatz des Vermögens nicht geprüft wurde, wenn es nicht erheblich ist (§ 141 Abs. 2 SGB XII). Dabei werden als Grenzbeträge für erhebliches Vermögen die Beträge von 60.000 EUR für die erste Person und je 30.000 EUR für die weiteren Personen aus dem Wohngeldrecht übernommen (→ *Wohngeld* Rn. 3). Es ist ausreichend, wenn die Antragsteller eine entsprechende Erklärung abgeben.[5] 9

2 BGBl. 2017 I 519.
3 BVerwG 13.5.2004 – 5 C 3/03, NJW 2004, 3647.
4 Sozialschutz-Paket III vom 10.3.2021, BGBl. 2021 I 335.
5 Einzelheiten vgl. *Thie* in: LPK-SGB XII § 141 Rn. 15 ff.

212. Steuerliche Freibeträge

Perleberg-Kölbel

I. Einführung

1 Steuerbemessungsgrenzen können durch den Abzug von Freibeträgen gemindert werden. Freibeträge finden sich ua bei der Einkommen- und Erbschaftsteuer, wobei nur die Beträge der Besteuerung unterworfen werden, die den Freibetrag übersteigen. Der Freibetrag ist nicht mit der **Freigrenze** zu verwechseln, bei deren Überschreitung die gesamten Einnahmen versteuert werden müssen. Im Steuerrecht gibt es Freibeträge, die aus sozialen Gründen eingeführt worden sind, und solche, die das Besteuerungsverfahren vereinfachen sollen.

II. Steuerfreibetrag bei der Einkommensteuer

2 Bei der Einkommensteuer zeigen sich im Wesentlichen der Versorgungsfreibetrag, der Altersentlastungsbetrag, der Entlastungsbetrag für Alleinerziehende, der Kinderfreibetrag, der Freibetrag für den Betreuungs- und Erziehungs- oder Ausbildungsbedarf, der Freibetrag zur Berücksichtigung eines Sonderbedarfs bei volljährigen Kindern in Berufsausbildung und der Grundfreibetrag.

1. Versorgungsfreibetrag

3 Einkünfte aus nichtselbstständiger Arbeit sind auch die Versorgungsbezüge, § 19 Abs. 1 EStG, zB Beamtenpensionen. Von Versorgungsbezügen bleibt bis 2040 noch ein nach einem Prozentsatz ermittelter Betrag als Versorgungsfreibetrag sowie ein Zuschlag steuerfrei.

4 Der Versorgungsfreibetrag nach § 19 Abs. 2 EStG musste eingeführt werden, um eine **Ungleichbehandlung** zwischen Renten und Pensionen zu vermeiden. Wenn erreicht wird, dass die Renten zu 100 % nachgelagert versteuert werden, verliert der Versorgungsfreibetrag 2040 endgültig seine Rechtfertigung.

5 Der **Höchstbetrag** des Versorgungsfreibetrages beläuft sich zB im VZ 2020 auf 1.200 EUR und wird stufenweise bis zum Jahre 2040 auf null herabgesetzt.[1]

6 Der Versorgungsfreibetrag nach § 19 Abs. 2 EStG darf nicht verwechselt werden mit dem **Sonderausgabenpauschbetrag** nach § 10 c Abs. 2–5 EStG aF, der seit 2010 abgeschafft worden ist. Dieser diente der Berücksichtigung von tatsächlich geleisteten Beiträgen für Renten-, Kranken- und Pflegeversicherung, der sogenannten Basisversorgung.

2. Altersentlastungsbetrag

7 Bei dem Altersentlastungsbetrag nach § 24 a EStG handelt es sich um eine Steuervergünstigung, die speziell ältere Steuerpflichtige entlasten soll.

8 Der Altersentlastungsbetrag betrug in VZ 2005 **grundsätzlich 40 % der Einkünfte, höchstens 1.900 EUR**. Bemessungsgrundlage ist bei Arbeitnehmern der Bruttoarbeitslohn und die positive Summe der übrigen Einkünfte. Sie sinkt ab VZ 2005 sowohl hinsichtlich des prozentualen Ansatzes der Einkünfte

1 S. AltEinkG v. 5.7.2004, BGBl. I 1427; BMF-Schreiben v. 30.1.2008, BStBl. I 2008, 390 Rn. 68–87; BMF-Schreiben v. 13.9.2010, BStBl. I 2010, 681.

als auch hinsichtlich der absoluten Höhe kontinuierlich ab, zB im VZ 2020 auf höchstens 16,0 % der Einkünfte und einen Höchstbetrag von 760 EUR.

Voraussetzung für die Berücksichtigung eines Altersentlastungsbetrags nach § 24 a EStG ist, dass der 9 Steuerpflichtige das **64. Lebensjahr** vollendet und im Veranlagungszeitraum über andere Einkünfte als Versorgungsbezüge, Leibrenten oder andere steuerlich geförderte Altersvorsorgeleistungen gem. § 24 a S. 2 Nr. 5 iVm § 22 Nr. 5 S. 2 Buchst. a EStG verfügt hat. Hinsichtlich der jeweiligen Höhe des Altersentlastungsbetrages und den Bemessungsgrundlagen wird auf die Tabelle des § 24 a S. 3 EStG hingewiesen.

Dieser Freibetrag wird von den Einkünften noch vor den Sonderausgaben bei der Einkommensermittlung 10 in Abzug gebracht.

3. Entlastungsbetrag für Alleinerziehende

Der Freibetrag für Alleinerziehende, § 24 b EStG, ist eine Maßnahme der Familienförderung. Er wird für 11 einen alleinstehenden Elternteil mit mindestens einem Kind im Haushalt gewährt. Für das Kind muss dem Alleinerziehenden ein Freibetrag nach § 32 Abs. 6 EStG oder Kindergeld zustehen. Der Freibetrag nach § 24 b EStG beläuft sich in VZ 2020 und 2021 auf **höchstens 2.100 EUR** jährlich. Für jedes weitere Kind erhöht sich der Betrag um jeweils 240 EUR.

Wenn die Voraussetzungen vorliegen, findet sich der Entlastungsbetrag bereits auf der Lohnsteuerkarte (→ 12 *Lohnsteuerklassen* Rn. 4) und dem dortigen Eintrag der Steuerklasse II.

Alleinerziehende, die den Freibetrag beanspruchen, dürfen allerdings nicht in Haushaltsgemeinschaft mit 13 einer anderen Person leben, wenn diese mit Haupt- oder Nebenwohnsitz bei ihnen gemeldet ist. Eine **schädliche Haushaltsgemeinschaft** ist bei einer eheähnlichen Gemeinschaft oder auch in der eingetragenen Lebenspartnerschaft anzunehmen.

Beim sog. **Wechselmodell** muss das Finanzgericht unter Berücksichtigung der besonderen Umstände im Einzelfall würdigen, ob die jeweilige Aufenthaltsdauer die Annahme rechtfertigt, dass das Kind seinen Lebensmittelpunkt bei beiden Eltern hat.[2] Die Eltern haben zuvor untereinander die Berechtigung zu bestimmen bzw. vom Familiengericht bestimmen zu lassen. Nach einer Entscheidung des OLG Frankfurt a. M.[3] erfordert die Beurteilung der gleichwertigen Betreuung im Einzelfall eine schwierige tatsächliche Feststellung. Es handelt sich um ein Unterhaltsverfahren nach § 231 Abs. 2 FamFG. Gem. § 112 Nr. 1 FamFG handelt es sich um keine Familienstreitsache.[4] Die Bestimmung des kindergeldberechtigten Elternteils im paritätischen Wechselmodell richtet sich nach dem Kindeswohl.[5]

Der Entlastungsbetrag in Höhe von 2.100 EUR ermäßigt sich nach § 24 b Abs. 3 EStG um je 1/12, wenn 14 die Voraussetzungen für einen Monat nicht vorgelegen haben, § 24 b Abs. 4 EStG.

4. Kinderfreibetrag

Zur Sicherung des Existenzminimums eines Kindes kann entweder ein Freibetrag nach § 32 Abs. 6 S. 1 15 EStG gewählt oder durch einen Anspruch auf Kindergeld bewirkt werden, § 31 S. 1 EStG. Kinderfreibetrag und Kindergeld werden ab VZ 2012 infolge des Steuervereinfachungsgesetzes 2011[6] unabhängig von den Einkünften und Bezügen des Kindes gewährt. Nach Abschluss einer erstmaligen Berufsausbildung und eines Erststudiums wird ein Kind berücksichtigt, wenn es keiner Erwerbstätigkeit nachgeht. Eine Erwerbstätigkeit mit bis zu 20 Stunden regelmäßiger wöchentlicher Arbeitszeit, ein Ausbildungsdienstverhältnis oder ein geringfügiges Beschäftigungsverhältnis iSd §§ 8, 8 a SGB IV sind unschädlich, § 32 Abs. 4 S. 3 EStG.

---

2 BFH 18.4.2013 – V R 41/22.

3 OLG Frankfurt a. M. 20.4.2012 – 2 WF 101/12.

4 OLG Celle 19.4.2011 – 10 WF 109/11, FamRZ 2011, 1240.

5 KG 26.8.2019 – 13 WF 69/19, FuR 2020, 44.

6 BGBl. 2011 I 2131.

16 **Kinder** iSd Einkommensteuerrechts sind im ersten Grad mit dem Steuerpflichtigen verwandte Kinder und Pflegekinder. Die Elterneigenschaft ergibt sich aus §§ 1591, 1592 BGB. Pflegekinder werden nur anerkannt, wenn die Verbindung zu dem Steuerpflichtigen familienähnlich ist und kein Obhutsverhältnis zu den Eltern mehr besteht, § 32 Abs. 1 Nr. 2 EStG.

17 Der Kinderfreibetrag beträgt **ab VZ 2020 2.586 EUR** und verdoppelt sich im Falle der **Zusammenveranlagung** der Eltern jährlich auf **5.172 EUR**, § 32 Abs. 6 S. 1 EStG. Er erhöht sich ab VZ 2021 auf **5.460 EUR** (2.730 EUR je Elternteil). Er wird als Jahresbetrag um je 1/12 für jeden Monat ermäßigt, in dem die Voraussetzungen nicht vorliegen, § 36 Abs. 6 S. 5 EStG.

18 Bei **Auslandsaufenthalt** eines Kindes kommt die Anwendung des Kinderfreibetrages infrage, wenn der Steuerpflichtige unbeschränkt einkommensteuerpflichtig ist. Abhängig von den Lebenshaltungskosten im jeweiligen Aufenthaltsland kann der Freibetrag um ein, zwei oder drei Viertel gekürzt werden. Maßgebend ist die Ländergruppeneinteilung, die vom Bundesfinanzministerium herausgegeben wird.[7]

Für das Jahr 2021 gilt die folgende Einteilung:

Ländergruppe I (volle Beträge): zB Andorra, Australien, Belgien, Dänemark, Finnland, Frankreich, Grönland, Irland, Island, Hongkong, Großbritannien, Israel, Italien, Japan, Kanada, Liechtenstein, Luxemburg, Monaco, Niederlande, Neuseeland, Norwegen, Österreich, San Marino, Schweden, Schweiz, Singapur, Spanien, USA, Vereinigte Arabische Emirate.

Ländergruppe II (Kürzung um 1/4): zB Chile, Estland, Griechenland, Kroatien, Lettland, Litauen, Malta, Polen, Portugal, Slowenien, Slowakei, Tschechien, Ungarn, Zypern.

Ländergruppe III (Kürzung um 2/4): zB Bulgarien, Rumänien, Argentinien, Bosnien-Herzegowina, Brasilien, China, Costa Rica, Gabun, Iran, Irak, Jamaika, Kasachstan, Kolumbien, Kuba, Malaysia, Mexiko, Montenegro, Peru, Russische Föderation, Serbien, Südafrika, Thailand, Türkei, Weißrussland.

Ländergruppe IV (Kürzung um 3/4): zB Afghanistan, Ägypten, Algerien, Armenien, Aserbaidschan, Bolivien, Georgien, Indien, Indonesien, Jordanien, Kenia, Kirgisistan, Kosovo, Marokko, Philippinen, Tunesien, Ukraine, Usbekistan.

19 Bei geschiedenen oder dauernd getrenntlebenden Eltern konnte ein Elternteil in der „Anlage Kind“ zur Einkommensteuererklärung beantragen, den Kinderfreibetrag und den Betreuungsfreibetrag des anderen Elternteils auf ihn zu übertragen. Voraussetzung war, dass mindestens zu 75 % Unterhaltspflichten erfüllt wurden. Seit 1996 war eine derartige einvernehmliche Übertragung nicht mehr möglich.

20 **Seit VZ 2012** kann infolge des Steuervereinfachungsgesetzes 2011[8] der halbe Kinderfreibetrag des einen Elternteils auf den anderen Elternteil übertragen werden, wenn dieser von seinen Unterhaltsverpflichtungen mangels finanzieller Leistungsfähigkeit freigestellt ist, § 32 Abs. 6 S. 6–9 EStG.[9] Nach § 32 Abs. 6 Hs. 2 EStG kann auf Antrag eines Elternteils der dem anderen Elternteil zustehende Kinderfreibetrag auf ihn übertragen werden, wenn der beantragende Elternteil seiner Unterhaltspflicht gegenüber dem Kind für das Kalenderjahr im Wesentlichen nachkommt oder der andere Elternteil mangels Leistungsfähigkeit nicht unterhaltspflichtig ist. Die Übertragung verstößt generell nicht gegen das Grundgesetz.[10]

Ein derartiger Fall liegt nicht vor, wenn der Elternteil, der das Kind in seinen Haushalt aufgenommen hat, Leistungen nach dem SGB II bezieht oder wenn der andere Elternteil mangels Leistungsfähigkeit nicht unterhaltspflichtig ist.

7 Zuletzt BMF-Schreiben v. 11.11.2020 – IV C 8 – S 2285/19/10001:002.
8 BGBl. 2011 I 2131.
9 Hierzu auch BMF-Schreiben v. 28.6.2013 – IV C 4- S 2282-a/10/10002, BStBl. I 2013, 845.
10 BFH 27.10.2011 – III R 42/07.

Für ein über 18 Jahre altes Kind ist eine Übertragung des dem anderen Elternteil zustehenden einfachen BEA-Freibetrages nach dem eindeutigen Wortlaut des Gesetzes nicht vorgesehen.[11]

Im Rahmen der Veranlagung prüft die Finanzbehörde, ob der Kinderfreibetrag oder das Kindergeld günstiger ist, sog. **Günstigerprüfung nach § 31 S. 4 EStG.** Im Rahmen der Steuerveranlagung wird von Amts wegen geprüft, wie hoch die Steuerersparnis durch die Kinderfreibeträge ist. Die Steuerersparnis wird mit dem gezahlten Kindergeld verglichen. 21

Hat der zum Barunterhalt verpflichtete Ehegatte auf die Anrechnung des hälftigen Kindergeldes verzichtet, ist sein zivilrechtlicher Ausgleichsanspruch in die Vergleichsrechnung einzubeziehen. Kommt er dagegen seiner Unterhaltspflicht nicht nach und wird deshalb der halbe Kinderfreibetrag auf den anderen Elternteil übertragen, wird bei diesem das volle Kindergeld gegengerechnet.[12] Für die Erhebung von **Zuschlagsteuern** (Kirchensteuer, Solidaritätszuschlag) werden stets die Freibeträge abgezogen, § 51 a Abs. 2 S. 1 EStG).

5. Freibetrag für den Betreuungs- und Erziehung- oder Ausbildungsbedarf

Neben dem Kinderfreibetrag wird in § 32 Abs. 6 S. 1 EStG ein weiterer Freibetrag für den Betreuungs- und Erziehungs- oder Ausbildungsbedarf in Höhe von jährlich **1.320 EUR** geregelt. Im Falle der **Zusammenveranlagung** von Ehegatten verdoppelt sich dieser Betrag auf **2.640 EUR**. Ab VZ 2021 beträgt er **2.928 EUR** (1.464 EUR je Elternteil). Es handelt sich um eine Pauschale und die tatsächlich entstandenen Aufwendungen sind unbeachtlich. Der Kinder- und Betreuungsfreibetrag und das Kindergeld können nicht parallel Berücksichtigung finden. Die Finanzbehörde stellt von Amts wegen Vergleichsrechnung an, in welchem Fall der Steuerpflichtige eine höhere Steuerersparnis erfährt. 22

Der Freibetrag für den Betreuungs- und Erziehungs- oder Ausbildungsbedarf des Elternteils, in dessen Wohnung das Kind nicht gemeldet ist, kann bei minderjährigen Kindern **auf Antrag** des Elternteils, in dessen Wohnung das Kind gemeldet ist, auch auf diesen übertragen werden, § 32 Abs. 6 S. 8 EStG. Der andere Elternteil kann der Übertragung widersprechen, wenn er Kinderbetreuungskosten trägt oder das Kind regelmäßig in einem nicht unwesentlichen Umfang betreut, § 32 Abs. 6 S. 9 EStG. Ausreichend hierfür ist ein zeitlicher Betreuungsanteil von jährlich durchschnittlich 10 %.[13]

Der Kinderfreibetrag und der Freibetrag für den Betreuungs- und Erziehungs- oder Ausbildungsbedarf können auf Antrag auch auf einen Stiefelternteil oder Großelternteil übertragen werden. Dagegen ist eine Übertragung auf die Partnerin einer gleichgeschlechtlichen Lebensgemeinschaft nicht möglich.[14]

6. Freibetrag zur Berücksichtigung eines Sonderbedarfs bei volljährigen Kindern in Berufsausbildung

Der Freibetrag zur Berücksichtigung eines Sonderbedarfs bei volljährigen Kindern in Berufsausbildung wird auch als Ausbildungsfreibetrag bezeichnet. Voraussetzung für die Gewährung dieses Freibetrages gem. § 33 a Abs. 2 EStG ist, dass das volljährige Kind zur **Berufsausbildung** auswärtig untergebracht ist. Ferner muss für das Kind ein Anspruch auf einen Freibetrag nach § 32 Abs. 6 EStG (→ Rn. 15 ff.) oder auf Kindergeld nach §§ 62 ff. EStG bestehen. Dem Steuerpflichtigen müssen Aufwendungen entstanden sein, wobei es nicht auf deren Höhe ankommt. Die Berufsausbildung schließt eine Weiterqualifizierung im ausgeübten Beruf einschließlich Umschulungsmaßnahmen ein. 23

Die Berufsausbildung umfasst auch den Schulbesuch, dh schon den Besuch von Allgemeinwissen vermittelnden Schulen, wie zB Grundschulen, Fachschulen und Hochschulen. Zur Frage des Mehrbedarfs für ein auswärtig zu Ausbildungszwecken untergebrachtes volljähriges Kind und zur Prüfung der Verfassungskonformität unter Zusammenrechnung der Freibeträge nach § 32 Abs. 6 EStG sowie des Freibetrages nach 24

---

11 BFH 22.4.2020 – III R 61/18, www.bundesfinanzhof.de.
12 BFH 16.3.2004 – VIII R 86/98, www.bundesfinanzhof.de; 16.3.2004 – VIII R 88/98, www.bundesfinanzhof.de.
13 BFH 27.10.2011 – III R 42/07, www.bundesfinanzhof.de; 8.11.2017 – III R 2/16, www.bundesfinanzhof.de.
14 BFH 20.4.2004 – VIII R 88/00, www.bundesfinanzhof.de.

§ 33 a Abs. 2 EStG: BFH 25.11.2010 – III R 111/07, FamRZ 2011, 563; 17.12.2009 – VI 63/08, FamRZ 2010, 550.

25 Der Freibetrag beläuft sich je Kalenderjahr auf **924 EUR** und vermindert sich bis VZ 2011 um **eigene Einkünfte des Kindes**, soweit diese **1.848 EUR im Kalenderjahr übersteigen** oder Ausbildungshilfe aus öffentlichen Mitteln oder ähnlichen Zuschüssen in Anspruch genommen werden, § 33 a Abs. 2 S. 2 EStG. Ab VZ 2012 wird gem. § 33 a Abs. 3 S. 2 EStG infolge der Neuregelungen durch das Steuervereinfachungsgesetz 2011[15] der Ausbildungsfreibetrag für volljährige Kinder, die wegen ihrer Ausbildung außerhalb der Wohnung ihrer Eltern untergebracht sind, nicht mehr um eigene Einkünfte oder Ausbildungsbeihilfen des Kindes (zB auch BAföG-Zuschüsse) gekürzt.

Ausländische Familienleistungen, die mit dem Kindergeld im Inland vergleichbar sind, sind auf das in Deutschland gezahlte Kindergeld anzurechnen. Die Mitteilung einer ausländischen Behörde über die Gewährung vergleichbarer Leistungen hat nach dem BFH[16] Bindungswirkung für die Familienkasse.

7. Grundfreibetrag

26 Der Grundfreibetrag soll das Existenzminimum des Steuerpflichtigen erhalten. Erst wenn das zu versteuernde Einkommen den Grundfreibetrag übersteigt, kommt eine Erhebung der Einkommensteuer in Betracht. Ein Einkommen wird demnach bis zum Grundfreibetrag nicht der Einkommensteuer unterworfen. Die Berechnung des Steuerfreibetrages nach §§ 32 a, 52 Abs. 41 EStG lehnt sich an das gültige Sozialhilferecht an. Der Grundfreibetrag entspricht daher den „Hartz IV-Leistungen" wie dem Regelsatz, den Kosten für die Unterkunft und den Heizkosten, folglich den ALG II-Leistungen eines Jahres.

27 Der Grundfreibetrag ist der Teil des Einkommens, der steuerfrei belassen wird. Es muss demnach keine Einkommensteuer auf diesen Betrag gezahlt werden. Jeder Steuerpflichtige besitzt den Anspruch auf den jährlichen Freibetrag. Durch dieses steuerfreie Existenzminimum wird sichergestellt, dass zumindest der notwendige Lebensunterhalt bestritten werden kann. Der Grundfreibetrag beträgt **ab VZ 2021** 9.744 EUR.[17]

III. Freibeträge bei der Erbschaft-/Schenkungsteuer

28 Erbschaften und Schenkungen sind als **Erwerb** steuerpflichtig. Das ErbStRG v. 24.12.2008[18] ist am 1.1.2009 in Kraft getreten. Es ist anzuwenden auf Erwerbe nach dem 31.12.2008. Die Neuregelung wurde notwendig, weil das Bundesverfassungsgericht die durch § 19 Abs. 1 ErbStG angeordnete Erhebung der Erbschaftsteuer mit einheitlichen Steuersätzen auf den Wert des Erwerbs für als mit dem Grundgesetz unvereinbar hielt.[19]

29 Die **Höhe der Erbschaftsteuer** richtet sich vorwiegend nach dem Verwandtschaftsverhältnis zum Verstorbenen oder zum Schenker.

30 **Persönliche Freibeträge** nach §§ 15, 16 ErbStG, RE 15. 1–3 ErbStR sind in

■ **Steuerklasse I:**	
Ehegatte bzw. eingetragener Lebenspartner	500.000 EUR
Kinder	400.000 EUR
Enkel	200.000 EUR
übrige Personen	100.000 EUR
■ **Steuerklasse II:**	20.000 EUR
■ **Steuerklasse III:**	20.000 EUR

15 BGBl. 2011 I 2131.
16 BFH 25.7.2019 – III R 34/18, www.bundesfinanzhof.de.
17 FamEntlastG v. 29.11.2018, BGBl. I 2210.
18 BGBl. 2008 I 3018.
19 BVerfG 7.11.2006 – 1 BvL 10/02, NJW 2007, 573.

Zugeordnet werden in 31

- **Steuerklasse I:**
  - Ehegatten und eingetragener Lebenspartner, Kinder und Stiefkinder, Abkömmlinge der Kinder und Stiefkinder
  - Eltern und Voreltern bei Erwerb von Todes wegen
- **Steuerklasse II:**
  - Eltern und Voreltern, soweit sie nicht zur Steuerklasse I gehören, Geschwister, Abkömmlinge ersten Grades von Geschwistern
  - Stiefeltern, Schwiegerkinder, Schwiegereltern, geschiedener Ehegatte, ehemaliger eingetragener Lebenspartner
- **Steuerklasse III:** alle übrigen Erwerber und die Zweckzuwendungen

Eingetragene Lebenspartner werden wie Ehegatten der Steuerklasse I zugeordnet.[20] Bei Aufhebung der Lebenspartnerschaft, § 15 PartG, gilt die Steuerklasse II. Durch eine Zuordnung zur Steuerklasse I ist auch automatisch der Steuertarif der Steuerklasse I in § 19 Abs. 1 ErbStG anwendbar. Diese Änderungen finden auf Erwerbe Anwendung, für die die Steuer nach dem 13.12.2010 entsteht (Verkündung des JStG 2010; § 37 Abs. 4 ErbStG). Für noch nicht bestandskräftig veranlagte Erwerbe, für die die Steuer nach dem 31.7.2001 entstanden ist, werden Lebenspartner rückwirkend bei der Steuerklasse, beim persönlichen Freibetrag, beim besonderen Versorgungsfreibetrag und beim Steuertarif (§§ 15, 16, 17 ErbStG) den Ehegatten gleichgestellt, § 37 Abs. 5 ErbStG. Eine Gleichstellung von Geschwistern mit Ehegatten oder Lebenspartnern ist nach dem BFH[21] nicht geboten. 32

Vom 1.8.2001 bis zum 30.9.2017 konnten Partner einer gleichgeschlechtlichen Beziehung ihr Zusammenleben durch die eingetragene Lebenspartnerschaft legalisieren. Dieses familienrechtliche Institut sollte eine weitgehende Gleichstellung von eingetragenen homosexuellen Paaren und Ehepaaren erreichen. § 1 Abs. 1 S. 1 LPartG definiert den Begriff „Lebenspartner und Lebenspartnerinnen". Dies sind zwei Personen gleichen Geschlechts, die gegenseitig und bei gleichzeitiger Anwesenheit vor der zuständigen Behörde erklären, miteinander eine Partnerschaft auf Lebenszeit führen zu wollen. Seit dem 1.10.2017 können gleichgeschlechtliche Paare nur noch die Ehe eingehen, eine eingetragene Lebenspartnerschaft kann nicht mehr begründet werden. Solange eine bereits bestehende eingetragene Lebenspartnerschaft nicht in eine Ehe umgewandelt wird, bleibt sie bestehen.

IV. Besonderer Versorgungsfreibetrag

Im Todesfall eines Ehegatten wird dem überlebenden Ehegatten ein besonderer zusätzlicher Versorgungsfreibetrag i.H.v. **256.000 EUR** gewährt (§ 17 Abs. 1 ErbStG). Dieser zusätzliche Freibetrag wird bei Ehegatten, denen aus Anlass des Todes des Erblassers nicht der Erbschaftsteuer unterliegende Versorgungsbezüge zustehen, um den Kapitalwert der Versorgungsbezüge gekürzt (§ 17 Abs. 1 S. 2 ErbStG, § 14 BewG).[22] 33

20 § 15 Abs. 1 ErbStG; JStG 2010 v. 8.12.2010, BGBl. I 1768.
21 BFH 24.4.2013 – II R 65/11, DStR 2013, 1128.
22 *Kuckenburg/Perleberg-Kölbel*, Unternehmen und Unternehmer im Familienrecht, 2017, J, VIII, Rn 48.

213. Steuern und Sozialabgaben im Versorgungsausgleich

Weil

I. Einführung

1 Der Versorgungsausgleich wird auf Basis der **Bruttowerte** der Versorgungsanrechte durchgeführt. Dies bedeutet, dass der Ehezeitanteil, Ausgleichswert und korrespondierende Kapitalwert eines Anrechts jeweils ein Bruttowert sind. Durch die flankierenden steuerlichen Regelungen des § 3 Nr. 55 a und Nr. 55 b EStG wird gewährleistet, dass die **interne Teilung** und in der Regel auch die **externe Teilung** (Ausnahmen s. → *Externe Teilung* Rn. 7) sowohl für die ausgleichspflichtige als auch die ausgleichsberechtigte Person steuerneutral erfolgen. Zur Auszahlung kommt im Versorgungsfall jedoch nur die jeweils zugesagte Bruttoleistung abzüglich Steuern und Sozialabgaben. Nettobetrag und Bruttobetrag einer Versorgungsleistung unterscheiden sich inzwischen meist gravierend, da die meisten Versorgungssysteme nachgelagert besteuert werden (→ Rn. 3 ff.).

2 **Steuern und Sozialabgaben** hat jeder der Ehegatten für die anteiligen Anrechte, die ihm nach dem Versorgungsausgleich verblieben sind bzw. die im Versorgungsausgleich für ihn begründet wurden, nach Maßgabe seiner persönlichen Verhältnisse und den Regelungen des jeweiligen Anrechts abzuführen. Soweit dieser Ablauf gewährleistet ist, spielen Steuern und Sozialabgaben im Versorgungsausgleich keine nennenswerte Rolle. Anders verhält es sich, wenn eine **schuldrechtliche Ausgleichsrente abgefunden** wird (→ *Abfindungen im Versorgungsausgleich* Rn. 1 ff.) oder ein Anrecht gem. § 6 Abs. 1 Nr. 1 VersAusglG in die Regelung der **ehelichen Vermögensverhältnisse** einbezogen oder die Verrechnung von Anrechten vereinbart wird. In diesen Fällen verbleibt Steuer- und Abgabenbelastung für das gesamte Anrecht beim Ausgleichspflichtigen. Wird dies nicht in geeigneter Weise berücksichtigt, indem man zB bei Abfindungen (→ Rn. 10) oder Verrechnungen mit Vermögenswerten die zu erwartende Steuer- und Abgabenbelastung berücksichtigt, wird der Ausgleichspflichtige in aller Regel massiv benachteiligt sein.

II. Besteuerung von Versorgungsleistungen

3 Beamtenpensionen und Leistungen aus einer betrieblichen Altersversorgung über den Durchführungsweg Direktzusage oder Unterstützungskassenzusage unterliegen im Jahr des Zuflusses nach § 19 Abs. 1 Nr. 2 EStG der Lohnsteuer. Das bedeutet, dass sie nach Abzug des Versorgungsfreibetrags und des Werbungskosten-Pauschbetrags der **vollen Besteuerung** unterliegen.

4 Leistungen aus der gesetzlichen Rentenversicherung, aus berufsständischen Versorgungseinrichtungen, aus der landwirtschaftlichen Alterskasse und Leistungen aus einer Basisversorgung iSd § 10 Abs. 1 Nr. 2 b EStG sind nach § 22 Nr. 1 S. 3 a) aa) EStG zu versteuern (**Kohortenbesteuerung**). Diese Renten werden allmählich in die nachgelagerte Besteuerung überführt. Bei Rentenbeginn bis 2005 betrug der bei Rentenbeginn zu versteuernde Anteil 50 %, seither steigt er um jährlich 2 % bis zum Jahr 2020, anschließend bis zum Jahr 2040 um 1 % jährlich. Bei einem Rentenbeginn ab dem Jahr 2040 wird die Rente voll besteuert. Auch bei einem früheren Rentenbeginn nimmt der steuerpflichtige Anteil mit jeder Rentensteigerung zu, denn steuerfrei bleibt nur ein fester Prozentsatz der Anfangsrente, Rentensteigerungen werden hingegen voll besteuert.

5 Leistungen aus einem zertifizierten Altersvorsorgevertrag (zB Basisversorgung oder Riester-Rente), einer **Direktversicherung**, einer **Pensionskasse** oder einem **Pensionsfonds** werden in der Regel nach § 22 Nr. 5 S. 1 EStG voll versteuert. Etwas anderes gilt, wenn bereits die Beiträge ganz oder teilweise der Besteuerung unterlagen. Nicht selten bestehen mehrere Teilanrechte, die einer jeweils anderen Besteuerung unterliegen. Ggf. muss dies aus den Auskünften der Versorgungsträger ersichtlich sein.

Leibrenten sind nach den Vorschriften des § 22 Nr. 1 S. 3 a) bb) EStG nur mit dem Ertragsanteil zu besteuern. Der zu versteuernde Anteil der Rente hängt vom Alter bei Rentenbeginn ab. Bei einem Rentenbeginn im Alter von 67 Jahren sind zum Beispiel 17 % der Rente zu versteuern, bei einem früheren Rentenbeginn ein höherer Anteil, bei einem späteren Rentenbeginn ein niedrigerer Anteil. Zu den Leibrenten im Sinne dieser Vorschrift gehört auch die **klassische private Rentenversicherung**, nicht jedoch eine Rentenversicherung, für die die Steuervorteile des § 10 Abs. 1 Nr. 2 b EStG in Anspruch genommen wurden (Basisversorgung), oder in die Rente aus einem Riestervertrag 6

III. Steuerliche Auswirkungen eines Versorgungsausgleichs

Bei einer **internen Teilung** löst die **Übertragung** eines Teilanrechts auf den Ausgleichsberechtigten nach § 3 Nr. 55 a EStG weder beim Ausgleichspflichtigen noch beim Ausgleichsberechtigten eine Steuerpflicht aus. Bei einer **externen Teilung** gilt dies nach § 3 Nr. 55 b EStG nur, wenn das übertragene Anrecht beim Ausgleichsberechtigten so versteuert wird wie beim Ausgleichspflichtigen. Ist dies nicht der Fall, ist der Übertragungswert vom Ausgleichspflichtigen zum **Zeitpunkt der Übertragung** voll zu versteuern. Diese Gefahr besteht, wenn ein Anrecht, das der nachgelagerten Besteuerung unterliegt, auf ein Anrecht übertragen wird, das nach § 20 Abs. 1 Nr. 6 EStG (Einkünfte aus Kapitalvermögen) oder nach § 22 Nr. 1 S. 3 a) bb) EStG (Leibrenten, Renten aus privaten Lebensversicherungen) besteuert wird (→ *Externe Teilung* Rn. 3 ff.). 7

In der **Leistungsphase** sind von jedem Ehegatten die Anrechte zu versteuern, die ihm nach der Teilung verblieben sind oder die er durch Teilung erhalten hat, und zwar nach Maßgabe der Vorschriften für das jeweilige Anrecht. 8

Bei schuldrechtlichen Ausgleichszahlungen in Form einer **schuldrechtlichen Ausgleichsrente** (§ 20 VersAusglG, §§ 1587 f, 1587 g BGB aF) oder in Form von **Kapitalzahlungen** (§ 22 VersAusglG, § 1587 i BGB aF) ist nach dem Korrespondenzprinzip beim Ausgleichspflichtigen ein Sonderausgabenabzug nach § 10 Abs. 1 Nr. 1 b EStG möglich,[1] vom Ausgleichsberechtigten ist der Anteil der Rente zu versteuern, der auch vom Ausgleichspflichtigen zu versteuern wäre. Dieser hängt von der Art des Anrechts ab, das der schuldrechtlichen Rente zu Grunde liegt, und gegebenenfalls auch von der Besteuerung der Beiträge, mit denen dieses Anrecht finanziert wurde (→ Rn. 3 ff.). Ist der Ausgleichspflichtige nicht unbeschränkt steuerpflichtig, ist ein Sonderausgabenabzug nach § 10 Abs. 1 Nr. 1 b EStG nicht möglich und der Ausgleichsberechtigte muss seine Rente nicht versteuern. 9

Wird eine schuldrechtliche Ausgleichsrente nach § 23 VersAusglG oder § 1587 l BGB aF **abgefunden**, scheidet sowohl ein Sonderausgabenabzug nach § 10 Abs. 1 Nr. 1 b EStG als auch eine Steuerermäßigung wegen außergewöhnlicher Belastung nach § 33 EStG aus.[2] 10

IV. Sozialabgaben

Als Sozialabgaben fallen in der Leistungsphase **Kranken- und Pflegeversicherungsbeiträge** an. Die Höhe dieser Beiträge hängt sowohl von der Art der Krankenversicherung (gesetzliche Pflichtversicherung, freiwillige gesetzliche Versicherung, Privatversicherung) ab als auch von der Art des Versorgungsanrechts. Bei einer privaten Versicherung ist die Höhe des Beitrags unabhängig von der Höhe und Art der Versorgungsleistungen. Bei einer gesetzlichen Pflichtversicherung sind auf Versorgungsleistungen bis zur Beitragsbemessungsgrenze (2021 monatlich 4.837,50 EUR) für die Krankenversicherung Beiträge zu entrichten. Die gesetzliche Rentenversicherung gewährt einen Zuschuss, so dass vom Rentner derzeit nur etwa die Hälfte des Beitrags zu zahlen ist. Bei Leistungen aus einer betrieblichen Altersversorgung muss der Rentner hingegen den vollen Beitragssatz zahlen. Auch Leistungen der betrieblichen Altersversorgung in Form einer Kapitalzahlung unterliegen der Beitragspflicht, bei ihnen wird der Beitrag über zehn Jahre verteilt einbehalten. 11

1 BMF-Schreiben vom 9.4.2010 – VI C3 – S 2221/09/10024.
2 Vgl. BFH 22.8.2012 – X R 36/09, FamRZ 2013, 455 mAnm *Borth*.

Private Kranken- und Pflegeversicherungsaufwendungen des Ausgleichspflichtigen können vom Ausgleichswert iSd § 20 Abs. 1 S. 2 VersAusglG aus Billigkeitsgründen in der Höhe abgezogen werden, in der der Ausgleichspflichtige bei fiktiver freiwilliger Versicherung in der gesetzlichen Kranken- und Pflegeversicherung auf den Ausgleichsbetrag dort Aufwendungen hätte.[3]

3 BGH 9.12.2015 – XII ZB 586/13, FamRZ 2016, 442; OLG Frankfurt a.M. 22.10.2018 – 8 UF 97/18, FamRZ 2019, 1413.

214. Steuernachzahlung/-erstattung

Perleberg-Kölbel

I. Einführung

Solange Ehegatten noch gemeinsam wirtschaften, spielen Steuernachzahlungen und Steuererstattungen 1 sowie deren interne Aufteilung nur eine untergeordnete Rolle. Erst nach der Trennung kommt es hierüber regelmäßig zum Streit. Aufteilungsregelungen und Aufteilungsmaßstäbe sind zu beachten. Nach § 2 Abs. 8 EStG sind die Regelungen des Einkommensteuergesetzes zu Ehegatten und Ehen auch auf Lebenspartner und Lebenspartnerschaften anzuwenden. Die Änderungen im Einkommensteuergesetz sind am 19.7.2013 in Umsetzung der Entscheidung des Bundesverfassungsgerichts vom 7.5.2013[1] in Kraft getreten.[2] § 1 Abs. 1 S. 1 LPartG definiert den Begriff „Lebenspartner und Lebenspartnerinnen". Dies sind zwei Personen gleichen Geschlechts, die gegenseitig und bei gleichzeitiger Anwesenheit vor der zuständigen Behörde erklären, miteinander eine Partnerschaft auf Lebenszeit führen zu wollen. Vom 1.8.2001 bis zum 30.9.2017 konnten Partner einer gleichgeschlechtlichen Beziehung ihr Zusammenleben durch die eingetragene Lebenspartnerschaft legalisieren. Dieses familienrechtliche Institut sollte eine weitgehende Gleichstellung von eingetragenen homosexuellen Paaren und Ehepaaren erreichen. Seit dem 1.10.2017 können gleichgeschlechtliche Paare nur noch die Ehe eingehen, eine eingetragene Lebenspartnerschaft kann nicht mehr begründet werden. Solange eine bereits bestehende eingetragene Lebenspartnerschaft nicht in eine Ehe umgewandelt wird, bleibt sie bestehen.

II. Aufteilung im Steuerrecht

1. Steuernachzahlungen

Auch nach einer Trennung kann es noch zu Steuernachzahlungen für Veranlagungszeiträume kommen, in 2 denen Ehegatten zusammengelebt haben (auch für das Trennungsjahr selbst). Die Steuer wird dabei nach dem Einkommen der Ehegatten berechnet und von der Finanzbehörde durch Steuerbescheid festgesetzt (→ *Aufteilung der Steuerschuld* Rn. 6).

§ 36 EStG bestimmt in Abs. 2 Nr. 1 und 2, dass durch Steuerabzug erhobene Einkommensteuer wie zB die 3 Lohnsteuer und Vorauszahlungen auf die Einkommensteuer angerechnet werden. Mit dem **Jahressteuerbescheid** verliert ein Vorauszahlungsbescheid seine Wirksamkeit, weil dieser den Vorauszahlungsbescheid in seinen Regelungsgehalt aufnimmt.[3]

Ist die Jahressteuer höher als die **Vorauszahlungen**, ist der Unterschiedsbetrag innerhalb eines Monats 4 nach Bekanntgabe des Steuerbescheids oder, bei verspäteter Abgabe der Steuererklärung, innerhalb eines Monats nach Abgabe der Steuererklärung zu entrichten, § 36 Abs. 4 S. 1 EStG. Steuernachzahlungen ergeben sich zudem häufig noch infolge von geänderten Einkommensteuerbescheiden, zB aufgrund von Betriebsprüfungen nach § 193 ff. AO.

Zusammenveranlagte Ehegatten werden **Gesamtschuldner** der erstmalig festgesetzten oder geänderten 5 Einkommensteuer. Die Finanzbehörde kann wählen, welchen Ehegatten sie als Gesamtschuldner wegen der Steuernachzahlungen in Anspruch nehmen möchte. Jeder Ehegatte muss daher damit rechnen, **in voller**

1 BVerfG FamRZ 2013, 1103.
2 BGBl. 2013 I 2397.
3 BFH 19.5.2005 – V R 31/03, BStBl. II 2005, 671.

Höhe Steuer(nach)zahlungen an die Finanzbehörde vornehmen zu müssen. Dem in Anspruch genommenen Ehegatten bleibt nur die Möglichkeit, die Aufteilung der Steuerschuld nach §§ 268–280 AO zu beantragen, um so zu erreichen, dass die Vollstreckung auf die Einkommensteuer beschränkt wird, die seinem Einkommen zuzurechnen ist (→ *Aufteilung der Steuerschuld* Rn. 10).

2. Steuererstattungen

6 **a) Grundsatz.** Übersteigen die Vorauszahlungen die Jahressteuer, muss die Finanzbehörde den Unterschiedsbetrag erstatten, § 36 Abs. 4 S. 2 EStG.

7 Nach § 37 Abs. 2 S. 1 AO ist der Steuerpflichtige **materiell erstattungsberechtigt**, auf dessen Rechnung die Zahlung bewirkt worden ist. Entscheidungserheblich für die Frage der Erstattungsberechtigung ist hierbei, wie der **Wille des Zahlenden im Zeitpunkt der Zahlung** dem Finanzamt gegenüber erkennbar hervorgetreten ist.[4] Mit dieser Vereinfachungsregel wird der Finanzbehörde nicht zugemutet, im Einzelfall die zivilrechtlichen Beziehungen zwischen dem Steuerschuldner und einem zahlenden Dritten daraufhin überprüfen zu müssen, wer von ihnen im Innenverhältnis einen Ausgleichsanspruch besitzt.[5] Lässt sich der **Wille des Gesamtschuldners** bei der Zahlung nicht erkennen, wird generell angenommen, dass dieser nur seine eigene Steuerschuld tilgen wollte.[6]

8 **b) Ehegatten.** Generell stehen Erstattungsansprüche demjenigen Ehegatten zu, auf dessen Rechnung die Zahlung bewirkt worden ist.[7] Nach ständiger Rechtsprechung des Bundesfinanzhofes kann aber das Finanzamt, solange die Ehe besteht und die Ehegatten **nicht dauernd getrennt** leben (→ *Versöhnung* Rn. 5), davon ausgehen, dass derjenige Ehegatte, der auf die gemeinsame Steuerschuld zahlt, mit seiner Zahlung auch die Steuerschuld des anderen mit ihm zusammen veranlagten Ehegatten begleichen will. Dies gilt auch in den Fällen des Verlustabzugs nach § 10 d EStG[8] und im Fall der Insolvenz.[9]

Voraussetzung für diese Annahme ist, dass keine anderen Anhaltspunkte oder ausdrückliche Absichtsbekundungen dazukommen. Für die unterstellte Tilgungsabsicht ist es nicht entscheidend, welcher Ehegatte in seiner Person Tatbestände verwirklicht, die zum Entstehen der Gesamtschuld führen.[10] Ehegatten bevollmächtigen sich schließlich gegenseitig mit ihren beiderseitigen Unterschriften auf der Steuererklärung auch zum Empfang etwaiger Erstattungsbeträge. Diese widerlegbare gesetzliche Vermutung nach § 36 Abs. 4 S. 3 EStG kommt erst dann nicht mehr in Betracht, wenn die Ehegatten inzwischen getrennt leben, geschieden sind oder dem Finanzamt aus sonstigen Umständen bekannt ist, dass ein Ehegatte mit der Erstattung an den anderen Ehegatten nicht einverstanden ist.[11]

Die **materielle Erstattungsberechtigung** ist ebenfalls zu überprüfen, wenn das Finanzamt mit Abgabenrückständen eines der beiden Ehegatten aufrechnen will oder wenn der Erstattungsanspruch nur eines der beiden Ehegatten abgetreten, gepfändet oder verpfändet worden ist. Es ist unerheblich, wenn beide Ehegatten übereinstimmend davon ausgehen, dass der steuerliche Erstattungsanspruch ihnen gemeinsam zusteht.[12] Zahlt das Finanzamt aufgrund eines gegenüber einem Ehegatten allein ergangenen Pfändungs- und Überweisungsbeschlusses auch den auf den anderen Ehegatten entfallenden Erstattungsbetrag an den Pfändungsgläubiger aus, liegt kein Rechtsgrund für diese Zahlung vor. Der Betrag ist zurückzuerstatten.[13]

---

4 BFH 30.9.2008 – VII R 18/08, BStBl. II 2009, 38.
5 BFH 25.7.1989 – VII R 118/87, BStBl. II 1990, 41.
6 BFH 18.2.1997 – VII R 117/95, BFH/NV 1997, 482; zur Änderung des Anwendungserlasses zur AO s. auch BMF-Schreiben v. 23.7.2013 – IV A 3 – S 0062/08/10007–16.
7 BFH 26.6.2007 – VII R 35/06, BStBl. II 2007, 742.
8 BFH 19.10.1982 – VII R 55/80 – BStBl. II 1983, 162; 18.9.1990 – VII R 99/89 – BStBl. II 1991, 47.
9 BFH 30.9.2008 – VII R 18/08 – BStBl. II 2009, 38.
10 BFH 15.11.2005 – VII R 16/05, BStBl. II 2006, 453.
11 BFH 5.4.1990 – VII R 2/89 – BStBl. II 1990, 719; 8.1.1991 – VII R 18/90 – BStBl. II 1990, 442.
12 BFH 12.3.1991 – VII S 30/90, BFH/NV 1992, 145.
13 BFH 13.2.1996 – VII R 89/95, BStBl. II 1996, 436.

Auf eine **spätere getrennte Veranlagung** kommt es ebenso wenig an wie auf Abbuchungen ausschließlich vom Konto eines Ehegatten oder Vorauszahlungen ausschließlich aus Einkünften eines Ehegatten aus selbstständiger Tätigkeit.[14] 9

c) Aufteilungsmaßstab. Selbst dann, wenn ein Ehegatte allein Steuerzahlungen vornimmt, führt die unterstellte Tilgungsabsicht bei Überzahlungen zu einer Erstattungsberechtigung beider Ehegatten nach § 37 Abs. 2 AO. Der zu erstattende Betrag ist zwischen ihnen **nach Köpfen** aufzuteilen.[15] Dieser Aufteilungsmaßstab entspricht den Vorgaben des Bundesverfassungsgerichts[16] zum Splittingverfahren (→ *Steuerveranlagung* Rn. 22). Dieses geht von dem Grundsatz der Besteuerung nach der Leistungsfähigkeit und bei zusammenlebenden Ehegatten von einer Gemeinschaft des Erwerbs und Verbrauchs aus. Jeder Ehegatte nimmt an den Einkünften und Lasten des anderen wirtschaftlich jeweils zur Hälfte teil. Der Halbteilungsgrundsatz ist eine Ausbildung des Gleichheitsgrundsatzes nach Art. 3 GG und verlangt, dass Ehegatten mit gleichem Gesamteinkommen auch steuerlich gleich belastet werden. Der individuelle Anteil am Gesamteinkommen spielt hierbei keine Rolle. 10

Der Aufteilungsmaßstab nach Köpfen gilt generell auch für die **Erstattung von Vorauszahlungen**. Werden diese wegen anderweitiger Tilgung von Steuerschulden von Seiten der Finanzbehörde nicht bestimmungsgemäß auf die festgesetzte Einkommensteuer angerechnet, kommt eine Erstattung von Vorauszahlungen nur hinsichtlich des Betrages in Betracht, um den die Vorauszahlungen die Summe der für beide Ehegatten festgesetzten Einkommensteuer übersteigen. Auf einen Tilgungswillen des die Vorauszahlung leistenden Ehegatten kommt es dann nicht an, weil die Festsetzung von Vorauszahlungen der Sicherung eines stetigen Steueraufkommens und nicht dem Ansparen des künftig zur Tilgung der Einkommensteuer benötigten Betrages dient.[17] 11

Konnte das Finanzamt bei Zahlung auch hier erkennen, dass der leistende Ehegatte allein seine eigene Steuerschuld tilgen wollte, ist dieser allein erstattungsberechtigt. Eine Tilgungsbestimmung muss nicht ausdrücklich erfolgen, sondern kann sich ebenso aus den Umständen des Einzelfalls ergeben, zB durch die Angabe des eigenen Namens im Feld „Verwendungszweck" einer Überweisung.[18] Vorauszahlungen aufgrund eines an beide Ehegatten gemeinsam gerichteten Vorauszahlungsbescheids ohne individuelle Tilgungsbestimmung sind zunächst auf die festgesetzten Steuern beider Ehegatten anzurechnen. Ein verbleibender Überschuss ist nach Köpfen an die Ehegatten auszukehren. Vorauszahlungen ohne individuelle Tilgungsbestimmung aufgrund eines nur an einen Ehegatten gerichteten Vorauszahlungsbescheids sind nur diesem zuzuordnen.

Dies gilt sowohl bei getrennter Veranlagung[19] als auch bei Zusammenveranlagung. 12

Nach Ansicht des Bundesfinanzhofes wird die bisherige Rechtsprechung dem Zweck der Vorauszahlung dann nicht gerecht, wenn bei **getrennter Veranlagung/Einzelveranlagung** oder **Abrechnung** unterschiedlich hohe Steuerschulden bei den Ehegatten anfallen. Bei einer hälftigen Aufteilung der Vorauszahlungen würde der Teil des Vorauszahlungsbetrags, der auf den Ehegatten mit der geringeren Steuerlast entfällt, nicht vollständig auf eine Steuerschuld angerechnet, während der Ehegatte mit der höheren Steuerbelastung nachzahlen müsste. 13

Dieser Erstattungsmaßstab führt zu Steuerausfällen beim Fiskus, wenn der höher belastete Ehegatte leistungsunfähig wird, obwohl die Steuer durch die bereits gezahlten Vorauszahlungen gesichert erschien. Dieses Ergebnis ist nicht allein mit dem **typisierten Tilgungswillen bei den Vorauszahlungen** der in einer Wirtschaftsgemeinschaft lebenden Ehegatten zu rechtfertigen.[20] 14

14 BFH 26.6.2007 – VII R 35/06, BStBl. II 2007, 742.
15 BFH 30.9.2008 – VII R 18/08, BStBl. II 2009, 38.
16 BVerfG 3.11.1982 – 1 BvR 1104/79, BStBl. II 1982, 717.
17 BFH 20.12.2004 – VI R 182/97, BStBl. II 2005, 358.
18 BFH 25.7.1989 – VII R 118/87, BStBl. II 1990, 41.
19 Ab VZ 2013 Einzelveranlagung.
20 BFH 22.3.2011 – VII R 42/10, NJW 2011, 2318 Rn. 34.

15 Die Vorauszahlung bei getrennter Veranlagung/Einzelveranlagung (auch wenn diese später gewählt wird) ist daher zunächst in Höhe des festgesetzten Betrages dem Ehegatten zu erstatten, auf dessen Schuld sie sonst anzurechnen gewesen wäre. Sofern nach Abrechnung der für beide Ehegatten festgesetzten Steuern von den geleisteten Vorauszahlungen noch ein **Rest** verbleibt, ist dieser den Ehegatten **nach Kopfteilen** zu erstatten.[21]

16 Zusammenveranlagte Ehegatten werden **keine Gesamtgläubiger** iSd § 428 BGB oder **Mitgläubiger** iSd § 432 BGB.[22] § 36 Abs. 4 S. 3 EStG bewirkt im Fall der Zusammenveranlagung die Auszahlung an einen Ehegatten auch für und gegen den anderen Ehegatten.

17 Die befreiende Wirkung tritt allerdings dann nicht ein, wenn der Finanzbehörde zum Zeitpunkt der Abrechnung bekannt ist, dass der eine Ehegatte mit der Leistung an den anderen nicht einverstanden ist.[23] Diese Kenntnis hat die Finanzbehörde zB bei einem Aufteilungsantrag nach §§ 268 ff. AO (→ *Aufteilung der Steuerschuld* Rn. 13).

18 Ergibt sich bei der Zusammenveranlagung ein Erstattungsanspruch aus **überzahlter Lohnsteuer, Kapitalertragsteuer oder Körperschaftsteuer**, ist der Ehegatte erstattungsberechtigt, der Steuerschuldner der jeweiligen Steuer ist.[24] Diese Steuer ist schließlich für seine Rechnung an das Finanzamt abgeführt worden.[25] Sind für beide Ehegatten Steuerabzugsbeträge einbehalten worden und keine Vorauszahlungen erfolgt, muss die Aufteilung des Erstattungsanspruchs im Verhältnis des jeweiligen Steuerabzugs des Ehegatten zum Gesamtabzug durchgeführt werden.[26]

19 Erfolgt ein Steuerabzug bei beiden Ehegatten, wird der Erstattungsanspruch **im Verhältnis der jeweils von dem Ehegatten gezahlten Steuerabzugsbeträge aufgeteilt**.[27]

Das BMF-Schreiben v. 14.1.2015[28] mit Beispielen befasst sich mit dem Erstattungsanspruch nach § 37 Abs. 2 AO bei der Einkommensteuer, der Erstattungsberechtigung und der Reihenfolge der Anrechnung in Nachzahlungsfällen.

III. Aufteilung im Familienrecht

1. Steuerschulden

20 **a) Grundsatz.** Gleicht ein Ehegatte Steuerschulden aus, steht ihm gegen den anderen Ehegatten grundsätzlich ein Ausgleichsanspruch nach § 426 BGB zu. Die interne Haftung zu gleichen Teilen iSd § 426 Abs. 1 S. 1 BGB entfällt, wenn eine **anderweitige Bestimmung** vorliegt. Ferner kann sich ein Ausgleichsanspruch aus **güterrechtlichen Beziehungen** ergeben, wobei auch hier eine anderweitige Bestimmung iSd § 426 Abs. 1 S. 1 BGB Vorrang hat.[29]

21 Ausgleichsansprüche unterliegen der Disposition der Gesamtschuldner. Ausdrückliche oder stillschweigend geschlossene **Vereinbarungen unter Ehegatten** über einen Ausgleich sind vorrangig als anderweitige Bestimmung iSd § 426 Abs. 1 S. 1 Hs. 2 BGB zu beachten.[30] Diese kann auch aus einer **ständigen Übung**, wie zB dem ständigen Begleichen der Steuerschulden während des Zusammenlebens, hergeleitet werden.[31]

---

21 BFH 22.3.2011 – VII R 42/10, NJW 2011, 2318 Rn. 30.
22 BFH 17.2.2010 – VII R 37/08, BFH NV 2010, 1078.
23 BFH 5.4.1990 – VII R 2/89, BStBl. II 1990, 719; 8.1.1991 – VII R 18/90, BStBl. II 1991, 442.
24 BFH 19.10.1982 – VII R 55/80, BStBl. II 1983, 162.
25 BFH 5.4.1990 – VII R 2/89, BStBl. II 1990, 719.
26 BFH 1.3.1990 – VII R 103/88, BStBl. II 1990, 520.
27 BFH 30.8.2005 – VII R 64/04, BStBl. II 2006, 353.
28 BMF-Schreiben v. 14.1.2015 – IV A 3 – S 0160/11/10001, www.bundesfinanzministerium.de.
29 BGH 23.5.2007 – XII ZR 250/04, FamRZ 2007, 1229.
30 BGH 15.11.1989 – XII ZR 100/88, FamRZ 1990, 374.
31 BGH 31.5.2006 – XII ZR 111/03, FamRZ 2006, 1178.

b) Aufteilungsmaßstäbe. Gibt es keine anderweitige Bestimmung iSd § 426 Abs. 1 S. 1 BGB, bieten sich unterschiedliche Aufteilungsmaßstäbe an, zB eine hälftige Aufteilung,[32] eine Aufteilung nach dem Verhältnis der im Veranlagungszeitraum auf die gemeinsame Steuerschuld jeweils tatsächlich gezahlten Steuern[33] und eine Aufteilung nach dem Verhältnis der Steuerbeträge, die sich bei fiktiv getrennter Veranlagung ergeben.[34] 22

c) Familienrechtliche Überlagerung. Generell besteht infolge einer familienrechtlichen Überlagerung[35] kein Ausgleichsanspruch für **Veranlagungszeiträume vor der Trennung**, also für Zeiträume, in denen die Eheleute noch zusammengelebt haben. Steuerzahlungen, die im Laufe der ehelichen Lebensgemeinschaft an das Finanzamt gezahlt worden sind, werden daher nicht ausgeglichen, selbst wenn diese für den anderen Ehegatten im Rahmen einer getrennten Veranlagung vorgenommen worden sind. Bei Steuerzahlungen handelt es sich um Kosten der allgemeinen Lebensführung nach § 12 EStG, die nach geleisteter Zahlung den Ehegatten nicht mehr zum Familienunterhalt zur Verfügung stehen. Nachträgliche Korrekturen zulasten eines Ehegatten sind wegen eines Verstoßes gegen den Grundsatz der nachehelichen Solidarität gem. § 1353 BGB unzulässig. 23

Der BGH[36] will die Aufteilung einer nach der Trennung fällig gewordenen Steuerschuld und der sich hieraus ergebenden Erstattungs- bzw. Nachzahlungsansprüche zusammen veranlagter Ehegatten im Innenverhältnis grundsätzlich unter entsprechender Heranziehung des § 270 AO auf der Grundlage einen **fiktiven** Einzelveranlagung nach § 26 a EStG der Ehegatten vornehmen.[37]

Dabei ist der Gesamtschuldnerausgleich nicht nachrangig gegenüber dem **Zugewinnausgleich**. Die Gesamtschuld ist vielmehr als Passivposten in das Endvermögen beider Ehegatten einzustellen, während der wechselseitige am Maßstab des § 270 AO ausgerichteten Ausgleichsanspruch in der jeweiligen Höhe als Aktivposten zu berücksichtigen ist. Dadurch mindert die Gesamtschuld das Endvermögen beider Ehegatten im Verhältnis ihrer jeweiligen Haftungsanteile.

Kann ein Ehegatte seinen Anteil nicht tragen, ist auf die Einzelsaldierung zurückzugreifen. Der davon rechtlich nicht beeinflusste Ausgleichs- oder Befreiungsanspruch gegen den Leistungsunfähigen ist dann uneinbringlich, wertlos und demzufolge mit „Null" anzusetzen. Im Ergebnis ist dann die Gesamtschuld allein beim leistungsfähigen Ehegatten in voller Höhe zu bilanzieren.[38]

Ein Mehrbetrag, der nach der Steuerklasse V im Vergleich zur Besteuerung bei getrennter Veranlagung geleistet worden ist, darf als Ausgleich nur verlangt werden, wenn sich die Ehegatten eine Rückforderung für den Fall der Trennung vorbehalten haben.[39] Für diesen Fall ist zB die Lohnsteuerklassenwahl nach den Steuerklassen III und V eine anderweitige Bestimmung iSd § 426 Abs. 1 S. 1 BGB.[40] Der auszugleichende Betrag beschränkt sich auf die Summe der Nachforderung. Nach Scheitern der Ehe kann ein Ehegatte grundsätzlich nicht den Mehrbetrag, den er zuvor wegen der Besteuerung seines Einkommens nach der ungünstigeren Lohnsteuerklasse V im Vergleich zur Besteuerung bei getrennter Veranlagung geleistet hat, von dem anderen Ehegatten ersetzt verlangen. Das gilt jedenfalls bis zur Trennung. Aus diesem Grund kann die Zustimmung zur Zusammenveranlagung für Zeiten des ehelichen Zusammenlebens regelmäßig auch nicht von einem Ausgleich der dem bislang die ungünstigere Lohnsteuerklasse V innehabenden 24

32 OLG Celle 10.6.1999 – 11 W 12/99, OLGReport 2000, 9.
33 OLG Düsseldorf 25.6.1992 – 10 U 6/92, FamRZ 1993, 70; OLG Hamm 3.5.2000 – 33 U 23/99, FamRZ 2001, 98.
34 BGH 31.5.2006 – XII ZR 111/03, FamRZ 2006, 1178; 23.5.2007 – XII ZR 250/04, FamRZ 2007, 1229; OLG Koblenz 12.6.2019 – 13 UF 617/18, FamRZ 2020, 163 mAnm *Engels*.
35 BGH 23.5.2007 – XII ZR 250/04, FamRZ 2007, 1229; *Wever* Vermögensauseinandersetzung Rn. 772.
36 BGH 31.5.2006 – XII ZR 111/03, FamRZ 2006, 1178.
37 S. auch *Kuckenburg/Perleberg-Kölbel*, Unternehmen und Unternehmer im Familienrecht, 2017, A Rn. 1789 ff.
38 BGH 6.10.2010 – XII ZR 10/09, FamRZ 2011, 25 und 453.
39 BGH 23.5.2007 – XII ZR 250/04, FamRZ 2007, 1229.
40 BGH 23.5.2007 – XII ZR 250/04, FamRZ 2007, 1229.

Ehegatten im Falle der gemeinsamen Veranlagung verbleibenden steuerlichen Mehrbelastung abhängig gemacht werden.[41]

25 Für **Veranlagungszeiträume nach der Trennung** ist zu differenzieren: Endet eine eheliche Lebens- und Wirtschaftsgemeinschaft mit der Trennung, besteht kein Anlass mehr, an einer früheren Übung festzuhalten. Mit dem Scheitern der Ehe tritt eine grundlegende Veränderung der Verhältnisse ein.[42] Partizipiert der Unterhaltsberechtigte mit der ungünstigeren Steuerklasse an dem Gesamteinkommen durch den **Trennungsunterhalt**, ist er keiner zusätzlichen Belastung ausgesetzt, die es auszugleichen gilt. Bei der Berechnung des Trennungsunterhalts nach den tatsächlichen Einkommensverhältnissen kommt es zu einer Kompensation iSd Nachteilsausgleichs. Auf die Erfüllung kommt es nicht an. Ein Ausgleichsanspruch scheidet aus, weil sowohl Steuerzahlungen als auch Steuererstattungen[43] bereits in die Unterhaltsbemessung eingeflossen sind.

26 Wird hingegen **kein Trennungsunterhalt** gezahlt, muss der Ehegatte mit der ungünstigeren Steuerklasse seine damit verbundenen steuerlichen Nachteile nicht ohne einen Ausgleich akzeptieren, weil er nach dem allgemeinen Grundsatz nur für die Steuern aufzukommen hat, die auf sein Einkommen entfallen.[44] Der Anspruch ist somit fiktiv nach getrennter Veranlagung zu berechnen (→ *Aufteilung der Steuerschuld* Rn. 19).

2. Steuererstattungen

27 Eine Aufteilung von Steuererstattungen im Innenverhältnis bestimmt sich ebenfalls allein nach **zivilrechtlichen Maßstäben**. Bietet sich keine gesonderte **vertragliche Vereinbarung** über die Aufteilung der zu erwartenden Steuerrückzahlungen an, sind auch hier die Maßstäbe zur Aufteilung von Steuerschulden in Betracht zu ziehen.

28 Nach der **Rechtsprechung**[45] hat die Aufteilung eines nach Trennung fällig werdenden Erstattungsanspruchs zusammenveranlagter Ehegatten grundsätzlich ebenfalls unter entsprechender Heranziehung des § 270 AO auf der Grundlage einer fiktiv getrennten Veranlagung zu erfolgen[46] (→ *Aufteilung der Steuerschuld* Rn. 19). Dies führt zu einem einkommensteuerkonformen Ergebnis, weil so die konkret steuerrechtliche Situation der Ehegatten berücksichtigt wird. Regelmäßig kommt diese Aufteilung in Betracht, wenn nach einer Trennung kein Unterhalt gezahlt wird und es infolge der ungünstigen Steuerklassewahl des ausgleichsberechtigten Ehegatten beim ausgleichspflichtigen Ehegatten zu einem Erstattungsanspruch kommt.

Auswirkungen von Steuerzahlungen und -erstattungen zeigen sich darüber hinaus auch beim Unterhalt und Zugewinnausgleich.[47]

3. Gerichtsbarkeit

29 Gem. § 266 Abs. 1 Nr. 3 FamFG ist das Familiengericht für Auseinandersetzungen über den internen Ausgleich von Steuern zuständig. Es handelt sich um sonstige Familiensachen iSd §§ 111 Nr. 10, 266 FamFG.

---

41 OLG Koblenz 12.6.2019 – 13 UF 617/18, FamRZ 2020, 163 mAnm *Engels*.
42 BGH 31.5.2006 – XII ZR 111/03, FamRZ 2006, 1178.
43 Nach dem In-Prinzip: BGH 19.2.2003 – XII ZR 19/01, FamRZ 2003, 744.
44 BGH 31.5.2006 – XII ZR 111/03, FamRZ 2006, 1178 mAnm *Wever* FamRZ 2006, 1181 = FamRB 2006, 302 mAnm *Christ*; 23.5.2007 – XII ZR 250/04, FamRZ 2007, 1229.
45 BGH 31.5.2006 – XII ZR 111/03, FamRZ 2006, 1178.
46 BGH 12.6.2002 – XII ZR 288/00; OLG Koblenz 12.6.2019 – 13 UF 617/18, FamRZ 2020, 163 mAnm *Engels*.
47 Vgl. hierzu *Kuckenburg/Perleberg-Kölbel* FPR 2012, 306.

215. Steuerveranlagung

Perleberg-Kölbel

I. Einführung

Bis **einschließlich VZ 2012** gab es im Einkommensteuergesetz noch sieben Veranlagungs- und Tarifvarianten. Es handelte sich um die Einzelveranlagung mit Grundtarif, das Witwen-Splitting, das Sonder-Splitting im Trennungsjahr, die Zusammenveranlagung mit Ehegatten-Splitting, die getrennte Veranlagung mit Grundtarif, die besondere Veranlagung mit Grundtarif oder die besondere Veranlagung mit Witwen-Splitting. Das Steuervereinfachungsgesetz 2011[1] reduzierte diese Varianten auf vier. Sowohl die Rechtslage bis VZ 2012 als auch die neue Rechtslage ab VZ 2013 hat der Familienrechtler in der Fallbearbeitung zu beachten. 1

Nach der Gesetzesänderung stehen **ab VZ 2013** nur noch die Einzelveranlagung, das Verwitweten-Splitting, das „Sonder-Splitting“ im Trennungsjahr und die Zusammenveranlagung mit Ehegatten-Splitting zur Verfügung. 2

Die Einzelveranlagung sollte bei Ehegatten erwogen werden

- bei einem Geheimhaltungsinteresse eines Ehegatten,
- wenn die Einkünfte eines Ehegatten ausschließlich aus steuerfreien Einnahmen bestehen, die dem Progressionsvorbehalt nach § 32 b EStG unterliegen und dadurch eine höhere Belastung entsteht als durch das Ehegattensplitting an Entlastung herbeigeführt wird,
- wenn außerordentliche Einkünfte nach § 34 Abs. 2 EStG vorliegen und durch eine Zusammenveranlagung Tarifbegünstigungen nicht vollends ausgeschöpft werden können und/oder
- wenn ein Verlustvortrag bei einem Ehegatten existiert, der nicht mit (geringen) positiven Einkünften des anderen Ehegatten verrechnet werden soll, damit Entlastungspotentiale für die Folgejahre nicht verloren gehen.

Pauschale Urteile lassen sich allerdings nicht bilden. Stets sollte eine Vergleichsrechnung zwischen der Einzel- und Zusammenveranlagung vorgenommen werden.[2]

Die **Antragsveranlagung** nach § 46 Abs. 2 Nr. 8 EStG ist keine Veranlagungsvariante, sondern gibt dem Arbeitnehmer die Möglichkeit, sich freiwillig veranlagen zu lassen, um steuermindernde Aufwendungen auch außerhalb des Lohnsteuerverfahrens geltend zu machen. Dieser Antrag kann innerhalb der allgemeinen Feststellungsfrist von vier Jahren gestellt werden; eine Ablaufhemmung kommt insoweit nicht in Betracht.[3] 3

1 BGBl. 2011 I 2131.
2 *Egner/Geißler*, Besteuerung von Ehegatten und eingetragenen Lebenspartnern, NWB QAAAE-43281.
3 BFH 14.4.2011 – VI R 53/10, DStR 2011, 1317.

II. Differenzierungen

1. Einzelveranlagung

4 Ledige, verwitwete, geschiedene Personen und dauernd getrennt lebende Ehegatten sind einzeln zu veranlagen, § 25 Abs. 1 EStG. Ehegatten sind ferner einzeln zu veranlagen, wenn beide oder einer der Ehegatten beschränkt steuerpflichtig sind. Nicht unbeschränkt Steuerpflichtige sind immer einzeln zu veranlagen, wobei der **Grundfreibetrag** nur einmal und die **Frei- und Pauschbeträge** nur einfach gewährt werden. **Sonderausgaben** und **außergewöhnliche** Belastungen werden nach den Vorschriften für Alleinstehende berücksichtigt. Grundsätzlich ist die **Grundtabelle** anzuwenden, § 32 a Abs. 1 EStG.

2. Veranlagung von Ehegatten

5 **a) Grundsätze.** Ehegatten, die beide iSd § 1 Abs. 1 oder Abs. 2 EStG bzw. § 1 a EStG unbeschränkt einkommensteuerpflichtig sind und nicht dauernd getrennt leben, können gem. §§ 25 Abs. 3, 26 Abs. 1 S. 1 EStG bei Abgabe der Steuererklärung zwischen der getrennten Veranlagung/ab 2013 Einzelveranlagung, § 26 a EStG, der Zusammenveranlagung, § 26 b EStG, und, falls die Voraussetzungen hierfür vorliegen, der besonderen Veranlagung für den Veranlagungszeitraum der Eheschließung wählen.

6 Nach § 2 Abs. 8 EStG sind die Regelungen des Einkommensteuergesetzes zu Ehegatten und Ehen auch auf Lebenspartner und Lebenspartnerschaften anzuwenden. Die Änderungen im Einkommensteuergesetz sind am 19.7.2013 infolge des Gesetzes zur Änderung des Einkommensteuergesetzes rückwirkend zum VZ 2001 in Umsetzung der Entscheidung des BVerfG vom 7.5.2013[4] in Kraft getreten.[5] Die Rückwirkung bezieht sich auf alle Lebenspartner, deren Veranlagung noch nicht bestandskräftig durchgeführt ist.[6] § 1 Abs. 1 S. 1 LPartG definiert den Begriff „Lebenspartner und Lebenspartnerinnen“. Dies sind zwei Personen gleichen Geschlechts, die gegenseitig und bei gleichzeitiger Anwesenheit vor der zuständigen Behörde erklären, miteinander eine Partnerschaft auf Lebenszeit führen zu wollen. Vom 1.8.2001 bis zum 30.9.2017 konnten Partner einer gleichgeschlechtlichen Beziehung ihr Zusammenleben durch die eingetragene Lebenspartnerschaft legalisieren. Dieses familienrechtliche Institut sollte eine weitgehende Gleichstellung von eingetragenen homosexuellen Paaren und Ehepaaren erreichen. Seit dem 1.10.2017 können gleichgeschlechtliche Paare nur noch die Ehe eingehen, eine eingetragene Lebenspartnerschaft kann nicht mehr begründet werden. Solange eine bereits bestehende eingetragene Lebenspartnerschaft nicht in eine Ehe umgewandelt wird, bleibt sie bestehen.

7 Über die Veranlagungsart kann jeder Ehegatte selbst bestimmen, wobei diese nur einheitlich angewendet werden kann.

8 Die Voraussetzungen für eine Ehegattenveranlagung müssen am 1.1. des Veranlagungszeitraums um null Uhr erfüllt sein und die Eheleute müssen eine **Lebens- und Wirtschaftsgemeinschaft** bilden, dh nicht dauernd getrennt leben. Die Vorrausetzungen des „**nicht dauernd getrennt Lebens**“ weichen von denen des § 1567 BGB ab, weil eine Wirtschaftsgemeinschaft auch noch nach einer Trennung bis zur Rechtskraft der Scheidung fortgeführt werden kann.[7] Von besonderer Bedeutung bei der Abwägung ist hierbei eine auf Dauer herbeigeführte räumliche Trennung.[8]

9 Bei der Feststellung kommt es auf das **Gesamtbild der Verhältnisse** an. Ein Fernbleiben aus der ehelichen Wohnung aufgrund eines zu Beginn des Veranlagungsjahres notwendigen Kuraufenthalts ist kein Getrenntleben. Dies gilt selbst dann, wenn ein Ehegatte im vorangegangenen Jahr die Trennung ankündigt.[9]

---

4 BVerfG FamRZ 2013, 1103.
5 BGBl. 2013 I 2397.
6 S. hierzu auch BMF-Schreiben v. 31.7.2013 – IV C 1 – S 1910/13/10065:001, www.bundesfinanzministerium.de.
7 BFH 9.3.1973 – VI R 396/70, BStBl. II 1973, 487.
8 BFH 15.6.1973 – VI R 150/69, BStBl. II 1973, 640; 13.12.1985 – VI R 190/82, BStBl. II 1986, 486; 18.7.1985 – VI R 100/83, BFH/NV 1987, 431.
9 BFH 28.4.2010 – III R 71/07, BFH/NV 2010, 2042.

Dagegen kommt keine Veranlagung mit einer im Koma liegenden Ehefrau in Betracht, wenn ein Ehegatte mit einer neuen Partnerin zusammenlebt, mit der er ein gemeinsames Kind hat.[10]

Kein Indiz ist ein Fortbestehen des Güterstandes der Gütergemeinschaft, wenn der Güterstand auf die 10
Verwendung des Einkommens für die Bedürfnisse der Familie ohne Einfluss ist.[11]

Bei einer Ehegattenveranlagung trotz dauerndem Getrenntleben sind **steuerstrafrechtliche Gesichtspunk-** 11
te in Form von Mittäterschaft und Beihilfe zur Steuerhinterziehung zu beachten.[12]

Besteht infolge einer Trennung keine Lebens- und Wirtschaftsgemeinschaft mehr, kann bei einem **Versöh-** 12
nungsversuch nach längerem Getrenntleben erneut die eheliche Lebens- und Wirtschaftsgemeinschaft aufleben. Das dauernde Getrenntleben wird unterbrochen und eine Zusammenveranlagung kann wiedergewählt werden. Ein gemeinsamer Urlaub ist noch kein Versöhnungsversuch. Die für eine Wahl der Zusammenveranlagung notwendige Dauer des Zusammenlebens nach einer Trennung ist streitig (→ *Versöhnung* Rn. 11).

Die Feststellungen, insbesondere über das nicht dauernde Getrenntleben der Ehegatten, sind von Amts 13
wegen von der Finanzverwaltung bzw. das Finanzgericht zu treffen, § 88 Abs. 1 AO, § 76 FGO. Hierbei hat die Behörde sich auf das Notwendigste zu beschränken, um die Privatsphäre der Ehegatten zu respektieren. Es kommt auf die Anhaltspunkte im Einzelfall an.[13]

Nicht dauernd getrennt lebende Ehegatten mit **Wohnsitzen in zwei verschiedenen Mitgliedstaaten der** 14
EU dürfen hinsichtlich der Zusammenveranlagung nicht schlechter gestellt werden als ausschließlich in einem Mitgliedstaat wohnende und erwerbstätige Ehegatten. Unbeschränkt einkommensteuerpflichtige Staatsangehörige der EU/des EWR können die Veranlagung mit ihrem im EU-/EWR-Ausland lebenden Ehegatten auch dann beanspruchen, wenn die gemeinsamen Einkünfte der Ehegatten zu weniger als 90 % der deutschen Einkommensteuer unterliegen oder die ausländischen Einkünfte der Ehegatten den doppelten Freibetrag übersteigen, §§ 1 Abs. 3, 1 a EStG.

Der EuGH hat klargestellt, dass eine Zusammenveranlagung unter Anwendung des Splittingtarifs wegen der Bestimmungen des **Freizügigkeitsabkommens zwischen der EU und der Schweiz** zulässig sein muss, wenn beide Ehegatten ihren Wohnsitz von Deutschland in die Schweiz verlegen.[14],

Zum Nachweis der Höhe der nicht der deutschen Steuer unterliegenden Einkünfte ist eine Bescheinigung 15
der zuständigen ausländischen Steuerbehörde erforderlich.[15]

b) Zusammenveranlagung. Die Voraussetzungen der Zusammenveranlagung iSd § 26 b EStG (Ehegatten, 16
unbeschränkte Einkommensteuerpflicht, nicht dauernd getrennt lebend) sind im VZ kumulativ zu irgendeinem Zeitpunkt[16] zu erfüllen.

Ehegatten werden zusammenveranlagt, wenn beide diese Veranlagungsart wählen, § 26 Abs. 2 S. 2 EStG. 17
Werden der Finanzbehörde gegenüber keine Erklärungen abgegeben, unterstellt die Behörde die **Wahl der Zusammenveranlagung**, § 26 Abs. 3 EStG. Die Zusammenveranlagung erfolgt auch, wenn ein Ehegatte bewusst nicht die Einkommensteuererklärung unterschreibt.

Wählt ein Ehegatte die getrennte Veranlagung/Einzelveranlagung und der andere die Zusammenveranla- 18
gung, werden die Ehegatten grundsätzlich getrennt bzw. einzeln veranlagt, § 26 Abs. 2 S. 1 EStG.

---

10 FG Köln 16.6.2011 – 10 K 4736/07, NRWE – Rechtsprechungsdatenbank NRW.

11 BFH 15.6.1973 – VI 150/69, BStBl. II 1973, 640.

12 *Franzen/Gast/Joecks* AO § 370 Rn. 249, 249 a. Zu den Indizien für die Aufgabe des Familienwohnsitzes eines Piloten s. FG Kassel 8.3.2012 – 3 K 3210/09.

13 BFH 26.8.1997 – VI R 268/94, BFH/NV 1998, 163.

14 EuGH 28.2.2013 – C-425/11 DStR 2013, 514 – Ettwein. Zu grenzüberschreitenden familiensteuerrechtlichen Problemen getrennt lebender bzw. geschiedener Ehepaare: *Perleberg-Kölbel* FuR 2019, 270.

15 BFH 8.9.2010 – I R 28/10, FamRZ 2011, 297.

16 Ein Tag ist ausreichend: BFH 13.12.1985 – VI R 190/82, BStBl. II 1986, 486.

19 Eine Zusammenveranlagung wird aber dann vorgenommen, wenn der Ehegatte, der die getrennte Veranlagung/Einzelveranlagung wählt, keine eigenen Einkünfte hat oder seine Einkünfte so gering sind, dass weder eine Einkommensteuerfestsetzung erfolgen muss, noch die Einkünfte einem Steuerabzug zu unterwerfen sind. Etwas anderes würde dem **Schikaneverbot** gem. § 226 BGB widersprechen.[17]

20 Die Wahl der Zusammenveranlagung ist bis VZ 2012 von jedem Ehegatten bis zur Unanfechtbarkeit des Einkommensteuerbescheides **frei widerrufbar**.[18] Etwas anderes gilt dann, wenn die nachträgliche Wahlrechtsänderung willkürlich ist und gegen den Grundsatz von Treu und Glauben verstößt, zB wenn das Einkommen des die Zustimmung beantragenden Ehegatten unter dem Grundfreibetrag liegt.[19]

21 Als **Rechtsfolge** werden bei der Zusammenveranlagung die Einkünfte der Ehegatten getrennt ermittelt und anschließend zu einem gemeinsamen **Gesamtbetrag der Einkünfte** zusammengerechnet. Grundsätzlich verdoppeln sich alle **Frei- und Pauschbeträge**. Die **Sonderausgaben** werden für beide Ehegatten gemeinsam berechnet und die Höchstbeträge für die Vorsorgeaufwendungen sowie der Sonderausgaben-Pauschbetrag verdoppeln sich. Auch bei den **außergewöhnlichen Belastungen** gibt es eine gemeinsame Ermittlung. Hierbei richtet sich die zumutbare Belastung nach dem gemeinsamen Gesamtbetrag der Einkünfte. Es spielt keine Rolle, welcher Ehegatte die Aufwendungen getragen hat. Das zu versteuernde Einkommen wird somit gemeinsam ermittelt. Von der Summe der Einkünfte an bis zum zu versteuernden Einkommen bilden die Ehegatten eine Einheit. Das Splittingverfahren ist anzuwenden.

22 Das sog. **Splittingverfahren** findet sich in der Tarifanwendungsvorschrift des § 32 a Abs. 5 EStG wieder. Die von den Ehepartnern zu zahlende Einkommensteuer beträgt danach das Zweifache des Steuerbetrags, der sich für die Hälfte ihres gemeinsam zu versteuerndem Einkommen ergibt. Die Halbierung des Gesamteinkommens zur Berechnung der tariflichen Steuer nimmt folglich die zuvor erfolgte Addition der Einkommen zum Gesamteinkommen zurück. Jeder Ehepartner wird fiktiv in Bezug auf die ihm zuzurechnende Hälfte des gemeinsamen Einkommens nach der Grundtabelle versteuert (fiktive Mittelung des Gesamteinkommens). Bei diesem Verfahren kommt es zu einem Splittingeffekt und über die Einkommensteuerveranlagung wird die Steuerbelastung festgestellt.[20] Das Splittingverfahren entspricht dem Grundsatz der Besteuerung nach der Leistungsfähigkeit. Schließlich bilden zusammenlebende Ehepartner eine Gemeinschaft des Erwerbs und des Verbrauchs, in der ein Ehepartner an den Einkünften und Lasten des anderen wirtschaftlich jeweils zur Hälfte teilhat. Dieser **Halbteilungsgrundsatz** ist Ausbildung des Gleichheitsgrundsatzes nach Art. 3 GG und verlangt, dass Ehepartner mit gleichem Gesamteinkommen auch steuerlich gleich belastet werden. Der individuelle Anteil am Gesamteinkommen spielt dabei keine Rolle.[21] Der Anwendungsbereich des Splittingtarifs ist verfassungsgemäß, wenn er verwitwete Alleinerziehende hiervon ausnimmt.[22]

23 Die Ehegatten werden **Gesamtschuldner** der festgesetzten Einkommensteuerschuld iSd § 44 AO. Sie können jedoch die Aufteilung der Gesamtschuld beantragen, §§ 268 ff. AO (→ *Aufteilung der Steuerschuld*).

24 Der Zusammenveranlagungsbescheid ist kein einheitlicher Verwaltungsakt. Es liegen **selbstständige Verwaltungsakte** vor.

25 Es gibt keine ausdrückliche oder konkludente **Bevollmächtigung** der Ehegatten untereinander zum Empfang des Steuerbescheides. Es wird vielmehr davon ausgegangen, dass die Ehegatten sich mit der Abgabe einer gemeinsamen Steuererklärung gegenseitig auch für die Entgegennahme bzw. Zustellung des Einkommensteuerbescheides bevollmächtigt haben. **Ausnahme:** Die Steuererklärung zeigt keine Unterschrift beider Ehegatten. Im Falle des **Fehlens einer gemeinsamen Anschrift** erfolgt die Zustellung mit gesonderter

17 BFH 16.1.2008 – II R 45/05, FamRZ 2008, 888: Verstoß gegen Treu und Glauben; *Engels*, Steuerrecht für die familienrechtliche Praxis, 2. Aufl. 2015, Rn. 145 unter Hinweis auf § 1353 BGB.

18 BFH 21.4.2005 – III R 4/04, DStR 2005, 1357.

19 FG Köln 26.2.2010 – 15 K 3427/06, DStRE 2010, 1049 rkr.

20 *Perleberg-Kölbel* FuR 2011, 309.

21 BVerfG 3.11.1982 – 1 BvR 1104/79, BStBl. II 1982, 717.

22 BGH 17.10.2012 – III B 68/12, FuR 2013, 332.

Ausfertigung des Bescheides an jeden Ehegatten, anderenfalls wird der Bescheid nicht wirksam, §§ 122, 124 AO.

Die Ausübung des Veranlagungswahlrechts ist **nicht fristabhängig**. Das Veranlagungswahlrecht darf bis zur Unanfechtbarkeit der Einkommensteuerfestsetzung, also auch noch während des Einspruchs- und Klageverfahrens, abweichend ausgeübt werden. Das Finanzamt hat bei einem Veranlagungswechsel stets ein eigenständiges Veranlagungsverfahren durchzuführen.[23] Es muss sich aus der Rechtsbehelfsschrift klar ergeben, welcher Ehegatte sich beschwert fühlt.[24] 26

Der Antrag auf Zusammenveranlagung ist ein Fall von § 175 Abs. 1 Nr. 2 AO, folglich ein Ereignis, das steuerliche **Wirkung für die Vergangenheit** entfaltet.[25] Demzufolge stellt auch der Antrag auf getrennte Veranlagung hinsichtlich des gegenüber dem andern Ehegatten ergangenen Zusammenveranlagungsbescheides ein rückwirkendes Ereignis gem. § 175 Abs. 1 S. 1 Nr. 2 AO dar. 27

Wird im Rahmen eines **finanzgerichtlichen Verfahrens** die Finanzbehörde verpflichtet, den antragstellenden Ehegatten getrennt zu veranlagen, erstreckt sich diese Verpflichtung nur auf den Ehegatten, der den Rechtsstreit führt. Eine Beiladung ändert daran nichts. Der zur Zusammenveranlagung ergangene Bescheid ist dann nach § 175 Abs. 1 S. 1 Nr. 2 AO aufzuheben und die getrennte Veranlagung durchzuführen. Der beigeladene Ehegatte kann sich nicht auf eine Festsetzungsverjährung berufen. Die Festsetzungsfrist ist so lange gehemmt, bis über den Antrag auf getrennte Veranlagung unanfechtbar entschieden ist.[26] 28

Ab VZ 2013 wird durch das Steuervereinfachungsgesetz 2011[27] die Wahl einer Veranlagungsart innerhalb eines Veranlagungszeitraums ab Zugang der Steuererklärung beim Finanzamt **bindend** (→ Rn. 45). Ehegatten haben dann keine Möglichkeit mehr, eine Wahlrechtsänderung durchzusetzen. 29

Jeder Ehegatte kann als Gesamtschuldner der Steuerschuld iSd § 44 AO die Steuerfestsetzung **selbstständig anfechten** und gegen die Einspruchsentscheidung klagen. Kein Anfechtungsrecht steht dem Ehegatten bezüglich der Einkünfte des anderen Ehegatten zu, die in einem Grundlagenbescheid festgestellt werden, § 180 Abs. 1 Nr. 2 Buchst. a AO.[28] Ansonsten könnte der nicht vom Grundlagenbescheid betroffene Ehegatte den Bescheid in weiterem Umfang anfechten als derjenige, gegen den er gerichtet ist, § 352 AO. 30

c) Getrennte Veranlagung bis VZ 2012. Wie bei der Zusammenveranlagung müssen die Voraussetzungen für die getrennte Veranlagung iSd § 26 b EStG (Ehegatten, unbeschränkte Einkommensteuerpflicht, nicht dauernd getrennt lebend) kumulativ zu irgendeinem Zeitpunkt (ein Tag reicht) im VZ vorliegen (→ Rn. 6). 31

Nach § 26 Abs. 2 EStG erfolgte die getrennte Veranlagung gem. § 26 a EStG, wenn einer der Ehegatten diese wählte. Eine getrennte Veranlagung war **ausdrücklich zu beantragen**.[29] 32

Jedem Ehegatten werden als **Rechtsfolge** die Einkünfte zugerechnet, die er selbst im VZ bezogen hat, § 26 a Abs. 1 S. 1 EStG. Die Ehegatten werden bei einer getrennten Veranlagung wie zwei einzelne Steuerpflichtige behandelt, dh, die **Einkünfte** der Ehegatten werden getrennt ermittelt. **Sonderausgaben** werden wie bei einem Alleinstehenden berechnet und Freibeträge für gemeinsame Kinder werden bei jedem Ehegatten zur Hälfte berücksichtigt. Bei den **außergewöhnlichen Belastungen** allgemeiner Art ergibt sich die Höhe der zumutbaren Belastung nach dem gemeinsamen Gesamtbetrag der Einkünfte beider Ehegatten, wobei die abzugsfähigen Aufwendungen generell jedem Ehegatten zur Hälfte zugerechnet werden. 33

---

23 BFH 19.5.2004 – III R 18/02, BStBl. II 2004, 980.
24 BFH 20.12.2012 – III R 59/12, FamRZ 2013, 626.
25 BFH 3.2.1987 – IX R 252/84, BFH/NV 1987, 774.
26 BFH 28.7.2005 – III R 48/03, DStRE 2005, 1234.
27 BGBl. 2011 I 2131.
28 Pump/Leibner/*Perleberg-Kölbel* AO § 180 Rn. 7.
29 OFD Frankfurt DB 1995, 118.

34 Es tritt **keine Gesamtschuldnerschaft** der Ehegatten ein. Die Steuern der Ehegatten werden in getrennten Steuerbescheiden festgesetzt und die **Grundtabelle** ist anzuwenden, § 32 a Abs. 1 S. 2 EStG.

35 In der Regel ist die getrennte Veranlagung gegenüber der Zusammenveranlagung bei einem Progressionsvorbehalt nach § 32 b EStG (besonderer Steuersatz) oder außerordentlichen Einkünften nach § 34 EStG (Veräußerungsgewinnen, Entschädigungen usw) günstiger. Gleiches gilt, wenn keine eigenen Einkünfte erzielt werden oder Einkünfte so gering sind, dass keine Einkommensteuer festgesetzt wird bzw. die Einkünfte des Beantragenden keinem Steuerabzug unterfallen. Auch außersteuerliche Gründe können ausschlaggebend für die Wahl der getrennten Veranlagung sein, zB wenn der eine Ehegatte seine steuerlichen Verhältnisse dem anderen nicht offenbaren möchte.

Einen Gestaltungsmissbrauch stellt die Ausübung des Wahlrechts zur getrennten Veranlagung selbst im Insolvenzfall nicht dar, wenn der Lohnsteuerabzug nach den Steuerklassen III und V durchgeführt wird.[30]

36 **d) Besondere Veranlagung für den VZ der Eheschließung.** Nach § 26 c EStG konnte bis VZ 2012 eine besondere Veranlagung bei erneuter Eheschließung erfolgen. Sie wird durchgeführt, wenn die vier oben genannten Voraussetzungen des § 26 Abs. 1 S. 1 EStG vorliegen (→ Rn. 16) und beide Ehegatten diese Wahl treffen. Falls nicht einer der Ehegatten die getrennte Veranlagung wählt, werden die Ehegatten zusammenveranlagt, R 26 Abs. 4 S. 2 EStR 2008.

37 Die Ehegatten werden bei der besonderen Veranlagung nach § 26 c Abs. 1 S. 1 EStG so behandelt, als hätten sie die Ehe nie geschlossen. Sie werden **wie zwei Einzelpersonen** behandelt.

38 Grundsätzlich wird in diesem Fall das Einkommen nach der **Grundtabelle** versteuert, wobei bei Verwitweten und Geschiedenen ggf. die Splittingtabelle (sog. Gnadensplitting) gem. § 32 a Abs. 6 Nr. 2 EStG anzuwenden ist. Vorteile gibt es für wiederverheiratete ehemals verwitwete Steuerpflichtige, deren Einkommen noch nach der Splittingtabelle gem. § 32 a Abs. 6 Nr. 1 EStG zu versteuern war.

3. Klageart

39 Der Anspruch gegen die Finanzbehörde, die gewünschte Veranlagung vorzunehmen, ist nicht mit der Anfechtungsklage, sondern als ein Anspruch auf erneute Veranlagung mit der **Verpflichtungsklage** zu verfolgen.[31] Wird eine Änderung der Art der Veranlagung zur Einkommensteuer beantragt, so ist das Begehren nicht als Anfechtung der Steuerfestsetzung zu verstehen, sondern als ein – auf Durchführung einer erneuten Veranlagung in einer bestimmten Veranlagungsart gerichtetes – Verpflichtungsbegehren.[32] Im Besteuerungsverfahren ist die Zustimmung zur Zusammenveranlagung nicht erzwingbar und daher vor dem Zivilgericht zu erstreiten.[33]

III. Änderungen mit dem Steuervereinfachungsgesetz 2011

1. Veranlagungsarten ab 2013

40 Nach dem Steuervereinfachungsgesetz 2011 Art. 1 1 c[34] reduzieren sich die Veranlagungsarten auf vier. Diese sind die Einzelveranlagung, das Verwitweten-Splitting, das „Sonder-Splitting“ im Trennungsjahr und die Zusammenveranlagung mit Ehegatten-Splitting.

41 **a) Einzelveranlagung.** Statt einer getrennten Veranlagung ist die Einzelveranlagung – § 26 a EStG – vorzunehmen. Sonderausgaben, außergewöhnliche Belastungen und die Steuerermäßigung nach § 35 a (gemeinsame Zurechnung bei der Zusammenveranlagung) werden den Ehegatten jeweils zur Hälfte zugerechnet. Die bisherige Möglichkeit der freien steueroptimalen Zuordnung bestimmter Konten nach § 26 a

30 FG Münster 4.10.2012 – 6 K 3016/10 E AO-StB 2013, 86; Rev. nicht zugelassen.
31 FG Köln 26.10.2010 – 15 K 3427/06, DStRE 2010, 1049.
32 BFH 28.7.2005 – III R 48/03, BStBl. II, 865; 19.5.2004 – III R 18/02, BStBl. II 2004, 980.
33 FG München 18.11.2009 – 1 K 3580/09.
34 BGBl. 2011 I 2131.

EStG entfällt. Sonderausgaben, außergewöhnliche Belastungen und die Steuerermäßigung nach § 35 a EStG (haushaltsnahe Hilfen) werden demjenigen Ehegatten zugerechnet, der sie wirtschaftlich getragen hat. Eine hälftige Zuordnung muss von den Ehepartnern übereinstimmend beantragt werden.

Übereinstimmend können Ehegatten auch eine Zurechnung entsprechend der tatsächlichen wirtschaftlichen Belastung nach dem sog. „Prinzip der Individualbesteuerung" beantragen. Beim Abzug der außergewöhnlichen Belastungen nach § 33 EStG (→ *Außergewöhnliche Belastung*) wird die zumutbare Belastung nach dem Gesamtbetrag der Einkünfte eines jeden Ehegatten bestimmt und nicht wie bisher bei der getrennten Veranlagung nach dem Gesamtbetrag der Einkünfte beider Ehegatten. 42

b) Besondere Veranlagung. Die Angabe zu § 26 c EStG ist gestrichen, dh, eine besondere Veranlagung für den Zeitraum der Eheschließung gibt es nicht mehr. Dies liegt darin begründet, dass es den Haushaltsfreibetrag seit 2004 nicht mehr gibt und damit der Hauptgrund für diese Veranlagungsart entfallen ist. 43

Das sog. Witwensplitting nach § 32 a Abs. 6 S. 1 Nr. 1 EStG konnte bislang in dem Jahr des Todesfalls bei einer Wiederheirat durch die Wahl der besonderen Veranlagung erreicht werden. Der Splittingvorteil bleibt durch die Wahl der Einzelveranlagung mit Verwitweten-Splitting nach §§ 25 Abs. 1, 32 a Abs. 6 S. 1 Nr. 1 EStG ebenso erhalten wie bei der Einzelveranlagung mit Gnadensplitting nach §§ 25 Abs. 1, 32 a Abs. 6 S. 1 Nr. 2 EStG. 44

2. Bindungswirkung

Das Steuervereinfachungsgesetz 2011 bestimmt, dass die Wahl einer Veranlagungsart innerhalb eines Veranlagungszeitraums ab Zugang der Steuererklärung beim Finanzamt bindend ist, § 26 Abs. 2 EStG. Früher konnten Ehegatten ihre Wahl der Veranlagungsart bis zur Bestandskraft des betreffenden Steuerbescheids und auch im Rahmen von Änderungsveranlagungen beliebig oft ändern. Jetzt ist die Wahl der Veranlagungsart für den betreffenden Veranlagungszeitraum bindend. 45

Ist der Steuerbescheid unanfechtbar, kann die Veranlagungsart nur noch geändert werden, wenn (kumulativ) ein die Ehegatten betreffender Steuerbescheid aufgehoben, geändert oder berichtigt wird, die Änderung der Wahl der Veranlagung beim Finanzamt bis zum Eintritt der Bestandskraft des Änderungs- oder Berichtigungsbescheids mitgeteilt wird und die Einkommensteuer der Ehegatten nach Änderung der Veranlagungsart niedriger ist, als sie ohne Letzteres wäre. Die Einkommensteuer der einzeln veranlagten Ehegatten muss hierbei zusammengerechnet werden. 46

IV. Familienrechtliche Aspekte

Infolge der Ehekrise und nachfolgender Trennung kommt es regelmäßig zu Auseinandersetzungen zwischen den Ehegatten über die Wahl der Veranlagungsart. Erscheint für einen Ehegatten die Zusammenveranlagung günstiger, wird er diese gegenüber dem von ihm getrennt lebenden Ehegatten durchsetzen wollen. Im Trennungsjahr ist die Wahl der Zusammenveranlagung generell noch möglich, weil die Ehegatten zu Beginn des VZ zwangsläufig noch zusammengelebt haben (1.1. des VZ um null Uhr). 47

1. Zustimmungspflicht zur Zusammenveranlagung

a) Grundsatz. Aus dem Wesen der Ehe wird für beide Ehegatten eine sich aus § 1353 Abs. 1 BGB ergebene Verpflichtung abgeleitet, die finanziellen Lasten des anderen Ehegatten nach Möglichkeit zu vermindern, soweit dies ohne Verletzung eigener Interessen möglich ist. Ein Ehegatte hat daher einer von dem anderen Ehegatten gewünschten Zusammenveranlagung zur Einkommensteuer Folge zu leisten, wenn 48 dadurch die **Steuerschuld des anderen verringert** und der auf Zustimmung in Anspruch genommene Ehegatte **keiner zusätzlichen steuerlichen Belastung ausgesetzt** wird.[35]

49 Diese Verpflichtung besteht generell sogar so lange, wie auch eigene steuerliche Nachteile zu befürchten sind.[36] Die Zustimmung kann dann aber ähnlich wie beim Realsplitting (→ *Realsplitting/Nachteilsausgleich* Rn. 16) Zug um Zug von der Verpflichtung abhängig gemacht werden, dass die **Nachteile ausgeglichen** werden. Das kann insbesondere bei getrennt lebenden Ehegatten für Zeiträume vor der Trennung der Fall sein. Der die Zustimmung begehrende Ehegatte kann in solchen Fällen die Zustimmung jedoch erlangen, wenn er sich seinerseits verpflichtet, die dem anderen Ehegatten durch die Zusammenveranlagung entstehenden Nachteile auszugleichen, ihn mithin so zu stellen, wie er bei getrennter/einzelner Veranlagung stünde.

Dagegen kann eine Antragsgegnerin nicht mit Erfolg einwenden, dass sie keine Sicherheit habe, dass der Antragsteller seiner erklärten Verpflichtung auch tatsächlich nachkommt, weil er auch die in einem Unterhaltsverfahren gerichtlich festgesetzten Kosten bisher noch nicht beglichen hat. Dieses Risiko ist ihr im Hinblick auf die aus § 1353 Abs. 1 BGB nachwirkende Verpflichtung zum ehelichen Beistand zumutbar. Das Risiko eines tatsächlichen Ausfalls einer Freistellungsverpflichtung kann im Hinblick auf die sich aus § 1353 Abs. 1 BGB ergebende nachwirkende Verpflichtung zum ehelichen Beistand **ohne Leistung einer Sicherheit** zumutbar sein.

Die Verpflichtung zur Erklärung der Zustimmung zur gemeinsamen Veranlagung aus § 1353 BGB gilt auch **über den Zeitpunkt der Ehescheidung hinaus**.[37]

Erfüllen Ehegatten die Voraussetzungen der Ehegattenveranlagung nach § 26 Abs. 1 EStG, können sie nach der im Jahr 2008 geltenden Rechtslage zwischen getrennter Veranlagung nach § 26 a EStG, Zusammenveranlagung nach § 26 b EStG sowie der besonderen Veranlagung im Jahr der Eheschließung nach § 26 c EStG wählen und die einmal getroffene Wahl bis zur Unanfechtbarkeit eines Berichtigungs- oder Änderungsbescheids **frei widerrufen**.

Dieses Wahlrecht besteht auch dann, wenn einer der Ehegatten zuvor einzeln veranlagt wurde. Eine Zusammenveranlagung setzt dann voraus, dass der Bescheid des anderen Ehegatten geändert werden kann. Falls dieser **bestandskräftig** ist, kommt als Rechtsgrundlage § 175 Abs. 1 S. 1 Nr. 2 AO auch dann in Betracht, wenn der andere Ehegatte besonders veranlagt wurde.[38]

50 Der Anspruch auf eine Zusammenveranlagung entfällt dann, wenn eine gemeinsame Veranlagung zweifelsfrei nicht in Betracht kommt,[39] der Berechtigte selbst die getrennte Veranlagung beantragt und der andere Ehegatte bereits in deren Folge eine Erstattung erhalten hatte oder über längere Zeit keine gemeinsame Veranlagung gewählt worden war.[40]

51 **b) Verminderung der Steuerlast.** Anspruchsvoraussetzung ist zunächst, dass eine Zusammenveranlagung zu einer geringeren Steuerlast bei dem Ehegatten führt, der die Zusammenveranlagung wünscht. Zur Bestimmung ist eine fiktive Vergleichsberechnung zur getrennten Veranlagung/Einzelveranlagung durchzuführen. Die Ehegatten haben dabei mitzuwirken und die hierfür notwendigen Auskünfte zu erteilen. Die steuerlichen Aufklärungs- und Mitwirkungspflichten ergeben sich aus der nachwirkenden ehelichen Solidarität.[41]

35 BGH 13.10.1976 – IV ZR 104/74, FamRZ 1977, 38; 4.11.1987 – IV b ZR 83/86, FamRZ 1988, 143; 12.6.2002 – XII ZR 288/00, FamRZ 2002, 1024 mAnm *Bergschneider* FamRZ 2002, 1181; 3.11. 2004 – XII ZR 128/02, FamRZ 2005, 182; 23.5.2007 – XII ZR 250/04, FamRZ 2007, 1229 mAnm *Engels*; Johannsen/Henrich/*Büttner* BGB § 1361 Rn. 141.

36 BGH 17.10.2007 – XII ZR 146/05, FamRZ 2008, 40.

37 OLG Hamburg 15.3.2019 – 12 WF 40/19, FamRZ 2019, 1688.

38 BFH 14.6.2018 – III R 20/17, www.bundesfinanzhof.de; *Perleberg-Kölbel* FuR 2019, 448.

39 BGH 29.4.1998 – XII ZR 266/96, FamRZ 1998, 953; 3.11.2004 – XII 128/02, FamRZ 2005, 182.

40 *Engels*, Steuerrecht für die familienrechtliche Praxis, Rn. 206.

41 PWW/*Weinreich* BGB § 1353 Rn. 16.

c) Steuerliche Belastung/Nachteilsausgleich. Durch die Zusammenveranlagung dürfen dem zustimmenden Ehegatten keine zusätzlichen steuerlichen Nachteile erwachsen. Nach § 26 b EStG haben schließlich zusammenveranlagte Ehegatten iSd § 44 Abs. 1 AO als Gesamtschuldner für die festgesetzten Steuern aufzukommen (→ *Aufteilung der Gesamtschuld* bzw. → *Steuernachzahlung/-erstattung*). 52

Ein Ehegatte ist dann keiner zusätzlichen steuerlichen Belastung ausgesetzt, wenn er die Steuerlast im Innenverhältnis ohnehin zu tragen hat. Im Innenverhältnis besteht zwischen Gesamtschuldnern generell eine Ausgleichspflicht nach § 426 Abs. 1 S. 1 BGB. Sie haften im Verhältnis zueinander zu gleichen Anteilen, soweit nichts anderes bestimmt ist. 53

Eine **abweichende Bestimmung** kann sich aus dem Gesetz, einer Vereinbarung, dem Inhalt und Zweck des Rechtsverhältnisses oder der Natur der Sache, mithin aus der besonderen Gestaltung des tatsächlichen Geschehens ergeben.[42] Vorrangig ist, was die Gesamtschuldner ausdrücklich oder konkludent vereinbaren. 54

aa) Steuerklassenwahl. Die Wahl der Steuerklassen III und V führt für **Zeiträume bis zur Trennung** zu einer höheren Liquidität. Es stehen mehr bare Geldmittel zur gemeinsamen Verwendung zur Verfügung als bei der Wahl der Steuerklassen IV und IV. Ehegatten nehmen daher mit der Steuerklassenwahl in Kauf, dass das höhere Einkommen des einen relativ niedrig und das niedrigere Einkommen des anderen relativ hoch besteuert wird. Besteht keine entgegenstehende Vereinbarung, darf die Zustimmung zur Zusammenveranlagung nicht verweigert werden und von einem **Nachteilsausgleich** der bis zur Trennung angefallenen steuerlichen Mehrbelastung abhängig gemacht werden.[43] 55

Ein Ehepartner kann insoweit nicht wegen des Scheiterns der Ehe von dem anderen den Betrag ersetzt verlangen, den er nach der im Vergleich zur getrennten Veranlagung ungünstigeren Lohnsteuerklasse V zuvor mehr gezahlt hat.[44]

Dies gilt generell auch für **Zeiträume nach der Trennung**. Mit der Steuerklassenwahl III/V ist eine anderweitige Bestimmung iSd § 426 Abs. 1 S. 1 BGB getroffen worden, die dazu führt, dass jeder Ehegatte die im Lohnsteuerabzugsverfahren entrichtete Steuerlast zu tragen hat.[45] Es ist aber zu differenzieren: Bei Zahlung von Trennungsunterhalt partizipiert der unterhaltsberechtigte Ehegatte von der günstigen Steuerklasse. Durch die erhöhte Liquidität kommt es zur Steigerung der Leistungsfähigkeit und Unterhaltsrente. Wird allerdings **kein Trennungsunterhalt** gezahlt, besteht für den Ehegatten mit der ungünstigeren Steuerklasse V kein Grund mehr, seine damit verbundenen Nachteile hinzunehmen.[46] Die Zustimmung zur Zusammenveranlagung kann in diesem Fall von einem **Nachteilsausgleich** abhängig gemacht werden. Es ist besonders bei gleichen Einkommensverhältnissen eine monatsbezogene zeitanteilige Quote in Betracht zu ziehen.[47] Bei deutlicher Veränderung der Einkommensverhältnisse ist eine Schätzung gem. § 287 ZPO vorzunehmen.[48] 56

Die Entscheidung des BGH vom 23.5.2007 geht von dem Fall aus, dass Trennungsunterhalt auf der Grundlage der nach den Steuerklassen III und V erzielten Einkünfte gezahlt worden ist, weil dann von einer Beteiligung an dem Gesamteinkommen auszugehen sei. Die Entscheidung darf allerdings auf Fälle, in denen Trennungsunterhalt aufgrund eines notariellen Vergleichs gezahlt wird und sich die Berechnung nicht an dem tatsächlichen Einkommen orientiert, nicht übertragen werden. Der Unterhaltsberechtigte hat bei einem zu gering vereinbarten Unterhaltsanspruch dann nicht an dem Gesamteinkommen partizipiert. Hier ist deshalb ein Nachteilsausgleich nach den tatsächlichen Verhältnissen fiktiv zu berechnen, wobei

42 BGH 17.5.1983 – IX ZR 14/82, FamRZ 1983, 795; 24.3.1980 – II ZR 191/79, FamRZ 1980, 664; 30.11.1994 – XII ZR 59/93, FamRZ 1995, 216; 31.5.2006 – XII ZR 111/03, FamRZ 2006, 1178.
43 BGH 23.5.2007 – XII ZR 250/04, FamRZ 2007, 1229.
44 OLG Koblenz 12.6.2019 – 13 UF 617/18, NWB MAAAH-39764 rkr.
45 BGH 23.5.2007 – XII ZR 250/04, FamRZ 2007, 1229.
46 BGH 23.5.2007 – XII ZR 250/04, FamRZ 2007, 1229 mAnm *Engels* = BGH NJW 2007, 2554.
47 *Wever* Vermögensauseinandersetzung Rn. 791 a; *Wever* FamRZ 2013, 745.
48 *Engels*, Steuerrecht für die familienrechtliche Praxis, Rn. 254 mit Berechnungsbeispiel; *Arens* FF 2007, 255 (Anm.).

die tatsächlichen Einkünfte zugrunde zu legen sind. Nur diese führen schließlich zu einer entsprechenden Steuerfestsetzung und geringeren Steuerlast beim Unterhaltspflichtigen.

57 **bb) Steuerliche Verluste.** Eine Zustimmungspflicht ohne Nachteilsausgleich kann sich auch aus der tatsächlichen Gestaltung im Rahmen der ehelichen Lebensgemeinschaft ergeben. Erwirtschaftet ein Ehegatte trotz Erwerbstätigkeit negative Einkünfte und bringt seinen **Verlust**[49] noch während des Zusammenlebens als Beitrag zum Familienunterhalt in die eheliche Lebensgemeinschaft ein, erhöht dies die vorhandene Liquidität durch ein Anpassen von Steuervorauszahlungen oder infolge von Steuererstattungen. Beide Ehegatten haben dann nach ihren jeweiligen Möglichkeiten zum Familienunterhalt beigetragen. Aus dem Rechtsgedanken des § 1360 b BGB iVm dem Grundsatz von Treu und Glauben folgt, dass einer Zusammenveranlagung ohne Nachteilsausgleich zuzustimmen ist, weil der zustimmungspflichtige Ehegatte anderenfalls dieser Gestaltung nachträglich die Grundlage entziehen würde.

58 Eine getrennte Veranlagung/Einzelveranlagung bleibt in diesem Fall infolge der **familienrechtlichen „Überlagerung“** außer Betracht, weil diese zu einer auf den Zeitraum des gemeinsamen Lebens und Wirtschaftens rückwirkenden Korrektur führen würde.[50]

59 Ein **Verlustabzug gem. § 10 d EStG** hat zu erfolgen, wenn ein Ausgleich der Verluste nicht schon im Wege des Verlustausgleiches berücksichtigt wird.[51]

60 Wenn ein Ehegatte nun während der Zeit des Zusammenlebens steuerliche Verluste erlitten hat, die er im Wege des Verlustvortrags gem. § 10 d EStG in einem späteren Veranlagungszeitraum zur Verminderung seiner eigenen Steuerlast nicht mehr einsetzen kann, ist er trotzdem verpflichtet, dem Antrag auf Zusammenveranlagung zuzustimmen. Dies setzt jedoch voraus, dass die Ehegatten im Hinblick auf eine zu erwartende geringere Steuerbelastung die ihnen zur Verfügung stehenden Mittel für ihren Lebensunterhalt oder eine gemeinsame Vermögensbildung verwendet haben und der zustimmende Ehegatte für das Jahr der Zusammenveranlagung keine Steuervorauszahlungen oder Steuerzahlungen zu leisten hatte.[52] Die Zustimmungspflicht ist vom Bundesgerichtshof allerdings abschließend nur für den Fall entschieden worden, dass die Verluste in dem Zeitraum eingetreten waren, in dem die eheliche Lebensgemeinschaft noch bestand.[53] Künftige Nachteile durch den Verbrauch des Verlustvortrags sind aber zu ersetzen.[54]

2. Insolvenzfall

61 In der Insolvenz eines Ehegatten wird das Wahlrecht für eine Getrennt- oder Zusammenveranlagung zur Einkommensteuer durch den Insolvenzverwalter ausgeübt.[55] Der Schuldner ist aus diesem Grund nicht mehr in der Lage, die geforderte Erklärung abzugeben.

62 Der Anspruch auf Zustimmung richtet sich gegen den **Insolvenzverwalter**.[56] Das Veranlagungswahlrecht ist kein Vermögensgegenstand und somit kein „Vermögensanspruch“ im Sinne von § 38 InsO. Der An-

---

49 Verrechnung von Einkünften eines VZ, s. FAKomm FamR/*Kuckenburg/Perleberg-Kölbel* 13. Kap. Rn. 431 ff.

50 BGH 23.5.2007 – XII ZR 250/04, FamRZ 2007, 1229; 31.5.2006 – XII ZR 111/03, FamRZ 2006, 1178; *Engels* in: Schröder/Bergschneider FamilienVermögensR-HdB Rn. 997; *Arens* FF 2005, 60; *Sonnenschein* NJW 1980, 257; OLG Karlsruhe 28.9.1990 – 10 U 154/90, FamRZ 1991, 441; OLG Hamm 19.6.1997 – 33 W 24/97, FamRZ 1998, 241.

51 Verlustvortrag und Verlustrücktrag FAKomm FamR/*Kuckenburg/Perleberg-Kölbel* 13. Kap. Rn. 28.

52 BGH 23.5.2007 – XII ZR 250/04, FamRZ 2007, 1229 mAnm *Engels* = NJW 2007, 2554; 18.11.2009 – XII ZR 173/06, FamRZ 2010, 269.

53 AA: *Tiedtke/Szczesny* FamRZ 2011, 425, die bei Verweigerung der Zustimmung hier keinen Verstoß gegen Treu und Glauben oder den Rechtsgedanken des § 1360 b BGB annehmen.

54 BGH 18.5.2011 – XII ZR 67/09, FamRZ 2012, 357.

55 BGH 24.5.2007 – IX ZR 8/06, NZI 2007, 455; FAHdB InsR/*Perleberg-Kölbel* 21. Kap. Rn. 242 ff. (Handbuch des Fachanwalts Insolvenzrecht).

56 BGH 24.5.2007 – IX ZR 8/06, FamRZ 2007, 1320; 18.11.2010 – IX ZR 240/07, FamRZ 2011, 210; 18.5.2011 – XII ZR 67/09, NJW 2011, 2725; FamRZ 2012, 357.

spruch aus § 1353 Abs. 1 BGB stellt keine Insolvenzforderung dar, die – gegebenenfalls nach Umrechnung, § 45 InsO – zur Tabelle angemeldet und festgestellt werden müsste, §§ 174 ff. InsO.

Der Insolvenzverwalter darf die Zustimmung nicht davon abhängig machen, dass der Ehegatte einen Ausgleich für die Nutzung eines dem anderen Ehegatten zustehenden Verlustabzugs an die Insolvenzmasse leistet oder die erzielte Ersparnis an die Insolvenzmasse zahlt.[57] Unmittelbar eintretende steuerliche Nachteile in Form einer höheren Steuerbelastung oder einer geringeren Steuererstattung und auch eventuelle künftige Nachteile durch den Verbrauch des Verlustvortrags sind jedoch im Wege des Nachteilsausgleichs zu erstatten. Auch kommt es nicht darauf an, ob das Finanzamt bereits Erstattungen an den Insolvenzverwalter geleistet hat oder nicht. Der Erstattungsanspruch kann nur insoweit erlöschen, als er dem insolventen Ehegatten zustand und das Finanzamt gegenüber dem Insolvenzverwalter einen Rückerstattungsanspruch besitzt.[58] 63

Es handelt sich um einen **höchstpersönlichen Vermögenswert**, der dem nicht von der Insolvenz betroffenen Ehegatten zusteht. Er verbleibt „in der Ehe und wandert nicht zu den Gläubigern eines Ehegatten".[59] 64

3. Schadensersatz

Bei **schuldhafter Verweigerung der Zustimmung** ist Schadenersatz zu leisten.[60] Der Grundsatz, dass die Verletzung der Pflicht zur ehelichen Lebensgemeinschaft keinen Schadensersatzanspruch begründet, gilt nur für Pflichten, die dem eigentlichen, höchstpersönlichen Bereich der Ehe angehören, nicht dagegen für nur rein geschäftsmäßiges Handeln wie der Verweigerung der Zustimmung zur Zusammenveranlagung.[61] 65

Der **Schaden** tritt ein, sobald zB infolge der Bestandskraft der Veranlagungsbescheide (→ *Aufteilung der Steuerschuld* Rn. 6) ein gerichtlicher Antrag auf Zustimmung keinen Erfolg haben kann. Der Schaden ist **fiktiv** als Teilbetrag der steuerlichen Besserstellung bei Zusammenveranlagung zu berechnen.[62] 66

Verletzt ein Ehegatte seine Verpflichtung, gem. § 1353 Abs. 1 S. 2 BGB der gemeinsamen steuerlichen Veranlagung der Ehegatten zuzustimmen, kann dem anderen Ehegatten ein **Erstattungsanspruch** aus § 816 Abs. 2 BGB bzw. ein **Schadensersatzanspruch** aus § 280 Abs. 1 BGB zustehen. Ein Ersatzanspruch gem. §§ 1353 Abs. 1, 280 Abs. 1, 254 BGB besteht, wenn die Zustimmung zur gemeinsamen Veranlagung rechtswidrig und schuldhaft verweigert wird. Auch nach dem Steuervereinfachungsgesetz vom 1.11.2011 besteht die Wahlmöglichkeit der gemeinsamen steuerlichen Veranlagung von Eheleuten gemäß einer Verständigung der Steuerbehörden auf Bund-Länder-Ebene bis zu dem Zeitpunkt, zu welchem der letzte Einzelveranlagungsbescheid gegenüber einem Ehegatten bestandskräftig geworden ist.[63]

4. Gerichtsbarkeit

Streitigkeiten wegen einer gemeinsamen steuerlichen Veranlagung sind **Familienstreitsachen** iSd §§ 111 Nr. 10, 266 Abs. 1 FamFG. Nach § 23 a Abs. 1 Nr. 1 GVG fallen sie in die sachliche Zuständigkeit der Familiengerichte.[64] 67

Der Antrag ist auf Abgabe der Willenserklärung zu richten.[65] 68

57 BGH 18.11.2010 – IX ZR 240/07, FamRZ 2011, 210 mAnm *Schlünder/Geißler* FamRZ 2011, 211; 18.5.2011 – XII ZR 67/09, NJW 2011, 2725.
58 BFH 9.8.1996 – VI R 88/93, BStBl. II 1997, 112.
59 *Schlünder/Geißler* Anm. zu BGH 18.11.2010 – IX ZR 240, 07, FamRZ 2011, 210.
60 OLG Hamm 3.5.2000 – 33 U 23/99, FamRZ 2001, 98; BGH 18.11.2009 – XII ZR 173/06, FamRZ 2010, 269.
61 BGH 13.10.1976 – IV ZR 104/74, FamRZ 1977, 38; 4.11.1987 – IV b ZR 83/86, FamRZ 1988, 143; 18.11.2009 – XII ZR 173/06, FamRB 2010, 8299.
62 Beispiel bei *Engels*, Steuerrecht für die familienrechtliche Praxis, Rn. 213.
63 OLG Koblenz 12.6.2019 – 13 UF 617/18, FamRZ 2020, 163 mAnm *Engels*.
64 Vgl. hierzu auch FAKomm FamR/*Kuckenburg/Perleberg-Kölbel* 13. Kap. Rn. 255 ff., 432 ff.
65 OLG Koblenz 4.5.2004 – 11 WF 288/04, FamRZ 2005, 224.

216. Stundungseinrede

Caspary

1 Nach § 1382 Abs. 1 S. 1 BGB kann die Forderung auf Zugewinnausgleich gestundet werden, wenn die sofortige Zahlung auch unter Berücksichtigung der Interessen des Gläubigers **zur Unzeit** erfolgen würde. Es ist eine umfassende **Interessenabwägung** zwischen den Interessen des Schuldners und des Gläubigers erforderlich, wobei nach § 1382 Abs. 1 S. 1 BGB eine Stundung insbesondere dann in Betracht kommt, wenn die sofortige Zahlung die Wohnverhältnisse oder die sonstigen Lebensverhältnisse der Kinder verschlechtern würde, zB weil das Familienheim verkauft werden muss. Müssen zur Begleichung der Forderung Gegenstände veräußert werden, ist dem Schuldner hierfür eine angemessene Zeit einzuräumen, insbesondere bei Grundstücken.[1] Auch der Geschäftsbetrieb des Schuldners, insbesondere wenn aus seinen Erträgen der Unterhalt bestritten wird, soll nicht gefährdet werden. Auf der anderen Seite müssen aber auch die Gläubigerinteressen gewahrt werden. Insoweit kommt es entscheidend darauf an, wie dringlich der Gläubiger auf den Zugewinnausgleich angewiesen ist.[2] Ist eine Verbesserung der Lage des Schuldners nicht zu erwarten, scheidet eine Stundung aus.[3]

Im Vordergrund stehen wirtschaftliche Belange. Auf Seiten des Schuldners kommt eine Stundung vor allem auch dann in Betracht, wenn einzelnen Vermögenspositionen ein Wert zugemessen worden ist, der erst später realisiert werden kann, oder wenn ihm durch eine sofortige Veräußerung wirtschaftliche Nachteile, zB in Form der Spekulationssteuer entstehen. Auf Seiten des Gläubigers soll vor allem der Aufbau einer neuen wirtschaftlichen Existenz eine Rolle spielen.[4]

2 Zu beachten ist, dass, sofern die Voraussetzungen für die Stundung bereits vorliegen, nach § 1382 Abs. 5 BGB der Anspruch auf Stundung nur **in dem Verfahren** geltend gemacht werden kann, in dem über den Zugewinnausgleich entschieden wird. Gegebenenfalls muss daher der **Stundungsantrag hilfsweise** gestellt werden. Nach Rechtskraft der Entscheidung kann der Stundungsantrag nicht nachgeholt werden, es sei denn, die Voraussetzungen für die Stundung haben sich erst nachträglich ergeben.[5] Ein isolierter Stundungsantrag kommt ferner dann in Betracht, wenn sich die Eheleute über die Ausgleichsforderung **einig** sind und diese daher nicht gerichtlich anhängig machen.[6]

Auf die gestundete Forderung sind Zinsen zu zahlen (§ 1382 Abs. 2 BGB). Auf Antrag des Gläubigers kann die Leistung einer Sicherheit angeordnet werden (§ 1382 Abs. 3 BGB). Über die Höhe und die Fälligkeit der Zinsen entscheidet das Familiengericht nach billigem Ermessen, ebenso über Art und Umfang der Sicherheitsleistung (§ 1382 Abs. 4 BGB). Bei nachträglicher Änderung der Verhältnisse, die Grundlage für die Stundungsentscheidung waren, kann die Entscheidung durch das Familiengericht aufgehoben oder abgeändert werden (§ 1382 Abs. 6 BGB).

1 BGH 1.4.1992 – XII ZR 146/91, FamRZ 1992, 918.
2 *Haußleiter/Schulz* Vermögensauseinandersetzung Kap. 1 Rn. 891 ff.
3 Palandt/*Brudermüller* BGB § 1382 Rn. 2.
4 Palandt/*Brudermüller* BGB § 1382 Rn. 2.
5 OLG Stuttgart 6.5.2013 – 17 WF 84/13, FamRB 2013, 310.
6 *Haußleiter/Schulz* Vermögensauseinandersetzung Kap. 1 Rn. 891 ff.

217. Teilungsanordnung und Vorausvermächtnis

Schwarz

Der Erblasser kann durch **Auseinandersetzungsanordnungen** Einfluss auf die konkrete Nachlassauseinandersetzung zwischen den Miterben nehmen. Die erbrechtlichen Gestaltungsmittel hierfür sind die Teilungsanordnung (§ 2048 BGB) und das Vorausvermächtnis (§ 2150 BGB). 1

I. Teilungsanordnung

Bei einer Teilungsanordnung erfolgt **die Zuweisung der Vermögensgegenstände unter Anrechnung auf den Erbteil**,[1] dh ohne wertmäßige Bevorzugung der betroffenen Miterben über die Erbquote hinaus. Der Unterschied zwischen dem Wert der durch Teilungsanordnung zugewiesenen Gegenstände und dem Erbteil ist mithin unter den Miterben auszugleichen.[2] 2

Die den Erbteil gegenständlich konkretisierende Teilungsanordnung wird erst im Rahmen der Gesamterbauseinandersetzung relevant. Sie gibt **keinen vorherigen Anspruch** auf gesonderte Übertragung des jeweiligen Gegenstandes. 3

Teilungsanordnungen können auch in einem Erbvertrag bzw. gemeinschaftlichen Testament nicht mit bindender Wirkung verfügt werden. Sie sind also auch vom überlebenden Ehegatten **jederzeit änderbar**. Teilungsanordnungen des Erblassers wirken im Übrigen nur schuldrechtlich, so dass sich die Miterben nach dem Erbfall hierüber einvernehmlich hinwegsetzen können. 4

Hinweis: Bei einer Teilungsanordnung ist der Miterbe zur Übernahme des betreffenden Gegenstandes verpflichtet. Will er dies nicht, so muss er die Erbschaft insgesamt ausschlagen. Soll der Miterbe zur Übernahme nicht verpflichtet sein, sondern insoweit ein freies Entscheidungsrecht haben, so ist vom Erblasser keine Teilungsanordnung zu verfügen, sondern zugunsten des Miterben ein sog. Übernahmerecht zu bestimmen. 5

II. Vorausvermächtnis

Anders als die Teilungsanordnung bewirkt das Vorausvermächtnis nach § 2150 BGB die **zusätzliche Zuweisung eines Vermögensvorteils** an den Miterben **über seinen Erbteil hinaus**.[3] Der Miterbe wird dadurch wertmäßig bevorzugt. Gesetzlich geregelte Fälle des Vorausvermächtnisses sind der sog. „Voraus" des Ehegatten gem. § 1932 BGB und der sog. „Dreißigste" gem. § 1969 BGB. 6

Im Gegensatz zur Teilungsanordnung steht dem Miterben beim Vorausvermächtnis als eigenständiger Nachlassgläubiger **ein Anspruch auf Vorabbefriedigung** vor Aufteilung des Nachlasses zu (§ 1967 Abs. 2 BGB). Der um das Vorausvermächtnis verminderte Nachlass wird bei der Auseinandersetzung dann entsprechend den Erbquoten verteilt. 7

Anders als die Teilungsanordnung kann das Vorausvermächtnis in einem gemeinschaftlichen Testament (→ *Gemeinschaftliches Testament* Rn. 1 ff.) bzw. Erbvertrag (→ *Erbvertrag* Rn. 1 ff.) auch **mit bindender Wirkung** angeordnet werden (§§ 2270 Abs. 3, 2278 Abs. 2 BGB). 8

Während die Teilungsanordnung den Miterben zur Übernahme verpflichtet (→ Rn. 5), kann der Vorausvermächtnisnehmer ohne Einfluss auf seine Miterbenstellung das Vorausvermächtnis gesondert ausschlagen. 9

---

1 *Rißmann* in: FormB-ErbR § 3 Rn. 1130.
2 NK-BGB/*Borges* § 2048 Rn. 11.
3 NK-BGB/*Borges* § 2048 Rn. 11; *Bartsch* in: FormB-ErbR § 2 Rn. 94.

218. Teilungsversteigerung

Rakete-Dombek

I. Einführung

1 Über gemeinsames Grundeigentum verfügen Ehegatten häufig. Wird die Ehe geschieden kommt es oft darüber zum Streit, wer im Haus verbleiben kann, wer Alleineigentümer wird oder ob ein gemeinsamer Verkauf aus wirtschaftlichen Gründen anzuraten ist. Was sich die Familie noch leisten konnte, ist für einen Ehegatten, meist die Ehefrau, zu teuer und aus dem Ehegattenunterhalt – zumal ab der Zurechnung eines objektiven Wohnwertes (→ *Wohnwert* Rn. 1 ff.) – nicht zu finanzieren.

Obwohl das Vorurteil besteht, dass durch eine Teilungsversteigerung kein angemessener Wert erzielt wird, nehmen in Blockierungsfällen derartige Auseinandersetzungsversteigerungen zu, da derjenige, der das frühere Familienheim seit der Trennung nicht mehr bewohnt, sein Kapital darin gebunden sieht und gleichzeitig für die darauf ruhenden Belastungen auch gesamtschuldnerisch weiterhin haftet. Im Übrigen haben sich die erzielbaren Versteigerungserlöse durch den engen Immobilienmarkt durchaus erhöht.

II. Versteigerungsverfahren

1. Voraussetzungen und Hindernisse der Teilungsversteigerung

2 Jeder Bruchteilseigentümer ist berechtigt die Auseinandersetzung der Gemeinschaft jederzeit gem. §§ 749, 753 BGB im Wege der Teilungsversteigerung zu verlangen. Zur Versteigerung kommt dann der gesamte Grundbesitz. Der Antrag kann formlos gestellt werden. Anwaltszwang besteht nicht. Ist die Auseinandersetzung des Miteigentums vertraglich ausgeschlossen worden, scheidet die Teilungsversteigerung aus.[1] In diesem Fall kann dennoch aus § 749 Abs. 2 BGB ein Aufhebungsanspruch bestehen, da die Beendigung der ehelichen Gemeinschaft und der gemeinsamen Nutzung der Familienwohnung einen wichtigen Grund darstellen, um gleichwohl die Aufhebung der Gemeinschaft zu verlangen. Bei Eheleuten, die schon lange getrennt leben oder schon geschieden sind, wird eine auf § 1353 BGB (Rücksichtnahmegebot, Teilungsversteigerungsantrag zur Unzeit) gestützte Drittwiderspruchsklage nur ausnahmsweise in Betracht kommen. Die Tatsache der Wohnungszuweisung (→ *Wohnungszuweisung* Rn. 1 ff.) an einen Ehegatten hindert die Versteigerung gerade nicht.

Mit der Teilungsversteigerung tritt der Erlös an die Stelle des gemeinschaftlichen Grundstücks und kann gem. § 753 Abs. 1 S. 1 BGB geteilt werden.

Auf die Teilungsversteigerung sind die Grundsätze der Zwangsversteigerung (§ 180 Abs. 1 ZVG) anwendbar. Der Antrag ist bei dem Vollstreckungsgericht (Gericht der Belegenheit des Grundstücks) anzubringen (§§ 180 Abs. 1, 35 ZVG).

3 Gem. § 1365 BGB[2] kann es sich bei dem Antrag auf Teilungsversteigerung um eine zustimmungspflichtige Verfügung über das Vermögen im Ganzen handeln, wenn es sich bei dem Bruchteilseigentum um das wesentliche Vermögen des Antragstellers handelt. Dies gilt auch für die Ehewohnung während des Getrenntlebens.[3]

Das Vollstreckungsgericht hat die Einwendung aus § 1365 BGB nicht von Amts wegen zu prüfen, es sei denn, es ergeben sich aus dem Grundbuch Anhaltspunkte. Das Grundbuch bildet jedoch den Güterstand

1 *Schulz/Hauß* Vermögensauseinandersetzung Kap. 6 Rn. 1362, 1401.
2 Analog, vgl. BGH 14.6.2007 – V ZB 102/06, NJW 2007, 3124.
3 OLG Jena 30.8.2018 – 1 UF 38/18, NJW-RR 2019, 264.

nicht ab. Es empfiehlt sich daher, sofern die Befürchtung besteht, der andere Ehegatte werde versuchen, über seinen Miteigentumsanteil zu verfügen, das Grundbuchamt mit einem kurzen Schriftsatz davon zu unterrichten, dass die Miteigentümer Eheleute sind, die im gesetzlichen Güterstand (→ *Zugewinngemeinschaft* Rn. 1 ff.) leben und eine Verfügung, eine solche über das wesentliche Vermögen darstellen würde. Auf diese Weise ergeben sich aus der Grundbuchakte Anhaltspunkte. Ggf. ist Drittwiderspruchsklage[4] einzureichen und verbunden damit ein Widerspruch in das Grundbuch (§ 53 Abs. 1 S. 1 GBO) im Wege eines Antrags auf einstweilige Anordnung zur Eintragung zu bringen, wenn konkretere Anhaltspunkte bestehen.

§ 1365 BGB setzt zudem voraus, dass der Geschäftsgegner des Rechtsgeschäfts **Kenntnis** von der Verfügungsbeschränkung hat.[5] Der Vertragspartner muss wissen, dass es sich um nahezu das ganze Vermögen des Ehegatten handelt, oder zumindest die Verhältnisse kennen, aus denen sich dies ergibt. Die Kenntnis hat derjenige zu beweisen, der sich auf die Zustimmungsbedürftigkeit beruft.

Stellt der andere Ehegatte die Tilgungszahlungen ein und bewegt hierdurch den Gläubiger, die Zwangsversteigerung einzuleiten oder seinen Auseinandersetzungsanspruch zu pfänden, bestehen die Rechte aus § 1365 BGB nicht, da es sich hierbei um keine Verfügung des Ehegatten im Sinne der Vorschrift handelt.

Das Verfügungsverbot gilt nur im gesetzlichen Güterstand (→ *Zugewinngemeinschaft* Rn. 1 ff.) und auch 4
nur bis zur Rechtskraft der Ehescheidung. Das Verbot dient (auch) dem Schutz des jeweils anderen Ehegatten auf Verwirklichung seines Zugewinnausgleichsanspruchs und ist bereits bei Antragstellung zu beachten. § 1365 BGB soll die Vermögensgrundlage der Familie sichern und verhindern, dass ein Ehegatte ohne Zustimmung des anderen der Familie diejenige wirtschaftliche Grundlage entzieht, die sie bisher im Vermögen des Ehegatten besaß. Daneben bezweckt die Bestimmung, den anderen Ehegatten vor einer Gefährdung seines künftigen Anspruchs auf Zugewinnausgleich bei Beendigung des Güterstandes zu schützen.[6] Ist die Ehe zwar rechtskräftig geschieden, die **Folgesache** Zugewinnausgleich aber noch nicht entschieden, gilt die Verfügungsbeschränkung weiter.[7]

Wird vor der Ehescheidung und vor einer Beendigung des Zugewinnausgleichsverfahrens die Teilungsversteigerung beantragt, kann der andere Ehegatte die gesetzlichen Einstellungsmöglichkeiten nutzen (§ 180 Abs. 2 ZVG). In jedem Falle sollte er dem Verfahren beitreten, um selbst Anträge stellen und Einfluss im Verfahren nehmen zu können. Der **Beitritt** muss binnen der Fristen der §§ 43 Abs. 2, 44 Abs. 2 ZVG erklärt werden. Der Beitritt kann aber im Widerspruch zu einem Einstellungsantrag stehen, so dass die Zielrichtung zuvor eindeutig geklärt werden muss.

Die Rechtsprechung hat sich damit auseinandergesetzt, wann es sich um das wertmäßig **wesentliche** 5
Vermögen iSd § 1365 BGB handelt.[8] Ob ein veräußerter Gegenstand, verglichen mit dem restlichen Aktivvermögen, im Wesentlichen das gesamte Vermögen des verfügenden Ehegatten darstellt, bemisst sich nicht nur nach den ihm verbleibenden Vermögensstücken, sondern auch anhand der auf dem veräußerten Gegenstand ruhenden dinglichen Belastungen, die den Verkehrswert des Grundstücks mindern. Persönliche Verbindlichkeiten werden nicht abgezogen.[9] Bei kleinen Vermögen ist der Tatbestand des § 1365 BGB grundsätzlich noch nicht erfüllt, wenn dem verfügenden Ehegatten Werte von mindestens **15 %** seines ursprünglichen Gesamtvermögens verbleiben. Bei einem größeren Vermögen müssen dem Verfügenden mindestens noch **10 %** seines Vermögens verbleiben.

Gem. §§ 1366, 1367 BGB sind Verträge **schwebend unwirksam** (§ 1366 BGB), einseitige Rechtsgeschäfte 6
sind **endgültig unwirksam** (§ 1367 BGB). Über § 1368 BGB kann der andere Ehegatte im eigenen Namen

4 § 771 ZPO analog, vgl. BGH 14.6.2007 – V ZB 102/06, NJW 2007, 3124.
5 Subjektives Element, vgl. BGH 5.10.2011 – V ZR 78/11, NJW 2011, 3783.
6 BGH 21.3.1996 – III ZR 106/95, NJW 1996, 1740.
7 OLG Köln 22.5.2000 – 26 WF 69/00, FamRZ 2000, 176.
8 BGH 25.6.1980 – IVb ZR 516/80, NJW 1980, 2350; 21.3.1996 – III ZR 106/95, NJW 1996, 1740.
9 *Kogel*, Strategien bei der Teilungsversteigerung des Familienheims, Rn. 38 ff.

außerdem Schadensersatz- oder Unterlassungsansprüche in Prozessstandschaft gegen den Dritten geltend machen.

7 Besteht ein Anspruch auf **Einwilligung** (vorherige Zustimmung, § 183 BGB), stimmt der andere aber dennoch zuvor der Verfügung nicht zu, ist gem. § 1365 Abs. 2 BGB ein Antrag auf **Ersetzung der Willenserklärung** (Zustimmung zu der beabsichtigten Verfügung) bei dem Familiengericht zu erheben. Die Ersetzung kann sich sowohl auf ein bereits abgeschlossenes als auch auf ein noch vorzunehmendes Rechtsgeschäft – einseitig (dann nur Einwilligung vor Vornahme des Rechtsgeschäfts möglich) oder mehrseitig – beziehen.

8 Auf Antrag ist die Zustimmung des anderen Ehegatten zu einer Veräußerung seines wesentlichen Vermögens durch das Familiengericht zu ersetzen, wenn das beabsichtigte Rechtsgeschäft den **Grundsätzen einer ordnungsgemäßen Verwaltung** entspricht und der andere Ehegatte seine Zustimmung **ohne ausreichenden Grund** verweigert. Ob ein Geschäft einer ordnungsgemäßen Verwaltung entspricht, richtet sich nach den gesamten Umständen des **Einzelfalls**. Maßgeblich ist, ob auch ein sorgfältiger Wirtschafter, der die richtig verstandenen Bedürfnisse der Familie und deren wirtschaftliche Interessen im Auge hat, das Rechtsgeschäft abschließen würde.[10]

9 Es muss danach eine **ungerechtfertigte Verweigerung** der Zustimmung vorliegen. Ob dies auch dann der Fall ist, wenn die Zustimmung nicht in der erforderlichen **Form des § 29 GBO** erteilt ist, ist streitig.[11]

10 Berührt das Rechtsgeschäft die von § 1365 BGB geschützten Interessen des Ehegatten nicht, fehlt es an einem ausreichenden Grund für die Verweigerung.

Ausreichend für das Vorliegen eines Grundes ist es, wenn auch nur Anhaltspunkte dafür vorliegen, dass ein Zugewinnausgleichsanspruch (→ *Zugewinngemeinschaft* Rn. 1 ff.) gefährdet sein kann. Im Rahmen des Ersetzungsverfahrens reicht es aus, dass sich aus den gesamten Umständen überzeugende Anhaltspunkte für das Bestehen eines Ausgleichsanspruchs ergeben, der durch eine Teilungsversteigerung konkret gefährdet würde.[12] Auch die Tatsache, dass bei einem freihändigen Verkauf, zu dem der andere Ehegatte bereit wäre, ein höherer Erlös zu erzielen wäre als bei einer Versteigerung, kann ein ausreichender Grund sein.[13]

Es handelt sich um eine **Ermessensentscheidung**, die unter Abwägung der beiderseitigen Interessen von dem Familiengericht zu treffen ist.

Bis zur Ersetzung der Genehmigung ist die Verfügung (schwebend) unwirksam. Wird die Genehmigung verweigert, ist die Verfügung gem. § 1366 Abs. 4 BGB endgültig unwirksam. Verpflichtungs- und Verfügungsgeschäft sind hierbei einheitlich zu betrachten.[14]

2. Einstellung des Versteigerungsverfahrens

11 **Der Antragsteller** kann selbst jederzeit und ohne Grund die Einstellung des Versteigerungsverfahrens beantragen. Ist der andere Ehegatte dem Verfahren beigetreten, wird dessen selbstständiger Versteigerungsantrag jedoch weiter betrieben.

Stellt der Antragsteller bis zum Ablauf von sechs Monaten keinen **Fortsetzungsantrag**, wird das Verfahren gem. § 31 Abs. 1 S. 2 ZVG aufgehoben. Der Einstellungsantrag kann einmal wiederholt werden. Wird er zum dritten Mal gestellt, also zum zweiten Male wiederholt, gilt dieser Antrag als **Rücknahme** gem. § 30 Abs. 1 S. 3 ZVG. Dies gilt für beide Beteiligte gleichermaßen.

Der **Antragsgegner** sieht sich idR **ohne vorherige Anhörung** mit dem Versteigerungsantrag und der gleichzeitigen Anordnung der Teilungsversteigerung sowie der Eintragung des Versteigerungsvermerks im

10 OLG Köln 26.5.2004 – 16 Wx 80/04, NJW-RR 2005, 4.
11 *Gernhuber/Coester-Waltjen* FamR § 34 Rn. 62; aA *Gruber* in: NK-BGB § 1365 Rn. 46.
12 BayObLG 20.8.1980 – BReg 1 Z 43/80, MittBayNot 1981, 80.
13 BayObLG 23.5.1985 – BReg 1 Z 21/85, FamRZ 1981, 46/47.
14 *Gruber* in: NK-BGB § 1365 Rn. 44.

Grundbuch konfrontiert. Er kann gem. § 180 Abs. 2 ZVG die einstweilige Einstellung beantragen. Hierdurch kann die Versteigerung nicht vermieden, sondern allenfalls **verzögert** werden, da eine Einstellung die Ausnahme und auf sechs Monate zu befristen (§ 180 Abs. 2 S. 1 ZVG) ist. Der Antrag kann wiederholt werden. Zur Begründung kann auf Folgendes verwiesen werden:

- die Ersatzbeschaffung von Wohnraum stelle sich trotz erheblicher Bemühungen schwierig dar;
- zwischen den Beteiligten werden (ernsthafte) Vergleichsgespräche geführt;
- erfolgversprechende Bemühungen um die Beschaffung eines Kredites für den Erhalt des Familienbesitzes lägen vor.

Eine weitere Einstellungsmöglichkeit bietet § 180 Abs. 3 ZVG, wenn

- das Grundstück im gemeinsamen Eigentum nur der Eheleute steht, die die Eltern eines **gemeinsamen Kindes** sind, das im Haus lebt;
- das Wohl des gemeinsamen Kindes ernsthaft gefährdet ist. Das gemeinschaftliche Kind muss nicht minderjährig sein.

Der Einstellungsantrag ist fristgebunden und muss **binnen zwei Wochen** (Notfrist) gestellt werden, § 180 Abs. 3, S. 3 iVm § 30 b Abs. 1 ZVG. Zur weiteren Verzögerung kann beitragen, dass über den Antrag mündlich verhandelt wird, was daher beantragt werden sollte.

Ob ein Antrag auf Einstellung der Zwangsvollstreckung gem. **§ 765 a ZPO** gestellt werden kann, war 12
umstritten. Der Bundesgerichtshof hat inzwischen jedoch anerkannt, § 765 a BGB im Teilungsversteigerungsverfahren zur Sicherung des **Schuldnerschutzes** entsprechend anzuwenden.[15] Denn auch der Antragsgegner kann in die Lage geraten, einer **Verschleuderung** seines Vermögens entgegenzuwirken oder andere wesentliche Interessen sichern zu müssen. Eine wesentliche Vorschrift des Schuldnerschutzes in der Zwangsversteigerung ist § 765 a ZPO, der deshalb auch im Falle der Teilungsversteigerung anzuwenden ist. Es handelt sich jedoch um eine Ausnahmevorschrift, wonach die Einstellung nur in Härtefällen anzuordnen ist, wenn die Fortführung des Verfahrens im Einzelfall zu einem für den Schuldner, bei der Teilungsversteigerung für den Antragsgegner, untragbaren Ergebnis führen würde.

Der Einstellungsantrag gem. § 765 a ZPO analog kann ohne Fristbeschränkung formlos gestellt werden.

Zum Gang des Versteigerungsverfahrens sowie der im Verfahren wahrzunehmenden Rechte der Beteiligten 13
im Einzelnen wird auf *Kogel*, Strategien bei der Teilungsversteigerung des Familienheims sowie auf *Schulz/Hauß* Vermögensauseinandersetzung Kap. 6 Rn. 1360 ff. verwiesen.

15 BGH 22.3.2007 – V ZB 152/06, NJW 2007, 3430.

219. Transsexualität

Hoffmann

I. Einführung

1 Unter Transsexualität wird verstanden, wenn sich das biologische Geschlecht eines Menschen der Kategorie „männlich" bzw. „weiblich" zuordnen lässt, der Mensch sich jedoch **subjektiv nicht** seinem **biologischen Geschlecht**, sondern einem anderen oder keinem Geschlecht angehörig fühlt.[1] Das Transsexuellengesetz (TSG) ermöglicht diesem Menschen eine **Änderung des Vornamens** (§§ 1 ff. TSG) sowie das **Feststellen** „der anderen", also der **empfundenen Geschlechtszugehörigkeit** (§§ 8 ff. TSG), im Personenstandsregister durch eine gerichtliche Entscheidung.

2 „Die dem TSG zugrunde liegenden Annahmen über Transsexualität haben sich inzwischen in wesentlichen Punkten als nicht haltbar erwiesen" hat das BVerfG bereits in seiner Entscheidung vom 6.12.2005[2] festgehalten. In Folge sind in den letzten Jahren eine Reihe von Entscheidungen des BVerfG[3] ergangen, die **Teile** des TSG für **verfassungswidrig** erklärt und vereinzelt zu Reformen des Gesetzgebers geführt haben.

3 Eine grundlegende Reform steht aus. Wann sie erfolgen wird, ist derzeit (Stand: Anfang 2021) unklar, obgleich am 16.5.2019 ein Referentenentwurf eines Gesetzes zur Neuregelung der Änderung des Geschlechtseintrags vorgelegt wurde. Nach dem Entwurf richten sich Voraussetzungen und Verfahren einer Änderung des Geschlechts und des Vornamens ausschließlich nach Regelungen im PStG. Zudem sah der Entwurf ein Gesetz über die Beratung zur Geschlechtsidentität (GIBG) vor. Die Bescheinigung einer entsprechenden Beratung sollte bei Transsexualität Voraussetzung für eine Änderung von Geschlecht und Vorname sein. Fraglich ist, inwieweit sich durch das Inkrafttreten des Gesetzes zur Änderung der in das Geburtenregister einzutragenden Angaben,[4] das am 22.12.2018 in Kraft getreten ist (→ *Intersexualität* Rn. 2 f.), bereits de lege lata eine veränderte Rechtslage ergeben hat.

II. Änderung des Geschlechts und des Vornamens nach § 45 b PStG

4 Personen mit Varianten der Geschlechtsentwicklung können nach § 45 b Abs. 1 S. 1 PStG gegenüber dem Standesamt erklären, dass die Angabe zu ihrem **Geschlecht** durch eine andere in § 22 Abs. 3 PStG vorgesehene Bezeichnung **ersetzt** oder **gestrichen** werden soll (→ *Intersexualität* Rn. 4 ff.). Nach § 45 b Abs. 1 S. 3 PStG können durch eine weitere Erklärung neue Vornamen bestimmt werden (→ *Intersexualität* Rn. 9). Das Vorliegen einer Variante der Geschlechtsentwicklung ist nach § 45 b Abs. 3 S. 1 PStG durch Vorlage einer **ärztlichen Bescheinigung** nachzuweisen, die **keine** genaue **Diagnose** enthalten muss (→ *Intersexualität* Rn. 7).

5 Umstritten ist, ob Intersexualität im Sinne einer angeborenen Variante der Geschlechtsentwicklung vorliegen muss (→ *Intersexualität* Rn. 1) oder ob ausreichend ist, dass eine Person sich „allein" subjektiv nicht dem Geschlecht angehörig fühlt, das im Geburtenregister für sie eingetragen ist. Teilweise wird angenommen, dass die Vorschrift im Hinblick auf die Vorgaben des BVerfG[5] verfassungskonform so auszulegen sei, dass eine Änderung bzw. Streichung des im Geburtenregister eingetragenen Geschlechts

1 Zur historischen Entwicklung bis zum TSG *Radde* ZJS 2018, 122.
2 BVerfG 6.12.2005 – 1 BvL 3/03, FamRZ 2006, 182.
3 Zur Rechtsprechung des BVerfG und des EGMR vgl. insgesamt *Theilen* ZEuS 2012, 363.
4 BT-Drs. 19/4669.
5 BVerfG 10.10.2017 – 1 BvR 2019/16, FamRZ 2017, 2046; 11.1.2011 – 1 BvR 3295/07, FamRZ 2011, 452.

bereits dann vorzunehmen sei, wenn eine Person sich subjektiv nicht dem Geschlecht angehörig fühlt, das im Geburtenregister eingetragen ist.[6]

Nach anderer Ansicht ergibt sich aus den Entscheidungen des BVerfG, insbesondere der vom 17.10.2017,[7] dass das BVerfG davon ausgeht, dass für transsexuelle Menschen die Regelungen des TSG Anwendung finden,[8] bzw. stellt sich die Frage, ob transsexuellen Menschen die Möglichkeit zum Streichen einer Geschlechtsangabe entsprechend der Entscheidung des OLG Celle vom 12.5.2017[9] nicht gerade durch Schaffung des § 45 b PStG versperrt wurde.[10] Durch Entscheidungen des BGH[11] ist nunmehr für die Rechtspraxis klargestellt, dass eine Namensänderung nach § 45 b PStG bei allein empfundener Intersexualität nicht möglich ist. Da auch der BGH die Ansicht vertritt, dass Standesämter die zum Nachweis des Vorliegens einer Variante der Geschlechtsentwicklung vorgesehene Bescheinigung jedes approbierten Arztes akzeptieren müssen, ohne dass dieser einer bestimmten Fachrichtung angehören oder über bestimmte berufliche Erfahrungen verfügen müsste, und die Bescheinigung auch im Übrigen keine besonderen inhaltlichen Anforderungen zu erfüllen hat,[12] wird in der Praxis für transsexuelle Menschen, die nicht bereits per se die Vorlage einer ärztlichen Bescheinigung ablehnen, in der ihnen eine körperlicher Intersexualität attestiert wird, ein Vorgehen nach § 45 b PStG möglich sein. 6

III. Änderung des Vornamens und des Geschlechts nach TSG

1. Voraussetzungen und Verfahren der Änderung des Vornamens und des Geschlechts nach TSG

Ein Mensch kann nach dem TSG seinen im Geburtsregister eingetragenen Vornamen auf Antrag durch das Gericht ändern lassen, wenn er sich aufgrund seiner transsexuellen Prägung nicht mehr dem in seinem Geburtseintrag angegebenen Geschlecht, sondern „einem anderen" Geschlecht als zugehörig empfindet, **seit mindestens drei Jahren** unter „dem Zwang" (besser: existenzielle Bedeutung für den Antragsteller) steht, seinen Vorstellungen entsprechend zu leben (§ 1 Abs. 1 Nr. 1 TSG) und zudem mit hoher Wahrscheinlichkeit anzunehmen ist, dass sich das Zugehörigkeitsgefühl „zum anderen" Geschlecht **nicht mehr ändern** wird (§ 1 Abs. 1 Nr. 2 TSG). Der Antrag eines **Minderjährigen** bedarf nach § 107 BGB der Einwilligung des/der gesetzlichen Vertreter/s. Die Einwilligung bedarf für ihre Wirksamkeit mangels entsprechender Rechtsgrundlage keiner familiengerichtlichen Genehmigung.[13] 7

Für das Verfahren zur Änderung des Vornamens sind die **Amtsgerichte** zuständig, die ihren Sitz am Ort eines Landgerichts haben (§ 2 Abs. 1 TSG). Örtlich zuständig ist das Gericht, in dessen Bezirk der Antragsteller seinen Wohnsitz bzw. seinen gewöhnlichen Aufenthalt hat (§ 2 Abs. 2 TSG). Das Verfahren richtet sich nach den Regelungen des **FamFG**, sofern das TSG keine abweichende Regelung trifft (§ 4 Abs. 1 TSG). 8

Vor der einem Antrag auf Änderung eines **Vornamens** stattgebenden Entscheidung hat das Gericht Gutachten von **zwei Sachverständigen** einzuholen (§ 4 Abs. 3 TSG). Die Regelung ist nach Ansicht des BVerfG verfassungskonform. Zur Vermeidung einer Grundrechtsbeeinträchtigung hat das Gericht bei der Erteilung des Gutachtenauftrags und bei der Verwertung des Gutachtens jedoch darauf zu achten, dass der Antragsteller nicht der Begutachtung hinsichtlich solcher Fragen ausgesetzt ist, die für die Prüfung der Tat- 9

6 *Bruns* StAZ 2019, 97; *Gössl* StAZ 2018, 40; zuvor bereits in diesem Sinne OLG Celle 12.5.2017 – 17 W 5/17, StAZ 2018, 121.

7 BVerfG 17.10.2017 – 1 BvR 747/17, FamRZ 2018, 133.

8 *Krömer* StAZ 2019, 280; *Berndt-Benecke* StAZ 2019, 65; *Froese* DÖV 2018, 315.

9 OLG Celle 12.5.2017 – 17 W 5/17, StAZ 2018, 121.

10 *Siebrichs* FamRZ 2019, 329.

11 BGH 10.6.2020 – XII ZB 451/19, FamRZ 2020, 1402; BGH 22.4.2020 – XII ZB 383/19, FamRZ 2020, 1009; ebenso OLG Düsseldorf 23.10.2020 – I-3 Wx 186/20.

12 BGH 10.6.2020 – XII ZB 451/19, FamRZ 2020, 1402; *Krömer* StAZ 2019, 280.

13 OLG Brandenburg 24.1.2017 – 10 WF 80/16, FamRZ 2017, 1014.

bestandsvoraussetzungen des § 1 Abs. 1 TSG keine Bedeutung haben.[14] Die Entscheidung, durch welche die Vornamen bzw. der Vorname des Antragstellers geändert worden sind bzw. ist, ist auf seinen Antrag vom Gericht aufzuheben, wenn er sich wieder dem in seinem Geburtseintrag angegebenen Geschlecht als zugehörig empfindet (§ 6 Abs. 1 TSG).

10 Die im TSG ursprünglich benannten **weiteren Voraussetzungen** für die Feststellung der empfundenen Geschlechtszugehörigkeit als personenstandsrechtlichem Geschlecht wurden in den letzten Jahren durch Entscheidungen des Bundesverfassungsgerichts **weitgehend** als **verfassungswidrig** festgestellt. Die Voraussetzung der Ehelosigkeit (§ 8 Abs. 1 Nr. 2 TSG) hat der Gesetzgeber[15] entsprechend der Entscheidung des BVerfG vom 27.5.2008[16] bereits gestrichen. Die Regelungen, die eine dauernde Fortpflanzungsunfähigkeit (§ 8 Abs. 1 Nr. 3 TSG) und eine operative Veränderung, durch die eine deutliche Annäherung an das Erscheinungsbild des „anderen" Geschlechts erreicht wird (§ 8 Abs. 1 Nr. 4 TSG), erforderlich machen, sind nach der Entscheidung des BVerfG vom 11.1.2011[17] nicht anwendbar.

11 Von den in § 8 TSG normierten Voraussetzungen ist demnach derzeit nur die gültig, nach der für die **Feststellung** der empfundenen **Geschlechtszugehörigkeit** als personenstandsrechtlichem Geschlecht die **gleichen Voraussetzungen** wie bei einer Vornamensänderung vorliegen müssen (§ 8 Abs. 1 Nr. 1 TSG). Abzulehnen ist die Ansicht, nach der für die Entscheidung nach § 8 TSG auch zwei Sachverständigengutachten einzuholen sind, wenn in einem vorausgegangenen Verfahren nach § 1 TSG bereits eine Vornamensänderung ausgesprochen ist und dort zu den inhaltsgleichen Voraussetzungen zwei Sachverständigengutachten eingeholt worden sind.[18]

2. Folgen der Änderung des Vornamens und des Geschlechts nach TSG

12 Sobald die Entscheidung, durch die „die andere" Geschlechtszugehörigkeit festgestellt wird, rechtskräftig ist, richten sich die vom Geschlecht abhängigen **Rechte** und **Pflichten** grundsätzlich nach dem **neuen Geschlecht** (§ 10 Abs. 1 TSG). Ab Rechtskraft der Entscheidung, durch die die Vornamen oder der Vorname des Antragstellers geändert wurde/n, dürfen die/der zur Zeit der Entscheidung geführten **vorherige/n Vorname/n** ohne Zustimmung des Antragstellers **nicht** mehr **offenbart** oder ausgeforscht werden, sofern nicht besondere Gründe des öffentlichen Interesses dies erfordern oder ein rechtliches Interesse glaubhaft gemacht wird (§ 5 Abs. 1 TSG). Daher sind etwa bei einer Änderung des Vornamens während eines Scheidungsverfahrens im Rubrum des Scheidungsurteils die veränderten Vornamen aufzuführen.[19]

13 Andererseits darf die **Meldebehörde** zur Identitätsfeststellung auch nach einer Vornamensänderung frühere (Vor-)Namen aufgrund des überwiegenden öffentlichen Interesses im Melderegister speichern. Zur Wahrung des Offenbarungsverbots ist die Eintragung einer Auskunftssperre ausreichend.[20] Das Gleiche gilt für das **Handelsregister**,[21] die Personalakte eines Beamten[22] oder das **Geburtenregister**.[23] In Bezug auf das Geburtenregister bleibt das Offenbarungsverbot dadurch gewahrt, dass nach § 56 Abs. 2 PStG die zu erteilende Geburtsurkunde nur noch die neuen Vornamen und das neue Geschlecht nennt.

14 Im **Grundbuch** hat das Grundbuchamt die Namensänderung in dem bisherigen Grundbuchblatt zu vermerken. Anschließend ist das Grundbuch in entsprechender Anwendung der §§ 28 ff. GBV umzuschreiben, dh,

---

14 BVerfG 17.10.2017 – 1 BvR 747/17, FamRZ 2018, 133; ebenso BGH 22.4.2020 – XII ZB 383/19, FamRZ 2020, 1009.

15 BGBl. 2008 I 1650.

16 BVerfG 27.5.2008 – 1 BvL 10/05, FamRZ 2008, 1593.

17 BVerfG 11.1.2011 – 1 BvR 3295/07, FamRZ 2011, 452.

18 So jedoch LG Hamm 2.11.2012 – 15 W 511/11, FamRZ 2013, 1770.

19 KG 12.3.2019 – 18 UF 122/18, NZFam 2019, 505 Rn. 21 ff.

20 OVG Berlin-Brandenburg 24.9.2015 – OVG 5 N 3.13, NJW 2015, 3531 Rn. 3 ff.; ausführlich zum Verhältnis von Registerpublizität und Geheimhaltungsinteresse *Croon-Gestefeld* StAZ 2016, 37.

21 BGH 3.2.2015 – II ZB 12/14, NJW 2015, 2116 Rn. 8 ff.

22 OVG Hamburg 27.5.2019 – 5 Bf 225718.Z, NVwZ 2019, 1532 Rn. 13 ff.

23 OLG Frankfurt a. M. 19.5.2015 – 20 W 15/15, StAZ 2016, 45.

das bisherige Grundbuchblatt wird geschlossen und ein neues Grundbuchblatt wird eröffnet. Die Einsicht in das wegen § 5 Abs. 1 TSG geschlossene Grundbuchblatt ist nur solchen Personen zu gestatten, die ein berechtigtes Interesse hieran, dh (auch) an den früheren Eintragungen dargelegt haben.[24]

Auch **Urkunden** – etwa eine Einbürgerungsurkunde[25] oder eine Eheurkunde[26] sind nicht per se nach einer Vornamensänderung neu auszustellen, da § 5 TSG keinen umfassenden Anspruch auf Neuausstellung amtlicher Urkunden mit dem/n neuen Vorname/n verschafft. Hingegen ist ein Anspruch auf Ausstellung eines Arbeitszeugnisses mit dem/n veränderten Vorname/n anerkannt.[27] 15

Es kann ein Anspruch auf Übernahme der **Kosten** für eine **operative Veränderung**, durch die eine deutliche Annäherung des Erscheinungsbildes an das Erscheinungsbild des empfundenen Geschlechts erreicht wird, gegenüber der gesetzlichen Krankenversicherung bzw. gegenüber einem Land im Rahmen der Beihilfe bestehen,[28] obgleich Transsexualität selbst keine behandlungsbedürftige Krankheit darstellt.[29] 16

Die Entscheidung, dass ein Mensch als „dem anderen" Geschlecht zugehörig anzusehen ist, lässt das Rechtsverhältnis zwischen ihm und seinen Eltern sowie zwischen ihm und seinen Kindern unberührt (§ 11 TSG). Dies gilt nach der Rechtsprechung des BGH auch dann, wenn der **Geschlechtswechsel vor der Geburt** des Kinds erfolgt ist. Wechselt eine Person ihr Geschlecht von männlich zu weiblich, **bleibt sie** als Samengeberin gleichwohl **Vater** des Kindes[30] bzw. er bei einem Wechsel ihres Geschlechts von weiblich zu männlich als Eizellengeber **stets Mutter** des Kindes.[31] Er/sie ist daher sowohl im Geburtenregister des Kindes als auch in den aus dem Geburtenregister erstellten Geburtsurkunden – sofern dort Angaben zu den Eltern aufzunehmen sind – als „Mutter" bzw. „Vater" mit seinen/ihren früher geführten weiblichen/männlichen Vornamen einzutragen. Das Gleiche gilt, wenn ein Mensch nicht biologischer Elternteil eines Kindes ist.[32] Ein Frau-zu-Mann-Transsexueller, der nicht biologischer Elternteil ist, kann die Vaterschaft daher nicht nach § 1592 Nr. 2 BGB anerkennen.[33] 17

24 BGH 7.3.2019 – V ZB 53/18, FamRZ 2019, 1173.

25 OVG Bremen 22.3.2017 – 1 PA 167/15.

26 BGH 22.5.2019 – XII ZA 41/18; OLG Nürnberg 2.8.2018 – 11 W 556/18, FamRZ 2019, 64; *Kraus* StAZ 2019, 85.

27 LAG Hamm 17.12.1998 – 4 Sa 1337/98, DB 1999, 1610.

28 SG Nürnberg 8.8.2019 – S 7 KR 37/19; OVG Bautzen 17.11.2015 – 2 A 390/14; zu den Besonderheiten bei einer Nadelepilationsbehandlung vgl. LSG Berlin-Brandenburg 15.8.2019 – L 1 KR 558/16; ausführlich *Kasten* SGb 2020, 672.

29 BVerfG 17.10.2017 – 1 BvR 747/17, FamRZ 2018, 133.

30 BGH 29.11.2017 – XII ZB 459/16, FamRZ 2018, 290.

31 BVerfG 15.5.2018 – 1 BvR 2831/17; BGH 6.9.2017 – XII ZB 660/14, FamRZ 2017, 1855; ausführlich *Reuß* StAZ 2019, 42.

32 KG 14.2.2019 – 1 W 102/18, FamRZ 2019, 1177.

33 KG 15.8.2019 – 1 W 482/18, FamRZ 2020, 109.

220. Trennungsunterhalt

Schausten

I. Einführung

1 Anspruchsgrundlage für den Trennungsunterhalt ist § 1361 BGB. Danach kann ein Ehegatte von dem anderen den nach den **Lebensverhältnissen** und den Erwerbs- und Vermögensverhältnissen angemessenen Unterhalt verlangen. Der nicht erwerbstätige Ehegatte kann nur dann darauf verwiesen werden, seinen Unterhalt durch eine Erwerbstätigkeit selbst zu verdienen, wenn dies von ihm nach seinen persönlichen Verhältnissen, insbesondere wegen einer früheren Erwerbstätigkeit unter Berücksichtigung der Dauer der Ehe, und nach den wirtschaftlichen Verhältnissen beider Ehegatten erwartet werden kann.

Der Unterhaltsanspruch kann sich im Laufe der Trennungszeit durch verschiedene Umstände verändern, beispielsweise durch sinkende Einkünfte aufgrund eines erforderlichen Wechsels der Steuerklasse, neu zu berücksichtigender tatsächlicher oder fiktiver Einkünfte des Berechtigten oder einer Neubewertung des Wohnwerts bei endgültigem Scheitern der Ehe. Ferner kann ab Rechtshängigkeit des Scheidungsverfahrens ein neuer Bedarf in Form des Altersvorsorgeunterhalts entstehen.

II. Materielle Grundlagen

2 Der Anspruch setzt eine **wirksam geschlossene Ehe** und ein **Getrenntleben** iSd § 1567 BGB voraus. Er beginnt mit der endgültigen Trennung der Ehegatten und endet mit dem Tag der Rechtskraft des Scheidungsurteils. **Versöhnen** sich die Ehegatten während der Trennung, erlischt der Trennungsunterhaltsanspruch; dies hat zur Folge, dass ein zuvor erwirkter Titel über den Unterhaltsanspruch ebenfalls erlischt und deshalb bei erneuter Trennung der Beteiligten aus diesem alten Unterhaltstitel nicht weiter vollstreckt werden darf.

III. Bedarf

3 Gem. § 1361 Abs. 1 BGB bemisst sich die Höhe des Unterhalts nach den ehelichen Lebensverhältnissen, dieser Begriff entspricht demjenigen in § 1578 Abs. 1 S. 1 BGB.

1. Mindestbedarf

4 Der Bundesgerichtshof hat entschieden, dass bei einem unterhaltsberechtigten Ehegatten unabhängig von den individuellen Verhältnissen jedenfalls von einem **pauschalierten Mindestbedarf** in Höhe von 960 EUR (Stand: 2021) auszugehen ist.[1] Die zitierten Entscheidungen betreffen zwar zum einen den nachehelichen Ehegattenunterhalt und zum anderen den Unterhalt der Kindesmutter gem. § 1615 l BGB, sind aber auch auf den Trennungsunterhalt übertragbar.

---

1 BGH 17.2.2010 – XII ZR 140/08, NJW 2010, 1598; 13.1.2010 – XII ZR 123/08, NJW 2010, 1138.

2. Halbteilungsgrundsatz

Der Bedarf bemisst sich beim Trennungsunterhalt nach den ehelichen Lebensverhältnissen. Diese richten sich in der Regel nach dem verfügbaren **Familieneinkommen**. Der Unterhalt wird bei durchschnittlichen Einkommensverhältnissen in den meisten Fällen nach einer Quote des Gesamteinkommens der Ehegatten bemessen. Bei dieser Methode wird im Sinne einer tatsächlichen Vermutung davon ausgegangen, dass im Wesentlichen das gesamte Einkommen zu Konsumzwecken verbraucht wird. Deshalb wird es bei der Bemessung des nachehelichen Unterhalts nach dem **Halbteilungsgrundsatz** (für Einkommen aus Erwerbstätigkeit modifiziert um einen Erwerbsanreiz) im Ergebnis hälftig auf beide Ehegatten verteilt.[2] 5

Zur Ermittlung des **Familieneinkommens** sind die Einkünfte der Eheleute vorab um vorrangigen Kindesunterhalt, sonstige eheprägende Unterhaltsverpflichtungen, berufsbedingte Aufwendungen und etwaige weitere berücksichtigungsfähige Positionen zu bereinigen. Der als Einkommensbruchteil berechnete sog. Erwerbsanreiz gehört hingegen zum unterhaltsrelevanten Einkommen[3]

Der **Erwerbstätigenbonus** wird von den Oberlandesgerichten unterschiedlich angesetzt. Die süddeutschen Oberlandesgerichte setzen einen Bonus von 10 % vom Einkommen an, viele andere Oberlandesgerichte haben in ihren Leitlinien einen Bonus von 1/7 vorgesehen. Der BGH hat zuletzt entschieden, dass nichts dagegen spricht, den Erwerbstätigenbonus allgemein mit einem Zehntel zu berücksichtigen, soweit bei der Bemessung des unterhaltsrelevanten Einkommens bereits berufsbedingte Aufwendungen abgezogen wurden.[4]

3. Bedarfsberechnung bei günstigen Einkommensverhältnissen

Die Annahme, dass das gesamte vorhandene Einkommen für den Lebensunterhalt der Ehegatten verwendet wird, ist bei besonders günstigen Einkommensverhältnissen allerdings nicht mehr ohne Weiteres gerechtfertigt. Vielmehr liegt in diesen Fällen die Vermutung nahe, dass ein Teil des Einkommens der Vermögensbildung zufließt. Ab welchem Einkommen eine tatsächliche Vermutung für den vollständigen Verbrauch der Einkünfte zur Deckung des laufenden Lebensbedarfs entfällt, bleibt der tatrichterlichen Würdigung im Einzelfall vorbehalten. Der BGH hält es nach seiner neueren Rechtsprechung für angemessen, wenn die Tatsachengerichte von einer tatsächlichen Vermutung für den vollständigen Verbrauch des Familieneinkommens ausgehen, wenn dieses das Doppelte des höchsten Einkommensbetrags der Düsseldorfer Tabelle nicht übersteigt. Dies entspricht derzeit einer Grenze von 11.000 EUR. Soweit das Familieneinkommen über das Doppelte des höchsten Einkommensbetrags der Düsseldorfer Tabelle hinausgeht, hat der Unterhaltsberechtigte mithin, wenn er dennoch Unterhalt nach der Quotenmethode begehrt, die vollständige Verwendung des Einkommens für den Lebensbedarf darzulegen und im Bestreitensfall in vollem Umfang zu beweisen.[5] 6

Auch bei Einkünften unterhalb der Grenze von 11.000 EUR bleibt der Unterhaltsberechtigte für die vollständige Verwendung des Einkommens für den Lebensbedarf darlegungs- und beweisbelastet, wenn der Unterhaltspflichtige die ernsthafte Möglichkeit eines atypischen Geschehensablaufs nachweist (beispielsweise durch Vorlage eines Haushaltsbuches[6]).

Auch bei besonders guten Einkommensverhältnissen gibt es nach der Rechtsprechung **grundsätzlich keine Obergrenze für den Unterhaltsbedarf**. 7

Es ist dem Berechtigten weiterhin unbenommen, seinen Bedarf konkret anhand der einzelnen Bedarfspositionen darzulegen. Dazu muss der unterhaltsberechtigte Ehegatte alle Positionen seines aktuellen persönlichen Bedarfs – orientiert an den ehelichen Lebensverhältnissen – im Einzelnen darlegen und im Falle des

2 BGH 25.9.2019 – XII ZB 25/19, FamRZ 2020, 21.
3 BGH 25.9.2019 – XII ZB 25/19, BGHZ 223, 203–225 Rn. 28.
4 BGH 13.11.2019 – XII ZB 3/19, FamRZ 2020, 171.
5 BGH 15.11.2017 – XII ZB 503/16, FamRZ 2018, 260.
6 OLG Hamm 23.4.2020 – II UF 152/19, NJW 2020, 3115 Rn. 69.

Bestreitens auch beweisen. Das Gericht kann im Wege der Schätzung nach § 287 ZPO Einzelpositionen berücksichtigen; diese zulässige Schätzung ersetzt aber den substantiierten Sachvortrag des Unterhaltsgläubigers nicht.

4. Weitere Bedarfspositionen

8 **a) Kranken- und Pflegevorsorge.** Der berechtigte Ehegatte kann auch beim Trennungsunterhalt Krankenvorsorgeunterhalt verlangen. Dies gilt allerdings nur dann, wenn der berechtigte Ehegatte nicht aufgrund einer eigenen sozialversicherungspflichtigen Tätigkeit bereits Beiträge in die gesetzliche Kranken- und Pflegeversicherung einzahlt oder – im Falle der Zurechnung **fiktiver Einkünfte** – einzahlen würde. Ein Krankenvorsorgeunterhalt ist auch dann nicht gegeben, wenn der berechtigte Ehegatte zwar nicht selbst in der gesetzlichen Krankenversicherung versichert ist, aber aufgrund der Mitversicherung bei dem berufstätigen Ehegatten in der Familienkrankenversicherung ein entsprechender Schutz besteht; dabei ist zu beachten, dass diese Mitversicherung des Ehegatten in der gesetzlichen Krankenversicherung nicht mit der Trennung, sondern erst mit Rechtskraft der Ehescheidung endet.

9 Auch der angemessene Krankenvorsorgeunterhalt richtet sich nach den ehelichen Lebensverhältnissen, allerdings ist der Berechtigte gehalten, bei gleichwertigem Versicherungsschutz die **kostengünstigere Variante** zu wählen.

10 War der berechtigte Ehegatte während der bestehenden Ehe **privat krankenversichert**, muss der Unterhaltsverpflichtete die Prämien für diese Versicherung weiter bezahlen, solange der berechtigte Ehegatte nicht aufgrund der Aufnahme einer sozialversicherungspflichtigen Erwerbstätigkeit einen eigenen Krankenversicherungsschutz erlangt.

11 Der Krankenvorsorgeunterhalt ist gesondert geltend zu machen und gesondert zu tenorieren.

12 **b) Vorsorge für Alter und Erwerbsunfähigkeit.** Ab **Rechtshängigkeit des Scheidungsverfahrens** kann der Berechtigte neben dem Elementarunterhalt auch die Kosten einer angemessenen Versicherung für den Fall des Alters oder der Erwerbsunfähigkeit verlangen. Vor der Rechtshängigkeit des Scheidungsverfahrens partizipiert der Berechtigte über den Versorgungsausgleich an der Altersvorsorge, die der verpflichtete Ehegatte betreibt.

13 Voraussetzung für den Anspruch auf diesen Vorsorgeunterhalt ist, dass ein Trennungsunterhaltsanspruch gegeben ist; er endet ebenfalls mit Rechtskraft der Ehescheidung – wobei auch beim nachehelichen Unterhalt ein entsprechender Anspruch besteht.

14 Der Berechtigte ist verpflichtet, den Altersvorsorgeunterhalt zweckbestimmt zu verwenden; andernfalls muss er sich später im Rentenfall ein fiktives Einkommen zurechnen lassen.

15 Die Berechnung des Altersvorsorgeunterhalts erfolgt anhand der **Bremer Tabelle**. Sie erfolgt normalerweise in drei Schritten:

1. Der Elementarunterhalt wird wie üblich berechnet.
2. Aus diesem errechneten Elementarunterhalt wird mittels der Bremer Tabelle ein fiktives Bruttoeinkommen ermittelt. Aus diesem fiktiven Bruttoeinkommen wird der Beitrag zur gesetzlichen Rentenversicherung als Altersvorsorgeunterhalt berechnet.
3. Der so errechnete Altersvorsorgeunterhalt wird vom unterhaltsrechtlich relevanten Einkommen des Pflichtigen abgezogen und dann der neue Elementarunterhalt berechnet.

16 Wenn der Unterhaltspflichtige eine unterhaltsrechtlich anzuerkennende zusätzliche Altersvorsorge betreibt, ist es geboten, dies auch dem Unterhaltsberechtigten durch eine entsprechende Erhöhung des Altersvorsorgeunterhalts auf aktuell 22,6 % zu ermöglichen.[7]

---

7 BGH 25.9.2019 – XII ZB 25/19, FamRZ 2020, 21.

Eine Begrenzung des Altersvorsorgeunterhalts auf einen **Höchstbetrag**, wie er sich bei Berücksichtigung der Beitragsbemessungsgrenze für die gesetzliche Rentenversicherung ergeben würde, lehnt der BGH ab.

In wenigen Ausnahmefällen ist diese **Dreischrittmethode nicht angezeigt**: 17

1. Wird der Elementarunterhalt als **konkreter Bedarf** geltend gemacht, errechnet sich der Altersvorsorgeunterhalt anhand des konkret ermittelten Unterhaltsanspruchs; in diesem Fall entfällt der dritte Schritt der oben genannten Berechnung.
2. Wenn von der Unterhaltsquote tatsächlich vorhandene oder fiktiv anzurechnende Einkünfte des Unterhaltsberechtigten abgezogen werden, durch die **die ehelichen Lebensverhältnisse nicht geprägt** worden sind, wie es bei Anwendung der Anrechnungsmethode der Fall ist. Denn in Höhe des angerechneten Einkommens wird das die ehelichen Lebensverhältnisse bestimmende Einkommen des Unterhaltspflichtigen zwischen den Ehegatten nicht verteilt, sondern verbleibt ihm allein, so dass er entlastet wird. Das hat zur Folge, dass er Altersvorsorgeunterhalt bis zu der Höhe des angerechneten Einkommens zusätzlich zu dem Elementarunterhalt leisten kann, ohne dass ihm weniger als die ihm an sich zustehende Quote des für die ehelichen Lebensverhältnisse maßgebenden Einkommens verbleibt.

IV. Bedürftigkeit

1. Grundlage

Zwar ist die Bedürftigkeit beim Trennungsunterhalt nicht ausdrücklich im Gesetz geregelt, es ist aber allgemeine Auffassung, dass § 1569 BGB insoweit auch im Trennungsunterhalt anzuwenden ist. Ein Ehegatte ist bedürftig, wenn er seinen eheangemessenen Bedarf nicht durch eigene Einkünfte oder zumutbare Erwerbstätigkeit selbst decken kann. 18

Die in der Praxis bedeutendste Frage ist die nach der Erwerbsobliegenheit des unterhaltsberechtigten Ehegatten. 19

2. Erwerbsobliegenheit

a) Grundsatz. Nach Auffassung der Rechtsprechung ist die Frage der Erwerbsobliegenheit des berechtigten Ehegatten in dem Zeitraum unmittelbar nach der Trennung auch unter Berücksichtigung des Umstandes, dass eine **Versöhnung der Ehegatten nicht ausgeschlossen** ist, zu bewerten. Daraus leitet die Rechtsprechung ab, dass **in der Regel im ersten Trennungsjahr keine Obliegenheit** besteht, eine neue Erwerbstätigkeit zu beginnen oder eine bereits während bestehender Ehe ausgeübte Teilerwerbstätigkeit auszudehnen (vgl. 17.2 der Leitlinien der meisten Oberlandesgerichte). 20

b) Betreuung gemeinschaftlicher Kinder. Betreut der berechtigte Ehegatte gemeinsame Kinder, stellt sich die Frage, wie sich dieser Umstand auf die Erwerbsobliegenheit nach Ablauf des Trennungsjahres auswirkt, insbesondere ob die gesetzlichen Neuregelungen zum Betreuungsunterhalt in § 1570 BGB auf die Erwerbsobliegenheit beim Trennungsunterhalt ausstrahlen. 21

Einerseits wird die Auffassung vertreten, dass die **strengeren Maßstäbe des § 1570 BGB** auch bei der Beurteilung der Erwerbsobliegenheit im Rahmen des Trennungsunterhalts zu berücksichtigen sind.[8] So hat das OLG Zweibrücken kurz nach Inkrafttreten der Unterhaltsreform am 1.1.2008 beispielhaft entschieden: „Betreut eine seit längerer Zeit getrennt lebende Kindesmutter ihre zehnjährige Tochter, dann besteht unter Berücksichtigung des mit der Neuregelung des Unterhaltsrechts zum 1.1.2008 in Kraft getretenen § 1570 Abs. 1 S. 2 BGB eine Obliegenheit zur Erwerbstätigkeit neben der Betreuung bereits ab Vollendung des dritten Lebensjahres des betreuten Kindes. Eine vollschichtige Tätigkeit ist jedoch unzumutbar und unbillig."[9] 22

---

8 JurisPK-BGB/*Viefhues* § 1361 Rn. 322 f.; *Büte* FuR 2008, 309 (310); *Büte/Poppen/Menne* UnterhaltsR BGB § 1361 Rn. 70.

9 OLG Zweibrücken 1.2.2008 – 2 UF 170/07, OLGReport Zweibrücken 2008, 886.

23 Andererseits wird die Auffassung vertreten, dass sich die verschärfte Erwerbsobliegenheit im nachehelichen Unterhalt **nicht** auf die Erwerbsobliegenheit beim Trennungsunterhalt auswirken muss. Dabei sei zu berücksichtigen, dass der Gesetzgeber von einer Änderung des § 1361 Abs. 2 BGB abgesehen und die Verschärfung der Erwerbsobliegenheit ausschließlich beim nachehelichen Unterhalt vorgenommen habe. Die Richtung des Trennungsunterhalts sei eine andere. Die Ehe bestehe noch und es sei zunächst ungewiss, ob und wann es zu einer Scheidung komme. Der Trennungsunterhalt ziele auf den **Schutz** des wirtschaftlich schwächeren Ehegatten vor **einschneidenden Veränderungen seiner Lebensverhältnisse**, solange die Ehe besteht, ab; im Gegensatz dazu hätten die Neuregelungen der §§ 1570, 1574 BGB die Stärkung der Eigenverantwortung nach der Ehe zum Ziel.[10]

24 Das OLG Düsseldorf hat entschieden: „Wenn auch nach dem strenger an der Eigenverantwortlichkeit angelehnten § 1570 Abs. 1 S. 1 BGB kein abrupter Wechsel von der elterlichen Betreuung zu einer Vollerwerbstätigkeit verlangt werden kann, wenn das Kind älter als drei Jahre ist, gilt dies erst recht für die Erwerbsobliegenheit einer Unterhaltsgläubigerin nach § 1361 Abs. 2 BGB, weil sich hiernach die Erwerbsobliegenheit noch näher an den gelebten ehelichen Verhältnissen orientiert und **§ 1361 Abs. 2 BGB als Schutzvorschrift** für die bislang nicht erwerbstätige Hausfrau ausgelegt wird. Vor dem Hintergrund einer praktizierten Rollenverteilung kann es dem Unterhaltsberechtigten nur in kleinen Schritten zumutbar sein, finanziell auf eigenen Füßen zu stehen."[11]

25 **c) Betreuung nicht gemeinschaftlicher Kinder.** Auch die Betreuung eines nicht gemeinschaftlichen Kindes kann im Rahmen des Trennungsunterhalts zu einer **Einschränkung der Erwerbsobliegenheit** führen – im Gegensatz zu dem nachehelichen Unterhalt. Betreut ein getrennt lebender Ehegatte ein Pflegekind, das die Eheleute vor ihrer Trennung gemeinsam aufgenommen hatten, so kann diese Betreuung zu den persönlichen Verhältnissen des Ehegatten gerechnet werden, von denen nach § 1361 Abs. 2 BGB abhängt, ob er darauf verwiesen werden kann, seinen Unterhalt durch eine Erwerbstätigkeit selbst zu verdienen.[12]

26 Die **Geburt eines von einem anderen Mann abstammenden Kindes** in der Trennungszeit ist den ehelichen Lebensverhältnissen zuzurechnen. Kann die Ehefrau allein wegen der Geburt des nicht von ihrem Ehemann abstammenden Kindes ihre bis dahin ausgeübte Erwerbstätigkeit nicht fortsetzen, besteht im Grundsatz dennoch ein Anspruch auf Trennungsunterhalt. Ob und inwieweit der Anspruch wegen der Geburt des Kindes ausgeschlossen ist, bestimmt sich allein nach den Vorschriften der §§ 1361 Abs. 3, 1579 BGB. Die Voraussetzungen eines **Verwirkungstatbestands** sind nur bei Vorliegen weiterer Umstände gegeben.

27 Bei der Geburt eines nicht vom Ehemann abstammenden Kindes **haftet der leibliche Vater** des Kindes für den Unterhalt der Mutter in der Trennungszeit **anteilig** neben dem unterhaltsverpflichteten Ehemann. Steht das Alter der ehelichen Kinder einer Erwerbstätigkeit der Mutter nicht mehr entgegen, und kann eine solche nur wegen der Betreuungsbedürftigkeit des neu geborenen, nicht vom Ehemann abstammenden Kindes nicht verlangt werden, besteht eine anteilige Mithaftung des Ehemannes während der Trennungszeit nur insoweit, als er auch ohne die Geburt des neuen Kindes in Anspruch genommen werden könnte; das neben der Betreuung der ehelichen Kinder erzielbare Einkommen ist der Mutter dann fiktiv zuzurechnen.

28 **d) Ohne Kinderbetreuung.** Hat der berechtigte Ehegatte keine Kinder zu betreuen, entsteht in der Regel mit Ablauf des Trennungsjahres eine Erwerbsobliegenheit, die auf eine Vollzeittätigkeit gerichtet ist. Hat die Ehe bis zur Trennung weniger als drei Jahre gedauert oder leben die Ehegatten in beengten finanziellen Verhältnissen, kann diese Erwerbsobliegenheit auch schon früher einsetzen.

29 Demgegenüber kann bei **langjährigen Ehen** die Erwerbsobliegenheit erst später, beispielsweise erst nach zwei Jahren Trennung, beginnen. Gleiches kann bei **sehr guten wirtschaftlichen Verhältnissen** in Betracht kommen. Befindet sich der berechtigte Ehegatte bereits in einem fortgeschrittenen Alter und liegt

10 MAH FamR/*Grandel* § 8 Rn. 23.
11 OLG Düsseldorf 29.10.2009 – II-7 UF 88/09, FamRZ 2010, 646.
12 BGH 20.5.1981 – IVb ZR 556/80, NJW 1981, 1782.

eine lange Ehedauer vor, so kann beispielsweise bei einer 60-jährigen Hausfrau und einer Ehedauer von über 27 Jahren eine Erwerbsobliegenheit ganz entfallen.[13]

Hat ein Ehegatte während der Trennungszeit jahrelang freiwillig Ehegattenunterhalt geleistet, so kann ein **Vertrauenstatbestand** mit Auswirkungen auf die Erwerbsobliegenheit des Unterhaltsgläubigers geschaffen worden sein.[14] 30

Verweist der Unterhaltspflichtige den Berechtigten nur auf die Aufnahme einer Tätigkeit im Geringverdienerbereich und **verlangt erst später eine vollschichtige Tätigkeit**, dann können erst ab diesem Zeitpunkt Bemühungen um eine solche Stelle verlangt werden. Hierfür ist eine weitere Übergangszeit von ca. sechs Monaten angemessen.[15] 31

Übt der Berechtigte bereits eine Teilzeittätigkeit aus, stellt sich die Frage, ob er diese **sichere Teilzeittätigkeit** zugunsten einer möglicherweise **unsicheren Ganztagsstelle** aufgeben muss. Wird dem Berechtigten beispielsweise während der Probezeit dann gekündigt, dient dies auch nicht dem Verpflichteten. Besteht im Rahmen der ausgeübten Teilzeittätigkeit keine Möglichkeit, diese Stelle auf eine Vollzeittätigkeit auszudehnen, wird dem Berechtigten allerdings zugemutet, eine zusätzliche Nebenbeschäftigung aufzunehmen.[16] Wechselt der Unterhaltsberechtigte auf Drängen des Unterhaltsverpflichteten von einer sicheren Teilzeittätigkeit in eine unsichere Ganztagstätigkeit und verliert im Anschluss diese Stelle, muss der Verpflichtete das sich daraus ergebende unterhaltsrechtliche Risiko ebenfalls tragen. 32

e) Bewerbungsobliegenheit. Erfüllt der Berechtigte seine Erwerbsobliegenheit nicht, trifft ihn die Obliegenheit, sich intensiv um eine Erwerbstätigkeit zu bemühen, um nicht Gefahr zu laufen, dass ihm fiktive Einkünfte wegen Verstoßes gegen seine Erwerbsobliegenheit zugerechnet werden. 33

Die Anforderungen der Rechtsprechung an diese Erwerbsbemühungen sind hoch – teilweise unrealistisch. Einigkeit besteht, dass die **Meldung bei der Agentur für Arbeit** erforderlich, aber eben nicht ausreichend ist. Zu den Arbeitsplatzbemühungen gehört neben der regelmäßig erforderlichen Meldung beim Arbeitsamt eine intensive **Privatinitiative** in Form von rechtzeitigen Bewerbungen auf Stellenangebote in Zeitungen uÄ, eigenen Stellenannoncen sowie mündlichen und schriftlichen Bewerbungen, wobei grundsätzlich 20 bis 30 Bewerbungen im Monat zumutbar sind. Denn der Arbeitsuchende muss praktisch die gesamte Zeit, die ein voll Erwerbstätiger berufstätig wäre, für die Arbeitsuche aufwenden. Dabei dürfen sich die Bewerbungsbemühungen (→ *Bewerbungsbemühungen*) nicht auf den Wohnort des Unterhaltspflichtigen beschränken, wenn sich nach angemessener Zeit kein Arbeitsplatz am Wohnort findet. Dies gilt jedoch nur dann, wenn keine anerkennenswerte Gründe vorliegen, die einen Ortswechsel als unzumutbar erscheinen lassen, wie beispielsweise die schulischen Belange der gemeinsamen Kinder. 34

f) Berücksichtigung fiktiver Einkünfte. Unterlässt der Berechtigte trotz einer bestehenden Erwerbsobliegenheit die erforderlichen Erwerbsbemühungen und besteht eine **realistische Beschäftigungschance**, können ihm entsprechende fiktive Einkünfte zugerechnet werden. Dabei richtet sich die Höhe des ihm zuzurechnenden Einkommens nach seinen persönlichen Fähigkeiten, von dem so ermittelten Einkommen sind berufsbedingte Aufwendungen und der Erwerbstätigenbonus in Abzug zu bringen (→ *Fiktive Einkünfte* Rn. 1 ff.). 35

3. Haushaltsführung für einen neuen Partner

Der Wert der **Versorgungsleistungen**, die ein unterhaltsberechtigter Ehegatte für einen neuen Lebenspartner erbringt, tritt als **Surrogat** an die Stelle einer Haushaltsführung während der Ehezeit und ist deswegen im Wege der Differenzmethode in die Berechnung des Unterhalts einzubeziehen.[17] 36

13 OLG Naumburg 11.12.2001 – 14 UF 71/01, FamRZ 2002, 959.
14 OLG Köln 10.12.1998 – 14 WF 191/98, FamRZ 1999, 853.
15 OLG Hamm 5.11.2003 – 11 UF 50/03, OLGReport Hamm 2004, 138.
16 OLG Frankfurt a. M. 2.12.1998 – 3 UF 129/98, FamRZ 2000, 25.
17 BGH 5.5.2004 – XII ZR 132/02, NJW 2004, 2305.

4. Einsatz eigenen Vermögens

37 Besitzt der berechtigte Ehegatte eigenes Vermögen, so sind die daraus erzielten Erträge sowohl bei der Ermittlung des Bedarfs als auch bei der Ermittlung der Bedürftigkeit zu berücksichtigen. Eine Verwertung des Vermögensstamms während der Trennungszeit dürfte nur in sehr seltenen Fällen verlangt werden können.[18]

V. Leistungsfähigkeit

38 Zudem muss der Unterhaltspflichtige leistungsfähig sein, also aktuell über ausreichende Finanzmittel verfügen, um bei Wahrung seines eigenen Bedarfs den geforderten Unterhalt zahlen zu können. Beim Trennungsunterhalt fehlt zwar eine dem für den nachehelichen Unterhalt geltenden § 1581 BGB vergleichbare Vorschrift, dieser ist aber entsprechend anzuwenden, da sich auch der Anspruch auf Trennungsunterhalt wie jeder Unterhaltsanspruch an der Leistungsfähigkeit des Unterhaltsverpflichteten auszurichten hat. Es gilt ein **Selbstbehalt** von 1.280 EUR (Stand 1.1.2021) (bei Erwerbstätigkeit des Pflichtigen – andernfalls 1.180 EUR) gegenüber dem Ehegatten.

39 Für die unterhaltsrechtliche Berücksichtigung von Einkünften und Ausgaben des Verpflichteten gelten die allgemeinen Grundsätze. Die fehlende Leistungsfähigkeit eines Unterhaltsverpflichteten ist gesetzlich als Einwendung ausgestaltet mit der Folge, dass der Unterhaltspflichtige die Darlegungs- und Beweisführungslast für eine von ihm behauptete beschränkte oder fehlende Leistungsfähigkeit hat.

VI. Verfahrensrechtliche Hinweise

40 Ein **längeres Zusammenleben** der Ehegatten nach einer Trennung, welches über einen Versöhnungsversuch hinausgeht, führt dazu, dass aus einem davor erwirkten Titel über Trennungsunterhalt nach einer erneuten Trennung nicht weiter vollstreckt werden kann, vielmehr muss ein neuer Titel über den Trennungsunterhalt geschaffen werden.[19]

18 MAH FamR/*Grandel* § 8 Rn. 45.
19 OLG Hamm 10.3.1998 – 10 WF 87/98, FamRZ 1999, 30.

221. Übergang von Unterhaltsansprüchen

Conradis

I. Einführung

Mehrere Sozialleistungen werden nur bewilligt, soweit keine vorrangigen Unterhaltszahlungen erbracht werden. Bleibt der Unterhalt aus, ist in der Regel der Sozialleistungsträger verpflichtet, die Leistungen zu erbringen. Um den Nachrang dieser Sozialleistungen wieder herzustellen, erfolgt zumeist ein **gesetzlicher Übergang** der Unterhaltsansprüche gegen die Unterhaltspflichtigen. Während früher hierzu eine Überleitung erforderlich war, dh ein Verwaltungsakt, mit dem der Übergang erst hergestellt wurde, ist heute – bis auf Ausnahmen nach § 7 Abs. 4 AsylbLG und § 81 c BVG (→ *Bundesversorgungsgesetz* Rn. 13) – nur noch der gesetzliche Forderungsübergang vorgesehen. 1

In der Praxis sind vor allem folgende Vorschriften, die den Übergang von Unterhaltsansprüchen regeln, von Bedeutung: Werden Leistungen nach dem BAföG als Vorausleistungen erbracht (→ *BAföG* Rn. 12), erfolgt der Übergang nach § 37 BAföG. In § 7 UVG ist der Übergang von Unterhaltsansprüchen auf die Unterhaltsvorschusskasse geregelt. Für die Sozialhilfe gilt § 94 SGB XII und für die Grundsicherung für Arbeitsuchende § 33 SGB II. Bei den letzten drei Überleitungsvorschriften besteht die Besonderheit, dass der Sozialleistungsträger den übergegangenen Unterhaltsanspruch auf den Leistungsempfänger zur Geltendmachung zurückübertragen kann (→ Rn. 17 ff.). 2

Der Übergang der Unterhaltsansprüche ist jeweils auf bestimmte Personenkreise beschränkt. So geht nach § 7 UVG nur ein Unterhaltsanspruch gegen einen anderen Elternteil über, nicht aber gegen Großeltern des Kindes. Im SGB II und SGB XII gehen Unterhaltsansprüche von **minderjährigen Kindern** gegen die Eltern (bis auf die Ausnahme in → Rn. 6) sowie gegen **Ehegatten** und gegen **geschiedene Ehegatten** unbeschränkt über. Im SGB XII ist ein Übergang von Unterhaltsansprüchen gegen Personen, die im zweiten Grad verwandt sind, ausgeschlossen (§ 94 Abs. 1 S. 3 SGB XII). 3

Ein **Unterhaltsanspruch von Eltern** gegen ihre Kinder ist zum 1.1.2020 durch Einfügung von § 94 Abs. 1 a SGB XII vollständig neu geregelt worden. Unterhaltsansprüche bleiben außer Betracht, wenn ein Kind kein Einkommen hat, welches 100.000 EUR übersteigt (ausführlich → *Elternunterhalt*). Nach § 33 Abs. 2 SGB II ist für Unterhaltsansprüche der Übergang eines Unterhaltsanspruchs der Eltern gegen ihre Kinder ausgeschlossen, wenn der Unterhaltsanspruch nicht geltend gemacht wird. 4

Der Übergang von Unterhaltsansprüchen **volljähriger Kinder** gegen ihre Eltern ist ebenfalls durch die Einfügung von § 94 Abs. 1 a SGB XII zum 1.1.2020 vollständig geändert worden. Auch hier bleibt ein Unterhaltsanspruch außer Betracht, wenn das Einkommen des Unterhaltspflichtigen 100.000 EUR nicht übersteigt. Es gelten hier dieselben Grundsätze wie beim Elternunterhalt. 5

Der Übergang von Ansprüchen volljähriger Kinder ist in § 33 SGB II dahin gehend eingeschränkt, dass dieser nur dann erfolgt, wenn das Kind das 25. Lebensjahr noch nicht vollendet und die **Erstausbildung** noch nicht abgeschlossen hat. Im Übrigen ist sowohl im SGB XII als auch im SGB II ein Übergang des Unterhaltsanspruchs von (volljährigen und minderjährigen) Kindern ausgeschlossen, wenn das Kind **schwanger** ist oder ein leibliches Kind bis zur Vollendung seines sechsten Lebensjahres betreut. 6

II. Voraussetzungen für den Übergang

Der Übergang erfolgt im **Zeitpunkt der Gewährung** der Sozialleistungen, und zwar jeden Monat neu. Nach dem Zeitpunkt der Sozialleistung ist in deren Höhe der Betreffende nicht mehr Inhaber des Unter- 7 haltsanspruchs und kann, soweit keine Ermächtigung durch den Sozialleistungsträger erfolgt, den Unterhaltsanspruch in Höhe des Übergangs nicht mehr selbst geltend machen. Es muss sich um eine Leistung handeln, die der Leistungsträger nicht vom Hilfeempfänger zurückverlangen kann. Hieran fehlt es, wenn der Leistungsberechtigte ein **Darlehen** (etwa nach § 24 Abs. 1 SGB II) erhalten hat. Eine rechtmäßige Darlehensgewährung setzt voraus, dass der Leistungsempfänger das Darlehen tilgen kann (regelmäßig durch Aufrechnung mit der monatlichen Regelleistung). Würden hier Ansprüche gegen Dritte übergehen, würde eine Übersicherung der Sozialleistungsträger eintreten.[1] Erst und nur wenn der Leistungsempfänger das Darlehen nicht zurückzahlt, ist ein Übergang möglich.

8 Durch den Übergang geht auch der bürgerlich-rechtliche **Auskunftsanspruch** auf den Sozialleistungsträger über (§ 33 Abs. 1 S. 4 SGB II).[2] Daneben kann ein Auskunftsanspruch auch nach § 117 SGB XII, § 60 Abs. 2 S. 3 SGB II und § 6 Abs. UVG geltend gemacht werden. Hierbei handelt es sich um einen Verwaltungsakt, gegen den Widerspruch und Klage erhoben werden kann.

9 Soweit der Sozialleistungsträger einen Anspruch geltend macht, handelt es sich weiterhin um einen Unterhaltsanspruch, der sich grundsätzlich nicht verändert und daher auch vor dem Familiengericht geltend zu machen ist. Allerdings bestehen für den Sozialleistungsträger verschiedene sozialhilferechtliche Einschränkungen bei der Geltendmachung, die sich aus den verschiedenen Übergangsvorschriften ergeben.

10 Durch den Anspruchsübergang ist der Unterhaltsberechtigte zwar insoweit nicht mehr aktiv legitimiert, als er Leistungen nach dem UVG, der Grundsicherung oder Sozialhilfe erhält. Der Sozialleistungsträger kann neben dem übergegangenen Unterhaltsanspruch auch den künftigen einklagen, wenn die Leistung voraussichtlich auf längere Zeit erbracht werden muss (§ 33 Abs. 3 S. 2 SGB II, § 94 Abs. 4 S. 2 SGB XII; § 7 Abs. 4 S. 1 UVG). Soweit der Unterhaltsanspruch über die Leistung hinausgeht, kann jedoch diese **Unterhaltsspitze** geltend gemacht werden. Außerdem kann der Unterhaltsberechtigte neben dem rückständigen Unterhalt (Ansprüche, die vor dem Übergang entstanden sind) grundsätzlich den **künftigen Unterhalt** selbst in voller Höhe geltend machen.

11 Bei einer Klage auf Unterhalt sind **drei Zeiträume** zu unterscheiden:

- Der Unterhalt **bis zur Rechtshängigkeit** kann, soweit Leistungen der Grundsicherung oder Sozialhilfe gezahlt wurden, nur dann geltend gemacht werden, wenn eine Rückabtretung erfolgt ist. Ist dies nicht der Fall, können nur die Spitzenbeträge geltend gemacht werden, die als solche auch im Klageantrag deutlich gemacht werden müssen.
- Uneingeschränkt geltend gemacht werden kann der Unterhalt für **die Zeit ab dem Monat, der auf die letzte mündliche Verhandlung folgt**. Allerdings ist der Sozialleistungsträger ebenfalls berechtigt, künftigen Unterhalt selbst zu verlangen, wenn die Leistungen voraussichtlich auf längere Zeit gewährt werden müssen. Die Frage, wie zu verfahren ist, wenn zwei solche Klagen auf künftigen Unterhalt rechtzeitig geltend gemacht werden, ist bisher von der Rechtsprechung noch nicht geklärt worden. Es sollte möglichst versucht werden, insoweit ein Einvernehmen mit dem Sozialhilfeträger herzustellen.
- In der **Zeit zwischen Rechtshängigkeit** und dem Monat, der auf die **letzte mündliche Verhandlung** folgt, kann zunächst der übergegangene Anspruch geltend gemacht werden. Dies geschieht im Wege der Prozessstandschaft gem. § 265 Abs. 2 ZPO. In der letzten mündlichen Verhandlung bestehen dann zwei Alternativen: Es kann zum einen der Antrag umgestellt werden auf Zahlung an den Sozialleistungsträger, soweit von diesem Leistungen gezahlt wurden. Hierzu ist erforderlich, dass kurz vor der mündlichen Verhandlung eine Auskunft vom Sozialleistungsträger eingeholt wird, aus der sich ergibt, für welchen Monat in welcher Höhe jeweils geleistet wurde. Es besteht zum anderen aber auch die Möglichkeit, diesen Teil nicht mehr geltend zu machen und die Sache insoweit für erledigt zu erklären.[3]

1 OLG Frankfurt a. M. 12.6.2019 – 2 UF 112/18, NJW 2019, 3314 mit Nachweisen.
2 *Conradis* in: LPK-SGB XII § 94 Rn. 86.
3 *Künkel* FamRZ 1994, 540 (543).

Der Sozialleistungsträger kann somit als **Streitgenosse** im Prozess seinen Anspruch selbst verfolgen, ebenso wie ihm dies auch möglich ist im Hinblick auf den übergegangenen Anspruch bis zur Rechtshängigkeit.[4] In der Praxis wird diese Möglichkeit jedoch, soweit ersichtlich, nicht genutzt. 12

III. Sozialrechtliche Einschränkungen bei der Geltendmachung von übergegangenen Unterhaltsansprüchen

Die Geltendmachung übergegangener Unterhaltsansprüche ist dadurch beschränkt, dass der Unterhaltspflichtige **durch die Heranziehung nicht hilfebedürftig** im Sinne des SGB II oder des SGB XII werden darf (§ 33 Abs. 2 S. 3 SGB II, § 94 Abs. 3 Nr. 1 SGB XII). Diese Einschränkung gilt zwar für das UVG nicht,[5] ist aber entsprechend anzuwenden, da sich andernfalls ein nicht verständlichen Wertungswiderspruch ergäbe. In welcher Höhe der Hilfebedarf angenommen wird, kann sich aus einer Bescheinigung des Sozialleistungsträgers ergeben. Soweit durch die Geltendmachung von Unterhalt der so berechnete Selbstbehalt unterschritten wird, ist eine Geltendmachung nicht möglich. Es handelt sich hierbei nicht lediglich um eine Entscheidung nach Treu und Glauben, sondern es findet insoweit schon **kein Anspruchsübergang** statt. Zwar ist eine solche Einwendung von dem Unterhaltsverpflichteten in einem Unterhaltsprozess zu erheben; wird dies getan, ist andererseits der Unterhaltsberechtigte gehalten, nunmehr substantiiert den Unterhaltsanspruch unter Berücksichtigung dieser Einwendungen darzulegen. 13

Lebt die unterhaltspflichtige Person mit anderen Angehörigen zusammen, war zunächst strittig, ob nur die Person allein betrachtet wird oder auch der Bedarf der anderen Mitglieder der Bedarfsgemeinschaft. Der BGH hat für § 33 SGB II entschieden,[6] dass die Angehörigen der Bedarfsgemeinschaft in die Berechnung einbezogen werden. Grund ist, dass nach § 9 Abs. 2 SGB II jede Person der Bedarfsgemeinschaft bei nicht ausreichendem Einkommen für alle als bedürftig gilt. Ergänzend wurde darauf hingewiesen, dass dies nicht für das SGB XII gilt, weil dort eine solche Berechnung in einer Bedarfsgemeinschaft nicht stattfindet. Beim Übergang nach § 94 SGB XII kommt es daher nur auf die wirtschaftlichen Verhältnisse des Unterhaltspflichtigen an. 14

Eine sehr weitgehende Einschränkung findet sich weiter dadurch, dass sozialrechtlich bei dem Übergang nach § 94 SGB XII und § 33 SGB II nur auf das Einkommen des Unterhaltspflichtigen zurückgegriffen werden kann, welches tatsächlich zur Verfügung steht. Die **Berücksichtigung fiktiver Einkünfte** kommt – im Gegensatz zum Unterhaltsrecht – nicht in Betracht. Für einen Übergang nach § 7 UVG gilt diese Einschränkung jedoch nicht.[7] Werden also übergegangene Unterhaltsansprüche geltend gemacht und hat der Unterhaltspflichtige seine Arbeit aufgegeben, um keinen Unterhalt zahlen zu können, kann kein Unterhalt geltend gemacht werden, weil insoweit kein Unterhaltsanspruch übergegangen ist. Hieraus folgt andererseits, dass der Unterhaltsberechtigte selbst einen Unterhaltsanspruch gegebenenfalls aus einem fiktiven Arbeitseinkommen durchsetzen kann. Dabei wird vom Bundesgerichtshof die Auffassung vertreten, dass eine Einschränkung der Geltendmachung aufgrund von Treu und Glaube erfolgen kann.[8] Praktisch hat dies jedenfalls zur Folge, dass in solchen Fällen die Unterhaltsberechtigten auch einen Unterhaltstitel für Zeiten erlangen können, in denen sie Grundsicherung oder Sozialhilfe erhalten haben. Kann später der Unterhaltsanspruch durchgesetzt werden, kann dies zu einer ungerechtfertigten Bereicherung des Unterhaltsberechtigten führen, die aber durch die Systematik der Rechtsprechung des Bundesgerichtshofs abgedeckt ist.[9] 15

Eine besondere Einschränkung bei der Geltendmachung von übergegangenen Unterhaltsansprüchen ist in 16
§ 7 Abs. 2 UVG geregelt. Danach darf ein übergegangener Anspruch für die Vergangenheit nicht geltend

4 S. *Conradis/Münder* in: LPK-SGB II § 33 Rn. 77.
5 BGH 27.9.2000 – ZR 174/98, FamRZ 2001, 619.
6 BGH 23.10.2013 – XII ZB 570/12, FamRZ 2013, 1962.
7 BGH 27.9.2000 – XII ZR 174/98, FamRZ 2001, 619.
8 BGH 11.3.1998 – XII ZR 190/96, NJW 1998, 2219.
9 Zu Recht sehr kritisch zu dieser Konstruktion: *Knittel* FamRZ 2020, 1891.

gemacht werden, wenn die Zahlung des laufenden Unterhalts dadurch gefährdet würde. Dies ist nicht erst bei der Vollstreckung, sondern bereits im Erkenntnisverfahren vor dem Familiengericht zu beachten.[10]

IV. Rückübertragung des Unterhaltsanspruchs

17 Nach § 33 Abs. 4 SGB II bzw. § 94 Abs. 5 SGB XII kann der Unterhaltsanspruch im Einvernehmen zwischen dem Sozialleistungsträger und dem Hilfeempfänger zur gerichtlichen Geltendmachung **zurückübertragen** werden. Voraussetzung hierfür ist, dass die Kosten, die hierdurch entstehen, von dem Sozialleistungsträger übernommen werden (§ 33 Abs. 4 S. 2 SGB II, § 94 Abs. 5 S. 2 SGB XII, § 7 Abs. 4 S. 2 UVG). Nicht zulässig ist die Rückübertragung an einen Elternteil, dessen Vertretungsmacht sich aus § 1629 Abs. 2 S. 2 BGB ergibt.[11]

18 Bei der Geltendmachung von rückübertragenen Unterhaltsansprüchen besteht keine Notwendigkeit, bei der Klage auf die drei oben genannten Zeitabschnitte zu achten, weil jeweils der gesamte Unterhaltsanspruch eingeklagt werden kann. Im Hinblick auf die materielle Klagebegründung sind jedoch die sozialrechtlichen Einschränkungen zu beachten. Die Rechtsprechung zu den Einschränkungen bei der **Geltendmachung von übergegangenen Unterhaltsansprüchen** ist selbstverständlich auch zu beachten, wenn vom Unterhaltsberechtigten übergegangene Unterhaltsansprüche aufgrund einer Vereinbarung nach § 33 Abs. 4 SGB II oder § 94 Abs. 5 SGB XII mit geltend gemacht werden. In diesen Fällen wird in der Praxis zumeist von keiner Seite, auch nicht vom Familiengericht, diese Unterscheidung gesehen. Aus der Rechtsprechung ist kein Fall ersichtlich, in dem es auf diese Differenzierung ankam.

V. Realisierung von Unterhaltsansprüchen

19 Kann ein Unterhaltstitel erfolgreich vollstreckt werden und wird weiterhin Grundsicherung oder Sozialhilfe bezogen, ist zum einen zu prüfen, was mit den laufenden Zahlungen geschieht, und zum anderen, wie ein Unterhaltsrückstand verrechnet bzw. angerechnet wird. Wird weiterhin laufend Grundsicherung oder Sozialhilfe bezogen, ist die Zahlung zunächst **auf den laufenden Bedarf anzurechnen**, so dass insoweit der Hilfebedarf entfällt. Hierbei ist zu beachten, dass im SGB II ein Abzug von 30 EUR im Hinblick auf die Versicherungspauschale (→ *Grundsicherung für Arbeitsuchende* Rn. 33) vorzunehmen ist, sofern diese Pauschale nicht schon wegen eines weiteren Einkommens berücksichtigt wurde. Ein solcher pauschaler Abzug ist bei Leistungsbezug nach dem SGB XII nicht vorgesehen, es kommt evtl. ein Abzug von Zahlungen an Versicherungen nach § 82 Abs. 2 Nr. 3 SGB XII in Betracht.

20 Für den Zeitraum von der gerichtlichen Geltendmachung bis zu dem Monat, in dem die letzte mündlichen Verhandlung stattfindet, dürfte, wenn eine korrekte Prozessführung vorliegt, kein Problem bestehen, festzustellen, welche Beträge dem Leistungsträger oder dem Unterhaltsberechtigten zustehen. Für die Zeit danach ist jedoch zu beachten, dass der Unterhaltsanspruch auch dann übergeht, wenn ein entsprechender Titel zugunsten des Unterhaltsberechtigten vorliegt. Besteht ein Titel auf den laufenden Unterhalt, steht dem Sozialleistungsträger daher der Teil zu, der aufgrund der weiter gezahlten Leistungen auf ihn übergegangen ist.

21 Damit bei einer solchen Vollstreckung keine Schwierigkeiten auftauchen, in welcher Höhe dem Mandanten und dem Sozialleistungsträger Beträge aus der Vollstreckung zustehen, kann eine **Titelteilung** veranlasst werden. Dann kann jeder Beteiligte seinen Anteil vollstrecken. Diese Teilung hat allerdings den Nachteil, dass dann zwei Gläubiger in Konkurrenz stehen und zu beachten ist, dass nicht der Sozialleistungsträger zulasten des Unterhaltsberechtigten schneller vollstreckt. Diese Frage ist daher in jedem Einzelfall mit dem Betroffenen zu klären, wobei insbesondere dann, wenn eine nicht unerhebliche Unterhaltsspitze vorhanden ist, sorgfältig abgewogen werden muss, ob die Vollstreckung aus der Hand gegeben wird.

---

10 OLG Dresden 8.1.2004 – 10 UF 658/03, FamRZ 2004, 1586.

11 BGH 18.3.2020 – XII ZB 213/19, FamRZ 2020, 991.

222. Umgangskosten

Treu

I. Einführung

Pflegt der getrennt lebende Elternteil Umgang mit seinem Kind, entstehen Kosten, die mitunter sehr hoch sind. Es fallen zumindest Fahrt- und Verpflegungskosten an, unter Umständen auch Unterkunftskosten und Kosten für Unternehmungen, wie Eintrittsgelder. Dass diese Kosten der Umgangsberechtigte als **Ausfluss seiner Elternpflicht**[1] zu tragen hat, war früher der Rechtsprechung des Bundesgerichtshofs folgend weitgehend unangefochten herrschende Meinung (→ *Verbindlichkeiten im Unterhaltsrecht* Rn. 19). 1

In Zeiten größerer Mobilität mit der Folge, dass Familien nicht einfach nur getrennt, sondern oft weit voneinander entfernt (und das sogar grenzüberschreitend) leben, stellt sich aber die Frage, ob und in welcher Form der **Umgangsberechtigte hierbei zu entlasten** ist. Eine Entlastung kommt zum einen im Verhältnis zwischen den Eltern in Betracht. Dies kann durch direkte Beteiligung aufgrund eines Erstattungsanspruches des Umgangsberechtigten oder unmittelbar durch Mitwirkungshandlungen des anderen auf dessen eigene Kosten, aber auch durch dessen mittelbare Beteiligung im Zusammenhang mit Unterhalt geschehen. Zum anderen können diese Kosten sozialisiert werden, indem sie steuerlich berücksichtigt oder vom Sozialhilfeträger übernommen werden. 2

II. Gesetzliche Regelung

Wer die Kosten des Umgangs zu tragen hat, ist gesetzlich nicht geregelt. Die früher hM ging davon aus, dass der Umgangsberechtigte die üblichen Kosten allein zu tragen hat. Ein „Paradigmenwechsel"[2] war auch nach Inkrafttreten des Kindschaftsrechtsreformgesetzes am 1.7.1998 und der darin enthaltenen Neukonzeption des Umgangsrechts in § 1684 BGB als Recht des Kindes und Pflichtrecht des Elternteils gegenüber dem Kind nicht in Sicht, wenngleich die Rechtsprechung mittlerweile unter bestimmten Voraussetzungen die **Beteiligung des anderen Elternteils** zulässt. 3

Zu den Kosten des Umgangs zählen die **Fahrtkosten** des Kindes und des Elternteiles, der das Kind holt/bringt, und die **Verpflegungskosten** für die Dauer des Aufenthaltes beim Umgangsberechtigten. Nicht zu den Umgangskosten gehören Kosten für Unternehmungen, wie etwa Eintrittsgelder, denn diese Kosten sind nicht umgangsspezifisch. 4

Ob **Kosten für die Unterbringung** des Kindes hierzu gehören, hängt vom Einzelfall ab. Der Bundesgerichtshof hat die Kosten für das Bereithalten von Wohnraum nicht akzeptiert, weil es regelmäßig ausreiche, die Kinder in dem Wohnraumbedarf des Umgangsberechtigten entsprechenden Räumlichkeiten mit unterzubringen.[3] Damit müssten **Kinder nach der Trennung ihrer Eltern auf ein eigenes Zimmer beim Umgangsberechtigten verzichten**, was unter Kindeswohlgesichtspunkten (§ 1697 a BGB) fragwürdig erscheint. 5

Dagegen sind Übernachtungskosten des Kindes beim Umgang an einem dritten Ort, etwa weil der Umgangsberechtigte den Umgang am Wohnort des Kindes ausübt und dort eine Ferienwohnung oder ein Hotelzimmer anmietet, als Kosten des Umgangs zu qualifizieren. 6

1 Staudinger/*Rauscher* BGB § 1684 Rn. 135.
2 *Weychardt* FPR 2006, 333.
3 BGH 12.3.2014 – XII ZB 234/13, FamRZ 2014, 917 Rn. 35.

1. Entlastung durch Beteiligung des anderen Elternteils

7 Die Problematik der Kostentragungslast wird zumeist im Zusammenhang mit Unterhaltsfragen aufgeworfen. Der Grundsatz, dass der Umgangsberechtigte die Kosten des Umgangs alleine zu tragen hat, wurde damit begründet, dass die Wahrnehmung des persönlichen Kontakts mit dem Kind Ausfluss seiner elterlichen Verantwortung und seines höchstpersönlichen Rechts aus § 1634 BGB aF ist. Als Entlastung sollte das ihm hälftig zustehende Kindergeld dienen. Dies sollte nahezu ausnahmslos gelten, um die Lebenshaltung des Kindes nicht zu beeinträchtigen. Die Grenze war erst erreicht, wenn die **Kostenbelastung für den Umgangsberechtigten schlechthin unzumutbar** war, weil angesichts großer Entfernung zu den Kindern und beengter wirtschaftlicher Verhältnisse das Umgangsrecht nicht oder nur eingeschränkt ausgeübt werden konnte.[4] Die Umgangskosten waren ansonsten aus dem Selbstbehalt aufzubringen.[5]

8 Dieser Ansatz passte spätestens seit dem 1.1.2001 nicht mehr, da mit der nur noch eingeschränkten Kindergeldanrechnung gem. § 1612 a Abs. 5 BGB die Entlastung des Umgangspflichtigen entfiel.[6] Allerdings ließ auch vorher schon die Bemessung des notwendigen Selbstbehalts keine Reserven zu, aus denen Umgangskosten getragen werden konnten.[7]

9 In der Folgezeit hat der Bundesgerichtshof seine Rechtsprechung geändert, was sich bereits 2003 angedeutet hatte, indem er den Weg eröffnete, entweder das unterhaltsrechtlich relevante Einkommen des Umgangsberechtigten angemessen zu mindern oder seinen notwendigen Selbstbehalt angemessen zu erhöhen,[8] wobei sich die Frage stellte, was unter „angemessen" zu verstehen ist. In Fällen, in denen dem Umgangsberechtigten wegen der seit 2001 geltenden eingeschränkten Kindergeldverrechnung gem. § 1612 b Abs. 5 BGB das anteilige Kindergeld ganz oder teilweise nicht zugutekam, konnten Umgangskosten unterhaltsrechtlich berücksichtigt werden, wenn andernfalls der notwendige Selbstbehalt gefährdet gewesen wäre. Würde nämlich der Umgangsberechtigte wegen fehlender finanzieller Mittel die Umgangskontakte einschränken, würde dies den Interessen des Kindes zuwiderlaufen.[9] Der Bundesgerichtshof ließ deshalb nun eine **„maßvolle Erhöhung" des Selbstbehaltes des Umgangsberechtigten** dergestalt zu, dass er in die Lage versetzt wird, hiervon neben seinem eigenen notwendigen Bedarf die Kosten des Umgangs zu bestreiten. Denn es soll nicht der Umgang infolge hoher Kosten aufgrund weit auseinander liegender Wohnorte der Eltern erheblich erschwert oder faktisch vereitelt werden.[10]

10 Zwischenzeitlich hat sich die Rechtslage zum Kindesunterhalt in Bezug auf die Kindergeldanrechnung wieder geändert. Das Kindergeld entlastet seit 1.1.2008 wieder uneingeschränkt auch den Unterhaltspflichtigen, so dass als Grundaussage bleibt, dass **Umgangskosten** unterhaltsrechtlich zu berücksichtigen sind, soweit sie **vom Kindergeld nicht abgedeckt** werden.[11] Dies gilt also für höhere Umgangskosten, die den anrechenbaren Kindergeldanteil übersteigen und auch das nur, wenn der notwendige Selbstbehalt des Umgangsberechtigten – oder stattdessen der Umgang – gefährdet wäre, müsste er neben dem Unterhalt auch die Umgangskosten alleine tragen.[12] Dagegen könnte sich aus der Entscheidung des Bundesgerichtshofs vom 12.4.2014 herauslesen lassen, dass er an seiner bisherigen Rechtsprechung festhalten will,[13] wobei in dem entschiedenen Fall vom Unterhaltspflichtigen ein weit über das übliche Maß hinausgehendes Umgangsrecht wahrgenommen wurde.

11 Eine **Beteiligung des anderen Elternteils** wird allenfalls dann erreicht, wenn die **Umgangskosten beim Ehegattenunterhalt berücksichtigt** werden. Zu beachten ist in dem Zusammenhang, dass seit 1.1.2008

4 BGH 9.11.1994 – XII ZR 206/93, FamRZ 1995, 215.
5 *Elden* NJW-Spezial 2010, 132.
6 BVerfG 9.4.2003 – 1 BvL 1/01, 1 BvR 1749/01, FamRZ 2003, 1370.
7 OLG Bremen 23.10.2007 – 4 WF 155/07, FamRZ 2008, 1274.
8 BGH 29.1.2003 – XII ZR 289/01, FamRZ 2003, 445.
9 BGH 23.2.2005 – XII ZR 56/02, FamRZ 2005, 706.
10 BVerfG 5.2.2002 – 1 BvR 2029/00, FamRZ 2002, 809.
11 OLG Jena 25.5.2010 – 1 UF 19/10.
12 OLG Brandenburg 11.11.2009 – 13 UF 58/09.
13 BGH 12.4.2014 – XII ZB 234/13, FamRZ 2014, 917 Rn. 37.

bei der Bemessung des Ehegattenunterhalts der Kindesunterhalt nicht mehr mit dem Tabellenbetrag sondern nur noch mit dem Zahlbetrag in Abzug kommt, so dass die entlastende Wirkung durch das Kindergeld wiederum nur noch teilweise eintritt.[14]

Eine andere Form der Entlastung ergibt sich für den Unterhaltspflichtigen, der davor geschützt sein kann, sich bundesweit um eine (andere, lukrativere) Arbeit zu bemühen und ggf. fiktive Einkünfte angerechnet zu bekommen, wenn dies unter Berücksichtigung seiner persönlichen Bindungen, des Umgangsrechts, evtl. Fahrtkosten und der Kosten eines andernfalls notwendigen Umzuges unzumutbar erscheint.[15] 12

Gegen die Berücksichtigung der Umgangskosten beim Kindesunterhalt wird eingewandt, dass **dadurch das Kind seinen Umgang mitfinanzieren müsse**, was aus dogmatischer Sicht zutrifft.[16] 13

Die (lediglich) mittelbare Entlastung des Umgangsberechtigten hat den Nachteil, dass sie nur greift, wenn überhaupt Unterhalt geleistet wird und auch dann nur, wenn das Einkommen so niedrig ist, dass der notwendige Selbstbehalt des umgangsberechtigten Unterhaltspflichtigen gefährdet wäre, müsste er alleine für die Umgangskosten aufkommen. Dabei kommt primär der unterhaltsrechtliche Ansatz zum Tragen, dass der Unterhaltsberechtigte nicht selbst sozialhilfebedürftig werden darf,[17] aber auch der Schutz des Art. 6 Abs. 2 S. 1 GG für den Umgangsberechtigten und die daraus resultierende Pflicht, einer **faktischen Vereitelung des Umgangsrechts** aufgrund der erschwerten Bedingungen **bei unterschiedlichen Wohnorten der Eltern** vorzubeugen.[18] 14

Sieht man die Umgangskosten dagegen **als Mehrbedarf des Kindes** an,[19] was aber schon bei den Fahrtkosten des begleitenden Elternteils zweifelhaft ist, gelangt man auch unabhängig von Unterhaltsansprüchen zu einer (hälftigen) und unmittelbaren Beteiligung des anderen Elternteils, ebenso bei Annahme der Umgangskosten als **trennungsbedingtem Mehrbedarf des umgangsberechtigten Elternteils.**[20] In beiden Fällen wäre der andere Elternteil auf Zahlung in Anspruch zu nehmen, was jeweils nur für die Vergangenheit, wenn die Kosten und damit der Ausgleichsanspruch bereits entstanden sind, in Betracht kommt. 15

Eine Lösung könnte die Verpflichtung des betreuenden Elternteils sein, sich am – zeitlichen wie finanziellen – Aufwand des Umgangs zu beteiligen, wie das Bundesverfassungsgericht schon 2002 gefordert hat, um eine faktische Umgangsvereitelung zu verhindern.[21] Dies kann durch **Anordnung einer Zahlungspflicht zusammen mit der Entscheidung über das Umgangsrecht** erfolgen[22] oder durch Anordnung von Mitwirkungspflichten, was dazu führt, dass der andere Elternteil nicht nur an dem zur Ausübung des Umgangsrechts erforderlichen zeitlichen Aufwand zu beteiligen ist, sondern auch die Kosten zu tragen hat.[23] 16

So kann der betreuende Elternteil in dieser Weise in die Pflicht genommen werden, wenn er weggezogen ist und damit den **erheblichen Aufwand für den Umgangsberechtigten verursacht** hat. Dabei sind allerdings Ausnahmen aus Billigkeitsgründen nur in engen Grenzen gerechtfertigt. Ein solcher Fall ist gegeben, wenn der Umzug des betreuenden Elternteils mit dem Kind in einen weit entfernten Ort dazu führt, dass für den Umgangsberechtigten wegen beengter wirtschaftlicher Verhältnisse die Kostenbelastung unzumutbar ist und dies zur Folge hat, dass das Umgangsrecht nicht oder nur in erheblich eingeschränktem 17

---

14 BGH 17.6.2009 – XII ZR 102/08, FamRZ 2009, 1391.
15 BVerfG 29.12.2005 – 1 BvR 2076/03, FamRZ 2006, 469.
16 *Weychardt* FPR 2006, 333.
17 BGH 9.1.2008 – XII ZR 170/05, FamRZ 2008, 594.
18 BVerfG 5.2.2002 – 1 BvR 2029/00, FamRZ 2002, 809.
19 *Theurer* FamRZ 2004, 1619.
20 *Weychardt* FPR 2006, 333.
21 BVerfG 5.2.2002 – 1 BvR 2029/00, FamRZ 2002, 809.
22 OLG Brandenburg 15.10.2009 – 9 UF 61/09, NJW-RR 2010, 148.
23 OLG Dresden 7.2.2005 – 20 UF 896/04, FamRZ 2005, 927.

Umfang ausgeübt werden könnte. Dann gebietet es die Billigkeit, dass auch der betreuende Elternteil für den durch den Umgang entstehenden Aufwand im Rahmen seiner Leistungsfähigkeit teilweise aufkommt.[24]

Die Beteiligung des betreuenden Elternteils an den Kosten des in sein Heimatland zurück gekehrten Umgangselternteils[25] ist – soweit ersichtlich – ein Einzelfall.

Ein Paradigmenwechsel[26] wird aber erst dann erreicht sein, wenn sich der Gedanke durchsetzt, dass es zu der gemeinsamen sorgerechtlichen Verantwortung beider Elternteile gehört, für die Aufrechterhaltung und Fortentwicklung der Beziehung zwischen dem Kind und dem getrennt lebenden Elternteil zu sorgen und beide in der **Abwicklung von Umgangskontakten** einer **wechselseitigen Loyalitätsverpflichtung** zu unterwerfen.[27]

18 Die – jedenfalls tatsächliche – Beteiligung beider Eltern an dem durch den Umgang ausgelösten Aufwand lässt sich aus § 1684 Abs. 2 S. 1 BGB begründen. Sie sollte unabhängig davon sein, wer die Trennung und ggf. die (große) räumliche Distanz verursacht, veranlasst oder gar verschuldet hat. Die **Grenze der Beteiligung** sollte für beide Eltern erreicht sein, wenn dem Wegzug (nicht der Trennung) keine vernünftigen Gründe zugrunde liegen. In dem Fall hat der Wegziehende, gleichgültig ob er Betreuungs- oder Umgangselternteil ist, den Mehraufwand allein zu tragen.

Es stellt sich aber die Frage, ob die Kostenbeteiligung des betreuenden Elternteils im Rahmen des Umgangsverfahrens oder vorrangig im Unterhaltsrecht zu entscheiden ist.[28] Dogmatische Bedenken gegen den Weg des OLG Nürnberg, das die in ihre Heimat Irland zurückgekehrte Mutter im Umgangsverfahren verpflichtet hat, dem Vater jeden dritten Flug zu bezahlen, hat das OLG Bremen sowohl materiellrechtlich im Hinblick auf die fragliche Anspruchsgrundlage als auch verfahrensrechtlich (§ 266 Abs. Nr. 5 FamFG) dargestellt.[29]

19 In der Weise von beiden zu tragender Mehraufwand sind dabei in erster Linie die Fahrtkosten, ggf. auch die Kosten der Übernachtung am Wohnort der Kinder.

2. Kosten bei begleitetem Umgang

20 Liegen auch aus Sicht des Jugendamtes die Voraussetzungen für begleiteten Umgang vor, soll die Jugendhilfe vermitteln und Hilfestellung leisten (§ 18 Abs. 3 SGB VIII). Es handelt sich bei der Umgangsbegleitung um eine niederschwellige Leistung der Jugendhilfe, die auf Antrag der Eltern gewährt wird (→ *Begleiteter Umgang* Rn. 33 ff.). Eine Kostenbeteiligung der Eltern ist in §§ 90 ff. SGB VIII nicht vorgesehen, so dass die Umgangsbegleitung als solche kostenfrei ist. Fallen Nebenkosten an, wie Raummiete oder Fahrtkosten, können die Eltern jedoch zur Erstattung verpflichtet werden. Anders verhält es sich, wenn im Rahmen einer Umgangspflegschaft gleichzeitig begleiteter Umgang angeordnet wird und diese Aufgabe dem Umgangspfleger übertragen wird. Dann sind die an den Umgangspfleger zu zahlenden Vergütungen Auslagen des Verfahrens (→ *Umgangspflegschaft* Rn. 21 f.).

3. Umgangskosten und ihre steuerliche Berücksichtigung

21 Unter dem Gesichtspunkt der nun in § 1684 Abs. 1 BGB normierten Umgangspflicht des getrennt lebenden Elternteils und der statistischen Häufigkeit von getrennt lebenden Eltern, erschiene es naheliegend, die durch die Ausübung des Umgangsrechts anfallenden **Kosten steuerrechtlich als außergewöhnliche Belastungen** nach § 33 EStG zu behandeln. Sie sind außergewöhnlich, weil von der Mehrheit der Steuer-

24 OLG Nürnberg 26.11.2013 – 10 UF 173/13, FamRZ 2014, 858 (859).
25 OLG Brandenburg 15.10.2009 – 9 UF 61/09, NJW-RR 2010, 148.
26 *Weychardt* FPR 2006, 333.
27 OLG Dresden 7.2.2005 – 20 UF 896/04, FamRZ 2005, 927.
28 Staudinger/*Dürbeck* BGB § 1684 Rn. 164; *Völker/Clausius*, FamR-Mandat – Sorge und Umgangsrecht, § 2 Rn. 149.
29 OLG Bremen 13.4.2016 – 5 UF 17/16, FamRZ 2017, 297.

pflichtigen nicht zu tragen, aber nicht bereits deshalb **zwangsläufig**, weil im Interesse des Kindes der getrennt lebende Elternteil den Kontakt aufrechterhalten muss.[30]

Der Bundesfinanzhof lehnt es ab, Kosten des Umgangs als außergewöhnliche Belastungen anzuerkennen. 22
Soweit die Kosten einem Elternteil „in Erfüllung der elterlichen Pflicht zur Personensorge" entstehen, sind sie durch die Regelungen des **Familienleistungsausgleichs** abgegolten. Es handelt sich um typische Kosten der Lebensführung, und zwar unabhängig von der Sorgerechtslage.[31] Auch hält er einen Gleichklang von Steuer- und Sozialhilferecht nicht für geboten, da der Steuergesetzgeber anders als das Sozialhilferecht pauschalierende und für eine möglichst große Gruppe von Steuerpflichtigen und ihre Leistungsfähigkeit angemessene Regelungen zu finden sucht.[32]

Anders verhält es sich bei den **Verfahrenskosten**, die der Umgangsberechtigte zur Durchsetzung des 23
Umgangs mit den Kindern aufwenden muss, weil dieser vom anderen Elternteil grundlos verweigert wird. Da der Rechtsstreit einen existenziell wichtigen Bereich des Steuerpflichtigen berührt, sind die hierdurch anfallenden Kosten zwangsläufig entstanden.[33] Mittlerweile hat der Bundesfinanzhof aber klargestellt, dass es sich hierbei um Ausnahmefälle handelt. Aus den Entscheidungen folge nicht, dass die Kosten eines jeglichen Rechtsstreits, der das Umgangsrecht betrifft, als außergewöhnliche Belastung abziehbar seien. Regelmäßig seien Prozesskosten im Zusammenhang mit Streitigkeiten über das Umgangsrecht nicht als außergewöhnliche Belastungen zu berücksichtigen.[34] Das Herz des Praktikers schlägt höher bei dem Hinweis des Bundesfinanzhofs darauf, dass der Gesetzgeber den früheren Eheleuten Inhalt und Verfahren der Regelung ihrer Verhältnisse im Wesentlichen in gleicher Weise zur **eigenverantwortlichen Gestaltung** übertragen hat wie in bestehender Ehe oder im Falle nichtehelicher Familienbeziehungen; die Kosten für den mit dem Verfahren überzogenen Ehegatten gelten nicht als unvermeidbar.

Aufwendungen der Großeltern, die ihre im Ausland lebenden Enkel besuchen, sind grundsätzlich mit 24
dem **Grundfreibetrag** abgegolten. Die Aufwendungen seien nicht zwangsläufig, auch wenn der Umgang aus familienrechtlicher Sicht dem Wohl des Enkels diene. Bei typisierender Betrachtungsweise liegen Reisekosten von Großeltern der Art und dem Grunde nach nicht außerhalb des Üblichen.[35]

4. Umgangskosten und Sozialhilfe

Umgangskosten erschweren dem in beengten wirtschaftlichen Verhältnissen lebenden Umgangspflichtigen 25
den Umgang. Nach Art. 6 Abs. 1 GG hat der Staat deshalb eine besondere Förderungspflicht. Die hier infrage kommenden Fahrtkosten, Wohnkosten und Verpflegungskosten werden sozialhilferechtlich unterschiedlichen Bedarfen zugeordnet.

Fahrtkosten des umgangsberechtigten, hilfebedürftigen Elternteils zur Wahrnehmung des Umgangsrechts können nach **§ 21 Abs. 6 SGB II** als Mehrbedarf geltend gemacht werden. Die angemessene Höhe bestimmt sich nach der kostengünstigsten und gleichwohl im Hinblick auf den verfassungsrechtlichen Schutz des Umgangsrechts verhältnismäßigen sowie zumutbaren Art der Bedarfsdeckung im Einzelfall.[36]

Auch Flug- und Übernachtungskosten für vier Besuche im Jahr, nämlich alle drei Monate für jeweils fünf 26
Tage, in den USA können danach gewährt werden.[37] Zwar werden Kosten des Umgangs nicht gewährt, wenn sie unangemessen hoch sind, da auch beim Umgangsrecht mit Kindern in der Grundsicherung **keine unbeschränkte Sozialisierung von Scheidungsfolgekosten** möglich ist. Die Kosten müssen sich

30 NK-BGB/*Geißler* Anh.: Steuerrechtliche Aspekte zu §§ 1684 ff. BGB Rn. 2, 3.
31 BFH 11.1.2011 – VI B 60/10, FamRZ 2011, 641; 27.9.2007 – III R 55/05.
32 BFH 15.5.2012 – VI B 111/11, ZSteu 2012, R 1013 f.
33 BFH 11.1.2011 – VI B 60/10, FamRZ 2011, 641; 27.9.2007 – III R 55/05, EzFamR EStG §§ 33, 33 a, 33 b, 33 c Nr. 41.
34 BFH 10.3.2016 – VI R 38/13, FamRZ 2016, 1359 Rn. 18–22.
35 BFH 5.3.2009 – VI R 60/07, FamRZ 2009, 1139.
36 BSG 18.11.2014 – B 4 AS 4/14 R, BSGE 117, 240.
37 LSG Rheinland-Pfalz 24.11.2010 – L 1 SO 1333/10 B, FamRZ 2011, 1098.

in einem Bereich bewegen, der den Einsatz öffentlicher Mittel noch rechtfertigt. Das Landessozialgericht Rheinland-Pfalz hat aber aufgrund seiner Recherchen Kosten von (seinerzeit) ca. 590 EUR für den Flug und von 38 bis 50 EUR je Übernachtung ermittelt, und befunden, dass sie sich in diesem Rahmen bewegen.

27 Höhere Wohnkosten, die dem Umgangsberechtigten entstehen, weil er wegen der Wahrnehmung des Umgangsrechts eine größere Wohnung anmietet, können einen zusätzlichen **Bedarf dieses Elternteils** darstellen, was im Einzelfall anhand einer (komplizierten) Angemessenheitsprüfung festzustellen ist. Dabei ist auf den Einzelfall abzustellen, da der Bedarf für die Unterkunft bei Ausübung des Umgangsrechts weder regelhaft zu erhöhen ist, noch bei einem Umgang im üblichen Umfang davon ausgegangen werden kann, dass kein weiterer Bedarf besteht.[38] Anders verhält es sich, wenn getrennt lebende Eltern ihr Kind gleichmäßig im Sinne eines Wechselmodells betreuen. Dann hat das **Kind** einen gleichwertigen Wohnbedarf in den Wohnungen beider Eltern und ist grundsicherungsrechtlich jeweils als weiteres Haushaltsmitglied zu berücksichtigen.[39]

Für die **zusätzlichen Lebenshaltungskosten** in den Zeiten, in denen sich die Kinder bei dem Hilfeempfänger aufhalten, können Leistungen gem. § 38 Abs. 2 SGB II an den umgangsberechtigten Elternteil gezahlt werden. Es liegt eine sog. temporäre Bedarfsgemeinschaft vor. Kinder, die dem Haushalt eines Leistungsberechtigten regelmäßig, aber nur zeitweise angehören, können für jeden Tag des Aufenthalts (mit mehr als 12 Stunden) in dieser Bedarfsgemeinschaft (zumindest) Regelleistungen nach dem SGB II erhalten. Diese Auslegung des § 7 Abs. 3 Nr. 4 SGB II, die eine wechselnde Aufnahme minderjähriger Kinder in den jeweiligen Haushalt ihrer getrennt lebenden Eltern berücksichtigt, stellt eine SGB II-immanente Lösung des Problems der Umgangskosten sicher. Bei den in der temporären Bedarfsgemeinschaft tageweise anfallenden Regelbedarfen handelt es sich um einen Bedarf des minderjährigen Kindes, das seinen notwendigen Lebensunterhalt auch für die Aufenthalte beim getrennt lebenden Elternteil decken können muss.[40]

Verfahrensrechtlich ist zu beachten, dass § 38 Abs. 2 SGB II eine besondere Vertretungsregelung außerhalb des BGB darstellt, die dem Umgangsberechtigten für die Zeit der Haushaltszugehörigkeit ein Alleinvertretungsrecht des Kindes gibt, das allerdings auf die Vertretung im Verwaltungsverfahren einschließlich Widerspruchsverfahren beschränkt ist. Für das gerichtliche Verfahren gelten die allgemeinen Vertretungsregeln, so dass das Kind durch den alleinvertretungsberechtigten Elternteil bzw. bei gemeinsamer elterlicher Sorge durch beide Eltern gemeinsam vertreten wird. Bei Verweigerung durch den anderen Elternteil ist eine familiengerichtliche Entscheidung (§ 1628 BGB) herbeizuführen. Minderjährige sind bereits mit Vollendung des 15. Lebensjahres sozialrechtlich handlungsfähig (§ 36 Abs. 1 SGB I) und damit auch prozessfähig (§ 71 Abs. 2 SGG).[41]

38 BSG 29.8.2019 – B 14 AS 43/18 R, FamRZ 2020, 378 Rn. 28 ff.
39 BSG 11.7.2019 – B 14 AS 23/18 R, FamRZ 2020, 382.
40 BSG 12.6.2013 – B 14 AS 50/12 R, FamRZ 2014, 124 Rn. 18.
41 Vgl. *Schürmann* FamRZ 2014, 125.

223. Umgangspflegschaft

Treu

I. Einführung

1 Nach der bis 31.8.2009 geltenden Rechtslage war eine Umgangspflegschaft als Ergänzungspflegschaft iSd § 1909 BGB ausgestaltet. Ihre Anordnung erforderte unter den Voraussetzungen des § 1666 BGB den **Entzug des Sorgerechts**, soweit es die Bestimmung des Umganges betraf (§ 1630 Abs. 1 BGB), denn nur dann war der Elternteil an der „Besorgung der Angelegenheit" (§ 1909 Abs. 1 S. 1 BGB) verhindert.

2 Mit dem am 1.9.2009 in Kraft getretenen FGG-Reformgesetz (Art. 50 Nr. 28) wurde § 1684 Abs. 3 BGB um die Sätze 3 bis 6 erweitert und darin die ausdrückliche Möglichkeit geschaffen, eine **Umgangspflegschaft ohne Rückgriff auf und unterhalb der Eingriffsschwelle des § 1666 BGB** – jedenfalls für das Umgangsrecht der Eltern – anzuordnen. Damit soll nach der Begründung des Regierungsentwurfs erreicht werden, dass die zeitaufwändige Klärung der Auswirkungen unterbliebenen Umgangs für das Kind mittels Sachverständigengutachten unterbleiben kann.[1]

Daneben ist gleichwohl Raum zur Prüfung der Frage, ob Veranlassung besteht, den Eltern die Befugnis zur Umgangsbestimmung als Teil der Personensorge nach §§ 1666, 1666 a BGB zu entziehen, was insbesondere in Fällen einer Fremdunterbringung des Kindes in Betracht kommen wird, aber auch in hochkonflikthaften Umgangssachen möglich wäre.[2]

II. Gesetzliche Regelung der Umgangspflegschaft

3 Das Familiengericht kann gem. § 1684 Abs. 3 S. 3 BGB eine Umgangspflegschaft anordnen, wenn die **Wohlverhaltenspflicht** nach Abs. 2 dauerhaft oder wiederholt erheblich **verletzt** wird. Die Umgangspflegschaft umfasst das Recht, die Herausgabe des Kindes zur Durchführung des Umgangs zu verlangen und für die Dauer des Umgangs dessen Aufenthalt zu bestimmen (S. 4). Die Anordnung ist zu befristen (S. 5). Für Aufwendungsersatz und Vergütung des Umgangspflegers gilt § 277 FamFG entsprechend (S. 6).

4 Die Umgangspflegschaft bezweckt und ermöglicht eine **beschleunigte Durchsetzung von Umgangskontakten**[3] und stärkt damit den Umgangsberechtigten und die Rechte des Kindes.

Sie soll auf Fälle beschränkt werden, in denen der betreuende Elternteil oder die Obhutsperson iSd § 1684 Abs. 2 S. 2 BGB das Umgangsrecht des getrennt lebenden Elternteils in erheblicher Weise vereitelt. Es wird insbesondere in das Aufenthaltsbestimmungsrecht des betreuenden Elternteils eingegriffen, das für die Zeit des Umgangs auf den Pfleger übergeht.[4]

1. Voraussetzungen

5 Für beide Eltern gilt die Wohlverhaltenspflicht des § 1684 Abs. 2 BGB, die sie **zu wechselseitig loyalem Verhalten** bei der Verwirklichung des Umgangsrechts verpflichtet. Auf Seiten des betreuenden Elternteils bedeutet das, dass er grundsätzlich den persönlichen Umgang des Kindes mit dem anderen Elternteil zu ermöglichen und hierfür erzieherisch auf das Kind einzuwirken hat, damit psychische Widerstände des Kindes gegen den Umgang mit dem anderen Elternteil abgebaut werden und das Kind eine positive

1 BT-Drs. 16/6308, 345.
2 BGH 6.7.2016 – XII ZB 47/15, FamRZ 2016, 1752 Rn. 46.
3 OLG Hamm 13.7.2010 – 2 UF 277/09, NJW-RR 2011, 150.
4 BGH 31.10.2018 – XII ZB 135/18, FamRZ 2019, 199 Rn. 22.

Einstellung dazu (zurück)gewinnt. Er hat nicht nur jede negative Beeinflussung des Kindes zu unterlassen, sondern Kontakte mit dem anderen positiv zu fördern[5] (→ *Umgangsrecht* Rn. 61 ff.).

6 Für die Anordnung einer Umgangspflegschaft ist es erforderlich, aber auch ausreichend, dass diese Pflicht dauerhaft oder wiederholt von dem betreuenden Elternteil oder der Obhutsperson iSd § 1684 Abs. 2 S. 2 BGB erheblich verletzt und dadurch das **Umgangsrecht des getrennt lebenden Elternteils vereitelt** wird. Es ist nicht erforderlich, dass den betreuenden Elternteil am Nichtzustandekommen von Umgangskontakten ein Verschulden trifft.[6]

7 Störungen seitens des Umgangsberechtigten kann mittels der Anordnung des betreuten Umgangs begegnet werden (→ *Begleiteter Umgang* Rn. 24 ff.). Beides kann nebeneinander angeordnet werden (→ Rn. 28). Eine Kindeswohlgefährdung nach § 1666 BGB wird für die Umgangspflegschaft nicht mehr verlangt.[7]

8 Die gegenüber der früheren Rechtslage **niedrigere Eingriffsschwelle** des § 1684 Abs. 3 S. 3 BGB gilt allerdings nur für das Umgangsrecht der Eltern. Anders verhält es sich für das Umgangsrecht des in § 1685 BGB genannten Personenkreises. Hier kann eine Umgangspflegschaft nur angeordnet werden, wenn die Voraussetzungen des § 1666 Abs. 1 BGB erfüllt sind, also aufgrund einer Vereitelung der Umgangskontakte das körperliche, geistige oder seelische Wohl des Kindes gefährdet ist (§ 1685 Abs. 3 S. 2 BGB).

9 Auch die Entscheidung über die Anordnung einer Umgangspflegschaft ist an § 1697 a BGB (Kindeswohlprinzip) zu orientieren. Eine Umgangspflegschaft kommt nicht in Betracht, wenn sie **von vornherein aussichtslos** erscheint, weil nach den getroffenen Feststellungen offensichtlich ist, dass sie keinen Erfolg haben wird. Dafür genügt nicht „eine nahe liegende Vermutung, die Umgangspflegschaft werde nicht die gewünschten Wirkungen zeitigen", etwa aufgrund einer Beeinflussung des Kindes durch die Betreuungsperson(en). Denn dies ist gerade die Voraussetzung für ihre Anordnung.[8]

2. Rechtsfolgen

10 **a) Aufgaben und Rechte des Umgangspflegers.** Aufgabenkreis der Pflegschaft ist die Durchführung des Umgangs. Der Umgangspfleger hat einen Rahmen zu gewährleisten, der die Durchführung des angeordneten oder vereinbarten Umgangs ermöglicht und dafür zB Regelungen zwischen den Eltern zu vermitteln oder notfalls selbst zu treffen, mit welchen Modalitäten (Abholen/Bringen des Kindes, Übergabesituationen, mitzugebende Kleidung usw) der Umgang durchzuführen ist, ggf. die Plausibilität von Absagen des Umgangs zu überprüfen oder auch bei der Vorbereitung des Umgangs, bei der Übergabe des Kindes an den umgangsberechtigten Elternteil sowie bei der Rückgabe vor Ort zu sein.[9] Ausnahmsweise wird die Teilnahme am Umgang Bestandteil der Umgangspflegschaft, wenn das Gericht neben der Umgangspflegschaft auch die Anwesenheit des Umgangspflegers bei den Umgangskontakten ausdrücklich angeordnet hat.[10]

11 Um dem Zweck der Maßnahme gerecht zu werden, nämlich die Durchführung des Umgangs zu sichern, hat der Umgangspfleger das Recht, die **Herausgabe des Kindes** zur Durchführung des Umgangs zu verlangen und für die Dauer des Umgangs dessen **Aufenthalt** zu bestimmen. Dies ergibt sich unmittelbar aus dem Gesetz. Eine gesonderte Regelung hierzu seitens des Familiengerichts ist nicht erforderlich.[11] Insoweit ist das Sorgerecht der Eltern nach § 1630 Abs. 1 BGB eingeschränkt.[12]

12 Der Umgangspfleger kann damit die Herausgabe des Kindes vom umgangspflichtigen Elternteil verlangen. Er kann aber, ebenso wenig wie der Umgangsberechtigte, die Herausgabe nicht gewaltsam gegen dessen

5 OLG Saarbrücken 16.11.2011 – 6 UF 126/11, FamRZ 2011, 884.
6 OLG Hamm 13.7.2010 – 2 UF 277/09, NJW-RR 2011, 150.
7 BT-Drs. 16/6308, 345.
8 BGH 26.10.2011 – XII ZB 247/11, FamRZ 2012, 99.
9 KG 24.8.2012 – 25 WF 29/12, FamRZ 2013, 478.
10 BGH 31.10.2018 – XII ZB 135/18, FamRZ 2019, 199 Rn. 24.
11 OLG München 22.12.2010 – 33 UF 1745/10, FamRZ 2011, 823.
12 BGH 31.10.2018 – XII ZB 135/18, FamRZ 2019, 199 Rn. 22.

Widerstand durchsetzen. Hierfür bedarf es einer gesonderten Anordnung des Familiengerichts nach §§ 89 f. FamFG.[13]

Weitergehende Rechte hat der Umgangspfleger nicht. Das Umgangsrecht ist unabhängig von der Sorgerechtsfrage grundsätzlich im Einvernehmen der Sorge- und Umgangsberechtigten oder – falls ein solches nicht erzielt werden kann – auf der Grundlage einer gerichtlichen Regelung zuzulassen und auszuüben.[14] Insbesondere ist der Umgangspfleger also nicht befugt, über den Umgang und seine Ausgestaltung, namentlich die **Häufigkeit und Dauer**, zu entscheiden. Sonst würden ihm mehr Rechte zustehen als einem alleinsorgeberechtigten Elternteil, der den Umfang der Ausübung des Umgangs des gemeinsamen Kindes mit dem anderen Elternteil nicht einseitig bestimmen kann.[15] Ebenso wenig obliegt ihm die Entscheidung, ob ein Umgang nur in Anwesenheit einer dritten Person stattfinden darf, denn die Anordnung eines begleiteten Umgangs ist eine eigenständige, in ihrem Eingriff in das Elternrecht deutlich weitergehende familiengerichtliche Maßnahme.[16] 13

Das Gesetz sieht auch nicht vor, dem Umgangspfleger entsprechende Entscheidungsbefugnisse durch gerichtliche Regelung zu übertragen. Denn es ist Aufgabe des Familiengerichts, den Umgang zu regeln, wenn die Eltern sich hierüber nicht einigen können.[17] Das Gericht hat deshalb zumindest die wesentlichen Eckpunkte wie Häufigkeit und Dauer der Umgangskontakte festzulegen, während es dem Umgangspfleger die notwendige „Feinabstimmung" nach Maßgabe der Verhältnisse vor Ort überlassen darf.[18] 14

Der Umgangspfleger ist nur befugt, die **Durchführung** des von den Eltern vereinbarten oder vom Gericht angeordneten Umgangs **sicherzustellen.**[19] Er darf dafür bei Meinungsverschiedenheiten der Eltern über die Umgangsmodalitäten wie Ort des Umgangs, Ort der Übergabe des Kindes, dem Kind mitzugebende Kleidung oder Nachholtermine[20] zwischen ihnen vermitteln und auch entscheiden,[21] muss sich aber **im Rahmen der bestehenden Umgangsregelung** halten. 15

b) Befristung. Die Umgangspflegschaft ist zu befristen (§ 1684 Abs. 3 S. 5 BGB), denn mit ihrer Anordnung ist die Erwartung an die Eltern verbunden, dass sie nach einer gewissen Zeit bereit und in der Lage sind, die Durchführung des Umgangs selbst zu regeln. Sollte diese Erwartung sich nicht erfüllen, ist sie nicht das geeignete Mittel gewesen und sind andere Maßnahmen zu überlegen. Eine **Dauerlösung** kann und soll die Umgangspflegschaft nicht sein.[22] 16

Erweist sich aber, dass die Umgangspflegschaft an sich geeignet ist – etwa weil sich Fortschritte zeigen –, ist es den Eltern aber innerhalb der gesetzten Frist (noch) nicht gelungen, den Umgang eigenverantwortlich sicherzustellen, kann auf ihren Antrag eine erneute Umgangspflegschaft angeordnet[23] oder die Umgangspflegschaft verlängert werden.[24] 17

c) Person des Umgangspflegers. Auf die Umgangspflegschaft sind die Vorschriften über die Pflegschaft (§§ 1909 ff. BGB) anzuwenden. Für die Auswahl der Person des Umgangspflegers gelten damit §§ 1915 Abs. 1, 1779, 1791 b BGB. Insbesondere unter Berücksichtigung des § 1697 a BGB soll nach der Vorstellung des Gesetzgebers Wert auf die **persönlichen Verhältnisse und etwaige Bindungen** des Kindes an den potenziellen Pfleger gelegt werden, wenngleich unter der Voraussetzung des § 1791 b BGB, dass eine als ehrenamtlicher Umgangspfleger geeignete Person nicht vorhanden ist, auch das Jugendamt als 18

13 FA-FamR-HdB/*Büte* 4. Kap. Rn. 455.
14 OLG München 22.12.2010 – 33 UF 1745/10, FamRZ 2011, 823.
15 OLG Hamm 13.5.2014 – II-2 UF 51/14, FamRZ 2014, 1792.
16 KG 24.8.2012 – 25 WF 29/12, FamRZ 2013, 478.
17 BVerfG 17.6.2009 – 1 BvR 467/09, FamRZ 2009, 1472.
18 KG 21.9.2012 – 17 UF 118/12, FamRZ 2013, 308 ff.
19 OLG München 22.12.2010 – 33 UF 1745/10, FamRZ 2011, 823.
20 BT-Drs. 16/6308, 345.
21 OLG Hamm 13.7.2010 – 2 UF 277/09, NJW-RR 2011, 150.
22 BT-Drs. 16/6308, 346.
23 OLG Hamm 13.7.2010 – 2 UF 277/09, NJW-RR 2011, 150.
24 OLG Zweibrücken 27.8.2014 – 2 AR 14/14, FamRZ 2015, 520 Rn. 5.

solcher in Betracht kommt.[25] Ein Vertrauensverhältnis des betreuenden Elternteils zu dem Umgangspfleger ist nicht erforderlich.[26] Maßstab für die Auswahl des Pflegers ist daher allein das Kindeswohl. Es soll vermieden werden, dass die Eltern im Fall von Interessenkollisionen mittelbar über die Auswahl des Pflegers Einfluss auf die im Interesse des Kindes zu treffenden Entscheidungen nehmen können.[27]

19 In der Praxis wird die Auswahl des Umgangspflegers aus dem persönlichen Umfeld der Beteiligten zu Konflikten führen, da die Zerstrittenheit der Eltern sich nicht selten im familiären Umfeld mit entsprechender Lagerbildung fortsetzt. Wegen des Interessenkonfliktes sind Angehörige des Kindes eher nicht zur Übernahme der Pflegschaft geeignet.[28] Auch die Einsetzung des bisherigen Verfahrensbeistandes erscheint nicht sinnvoll. Er kennt zwar das Kind, die Eltern und die Problematik, ist andererseits aber in dem der Anordnung zugrunde liegenden Verfahren Beteiligter (gewesen).

3. Verhältnismäßigkeit

20 Die Umgangspflegschaft ist im Falle der Umgangsvereitelung grundsätzlich als das **mildere Mittel gegenüber sorgerechtsbeschränkenden Maßnahmen** wie etwa der vollständigen Entziehung des Aufenthaltsbestimmungsrechts oder des Umgangsbestimmungsrechts anzuordnen, wenn nicht nach den getroffenen Feststellungen offensichtlich ist, dass sie keinen Erfolg haben wird.[29] Auch dann, wenn eine Gefährdung des Kindeswohls vorliegt, haben weitergehende und grundsätzlich unbefristete Eingriffe in die elterliche Sorge gem. § 1666 BGB wie etwa der vollständige Entzug des Aufenthaltsbestimmungsrechts zurückzustehen, soweit die zwingend zu befristende Anordnung der Umgangspflegschaft ausreicht, um der Gefährdung sinnvoll zu begegnen.[30]

4. Kosten

21 Der Umgangspfleger hat gem. § 1684 Abs. 3 S. 6 BGB, § 277 Abs. 2 FamFG Anspruch auf Ersatz seiner Aufwendungen und, wenn die Pflegschaft berufsmäßig geführt wird, auch auf Vergütung wie der Verfahrenspfleger nach dem Vormünder- und Betreuervergütungsgesetz – mit der dadurch bezweckten Folge, dass sich der Anspruch nicht gegen das betroffene Kind, sondern **gegen die Staatskasse** richtet (§ 277 Abs. 5 FamFG).[31] Vergütet wird nur die für die Führung der Pflegschaft aufgewandte und erforderliche Zeit. Daneben erhält der Umgangspfleger, der bei der Durchführung des Umgangs entsprechend einer ausdrücklichen familiengerichtlichen Anordnung anwesend ist, auch hierfür eine Vergütung. Dass sich hierbei die Aufgabenbereiche des Abs. 3 (Umgangspflegschaft) und des Abs. 4 (Umgangsbegleitung) überschneiden können, steht der Abrechnung nach § 1684 Abs. 3 S. 6 BGB nicht entgegen.[32]

22 Der Vergütungsanspruch des Umgangspflegers setzt seine förmliche Bestellung vor der Aufnahme seiner Tätigkeiten voraus, selbst wenn er bereits zuvor auf Veranlassung des Gerichts tätig geworden ist.[33]

Die an den Umgangspfleger zu zahlenden Beträge sind nach Nr. 2014 des Kostenverzeichnisses zum FamGKG **Auslagen des Verfahrens**, in dem die Umgangspflegschaft angeordnet wurde, und damit von dem in der gerichtlichen Kostenentscheidung bestimmten Beteiligten zu tragen, wegen § 81 Abs. 3 FamFG aber nicht vom Kind.

25 BT-Drs. 16/6308, 346.
26 OLG Hamm 13.7.2010 – 2 UF 277/09, NJW-RR 2011, 150.
27 OLG München 24.5.2016 – 16 WF 519/16, FamRZ 2016, 1475.
28 OLG Düsseldorf 25.10.2010 – 4 UF 252/09, FamRZ 2011, 822.
29 BGH 6.7.2016 – XII ZB 47/15, FamRZ 2016, 1752 Rn. 46.
30 OLG Hamm 13.7.2010 – 2 UF 277/09, NJW-RR 2011, 150.
31 BT-Drs. 16/6308, 346.
32 BGH 31.10.2018 – XII ZB 135/18, FamRZ 2019, 199 Rn. 22.
33 BGH 30.8.2017 – XII ZB 562/16, FamRZ 2017, 1846.

III. Verfahrenshinweise

23 Die Notwendigkeit einer Umgangspflegschaft ergibt sich im Allgemeinen in einem laufenden Umgangsverfahren. Die Anordnung der Pflegschaft wird dann zusammen mit der Umgangsregelung Teil des das Verfahren beendenden Beschlusses.

24 Die Frage kann aber auch (gesondert) zu prüfen sein, wenn das Gericht gem. § 156 Abs. 3 S. 1 FamFG mit den Beteiligten einer Kindschaftssache betreffend den Aufenthalt des Kindes, das Umgangsrecht oder die Herausgabe des Kindes den Erlass einer einstweiligen Anordnung erörtert oder gem. § 157 Abs. 3 FamFG in einem Verfahren nach § 1666 BGB prüft. In diesem Fall kann **im Wege der einstweiligen Anordnung** eine Umgangspflegschaft eingerichtet werden.

25 Es gelten neben dem allgemeinen Teil des FamFG die §§ 151 ff. FamFG. Streitig ist, ob die Umgangspflegschaft wegen ihrer das Sorgerecht berührenden Anteile dem Sorgerecht zuzuordnen ist, mit der Folge, dass eine einstweilige Anordnung hierzu gem. § 57 S. 2 Nr. 1 FamFG ausnahmsweise angefochten werden kann (→ *Einstweiliger Rechtsschutz* Rn. 59). Dafür spricht, dass der Umgangspfleger kraft Gesetzes das Recht zur Durchführung des Umgangs bzw. für die Dauer desselben das Herausgabe- und das Aufenthaltsbestimmungsrecht für das Kind hat und insoweit das Sorgerecht der Eltern eingeschränkt wird.

26 Andererseits sichert die Anordnung der Umgangspflegschaft das Umgangsrecht des nicht betreuenden Elternteils ab und führt daher nicht zu einem Eingriff in das Recht der elterlichen Sorge. Das **Umgangsrecht ist nicht Teil des Sorgerechts.**[34]

Der BGH hat klar zwischen dem Umgangsbestimmungsrecht (als Teil der elterlichen Sorge, → Rn. 1 f.) und dem demgegenüber milderen Mittel der Anordnung einer Umgangspflegschaft differenziert.[35]

27 Der als Ausnahmetatbestand von der grundsätzlichen Unanfechtbarkeit einer einstweiligen Anordnung gefasste § 57 S. 2 Nr. 1 FamFG ist eng auszulegen. Die elterliche Sorge wird von der Umgangspflegschaft nur am Rande berührt. Der Sachzusammenhang mit der Regelung des Umgangs ist wesentlich enger. Es wäre im Übrigen auch ein Wertungswiderspruch, wenn die den eigentlichen Eingriff darstellende Regelung des Umgangs unanfechtbar wäre, gegen die lediglich der Durchsetzung der gerichtlich geregelten Umgangskontakte dienenden Anordnung der Umgangspflegschaft jedoch ein Beschwerderecht bestünde.[36] Schließlich wäre die Anfechtbarkeit einer eine Umgangspflegschaft anordnenden einstweiligen Anordnung mit dem der Neuregelung des § 1684 Abs. 3 BGB sowie den §§ 151 ff. FamFG zugrunde liegenden Beschleunigungsgedanken nicht vereinbar.

28 Die Umgangspflegschaft kann **neben dem begleiteten Umgang** angeordnet werden.[37] Es werden unterschiedliche Zwecke verfolgt. Die Umgangspflegschaft dient der Durchsetzung des Umgangsrechts als solches, während der begleitete Umgang das Kind schützen soll.

34 OLG Düsseldorf 20.3.2018 – II-3 UF 30/18, Rn. 4.
35 BGH 6.7.2016 – XII ZB 47/15, FamRZ 2016, 1752.
36 OLG Hamm 8.5.2012 – 7 UF 23/12, juris, Rn. 29, 31.
37 OLG Düsseldorf 25.10.2010 – 4 UF 252/09, FamRZ 2011, 822.

224. Umgangspflicht

Treu

I. Einführung

1 Mit der Neuregelung des Umgangsrechts zum 1.7.1998 wurde erstmals dem Kind das Recht auf Umgang mit jedem Elternteil zugesprochen und damit einhergehend jeder Elternteil zum Umgang mit dem Kind nicht nur berechtigt, sondern auch verpflichtet. Das eigene Umgangsrecht des Kindes folgt aber bereits aus Art. 9 Abs. 3 UN-KRK.

Das Bundesverfassungsgericht spricht von der „gewachsenen Einsicht in die **Bedeutung des Umgangsrechts** eines Kindes mit beiden Elternteilen, wie sie in §§ 1684, 1626 zum Ausdruck kommt".[1] Im Sinne eines gesetzlichen Leitbildes gilt die Vermutung, dass zum Wohle des Kindes in der Regel der Umgang mit beiden Elternteilen gehört (§ 1626 Abs. 3 S. 1 BGB).

2 Das bis dahin lediglich als Elternrecht ausgestaltete Umgangsrecht sollte in der Neufassung des § 1684 BGB einen Bewusstseinswandel bei den Eltern bewirken, dass sie nicht nur das Recht auf Umgang haben, sondern im Interesse des Kindes auch die Pflicht, diesen Umgang zu ermöglichen. Das Kind ist nicht mehr lediglich **Objekt des elterlichen Umgangs**,[2] sondern hat nun eine seiner Stellung als Grundrechtsträger gerecht werdende **Subjektstellung** auch in der Beziehung zu seinen Eltern.[3]

3 Hieran schließen sich Fragen nach dem Umfang und insbesondere nach der **Durchsetzbarkeit des Umgangs** an.

II. Gesetzliche Regelung

4 Es war das Reformziel, die **Rechte des Kindes** zu fördern und seine Belange in den Vordergrund zu stellen. Verbunden war dies mit der Erwartung eines Bewusstseinswandels bei den Eltern und einer **Signalwirkung**.[4] Seine Grenze findet dies in der entschiedenen Ablehnung seitens des Umgangselternteils.

5 § 1684 Abs. 1 BGB konkretisiert die den Eltern durch Art. 6 Abs. 2 S. 1 GG auferlegte Pflicht zur Pflege und Erziehung ihres Kindes, die mit dem **Grundrecht des Kindes auf Pflege und Erziehung** durch seine Eltern korrespondiert, und normiert eine Pflicht der Eltern zum Umgang, die sich nicht lediglich auf das Kind bezieht, sondern auch ihm gegenüber besteht. Das Kind ist selbst Rechtssubjekt und Grundrechtsträger und nicht lediglich Gegenstand elterlicher Handlungen. Die Eltern schulden ihm, ihr Handeln an seinem Wohl auszurichten.

6 Das Umgangsrecht ist Teil der **Elternverantwortung**, womit auch eine Pflicht zum Umgang verbunden ist.[5] Damit ergibt sich unmittelbar aus der Verfassung folgend ein direkter Anspruch des Kindes gegen seine Eltern, ein Fall **unmittelbarer Drittwirkung von Grundrechten**.[6]

7 Eine Pflicht des Kindes zum Umgang wird dagegen nicht statuiert, was aber nicht bedeutet, dass die Ablehnung des Umgangs durch das Kind der Ausübung des Umgangsrechts zwingend entgegenstünde.

1 BVerfG 8.12.2005 – 2 BvR 1001/04, FamRZ 2006, 187.
2 NK-BGB/*Peschel-Gutzeit/Ebeling* § 1684 Rn. 11.
3 *Gernhuber/Coester-Waltjen* FamR § 67 Rn. 2.
4 BT-Drs. 13/8511, 67.
5 BVerfG 1.4.2008 – 1 BvR 1620/04, FamRZ 2008, 845.
6 *Altrogge* FPR 2009, 43.

Die Pflicht der Eltern zum Umgang ist auf Seiten des Kindes als (einklagbarer) **Anspruch auf Umgang** gegen die Eltern konzipiert. Es besteht die Pflicht zur kindeswohlgerechten, also pünktlichen und regelmäßigen Ausübung des Rechts wie zur Wahrnehmung des Kontakts überhaupt.[7] 8

Dabei handelt es sich um ein **Pflichtrecht** gegenüber dem Kind.[8] Das hieraus resultierende Recht des Kindes ist ein höchstpersönliches. Es ist kein Recht des betreuenden Elternteiles, weshalb das Recht auch nur durch das Kind selbst geltend gemacht werden kann. Seit dem Inkrafttreten des FamFG hat diese Frage und die Frage der ordnungsgemäßen Vertretung eines *antragstellenden* Kindes keine wirkliche Relevanz. Bei Umgangsverfahren handelt es sich um Amtsverfahren, zu deren Einleitung es eines Antrags nicht bedarf. Ein Gericht soll und muss unter Umständen dann tätig werden, wenn dies das Kindeswohl gebietet, und zwar unabhängig von Anträgen, insbesondere auch der Sorgeberechtigten. Es ist dann die Einleitung eines förmlichen Verfahrens unter Beteiligung der durch die Entscheidung unmittelbar Betroffenen erforderlich.[9] Ein „Antrag“ des Kindes selbst oder ein solcher des betreuenden Elternteiles würde also zur Einleitung eines gerichtlichen Umgangsverfahrens führen. 9

Die Entscheidung des BGH vom 14.5.2008[10] erging zum früheren Verfahrensrecht und ist daher überholt.

Weigert sich der umgangsberechtigte Elternteil, das Kind zu sehen, kann dieses **Beratung in Umgangsfragen** durch das Jugendamt beanspruchen, denn gem. § 18 Abs. 3 SGB VIII sollen Kinder und Jugendliche darin unterstützt werden, dass die nach §§ 1684, 1685 BGB Umgangsberechtigten von diesem Recht zum Wohl des Kindes Gebrauch machen. Auch die Eltern haben einen Anspruch auf Beratung und Unterstützung bei der Ausübung des Umgangsrechts. 10

Bleibt die Beratung erfolglos oder wird sie nicht verlangt, kann das Kind sein Recht gerichtlich geltend machen, indem es die Wahrnehmung der Elternpflicht zum Umgang einfordert. Es stellt sich die Frage, wie sich ein erzwungener und damit mutmaßlich **widerwillig ausgeübter Umgang** auf das Kind auswirkt, ob die Vermutung des § 1626 Abs. 3 S. 1 BGB auch für diesen Fall gilt[11] oder ob das Wohl des Kindes gefährdet würde,[12] ob es für das Kind schädlicher ist, die Ablehnung des Elternteils durch verweigerten Umgang oder in direkter Konfrontation bei einem **erzwungenen Umgang** zu erfahren.[13] 11

Das Bundesverfassungsgericht hält eine gerichtliche Umgangsanordnung gegen den **umgangsunwilligen Elternteil** für grundsätzlich zulässig und den darin liegenden Eingriff in dessen allgemeines Persönlichkeitsrecht für gerechtfertigt, nicht aber die (nach Rechtslage bis zum 31.8.2009 im Rahmen der Zwangsvollstreckung erforderliche) Androhung des Zwangsgeldes gem. § 33 Abs. 1 S. 1, Abs. 3 S. 1 FGG. 12

In der Verweigerung jeglichen Umgangs mit dem Kind sieht das Bundesverfassungsgericht einen Entzug elterlicher Verantwortung und zugleich die Vernachlässigung eines wesentlichen Teils der den Eltern auferlegten **Erziehungspflicht**. Die Verpflichtung des unwilligen Elternteils zum Umgang ist nach dieser Auffassung geeignet, die Beziehung zwischen dem Kind und seinem den Umgang verweigernden Elternteil zu fördern, denn es sei nicht ausgeschlossen, dass ein zum Umgang verpflichteter Elternteil sich durch die in § 1684 Abs. 1 BGB enthaltene Verpflichtung oder die darauf gestützte gerichtliche Anordnung beeindrucken und bewegen lasse, dieser Pflicht im wohlverstandenen Interesse des Kindes nachzukommen.[14] 13

Den Antrag des 15 ½-jährigen Kindes auf Regelung des Umgangs mit dem Vater mit der Begründung zurückzuweisen, angesichts der Vehemenz, mit der der unentschuldigt dem Anhörungstermin fernbleibende 14

7 *Gernhuber/Coester-Waltjen* FamR § 67 Rn. 2.
8 FA-FamR-HdB/*Büte* 4. Kap. Rn. 418.
9 OLG Koblenz 15.11.2016 – 7 UF 611/16, FamRZ 2017, 898.
10 BGH 14.5.2008 – XII ZB 225/06, FamRZ 2008, 1334.
11 *Peschel-Gutzeit* NJW 2008, 1922.
12 *Born* FD-FamR 2008, 256566.
13 *Born* FD-FamR 2008, 220765.
14 BVerfG 1.4.2008 – 1 BvR 1620/04, FamRZ 2008, 845.

Vater den Kontakt verweigert, seien die Kontaktwünsche der Tochter unrealistisch,[15] erscheint realitätsnah, dürfte den Anforderungen des Bundesverfassungsgerichts aber nicht gerecht werden.

15 Angesichts der vom Bundesverfassungsgericht skizzierten, im Normalfall zu erwartenden **positiven Auswirkungen des Umgangs** für das Kind, nämlich seine Eltern kennenzulernen, mit ihnen vertraut zu werden oder eine persönliche Beziehung zu ihnen fortzusetzen, in der Kommunikation mit den Eltern Zuneigung zu erfahren, von ihnen zu lernen und Impulse wie Ratschläge zu erhalten, was ihm Orientierung gibt, zu seiner Meinungsbildung beiträgt und ihm dazu verhilft, sich zu einer selbstständigen und eigenverantwortlichen Persönlichkeit zu entwickeln, erscheint dieser Ansatz zunächst gewagt. Es ist kaum vorstellbar, dass eine Begegnung zwischen Elternteil und Kind, die dadurch herbeigeführt wird, dass der Umgangsberechtigte mittels gerichtlicher Entscheidung nachdrücklich an seine Verantwortung erinnert worden ist, vom Kind als positiv empfunden werden kann.

16 Genau das erwartete allerdings der Gesetzgeber von 1997, der Eltern zum Umgang verpflichtet und den **Ausschluss der Vollstreckbarkeit**, die seinerzeit diskutiert worden war, für nicht vertretbar hielt, weil andernfalls die Gefahr bestünde, dass überhaupt kein Umgang mehr stattfindet.[16] Nicht bereits der Wortlaut des Gesetzes, sondern erst der Umgangsbeschluss, der die Umgangspflicht schriftlich fixiert, erreiche den Umgangspflichtigen und entfalte **Appellcharakter**. Auf diese Signalwirkung dürfe nicht verzichtet werden.[17]

17 Das Bundesverfassungsgericht hat das Ergebnis schließlich korrigiert, indem es die zwangsweise **Durchsetzung des Umgangsrechts** gegen den Willen des umgangsberechtigten Elternteils grundsätzlich nicht zulässt, da ein solchermaßen erzwungener Umgang in der Regel nicht (mehr) dem Kindeswohl diene.[18]

18 Maßstab ist damit nicht die Gefährdung des Kindeswohls nach § 1684 Abs. 4 BGB, der die Grenzen des elterlichen Umgangsrechts, nicht aber die Durchsetzung der Umgangspflicht zum Gegenstand hat. Es wird vielmehr das **Regel-Ausnahme-Prinzip** des § 1626 Abs. 3 S. 1 BGB, das auch im Rahmen der Vollstreckung gilt, umgekehrt.[19]

19 Für die Rechtslage vor dem 1.9.2009 hat dies bedeutet, dass § 33 Abs. 1 S. 1, Abs. 3 FGG dahin gehend verfassungskonform auszulegen war, dass eine zwangsweise Durchsetzung der Umgangspflicht eines **den Umgang verweigernden Elternteils** zu unterbleiben hatte, es sei denn, es gab im konkreten Einzelfall hinreichende Anhaltspunkte, die darauf schließen ließen, dass dies dem Kindeswohl dienen werde.

20 Dieser Gedanke der Kindeswohldienlichkeit erzwungenen Umgangs hat in **§ 89 Abs. 1 FamFG** Eingang gefunden, der im Laufe des Gesetzgebungsverfahrens von einer Soll- in eine Kann-Vorschrift umgewandelt wurde. Der nach § 89 Abs. 2 FamFG im Rahmen des Anordnungsbeschlusses zu erteilende Hinweis auf die Folgen einer Zuwiderhandlung gegen die Anordnung ist von seinem Zweck her an die Stelle der Androhung nach § 33 FGG getreten (→ *Durchsetzung von Umgangsregelungen* Rn. 14 ff.). Er stellt aber im Gegensatz zur früheren Rechtslage keinen eigenen Verfahrensschritt mehr dar. Auch hat das Gericht keine **Entscheidungsfreiheit**. Der Hinweis ist zwingend zu erteilen. Erst die Verhängung von Ordnungsmitteln steht im Ermessen des Gerichts.[20]

21 Ob auch der **zwangsweise durchgesetzte Umgang** noch dem Kindeswohl dient, ist danach in jedem Einzelfall zu prüfen und zu begründen. Das Bundesverfassungsgericht hält es in Fällen, in denen aufgrund der Unbefangenheit des Kindes und seiner psychischen Stabilität eine reale Chance bestehe, dass das Kind „durch sein offenes und freundliches Verhalten den Widerstand des unwilligen Elternteils auflösen“ kann, für denkbar, dass der Umgang schließlich doch dem Wohle des Kindes diene.

---

15 AG Celle 2.9.2009 – 8 F 8161/08, FamRZ 2010, 1681.
16 BT-Drs. 13/8511, 67.
17 *Altrogge* FPR 2008, 410.
18 BVerfG 1.4.2008 – 1 BvR 1620/04, FamRZ 2008, 845.
19 *Altrogge* FPR 2009, 43.
20 *Altrogge* FPR 2009, 43.

Die Fachgerichte sind dieser Linie auch auf der Grundlage der Rechtslage seit dem 1.9.2009 weitgehend gefolgt.[21] Eine Ausnahme ist die Entscheidung des OLG Oldenburg, das eine reale Chance gesehen hat, dass die Kinder den Widerstand des Kindesvaters gegen die Umgangskontakte auflösen können und in erzwungenen Umgangskontakten keine größere Beeinträchtigung des Kindeswohls sieht als durch die abrupte Abwendung des Vaters.[22]

22 Gegen die Entscheidung des Bundesverfassungsgerichts wird vorgebracht, dass die Umgangspflicht in gewissen Fällen zu einer nicht durchsetzbaren Pflicht, einer **Naturalobligation**, mutiere, da die Rechtsordnung dem Kind die Durchsetzung seines Rechts versage und den Elternteil, der beharrlich und unbeirrt jeden Umgang verweigere, auch nicht zur Einhaltung seiner Pflicht zwinge, vielmehr sein Recht auf Schutz seiner Persönlichkeit höher werte.[23]

23 Dem ist entgegenzuhalten, dass bereits der Gesetzgeber zumindest auf die **Signalwirkung** eines eigenen Umgangsrechts des Kindes und den dadurch bewirkten Bewusstseinswandel gesetzt hatte. Um dies nicht völlig auszuhöhlen, wurde von einem **Ausschluss der Vollstreckung** abgesehen. Dass bei der Abwägung unterschiedlicher Interessen und Grundrechtspositionen am Ende einer Seite der Vorrang gewährt wird – und dies aufgrund der **Umkehrung des Regel-Ausnahme-Prinzips** im Regelfall die Elternseite sein dürfte –, sollte den Grundgedanken nicht infrage stellen.

24 Weiterer Kritikpunkt ist der **unterschiedliche Maßstab**, der an die Berücksichtigung des Willens zum Umgang bzw. dessen Fehlen bei Elternteil und Kind angelegt wird. Während der fehlende Wille des Elternteils in der Weise folgenlos bleibt, dass Umgang letztlich nicht durchgesetzt werden kann, werde das Kind in nicht wenigen Fällen zum Umgang gezwungen.[24] § 1626 Abs. 3 BGB verstelle den Blick auf das Kindeswohl.[25]

25 Für die Ungleichbehandlung gibt es jedoch sachliche Gründe. In § 1626 Abs. 3 S. 1 BGB kommt der Gedanke zum Ausdruck, dass für den Umgang des Kindes mit seinen Eltern im Regelfall eine **tragfähige Basis** vorhanden ist. Ablehnung oder Verweigerung auf Seiten des Kindes wird prima facie nicht dem Kind selbst, sondern dem betreuenden Elternteil zugeschrieben und deshalb weniger ernst genommen als solche auf Seiten des Umgangselternteils.

26 Es ist auch nicht fernliegend, zunächst einen **Willen des Kindes** zum Umgang zu vermuten und den abweichend geäußerten Willen infrage zu stellen und näher darauf zu überprüfen, ob er von dem Betreuungselternteil negativ beeinflusst worden ist. Dass im Übrigen in der Kindererziehung nicht in jedem Fall und ungeprüft dem Kindeswillen nachgegeben wird, rechtfertigt es, den **Maßstab des § 1684 Abs. 4 BGB** anzulegen.

27 Das Gesetz gibt ausreichend **Spielraum für abweichende Entscheidungen**, wenn der – ernst zu nehmende, unbeeinflusste – Wille des Kindes einem Umgang entgegensteht.[26] Dass dies vorrangig älteren Kindern zugebilligt wird, überrascht nicht, da sich eine ablehnende Haltung, auch und gerade aufgrund manipulativer Einwirkung, verfestigt haben und der Wille nicht mehr so leicht wie bei kleineren Kindern „umgelenkt" werden kann.

---

21 BGH 17.8.2011 – XII ZB 621/10, FamRZ 2011, 1729 Rn. 17.
22 OLG Oldenburg 28.7.2016 – 13 WF 55/16, FamRZ 2017, 390.
23 *Peschel-Gutzeit* NJW 2008, 1922.
24 *Peschel-Gutzeit* NJW 2008, 1922.
25 *Rakete-Dombek* FPR 2008, 492.
26 OLG Köln 25.1.2010 – 4 UF 188/09, FamFR 2010, 164; OLG Brandenburg 20.5.2010 – 10 UF 46/09, FamFR 2010, 310; 20.10.2009 – 10 UF 177/08, FamFR 2009, 170; OLG Saarbrücken 12.7.2010 – 6 UF 32/10, NJW-RR 2011, 436.

III. Verfahrenshinweise

28 Das Umgangsrecht des Kindes ist ein **höchstpersönliches Recht**, das nur von ihm selbst geltend gemacht werden kann. Aufgrund der Ausgestaltung des Umgangsverfahrens als Amtsverfahren, zu dessen Einleitung es eines Antrags nicht bedarf, haben die früher hierzu diskutierten Fragen im Rahmen des Erkenntnisverfahrens keine Relevanz mehr (→ Rn. 9).

Allerdings stellen sie sich im Vollstreckungsverfahren. Soweit das Kind nicht verfahrensfähig ist, muss es vertreten werden. Ein Fall der **gewillkürten Prozessstandschaft** liegt nicht vor. Es stünde mit dem höchstpersönlichen Charakter des Rechts und seiner engen Verknüpfung mit dem Rechtsinhaber im Widerspruch, die gerichtliche Geltendmachung einem Dritten im eigenen Namen zu überlassen.[27]

29 Die Vertretung des Kindes erfolgt durch den allein sorgeberechtigten Elternteil. Bei gemeinsamer elterlicher Sorge muss sich der betreuende Elternteil das **Entscheidungsrecht gem. 1628 BGB** vom Familiengericht übertragen lassen. Im Falle eines Interessenkonflikts ist dem Kind ein Ergänzungspfleger zu bestellen (→ *Beteiligte* Rn. 33 ff.).

30 Das Verfahren kann vom Jugendamt, an das sich das Kind nach **§ 18 Abs. 3 SGB VIII** gewendet hat, durch entsprechende Mitteilung an das Familiengericht veranlasst werden.

31 Da der Anspruch des Kindes sich gegen den betreuenden Elternteil mit dem Inhalt richtet, den Umgang zuzulassen, kommt bei Untätigkeit des Umgangsberechtigten ein Verfahren gegen den Betreuungselternteil in Betracht. Zur Vertretung gilt das Geiche wie im Verfahren gegen den Umgangselternteil, doch wird hier eher eine **Vertretung durch einen Ergänzungspfleger** erforderlich sein.

32 Im Gegensatz zu den Eltern hat das Kind nicht die Möglichkeit, ein **Vermittlungsverfahren nach § 165 FamFG** einzuleiten. Diese Vorschrift ist allein auf Umgangsauseinandersetzungen der Eltern zugeschnitten (→ *Durchsetzung von Umgangsregelungen* Rn. 25).

33 Die **Vollstreckung** des vom Kind gegen den Umgangselternteil erwirkten Titels ist grundsätzlich möglich und richtet sich nach **§§ 88 ff. FamFG**. Von einem Ausschluss der Vollstreckbarkeit wurde seinerzeit im Gesetzgebungsverfahren abgesehen (→ Rn. 16, 23).

---

27 BGH 14.5.2008 – XII ZB 225/06, NJW 2008, 2586.

225. Umgangsrecht

Treu

I. Einführung

Die Trennung der Eltern bedeutet für das betroffene Kind seine eigene **Trennung** von einem Elternteil und mitunter auch von dessen familiären Umfeld. Hat das Kind zuvor längere Zeit mit seinen Eltern als Familie zusammengelebt, droht der Verlust gewachsener Beziehungen. Hat es niemals ein Zusammenleben gegeben oder fand die Trennung im Säuglings- oder Kleinkindalter statt, konnten sich tragfähige Bindungen noch nicht entwickeln. Entsprechendes gilt für Kinder, die in Pflegefamilien oder Heimen leben. All dem soll das **Umgangsrecht** Rechnung tragen. 1

Das Umgangsrecht steht unter dem besonderen Schutz des Grundgesetzes, Art. 6 GG, wie auch der **Europäischen Menschenrechtskonvention.**[1] Für das von der Trennung seiner Eltern betroffene Kind ist zudem Art. 9 Abs. 3 des Übereinkommens über die Rechte der Kinder (**UN-Kinderrechtskonvention** vom 20.11.1989), von der Bundesrepublik Deutschland am 26.1.1990 unterzeichnet und durch Gesetz vom 17.2.1992 am 5.4.1992 in Kraft getreten,[2] anzuführen. Darin verpflichten sich die Vertragsstaaten, das Recht des Kindes, das von einem oder beiden Elternteilen getrennt ist, zu achten, regelmäßige persönliche Beziehungen und unmittelbare Kontakte zu beiden Elternteilen zu pflegen, soweit dies nicht dem Wohl des Kindes widerspricht. 2

Seit zum 1.7.1998 mit § 1684 BGB ein einheitliches Umgangsrecht für eheliche und nichteheliche Kinder geschaffen (→ Rn. 7 f.) und gleichzeitig mit § 1685 BGB der **Kreis der Umgangsberechtigten** erweitert worden ist (→ Rn. 80 ff.), hat das Umgangsrecht, angestoßen durch die Rechtsprechung des Europäischen Gerichtshofs für Menschenrechte und des Bundesverfassungsgerichts, noch verschiedene Veränderungen erfahren. 3

So wurde aufgrund der Entscheidung des Bundesverfassungsgerichts zur fehlenden Einbeziehung des **leiblichen Vaters** eines Kindes in den Kreis der Umgangsberechtigten[3] § 1685 Abs. 2 BGB überarbeitet und die Umgangsberechtigung an das Bestehen **sozial-familiärer Beziehungen** geknüpft (→ Rn. 81). Zuletzt wurde mit § 1686 a BGB das Umgangsrecht des leiblichen Vaters bei bestehender Vaterschaft eines anderen Mannes (rechtlicher Vater) geregelt (→ Rn. 101 f., 112 ff.). 4

---

1 Art. 8 Abs. 1 EMRK, Anspruch auf Achtung des Privat- und Familienlebens; BGBl. 1952 II 686.
2 BGBl. 1992 II 121 (990).
3 BVerfG 9.4.2003 – 1 BvR 1493/96, 1 BvR 1724/01, NJW 2003, 2151.

II. Gesetzliche Regelung des Umgangsrechts

5 Gem. § 1684 Abs. 1 BGB hat das Kind das Recht auf Umgang mit jedem **Elternteil**; jeder Elternteil ist zum Umgang mit dem Kind verpflichtet und berechtigt. Des Weiteren haben ein Recht auf Umgang mit dem Kind **Großeltern** und **Geschwister** (§ 1685 Abs. 1 BGB) sowie **enge Bezugspersonen** des Kindes, die für das Kind tatsächliche Verantwortung getragen haben (§ 1685 Abs. 2 BGB), wenn der Umgang dem Wohl des Kindes dient. Das Umgangsrecht des leiblichen Vaters bei bestehender Vaterschaft eines anderen Mannes (rechtlicher Vater) setzt voraus, dass der leibliche Vater ein ernsthaftes Interesse an dem Kind gezeigt hat und der Umgang dem Wohl des Kindes dient (§ 1686 a BGB).

6 Dass der Umgang mit beiden Elternteilen in der Regel zum Wohle des Kindes gehört, stellt **§ 1626 Abs. 3 S. 1 BGB** ohne weitere Bedingung fest. Gleiches gilt für den Umgang mit anderen Personen, zu denen das Kind Bindung besitzt, wenn ihre Aufrechterhaltung für seine Entwicklung förderlich ist (§ 1626 Abs. 3 S. 2 BGB).

1. Umgang des Kindes mit den Eltern (§ 1684 BGB)

7 Vor dem 1.7.1998 hatte nur der getrennt lebende Elternteil des **ehelichen minderjährigen Kindes** ein Recht auf Umgang (**§ 1634 BGB aF**). Dem Vater eines nichtehelichen Kindes, über dessen Umgang der Sorgeberechtigte, in der Regel die Mutter des Kindes, bestimmte, konnte das Vormundschaftsgericht ein Umgangsrecht einräumen, wenn dies dem Wohle des Kindes diente (**§ 1711 BGB aF**).

8 Das Kindschaftsrechtsreformgesetz vom 16.12.1997 hat die Unterscheidung zwischen ehelichen und nichtehelichen Kindern (auch) beim Umgangsrecht aufgegeben und in § 1684 Abs. 1 BGB nun sowohl ein **Recht des Kindes** auf Umgang mit jedem Elternteil (Hs. 1) als auch ein Recht jedes Elternteils auf Umgang mit dem Kind normiert sowie korrespondierend dazu die **Pflicht der Eltern** zum Umgang (Hs. 2; → *Umgangspflicht* Rn. 6, 9).

9 Nach **§ 1626 Abs. 3 S. 1 BGB** gilt im Sinne eines gesetzlichen Leitbildes die **Vermutung**, dass zum Wohle des Kindes in der Regel der Umgang mit beiden Elternteilen gehört. Die Vorschrift enthält als Grundnorm elterlichen Sorgeverhaltens ein echtes Rechtsgebot und dient insofern als Orientierungshilfe, sieht bei einem Verstoß aber keine unmittelbaren Rechtsfolgen vor.[4]

10 **a) Recht des Kindes auf Umgang.** Korrespondierend mit der den Eltern durch Art. 6 Abs. 2 S. 1 GG auferlegten Pflicht zur Pflege und Erziehung ihres Kindes besteht das **Grundrecht des Kindes auf Pflege und Erziehung** durch seine Eltern. Beides findet seine gesetzliche Konkretisierung in § 1684 Abs. 1 BGB.[5] Damit ist deutlich, dass das Kind nicht lediglich Objekt des elterlichen Umgangs ist.[6]

11 Das Umgangsrecht des Kindes ist ein **höchstpersönliches Recht**, das von ihm selbst geltend gemacht werden kann (→ *Umgangspflicht* Rn. 28 f.). Es gibt dem Kind einen Anspruch auf Umgang, der sich einerseits gegen den Umgangselternteil, andererseits aber auch gegen den den Umgang womöglich verweigernden betreuenden Elternteil richtet. Da Umgangsverfahren Amtsverfahren sind, ist nicht mehr zu fragen, von wem das Verfahren eingeleitet wird und „gegen wen" es sich richtet, sondern ist, wenn dies das Kindeswohl gebietet, unabhängig von Anträgen ein förmliches Verfahren einzuleiten, sobald das Gericht von einem umgangsrelevanten Sachverhalt Kenntnis erlangt.

12 Bedeutung hat das Umgangsrecht des Kindes damit vor allem im Rahmen der Güterabwägung als eigene Rechtsposition des Kindes und auch dem Obhutselternteil gegenüber insofern, als dieser den Umgang des Kindes mit dem anderen Elternteil zu ermöglichen und an einer den Bedürfnissen des Kindes entsprechenden Regelung mitzuwirken und den Umgang zu fördern hat.[7]

Gem. **§ 18 Abs. 3 SGB VIII** sollen Kinder und Jugendliche darin unterstützt werden, dass die nach §§ 1684, 1685, 1686 a BGB Umgangsberechtigten von diesem Recht zu ihrem Wohl Gebrauch machen.

4 NK-BGB/*Rakete-Dombek/Berning* § 1626 Rn. 23.
5 BVerfG 1.4.2008 – 1 BvR 1620/04, NJW 2008, 1287.
6 NK-BGB/*Peschel-Gutzeit/Ebeling* § 1684 Rn. 11.
7 OLG Frankfurt a. M. 17.9.2018 – 4 UF 62/18, FamRZ 2019, 214.

b) Recht der Eltern auf und Pflicht zum Umgang. Eltern iSd § 1684 Abs. 1 BGB sind – unverändert – nur die **gesetzlichen Eltern**. Das sind die Mutter iSv § 1591 BGB und der Vater iSv § 1592 BGB. Als rechtlicher Vater gilt auch ein Partner in einer vormals lesbischen Beziehung nach erfolgreicher Geschlechtsumwandlung zum Mann, der vor der Geburt des im Wege der Fremdinsemination gezeugten Kindes mit der Kindsmutter die Ehe geschlossen hat.[8] Dagegen ist die Lebenspartnerin, die nicht die Mutter des in der Lebenspartnerschaft geborenen Kindes ist, nicht Elternteil iSv § 1684 BGB.[9] 13

Die Vorschrift verstößt nicht gegen das Elternrecht aus Art. 6 Abs. 2 S. 1 GG, indem sie das Umgangsrecht an die rechtliche Elternschaft knüpft.[10]

Ein Umgangsrecht des leiblichen („wahren") Vaters gibt es entweder unter den Voraussetzungen des § 1685 Abs. 2 BGB oder den Voraussetzungen des § 1686 a BGB (→ Rn. 101 ff.). Auch die leiblichen Eltern, die ihr Kind zur **Adoption** freigegeben haben, zählen nicht (mehr) zum Personenkreis des § 1684 BGB, da mit der Annahme das Verwandtschaftsverhältnis zwischen ihnen und dem Kind gem. **§ 1755 Abs. 1 BGB** erlischt. 14

Das Umgangsrecht ist ein **absolutes Recht** iSv **§ 823 Abs. 1 BGB**, es ist höchstpersönlich, nicht disponibel und damit unverzichtbar. Vereinbarungen über die Ausübung des Umgangs sind gleichwohl zulässig (→ *Vereinbarungen zum elterlichen Sorge- und Umgangsrecht* Rn. 26, 29 f.). 15

Die Gestaltung des Umgangsrechts ist **natürliches Elternrecht** und Aufgabe der Eltern. Deshalb können sie insbesondere Art, Ort und Zeitpunkt des Umgangs eigenverantwortlich regeln. Eine gerichtliche Entscheidung ist nur bei fehlender Einigung erforderlich und möglich oder gem. §§ 1684 Abs. 4, 1697 a BGB, wenn das Wohl des Kindes dies erfordert. 16

Umgangsrecht und Sorgerecht stehen gleichermaßen unter dem Schutz des **Art. 6 Abs. 2 S. 1 GG**. Sie sind von den Eltern im Verhältnis zueinander zu respektieren und beschränken sich gegenseitig.[11] 17

Das Umgangsrecht ist kein Teil des **Sorgerechts**, auch wenn es das Personensorgerecht berührt, etwa bezüglich der Herausgabe des Kindes und der Aufenthaltsbestimmung zur Durchführung und Regelung des Umgangs. Es besteht unabhängig vom Sorgerecht. Der nicht sorgeberechtigte Elternteil hat ebenso das Recht zum Umgang wie der Sorgeberechtigte. 18

Allerdings ist die Befugnis, über den Umgang eines minderjährigen Kindes zu bestimmen, Teil der elterlichen (Personen-)Sorge nach § 1626 Abs. 1 BGB. Als Träger der elterlichen Sorge bestimmen die Eltern darüber, mit wem das Kind Umgang haben kann und soll. Nach § 1632 Abs. 2 BGB umfasst die Personensorge das Recht, den Umgang des Kindes auch mit Wirkung für und gegen Dritte zu bestimmen. Auch die Bestimmung des Umgangs mit den Eltern fällt unter die Personensorge. Steht die Personensorge den Eltern zu, so treffen sie die Umgangsbestimmung gemeinsam. Der andere Elternteil hat aber nach § 1684 Abs. 1 BGB ein vom Sorgerecht unabhängiges Umgangsrecht. Eine Umgangsregelung betrifft die tatsächliche Ausübung der elterlichen Sorge und schränkt insoweit die Befugnisse des Sorgeberechtigten entsprechend ein, ohne in das Sorgerecht als Status einzugreifen.[12] Die Befugnis zur Umgangsbestimmung kann als Teil der Personensorge nach §§ 1666, 1666 a BGB den Eltern entzogen werden.[13] 19

Im Falle einer gerichtlichen Entscheidung über das Umgangsrecht sind die beiderseitigen **Grundrechtspositionen der Eltern** aber auch das **Wohl des Kindes**, das ebenfalls Grundrechtsträger ist, zu berücksichtigen. Das Gericht hat sich im Einzelfall um eine Konkordanz der verschiedenen Grundrechte zu bemühen[14] (→ Rn. 75). 20

---

8 OLG Frankfurt a. M. 11.5.2020 – 4 UF 17/20, FamRZ 2020,1923; kommt es nicht mehr zu der beabsichtigten Eheschließung, besteht ein Umgangsrecht nur unter den Voraussetzungen des § 1685 Abs. 2 BGB.

9 OLG Karlsruhe 16.11.2010 – 5 UF 217/10, FamRZ 2011, 1155.

10 BVerfG 20.9.2006 – 1 BvR 1337/06, FamRZ 2006, 1661.

11 BVerfG 14.7.2010 – 1 BvR 3189/09, FamRZ 2010, 1622.

12 BGH 1.2.2017 – XII ZB 601/15, FamRZ 2017, 532.

13 BGH 6.7.2016 – XII ZB 47/15, FamRZ 2016,1752 Rn. 44 f.

14 BVerfG 5.2.2002 – 1 BvR 2029/00, FamRZ 2002, 809; 14.7.2010 – 1 BvR 3189/09, FamRZ 2010, 1622.

21 Da Art. 6 Abs. 2 S. 1 GG ein Elternrecht ohne Pflichtentragung gegenüber dem Kind ausschließt, ist dessen wesensbestimmender Bestandteil die Pflicht zur Pflege und Erziehung des Kindes. Das Umgangsrecht ist Teil der Elternverantwortung, womit auch eine **Pflicht zum Umgang** verbunden ist[15] (→ *Umgangspflicht* Rn. 6 ff.).

22 **c) Zweck des Umgangs.** Umgang zwischen Eltern und Kind ist nicht lediglich eine mögliche Ausdrucksform elterlicher Erziehung, sondern Basis für die Eltern-Kind-Beziehung. Für den nicht sorgeberechtigten Elternteil ist das Umgangsrecht wesentliche Grundlage für die Ausübung des Elternrechts aus Art. 6 Abs. 2 S. 1 GG.[16] Als **originäres Elternrecht** ist es unabhängig von dem familiären Status, der Sorgerechtslage, dem Willen des betreuenden Elternteils oder einer gerichtlichen Entscheidung im Sinne einer Zuweisung. Grundsätzlich steht das Umgangsrecht auch den Eltern zu, denen die elterliche Sorge gem. **§ 1666 BGB** entzogen worden ist.

23 Der Umgang ermöglicht dem umgangsberechtigten Elternteil, sich von dem körperlichen und geistigen Befinden des Kindes und seiner Entwicklung fortlaufend persönlich zu überzeugen, die verwandtschaftlichen Beziehungen zu ihm aufrechtzuerhalten und einer **Entfremdung** vorzubeugen sowie dem Liebesbedürfnis beider Teile Rechnung zu tragen.[17]

Im Fall einer schon eingetretenen Entfremdung kann das Umgangsrecht auch den Zweck erfüllen, eine soziale und emotionale Beziehung zum anderen Elternteil erst zu begründen oder diese wiederherzustellen.[18]

24 Während die vormals wohl überwiegende Ansicht den Zweck des Umgangs nicht darin sah, beiden Elternteilen eine gleichmäßige **Teilhabe am Leben des Kindes** sicherzustellen,[19] ausgehend davon, dass der rechtlichen Ausgestaltung des Umgangsrechts das Leitbild des Residenzmodells zugrunde liege, hat der Bundesgerichtshof mittlerweile klargestellt, dass eine gerichtliche Umgangsregelung, die im Ergebnis zu einer gleichmäßigen Betreuung des Kindes durch beide Eltern im Sinne eines paritätischen **Wechselmodells** (→ Rn. 78) führt, vom Gesetz nicht ausgeschlossen wird.[20]

25 Dem Kind dient der Umgang zur Aufrechterhaltung seiner Bindungen an den abwesenden Elternteil, indem es Gelegenheit hat, sich von ihm einen persönlichen Eindruck zu machen. Es soll neben dem betreuenden Elternteil auch den **anderen Elternteil als Bindungspartner** behalten, was für die seelische Entwicklung des Kindes und die **psychologische Verarbeitung der Trennung** als bedeutsam angesehen wird[21] (→ *Umgangspflicht* Rn. 15).

26 **d) Inhalt und Umfang des Umgangs.** Während **§ 1634 Abs. 1 BGB aF** die „Befugnis zum persönlichen Umgang mit dem Kind" normierte, spricht § 1684 BGB nur von „Umgang", ohne den Begriff zu definieren. Das Umgangsrecht erfasst alle **Kommunikationsformen**, also neben der persönlichen Begegnung auch Brief- (soweit heute noch relevant) und Telefonkontakte. Telefonkontakte sind insbesondere bei getrennten Wohnsitzen Teil der Wahrnehmung des Umgangs und Element familiärer Gemeinschaft.[22] Die heute gängigen Formen der elektronischen Kommunikation wie **E-Mail**, **Skype/Face Time** oder **WhatsApp** sowie die Zuwendung von **Geschenken** fallen ebenfalls unter den Begriff des Umgangsrechts[23] (→ Rn. 43 ff.), so dass auch hierüber Einvernehmen herzustellen oder eine gerichtliche Regelung herbeizuführen ist.

27 Eltern regeln unter Beteiligung des Kindes nach Maßgabe des **§ 1626 Abs. 2 BGB** im Rahmen der **Elternautonomie** Art, Ort und Zeitpunkt, Häufigkeit und Dauer des Umgangs, Ferien- und Ersatztermine

15 BVerfG 1.4.2008 – 1 BvR 1620/04, FamRZ 2008, 845.
16 BVerfG 1.4.2008 – 1 BvR 1620/04, FamRZ 2008, 845.
17 BVerfG 25.4.2015 – 1 BvR 3326/14, FamRZ 2015, 1093 Rn. 17.
18 Staudinger/*Dürbeck* BGB § 1684 Rn. 51.
19 OLG Nürnberg 8.12.2015 – 11 UF 1257/15, FamRZ 2016, 2119.
20 BGH 1.2.2017 – XII ZB 601/15, FamRZ 2017, 532.
21 FA-FamR-HdB/*Büte* 4. Kap. Rn. 406.
22 BVerfG 8.12.2005 – 2 BvR 1001/04, FamRZ 2006, 187.
23 NK-BGB/*Peschel-Gutzeit/Ebeling* § 1684 Rn. 19 ff.

sowie die Modalitäten des Holens und Bringens und die Frage der **Kostentragung**[24] (→ *Umgangskosten* Rn. 3 ff.).

28 Die **Ausgestaltung des Umgangs** selbst obliegt dagegen dem Umgangsberechtigten allein, der gem. **§ 1687 Abs. 1 S. 4 BGB** oder **§ 1687 a BGB** für die Dauer des Aufenthaltes des Kindes bei ihm die Befugnis zur alleinigen Entscheidung in Angelegenheiten der tatsächlichen Betreuung hat (→ *Gesetzliche Vertretung Minderjähriger* Rn. 17), wozu auch Kontakte zu dritten Personen gehören. Die in gerichtlichen Umgangsverfahren häufig gestellte Forderung des Betreuungselternteils, der Umgangsberechtigte möge bestimmte Personen, Orte, Nahrungs- oder Genussmittel meiden oder bestimmte Freizeitaktivitäten unterlassen, findet im Gesetz unterhalb der Schwelle des § 1666 BGB eine Grundlage allenfalls in der in § 1684 Abs. 2 BGB normierten **Wohlverhaltensklausel** (→ Rn. 57 ff.).

29 Wenn Eltern sich über den Umgang nicht einigen können, hat das Familiengericht unter Berücksichtigung aller Umstände des Einzelfalls die dem Wohl des Kindes entsprechende Umgangsregelung zu treffen (→ Rn. 73 ff.).

30 Den **Ort des Umgangs**, auch den Ort des Ferienaufenthaltes,[25] bestimmt grundsätzlich der Umgangsberechtigte, so dass Umgang in aller Regel in seinem Umfeld, dh in seiner Wohnung stattfindet. Umstände des Einzelfalls können zu einer abweichenden Regelung führen, etwa Umgang an neutralen Orten, wenn die Voraussetzungen für begleiteten Umgang vorliegen (→ *Begleiteter Umgang* Rn. 4) oder Umgang in der Wohnung von Verwandten oder Freunden oder in einer Ferienwohnung am Wohnort des Kindes, wenn die große Entfernung zwischen den Wohnorten der Beteiligten andernfalls einem regelmäßigen Wochenendumgang wegen der langen Fahrzeiten entgegenstehen könnte. Dabei werden im Einzelfall das Alter des Kindes, die verfügbaren Transportmittel und die finanziellen und zeitlichen Verhältnisse des Umgangsberechtigten eine Rolle spielen. Bei großer Entfernung und insbesondere bei älteren Kindern bietet sich statt der Wochenendumgänge eine großzügigere Ferienregelung an.

31 Für **Häufigkeit** und **Dauer** des Umgangs ist neben der Intensität der bisherigen Beziehung das **Alter des Kindes** von wesentlicher Bedeutung. Dem Zeitempfinden kleinerer Kinder, die während des Umgangs die Trennung von dem betreuenden Elternteil und zwischen den Umgängen die Trennung vom Umgangsberechtigten bewältigen müssen, ist Rechnung zu tragen, so dass bei Säuglingen und Kleinstkindern, die noch keine längere Trennung von ihrer Betreuungsperson erfahren haben, häufigere Kontakte von kürzerer Dauer in Betracht kommen.[26]

32 Der Umgang mit einem sechs Monate alten **Säugling** kann – abhängig auch von der Flexibilität des Umgangsberechtigten – beispielsweise alle drei bis fünf Tage, wenigstens aber wöchentlich, für drei bis vier Stunden stattfinden und sich anfangs in Spaziergängen oder (später) Spielplatzbesuchen erschöpfen. In diesem Alter soll der regelmäßige Umgang eine Beziehung erst herstellen, den Umgangsberechtigten zu einer dem Kind vertrauten Person und schließlich zu einer weiteren **Bezugsperson** machen.[27]

33 Auf **Schlafenszeiten** des Kindes und unter Umständen auch auf **Stillzeiten** ist Rücksicht zu nehmen, nicht aber dann, wenn das Stillen eines Kleinkindes nicht mehr der Nahrungsaufnahme dient.[28] Andererseits hat der betreuende Elternteil nach Möglichkeit dafür zu sorgen, dass das Kleinkind seinen Mittagsschlaf bereits beendet hat, wenn es zum Umgang abgeholt wird, und entweder satt ist oder auch vom Umgangsberechtigten mit Nahrung versorgt werden kann.

34 Grundsätzlich ist eine **feste Regelung** zu schaffen. Der Umgang darf jedenfalls bei jüngeren Kindern nicht dem Belieben des Kindes überlassen bleiben, das mit dieser Verantwortung überfordert wäre. Er soll zur Gewohnheit werden, um eine **Entfremdung** zu vermeiden, was regelmäßige Besuche erfordert.

24 NK-BGB/*Peschel-Gutzeit/Ebeling* § 1684 Rn. 23 ff.
25 OLG Brandenburg 13.11.2013 – 15 UF 107/13.
26 OLG Celle 8.10.2018 – 10 UF 91/18, Rn. 9.
27 OLG Koblenz 22.6.2017 – 13 UF 269/17, FamRZ 2017, 1844.
28 OLG Brandenburg 29.12.2009 – 10 UF 150/09, FamRZ 2010, 1352.

35 Eine feste Regelung kann auch bei älteren Kindern und Jugendlichen erforderlich sein, denen man die **freie Gestaltung** des Umgangs altersentsprechend (vgl. § 1626 Abs. 2 S. 1 BGB) eher zubilligt. Wenn andernfalls der Kontakt abzubrechen droht, weil das Kind durch den betreuenden Elternteil gegen den Umgangsberechtigten eingenommen ist und seine „freie Gestaltung" sich letztlich in **Umgangsverweigerung** ausdrückt, kann auch einem 15-Jährigen ein Rahmen zu geben sein.[29]

36 **Übernachtungsumgang** ist – auch bei kleineren Kindern – grundsätzlich zuzulassen. Feste **Altersgrenzen** werden in der Rechtsprechung nicht mehr gesetzt.[30] Übernachtungen beim umgangsberechtigten Elternteil entsprechen in der Regel dem Kindeswohl. Sie sind grundsätzlich geeignet, die Beziehung des Kindes zum umgangsberechtigten Elternteil zu festigen und dazu beizutragen, dass dieser vom Kind nicht ausschließlich als „Sonntagselternteil" erlebt wird. Das bloße Alter eines Kindes ist deshalb kein maßgebliches Kriterium, das für die Frage der Anordnung von Übernachtungskontakten herangezogen werden kann.[31] Gleichwohl ist das Alter des Kindes und damit einhergehend sein **Entwicklungsstand** ein Ansatzpunkt dafür, ob es geboten ist, Übernachtungen zuzulassen. Zeitpunkt und Umstände der Trennung, die bisherige Beteiligung des Umgangsberechtigten an der Versorgung des Kindes und bereits gemachte Übernachtungserfahrungen in der Familie oder bei Spielkameraden können weitere Gesichtspunkte sein. Auch bei einem Kleinkind kommt es im Übrigen auf den möglichst zuverlässig zu ermittelnden Willen des Kindes an, da ein etwaiger vom Kind ausdrücklich oder indirekt geäußerter Wunsch nach Übernachtungen oder Ferienumgängen Ausdruck von Bindungen zum Umgangsberechtigten sein kann, die einen entsprechenden Umgang geboten erscheinen lassen[32] (→ Rn. 127 ff.).

37 Der phantasielos anmutende 14-tägige **Wochenendumgang** trifft oftmals das Bedürfnis der Kinder, die am Wochenende anders gestaltbare Freizeit mit beiden Elternteilen abwechselnd zu verbringen. Ob dies im Einzelfall zutrifft, ist jeweils durch Anhörung des Kindes zu klären.

38 Für **Ferienaufenthalte**, die zusätzlich zum periodischen Umgang zu gewähren sind, gilt Entsprechendes. Die Möglichkeit eines längeren Zusammenlebens im Rahmen des Urlaubs lässt das Kind den Umgangsberechtigten auch in **Alltagssituationen** erleben und kann dazu beitragen, die Bindungen des Kindes zum Umgangsberechtigten aufrechtzuerhalten und zu festigen sowie die Situation zu entspannen und das Kind zu entlasten.[33] Dabei setzt sich in der Praxis allmählich die Erkenntnis durch, dass grundsätzlich nichts dagegen spricht, die Ferien hälftig zwischen den Eltern aufzuteilen. Ob dann im Einzelfall Gründe dagegen und für eine andere Aufteilung sprechen, wäre zu prüfen. Denkbar ist es auch, die Sommerferien hälftig aufzuteilen und die übrigen („kleinen") Ferien im Ganzen zu verteilen, beispielsweise zwei Wochen Osterferien beim einen, zwei Wochen Pfingst- oder Herbstferien, je nach Bundesland, beim anderen Elternteil. Im Folgejahr kann getauscht werden.

39 An den hohen kirchlichen **Feiertagen** wie Ostern, Pfingsten und Weihnachten ist Umgang zu gewähren, da diese Tage aus dem normalen Ablauf des Jahres herausragen und der Umgangsberechtigte, wie im Übrigen auch das Kind, die Möglichkeit haben sollten, sie jedenfalls teilweise miteinander zu verbringen. Das gilt gerade an den Feiertagen, die üblicherweise mit **Geschenken** verbunden sind.[34]

40 Wurde früher in aller Regel dem betreuenden Elternteil der „Hauptfeiertag" belassen und dem Umgangsberechtigten der „zweite Feiertag" – also Ostermontag, Pfingstmontag und 1. oder 2. Weihnachtsfeiertag – zugebilligt, finden sich heute Ansätze in Kombination mit einer – geteilten oder ungeteilten – Ferienregelung, so dass das Kind die Feiertage bei dem Elternteil verbringt, bei dem es sich aufgrund des normalen

29 OLG Brandenburg 20.5.2010 – 10 UF 46/09, FamRZ 2010, 1923.
30 Palandt/*Götz* BGB § 1684 Rn. 15.
31 OLG Saarbrücken 7.3.2018 – 6 UF 116/17, Rn. 35.
32 BVerfG 23.3.2007 – 1 BvR 156/07, FamRZ 2007, 1078.
33 BVerfG 23.2.2007 – 1 BvR 156/07, FamRZ 2007, 1078.
34 FA-FamR-HdB/*Büte* 4. Kap. Rn. 481.

Umgangs gerade aufhält.[35] Die (Oster- und Weihnachts-)Feiertage können auch – bei Anordnung eines jährlichen Wechsels – in die jeweilige Ferienregelung einbezogen werden.[36]

Den **eigenen Geburtstag** verbringt das Kind üblicherweise dort, wo es seinen Lebensmittelpunkt hat, also bei dem Betreuungselternteil. Wünschenswert ist es, dem Umgangsberechtigten die Möglichkeit zu einem Besuch einzuräumen, damit persönlich gratuliert und ein Geschenk übergeben werden kann. Noch besser wäre es, auch hier einen jährlichen Wechsel zu erreichen. Den **Geburtstag der Eltern** sollte das Kind mitfeiern dürfen, soweit es sich einrichten lässt. An sonstigen wichtigen Ereignissen, die für das Kind regelmäßig an seinem Aufenthaltsort stattfinden, so die **Einschulung, Konfirmation/Kommunion, Schulfeste**, darf der Umgangsberechtigte teilnehmen, nicht jedoch gegen den Willen des betreuenden Elternteils an der anschließenden privaten Feier,[37] auch wenn das Kind dies sicher begrüßen würde, jedenfalls wenn die Eltern zu einer spannungsarmen Begegnung in der Lage sind. **Mutter- und Vatertag**, soweit man die besondere Begehung dieser Tage nicht als Anachronismus empfindet, sollten mit dem angesprochenen Elternteil verbracht werden. 41

Für **ausgefallene Besuche** ist eine Regelung zu finden, die so aussehen kann, dass Umgang nachgeholt wird, wenn er aus Gründen ausgefallen ist, die in der Sphäre des Kindes oder seiner Betreuungsperson liegen, andernfalls nicht. Die **Ersatztermine** legt man abstrakt von vornherein fest. Da eine Ferienregelung den periodisch stattfindenden Umgang überlagert, besteht hier für eine Ersatzregelung keine Notwendigkeit.[38] 42

Brief- und Telefonkontakte können den persönlichen Umgang ersetzen oder ergänzen. Wenn wegen der räumlichen Entfernung häufigere kurze Besuche nicht möglich sind, kommt dem telefonischen Kontakt, je nach Alter des Kindes und technischer Ausstattung der Eltern, vielleicht kameraunterstützt („Skype"), größere Bedeutung zu. 43

Der betreuende Elternteil ist verpflichtet, Briefe wie im Übrigen auch **Geschenke**, die, wenn sie über Gelegenheitsgeschenke hinausgehen, mit dem betreuenden Elternteil abzustimmen sind, an das Kind weiterzuleiten und dafür zu sorgen, dass das Kind zu den verabredeten Terminen ungestört telefonieren kann. 44

Unbegrenztes Telefonieren muss nicht, kann aber zugelassen werden. Wird dies nicht (positiv) geregelt, hat der Umgangsberechtigte sich außerhalb der festgelegten Umgangszeiten eines Kontaktes zum Kind zu enthalten.[39] Jedenfalls hat der Umgangsberechtigte auch bei Telefonkontakten auf die Alltagsgestaltung wie Essens- und Schlafenszeiten Rücksicht zu nehmen. 45

Eine **Überwachung** oder **Briefkontrolle**, auch unter dem Vorwand, lediglich Rechtschreibfehler auszubessern, hat zu unterbleiben. Allenfalls bei triftigen Gründen zur Annahme einer **Kindswohlgefährdung** wird man dem betreuenden Elternteil zubilligen, sich inhaltlich mit den gewechselten Briefen/Textnachrichten zu beschäftigen. 46

Ob ein beim Kind schon vorhandenes **Handy/Smartphone** ein besonderes Problem des Umgangsrechts darstellt, weil das Kind damit theoretisch jederzeit erreichbar ist und außer fernmündlich auch – noch schwerer zu kontrollieren – per **SMS/WhatsApp**-Kontakt zum Umgangsberechtigten halten kann,[40] mag dahinstehen. Die hierzu in der Rechtsprechung zu findenden Beispiele zeigen allerdings, wie unnatürlich der an sich wünschenswerte Kontakt zwischen Elternteil und Kind werden kann, wenn jede Form der Kontaktaufnahme reguliert wird. 47

Allerdings darf der Umgangsberechtigte nicht versuchen, das Kind (im Rahmen der Umgänge oder außerhalb) durch WhatsApp-Nachrichten zu beeinflussen und als Geheimnisträger zu instrumentalisieren und damit in Loyalitätskonflikte zu bringen.[41]

35 OLG Hamm 29.8.2017 – II-11 UF 89/17, FamRZ 2018, 1912.
36 OLG Saarbrücken 7.3.2018 – 6 UF 116/17, Rn. 42.
37 NK-BGB/*Peschel-Gutzeit/Ebeling* § 1684 Rn. 39.
38 OLG Saarbrücken 4.1.2011 – 6 UF 132/10, FamRZ 2011, 824.
39 KG 13.2.2015 – 13 WF 203/14, FamRZ 2015, 940.
40 *Söpper* FamRZ 2002, 73.
41 OLG Frankfurt a. M. 18.12.2018 – 4 UF 165/18, Rn. 21.

Das Gleiche gilt für Kontakte im Rahmen der social media, wie Instagram oder Facebook (solange der Name des Elternteils auf der „Freunde-Liste“ noch nicht peinlich ist), die uU aber auch objektiv problematisch sein können.

48 Bei **Geschwistern** ist die Individualität jedes Kindes als **Träger eigener Grundrechte** zu beachten. Es ist auf die Persönlichkeit, die Belange und den Willen jedes Kindes einzugehen. Das Umgangsrecht ist trotz einer bestehenden geschwisterlichen Bindung im Verhältnis zu jedem der Kinder **isoliert zu betrachten**, so dass es zu **unterschiedlichem Umgang** mit jedem der Kinder kommen kann. Die Kinder sind deshalb einerseits als Geschwister gemeinsam, andererseits aber auch als Individuen getrennt voneinander zu betrachten, um die jeweils dem Kindeswohl dienlichste Entscheidung treffen zu können.[42] Andernfalls könnten Geschwister nur auf der Basis des kleinsten gemeinsamen Nenners mit ihren Elternteilen Umgang pflegen. Organisatorische Erschwernisse sind dabei hinzunehmen.[43]

49 Eltern steht ein Umgangsrecht grundsätzlich auch dann zu, wenn ihnen die **elterliche Sorge entzogen** und das Kind in eine **Pflegefamilie** gegeben worden ist, wenn es die Vorgeschichte zulässt. Die gesetzliche Vermutung des § 1626 Abs. 3 S. 1 BGB, wonach zum Wohle des Kindes in der Regel der Umgang mit beiden Elternteilen gehört, gilt auch in diesen Fällen. Der Eingriff in das Sorgerecht soll nicht zwingend den Kontaktabbruch zwischen Eltern und Kind zur Folge haben (→ *Ausschluss des Umgangsrechts* Rn. 40 ff.). Besondere Aufmerksamkeit gebührt dem Umgang von Pflegekindern, die schon sehr früh von ihren Eltern weggekommen sind. Oftmals gibt es Umgang nur einmal im Monat (oder seltener), in der Regel durch das Jugendamt begleitet, weil dies dem „Standard“ entspricht, ohne dass Rücksicht auf individuelle Umstände genommen wird. Auch bei fremduntergebrachten Kindern ist aber das kindliche Zeitempfinden zu berücksichtigen, weshalb ebenso wie bei getrennt lebenden Eltern gerade bei kleineren Kindern häufigere, aber kürzere Besuche wichtig sind.[44]

50 Befindet sich der Umgangsberechtigte in **Haft**, steht ihm gleichwohl grundsätzlich ein Umgangsrecht zu, es sei denn, der Kontakt des Kindes mit dem Strafvollzug stellte eine **Gefährdung des Kindeswohls** dar, weil das Kind dem Besuch im Gefängnis nicht gewachsen ist[45] (→ *Ausschluss des Umgangsrechts* Rn. 55). Seinem Umgangsbegehren soll eine hinreichende Erfolgsaussicht auch dann nicht von vornherein abgesprochen werden, wenn er die Mutter des gemeinsamen Kindes vorsätzlich getötet hat.[46]

51 **e) Modalitäten des Umgangs.** Zur Aufgabe des Umgangsberechtigten, der den Ort des Umgangs bestimmt, gehört es, das Kind abzuholen und zurückzubringen. Dies kann problematisch sein, wenn ohne Mitwirkung des anderen Elternteils der Umgang wesentlich erschwert oder vereitelt würde.

52 Der in **Haft** einsitzende Umgangsberechtigte beispielsweise kann sein Kind nicht holen. Wohnen die Eltern weit voneinander entfernt, müsste der Umgangsberechtigte bei kleineren Kindern, die die Reise noch nicht alleine mit Bahn oder Flugzeug bewältigen können, an einem Wochenende vier, mitunter jeweils mehrstündige Fahrten auf sich nehmen, um den regelmäßigen Umgang in seinem Wohnumfeld ausüben zu können oder sich am Wohnort des Kindes eine Unterkunft besorgen.

53 Dieser zeitliche wie finanzielle Aufwand wäre schwer zu bewältigen und für den Umgangsberechtigten unzumutbar.[47] In solchen Fällen würde der Umgang faktisch vereitelt. Der betreuende Elternteil, zumal wenn er durch **Wegzug** die Situation herbeigeführt hat, kann deshalb zur anteiligen Übernahme des zeitlichen und organisatorischen Aufwands, der zur Ausübung des Umgangs durch das Holen und Bringen der Kinder

42 OLG Hamburg 17.12.2015 – 2 UF 106/14, FamRZ 2016, 912.
43 BVerfG 24.7.2006 – 1 BvR 971/03, FamRZ 2007, 335.
44 OLG Celle 8.10.2018 – 10 UF 91/18, Rn. 9.
45 AG Pankow-Weißensee 11.8.2004 – 18 F 3766/03.
46 BGH 13.4.2016 – XII ZB 238/15, FamRZ 2016, 1058.
47 FA-FamR-HdB/*Büte* 4. Kap. Rn. 490.

erforderlich wird, verpflichtet sein.[48] Diese Mitwirkungspflicht an der Durchführung des Umgangs ergibt sich aus der **Wohlverhaltensklausel** des § 1684 Abs. 2 BGB[49] (→ Rn. 57 ff.; → *Umgangskosten* Rn. 17 f.).

Die **Mitwirkung** des betreuenden Elternteils kann darin bestehen, das Kind zum Flughafen[50] oder zum Bahnhof[51] zu bringen und dort wieder abzuholen. Für Kinder, die noch zu klein sind, um die Reise mit Unterstützung von Zug- oder Flugbegleiter alleine zu bewältigen, ist dort **Übergabe**, dh der Umgangsberechtigte muss bis zum Flughafen anreisen,[52] andernfalls unternimmt das Kind Fahrt oder Flug alleine, allenfalls betreut von Bahn- oder Flugpersonal. 54

Der betreuende Elternteil kann auch dazu verpflichtet werden, einen Teil der Strecke zu übernehmen und das Kind zu einem **Treffpunkt** zu bringen, beispielsweise eine Autobahnraststätte.[53] 55

Die **Kosten des Umgangs** hat grundsätzlich der Umgangsberechtigte zu tragen (→ *Verbindlichkeiten im Unterhalt* Rn. 19). Soweit der andere Elternteil sich im Rahmen seiner **Mitwirkungspflicht** an dem zur Ausübung des Umgangsrechts erforderlichen Aufwand zu beteiligen hat, hat er auch die Kosten zu tragen. Es handelt sich um einen Aufwand zum Wohle des Kindes, der Teil der dem sorgeberechtigten Elternteil obliegenden Naturalunterhaltsleistung für die Kinder ist bzw. mit dem vom anderen Elternteil zu zahlenden Barunterhalt als abgegolten gilt.[54] Dies gilt insbesondere dann, wenn der Umgangsberechtigte in beengten wirtschaftlichen Verhältnissen lebt und den Umgang nur mit Einschränkungen würde wahrnehmen können, zumal in Fällen des Wegzugs des betreuenden Elternteils[55] (→ *Umgangskosten* Rn. 7, 17 ff.). 56

f) Wohlverhaltensklausel. Die Wohlverhaltensklausel des § 1684 Abs. 2 BGB verpflichtet die Eltern, alles zu unterlassen, was das Verhältnis des Kindes zum jeweils anderen Elternteil beeinträchtigt oder die Erziehung erschwert. Sie gilt für beide Eltern und verpflichtet sie zu **gegenseitiger Loyalität**, die seitens des Gerichts durch Anordnungen nach § 1684 Abs. 3 S. 2 BGB eingefordert werden kann. Erfasst wird von der Regelung aber auch alles andere, was geeignet wäre, das Zusammensein mit dem Kind zu erschweren. Deshalb lässt sich aus der Wohlverhaltensklausel auch die Verpflichtung herleiten, das Kind mit Kleidung, Schulsachen oder den für den Ferienumgang erforderlichen Reisedokumenten auszustatten.[56] 57

Dahinter steht das Ziel, dem Kind auch nach der Trennung seiner Eltern beide Elternteile zu erhalten sowie **zu verhindern, dass es den Halt verliert** und mit den Konflikten (seiner Eltern) belastet wird.[57] 58

Dem Wortlaut nach begründet die Vorschrift lediglich eine **Unterlassungspflicht**. Die Pflichten der Eltern reichen aber tatsächlich weiter. So kann von ihnen ein positives Tun verlangt werden bis hin zum Holen und Bringen des Kindes durch den betreuenden Elternteil.[58] 59

Es „entspricht der gemeinsamen sorgerechtlichen Verantwortung beider Elternteile für das Kind, die ua auf Aufrechterhaltung und Fortentwicklung der Beziehung zwischen dem nichtbetreuenden Elternteil und dem Kind gerichtet ist, beide Elternteile in der Abwicklung dieser Kontakte einer **wechselseitigen Loyalität** zu unterwerfen, die sich darin äußern kann, dass der betreuende Elternteil an dem entstehenden zeitlichen und organisatorischen Aufwand zu beteiligen ist".[59] 60

---

48 BVerfG 5.2.2002 – 1 BvR 2029/00, FamRZ 2002, 809.
49 NK-BGB/*Peschel-Gutzeit/Ebeling* § 1684 Rn. 42.
50 KG 28.12.2005 – 13 UF 119/05, FamRZ 2006, 878.
51 AG Detmold 2.2.2006 – 15 F 449/05, FamRZ 2006, 880.
52 OLG Brandenburg 22.5.2008 – 10 UF 119/07, FamRZ 2009, 131.
53 OLG Schleswig 3.2.2006 – 13 UF 1359/05, FamRZ 2006, 881.
54 OLG Schleswig 3.2.2006 – 13 UF 1359/05, FamRZ 2006, 881.
55 OLG Dresden 7.2.2005 – 20 UF 896/04, FamRZ 2005, 927.
56 BGH 27.3.2019 – XII ZB 345/18, FamRZ 2019,1056.
57 *Haußleiter* NJW-Spezial 2007, 151.
58 Palandt/*Götz* BGB § 1684 Rn. 6.
59 OLG Dresden 7.2.2005 – 20 UF 896/04, FamRZ 2005, 927.

61 Zu den aus § 1684 Abs. 2 BGB ableitbaren Pflichten gehört weiter, das Kind dem anderen gegenüber nicht **negativ zu beeinflussen** und dessen Bindung zum anderen nicht zu untergraben, was bereits dadurch geschehen kann, dass dem Kind die Entscheidung über den Umgang freigestellt wird. Denn dies kann faktisch zur Umgangsvereitelung (→ *Vereitelung des Umgangsrechts* Rn. 9 ff.) führen.[60]

62 Ein Verstoß gegen die Wohlverhaltenspflicht im tatsächlichen Bereich liegt auch darin, wenn der betreuende Elternteil für das Kind besonders attraktive Freizeitunternehmungen auf die Umgangszeit legt oder dem Kind Geschenke verspricht, wenn es den Umgang nicht wahrnimmt. Der betreuende Elternteil hat im Gegenteil die Pflicht, durch **aktives erzieherisches Einwirken** auf das Kind den Kontakt zum Umgangsberechtigten positiv zu fördern.

63 Die Wohlverhaltenspflicht geht jedoch nicht so weit, dass die Verpflichtung der Eltern zu einer **psychologisch-pädagogischen Behandlung**[61] angeordnet werden könnte. Eine gerichtlich angeordnete Psychotherapie greift in das Recht auf Achtung der Privatsphäre ein und verletzt den von der Anordnung Betroffenen in seinem Grundrecht aus Art. 2 Abs. 1 GG iVm Art. 1 Abs. 1 GG[62] (→ *Vereitelung des Umgangs* Rn. 20).

64 Das Gericht kann aber gem. § 156 Abs. 1 S. 4 FamFG die **Teilnahme der Eltern an einer Beratung nach § 156 Abs. 1 S. 2 FamFG** anordnen, wenngleich es diese Anordnung nicht mit Zwangsmitteln durchsetzen kann. Es bleibt bei Verweigerungshaltung eines Elternteils allenfalls ein Kostennachteil nach § 81 Abs. 2 Nr. 5 FamFG.

Ob eine Beratungsauflage oder die Teilnahme an einem Elternkurs wie beispielsweise „Kinder im Blick" auf § 1684 Abs. 2, 3 S. 2 BGB gestützt werden kann, ist in der Rechtsprechung der Oberlandesgerichte umstritten.[63] Ersteres dürfte richtig sein, die Auflage setzt allerdings voraus, dass die Eltern ihre grundsätzliche Bereitschaft zur Teilnahme an Beratung oder Kurs zum Ausdruck gebracht haben. Auch kann die Auflage nicht mit Zwangsmitteln durchgesetzt werden.[64]

65 Der Umgangsberechtigte darf den **Umgang nicht eigenmächtig verlängern** und seine Umgangszeit auch nicht dazu nutzen, um das Kind einem Arzt oder Psychologen zum Nachweis bisher streitiger Erziehungsmängel vorzustellen.[65]

66 Unter dem Gesichtspunkt der Wohlverhaltenspflicht dürfen Eltern den jeweils anderen nicht im Unklaren lassen, wo sie mit dem Kind Urlaub machen. Das beinhaltet die Pflicht, dem anderen die **Urlaubsadresse** mitzuteilen, aber auch die Verpflichtung zur Herausgabe des Kinderreisepasses.[66]

67 Beide Eltern dürfen die **Erziehungsgrundsätze** des anderen nicht unterlaufen. Bei gemeinsamer elterlicher Sorge ist aber **§ 1628 BGB** zu beachten. Der betreuende Elternteil kann nicht beanspruchen, den Vorrang vor dem anderen Elternteil zu haben. Ebenso wenig dürfen Eltern in Gegenwart des Kindes oder sogar diesem gegenüber über den anderen verächtlich oder herabwürdigend sprechen. Schwierig zu greifen und auch nachzuweisen aber ebenso zu vermeiden ist die nonverbale **Ablehnung des Umgangs** seitens des das Kind betreuenden Elternteils, da sich diese Haltung auf das Kind überträgt (→ *Vereitelung des Umgangs* Rn. 11, 38).

68 Das Familiengericht kann die Beteiligten gem. § 1684 Abs. 3 S. 2 BGB durch Anordnungen zur Erfüllung der Wohlverhaltenspflicht anhalten. Bei einem Verstoß kommt zunächst die Vollstreckung dieser Anordnung gem. § 89 FamFG in Betracht. Dem betreuenden Elternteil drohen zudem **unterhaltsrechtliche**

60 NK-BGB/*Peschel-Gutzeit/Ebeling* § 1684 Rn. 28.

61 BGH 27.10.1993 – XII ZB 88/92, FamRZ 1994, 158; OLG Karlsruhe 17.2.2003 – 20 WF 152/02, FamRZ 2004, 56.

62 BVerfG 1.12.2010 – 1 BvR 1752/10, FamRZ 2011, 179.

63 **Ja**: KG 30.1.2019 – 13 UF 161/18, FamRZ 2019, 982, OLG Frankfurt a. M. 27.10. 2020 – 1 UF 170/20, Rn. 18; **nein**: OLG Düsseldorf 12.2.2020 – II-1 UF 182/19, FamRZ 2020, 1368.

64 Staudinger/*Dürbeck* BGB § 1684 Rn. 113.2.

65 FA-FamR-HdB/*Büte* 4. Kap. Rn. 444.

66 BGH 27.3.2019 – XII ZB 345/18, FamRZ 2019, 1056.

Konsequenzen, da Vereitelungshandlungen den Verwirkungstatbestand des § 1579 S. 1 Nr. 7 BGB erfüllen können[67] (→ *Unbilligkeit* (*Verwirkung*) Rn. 26).

Außerdem kommen **Schadensersatzansprüche** des anderen wegen verfehlter Aufwendungen bei vereiteltem Umgang in Betracht.[68] Das Umgangsrecht begründet ein gesetzliches Verhältnis familienrechtlicher Art, aus dem sich die auch im Interesse des Kindes liegende Pflicht ergibt, bei der Gewährung des Umgangs auf die Vermögensbelange des anderen Bedacht zu nehmen.[69] Im Extremfall ist die **Übertragung der elterlichen Sorge** auf den Umgangsberechtigten zu prüfen (→ *Vereitelung des Umgangs* Rn. 13 ff.). 69

Während die ältere Rechtsprechung Auswanderungspläne des sorgeberechtigten Elternteils durch Entzug des Aufenthaltsbestimmungsrechts unterbunden hat, wenn andernfalls der Umgang mit dem Kind unmöglich gemacht würde und triftige Gründe für die Auswanderung fehlen, hat der Bundesgerichtshof mittlerweile klargestellt, dass der **Auswanderungsentschluss** wie auch der Wunsch des betreuenden Elternteils, in seine Heimat zurückzukehren, nicht als Frage des Umgangs, sondern als solche des Sorgerechts zu behandeln sind. Für sich genommen steht der Entschluss grundsätzlich nicht zur Überprüfung des Gerichts. Es kommt deshalb nicht darauf an, ob der ausreisewillige Elternteil triftige Gründe hierfür hat. Seine allgemeine Handlungsfreiheit kann nicht dergestalt eingeschränkt werden, dass ihm die Ausreise untersagt wird.[70] 70

Die bloße **Beeinträchtigung des Umgangsrechts** führt auch nicht zur Vermutung der Kindeswohlschädlichkeit. Wenn mit der Übersiedlung allerdings (auch) bezweckt wird, den Kontakt zwischen dem Kind und dem anderen Elternteil zu vereiteln, stehen die **Bindungstoleranz** des betreuenden Elternteils und damit seine Erziehungseignung infrage.[71] 71

Verstößt der Umgangsberechtigte gegen seine Loyalitätspflichten, kommen ebenfalls die Anordnung einer **Umgangspflegschaft** aber auch einschränkende Maßnahmen bis hin zum völligen **Ausschluss des Umgangsrechts** gem. § 1684 Abs. 4 BGB in Betracht. 72

g) Regelungen durch das Familiengericht. Das Familiengericht, das in der Regel auf Antrag des umgangsberechtigten Elternteils tätig wird, kann gem. § 1684 Abs. 3 S. 1 BGB **Umfang und Ausübung des Umgangsrechts** regeln. Eine gerichtliche Entscheidung wird dann erforderlich, wenn die Eltern nicht in der Lage sind, einvernehmliche Regelungen zu treffen. 73

Dabei können sie ebenso wie das Kind Beratung in Umgangsfragen durch das Jugendamt beanspruchen. Gem. **§ 18 Abs. 3 SGB VIII** sollen Kinder und Jugendliche darin unterstützt werden, dass die nach §§ 1684, 1685, 1686 a BGB Umgangsberechtigten von diesem Recht zu ihrem Wohl Gebrauch machen. Eltern und andere Umgangsberechtigte haben ihrerseits **Anspruch auf Beratung und Unterstützung** bei der Ausübung des Umgangsrechts. Wie sich aus § 1684 Abs. 4 BGB ergibt, kann das Gericht einschränkend, aber auch regelnd, auch von Amts wegen tätig werden, soweit dies zum Wohl des Kindes erforderlich ist. 74

Die Gerichte haben sich bei ihren Entscheidungen um eine **Konkordanz der verschiedenen Grundrechte** zu bemühen. Sie haben unter Berücksichtigung aller Umstände des Einzelfalls die dem Wohl des Kindes entsprechende Umgangsregelung zu treffen und sich dafür mit den Besonderheiten des Einzelfalls auseinanderzusetzen, die Interessen der Eltern sowie deren Einstellung und Persönlichkeit zu würdigen und auf die Belange des Kindes einzugehen, dessen Wille zu berücksichtigen ist, soweit das mit seinem Wohl vereinbar ist.[72] 75

67 BGH 14.3.2007 – XII ZR 158/04, NJW 2007, 1969.
68 *Steinberger/Lecking* MDR 2009, 960.
69 BGH 19.6.2002 – XII ZR 173/00, NJW 2002, 2566.
70 BGH 28.4.2010 – XII ZB 81/09, FamRZ 2010, 1060, Auswanderung nach Mexiko; 16.3.2011 – XII ZB 407/10, Rückkehr aus Frankreich.
71 BGH 28.4.2010 – XII ZB 81/09, FamRZ 2010.
72 BVerfG 14.7.2010 – 1 BvR 3189/09, FamRZ 2010, 1622.

76 Bei Geschwisterkindern ist für jedes Kind eine gesonderte Prüfung erforderlich, um auf die Wünsche und Belange jedes der Kinder einzugehen.[73] Der Grundrechtsschutz ist durch die **Gestaltung des Verfahrens**, das zu einer möglichst zuverlässigen Grundlage einer am Kindeswohl orientierten Entscheidung führen muss, sicherzustellen (→ Rn. 125 ff.).

77 Gerichtliche Entscheidungen ergehen über den Umfang des Umgangsrechts und seine Ausübung nach den vorstehenden Grundsätzen (§ 1684 Abs. 3 S. 1 BGB). Das Gericht kann die Beteiligten zur Erfüllung der **Wohlverhaltenspflicht** anhalten (§ 1684 Abs. 3 S. 2 BGB) und bei dauerhafter oder wiederholter erheblicher Verletzung **Umgangspflegschaft** anordnen (§ 1684 Abs. 3 S. 3 BGB; → *Umgangspflegschaft* Rn. 3 ff.). Schließlich kann es das Umgangsrecht beschränken oder ausschließen (§ 1684 Abs. 4 S. 1, 3 BGB; → *Begleiteter Umgang* Rn. 22 ff.; → *Ausschluss des Umgangsrechts* Rn. 47 ff.).

78 Streit der Eltern über den Lebensmittelpunkt des gemeinsamen Kindes kann zu Abgrenzungsproblemen zwischen den Bereichen Sorge- bzw. Aufenthaltsbestimmungsrecht und Umgangsrecht führen, wenn ein Elternteil die Aufhebung der gemeinsamen elterlichen Sorge und Begründung (oder Aufrechterhaltung) des gewöhnlichen Aufenthaltes des Kindes bei sich anstrebt, während der andere Elternteil unter Beibehaltung (oder Herstellung) der gemeinsamen elterlichen Sorge das sogenannte **Wechselmodell** begehrt (→ *Wechselmodell* Rn. 3, 17 ff.). Nachdem das Kammergericht bereits 2012 das Wechselmodell auch gegen den Willen eines Elternteils für im Hinblick auf das Kindeswohl in einem Ausnahmefall als geboten erachtet und dieses im Wege einer **Umgangsregelung** angeordnet hatte,[74] hat mittlerweile der Bundegerichtshof klargestellt, dass das Gesetz auf das Wechselmodell gerichtete – umgangs- oder sorgerechtliche – Entscheidungen nicht ausschließt, die – auch ohne Konsens der Eltern – unter Heranziehung der in Sorgerechtsfragen angeführten Gesichtspunkte des Kindeswohls zu treffen sind.[75] Auch ist mit der Übertragung des Aufenthaltsbestimmungsrechts auf einen Elternteil nicht zugleich notwendigerweise die gerichtliche Entscheidung für ein Residenzmodell und ebenso wenig die Betreuung im Residenzmodell zwangsläufig mit der Übertragung des Aufenthaltsbestimmungsrechts verbunden. Eine der Übertragung des Aufenthaltsbestimmungsrechts nachfolgende Anordnung des paritätischen Wechselmodells unterliegt als erstmalige Umgangsregelung dem Maßstab der §§ 1684, 1697 a BGB.[76]

79 In jedem Fall muss das Gericht entweder Umfang und Ausübung der Umgangsbefugnis konkret regeln oder die Umgangsbefugnis ebenso konkret einschränken oder ausschließen. Es genügt nicht, eine gerichtliche Regelung schlicht abzulehnen[77] (→ *Ausschluss des Umgangsrechts* Rn. 57). Das Familiengericht hat eine **konkrete Umgangsregelung mit durchsetzbarem Inhalt** zu treffen, die vollständig, vollziehbar und vollstreckbar sein muss (→ *Durchsetzung von Umgangsregelungen* Rn. 16).

2. Umgang des Kindes mit anderen Bezugspersonen (§ 1685 BGB)

80 Mit der Neuregelung des Umgangsrechts durch das Kindschaftsrechtsreformgesetz haben auch Großeltern und Geschwister (§ 1685 Abs. 1 BGB) sowie enge Bezugspersonen des Kindes (§ 1685 Abs. 2 BGB), ein Umgangsrecht erhalten, **wenn der Umgang dem Wohl des Kindes dient**.

81 Das Recht auf Umgang haben seither neben den in Abs. 1 genannten **engen Verwandten** die in Abs. 2 definierten **engen Bezugspersonen**, wenn sie für das Kind tatsächlich Verantwortung tragen oder getragen haben. Dies bezeichnet das Gesetz als **„sozial-familiäre Beziehung“**. Eine solche ist idR anzunehmen, wenn die Person mit dem Kind längere Zeit in häuslicher Gemeinschaft zusammengelebt hat (§ 1685 Abs. 2 S. 2 BGB). Für den leiblichen Vater ist – nur bei bestehender rechtlicher Vaterschaft eines anderen

73 BVerfG 24.7.2006 – 1 BvR 971/03, FamRZ 2007, 335.
74 KG 28.2.2012 – 18 UF 184/09, FamRZ 2012, 886.
75 BGH 1.2.2017 – XII ZB 601/15, FamRZ 2017, 532.
76 BGH 27.11.2019 – XII ZB 512/18, FamRZ 2020, 255.
77 BGH 27.10.1993 – XII ZB 88/92, FamRZ 1994, 158.

Mannes – das Umgangsrecht in § 1686 a BGB geregelt, „um deutlich zu machen, dass für biologische Väter Sonderregeln gelten“.[78]

a) Umgangsrecht enger Verwandter. Das Umgangsrecht von Großeltern und Geschwistern – auch Halb-[79] und Adoptivgeschwistern — setzt gem. § 1685 Abs. 1 BGB voraus, dass der Umgang dem **Wohl des Kindes** dient. Dies muss im Einzelfall konkret festgestellt werden. Allein das Verwandtschaftsverhältnis begründet noch keine dahin gehende **Vermutung**.[80] 82

Anders als beim Umgang mit den Eltern, wird die **Kindeswohldienlichkeit** auch nicht von § 1626 BGB vermutet. Es gilt aber die **Auslegungsregel** des § 1626 Abs. 3 S. 2 BGB. Danach gehört der Umgang mit anderen Personen (als den Eltern), zu denen das Kind Bindungen besitzt, zum Wohl des Kindes, wenn deren Aufrechterhaltung für seine Entwicklung förderlich ist.[81] Daraus ergibt sich, dass zunächst eine Bindung des Kindes zu einer Umgang wünschenden, in § 1685 Abs. 1 BGB genannten Person festgestellt werden muss, was sich aus einer engen verwandtschaftlichen Beziehung noch nicht zwingend ergibt. 83

Die Aufrechterhaltung einer solchen Bindung muss **für die Entwicklung des Kindes förderlich** sein.[82] Es genügt aber, wenn eine solche Bindung durch den Umgang erst hergestellt werden soll, wenn erwartet werden kann, dass dies dem Kindeswohl dient. Insbesondere ist ein **früheres Zusammenleben** nicht Voraussetzung für den gewünschten Umgang. Legitimation für einen Umgang gegen den Willen der sorgeberechtigten Eltern ist die enge verwandtschaftliche Beziehung. 84

Von der **Akzeptanz des Elternteils**, bei dem das Kind seinen regelmäßigen Aufenthalt hat, ist das Umgangsrecht von Großeltern (oder Geschwistern) grundsätzlich nicht abhängig. Die Gründe des Konflikts sind unbeachtlich, wenn er sich (lediglich) auf die beteiligten Erwachsenen bezieht. Zur Erziehungsverpflichtung des betreuenden Elternteils gehört es, dem Kind ein **Vorbild** auch insoweit zu geben, als ein von angemessenem Respekt und Höflichkeit geprägter Umgang mit den Verwandten gepflegt wird und seine ablehnende Einstellung zu diesen zurückzuhalten.[83] Wenn es sich dagegen um Gründe handelt, die am Wohle des Kindes orientiert sind, können sie gegen Umgang sprechen.[84] 85

Das Umgangsrecht von Großeltern wird als ein **treuhänderisches, dienendes Recht** charakterisiert. Großeltern haben deshalb den **Erziehungsvorrang der Eltern** zu respektieren. Dies gilt auch dann, wenn den Eltern das Sorgerecht ganz oder teilweise entzogen worden ist. Fehlt es an diesem Respekt seitens der Großeltern oder bestehen zwischen Eltern und Großeltern schwere Zerwürfnisse, würde das Kind bei jedem Umgang in einen **Loyalitätskonflikt** gestürzt werden, was dem Kindeswohl abträglich wäre. In diesem Fall hat das Verhältnis der Eltern zu ihrem Kind den Vorrang vor dem der Großeltern.[85] 86

b) Umgangsrecht enger Bezugspersonen. Sonstige Bezugspersonen, die nicht die verwandtschaftliche Nähe von Großeltern oder Geschwistern zum Kind haben, haben ein Umgangsrecht nach § 1685 Abs. 2 BGB aufgrund ihrer **sozial-familiären Beziehung**, wenn sie für das Kind **tatsächliche Verantwortung** tragen oder getragen haben. 87

Dies können **frühere Ehe- oder Lebenspartner** der Eltern, **weiter entfernte Verwandte** oder Personen sein, bei denen das Kind in **Familienpflege** war (→ *Pflegefamilie* Rn. 20), frühere **„Pflege-Großeltern“**,[86] außerdem der „lediglich“ **leibliche, aber nicht gesetzliche Vater** (→ Rn. 101 ff.), nicht aber eine **Haushaltshilfe** oder ein **Kindermädchen**. Es soll nicht jeder längere Sozialkontakt geschützt werden.[87] Der 88

78 BT-Drs. 17/12163 vom 25.1.2013, Begründung zum Gesetzentwurf der Bundesregierung, S. 9.
79 KG 24.10.2016 – 19 UF 32/16, FamRZ 2017, 899.
80 OLG Brandenburg 17.5.2010 – 10 UF 10/10, FamRZ 2010, 1991.
81 BGH 12.7.2017 – XII ZB 350/16, FamRZ 2017,1668.
82 NK-BGB/*Peschel-Gutzeit/Ebeling* § 1685 Rn. 8.
83 KG 20.3.2009 – 17 UF 2/09, FamRZ 2009, 1229.
84 NK-BGB/*Peschel-Gutzeit/Ebeling* § 1685 Rn. 9.
85 OLG Brandenburg 17.12.2015 – 13 UF 186/15, FamRZ 2016, 1092.
86 OLG Koblenz 17.9.2008 – 7 UF 237/08.
87 OLG Brandenburg 15.12.2010 – 9 UF 73/10, FamFR 2011, 68.

Lebenspartnerin der Kindsmutter steht ein Umgangsrecht nur nach § 1685 Abs. 2 BGB, nicht aber nach § 1684 BGB zu, denn § 1684 BGB gilt nur für Eltern, also Vater und Mutter des Kindes.[88]

89 Fraglich ist, ob auch die **leiblichen Eltern, deren Kind adoptiert worden ist** (→ Rn. 14), zu dem Personenkreis des § 1685 Abs. 2 BGB zählen.[89] Dafür würde nach dem Wortlaut der Vorschrift ausreichen, wenn vor der Adoption eine sozial-familiäre Beziehung bestanden hat, da eine Beschränkung auf „aktuelle" Bezugspersonen des Kindes vom Gesetzgeber nicht beabsichtigt war.[90] Eine Betreuung in den ersten zwei Lebenswochen eines Kindes genügt hierfür jedoch nicht.[91]

90 Eine andere Frage ist aber, ob dem Umgang nicht § 1751 Abs. 1 S. 1 BGB entgegensteht, wonach bereits die Einwilligung in die Adoption dazu führt, dass die Befugnis zum Umgang nicht ausgeübt werden darf. Die Vorschrift müsste auch das Umgangsrecht nach § 1685 Abs. 2 BGB erfassen. Wenn (nur) das Umgangsrecht des § 1684 BGB gemeint wäre, hätte dies – dem Sinn der Vorschrift zuwiderlaufend – zur Folge, dass aufgrund eines **früheren Zusammenlebens**, vor der Adoption, Umgang verlangt werden könnte. Für diese Auslegung spricht, dass sich zu diesem Zeitpunkt die „Befugnis zum Umgang" aus § 1684 BGB ergibt, da die leiblichen, in die Adoption einwilligenden Eltern noch die gesetzlichen Eltern sind, denen ein anderes Umgangsrecht nicht zusteht.

91 Die bisher hierzu ergangenen Entscheidungen der Oberlandesgerichte thematisieren, soweit ersichtlich, diese Frage nicht, sondern setzen die grundsätzliche Anwendbarkeit des § 1685 Abs. 2 BGB auch für den leiblichen Elternteil, der in die Adoption seines Kindes eingewilligt hat, voraus und verneinen die sozial-familiäre Beziehung[92] oder die Kindeswohldienlichkeit.

Das Kind soll nach der Intention des Gesetzes keinen Kontakt mehr zu seinen leiblichen Eltern haben, um vollständig **in die Adoptivfamilie eingegliedert** werden zu können. Den familiären Interessen der Adoptivfamilie, insbesondere daran, zusammen mit dem Kind ein Familienleben aufzubauen, ohne durch Versuche der leiblichen Mutter, den Kontakt wiederherzustellen, gestört zu werden, kommt gegenüber deren Interesse am Umgang mit ihrem Kind mehr Gewicht zu. Die bestehende familiäre Beziehung ist mit der Adoption „mit Absicht beendet" worden. Etwaige Absprachen, die zwischen leiblicher Mutter und den Adoptiveltern getroffen wurden, sind rechtlich unverbindlich.[93]

92 Entsprechendes gilt für das Umgangsrecht von Geschwistern, wenn nur eines von ihnen adoptiert worden ist. Nach § 1755 Abs. 1 S. 1 BGB erlischt mit dem Verwandtschaftsverhältnis auch das Umgangsrecht aus § 1685 Abs. 1 BGB. Ein Umgangsrecht nach § 1685 Abs. 2 BGB scheidet nach Wortlaut, Entstehungsgeschichte und Sinn und Zweck der Vorschrift, die auf Umgang zwischen Erwachsenen und Kindern zugeschnitten ist, aus, ebenso – mangels Regelungslücke – die analoge Anwendung des § 1685 Abs. 2 BGB.[94]

93 Die Entscheidung des EGMR vom 21.12.2010[95] (→ Rn. 105) führt zu keiner anderen Beurteilung, auch wenn die (leibliche) Abstammung dem **Schutz des Privatlebens** nach Art. 8 EMRK unterfällt.[96]

94 Das Umgangsrecht von Bezugspersonen nach § 1685 Abs. 2 BGB setzt das Bestehen einer sozial-familiären Beziehung voraus. Das Gesetz definiert das so, dass sie für das Kind tatsächliche Verantwortung tragen oder getragen haben. Dies wird bei einem **Zusammenleben in häuslicher Gemeinschaft über**

88 OLG Karlsruhe 16.11.2010 – 5 UF 217/10, NJW 2012, 1012.
89 OLG Stuttgart 21.3.2006 – 15 UF 4/06, NJW-RR 2007, 76.
90 BGH 9.2.2005 – XII ZB 40/02, FamRZ 2005, 705.
91 OLG Schleswig 30.1.2004 – 10 UF 199/03, FamRZ 2004, 1057.
92 Vgl. zB im Fall einer Stiefkindadoption, wenn der biologische Vater bei fehlender rechtlicher Vaterschaft nach § 1747 Abs. 1 S. 2 BGB in die Adoption eingewilligt hat, KG 19.12.2019 – 13 UF 120/19, FamRZ 2020, 1271.
93 EGMR 5.6.2014 – 31021/08, FamRZ 2014, 1351.
94 OLG Dresden 12.10.2011 – 21 UF 581/11, FamRZ 2013, 1153 ff., das auch ein Umgangsrecht wegen möglicher Gefährdung des Wohls des nicht adoptierten Geschwisters gem. § 1666 BGB ablehnt.
95 EGMR 21.12.2010 – 20578/07, FamRZ 2011, 269.
96 *Rixe* FamRZ 2011, 1363 (1365).

längere Zeit vermutet, kann aber auch ohne ein solches Zusammenleben gegeben sein, wenn zwischen der den Umgang begehrenden Bezugsperson und dem Kind eine persönlich-vertraute Beziehung besteht oder bestanden hat, an die wieder angeknüpft werden kann. Bloße Umgangskontakte in der Vergangenheit sollen dafür aber nicht ausreichen.[97] Auch nur gelegentliche Besuche für kurze Zeit unter Aufsicht der Eltern begründen keine sozial-familiäre Beziehung.[98]

Die Dauer des Zusammenlebens ist nicht festgeschrieben. Es kommt auf den Einzelfall an, bei dem das **kindliche Zeitempfinden** besonders zu berücksichtigen ist.[99]

Der Bundesgerichtshof hat ein Zusammenleben von gut einem Jahr mit einem bei Trennung der Eltern zwei Jahre acht Monate alten Kind ausreichen lassen.[100] Ebenso kann die regelmäßige Betreuung durch „Pflege-Großeltern" über verlängerte Wochenenden und in den Ferien über einen Zeitraum von fast zwei Jahren ausreichend sein,[101] nicht aber Wochenendkontakte der nun getrennt lebenden Ehefrau des Kindsvaters, wenn diese nicht tatsächlich Verantwortung getragen hat, so dass eine **tatsächliche Lebens- und Erziehungsgemeinschaft** zwischen ihr und dem Kind nicht entstehen konnte, weil sie beachtet und respektiert hat, dass die Verantwortung für das Kind allein bei der Kindsmutter gelegen hat.[102] 95

Auch hier gilt aber nach § 1626 Abs. 3 S. 2 BGB, dass die Aufrechterhaltung der Beziehung für die Entwicklung des Kindes förderlich sein muss. 96

c) Einzelheiten. Als Ausfluss der Personensorge gem. **§ 1632 Abs. 2 BGB** steht das Recht, den Umgang des Kindes auch mit Wirkung für und gegen Dritte zu bestimmen, bei gemeinsamer elterlicher Sorge den Eltern, sonst dem allein sorgeberechtigten Elternteil zu. Die Entscheidung über die Ausübung des Umgangs mit Dritten nach § 1685 BGB ist **keine Entscheidung des täglichen Lebens** (→ *Elterliches Sorgerecht* Rn. 14), sondern eine **Angelegenheit von erheblicher Bedeutung iSd § 1687 Abs. 1 S. 1 BGB**, über die Eltern mit gemeinsamer elterlicher Sorge Einvernehmen herzustellen oder, wenn dies nicht gelingt, eine gerichtliche Entscheidung herbeizuführen haben.[103] Anders mag dies sein bei mehr oder weniger flüchtigen Kontakten eines Dritten zu einem Kind in einem sachlich-zeitlich durch das Umgangsrecht des Vaters begrenzten Umfang, der in keinem sozial-familiären oder auch nur losen freundschaftlichen Näheverhältnis zum Kind steht, bezüglich des erstrebten Verbots von Kontakten durch Ansprache oder sonstiges Zugehen auf das Kind, dem keine erhebliche Bedeutung iSd § 1687 BGB beigemessen werden soll.[104] 97

Das Umgangsrecht nach § 1685 BGB ist **schwächer ausgestaltet** als das der Eltern gem. § 1684 BGB. Der Nutzen des Umgangs für das Kind wird nicht vom Gesetz vermutet. Es ist auch nicht mit einer Umgangspflicht der genannten Umgangspersonen und, damit korrespondierend, einem Umgangsrecht des Kindes verknüpft. 98

Sein **Umfang** entspricht nicht dem der Eltern. Es hat hinter dem eines Elternteils zurückzustehen, wenn neben dessen regelmäßigem Umgang der zusätzliche Umgang das Kind (im Kindergartenalter) überfordern würde, insbesondere wenn im Rahmen des Elternumgangs Kontakte ermöglicht werden.[105] Der Umgang der Eltern eines in einer Pflegefamilie lebenden Kindes darf durch den Umgang mit dem in § 1685 BGB genannten Personenkreis nicht eingeschränkt werden, denn **Elternumgang hat stets Vorrang.**[106] 99

§ 1685 Abs. 3 S. 1 BGB verweist auf § 1684 Abs. 2–4 BGB. Es gilt also für alle Beteiligten – Eltern wie Umgangsberechtigte – die **Wohlverhaltensklausel** (→ Rn. 57). Das Gericht kann über den Umfang 100

97 OLG Hamm 17.3.2016 – II-2 WF 31/16, FamRZ 2016, 1945.
98 KG 19.12.2019 – 13 UF 120/19, FamRZ 2020, 1271.
99 NK-BGB/*Peschel-Gutzeit/Ebeling* § 1685 Rn. 11.
100 BGH 9.2.2005 – XII ZB 40/02, FamRZ 2005, 705.
101 OLG Koblenz 17.9.2008 – 7 UF 237/08, FamRZ 2009, 1229.
102 OLG Hamm 9.11.2010 – 2 WF 201/10, MDR 2011, 545.
103 OLG Jena 24.5.2006 – 1 UF 503/05, FamRZ 2009, 894.
104 OLG Brandenburg 13.1.2015 – 9 UF 24/14.
105 OLG Hamm 23.2.2011 – II-8 WF 27/11, FamRZ 2011, 214 zum Großelternumgang.
106 BVerfG 24.7.2006 – 1 BvR 971/03, FamRZ 2007, 335.

des Umgangsrechts entscheiden und seine Ausübung regeln, das Umgangsrecht einschränken oder auch ausschließen (→ Rn. 73 ff.). Die Anordnung einer Umgangspflegschaft ist dagegen nur unter den Voraussetzungen des § 1666 BGB zulässig (§ 1685 Abs. 3 S. 2 BGB).

3. Umgangsrecht des leiblichen Vaters

101 Der (unstreitig) leibliche, aber nicht rechtliche Vater des Kindes ist **nicht Elternteil iSd §§ 1684 Abs. 1, 1626 Abs. 3 S. 1 BGB**, wenngleich das Bundesverfassungsgericht ihn in den Schutzbereich des Art. 6 GG einbezieht. Geschützt wird zunächst nur sein Interesse, auch die rechtliche Stellung als Vater einzunehmen, indem ihm ein verfahrensrechtlicher **Zugang zum Elternrecht** gewährleistet wird, ohne ihm jedoch von vornherein den Vorrang vor dem rechtlichen Vater einzuräumen.[107]

102 Als Folge dieser Entscheidung wurde § 1685 Abs. 2 BGB mit Wirkung zum 30.4.2004 geändert (→ Rn. 3, 80 ff.). Denn auch einer **bestehenden familiären Beziehung** des leiblichen Vaters zu seinem Kind wird ein (nachwirkender) Schutz durch Art. 6 Abs. 1 GG gewährt. Wenn der Vater tatsächlich Verantwortung für sein Kind trägt oder getragen hat und daraus eine **soziale Bindung** zwischen ihm und dem Kind entsteht, bilden beide eine Familie im Sinne einer **tatsächlichen Lebens- und Erziehungsgemeinschaft** und sind in ihrem Interesse am Erhalt dieser sozial-familiären Beziehung und damit am Umgang miteinander durch Art. 6 Abs. 1 GG geschützt. Der leibliche Vater gehört seither als **enge Bezugsperson** des Kindes zum Kreis der Umgangsberechtigten nach § 1685 Abs. 2 S. 1 BGB. Er stand und steht nicht anders da als etwa der Stiefvater, der mit der Mutter des Kindes (und dem Kind) – verheiratet oder unverheiratet – zusammengelebt hat.

103 Schließlich wurde aufgrund der Entscheidungen des EGMR im Jahr 2010 und 2011 das Umgangsrecht für den leiblichen Vater, der die Voraussetzungen des § 1685 BGB nicht erfüllen kann, da keine sozial-familiäre Beziehung zwischen ihm und seinem Kind besteht, in § 1686 a BGB geregelt, wenn bereits ein rechtlicher Vater vorhanden ist (→ Rn. 107 ff.).

104 Geschützt wurde bis dahin nur das Interesse am Erhalt der sozial-familiären Beziehung, nicht die Abstammung und auch nicht die **Bereitschaft des leiblichen Vaters, Verantwortung zu tragen**, oder sein **Wunsch nach erstmaliger Herstellung einer sozial-familiären Beziehung** zu dem Kind,[108] und nur insoweit, als dies dem Wohl des Kindes dient,[109] was anhand von § 1626 Abs. 3 S. 2 BGB zu prüfen ist.

105 Mit Urteil vom 21.12.2010[110] hat der EGMR entschieden, dass der in der generellen Verweigerung eines Umgangsrechts liegende Eingriff in das Recht des leiblichen Vaters auf Achtung des Privatlebens bei Fehlen einer sozial-familiären Beziehung nicht nach Art. 8 Abs. 2 EMRK gerechtfertigt ist und **das Kindeswohl im Einzelfall die Elterninteressen überwiegen kann**.

Nachdem der Gerichtshof bisher in der Regel ein **Zusammenleben als Voraussetzung für eine Beziehung, die einem Familienleben gleichkommt**, verlangt hatte,[111] ließ er nun ein **beabsichtigtes Familienleben** ausreichen, vor allem dann, wenn die fehlende vollständige Herstellung des Familienlebens nicht dem Umgangswilligen zuzurechnen war. Entscheidend hierfür war unter anderem die Art der Beziehung zwischen den leiblichen Eltern sowie das Interesse des Vaters an dem Kind und sein Bekenntnis zu ihm sowohl vor als auch nach der Geburt, was der sowohl vor als auch nach der Geburt der Kinder geäußerte Kontaktwunsch des Vaters und die zügige Einleitung eines Umgangsverfahrens gezeigt haben.

106 Seit dem Urteil des EGMR vom 15.9.2011[112] gilt dasselbe für den **mutmaßlichen leiblichen Vater**, dessen Vaterschaft streitig ist, jedoch nach geltendem Recht weder im Statusverfahren wegen des Fehlens der

107 BVerfG 9.4.2003 – 1 BvR 1493/96, 1 BvR 1724/01, NJW 2003, 2151.
108 BVerfG 20.9.2006 – 1 BvR 1337/06, FamRZ 2006, 1661.
109 BGH 9.2.2005 – XII ZB 40/02, FamRZ 2005, 705.
110 EGMR 21.12.2010 – 20578/07, FamRZ 2011, 269.
111 EGMR 18.3.2008 – 33375/03, NJW-RR 2009, 1585.
112 EGMR 15.9.2011 – 17080/07.

Voraussetzungen nach § 1600 Abs. 2 BGB noch inzident im Umgangsverfahren wegen des Vorrangs des Statusverfahrens als Vater festgestellt werden kann.

Aufgrund dieser Entscheidungen wurden mit dem am 5.7.2013 in Kraft getretenen **Gesetz zur Stärkung der Rechte des leiblichen, nicht rechtlichen Vaters** die Möglichkeiten des biologischen Vaters, Umgang mit seinem Kind zu erhalten, erweitert (und ihm ein Auskunftsrecht über die persönlichen Verhältnisse seines Kindes geschaffen; → *Auskunft über die persönlichen Verhältnisse des Kindes* Rn. 1 f., 5). Es sollte der mit Art. 8 EMRK nicht zu vereinbarende Zustand beseitigt werden, dass der leibliche Vater, der keine enge Bezugsperson des Kindes ist, auch dann kategorisch und ohne Prüfung des Kindeswohls vom Umgang mit seinem Kind ausgeschlossen ist, wenn ihm der Umstand, dass eine sozial-familiäre Beziehung nicht aufgebaut wurde, nicht zuzurechnen ist.[113] 107

Das Umgangsrecht des leiblichen Vaters bei bestehender Vaterschaft eines anderen Mannes (rechtlicher Vater) setzt gem. § 1686 a BGB voraus, dass bereits ein **rechtlicher Vater vorhanden** ist, der leibliche Vater ein ernsthaftes Interesse an dem Kind gezeigt hat und dass der Umgang dem Wohl des Kindes dient. 108

Fehlt ein rechtlicher Vater, bleibt dem „(putativ-)biologischen" Vater die Möglichkeit, die Vaterschaft klären zu lassen und damit das Recht nach § 1684 BGB zu erlangen oder bei Vorliegen der Voraussetzungen des § 1685 BGB Umgang als enge Bezugsperson zu fordern. Das Umgangsrecht nach § 1686 a Abs. 1 Nr. 1 BGB soll nur dem biologischen Vater offenstehen, „der eine Umgangs- und Auskunftsberechtigung nicht qua rechtlicher Vaterschaft erlangen kann".[114] Der biologische Vater soll, wenn es einen rechtlichen Vater nicht gibt, keine „Elternschaft light", also eine Umgangsvaterschaft ohne Verpflichtung, erlangen, sondern dann auf die rechtliche Vaterschaft durch Anerkennung oder Feststellung verwiesen werden.[115] Er kann in diesem Fall die Vaterschaft entweder gem. § 1594 BGB anerkennen oder bei fehlender Zustimmung der Mutter nach § 1600 d BGB gerichtlich feststellen lassen. Er hätte dann alle Rechte, also auch ein Umgangsrecht nach § 1684 BGB, aber auch die Pflichten eines rechtlichen Vaters.[116] 109

Unklar ist, **welcher Umgang** dem leiblichen Vater, der (auch) die Voraussetzungen des § 1685 Abs. 2 BGB erfüllt, zusteht. Der Gesetzentwurf erweckt aufgrund der Überschrift und der gleichzeitigen Regelung von Umgangs- und Auskunftsrecht in einer eigenen, neuen Vorschrift den Eindruck einer Spezialvorschrift gegenüber § 1685 BGB für den vom rechtlichen Vater verschiedenen leiblichen Vater. Auch soll nach der Begründung zum Gesetzentwurf deutlich werden, „dass für biologische Väter Sonderregeln gelten".[117] An anderer Stelle ist allerdings die Rede davon, dass der leibliche Vater ein Umgangsrecht künftig nicht nur bei bestehender sozial-familiärer Beziehung haben soll, was dafür spricht, dass der leibliche Vater, der die Voraussetzungen des § 1685 BGB erfüllt, den Umgang auch nach dieser Vorschrift erhält. Würde § 1686 a BGB die Vorschrift des § 1685 BGB verdrängen, hätte das für den unstreitig leiblichen Vater, der Bezugsperson iSd § 1685 BGB war, zur Konsequenz, dass er zuvor seine Vaterschaft rechtlich feststellen müsste. Dies kann nicht gewollt sein. Zutreffend ist deshalb die Ansicht, dass § 1685 Abs. 2 BGB und § 1686 a BGB nebeneinander stehen und ein Umgangsbegehren des leiblichen Vaters, der auch eine sozial-familiäre Beziehung mit dem Kind unterhält, sowohl auf § 1685 Abs. 2 BGB als auch auf § 1686 a Abs. Nr. 1 BGB gestützt werden kann.[118] 110

Zulässigkeitsvoraussetzung für den Antrag auf Umgang gem. § 1686 a BGB ist gem. § 167 a FamFG die **eidesstattliche Versicherung** des Antragstellers, der Mutter des Kindes während der Empfängniszeit beigewohnt zu haben, was dem § 1600 Abs. 1 Nr. 2 BGB mit derselben Intention nachgebildet ist. Damit 111

113 BT-Drs. 17/12163 vom 25.1.2013, Begründung zum Gesetzentwurf der Bundesregierung, S. 9.
114 BT-Drs. 17/12163, 12.
115 Staudinger/*Dürbeck* BGB § 1686 a Rn. 10.
116 BGH 5.10.2016 – XII ZB 280/15, FamRZ 2016, 2082.
117 BT-Drs. 17/12163 vom 25.1.2013, Begründung zum Gesetzentwurf der Bundesregierung, S. 9.
118 Staudinger/*Dürbeck* BGB § 1686 a Rn. 8.

sollen Mutter, Kind und (rechtlicher) Vater vor Umgangs- und Auskunftsverfahren „ins Blaue hinein" geschützt werden.[119]

Der Begriff des „Beiwohnens" ist weit zu verstehen und erfasst auch die private Befruchtung mithilfe eines privaten Samenspenders bei einer Heiminsemination („Becherspende").[120]

112 Die **Klärung der Vaterschaft** erfolgt **inzident** im Rahmen des Umgangsverfahrens. Dabei wird die leibliche Vaterschaft nur als Vorfrage geprüft. Dies kann nach dem ebenfalls durch das Gesetz zur Stärkung der Rechte des leiblichen, nicht rechtlichen Vaters eingeführten § 167 a Abs. 2, 3 FamFG im Wege förmlicher Beweisaufnahme durch Einholung eines Abstammungsgutachtens geschehen oder durch Verwertung eines von Beteiligten selbst erholten Gutachtens erfolgen.

113 Weitere Voraussetzung für ein Umgangsrecht des leiblichen Vaters ist, dass er **ernsthaftes Interesse** an dem Kind gezeigt hat. Der ursprüngliche Entwurf der Bundesregierung hat noch von „nachhaltigem" Interesse gesprochen. Die Änderung beruht auf der Beschlussempfehlung des Rechtsausschusses, da die Formulierung „nachhaltiges Interesse" in familienrechtlichen Kontexten weniger gebräuchlich sei.[121] Damit will der Gesetzgeber dem Umstand gerecht werden, dass Rechte anderer Betroffener von nicht minderem Rang gleichermaßen auf dem Spiel stehen.

Als mögliche Kriterien werden in der Gesetzesbegründung, der Entscheidung des EGMR 2010 folgend, ua genannt, ob der (mutmaßliche) biologische Vater sein Kind zeitnah nach der Geburt kennenlernen wollte, ob er sich um weiteren Kontakt mit dem Kind bemüht hat, ob er den Wunsch nach Umgang wiederholt artikuliert und gegebenenfalls Pläne entwickelt hat, wie er seinen Kontaktwunsch im Hinblick auf Wohnort und Arbeitszeiten realisieren kann, ob er sich vor und nach der Geburt zu dem Kind bekannt hat oder ob er die Bereitschaft geäußert hat, Verantwortung für das Kind – gegebenenfalls auch finanziell – zu übernehmen.[122]

114 Zur Frage der Kindeswohldienlichkeit formuliert die Begründung des Gesetzentwurfs **verschiedene Kriterien**. Es sei „unter Berücksichtigung der konkreten familiären Begebenheiten insbesondere auch zu prüfen, ob und gegebenenfalls inwieweit Umgangskontakte mit einem gewissermaßen zweiten, ausschließlich auf der biologischen Abstammung beruhenden Vater für das Kind eine seelische Belastung darstellen". Ferner sei zu prüfen, „ob das Kind dadurch in einer dem Kindeswohl abträglichen Weise verunsichert wird, inwieweit die Kindesmutter und der biologische Vater gegebenenfalls ihre Konflikte nach der Trennung begrenzen können und wie der Umgang im Interesse einer gesunden Persönlichkeitsentwicklung und der Identitätsfindung des Kindes zu bewerten ist". Auch seien zu beurteilen: die Frage der Kindeswohldienlichkeit je nach familiärer Situation, Stabilität und Belastbarkeit des Familienverbands, die Beziehungskonstellation bzw. das Konfliktniveau zwischen den betroffenen Erwachsenen, das Alter und die Resilienz des Kindes, der Grad der Bindung des Kindes an seine rechtlich-sozialen Eltern, die Dauer der Kenntnis von der Existenz eines biologischen Vaters etc".[123]

115 Soweit ersichtlich führt die Einführung des § 1686 a BGB nicht zu einer maßgeblichen Änderung der Umgangslage für lediglich biologische Väter.

In Fortsetzung des 2010 vom EGMR entschiedenen Falles hat das OLG Karlsruhe auf der Grundlage des nun geltenden § 1686 a BGB das Umgangsrecht des Vaters an der **fehlenden Kindeswohldienlichkeit** scheitern lassen. Angesichts der ernsthaften und erheblichen psychischen Widerstände und Ängste der Eltern gegen den leiblichen Vater würde das bestehende Familiensystem durch dessen „Auftauchen" beein-

119 BT-Drs. 17/12163, 14.

120 BGH 15.5.2013 – XII ZR 49/11, FamRZ 2013, 1209 zur Vaterschaftsanfechtung nach § 1600 Abs. 1 Nr. 2 BGB; OLG Frankfurt a. M. 29.8.2018 – 4 UF 52/18, FamRZ 2019, 37 zu § 1686 a BGB.

121 BT-Drs. 17/13269 vom 25.4.2013.

122 BT-Drs. 17/12163, 13.

123 BT-Drs. 17/12163 vom 25.1.2013, Begründung zum Gesetzentwurf der Bundesregierung, S. 13.

trächtigt.[124] Die mittlerweile zehnjährigen Zwillinge wussten nichts von ihrer wirklichen Abstammung und sollten dies nach der Vorstellung der Eltern auch nicht erfahren, weshalb die Kinder im Verfahren nicht angehört wurden. Dies hat der BGH nicht gelten lassen. Der Umstand, dass sich die Eltern beharrlich weigern, einen Umgang zuzulassen, genügt nicht, um den Umgang der Kinder mit ihrem leiblichen Vater abzulehnen, da regelmäßig im Fall des § 1686 a Abs. 1 Nr. 1 BGB der leibliche Vater in ein (intaktes) Familiensystem eingreifen und die rechtlichen Eltern sich gegen einen Umgang sperren werden. Würde man bereits diese Verweigerungshaltung als Hinderungsgrund akzeptieren, würde die Regelung des § 1686 a Abs. 1 Nr. 1 BGB leerlaufen. Der leibliche Vater würde als „Störenfried" der behüteten rechtlichen Familie angesehen und damit praktisch eine Vermutung gegen die Kindeswohldienlichkeit etabliert werden.

Es ist eine **umfassende Kindeswohlprüfung** durchzuführen. Ist einziger Grund für das Scheitern des Umgangs die ablehnende Haltung der rechtlichen Eltern und die damit einhergehende Befürchtung, dass diese mit einer Umgangsregelung psychisch überfordert wären und dadurch letztlich auch mittelbar das Kindeswohl beeinträchtigt wäre, sind strenge Anforderungen an die entsprechenden Feststellungen zu stellen.[125] Der BGH hat für das weitere Verfahren einige Grundbedingungen aufgestellt. Zunächst sind die Kinder über ihre wahre Abstammung zu unterrichten, wenn dem nicht Gründe des Kindeswohls unmittelbar entgegenstehen sollten. Zur Klärung dieser Frage sind die Persönlichkeit des Kindes, der Stand seiner Persönlichkeitsentwicklung und seine Verstandesreife zu berücksichtigen. Es ist Aufgabe der Eltern, die Kinder zu informieren. Unterlassen sie das, ist eine entsprechende Unterrichtung auf andere Weise sicherzustellen. Es folgen (erneute) Begutachtung der nun informierten Kinder und Anhörung durch das Gericht.

Die **Reihenfolge der Prüfung**, ob also zunächst die biologische Vaterschaft oder die Frage des Kindeswohls geprüft wird, ist im Gesetz nicht geregelt. Sie steht im Ermessen aber nicht im Belieben des Gerichts, da die Betroffenen nicht mit Grundrechtseingriffen belastet werden dürfen, die nicht erforderlich sind. Insbesondere dürfen die Gerichte die Reihenfolge nicht allein aus Praktikabilitätserwägungen wählen. Es kann deshalb geboten sein, die Abstammungsklärung erst dann herbeizuführen, wenn das Vorliegen der sonstigen Anspruchsvoraussetzungen festgestellt ist; umgekehrt kann es geboten sein, zuerst die Abstammungsklärung vorzunehmen, wenn die Klärung der sonstigen Anspruchsvoraussetzungen für die Betroffenen ungleich belastender wäre.[126] 116

Für den Umgang gelten § 1684 Abs. 2–4 BGB entsprechend, wobei eine **Umgangspflegschaft** nur unter den Voraussetzungen des § 1666 Abs. 1 BGB angeordnet werden kann (§ 1686 a Abs. 2 BGB). Der Umfang des Umgangsrechts nach § 1686 a BGB orientiert sich grundsätzlich an den zu § 1685 BGB entwickelten Maßstäben und nicht an denjenigen des Elternumgangs nach § 1684 BGB, da das Umgangsrecht des leiblichen, nicht rechtlichen Vaters nach § 1686 a BGB nicht durch das Elterngrundrecht geschützt wird.[127] 117

Abschließend soll provokativ die Frage gestellt werden, ob dieses Regelwerk nicht im Grunde genommen ein „Eiertanz" ist und zu einem solchen vor Gericht führt, der weniger zur Befriedung, stattdessen zur Verfestigung von Verleugnung und Ablehnung führt und das Kindeswohl aus dem Auge verliert. 118

Dem Auseinanderfallen von biologischer und gesetzlicher Vaterschaft können unterschiedliche **Fallkonstellationen** zugrunde liegen (der Sonderfall der Samenspende nach § 1600 Abs. 4 BGB gehört nicht dazu):

- Ein Kind wird nach einer außerehelichen Beziehung, der es entstammt, in die Ehe geboren – mit oder ohne Kenntnis des Ehemannes („Kuckuckskind").
- Die Vaterschaft wird wider besseres Wissen durch einen Dritten anerkannt.[128]

---

124 OLG Karlsruhe 1.6.2015 – 20 UF 63/13, FamRZ 2015, 1624.

125 BGH 5.10.2016 – XII ZB 280/15, FamRZ 2016, 2082.

126 BVerfG 19.11.2014 – 1 BvR 2843/14, FamRZ 2015, 212.

127 OLG Frankfurt a. M. 11.6.2019 – 5 UF 72/19, FamRZ 2019, 2008.

128 Vgl. BGH 15.5.2013 – XII ZR 49/11, FamRZ 2013, 1209 zur Vaterschaftsanfechtung nach § 1600 Abs. 1 Nr. 2 BGB; BVerfG 25.9.2018 – 1 BvR 2814/17, FamRZ 2019, 124 zur Anerkennung der Vaterschaft durch einen anderen Mann, nachdem der leibliche Vater das Vaterschaftsfeststellungsverfahren eingeleitet hat.

- Die Mutter heiratet vor der Geburt des Kindes einen Mann, der (mit oder ohne sein Wissen) nicht Vater des Kindes ist.

Allen Fällen ist rechtlich gemeinsam, dass der biologische Vater weder die gesetzliche Vaterschaft noch den Umgang mit dem Kind erlangen kann, wenn eine sozial-familiäre Beziehung des anderen Mannes zu dem Kind besteht oder vorgeblich bestehen soll.

In tatsächlicher Hinsicht ist ihnen gemeinsam, dass die Elternschaft auf **Unehrlichkeit** beruht und zumindest die Kinder über ihre Abstammung belogen werden. In Fällen einer „Begründung der Federstrich-Vaterschaft … durch kollusive Anerkennung"[129] kommt hinzu, dass der biologische Vater bewusst verdrängt wird. Dass er, wenn er dagegen vorgeht, als „lästiger Störenfried" empfunden wird, verwundert nicht, dass ihm das vorgeworfen wird allerdings schon.

Die Notwendigkeit, in den sich anschließenden gerichtlichen Verfahren das Bestehen der (eigenen) sozial-familiären Beziehung nachzuweisen oder (der des anderen Mannes) zu widerlegen, gibt Anlass, die Frage nach dem Kindeswohl in einem übergeordneten Zusammenhang zu stellen, und ob nicht ein **offener Umgang** mit den Realitäten zum Wohle aller Betroffenen besser wäre. Man möchte fragen: „Was ist schon dabei"?

Dass die Rechtsordnung sich aufgerufen fühlt, den „bestehenden sozialen Familienverband" zu schützen, der bekanntermaßen fragil ist, überrascht auch im Hinblick auf die ernsthaften Diskussionen zur Eltern-Kind-Zuordnung in Fällen gleichgeschlechtlicher Elternschaft oder Leihmutterschaft, die Elternschaft der Beliebigkeit preisgeben wollen (Co-Elternschaft, Wunschelternschaft).

Es soll deshalb an dieser Stelle die gesetzgeberische Wertung, der rechtlichen und gelebten Elternbeziehung den Vorrang vor dem Interesse des leiblichen Vaters zu geben, infrage gestellt werden. In diesem Kontext betrachtet, wird der in § 1747 Abs. 1 S. 2 BGB gewährte Schutz, „sein" Kind durch Adoption zu verlieren, für den Mann, der die Voraussetzung des § 1600 d Abs. 2 S. 1 BGB glaubhaft macht, entwertet. Die Einschränkung „sofern kein anderer Mann nach § 1592 als Vater anzusehen ist" fordert zur „kollusiven Anerkennung" heraus. Ein Wettlauf?

Eine saubere abstammungsrechtliche Lösung ohne die derzeitigen hohen Hürden und daran anknüpfend alle mit der Elternschaft verknüpften Rechtsfolgen erscheint vorzugswürdig. Nimmt man den Ausgangsfall „Anayo",[130] der seinen Anfang im Jahr 2006 beim Amtsgericht Baden-Baden[131] und sein vorläufiges Ende mit der Entscheidung des BGH, die Sache an das Oberlandesgericht zurückzuverweisen,[132] gefunden hat (weiteres ist nicht bekannt), würde dies den Rechtsfrieden zumindest schneller herbeiführen. Die Zwillinge sind mittlerweile 15 Jahre alt.

III. Verfahrenshinweise

1. Zuständigkeit

119 Für Verfahren den Umgang betreffend ist grundsätzlich das Familiengericht örtlich zuständig, in dessen Bezirk das Kind seinen **gewöhnlichen Aufenthalt** (→ *Gewöhnlicher Aufenthalt* Rn. 1 f., 6 ff.) hat (§ 152 Abs. 2 FamFG), es sei denn, es ist eine Ehesache anhängig. In diesem Fall wäre für gemeinschaftliche Kinder der Ehegatten das Gericht zuständig, bei dem die Ehesache im ersten Rechtszug anhängig ist oder war (§ 152 Abs. 1 FamFG). Bei nachfolgender Anhängigkeit der Ehesache ist das Umgangsverfahren an das Gericht der Ehesache von Amts wegen abzugeben (§ 153 FamFG). Wenn der nicht allein aufenthaltsbestimmungsberechtigte Elternteil den Aufenthalt des Kindes einseitig, dh ohne vorherige Zustimmung des anderen Elternteils, ändert, kann das jetzt zuständige Gericht das Verfahren gem. § 154 FamFG an das früher zuständig gewesene Gericht verweisen und so einer **Manipulierung des Gerichtsstands begegnen**.

129 AG Holzminden 2.9.2010 – 12 F 332/10 AB.
130 EGMR 21.12.2010 – 20578/07, FamRZ 2011, 269.
131 AG Baden-Baden 27.9.2006 – 6 F 27/06.
132 BGH 5.10.2016 – XII ZB 280/15, FamRZ 2016, 2082.

Das gerichtliche Verfahren wird durch den **Antrag eines Beteiligten** oder **von Amts wegen** eingeleitet. Ein Amtsverfahren kann auf der **Anregung des Jugendamtes nach § 8 a SGB VIII** beruhen oder der Kenntnis des Gerichts, zB aus einem anderen Verfahren, wie sich aus § 156 Abs. 3 FamFG ergibt. So kann das Gericht nicht nur das Umgangsrecht beschneidende Maßnahmen nach § 1684 Abs. 3 und 4 BGB anordnen, sondern auch den Umgang positiv regeln, beispielsweise begleitend zu einer **Herausnahmeentscheidung** nach § 1666 BGB oder einer **Verbleibensanordnung** nach § 1632 Abs. 4 BGB. 120

2. Beteiligte

Beteiligte sind nach § 7 Abs. 2 FamFG die minderjährigen Kinder in allen ihre Person betreffenden Verfahren. Soweit das Kind nicht verfahrensfähig ist, was nach § 9 Abs. 1 FamFG regelmäßig der Fall sein wird, wird es von dem oder den Sorgeberechtigten vertreten, im Regelfall also seinen Eltern (§ 9 Abs. 2 FamFG, § 1629 Abs. 1 BGB). Bei Vorliegen eines **erheblichen Interessengegensatzes** zwischen Eltern und Kind, ist ihm (zwingend) vom Gericht ein **Verfahrensbeistand** als Interessenvertreter zu bestellen, wenngleich dieser nach § 158 Abs. 4 S. 6 FamFG nicht gesetzlicher Vertreter des Kindes ist.[133] 121

Die **Eltern** oder sonstige Umgangsberechtigte, deren Rechte durch das Verfahren unmittelbar betroffen sind, sind ebenfalls Verfahrensbeteiligte, ebenso der **Verfahrensbeistand** (§ 158 Abs. 3 S. 2 FamFG). 122

Das **Jugendamt** wird nicht bereits dadurch Beteiligter, dass es gem. § 162 FamFG anzuhören ist, es ist aber auf seinen Antrag zu beteiligen (§ 162 Abs. 2 FamFG). Lebt das Kind seit längerer Zeit in Familienpflege, kann das Gericht die **Pflegeperson** als Beteiligte hinzuziehen (§ 161 Abs. 1 FamFG). Die Beteiligung ist geboten, wenn es für die Frage des Umgangs ganz wesentlich auf die Lebensverhältnisse in der Pflegefamilie des Kindes ankommt.[134] 123

3. Amtsermittlung

Der Antragsteller muss **keinen konkreten Antrag** stellen.[135] Andererseits ist das Gericht an einen gleichwohl gestellten Antrag ebenso wenig gebunden wie an dessen Rücknahme, da das Verfahren auch von Amts wegen eingeleitet werden kann (§ 22 Abs. 4 FamFG; → *Umgangspflicht* Rn. 9). 124

Im Umgangsverfahren gilt der **Amtsermittlungsgrundsatz**. Das Gericht hat nach § 26 FamFG die zur Feststellung der entscheidungserheblichen Tatsachen erforderlichen Ermittlungen durchzuführen, wobei es ihm überlassen bleibt, welchen Weg es im Rahmen der gesetzlichen Vorschriften für geeignet hält, um eine möglichst zuverlässige Grundlage für eine am Kindeswohl orientierte Entscheidung zu erlangen.[136] 125

Grundsätzlich hat es insbesondere Eltern und Kinder persönlich anzuhören, dem Kind einen Verfahrensbeistand zu bestellen und ggf., aber nicht zwingend, ein Sachverständigengutachten zu erholen. Es ist aber nicht verpflichtet, allen nur denkbaren Erkenntnismöglichkeiten nachzugehen, so dass es die Ermittlungen abschließen kann, wenn von diesen ein sachdienliches, die Entscheidung beeinflussendes Ergebnis nicht mehr zu erwarten ist.[137]

Das Gericht hat das Verfahren so zu gestalten, dass der Schutz der Grundrechte der einzelnen Beteiligten sichergestellt ist. Dafür muss es **konkrete Feststellungen** treffen, um eine **zuverlässige Entscheidungsgrundlage** zu erhalten. Schematische Regelungen verbieten sich. Das Gericht hat unter Berücksichtigung aller Umstände des Einzelfalls die dem Wohl des Kindes entsprechende Umgangsregelung zu treffen. Es genügt dafür nicht, zur Begründung der getroffenen Umgangsregelung auf die Spruchpraxis des Gerichts in vergleichbaren Fällen und auf eine Zitatstelle in einem BGB-Kommentar zu verweisen.[138] 126

133 BGH 7.9.2011 – XII ZB 12/11, FamRZ 2011, 1788; 18.1.2012 – XII ZB 489/11, NJW 2012, 1150.
134 OLG Schleswig 22.11.2018 – 10 UF 185/18.
135 OLG Stuttgart 10.1.2007 – 17 UF 190/06, FamRZ 2007, 1682.
136 BVerfG 13.5.2020 – 1 BvR 663/19, FamRZ 2020, 1579.
137 BVerfG 14.9.2015 – 1 BvR 1321/13, FamRZ 2016, 26.
138 BVerfG 23.3.2007 – 1 BvR 156/07, FamRZ 2007, 1078.

127 **a) Anhörungen.** In erster Linie sind Eltern (§ 160 FamFG), Kind (§ 159 FamFG), Jugendamt (§ 162 Abs. 1 FamFG) und bei länger bestehender Familienpflege die Pflegeperson (§ 161 Abs. 2 FamFG) persönlich anzuhören. Insbesondere die Anhörung des Kindes, die wegen der Schwere des Eingriffs in das vom Grundgesetz geschützte Umgangsrecht erforderlich ist, soll dem Gericht einen **eigenen Eindruck von den Bindungen des Kindes** verschaffen[139] und eine zuverlässige Grundlage für eine am Kindeswohl orientierte Entscheidung schaffen. Sie dient neben der Gewährung des rechtlichen Gehörs auch der Sachaufklärung.[140] Dies gilt auch im Verfahren nach § 156 Abs. 2 FamFG, weil die gerichtliche Billigung einer Umgangsregelung eine – wenn auch gegenüber § 1697 a BGB eingeschränkte – Kindeswohlprüfung erfordert und in seinen Wirkungen einer (streitigen) gerichtlichen Entscheidung zum Umgangsrecht gleichsteht.[141]

128 Die Anhörung von Kindern ab 14 Jahren ist nach § 159 Abs. 1 FamFG in der derzeitigen Fassung – mit Ausnahme von Verfahren, die ausschließlich das Vermögen der Kinder betreffen – zwingend, wogegen Kinder unter 14 Jahren nach Abs. 2 anzuhören sind, wenn ihre **Neigungen, Bindungen und ihr Wille für die Entscheidung von Bedeutung** sind oder wenn eine persönliche Anhörung aus sonstigen Gründen angezeigt ist. Da die Neigungen, Bindungen und der Kindeswille gewichtige Gesichtspunkte des Kindeswohls sind, ist eine Anhörung auch des noch nicht 14 Jahre alten Kindes regelmäßig erforderlich.[142] Nach mittlerweile als gefestigt anzusehender Rechtsprechung des Bundesverfassungsgerichts hat eine **persönliche Anhörung stets ab einem Alter des Kindes von drei Jahren** durch den Richter persönlich zu erfolgen.[143]

129 Im Beschwerdeverfahren kann auf eine persönliche Anhörung der Kinder unter den Voraussetzungen des § 68 Abs. 3 S. 2 FamFG verzichtet werden. Die Anhörung kann aber auch dem ersuchten Richter übertragen werden, wenn die erstinstanzliche Anhörung nur kurze Zeit zurückliegt und es nicht auf die Gewinnung eines persönlichen Eindrucks ankommt, sondern darauf, Sachinformationen in Erfahrung zu bringen.[144]

Nach dem Entwurf eines Gesetzes zur Bekämpfung sexualisierter Gewalt gegen Kinder vom 2.12.2020[145] soll es hierzu Änderungen geben. Die Pflicht zur persönlichen Anhörung des Kindes wird stärker betont und erweitert, indem die bisherige Unterscheidung nach der Altersgrenze von 14 Jahren entfällt. Das Kind ist in allen Kindschaftssachen unabhängig von seinem Alter von dem Gericht persönlich anzuhören; das Gericht hat sich einen persönlichen Eindruck vom Kind zu verschaffen.

Nach § 68 Abs. 4 S. 2 FamFG-E soll das Beschwerdegericht die persönliche Anhörung des Kindes einem seiner Mitglieder als beauftragtem Richter übertragen können, wenn es dies aus Gründen des Kindeswohls für sachgerecht hält. Nach der Begründung des Gesetzentwurfs[146] soll bei der Entscheidung der Vorteil, den die unmittelbare Wahrnehmung der kindlichen Äußerungen durch alle entscheidenden Berufsrichter haben kann, mit den durch die Anhörungssituation vor dem Kollegialorgan erhöhten Belastungen und der sich daraus ableitenden Gefahr abgewogen werden, dass das Kind nicht in der Lage ist, sich zu öffnen und zu dem Anhörungsgegenstand zu äußern.

130 Der durch die Anhörung ermittelte Wille des Kindes ist zu berücksichtigen, soweit das mit seinem Wohl vereinbar ist. Das Kind macht mit der Kundgabe seines Willens, der Ausdruck von Bindungen zu einem Elternteil sein kann, von seinem **Selbstbestimmungsrecht** Gebrauch. Zwar hat der Wille eines Kleinkindes eher geringes Gewicht, er gewinnt aber mit zunehmendem Alter vermehrt an Bedeutung.[147] Doch kann auch ein von einem Kleinkind ausdrücklich oder indirekt geäußerter Wunsch, zB nach Übernachtungen,

139 BVerfG 5.12.2008 – 1BvR 746/08, FamRZ 2009, 399.
140 BGH 15.6.2016 – XII ZB 419/15, FamRZ 2016, 1439.
141 BGH 10.7.2019 – XII ZB 507/18, FamRZ 2019, 1616.
142 BGH 1.2.2017 – XII ZB 601/15, FamRZ 2017, 532.
143 BVerfG 14.7.2010 – 1 BvR 3189/09, FamRZ 2010, 1622.
144 BVerfG 13.5.2020 – 1 BvR 663/19, FamRZ 2020, 1579.
145 BT-Drs. 19/24901.
146 BT-Drs. 19/24901, 52.
147 BVerfG 18.5.2009 – 1 BvR 142/09, FamRZ 2009, 1389.

Ausdruck von Bindungen zum Umgangsberechtigten sein, die einen entsprechenden Umgang geboten erscheinen lassen.[148]

Umgekehrt können gegenteilige Äußerungen ein Indiz dafür sein, dass der gewünschte Umgang noch verfrüht wäre. Die Anhörung des Kindes unterliegt nicht der Disposition der Eltern. Dass die Eltern die Anhörung des Kindes nicht wünschen, darf nicht dazu führen, dass das Verfahren über den Kopf des Kindes hinweg geführt wird.[149]

Selbst ein auf einer bewussten oder unbewussten Beeinflussung beruhender Wunsch kann beachtlich sein, wenn er Ausdruck echter und damit schützenswerter Bindungen ist. Das Außerachtlassen des beeinflussten Willens ist nur dann gerechtfertigt, wenn die manipulierten Äußerungen des Kindes den wirklichen Bindungsverhältnissen nicht entsprechen.[150] Ein gegen den ernsthaften Widerstand des Kindes erzwungener Umgang kann durch die Erfahrung der Missachtung der eigenen Persönlichkeit unter Umständen mehr Schaden verursachen als nutzen.

Eltern können weder verlangen, dass die Kindesanhörung in ihrer Anwesenheit stattfindet, noch dass sie 131
die Anhörung im Wege der Videoübertragung verfolgen können.[151]

Von der Anhörung des Kindes darf nur aus **schwerwiegenden Gründen** abgesehen werden. Die Belastung 132
für das Kind kann im Ausnahmefall ein solcher Grund sein. Eine eventuell gegebene Belastung des Kindes ist dabei (zunächst) durch die Gestaltung der Anhörung auf ein zumutbares Maß zu reduzieren.

Eine mögliche Belastung des Kindes durch die Anhörung ist gegen die Vorteile, die diese Art der Sachverhaltsaufklärung bietet, abzuwägen. Sollten die Belastungsmomente überwiegen, kann von einer persönlichen Anhörung abgesehen werden, insbesondere wenn die Gefahr besteht, dass die Anhörung des Kindes zu einer erheblichen Beeinträchtigung seiner körperlichen oder seelischen Gesundheit führen würde. Regelmäßig setzt die Entscheidung über das Absehen von einer Anhörung die Abwägung der Kindesinteressen mit der Pflicht zur Aufklärung des Sachverhalts (§ 26 FamFG) voraus. Je bedeutsamer der Eingriff in die Rechtssphäre des Kindes ist, umso stärker ist die Pflicht zur Anhörung. Im Rahmen der Interessenabwägung ist auch zu berücksichtigen, inwieweit es möglich ist, durch die Auskunft anderer Verfahrensbeteiligter, wie etwa des Verfahrensbeistands, des Umgangs- bzw. Ergänzungspflegers oder eines Mitarbeiters des Jugendamts, zu erfahren, ob der Umgang dem Kindeswohl entspricht.[152]

Eine bei Gefahr im Verzug unterbliebene Anhörung ist unverzüglich nachzuholen (§ 159 Abs. 3 FamFG). Das Kind soll über Gegenstand, Ablauf und möglichen Ausgang des Verfahrens in altersangemessener Weise informiert werden und Gelegenheit zur Äußerung haben (159 Abs. 4 S. 1, 2 FamFG).

Nach dem bei Bearbeitungsschluss noch nicht beendeten Gesetzgebungsvorhaben[153] sollen in § 159 133
FamFG künftig die Gründe abschließend aufgeführt werden, bei deren Vorliegen von der persönlichen Anhörung und der Verschaffung eines persönlichen Eindrucks abgesehen werden kann.

Die **Gestaltung der Anhörung** steht unter Beachtung dieser Vorgaben im Übrigen im Ermessen des 134
Gerichts (§ 159 Abs. 4 S. 4 FamFG). Sie soll aber in **Anwesenheit des Verfahrensbeistands** stattfinden, wenn einer bestellt worden ist (Abs. 4 S. 3). Dieser kann auf die Teilnahme an der Anhörung verzichten, da § 159 Abs. 4 S. 3 FamFG als Anwesenheitsrecht nicht aber als Anwesenheitspflicht gedeutet wird.[154]

Eine dem § 278 Abs. 1 S. 3 FamFG entsprechende Vorschrift, wonach die Anhörung in der üblichen 135
Umgebung des Betroffenen stattfinden soll, enthält das FamFG für Kindschaftssachen nicht.

148 BVerfG 23.3.2007 – 1 BvR 156/07, FamRZ 2007, 1078.
149 OLG Oldenburg 6.7.2009 – 13 UF 54/09, FamRZ 2010, 44.
150 BVerfG 25.4.2015 – 1 BvR 3326/14, FamRZ 2015, 1093.
151 BVerfG 5.6.2019 – 1 BvR 675/19, FamRZ 2019, 1437.
152 BGH 31.10.2018 – XII ZB 411/18, FamRZ 2019, 115.
153 BT-Drs. 19/24901.
154 BVerfG 13.5.2020 – 1 BvR 663/19, FamRZ 2020, 159.

Dass die angesprochene geplante Neuregelung des § 159 FamFG, die in Abs. 4 gegenüber der aktuellen Fassung ansonsten weitgehend unverändert ist, die Gestaltung der persönlichen Anhörung ausdrücklich auf die Ausgestaltung der Verschaffung des persönlichen Eindrucks erstreckt, soll die Möglichkeit einschließen, in geeigneten Fällen diese Verfahrenshandlungen auch außerhalb des Gerichts, etwa in der üblichen Umgebung des Kindes, durchzuführen.[155]

136 Die Eltern werden in der mündlichen Verhandlung angehört. Die Anhörung des Jugendamtes ist gesetzliche Pflicht, deren Verletzung ein Verfahrensfehler ist, der zur Aufhebung der Entscheidung führen kann.[156]

137 **b) Verfahrensbeistand.** Das Gericht hat dem Kind einen Verfahrensbeistand zu bestellen, wenn dies zur Wahrnehmung seiner Interessen erforderlich ist (§ 158 FamFG), was in der Regel der Fall ist in den in Abs. 2 genannten Fällen und hier nach Nr. 5 insbesondere dann, wenn der **Ausschluss oder eine wesentliche Beschränkung des Umgangsrechts** in Betracht kommt. Die Bestellung eines Verfahrensbeistandes kann auch erforderlich sein, um den Willen des Kindes in Erfahrung zu bringen.[157] Sieht das Gericht in diesen Fällen gleichwohl von der Bestellung eines Verfahrensbeistands ab, hat es dies in der Endentscheidung zu begründen (§ 158 Abs. 3 S. 3 FamFG).

138 Der Verfahrensbeistand wird mit seiner Bestellung **Beteiligter** (§ 158 Abs. 3 S. 2 FamFG), aber nicht **gesetzlicher Vertreter** (§ 158 Abs. 4 S. 6 FamFG). Er kann aber im Interesse des Kindes Rechtmittel einlegen (§ 158 Abs. 4 S. 5 FamFG). Die Anhörung des Kindes soll in seiner Anwesenheit stattfinden (§ 159 Abs. 4 S. 3 FamFG; → Rn. 134).

139 Nach dem Entwurf eines Gesetzes zur Bekämpfung sexualisierter Gewalt gegen Kinder (→ Rn. 129) ist eine Aufteilung der bisherigen Regelung in §§ 158–158 c FamFG vorgesehen. Neben der Formulierung von an den Verfahrensbeistand zu stellenden Qualifikationsanforderungen in § 158 a FamFG-E werden in § 158 Abs. 2 künftig die Voraussetzungen, unter denen die Bestellung eines Verfahrensbeistands **stets erforderlich** ist, geregelt. Hierbei handelt es sich um besonders grundrechtsrelevante Verfahren wie ua den Ausschluss des Umgangsrechts nach § 1684 BGB. § 158 Abs. 3 FamFG-E enthält daneben weiterhin Regelbeispiele, in denen die Bestellung eines Verfahrensbeistands **in der Regel erforderlich** ist.

140 **c) Beweisaufnahme.** Wenn das Gericht nicht anderweit über eine möglichst zuverlässige Entscheidungsgrundlage verfügt, hat es im Rahmen der Amtsermittlung ein **Sachverständigengutachten** einzuholen.[158] Bei der Anordnung schriftlicher Begutachtung setzt es dem Sachverständigen eine Frist (§ 163 Abs. 1 FamFG). Ferner kann es anordnen, dass der Sachverständige auf die **Herstellung des Einvernehmens** zwischen den Beteiligten hinwirken soll (§ 163 Abs. 2 FamFG). Die Eltern sollen nach § 27 Abs. 1 FamFG mitwirken. Eine Entscheidung ohne Einholung eines Sachverständigengutachtens ist danach lediglich bei einfachen Sachverhalten ohne Grundrechtsverstoß möglich.[159]

141 Allerdings kann niemand gezwungen werden, sich in einem Kindschaftsverfahren (entschieden zu § 1666 BGB) körperlich oder psychiatrisch/psychologisch untersuchen zu lassen, da es hierfür keine Rechtsgrundlage gibt und die sachverständige Exploration den **Schutzbereich des allgemeinen Persönlichkeitsrechts** berührt.[160] Das macht die Begutachtung zwar nicht unmöglich aber mühsamer. Auch die verweigerte Zustimmung zur psychologischen Begutachtung des Kindes schließt nicht aus, dass der Sachverständige auch ohne eingehende Exploration des Kindes eine ausreichende Datengrundlage gewinnen kann, etwa indem das Familiengericht, das hierzu auch gegen den Willen des sorgeberechtigten Elternteils befugt ist, das Kind in Anwesenheit und unter Mitwirkung des Sachverständigen gerichtlich anhört.[161]

155 BT-Drs. 19/24901, 59.
156 *Grabow* in: PHdB-FamS § 3 B Rn. 227.
157 BVerfG 14.7.2010 – 1 BvR 3189/09, FamRZ 2010, 1622.
158 BVerfG 18.5.2009 – 1 BvR 142/09, FamRZ 2009, 1389; 14.7.2010 – 1 BvR 3189/09, FamRZ 2010, 1622.
159 OLG Bamberg 2.12.2009 – 7 UF 281/09, FamRZ 2010, 741.
160 BGH 17.2.2010 – XII ZB 68/09, NJW 2010, 1351.
161 OLG Hamm 4.9.2020 – II-2 UF 154/20, NJW-RR 2020, 1329.

d) Beschleunigungsgebot. In Umgangssachen gilt das **Vorrang- und Beschleunigungsgebot** (§ 155 FamFG), um einer Entfremdung zwischen Kind und Umgangsberechtigtem und damit Erschwerung des Umgangs zu begegnen. Auch dies hat Verfassungsrang, denn Art. 2 Abs. 1 GG iVm Art. 20 Abs. 3 GG begründet einen **Anspruch auf effektiven Rechtsschutz**, der gebietet, dass strittige Rechtsverhältnisse in angemessener Zeit geklärt werden. 142

Im Falle einer völlig unzumutbaren und auf Rechtsverweigerung hinauslaufenden Verzögerung ist trotz fehlender gesetzlicher Grundlage die **Untätigkeitsbeschwerde** zulässig.[162] 143

Um dem Beschleunigungsgebot nachzukommen hat das Gericht spätestens einen Monat nach Beginn des Verfahrens einen **Erörterungstermin** durchzuführen, an dem Jugendamt und sämtliche verfahrensfähige Beteiligte teilnehmen sollen. Die Verlegung des Termins ist nur aus zwingenden Gründen zulässig. Der Verlegungsgrund ist mit dem Verlegungsgesuch glaubhaft zu machen. 144

Das Bundesverfassungsgericht hält eine **Gesamtdauer des Umgangsverfahrens** von zwei Jahren und sechs Monaten in der Hauptsache und zwei Jahren fünf Monaten im einstweiligen Umgangsverfahren für zu lang, da dies zu einem faktischen Umgangsausschluss führt.[163] Eine Verfahrensdauer von bis zu dreieinhalb Jahren über zwei Instanzen hat der Europäische Gerichtshof für Menschenrechte als innerhalb angemessener Frist angesehen, nicht aber die anschließende Dauer des Verfassungsbeschwerdeverfahrens von weiteren vier Jahren.[164] 145

e) Vergleich. Hat das Gericht dem gesetzlichen Auftrag gem. § 156 Abs. 1 FamFG folgend erfolgreich auf ein Einvernehmen der Beteiligten hingewirkt, ist die Regelung als Vergleich aufzunehmen, wenn das Gericht sie billigt, was stets der Fall ist, wenn die Umgangsregelung dem Kindeswohl nicht widerspricht (§ 156 Abs. 2 FamFG). Erst durch die gerichtliche Billigung, die durch Beschluss erfolgt, wird das Verfahren beendet. **Vollstreckungstitel** ist bei einem gerichtlich gebilligten Umgangsvergleich allein der Billigungsbeschluss. Gegen den Beschluss ist die Beschwerde nach § 58 Abs. 1 FamFG statthaft.[165] 146

In einen gerichtlich gebilligten Vergleich zur Regelung des Umgangs ist ebenso wie in den Beschluss, der die Regelung des Umgangs anordnet, eine **Belehrung gem. § 89 Abs. 2 FamFG** aufzunehmen, mit der auf die Folgen einer Zuwiderhandlung gegen den Vollstreckungstitel hingewiesen wird. Sie ist Voraussetzung für eine Vollstreckung der Umgangsvereinbarung und kann in einem gesonderten Beschluss nachgeholt werden[166] (→ *Vereinbarungen zum elterlichen Sorge- und Umgangsrecht* Rn. 26, 29 f.). 147

f) Vollstreckung. Umgangstitel nach § 86 FamFG, also gerichtliche Beschlüsse und gerichtlich gebilligte Vergleiche gem. § 156 FamFG, werden nach § 89 FamFG mittels Ordnungsgeld und Ordnungshaft vollstreckt (→ *Vollstreckung in Familiensachen* Rn. 12 ff.; → *Durchsetzung des Umgangsrechts* Rn. 14 ff.). 148

g) Einstweiliger Rechtsschutz. Einstweiliger Rechtsschutz wird auf Antrag oder von Amts wegen in einem selbstständigen Verfahren gem. §§ 49 ff. FamFG gewährt, wenn ein **dringendes Bedürfnis für ein sofortiges Tätigwerden** besteht (→ *Einstweiliger Rechtsschutz* Rn. 33, 41, 75). In § 156 FamFG sind Fälle für ein Tätigwerden von Amts wegen geregelt, nämlich das Fehlschlagen der Bemühungen um Einvernehmen (Abs. 3 S. 1) sowie die Anordnung der Teilnahme an Beratung oder der schriftlichen Begutachtung (Abs. 3 S. 2). Diese Entscheidungen sind nicht anfechtbar (§§ 57 S. 1, 156 Abs. 1 S. 5 FamFG). Entscheidungen zum Umgang sind im Katalog des § 57 S. 2 FamFG nicht aufgeführt. Soweit ein Wechselmodell im Wege der einstweiligen Anordnung angeordnet wird, hängt die Anfechtbarkeit davon ab, ob dies als Regelung des Umgangsrechts[167] oder des Sorgerechts[168] eingeordnet wird. 149

---

162 BVerfG 24.7.2008 – 1 BvR 547/06, FamRZ 2008, 2258.
163 BVerfG 24.7.2008 – 1 BvR 547/06, FamRZ 2008, 2258.
164 EGMR 20.1.2011 – 21980/06, 26944/07, 36948/07, FamRZ 2011, 533.
165 BGH 10.7.2019 – XII ZB 507/18, FamRZ 2019, 1616.
166 BVerfG 9.3.2011 – 1 BvR 752/10, FamRZ 2011, 957–958.
167 BGH 1.2.2017 – XII ZB 601/15, FamRZ 2017, 532.
168 OLG Frankfurt a. M. 29.1.2020 – 2 UF 301/19, FamRZ 2020,1181.

150 **h) Verfahrenskostenhilfe.** Verfahrenskostenhilfe ist einem Beteiligten in der Regel zu bewilligen. Nach § 76 Abs. 1 FamFG gelten die Vorschriften der ZPO entsprechend, soweit die §§ 77 f. FamFG nichts Abweichendes bestimmen. Verfahrenskostenhilfe darf nur verweigert werden, wenn ein Erfolg in der Hauptsache zwar nicht schlechthin ausgeschlossen, die Erfolgschance aber nur eine geringe ist.[169] Dabei ist sowohl der Grundrechtsrelevanz des Verfahrensgegenstandes Rechnung zu tragen, insbesondere wenn eine Beschränkung oder ein Ausschluss des Umgangsrechts im Raum steht, als auch der Umstand zu berücksichtigen, dass es sich beim Umgangsverfahren um ein Amtsverfahren handelt, dessen Ergebnis nicht mit dem beabsichtigten Antragsziel übereinstimmen muss und für das der Maßstab für die hinreichende Erfolgsaussicht großzügiger als im Zivilprozess ist.[170]

151 Ob Anträge zur Regelung des Umgangsrechts **ohne vorherige Bemühung des Jugendamts** mutwillig sind, wird von den Obergerichten unterschiedlich entschieden.[171] Das OLG Stuttgart vertritt diese Ansicht mit der Begründung, dass die Nutzung außergerichtlicher Vermittlungsmöglichkeiten dem Willen des Gesetzgebers entspricht, wie sich aus § 15 a EGZPO iVm den Schlichtungsgesetzen der Länder ergebe.[172] Der Antragsteller ist danach **gehalten, von mehreren gleichwertigen verfahrensrechtlichen Wegen denjenigen zu beschreiten, der die geringsten Kosten verursacht**. Da ein Rechtsanspruch auf Beratung durch das Jugendamt nach § 18 SGB VIII besteht, ist es einem Beteiligten zuzumuten, zunächst auf diese Weise den Versuch einer gütlichen Einigung zu unternehmen, bevor er staatliche Verfahrenskostenhilfe in Anspruch nimmt.

152 Demgegenüber meint das OLG München, dass Eltern zwar einen Anspruch auf Beratung und Unterstützung bei der Ausübung des Umgangsrechts haben, jedoch hierzu nicht verpflichtet sind. Die Entscheidung, ob im ungünstigsten Fall hingenommen wird, dass die Beratung erfolglos bleibt und in dieser Zeit kein Umgang stattfindet, muss den Eltern überlassen bleiben.[173] Im **Interesse eines effektiven, dh baldigen Rechtsschutzes** sollte dieser Meinung gefolgt werden, zumal die Wege nicht gleichwertig sind. Denn die grundsätzlich wünschenswerte Beratung beim Jugendamt verschafft dem antragstellenden Umgangsberechtigten keine vollstreckbare Regelung.

153 Da in Kindschaftssachen die Vertretung durch einen Rechtsanwalt nicht vorgeschrieben ist, kommt die **Beiordnung eines Anwaltes** bei Verfahrenskostenhilfe gem. § 78 Abs. 2 FamFG nur bei schwieriger Sach- und Rechtslage in Betracht, was nicht auf besonders gelagerte Fälle zu beschränken ist. Allgemein wird angenommen, dass es genügt, wenn allein die Sachlage oder allein die Rechtslage schwierig ist.

154 Die **Sachlage ist dann schwierig**, wenn der Vater sein Kind schon seit mehr als fünf Monaten nicht mehr gesehen hat. Von einer **schwierigen Rechtslage** ist auszugehen, wenn längere Zeit – mehr als fünf Monate – kein Kontakt zwischen dem Umgangsberechtigten und dem Kind stattgefunden hat, bei einem Aufenthalt des Kindes im Haushalt des Umgangsberechtigten eine Kindeswohlgefährdung im Raum steht und die Anordnung von begleitetem Umgang ernsthaft in Betracht kommt.[174]

155 Andererseits ist die Beiordnung dann entbehrlich, wenn nur noch eine außergerichtlich bereits vereinbarte Regelung gerichtlich protokolliert werden soll. Dagegen handelt es sich bei einer kompletten Umgangsverweigerung gegenüber dem inhaftierten Vater nicht um einen einfach gelagerten Fall.[175]

169 BVerfG 5.12.2008 – 1 BvR 746/08, FamRZ 2009, 399.
170 OLG Karlsruhe 31.7.2020 – 20 WF 44/20.
171 Zur Darstellung des Meinungsstandes vgl. OLG Karlsruhe 21.1.2019 – 18 WF 5/19.
172 OLG Stuttgart 7.8.2008 – 16 WF 194/08, FamRZ 2009, 149; ebenso OLG Brandenburg 19.7.2007 – 9 WF 197/07, FamRZ 2008, 70 und OLG Saarbrücken 25.8.2009 – 9 WF 77/09, FamRZ 2010, 310.
173 OLG München 26.11.2007 – 6 WF 1792/07, FamRZ 2008, 1089.
174 OLG Schleswig 23.2.2011 – 10 WF 29/11, FamRZ 2011, 1241.
175 OLG München 25.2.2011 – 33 WF 328/11, FamRZ 2011, 1240 f.

4. Vermittlungsverfahren

Wie schon § 52 a FGG so sieht auch § 156 FamFG ein Verfahren vor, in dem auf Antrag eines Elternteils 156
zwischen den Eltern vermittelt wird, wenn ein Elternteil geltend macht, dass der andere die **Durchführung des Umgangs**, der in einer gerichtlichen Entscheidung geregelt oder in einem gerichtlich gebilligten Vergleich vereinbart worden ist, **vereitelt oder erschwert**. Das Vermittlungsverfahren ist damit aber nur für das elterliche Umgangsrecht, nicht das des Kindes oder der in § 1685 BGB aufgeführten Bezugspersonen vorgesehen (→ *Durchsetzung von Umgangsregelungen* Rn. 25 ff.).

5. Verfahrenskosten

a) Verfahrenswert. In Umgangsverfahren gilt gem. § 45 Abs. 1 FamGKG – nach § 23 RVG auch für 157
die Rechtsanwaltsgebühren – ein **Regelwert von 4.000 EUR**, unabhängig davon, wie viele Kinder das Verfahren betrifft (Abs. 2). Das Gericht kann einen höheren oder niedrigeren Wert festsetzen, wenn der Regelwert nach den Umständen des Einzelfalles unbillig ist. Als Kriterien hierfür gelten Umfang und Schwierigkeit des Verfahrens, aber auch ein besonders niedriges Einkommen der Beteiligten.[176] Die Abweichung von dem (relativen) Festbetrag orientiert sich daran, ob der konkrete Einzelfall hinsichtlich des Arbeitsaufwandes für das Gericht und die Verfahrensbevollmächtigten erheblich von einer durchschnittlichen Kindschaftssache abweicht und der Verfahrenswert deshalb zu unvertretbar hohen oder unangemessen niedrigen Kosten bzw. Gebühren führen würde.[177]

Eine Anhebung des Verfahrenswertes kommt dann in Betracht, wenn ein schriftliches Sachverständigengutachten eingeholt wird, aber auch, wenn das Verfahren mehrere Anhörungstermine erfordert.[178]

Der Wert ist im Verfahren der **einstweiligen Anordnung** in der Regel zu ermäßigen, und zwar auf die 158
Hälfte des Wertes der Hauptsache (§ 41 FamGKG). Wird jedoch ein Hauptsacheverfahren überflüssig, weil in dem Verfahren der Umgang in einer Vereinbarung endgültig geregelt wird, entfällt die Ermäßigung.[179]

Im **Vollstreckungsverfahren** ist lediglich eine Wertfestsetzung für die Rechtsanwaltsgebühren nach § 33 159
Abs. 1 RVG erforderlich, da für die Gerichtskosten eine Festgebühr anfällt (→ Rn. 160), so dass eine Wertfestsetzung gem. § 55 FamGKG nicht erfolgt. Für die Vollstreckung im Umgangsverfahren bestimmt sich der Gegenstandswert gem. § 25 Abs. 1 Nr. 3 RVG nach dem Wert, den die zu vollstreckende Handlung für den Gläubiger hat, wobei streitig ist, was man darunter zu verstehen hat. Die Meinungen reichen von der Gleichsetzung mit dem Interesse des Gläubigers in der Hauptsache über den Ansatz eines Bruchteils des Wertes der Hauptsache, wobei überwiegend eine Spanne von 1/5 bis 1/3 vertreten wird, bis zur Bemessung der Umstände des jeweiligen Einzelfalles, insbesondere der Schwere des Verstoßes, der Gefahr weiterer Wiederholungen sowie des Grades des Verschuldens des Schuldners unter Ausschluss jeder schematischen Betrachtung.[180] Dabei wird teilweise zwischen Ordnungs- und Zwangsmitteln (nach ZPO) unterschieden.[181] Bei der Vollstreckung einer Umgangsregelung soll ebenfalls im Regelfall von einem Bruchteil des Wertes der Hauptsache auszugehen sein, der je nach den Umständen des Einzelfalls zu erhöhen oder zu ermäßigen ist.[182]

b) Gebühren und Vergütung. aa) Gerichtsgebühren. An Gerichtsgebühren fällt nach Nr. 1310 KV 160
FamGKG für das Verfahren in der 1. Instanz eine 0,5 Verfahrensgebühr an. Im Beschwerdeverfahren entsteht nach Nr. 1314 KV FamGKG eine 1,0 Verfahrensgebühr, die sich auf 0,5 ermäßigt, wenn das Verfahren ohne Endentscheidung beendigt wird, und im Rechtsbeschwerdeverfahren nach Nr. 1316 KV FamGKG eine 1,5 Verfahrensgebühr, die sich – je nach Zeitpunkt der Rücknahme der Rechtsbeschwerde

176 BT-Drs. 16/6308, 306.
177 OLG Koblenz 21.1.2015 – 7 WF 57/15.
178 OLG Celle 11.2.2011 – 10 WF 399/10, NJW 2011, 1373 ff.
179 OLG Nürnberg 15.9.2010 – 7 WF 1194/10, FamRZ 2011, 756 f.
180 OLG Celle 23.4.2009 – 13 W 32/09, OLGR Celle 2009, 657 f.
181 OLG Saarbrücken 19.8.2009 – 5 W 181/09.
182 OLG München 10.3.2011 – 33 WF 430/11, FamRZ 2011, 1686 ff.

oder des Antrages – auf 0,5 oder 1,0 ermäßigt. Für die Vollstreckung nach §§ 86 ff. FamFG entsteht nach Nr. 1602 KV FamGKG eine Festgebühr von 20 EUR je Anordnung.

161 **bb) Rechtsanwaltsvergütung.** Die Rechtsanwaltsvergütung besteht in der 1. Instanz aus einer 1,3 Verfahrensgebühr nach VV 3100 RVG und einer 1,2 Terminsgebühr nach VV 3104 RVG, im Beschwerdeverfahren aus einer 1,6 Verfahrensgebühr nach VV 3200 RVG und einer 1,2 Terminsgebühr nach VV 3202 RVG und im Verfahren über Rechtsbeschwerden aus einer 2,3 Verfahrensgebühr nach VV 3208 RVG und einer 1,5 Terminsgebühr nach VV 3210 RVG.

162 Die Verfahrensgebühr für ein **Vermittlungsverfahren** nach § 165 FamFG wird nach VV 3100 Abs. 3 RVG auf die Verfahrensgebühr für ein sich anschließendes Verfahren angerechnet.

163 Wirkt der Rechtsanwalt beim Abschluss eines gerichtlich gebilligten **Vergleiches** oder an einer Vereinbarung, über deren Gegenstand nicht vertraglich verfügt werden kann, wenn hierdurch eine gerichtliche Entscheidung entbehrlich wird oder wenn die Entscheidung der Vereinbarung folgt, mit, entsteht zusätzlich eine Einigungsgebühr in 1. Instanz in Höhe von 1,0 nach VV 1000, 1003 RVG, in 2. und 3. Instanz in Höhe von 1,3 nach VV 1000, 1004 RVG.

164 **c) Kostenvorschuss.** Die Tätigkeit des Familiengerichts darf nicht von der Sicherstellung oder Zahlung der Kosten abhängig gemacht werden. Ein Kostenvorschuss kann nicht verlangt werden (→ *Familiengerichtliches Verfahren* Rn. 137 f., 140). Grenze hierfür sind die Regelungen von ZPO, FamFG und FamGKG. Der antragstellende Elternteil ist nicht Kostenschuldner gem. §§ 14 Abs. 3, 21 FamGKG. Das Umgangsverfahren kann nicht nur auf Antrag, sondern auch von Amts wegen eingeleitet werden, so dass § 21 FamGKG nicht anwendbar ist.[183]

IV. Nebengebiete

1. Steuerrecht

165 Kosten, die durch die Ausübung des Umgangsrechts anfallen, stellen steuerrechtlich **keine außergewöhnlichen Belastungen** nach § 33 EStG dar. So hat es der Bundesfinanzhof mehrfach entschieden. Soweit die Kosten einem Elternteil entstehen, sind sie durch die Regelungen des Familienleistungsausgleichs abgegolten[184] (→ *Umgangskosten* Rn. 21 ff.).

2. Sozialhilfe und Umgang

166 Die hier infrage kommenden Fahrtkosten, Wohnkosten und Verpflegungskosten werden sozialhilferechtlich unterschiedlichen Bedarfen zugeordnet.

Fahrtkosten zur Wahrnehmung des Umgangsrechts können nach § 21 Abs. 6 SGB II als Mehrbedarf geltend gemacht werden; die angemessene Höhe bestimmt sich nach der kostengünstigsten und gleichwohl im Hinblick auf den verfassungsrechtlichen Schutz des Umgangsrechts verhältnismäßigen sowie zumutbaren Art der Bedarfsdeckung im Einzelfall[185] (→ *Umgangskosten* Rn. 25 f.).

167 Höhere Wohnkosten, die dem Umgangsberechtigten entstehen, weil er wegen der Wahrnehmung des Umgangsrechts eine größere Wohnung anmietet, können einen zusätzlichen **Bedarf dieses Elternteils** darstellen (→ *Umgangskosten* Rn. 27). Für die zusätzlichen Lebenshaltungskosten in den Zeiten, in denen sich die Kinder bei dem Hilfeempfänger aufhalten, gilt § 38 Abs. 2 SGB II. Es liegt eine sog. temporäre Bedarfsgemeinschaft vor (→ *Umgangskosten* Rn. 27).

---

183 OLG Saarbrücken 10.10.2011 – 6 WF 104/11, FuR 2012, 560 f.

184 BFH 11.1.2011 – VI B 60/10, FamRZ 2011, 641; 27.9.2007 – III R 55/05.

185 BSG 18.11. 2014 – B 4 AS 4/14 R, BSGE 117, 240.

226. Unbenannte Zuwendungen

Knahn/Holthusen

I. Einführung

1 Ehegatten wenden sich während der Ehe häufig Vermögenswerte zu, ohne dabei rechtliche Verpflichtungen in Form einer Gegenleistung ausdrücklich zu vereinbaren. Dem liegt meist die unausgesprochene Erwartung zugrunde, den Zuwendungsgegenstand im Rahmen der ehelichen Lebensgemeinschaft mit nutzen zu können. Bei diesen Zuwendungen handelt es sich nicht um echte Schenkungen gem. § 516 BGB, sondern um unbenannte Zuwendungen (auch ehebedingte oder ehebezogene Zuwendungen), ein Rechtsgeschäftstyp, der durch den Bundesgerichtshof in Rechtsfortbildung geschaffen wurde.[1] Der Begriff der unbenannten Zuwendung (→ Rn. 3) ist daher **von der Schenkung und anderen Zuwendungen abzugrenzen** (→ Rn. 4 ff.). Ein **Ausgleich** für die unbenannte Zuwendung im Falle des Scheiterns der Ehe findet nur über das Güterrecht statt (→ Rn. 11 ff.). Ausnahmsweise kommt ein Anspruch wegen **Wegfalls der Geschäftsgrundlage** gem. § 313 BGB in Betracht (→ Rn. 13 ff.).

2 Die Besonderheiten der unbenannten Zuwendung wirken aber nur im Innenverhältnis der Ehegatten als Billigkeitskorrektiv hinsichtlich Vermögensentwicklungen der Ehegatten, die durch das eheliche Güterrecht nicht befriedigend gelöst werden können. Gegenüber Dritten entfaltet die ehebezogene Zuwendung keine spezielle Wirkung und wird wie eine normale Schenkung behandelt.[2]

II. Begriff

1. Definition

3 Unbenannte Zuwendungen sind Zuwendungen, die der ehelichen Lebensgemeinschaft dienen, sie sind keine Schenkungen.[3] Nach ständiger Rechtsprechung des Bundesgerichtshofes liegt eine unbenannte Zuwendung vor, wenn ein Ehegatte dem anderen einen Vermögenswert um der Ehe willen und als **Beitrag zur Verwirklichung und Ausgestaltung, Erhaltung oder Sicherung der ehelichen Lebensgemeinschaft** zukommen lässt, wobei er die Vorstellung oder Erwartung hegt, dass die eheliche Lebensgemeinschaft Bestand haben und er innerhalb dieser Gemeinschaft am Vermögenswert und dessen Früchten weiter teilhaben werde.[4] Maßgebend ist damit für die unbenannte Zuwendung, dass der Zuwendende diese in **Erwartung des Bestandes der Ehe** gemacht hat. Im Unterschied zur Schenkung fehlt der unbenannten Zuwendung die subjektiven Unentgeltlichkeit.[5]

2. Abgrenzung

4 Die Bezeichnung durch die Ehegatten selbst (in Verträgen, Buchhaltungs- oder Steuerunterlagen) ist lediglich ein **Indiz** für die Abgrenzung. Entscheidend ist der objektive rechtliche Charakter der familieninternen Zahlungsvorgänge.[6] Allerdings ist zu bemerken, dass der Wortwahl in notariellen Urkunden wegen der

---

1 BGH 26.11.1981 – IX ZR 91/80, NJW 1982, 1093.
2 NK-BGB/*Heiß/Löhnig* § 1372 Rn. 25.
3 Palandt/*Weidenkaff* BGB § 516 Rn. 10.
4 BGH 28.3.2006 – X ZR 85/04, NJW 2006, 2330.
5 NK-BGB/*Heiß/Löhnig* § 1372 Rn. 23.
6 HK-FamR/*Brandt* Schwerpunktbeitrag 1: Ehebezogene Zuwendungen Rn. 23.

enthaltenen Richtigkeitsvermutung auch hinsichtlich des rechtsgeschäftlichen Inhalts eine erhebliche Beweiskraft zukommt.[7]

5 **a) Schenkung.** Eine echte Schenkung gem. § 516 BGB liegt vor, wenn nach dem Willen beider Ehepartner etwas freigebig und uneigennützig dem Zuwendungsempfänger zu dessen uneingeschränkter Disposition geleistet wird, ohne die Erwartung weiterer Teilhabe des Zuwendenden und unabhängig vom Fortbestand der Ehe.[8] Dabei erfolgt die Abgrenzung anhand der Zweckrichtung der Zuwendung. Die Übertragung größerer Vermögenswerte in der Ehe erfolgt regelmäßig um der Ehe willen und als Beitrag zur Verwirklichung und Ausgestaltung, Erhaltung oder Sicherung der ehelichen Lebensgemeinschaft, weshalb im Zweifel von einer ehebedingten Zuwendung auszugehen ist.[9]

6 **b) Darlehen.** Die Rechtsprechung stellt hohe Anforderungen, wenn Ehegatten untereinander die Rückgewähr von Geld- oder Sachdarlehen verlangen, da sich Ehegatten in der Regel Geld- oder Sachleistungen ohne Pflicht zur Rückerstattung zuwenden.[10] Der Darlehensgeber trägt daher die volle Darlegungs- und Beweislast, dass bei Hingabe der Leistung ein eindeutiger **Rechtsbindungswille** bzgl. der Pflicht zur Rückgewährung nach Zeitablauf oder Kündigung vorliegt.[11]

7 **c) Treuhandverhältnisse.** Gleiches gilt für Vermögensverlagerungen zwischen Ehegatten mit treuhänderischem Einschlag.[12] Der Rückfordernde trägt die Darlegungs- und Beweislast für das Bestehen einer wirksamen Treuhandabrede in Form einer vertraglich begründeten Verpflichtung zur Rückübertragung und für die Beendigung des Treuhandverhältnisses.[13]

8 **d) Ehegatteninnengesellschaft.** Eine Gesellschaft bürgerlichen Rechts, idR in Form einer Innengesellschaft kann durch die Ehegatten[14] begründet werden, wenn sie durch beiderseitige Leistungen einen über den typischen Rahmen der ehelichen Lebensgemeinschaft **hinausgehenden Zweck** verfolgt haben, zB durch Einsatz von Vermögenswerten und Arbeitsleistung gemeinsam ein Unternehmen oder Immobilienvermögen aufgebaut oder eine berufliche oder gewerbliche Tätigkeit ausgeübt haben und ihnen nach ihrer Vorstellung der Ertrag oder die geschaffenen Werte gemeinschaftlich zustehen sollen.[15]

9 Bei mehrmaliger Zuwendung von Vermögenswerten kann von einer Ehegatteninnengesellschaft ausgegangen werden, in der das Ziel einer über den Zweck der Verwirklichung der ehelichen Lebensgemeinschaft hinausgehenden gemeinsamen Vermögensbildung in der Weise verwirklicht wird, dass ein Ehegatte über Jahre hinweg nennenswerte Geld- und Sachleistungen zu dem Vermögen beiträgt, das formal allein dem anderen Ehegatten zusteht.[16]

10 **e) Ehebezogene Arbeitsleistungen.** Arbeitsleistungen eines Ehegatten im Zusammenhang mit dem Eigenheim oder dem Betrieb des anderen Ehegatten stellen keine unbenannten Zuwendungen dar und können nicht als Innengesellschaft behandelt werden, wenn eine gleichberechtigte partnerschaftliche Zusammenarbeit fehlt oder keine über die Verwirklichung der ehelichen Lebensgemeinschaft hinausgehenden Ziele verfolgt werden.[17] Der Bundesgerichtshof geht in diesen Fällen von einem konkludent geschlossenen **familienrechtlichen Kooperationsvertrag** aus, auf den die Grundsätze der unbenannten Zuwendung übertragen werden.[18] Ehebezogene Arbeitsleistungen werden daher im Fall der Zugewinngemeinschaft wie unbenannte Zuwendungen nur güterrechtlich ausgeglichen werden.

---

7 NK-BGB/*Heiß/Löhnig* § 1372 Rn. 28.
8 HK-FamR/*Brandt* Schwerpunktbeitrag 1: Ehebezogene Zuwendungen Rn. 20.
9 BGH 30.6.1993 – XII ZR 210/91, NJW-RR 1993, 1410.
10 OLG Schleswig 19.8.1987 – 15 W 3/87, FamRZ 1988, 165.
11 OLG Karlsruhe 19.12.2003 – 2 UF 95/03, FamRZ 2004, 1028.
12 HK-FamR/*Brandt* Schwerpunktbeitrag 1: Ehebezogene Zuwendungen Rn. 26.
13 HK-FamR/*Brandt* Schwerpunktbeitrag 1: Ehebezogene Zuwendungen Rn. 26.
14 Auch stillschweigend, HK-FamR/*Brandt* Schwerpunktbeitrag 3: Ehegatteninnengesellschaft Rn. 11 ff.
15 BGH 30.6.1999 – XII ZR 230/96, NJW 1999, 2962.
16 BGH 30.6.1999 – XII ZR 230/96, NJW 1999, 2962.
17 *Rauscher* NZFam 2014, 298 (299).
18 BGH 13.7.1994 – XII ZR 1/93, NJW 1994, 2545.

III. Folgen beim Scheitern der Ehe

1. Berücksichtigung im Zugewinn

Die unbenannte Zuwendung stellt keine Schenkung dar und fällt somit **nicht unter die Privilegierung des § 1374 Abs. 2 BGB** (→ *Anfangsvermögen* Rn. 7 ff.). Der zuwendende Ehegatte erhält somit wertmäßig im Regelfall einen Teil seiner Zuwendung zurück. Erhält er dadurch die Hälfte des Werts der Zuwendung rechnerisch zurück, ist die eingetretene Vermögenslage nicht schlechthin unangemessen und untragbar und bedarf deshalb im Regelfall ebenfalls keiner Korrektur.[19] 11

Unbenannte Zuwendungen sind auch **Zuwendungen iSv § 1380 BGB**, da die objektive Unentgeltlichkeit insoweit ausreichend ist.[20] Sie können daher grundsätzlich als Vorausempfang gem. § 1380 BGB auf die Zugewinnausgleichsforderung angerechnet werden.[21] 12

2. Rückabwicklung

Leben die Ehegatten im gesetzlichen Güterstand der Zugewinngemeinschaft, kommt eine Rückabwicklung oder ein Wertausgleich für die unbenannte Zuwendung nicht in Betracht, da diese **grundsätzlich nur güterrechtlich auszugleichen** ist.[22] Ein Ausgleich kommt auch nicht in Betracht, wenn der Wert der Zuwendung den Betrag übersteigt, den der Zuwendungsempfänger ohne die Zuwendung als Zugewinnausgleichsanspruch geltend machen könnte.[23] Jedoch ist nach den Regeln über den Wegfall der Geschäftsgrundlage ein Ausgleichsanspruch dann ausnahmsweise möglich, wenn besondere Umstände den güterrechtlichen Ausgleich als nicht tragbare Lösung erscheinen lassen.[24] 13

Kommt ausnahmsweise ein Anspruch aus § 313 BGB in Betracht, ist in der Regel die dingliche Rechtssituation hinzunehmen und die Rückabwicklung gegen einen **Ausgleich in Geld** zumutbar, wobei der Ausgleichsanspruch der Höhe nach auf die noch im Vermögen des Empfängers vorhandene Vermögensmehrung beschränkt wird.[25] Bei Ausgleichsansprüchen aus einem familienrechtlichen Kooperationsvertrag wegen Arbeitsleistungen eines Ehegatten (→ Rn. 10) wird der Anspruch durch die Summe der nach Stundenzahl und Stundensatz errechneten Arbeitskosten, höchstens jedoch durch den Betrag, den sich der andere Ehegatte erspart hat, begrenzt.[26] Eine **Rückgabe des zugewandten Gegenstandes** kommt ausnahmsweise nur in Betracht, wenn dadurch ein untragbarer, mit den Grundsätzen von Treu und Glauben unvereinbarer Zustand vermieden werden kann.[27] 14

Der Ehegatte, der die unbenannte Zuwendung zurückfordert, muss darlegen und beweisen, dass der Zuwendung die Vorstellung und Erwartung zugrunde lag, die eheliche Lebensgemeinschaft werde Bestand haben,[28] und dass das Ergebnis des Zugewinnausgleichs unter Berücksichtigung der Zuwendung schlechthin unangemessen und unzumutbar ist.[29] 15

19 BGH 7.9.2005 – XII ZR 209/02, NJW 2005, 3710.
20 *Schulz/Hauß* Vermögensauseinandersetzung Kap. 1 Rn. 822.
21 BGH 20.12.2000 – XII ZR 237/98, NJW 2001, 2254.
22 Palandt/*Grüneberg* BGB § 313 Rn. 51.
23 BGH 26.11.1981 – IX ZR 91/80, NJW 1982, 1093.
24 BGH 23.4.1997 – XII ZR 20/95, NJW 1997, 2747.
25 BGH 8.7.1982 – IX ZR 99/80, NJW 1982, 2236.
26 BGH 13.7.1994 – XII ZR 1/93, NJW 1994, 2545.
27 HK-FamR/*Brandt* Schwerpunktbeitrag 1: Ehebezogene Zuwendungen Rn. 55 ff.
28 BGH 8.11.2002 – V ZR 398/01, NJW 2003, 510.
29 BGH 21.10.1992 – XII ZR 182/90, NJW 1993, 385.

227. Unbilligkeit (Verwirkung)

Schausten

I. Einführung

1 Ein Unterhaltsanspruch ist gem. § **1579 BGB** zu versagen, herabzusetzen oder zeitlich zu begrenzen, soweit die Inanspruchnahme des Verpflichteten auch unter Wahrung der Belange eines dem Berechtigten zur Pflege und Erziehung anvertrauten gemeinschaftlichen Kindes grob unbillig wäre, wenn einer der in den Nr. 1–8 aufgeführten Härtegründe vorliegt.

II. Materielle Grundlagen

2 Bei der Prüfung der Voraussetzungen ist eine **zweistufige Billigkeitsabwägung** vorzunehmen:

1. Zunächst ist der konkrete Härtegrund zu ermitteln und festzustellen.
2. Sodann ist zu prüfen, ob die Inanspruchnahme des Pflichtigen aufgrund des Verwirkungstatbestands auch unter Berücksichtigung der Belange eines gemeinschaftlichen Kindes grob unbillig erscheint.

3 Unterhaltszahlungen sind dann grob unbillig, wenn zwischen dem Verhalten, das den Verwirkungsgrund bildet, und der **ehelichen Solidarität und Loyalität**, die Grundlage des Unterhaltsanspruchs sind, ein so **krasses Missverhältnis** besteht, dass die weitere Zahlung von Unterhalt unzumutbar erscheint. Bei der vorzunehmenden Gesamtabwägung sind die wirtschaftlichen und die persönlichen Verhältnisse sowie die aktuelle Lebenssituation der Beteiligten zu berücksichtigen; die Schwere des Verwirkungsgrundes, die Auswirkungen der die Verwirkung auslösenden Handlung für den Verpflichteten, aber auch die Dauer der Ehe und die Ehebedingtheit der Bedürftigkeit.

III. Darlegungs- und Beweislast

4 Der Unterhaltsschuldner trägt die Darlegungs- und Beweislast für die tatsächlichen Voraussetzungen des Ausschlussgrundes, weil es sich bei § 1579 BGB um eine ihm günstige **rechtsvernichtende Einwendung** handelt. Weil es sich um eine Einwendung handelt, ist die Vorschrift im Verfahren von Amts wegen zu beachten, wenn seitens des Unterhaltsschuldners entsprechende Tatsachen vorgetragen werden.

IV. Rechtsfolgen

5 Ist ein Verwirkungstatbestand gegeben und die weitere Unterhaltszahlung auch unter **Berücksichtigung der Belange gemeinschaftlicher Kinder** grob unbillig, kann der Unterhaltsanspruch ausgeschlossen, in der Höhe herabgesetzt oder zeitlich begrenzt werden.

6 Betreut der Berechtigte beispielsweise ein gemeinschaftliches Kind, führt dies bei Vorliegen der sonstigen Voraussetzungen der Verwirkung regelmäßig dazu, dass der Unterhaltsanspruch nicht vollständig versagt, sondern der **Unterhaltsbedarf des Berechtigten auf das Existenzminimum** eines unterhaltsberechtigten Ehegatten im Sinne von B. V. der Düsseldorfer Tabelle (Stand 2021) festgesetzt wird; dies entspricht derzeit für einen erwerbstätigen Ehegatten 1.160 EUR, für einen nichterwerbstätigen Ehegatten 960 EUR.

Auf diesen Unterhaltsbedarf sind dann die tatsächlich erzielten oder erzielbaren Einkünfte des Berechtigten anzurechnen.

V. Die einzelnen Härtegründe

1. Nr. 1: Kurze Ehedauer

Von einer kurzen Ehedauer ist in der Regel dann auszugehen, wenn die Ehe zwischen der standesamtlichen Eheschließung und der Rechtshängigkeit des Scheidungsantrags nicht mehr als **zwei Jahre** gedauert hat. Bei einem Zeitraum von zwei bis fünf Jahren Ehedauer kann immer noch eine kurze Ehe in Betracht kommen, hier sind aber die durch die Ehe bewirkten Veränderungen in den Lebensumständen der Ehegatten zu berücksichtigen. 7

Die Zeiten der Kinderbetreuung sind – entgegen der früheren Formulierung des Härtegrundes – nicht mehr der Ehezeit hinzuzurechnen, sondern nur noch im Rahmen der Billigkeitsabwägung zu berücksichtigen. 8

2. Nr. 2: Verfestigte Lebensgemeinschaft

Dieser Härtegrund wurde durch das Änderungsgesetz zum 1.1.2008 neu in die Liste der Härtegründe aufgenommen, vorher war dieser Härtegrund unter die damalige Nr. 7 des § 1579 BGB aF subsumiert worden; da der Gesetzgeber mit diesem neu geschaffenen Härtegrund **keine Veränderung der bestehenden Rechtsprechung** erreichen wollte, kann die frühere Rechtsprechung der Gerichte weiter herangezogen werden.[1] 9

Das Gesetz selbst gibt **keine Definition** vor, was unter einer verfestigten Lebensgemeinschaft zu verstehen ist. Die Rechtsprechung sieht eine verfestigte Lebensgemeinschaft (früher: eheähnliche Lebensgemeinschaft) in der Regel als gegeben an, wenn objektive, nach außen tretende Umstände wie ein über einen längeren Zeitraum gemeinsam geführter Haushalt, das Erscheinungsbild in der Öffentlichkeit, größere gemeinsame Investitionen wie der gemeinschaftliche Erwerb einer Immobilie, oder die Dauer der Verbindung einen entsprechenden Rückschluss zulassen. Entscheidend ist darauf abzustellen, dass der unterhaltsberechtigte frühere Ehegatte eine verfestigte neue Lebensgemeinschaft eingegangen ist, sich damit endgültig aus der ehelichen Solidarität herauslöst und zu erkennen gibt, dass er diese nicht mehr benötigt.[2] 10

Eine verfestigte Lebensgemeinschaft setzte nach der Rechtsprechung **in der Regel einen Zeitraum von mindestens zwei bis drei Jahren** voraus, sofern keine anderen objektiven Kriterien wie insbesondere der gemeinschaftliche Erwerb einer Immobilie oder die Geburt eines gemeinschaftlichen Kindes bereits früher auf eine Verfestigung der Lebensgemeinschaft schließen lassen. In neueren Entscheidungen werden teilweise kürzere Zeiträume des Zusammenlebens für ausreichend erachtet. 11

Für die Annahme einer verfestigten Lebensgemeinschaft ist es **nicht zwingend Voraussetzung**, dass die Beteiligten in einer **gemeinsamen Wohnung** leben.[3] Fehlt es allerdings an diesem Umstand, dann kommt es für die Annahme einer verfestigten Lebensgemeinschaft umso mehr auf die Erkennbarkeit der Beziehung in der Öffentlichkeit an. Entscheidend ist dann vor allem der Freizeitbereich: Besuchen die Partner gemeinsam Feste, treten sie insbesondere bei Familienfeierlichkeiten gemeinsam auf? Treiben die Partner gemeinsam Sport? Fahren sie gemeinsam in Urlaub? Wie werden die Urlaubsreisen finanziert? Benutzen die Partner wechselseitig ihre Fahrzeuge? Werden die Kinder aus der geschiedenen Ehe in die Unternehmungen der neuen Partner eingebunden? Gehen Nachbarn, Freunde, Bekannte und Verwandte der Partner davon aus, dass die beiden als Paar auftreten? 12

Besonders problematisch kann es werden, wenn die neuen Partner keine gemeinsame Wohnung haben und sich darauf berufen, sie hätten ihre **Beziehung bewusst auf Distanz** angelegt; beispielsweise weil sie ein engeres Zusammenleben aufgrund negativer Partnerschaftserfahrungen nicht wünschen. Eine derartige 13

1 BGH 13.7.2011 – XII ZR 84/09, NJW 2011, 3089; 5.10.2011 – XII ZR 117/09, NJW 2011, 3712.
2 BGH 5.10.2011 – XII ZR 117/09, FamRZ 2011, 1854.
3 OLG Düsseldorf 4.4.2012 – 5 UF 238/08.

subjektiv in Anspruch genommene Distanz zu dem neuen Partner, die in der tatsächlichen Lebensgestaltung nicht zum Ausdruck kommt, kann aber nach Auffassung der Rechtsprechung keine Berücksichtigung finden.[4]

14 Die Annahme einer verfestigten Lebensgemeinschaft scheitert nicht daran, dass es sich bei den neuen Partnern um eine **gleichgeschlechtliche Lebensgemeinschaft** handelt. Andererseits ist allein der Umstand, dass der geschiedene Ehegatte sich einem gleichgeschlechtlichen Partner zuwendet, als solches kein Grund für die Annahme einer Verwirkung des nachehelichen Unterhalts.

15 Ein nach § 1579 Nr. 2 BGB beschränkter oder versagter nachehelicher Unterhaltsanspruch kann grundsätzlich wieder aufleben, wobei es einer umfassenden Zumutbarkeitsprüfung unter Berücksichtigung aller Umstände bedarf. Bei Beendigung der verfestigten Lebensgemeinschaft lebt ein versagter Unterhaltsanspruch regelmäßig im Interesse gemeinsamer Kinder als Betreuungsunterhalt wieder auf. Für andere Unterhaltstatbestände gilt dies nur dann, wenn trotz der für eine gewisse Zeit verfestigten neuen Lebensgemeinschaft noch ein Maß an nachehelicher Solidarität geschuldet ist, das im Ausnahmefall eine weitergehende nacheheliche Unterhaltspflicht rechtfertigen kann.[5]

3. Nr. 3: Verbrechen oder schwere vorsätzliche Vergehen gegen den Verpflichteten

16 Hier muss es sich um **gravierende Straftaten** handeln; vorausgesetzt wird ein schuldhaftes Verhalten des Unterhaltsberechtigten. In der Vergangenheit hat die Rechtsprechung eine Verwirkung angenommen bei einer **gefährlichen Körperverletzung**,[6] bei **schweren Verleumdungen** des Unterhaltsschuldners,[7] der Abgabe einer falschen eidesstattlichen Versicherung im Zusammenhang mit der Zahlung eines Prozesskostenvorschusses oder bei Vermögensdelikten gegen den Unterhaltsschuldner.[8]

17 Häufig kommt es in der Praxis auch **im Rahmen von Unterhaltsverfahren** zu einem vollendeten oder versuchten **Prozessbetrug** des Berechtigten, beispielsweise weil er seine Einkünfte ganz oder teilweise verschweigt. Dabei kommt es nicht darauf an, ob es sich um Einkünfte aus überobligatorischer Tätigkeit handelt, denn letztlich ist es der Beurteilung des Tatrichters überlassen, ob und ggf. in welchem Umfang derartige Einkünfte bei der Unterhaltsberechnung zu berücksichtigen sind. Vor dem Hintergrund, dass nur schwere vorsätzliche Vergehen die Verwirkung des Unterhalts rechtfertigen, ist in diesem Zusammenhang auch zu prüfen, wie hart das Verschweigen der Einkünfte den Unterhaltsschuldner trifft bzw. getroffen hat.

4. Nr. 4: Verwirkung wegen mutwilliger Herbeiführung der Bedürftigkeit

18 Mutwilligkeit liegt immer dann vor, wenn der Berechtigte seine Bedürftigkeit vorsätzlich oder zumindest leichtfertig herbeigeführt hat; normale Fahrlässigkeit reicht hier nicht aus. Das zur Bedürftigkeit führende Verhalten muss zudem unterhaltsbezogen sein. Unterhaltsbezogen ist das Verhalten des Berechtigten jedenfalls dann, wenn er die Möglichkeit des Eintritts der Bedürftigkeit als Folge seines Handelns erkennen kann und sich gleichwohl nicht gegen dieses Handeln entscheidet.

19 In der Praxis werden hier häufig **Suchterkrankungen** eine Rolle spielen. Dabei ist zu berücksichtigen, dass gerade bei Suchtkranken die Möglichkeit der Einsicht gemindert, wenn nicht gar ausgeschlossen ist – aufgrund dessen ist in der Vielzahl dieser Fälle nicht die Möglichkeit gegeben, eine Verwirkung des Unterhalts zu erreichen.

20 Andere Fälle der mutwillig herbeigeführten Bedürftigkeit sind beispielsweise die **zweckwidrige Verwendung von Vorsorgeunterhalt**, die Nichtgeltendmachung aussichtsreicher Rentenansprüche, eine leichtfertig verursachte Kündigung der Arbeitsstelle oder auch die Nichtverwertung einer Immobilie.

4 BGH 24.10.2001 – XII ZR 284/99, NJW 2002, 217.
5 BGH 13.7.2011 – XII ZR 84/09, FamRZ 2011, 1498.
6 OLG Koblenz 22.9.1997 – 13 UF 297/97, FamRZ 1998, 745.
7 BGH 16.9.1981 – IVb ZR 692/80, NJW 1982, 100.
8 OLG Karlsruhe 4.5.2000 – 2 UF 178/99, FamRZ 2001, 833; OLG Hamm 30.5.2001 – 10 UF 70/00, FF 2001, 211.

5. Nr. 5: Verwirkung wegen Gefährdung der Vermögensinteressen des Verpflichteten

Setzt sich der Berechtigte über schwerwiegende Vermögensinteressen des Verpflichteten mutwillig hinweg, kann dies zu einer Verwirkung des Unterhaltsanspruchs führen. Es reicht eine Gefährdung des Vermögens des Verpflichteten, eine konkret eingetretene Schädigung ist nicht erforderlich. 21

Hierher gehören insbesondere die Fälle, in denen der Berechtigte den Verpflichteten bei dessen **Arbeitgeber anschwärzt** und dabei in Kauf nimmt, dass der Berechtigte seinen Arbeitsplatz verliert, wissentlich **falsche oder leichtfertige Strafanzeigen**, zum Beispiel wegen Pflichtverletzung oder sexuellen Missbrauchs.[9] 22

6. Nr. 6: Grobe Unterhaltspflichtverletzung vor der Trennung

Hat der berechtigte Ehegatte längere Zeit vor der Trennung seine Pflicht, zum Familienunterhalt beizutragen, gröblich verletzt, kann dies die Verwirkung des Unterhaltsanspruchs nach sich ziehen. Diese Vorschrift spielt in der Praxis keine allzu große Rolle. 23

7. Nr. 7: Verwirkung wegen schwerwiegendem einseitigem Fehlverhalten

Anwendungsfall der Nr. 7 sind die **Verstöße gegen die eheliche Treuepflicht**. Danach kann ein schwerwiegendes Fehlverhalten darin liegen, dass der berechtigte Ehegatte sich gegen den Willen des anderen Ehegatten von der Ehe abwendet und ein länger andauerndes intimes Verhältnis zu einem neuen Partner aufnimmt (wobei es unerheblich ist, ob es sich dabei um ein homo- oder heterosexuelles Verhältnis handelt) oder dass der berechtigte Ehegatte intime Beziehungen mit wechselnden Partnern aufnimmt. Wesentlich ist, ob das Verhalten des Berechtigten für das Scheitern der Ehe ursächlich war.[10] 24

Es muss sich immer um ein einseitiges Fehlverhalten des berechtigten Ehegatten handeln – hat beispielsweise der Verpflichtete selbst mehrfach Ehebruch begangen, stellt dies die Einseitigkeit ernsthaft infrage. 25

Andere schwerwiegende Gründe können beispielsweise das **Unterschieben eines außerehelich gezeugten Kindes**,[11] ein Rachefeldzug des Berechtigten gegen den Verpflichteten oder auch die fortgesetzte, massive schuldhafte Vereitelung des Umgangsrechts sein. 26

8. Nr. 8: Verwirkung wegen eines anderen schwerwiegenden Grundes

Dieser **Auffangtatbestand** soll andere Fälle subjektiver und objektiver Unzumutbarkeit erfassen, wenn sie von gleichem Gewicht sind, wie das Fehlverhalten in Nr. 2–7, so dass diesen Tatbeständen eine exemplarische Funktion zukommt. Eine Einengung auf allein objektiv unzumutbare Sachverhalte lässt sich nicht daraus herleiten, dass schuldhaftes Verhalten in den Härtegründen Nr. 3–7 umschrieben ist. Der Auffangcharakter spricht dafür, alle in diesen Härtegründen nicht erfassten aber gleichgewichtigen Umstände einzubeziehen. 27

Das Erfordernis der Verfestigung bei den Lebensgemeinschaften in § 1579 Nr. 2 BGB lässt Konstellationen zu, die vor dieser Schwelle angesiedelt sind und zu einer Verwirkung führen können. Mit der Schaffung eines eigenständigen Härtegrundes ist keine abschließende Regelung der Problematik „Lebensgemeinschaften“ erfolgt, vielmehr sollten deren klassische Erscheinungsformen ausdrücklich im Gesetzestext erwähnt werden. Daneben verbleiben Fallgestaltungen aus dem Katalog der Rechtsprechung, die weiterhin unter den Auffangtatbestand zu subsumieren sind. 28

Verhaltensweisen, die die Anwendung des § 1579 Nr. 7 BGB rechtfertigen, führen zur Verwirkung iSd § 1579 Nr. 8 BGB, wenn sie nach der Ehe fortgesetzt werden. Hat der unterhaltsberechtigte Ehegatte vor der Scheidung eine eheähnliche Gemeinschaft mit einem anderen Partner aufgenommen, die die Voraussetzungen des § 1579 Nr. 7 BGB erfüllt und hat dies dazu geführt hat, den Anspruch auf Trennungsunterhalt 29

9 OLG Schleswig 21.12.2012 – 10 UF 81/12, NJW-RR 2013, 517.
10 BGH 16.4.2008 – XII ZR 7/05, FamRZ 2008, 1414.
11 BGH 15.2.2012 – XII ZR 137/09, NJW 2012, 1443.

zu versagen oder zu kürzen, dann erfüllt sein Verhalten auch die Voraussetzungen der Härteregelung der Nr. 8 hinsichtlich des nachehelichen Unterhalts, wenn die ehezerstörende Beziehung nach der Scheidung fortgesetzt wird. Der nacheheliche Unterhalt kann dann versagt oder gekürzt werden, ohne dass es auf die **Leistungsfähigkeit des Partners** ankommt. Es bedarf der ausdrücklichen Darlegung und Feststellung, dass diese Beziehung auch nach der Scheidung noch besteht; auf eine dahin gehende Vermutung kann sich der Unterhaltspflichtige nicht berufen. Hat sich diese Beziehung verfestigt, ist von diesem Zeitraum an in der Regel auch der Tatbestand des § 1579 Nr. 2 BGB erfüllt.

30 Zur Verwirkung führen kann auch, wenn der Unterhaltsberechtigte in einer eheähnlichen – noch nicht verfestigten – Gemeinschaft lebt und bewusst von einer Eheschließung absieht, um den Verlust des Unterhaltsanspruchs nach § 1586 Abs. 1 BGB zu vermeiden. Allerdings wird diese Fallgestaltung die Ausnahme sein, weil der beweisbelastete Unterhaltspflichtige den Nachweis für eine solche Motivation angesichts der Vielzahl von plausiblen Gründen in der Regel nicht wird führen können.

31 Sind mit der Beziehung des Unterhaltsberechtigten zu dem neuen Lebensgefährten **besonders kränkende oder sonst anstößige Begleitumstände** verbunden, die den Verpflichteten in außergewöhnlicher Weise treffen, ihn in der Öffentlichkeit bloßstellen oder sonst in seinem Ansehen schädigen, so kann auch dies den Verwirkungstatbestand erfüllen. Das Tatbestandsmerkmal „verfestigte Lebensgemeinschaft“ muss deswegen nicht erfüllt sein.

228. Unfallversicherung

Conradis

I. Einführung

Ansprüche aus der gesetzlichen Unfallversicherung haben nur wenige Berührungspunkte mit dem Familienrecht. Zu erwähnen ist, dass die Mitversicherung des Ehegatten im landwirtschaftlichen Unternehmen nach § 2 Abs. 1 Nr. 5 Buchst. a SGB VII mit der Rechtskraft der Scheidung entfällt. Von Bedeutung sind das Pflegegeld (→ *Pflegegeld* Rn. 10), die Verletztenrente sowie die Besonderheiten bei der Hinterbliebenenrente nach einer Scheidung. 1

II. Verletztenrente

Nach allgemeiner Meinung wird die Verletztenrente – auch Unfallrente genannt – als Einkommen in vollem Umfang berücksichtigt. Sie habe Lohnersatzfunktion und sei daher unterhaltsrechtlich als Einkommen anzurechnen. Allerdings kann der Rentenempfänger nachweisen, dass er zur Bestreitung unfallbedingter Mehraufwendungen Mittel benötigt. Gelingt ihm dies, erfolgt insoweit kein voller Einsatz der Verletztenrente.[1] Die Mehraufwendungen können nach Maßgabe des § 287 ZPO geschätzt werden.[2] 2

III. Hinterbliebenenrente

Geschiedene Ehegatten können den Anspruch auf **Witwen- bzw. Witwerrente** haben, wenn der frühere Ehegatte aufgrund eines Arbeitsunfalls oder aufgrund einer Berufskrankheit gestorben ist. Dem geschiedenen, früheren Ehegatten des Verstorbenen wird eine solche Rente auf Antrag bewilligt, und zwar vom Beginn des Monats an, der der Antragstellung folgt (§ 72 Abs. 2 SGB VII). Voraussetzung ist jedoch, dass der Versicherte dem geschiedenen Ehegatten während des letzten Jahres vor dem Tod Unterhalt geleistet hat oder dem früheren Ehegatten im letzten wirtschaftlichen Dauerzustand vor dem Tod des Versicherten ein Anspruch auf Unterhalt zustand (§ 66 Abs. 1 SGB VII). Diese Vorschrift ist vergleichbar mit der Regelung des § 243 SGB VI für die gesetzliche Rentenversicherung für solche Ehegatten, die vor dem 1.7.1977 geschieden wurden, bei denen also im Scheidungsverfahren kein Versorgungsausgleich durchgeführt wurde (→ *Rentenversicherung* Rn. 8). Entscheidend ist auch hier, dass als Unterhalt bzw. Unterhaltsanspruch nur ein solcher Betrag angesehen wird, der mindestens 25 % des Mindestbedarfs nach den Regelungen des SGB XII beträgt. 3

Sind **mehrere Berechtigte** vorhanden, erhält jeder von ihnen den Teil der Rente, der im Verhältnis zu den anderen Berechtigten der Dauer seiner Ehe mit dem Versicherten entspricht (§ 66 Abs. 2 SGB VII). In diese Berechnung sind nicht nur die geschiedenen Ehegatten einzubeziehen, sondern auch der Witwer bzw. die Witwe. Stirbt beispielsweise ein Versicherter, der zehn Jahre in der ersten Ehe, fünf Jahre in der zweiten und sodann ein Jahr in der dritten Ehe verheiratet war, und war er beiden geschiedenen Ehegatten unterhaltspflichtig, so erhält die erste Ehefrau 10/16, die zweite 5/16 und die Witwe lediglich 1/16 der Witwenrente. Es wird also allein die Ehedauer berücksichtigt. Demgegenüber wird nicht das Verhältnis der Unterhaltsleistungen berücksichtigt, auch wenn die Höhe der aufgeteilten Renten in einem offensichtlichen Missverhältnis zu dem zuvor gezahlten Unterhalt steht.[3] 4

1 BGH 20.1.1982 – IV b ZR 647/80, FamRZ 1982, 252.
2 BGH 21.1.1981 – IV b ZR 548/80, FamRZ 1981, 338.
3 BSG 12.11.1980 – 1 RA 95/79, BSGE 51, 1.

5 Auf diese Rente für geschiedene Ehegatten besteht nur Anspruch, solange diese **nicht wieder geheiratet** haben.[4] Ansonsten besteht der Anspruch zeitlich unbegrenzt, wobei jedoch in § 66 Abs. 1 SGB VII folgende Ausnahme gemacht wird: Beruht der Unterhaltsanspruch auf den §§ 1572, 1573, 1575, 1576 BGB, wird die Rente nur so lange gezahlt, wie der frühere Ehegatte ohne den Versicherungsfall unterhaltsberechtigt gewesen wäre. Diese Befristung kann nicht auf einen Unterhaltsanspruch gem. § 1570 BGB angewendet werden.[5]

6 Weiterhin kann eine **Witwen- oder Witwerrente wieder aufleben**. Entsprechend der Regelung in § 46 Abs. 3 SGB VI für die Rentenversicherung (→ *Rentenversicherung* Rn. 6) ist in § 65 Abs. 5 SGB VII geregelt, dass die Witwen- bzw. Witwerrente an den überlebenden Ehegatten, der wieder geheiratet hat, gezahlt werden kann, wenn die erneute Ehe aufgelöst ist und im Zeitpunkt der Wiederheirat Anspruch auf eine solche Rente bestand. Allerdings werden für denselben Zeitraum bestehende Ansprüche auf Witwenrente oder Witwerrente, auf Versorgung, auf Unterhalt oder sonstige Rente nach dem letzten Ehegatten angerechnet, es sei denn, dass die Ansprüche nicht zu verwirklichen sind (§ 65 Abs. 5 SGB VII). Hier stellt sich das gleiche Problem der Obliegenheit, Unterhaltsansprüche geltend zu machen, wie in der Rentenversicherung (→ *Rentenversicherung* Rn. 6).

4 Für die gleichlautende Vorschrift in der Rentenversicherung: BSG 20.10.2004 – B 5 RJ 39/03 R; *Lauterbach* UV-SGB VII § 66 Rn. 6.

5 BSG 30.1.2007 – B 2 U 22/05 R, NZS 2007, 665.

229. Unterhaltsabänderung

Finke

I. Einführung

Die Abänderung von Unterhaltstiteln ist für das Unterhaltsrecht von besonderer Bedeutung, da diese Titel 1
regelmäßig von längerer Dauer sind und daher oft eine Anpassung verlangen. Dies ist der Fall, wenn sich die zugrunde gelegten Verhältnisse wesentlich geändert haben. Das FamFG trifft unter Aufgabe der früher auch für das Unterhaltsrecht geltenden allgemeinen Abänderungsregelung bei Titeln mit wiederkehrenden Leistungen eine Spezialregelung für Unterhaltssachen, wobei diese Regelung zur Gewährleistung einer besseren Übersichtlichkeit auf mehrere Bestimmungen, nämlich die §§ 238–240 FamFG verteilt worden ist. Die noch im Gesetzesentwurf[1] vorgesehene Härteklausel, die eine Fehlerkorrektur aus Billigkeitsgründen unbeschadet einer etwaigen Präklusion ermöglichen sollte, ist im Laufe des Gesetzgebungsverfahrens aufgegeben worden. Grund hierfür war die Befürchtung, dass hierdurch ein höheres Streitpotential geschaffen werden und damit eine höhere Belastung der Gerichte eintreten könnte.[2]

Anstelle der **streitigen Änderung** eines bestehenden Unterhaltstitels in einem Verfahren nach §§ 238 ff. FamFG besteht für die Beteiligten des Unterhaltsverhältnisses die Möglichkeit, eine beabsichtigte Änderung der Unterhaltsverpflichtung durch eine **einverständliche Ersetzung** des bisherigen Titels vorzunehmen. Dabei kann der neue Titel auch einseitig durch den Pflichtigen errichtet werden, wenn der Berechtigte hiermit ausdrücklich oder konkludent einverstanden ist (→ Rn. 35).[3] Schließlich können die Beteiligten die Unterhaltsregelung abändern, indem der Gläubiger auf die Rechte aus dem Titel ganz oder teilweise verzichtet oder der Schuldner sich in einem zusätzlichen Titel oder in nicht vollstreckbarer Weise verpflichtet, über den bereits titulierten Unterhalt hinaus weiteren Unterhalt zu zahlen. Wird dagegen die einem Unterhaltstitel zugrunde liegende Unterhaltsverpflichtung durch eine **Vereinbarung der Beteiligten** ohne Änderung oder Ersetzung des Titels geändert, so kann dies der Geltendmachung von Rechten aus dem Titel nur nach § 767 ZPO entgegengehalten werden.[4]

II. Abänderung von gerichtlichen Unterhaltstiteln nach § 238 FamFG

1. Zulässigkeit

a) Abgrenzung gegenüber anderen Verfahren. Die Anwendung des § 238 FamFG setzt zunächst voraus, 2
dass die **Abänderung einer gerichtlichen Entscheidung** begehrt wird. Um die Abänderung einer gerichtlichen Entscheidung handelt es sich auch in dem Fall, dass eine ursprünglich im Wege des Vergleichs

1 BT-Drs. 16/6308, 50, 257.
2 BT-Drs. 16/9733, 296.
3 BGH 7.12.2016 – XII ZB 422/15, NJW 2017, 1317.
4 BGH 19.5.1982 – IVb ZR 705/80, NJW 1982, 2072.

titulierte Unterhaltsverpflichtung bereits durch eine gerichtliche Entscheidung abgeändert worden ist.[5] Ob dies auch dann gilt, wenn das vorangegangene Abänderungsbegehren durch eine gerichtliche Entscheidung abgewiesen worden ist, oder ob die Regeln über die Abänderung eines Vergleichs nach § 239 FamFG – dh ohne Zeitschranke und Präklusion – anzuwenden sind, hat der Bundesgerichtshof bislang offengelassen.[6] Die Statthaftigkeit eines Abänderungsbegehrens hängt weiter davon ab, ob dasselbe Ziel in einem anderen Verfahren verfolgt werden kann und dieses einen Abänderungsantrag ausschließt. Es gibt zahlreiche Fallgestaltungen, bei denen sich die Frage der Vorrangigkeit anderer Verfahren stellt. Die Abgrenzung ist wie folgt vorzunehmen:

3 **aa) Leistungs- oder Nachforderungsantrag.** Ist der Unterhaltsanspruch ausdrücklich nur zum Teil tituliert, so kann der Berechtigte nur mit dem Leistungsantrag in Form des Nachforderungsantrags weiteren Unterhalt titulieren lassen mit der Folge, dass ggf. zwei Titel vorliegen. Ein solcher Antrag kommt insbesondere dann in Betracht, wenn in einem früheren Verfahren lediglich der streitige Spitzenbetrag **über einen freiwillig gezahlten Sockelbetrag hinaus** (anders dagegen, wenn der Titel auf den vollen Betrag abzüglich bestimmter gezahlter Beträge lautet) tituliert war.[7] Der Unterhaltsanspruch wird unabhängig von den Feststellungen in einem früheren Verfahren neu ermittelt, so dass eine Präklusion von Alttatsachen nach § 238 Abs. 2 FamFG nicht stattfindet.

4 Der Leistungsantrag ist auch dann die richtige Verfahrensart, wenn der Unterhaltsantrag in einem früheren gerichtlichen Verfahren abgewiesen worden war,[8] und zwar auch dann, wenn bei einer dem Antrag stattgebenden Entscheidung für die Vergangenheit für die Zukunft eine vollständige Abweisung erfolgt ist.[9] Ist dagegen der bisher aufgrund einer gerichtlichen Entscheidung geschuldete Unterhalt im Abänderungsverfahren vollständig aberkannt worden, so kann ein erneuter Unterhaltsanspruch nur mit einem Abänderungsantrag verfolgt werden.[10] Ein Leistungsantrag kann **in einen Abänderungsantrag umgedeutet** werden, wobei maßgeblich auf das in der Antragsbegründung bezeichnete Ziel und nicht allein auf den Wortlaut des Antrags abzustellen ist.[11] Dasselbe gilt umgekehrt für die Umdeutung eines Abänderungsantrags in einen Leistungsantrag.[12]

5 Hat der Berechtigte im Vorverfahren einen zu geringen Unterhalt gefordert und tituliert erhalten, ohne dass er sein Unterhaltsbegehren ausdrücklich oder zumindest zweifelsfrei erkennbar als Teilantrag verfolgt hat, so kann er den Mehrbetrag nur in einem Abänderungsverfahren geltend machen, wobei dies aufgrund anderer Umstände eröffnet sein müsste, da er mit der Berufung auf die zu geringe Forderung ausgeschlossen wäre, da es sich hierbei um keine nachträgliche Änderung der Entscheidungsgrundlage handelt (→ Rn. 24, 31).

6 **bb) Bereicherungs- oder Schadensersatzanspruch.** Ohne Rechtsgrund gezahlter Unterhalt kann nach §§ 812 ff. BGB zurückverlangt werden. Soweit der Unterhalt aufgrund eines vollstreckbaren Titels gezahlt worden ist, bedarf es hierzu zunächst der Beseitigung des Titels durch einen erfolgreichen Abänderungsantrag. Dieser kann zur Minderung des Kostenrisikos mit einem hilfsweise, dh für den Fall des Obsiegens, mit dem Abänderungsantrag geltend gemachten Bereicherungsantrag verbunden werden.[13] Nach früherem Recht war dies die einzige Möglichkeit, dem **Einwand der Entreicherung** nach § 818 Abs. 3 BGB zu begegnen. Da mit der Neuregelung in § 241 FamFG die **verschärfte Haftung** nach § 818 Abs. 4 BGB mit Rechtshängigkeit des Abänderungsantrags eintritt, kann nunmehr auch mit einem erst später, nach

5 BGH 20.2.2008 – XII ZR 101/05, NJW 2008, 1525.
6 BGH 23.11.1994 – XII ZR 168/93, NJW 1995, 534; zuletzt BGH 29.6.2011 – XII ZR 157/09, NJW 2011, 3645.
7 BGH 7.12.1994 – XII ZB 112/94, FamRZ 1995, 730.
8 BGH 3.11.2004 – XII ZR 120/02, NJW 2005, 142.
9 BGH 3.11.2004 – XII ZR 120/02, NJW 2005, 142.
10 BGH 30.1.1985 – IVb ZR 63/83, NJW 1985, 1345.
11 BGH 6.11.1991 – XII ZR 240/90, NJW 1992, 438.
12 BGH 1.6.1983 – IVb ZR 365/81, NJW 1983, 2200.
13 BGH 22.4.1998 – XII ZR 221/96, NJW 1998, 2433.

erfolgreichem Abänderungsverfahren gestellten Zahlungsantrag nach §§ 812 ff. BGB die Rückzahlung des Unterhalts verlangt werden, ohne dass der Gegner sich auf Entreicherung berufen kann.

Der Unterhaltsschuldner kann ohne ein vorheriges oder gleichzeitiges Abänderungsverfahren den Unterhalt als **Schadensersatz** nach § 826 BGB zurückverlangen, soweit dieser von ihm auf einen durch Vorspiegelung falscher oder Verschweigen richtiger Tatsachen erschlichenen Titel gezahlt worden ist. Das gilt auch dann, wenn der Gläubiger den Unterhalt entgegengenommen hat, obwohl ihm bekannt war, dass dieser aufgrund wesentlicher Änderungen in seiner Sphäre nicht bzw. nicht mehr in dieser Höhe geschuldet wurde. Voraussetzung ist in diesem Fall weiter die Verletzung einer Verpflichtung des Gläubigers zur ungefragten Information des Schuldners.[14] 7

cc) Vollstreckungsabwehrantrag. Bei der Änderung von Umständen, die nicht die Grundlagen des Unterhaltsanspruchs, sondern **rechtsvernichtende bzw. rechtsbeschränkende Einwendungen** hiergegen betreffen (zB Verzicht, Erfüllung, Wegfall wegen Zeitablaufs), kommt nur der Vollstreckungsabwehrantrag nach § 113 Abs. 1 FamFG iVm § 767 ZPO in Betracht, während ein Abänderungsantrag nicht statthaft ist. Anders als bei der mit dem Abänderungsantrag verfolgten Anpassung des Titels an die geänderten wirtschaftlichen Verhältnisse ist der Vollstreckungsabwehrantrag auf die Beseitigung der Vollstreckbarkeit eines bestehenden Titels gerichtet. Trotz dieser relativ klaren theoretischen Abgrenzung bereitet die Zuordnung von Sachverhalten zu der jeweiligen Verfahrensform im konkreten Fall nicht selten Schwierigkeiten.[15] Wegen der Abgrenzungsschwierigkeiten lässt der Bundesgerichtshof eine Umdeutung der sich gegenseitig ausschließenden Anträge zu[16] und regt an, sie im Zweifel als Haupt- und Hilfsantrag zu stellen.[17] 8

b) Wesentliche Veränderung der zugrunde liegenden Verhältnisse. Nach § 238 Abs. 1 S. 2 FamFG erfordert die Zulässigkeit des Abänderungsantrags eine wesentliche Veränderung der der früheren Entscheidung zugrunde liegenden tatsächlichen und rechtlichen Verhältnisse. Eine solche Veränderung liegt immer dann vor, wenn die frühere Entscheidung auf einer **unzutreffenden Prognose** der zukünftigen Entwicklung der für den Unterhaltsanspruch maßgebenden Verhältnisse beruhte. Das ist regelmäßig der Fall, wenn sich die in der Entscheidung für die Zukunft zugrunde gelegten tatsächlichen (dh die persönlichen und wirtschaftlichen) Verhältnisse (Einkommenserhöhungen bzw. -minderungen, Wegfall oder Hinzutreten von Verbindlichkeiten) oder die rechtlichen Verhältnisse (aufgrund von Änderungen des Gesetzes oder der höchstrichterlichen Rechtsprechung) verändert haben. Eine fehlerhafte Ermittlung der seinerzeit aktuellen Verhältnisse (zB aufgrund der Nichtberücksichtigung von Teilen des Einkommens des Unterhaltsschuldners oder einer nicht vorgetragenen weiteren Unterhaltsverpflichtung) und die hierauf beruhende unzutreffende Prognose für die Folgezeit können dagegen eine Abänderung nicht rechtfertigen, da keine Änderung der Verhältnisse eingetreten ist. Es findet im Abänderungsverfahren **keine Fehlerkorrektur** hinsichtlich der früheren Entscheidung statt. 9

Das Erfordernis der Wesentlichkeit der Veränderung soll die Zulässigkeit des Abänderungsverfahrens zur Vermeidung von Verfahren, die selbst bei einem vollen Obsiegen des Antragstellers nur zu einem geringfügig anderen Ergebnis führen als der bisherige Unterhaltstitel, beschränken. Die **Wesentlichkeitsgrenze**, ab der die behaupteten Veränderungen zu einem Ergebnis führen, das unter Berücksichtigung der beiderseitigen wirtschaftlichen Belange der Beteiligten erheblich ist, wird in der Praxis bei einer Abweichung vom bisherigen Unterhaltsanspruch von mindestens 10 % angenommen. Dabei besteht Einigkeit darüber, dass es sich hierbei nur um einen Richtwert handelt, von dem im Einzelfall abgewichen werden kann und muss. Eine schematische Anwendung des Richtwertes verbietet sich insbesondere bei engen wirtschaftlichen Verhältnissen, bei denen eine Veränderung des Unterhaltsanspruchs für beide oder zumindest einen Beteiligten 10

14 BGH 25.11.1987 – IVb ZR 96/86, NJW 1988, 965.

15 BGH 8.6.2005 – XII ZR 294/02, NJW 2005, 2313 bei Rentenbezug des Unterhaltsschuldners vor und nach Rechtshängigkeit des Antrags; 30.5.1990 – XII ZR 57/89, NJW-RR 1990, 1410 bei Vorliegen eines Verwirkungstatbestandes.

16 BGH 6.11.1991 – XII ZR 240/90, NJW 1992, 438.

17 BGH 29.11.2000 – XII ZR 165/98, NJW 2001, 828.

auch um weniger als 10 % erhebliche Bedeutung haben kann. Die Wesentlichkeitsgrenze ist daher flexibel zu handhaben.[18]

11 Als mögliche **Abänderungsgründe** kommen insbesondere in Betracht:

- Einkommensänderungen, einschließlich der veränderten steuerlichen Veranlagung (zur Bedeutung der Vorhersehbarkeit der Veränderungen → Rn. 20);
- Hinzutreten oder Wegfall von Verbindlichkeiten einschließlich weiterer Unterhaltsverpflichtungen, die den Bedarf oder zumindest die Leistungsfähigkeit beeinflussen können;
- Bedarfsänderungen, zB beim Kindesunterhalt durch neue Altersstufe oder sonstige Änderung der Tabellenbedarfsbeträge, wobei die Änderung der Unterhaltstabelle die tatsächlich eingetretene Veränderung der Lebenshaltungskosten widerspiegelt;[19]
- Änderungen der Gesetzeslage oder der höchstrichterlichen Rechtsprechung. Aus jüngerer Zeit ist hier die Entscheidung zur Verfassungswidrigkeit der sog. Drittelmethode sowie der Auslegung des § 1578 BGB durch die Rechtsprechung des Bundesgerichtshofs zu den sog. wandelbaren Lebensverhältnissen von Bedeutung.[20] Hinsichtlich der Auswirkung der Änderung der Rechtsprechung des Bundesgerichtshofs zur Begrenzung des Unterhalts nach § 1573 Abs. 5 BGB aF für die nachträgliche Beschränkung von Unterhaltstiteln aus der Zeit vor dem 1.1.2008 → Rn. 24.

12 **c) Präklusion von Abänderungsgründen.** Das Abänderungsbegehren kann nach § 238 Abs. 2 FamFG nur auf Gründe, dh Tatsachen und sonstige Umstände gestützt werden, die **nach dem Schluss der Tatsachenverhandlung** des vorausgegangenen Verfahrens entstanden sind. Andernfalls würde es sich um eine wegen der Durchbrechung der Rechtskraft unzulässige Korrektur der früheren gerichtlichen Entscheidung handeln. Durch die bei der Neuregelung erfolgte Formulierung wird gegenüber dem ansonsten inhaltsgleichen § 323 Abs. 2 ZPO aF deutlich, dass die **Präklusion nicht nur die Frage der Zulässigkeit** des Antrags, sondern auch dessen **Begründetheit** betrifft. Wird die für die Zulässigkeit ausreichende Behauptung einer neuen Tatsache nicht bewiesen, so ist der Antrag als unbegründet abzuweisen, selbst wenn die im Rahmen der Begründetheit des Abänderungsbegehrens in beschränktem Umfang zulässige Berücksichtigung von sog. Alttatsachen (→ Rn. 31) zu einer wesentlichen Änderung des titulierten Unterhaltsanspruchs führen würde. Abweichend vom Gesetzeswortlaut sind Änderungsgründe, die bereits vor dem Schluss der Tatsachenverhandlung in dem früheren Verfahren entstanden sind, nicht präkludiert, wenn sie nicht von der Rechtskraft der Entscheidung im früheren Verfahren erfasst werden (→ Rn. 24).

13 Ob von der **Zurückweisung eines Abänderungsantrags in einem vorangegangenen Verfahren** eine Präklusionswirkung ausgeht, hängt davon ab, in welchem Umfang der Nichterfolg des früheren Abänderungsbegehrens darauf beruht, dass das Gericht seinerzeit die dem Unterhaltstitel zugrunde liegenden Verhältnisse überprüft und abweichende Feststellungen bzw. Prognosen getroffen hat. Soweit dies nicht der Fall ist und insbesondere keine Prognosen getroffen worden sind, besteht keine Präklusion, da diese nicht weiter gehen kann als die Rechtskraftwirkung der negativen Abänderungsentscheidung.[21]

14 Sind im Vortitel **fiktive Verhältnisse** zugrunde gelegt worden, so ist eine Abänderung nur zulässig, soweit der Antragsteller darlegt, dass die Grundlagen für die Fiktion nicht mehr vorliegen bzw. sich geändert haben. Die Abänderung eines wegen **mutwilliger Aufgabe einer Arbeitsstelle** auf fiktiver Grundlage ergangenen Unterhaltsurteils ist nicht bereits mit der Behauptung zulässig, der Abänderungskläger genüge inzwischen seiner Erwerbsobliegenheit, verdiene aber weniger als zuvor. Erforderlich ist vielmehr, dass

18 BGH 29.1.1992 – XII ZR 239/90, NJW 1992, 1621: Grenze bei engen Verhältnissen deutlich unter 10 %; OLG Hamm 11.8.2006 – 11 UF 25/06, NJW 2007, 1217 sowie OLG Naumburg 14.1.2010 – 3 WF 262/09, NJW-Spezial 2010, 389 jeweils bei tituliertem Unterhalt unterhalb des Existenzminimums bzw. Mindestbedarfs; Johannsen/Henrich/*Brudermüller* FamFG § 238 Rn. 74.

19 BGH 23.11.1994 – XII ZR 168/93, FamRZ 1995, 221.

20 BVerfG 25.1.2010 – 1 BvR 918/10, FamRZ 2011, 437.

21 BGH 7.12.2011 – XII ZR 159/09, NJW 2012, 923 für den Umfang der Erwerbsobliegenheit des Berechtigten bei Zurückweisung des vorangegangenen Abänderungsbegehrens des Pflichtigen mangels schlüssiger Darlegung des eigenen Einkommens.

der Abänderungskläger geltend macht, er habe die frühere Arbeitsstelle inzwischen aus anderen Gründen verloren.[22]

Davon zu unterscheiden ist der Fall, dass die Fiktion wegen **Verstoßes gegen die Erwerbsobliegenheit** erfolgt ist.[23] Kommt der Beteiligte, bei dem es sich sowohl um den Unterhaltsschuldner als auch den Unterhaltsgläubiger handeln kann, in der Folgezeit seiner Erwerbsobliegenheit in ausreichendem Maß nach, so kann er nach überwiegender Auffassung mit der Abänderung geltend machen, dass sich die frühere Prognose durch sein tatsächlich erzieltes Einkommen als falsch erwiesen habe.[24] Dies ist allerdings insofern problematisch, als Anhaltspunkte dafür, dass die Prognose möglicherweise unzutreffend war, nicht auf einer Änderung der tatsächlichen Verhältnisse beruhen muss, wie sie § 238 Abs. 2 FamFG verlangt.[25] Dies ist nur dann der Fall, wenn die geringeren tatsächlichen Einkünfte auf einem Nachlassen der individuellen Leistungskraft oder einer veränderten Arbeitsmarktsituation gegenüber dem Zeitpunkt der Prognose beruhen. Der Einwand, die Fiktion sei von Anfang an zu hoch gewesen, ist dagegen ausgeschlossen. 15

Die in der Rechtsprechung und Literatur streitige Frage, worauf bei der Abänderung einer rechtskräftig gewordenen Versäumnisentscheidung abzustellen ist, hat der Bundesgerichtshof entschieden.[26] Danach erlaubt die behauptete Änderung der in dem **Versäumnisbeschluss** zugrunde gelegten (fingierten) Verhältnisse keine Abänderung nach § 238 FamFG. Diese ist vielmehr nur dann und insoweit möglich, als sich die seinerzeit gegebenen **tatsächlichen Verhältnisse** wesentlich geändert haben. 16

Der vom Bundesgerichtshof[27] entschiedene Sachverhalt zeigt, zu welchem für den Pflichtigen kaum nachvollziehbaren und unbilligen Ergebnis eine solche rechtliche Beurteilung führen kann, wenn er eine Versäumnisentscheidung gegen sich ergehen lässt, in der bessere wirtschaftliche Verhältnisse zugrunde gelegt werden, als dies tatsächlich der Fall ist. Der Titel aus der Versäumnisentscheidung beruhte auf einem von den Berechtigten in der Antragsschrift behaupteten Nettoeinkommen von monatlich 2.225 EUR, während es sich bis zum Schluss der mündlichen Verhandlung aufgrund des Wegfalls des Verheiratetenzuschlags und des Splittingvorteils nur auf 1.835 EUR und danach – aber noch vor Ablauf der Einspruchsfrist gegen die Versäumnisentscheidung – aufgrund des Wegfalls des Ortszuschlags für die Kinder nur noch auf 1.524 EUR belief. Sein Abänderungsbegehren stützte der Pflichtige auf ein mit mtl. 1.560 EUR belegtes Nettoeinkommen. Der Bundesgerichtshof hat die Verwerfung der Abänderungsklage als unzulässig durch die Vorinstanzen bestätigt, da das tatsächliche Einkommen des Pflichtigen gegenüber dem Zeitpunkt des Erlasses des Versäumnisurteils nicht geringer geworden sei. Sein tatsächlich niedrigeres Einkommen schon bei Erlass des Versäumnisurteils habe der Pflichtige bis zum Ablauf der Einspruchsfrist geltend machen müssen. Wenn er dies versäumt habe, stehe ihm die Abänderungsklage nur noch zur Verfügung, wenn und soweit sein Einkommen unter 1.524 EUR liege. Der Bundesgerichtshof begründet dieses Ergebnis damit, dass im Abänderungsverfahren keine Totalrevision der früheren Entscheidung und insbesondere **keine Korrektur von Fehlern** dieser Entscheidung (Zugrundelegung eines unrichtigen Sachverhalts) möglich sei. 17

In einer späteren Entscheidung hat der Bundesgerichtshof deutlich gemacht, dass die Präklusion bei der Zulässigkeit dazu führt, dass die präkludierten Umstände auch bei der aufgrund anderer Umstände zulässigen Abänderung – im Wege einer Annexkorrektur – **keine Berücksichtigung im Rahmen der Begründetheit** finden können.[28] Es bestünden auch keine verfassungsrechtlichen Probleme, da der Unterhaltsschuldner vor einer existenzbedrohenden Inanspruchnahme durch die Pfändungsfreigrenzen des § 850 c ZPO hinreichend geschützt sei. Dies bedeutet, dass der Pflichtige in dem Ausgangsfall, der nach Zahlung des Unterhalts für seine vier Kinder erheblich unter dem notwendigen Selbstbehalt liegt, auf 18

22 BGH 20.2.2008 – XII ZR 101/05, NJW 2008, 1525.
23 Zu dieser Unterscheidung vgl. BGH 20.2.2008 – XII ZR 101/05, NJW 2008, 1525.
24 OLG Hamm 25.6.2008 – 10 UF 12/08, FamRZ 2008, 2216.
25 Johannsen/Henrich/*Brudermüller* FamFG § 238 Rn. 38; *Graba* Unterhaltstitel Rn. 368 f.
26 BGH 12.5.2010 – XII ZR 98/08, NJW 2010, 2437.
27 BGH 12.5.2010 – XII ZR 98/08, NJW 2010, 2437.
28 BGH 2.6.2010 – XII ZR 160/08, NJW 2010, 2515.

Dauer keine Möglichkeit hat, die in der Sache unzutreffende Unterhaltsfestsetzung zu korrigieren.[29] Die noch im Entwurf des FamFG vorgesehene Härteklausel zur Fehlerkorrektur aus Billigkeitsgründen[30] ist im Laufe des Gesetzgebungsverfahrens aufgegeben worden. Grund hierfür war die Befürchtung, dass hierdurch ein höheres Streitpotential geschaffen werden und damit eine höhere Belastung der Gerichte eintreten könnte.[31]

19 Bei einer aufgrund eines **Anerkenntnisses** ergangenen gerichtlichen Titulierung des Unterhalts besteht hinsichtlich der Präklusion nach § 238 Abs. 2 FamFG eine ähnliche Problematik wie vorstehend für die Versäumnisentscheidung dargelegt. Auch hier kann sich der Antragsgegner des Vorverfahrens, der dort den Unterhaltsanspruch anerkannt hat, zur Begründung seines späteren Abänderungsbegehrens nicht darauf berufen, sein Einkommen sei niedriger als das beim Anerkenntnis zugrunde gelegte Einkommen, soweit dies schon seinerzeit der Fall war.[32] Hinsichtlich der Bindung an die tatsächlichen Grundlagen des Anerkenntnisses im Rahmen der Begründetheit eines zulässigerweise eröffneten Abänderungsbegehrens → Rn. 31.

20 Die Präklusionswirkung betrifft auch Tatsachen, die der Antragsteller des jetzigen Verfahrens als Antragsgegner in einem früheren Verfahren nicht geltend gemacht hat. Dabei kommt es nicht einmal darauf an, ob ihm diese Tatsachen bekannt waren und er es in vorwerfbarer Weise unterlassen hat, sie in das frühere Unterhaltsverfahren einzuführen. Für die Präklusionswirkung maßgeblich ist der **Zeitpunkt des objektiven Vorliegens der Umstände** und nicht der Kenntnis hiervon.[33] Beruht die Unkenntnis auf einer **Täuschung** des anderen Beteiligten, so kann der demzufolge in dem früheren Verfahren nicht vorgetragene Umstand bei Fortdauer der Täuschung in einem späteren Abänderungsverfahren geltend gemacht werden.[34] Andererseits reicht die bloße **Vorhersehbarkeit** der künftigen Änderung nicht aus, solange ihr tatsächliches Eintreten noch von anderen Entwicklungen beeinflusst werden kann[35] und nicht vom bloßen Zeitablauf abhängig ist.

21 Die Frage, mit welcher Sicherheit eine künftige Entwicklung im Zeitpunkt der (früheren) gerichtlichen Entscheidung vorhersehbar war, ist von Bedeutung für den Zeitpunkt, bis zu dem spätestens eine Beschränkung des Unterhaltsanspruchs nach § 1578 b BGB hätte geltend gemacht werden müssen. Es ist hier hinsichtlich Befristung und Herabsetzung zu differenzieren. Eine **Befristung** scheidet aus, solange das dauerhafte Vorliegen eines ehebedingten Nachteils noch nicht sicher beurteilt werden kann, wie dies der Fall ist bei aktuell bestehenden Nachteilen beim erzielbaren Einkommen und Unsicherheit darüber, ob bzw. in welchem Umfang dieser Nachteil durch die künftige berufliche Entwicklung des unterhaltsberechtigten Ehegatten behoben werden kann. Daher kann insbesondere der Betreuungsunterhalt nach § 1570 BGB regelmäßig nicht nach § 1578 b Abs. 2 BGB befristet werden.[36] Der Befristungseinwand kann deshalb noch zu einem späteren Zeitpunkt (Wegfall des Betreuungsunterhalts) geltend gemacht werden.

22 Dagegen kommt auch bei Vorliegen ehebedingter Nachteile eine **Herabsetzung** bis auf den – ohne die Ehe – angemessenen Unterhaltsbedarf nach § 1578 b Abs. 1 BGB zuzüglich des auf den ehebedingten Nachteil entfallenden Bedarfs nach den Umständen des Einzelfalls schon zu einem früheren Zeitpunkt in Betracht.[37] Da die materielle Rechtskraft einer Entscheidung, die dies verkennt, nur so weit geht, als die Entscheidung eine abschließende Beurteilung der gegenwärtigen Sachlage und der zuverlässig voraussehbaren Umstände enthält, wird durch sie eine spätere Abänderung unter Berücksichtigung des Einwandes

---

29 Krit. *Norpoth* NJW 2010, 2440.

30 BT-Drs. 16/6308, 50, 257.

31 BT-Drs. 16/9733, 296.

32 BGH 4.7.2007 – XII ZR 251/04, NJW 2007, 2921.

33 BGH 21.5.1973 – II ZR 22/72, NJW 1973, 1328 für die gleiche Sachlage bei § 767 Abs. 2 ZPO; OLG Hamm 17.6.2002 – 6 UF 229/01, FamRZ 2003, 460.

34 BGH 30.5.1990 – XII ZR 57/89, NJW-RR 1990, 1410.

35 BGH 21.2.2001 – XII ZR 276/98, NJW-RR 2001, 937.

36 BGH 21.4.2010 – XII ZR 134/08, NJW 2010, 2277.

37 BGH 12.1.2011 – XII ZR 83/08, NJW 2011, 670.

nach § 1578 b BGB insbesondere dann nicht ausgeschlossen, wenn zunächst bestehende ehebedingte Nachteile später ganz oder teilweise entfallen sind.[38] Ist das Gericht also im Vorverfahren davon ausgegangen, dass eine Herabsetzung oder Befristung „derzeit noch nicht“ möglich war, so liegt hierin ein **Vorbehalt** einer künftigen Abänderungsmöglichkeit. Unabhängig davon, ob dieser Vorbehalt zu Recht erfolgt ist, ist damit die Möglichkeit einer künftigen Abänderung unter Berücksichtigung des Begrenzungseinwands nach § 1578 b BGB weiterhin offen. Diese kann entweder im Rahmen einer „**Annexkorrektur**“ bei einer aufgrund anderer Umstände eröffneten Abänderung oder bei Änderungen hinsichtlich der tatsächlichen Voraussetzungen für die Billigkeitsabwägung nach § 1578 b BGB im Wege eines unmittelbar hierauf gestützten Abänderungsbegehrens erfolgen.[39]

Ist ein **vorangegangener Abänderungsantrag ohne Prüfung des Begrenzungseinwands zurückgewiesen** worden (wegen angeblich fehlender Schlüssigkeit ohne die Darlegung des aktuellen Einkommens des Antragstellers), so ist der Antragsteller in einem neuen Abänderungsverfahren mit dem Begrenzungseinwand nicht präkludiert, weil die Präklusion nach § 238 Abs. 2 FamFG nicht weiter geht als die Rechtskraft der früheren Entscheidung.[40] Wird ein Abänderungsgrund und dessen Auswirkung auf das Ergebnis, dh auf den Bestand des titulierten Unterhaltsanspruchs, nicht schlüssig vorgetragen, so fehlte es dem früheren Abänderungsbegehren bereits an der Zulässigkeit, so dass sich die Rechtskraft auch hierauf beschränkt, selbst wenn die Entscheidung im früheren Verfahren auch Ausführungen zur Begründetheit des Abänderungsantrags enthielt.[41] 23

Nach der Änderung der höchstrichterlichen Rechtsprechung,[42] nach der die **Präklusionswirkung nicht weiter reicht als die Rechtskraft der abzuändernden gerichtlichen Entscheidung**, kann ein Abänderungsbegehren in bestimmten Ausnahmefällen auch auf „Alttatsachen“ gestützt werden. Ist ein Abänderungsantrag des Unterhaltsgläubigers auf Erhöhung des durch eine gerichtliche Entscheidung titulierten Unterhalts **vollständig abgewiesen** worden, so kann ein späterer Abänderungsantrag des Unterhaltsschuldners auf Herabsetzung in zulässiger Weise auch auf solche Tatsachen gestützt werden, die schon im vorausgegangenen Abänderungsverfahren im Wege eines **Widerantrags** oder einer **Anschlussbeschwerde** hätten geltend gemacht werden können. Dies gilt auch für den umgekehrten Fall, dass ein Abänderungsbegehren des Schuldners vollständig erfolglos geblieben ist und der Gläubiger nunmehr in einem neuen Abänderungsverfahren höheren Unterhalt verlangt. In beiden Fällen bezieht sich die Rechtskraft der Entscheidung im ersten Abänderungsverfahren nicht darauf, ob – im ersten Fall – weniger bzw. – im zweiten Fall – mehr als der bisher titulierte Unterhalt geschuldet ist. Eine solche Konstellation liegt auch dann vor, wenn in den beiden Fällen dem Antrag im ersten Abänderungsverfahren **in vollem Umfang stattgegeben** wird und der jeweilige Antragsteller nunmehr eine weitergehende Erhöhung bzw. Herabsetzung verlangt. So kann zB der Berechtigte in einem solchen Ausnahmefall im Wege der Abänderung zu wenig verlangten Unterhalt geltend machen, ohne dass es zusätzlich neuer Umstände für die Zulässigkeit des Abänderungsverfahrens bedarf, wie dies bei einer „Annexkorrektur“ (→ Rn. 22) der Fall ist. Es handelt sich auch nicht um eine nicht statthafte Korrektur der abzuändernden gerichtlichen Entscheidung, da diese nicht fehlerhaft ist und die Abänderung auch nicht hierauf gestützt wird, sondern auf noch nicht berücksichtigte Umstände, deren jetzige Berücksichtigung nicht in Widerspruch zu den von der Rechtskraft erfassten Feststellungen der abzuändernden Entscheidung steht. 24

Eine **Verschiebung der Zeitgrenze** für die Präklusionswirkung über den nach § 238 Abs. 2 FamFG maßgeblichen Schluss der Tatsachenverhandlung hinaus findet in zwei Fällen statt: 25

- **Einspruch gegen eine Versäumnisentscheidung** nach § 113 Abs. 1 FamFG iVm § 338 ZPO. Innerhalb der Einspruchsfrist eingetretene Veränderungen können ausschließlich im Wege der Einlegung eines Einspruchs verfolgt werden, während nach Ablauf dieser Frist eingetretene Umstände mit dem

38 BGH 4.7.2018 – XII ZB 448/17, NJW 2018, 2638.
39 BGH 26.5.2010 – XII ZR 143/08, NJW 2010, 2349; *Graba* NJW 2012, 2117.
40 BGH 7.12.2011 – XII ZR 159/09, NJW 2012, 923.
41 KG 26.6.2019 – 13 UF 89/17, NJW-RR 2019, 1281.
42 BGH 11.4.2018 – XII ZB 121/17, NJW 2018, 1753.

Abänderungsantrag geltend gemacht werden können.[43] Der Abänderungsantrag des Antragsgegners im Vorverfahren kann also nicht darauf gestützt werden, dass die im Zeitpunkt der Säumnisentscheidung als zugestanden unterstellten Verhältnisse tatsächlich nicht vorgelegen hätten.

- Solange eine **Beschwerde** gem. § 58 FamFG gegen die Hauptsacheentscheidung möglich ist, besteht für die innerhalb der Beschwerdefrist auftretenden Veränderungen die Wahlmöglichkeit zwischen der Einlegung des Rechtsmittels oder dem Abänderungsantrag. Diese Wahlmöglichkeit entfällt, wenn der Gegner das Rechtsmittel eingelegt hat. In diesem Fall kann der andere Verfahrensbeteiligte die nachträglich eingetretenen Veränderungen nur noch mit der **Anschlussbeschwerde** gem. § 66 FamFG geltend machen.[44] Unterlässt der Beteiligte die Anschlussbeschwerde, so ist er mit den Umständen, die er hiermit zu seinen Gunsten hätte geltend machen können, präkludiert, dh er kann hierauf ein späteres Abänderungsbegehren nicht stützen. Es besteht aber unter besonderen Voraussetzungen die Möglichkeit, diese Umstände in einem aufgrund anderer Änderungen eröffneten Abänderungsverfahren zu berücksichtigen (→ Rn. 24, 30). Zur sog. **Vorwirkung** im Falle der Unzulässigkeit der Anschlussbeschwerde bei Zurücknahme des Hauptrechtsmittels → Rn. 28.

26 **d) Zeitgrenze für die rückwirkende Abänderung.** Nach § 238 Abs. 3 S. 1 FamFG kann ein durch gerichtliche Entscheidung geschaffener Unterhaltstitel grundsätzlich nur für die Zeit ab **Rechtshängigkeit** des Abänderungsantrags abgeändert werden. Damit wird das Vertrauen in den Bestand der gerichtlichen Entscheidung geschützt. Die Stellung eines Verfahrenskostenhilfeantrags für einen beabsichtigten Abänderungsantrag ist nicht geeignet, diese Wirkung der Rechtshängigkeit zu erreichen.[45] Allerdings dürfte dies meist auch gar nicht erforderlich sein, da bei einer vorangegangenen sog. **Stufenmahnung** (Aufforderung zur Auskunftserteilung zum Zweck der Geltendmachung von Unterhalt) oder bei einem auf sonstige Weise eingetretenen **Verzug** die weitere Regelung nach § 238 Abs. 3 S. 2 FamFG eingreift, die abweichend von dem Grundsatz der Rechtshängigkeit des Abänderungsbegehrens eine Abänderung bereits ab dem Zeitpunkt der Aufforderung zur Auskunftserteilung bzw. des Verzugs zulässt.

27 Die Ausweitung dieser früher nur für den Unterhaltsberechtigten bestehenden Möglichkeit der rückwirkenden Abänderung durch das FamFG auf den Fall eines **Herabsetzungsverlangens** des Unterhaltspflichtigen hat zu der lange geforderten Gleichbehandlung der Beteiligten geführt. Ab dem Beginn des auf das Auskunftsbegehren folgenden Monats kann die Herabsetzung der Unterhaltsverpflichtung verlangt werden, jedoch mit der Einschränkung, dass dies maximal für die Zeitdauer von einem Jahr vor Rechtshängigkeit des Abänderungsantrags möglich ist (§ 238 Abs. 3 S. 4 FamFG). Dies bedeutet keine Schlechterstellung gegenüber dem Unterhaltsgläubiger beim Erhöhungsverlangens, da dort eine Beschränkung der rückwirkenden Abänderung durch eine Verwirkung des Unterhaltsanspruchs nach § 242 BGB möglich ist, die in der Regel anzunehmen ist, wenn der Unterhaltsanspruch (hier dessen Erhöhung) länger als ein Jahr nicht verfolgt worden ist.

28 Die Rechtsprechung lässt eine weitere Ausnahme von der Zeitschranke des § 238 Abs. 3 FamFG bzw. des § 323 Abs. 3 ZPO für den Fall zu, dass die mit einer durch Rücknahme des Hauptrechtsmittels **unzulässig gewordenen Anschlussbeschwerde**/-berufung verfolgte Abänderung erst in einem neuen Verfahren mit einem selbstständigen Abänderungsantrag geltend gemacht werden kann. Bei einer solchen Sachlage ist die Abänderung rückwirkend ab dem Zeitpunkt der Rechtshängigkeit der früheren Anschlussbeschwerde möglich, die somit zu einer sog. **Vorwirkung** führt.[46] Voraussetzung ist jedoch, dass der Abänderungsantrag in einem engen zeitlichen Zusammenhang mit der Erledigung des Hauptrechtsmittels erfolgt.

2. Begründetheit des Abänderungsbegehrens

29 Die **wesentliche Veränderung** der der Entscheidung im Vorverfahren zugrunde liegenden tatsächlichen und rechtlichen Verhältnisse ist nicht nur im Rahmen der Zulässigkeit des Abänderungsbegehrens von

43 BGH 12.5.2010 – XII ZR 98/08, NJW 2010, 2437.
44 BGH 6.11.1985 – IVb ZR 74/84, FamRZ 1986, 43.
45 BGH 20.1.1982 – IVb ZR 651/80, NJW 1982, 1050.
46 BGH 16.3.1988 – IVb ZR 36/87, NJW 1988, 1374.

Bedeutung, sondern auch bei dessen Begründetheit. Während bei der Zulässigkeit die Behauptung solcher Umstände ausreicht, muss für die Begründetheit deren Vorliegen im Streitfall bewiesen werden. Die Präklusion von Umständen nach § 238 Abs. 2 FamFG im Rahmen der Zulässigkeit führt dazu, dass diese Umstände als „Alttatsachen" im Rahmen der Begründetheit auch dann keine Berücksichtigung finden dürfen, wenn der Abänderungsantrag aufgrund anderer – nicht präkludierter – Umstände zulässig ist.[47]

Der Grundsatz der **Nichtberücksichtigung von „Alttatsachen"** bei der Begründetheit eines Abänderungs- 30
begehrens beruht auf der vom Bundesgerichtshof vertretenen Rechtskrafttheorie, nach der eine Korrektur einer bereits bei ihrem Erlass fehlerhaften Entscheidung (im Gegensatz zu einer sich später als fehlerhaft erweisenden Prognose) im Abänderungsverfahren nicht zulässig ist, wenn die Entscheidung rechtskräftig geworden ist.[48] Aus diesem Ansatz ergeben sich auch bestimmte **Ausnahmen**:

- Der **Abänderungsgegner** kann zu der von ihm verfolgten Verteidigung des Titels sog. Alttatsachen vortragen, da durch ihre Berücksichtigung im Abänderungsverfahren die Rechtskraft der früheren Entscheidung nicht berührt wird.[49] So kann er zB den Titel mit der Berufung auf den im früheren Verfahren nicht geforderten Vorsorgeunterhalt oder aus sonstigen Gründen zu gering zugesprochenen Unterhalt verteidigen.
- Der **Antragsteller** kann in einem aufgrund anderer Tatsachen zulässigen Abänderungsverfahren solche Alttatsachen im Rahmen der Begründetheit geltend machen, deren Berücksichtigung nicht zu einer Durchbrechung der Rechtskraft der früheren Entscheidung führt (Annexkorrektur, → Rn. 22).
  - Hat zB der jetzige Antragsteller des Abänderungsverfahrens in einem früheren vom Gegner angestrengten Abänderungsverfahren, welches das Ziel der Erhöhung des Unterhaltsanspruchs hatte, den **Beschränkungseinwand nach § 1578 b BGB nicht erhoben**, obwohl dessen Voraussetzungen vorlagen, und ist das Erhöhungsverlangen aus anderen Gründen ohne Erfolg geblieben, so kann er sich auf den Einwand in dem jetzigen Abänderungsverfahren dennoch berufen. Er kann hiermit allein zwar wegen § 238 Abs. 2 FamFG nicht die Zulässigkeit des Abänderungsbegehrens erreichen, da er diesen Einwand in dem früheren Abänderungsverfahren im Wege des Abänderungsgegenantrags hätte geltend machen können. Jedoch kann der Antragsteller bei einer aus einem anderen Grund zulässigen Abänderung diese auch auf den „alten" Einwand stützen, da sich die Rechtskraft der Entscheidung in dem früheren Verfahren, bei dem es allein um die Berechtigung des erfolglos gebliebenen Erhöhungsverlangens des Gegners ging, nicht auf die Berechtigung des jetzigen Herabsetzungsverlangens erstreckt.[50] Nach der inzwischen erfolgten Rechtsprechungsänderung (→ Rn. 24)[51] dürfte nunmehr auch in diesem Fall das Erfordernis des Hinzutretens eines anderen nicht präkludierten Abänderungsgrundes entfallen sein. Bei der hier beschriebenen Fallkonstellation ist die Abänderung auch ohne zusätzliche „aktuelle" Abänderungsgründe zulässig. Der „alte" Einwand nach § 1578 b BGB ist somit auch im Rahmen der Begründetheit zu berücksichtigen.
  - Die vorstehenden Überlegungen gelten auch dann, wenn in dem Vorverfahren ein **zu geringer Unterhalt** (→ Rn. 24) gefordert worden und zugesprochen worden ist.[52] Die zu geringe Forderung entfaltet unter der Voraussetzung, dass sie im Vorverfahren ohne teilweise Abweisung des Antrags zugesprochen worden ist, keine Bindungswirkung im Rahmen der Begründetheit eines späteren Abänderungsverfahrens. Dies gilt auch dann, wenn die zu geringe Forderung darauf beruht, dass es der Berechtigte unterlassen hat, den Vorsorgeunterhalt, bei dem es sich um einen unselbstständigen Bestandteil des Gesamtunterhalts handelt (→ *Altersvorsorgeunterhalt* Rn. 4), geltend zu machen.

Soweit das Gericht eine wesentliche Veränderung iSd § 238 Abs. 1 FamFG feststellt, hat eine **Anpassung** 31
unter Wahrung der Grundlagen der früheren Entscheidung zu erfolgen, dh keine freie Neufestset-

---

47 BGH 26.11.1986 – IVb ZR 91/85, FamRZ 1987, 257; 2.6.2010 – XII ZR 160/08, NJW 2010, 2515.
48 BGH 15.10.1986 – ZR 78/85, NJW 1987, 1201.
49 BGH 15.10.1986 – ZR 78/85, NJW 1987, 1201 hinsichtlich der Berücksichtigung eines im Vorverfahren als Einkommensposition „vergessenen" Pflegegeldes bei Abänderungsklage und Abänderungswiderklage.
50 BGH 17.5.2000 – XII ZR 88/98, NJW 2000, 3789; 1.10.1997 – XII ZR 49/96, NJW 1998, 161.
51 BGH 11.4.2018 – XII ZB 121/17, NJW 2018, 1753.
52 BGH 11.1.1984 – IVb ZR 10/82, NJW 1984, 1458.

zung des Unterhaltsanspruchs, sondern seine Bestimmung unter Beachtung der Bindungen an die frühere Entscheidung und deren nicht veränderte Grundlagen. Hinsichtlich der **Bindungswirkung der früheren Entscheidung** gilt:

- Keine Bindung besteht hinsichtlich der Berechnungsmethode im Vorverfahren.[53] Dies gilt zB auch für die Berechnungsweise bei der Ermittlung des geldwerten Vorteils des mietfreien Wohnens.[54]
- Eine zu geringe Unterhaltsforderung im Vorverfahren entfaltet ebenso wenig wie die Nichtforderung von Vorsorgeunterhalt eine Bindungswirkung, soweit im Vorverfahren dem Antrag auf Elementarunterhalt in vollem Umfang stattgegeben worden ist (→ Rn. 5, 24).
- Hat das Gericht dem unterhaltsberechtigten Ehegatten im Vorprozess keine zusätzlichen Erwerbseinkünfte fiktiv zugerechnet und damit nach § 1577 Abs. 1 BGB zugleich entschieden, dass er seiner Erwerbsobliegenheit genügt hat, ist diese Feststellung auch im Abänderungsverfahren maßgebend. Der Unterhaltsverpflichtete kann deshalb nicht einwenden, der Unterhaltsberechtigte erleide bei Aufnahme der ihm obliegenden Erwerbstätigkeit keinen ehebedingten Nachteil, weshalb eine Befristung des Unterhalts aus diesem Gesichtspunkt ausscheidet. Etwas anders gilt nur, wenn der Unterhaltsverpflichtete eine wesentliche Veränderung der Verhältnisse dargetan hat, die eine solche Obliegenheit im Nachhinein begründen könnte.[55]
- Bei einer **Versäumnisentscheidung** im Vorverfahren können Änderungen nur berücksichtigt werden, soweit sie nach Ablauf der Einspruchsfrist des § 339 ZPO eingetreten sind. Insoweit tritt die bereits im Rahmen der Zulässigkeit des Abänderungsbegehrens erörterte Präklusionswirkung ein (→ Rn. 16), die auch hier zu beachten ist. Sind nach dem genannten Zeitpunkt Änderungen eingetreten, die ein Abänderungsbegehren ermöglichen, so findet keine von dem früheren Titel losgelöste Neuberechnung des Unterhalts statt. Vielmehr besteht eine Bindung an die nach § 331 Abs. 1 ZPO als zugestanden unterstellten Verhältnisse einschließlich deren Bewertungen (wie zB der Umfang des einzusetzenden Einkommens bzw. Vermögens sowie der abzusetzenden Belastungen). Eine Änderung ist nur in dem Umfang möglich, in dem die zu berücksichtigenden neuen Umstände auf der Grundlage des alten Titels zu einem Unterhaltsanspruch führen, der wesentlich von dem titulierten Anspruch abweicht.
- Auch bei einer aufgrund eines **Anerkenntnisses** ergangenen Entscheidung im Vorverfahren ist auf die dem Anerkenntnis zugrunde liegenden tatsächlichen Verhältnisse abzustellen.[56] Lässt sich die Ermittlung des anerkannten Unterhaltsbetrages nicht feststellen, muss der Unterhalt aufgrund der gesetzlichen Vorschriften neu berechnet werden.[57]

3. Beweislast

32 Der Antragsteller hat im Abänderungsverfahren **sämtliche Umstände**, die für die Bemessung des Unterhaltsanspruchs maßgeblich sind und bei denen sich Änderungen ergeben haben, darzulegen und zu beweisen.[58] Dies gilt auch für Umstände, die bei der Titulierung des Anspruchs von der Gegenseite darzulegen und zu beweisen waren. So trifft den Gläubiger, dessen Anspruch im vorangegangenen Verfahren mit Rücksicht auf die teilweise Leistungsunfähigkeit des Schuldners reduziert worden ist, bei einem späteren Erhöhungsverlangen die Darlegungs- und Beweislast hinsichtlich einer gestiegenen Leistungsfähigkeit des Schuldners.[59] Umgekehrt hat der Schuldner als Antragsteller im Abänderungsverfahren zB darzulegen, dass der Berechtigte jetzt abweichend von der Prognose bei der früheren Entscheidung mehr verdienen kann, weil ihn die gesundheitlichen Einschränkungen nicht mehr bzw. nur noch in geringerem Maße daran hindern (in weiterem Umfang) erwerbstätig zu sein. Damit trägt er auch das Risiko, mit seinem Abänderungsbegehren nicht bzw. nicht in dem erhofften Umfang durchzudringen, wenn Zweifel verbleiben,

---

53 BGH 26.11.1986 – IVb ZR 91/85, FamRZ 1987, 257.
54 BGH 29.6.1994 – XII ZR 79/93, NJW-RR 1994, 1155.
55 BGH 27.1.2010 – XII ZR 100/08, NJW 2010, 1595.
56 BGH 4.7.2007 – XII ZR 251/04, NJW 2007, 2921 mwN auch zur Gegenmeinung.
57 BGH 4.7.2007 – XII ZR 251/04, NJW 2007, 2921.
58 BGH 15.10.1986 – IVb ZR 78/85, NJW 1987, 1201.
59 OLG Hamburg 9.5.1989 – 12 WF 35/89, FamRZ 1989, 885.

ob sich der Gesundheitszustand des Antragsgegners entsprechend gebessert hat oder die unterlassenen Therapiemaßnahmen für eine fehlende Besserung ursächlich waren.

Ausnahmen von diesem Grundsatz gelten dann, wenn der Gegner des Abänderungsbegehrens zur Verteidigung seines titulierten Anspruchs

- sich auf einen anderen Unterhaltstatbestand (zB Krankheitsunterhalt statt Betreuungsunterhalt) beruft;
- sich bei gleichbleibender Anspruchsgrundlage auf eine völlig geänderte Situation stützt, wie sie zB beim Kindesunterhalt mit Eintritt der Volljährigkeit des Kindes aufgrund der dann geltenden Barunterhaltspflicht beider Elternteile gegeben ist, und zwar nicht nur für den Fall der Geltendmachung von Unterhalt durch das Kind, sondern auch im Fall eines Herabsetzungsbegehrens eines Elternteils.[60]

III. Abänderung von Vergleichen und Urkunden nach § 239 FamFG

Mit der Neuregelung der Abänderung von vollstreckbaren Unterhaltsvergleichen sowie vollstreckbaren 33 Unterhaltsurkunden durch das FamFG ist keine Änderung gegenüber der früheren Rechtslage eingetreten. Durch diese selbstständige Abänderungsregelung soll deutlicher als früher werden, dass in verfahrensrechtlicher Hinsicht unterschiedliche Voraussetzungen gegenüber der Abänderung einer gerichtlichen Entscheidung gelten. Die Abänderung eines Vergleichs oder einer vollstreckbaren Urkunde unterliegt **verfahrensrechtlich weder einer Wesentlichkeits- noch einer Zeitgrenze**.

1. Zulässigkeit der Abänderung

Jeder Beteiligte des Unterhaltsrechtsverhältnisses kann die Abänderung eines gerichtlichen **Vergleichs** 34 nach § 794 Abs. 1 Nr. 1 ZPO – in entsprechender Anwendung auch eines Anwaltsvergleichs (§ 796 a ZPO) – oder einer vollstreckbaren Urkunde beantragen. Zu den **vollstreckbaren Urkunden** iSd § 794 Abs. 1 Nr. 5 ZPO zählen neben den notariellen Urkunden die Jugendamtsurkunden (§§ 59 Abs. 1 S. 1 Nr. 3, 60 SGB VIII). Für die Zulässigkeit reicht es aus, wenn **Tatsachen** vorgetragen werden, **die eine Abänderung rechtfertigen** (§ 239 Abs. 1 S. 2 FamFG). Ob diese Tatsachen zu einer Änderung der titulierten Unterhaltsverpflichtung führen oder ob sie bereits bei Abschluss des Vergleichs bzw. der Errichtung der Urkunde hätten berücksichtigt werden können und deshalb jetzt nicht mehr zu berücksichtigungsfähig sind, ist ausschließlich eine Frage der Begründetheit des Abänderungsbegehrens, die sich nach § 239 Abs. 2 FamFG nach den Vorschriften des bürgerlichen Rechts richtet (§§ 119 ff., 125, 133, 134, 157, 242, 313 BGB). Wegen des Fehlens einer Zeitgrenze gem. § 238 Abs. 3 FamFG kann ein rückwirkender Abänderungsantrag nicht im Rahmen der Zulässigkeit beschränkt werden. Eine Einschränkung findet auch insoweit allein nach den Bestimmungen des materiellen Unterhaltsrechts statt (Verzug bei Erhöhungsverlangen bzw. Vertrauensschutz bei Herabsetzungsverlangen).

Ist die vollstreckbare Unterhaltsvereinbarung **bereits durch eine gerichtliche Entscheidung abgeändert** 35 worden, so richtet sich eine erneute Abänderung nach § 238 FamFG (→ Rn. 2). Dies gilt ausnahmsweise nicht, wenn in der vorangegangenen gerichtlichen Entscheidung keine Prognose zum Fortbestand des Unterhaltsanspruch getroffen worden ist, sondern der Abänderungsantrag aus einem anderen Grund (angeblich fehlende Schlüssigkeit mangels Vortrags des Antragstellers zu seinem eigenen Einkommen) zurückgewiesen worden ist.[61] Änderungen des in einem gerichtlichen Vergleich oder einer Urkunde titulierten Unterhalts sind nicht auf das gerichtliche Abänderungsverfahren nach § 239 FamFG beschränkt. Vielmehr können die Beteiligten eines Unterhaltsverhältnisses im gegenseitigen Einvernehmen bestehende gerichtliche oder urkundliche Unterhaltstitel außergerichtlich durch einen neuen Vollstreckungstitel iSv § 794 Abs. 1 Nr. 5 ZPO (notarielle Urkunde, Jugendamtsurkunde, gerichtlicher Vergleich) **ersetzen**. Das bedeutet indes nicht, dass der neue Titel gemeinsam von den am Unterhaltsrechtsverhältnis Beteiligten erstellt werden muss. Vielmehr kann dies auch durch eine vom Pflichtigen einseitig errichtete Jugendamtsurkunde geschehen, wenn für das unterhaltsberechtigte Kind ausdrücklich oder konkludent (auch nachträglich durch

60 BGH 7.12.2016 – XII ZB 422/15, NJW 2017, 1317.
61 BGH 7.12.2011 – XII ZR 159/09, NJW 2012, 923.

Entgegennahme des neuen Titels und des Gebrauchmachens hiervon) ein **Einverständnis** mit der Ersetzung des bisherigen Titels erklärt wird.[62] Dabei sind an die Feststellung dieses Einverständnisses mit einer neuen Unterhaltsregelung besonders strenge Anforderungen zu stellen, soweit es um die Herabsetzung des Unterhaltsbetrags geht. Der Umstand, dass die Ersetzung des bisherigen Titels als dessen „Abänderung" bezeichnet wird, steht der rechtlichen Wirksamkeit der Ersetzung nicht entgegen, so dass der neue Titel Gegenstand einer späteren Abänderung nach §§ 238 ff. FamFG sein kann.[63]

36 **a) Abänderung von Vergleichen.** Ist in einem pauschalen Unterhaltsvergleich **keine Geschäftsgrundlage** niedergelegt, kann dies für einen Ausschluss der Anpassung an die abweichenden tatsächlichen Verhältnisse bei Vertragsschluss sprechen. Die Abänderbarkeit wegen Änderung der Geschäftsgrundlage (§ 313 BGB) durch geänderte tatsächliche Verhältnisse seit Vertragsschluss oder durch eine Änderung des Gesetzes oder der höchstrichterlichen Rechtsprechung ist dadurch aber regelmäßig nicht ausgeschlossen.[64] Soll die Vereinbarung für eine bestimmte Zeit nicht abänderbar sein und sich der Unterhalt danach nach den gesetzlichen Bestimmungen richten, so fehlt ihr trotz Fortgeltung des Titels nach dem vereinbarten Zeitablauf eine bindende Regelung, weshalb sie frei abänderbar ist.[65]

37 Ergibt sich aus der Vereinbarung ausdrücklich bzw. im Wege der Auslegung, dass sie **nicht abänderbar** sein soll, so kann bei Überschreiten der absoluten Opfergrenze ausnahmsweise doch eine Abänderung in Betracht kommen. Diese **Opfergrenze** wird durch das Existenzminimum des Unterhaltsschuldners bestimmt. Ist dies bei weiterer uneingeschränkter Unterhaltsbelastung gefährdet, so soll die Berufung auf die vertragliche Verpflichtung treuwidrig sein.[66] Nach anderer Auffassung besteht hier keine Notwendigkeit der Abänderung des Titels, um die Sicherung des Existenzminimums des Schuldners zu gewährleisten, da dies bereits durch den Pfändungsschutz nach § 850 c ZPO erreicht wird.[67] **Treuwidrig** soll die Berufung eines Beteiligten auf einen vereinbarten Unterhaltsverzicht sein, wenn dem Verzicht die Erwartung zugrunde lag, den Lebensbedarf eines Ehegatten aus den Einkünften aus einem (übertragenen) Vermögensgegenstand dauerhaft finanzieren zu können und sich diese Erwartung später ohne Verschulden des Berechtigten als falsch erwiesen hat.[68]

38 Für die Abänderung eines Prozessvergleichs über nachehelichen Unterhalt wegen **Befristung** oder **Herabsetzung** kommt es vorrangig darauf an, inwiefern der Vergleich im Hinblick auf die spätere Befristung eine bindende Regelung enthält. Mangels einer entgegenstehenden ausdrücklichen oder konkludenten vertraglichen Regelung ist jedenfalls bei der erstmaligen Festsetzung des nachehelichen Unterhalts im Zweifel davon auszugehen, dass die Parteien die spätere Befristung des Unterhalts offen halten wollen. Eine Abänderung des Vergleichs ist insoweit auch ohne Änderung der tatsächlichen Verhältnisse und ohne Bindung an den Vergleich möglich.[69] Der Pflichtige wird hierdurch gegenüber der vergleichbaren Situation bei der Abänderung eines Unterhaltstitels aufgrund einer gerichtlichen Entscheidung (→ Rn. 30) bessergestellt.

39 Enthält ein Unterhaltsvergleich eine Regelung, wonach „einer Partei das Recht vorbehalten ist, im Falle einer Abänderung die Befristung oder Herabsetzung der Ehegattenunterhaltsverpflichtung geltend zu machen", so kann er ohne eine Fristsetzung für die Geltendmachung des **Vorbehalts** an sich jederzeit die Begrenzung des Anspruchs nach § 1578 b BGB verfolgen. § 239 FamFG setzt nicht voraus, dass seit der Vereinbarung des Vorbehalts tatsächliche Änderungen eingetreten sind.[70] Dies wird von denjenigen ver-

62 BGH 7.12.2016 – XII ZB 422/15, NJW 2017, 1317.
63 BGH 3.12.2008 – XII ZR 182/06, NJW 2009, 1410.
64 BGH 25.11.2009 – XII ZR 8/08, NJW 2010, 440.
65 BGH 5.12.2012 – XII ZB 670/10, FamRZ 2013, 274.
66 OLG Köln 11.11.1989 – 25 UF 62/88, FamRZ 1989, 637; OLG Saarbrücken 2.10.2003 – 6 UF 22/03, FUR 2004, 245.
67 OLG Karlsruhe 4.9.1997 – 2 UF 170/96, FamRZ 1998, 1436.
68 *Musielak/Borth* FamFG § 239 Rn. 14.
69 BGH 26.5.2010 – XII ZR 143/08, NJW 2010, 2349; BGH 5.12.2012 – XII ZB 670/10, FamRZ 2013, 274.
70 BGH 26.5.2010 – XII ZR 143/08, NJW 2010, 2349.

kannt, die eine Abänderung unter Berücksichtigung des Begrenzungseinwands nur zulassen wollen, wenn aus einem anderweitigen Grund eine Abänderung vorzunehmen ist.[71] Der BGH verlangt allerdings wegen des Schutzes des Vertrauens des Unterhaltsgläubigers eine gewisse Mindestdauer, vor deren Ablauf ein Abänderungsbegehren treuwidrig sein soll.[72] Soweit ein vorangegangenes Abänderungsverfahren erfolglos geblieben ist und hierbei die Möglichkeit der Anspruchsbegrenzung geprüft worden ist, kann ein erneutes Abänderungsverfahren nicht mehr auf den Begrenzungseinwand gestützt werden. Dies gilt auch bei einem Vorbehalt im ursprünglichen Vergleich, den Begrenzungseinwand später geltend machen zu können, da dieser nicht über das erste gerichtliche Abänderungsverfahren hinaus wirkt.[73] Ist das vorangegangene Abänderungsbegehren mit dem Ziel der Herabsetzung des Unterhalts ohne Prüfung des Begrenzungseinwands erfolglos geblieben, so kann dieser Einwand in einem nachfolgenden Abänderungsverfahren geltend gemacht werden, und zwar ohne Vorliegen sonstiger Abänderungsgründe (Annexkorrektur), da mangels Rechtskraftwirkung der abweisenden Vorentscheidung die Präklusion nach § 238 Abs. 2 FamFG nicht eingreift.[74]

Die Änderung der Rechtslage als solche rechtfertigt nicht in jedem Fall die Abänderung der in einem 40
Unterhaltsvergleich getroffenen Regelung. So kann ein Abänderungsbegehren nicht auf die durch das UÄndG veränderten Kriterien für den Betreuungsunterhalt gestützt werden, wenn zuvor ein Ehevertrag wegen Einschränkung des Betreuungsunterhalts auf der Grundlage des nach der früheren Rechtslage geltenden „Altersphasenmodells" für nichtig erklärt worden ist. Dies folgt daraus, dass es für die Frage der Nichtigkeit auf Rechtslage, Vorstellungen und Absichten der Parteien im Zeitpunkt des Vertragsschlusses ankommt.[75]

b) Abänderung von Urkunden. Trotz der gesonderten Regelung, welche die Abänderung von Verglei- 41
chen und vollstreckbaren Urkunden im FamFG erfahren hat, ist die Frage, ob bei **einseitig errichteten Urkunden**, die also nicht auf einer Vereinbarung zwischen Unterhaltsgläubiger und -schuldner beruhen, nur ein Abänderungsbegehren zulässig ist oder daneben auch bei Forderung höheren Unterhalts ein Zusatzleistungsantrag in Betracht kommt, weiterhin nicht abschließend beantwortet. In BGH 29.10.2003 – XII ZR 115/01, NJW 2003, 3770 war dies noch offengeblieben; nach BGH 3.12.2008 – XII ZR 182/06, NJW 2009, 1410 kommt dagegen ein (Zusatz-)Leistungsantrag nur in Betracht, wenn feststeht, dass in der Urkunde ein Teilbetrag tituliert worden ist, wobei hierfür die Sicht desjenigen maßgeblich ist, der den Titel errichtet hat. Im Zweifel geht die Vermutung dahin, dass der volle Unterhalt tituliert ist, was zur Folge hat, dass das Abänderungsverfahren nach § 239 FamFG die richtige Verfahrensart ist. Tituliert der Pflichtige den Kindesunterhalt in statischer Weise statt der vom Berechtigten geforderten dynamischen Form, so kann der Berechtigte die Abänderung der Urkunde nach § 239 FamFG verlangen.[76]

Mit der Entscheidung für das Abänderungsverfahren bei einseitig errichteten Urkunden ist indes noch 42
nichts über die Voraussetzungen gesagt, unter denen eine Abänderung erfolgt. Liegt der Jugendamtsurkunde eine **Vereinbarung der Beteiligten** zugrunde, können diese sich davon nicht frei lösen, sondern sind im Rahmen der Abänderung auf die Grundsätze des Wegfalls der Geschäftsgrundlage (§ 313 BGB) verwiesen.[77] Die Zulässigkeit des Abänderungsbegehrens erfordert die Darlegung des Antragstellers, dass sich die Verhältnisse gegenüber den von den Beteiligten zugrunde gelegten geändert haben. Dass die tatsächlichen Verhältnisse bereits im Zeitpunkt der Vereinbarung den dort zugrunde gelegten nicht entsprachen, rechtfertigt nur dann eine Abänderung, wenn die Geschäftsgrundlage von Anfang an gefehlt hat (→ Rn. 44). Die Zulässigkeit eines Abänderungsantrags kann auch daran scheitern, dass dies nach der Vereinbarung der Beteiligten ausgeschlossen ist bzw. das Vorliegen der von ihnen hierfür bestimmten

---

71 OLG Celle 5.1.2012 – 10 UF 235/11, NJW-RR 2012, 969; OLG Karlsruhe 12.11.2009 – 2 UF 95/09, FamRZ 2010, 1253.
72 BGH 26.5.2010 – XII ZR 143/08, NJW 2010, 2349.
73 BGH 23.5.2012 – XII ZR 147/10, NJW 2012, 2514.
74 BGH 29.5.2013 – XII ZB 374/11, NJW 2013, 2358.
75 OLG Hamm 26.8.2009 – 5 UF 25/09, NJW 2010, 947.
76 OLG Hamm 20.9.2010 – 13 WF 207/10, FamRZ 2011, 1158.
77 BGH 2.10.2002 – XII ZR 346/00, NJW-RR 2003, 433.

Voraussetzungen nicht dargelegt worden ist. Soweit vor der Erstellung einer Jugendamtsurkunde die Höhe des Unterhaltsanspruchs auf der Grundlage der Angaben des Pflichtigen durch das Jugendamt ermittelt und dies gesondert dokumentiert worden ist, kann eine Vereinbarung nur dann angenommen werden, wenn der Berechtigte bzw. dessen Vertreter diese Ermittlung des Anspruchs ausdrücklich oder konkludent gebilligt hat.

43 **Fehlt es an einer Vereinbarung**, besteht für die Zulässigkeit des Abänderungsantrags eines Unterhaltsgläubigers praktisch kein Unterschied zum Leistungsantrag.[78] Dementsprechend muss hier keine Änderung gegenüber den tatsächlichen Verhältnissen bei Errichtung der Urkunde dargelegt werden. Vielmehr ist ausreichend, wenn vom Antragsteller dargelegt wird, dass der titulierte Unterhalt auf der Grundlage der aktuellen tatsächlichen Verhältnisse zu ändern ist. Anders verhält sich dies dagegen für den Unterhaltsschuldner, der an sein **Schuldanerkenntnis** gebunden ist. Dieser kann nicht die Abänderung seines Anerkenntnisses in Form der vollstreckbaren Verpflichtungserklärung verlangen mit der Begründung, nach den derzeitigen Verhältnissen schulde er keinen bzw. nur einen geringeren Unterhalt als den titulierten Betrag. Er hat vielmehr darzulegen, dass die Verhältnisse sich gegenüber dem Zeitpunkt der Errichtung der Urkunde geändert haben und dies eine Herabsetzung der Unterhaltsverpflichtung rechtfertigt.[79] Erkennt der Antragsgegner im Unterhaltsverfahren einen Teilbetrag an und bringt er eine außergerichtlich erstellte vollstreckbare Urkunde hierüber bei, so muss der Antragsteller seinen Leistungsantrag auf einen Abänderungsantrag umstellen, wenn der anerkannte Betrag aus der Sicht des Anerkennenden den vollen Unterhaltsbetrag darstellt (→ Rn. 41). Dies führt dazu, dass der Antragsteller dann einen ihm zustehenden einheitlichen Unterhaltstitel erhält.[80]

2. Begründetheit des Abänderungsantrags

44 **a) Abänderung von Vergleichen.** Nach § 313 Abs. 1 BGB kann der Antragsteller bei einer Störung der Geschäftsgrundlage eine Anpassung einer getroffenen Vereinbarung verlangen. Eine Störung der Geschäftsgrundlage ist gegeben,

- wenn sich Umstände, die zur **Grundlage der Vereinbarung** geworden sind, **nachträglich schwerwiegend verändert** haben und die Beteiligten bei Kenntnis der späteren Änderungen die Vereinbarung nicht oder mit einem anderen Inhalt geschlossen hätten. Voraussetzung ist die Darlegung der Geschäftsgrundlage durch den das Abänderungsverfahren betreibenden Beteiligten. Dies kann bei Fehlen entsprechender Angaben in dem Vergleich auch im Wege der Auslegung erfolgen. Lässt sich die Grundlage auch bei Ausschöpfung aller Möglichkeiten (Auswertung vorhandener Vertragsentwürfe bzw. vorangegangener Korrespondenz) nicht feststellen, so kommt eine Neuberechnung des Unterhalts nach den gesetzlichen Bestimmungen in Betracht, soweit die Beteiligten den gesetzlichen Unterhalt regeln wollten, was im Zweifel anzunehmen ist. Neben tatsächlichen Veränderungen kann auch die Änderung der Rechtslage oder der höchstrichterlichen Rechtsprechung zu einer Störung der Geschäftsgrundlage führen. Haben die Beteiligten eine Befristung nach § 1587 b Abs. 2 BGB nicht vorgenommen, aber auch nicht ausdrücklich oder konkludent ausgeschlossen, so spricht dies im Zweifel für die Möglichkeit, diesen Aspekt bei einer späteren Anpassung der Unterhaltsvereinbarung zu berücksichtigen (→ Rn. 38).
- wenn die **Geschäftsgrundlage von Anfang an gefehlt hat**, da wesentliche Vorstellungen der Parteien, die Grundlage der Vereinbarung geworden sind, sich nachträglich als falsch herausgestellt haben (§ 313 Abs. 2 BGB). Auch dies rechtfertigt unter den vorstehenden Voraussetzungen die Abänderung. Es handelt sich um den Fall des Fehlens der subjektiven Geschäftsgrundlage bzw. des beiderseitigen Irrtums bei Vertragsschluss, während der bloß einseitige Irrtum einer Vertragspartei über die Vertragsgrundlage unbeachtlich ist. Beim beiderseitigen Irrtum stellt sich die Frage, ob die Vertragspartei, für welche

78 BGH 3.12.2008 – XII ZR 182/06, NJW 2009, 1410.
79 BGH 4.5.2010 – XII ZR 70/09, NJW 2011, 1874.
80 BGH 2.10.2002 – XII ZR 346/00, NJW-RR 2003, 433 auch zur Frage der Kostentragung bei einem Teilanerkenntnis.

die Nichtberücksichtigung der falschen Vertragsgrundlage nachteilig ist, sich hierauf in Kenntnis der wahren Umstände bei Vertragsschluss redlicherweise hätte einlassen müssen.

In allen Fällen muss hinzukommen, dass dem **Antragsteller ein Festhalten an der Vereinbarung** unter Berücksichtigung der Umstände des Einzelfalles und unter Beachtung der vertraglichen oder gesetzlichen Risikoverteilung **nicht zugemutet werden kann**. Es ist eine Billigkeitsabwägung vorzunehmen danach, ob dem Antragsteller unter Berücksichtigung der von ihm zu tragenden Risiken ein Festhalten an dem Vertrag nach Treu und Glauben zuzumuten ist.

Liegen die Abänderungsvoraussetzungen vor, so ist – ähnlich wie bei der Abänderung von Unterhaltstiteln, 45
die auf gerichtlichen Entscheidungen beruhen – eine freie Abänderbarkeit des Vergleichs nicht möglich. Es besteht vielmehr eine weitere Bindung an die Grundlagen der Vereinbarung, die von der Änderung nicht betroffen sind. Das bedeutet, dass eine dementsprechende **Anpassung der Vereinbarung** zu erfolgen hat, so dass zB ein von der Bedarfsbestimmung nach den gesetzlichen Regelungen abweichender Bedarfsmaßstab beizubehalten ist. Auf Umstände, die im Zeitpunkt des früheren Vergleichsschlusses bereits vorlagen, aber nicht berücksichtigt und somit nicht zur Geschäftsgrundlage geworden sind, kann die Zulässigkeit der Abänderung des Vergleichs nicht gestützt werden, da die Geschäftsgrundlage insoweit unverändert ist. Hätte die Berücksichtigung dieser (vergessenen oder nicht beachteten) Umstände nicht zu einem andern anderen als den titulierten Unterhaltsanspruch geführt, so können sie im Rahmen der Begründetheit eines durch die Veränderung der Vergleichsgrundlage eröffneten Abänderungsbegehrens herangezogen werden.[81]

b) Abänderung von Urkunden. Für die Voraussetzungen, unter denen eine Abänderung einer in einer 46
vollstreckbaren Urkunde titulierten Unterhaltsverpflichtung möglich ist, bzw. hinsichtlich der Frage, ob und ggf. in welchem Umfang eine Bindungswirkung von der Urkunde ausgeht, sind die bereits im Rahmen der Zulässigkeit vorgenommenen Differenzierungen danach, ob der einseitigen Verpflichtung eine Vereinbarung der Beteiligten zugrunde liegt, erneut von maßgeblicher Bedeutung. Kann eine **zumindest konkludente Vereinbarung** der Beteiligten im Zusammenhang mit der Errichtung der Urkunde durch den Unterhaltspflichtigen festgestellt werden, so gelten für die Abänderung die gleichen Kriterien wie für die Abänderung von vollstreckbaren Vergleichen (→ Rn. 36 ff.).

Fehlt es dagegen an einer Vereinbarung, so ist hinsichtlich der Bindungswirkung des Anerkenntnisses 47
in der Urkunde zwischen dem Unterhaltspflichtigen und dem Unterhaltsberechtigten zu unterscheiden. Der Unterhaltsberechtigte, der an der Vorbereitung und Errichtung der Urkunde nicht mitgewirkt und deren Inhalt auch nicht zugestimmt hat, ist materiellrechtlich nicht daran gebunden und kann deshalb uneingeschränkt Abänderung auf der Grundlage der aktuellen Einkommens- und Vermögensverhältnisse verlangen.[82] Ob und in welchem Umfang dagegen für den Unterhaltspflichtigen eine Bindung an den von ihm errichteten Titel besteht, hatte der Bundesgerichtshof zunächst offengelassen.[83] Die in einer weiteren Entscheidung im Rahmen der Zulässigkeit verlangte Darlegung einer Veränderung der Verhältnisse gegenüber dem Zeitpunkt der Errichtung der Urkunde durch den Pflichtigen[84] sprach bereits für eine **Bindung des Pflichtigen**, da eine entsprechende Beschränkung bei der Zulässigkeit der Abänderung konsequenterweise dazu führen muss, dass bei einer aufgrund anderer Umstände eröffneten Zulässigkeit der Abänderung auch im Rahmen der Begründetheit nur diese Umstände berücksichtigt werden können. Dies hat der Bundesgerichtshof inzwischen bestätigt.[85] Er geht dabei von einem in der Urkunde liegenden Schuldanerkenntnis des Pflichtigen aus, dessen Abänderung zulasten des Berechtigten die Darlegung und ggf. den Nachweis geänderter Umstände gegenüber dem Zeitpunkt der Abgabe dieses Anerkenntnisses voraussetzt. Ist ein bei der Errichtung der Urkunde bereits vorliegender Umstand nicht berücksichtigt

81 BGH 29.1.2020 – XII ZB 580/18, NJW 2020, 925 für den Fall der Nichtberücksichtigung eines weiteren Kindes des Unterhaltspflichtigen bei der Titulierung seiner Verpflichtung gegenüber anderen Kindern im Rahmen eines Vergleichs.

82 BGH 29.10.2003 – XII ZR 115/01, NJW 2003, 3770; Wendl/Dose UnterhaltsR/*Schmitz* § 10 Rn. 279.

83 BGH 29.10.2003 – XII ZR 115/01, NJW 2003, 3770; 3.12.2008 – XII ZR 182/06, FamRZ 2009, 314.

84 BGH 14.2.2007 – XII ZB 171/06, NJW-RR 2007, 779.

85 BGH 4.5.2011 – XII ZR 70/09, NJW 2011, 1874.

worden, so kann er im Rahmen eines späteren Abänderungsbegehrens, das aufgrund anderer veränderter Umstände zulässig ist, im Rahmen der Begründetheit berücksichtigt werden, wenn seine Berücksichtigung bei Erstellung der Urkunde den darin titulierten Unterhaltsanspruch nicht in seiner Höhe beeinträchtigt hätte.[86]

48 Hat zB der Schuldner in der von ihm ohne Absprache mit dem Gläubiger errichteten Urkunde den Kindesunterhalt nach dem Bedarf einer höheren Einkommensgruppe anerkannt, als dies seinem Einkommen entsprochen hätte, oder hat er bestimmte Verbindlichkeiten nicht einkommensmindernd berücksichtigt, obwohl dies möglich gewesen wäre, so ist er hieran auch bei einer Anpassung des Titels aufgrund einer inzwischen eingetretenen Einkommensminderung gebunden. Die Fortschreibung der früheren Verhältnisse findet im Abänderungsverfahren ihre Grenze erst bei Beeinträchtigung der Leistungsfähigkeit, dh bei Unterschreitung des Selbstbehalts des Schuldners. Die hier angenommene Bindungswirkung eines Anerkenntnisses entspricht der Beurteilung der Bindungswirkung einer Versäumnisentscheidung (→ Rn. 31). Materielle Grundlage der Abänderung von einseitig errichteten Urkunden ist § 242 BGB. Der Pflichtige kann Abänderung seines Anerkenntnisses verlangen, wenn und soweit ihm wegen der Änderung der maßgeblichen Umstände ein Festhalten an der Verpflichtung nach Treu und Glauben nicht mehr zumutbar ist, wobei die beiderseitigen Belange abzuwägen sind.

IV. Abänderung von Kindesunterhaltstiteln nach § 240 FamFG

49 Die Regelung zur Änderung von rechtskräftigen Kindesunterhaltstiteln aus dem vereinfachten Verfahren nach § 253 FamFG sowie dem Abstammungsverfahren nach § 237 FamFG unterscheidet sich wegen des Fehlens der Bindung an den abzuändernden Titel und der Präklusion des Vorbringens des Antragstellers sowie des nach § 255 FamFG bestehenden Vorrangs des streitigen Verfahrens zur Entscheidung über den Leistungsantrag zum Kindesunterhalt deutlich von den Abänderungsverfahren nach §§ 238, 239 FamFG. Von seiner Zielsetzung (Korrekturmöglichkeit im Hinblick auf die Einschränkung von Einwendungen im Vorverfahren) und von seiner Ausgestaltung her gleicht das Verfahren eher der originären Titulierung des Unterhalts im gerichtlichen Verfahren.

1. Zulässigkeit der Abänderung

50 Ein **im vereinfachten Verfahren** nach §§ 249 ff. FamFG **ergangener Titel** betreffend den Unterhalt eines minderjährigen Kindes ist hinsichtlich der Höhe des festsetzbaren Unterhalts sowie hinsichtlich der Einwendungen des Schuldners beschränkt. Diese Beschränkung ist die notwendige Konsequenz aus der Absicht, eine schnelle Titulierung zu ermöglichen. Entspricht das auf diese Weise zustande gekommene Ergebnis nicht den konkreten Verhältnissen, so steht es sowohl dem Unterhaltsgläubiger als auch dem Schuldner frei, es durch einen anderen Titel ersetzen zu lassen, welcher der jeweiligen Interessenlage besser gerecht wird. Hierzu stehen das **streitige Verfahren** nach § 255 FamFG oder die **Abänderung** nach § 240 FamFG zur Verfügung. Sind die Voraussetzungen für beide Verfahren gegeben, so besteht für die Beteiligten ein **Wahlrecht**, in welcher Weise sie vorgehen. Hat dagegen einer der Beteiligten von seinem Wahlrecht Gebrauch gemacht und das streitige Verfahren beantragt, so ist dieses Verfahren vorrangig und eine Abänderung nach § 240 FamFG nicht statthaft. Das streitige Verfahren seinerseits ist wiederum beschränkt auf den Fall, dass auf zu berücksichtigende Einwendungen des Antragsgegners im vereinfachten Verfahren eine Unterhaltsfestsetzung ganz oder teilweise abgelehnt worden ist. Diese verfahrensrechtlichen Regelungen gelten in gleicher Weise, wenn der **Mindestunterhalt** eines minderjährigen Kindes gem. § 237 FamFG **im Abstammungsverfahren festgesetzt** worden ist.

51 Da eine **Präklusionsregelung fehlt**, können beide Seiten Tatsachen vorbringen, unabhängig davon, ob dies schon im vorangegangenen vereinfachten Verfahren bzw. dem Abstammungsverfahren möglich war. Hinsichtlich der **Darlegungs- und Beweislast** gelten dieselben Grundsätze wie bei der erstmaligen Ti-

86 BGH 29.1.2020 – XII ZB 580/18, NJW 2020, 925 für den Fall der Nichtberücksichtigung eines weiteren Kindes des Unterhaltspflichtigen im Rahmen eines Vergleichs.

tulierung des Unterhalts. Das berechtigte Kind hat seinen über den Mindestunterhalt hinausgehenden Bedarf darzulegen und zu beweisen, während dies dem Unterhaltsschuldner hinsichtlich seiner fehlenden oder eingeschränkten Leistungsfähigkeit obliegt.[87] Hat das Kind zB im vereinfachten Verfahren mehr als den Mindestunterhalt erhalten, muss es bei einem Abänderungsantrag des Unterhaltsschuldners seinen den Mindestunterhalt übersteigenden Bedarf nachweisen. Wegen der mit der Regelung beabsichtigten Korrekturmöglichkeit bedarf es auch nicht der Darlegung einer nachträglichen Änderung der für den Unterhaltsanspruch maßgeblichen Verhältnisse.

2. Rückwirkung der Abänderung

Die Abänderung des Unterhaltstitels, dh **Erhöhung** des Unterhaltsbetrages, steht dem Gläubiger verfah- 52
rensrechtlich immer offen. Eine Grenze ergibt sich allein aus dem materiellen Recht (Verzug). Demgegenüber kann der Schuldner grundsätzlich erst ab Rechtshängigkeit seines Abänderungsantrages eine Herabsetzung verlangen. Ausnahmsweise ist die **Herabsetzung** des Unterhalts rückwirkend zulässig,

- wenn vom Schuldner der Herabsetzungsantrag innerhalb eines Monats nach Rechtskraft des Unterhaltstitels aus dem vereinfachten Verfahren bzw. dem Abstammungsverfahren gestellt wird;
- wenn der Gläubiger innerhalb eines Monats nach Rechtskraft des Unterhaltstitels aus dem vereinfachten Verfahren einen Erhöhungsantrag anhängig gemacht hat und der Schuldner bis spätestens zum Ende des Verfahrens einen Herabsetzungsantrag stellt, der dann unabhängig ist von der Aufrechterhaltung des Erhöhungsantrags des Gläubigers.

Weitere Ausnahmen sind in § 240 Abs. 2 S. 3 u. 4 FamFG vorgesehen. Danach ist beim Herabsetzungsverlangen auf den Monatsersten nach dem Zugang des Auskunfts- oder Verzichtsverlangens beim Gläubiger abzustellen. Außerdem ist die Rückwirkung aufgrund der Verweisung auf § 238 Abs. 3 S. 4 FamFG auf den Zeitraum von einem Jahr vor Rechtshängigkeit des Abänderungsantrags beschränkt.

87 OLG Hamm 28.11.2003 – 11 UF 72/03, FamRZ 2004, 1588 zu der vergleichbaren Regelung in § 654 ZPO aF.

230. Unterhaltsabfindung

Schausten

I. Materielle Grundlagen

1 Gem. § 1585 Abs. 2 BGB kann der Unterhaltsberechtigte statt einer laufenden Unterhaltszahlung eine **Kapitalabfindung** verlangen, wenn ein wichtiger Grund vorliegt und der Verpflichtete dadurch nicht unbillig belastet wird. Ein wichtiger Grund kann sowohl auf Seiten des Unterhaltsberechtigten, als auch auf Seiten des Verpflichteten vorliegen.

1. Wichtiger Grund

2 Ein wichtiger Grund **auf Seiten des Berechtigten** könnte beispielsweise darin liegen, dass er beabsichtigt auszuwandern oder eine größere Geldsumme benötigt, um sich selbstständig zu machen. Eine beabsichtigte Wiederverheiratung des Berechtigten stellt hingegen keinen wichtigen Grund dar.[1]

Ein wichtiger Grund **auf Seiten des Verpflichteten** dürfte gegeben sein, wenn Zweifel an der zukünftigen Leistungsfähigkeit oder -willigkeit bestehen. Hat der Verpflichtete beispielsweise in der Vergangenheit schon Vermögen verschwendet, oder nur unregelmäßig gezahlt, oder erscheint die Durchsetzung des Unterhaltsanspruchs als schwierig, weil der Unterhaltsschuldner regelmäßig seinen Wohnsitz wechselt oder denselben ins Ausland verlegt, sind dies Indizien für einen fehlenden Leistungswillen, der möglicherweise die Anordnung einer Kapitalabfindung rechtfertigen kann. Teilweise wird auch vertreten, dass die anstehende Wiederheirat des Unterhaltspflichtigen wegen der in § 1582 BGB geregelten Rangverhältnisse oder die Geburt eines weiteren Kindes des Unterhaltsverpflichteten, eine Annahme eines weiteren Kindes an Kindes statt oder die Anerkennung einer Vaterschaft durch den Unterhaltsverpflichteten einen wichtigen Grund für das Verlangen nach einer Kapitalabfindung darstellen können.[2] Dieser Auffassung ist jedoch nicht zuzustimmen, weil dann entgegen dem Regelungsgehalt des § 1609 BGB der geschiedene Ehegatte bevorzugt würde.[3]

2. Keine unbillige Belastung

3 Der Verpflichtete darf durch die Kapitalabfindung nicht unbillig belastet werden. Eine unbillige Belastung wäre gegeben, wenn er zur Erfüllung der Verpflichtung **Vermögenswerte verlustbringend veräußern** müsste. Hingegen kann eine Kreditaufnahme dem Verpflichteten möglicherweise zumutbar sein, soweit dadurch die Erfüllung anderer Verbindlichkeiten, insbesondere anderer Unterhaltsverpflichtungen, nicht beeinträchtigt wird.

3. Höhe der Abfindung

4 Für die Höhe der Kapitalabfindung kann auf die allgemeinen **Grundsätze für die Kapitalisierung** von Renten zurückgegriffen werden. Als weitere Bemessungskriterien kommen insbesondere die voraussichtliche Entwicklung der Bedürftigkeit des Berechtigten und der Leistungsfähigkeit des Verpflichteten, die Lebenserwartung der Beteiligten, die Möglichkeiten der Begrenzung und Befristung des Unterhaltsanspruchs in Betracht.

1 NK-BGB/*Lier/Sanders* § 1585 Rn. 14.
2 JurisPK-BGB/*Weil* § 1585 Rn. 15.
3 NK-BGB/*Lier/Sanders* § 1585 Rn. 14.

II. Rechtsfolgen

Sobald der Anspruch auf Kapitalabfindung feststeht, beispielsweise durch Abschluss eines entsprechenden Vertrags oder durch Rechtskraft eines entsprechenden Urteils, erlischt der Anspruch auf nachehelichen Unterhalt. 5

Ändern sich nach der Kapitalabfindung die **tatsächlichen oder rechtlichen Verhältnisse**, hat dies grundsätzlich **keine Auswirkung** auf die gezahlte Abfindung, die Grundsätze über den Wegfall der Geschäftsgrundlage sind nicht anwendbar. Verschlechtert sich die wirtschaftliche Lage des Unterhaltsberechtigten, führt dies nicht dazu, dass der Unterhaltsanspruch wieder auflebt – ebenso wenig hat andererseits eine baldige Wiederheirat des Berechtigten keinen Einfluss auf den Abfindungsanspruch. **Ausnahmsweise** können sich Auswirkungen ergeben, wenn der Berechtigte den Verpflichteten über den Grund des Abfindungsverlangens oder die Kriterien zur Bemessung der Abfindung getäuscht hat. 6

Der Abfindungsanspruch ist **kein Unterhaltsanspruch** mehr – deshalb sind auf ihn die Vorschriften über den Pfändungsschutz (§ 95 Abs. 1 FamFG, § 850 b ZPO) und das Pfändungsvorrecht (§ 850 d ZPO) nicht anwendbar. Der Anspruch ist abtretbar und pfändbar. Ein geschiedener Beamter hat keinen Anspruch auf den Familienzuschlag der Stufe 1, wenn seine Pflicht zum Unterhalt aus seiner Ehe durch Kapitalabfindung erloschen ist.[4] 7

Die Abfindung der Unterhaltsansprüche des geschiedenen oder getrennt lebenden Ehegatten fällt daher auch dann unter **§ 33 a Abs. 1 EStG**, wenn der Steuerpflichtige dazu verpflichtet ist.[5] 8

III. Verfahrensrechtliche Hinweise

Für den **Streitwert** ist auf das im Streit befindliche Rechtsverhältnis, hier die gesetzliche Unterhaltsverpflichtung, abzustellen. Deren Wert wird durch § 51 FamGKG bestimmt. Dies gilt auch dann, wenn die Parteien zur Abgeltung einer gesetzlichen Unterhaltsverpflichtung einen Kapitalbetrag vereinbaren, der über dem Wert des Jahresbetrags der geschuldeten Unterhaltsrente liegt.[6] 9

4 BVerwG 30.1.2003 – 2 C 5/02, NJW 2003, 1886.
5 BFH 19.6.2008 – III R 57/05, NJW 2009, 623.
6 OLG Nürnberg 20.10.1980 – 7 WF 2433/80; OLG Düsseldorf 15.2.1991 – 3 WF 29/91, JurBüro 1992, 51.

231. Unterhaltsanspruch des nichtehelichen Elternteils

Schausten

I. Einführung

1 Die verschiedenen Unterhaltsansprüche eines nichtehelichen Elternteils sind in § 1615 l BGB geregelt. Der in der Praxis am häufigsten vorkommende Unterhaltsanspruch wegen Betreuung eines Kindes wurde im Zuge der zum 1.8.2008 in Kraft getretenen Unterhaltsreform weitestgehend dem § 1570 BGB angepasst. Vorausgegangen war dem die **Entscheidung des Bundesverfassungsgerichts**, in der das Gericht feststellte, dass es gegen Art. 6 Abs. 5 GG verstoße, wenn die Dauer eines Unterhaltsanspruchs wegen der Betreuung eines Kindes danach bestimmt wird, ob es sich um ein eheliches oder ein nichteheliches Kind handelt.[1]

2 Neben dem **Betreuungsunterhalt** spielen die weiteren Unterhaltstatbestände in der Praxis keine wesentliche Rolle. Der Anspruch der – angehenden – Mutter gegen den Vater auf **Unterhalt während der Dauer von sechs Wochen vor und acht Wochen nach der Geburt** (§ 1615 l Abs. 1 S. 1 BGB) entfällt häufig wegen mangelnder Bedürftigkeit der Kindesmutter, da diese Anspruch auf Lohnfortzahlung oder Mutterschaftsgeld hat. Der Anspruch auf **Übernahme von Schwangerschafts- und Entbindungskosten** (§ 1615 l Abs. 1 S. 2 BGB) entfällt in der Regel wegen entsprechender Krankenversicherungsleistungen, die die Bedürftigkeit der Kindesmutter entfallen lassen. Der Anspruch nach § 1615 m BGB auf **Zahlung der Beerdigungskosten** durch den Kindesvater, wenn die Mutter infolge der Schwangerschaft oder der Entbindung verstirbt, hat in der Praxis ebenfalls keine große Bedeutung – auch deshalb, weil der Kindesvater gegenüber den Erben der Mutter nur subsidiär haftet, soweit diese zur Bezahlung der Kosten nicht in der Lage sind.

3 Im Folgenden werden daher nur die in der Praxis bedeutsamen Ansprüche behandelt, bei denen entweder die Mutter einer Erwerbstätigkeit nicht nachgeht, weil sie infolge der Schwangerschaft oder einer durch die Schwangerschaft oder die Entbindung verursachten Krankheit dazu außer Stande ist bzw. bei denen ein Elternteil wegen der Pflege oder Erziehung des Kindes ganz oder teilweise nicht erwerbstätig ist – dieser Unterhaltsanspruch kann sowohl von der Mutter als auch dem Vater geltend gemacht werden.

II. Materielle Grundlagen

1. Anspruchsgrundlagen

4 Ein Anspruch gem. § 1615 l Abs. 2 S. 1 BGB wegen **krankheitsbedingter Arbeitsunfähigkeit** setzt zumindest die Mitursächlichkeit einer durch die Schwangerschaft oder die Entbindung verursachten Krankheit voraus. Hingegen scheidet ein solcher Anspruch aus, wenn die Arbeitsunfähigkeit auf einer schwangerschaftsunabhängigen Erkrankung beruht.[2]

5 Mit der Regelung des **Basisunterhalts** bis zur Vollendung des dritten Lebensjahres des Kindes in § 1615 l Abs. 2 S. 3 BGB hat der Gesetzgeber dem betreuenden Elternteil die freie Entscheidung eingeräumt, ob

1 BVerfG 28.7.2007 – 1 BvL 9/04, NJW 2007, 1735.
2 BGH 21.1.1998 – XII ZR 85/96, NJW 1998, 1309.

er das Kind in dessen ersten drei Lebensjahren in vollem Umfang selbst betreuen oder andere Betreuungsmöglichkeiten in Anspruch nehmen will.[3]

Für die Zeit **ab Vollendung des dritten Lebensjahres** steht dem betreuenden Elternteil nach der gesetzlichen Neuregelung aber nur noch dann ein fortdauernder Anspruch auf Betreuungsunterhalt zu, wenn dies der Billigkeit entspricht (§ 1615 l Abs. 2 S. 4 BGB). Damit verlangt die Neuregelung allerdings keinen abrupten Wechsel von der elterlichen Betreuung zu einer Vollzeiterwerbstätigkeit.[4] Insbesondere nach Maßgabe der im Gesetz ausdrücklich genannten kindbezogenen Gründe ist unter Berücksichtigung der bestehenden Möglichkeiten der Kinderbetreuung (§ 1615 l Abs. 2 S. 5 BGB) ein **gestufter Übergang bis hin zu einer Vollzeiterwerbstätigkeit** möglich. Zudem können auch individuelle Umstände auf Seiten des Kindes, zB eine Behinderung oder schwere Erkrankung, eine Fortdauer des Betreuungsbedarfs begründen.[5] 6

§ 1615 l Abs. 2 S. 5 BGB lässt eine Verlängerung des Unterhaltsanspruchs „insbesondere" aus kindbezogenen Gründen zu. Daraus wird gefolgert, dass auch im Rahmen des § 1615 l BGB **elternbezogene Gründe** eine Verlängerung des Betreuungsunterhalts über das dritte Lebensjahr des Kindes hinaus begründen können. Das kann etwa dann gelten, wenn die Eltern mit ihrem gemeinsamen Kind zusammengelebt haben und außerdem ein **besonderer Vertrauenstatbestand** als Nachwirkung dieser Familie entstanden ist.[6] Dabei ist allerdings stets zu beachten, dass die gesetzliche Regel, wonach der Betreuungsunterhalt grundsätzlich nur für drei Jahre geschuldet ist und eine Verlängerung über diesen Zeitraum hinaus ausdrücklich begründet werden muss, nicht in ihr Gegenteil verkehrt werden darf.[7] Nach Auffassung des OLG Nürnberg können Probleme, die einer Studentin aus Anlass einer Schwangerschaft während des Studiums erwachsen, elternbezogene Gründe für eine Verlängerung des Unterhaltsanspruchs bilden.[8] 7

Bei der **Erwerbsobliegenheit** des betreuenden Elternteils ist zudem zu berücksichtigen, ob der ihm neben oder nach der Erziehung und Betreuung in staatlichen Einrichtungen verbleibende Anteil an der **Betreuung und Erziehung** des Kindes in Verbindung mit einer vollschichtigen Erwerbstätigkeit zu einer **überobligationsmäßigen Belastung** führen würde. Selbst wenn ein Kind ganztags fremdbetreut wird, kann sich danach noch weiterer Betreuungsbedarf ergeben, dessen Umfang insbesondere unter Berücksichtigung des Alters des Kindes zu bewerten sein dürfte. Denn gerade kleinere Kinder bedürfen der Beaufsichtigung und Anleitung, sie wollen unterhalten und „bespielt" werden. 8

Zudem können **Freizeitaktivitäten** der Kinder, zu denen sie von dem betreuenden Elternteil gebracht und abgeholt werden müssen, einen Betreuungsbedarf begründen. Hierbei ist aber zu prüfen, ob die Begleitung durch den betreuenden Elternteil erforderlich ist – auch dies ist sicher abhängig vom Alter des jeweiligen Kindes und der Erreichbarkeit der Freizeitstätte. Nur eine Berücksichtigung derartiger Zeiten im Rahmen der elternbezogenen Gründe gewährleistet, dass die Kinder nicht indirekt gezwungen werden, solche Freizeitaktivitäten aufzugeben, weil der betreuende Elternteil mit der Begleitung einerseits und seiner Erwerbsobliegenheit andererseits überlastet ist. Liegen solche Freizeitaktivitäten, die die Begleitung des Elternteils erfordern, zudem in Zeiten, in denen eigentlich eine Fremdbetreuung des Kindes möglich wäre, der Elternteil also berufstätig sein könnte, schränkt dieser Zeitraum die Erwerbsmöglichkeit des betreuenden Elternteils entsprechend ein, da andernfalls das Kind seine Freizeitaktivität zugunsten des geringeren Unterhaltsanspruchs des betreuenden Elternteils aufgeben müsste – dies kann nicht im Interesse des Kindeswohls liegen. 9

Häufig entsteht zwischen den Eltern Streit, ob die Kinder bestimmte Freizeitaktivitäten ausüben sollen oder nicht. Für Freizeitaktivitäten, die die Kinder bereits während des Zusammenlebens der Eltern ausgeübt haben, dürfte außer Frage stehen, dass die dafür notwendigen Begleitzeiten des betreuenden Elternteils seine 10

3 BGH 17.6.2009 – XII ZR 102/08, FamRZ 2009, 1391.
4 BT-Drs. 16/6980, 9.
5 BGH 17.6.2008 – XII ZR 109/05, NJW 2008, 3125.
6 BGH 13.1.2010 – XII ZR 123/08, NJW 2010, 1138.
7 BGH 17.6.2008 – XII ZR 109/05, NJW 2008, 3125.
8 OLG Nürnberg 13.8.2009 – 10 UF 360/09, NJW 2010, 1084.

Erwerbsobliegenheit entsprechend einschränken. Bei Freizeitaktivitäten, die das Kind nach der Trennung – oder im Falle einer niemals bestehenden Lebensgemeinschaft – zu irgendeinem Zeitpunkt seiner Kindheit aufnimmt, wird zu prüfen sein, ob diese Aktivität den Interessen des Kindes entspricht. Wird diese Frage bejaht, sind die **Begleitzeiten** zu berücksichtigen. Wechselt das Kind häufiger seine Aktivitäten, kann dies der Erkundung seiner eigenen Interessen und Fertigkeiten dienen.

11 Andererseits schränken solche „Betreuungszeiten" eines Kindes, die im Rahmen der **Erbringung des Naturalunterhalts** geschuldet werden, nicht die Erwerbsobliegenheit des betreuenden Elternteils ein. Dazu gehören alle Tätigkeiten, die mit der Versorgung des Kindes zusammenhängen, also insbesondere die Beschaffung und Vorbereitung des Essens, der Kauf von Kleidung, die Aufsicht und Betreuung bei der Reinigung und Pflege des Kindes etc. Selbstverständlich nehmen solche Tätigkeiten auch viel Zeit in Anspruch, sie werden aber von dem betreuenden Elternteil bereits im Rahmen der Erbringung des Naturalunterhalts geschuldet, die dafür aufgewendeten Zeiten vermindern nicht die Erwerbsmöglichkeiten.

2. Anspruchsgegner

12 Anspruchsgegner ist der **Vater** des Kindes. Vater des Kindes ist, wessen Vaterschaft gem. § 1592 Nr. 2 BGB anerkannt oder gem. § 1600 d Abs. 1 und 2 BGB rechtskräftig festgestellt ist. Tatbestandsmerkmal ist also die bestehende Vaterschaft des Unterhaltspflichtigen. Es ist umstritten, wie mit den Fällen umzugehen ist, in denen die Vaterschaft nicht feststeht. Mehrheitlich wird die Möglichkeit einer inzidenten Feststellung in dem Unterhaltsverfahren bejaht, wenn die Vaterschaft unstreitig ist.[9]

Sollte der Vater das nichteheliche Kind betreuen, hat er über § 1615 l Abs. 4 BGB einen entsprechenden Unterhaltsanspruch gegen die Mutter des Kindes.

3. Unterhaltsbedarf

13 Das Maß des nach § 1615 l Abs. 2 BGB zu gewährenden Unterhalts bestimmt sich nach der **Lebensstellung des Unterhaltsberechtigten** (§ 1615 l Abs. 3 S. 1 BGB iVm § 1610 Abs. 1 BGB).

14 **a) Elementarunterhalt.** Die Lebensstellung des vor der Geburt des Kindes erwerbstätigen betreuenden Elternteils richtet sich grundsätzlich nach dem Einkommen, das dieser Elternteil ohne die Geburt des Kindes zur Verfügung hätte. Die Lebensstellung ist nicht auf den Zeitpunkt der Geburt des Kindes festgeschrieben.[10] Entscheidend ist, welches Einkommen der betreuende Elternteil ohne Geburt oder Kinderbetreuung erwirtschaftet hätte; an diesen Betrag ist anzuknüpfen. Das gilt allerdings nur, soweit es sich hierbei um ein nachhaltig erzieltes, dauerhaft gesichertes Einkommen handelt. Ein solches liegt nicht vor, wenn die Erwerbsbiographie durch wechselnde Zeiten der Berufstätigkeit und Arbeitslosigkeit gekennzeichnet ist.[11] Entscheidender Gesichtspunkt für die Frage, ob das erzielte Einkommen nachhaltig ist, ist daher weniger die tatsächliche Dauer der Tätigkeit, sondern maßgeblich ist vielmehr, ob erwartet werden kann, dass die Tätigkeit, aus der das zuletzt bezogene Einkommen generiert wurde, vom Berechtigten prognostisch mit hoher Wahrscheinlichkeit auf Dauer ausgeübt werden kann bzw. ohne die Geburt mit großer Wahrscheinlichkeit hätte weiter ausgeübt werden können.

15 War der betreuende Elternteil bis zur Geburt des Kindes **erwerbstätig**, bemisst sich seine Lebensstellung nach seinem nachhaltig erzielten Einkommen. Der Unterhaltsbedarf ist deshalb an diesem Einkommensniveau auszurichten. Dies darf allerdings nach Auffassung des Bundesgerichtshofs nicht dazu führen, dass dem Unterhaltsberechtigten insgesamt mehr zur Verfügung steht als dem Verpflichteten verbleibt. In diesem Fall sei der Unterhaltsbedarf durch den **Grundsatz der Halbteilung** begrenzt.[12] Sofern allein der Ausfall des Erwerbseinkommens in Rede steht, spielen sonstige, mit der Betreuung nicht zusammen-

9 Zustimmend: OLG Schleswig 19.12.2007 – 15 UF 142/07, FamRZ 2008, 2057; OLG Zweibrücken 5.8.1997 – 5 UF 126/96, NJW 1998, 318; *Wever* FF 2000, 20; ablehnend: *Huber* FPR 2005, 189 (190); *Schilling* FamRZ 2006, 1 (7).

10 BGH 10.6.2015 – XII ZB 251/14, FamRZ 2015, 1369.

11 KG 25.9.2018 – 13 UF 33/18, FF 2019, 29.

12 BGH 15.12.2004 – XII ZR 121/03, NJW 2005, 818.

hängende Vermögenseinkünfte des Unterhaltsberechtigten wie etwa Mieteinnahmen oder ein Wohnvorteil weder eine Rolle für die Bedarfsbemessung noch für die Bedürftigkeit.[13]

War der Unterhaltsberechtigte im Zeitpunkt der Geburt des nichtehelichen Kindes verheiratet oder geschieden und stand ihm ein **Unterhaltsanspruch** gegen den (früheren) Ehegatten zu, richtet sich der Unterhaltsbedarf nach den ehelichen Lebensverhältnissen der (geschiedenen) Ehe. Dieser Anspruch auf Quotenunterhalt aus der (früheren) Ehe im Zeitpunkt der Geburt des nichtehelichen Kindes bestimmt somit auch den Unterhaltsbedarf für den Anspruch aus § 1615 l Abs. 2 BGB.[14] Auch dieser Unterhaltsbedarf wird durch den **Halbteilungsgrundsatz** begrenzt.[15] 16

Der Unterhaltsbedarf muss **zumindest das Existenzminimum** des Berechtigten abdecken.[16] Dabei darf unterhaltsrechtlich davon ausgegangen werden, dass das Existenzminimum dem notwendigen Selbstbehalt eines Nichterwerbstätigen entspricht (Stand 2021: 960 EUR). Dieser Mindestbedarf ist auch dann zu berücksichtigen, wenn die tatsächlich erzielten Einkünfte des Unterhaltsberechtigten vor der Geburt des Kindes geringer waren. 17

Befindet sich die betreuende Mutter noch in der **Berufsausbildung**, kann dies einer vollschichtigen Tätigkeit gleichkommen. Der Mindestbedarf richtet sich dann nach dem notwendigen Selbstbehalt für Erwerbstätige und nicht lediglich nach demjenigen für Nichterwerbstätige.[17] 18

b) Kranken- und Pflegevorsorgeunterhalt. Kranken- und Pflegevorsorgeunterhalt wird **zusätzlich** zu dem Elementarunterhalt geschuldet.[18] 19

c) Altersvorsorgeunterhalt. Altersvorsorgeunterhalt wird nach hM nicht geschuldet,[19] weil der Altersvorsorgeunterhalt im Ehegattenunterhalt aufgrund der Sondervorschriften der §§ 1361 Abs. 1 S. 2, 1578 Abs. 3 BGB geschuldet werde. Eine andere Meinung im Schrifttum[20] hält eine analoge Anwendung dieser Vorschriften für möglich, wobei darauf hingewiesen wird, dass der Anspruch mit den Entgeltpunkten, die der Berechtigte aufgrund der Kinderbetreuung erhält (vgl. §§ 56, 70 Abs. 2 SGB IV, wonach für die ersten drei Jahre wegen Kindererziehung Anwartschaften in der gesetzlichen Rentenversicherung in Höhe des Durchschnittseinkommens aufgebaut werden), verrechnet werden soll. 20

Der zuletzt dargestellten Auffassung ist im Ergebnis der Vorzug zu geben. Gem. § 1610 BGB bestimmt sich der Bedarf nach der Lebensstellung des Bedürftigen (angemessener Unterhalt). Die **Lebensstellung** eines vor der Geburt des Kindes erwerbstätigen Elternteils ist aber in der Regel, jedenfalls bei sozialversicherungspflichtigen Erwerbstätigen, auch durch den **Erwerb von Rentenanwartschaften** geprägt. Dementsprechend gehören die Kosten der Alters- und Erwerbsunfähigkeitsvorsorge im Rahmen des § 1610 BGB unmittelbar zum Bedarf des Unterhaltsberechtigten, es bedarf hier auch keiner analogen Anwendung der Vorschriften der §§ 1361 Abs. 1 S. 2 BGB oder § 1578 Abs. 3 BGB. Sofern die hM darauf abstellt, dass im Rahmen des § 1615 l BGB kein Altersvorsorgeunterhalt zu gewähren wäre, weil diese Sondervorschriften im Verwandtenunterhalt nicht existierten, verkennt die hM, dass bereits gesetzlich der Bedarf eines Ehegatten anders definiert ist; dieser orientiert sich nämlich nicht an der Lebensstellung des Bedürftigen, sondern an den ehelichen Lebensverhältnissen. Im Übrigen ist die herrschende Auffassung in ihrer Argumentation inkonsistent, wenn sie zwar einerseits dem betreuenden Elternteil auch im Rahmen 21

13 BGH 15.5.2019 – XII ZB 357/18, BGHZ 222, 88–105.
14 BGH 17.1.2007 – XII ZR 104/03, NJW 2007, 2409.
15 BGH 16.7.2008 – XII ZR 109/05, NJW 2008, 3125.
16 BGH 16.12.2009 – XII ZR 50/08, NJW 2010, 937.
17 OLG Hamm 3.11.2010 – 8 UF 138/10, NJW-RR 2011, 868.
18 BGH 16.12.2009 – XII ZR 50/08, NJW 2010, 937.
19 OLG Hamm 4.11.2004 – 3 UF 555/01, NJW 2005, 297 (298); MüKoBGB/*Born* § 1615 l Rn. 41; Palandt/*Diederichsen* BGB § 1615 l Rn. 25; MAH FamR/*Wever* § 10 Rn. 62; Johannsen/Henrich/*Graba* BGB § 1615 l Rn. 8; Heiß/Born/*Heiß* UnterhaltsR-HdB 14. Kap. Rn. 71 a.
20 *Maurer* in: Göppinger/Wax UnterhaltsR Rn. 1332; *Borth* in: Schwab ScheidungsR-HdB Rn. 1419, Erman/*Hammermann* BGB § 1615 l Rn. 28.

des § 1615 l BGB einen Kranken- und Pflegevorsorgeunterhalt zuspricht, der ebenso wenig im Rahmen des Verwandtenunterhalts gesetzlich ausdrücklich erwähnt wird wie der Altersvorsorgeunterhalt, andererseits aber den Altersvorsorgeunterhalt gerade mit dem Argument ablehnt, dieser sei in den Vorschriften zum Verwandtenunterhalt nicht ausdrücklich normiert.

22 Zudem gibt der Umstand, dass sich durch die Unterhaltsreform die Dauer des Unterhaltsanspruchs nach § 1615 l BGB in der Regel über einen Zeitraum von drei Jahren hinaus verlängern wird, Anlass zu einer Überprüfung der bisher hM. In der Vergangenheit war es so, dass der Unterhaltsanspruch gem. § 1615 l BGB aF in der Regel auf die ersten drei Lebensjahre des Kindes begrenzt war, nur in ganz wenigen Ausnahmefällen kam es zu einem darüber hinausgehenden Unterhaltsanspruch. Für diesen Zeitraum erwarben die Mütter wegen der Betreuung des Kindes Anwartschaften in der gesetzlichen Rentenversicherung in Höhe des Durchschnittseinkommens aller sozialversicherungspflichtig Tätigen.

23 Mit der Neuregelung durch die Unterhaltsreform dürfte sich die Zahl der Fälle, in denen die Kindesmutter auch über die Vollendung des dritten Lebensjahres des Kindes hinaus Unterhalt beanspruchen kann, deutlich erhöhen. Nach der Vollendung des dritten Lebensjahres des Kindes erhalten die Mütter aber nicht mehr automatisch Anwartschaften in der gesetzlichen Rentenversicherung wegen Kindererziehungszeiten, so dass sie in all den Fällen, in denen sie wegen der Betreuung des Kindes keine Vollzeittätigkeit in ihrem ursprünglichen Beruf ausüben können, deutliche **Einbußen in ihrer Altersvorsorge** hinzunehmen haben. Es ist nicht ersichtlich, warum die betreuenden Mütter diesen Nachteil alleine tragen sollen, wenn der Kindesvater unter Berücksichtigung seiner Leistungsfähigkeit und des Halbteilungsgrundsatzes in der Lage wäre, neben dem Elementarunterhalt auch Altersvorsorgeunterhalt zu zahlen. Zudem ist es gesellschaftspolitisch wünschenswert, dass auch die Mütter nichtehelich geborener Kinder trotz der Betreuung des Kindes keine oder nur möglichst geringe Einbußen in ihrer persönlichen Vorsorgebiografie erleiden.

24 Im Ergebnis wird daher diesseits die Auffassung vertreten, dass der **Altersvorsorgeunterhalt unmittelbarer Bestandteil des Unterhaltsbedarfs** nach § 1610 BGB ist. Soweit der betreuende Elternteil gem. §§ 56, 70 Abs. 2 SGB IV Entgeltpunkte in der gesetzlichen Rentenversicherung erwirbt, sind diese bei der Bemessung des Altersvorsorgeunterhalts zu berücksichtigen, dessen Höhe ausgehend von dem festgestellten Elementarunterhalt des betreuenden Elternteils zu berechnen ist. Eine Korrekturberechnung wie im Ehegattenunterhalt, bei der der Altersvorsorgeunterhalt von dem unterhaltsrechtlich relevanten Einkommen des unterhaltspflichtigen Ehegatten in Abzug gebracht wird, ist hier nicht erforderlich.

4. Bedürftigkeit

25 Auf den Bedarf ist das **Elterngeld** wegen seiner Funktion als Lohnersatzleistung, soweit es über den Mindestbetrag gem. § 11 BEEG in Höhe von derzeit 300 EUR hinausgeht, anzurechnen.[21]

26 Hat die unterhaltsberechtigte Kindesmutter für den Anspruchszeitraum ihren Lebensunterhalt mithilfe der ihr von der Agentur für Arbeit – wegen fehlerhaft unterbliebener Überleitungsanzeige – ohne Rückforderungsabsicht zur Verfügung gestellten **SGB II-Leistungen** bestritten, hat eine Anrechnung dieser Leistungen auf den Bedarf zu erfolgen.[22]

27 Im Rahmen des Betreuungsunterhalts gem. § 1615 l Abs. 2 BGB wird der betreuenden Mutter in den ersten drei Lebensjahren des Kindes ausnahmslos keine Erwerbstätigkeit zugemutet. Ist sie gleichwohl – **überobligatorisch** – erwerbstätig, ist in entsprechender Anwendung von § 1577 Abs. 2 S. 2 BGB nach Billigkeitsgesichtspunkten über den Umfang der Anrechnung ihres Einkommens auf den Bedarf zu entscheiden.[23]

21 BGH 10.11.2010 – XII ZR 37/09, NJW 2011, 70; *Justin* FamRZ 2011, 433.
22 OLG Brandenburg 13.11.2012 – 10 UF 226/11.
23 OLG Hamm 3.11.2010 – 8 UF 138/10, NJW-RR 2011, 868.

5. Leistungsfähigkeit

Der Selbstbehalt gegenüber dem Unterhaltsanspruch nach § 1615 l BGB entspricht dem **angemessenen Selbstbehalt** gegenüber Ehegatten, derzeit also bei Erwerbstätigkeit des Unterhaltsschuldners ein Betrag in Höhe von 1.280 EUR, andernfalls ein Betrag von 1.180 EUR (vgl. D. II. der Düsseldorfer Tabelle Stand 2021). 28

Ist der Unterhaltspflichtige als Arzt voraussichtlich nur vorübergehend arbeitslos, kann es ihm zumutbar sein, den Unterhalt gem. § 1615 l Abs. 2 BGB aus dem Stamm seines Vermögens zu bestreiten.[24] 29

6. Verwirkung

Maßgebliche Bestimmung für eine Verwirkung des Anspruchs eines nichtehelichen Elternteils ist – wie sich aus der Verweisung in § 1615 l Abs. 3 S. 1 BGB ergibt – § 1611 BGB. 30

Trotz der Nähe des § 1615 l BGB zum nachehelichen Betreuungsunterhalt kommt eine **analoge Anwendung des in § 1579 Nr. 2 BGB** geregelten Falls der verfestigten Lebensgemeinschaft nach einer verbreiteten Auffassung nicht in Betracht. Ein wesentlicher Grund hierfür liegt darin, dass der Gesetzgeber zwar die Voraussetzungen des Betreuungsunterhaltsanspruchs nach § 1615 l BGB denen des § 1570 BGB angeglichen, gleichzeitig aber in Kenntnis der Diskussion[25] über die Verwirkungsproblematik es bei der Verweisung auf § 1611 BGB belassen hat. Darüber hinaus wird vielfach auch die Auffassung vertreten, die Verwirkung wegen einer verfestigten Lebensgemeinschaft mache nur für den Ehegattenunterhalt Sinn. Voraussetzung für die Versagung eines Unterhaltsanspruchs sei die endgültige Herauslösung des geschiedenen Ehegatten aus der **nachehelichen Solidarität**. Eine analoge Anwendung passe nicht auf den Fall des § 1615 l BGB, da dieser ein Zusammenleben der Partner und eine daraus resultierende engere Verbundenheit nicht voraussetze.[26] 31

Diese Auffassung ist nicht unbestritten.[27] Auch der Bundesgerichtshof tendiert wohl zu der Auffassung, dass auch im Rahmen des Unterhaltsanspruchs nach § 1615 l BGB das Vorliegen einer neuen verfestigten Lebensgemeinschaft des Unterhaltsberechtigten einen Verwirkungsgrund darstellen kann.[28] 32

Der Anspruch nach § 1615 l BGB erlischt, wenn der Unterhaltsberechtigte heiratet,[29] in diesen Fällen soll **§ 1586 Abs. 1 BGB entsprechend anwendbar** sein. 33

7. Verzug

Für den Verzug gelten die allgemeinen Regelungen gem. § 1613 BGB. Der Hinweis des ausdrücklich **als Beistand eines Kindes tätigen Jugendamts** an den hinsichtlich des Kindesunterhalts auf Auskunft in Anspruch genommenen Vater am Ende des Aufforderungsschreibens, auch die Kindesmutter wolle nach § 1615 l BGB Betreuungsunterhalt geltend machen und das Jugendamt werde daher die Höhe dieses Anspruchs ebenfalls errechnen und mitteilen, schafft nicht die Voraussetzungen nach § 1613 Abs. 1 BGB für eine Geltendmachung des Betreuungsunterhalts für die Vergangenheit.[30] 34

Der Anspruch auf Betreuungsunterhalt der nicht mit dem Vater des Kindes verheirateten Mutter kann gem. § 1615 l BGB rückwirkend für ein Jahr nach Entstehung des Anspruchs ohne die verzugsbegründenden Voraussetzungen des § 1613 Abs. 1 BGB verlangt werden.[31]

24 OLG Hamm 3.11.2010 – 8 UF 138/10, NJW-RR 2011, 868.
25 *Peschel-Gutzeit* FPR 2005, 344.
26 OLG Nürnberg 28.8.2010 – 10 UF 702/10, NJW 2011, 939; OLG Frankfurt a. M. 2.5.2019 – 2 UF 273/17, NZFam 2019, 627.
27 OLG Hamm 3.11.2010 – 8 UF 138/10, NJW-RR 2011, 868.
28 BGH 16.7.2008 – XII ZR 109/05, NJW 2008, 3125.
29 BGH 17.11.2004 – XII ZR 183/02, NJW 2005, 503.
30 OLG Celle 12.5.2011 – 10 WF 135/11, FamFR 2011, 294.
31 OLG Köln 17.4.2012 – 4 UF 277/11, FamRZ 2013, 45.

III. Verfahrensrechtliche Hinweise

1. Befristung des Unterhaltsanspruchs

35 Die Frage, ob bei einer gerichtlichen Entscheidung über den Unterhalt nach § 1615 l Abs. 2 BGB vor der Vollendung des dritten Lebensjahres des Kindes eine Befristung vorzunehmen ist, wird nicht einheitlich beantwortet. Teilweise wird eine zeitliche Begrenzung mit der Begründung abgelehnt, im Zeitpunkt der gerichtlichen Entscheidung seien die Umstände, die für eine Verlängerung der Unterhaltspflicht zu berücksichtigen seien, noch nicht hinreichend erkennbar.[32] Nach einer anderen Auffassung ist eine Befristung vorzunehmen, wenn nicht im Zeitpunkt der Entscheidung positiv festgestellt werden kann, dass die Billigkeitsvoraussetzungen für einen verlängerten Anspruch nach § 1615 l Abs. 2 S. 4 BGB vorliegen, wobei eine hinreichend sichere Prognose ausreichen soll.[33]

2. Darlegungs- und Beweislast

36 Für die Voraussetzungen einer Verlängerung des Betreuungsunterhalts über die Dauer von drei Jahren hinaus trägt der Unterhaltsberechtigte die Darlegungs- und Beweislast. Er hat also zunächst darzulegen und zu beweisen, dass **keine kindgerechte Einrichtung** für die Betreuung des gemeinsamen Kindes zur Verfügung steht oder dass aus besonderen Gründen eine persönliche Betreuung erforderlich ist. Auch Umstände, die aus **elternbezogenen Gründen** zu einer eingeschränkten Erwerbspflicht und damit zur Verlängerung des Betreuungsunterhalts führen können, hat der Unterhaltsberechtigte darzulegen und zu beweisen.[34]

32 *Borth* UÄndG Rn. 364, 383.

33 OLG Bremen 20.2.2008 – 4 WF 175/07, FamRZ 2008, 1281; *Schilling* FPR 2008, 27 (30).

34 BGH 13.1.2010 – XII ZR 123/08, NJW 2010, 1138.

232. Unterhaltsbegrenzung

Schausten

I. Einführung

Die bis zum 1.1.2008 in § 1573 Abs. 5 BGB aF sowie in § 1578 Abs. 1 BGB aF vorgesehenen Möglichkeiten der Befristung und Begrenzung sind entfallen und in dem neu formulierten, **alle Unterhaltstatbestände** erfassenden § 1578 b BGB eigenständig geregelt. Ziel ist es, die Unterhaltsansprüche, unter **Heranziehung objektiver Billigkeitsmaßstäbe**, zu beschränken und die Zuerkennung von Unterhaltsansprüchen mit der Frage zu koppeln, inwieweit sie erforderlich sind, um ehebedingte Nachteile zu kompensieren. Die Begrenzung des nachehelichen Unterhaltsanspruchs gem. § 1578 b BGB stellt aber auch nach der Neuregelung gesetzestechnisch die Ausnahme von der Regel dar, dass nachehelicher Unterhalt grundsätzlich unbegrenzt geschuldet wird. 1

II. Materielle Grundlagen

Ein Anspruch auf nachehelichen Unterhalt ist nach § 1578 b BGB der Höhe nach (Abs. 1) oder zeitlich (Abs. 2) zu begrenzen, wenn ein unbegrenzter Unterhaltsanspruch unbillig wäre. Die Kriterien für die Billigkeitsabwägung ergeben sich in beiden Fällen aus den Gesichtspunkten für die **Herabsetzung des Unterhaltsanspruchs auf den angemessenen Lebensbedarf** nach § 1578 b Abs. 1 S. 2, 3 BGB, die nach § 1578 b Abs. 2 S. 2 BGB entsprechend auch auf die **Befristung** des Unterhaltsanspruchs anzuwenden sind. 2

Danach ist bei der **Billigkeitsabwägung** für eine Herabsetzung oder zeitliche Begrenzung des nachehelichen Unterhalts zu berücksichtigen, inwieweit durch die Ehe Nachteile im Hinblick auf die Möglichkeit eingetreten sind, für den eigenen Unterhalt zu sorgen. Wie schon nach der Rechtsprechung des Bundesgerichtshofs zu § 1573 Abs. 5 BGB aF schränken solche ehebedingten Nachteile regelmäßig auch nach der Neufassung des § 1578 b BGB die Möglichkeit einer Befristung und Begrenzung des nachehelichen Unterhalts ein. Solche Nachteile können sich nach § 1578 b Abs. 1 S. 3 BGB vor allem aus der Dauer der Pflege oder Erziehung eines gemeinschaftlichen Kindes oder aus der Gestaltung von Haushaltsführung und Erwerbstätigkeit während der Ehe ergeben. 3

Mit der zum 1.3.2013 in Kraft getretenen Änderung des § 1578 b Abs. 1 S. 2 BGB[1] hat der Gesetzgeber klargestellt, dass unabhängig von durch die Ehe eingetretenen Nachteilen auch die **Dauer der Ehe** als solche ein Billigkeitsgesichtspunkt sein kann, der einer Begrenzung des nachehelichen Unterhaltsanspruchs entgegensteht. In der Gesetzesbegründung wird dazu ausdrücklich hervorgehoben, dass die tatbestandliche Neufassung des § 1578 b Abs. 1 BGB eine (lediglich) klarstellende Funktion erfüllt, um einer – dem Willen des Gesetzgebers der Unterhaltsrechtsreform 2008 nicht entsprechenden und auch vom Bundesgerichtshof missbilligten – Praxis entgegenzuwirken, beim Fehlen ehebedingter Nachteile automatisch zu einer Begrenzung des Unterhaltsanspruches zu gelangen, ohne bei der Billigkeitsabwägung die sonstigen Umstände des Einzelfalls, darunter insbesondere die lange Ehedauer, zu berücksichtigen.[2]

1 BGBl. 2013 I 273.
2 BT-Drs. 17/11885, 5 f.; BGH 20.3.2013 – XII ZR 72/11, FamRZ 2013, 853.

4 Im Rahmen des **Betreuungsunterhalts** nach § 1570 BGB führt etwa eine fehlende oder eingeschränkte Erwerbsmöglichkeit wegen Betreuung eines gemeinsamen Kindes zu einem ehebedingten Nachteil, der regelmäßig unterhaltsrechtlich auszugleichen ist. Auch bei der Entscheidung über eine Begrenzung oder Befristung des **Unterhalts wegen Alters** nach § 1571 BGB ist zu berücksichtigen, ob der unterhaltsberechtigte Ehegatte trotz eines durchgeführten Versorgungsausgleichs geringere Renteneinkünfte erzielt, als er ohne die Ehe und die Erziehung der gemeinsamen Kinder erzielen würde. Beim **Krankheitsunterhalt** nach § 1572 BGB, bei dem die Krankheit regelmäßig nicht ehebedingt ist, kann sich ein ehebedingter Nachteil nur daraus ergeben, dass ein Unterhaltsberechtigter aufgrund der Rollenverteilung in der Ehe nicht ausreichend für den Fall der krankheitsbedingten Erwerbsminderung vorgesorgt hat und seine Rente wegen Erwerbsminderung infolge der Ehe und Kindererziehung geringer ist, als sie ohne die Ehe wäre. Insoweit entsprechen sich der Krankheitsunterhalt nach § 1572 BGB und der Altersunterhalt nach § 1571 BGB. In beiden Fällen ist allerdings zu berücksichtigen, dass der Ausgleich unterschiedlicher Vorsorgebeiträge vornehmlich Aufgabe des Versorgungsausgleichs ist, durch den die Interessen des Unterhaltsberechtigten regelmäßig ausreichend gewahrt werden.[3]

5 § 1578 b BGB beschränkt sich nach dem Willen des Gesetzgebers nicht auf die Kompensation ehebedingter Nachteile oder die besondere Verantwortung aufgrund langer Ehedauer, sondern berücksichtigt auch eine darüber hinausgehende **nacheheliche Solidarität**.[4] Denn indem § 1578 b Abs. 1 S. 2 BGB „insbesondere" auf die genannten Billigkeitsgründe abstellt, schließt er andere Gesichtspunkte für die Billigkeitsabwägung nicht aus. Dieser Umstand gewinnt besonders beim nachehelichen Unterhalt gem. § 1572 BGB wegen einer Krankheit, die regelmäßig nicht ehebedingt ist, an Bedeutung.

6 Bei **bestehenden ehebedingten Nachteilen** ist eine Befristung des nachehelichen Unterhalts regelmäßig nicht auszusprechen. Eine Befristung trotz fortbestehender ehebedingter Nachteile kommt nur unter außergewöhnlichen Umständen in Betracht. Im Fall einer chronischen Erkrankung ist bei der Frage einer zeitlichen Begrenzung eines Anspruchs auf nachehelichen Unterhalt aus § 1572 BGB auch zu berücksichtigen, ob der Anspruchsberechtigte nach gegenwärtiger Prognose jemals in der Lage sein wird, seine wirtschaftliche Situation durch eine eigene Berufstätigkeit zu verbessern.[5] Einer unter Berücksichtigung der individuellen Umstände der Ehe gebotenen Befristung nach § 1578 b Abs. 2 BGB steht nicht entgegen, dass der angemessene Lebensbedarf iSv § 1578 b Abs. 1 BGB (hier: Existenzminimum für Nichterwerbstätige) nicht durch eigene Einkünfte des Unterhaltsberechtigten sichergestellt werden kann.[6] Ist nicht zu erwarten, dass eine über 50 Jahre alte Unterhaltsberechtigte unter Berücksichtigung ihrer bisherigen beruflichen Entwicklung in Verbindung mit gesundheitlichen Einschränkungen auf dem Arbeitsmarkt zeitnah eine auskömmliche Vollerwerbstätigkeit zu finden vermag, kann die Unterhaltsverpflichtung im Einzelfall auf drei Jahre zu begrenzen sein.[7]

Trotz der Regelung in § 1578 b Abs. 1 S. 2 BGB, dass die Dauer der Ehe auch ohne ehebedingte Nachteile einer Begrenzung des Unterhaltsanspruchs entgegenstehen kann, bedeutet dies im Umkehrschluss nicht, dass eine Begrenzung des Unterhaltsanspruchs bei Ehen von langer Dauer nicht in Betracht kommt. Insbesondere wenn die Ehegatten während der Ehe beide ununterbrochen einer vollschichtigen Tätigkeit nachgegangen sind, kann trotz langer Ehedauer eine Befristung in Betracht kommen.[8]

7 Eine im Fall einer Unterhaltsversagung eintretende oder erweiterte **Sozialleistungsbedürftigkeit** schließt eine Befristung nach § 1578 b Abs. 2 BGB nicht notwendig aus. Vielmehr nimmt das Gesetz durch die Möglichkeit der Befristung des nachehelichen Unterhalts in Kauf, dass der Unterhaltsberechtigte infolge

3 BGH 4.8.2010 – XII ZR 7/09, NJW 2010, 3097.
4 BT-Drs. 16/1830, 19.
5 OLG Hamm 18.6.2009 – 2 UF 6/09, NJW-RR 2010, 577.
6 OLG Düsseldorf 27.1.2011 – 7 UF 125/10, FamFR 2011, 127.
7 OLG Frankfurt a. M. 13.8.2008 – 5 UF 185/07, NJW 2008, 3440.
8 BGH 6.10.2010 – XII ZR 202/08, FamRZ 2010, 1971.

der Unterhaltsbefristung sozialleistungsbedürftig wird und somit die Unterhaltsverantwortung des geschiedenen Ehegatten durch eine staatliche Verantwortung ersetzt wird.[9]

III. Übergangsfrist

Für die Ermittlung der Übergangsfrist, nach der der Unterhaltsanspruch der Höhe nach begrenzt oder zeitlich befristet werden kann, kommt es auf den **Zeitraum** an, den der Unterhaltsberechtigte nach objektiven Kriterien benötigt, sich auf die **veränderte Unterhaltssituation einzustellen.**[10] 8

Der **Ehedauer** kommt für die Bestimmung der Übergangsfrist durch eine wirtschaftliche Verflechtung, 9 die insbesondere durch Aufgabe einer eigenen Erwerbstätigkeit wegen der Betreuung gemeinsamer Kinder oder der Haushaltsführung eintreten kann, **besonderes Gewicht** zu.[11] Die Dauer der Übergangsfrist kann allerdings nicht schematisch an der Ehedauer orientiert werden; gleichwohl hat die Ehedauer für den Umfang der nachwirkenden unterhaltsrechtlichen Verantwortung der Ehegatten füreinander Bedeutung. Sie bietet einen kalendermäßig greifbaren und daher ansatzweise konkreten Maßstab für die Bemessung des Umstellungszeitraums, der sich damit meistens als **Bruchteil der Ehezeit** darstellen wird.[12] Kriterien für die Bemessung der Übergangsfrist sind beispielsweise:

- das Alter des Unterhaltsberechtigten,[13]
- die Vermittelbarkeit des Unterhaltsberechtigten auf dem Arbeitsmarkt,
- **anerkennenswerte finanzielle Dispositionen** des Unterhaltsberechtigten, welche es nicht zumutbar erscheinen lassen, den Lebenszuschnitt an die eigenen beruflichen Existenzgrundlagen anzupassen,[14]
- die **Dauer der bisherigen Unterhaltszahlungen**, auch unter Berücksichtigung des Trennungsunterhalts,[15]
- die Einkommensverhältnisse des Unterhaltspflichtigen,[16]
- die beiderseitigen Vermögensverhältnisse,[17]
- die zukünftige Versorgungssituation des Unterhaltsberechtigten,[18]
- die persönliche Situation des Unterhaltsverpflichteten, insbesondere eine neue Eheschließung oder weitere Unterhaltsverpflichtungen gegenüber Kindern.[19]

IV. Ehebedingter Nachteil

Ehebedingte Nachteile sind insbesondere **Erwerbsnachteile**, die durch die von den Ehegatten praktizierte 10 Rollenverteilung während der Ehe entstanden sind.[20] Ein ehebedingter Nachteil äußert sich in der Regel darin, dass der unterhaltsberechtigte Ehegatte nachehelich nicht die Einkünfte erzielt, die er ohne Ehe und Kinderbetreuung erzielen würde.[21] Dazu genügt es, wenn ein Ehegatte sich entschließt, seinen Arbeitsplatz aufzugeben, um die Haushaltsführung und Kinderbetreuung zu übernehmen. Ab welchem Zeitpunkt die Rollenverteilung praktiziert wird, ist nicht von Bedeutung. Es kommt insbesondere nicht darauf an, ob die Ehegatten die **Rollenverteilung** zu Beginn der Ehe, bei Geburt eines Kindes oder erst später planten oder praktizierten. Einem ehebedingten Nachteil steht demnach nicht entgegen, dass ein Ehegatte den Entschluss

9 BGH 28.4.2010 – XII ZR 141/08, NJW-RR 2010, 1009.
10 BGH 14.11.2007 – XII ZR 16/07, FamRZ 2008, 134.
11 BGH 11.8.2010 – XII ZR 102/09, NJW 2010, 3372.
12 OLG Celle 2.10.2008 – 17 UF 97/08, NJW 2009, 521.
13 OLG Celle 2.6.2008 – 17 WF 66/08, NJW 2008, 2449.
14 OLG Saarbrücken 9.4.2008 – 9 UF 4/06, FamRZ 2009, 349; OLG Karlsruhe 15.7.2009 – 18 UF 10/09, NJW-RR 2010, 721.
15 OLG Celle 2.6.2008 – 17 WF 66/08, NJW 2008, 2449.
16 OLG Celle 2.6.2008 – 17 WF 66/08, NJW 2008, 2449.
17 OLG Celle 2.6.2008 – 17 WF 66/08, NJW 2008, 2449.
18 BGH 11.8.2010 – XII ZR 102/09, NJW 2010, 3372.
19 OLG Hamburg 13.5.2008 – 2 UF 19/07, FamRZ 2009, 781.
20 BGH 16.2.2011 – XII ZR 108/09, NJW 2011, 1067.
21 BGH 16.10.2019 – XII ZB 341/17, FamRZ 2020, 97.

zur Aufgabe seines Arbeitsplatzes erst traf, als ein gemeinsames Kind bereits vier oder fünf Jahre alt war. Übernimmt dieser Ehegatte – ggf. trotz diverser Nebentätigkeiten – die überwiegende Betreuung des gemeinsamen Kindes und des Haushalts, kann von einem auf der praktizierten Rollenverteilung beruhenden Erwerbsnachteil ausgegangen werden. Dabei kommt es auf die Frage, ob die Aufgabe des Arbeitsplatzes **im Einvernehmen** mit dem anderen Ehegatten oder gegen dessen Willen erfolgte, im Regelfall nicht an. Nach dem Wortlaut des Gesetzes ist auf die tatsächliche Gestaltung von Kinderbetreuung und Haushaltsführung abzustellen. Es handelt sich bei den in § 1578 b BGB aufgeführten Kriterien um objektive Umstände, denen **kein Unwerturteil** und keine subjektive Vorwerfbarkeit anhaftet. Dementsprechend sollte in derartigen Verfahren auch keine Aufarbeitung ehelichen Fehlverhaltens stattfinden; der Einwand des anderen Ehegatten, dass er den Unterhaltsberechtigten während der Ehe zur Berufstätigkeit angehalten habe, ist regelmäßig unbeachtlich.[22]

11 Ein ehebedingter Nachteil liegt nur dann nicht vor, wenn die Ehegestaltung für den Erwerbsnachteil **nicht ursächlich** geworden ist. Das wäre der Fall, wenn ein Ehegatte seinen Arbeitsplatz ausschließlich aus Gründen aufgegeben oder verloren hätte, die außerhalb der Ehegestaltung liegen, so etwa aufgrund einer von ihm persönlich beschlossenen beruflichen Neuorientierung oder wegen einer **betriebs- oder krankheitsbedingten Kündigung** seitens des Arbeitgebers. In diesem Fall würde es an einem ehebedingten Nachteil fehlen, wenn der Erwerbsnachteil auch ohne die Ehe und die mit ihr verbundene Rollenverteilung eingetreten wäre.

12 Besteht für eine geschiedene Ehefrau die Notwendigkeit zum Abschluss einer **privaten Krankenversicherung**, um den Umfang ihres aus der Ehe gewohnten Versicherungsschutzes aufrechtzuerhalten, kann in den hierdurch ausgelösten Mehrkosten ein fortwirkender ehebedingter Nachteil liegen.[23]

V. Kompensation des ehebedingten Nachteils

13 Es ist nicht von vornherein ausgeschlossen, dass ein ehebedingter Nachteil durch andere Umstände kompensiert werden kann. In derartigen Fällen kommt eine Befristung des nachehelichen Unterhaltsanspruchs trotz Fortbestehens ehebedingter Nachteile in Betracht. Diese Umstände kommen **relativ häufig** vor, wenn es um die Gewährung von **Altersunterhalt** gem. § 1571 BGB geht:

Der Ausgleich unterschiedlicher Vorsorgebeiträge ist vornehmlich Aufgabe des **Versorgungsausgleichs**, durch den die Interessen des Unterhaltsberechtigten regelmäßig ausreichend gewahrt werden. Ehebedingte Nachteile iSd § 1578 b Abs. 1 S. 2 BGB können also nicht mit den durch die Unterbrechung der Erwerbstätigkeit während der Ehe verursachten geringeren Rentenanwartschaften begründet werden, wenn für diese Zeit ein Versorgungsausgleich stattgefunden hat. Nachteile in der Versorgungsbilanz sind dann in gleichem Umfang von beiden Ehegatten zu tragen und somit vollständig ausgeglichen. Ein ehebedingter Nachteil, der darin besteht, dass der unterhaltsberechtigte Ehegatte auch nachehelich geringere Versorgungsanrechte erwirbt als dies bei hinweggedachter Ehe der Fall wäre, ist grundsätzlich als ausgeglichen anzusehen, wenn er für diese Zeit Altersvorsorgeunterhalt zugesprochen erhält oder jedenfalls erlangen kann.[24]

Ein ehebedingter Nachteil kann allerdings fortbestehen, wenn der **Aufbau einer Altersversorgung nach Ende der Ehezeit** durch die ehebedingte Erwerbspause **eingeschränkt oder gar verhindert** wurde. Wie der BGH bereits entschieden hat, können dem Unterhaltsberechtigten Nachteile dadurch entstehen, dass er nach Zustellung des Scheidungsantrags und damit in einer nicht mehr vom Versorgungsausgleich umfassten Zeit ehebedingt ein geringeres Erwerbseinkommen erzielt und demgemäß auch geringere Rentenanwartschaften erwirbt. Dies ist etwa dann denkbar, wenn dem Unterhaltsberechtigten wegen der Unterbrechung seiner Erwerbstätigkeit der Wiedereinstieg in seine frühere berufliche Tätigkeit verwehrt oder nur in eine niedriger vergütete Stelle möglich ist. Sofern dem Unterhaltsberechtigten lediglich die

22 BGH 20.10.2010 – XII ZR 53/09, FamRZ 2010, 2059.
23 OLG Hamm 18.6.2009 – 2 UF 6/09, NJW-RR 2010, 577.
24 BGH 4.7.2018 – XII ZB 122/17, FamRZ 2018, 1421.

ehebedingte Einkommensdifferenz als Unterhalt zugesprochen wird, setzt sich der ehebedingte Nachteil mit Renteneintritt in Form der geringeren Rentenanwartschaften fort.[25]

Eine **Vermögensübertragung während der Ehe** in einer Höhe, die der Berechtigte aus eigener Erwerbstätigkeit aller Voraussicht nach nicht hätte ansparen können, kann einen ehebedingten Nachteil kompensieren.[26] Gleiches kann gelten, wenn aufgrund der Vermögensauseinandersetzung nach der Ehe ein Vermögenswert erlangt wird, den der Berechtigte aus eigener Erwerbstätigkeit aller Voraussicht nach nicht hätte erlangen können.[27]

Erzielt der Berechtigte **aus der Vermögensauseinandersetzung** oder **aufgrund des durchgeführten Zugewinnausgleichs Einkünfte**, die ihm ohne die Ehe nicht zur Verfügung stehen würden, könnten diese ggf. als ein den ehebedingten Nachteil teilweise kompensierender Vorteil anzusehen sein; dies hängt von der Beurteilung der Frage ab, ob der Berechtigte auch allein eine private Vermögensbildung in dieser Höhe hätte betreiben können.[28]

Die im Einzelfall zu treffende Billigkeitsentscheidung, in die auch ehebedingte Erwerbsnachteile des Unterhaltspflichtigen einfließen können, kann im Wege einer teilweisen zeitlichen Begrenzung auch zu dem Ergebnis gelangen, dass ab einem bestimmten Zeitpunkt nur noch ein Unterhalt zu zahlen ist, der den angemessenen Lebensbedarf des Unterhaltsberechtigten nicht vollständig abdeckt.[29]

VI. Verhältnis von Begrenzung und Befristung

Gem. § 1578 b Abs. 3 BGB können die Herabsetzung und die zeitliche Begrenzung des Unterhaltsanspruchs **miteinander verbunden** werden. Das Gericht kann also zuerst den Unterhaltsanspruch auf den angemessenen Lebensbedarf des Unterhaltsberechtigten herabsetzen und gleichzeitig den Unterhaltsanspruch auf einen späteren Zeitpunkt endgültig befristen. 14

VII. Bedarfsbemessung

Der Maßstab des angemessenen Lebensbedarfs, der nach § 1578 b BGB regelmäßig die Grenze für die Herabsetzung des nachehelichen Unterhalts bildet, bemisst sich nach dem Einkommen, das der unterhaltsberechtigte Ehegatte **ohne die Ehe und Kindererziehung** aus eigenen Einkünften zur Verfügung hätte. Aus dem Begriff der Angemessenheit folgt aber zugleich, dass der nach § 1578 b BGB herabgesetzte Unterhaltsbedarf jedenfalls das **Existenzminimum** des Unterhaltsberechtigten erreichen muss.[30] 15

Dabei ist auch auf die **konkrete Lebenssituation** des Unterhaltsberechtigten abzustellen. Ist der Unterhaltsberechtigte erwerbsfähig, ist bei der Ermittlung des angemessenen Lebensbedarfs auf das Einkommen abzustellen, das er ohne die Unterbrechung der Erwerbstätigkeit durch die Ehe oder die Kindererziehung erzielen könnte.[31] 16

Beim **Krankheitsunterhalt** kann nur auf das Einkommen abgestellt werden, das der Unterhaltsberechtigte ohne die Ehe und Kindererziehung im Falle seiner Krankheit zur Verfügung hätte. Denn wenn er auch ohne die Ehe nicht zu einer Erwerbstätigkeit in der Lage wäre, kann nicht auf ein fiktives Einkommen abgestellt werden, das ein gesunder Unterhaltsberechtigter erzielen könnte. Falls die Krankheit – wie regelmäßig – nicht ehebedingt ist, ergibt sich der angemessene Lebensbedarf iSv § 1578 b Abs. 1 S. 1 BGB bei vollständiger Erwerbsunfähigkeit also aus der Höhe der Erwerbsunfähigkeitsrente, wobei auch hier von der tatsächlichen Rente nach Durchführung des Versorgungsausgleichs auszugehen ist. Nur wenn der 17

25 BGH 14.5.2014 – XII ZB 301/12, FamRZ 2014, 1276.
26 BGH 18.1.2012 – XII ZR 178/09, FamRZ 2012, 517.
27 OLG Karlsruhe 15.7.2009 – 18 UF 10/09, FamRZ 2009, 2107.
28 BGH 4.7.2018 – XII ZB 122/17, FamRZ 2018, 1421.
29 BGH 8.6.2016 – XII ZB 84/15, FamRZ 2016, 1345.
30 BGH 17.2.2010 – XII ZR 140/08, NJW 2010, 1598.
31 BGH 14.10.2009 – XII ZR 146/08, FamRZ 2009, 1990.

Unterhaltsberechtigte noch teilweise erwerbsfähig ist, kann daneben auf Erwerbseinbußen als ehebedingten Nachteil abgestellt werden.

18 Ist der Unterhaltsberechtigte hingegen bereits **Rentner**, kann lediglich auf das Renteneinkommen abgestellt werden, wobei von der tatsächlichen Rente nach durchgeführtem Versorgungsausgleich auszugehen ist.

19 Der am Existenzminimum orientierte **Mindestbedarf** bemisst sich nach dem Betrag, der einem nicht erwerbstätigen Unterhaltspflichtigen als notwendiger Selbstbehalt zur Verfügung steht und gegenwärtig nach der Düsseldorfer Tabelle und den unterhaltsrechtlichen Leitlinien der Oberlandesgerichte **960 EUR** beträgt. Soweit der notwendige Selbstbehalt eines Erwerbstätigen mit gegenwärtig 1.160 EUR darüber hinausgeht, schließt er einen Erwerbsanreiz ein, der auf Seiten des Unterhaltspflichtigen seine Berechtigung hat, aber nicht in gleicher Weise auf den Unterhaltsberechtigten übertragen werden kann.[32]

VIII. Darlegungs- und Beweislast für ehebedingte Nachteile

20 Der **Unterhaltsschuldner**, der sich mit der Befristung auf eine prozessuale Einwendung beruft, trägt die Darlegungs- und Beweislast hinsichtlich der für eine Befristung sprechenden Tatsachen. In die Darlegungs- und Beweislast des Unterhaltspflichtigen fällt grundsätzlich auch der Umstand, dass dem Unterhaltsberechtigten keine ehebedingten Nachteile iSv § 1578 b BGB entstanden sind.

21 Die dem Unterhaltspflichtigen obliegende Darlegungs- und Beweislast erfährt jedoch **Erleichterungen** nach den von der Rechtsprechung zum **Beweis negativer Tatsachen** entwickelten Grundsätzen.

22 Nach der ständigen Rechtsprechung des Bundesgerichtshofs[33] trifft den Prozessgegner der für eine negative Tatsache beweisbelasteten Partei eine **sog. sekundäre Darlegungslast**. Dadurch soll eine unbillige Belastung der beweispflichtigen Partei vermieden werden. Der Umfang der sekundären Darlegungslast richtet sich nach den Umständen des Einzelfalls. Die Darlegungen müssen so konkret sein, dass der beweisbelasteten Partei eine Widerlegung möglich ist.

23 Diese Grundsätze sind auf die Darlegung ehebedingter Nachteile iSv § 1578 b BGB ebenfalls anzuwenden. Würde den Unterhaltspflichtigen die uneingeschränkte Darlegungs- und Beweislast treffen, so müsste er sämtliche auch nur theoretisch denkbaren und nicht näher bestimmten Nachteile widerlegen, die aufgrund der Rollenverteilung innerhalb der Ehe möglicherweise entstanden sind. Das würde in Anbetracht dessen, dass die Tatsachen zur hypothetischen beruflichen Entwicklung den persönlichen Bereich des Unterhaltsberechtigten betreffen, zu einer **unbilligen Belastung des Unterhaltspflichtigen** führen.

24 Soweit der Bundesgerichtshof in der Vergangenheit für den Fall, dass der Unterhaltsberechtigte eine ehebedingt unterbrochene Erwerbstätigkeit nach der Scheidung wieder aufnehmen konnte, erwähnt hat, dass den Unterhaltsberechtigten dafür, dass ihm dennoch ehebedingte Nachteile entstanden seien, neben der Darlegungslast auch die Beweislast treffe, hält er daran nicht fest. Für eine mit weiter reichenden Folgen verbundene Beweislastumkehr fehlt es nach der geltenden Gesetzeslage und dem Regel-Ausnahme-Verhältnis von Unterhaltspflicht und Unterhaltsbegrenzung, das auch durch das Unterhaltsrechtsänderungsgesetz vom 21.12.2007 nicht verändert worden ist, an einer hinreichenden Rechtfertigung, zumal den Beweisschwierigkeiten des Unterhaltspflichtigen bereits durch die **sekundäre Darlegungslast** des Unterhaltsberechtigten wirksam zu begegnen ist.

25 Die sekundäre Darlegungslast hat im Rahmen von § 1578 b BGB zum **Inhalt**, dass der Unterhaltsberechtigte die Behauptung, es seien keine ehebedingten Nachteile entstanden, substantiiert bestreiten und seinerseits darlegen muss, welche konkreten ehebedingten Nachteile entstanden sein sollen. Erst wenn das Vorbringen des Unterhaltsberechtigten diesen Anforderungen genügt, müssen die vorgetragenen ehebedingten Nachteile vom Unterhaltspflichtigen widerlegt werden.

---

32 BGH 17.2.2010 – XII ZR 140/08, NJW 2010, 1598.

33 BGH 26.10.2011 – XII ZR 162/09, NJW 2012, 74.

Anders verhält es sich indes bei einem **behaupteten beruflichen Aufstieg**. Hier muss der Unterhaltsberechtigte darlegen – und ggf. auch beweisen, aufgrund welcher Umstände (wie etwa Fortbildungsbereitschaft, bestimmte Befähigungen, Neigungen Talente etc) er eine entsprechende Karriere gemacht hätte.[34] 26

IX. Wichtige Entscheidungen der Obergerichte

1. Zur Darlegungs- und Beweislast

- **BGH 20.10.2010 – XII ZR 53/09, NJW 2010, 3653**: Der Unterhaltsberechtigte kann im Einzelfall seiner – sekundären – Darlegungslast genügen, wenn er vorträgt, dass in dem von ihm erlernten Beruf **Gehaltssteigerungen** in einer bestimmten Höhe mit zunehmender Berufserfahrung bzw. Betriebszugehörigkeit **üblich** sind. 27

  Bei feststehenden Nachteilen ist eine exakte Feststellung zum hypothetisch erzielbaren Einkommen des Unterhaltsberechtigten nicht notwendig. Die Tatsachengerichte können sich bei geeigneter Grundlage einer **Schätzung entsprechend § 287 ZPO** bedienen. Das Gericht muss in der Entscheidung jedoch die tatsächlichen Grundlagen seiner Schätzung und ihre Auswertung in objektiv nachprüfbarer Weise angeben.

- **OLG Celle 6.7.2010 – 10 UF 64/10, NJW-RR 2011, 364**: Die vom Bundesgerichtshof entwickelten Grundsätze zur Darlegungs- und Beweislast ehebedingter Nachteile gelten auch, soweit der Unterhaltsverpflichtete geltend macht, tatsächlich fortwirkende Nachteile seien nicht mehr als ehebedingt anzusehen, da es der Unterhaltsberechtigten nach der Trennung möglich gewesen wäre (und sie die Obliegenheit getroffen hätte), diese **Nachteile zwischenzeitlich vollständig auszugleichen**. 28

- **BGH 24.3.2010 – XII ZR 175/08, NJW 2010, 1813**: Im Rahmen der Herabsetzung und zeitlichen Begrenzung des Unterhalts ist der **Unterhaltspflichtige** für die Tatsachen darlegungs- und beweisbelastet, die für eine Befristung sprechen. 29

  Hinsichtlich der Tatsache, dass ehebedingte Nachteile nicht entstanden sind, trifft den Unterhaltsberechtigten aber nach den Regeln zum Beweis negativer Tatsachen eine **sog. sekundäre Darlegungslast**.[35]

  Der **Unterhaltsberechtigte** muss die Behauptung, es seien keine ehebedingten Nachteile entstanden, **substanziiert bestreiten** und seinerseits darlegen, welche konkreten ehebedingten Nachteile entstanden sein sollen. Erst wenn das Vorbringen des Unterhaltsberechtigten diesen Anforderungen genügt, müssen die vorgetragenen ehebedingten Nachteile vom Unterhaltspflichtigen widerlegt werden.

2. Zur Begrenzung des Altersunterhalts

- **BGH 4.8.2010 – XII ZR 7/09, NJW 2010, 3097**: Bei der Frage, ob ehebedingte Nachteile iSd § 1578 b Abs. 1 BGB vorliegen, ist der **Ausgleich unterschiedlicher Vorsorgebeiträge** vornehmlich Aufgabe des Versorgungsausgleichs, durch den die Interessen des Unterhaltsberechtigten regelmäßig ausreichend gewahrt werden.[36] Das gilt nicht, wenn die vom Unterhaltsberechtigten aufgrund der ehelichen Rollenverteilung erlittene Einbuße bei seiner Altersvorsorge durch den Versorgungsausgleich nicht vollständig erfasst wird, weil der Unterhaltspflichtige nur für einen geringen Teil der Ehezeit Rentenanwartschaften erworben hat. 30

---

34 BGH 20.10.2010 – XII ZR 53/09, NJW 2010, 3653.

35 Klarstellung der Senatsurteile BGH 14.11.2007 – XII ZR 16/07, FamRZ 2008, 134; 16.4.2008 – XII ZR 107/06, FamRZ 2008, 1325; 14.10.2009 – XII ZR 146/08, FamRZ 2009, 1990; 28.3.1990 – XII ZR 64/89, FamRZ 1990, 857.

36 Im Anschluss an die Senatsurteile BGH 16.4.2008 – XII ZR 107/06, FamRZ 2008, 1325; 25.6.2008 – XII ZR 109/07, FamRZ 2008, 1508.

Auch im Rahmen des Altersunterhalts bestimmt sich der **Maßstab des angemessenen Lebensbedarfs**, der nach § 1578 b BGB regelmäßig die Grenze für die Herabsetzung des nachehelichen Unterhalts bildet, nach dem Einkommen, das der unterhaltsberechtigte Ehegatte ohne die Ehe und Kindererziehung aus eigenen Einkünften zur Verfügung hätte. Dabei ist auf die konkrete Lebenssituation des Unterhaltsberechtigten abzustellen. Aus dem Begriff der Angemessenheit folgt aber zugleich, dass der nach § 1578 b BGB herabgesetzte Unterhaltsbedarf jedenfalls das Existenzminimum des Unterhaltsberechtigten erreichen muss.

31 ■ **OLG Karlsruhe 8.4.2010 – 2 UF 147/09, FamRZ 2010, 1252**: **Ehebedingte Nachteile**, die nach § 1578 b BGB bei der Prüfung der Herabsetzung/Begrenzung eines Anspruchs auf Altersunterhalt zu berücksichtigen sind, können auch darin liegen, dass es der unterhaltsberechtigten Ehefrau nach der Scheidung infolge teilweise ehebedingter Erkrankung und ehebedingter beruflicher Abstinenz nicht mehr gelungen ist, eine rentenversicherungspflichtige Tätigkeit zu finden und so ihre Altersversorgung weiter aufzubauen.

Der Annahme ehebedingter Nachteile steht in diesem Fall nicht entgegen, dass die Ehefrau nach der Scheidung bis zum Erreichen des Rentenalters zwar Unterhalt, nicht jedoch Altersvorsorgeunterhalt erhalten hat.

3. Zur Begrenzung des Krankheitsunterhalts

32 ■ **BGH 30.6.2010 – XII 9/09, NJW 2010, 2953**: § 1578 b BGB ist – auch – im Hinblick auf die Befristung des Krankheitsunterhalts nicht wegen Unbestimmtheit verfassungswidrig.

Die **Krankheit** des unterhaltsbedürftigen Ehegatten stellt **regelmäßig keinen ehebedingten Nachteil** dar. Das gilt auch dann, wenn eine psychische Erkrankung durch die Ehekrise und Trennung ausgelöst worden ist.

Dass der Unterhalt nach der bis zum Dezember 2007 geltenden Rechtslage tituliert ist, ist als ein den Vertrauensschutz des Unterhaltsberechtigten verstärkendes Element bereits im Rahmen der Entscheidung über die Befristung des Unterhalts zu berücksichtigen. Im Rahmen der umfassenden Interessenabwägung ist auch die gesetzliche Bewertung zur Zumutbarkeit einer Abänderung nach § 36 Nr. 1 EGZPO zu beachten.

33 ■ **BGH 17.2.2010 – XII ZR 140/08, NJW 2010, 1598**: Im Rahmen der **Billigkeitsentscheidung** über eine Herabsetzung oder zeitliche Begrenzung des nachehelichen Unterhalts ist vorrangig zu berücksichtigen, inwieweit durch die Ehe Nachteile im Hinblick auf die Möglichkeit eingetreten sind, für den eigenen Unterhalt zu sorgen. § 1578 b BGB beschränkt sich allerdings nicht auf die Kompensation ehebedingter Nachteile, sondern berücksichtigt auch eine darüber hinausgehende **nacheheliche Solidarität**.

Der **Maßstab des angemessenen Lebensbedarfs**, der nach § 1578 b BGB regelmäßig die Grenze für die Herabsetzung des nachehelichen Unterhalts bildet, bemisst sich nach dem Einkommen, das der unterhaltsberechtigte Ehegatte ohne die Ehe und Kindererziehung aus eigenen Einkünften zur Verfügung hätte. Dabei ist auch auf die konkrete Lebenssituation des Unterhaltsberechtigten abzustellen. Beim Krankheitsunterhalt kann deswegen nur auf das Einkommen abgestellt werden, das der Unterhaltsberechtigte ohne die Ehe und Kindererziehung im Falle seiner Krankheit zur Verfügung hätte. Aus dem Begriff der Angemessenheit folgt aber zugleich, dass der nach § 1578 b BGB herabgesetzte Unterhaltsbedarf jedenfalls das Existenzminimum des Unterhaltsberechtigten erreichen muss.

34 ■ **OLG Hamm 11.1.2010 – 4 UF 107/09, NJW 2010, 1152**: Der nacheheliche Unterhalt wegen Krankheit nach § 1572 Nr. 2 BGB kann gem. § 1578 b Abs. 2 BGB zeitlich befristet werden, wenn der **Anspruch auf die Rente wegen teilweiser oder voller Erwerbsminderung** gem. § 43 Abs. 1, 2 SGB VI durch eine Erwerbstätigkeit nach Beendigung der Betreuung und Erziehung eines gemeinsamen Kindes hätte erworben werden können.

4. Zur Begrenzung des Aufstockungsunterhalts

- **BGH 29.9.2010 – XII ZR 205/08, NJW 2010, 3582**: Wurde ein Anspruch auf Aufstockungsunterhalt gem. § 1573 Abs. 2 BGB nach Veröffentlichung des Senatsurteils vom 12.4.2006[37] durch Urteil festgelegt, so ergibt sich weder aus der anschließenden Senatsrechtsprechung noch aus dem Inkrafttreten des § 1578 b BGB am 1.1.2008 eine **wesentliche Änderung der rechtlichen Verhältnisse**. Auch § 36 Nr. 1 EGZPO bietet in diesem Fall keine eigenständige Abänderungsmöglichkeit.[38] Das gilt auch dann, wenn aus der Ehe Kinder hervorgegangen sind, die von der Unterhaltsberechtigten betreut wurden. 35

- **BGH 26.5.2010 – XII ZR 143/08, NJW 2010, 2349**: Für die **Abänderung eines Prozessvergleichs** über nachehelichen Unterhalt wegen Unterhaltsbefristung kommt es vorrangig darauf an, inwiefern der Vergleich im Hinblick auf die spätere Befristung eine bindende Regelung enthält. Mangels einer entgegenstehenden ausdrücklichen oder konkludenten vertraglichen Regelung ist jedenfalls bei der erstmaligen Festsetzung des nachehelichen Unterhalts im Zweifel davon auszugehen, dass die Parteien die spätere Befristung des Unterhalts offenhalten wollen. Eine Abänderung des Vergleichs ist insoweit auch ohne Änderung der tatsächlichen Verhältnisse und ohne Bindung an den Vergleich möglich. 36

  § 36 EGZPO regelt lediglich die Abänderung solcher Unterhaltstitel und -vereinbarungen, deren Grundlagen sich durch das Unterhaltsrechtsänderungsgesetz vom 21.12.2007 geändert haben. Bei der Abänderung einer vor dem 1.1.2008 geschlossenen Vereinbarung zum Aufstockungsunterhalt ist das nicht der Fall.

X. Verfahrensrechtliche Hinweise

Grundsätzlich ist der Einwand der Befristung oder Begrenzung des Unterhaltsanspruchs **bereits im Ausgangsverfahren** geltend zu machen; dies gilt jedenfalls dann, wenn sämtliche relevanten Umstände eingetreten oder zuverlässig voraussehbar sind. Zuverlässig voraussehbar sind solche relevanten Umstände aber nur, wenn sie – etwa wie das Alter der Kinder – vom bloßen Zeitablauf abhängen. Kann im Zeitpunkt der abzuändernden Entscheidung hingegen noch nicht abschließend beurteilt werden, ob beispielsweise das Einkommen aus einer neu aufgenommenen Vollzeittätigkeit die ehebedingten Nachteile vollständig und nachhaltig ausgleicht, sind die Voraussetzungen einer Befristung oder Begrenzung noch nicht erfüllt, was eine – spätere – **Präklusion** mit solchen Umständen ausschließt.[39] Daraus, dass eine abschließende Entscheidung über die Folgen des § 1578 b BGB noch nicht möglich ist, folgt aber nicht, dass eine Entscheidung darüber vollständig zurückgestellt werden darf. Vielmehr muss das Gericht insoweit entscheiden, als eine Entscheidung aufgrund der gegebenen Sachlage und der zuverlässig voraussehbaren Umstände möglich ist.[40] Das gilt insbesondere für eine bereits mögliche Entscheidung über die Herabsetzung nach § 1578 b Abs. 1 BGB. Die materielle Rechtskraft einer solchen Entscheidung und die mit ihr verbundenen Präklusionsfolgen gehen dann nur so weit, als die Entscheidung eine abschließende Beurteilung der gegenwärtigen Sachlage und der zuverlässig voraussehbaren Umstände enthält. Ein auf dieser Grundlage ergangenes Urteil schließt eine spätere Abänderung insbesondere dann nicht aus, wenn zunächst bestehende ehebedingte Nachteile später ganz oder teilweise entfallen sollten.[41] 37

Die zum 1.3.2013 erfolgte Aufnahme der langen Ehedauer als gesondertes Billigkeitskriterium gibt keinen Anlass zur **Abänderung bestehender Titel** über den nachehelichen Unterhalt, da es sich dabei nach Aussage des Gesetzgebers nur um eine Klarstellung des ursprünglich Gewollten handelt und der Bundesgerichtshof[42] in ständiger Rechtsprechung bereits den Gesichtspunkt der nachehelichen Solidarität als gesonderten Prüfungspunkt angenommen hatte.[43]

---

37 BGH 12.4.2006 – XII ZR 240/03, FamRZ 2006, 1006.
38 Im Anschluss an das Senatsurteil BGH 18.11.2009 – XII ZR 65/09, BGHZ 183, 197 = FamRZ 2010, 111.
39 BGH 28.2.2007 – XII ZR 37/05, NJW 2007, 1961.
40 BGH 14.4.2010 – XII ZR 89/08, FamRZ 2010, 869.
41 BGH 12.1.2011 – XII ZR 83/08, NJW 2011, 670.
42 BGH 26.11.2008 – XII ZR 131/07, FamRZ 2009, 406.
43 Vgl. *Borth* FamRZ 2013, 165: „Ausweitung des Schutzes des nachehelichen Unterhalts bei langer Ehedauer“.

38 Eines **ausdrücklichen Antrags** hinsichtlich einer Begrenzung oder Befristung des Unterhaltsanspruchs bedarf es nicht, da es sich bei § 1578 b BGB um eine Einwendung handelt, über deren Rechtsfolgen das Gericht von sich aus zu entscheiden hat, wenn die Voraussetzungen schriftsätzlich vorgetragen sind. Ungeachtet dessen wird teilweise empfohlen, die Begrenzung oder Befristung im Rahmen eines Hilfsantrags in das Verfahren einzuführen.

233. Unterhaltsberechnung

Osthold

I. Ehegattenunterhalt nach Additionsmethode

1 Bei dieser Beispielsberechnung verfügen der Unterhaltsverpflichtete über ein monatliches bereinigtes Nettoerwerbseinkommen in Höhe von 2.900 EUR und die Unterhaltsberechtigte in Höhe von 300 EUR. Die bei der Unterhaltsberechtigten lebenden Kinder sind sieben und vier Jahre alt. Es wurde die Düsseldorfer Tabelle aus dem Jahr 2020 zugrunde gelegt.

bereinigtes Einkommen des Unterhaltsverpflichteten	2.900 EUR
abzüglich Kindesunterhalt Kind 7 Jahre (Einkommensstufe 5 abzüglich einer Stufe wegen Unterhaltsmehrbelastung, somit Stufe 4)	
Zahlbetrag nach Abzug des hälftigen Kindergeldes	– 386 EUR
abzüglich Kindesunterhalt Kind 4 Jahre (Einkommensstufe 5 abzüglich einer Stufe wegen Unterhaltsmehrbelastung, somit Stufe 4)	
Zahlbetrag nach Abzug des hälftigen Kindergeldes	– 323 EUR
Zwischenergebnis	**2.191 EUR**
abzüglich 1/10 Erwerbstätigenbonus	– 219 EUR
Ergebnis	**1.972 EUR**
bereinigtes Einkommen der Unterhaltsberechtigten	300 EUR
abzüglich 1/10 Erwerbstätigenbonus	– 30 EUR
Ergebnis	**270 EUR**
Summe beider Einkommen	2.242 EUR
geteilt durch 2 = Bedarf	1.121 EUR
abzüglich Einkommen Unterhaltsberechtigte	– 270 EUR
Ergebnis = Anspruch der Unterhaltsberechtigten	**851 EUR**

II. Konkrete Bedarfsberechnung

Beispielsrechnung anhand der üblicherweise auftretenden Bedarfspositionen: 2

Miete zuzüglich Nebenkosten	1.950 EUR
Stadtwerke München (Strom, Gas)	+ 57 EUR
Telefon Festnetz	+ 90 EUR
Handy	+ 90 EUR
Auto, Versicherung, Steuern und Reparaturrücklage	+ 250 EUR
Benzin	+ 100 EUR
Versicherungen (Hausrat, Haftpflicht)	+ 20 EUR
Kranken- und Pflegeversicherung	+ 480 EUR
Haushaltshilfe/Fensterputzer	+ 400 EUR
Lebensmittel einschließlich Getränke und Wein	+ 800 EUR
Kleidung, Schuhe, Taschen	+ 500 EUR
Friseur, Kosmetik	+ 150 EUR
Restaurantbesuche	+ 120 EUR
Kino, Theater, Konzerte	+ 100 EUR
Urlaub	+ 500 EUR
Yogakurs	+ 80 EUR
Golf	+ 200 EUR
Geschenke, Dekorationsartikel	+ 50 EUR

Reinigung, Schuster	+ 50 EUR
Lebensversicherung (Altersvorsorge)	+ 500 EUR
Summe	**6.487 EUR**

(→ *Konkreter Bedarf* Rn. 4)

III. Ehegattenunterhalt mit Wohnwert

3 Der Unterhaltsverpflichtete verfügt über ein monatliches Nettoeinkommen aus Erwerbstätigkeit in Höhe von 2.900 EUR, die Unterhaltsberechtigte in Höhe von 1.000 EUR. Sie bewohnt die Ehewohnung, an der hälftiges Miteigentum beider Ehegatten besteht, nach der Trennung allein. Ein Scheidungsverfahren ist noch nicht rechtshängig, weshalb nur der angemessene Wohnwert in Höhe von 700 EUR in Ansatz gebracht wird. Der Unterhaltspflichtige zahlt hierfür eine monatliche Darlehensrate mit Zins und Tilgung in Höhe von 380 EUR.

Einkommen Unterhaltsverpflichteter	2.900 EUR
abzüglich 5 % berufsbedingte Aufwendungen	– 145 EUR
Zwischenergebnis	**2.755 EUR**
abzüglich 1/10 Erwerbstätigenbonus	– 275,50 EUR
Zwischenergebnis	**2.479,50 EUR**
Einkommen Unterhaltsberechtigte	1.000 EUR
abzüglich 5 % berufsbedingte Aufwendungen	– 50 EUR
Zwischenergebnis	**950 EUR**
abzüglich 1/10 Erwerbstätigenbonus	– 95 EUR
Zwischenergebnis	**855 EUR**
Bedarf nach den ehelichen Lebensverhältnissen:	
bereinigtes Nettoeinkommen Unterhaltsverpflichteter	2.479,50 EUR
zuzüglich bereinigtes Nettoeinkommen Unterhaltsberechtigte	+ 855 EUR
zuzüglich angemessener Wohnwert	+ 700 EUR
abzüglich Rate	– 380 EUR
Summe	**3.654,50 EUR**
Bedarf nach Halbteilung	1.827,25 EUR
Ermittlung der Bedürftigkeit	
abzüglich bereinigtes Nettoeinkommen Unterhaltsberechtigte	– 855 EUR
abzüglich eheprägender Wohnwert	– 700 EUR
Ergebnis (Höhe des Unterhaltsanspruchs)	**272,25 EUR**

(→ *Bedarfsermittlung* Rn. 11 ff.)

IV. Ehegattenunterhalt mit Altersvorsorgeunterhalt

4 Der Unterhaltsverpflichtete hat ein bereinigtes Nettoeinkommen nach Abzug des Kindesunterhalts von 2.500 EUR. Die Unterhaltsberechtigte ist wegen Kinderbetreuung nicht erwerbstätig. Beträge sind gerundet.

bereinigtes Nettoeinkommen Unterhaltsverpflichteter	2.500 EUR
abzüglich 1/10 Erwerbstätigenbonus	– 250 EUR
Zwischenergebnis	**2.250 EUR**
Einkommen der Unterhaltsberechtigten	0 EUR
Summe beider Einkommen	2.250 EUR
geteilt durch 2 = Bedarf	1.125 EUR
Rohunterhalt = Nettobemessungsgrundlage nach Bremer Tabelle (2020)	1.125 EUR
Zuschlag: 14 %	1.283 EUR

hieraus 18,6 % = Altersvorsorgeunterhalt	239 EUR
bereinigtes Nettoeinkommen des Unterhaltsverpflichteten	2.500 EUR
abzüglich Altersvorsorgeunterhalt	– 239 EUR
Zwischenergebnis	**2.261 EUR**
abzüglich 1/10 Erwerbstätigenbonus	– 226 EUR
Zwischenergebnis	**2.035 EUR**
Einkommen der Unterhaltsberechtigten	0 EUR
Summe beider Einkommen	2.035 EUR
geteilt durch 2 = Bedarf	1.018 EUR
Anspruch Elementarunterhalt	1.018 EUR
Anspruch Altersvorsorgeunterhalt	239 EUR
Summe	**1.257 EUR**

(→ *Altersvorsorgeunterhalt*)

V. Verfahrenskostenvorschuss

Für die Berechnung des Verfahrenskostenvorschusses ist für das beabsichtigte Verfahren der vorläufige Gegenstandswert zu ermitteln, aus dem sich dann der Verfahrenskostenvorschuss errechnet. 5

vorläufiger Gegenstandswert	20.664 EUR
1,3 Verfahrensgebühr gem. Nr. 3100 VV RVG	964,60 EUR
1,2 Terminsgebühr gem. Nr. 3104 VV RVG	+ 890,40 EUR
Post- und Telekommunikationsentgelte gem. Nr. 7002 VV RVG	+ 20,00 EUR
Zwischensumme	**1.635 EUR**
19 % Mehrwertsteuer gem. Nr. 7008 VV RVG	+ 310,65 EUR
Zwischensumme	**1.945,65 EUR**
vorgelegte Gerichtskosten	+ 1.035 EUR
Summe	**2.809,65 EUR**

(→ *Mehrbedarf und Sonderbedarf beim Ehegattenunterhalt* Rn. 8 ff.)

VI. Unterhalt nach § 1615 l BGB

Die Kindsmutter beendet wegen der Kindesbetreuung ihre Berufstätigkeit. Sie hatte vorher ein Nettoeinkommen von 1.000 EUR monatlich. Sie verlangt Unterhalt vom Kindsvater für sich und das zweijährige Kind. Der Kindsvater hat ein bereinigtes Nettoeinkommen von 2.400 EUR. Die Kindesmutter erhält nur das Basiselterngeld von 300 EUR. Es wurde die Düsseldorfer Tabelle aus dem Jahr 2020 zugrunde gelegt. 6

Für den Anspruch nach § 1615 l BGB ergäbe sich generell folgende Berechnung:

bereinigtes Einkommen Kindsvater	2.200 EUR
Kindesunterhalt nach Gruppe 3 der Düsseldorfer Tabelle (hälftiges Kindergeld iHv 102 EUR bereits abgezogen = Zahlbetrag)	304 EUR
Unterhalt nach § 1615 l BGB	1.000 EUR

Kontrollberechnung:

Obergrenze ist der Grundsatz der Halbteilung	
Einkommen Kindsvater	2.200 EUR
abzüglich Kindesunterhalt 4. Gruppe der Düsseldorfer Tabelle	– 304 EUR
Zwischenergebnis	**1.896 EUR**
Die Hälfte aus 9/10 dieses Einkommens ist der Bedarf und mangels eigenem Einkommen auch der Unterhaltsanspruch	**rund 853 EUR**

Da der Unterhaltsanspruch gem. § 1615 l BGB durch den Grundsatz der Halbteilung nach oben hin begrenzt ist, beträgt er 853 EUR.

(→ *Bedarfsermittlung* Rn. 52 ff.)

VII. Ehegattenunterhalt bei Karrieresprung

7 Die Ehe des Unterhaltsverpflichteten mit der unterhaltsberechtigten Ehefrau (F 1) wurde im Januar 2017 geschieden. Aus der Ehe ist ein Kind K 1 im Alter von jetzt zwölf Jahren hervorgegangen, das bei F 1 lebt, die erwerbsunfähig ist. M erzielte bei Scheidung ein bereinigtes monatliches Nettoeinkommen von 2.800 EUR. Der Unterhalt wurde bei Scheidung wie folgt berechnet:

Kindesunterhalt für K 1 nach Düsseldorfer Tabelle 2017	552 EUR
abzüglich hälftiges Kindergeld	– 96 EUR
Zahlbetrag	**456 EUR**

bereinigtes Nettoeinkommen M	2.800 EUR
abzüglich Zahlbetrag Kindesunterhalt	– 456 EUR
Zwischenergebnis	**2.344 EUR**
abzüglich 1/10 Erwerbsanreiz	– 234,40 EUR
Summe	**2.109,60 EUR**

Daraus die Hälfte ist der Bedarf und der Unterhaltsanspruch von F 1, somit rund	**1.055 EUR**

Im Jahr 2020 erzielte M aufgrund eines Karrieresprungs ein bereinigtes monatliches Nettoeinkommen von 6.000 EUR. Er ist mit F 2 verheiratet. Aus der neuen Ehe ist ein Kind K 2 hervorgegangen. F 1 und F 2 sind gleichrangig (→ *Mehrere Bedürftige (Drittelmethode)* Rn. 20; → *Eheliche Lebensverhältnisse* Rn. 6).

Unterhaltsberechnung:

bereinigtes Einkommen M	6.000 EUR
abzüglich Kindesunterhalt K 1 entsprechend Einkommensgruppe 10 der Düsseldorfer Tabelle 2020	– 694 EUR
abzüglich Kindesunterhalt K 2 entsprechend Einkommensgruppe 10 der Düsseldorfer Tabelle 2020	– 489 EUR
Zwischenergebnis	**4.817 EUR**
abzüglich 1/10 Erwerbsanreiz	– 481,70 EUR
Summe	**4.335,30 EUR**

Aufteilung im Verhältnis 1 : 1 : 1→ M : F 1 : F 2.

F 1	1.445,10 EUR
F 2	1.445,10 EUR
M	1.445,10 EUR

Ergebnis:

Es verbleibt für F 1 bei dem bei Scheidung errechneten Ehegattenunterhalt. Eine Änderung durch die neuen Unterhaltspflichten des M ergibt sich nicht, da F 1 bei Berücksichtigung des Einkommens aufgrund des Karrieresprungs von M einen höheren Unterhalt erhielte.

(→ *Eheliche Lebensverhältnisse* Rn. 9 ff.)

234. Unterhaltsrückstand

Schausten

Für die Vergangenheit kann der rückständige Unterhalt **bei allen Unterhaltsarten** ab Rechtshängigkeit, ab Verzug und ab Zugang eines Auskunftsbegehrens zum Zweck der Prüfung eines Unterhaltsanspruchs begehrt werden. Die früher teilweise erforderliche Stufenmahnung gehört damit auch der Vergangenheit an. Dies ergibt sich für den Verwandtenunterhalt aus § 1613 BGB, für den Familienunterhalt aus der Verweisung in § 1360 a Abs. 3 BGB und beim Trennungsunterhalt aus der Verweisung in § 1361 Abs. 4 S. 4 BGB, die beide auf § 1613 BGB verweisen. Gleiches gilt für den Anspruch nicht verheirateter Eltern aus Anlass der Geburt eines Kindes gem. § 1615 l Abs. 3 S. 1 BGB. Für den nachehelichen Ehegattenunterhalt findet sich die entsprechende Regelung in § 1585 b Abs. 2 BGB. 1

Bei allen Unterhaltsarten kann der Unterhalt ab **dem Ersten des Monats** verlangt werden, in dem entweder Rechtshängigkeit oder Verzug eintraten oder das Auskunftsbegehren bezüglich der Geltendmachung von Unterhalt dem Unterhaltsschuldner zuging; Voraussetzung ist allerdings, dass der Unterhaltsanspruch dem Grunde nach bereits bestand (vgl. § 1613 Abs. 1 S. 2 BGB). 2

Darüber hinaus kann Verwandtenunterhalt, Familien- und Trennungsunterhalt und der Unterhalt nicht verheirateter Eltern aus Anlass der Geburt eines Kindes auch **für die Vergangenheit** verlangt werden, wenn er entweder aus rechtlichen Gründen oder aus tatsächlichen Gründen, die in den Verantwortungsbereich des Schuldners fallen, nicht vorher geltend gemacht werden konnte (vgl. § 1613 Abs. 2 Nr. 2 Buchst. a, b BGB). Zu den rechtlichen Gründen zählt insbesondere eine zunächst notwendige Vaterschaftsfeststellung, zu den tatsächlichen, vom Schuldner zu verantwortenden Gründen, insbesondere ein Auslandsaufenthalt oder der unbekannte Aufenthalt. 3

Nachehelicher Unterhalt kann bei Verzug für eine **mehr als ein Jahr vor Rechtshängigkeit** liegende Zeit nur dann verlangt werden, wenn sich der Verpflichtete **absichtlich seiner Leistung entzogen** hat (§ 1585 b Abs. 3 BGB). Reicht der Berechtigte allerdings einen Verfahrenskostenhilfeantrag mit einem schlüssigen Antragsentwurf ein, über den das Gericht trotz regelmäßiger Erinnerung erst nach ca. acht Monaten entscheidet, ist § 167 ZPO mit der Folge anwendbar, dass die Frist des § 1585 b Abs. 3 BGB nicht vom Zeitpunkt der Rechtshängigkeit, sondern von der Anbringung des Verfahrenskostenhilfeantrags zu berechnen ist.[1] Für den **absichtlichen Leistungsentzug** genügt jedes zweckgerichtete Verhalten des Unterhaltsschuldners, welches geeignet ist, die zeitnahe Realisierung der Unterhaltsschuldner zu verhindern oder wesentlich zu erschweren.[2] Die Darlegungs- und Beweislast für den absichtlichen Leistungsentzug hat der Berechtigte; es reicht jedoch aus, wenn er solche Umstände vorträgt, die nach der allgemeinen Lebenserfahrung den Rückschluss auf ein Entziehen des Schuldners zulassen; sind diese Voraussetzungen erfüllt, muss der Schuldner die gegen ihn sprechende Vermutung entkräften, indem er Tatsachen darlegt und beweist, die den Anschein eines absichtlichen Verhaltens entkräften. 4

Werden **Unterhaltsansprüche auf den Sozialhilfeträger übergeleitet** oder gehen diese auf ihn über, kann der Unterhalt darüber hinaus auch ab dem Zugang der sog. **Rechtswahrungsanzeige** verlangt werden. Dabei reicht es aus, wenn dem Unterhaltsschuldner schriftlich mitgeteilt wird, dass der Sozialhilfeträger Hilfe gewährt, in der Rechtswahrungsanzeige muss kein Betrag, auf den der Schuldner in Anspruch genommen werden soll, beziffert werden. Eine **Rechtswahrungsanzeige** iSv § 33 Abs. 3 SGB II wirkt grundsätzlich nur für künftig fällig werdende Unterhaltsansprüche. Soweit die Voraussetzungen für die Durchsetzung rückständigen Unterhalts nach bürgerlichem Recht gegeben sind, weil zB der Hilfeempfänger selbst Auskunft zur Durchsetzung seiner Ansprüche verlangt hat, wirkt dies zugunsten der sozialrechtlichen Leistungsträger, weil der gesetzliche Forderungsübergang sich auf alle Rückstände erstreckt.[3] 5

1 OLG Hamm 10.11.2006 – 7 WF 166/06, FamRZ 2007, 1468.
2 BGH 5.10.1988 – IVb ZR 91/87, NJW 1989, 526.
3 AG Flensburg 10.8.2012 – 92 F 328/10, SchlHA 2013, 253.

6 Bei einem **Stufenantrag** in einem gerichtlichen Unterhaltsverfahren tritt bereits mit Zustellung des Antrags auch für den mit dem Auskunftsbegehren verbundenen unbezifferten Unterhaltsantrag Rechtshängigkeit ein.[4] Hingegen führt die formlose Übersendung eines Antrags auf Verfahrenskostenhilfe für einen beabsichtigten Stufenantrag mit unbezifferter Unterhaltsforderung nicht zur Rechtshängigkeit, allerdings steht die Übersendung des Antrags einer Mahnung gleich, weshalb ab diesem Zeitpunkt (bzw. ab dem Ersten des Monats, in dem die Zusendung erfolgt) der Unterhaltsrückstand verlangt werden kann.[5]

7 Für das **Auskunftsbegehren** als Voraussetzung für die Möglichkeit, später rückständigen Unterhalt geltend machen zu können, reicht es aus, dass diese Auskunft zum Zwecke der Geltendmachung von Unterhaltsansprüchen verlangt wurde. Da es sich bei dem Auskunftsbegehren regelmäßig um ein außergerichtliches Schreiben handelt, ist es wichtig, dass der **Zugangszeitpunkt** seitens des Berechtigten eindeutig **nachgewiesen** werden kann. Hat der Berechtigte den Unterhaltsschuldner zum Zwecke der Geltendmachung des Unterhaltsanspruchs nur aufgefordert, über seine Einkünfte und sein Vermögen Auskunft zu erteilen, kann er, nachdem die Auskunft erteilt ist, die Wirkungen dieser Aufforderung nur dadurch aufrechterhalten, dass er nunmehr zeitnah den Unterhaltsschuldner zur Zahlung eines bezifferten Unterhalts auffordert; eine Bezifferung nach zwei Jahren reicht nicht mehr aus.[6]

8 Zu den Voraussetzungen → *Verzug mit Unterhaltszahlungen* Rn. 1 ff.

4 BGH 15.11.1989 – IVb ZR 3/89, NJW-RR 1990, 323.
5 BGH 15.11.1989 – IVb ZR 3/89, NJW-RR 1990, 323.
6 OLG Karlsruhe 16.2.2006 – 16 WF 26/06, NJW-RR 2006, 872.

235. Unterhaltsverzicht

Schausten

I. Einführung

Bei der Prüfung, ob ein Verzicht auf Unterhalt möglich oder wirksam ist, muss zwischen den Vorschriften des § 1585 c BGB für den **nachehelichen Ehegattenunterhalt** (→ *Vereinbarungen zum nachehelichen Unterhalt* Rn. 1 ff.) und des § 1614 BGB für den **Verwandtenunterhalt** (→ *Vereinbarungen zum Kindesunterhalt* Rn. 1 ff.) unterschieden werden. 1

II. Regelungsgehalt des § 1614 BGB

1. Überblick

Bei der Vorschrift handelt es sich um ein **gesetzliches Verbot**, eine gegen das Verzichtsverbot verstoßende Vereinbarung ist gem. §§ 134, 139 BGB nichtig. Der Regelungsgehalt der Vorschrift ist nicht disponibel.[1] 2

Über entsprechende **Verweisungen** ist § 1614 BGB auch auf den Anspruch auf Familienunterhalt (§ 1360 a Abs. 3 BGB), den Anspruch auf **Trennungsunterhalt** (§ 1361 Abs. 4 BGB), den Unterhaltsanspruch während einer bestehenden **Lebenspartnerschaft** (§ 5 Abs. 2 LPartG), den Trennungsunterhaltsanspruch zwischen Lebenspartnern (§ 12 S. 2 LPartG) sowie den **Unterhaltsanspruch aus Anlass der Geburt** (§ 1615 l Abs. 3 S. 1 BGB) anzuwenden. 3

2. Einzelheiten zum Verzichtsverbot

Das Verzichtsverbot betrifft nur **Ansprüche auf künftigen Unterhalt**, auf bereits entstandene Unterhaltsansprüche kann hingegen verzichtet werden. Das Verbot, auf künftigen Unterhalt zu verzichten, schließt vergleichsweise Regelungen, die **bestehende Ansprüche** in einem noch angemessenen Rahmen **verkürzen**, nicht aus. Dabei sind Unterschreitungen des gesetzlichen Unterhaltsanspruchs in der Größenordnung von bis zu 20 % unproblematisch,[2] während Verkürzungen um mehr als ein Drittel nicht mehr hinzunehmen sind. Im Bereich dazwischen bedarf es einer Abwägung nach den Umständen des Einzelfalls.[3] 4

Von dem Unterhaltsverzicht zu **unterscheiden** sind Unterhaltsvereinbarungen über die **Freistellung eines Elternteils** durch den anderen. Bei elterlichen Vereinbarungen zu Fragen des Kindesunterhalts (→ *Vereinbarungen zum Kindesunterhalt*) handelt es sich regelmäßig um einen Vertrag zwischen den Eltern, der nur zwischen ihnen, nicht aber für und gegen das Kind Rechtswirkungen zu entfalten vermag.[4] Derartige Vereinbarungen beinhalten lediglich, dass sich ein Elternteil gegenüber dem anderen verpflichtet, den gesamten Unterhalt für das Kind allein zu bezahlen. Das Kind ist hieran nicht gebunden und kann trotzdem den Kindesunterhalt einklagen,[5] auch wenn das Verfahren seitens des Elternteils, der den anderen von den Kindesunterhaltsansprüchen freigestellt hat, in gesetzlicher Prozessstandschaft oder als gesetzlicher Vertreter des Kindes geführt wird.[6] 5

---

1 HK-FamR/*Pauling* BGB § 1614 Rn. 1.
2 OLG Düsseldorf 19.6.2000 – 5 WF 114/00, NJWE-FER 2000, 307.
3 OLG Hamm 15.3.2006 – 11 WF 47/06, NJW 2006, 3012.
4 BGH 25.2.1987 – IVb ZR 96/85, NJW-RR 1987, 709.
5 OLG Jena 3.7.2008 – 1 UF 141/08, NJW-RR 2008, 1678.
6 OLG Stuttgart 8.2.2006 – 18 WF 257/05, NJW-RR 2007, 151.

6 Freistellungsvereinbarungen in einem **Scheidungsfolgenvergleich**, in denen sich einer der Ehegatten verpflichtet, den Unterhalt für das gemeinschaftliche Kind allein aufzubringen, sind grundsätzlich nicht wegen Verstoßes gegen § 1614 BGB unwirksam. Zu berücksichtigen ist aber die Rechtsprechung des Bundesverfassungsgerichts: Soll nach dem Willen der Eltern im Falle der Scheidung ein Elternteil die alleinige Sorge für das gemeinsame Kind tragen sowie dessen Betreuung übernehmen und vereinbaren die Eltern für diesen Fall eine Freistellung des nicht betreuenden Elternteils vom Kindesunterhalt durch den Betreuenden, werden sie ihrer Verantwortung dem Kinde gegenüber nicht gerecht und gefährden dessen Wohl, wenn dadurch eine den **Interessen des Kindes** entsprechende Betreuung und ein den Verhältnissen beider Eltern angemessener Barunterhalt nicht mehr sichergestellt sind. Nur wenn dem sorgenden Elternteil ein Einkommen verbleibt, das den angemessenen Lebensunterhalt des Kindes, den eigenen Unterhalt und die Betreuungskosten deckt, ist eine durch die Freistellungsabrede eintretende Beeinträchtigung der Kindesinteressen auszuschließen.[7]

7 Aus einer von den Eltern vereinbarten **Begrenzung des Kindesunterhalts**, kann auf ein – konkludentes – Freistellungsversprechen des die Kinder betreuenden Elternteils zugunsten des anderen Elternteils (über die Differenz zum gesetzlichen Unterhalt) nicht allein deswegen geschlossen werden, weil dem betreuenden Elternteil bewusst war, dass der gesetzliche Unterhalt durch die Vereinbarung nicht ausgeschöpft wird.[8]

8 Da der **Anspruch auf Freistellung** von einer Unterhaltspflicht selbst **kein Unterhaltsanspruch** ist, handelt es sich bei einer Freistellungsabrede nicht um eine Unterhaltsvereinbarung im eigentlichen Sinne. Daher können auch die Grundsätze über die vertragliche Bemessung des Unterhalts und die Anpassung von Unterhaltsvereinbarungen an veränderte Verhältnisse nicht unmittelbar angewendet werden, wenn die Anpassung einer Freistellungsvereinbarung in Rede steht. Die allgemeinen Regeln über das Fehlen und den Wegfall der Geschäftsgrundlage gelten aber auch für die Freistellungsvereinbarungen, denn sie sind als Ausprägung des § 242 BGB ebenso wie für schuldrechtliche Verträge auch für Verträge des Familienrechts anwendbar. Nach den Grundsätzen des Wegfalls der Geschäftsgrundlage kann deshalb eine **Anpassung einer Freistellungsabrede** dahin in Betracht kommen, dass der Freistellungsanspruch erloschen ist.[9]

3. Vorauszahlungsrisiko (Abs. 2)

9 Derjenige, der einem Verwandten oder seinem Ehegatten während bestehender Ehe zum Unterhalt verpflichtet ist, handelt auf eigene Gefahr, wenn er Vorauszahlungen auf den Unterhalt für mehr als drei Monate leistet (§§ 1614 Abs. 2, 760 Abs. 2, 1361 Abs. 4, 1360 a Abs. 3 BGB). Leistet er Vorauszahlungen für einen längeren Zeitraum und benötigt der Unterhaltsberechtigte nach Ablauf von drei Monaten erneut Mittel für seinen Lebensunterhalt, etwa weil er sich die Vorauszahlungen nicht richtig eingeteilt oder sie verschwendet hat oder weil ihm das Geld abhandengekommen ist, so muss der Unterhaltsverpflichtete erneut leisten.[10]

4. Prozessuale Hinweise

10 Die Vereinbarung einer Freistellung von Kindesunterhaltszahlungen kann in dem Unterhaltsprozess des Kindes nicht im Wege der Widerklage gegen den das Kind gesetzlich vertretenden Ehegatten geltend gemacht werden. Insoweit handelt es sich um eine sog. **isolierte Drittwiderklage**, die durch § 33 ZPO nicht abgedeckt und grundsätzlich unzulässig ist.[11]

III. Regelungsgehalt des § 1585 c BGB

11 Gem. § 1585 c BGB können die Ehegatten Vereinbarungen über den **nachehelichen Ehegattenunterhalt** treffen (→ *Vereinbarungen zum nachehelichen Unterhalt* Rn. 1 ff.). Wenn eine solche Vereinbarung vor

7 BVerfG 6.2.2001 – 1 BvR 12/92, NJW 2001, 957.
8 BGH 4.3.2009 – XII ZR 18/08, NJW 2009, 1667.
9 OLG Köln 23.11.1994 – 27 UF 48/94, NJW-RR 1995, 1474.
10 BGH 16.6.1993 – XII ZR 6/92, NJW 1993, 2105.
11 OLG Düsseldorf 14.1.1999 – 3 WF 240/98, FamRZ 1999, 1665.

Rechtskraft der Ehescheidung getroffen wird, bedarf sie der notariellen Beurkundung; diese kann durch gerichtliche Protokollierung in einem Verfahren in Ehesachen vor dem Prozessgericht protokolliert werden. Ein Verzicht auf den zukünftigen nachehelichen Ehegattenunterhalt ist – anders als beim Verwandten- und Trennungsunterhalt – grundsätzlich möglich. Für Mustervereinbarungen → *Vereinbarungen zum nachehelichen Unterhalt* Rn. 3 ff.

IV. Inhaltskontrolle der Vereinbarung

1. Materielle Rechtslage

Bis in das Jahr 2001 hinein ging die Rechtsprechung davon aus, dass die Ehegatten bezüglich des nachehelichen Unterhalts volle Vertragsfreiheit haben:[12] Eine besondere Inhaltskontrolle, ob die Regelung angemessen ist, fand – abgesehen von Vereinbarungen nach § 1587 o BGB – nicht statt. Der Verzicht auf nachehelichen Unterhalt berühre nicht einen Kernbereich der Ehe.[13] Auch werde das Wesen der Ehe nicht dadurch mitbestimmt, dass eine „wirtschaftliche Lebensgemeinschaft" entstehe oder dass die Ehegatten bei Auflösung der Ehe an den während ihres Bestehens eingetretenen vermögensrechtlichen Veränderungen beteiligt würden. 12

Erst **zwei grundlegende Entscheidungen** des Bundesverfassungsgerichts[14] zwangen die Rechtsprechung zu einer Änderung dieser Auffassung: Der Staat habe der Freiheit der Ehegatten, ihre ehelichen und rechtlichen Beziehungen durch Vertrag zu gestalten, dort Grenzen zu setzen, wo der Vertrag nicht Ausdruck und Ergebnis gleichberechtigter Lebenspartnerschaft sei, sondern eine einseitige Dominanz eines Ehegatten widerspiegele (→ *Vereinbarungen zum nachehelichen Unterhalt* Rn. 1 ff.). 13

Auch weiterhin vertritt die Rechtsprechung die Auffassung, dass die gesetzlichen Regelungen über nachehelichen Unterhalt, Zugewinn und Versorgungsausgleich **grundsätzlich** der **vertraglichen Disposition** der Ehegatten unterliegen; einen unverzichtbaren Mindestgehalt an Scheidungsfolgen zugunsten des berechtigten Ehegatten kennt das geltende Recht nicht.[15] Diese grundsätzliche Disponibilität der Scheidungsfolgen darf indes nicht dazu führen, dass der Schutzzweck der gesetzlichen Regelungen durch vertragliche Vereinbarungen beliebig unterlaufen werden kann. Nach Auffassung der Rechtsprechung wäre dies dann der Fall, wenn dadurch eine evident einseitige und durch die individuelle Gestaltung der ehelichen Lebensverhältnisse nicht gerechtfertigte Lastenverteilung entstünde, die für den belasteten Ehegatten als unzumutbar erscheint. Der Bundesgerichtshof zieht daraus die Schlussfolgerung, dass die Belange des belasteten Ehegatten einer umso genaueren Prüfung bedürfen, je unmittelbarer die vertragliche Regelung in den sog. **Kernbereich des Scheidungsfolgenrechts** eingreift (→ *Inhalts- und Ausübungskontrolle* Rn. 1 ff.). 14

Bei der Ausrichtung am Kernbereich der Scheidungsfolgen kann für deren Disponibilität eine Abstufung vorgenommen werden, die sich danach bemisst, welche Bedeutung die jeweilige Regelung für den Berechtigten in seiner jeweiligen Lebenssituation hat. Diese **Abstufung** hat die Rechtsprechung seither im Wesentlichen wie folgt vorgenommen, wobei die Scheidungsfolgen der vertraglichen Disposition umso weiter zugänglich sind, je höher ihre Stufe ist: 15

- **1. Stufe**: der Betreuungsunterhalt gem. § 1570 BGB;
- **2. Stufe**: der Krankheitsunterhalt gem. § 1572 BGB, der Altersunterhalt gem. § 1571 BGB und der Versorgungsausgleich wegen seiner Funktion als vorweggenommener Altersunterhalt;
- **3. Stufe**: der Unterhalt wegen Erwerbslosigkeit gem. § 1573 Abs. 1 BGB;
- **4. Stufe**: der Kranken- und Altersvorsorgeunterhalt gem. §§ 1578 Abs. 2, 1578 Abs. 3 BGB;
- **5. Stufe**: der Aufstockungsunterhalt gem. § 1573 Abs. 2 BGB, der Ausbildungsunterhalt gem. § 1575 BGB;
- **6. Stufe**: der Zugewinnausgleich.

---

12 BGH 2.10.1996 – XII ZB 1/94, NJW 1997,192.
13 BGH 24.4.1985 – IVb ZR 22/84, FamRZ 1985, 788.
14 BVerfG 6.2.2001 – 1 BvR 12/92, NJW 2001, 957; 29.3.2001 – 1 BvR 1766/92, NJW 2001, 2248.
15 BGH 11.2.2004 – XII ZR 265/02, NJW 2004, 930.

2. Wirksamkeits- und Ausübungskontrolle

16 Die nach der Kernbereichslehre vorzunehmende richterliche Inhaltskontrolle unterscheidet zwischen der Wirksamkeitskontrolle und der Ausübungskontrolle (→ *Inhalts- und Ausübungskontrolle* Rn. 1 ff.). Im Rahmen der Wirksamkeitskontrolle wird die **Sittenwidrigkeit der ehevertraglichen Regelungen** anhand der gesamten Umstände bei Abschluss der Vereinbarung geprüft.[16] Dabei ist in der Regel die gesamte Vereinbarung als nichtig anzusehen, wenn sich die Sittenwidrigkeit einzelner Klauseln ergibt.[17]

17 Ergibt die Wirksamkeitskontrolle nicht, dass die Vereinbarung als nichtig anzusehen ist, ist im Rahmen der Ausübungskontrolle zu überprüfen, ob sich nunmehr – im Zeitpunkt des Scheiterns der Lebensgemeinschaft – aus der vertraglichen Regelung der Scheidungsfolge eine **evident einseitige Lastenverteilung** ergibt, die hinzunehmen für den belasteten Ehegatten unzumutbar ist (→ *Inhalts- und Ausübungskontrolle* Rn. 10).[18] Stellt sich im Rahmen der Ausübungskontrolle heraus, dass eine unzumutbare einseitige Lastenverteilung gegeben ist, ist die vertragliche Vereinbarung grundsätzlich nur **insoweit anzupassen**, dass die als ehebedingt anzusehenden Nachteile des belasteten Ehegatten ausgeglichen werden.[19]

3. Rechtsprechung

18 ■ **OLG Köln 2.10.2009 – 4 WF 110/09, FamFR 2010, 23**:

1. Bei Eheverträgen ist im Rahmen einer **Wirksamkeitskontrolle** zu prüfen, ob die Vereinbarung schon im Zeitpunkt ihres Zustandekommens offenkundig zu einer derart einseitigen Lastenverteilung für den Scheidungsfall führt, dass ihr wegen Verstoßes gegen die guten Sitten die Anerkennung der Rechtsordnung ganz oder teilweise mit der Folge zu versagen ist, dass an ihre Stelle die gesetzlichen Regelungen treten, wobei eine Gesamtwürdigung erforderlich ist, die auf die individuellen Verhältnisse beim Vertragsabschluss abstellt.
2. Zum **Kernbereich der Scheidungsfolgen** gehört in erster Linie der Betreuungsunterhalt. Haben Parteien die Zahlung von Betreuungsunterhalt, dessen Höhe sich an den Lebenshaltungskosten orientiert, bis zum Alter der Kinder von knapp 14 und zwölf Jahren vereinbart, wurde die wesentliche Betreuungszeit der Kinder abgedeckt.
3. Der **Unterhaltsanspruch wegen Alters und Krankheit** unterliegt nicht einem grundsätzlichen Ausschluss der vertraglichen Disposition.
4. Nach denselben Kriterien wie bei einem Verzicht auf Altersunterhalt müssen Vereinbarungen über den **Versorgungsausgleich** geprüft werden, da dieser als vorweggenommener Altersunterhalt zu verstehen ist.

■ **OLG Hamm 30.1.2009 – 10 UF 284/07, FamRZ 2009, 1678**: Ein Ehevertrag, bei dessen Abschluss sich die Ehefrau wegen Betreuung eines Kleinkindes und Arbeitslosigkeit in einer **unterlegenen Verhandlungsposition** befand, und in dem sämtliche nachehelichen Rechte der Ehefrau ausgeschlossen wurden, nämlich sowohl der Anspruch auf Versorgungsausgleich und Durchführung des Zugewinnausgleichs als auch jegliche Art von Unterhaltsansprüchen und damit insbesondere auch der zum Kernbereich des gesetzlichen Scheidungsfolgenrechts gehörende Anspruch auf Betreuungsunterhalt, ist insgesamt **wegen Sittenwidrigkeit nichtig**, wenn die Nachteile der Ehefrau durch keinerlei ihr günstige Regelungen abgemildert werden, und dem Ehemann keine die Benachteiligung der Ehefrau rechtfertigenden berechtigten Belange bzw. subjektiven Beweggründe zugutekommen.

■ **BGH 5.11.2008 – XII ZR 157/06, NJW 2009, 842**:

1. Eine **Inhaltskontrolle** von Eheverträgen kann **nicht nur zugunsten** des unterhaltbegehrenden Ehegatten veranlasst sein, sondern im Grundsatz auch zugunsten des auf Unterhalt in Anspruch genommenen Ehegatten.

16 HK-FamR/*Lier/Sanders* BGB § 1585 c Rn. 13.
17 BGH 17.5.2006 – XII ZB 250/03, NJW 2006, 2331.
18 BGH 11.2.2004 – XII ZR 265/02, NJW 2004, 930.
19 BGH 28.11.2007 – XII ZR 132/05, NJW 2008, 1080.

2. Für die Beurteilung, ob die subjektiven Elemente der Sittenwidrigkeit eines Ehevertrages vorliegen, kann jedenfalls dann nicht auf konkrete Feststellungen hierzu verzichtet werden, wenn ein Ehegatte dem anderen Leistungen verspricht, für die es keine gesetzliche Grundlage gibt. In solchen Fällen scheidet eine tatsächliche Vermutung für eine **Störung der Vertragsparität** aus.
3. Eine Unterhaltsvereinbarung kann **sittenwidrig** sein, wenn die Ehegatten damit auf der Ehe beruhende Familienlasten zum **Nachteil des Sozialleistungsträgers** regeln. Das kann auch dann der Fall sein, wenn durch die Unterhaltsabrede bewirkt wird, dass der über den gesetzlichen Unterhalt hinaus zahlungspflichtige Ehegatte finanziell nicht mehr in der Lage ist, seine eigene Existenz zu sichern und deshalb ergänzender Sozialleistungen bedarf.

- **OLG Celle 22.10.2007 – 19 UF 188/06, FamRZ 2008, 1191**: Haben die Ehegatten in einem notariellen Ehevertrag für den Fall der Scheidung in einer Scheidungsfolgenvereinbarung die Gütertrennung vereinbart, den Versorgungsausgleich ausgeschlossen und schließlich wechselseitig auf nachehelichen Unterhalt verzichtet, dann begründet die vorzunehmende richterliche Wirksamkeitskontrolle des Vertragsinhalts nicht dessen Sittenwidrigkeit infolge einer im Zeitpunkt des Vertragsabschlusses bestehenden **Schwangerschaft der Ehefrau**, da die Vereinbarung schon im Zeitpunkt ihres Zustandekommens offenkundig nicht zu einer evident einseitigen Lastenverteilung im Scheidungsfall führt.

- **OLG München 24.4.2007 – 4 UF 330/06**: Sind die Parteien durch den Notar ausführlich auf die Folgen des (teilweisen) Verzichts auf den Versorgungsausgleich und den Unterhalt hingewiesen worden, haben sie weder ein Rücktrittsrecht noch eine Ausgleichszahlung vereinbart und war die Partei, die sich auf die Unwirksamkeit des Ehevertrages beruft, bei Vertragsabschluss nicht in einer Drucksituation und in der Lage, die Folgen der Regelungen zu übersehen, ist von der **Wirksamkeit des Vertrages** auszugehen.

- **BGH 28.3.2007 – XII ZR 130/04, NJW 2007, 2851**: Eine Vereinbarung, nach welcher der **Betreuungsunterhalt** bereits dann entfallen soll, wenn das jüngste Kind das 6. Lebensjahr vollendet hat, ist nicht schlechthin sittenwidrig; entscheidend sind vielmehr die Umstände des Einzelfalles.

- **BGH 28.2.2007 – XII ZR 165/04, NJW 2007, 2848**:

1. Ein Ehevertrag, durch den der vereinbarte nacheheliche Unterhalt nach den **Einkommensverhältnissen bei Vertragsschluss** bemessen worden ist, ist nicht deshalb unwirksam, weil darin eine Anpassung an künftige Einkommenssteigerungen des Unterhaltspflichtigen ausgeschlossen wurde. Auch eine richterliche Vertragsanpassung nach § 242 BGB ist im Fall späterer Einkommenssteigerungen nicht gerechtfertigt.
2. Sind die Ehegatten bei der Bemessung des nachehelichen Unterhalts davon ausgegangen, dass der voraussichtlich unterhaltsberechtigte Ehegatte in der Ehe die Haushaltsführung und Kindesbetreuung mit einer teilweisen Erwerbstätigkeit verbinden werde, so kommt, wenn dieser Ehegatte in der Ehe nicht erwerbstätig ist, eine richterliche Vertragsanpassung nur in Betracht, wenn die vorgestellte, aber nicht verwirklichte Teilerwerbstätigkeit dieses Ehegatten erheblich sein sollte und ihm ein unverändertes Festhalten am Ehevertrag deshalb nicht zumutbar ist.
3. Die **richterliche Vertragsanpassung** führt in einem solchen Fall nur in dem Umfang zu einer Anhebung des vereinbarten Unterhalts, in dem der unterhaltsberechtigte Ehegatte nach den Vorstellungen der Ehegatten im Zeitpunkt des Vertragsschlusses einer Teilerwerbstätigkeit hätte nachgehen sollen; hinsichtlich des Teils seiner Arbeitskraft, den dieser Ehegatte nach den dem Vertrag zugrunde liegenden Vorstellungen der Ehegatten auf die Haushaltsführung und Kindesbetreuung hätte verwenden sollen, bewendet es dagegen bei der ehevertraglichen Unterhaltsregelung.
4. Durch die richterliche Vertragsanpassung darf der Ehegatte nicht besser gestellt werden, als er sich ohne die Ehe und seinen mit dieser einhergehenden Erwerbsverzicht stünde.

- **OLG Hamm 7.2.2007 – 5 UF 111/06, FuR 2007, 177**:

1. Die vertragliche **Beschränkung des Betreuungsunterhalts** auf den Zeitpunkt der Vollendung des 14. Lebensjahres des jüngsten Kindes stellt eine erhebliche Einschränkung des gesetzlichen An-

spruchs auf Betreuungsunterhalt dar, die auch elementare Kindesbelange betrifft. Diese Regelung benachteiligt den unterhaltsberechtigten Ehegatten in sittenwidriger Weise.

2. Die vertragliche **Herabsetzung des Betreuungsunterhalts** auf einen geringeren Betrag als dem erzielbaren Einkommen des Unterhaltsberechtigten führt ebenfalls zu einer sittenwidrigen Benachteiligung des Unterhaltsberechtigten, wenn diese nicht durch die weiteren Regelungen des Ehevertrags in angemessener Weise kompensiert wird.

- **OLG München 12.12.2006 – 2 UF 1148/06, FamRZ 2007, 1244**: Ein Ehevertrag zwischen einem Deutschen und einer russischen Staatsangehörigen ist sittenwidrig und insgesamt nichtig, wenn durch die weitgehende **Einschränkung des Kindesbetreuungsunterhalts** und den gänzlichen **Ausschluss des Versorgungsausgleichs** eine einseitige Schlechterstellung der Ehefrau herbeigeführt wird, die Einseitigkeit dieser vertraglichen Regelungen durch den sonstigen Inhalt des Ehevertrages noch verstärkt wird (vereinbarte Gütertrennung, vollständiger Ausschluss sonstiger Unterhaltsansprüche und Regelung der Zuweisung der Ehewohnung sowie Hausratsverteilung zulasten der Ehefrau) und die Ehefrau sich beim Vertragsschluss in einer erheblich **schwächeren wirtschaftlichen Position** sowie einer erheblichen Drucksituation befand, weil wegen der ablaufenden Aufenthaltserlaubnis eine schnelle Heirat erforderlich war.

- **OLG Saarbrücken 5.12.2006 – 2 UF 18/06, NJW-RR 2007, 654**:

1. Ein im notariellen Ehevertrag vereinbarter **Globalverzicht** auf den Versorgungsausgleich sowie jeglichen nachehelichen Unterhalt einschließlich des Betreuungsunterhalts und des Altersvorsorgeunterhalts, der als Bestandteil des Lebensbedarfs dann gleichen Rang mit dem jeweiligen Unterhaltstatbestand haben kann, wenn damit ehebedingte Nachteile ausgeglichen werden sollen, hält einer Inhaltskontrolle nicht stand, wenn dadurch Regelungen (und zwar auch aus dem Kernbereich des gesetzlichen Scheidungsfolgenrechts) ganz oder zu ganz erheblichen Teilen abbedungen sind, ohne dass der hierdurch bedingte Nachteil durch anderweitige Vorteile gemildert oder durch besondere Umstände gerechtfertigt wird.
2. Dies ist nach der gebotenen **Gesamtwürdigung** der individuellen Verhältnisse der Ehegatten dann anzunehmen, wenn nach dem geplanten Zuschnitt der Ehe der Ehemann weiter seiner Erwerbstätigkeit nachgehen und damit als Alleinverdiener das Familieneinkommen erzielen sowie Rentenanwartschaften erwerben sollte, während eine nennenswerte Erwerbstätigkeit der im Übrigen auch nicht erkennbar über Vermögen verfügenden Ehefrau, die arbeitslos und ohne abgeschlossene Berufsausbildung war und bereits das bei ihr lebende sechsjährige Kind aus einer früheren Verbindung zu betreuen hatte, wegen der von ihr zu übernehmenden Haushaltsführung und der Betreuung des erwarteten gemeinsamen Kindes zum Zeitpunkt des Vertragsschlusses nicht geplant war und bis auf Weiteres auch nicht erwartet werden konnte.

- **BGH 22.11.2006 – XII ZR 119/04, NJW 2007, 907**: Zur **Unwirksamkeit** eines ehevertraglichen Unterhaltsverzichts, durch den sich ein Ehegatte von jeder Verantwortung für seinen **aus dem Ausland eingereisten Ehegatten** freizeichnet, wenn dieser seine bisherige Heimat endgültig verlassen hat, in Deutschland (jedenfalls auch) im Hinblick auf die Eheschließung ansässig geworden ist und schon bei Vertragsschluss die Möglichkeit nicht fern lag, dass er sich im Falle des Scheiterns der Ehe nicht selbst werde unterhalten können.

- **BGH 25.10.2006 – XII ZR 144/04, NJW 2007, 904**: Zur Frage, unter welchen Voraussetzungen ein ehevertraglicher Verzicht auf nachehelichen Unterhalt den **Träger der Sozialhilfe belastet** und deshalb nach § 138 Abs. 1 BGB sittenwidrig ist.

V. Prozessuale Hinweise

19 Der Beteiligte, der sich auf die Unwirksamkeit der ehevertraglichen Vereinbarung oder die Notwendigkeit einer Anpassung beruft, hat die entsprechenden Umstände darzulegen und zu beweisen.

236. Unterhaltsvorschuss

Conradis

I. Einführung

Der Unterhaltsvorschuss – im Unterhaltsvorschussgesetz (UVG) als Unterhaltsleistung bezeichnet – stellt eine Sozialleistung für Kinder dar, die bei einem **alleinstehenden Elternteil** leben. Auch wenn es Ziel des Gesetzes ist, die alleinstehenden Elternteile zu entlasten, so handelt es sich doch um eine Leistung, die **an die Kinder** erbracht wird. Insoweit unterscheidet sich diese Sozialleistung vom Kindergeld und vom Elterngeld, welche den Elternteilen zustehen. Allerdings wird in § 2 UVG eine Anrechnung des Kindergeldes – welches der Elternteil erhält – auf die Leistung nach dem UVG vorgenommen. 1

Ein Anspruch auf Unterhaltsvorschussleistungen kann bei einer Trennung von Ehegatten entstehen, wenn der andere Elternteil keinen oder einen zu geringen Unterhalt zahlt. Von erheblicher praktischer Bedeutung ist der **Übergang der Ansprüche** auf die Unterhaltsvorschusskasse (→ *Übergang von Unterhaltsansprüchen* Rn. 13). 2

Leistungen des Unterhaltsvorschusses werden auf den Unterhaltsanspruch des Kindes angerechnet. Eine Anrechnung erfolgt auch bei Leistungen nach dem BAföG;[1] hingegen wird eine Anrechnung auf den Kinderzuschlag nur noch zum Teil vorgenommen, so dass auch bei Bezug von Unterhaltsvorschuss ein Anspruch auf Kinderzuschlag in Betracht kommt (→ *Kinderzuschlag* Rn. 4). 3

II. Gesetzliche Regelung des Unterhaltsvorschusses

1. Personenstand des Elternteils

Erste Anspruchsvoraussetzung ist der Personenstand des Elternteils, bei dem das Kind lebt. Der Elternteil muss ledig, verwitwet oder geschieden sein. Ist der Elternteil verheiratet, muss er von seinem Ehegatten dauernd getrennt leben. Damit sind Kinder vom Unterhaltsvorschuss ausgeschlossen, wenn der Elternteil heiratet und mithin das Kind in einer Familie mit einem **Stiefelternteil** lebt. Die verfassungsrechtlichen Bedenken wurden vom Bundesverfassungsgericht[2] nicht geteilt. 4

Ob ein Elternteil als **dauernd getrennt lebend** zu betrachten ist, richtet sich nach der familienrechtlichen Auslegung. Es muss also nach dieser Vorschrift entweder ein dauerndes Getrenntleben iSd § 1567 BGB vorliegen oder eine tatsächliche Trennung unter den dort genannten Umständen. Getrenntleben im Sinne dieser Vorschrift ist auch innerhalb einer Wohnung möglich, wenn die im Familienrecht aufgestellten Voraussetzungen vorliegen, also insbesondere eine getrennte Haushaltsführung vorliegt. Darüber hinaus gilt ein verheirateter Elternteil, bei dem das Kind lebt, auch dann als getrennt lebend, wenn sein Ehegatte wegen Krankheit oder Behinderung oder aufgrund gerichtlicher Anordnung für voraussichtlich wenigstens sechs Monate in einer Anstalt untergebracht ist (§ 1 Abs. 2 UVG). 5

Ein Kind lebt jedoch auch dann nur bei einem Elternteil, wenn die Mutter mit dem biologischen Vater zusammenlebt, der nicht der gesetzliche Vater ist.[3] Großeltern hingegen haben keinen Anspruch, auch wenn das Kind dauernd bei ihnen lebt. 6

1 BVerwG 27.2.2020 – 5 C 5.19, FamRZ 2020, 1230.
2 BVerfG 3.3.2004 – 1 BvL 13/00, BVerfGK 3, 22 Nr. 5.
3 VG Freiburg 5.3.2008 – 7 K 1405/06, FamRZ 2009, 258.

2. Höhe der Leistung

7 Durch die Reform des Unterhaltsvorschussrechts mit Wirkung zum 1.7.2017 ist der Kreis der Berechtigten erheblich erweitert worden. Nun können Kinder bis zur Volljährigkeit Leistungen erhalten, außerdem ist die Beschränkung auf die Gesamtdauer von sieben Monaten aufgehoben worden. Zur Berechnung wird auf den **Mindestunterhalt** nach § 1612 a BGB verwiesen. Dieser richtet sich nach dem sächlichen Existenzminimum des Kindes nach § 32 Abs. 6 S. 1 EStG. Hierbei sind in der ersten Altersstufe 87 %, in der zweiten 100 % zugrunde zu legen und dieser Betrag ist zu verdoppeln. Seit dem 1.1.2021 beträgt der Mindestunterhalt für Kinder bis sechs Jahre 393 EUR, für Kinder bis zwölf Jahre 451 EUR und für Kinder ab dreizehn Jahren 528 EUR.[4] Hierauf ist das Kindergeld für das erste Kind – im Jahr 2021 also 219 EUR – anzurechnen, so dass seit dem 1.1.2021 folgende Beträge gelten:

Kind bis zur Vollendung des sechsten Lebensjahres	174 EUR
Kind bis zur Vollendung des zwölften Lebensjahres	232 EUR
Kind bis zur Vollendung des achtzehnten Lebensjahres	309 EUR

8 Für Kinder zwischen dem zwölften und achtzehnten Lebensjahr sind zusätzliche Voraussetzungen geschaffen worden, die für jüngere Kinder nicht gelten. Nach § 1 Abs. 1 a UVG besteht ein Anspruch für diese älteren Kinder nur, wenn sie keine Leistungen nach dem SGB II beziehen oder durch den Bezug der Leistung die Hilfebedürftigkeit vermieden wird. Diese Einschränkung gilt nicht im Hinblick auf Leistungen nach dem SGB XII. Auch wenn Leistungen bezogen werden, besteht dennoch ein Anspruch, wenn das Bruttoeinkommen des Elternteils mindestens 600 EUR beträgt. Grund ist, dass für Alleinerziehende mit älteren Kindern ein Impuls ausgehen soll, mithilfe eines Ausbaus der Erwerbstätigkeit die Hilfebedürftigkeit zu überwinden.

9 Weiterhin wird bei Kindern, die keine allgemeinbildende Schule mehr besuchen, nach dem neu eingeführten § 2 Abs. 4 UVG Einkommen aus zumutbarer Tätigkeit sowie Einkünfte aus Vermögen angerechnet. Bei Auszubildenden wird ein Freibetrag von 100 EUR berücksichtigt. Das Einkommen und die Einkünfte aus Vermögen werden nach § 2 Abs. 4 S. 3 UVG zur Hälfte angerechnet.

10 Auf diese Beträge sind Unterhaltszahlungen und Waisenbezüge anzurechnen (§ 2 Abs. 3 UVG). Die Anrechnung des Kindergeldes führt dazu, dass bei einer Erhöhung des Kindergeldes eine Reduzierung des Unterhalts und bei einer Erhöhung des Mindestunterhalts eine Steigerung des Unterhaltsvorschusses bewirkt werden. Ein Anspruch auf die Leistung nach dem UVG besteht unabhängig davon, wie hoch das Einkommen oder Vermögen der Person ist, bei der das Kind lebt.

3. Ausbleiben des Unterhalts

11 Der Unterhaltsvorschuss soll greifen, wenn der **Unterhalt ganz oder teilweise ausbleibt** oder nicht rechtzeitig gezahlt wird. Dem gleichgestellt werden Waisenbezüge und die in § 2 Abs. 3 Nr. 2 UVG genannten Schadensersatzansprüche. Der Ausfall des Unterhalts wird nur bis zu der Höhe ausgeglichen, in der Anspruch auf Leistungen nach § 2 Abs. 1 und 2 UVG besteht. Ein darüber hinausgehender Unterhaltsanspruch bleibt vom UVG unberührt.

12 Eine **nicht ausreichende Zahlung** von Unterhalt nach dieser Vorschrift liegt auch dann vor, wenn der Unterhaltspflichtige wegen mangelnder Leistungsfähigkeit keinen oder nur geringeren Unterhalt zahlen muss als die Beträge nach § 2 Abs. 1 und 2 UVG. Eine nicht regelmäßige Zahlung liegt vor, wenn der Unterhalt nicht im Fälligkeitsmonat gezahlt wird. Es besteht auch dann ein Anspruch, wenn der das Kind betreuende Elternteil in einer Trennungsvereinbarung nach ausländischem Recht auf die Zahlung von Kindesunterhalt verzichtet hat.[5] Auch wenn der Unterhalt tituliert ist, die Zwangsvollstreckung jedoch nicht oder nur teilweise erfolgreich ist, liegt keine regelmäßige Zahlung vor, so dass die Voraussetzung für

4 VO vom 3.11.2020, BGBl. I 2344.
5 VG Sigmaringen 22.2.2019 – 2 K 3831/16, FamRZ 2018, 1155.

einen Anspruch vorliegt. Als Unterhalt gilt nur eine Geldzahlung, andere Arten von geldwerten Leistungen sind nicht als Unterhalt zu werten.[6]

13 Es liegt hingegen kein **Ausbleiben von Unterhalt** vor, wenn nach der Trennung **jeweils ein Kind bei den Elternteilen lebt** und dort vollständig versorgt wird und die Eltern vereinbart haben, dass für die Kinder jeweils kein Unterhalt gezahlt wird.[7] Jedes Kind wird so behandelt, als wenn jeweils der andere Elternteil mindestens Unterhalt in Höhe der Unterhaltsleistung erbringt. Sofern ein Elternteil leistungsunfähig wird, gilt dies jedoch nicht. Lebt das Kind abwechselnd bei beiden Elternteilen und wird daher kein Barunterhalt gezahlt, liegt **kein Ausbleiben von Unterhalt** von dem anderen Elternteil vor.[8]

14 Nach § 1 Abs. 3 UVG besteht kein Anspruch auf diese Leistung, wenn sich der Elternteil weigert, die Auskünfte zu erteilen, die zur Durchführung des Gesetzes notwendig sind. Da der Leistungsträger versuchen muss, Rückgriff bei dem anderen Elternteil zu nehmen, müssen hierzu Angaben gemacht und auch an der Feststellung der Vaterschaft mitgewirkt werden. Sofern die Mutter angibt, dass sie keine Angaben über den Vater machen kann, weil es sich um eine kurze Bekanntschaft, zB im Ausland gehandelt hat, ist fraglich, ob dies als mangelnde Mitwirkung angesehen werden kann.[9] Auf eine analoge Anwendung von § 1 Abs. 3 UVG – und damit Ablehnung eines Anspruchs – stützt sich das BVerwG,[10] wenn ein Kind mittels anonymer Samenspende gezeugt wird.

15 Wird die Unterhaltspflicht durch **Vorauszahlung** erfüllt, besteht nach § 1 Abs. 4 UVG kein Anspruch auf Unterhaltsvorschussleistungen, da für die Monate, für die im Voraus geleistet wurde, der Unterhalt nicht ausbleibt. Ist der durch die Vorauszahlung geleistete Unterhalt niedriger als der nach § 2 Abs. 1 und 2 UVG zu leistende Unterhaltsvorschuss, besteht ein Anspruch auf die monatliche Differenz.

4. Betreuung durch getrennt lebenden Elternteil

16 Ein weiteres Problem, das bei einer Trennung von Ehegatten auftreten kann, betrifft die Frage, ob das Kind wirklich **nur bei einem Elternteil lebt**. Problematisch kann dies sein, wenn sich die Eltern die Betreuung des Kindes zeitlich etwa je zur Hälfte teilen. Ist in einem derartigen Fall nicht eindeutig festzustellen, bei welchem Elternteil das Kind seinen Lebensmittelpunkt hat, so ist der Anspruch auf UVG-Leistung für das Kind jedenfalls dann auszuschließen, wenn das Kind regelmäßig jeweils drei bis vier Tage in der Woche bei jedem Elternteil lebt. Das Bundessozialgericht hat für den Fall, dass ein Kind jeweils eine Woche bei dem einen und die andere Woche bei dem anderen Elternteil lebt, den Mehrbedarfszuschlag für Alleinerziehende nach dem SGB II jeweils zur Hälfte zugesprochen;[11] eine Übertragung dieser Entscheidung auf das UVG liegt nahe, wird jedoch nicht vorgenommen.[12]

17 Der Anspruch ist weiterhin dann ausgeschlossen, wenn das Kind durch den anderen Elternteil in einer Weise betreut wird, die eine wesentliche Entlastung des den Unterhaltsvorschuss beantragenden Elternteil bei der Pflege und Erziehung des Kindes zur Folge hat.[13] Ebenso besteht kein Anspruch, wenn das Kind nicht überwiegend bei einem Elternteil lebt, sondern **anderweitig versorgt** wird. Ist ein Kind bei der Großmutter, bei Pflegeeltern oder bei anderen untergebracht und hält sich der alleinstehende Elternteil nur vorübergehend dort auf, findet eine Betreuung durch dritte Personen statt, so dass das Kind nicht bei seinem Elternteil lebt. Andererseits hat das Kind seines Lebensmittelpunkt bei dem Elternteil auch dann, wenn es für einen Teil des Tages im Kindergarten, bei Verwandten oder bei einer Tagesmutter untergebracht wird, auch wenn dies an manchen Tagen über Nacht der Fall ist. Erhält jedoch ein Kind

6 *Grube* UVG § 1 Rn. 61 f.
7 VGH Kassel 1.7.2004 – 10 UZ 1802/03, FamRZ 2005, 483.
8 VGH Mannheim 8.11.1995 – 6 S 1945/95, FamRZ 1996, 901.
9 Vgl. *Jeschke* FamRZ 2015, 22.
10 BVerwG 16.5.2013 – 5 C 28/12, FamRZ 2013, 1399.
11 BSG 3.3.2009 – B 4 AS 50/07, FamRZ 2009, 1214.
12 Vgl. *Conradis/Jansen* FamRB 2019, 199.
13 BVerwG 11.10.2012 – 5 C 20/11, NJW 2013, 405.

Hilfe zur Erziehung nach dem SGB VIII (Vollzeitpflege nach § 33 SGB VIII oder Heimerziehung nach § 34 SGB VIII), kann kein Leben bei dem Elternteil mehr angenommen werden.

5. Unterhaltszahlung an die Unterhaltsvorschusskasse

18 Wird während des Bezuges von Leistungen nach dem UVG Unterhalt vom Unterhaltspflichtigen durchgesetzt, kann dieser die Beträge an die Unterhaltsvorschusskasse zahlen. Für die Leistungsempfänger wird dies zuweilen gewünscht, weil es einfacher ist, die regelmäßige sichere Zahlung von der Unterhaltsvorschusskasse zu erhalten, auch wenn der Unterhaltspflichtige mehr oder weniger regelmäßig seinen Unterhaltspflichten nachkommt.

III. Verfahrensfragen

19 Die zuständige Stelle wird durch Landesrecht bestimmt (§ 9 Abs. 1 UVG), oft ist es das Jugendamt. Der Elternteil, bei dem das Kind lebt, ist berechtigt, den Anspruch in eigenem Namen geltend zu machen; dies ergibt sich aus § 9 Abs. 1 UVG.[14] Über den Antrag wird schriftlich entschieden (§ 9 Abs. 2 UVG). Ein Bemühen um die Unterhaltsdurchsetzung ist – bis auf die nachstehende Ausnahme – nicht mehr erforderlich. Lediglich soweit rückwirkend UVG geltend gemacht wird – was jetzt nur noch für einen Monat möglich ist –, wird der Nachweis von Eigenbemühungen verlangt (§ 4 UVG). Der Grund hierfür: Bei eigenen Bemühungen liegen zumeist die Voraussetzungen des § 1613 BGB vor, so dass dann der Unterhalt auch rückwirkend gerichtlich durch die Unterhaltsvorschusskasse durchgesetzt werden kann.

20 Für **Aufhebung und Rückforderung** gilt die Sondervorschrift des § 5 UVG. Nach § 5 Abs. 2 UVG kann die Leistung auch ohne Verschulden des Berechtigten zurückverlangt werden, wenn Unterhalt oder Waisenrente gezahlt wurde. Dies gilt auch, falls die Zahlung an den zunächst vorleistenden Sozialhilfeträger erbracht wird.[15] Zu beachten ist, dass sich § 5 Abs. 1 UVG an den Elternteil richtet, Abs. 2 an das Kind. Bei verspäteter Unterhaltszahlung wird diese bis zur Bescheiderteilung als Zahlung für den jeweiligen Monat iSd § 2 Abs. 3 UVG angesehen mit der Folge, dass insoweit der Unterhalt angerechnet wird und ein Rückforderungsanspruch besteht.

21 Für das Verwaltungsverfahren gelten im Übrigen SGB I und X ohne Einschränkung. Der Rechtsweg geht zum Verwaltungsgericht. Es besteht Gerichtskostenfreiheit nach § 188 VwGO.[16]

22 Mit § 6 Abs. 6 UVG wurde die Möglichkeit des **unmittelbaren Kontoaufrufs** eingeführt. Die zuständigen Stellen dürfen das Bundeszentralamt für Steuern ersuchen, bei den Kreditinstituten die nach § 93 b Abs. 1 AO bezeichneten Taten nach § 24 c Abs. 1 KWG abzurufen. Nach § 6 Abs. 7 UVG hat der Elternteil das Recht, einen Antrag auf Bekanntgabe der Daten zu stellen, die nach Abs. 1, 2 und 6 erhoben werden. Damit soll die Möglichkeit für den Elternteil, einen Unterhaltsanspruch für das Kind durchzusetzen, erleichtert werden.

14 OVG Bautzen 16.3.2011 – 5 D 181/10, NJW 2011, 2457.
15 BVerwG 23.11.1995 – 5 C 29.93, FEVS 46, 353.
16 BVerwG 14.10.1993 – 5 C 10.91, FEVS 44, 397.

237. Unternehmensbewertung

Rakete-Dombek

I. Einführung

Bei der Unternehmensbewertung im Rahmen des § 1376 BGB für die Ermittlung des Endvermögens (→ *Endvermögen* Rn. 1 ff.) ist in gleicher Weise wie bei der Bewertung von anderen Vermögensgegenständen von der Rechtsprechung des Bundesgerichtshofs auszugehen, wonach der **„wahre und wirkliche Wert“** zu ermitteln ist.[1] Das BGB kennt keine allgemeine Definition für die Bewertung von Vermögensgegenständen. Es bleibt Aufgabe der Rechtsprechung, den Begriff des „Wertes“ iSd § 1376 BGB auszufüllen.[2] 1

Da die Wertermittlung eine streitentscheidende Tatsache ist, hat der **Tatrichter**, sachverständig beraten, die Bewertungsmethode auszuwählen. Die Auswahl der Bewertungsmethode darf nicht dem Sachverständigen überlassen bleiben; der Tatrichter hat dem Sachverständigen vor dessen Tätigkeitsaufnahme eine konkrete Bewertungsmethode vorzugeben.[3] Damit werden die umstrittenen Bewertungsfragen weitgehend der Revisionsprüfung entzogen.[4] Die Bewertung unterschiedlicher Vermögensgegenstände führt auch zum Gebrauch unterschiedlicher Bewertungsregeln. Jeder Vermögenswert hat spezifische wertbildende Faktoren, die auch individuell zu gewichten sind, um den „vollen“ Wert zu erfassen. Als besonders komplex ist die Unternehmensbewertung hervorzuheben, die wegen der Bewertungsmethoden aus der **Betriebswirtschaftslehre** für den Juristen nur schwer zugänglich ist.[5]

II. Bewertungsmethoden

Die Bewertung von Unternehmen ist immer dann erforderlich, wenn ein Unternehmen oder Teile davon in das Vermögen eines oder beider Ehegatten fallen. Das kann der Betrieb eines **Einzelunternehmers** sein wie auch eine Unternehmensbeteiligung an einer **nicht börsennotierten Personen- oder Kapitalgesellschaft**. Maßgeblich für die Wertermittlung sind die am Stichtag bekannten Unternehmenswerte. Nach dem Stichtag gewonnene Erkenntnisse sind grundsätzlich nicht zu berücksichtigen. 2

Bei **börsennotierten Unternehmen** ist eine Unternehmensbewertung nicht erforderlich, da hier die Anteile in Form der gehaltenen Aktien nach dem mittleren Tageskurs am Stichtag zu bewerten sind.[6] Kursschwankungen sind hinzunehmen. Im Einzelfall kann mit § 1381 BGB grob unbilligen Härten Rechnung getragen werden.

Einigkeit besteht darin, dass das Unternehmen im Ganzen als wirtschaftliche Einheit zu bewerten ist und nicht als Summe der einzelnen Wirtschaftsgüter. Ein (kalkulatorischer) Unternehmerlohn ist bei der Bewertung des Unternehmens abzuziehen, jedoch die konkrete Tätigkeit auch darzulegen.[7] Für die Bewertung kommt in erster Linie der Substanzwert zusammen mit dem ideellen Unternehmenswert (Goodwill) oder der Ertragswert in Betracht, auch eine **Mischform** zwischen beiden ist möglich. Die sog. **Mittelwertmethode** setzt sich aus dem rechnerisches Mittel aus Substanz- und Ertragswert zusammen. Die Mittelwertmethode (Stuttgarter Verfahren) ist aus betriebswirtschaftlicher Sicht jedoch überholt[8] und nicht

1 BGH in st. Rspr. 24.10.1990 – XII ZR 101/89, NJW 1991, 1547; 23.10.1985 – IVb ZR 62/84, NJW-RR 1986, 226; 7.5.1986 – IVb ZR 42/85, NJW-RR 1986, 1066.

2 Vgl. zur Vermeidung von typischen Fehlern bei Beurteilung eines Sachverständigengutachtens *Ballhorn/König* FamRB 2019, 368 sowie *Ballhorn/König* FF 2019, 235.

3 *Kuckenburg* FPR 2009, 290.

4 *Cziupka* in: BeckOK BGB § 1376 Rn. 5.

5 *Kuckenburg* FPR 2009, 290.

6 BGH 4.7.2012 – XII ZR 80/10, NJW 2012, 2657.

7 BGH 8.11.2017 – XII ZR 108/16, NJW 2018, 61.

8 *Cziupka* in: BeckOK BGB § 1376 Rn. 19.

zu verwenden. Nicht möglich ist die Heranziehung des **Bilanzwertes**, da dies zu einer Unterbewertung führen würde.

Die Urteile des Bundesgerichtshofs vom 2.2.2008[9] und vom 9.2.2011[10] haben weitere Vorgaben erteilt, innerhalb derer sich die Bewertung inhabergeprägter Unternehmen und freiberuflicher Praxen zu bewegen hat, um einen akzeptablen Verkehrswert zu finden. In diesen beiden Urteilen hat der Bundesgerichtshof detailliert die Art und Weise der Ermittlung des Goodwill (Rn. 5) beschrieben und der Praxis damit wichtige Hinweise und Anleitungen gegeben.

3 Die Heranziehung des Ertragswertes wird bei der Unternehmensbewertung, teilweise mit Korrekturen „modifizierter Ertragswert",[11] am häufigsten angewandt.

Bei der Ermittlung des **Ertragswertes** eines Unternehmens durch Kapitalisierung des Gewinns ist rechnerisch vom Kapitalwert einer immerwährenden Rente auszugehen. Hierbei kommt insbesondere der Wahl des Kapitalisierungsfaktors erhebliche Bedeutung zu, der in Bezug auf Unternehmen ggf. zu korrigieren ist. Je höher der Kapitalisierungszinssatz desto niedriger der Ertragswert. Der **Ertragswert** wird somit definiert[12] als

- der kapitalisierte, in eine Geldsumme umgerechnete Wert der mit dem Unternehmen erzielbaren Nutzungen und Erträge,
- Barwert der zukünftigen Überschüsse der Einnahmen über die Ausgaben („ewige Rente"),
- Barwert aller künftigen entnahmefähigen Erträge,
- Summe aller auf den Bewertungsstichtag abgezinsten künftigen Erfolge (Barwerte), die man mit dem Unternehmen im Laufe seiner Existenz noch erwirtschaften kann.

Hinsichtlich des nichtbetriebsnotwendigen Vermögens ist jedoch grds. der **Liquidationswert** anzusetzen.[13]

4 Als allgemeiner Standard für die Unternehmensbewertung haben sich die vom Hauptfachausschuss des Instituts der Wirtschaftsprüfer [IDW] verabschiedeten **„Grundsätze zur Durchführung von Unternehmensbewertungen (IDW S 1)"** durchgesetzt. Danach wird der Wert eines Unternehmens durch Diskontierung der den Unternehmenseignern zukünftig zufließenden finanziellen Überschüsse, die aus den künftigen handelsrechtlichen Erfolgen abgeleitet werden, ermittelt.

Zu prüfen ist regelmäßig auch, ob es für den bewerteten Vermögensgegenstand auch einen **Markt** gibt. Andernfalls ist nach der Sach- oder Substanzwertmethode vorzugehen. Bei der Ertragswertmethode ist daher der Wert zu ermitteln, den ein potenzieller Erwerber für das Unternehmen am Markt bezahlt.[14]

5 Bei stark personenbezogenen Unternehmen, Handwerksbetrieben und freiberuflichen Praxen erbringt der Inhaber eine höchstpersönliche Leistung, die in ihrem Ausmaß für den Geschäftserfolg ausschlaggebend ist, weshalb der Substanzwert allein nicht maßgeblich sein kann. Daher kommt idR in diesen Fällen der „Goodwill" (auch Firmenwert, Geschäftswert, teilweise auch innerer Wert oder Praxiswert genannt) als erheblicher, wertbildender Faktor für die Bewertung hinzu.

Der **innere, ideelle Wert** wird als **Goodwill** bezeichnet. Dabei handelt es sich um den Betrag, den der Käufer über den Sachwert eines Unternehmens hinaus im Hinblick auf künftige Gewinne zu zahlen bereit ist. Der Goodwill ist somit die Differenz zwischen Ertragswert und Substanzwert. Bei einem gerade gegründeten Unternehmen fehlt er idR, da er sich auf den „guten Ruf" eines Unternehmens, dessen Kundenstamm, etc gründet. Wird das Ertragswertverfahren angewandt, scheidet daneben ein Goodwill aus.

9 XII ZR 45/06, NJW 2008, 1221.
10 XII ZR 40/09, NJW 2011, 999.
11 BGH 6.2.2008 – XII ZR 45/06, NJW 2008, 1221; 9.2.2011 – I ZR 40/09, NJW 2011, 999.
12 *Schulz/Hauß*, Vermögensauseinandersetzung, Kap. 1 Rn. 125.
13 *Schulz/Hauß*, Vermögensauseinandersetzung, Kap. 1 Rn. 156.
14 OLG Dresden 17.1.2008 – 21 UF 447/07, FamRZ 2008, 1857.

Bei der Bewertung **freiberuflicher Praxen** lehnen die Gerichte – entgegen der überwiegenden Praxis der Sachverständigen – die reine Ertragswertmethode idR ab. Sie ermitteln den Wert aus dem Substanzwert und rechnen den „Goodwill" hinzu.[15] Der neben dem Substanzwert vorhandene Goodwill gründet sich auf immaterielle Faktoren wie Standort, Art und Zusammensetzung der Mandanten/Patienten, der Konkurrenzsituation und ähnlichen Faktoren, soweit sie auf einen Nachfolger übertragbar sind. Der Betrieb hat danach einen eigenen Marktwert. Mit dem Goodwill bezahlt der Käufer einer freiberuflichen Praxis die Chance, die Mandanten des bisherigen Praxisinhabers oder Teilhabers zu übernehmen und auf dem vorhandenen Bestand und der gegebenen Konkurrenzsituation aufbauen zu können. Auch die Bewertungsgrundsätze der entsprechenden Berufsvertretungen (Ärztekammer, Rechtsanwaltskammer) werden vereinzelt noch zu Grunde gelegt, obwohl sie die veraltete Umsatzmethode noch gutheißen.[16] Das IDW hat seine Bewertungsgrundsätze S 13 neu gefasst und sich der modifizierten Ertragswertmethode des BGH angeschlossen.[17] Begründet wird der Ansatz des Goodwills damit, dass sich die sonst anzustellende Ertragswertprognose nicht von der Person des Inhabers trennen lasse, andererseits aber die Erwartung künftigen Einkommens, die der individuellen Arbeitskraft des Inhabers zuzurechnen ist, nicht maßgebend sein kann, weil es beim Zugewinn nur auf das am Stichtag vorhandene Vermögen ankäme. Der Bundesgerichtshof hat aber in seiner bisherigen Rechtsprechung eine **modifizierte Ertragswertmethode** gebilligt, die sich an den durchschnittlichen Erträgen orientiert und davon einen individuellen Unternehmerlohn des Inhabers absetzt,[18] der sich nach dem konkreten Arbeitseinsatz bemisst. Je höher der Arbeitseinsatz desto höher der fiktive Unternehmerlohn, desto niedriger also der Unternehmenswert. Es ist daher zu erwarten, dass die Bestimmung des abzusetzenden Arbeitslohnes der Praxis zahlreiche Probleme bereiten und hoch umstritten sein wird.[19] Der Bundesgerichtshof will ein (kalkulatorisches) Arbeitseinkommen als Ausgangswert nehmen, welches im Einzelfall durch Zu- oder Abschläge verfeinert werden muss. Dazu, welche Zu- oder Abschläge das sein können und wie sie zu gewichten sind, schweigt sich der Bundesgerichtshof allerdings aus.

Es ist nicht nur der „objektgebundene, vom Inhaber ablösbare Goodwill", sondern auch der am Bewertungsstichtag jeweils vorhandene höhere „subjektgebundene Goodwill" für die Bewertung heranzuziehen. Etwas anderes gilt nur, wenn es bedingt durch den Zugewinnausgleich zu einem „zwangsweisen" Verkauf kommt. Dann ist der Liquidationswert anzusetzen.

Das sog. „**Doppelverwertungsverbot**" (→ *Doppelverwertungsverbot* Rn. 6) steht dabei nach richtiger Auffassung der Berücksichtigung des Goodwill nicht entgegen.[20]

Der **Sach- oder Substanzwert** bei Unternehmen ist der Wert aller dem Unternehmen eingegliederten Sachen, Rechte und sonstiger Positionen, wie etwa der Forderungen und stillen Reserven sowie aller Patente, Lizenzen, Urheber- und Verlagsrechte, behördliche Konzessionen usw Die stillen Reserven sind einzubeziehen, indem man sie fiktiv auflöst. Wertmindernd zu berücksichtigen sind auch fiktiv anfallende Steuern und alle sonst bei der Veräußerung anfallenden Kosten. 6

Die Untergrenze für die Bewertung von Unternehmen und Beteiligungen muss jedoch immer der **Liquidationswert** sein.[21] Nur ausnahmsweise kann der **Liquidationswert auch dann** herangezogen werden, wenn das Unternehmen aufgelöst wird oder das Unternehmen nur von dem Ehegatten und nicht von einem Dritten betrieben werden kann. Der Liquidationswert ist idR der **unterste Wert** für eine Unternehmensbewertung. Nur in Ausnahmefällen kann ein noch niedrigerer Ertragswert als Bewertungsgrundlage herangezogen werden, wenn der Unternehmer das geringwertige Unternehmen fortführt, weil ein legitimes Erhaltungsinteresse besteht und die Fortführung des Betriebes nicht wirtschaftlich oder unternehmerisch völlig unsinnig ist. 7

15 Vgl. BGH 6.2.2008 – XII ZR 45/06, NJW 2008, 1221.
16 OLG Hamm 4.4.2016 – 14 UF 237/15, BeckRS 2016, 110648.
17 Kritisch *Ballhorn/König* FamRZ 2018, 161.
18 BGH 9.2.2011 – XII ZR 40/09, NJW 2011, 999.
19 *Hoppenz*, Anm. zu BGH vom 6.2.2008 – XII ZR 45/06, FamRZ 2008, 761.
20 BGH 9.2.2011 – XII ZR 40/09, NJW 2011, 999.
21 BGH 5.12.2018 – XII ZR 116/17, NZFam 2019, 170.

8 Wie eine **Differenz** sich in dem schließlich auf den im Endvermögen anzusetzenden Wert auswirkt, wenn im Zugewinnausgleichsverfahren noch keine Entscheidung ergangen ist, ein vom Sachverständigen bezogen auf den Stichtag ermittelter Wert sich aber deutlich von dem zwischenzeitlich erzielten Erlös einer Veräußerung des Unternehmens unterscheidet, ist höchstrichterlich noch nicht entschieden. Das OLG Dresden[22] hat – ohne weitere Begründung – den von einem Sachverständigen ermittelten stichtagsbezogenen Wert einer Unternehmensbeteiligung in der Vermögensbilanz angesetzt, obwohl die Beteiligungen innerhalb von 24 Tagen nach dem Stichtag einen Verkaufserlös von rund einer Million mehr erbracht hatten. Diese erhebliche Differenz wurde nicht beachtet. Der erzielte Verkaufspreis ist jedoch immer auch ein wichtiges Indiz für den wahren Marktwert[23]. Bei einer zeitnahen Veräußerung zum maßgeblichen Stichtag ist der in der Vermögensbilanz am Stichtag anzusetzende Wert daher ggf. zu korrigieren.[24]

9 Um den „vollen, wirklichen" Wert eines Vermögensgegenstandes zu erfassen, wird der Verkaufsfall fingiert. Unabhängig davon, ob der Vermögensgegenstand weiterhin im Vermögen verbleibt, oder aber tatsächlich veräußert wird, ist dessen Wert um eine **„latente Steuerlast"** wie im Verkaufsfall zu mindern. Hieran hält der Bundesgerichtshof fest, wie er betont.

Der mindernde Ansatz der latenten Steuerlast gilt nicht nur in Fällen, in denen eine Veräußerung tatsächlich beabsichtigt ist, vielmehr handelt es sich um eine Konsequenz der Bewertungsmethode, wenn sie den Wert danach ermittelt, welcher Erlös bei einer Veräußerung zu erzielen wäre. Es darf dann nicht außer Betracht bleiben, dass wegen der damit verbundenen Auflösung der stillen Reserven dem Verkäufer wirtschaftlich nur der um die fraglichen Steuern verminderte Erlös verbleibt. Insoweit geht es um unvermeidbare Veräußerungskosten.[25]

Der Bundesgerichtshof hält es nun ausdrücklich auch aus Gründen der **Gleichbehandlung** für geboten, eine latente Steuerlast auch bei der Bewertung anderer Vermögensgegenstände (etwa bei Grundstücken, Wertpapieren oder Lebensversicherungen) dann zu berücksichtigen, wenn deren Veräußerung – bezogen auf die Verhältnisse am Stichtag und ungeachtet einer bestehenden Veräußerungsabsicht – eine Steuerpflicht auslösen würde.[26]

22 17.1.2008 – 21 UF 447/07, FamRZ 2008, 1857.
23 BGH 17.11.2010 – XII ZR 170/09, NJW 2011, 601.
24 OLG Düsseldorf 5.11.2014 – 5 UF 71/14, FamRZ 2015, 1497.
25 BGH 2.2.2011 – XII ZR 185/08, NJW 2011, 2572.
26 BGH 2.2.2011 – XII ZR 185/08, NJW 2011, 2572.

238. Verbindlichkeiten im Unterhalt

Poppen

I. Grundsatz

Verbindlichkeiten sind bei der **Bedarfsermittlung** und bei der Bestimmung der **Bedürftigkeit/Leistungsfähigkeit** des Unterhaltsberechtigten/-verpflichteten grundsätzlich zu berücksichtigen. Die jeweiligen Unterhaltsleitlinien enthalten dazu Regelungen in Ziffer 10.4. Differenziert wird bei der **Berücksichtigungswürdigkeit** von Verbindlichkeiten nach der Art der Verbindlichkeiten und im Rahmen welchen Unterhaltsanspruchs die Schulden berücksichtigt werden sollen. Zu berücksichtigen ist nur ein **tatsächlicher Abtrag**. 1

II. Ehegattenunterhalt

1. Berücksichtigungswürdige Verbindlichkeiten

Die Berücksichtigungswürdigkeit von Schulden hängt zum einen von dem **Grund und** zum anderen dem **Zeitpunkt der Begründung** ab. Verbindlichkeiten, die während der Ehe bedient wurden, sind auch nach einer Trennung abzusetzen. Dabei können Tilgungsleistungen, die zu einer einseitigen Vermögensbildung führen, unter Umständen unberücksichtigt bleiben. Bei Schulden, die nach der Trennung aufgenommen worden sind, bedarf es einer Analyse des Grundes der Kreditaufnahme. Der bedürftige Ehegatte partizipiert nicht nur an Einkommenserhöhungen des Pflichtigen, sondern muss auch Einkommensminderungen mittragen, sofern es sich nicht um **vorwerfbare Einkommensminderungen** handelt.[1] 2

2. Kredite bis zur Trennung

In jedem Fall berücksichtigungsfähig sind Verbindlichkeiten, die ein Ehegatte vor der Ehe begründet hat und die während der Ehe bedient wurden.[2] Weiter zu berücksichtigen sind Verbindlichkeiten, die **bis zur Trennung** begründet worden sind. Die Mittel, die für die Rückführung dieser Verbindlichkeiten benötigt wurden, standen zum Lebensunterhalt nicht zur Verfügung.[3] Insoweit kommt es nicht darauf an, ob beide Ehepartner die **Verpflichtung** im **Außenverhältnis** begründet haben oder einer der Ehepartner den Kredit allein aufgenommen hat; für allein aufgenommene Darlehen wird die Einvernehmlichkeit der Darlehensaufnahme vermutet.[4] 3

Für die Berücksichtigung spielt es auch keine Rolle, wer bei einem **Konsumkredit** den angeschafften Gegenstand nach der Trennung behalten hat. Der Ausgleich der bei den Ehegatten verbliebenen Vermögenswerte ist dem Güterrecht bzw. dem Hausratsteilungsverfahren vorbehalten.[5] Eine Ausnahme gilt allein, wobei ein strenger Maßstab anzulegen ist, für leichtfertig von einem Ehegatten für **luxuriöse Zwecke** oder ohne verständlichen Grund eingegangene Verbindlichkeiten.[6] Nicht berücksichtigt worden ist ein Kredit 4

1 BGH 6.2.2008 – XII ZR 14/06, NJW 2008, 1663.
2 BGH 7.10.1981 – IVb ZR 598/80, NJW 1982, 232.
3 BGH 25.10.1995 – XII ZR 247/94, NJW-RR 1996, 321.
4 OLG München 24.6.1994 – 12 UF 895/94, NJW-RR 1995, 1159.
5 OLG Koblenz 21.3.2019 – 7 UF 33/19, FamRZ 2020, 97.
6 BGH 25.10.1995 – XII ZR 247/94, NJW-RR 1996, 321.

für die Anschaffung eines zweiten Motorrads.[7] In derartigen Fällen kann eine Obliegenheit bestehen, den Gegenstand zu veräußern und aus dem Erlös den Kredit zurückzuführen.

3. Kredite nach Trennung und Scheidung

5 Nach der Trennung/Scheidung begründete **neue Verbindlichkeiten** sind zu berücksichtigen, wenn die Aufnahme **unumgänglich** war. Dabei gilt ein strenger Maßstab. Ob Verbindlichkeiten zu berücksichtigen sind, hängt von Art, Anlass und Entstehungszeitpunkt der Verbindlichkeiten ab. Es dürfen **keine anderen Mittel** zur Deckung notwendiger Ausgaben, etwa Rücklagen, vorhanden gewesen sein. So können Schulden, die zur Begleichung von Erbschaftssteuern begründet worden sind, deshalb nicht berücksichtigt werden, weil die Steuern aus der Erbschaft aufzubringen sind.[8] Zu berücksichtigen sind dagegen Kredite zum Ausgleich einer bis zur Trennung aufgelaufenen Überziehung des Girokontos und von Steuerschulden aus Veranlagungszeiträumen bis zur Trennung oder **trennungsbedingtem Mehrbedarf**.[9]

6 Nicht berücksichtigt werden können Verbindlichkeiten zur Bestreitung von **Verfahrenskosten** im Zusammenhang mit der Trennung und der Scheidung. Diese Kosten sind aus dem Selbstbehalt zu tragen bzw. durch die Ansprüche auf Verfahrenskostenvorschuss und Verfahrenskostenhilfe zu finanzieren.[10] Würden derartige Verbindlichkeiten berücksichtigt, könnte dies dazu führen, dass gerichtliche Kostenentscheidungen konterkariert werden. Allenfalls berücksichtigungsfähig sind die unvermeidlichen **Kosten des eigentlichen Scheidungsverfahrens** in angemessenen Raten.[11]

7 Nicht berücksichtigungsfähig sind Verbindlichkeiten, die zur **Finanzierung einer Zugewinnausgleichszahlung** begründet worden sind.[12] Anderenfalls würde der andere Ehegatte die Auszahlung seines Zugewinnausgleichsanspruchs über eine Unterhaltsreduzierung mitfinanzieren.

4. Zins- und Tilgungsleistungen

8 **a) Berücksichtigungswürdigkeitkeit.** Soweit Verbindlichkeiten berücksichtigungswürdig sind, sind sowohl Zins- als auch Tilgungsleistungen zu berücksichtigen (→ *Zins- und Tilgungsleistungen* Rn. 1 ff.).[13] Etwas anderes gilt allein für Tilgungsleistungen bei Krediten, die der **einseitigen Vermögensbildung** eines Ehepartners dienen. Bei derartigen Verbindlichkeiten sind, wenn die Eheleute im gesetzlichen Güterstand leben, Tilgungsleistungen ab **Rechtshängigkeit des Scheidungsantrags** und bei Vereinbarung der Gütertrennung nur noch ab der endgültigen Trennung zu berücksichtigen.[14] Eine Ausnahme gilt nur insoweit, als die Tilgung als zulässige **private Altersvorsorge** angesehen werden kann (→ *Private Altersvorsorge* Rn. 6). Nach der Rechtsprechung des Bundesgerichtshofs hat der Umstand, dass kein Ehegatte die einseitige Vermögensbildung des anderen finanzieren muss, Vorrang vor dem Gesichtspunkt, dass auch die Mittel für die Tilgung derartiger Darlehen in der Ehe nicht zur Lebensführung zur Verfügung standen.

9 Dienen Verbindlichkeiten der **gemeinsamen Vermögensbildung**, etwa die Abzahlung eines Darlehens für eine gemeinsame Immobilie, sind die Tilgungsleistungen auch über den Zeitpunkt der Zustellung des Scheidungsantrags und die Rechtskraft der Ehescheidung hinaus zu berücksichtigen.[15] Die mit der Tilgung verbundene Vermögensbildung kommt beiden Ehegatten zugute.

---

7 OLG Düsseldorf 7.12.2006 – 9 UF 67/06, NJW-RR 2007, 794.
8 OLG Köln 16.10.2007 – 4 UF 19/07, FamRZ 2008, 1536.
9 Wendl/Dose UnterhaltsR/*Gerhardt* § 1 Rn. 1084.
10 Wendl/Dose UnterhaltsR/*Gerhardt* § 1 Rn. 1098.
11 OLG Karlsruhe 19.11.1987 – 2 UF 12/87, FamRZ 1988, 400; aA OLG Hamm 23.8.1993 – 4 UF 418/92, NJW-RR 1994, 707: Verweis auf den Selbstbehalt.
12 BGH 5.4.2000 – XII ZR 96/98, NJW 2000, 2349.
13 BGH 28.3.2007 – XII ZR 21/05, NJW 2007, 1974.
14 BGH 5.3.2008 – XII ZR 22/06, NJW 2008, 1946.
15 BGH 28.3.2007 – XII ZR 21/05, NJW 2007, 1974.

Soweit Verbindlichkeiten berücksichtigungswürdig sind, kann eine Tilgung nur im Rahmen eines **vernünftigen Tilgungsplans** berücksichtigt werden.[16] Ggf. ist eine Tilgungsstreckung vorzunehmen.[17] Dabei kann nach der Trennung aber auch eine höhere Rückführung der Kredite angemessen sein, als sie in der Ehe vorgenommen worden ist. Waren in der Ehe nur Beträge durch die Gläubiger pfändbar, die nicht einmal zum **Ausgleich der laufenden Zinsen** ausreichten, kann es nach der Trennung angemessen sein, dem Unterhaltspflichtigen auch eine Tilgung zu ermöglichen und deshalb nach der Trennung einen höheren Schuldabtrag als während der Ehe zu berücksichtigen.[18] 10

b) Gesamtschuldnerausgleich. Werden im Rahmen der Unterhaltsberechnung Zins und Tilgung berücksichtigt, stellt diese Verrechnung beim Ehegattenunterhalt zugleich eine **anderweitige Bestimmung** iSd § 426 Abs. 1 BGB dar. Neben der Verrechnung im Unterhalt scheidet ein Gesamtschuldnerausgleich aus (→ *Gesamtschuldnerausgleich und Unterhalt* Rn. 3 ff.). 11

c) Doppelverwertungsverbot. Bei der Berücksichtigung von Verbindlichkeiten darf es nicht zu einer Doppelverwertung kommen. Dabei kann es insbesondere bei der Berücksichtigung von Tilgungsleistungen zu einer doppelten Berücksichtigung sowohl im Unterhalt als auch im Zugewinnausgleich kommen. Eine derartige unzulässige Doppelverwertung ist allerdings ausgeschlossen, wenn die Tilgungsleistungen bei der Unterhaltsbemessung nicht mehr berücksichtigt werden, sobald sie zu einer **einseitigen Vermögensbildung** bei dem Unterhaltsberechtigten oder -verpflichteten führen. Werden die Tilgungsleistungen richtigerweise bei Ehepartnern, die im gesetzlichen Güterstand leben, ab Zustellung des Scheidungsantrags nicht mehr berücksichtigt, ist damit die Gefahr einer unzulässigen Doppelverwertung gebannt (→ *Doppelverwertungsverbot* Rn. 7). 12

5. Darlegungs- und Beweislast

Die Darlegungs- und Beweislast für die Umstände des Entstehens und den laufenden Abtrag von Verbindlichkeiten trägt derjenige, der sich auf die Minderung seiner Einkünfte beruft.[19] 13

III. Verwandtenunterhalt

1. Grundsatz

Beim **Kindes- und Verwandtenunterhalt** entscheidet über die Berücksichtigungswürdigkeit von Verbindlichkeiten eine umfassende Interessenabwägung. Dabei kommt es auf den Zweck der Verbindlichkeiten, den Zeitpunkt und die Art ihrer Entstehung, die Kenntnis des Unterhaltsverpflichteten von Grund und Höhe der Unterhaltsschuld und sonstige Umstände des Einzelfalls an.[20] 14

2. Unterhalt minderjähriger Kinder

a) Mindestunterhalt. Im Rahmen des Unterhaltsanspruchs minderjähriger Kinder führt diese Interessenabwägung vor dem Hintergrund der **verschärften Haftung** nach § 1603 Abs. 2 S. 1 BGB dazu, dass Verbindlichkeiten, solange der Mindestunterhalt nicht gesichert ist, nur sehr eingeschränkt berücksichtigt werden können. Dabei ist auch maßgeblich, dass Kinder – anders als Ehegatten – keinen Einfluss auf die Entstehung der Schuld haben. So hat der Bundesgerichtshof zB monatliche Raten von 35 EUR für die Anschaffung einer Küche nicht berücksichtigt, weil diese Kosten aus dem Selbstbehalt aufzubringen sind.[21] Zu berücksichtigen sind allerdings Verbindlichkeiten, die die Eltern einvernehmlich begründet 15

16 OLG Celle 4.7.2001 – 21 UF 7/01, FamRZ 2002, 887.
17 OLG Brandenburg 9.1.2018 – 10 UF 104/16, NZFam 2018, 224.
18 BGH 7.4.1982 – IVb ZR 681/80, NJW 1982, 1641.
19 BGH 25.10.1995 – XII ZR 247/94, NJW-RR 1996, 321.
20 BGH 18.3.1992 – XII ZR 1/91, NJW 1992, 1624.
21 BGH 3.12.2008 – XII ZR 182/06, NJW 2009, 1410.

haben; das Kind leitet seine Lebensstellung von seinen Eltern ab und muss daher solche Einschränkungen hinnehmen.[22]

16 Ist ein Unterhaltsverpflichteter überschuldet, kann die Obliegenheit bestehen, ein **Verbraucherinsolvenzverfahren** einzuleiten.[23] Durch die Restschuldbefreiung nach § 300 InsO muss eine dauerhafte Sicherung des Mindestunterhalts erreichbar sein (→ *Obliegenheit zur Verbraucherinsolvenz* Rn. 4 ff.). Diese Obliegenheit besteht gegenüber Unterhaltsansprüchen minderjähriger Kinder und privilegierter Volljähriger.[24] Beim **Trennungs- und nachehelichem Unterhalt** besteht keine derartige Obliegenheit (→ *Obliegenheit zur Verbraucherinsolvenz* Rn. 9 ff.). Bei der Unterhaltsberechnung ist als verfügbares Einkommen bei abhängig Beschäftigten der nach §§ 850 c und d ZPO und bei Selbständigen der nach § 100 InsO ermittelte Betrag zu berücksichtigen.[25] Für den Unterhalt steht danach die Differenz dieser Beträge zum Selbstbehalt zur Verfügung.

17 In derartigen Fällen kann auch der betreuende Elternteil verpflichtet sein, den Barunterhalt ganz oder teilweise zu übernehmen. Insoweit besteht eine **subsidiäre Haftung** des betreuenden Elternteils (§ 1603 Abs. 2 S. 3 BGB; → *Ersatzhaftung* Rn. 1, 3; → *Kindesunterhalt Minderjähriger* Rn. 22 ff.).

18 **b) Unterhalt über dem Mindestunterhalt.** Ist der Mindestunterhalt sichergestellt, gelten **weniger strenge Maßstäbe**. Da ein minderjähriges Kind seine Lebensstellung von seinen Eltern ableitet, muss es bei der Unterhaltshöhe Einschränkungen hinnehmen, die Folge der Begründung von Verbindlichkeiten durch die Eltern sind.[26] Auch gegenüber **volljährigen Kindern** gelten weniger strenge Maßstäbe, weil keine gesteigerte Unterhaltsverpflichtung gem. § 1603 Abs. 2 BGB besteht.

19 **c) Kosten des Umgangs.** Nicht abzugsfähig sind grundsätzlich die **Kosten der Ausübung des Umgangsrechts.**[27] Das Umgangsrecht ist eine **höchstpersönliche Verpflichtung** des Berechtigten (§ 1684 BGB). Deshalb muss der Unterhaltspflichtige diese Kosten im Allgemeinen aus dem Selbstbehalt tragen. Wenn dem Unterhaltspflichtigen das **anteilige Kindergeld** gem. § 1612 b Abs. 5 BGB ganz oder teilweise nicht zugutekommt und ihm keine über den notwendigen Selbstbehalt hinausgehenden Mittel verbleiben, kann der Selbstbehalt maßvoll erhöht oder das unterhaltsrelevante Einkommen wegen der Umgangskosten gemindert werden.[28] Außergewöhnliche Ausgaben wegen einer weit über das übliche Maß hinausgehenden Ausübung des Umgangsrechts können zu einer Kürzung des Barunterhaltsanspruchs des Kindes durch Herabstufung um eine oder mehrere Stufen der Düsseldorfer Tabelle führen.[29] Sowohl die Umgangskosten als auch die Mehrkosten wegen des Lebensunterhalts der Kinder durch die Ausübung des Umgangsrechts können **Ansprüche nach dem SGB II** begründen[30] (→ *Umgangskosten*).

3. Elternunterhalt

20 Beim Elternunterhalt gilt der **großzügigste Maßstab**. Der Elternunterhalt ist nach § 1609 Nr. 6 BGB eine der am schwächsten ausgestalteten Unterhaltsverpflichtungen. Gegenüber dem Unterhaltsanspruch der Eltern sind Verbindlichkeiten grundsätzlich zu berücksichtigen, soweit sie nicht den allgemeinen Lebenshaltungskosten zuzurechnen sind.[31] Insbesondere sind Zinsleistungen für eine selbst genutzte Immobilie abzusetzen, die Tilgungsleistungen bis zur Höhe des Mietwertes[32] und im Übrigen ggf. als ergänzende

22 BGH 6.2.2002 – XII ZR 20/00, NJW 2002, 1269.
23 BGH 23.2.2005 – XII ZR 114/03, NJW 2005, 1279.
24 BGH 12.12.2007 – XII ZR 23/06, NJW 2008, 851.
25 BGH 31.10.2007 – XII ZR 112/05, NJW 2008, 227.
26 BGH 25.10.1995 – XII ZR 247/94, NJW-RR 1996, 321.
27 BGH 9.11.1994 – XII ZR 206/93, NJW 1995, 717.
28 BGH 23.2.2005 – XII ZR 56/02, NJW 2005, 1493.
29 BGH 12.3.2014 – XII ZB 234/13, NJW 2014, 1958.
30 BSG 2.7.2009 – B 14 AS 75/08, NJW 2010, 2381.
31 BGH 28.7.2010 – 12 ZR 140/07, NJW 2010, 3161.
32 BGH 4.7.2018 – XII ZB 448/17, NJW 2018, 2638.

Altersvorsorge bis zur Höhe von 5 % des Bruttoeinkommens (→ *Private Altersvorsorge* Rn. 3, 6).[33] Ein strengerer Maßstab gilt allein bei Verbindlichkeiten, die nach **Bekanntwerden der Unterhaltsverpflichtung** eingegangen worden sind.

33 BGH 19.3.2003 – XII ZR 123/00, NJW 2003, 2306.

239. Verbleibensanordnungen

Knahn/Siede

I. Einführung

1 Die Personensorge umfasst gem. § 1632 Abs. 1 BGB das Recht, die Herausgabe des Kindes von demjenigen zu verlangen, der es den sorgeberechtigten Eltern oder einem allein sorgeberechtigten Elternteil widerrechtlich vorenthält (→ *Kindesherausgabe* Rn. 1 ff.). In Fällen, in denen das Kind sich nicht (mehr) bei dem oder den Aufenthaltsbestimmungsberechtigten aufhält, sondern in einem anderen Familienverband seine Bezugswelt gefunden hat und dem Inhaber der elterlichen Sorge entfremdet ist, kommt es zum **Konflikt des Kindeswohls** mit den gem. Art. 6 Abs. 2, 3 GG geschützten **Elternrechten**. Ist das Kindeswohl durch die Herausnahme gefährdet, so müssen die Elternrechte ggf. zurücktreten.[1]

Das Familiengericht kann in diesen Fällen Verbleibensanordnungen

- zugunsten von Pflegepersonen gem. § 1632 Abs. 4 BGB (→ Rn. 3 ff.),
- zugunsten desjenigen, dessen für das Kind sorgeberechtigter Ehegatte oder Lebenspartner verstorben oder an der Ausübung der elterlichen Sorge verhindert ist, gem. § 1682 S. 1 BGB (→ Rn. 12 ff.) oder
- zugunsten der Großeltern und volljährigen Geschwister gem. § 1682 S. 2 BGB (→ Rn. 12 ff.)

treffen.

2 Die Verbleibensanordnung lässt die **Widerrechtlichkeit** des Vorenthaltens gem. § 1632 Abs. 1 BGB **entfallen**, so dass die Eltern trotz Sorgerechts die Herausgabe des Kindes nicht verlangen können.[2]

II. Verbleibensanordnungen

1. Verbleibensanordnung zugunsten einer Pflegeperson

3 Lebt ein Kind in Familienpflege (→ *Pflegefamilie* Rn. 2 ff.) kann das Familiengericht auf Antrag einer Pflegeperson oder von Amts wegen anordnen, dass das Kind bei der Pflegeperson verbleibt, wenn und solange das **Kindeswohl durch die Wegnahme gefährdet** würde (§ 1632 Abs. 4 BGB).

4 **a) Abgrenzung zu Maßnahmen nach § 1666 BGB.** Stehen die Erziehungsfähigkeit der sorgeberechtigten Eltern und nicht die Bindungen des Kindes zu den Pflegeeltern im Vordergrund der zu beantworteten Frage über den weiteren Aufenthalt des Kindes, kommt eine Verbleibensanordnung nach § 1632 Abs. 4 BGB nicht in Betracht. **Vorrangig** zu einer Verbleibensanordnung ist zu prüfen, ob der Entzug des Sorgerechts nach § 1666 BGB und die Übertragung auf den nichtehelichen Vater nach § 1680 Abs. 3, 2 S. 2 BGB zugunsten des bislang nicht sorgeberechtigten Vaters in Betracht kommt, wenn aus Gründen des Kindeswohls eine langfristige Entscheidung angezeigt ist.[3] Die Verbleibensanordnung stellt im Verhältnis zum Entzug des Sorgerechts das **mildere Mittel** dar.[4] Eine erlassene Verbleibensanordnung schließt aber nicht

1 BT-Drs. 13/4899, 104.
2 NK-BGB/*Rakete-Dombek* § 1632 Rn. 16.
3 NK-BGB/*Rakete-Dombek* § 1632 Rn. 16.
4 HK-FamR/*Schmid* BGB § 1632 Rn. 3.

die zusätzliche Entziehung des Sorgerechts aus, wenn das Pflegeverhältnis durch die Eltern auf sonstige Art gestört wird und die Pflegeeltern in die Lage versetzt werden sollen, das Kind umfassend zu erziehen.[5]

b) Voraussetzungen. aa) Familienpflege. Ein Kind lebt in Familienpflege, wenn es Pflege und Erziehung in einer anderen als seiner Herkunftsfamilie, auch durch eine Einzelperson, erfährt.[6] Bei der Anwendung von § 1632 Abs. 4 BGB kommt es nicht darauf an, ob ein Pflegeverhältnis im Rahmen der Vollzeitpflege gem. § 33 SGB VIII vorliegt. Eine Verbleibensanordnung kann bei allen **faktischen Pflegeverhältnissen familienähnlicher Art** (→ *Pflegefamilie* Rn. 3 ff.) getroffen werden.[7] 5

bb) Dauer des Pflegeverhältnisses. Voraussetzung für eine Verbleibensanordnung ist, dass das Kind **seit längerer Zeit** in der Pflegefamilie lebt. Der Begriff ist dabei nicht an absoluten Maßstäben, sondern vielmehr an dem kindlichen Zeitgefühl, der individuellen Bindungsfähigkeit und Bindungsbereitschaft des Kindes und auch an der Erreichbarkeit der Eltern auszurichten. Entscheidend ist nicht die objektive Dauer des Pflegeverhältnisses, sondern die Verwurzelung des Kindes in der Pflegefamilie, die Möglichkeit des Kindes, zu der Pflegeperson und seinem sozialen Umfeld engere Bindungen entwickeln zu können.[8] Es ist daher möglich, dass selbst bei mehrjähriger Familienpflege die Voraussetzung noch nicht erfüllt ist, bei einem einjährigen Kind aber bereits sechs Monate ausreichend sind.[9] 6

cc) Herausgabeverlangen. Zweck der Verbleibensanordnung ist, dem Kind Schutz vor einem Herausgabeverlangen nach § 1632 Abs. 1 BGB der Eltern zur Unzeit zu bieten.[10] Die Vorschrift muss aber auch ergänzend gegenüber Herausgabeverlangen durch Pfleger oder Vormund angewendet werden.[11] Ein **Rechtsschutzbedürfnis** für den Erlass einer Verbleibensanordnung besteht nicht nur dann, wenn der Inhaber der elterlichen Sorge **ernsthaft die Herausgabe verlangt**,[12] sondern auch schon dann, wenn mit einiger Wahrscheinlichkeit mit dem Herausgabeverlangen des Sorgeberechtigten zu rechnen ist[13] oder der Sorgeberechtigte nicht zu einer verbindlichen Erklärung bezüglich des Verbleibens bereit ist.[14] 7

dd) Kindeswohlgefährdung und verfassungsrechtliche Vorgaben. Voraussetzung für eine Verbleibensanordnung ist gem. § 1632 Abs. 4 BGB, dass durch die Wegnahme infolge eines Herausgabeverlangens das Kindeswohl gefährdet wäre (→ *Kindeswohlgefährdung* Rn. 1 ff.). 8

Grundsätzlich ist eine gerichtliche Entscheidung, die die Trennung von Eltern und Kind aufrechterhält, mit den in Art. 6 Abs. 2, 3 GG garantierten Elternrechten nur dann vereinbar, wenn neben der Kindeswohlgefährdung ein schwerwiegendes, nicht zwingend verschuldetes **Fehlverhalten** der Eltern vorliegt.[15] Das elterliche Fehlverhalten muss so schwer wiegen, dass das Kind in seinem körperlichen, geistigen oder seelischen Wohl **nachhaltig gefährdet** ist. Die Trennung darf daher nur unter strikter Beachtung des Grundsatzes der Verhältnismäßigkeit erfolgen, welchem bei Fällen nach § 1666 BGB durch die Regelung des § 1666 a BGB Rechnung getragen wird.[16]

Die Besonderheit der Verbleibensanordnung ist aber, dass sie nur dann zum Tragen kommt, wenn das Pflegeverhältnis längere Zeit (→ Rn. 6) andauert und damit auch die Trennung bereits längere Zeit besteht. Die Aufrechterhaltung der Trennung wiegt dabei hinsichtlich der Eingriffsintensität gleichermaßen schwer 9

5 Palandt/*Götz* BGB § 1632 Rn. 19.
6 Palandt/*Götz* BGB Vor § 1626 Rn. 16.
7 NK-BGB/*Rakete-Dombek* § 1632 Rn. 17.
8 NK-BGB/*Rakete-Dombek* § 1630 Rn. 18.
9 MüKoBGB/*Huber* § 1632 Rn. 41.
10 MüKoBGB/*Huber* § 1632 Rn. 37.
11 Palandt/*Götz* BGB § 1632 Rn. 13.
12 NK-BGB/*Rakete-Dombek* § 1632 Rn. 19.
13 OLG Brandenburg 9.3.2006 – 15 WF 103/06, FamRZ 2006, 1132.
14 OLG Celle 25.8.2006 – 10 UF 127/06, FamRZ 2007, 659.
15 BVerfG 23.8.2006 – 1 BvR 476/04, FamRZ 2006, 1593.
16 BVerfG 17.2.1982 – 1 BvR 188/80, FamRZ 1982, 567.

wie die Trennung selbst. Allerdings sind die mit der Trennung von den Pflegeeltern als Bezugsperson einhergehenden Belastungen für das Kind in die Kindeswohlprüfung einzubeziehen.[17]

Eine Verbleibensanordnung gem. § 1632 Abs. 4 BGB kann daher in Ausnahme zu den oben genannten Grundsätzen **allein aufgrund der Dauer des Pflegeverhältnisses** getroffen werden, wenn bei Herausgabe des Kindes an seine Eltern eine **schwere und nachhaltige Störung** des körperlichen oder seelischen Wohlbefindens des Kindes zu erwarten ist.[18] Das ist dann der Fall, wenn die körperlichen, geistigen oder seelischen Beeinträchtigungen des Kindes als Folge der Trennung von seinen bisherigen Bezugspersonen nicht mehr hinnehmbar sind.[19] Die Trennung von der Pflegeperson, die regelmäßig eine erhebliche psychische Belastung bedeutet, kann allein aber nicht ausreichen, eine Verbleibensanordnung zu rechtfertigen; denn grundsätzlich handelt es sich bei der Begründung eines Pflegeverhältnisses um eine vorübergehende Maßnahme.[20]

10 Zwar können Elternrechte gem. Art. 6 Abs. 1, 3 GG zum Schutz des Pflegefamilienverbundes auch Pflegeeltern zugutekommen. Im Verhältnis zu dem grundrechtlichen Schutz der Eltern haben diese aber geringeres Gewicht, so dass den Pflegeeltern grundsätzlich zuzumuten ist, den mit der Trennung verbundenen Verlust zu ertragen.[21] Ein Verstoß gegen die Grundrechte der Pflegeeltern aus Art. 6 Abs. 1, 3 GG kann ausnahmsweise angenommen werden, wenn die Pflegeeltern während einer jahrelangen Dauerpflege das Kind betreut haben und andere ins Gewicht fallende Umstände von Verfassungswegen eine Auflösung der Pflegefamilie verbieten.[22]

11 Voraussetzung für eine verfassungsgemäße Verbleibensanordnung ist es, dass das mit der Sache befasste Gericht das Verfahren derart gestaltet, dass eine möglichst zuverlässige Grundlage für eine am Kindeswohl orientierte Entscheidung erlangt werden kann, die im Einzelfall die Durchsetzung der materiellen Grundrechtspositionen ermöglicht und eine **praktische Konkordanz** der Grundrechte herbeiführt.[23]

2. Verbleibensanordnung gem. § 1682 BGB

12 **a) Bezugspersonen.** Gem. § 1682 S. 1 BGB kann eine Verbleibensanordnung zugunsten des Ehegatten eines ursprünglich (mit-)sorgeberechtigten Elternteils ergehen, wenn der Elternteil aufgrund tatsächlicher Gründe an der Ausübung der elterlichen Sorge verhindert ist oder seine elterliche Sorge ruht (→ *Ruhen des Sorgerechts* Rn. 1 ff.) und der andere Elternteil die elterliche Sorge gem. § 1678 BGB alleine ausübt. Gleiches gilt, wenn der bislang (mit-)sorgeberechtigte Elternteil verstorben ist und der andere Elternteil die elterliche Sorge gem. §§ 1680, 1682 BGB alleine ausübt.

Eine Verbleibensanordnung kann unter den genannten Voraussetzungen auch zugunsten eines Lebenspartners, der Großeltern oder volljähriger Geschwister ergehen (§ 1682 S. 2 BGB), hingegen nicht zugunsten eines nichtehelichen Lebensgemeinschaftspartners.[24]

13 **b) Voraussetzungen.** Voraussetzung für eine Verbleibensanordnung nach § 1682 BGB ist, dass das Kind **längere Zeit** in dem gemeinsamen Haushalt des Elternteils und der genannten Personen gelebt hat. Bereits aus der Überschrift des § 1682 BGB „Verbleibensanordnung zugunsten von Bezugspersonen" ist ersichtlich, dass das Zusammenleben des Kindes im Haushalt des (bis dato) sorgeberechtigten Elternteils und der anderen Person dazu geführt haben muss, dass diese zur **Bezugsperson** geworden ist.[25] Der im Rahmen der Verbleibensanordnung gem. § 1632 Abs. 4 BGB (→ Rn. 6) dargelegte Maßstab gilt auch hier.

---

17 BVerfG 14.6.2014 – 1 BvR 725/14, NJW 2014, 2936.
18 BVerfG 17.10.1984 – 1 BvR 284/84, FamRZ 1985, 39.
19 BVerfG 22.5.2014 – 1 BvR 2282/13, FamRZ 2014, 1266.
20 BVerfG 1.3.1990 – 1 BvR 1603/89, FamRZ 1990, 487.
21 BVerfG 17.10.1984 – 1 BvR 284/84, NJW 1985, 423.
22 BVerfG 23.8.2006 – 1 BvR 476/04, FamRZ 2006, 1593.
23 BVerfG 18.2.1993 – 1 BvR 692/92, NJW 1993, 2671.
24 NK-BGB/*Kleist/Friederici* § 1682 Rn. 2.
25 NK-BGB/*Kleist/Friederici* § 1682 Rn. 3.

Entscheidend ist daher nicht die objektive Dauer des Zusammenlebens, sondern die Verwurzelung des Kindes in dem Haushalt, die Möglichkeit des Kindes, zu der anderen Person und seinem sozialen Umfeld engere Bindungen entwickeln zu können.

Ein **Rechtsschutzbedürfnis** für eine Verbleibensanordnung nach § 1682 BGB liegt vor, wenn mit einiger Wahrscheinlichkeit mit dem Herausgabeverlangen des Sorgeberechtigten zu rechnen ist (→ Rn. 7). 14

Voraussetzung für eine Verbleibensanordnung ist außerdem, dass durch die Wegnahme infolge eines Herausgabeverlangens **das Kindeswohl gefährdet** wäre (→ *Kindeswohlgefährdung* Rn. 8 ff.). Da es sich um dieselbe Eingriffsintensität handelt, sind die oben dargestellten **verfassungsrechtlichen Vorgaben** (→ Rn. 8 ff.) ebenfalls einzuhalten. 15

III. Beteiligung im familiengerichtlichen Verfahren

Pflege- und Bezugspersonen, die eine Verbleibensanordnung gem. § 1632 Abs. 4 oder § 1682 BGB beantragen, sind als **Antragsteller** immer **Verfahrensbeteiligte** gem. § 7 Abs. 1 FamFG. Sie sind gem. § 34 Abs. 1 FamFG **persönlich anzuhören**, wenn dies zur Gewährleistung ihres rechtlichen Gehörs erforderlich ist. Pflegepersonen sind gem. § 161 Abs. 2 FamFG stets (aber nicht zwingend persönlich) anzuhören (→ *Pflegefamilie* Rn. 22), wenn das Kind seit längerer Zeit in Familienpflege ist. 16

Wurde das Verfahren ohne Antragstellung durch Pflege- oder Bezugspersonen **von Amts wegen** betrieben (etwa durch eine Anregung des Jugendamts), sind sie als Beteiligte hinzuzuziehen, wenn das Kind länger in Familienpflege gelebt hat und die Hinzuziehung als Beteiligte dem Kindeswohl dient.[26] Für Pflegepersonen bleibt im Übrigen die Möglichkeit der Kann-Beteiligung gem. §§ 7 Abs. 3, 161 Abs. 1 FamFG (→ *Pflegefamilie* Rn. 21). Da die Verbleibensanordnung zugunsten von Pflege- und Bezugspersonen jedenfalls deren Bereitschaft zur weiteren Pflege und Erziehung des Kindes voraussetzt, wird eine Anhörung im Rahmen der Amtsaufklärung gem. § 26 FamFG unumgänglich sein. Eine Beteiligung folgt daraus aber nicht (§ 7 Abs. 4 FamFG). 17

Die **Eltern** sind gem. § 7 Abs. 2 Nr. 1 FamFG stets als Verfahrensbeteiligte hinzuzuziehen, da ihre Rechte betroffen sind. 18

26 OLG Saarbrücken 5.12.2013 – 6 UF 132/13, NZFam 2014, 74.

240. Verbraucherpreisindex

Caspary

1 Nach dem Bundesgerichtshof darf der nur scheinbare bzw. unechte Zugewinn, der sich allein aus der nominellen Wertsteigerung infolge der Geldentwertung ergibt, beim Zugewinnausgleich nicht berücksichtigt werden. Um diesen scheinbaren Zugewinn zu eliminieren, muss das Anfangsvermögen (→ *Anfangsvermögen* Rn. 22 f.) mit dem Endvermögen vergleichbar gemacht werden, indem es mithilfe des vom Statistischen Bundesamt veröffentlichten allgemeinen Verbraucherpreisindexes für Deutschland hochgerechnet wird, und zwar nach der **Formel** Anfangsvermögen mal Preisindex, der für den Stichtag Endvermögen maßgeblich ist, geteilt durch den Preisindex, der für den Stichtag Anfangsvermögen maßgeblich ist.[1] Nach allgemeiner Meinung soll es genügen, den Jahresindex anzugeben. Genauer ist allerdings der Monatsindex. Vor allen Dingen bei größeren Ausgleichsbeträgen können sich erhebliche Differenzen ergeben.

2 Vorgeschlagen wird, bei **Immobilien** nicht den Verbraucherpreisindex, sondern den Baukostenindex heranzuziehen, da dieser die Wertentwicklung bei Immobilien genauer abbilde.[2] Das ist erwägenswert.[3] Geht es um im Ausland belegene Vermögenswerte, ist der dortige Kaufkraftschwund für die Hochrechnung maßgeblich.[4]

3 Vorsicht ist geboten, wenn das **Anfangsvermögen vor 1991** erworben worden ist. Das Statistische Bundesamt hat im Januar 2000 die bis dahin gültigen Indices für das frühere Bundesgebiet und die neuen Bundesländer für ungültig erklärt und durch den einheitlich für das gesamte Bundesgebiet geltenden allgemeinen Verbraucherpreisindex ersetzt, und zwar rückwirkend ab 1991. Für Erwerbsvorgänge vor 1991 muss daher noch auf die alten Verbraucherpreisindices für das alte Bundesgebiet und die neuen Bundesländer abgestellt werden, wobei die Umrechnung in mehreren Schritten erfolgen muss, indem die verschiedenen Indices hintereinander geschaltet werden.[5]

4 Aber auch wenn das Anfangsvermögen nach 1991 erworben worden ist, kann es im Einzelfall für den nicht über Anfangsvermögen verfügenden Ehegatten günstiger sein, mit den verketteten Indices zu rechnen, insbesondere wenn der **Vermögenserwerb in den neuen Bundesländern** erfolgte. Hier sind die Abweichungen erheblich, weil der Verbraucherpreisindex am Anfang zwar niedriger als in den alten Bundesländern lag, dann aber deutlich stärker angestiegen ist.[6]

5 Streitig ist, ob auch **negatives Anfangsvermögen indexiert** werden muss. Die hM bejaht dies unter Hinweis darauf, dass Schulden im Anfangsvermögen nicht gleich belastend sind wie im Endvermögen, da der mit dem Schuldenabtrag verbundene Konsumverzicht aufgrund der Geldentwertung am Ende geringer als am Anfang der Ehe ausfalle.[7] Die Gegenansicht stellt darauf ab, dass Schulden mit der Geldentwertung nicht wachsen und lediglich nominal zurückzuzahlen seien.[8] Allerdings soll durch die Indexierung nicht die reale Wertentwicklung eines einzelnen Vermögensgegenstandes erfasst, sondern Anfangs- und Endvermögen vergleichbar gemacht werden. Das spricht dafür, auch negatives Anfangsvermögen, also Schulden, zu indexieren.[9]

---

1 BGH 13.10.1983 – IX ZR 106/82, FamRZ 1984, 31; 14.11.1973 – IV ZR 147/72, BGHZ 61, 385.

2 *Kogel* Zugewinnausgleich Rn. 224 ff.

3 *Haußleiter/Schulz* Vermögensauseinandersetzung Kap. 1 Rn. 57.

4 AG Bad Säckingen 23.10.1995 – 2 F 112/91, FamRZ 1997, 611.

5 Vgl. zur Berechnung *Kogel* Zugewinnausgleich Rn. 232 ff.; *Naucke/Lömker* NJW 2003, Heft 30, S. XIV; *Gutdeutsch* FamRZ 2003, 1061.

6 Vgl. zu den Einzelheiten *Kogel* Zugewinnausgleich Rn. 236 ff.; OLG Jena 8.11.2004 – 1 WF 309/02, FamRZ 2005, 1186; aA OLG Brandenburg 16.2.2004 – 10 WF 20/04, FamRZ 2006, 624.

7 *Haußleiter/Schulz* Vermögensauseinandersetzung Kap. 1 Rn. 58; *Gutdeutsch* FPR 2009, 277; *Götsche* ZFE 2009, 277; *Heiß* FamFR 2009, 1; *Büte* NJW 2009, 2776; MüKoBGB/*Koch* § 1376 Rn. 11; Johannsen/Henrich/*Jaeger* BGB § 1376 Rn. 25.

8 *Klein* FuR 2010, 122.

9 Vgl. *Gutdeutsch* FPR 2009, 277.

Soweit Schenkungen, Erbschaften und Ausstattungen nach § 1374 Abs. 2 BGB dem Anfangsvermögen hinzuzurechnen sind, ist für die Indexierung auf den am **Tag der Zuwendung** geltenden Verbraucherpreisindex abzustellen.[10] Sodann ist der indexierte Wert mit dem indexierten Anfangsvermögen zusammenzurechnen. Entsprechend ist für den unwahrscheinlichen Fall zu verfahren, dass negatives privilegiertes Vermögen vorliegt. 6

10 BGH 20.5.1987 – IVb ZR 62/86, FamRZ 1987, 791.

241. Vereinbarungen mit Auslandsbezug

Reetz

I. Ehewirkungsstatut („allgemeine Ehewirkungen“)

1. Allgemeines

1 Seit dem 29.1.2019 gilt die gegenüber Art. 14 Abs. 3 EGBGB aF verändert gestaltete Norm zur **Rechtswahl des Ehewirkungsstatuts nach Art. 14 Abs. 1 EGBGB** („allgemeine Ehewirkungen“; vgl. BGBl. I 2018, 2573). Für **eingetragene Lebenspartnerschaften** und gleichgeschlechtliche Ehe ist vorrangig Art. 17 b EGBGB zu beachten; die Rechtswahlmöglichkeit zu den allgemeinen Ehewirkungen der **gleichgeschlechtlichen Ehe** nach Art. 14 Abs. 1 EGBGB ergibt sich aus der Verweisnorm des Art. 17 b Abs. 4 S. 2 EGBGB. Auf kollisionsrechtliche Fragen zu den Rechtsbeziehungen zwischen Partnern einer **eheähnlichen Lebensgemeinschaft** ist das Vertragsstatut anzuwenden; Rechtwahlen unterliegen somit Art. 3 Abs. 1 Rom I-VO.

2 Art. 14 EGBGB folgt, sofern die Ehegatten keine Rechtswahl getroffen haben, dem Prinzip der primären Anknüpfung an den **„gewöhnlichen Aufenthalt“** (Art. 14 Abs. 2 Nr. 1 EGBGB) und dem Prinzip der **Wandelbarkeit.**[1] Das jederzeit von den Ehegatten **wählbare Sachrecht** für die allgemeinen Ehewirkungen ergibt sich wiederum abschließend aus Art. 14 Abs. 1 S. 2 Nr. 1–3 EGBGB; insbesondere können sie das **Heimatrecht eines der Ehegatten** als Ehewirkungsstatut bestimmen (Nr. 3). Die eine Rechtswahl limitierenden Voraussetzungen nach Art. 14 Abs. 3 EGBGB aF sind entfallen; die Wirkungen der Rechtswahl enden zudem nicht (mehr), wenn die Ehegatten eine gemeinsame Staatsangehörigkeit erlangen (anders Art. 14 Abs. 3 S. 2 EGBGB aF).

3 Das **Erfordernis der notariellen Beurkundung** im Inland ergibt sich aus Art. 14 Abs. 1 S. 3 EGBGB. Die wohl hM hält die Form des Ehevertrages (§ 1410 BGB) für erforderlich und kann sich insoweit auch auf Art. 14 Abs. 1 S. 4 EGBGB berufen.[2] Die Nichteinhaltung der Form führt nach § 125 BGB insgesamt zur Nichtigkeit der Rechtswahl.[3]

4 Art. 14 Abs. 1 EGBGB wird in der Praxis wegen des sehr beschränkten Anwendungsbereichs der nach Inkrafttreten der EuGüVO verbliebenen allgemeinen Ehewirkungen von geringer Bedeutung bleiben.[4] Die Rechtswahl kann ohne Vorliegen der nachgenannten Anknüpfungsmerkmale **vorsorglich** zu einem der Eheschließung vorgelagerten Zeitpunkt vorgenommen werden.[5] Im Übrigen erlangt die Wahl **Wirksamkeit ab dem Zeitpunkt der Vornahme** für die Zukunft. Die Rechtswahl verliert nicht dadurch ihre Wirkung, dass die Ehegatten eine gemeinsame Staatsangehörigkeit erlangen.

1 *Süß* BeckNotar-HdB § 28 Rn. 131.
2 Vgl. teilweise zu Art. 14 EGBGB aF BeckOK BGB/*Mörsdorf* EGBGB Art. 14 Rn. 54 mwN; Staudinger/*Mankowski* EGBGB Art. 14 Rn. 120; Palandt/*Thorn* EGBGB Art. 14 Rn. 8.
3 OLG Düsseldorf 29.11.1994 – 1 UF 47/94, FamRZ 1995, 932.
4 BeckOK BGB/*Mörsdorf* EGBGB Art. 14 Rn. 43; *Süß* BeckNotar-HdB § 28 Rn. 133; anders jedoch die Einschätzung in BT-Drs. 17/11471 (neu), S. 183.
5 Palandt/*Thorn* EGBGB Art. 14 Rn. 11.

2. Voraussetzungen und Anwendungsbereich

Wählbar sind nach Art. 14 Abs. 1 S. 2 Nr. 1–3 EGBGB: 5

- das Recht des Staates, in dem **beide Ehegatten im Zeitpunkt der Rechtswahl ihren gewöhnlichen Aufenthalt** haben,
- das Recht des Staates, in dem **beide Ehegatten ihren gewöhnlichen Aufenthalt während der Ehe zuletzt hatten**, wenn einer von ihnen im Zeitpunkt der Rechtswahl dort noch seinen gewöhnlichen Aufenthalt hat, oder
- ungeachtet des Art. 5 Abs. 1 EGBGB das Recht des Staates, dem **ein Ehegatte im Zeitpunkt der Rechtswahl angehört**.

Aus der kollisionsrechtlichen Sicht des „aktuellen" Art. 14 EGBGB werden von den allgemeinen Ehewirkungen seit dem 29.1.2019, und anders als nach dem Regelungsgehalt der Vorgängernorm, keine scheidungsbezogenen Wirkungen und vor allem auch **keine vermögensrechtlichen Wirkungen der Ehe (mehr) umfasst**. Bereits aus dem Wortlaut des Art. 14 Abs. 1 EGBGB lässt sich der absolute Vorrang der EuGüVO, für die von ihr geregelten Gegenstände entnehmen. Güterrechtlich qualifiziert sind nach Art. 3 Abs. 1 lit. a EuGüVO auch alle vermögensrechtlichen Wirkungen zwischen Ehegatten, die nach dem Verständnis des Art. 14 EGBGB aF bis zum 29.1.2019 unmittelbar dem allgemeinen Ehewirkungsbereich zugeordnet wurden. Das waren beispielsweise aus der Sicht des BGB/EGBGB die Mitverpflichtung/Schlüsselgewalt des Ehegatten (§ 1357 BGB), die Eigentumsvermutung (§ 1262 BGB), die Zuweisung der Ehewohnung und des Hausrats (§§ 1361 a, 1361 b, 1568 a, 1586 b BGB) sowie ggf. die Braut- und Morgengabe.[6] Tatsächlich fallen unter die allgemeinen Ehewirkungen nach Art. 14 EGBGB nur noch das Recht der Herstellung und Ablehnung der ehelichen Lebensgemeinschaft, der Berechtigung zum Getrenntleben, Unterlassungsansprüche bei Ehestörung, die vertragliche Gestaltung der ehelichen Rollenverteilung, allgemeine Beistands- und Treupflichten, ggf. das Bestimmungsrechte zur Wohnsitznahme außerhalb von Angelegenheiten nach Art. 17 a EGBGB etc..[7] Dabei bleibt zu beachten, dass die Wahl des Ehewirkungsstatuts nur einheitlich für alle allgemeinen Ehewirkungen möglich ist; die Wahl einzelner, ggf. günstigerer Ehewirkungen ist nicht möglich. Die ehevertraglich herbeigeführte Rechtswahl unterliegt den **Grundsätzen der richterlichen Inhaltskontrolle**. 6

Die allgemeinen Ehewirkungen haben neben ihren ohnehin geringen vermögensrechtlichen Wirkungen auch ihre zentrale Funktion für weitere **ehe- und familienrechtliche Kollisionsnormen** verloren.[8] Das trifft insbesondere auf ihre Rolle als Anknüpfung für das anzuwendende Güterrechtsstatut (Art. 15 Abs. 1 EGBGB aF) sowie das Scheidungs- und Versorgungsausgleichsstatut (Art. 17 EGBGB aF) wie auch auf die Auswirkungen auf den Unterhalt (Art. 18 Abs. 4 EGBGB aF) zu. 7

Da der **Notar** regelmäßig das ausländische Ehewirkungsrecht inhaltlich nicht kennt und beurkundungsrechtlich auch nicht kennen muss (§ 17 Abs. 3 BeurkG), kann er nicht zu den Rechtsfolgen der Beendigung des ausländischen Ehewirkungsrechts beraten und belehren. Den Notar treffen keine Belehrungspflichten, inwieweit die Rechtswahl in das deutsche Recht im Ausland, insbesondere nach dem Recht, aus dem heraus gewechselt werden soll, anerkannt wird. Natürlich hat der Notar über das deutsche Ehewirkungsrecht in vollem Umfang zu beraten (§ 17 Abs. 1 u. 2 BeurkG). 8

---

6 *Süß* BeckNotar-HdB § 28 Rn. 129; Hausmann/Odersky/*Hausmann* IPR § 8 Rn. 54 ff.
7 Zusammenfassend Palandt/*Thorn* EGBGB Art. 14 Rn. 15; Hausmann/Odersky/*Hausmann* IPR § 8 Rn. 53.
8 *Süß* BeckNotar-HdB § 28 Rn. 127; zu Art. 14 EGBGB insoweit *Lichtenberg* DNotZ 1986, 644 (654 f.).

▶ Muster: Rechtswahl nach Art. 14 Abs. 1 S. 2 Nr. 3 EGBGB, weil einer oder beide Ehegatten am Ort des gewöhnlichen Aufenthalts ihr gemeinsames oder das abweichende Heimatrecht eines von ihnen bevorzugen

Teil I Sachstand

Die Beteiligten erklärten zunächst:

Wir beabsichtigen, die Ehe miteinander zu schließen. Wir besitzen beide ausschließlich die italienische Staatsangehörigkeit und werden unsren ersten gemeinsamen gewöhnlichen Aufenthalt zum Zeitpunkt der Eheschließung in der Bundesrepublik Deutschland in Köln innehaben.

Wir wollen eine Rechtswahl dahin gehend treffen, dass für die **allgemeinen Wirkungen** unserer künftigen Ehe unsrer das Recht der Republik Österreich Anwendung findet.

Teil II Ehevertrag

Wir schließen folgenden **Ehevertrag:**

§ 1 Rechtswahl zu den allgemeinen Wirkungen unserer Ehe

(1) Wir wählen hiermit gemäß Art. 14 Abs. 1 S. 2 Nr. 3 EGBGB für die allgemeinen Wirkungen unserer Ehe das Recht der Republik Österreich, also österreichisches Sachrecht.

Diese Rechtswahl ist zulässig, weil jeder von uns ausschließlich österreichischer Staatsangehöriger ist.

(2) Der Notar hat uns darüber belehrt, dass für den Fall, dass wir unseren gemeinsamen gewöhnlichen Aufenthalt zum Zeitpunkt der Eheschließung in der Bundesrepublik Deutschland haben, dennoch für die allgemeinen Wirkungen unserer Ehe vom Zeitpunkt unserer Eheschließung an das österreichische Sachrecht der allgemeinen Ehewirkungen zur Anwendung gelangt.

(3) Die vorstehend jeweils getroffene Rechtswahl soll nach Möglichkeit auch in jedem Ausland wirken.

(4) Der Notar hat uns darauf hingewiesen,

- welche Regelungsbereiche nach deutschem Recht vom Ehewirkungsstatut erfasst werden,
- dass der Notar ausländische Rechtsordnungen nicht kennen muss, er über den Inhalt des durch Rechtswahl zur Anwendung gelangenden fremden Rechts nicht belehrt und insoweit auch keine Beratung oder Betreuung übernommen hat,
- dass die Rechtswahl keine Auswirkungen auf das Recht der Scheidung und der Scheidungsfolgen einschließlich des nachehelichen Unterhalts und des Versorgungsausgleichs hat,
- dass die Rechtswahl zu den allgemeinen Ehewirkungen keinen Einfluss auf das eheliche Güterrecht hat,
- dass sich die Rechtswahl nicht auf das Namensrecht und nicht auf das Kindschaftsstatut bezieht,
- dass die Rechtswahl außerhalb der Bundesrepublik Deutschland möglicherweise keine Anerkennung finden wird. ◀

9 Eine Rechtswahl nach Art. 14 Abs. 1 S. 2 Nr. 1 EGBGB hat in der Praxis Bedeutung, wenn Ehegatten mit deutscher Staatsangehörigkeit ihren gemeinsamen gewöhnlichen Aufenthalt in einem dritten Staat nehmen wollen, die Anwendung des Rechts dieses Staates nach dem Grundsatz der Wandelbarkeit des Ehewirkungsstatuts[9] jedoch nicht gewünscht wird.

▶ Muster: Vorsorgliche Rechtswahl nach Art. 14 Abs. 1 S. 2 Nr. 1 EGBGB

Teil I Sachstand

Die Beteiligten erklärten zunächst:

Wir haben am ... vor dem Standesbeamten des Standesamts Köln die Ehe geschlossen (Heiratsregister Nr. ...). Unseren ersten gemeinsamen gewöhnlichen Aufenthalt nach Eheschließung haben wir in Deutschland, in Köln, begründet; dort haben wir unsren gewöhnlich Ausenthalt auch derzeit inne. Wir gehen davon aus, dass sich das Recht der allgemeinen Ehewirkungen für unsere Ehe derzeit nach deutschem Sachrecht richtet (Art. 14 Abs. 2 Nr. 1 EGBGB).

9 Vgl. Art. 14 Abs. 2 Nr. 1 EGBGB.

Wir beabsichtigen, nach Spanien zu verziehen und dort unseren gemeinsamen gewöhnlichen Aufenthalt zu begründen. Dennoch wollen wir, soweit dies nach deutschem IPR möglich ist, das **deutsche Sachrecht für die allgemeinen Wirkungen unserer Ehe** beibehalten.

Teil II Ehevertrag

Wir schließen folgenden **Ehevertrag:**

§ 1 Rechtswahl zu den allgemeinen Wirkungen unserer Ehe

(1) Wir wählen für die allgemeinen Wirkungen unserer Ehe das Recht der Bundesrepublik Deutschland nach Art. 14 Abs. 1 S. 2 Nr. 1 EGBGB.

(2) Die Rechtswahl soll nach Möglichkeit nicht nur im Inland wirken. Der Notar hat uns darauf hingewiesen, dass er keine Aussage darüber machen kann, ob die vorstehende Vereinbarung auch in dem Staat, in dem wir zukünftig unseren gewöhnlichen Aufenthalt begründen werden, als gültig anerkannt wird.

(4) Der Notar hat uns darauf hingewiesen, ... ◀

II. Güterstatut

1. Allgemeines

Seit dem 29.1.2019 richtet sich die Rechtswahl der Ehegatten oder künftigen Ehegatten zum ehelichen Güterstand („Güterrechtsstatut") nach **Art. 22 Abs. 1 EuGüVO/EUPartVO.**[10] 10

Für **eingetragene Lebenspartnerschaften** und gleichgeschlechtliche Ehe ist vorrangig Art. 17 b EGBGB zu beachten. Die Rechtswahlmöglichkeit zum Ehegüterrecht der **gleichgeschlechtlichen Ehe** nach Art. 22 Abs. 1 EuPartVO ergibt sich aus der Verweisnorm des Art. 17 b Abs. 4 S. 2 EGBGB. Auf kollisionsrechtliche Fragen zu den vermögensrechtlichen Rechtsbeziehungen zwischen Partnern einer **eheähnlichen Lebensgemeinschaft** ist das Vertragsstatut anzuwenden; Rechtwahlen unterliegen somit Art. 3 Abs. 1 Rom I-VO.

Die EuGüVO folgt, sofern die Ehegatten keine Rechtwahl getroffen haben, dem Prinzip der primären Anknüpfung an den gewöhnlichen Aufenthalt, hier in der Variante des **ersten gemeinsamen gewöhnlichen Aufenthalts nach Eheschließung** (Art. 26 Abs. 1 lit. a EuGüVO, s. auch EG 49 EuGüVO) und dem Grundsatz der **Unwandelbarkeit** (EG 46 EuGüVO). Eine Anknüpfung des Güterstatuts an das Recht der allgemeinen Ehewirkungen (**Ehewirkungsstatut**) kennt die EuGüVO nicht. Das jederzeit von den Ehegatten **wählbare Sachrecht** für ihre güterrechtlichen Beziehungen ergibt sich wiederum abschließend aus den Anknüpfungen in Art. 22 Abs. 1 lit. a und b EuGüVO; insbesondere können sie das **Heimatrecht eines der Ehegatten** als Güterrechtsstatut bestimmen (lit. b). Die Anknüpfung des Güterrechtsstatuts nach der EuGüVO führt zu einer **Sachnormverweisung.**[11] 11

Der „eheliche Güterstand", also der Umfang der der EuGüVO unterfallenden güterrechtlichen Rechtsbeziehungen und Gegenstände, ist deutlich weiter gefasst als das deutsche Verständnis nach Art. 15 EGBGB aF oder § 1408 BGB und ergibt sich autonom aus der Begriffsbestimmung des **Art. 3 Abs. 1 lit. a EuGüVO.** Hiernach meint „ehelicher Güterstand" sämtliche vermögensrechtlichen Regelungen, die zwischen den Ehegatten und in ihren Beziehungen zu Dritten aufgrund der Ehe oder der Auflösung der Ehe gelten. Damit ist aus deutscher Sicht nicht nur das gesamte **Nebengüterrecht** erfasst, sondern auch alle vermögensrechtlichen Angelegenheiten, die ehedem den allgemeinen Ehewirkungen zuzuordnen waren. 12

10 Verordnungen (EU) Nr. 2016/1103 und Nr. 2016/1104 des Rates vom 24.6.2016 zur Durchführung einer Verstärkten Zusammenarbeit im Bereich der Zuständigkeit, des anzuwendenden Rechts und der Anerkennung und Vollstreckung von Entscheidungen in Fragen des ehelichen Güterstands und in Fragen güterrechtlicher Wirkungen eingetragener Partnerschaften.

11 *Süß* BeckNotar-HdB § 28 Rn. 159 a.

13 Das **Erfordernis der notariellen Beurkundung** im Inland ergibt sich aus Art. 23 Abs. 2 EuGüVO iVm § 1410 BGB; Schriftform nach Art. 23 Abs. 1 EuGüVO reicht für in Deutschland vorgenommene Rechtswahlvereinbarungen nicht aus.[12]

14 Aus der kollisionsrechtlichen Sicht des Art. 22 Abs. 1 EuGüVO können die Ehegatten das anwendbare Recht nur bezüglich ihres beiderseitigen **gesamten Vermögens** wählen (Art. 21 EuGüVO). Eine Teil-Rechtswahl in Bezug auf einzelne Vermögensgegenstände oder Sachgesamtheiten (zB unbewegliches Vermögen) ist nicht mehr möglich und unwirksam.[13] Insoweit weichen die Rechtswahlmöglichkeiten nach der EuGüVO von **Art. 15 Abs. 2 Nr. 3 EGBGB aF** erheblich ab. Eine nach „**Altrecht**" (bis zum Ablauf des 28.1.2019) wirksam vorgenommene Rechtswahl bleibt vom Inkrafttreten der EuGüVO in ihrem Bestand unberührt (vgl. auch Art. 69 Abs. 3 EuGüVO). Das gilt auch für den Fall der „gegenständlich beschränkten Rechtswahl" nach **Art. 15 Abs. 2 Nr. 3 EGBGB aF**, die zu einem **gespaltenen Güterrecht** führt und nach dem Konzept der EuGüVO nicht mehr möglich ist.

15 Mangels Rechtswahlvereinbarung nach Art. 22 EuGüVO unterliegt der eheliche Güterstand dem Recht des Staates („**Anknüpfungsleiter**"),

- in dem die Ehegatten nach der Eheschließung ihren **ersten gemeinsamen gewöhnlichen Aufenthalt** haben (Art. 26 Abs. 1 lit. a) EuGüVO), oder anderenfalls
- dessen **Staatsangehörigkeit beide Ehegatten** zum Zeitpunkt der Eheschließung besitzen (Art. 26 Abs. 1 lit. b) EuGüVO), oder anderenfalls
- mit dem die Ehegatten unter Berücksichtigung aller Umstände zum Zeitpunkt der Eheschließung **gemeinsam am engsten verbunden** sind (Art. 26 Abs. 1 lit. c) EuGüVO).

16 Das einmal wirksam begründete Güterrechtsstatut bleibt grundsätzlich unwandelbar bestehen, und zwar selbst dann, wenn der gewöhnliche Aufenthalt verlegt wird oder ein Ehegatte/beide Ehegatten die Staatsangehörigkeit ändern (**Unwandelbarkeit des Güterstatuts**). Dies bedeutet ua, dass ein später, nämlich nach Begründung des Güterstatus im ausländischen Heimatrecht nach Deutschland verzogener ausländischer Staatsangehöriger, der in Deutschland seinen gewöhnlichen Aufenthalt begründet, sein aus deutscher Sicht ausländisches Güterrechtsstatut behält und auch an dessen Rechtsentwicklung teilnimmt.

2. Rechtswahl nach Art. 22 Abs. 1 EuGüVO

17 Die Ehegatten oder künftigen Ehegatten können für ihren ehelichen Güterstand durch (beurkundungsbedürftige) rechtsgeschäftliche Rechtswahl folgendes Recht bestimmen:

- das Recht des Staates, in dem die Ehegatten oder künftigen Ehegatten oder einer von ihnen zum Zeitpunkt der Rechtswahl ihren/seinen **gewöhnlichen Aufenthalt** haben/hat (Art. 26 Abs. 1 lit. a EuGüVO), oder
- das Recht eines Staates, dessen **Staatsangehörigkeit** einer der Ehegatten oder künftigen Ehegatten zum Zeitpunkt der Rechtswahl besitzt (Art. 26 Abs. 1 lit. a EuGüVO).

Mit Wirkung für die Zukunft kann die Rechtswahl jederzeit aufgehoben oder geändert werden. Für güterrechtliche Vereinbarungen im gewählten Sachrecht, insbesondere die Güterrechtswahl, ist die missglückte Formvorschrift des Art. 25 EuGüVO („Formgültigkeit einer Vereinbarung über den ehelichen Güterstand") zu beachten.

18 In der Praxis wird die Rechtswahl regelmäßig mit weiteren typischen Vereinbarungen aus dem Bereich vorsorgender oder scheidungsbezogener Eheverträge verbunden. Eine isolierte Rechtswahl, ohne weitere ehevertragliche Regelungen, wie sie in der Vergangenheit im Anwendungsbereich des Art. 15 Abs. 2 Nr. 3 EGBGB aus Anlass des Erwerbs inländischer Immobilien stattgefunden hat (vgl. § 47 Abs. 2 GBO), ist wegen der Gesamtwirkung der Rechtswahl nach Art. 22 Abs. 1 EuGüVO selten geworden.

---

12 Statt aller *Süß* BeckNotar-HdB § 28 Rn. 163.

13 MüKoBGB/*Looschelders* EuGüVO Art. 22 Rn. 68; BeckOK BGB/*Wiedemann* EuGüVO Art. 22 Rn. 4; *Erbarth* NZFam 2018, 249 (251).

Die Rechtswahl bewirkt, dass sich sämtliche, und nicht etwa nur selektiv günstige, (güterrechtliche) Wirkungen der Ehe nach dem Recht des gewählten Staates richten. Wählen die Ehegatten wirksam deutsches Recht, gilt das gesamte Ehegüterrecht nach dem BGB, einschließlich des Ehevertragsrechts. 19

Sofern die Ehegatten nichts anderes vereinbaren, gilt eine während der Ehe vorgenommene Änderung des auf den ehelichen Güterstand anzuwendenden Rechts nur **für die Zukunft** (Art. 22 Abs. 2 EuGüVO). Sie können – anders als nach „Altrecht" – eine **rückwirkende Änderung** des anzuwendenden Rechts vereinbaren; dies darf die Ansprüche Dritter jedoch nicht beeinträchtigen (Art. 22 Abs. 3 EuGüVO). Wird – wie zumeist – deutsches Güterrecht gewählt, unterfällt auch das beim Statutenwechsel bereits vorhandene Vermögen dem deutschen Güterstand. Lebten die Ehegatten in einem ausländischen Güterstand, der gütergemeinschaftliche Züge aufweist, bleibt das nach dem ausländischen Recht entstandene Gesamtgut beim Übergang in die Zugewinngemeinschaft (oder Gütertrennung) nach deutschem Recht als solches unberührt, es müsste auseinandergesetzt werden, falls die Ehegatten dies anstreben. Sonder- und Vorbehaltsgut werden jeweils persönliches Vermögen. Die Ehegatten können bei der Wahl des Güterstandes der Zugewinngemeinschaft nach deutschem Recht als maßgeblichen Stichtag für den Beginn ihrer Zugewinnehe ehevertraglich den Zeitpunkt ihrer Eheschließung vereinbaren. Der Sache nach handelt es sich lediglich um eine zulässige Vereinbarung zur Berechnung des Anfangsvermögens und nicht um eine Vorverlagerung des Güterstandes. 20

Da der Notar das Recht des zumeist ausländischen Güterstandes, der durch die Güterstandswahl für die Zukunft beendet wird, regelmäßig inhaltlich nicht kennt und beurkundungsrechtlich auch nicht kennen muss (§ 17 Abs. 3 BeurkG), kann er nicht zum möglichen Entstehen von Ausgleichs- und Auseinandersetzungsansprüchen beraten und belehren. Den Notar treffen auch im Bereich des Güterrechts keine **Belehrungspflichten**, inwieweit die Rechtswahl in das deutsche Recht im Ausland, insbesondere nach dem Recht, aus dem heraus gewechselt werden soll, anerkannt wird. Soweit solche Fragen, die sich nach ausländischem IPR und Sachrecht richten, nicht vorweg von den Ehegatten aufgeklärt worden sind, besteht die Gefahr, dass die Rechtswahl zu einem sog. **„hinkenden" Vertrag** wird, der im Ausland gerade keine Anerkennung findet. Über diese Gefahren sollte der Notar belehren. 21

Natürlich hat der Notar über den Inhalt und die Wirkungen des deutschen Güterstandes, zumal eines durch seine Urkunde herbeigeführten Güterstandes im gewählten Sachrecht, in vollem Umfang zu beraten (§ 17 Abs. 1 u. 2 BeurkG). 22

3. Rechtswahl nach Art. 22 Abs. 1 lit. a EuGüVO

Nach Art. 22 Abs. 1 lit. a EuGüVO können Ehegatten das Recht des Staates, in dem die Ehegatten oder künftigen Ehegatten oder einer von ihnen zum Zeitpunkt der Rechtswahl ihren/seinen gewöhnlichen Aufenthalt haben/hat, wählen. Dies führt bei Beteiligung von ausländischen Staatsangehörigen und der Vornahme der Rechtswahl vor einem deutschen Notar regelmäßig zur Wahl des deutschen Sachrechts. Die Motive zur Rechtswahl sind unterschiedlich. Beiderseits ausländische Ehegatten wählen das deutsche Recht, wenn sie in Deutschland ihren gewöhnlichen Ausenthalt begründet haben und ihren unwandelbaren ausländischen Güterstand „mitgebracht" oder vor Inkrafttreten der EuGüVO wegen der bis dahin geltenden „Anknüpfungsleiter" trotz Eheschließung und/oder gewöhnlichen Aufenthalts in Deutschaland erworben haben. 23

▶ Muster: Rechtswahl nach Art. 22 Abs. 1 lit. a EuGüVO für die güterrechtlichen Wirkungen der Ehe; deutsches Recht mit Gütertrennung und Gerichtsstandvereinbarung – ausführlich

Teil I Sachstand

Die Beteiligten erklärten zunächst:

Wir haben am ... (vor dem 29.1.2019) in der Deutschland vor dem Standesbeamten in ... die Ehe miteinander geschlossen und haben unseren gewöhnlichen Aufenthalt bereits seit ... in Deutschland. Im Zeitpunkt der Eheschließung hatten wir beide ausschließlich die ... (= ausländische) Staatsangehörigkeit, die wir beide auch derzeit ausschließlich besitzen.

Wir haben bisher nach keinem Sachrecht einen Ehevertrag abgeschlossen oder eine Rechtswahl für die güterrechtlichen Wirkungen unserer Ehe getroffen.

Es ist uns bekannt, dass aus der Sicht des deutschen IPR und nach Maßgabe der EuGüVO auf unsere Ehe wohl das ... (= ausländische) Güterrecht Anwendung findet.

Wir wollen nunmehr für unsere Ehe den Güterstand der Gütertrennung nach dem Recht der Bundesrepublik Deutschland, nämlich nach § 1414 BGB vereinbaren.

Der Notar hat uns darüber belehrt, dass möglicherweise die vorbezeichnete Rechtswahl und die Vereinbarung des Güterstandes der Gütertrennung außerhalb des Geltungsbereichs der EuGüVO nicht anerkannt wird; dies nehmen wir in Kauf.

Teil II. Ehevertrag

Wir schließen hiermit folgenden **Ehevertrag:**

§ 1 Rechtwahl, Güterstandswahl und Gerichtsstandvereinbarung

(1) Wir wählen hiermit nach Art. 22 Abs. 1 lit. a EGBGB für die güterrechtlichen Wirkungen unserer Ehe das Recht der Bundesrepublik Deutschland in der Form des Güterstands der Gütertrennung nach § 1414 BGB; die Rechtswahl soll keine Rückwirkung entfalten. Die Rechtwahl ist möglich, weil jeder von uns seinen gewöhnlichen Aufenthalt in Deutschland innehat.

(2) Soweit dies rechtlich zulässig ist, vereinbaren wir nach Art. 7 EuGüVO, dass die deutschen Familiengerichte, für Entscheidungen über Fragen unseres ehelichen Güterstands, dessen Sachrecht wir nach Artikel 22 Abs. 1 EuGüVO gewählt haben, ausschließlich zuständig sind.

§ 2 Weitere Vereinbarungen

(1) Hilfsweise und ergänzend, also auch soweit die im vorstehenden § 1 Abs. (1) getroffene Rechtswahl nicht reichen sollte, vereinbaren wir hiermit, dass jedem Ehegatten an seinem gegenwärtigen und künftigen Vermögen aller Art, seinen Einkünften oder sonstigem Gut, woraus es auch immer besteht oder bestehen wird, die alleinigen Rechte zustehen, vor allem die auf Eigentum, Verwaltung, Nutznießung und Verfügung; jede Art einer Güter-, Fahrnis- oder Errungenschaftsgemeinschaft, eheliche Gesellschaft, Güterzuwachsgemeinschaft, Zugewinngemeinschaft und dergl., einschließlich aller güterrechtlich bedingten Erbrechtserhöhungen[14] sind ausgeschlossen; Heiratsgut, Familiengut und dergl. sind ebenfalls ausgeschlossen.

(2) Die vorbezeichneten Vereinbarungen gelten für unsere Ehe ohne Rücksicht auf gegenwärtige oder künftige Staatsangehörigkeiten, Wohnsitze, Aufenthalte aller Art und ohne Rücksicht darauf, welches Güterrecht jeweils maßgebend wäre, und einheitlich ohne Rücksicht darauf, wo bewegliche oder unbewegliche Gegenstände aller Art jeweils sich befinden oder befinden werden oder Einkünfte und dergl. erzielt werden.

(3) Wir vereinbaren, dass dieser Ehevertrag nach Möglichkeit auch außerhalb der Bundesrepublik Deutschland und des Geltungsbereichs der EuGüVO gelten soll.

... (*Belehrungen; auch über die Wirkungen der Gütertrennung nach deutschem Sachrecht*) ◀

4. Beschränkte Rechtswahl nach Art. 15 Abs. 2 Nr. 3 EGBGB aF (unbewegliches Vermögen)

24 Praxisrelevant war vor Inkrafttreten der EuGüVO die Rechtswahl nach Art. 15 Abs. 2 Nr. 3 EGBGB aF Danach konnte „für unbewegliches Vermögen das **Recht des Lageorts**" (auch „**Belegenheitsort**" oder lex rei sitae), also mit Bezug zu Immobilien in Deutschland, das deutsche Güterrecht gewählt werden. Der Anwendungsbereich lag vor allem beim Grundstückserwerb durch einseitig oder beidseitig ausländische Ehegatten in Deutschland. Durch eine „vorgeschaltete" Rechtswahl nach Art. 15 Abs. 2 Nr. 3 EGBGB aF entfielen schwierige Feststellungen zum ausländischen Güterstand, die geeignet waren (und nach wie vor geeignet sind), die Abwicklung von Grundstückskaufverträgen erheblich zu verzögern. Betroffen sind beispielsweise Probleme zur Feststellung des richtigen Berechtigten der Auflassung und Vormerkung nach

14 ZB § 1371 Abs. 1 BGB.

§§ 883, 925 BGB oder des in das Grundbuch einzutragenden korrekten Gemeinschaftsverhältnisses nach § 47 Abs. 1 GBO. Im Übrigen empfahl die Praxis im Rahmen des Art. 15 Abs. 2 Nr. 3 EGBGB aF grundsätzlich, die Gütertrennung nach deutschem Recht zu vereinbaren; sie hielt es zutreffenderweise für unangemessen und unzweckmäßig, aus Anlass eines Grundbesitzerwerbs die komplizierte Zugewinngemeinschaft oder gar die noch kompliziertere Gütergemeinschaft zu vereinbaren. Vor dem 29.1.2019 vorgenommene Rechtswahlen nach Art. 15 Abs. 2 Nr. 3 EGBGB aF haben Bestand (vgl. auch **Art. 69 Abs. 3 EuGüVO**). Die Rechtswahl nach Art. 15 Abs. 2 Nr. 3 EGBGB führte – und führt nach wie vor – zu **„gespaltenem Güterrecht“**, was nach dem Konzept der EuGüVO nicht mehr möglich ist.

5. Gerichtsstandvereinbarung nach Art. 7 EuGüVO

25 **Art. 7 EuGüVO** (ebenso Art. 7 EuPartVO) räumt – unter vorrangiger Beachtung der akzessorischen Zuständigkeit nach Art. 4, 5 EuGüVO – den Parteien, beispielsweise den Beteiligten des Ehevertrages in dem ua die Rechtswahl zum Güterrechtsstatuts nach Art. 22 Abs. 1 EuErbVO enthalten ist, die Möglichkeit ein, gemeinsam eine **Gerichtsstandvereinbarung** zu treffen.[15] Wählbar sind die Gerichte des Mitgliedstaates, dessen Sachrecht nach Art. 22, 26 Abs. 1 lit. a und b EuGüVO, also auch aufgrund einer Rechtwahl nach Art. 22 Abs. 1 EuGüVO, anzuwenden ist oder in dem die Ehe geschlossen wurde. Die wirksam errichtete Gerichtsstandvereinbarung bewirkt eine **ausschließliche Zuständigkeit**. Die **Ehegatten** können somit im Interesse größtmöglicher Rechtssicherheit und Vorhersehbarkeit einen **Gleichlauf von forum und ius** herstellen.

III. Scheidungsstatut

26 Zu den Rechtwahlmöglichkeiten zählt auch diejenige des sog. **Scheidungsstatuts** nach **Art. 46 e EGBGB iVm Art. 5 Rom III-VO**,[16] also die Wahl des Rechts, das als materielles Recht auf die „Ehescheidung“ und/oder auf die „Trennung ohne Auflösung des Ehebandes“ sowie deren „vermögenrechtliche Folgen“ anzuwenden ist, soweit nicht vorgreiflich Angelegenheit nach der EuGüVO sowie nach der EuUnthVO (HUP) betroffen sind. Damit gilt der Vorrang des sonstigen EU-Kollisionsrechts.

Für **eingetragene Lebenspartnerschaften** und gleichgeschlechtliche Ehen ist vorrangig Art. 17 b EGBGB zu beachten; die Rechtswahlmöglichkeit zum Scheidungsstatut der **gleichgeschlechtlichen Ehe** ergibt sich aus der Verweisnorm des Art. 17 b Abs. 4 S. 1 EGBGB. Auf kollisionsrechtliche Fragen zu den Rechtsbeziehungen zwischen Partnern bei Auflösung und Scheitern einer **eheähnlichen Lebensgemeinschaft** ist das Vertragsstatut anzuwenden; Rechtwahlen unterliegen somit Art. 3 Abs. 1 Rom I-VO.

IV. Versorgungsausgleichsstatut

27 Fälle zur Anwendung der Sachnormen des **Versorgungsausgleichs mit Auslandsberührung** regelt **Art. 17 Abs. 4 S. 1 EGBGB** über eine Anknüpfung an das **Scheidungsstatut** nach Art. 17 Abs. 1 EGBGB, das auch in seinem Wortlaut, nämlich seit dem Inkrafttreten des Anpassungsgesetzes zum EGBGB[17] nicht mehr an das **Ehewirkungsstatut** (Art. 14 EGBGB) weiterverweist. Das derart für den Versorgungsausgleich maßgebliche Scheidungsstatut wird allerdings nicht erst seit der innerstaatlichen Umsetzung vom 23.1.2013, sondern bereits **seit dem 21.6.2012** über die EU-Verordnung Nr. 1259/2010 (**Rom-III-VO**) bestimmt.[18] Sie knüpft nicht mehr an das Recht der Ehewirkungen an und hatte durch ihre Kollisionsnormen die Regelung des Art. 17 Abs. 1 EGBGB aF bereits verdrängt (vgl. Art. 4 Rom III-VO). Die Frage der internationalen Zuständigkeit deutscher Gerichte regelt § 102 bzw. § 98 Abs. 2 FamFG.

---

15 Überblick bei MüKoFamFG/*Mayer* EheGÜVO Art. 7 Rn. 16 ff.; *Erbath* NZFam 2018, 387 (390); *Kroll-Ludwigs* NZFam 2016, 1061; siehe § 2 obiges Muster.

16 Verordnung (EU) Nr. 1259/2010 des Rates vom 20.12.2010; zur Anknüpfung und Rechtswahl nachfolgend bei Versorgungsausgleich.

17 Art. 1 des Gesetzes vom 23.1.2013 – BGBl. I, 101.

18 S. DNotI-Report 2012, 90; Palandt/*Thorn* EGBGB Art. 17 Rn. 4 a; *Kohler/Pintens* FamRZ 2011, 1433; *Becker* NJW 2011, 1543; *Helms* FamRZ 2011, 1765; *Rieck* FPR 2011, 498.

28 Die Rom III-VO enthält zu der hier allein interessierenden Scheidungsfolge des „Versorgungsausgleichs" keine unmittelbar geltenden Regelungen zur Bestimmung des anwendbaren Rechts (vgl. insoweit den Negativkatalog in Art. 1 Abs. 2 lit. e Rom III-VO). Dass die VO für den Versorgungsausgleich dennoch maßgeblich ist, ist allein eine Folge der Anknüpfung, die durch das deutsche IPR vorgenommen wird (Art. 3 Nr. 1 lit. d iVm Art. 17 Abs. 4 S. 1 Hs. 1 EGBGB). Die Anknüpfung über Art. 17 Abs. 4 S. 1 Hs. 1 EGBGB ist eine nationale Entscheidung des teilnehmenden Mitgliedstaates Deutschland. Nach der objektiven **Anknüpfungsleiter** des Art. 3 Nr. 1 lit. d EGBGB iVm Art. 8 Rom III-VO findet ein Systemwechsel vom Vorrang der Anknüpfung an das „**Heimatrecht**" der Ehegatten zum Recht des „**gewöhnlichen Aufenthalts**", also regelmäßig an das **deutsche Recht** statt.

29 Handelt es sich, wie häufig in der notariellen Praxis, bei **beiden Ehegatten** um **ausländische Staatsangehörige mit ausschließlich gemeinsamer Staatsangehörigkeit**, war bis zum 21.6.2012, anders als heute, über Art. 14 Abs. 1 Nr. 1 EGBGB aF das beiderseitige, gemeinsame Heimatrecht der Eheleute für das Scheidungsstatut und damit auch für das Versorgungsausgleichsstatut maßgebend. Eine Rechtswahl wegen der allgemeinen Wirkungen der Ehe kam, gerade wegen der gemeinsamen Staatsangehörigkeit, von vornherein kaum in Betracht. Nunmehr führt auch diese Ehekonstellation über Art. 3 Nr. 1 lit. d EGBGB iVm Art. 8 lit. a Rom III-VO zur Anwendung deutschen Rechts und damit indirekt zum deutschen Versorgungsausgleichsstatut.

30 Der Versorgungsausgleich ist von dem berufenen deutschen Familiengericht nicht schon dann durchzuführen, wenn nach dem maßgeblichen Versorgungsausgleichsstatut deutsches Recht anzuwenden ist, sondern nur dann, wenn (**kumulativ**) auch das **Heimatrecht wenigstens eines der Ehegatten den Versorgungsausgleich kennt** (vgl. Art. 17 Abs. 4 S. 1 Hs. 2 EGBGB). Die Ehegatten sollen sich das deutsche „Teilhabesystem" für Altersvorsorgeanrechte nicht aufzwingen lassen müssen, wenn keines der beiden betroffenen Heimatrechte den Ausgleich in vergleichbarer Weise handhabt. Nach der angepassten Fassung des Art. 17 Abs. 4 EGBGB ist es bei dieser Rechtslage, also der „**Heimatstaatenklausel**", auch nach Inkrafttreten der Rom III-VO verblieben. Damit bleibt trotz der Hinwendung zum Vorrang des „gewöhnlichen Aufenthalts" über die Rom III-VO in einem nicht unerheblichen Umfang die **Bedeutung des „Heimatrechts" der Ehegatten** bestehen. An das **„Kennen" nach Art. 17 Abs. 4 S. 1 Hs. 2 EGBGB** sind freilich keine allzu großen Anforderungen geknüpft. Hiervon kann man bereits ausgehen, wenn das dortige Ausgleichsystem innerstaatlich wie ein „schuldrechtlicher Wertausgleich" (vgl. §§ 20 VersAusglG) eingeordnet werden könnte und in dem ausländischen Ausgleichsystem wiederum ausländische Anrechte, also im Zweifel auch die deutschen, mitberücksichtigt werden würden.[19] Das Heimatrecht muss die funktional vergleichbaren Regelungen im Sachrecht selbst enthalten. Nicht ausreichend ist allerdings ein **rein unterhalts- oder güterrechtsähnlicher Ausgleich von Altersvorsorgeanrechten**, den viele ausländische Rechtsordnungen funktional bevorzugen.

31 Eine praxisbedeutsame Norm zur Anwendung deutschen Sachrechts jenseits der Anknüpfung an das Scheidungsstatut oder eine Rechtswahl ist **Art. 17 Abs. 4 S. 2 EGBGB** („regelwidriger Versorgungsausgleich"). Auf **Antrag** eines der Ehegatten, der weder fristgebunden ist, noch zwingend vor oder während des Scheidungsverfahrens gestellt sein muss, ist der Versorgungsausgleich nach deutschem Recht dennoch durchzuführen, wenn einer der Ehegatten, insbesondere der ausgleichspflichtige Ehepartner, inländische („deutsche") Versorgungsanrechte während der Ehe erworben hat, und die Durchführung des Ausgleichs im Hinblick auf die beiderseitigen Verhältnisse der Billigkeit nicht widerspricht („**Billigkeits- bzw. Härtefallprüfung**"). Eine Verjährung nach § 194 Abs. 2 BGB ist ausgeschlossen.

32 Eine **direkte Rechtswahlmöglichkeit** zum Versorgungsausgleichsstatut besteht nach deutschem IPR nicht. Da sich die Wirksamkeit von vertraglichen Regelungen zum Versorgungsausgleich in Fällen mit Auslandsbezug jedoch grundsätzlich nach dem **Scheidungsstatut** richtet, obwohl dieses bei Abschluss eines **vorsorgenden Ehevertrages** naturgemäß noch gar nicht feststeht, kann über eine notariell zu beurkundende Rechtswahl zum Scheidungsstatut (vgl. **Art. 46 e Abs. 1 EGBGB iVm Art. 5 u. 7 Rom-III-VO) indirekt**,

19 BGH 11.2.2009 – XII ZB 184/04, FamRZ 2009, 681 „Niederlande".

nämlich über Art. 17 Abs. 4 S. 1 EGBGB die Anwendung deutschen Sachrechts herbeigeführt werden.[20] Selbstverständlich ist dies auch in einer **scheidungsbezogenen Vereinbarung** möglich. Eine wirksame **Rechtswahl hat Vorrang** vor der objektiven Anknüpfungsleiter nach Art. 8 lit. a–d Rom III-VO.

Nach Art. 17 Abs. 4 S. 1, 46 e EGBGB iVm Art. 5 Rom III-VO können die Ehegatten dem Umfang nach weiter als bisher das von ihnen bevorzugte **Scheidungsstatut** rechtsgeschäftlich vereinbaren (= **Rechtswahl**). Dabei kann es sich um das Recht des Staates handeln, 33

- in dem die Ehegatten zum Zeitpunkt der Rechtswahl ihren **gewöhnlichen Aufenthalt haben** (Art. 5 Abs. 1 a Rom III-VO), oder
- in dem die Ehegatten **zuletzt** ihren **gewöhnlichen Aufenthalt hatten**, sofern einer von ihnen zum Zeitpunkt der Rechtswahl dort noch seinen gewöhnlichen Aufenthalt hat (Art. 5 Abs. 1 b Rom III-VO), oder
- dessen **Staatsangehörigkeit** einer der Ehegatten zum Zeitpunkt der Rechtswahl besitzt (Art. 5 Abs. 1 c Rom III-VO), oder
- in dem sich das **angerufene Gericht** befindet (Art. 5 Abs. 1 d Rom III-VO).

In einer Urkunde, die eine Rechtswahl umfasst, sollten die Voraussetzungen der Anknüpfung wenigstens kurz dargestellt werden, soweit sie sich nicht aus den sonstigen Angaben entnehmen lassen.

Nach Art. 5 Abs. 2 Rom III-VO ist der Abschluss oder die Änderung einer bereits bestehenden „Rechtswahlvereinbarung“ **jederzeit**, spätestens jedoch bis zum Zeitpunkt der Anrufung des Gerichts, möglich. Der durch das deutsche Anpassungsgesetz eingeführte **Art. 46 e Abs. 2 EGBGB** hat in zeitlicher Hinsicht die Möglichkeit zur Rechtswahl bis auf den Schluss der mündlichen Verhandlung im ersten Rechtszug verlängert; dies hat Bedeutung für scheidungsbezogene Vereinbarungen, die bis zur Entscheidung über den Versorgungsausgleich sinnvoll sein können. Die Rechtswahl bedarf nach Art. 7 Abs. 1 Rom III-VO lediglich der Schriftform, der Datierung und der Unterzeichnung durch beide Ehegatten. Allerdings gelten vorrangig die schärferen **Formvorschriften** der jeweils teilnehmenden Mitgliedstaaten, so dass in Deutschland die **notarielle Beurkundung** erforderlich ist. Die **Beurkundungsbedürftigkeit** ist durch **Art. 46 e Abs. 1 EGBGB** aufgrund der Ermächtigung in Art. 5 Abs. 3 S. 1 Rom III-VO seit dem 23.1.2013 eingeführt worden. 34

Durchaus unangenehme Überraschungen kann die Anknüpfungsleiter des Art. 8 Rom III-VO für **ausschließlich deutsche Ehegatten** herbeiführen, die berufsbedingt oder aus sonst einem beliebigen Grund in das Ausland verziehen und dort ihren Wohnsitz oder gewöhnlichen Aufenthalt nehmen. Haben diese Ehegatten zuvor einen **vorsorgenden Ehevertrag** mit Regelungen zum Versorgungsausgleich beurkundet oder wollen sie einen solchen beurkunden lassen, käme es im Fall der Scheidung ohne eine Rechtswahl wegen der **Verlegung des gewöhnlichen Aufenthalts** aus deutscher Sicht und natürlich auch aus der Sicht der teilnehmenden Mitgliedstaaten der Rom III-VO, zur Anwendung des dortigen, also ausländischen Scheidungsstatuts. Soweit ein deutsches Familiengericht international zuständig wird, hilft im hiesigen Zusammenhang nur noch der antragsgebundene „regelwidrige Versorgungsausgleich“ nach Art. 17 Abs. 4 S. 2 EGBGB. Es ist daher **aus der Sicht des Notars**, der eine Vereinbarung zum Versorgungsausgleich beurkundet, zu bedenken, ob er nicht – möglicherweise sogar regelmäßig – eine vorsorgliche Rechtswahl zum „gewohnten“ deutschen Scheidungsstatut, von dem beispielsweise auch der Getrenntlebensunterhalt abhängt, empfiehlt. 35

20 Vgl. MüKoBGB/*Winkler von Mohrenfels* EGBGB Art. 17 Rn. 69; BeckOK BGB/*Heiderhoff* EGBGB Art. 17 Rn. 17 ff.; Palandt/*Thorn* EGBGB Art. 17 Rn. 4 mwN.

▶ **Muster: Vorsorgliche Rechtswahl gem. Art. 17 Abs. 4 S. 1, 46 e EGBGB iVm Art. 5 Abs. 1 Rom III-VO für nicht auszuschließenden „Wegzug" aus Deutschland**

§ 1 Vorsorgliche Rechtswahl zum Scheidungsstatut

(1) Die Beteiligten erklärten zunächst:

Wir wählen hiermit als das auf die Ehescheidung und die Folgen des Getrenntlebens anwendbare Recht bereits heute das Recht der Bundesrepublik Deutschland; dies zugleich kraft Gesetzes für den Versorgungsausgleich. Diese Rechtswahl soll insbesondere auch dann Bestand haben, wenn wir unseren gewöhnlichen Aufenthalt in das Ausland verlegen.

(2) Der Notar hat uns über die Folgen einer Rechtswahl zum „Scheidungsstatut" und indirekt zum „Versorgungsausgleichstatut" belehrt; uns ist insbesondere bekannt, dass für den Fall, dass unsere Ehe nicht in Deutschland geschieden wird, auch ausländisches Recht zur Anwendung kommen kann. ◀

V. (Nachehelicher) Unterhalt

36 Für die wechselseitigen Unterhaltsbeziehungen zum Familien-, Trennungs- und/oder nachehelichen Unterhalt als verpflichtete bzw. berechtigte Person können die (künftigen) Ehegatten unter der Voraussetzung genügender Anknüpfung ua das Recht der Bundesrepublik Deutschland nach **Art. 15 EuUntVO iVm Art. 8 bzw. Art. 7 HUP**[21] durch **Vereinbarung** bestimmen. Von einer derartigen Rechtwahl sind weder das Güterrecht im erweiterten Sinne der EuGüVO noch die allgemeinen Ehewirkungen nach Art. 14 EGBGB betroffen.

Maßgebende Anknüpfung ist der gewöhnliche Aufenthalt (Art. 3 HUP), soweit nicht die besonderen Regelungen des Art. 5 HUP vorgehen. Zwingend ist die Anwendbarkeit der Grundsätze zur Unterhaltsbemessung nach Bedürftigkeit und Leistungsfähigkeit (Art. 14 HUP). Für den **Unterhaltsverzicht** ist, ungeachtet des von den Parteien bestimmten Rechts, das Recht des Staates maßgebend, in dem die berechtigte Person im Zeitpunkt der Rechtswahl ihren gewöhnlichen Aufenthalt hat. Diese Sonderanknüpfung bestimmt, ob die berechtigte Person auf ihren Unterhaltsanspruch verzichten kann (Art. 8 Abs. 4 HUP).

Neben und ergänzend zur Rechtswahl nach Art. 15 EuUntVO iVm Art. 8 bzw. Art. 7 HUP können die Beteiligten eine **Gerichtsstandsvereinbarung** nach Art. 4 EuUntVO abschließen, die die Durchsetzung der Vereinbarungen im gewählten Statut verfahrensrechtlich sichert.

▶ **Muster: Rechtswahl nach Haager Unterhaltsprotokoll (HUP)**

§ 1 Rechtswahl nach HUP mit Vereinbarung zum nachehelichen Unterhalt

(1) Der Notar wies die Erschienenen zunächst darauf hin, dass sich das auf den nachehelichen Unterhalt sowie die Wirksamkeit einer hierauf bezogenen vertraglichen Vereinbarung anwendbare Recht seit dem 18.6.2011 durch das Haager Unterhaltsprotokoll vom 23.11.2007 (HUP) bestimmt.

Art. 3 Abs. (1) des HUP unterstellt den Unterhaltsanspruch dem Recht des Staates, in dem die unterhaltsberechtigte Person ihren gewöhnlichen Aufenthalt innehat. Diese Verweisung bezieht sich auf den jeweils aktuellen gewöhnlichen Aufenthalt. Eine Verlegung des gewöhnlichen Aufenthalts führt daher gem. Art. 3 Abs. (2) HUP dazu, dass zum Zeitpunkt des Aufenthaltswechsels das Recht des neuen Aufenthaltsstaates anzuwenden ist. Damit ist das Unterhaltsstatut „wandelbar".

Art. 8 HUP gewährt der unterhaltsberechtigten und -verpflichteten Person die Möglichkeit einer vertraglichen Rechtswahl in Bezug auf den Nachscheidungsunterhalt, die wiederum der richterlichen Missbrauchskontrolle unterliegt (Art. 8 Abs. (5) HUP). Insbesondere können die unterhaltsberechtigte und -verpflichtete Person das Recht des Staates wählen, dem einer von ihnen zum Zeitpunkt der Rechtswahl angehört.

21 Verordnung (EG) Nr. 4/2009 des Rates vom 18.12.2008 und Protokoll über das auf Unterhaltspflichten anzuwendende Recht vom 23.11.2007, das nach Angaben der Haager Konferenz gem. Art. 25 Abs. 1 HUP am 1.8.2013 in Kraft getreten ist; nach Art. 4 Beschluss 2009/941/EG war es bereits ab dem 18.6.2011 innerhalb der EU vorläufig anzuwenden; **„Haager Unterhaltsprotokoll"**.

(2) Wir, Herr ... und Frau ..., wählen hiermit gemäß Art. 8 HUP für die unterhaltsrechtlichen Folgen nach einer Scheidung unserer Ehe (= „nachehelicher Unterhalt“ oder „Nachscheidungsunterhalt“) das deutsche Recht, das wir nachfolgend wiederum unter Verweis auf § 1585 c BGB vertraglich modifizieren. Die Rechtswahl nach Art. 8 HUP ist möglich, weil Herr ... ausschließlich deutscher Staatsangehöriger ist.

(3) Unter Bezugnahme auf die Rechtswahl nach HUP zum deutschen Unterhaltsrecht vereinbaren wir folgendes: (*Inhalt der Unterhaltsvereinbarung, die ggf. Verzichtselemente enthält*)

(4) Der Notar hat uns darauf hingewiesen, dass gem. Art. 8 Abs. (4) HUP und trotz der Rechtswahl zum deutschen Unterhaltsrecht, für die Wirksamkeit eines vertraglich vereinbarten Unterhaltsverzichts, das Recht desjenigen Staates maßgebend ist, in dem die unterhaltsberechtigte Person im Zeitpunkt der Rechtswahl ihren gewöhnlichen Aufenthalt innehat. ◀

242. Vereinbarungen zum Güterstand

Reetz

I. Ausgangslage

1 **Güterrecht** bezeichnet die familienrechtlichen Vorschriften, die die **vermögensrechtlichen Beziehungen der Ehegatten** untereinander und zu Dritten für die Dauer der Ehe und deren Abwicklung bei Beendigung eines Güterstandes regeln; sie unterliegen vielfach vertraglichen Vereinbarungen (§§ 1363 Abs. 1, 1408 BGB). Dabei ist zu beachten, dass der „enge" Güterrechtsbegriff des BGB lediglich ein Teilaspekt der deutlich weiter gefassten vermögensrechtlichen Beziehungen der Ehegatten zueinander darstellt. Geprägt ist das Güterrecht durch die gesetzlich „durchnormierten" und weithin modifizierbaren **Güterstände**.

2 Folgende **Güterstände** sind – auch aus gestalterischer Sicht – zu unterscheiden:

- **Zugewinngemeinschaft**, §§ 1363–1390 BGB (gesetzlicher Güterstand, vertraglich modifizierbar);
- **Gütertrennung**, § 1414 BGB (subsidiärer gesetzlicher und vertraglicher Wahlgüterstand; → *Gütertrennung* Rn. 1);
- **Gütergemeinschaft**, §§ 1415–1482 BGB (vertraglicher Wahlgüterstand);
- **(deutsch-französische) Wahl-Zugewinngemeinschaft**, § 1519 BGB;[1]
- Sonderform: **fortgesetzte Gütergemeinschaft**, §§ 1483–1518 BGB (kaum mehr praxisrelevant).

II. Zugewinngemeinschaft

1. Überblick

3 **a) Grundstrukturen des Zugewinnausgleichs.** Der **Zugewinn** bildet den in einer Geldsumme ausgedrückten Wertunterschied zwischen dem Endvermögen (§ 1375 BGB) und dem Anfangsvermögen (§ 1374 BGB) des Ehegatten, § 1373 BGB. Es handelt sich nicht um ein Sondervermögen des betreffenden Ehegatten, sondern um einen **reinen Rechnungsposten**. Das geltende Recht kennt sowohl positives wie negatives Endvermögen und Anfangsvermögen, jedoch keinen negativen Zugewinn.[2] Für die Bestimmung des Anfangs- und Endvermögens gilt das **Stichtagsprinzip** mit folgenden Auswirkungen: Bei der Bemessung

1 Seit 1.5.2013 ist dieser vertragliche Güterstand Teil des deutschen Sachrechts; vgl. *Braun* MittBayNot 2012, 89.
2 Vgl. BGH 6.10.2010 – XII ZR 10/09, FamRZ 2011, 25 mAnm *Koch*.

(Bewertung) der Gegenstände des Anfangs- wie des Endvermögens sind grundsätzlich die am jeweiligen Stichtag bei einem Ehegatten vorhandenen geldwerten, rechtlich geschützten Positionen anzusetzen.[3]

Nachträgliche Veränderungen haben auf die Feststellung des Anfangs- und Endvermögens keinen Einfluss mehr. Die Stichtagsregelung ist jedoch weder beim Anfangs- noch beim Endvermögen zwingend. **Vereinbarungen** der Ehegatten zur Bestimmung des Anfangs- und Endvermögens durch **Ehevertrag** nach §§ 1408, 1410 BGB sind in weitem Umfang möglich[4] und kautelarjuristischer Alltag. 4

Die Zugewinngemeinschaft beginnt kraft Gesetzes mit der **Eheschließung**, soweit kein anfänglich wirksamer, abweichender Wahlgüterstand ehevertraglich vereinbart ist, ansonsten mit ihrem vereinbarten **Wirksamwerden im Rahmen eines Ehevertrages**. 5

Relevante **Strukturmerkmale** der Zugewinngemeinschaft sind aus vertragsgestaltender Sicht (vgl. insgesamt: *Münch*, Ehebezogene Rechtsgeschäfte, 4. Aufl. 2015, Rn. 1 ff.; *Zugewinngemeinschaft* Rn. 1 ff.): 6

- **kein ehegemeinschaftliches (Sonder- oder Gemeinschafts-)Vermögen** aus rein güterrechtlichem Rechtsgrund. Dies gilt auch für Vermögensgegenstände, die ein oder beide Ehegatten nach der Eheschließung erwerben (§ 1363 Abs. 2 BGB). Es gibt nur das Vermögen des Ehemannes und das Vermögen der Ehefrau (Miteigentums- oder Gesamthandserwerb der Ehegatten nach den allgemeinen Regeln – wie unter Fremden – ist natürlich möglich und weithin üblich);
- **selbstständige Vermögensverwaltung** des Eigentümer-Ehegatten (§§ 1363 Abs. 2, 1364 BGB). Ausnahme: Verfügung (und Verpflichtung) über das Vermögen im Ganzen oder nahezu im Ganzen sowie über Haushaltsgegenstände (§§ 1365, 1369 BGB);
- **keine gesetzliche Mithaftung** für die vor und während der Ehe entstandenen Verbindlichkeiten des anderen Ehegatten. Ausnahme: § 1357 BGB – „Geschäfte zur Deckung des Lebensbedarfs" = güterstandsunabhängig als Teil der allgemeinen Ehewirkungen);
- **uneingeschränkte Nutzung** des jeweiligen Vermögens beim Eigentümer-Ehegatten (Pflicht zum Familienunterhalt bleibt unberührt, §§ 1360, 1360 a BGB);
- **Zugewinnausgleich** mit der Beendigung des Güterstandes (§ 1363 Abs. 2 S. 2 BGB). Derjenige Ehegatte, der während des Güterstands einen geringeren Zugewinn erzielt hat, erhält bei Beendigung des Güterstandes einen **schuldrechtlichen**, auf eine Geldleistung gerichteten **Ausgleichsanspruch** in Höhe der Hälfte des rechnerischen Überschusses des anderen Ehegatten (§ 1378 Abs. 1 BGB);
- **Besitzverhältnisse**: kein spezifisch güterrechtlicher Einfluss auf die Besitzrechtsverhältnisse;
- **allgemeines Vermögensrecht** zwischen den Ehegatten wie im Verhältnis zu Dritten;[5]
- **Vollstreckungsrecht**: zugunsten von Gläubigern gelten § 1362 BGB, § 739 ZPO;
- **Anrechte, die durch Versorgungsausgleich** (§ 1587 BGB iVm § 1 VersAusglG) ausgeglichen werden: unterliegen nicht dem Zugewinnausgleich (§ 2 Abs. 4 VersAusglG);
- **Haushaltsgegenstände**: unterliegen nicht dem Zugewinnausgleich.[6]

b) Tod eines Ehegatten. Besonderheiten gelten für die **Beendigung der Zugewinngemeinschaft** durch den Tod eines Ehegatten. Wird der überlebende Ehegatte Erbe oder Vermächtnisnehmer des vorverstorbenen Ehegatten, erhält er grundsätzlich eine pauschale Erbteilerhöhung um ein Viertel am Nachlass seines verstorbenen Ehegatten.[7] Schlägt der länger lebende Ehegatte aus, kommt es zum rechnerisch zu ermittelnden Zugewinnausgleich (§ 1371 Abs. 3 BGB – sog. „**güterrechtliche Lösung**"); Gleiches gilt, wenn der überlebende Ehegatte weder Erbe des vorverstorbenen Ehegatten wird noch ein Vermächtnis erhält (§ 1371 Abs. 2 BGB). Der **Pflichtteil der Kinder/Abkömmlinge** bleibt idR niedriger. 7

---

3 Vgl. etwa BGH 27.8.2003 – XII ZR 300/01, FamRZ 2003, 1544.

4 Vgl. BGH 1.4.1998 – XII ZR 278/96, FamRZ 1998, 903 zum Anfangsvermögen.

5 Arbeits- oder Auftragsverhältnisse, Bruchteilsgemeinschaft, Schadensersatz- oder Bereicherungsansprüche oder Gesamtschuldnerausgleich bleiben durch Güterstand unberührt; §§ 1353, 1359 BGB bleiben unberührt.

6 BGH 1.12.1983 – IX ZR 41/83, NJW 1984, 484 = BGHZ 89, 137 (145) zur Hausratverordnung.

7 § 1371 Abs. 1 BGB – sog. „**erbrechtliche Lösung**".

8 Kernstück des Zugewinnausgleichs ist die als starrer Schematismus konzipierte sog. **Ausgleichsbilanz**; vielfach nehmen ehevertragliche Vereinbarungen Einfluss auf diese Zugewinnausgleichsbilanz.

9 Die sich nach Maßgabe der Ausgleichsbilanz ergebende **Ausgleichsforderung** (vgl. § 1378 Abs. 1 BGB) wird erst ab dem Tag der Rechtskraft der Scheidung, bei vorzeitigem Zugewinnausgleich gemäß § 1388 BGB am Tag des Eintritts der Rechtskraft des Beschlusses über den vorzeitigen Zugewinnausgleich, in einer Summe und voller Höhe fällig.[8] Dabei ist auch aus gestalterischer Sicht zu beachten, dass die **unverzinsliche lebenslängliche Stundung** einer Zugewinnausgleichsforderung im Hinblick auf den gewährten Nutzungsvorteil eine der Schenkungsteuer unterliegende freigebige Zuwendung darstellt.[9]

2. Richtiger Güterstand?

10 Richtiger Güterstand ist die Zugewinngemeinschaft für die überwiegende Zahl der sog. **Alleinverdienerehen** (früher auch als „Hausfrauenehe" bezeichnet) und diejenigen Ehemodelle, bei denen sich jedenfalls der Vermögenserwerb typischerweise innerhalb und als Ausdruck der ehelichen Lebensgemeinschaft und gewählten Rollenverteilung der Ehegatten vollzieht.[10] Ohne vertragliche Modifikationen passt die Zugewinngemeinschaft regelmäßig nicht, wenn Vermögensveränderungen (-zuwächse) in Bereichen entstehen, die außerhalb eines ehebedingten Ausgleichs, der sich durch Teilhabe rechtfertigt, erzielt werden, so etwa in sog. **Unternehmerehen**[11] oder auch in jeder Art von **Vermögensdiskrepanzehen**.

3. Vertragliches Modifizieren der Zugewinngemeinschaft

11 **a) Vertragsfreiheit und ihre Grenzen im Güterrecht.** Die **gestalterische Freiheit** ergibt sich bereits einfachgesetzlich aus den erkennbar nicht limitiert angelegten Wahlgüterständen. Der Zugewinnausgleich gehört infolge dessen auch nicht zum Kernbereich des Scheidungsfolgenrechts und „erweist sich ehevertraglicher Disposition am weitesten zugänglich".[12] Im Einzelfall kommt es zur **Inhaltskontrolle** als Teil einer Gesamtschau ehevertraglicher Regelungen, weshalb der vorausschauende Vertragsgestalter nicht nur eine isolierte Betrachtung seiner güterrechtlichen Regelungsvorschläge anstellen sollte.

12 Im Übrigen ist die praktische Bedeutung einer Frage nach dem **Typenzwang der Güterstände** und sich möglicherweise daraus ergebenden Schranken der vertraglichen Modifikation gering.[13] Die vertragliche Gestaltung darf den Güterstand im Ergebnis nicht vollständig denaturieren.[14] Damit ist der Gestaltungsspielraum im Ergebnis sehr weit. Der Bundesgerichtshof unterstreicht sogar die Notwendigkeit einer Anpassung der typisierenden gesetzlichen Regelung an die individuellen Eheverhältnisse.[15]

13 **Unzulässig** sind im Rahmen des Güterstandes der Zugewinngemeinschaft beispielsweise:

- Vereinbarung von personen- oder objektbezogenen **Mischgüterständen**;[16]
- Erhöhung – nicht etwa Herabsetzung – des zusätzlichen Viertels bei der erbrechtlichen Lösung des § 1371 Abs. 1 BGB (**Ehegattenerbrecht**);
- Ausschluss oder Modifizierung des **Ausbildungsanspruchs** des § 1371 Abs. 4 BGB;[17]
- Ausschluss oder Modifizierung des **§ 1378 Abs. 2 BGB**.[18]

---

8 Verzinsung nach § 291 BGB nicht vor Beendigung des Güterstandes.
9 BFH 22.8.2018 – II R 51/15, BFH DStR 2019, 45.
10 Vgl. *Schwab*, in: Schwab ScheidungsR-HdB, 6. Aufl. 2010, VII Rn. 5.
11 BGH 26.3.1997 – XII ZR 250/95, NJW 1997, 2239; ähnlich die Problemlage bei **Freiberuflerehen.**
12 BGH 11.2.2004 – XII ZR 265/02, BGHZ 158, 81 ff. = FamRZ 2004, 601 (605), 608; BGH 8.10.2014 – XII ZB 318/11, NJW 2015, 52 (54) = FamRZ 2014, 1978.
13 MüKoBGB/*Münch* § 1408 Rn. 13.
14 S. OLG Saarbrücken OLGReport 1999, 133; Gernhuber/Coester-Waltjen FamR § 32 Abs. 3 S. 5, 6.
15 Vgl. BGH 21.11.2012 – XII ZR 48/11, NJW 2013, 457 Rn. 20 f.; BGH 26.3.1997 – XII ZR 250/95, NJW 1997, 2239 (2241).
16 MüKoBGB/*Münch* § 1408 Rn. 13.
17 MüKoBGB/*Koch* § 1371 Rn. 87.
18 Schutz von Drittinteressen: MüKoBGB/*Koch* § 1378 Rn. 36.

b) Ausschluss des lebzeitigen Zugewinnausgleichs. Durch ehevertraglichen Ausschluss (oder Modifikation) des Zugewinnausgleichs für bestimmte Fälle oder bestimmte Zeiträume lassen sich als nachteilig empfundene Wirkungen des Zugewinnausgleichs vermeiden. Hierbei spielt der zulässige, **vollständige Ausschluss** des Zugewinnausgleichs (§ 1414 S. 2 BGB) in der Praxis eine untergeordnete Rolle. Die in der Vertragspraxis überwiegende Gestaltung ist demgegenüber die des ebenfalls zulässigen[19] Ausschlusses des lebzeitigen Zugewinnausgleichs bei Scheidung der Ehe, während es für den Todesfall eines Ehegatten als Beendigungstatbestand beim Zugewinnausgleich bleiben soll. Diese einschränkende Ausschlussgestaltung erhält die **erbschaftsteuerlichen Vorteile** des § 5 ErbStG und des erhöhten **Ehegattenerbteils** (§ 1371 Abs. 1 BGB); sie eignet sich daher auch für viele Fallgruppen, in denen von den Ehegatten voreilig eine Gütertrennung gewollt ist. Die Rechtsfolgen eines **vorzeitigen Zugewinnausgleichs** (§§ 1385, 1386 BGB) sollten von der Ausschlussgestaltung insoweit erfasst werden, als es kongruent zum Scheidungsfall zu keinem Zugewinnausgleich kommt; der gänzliche Ausschluss der §§ 1385, 1386 BGB ist umstritten. 14

Sollen die **erbschaftsteuerlichen Vorteile** erhalten bleiben, die unter Lebenden ein vertraglich herbeigeführter **Güterstandswechsel** in die Gütertrennung ermöglichen, sollte für den Fall der Beendigung des Güterstands durch Ehevertrag der Zugewinnausgleich vorbehalten bleiben. 15

▶ **Muster: Ausschluss des lebzeitigen Zugewinnausgleichs**

(1) Der gesetzliche Güterstand der Zugewinngemeinschaft soll für unsere Ehe mit folgender Abweichung gelten:

(2) Für den Fall, dass unsere Ehe auf andere Weise als durch den Tod eines Ehegatten aufgelöst wird, insbesondere im Falle der Scheidung unserer Ehe, schließen wird den Ausgleich des Zugewinns vollständig aus. Gleiches gilt bei vorzeitiger Aufhebung der Zugewinngemeinschaft nach §§ 1385, 1386 BGB. Vorbehalten bleibt indes der Zugewinnausgleich bei Beendigung der Zugewinngemeinschaft durch Ehevertrag.

(3) Für den Fall der Auflösung unserer Ehe durch den Tod eines Ehegatten soll es beim Zugewinnausgleich gemäß § 1371 BGB durch Erbteilerhöhung oder güterrechtliche Lösung verbleiben, soweit zu diesem Zeitpunkt kein Antrag auf Scheidung der Ehe anhängig war.

(4) Keiner von uns soll den Verfügungsbeschränkungen der §§ 1365, 1369 BGB unterliegen. ◀

Der lebzeitige Ausschluss des Zugewinnausgleichs kann auch derart vereinbart werden, dass er nur dann gilt, wenn sich ein Ausgleichsanspruch zugunsten eines der Ehegatten ergibt.[20] Ergänzend sollten zugleich die **Verfügungsbeschränkungen** der §§ 1365 ff. BGB **ausgeschlossen werden**. 16

Der Ausschluss des lebzeitigen Zugewinnausgleichs stellt **keine Beendigung der Zugewinngemeinschaft als Güterstand** dar; daher sollte ein **Verzicht** auf einen möglicherweise bereits in der Vergangenheit entstandenen (fiktiven) Zugewinn geregelt werden.[21] 17

Als weitere Varianten kommen in Betracht: 18

- Die Beteiligten können Vereinbarung über **auflösende Bedingungen** oder ein **Rücktrittsrecht** für Fälle einer erhöhten Schutzbedürftigkeit eines Ehegatten und/oder der erheblichen Veränderung des der Gestaltung **zugrunde liegenden Ehetypus** gegenüber dem **gelebten Ehetypus** vereinbaren. Bei einem Rücktrittsvorbehalt sollte eine Frist zur Erklärung des Rücktritts vorgesehen werden, da der Rücktritt ansonsten noch im Scheidungsfall erklärt werden kann.
- Festlegen von klar definierten **Ausgleichszeiträumen**, die nach Vorstellung der Ehegatten für einen Zugewinnausgleich infrage kommen (bspw. Zeiträume der einvernehmlichen Berufsaufgabe; Kinderbetreuung etc) und soweit sich dadurch ehebedingte Nachteile in der Möglichkeit zum Vermögensaufbau ergeben.

---

19 MüKoBGB/*Münch* § 1408 Rn. 14.
20 Vgl. etwa *Langenfeld/Milzer* Eheverträge-HdB Rn. 255.
21 Vgl. *Münch*, Ehebezogene Rechtsgeschäfte, 4. Aufl. 2015, Rn. 1086 mit Muster unter Rn. 1095.

- Die Vereinbarung einer begrenzend wirkenden **Höchstsumme** (ggf. wertgesichert) des Zugewinnausgleichs, der sich zudem nach der Ehezeit staffeln ließe. Vermieden werden sollte hingegen die Vereinbarung von Mindestsummen.
- Möglich ist auch eine Befristung des Ausschlusses des Zugewinnausgleichs für den Fall einer frühzeitigen Scheidung („Zugewinngemeinschaft auf Probe"; „**Ehe auf Probe**").

▶ **Muster: Festlegung ausscheidbarer Ausgleichszeiträume (Geburt und Betreuung gemeinsamer Kinder)**

(1)... (3) [s. Muster Rn. 15]

(4) Abweichend von Abs. (2) soll der Zugewinnausgleich bei Beendigung es Güterstandes jedoch für solche Zeiträume unserer Ehe nach den gesetzlichen Bestimmungen durchgeführt werden, in denen ein Ehegatte ab der Geburt eines gemeinsamen Kindes bis längstens zur Vollendung von dessen ... Lebensjahres seine ausgeübte Erwerbstätigkeit wegen dessen Betreuung aufgibt (oder auf weniger als die Hälfte der durchschnittlichen Wochenarbeitszeit reduziert). Der Ausgleichszeitraum endet vorzeitig mit der Wiederaufnahme der Erwerbstätigkeit durch den betreuenden Elternteil im Umfang vor dessen Unterbrechung.

(5) Für die Feststellung und die Bewertung des Anfangsvermögens soll der Zeitpunkt der Aufgabe (bzw. die Einschränkung der ausgeübten Erwerbstätigkeit) maßgeblich sein; für die des Endvermögens der Zeitpunkt der Wiederaufnahme (bzw. des Wegfalls der Einschränkung). Die vereinbarten Stichtage gelten auch für die Hinzurechnung zum Anfangs- und Endvermögen nach den §§ 1374 Abs. 2, 1375 Abs. 2 BGB. Wir verpflichten uns gegenseitig, zu den vereinbarten Stichtagen jeweils ein Vermögensverzeichnis aufzustellen. Ein Zugewinnausgleich soll für den vorbezeichneten Zeitraum indes nur dann durchgeführt werden, wenn der die Erwerbstätigkeit vermindernde Ehegatten nach Maßgabe der vorstehenden Vereinbarungen ausgleichsberechtigt ist.

(6) Der Notar hat uns darüber belehrt, dass .... ◀

19 Vorsicht ist geboten bei der **Vereinbarung von Ausgleichsleistungen ohne realen Güterstandswechsel**. Hierbei soll beispielsweise für den Ausschluss des lebzeitigen Zugewinnausgleichs als Kompensation ein vermeintlich oder tatsächlich berechneter Ausgleich nach dem System der Ausgleichsbilanz geleistet werden (sog. „fliegender Zugewinnausgleich"), ohne dass der Güterstand real beendet wird. Eine solche Leistung auf eine fiktive Beendigung des Güterstandes erfolgt freigiebig iSd § 7 Abs. 1 Nr. 1 ErbStG und unterliegt grundsätzlich der Schenkungsteuer.[22] Das gilt auch für **Kompensationsleistungen, die für eine anfängliche Vereinbarung der Gütertrennung** bei Scheidung der Ehe erbracht werden sollen; erfolgt die Leistungserbringung in einem derartigen Fall erst nach Rechtskraft der Scheidung, entfällt zudem der Ehegattenfreibetrag nach § 16 Abs. 1 Nr. 1 ErbStG.[23]

20 Die Ehegatten können die Durchführung des Zugewinnausgleichs wohl auch vom **Scheidungsverschulden** bzw. der Aufhebung der ehelichen Lebensgemeinschaft abhängig machen;[24] sinnvoll erscheint dies kaum.

21 **c) Vereinbarungen über die Berechnung des Zugewinnausgleichs. aa) „Herausnahme" von Vermögenswerten.** Der völlige Ausschluss des Zugewinnausgleichs kann nach dem gelebten Ehetypus eine zu deutliche Bevorzugung des begünstigten Ehegatten darstellen und den wirtschaftlich schwächeren Ehegatten von der Wertentwicklung des gemeinschaftlich empfundenen Vermögens im Übermaß ausschließen. Dem wirkt in gewissem Umfang die gezielte Herausnahme von einzelnen Vermögensgegenständen oder Sachgesamtheiten aus der Zugewinnberechnung entgegen. Typische Gestaltungen dieser Art sind die „Herausnahme" einer **Immobilie**, eines **Unternehmens**/einer Unternehmensbeteiligung,[25] des **ererbten Vermögens** oder einer Sammlung. Eine solche „Herausnahme"-Vereinbarung darf nicht mit dem sog.

---

22 BFH 24.8.2005 – II R 28/02, ZEV 2006, 41; FG Köln 4.6.2002 – 9 K 2513/98, FG 2002, 1254 mAnm *Jülicher* ZErb 2003, 10; *Münch* StB 2003, 130 ff.

23 Vgl. FG München 2.5.2018 – 4 K 3181/16, BeckRS 2018, 50010 = ErbStB 2020, 67.

24 Vgl. Gutachten DNotI-Report 2000, 173 (174).

25 Vgl. *Plate* MittRhNotK 1999, 257; *Bergschneider* Familiensachen 4. Aufl. 2010, Rn. 553; BGH 26.3.1997 – XII ZR 250/95, NJW 1997, 2239.

„privilegierten Erwerb" nach § 1374 Abs. 2 BGB verwechselt werden, wiewohl auch bezogen auf diese Fälle eine „Herausnahme" vereinbart werden kann, um solches Vermögen mit seiner Wertentwicklung (insbes. der tatsächlichen Wertsteigerung) während der Ehe, also bis zur Feststellung des Endvermögens, auszuschalten.

Die „Herausnahme" eines Vermögensgegenstandes bedeutet die vollständige **Nichtberücksichtigung des Herausnahmegegenstands im Anfangs- und Endvermögen** der Zugewinnausgleichsbilanz, wodurch bei dem durch die Herausnahme begünstigten Ehegatten **unterschiedliche Vermögenssphären** entstehen. Das konstruktive Modell der „Herausnahmegestaltung" ist das des „Vorbehaltsguts" nach § 1418 BGB. Das Bestehen unterschiedlicher Vermögenssphären eröffnet zugleich vielfältige **Manipulationsmöglichkeiten**[26] und erhebliche **Nachweisprobleme**, die sich kaum mit den lediglich stichtags- und eben nicht verlaufsbezogenen **Auskunftspflichten** nach § 1379 BGB beheben lassen. Auf die nicht unbedeutende Manipulationsgefahr ist durch den Notar in geeigneter Form hinzuweisen.[27] Bei der vertraglichen Gestaltung sind folgende Probleme besonders zu bedenken: 22

- Schwierigkeiten bereitet die erforderliche **Bestimmtheit** des herausgenommenen Vermögensgegenstandes bzw. der Sachgesamtheit, insbesondere die Begriffe **„Unternehmen"** und **„Betriebsvermögen"** sind insgesamt mit definitorischen Unsicherheiten behaftet.[28] Gehören beispielsweise bei Personengesellschaften nur notwendiges oder auch gewillkürtes Betriebsvermögen, das Sonderbetriebsvermögen, die Konten der Gesellschafter uÄ zum Begriff des Unternehmens und Betriebsvermögens? Wie sind später gegründete Tochterfirmen zu behandeln?
- Wie ist die **Umschichtung** der herausgenommenen Vermögensgegenstände, zB eine Unternehmensumwandlung oder das Erbringen von Versicherungsleistungen zu definieren und zu behandeln? (Stichwort **„Surrogate"-Herausnahme** = die Behandlung von Ersatzgegenständen). Soll auch der **endgültig verbleibende Verkaufserlös** als Surrogat aus einer Unternehmensveräußerung herausgenommen sein oder richtet sich die vertraglich vereinbarte Surrogation vordringlich nach dem Schutzzweck der Herausnahme, beispielsweise dem Schutz der Unternehmertätigkeit oder der Befolgung von sog. Güterstandsklauseln in Gesellschaftsverträgen?
- Herausnahme und klare Abgrenzung der den herausgenommenen Vermögengegenständen zuzurechnenden, **korrespondierenden Verbindlichkeiten**.[29]
- Das Risiko von **Vermögensverlusten** und negativer Gesamtbewertung des ausgleichsfreien Vermögens muss immer und ausschließlich den herausnehmenden Ehegatten treffen; es darf keine Saldierung mit dem auszugleichenden Vermögen möglich sein.
- Erforderlich sind Bestimmungen zur **Behandlung von Erträgen** aus dem herausgenommenen Vermögen: Ab welchem Zeitpunkt gelten Erträge nicht mehr als unternehmensbezogen und unterliegen damit grundsätzlich dem Ausgleich? Soll es zulässig sein, dass Erträge ganz oder teilweise **ausgleichsfrei** in den Herausnahmegegenstand reinvestiert werden dürfen (= Aufwendung)? Sollen **zulässige Reinvestitionen** ggf. nur in unternehmerisch/betriebswirtschaftlich nachvollziehbarer Weise zum Zwecke der Erhaltung, Wiederherstellung oder Verbesserung des herausgenommenen Vermögens vorgenommen werden dürfen (enorme Nachweisprobleme!)? Soll ggf. eine begrenzende Verpflichtung aufgenommen werden, wonach Erträge – zumindest teilweise – zum **Familienunterhalt** beizutragen haben.[30]
- Regelungsbedarf besteht auch bei **Aufwendungen (Verwendungen)** durch den begünstigten Ehegatten aus Mitteln, die definitionsgemäß dem Zugewinnausgleich unterliegen.[31] Sollen solche Aufwendungen

26 Vgl. bereits *Mayer* DStR 1993, 991; *Münch*, Ehebezogene Rechtsgeschäfte, 4. Aufl. 2015, Rn. 1181 ff.; *Langenfeld/Milzer* Eheverträge-HdB Rn. 296.
27 Vgl. *Münch* NotBZ 2003, 125 (134) mit Mustern.
28 Vgl. *Münch* NotBZ 2003, 125 (128 ff.).
29 *Plate* MittRhNotK 1999, 257 (265).
30 Vgl. *Langenfeld/Milzer* Eheverträge-HdB Rn. 298.
31 *Münch*, Ehebezogene Rechtsgeschäfte, 4. Aufl. 2015, Rn. 1190 f.; *Langenfeld/Milzer* Eheverträge-HdB Rn. 299.

ab einem zu definierenden Zeitpunkt vor der Scheidung dem Endvermögen des begünstigten Ehegatten analog § 1375 Abs. 2 BGB hinzugerechnet werden[32]?

- Regelungsbedürftig sind Fälle der **Aufwendungen durch den nicht begünstigten Ehegatten** in den herausgenommenen Vermögensgegenstand. Sollen solche Aufwendungen analog § 1375 Abs. 2 BGB dem Endvermögen des begünstigten Ehegatten hinzugerechnet werden (was nachteilig ist, falls solche Aufwendungen aus dem Anfangsvermögen erfolgen) oder sollten solche Aufwendungen ausschließlich darlehensweise hingegeben werden und die Rückzahlung im Scheidungsfall je nach Mittelherkunft außerhalb des Zugewinnausgleichs erfolgen?
- „**Umkehrfalle**“: Infolge der Herausnahme von Vermögensgegenständen kann es rechnerisch zur Umkehr der Ausgleichsrichtung beim Zugewinnausgleich kommen,[33] die vertraglich verhindert werden muss.
- Regelungsbedürftig ist, inwieweit **„ausgleichsfreies Vermögen“ gleichwohl** als **„vorhandenes Vermögen“** iSd § 1378 Abs. 2 BGB zu behandeln ist. Eine entsprechende Klausel kann Bedeutung erlangen, wenn Aufwendungen in herausgenommenes Vermögen zwar vereinbarungsgemäß dem Endvermögen zugerechnet werden, das ausgleichspflichtige (End-)Vermögen aber nicht zur Leistung der Ausgleichsforderung ausreicht.[34]

Als weitere **Störfälle** können im Einzelfall hinzutreten:

- **schuldrechtliche Ausgleichsansprüche** zwischen Ehegatten aus Ehegattenmitarbeit im ausgleichsfreien Unternehmen;
- **Unterhaltsansprüche,** insbesondere wenn diese in erheblichem Umfang aus den Erträgen des ausgleichsfreien Vermögens herrühren;
- **Pflichtteilsansprüche** des überlebenden Ehegatten, wenn dieser den ausgleichsfreien Gegenstand nicht von Todes wegen erlangen soll;
- Lösung: (ggf. gegenständlich beschränkter) **Pflichtteilsverzicht.**

▶ Muster: Modifizierte Zugewinngemeinschaft (Herausnahme von GmbH-Geschäftsanteilen)

(1) Der gesetzliche Güterstand der Zugewinngemeinschaft soll für unsere Ehe mit folgender Abweichung gelten:

(2) Herr ... ist als Gesellschafter mit einem Geschäftsanteil im Nennbetrag von ... EUR an der im Handelsregister des Amtsgerichts ... noch einzutragenden Gesellschaft mit beschränkter Haftung unter der Firma ... GmbH mit dem Sitz in ..., deren Stammkapital ... EUR beträgt, beteiligt.

(3) Wird der Güterstand der Zugewinngemeinschaft auf andere Weise als durch den Tod eines von uns beendet, wird insbesondere unsere Ehe geschieden, so soll bei der Ermittlung des Zugewinnausgleichsanspruchs vollständig außer Betracht bleiben:

- die derzeitige und auch jede künftige Beteiligung sowie alle Rechte und Ansprüche des Herrn ... an der vorgenannten Gesellschaft mit beschränkter Haftung, einschließlich des jeweiligen Unternehmens-/Geschäftswertes,
- jede andere Art der Unternehmensbeteiligung oder Mitunternehmerschaft, bei der nach dem Inhalt des jeweiligen Gesellschaftsvertrages jeder Gesellschafter verpflichtet ist, seine Beteiligung bei der Ermittlung des Zugewinns auszuschließen,
- nachstehend auch zusammenfassend „**herausgenommenes Vermögen** oder **herausgenommene Vermögensgegenstände**“ genannt.

(4) Bei der Ermittlung des Anfangs- und Endvermögens des Herrn ... soll dementsprechend der herausgenommene Vermögensgegenstand auch dann nicht angesetzt werden, wenn sich dessen Wert, gleichviel aus welchem Grund, bis zum Zeitpunkt der Ermittlung des Endvermögens vermindert oder erhöht hat oder insgesamt negativ ist. Auch sämtliche mit den herausgenommenen Vermögensgegenständen im

32 Vgl. auch *Langenfeld*, Handbuch der Eheverträge und Scheidungsvereinbarungen, 6. Aufl. 2011, Rn. 218; für ein Verbot solcher Aufwendungen: *Kanzleiter/Wegmann*, Vereinbarungen unter Ehegatten, 7. Aufl. 2008, Rn. 171.

33 Vgl. *Münch*, Ehebezogene Rechtsgeschäfte, 4. Aufl. 2015, Rn. 1194; *Reetz* DNotZ 2014, 85.

34 Vgl. hierzu *Münch*, Ehebezogene Rechtsgeschäfte, 4. Aufl. 2015, Rn. 1192.

Zusammenhang stehenden **Verbindlichkeiten** sind bei der Ermittlung des Zugewinns nicht zu berücksichtigen.

(5) Bei der Ermittlung des Zugewinnanspruchs sollen ferner in gleicher Weise alle Vermögensgegenstände des Herrn ... außer Betracht bleiben, die als **Surrogate** der herausgenommenen Vermögensgegenstände angesehen werden können. Dies gilt insbesondere für Beteiligungen nach einer Unternehmensumwandlung, die Beteiligung an Tochterunternehmen und den Erwerb von Vermögensgegenständen, die Ersatz für die Zerstörung, Beschädigung oder Entziehung darstellen oder die ansonsten durch ein Rechtsgeschäft erworben werden, das sich auf die herausgenommenen Vermögensgegenstände bezieht. Nicht von der Herausnahme umfasst ist ein endgültig erzielter **Veräußerungserlös**, der sodann bestimmungsgemäß vermögensverwaltend behandelt wird.

(6) Bei dem Ausgleich des Zugewinns sollen sämtliche **Erträge**, die aus den herausgenommenen Vermögensgegenständen, gleichviel aus welchem Grund, fließen, außer Betracht bleiben, soweit solche Erträge in das oder die Unternehmen/Gesellschaften investiert werden und soweit solche Investitionen nicht innerhalb von ... Jahren vor dem Eintritt des Getrenntlebens der Ehegatten erfolgen. Werden Erträge nicht oder nicht nach Maßgabe dieser Vereinbarung auf das ausgleichsfreie Vermögen verwandt, unterliegen sie dem Zugewinnausgleich. Die Verpflichtung zur Gewährung des Familienunterhalts bleibt unberührt.

(7) Macht Herr ... aus seinem grundsätzlich dem Zugewinnausgleich unterliegenden Vermögen **Aufwendungen** zugunsten herausgenommener Vermögensgegenstände, so werden diese mit ihrem Wert zum Zeitpunkt der Vornahme der Aufwendung seinem Endvermögen hinzugerechnet. Sie unterliegen sodann, um den Geldwertverfall berichtigt, der Berechnung des Zugewinnausgleichs. Diese Regelung gilt auch, soweit es sich um Gesellschafterdarlehen handelt, die eigenkapitalersetzend wirken.

Macht Frau ... **Aufwendungen** auf ausgleichsfreie Vermögensgegenstände ihres Ehegatten, sind ihm diese darlehensweise zur Verfügung gestellt. Für ein solches Darlehen gelten die Vereinbarungen bei Hingabe der Darlehenssumme, ersatzweise wird das Darlehen zur Rückzahlung fällig mit der Veräußerung des ausgleichsfreien Vermögensgegenstandes, oder wenn zwischen den Eheleuten das Getrenntleben eingetreten ist, spätestens jedoch mit Stellung eines Scheidungsantrags. Bis zur Fälligkeit ist das Darlehen nicht zu tilgen und unverzinslich. Sicherheiten können ... verlangt werden. Erfolgen Aufwendungen aus dem Anfangsvermögen der Frau ..., gelten sowohl der Rückzahlungsanspruch als auch der zurückgezahlte Betrag als Anfangsvermögen.

(8) Zur Befriedigung der sich etwa ergebenden Zugewinnausgleichsforderung der Frau ... gilt herausgenommenes Vermögen im Sinne von § 1378 Abs. 2 BGB als **vorhandenes Vermögen**. Soweit Frau ... bei Scheidung der Ehe Zugewinnausgleich beansprucht, ist die **Zwangsvollstreckung** durch sie wegen der Beitreibung der Ausgleichsforderung in nach dieser Urkunde herausgenommene Vermögensgegenstände erst dann und insoweit zulässig, als die Vollstreckung in ausgleichspflichtiges Vermögen nicht zum Erfolg geführt hat oder unzumutbar ist.

(9) Sämtliche Gegenstände des herausgenommenen Vermögens einschließlich sämtlicher an ihre Stelle tretenden Surrogatsgegenstände und alle Erträge hieraus sollen der **Verfügungsbeschränkung** des § 1365 BGB nicht unterliegen. Im Übrigen sollen für unsere Ehe die Vorschriften über den gesetzlichen Güterstand der Zugewinngemeinschaft nach den Vorschriften der §§ 1363 ff. BGB gelten.

(10) Die Ehegatten sind gegenseitig umfassend – und nicht lediglich stichtagsbezogen – zur **Auskunft** und Belegübergabe über alle Vorgänge während der Ehe verpflichtet, die zur Berechnung einer Zugewinnausgleichsforderung nach diesem Vertrag erforderlich sein könnten; dies gilt insbesondere bei Aufwendungs- und Surrogationsfällen.

(11) Ein Ehegatte ist nicht verpflichtet, seinen Zugewinn auszugleichen, wenn er unter Berücksichtigung der nach Maßgabe dieses Vertrages vom Zugewinn ausgenommenen Vermögensgegenstände des anderen Ehegatten nicht zur Ausgleichung verpflichtet wäre. ◀

bb) Festlegen des Anfangs- und Endvermögens. Anfangsvermögen ist dasjenige Vermögen, das einem Ehegatten nach Abzug der Verbindlichkeiten am Stichtag, nämlich beim Eintritt des Güterstandes, dh im Regelfall bei Eheschließung (§ 1310 Abs. 1 BGB), gehört, § 1374 Abs. 1 BGB. Verbindlichkeiten können in voller Höhe, also nicht nur bis zur Grenze des Aktivvermögens, abgezogen werden. Der Zugewinn kann demnach höher als das Endvermögen sein, weshalb die **Kappungsgrenze** nach § 1378 Abs. 2 BGB – trotz 23 des seit 2009 revidierten Wortlauts des § 1384 BGB – eine zunehmende Rolle spielt, wenn während der Ehe zugewinnwirksam **voreheliche Schulden** eines Ehegatten abgebaut wurden.

24 Die Ehegatten können den **Bestand und Wert des Anfangsvermögens** in einem Verzeichnis gemeinsam feststellen.[35] Dies erzeugt im Verhältnis der Ehegatten zueinander die Vermutung der Richtigkeit. Ansonsten gilt die widerlegliche Vermutungswirkung des § 1377 Abs. 3 BGB. Soll mit einem **Vermögensverzeichnis** ggf. die Vermutungswirkung des § 1362 Abs. 1 S. 1 BGB und die Gewahrsamsfiktion des § 739 ZPO widerlegt werden und erkennt der Notar, dass genau dies zur Vollstreckungsvereitelung (§ 288 StGB) dienen soll, muss er die Beurkundung verweigern.[36]

25 Die Ehegatten können **ehevertragliche Vereinbarungen über das Anfangsvermögen** treffen, die den Wert des Anfangsvermögens im Verhältnis der Ehegatten untereinander verbindlich und auch abweichend von den tatsächlichen Verhältnissen festlegen.[37] Sie können sogar einen Berechnungsstichtag vor Eheschließung als maßgeblich vereinbaren. Hierbei bewirkt eine rechnerische Erhöhung der Werte des Anfangsvermögens die Verringerung des Zugewinns und umgekehrt. Da im Zugewinnausgleich Anfangs- und Endvermögen reine Rechengrößen darstellen, sind Vereinbarungen über Wert oder Bewertung (oder den Stichtag) wichtiger als die bloße Auflistung von einzelnen Vermögensgegenständen. Anwendungsbereiche solcher Vereinbarungen sind die Einbeziehung **vorehelicher Wertschöpfungen** in den Ausgleich[38] oder die **Herausnahme von Wertsteigerungen**[39] von Vermögensgegenständen des Anfangsvermögens bzw. des privilegierten Erwerbs nach § 1374 Abs. 2 BGB.

26 Abweichend von den gesetzlichen Bestimmungen (§§ 1375, 1386 BGB) und den tatsächlichen Verhältnissen können die Ehegatten auch den **Bestand und den Wert des Endvermögens** untereinander **ehevertraglich festgelegen**. Dies kann bewirkt werden durch die Herausnahme bestimmter Vermögensgegenstände aus der Bestimmung des Endvermögens, die Vereinbarungen von Wertansätzen, das Festlegen von Bewertungsgrundsätzen oder auch das **Festlegen eines Höchstbetrags**.[40] Wird ein Höchstbetrag vereinbart, ist dieser richtigerweise mit einer **Wertsicherungsklausel** zu versehen.

27 **cc) Vereinbarung zur Ausgleichsquote.** Übersteigt der Zugewinn des einen Ehegatten den Zugewinn des anderen, steht die Hälfte des Überschusses (= Ausgleichsquote) dem anderen als **Ausgleichsforderung** zu, § 1378 Abs. 1 BGB. Vereinbarungen über die Ausgleichsquote des § 1378 Abs. 1 BGB[41] durch Vereinbarung der Ehegatten sind zulässig.[42] Infrage kommen beispielsweise Gestaltungen zur Staffelung der Ausgleichquote nach der Höhe des Zugewinns, der Ehedauer[43] oder die einseitige **Herabsetzung der Quote**.

▶ **Muster: Modifizierte Zugewinngemeinschaft – Ausgleichsquote**

(1) Der gesetzliche Güterstand der Zugewinngemeinschaft soll für unsere Ehe mit folgender Abweichung gelten:

(2) Für den Fall, dass unsere Ehe auf andere Weise als durch den Tod eines Ehegatten aufgelöst wird, insbesondere im Falle der Scheidung unserer Ehe, soll die Ausgleichsquote abweichend von den gesetzlichen Bestimmungen des § 1378 Abs. 1 BGB ein Drittel betragen. Übersteigt daher der Zugewinn des einen Ehegatten den des anderen, steht dem Berechtigten lediglich ein Drittel des Überschusses als Ausgleichsforderung zu. ◀

35 Vgl. *Langenfeld/Milzer* Eheverträge-HdB Rn. 324 f.
36 Vgl. *Schwarz* DNotZ 1995, 115 (124).
37 Vgl. BGH 1.4.1998 – XII ZR 278/96, FamRZ 1998, 903.
38 Vgl. *Grziwotz* FamRB 2002, 250; *Mayer* ZEV 1999, 384 (387); *Langenfeld/Milzer* Eheverträge-HdB Rn. 328 f.
39 *Werner* DNotZ 1976, 66 (87); *Langenfeld/Milzer* Eheverträge-HdB Rn. 282.
40 Vgl. *Langenfeld/Milzer* Eheverträge-HdB Rn. 330 f.
41 1/2 des Zugewinnüberschusses.
42 Vgl. BGH 16.12.1982 – IX ZR 90/81, DNotZ 1983, 753 = BGHZ 86, 143 (151).
43 Periodisierung – vgl. *Wegmann*, Eheverträge, Rn. 108 f.

dd) Ausgestaltung der Zugewinnausgleichsforderung. Möglich und **beurkundungspflichtig** sind vertragliche Vereinbarungen zur Ausgestaltung der Zugewinnausgleichsforderung, die mit Beendigung des Güterstands sofort fällig wird (§ 1378 Abs. 3 S. 1 BGB); dies können sein: 28

- verzinsliche **Stundung der Zugewinnausgleichsforderung** durch vereinbarte Verlängerung der Verjährungsfrist;[44] 29
- **Ratenzahlung**, beispielsweise bei hohen Ausgleichsforderungen oder wenn der Zugewinn im Wesentlichen aus „angesparten“, aber noch nicht fälligen Versicherungen besteht, über die der Schuldner vor Eintritt des Versicherungsfalls nicht verfügen kann;
- **Ausgleich durch Sachleistungen**, indem der Schuldner an Erfüllung statt Grundbesitz,[45] Gesellschaftsanteile oder andere Vermögenswerte überträgt;
- **Sicherung** des (künftigen) Ausgleichsanspruchs.

d) Güterstandsvereinbarungen und § 5 ErbStG. aa) Besteuerung der Ausgleichsforderung. Wird eine „Zugewinnausgleichsehe“ nicht durch den Tod eines Ehegatten, sondern **durch Scheidung oder ehevertraglich** durch einen Güterstandswechsel beendet, entsteht kraft Gesetzes die Zugewinnausgleichsforderung (§ 1378 Abs. 3 S. 1 BGB); das gilt auch für die Fälle der §§ 1385, 1386 BGB. Soweit der Ausgleichspflichtige auf genau diesen gesetzlich entstehenden Anspruch leistet, bleibt die Leistung bei dem berechtigten Ehegatten in vollem Umfang schenkungsteuerfrei (**§ 5 Abs. 2 ErbStG**), weil sie nicht freigiebig erfolgt und kein Fall des § 7 ErbStG vorliegt. **Steuerschädlich** ist hingegen ein **sog. „periodischer Zugewinnausgleich“** (auch „vorweggenommener“ oder „fliegender“ Zugewinnausgleich genannt) ohne zivilrechtliche Beendigung der Zugewinngemeinschaft durch einen Güterstandswechsel. Damit entfallen regelmäßig Vertragsmodelle, die zwischen den Ehegatten eine „latente“ Zugewinnforderung während der laufenden Ehe ausgleichen sollen;[46] eine solche Leistung ist freigiebig. 30

Wird die **Zugewinngemeinschaft ehevertraglich mit Rückwirkung** vereinbart, ist der güterrechtliche, quasi nachträglich entstehende Zugewinn bzw. der daraus resultierende Zugewinnausgleichsanspruch nach **§ 5 Abs. 2 ErbStG** auch insoweit steuerfrei, als dessen Berechnung von den gesetzlichen Vorgaben der §§ 1373–1383, 1390, 1408 BGB abweicht.[47] **Zivilrechtlich** ist die rückwirkende Vereinbarung der Zugewinngemeinschaft **zulässig**, wobei es sich der Sache nach um eine vertragliche Vereinbarung zum Anfangsvermögen handelt.[48] Die zivilrechtlich zulässige, rückwirkende Vereinbarung der Zugewinngemeinschaft ist im Rahmen des § 5 ErbStG erbschaftsteuerrechtlich anzuerkennen.[49] § 5 Abs. 1 S. 4 ErbStG ist nicht analog anwendbar. 31

Erfolgt der pauschalierte **Zugewinnausgleich beim Tode eines Ehegatten** nach §§ 1931 Abs. 3, 1371 Abs. 1 BGB, bleibt der Erwerb ebenfalls erbschaftsteuerfrei. Hierbei sind allerdings abweichende ehevertragliche Vereinbarungen unbeachtlich (§ 5 Abs. 1 S. 2 ErbStG). Insbesondere gilt nach § 5 Abs. 1 S. 4 ErbStG als Zeitpunkt des Eintritts des Güterstandes (= Anfangsvermögen) der **Tag des Ehevertragsschlusses**, wodurch eine rückwirkende Güterstandsänderung erbschaftsteuerlich obsolet wird. Auf den Anwendungsbereich des § 5 Abs. 2 ErbStG, also den Zugewinnausgleich unter Lebenden, lässt sich diese einschränkende Handhabung hingegen nicht übertragen. 32

Es wird oftmals übersehen, dass sich die Erbschaftsteuerbelastungen über § 5 Abs. 2 ErbStG reduzieren lassen: Schlägt der überlebende Ehegatte die Erbschaft aus und kommt es daher nach § 1371 Abs. 2 BGB zur **sog. güterrechtlichen Lösung**, gehört die Ausgleichsforderung im vollen Umfang zum steuerfreien Erwerb von Todes wegen. 33

---

44 *Münch*, Ehebezogene Rechtsgeschäfte, 4. Aufl. 2015, Rn. 1293 ff.; BFH 22.8.2018 – II R 51/15, DStR 2019, 45 = BeckRS 2018, 34112 zur Schenkungsteuer bei lebenslänglich gestundeter Zugewinnausgleichsforderung.
45 *Münch*, Ehebezogene Rechtsgeschäfte, 4. Aufl. 2015, Rn. 1296 ff.
46 BFH 24.8.2005 – II R 28/02, ZEV 2006, 41; vgl. zudem FG Köln FG 2002, 1254 mAnm *Jülicher* ZErb 2003, 10.
47 FG Düsseldorf 14.6.2006 – 4 K 7107/02 Erb RNotZ 2007, 55; *Wälzholz* FamRB 2006, 27 (30).
48 Vgl. DNotI-Report 1996, 133 mwN.
49 FG Düsseldorf 14.6.2006 – 4 K 7107/02 Erb RNotZ 2007, 55 mAnm *Thouet.*

34 **bb) Ausgleichsmodell: Güterstandsschaukel.** Die sog. Güterstandsschaukel ist das Hintereinanderschalten von vertraglich herbeigeführten, realen Güterstandswechseln mit der Folge des Entstehens einer Zugewinnausgleichsforderung bei Fortbestand der Ehe. Die Schaukel dient letztlich dazu, zwischen den Ehegatten während der Ehe einen (steuerfreien) Vermögensausgleich herbeizuführen. Folgende „Schaukeln“ werden praktiziert:

- Zugewinngemeinschaft – Gütertrennung (= Ausgleich) – Zugewinngemeinschaft oder
- Gütertrennung – rückwirkende Zugewinngemeinschaft – Gütertrennung (= Ausgleich).

35 **Beispiel 1:** Die seit Eheschließung in Zugewinngemeinschaft lebenden Ehegatten vereinbaren ehevertraglich Gütertrennung (= Ausgleich) und möglichst sofort wieder, rückwirkend auf den Zeitpunkt des Eintritts der Gütertrennung (oder der Eheschließung), die Zugewinngemeinschaft; sie wollen auf das entstandene Zugewinnausgleichsvolumen § 5 Abs. 2 ErbStG anwenden.

36 Auf diese Variante der Güterstandsschaukel ist § 5 Abs. 2 ErbStG anzuwenden; der Ausgleich erfolgt steuerfrei. Die Aufnahme beider Güterstandswechsel in eine einzige Urkunde ist hingegen nicht zu empfehlen,[50] insbesondere hat sich der Bundesfinanzhof insoweit zur Frage eines Gestaltungsmissbrauchs (§ 42 AO) bisher nicht geäußert.

37 **Beispiel 2:** Die seit Eheschließung in Gütertrennung lebenden Ehegatten vereinbaren ehevertraglich rückwirkend (zB auf den Tag der Eheschließung) die Zugewinngemeinschaft und möglichst sofort wieder Gütertrennung; sie wollen auf das entstandene Zugewinnausgleichsvolumen § 5 Abs. 2 ErbStG anwenden.

38 Für die Variante der Schaukel aus der Gütertrennung in eine zwischengeschaltete, rückwirkend vereinbarte Zugewinngemeinschaft und wieder zurück in die Gütertrennung, ist die Anerkennung nicht abschließend gesichert. Argumente aus der Entscheidung des BFH[51] sprechen indes eher für einen steuerfreien Ausgleich.

39 **cc) Vertraglicher Güterstandswechsel und Pflichtteilsrecht.** Der Ausgleich des Zugewinns ist grds. pflichtteilsfest und **keine Schenkung nach § 2325 BGB.**[52] Allerdings kann der mehrmalige Wechsel des Güterstandes nach einem einheitlichen Gesamtplan missbräuchlich sein.[53] Die **rückwirkende Vereinbarung der Zugewinngemeinschaft** ist pflichtteilsrechtlich nicht anerkennungsfähig.[54]

III. Gütertrennung

1. Überblick

40 **a) Entstehen der Gütertrennung.** Die Gütertrennung entsteht als Vertragsgüterstand:

- ausdrücklich durch beurkundungspflichtigen **Ehevertrag** (§§ 1408, 1410 BGB);
- als **subsidiärer gesetzlicher Güterstand** infolge:
  - Ausschlusses der Zugewinngemeinschaft (§ 1414 S. 1 Fall 1 BGB),
  - Aufhebung der Zugewinngemeinschaft (§ 1414 S. 1 Fall 2 BGB),
  - vollständigen Ausschlusses des Zugewinns (§ 1414 S. 2 Fall 1 BGB),
  - Aufhebung der Gütergemeinschaft (§ 1414 S. 2 Fall 2 BGB),

  jeweils **mangels abweichender Vereinbarung** der Ehegatten (§ 1414 BGB = widerlegliche Auslegungsregel) und durch
- rechtskräftige familiengerichtliche Entscheidung über die **vorzeitige Aufhebung der Zugewinngemeinschaft** (§ 1388 iVm §§ 1385, 1386 BGB),
- Aufhebung der **Gütergemeinschaft** (§§ 1449 Abs. 1, 1470 Abs. 1 BGB).

50 Statt aller *Wachter* FR 2006, 42 (44).
51 24.8.2005 – II R 28/02, ZEV 2006, 41.
52 Vgl. *Brambring* ZEV 1996, 248 (252).
53 BGH 24.5.2012 – IX ZR 168/11, NJW 1992, 558 zur Schaukel unter Einschluss der Gütergemeinschaft.
54 OLG Oldenburg 26.9.1995 – 5 U 67/95, FamRZ 1996, 1505.

▶ **Muster: Anfängliche Vereinbarung einer Gütertrennungsehe**

§ ... Gütertrennung

(1) Wir vereinbaren hiermit, dass für unsere Ehe seit dem Tage der Eheschließung der Güterstand der Gütertrennung gemäß § 1414 BGB gelten und jede Zugewinngemeinschaft ausgeschlossen sein soll.

(2) Der Notar hat uns über die Bedeutung des gesetzlichen Güterstandes der Zugewinngemeinschaft, die Vereinbarung der Gütertrennung und die damit verbundenen Folgen belehrt. Er hat uns insbesondere darauf hingewiesen, dass ein ehezeitbezogener Ausgleich des beiderseitigen Zugewinns bei Beendigung der Ehe, insbesondere nach einer Scheidung, nicht stattfindet und dass sich zudem das gesetzliche Erbrecht und das Pflichtteilsrecht vermindern können. Uns ist bekannt, dass durch die Vereinbarung der Gütertrennung im Scheidungsfall nicht zugleich der Versorgungsausgleich und ein nachehelicher Unterhalt ausgeschlossen sind, sondern hierzu gesonderte Vereinbarungen getroffen werden müssen.

(3) Jeder von uns ist berechtigt, ohne Zustimmung des anderen über sein Vermögen im Ganzen, auch über die ihm gehörenden Gegenstände des ehelichen Haushalts, frei zu verfügen. ◀

b) Gesetzliche Regelung. Im Güterstand der Gütertrennung (§ 1414 BGB) bestehen zwischen den Ehegatten keine güterrechtlichen Verbindungen, obwohl sie sich vermögensrechtlich nicht etwa wie Unverheiratete gegenüberstehen.[55] Es gelten die allgemeinen Vorschriften über die Ehewirkungen nach den §§ 1353 ff. BGB (Ehegattenunterhalt, Schlüsselgewalt, Pflicht zur Haushaltsführung und Mitarbeit ua). Die aus vertragsgestaltender Sicht relevanten **Strukturmerkmale** der Gütertrennung stimmen iÜ mit denen der Zugewinngemeinschaft (→ Rn. 6), mit Ausnahme der nachfolgenden, überein: 41

- die Beendigung führt zu **keiner (schuldrechtlichen) Vermögensteilhabe** durch Ausgleichsleistungen,
- jeder Ehegatte ist aus güterrechtlicher Sicht **frei verfügungsberechtigt,** die §§ 1365, 1369 BGB gelten nicht (→ *Gütertrennung* Rn. 4),
- keine Erhöhung des **Ehegattenerbteils** wie bei § 1371 Abs. 1 BGB,
- kein **Ausbildungsunterhalt für Stiefkinder** wie bei § 1371 Abs. 4 BGB.

2. Richtiger Güterstand?

a) Vor- und Nachteile. Vorteile der Gütertrennung sind deren rechtliche Klarheit und Einfachheit im ehelichen Vermögensbereich und die Vermeidung von langwierigen Auskunfts-, Bewertungs- und Liquiditätsproblemen bei Beendigung der Ehe. In der täglichen Kreditpraxis verzichten Banken bei Gütertrennung regelmäßig auf die Mitverpflichtung des Ehegatten. **Nachteilig** kann sich auswirken, dass die Gütertrennung 42

- keinen rechtsgeschäftlichen, gemeinschaftlichen Vermögenserwerb (Miteigentum; Gesamthandseigentum) verhindert und es bei Beendigung der Ehe dann doch zu einer Vermögensauseinandersetzung (außerhalb des Güterrechts) kommen kann;
- einer **„sorgfältigen" Vermögenszuordnung** unter den Ehegatten beim Erwerb bedarf;
- zum **Verlust des Erbschaftsteuer-Freibetrags** nach § 5 Abs. 1 und Abs. 2 ErbStG führt (rückwirkende Vereinbarung der Zugewinngemeinschaft wird erbschaftsteuerlich nicht anerkannt, § 5 Abs. 1 S. 4 ErbStG);
- zu **keiner pauschalen Erhöhung** des **Ehegattenerbteils** (§ 1371 Abs. 1 BGB) führt;
- **keine „güterrechtliche Lösung"** bei Tod des Ehegatten infrage kommt (§ 1371 Abs. 2 und Abs. 3 BGB);
- für den überlebenden Ehegatten **pflichtteilsrechtlich nachteilig** sein kann.

Insbes. die Gütertrennung führt zur vermehrten Bedeutung des sog. **Nebengüterrechts**, also **schuldrechtlicher Ausgleichsansprüche** der Ehegatten untereinander.[56] Dies betrifft vor allem Ansprüche aus: 43

55 Palandt/*Brudermüller* BGB Vor § 1414 Rn. 1.

56 Vgl. *Münch*, Ehebezogene Rechtsgeschäfte, 4. Aufl. 2015, Rn. 1611 ff.

- „unbenannten Zuwendungen";[57]
- Innengesellschaften;[58]
- Kooperations- bzw. familienrechtlichen Verträgen eigener Art, insbesondere wegen des Wegfalls deren Geschäftsgrundlage (§ 313 BGB);
- Gesamtschuldnerausgleich;[59]
- Ehegattenarbeitsverhältnissen.[60]

Es existiert eine Vielzahl von Gestaltungsvorschlägen.[61]

44 **b) Motive für die Gütertrennung und Fehlvorstellungen.** Da zur Gütertrennung die Vorstellungen der Beteiligten und die tatsächlich bewirkten Rechtsfolgen stark differieren, besteht erheblicher Belehrungsbedarf. Zumeist können Eheverträge zur **modifizierten Zugewinngemeinschaft** gleichzeitig die Vorteile einer Gütertrennung erhalten und deren Nachteile vermeiden.[62] Die Motivlage der Beteiligten ist daher präzise aufzuklären; **Fehlvorstellungen im Verhältnis zur Zugewinngemeinschaft** betreffen vor allem:

45
- **Haftung („überschuldeter Ehegatte"):** gerade keine gesetzliche Mithaftung für voreheliche oder ehezeitbezogene Verbindlichkeiten des anderen Ehegatten in der Zugewinngemeinschaft;
- **Zwangsvollstreckung:** Vermutungswirkungen des § 1362 Abs. 1 BGB und des § 739 ZPO gelten unabhängig vom Güterstand;
- **Trennung des Vermögens („klare Verhältnisse"):** Ausreichend wäre ein „Ausschluss des lebzeitigen Zugewinnausgleichs" (→ Rn. 15) oder eine „Herausnahme von Vermögensgegenständen aus dem Zugewinnausgleich" (→ Rn. 23), ggf. mit gegenständlich beschränktem Pflichtteilsverzicht;
- **Schutz von Familienvermögen:** s. zuvor;
- **erbrechtliche Nachteile:** lassen sich bereits einseitig durch **Verfügung von Todes wegen** ausgleichen, nicht jedoch die pflichtteilsrechtlichen Konsequenzen;
- **Pflichtteil des überlebenden Ehegatten:** lassen sich die Regelungsziele nicht gleichwertig in der Zugewinngemeinschaft erreichen, muss das Pflichtteilsrecht des überlebenden Ehegatten angesprochen werden;
- **Altersversorgung:** Anrechte, die nicht dem VersAusglG unterliegen, insbes. Kapitallebensversicherungen, unterfallen zwar dem Zugewinnausgleich, sind jedoch in der Gütertrennung dem anderen Ehegatten entzogen.

46 Sinnvoll und praxisrelevant ist die Vereinbarung **Gütertrennung zur Scheidungsvorbereitung** („Scheidungsvereinbarung") oder für den Fall des **dauernden Getrenntlebens** („**Getrenntlebensvereinbarung**"). Sie führt jeweils zu einem Vorverlegen des Stichtags für die Bestimmung des Endvermögens (§ 1375 Abs. 1 BGB) gegenüber der Rechtshängigkeit des Scheidungsantrags (§ 1384 BGB) und regelt eine Scheidungsfolge, nämlich die güterrechtsbezogene Vermögensauseinandersetzung, endgültig.

47 **c) Gestaltungsüberlegungen. Güterrechtliche Vereinbarungen** sind im Bereich der Gütertrennung **ausgeschlossen**; die Gütertrennung kann inhaltlich nicht modifiziert werden (→ *Gütertrennung* Rn. 7).[63] Unbeschadet bleibt die Möglichkeit zur Vereinbarung von **Rücktrittsvorbehalten** oder **auflösenden Bedingungen** zB für den Fall, dass aus der Ehe gemeinschaftliche Kinder hervorgehen.[64] Praktische Fragen ergeben sich zudem mit Blick auf die

- Eintragung in das **Güterrechtsregister** (Wirkungen des § 1412 BGB);
- Errichtung eines **Vermögensverzeichnisses**.

57 BGH 3.2.2010 – XII ZR 189/06, NJW 2010, 2201 – „Schwiegerelternzuwendung".
58 BGH 25.6.2003 – XII ZR 161/01, FamRZ 2003, 1454 u. zuvor NJW 1999, 2962.
59 BGH 14.10.1987 – IVb ZR 80/86, FamRZ 1988, 596.
60 Mitarbeit im Betrieb des Ehegatten – BGH 13.7.1994 – XII ZR 1/93, FamRZ 1994, 1167.
61 Vgl. *Münch*, Ehebezogene Rechtsgeschäfte, 4. Aufl. 2015, Rn. 1611 ff. mwN.
62 Vgl. etwa *Langenfeld/Milzer* Eheverträge-HdB Rn. 261.
63 OLG Schleswig 10.4.1995 – 2 W 138/94, NJW-RR 1996, 134; DNotI-Report 2000, 191 (192).
64 *Münch*, Ehebezogene Rechtsgeschäfte, 4. Aufl. 2015, Rn. 1104.

Wird während der laufenden Ehe insbesondere **aus der Zugewinngemeinschaft in die Gütertrennung** gewechselt, ist zu regeln, ob und ggf. inwieweit auf die gesetzlich entstandene **Zugewinnausgleichsforderung** verzichtet, gezahlt oder ob sie an Erfüllungs statt abgegolten werden soll.[65] Wird **aus der Gütergemeinschaft in die Gütertrennung** gewechselt, ist die Auseinandersetzung des ehelichen Gesamtguts zu beachten. 48

Im Rahmen der Gütertrennung steht es den Ehegatten zudem frei, **für den Fall einer Scheidung** verschiedenartige Leistungs- bzw. Zahlungspflichten zu begründen; das Verbot der Mischgüterstände steht dem nicht entgegen.[66] Zu einer Erschwerung der Ehescheidung dürfen solche Anspruchsbegründungen hingegen nicht führen. Auch bei Begründung der Gütertrennung als Güterstand der Ehe „von Anfang an" können **Vereinbarungen von Ausgleichsleistungen** abgeschlossen werden. Diese Ansprüche können „zugewinnähnlich" und verfahrensrechtlich unabhängig ausgestaltet sein. Allerdings ist aus schenkungsteuerlicher Perspektive Vorsicht geboten, wenn die **Gütertrennung gegen Geldabfindung** mit Fälligkeit nach Rechtskraft der Scheidung vereinbart werden soll.[67] Das FG München[68] wertet dies insgesamt als freigiebig iSd § 7 Abs. 1 Nr. 1 ErbStG, zugleich geht – bei Leistungserbringung nach Scheidung – der Freibetrag nach § 16 Abs. 1 Nr. 1 ErbStG verloren. 49

IV. Gütergemeinschaft

1. Entstehen der Gütergemeinschaft

Die Gütergemeinschaft (§§ 1415–1482 BGB) ist ausschließlich **Vertragsgüterstand**, notarielle Beurkundung ist erforderlich (→ *Gütergemeinschaft* Rn. 1).[69] Die **Aufhebung der Gütergemeinschaft** führt zur Gütertrennung (§ 1414 S. 2 BGB); die Zugewinngemeinschaft muss ausdrücklich vereinbart werden. Die Gütergemeinschaft ist gekennzeichnet durch (→ *Gütergemeinschaft* Rn. 3): 50

- gesamthänderisch gebundenes, gemeinschaftliches Vermögen beider Ehegatten, das sog. **Gesamtgut** (§ 1416 BGB); das Gesamtgut wird durch einen der Ehegatten (Gesamtgutsverwalter, §§ 1422 ff. BGB) oder durch beide Ehegatten gemeinschaftlich (§§ 1450 ff. BGB) verwaltet; 51
- getrenntes, „eigenes" Vermögen jedes Ehegatten, das sog. **Sondergut** (§ 1417 BGB) an nicht durch Rechtsgeschäft übertragbaren Gegenständen; dieses verwaltet der Ehegatte **für Rechnung des Gesamtguts**;
- vom Gesamtgut ausgeschlossenes, sog. **Vorbehaltsgut** (§ 1418 BGB); es entsteht durch entsprechende ehevertragliche Vereinbarung, Bestimmung eines zuwendenden Dritten oder infolge Surrogation.

Zusammenfassend sind somit in einer Ehe **fünf Sondervermögen** denkbar.

Komplex sind die **gesetzlichen Haftungsregeln** des ehelichen Gesamtguts für **Gesamtgutsverbindlichkeiten** (§§ 1437 ff., 1459 ff. BGB). Hierzu gehören alle bei Beginn der Gütergemeinschaft vorhandenen Schulden und die während der Gütergemeinschaft kraft Gesetzes entstehenden Verbindlichkeiten (zB aus Delikt). Daneben besteht die **persönliche Haftung** des verwaltenden Ehegatten für die Gesamtgutsverbindlichkeiten[70] mit seinem Vorbehalts- und Sondergut. Nach der **Beendigung der Gütergemeinschaft** entsteht eine Abwicklungsgemeinschaft mit Fortbestand des Gesamtguts und gemeinschaftlicher Verwaltung beider Ehegatten (§ 1472 Abs. 1 BGB). Die Auseinandersetzung erfolgt nach den §§ 1471 ff. BGB. 52

65 Vgl. *Kanzleiter/Wegmann*, Vereinbarungen unter Ehegatten, 2008, Rn. 25 – Grundstückszuwendung.
66 DNotI-Report 2000, 191 (192).
67 Muster: *Langenfeld/Milzer* Eheverträge-HdB Rn. 315.
68 2.5.2018 – 4 K 3181/16, BeckRS 2018, 50010 = ErbStB 2020, 67.
69 Vgl. etwa *Münch*, Ehebezogene Rechtsgeschäfte, 4. Aufl. 2015, Rn. 403 ff. mit Mustern in Rn. 1118 ff.; *Mai* BWNotZ 2003, 55.
70 Für den Gesamtgutsverwalter nach § 1437 Abs. 2 BGB, bei gemeinschaftlicher Verwaltung für beide Ehegatten nach § 1459 Abs. 2 BGB.

2. Vor- und Nachteile

53 Die Gütergemeinschaft, die in der Praxis eine untergeordnete Rolle spielt,[71] kann mit **Nachteilen** verbunden sein:

- **weitreichende Haftung**,
- **komplexe Rechtslage,** insbes. die Ausgestaltung der Verwaltungsregelung und Abgrenzung der Vermögensmassen,
- **Zwang** zum **gemeinschaftlichen Handeln** bei gemeinschaftlicher Verwaltung (§ 1450 BGB),
- **Auseinandersetzung** des Gesamtguts bei Beendigung der Gütergemeinschaft,
- **keine Erbteilserhöhung**, es bleibt vielmehr bei § 1931 BGB,
- ggf **niedriger Pflichtteil** des überlebenden Ehegatten,
- **Betriebsvermögen** im Gesamtgut führt regelmäßig zur Mitunternehmerschaft (§ 15 Abs. 1 Nr. 2 EStG),[72]
- insgesamt viele **Zweifelsfragen**.

54 Die Gütergemeinschaft kann **Vorteile** haben:

- Verhindern **einseitiger Verfügungen** über das Gesamtgut (bei gemeinschaftlicher Verwaltung),
- keine Gefahr der jederzeit verlangbaren Auseinandersetzung der Gemeinschaft (§§ 749, 753 BGB).

Die Verfügungsbeschränkungen wirken aber nur dann gegen Dritte, wenn die Gütergemeinschaft in das **Güterrechtsregister** eingetragen ist (§ 1412 BGB, → *Gütergemeinschaft* Rn. 9).

55 Bei einseitigen Pflichtteilsberechtigten („einseitige Kinder") kann die Vereinbarung von Gütergemeinschaft wiederum zur **Reduzierung von Pflichtteilsansprüchen** genutzt werden. Die Begründung der Gütergemeinschaft führt trotz des Vermögenszuwachses bei dem weniger einbringenden Ehegatten nicht zu einer pflichtteilsergänzungspflichtigen Schenkung.[73] Allerdings unterliegt die Bereicherung eines Ehegatten, die dieser bei Vereinbarung der Gütergemeinschaft erfährt, der Schenkungsteuer gem. § 7 Abs. 1 Nr. 4 ErbStG.

3. Gestaltungsüberlegungen

56 Es können im Rahmen der Gütergemeinschaft Modifikationen des Innenverhältnisses der Ehegatten untereinander, nicht aber im Außenverhältnis zulasten Dritter vorgenommen werden. Im Interesse des Rechtsverkehrs kann die Haftung nicht eingeschränkt oder die Verfügungsbeschränkungen (§§ 1423 ff. BGB) nicht erweitert werden. **Zulässig** sind hingegen:[74]

57
- Vereinbarung von genau bezeichnetem **Vorbehaltsgut** (§ 1418 Abs. 2 Nr. 1 BGB mit Güterrechtsregister-Eintragung);
- die **Alleinverwaltung** durch einen Ehegatten (sog. Gesamtgutsverwalter, § 1422 BGB), so dass dieser nur gewissen Verfügungsbeschränkungen, insbesondere bei Grundbesitz, unterliegt (§§ 1423–1425 BGB), die wohl abdingbar sind.[75] Die **Erteilung von Vollmachten** erscheint hingegen **vorzugswürdig**;[76]
- (vorsorgende) Vereinbarungen zur **Auseinandersetzung des Gesamtguts**. Zwingend sind die §§ 1479, 1480 BGB und andere Haftungsbestimmungen zugunsten Dritter. Das Recht, nach Beendigung der Gütergemeinschaft die Auseinandersetzung des Gesamtguts zu verlangen (§ 1471 BGB), kann, vorbehaltlich § 749 Abs. 2 und 3 BGB, auf Zeit/dauernd ausgeschlossen werden;[77]

71 *Münch*, Ehebezogene Rechtsgeschäfte, 4. Aufl. 2015, Rn. 407 f. mit sorgfältiger Analyse der Vor- und Nachteile.
72 Bereits BFH BStBl. III 1966, 277.
73 Vgl. BGH 27.11.1991 – IV ZR 266/90, DNotZ 1992, 503; *Wegmann* ZEV 1996, 201 (203 ff.).
74 Muster bei: *Münch*, Ehebezogene Rechtsgeschäfte, 4. Aufl. 2015, Rn. 445 ff. und Muster in Rn. 1118 ff.
75 MüKoBGB/*Münch* § 1424 Rn. 10.
76 Vgl. *Langenfeld/Milzer* Eheverträge-HdB Rn. 428 f.
77 Palandt/*Brudermüller* BGB § 1471 Rn. 1.

- Regelungen zum bedeutsamen **Übernahmerecht** nach § 1477 Abs. 2 S. 2 BGB und die **Wertersatzansprüche** nach §§ 1477 Abs. 2, 1478 Abs. 1 BGB.[78]

Wird das gesamte voreheliche Vermögen beider Ehegatten zum Vorbehaltsgut gemacht, führt dies faktisch zum Güterstand der **Errungenschaftsgemeinschaft**;[79] wird das gesamte voreheliche unbewegliche Vermögen zum Vorbehaltsgut gemacht, führt dies faktisch zu einer **Fahrnisgemeinschaft**.[80] 58

4. Belehrung durch den Notar

Über die rechtliche Tragweite des Güterstands der Gütergemeinschaft hat der Notar zu belehren, insbesondere über **Haftungsfolgen**. Jedoch besteht über den Umfang des **Sonderguts** (§ 1417 BGB) keine Belehrungspflicht des Notars. Wird ein **Alleinverwaltungsrecht** vereinbart, so hat er auf die Verfügungsbeschränkungen des Gesamtgutverwalters hinzuweisen. 59

V. Wahl-Zugewinngemeinschaft (WZGA)

1. Entstehen der WZGA durch Ehevertrag

Die **Wahl-Zugewinngemeinschaft** (§ 1519 iVm Art. 3 Abs. 1 WZGA) kommt – soweit das deutsche (oder französische) Güterrechtsstatut als Sachrecht zur Anwendung gelangt – nur durch **Ehevertrag** nach § 1408 Abs. 1, § 1410 BGB zustande.[81] Ein solcher Ehevertrag kann vor oder während der Ehe abgeschlossen und auch wieder aufgehoben werden (Art. 3 Abs. 2 S. 1 WZGA). 60

Zu beachten sind Besonderheiten:

- Abhängig vom **Güterrechtsstatut**, in dem die Ehegatten im Zeitpunkt des Güterstandswechsels leben, müssen ggf. weitere materielle und formelle Voraussetzungen, beispielsweise des französischen Familienrechts eingehalten sein; hierzu können Wartefristen und (gerichtliche) Genehmigungen gehören.
- Um derartige Unwägbarkeiten zu vermeiden, sollten die Ehegatten vorweg – und sofern entsprechende Anknüpfungspunkte vorliegen – nach Art. 22–24 EuGüVO die Anwendbarkeit des deutschen Güterrechts wählen.

2. Modifikation der Zugewinnausgleichsberechnung

Art. 3 Abs. 3 WZGA, der eine partielle Vertragsfreiheit, nämlich für bestimmte Regelungsteile der Wahl-Zugewinngemeinschaft begründet, gewährt den Ehegatten die Befugnis, von den Art. 8–14 WZGA (= Kapitel V), also von den **Bestimmungen zur Festsetzung der Zugewinnausgleichsforderung** für den Fall der Beendigung des Güterstands ehevertraglich abzuweichen. Die Ehegatten können demnach auch in der Wahl-Zugewinngemeinschaft ehevertraglich einzelne Vermögensgegenstände oder Sachgesamtheiten aus der Zugewinnausgleichsberechnung herausnehmen, Bewertungsregelungen ehevertraglich ändern, die Höhe der Beteiligung am jeweiligen Vermögenszuwachs und die Verteilung des Zugewinns abweichend regeln oder den Zugewinnausgleich für den Fall der Scheidung – wie in der sog. „modifizierten Zugewinngemeinschaft" – vollständig ausschließen.[82] Nach Art. 3 Abs. 3 WZGA kann ehevertraglich auch die sog. „rückwirkende Wahl-Zugewinngemeinschaft" vereinbart werden. 61

3. Zwingende Verfügungs- und Verpflichtungbeschränkungen

Die Regelungen des Art. 5 WZGA (Verfügungsbeschränkung bei **Haushaltsgegenständen** und der **Familienwohnung**) und des Art. 6 WZGA (Verpflichtungsbefugnis bei **Haushaltsgeschäften**) sind **zwingendes Recht** (Art. 3 Abs. 3 WZGA): 62

78 Vgl. *Langenfeld/Milzer* Eheverträge-HdB Rn. 431 ff.
79 *Münch*, Ehebezogene Rechtsgeschäfte, 4. Aufl. 2015, Rn. 428 und 1120 f. mit Muster.
80 *Münch*, Ehebezogene Rechtsgeschäfte, 4. Aufl. 2015, Rn. 428 und 1126 f. mit Muster.
81 MüKoBGB/*Koch* WZGA Art. 3 Rn. 1; Palandt/*Brudermüller* BGB § 1519 Rn. 1 und § 1519, WZGA Art. 15 Rn. 1.
82 *Jäger* DNotZ 2010, 804 (819 f.).

- Der weit verstandene **Schutz der Familienwohnung** wirkt sowohl gegen deren Verkauf und dingliche Belastung als auch gegen deren Teilungsversteigerung. Unerheblich ist es zudem, ob die als solche von den Ehegatten gewidmete Familienwohnung im Allein- oder Miteigentum eines Ehegatten steht, ob sie Anfangsvermögen darstellt oder als solche nicht dem Zugewinnausgleich unterfällt.[83] Unerheblich ist auch, ob die Familienwohnung aufgrund eines grundstücksgleichen Rechts, Erbbaurechts oder eines dinglichen Nutzungsrechts genutzt wird.
- Ein **Gutglaubensschutz** wird weder über Mechanismen negativer oder positiver Publizität noch über fehlende Kenntnis des Vertragspartners gewährleistet. § 1412 BGB ist nicht anwendbar (§ 1519 S. 3 BGB).
- **Gestaltungsmöglichkeiten** ergeben sich bei der Übertragung der Familienwohnung auf den Ehegatten, der einem geringeren **Haftungs- und Vollstreckungsrisiko** Dritter ausgesetzt ist.[84]
- Während das deutsche Familienrecht Fragen der (disponiblen) Mitverpflichtung eines Ehegatten für **familiäre Bedarfsgeschäfte** nach § 1357 BGB – unabhängig vom Güterstand – den allgemeinen Ehewirkungen zuordnet, ist die nicht disponible Mitverpflichtung nach Art. 6 Abs. 1 WZGA Bestandteil der Wahl-Zugewinngemeinschaft und somit güterrechtlicher Natur. Art. 6 Abs. 1 S. 2 WZGA führt zur – gläubigerfreundlichen – gesamtschuldnerischen Außenhaftung.[85]

Die Vorschriften des Kap. VI (Art. 15–18 WZGA) über **Verjährung**, **Stundung**, **Auskunftspflicht**, **Verzeichnis** und vorzeitigen Zugewinnausgleich sind unter Beachtung der Einschränkungen durch Art. 3 Abs. 3 WZGA ebenfalls nicht abdingbar.

4. WZGA und Tod eines Ehegatten

63 Die Wahl-Zugewinngemeinschaft kennt **keinen pauschalierten Zugewinnausgleich** im Todesfall iSd § 1371 Abs. 1 BGB (= keine „erbrechtliche Lösung“ als quotale Erbteilserhöhung). Im Todesfall entsteht eine konkret zu berechnende Zugewinnausgleichsforderung, weil es sich beim Tod des Ehegatten um einen Fall der Beendigung des Güterstands handelt (vgl. Art. 7 Nr. 1 WZGA). Hinzu kommt:

- Eine **Anrechnung von Ehegattenzuwendungen** auf die Ausgleichsforderung nach dem Beispiel des § 1380 Abs. 1 BGB kennt die Wahl-Zugewinngemeinschaft nicht.
- Die Nichtanwendung der Anrechnungsvorschrift nach § 1380 BGB kann iRd Berechnung der **Zugewinnausgleichsforderung für Steuerzwecke** nach § 5 Abs. 1 ErbStG in Fällen bedeutsamer Ehegattenzuwendungen (zB der steuerfreien Zuwendung des Familienheims nach § 13 Abs. 1 Nr. 4 a ErbStG) vorteilhaft sein.

Aus dem **Nebeneinander von Zugewinnausgleichsanspruch und gesetzlichem Erbrecht** des überlebenden Ehegatten nach § 1931 Abs. 1 BGB können sich Gestaltungsmöglichkeiten zur wertmäßigen Pflichtteilsreduzierung ergeben, sofern der vorverstorbene Ehegatte erheblichen Zugewinn erzielt hat:

- Der sich ggf. ergebende „rechnerische“ Vorteil des überlebenden Ehegatten rührt daher, dass neben die konkrete Zugewinnausgleichsforderung als Nachlassverbindlichkeit nicht nur der „kleine Pflichtteil“ (vgl. § 1371 Abs. 2 Hs. 2 BGB), sondern der ungekürzte gesetzliche Erbteil tritt.
- Es ist nicht erforderlich, dass der Ehegatte eine ihm angefallene Erbschaft oder ein Vermächtnis ausschlägt (vgl. § 1371 Abs. 3 BGB).

83 *Amann* DNotZ 2013, 252 (256); *Hoischen* RNotZ 2015, 317 331 f.
84 *Amann* DNotZ 2013, 252 (280 f.).
85 Zutr. krit. MüKoBGB/*Koch* WZGA Art. 6 Rn. 2 f. mwN.

243. Vereinbarungen zum Kindesunterhalt

Reetz

I. Ausgangslage

1 In **Scheidungs- und Getrenntlebensvereinbarungen** besteht Bedarf für Regelungen zum Unterhalt gemeinsamer Kinder der Ehegatten, die sich nach der Trennung der Eltern regelmäßig bei einem der Elternteile (zumeist der Mutter) aufhalten und von diesem, solange sie minderjährig sind, betreut werden. Der **Scheidungsantrag** hat nach § 133 Abs. 1 Nr. 2 FamFG eine Erklärung des Antragstellers darüber zu enthalten, ob die Eheleute Einvernehmen ua über den Kindesunterhalt herbeigeführt haben. Ein solches Einvernehmen kann eine vertragliche, ggf. beurkundete Vereinbarung der Eltern sein. Dabei konkretisiert eine solche Vereinbarung den für die Zukunft grundsätzlich unverzichtbaren (§ 1614 Abs. 1 BGB) rechnerisch geschuldeten Kindesunterhalt, also regelmäßig den sog. „Barunterhalt“ als eine **wiederkehrende Geldleistung**. Über den festgelegten Barunterhalt wird regelmäßig eine **vollstreckbare Urkunde** (§ 794 Abs. 1 Nr. 5 ZPO) errichtet, aus der sich ua die Fälligkeit (monatlich im Voraus, § 1612 Abs. 3 S. 1 BGB), die Zahlungsform und der Zahlungsempfänger (betreuender oder Obhuts-Elternteil) eindeutig ergeben sollte.

2 Vereinbarungen zum Kindesunterhalt sind **grundsätzlich nicht beurkundungspflichtig**. Eine Beurkundungsbedürftigkeit kann möglicherweise im Zusammenhang mit Vereinbarungen zum nachehelichen Unterhalt entstehen, wenn der vereinbarte Kindesunterhalt bei der Bildung der Bemessungsgrundlage des nachehelichen Unterhalts zu berücksichtigen ist (§ 1585 c S. 2 BGB). Eine (Mit-)Beurkundung sollte sicherheitshalber erfolgen, soweit nicht bereits anderweitig ein Titel vorliegt, der verweisfähig ist. Außerhalb einer notariell beurkundeten Vereinbarung über die Erstfestsetzung des Kindesunterhalts spielt in der Praxis vor allem die sog. **Jugendamtsurkunde** eine erhebliche Rolle.[1]

3 § 1601 BGB ist **Anspruchsgrundlage** für Unterhaltsansprüche auf Kindesunterhalt und besteht natürlich auch zugunsten eines angenommenen Kindes (vgl. §§ 1754, 1770 BGB). Der Anspruch richtet sich gegen jeden der beiden Elternteile (anteilig) und besteht regelmäßig fort bis zum Eintritt der Volljährigkeit bzw. bis zur Beendigung einer angemessenen Ausbildung und in Einzelfällen auch darüber hinaus.

4 Zwischen dem **Unterhaltsanspruch minderjähriger** und **volljähriger Kinder** bestehen gravierende Unterschiede. Diese ergeben sich aus den §§ 1602 Abs. 2, 1603 Abs. 2, 1606 Abs. 3 S. 2, 1609 Abs. 1 und 2, 1611 Abs. 2, 1612 Abs. 2 S. 3, 1612 a Abs. 1 BGB. Der Anspruch des minderjährigen, unverheirateten Kindes hat den besten Rang (§ 1609 Nr. 1 BGB) und es muss sein Vermögen zur Deckung seines Unterhalts nicht einsetzen, solange die Eltern leistungsfähig sind (§ 1603 Abs. 2 BGB). Den Unterhaltspflichtigen treffen verstärkte Erwerbsobliegenheiten und ein höheres Maß an unterhaltsrelevanten Anstrengungen. Die unterschiedliche Ausgestaltung des Unterhaltsanspruchs beseitigt nicht dessen grundsätzliche Identität; prozessual handelt es sich beim Übergang vom Unterhalt für das minderjährige zum volljährigen Kind um denselben Streitgegenstand.[2] Das hat auch für die vertragliche Praxis Bedeutung. Die **Vereinbarung**

---

1 §§ 59, 60 SGB VIII.
2 BGH 21.3.1984 – IVb ZR 72/82, FamRZ 1984, 682 (683).

zum Kindesunterhalt muss **nicht zeitlich auf die Volljährigkeit begrenzt** werden. Ist nämlich das Kind weiterhin unterhaltsberechtigt, handelt es sich beim Eintritt der Volljährigkeit bestenfalls um einen Abänderungsfall.

5 **Besonderheiten bei der Vereinbarung zum Kindesunterhalt** ergeben sich aus dem **Verzichtsverbot** für künftigen Unterhalt (§ 1614 Abs. 1 BGB), der eingeschränkten Erfüllungswirkung von Vorausleistungen (§ 1614 Abs. 2 BGB), dem Aufrechenbarkeits- (§ 394 BGB), Abtretbarkeits- (§ 400 BGB) und Verpfändbarkeitsausschluss (§ 1274 Abs. 2 BGB), den zivilrechtlichen Sanktionsvorschriften (§§ 1495 Nr. 2, 1666 Abs. 2, 2333 Nr. 4, 2334 BGB), dem Ersatz mittelbaren Schadens im Deliktsrecht (§ 844 Abs. 2 BGB) und nicht zuletzt dem Straftatbestand der Unterhaltsentziehung (§ 170 StGB).

6 Die **Gewährung des Unterhalts** (§ 1612 Abs. 1 BGB) erfolgt entweder durch Erbringen von **Naturalunterhalt** des betreuenden Elternteils als Pflege, Erziehung, freie Kost, Unterbringung, Kleidung etc (Minderjährige – § 1606 Abs. 3 S. 2 BGB). oder durch die Zahlung einer monatlichen Geldrente („**Barunterhalt**") des nicht betreuenden Elternteils („Zahlelternteil"). Der Naturalunterhalt ist ohne Beurteilung seiner Güte im Einzelfall immer gleichwertig und gleichrangig zum Barunterhalt. Lebt das minderjährige Kind mit deren Zustimmung ausnahmsweise nicht im Haushalt der Eltern oder in der Obhut eines Elternteils (Internat, Pflegefamilie), sind beide Elternteile entsprechend ihrer Leistungsfähigkeit anteilig – nicht gesamtschuldnerisch – barunterhaltspflichtig.

7 Wie die Gewährung des Unterhalts erfolgt, ergibt sich aus dem **Unterhaltsbestimmungsrecht** der sorgeberechtigten Eltern eines unverheirateten, minderjährigen Kindes (§ 1612 Abs. 1 und 2 BGB). Leben die Eltern getrennt oder sind sie geschieden, liegt das Bestimmungsrecht bei dem ggf. allein sorgeberechtigen Elternteil und im Falle des gemeinsamen Sorgerechts beim **obhutsberechtigten Elternteil**. Aus einer notariellen Urkunde zum Kindesunterhalt sollten sich die **Obhutsverhältnisse des Kindes** ergeben.

▶ Muster: Notarielle Vereinbarung der Eltern über dynamisierten, vollstreckbaren Kindesunterhalt (§§ 1601 ff., 328 BGB iVm § 794 Abs. 1 Nr. 5 ZPO)

Die Erschienenen erklärten:

Aus unserer Ehe ist ein gemeinschaftliches Kind hervorgegangen, nämlich ..., geboren am .... Das minderjährige Kind lebt nach unserer einvernehmlichen Entscheidung seit unserer Trennung bei der Mutter und wird von ihr betreut.

Wir schließen hiermit den nachstehenden Unterhaltsvertrag:

Kindesunterhalt

(1) Herr ... verpflichtet sich, für das aus der gemeinsamen Ehe hervorgegangene Kind ..., geboren am ..., jeweils monatlich im Voraus bis spätestens zum ersten Kalendertag eines jeden Monats zu Händen der Mutter 120 % – einhundertzwanzig vom Hundert – des jeweiligen Mindestunterhalts gem. § 1612 a Abs. 1 BGB zu leisten. Dies entspricht derzeit einem Betrag (Tabellenunterhalt der Düsseldorfer Tabelle, Stand: ...) in Höhe von ... EUR.

Der Unterhalt einer höheren Altersstufe ist ab dem Beginn des Monats zu zahlen, in dem das Kind das betreffende Lebensjahr vollendet, somit ab ....

Rückständige Unterhaltsleistungen sind ab dem zweiten Kalendertag des Fälligkeitsmonats mit dem gesetzlichen Verzugszins zu verzinsen. Der Ehemann schuldet im Übrigen den Unterhalt in gesetzlicher Höhe.

(2) Das staatliche Kindergeld (§ 66 EStG, § 6 BKGG) ist bei der Bemessung des zu zahlenden Kindesunterhalts noch nicht berücksichtigt; es ist jeweils nach Maßgabe des § 1612 b BGB bedarfsmindernd auf den Tabellenunterhalt anzurechnen und fließt der betreuenden Mutter zu; der barunterhaltspflichtige Herr ... ist demzufolge berechtigt, von dem Tabellenunterhalt von derzeit ... EUR die Hälfte des bezogenen Kindergeldes, also derzeit ... EUR monatlich, anzurechnen (bedarfsmindernder Vorwegabzug).

Der monatliche **Zahlbetrag** beträgt somit derzeit: ...

(3) Durch die vorstehenden Vereinbarungen zwischen den Eheleuten ... soll das gemeinsame Kind ... einen eigenen unmittelbaren Zahlungsanspruch gegen seinen Vater, Herrn ..., erlangen (§ 328 BGB).

(4) Herr ... unterwirft sich wegen seiner Zahlungsverpflichtungen zum Kindesunterhalt nach Abs. 1 und wegen der Verpflichtung zur Zahlung eines monatlichen Unterhalts in Höhe von 120 % – einhundertzwanzig vom Hundert – des jeweiligen Mindestunterhalts der jeweiligen Altersstufe nach § 1612 a Abs. 1 BGB gegenüber seinem Kind der sofortigen Zwangsvollstreckung in sein gesamtes Vermögen und zwar in der Weise, dass auch die Mutter, Frau ..., berechtigt sein soll, die Vollstreckung bis zum ... (Vollendung des 18. Lebensjahres des unterhaltsberechtigten Kindes) im eigenen Namen zu betreiben. Eine vollstreckbare Ausfertigung dieser Urkunde kann jederzeit auf Antrag erteilt werden.

(5) Der Notar hat uns darüber belehrt, dass unser Kind unabhängig von den vorstehend getroffenen Vereinbarungen seinen vollen gesetzlichen Unterhaltsanspruch behält und dass ein gänzlicher oder teilweiser Verzicht auf Unterhalt für die Zukunft nicht zulässig ist (§ 1614 Abs. 1 BGB). ◄

II. Bedarf des Kindes

1. Bedarf

Grundlage einer Vereinbarung zum Kindesunterhalt ist dessen **Bedarf** und **Bedürftigkeit** (→ *Kindesunterhalt Minderjähriger* Rn. 2 ff., 12 ff.), wenn das Kind also außerstande ist, sich aus eigenen Mitteln selbst zu unterhalten. Der Bedarf des Kindes umfasst dabei die Kosten seiner Erziehung, der angemessenen Berufsausbildung, die Kosten für Unterkunft, Verpflegung, Kleidung, Ferien, Krankenfürsorge sowie musische und sportliche Interessen.[3] Der Bedarf des Minderjährigen wird geprägt durch sein „Kindsein", er leitet seine Lebensstellung vollständig von derjenigen der Eltern ab.[4] Der **Mindestbedarf** (= Mindestunterhalt in Geld) ergibt sich aus der Dynamisierungsvorschrift des § 1612 a BGB. Das Gesetz knüpft zu dessen Festlegung an das steuerfrei zu stellende sächliche Existenzminimum eines Minderjährigen an, das sich aus der **Mindestunterhaltsverordnung** in der jeweils geltenden Fassung ergibt (derzeit: Verordnung v. 12.9.2019, BGBl. I 1393). Bedarfsmindernd ist das **staatliche Kindergeld** zu verwenden (§ 1612 b BGB; s. → *Kindesunterhalt Minderjähriger* Rn. 13). Schließlich muss sich der Minderjährige auch die eigenen Einkünfte bedarfsdeckend – anteilig – anrechnen lassen (§ 1602 Abs. 1 BGB); hierfür gilt die **Anrechnungsmethode**. Solche Einkünfte können beispielsweise die **Lehrlingsvergütungen**, Zinsen oder sonstige Vermögenseinkünfte sein. 8

2. Mehrbedarf

In den Tabellensätzen der Düsseldorfer Tabelle (www.olg-duesseldorf.nrw.de) sind über den Mindestbedarf hinausgehende, regelmäßig wiederkehrende und voraussehbare Mehrkosten, wie zB bei Unterbringung in einer **Privatschule**, einem **Internat**, der Gewährung von Nachhilfeunterricht, Betreuung im „**Wechselmodell**" oder die Kosten für den **Ausgleich einer Behinderung des Kindes,** nicht enthalten. Solche regelmäßigen Kosten ergeben Mehrbedarf (→ *Kindesunterhalt Minderjähriger* Rn. 8). Dieser Mehrbedarf kann unterhaltserhöhend angesetzt werden, wenn die kostenverursachende Maßnahme sachlich begründet ist. 9

Für jeden Mehrbedarf des Kindes sind **beide Elternteile anteilig** – nicht etwa gesamtschuldnerisch – **heranzuziehen** (§ 1606 Abs. 3 BGB), soweit beide leistungsfähig sind. Im Einzelfall kann es schwierig sein, den Mehrbedarf des Kindes von berufsbedingten Aufwendungen des kinderbetreuenden, erwerbstätigen Elternteils abzugrenzen oder die anteilige Haftung der Eltern festzustellen. Hier können vertragliche Regelungen zwischen den Eltern abhelfen, in denen sich insbesondere großzügige, abweichende Regelungen von der anteiligen Haftung festlegen lassen. Mehrbedarf sollte in der Unterhaltsvereinbarung nicht in den regelmäßigen Kindesunterhalt einberechnet werden. 10

3 BGH 6.2.2008 – XII ZR 14/06, NJW 2008, 1663 = BGHZ 175, 182 – vgl. auch § 1610 Abs. 1 u. 2 BGB.
4 BGH 6.2.2002 – XII ZR 20/00, FamRZ 2002, 536 (539).

3. Betreuungskosten

11 Werden minderjährige Kinder, die noch keine allgemeinbildende Schule besuchen, in einem Kindergarten, einer Kindertagesstätte, einer vergleichbaren Einrichtung oder nach einem sonstigen Modell „fremdbetreut", stellt sich zwischen den Eltern die Frage, wer die Kosten für eine solche Fremdbetreuung zu tragen hat und welche Betreuungsmodelle unterhaltsrechtlich gleich zu behandeln sind. Nach derzeitiger Ansicht des Bundesgerichtshofs[5] sind die für den Kindergartenbesuch anfallenden Beiträge bzw. vergleichbare Aufwendungen für die Betreuung eines Kindes in einer kindgerechten Einrichtung **als Mehrbedarf des Kindes** zu verstehen und nicht, auch nicht zum Teil, im Tabellenunterhalt nach der Düsseldorfer Tabelle enthalten. Vertragliche Vereinbarungen der Eltern sind möglich.

▶ **Muster: Notarielle Vereinbarung der Eltern über Mehrbedarf**

(...) **Mehrbedarf**

Zusätzlich zu dem vorbezeichneten Unterhalt (Tabellenunterhalt), verpflichtet sich Herr ..., für sein Kind ... zunächst bis zur Einschulung in die Regelschule, also bis einschließlich ..., einen zweckgebundenen Unterhaltsbetrag wegen Mehrbedarfs für die Beiträge zur ganztägigen Betreuung im Kindergarten bis zu einer Höhe von monatlich ... EUR als statischen Zuschlag zum Fälligkeitszeitpunkt (des regelmäßigen Unterhalts) zu zahlen. Dieser Zuschlag bleibt auch im Falle einer Abänderung des regelmäßigen Unterhalts unverändert. Von jeder Ausgleichspflicht entsprechend einer eventuell bestehenden anteiligen Haftung wird die Mutter freigestellt. Frau ... verpflichtet sich, Herrn ... unverzüglich zu unterrichten, wenn sich die Kindergartenbeitragspflicht vermindert oder ganz wegfällt. ◀

4. Sonderbedarf

12 Im Gegensatz zum Mehrbedarf, bei dem es sich um regelmäßig anfallende und voraussehbare erhöhte Kosten handelt, liegt nach § 1613 Abs. 2 Nr. 1 BGB **Sonderbedarf** (→ *Kindesunterhalt Minderjähriger* Rn. 8) bei unregelmäßigem, außergewöhnlich hohem Bedarf vor; das sind **einmalig auftretende Zahlungen**. Ein solcher Bedarf muss demnach überraschend und der Höhe nach nicht abschätzbar auftreten; Sonderbedarf ist **daher Ausnahmefall**. Wie beim Mehrbedarf haften die Eltern für ihn **anteilig** nach § 1606 Abs. 3 S. 1 BGB. Typische Beispiele für Sonderbedarf sind Krankheitskosten, kieferorthopädische Behandlung,[6] Kosten der Konfirmation[7] oder Kommunion oder Kosten einer Klassenfahrt.[8]

III. Berechnungsgrundlage und Unterhaltshöhe

13 In der Praxis steht die Frage der konkreten Höhe des zu leistenden Barunterhalts auf der Grundlage seines Bedarfs im Vordergrund. Zur maßgebenden Bedarfs- und Unterhaltsfeststellung ist deshalb zunächst das unterhaltsrelevante Nettoeinkommen des Pflichtigen (regelmäßig des Vaters) zu ermitteln. Es besteht typischerweise aus Erwerbseinkünften, Vermögenserträgen und sonstigen Einkünften, wie beispielsweise Sozialversicherungsrenten, dem Vorteil aus begrenztem Realsplitting, Steuererstattungen etc Die Praxis entnimmt sodann die für den Unterhalt maßgeblichen Bedarfssätze der Düsseldorfer Tabelle sowie den einschlägigen Anmerkungen der „Unterhaltsrechtlichen Leitlinien" der Oberlandesgerichte. Im Idealfall sollten die **wesentlichen Berechnungsgrundlagen** im Hinblick auf eine spätere Abänderung nach § 231 Abs. 1 Nr. 1 FamFG iVm § 239 FamFG aus der Urkunde selbst erkennbar sein. Bei strittigen Einkommensberechnungen, etwa bei Selbstständigen und Freiberuflern, kann eine vergleichsweise Bestimmung des bereinigten Nettoeinkommens vorgenommen werden, soweit die Grenzen des § 1614 Abs. 1 BGB beachtet werden.

5 BGH 26.11.2008 – XII ZR 65/07, FamRZ 2009, 962.
6 OLG Celle 4.12.2007 – 10 UF 166/07, NJW-RR 2008, 378.
7 AA BGH 15.2.2006 – XII ZR 4/04, NJW 2006, 1509.
8 OLG Hamm 5.4.2004 – 11 WF 62/04, NJW-RR 1446, zur Vorhersehbarkeit BGH 15.2.2006 – XII ZR 4/04, NJW 2006, 1509.

▶ Muster: Notarielle Vereinbarung der Eltern über unterhaltsrelevante Berechnungsgrundlagen

(...) Bei der Ermittlung des Prozentsatzes sind die Ehegatten nach ausschließlich eigenen Angaben davon ausgegangen, dass das bereinigte monatliche Nettoeinkommen des Unterhaltspflichtigen unter Einbeziehung nur einmaliger Zahlungen wie Urlaubs- und Weihnachtsgeld im Jahresdurchschnitt ... EUR monatlich beträgt.

(...) Die Steuerlast wurde nach Steuerklasse ... und unter Berücksichtigung eines abzugsfähigen Realsplittingbetrages iHv ... EUR errechnet. Das sich unter Berücksichtigung aller gesetzlichen Abzüge ergebende Einkommen von ... EUR haben die Ehegatten um

- berufsbedingte Aufwendungen iHv ... EUR (= 5 %),
- monatlich an die ... Bank zu zahlende Raten iHv ... EUR,
- monatlich an die ... Lebensversicherungs-AG zu zahlende Beiträge iHv ... EUR,
- zu zahlende Raten iHv ... EUR

vermindert.

(...) Der Notar hat die ihm von den Beteiligten gemachten vorstehend wiedergegebenen Angaben nicht auf ihre Richtigkeit überprüfen können; er hat auf die Bedeutung der Angaben hingewiesen. ◀

IV. Mindestunterhalt

§ 1612 a Abs. 1 BGB regelt den **Mindestunterhalt (= Mindestbedarf) für minderjährige Kinder**. Die Höhe des Mindestunterhalts ergibt sich in der Art einer dynamischen Verweisung aus dem steuerfrei zu stellenden sächlichen Existenzminimum eines Minderjährigen, das wiederum auf der Grundlage der durch das Bundesministerium der Justiz und für Verbraucherschutz erstmals zum 1.1.2016 und dann alle zwei Jahre durch Rechtsverordnung festzulegen ist.[9] Der monatliche Mindestunterhalt des minderjährigen Kindes in der **zweiten Altersstufe** entspricht 100 % (seit 1.1.2020 = 424 EUR). Für die **erste Altersstufe** beläuft sich der Mindestunterhalt auf 87 % davon (= 369 EUR), in der **dritten Altersstufe** auf 117 % davon (= 497 EUR). Dem entspricht insgesamt die erste Einkommensstufe der Düsseldorfer Tabelle. Der alters- und einkommensabhängig zu ermittelnde Unterhalt des Kindes ergibt sich anhand der jeweils einschlägigen Einkommensstufe der Düsseldorfer Tabelle, ausgedrückt als Prozentsatz des Mindestunterhalts. Das Verständnis der Düsseldorfer Tabelle ist für die Vereinbarung dynamischer Titel wesentlich. 14

V. Kindergeldverrechnung und Zahlbetrag

Staatliches Kindergeld ist Teil des Familienleistungsausgleichs, der vorrangig durch das Einkommensteuerrecht verwirklicht wird.[10] Es beträgt seit 1.7.2019 für das 1. und 2. Kind 204 EUR, für das 3. Kind 210 EUR und ab dem 4. Kind 235 EUR. Es wird regelmäßig von dem betreuenden Elternteil (§ 64 Abs. 2 S. 1 EStG) bezogen, steht jedoch, unabhängig vom Einkommen der Elternteile, jedem von ihnen zur Hälfte zu und soll zweckgebunden das Existenzminimum des Kindes sichern. Auch wenn Kindergeld bedarfsmindernd wirkt, gilt es weder bei den Eltern noch beim Kind als Einkommen. Ein höherer Familienlastenausgleich kann sich im Einzelfall aus § 31 S. 1 EStG ergeben, nämlich aus den beiden Eltern zustehenden Freibeträgen des § 32 Abs. 6 EStG. 15

Bezieht der barunterhaltspflichtige Elternteil das Kindergeld fehlerhaft, erhöht sich der Kindesunterhalt um die Hälfte des Kindergelds. Ein **fehlerhafter Kindergeldbezug** sollte nicht durch eine notarielle Vereinbarung herbeigeführt werden, weil die Bezugsberechtigung öffentlich-rechtlich geregelt und nicht disponibel ist. 16

Die Kindergeldanrechnung auf den Unterhaltsbetrag bestimmt sich nach § 1612 b BGB. Danach ist das **Kindergeld zur Deckung des Barbedarfs des Kindes zu verwenden** und somit unterhaltsrechtlich **zweckgebunden**; es mindert (regelmäßig in Höhe der Hälfte des Kindergeldes) den Barbedarf. Damit 17

9 „Mindestunterhaltsverordnung" – derzeit: Verordnung v. 12.9.2019, BGBl. I 1393.
10 §§ 62 ff. EStG – zu Besonderheiten nach dem BKGG: Erman/*Hammermann* BGB § 1612 b Rn. 3.

wird das zu berücksichtigende Kindergeld letztlich wie Einkommen des Kindes angesehen. Sowohl das minderjährige als auch das volljährige Kind haben gegen den Bezugsberechtigten einen Anspruch auf Verwendung des zu berücksichtigenden Kindergeldes für ihren Bedarf. Aus der Verrechnung des Kindergeldes mit dem tabellenmäßigen Kindesunterhalt ergibt sich für den barunterhaltspflichtigen Elternteil der tatsächlich geschuldete **Zahlbetrag** (siehe: „Tabelle Zahlbeträge" als Anhang zur Düsseldorfer Tabelle). Die Kindergeldanrechnung kann durch Vereinbarung der Eltern auch zur Verstärkung der finanziellen Situation des betreuenden Elternteils und des bei ihm lebenden Kindes unterbleiben. Der Verpflichtete zahlt dann den vollen Tabellenunterhalt.

▶ **Muster: Notarielle Vereinbarung der Eltern über Nichtanrechnung des Kindergeldes**

(...) Das staatliche Kindergeld steht ... anrechnungsfrei ... zu. ◀

VI. Dynamisierter Unterhalt minderjähriger, unverheirateter Kinder

18 § 1612 a BGB ermöglicht jenseits der Anwendung des § 231 Abs. 1 Nr. 1 FamFG iVm § 239 FamFG eine Dynamisierung **notarieller Unterhaltstitel zum Kindesunterhalt** (vgl. § 794 Abs. 1 Nr. 5 ZPO). Hierzu muss der Unterhalt allerdings **als Prozentsatz des jeweiligen Mindestunterhalts** gem. § 1612 a Abs. 1 BGB tituliert werden. Ändern sich nachfolgend der Mindestunterhalt durch gesetzliche Anpassung und/oder zwangsläufig das Alter des Unterhaltsberechtigten (aber auch die Höhe des staatlichen Kindergeldes), ist der titulierte Prozentsatz auf den neuen Mindestunterhalt und/oder die veränderte Altersgruppe des Unterhaltsberechtigten anzuwenden (Automatismus und Titelerhalt). Allerdings kann das minderjährige Kind von dem barunterhaltspflichtigen Elternteil, mit dem es nicht in einem Haushalt lebt, auf insgesamt drei Wegen seinen Unterhaltsanspruch geltend machen, wobei nur die **Titulierung eines Prozentsatzes des Mindestunterhalts** gem. § 1612 a Abs. 1 BGB dynamisierungstauglich ist:

- durch einen genau bezifferten, **statischen Unterhaltsbetrag**;
- durch den Mindestunterhalt oder einen Prozentsatz des Mindestunterhalts gem. § 1612 a Abs. 1 BGB **für die derzeitige** (also nur beschränkt auf eine) **Altersgruppe**;
- durch den Mindestunterhalt oder einen Prozentsatz des Mindestunterhalts gem. § 1612 a Abs. 1 BGB für alle Altersgruppen bis zum 18. Lebensjahr (**voll dynamisiert**).

19 Wird der **Prozentsatz des Mindestunterhalts** gem. § 1612 a Abs. 1 BGB tituliert, ist eine genaue Bezifferung des Unterhalts nach den zur Zeit der Errichtung der notariellen Urkunde geltenden Beträgen aus materiellrechtlichen Gründen nicht erforderlich, zur Klarstellung und im Informationsinteresse der Eltern/Kinder aber empfehlenswert.

20 Dynamisierter Unterhalt kann ausschließlich für die Unterhaltsansprüche minderjähriger Kinder (vgl. § 1612 a Abs. 1 BGB), nicht jedoch für volljährige Kinder und schon gar nicht für Ehegatten tituliert werden. In die **4. Altersstufe der Düsseldorfer Tabelle**, die keine Anknüpfung zum gesetzlich festgelegten Mindestunterhalt hat, findet keine Anpassung auf der Grundlage der Dynamisierungsregelung statt. Jedoch bleibt auch nach **Eintritt der Volljährigkeit** der aus der Zeit der Minderjährigkeit stammende Titel wirksam (§ 798 a ZPO). Für eine Abänderung nach Maßgabe der 4. Altersstufe der Düsseldorfer Tabelle stehen also ausschließlich **§ 239 FamFG** oder eine abändernde Vereinbarung zur Verfügung.

▶ **Muster: Notarielle Vereinbarung der Eltern über Dynamisierung bei zwei Kindern (ausführlich)**

(...) (*Zahlungsverpflichtung zu Händen des Obhuts-Elternteils zugunsten der Kinder etc*)

(...) Der jeweilige Unterhalt ist dynamisiert. Der Unterhalt einer höheren Altersstufe nach § 1612 a Abs. 1 BGB und/oder eines höheren Mindestunterhalts ist ab dem Beginn des Monats zu zahlen, in dem das jeweilige gemeinsame Kind das betreffende Lebensjahr vollendet oder der Mindestunterhalt erhöht wird.

An die Stelle des vorstehenden Unterhalts tritt für unser Kind ... demnach

- ab dem 1. ... ein Betrag in Höhe von ... % des jeweiligen Mindestunterhalts nach § 1612 a Abs. 1 BGB der **zweiten Altersstufe** und

- ab dem 1. ... ein Betrag in Höhe von ... % des jeweiligen Mindestunterhalts nach § 1612 a Abs. 1 BGB der **dritten Altersstufe und**
  für unser Kind ...
- ab dem 1. ... ein Betrag in Höhe von ... % des jeweiligen Mindestunterhalts nach § 1612 a Abs. 1 BGB der **dritten Altersstufe.**

Der jeweilige Zahlbetrag ist unter bedarfsminderndem Vorwegabzug des hälftigen staatlichen Kindergeldes (§ 66 EStG, § 6 BKGG) für ein erstes und zweites Kind zu errechnen.

(...) Herr ... schuldet mindestens den gesetzlich zu leistenden Kindesunterhalt. Die Ehefrau, bei der die Kinder entsprechend der einvernehmlichen Entscheidung der Eltern leben, bezieht das gesetzliche Kindergeld für ein erstes und zweites Kind in voller Höhe; es ist nach Maßgabe des § 1612 b Abs. 1 BGB jeweils zur Hälfte zur Deckung des Barbedarfs des Kindes zu verwenden. ◀

VII. Vollstreckungsunterwerfung; Abänderbarkeit

Die notarielle Urkunde über den Kindesunterhalt ist nach **§ 794 Abs. 1 Nr. 5 ZPO** nur dann ein geeigneter Titel, wenn sich der Schuldner, also regelmäßig der Vater, in ihr der **sofortigen Zwangsvollstreckung** unterwirft. Vollstreckungsfähig und dem Bestimmtheitsgrundsatz genügend ist nur der Unterhaltstitel, der den zu leistenden Unterhaltsbetrag für den (jeden) einzelnen Berechtigten ausweist und dessen Berechnung sich aus der Urkunde selbst ergibt. Vermieden werden sollte es deshalb, einen gemeinsamen Unterhaltszahlbetrag für mehrere Kinder und/oder den Ehegatten in einem Betrag auszuweisen. Das nachfolgende Formular nennt den Tabellenunterhalt nach der Düsseldorfer Tabelle, nicht den um den hälftigen Kindergeldbetrag verminderten Zahlbetrag. Der sich aus dem Mindestunterhalt ergebende Tabellenunterhalt ist ein Höchstbetrag; die Vollstreckung darf natürlich nur in der jeweils tatsächlich geschuldeten Höhe, was zumeist der Zahlbetrag ist, erfolgen. 21

Die **Abänderbarkeit** (§ 231 Abs. 1 Nr. 1 FamFG iVm § 239 FamFG) unterhaltsrechtlicher Titel, zu denen auch die vollstreckbare, notarielle Urkunde zählt, ist trotz der Möglichkeit der Dynamisierung erforderlich, weil Veränderungen der wirtschaftlichen Verhältnisse (zB Leistungsfähigkeit des Schuldners, Wegfall der Bedürftigkeit) von der Dynamisierung nicht erfasst werden. 22

Der **Kindesunterhalt** kann auch als **statischer Betrag** ausgewiesen und für vollstreckbar erklärt werden. Dies kommt beispielsweise für Fälle des Mehr- oder Sonderbedarfs in Betracht. 23

▶ Muster: Notarielle Vereinbarung der Eltern über statischen Unterhalt

(...) Herr ... unterwirft sich wegen seiner nach Abs. (...) übernommenen Zahlungsverpflichtungen gegenüber seinem Sohn ... der sofortigen Zwangsvollstreckung in sein gesamtes Vermögen und zwar in der Weise, dass auch die betreuende Mutter, Frau ..., berechtigt sein soll, die Vollstreckung bis zum ....[11] im eigenen Namen zu betreiben. Eine vollstreckbare Ausfertigung dieser Urkunde kann jederzeit auf Antrag erteilt werden. ◀

VIII. Auskunftsverlangen

Nach §§ 1605 Abs. 1, 242 BGB sind die Beteiligten des Unterhaltsrechtsverhältnisses einander verpflichtet, auf Verlangen über ihre Einkünfte und ihr Vermögen Auskunft zu erteilen. Die Auskunftspflicht besteht somit auf Seiten des Verpflichteten und des Berechtigten. Nach § 1605 Abs. 2 BGB kann jeweils erneute Auskunft verlangt werden, wenn **zwei Jahre seit der letztmaligen Auskunftserteilung** oder seit Abschluss einer Unterhaltsvereinbarung („**Sperrfrist**") abgelaufen sind oder glaubhaft gemacht wird, dass der Verpflichtete wesentlich höhere Einkünfte erzielt hat als zunächst angegeben. Die Vorlage von Belegen kann verlangt und sollte in einer Unterhaltsvereinbarung gesondert geregelt werden. 24

Nicht gesetzlich geregelt ist die Frage, wann eine **Pflicht zur unaufgeforderten Information** besteht. Die Rechtsprechung nimmt eine solche Verpflichtung an, wenn das Schweigen als evident unredlich zu werten 25

11 Vollendung des 18. Lebensjahres des unterhaltsberechtigten Kindes.

ist, weil der Unterhaltsberechtigte die Änderung weder erwarten noch erkennen konnte und deshalb von einer förmlichen Auskunft abgesehen hat. Die Pflicht zur ungefragten Offenbarung von Einkommensveränderungen besteht natürlich auch während der Verhandlungen zur Herbeiführung einer Unterhaltsvereinbarung.[12] Da eine Abgrenzung im Einzelfall streitträchtig ist, kann eine Unterhaltsvereinbarung Kriterien der unaufgeforderten Informationspflicht festlegen.

▶ **Muster: Notarielle Vereinbarung der Eltern über statischen Unterhalt**

(...) **Auskunft**

a) Die Ehegatten verpflichten sich wechselseitig, sich unverzüglich und ohne dass es einer vorherigen Aufforderung durch den jeweils anderen bedarf, über wesentliche Veränderungen in den Einkommens- und/oder Vermögensverhältnissen des barunterhaltspflichtigen Elternteils und/oder der Kinder zu unterrichten. Als wesentlich gelten dabei insbesondere Veränderungen in den bereinigten Nettoeinkünften des Unterhaltspflichtigen und der Unterhaltsberechtigten um mehr als 10 % oder der erstmalige Bezug einer regelmäßigen Vergütung von mehr als 150 EUR monatlich durch den Unterhaltsberechtigten.
b) Eine Unterrichtung hat in jedem Fall, also auch ohne Veränderungen nach lit. a) zum 1. ... und danach jeweils nach Ablauf von ... Monaten unter Vorlage von Einkommensteuerbescheiden, -erklärungen oder geeigneten Einkünftebelegen für die jeweils abgelaufenen ... Veranlagungszeiträume zu erfolgen.
c) Bei schuldhafter Verletzung der hier eingegangenen Auskunftspflichten ist ein überzahlter Unterhalt – unter Ausschluss der Entreicherungsabrede – zu erstatten bzw. zu ersetzen und zu wenig gezahlter Unterhalt zu leisten.

... *(ggf. Verzinsung uÄ)* ◀

IX. Vertretung und Unterhaltsvereinbarungen zugunsten des Kindes

26 Minderjährige Kinder werden grundsätzlich von ihren geschiedenen Eltern gemeinschaftlich vertreten, § 1629 Abs. 1 S. 2 BGB – Gesamtvertretung –, es sei denn, einem Elternteil steht das elterliche Sorgerecht allein zu (§ 1629 Abs. 1 S. 3 BGB). § 1629 Abs. 3 S. 1 BGB führt für das gerichtliche Geltendmachen des Unterhalts während der Anhängigkeit einer Ehesache oder des Getrenntlebens der Eltern zur **Prozessstandschaft**. Durch diese Regelung soll verhindert werden, dass das Kind in den Elternstreit oder das Scheidungsverfahren hineingezogen wird. Der die **Obhut** ausübende Elternteil handelt nach § 1629 Abs. 3 S. 1 BGB im eigenen Namen als Prozessstandschafter des Kindes. Soll das Kind selbst berechtigt werden, muss bei notarieller Beurkundung die Vertretung des Kindes entweder offen erfolgen oder ein **echter Vertrag zugunsten Dritter** – hier des Kindes – geschlossen werden, wobei sich in der Praxis die letzte Variante durchgesetzt hat.

27 Der **Vertrag zugunsten Dritter** konkretisiert den gesetzlichen Unterhaltsanspruch des Kindes. Hierbei muss die vertragliche Begründung eines eigenen Forderungsrechts für das Kind deutlich zum Ausdruck kommen. Nach der Auslegungsregel des § 335 BGB hat im Zweifel auch der sorge- und obhutberechtigte Ehegatte als **Versprechensempfänger** das Recht und den Anspruch, Leistung an das Kind zu verlangen. Daher ist klarzustellen, wem gegenüber die **Zwangsvollstreckungsunterwerfung** (§ 794 Abs. 1 Nr. 5 ZPO) erklärt wird und wer das Recht auf Erteilung einer vollstreckbaren Ausfertigung hat.[13] Ist der vertraglich vereinbarte Unterhalt geringer als der gesetzlich geschuldete, schränkt der Vertrag zugunsten Dritter den gesetzlichen Unterhaltsanspruch des Kindes nicht ein.[14] Da ein gesetzlicher und ein vertraglicher Unterhaltsanspruch nebeneinander bestehen, kann angesprochen werden, auf welche Schuld letztlich geleistet wird.

---

12 OLG Köln 5.2.2003 – 26 UF 15/02, FamRZ 2003, 1960 (6); BGH 19.5.1999 – XII ZR 210–97, NJW 1999, 2804 zum nachehelichen Unterhalt.

13 Bei einem Vertrag zugunsten Dritter besitzt der begünstigte Dritte keinen gesetzlichen Anspruch auf Erteilung einer Ausfertigung, vgl. dazu § 51 Abs. 1 Nr. 1 BeurkG.

14 Möglich bleibt beispielsweise die Vereinbarung einer Freistellungsverpflichtung hinsichtlich des überschießenden Betrages: vgl. BGH 4.3.2009 – XII ZR 18/08, FamRZ 2009, 768.

X. Unterhaltsverzicht

Auf Kindesunterhalt kann für die Vergangenheit, **nicht** dagegen **für die Zukunft**, auch nicht teilweise, verzichtet werden (**§ 1614 Abs. 1 BGB**). Das gilt nicht ausnahmslos. Vereinbaren die Eltern, dass eine Höherstufung nach der Düsseldorfer Tabelle unterbleibt oder der geschuldete Unterhalt um bis zu einem Fünftel niedriger geleistet werden soll, ist dies kein Verstoß gegen § 1614 Abs. 1 BGB.[15] Von einem unzulässigen Teilverzicht ist allerdings dann auszugehen, wenn die Sätze nach der Düsseldorfer Tabelle um mehr als ein Drittel unterschritten werden,[16] wobei dies nicht als pauschale Dispositionsgrenze missverstanden werden darf. Über die Gefahren eines jeden, auch nur teilweisen Unterhaltsverzichts ist immer zu belehren. 28

▶ Muster: Belehrung zum Unterhaltsverzicht

Der Notar hat uns darüber belehrt, dass unseren Kindern unabhängig von den vorstehend getroffenen Vereinbarungen der volle gesetzliche Unterhalt zusteht und dass ein gänzlicher oder teilweiser Verzicht auf zukünftigen Unterhalt unzulässig ist (§ 1614 Abs. 1 BGB). ◀

XI. Freistellungsvereinbarung

Vom Unterhaltsverzicht zu unterscheiden sind vielfach verwendete Vereinbarungen der Eltern untereinander über die (finanzielle) Freistellung eines Elternteils durch den anderen. **Freistellungsvereinbarungen sind zulässig**, denn sie bedeuten lediglich, dass sich ein Elternteil verpflichtet, ganz oder teilweise den Kindesunterhalt ohne Ausgleich durch den anderen zu leisten. Das unterhaltsberechtigte **Kind ist hieran nicht gebunden**, sein gesetzlicher Unterhaltsanspruch bleibt unberührt. Die Freistellungsverpflichtung sollte ggf. für den Fall auflösend bedingt gestaltet werden, dass das unterhaltsberechtigte Kind seinen Aufenthalt (Obhutswechsel) beim freistellenden Elternteil nimmt und/oder falls eine Abänderung der Sorgerechtsregelung erfolgt. 29

▶ Muster: Freistellungsvereinbarung

(...) Herr ... und Frau ... vereinbaren hiermit, dass Frau ... ihren geschiedenen/von ihr getrennt lebenden Ehemann auf die Dauer von ... Jahren nach Abschluss dieses Vertrages (bis zum ...) von der Leistung von Kindesunterhalt für den gemeinsamen Sohn ..., geboren am ..., freistellt und freihält (*ggf. Vereinbarung auflösender Bedingungen, Verknüpfung mit anderen Leistungen etc*).

(...) Wir sind uns darüber einig, dass diese Freistellungsvereinbarungen keine nachteilige Wirkung auf die Betreuung unseres Sohnes hat, insbesondere nicht zu einer erweiterten Erwerbstätigkeit der das Kind betreuenden Mutter führt und insgesamt mit dem Wohl des Kindes vereinbar ist. ◀

XII. Unterhalt des volljährigen Kindes

1. Allgemeines

Bei volljährigen Kindern unterscheidet das Gesetz (§ 1602 Abs. 1 BGB): 30

- volljährige unverheiratete Kinder in allgemeiner Schulausbildung, die das 21. Lebensjahr noch nicht vollendet haben und bei den Eltern oder einem Elternteil leben (im Folgenden kurz „privilegierte Volljährige" genannt);
- volljährige unverheiratete Kinder in der Vorbereitung auf einen konkreten Beruf (Berufsausbildung) sowie
- volljährige unverheiratete Kinder, die eine Berufsausbildung nicht aufgenommen, abgebrochen oder abgeschlossen haben.

15 OLG Hamm 1.6.1981 – 4 UF 91/80, FamRZ 1981, 869; OLG Köln 30.11.1982 – 4 UF 214/82, FamRZ 1983, 750.
16 Vgl. OLG Köln 30.11.1982 – 4 UF 214/82, FamRZ 1983, 750.

2. Privilegierte Volljährige

31 Privilegierte Volljährige (§§ 1602 Abs. 1, 1603 Abs. 2 S. 2 BGB) sind minderjährigen Kindern unterhaltsrechtlich in einzelnen Belangen gleichgestellt. Ihnen gegenüber kann sich der Unterhaltsverpflichtete lediglich auf den kleinen (notwendigen) Selbstbehalt von derzeit 960 EUR bei Nichterwerbstätigkeit und 1.160 EUR bei Erwerbstätigkeit berufen. Ihnen gegenüber bestehen, wie gegenüber Minderjährigen, erhöhte Pflichten zur Ausschöpfung ihrer Arbeitskraft und der Unterhaltsanspruch ist rangprivilegiert (§ 1609 Nr. 1 BGB). Die **unterhaltspflichtigen Eltern haften anteilig entsprechend ihrer Leistungsfähigkeit** und haben beide den Unterhalt bar, nämlich als Geldrente zu leisten.

32 **Beispiel: Anteilige Haftung der Eltern gegenüber privilegiertem volljährigem Kind** V, der unterhaltsrelevante bereinigte Erwerbseinkünfte in Höhe von monatlich 1.960 EUR bezieht, zahlte bislang für sein einziges Kind K, das bei der nicht mehr unterhaltsberechtigten M lebt, 17 Jahre alt ist und noch die allgemeinbildende Schule besucht, wegen Höhergruppierung um eine Stufe entsprechend der Stufe 3 der Düsseldorfer Tabelle (Stand 1.1.2020, Kindergeld bereits abgezogen) **445 EUR Zahlbetrag**. M hat unterhaltsrelevante bereinigte Erwerbseinkünfte von 1.760 EUR. Am 1.6.2020 stellt V seine Unterhaltszahlungen ein, weil K volljährig geworden ist.

Lösung: K ist bedürftig (§§ 1602 Abs. 1, 1603 Abs. 2 S. 2 BGB), V ist iHv 800 EUR leistungsfähig (1.960 EUR ./. 1.160 EUR [notwendiger Eigenbedarf des Erwerbstätigen = Selbstbehalt]). M ist iHv 600 EUR leistungsfähig (1.760 EUR ./. 1.160 EUR [notwendiger Eigenbedarf Erwerbstätiger = Selbstbehalt]). M und V sind beide gegenüber einem Volljährigen anteilig nach Leistungsfähigkeit barunterhaltspflichtig.

Bedarf[17] = 4. Altersstufe der Düsseldorfer Tabelle (ab 18 Jahre). Unterhaltsbemessung = zusammengerechnete relevante Einkommen der Eltern = 3.720 EUR. Tabellenbetrag ohne Höherstufung abzüglich gesamtes bedarfsminderndes Kindergeld (679 EUR ./. 204 EUR = 475 EUR = **ungedeckter Restbedarf** [Einkommensgruppe 6 der Düsseldorfer Tabelle, keine Höherstufung]).
Unterhaltslast der Eltern gem. **§ 1606 Abs. 3 BGB** anteilig nach ihren Einkommen, also V = 800 EUR (Verteilungsmasse) und M = 600 EUR (Verteilungsmasse), zusammengerechnet 1.400 EUR.

Haftungsquote V: (800 EUR Verteilungsmasse x 100) : 1.400 EUR = 57,1 %.
57,1 % von 475 EUR = 270 EUR (gerundet).

Haftungsquote M: (600 EUR Verteilungsmasse x 100) : 1.400 EUR = 42,9 %.
42,9 % von 475 EUR = 201 EUR (gerundet).

Zusammenrechnung: 270 EUR + 201 EUR + 204 EUR = 625 EUR.

▶ **Muster: Unterhaltsvereinbarung bei anteiliger Haftung der Eltern gegenüber privilegiertem volljährigem Kind**

(1) Wir, die Eltern unseres volljährigen Kindes ..., geboren am ..., das noch die allgemeinbildende Schule besucht, vereinbaren hiermit, diesem einen monatlichen Unterhalt von 128 % – einhundertachtundzwanzig vom Hundert – des Mindestunterhalts nach § 1612 a Abs. 1 BGB iVm der sechsten Altersstufe nach der Düsseldorfer Tabelle (Stand: 1.1.2020), also einen Tabellenbetrag in Höhe von 679 EUR – in Worten sechshundertneunundsiebzig Euro – und einen Zahlbetrag in Höhe von 475 EUR – in Worten: vierhundertfünfundsiebzig Euro – zu schulden.

Von dem Zahlbetrag entfallen anteilig

- 57,1 % (oder: 270 EUR) anteilig auf den Vater und
- 42,9 % (oder: 201 EUR) anteilig auf die Mutter.

Von einem eventuell darüber hinausgehenden Unterhaltsanspruch von ... stellt Herr ... Frau ... im Innenverhältnis frei.

17 Vgl. Anm. 2 zur Düsseldorfer Tabelle, Stand: 1.1.2020.

(2) Der geschuldete Zahlbetrag ist monatlich im Voraus zum Ersten eines jeden Monats erstmals am ... auf ein noch zu benennendes Konto unseres Kindes ... zu zahlen (Gutschrift). Unser Kind erhält aus dieser Vereinbarung einen unmittelbaren Anspruch, Leistung an sich verlangen zu können (§ 328 Abs. 1 BGB); das Recht von Frau ..., den Unterhalt zur Leistung an das Kind fordern zu können, bleibt bestehen.

(3) Zwischen uns besteht zudem Einigkeit darüber, dass Frau ... ihre Unterhaltsverpflichtung gegenüber dem Kind in voller Höhe und solange dadurch erfüllt, dass das Kind weiterhin in ihrem Haushalt lebt.

(4) Das jeweilige staatliche Kindergeld (derzeit 204 EUR), das noch von Frau .... bezogen wird, ist unserem Kind ... in voller Höhe in bar und zur Deckung seines Bedarfs zu überlassen. Es ist bei der Berechnung des nach Abs. 1 geschuldeten Zahlbetrages bereits bedarfsmindernd abgezogen.

(5) Diese Vereinbarung endet (auflösende Bedingung), wenn unser Kind das 21. Lebensjahr vollendet hat ([Datum]) oder seine allgemeine Schulausbildung – aus welchem Grund auch immer – tatsächlich beendet oder nicht mehr im Haushalt seiner Mutter wohnt. Für den Fall des Bedingungseintritts verpflichten wir uns bereits heute, eine abgeänderte Vereinbarung zu treffen.

... *(ggf. Vollstreckungsunterwerfung zugunsten des Kindes nach § 328 BGB, Verzug, Rückstand, Abänderbarkeit, Auskunft usw)* ◀

Eine **Dynamisierung** (§ 1612 a BGB) des Unterhalts volljähriger Kinder ist **ausgeschlossen**. 33

3. Nicht privilegierte Volljährige

Der Unterhaltsanspruch nicht privilegierter volljähriger Kinder **während der Ausbildung** umfasst nach 34
§ 1610 Abs. 2 BGB die Kosten einer angemessenen Vorbildung zu einem Beruf (zB Ausgaben im Rahmen der Lehre oder des Studiums, Studiengebühren usw). Besonders streitbefangen ist der Fortbestand der Unterhaltspflicht bei Abbruch der Erstausbildung und anschließender neuer Ausbildung.

Der Unterhaltsanspruch nicht privilegierter volljähriger Kinder **außerhalb einer Ausbildung** (§ 1602 35
Abs. 1 BGB) kann nach Abschluss einer Berufsausbildung, nach Abbruch einer Ausbildung ohne besonderen Grund oder nach Schulabgang ohne Aufnahme einer weiteren Ausbildung und Aufnahme einer eigenen bedarfsdeckenden Erwerbstätigkeit entstehen. Die Eltern können sich gegenüber dem Unterhaltsverlangen des Kindes auf dessen umfassende Erwerbsobliegenheit berufen.

244. Vereinbarungen zum Versorgungsausgleich

Reetz

I. Gesetz zur Strukturreform des Versorgungsausgleichs (VAStrRefG)

1 Durch das Gesetz zur Strukturreform des Versorgungsausgleichs (VAStrRefG), das am 1.9.2009 in Kraft getreten ist, **sind Art und Weise der Teilhabe an ehezeitbezogenen Anrechten der Altersvorsorge** grundlegend geändert worden (→ *Versorgungsausgleich* Rn. 1 ff.). Das FamFG hat das besondere Verfahrensrecht des Versorgungsausgleichs in den §§ 217 ff. FamFG zusammengefasst. Für bestehende Lebenspartnerschaften nach dem LPartG, die seit dem 1.10.2017 nicht mehr begründet werden können (vgl. Art. 3 Abs. 3 G v. 20.7.2017),[1] war der Versorgungsausgleich schon mit Wirkung seit dem 1.1.2005 eingeführt worden (§§ 20, 21 Abs. 4 LPartG); Vereinbarungen innerhalb bestehenbleibender Lebenspartnerschaften sind weiterhin möglich. Nichteheliche Lebensgemeinschaften kennen keinen Versorgungsausgleich oder ein ähnliches Institut. Das VersAusglG ist **vereinbarungsfreundlich** ausgestaltet und hat den Beteiligten die Dispositionsbefugnis über ihre Anrechte zur Altersversorgung wiedergegeben.

II. Vereinbarungen in vorsorgenden und scheidungsbezogenen Verträgen

1. Allgemeines, Rechtsgrundlage, Zeitpunkt

2 Die Ehegatten können den Wertausgleich einzelner, einer Vielzahl oder insgesamt aller dem Versorgungsausgleich unterfallender Anrechte mittels (vorsorgender) Vereinbarung, also in einem funktional erweiterten Ehevertrag, oder durch eine Scheidungsvereinbarung **ausschließen oder inhaltlich modifizieren**; die Vereinbarungsfreiheit ergibt sich einfachgesetzlich aus § 6 Abs. 1 S. 1 VersAusglG. § 1408 Abs. 2 BGB

1 BGBl. 2017 I 2787); siehe auch § 20 a LPartG.

verweist für eine Regelung im Rahmen eines Ehevertrags wegen der näheren Anforderungen an Form und Inhalt auf die §§ 6–8 VersAusglG.

Vorsorgende Eheverträge und **scheidungsbezogene Vereinbarungen** mit Bezug zum Versorgungsausgleich sind, abgesehen von den Formvorschriften in § 7 Abs. 1 und 3 VersAusglG, gleich zu behandeln; die Rechtsgrundlagen für ihre Beurteilung sind einheitlich. Insbesondere unterliegen sie einheitlich und ausschließlich der allgemeinen Inhaltskontrolle nach § 8 Abs. 1 VersAusglG. Zeitpunktbezogene Unterschiede der Prüfungsdichte kennt der Wortlaut des VersAusglG nicht; sie ergeben sich indes aus der unterschiedlichen Funktion der Vereinbarungen.[2] 3

Vereinbarungen über den Versorgungsausgleich können **in zeitlicher Hinsicht** getroffen werden: 4

- jederzeit während der intakten Ehe,
- während oder zu Beginn des Getrenntlebens (mit oder ohne konkrete Scheidungsabsicht),
- als Teil einer Vereinbarung für das auf Dauer angelegte Getrenntleben („Getrenntlebensvereinbarung"),
- in einer konkreten Krise der Ehe (auch ohne Getrenntleben der Ehegatten und ohne konkrete Scheidungsabsicht – „Krisenehevertrag"),
- bei Vorliegen einer konkreten Scheidungsabsicht, isoliert oder als Teile einer weitergehenden Scheidungsvereinbarung,
- vor und auch nach Rechtsanhängigkeit des Scheidungsantrags bis zur Rechtskraft über den Wertausgleich (in Bezug auf jedes einzelne Anrecht), ggf. in der Rechtsmittelinstanz,
- nach Rechtskraft der Scheidung, wenn und solange das Familiengericht über den Wertausgleich noch nicht rechtskräftig entschieden hat,[3]
- nach rechtskräftiger Entscheidung über den Wertausgleich von Anrechten, die noch nach Scheidung schuldrechtlich auszugleichen sind (§ 19 VersAusglG),
- nach rechtskräftiger Entscheidung im Abänderungsverfahren nach § 225 FamFG in Bezug auf das abzuändernde Anrecht,
- nach rechtskräftiger Entscheidung im Änderungsverfahren nach § 51 VersAusglG,
- nach rechtskräftiger Entscheidung zur Abwendung oder Kompensation eines Verfahrens nach § 225 FamFG und
- vor der Ehe zwischen den zukünftigen Ehegatten (Verlobten).

Im letzteren Fall werden die ehevertraglichen Vereinbarungen jedoch erst aufschiebend bedingt (§ 158 Abs. 1 BGB) mit der Eheschließung wirksam.[4] Die **Rücknahme des Scheidungsantrags** aufgrund einer Versöhnung der Ehegatten kann zu einem Wegfall der Geschäftsgrundlage der scheidungsbezogenen Vereinbarung führen (§ 313 BGB).

2. Formelle Wirksamkeitsvoraussetzungen, Beurkundungspflicht (§ 7 VersAusglG)

Schließen die Ehegatten eine **Vereinbarung über den Versorgungsausgleich,** bevor das Familiengericht über den Wertausgleich rechtskräftig entschieden hat, so bedarf die Vereinbarung wegen ihrer potenziell weitreichenden Folgen für die Altersversorgung, zudem wegen ihrer vermögensrechtlichen Komponente und nicht zuletzt mit Rücksicht auf die jeweils betroffenen Versichertengemeinschaften, zu ihrer Wirksamkeit der **notariellen Beurkundung** (§ 7 Abs. 1 oder 3 VersAusglG ggf. iVm § 1410 BGB). Der Formzwang ist selbstverständlich nicht abdingbar. 5

Der über § 7 Abs. 3 VersAusglG anwendbare § 1410 BGB verbietet bei Vereinbarungen zum Versorgungsausgleich im Rahmen von Eheverträgen die sukzessive Beurkundung nach § 128 BGB, also die Aufspaltung in Angebot und Annahme.[5] **Gleichzeitige Anwesenheit der beteiligten Ehegatten** (Verlobten) bedeutet hingegen nicht deren persönliche Anwesenheit (= keine Höchstpersönlichkeit). Rechtsgeschäftliche 6

---

2 Vgl. BGH 27.5.2020 – XII ZB 447/19, BeckRS 2020, 15779.
3 ZB Verfahren nach § 140 FamFG abgetrennt.
4 Palandt/*Brudermüller* BGB § 1408 Rn. 12 mwN.
5 HK-VersAusglR/*Götsche* VersAusglG § 7 Rn. 14.

Stellvertretung (§§ 164 ff. BGB) ist demnach auch im Anwendungsbereich der strengeren Formvorschrift des § 1410 BGB zulässig.[6]

3. Regelbeispiele; Bindung des Familiengerichts (§ 6 VersAusglG)

7 Die Regelbeispiele des § 6 Abs. 1 S. 2 Nr. 1–3 VersAusglG nennen vertragliche Vereinbarungsvarianten der bereits vor Inkrafttreten des VersAusglG geübten Gestaltungspraxis. Der Gesetzgeber sichert damit den zum 1.9.2009 bestehenden Gestaltungsspielraum für die Zukunft ab.[7] Auch wenn § 6 Abs. 1 S. 2 VersAusglG primär und zu Recht eine gegenleistungsbezogene Regelungsbefugnis der Ehegatten anspricht, sind **Ausschluss oder Modifikation** dennoch grundsätzlich **unabhängig von einer Gegenleistung,** Abfindung oder Gesamtvermögensregelung zulässig. Maßgeblich ist deshalb zunächst der Wille der Ehegatten und die weite Vertragsfreiheit nach § 6 Abs. 1 S. 1 VersAusglG. Das Regulativ ist allein die Inhaltskontrolle nach § 8 Abs. 1 VersAusglG.

8 Nach der **vereinbarungsfreundlichen Konzeption des VersAusglG** ist das **Familiengericht** an ehevertragliche Vereinbarungen über den Versorgungsausgleich **gebunden** und hat den Ausgleich nach Maßgabe der von den Ehegatten getroffenen Vereinbarungen durchzuführen oder gerade nicht durchzuführen, wenn die **Vereinbarungen wirksam** (Inhaltskontrolle) und vor allem auch tatsächlich **vollziehbar** sind.[8] Ein wirksamer Ausschluss, Teilausschluss oder eine Modifikation führen zu einem kongruent verringerten oder veränderten Ausgleich.[9] Die Wirksamkeit einer Vereinbarung zum Versorgungsausgleich kann durch Teilentscheidung des Familiengerichts festgestellt werden.[10] Haben die Ehegatten wirksam Regelungen zur internen oder – unter Mitwirkung der Versorgungsträger – externen Teilung vereinbart, führt das Familiengericht diese durch seine Entscheidung rechtsgestaltend durch. Vereinbaren die Ehegatten nach § 6 Abs. 1 S. 2 Nr. 3 VersAusglG den Ausgleich nach Scheidung (schuldrechtlicher Versorgungsausgleich), führt das Familiengericht keinen Ausgleich bei Scheidung herbei (beachte hierbei § 224 Abs. 4 FamFG). Auch hier bindet die rechtskräftige Entscheidung wiederum die Beteiligten, vor allem auch die Versorgungsträger. Kommt das Familiengericht zu der Überzeugung, die Vereinbarung sei ganz oder teilweise unwirksam, liegt natürlich insoweit keine Bindung vor.

9 Die materiellrechtliche **Bindung** des Gerichts hat der Gesetzgeber **verfahrensrechtlich verstärkt**: Haben die Ehegatten den Versorgungsausgleich nämlich wirksam vertraglich ausgeschlossen, muss die familiengerichtliche Entscheidung dies in der Beschlussformel ausdrücklich und rechtskraftfähig feststellen (**§ 224 Abs. 3 FamFG**). Das Gleiche gilt, wenn das Gericht eine ganze oder teilweise Unwirksamkeit annimmt und deshalb den Ausgleich durchführt oder die Vereinbarung anpasst.[11]

10 **Vollziehbar** (= durchsetzbar) ist eine notarielle Vereinbarung allerdings nur, wenn die Vorschriften des Gesetzes oder die Satzungen der Versorgungsträger (also deren Binnenrecht) die vertraglich gewollten Regelungen zulassen oder die beteiligten Versorgungsträger zustimmen (vgl. § 8 Abs. 2 VersAusglG). Die Ehegatten können ohne Zustimmung des Versorgungsträgers insbesondere keine Überschreitung des Halbteilungsgrundsatzes oder einen binnenrechtlich nicht vorgesehenen Ausgleichsweg vereinbaren.

4. Grenzen der Modifikationsbefugnis

11 **a) Ausgangspunkt: Inhaltskontrolle von Eheverträgen.** (Ehe-)Vertragliche Regelungen zum Versorgungsausgleich, gleichgültig, wann immer sie im Laufe der Ehe und ggf. sogar bis zur nachgelagerten gerichtlichen Entscheidung über den Wertausgleich abgeschlossen werden, müssen nach § 8 Abs. 1 VersAusglG (und § 6 Abs. 2 VersAusglG) einer richterlichen Wirksamkeits- und Ausübungskontrolle gemäß den §§ 138, 242, 313 BGB standhalten (→ *Inhalts- und Ausübungskontrolle* Rn. 23 ff.).

---

6 Palandt/*Brudermüller* BGB § 1410 Rn. 1; HK-VersAusglR/*Götsche* § 7 Rn. 15.
7 *Wick* FPR 2009, 219 (220).
8 § 6 Abs. 2 VersAusglG; vgl. auch *Hahne* FamRZ 2009, 2041 (2047); HK-VersAusglR/*Götsche* § 6 Rn. 48.
9 *Wick* FPR 2009, 219 (222).
10 OLG Brandenburg 11.8.2010 – 13 UF 39/09, BeckRS 2010, 21096.
11 Vgl. HK-VersAusglR/*Götsche* FamFG § 224 Rn. 38.

Nach der **Kernbereichslehre** des Bundesgerichtshofs gehört der Versorgungsausgleich infolge seiner sozial realitätsbezogenen Einordnung wie der Unterhalt wegen Alters (§ 1571 BGB) auf die **zweite Stufe.**[12] Wegen dieser hohen Einstufung werden jedenfalls Vereinbarungen zum (entschädigungslosen) Totalausschluss des Wertausgleichs im Rahmen der Inhaltskontrolle denselben Kriterien wie ein Verzicht auf Altersunterhalt unterliegen. 12

b) Beschränkte Vereinbarungsmöglichkeiten zu Ausgleichswegen (§ 8 Abs. 2 VersAusglG). Ohne Zustimmung des jeweils beteiligten Versorgungsträgers können die Ehegatten **keine vollziehbare Vereinbarung** darüber treffen, ob und wie ein Anrecht abweichend von den gesetzlichen Teilungsregelungen intern oder extern („Ausgleichswege" nach §§ 10 ff., 14 ff. VersAusglG) geteilt wird. Es gibt also kein freies Wahlrecht der Ehegatten über die Ausgleichswege, Teilungs- und Übertragungsformen. § 8 Abs. 2 VersAusglG stellt daher klar, dass eine Übertragung und Begründung von Versorgungen durch eine Vereinbarung der Ehegatten untereinander nur in Übereinstimmung mit dem Binnenrecht der Versorgungsträger (also der Versorgungsordnung/-satzung uÄ) und deren Zustimmung erfolgen kann. 13

5. Bedingungen, Befristungen und Rücktrittsvorbehalte

Die Vereinbarung von **Bedingungen**, **Befristungen** und **Rücktrittsvorbehalten** ist zulässig und weithin übliche Gestaltungspraxis. Solche Vereinbarungen dürfen aber nicht dazu führen, dass nach rechtskräftiger Entscheidung und Vollzug des Wertausgleichs durch das Familiengericht (vgl. auch § 224 Abs. 3 FamFG) Veränderungen am Ergebnis des durchgeführten Ausgleichs herbeigeführt werden sollen. 14

6. Aufhebung und Änderung von bestehenden Vereinbarungen

Die Ehegatten können ihre Vereinbarung über den Versorgungsausgleich bis zum Eintritt der Rechtskraft der familiengerichtlichen Entscheidung jederzeit **einvernehmlich durch Vertrag** verändern.[13] Andererseits können die Ehegatten eine **gerichtliche Abänderung** ihrer Vereinbarung nach § 227 Abs. 2 Hs. 2 FamFG vertraglich bindend ausschließen. 15

Auch die Veränderungs- bzw. Aufhebungsvereinbarung zum bereits ehevertraglich modifizierten oder gänzlich ausgeschlossenen Versorgungsausgleich bedarf der **notariellen Beurkundung**, wenn eine solche Änderung oder Aufhebung geschlossen wird, bevor das Familiengericht über den Wertausgleich rechtskräftig (und damit rechtsgestaltend) entschieden hat.[14] Ob das allerdings wirklich für eine **vorbehaltlose und vollständige Aufhebung** gilt, ist indes **ungewiss**. 16

Nach der (rechtskräftigen) Durchführung des Wertausgleichs durch das Familiengericht (vgl. auch § 224 Abs. 3 FamFG) aufgrund einer nach § 6 Abs. 2 VersAusglG bindenden vertraglichen Regelung sind zugunsten des Ausgleichsberechtigten regelmäßig unverzichtbare Anrechte und zulasten des Ausgleichsverpflichteten wirksame Kürzungen vorgenommen worden, die durch vertragliche Aufhebung oder Veränderung nicht mehr rückgängig gemacht oder abgeändert werden können.[15] 17

III. Übersicht zu Vereinbarungsmöglichkeiten

Anhand des § 6 Abs. 1 VersAusglG und der in der Praxis üblichen Fallgruppenbildung lassen sich die Vereinbarungsmöglichkeiten zum Versorgungsausgleich wie folgt zusammenfassen: 18

- **beidseitiger Totalausschluss** (unter Bedingung, Befristung oder Rücktrittsvorbehalt),
- **Totalausschluss bei kurzer Ehedauer** (auch über drei Jahre hinaus, vgl. § 3 Abs. 3 VersAusglG),
- **einseitiger** Totalausschluss,

12 BGH 6.10.2004 – XII ZB 110/99, FamRZ 2005, 26; 6.10.2004 – XII ZB 57/03, FamRZ 2005, 185.
13 Vgl. OLG Karlsruhe 1.3. 2004 – 16 UF 180/03, FamRZ 2004, 1972.
14 § 7 Abs. 1 und 3 VersAusglG iVm § 1410 BGB.
15 Vgl. auch HK-VersAusglR/*Götsche* FamFG § 224 Rn. 49 mwN.

- **Teilausschluss** – verschiedene Modifikation, zB:
  - Herausnahme einer oder einzelner Anrechte,
  - Herausnahme einer oder einzelner Anrechtearten (zB alle Anrechte nach dem BetrAVG),
- Begrenzung des Wertausgleichs einzelner oder aller Anrechte,
- Abänderung der **Ausgleichsquote** (grds. keine Quotenerhöhung, vgl. § 8 Abs. 2 VersAusglG),
- Ausgleich beschränkt auf „**ehebedingte** (Versorgungs-)**Nachteile**",
- Veränderung des **Ausgleichszeitraums** (zB „fiktives Ehezeitende", jedoch keine Ausdehnung),
- **Saldierungsvereinbarungen** (= Verrechnungsvereinbarung, auch außerhalb des § 10 Abs. 2 VersAusglG) mit und ohne Überschussausgleich,
- wertmäßige Einbeziehung **nicht ausgleichsreifer Anrechte** in eine Gesamtregelung,
- limitierte Vereinbarungsmöglichkeit der oder zur **externen Teilung**,
- Vereinbarung und Gestaltung des **schuldrechtlichen Ausgleichsanspruchs**,
- **übergreifende Fragen:**
  - **Kompensation** und **Abfindung** (= Gegenleistung), **Verknüpfung,**
  - wertäquivalente oder wertdifferente Gegenleistung,
  - frei disponierbare Gegenleistung,
  - versorgungsgeeignete Gegenleistung,
  - modifizierter nachehelicher Unterhalt (wenig geeignet),
  - Zugewinnausgleichsforderung,
  - teilweise Einbeziehung in die Vermögensregelung,
  - Gesamtvermögensregelung, -auseinandersetzung,
  - Gesamtregelung der Scheidungsfolgen,
- **Verknüpfungsvereinbarung**,
- **Bedingungen**, **Befristungen** oder **Rücktrittsvorbehalte**,
- Abänderbarkeit.[16]

IV. Regelbeispiele zu Vereinbarungsmöglichkeiten (§ 6 Abs. 1 VersAusglG)

1. Einbeziehung in die Regelung der ehelichen Vermögensverhältnisse (§ 6 Abs. 1 Nr. 1 VersAusglG)

19 Nach dem Regelbeispiel des § 6 Abs. 1 Nr. 1 VersAusglG können (und sollen) Ehegatten den Versorgungsausgleich in eine Vereinbarung über die „ehelichen Vermögensverhältnisse" (= Auseinandersetzung des ehelichen Vermögens, einschließlich Zugewinnausgleich; zur Bedeutung der nachgelagerten Besteuerung → *Versorgungsausgleich* Rn. 25) einbeziehen.

▶ **Muster: Versorgungsausgleich innerhalb der Regelungen der Vermögensverhältnisse**[17]

1. Vorbemerkung:

Wir haben am ... geheiratet und leben seit dem ... voneinander getrennt. Wir betrachten unsere Ehe als gescheitert und wollen geschieden werden. Aus unserer Ehe ist das gemeinschaftliche Kind ..., geb. am ..., hervorgegangen. Dieses ist überwiegend vom Vater versorgt worden, der deswegen im Zeitraum von ... bis ... lediglich halbschichtig gearbeitet hat. Wir sind jedoch beide wieder vollschichtig erwerbstätig und wollen dies auch bleiben.

Der Ehemann hat nach Auskunft der DRV vom ... eine monatliche Versorgungserwartung bei Fortsetzung seiner bisherigen sozialversicherungspflichtigen Beschäftigung von ... EUR, die Ehefrau von ... EUR.

... (Mitteilung weiterer Versorgungsträger)

Die Auskünfte der DRV vom ...., der ... und ... werden dieser Urkunde als Anlage beigefügt.

---

16 S. auch *Langenfeld/Milzner* Eheverträge-HdB Rn. 752 ff.

17 Nach Hauß/Eulering, Versorgungsausgleich, 2009, Rn. 163.

2. Wir treffen zum Versorgungsausgleich folgende Regelung:
   a) der beiderseits vorhandene Ehezeitanteil von Anrechten in der gesetzlichen Rentenversicherung (= Entgeltpunkte) soll im Wertausgleich bei der Scheidung durch interne Teilung und Verrechnung ausgeglichen werden;
   b) die Ehefrau überträgt die auf ihren Namen abgeschlossene Lebensversicherung bei der..., Vers.-Nr.... (Rückkaufswert am für uns maßgeblichen Stichtag, dem ..., ... EUR) mit Zustimmung des Versicherungsunternehmens auf den Ehemann;
   c) den zugunsten des Ehemannes abgeschlossene „Riester"-Versorgung bei der... (Deckungskapital am ... ... EUR) schließen wir vollständig vom Wertausgleich aus;
   d) die zugunsten der Ehefrau bei... bestehende betriebliche Altersversorgung ... mit einem korrespondierenden Kapitalwert zum... von... schließen wir vollständig vom Wertausgleich aus;
   e) die Ehefrau überträgt das Eigentum an dem in ihrem Eigentum stehenden Pkw ... Typ .... mit Rechtskraft der Ehescheidung auf den Ehemann, der bereits im Besitz des Fahrzeuges ist (Zeitwert am ... ... EUR).
3. Darüber hinaus sind wir einig, dass keiner der Ehegatten einen Zugewinn erzielt hat oder ein weiterer Vermögens- und Versorgungsausgleich stattfinden soll. ◀

2. Ausschluss des Versorgungsausgleichs (§ 6 Abs. 1 Nr. 2 VersAusglG)

a) Entschädigungsloser Totalausschluss. Das **Regelbeispiel des § 6 Abs. 1 Nr. 2 VersAusglG** umfasst 20
die Befugnis der Vertragschließenden, den Versorgungsausgleich ganz oder teilweise, bedingungs- und entschädigungslos auszuschließen. Gerade der gänzliche Ausschluss erscheint jedoch insgesamt nur ehetypbezogen empfehlenswert. Das Fehlen jeder Kompensation wird immer erhebliche Bedeutung im Rahmen der Anwendung des § 8 Abs. 1 VersAusglG iVm §§ 138, 242, 313 BGB haben und regelmäßig zu Problemen führen. Ehevertragstypen des entschädigungslosen Totalverzichts können sein:

- Ehegatten (gleich welchen Alters) mit ausreichender „versorgungsgeeigneter" Vermögenslage,
- Ehegatten mit einseitigem Anrechteaufbau – der dem Versorgungsausgleich unterliegt –, während der andere Ehegatte überwiegend Altersvorsorge durch Vermögensaufbau betreibt und entweder Gütertrennung oder den Ausgleich des Zugewinns ausgeschlossen hat (Fall: Unternehmerehe oder Vermögensdiskrepanzehe),
- partnerschaftliche Doppelverdienerehe (oft als Erstehe) ohne Kinderwunsch,
- späte Heirat (auch späte Zweitehe) mit jeweils ausgebauter Versorgung beider Ehegatten.

▶ Muster: Totalausschluss des Versorgungsausgleichs (mit Hinweis und Belehrung)

(1) Wir vereinbaren hiermit, dass der Versorgungsausgleich nach dem VersAusglG, also jede Art einer Teilhabe an in der Ehezeit erworbenen oder ausgebauten Anrechten der Alters- bzw. Invaliditätsversorgung des jeweils anderen Ehegatten, im Falle der Scheidung unserer Ehe vollständig ausgeschlossen wird. Dies umfasst sowohl den Ausgleich bei als auch nach Scheidung.

(2) Der Notar hat uns über die Bedeutung des Versorgungsausgleichs, die Tragweite des gänzlichen Ausschlusses und die Folgen eines solchen Ausschlusses für die soziale, insbes. die Alterssicherung nach einer Scheidung belehrt. Es ist uns bekannt, dass bei Wirksamkeit des vorstehend vereinbarten Ausschlusses, die von einem jeden von uns erworbenen Ehezeitanteile von Anrechten, also Anwartschaften auf zukünftige oder bereits laufende Versorgungen nicht aufgeteilt oder verrechnet werden.

(3) Der Notar hat uns ferner darauf hingewiesen, dass der vorstehend vereinbarte Ausschluss, sofern er Dritte benachteiligt, nichtig oder im Einzelfall ein Berufen auf Verzichte unzulässig sein kann. Zudem unterliegen die Vereinbarung zum Versorgungsausgleich, Teile davon und im Wege einer Gesamtschau auch andere Regelungen dieses Vertrages bei Scheidung der Ehe der richterlichen Inhaltskontrolle und ggf. auch der Anpassung. ◀

b) Einseitiger (vollständiger) Ausschluss. Neben der Möglichkeit, den Versorgungsausgleich gegenseitig 21
und vollständig auszuschließen, kommt auch der lediglich einseitige (vollständige) Ausschluss als Regelungsvariante in Betracht. In der Praxis sind zumeist Fälle **disparitätischer Altersvorsorge** betroffen,[18]

18 *Langenfeld/Milzner* Eheverträge-HdB Rn. 728.

in denen ein Ehegatte über auszugleichende Anrechte iSd § 2 VersAusglG verfügt, während der andere Ehegatte seine Altersvorsorge überwiegend durch nicht ausgleichsfähige Kapitallebensversicherungen, Immobilien oder andere Arten der Vermögensvorsorge für das Alter sichergestellt hat oder sicherstellen will (Beispiel: **Unternehmerehe**, **Ehe von Selbstständigen** oder **Vermögensdifferenzehe**). Oftmals haben die Ehegatten in einer solchen Ausgangslage zugunsten des kapitalbildenden Ehegatten Gütertrennung oder jedenfalls den Ausschluss lebzeitigen Zugewinnausgleichs miteinander vereinbart; die Einbeziehung des Versorgungsausgleichs ist in derartigen Konstellationen oftmals sogar geboten. Anderseits bedarf es auch sachgerechter **Verknüpfungsvereinbarungen** oder der **Vereinbarung von Rücktrittsrechten**, wenn beispielsweise das Vorhaben eines Ehegatten, die Altersvorsorge überwiegend durch Vermögensaufbau sicherzustellen, im Laufe der Ehe scheitert.

► **Muster: Einseitiger vollständiger Ausschluss des Versorgungsausgleichs**

(1) Der Versorgungsausgleich nach dem VersAusglG soll im Fall der Scheidung unserer Ehe nur einseitig, das heißt nur zulasten von ehezeitbezogenen Anrechten des Ehemanns stattfinden. Den Ausgleich jeglicher Anrechte der Ehefrau schließen wir hingegen vollständig aus. Der Ehemann verzichtet somit auf die Geltendmachung von Ansprüchen auf Wertausgleich jeglicher Art in Bezug auf alle Anrechte seiner Ehefrau; die Ehefrau nimmt den vorstehenden Verzicht hiermit an.

(2) ... (*Belehrungen*) ◄

22 Das vorgenannte Muster geht in seinen Auswirkungen über diejenigen Vereinbarungen hinaus, die nach dem bis zum 1.9.2009 geltenden System des „Einmalausgleichs" nur dann einen einseitigen Ausgleich vorsahen, wenn nach dem Ergebnis der Ausgleichsbilanz derjenige Ehegatte, der seine Altersvorsorge nicht primär durch Vermögensaufbau oÄ organisierte, der insgesamt Ausgleichsberechtigte gewesen wäre. Damit war der einseitige Verzicht auf Versorgungsausgleich abhängig von der Ausgleichsrichtung nach Saldierung aller bewerteten Anrechte.

23 **c) Ausschluss gegen Gegenleistungen (Ausgleich/Kompensation).** Vielfach wird, insbesondere bei den verschiedenen Typen der sog. „Differenz-" oder „Diskrepanzehen", zum Ausgleich für einen gänzlichen oder teilweisen Ausschluss des Versorgungsausgleichs eine Gegenleistung als Kompensation des Ausgleichspflichtigen vereinbart (s. auch § 8 Abs. 1 VersAusglG). Solche Gegenleistungen können ganz oder teilweise Altersversorgungs- („**Versorgungsgeeignetheit**") oder auch reinen Abfindungscharakter ohne weitere Festlegung eines Verwendungszwecks haben. **Typische Gegenleistungen** sind Grundstücksübertragung („Scheidungsimmobilie"), Einräumung von (dinglich gesicherten) Nutzungsrechten, Überlassung wertvoller Haushaltsgegenstände, einmalige Kapitalabfindung, Übertragung oder Aufbau einer Lebens- und/oder Rentenversicherung, Auf- oder Ausbau einer Altersversorgung durch Beitragsentrichtung (zB in die gRV); Übernahme/Befreiung von Verbindlichkeiten usw.

24 Nach gefestigter Rechtsprechung des Bundesfinanzhofs[19] waren bis einschließlich des Veranlagungszeitraums 2014 tatsächlich geleistete Kompensations- bzw. Ausgleichszahlungen für einen gänzlichen oder teilweisen Verzicht auf den (einzelanrechtsbezogenen) Versorgungsausgleich grundsätzlich als vorab entstandene **Werbungskosten** (§ 9 Abs. 1 S. 1 EStG) steuerlich sofort absetzbar, wenn ein zum Versorgungsausgleich verpflichteter Ehegatte solche Zahlungen aufgrund einer Scheidungsvereinbarung an den anderen Ehegatten leistet, um die Kürzung seiner eigenen Versorgungsbezüge zu vermeiden. Seit dem **Veranlagungszeitraum 2015** gelten derartige Aufwendungen des Ausgleichspflichtigen abschließend und ausschließlich als **Sonderausgaben**; maßgebend ist **§ 10 Abs. 1 a S. 1 Nr. 3 EStG**. Danach kann der Ausgleichspflichtige mit Zustimmung des Ausgleichsberechtigten Kompensationszahlungen für die Vereinbarung eines vollständigen oder teilweisen Ausschlusses des Versorgungsausgleichs zum Sonderausgabenabzug bringen, und zwar unabhängig davon, ob der Ausschluss Anrechte aus einer öffentlich-rechtlichen, privaten oder betrieblichen Altersversorgung betrifft. Der Abzug als Sonderausgaben führt zur Besteuerung beim Ausgleichsberechtigten nach **§ 22 Nr. 1 a EStG**.

19 Vgl. zuletzt BFH 4.3.2011 – VI R 59/10, DStR 2011, 1123.

▶ Muster: Dynamische Lebensversicherung auf monatlicher Beitragsbasis als Gegenleistung in einem vorsorgenden Ehevertrag

(1) Die Ehefrau verpflichtet sich, zur Sicherung ihrer Versorgung innerhalb von... Monaten nach Beurkundung dieses Ehevertrages als Versicherungsnehmerin, versicherte Person und Bezugsberechtigte bei einer Versicherung ihrer Wahl eine dynamische Lebensversicherung mit Kapitalwahlrecht abzuschließen.

(2) Versicherungsfall und Versicherungssumme: Als Versicherungsfall soll vereinbart werden: das Ableben der Ehefrau bzw. im Erlebensfall die Vollendung ihres 60. Lebensjahres. Die Versicherungssumme ist so festzusetzen, dass sich die Rente bei Ausübung des Rentenwahlrechts gegenwärtig auf... EUR belaufen würde. Gewinnanteile sind zur Erhöhung der Versicherungsleistung zu verwenden.

(3) Der Ehemann ist als Gegenleistung für den nach § ... dieser Urkunde vereinbarten Ausschluss des Versorgungsausgleichs verpflichtet, die jeweils vertraglich geschuldeten Prämien rechtzeitig und mit schuldbefreiender Wirkung für seine Ehefrau an den Versicherer zu leisten.

(4) Für den Fall, dass der Ausschluss des Versorgungsausgleichs durch das Familiengericht im Falle der Scheidung für unwirksam oder nicht durchführbar erklärt werden sollte oder die Ehefrau vor Vollendung ihres 60. Lebensjahrs verstirbt, ist der Ehemann als unwiderruflicher Bezugsberechtigter zu bestimmen. Im Übrigen bedarf jede Bestimmung des Bezugsrechts der vorherigen Zustimmung des Ehemanns.

(5) Scheidung der Ehe: Für den Fall einer Scheidung der Ehe ist die Ehefrau verpflichtet, die vertraglich geschuldeten Prämienzahlungen anstelle des Ehemanns sodann selbst an den Versicherer zu erbringen; zudem entfällt das Rücktrittsrecht/die Regelung über die aufschiebende Bedingung nach Abs. ... Im Übrigen unterliegen der Lebensversicherungsvertrag und alle Rechte oder Anrechte daraus nach den Vereinbarungen der Ehegatten weder einem Wertausgleich nach dem VersAusglG noch einem etwaigen Zugewinnausgleich.

(6) Streitfall: Im Streitfall über Höhe, Ausgestaltung und ggf. die Rückabwicklung von Versicherungen nach dieser Vereinbarung entscheidet ein durch den Präsidenten der Industrie- und Handelskammer zu Köln zu benennender Versicherungssachverständiger, dessen Entscheidung für beide Vertragsbeteiligten verbindlich ist.

(7) Rücktritt: Bei einem Zahlungsverzug des Ehemanns, der in der Summe mehr als drei Monatsprämien beträgt, ist die Ehefrau berechtigt, vom Ausschluss des Versorgungsausgleichs nach § ... dieser Urkunde insgesamt und vollständig zurückzutreten. Die Rücktrittserklärung ist zur Urkunde eines Notars zu erklären und dem Ehemann zuzustellen. Für die Rechtzeitigkeit des Rücktritts kommt es auf den Zeitpunkt der Beurkundung der Erklärung an. Der Rücktritt kann auch dann erklärt werden, wenn das Scheidungsverfahren bereits anhängig ist und die Rücktrittsvoraussetzungen zu diesem Zeitpunkt vorliegen. Andere Regelungen dieses Ehevertrages bleiben von dem Rücktritt unberührt. ◀

▶ Muster: Kapitalabfindung als Gegenleistung in einer Scheidungsvereinbarung

(1) Wir vereinbaren hiermit, dass der Versorgungsausgleich nach dem VersAusglG, also jede Art einer Teilhabe an in der Ehezeit erworbenen oder ausgebauten Anrechten der Altersversorgung des jeweils anderen Ehegatten, im Falle der Scheidung unserer Ehe vollständig ausgeschlossen wird.

(2) Der Ehemann verpflichtet sich gegenüber seiner Ehefrau, dieser als Ausgleich für den vereinbarten Ausschluss einen einmaligen Kapitalbetrag in Höhe von... EUR zu zahlen. Der geschuldete Kapitalbetrag soll nach dem Willen der Eheleute versorgungsgeeignet verwendet werden, wobei der Berechtigten das alleinige Wahlrecht für Anlageformen zusteht.

(3) Die Zahlungsverpflichtung des Ehemanns gilt unabhängig von der Höhe tatsächlicher Ausgleichswerte und unabhängig davon, ob die Ehefrau im Vergleich zu ihrem Ehemann weniger oder insgesamt sogar mehr Anrechte, also Anwartschaften auf zukünftige oder bereits laufende Versorgungen, erworben hat.

... (*Fälligkeit, weitere Zahlungsvereinbarungen, Zwangsvollstreckung, Vermeidung ungesicherter Vorleistungen etc*) ◀

Die Gegenleistung für den vollständigen oder teilweisen Verzicht auf die Durchführung des Versorgungsausgleichs kann auch in der **Beitragsentrichtung, Höherversicherung oder freiwilligen Weiterversiche-** 25

rung in der gesetzlichen Rentenversicherung liegen.[20] Der Fall der baren Beitragsentrichtung in die gRV als Gegenleistung für das Unterbleiben der Realteilung eines, mehrerer oder aller Anrechte des Ausgleichspflichtigen ist allerdings genau zu unterscheiden von einer vereinbarten „externen Teilung" mit der Zielversorgung der gRV. Für den Fall der Beitragsentrichtung ist eine Zustimmung des jeweiligen Trägers der gRV nicht erforderlich (vgl. § 187 Abs. 1 Nr. 2 b SGB VI). Nach § 187 Abs. 5 SGB VI gelten Beiträge als zum Ehezeitende gezahlt, wenn sie bis zum Ende des dritten Monats seit Zugang der Rechtskraftmitteilung des Scheidungsurteils entrichtet werden.

3. Vereinbarungen des schuldrechtlichen Versorgungsausgleichs (§ 6 Abs. 1 S. 2 Nr. 3 VersAusglG)

26 § 6 Abs. 1 S. 2 Nr. 3 VersAusglG sieht ausdrücklich vor, dass sich die Ehegatten den schuldrechtlichen Ausgleich ihrer (ausgleichsfähigen) Anrechte durch Vereinbarung vorbehalten, also auf einen Ausgleich nach Scheidung der Ehe verschieben können (→ *Schuldrechtlicher Versorgungsausgleich* Rn. 1 ff.). Hierdurch wird der Wertausgleich durch Realteilung von einzelnen oder einer Vielzahl von ausgleichsfähigen bzw. -reifen Anrechten bei Scheidung vermieden; die tatsächliche Durchführung des Ausgleichs bei den Versorgungsträgern findet nicht statt. Ein Vorbehalt zur schuldrechtlichen Ausgleichsrente kann im Rahmen einer **Scheidungsvereinbarung** und ebenso in einem **vorsorgenden Ehevertrag** vorgesehen werden. Die einzelnen gesetzlichen Regelungen zur inhaltlichen Ausgestaltung des schuldrechtlichen Ausgleichs (§§ 20 ff. VersAusglG) sind wiederum ihrerseits disponibel.

27 Der Anwendungsbereich des § 6 Abs. 1 S. 2 Nr. 3 VersAusglG dürfte gering bleiben; die **Nachteile** sind erheblich und belehrungsbedürftig:

- der Berechtigte erlangt kein eigenes Anrecht gegenüber dem Versorgungsträger;
- Voraussetzung des „doppelten Rentenfalls";
- mangelnde „dingliche" Absicherung der schuldrechtlichen Ausgleichsrente;
- rein schuldrechtlicher, unterhaltsähnlicher Charakter des Anspruchs gegen den ehemaligen Ehegatten;
- Antragsgebundenheit bei Durchführung des schuldrechtlichen Ausgleichs (§ 223 FamFG);
- Regelung zum Abzug von Sozialversicherungsbeiträgen (§§ 20 Abs. 1 S. 1, 22 S. 2 VersAusglG);
- Wegfall der sog. „verlängerten Ausgleichszahlung" nach § 25 Abs. 2 VersAusglG.

V. Weitere Modifikationen zum Versorgungsausgleich

1. Vereinbarungen zur kurzen Ehedauer (§ 3 Abs. 3 VersAusglG)

28 Nach § 3 Abs. 3 VersAusglG findet der Versorgungsausgleich bei einer „kurzen" Ehezeit von bis zu drei Jahren nur dann statt, wenn ein Ehegatte (oder beide Ehegatten) dies **ausdrücklich beantragt** haben und kein „Bagatellfall" nach § 18 VersAusglG vorliegt.

29 Die Ehegatten können ehevertraglich ausschließen, dass entsprechende Ausgleichsanträge gestellt werden. Sie können genauso umgekehrt vereinbaren, dass entsprechende Ausgleichsanträge gestellt werden sollen. Die Ehegatten können den „Trotzdem-Ausgleich" auch lediglich im Hinblick auf einzelne Anrechte vereinbaren.

▶ **Muster: Verzicht auf Antragsrecht (§ 3 Abs. 3 VersAusglG)**

(...) Wir vereinbaren hiermit, dass der Versorgungsausgleich nach dem VersAusglG auch im Falle der Scheidung unserer Ehe innerhalb von drei Jahren seit dem Tage der Eheschließung durchgeführt werden soll. Wir verpflichten uns bereits heute, bei dem Familiengericht einen entsprechenden Antrag zu stellen. Der Notar hat uns über die „Bagatellgrenzen" nach § 18 VersAusglG belehrt. ◀

▶ **Muster: Durchführung trotz kurzer Ehedauer (einzelnes Anrecht)**

(...) Wir vereinbaren hiermit, dass der Versorgungsausgleich nach dem VersAusglG auch im Falle der Scheidung unserer Ehe innerhalb von drei Jahren seit dem Tage der Eheschließung jedenfalls für den Anrechteerwerb des Ehemanns in der gesetzlichen Rentenversicherung ... durchgeführt werden soll.

20 Vgl. OLG Celle 22.10.2007 – 19 UF 188/06, FamRZ 2008, 1191 (1192).

Herr... verpflichtet sich bereits heute, bei dem Familiengericht einen entsprechenden Antrag zu stellen. Der Notar hat uns über die „Bagatellgrenzen" nach § 18 VersAusglG belehrt. ◀

Auch eine abweichende, insbesondere **ausdehnende ehevertragliche Vereinbarung** über die gesetzlich vorgesehene Dreijahresgrenze hinaus kommt in Betracht („**Mindestehedauer**" oder „**Ehe auf Probe**"). Hierbei handelt es sich der Sache nach um eine auflösend bedingte Ausschlussvereinbarung.[21] 30

2. Beschränkung auf den Ausgleich „ehebedingter Nachteile"

Es ist möglich, abweichend vom Halbteilungsgrundsatz und im Hinblick auf jedes Anrecht jedes Ehegatten, den Ausgleich in der Gesamtbetrachtung derart zu gestalten, dass nur „**ehebedingte** (Versorgungs-)**Nachteile**" zu kompensieren sind. Eine solche Regelung kann sowohl Gegenstand eines vorsorgenden Ehevertrages als auch einer Scheidungsvereinbarung sein; sie steht der gerichtlichen Anpassung von Verzichtsvereinbarungen im Wege der Ausübungskontrolle (§ 8 Abs. 1 Alt. 2 VersAusglG iVm §§ 242, 313 BGB) als Teil der Inhaltskontrolle von Eheverträgen nahe. Nach Handhabung der Rechtsprechung ist es regelmäßig sachgerecht, bei einem **Versorgungsnachteil infolge abweichender Lebensgestaltung** gegenüber der vorgestellten Lebensplanung im Zeitpunkt des Vertragsschlusses, nicht den vollen Versorgungsausgleich durchzuführen, sondern lediglich die festzustellenden ehebedingten (Versorgungs-)Nachteile des benachteiligten Ehegatten auszugleichen. Die Rechtsprechung benutzt hierzu als Maßstab der Anpassung eine „**hypothetische Versorgungsbiographie**" (unter Einbeziehung typischer Karriereentwicklungen) des benachteiligten Ehegatten, die anhand von Rentenberechnungen – im Zweifel gutachterlich – aufzustellen ist.[22] Die **Obergrenze des Ausgleichs** ist hierbei die Höhe des Anspruchs bei uneingeschränkter Durchführung des Versorgungsausgleichs. 31

▶ Muster: Ausgleich beschränkt auf „ehebedingte Nachteile" in die gesetzliche Rentenversicherung als Zielversorgungsträger (vorsorgender Ehevertrag)

(...) Vorbemerkung: ... Beide Ehegatten beabsichtigen entsprechend ihren Vorstellungen einer „partnerschaftlichen Doppelverdienerehe" über die Dauer ihrer Ehe berufstätig zu bleiben und jeweils eigene Anrechte zu erwerben oder auszubauen. ...

(...) Versorgungsausgleich: Der Versorgungsausgleich nach dem VersAusglG soll im Fall der Scheidung der Ehe nur einseitig, das heißt zulasten von Anrechten des Ehemanns stattfinden. Der Ehemann verzichtet seinerseits auf die Geltendmachung von Ansprüchen auf Wertausgleich jeglicher Art und in Bezug auf alle gesetzlich dem Versorgungsausgleich unterliegenden Anrechte seiner Ehefrau.

(...) Der Ausgleich soll derart durchgeführt werden, dass die Ehefrau so viele Entgeltpunkte in der gesetzlichen Rentenversicherung übertragen erhält oder erwirbt, wie sie beim Ehezeitende unter Anrechnung aller von ihr bereits erworbenen Entgeltpunkte innehaben würde, wenn sie ihre Berufstätigkeit als ... in unverändertem Umfang unter Berücksichtigung regelmäßiger Beförderungen fortgesetzt haben würde. Hierbei steht es dem Ehemann frei, ob er dies durch interne oder externe Teilung eigener Anrechte oder durch Beitragszahlung bewirkt.

... ◀

3. Ausschluss des Wertausgleichs einzelner Anrechte

Die Eheleute können auf den Ausgleich einzelner Anrechte, beispielsweise von Betriebsrenten und Anrechten aus der privaten Vorsorge, verzichten, es aber gleichzeitig beim Ausgleich der Anrechte zB aus der gRV oder aus anderen Regelsicherungssystemen belassen. Bei Wirksamkeit der Vereinbarung führt das Familiengericht den Wertausgleich sodann nur bei Anrechten der gRV oder anderen, vorbehaltenen Anrechten aus Regelsicherungssystemen durch. Da die Ehegatten unter Anwendung des **Einzelausgleichs** nach dem VersAusglG eine **deutlich erhöhte Dispositionsbefugnis** erlangt haben, können sie nunmehr jedes einzelne Anrecht danach bewerten, inwieweit für sie oder einen von ihnen eine Realteilung sinnvoll 32

21 Vgl. etwa *Langenfeld/Milzner* Eheverträge-HdB Rn. 753.

22 Vgl. BGH 28.11.2007 – XII ZR 132/05, FamRZ 2008, 582.

ist. Sie können insbesondere berücksichtigen, inwieweit abgedeckte Risiken und absehbare Wertentwicklungen aus dem geteilten Anrecht für den Ausgleichsberechtigten brauchbar sind.[23] Grundsätzlich kann die Herausnahme mit und gegen die Gewährung einer **Gegenleistung** erfolgen.

▶ **Muster: Ausschluss des Wertausgleichs einzelner Anrechte (bzw. Ausschluss aller Anrechte mit benannten Ausnahmen)**

(1) Der Versorgungsausgleich soll im Fall der Scheidung unserer Ehe jeweils nur für Ehezeitanteile von Anrechten aus der gesetzlichen Rentenversicherung (... und der Beamtenversorgung ... oder anderer Versorgungsträger ...) stattfinden. Jeglichen Ausgleich anderer Anrechte, die ein jeder von uns in der Ehezeit erworben hat oder erwerben wird, schließen wir vollständig und gegenseitig aus. Eine Gegenleistung für den Ausschluss soll jeweils nicht erbracht werden.

(2) ... ◀

▶ **Muster: Ausschluss des Wertausgleichs einzelner Anrechte gegen Zahlung eines Ausgleichsbetrags (Maßstab: korrespondierender Kapitalwert) in einer Scheidungsvereinbarung**

(1) Der Versorgungsausgleich nach dem VersAusglG soll im Fall der Scheidung unserer Ehe nur und ausschließlich für Ehezeitanteile von Anrechten aus der gesetzlichen Rentenversicherung stattfinden. Die Bewertungen der von uns in der Ehezeit erworbenen Anrechte sind uns nach Auskunftserteilung der Versorgungträger bekannt.

(2) Darüber hinaus haben wir nach den Auskünften der jeweiligen Versorgungsträger vom..., von denen jeweils eine Abschrift dieser Urkunde beigefügt wird, in der Ehezeit folgende Anrechte aus betrieblicher Altersvorsorge erworben:

- Herr ... bei der ...-Versicherungs-AG Anrechte iHv ... EUR (= korrespondierender Kapitalwert des vorgeschlagenen Ausgleichswerts),
- Frau ... bei der ...-Versicherung Anrechte iHv ... EUR (= korrespondierender Kapitalwert des vorgeschlagenen Ausgleichswerts).

Zum Ausgleich der vorgenannten Anrechte vereinbaren wir unter Zugrundelegung des jeweiligen von den Versorgungsträgern mitgeteilten korrespondierenden Kapitalwerts, den Ausgleich durch Zahlung eines Einmalbetrages herbeizuführen.

(3) Herr ... verpflichtet sich daher, seiner Ehefrau, Frau ..., die rechnerische Hälfte des entsprechenden Unterschiedsbetrags der beiden vorbezeichneten Ausgleichswerte zu zahlen, das sind... EUR.

(4) ... (*Fälligkeit, weitere Zahlungsvereinbarungen, Zwangsvollstreckung*).

(5) Der Notar hat darüber belehrt, dass der Kapitalwert, der korrespondierende Kapitalwert oder andere Wertangaben von Versorgungsträgern lediglich ausgleichsrechtliche Hilfswerte darstellen, die dem tatsächlichen Wert eines Anrechts möglicherweise nicht entsprechen und die angegebenen Werte auch nicht schematisch miteinander verglichen werden können. Dies gilt selbst für einen Vergleich von Werten für Anrechte gleicher Art. Bei der Ermittlung des tatsächlichen Wertes eines Anrechts würden deshalb wertbildende Faktoren wie beispielsweise Leistungsumfang, Dynamisierung, Absicherung und Altersgrenzen für einen Bezug der Versorgung mitberücksichtigt. Für derartige Feststellungen ist – wie dies § 47 Abs. 6 VersAusglG ausdrücklich für Vereinbarungen über den Versorgungsausgleich vorsieht – die Einholung eines Gutachtens zur Bestimmung des tatsächlichen Werts empfehlenswert.

Die Ehegatten erklären, dass sie dennoch die Angaben über erworbene Anrechte, insbesondere den Ausgleichswert, wie sie von den Versorgungsträgern mitgeteilt wurden, bei ihrer vertraglichen Vereinbarung rechnerisch zugrunde legen wollen. Die Ermittlung der versicherungsmathematischen Barwerte soll unterbleiben. ◀

4. Abänderung der Ausgleichsquote (des Ausgleichswerts)

33 Im Falle erheblicher Differenzen der Ausgleichswerte aller Anrechte zwischen Ehegatten, wie **beispielsweise in der Einkommensdifferenzehe** oder, wenn ein Ehegatte schon immer – und nicht ehebedingt

23 *Bergschneider* BeckFormB FamR Form. K.I.5. Anm. 1.

– einer reduzierten Erwerbstätigkeit nachgeht und in der Ehe nachgehen will, kann durch eine ehevertragliche Vereinbarung nach § 7 Abs. 1 u. 3 VersAusglG iVm § 1410 BGB eine einseitige Abänderung der Ausgleichsquote zugunsten des bessergestellten Ehegatten oder die Festsetzung eines (jeweiligen) Ausgleichswertes eine sinnvolle Gestaltung sein. Zulässig ist hierbei insbesondere die **Reduzierung der Ausgleichsquote,** wobei dies für einzelne, eine Mehrzahl oder alle Anrechte vereinbart werden kann.

▶ **Muster: Abänderung der Ausgleichsquote**

(...) Wir vereinbaren hiermit, dass der Versorgungsausgleich nach dem VersAusglG im Falle der Scheidung unserer Ehe für alle Ehezeitanteile von erworbenen Anrechten nach den gesetzlichen Regelungen durchgeführt wird. Abweichend von § 1 Abs. 2 VersAusglG steht dem ausgleichsberechtigten Ehemann, bezogen auf jedes einzelne, von seiner Ehefrau erworbene Anrecht, jedoch nicht die Hälfte des Ehezeitanteils, sondern lediglich ein Drittel als Ausgleichswert zu. Der Ehemann nimmt einen darin liegenden Verzicht hiermit an. ◀

Eine Quotenreduzierung zugunsten lediglich eines Ehegatten bewirkt eine einseitige Stärkung seiner Al- 34
tersvorsorge.

5. Abänderung des Ausgleichszeitraums („vereinbarte Ehezeit")

Eine weitere, oft verwendete ehevertragliche Gestaltungsvariante ist und bleibt die Abänderung des Aus- 35
gleichszeitraums: Hierbei handelt es sich zumeist, jedoch nicht ausschließlich, um Abreden der Ehegatten, nach denen für den Fall der Scheidung als **fiktives Ehezeitende** ein vor der Rechtskraft der Scheidung liegender, gemeinsam vereinbarter **Stichtag** (zB Geburt eines Kindes, unverschuldete Arbeitslosigkeit, Eintritt des Getrenntlebens) maßgebend sein soll. Eine solche Modifizierung ist zulässig.[24]

In gleichem Maße wie die Vereinbarung eines „fiktiven Ehezeitendes" zulässig ist, gilt dies auch für 36
die Variante der Vereinbarung eines **fiktiven Ehezeitbeginns** auf einen Stichtag **nach** dem Tag der Eheschließung. Zulässig ist es zudem, den Versorgungsausgleich allein bezogen auf einen zeitlich begrenzten **Teilabschnitt innerhalb der Ehe**, also zeitraumbezogen durchzuführen. Nicht möglich ist es hingegen, bei dem Berechtigten ein früheres Ehezeitende (oder einen späteren Ehezeitbeginn) als bei dem Verpflichteten zu vereinbaren.

Die Berechnung des Ausgleichswertes wird bei der ehevertraglichen Vereinbarung eines fiktiven Zeitpunk- 37
tes (zB Trennungstag als Ehezeitende) dadurch bewirkt, dass das auf die gesamte Ehezeit entfallende Anrecht **um diejenigen Anteile zu bereinigen** ist, die tatsächlich in der Zeitspanne nach dem vereinbarten Tag (= fiktives Ehezeitende) bis zum tatsächlichen Ehezeitende erworben worden sind.[25] Eine **pauschalierende Berechnung** des Ausgleichsbetrages im Wege des gleichmäßigen, zeitanteiligen Abzugs (Zeit/Zeit-Verhältnis) findet demnach grundsätzlich nicht statt.

▶ **Muster: Festlegung eines ausscheidbaren Ausgleichszeitraums (bestimmtes Datum, zB Eintritt des Getrenntlebens)**

(1) Wir vereinbaren hiermit, dass der Versorgungsausgleich nach dem VersAusglG im Falle der Scheidung unserer Ehe mit der Maßgabe durchgeführt wird, dass die auf die gesamte Ehezeit nach § 3 Abs. 1 VersAusglG entfallenden Anrechte, also bestehende Anwartschaften auf Versorgung und Ansprüche auf laufende Versorgungen, jeweils um diejenigen Anteile zu bereinigen sind, die ab dem Monatsersten vor Eintritt des Getrenntlebens zwischen uns (also ab dem ...), von einem jeden von uns erworben worden sind; nur die sodann verbleibenden Anrechte sollen somit ausgeglichen werden. Wir nehmen den teilweisen Verzicht gegenseitig an.

(2) ... (*Belehrung*) ◀

---

24 Palandt/*Brudermüller* VersAusglG § 8 Rn. 2.

25 Besonders deutlich BGH 4.10.1989 – IVb ZB 106/88, NJW 1990, 1363 (1364 f.); OLG Frankfurt a. M. 6.6.1995 – 3 UF 52/95, FamRZ 1996, 550.

VI. Verrechnungsvereinbarung

38 In Anlehnung an § 10 Abs. 2 VersAusglG, der nur im Rahmen der internen Teilung Anwendung findet, können die Ehegatten bei **gleichartigen Anrechten** eine Saldierungs- oder Verrechnungsabrede treffen; damit nehmen sie ggf. die rechnerische Umsetzung des Versorgungsträgers nach rechtskräftiger Entscheidung durch das Familiengericht vorweg. Auch außerhalb des Anwendungsbereichs des § 10 Abs. 2 VersAusglG können die Ehegatten „nicht gleichartige Anrechte", beispielsweise auf der Basis der von den Versorgungsträgern angegebenen Kapitalwerte oder korrespondierenden Kapitalwerte, verrechnen.[26]

▶ Muster: Ausschluss des Wertausgleichs von Anrechten der landesrechtlichen Beamtenversorgung zur Verhinderung der externen Teilung (Maßstab: korrespondierender Kapitalwert)

(1) Der Versorgungsausgleich nach §§ 1 ff. VersAusglG soll im Fall der Scheidung unserer Ehe nur für Ehezeitanteile von Anrechten aus der gesetzlichen Rentenversicherung und der... stattfinden. Die Bewertungen der von uns in der Ehezeit erworbenen Anrechte sind uns insoweit bekannt.

(2) Darüber hinaus haben wir beide als Landesbeamte des Bundeslandes NRW und nach den schriftlichen Auskünften der jeweils zuständigen... vom... – von denen jeweils eine Abschrift dieser Urkunde beigefügt wird –, in der Ehezeit folgende Anrechte auf den Bezug von Altersruhegehalt erworben:

- Herr ... Anrechte von monatlich... EUR, mit einem korrespondierenden Kapitalwert von ... EUR,
- Frau ... Anrechte von monatlich... EUR, mit einem korrespondierenden Kapitalwert von ... EUR.

Zum Ausgleich der vorgenannten Anrechte aus der landesrechtlichen Beamtenversorgung und zur Vermeidung der externen Teilung in die gesetzliche Rentenversicherung vereinbaren wir unter Zugrundelegung der mitgeteilten korrespondierenden Kapitalwerte, den Ausgleich durch Zahlung eines Einmalbetrages nach rechnerischer Saldierung herbeizuführen.

(3) ... ◀

VII. Vereinbarung von Bedingungen, Befristungen und Rücktrittsvorbehalten

39 Totalausschluss, Teilausschluss oder Modifikationen des Versorgungsausgleichs können in ihrer Wirksamkeit von zukünftigen Ereignissen abhängig gemacht oder für einseitige Einwirkungsmöglichkeiten der Beteiligten zugänglich erhalten werden. Gestaltungsmittel sind auch nach Maßgabe des VersAusglG zulässigerweise Bedingungen, Befristungen oder Rücktrittsvorbehalte.

40 Typische **auflösende** (§ 158 Abs. 2 BGB) oder **aufschiebende Bedingungen** (§ 158 Abs. 1 BGB) sind:[27]

- Aufgabe oder Reduzierung der Erwerbstätigkeit wegen der **Geburt und Betreuung gemeinsamer Kinder**,
- erheblicher **Vermögenszuwachs** (zB Erlangung einer absehbaren Erbschaft) zugunsten eines Ehegatten,
- Aufgabe der Erwerbstätigkeit **im ausdrücklichen Einvernehmen** oder mit Duldung des anderen Ehegatten (sehr gute, einseitige Einkommensverhältnisse),
- Aufgabe der Erwerbstätigkeit wegen der **Pflege naher Angehöriger**,
- einer der Ehegatten **reduziert** (im Einvernehmen oder ohne Einvernehmen des anderen Ehegatten) seine **wöchentliche Arbeitszeit** um eine bestimmte Stundenzahl,
- einer der Ehegatten wird (ggf. amtlich festgestellt) **erwerbsunfähig** oder ist in seiner **Erwerbsfähigkeit erheblich gemindert**,
- **Nichterreichen** einer bestimmten **Versorgungshöhe**,
- **Nichterfüllung** oder mangelnde Werthaltigkeit vereinbarter **Gegenleistungen**,
- **kurze** – vertraglich definierte – **Ehedauer**, abweichend von der Dreijahresgrenze des § 3 Abs. 3 VersAusglG.

---

26 Vgl. auch *Langenfeld/Milzner* Eheverträge-HdB Rn. 742 ff.

27 Vgl. *Langenfeld/Milzner* Eheverträge-HdB Rn. 760.

▶ **Muster: Auflösend bedingter Verzicht (einseitige, jedoch einverständliche Berufsaufgabe)**

(1) Wir vereinbaren hiermit, dass der Versorgungsausgleich nach dem VersAusglG im Falle der Scheidung unserer Ehe vollständig und in jeder Ausgleichsrichtung ausgeschlossen ist. Der **Ausschluss ist auflösend bedingt** vereinbart. Der Ausschluss wird rückwirkend auf den Zeitpunkt des Beginns der Ehezeit unwirksam, wenn

- aus unserer Ehe ein oder mehrere gemeinsame Kinder hervorgehen und einer von uns deshalb seine ausgeübte Erwerbstätigkeit (auch nur vorübergehend) aufgibt oder auf weniger als die Hälfte der durchschnittlichen Wochenarbeitszeit reduziert,
- einer von uns seine ausgeübte Erwerbstätigkeit – gleich aus welchem Grund – im ausdrücklichen (schriftlichen) Einverständnis mit dem Ehegatten mehr als ein Jahr lang nicht mehr ausübt oder auf weniger als die Hälfte der durchschnittlichen Wochenarbeitszeit reduziert;
- einer von uns amtlich festgestellt erwerbsunfähig ist.

Eine einvernehmliche Aufgabe oder Reduzierung der Erwerbstätigkeit nach dieser Vereinbarung liegt nur dann vor, wenn sie von beiden Ehegatten schriftlich festgestellt wird. Die gesetzlichen Regelungen zur kurzen Ehezeit und Geringfügigkeit nach §§ 3 Abs. 3, 18 VersAusglG bleiben unberührt. ◀

Die **Vereinbarung eines Rücktrittsvorbehalts** kommt unter inhaltlich vergleichbaren Umständen wie die Vereinbarung von Bedingungen oder Befristungen in Betracht. Die Rechtsfolgen treten allerdings nicht automatisch und unabhängig vom fallbezogenen Willen der Vertragschließenden, und deshalb flexibler, ein (**keine Bedingungsautomatik**). 41

VIII. Erwerb von Anrechten „durch Arbeit" oder „mithilfe des Vermögens"

Nach § 2 Abs. 2 Nr. 1 VersAusglG sind nur solche Anrechte ausgleichs- und teilungspflichtig, die während der Ehezeit „durch Arbeit" oder „mithilfe des Vermögens" geschaffen oder aufrechterhalten wurden, ohne dass das Gesetz im zweiten Fall nach der Herkunft des Vermögens oder nach dem Zeitpunkt seines Erwerbs differenziert. Selbst wenn der ausgleichspflichtige Ehegatte seine Beiträge mit Mitteln leistet, die der ausgleichsberechtigte Ehegatte in der Ehezeit zur Verfügung gestellt hat, ist der Wertausgleich durchzuführen. Werden ehezeitbezogene Anrechte mit **Mitteln aus einem Darlehen** geschaffen oder aufrechterhalten, unterfallen auch diese regelmäßig dem Versorgungsausgleich.[28] 42

Haben sich die Ehegatten im Vorfeld der Scheidung vermögensrechtlich vollständig auseinandergesetzt und sodann **mit Mitteln aus der Auseinandersetzung Anrechte erworben**, unterfallen diese nicht dem Wertausgleich.[29] Das Gleiche soll auch dann gelten, wenn ein Ehegatte zeitlich nach vertraglich vereinbarter Gütertrennung eine private Rentenversicherung mit Mitteln seines Privatvermögens begründet; diese Anrechte sind nicht in den Wertausgleich einzubeziehen.[30] 43

Ungeklärt, aber einer vertraglichen Regelung zugänglich, ist die Behandlung von Anrechten, die zwar bereits vor der Eheschließung erworben worden sind, deren **Dynamisierungszuwachs** (zB Zinsanteile auf vorehelich erworbene Anrechtsteile) jedoch während der Ehezeit entsteht.[31] 44

IX. Erwerb von Anrechten mit Mitteln aus Anfangsvermögen oder aus sog. privilegiertem Vermögen nach § 1374 Abs. 2 BGB

Nach ständiger Rechtsprechung des Bundesgerichtshofs[32] gilt, dass auch alle diejenigen Anrechte in den Versorgungsausgleich einzubeziehen sind, die der ausgleichspflichtige Ehegatte in der Ehezeit mithilfe seines **bei Eheschließung bereits vorhandenen Vermögens** erworben hat. Betrachtet man diese Recht- 45

28 Vgl. OLG Koblenz 20.12.2000 – 13 UF 548/00, FamRZ 2001, 1221; Palandt/*Brudermüller* VersAusglG § 2 Rn. 6.
29 Vgl. *Rauscher* DNotZ 2012, 708 (710).
30 Str., s. aber OLG Hamm 9.11.2005 – 11 UF 82/05, FamRZ 2006, 795 (796).
31 Vgl. Hauß/*Eulering*, Versorgungsausgleich, 2009, Rn. 519; *Kemper*, Versorgungsausgleich, 2011, Kap. VI Rn. 62 mwN.
32 30.3.2011 – XII ZB 54/09, FamRZ 2011, 877.

sprechung unter dem Aspekt des Zugewinnausgleichs, bedeutet dies, dass der ausgleichpflichtige Ehegatte die während der Ehezeit aus Mitteln seines Anfangsvermögens im Sinne des § 1374 BGB erworbenen Anrechte über den Versorgungsausgleich dennoch auszugleichen hat. Dies kann ehevertraglich verhindert werden.

▶ **Muster: Herausnahme von Anrechteteilen aus „mitgebrachter" Dynamisierung**

(1) Der Ehemann .../Die Ehefrau ... hat bereits vor Eheschließung bei der ...-Versicherung als Versicherungsnehmer, versicherte Person und Bezugsberechtigter eine dynamische Rentenversicherung ohne Kapitalwahlrecht mit einem Deckungskapital von ... EUR erworben (Versicherungs-Nr. ...) sowie eine Zusatzversicherung bei Erwerbsminderung abgeschlossen.

(2) Der Versorgungsausgleich soll im Fall der Scheidung unserer Ehe bei dem vorgenannten, kapitalgedeckten Anrecht derart durchgeführt werden, dass diejenigen Erhöhungen des Deckungskapitals, die aus der Verzinsung oder anderen vertraglich vereinbarten Gutschriften bezogen auf das voreheliche Deckungskapital (anteilige Gutschriften, Zins- und Zinseszins uÄ) stammen, herausgerechnet werden. Auf jeglichen Ausgleich solcher Teile von Anrechten verzichten wir vollständig und gegenseitig. ◀

46 Auch diejenigen Anrechte sind „**mithilfe des Vermögens**" (§ 2 Abs. 2 Nr. 1 VersAusglG) erworben und deshalb ausgleichs- und teilungspflichtig, für die ein **Dritter** die Mittel zum Erwerb unmittelbar an den ausgleichspflichtigen Ehegatten leistet (zB schenkt) und dieser dann während der Ehezeit aus diesen Mitteln (freiwillige) oder regelmäßige Beitragszahlungen an den Versorgungsträger erbringt.[33] Das soll selbst dann gelten, wenn der Dritte **zweckgebunden geleistet** hat[34] oder die Mittel aus einer Erbschaft, also von Todes wegen, erlangt worden sind.[35] Anrechte, die mit Mitteln aus vorweggenommener Erbfolge geschaffen oder erhalten werden, sind ebenso in den Versorgungsausgleich einzubeziehen.[36] Auch insoweit kann eine ehevertragliche Regelung getroffen werden.[37]

X. Externe Teilung als Vereinbarungsgegenstand

47 Der **ausgleichsberechtigte Ehegatte** kann mit dem **Versorgungsträger des ausgleichpflichtigen Ehegatten** den Ausgleichsweg der externen Teilung vereinbaren (§ 14 Abs. 2 Nr. 1 VersAusglG; s. → *Externe Teilung* Rn. 1 ff.). Vereinbarungsgegenstand kann eine einzelne oder auch eine Vielzahl von auszugleichenden Anrechten sein, die eigentlich der internen Teilung unterliegen. Als vereinbarungsberechtigte Versorgungsträger kommen wohl nur die berufsständischen, betrieblichen und privaten in Betracht; die Versorgungsträger der Regelsicherungssysteme (§ 2 Abs. 1 VersAusglG) sind wohl nicht berechtigt, einem anderen als dem Ausgleichsweg der internen Teilung zuzustimmen.

48 Die Vereinbarung nach § 14 Abs. 2 Nr. 1 VersAusglG bedarf, wie auch jede vertragliche Vereinbarung der Ehegatten untereinander, der **rechtsgestaltenden Umsetzung** durch das Familiengericht (§ 224 Abs. 1 FamFG). Zugleich sollte der ausgleichsberechtigte Ehegatte den **Zielversorgungträger festlegen**. Die Vereinbarung nach § 14 Abs. 2 Nr. 1 VersAusglG ist im Übrigen bedingungsfreundlich. Einer Mitwirkung des ausgleichspflichtigen Ehegatten bedarf es für den Fall einer Vereinbarung nach § 14 Abs. 2 Nr. 1 VersAusglG nur, wenn die externe Teilung für ihn zu negativen steuerlichen Folgen führen kann (§ 15 Abs. 3 VersAusglG).

49 Die Vereinbarung nach § 14 Abs. 2 Nr. 1 VersAusglG bedarf verfahrensrechtlich der Schriftform, hingegen liegt **kein Fall des § 7 VersAusglG** (notarielle Beurkundung) vor; sie dürfte für den Ausgleichsberechtigten überwiegend nachteilig sein.[38]

33 Vgl. OLG Koblenz 7.7.2004 – 7 WF 623/04, FamRZ 2005, 1255.
34 Palandt/*Brudermüller* VersAusglG § 2 Rn. 6; anders und überzeugend OLG Köln 28.10.1983 – 4 UF 163/83, FamRZ 1984, 64.
35 BGH 8.10.1986 – IVb ZB 133/85, FamRZ 1987, 48.
36 OLG Koblenz 7.7.2004 – 7 WF 623/04, FamRZ 2005, 1255.
37 Vgl. *Langenfeld/Milzner* Eheverträge-HdB Rn. 755.
38 Vgl. etwa *Kemper* NJW 2020, 2931.

Es kann für Ehegatten, oder jedenfalls für einen von ihnen, von Interesse sein, bestehende Anrechte im Wege der externen Teilung „aufzufüllen“ oder zu begründen, anstatt in Höhe des Ausgleichwerts Anrechte durch interne Teilung bei dem Versorgungträger des ausgleichpflichtigen Ehegatten zu erwerben. Die Ehegatten können deshalb die Frage des **Ausgleichsweges** auch zum Gegenstand von Verabredungen untereinander machen. Die Festlegung der „externen Teilung“ als „bevorzugter“ Ausgleichsweg wäre dann Gegenstand einer beurkundungspflichtigen (ehevertraglichen) Vereinbarung (§§ 6–8 VersAusglG) der Ehegatten.[39] 50

Die Ehegatten haben allerdings **kein freies Wahlrecht** zwischen den Ausgleichswegen der internen und externen Teilung; die **externe Teilung** hat **Ausnahmecharakter** (→ *Externe Teilung* Rn. 2). Die Durchführbarkeit der Vereinbarung steht unter dem Vorbehalt des § 8 Abs. 2 VersAuslG. Danach können die Ehegatten durch Vereinbarungen nur dann Anrechte extern übertragen oder begründen, wenn das maßgebliche **Binnenrecht des Versorgungsträgers** des Ausgleichspflichtigen dies auch zulässt und seinerseits zustimmt.[40] Vereinbarungen dieser Art dürften Ausnahmecharakter haben.[41] 51

XI. Bewertung und korrespondierender Kapitalwert (§ 47 VersAusglG)

1. Ausgangspunkt

Das jeweils zum Ausgleich kommende Anrecht bzw. dessen **Ehezeitanteil** wird nach §§ 39 ff. VersAusglG ermittelt und bewertet. Nach der Konzeption durch das VersAusglG ist damit jedoch **keine objektive Wertermittlung** unter Verwendung einer auf Vergleichbarkeit zu anderen Anrechten angelegten Berechnung (zB unter Verwendung der Barwert-Verordnung) gemeint. Die Höhe des auszugleichenden Anrechts wird nicht mehr zwangsläufig in einem Rentenbetrag (einer Monatsrente) oder einem Kapitalwert (s. aber § 5 Abs. 4 VersAusglG) ausgedrückt. Maßgeblich sind vielmehr allein die Bemessungs- bzw. Bezugsgrößen, in denen der einzelne Versorgungsträger sein Anrecht darstellt. 52

Das Instrument des korrespondierenden Kapitalwerts ist eine **Neuerung** des VersAusglG (→ *Korrespondierender Kapitalwert* Rn. 1 ff.; *Kemper*, Versorgungsausgleich, Kap. VI Rn. 165), die gerade im Zusammenhang **vertraglicher Gestaltung**, insbesondere bei scheidungsnahen Vereinbarungen, wichtig wird. Die Eheleute (ihre Berater) und das Familiengericht sollen im Rahmen der (vermögensrechtlichen) Auseinandersetzung der Ehe (vgl. § 6 Nr. 1 VersAusglG) und ehevertraglicher Vereinbarungen alle Altersvorsorgeanrechte in der für alle verständlichen Währung „Geld“ erfassen, um aufgrunddessen über sie disponieren zu können. 53

Die Bedeutung der Angabe eines Kapitalbetrages wird evident, wenn die Ehegatten beispielsweise eine qualifizierte (vertragliche) Regelung zum Versorgungsausgleich, im Zusammenhang einer scheidungsbezogenen Vereinbarung mit dem Charakter einer **Gesamtvermögensregelung** treffen, wie sie § 6 Abs. 1 S. 2 Nr. 1 VersAusglG ausdrücklich vorsieht. Hier sind vergleichsfähige Wertangaben in Geld erforderlich. Wird demnach der Ausgleichswert nach § 5 Abs. 1, 3 VersAusglG durch den Versorgungsträger nicht bereits als Kapitalwert angegeben, wie zB bei der umlagefinanzierten gRV oder der Beamtenversorgung, kann hier nur der korrespondierende Kapitalwert weiterhelfen. Bei der Vorbereitung solcher Vereinbarungen bietet es sich daher an, entsprechende Auskünfte der Versorgungsträger einzuholen und diese Angaben zum Bestandteil der Verhandlung zwischen den Beteiligten zu machen. 54

Auf der Grundlage von Barwertangaben bzw. des korrespondierenden Kapitalwerts könnte – unter Vorbehalten – sogar eine **individuelle Versorgungsbilanz** der Ehegatten erstellt werden,[42] um feststellen zu können, wer betragsmäßig, also außerhalb eines „Hin- und Her-Ausgleichs“, der **insgesamt Ausgleichspflichtige** ist. Damit ließe sich eine vergleichsweise ähnliche Betrachtung des Versorgungsausgleichs herstellen, wie sie vor der Reform im System des „Einmalausgleichs“ bestanden hatte. 55

39 Johannsen/Henrich/*Holzwarth* VersAusglG§ 14 Rn. 11.
40 Vgl. Johannsen/Henrich/*Holzwarth* VersAusglG§ 14 Rn. 11.
41 S. Muster zum Anrecht auf Betriebsrente: *Münch*, Ehebezogene Rechtsgeschäfte, 3. Aufl. 2011, Rn. 3183.
42 So bereits BT-Drs. 16/10144, 50.

2. „Korrespondierender Kapitalwert" als Hilfsgröße

56 Der durch den Versorgungsträger pflichtgemäß ermittelte und schließlich mitgeteilte korrespondierende Kapitalwert eines Anrechts hat für die Beteiligten keinerlei Bindungswirkung, sondern zunächst nur die Bedeutung eines **zu überprüfenden Vorschlags** für die Bestimmung des Ausgleichswerts. Bereits § 47 Abs. 1 VersAusglG enthält insoweit einen wichtigen, relativierenden **Warnhinweis**. Danach ist der korrespondierende Kapitalwert lediglich eine Hilfsgröße für Fälle, in denen der Ausgleichswert nicht bereits als Kapitalwert dargestellt ist. Der korrespondierende Kapitalwert ist nämlich nicht geeignet, den wahren Wert einer Versorgung abzubilden (→ *Korrespondierender Kapitalwert* Rn. 2).

57 § 47 Abs. 2 VersAusglG bestimmt für die Berechnung des korrespondierenden Kapitalwerts vielmehr, dass er dem Betrag entspricht, den die ausgleichspflichtige Person – und nicht etwa die ausgleichsberechtigte Person – aufzuwenden hätte, wenn bei dem betroffenen Versorgungsträger für den Ausgleichspflichtigen ein Anrecht in Höhe des Ausgleichswertes begründet werden sollte. Man kann also zu Recht von einem **„Einkaufspreis" des ausgleichspflichtigen Ehegatten** sprechen. Der mitgeteilte „korrespondierende Kapitalwert" sagt demnach auch nichts darüber aus, wie hoch die aus dem entsprechenden Anrecht fließende Versorgung sein wird. Sind die Beteiligten an der „baren Rente" interessiert, kann es angeraten sein, eine von den Beteiligten selbst in Auftrag zu gebende, vorbereitende versicherungsmathematische Bewertung vornehmen zu lassen.[43] Lässt sich der korrespondierender Kapitalwert nach § 47 Abs. 2–4 VersAusglG nicht ermitteln, ist durch den Versorgungsträger der **Barwert** nach versicherungsmathematischen Grundsätzen anzugeben (§ 47 Abs. 5 VersAusglG).

3. Korrespondierender Kapitalwert in Vereinbarungen (§ 47 Abs. 6 VersAusglG)

58 § 47 Abs. 6 VersAusglG stellt unter anderem für den Fall der im hiesigen Zusammenhang primär interessierenden Vereinbarungen zum Versorgungsausgleich nach § 6 VersAusglG klar, dass bei einem Wertvergleich auch andere Faktoren als der „Einkaufswert" in das Versorgungssystem des auszugleichenden Anrechts, nämlich **wertbildende Faktoren zu berücksichtigen** sind.[44] Dies relativiert die Bedeutung des korrespondierenden Kapitalwertes auf der Basis des § 47 Abs. 2–4 VersAusglG für **Vereinbarungen über den Wertausgleich**. Allerdings greifen die Familiengerichte für ihre Beurteilung im Rahmen der **Inhaltskontrolle** nach § 8 Abs. 1 VersAusglG kaum auf eine Ausgleichsbilanz unter Berücksichtigung des § 47 Abs. 6 VersAusglG zurück; regelmäßig sollen die Angaben der Versorgungsträger ausreichend sein;[45] über § 47 Abs. 6 VersAusglG sollte dennoch belehrt werden.

▶ Muster: Allgemeine Belehrung über „Fehlvorstellungen der Vergleichbarkeit" von Angaben der Versorgungsträger über Kapitalwert, korrespondierenden Kapitalwert, Zeitwert (Rückkaufwert) usw

(...) Der Notar hat darüber belehrt, dass der Kapitalwert, der korrespondierende Kapitalwert oder andere Barwertangaben von Versorgungsträgern lediglich ausgleichsrechtliche Hilfswerte darstellen, die dem tatsächlichen Wert eines Anrechts möglicherweise nicht entsprechen und die angegebenen Werte auch nicht schematisch miteinander verglichen werden können. Dies gilt selbst für einen Vergleich von Werten für Anrechte gleicher Art. Bei Wertvergleichen von Anrechten würden deshalb wertbildende Faktoren wie beispielsweise Leistungsumfang, Dynamisierung, Absicherung und Altersgrenzen für einen Bezug der Versorgung mitberücksichtigt. Für derartige Feststellungen ist – wie dies § 47 Abs. 6 VersAusglG ausdrücklich für Vereinbarungen über den Versorgungsausgleich vorsieht – die Einholung eines Gutachtens zur Bestimmung des tatsächlichen Werts empfehlenswert.

(...) Die Ehegatten erklären, dass sie dennoch die Angaben über erworbene Anrechte, insbesondere den Ausgleichswert, wie sie von den Versorgungsträgern mitgeteilt werden, bei ihrer vertraglichen Vereinbarung rechnerisch zugrunde legen wollen. Eine weiter gehende Ermittlung versicherungsmathematischer Barwerte und/oder die vollständige Berücksichtigung wertbildender Faktoren soll unterbleiben. ◀

43 Vgl. *Kemper*, Versorgungsausgleich, Kap. VI Rn. 167.
44 *Wick* FPR 2009, 219 (222).
45 Vgl. etwa BGH 16.12.2015 – XII ZB 450/13, NJW 2016, 1166 = FamRZ 2015, 697.

XII. Vereinbarter Ausschluss der Abänderung[46]

Das Abänderungsverfahren bezieht sich nach dem VersAusglG nur noch auf das jeweils betroffene Einzelanrecht, es gilt also nunmehr der Grundsatz der **Einzelbetrachtung**. Das gilt grundsätzlich auch im Rahmen der Abänderung von Vereinbarungen zum Versorgungsausgleich. 59

Bei Vereinbarungen über den Versorgungsausgleich können Regelungen zum **Gebrauch oder Nichtgebrauch der Abänderbarkeit** erfolgen (§ 227 Abs. 2 iVm §§ 225, 226 FamFG). 60

▶ **Muster: Ausschluss der Abänderbarkeit**
hier: Totalausschluss für alle Anrechte

(...) Wir schließen eine nachträgliche gerichtliche Abänderung unserer vorstehenden Vereinbarung oder des durchgeführten Wertausgleichs nach § 227 Abs. 2 aus. Der Notar hat uns über die gesetzlichen Voraussetzungen einer nachträglichen Abänderung belehrt.

hier: Abänderung mit veränderten Wesentlichkeitsgrenzen unter Bezug auf § 32 Abs. 2 VersAusglG

(...) Eine Abänderung der Vereinbarungen über den Versorgungsausgleich und des Wertausgleichs durch das Familiengericht nach § 227 Abs. 2 FamFG soll nach Maßgabe des Gesetzes nur dann erfolgen, wenn durch das Eintreten nachträglicher Umstände für das jeweilige Anrecht die Wesentlichkeitsgrenzen des § 32 Abs. 2 VersAusglG anstelle des § 225 Abs. 3 FamFG überschritten sind.

hier: Totalausschluss mit Ausnahme eines Anrechts

(...) Wir schließen eine nachträgliche gerichtliche Abänderung unserer vorstehenden Vereinbarung oder des durchgeführten Wertausgleichs nach § 227 Abs. 2 FamFG aus. Der Notar hat uns über die gesetzlichen Voraussetzungen einer nachträglichen Abänderung belehrt. Von diesem Ausschluss ausgenommen sind die Anrechte bei.. (= Anrecht iSd § 32 VersAusglG).; hier soll eine Anpassung nach Maßgabe des Gesetzes erfolgen können. ◀

46 § 227 Abs. 2 FamFG.

245. Vereinbarungen zum elterlichen Sorge- und Umgangsrecht

Reetz

I. Ausgangslage

1 Das gültige Recht über das elterliche Sorge- und Umgangsrecht beruht wesentlich auf dem Gesetz zur Reform des Kindschaftsrechts und dem Gesetz zur Stärkung der Rechte des leiblichen, nicht rechtlichen Vaters (KindRG).[1]

II. Vereinbarungen zur elterlichen Sorge

1. Gemeinsames elterliches Sorgerecht

2 **a) Miteinander verheiratete Eltern.** Den miteinander verheirateten Eltern steht das Sorgerecht für ihre gemeinschaftlichen Kinder gemeinsam zu; es umfasst sowohl die Personen- als auch die Vermögenssorge. Das Sorgerecht beinhaltet die **rechtsgeschäftliche Vertretung des Kindes**. Eltern haben im Übrigen nicht nur das Recht, sondern die Pflicht, für das minderjährige gemeinsame Kind zu sorgen (§ 1626 Abs. 1 BGB).

3 Dauerndes Getrenntleben und/oder Scheidung verändern die einmal begründete gemeinschaftliche Sorge für das gemeinsame Kind nicht (→ *Elterliches Sorgerecht* Rn. 10), wenn und soweit kein Elternteil einen Antrag zur abweichenden familiengerichtlichen Entscheidung nach § 1671 Abs. 2 BGB stellt. Eine solche Übertragung des Sorgerechts setzt voraus, dass entweder der andere Ehegatte zustimmt und das mindestens vierzehnjährige Kind dem nicht widerspricht (Nr. 1), oder aber es ist zu erwarten, dass die Aufhebung der gemeinsamen Sorge dem Wohl des Kindes am besten entspricht (Nr. 2). Der andere Ehegatte verliert in einem solchen Fall sein gesamtes Sorgerecht; es bleiben ihm nur sein Umgangs- und Auskunftsrecht (§§ 1684, 1686 BGB). Der Bundesgerichtshof verlangt im Übrigen für die Beibehaltung der gemeinsamen Sorge ein **Mindestmaß an Konsens- und Kooperationsbereitschaft der Eltern** und stellt in einer Gesamtschau darauf ab, welche Auswirkungen die mangelnde Einigungsfähigkeit auf das Wohl und die Entwicklung des Kindes haben wird.[2] Das Bundesverfassungsgericht spricht von einer „tragfähigen sozialen Beziehung der Eltern".[3]

4 **b) Nicht miteinander verheiratete Eltern.** Den **nicht miteinander verheirateten Eltern** steht das Sorgerecht nur dann gemeinsam zu, wenn sie eine entsprechende **Sorgeerklärung** (s. hierzu Muster nichteheliche Lebensgemeinschaft → Rn. 15) in notariell oder durch das Jugendamt beurkundeter Form abgeben (§ 1626 a Abs. 1 Nr. 1 BGB) oder einander heiraten (§ 1626 a Abs. 1 Nr. 2 BGB) oder das Familiengericht sie überträgt (§ 1626 a Abs. 1 Nr. 3 BGB). Das Familiengericht überträgt auf Antrag eines Elternteils

1 Vgl. hierzu *Zimmermann* DNotZ 1998, 404; G v. 16.4.2013, BGBl. I 2013, 795; Bezüge zur vertraglichen Gestaltung: *Wegmann* MittBayNot 1998, 308.
2 BGH 29.9.1999 – XII ZB 3/99, FamRZ 1999, 1646; OLG München 24.7.2001 – 26 UF 664/01, FamRZ 2002, 189.
3 BVerfG 18.12.2003 – 1 BvR 1140/03, FamRZ 2004, 354.

(zumeist des leiblichen Vaters) die elterliche Sorge oder einen Teil der elterlichen Sorge beiden Eltern gemeinsam, wenn die Übertragung dem Kindeswohl nicht widerspricht; wobei jedoch keine gesetzliche Vermutung existiert, nach der die gemeinsame elterliche Sorge im Zweifel die für das Kind beste Form der Wahrnehmung elterlicher Verantwortung darstellt.[4] Es ist auch im Hinblick auf Art. 6 Abs. 2 GG von Verfassungs wegen nicht geboten, der gemeinsamen Sorge gegenüber der alleinigen Sorge einen Vorrang einzuräumen.[5]

Im Falle der **Trennung der nicht miteinander verheirateten Eltern**/Lebenspartner bleibt ein zuvor, beispielsweise durch Sorgeerklärung nach § 1626 a Abs. 1 Nr. 1 BGB begründetes, gemeinsames Sorgerecht bestehen; das Alleinentscheidungsrecht in Angelegenheiten des täglichen Lebens steht sodann dem betreuenden Elternteil allein zu (§ 1687 BGB). 5

2. Aufspaltung des Sorgerechts

In den nachfolgenden Fällen kann es zu einer Aufspaltung der grundsätzlich gemeinsamen elterlichen Sorge kommen: 6

- **§ 1687 Abs. 1 S. 2 u. S. 4 BGB** gibt dem Elternteil, in dessen Obhut sich das Kind mit Zustimmung des anderen Elternteils befindet, die Befugnis zur alleinigen Entscheidung in **Angelegenheiten des täglichen Lebens** (Definition: § 1687 Abs. 1 S. 3 BGB);
- **§ 1628 BGB:** Erzielen die Eltern **in einer einzelnen Angelegenheit** oder in einer bestimmten Art von Angelegenheiten der elterlichen Sorge, deren Regelung für das Kind von Bedeutung ist, kein Einvernehmen, kann das Familiengericht – antragsgebunden – insoweit das Sorgerecht einem Elternteil übertragen.
- **§ 1629 Abs. 1 S. 4 BGB** gewährt jedem Elternteil ein „Notvertretungsrecht" für das Kind **bei Gefahr in Verzug**.
- **§ 1629 Abs. 2 S. 2 BGB** gewährt dem „Obhuts-Elternteil" das alleinige Recht zur Geltendmachung von Unterhaltsansprüchen des minderjährigen Kindes gegen den barunterhaltspflichtigen Elternteil.

3. Alleiniges Sorgerecht eines Elternteils

Konstellationen des alleinigen Sorgerechts eines Elternteils können – nachdem zuvor ein gemeinsames Sorgerecht beider Eltern bestand – entstehen, wenn 7

- der andere, zunächst **sorgeberechtigte Elternteil verstorben** (§ 1680 Abs. 1 BGB; s. → *Elterliches Sorgerecht* Rn. 20) oder nach Maßgabe des Verschollenheitsgesetzes für tot erklärt ist (§§ 1677, 1681 Abs. 1 S. 1 BGB);
- einem Elternteil die elterliche Sorge entzogen wird (§ 1680 Abs. 3 1. Alt. BGB);
- die **elterliche Sorge des anderen Elternteils** nach §§ 1673–1675 BGB **ruht** (§ 1678 BGB: „tatsächliche Verhinderung und Ruhen");
- das **Sorgerecht durch das Familiengericht** nach §§ 1671, 1672 BGB bei getrennt lebenden Eltern (§ 1567 BGB) einem Elternteil durch das Familiengericht allein **übertragen** worden ist.

Bei **nicht miteinander verheirateten Eltern** ist **allein die Mutter sorgeberechtigt** (§ 1626 a Abs. 3 BGB), wenn keine **Sorgeerklärung** abgeben wird (§ 1626 a Abs. 1 Nr. 1 BGB), die leiblichen Eltern einander nicht heiraten (§ 1626 a Abs. 1 Nr. 2 BGB) und auch kein Antrag eines Elternteils an das Familiengericht zur Herstellung der gemeinsamen Sorge gestellt oder einem solchen Antrag nicht stattgegeben wird.[6] Gem. § 1687 b BGB hat der Ehegatte eines allein sorgeberechtigten Elternteils im Einvernehmen mit dem sorgeberechtigten Elternteil ein sogenanntes „**kleines Sorgerecht**" (→ *Elterliches Sorgerecht* Rn. 19). 8

---

4 So die Rechtslage seit dem 19.5.2013 durch Gesetz v. 16.4.2013, BGBl. I 2013, 795, zuvor bereits BVerfG 21.7.2010 – 1 BvR 420/09, NJW 2010, 3008; EGMR 3.12.2009 – 22028/04, FamRZ 2010, 103.

5 BVerfG 29.5.2006 – 1 BvR 430/03, BeckRS 2007, 24544.

6 Vgl. nunmehr § 1626 a Abs. 1 Nr. 3 und Abs. 2 BGB und zuvor bereits BVerfG 21.7.2010 – 1 BvR 420/09, NJW 2010, 3008.

4. Ausnahmsweise kein Sorgerecht der Eltern

9 Erwirbt das minderjährige Kind Vermögen von Todes wegen oder unter Lebenden unentgeltlich und bestimmt der Erblasser (Zuwendende) nach § 1638 BGB, dass das derart erworbene Vermögen nicht von den an sich vermögenssorgeberechtigten Eltern (oder von einem Elternteil, vgl. § 1638 Abs. 3 BGB) verwaltet werden soll, erstreckt sich insoweit das Sorgerecht und die damit verbundene Vertretungsmacht der Eltern nicht auf dieses Vermögen einschließlich dessen Surrogate. Es kommt insoweit zu einem Pflegschaftsfall nach § 1909 Abs. 1 BGB. Der Ausschluss muss sich auf die Vermögensverwaltung beziehen. Der durch Verfügung von Todes wegen angeordnete Ausschluss der elterlichen Vermögensverwaltung für vom Kind ererbtes Vermögen umfasst auch die **Befugnis zur Ausschlagung der Erbschaft.**[7] Die in einem solchen Fall von einem ausgeschlossenen Elternteil im Namen des Kindes erklärte Ausschlagung ist folglich mangels Vertretungsmacht unwirksam.

5. Vertragliche Vereinbarungen zum Sorgerecht

10 **a) Grundsatz.** Grundsätzlich gilt, dass (vertragliche) Vereinbarungen und Abreden der Eltern unter Beachtung des Kindeswohls auch im Bereich der elterlichen Sorge und des Umgangsrechts zulässig und gewollt sind (→ *Elterliches Sorgerecht* Rn. 11). Insbesondere die **inhaltliche Ausgestaltung der elterlichen Sorge** (und des Umgangsrechts) ist nicht allein oder zuerst eine Angelegenheit scheidungsbezogener gerichtlicher Entscheidung, sondern grundrechtlich geschütztes Elternrecht (Art. 6 Abs. 3 GG).

11 Vertraglich kann eine Veränderung des gemeinsamen Sorgerechts nicht herbeigeführt werden. Die Eltern können somit das Sorgerecht nicht übertragen und auch nicht vertraglich darauf verzichten. Statusveränderungen bedürfen der familiengerichtlichen Entscheidung. **Vereinbarungen zur inhaltlichen Gestaltung des Sorgerechts** der Eltern richten sich im Übrigen danach, ob

- gemeinsame elterliche Sorge (§ 1626 BGB) oder
- alleinige elterliche Sorge eines Elternteils

besteht oder herbeigeführt werden soll (vgl. auch § 1671 BGB). Ferner ist zu unterscheiden, ob die Eltern miteinander verheiratet sind oder nicht.

12 In **qualifizierten Scheidungsfolgenvereinbarungen** zur Herbeiführung einer einvernehmlichen Scheidung (§ 1566 Abs. 1 BGB) sollten die Ehegatten in der Antragsschrift zum Familiengericht nach § 133 Abs. 1 Nr. 2 FamFG entweder übereinstimmend erklären, dass Sorge- und Umgangsrechtsanträge nicht gestellt werden, weil die Ehegatten (Eltern) über die elterliche Sorge und den Umgang mit dem gemeinsamen Kind bereits einvernehmlich „Regelungen getroffen haben", oder aber Anträge zu einer abweichenden gerichtlichen Regelung stellen und die **Zustimmung des anderen Ehegatten** hierzu abgeben. Abändernde Erklärungen können im Übrigen ebenfalls Inhalt einer notariellen Scheidungsfolgenvereinbarung sein.

13 **b) „Bestätigende" Abrede in einer Scheidungsfolgenvereinbarung.** Zumeist, das heißt im „Normalfall", bleibt es – wie bereits angedeutet – auch nach einer Trennung und/oder Scheidung der Eltern bei der gesetzlichen **Regel der gemeinsamen elterlichen Sorge**, wenn eine solche bereits vorher bestand. Irgendeine Antragstellung im Rahmen des Scheidungsverfahrens ist nicht erforderlich. Die Ehegatten können allerdings „bestätigende" und „beruhigende" Regelungen in eine qualifizierte Scheidungsfolgenvereinbarung aufnehmen. Bei der unveränderten Beibehaltung der gemeinsamen elterlichen Sorge können „bestätigende" Vereinbarungen zudem dazu verwendet werden, die **Angelegenheiten von erheblicher Bedeutung für das Kind** (§ 1687 Abs. 1 S. 1 BGB) genauer zu definieren. In solchen Angelegenheiten müssen die Eltern nämlich in jedem Einzelfall gegenseitiges Einvernehmen – unter Beachtung des Kindeswohls – herstellen:[8]

---

7 BGH 29.6.2016 – XII ZB 300/15, NJW 2016, 3032.

8 Vgl. *Bergschneider* Eheverträge Rn. 255 f., 259 b.

▶ **Muster: Vertragliche Regelungen zur „Bestätigung" des gemeinsamen Sorgerechts in einer Scheidungsfolgenvereinbarung**

(1) Die elterliche Sorge über das gemeinsame Kind ..., die sowohl die Personen- als auch die Vermögenssorge umfasst, steht uns gemeinsam zu. Wir verpflichten uns, einen hiervon abweichenden Antrag für den Fall der Scheidung unserer Ehe nicht zu stellen, auch nicht im Hinblick auf Teilbereiche der elterlichen Sorge. Wir wollen die elterliche Sorge auch nach Trennung und Scheidung unserer Ehe in vollem Umfang gemeinsam unter Beachtung des Kindeswohls ausüben.

(2) Zur näheren inhaltlichen Ausgestaltung der elterlichen Sorge (und des Umgangsrechts) vereinbaren wir:

Unser gemeinsames Kind ... nimmt nach unserer übereinstimmenden Entscheidung seinen gewöhnlichen Aufenthalt bei der Mutter/dem Vater (Obhuts-Elternteil).

Die Mutter/Der Vater trifft die Entscheidungen in Angelegenheiten des täglichen Lebens. Für diese Angelegenheiten erteilt der Ehemann/die Ehefrau vorsorglich der Ehefrau/dem Ehemann hiermit Vollmacht zur Alleinvertretung des Kindes im Rechtsverkehr.

Bei allen weitergehenden Entscheidungen, die das Kind betreffen, ist das gegenseitige Einvernehmen beider Eltern erforderlich und es besteht kein Alleinvertretungsrecht. Hierzu zählen wir nach unserem Betreuungs- und Erziehungskonzept insbesondere Entscheidungen über: ... ◀

c) Abrede zur Übertragung des Sorgerechts in einer Scheidungsfolgenvereinbarung. Die miteinander verheirateten Eltern können im Rahmen einer Scheidungsfolgenvereinbarung, immer unter Beachtung des Kindeswohls und idealerweise gekoppelt mit einer Umgangsregelung, die **Übertragung des Sorgerechts** durch das Familiengericht auf einen von ihnen beantragen. Dabei ist zu beachten, dass die konsentierte Übertragung des Sorgerechts oder Teilen davon letztlich nur durch Entscheidung des Familiengerichts erfolgen kann und nicht als „Gegenleistung" für andere, scheidungsbezogene Abreden zustande gekommen sein darf (= keine „Kommerzialisierung" des Sorge- und Umgangsrechts): 14

▶ **Muster: Vertragliche Regelungen zur Übertragung des Sorgerechts in einer Scheidungsfolgenvereinbarung**

(...) Die Ehegatten sind sich darüber einig, dass im Rahmen der Scheidung ihrer Ehe der Ehefrau die alleinige umfassende elterliche Sorge für die gemeinsamen Kinder ..., geboren am ..., und ..., geboren am ..., unter Beachtung des Kindeswohls übertragen werden soll. Die Ehefrau wird einen entsprechenden Antrag bei dem zuständigen Familiengericht stellen.

(...) Der Ehemann, nämlich ..., stimmt diesem Antrag bereits heute und durch diese Urkunde zu und verpflichtet sich zugleich, eine solche Zustimmung im Verfahren zur Übertragung des Sorgerechts ggf. zu wiederholen. Irgendwelche Gegenleistungen oder Verknüpfungen mit anderen Regelungen dieser Scheidungsfolgenvereinbarung sind für die Übertragung des Sorgerechts nicht vereinbart.

(...) (*ggf. Umgangsrecht*) ◀

d) Abreden zum Sorgerecht und „Betreuungsmodell" der Eltern. Grundlage jeder vertraglichen Abrede über das Sorgerecht, also auch für „bestätigende Vereinbarungen" oder zur „Übertragung auf einen Elternteil", ist das von den Eltern gewählte **Betreuungsmodell.**[9] Als Betreuungsmodelle kommen erfahrungsgemäß in Betracht: 15

- Normalfall (noch): **Residenz- oder Eingliederungsmodell**: Das Kind lebt (weit) überwiegend bei einem Elternteil (= Obhuts-Elternteil), bei dem anderen Elternteil hält es sich regelmäßig besuchsweise auf; eine Umgangsregelung ist sinnvoll;
- Ausnahmefall (mit steigender Tendenz): „echtes" bzw. „paritätisches Wechselmodell" **Wechsel- oder Pendelmodell** (→ *Wechselmodell* Rn. 1 ff.):[10] Das Kind lebt abwechselnd und gleichmäßig bei Vater

9 Vgl. *Langenfeld/Milzer* Eheverträge-HdB Rn. 958.
10 Vgl. *Langenfeld/Milzer* Eheverträge-HdB Rn. 953 f.

oder Mutter, ein Obhuts-Elternteil wird nicht bestimmt;[11] vielfältige Regelungen zum Unterhalt und zum gleichwertigen Aufenthalt sind notwendig; erhöhter Grundbedarf des Kindes;
- Ausnahmefall **Nestmodell**: Das Kind lebt in einem eigenen Haushalt und wird dort abwechselnd von Vater oder Mutter betreut.[12]

16 Das von den Eltern bestimmte und umgesetzte **Betreuungsmodell** stellt zunächst eine verbindliche Sorgerechtsentscheidung über den gewöhnlichen Aufenthalt des Kindes (**Obhut**) dar, wobei eine nachträglich einseitige Änderung des vereinbarten gewöhnlichen Aufenthaltsorts der Kinder nicht ohne Weiteres möglich ist.[13] Die Folgen betreffen zunächst die **Barunterhaltspflicht gegenüber dem Kind**. Barunterhaltspflichtig ist nämlich derjenige Ehegatte, der nicht die Obhut über das Kind innehat (§ 1606 Abs. 3 S. 2 BGB) und deswegen keinen – grundsätzlich gleichwertigen – Naturalunterhalt leistet. Zudem ist der Obhuts-Elternteil allein zur **Geltendmachung von Unterhaltsansprüchen** (**Standschaft**) nach § 1629 Abs. 2 S. 2 BGB berechtigt. Schließlich determiniert das Betreuungsmodell das gesetzlich vermittelte Vertretungsrecht für das Kind auf Grundlage der §§ 1687 Abs. 1 S. 2 u. S. 4, 1629 Abs. 2 S. 2 BGB.

▶ **Muster: Vertragliche Regelungen zum „Wechselmodell" in einer Scheidungsfolgenvereinbarung**

§ ... Umgangs- und Sorgerecht

(1) Die elterliche Sorge für unsere beiden Kinder, ... und ..., soll auch nach der Scheidung beiden Eltern gemeinsam zustehen. Hiervon abweichende Anträge auf Übertragung der elterlichen Sorge oder eines Teils der elterlichen Sorge auf nur einen Elternteil werden wir nicht stellen.

(2) Wir sind uns darüber einig, dass wir unsere beiden Kinder im sogenannten „Wechselmodell" betreuen werden, so dass beide Kinder für etwa gleich lange Zeiträume im Wechsel bei einem jeden von uns leben. Ein Schwerpunkt der Betreuung bei nur einem Elternteil besteht nicht; keiner der Elternteile hat die Obhut über die Kinder im Sinne des § 1629 Abs. 2 S. 2 BGB allein inne. Jedem unserer Kinder stehen bei jedem der Elternteile die seinem Entwicklungsstand und seinen Bedürfnissen entsprechenden Räumlichkeiten und Ausstattungen zur Verfügung.

Über längere Aufenthalte der Kinder bei einem Elternteil, beispielsweise anlässlich eines Urlaubs sowie des Verbringens von Feiertagen, werden wir uns im Einzelfall untereinander und mit den Kindern abstimmen und einigen; in der Regel soll dies ebenfalls im Wechsel stattfinden.

Die Eltern verpflichten sich gegenseitig, alle für die Ausgestaltung des von ihnen gewählten Betreuungs- und Erziehungsmodells („Wechselmodell") notwendigen Voraussetzungen zu schaffen und aufrecht zu erhalten sowie insgesamt partnerschaftlich miteinander im Gespräch zu bleiben und eventuell wandelnde Bedürfnisse der Kinder gemeinsam zu deren Wohl zu berücksichtigen.

(4) Eine weitergehende Umgangsregelung wollen wir im Hinblick auf das von uns gewählte Betreuungs- und Erziehungsmodell („Wechselmodell") derzeit nicht treffen.

(...) (*ggf. Vollmachten; Kindesunterhalt; Kindergeld; Kosten*) ◀

17 **e) Partielles Sorgerecht aufgrund vertraglicher Vereinbarung.** Nach § 1671 BGB können einem Elternteil einzelne Teile der elterlichen Sorge allein übertragen werden (sog. **partielle Alleinsorge**). Dies gilt beispielsweise für das Aufenthaltsbestimmungsrecht.[14] Umgekehrt kann bei grundsätzlicher Auflösung der gemeinsamen Sorge ein Teilbereich in der gemeinsamen Sorge der Eltern verbleiben (sog. **partielle gemeinsame elterliche Sorge**). Auch dies kann zB die Aufenthaltsbestimmung sein, um auf diese Weise zu verhindern, dass das Kind von einem Elternteil ins Ausland verbracht wird.[15] Eine vertragliche Regelung im Bereich des partiellen Sorgerechts kann nicht mehr als eine Anregung für das Familiengericht darstellen.

11 Zusammenfassend BGH 11.1.2017 – XII ZB 565/15, Z 213, 254 = FamRZ 2017, 437.
12 Palandt/*Götz* BGB § 1687 Rn. 2; NK-BGB/*Peschel-Gutzeit* § 1687 Rn. 3.
13 OLG Stuttgart 9.9.1998 – 17 UF 309/98, FamRZ 1999, 39 (40).
14 Vgl. OLG Nürnberg 23.2.1999 – 11 UF 4062/98, FamRZ 1999, 1160; OLG Zweibrücken 17.8.2000 – 5 UF 66/99, FamRZ 2001, 184.
15 OLG Hamm 17.11.1998 – 2 WF 415/98, FamRZ 1999, 393.

▶ Muster: Vertragliche Regelungen zur Herbeiführung der „partiellen Alleinsorge"

(1) Wir sind uns darüber einig, bei dem Familiengericht für unser Kind/unsere Kinder, ..., geboren am ..., und ..., geboren am ..., die Übertragung des Sorgerechts in folgenden Angelegenheiten allein auf die Mutter (*oder:* den Vater) zu beantragen, nämlich:

- die Bestimmung des gewöhnlichen Aufenthaltes,
- die Bestimmung des Umgangs mit Wirkung für und gegen Dritte,
- die Gesundheitsvorsorge und
- die religiöse Erziehung

und in nachfolgenden Angelegenheiten allein auf den Vater (*oder:* die Mutter) zu beantragen, nämlich:

- die Vermögenssorge,

... (*weitere Angelegenheiten*).

(2) Wir verpflichten uns gegenseitig, zu Anträgen eines jeden von uns gegenüber dem Familiengericht nach Maßgabe des Abs. (1) unverzüglich die jeweilige uneingeschränkte Zustimmung in der dazu notwendigen Form zu erklären.

(3) Soweit durch unsere Anträge keine Aufteilung der elterlichen Sorge erfolgt, bleibt es bei unserer gemeinsamen elterlichen Sorge ... (*mit weiteren Regelungen wie zur gemeinsamen elterlichen Sorge*).

(4) Wir verpflichten uns gegenseitig, den jeweils anderen von uns über bevorstehende Entscheidungen in den uns allein übertragenen Sorgerechtsbereichen, die für unser Kind/unsere Kinder von erheblicher Bedeutung sind, rechtzeitig zu unterrichten und uns jederzeit Auskunft über die persönlichen Verhältnisse unseres Kindes/unserer Kinder zu geben. ◀

f) Weitergehende Vereinbarungen zum Sorgerecht. Ob weitergehende vertragliche Abreden zum Sorgerecht (in einer Scheidungsvereinbarung), beispielsweise zu Einzelheiten der Erziehung oder zur Aufteilung einzelner Bereiche der elterlichen Sorge, zweckmäßig und rechtsverbindlich sind, ist zweifelhaft.[16] Sorgerechtsvereinbarungen unterliegen – soweit man von einer Zulässigkeit ausgeht – zur Wahrung des Kindeswohls der Abänderbarkeit oder Aufhebbarkeit durch das Familiengericht.[17] 18

Verbindlich ist jedenfalls die vertragliche **Festlegung des Aufenthalts des gemeinsamen Kindes.**[18] Auch in einem nachfolgenden Sorgerechtsstreit kann die in einer Scheidungsvereinbarung zunächst gefundene Einigung der Eltern von Bedeutung sein. Die Vereinbarung von **vertraglichen Gegenleistungen oder Sanktionen**, wie beispielsweise die Vereinbarung von **Vertragsstrafen** für den Fall des Widerrufs der Zustimmung zur Übertragung des Sorgerechts oder des Stellens von abweichenden Sorgerechtsanträgen, sind zu vermeiden. Das Sorgerecht ist grundsätzlich jeder Kommerzialisierung entzogen; das gilt insbesondere für Verknüpfungen mit Abreden zum Kinderunterhalt.[19] 19

Soweit insgesamt sachliche Abgrenzungsfragen und das Problem des Nachweises der Vertretungsmacht bestehen können, sind im Übrigen entsprechende **Vollmachten** der Eltern empfehlenswert.[20] 20

6. Vertretung des minderjährigen Kindes als Teil der Vermögenssorge

a) Grundsatz. Die elterliche Sorge umfasst als Teil der Vermögenssorge auch die (gesetzliche) Vertretung des Kindes im rechtsgeschäftlichen und prozessualen Bereich (§ 1629 Abs. 1 S. 1 BGB). Soweit die elterliche Sorge reicht, geben die Eltern im Namen des Kindes mit Wirkung für und gegen dieses Willenserklärungen und Verfahrenserklärungen ab und nehmen solche entgegen (§ 164 Abs. 1, 3 BGB). Seit 1999 ist durch das Minderjährigenhaftungsbeschränkungsgesetz die Haftung Minderjähriger für Ver- 21

16 Vgl. DNotI-Report 2000, 199.

17 Ausdrücklich OLG Hamm 14.2.2000 – 6 UF 141/99, FamRZ 2000, 1039.

18 „Obhut" – vgl. OLG Stuttgart 9.9.1998 – 17 UF 309/98, FamRZ 1999, 39; OLG Rostock 25.5.2000 – 10 UF 126/00, FamRZ 2001, 642 (643).

19 Vgl. BGH 5.9.1985 – IVb ZR 49/84, FamRZ 1986, 444.

20 *Hoffmann* ZKJ 2009, 156; *Geiger/Kirsch* FamRZ 2009, 1879.

bindlichkeiten, die auf ein Tätigwerden ihrer gesetzlichen Vertreter beruhen, begrenzt. Sie müssen solche Verbindlichkeiten nur erfüllen, soweit ihnen das aus einem bei Eintritt ihrer Volljährigkeit vorhandenen Vermögen möglich ist (vgl. § 1629 a BGB).

22 **b) Vertretung durch beide Eltern.** Das gesetzliche Vertretungsrecht steht den Eltern, wenn ihnen die elterliche Sorge gemeinsam zusteht, gemeinschaftlich zu (§ 1629 Abs. 1 S. 2 BGB – **Grundsatz der Gesamtvertretung**). Es kommt in diesem Zusammenhang nicht darauf an, ob das Kind bei den Eltern, bei Verwandten, Bekannten, Pflegeeltern oder in einem Heim lebt. Auch den getrennt lebenden oder geschiedenen Eltern steht das Sorgerecht und damit auch das gesetzliche Vertretungsrecht für ihr gemeinsames Kind gemeinschaftlich zu, solange das Familiengericht die elterliche Sorge nicht einem von ihnen allein überträgt (§ 1671 BGB).

23 Gemeinsames Vertretungsrechts **durch beide Elternteile** liegt auch vor, wenn ein Elternteil zugleich für den anderen als Untervertreter handelt und hierzu von diesem bevollmächtigt ist. Die Erteilung einer **unwiderruflichen Generalvollmacht** durch einen Elternteil zugunsten des anderen zur (alleinigen) Vertretung des gemeinsamen Kindes ist hingegen unzulässig, da der Verzicht auf wesentliche Bestandteile der elterlichen Sorge grundsätzlich nicht **zulässig** ist. Nicht ausgeschlossen ist es, dass ein Elternteil dem anderen Elternteil für eine bestimmte Art von Rechtsgeschäften Vollmacht erteilt (Art- und Gattungsvollmachten). Dies kann auch in einer Scheidungsfolgenvereinbarung geschehen.

24 Beim **Empfang von Willenserklärungen**, die gegenüber einem minderjährigen Kind abgegeben werden, genügt für deren Wirksamwerden die Abgabe gegenüber einem vertretungsberechtigten Elternteil (§ 1629 Abs. 1 S. 2 BGB, § 170 Abs. 3 ZPO – Alleinvertretungsfall).

25 **c) Vertretung durch einen Elternteil.** Ist hingegen nur ein Elternteil sorgeberechtigt, ist dieser Elternteil im Bereich rechtgeschäftlicher Vertretung auch alleinvertretungsberechtigt für das Kind.

III. Vereinbarungen zum elterlichen Umgangsrecht

26 § 1684 BGB gewährt dem Kind das **Recht auf Umgang** mit jedem Elternteil und verpflichtet und berechtigt jeden Elternteil zum Umgang. Umgang mit dem eigenen Kind ist nicht nur Recht, sondern auch **Pflicht** eines jeden Elternteils.

Vereinbarungen der Eltern über den Umgang mit ihrem gemeinsamen Kind sind zulässig und zwischen ihnen grundsätzlich bindend. Dies gilt jedenfalls solange bis die Eltern selbst oder im Zweifel das Familiengericht eine abweichende Regelung hierzu trifft. Der **einseitige Widerruf eines Elternteils** ist unwirksam.[21] Gegenüber der **gerichtlichen Umgangsregelung** ist die Vereinbarung der Eltern als Ausdruck ihres Elternrechts (Art. 6 Abs. 3 GG) vorrangig. Maßgebend für den Bestand einer Umgangsregelung ist aber immer das **Kindeswohl**, wobei auch ein etwa entgegenstehender Wille des Kindes einzubeziehen ist. Eine zum paritätischen Wechselmodell führende gerichtliche Umgangsregelung steht ebenso wie eine **gleichlautende Elternvereinbarung** mit dem **gemeinsamen Sorgerecht** im Einklang. Die mit einer gerichtlichen Umgangsregelung verbundene Einschränkung in der Ausübung der elterlichen Sorge ist als solche bereits in der gesetzlichen Systematik von Sorge- und Umgangsrecht angelegt; grundrechtliche Positionen (Art. 6 GG) des das Wechselmodell ablehnenden Elternteils sind im Ergebnis nicht verletzt.[22] Das gilt natürlich erst recht, wenn ein Konsensmodell vorliegt.

27 Die (vertragliche) Einschränkung oder gar ein gänzlicher Ausschluss des Umgangsrechts (Verzichtsvereinbarung) ist vor dem Hintergrund des Art. 6 Abs. 3 GG grundsätzlich unzulässig[23] und wohl nur dann ausnahmsweise zulässig, wenn nach den Umständen des Einzelfalls der Schutz des Kindes dies erfordert, um eine Gefährdung seiner seelischen oder körperlichen Entwicklung abzuwehren.[24] Immer **unzulässig**

21 KG 29.8.1980 – 17 UF 2814/80, FamRZ 1980, 1156 (1157).
22 Zusammenfassend BGH 11.1.2017 – XII ZB 565/15, Z 214, 31 Rn. 17 = FamRZ 2017, 532.
23 BGH 23.5.1984 – IVb ZR 9/83, FamRZ 1984, 778 (779).
24 Vgl. BVerfG 26.9.2006 – 1 BvR 1827/06, FamRZ 2007, 105.

(§ 138 Abs. 1 BGB) ist die Verknüpfung der Regelungen zum Umgang mit anderen Scheidungsfolgen, insbesondere **als Gegenleistung für ein Entgegenkommen** beim Unterhalt oder Versorgungs- und Vermögensausgleich.[25] Auch die Vereinbarung von **Vertragsstrafen** ist als Teil der unzulässigen Kommerzialisierung des Umgangsrechts **unzulässig**.

Eine **gerichtliche Genehmigung** für Vereinbarungen zum Umgangsrecht kennt das Recht nicht.[26] Andererseits kann eine (vertragliche) Umgangsregelung, die dem Vater Übernachtungs- und Ferienzeiten mit dem Kind versagt, eine Verletzung seines grundrechtlich geschützten Elternrechts sein.[27] Im Einzelfall kann die **Geschäftsgrundlage** (§ 313 BGB) einer ehevertraglich getroffenen Umgangsregelung entfallen.[28] 28

Vereinbarungen über die Ausgestaltung des Umgangsrechts sind **nicht vollstreckbar**.[29] Etwas anderes gilt für familiengerichtliche Entscheidungen über das Umgangsrecht nach § 1684 Abs. 3 BGB. Wird eine vertragliche Umgangsregelung nach § 156 Abs. 2 FamFG zum **gerichtlich gebilligten Vergleich**, wird die Umgangsregelung zugleich zum Vollstreckungstitel (§ 86 Abs. 1 Nr. 2 FamFG). Die Vollstreckung erfolgt nach §§ 88 ff. FamFG in Form von Ordnungsgeld oder sogar Ordnungshaft. Im Sinne des Kindes wird das Gericht zunächst Umgangspflegschaft nach § 1684 Abs. 3 BGB anordnen. 29

Inhaltlich können die Eltern alle Umgangsregelungen treffen, die auch das Familiengericht anordnen könnte.[30] Die Regelungen zum Umgangsrecht richten sich dabei nach dem gewählten **Betreuungsmodell**. Werden Umgangsvereinbarungen getroffen, sollten sie möglichst konkrete und **präzise Verpflichtungen** enthalten.[31] 30

Die **Kosten des Umgangs** hat grundsätzlich der umgangsberechtigte Elternteil selbst und allein zu tragen; sie können weder zulasten der Bedarfsfeststellung des Kindes noch des anderen, ggf. unterhaltsberechtigten Elternteils, geltend gemacht werden. Das gilt auch bei zeitlich ausgedehntem Aufenthalt beim barunterhaltspflichtigen Elternteil; die Rechtsprechung lässt nur unter besonderen Umständen Ausnahmen zu.[32] Der BGH[33] hat entschieden, dass der barunterhaltspflichtige Elternteil die angemessenen Kosten des Umgangs mit seinem Kind dann zu einer maßvollen Erhöhung des Selbstbehalts oder einer entsprechenden Minderung des unterhaltsrelevanten Einkommens ansetzen kann, wenn er die Kosten nicht aus den Mitteln bestreiten kann, die ihm über den notwendigen Selbstbehalt hinaus verbleiben. **Kostentragungsregelungen zwischen den Eltern** sind selbstverständlich zulässig. 31

Wird beantragt, einem Ehegatten allein die elterliche Sorge zu übertragen, so ist bei einer einvernehmlichen Scheidung zugleich ein Antrag über die Regelung des Umgangsrechts mit Zustimmung des anderen Ehegatten zu stellen. 32

Regelungspunkte einer Umgangsvereinbarung sind regelmäßig: 33

- Besuchstage und -dauer,
- Häufigkeit des Umgangs bzw. Besuchsabstände,
- Wochenenden und Ferien,
- Örtlichkeit des Umgangs,
- Modalitäten des Abholens und Zurückbringens,
- Beaufsichtigung bei Schularbeiten; Förderung,
- Telefonkontakt zu den Kindern außerhalb des realen Umgangs,

25 BGH 23.5.1984 – IVb ZR 9/83, FamRZ 1984, 778 (779).
26 OLG Karlsruhe 13.10.1998 – 16 WF 98/98, FamRZ 1999, 325.
27 Vgl. BVerfG 26.9.2006 – 1 BvR 1827/06, FamRZ 2007, 105.
28 OLG Zweibrücken 28.7.1998 – 5 UF 20/98, FamRZ 1998, 1465.
29 OLG Koblenz FamRZ 1996, 560.
30 Staudinger/*Rauscher* BGB § 1684 Rn. 118.
31 OLG Frankfurt a. M. 14.1.1999 – 3 UF 309/98, FamRZ 1999, 617 (618).
32 OLG Hamm 26.2.1993 – 1 UF 429/92, FamRZ 1994, 529.
33 BGH 23.2.2005 – XII ZR 56/02, FamRZ 2005, 706.

- Tragung der Kosten,[34]
- ggf Aufnahme einer Schiedsklausel (Vermittlung des Jugendamtes),
- ggf begleiteter Umgang gem. § 1684 Abs. 4 S. 3 BGB.[35]

▶ Muster: Vertragliche Umgangsregelung

(...) Zwischen ... und ... soll unter Berücksichtigung des Wunsches des Kindes und jeweils in Abstimmung mit ihm ein ständiger Kontakt gewährleistet sein. Ohne weitergehende Kontakte damit zu beschränken, ist der Vater berechtigt,

- das Kind jedes zweite Wochenende bei sich zu haben und
- mit dem Kind seinen hälftigen Jahresurlaub zu verbringen.

(...) Weitergehende und genaue Regelungen zu Besuchstagen und -dauer, zur Örtlichkeit des Umgangs, zu den Modalitäten des Abholens und Zurückbringens und zu den Kosten des Umgangs wollen wir nicht vereinbaren, weil wir dies auf der Grundlage der derzeit geübten Praxis für nicht erforderlich halten. ◀

▶ Muster: Vertragliche Umgangsregelung (ausführlich)

(...) Zwischen ... und ... soll unter Berücksichtigung der Wünsche und Bedürfnisse des gemeinsamen Kindes ... und jeweils in Abstimmung mit ihm ein regelmäßiger Kontakt gewährleistet sein. Der Vater hat daher das Recht und auch die Pflicht, unsere Kinder ... an jedem zweiten Wochenende jeweils von Samstag 10.00 Uhr bis Sonntag 18.00 Uhr sowie am 2. Weihnachtsfeiertag, Ostermontag und Pfingstmontag von 10.00 Uhr bis 18.00 Uhr zu sich zu nehmen. Ferner verbringt der Vater die ersten drei Wochen der Sommerferien mit dem Kind.

Die Höhe der baren Unterhaltsverpflichtungen gegenüber dem Kind wird durch den Umgang und die Kosten des Umgangs nicht berührt. Die Mutter, bei der sich das Kind bestimmungsgemäß aufhält, verpflichtet sich, das Kind zu Beginn der jeweils vereinbarten Umgangszeiten zur Abholung durch den Vater bereit zu halten.

(...) Muss ein Wochenend- oder Ferientermin wegen eines wichtigen Grundes, der aus der Sphäre eines Elternteils oder des Kindes herrührt, ausfallen, wird der Umgang am darauffolgenden Wochenende bzw. in den nächsterreichbaren Schulferien nachgeholt.

(...) Der Vater holt die Kinder ... bei der Mutter ab und bringt sie auch wieder zur Mutter zurück; die hierdurch entstehenden Kosten und auch alle weiteren Kosten des Umgangs trägt jeder Elternteil selbst.

(...) Während der Ausübung seines Umgangsrechts steht dem Vater das Recht zu, den Umgang des Kindes mit Dritten zu bestimmen.

(...) Beide Elternteile verpflichten sich, den Kontakt und den Umgang des Kindes mit den beiderseitigen Großeltern und zu weiteren beiderseitigen Verwandten in vollem Umfang aufrecht zu erhalten, soweit dies das Wohl des Kindes nicht beeinträchtigt. ◀

---

34 Vgl. OLG Zweibrücken 28.7.1998 – 5 UF 20/98, FamRZ 1998, 1465.

35 Vgl. *Stieghorst* ZFE 2002, 236.

246. Vereinbarungen zum nachehelichen Unterhalt

Reetz

I. Verzicht auf nachehelichen Unterhalt (§ 1585 c BGB)

1. Vereinbarungsfreiheit, Form und Wirksamkeit

Nach § 1585 c S. 1 BGB können die Ehegatten über die Unterhaltspflicht für die Zeit nach der Scheidung **Vereinbarungen** treffen. Der Abschluss solcher Vereinbarungen ist bereits vor der Eheschließung und jederzeit während der Ehe möglich. Werden Unterhaltsvereinbarungen **vor der Rechtskraft der Scheidung** getroffen, bedürfen sie nach § 1585 c S. 2 BGB der **notariellen Beurkundung**. Eine unter Verstoß gegen § 1585 c S. 2 BGB zustande gekommene Vereinbarung ist nach § 125 BGB unwirksam. In den Anwendungsbereich der Formvorschrift fallen alle unterhaltsrelevanten Abreden der Ehegatten, etwa über einen ganzen oder teilweisen Verzicht, über Erwerbsobliegenheiten, Fremdbetreuung der Kinder, Unterhaltsbemessung, steuerliche Angelegenheiten und auch jede andere Vereinbarung mit Auswirkungen auf den Nachscheidungsunterhalt. Nicht formbedürftig sind Vereinbarungen über den Unterhalt nach § 1615 l BGB oder den Trennungsunterhalt (also auch in komplexen Getrenntlebensvereinbarungen). 1

Nach § 1585 c S. 1 BGB können die Ehegatten über die Unterhaltspflicht für die Zeit nach der Scheidung **Vereinbarungen** treffen (Grundsatz der Vereinbarungsfreiheit). Der Abschluss solcher Vereinbarungen ist bereits vor der Eheschließung und jederzeit während der Ehe möglich. Vereinbarungen über den Nachscheidungsunterhalt haben sowohl als isolierter Vertragsgegenstand als auch im Zusammenhang mit anderen typischen Ehevertragsgegenständen eine erhebliche Bedeutung. Werden Unterhaltsvereinbarungen **vor der Rechtskraft der Scheidung** getroffen, bedürfen sie nach § 1585 c S. 2 BGB der notariellen Beurkundung (§ 128 BGB). In den Anwendungsbereich der Formvorschrift fällt jeder ganze oder auch teilweise Unterhaltsverzicht, wie er in der Praxis häufig vereinbart wird, und auch jede andere modifizierende Vereinbarung mit Auswirkungen auf die Bestimmung und Berechnung des Unterhalts. Eine unter Verstoß gegen § 1585 c S. 2 BGB zustande gekommene Vereinbarung ist nach § 125 BGB unwirksam; Heilungsmöglichkeiten kennt das Gesetz nicht. Vereinbarungen über den Unterhalt nach § 1615 l BGB oder den Trennungsunterhalt, die in der Praxis häufig Gegenstand von Getrenntleben- und Scheidungsvereinbarungen sind, sind nicht formbedürftig. Im Bereich des nachehelichen Unterhalts betrifft § 1585 c S. 2 BGB seinem Wortlaut nach nicht jede denkbare Vereinbarung. Der Formzwang gilt nämlich nur **bis zur zeitlichen Schranke der Rechtskraft der Scheidung** und damit nicht für zeitlich danach etwa erforderlich werdende oder von beiden Parteien gewollte Unterhaltsanpassungen.

2. Interessenlage bei Verzichtsvereinbarungen

2 Der **gänzliche Verzicht** auf nachehelichen Unterhalt (§§ 1585 c, 1570 ff. BGB) ist und bleibt eine der häufigst **nachgefragten Gestaltungen** in der notariellen Praxis, wobei die erste Nachfrage der Beteiligten nicht immer das Ergebnis der Beratung und der Beurkundung vorwegnehmen muss.

3 Der vollständige und gegenseitige Unterhaltsverzicht ist als Gestaltung sachgerecht bei einer **Doppelverdienerehe**, die kinderlos ist und es auch bleiben wird („double income no kids"), bei einer Eheschließung im fortgeschrittenen Alter oder bei vermögenden Ehegatten, schließlich auch bei berufstätigen Ehegatten, die sich getrennt haben. Selbstverständlich kann auch einseitig, also durch einen Ehegatten, auf nachehelichen Unterhalt verzichtet werden. **Ungeeignet** ist der Verzicht regelmäßig, wenn bereits gemeinsame Kinder vorhanden sind oder ein konkreter oder auch nur latenter Kinderwunsch vorhanden ist. Vorherrschendes Regelungsmotiv beiderseits berufstätiger Ehegatten ist häufig die Befürchtung, nach Scheitern der Ehe auf unbestimmte Zeit Unterhalt nach den ehelichen Lebensverhältnissen (§ 1578 Abs. 1 BGB) zahlen zu müssen und somit die Ehe quasi finanziell fortsetzen zu sollen. Das Bewusstsein für die grundsätzlich zeitlich befristete und höhenmäßig beschränkte Unterhaltsgewährung nach §§ 1569, 1578 b BGB verfestigt sich nur zögerlich. Das verstärkte Anknüpfen des Unterhaltsanspruchs an einzelfallbezogene „Billigkeitsgesichtspunkte" (vgl. §§ 1570 Abs. 1 S. 2, 1578 b Abs. 1 S. 1 BGB) wird als Unberechenbarkeit empfunden. Zudem entspricht das Leitbild der „Einkommensteilhabe" in der Einverdienerehe immer weniger der dominant werdenden „partnerschaftlichen Doppelverdienerehe" mit hoher Eigenverantwortlichkeit.

▶ **Muster: Vollständiger und gegenseitiger Unterhaltsverzicht**

Die Erschienenen erklärten:

Wir haben am ... vor dem Standesbeamten in ... die Ehe geschlossen. Wir sind beide deutsche Staatsangehörige und haben unseren gewöhnlichen Aufenthalt in .... Wir leben im gesetzlichen Güterstand der Zugewinngemeinschaft nach deutschem Sachrecht. Unsere Ehe ist kinderlos, ein Kinderwunsch besteht nicht. Wir sind beide unselbstständig berufstätig und verfügen beide über überdurchschnittliche Erwerbseinkünfte, aus denen ein jeder von uns seinen Lebensunterhalt und seine Altersversorgung sicherstellen kann. Wir werden beide berufstätig bleiben. Das Entstehen ehebedingter Nachteile in unserer ferneren beruflichen Fortentwicklung können wir nicht erkennen.

Wir schließen folgenden **Ehevertrag**:

(1) Für den Fall der Scheidung unserer Ehe vereinbaren wir den gegenseitigen und vollständigen Verzicht auf die Gewährung jeglichen nachehelichen Unterhalts nach allen gesetzlichen Unterhaltstatbeständen und auch in unvorhersehbaren oder außergewöhnlichen Fällen oder Umständen.

Wir nehmen den vorstehend erklärten Verzicht hiermit wechselseitig an.

(2) Der Notar hat uns über die Folgen dieses Unterhaltsverzichts belehrt, insbesondere darüber, dass ein jeder von uns nach Scheidung der Ehe selbst in vollem Umfang und ohne Rücksicht auf die ehelichen Lebensverhältnisse in der gelebten Ehe für seinen Unterhalt zu sorgen hat. Der Notar hat uns ferner darauf hingewiesen, dass der vorstehende Verzicht, sofern er Dritte benachteiligt, nichtig oder im Einzelfall ein Berufen auf Verzichte unzulässig sein kann. Zudem kann die Unterhaltsvereinbarung insbesondere bei einer wesentlichen Veränderung der Lebensumstände der richterlichen Inhaltskontrolle und Anpassung unterliegen.

(3) Eine Vereinbarung zum Güterrecht und zum Versorgungsausgleich wollen wir nicht treffen. ◀

3. Verzichtsvorbehalt: „für den Fall der Not"

4 Häufig wird in einem Unterhaltsverzicht, wie er dem Muster entspricht, der „Fall der Not" („Notunterhalt" oder „Unterhalt für den Notfall") vorbehalten oder genau umgekehrt explizit ausgeschlossen. Der Regelungsgehalt solcher Formulierungen bleibt unklar.[1] Der **„Fall der Not"** könnte tatbestandliche Voraussetzung des Entstehens eines Unterhaltsanspruchs oder seine höhenmäßige Begrenzung sein. Soll

1 Zur Auslegung MüKoBGB/*Maurer* § 1585 c Rn. 64 ff.

eine höhenmäßige Begrenzung gemeint sein, wird der geschuldete Betrag oftmals mit einem nicht näher definierten „Sozialhilfesatz" oder dem notwendigen Eigenbedarf (Selbstbehalt) eines Nichterwerbstätigen iSd der Anmerkungen zur „Düsseldorfer Tabelle" (Teil A, Anm. 5, Stand 1.1.2020 = 1.160 EUR) gleichgesetzt. Die Vereinbarung eines Vorbehalts „für den Fall der Not" als Untergrenze und Rettungsanker in einem Unterhaltsverzicht zu den Unterhaltstatbeständen der §§ 1570 Abs. 1 und 2, 1571, 1572 BGB sollte angesichts der hohen Einstufung dieser Tatbestände in der Kernbereichsbetrachtung des Bundesgerichtshofs vermieden werden. Die Untergrenze eines Unterhaltsanspruchs (**Mindestunterhalt**) sollte, wie bei Vereinbarung einer Höchstgrenze, eindeutig beziffert oder bestimmbar sein und sich an den Maßgaben des Bedarfs orientieren (vgl. beispielsweise § 1578 b BGB – „angemessener Bedarf").

II. Verzichts-Modifikationen (§§ 1585 c, 1570 ff. BGB)

▶ **Muster: Auflösend bedingter Verzicht (Kind); Rücktrittsvorbehalt** 5

Die Erschienenen erklärten:

Wir haben am ... vor dem Standesbeamten in ... die Ehe geschlossen. Wir sind beide deutsche Staatsangehörige und haben unseren gewöhnlichen Aufenthalt in .... Wir leben im gesetzlichen Güterstand der Zugewinngemeinschaft nach deutschem Sachrecht. Unsere Ehe ist bisher kinderlos, einen Kinderwunsch schließen wir für die Zukunft allerdings nicht aus. Wir sind beide unselbstständig berufstätig und verfügen beide über Erwerbseinkünfte, aus denen ein jeder von uns seinen Lebensunterhalt und seine Altersversorgung sicherstellen kann.

Wir schließen folgenden **Ehevertrag:**

(1) Für den Fall der Scheidung unserer Ehe vereinbaren wir den gegenseitigen und vollständigen Verzicht auf die Gewährung jeglichen nachehelichen Unterhalts nach allen gesetzlichen Unterhaltstatbeständen und auch in unvorhersehbaren oder außergewöhnlichen Fällen oder Umständen.

Wir nehmen den vorstehend erklärten Verzicht hiermit wechselseitig an.

(2) Der Unterhaltsverzicht wird auflösend bedingt vereinbart. Sollte wegen der Geburt eines gemeinsamen Kindes einer von uns seine Berufstätigkeit ganz oder teilweise aufgeben, steht ihm nach Scheidung der Ehe Unterhalt nach den gesetzlichen Vorschriften zu.

(3) Der Notar hat uns über die Folgen dieses Unterhaltsverzichts belehrt, insbesondere darüber, dass ein jeder von uns nach Scheidung einer kinderlos gebliebenen Ehe selbst in vollem Umfang und ohne Rücksicht auf die ehelichen Lebensverhältnisse für seinen Unterhalt zu sorgen hat. Der Notar hat uns ferner darauf hingewiesen, dass der vorstehende Verzicht, sofern er Dritte benachteiligt, nichtig oder im Einzelfall ein Berufen auf Verzichte unzulässig sein kann. Zudem kann die Unterhaltsvereinbarung, insbesondere bei einer wesentlichen Veränderung der Lebensumstände, der richterlichen Inhaltskontrolle und Anpassung unterliegen.

(4) Eine Vereinbarung zum Güterrecht und zum Versorgungsausgleich wollen wir nicht treffen. ◀

1. Modifikationen des nachehelichen Unterhalts

Anstelle eines gänzlichen und vorbehaltlosen Unterhaltsverzichts vereinbaren die Ehegatten in vorsorgenden Eheverträgen in zunehmendem Maße Verzichte, die dennoch für bestimmte Fälle eine Unterhaltsgewährung vorbehalten. Verzichte werden dann typischerweise **zeitlich befristet**, **aufschiebend** oder **auflösend bedingt**, unter **Rücktrittsvorbehalte** gestellt oder insgesamt auf Teile der Unterhaltsberechtigung beschränkt. Von erheblicher Bedeutung sind auch Vereinbarungen zur inhaltlichen Ausgestaltung eines möglicherweise entstehenden Nachscheidungsunterhalts, insbesondere durch die **Modifikation einzelner Unterhaltstatbestände** und vor allem durch die Begrenzung eines künftigen Unterhaltsanspruchs nach Höhe und Dauer der Leistungsgewährung. Problematisch ist, dass bei kurzen Kinderbetreuungszeiten die durch den Bedingungseintritt (oder einen Rücktritt) entstandene Unterhaltspflicht als zu weitgehend empfunden wird, wenn im Ergebnis ehebedingte Nachteile nicht bestehen bleiben (vgl. auch § 1578 b BGB). Das Interesse der Ehegatten an **modifizierenden Vereinbarungen** liegt immer in der Berechenbarkeit der 6 finanziellen Belastung einerseits und der Vermeidung von nachehelich bestehen bleibenden Nachteilen andererseits.

2. Auflösend bedingter Verzicht (Kind); Rücktrittsvorbehalt

7 Das Muster beinhaltet eine typische und zugleich die wichtigste auflösende Bedingung zum gänzlichen Unterhaltsverzicht, nämlich die **Geburt eines gemeinsamen Kindes**. Der Eintritt der Bedingung führt zum gesetzlichen Nachscheidungsunterhalt ohne Beschränkung auf bestimmte Unterhaltstatbestände, also nicht nur wegen der Betreuung und Erziehung nach § 1570 BGB. Wählt man eine solche Variante, sollte die auflösende Bedingung wegen der hohen „Kernbereichsbedeutung" des Betreuungsunterhalts mE nicht notwendig an die Aufgabe der Erwerbstätigkeit nach einer bestimmten Zahl der Arbeitsstunden/Wochenstunden oder von der Dauer der täglichen Betreuung abhängig gemacht werden. Wenn eine differenziertere Lösung gewünscht wird, kann diese sinnvollerweise nur bei der Modifikation der Unterhaltsgewährung nach Dauer und Zeit und ggf. unter Berücksichtigung von Ausgestaltungen einzelner Unterhaltstatbestände ansetzen.

8 Die Vereinbarung eines Rücktrittsvorbehalts kommt unter inhaltlich vergleichbaren Umständen wie die Vereinbarung von Bedingungen oder Befristungen in Betracht. Die Rechtsfolgen treten allerdings nicht automatisch und unabhängig vom Willen der Vertragsschließenden ein (**„Bedingungsautomatik"**), was den Berechtigten einerseits in eine Entscheidungssituation zwingt oder sogar die „Gefahr des Vergessens" des Rücktrittsrechtes in sich birgt. Andererseits erlaubt das vorbehaltene Rücktrittsrecht aber ein flexibles Reagieren des Rücktrittsbegünstigten. Aus Beweisgründen sollte für die Rücktrittserklärung die Form der notariellen Beurkundung vorgesehen werden.[2]

3. Befristeter Unterhaltsverzicht („Frühscheidung") mit „Kernbereichsvorbehalten"

9 Der nachfolgende Formularvorschlag beinhaltet neben dem **Unterhaltsverzicht wegen kurzer Ehedauer** den wichtigen **„Kernbereichsvorbehalt"** für Betreuungsunterhalt in differenzierter Ausgestaltung. Die „kurze Ehedauer" orientiert sich an den Vorstellungen der Ehegatten und ist eine ehevertragliche Ausgestaltung des § 1579 Nr. 1 BGB. Der Umstand, dass die vertraglich vorgesehene Frist über den Zeitrahmen hinausgeht, für den der Bundesgerichtshof eine „kurze Ehedauer" bejaht hat,[3] steht einer individuellen Ausweitung dieser Frist nicht entgegen.[4] Die auch von § 1579 Nr. 1 BGB besonders geschützten Kindesbelange sind allerdings bei einer Vertragsgestaltung genauso sachgerecht zu berücksichtigen wie die Besonderheiten der Kernbereichsrechtsprechung zu den §§ 1571, 1572 BGB.

10 Im Bereich des **einheitlichen Betreuungsunterhalts** unterscheidet das Muster zwischen Basisunterhalt (§ 1570 Abs. 1 S. 1 BGB), **rein kindbezogenen** und sodann **elternbezogenen Verlängerungsmöglichkeiten**.[5] Dabei ist die elternbezogene Verlängerung Ausdruck nachehelicher Solidarität[6] und hat ein geringeres Gewicht als die kindbezogene Verlängerung.[7] Das Maß des Unterhalts soll zunächst an den ehelichen Lebensverhältnissen (§ 1578 Abs. 1 BGB) orientiert und später auf den „angemessenen Unterhalt" nach der Lebensstellung der Berechtigten (§ 1578 b Abs. 1 S. 1 BGB) reduziert werden. Da der Anspruchsberechtigte wegen einer verlängerten Unterhaltsgewährung (§ 1570 Abs. 1 S. 2, Abs. 2 BGB) darlegungs- und beweispflichtig ist, sollte der vorsorgende Ehevertrag nicht versehentlich zu einer **Umkehr der Darlegungs- und Beweislast** führen. § 1578 b BGB wird, soweit überhaupt anwendbar, abbedungen, weil die Vereinbarungen die Höhe der Unterhaltsgewährung selbstständig und vorrangig festlegen:

2 *Brambring* Ehevertrag, 6. Aufl. 2008, Rn. 118 mwN.
3 Vgl. etwa BGH 9.7.1986 – IVb ZR 39/85, FamRZ 1986, 886 (887): bis drei Jahre.
4 Vgl. BGH 9.7.2008 – XII ZR 6/07, NJW 2008, 3426.
5 § 1570 Abs. 1 S. 2, Abs. 2 BGB.
6 BGH 21.4.2010 – XII ZR 134/08, NJW 2010, 2277; BGH 15.9.2010 – XII ZR 20/09, NJW 2010, 3369.
7 BGH 16.7.2008 – XII ZR 109/05, NJW 2008, 3125.

▶ **Muster: Befristeter Unterhaltsverzicht („Frühscheidung") mit „Kernbereichsvorbehalten"**

(1) Für den Fall, dass einer von uns vor Ablauf von fünf Jahren seit Eheschließung Antrag auf Scheidung unserer Ehe stellt, der zur Scheidung führt, vereinbaren wir den gegenseitigen und vollständigen Verzicht auf die Gewährung jeglichen nachehelichen Unterhalts nach allen gesetzlichen Unterhaltstatbeständen und auch in unvorhersehbaren oder außergewöhnlichen Fällen oder Umständen. Wir nehmen den vorstehend erklärten Verzicht hiermit wechselseitig an.

(2) Von dem nach Abs. 1 vereinbarten Unterhaltsverzicht nicht erfasst und daher vorbehalten bleibt:

a) der kindbezogene Betreuungsunterhalt nach § 1570 Abs. 1 BGB nach Maßgabe der gesetzlichen Vorschriften. Der Vorbehalt gilt ausdrücklich auch für eine verlängerte, kindbezogene Unterhaltsgewährung nach Ablauf von drei Jahren nach der Geburt eines gemeinsamen Kindes.

b) der verlängerte, eltern- bzw. ehebezogene Betreuungsunterhalt nach § 1570 Abs. 2 BGB. Eine eltern- bzw. ehebezogene Verlängerung der Unterhaltsgewährung ist ohne Nachweis immer dann gegeben, wenn der betreuende Elternteil seine Erwerbstätigkeit mehr als ... Jahre unterbrochen oder die Ehe mehr als ... Jahre angedauert hat. Wir begrenzen eine verlängerte, eltern- bzw. ehebezogene Unterhaltsgewährung auf die Dauer von ... Jahren.

(3) Für den Zeitraum einer Unterhaltsgewährung als Basisunterhalt nach § 1570 Abs. 1 S. 1 BGB bestimmt sich das Maß des Unterhalts nach den ehelichen Lebensverhältnissen und umfasst den gesamten Bedarf; danach ist die Höhe des Unterhalts auf den erlernten bzw. den mit höherem Einkommen verbundenen ausgeübten Beruf des unterhaltsberechtigten Ehegatten beschränkt.

Die Anwendung des § 1578 b BGB schließen wir für den Bereich der Herabsetzung aus, weil die vertragliche Regelung das Maß der Billigkeit der Unterhaltsgewährung insoweit abschließend regelt. Eine Umkehr der Darlegungs- und Beweislast ist mit dieser Unterhaltsvereinbarung nicht verbunden. ◀

Das vorstehende Muster kann in Abs. 2 nach den individuellen Verhältnissen der Ehegatten mit weiteren **Verzichtsausnahmen und Vorbehalten** zu einzelnen Unterhaltstatbeständen angepasst und erweitert werden. Infrage kommen insbesondere solche Unterhaltstatbestände, die wie diejenigen wegen Alters (§ 1571 BGB) und wegen Krankheit[8] auf der 2. Stufe der Kernbereichslehre angesiedelt sind. Hierbei handelt es sich zudem um **typische Anschlusstatbestände** mit den Einsatzzeitpunkten nach einer Unterhaltsgewährung wegen Kindesbetreuung bzw. wegen Krankheit (§§ 1571 Nr. 2, 1572 Nr. 2 BGB): 11

▶ **Muster: Ergänzung zu Kernbereichsvorbehalten I**

c) der Unterhalt wegen Alters (§ 1571 BGB) oder wegen Krankheit oder Gebrechens (§ 1572 BGB), jedoch jeweils nur mit den Einsatzzeitpunkten Scheidung oder als Anschlussunterhalt mit dem Ende der Betreuung eines gemeinschaftlichen Kindes sowie im Falle des Unterhalts wegen Alters mit dem weiteren Einsatzzeitpunkt bei Wegfall des Unterhalts wegen Krankheit oder Gebrechens. ◀

Denkbar ist auch eine befristete Erweiterung der vorbehaltenen Unterhaltstatbestände um **Anschlussunterhalt** bis zur Erlangung einer angemessenen Erwerbstätigkeit (§§ 1573 Abs. 1, 1574 BGB) und/oder wegen Ausbildung, Fortbildung und Umschulung (§ 1575 BGB). Diese **Unterhaltstatbestände** sind neben der verlängerten Gewährung des Betreuungsunterhalts in besonderer Weise geeignet, dem betreuenden Ehegatten Sicherheit für eine qualifizierte Wiedereingliederung in ein nachhaltiges Erwerbsleben zu geben: 12

▶ **Muster: Ergänzung zu Kernbereichsvorbehalten II**

c) im Anschluss an Betreuungsunterhalt (§ 1570 Abs. 1 und 2 BGB), Unterhalt bis zur Erlangung angemessener Erwerbstätigkeit (§ 1573 Abs. 1 BGB) und/oder Unterhalt wegen Ausbildung, Fortbildung und Umschulung (§ 1575 BGB), jedoch befristet auf eine Dauer von ... Jahren. ◀

Die in Abs. 3 des Musters enthaltene Herabsetzung des Unterhalts auf den **„angemessenen Unterhalt"** nach der Lebensstellung des Berechtigten (vgl. § 1578 b Abs. 1 S. 1 BGB und zudem § 1615 l Abs. 2 S. 1 BGB) kann auch zu einem späteren Zeitpunkt als dem des zeitlichen Ablaufes des Basisunterhalts nach § 1570 Abs. 1 S. 1 BGB gewählt und mehrfach gestaffelt vereinbart werden. Nach Maßgabe der im Gesetz genannten kindbezogenen (§ 1570 Abs. 1 S. 3 BGB) und elternbezogenen (§ 1570 Abs. 2 BGB) Billigkeits- 13

8 § 1572 BGB.

erwägungen ist ein **„gestufter Übergang"** bis hin zu einer korrespondierenden Vollzeiterwerbstätigkeit in besonderem Maße sachgerecht und empfehlenswert.[9]

▶ Muster: Ergänzung zu Kernbereichsvorbehalten III

(3) Für den Zeitraum einer Unterhaltsgewährung aus kindbezogenen Gründen (§ 1570 Abs. 1 BGB) vereinbaren wir als Maß des Unterhalts die ehelichen Lebensverhältnisse; die Unterhaltsgewährung umfasst den gesamten Bedarf. Soweit daran anschließend nach den gesetzlichen Vorschriften eine eltern- bzw. ehebezogene Verlängerung der Unterhaltsgewährung oder eine Unterhaltsgewährung nach anderen Anschlusstatbeständen in Betracht kommt, reduziert sich die Höhe eines etwa zu zahlenden Unterhalts für die Dauer eines Jahres um 25 %, höchstens jedoch bis auf die Höhe des angemessenen Unterhalts nach der Lebensstellung der Berechtigten und sodann auf den angemessenen Unterhalt.

Die Anwendung des § 1578 b BGB schließen wir für den Bereich der Herabsetzung aus, weil die vertragliche Regelung das Maß der Billigkeit der Unterhaltsgewährung insoweit abschließend regelt. Eine Umkehr der Darlegungs- und Beweislast ist mit dieser Unterhaltsvereinbarung nicht verbunden. ◀

14 Im Anschluss oder auch gleichzeitig neben einem Anspruch auf Betreuungsunterhalt, auf Unterhalt wegen Alters nach § 1571 BGB und Krankheit nach § 1572 BGB kommt vielfach ein Anspruch auf **Aufstockungsunterhalt** nach § 1573 Abs. 3 BGB in Betracht. Diese Rechtslage gilt auch nach der Unterhaltsrechtsreform 2008 fort.[10] **„Gleichzeitiger" Aufstockungsunterhalt** entsteht bei Teilerwerbstätigkeit des Berechtigten in Höhe der Differenz des eigentlich erzielbaren Vollerwerbseinkommens zum vollen Unterhalt nach den ehelichen Lebensverhältnissen (§ 1578 BGB). In einer Unterhaltsvereinbarung können Bestand und Umfang des relativ rangniedrigen Aufstockungsunterhalts (4. Stufe der Kernbereichslehre) zwischen den Ehegatten klargestellt werden:

▶ Muster: „Gleichzeitiger Aufstockungsunterhalt" I

(4) Von dem Verzicht ist ausdrücklich jede Art Aufstockungsunterhalt (§ 1573 Abs. 2 u. 3 BGB) umfasst, unabhängig davon, ob ein solcher im Anschluss oder gleichzeitig neben Leistungen nach den vorbehaltenen Unterhaltstatbeständen zu gewähren wäre. ◀

Der „gleichzeitige" Aufstockungsunterhalt kann auch vorbehalten bleiben:

▶ Muster: „Gleichzeitiger Aufstockungsunterhalt" II

(4) Von dem Verzicht ist der Aufstockungsunterhalt (§ 1573 Abs. 2 BGB) ausdrücklich nicht umfasst, soweit er gleichzeitig neben Leistungen nach den vorbehaltenen Unterhaltstatbeständen zu gewähren wäre. ◀

4. Vereinbarung mit wertgesichertem Höchstbetrag/Höchstgrenze

15 Vielfach wünschen die Ehegatten die Vereinbarung von „Höchstbeträgen", ggf. kombiniert mit einer festgelegten Dauer der Unterhaltsgewährung („Befristung") für den besserverdienenden Unterhaltsschuldner. Auch für den Berechtigten bedeutet die **Vereinbarung von Höchstbeträgen** Kalkulationssicherheit.

16 Die **Festlegung des Höchstbetrages** sollte regelmäßig zumindest den „angemessenen Unterhalt" nach der Lebensstellung des Berechtigten im Auge behalten und nicht zu „kleinlich" vereinbart werden; die Grenze des „Mindestbedarfs" und damit eines „Mindestunterhalts" ist zu beachten.[11] Auch bei kinderloser Ehe kann die Berufung des unterhaltspflichtigen Ehegatten auf den Unterhaltsverzicht rechtsmissbräuchlich sein, wenn der nun unterhaltsbedürftige Ehegatte faktisch oder sogar einvernehmlich mit dem begünstigten Ehegatten seine berufliche Tätigkeit während der Ehe aufgegeben oder entscheidend verringert hat. Das Muster stellt im Übrigen klar, dass der Höchstbetrag im Zweifel den Gesamtunterhalt abdeckt. Wegen der ungewissen Entwicklung des Geldwertes ist der bezifferte **Höchstbetrag wertgesichert**:

9 Vgl. BGH 18.3.2009 – XII ZR 74/08, FamRZ 2009, 770.
10 BGH 18.3.2009 – XII ZR 74/08, FamRZ 2009, 770.
11 Vgl. BGH 16.12.2009 – XII ZR 50/08, FamRZ 2010, 357; BGH 13.1.2010 – XII ZR 123/08, FamRZ 2010, 444 (445).

▶ **Muster: Wertgesicherte/r Höchstbetrag/Höchstgrenze**

(1) Soweit dem Grunde nach eine gesetzliche Pflicht zur Zahlung nachehelichen Unterhalts besteht, verpflichtet sich Herr ... gegenüber seiner Ehefrau, ihr ab dem Monatsersten, der auf die Rechtskraft der Scheidung ihrer Ehe folgt, monatliche Unterhaltsleistungen bis zu einem Höchstbetrag von ... EUR jeweils am Ersten eines jeden Monats im Voraus (Wertstellung) zu zahlen. (ggf.: Der Unterhalt wird für die Höchstdauer von ... Jahren gewährt.)

Der Betrag beinhaltet jede Art von Kranken- und Altersvorsorgeunterhalt oder Mehrbedarf. Wir nehmen einen etwa mit dieser Vereinbarung verbundenen Verzicht wechselseitig an.

(2) Mit der Vereinbarung eines Höchstbetrages (und einer Höchstdauer) ist kein Anspruch auf Zahlung nachehelichen Unterhalts in der vereinbarten Höhe (oder für die vereinbarte Höchstdauer) verbunden; maßgebend sind vielmehr die gesetzlichen Bestimmungen. Nur wenn der zu leistende Unterhalt den vorstehend vereinbarten Höchstbetrag übersteigt (oder ein solcher Unterhalt länger als die vereinbarte Höchstdauer zu gewähren wäre), wird dieser durch den Höchstbetrag (bzw. die Höchstdauer) begrenzt und auf weitergehende Unterhaltsleistungen verzichtet.

(3) Der Höchstbetrag soll wertgesichert sein: Der Höchstbetrag erhöht oder vermindert sich in demselben prozentualen Verhältnis, in dem sich der vom Statistischen Bundesamt für jeden Monat festgestellte und veröffentlichte Verbraucherpreisindex für Deutschland (Basisjahr 2005 = 100 Punkte) bezogen auf den Tag der heutigen Beurkundung gegenüber den nachstehend genannten Stichtagen erhöht oder verringert.

Eine Erhöhung oder Verminderung des Höchstbetrags tritt erstmals zum 1. des Monats, der der Rechtskraft der Ehescheidung folgt, ein und danach jeweils wieder, wenn sich der Verbraucherpreisindex gegenüber dem für die letzte Festlegung des Höchstbetrages maßgeblichen Stand um 10 % nach oben oder unten verändert hat. ◀

III. Vereinbarungen zum Betreuungsunterhalt (§ 1570 BGB)

1. Betreuungsunterhalt

Der Unterhalt des die gemeinsamen Kinder betreuenden Elternteils (also zumeist der Mutter) ist der komplexeste Regelungsgegenstand zum Nachscheidungsunterhalt, sowohl bei vorsorgenden als auch bei scheidungsbezogenen Vereinbarungen. Die hohe Wertigkeit des kindbezogenen Betreuungsunterhalts resultiert aus seiner **Drittschutzfunktion**; er dient neben dem betreuenden Elternteil immer auch dem Kind in seiner Entwicklung. 17

Kind- oder elternbezogene Gründe, die zu einer Verlängerung des Betreuungsunterhalts über die Vollendung des dritten Lebensjahres hinaus aus Gründen der Billigkeit führen könnten, sind vom Unterhaltsberechtigten darzulegen und gegebenenfalls zu beweisen.[12] Die notarielle Urkunde sollte daher nicht zu einer Umkehr der Beweislast führen, wenn Betreuungsunterhalt (zunächst) ohne zeitliche und höhenmäßige Begrenzung gewährt wird. 18

Der **Ablauf** der drei Jahre des **Basisunterhalts** nach § 1570 Abs. 1 S. 1 BGB bedeutet, unabhängig vom Vorliegen der Voraussetzungen zur einzelfallbezogenen Verlängerung, nicht das sofortige Ende jeder Unterhaltspflicht. Das Gesetz mutet keinen abrupten Übergang auf eine Vollzeittätigkeit zu, sondern in der Regel nur einen **stufenweisen Übergang**.[13] Auch diesen Übergang kann eine Unterhaltsvereinbarung gestalten. Für den Zuschnitt der Übergangsregelung ist dabei nicht schematisch auf das Alter des Kindes abzustellen; individuelle Erwägungen sollten im Vordergrund stehen. Diese werden häufig in ein individuelles, auf das Kind zugeschnittenes, „vertragliches Altersphasenmodell" führen, die unter dem Vorbehalt der Belange des Kindeswohls stehen. 19

Für die Berücksichtigung rein **eltern- bzw. ehebezogener Verlängerungsmöglichkeiten** (§ 1570 Abs. 2 BGB) spricht im eigentlichen Sinne nur das Schutzgut der nachehelichen Solidarität. Maßgeblich ist dabei 20

12 BGH 18.3.2009 – XII ZR 74/08, FamRZ 2009, 770; 16.7.2008 – XII ZR 109/05, FamRZ 2008, 1739; 15.9.2010 – XII ZR 20/09, FamRZ 2010, 1880.

13 Vgl. etwa BGH 17.6.2009 – XII ZR 102/08, FamRZ 2009, 1391; 30.3.2011 – XII ZR 3/09, FamRZ 2011, 791.

das in der Ehe gewachsene Vertrauen in die vereinbarte und vor allem auch die praktizierte Rollenverteilung sowie die vor der Trennung der Ehegatten gemeinsam geschaffene Ausgestaltung der Kinderbetreuung.[14] Damit stellt die „gelebte Ehe" den Anknüpfungspunkt für ein schutzwürdiges Vertrauen in eine jedenfalls zeitlich befristete Fortgeltung der durch sie geschaffenen Zustände und Lebenswirklichkeiten dar. Maßgeblich ist, auch bei vertraglichen Gestaltungen, die sachgerechte Würdigung des Einzelfalls.

21 § 1570 Abs. 1 BGB hat für Kinder ab Vollendung des dritten Lebensjahres den Vorrang der persönlichen Betreuung gegenüber anderen kindgerechten Fremdbetreuungsmöglichkeiten aufgegeben.[15] Der Wegfall des Vorrangs der persönlichen Betreuung führt – zumindest aus unterhaltsrechtlicher Sicht – konsequent zur **Obliegenheit der Inanspruchnahme kindgerechter Betreuungsmöglichkeiten**, soweit dies mit dem Kindeswohl vereinbar ist. Arbeitet der betreuende Elternteil während der ersten drei Lebensjahre des Kindes, ist dies stets **überobligatorisch**, so dass er sie in dieser Zeit auch wieder aufgeben kann. Ein Einkommen aus überobligatorischer Tätigkeit muss er sich regelmäßig nur in beschränktem Umfang zurechnen lassen.[16] Gerade Fragen der Zurechnung von Einkünften aus überobligatorischer Tätigkeit können durch Vereinbarung der Ehegatten sinnvoll geregelt werden; dies kann für die „Eingliederung" in nachhaltige Erwerbsverhältnisse bedeutsam sein. Auch der Umfang von Erwerbsobliegenheiten lässt sich vertraglich festlegen.

22 Der Bundesgerichtshof ist der Überzeugung, dass jenseits von grundsätzlich geeigneten Betreuungseinrichtungen auch der barunterhaltspflichtige Elternteil als „passende" Betreuungsperson infrage kommen kann, wenn er dies ernsthaft und verlässlich anbietet und dies dem Kindeswohl nicht entgegensteht.[17] Von einer **„Kindeswohladäquanz"** kann ausgegangen werden, wenn bereits eine hieran orientierte Umgangsregelung vorhanden ist. Man ist als Notar geneigt, in vielen Fällen eine solche Regelung durch Vereinbarung „vorsorgend" auszuschließen.[18] Umstritten, aber vertraglich regelbar ist im Übrigen die Geeignetheit „betagter Großeltern" als adäquate Betreuungsmöglichkeit.

2. Vorsorgende Vereinbarung

23 **a) Vereinbarungen zum elterlichen Betreuungsmodell.** Seit der Unterhaltsrechtsreform 2008 sind die **Anforderungen** an Vereinbarungen zum Betreuungsunterhalt nach Maßgabe des § 1570 BGB **deutlich gestiegen**. Detaillierte Regelungen können bereits in vorsorgenden Vereinbarungen zur Absicherung des betreuenden Elternteils durch eine bewusst hingenommene Ausdehnung des Leistungsumfangs aufgenommen werden. Die autonomen Entscheidungen der Eltern sind im Rahmen der Billigkeit und unter Beachtung der Belange des Kindes zu berücksichtigen. Hierbei steht die Einzelfallgestaltung und nicht etwa die Verwendung schematischer Muster zu Altersgrenzen der Kinder („altes Altersphasenmodell"), zu Erwerbsobliegenheiten und zu Unterhaltshöhen im Vordergrund. Maßgebend sind die individuellen Verhältnisse und Vorstellungen der Ehegatten vom Zusammenleben und der Verantwortung für gemeinsame Kinder und zur Anrechnung von Einkünften des betreuenden Ehegatten.[19]

24 Das nachfolgende Muster will lediglich eine Verstärkung der Stellung der betreuenden Ehefrau gegenüber der gesetzlichen Regelung zum Basisunterhalt nach § 1570 Abs. 1 S. 1 BGB und eine individuelle Ausgestaltung der Verlängerungsmöglichkeit zur Unterhaltsgewährung nach § 1570 Abs. 1 S. 2 BGB herstellen. Die Verstärkung (besser: Stabilisierung) liegt insbesondere in der Vereinbarung eines abweichenden Modells der persönlichen Betreuung gemeinsamer Kinder über die Vollendung des dritten Lebensjahres hinaus, des korrespondierenden Rechts zur Aufgabe der ausgeübten Erwerbstätigkeit, des Hinausschiebens von Erwerbsobliegenheiten und des Verzichts auf die Pflicht zur Aufnahme einer angemessenen Erwerbstätigkeit (§ 1574 BGB).

14 Vgl. BGH 18.3.2009 – XII ZR 74/08, FamRZ 2009, 770.
15 BGH 30.3.2011 – XII ZR 3/09, FamRZ 2011, 791.
16 BGH 18.3.2009 – XII ZR 74/08, FamRZ 2009, 770.
17 BGH 15.9.2010 – XII ZR 20/09, FamRZ 2010, 1880.
18 S. etwa den Fall BGH 1.6.2011 – XII ZR 45/09, FamRZ 2011, 1209.
19 Grundlegend BGH 18.3.2009 – XII ZR 74/08, FamRZ 2009, 770.

▶ **Muster: Vorsorgende Vereinbarung zum nachehelichen Betreuungsunterhalt (§§ 1585 c, 1570 BGB) – stabilisierend**

(1) Für den Fall der Scheidung unserer Ehe soll der Unterhalt grundsätzlich nach den gesetzlichen Vorschriften geleistet werden.

(2) Wir vereinbaren bereits heute als Inhalt unseres Ehe-, Betreuungs- und Erziehungsmodells und mit Wirkung über eine Trennung und Scheidung unserer Ehe hinaus, dass die Ehefrau zugleich mit der Geburt eines gemeinsamen Kindes einseitig berechtigt ist, ihre sodann ausgeübte Erwerbstätigkeit vollständig aufzugeben und sich ausschließlich der Betreuung und Erziehung des oder der gemeinsamen Kinder zu widmen. Als Inhalt unseres elterlichen Erziehungs- und Betreuungskonzepts vereinbaren wir zudem, dass es der Billigkeit und somit den Belangen gemeinsamer Kinder nach unseren Vorstellungen nicht entspricht, die betreuende Ehefrau nach Aufgabe ihrer Erwerbstätigkeit auf eine, auch nur teilweise Erwerbsobliegenheit vor Vollendung des ... Lebensjahres unseres jüngsten gemeinsamen Kindes zu verweisen und/oder aus rein unterhaltsrechtlicher Sicht angebotene Fremdbetreuungsmöglichkeiten in Anspruch nehmen zu müssen. Übt die Ehefrau bis zum vorgenannten Zeitpunkt gleichwohl eine Erwerbstätigkeit aus, gilt diese als überobligatorisch und soll ihr unterhaltsrechtlich insgesamt anrechnungsfrei verbleiben.

(3) Die kinderbetreuende Ehefrau ist nach Vollendung des ... Lebensjahres unseres jüngsten gemeinsamen Kindes verpflichtet, ihre früher ausgeübte Erwerbstätigkeit als ... oder eine sonstige ausbildungsentsprechende Erwerbstätigkeit aufzunehmen, und zwar auch dann, wenn dies den ehelichen und sozialen Lebensverhältnissen der Ehe nicht entspricht.

(*Alternativ:*)

(3) Die kinderbetreuende Ehefrau ist nach Vollendung des ... Lebensjahres unseres jüngsten gemeinsamen Kindes verpflichtet, wieder ihre früher ausgeübte (angemessene) Erwerbstätigkeit als ... oder eine sonstige, ausbildungsentsprechende Erwerbstätigkeit aufzunehmen, und zwar auch dann, wenn dies den ehelichen Lebensverhältnissen nicht mehr entspricht.

(4) § 239 FamFG ist anwendbar, insbesondere soweit der Unterhaltsverpflichtete nach Abschluss dieses Vertrages anerkennungsfähig weniger leistungsfähig wird und/oder in dem Umfang, in dem diese Unterhaltsvereinbarung zu einer Beeinträchtigung von Berechtigten nach § 1609 Nr. 1 BGB führen würde.

Diese Unterhaltsvereinbarung führt nach dem Willen der Beteiligten nicht zu einer Umkehr der Darlegungs- und Beweislast.

(5) Der Notar hat uns über die Folgen der vorstehenden Unterhaltsvereinbarung belehrt. Uns ist bekannt, dass

- im Falle der Scheidung unserer Ehe der Grundsatz der Eigenverantwortung und Unterhaltsgewährung nach Leistungsfähigkeit gilt,
- die vorliegende Unterhaltsvereinbarung zu einer deutlichen Ausdehnung der Unterhaltsgewährung führen kann,
- bei Vorhandensein mehrerer Unterhaltsberechtigter und für den Fall, dass der Unterhaltsverpflichtete außerstande ist, allen den vollen Unterhalt zu gewähren, insbesondere seine minderjährigen Kinder oder diese betreuende Elternteile bevorrechtigt sind (§ 1609 BGB).

(6) Eine Vereinbarung zum Güterrecht und zum Versorgungsausgleich wollen wir nicht treffen. ◀

b) Vereinbarungen zum kind- und elternbezogenen Betreuungsunterhalt. Vereinbarungen zum kind- und elternbezogenen Betreuungsunterhalt können durch Festlegung eines vertraglichen „Altersphasenmodells" mit weiteren komplexen Regelungen sowie Teilverzichten und ausführlichen Belehrungen vermittelt werden. In der nachfolgenden Erweiterung des vorangehenden Musters entscheiden sich die Ehegatten im Bereich des Betreuungsunterhalts für ein individuelles, vertragliches Altersphasenmodell, das ebenso das **alte „Altersphasenmodell"** sein kann, und treffen vorsorgend abweichende Regelungen für den „Mehrkind-Fall". Soweit die individuelle Ausgestaltung zum Unterhalt auch eine schrittweise Herabsetzung der Leistungsbeträge enthält, kann sich eine Abweichung von der Herabsetzungsvorschrift des § 1578 b BGB ergeben; hierauf sollte ebenso eingegangen werden wie auf andere Abänderungsfälle. 25

26 Wirkt die Unterhaltsvereinbarung insgesamt **leistungsausdehnend**, hat das für den Berechtigten nur solange und soweit einen Vorteil, als der Verpflichtete auch nach einem späteren Hinzutreten familienfremder Unterhaltsberechtigter (zB zweite Ehe mit Kindern oder Unterhaltspflicht nach § 1615 l BGB) noch leistungsfähig ist. Ist er **nicht hinreichend leistungsfähig**, kann dies im Ergebnis zu Einschränkungen versprochener oder jedenfalls vorgestellter Leistungen führen.[20] Nachträgliche Entwicklungen wirken sich allerdings auf die Bedarfsbemessung nach den ehelichen Lebensverhältnissen nur aus, wenn sie auch bei fortbestehender Ehe eingetreten wären oder in anderer Weise in der Ehe angelegt und mit hoher Wahrscheinlichkeit zu erwarten waren.[21] Eine unterhaltsrechtliche Lösung dieser Problematik für die Vertragsgestaltung kann in Abreden zu den Selbstbehaltsgrenzen liegen. Gegenüber dem getrennt lebenden oder geschiedenen Ehegatten und dem nach § 1615 l BGB anspruchsberechtigten Elternteil kann sich der erwerbstätige Unterhaltspflichtige regelmäßig auf einen angemessenen Selbstbehalt (= monatlicher Eigenbedarf) in Höhe von 1.280 EUR berufen;[22] hiervon weicht das Muster zur Stärkung des vertraglichen Leistungsversprechens ab. Im Übrigen bewirkt die durch eine Unterhaltsvereinbarung begründete „Verstärkung" gegenüber einem nachfolgenden Ehegatten regelmäßig keine Sittenwidrigkeit gegenüber Dritten; vielmehr wird von eheprägenden Abzugsposten bei der Bedarfsfeststellung auszugehen sein. Vorbehalten werden kann, dass sich „verstärkende" Vereinbarungen nicht zulasten des Kindesunterhalts und eines Betreuungsunterhalts in den „Basisjahren" auswirken.

27 Für den Zeitraum nach einer kind- und/oder elternbezogenen Unterhaltsgewährung (§ 1570 Abs. 1 u. 2 BGB) können unter Beachtung der entsprechenden Einsatzzeitpunkte Anschlussunterhaltstatbestände zur weiteren Anspruchsbegründung infrage kommen. Im Muster ist insoweit ein Unterhaltsverzicht vereinbart, der ggf. um kernbereichsrelevante Vorbehalte (zB wegen Alters oder Krankheit) erweitert werden kann.

▶ Muster: Vorsorgende Vereinbarung – komplexes Altersphasenmodell – stabilisierend

(1) Soweit kindbezogener Betreuungsunterhalt zu gewähren ist, ist dieser nach den ehelichen Lebensverhältnissen in voller Höhe unter vorrangiger Berücksichtigung der Billigkeit und der Belange unseres gemeinsamen Kindes (§ 1570 Abs. 1 S. 2 u. 3 BGB) zu zahlen:

a) bis zur Vollendung seines achten Lebensjahres,
b) bis zur Vollendung seines zwölften Lebensjahres sodann als um ... % verminderter Betrag des vollen Unterhalts und daran anschließend
c) bis zur Vollendung seines sechzehnten Lebensjahres als um insgesamt ... % verminderter Betrag des vollen Unterhalts.

Betreut die Ehefrau mehr als ein gemeinsames Kind, verlängert sich die Unterhaltsgewährung nach lit. a) bis das jüngste unserer Kinder das elfte Lebensjahr und nach lit. b) das vierzehnte Lebensjahr vollendet hat.

(2) Eine abweichende Bemessung des Unterhalts aus rein kindbezogenen Gründen bleibt vorbehalten. Eine abweichende zeitliche Begrenzung des Unterhalts wird im Rahmen des hier vereinbarten Altersphasenmodells ausgeschlossen, weil dieses das Maß der Billigkeit der Unterhaltsgewährung selbstständig festlegt.

Auf eine verlängerte, eltern- bzw. ehebezogene Unterhaltsgewährung nach Maßgabe des § 1570 Abs. 2 BGB verzichten die Ehegatten wechselseitig, soweit dadurch die Dauer einer Unterhaltsgewährung von ... Jahren seit Rechtskraft der Scheidung überschritten würde.

(3) Als Inhalt unseres elterlichen Erziehungs- und Betreuungskonzepts vereinbaren wir, dass es der Billigkeit und den Belangen gemeinsamer Kinder nicht entspricht, den betreuenden Ehegatten auf die Inanspruchnahme von Fremdbetreuungsmöglichkeiten bis zur Vollendung des achten Lebensjahres des Kindes zu verweisen.

---

20 Zur Berücksichtigung auf der Bedarfs- und der Leistungsfähigkeitsebene: BGH 30.7.2008 – XII ZR 177/06, FamRZ 2008, 1911 einerseits und BVerfG 25.1.2011 – 1 BvR 918/10, FamRZ 2011, 437 andererseits.

21 BGH 7.12.2011 – XII ZR 151/09, FamRZ 2012, 281.

22 Düsseldorfer Tabelle, Stand: 1.1.2020, Anm. B IV lit. a und D II lit. a – siehe auch BGH 15.3.2006 – XII ZR 30/04, FamRZ 2006, 683.

(4) § 239 FamFG ist anwendbar, insbesondere soweit der Unterhaltsverpflichtete nach Abschluss dieses Vertrages anerkennungsfähig weniger leistungsfähig wird und/oder in dem Umfang, in dem diese Unterhaltsvereinbarung zu einer Beeinträchtigung von Berechtigten nach § 1609 Nr. 1 BGB führen würde. Gegenüber seiner geschiedenen Ehefrau kann sich der Ehemann im Rahmen seiner Leistungsfähigkeit jeweils nur auf den sog. notwendigen Eigenbedarf (Selbstbehalt) eines erwerbstätigen Unterhaltspflichtigen (derzeit 1.160 EUR nach den Anm. zur Düsseldorfer Tabelle), wie er gegenüber minderjährigen, unverheirateten Kindern bestünde, berufen, wenn und soweit familienfremde Unterhaltsberechtigte hinzutreten.

Diese Unterhaltsvereinbarung führt nach dem Willen der Beteiligten nicht zu einer Umkehr der Darlegungs- und Beweislast.

(5) Für den Zeitraum im Anschluss an die Unterhaltsgewährung nach § 1570 BGB vereinbaren wir gegenseitigen und vollständigen Verzicht auf die Gewährung jeglichen nachehelichen Unterhalts nach allen gesetzlichen Unterhaltstatbeständen und auch in unvorhersehbaren oder außergewöhnlichen Fällen oder Umständen. Wir nehmen den vorstehend erklärten Verzicht und jeglichen Verzicht auf Mehrleistung hiermit wechselseitig an.

(*ggf. weitere, kernbereichsrelevante Vorbehalte*)

(6) Der Notar hat uns über die Folgen der Unterhaltsvereinbarung eingehend belehrt. Uns ist bekannt, dass

- im Falle der Scheidung unserer Ehe der Grundsatz der Eigenverantwortung und Unterhaltsgewährung nach Leistungsfähigkeit gilt,
- die vorliegende Unterhaltsvereinbarung nicht nur Verzichtscharakter hat, sondern auch zu einer Ausdehnung der Unterhaltsgewährung führen kann,
- bei Vorhandensein mehrerer Unterhaltsberechtigter und für den Fall, dass der Unterhaltsverpflichtete außerstande ist, allen den vollen Unterhalt zu gewähren, insbesondere seine minderjährigen Kinder oder die diese betreuenden Elternteile bevorrechtigt sind (§ 1609 BGB).

Der Notar hat uns ferner darauf hingewiesen, dass ein vorstehend vereinbarter Verzicht, sofern er Dritte benachteiligt, nichtig oder im Einzelfall ein Berufen auf Verzichte unzulässig sein kann. Zudem können die Unterhaltsvereinbarung, Teile davon und im Wege einer Gesamtschau auch andere Regelungen dieses Vertrages der richterlichen Inhaltskontrolle und Anpassung unterliegen. ◀

3. Scheidungsbezogene Vereinbarung

a) Vorüberlegung und Allgemeines. Dem nachfolgenden Muster liegt ein typischer Sachverhalt und die daraus abgeleitete Interessenlage zugrunde: Aus der Ehe sind zwei gemeinsame Kinder hervorgegangen, die beide bereits älter als drei Jahre alt, aber weiterhin betreuungsbedürftig sind (Fall: **kindbezogener, verlängerter Betreuungsunterhalt**, § 1570 Abs. 1 S. 2 BGB) und vormittags während der intakten Ehe eine örtliche Kindertagesstätte besuchen. Die betreuende Mutter geht einer Teilzeittätigkeit nach. Beide getrennt lebenden Eltern wollen im Zusammenhang einer Scheidungsvereinbarung eine zeitlich verlässliche Unterhaltsregelung auf Grundlage ihrer Betreuungsvorstellungen schließen. 28

▶ Muster: Scheidungsvereinbarung zum nachehelichen Betreuungsunterhalt – stabilisierend (ausführlich)

Wir haben am ... vor dem Standesbeamten in ... die Ehe geschlossen. Wir leben seit dem ... getrennt im Sinne des § 1567 BGB und beabsichtigen, uns scheiden zu lassen; das Scheidungsverfahren ist noch nicht anhängig. Wir leben im gesetzlichen Güterstand der Zugewinngemeinschaft; einen Ehevertrag oder eine Vereinbarung zum nachehelichen Unterhalt haben wir bisher nicht abgeschlossen.

Aus unserer Ehe sind zwei gemeinsame Kinder, nämlich .... und ..., hervorgegangen, die vier und fünf Jahre alt sind. Beide Kinder besuchen derzeit vormittags die örtliche Kindertagesstätte. Frau ... geht einer Teilzeittätigkeit (... Wochenstunden) in ihrem erlernten und vor der Geburt des ältesten Kindes ausgeübten Beruf nach.

Wir schließen folgende Vereinbarung über **nachehelichen Unterhalt:**

(1) Herr ... verpflichtet sich gegenüber Frau ..., ihr ab dem Monatsersten, der auf die Rechtskraft der Scheidung ihrer Ehe folgt, monatliche Unterhaltsleistungen in Höhe von ... EUR –, jeweils am Ersten eines jeden Monats im Voraus (Gutschrift), auf das Konto IBAN ... bei der ... zu zahlen.

Der vereinbarte Unterhalt wird

- als verlängerter Betreuungsunterhalt (§ 1570 Abs. 1 S. 2 BGB) und – soweit ein solcher zugleich zu leisten wäre –
- als Aufstockungsunterhalt (§ 1573 Abs. 2 BGB) geleistet und umfasst jeden etwa zu leistenden Elementar-, Krankenvorsorge- und Altersvorsorgeunterhalt.

(2) Die Höhe des Unterhalts wurde von den Ehegatten oberhalb des „angemessenen Bedarfs" nach der Lebensstellung der Berechtigten und ihrer beruflichen Ausbildung festgelegt. Die gleichzeitige Beanspruchung der Berechtigten durch ihre Erwerbstätigkeit und die verbleibende Kinderbetreuung ist berücksichtigt.

(3) Rückständige Leistungen sind ab dem zweiten Kalendertag des jeweiligen Fälligkeitsmonats mit fünf Prozentpunkten über dem jeweils geltenden Basiszinssatz jährlich zu verzinsen.

(4) Herr ... unterwirft sich wegen seiner im vorstehenden Abs. 1 eingegangenen monatlichen Zahlungsverpflichtungen gegenüber der Ehefrau, Frau ..., der sofortigen Zwangsvollstreckung in sein gesamtes Vermögen.

Eine vollstreckbare Ausfertigung dieser Urkunde kann wegen bereits fällig gewordener Leistungen jederzeit auf Antrag und ohne weiteren Nachweis der die Fälligkeit begründenden Tatsachen erteilt werden.

(5) Die Ehegatten vereinbaren bereits heute und für den Fall der Scheidung ihrer Ehe nicht einseitig widerrufbar, dass der nach Abs. 1 zu leistende Unterhalt unter Berücksichtigung der Belange der gemeinsamen Kinder und der Billigkeit (§ 1570 Abs. 1 S. 2 u. 3 BGB) bis zur Vollendung des ... Lebensjahres des jüngsten gemeinsamen Kindes in der festgelegten Höhe zu zahlen ist. Eine Herabsetzung des Unterhalts wird für den vorbenannten Zeitraum ausgeschlossen, weil diese Vereinbarung das Maß der Billigkeit der Unterhaltsgewährung selbstständig festlegt.

Bis zum vereinbarten Zeitpunkt trifft die betreuende Mutter keine Erwerbsobliegenheit, die die derzeit von ihr ausgeübte, teilschichtige Erwerbstätigkeit ausdehnen würde; sie ist allerdings unter Berücksichtigung der Belange der Kinder zur Aufrechterhaltung ihrer teilschichtigen Erwerbstätigkeit verpflichtet.

(6) Eine weitergehende verlängerte Unterhaltsgewährung aus eltern- bzw. ehebezogenen Gründen ist bei der vereinbarten Leistungsdauer bereits abschließend berücksichtigt und kann nicht gesondert verlangt werden/bleibt vorbehalten.

§ 239 FamFG ist anwendbar, soweit aus kindbezogenen (ggf. eltern- bzw. ehebezogenen) Gründen eine verlängerte Unterhaltsgewährung erforderlich ist und/oder in dem Umfang, in dem diese Unterhaltsvereinbarung zu einer Beeinträchtigung von Berechtigten nach § 1609 Nr. 1 BGB führen würde. Diese Unterhaltsvereinbarung führt zu keiner Umkehr der Darlegungs- und Beweislast.

(7) Für den Zeitraum im Anschluss an die Unterhaltsgewährung nach Abs. (5) vereinbaren die Ehegatten den gegenseitigen und vollständigen Verzicht auf die Gewährung jeglichen nachehelichen Unterhalts nach allen gesetzlichen Unterhaltstatbeständen und auch in unvorhersehbaren oder außergewöhnlichen Fällen oder Umständen. Die Beteiligten nehmen den vorstehend erklärten Verzicht hiermit wechselseitig an

(8) ... (*Belehrungen*) ◀

29 Obwohl das pauschale **alte Altersphasenmodell** für die familiengerichtliche Praxis keine geeignete Grundlage der verlängerten Unterhaltsgewährung ist, können die Eltern genau dieses oder ein anderes pauschalierendes Modell nach Maßgabe ihrer Erziehungs- und Betreuungsvorstellungen vertraglich vereinbaren.[23] Das **vereinbarte Altersphasenmodell** ist im Idealfall nichts anderes als das Ergebnis einer zuvor von den

23 Vgl. BGH 15.3.2017 – XII ZB 109/16, NJW 2017, 1883.

Eltern anzustellenden Prognose über die Betreuungsbedürftigkeit ihres Kindes auf der Grundlage seiner Entwicklung:

▶ **Muster: Scheidungsvereinbarung zum nachehelichen Betreuungsunterhalt – Alternative**

(1) ... (4)

(5) Die Ehegatten vereinbaren bereits heute und für den Fall der Scheidung ihrer Ehe nicht einseitig widerrufbar, dass der nach Abs. 1 geschuldete Unterhalt (= Ausgangsbetrag) unter Berücksichtigung der Billigkeit und der Belange unserer gemeinsamen Kinder (§ 1570 Abs. 1 S. 2 u. 3 BGB) zu zahlen ist:

a) bis zur Vollendung seines achten Lebensjahres in voller Höhe,
b) bis zur Vollendung seines zwölften Lebensjahres sodann als um ... % verminderter Betrag vom Ausgangsbetrag und daran anschließend
c) bis zur Vollendung seines sechzehnten Lebensjahres als um insgesamt ... % verminderter Betrag vom Ausgangsbetrag.

Daran anschließend bleibt eine erneute Bemessung des Unterhalts aus kindbezogenen Gründen vorbehalten, wenn es objektiv einer weitergehenden Betreuung bedarf. Eine Herabsetzung des Unterhalts schließen wir bis zur Vollendung des ... Lebensjahres unseres vorgenannten Kindes aus, weil diese Vereinbarung das Maß der Billigkeit der Unterhaltsgewährung selbstständig festlegt. Die vorgenannten Beträge sollen wertgesichert sein ... ◀

b) Überobligationsmäßige Erwerbstätigkeit und Kindesbetreuung. Eine ganztägige, kindgerechte Fremdbetreuung muss nicht zwangsläufig zu einer vollschichtigen Erwerbsobliegenheit führen. Eine nach den Maßstäben der §§ 1570, 1574 BGB ausgeübte oder verlangte Erwerbstätigkeit kann neben einer **qualifizierten Fremdbetreuung** zusammen mit dem dennoch verbleibenden persönlichen Anteil an der Betreuung im Ergebnis zu einer überobligationsmäßigen Belastung führen,[24] die ihrerseits wiederum negative Auswirkungen auf das Kindeswohl entfalten kann. Das nachfolgende Muster stellt klar, dass die Gefahren überobligationsmäßiger Belastungen gesehen und mitgeregelt sind. 30

c) Befristung des Betreuungsunterhalts. Dem betreuenden Elternteil steht der Anspruch auf Betreuungsunterhalt für mindestens drei Jahre nach der Geburt mit Verlängerungsmöglichkeit aus kind- und elternbezogenen Gründen zu (§ 1570 Abs. 1 S. 1 BGB). Schwierig zu beantworten ist somit die Frage, inwieweit die Leistungsdauer bereits **in einer notariellen Urkunde** aus der Systematik des § 1570 Abs. 1 u. 2 BGB heraus zeitlich zu begrenzen ist oder überhaupt begrenzt werden sollte.[25] 31

Aus der Sicht des Notars kommt eine **zeitlich begrenzte Anspruchsbegründung** wohl nur in Betracht, wenn im Zeitpunkt der Beurkundung absehbar keine kind- oder eltern- bzw. ehebezogenen Verlängerungsgründe vorliegen oder eine Begrenzung von den Ehegatten ausdrücklich gewünscht wird. Im Bereich der eltern- bzw. ehebezogenen Verlängerung dürfte die Disponibilität weiter gehen; hier geht es nicht mehr um die Belange der Kinder. 32

d) Höhenmäßige Begrenzung (= Herabsetzung) des Betreuungsunterhalts. Neben der immanenten zeitlichen Begrenzung des Betreuungsunterhalts nach § 1570 BGB kommt eine vertragliche Begrenzung (= Herabsetzung) der Höhe vom eheangemessenen Unterhalt in Anlehnung an § 1578 b Abs. 1 BGB auf einen „angemessenen Unterhalt" nach der eigenen Lebensstellung des Berechtigten in Betracht (vgl. § 1578 b Abs. 1 BGB). Insoweit ist § 1570 BGB nicht lex specialis.[26] In jedem Fall setzt eine höhenmäßige Begrenzung voraus, dass die notwendige Betreuung gemeinsamer Kinder trotz abgesenkten Unterhaltsbedarfs sichergestellt und das Kindeswohl nicht beeinträchtigt ist.[27] 33

---

24 BGH 17.6.2009 – XII ZR 102/08, FamRZ 2009, 1391; 24.6.2009 – XII ZB 160/07, FamRZ 2009, 1739; 18.3.2009 – XII ZR 74/08, FamRZ 2009, 770 und bereits BGH 16.7.2008 – XII ZR 109/05, FamRZ 2008, 1739 (1748 f.).

25 S. BGH 17.6.2009 – XII ZR 102/08, FamRZ 2009, 1391.

26 Vgl. BGH 6.5.2009 – XII ZR 114/08, FamRZ 2009, 1124; 21.4.2010 – XII ZR 134/08, FamRZ 2010, 1050; 15.9.2010 – XII ZR 20/09, FamRZ 2010, 1880.

27 Vgl. BGH 18.3.2009 – XII ZR 74/08, FamRZ 2009, 770; 15.9.2010 – XII ZR 20/09, FamRZ 2010, 1880.

▶ **Muster: Scheidungsvereinbarung zum nachehelichen Betreuungsunterhalt – Alternative**

(1) ...

(2) Die Höhe des Unterhalts wurde von den Ehegatten einvernehmlich unterhalb des „eheangemessenen Bedarfs" von ca. ... EUR, jedoch höher als der „angemessene Bedarf" nach der Lebensstellung der Berechtigten festgelegt. Maßgeblich sind insoweit die Einkommensverhältnisse einer Einzelhandelsfachverkäuferin mit ... Jahren Berufserfahrung.

Die gleichzeitige Beanspruchung der Berechtigten durch ihre Erwerbstätigkeit und die verbleibende Kindesbetreuung sind berücksichtigt. ◀

34 Das Herabsetzen der Höhe des Unterhalts kann auch zeitlich gestaffelt erfolgen, um dem betreuenden Elternteil den Übergang auf die veränderten wirtschaftlichen Lebensumstände des Alleinerziehens zu erleichtern:

▶ **Muster: Scheidungsvereinbarung zum nachehelichen Betreuungsunterhalt – Alternative**

(1) ...

(2) Der nach Abs. 1 zu leistende monatliche Unterhalt wird in der vereinbarten Höhe für die Dauer von ... Jahren seit der Rechtskraft der Scheidung geschuldet. Danach vermindert sich ein etwa nach den gesetzlichen Regelungen zum Nachscheidungsunterhalt noch geschuldeter Unterhalt auf einen monatlich zu leistenden Betrag von ... EUR.

Dies entspricht nach den Vereinbarungen der Ehegatten dem „angemessenen Bedarf" nach der Lebensstellung der Berechtigten. Die gleichzeitige Beanspruchung der Berechtigten durch ihre Erwerbstätigkeit und die verbleibende Kindesbetreuung ist berücksichtigt. ◀

35 **e) Berechnungsgrundlage.** Im Idealfall sollten die wesentlichen Berechnungsgrundlagen, die der Berechnung des Quotenunterhalts zugrunde liegen, im Hinblick auf eine spätere Abänderung (§ 239 FamFG) aus der Urkunde erkennbar sein:

▶ Der Unterhaltsbemessung nach Abs. 1 liegen folgende Einkünfte und Ausgaben zugrunde: ... ◀

36 **f) Anschlussunterhalt.** Klärungsbedürftig ist auch im Zusammenhang mit der vorrangigen Regelung des Betreuungsunterhalts das Eingreifen von sog. Anschlussunterhaltstatbeständen mit dem Einsatzzeitpunkt (→ *Nachehelicher Unterhalt* Rn. 6) nach Beendigung der Pflege und Erziehung des gemeinschaftlichen Kindes. Hierher gehören zunächst die immerhin in der zweiten Stufe des Kernbereichs des Scheidungsfolgenrechts angesiedelten **Unterhaltstatbestände wegen Krankheit oder Gebrechen (§ 1571 Nr. 2 BGB) oder wegen Alters (§ 1572 Nr. 2 BGB),** wobei Letzterer auch als Anschlussunterhalt nach Krankheit zu gewähren sein kann. Anschlussunterhalt wegen Erwerbslosigkeit (§ 1573 Abs. 1 u. 2 BGB) und/oder wegen Aus- und Fortbildung (§ 1575 BGB) kann sinnvollerweise als **„Wiedereinstiegshilfe"** in die Erwerbstätigkeit zu gewähren sein; möglich sind zeitliche und betragsmäßige Modifikationen oder im Einzelfall der Verzicht auf die Gewährung von Anschlussunterhalt:

▶ **Muster: Scheidungsvereinbarung zum nachehelichen Betreuungsunterhalt – Alternative**

(1) ... (6)

(7) Für die Zeit im Anschluss an die Leistung von Betreuungsunterhalt nach § 1570 Abs. 1 u. 2 BGB vereinbaren die Ehegatten den gegenseitigen und vollständigen Verzicht auf die Gewährung jeglichen nachehelichen Unterhalts nach allen gesetzlichen Unterhaltstatbeständen und auch in unvorhersehbaren oder außergewöhnlichen Fällen oder Umständen. Hiervon ausgenommen ist wiederum Anschlussunterhalt wegen Alters (§ 1571 BGB) und wegen Krankheit oder Gebrechens (§ 1572 BGB) sowie im Falle des Unterhalts wegen Alters mit dem weiteren Einsatzzeitpunkt bei Wegfall des Unterhalts wegen Krankheit oder Gebrechens. Die Beteiligten nehmen den vorstehend erklärten Verzicht hiermit wechselseitig an. ◀

IV. Vereinbarung zum Aufstockungsunterhalt

Insbesondere der sog. Aufstockungsunterhalt (§ 1573 Abs. 2, 3 BGB) eignet sich, wenn die Begrenzungs- 37
vorschriften nicht berücksichtigt werden, zur Perpetuierung von Zahlungspflichten nach den ehelichen Lebensverhältnissen (vgl. § 1578 Abs. 1 BGB); daher gilt ihm auch in der Vertragsgestaltung regelmäßig besondere Beachtung.

Der Aufstockungsunterhalt wird geschuldet, wenn die Einkünfte des Berechtigten nicht den Bedarf nach 38
den ehelichen Lebensverhältnissen (§ 1578 Abs. 1 BGB) decken, obwohl dieser der Ausübung einer angemessenen Erwerbstätigkeit nachgeht. Als Einsatzzeitpunkte kommen insbesondere der zeitliche Zusammenhang mit der Scheidung in Betracht, genauso aber als **Anschlussunterhalt** der Wegfall der Leistungsvoraussetzungen nach den Unterhaltstatbeständen gem. §§ 1570–1572, 1573 Abs. 1 und 4, 1575, 1576 BGB (s. § 1573 Abs. 1 und 3 BGB) bzw. das Einsetzen von Erwerbsobliegenheiten des Unterhaltsberechtigten.

Aufstockungsunterhalt wird in vielen Fällen auch bei **Teilerwerbstätigkeit** des Berechtigten (= Einsetzen 39
einer Erwerbsobliegenheit) gleichzeitig und neben §§ 1570–1572 BGB als „ergänzender Aufstockungsunterhalt" entstehen, soweit die Summe aus den eigenen tatsächlichen Einkünften und den hochgerechneten Einkünften aus einer Vollzeiterwerbstätigkeit den eheangemessenen Bedarf (§ 1578 Abs. 1 BGB) nicht erreichen.[28]

▶ **Muster: Nachehelicher Aufstockungsunterhalt**

Die Erschienenen erklärten:

Wir haben am ... vor dem Standesbeamten in ... die Ehe geschlossen. Wir leben seit dem... getrennt im Sinne des § 1567 BGB und beabsichtigen, uns scheiden zu lassen; das Scheidungsverfahren ist noch nicht anhängig. Wir leben im gesetzlichen Güterstand der Zugewinngemeinschaft. Einen Ehevertrag oder eine Vereinbarung zum nachehelichen Unterhalt haben wir bisher nicht abgeschlossen.

Aus unserer Ehe sind keine gemeinsamen Kinder hervorgegangen. Die Ehefrau ist vollschichtig als ... berufstätig; der Ehemann war bei Eingehen der Ehe Student und hat vor ... Jahren sein Studium abgeschlossen. Eine ausbildungsentsprechende Erwerbstätigkeit hat er seitdem nicht aufgenommen; er hat vielmehr als ... gearbeitet und ist derzeit arbeitssuchend.

...

Jeder von uns hat vor der Beurkundung einen eigenen Entwurf dieser Unterhaltsvereinbarung zur Prüfung durch das Notariat erhalten; ein erläuterndes Vorgespräch mit dem beurkundenden Notar hat stattgefunden.

Wir schließen folgende Vereinbarung über **nachehelichen Unterhalt:**

(1) Frau ... verpflichtet sich gegenüber Herrn ..., ihm ab dem Monatsersten, der auf die Rechtskraft der Scheidung ihrer Ehe folgt, monatliche Unterhaltsleistungen in Höhe von ... EUR, jeweils am Ersten eines jeden Monats im Voraus (Gutschrift), längstens bis zum ... als Unterschiedsbetrag zwischen deren Einkünften und dem vollen Unterhalt gem. § 1573 Abs. 2 BGB (Aufstockungsunterhalt) auf das Konto IBAN ... bei der ... zu zahlen.

Der vereinbarte Unterhalt umfasst jeden Elementar-, Krankenvorsorge- und Altersvorsorgeunterhalt.

(2) Herr ... verzichtet darüber hinaus auf alle weitergehenden Ansprüche auf nachehelichen Unterhalt nach allen gesetzlichen Unterhaltstatbeständen und auch in unvorhersehbaren oder außergewöhnlichen Fällen oder Umständen; dies umfasst auch höhere Einzelleistungen als nach vorstehendem Abs. 1 vereinbart. Frau ... nimmt den vorstehend erklärten Verzicht hiermit an.

(3) Herr ... nimmt derzeit an einer Umschulungsmaßnahme der Agentur für Arbeit zur ... teil. Die Unterhaltsverpflichtung der Ehefrau endet mit Aufnahme einer Erwerbstätigkeit des Ehemanns im Umfang von ... Std./Woche, spätestens jedoch am .... Für die Folgezeit gilt der Unterhaltsverzicht nach Abs. 2. ◀

28 Zur Abgrenzung der Tatbestände BGH 14.4.2010 – XII ZR 89/08, FamRZ 2010, 869.

40 Das nachfolgende Muster regelt den **zeitlich befristeten Aufstockungsunterhalt** als den infrage kommenden Unterhaltstatbestand für eine kinderlos gebliebene und nunmehr gescheiterte „Frühehe", bei der der Mann nach dem Abschluss seiner Ausbildung unregelmäßig, die Frau hingegen nachhaltig und für die ehelichen Lebensverhältnisse maßgebend erwerbstätig war und ist.

▶ **Muster: Angemessener Gesamtunterhaltsbedarf eines Studierenden**

(1) Frau ... verpflichtet sich gegenüber Herrn ..., ihm ab dem Monatsersten, der auf die Rechtskraft der Scheidung ihrer Ehe folgt, monatliche Unterhaltsleistungen in Höhe von ... EUR, jeweils am Ersten eines jeden Monats im Voraus (Gutschrift), längstens bis zum ..., als „angemessenen Unterhalt" nach der Lebensstellung als Student mit eigenem Hausstand entsprechend Anm. 7 zu Teil A der Düsseldorfer Tabelle[29] gem. § 1573 Abs. 2 BGB als Aufstockungsunterhalt auf das Konto IBAN ... bei der ... zu zahlen. ◀

41 Der **„angemessene Unterhalt"** nach der Lebensstellung des Berechtigten (vgl. § 1578 b Abs. 1 S. 1 BGB) kann sich natürlich auch aus anderen Erwerbsbiographien als derjenigen eines Studenten ergeben:

▶ **Muster: „Angemessener Unterhalt"**

(1) Herr ... verpflichtet sich gegenüber Frau ..., ihr ab dem Monatsersten, der auf die Rechtskraft der Scheidung ihrer Ehe folgt, monatliche Unterhaltsleistungen in Höhe von ... EUR, jeweils am Ersten eines jeden Monats im Voraus (Gutschrift), längstens bis zum ..., als „angemessenen Unterhalt" nach der Lebensstellung als Beamtin im Landesdienst des Bundeslandes ... der Besoldungsgruppe ... unter Berücksichtigung der familiären Verhältnisse und einem Dienstalter berechnet ab Vollendung des 21. Lebensjahres gem. § 1573 Abs. 2 BGB als Aufstockungsunterhalt auf das Konto IBAN ... bei der ... zu zahlen. ◀

42 Der „angemessene Unterhalt" nach dem Maßstab des „angemessenen Lebensbedarfs", der nach § 1578 b Abs. 1 S. 1 BGB regelmäßig die Grenze für eine gerichtliche, nicht notwendig auch vertragliche Herabsetzung des nachehelichen Unterhalts bildet, bemisst sich regelmäßig nach dem Einkommen, das der Berechtigte ohne die Ehe und Kindererziehung aus eigenen Einkünften nachhaltig hätte erzielen können.[30] Für einen erwerbsfähig Unterhaltsberechtigten ist das „fiktive" Einkommen maßgebend, das er ohne die Unterbrechung der Erwerbstätigkeit durch seine Eheschließung und die Kinderbetreuung erzielen könnte.

43 Sowohl beim Betreuungsunterhalt der nicht verheirateten Mutter (§ 1615 l BGB) als auch beim Nachscheidungsunterhalt (§§ 1569 ff. BGB) ist von einem Unterhaltsbedarf auszugehen, der das **Existenzminimum** nicht unterschreiten darf;[31] diese Grenze wird die Vertragsgestaltung im Auge behalten müssen, ohne dass hiermit eine zwingendes Dispositionsverbot verbunden ist. Die Untergrenze in Unterhaltsvereinbarungen kann demnach mit dem notwendigen Selbstbehalt eines nicht erwerbstätigen Unterhaltspflichtigen pauschaliert werden, der sich gegenwärtig nach Teil B, Anm. V Nr. 2 der Düsseldorfer Tabelle (Stand: 1.1.2020 = derzeit 960 EUR) und den Leitlinien der Oberlandesgerichte richtet.

1. Altersvorsorge- und Kranken-/Pflegevorsorgeunterhalt

44 Im Quoten-Elementarunterhalt sind die Kosten einer angemessenen Alters-, Kranken- und Pflegeversicherung nicht enthalten. § 1578 Abs. 3 BGB (vgl. auch § 1361 Abs. 1 S. 2 BGB) beinhaltet deshalb als unselbstständigen Teil des Unterhaltsanspruchs – neben dem Elementarunterhalt – den Anspruch auf Leistung der Kosten für eine eheangemessene Versicherung für den Fall des Alters, der Berufs- oder Erwerbsunfähigkeit (**Altersvorsorgeunterhalt – AVU**). § 1578 Abs. 2 BGB enthält, ebenfalls als unselbstständigen Teil des Unterhalts, den Anspruch wegen einer angemessenen Versicherung für den Fall der Krankheit (**Krankenversicherungsunterhalt – KVU**). Angemessen ist jeweils eine Versicherung, die der nach den ehelichen Lebensverhältnissen gleichwertig ist. Der Anspruch auf KVU entfällt, wenn der Unterhaltsberechtigte selbst erwerbstätig ist und einen eigenen Krankenversicherungsschutz besitzt.

29 Stand: 1.1.2020 = 860 EUR.

30 „Parallele Erwerbsbiographie", s. auch BGH 4.8.2010 – XII ZR 7/09, FamRZ 2010, 1633; 30.3.2011 – XII ZR 63/09, FamRZ 2011, 875.

31 Zum Mindestbedarf: BGH 16.12.2009 – XII ZR 50/08, FamRZ 2010, 357; 13.1.2010 – XII ZR 123/08, FamRZ 2010, 444 (445).

Das nachfolgende Muster umfasst Vereinbarungen zum Unterhalt einschließlich des konkret berechneten Elementar- und Altersvorsorgeunterhalts: 45

▶ Muster: Konkret berechneter Elementar- und Altersvorsorgeunterhalt

(1) Herr ... verpflichtet sich gegenüber Frau ..., ihr ab dem Monatsersten, der auf die Rechtskraft der Scheidung ihrer Ehe folgt, monatliche Unterhaltsleistungen in Höhe von ... EUR, jeweils am Ersten eines jeden Monats im Voraus (Gutschrift) auf das Konto IBAN ... bei der ... zu zahlen.

Der vereinbarte Unterhalt wird als Unterhalt wegen Krankheit (§ 1572 BGB) und – soweit ein solcher zugleich zu leisten wäre – als Aufstockungsunterhalt (§ 1573 Abs. 2 BGB) geleistet und umfasst

- den Elementarunterhalt iHv ... EUR
- sowie den Altersvorsorgeunterhalt iHv ... EUR.

(2) Der Bemessung des Unterhalts liegt folgende Berechnung zugrunde:

Unterhaltsrelevantes Nettoeinkommen der Ehefrau:[32]	... EUR
./. Zahlbetrag vom Tabellenunterhalt für Sohn Thomas (3 Jahre):	... EUR
./. Zahlbetrag vom Tabellenunterhalt für Tochter Marie (3 Jahre):	... EUR
Nettoeinkommen für die Unterhaltsberechnung:	...EUR
Nettoeinkommen des Ehemanns:	0 EUR.
Daraus ergibt sich ein vorläufiger, gerundeter Elementarunterhalt I (Erwerbstätigkeitsbonus: $^{1}/_{7}$) in Höhe von:	... EUR;
unter Zugrundelegung der „Bremer Tabelle“ (Stand 1.1.2020) wird der Elementarunterhalt I mit einem Zuschlag von 18 % (= ... EUR) hochgerechnet zu einem fiktiven Bruttoeinkommen in Höhe von	... EUR.
Bei einem Beitragssatz zur gesetzlichen Rentenversicherung von 18,6 % ergibt dies einen Vorsorgeunterhalt in Höhe von:	... EUR;
Der endgültige Elementarunterhalt (= Elementarunterhalt II) beträgt demnach gerundet: (d.i. Nettoeinkommen für die Unterhaltsberechnung [...EUR] ./. Vorsorgeunterhalt [...EUR] = ... EUR fk 3/7).	... EUR

... ◀

2. Konkrete Bedarfsberechnung; relative Sättigungsgrenze

Sind die Einkünfte des Verpflichteten überdurchschnittlich, ist regelmäßig eine konkrete Bedarfsberechnung durchzuführen, weil zu vermuten ist, dass das verfügbare Einkommen nicht nur der Lebensführung diente, sondern auch der Vermögensbildung. Die „relative Sättigungsgrenze“ wird in der Praxis der Oberlandesgerichte unterschiedlich gehandhabt, wobei sich in den meisten Leitlinien pauschale Hinweise finden. Eine konkrete Berechnung des Bedarfs erscheint bei Überschreiten der höchsten Einkommensgruppe der Düsseldorfer Tabelle sachgerecht. Eine solche konkrete Bedarfsberechnung zur Bestimmung des Unterhalts kann natürlich auch Gegenstand einer Unterhaltsvereinbarung sein. 46

▶ Muster: Konkrete Berechnung

(1) ...

(2) Aufgrund der überdurchschnittlichen, unterhaltsrelevanten Einkünfte des Ehemanns wurde der Unterhalt einvernehmlich nach dem konkreten Bedarf der Berechtigten berechnet; hierfür sind folgende Positionen in Ansatz gebracht:

–	Wohnbedarf	600 EUR
–	Krankenversicherung	200 EUR
–	Altersvorsorge	280 EUR

32 Jahresbrutto des Vorjahres verringert um die gesetzlichen Abzüge unter Berücksichtigung von Steuernachzahlungen und -erstattungen auf der Basis der LSt-Klasse I sowie des Realsplittingvorteils, abzüglich 5 % für berufsbedingte Aufwendungen, geteilt durch 12 Monate.

–	Versicherungen	30 EUR
–	Rundfunk, Telefon	50 EUR
–	Halten eines Pkw	250 EUR
–	Kosmetik und Friseur	100 EUR
–	Kleidung	300 EUR
–	Allgemeine Verpflegung	500 EUR
–	Theater und Kultur	50 EUR
–	Urlaubsreisen	150 EUR
–	Putzfrau	100 EUR
–	Rücklagen für Hausrat	100 EUR
–	konkreter Gesamtbedarf	2.710 EUR

Unter Berücksichtigung eines Betrages für sonstige Rücklagen vereinbaren wir einen Zahlbetrag von 2.800 EUR.

(3) Der Bemessung des Unterhalts liegt folgendes bereinigte (unterhaltsrelevante) Nettoeinkommen des Ehemannes zugrunde: .... ◀

3. Begrenzung, Befristung und Abänderung

47 Sind die für eine Begrenzung ausschlaggebenden Umstände im Zeitpunkt des Vertragsschlusses bereits zuverlässig erkennbar, sollte die Frage der Begrenzung nicht etwa einer späteren Abänderung nach § 231 Abs. 1 Nr. 1 FamFG iVm § 239 FamFG vorbehalten bleiben, sondern unbedingt schon in der Urkunde (= Ausgangstitel) selbst vereinbart werden. Ob die für die Begrenzung ausschlaggebenden Umstände bereits zuverlässig erkennbar sind, lässt sich wiederum nur unter Berücksichtigung aller Umstände des Einzelfalles nach intensiven Beratungsgesprächen beantworten. Im Zweifel kann der Unterhalt zunächst unbefristet, aber unter dem Vorbehalt einer späteren Abänderung vereinbart werden. Auch die umgekehrte Vorgehensweise ist denkbar. Danach kann der Unterhaltsanspruch zunächst für eine bestimmte Dauer gewährt werden, gleichwohl aber eine Verlängerung vorbehalten bleiben. Abänderungsvorbehalte können zudem mit Betrags- und/oder Zeitvorgaben verbunden werden.

▶ **Muster: Abänderung I**

(...) Herabsetzung und zeitliche Begrenzung des Unterhaltsanspruchs richten sich nach § 1578 b BGB und sollen der Abänderung vorbehalten bleiben. Die Abänderung kann jedoch nicht vor Ablauf von ... Monaten/Jahren seit Rechtskraft der Ehescheidung verlangt und im Falle der Herabsetzung nur bis zu einer Grenze von ... % des nach dieser Urkunde vereinbarten Unterhaltsbetrages (und unter Einbeziehung der Wertsicherung) erfolgen. ◀

48 Die **Präklusionswirkungen** nach § 238 Abs. 2 FamFG sind auf Unterhaltsvereinbarungen nicht anwendbar (s. § 239 FamFG). Eine Urkunde über den Nachscheidungsunterhalt ist kein Urteil in einem gerichtlichen Ausgangsverfahren. Gleichwohl darf dies nicht dazu führen, dass erkennbare Umstände zur Begrenzung in der Ausgangsbeurkundung nicht beachtet werden. Andererseits können die Beteiligten auch eine Präklusion, die § 238 Abs. 2 FamFG nachgebildet ist, vertraglich vereinbaren:

▶ **Muster: Abänderung II**

(...) Herabsetzung und zeitliche Begrenzung des Unterhalts richten sich zukünftig nach § 1578 b BGB und sollen der Abänderung vorbehalten bleiben. Die Ehegatten vereinbaren bereits heute, dass eine gerichtliche oder vertragliche Abänderung ausgeschlossen ist, wenn und soweit Abänderungsgründe nicht erst nach Errichtung dieser Urkunde entstanden sind. ◀

Bleibt eine spätere Begrenzung des Unterhalts nach dem Inhalt der Vereinbarung vorbehalten, ist zu beachten, dass die Darlegungs- und Beweislast für Tatsachen, die eine nachträgliche Befristung oder Beschränkung bewirken sollen, grundsätzlich der Unterhaltsverpflichtete zu tragen hat.[33]

33 Vgl. BGH 25.6.2008 – XII ZR 109/07, FamRZ 2008, 1508 (1510).

4. Übergangsfrist und Vertrauenstatbestand

Selbst wenn eine an den ehelichen Lebensverhältnissen orientierte Bemessung des Unterhalts wegen fehlender ehebedingter Nachteile unter Wahrung der nachehelichen Solidarität und der Belange gemeinschaftlicher Kinder unbillig wäre, bedeutet das nicht, dass die Leistung des Nachscheidungsunterhalts abrupt eingestellt oder auf den angemessenen Unterhalt gekürzt werden müsste. Im Rahmen einer vertraglich vereinbarten Herabsetzung oder zeitlichen Begrenzung des Unterhalts sollte das Vertrauen des Unterhaltsberechtigten auf die Fortdauer der gelebten Lebensverhältnisse deshalb angemessen berücksichtigt werden. Dem unterhaltsberechtigten Ehegatten sollte genügend Zeit verbleiben, seinen Lebensstandard von einem höheren auf einen Bedarf abzusenken, der lediglich ehebedingte Nachteile ausgleicht, also einem Einkommen entspricht, das der Berechtigte ohne Kindererziehungszeiten und ohne die Ehe selbst erzielt haben würde.[34] Die Vertragsgestaltung kann insbesondere Stufenmodelle zu einem verträglichen **„Abschmelzen" des Unterhalts** verwenden. 49

▶ **Muster: Abschmelzender Unterhalt**

(1) ... (4)

(5) Die Ehegatten vereinbaren, dass sich der nach Abs. 1 zu gewährende Unterhalt unter Berücksichtigung der Billigkeit, insbesondere der Dauer der Ehe, der gemeinsamen Wirtschaftsführung, der bei Eheschließung vorhandenen Einkommensdifferenzen und der fortgeführten Erwerbstätigkeit der Berechtigten während der gesamten Ehedauer bis zum Eintritt des Getrenntlebens wie folgt reduziert:

a) nach Ablauf von ... Monaten nach rechtskräftiger Scheidung auf ... % des nach Abs. 1 vereinbarten Unterhalts,
b) nach Ablauf von ... Monaten nach rechtskräftiger Scheidung auf ... % des nach Abs. 1 vereinbarten Unterhalts.

Nach insgesamt ... Monaten/Jahren entfällt jede Art der Unterhaltsgewährung; die Ehegatten vereinbaren insoweit den gegenseitigen und vollständigen Verzicht auf die Gewährung jeglichen nachehelichen Unterhalts nach allen gesetzlichen Unterhaltstatbeständen und auch in unvorhersehbaren oder außergewöhnlichen Fällen oder Umständen. Die Beteiligten nehmen den vorstehend erklärten Verzicht hiermit wechselseitig an.

Eine weitergehende Herabsetzung und/oder zeitliche Begrenzung des Unterhalts nach § 1578 b BGB schließen wir aus, weil diese Vereinbarung das Maß der Billigkeit der Unterhaltsgewährung selbstständig festlegt und ehebedingte Nachteile nicht bestehen. Die Anwendung des § 239 FamFG wird ausgeschlossen. ◀

34 = angemessener Lebensbedarf iSd § 1578 b BGB, s. auch BGH 26.9.2007 – XII ZR 15/05, FamRZ 2007, 2052.

247. Vereinbarungen zur Namensführung (Familienname oder Ehename)

Reetz

I. Einführung

1 Nach dem ursprünglichen Konzept des Gesetzgebers trugen Ehegatten zwingend als einheitlichen Ehenamen („Familiennamen") den Namen des Mannes. Diese Regelung war mit dem Gleichbehandlungsgrundsatz nach Art. 3 Abs. 2 GG unvereinbar. Seit dem 1. Eherechtsreformgesetz (1976) gilt der Grundsatz des **Wahlrechts zwischen dem Namen des Mannes oder der Frau als gemeinsamem Ehenamen.** Konnte zwischen den Ehegatten zunächst keine Einigung hergestellt werden, war vorgesehen, dass der Mannesname Ehename wurde. Auch diese Regelung war erkennbar gleichheitswidrig,[1] weshalb folgerichtig durch das Familiennamensrechtsgesetz, das am 1.4.1994 in Kraft getreten ist, eine Rechtslage geschaffen wurde, nach der die zwingende Namensgleichheit von Ehegatten abgeschafft ist.

II. Grundzüge

1. Wahl des gemeinsamen Ehenamens

2 Nach 1355 Abs. 1 S. 1 BGB sollen die Ehegatten einen gemeinsamen Familiennamen bestimmen; hierbei handelt es sich um ein Rechtsgeschäft. Der gemeinsame Ehename ist jedoch **keineswegs zwingend**. „Namensgleichheit" der Ehegatten hat quasi gesetzlichen Modellcharakter. Es steht den Ehegatten jedoch frei, nach der Eheschließung **ihren jeweiligen eigenen Namen („Nachnamen") fortzuführen** (§ 1355 Abs. 1 S. 3 BGB), und zwar ohne jede Art eines Zusatzes, der das „Verheiratetsein" erkennen lassen müsste.

3 Wollen die Ehegatten **einvernehmlich** einen **gemeinsamen Ehenamen bestimmen**, wird, unabhängig von der zugrundeliegenden Vereinbarung, die auch Gegenstand eines Ehevertrages sein kann, eine dahin gehende **Erklärung** zumeist bei der Eheschließung **gegenüber dem Standesbeamten** abgegeben (§ 1355 Abs. 3 S. 1 BGB). Die **jederzeitige Nachholung** der Wahl eines gemeinsamen Ehenamens im Laufe der Ehe ist möglich (→ *Ehename* Rn. 3). Solche bedingungsfeindlichen Erklärungen, die nicht unmittelbar gegenüber dem Standesbeamten bei Eheschließung abgegeben werden, bedürfen der **öffentlichen Beglaubigung** (§ 1355 Abs. 3 S. 2 BGB), für die auch der **Notar** zuständig ist.

▶ **Muster: Erklärung über die Bestimmung des Ehenamens nach Heirat**

An das Standesamt ...

Wir, die Eheleute Herr A. YYY und Frau B. YYY, geb. ZZZ, haben am ... (Datum) vor dem Standesbeamten in ... (Ort) die Ehe geschlossen. Einen Ehenamen haben wir bisher nicht bestimmt. Wir bestimmen hiermit den Geburtsnamen der Ehefrau, das ist der Name ZZZ, zu unserem Ehenamen.

..., den ...

Unterschrift

(*Beglaubigungsvermerk*) ◀

4 Als Ehename kann gewählt werden (§ 1355 Abs. 2 BGB):

a) Name des Mannes oder
b) Name der Frau.

---

1 BVerfG 5.3.1991 – 1 BvL 83/86, FamRZ 1991, 535.

Die **Wahl eines gemeinsamen Doppelnamens** ist demgegenüber **nicht möglich** (→ *Ehename* Rn. 10). 5
Herr X und Frau Z können demnach nicht „X-Z" als gemeinsamen Ehenamen wählen. Das BVerfG hat diese Regelung aus verfassungsrechtlicher Sicht gebilligt.[2]

Hinweis: Haben die Ehegatten einen gemeinsamen Ehenamen bestimmt, ist dieser zugleich der **Familienname des gemeinschaftlichen Kindes** (§ 1616 BGB).

Nach § 1355 Abs. 2 BGB ist Ehename 6

a) der **Geburtsname** eines Ehegatten oder
b) der **zurzeit der Erklärung über die Bestimmung des Ehenamens geführte Name** des Mannes oder der Frau; dieser muss nicht mit dem Geburtsnamen übereinstimmen.

Vor 2005 war es lediglich möglich, einen der Geburtsnamen zum Ehenamen zu bestimmen. Unter dem sog. 7
Geburtsnamen versteht § 1355 Abs. 6 BGB denjenigen (Nach-)Namen, der jeweils in der Geburtsurkunde eines Ehegatten zum Zeitpunkt der Erklärung gegenüber dem Standesbeamten als Name des Ehegatten eingetragen ist. Das ist der **vor der ersten Eheschließung getragene Name** des jeweiligen Ehegatten. Änderungen, die sich nicht aus der Geburtssituation ableiten lassen, sind ausnahmsweise denkbar durch nachträgliches Entstehen eines gemeinsames Sorgerechts der Eltern (§ 1617 b BGB), Namensänderung der Eltern, die sich auf das Kind erstreckte (§ 1617 c BGB), oder durch Annahme als Kind (Adoption – § 1757 BGB).

Hinweis: § 1355 Abs. 2 BGB erlaubt, den **zum Zeitpunkt der Eheschließung tatsächlich geführten Namen** zum Ehenamen zu machen; dies kann auch der „erheiratete" Namen sein.

Beispiel: Petra Müller heiratet den Grafen von Mohrenstein; sie heißt nach Eheschließung Petra Gräfin 8
von Mohrenstein. Die Ehe wird geschieden, dennoch behält Petra den „adeligen" Ehenamen gern. In ihrer nächsten Ehe heiratet sie den Scheidungsgrund Thomas Toll. Petra will weiterhin „adelig" bleiben und die ehebedingt erworbenen Adelsprädikate, die nur noch einfache Namensbestandteile sind, zum Ehenamen mit Herrn Toll bestimmen. Auch das gemeinsame Kind soll von Mohrenstein heißen.

Nach der Rechtslage vor 2005 wäre die Namenswahl nach dem vorgenannten Beispiel nicht möglich 9
gewesen; der „**erheiratete Name**" sollte nicht gegen den Willen des Namensgebers in eine andere Ehe übertragen werden können. Das Namensrecht war insoweit eine Fortsetzung des Abstammungsprinzips. Zudem sollten Missbrauchsfälle im Sinne eines verdeckt betriebenen Namenshandels verhindert werden. Dem ist das Bundesverfassungsgericht in seiner Entscheidung vom 18.2.2004[3] entgegen getreten.

Das Bundesverfassungsgericht[4] sah eine faktische Benachteiligung von Frauen, da rechtstatsächlich über- 10
wiegend der Name des Mannes der gemeinsame Ehename wurde (und wird) und deswegen typischerweise Frauen im Zuge einer Scheidung zum „Ablegen" eines möglicherweise über Jahre hinweg getragenen Namens gezwungen sind (Art. 3 Abs. 2 GG). Zudem nehme auch der erheiratete Name **am verfassungsrechtlich geschützten Kernbestand des Persönlichkeitsrechts** teil (Art. 2 Abs. 1, 1 Abs. 1 GG). Der Ehename ist nicht etwa durch Heirat lediglich geliehen oder vorläufig erlangt bzw. auf eine weniger schützenswerte Art und Weise als durch Geburt erworben. Der Ehename wird zum eigenen Namen seines neuen Trägers und damit zum Teil seiner Persönlichkeit. Aus den zitierten Gründen genießt damit der erheiratete Name über die Dauer der Ehe hinweg den Schutz der Art. 2 Abs. 1, 1 Abs. 1 GG. Der Name hat potenziell identifikatorische Wirkung und kann auch Teil einer beruflichen „Marke" sein. Eine Einschränkung der Ehenamenswahl auf den Geburtsnamen hätte somit Entziehungscharakter, was insgesamt und nach Abwägung durch das Bundesverfassungsgericht unverhältnismäßig ist.

2 BVerfG 7.2.2002 – 1 BvR 745/99, FamRZ 2002, 530.
3 BVerfG 18.2.2004 – 1 BvR 193/97, FamRZ 2004, 515.
4 BVerfG 18.2.2004 – 1 BvR 193/97, FamRZ 2004, 515.

Die Liberalisierung des Namensrechts im BGB hat im Übrigen die restriktive verwaltungsgerichtliche Handhabung des Namensänderungsrechts im Bereich von Adelsprädikaten, die nur noch Namensbestandteil sind, nicht verändert.[5]

Hinweis: Die **Weitergabe „erheirateter Namen"** in die Nachfolgeehe ist selbst gegen den Willen des Namensgebers möglich.

2. Doppelnamen eines Ehegatten

11 Der Ehegatte, dessen Name nicht Ehename wird, hat die Option, seinen bisherigen Namen bzw. seinen Geburtsnamen dem Ehenamen voranzustellen oder anzufügen, um so einen **Doppelnamen** zu bilden (§ 1355 Abs. 4 S. 1 BGB). Bestimmen demnach Herr MMM und Frau FFF den Namen MMM zum Ehenamen, so kann die Frau wählen, ob sie MMM, MMM-FFF oder FFF-MMM heißen will. Sollte FFF ein Name der Ehefrau sein, der bereits aus einer vorangegangenen Ehe stammt (= erheirateter Name) und war ihr Geburtsname YYY, so kann sie alternativ auch diesen Namen, nämlich ihren Geburtsnamen YYY in den Doppelnamen einfügen und sich MMM-YYY oder YYY-MMM nennen. Hatte sich die Ehefrau in der Vorehe für einen Doppelnamen entschieden (zB BBB-YYY), kann an diesen **Doppelnamen der Frau** bei der Verheiratung mit Herrn MMM nicht mehr zusätzlich der Name MMM angehängt werden (§ 1355 Abs. 4 S. 3 BGB). Es kann dann nur der Name BBB (= erheirateter Teil des Doppelnamens) oder der Name YYY (= Geburtsname) mit dem Ehenamen MMM kombiniert werden. Schließlich kann auch dann kein Doppelname gewählt werden, wenn bereits der Ehename aus mehreren Namen besteht, § 1355 Abs. 4 S. 2 BGB.[6]

12 Die **Festlegung des Namenszusatzes** erfolgt ebenfalls durch Erklärung gegenüber dem Standesbeamten (§ 1355 Abs. 4 S. 1 BGB). Die Erklärung kann jederzeit nachgeholt werden. Die Erklärung über den Doppelnamen kann zudem später widerrufen werden (§ 1355 Abs. 4 S. 4 BGB); der Widerruf ist jedoch sodann endgültig.

3. Wahlmöglichkeiten bei Beendigung der Ehe

13 Die Beendigung der Ehe durch Tod, **Scheidung** oder ausnahmsweise Aufhebung bleibt **für den gemeinsamen Namen folgenlos** (→ *Ehename* Rn. 14 f.). Grundsätzlich führt auch derjenige Ehegatte, der den Namen durch Heirat erworben hat, den zu diesem Zeitpunkt geführten Ehenamen fort. Der geschiedene Ehegatte kann abweichend davon zu seinem vor der Eheschließung geführten Namen zurückkehren; das kann auch ein durch eine Vorehe erheirateter Name sein. Er kann schließlich seinen **Geburtsnamen wieder annehmen**. Es besteht auch die Möglichkeit, erstmalig bei Beendigung der Ehe einen Doppelnamen zu bilden (§ 1355 Abs. 5 S. 2 BGB).

14 Wurde der Name des Ehemanns, MMM, als Ehename gewählt, kann die Frau MMM, geb. YYY, gesch. FFF nach der Scheidung entweder

a) weiterhin MMM heißen oder
b) zu ihrem Geburtsnamen YYY zurückkehren oder
c) zu dem aus der Vorehe stammenden Namen FFF

zurückkehren.

▶ Muster: Erklärung des Witwers über die Wiederannahme des Geburtsnamens

An das Standesamt ...

Durch Erklärung gegenüber dem Standesbeamten in ... (Ort) vom ... (Datum) haben meine am ... in ... verstorbene Ehefrau B. YYY und ich, A. YYY, geb. ZZZ, den Geburtsnamen meiner Ehefrau, nämlich den Namen YYY, als Ehenamen bestimmt. Zurzeit führe ich diesen Ehenamen ohne Hinzufügung eines Begleitnamens.

---

5 Vgl. BVerwG 11.12.1996 – 6 C 2/96, NJW 1997, 1594 st. Rspr.; zuletzt VG Berlin 21.5.2010 – 3 K 9/09.
6 Vgl. BVerfG 5.5.2009 – 1 BvR 1155/03, FamRZ 2009, 939.

Ich erkläre hiermit, dass ich nunmehr meinen Geburtsnamen ZZZ wieder annehme.

..., den ...

Unterschrift

(*Beglaubigungsvermerk*) ◀

▶ **Muster: Namensänderung nach Ehescheidung**

An das Standesamt ...

Durch rechtskräftiges Urteil des Familiengerichts ... (Ort) vom ... (Datum), Az. ... – hier in Ausfertigung beigefügt – ist meine am ... in ... geschlossene Ehe mit Frau B. ZZZ, ... (Anschrift) geschieden worden.

Anstelle des von mir derzeit geführten Ehenamens Freundlich nehme ich hiermit meinen bis zur Bestimmung des Ehenamens geführten Namen YYY wieder an.

..., den ...

Unterschrift

(*Beglaubigungsvermerk*) ◀

4. Untersagung der Fortführung des Ehenamens durch Ehevertrag

15 Fraglich ist, ob einem ehemaligen Ehegatten untersagt werden kann, den erheirateten Namen nach Beendigung der Ehe weiterhin zu führen, und ob die **Untersagung ehevertraglich vereinbart** werden kann (→ *Ehename* Rn. 20). Mit anderen Worten: Können die Ehegatten bereits bei Eheschließung (oder zu einem späteren Zeitpunkt während der Ehe) in einem Ehevertrag denjenigen Ehegatten, dessen Name nicht zum Ehenamen bestimmt worden ist, verpflichten, im Falle der Scheidung seinen Geburtsnamen oder den von ihm bis zur Bestimmung des Ehenamens geführten Namen wieder anzunehmen?

16 Die Rechtsprechung[7] beurteilt solche Vereinbarungen, obwohl sie das Persönlichkeitsrecht betreffen, nicht als sittenwidrig; sie sind deshalb möglich. Ob dies auch gilt, wenn für den Verzicht auf die Fortführung des Ehenamens ein **Entgelt** gezahlt werden muss, ist nicht entschieden. Dennoch sollte eine direkte oder indirekte Entgeltlichkeit vermieden werden.

---

7 BGH 6.2.2008 – XII ZR 185/05, FamRZ 2008, 859; LG Bonn 13.11.2007 – 9 O 260/07, FamRZ 2008, 1183.

248. Vereinbarungen zur eheähnlichen Lebensgemeinschaft (Partnerschaftsvertrag)

Reetz

I. Allgemeines; anwendbares Recht

1 Da eine gesetzliche Definition der eheähnlichen Lebensgemeinschaft (nichtehelichen Lebensgemeinschaft; Ehe ohne Trauschein; „**neL**") fehlt, ergibt sie sich zunächst aus der Abgrenzung zur Ehe und der von den Partnern zumeist gewollten, **relativen rechtlichen Unverbindlichkeit** einer solchen Lebensbeziehung. Merkmale der neL sind:

- heterosexuelle Lebensgemeinschaft zwischen Mann und Frau oder zwischen gleichgeschlechtlichen Partnern (nicht nach LPartG verpartnert),
- grds. auf Dauer angelegt,
- keine weitere Lebensgemeinschaft gleicher oder vergleichbarer Art,
- Verdichtung über eine reine Haushalts- und Wirtschaftsgemeinschaft („WG") hinaus.[1]
- innere Bindungen im Sinne einer Verantwortungs- und Einstehensgemeinschaft,
- jederzeit und ohne Einhaltung von Fristen einseitig beendbar.

2 Die **Begründung der neL** ist ein tatsächlicher Vorgang und kommt typischerweise durch „Zusammenziehen" zustande; sie endet durch Heirat, Tod oder Trennung.

3 Die neL unterliegt weder unmittelbar noch mittelbar dem Schutzbereich des Art. 6 Abs. 1 GG; der grundrechtliche Schutz wird über Art. 2 Abs. 1 GG iVm Art. 1 Abs. 1 GG gewährleistet.[2] Die Vorschriften über das **Verlöbnis** (§§ 1297–1302 BGB) sind auf die neL nicht, auch nicht entsprechend, anwendbar. **Analog anwendbar** sind beispielsweise:

- § 563 Abs. 2 S. 1 BGB,[3]
- § 1359 BGB,[4]
- § 1093 Abs. 2 BGB,[5]
- § 1969 BGB.[6]

4 **Nicht analogiefähig** sind die **Eigentumsvermutung** zugunsten des Gläubigers nach § 1362 BGB, § 739 ZPO[7] und andere **Normen zum Kernbereich der ehelichen Lebensgemeinschaft**, auch nicht § 1357 BGB[8] und § 844 BGB. In sozialrechtlichen Vorschriften oder im Unterhaltsrecht findet sich die nichteheliche Lebensgemeinschaft vielfach in Begriffen wie „häusliche Gemeinschaft", „auf Dauer angelegter

---

1 Vgl. BVerfG 17.11.1992 – 1 BvL 8/87, NJW 1993, 643; BVerwG 17.5.1995 – 5 C 16/93, NJW 1995, 2802.
2 BVerfG NJW 1993, 643 (646); vgl. auch Art. 26 Abs. 2 BbgVerf; Art. 12 Abs. 2 BerlVerf.
3 Familienangehörige – BGH 13.1.1993 – VIII ARZ 6/92, NJW 1993, 999.
4 Eigenübliche Sorgfalt – OLG Karlsruhe 18.12.1991 – 1 U 114/91, FamRZ 1992, 940.
5 Dingl. Wohnungsrecht – BGH 7.5.1982 – V ZR 58/81, FamRZ, 82, 774 = BGHZ 84, 36.
6 Wohnung – OLG Düsseldorf 14.12.1982 – 21 U 120/82, FamRZ 1983, 274.
7 BGH 14.12.2006 – IX ZR 92/05, NJW 2007, 992; anders AG Eschweiler FamRZ 1992, 942; kritisch Palandt/*Brudermüller* BGB Vor § 1297 Rn. 28.
8 „Schlüsselgewalt" – OLG Hamm 28.9.1988 – 11 U 39/88, MDR 1989, 271.

gemeinsamen Haushalt", „verfestigte Lebensgemeinschaft", „in seinen Haushalt aufgenommen" oder „Bedarfsgemeinschaft" wieder, und zwar zumeist mit für die Betroffenen nachteiligen Rechtsfolgen.[9] Auch das **Familienprivileg** nach § 67 Abs. 2 VVG und § 116 Abs. 6 SGB X erstreckt sich nicht auf die Partner einer eheähnlichen Lebensgemeinschaft.[10]

▶ **Muster: Klarstellende Vereinbarung zum Haftungsmaßstab**

Die Lebenspartner haften für Schäden des jeweils anderen Partners, die auf dem nichtehelichen Zusammenleben beruhen, nur für diejenige Sorgfalt, die sie in eigenen Angelegenheiten anzuwenden pflegen (§ 277 BGB). ◀

▶ **Muster: Klarstellende Vereinbarung zur Beendigung der Lebensgemeinschaft**

Die Lebensgemeinschaft kann jederzeit von jedem von uns ohne Angabe von Gründen beendet werden.

... (*möglicherweise Formvereinbarungen, Schriftlichkeit*) ◀

II. Partnerschaftsvertrag

Der **Partnerschaftsvertrag der Nichtverheirateten** will regelmäßig die ansonsten für das Zusammenleben und für eine Trennung anzuwendenden allgemeinen Vorschriften des BGB angemessen verändern, um einer faktisch entstandenen Versorgungs- und Einstehensgemeinschaft gerecht zu werden. Solche vertraglichen Regelungen können dem positiven Eherecht nachgebildet sein. Die Vereinbarung von **Vertragsstrafen** oder vergleichbaren Sanktionen für den Fall der (möglicherweise schuldhaften) Beendigung der Lebensgemeinschaft sollte immer vermieden werden, ein Verstoß gegen § 138 BGB ist zu befürchten. Demgegenüber sind Vereinbarungen von tatsächlich nachteilsausgleichenden Abfindungszahlungen möglich. Partnerschaftsverträge sind hingegen nicht deshalb unwirksam, weil einer oder beide Partner zum Abschlusszeitpunkt noch mit ihrem Ehepartner verheiratet sind[11] und aus der Vereinbarung keine feindliche Gesinnung gegenüber dem „Noch-Ehegatten" des Lebenspartners zum Ausdruck kommt.[12] 5

Partnerschaftsverträge sind **nicht formbedürftig**. Kraft Sachzusammenhangs entsteht allerdings eine Gesamtformbedürftigkeit bei der Mitbeurkundung einer Verpflichtung zur Übertragung oder zum Erwerb des Eigentums an einem Grundstück (§ 311 b Abs. 1 S. 1 BGB), wenn die Regelungsteile miteinander stehen und fallen sollen. 6

III. Unterhalt

Dem nichtehelichen Lebenspartner steht grundsätzlich **kein gesetzlich verankerter Unterhaltsanspruch** (Ausnahme: § 1615 l BGB aus Anlass der Geburt gemeinschaftlicher Kinder) gegen seinen Partner zu. Die Vorschriften über den ehelichen, den Getrenntleben- und nachehelichen Unterhalt (§§ 1360, 1360 a, 1361, 1569 f. BGB; § 16 LPartG) sind weder direkt noch analog anwendbar. Unbenommen bleibt die Möglichkeit der **vertraglichen Begründung** von Unterhaltsrechtsverhältnissen, auch in Anlehnung an das gesetzliche Unterhaltsrecht der Ehegatten. Hierfür besteht insbesondere dann ein Bedürfnis, wenn einer der Partner „gemeinschaftsbedingte Nachteile" in seiner Erwerbsbiographie hinnimmt. Vollkommen unberührt bleibt natürlich der eigenständige **Unterhaltsanspruch des nichtehelichen Kindes** (§§ 1601 ff. BGB) gegen den nichtbetreuenden Elternteil einer neL. 7

IV. Kein Versorgungsausgleich; Altersvorsorge

Zwischen den nichtehelichen Lebenspartnern findet bei Beendigung der neL **kein Versorgungsausgleich** statt, § 1587 BGB iVm §§ 1 ff. VersAusglG; § 20 LPartG ist nicht anwendbar, auch nicht entsprechend. 8

9 ZB § 20 SGB XII, §§ 193 Abs. 2, 194 SGB III, §§ 5 Abs. 3 S. 6, 6 Abs. 3 S. 2, 1 Abs. 2 BEEG, § 138 Abs. 1 Nr. 1 und 3 InsO, § 3 Abs. 2 S. 1 AnfG, § 1579 Nr. 2 BGB, § 2 Abs. 1 GewSchG.

10 Vgl. BGH 1.12.1987 – VI ZR 50/87, NJW 1988, 1091 = BGHZ 102, 257.

11 OLG Hamm 20.4.1999 – 29 U 186/99, FamRZ 2000, 95.

12 Vgl. OLG Düsseldorf 25.2.2002 – 9 U 140/01, ZEV 2003, 34.

Es ist verfassungsgemäß, dass kinderlosen Lebenspartnern **keine Witwen- oder Witwerrentenansprüche** zustehen.[13] Partnerschaftsvertraglich kann zur Nachteilsausgleichung Vorsorge durch Abschluss von **privaten Kapitallebensversicherungen** mit Rentenwahlrecht und/oder durch **freiwillige Versicherung in der gesetzlichen Rentenversicherung** getroffen werden.[14] Hierfür besteht dann ein Bedürfnis, wenn einer der Partner gemeinschaftsbedingt Nachteile in seiner Versorgungsbiographie in Kauf nimmt.

▶ Muster: Private (Kapital-)Lebensversicherung als Nachteilsausgleich

(1) Herr ... ist verpflichtet, zur Sicherung der Versorgung der Frau ... und als Ausgleich für die einvernehmliche Aufgabe ihrer Berufstätigkeit seit ... für Frau ... bei der ...-Versicherung eine dynamische Lebensversicherung auf sein Ableben, spätestens auszahlbar bei Vollendung des ... Lebensjahres der Frau ..., in Form der Kapitalversicherung mit Rentenwahlrecht abzuschließen. Herr ... verpflichtet sich, während der gesamten Laufzeit des Versicherungsvertrages seine versicherungsrechtlichen Gestaltungsrechte, insbesondere zur Kündigung oder Beitragsfreistellung, nur bei einem vorzeitigen Ableben von Frau ... und nach Maßgabe dieses Vertrages auszuüben.

(2) Durch eine Berufsunfähigkeitszusatzversicherung auf Beitragsfreiheit ist sicherzustellen, dass die Lebensversicherung bei Berufsunfähigkeit von Herrn ... beitragsfrei wird. Die Versicherung wird ebenfalls bei vorzeitigem Tod von Herrn ... beitragsfrei.

(3) Der Kapitalbetrag der Lebensversicherung ist so festzusetzen, dass sich die Rente bei Ausübung des Rentenwahlrechts gegenwärtig auf ... EUR belaufen würde. Herr ... ist verpflichtet, die jeweiligen Beiträge zu der Lebensversicherung rechtzeitig nach den Maßgaben des Versicherungsvertrages zu entrichten. Bei Verzug von mehr als drei Monaten ist Frau ... berechtigt, einen einmaligen Ablösebetrag in einer Summe iHv ... EUR zu verlangen.

... (*Ggf Wertsicherung, Sicherstellung und Vollstreckungsunterwerfung*)

(4) Für den Fall des Versterbens von Frau ... vor Auszahlung bei Vollendung des ... Lebensjahrs ist ein bedingtes Bezugsrecht von Herrn ... zu vereinbaren. Der Rückgewähranspruch gezahlter Beiträge bei Ausüben des Rentenwahlrechts und beim Ableben von Frau ... nach Rentenbeginn steht Herrn ... oder dessen Erben zu. Im Übrigen ist das Bezugsrecht von Frau ... unwiderruflich und nicht abtretbar.

(5) ... (*Ggf Schiedsklausel*) ◀

9 Das Einräumen eines **dinglichen Wohnungsrechts** oder eines **Nießbrauchsrechts** (aufschiebend bedingt unter Lebenden oder vermächtnisweise durch Testament) zugunsten des (längstlebenden) Lebenspartners an der gemeinsam bewohnten Wohnung, deren Alleineigentümer der vorversterbende Lebenspartner ist, kann Teil aktiver Altersvorsorge sein.[15] Allerdings stehen dem überlebenden Partner – mit Blick auf den Kapitalisierungsbetrag eines Wohnrechts oder Nießbrauchs – lediglich erbschaftsteuerliche Freibeträge in Höhe von 20.000 EUR (§ 16 Abs. 1 Nr. 5 ErbStG) zu.

▶ Muster: Aufschiebend bedingte Zuwendung eines Wohnungsrechts (§ 1093 BGB) – ausführlich; notarielle Beurkundung erforderlich

Die Beteiligten erklärten:

I. **Vorbemerkung**

(1) Im Grundbuch des Amtsgerichts ... von ..., Blatt ..., ist als Eigentümer des dort verzeichneten Grundbesitzes Gemarkung ..., Flur ..., Flurstück ..., der eingangs genannte Herr ... eingetragen.

(2) Der vorgenannte Grundbesitz ist in Abt. II und III des Grundbuchs wie folgt belastet: ...

(3) Herr ... will seiner eingangs genannten Lebensgefährtin, Frau ..., nach näherer Maßgabe dieser Urkunde ein aufschiebend bedingtes Wohnungsrecht gem. § 1093 BGB an der im Erdgeschoss des Hauses ...

13 BVerfG 30.7.2003 – 1 BvR 1587/99, NJW 2003, 3691.

14 Zu steuerlichen Folgen vgl. BFH BStBl. 2001 II, 204.

15 Vgl. LG Lüneburg 9.2.1990 – 4 T 197/89, NJW-RR 1990, 1037; s. auch BGH 30.4.2008 – XII ZR 110/06, FamRZ 2008, 1404.

gelegenen, gesamten Wohnung einräumen und sämtliche zu dieser Wohnung gehörenden Einrichtungsgegenstände sowie den Hausrat auf Frau ... aufschiebend bedingt zu Alleineigentum übertragen.

II. Die Beteiligten schließen deshalb folgenden Vertrag:

§ 1 Wohnungsrecht

(1) Herr ... räumt hiermit der dies annehmenden Frau ... unter der aufschiebenden Bedingung, dass Frau ... ihn überlebt, an der im Erdgeschoss des Hauses ... gelegenen Wohnung ein lebenslängliches Wohnungsrecht gem. § 1093 BGB ein.

Das Wohnungsrecht umfasst sämtliche Räume im Erdgeschoss des Hauses auf dem vorgenannten Grundbesitz, nämlich: ...

Die Berechtigte ist auch befugt, sämtliche Eingänge zum Haus, Garten und Keller sowie den Garten und alle zum gemeinschaftlichen Gebrauch bestimmten Anlagen und Einrichtungen mitzubenutzen. Die Ausübung des Wohnungsrechts darf im Übrigen anderen Personen weder entgeltlich noch unentgeltlich überlassen werden.

(2) Für das Wohnungsrecht soll mit schuldrechtlicher Wirkung Folgendes gelten:

Für die Bestellung hat Frau ... eine Gegenleistung nicht zu erbringen.

Die anteiligen Kosten für Strom-, Wasser- und Wärmeverbrauch der dem Wohnungsrecht unterliegenden Räume trägt die Wohnungsberechtigte.

§ 2 Wohnungseinrichtung

(1) Herr ... überträgt ferner der dies annehmenden Frau ... unter der aufschiebenden Bedingung, dass Frau ... ihn überlebt, sämtliche in seiner Wohnung, in folgenden Räumen ... befindlichen Einrichtungsgegenstände und den gesamten dort befindlichen Hausrat zu Alleineigentum, und zwar sowohl an denjenigen vorbezeichneten Gegenständen, die sich zurzeit in der vorgenannten Wohnung befinden, als auch an solchen Gegenständen, die künftig in die vorgenannte Wohnung eingebracht werden, ohne dass es eines weiteren Übertragungsaktes bedarf.

Klarstellend erklärt Herr ..., dass sich die vorbezeichnete Übertragung nicht auf alle übrigen ihm gehörenden Gegenstände und Vermögenswerte, insbesondere nicht auf Geld, Wertpapiere, Sparbücher und Schmuck sowie die in anderen Räumlichkeiten des Hauses ... befindlichen beweglichen Sachen und Vermögenswerte bezieht.

(2) Herr ... und Frau ... sind sich darüber einig, dass das Eigentum an den vorgenannten Gegenständen unter der genannten aufschiebenden Bedingung auf Frau ... übergeht.

Die Übergabe wird dadurch ersetzt, dass Herr ... sich und seine Erben hiermit verpflichtet, die übereigneten Gegenstände für Frau ... zu verwahren.

§ 3 Zuwendungszweck und Rücktrittsrecht

(1) Die in dieser Urkunde vereinbarten Zuwendungen dienen der Alterssicherung von Frau ... und haben ihren Rechtsgrund in der zwischen Herrn ... und Frau ... bestehenden nichtehelichen Lebensgemeinschaft. Auf die schenkung- bzw. erbschaftsteuerlichen Folgen der hier vereinbarten Zuwendungen hat der Notar hingewiesen.

(2) Herr ... ist berechtigt, durch einseitige schriftliche Erklärung gegenüber Frau ... von dem in dieser Urkunde abgeschlossenen Vertrag zurückzutreten, für den Fall, dass die nichteheliche Lebensgemeinschaft auf andere Weise als durch den Tod eines Partners beendet werden sollte.

§ 4 Grundbucherklärungen

(1) Die Beteiligten bewilligen hiermit die Eintragung des in § 1 Abs. 1 dieser Urkunde näher bezeichneten aufschiebend bedingten Wohnungsrechts gem. § 1093 BGB zugunsten von Frau ... in das Grundbuch.

(2) Das aufschiebend bedingte Wohnungsrecht soll Rang an erster Stelle in Abt. II und III des Grundbuchs erhalten. Diese Rangbestimmung steht der Eintragung des Wohnungsrechts an zunächst rangbereiter Stelle nicht entgegen (Löschungserleichterung). ◄

V. Mietwohnung und (dingliches) Wohnrecht

10 Haben die nichtehelichen Lebenspartner **Wohnraum als „Mitmieter" gemeinsam gemietet**, kann der überlebende Lebenspartner, unabhängig von seiner evtl. Erbenstellung, nach § 563 a BGB das Mietverhältnis allein fortsetzen. Er hat das Recht zur fristgebundenen außerordentlichen Kündigung nach § 563 a Abs. 2 BGB. § 563 Abs. 1 S. 2 u. Abs. 2 S. 4 BGB gewährt einem **Nichtmieter-Lebenspartner** ein **Eintrittsrecht** in den Mietvertrag bei Tod des Mieter-Lebenspartners, wenn die Wohnung der Mittelpunkt der gemeinsamen Lebens- und Wirtschaftsführung war. Trennen sich die Lebenspartner und sind Mitmieter der gemeinsamen Wohnung, entsteht nach § 730 Abs. 1 BGB ein Anspruch gegen den Lebenspartner auf **Mitwirkung zur Abgabe einer Kündigung zum nächstmöglichen Kündigungstermin**.[16] Die Mitwirkungsverpflichtung zur Abwicklung eines gemeinsamen Mietverhältnisses kann Gegenstand eines Partnerschaftsvertrages sein; ebenso der Schutz der gemeinsamen Wohnung als **räumlich-gegenständlicher Bereich der Lebensführung**.

11 Der Inhaber eines **dinglichen Wohnungsrechts** nach § 1093 BGB ist befugt, den Partner einer neL in die Wohnung aufzunehmen, wenn das Verhältnis auf Dauer angelegt ist.[17] Das dingliche Wohnungsrecht erlischt jedoch vollständig, wenn der berechtigte Lebenspartner verstirbt (§§ 1093, 1090 Abs. 2, 1061 BGB).

12 § 2 **GewSchG** enthält einen auch innerhalb der neL anwendbaren Anspruch auf Wohnungsüberlassung bei vorsätzlicher und widerrechtlicher Körper-, Gesundheits- oder Freiheitsverletzung.[18]

VI. Vermögenszuordnung

13 Begründung und Bestand einer neL haben auf die Vermögenszuordnung zwischen den Lebenspartnern grundsätzlich keinen Einfluss. Jeder der Lebenspartner bleibt Eigentümer derjenigen Sache, die er in die neL eingebracht oder während deren Bestehen zu Alleineigentum erworben hat. Erwerben Lebensgefährten gemeinsam, nimmt die Rechtsprechung im Zweifel – unabhängig von der Mittelherkunft – Miteigentumserwerb zu je $^1/_2$ Anteil an. Leben die nichtehelichen Lebenspartner im Haus (oder im Wohnungseigentum) eines von ihnen, ist der andere **nach einer Trennung zum Auszug** verpflichtet; Nutzungsrechte verbleiben nicht.[19] An **Haushaltsgegenständen** und anderen gemeinsam genutzten Gegenständen ist regelmäßig – unabhängig von der Eigentumszuordnung – Mitbesitz eingeräumt. Es gilt sodann die **Miteigentumsvermutung des § 1006 BGB**. Es kann nicht ohne Weiteres angenommen werden, dass der ehemalige Lebenspartner, der einen „gemeinsam" erworbenen Vermögensgegenstand nach der Trennung mitnimmt, an diesem **Alleinbesitz** eingeräumt bekommen hat.[20] Es empfehlen sich zumindest **klarstellende Regelungen in einem Partnerschaftsvertrag**:

▶ Muster: Vermögenszuordnung (klarstellend)

(...) Die im Allein- oder Miteigentum eines jeden Lebenspartners befindlichen Vermögensgegenstände verbleiben dem bisherigen Eigentümer zur unveränderten Berechtigung; die Begründung der Lebensgemeinschaft soll an den bestehenden Eigentumsverhältnissen nichts verändern. Dies gilt auch für alle in den gemeinsamen Haushalt eingebrachten Gegenstände. Jede Einbringung von Gegenständen in den gegenständlichen Bereich der gemeinsamen Lebensführung erfolgt nur zur Nutzung; Mitbesitz wird eingeräumt.

(...) Soweit bewegliche Sachen und Gegenstände, insbesondere solche des Hausrats, gemeinsam angeschafft und finanziert werden, soll hieran hälftiges Miteigentum begründet werden, wenn und soweit

16 OLG Düsseldorf 2.5.2007 – I-10 W 29/07, FamRZ 2008, 154; OLG Oldenburg 27.11.2007 – 2 W 116/07, FamRZ 2008, 155.

17 BGH 7.5.1982 – V ZR 58/81, NJW 82, 1868 = BGHZ 84, 36.

18 Vgl. *Brudermüller* WuM 2003, 250; MüKoBGB/*Duden* GewSchG § 2 Rn. 6.

19 BGH 30.4.2008 – XII ZR 110/06, FamRZ 2008, 1404.

20 OLG Hamm 7.6.2002 – 29 U 1/02, FamRZ 2003, 529; s. auch AG Walsrode NJW-RR 2004, 365 zu Haustieren.

bei der Anschaffung nichts anderes vereinbart wird. Zu Beweiszwecken ist ein Vermögensverzeichnis zu errichten. ◀

VII. Gemeinsame Kinder: Vaterschaft; Sorgerecht; Umgangsrecht

Haben die Partner der neL gemeinsame Kinder, ist der biologische Vater nur dann Vater im Rechtssinne, 14
wenn er seine **Vaterschaft anerkennt** (§ 1592 Nr. 2 BGB) oder eine **gerichtliche Vaterschaftsfeststellung** erfolgt (§§ 1592 Nr. 3, 1600 d BGB); eine gesetzlich vermittelte Vaterschaftsvermutung, die an das nichteheliche Zusammenleben anknüpft, fehlt.

Den nicht miteinander verheirateten Eltern steht das Sorgerecht gemeinsam zu, wenn sie eine entsprechen- 15
de **Sorgeerklärung** in notariell oder durch das Jugendamt beurkundeter Form abgeben (§§ 1626 a ff. BGB; → *Nichteheliche Lebensgemeinschaft* Rn. 13) oder einander heiraten (§ 1626 a Abs. 1 BGB); auf ein Zusammenleben der Eltern kommt es indes nicht an. Wird eine Sorgeerklärung nicht abgegeben, ist **allein die Mutter sorgeberechtigt** (§ 1626 a Abs. 2 BGB), wobei nach Maßgabe der Rechtsprechung des Bundesverfassungsgerichts[21] das Familiengericht den Eltern auf Antrag eines Elternteils die elterliche Sorge oder einen Teil davon gemeinsam überträgt, soweit zu erwarten ist, dass dies dem Kindeswohl entspricht.[22] Aus dieser Rechtsprechung resultiert die Regelung in § 1626 a Abs. 1 Nr. 3, Abs. 2 S. 1 BGB.[23] Im Falle der Trennung der nicht miteinander verheirateten Eltern/Lebenspartner bleibt jedenfalls ein zuvor begründetes, gemeinsames Sorgerecht bestehen; das **Alleinentscheidungsrecht in Angelegenheiten des täglichen Lebens** steht dem betreuenden Elternteil allein zu (§ 1687 BGB). Stirbt ein Elternteil, verbleibt das Sorgerecht allein bei dem überlebenden Elternteil (§ 1680 Abs. 1 BGB). Es wird dem überlebenden, bisher nicht sorgeberechtigten Elternteil übertragen, wenn bis zu deren Ableben die Mutter allein sorgeberechtigt war und die Übertragung dem Wohl des Kindes dient (§ 1680 Abs. 2 S. 2 bzw. Abs. 3 BGB).

▶ **Muster: Sorgeerklärung (notarielle Beurkundung)**

Sorgeerklärung

Die Erschienenen erklärten:

§ 1 Vorbemerkung

(1) Wir, Frau ... und Herr ..., sind nicht miteinander verheiratet. Wir sind die Eltern des am in ... geborenen Kindes ... (Geburtsregister-Nr. ... des Standesamtes ...).

Den vorstehenden Namen trug das Kind auch bei seiner Geburt.

(2) Herr ... hat mit Zustimmung von Frau ... bereits am ... die Vaterschaft anerkannt.

(3) Ich, die Mutter, versichere, dass eine gerichtliche Entscheidung über die elterliche Sorge nach den §§ 1671, 1672 BGB nicht getroffen oder eine solche Entscheidung nach § 1696 Abs. 1 BGB nicht geändert worden ist.

(4) Der Notar hat sich von der Geschäftsfähigkeit der Beteiligten überzeugt.

§ 2 Sorgeerklärung

(1) (*ggf.*:) Ich nehme Bezug auf das Vaterschaftsanerkenntnis des vorgenannten Herrn ..., das enthalten ist in der Urkunde vom ... des Notars ....

Wir erklären nunmehr übereinstimmend und ohne jeden Vorbehalt, dass wir, die leiblichen Eltern unseres Kindes ..., geboren am ..., für dieses die elterliche Sorge gemeinsam übernehmen wollen. Ich, die Mutter des vorgenannten Kindes, will die elterliche Sorge für das Kind gemeinsam mit dem leiblichen Vater, Herrn ..., ausüben. Ich, der Vater des vorgenannten Kindes, will die elterliche Sorge für das Kind gemeinsam mit der Mutter, Frau ..., ausüben.

---

21 BVerfG 21.7.2010 – 1 BvR 420/0, FamRZ 2010, 1403.

22 S. auch BVerfG 29.1.2003 – 1 BvL 20/99, 1 BvR 933/01, NJW 2003, 955; EGMR 3.12.2009 – 22028/04, FamRZ 2010, 103.

23 G v. 16.4.2013, BGBl. I 795.

(2) Das Kind ... führt bisher den Namen seiner Mutter. Wir bestimmen als Namen des Kindes den Namen seines Vaters.

(3) Der Notar hat die Erschienene darauf hingewiesen, dass eine Sorgeerklärung unter einer Bedingung oder eine Zeitbestimmung unwirksam ist und die gemeinsame Sorge nur in Ausnahmefällen auf Antrag eines Elternteils durch das Familiengericht aufgehoben werden kann. Ein einseitiger Widerruf der Sorgeerklärung ist nicht möglich. Sie kann im Übrigen nur einmal abgegeben werden.

(4) Wir sind darüber belehrt worden, dass wir durch die Sorgeerklärung die Pflicht und das Recht haben, für das minderjährige Kind zu sorgen, und die elterliche Sorge die Sorge für die Person des Kindes (Personensorge) und das Vermögen des Kindes (Vermögenssorge) umfasst. Wir vertreten künftig das Kind gemeinschaftlich.

§ 3 Hinweise, Schlussbestimmungen

(1) Wir beantragen, einem jeden von uns eine Ausfertigung der Niederschrift zu erteilen, und eine beglaubigte Abschrift an das für den Geburtsort des Kindes zuständige Jugendamt zu übersenden.

(2) ... ◄

16 Jeder Elternteil ist, unabhängig von der Frage des Sorgerechts und des Bestandes der neL, zum **Umgang mit dem Kind** verpflichtet und berechtigt (§ 1684 BGB; vgl. EGMR 8.7.2003 – 30943/96, FamRZ 2004, 337; → *Nichteheliche Lebensgemeinschaft* Rn. 14). Die einseitige Benennung des Lebenspartners und der Ausschluss eines Vormundes durch Anordnung in einer Verfügung von Todes wegen ist nur dann wirksam möglich, wenn der anordnende Lebenspartner zum Zeitpunkt seines Todes allein sorgeberechtigt iSd § 1777 Abs. 1 BGB ist.

► **Muster: Vormundbenennung des Lebenspartners, Ausschluss des biologischen Vaters (Verfügung von Todes wegen; Testamentsform)**

Vormundbenennung

(1) Für den Fall meines Todes benenne ich nach Maßgabe des § 1777 Abs. 3 BGB für die Dauer der Minderjährigkeit meiner Tochter ... meinen Lebenspartner, Herrn ..., geboren am ..., wohnhaft in ..., zum Vormund, und zwar in allen denkbaren Wirkungskreisen.

(2) Sollte Herr ... vor oder nach der Übertragung der Vormundschaft aus irgendeinem Grund als Vormund wegfallen (auch soweit dies nur für einzelne Angelegenheiten oder einen bestimmten Kreis von Angelegenheiten zuträfe), so benenne ich ersatzweise Herrn ..., geboren am ..., wohnhaft in ..., zum alleinigen Vormund.

(3) Weitere Ersatzvormünder will ich derzeit nicht benennen.

(4) Der benannte Vormund ist im Rahmen der Vermögenssorge von der Pflicht zur mündelsicheren Geldanlage und der Rechnungslegung gegenüber dem Familiengericht befreit.

(5) Für den Fall meines Todes ordne ich ferner nach Maßgabe der §§ 1782 Abs. 1 und 2, 1777 BGB für die Dauer der Minderjährigkeit meiner Tochter an, dass der biologische Vater meiner Tochter, Herr ..., geboren am ..., und dessen Verwandte von der Vormundschaft ausgeschlossen sind.

(6) Der Notar hat mich darüber belehrt, dass die Benennung und der Ausschluss eines Vormundes durch Anordnung in diesem Testament nur dann wirksam sind, wenn ich zum Zeitpunkt meines Todes noch sorgeberechtigt im Sinne des § 1777 Abs. 1 BGB bin. ◄

17 Steht den nicht miteinander verheirateten Eltern das gemeinsame Sorgerecht zu, können sie durch Erklärung gegenüber dem Standesamt den Namen der Mutter oder des Vaters zum **Geburtsnamen des Kindes** bestimmen (§ 1617 Abs. 1 S. 1 BGB). Wird die gemeinsame Sorge später begründet, kann der Name des Kindes geändert werden (§ 1617 b Abs. 1 BGB). Es gilt der Grundsatz der Einheitlichkeit der Geschwisternamen, und zwar auch bei Hinzutreten weiterer Kinder (§ 1617 Abs. 1 S. 3 BGB). Auch ohne gemeinsames Sorgerecht können die Partner im Einigungswege dem gemeinsamen Kind als Geburtsnamen den Namen des nichtsorgeberechtigten, einwilligenden Elternteils erteilen und insoweit vom faktischen Grundsatz des Mutternamens (§ 1617 a Abs. 2 BGB) abweichen. Die Erteilung des Namens bedarf der Einwilligung des

anderen Elternteils und, wenn das Kind das fünfte Lebensjahr vollendet hat, auch der Einwilligung des Kindes. Die Erklärungen müssen öffentlich beglaubigt werden. **Kombinationsnamen** sind unzulässig.

VIII. Erbrecht: Testament und Erbvertrag

Dem nichtehelichen Lebenspartner, der nicht ausnahmsweise mit seinem Partner auch verwandt ist, steht **keinerlei gesetzliches Erbrecht** (**und Pflichtteilsrecht**) am Nachlass des vorverstorbenen Lebenspartners zu; die §§ 1924 ff., 1931 BGB sind nicht anwendbar. Auch die Regelungen zum „**Voraus**" (**§ 1932 BGB;** § 11 Abs. 1 S. 4 u. 5 LPartG) und „**Dreißigsten**" für Familienangehörige (§ 1969 BGB; str.) sind auf nichteheliche Partner nicht anwendbar. Im Falle einer langjährigen, gefestigten nichtehelichen Lebens- und Wirtschaftsgemeinschaft besteht hingegen regelmäßig ein Bedürfnis nach gegenseitiger Absicherung der Lebenspartner im Erbfall. Ggf. entspricht es auch dem Interesse der Partner, dass gemeinsame oder einseitige Kinder des nichtehelichen Lebenspartners Erben des Längstlebenden werden (Fallgruppe: Zusammenleben älterer Menschen, die beide finanziell abgesichert sind). 18

Soweit die nichtehelichen Lebenspartner nicht aus anderen Gründen daran gehindert sind (zB bestehende erbvertragliche Bindungen mit Dritten), können sie **einseitige testamentarische Verfügungen von Todes wegen** zugunsten des jeweiligen Lebenspartners oder Dritter treffen.[24] Hiergegen sprechen auch dann keine Bedenken, wenn der verfügende Lebenspartner noch verheiratet oder verpartnert ist.[25] Bei der Erbeinsetzung des nichtehelichen Lebenspartners oder auch seiner Angehörigen ist die Anwendung des § 2069 BGB fraglich,[26] eine ausdrückliche **Ersatzerbeneinsetzung** ist ratsam. 19

Die tatsächlich wirkenden Schranken der Testierfreiheit gelten für die neL wie unter fremden Dritten. Hierzu zählt das Pflichtteilsrecht. Die **Berücksichtigung der Pflichtteilsansprüche von Abkömmlingen** bedeutet für die nichtehelichen Lebenspartner, dass sie als Erblasser nur über die Hälfte ihres Vermögens tatsächlich von Todes wegen frei bestimmen können. Bei lebzeitigen, sog. unbenannten Zuwendungen oder echten Schenkungen des Erblassers an seinen nichtehelichen Partner können **Pflichtteilsergänzungsansprüche** der Abkömmlinge, des Ehegatten oder der Eltern des Verstorbenen gegen den Lebenspartner entstehen (§§ 2325 ff. BGB). 20

Die Errichtung eines Testaments erfolgt nach den allgemeinen Regeln (**notarielle Niederschrift** nach § 2231 BGB oder **eigenhändig** nach § 2247 BGB).[27] Den nichtehelichen Lebenspartnern steht als Testamentsform das **gemeinschaftliche Testament nicht** zur Verfügung;[28] sie müssen einen **Erbvertrag** (§§ 2274 ff. BGB) schließen, wenn sie vertragsmäßig bindende Verfügungen treffen wollen. Ein nichtiges, gemeinschaftliches Testament kann nicht durch spätere Heirat „geheilt" werden. Im Einzelfall ist die Umdeutung unwirksamer gemeinschaftlicher Testamente in ein Einzeltestament bei sonstiger Beachtung der Formerfordernisse möglich.[29] 21

Die **Beendigung der nichtehelichen Lebensgemeinschaft** führt idR nicht zur Unwirksamkeit **vertragsgemäß getroffener Verfügungen in einem Erbvertrag.**[30] Im Einzelfall sollten vertragsgemäß getroffene Verfügungen daher **auflösend bedingt** ausgestaltet sein. Es ist zur Klarstellung empfehlenswert, § 2077 BGB oder § 10 Abs. 3 LPartG, bei einer Scheidung/Aufhebung einer später eingegangenen Ehe oder Lebenspartnerschaft für anwendbar zu erklären. Enthält der zwischen den nichtehelichen Lebenspartnern abgeschlossene Erbvertrag keinen **Rücktrittsvorbehalt** (§ 2293 BGB), bestehen wenig Aussichten, sich 22

24 Vgl. OLG Düsseldorf 3.12.1997 – 3 Wx 278/97, FamRZ 1998, 583.

25 Vgl. BGH 28.9.1990 – V ZR 109/89, NJW 1991, 830 = BGHZ 112, 259 bei lebzeitigen Zuwendungen; BayObLG 24.7.2001 – 1Z BR 20/01, FamRZ 2002, 915.

26 Vgl. BayObLG NJW-FER 2000, 319.

27 Zu Einzelheiten und Gestaltungsstrategien bereits *Grziwotz* ZEV 1994, 272.

28 Beachte § 2265 BGB; BGH NJW-RR 1987, 1710.

29 Vgl. OLG Braunschweig 21.4.2005 – 2 W 225/04, ZEV 2005, 484.

30 Keine entsprechende Anwendbarkeit der §§ 2077, 2279 BGB oder des § 10 Abs. 3 LPartG, vgl. OLG Celle 23.6.2003 – 6 W 45/03, NJW-RR 2003, 1304.

wegen der enttäuschten Erwartung auf Fortsetzung der Lebensgemeinschaft einseitig von dem Erbvertrag zu lösen.[31]

▶ **Muster: Erbvertrag (notarielle Form): Fortgeltungsanordnung, Rücktrittsvorbehalt, Anfechtungsausschluss, Klarstellungsregelungen**

Erbvertrag

(...) Erb-, Ersatzerb- und ggf. Schlusserbeneinsetzung (*ggf. weitere Anordnungen*)

(...) Die in diesem Erbvertrag angeordneten Erb- und Ersatzerbeinsetzungen und ... sind vertragsmäßig getroffen.

(...) Wir nehmen alle in diesem Erbvertrag abgegebenen Erklärungen hiermit wechselseitig an.

(...) Der Notar hat uns über die Vorschriften belehrt, nach denen dieser Erbvertrag aufgehoben oder geändert werden kann. Er hat uns insbesondere auf die bei einem Erbvertrag eintretenden Bindungswirkungen hingewiesen.

(...) Ein jeder von uns behält sich vor, zu Lebzeiten von uns beiden durch einseitige Erklärung jederzeit ohne Angabe von Gründen von diesem Erbvertrag zurückzutreten. Uns ist bekannt, dass die Rücktrittserklärung der notariellen Beurkundung bedarf und dem anderen Teil mit einer Ausfertigung der Niederschrift über den Rücktritt mitzuteilen ist.

(...) Der Überlebende von uns behält sich ferner vor, nach dem Ableben des Erstversterbenden von uns auch anders als in diesem Erbvertrag geschehen zu verfügen, und zwar sowohl durch Rechtsgeschäfte unter Lebenden als auch durch Verfügungen von Todes wegen.

(...) Wir verzichten hiermit gegenseitig auf künftige Anfechtungsrechte gem. §§ 2078, 2079 BGB, und zwar auch bezüglich solcher Umstände, mit denen wir nicht rechnen oder die wir nicht voraussehen konnten.

(...) Dieser Erbvertrag soll auch bei einer etwaigen künftigen Eheschließung von uns in vollem Umfang bestehen bleiben, insbesondere auch das im vorstehenden Abs. (...) vereinbarte Rücktrittsrecht und der im vorstehenden Abs. (...) vereinbarte Änderungsvorbehalt. Im Falle einer etwaigen Eheschließung und einer späteren Scheidung soll dieser Erbvertrag nach den gesetzlichen Vorschriften (§§ 2077, 2279 BGB) unwirksam werden.

(...) Der Notar hat uns eingehend über ... belehrt. ◀

23 **Erbschaft- und schenkungsteuerrechtlich** ist der überlebende Lebenspartner einer neL gegenüber Ehegatten oder Lebenspartnern nach dem LPartG erheblich schlechter gestellt. Hierbei ist es unerheblich, ob die neL tatsächlich als Familie mit oder ohne (gemeinsame) Kinder gelebt hat. Es gelten:

- Steuerklasse III (Eingangssteuersatz: 30 % ab 20.000 EUR);
- allgemeiner Freibetrag iHv 20.00 EUR (§ 16 Abs. 1 Nr. 5 ErbStG);
- Freibetrag iHv 12.000 EUR (§ 13 ErbStG) für Hausrat.

Im Anwendungsbereich der **Grunderwerbsteuer** besteht bei einer neL (mit Kindern) keine Steuerbefreiung analog zu § 3 Nr. 4 GrEStG.[32]

IX. Auseinandersetzung bei Beendigung der neL

1. Ausgangslage

24 Bei der trennungsbedingten, vermögensrechtlichen Auseinandersetzung der neL gibt es kein „Gesamtabrechnungssystem", die gesetzlichen Vorschriften über den Zugewinnausgleich (§§ 1372 ff. BGB) sind auf die neL nicht, auch nicht analog, anwendbar.[33] Ein besonderer, stillschweigend zustande gekommener

31 DNotI-Report 2003, 162.

32 BFH 25.4.2001 – II R 72/00, NJW 2001, 2655.

33 BGH 23.2.1981 – II ZR 124/80, FamRZ 1981, 530; 6.10.2003 – II ZR 63/02, FamRZ 2004, 94.

„Zusammenlebensvertrag" existiert regelmäßig nicht. Ausgangspunkt der Rechtsprechung[34] zur vermögensrechtlichen Auseinandersetzung der neL bleibt die Auffassung von einer Dominanz rein persönlicher Beziehungen gegenüber gestalteten Rechtsbeziehungen. Wenn überhaupt, dann kommen **allgemeine zivilrechtliche Abwicklungsvorschriften** zur Anwendung (→ *Nichteheliche Lebensgemeinschaft* Rn. 114 ff.). Hieraus folgt, dass beim Erwerb von Immobilien, bei größeren Investitionen oder beim gemeinsamen Aufbau eines Unternehmens uÄ eine **vertragliche Regelung für den Fall der Trennung** der Lebenspartner dringend erforderlich ist. Hieran ändert die Rechtsprechung des Bundesgerichtshofs[35] zur Anwendbarkeit des Bereicherungsrechts und des Wegfalls der Geschäftsgrundlage nichts.

▶ **Muster: Auseinandersetzung der gemeinsamen Immobilie gegen Herauszahlung**

(...) Herr ... hat in der Urkunde des amtierenden Notars vom ... – U.R. Nr. ... für 2017 ... – den im Grundbuch des Amtsgerichts ... von ..., Blatt ..., näher bezeichneten Grundbesitz Gemarkung ..., Flur ..., Flurstück ..., mit einem auf dem vorbezeichneten Grundbesitz zu errichtenden Einfamilienhaus zu Alleineigentum erworben. In diesem Einfamilienhaus führen wir den gemeinsamen Haushalt unserer auf Dauer angelegten nichtehelichen Lebensgemeinschaft.

(...) Sollte unsere nichteheliche Lebensgemeinschaft endgültig beendet sein, verpflichtet sich Herr ... an Frau ... einen Geldbetrag iHv 1/4 – einem Viertel – des Verkehrswerts des vorbezeichneten Grundbesitzes nebst aufstehenden Gebäuden, allen sonstigen wesentlichen Bestandteilen und allem gesetzlichen Zubehör zu zahlen, wie er sich im Zeitpunkt der Beendigung der Lebensgemeinschaft ergibt.

Sollte der Grundbesitz in diesem Zeitpunkt mit Grundpfandrechten belastet sein, durch die Darlehen im Zusammenhang mit dem Erwerb des vorbezeichneten Grundbesitzes und der Errichtung/Erhaltung der vorgenannten Aufbauten entstanden sind, sind die gesicherten Verbindlichkeiten vorab von dem zu ermittelnden Verkehrswert abzuziehen.

(...) Der vorbezeichnete Zahlungsanspruch besteht im Fall der Beendigung unserer Lebensgemeinschaft, gleichviel, wer die Trennung verursacht oder verschuldet hat, und gleichviel, wie lange unsere nichteheliche Lebensgemeinschaft bestanden hat. Der Zahlungsanspruch gleicht im Übrigen alle von Frau ... während der Dauer der Lebensgemeinschaft erbrachten Zuwendungen, Leistungen und Aufwendungen endgültig aus, gleichgültig ob und in welchem Umfang solche jemals erbracht worden sind oder werden.

(...) Die im vorstehenden Abs. (...) vereinbarte Verpflichtung des Herrn ... soll sich auf alle Vermögensgegenstände erstrecken, die als Ersatzgegenstand an die Stelle des in dieser Urkunde näher bezeichneten Grundbesitzes nebst aufstehenden Gebäuden, allen sonstigen wesentlichen Bestandteilen und allem gesetzlichen Zubehör treten, insbesondere was aufgrund eines hierzu gehörenden Rechts oder als Ersatz für die Zerstörung, Beschädigung oder Entziehung der vorgenannten Vermögensgegenstände oder durch ein Rechtsgeschäft von Herrn ... erworben wird, das sich auf die erwähnten Vermögensgegenstände bezieht. Umfasst ist insbesondere auch der Veräußerungserlös.

(...) Schiedsgutachten (§§ 317 ff. BGB)

(...) Der an Frau ... gemäß den vorstehenden Vereinbarungen zu zahlende Betrag ist einen Monat nach Beendigung der Lebensgemeinschaft fällig und zahlbar; er ist ab diesem Zeitpunkt mit ... % jährlich über dem Basiszinssatz zu verzinsen. Die Zinsen sind mit demjenigen Betrag, für den sie geschuldet werden, fällig und zahlbar. Eine Sicherstellung des zu zahlenden Betrages soll derzeit nicht erfolgen.

(...) Eine Aufstellung unseres beiderseitigen Vermögens soll in dieser Urkunde nicht erfolgen. ◀

2. Schenkungswiderruf

Zuwendungen unter den Partnern einer neL, die nicht aus gewöhnlichen Anlässen (Geburtstag, Geburt 25
gemeinsamer Kinder etc) oder sozialer Konvention erbracht werden, sind regelmäßig nicht freigiebig iSd Schenkungsrechts; sie dienen vielmehr der **Verwirklichung und Gestaltung der nichtehelichen Lebensgemeinschaft** oder haben unterhaltsrechtlichen Charakter. Die Grundsätze der sog. „ehebedingten Zuwen-

34 Vgl. BGH 21.7.2003 – II ZR 249/01, FamRZ 2003, 1542.
35 BGH 9.7.2008 – XII ZR 179/05, DNotZ 2009, 52.

dungen" sind als „**unbenannte Zuwendungen**" auf die Rechtsbeziehungen innerhalb der neL anwendbar.[36] Unabhängig davon, ob im Einzelfall eine freigiebige Schenkung/Leistung und eine unbenannte Zuwendung vorliegen, führt die Trennung der Lebenspartner regelmäßig nicht zu den **Widerrufsvoraussetzungen** nach §§ 530 Abs. 1, 531 Abs. 2, 812 Abs. 1 S. 2 Alt. 1, 818 BGB; es fehlt am groben Undank, wenn keine besonderen „Trennungsumstände", die eine schwere Verfehlung oder einen groben Vertrauensbruch darstellen, hinzutreten.[37] Schenkungsrecht spielt tatsächlich eine untergeordnete Rolle.

3. Gesellschaftsrechtlicher Ausgleichanspruch, §§ 730, 733 Abs. 2 BGB (Innengesellschaft)

26 Von einer **gesellschaftsrechtlichen Verbindung der Lebenspartner**, die zur direkten Anwendung der Abwicklungsregelungen nach §§ 730 ff. BGB führen würde, kann im Falle einer neL dann ausgegangen werden, wenn der „**Zweck (§ 705 BGB) der Verbindung**" über die reine Verwirklichung des nichtehelichen Zusammenlebens in seiner von den Partnern gewollten Ausgestaltung hinausgeht.[38] Das bloße Zusammenleben als solches ist, wie zwischen Ehegatten, jedenfalls kein tauglicher Gesellschaftszweck.

27 Anders als Ehegatten sind Partner der neL nicht zur Lebensgemeinschaft, zur Rücksichtnahme bei der Wahl und Ausübung einer Erwerbstätigkeit und auch nicht dazu verpflichtet, durch ihre Arbeit und mit ihrem Vermögen die Familie angemessen zu unterhalten (§§ 1353 Abs. 1 S. 1, 1356 Abs. 1 S. 2, 1360 BGB). Bei der neL besteht hingegen auch kein gesetzlich vorgegebener (güterrechtlicher) Ausgleichsmechanismus. Das ermöglicht nach neuerer Rechtsprechung des Bundesgerichtshofs wiederum eine insgesamt großzügigere Anwendung gesellschaftsrechtlicher Auseinandersetzungsregeln.[39] Der gesellschaftsrechtliche Ausgleich kommt dennoch nur dann in Betracht, wenn die Partner einer neL **ausdrücklich** oder durch **schlüssiges Verhalten** einen entsprechenden Gesellschaftsvertrag geschlossen haben.[40] Gerade aber weil die neL vom Ansatz her eine Verbindung ohne spezifischen Rechtsbindungswillen darstellt, scheint die Anwendung gesellschaftsrechtlicher Regelungen sinnvoll.[41]

28 Eine **ausreichende Zwecksetzung (§ 705 BGB)** kann bereits in der Absicht liegen, mit dem Erwerb eines Vermögensgegenstands, etwa einer Immobilie, einen – wenn auch nur wirtschaftlich – gemeinschaftlichen Wert zu schaffen, der von ihnen für die Dauer der Partnerschaft nicht nur gemeinsam genutzt werden, sondern ihnen nach ihrer Vorstellung auch gemeinsam gehören sollte.[42]

29 Vom Zustandekommen eines Gesellschaftsvertrages zwischen den Lebenspartnern durch schlüssiges Verhalten kann dennoch nicht schematisch ausgegangen werden.[43] Häufig liegen starke Indizien für gesellschaftsrechtlich relevante Vorgänge vor, wenn zB ein Hausbau auf dem Grundstück eines Partners unter finanzieller oder arbeitsmäßiger Beteiligung des andern erfolgt.[44] Erhebliches Gewicht für die Annahme gesellschaftsrechtlicher Verbindung hat es, auf welche Art und Weise die dingliche Zuordnung „gemeinsam" angeschaffter Gegenstände erfolgt; maßgebend sind die **Gesamtumstände der Güteranschaffung** und deren Finanzierung und/oder das Erbringen finanzierungsadäquater Leistungen (Planung, Umfang und Dauer des Zusammenwirkens, einzelne Absprachen, Rollenverteilung in der neL, Höhe finanzieller Beiträge, Herkunft von Finanzmitteln etc). Der Bundesgerichtshof[45] hat in der Vergangenheit ohne Weiteres gesellschaftsrechtliche Abwicklungsvorschriften zur Anwendung gebracht, wenn folgende Voraussetzungen vorliegen:

36 BGH 30.7.2008 – XII ZR 150/06, FamRZ 2008, 1821.
37 Vgl. BGH 28.9.1990 – V ZR 109/89, FamRZ 1991, 168 = BGHZ 112, 259.
38 BGH 13.4.2005 – XII ZR 296/00, FamRZ 2005, 1151 f.
39 Vgl. BGH 9.7.2008 – XII ZR 179/05, FamRZ 2008, 1822 (1824) mAnm *Grziwotz.*
40 BGH 31.10.2007 – XII ZR 261/04, FamRZ 2008, 247.
41 Vgl. BGH 28.9.2005 – XII ZR 189/02, DNotZ 2006, 531 = BGHZ 165, 1 (10).
42 BGH 31.10.2007 – XII ZR 261/04, FamRZ 2008, 247.
43 OLG Naumburg 17.9.2002 – 8 W 9/02, NJW-RR 2003, 578.
44 Vgl. BGH 31.10.2007 – XII ZR 261/04, FamRZ 2008, 247.
45 Vgl. BGH 25.9.1997 – II ZR 269/96, FamRZ 1997, 1533; 30.6.1999 – XII ZR 230–96, NJW 1999, 2962.

- dauerhafte Trennung der Partner einer zuvor tatsächlich gelebten nichtehelichen Lebensgemeinschaft,
- keine vertragliche Einzelfallregelung (zB Darlehensvertrag etc),
- Anschaffung eines Vermögenswerts von erheblicher wirtschaftlicher Bedeutung (zB Immobilie, Betrieb),
- beide Lebenspartner haben Beiträge (zB Geld, Arbeitsleistungen) geleistet,
- Vorstellung der Lebenspartner von der gemeinsamen Inhaberschaft des Vermögenswertes.

Die **Anwendung der gesellschaftsrechtlichen Abwicklungsvorschriften** (**§§ 730, 733 Abs. 2 BGB**) führt auf der Rechtsfolgenseite zum Ausgleich in Geld;[46] sie ist möglicherweise auf Fälle der Einkünfteerzielung (Unternehmen, Miethäuser) beschränkt.[47] Zur Vermeidung unvorhersehbarer Ergebnisse sind vertragliche Regelungen vorzugswürdig. 30

4. Bereicherungsausgleich

Die **neL** als solche und deren Verwirklichung **kann Rechtsgrund für Zuwendungen** unter den Lebenspartnern sein. Die Rückforderung der geleisteten Beiträge (Geld-, Vermögens- oder Arbeitsleistungen, auch Haushaltsführung) wegen **Zweckfortfalls** (§ 812 Abs. 1 S. 2 Alt. 2 BGB) kommt dennoch regelmäßig nicht in Betracht, weil die geleisteten Beiträge – jedenfalls bis zur Trennung – dem Leistungszweck, nämlich der Verwirklichung der Lebensgemeinschaft, gedient haben.[48] Auch ungleiche, in der Vergangenheit geleistete, Beiträge sind dabei Ausdruck faktischer Solidarität, nicht jedoch die Erfüllung von Rechtspflichten.[49] 31

Für künftig, also **nach der Beendigung der neL** noch fällig werdende Raten besteht eine Freistellungsverpflichtung[50] des Partners, in dessen wirtschaftlichem Interesse die Kreditaufnahme lag oder der den kreditfinanzierten Gegenstand bei der Auseinandersetzung der Lebenspartner „übernimmt".[51] 32

In Abkehr von der Rechtsprechung des „Ausgleichsverbots" kann sich für bereits erbrachte Leistungen eine rückforderungsrelevante Zwecksetzung bei Beendigung einer nichtehelichen Lebensgemeinschaft für solche Zuwendungen oder Arbeitsleistungen ergeben, die über dasjenige hinausgehen, was die Gemeinschaft Tag für Tag benötigt (hier: Bau eines selbstgenutzten Hauses). Der Bundesgerichtshof fordert hierzu das Bestehen einer konkreten Zweckabrede, die dann vorliegen kann, wenn ein Partner das Vermögen des anderen in der Erwartung vermehrt, an dem erworbenen Gegenstand langfristig partizipieren zu können.[52] 33

Da auch die Anwendung des Bereicherungsrechts als Ausgleichsmechanismus im Einzelfall vage ist, sind vertragliche Regelungen wiederum vorzugswürdig. 34

5. Wegfall der Geschäftsgrundlage

Die Fortdauer oder Fortsetzung einer neL war nach Auffassung des Bundesgerichtshofs regelmäßig auch nicht **Geschäftsgrundlage** (§ 313 BGB) für die Erbringung von Leistungen während der tatsächlich gelebten Gemeinschaft.[53] Nunmehr (vgl. hierzu BGH 9.7.2008 – XII ZR 179/05, DNotZ 2009, 52 mAnm *Löhnig*; → *Nichteheliche Lebensgemeinschaft* Rn. 73 ff.) kommen nach der Beendigung einer neL, für den Fall, dass wesentliche Beiträge eines Partners, mit denen ein Vermögenswert von erheblicher wirtschaftlicher Bedeutung (zB Wohnhaus) geschaffen wurde, dessen Alleineigentümer der andere Partner ist, nicht nur gesellschaftsrechtliche Ausgleichsansprüche, sondern auch Ansprüche nach den Grundsätzen über den Wegfall der Geschäftsgrundlage in Betracht. Solche Ansprüche entstehen, wenn gemeinschaftsbezogenen Zuwendungen die Vorstellung oder Erwartung zugrunde lag, die Lebensgemeinschaft werde Bestand ha- 35

46 Vgl. BGH 2.5.1983 – II ZR 148/82, NJW 1983, 2375.
47 Vgl. BGH 9.7.2008 – XII ZR 179/05, DNotZ 2009, 52; BGH 9.7.2008 – XII ZR 39/06, NJW 2008, 3282.
48 Uneinheitlich, vgl. OLG Nürnberg 17.12.1998 – 8 U 993/98, FamRZ 2000, 97.
49 Vgl. BGH 25.9.1997 – II ZR 269/96, FamRZ 1997, 1533.
50 Nach Auftragsrecht oder GoA: §§ 662, 670 BGB oder §§ 677, 683, 670 BGB.
51 OLG Hamm 19.10.1999 – 29 U 7/99, FamRZ 2001, 95.
52 Vgl. BGH 9.7.2008 – XII ZR 179/05, DNotZ 2009, 52 mAnm *Löhnig*; OLG Düsseldorf 23.10.2008 – 13 U 60/08, FamRZ 2009, 1219.
53 Vgl. BGH 6.10.2003 – II ZR 63/02, FamRZ 2004, 94; 18.9.1997 – IX ZR 283/96, NJW 1997, 3372.

ben. Eine Rückforderung nach §§ 313, 346 ff. BGB, die reine Billigkeitskorrektur ist, setzt zusätzlich **Unzumutbarkeit der eingetretenen Eigentumsverhältnisse** voraus und hat regelmäßig nicht zur Folge, dass sämtliche Zuwendungen bei Scheitern der Beziehung auszugleichen wären.[54]

▶ Muster: Abwicklung von Zu-, Auf- und Verwendungen oder Leistungen (klarstellend)

(...) Zu-, Auf- oder Verwendungen sowie Leistungen jeglicher Art, insbesondere solche mit Dienstleistungscharakter, an oder zugunsten des Lebenspartners bzw. zugunsten des gemeinsamen Haushalts, die während des Bestandes der nichtehelichen Lebensgemeinschaft erbracht werden, sind nach deren Beendigung nicht gegeneinander aufzurechnen und auszugleichen, soweit in diesem Vertrag oder bei Leistungserbringung nicht ausdrücklich etwas anderes vereinbart worden ist. Dies gilt auch für den Fall, dass solche Leistungen diejenigen des anderen übersteigen; sie gelten insoweit als zur Verwirklichung der Lebensgemeinschaft erbracht und gleichwertig. ◀

6. (Mit-)Haftung für gemeinsame Verbindlichkeiten oder solche des Lebenspartners

36 Die Mithaftung oder alleinige Haftung für Verbindlichkeiten des Lebenspartners kommt im Außenverhältnis, also gegenüber dem Gläubiger, nur durch eine rechtsgeschäftliche (Mit)-Verpflichtung als Schuldner infrage. Dies sind: gemeinsame Kreditaufnahme, Schuldbeitritt oder Übernahme einer Bürgschaft. Die neL als solche begründet jedenfalls keine (Mit-)Verpflichtung oder Haftung. Verpflichten sich die Lebenspartner gemeinsam, haften sie regelmäßig als **Gesamtschuldner**.

37 Mitverpflichtet ist der Schuldner für **Darlehensverbindlichkeiten** seines Lebenspartners gegenüber Kreditinstituten jedoch dann nicht, wenn er ein eigenes Interesse an der ursprünglichen Kreditgewährung hat und über die Auszahlung und Verwendung der Darlehensvaluta mitentscheiden durfte. Die Rechtsprechung des Bundesgerichtshofs zur ggf. **sittenwidrig eingegangenen Bürgschaft** finanziell überforderter Ehegatten findet entsprechende Anwendung, wenn Hauptschuldner und Bürge (Mitverpflichteter) durch eine eheähnliche Lebensgemeinschaft verbunden sind.[55]

7. Vollmachten, Betreuungsverfügung

38 Die Erteilung von Vollmachten zur Vornahme rechtsgeschäftlicher Erklärungen während bestehender Lebenspartnerschaft ist in Einzelfällen oder auch als Generalvollmacht sinnvoll. Die Erteilung von **Vorsorgevollmachten für den Lebenspartner** für den Fall der Krankheit, Gebrechlichkeit oder Betreuungsbedürftigkeit ist ebenfalls sinnvolle Vorsorge und Ausdruck des Selbstbestimmungsrechts und der Subsidiarität im Betreuungsrecht;[56] die Erteilung ist aber im Einzelfall genau abzuwägen. Konfliktsituationen können entstehen, wenn insbesondere leibliche Kinder eines Lebenspartners aus einer vorangegangenen Verbindung bei der Bevollmächtigung übergangen werden oder die Vollmachtserteilung gar gegen die Abkömmlinge gerichtet ist. Die unstreitige Berechtigung zur Vollmachtserteilung zugunsten des Lebenspartners erwächst demgegenüber aus dem Bedürfnis nach Versorgung und Zuwendung für Fälle einer künftigen **Geschäftsunfähigkeit** oder **Hilfsbedürftigkeit**. Maßgebend für die Auswahl des Bevollmächtigten sollte allein der personengebundene Vertrauenscharakter der Vollmachtserteilung sein. Findet zugunsten des Lebenspartners keine Bevollmächtigung statt, besteht nicht einmal ein Auskunftsanspruch bei Vornahme jeglicher Art von ärztlicher Heilbehandlung (ärztliche Schweigepflicht).

39 Nach § 1901 Abs. 2 S. 2 BGB kann der (zukünftig) zu betreuende Lebenspartner seine Vorstellungen einer Lebensführung nach Eintritt des Betreuungsfalles durch **Betreuungsverfügungen** autonom bestimmen. Solche Anordnungen sind für den Betreuer und das Betreuungsgericht maßgebend, soweit sie dem Betreuer zumutbar sind und dem Wohl des Betreuten nicht zuwiderlaufen. Betreuungsverfügungen sind nach § 1901 a BGB bei Bekanntwerden des Betreuungsverfahrens beim Betreuungsgericht abzuliefern. In einer vorsorgenden Betreuungsverfügung kann die Person eines Betreuers zur Bestellung durch das Betreuungsgericht benannt werden (§ 1897 Abs. 4 BGB). Der nichteheliche Lebenspartner wird im Gegensatz

---

54 Vgl. BGH 9.7.2008 – XII ZR 179/05, DNotZ 2009, 52.
55 *Grziwotz*, Nichteheliche Lebensgemeinschaft, 5. Aufl. 2014, § 21 Rn. 22 mwN.
56 § 1896 Abs. 2 S. 2 BGB; vgl. *Perau* MittRhNotK 1996, 285 (292).

zum Ehegatten oder Lebenspartner nach dem LPartG häufig nicht zum Betreuer seines Partners bestellt. Betreuungsverfügungen zur Benennung des Lebenspartners sind daher besonders zu empfehlen, sie können beispielsweise in Vorsorgevollmachten und/oder Patientenverfügungen integriert werden.

249. Vereinbarungen zur eingetragenen Lebenspartnerschaft

Reetz

I. Allgemeines

1 Nach § 1 S. 1 LPartG können seit dem **1.10.2017**[1] eingetragene Lebenspartnerschaften nach deutschem Sachrecht nicht mehr begründet werden; stattdessen steht gleichgeschlechtlichen Paaren seitdem das Institut der bürgerlichen Ehe offen (vgl. § 1353 Abs. 1 S. 1 BGB). Die zunächst in § 1 geregelten Voraussetzungen zur Begründung einer eingetragenen Lebenspartnerschaft finden sich im Gesetzeswortlaut des LPartG konsequenterweise nicht mehr. § 1 S. 2 LPartG stellt iÜ klar, dass das LPartG die maßgeblichen Regelungen für vor dem 1.10.2017 in Deutschland begründete Lebenspartnerschaften sowie im Ausland begründete Lebenspartnerschaften, soweit sie deutschem Recht unterliegen, enthält. Die **Anwendung deutschen Sachrechts auf ggf. im Ausland begründete Lebenspartnerschaften** kommt für das den Versorgungsausgleich und das Namensrechts in Betracht (vgl. Art. 17 b Abs. 1 S. 2 u. 3, Abs. 2 EGBGB, Art. 10 Abs. 2 EGBGB).[2]

Bereits bestehende eingetragene Lebenspartnerschaften können nach § 20 a LPartG auf Antrag beider Lebenspartner vor dem Standesamt in eine Ehe umgewandelt werden. Wird ein derartiger Antrag nicht gestellt, bleibt die bereits begründete Lebenspartnerschaft als solche bestehen; insoweit bleibt auch das LPartG anwendbar.

Bereits zum Stichtag bestehende Lebenspartnerschaften schlossen den dem Ehevertrag nach §§ 1408, 1410 BGB funktional gleichbedeutenden **Lebenspartnerschaftsvertrag** (vgl. § 7 S. 1 LPartG), auf den unter anderem die §§ 1409–1413 nach § 7 S. 2 LPartG entsprechend anwendbar sind/waren (s. auch § 6 S. 1 LPartG und Art. 3 Abs. 2 G v. 20.7.2017, BGBl. 2017 I 2787). Auf derartige Lebenspartnerschaftsverträge, die vor dem 1.10.2017 wirksam abgeschlossen worden sind („Bestandsverträge") und solche, die in einer nicht umgewandelten Lebenspartnerschaft (vgl. § 20 a LPartG) abgeschlossen bzw. abgeändert werden, sind unter Berücksichtigung des Überleitungsrechts zum geänderten LPartG die §§ 1409–1413 entweder unmittelbar oder weiterhin über die Verweisnorm des § 7 S. 2 LPartG anzuwenden.

Vor dem 1.10.2017 errichtete Lebenspartnerschaftsverträge gelten iÜ nach Umwandlung gem. § 20 a Abs. 3 LPartG als ehevertragliche Vereinbarungen fort. Aus Anlass der Umwandlung bedarf es keines Neuabschlusses als Ehevertrag oder eines speziellen „Umwandlungsvertrags".[3]

1 Vgl. Art. 3 Abs. 3 G v. 20.7.2017 (BGBl. 2017 I 2787); s. auch BT-Drs. 18/6665; BR-Drs. 539/17.
2 *Löhnig* NZFam 2017, 1085.
3 *Löhnig* NZFam 2017, 977 (979).

Unter der verbleibenden Anwendung des LPartG auf den Lebenspartnerschaftsvertrag gilt Folgendes: 2

„Eingetragene Lebenspartnerschaft" (zur Geschichte der Lebenspartnerschaft s. → *Eingetragene Lebenspartnerschaft* Rn. 1 ff.) ist bzw. war ein **statusbegründender Vertrag** zweier gleichgeschlechtlicher Personen, durch den sie rechtlich konstitutiv und verbindlich erklären, miteinander eine **Partnerschaft auf Lebenszeit** führen zu wollen; damit war eine der Ehe ähnliche **Einstehens- und Verantwortungsgemeinschaft** gemeint.[4] Anders als nach § 1353 BGB aF sind bzw. waren Lebenspartner nicht zur Herstellung einer Lebens- oder Haushalts- und Geschlechtsgemeinschaft verpflichtet.[5] Die Lebensgestaltung ist – wie auch in der Lebenswirklichkeit der Ehe – weitestgehend den Lebenspartnern überlassen und kann vertraglich geregelt werden. Hierunter fallen Fragen wie die Wahl eines gemeinsamen oder getrennten Wohnsitzes, die Übernahme von Haushaltstätigkeiten, Kinderbetreuung oder auch sexuelle Verhaltensweisen. Die lebenspartnerschaftliche Lebenssphäre genießt, wie die Ehe, den **Schutz des sog. „räumlich-gegenständlichen Bereichs"**.[6]

1. Begründungsvoraussetzungen

3 Die rechtsgestaltenden Erklärungen zur Begründung der Lebenspartnerschaft waren vor der zuständigen Behörde (s. die landesrechtlichen Ausführungsbestimmungen; vgl. auch § 23 LPartG) **höchstpersönlich** und bei **gleichzeitiger Anwesenheit** abzugeben (§ 1 Abs. 1 S. 1 LPartG aF). Nach § 1 Abs. 2 LPartG aF war jede Art von Vertretung (gesetzliche oder gewillkürte) bei der Begründung ausgeschlossen. Die eingetragene Lebenspartnerschaft konnte nur und ausschließlich **zwei Personen gleichen Geschlechts** eingehen (§ 1 Abs. 1 S. 1 LPartG aF); eine bestimmte sexuelle Ausrichtung der Partner war nie Tatbestandsvoraussetzung. Verschiedengeschlechtliche Partner einer nichtehelichen oder eheähnlichen Lebensgemeinschaft oder zwei zusammenlebende Verwandte verschiedenen Geschlechts konnten und können auch derzeit keine eingetragene Lebenspartnerschaft eingehen. Auch eine eingetragene Lebenspartnerschaft von mehr als zwei Personen war und ist ausgeschlossen.

4 Die Lebenspartner mussten, wie nunmehr auch die Ehegatten der bürgerlichen Ehe, bei Eheschließung, **beide volljährig** sein (vgl. § 11 Abs. 1 Nr. 1 LPartG aF). Eine bestimmte Staatsangehörigkeit oder ein besonderer Aufenthaltsstatus waren keine Voraussetzung für die Begründung der eingetragenen Lebenspartnerschaft.

5 Beide Partner der eingetragenen Lebenspartnerschaft mussten **geschäftsfähig** sein (§ 104 BGB). Im Falle des § 105 BGB ist eine Erklärung durch den Betreuer wegen des absoluten Vertretungsverbots ausgeschlossen (§ 1 Abs. 1 S. 1 LPartG aF). Der Einwilligungsvorbehalt (§ 1903 Abs. 2 BGB) erstreckte sich nicht auf die Begründung einer eingetragenen Lebenspartnerschaft; der Betreute konnte demnach ohne jede Mitwirkung des Betreuers oder des Betreuungsgerichts eine eingetragene Lebenspartnerschaft eingehen.

6 Verpartnerungswillige durften zum Zeitpunkt der Begründung ihrer eingetragenen Lebenspartnerschaft **nicht verheiratet** sein oder eine **bestehende Lebenspartnerschaft** führen (§ 1 Abs. 2 Nr. 1 LPartG aF). Seit dem 1.1.2005 galt ein **Eheverbot** bei bestehender eingetragener Lebenspartnerschaft (§ 1306 BGB); bis dahin wurde die eingetragene Lebenspartnerschaft mit Eingehen der Ehe eines Lebenspartners gesetzlich aufgelöst. Lebenspartner dürfen nicht in gerader Linie miteinander verwandt (§ 1 Abs. 2 Nr. 2 LPartG aF) oder **vollbürtige/halbbürtige Geschwister** sein (§ 1 Abs. 2 Nr. 3 LPartG aF). Die Eheverbote nach §§ 1307 S. 2, 1308 BGB galten nicht. Die §§ 1297–1302 BGB (Eheversprechen; Verlöbnis) galten hingegen entsprechend.

2. Begründungserklärungen

7 Die eingetragene Lebenspartnerschaft wurde durch gegenseitige, rechtsgestaltende und verpflichtende Erklärungen beider Partner, miteinander eine **Partnerschaft auf Lebenszeit** führen zu wollen, begründet

4 Vgl. HK-LPartG/*Kemper* § 2 Rn. 10.
5 Vgl. MAH FamR/*Grziwotz* § 27 Rn. 115.
6 HK-LPartG/*Kemper* § 2 Rn. 20.

(Begründungserklärung – § 1 Abs. 2 Nr. 4 LPartG iVm § 2 LPartG aF). Sie richtet sich jeweils an den anderen Partner und begründet die Vermutung, dass das Erklärte zwischen den Lebenspartnern auch tatsächlich gewollt ist. Eine Erklärung über ihren **Vermögensstand** (= Güterstand) musste seit dem 1.1.2005 nicht mehr abgegeben werden. Angaben hierüber sind in bestehen gebliebenen Lebenspartnerschaften bei Begründung oder Abänderung eines Lebenspartnerschaftsvertrags weiterhin sinnvoll, wenn zuvor ein güterrechtlicher Lebenspartnerschaftsvertrag abgeschlossen worden ist.

8 Die **Begründungserklärung** konnte – wie bei der Ehe – nicht unter einer Bedingung oder Zeitbestimmung abgegeben werden (§ 1 Abs. 1 S. 2 LPartG aF). Nach § 1 Abs. 2 Nr. 4 LPartG aF bedurfte die wirksame Begründung der eingetragenen Lebenspartnerschaft dem erklärten Einigsein über die Verpflichtung zur gegenseitigen Fürsorge und Unterstützung, zur gemeinsamen Lebensgestaltung und zum Tragen von Verantwortung füreinander (vgl. § 2 LPartG, s. auch § 1314 Abs. 2 Nr. 5 BGB).

II. Lebenspartnerschaftsvertrag

9 Die Lebenspartner, die ihre Lebenspartnerschaft nicht in eine Ehe umgewandelt haben (vgl. § 20 a LPartG), können auch weiterhin ihre güter-, versorgungsausgleichs-, unterhaltsrechtlichen und anderen lebenspartnerschaftlichen Verhältnisse durch einen **Lebenspartnerschaftsvertrag** regeln. Die §§ 1409–1563 BGB gelten entsprechend (§ 7 LPartG; s. auch § 20 Abs. 3 und 4 LPartG). **Regelungsgegenstände** und Motivlagen für lebenspartnerschaftsvertragliche Regelungen entsprechen denjenigen der vorsorgenden Eheverträge und Scheidungsvereinbarungen von gleich- oder verschiedengeschlechtlichen Ehegatten. Es geht regelmäßig um:[7]

- Sicherung des sozial schwächeren Partners bei einer Trennung, „Entpartnerung" und Tod des Lebenspartners;
- Rückabwicklung von Zuwendungen bei Trennung und „Entpartnerung";
- Ersatz fehlender gesetzlicher Regelungen (insbes. im Vergleich zur Ehe);
- Stellung von in den Haushalt aufgenommenen dritten Personen (insbes. einseitiger Kinder eines Lebenspartners);
- erbrechtskorrigierende Regelungen (unter Einbeziehung der Erbschaftsteuerbelastung und des gesetzlichen Erb- und Pflichtteilsrechts).

10 Partnerschaftsvertragliche Vereinbarungen sind in vielen Regelungsbereichen **nicht formbedürftig**. In gesetzlich angeordneten Fällen ist die Einhaltung der notariellen Form über § 7 S. 2 LPartG und § 20 Abs. 4 LPartG erforderlich: § 1410 BGB (Vereinbarungen zum Güterrecht); § 1378 Abs. 3 S. 2 BGB (Ausgleich des Zugewinns); § 1585 c S. 2 BGB (Vereinbarungen zum Unterhalt vor Aufhebung der Lebenspartnerschaft); § 7 Abs. 1 und 3 VersAusglG (Versorgungsausgleich). Eine Beurkundungspflicht kann sich auch aus § 2276 BGB (Erbvertrag), § 2348 BGB (Erb- und Pflichtteilsverzichtsvertrag), § 125 S. 2 BGB (kraft Parteivereinbarung), § 794 Abs. 1 Nr. 5 ZPO (vollstreckbarer Unterhaltstitel) ergeben, soweit solche Regelungsgegenstände Teil lebenspartnerschaftsvertraglicher Vereinbarungen werden. **Formbedürftigkeit** besteht insgesamt bei gleichzeitiger Mitbeurkundung einer Verpflichtung zur Übertragung oder zum Erwerb des Eigentums an einem Grundstück (§ 311 b Abs. 1 S. 1 BGB mit Heilungsmöglichkeit gem. § 311 b Abs. 1 S. 2 BGB), wenn die Regelungsteile miteinander stehen und fallen sollen.

11 Einzelne Regelungsbereiche des vorsorgenden Lebenspartnerschaftsvertrages werden regelmäßig anhand der **Typen von Lebenspartnerschaften** – in Anlehnung an die ehevertragliche Typenlehre –[8] individueller und damit praxisorientierter zu ermitteln sein.

12 Im Hinblick auf die Regelungsschwerpunkte **nachpartnerschaftlicher Unterhalt** und **Versorgungsausgleich**[9] unterliegen auch die Lebenspartnerschaftsverträge der **Inhaltskontrolle**, nämlich der **Wirksam-**

---

7 Vgl. *Grziwotz* in: BeckNotar-HdB B II Rn. 5.

8 Vgl. hierzu *Langenfeld/Milzner*, Eheverträge-HdB, 8. Aufl. 2019, Rn. 47 ff. unter Verweis auf grundlegende Ausführungen bei *Langenfeld*, beispielsweise in der 6. Aufl. 2011, Rn. 18 ff. mwN.

9 Vgl. BGH FamRZ 2004, 601; FamRZ 2005, 26.

keitskontrolle (§ 138 BGB; § 8 Abs. 1 VersAusglG) und zudem der nachgelagerten richterlichen **Ausübungskontrolle** (§§ 313, 242 BGB; § 8 Abs. 1 VersAusglG). Hierbei erfolgt die Ausübungskontrolle bezogen auf die tatsächlichen Verhältnisse und den Zeitpunkt der Scheidung; sie bezieht die Gesamtheit der lebenspartnerschaftlichen Regelungen in die Bewertung mit ein und kann im Ergebnis zur **richterlichen Anpassung getroffener Vereinbarungen** führen.

III. Vermögensrechtliche Wirkungen der eingetragenen Lebenspartnerschaft

1. Güterrecht

Lebenspartner nach dem LPartG leben im **Güterstand der Zugewinngemeinschaft** (zusammenfassend → *Eingetragene Lebenspartnerschaft* Rn. 21 ff.), wenn sie nicht durch Lebenspartnerschaftsvertrag (§ 7 LPartG) etwas anderes vereinbaren; die §§ 1363 Abs. 2, 1364–1390 BGB gelten entsprechend (§ 6 LPartG). Lebenspartnerschaftsverträge können in das **Güterrechtsregister** eingetragen werden (§ 7 S. 2 LPartG, §§ 1412, 1558 ff. BGB). **Gütertrennung, Gütergemeinschaft** und **Wahlzugewinngemeinschaft**[10] können als Wahlgüterstände lebenspartnerschaftsvertraglich begründet werden.[11] 13

▶ **Muster: Ausschluss des Zugewinnausgleichs bei Scheidung/Aufhebung (modifizierte Zugewinngemeinschaft)**

(...) Der gesetzliche Güterstand der Zugewinngemeinschaft soll für unsere bereits bestehende und nicht in eine Ehe umgewandelte Lebenspartnerschaft nach dem LPartG mit folgender Abweichung gelten:

(...) Für den Fall, dass unsere Lebenspartnerschaft auf andere Weise als durch den Tod eines Lebenspartners aufgelöst wird, insbesondere im Falle der Scheidung/Aufhebung der Lebenspartnerschaft, nicht jedoch, wenn wir die Zugewinngemeinschaft durch güterrechtlichen Vertrag beenden, schließen wird den Ausgleich des Zugewinns vollständig aus. Der Ausschluss des Zugewinnausgleichs gilt auch in den Fällen der vorzeitigen Aufhebung der Zugewinngemeinschaft auf Antrag eines Lebenspartners.

Klarstellend wird vermerkt, dass es für den Fall der Auflösung unserer Lebenspartnerschaft durch den Tod eines von uns bei dem Zugewinnausgleich gem. § 1371 BGB verbleibt, wenn zum Zeitpunkt des Todes keiner den Antrag auf Scheidung/Aufhebung der Lebenspartnerschaft gestellt hat.

(...) Keiner von uns beiden soll den Verfügungsbeschränkungen der §§ 1365, 1369 BGB unterliegen.

(...) Sach- und/oder Leistungszuwendungen eines Lebenspartners an den anderen können bei Aufhebung der Lebenspartnerschaft, gleichviel aus welchem Grunde, nicht zurückgefordert werden. Der Fortbestand unserer Lebenspartnerschaft soll nach unseren Vereinbarungen nicht als beidseitige oder einseitig relevante Geschäftsgrundlage von gegenseitigen Zuwendungen betrachtet werden. Dies gilt unabhängig davon, wer von uns das Scheitern unserer Lebenspartnerschaft verursacht und verschuldet hat. Die Rückforderung soll nur dann möglich sein, wenn sie bei der jeweiligen Zuwendung ausdrücklich und rechtsgeschäftlich vereinbart vorbehalten wurde. Der Notar hat darauf hingewiesen, dass ein güterrechtlicher Ausgleich von Zuwendungen infolge der Modifikation der Zugewinngemeinschaft durch diese Urkunde grundsätzlich nicht stattfindet.

(...) Im Übrigen sollen die Vorschriften über den gesetzlichen Güterstand der Zugewinngemeinschaft gelten.

(...) Eine Aufstellung unseres derzeitigen Vermögens soll nicht erfolgen.

(...) Der Notar hat die Beteiligten darauf hingewiesen, dass dieser Lebenspartnerschaftsvertrag nach einer Umwandlung der Lebenspartnerschaft in eine Ehe als Ehevertrag weitergilt (§ 20 a Abs. 3 LPartG). ◀

---

10 Vgl. BeckOK BGB/*Siede/Spernath* § 1519 Rn. 3.

11 Zu den „**Altlebenspartnerschaften**" in Form der Ausgleichsgemeinschaft und Vermögenstrennung vgl. *Mayer* ZEV 2001, 169; *Rieger* FamRZ 2001, 1497.

▶ **Muster: Gütertrennung durch Lebenspartnerschaftsvertrag**

§ ... Gütertrennung

Wir vereinbaren hiermit, dass für die fernere Dauer unsere bereits seit dem ... bestehenden und nicht in eine Ehe umgewandelte Lebenspartnerschaft nach dem LPartG ab dem heutigen Tag der Güterstand der **Gütertrennung** gem. § 7 Abs. 2 LPartG iVm § 1414 BGB gelten und jede Zugewinngemeinschaft ausgeschlossen sein soll.

(2) Der Notar hat uns über die Bedeutung des gesetzlichen Güterstandes der Zugewinngemeinschaft, die Vereinbarung der Gütertrennung und die damit verbundenen Folgen belehrt. Er hat uns insbesondere darauf hingewiesen, dass durch die Vereinbarung der Gütertrennung ein Ausgleich des Zugewinns bei tatsächlicher Beendigung der Lebenspartnerschaft, insbesondere nach deren Scheidung bzw. Aufhebung, nicht stattfindet, und dass sich das gesetzliche Erbrecht und das Pflichtteilsrecht vermindern können.

(3) Sach- und/oder Leistungszuwendungen eines Lebenspartners an den anderen können bei Aufhebung der Lebenspartnerschaft, gleichviel aus welchem Grunde, nicht zurückgefordert werden. Der Fortbestand unserer Lebenspartnerschaft soll nach unseren Vereinbarungen nicht als beidseitige oder einseitig relevante Geschäftsgrundlage von gegenseitigen Zuwendungen betrachtet werden. Dies gilt unabhängig davon, wer von uns das Scheitern unserer Lebenspartnerschaft verursacht und verschuldet hat. Die Rückforderung soll nur dann möglich sein, wenn sie bei der jeweiligen Zuwendung ausdrücklich und rechtgeschäftlich vereinbart vorbehalten wurde. Der Notar hat darauf hingewiesen, dass ein güterrechtlicher Ausgleich von Zuwendungen im Güterstand der Gütertrennung nicht stattfindet.

(4) Wir verzichten hiermit wechselseitig auf jegliche in der Vergangenheit entstandenen Ansprüche auf Ausgleich des Zugewinns oder andere Wertersatz- oder Ausgleichsansprüche jeglicher Art und aus jeglichem Rechtsgrund. Dies gilt auch für Ausgleichsansprüche, die etwa aus einer zwischen uns bestehenden Innengesellschaft oder einem „Kooperationsvertrag" oÄ bereits entstanden sind oder noch entstehen werden. Wir nehmen diesen Verzicht wechselseitig an.

(5) Der Notar hat die Beteiligten darauf hingewiesen, dass dieser Lebenspartnerschaftsvertrag nach einer Umwandlung der Lebenspartnerschaft in eine Ehe als Ehevertrag weitergilt (§ 20 a Abs. 3 LPartG). ◀

2. Allgemeine (vermögensrechtliche) Wirkungen

14 § 4 LPartG entspricht als Regelung des **Haftungsmaßstabs** der Lebenspartner untereinander § 1359 BGB. Damit gilt der Grundsatz „diligentia quam in suis" (vgl. § 277 BGB). Die Haftung wegen grober Fahrlässigkeit bleibt unberührt. § 8 Abs. 2 LPartG erklärt die Vorschriften zur sog. **Schlüsselgewalt** (§ 1357 BGB) und § 8 Abs. 1 LPartG die Gläubigerschutzvorschrift des § 1362 BGB für entsprechend anwendbar. Seit dem 1.1.2005 sind auch die Verfügungsbeschränkungen nach §§ 1365, 1369 BGB auf Lebenspartner, die im Güterstand der Zugewinngemeinschaft leben, anwendbar (§ 6 Abs. 2 LPartG).

▶ **Muster: Regelung zur Befreiung von güterrechtlichen Verfügungsbeschränkungen (im Zusammenhang mit einer notariellen Beurkundung)**

(...) Die Verfügungsbeschränkungen des § 6 LPartG iVm §§ 1365 ff., 1369 ff. BGB sollen während des Fortbestands unserer bereits seit dem ... bestehenden und nicht in eine Ehe umgewandelten Lebenspartnerschaft nach dem LPartG keine Anwendung finden. Jeder von uns beiden ist somit berechtigt, ohne Zustimmung des anderen Partners über sein Vermögen im Ganzen oder nahezu sein gesamtes Vermögen und auch über ihm gehörende Gegenstände des gemeinsamen Haushaltes frei zu verfügen.

(...) Der Notar hat uns darauf hingewiesen, dass die zuvor lebenspartnerschaftsvertragliche Vereinbarung nach einer Umwandlung unsrer Lebenspartnerschaft in eine Ehe als ehevertragliche Vereinbarung fortgilt (§ 20 a Abs. 3 LPartG). ◀

IV. Laufender Unterhalt in der Lebenspartnerschaft

15 Die Lebenspartner sind einander verpflichtet, durch ihre Arbeit und mit ihrem Vermögen die partnerschaftliche Lebensgemeinschaft angemessen zu unterhalten (§ 5 LPartG iVm §§ 1360 S. 2, 1360 a, 1360 b BGB, § 16 Abs. 2 LPartG). Die Verweisung in § 5 S. 2 LPartG auf § 1360 a Abs. 2 S. 1 BGB führt dazu, dass sich

der Unterhalt danach **bemisst**, was zur Deckung der Haushaltskosten und der persönlichen Bedürfnisse der Lebenspartner erforderlich ist. Maßstab ist die Angemessenheit unter Berücksichtigung der „gemeinsamen Lebensgestaltung". Vertragliche Regelungen zum laufenden Unterhalt spielen in der Vertragspraxis keine nennenswerte Rolle.

V. Personenrechtliche Wirkungen der eingetragenen Lebenspartnerschaft

1. Namensrecht

Auch das Namensrecht der eingetragenen Lebenspartnerschaft entspricht im Wesentlichen demjenigen der Ehe, jedoch ohne den gesetzlichen Aufruf zur Namenseinheit (→ *Eingetragene Lebenspartnerschaft* Rn. 10 ff.). Die Lebenspartner konnten und können nach wie vor einen gemeinsamen Namen als **Lebenspartnerschaftsname** (vgl. insbes. § 3 Abs. 1 S. 4 LPartG; ausführlich *Seeger* MittBayNot 2002, 229) bestimmen; bestimmten sie nichts, führen sie ihre bisherigen Namen weiter. Nach **Beendigung** der eingetragenen Lebenspartnerschaft behält jeder der ehemaligen Lebenspartner den Lebenspartnerschaftsnamen, wenn er nicht durch ausdrückliche Erklärung seinen Geburtsnamen oder seinen früheren Namen wieder annimmt. Er kann seinen Geburtsnamen oder seinen früheren Namen auch dem Lebenspartnerschaftsnamen voranstellen oder anfügen (vgl. auch § 1355 BGB). In jeder Kombination sind allerdings Namen, die aus mehr als zwei Namen zusammengesetzt sind, unzulässig (§ 3 Abs. 2 S. 3 LPartG). Der durch eine frühere eingetragene Lebenspartnerschaft erworbene Name eines Lebenspartners kann in dessen neuer Lebenspartnerschaft ebenfalls zum Lebenspartnerschaftsnamen bestimmt werden. 16

Der Lebenspartnerschaftsname unterliegt grundsätzlich der **vertraglichen Disposition**.[12] Das gilt sowohl für Regelungen zu einem gemeinsamen Lebenspartnerschaftsnamen als auch zum Begleitnamen. Die Lebenspartner können sich, beispielsweise in einem Lebenspartnerschaftsvertrag, verpflichten, im Falle der **Aufhebung** der eingetragenen Lebenspartnerschaft den „fremden" Namen des Lebenspartners, der der gemeinsame Lebenspartnerschaftsname ist, wieder abzulegen.[13] Das gilt auch vor dem Hintergrund, dass der angenommene Lebenspartnerschaftsname Teil und Ausdruck der eigenen Persönlichkeit des Namensträgers ist.[14] Vermieden werden sollte, dass für das Ablegen des Lebenspartnerschaftsnamens ein Entgelt gezahlt oder eine andere Gegenleistung erbracht wird.[15] 17

▶ Muster: Vereinbarung zum Lebenspartnerschaftsnamen

Wir, ... und ..., haben bei Begründung unserer fortbestehenden und nicht in eine Ehe umgewandelten eingetragenen Lebenspartnerschaft den Geburtsnamen von ..., nämlich ..., zu unserem gemeinsamen Lebenspartnerschaftsnamen im Sinne des § 3 Abs. 1 LPartG gegenüber der zuständigen Behörde durch Erklärung bestimmt.

... verpflichtet sich bereits heute, den bestimmten Lebenspartnerschaftsnamen unverzüglich nach Rechtskraft eines Urteils, durch das die Scheidung/Aufhebung der Lebenspartnerschaft ausgesprochen wird, abzulegen und sodann seinen Geburtsnamen ... oder einen anderen zulässigerweise von ihm zu bestimmenden Namen zu führen. Der Name ... darf vereinbarungsgemäß von ihm nicht fortgeführt werden.

Im Hinblick darauf, dass auch der angenommene Lebenspartnerschaftsname Teil und Ausdruck der eigenen Persönlichkeit des Namensträgers geworden ist, stellen wir bereits heute fest, dass für das vereinbarte Ablegen des Lebenspartnerschaftsnamens nach Maßgabe dieses Vertrages weder ein Entgelt noch eine sonstige Gegenleistung geschuldet wird. ◀

2. Eingetragene Lebenspartnerschaft und Kinder

a) Sorgerecht, Einbenennung, Umgangsrecht. Hat ein allein sorgeberechtigter Elternteil vor dem 1.10.2017 eine eingetragene Lebenspartnerschaft begründet, die als solche fortbesteht, steht dem Lebens- 18

12 BGH FamRZ 2008, 1183; *Seeger* MittBayNot 2002, 229 (238 f.) mwN.
13 BGH FamRZ 2008, 859; LG Bonn FamRZ 2008, 1183.
14 BVerfG FamRZ 2004, 515 (516).
15 Vgl. BGH FamRZ 2008, 1183 f. mwN.

partner **im Einvernehmen** mit dem sorgeberechtigten Elternteil die Befugnis zur Mitentscheidung in Angelegenheiten des täglichen Lebens des Kindes zu (§ 9 Abs. 1 LPartG – sog. **„kleines" Sorgerecht**, s. → *Eingetragene Lebenspartnerschaft* Rn. 28); sorgeberechtigt ist der Lebenspartner hingegen nicht. Das „kleine" Sorgerecht der eingetragenen Lebenspartnerschaft ist § 1687 b BGB nachgebildet und iÜ direkt und uneingeschränkt in der gleichgeschlechtlichen Ehe anwendbar ist. Die Mitentscheidungsbefugnis gilt nur, solange die Lebenspartner nicht nur vorübergehend getrennt leben (§ 7 Abs. 4 LPartG). Sollen dem Lebenspartner Entscheidungsmöglichkeiten, die über die **Angelegenheiten des täglichen Lebens** des Kindes hinausgehen, ermöglicht werden, bedarf es einer Vollmachtserteilung durch den sorgeberechtigten Elternteil. Bei Gefahr im Verzug ist der Lebenspartner dazu berechtigt, alle Rechtshandlungen vorzunehmen, die zum Wohl des Kindes notwendig sind; der sorgeberechtigte Elternteil ist unverzüglich zu unterrichten (§ 9 Abs. 2 LPartG).

Die **Einbenennung** des unverheirateten Stiefkindes ist möglich (§ 9 Abs. 5 LPartG, § 1618 S. 1–6 BGB).

19 § 1685 Abs. 2 BGB gewährt dem Lebenspartner oder früheren Lebenspartner, wenn er für das Kind des Lebenspartners **tatsächliche Verantwortung** (sozial-familiäre Bindung) trägt oder getragen hat, ein **Umgangsrecht**, wenn dies dem Wohl des Kindes dient (§ 1685 Abs. 2 S. 1 BGB). Vertragliche **Vereinbarungen zum Umgangsrecht** sind möglich. Von der Übernahme tatsächlicher Verantwortung kann im Übrigen gesprochen werden, wenn der Lebenspartner mit dem Kind längere Zeit in häuslicher Gemeinschaft gelebt hat. Der Kindeswille ist wie bei § 1684 BGB zu beachten. Gegebenenfalls ist ein Sachverständigengutachten einzuholen.[16]

20 **b) Adoption.** Das Lebenspartnerschaftspaar kann ein fremdes Kind nach wie vor **nicht gemeinschaftlich annehmen** (§ 9 Abs. 6, 7 LPartG iVm § 1741 Abs. 2 BGB, s. → *Eingetragene Lebenspartnerschaft* Rn. 35). Möglich ist hingegen die **Einzeladoption** eines fremden Kindes durch einen Lebenspartner; hierfür ist wiederum die Einwilligung des anderen Lebenspartners erforderlich (§ 9 Abs. 6 LPartG, § 1749 Abs. 1 S. 2 und 3, Abs. 3 BGB). Die Adoption kann als solche nicht Vertragsgegenstand der Lebenspartner sein.

21 Der Lebenspartner kann das leibliche Kind seines Lebenspartners annehmen (§ 9 Abs. 7 S. 1 LPartG); es gelten insoweit die Regeln für die eheliche **Stiefkindadoption**[17] entsprechend. Der adoptierende Lebenspartner muss demnach mindestens das 21. Lebensjahr vollendet haben (§ 9 Abs. 7 LPartG, §§ 1743 S. 1, 1741 Abs. 2 S. 3 BGB). Neben dem anderen Lebenspartner (§ 9 Abs. 6 LPartG) müssen auch der andere Elternteil des zu adoptierenden Kindes und das Kind selbst (§ 1746 BGB) zustimmen. Ist das Kind noch keine 14 Jahre alt oder geschäftsunfähig, kann eine solche Zustimmung nur durch den gesetzlichen Vertreter, bei gemeinsamer elterlicher Sorge nur durch beide Elternteile gemeinsam erfolgen (§ 1746 Abs. 1 BGB). Adoptionsantrag und alle erforderlichen Zustimmungserklärungen sind notariell zu beurkunden und gegenüber dem Familiengericht abzugeben (§ 1750 Abs. 1 BGB). Die Stiefkindadoption des zuvor durch einen Lebenspartner angenommenen Kindes, also die sog. **Sukzessivadoption**, ist seit einer Entscheidung des BVerfG aus dem Jahre 2013[18] und dessen Umsetzung durch Gesetz vom 20.6.2014[19] möglich; sie war zuvor verboten. Das Verbot verletzte nicht nur den allgemeinen Gleichheitssatz der Lebenspartner im Verhältnis zur damals noch geltenden alleinigen Form der verschiedengeschlechtlichen Ehe, sondern auch den Gleichheitssatz des von dem Verbot mittelbar betroffenen Kindes. Die Stiefkindadoption – gleich welcher Art – führt für das angenommene Kind zur **rechtlichen Stellung eines gemeinschaftlichen Kindes der Lebenspartner**. Die **elterliche Sorge** steht beiden Lebenspartnern gemeinsam zu (§ 9 Abs. 7 S. 2 LPartG iVm § 1754 Abs. 1 u. 3 BGB).

16 Vgl. OLG Karlsruhe FamRZ 2002, 1210 f.
17 Vgl. *Kornmacher* FamRB 2005, 22 (25).
18 BVerfG FamRZ 2013, 521.
19 BGBl. 2014 I 786.

VI. Erbrecht

1. Allgemeines

§ 10 LPartG stellt für die Lebenspartnerschaft weitestgehend die gleiche erbrechtliche Rechtslage her wie das BGB für die Bürgerliche Ehe (→ *Eingetragene Lebenspartnerschaft* Rn. 36 ff.). 22

Bestand die Lebenspartnerschaft beim Erbfall noch, lassen Abs. 1 und 2 des § 10 LPartG ein **gesetzliches Erbrecht des überlebenden Partners** entsprechend den §§ 1931, 1934 Abs. 1 S. 1, Abs. 2 BGB entstehen. Dem Lebenspartner steht neben Erben der 1. Ordnung (§ 1924 Abs. 1 BGB) ein Erbteil von $^1/_4$ zu, neben Erben der 2. Ordnung (§ 1925 BGB) oder neben Großeltern von $^1/_2$. Sind weder Verwandte der 1. noch der 2. Ordnung noch Großeltern vorhanden, erhält der überlebende Lebenspartner die gesamte Erbschaft (§ 10 Abs. 2 LPartG). Die §§ 1931 Abs. 1 S. 2, 1934 BGB sind durch § 10 LPartG übernommen worden. Bei der **Zugewinngemeinschaft** erhöht sich das Erbrecht nach § 1371 BGB noch um $^1/_4$ (§ 6 S. 2 LPartG). Bei **Gütertrennung** trifft § 10 Abs. 2 S. 2 LPartG die gleiche Anordnung wie § 1931 Abs. 4 BGB. 23

Den **Ausschluss des Lebenspartnererbrechts** regelt § 10 Abs. 3 LPartG vergleichbar dem § 1933 BGB. Anders als in § 1933 S. 2 BGB schließt der Wortlaut des § 10 Abs. 3 LPartG das Erbrecht nicht für den Fall aus, dass ein Lebenspartner die Aufhebung der Lebenspartnerschaft wegen Willensmängeln beantragt. In § 10 Abs. 3 LPartG fehlt im Übrigen der ausdrückliche Hinweis auf den Ausschluss des Voraus (vgl. § 1933 S. 1 BGB). Die Vorschriften nach § 10 Abs. 1 S. 3–5 LPartG regeln das Recht des **Voraus** wie § 1932 BGB. 24

Den Lebenspartnern steht als Testamentsform das **gemeinschaftliche Testament** mit allen entsprechenden Rechtsfolgen zur Verfügung (§ 10 Abs. 4 S. 1 LPartG iVm §§ 2266–2272 BGB). Die Lebenspartner können in der erleichterten, privatschriftlichen Form nach § 2267 BGB testieren und nach Maßgabe der §§ 2269 ff. BGB wechselbezüglich bindende Verfügungen treffen.[20] Die Auflösung der Lebenspartnerschaft führt idR zur Unwirksamkeit bei testamentarischer Erbeinsetzung des Lebenspartners (§ 10 Abs. 5 LPartG iVm §§ 2077, 2268 BGB), es sei denn, dass ein anderer Wille des Erblassers festzustellen ist. § 2077 Abs. 1 S. 2 und 3, Abs. 2 BGB sind entsprechend anwendbar. 25

2. Pflichtteilsrecht; Erbschaftsteuer

Hat der Erblasser seinen überlebenden Lebenspartner durch Verfügung von Todes wegen ausdrücklich oder konkludent enterbt, kann dieser von den Erben seinen Pflichtteil in Höhe der Hälfte des Wertes seines gesetzlichen Erbteils verlangen (§ 10 Abs. 6 S. 1 LPartG). Die §§ 2303 ff. BGB gelten entsprechend mit der Maßgabe, dass der Lebenspartner **wie ein Ehegatte** zu behandeln ist.[21] Durch das Pflichtteilsrecht ist im Übrigen die Testierfreiheit des verfügenden Lebenspartners verfassungskonform eingeschränkt, zugleich werden die **erbschaftsteuerliche Privilegien**, die einem pflichtteilsberechtigten Ehegatten zukommen, auch dem Lebenspartner gewährt (s. etwa § 5 ErbStG (Zugewinnausgleichsforderung), § 16 Abs. 1 Nr. 1 ErbStG (Freibetrag: 500.000 EUR)). Lebenspartner können wie Ehegatten **Erb- und Pflichtteilsverzichtsverträge** als abstrakte Verfügungsgeschäfte unter Lebenden abschließen (§ 10 Abs. 7 LPartG iVm § 2346 BGB). 26

VII. Getrenntleben

Das **Getrenntleben der Lebenspartner** ist Voraussetzung der Lebenspartnerschaftsaufhebung (§ 15 Abs. 2 LPartG), obwohl das Zusammenleben der Lebenspartner gerade keine Voraussetzung der eingetragenen Lebenspartnerschaft ist. Normzweck ist es (vgl. § 1361 BGB), die noch nicht endgültig gelösten Personen- und Rechtsbindungen durch Wahrung der wirtschaftlichen Rahmenbedingungen für den weniger leistungsfähigen Partner aufrecht zu erhalten. 27

Die für den **Unterhaltsanspruch bei Getrenntleben** geltenden Regelungen entsprechen § 1361 BGB (§ 12 LPartG). Die Trennung der Lebenspartner führt zur Umwandlung des wechselseitigen partnerschaftlichen 28

20 Gestaltungshinweise: *Dickhuth-Harrach* FamRZ 2005, 1139.
21 § 10 Abs. 6 S. 2 LPartG; s. bereits *Leipold* ZEV 2001, 218.

Unterhalts in einen einseitigen Anspruch des unterhaltsberechtigten Lebenspartners auf **Barunterhalt** in Form einer monatlich im Voraus zu leistenden Rente. Der Anspruch ist güterstandsunabhängig. Getrenntlebensunterhalt und nachpartnerschaftlicher Unterhalt sind nicht identisch und verfahrensrechtlich unterschiedliche Streitgegenstände. Die Billigkeitsklauseln des § 1579 BGB sind auf den Getrenntlebensunterhalt der Lebenspartner entsprechend anwendbar. Getrenntlebensunterhalt umfasst den Vorsorgeunterhalt wegen Krankheit und Alters (§ 1578 Abs. 2, 3 BGB). Es kann Unterhalt für die Vergangenheit verlangt werden (§ 1361 Abs. 4 BGB iVm §§ 1613 Abs. 1, 1360 a Abs. 3 BGB). Für Sonderbedarf gilt § 1613 Abs. 2 BGB. Rangfragen sind über die Verweisungen in §§ 12 S. 2 und 16 S. 2 LPartG in § 1609 BGB geregelt.

29 **Vereinbarungen über den Getrenntlebensunterhalt** sind grundsätzlich möglich, sie unterliegen allerdings gemäß §§ 1361 Abs. 3, 1360 a Abs. 3 BGB der strengen Sperre des **§ 1614 Abs. 1 BGB**. Nach § 1614 Abs. 1 BGB kann auf **Unterhalt für die Zukunft** nicht verzichtet werden, wohl aber für die Vergangenheit. Gemeint ist damit der rechnerisch (tatsächlich) geschuldete Unterhalt, wobei ein Unterschreiten von bis zu 20 % noch unschädlich ist. Es handelt sich bei § 1614 Abs. 1 BGB um ein gesetzliches Verbot iSd § 134 BGB. Vertragliche Regelungen können demnach die gesetzlichen Ansprüche auf den rechnerisch geschuldeten Unterhalt nur in einem engen Rahmen konkretisieren und nur wenig modifizieren.[22] Möglich ist jedenfalls die inhaltliche Ausgestaltung des Anspruchs auf Getrenntlebensunterhalt. Die Formvorschrift des § 1585 c S. 2 BGB ist nicht anwendbar.

30 § 1614 Abs. 1 BGB gilt auch dann, wenn für den Unterhaltsverzicht eine **Abfindung** vereinbart wurde. Tatsächlich handelt es sich dann um Vorausleitungen iSd § 1614 Abs. 2 BGB, der die Abfindungs- bzw. Vorausleistungswirkung auf 3 Monate beschränkt (vgl. § 760 Abs. 2 BGB). Vereinbarungen der Lebenspartner, die den eigentlich Unterhaltsberechtigten von der Geltendmachung des Anspruchs auf Trennungsunterhalt abhalten sollen, sind zu vermeiden. Hierher gehört auch der pactum de non petendo oder andere Umgehungsgeschäfte.[23]

► Muster: Unterhaltsvereinbarung bei Getrenntleben der Lebenspartner

(...) Wir beabsichtigen, die zwischen uns am ... vor dem Standesbeamten des Standesamts in ... begründete Lebenspartnerschaft nach dem LPartG aufheben zu lassen und leben seit ... getrennt.

(...) Für die Dauer unseres Getrenntlebens treffen wir in Ausgestaltung des gesetzlichen Anspruchs folgende Unterhaltsvereinbarung, die keinen Verzicht auf den rechnerisch geschuldeten Unterhalt um mehr als 20 % beinhaltet:

(...) Herr ... zahlt an Herrn ... einen Getrenntleben-Unterhaltsbetrag

a) iHv ... EUR als endgültigen Elementarunterhalt;
b) iHv ... EUR als Vorsorgeunterhalt (gem. Bremer Tabelle idF vom ...).

Der gesamte Unterhaltsbetrag ist monatlich im Voraus jeweils am dritten Werktag eines jeden Kalendermonats vollständig zahlbar und fällig. Er ist erstmals für den Monat ... im Jahr ... auf ein von Herrn ... noch zu benennendes Konto zu zahlen (Gutschrift). Die Zahlungspflicht endet mit dem Monat, der auf die rechtskräftige Aufhebung unserer Lebenspartnerschaft folgt. Rückständige Unterhaltsleistungen sind ab dem vierten Kalendertag des jeweiligen Fälligkeitsmonats mit fünf Prozentpunkten über dem Basiszinssatz jährlich zu verzinsen.

(...) Wegen vorgenannter Verpflichtung zur Zahlung eines monatlichen Unterhaltsbetrages von ... EUR unterwirft sich Herr ... gegenüber Herrn ... der sofortigen Zwangsvollstreckung aus dieser Urkunde in sein gesamtes Vermögen. Herrn ... ist jederzeit auf einseitigen Antrag hin vollstreckbare Ausfertigung der Urkunde zu erteilen, ohne dass es des Nachweises der die Fälligkeit begründenden Tatsachen bedarf.

(...) Der Berechnung des vorgenannten Unterhaltsbetrages haben die Lebenspartner das derzeitige Einkommen des Herrn ... unter Berücksichtigung der Steuerklasse ... und der üblichen Sozialversicherungsbeiträge sowie einen pauschalen Abzug für berufsbedingte Aufwendungen von 5 % zugrunde gelegt. Herr ... ist derzeit ohne Beschäftigung und eigenes, anrechenbares Einkommen. Die Differenz zwischen

22 Vgl. BGH FamRZ 2015, 2131; FamRZ 1984, 997 (999).
23 Vgl. BGH FamRZ 2015, 2131 Rn. 13.

dem zuvor festgelegten Betrag und einem rechnerisch unter Zugrundelegung der 3/7 Teilung ermittelten Ergebnis – hier ... % Abweichung (*Achtung: nicht mehr als 20 % Differenz zum rechnerisch geschuldeten Unterhalt, höchstens jedoch 1/3 bei Einzelfallprüfung*) – sehen die Beteiligten als angemessene Anpassung an die Lebensverhältnisse ihrer Lebenspartnerschaft an. Der Notar hat auf das Verzichtsverbot auf zukünftigen Trennungsunterhalt nachdrücklich hingewiesen. Dieses Verbot umfasst auch Vereinbarungen, die derart gestaltet sind, dass sie das Geltendmachen des rechnerisch geschuldeten Unterhalts erschweren sollen.

(...) Das Unterhaltsrechtsverhältnis richtet sich im Übrigen nach dem Gesetz. Auf diese Unterhaltsvereinbarung ist § 239 FamFG anwendbar. ◀

Die Vorschrift über die Verteilung der **Haushaltsgegenstände** und die **Wohnungszuweisung bei Getrenntleben** (§§ 13, 14 LPartG) sind §§ 1361 a, 1361 b BGB nachgebildet. Der Begriff „Ehewohnung" ist durch „gemeinsame Wohnung" ersetzt. 31

VIII. Aufhebung der eingetragenen Lebenspartnerschaft („Entpartnerung")

Die den §§ 1564 S. 1, 1566 BGB nachgebildeten Voraussetzungen der Aufhebung einer eingetragenen Lebenspartnerschaft regelt § 15 Abs. 2 LPartG. Anknüpfungstatbestand ist das Getrenntleben (vgl. § 1567 Abs. 1 BGB). Die Trennungsdauer beträgt ein bzw. drei Jahre, wobei die eingetragene Lebenspartnerschaft dann aufgehoben wird, wenn sie **gescheitert** ist (vgl. § 1565 Abs. 1 BGB). Unter den engen Voraussetzungen außergewöhnlicher Umstände und nach Abwägung der gegensätzlichen Belange der Lebenspartner kann, wie es auch § 1568 Alt. 2 BGB festlegt, gem. § 15 Abs. 3 LPartG ausnahmsweise die Aufrechterhaltung der eingetragenen Lebenspartnerschaft wegen **schwerer Härte** verlangt werden. Eine sog. Nichtfortsetzungserklärung, wie sie noch das LPartG 2001 kannte, ist nicht mehr Tatbestandsvoraussetzung der Aufhebung der eingetragenen Lebenspartnerschaft (vgl. § 21 LPartG). 32

IX. Folgen der Aufhebung

1. Allgemeines; Versorgungsausgleich; Haushaltsgegenstände und gemeinsame Wohnung

Die Folgen der Aufhebung sind dem Scheidungsfolgenrecht der Ehe nachgebildet: 33

Seit dem 1.1.2005 besteht ein Anspruch auf Durchführung des **Versorgungsausgleichs** (§ 20 LPartG); hierfür gelten die Vorschriften des VersAusglG (§ 20 Abs. 1–3 LPartG; vgl. *Stüber* FamRZ 2005, 576).

Für die Aufteilung bzw. Zuweisung der Haushaltsgegenstände und die Behandlung der gemeinsamen Wohnung anlässlich der Aufhebung der Lebenspartnerschaft verweist § 17 LPartG auf die §§ 1568 a, 1568 b BGB. Damit erfolgt auch der Ausgleich der wesentlichen Gegenstände des gemeinschaftlichen Zusammenlebens außerhalb des Güterrechts. Nach **§ 1568 b Abs. 1 BGB** kann – außerhalb einer vertraglichen Vereinbarung – jeder der Lebenspartner verlangen, dass ihm der jeweils andere anlässlich der Aufhebung der Lebenspartnerschaft die im gemeinsamen Eigentum stehenden Haushaltsgegenstände überlässt und übereignet, wenn er auf deren Nutzung unter Berücksichtigung des Wohls der im Haushalt lebenden Kinder und der Lebensverhältnisse der Lebenspartner in stärkerem Maße angewiesen ist als der andere Lebenspartner oder wenn dies aus anderen Gründen der Billigkeit entspricht. Einen ähnlichen Zuteilungsmaßstab begründet **§ 1568 a Abs. 1 BGB** entsprechend für die **gemeinsame Wohnung**.

2. Nachpartnerschaftlicher Unterhalt

Wenn und soweit ein Lebenspartner nach der Aufhebung der Lebenspartnerschaft für seinen eigenen Unterhalt nicht selbst aufkommen kann, ist er nach Maßgabe des § 16 LPartG und der Verweisungen in das Unterhaltsrecht des BGB berechtigt, von dem anderen Lebenspartner den **nach den Lebensverhältnissen der Lebenspartnerschaft** angemessenen Unterhalt zu verlangen. § 16 LPartG selbst stellt keine Anspruchsgrundlage dar, diese ergibt sich vielmehr enumerativ aus den in Verweisung genommenen **Unterhaltstatbeständen des BGB**. Die Verweisung nach § 16 S. 2 LPartG erfolgt nunmehr auch auf § 1582 BGB. Seit dem 1.1.2008 erfahren nachpartnerschaftliche Unterhaltsansprüche keine allein in der Tatsa- 34 che der Lebenspartnerschaft begründete **Rangabstufung**, beispielsweise gegenüber dem nachehelichen Unterhaltsanspruch.[24] Im Übrigen gelten die allgemeinen unterhaltsrechtlichen Grundsätze. Das **Maß der Unterhaltsgewährung**, nämlich der **Bedarf**, richtet sich nach § 1578 BGB. Der Unterhalt wird unter Berücksichtigung der **Bedürftigkeit** des Berechtigten und der **Leistungsfähigkeit** des Verpflichteten durch Zahlung einer wiederkehrenden monatlichen Geldrente gewährt (§ 1585 Abs. 1 S. 1 BGB), ausnahmsweise auch durch Kapitalabfindung (§ 1585 Abs. 2 BGB). Die gesetzlichen Regelungen zur **Befristung** und **höhenmäßigen Begrenzung** nach § 1578 b BGB sind zu beachten.

35 Über die Verweisung des § 16 Abs. 1 LPartG auf § 1578 Abs. 2 und 3 BGB (voller Bedarf) umfasst der nachpartnerschaftliche Unterhaltsanspruch auch den unselbstständigen Anspruch auf **Kranken-, Pflege- und Altersvorsorgeunterhalt**. Nach § 1579 BGB kann der nachpartnerschaftliche Unterhaltsanspruch wegen **grober Unbilligkeit** zu versagen, herabzusetzen oder zeitlich zu begrenzen sein. Dies gilt insbesondere für die Fälle einer lediglich „kurzen Dauer“ der Lebenspartnerschaft (§ 1579 Nr. 1 BGB) oder des Eingehens einer verfestigten Lebensgemeinschaft durch den Unterhaltsberechtigten mit einem Dritten (§ 1579 Nr. 2 BGB). Die Unterhaltspflicht erlischt mit der Wiederverpartnerung/Wiederverheiratung oder dem Tode des Unterhaltsberechtigten (§ 1586 BGB). Rückständiger Unterhalt verjährt in drei Jahren.[25]

3. Vereinbarungen zum nachpartnerschaftlichen Unterhalt

36 Vertragliche Vereinbarungen zum nachpartnerschaftlichen Unterhalt sind möglich (§ 16 Abs. 1 LPartG, § 1585 c BGB). Nach § 1585 c S. 2 BGB besteht **Beurkundungspflicht**. Grundsätzlich ist auch der **Verzicht** auf den nachpartnerschaftlichen Unterhalt möglich. Die Maßstäbe der **Inhaltskontrolle** sind anzuwenden. Unterhaltsrechtliche Vereinbarungsmöglichkeiten sind (stichwortartig):

- vollständiger gegenseitiger oder einseitiger Verzicht (ggf. auflösend oder aufschiebend bedingt; Rücktrittsvorbehalte; Gegenleistungen),
- Verzicht/Teilverzicht auf Unterhalt nach bestimmten Unterhaltstatbeständen,
- zeitliche Begrenzung der Unterhaltspflicht („Höchstdauer der Unterhaltsgewährung“, vgl. § 1578 b BGB),
- Begrenzung der Unterhaltshöhe („Höchstgrenze der Unterhaltsleistung“, vgl. § 1578 b BGB),
- Vereinbarungen zu Sonder- und Mehrbedarf oder zu Einsatzzeitpunkten,
- Vereinbarungen zum Altersvorsorge-, Krankenvorsorge- und Pflegeunterhalt,
- Vereinbarung zu Bemessungsgrundlagen (Einkünfte, berufsbedingte Aufwendungen, Vorsorgeaufwendungen, Schulden etc),
- Vereinbarung zur angemessenen Erwerbstätigkeit (des Unterhaltsschuldners und -gläubigers, vgl. § 1574 BGB),
- Verzicht auf Unterhalt bei Eingehen einer verfestigten Lebensgemeinschaft (§ 1579 Nr. 2 BGB),
- Ausschluss des § 1586 b BGB (Tod des Verpflichteten).

▶ Muster: Gegenseitiger vollständiger Unterhaltsverzichtvertrag (vorsorgende Vereinbarung in einer bereits bestehenden Lebenspartnerschaft; notarielle Form)

Die Erschienenen erklärten:

Wir haben am ... vor dem Standesbeamten in ... die eingetragene Lebenspartnerschaft nach dem LPartG, die fortbesteht und nicht in eine Ehe umgewandelt worden ist, begründet. Wir sind deutsche Staatsangehörige. Wir leben im gesetzlichen Güterstand der Zugewinngemeinschaft. Wir sind beide unselbstständig berufstätig und verfügen beide über überdurchschnittliche, auskömmliche Erwerbseinkünfte, aus denen ein jeder von uns seinen Lebensunterhalt und seine Altersversorgung sicherstellen kann. Wir haben bisher und werden auch zukünftig nach unseren Vorstellungen und der bisher gelebten Lebenspartnerschaft beide berufstätig bleiben. Das Entstehen von durch unsere Lebenspartnerschaft bedingten Nachteilen in unserer zukünftigen beruflichen Fortentwicklung können wir nicht erkennen; solche Nachteile sind auch bisher nicht entstanden.

---

24 BGBl. 2007 I 3189; vgl. auch *Stüber* FamRZ 2005, 574.
25 §§ 195, 197 Abs. 2 BGB.

Wir schließen folgenden **Unterhaltsverzichtsvertrag:**

(1) Für den Fall der Aufhebung unserer Lebenspartnerschaft und auch für den Fall, dass wir unsere Lebenspartnerschaft in eine Ehe umwandeln sollten, vereinbaren wir den gegenseitigen und vollständigen Verzicht auf die Gewährung jeglichen nachpartnerschaftlichen bzw. nachehelichen Unterhalts nach allen gesetzlichen Unterhaltstatbeständen und auch in unvorhersehbaren oder außergewöhnlichen Fällen oder Umständen.

Wir nehmen den vorstehend erklärten Verzicht hiermit wechselseitig an.

(2) Der Notar hat uns über die Folgen dieses Unterhaltsverzichts belehrt, insbesondere darüber, dass ein jeder von uns nach Aufhebung der Lebenspartnerschaft bzw. Scheidung der ggf. umgewandelten Ehe selbst in vollem Umfang und ohne Rücksicht auf die lebenspartnerschaftlichen/ehelichen Lebensverhältnisse für seinen Unterhalt zu sorgen hat. Der Notar hat uns ferner darauf hingewiesen, dass der vorstehende Verzicht, sofern er Dritte benachteiligt, nichtig oder im Einzelfall ein Berufen auf Verzichte unzulässig sein kann. Zudem kann die Unterhaltsvereinbarung insbesondere bei einer wesentlichen Veränderung der Lebensumstände in der gelebten Lebenspartnerschaft/Ehe der richterlichen Inhaltskontrolle und Anpassung unterliegen.

(3) Eine Vereinbarung zum Güterrecht und zum Versorgungsausgleich wollen wir nicht treffen. ◀

▶ **Muster: Eingeschränkter Unterhaltsverzicht; Beschränkung auf Existenzminimum nach der „Düsseldorfer Tabelle"**

(...) Für den Fall der Aufhebung unserer Lebenspartnerschaft oder der Scheidung der ggf. umgewandelten Ehe zwischen uns vereinbaren wir, dass der Unterhaltsanspruch desjenigen Lebenspartners/Ehegatten, der nach den gesetzlichen Vorschriften unterhaltsberechtigt ist, der Höhe nach auf das Existenzminimum des unterhaltsberechtigten, erwerbstätigen Ehegatten einschließlich des trennungsbedingten Mehrbedarfs nach Abschnitt B V der Düsseldorfer Tabelle in der zur jeweiligen Fälligkeit des Unterhaltsbetrages anwendbaren Fassung (oder, sofern ein solcher Tabelleneintrag nicht fortgeführt wird, der an dessen Stelle tretende Wert, der regelmäßig von der Rechtsprechung des OLG Köln angenommen wird) beschränkt wird; dieser Betrag beläuft sich zurzeit auf 1.160 EUR – eintausendeinhundertundsechzig Euro – („Düsseldorfer Tabelle", Stand: 2020).

Ist der nach Maßgabe des Gesetzes geschuldete Unterhalt des Berechtigten niedriger als dieser Betrag, so ist lediglich der sich rechnerisch ergebende Unterhaltsbetrag geschuldet; ist er höher, tritt der vorgenannte Betrag nach der „Düsseldorfer Tabelle" an die Stelle des gesetzlich geschuldeten Betrags (Höchstbetrag). Wir verzichten gegenseitig auf alle über diese Vereinbarung hinausgehenden Ansprüche auf nachpartnerschaftlichen Unterhalt und nehmen diesen Verzicht gegenseitig an. ◀

▶ **Muster: Begrenzung des Aufstockungsunterhalts (Höchstdauer und -grenze)**

(...) Soweit einer der Lebenspartner dem jeweils anderen Lebenspartner jetzt oder zu einem zukünftigen Einsatzzeitpunkt Aufstockungsunterhalt nach Maßgabe der gesetzlichen Voraussetzungen des § 1573 Abs. 2 BGB schuldet oder schulden sollte, besteht ein solcher Anspruch in der sich rechnerisch ergebenden Höhe lediglich für das/die ... Jahr/e nach dem Tag der Rechtskraft der Aufhebung der Lebenspartnerschaft bzw. dem Eintritt der Anspruchsvoraussetzungen zu einem nachfolgenden Einsatzzeitpunkt.

Nach Ablauf des/der ... Jahr/e bis zum Ablauf von weiteren ... Jahren wird der Betrag auf die Hälfte des vollen, rechnerisch geschuldeten Aufstockungsunterhalts, höchstens jedoch ... EUR monatlich (Höchstgrenze), herabgesetzt. Hiernach besteht kein Anspruch auf Aufstockungsunterhalt mehr.

(...) Die vorstehende Regelung tritt an die Stelle von § 1578 b BGB, der daneben nicht anwendbar sein soll; sie wirkt nicht schuldumschaffend. Die Lebenspartner verzichten gegenseitig auf über diese Regelung hinausgehende Ansprüche auf Aufstockungsunterhalt und nehmen diesen Verzicht gegenseitig an. Ansprüche nach anderen Unterhaltstatbeständen werden durch diese Vereinbarung nicht berührt. Für den Fall, dass wir unsere bestehende Lebenspartnerschaft in eine Ehe umwandeln sollten, bleiben die vorstehenden Begrenzungsregelungen für den nachehelichen Aufstockungsunterhalt uneingeschränkt bestehen. ◀

Verstirbt der Unterhaltsverpflichtete nach Rechtshängigkeit des Aufhebungsverfahrens, richten sich die Unterhaltsansprüche des überlebenden Lebenspartners nach den §§ 1569–1586 b BGB (§ 1933 S. 3 BGB). 37

Verpflichtungen zur Zahlung nachpartnerschaftlichen Unterhalts gehen gem. § 1586 b BGB mit dem Tode des Verpflichteten auf die Erben als Nachlassverbindlichkeit über, der Höhe nach beschränkt auf den Betrag, der dem Pflichtteil entspricht, der dem Berechtigten zustünde, wenn die Lebenspartnerschaft nicht aufgehoben worden wäre (also ohne zusätzliches Viertel).

X. Auslandsberührung

38 Art. 17 b EGBGB regelt die Lebenspartnerschaftsfälle mit Auslandsberührung (die gleichgeschlechtliche Ehe soll hier außer Betracht bleiben – **Partnerschaftsstatut**). Nach Art. 17 b Abs. 1 EGBGB unterliegen die Begründung, die allgemeinen Wirkungen sowie die Aufhebung (einschließlich Versorgungsausgleich) der eingetragenen Lebenspartnerschaft dem Recht des sog. registerführenden Staates (lex loci celebrationis). Unterhalts- und Erbrecht sind ausgenommen. Entsprechend anwendbar ist das eheliche Namensstatut des Art. 10 Abs. 2 EGBGB und Art. 17 a EGBGB (Ehewohnung); im Übrigen gilt die Verweisnorm des Art. 17 b Abs. 4 EGBGB (zB Art. 46 e EGBGB für Rechtswahlen zum Versorgungsausgleichsstatut). Nach Art. 17 b Abs. 3 EGBGB gilt für eingetragene Lebenspartnerschaften in verschiedenen Staaten, dass die zuletzt begründete Lebenspartnerschaft vom Zeitpunkt ihrer Begründung an für die in Art. 17 b Abs. 1 umschriebenen Wirkungen und Folgen maßgebend ist.

Für die güterrechtliche Behandlung der eingetragenen Lebenspartnerschaft gilt wiederum die **EuPartVO,** VO (EU) 2016/1104 vom 24.7.2016, ABl. EU 2016 L 183, 30, die im Wesentlichen der gleichzeitig in Kraft getretenen EuGüVO entspricht, jedoch ein besonderes Kollisionsrecht der eingetragenen Lebenspartnerschaft enthält. Die EuPartVO ist auf die ab dem 29.1.2019 eingegangenen Lebenspartnerschaften (in Deutschland mit Einführung der gleichgeschlechtlichen Ehe nicht mehr möglich) sowie für güterrechtliche Verträge, die ab dem 29.1.2019 in bereits bestehenden Lebenspartnerschaften abgeschlossen werden, anzuwenden. Die EuPartVO ersetzt Art. 17 b EGBGB im Hinblick auf güterrechtliche Wirkungen vollständig. Dabei ist zu beachten, dass der Umfang güterrechtlicher Gegenstände iSd EuPartVO deutlich weitergefasst ist als der nach den Vorstellungen des BGB-Familienrechts.

250. Vereitelung des Umgangsrechts

Treu

I. Einführung

Gründe für eine Störung des Umgangs können bei jeder der am (elterlichen) Umgang beteiligten Personen liegen: dem Elternteil, bei dem das Kind lebt und der den Umgang zuzulassen hat, dem Elternteil, dem das Umgangsrecht zusteht, und dem betroffenen Kind selbst. Üblicherweise wird nur die **Verweigerung des Umgangs von Seiten des Aufenthaltselternteils** als Umgangsvereitelung bezeichnet, wenngleich auch in der Umgangsverweigerung des umgangsberechtigten (und verpflichteten) Elternteils eine Vereitelung des Umgangsrechts, nämlich desjenigen des Kindes, liegt. Dieses Verständnis liegt auch der Regelung des § 165 FamFG (Vermittlungsverfahren) zugrunde. 1

§ 1684 Abs. 1 BGB normiert im 1. Hs. ein Recht des Kindes auf Umgang mit jedem Elternteil. Das Kind ist nicht mehr lediglich Objekt des elterlichen Umgangs. Der Gesetzgeber hat damit eine **Signalwirkung** in Richtung beider Elternteile bezweckt: Dem **betreuenden** Elternteil soll deutlich gemacht werden, dass eine Vereitelung des Umgangsrechts auch einen Verstoß gegen eigene Rechte des Kindes bedeutet. Dem **umgangsberechtigten** Elternteil soll vor Augen geführt werden, dass es nicht in sein Belieben gestellt ist, sich um sein Kind zu kümmern. Das Kind hat ein eigenes Recht auf Umgang.[1] In §§ 1684, 1626 BGB kommt eine „gewachsene Einsicht in die Bedeutung des Umgangsrechts eines Kindes mit beiden Elternteilen" zum Ausdruck.[2] Unterbindet ein Elternteil den Kontakt zwischen dem anderen Elternteil und dem gemeinsamen Kind, vereitelt er nicht nur das Umgangsrecht des anderen, sondern auch das des Kindes. Damit **missbraucht er sein Elternrecht**.[3] 2

II. Gesetzliche Regelung

1. Grundsätzliches

Das Umgangsrecht ist **originäres Elternrecht** und unabhängig von dem familiären Status, der Sorgerechtslage, dem Willen des betreuenden Elternteils oder einer gerichtlichen Entscheidung im Sinne einer Zuweisung. Nicht einmal der allein sorgeberechtigte Elternteil kann es einseitig bestimmen.[4] Den Umgang nach eigenem Gutdünken zu gewähren (oder auch nicht), ist ihm verwehrt. 3

Grundsätzlich ist der Umgang deshalb **im Einvernehmen der Sorge- und Umgangsberechtigten** auszuüben. Wenn es den Eltern nicht gelingt, ein solches Einvernehmen zu erzielen, hat das Familiengericht gem. § 1684 Abs. 3 S. 1 BGB zu entscheiden und die Ausübung des Umgangsrechts zu regeln. Es hat dabei die beiderseitigen Grundrechtspositionen der Eltern und das Wohl des Kindes, das ebenfalls Grundrechtsträger ist, zu berücksichtigen und sich um eine Konkordanz der verschiedenen Grundrechte zu bemühen.[5] 4

Ausgehend von der in § 1684 Abs. 2 BGB geregelten Wohlverhaltenspflicht hat der betreuende Elternteil den persönlichen Umgang des Kindes mit dem anderen Elternteil zu ermöglichen und hierfür erzieherisch auf das Kind einzuwirken, damit psychische Widerstände des Kindes gegen den Umgang mit dem anderen 5

---

1 NK-BGB/*Peschel-Gutzeit/Ebeling* § 1684 Rn. 11.
2 BVerfG 8.12.2005 – 2 BvR 1001/04, FamRZ 2006, 187.
3 *Klenner* FamRZ 1995, 1529.
4 OLG Hamm 13.7.2010 – 2 UF 277/09, NJW-RR 2011, 150.
5 BVerfG 5.2.2002 – 1 BvR 2029/00, FamRZ 2002, 809.

Elternteil abgebaut werden und das Kind eine positive Einstellung dazu (zurück) gewinnt. Er hat nicht nur jede negative Beeinflussung des Kindes zu unterlassen, sondern Kontakte mit dem anderen Elternteil positiv zu fördern.[6]

2. Erscheinungsformen den Umgang vereitelnden Verhaltens

6 Umgangsvereitelung ist jedes Verhalten des betreuenden Elternteils, mit dem **Umgangskontakte** zwischen dem anderen Elternteil und dem Kind **verhindert** werden und das **sachfremd und kindswohlwidrig motiviert** ist. Es kann im rein faktischen Bereich oder im psychisch-emotionalen Bereich liegen.[7] Die Neigung des verweigernden Obhutselternteils, „eigene Interessen umzudichten in die des Kindes“[8] kennt der Praktiker.

7 Finden an den Umgangsterminen immer wieder andere Unternehmungen statt, werden etwa Reisen oder Verwandtschaftsbesuche unternommen, Freunde des Kindes eingeladen oder attraktive Ausflüge für den Rest der Familie geplant, oder erkrankt das Kind regelmäßig kurzfristig, kann unschwer auf die dahinterstehende Absicht geschlossen werden.[9]

8 Umzug oder Auswanderung des betreuenden Elternteiles mit dem Kind stellen eine starke Belastung dar und können dazu führen, dass der Umgang für den nichtsorgeberechtigten Elternteil unzumutbar und damit faktisch vereitelt wird, insbesondere dann, wenn er nur unter einem erheblichen Zeit- und Kostenaufwand ausgeübt werden kann, was bei der gerichtlichen Ausgestaltung des Umgangs zu berücksichtigen ist.[10] Gleichwohl kommt der Aufrechterhaltung der Beziehungen des Kindes zum Umgangsberechtigten **keine Sperrwirkung für Ortsveränderungen** zu, die zu einer erheblichen Beeinträchtigung der Umgangskontakte führen können.[11] Der Umzugswunsch des Obhutselternteils, gerade wenn er kurz nach der Trennung geäußert wird und vernünftige, nachvollziehbare Gründe nicht erkennbar sind, sollte aber Anlass geben, das eigenmächtige Schaffen von Fakten zunächst – bis zur weiteren Klärung – zu verhindern. Bei gemeinsamer elterlicher Sorge wäre ein Umzug mit größerer Distanz nicht von § 1687 Abs. 1 S. 2 BGB gedeckt, da er keine Angelegenheit des täglichen Lebens ist. Der andere Elternteil sollte also schnell reagieren und einen sorgerechtlichen Eilantrag stellen. Der Umzug ist oftmals „der Anfang vom Ende“; ist das Kind erst weit weg, beginnt die Entfremdung.

9 Im **psychisch-emotionalen Bereich** lässt sich ohne Probleme aktiv gegen die Person des anderen Elternteils gerichtetes Verhalten, das das Kind gegen den Umgang einnimmt, als Vereitelungsverhalten einordnen. Dazu zählen im Beisein des Kindes offen gezeigte Feindseligkeit, Herabsetzungen des anderen oder seiner Familie und Verunglimpfungen, die sich im Extremfall in wider besseres Wissen erhobenen strafrechtlichen Vorwürfen bis hin zu Anzeigen äußern können.[12] In die gleiche Richtung weist es, wenn das **Kind in die elterlichen Streitigkeiten einbezogen** und über den Stand der Auseinandersetzung und etwaiger gerichtlicher Verfahren auf dem Laufenden gehalten wird.[13]

10 Schwieriger ist dagegen der Nachweis zu führen, wenn die Einflussnahme des betreuenden Elternteiles nicht so offensichtlich stattfindet. Einziger Anknüpfungspunkt ist dann die **Verweigerungshaltung des Kindes**, für die es (nachvollziehbare) Gründe auch oder allein in der Person oder dem Verhalten des Umgangsberechtigten oder in der Beziehung des Kindes zu ihm geben kann. In diesem Fall hat allerdings der betreuende Elternteil die Pflicht, auf das Kind erzieherisch einzuwirken. Es genügt deshalb bereits

6 OLG Saarbrücken 16.11.2011 – 6 UF 126/11, FamRZ 2011, 884.
7 *Haußleiter* NJW-Spezial 2007, 151.
8 *Duderstadt* NZFam 2020, 952.
9 HK-ZPO/*Kemper* FamFG § 165 Rn. 5.
10 BVerfG 5.2.2002 – 1 BvR 2029/00, FamRZ 2002, 809.
11 BGH 28.4.2010 – XII ZB 81/09, FamRZ 2010, 1060.
12 OLG München 14.2.2006 – 4 UF 193/05, FamRZ 2006, 1605.
13 OLG München 15.5.2003 – 12 UF 1300/02, FamRZ 2003, 1955.

für einen Verstoß gegen die Wohlverhaltenspflicht und stellt eine Umgangsvereitelung dar, wenn der betreuende Elternteil es dem Kind freistellt, den anderen zu treffen.[14]

11 Die **subtile Beeinflussung des Kindes** durch verdeckte Signale,[15] wodurch die eigene ablehnende Haltung gegen den anderen Elternteil auf das Kind übertragen wird, ist in gleicher Weise geeignet, das Kind in einen Loyalitätskonflikt zu bringen mit der Folge, dass es sich von dem anderen abwenden und den Umgang (wunschgemäß) verweigern wird, zumindest um seine Ruhe zu haben.[16] In schweren Fällen wird es die ablehnende Haltung übernehmen und verinnerlichen.[17]

12 Ob es sich im Einzelfall um das viel zitierte „PAS" = Parental Alienation Syndrome[18] handelt, kann dahinstehen, wenn mit der Erkenntnis hierzu keine klaren Sanktionen verbunden sind. Denn aus Sicht des Kindes, auf dessen Wohl es alleine ankommt (§ 1697 a BGB), ist es unwichtig, ob seine Beziehung zu dem getrennt lebenden Elternteil von dem betreuenden Elternteil aus einer überängstlichen Haltung heraus gestört wird, geprägt von den (jedenfalls zuletzt) negativen Erfahrungen am Ende der elterlichen Beziehung, aus Rachegefühlen,[19] gekränkter Eitelkeit und der Unfähigkeit, die eigenen negativen Gefühle den Bedürfnissen des Kindes, insbesondere dem **Bedürfnis des Kindes nach ungestörtem Umgang mit dem anderen**, nachzuordnen, der Unfähigkeit, die eigene starre Haltung infrage zu stellen, Verlustängsten oder aufgrund einer psychischen Erkrankung des betreuenden Elternteils.

3. Rechtsfolgen

13 Die bei Umgangsvereitelung zu verhängenden Sanktionen hängen von der **Schwere der Pflichtverletzung** und ihren **Folgen für das Kind** ab,[20] müssen sich aber unter Beachtung des geltenden Verhältnismäßigkeitsgrundsatzes ebenso an der zu treffenden Erfolgsprognose orientieren. Andernfalls bestünde die Gefahr, dass über Jahre hinweg die verschiedenen Sanktionsstufen nacheinander abgearbeitet werden, bis am Ende das Kind dem Umgangsberechtigten völlig entfremdet in das Erwachsenenleben starten kann.

14 Hat das Gericht das Umgangsrecht geregelt, bei Anlass auch Anordnungen zur Erfüllung der Wohlverhaltenspflicht getroffen, ggf. begleiteten Umgang oder eine Umgangspflegschaft angeordnet, kann es erwarten, dass sich der betreuende Elternteil, wenn nicht einsichtig, so doch rechtstreu verhält, und die gerichtliche Entscheidung befolgt. Kommt es anders, so wird zunächst die Vollstreckung gem. § 89 FamFG in Betracht kommen oder die Einleitung eines Vermittlungsverfahrens, stattdessen oder auch daneben finanzielle Sanktionen und schließlich die Aufenthalts- bzw. Sorgerechtsfrage zu überprüfen sein. Letzteres kann auch als erste gerichtliche Maßnahme geboten sein, um dem Kind einen langen **Leidensweg** mit zunehmenden seelischen Belastungen bis hin zu möglichen psychischen Erkrankungen[21] zu ersparen.

15 **a) Gerichtliche Umgangsregelung.** Ein Verstoß des Betreuungselternteils gegen die Wohlverhaltenspflicht kann zur wiederholten, aber auch zur erstmaligen Anrufung des Gerichts führen. Entsprechend wird das Gericht zunächst lediglich das Umgangsrecht regeln, kann bei Anlass aber bereits bei der ersten gerichtlichen Entscheidung gleichzeitig mit der Umgangsregelung, andernfalls in späteren Entscheidungen, weitergehende Anordnungen treffen.

16 So kann es gegenüber dem betreuenden Elternteil **konkrete Anordnungen zur Erfüllung der Wohlverhaltenspflicht** gem. § 1684 Abs. 3 S. 2 BGB treffen und ihm **Verhaltensauflagen** erteilen, etwa Gespräche über den anderen Elternteil, insbesondere solche mit negativem Inhalt, im Beisein des Kindes zu unterlas-

---

14 NK-BGB/*Peschel-Gutzeit/Ebeling* § 1684 Rn. 28.
15 „double bind"-Fälle, dh gleichzeitige Mitteilung sich ausschließender Informationen, vgl. *Klenner* FamRZ 1995, 1529 (1533).
16 HK-FamR/*Schmid* BGB § 1684 Rn. 3.
17 *Klenner* FamRZ 1995, 1529.
18 OLG Brandenburg 21.11.2001 – 9 UF 219/01, FamRZ 2002, 975.
19 OLG Saarbrücken 24.1.2011 – 6 UF 116/10, FamRZ 2011, 178.
20 *Haußleiter* NJW-Spezial 2007, 151.
21 *Klenner* FamRZ 1995, 1529.

sen oder zu unterbinden oder auch mit dem Kind über die elterlichen Auseinandersetzungen nicht mehr zu sprechen und ihm die Schriftsätze der Anwälte oder die gerichtlichen Protokolle nicht zu zeigen. Es handelt sich um die **schwächste Maßnahme**, die eher **Signalwirkung** haben und für sich allein kaum genügen wird, um den unwilligen Elternteil dazu zu bringen, den ungestörten Umgang des Kindes mit dem anderen Elternteil zu gewährleisten. Es ist kaum zu überprüfen, ob der Elternteil sich an die Auflagen hält.

17 Die **Anordnung begleiteten Umgangs** kommt grundsätzlich eher bei einer Verletzung der Wohlverhaltenspflicht durch den Umgangsberechtigten in Betracht, da sie das Umgangsrecht einschränkt. Sie kann aber geboten sein, um für eine – eher kurz zu bemessende – Übergangszeit **Bedenken auf Seiten des betreuenden Elternteils** gegen die Kindeswohldienlichkeit des Umgangs zu zerstreuen. Hier besteht allerdings die Gefahr, dass der betreuende Elternteil auf Zeit spielt und den Umgang weiter hinauszögert.[22]

18 Auch erscheint fraglich, ob allein der **Gewöhnungseffekt** ausreicht, um eine grundlegende Änderung in der Haltung des sperrigen Elternteils zu bewirken. Nicht zuletzt um die Sprachlosigkeit zwischen den Eltern zu beenden,[23] besteht in solchen Fällen Anlass, sie gem. § 156 Abs. 1 S. 4 FamFG zur Teilnahme an einer Beratung durch die Beratungsstellen und -dienste der Träger der Kinder- und Jugendhilfe nach § 156 Abs. 1 S. 2 FamFG zu verpflichten. Die Anordnung ergeht in einer Zwischenentscheidung, ist nicht anfechtbar und kann nicht mit Zwangsmitteln durchgesetzt werden. Es bleibt bei Verweigerungshaltung eines Elternteils allenfalls ein Kostennachteil nach § 81 Abs. 2 Nr. 5 FamFG. § 156 FamFG will Eltern in die Lage versetzen, eigenverantwortliche Konfliktlösungsstrategien zu entwickeln und eine eigenständige, konsensuale und eigenverantwortliche Lösung im Elternstreit zu erarbeiten.[24]

Eine Beratungsauflage kann auch auf § 1684 Abs. 3 S. 2 BGB gestützt werden.[25]

19 Schließlich ist die Einrichtung einer **Umgangspflegschaft** in Betracht zu ziehen, die mit den vorstehenden Anordnungen kombiniert werden kann[26] und gegenüber anderen das Sorgerecht beschränkenden das mildere Mittel ist. Sie soll auf Fälle beschränkt werden, in denen der betreuende Elternteil das Umgangsrecht des getrennt lebenden Elternteils in erheblicher Weise vereitelt[27] (→ *Umgangspflegschaft* Rn. 3 ff.).

20 Weitergehende Maßnahmen kann das Gericht nicht veranlassen. Insbesondere kann es die Eltern oder den sich weigernden Elternteil nicht zur Aufnahme einer Psychotherapie verpflichten, mag die Notwendigkeit dazu auch naheliegen oder aufgrund eines Sachverständigengutachtens feststehen. Das Gesetz enthält hierfür keine Grundlage. Eine solche Anordnung greift in das Recht auf Achtung der Privatsphäre ein und verletzt den von der Anordnung Betroffenen in seinem Grundrecht aus Art. 2 Abs. 1 GG iVm Art. 1 Abs. 1 GG.[28] Das Gericht kann lediglich unter Hinweis auf die Notwendigkeit eine **Therapie** anregen und sich vorbehalten, weitergehende Maßnahmen zu ergreifen, falls sich die Situation für das Kind nicht verbessert. Zulässig ist dagegen die Anordnung einer Therapie des Kindes, um zur Wiederaufnahme des (vereitelten) Umgangs beizutragen.[29] Dies setzt eine psychische Erkrankung des Kindes voraus. Es erscheint weder sachgerecht noch zielführend, ein Kind ohne medizinische Indikation einer Therapie zu unterziehen, nur weil die Eltern als Verursacher der Ablehnungshaltung des Kindes nicht in der Lage sind, ihren Konflikt zu lösen.[30] Diese in der Praxis gleichwohl verbreitete Vorgehensweise zeigt die Hilflosigkeit der angerufenen Stellen – Jugendämter und Gerichte – im Umgang mit hochkonflikthaften Eltern: An den Kindern wird „rumtherapiert, weil man an die Eltern nicht ran darf" (mündliche Aussage eines entnervten gerichtlichen Sachverständigen) – oder weil die Kinder mittlerweile massiv geschädigt sind.

---

22 OLG München 15.5.2003 – 12 UF 1300/02, FamRZ 2003, 1955.
23 *Klenner* FamRZ 1995, 1529.
24 KG 30.1.2019 – 13 UF 161/18, FamRZ 2019, 982.
25 OLG Frankfurt a. M. 27.10.2020 – 1 UF 170/20, Rn. 18.
26 OLG Düsseldorf 25.10.2010 – 4 UF 252/09, FamRZ 2011, 822.
27 BGH 31.10.2018 – XII ZB 135/18, FamRZ 2019, 199.
28 BVerfG 1.12.2010 – 1 BvR 1572/10, FamRZ 2011, 179.
29 BVerfG 28.2.2012 – 1 BvR 3116/11, FamRZ 2012, 127.
30 BVerfG 17.9.2016 – 1 BvR 1547/16, FamRZ 2016, 1917.

Die mitunter gewählte Lösung, den Umgang oder den Vollzug früherer Entscheidungen über das Umgangsrecht (befristet) auszusetzen, „damit das Kind zur Ruhe kommt“,[31] ist infrage zu stellen. Worauf sich die Erwartung stützt, dass der betreuende Elternteil in der Zwischenzeit seine Verweigerungshaltung aufgibt und das Kind Abstand von seinen negativen Empfindungen gegenüber dem anderen gewinnt, ist nicht ersichtlich. Im Gegenteil schreitet die Entfremdung zwischen Kind und anderem Elternteil fort und verfestigt sich. Wenn das Kind an dem Konflikt zu zerbrechen droht, stellt sich die Frage, ob der (bisher noch betreuende und den anderen ausgrenzende) Elternteil dem Kind guttut. Am Ende bleibt tatsächlich nur noch der Ausschluss des Umgangsrechts, um eine Gefährdung der seelischen oder körperlichen Entwicklung des Kindes abzuwehren, wenn dieses den Umgang (mittlerweile) nachhaltig ablehnt. Dabei kann selbst ein auf einer bewussten oder unbewussten Beeinflussung beruhender Wunsch beachtlich sein, wenn er Ausdruck echter und damit schützenswerter Bindungen ist.[32] 21

b) Vollstreckungsmaßnahmen. Die Vollstreckung des Umgangstitels, die nach § 89 FamFG mittels Ordnungsgeld und Ordnungshaft sowie Anwendung unmittelbaren Zwangs erfolgt, zählt jedenfalls auf den ersten Blick, zu den **schwächeren Rechtsfolgen** in Fällen der Umgangsvereitelung. Tatsächlich ist das Verfahren, richtig angewandt, schnell und effektiv. Wirksam ist es, wenn finanzieller Druck den Verweigerer erreicht.[33] Denn sein Verhalten erscheint in hohem Maße irrational. Tatsächlich werden die Möglichkeiten der Vollstreckung mittlerweile gut genutzt. Der Staat ist verpflichtet, alle für eine Verwirklichung der Vollstreckung erforderlichen Schritte zu unternehmen. Die Angemessenheit einer Maßnahme ist anhand der Zügigkeit ihrer Umsetzung zu beurteilen, da das Verstreichen von Zeit irreversible Folgen für die Beziehung zwischen dem Kind und dem nicht mit ihm zusammenlebenden Elternteil haben kann.[34] 22

Mittellosigkeit des Umgangsverweigerers oder jedenfalls beengte wirtschaftliche Verhältnisse stehen der Anordnung eines Ordnungsgeldes nicht entgegen. Abgesehen davon, dass die Maßnahme schon wegen ihres Sanktionscharakters den Vollstreckungsschuldner empfindlich treffen soll, droht ersatzweise Haft. Es bleibt ihm überlassen, zur Abwendung der Haft den zu vollstreckenden Geldbetrag entweder aus einem Sparguthaben zu entnehmen, Konsumverzicht zu üben oder sich bei Dritten Bargeld zu leihen.[35] 23

Die effektivste Vollstreckungsmaßnahme – die Anwendung unmittelbaren Zwangs – ist demgegenüber nachrangig und darf ohnedies, zu Recht, nicht gegen das Kind zu dessen **Herausgabe für den Umgang** angeordnet werden (§ 90 Abs. 2 S. 1 FamFG). 24

Der den Umgang verweigernde Elternteil muss die Vermutung einer schuldhaften Zuwiderhandlung entkräften (§ 89 Abs. 4 FamFG). Der am häufigsten in der Praxis vorgebrachte Entschuldigungsgrund ist die Verweigerung des Umgangs durch das Kind. Solche Verweigerung lässt das Verschulden des verpflichteten Elternteils nicht entfallen. Der verpflichtete Elternteil hat im Einzelnen darzulegen, in welcher Weise er die gebotenen erzieherischen Bemühungen unternommen hat, das Kind von seinem entgegenstehenden Willen abzubringen und es zum Umgang zu bewegen.[36] Hieran sind strenge Anforderungen zu stellen.[37] Die Prüfung der Kindeswohldienlichkeit der Umgangskontakte hat im Erkenntnisverfahren stattzufinden.[38] 25

Nicht unterschätzt werden darf die Dynamik von Umgangsstreitigkeiten, die in der Verweigerung seitens des betreuenden Elternteils gipfeln und sich in gleicher Weise im Vollstreckungsverfahren fortsetzen können, ohne dass sich an der Haltung der Eltern etwas ändert, zumal die Anordnung von Ordnungsmitteln ausscheidet, wenn feststeht, dass eine Abänderung der zu vollstreckenden Umgangsregelung wegen zwi- 26

31 OLG Saarbrücken 24.1.2011 – 6 UF 116/10, FamRZ 2011, 1409.
32 BVerfG 25.4.2015 – 1 BvR 3326/14, FamRZ 2015, 1093.
33 OLG Saarbrücken 16.11.2011 – 6 UF 126/11, FamRZ 2012, 884.
34 EGMR 15.1.2015 – 62198/11, NJW 2015, 1433.
35 OLG Koblenz 3.6.2015 – 11 WF 415/15, FamRZ 2016, 1104.
36 BGH 30.9.2015 – XII ZB 635/14, FamRZ 2015, 2147.
37 OLG Frankfurt a. M. 11.9.2012 – 4 WF 196/12, Rn. 29.
38 BGH 19.2.2014 – XII ZB 165/13, FamRZ 2014, 732.

schenzeitlich eingetretener Veränderungen iSd § 1696 BGB veranlasst wäre.[39] Deshalb gilt es, frühzeitig und konsequent auf Umgangsverweigerung zu reagieren.

27 **c) Vermittlungsverfahren.** Das Vermittlungsverfahren, das nur auf Antrag eines Elternteiles durchgeführt wird, ist in der Praxis wenig effektiv, wenn die Beteiligten sich unverändert als Kontrahenten im Kampf um das Kind begegnen, ohne dass ein **Strategiewechsel** stattfindet.

28 Da das Vermittlungsverfahren ebenfalls auf ein Einvernehmen der Eltern über die Ausübung des Umgangs abzielt, wird im vordergründig günstigsten Fall ein (erneuter) gerichtlich gebilligter[40] Vergleich erreicht, der aber im Ernstfall ebenso wenig zum Umgang führt wie die vorherigen Bemühungen von Gericht, Jugendamt und Verfahrensbeistand. Einer etwaigen **Verzögerungstaktik des Umgangsverweigerers** wäre damit wiederum Vorschub geleistet.

29 Praktischen Nutzen kann das Vermittlungsverfahren auf dem (langen) Weg zum Umgang dadurch haben, dass bei Scheitern aller Einigungsbemühungen oder dem Ausbleiben eines Elternteils im Termin weitere Maßnahmen gem. § 165 Abs. 5 FamFG bis hin zu Maßnahmen in Bezug auf die Sorge von Amts wegen zu prüfen sind. Hierauf werden die Eltern bereits in der Ladung hingewiesen (§ 165 Abs. 2 S. 3 FamFG).

30 **d) Finanzielle Sanktionen.** Unabhängig davon können Vereitelungshandlungen für den betreuenden Elternteil **unterhaltsrechtliche Konsequenzen** haben. Sie können den Verwirkungstatbestand des § 1579 S. 1 Nr. 7 BGB erfüllen.[41] Außerdem kommen Schadensersatzansprüche des anderen Elternteils in Betracht.[42]

31 Eine fortgesetzte massive und schuldhafte Vereitelung des Umgangsrechts als solche führt zum Ausschluss des Unterhaltsanspruchs nach § 1579 BGB, wenn das **Fehlverhalten** als **schwerwiegend** zu qualifizieren ist. Allein die ablehnende Haltung des Kindes genügt dafür nicht, wenn nicht auszuschließen ist, dass sie zumindest auch auf das Verhalten des Umgangsberechtigten zurückzuführen ist, dessen Bemühungen um das Kind unklar sind.[43]

32 Das völlige Vereiteln des Umgangsrechts des anderen, der sich „in jeglicher Weise um das Kind bemüht" hat, und bereit war, auch große Wege in Kauf zu nehmen, durch eine Blockadehaltung des Unterhalt begehrenden Elternteiles ist ein grobes Fehlverhalten.[44] Schon das allein kann zum **vollständigen Verlust des Unterhaltsanspruchs** führen. Daneben kann das konkrete Vereitelungsverhalten den Tatbestand des § 1579 Nr. 3 BGB erfüllen, wenn es ein schweres vorsätzliches Vergehen gegen den anderen darstellt. Dies ist der Fall, wenn der Betreuungselternteil schuldhaft wiederholt schwerwiegende Beleidigungen und nicht haltbare Anschuldigungen gegen den anderen erhebt wie den trotz eines entgegenstehenden Gutachtens aufrechterhaltenen Vorwurf des sexuellen Missbrauchs.[45]

33 Entstehen dem Umgangsberechtigten aufgrund des nicht in der vom Gericht festgelegten Weise gewährten Umgangs **Mehraufwendungen**, kann er vom anderen Elternteil **Schadenersatz** verlangen. Der BGH lässt offen, ob sich ein solcher Schadenersatzanspruch aus § 823 Abs. 1 BGB ergibt, weil das Umgangsrecht als absolutes Recht angesehen wird, und stützt ihn auf § 280 BGB. Denn das Recht zum Umgang mit dem Kind begründet zwischen den Eltern ein **gesetzliches Rechtsverhältnis familienrechtlicher Art**, das durch § 1684 Abs. 2 S. 1 BGB näher ausgestaltet wird und an dem das Kind als Begünstigter teilhat. Da grundsätzlich der Umgangsberechtigte die mit der Ausübung des Umgangsrechts verbundenen Kosten zu tragen hat, hat der andere die Pflicht, bei der Gewährung des Umgangs auf dessen Vermögensbelange Rücksicht zu nehmen und den Umgang nicht durch die Auferlegung unnötiger Vermögensopfer zu erschweren oder für die Zukunft zu verleiden. Eine Verletzung dieser Verpflichtung kann deshalb als positive

39 OLG Celle 12.8.2011 – 10 WF 246/11, ZKJ 2011, 433.
40 OLG Celle 12.8.22011 – 10 WF 246/11.
41 BGH 14.3.2007 – XII ZR 158/04, NJW 2007, 1969.
42 BGH 19.6.2002 – XII ZR 173/00, NJW 2002, 2566.
43 BGH 14.3.2007 – XII ZR 158/04, NJW 2007, 1969.
44 OLG Brandenburg 12.1.2011 – 9 WF 383/09, FamFR 2011, 79.
45 OLG München 14.2.2006 – 4 UF 193/05, FamRZ 2006, 1605.

Forderungsverletzung Schadenersatzpflichten gegenüber dem umgangsberechtigten Elternteil auslösen.[46] Für diese Lösung spricht nicht zuletzt die Beweislastumkehr in § 280 Abs. 1 S. 2 BGB.[47]

Der Widerruf der ursprünglich erteilten Zustimmung zu einer Ferienreise des gemeinsamen Kindes mit dem umgangsberechtigten Elternteil und das Einschalten der Bundespolizei am Flughafen mit dem Ergebnis, dass diese den Abflug des Kindes in die Ferien unterbindet, nachdem es zuvor das Familiengericht unter Darlegung der Rechtslage abgelehnt hatte, die Reise zu untersagen, stellt eine zum Schadensersatz verpflichtende, vorsätzliche sittenwidrige Schädigung dar. Der geschuldete Schadensersatz umfasst dann die Kosten für die Ersatzflüge der gesamten Patchwork-Familie, wenn neben dem Kind und dem umgangsberechtigten Elternteil auch dessen Ehefrau sowie deren Kind die Reise nicht antreten.[48]

Eine Umgangsvereinbarung wird auch dadurch mit der Folge einer Schadensersatzpflicht verletzt, dass zwar die Kinder an den Umgangsberechtigten übergeben werden, die Herausgabe der Reisepässe der Kinder aber verweigert und von einer Geldzahlung abhängig gemacht wird.[49]

e) Sorgerechtliche Maßnahmen. Lässt der betreuende Elternteil den Umgang des anderen mit dem Kind nicht zu und widersetzt sich womöglich (rechtskräftigen) gerichtlichen Entscheidungen, stellt er damit seine Erziehungsfähigkeit infrage, denn zur Erziehungseignung von Eltern gehört **Bindungstoleranz**, um dem Kind in seiner weiteren Entwicklung die nötige Bindungssicherheit zu vermitteln.[50] In Ansehung der gesetzlichen Wertung in § 1626 Abs. 3 S. 1 BGB, wonach der Umgang mit beiden Elternteilen zum Wohl des Kindes gehört, ist das Verweigerungsverhalten auch unter dem Gesichtspunkt der **Kindeswohlgefährdung** zu betrachten.[51] 34

Das Familiengericht hat dann auch ohne Antrag des Umgangsberechtigten Anlass, die Sorgerechtsfrage, jedenfalls aber die Aufenthaltsfrage, von Amts wegen zu überprüfen (§ 1666 BGB). Maßgebliches Kriterium für die zu treffende Entscheidung ist das Kindeswohl und nicht eine Sanktionierung des Elternteils.[52] 35

Begehren beide Eltern das Sorgerecht, so ist zunächst gem. **§ 1671 Abs. 2 Nr. 2 BGB** zu prüfen, ob die Aufhebung der gemeinsamen elterlichen Sorge dem Wohl des Kindes am besten entspricht. In einem zweiten Schritt wird dann geprüft, auf welchen Elternteil die elterliche Sorge zu übertragen ist. Die Abwägung der verschiedenen Kriterien im Rahmen der Kindeswohlprüfung, die neben der Erziehungseignung der Eltern auch die Bindungen des Kindes, das Förderungs- und das Kontinuitätsprinzip sowie den Kindeswillen, soweit er beachtlich ist, umfasst, kann dazu führen, dass dem Verweigerer die elterliche Sorge oder zumindest das Aufenthaltsbestimmungsrecht übertragen wird.[53] 36

Es verwundert jedoch, dass Gesichtspunkte wie die Kontinuität oder die Betreuungssituation die für das Kind sehr schwerwiegenden Defizite des bisherigen (und demnach auch künftigen) Betreuungselternteils, die zum Kontaktabbruch führen und das **Kind in seiner seelischen Entwicklung schwer belasten bis gefährden**, überwiegen sollen.[54] Dass Kinder schon bislang ihren Lebensmittelpunkt bei dem bindungsintoleranten Elternteil haben, muss nicht bedeuten, dass es dabei zu bleiben hat,[55] es gibt vielmehr Anlass eben dies zu überprüfen. Andernfalls wäre die Ausgrenzung des anderen garantiert. Auch erscheint eine Erziehungshaltung, die die Bedürfnisse des Kindes den eigenen negativen Empfindungen in Bezug auf den anderen nachordnet und so auch die **freie Entwicklung des Kindes** entgegen § 1626 Abs. 2 S. 1 BGB behindert, als bedenklich und nicht dem Kindeswohl entsprechend. 37

46 BGH 19.6.2002 – XII ZR 173/00, NJW 2002, 2566.
47 *Steinberger/Lecking* MDR 2009, 960.
48 KG 18.5.2020 – 13 UF 88/18, FamRZ 2020, 1731.
49 OLG Bremen 24.11.2017 – 4 UF 61/17, FamRZ 2018, 273.
50 BGH 26.10.2011 – XII ZB 247/11, FamRZ 2012, 99.
51 OLG Rostock 30.6.2011 – 10 UF 126/11, FamRZ 2011, 1873.
52 BVerfG 18.5.2009 – 1 BvR 142/09, FamRZ 2009, 1389.
53 BGH 12.12.2007 – XII ZB 185/05, FamRZ 2008, 592.
54 OLG Saarbrücken 16.11.2011 – 6 UF 126/11, FamRZ 2012, 884.
55 KG 10.5.2010 – 19 UF 7/09, FamRZ 2011, 122.

38 Infrage zu stellen ist in diesem Zusammenhang auch die **Bewertung von Bindung und Kindeswille**. Letzterer ist im Spannungsfeld der Eltern nicht frei, unbeeinflusst und unabhängig von der ausgrenzenden Haltung des Betreuungselternteils entstanden und deshalb nicht beachtlich. Die Ablehnung des anderen Elternteils resultiert aus der dem Kind vermittelten Haltung des Betreuungselternteils und wird schließlich auch vom Kind so geäußert, mitunter auch verinnerlicht.[56] Ähnlich verhält es sich mit der Bindung an den Betreuungselternteil. Eine unsichere Bindung oder auch eine Angstbindung schadet dem seelischen Wohl des Kindes.

Bei einem auch vier Jahre nach der Trennung noch andauernden heftigen Konflikt zwischen den Kindeseltern, bei dem sich die Kommunikation durch unsachliche Äußerungen, Beleidigungen und Vorwürfe insbesondere von Seiten der Kindesmutter auszeichnet, die – auch krankheitsbedingt – nicht zu erkennen vermag, dass sie ihre Kinder in der seelischen Entwicklung langfristig schädigt, hat das OLG Celle die elterliche Sorge entgegen dem Kindeswillen auf den Vater übertragen, in dessen Haushalt den Kindern langfristig größere Entwicklungs- und Entfaltungsmöglichkeiten als bei der Mutter geboten werden.[57]

39 Die Gefahr eines Schadens in der seelischen Entwicklung wie reaktive Depression oder psychische Deprivation im Kindesalter[58] wird dabei zu gering eingeschätzt. Auch unterhalb der Schwelle des § 1666 BGB sollte deshalb stets ernsthaft in Betracht gezogen werden, die elterliche Sorge dem bisherigen Umgangselternteil zu übertragen, **insbesondere wenn dieser keine Erziehungsdefizite aufweist**.[59]

40 Ergibt die Prüfung tatsächlich die (nahe liegende) Kindeswohlgefährdung,[60] erscheint es auch ohne Sanktionierungsgedanken geradezu absurd, das Kind in diesem Umfeld zu lassen und dem den Umgang störenden Elternteil auch noch das Sorgerecht zu übertragen. „Geschafft!" mag man denken. Andererseits erschließt sich auch nicht, weshalb im Fall dann doch gezogener Konsequenzen einer **Heimunterbringung** gegenüber der Sorgerechtsübertragung auf den Umgangselternteil der Vorrang eingeräumt wird.[61]

III. Verfahrenshinweise

41 Kindschaftsverfahren, in denen eine Umgangsverweigerung im Raum steht, bedürfen ungeachtet des ohnehin geltenden Beschleunigungsgedankens angesichts der dem Kind drohenden irreversiblen Folgen für die Beziehung zum anderen der **besonderen Beschleunigung**.[62]

42 In Kindschaftssachen, vor allem solchen, die die Entziehung der elterlichen Sorge betreffen, werden besondere Anforderungen an die tatrichterliche Sachaufklärung gestellt, so dass insbesondere die zur Verfügung stehenden **Aufklärungs- und Prüfungsmöglichkeiten ausgeschöpft** werden müssen.[63] Dazu zählt vor allem die psychologische Begutachtung des Kindes. Weigert sich der betreuende (sorgeberechtigte) Elternteil, das Kind der Begutachtung zuführen zu lassen, ist zu prüfen, ob ihm diesbezüglich das Aufenthaltsbestimmungsrecht zu entziehen ist,[64] als mildere Maßnahme die gegen den Willen des sorgeberechtigten Elternteils erzwingbare Kindesanhörung unter Hinzuziehung des Sachverständigen ausreicht[65] oder insoweit eine Ersetzung der Zustimmung nach § 1666 Abs. 3 Nr. 5 BGB in Betracht kommt.[66]

43 Das Sorgerecht kann dem Umgangsverweigerer bei Annahme einer Kindswohlgefährdung nur dann im Wege der einstweiligen Anordnung entzogen werden, wenn ein Eilbedürfnis besteht.[67]

---

56 *Klenner* FamRZ 1995, 1529.
57 OLG Celle 4.1.2018 – 10 UF 126/16, FamRZ 2018, 1516.
58 *Klenner* FamRZ 1995, 1529.
59 AG München 25.11.2009 – 551 F 5932/09, FamFR 2010, 22.
60 KG 18.6.2010 – 10 UF 22/10, FamRZ 2010, 1749.
61 BGH 26.10.2011 – XII ZB 247/11, FamRZ 2012, 99.
62 EGMR 10.2.2011 – 1521/06, FamRZ 2011, 1125.
63 BGH 26.10. 2011 – XII ZB 247/11, FamRZ 2012, 99.
64 OLG Rostock 30.6.2011 – 10 UF 126/11, FamRZ 2011, 1873.
65 OLG Rostock 8.9.2016 – 10 UF 74/16, FamRZ 2017, 215.
66 OLG Schleswig 7.5.2020 – 13 UF 4/20, FamRZ 2020, 1359.
67 KG 18.6.2010 – 19 UF 22/10, FamRZ 2010, 1749.

251. Verfahrensbeistand

Stockmann

I. Allgemein

Das FamFG hat mit dem Verfahrensbeistand einen speziellen **Interessenvertreter des Kindes** geschaffen, 1
der zwar dessen Interessen im gerichtlichen Verfahren zur Geltung bringen soll, ohne jedoch ein zusätzlicher gesetzlicher Vertreter des Minderjährigen zu sein. Deswegen ist er nicht wie der von 1998–2009 in § 50 FGG installierte „Verfahrenspfleger" als Pfleger ausgestaltet, dessen Bestellung gem. § 1909 Abs. 1 S. 1 BGB einen Eingriff in das Sorgerecht voraussetzt.[1]

Eine Festlegung der **persönlichen und fachlichen Anforderungen** an die Person des Verfahrensbeistandes 2
hat der Gesetzgeber nicht vorgenommen. Es ist daher Aufgabe des die Bestellung vornehmenden Richters, je nach spezieller Fallsituation eine konkret geeignete Person auszuwählen. Dabei ist der Gegenstand des Verfahrens zu berücksichtigen. Ein Rechtsanwalt wird etwa dann vorzugsweise infrage kommen, wenn nicht einfache rechtliche Gesichtspunkte zu berücksichtigen sind. Geht es hingegen überwiegend darum, die Beteiligten auf dem Weg zu einer einvernehmlichen Regelung (§ 158 Abs. 4 S. 3 FamFG) unterstützend zu begleiten, wird eine Person mit psychologischen oder pädagogischen Fähigkeiten auszuwählen sein.[2]

II. Bestellung

1. Beginn und Dauer der Bestellung

Bestellt wird der Verfahrensbeistand durch das Gericht, § 158 Abs. 1 FamFG. In der Regel wird dies 3
bereits im erstinstanzlichen Verfahren beim Familiengericht der Fall sein. Die Bestellung muss **so früh wie möglich** erfolgen, damit sein Einfluss auf den Verfahrensfortgang noch effektiv ausfällt.[3] Eine verspätete Bestellung stellt einen Verfahrensfehler dar, auf den die Beschwerde gestützt werden kann.[4] Jedoch wird eine rein schematische Vorgehensweise, wie eine regelmäßige Bestellung bereits bei Verfahrenseingang, den Interessen der Beteiligten (→ Rn. 33 hinsichtlich der Kostentragung) nicht gerecht. Es sollte – sofern das Verfahren nicht Maßnahmen nach § 1666 BGB, die Herausgabe des Kindes oder die Festlegung des Lebensmittelpunktes des Kindes betrifft[5] – der Ablauf des nach § 155 Abs. 2 S. 1 FamFG umgehend anzusetzenden Erörterungstermins abgewartet werden. Wird in diesem bereits eine Einigung erzielt, erübrigt sich nicht nur das weitere Verfahren, sondern auch ein Tätigwerden des Verfahrensbeistandes.

---

1 Zur „Entstehungsgeschichte" des Verfahrensbeistandes s. HK-FamVerfR/*Völker/Clausius* § 158 Rn. 1 ff.
2 Vgl. hierzu auch HK-FamVerfR/*Völker/Clausius/Wagner* § 158 Rn. 5.
3 Prütting/Helms/*Hammer* FamFG § 158 Rn. 25.
4 Vgl. HK-FamVerfR/*Völker/Clausius/Wagner* § 158 Rn. 16.
5 In diesen Fällen plädiert Prütting/Helms/*Hammer* FamFG § 158 Rn. 26 für eine Bestellung bereits bei der ersten Terminierung.

Sind mehrere Verfahren der gleichen Beteiligten gleichzeitig anhängig (zB Sorge-/Umgangsrecht; Hauptsache/einstweilige Anordnung), dann hat die Prüfung und Entscheidung für jedes dieser Verfahren zu erfolgen.[6]

4 Vor der Bestellung ist grundsätzlich **rechtliches Gehör** gewährt werden.[7] Dieses sollte sich auch auf die Person beziehen, die das Gericht auszuwählen beabsichtigt.

Jedoch kann es das Beschleunigungsgebot des § 155 Abs. 1 FamFG im Einzelfall (zB im Verfahren der einstweiligen Anordnung) rechtfertigen, den Verfahrensbeistand ohne vorherige Anhörung der Beteiligten zu bestellen, insbesondere, wenn sich die Notwendigkeit einer Bestellung aufdrängt.

5 Die Bestellung wirkt bis zum rechtskräftigen Abschluss des Verfahrens, § 158 Abs. 6 FamFG. Es ist nicht ausgeschlossen, dass das Rechtsmittelgericht eine Bestellung vornimmt, wenn erst dort die Voraussetzungen (→ Rn. 23 ff.) eintreten sollten.

2. Kein Rechtsbehelf gegen die Bestellung

6 § 158 Abs. 3 S. 4 FamFG stellt klar, dass die Entscheidung über die Bestellung oder Aufhebung der Bestellung eines Verfahrensbeistands sowie über die Ablehnung einer derartigen Maßnahme **nicht selbstständig anfechtbar** ist. Durch den Ausschluss der selbstständigen Anfechtbarkeit verspricht sich der Gesetzgeber die Verhinderung von Verfahrensverzögerungen. Nach der Begründung des Regierungsentwurfs rechtfertigt der Gesichtspunkt einer möglichen Kostenbelastung beispielsweise der Eltern eine Anfechtbarkeit nicht. Allerdings kann ein **Rechtsmittel gegen die Endentscheidung** damit begründet werden, dass das Gericht einen Verfahrensbeistand zu Unrecht bestellt oder abberufen hat oder dass es die Bestellung eines Verfahrensbeistandes zu Unrecht unterlassen oder abgelehnt hat, § 58 Abs. 2 FamFG.

3. Aufhebung bzw. Ende der Bestellung

7 Die Fälle, in denen die Bestellung des Verfahrensbeistandes kraft Gesetzes endet, sind in § 158 Abs. 6 FamFG aufgeführt: Das Gericht kann einmal die **Bestellung** des konkreten Verfahrensbeistandes wieder **aufheben**. Dies wird aber nur die Fälle betreffen, in denen sich herausstellt, dass der ausgewählte Verfahrensbeistand sich als ungeeigneter Interessenvertreter des Kindes erweist. Dann kann ihn das Familiengericht durch eine andere Person ersetzen.[8]

Die gänzliche **Aufhebung der Verfahrensbeistandschaft**, weil das Gericht etwa nachträglich die Bestellungsvoraussetzungen des § 158 Abs. 2 FamFG verneint, dürfte kaum sinnvoll sein. Denn der zunächst bestellte berufsmäßige Verfahrensbeistand hat sich bereits die in § 158 Abs. 7 FamFG geregelte Pauschalvergütung durch seine bisherige Tätigkeit in vollem Umfang verdient (→ Rn. 36, 38). Dann spricht aber kaum etwas dagegen, ihn auch noch weiter tätig sein zu lassen, selbst wenn man jetzt die Notwendigkeit der Bestellung verneinen sollte.

8 Ansonsten endet die Bestellung kraft Gesetzes mit **Rechtskraft** der das Verfahren abschließenden Entscheidung, § 158 Abs. 6 Nr. 1 FamFG. Daraus folgt, dass der vom Familiengericht für das Verfahren in der ersten Instanz bestellte Verfahrenspfleger automatisch auch in den Rechtsmittelinstanzen weiter tätig ist.

Die Bestellung endet auch bei einem sonstigen **Abschluss des Verfahrens**, etwa durch Vergleich oder Antragsrücknahme, § 158 Abs. 6 Nr. 2 FamFG, oder dann, wenn nunmehr die Interessen des Kindes durch einen **Rechtsanwalt** oder durch einen anderen geeigneten Verfahrensbevollmächtigten angemessen vertreten werden, § 158 Abs. 5 FamFG (→ Rn. 31).

---

6 OLG Koblenz 26.5.2020 – 9 UF 244/20, FamRZ 2021, 46.
7 Vgl. HK-FamVerfR/*Völker/Clausius/Wagner* § 158 Rn. 19.
8 Vgl. Johannsen/Henrich/*Büte* FamFG § 158 Rn. 23.

III. Auswirkungen der Bestellung

Durch seine Bestellung wird der Verfahrensbeistand kraft Gesetzes als **Beteiligter** zum Verfahren hinzugezogen, § 158 Abs. 3 S. 2 FamFG. Aufgrund der dadurch erlangten Beteiligtenstellung ist zB die Wirksamkeit eines gerichtlich gebilligten Vergleiches nach § 156 Abs. 2 FamFG davon abhängig, dass der Verfahrensbeistand diesem Vergleich zustimmt. 9

Infolge der ausdrücklichen Bestimmung des § 158 Abs. 8 FamFG dürfen dem Verfahrensbeistand **keine Kosten auferlegt** werden. Andernfalls wäre er an der eigenverantwortlichen Interessenvertretung für das Kind gehindert. 10

IV. Rolle im Verfahren

1. Auswirkungen der Bestellung auf Eltern und Kind

Da der Verfahrensbeistand **kein gesetzlicher Vertreter** ist, § 158 Abs. 4 S. 5 FamFG, bleibt die gesetzliche Vertretungsbefugnis der Eltern auch im Falle seiner Bestellung uneingeschränkt bestehen. Auch wird durch die Bestellung für einen verfahrensfähigen Minderjährigen (etwa für ein Kind im Sorgerechtsverfahren, das das 14. Lebensjahr bereits vollendet hat) dessen Verfahrensfähigkeit nicht beeinträchtigt. § 9 Abs. 5 FamFG verweist zwar auf § 53 ZPO. Die dortige Regelung setzt aber die Vertretung durch einen Pfleger voraus. Dies ist der Verfahrensbeistand gerade nicht.[9] 11

2. Aufgaben und Befugnisse des Verfahrensbeistandes

a) Grundsätzliche Interessenvertretung des Kindes. Aufgabe des Verfahrensbeistands ist es, die **Interessen des Kindes** festzustellen und im gerichtlichen Verfahren **zur Geltung zu bringen**, § 158 Abs. 4 S. 1 FamFG. Betrifft das Verfahren **mehrere Kinder**, kann im Regelfall ein und derselbe Verfahrensbeistand für mehrere oder alle Kinder bestellt werden. Die Geschwisterkinder stehen sich im Verfahren – trotz unterschiedlicher Vorstellungen und Interessen – nicht als Widerpart gegenüber.[10] Zulässig und im Einzelfall geboten kann es aber auch sein, jedem Kind einen eigenen Verfahrensbeistand zu bestellen. 12

Zur Erfüllung seiner Aufgaben hat der Verfahrensbeistand notwendigerweise mit dem Kind Kontakt aufzunehmen und dessen Willen und Neigungen zu ermitteln. Er ist aber **kein bloßes Sprachrohr** des Kindes, sondern hat dessen objektive Interessen zu ermitteln und zu vertreten.[11] 13

Da das Interesse des Kindes in einem Spannungsfeld mit den Interessen der anderen Beteiligten stehen kann, hat er auch diese zur Kenntnis zu nehmen und zu berücksichtigen. Die Interessen der anderen Beteiligten kann er regelmäßig im Wege der Akteneinsicht erfahren.

Da die zu den Akten gelangenden Schriftsätze aber nicht in jedem Fall den Kern des Zwistes der Beteiligten erkennen lassen, erscheinen auch **Gespräche mit den Eltern und weiteren Personen** erforderlich. Zwar geht das Gesetz in § 158 Abs. 4 S. 3 FamFG davon aus, dass solche Gespräche nur „im Einzelfall" erforderlich sind und dass dafür ein besonderer Auftrag durch das Gericht zu erteilen ist. Die gerichtliche Praxis sieht aus der vorstehend wiedergegebenen Erkenntnis jedoch überwiegend die Notwendigkeit solcher Gespräche als gegeben an und weist dem Verfahrensbeistand deshalb diese Aufgaben regelmäßig zu.[12] 14

§ 158 Abs. 4 S. 2 FamFG gibt ihm weiter die Aufgabe, das Kind auch über den Gegenstand, den Ablauf und den möglichen Ausgang des Verfahrens in geeigneter Weise zu **informieren**. Hierbei ist natürlich auf die durch das Alter bedingte Verständnisfähigkeit des Kindes Rücksicht zu nehmen. Bei einem Säugling oder Kleinstkind wird diese Unterrichtungsaufgabe nicht zu erfüllen sein. 15

9 Vgl. auch *Heiter* FamRZ 2009, 85.
10 BGH 15.9.2010 – XII ZB 209/10, NJW 2010, 3446; 15.9.2010 – XII ZB 268/10, NJW 2010, 3449.
11 Vgl. HK-FamVerfR/*Völker/Clausius/Wagner* § 158 Rn. 20.
12 Vgl. hierzu Bork/Jacoby/Schwab/*Zorn* FamFG § 158 Rn. 20.

16 Als Verfahrensbeteiligter ist er zu jedem Verhandlungstermin des Gerichts zu laden, § 32 Abs. 1 FamFG. Darüber hinaus gibt ihm das Gesetz ein Anwesenheitsrecht bei der gerichtlichen Anhörung des Kindes, § 159 Abs. 4 S. 3 FamFG (auch → Rn. 20).

17 Damit kann durch die Bestellung des Verfahrensbeistands das Problem des **Interessengegensatzes** zwischen dem Minderjährigen und seinem gesetzlichen Vertreter teilweise **gelöst** werden: Die Interessen des Kindes werden im **Kindschaftsverfahren** durch den Verfahrensbeistand wahrgenommen, § 158 Abs. 1 FamFG.[13] Dieser kann gem. § 158 Abs. 4 S. 5 FamFG Rechtsmittel einlegen (→ Rn. 21).

18 Hingegen bleibt es nach einer anderen Entscheidung des Bundesgerichtshofs[14] in **Abstammungsverfahren** bei der Notwendigkeit, einen Ergänzungspfleger zu bestellen.

19 **b) Weitere Aufgaben durch gerichtliche Übertragung.** Das Gericht kann dem Verfahrensbeistand gem. § 158 Abs. 4 S. 3 FamFG auch **zusätzliche Aufgaben** übertragen, wie zB Gespräche mit den Eltern und anderen Bezugspersonen zu führen sowie am Zustandekommen einer einvernehmlichen Regelung mitzuwirken. Dabei hat das Gericht mit der Bestellung den Umfang der Beauftragung des Verfahrensbeistandes konkret festzulegen und die Zuweisung der zusätzlichen Aufgaben zu begründen, § 158 Abs. 4 S. 4 FamFG (hierzu → Rn. 14).

20 **c) Befugnisse im Verfahren.** Der Verfahrensbeistand hat grundsätzlich ein **Anwesenheitsrecht bei der persönlichen Anhörung des Kindes** durch das Gericht, § 159 Abs. 4 S. 3 FamFG. Diese vom Gesetz verordnete Praxis ist äußerst sachgerecht: Der Verfahrensbeistand kennt das Kind idR aus seinen bisherigen Kontakten und kann dadurch die mit der Anhörung verbundenen Belastungen zumindest minimieren.

21 Dem Verfahrensbeistand kommen wegen seiner Stellung als Beteiligter alle einem solchen zustehenden Rechte und Pflichten im Verfahren zu. Ausdrücklich nennt § 158 Abs. 4 S. 5 FamFG, dass er im Interesse des Kindes **Rechtsmittel einlegen** kann. Die Einlegung des Rechtsmittels erfolgt, trotz der Interessenwahrnehmung für das Kind, im eigenen Namen. Diese spezielle Beschwerdebefugnis führt dazu, dass der Verfahrensbeistand nicht die durch die Norm des § 59 Abs. 1 FamFG an sich erforderliche Geltendmachung eigener Rechte vorbringen muss. Zu den Befugnissen des Verfahrensbeistandes gehört auch die Einlegung einer Verfassungsbeschwerde.[15]

V. Fallgestaltungen für die Bestellung

1. Regelbeispiele

22 Erfordert die Wahrnehmung der Interessen des Kindes im familiengerichtlichen Verfahren die Bestellung eines Verfahrensbeistandes, so ist das Familiengericht grundsätzlich hierzu verpflichtet.[16] Diese Verpflichtung ist wegen des Grundrechtsschutzes des Kindes und seines Anspruchs auf rechtliches Gehör auch verfassungsrechtlich begründet;[17] zu den Fällen, in denen von der Bestellung abgesehen werden kann, → Rn. 29 ff.

23 Der Gesetzgeber hat durch die Darstellung von Regelbeispielen die Bestellung eines Verfahrensbeistandes insbesondere in folgenden Fällen vorgesehen:

Nach **§ 158 FamFG in Kindschaftsverfahren**:

- Bei einem erheblichen Interessengegensatz zwischen dem Kind und seinem gesetzlichen Vertreter, Abs. 2 Nr. 1. Dies ist noch nicht der Fall, wenn die Eltern widerstreitende Anträge stellen. Es muss hinzukommen, dass eines der widerstreitenden Begehren den Interessen des Kindes konkret zuwiderlaufen würde. Ein Interessenkonflikt, der zur Stellung eines Verfahrensbeistandes zwingt, wurde in der

13 BGH 7.9.2011 – XII ZB 12/11, NJW 2011, 3454.
14 BGH 21.3.2012 – XII ZB 436/11, FamRZ 2012, 856.
15 BVerfG 5.12.2016 – 1 BvR 2569/16, FamRZ 2017, 104.
16 Vgl. HK-FamVerfR/*Völker/Clausius/Wagner* § 158 Rn. 4.
17 VerfG Brandenburg 30.9.2010 – 32/10, FamRZ 2011, 305.

Rechtsprechung bejaht bei Verfahren auf Begründung eines gemeinsamen Sorgerechts gem. § 1626 a BGB,[18] bei gerichtlicher Auflösung eines bisher praktizierten Wechselmodells[19] sowie bei der Änderung des Familiennamens des Kindes gem. § 1618 BGB.[20] Lässt sich nicht eindeutig feststellen, ob eine Konfliktsituation vorliegt, so ist im Zweifel die Bestellung eines Verfahrensbeistandes geboten.[21]

- In Verfahren nach §§ 1666, 1666 a BGB, wenn die Entziehung der Personensorge in Betracht kommt, Abs. 2 Nr. 2, denn dann steht ein gravierendes elterliches Fehlverhalten im Raum.
- Wenn eine Trennung des Kindes von der Person erfolgen soll, in deren Obhut es sich befindet, Abs. 2 Nr. 3. Dies betrifft jeden Obhutswechsel eines Kindes, also auch zwischen den beiden Elternteilen.[22]
- In Verfahren, die die Herausgabe des Kindes oder eine Verbleibensanordnung zum Gegenstand haben, Abs. 2 Nr. 4.
- Wenn der Ausschluss oder eine wesentliche Beschränkung des Umgangsrechts in Betracht kommt, Abs. 2 Nr. 5.

Diese Beispiele stellen **keinen abschließenden Katalog** dar. So kann sich die Notwendigkeit des Verfahrensbeistandes auch dadurch ergeben, dass zwischen den Interessen des Kindes und dem seiner gesetzlichen Vertreter zwar kein erheblicher Interessengegensatz besteht, die Eltern aber mit der Vertretung des Kindes intellektuell überfordert sind.[23] 24

Die vorstehenden Fälle betreffen Bereiche der **Personensorge**. § 158 Abs. 1 FamFG spricht ausdrücklich von Verfahren, die die Person des Kindes betreffen. Gleichwohl muss mE diese Norm auch anwendbar sein in Verfahren, die die **Vermögenssorge des Kindes** betreffen. Wenn der Verfahrensgegenstand beispielsweise ein beabsichtigter Entzug der Vermögenssorge oder die Genehmigung eines Vermögensgeschäftes ist, kann ein Interessengegensatz zwischen Kind und Eltern gegeben sein. Dann kann – über den Wortlaut des § 158 Abs. 1 FamFG hinaus – ebenfalls ein Verfahrensbeistand zu bestellen sein. Die Norm ist – um eine praktikable Lösung der Konfliktproblematik zu ermöglichen – mE daher so auszulegen, dass sie in Personensorgefällen in den aufgeführten Regelbeispielen generell die Pflegerbestellung vorschreibt, im Bereich der Vermögenssorge dem Gericht die Bestellung eines Verfahrensbeistandes aber nicht verwehrt. Nicht erfasst werden nur solche Verfahren, die ausschließlich vermögensrechtliche Angelegenheiten betreffen.[24] 25

Nach **§ 174 FamFG in Abstammungsverfahren**: Die Norm verweist teilweise auf § 158 FamFG. Auch hier ist die Bestellung eines Verfahrensbeistandes verpflichtend für den Fall vorgesehen, dass dies das Gericht zur Wahrnehmung der Interessen des minderjährigen Beteiligten im Abstammungsverfahren für erforderlich hält. Voraussetzung ist wie in Kindschaftssachen ein erheblicher Gegensatz zwischen den Interessen des Minderjährigen und seiner gesetzlichen Vertreter. Jedoch kann der Verfahrensbeistand nicht nur für die Wahrnehmung der Interessen des Kindes, sondern auch für die der minderjährigen Mutter oder die des minderjährigen Vaters bestellt werden. *Borth*[25] hält einen die Bestellung eines Verfahrensbeistandes für das minderjährige Kind rechtfertigenden Interessenkonflikt dann für gegeben, wenn die Elternschaft von Vater oder Mutter nach § 1600 Abs. 1 Nr. 1 BGB angefochten wird, weil das Kind im Erfolgsfall dann einen Elternteil verliert. Zu der Frage, ob neben einem Ergänzungspfleger noch ein Verfahrensbeistand erforderlich ist, → Rn. 29. 26

Nach **§ 191 FamFG in Adoptionsverfahren**: Die Norm verweist teilweise auf § 158 FamFG. Hier ist die Bestellung eines Verfahrensbeistandes für den Fall vorgesehen, dass dies das Gericht zur Wahrnehmung der 27

18 OLG Hamm 20.11.2017 – 9 UF 168/17, FamRZ 2018, 456.
19 Mit der Konsequenz, dass das Kind künftig in der Obhut nur noch eines Elternteils ist – OLG Saarbrücken 10.9.2018 – 6 UF 100/18, NZFam 2018, 1041.
20 OLG Brandenburg 20.6.2019 – 13 WF 35/19, NZFam 2019, 744.
21 OLG Oldenburg 2.8.2017 – 14 UF 39/17, NZFam 2017, 1161.
22 Vgl. HK-FamVerfR/*Völker/Clausius/Wagner* § 158 Rn. 11 f.
23 So Bork/Jacoby/Schwab/*Zorn* FamFG § 158 Rn. 5.
24 BGH 7.9.2011 – XII ZB 12/11, NJW 2011, 3454.
25 Musielak/Borth/*Borth* FamFG § 174 Rn. 2.

Interessen des minderjährigen Beteiligten im Adoptionsverfahren für erforderlich hält.[26] Als minderjähriger Beteiligter wird in der Praxis nur das anzunehmende minderjährige Kind infrage kommen.[27]

28 In den **übrigen Verfahren**, die nicht die ausdrückliche Möglichkeit der Bestellung eines Verfahrensbeistandes oder Verfahrenspflegers vorsehen, ist der eingangs erwähnte konkrete **Interessenkonflikt** zwischen dem nicht geschäftsfähigen Beteiligten und seinem gesetzlichen Vertreter nur dadurch zu lösen, dass dem gesetzlichen Vertreter in diesen Verfahren **die Vertretungsbefugnis** gem. §§ 1795, 1796 (iVm § 1629 Abs. 2 S. 1 und 3) BGB **entzogen wird**. Dann ist ein Ergänzungspfleger zur Wahrnehmung dieser Aufgaben zu bestellen. Da es sich bei der Ergänzungspflegerbestellung um einen anderen Verfahrensgegenstand als beim Ausgangsverfahren handelt (dies könnte zB auch ein Nachlassverfahren sein), ist hierzu ein gesondertes familiengerichtliches Verfahren (Kindschaftssache nach § 151 Nr. 1 FamFG) einzuleiten.

2. Absehen von der Bestellung

29 Fallgestaltungen:

- Eine Bestellung wird dann unterbleiben können, wenn das **verfahrensfähige Kind** (vgl. § 9 Abs. 1 Nr. 3 FamFG) selbst und unbeeinflusst in der Lage ist, seine Interessen zu erkennen und in dem Verfahren angemessen zu artikulieren.[28] Ferner sind die Voraussetzungen für die Bestellung bereits tatbestandlich dann nicht gegeben, wenn der Verfahrensgegenstand **keine erheblichen Entscheidungen für das Kind** betrifft oder alle Beteiligten **gleichgerichtete Interessen** verfolgen.
- Ist für das Kind ein Ergänzungspfleger bestellt, so ist dieser in seinem Aufgabenkreis gesetzlicher Vertreter, § 1909 Abs. 1 S. 1 BGB, und nimmt als solcher dessen Interessen wahr. Ein Verfahrensbeistand ist dann nicht mehr erforderlich.[29]
- Auch im Verfahren zur Bestellung eines Ergänzungspflegers selbst muss wegen des eingeschränkten Prüfungsmaßstabes des Gerichts kein Verfahrensbeistand bestellt werden.[30]

30
- In Verfahren der **einstweiligen Anordnung** kann ein Zielkonflikt zwischen dem Beschleunigungsgebot und der Bestellung eines Verfahrensbeistandes eintreten. Im Einzelfall kann dies dazu führen, dass von der Bestellung eines Verfahrensbeistandes abgesehen werden kann.[31]

31
- Nach § 158 Abs. 5 FamFG soll die Bestellung auch dann unterbleiben, wenn das Kind durch einen **Verfahrensbevollmächtigten**, zB einen Rechtsanwalt, vertreten wird. Hier hat das Gericht aber die Aufgabe, zu prüfen, ob dieser Anwalt tatsächlich die Interessen des Kindes vertritt und nicht nur diejenigen des gesetzlichen Vertreters, der ihm das Mandat im Namen des Kindes erteilt hat.[32]

32
- Sollte das Gericht von der Bestellung eines Verfahrensbeistandes **absehen**, obwohl ein Regelbeispiel nach § 158 Abs. 2 FamFG vorliegt (→ Rn. 23), so ist diese Vorgehensweise in der Endentscheidung zu begründen, § 158 Abs. 3 S. 3 FamFG. Gegebenenfalls kann das Unterbleiben der Bestellung als Verfahrensfehler gerügt werden (→ Rn. 6).

VI. Vergütung des Verfahrensbeistandes

1. Kostenerstattung und Rückgriff der Staatskasse

33 Der Verfahrensbeistand wird zunächst in jedem Fall aus der Staatskasse honoriert. Allerdings zählt seine Vergütung in voller Höhe zu den Verfahrensauslagen, KV Nr. 2013 FamGKG, die somit – je nach dem Inhalt der Kostenentscheidung (§ 81 FamFG) – von den Beteiligten zu erstatten sind, § 24 FamGKG.

26 Vgl. HK-FamVerfR/*Fritsche* § 191 Rn. 3 ff.
27 Zu den einzelnen Fallgestaltungen vgl. Bork/Jacoby/Schwab/*Sonnenfeld* FamFG § 191 Rn. 7 ff.
28 Vgl. Prütting/Helms/*Hammer* FamFG § 158 Rn. 12.
29 So auch Stößer FamRZ 2012, 862.
30 BGH 22.4.2020 – XII ZB 477/19, FamRZ 2020, 1197.
31 OLG Saarbrücken 25.5.2011 – 6 UF 76/11, FamFR 2011, 332; vgl. hierzu HK-FamVerfR/*Völker/Clausius/Wagner* § 158 Rn. 18.
32 Vgl. hierzu auch Bork/Jacoby/Schwab/*Zorn* FamFG § 158 Rn. 27.

Zu beachten ist aber auch, dass der Antragsteller gem. § 21 FamGKG grundsätzlich Kostenschuldner ist und dass dieser deshalb, auch im Falle einer für ihn positiven Kostenentscheidung, gem. § 24 Abs. 2 FamGKG dann herangezogen werden kann, wenn die Vollstreckung der Staatskasse gegen den Erstschuldner erfolglos geblieben ist oder aussichtslos erscheint.[33] Allerdings können die durch die Bestellung des Verfahrensbeistandes verursachten Kosten nach § 20 FamFG niedergeschlagen werden, wenn die Bestellung verfahrensfehlerhaft erfolgte, zB ohne Erforderlichkeitsprüfung oder ohne Gewährung rechtlichen Gehörs.[34]

Hinsichtlich der konkreten Vergütung des Verfahrensbeistandes ist zu differenzieren, ob er diese Tätigkeit berufsmäßig ausübt oder nicht. 34

2. Vergütung des nicht berufsmäßigen Verfahrensbeistandes

Der in der Praxis wohl selten vorkommende Fall der nicht berufsmäßigen Tätigkeit des Verfahrensbeistandes führt gem. § 158 Abs. 7 S. 1 FamFG zur Anwendung der in § 277 FamFG enthaltenen Vergütungsregelung für den nicht berufsmäßigen Verfahrenspfleger in Betreuungssachen. Er erhält damit nur **Aufwendungsersatz** nach §§ 1835, 1836 BGB. Eine Vergütung gewährt ihm das Gesetz nicht, auch nicht in Form einer Aufwandsentschädigung nach § 1835 a BGB. Auf diese Norm verweist § 277 FamFG gerade nicht. 35

3. Vergütung des berufsmäßigen Verfahrensbeistandes

Der berufsmäßig tätige Verfahrensbeistand erhält gem. § 158 Abs. 7 FamFG für jeden Rechtszug eine **pauschale** einmalige Vergütung von 350 EUR. Für den Fall der Übertragung zusätzlicher Aufgaben nach § 158 Abs. 4 S. 3 FamFG (→ Rn. 19) erhöht sich diese Vergütung auf 550 EUR. Damit sollen alle Aufwendungen, so auch Telefonkosten und Umsatzsteuer, abgegolten sein (hinsichtlich der Fahrtkosten → Rn. 39). Diese Regelung wurde im Gesetzgebungsverfahren auf Betreiben der Bundesländer in das FamFG eingefügt, um deren Justizhaushalte zu schonen. Die Vergütung des Verfahrensbeistandes ist nicht umsatzsteuerpflichtig.[35] 36

Da mit dieser Kostendeckelung in vielen Fällen keine sachgemäße Interessenvertretung des Kindes möglich ist, wurde der Bundesgerichtshof bald mit deren Überprüfung konfrontiert. Er hat es in seinen daraufhin ergangenen Entscheidungen[36] dahingestellt sein lassen, ob diese Pauschalregelung angemessen ist, wenn der Verfahrensbeistand nur für ein Kind bestellt wird. Er hat aber folgende Klarstellungen vorgenommen: Wird der Verfahrensbeistand für mehrere Kinder tätig, steht ihm die Vergütung **für jedes Kind gesondert** zu. Ihm steht die Vergütung jeweils auch dann gesondert zu, wenn er im Verfahren der einstweiligen Anordnung und der Hauptsache bestellt worden ist.[37] Gleiches gilt für die Bestellung in parallelen Verfahren des Sorgerechts und der Genehmigung einer Unterbringung nach § 1631 b BGB.[38] Erfolgt die Bestellung für den Streit um das Sorge- und um das Umgangsrecht jedoch innerhalb des (gleichen) Scheidungsverbundverfahrens, so soll nur die einmalige Vergütung anfallen.[39] 37

Der Anspruch auf die Fallpauschale entsteht in dem Moment, in dem der Verfahrensbeistand mit der Wahrnehmung seiner Aufgaben (§ 158 Abs. 4 FamFG) begonnen hat. Die Entgegennahme des Bestellungsbeschlusses ist aber noch nicht ausreichend. Da der Gesetzgeber sich bewusst für eine Pauschalvergütung und nicht (wie etwa beim Verfahrenspfleger in Betreuungssachen nach § 277 FamFG) für eine aufwandsbezogene Entschädigung entschieden hat, ist es für das Entstehen der Fallpauschale unerheblich, in welchem **Umfang** der Verfahrensbeistand bereits tätig geworden ist. 38

33 Vgl. HK-FamGKG/*Volpert* § 26 Rn. 48 ff.
34 OLG Karlsruhe 5.4.2018 – 16 WF 2/18, FamRZ 2019, 631.
35 BFH 17.7.2019 – V R 27/17, FamRZ 2019, 1931.
36 BGH 15.9.2010 – XII ZB 209/10, NJW 2010, 3446; 15.9.2010 – XII ZB 268/10, NJW 2010, 3449.
37 BGH 17.11.2010 – XII ZB 478/10, NJW 2011, 455.
38 BGH 19.1.2011 – XII ZB 486/10, NJW 2011, 1451.
39 OLG München 30.7.2012 – 11 WF 1138/12, NJW 2012, 3735.

39 Der Verfahrensbeistand hat neben der in § 158 Abs. 7 S. 2 und 3 FamFG geregelten Vergütungspauschale keinen weiteren Anspruch auf Erstattung der Fahrtkosten. Dies ergibt sich aus einem Vergleich des § 158 Abs. 7 S. 4 FamFG mit der Vorschrift des § 277 FamFG, der die Vergütung und den Aufwendungsersatz des Verfahrenspflegers in Betreuungssachen regelt.[40]

Der Bundesgerichtshof hat in den unter → Rn. 36 angeführten Entscheidungen jedoch angemerkt, dass die Regelung des § 158 Abs. 7 S. 4 FamFG in Einzelfällen zu unbilligen Ergebnissen führen kann, nämlich dann, wenn – etwa im ländlichen Bereich – erhebliche **Fahrtkosten** für den Verfahrensbeistand anfallen.

40 Vgl. OLG Rostock 22.3.2010 – 10 WF 1/10, FamRZ 2010, 1181.

252. Verfahrenskostenhilfe (VKH)

Stockmann

I. In Ehe- und Familienstreitsachen

In Ehe- und Familienstreitsachen werden wegen § 113 Abs. 1 S. 1 FamFG die für Nichtstreitverfahren in den §§ 76 ff. FamFG enthaltenen speziellen Regeln der Verfahrenskostenhilfe nicht angewendet. In diesen Bereichen erfolgt eine **direkte Anwendung der Bestimmungen der §§ 114 ff. ZPO** für die Prozesskostenhilfe (PKH).[1] 1

Trotz der direkten Anwendung der für die Prozesskostenhilfe vorgesehenen Normen der ZPO soll gleichwohl – wegen der Vorgaben über den Sprachgebrauch in § 113 Abs. 5 Nr. 1 FamFG – in Familiensachen die Terminologie „Verfahrenskostenhilfe" verwendet werden.[2] 2

II. In Nichtstreitverfahren

1. Grundsätzliche Verweisung auf die Regeln der ZPO

Das FamFG enthält in den §§ 76 ff. einen eigenen Abschnitt über die Verfahrenskostenhilfe (VKH). Dieser gilt ausschließlich für die Nichtstreitverfahren. Dabei erklärt § 76 Abs. 1 S. 1 FamFG die §§ 114 ff. ZPO für entsprechend anwendbar. Es können daher die bekannten Grundsätze der Prozesskostenhilfe (PKH) angewendet werden.[3] 3

2. Besonderheiten der VKH gegenüber der PKH

Unterschiede zur PKH gibt es im Wesentlichen in folgenden Fragen: 4

a) VKH möglich für alle Beteiligte. Der sachliche Anwendungsbereich der VKH erfasst alle Beteiligten iSv § 7 FamFG (→ *Beteiligte* Rn. 5 ff.), sofern sie in ihren eigenen Rechten betroffen sind. 5

Zwar sieht der Wortlaut der Norm keine Beschränkung auf einen bestimmten Kreis von Beteiligten vor. Der BGH[4] entschied jedoch, dass nur derjenige Beteiligte VKH beantragen kann, der **eigene Rechte** geltend zu machen beabsichtigt. Für eine rein fremdnützige Verfahrensbeteiligung sei die Gewährung von Verfahrenskostenhilfe hingegen nicht möglich.

Durch die entsprechende Anwendung des § 114 Abs. 1 ZPO erhält der Beteiligte aber nur dann VKH, wenn die beabsichtigte Rechtsverfolgung oder Rechtsverteidigung hinreichende **Aussicht auf Erfolg** bietet und nicht mutwillig erscheint. 6

b) Beiordnung eines Rechtsanwalts in Nichtstreitverfahren (§ 78 FamFG). aa) In Verfahren mit Anwaltszwang. Einem Beteiligten ist selbstverständlich dann ein Rechtsanwalt beizuordnen, wenn im Verfahren Anwaltszwang besteht. Diese Konstellation kann sich wegen § 114 Abs. 2 FamFG nur in den Nichtstreitverfahren **beim Bundesgerichtshof** stellen: In Ehe- und Familienstreitverfahren besteht zwar bereits in den unteren Instanzen Anwaltszwang, doch gilt wegen § 113 Abs. 1 FamFG in diesen Verfahren 7

1 Vgl. zur PKH im Einzelnen HK-ZPO/*Kießling* §§ 114–127 a.
2 So BGH 18.5.2011 – XII ZB 265/11, NJW 2011, 2434, Rn. 8.
3 Vgl. zur PKH im Einzelnen HK-ZPO/*Kießling* §§ 114–127 a; sowie HK-FamVerfR/*Harms* § 76 Rn. 3 ff.
4 BGH 22.10.2014 – XII ZB 125/14, FamRZ 2015, 133.

§ 78 FamFG gerade nicht. In den übrigen Verfahrensgegenständen außerhalb der Familiensachen besteht kein Anwaltszwang.

8 **bb) In Verfahren ohne Anwaltszwang.** Besteht kein Anwaltszwang, ist gem. § 78 Abs. 2 FamFG ein Anwalt beizuordnen, wenn wegen der Schwierigkeit der Sach- und Rechtslage die anwaltliche Vertretung erforderlich erscheint. Gegenüber dem Wortlaut des § 121 Abs. 2 ZPO bestehen also **verschärfte Anforderungen**. In den ersten Entscheidungen der Oberlandesgerichte nach Inkrafttreten des FamFG wurde diese Norm sehr unterschiedlich ausgelegt. Der Bundesgerichtshof[5] hat mit seiner Entscheidung vom 23.6.2010 Klarheit geschaffen:

9 Bei der Bemessung der **Schwierigkeit der Sach- und Rechtslage** ist nach § 78 Abs. 2 FamFG nicht nur auf die Ermittlung der tatsächlichen Umstände, sondern auch auf die rechtliche Einordnung abzustellen. Jeder der genannten Umstände, die Schwierigkeit der Sachlage oder die Schwierigkeit der Rechtslage, kann also für sich allein die Beiordnung eines Rechtsanwalts im Rahmen der bewilligten Verfahrenskostenhilfe erforderlich machen.[6]

10 Das Bundesverfassungsgericht hat bereits wiederholt darauf hingewiesen, dass ein pauschaliertes Abstellen auf den Amtsermittlungsgrundsatz gegen das Prinzip der Rechtsschutzgleichheit verstößt. Die Rolle eines Beteiligten im familiengerichtlichen Amtsverfahren kann nicht darauf reduziert werden, einerseits Sachanträge zu stellen, um im Folgenden mangels eigener Fähigkeiten zur Verfahrensgestaltung Objekt des Verfahrens zu sein.[7]

11 Selbst wenn der **Grundsatz der Waffengleichheit** nach dem Willen des Gesetzgebers kein allein entscheidender Gesichtspunkt für die Beiordnung eines Rechtsanwalts sein soll, kann der Umstand der anwaltlichen Vertretung anderer Beteiligter gleichwohl ein Kriterium für die Erforderlichkeit zur Beiordnung eines Rechtsanwalts wegen der Schwierigkeit der Sach- oder Rechtslage sein.[8] Diesbezüglich Zurückhaltung zeigt das OLG Celle,[9] das auch in dieser Situation die Schwierigkeit der Sach- und Rechtslage in den Vordergrund stellt.[10]

12 Die Erforderlichkeit der anwaltlichen Vertretung beurteilt sich nach den Umständen des Einzelfalles. Die gebotene **einzelfallbezogene Prüfung** lässt eine Herausbildung von Regeln, nach denen der mittellosen Partei für bestimmte Verfahren immer oder grundsätzlich ein Rechtsanwalt beizuordnen ist, nur in engen Grenzen zu.[11]

13 Zwischenzeitlich hat jedoch auch der BGH für einige Fallgestaltungen **die generelle Notwendigkeit anwaltlicher Beiordnung** bejaht:

- Für den **Antrag eines Unterhaltsgläubigers auf Erlass eines Pfändungs- und Überweisungsbeschlusses**[12]
- und für das **Vaterschaftsfeststellungsverfahren**.[13]

Weiter wurde seitens der obergerichtlichen Rechtsprechung die generelle Anwaltsbeiordnung vertreten:

- für das (isolierte) **Versorgungsausgleichsverfahren**,[14]
- das **Erörterungsverfahren nach § 157 FamFG**,[15]

5 BGH 23.6.2010 – XII ZB 232/09, NJW 2010, 3029.
6 BGH 23.6.2010 – XII ZB 232/09, NJW 2010, 3029.
7 BGH 23.6.2010 – XII ZB 232/09, NJW 2010, 3029; vgl. HK-FamVerfR/*Harms* Vor §§ 76–78 Rn. 6.
8 BGH 23.6.2010 – XII ZB 232/09, NJW 2010, 3029.
9 OLG Celle 25.7.2011 – 10 WF 220/11, MDR 2011, 1178.
10 Vgl. hierzu *Bastian-Holler* FamFR 2011, 425.
11 BGH 23.6.2010 – XII ZB 232/09, NJW 2010, 3029.
12 BGH 9.8.2012 – VII ZB 84/11, FamRZ 2012, 1637.
13 BGH 27.1.2016 – XII ZB 639/14, FamRZ 2016, 531.
14 OLG Brandenburg 22.4.2013 – 3 WF 48/12, FamRZ 2014, 588.
15 OLG Bamberg 4.12.2013 – 7 WF 309/13, FamRZ 2014, 1041.

- die **Antragsgegnerseite im „vereinfachten" Unterhaltsverfahren nach §§ 249 ff. FamFG,**[16]
- die Mutter im **„vereinfachten" Verfahren nach § 155 a FamFG** zur Begründung des Mitsorgerechts des mit ihr nicht verheirateten Vaters,[17]
- das Verfahren auf **Ruhen der elterlichen Sorge nach § 1674 BGB,**[18]
- das **Verfahren nach § 1631 b BGB**[19]
- sowie für einen **gem. § 9 Abs. 1 Nr. 3 FamFG verfahrensfähigen Minderjährigen** für das auf seinen Antrag einzuleitende Verfahren.[20]

Bei der Bemessung der Schwierigkeit der Sach- und Rechtslage iSv § 78 Abs. 2 FamFG sind aber auch **subjektive Umstände** des betreffenden Beteiligten zu berücksichtigen. Für die Entscheidung ist somit regelmäßig neben dem Umfang und der Schwierigkeit der konkreten Sache auch die Fähigkeit des Beteiligten maßgeblich, sich mündlich oder schriftlich auszudrücken. Dies beruht auf der ständigen Rechtsprechung des Bundesverfassungsgerichts, wonach für die Anwaltsbeiordnung im Rahmen einer bewilligten Verfahrenskostenhilfe entscheidend darauf abzustellen ist, ob ein bemittelter Rechtsuchender in der Lage des Unbemittelten vernünftigerweise einen Rechtsanwalt mit der Wahrnehmung seiner Interessen beauftragt hätte.[21] 14

III. Rechtsbehelfe

Die **Frist** für die „sofortige" Beschwerde gegen Entscheidungen betreffend VKH beträgt einheitlich, dh 15 sowohl für Ehe- und Familienstreitsachen als auch für Nichtstreitverfahren, **einen Monat**, § 127 Abs. 2 S. 3 ZPO iVm § 76 Abs. 2 FamFG. Es handelt sich dabei um die **sofortige Beschwerde nach §§ 567 ff. ZPO**. Gegen die Entscheidung des Beschwerdegerichts ist keine Rechtsbeschwerde zum Bundesgerichtshof gegeben, es sei denn, das Beschwerdegericht hätte eine solche ausdrücklich zugelassen, § 567 Abs. 1 Nr. 2 ZPO. Die Nichtzulassungsbeschwerde ist gem. § 544 Abs. 1 S. 1 ZPO ausschließlich gegen Berufungsurteile eröffnet, nicht aber gegen Entscheidungen, die in Beschlussform ergehen.[22]

16 OLG Hamburg 11.7.2019 – 12 WF 61/19, FamRZ 2019, 1879.
17 OLG Jena 19.1.2015 – 1 WF 43/15.
18 OLG Hamm 14.11.2013 – 2 WF 238/13, FamRZ 2014, 2018.
19 OLG Schleswig 20.10.2015 – 14 WF 101/15, NJW 2016, 656.
20 OLG Bremen 14.11.2016 – 4 WF 82/16, FamRZ 2017, 1701.
21 23.6.2010 – XII ZB 232/09, NJW 2010, 3029.
22 Vgl. BGH 13.7.2011 – IX ZA 77/11, FamRZ 2011, 1582.

253. Verfahrenskostenvorschuss

Schausten

I. Einführung

1 Der Anspruch auf Verfahrenskostenvorschuss ist ein Teilbereich der Unterhaltspflicht, es handelt sich dabei um Sonderbedarf.[1]

2 Ein bestehender Anspruch auf Verfahrenskostenvorschuss stellt Vermögen iSd § 115 Abs. 2 ZPO dar und verhindert so mangels Bedürftigkeit die Bewilligung von Prozesskostenhilfe bzw. Verfahrenskostenhilfe. Ein Anspruch auf einen Verfahrenskostenvorschuss ist allerdings bei der Prüfung der Bedürftigkeit nur zu berücksichtigen, wenn er rechtlich unzweifelhaft besteht und darüber hinaus kurzfristig einigermaßen sicher durchsetzbar ist.[2]

II. Verfahrenskostenvorschuss unter Ehegatten/Lebenspartnern

1. Anspruchsgrundlagen

3 Zwischen nicht getrennt lebenden Ehegatten besteht im Rahmen des Familienunterhalts gem. § 1360 a Abs. 4 BGB ein Anspruch auf Verfahrenskostenvorschuss. Gleiches gilt gem. § 5 S. 2 LPartG für Lebenspartner.

4 Getrennt lebende Ehegatten haben ebenfalls einen Anspruch auf Verfahrenskostenvorschuss gegen den anderen Ehegatten (§ 1361 Abs. 4 S. 4 iVm § 1360 a Abs. 4 BGB); Gleiches gilt für getrennt lebende Lebenspartner, wie sich aus der Verweisung in § 12 S. 2 LPartG ergibt.

5 Für die **Zeit nach rechtskräftiger Scheidung** der Ehe bzw. rechtskräftiger Aufhebung der Lebenspartnerschaft existiert keine gesetzliche Regelung, die mit der Regelung in § 1360 a Abs. 4 BGB vergleichbar wäre. Der Anspruch lässt sich auch nicht aus § 1578 Abs. 1 S. 2 BGB herleiten, wonach der Unterhaltsanspruch des geschiedenen Ehegatten den gesamten Lebensbedarf umfasst. Inhaltlich bedeutet dies nichts anderes als das, was auch sonst im Unterhaltsrecht das Maß des geschuldeten angemessenen Unterhalts bestimmt. Die Regelungen in § 1360 a BGB und § 1361 BGB verwenden den gleichen Begriff, in beiden Vorschriften wird der Anspruch auf einen Verfahrenskostenvorschuss jedoch ausdrücklich daneben erwähnt. Deshalb lässt sich aus der Fassung des § 1578 BGB, der sich zur Vorschusspflicht weder unmittelbar noch durch Verweisung verhält, eher schließen, dass der Gesetzgeber einen solchen Anspruch dem geschiedenen Ehegatten gerade nicht gewähren wollte.[3]

6 Die **unterschiedliche Rechtslage** bezüglich des Verfahrenskostenvorschussanspruchs zwischen der Zeit bis zur rechtskräftigen Ehescheidung und der Zeit danach ist bei der Beratung, ob Folgesachen wie der Zugewinnausgleich oder der nacheheliche Ehegattenunterhalt im Verbund mit dem Scheidungsverfahren geführt werden oder nach rechtskräftigem Abschluss des Scheidungsverfahrens eingeleitet werden, in die Entscheidungsfindung mit einzubeziehen.

1 BGH 4.8.2004 – XII ZA 6/04, NJW-RR 2004, 1662.
2 OLG Düsseldorf 15.12.1989 – 3 W 579/89, FamRZ 1990, 420.
3 BGH 9.11.1983 – IVb ZR 14/83, NJW 1984, 291.

Neben der bestehenden Ehe bzw. Lebenspartnerschaft verlangt der Verfahrenskostenvorschussanspruch, dass der Anspruchsteller **nicht in der Lage ist, die Kosten eines Rechtsstreits zu tragen**, der eine persönliche Angelegenheit betrifft, und dies der Billigkeit entspricht. Besonders geregelt ist, dass auch die Kosten der Verteidigung in einem Strafverfahren, das gegen den Ehegatten gerichtet ist, einen Verfahrenskostenvorschuss begründen können. 7

2. Bedürftigkeit des Berechtigten

Der den Verfahrenskostenvorschuss verlangende Ehegatte muss also bedürftig sein. 8

Dabei ist zuerst auf das **eigene Einkommen** des Anspruchstellers abzustellen. Daraus hat er die Kosten des Rechtsstreits selbst zu tragen ohne seinen eigenen angemessenen Unterhalt nicht nur unerheblich zu gefährden.[4] 9

Er ist auch verpflichtet, **eigenes Vermögen** für die Führung des Verfahrens einzusetzen. Die Grenze für den Einsatz des Vermögens entspricht nicht der bei der Verfahrenskostenhilfe, die auf § 90 SGB XII verweist.[5] Der Anspruch auf Verfahrenskostenvorschuss aus § 1360 a BGB setzt zum einen die Bedürftigkeit des Anspruchstellenden und zum anderen die Leistungsfähigkeit des in Anspruch genommenen Ehegatten voraus. Für beides ist der Gesichtspunkt der Billigkeit maßgebend, wobei die Bedürftigkeit des einen Ehegatten unter Berücksichtigung der Leistungsfähigkeit des anderen zu beurteilen ist: Je leistungsfähiger der verpflichtete Ehegatte ist, umso geringere Anforderungen sind an die Bedürftigkeit des Berechtigten zu stellen.[6] In der Konsequenz ist dem anspruchstellenden Ehegatten gegebenenfalls deutlich **mehr als das Schonvermögen** iSd § 90 SGB XII zu belassen, wenn der andere Ehegatte über ein entsprechend höheres Vermögen verfügt. 10

Allerdings bedeutet dies nicht, dass immer dann, wenn das Vermögen des anderen Ehegatten höher ist als das des Berechtigten, ein Verfahrenskostenvorschuss zu leisten ist. Hier hat unter dem Gesichtspunkt der Billigkeit eine Abwägung stattzufinden. Gegen den Einsatz des Vermögens des Berechtigten kann auch sprechen, dass es dem Berechtigten derzeit wirtschaftlich nicht zumutbar ist, das Vermögen zu verwerten. 11

3. Rechtsstreit in einer persönlichen Angelegenheit

Es muss sich um einen Rechtsstreit in einer persönlichen Angelegenheit des berechtigten Ehegatten handeln. Rechtsprechung und Literatur tun sich seit jeher schwer, den Begriff der „persönlichen Angelegenheit“ allgemeingültig zu definieren. 12

Einigkeit besteht dahin gehend, dass darunter jedenfalls Rechtsstreitigkeiten um materielle und immaterielle Rechte fallen, die die Person des Berechtigten unmittelbar betreffen. Dazu zählen insbesondere die in **§ 823 Abs. 1 BGB genannten Schutzgüter** Leben, Körper, Gesundheit und Freiheit, aber auch Streitigkeiten um die Ehre, das allgemeine Persönlichkeitsrecht, das Namensrecht (insbesondere den Missbrauch des Ehe- und Geburtsnamens), das Recht am eigenen Bild, den Personenstand und um den Status in Abstammungssachen, etwa das Kind im Ehelichkeitsanfechtungsverfahren.[7] 13

Einigkeit besteht ferner, dass ein Anspruch auf Verfahrenskostenvorschuss für alle Verfahren besteht, die als **Familiensachen iSd § 111 FamFG** anzusehen sind. Es war lange Zeit umstritten, ob der Anspruch auf Verfahrenskostenvorschuss auch den **neuen Ehegatten** trifft, wenn der andere Ehegatte einen Rechtsstreit gegen den früheren Ehegatten führt, beispielsweise wegen eines Zugewinnausgleichsanspruchs. Durch die Oberlandesgerichte wurde eine solche Vorschusspflicht teilweise bejaht, teilweise verneint. Die Literatur sprach sich überwiegend gegen eine Vorschusspflicht aus. Begründet wurde dies teilweise damit, dass es sich beispielsweise bei einem Zugewinnausgleichsanspruch zwar ursprünglich um eine persönliche 14

---

4 NK-BGB/*Kaiser* § 1360 a Rn. 50.
5 OLG Frankfurt a. M. 31.1.1986 – 5 WF 38/86.
6 OLG Köln 6.3.2002 – 27 UF 182/01, NJW-RR 2002, 1585.
7 NK-BGB/*Kaiser* § 1360 a Rn. 44.

Angelegenheit gehandelt habe, diese Qualifizierung aber mit rechtskräftiger Scheidung weggefallen sei; andere begründeten ihre Auffassung damit, eine Vorschusspflicht bestehe schon deshalb nicht, weil der Anspruch seine Wurzeln nicht in der aktuellen Ehe habe. Teilweise wurde auch die Auffassung vertreten, es sei unbillig, dem neuen Ehegatten aufzugeben, die Altlasten des Partners aus dessen früherer Ehe zu finanzieren. Der Bundesgerichtshof hat nunmehr entschieden, dass auch in solchen Angelegenheiten gegen den früheren Ehegatten ein Anspruch auf Verfahrenskostenvorschuss gegen den neuen Ehegatten besteht, die dagegen gerichteten Einwände seitens der Literatur hat er zurückgewiesen.[8]

15 Auch auf **vermögensrechtliche Leistungen gerichtete Ansprüche** können zu den persönlichen Angelegenheiten eines Ehegatten gehören, dies gilt insbesondere dann, wenn sie ihre Wurzeln in der Lebensgemeinschaft der Ehegatten haben. Andererseits gehören Verfahren, die nur dem allgemeinen wirtschaftlichen Interesse eines Ehegatten dienen, nicht zu den persönlichen Angelegenheiten. Zu solchen Verfahren gehören beispielsweise die Geltendmachung erbrechtlicher Ansprüche[9] oder Ansprüche nach Pflichtteilsrecht,[10] die Geltendmachung gesellschaftsrechtlicher Ansprüche[11] oder auch die Rückforderung von Sozialhilfe.[12] Bei vermögensrechtlichen Streitigkeiten mit einem Dritten ist eine persönliche Angelegenheit nur dann zu bejahen, wenn der Rechtsstreit eine genügend enge Verbindung zur Person des betroffenen Ehegatten aufweist.

16 Die Rechtsprechung hat in folgenden Fällen auch einen **Anspruch auf Prozesskostenvorschuss bejaht**:

- bei Klagen auf Renten, insbesondere aus der Sozialversicherung, etwa um eine Berufs- oder Erwerbsunfähigkeitsrente;[13]
- für arbeitsrechtliche Bestandstreitigkeiten, etwa für Kündigungsschutzklagen;[14]
- im Strafverfahren für die Erhebung der Nebenklage;[15]
- für verwaltungsrechtliche Streitigkeiten über eine Aufenthaltserlaubnis;[16]
- für Streitigkeiten über das Bestehen einer Abschlussprüfung als Voraussetzung für eine Berufsausübung;[17]
- für Zustimmungsersetzungsverfahren nach § 103 Abs. 2 BetrVG.[18]

4. Hinreichende Erfolgsaussicht

17 Ein Verfahrenskostenvorschussanspruch gegen den Ehegatten nach Maßstab der Billigkeit setzt die hinreichende Erfolgsaussicht der beabsichtigten Rechtsverfolgung in einer persönlichen Angelegenheit nach dem Maßstab des Verfahrenskostenhilfeverfahrens voraus. Dabei ist es Sache des Unterhaltsberechtigten, die Erfolgsaussichten seines Prozesses schlüssig darzulegen und hierfür Beweis anzutreten. Das gilt jedenfalls für alle Verfahren, in denen es auf eine Prüfung der Erfolgsaussicht ankommt. Anderes kann in Status- und Strafverfahren gelten.[19]

8 BGH 25.11.2009 – XII ZB 46/09, NJW 2010, 372.
9 OLG Düsseldorf 1.8.1960 – 7 U 69/60, NJW 1960, 2189.
10 OLG Köln 26.4.1989 – 2 W 60/89, NJW-RR 1989, 967.
11 BGH 30.1.1964 – VII ZR 5/63, BGHZ 41, 104 ff.
12 VG Sigmaringen 4.2.2004 – 2 K 236/02, FamRZ 2004, 1653.
13 BSG 22.12.1959 – 3 RJ 184/59, NJW 1960, 502.
14 BAG 5.4.2006 – 3 AZB 61/04, FamRZ 2006, 1117.
15 BGH 13.1.1993 – 5 StR 669/92, NStZ 1993, 351.
16 OVG Lüneburg 29.5.2002 – 12 PA 462/02, NJW 2002, 2489; VGH Kassel 27.2.1990 – 12 TH 2402/89, NVwZ-RR 1990, 518.
17 OVG Münster 26.11.1998 – 19 E 612/98, FamRZ 2000, 21.
18 BAG 29.10.2007 – 3 AZB 25/07, NJW 2008, 1400.
19 BGH 7.2.2001 – XII ZB 2/01.

5. Umfang des Anspruchs

Geschuldet wird ein Vorschuss auf die **Kosten des Rechtsstreits**. Daraus folgt bereits, dass der Vorschuss- 18
anspruch nach Abschluss des gerichtlichen Verfahrens oder auch der jeweiligen Instanz nur dann noch verlangt werden kann, wenn der Pflichtige vorher bereits in Verzug gesetzt worden war.[20]

Geschuldet wird der Vorschuss für **gerichtliche Verfahren aller Art**, insbesondere für Streitigkeiten vor 19
den Zivilgerichten, den Arbeitsgerichten, den Sozialgerichten, den Finanzgerichten, den Verwaltungsgerichten oder den Strafgerichten.

Der **Höhe** nach umfasst der Anspruch die zu erwartenden Verfahrenskosten. Eingeschlossen sind die 20
Gebühren, die das Gericht und der Rechtsanwalt in dem gerichtlichen Verfahren voraussichtlich verlangen können. Sollten im Verlaufe des Rechtsstreits weitere Kosten entstehen, beispielsweise durch die Einholung von **Sachverständigengutachten**, umfasst der Vorschussanspruch auch solche Kosten, die aber – wie oben bereits ausgeführt – vor Abschluss der Instanz geltend gemacht werden müssen.

Die **Kosten eines Rechtsanwalts** sind nur dann von dem Vorschussanspruch umfasst, wenn die Einschal- 21
tung des Rechtsanwalts erforderlich und nicht unbillig ist. Dies gilt jedenfalls dann, wenn für das Verfahren Anwaltszwang herrscht. In den anderen Verfahren richtet sich die Erforderlichkeit nach der Schwierigkeit und der wirtschaftlichen Bedeutung der Sache und der Leistungsfähigkeit des Verpflichteten.[21] Nicht zu den Kosten des Rechtsstreits gehören die **vorgerichtlich angefallenen Anwaltskosten**.

6. Leistungsfähigkeit des Verpflichteten

Der auf Zahlung des Verfahrenskostenvorschusses in Anspruch genommene Ehegatte muss leistungsfähig 22
sein. Ihm muss in jedem Fall der **Selbstbehalt** verbleiben, der ihm unterhaltsrechtlich gegenüber dem Anspruchsteller zustünde.[22] Dabei sind nicht nur die Mindestselbstbehaltssätze zu berücksichtigen, sondern auch der Halbteilungsgrundsatz:[23] Dies führt dazu, dass in den Fällen, in denen sämtliche Einkünfte der Beteiligten eheprägend sind und der **Unterhalt nach einer Quote** berechnet wird, nicht zusätzlich Verfahrenskostenvorschuss verlangt werden kann.

Ein Anspruch auf Verfahrenskostenvorschuss ist dann nicht gegeben, wenn der Verpflichtete selbst **Ver-** 23
fahrenskostenhilfe ohne Ratenzahlung erhalten würde.[24] In der Rechtsprechung und der Literatur ist allerdings umstritten, ob ein Verfahrenskostenvorschuss auch dann geschuldet ist, wenn der Vorschusspflichtige den gesamten Betrag zwar nicht in einer Summe zahlen kann, aber zu **Ratenzahlungen** in der Lage ist. Teilweise wird die Verpflichtung zur Zahlung eines Verfahrenskostenvorschusses in Raten unter bestimmten Voraussetzungen als unbillig angesehen. Überwiegend wird inzwischen allerdings vertreten, dass bei eingeschränkter Leistungsfähigkeit nach unterhaltsrechtlichen Maßstäben zu prüfen ist, ob er den Vorschuss ohne Gefährdung seines eigenen Selbstbehalts **ratenweise leisten** kann. Dieser Auffassung hat der BGH sich angeschlossen.[25]

Die Verwertung des Vermögensstamms kann von dem Schuldner zur Deckung des Verfahrenskostenvorschusses nur ausnahmsweise verlangt werden, etwa wenn der Einsatz eines verhältnismäßig geringen Teils des Vermögens die mit dem Vermögen verbundene wirtschaftliche Sicherung nicht nennenswert beeinträchtigt.[26]

---

20 OLG Karlsruhe 24.11.1988 – 2 UF 279/97, FamRZ 2000, 431.
21 NK-BGB/*Kaiser* § 1360 a Rn. 51.
22 BGH 4.8.2004 – XII ZA 6/04, NJW-RR 2004, 1662.
23 OLG Köln 29.8.2012 – 4 UF 6/12, FamRZ 2013, 393.
24 BGH 4.8.2004 – XII ZA 6/04, NJW-RR 2004, 1662.
25 BGH 4.8.2004 – XII ZA 6/04, NJW-RR 2004, 1662.
26 OLG Karlsruhe 24.11.2010 – 16 WF 186/10, juris Rn. 13.

III. Anspruch minderjähriger Kinder

24 Auch wenn eine gesetzliche Regelung des Anspruchs auf Verfahrenskostenvorschuss zwischen Eltern und ihren minderjährigen Kindern nicht existiert, ist es allgemeine Auffassung, dass dieser als **Unterfall des Sonderbedarfs** verlangt werden kann; so ist der Kostenvorschuss explizit in Ziffer 12.4 der Leitlinien des OLG Düsseldorf als Zusatzbedarf erwähnt. Dabei ist zu berücksichtigen, dass nicht nur der barunterhaltspflichtige Elternteil für den Verfahrenskostenvorschuss haftet, sondern ebenfalls der das Kind betreuende Elternteil.[27] Hinsichtlich der weiteren Voraussetzungen kann auf die Ausführungen zu dem Verfahrenskostenvorschuss unter Ehegatten Bezug genommen werden (→ Rn. 8 ff.).

IV. Anspruch volljähriger Kinder

25 Auch für volljährige Kinder fehlt eine ausdrückliche gesetzliche Regelung, aus der sich ein Anspruch auf Verfahrenskostenvorschuss eindeutig herleiten ließe. Dementsprechend wird teilweise die Auffassung vertreten, volljährige Kinder hätten keinen Anspruch auf Verfahrenskostenvorschuss. Überwiegend wird aber vertreten, dass ein Anspruch dann besteht, wenn das Kind noch keine eigene Lebensstellung erlangt hat; dieser Auffassung hat sich der BGH angeschlossen: Eltern schulden in **entsprechender Anwendung des § 1360 a Abs. 4 BGB** auch ihren volljährigen Kindern einen Vorschuss für die Kosten eines Rechtsstreits in persönlichen Angelegenheiten, wenn die Kinder wegen der Fortdauer ihrer Ausbildung **noch keine eigene Lebensstellung** erreicht haben.[28] Hinsichtlich der weiteren Voraussetzungen kann auf die Ausführungen zu dem Verfahrenskostenvorschuss unter Ehegatten Bezug genommen werden (→ Rn. 8 ff.).

V. Rückzahlungsanspruch

26 Der Verfahrenskostenvorschuss kann zurückgefordert werden, wenn die Voraussetzungen, unter denen er verlangt werden konnte, nicht mehr bestehen, insbesondere weil sich die wirtschaftlichen Verhältnisse des Empfängers wesentlich gebessert haben; ferner, wenn die Rückzahlung aus anderen Gründen der Billigkeit entspricht.[29] Ein anderer Grund kann insbesondere dann vorliegen, wenn sich im Nachhinein herausstellt, dass die **Voraussetzungen** für die Gewährung des Vorschusses tatsächlich **nicht gegeben** waren.

27 Der Rückforderungsanspruch wird von der Rechtsprechung nicht auf § 812 BGB gestützt, weshalb sich der Vorschussempfänger auch nicht auf die §§ 814, 818 Abs. 3 BGB berufen kann.

VI. Verfahrenshinweise

28 Der Anspruch auf Verfahrenskostenvorschuss kann in einem selbstständigen Anordnungsverfahren durch eine einstweilige Anordnung gem. § 246 FamFG gerichtlich geltend gemacht werden; die Anhängigkeit eines Hauptsacheverfahrens ist dafür nicht mehr erforderlich. Zuständig für den Anspruch ist das Amtsgericht als Familiengericht (§§ 23 a Abs. 1 Nr. 1, 23 b Abs. 1 GVG). Es ist auch nicht ausgeschlossen, den Anspruch auf Verfahrenskostenvorschuss in einem eigenständigen Hauptsacheverfahren geltend zu machen, dagegen spricht regelmäßig nur die Eilbedürftigkeit. Der Verfahrenswert im Verfahren der einstweiligen Anordnung auf Verfahrenskostenvorschuss ist regelmäßig mit der Hälfte des Wertes der entsprechenden Hauptsache (hier: der bezifferten Forderung) zu bewerten.[30]

---

27 AG Bergisch Gladbach 5.12.1982 – 28 F 301/82, DAVorm 1983, 141.
28 BGH 23.3.2005 – XII ZB 13/05, NJW 2005, 1722.
29 BGH 14.2.1990 – XII ZR 39/89, NJW 1990, 1476.
30 OLG Celle 9.6.2013 – 10 WF 230/13.

254. Verfügungen von Todes wegen

Schwarz

Der Erblasser kann sich zur Verfügung über sein Vermögen von Todes wegen zweier vom Gesetz vorgegebener Formen bedienen: des Testaments (§ 1937 BGB) und des Erbvertrags (§ 1941 BGB). 1

I. Unterscheidung nach der Bindungswirkung

1. Testament

Testament gleich einseitige Verfügung von Todes wegen (§ 1937 BGB): Der **Widerruf** durch den Erblasser ist hier uneingeschränkt zulässig. Es besteht **keine Bindungswirkung**. Der Widerruf kann erfolgen durch 2

- Testament (§§ 2254, 2258 BGB),
- Vernichtung oder Veränderung der Testamentsurkunde (§ 2255 BGB),
- beim öffentlichen Testament durch Rücknahme aus der amtlichen Verwahrung (§ 2256 BGB).

Hinweis: Diese Widerrufsfiktion gilt bei einem eigenhändigen Testament nicht, auch wenn es nach § 2248 BGB in amtliche Verwahrung gegeben wurde (§ 2256 Abs. 3 BGB). 3

2. Gemeinschaftliches Testament

Das gemeinschaftliche Testament (→ *Gemeinschaftliches Testament* Rn. 1 ff.) ist eine letztwillige Verfügungsmöglichkeit von **Ehegatten** (§ 2265 BGB). Verfügungen, die nicht der Wechselbezüglichkeit unterliegen, zB die Anordnung der Testamentsvollstreckung, sind jederzeit frei widerruflich. Soweit es sich um wechselbezügliche Verfügungen handelt (§ 2270 Abs. 1, 2 BGB), ist der **Widerruf** durch einen Ehegatten zu Lebzeiten des anderen zulässig. Das Widerrufsrecht erlischt mit dem Tode des anderen Ehegatten (§ 2271 Abs. 2 BGB). Die **Wechselbezüglichkeit** von Verfügungen kann sich nur auf 4

- Erbeinsetzungen,
- Vermächtnisse (→ *Vermächtnis* Rn. 1 ff.) oder
- Auflagen (→ *Auflagen* Rn. 1 ff.)

beziehen (§ 2270 Abs. 3 BGB).

Der Widerruf ist nach § 2271 Abs. 1 S. 1 BGB an die Form gebunden, die für den Rücktritt von einem Erbvertrag gilt (§ 2296 BGB). Der Rücktritt ist danach persönlich zu erklären. Er erfolgt durch Erklärung gegenüber dem Ehepartner. Diese Erklärung bedarf der notariellen Beurkundung. 5

Nach dem Tode eines Ehegatten kann der überlebende Ehegatte eine wechselbezügliche Verfügung dadurch aufheben, dass er das ihm Zugewendete ausschlägt (§ 2271 Abs. 2 S. 1 BGB). 6

3. Erbvertrag

Die **größte Bindungswirkung** besteht beim Erbvertrag (→ *Erbvertrag* Rn. 1 ff.). Er ist eine vertragliche Verfügung von Todes wegen über eine Erbeinsetzung, eine Anordnung von Vermächtnissen oder Auflagen (§ 1941 BGB). Soweit sich der Erblasser erbvertraglich gebunden hat, ist ein Widerruf unzulässig, § 2289 Abs. 1 BGB. 7

II. Testierfähigkeit des Erblassers

1. Unterfall der Geschäftsfähigkeit

8 Die Testierfähigkeit (§ 2229 BGB) ist eine besondere Art der Geschäftsfähigkeit.[1] Jeder Geschäftsfähige ist auch testierfähig, während dem Geschäftsunfähigen die Testierfähigkeit fehlt (§ 2229 Abs. 4 BGB).

2. Minderjährige

9 Bei beschränkter Geschäftsfähigkeit: Ein Minderjähriger, der das 16. Lebensjahr vollendet hat, ist **testierfähig** (§ 2229 Abs. 1 BGB). Er kann jedoch kein eigenhändiges Testament errichten (§ 2247 Abs. 4 BGB). Der Minderjährige kann das Testament vielmehr nur durch mündliche Erklärung oder durch Übergabe einer offenen Schrift gegenüber dem Notar errichten (§§ 2232, 2233 BGB). Sinn dieser Regelung ist, dem Minderjährigen eine Amtsperson beratend zur Seite zu stellen.

3. Betreute Personen

10 Bei Volljährigen: Die Bestellung eines Betreuers hat keine Auswirkungen auf die Testierfähigkeit des Betreuten.[2] Besteht für den Erblasser eine Betreuung (§ 1896 BGB), so kann aus seiner Betreuungsbedürftigkeit nicht auf seine Testierunfähigkeit geschlossen werden. Im Gegenteil besteht auch für den Betreuten die **Vermutung seiner Testierfähigkeit**. Eine Testierunfähigkeit ist nur aus der allgemeinen Regelung des § 2229 Abs. 4 BGB zu entnehmen. Der Betreute kann also wirksam ein Testament errichten, es sei denn, er ist geschäftsunfähig (§§ 104 Nr. 2, 2229 Abs. 4 BGB). Die Wirksamkeit des Testaments eines Betreuten ist nicht von der Einwilligung des Betreuers abhängig. Zwar sieht § 1903 Abs. 1 BGB einen Einwilligungsvorbehalt zu Willenserklärungen des Betreuten vor, falls dies zur Abwendung einer erheblichen Gefahr für die Person oder das Vermögen des Betreuten erforderlich ist. Der Einwilligungsvorbehalt kann sich aber nach § 1903 Abs. 2 BGB nicht auf Verfügungen von Todes wegen erstrecken.

Hinweis: Nach dem bis zum 31.12.1991 geltenden Recht der Entmündigung war das Testament eines Entmündigten in jedem Fall unwirksam, selbst wenn der Erblasser es in einem „lichten Augenblick“ errichtet haben sollte. Das von einem entmündigten Erblasser vor dem 1.1.1992 errichtete Testament ist und bleibt auch nach dem 1.1.1992 unwirksam (auch wenn die Vormundschaften über Volljährige zum 1.1.1992 zu Betreuungen wurden). Denn: Die Fähigkeit zur Errichtung einer Verfügung von Todes wegen beurteilt sich nach dem zur Zeit der Errichtung geltenden Recht. Die kraft Gesetzes erfolgte Umwandlung der Entmündigung in eine Betreuung hat keine rückwirkende und damit keine heilende Kraft.

4. Gemeinschaftliches Testament/Erbvertrag

11 Für das gemeinschaftliche Testament der Ehegatten gelten hinsichtlich der Testierfähigkeit keine Besonderheiten.

12 Beim Erbvertrag ist jedoch unbeschränkte Geschäftsfähigkeit des Erblassers erforderlich, § 2275 Abs. 1 BGB. Ausnahme: bei Eheleuten genügt beschränke Geschäftsfähigkeit bei Zustimmung des gesetzlichen Vertreters (§ 2275 Abs. 2 BGB).

III. Persönliche Errichtung der Verfügung von Todes wegen

1. Höchstpersönliches Rechtsgeschäft

13 Für das Testament geregelt in § 2064 BGB; für den Erbvertrag geregelt in § 2274 BGB.

14 Eine **Stellvertretung** ist **unzulässig**.[3]

1 NK-BGB/*Kroiß* § 2229 Rn. 1.
2 NK-BGB/*Kroiß* § 2229 Rn. 19.
3 NK-BGB/*Selbherr* § 2064 Rn. 4.

2. Keine Fremdbestimmung

Es darf keine **Bestimmung durch Dritte** erfolgen. Eine Verfügung, deren Geltung von der Willensentscheidung eines Dritten abhängt, kann gegen das Verbot der Stellvertretung verstoßen. § 2065 BGB will erreichen, dass der Erblasser über das Schicksal seines Vermögens selbst entscheidet; er soll die Entscheidung nicht aus Unentschlossenheit oder Verantwortungsscheu einem Dritten überlassen. 15

Beispiel: E setzt S zum Erben unter der Bedingung ein, dass sein Freund F nach Eintritt des Erbfalls zustimmt. Das Testament ist unwirksam. Es verstößt gegen § 2065 Abs. 1 BGB. 16

Aber nicht alle Verfügungen, deren Gültigkeit vom Willen eines Dritten abhängen, sind nach § 2065 Abs. 1 BGB unwirksam. Hat der Erblasser bezüglich der Geltung der Verfügung einen bestimmten Willen gehabt, so verstößt es nicht gegen § 2065 Abs. 1 BGB, wenn er die Gültigkeit von dem Tun oder Unterlassen eines Dritten abhängig macht. Eine solche Wollensbedingung ist insbesondere dann zulässig, wenn der Erblasser an dem Verhalten des Dritten ein **selbstständiges Interesse** hat oder er den Inhalt seiner letztwilligen Verfügung auf die Sachlage abstellen will, die durch das als Bedingung gesetzte Tun oder Unterlassen verwirklicht wird. 17

Beispiel: E setzt seinen Neffen als Erben ein unter der Bedingung, dass dessen Ehefrau den E im Alter pflegt. Diese Verfügung ist wirksam, obwohl ihre Geltung von dem Willen der Ehefrau abhängt. 18

Nach § 2065 Abs. 2 BGB kann der Erblasser die Bestimmung der Person, die eine Zuwendung erhalten soll, sowie die Bestimmung des Gegenstandes der Zuwendung nicht einem anderen überlassen. Eine unzulässige Vertretung im Willen liegt jedoch nicht vor, wenn der Erblasser objektive Kriterien aufstellt, nach denen der Dritte die Bestimmung des Erben vornehmen kann.[4] 19

Beispiel: Der Goldschmied G bestimmt in seinem Testament, dass derjenige seiner Söhne sein Erbe sein soll, der Goldschmiedemeister wird. Sollte das bei mehreren Söhnen der Fall sein, wird der älteste von ihnen Erbe. Die Feststellung, wer danach Erbe ist, soll der Freund Fritz treffen. 20

Lösung: Diese Verfügung ist wirksam. Der Dritte bestimmt nicht aufgrund seines subjektiven Ermessens den Erben, er bezeichnet ihn nur entsprechend den objektiven Voraussetzungen, die aus dem Testament zu entnehmen sind. Der Dritte hat kein Auswahlermessen. Der Erblasser hat seinen Erben zwar nicht namentlich genannt, aber doch so beschrieben, dass jeder ermitteln kann, wer Erbe ist. Die Feststellung des Freundes Fritz ist an sich entbehrlich.[5]

4 NK-BGB/*Selbherr* § 2065 Rn. 9.
5 BGH 18.11.1954 – IV ZR 152/54, BGHZ 15, 199.

255. Verjährung des Zugewinns

Caspary

1 Für alle familienrechtlichen Ansprüche gilt seit dem 1.1.2010 die **regelmäßige Verjährungsfrist von drei Jahren** gemäß § 195 BGB. Die Frist beginnt nach § 199 Abs. 1 Nr. 1 und 2 BGB mit dem Schluss des Jahres, in dem der Anspruch entstanden ist und in dem der Gläubiger von dem Anspruch sowie der Person des Schuldners Kenntnis erlangt hat oder ohne grobe Fahrlässigkeit hätte erlangen müssen. Da der Anspruch auf Zugewinnausgleich erst mit Rechtskraft der Scheidung entsteht, kann er somit frühestens drei Jahre nach dem Ende des Jahres, in dem die Scheidung rechtskräftig geworden ist, verjähren. Die Verjährung der wechselseitig bestehenden Auskunftsansprüche beginnt zeitgleich mit der Verjährung des Zahlungsanspruchs, obwohl die Auskunftsansprüche bereits vor Rechtskraft der Scheidung entstehen, da es sich nur um der Durchsetzung des Hauptanspruchs dienende Hilfsansprüche handelt.[1] Solange die Ehe besteht, ist die Verjährung aller Ansprüche zwischen Ehegatten gemäß § 207 BGB gehemmt.

2 Nach Rechtskraft der Scheidung entfällt der **Hemmungstatbestand des § 207 BGB**. Eine Hemmung der Verjährung kann dann nur noch nach den allgemeinen Vorschriften bewirkt werden, insbesondere also wegen Verhandlungen nach § 203 BGB[2] und infolge gerichtlicher Geltendmachung des Anspruchs nach § 204 Nr. 1 BGB. Sofern die Verjährung durch die gerichtliche Geltendmachung des Anspruchs gehemmt werden soll, ist zu beachten, dass bei Teilklagen die Hemmung nur den eingeklagten Teil des Anspruchs erfasst.[3] Außerdem muss das Verfahren durchgehend betrieben werden, um sich die Unterbrechungs- bzw. Hemmungswirkung zu erhalten.[4] Durch einen rechtzeitig erhobenen Antrag auf Zugewinnausgleich wird auch die Verjährung der Auskunftsansprüche gehemmt, und zwar sowohl des Ausgleichsberechtigten als auch des Ausgleichspflichtigen.[5] Liegen die Auskünfte noch nicht vor, muss ein Stufenantrag gestellt werden, da ein reiner Auskunftsantrag die Verjährung nicht unterbricht bzw. hemmt.[6] Dabei hemmt ein Stufenantrag die Verjährung des Anspruchs auf Zugewinnausgleich auch dann, wenn im Auskunftsantrag ein falscher **Stichtag** angegeben wird.[7] Ein Verzicht des Schuldners auf die Einrede der Verjährung soll dem Gläubiger in der Regel nur ermöglichen, den Anspruch bis zum Ablauf der eingeräumten Frist gerichtlich geltend zu machen, nicht aber ihm sämtliche Möglichkeiten der Hemmung und des Neubeginns der Verjährung eröffnen.[8]

3 Für Altfälle gilt die **Übergangsvorschrift** des Art. 229 § 23 EGBGB. Danach gilt für alle am 1.1.2010 bestehenden und nicht verjährten Ansprüche das neue Verjährungsrecht, es sei denn, nach altem Recht wäre die Verjährung früher abgelaufen als nach neuem Recht. Das dürfte bei Ansprüchen auf Zugewinnausgleich in der Regel der Fall sein, wenn die Ehe vor dem 1.1.2010 rechtskräftig geschieden worden ist, da nach Art. 229 § 23 Abs. 2 S. 1 EGBGB bei Anwendung des neuen Rechts die Verjährungsfrist frühestens am 1.1.2010 zu laufen beginnt, wohingegen nach altem Recht Ansprüche auf Zugewinnausgleich innerhalb von drei Jahren ab Beendigung des Güterstandes verjährten, wobei allerdings der Ehegatte wissen musste, dass der Güterstand beendet ist (§ 1378 Abs. 4 BGB aF).

---

1 BGH 31.1.2018 – XII ZB 175/17, FamRZ 2018, 260.
2 BGH 5.12.2018 – XII ZR 116/17.
3 BGH 9.1.2008 – XII ZR 33/06, FamRZ 2008, 675.
4 BGH 24.5.2012 – IX ZR 168/11, FamRZ 2012, 1296.
5 BGH 31.1.2018 – XII ZB 175/17, FamRZ 2018, 260.
6 BGH 26.6.1996 – XII ZR 38/95, FamRZ 1996, 1271; OLG Celle 3.3.1995 – 15 UF 222/94, FamRZ 1996, 678.
7 BGH 24.5.2012 – IX ZR 168/11, FamRZ 2012, 1296.
8 BGH 7.5.2014 – XII ZB 141/13, FamRZ 2014, 1355.

256. Verjährung von Unterhaltsansprüchen

Schausten

I. Einführung

Auch für Unterhaltsansprüche gelten die allgemeinen Verjährungsregelungen. Demnach verjähren nicht titulierte Unterhaltsansprüche **nach Ablauf von drei Jahren** (§ 195 BGB). Das gilt auch für Ansprüche auf Sonder- und Mehrbedarf und andere unterhaltsrechtliche Ansprüche, wie beispielsweise den Nachteilsausgleich nach Durchführung des begrenzten Realsplittings oder den familienrechtlichen Ausgleichsanspruch. Die Verjährung **beginnt** gem. § 199 Abs. 1 Nr. 2 BGB nicht mit der Entstehung des Anspruchs, sondern erst **mit dem Schluss des Jahres**, in dem der Anspruch entstanden ist und der Gläubiger von ihm erfahren hat oder Kenntnis hätte haben können. Dementsprechend beginnt die Verjährungsfrist für alle unterjährig entstandenen Unterhaltsansprüche einheitlich am 31.12. des jeweiligen Kalenderjahres. 1

Bereits vor Ablauf der Verjährung unterliegt nachehelicher Ehegattenunterhalt der Verwirkung nach § 1585 b Abs. 3 BGB.

Sind die **Unterhaltsansprüche tituliert**, ist zwischen den Ansprüchen, die zum Zeitpunkt der Titulierung bereits fällig waren, und denen, die erst danach fällig wurden, zu unterscheiden. Für die zum Zeitpunkt der Titulierung bereits fälligen Ansprüche gilt die 30-jährige Verjährungsfrist des § 197 BGB, während für die erst nach der Titulierung fällig werdenden Ansprüche die Regelung des § 195 BGB gilt, also die regelmäßige Verjährungsfrist von drei Jahren (§ 197 Abs. 2 BGB). 2

II. Hemmung der Verjährung

Bereits **außergerichtliche Vergleichsverhandlungen** zwischen den Beteiligten über den Anspruch oder die den Anspruch begründenden Umstände hemmen die Verjährung, bis der eine oder der andere Teil die Fortsetzung der Verhandlungen verweigert (§ 203 BGB). Endet die Hemmung, tritt die Verjährung frühestens drei Monate danach ein. 3

Die Verjährung kann ferner insbesondere durch **Klageerhebung** (§ 204 Abs. 1 Nr. 1 BGB), durch Zustellung des Antrags im vereinfachten Verfahren über den Unterhalt Minderjähriger (§ 204 Abs. 1 Nr. 2 BGB), durch Zustellung des Mahnbescheids (§ 204 Abs. 1 Nr. 3 BGB) oder durch Zustellung eines Antrags auf Arrest, einstweilige Verfügung oder einstweilige Anordnung (§ 204 Abs. 1 Nr. 9 BGB) gehemmt werden. 4

Gem. § 204 Abs. 1 Nr. 14 BGB wird die Verjährung durch die Veranlassung der Bekanntgabe des **erstmaligen Antrags auf Gewährung von Prozesskostenhilfe** oder Verfahrenskostenhilfe gehemmt; wird die Bekanntgabe demnächst iSv § 167 ZPO[1] nach der Einreichung des Antrags veranlasst, so tritt die Hemmung der Verjährung bereits mit der Einreichung ein. Voraussetzung für diese Wirkung ist, dass der Antrag ordnungsgemäß begründet und vollständig ist,[2] insbesondere also die für die Prüfung der persönlichen und wirtschaftlichen Verhältnisse erforderlichen Belege beigefügt werden. Wenn der Antrag auf Bewilligung von Prozess- oder Verfahrenskostenhilfe zurückgewiesen wird, muss der Antragsteller Beschwerde einlegen, um die Wirkungen aufrechtzuerhalten. 5

Sechs Monate nach der rechtskräftigen Entscheidung (§ 204 Abs. 2 BGB) oder einer anderweitigen Beendigung des eingeleiteten Verfahrens endet die Hemmung. 6

1 Dazu auch: OLG Brandenburg 17.7.2008 – 10 WF 139/08, FamRZ 2009, 800.
2 BGH 8.2.1995 – XII ZR 24/94, NJW-RR 1995, 770.

7 Darüber hinaus ist die Verjährung von Ehegattenunterhaltsansprüchen gehemmt, solange die **Ehe besteht** (§ 207 Abs. 1 S. 1 BGB), diese Regelung gilt auch für Lebenspartnerschaften. Die Ehe besteht bis zur Rechtskraft des Scheidungsausspruchs.

8 Für Ansprüche zwischen einem Kind und seinen Eltern oder dem Ehegatten oder Lebenspartner eines Elternteils ist die Verjährung von Ansprüchen bis zur **Vollendung des 21. Lebensjahres** des Kindes gehemmt (§ 207 Abs. 1 S. 2 Nr. 2 BGB); wird die Ehe des Elternteils vor der Vollendung des 21. Lebensjahres des Kindes beendet, endet mit der Beendigung dieser Ehe auch die Hemmung der Verjährung.

Gehen die Unterhaltsansprüche des Kindes auf einen Dritten über, insbesondere den Sozialhilfeträger, endet die Hemmung der Verjährung mit dem Übergang des Anspruchs und die normalen Verjährungsfristen beginnen zu laufen.[3] Die der Wahrung des Familienfriedens dienende Bestimmung greift nicht mehr ein, wenn die infrage stehenden Ansprüche auf einen Dritten übergegangen sind. Die spätere Rückübertragung der übergegangenen Unterhaltsansprüche auf den Unterhaltsberechtigten hemmt den Ablauf der Verjährung nur ex nunc ab dem Zeitpunkt des Wirksamwerdens der Rückübertragung.[4]

9 Der Umstand, dass die Verjährung der Unterhaltsansprüche eines minderjährigen Kindes gegenüber seinen Eltern bis zum 21. Lebensjahr des Kindes gehemmt ist, steht der Annahme einer **Verwirkung** nicht entgegen, wenn aus besonderen Gründen die Voraussetzungen sowohl des Zeit- als auch des Umstandsmoments erfüllt sind.[5]

III. Wirkung der Verjährungshemmung

10 Gem. § 209 BGB bewirkt die Hemmung, dass der Zeitraum, währenddessen die Verjährung gehemmt ist, in die Verjährungsfrist nicht eingerechnet wird.

IV. Neubeginn der Verjährung

11 Die Verjährung beginnt gem. § 212 BGB erneut, wenn der Schuldner dem Gläubiger gegenüber den Anspruch durch Abschlagszahlung, Zinszahlung, Sicherheitsleistung oder in anderer Weise anerkennt oder eine gerichtliche oder behördliche Handlung vorgenommen oder beantragt wird. Wird die Vollstreckungshandlung auf Antrag des Gläubigers oder mangels der gesetzlichen Voraussetzungen aufgehoben, beginnt die Verjährung nicht neu; Gleiches gilt, wenn dem Antrag auf Vornahme einer Handlung nicht stattgegeben oder der Antrag vor der Vollstreckungshandlung zurückgenommen oder die Vollstreckungshandlung aufgehoben wird.

3 BGH 23.8.2006 – XII ZR 26/04, NJW 2006, 3561.
4 OLG Frankfurt a. M. 5.2.2020 – 4 UF 249/16, NJW 2020, 2644.
5 OLG Frankfurt a. M. 31.8.2006 – 5 WF 233/05, OLGReport Frankfurt 2007, 320.

257. Verlöbnis

Vlassopoulou/J. Teubel

I. Einführung

1 Was ein Verlöbnis ist, steht nicht im BGB. Vielmehr wird geregelt, dass ein Verlöbnis keine einklagbare Verpflichtung zur Eheschließung begründet und welche Ansprüche bestehen, wenn das Verlöbnis nicht zur Eheschließung führt, sondern auf andere Weise beendet wird (§§ 1298 ff. BGB). Nach hM ist das Verlöbnis ein **familienrechtlicher Vertrag**, mit dem sich zwei Personen wechselseitig ernsthaft versprechen, künftig die Ehe miteinander einzugehen.[1]

II. Materielles Recht

1. Voraussetzungen und Inhalt des Verlöbnisses (§ 1297 BGB)

2 **a) Voraussetzungen.** So wie die Ehe unabhängig vom Geschlecht der Beteiligten geschlossen werden kann (→ *Eheschließung im Inland* Rn. 1), können sich zwei Personen ohne Rücksicht auf ihr Geschlecht verloben (ein Versprechen, eine Lebenspartnerschaft zu begründen, ist durch den Wegfall der Möglichkeit, eine Lebenspartnerschaft zu begründen, beendet (BT-Drs. 19/4670, 27).

3 Das Verlöbnis ist nicht formbedürftig. Es setzt auch nicht die Einhaltung irgendwelcher Förmlichkeiten (Ringwechsel, Verlobungsanzeige, Verlobungsfeier) voraus.

4 Als höchstpersönliches Rechtsgeschäft kann die Verlobungserklärung nicht durch einen Vertreter erfolgen. Anders als die Erklärung zur Eheschließung (→ *Eheschließung im Inland* Rn. 2) kann das mit der Verlobung abgegebene **Eheversprechen** unter eine aufschiebende oder auflösende Bedingung gestellt werden, zB den Abschluss eines Ehevertrages, die Bedingung einer Berufsausbildung, die Wahl eines bestimmten Familiennamens.

5 Nach hM setzt die Verlobung die **Geschäftsfähigkeit** beider Verlobten voraus. Das Verlöbnis mit einem Verlobten oder Verheirateten ist sittenwidrig, was bei eingeleitetem Scheidungsverfahren zweifelhaft ist.[2]

6 Ein Verlöbnis ist nichtig, wenn es gegen ein gesetzliches Verbot nach § 134 BGB verstößt, zB gegen das Verbot der Verwandtschaft. Die Nichtigkeit des Verlöbnisses schließt eine analoge Anwendung der §§ 1298 f. BGB nicht aus.

7 **b) Inhalt.** Das Verlöbnis begründet die **Verpflichtung** zur Eheschließung. Der Grundsatz der Eheschließungsfreiheit (Art. 6 Abs. 1 GG) schließt die Erzwingung dieser Verpflichtung jedoch aus. Die Verpflichtung ist nicht einklagbar. Es kann keine Vertragsstrafe für den Fall der unterbliebenen Eheschließung versprochen werden (§ 1297 Abs. 2 BGB).

---

1 Palandt/*Siede*, 80. Aufl. 2021, BGB Vor § 1297 Rn. 1.
2 MüKoBGB/*Roth* § 1297 Rn. 14.

8 Die Verlobung führt weder zu einer Unterhaltspflicht noch einem güterrechtlichen Ausgleich, ebenso wenig zu einer Schlüsselgewalt der Verlobten (→ *Schlüsselgewalt* Rn. 2). Allerdings knüpft das Gesetz an den Bruch des Verlöbnisses eine Ersatz- und Rückgabepflicht.

2. Schadenersatz bei Rücktritt (§ 1298 BGB)

9 **a) Ersatzpflicht/Grundsätze (§ 1298 Abs. 1, 2 BGB).** Tritt ein Verlobter durch einseitige, empfangsbedürftige Willenserklärung – auch stillschweigend zB durch Abbruch des Kontakts oder Einstellung des Briefwechsels[3] – vom Verlöbnis zurück, trifft ihn eine Ersatzpflicht (§ 1298 Abs. 1, 2 BGB). Er ist zum Schadenersatz wegen Nichterfüllung des Eheversprechens verpflichtet. Zu ersetzen ist nicht das Erfüllungsinteresse, sondern das auf das Angemessene begrenzte negative Interesse. Gläubiger ist – anders als bei einem sonstigen Rücktritt – nicht nur der andere Verlobte, sondern auch dessen Eltern sowie dritte Personen, die anstelle der Eltern gehandelt haben. Ersetzt werden nicht alle Vermögensnachteile infolge des Verlöbnisses, sondern nur der Schaden, der durch die in Erwartung der Ehe gemachten Aufwendungen oder eingegangenen Verbindlichkeiten entstanden ist (§ 1298 Abs. 1 S. 1 BGB). Bei einverständlicher Auflösung des Verlöbnisses bestehen keine Ersatzansprüche.

10 Der andere Verlobte kann zudem Ersatz des Schadens verlangen, den er dadurch erleidet, dass er in Erwartung der Ehe sonstige Maßnahmen bzgl. seines Vermögens oder seiner Erwerbsstellung getroffen hat (§ 1298 Abs. 1 S. 2 BGB).

11 Die in Erwartung der Ehe getätigten Aufwendungen und eingegangenen von Verbindlichkeiten sind nur ersatzfähig, wenn sie den Umständen nach angemessen gewesen sind (§ 1298 Abs. 2 BGB). Die Angemessenheit richtet sich nach den Umständen des Einzelfalles. Maßgeblich sind die Vermögensverhältnisse der Verlobten und insbesondere die Frage, wie nah und sicher die beabsichtigte Eheschließung bevorstand.

12 **Aufwendungen in Erwartung der Ehe** sind beispielsweise Anschaffungen aller Art im Hinblick auf die Hochzeitsfeier. Auch Aufwendungen für die Verlobungsfeier selbst werden dazu gerechnet.[4] **Nicht ersatzfähig** nach § 1298 BGB sind dagegen Sterilisationskosten oder ein Verdienstausfall durch Schwangerschaft sowie Aufwendungen für das voreheliche Leben bzw. das Leben in nichtehelicher Lebensgemeinschaft wie Unterhaltsbeiträge oder der Nutzungswert einer Wohnungsüberlassung. Aufwendungen für die Einrichtung eines Haushalts oder Einbußen durch die Aufgabe des Berufs oder der bisherigen Wohnung sind nur ersatzfähig, wenn sie gerade wegen der beabsichtigten Eheschließung erfolgten und nicht nur um des bloßen Zusammenlebens willen.

13 **b) Kein Schadenersatz bei wichtigem Grund (§ 1298 Abs. 3 BGB).** Keine Ersatzpflicht trifft den Verlobten, der nicht grundlos, sondern aus wichtigem Grund vom Verlöbnis zurücktritt (§ 1298 Abs. 3 BGB). Als „wichtiger Grund" sind solche Umstände anzusehen, die den Verlobten bei verständiger Würdigung von dem Verlöbnis abgehalten hätten, sofern es sich nicht um rein innere Umstände des Zurücktretenden handelt. Es kommt letztlich darauf an, ob die Umstände es als angemessen erscheinen lassen, dass der Zurücktretende vom übernommenen Risiko der Vorbereitungsmaßnahmen befreit wird.[5] Für sich nicht ausreichend ist, dass die Liebe des Zurücktretenden erkaltet ist.

14 **Wichtige Gründe** sind alle Gründe, die zur Anfechtung wegen Irrtums oder arglistiger Täuschung berechtigen würden,[6] zB Täuschungen in der Person des anderen Verlobten wie Unfruchtbarkeit, Impotenz oder erbliche Belastungen. Auch ein **Fehlverhalten** des anderen Verlobten, wie der Bruch der Verlöbnistreue,[7] Beschimpfungen, unbegründete Eifersucht oder längeres grundloses Aufschieben der Heirat schließt die Ersatzpflicht aus.

3 Palandt/*Siede*, 80. Aufl. 2021, BGB § 1298 Rn. 1.
4 MüKoBGB/*Roth* § 1298 Rn. 4; aA Staudinger/*Löhnig*, 2018, BGB § 1299 Rn. 53.
5 Staudinger/*Löhnig*, 2018, BGB § 1299 Rn. 15.
6 Palandt/*Siede*, 80. Aufl. 2021, BGB § 1298 Rn. 9.
7 OLG Koblenz 6.12.1994 – 15 UF 797/94, NJW-RR 1995, 899.

c) Rücktritt aus Verschulden des anderen (§ 1299 BGB). Eine Schadenersatzpflicht gem. § 1298 Abs. 1, 2 BGB trifft auch den Verlobten, der den Rücktritt des anderen durch ein **Verschulden** veranlasst, das einen wichtigen Grund für den Rücktritt bildet (§ 1299 BGB). Der Unterschied besteht darin, dass der zurücktretende Verlobte den Schadenersatzanspruch hat. 15

d) Weitere Ansprüche. §§ 1297 f. BGB verdrängen als Spezialregelungen andere Ansprüche, insbes. wegen Leistungsstörung. Dagegen bleibt das Deliktsrecht anwendbar.[8] 16

3. Rückgabe der Geschenke (§ 1301 BGB)

Kommt es nicht zur Eheschließung, kann jeder Verlobte vom anderen die Rückgabe der Geschenke und desjenigen verlangen, was er ihm zum Zeichen des Verlöbnisses, etwa als Verlobungsring, gegeben hat (§ 1301 S. 1 BGB). Der Herausgabeanspruch folgt den Vorschriften über ungerechtfertigte **Bereicherung** (§§ 812 ff. BGB). Voraussetzungen des Anspruchs sind ein gültiges Verlöbnis zum Zeitpunkt der Schenkung und das Unterbleiben der Eheschließung aus irgendeinem Grund. Der Anspruch entsteht unabhängig von den Gründen, die zum Ende des Verlöbnisses führen, auch bei einverständlicher Auflösung und auch zugunsten desjenigen, den die Schuld am Ende des Verlöbnisses trifft. Bei Beendigung des Verlöbnisses durch **Tod** ist im Zweifel anzunehmen, dass eine Rückforderung nicht möglich ist (§ 1301 S. 2 BGB). 17

Nach hM ist der Begriff **„Geschenke"** weit auszulegen. Er umfasst alle Zuwendungen, die mit der Auflösung des Verlöbnisses ihre Grundlage verlieren, auch Briefe und Fotografien. Dagegen fallen Aufwendungen nicht darunter, die die Verlobten füreinander im Rahmen einer nichtehelichen Gemeinschaft gemacht haben, wie Unterhaltsbeiträge zur Lebensgemeinschaft, die Einräumung der Mitbenutzung an der Wohnung und an Haushaltsgegenständen, weil solche Leistungen nicht in Erwartung der Ehe, sondern im Hinblick auf das gegenwärtige Zusammenleben erbracht werden.[9] 18

Der Herausgabeanspruch steht nur den Verlobten zu und gilt nicht für Geschenke anderer Personen. Die Eltern können Rückforderungsansprüche aus anderen Rechtsgründen oder aus § 812 Abs. 1 S. 2 Alt. 2 BGB haben.[10] 19

Zugunsten der Verlobten bleiben neben § 1301 BGB auch Ansprüche aus § 313 BGB,[11] §§ 528 ff. BGB oder §§ 812 ff. BGB anwendbar. Das kann in der Praxis wegen der unterschiedlichen Verjährungsfristen von Bedeutung sein. 20

4. Verjährung der Ansprüche

Die Ansprüche aus dem Verlöbnis gem. §§ 1298–1301 BGB verjähren in drei Jahren ab der Auflösung des Verlöbnisses (§ 1302 BGB). 21

5. Verlöbnis/Heirat

Bei Zuwendungen, die Ehegatten bereits in der Verlobtenzeit einander gewähren, kann ein den Zugewinnausgleich ergänzender Ausgleichsanspruch bestehen.[12] 22

III. Verfahrenshinweise

1. Familienstreitsache (§ 266 Abs. 1 Nr. 1 FamFG)

Ansprüche zwischen miteinander Verlobten oder ehemals Verlobten im Zusammenhang mit der Beendigung des Verlöbnisses sind sonstige Familiensachen gem. § 266 Abs. 1 Nr. 1 FamFG und damit Familienstreitsachen gem. § 112 Nr. 3 FamFG (→ *Familiengerichtliches Verfahren* Rn. 15). Der Begriff „Ansprü- 23

---

8 Palandt/*Siede*, 80. Aufl. 2021, BGB § 1298 Rn. 7.
9 BGH 13.4.2005 – XII ZR 296/00, NJW-RR 2005, 1089.
10 OLG Köln 8.4.1994 – 20 UF 226/92, NJW-RR 1994, 1026: „Brautgeld".
11 OLG Oldenburg 19.3.2009 – 11 W 1/09, NJW-RR 2009, 938.
12 BGH 2.10.1991 – XII ZR 145/90, NJW 1992, 427.

che" ist weit auszulegen. Er umfasst auch dingliche Rechte. Familiensache ist daher auch der Rechtsstreit ehemals Verlobter um das Eigentum an einem während der Verlobungszeit angeschafften Pkw.[13]

24 § 120 Abs. 3 FamFG über die Nichtvollstreckbarkeit der Verpflichtung zur Eingehung einer Ehe kommt, da nach § 1297 Abs. 1 BGB der Antrag auf Eingehung einer Ehe unzulässig ist, nur bei ausländischen Entscheidungen zur Anwendung.

2. Beweislast

25 Bei dem Schadenersatzanspruch gem. § 1298 BGB trägt der **Antragsteller** die Darlegungs- und Beweislast für das Vorliegen eines wirksamen Verlöbnisses, den Rücktritt des anderen, den Schaden und die Angemessenheit. Die Beweislast für das Vorliegen des wichtigen Grundes trägt der Zurücktretende.

Beim Schadenersatzanspruch gem. § 1299 BGB muss der Anspruchsteller zusätzlich beweisen, dass er aus einem wichtigen Grund zurückgetreten ist, den der andere schuldhaft veranlasst hat. Bei der Rückgabe von Geschenken trägt der Antragsteller die Beweislast für die Zuwendung bei bestehendem Verlöbnis und die Beendigung des Verlöbnisses.

IV. Nebengebiete

1. Erbrecht

26 Das Erbrecht behandelt **Verlobte** zum Teil wie Eheleute, vgl. §§ 2077 (letztwillige Verfügungen), 2276, 2279 BGB (Erbvertrag), nicht aber bei der Errichtung eines gemeinschaftlichen Testaments.

2. Zivil- und Strafprozessrecht

27 Das Zivil- und Strafprozessrecht geben den Verlobten ein **Zeugen-, Auskunfts- und Gutachtenverweigerungsrecht** (§§ 383 Nr. 1, 384 Nr. 1, 385 Abs. 1, 408 Abs. 1 ZPO, § 29 Abs. 2 FamFG; §§ 52 Abs. 1 Nr. 1, 55, 61, 68 a Abs. 1, 76 Abs. 1 StPO). Ein Zeugnisverweigerungsrecht besteht aber nicht, wenn der Verlobte anderweitig verheiratet ist.[14]

3. Strafrecht

28 Der Verlobte ist Angehöriger iSv § 11 Abs. 1 Nr. 1 Buchst. a StGB mit Folgen für §§ 247, 258 Abs. 6, 259 Abs. 2, 263 Abs. 4 StGB.

4. Steuerrecht

29 Ein Verlobter kann die **Unterhaltsgewährung** an den Verlobten als außergewöhnliche Belastung (→ *Außergewöhnliche Belastung* Rn. 8) gem. § 33 a Abs. 1 S. 2 EStG geltend machen.[15]

Erbschaftsteuerrechtlich sind Verlobte Eheleuten nicht gleichgestellt.[16]

V. Internationales Privatrecht

30 Eine kollisionsrechtliche Vorschrift existiert für das Verlöbnis nicht. Nach ständiger Rechtsprechung gilt das für die Voraussetzungen der Eheschließung maßgebliche Recht auch für die Eingehung eines Verlöbnisses. Entsprechend Art. 13 Abs. 1 EGBGB richten sich die Wirksamkeitsvoraussetzungen des Verlöbnisses also nach dem Heimatrecht beider Verlobten (→ *Eheschließung mit Ausländern* Rn. 3). Eine etwaige Rück- oder Weiterverweisung (→ *Internationales Familienrecht* Rn. 10) ist zu beachten. Die Form des Verlöbnisses richtet sich nach Art. 11 EGBGB, die Geschäftsfähigkeit nach Art. 7 EGBGB. Das

13 LG Mainz 16.5.2012 – 3 O 50/12, FamRZ 2013, 68.
14 BVerfG 21.2.1987 – 2 BvR 744/87, NJW 1987, 2807.
15 BFH 29.5.2008 – III R 23/07, NJW 2009, 622.
16 BFH 23.3.1998 – II R 26/96, NJW-RR 1999, 1.

Formerfordernis des Art. 13 Abs. 4 EGBGB (→ *Eheschließung im Inland* Rn. 13 f.) spielt beim Verlöbnis keine Rolle, weil es nach (deutschem) materiellen Recht nicht formbedürftig ist (→ Rn. 3).

Die **Rechtsfolgen der Auflösung** eines Verlöbnisses richten sich nach dem BGH nach dem Heimatrecht des Verpflichteten.[17] Weil dies dazu führt, dass wechselseitige Ansprüche verschiedenen Rechten unterliegen, wird vielfach für die Anwendung des (hypothetischen) **Ehewirkungsstatuts** gem. Art. 14 EGBGB (→ *Eheliche Lebensgemeinschaft* Rn. 30 ff.) plädiert;[18] wieder andere wollen über eine Analogie zu Art. 17 Abs. 1 EGBGB das nach Art. 8 Rom III-VO auf die Scheidung anwendbare Recht (→ *Auslandsbezug bei Ehesachen* Rn. 41 ff.) heranziehen.[19] 31

Auf allgemeine deliktische Schadenersatzansprüche im Zusammenhang mit dem Verlöbnis ist die **Rom II-VO** anzuwenden, während die Ausnahme für familienrechtliche Verhältnisse (Art. 1 Abs. 2 Buchst. a Rom II-VO) ihre Anwendung für spezielle Ansprüche wegen Verlöbnisbruchs ausschließt, soweit diese als deliktisch qualifiziert werden können. Die Anwendung ausländischen Rechts ist wegen Verstoßes gegen die öffentliche Ordnung (ordre public, Art. 6 EGBGB) ausgeschlossen, wenn es unmittelbar oder mittelbar einen Zwang zur Eheschließung vorsieht.[20] 32

17 BGH 13.4.2005 – XII ZR 296/00, NJW-RR 2005, 1089.
18 *Lorenz/Unberath* IPRax 2005, 516 (520).
19 *Andrae* IntFamR § 6 Rn. 20.
20 Palandt/*Thorn* EGBGB Art. 13 Rn. 36.

258. Vermächtnis

Schwarz

1 Der Erblasser kann jemandem – ohne ihn als Erben einzusetzen – **bestimmte Vermögensgegenstände zuwenden** (§§ 1939, 1941 BGB). Dieser schuldrechtliche Verschaffungsanspruch des Bedachten gegen den Beschwerten ist in den §§ 2147 ff. BGB als Vermächtnis geregelt.[1] Kraft der Vermutung des § 2147 S. 2 BGB ist mangels anderer Bestimmung der Erbe mit der Erfüllung des Vermächtnisses beschwert.

2 Regelmäßig fällt das Vermächtnis mit dem Erbfall an, § 2176 BGB (**Entstehung**). Der Anfall kann jedoch vom Erblasser auch anderweitig durch aufschiebende Bedingungen oder Befristungen gestaltet und geregelt werden (§ 2177 BGB).

3 Der Vermächtnisnehmer kann das Vermächtnis ausschlagen. Hat er das Vermächtnis hingegen angenommen, so ist nach § 2180 Abs. 1 BGB eine Ausschlagung nicht mehr möglich. Die Ausschlagung kann formlos erklärt werden. Sie ist auch nicht fristgebunden.[2]

Hinweis: Wird das Vermächtnis erst beim **Tod** des Beschwerten fällig, so wird es entsprechend einer Nacherbschaft behandelt (ErbStG). Folge: Etwaige Erbschaftsteuerfreibeträge nach dem Erstversterbenden werden nicht ausgeschöpft. Deshalb: Unter erbschaftsteuerlichen Aspekten die Fälligkeit nicht an den Tod des Beschwerten, sondern an einen sonstigen Zeitpunkt knüpfen (sog. „betagtes Vermächtnis").

4 Nach § 2160 BGB ist ein Vermächtnis unwirksam, wenn der Bedachte zur Zeit des Erbfalls nicht mehr lebt. Der Erblasser kann durch Bestimmung eines Ersatzvermächtnisnehmers für diesen Fall Vorsorge treffen (§ 2190 BGB). Gem. § 2190 BGB gelten die Vorschriften über den Ersatzerben (§§ 2097, 2098, 2099 BGB) entsprechend.

5 Das Vermächtnis kann in einem gemeinschaftlichen **Testament** (→ *Gemeinschaftliches Testament* Rn. 1 ff.; § 2270 Abs. 3 BGB) oder **Erbvertrag** (→ *Erbvertrag* Rn. 1 ff.; § 2278 Abs. 2 BGB) bindend angeordnet werden.

6 Im Gegensatz zur Erbenbenennung nach § 2065 Abs. 2 BGB ist nicht erforderlich, dass der Erblasser die Person des Bedachten selbst bestimmt. Gem. § 2151 Abs. 1 BGB kann der Erblasser dies einem Beschwerten oder einem Dritten überlassen, sofern er den als Vermächtnisnehmer in Betracht kommenden Personenkreis hinreichend abgegrenzt und bestimmt hat. Die Auswahl selbst kann dann dem freien Belieben eines Dritten überlassen bleiben.

7 Folgende **Vermächtnisarten** sind zu unterscheiden:[3]

- Bei einem **Wahlvermächtnis** (§ 2154 BGB) soll der Vermächtnisnehmer nur einen von mehreren Gegenständen erhalten. Das Wahlrecht kann dem Beschwerten, einem Dritten oder dem Bedachten eingeräumt werden. Im Zweifel ist der Beschwerte wahlberechtigt (§ 262 BGB).
- Bei einem **Gattungsvermächtnis** (§ 2155 BGB) beschränkt sich der Erblasser darauf, den Gegenstand nur der Gattung nach zu bestimmen. Der Bedachte kann eine seinen persönlichen Verhältnissen entsprechende Sache fordern. Auch hier kann die Bestimmung dem Beschwerten, dem Dritten oder dem Bedachten überlassen werden.
- Bei einem **Zweckvermächtnis** (§ 2156 BGB) bestimmt der Erblasser den Zweck des Vermächtnisses und überlässt die Bestimmung im Einzelnen dem billigen Ermessen des Beschwerten oder eines Dritten. Auf den Vermächtnisnehmer kann das Bestimmungsrecht hier nicht übertragen werden.
- Wird ein bestimmter Gegenstand vermacht, so liegt ein **Stückvermächtnis** vor. Gehört der vermachte Gegenstand beim Erbfall nicht mehr zum Nachlass, greift grds. die Vermutung der Unwirksamkeit

1 NK-BGB/*Horn/Mayer* § 2147 Rn. 3.
2 BGH 12.1.2011 – IV ZR 230/09, MDR 2011, 304.
3 NK-BGB/*Horn/Mayer* § 1939 Rn. 12.

(§ 2169 Abs. 1 BGB). Bei Zerstörung oder Beschädigung der Sache gilt im Zweifel der Wertersatzanspruch als vermacht (§ 2169 Abs. 3 BGB).

- Ist der Gegenstand auch zugewendet für den Fall, dass er nicht zur Erbschaft gehört, liegt ein sog. **Verschaffungsvermächtnis** (§ 2169 Abs. 1 BGB) vor. Der Beschwerte hat dann den Gegenstand dem Bedachten zu verschaffen (§ 2170 Abs. 1 BGB) bzw. gem. § 2170 Abs. 2 BGB Wertersatz zu leisten.
- Hat der Beschwerte einen Anspruch auf Übertragung einer vermachten Forderung, so handelt es sich um ein **Forderungsvermächtnis** (§ 2173 BGB). Der Anspruch bezieht sich auf die Übertragung der Forderung nach § 398 BGB mit Zinsen (§ 2184 BGB) und Nebenrechten (§§ 401, 402 BGB).
- Ist der Vermächtnisnehmer seinerseits mit einem Vermächtnis belastet, liegt ein **Untervermächtnis** (§ 2186 BGB) vor. Eine Verpflichtung zur Erfüllung besteht erst dann, wenn der Vermächtnisnehmer die Erfüllung des ihm zugewendeten Vermächtnisses verlangen kann.
- Es besteht auch die Möglichkeit, Personen nacheinander als Vermächtnisnehmer einzusetzen. Es handelt sich dann um ein **Nachvermächtnis** (§ 2191 BGB). Das Vor-/Nachvermächtnis entspricht der Vor-/ Nacherbfolge. Im Gegensatz zum Untervermächtnis betrifft das Nachvermächtnis denselben Gegenstand. Auf Nachvermächtnisse finden die für die Einsetzung eines Nacherben geltenden Vorschriften entsprechende Anwendung (§ 2191 Abs. 2 BGB). Das Nachvermächtnis fällt dem Nachvermächtnisnehmer zu dem vom Erblasser bestimmten Zeitpunkt bzw. dem Tod des Vorvermächtnisnehmers an. Entsprechend der Vor- bzw. Nacherbschaft wird mit dem Vor-/Nachvermächtnis die Erhaltung des Vermögens innerhalb eines bestimmten Personenkreises, regelmäßig der Familie, bezweckt. Anders als bei der Vorerbschaft/Nacherbschaft ist der Nachvermächtnisnehmer vor lebzeitigen Verfügungen des Vorvermächtnisnehmers allerdings nicht ausreichend geschützt. Bei Vereitelung des Anspruchs des Nachvermächtnisnehmers besteht lediglich ein Schadensersatzanspruch.
- Wird dem Vermächtnisnehmer der gesamte oder nahezu gesamte Nachlass zugewandt, so spricht man von einem sog. **Universalvermächtnis**. Häufig wird dieses Universalvermächtnis gewählt, um eine umfassende Vermögenszuwendung wirtschaftlich gleichermaßen wie bei einem Erben zu ermöglichen, dabei aber – unter Ausschaltung des § 2065 Abs. 2 BGB – die Bestimmung der Person des Begünstigten einem Dritten überlassen zu können. Andres als beim Universalvermächtnis ist bei der Erbeinsetzung eine Drittbestimmung nicht zulässig.
- An Stelle des gesamten Nachlasses kann der Erblasser dem Bedachten auch einen Bruchteil seines Vermögens zuwenden. Es handelt sich dann um ein **Quotenvermächtnis**.

Ob der Erblasser eine Erbeinsetzung oder ein Vermächtnis gewollt hat, hängt davon ab, ob das Ziel eine 8
unmittelbare Nachlassbeteiligung oder lediglich ein schuldrechtlicher Anspruch ist. Werden nur einzelne Gegenstände zugewendet, so soll **im Zweifel keine Erbeinsetzung**, sondern ein Vermächtnis vorliegen (§ 2087 Abs. 2 BGB). Handelt es sich allerdings um das Vermögen oder einen Bruchteil des Vermögens, so ist nach der Auslegungsregel des § 2087 Abs. 1 BGB eine Erbeinsetzung gegeben.

259. Vermögenssorge

Seebach/M. Teubel

I. Allgemeines

1 Die Vermögenssorge als **Teil der elterlichen Sorge** gem. § 1626 BGB umfasst die tatsächlichen und rechtlichen Maßnahmen und Handlungen der Eltern, die darauf gerichtet sind, das **Kindesvermögen zu erhalten, zu verwerten und zu vermehren.**[1] Personen- und Vermögenssorge können nicht immer trennscharf voneinander abgegrenzt werden. Es gibt in vielen Bereichen Überschneidungen.[2] So wird die Regelung der persönlichen Angelegenheiten des Kindes zwangsläufig Einfluss haben auf dessen vorhandenes Vermögen.

2 Auch im Bereich der Vermögenssorge gilt, wie im Gesamtbereich der elterlichen Sorge, das Kriterium des **Kindeswohls als Maßstab** des elterlichen Handelns. Ein mit der Verwaltung des Vermögens des Kindes einhergehendes Eigeninteresse der Eltern schadet jedoch nicht.[3]

3 Mit dem Ende des Sorgerechts, zB durch Volljährigkeit des Kindes (→ *Elterliches Sorgerecht* Rn. 3), oder bei einem Ruhen der elterlichen Sorge (→ *Ruhen des Sorgerechts* Rn. 1 ff.), haben die Eltern dem Kind das Vermögen herauszugeben und auf Verlangen über die Verwaltung Rechenschaft gem. § 1698 BGB abzulegen.[4]

4 Die elterliche Vermögenssorge unterliegt **Beschränkungen** (→ Rn. 11), in Einzelfällen kann den Eltern die Vermögenssorge durch das Familiengericht nach §§ 1666, 1666 a, 1667 BGB entzogen werden (→ Rn. 13).

II. Vermögenssorge

1. Inhalt

5 Unter Vermögenssorge versteht man die grundsätzlich unentgeltliche Verwaltung des Kindesvermögens als **fremdnützige Verwaltung** mit dem Ziel der Bewahrung des Kindesvermögens zum Nutzen des Kindes.[5] Zum Kindesvermögen können ua Wertpapiere, Konten, Renten, Grundbesitz, Forderungen, auch Unterhaltsforderungen des Kindes, ferner Einkünfte aus Arbeit oder selbstständigem Geschäftsbetrieb gehören. Gem. § 1642 BGB ist bei der Verwaltung von Geldvermögen des Kindes durch die Eltern der **Grundsatz der wirtschaftlichen Vermögensverwaltung** zu beachten.[6]

6 Die Eltern können im Rahmen der Vermögenssorge offen als **Vertreter des Kindes** gem. § 164 BGB oder verdeckt für das Kind im eigenen Namen nach § 1646 BGB tätig werden.

7 Bei Erwerb von Todes wegen, anlässlich eines Sterbefalls, bei Abfindungen, die anstelle von Unterhalt gewährt werden, sowie bei unentgeltlichen Zuwendungen sind die Eltern verpflichtet, ein Vermögensverzeichnis anzulegen, § 1640 Abs. 1 BGB.

---

1 HK-FamR/*Schmid* BGB § 1626 Rn. 6.
2 NK-BGB/*Rakete-Dombek/Berning* § 1626 Rn. 14 ff.
3 NK-BGB/*Rakete-Dombek/Berning* § 1626 Rn. 12.
4 NK-BGB/*Rakete-Dombek/Berning* § 1626 Rn. 12.
5 NK-BGB/*Rakete-Dombek/Berning* § 1626 Rn. 12.
6 NK-BGB/*Rakete-Dombek/Berning* § 1626 Rn. 12.

Bei besonders wichtigen Rechtsgeschäften bedarf es der **Genehmigung durch das Familiengericht** nach § 1643 BGB.[7] § 1644 BGB ergänzt diese Norm hinsichtlich der Überlassung von Vermögen.[8] Ohne gerichtliche Erlaubnis soll darüber hinaus kein Erwerbsgeschäft im Namen des Kindes begonnen werden, § 1645 BGB.[9] 8

Beträge, die dem Kind durch die Eltern nach § 110 BGB zugewendet werden („**Taschengeldparagraf**"), unterliegen nicht deren Verwaltung.[10] 9

Zum Kindesvermögen gehörende Sachen können von den Eltern in Besitz genommen werden, so dass ein sogenanntes **gesetzliches Besitzmittlungsverhältnis** begründet wird. Insoweit spricht man von der tatsächlichen Vermögenssorge.[11] Mit zunehmendem Alter und damit einhergehender Selbstständigkeit des Kindes erlangt dieses unmittelbaren Besitz an seinen Sachen.[12] 10

2. Einschränkungen der Vermögenssorge

Die elterliche Vermögenssorge unterliegt **Beschränkungen** nach § 1638 BGB hinsichtlich unentgeltlicher Zuwendungen durch einen Dritten an das Kind. Hiernach kann die **Vermögensverwaltung** der Kindeseltern durch den Erblasser oder den unentgeltlich Zuwendenden eingeschränkt werden.[13] Der Kernbereich des verfassungsrechtlich geschützten Elternrechts ist nicht erfasst. 11

Ferner gilt gem. § 181 BGB das **Verbot des Insichgeschäfts**. Weitere Beschränkungen ergeben sich aus § 1641 BGB für Schenkungen in Vertretung des Kindes mit entsprechenden Ausnahmen, aus § 1667 BGB aufgrund gerichtlicher Beschränkungen (→ Rn. 15), aus §§ 1666, 1667 BGB (→ Rn. 13 ff.) sowie aus § 1639 BGB aufgrund von Anordnungen des Erblassers oder Zuwendenden. 12

3. Gefährdung

a) Allgemeines. § 1666 Abs. 1 BGB gilt als Generalklausel auch hinsichtlich des Kindesvermögens.[14] Schwerwiegendster Eingriff in die Vermögenssorge der Eltern ist der gänzliche oder teilweise Entzug.[15] Wie auch im Bereich der Personensorge kommt eine vollständige Entziehung der Vermögenssorge nur als äußerstes Mittel in Betracht, wenn sonstige Maßnahmen nicht ausreichen, um die Gefährdung zu beseitigen. Der Verhältnismäßigkeitsgrundsatz ist zu beachten (→ *Kindeswohlgefährdung* Rn. 23). Eine erhebliche Gefährdung muss drohen, aber noch nicht eingetreten sein. 13

Die Ausführungen zu § 1666 Abs. 1 BGB gelten uneingeschränkt auch im Bereich der Vermögenssorge (→ *Kindeswohlgefährdung* Rn. 1 ff.). **Schutzobjekt ist das Vermögen des Kindes** in seiner Gesamtheit. In der Regel werden vor einer Entziehung der Vermögenssorge mildere Maßnahmen nach § 1667 BGB erforderlich und notwendig sein.[16] Hiernach kann eine gerichtliche Anordnung dahin gehend erfolgen, dass die Eltern ein Verzeichnis des Vermögens des Kindes einreichen und über die Verwaltung Rechnung legen müssen, § 1667 Abs. 1 BGB. Daneben sind auch Maßnahmen nach § 1666 BGB möglich im Sinne von Ge- und Verboten sowie Auflagen und Weisungen. 14

Nach § 1667 Abs. 2 BGB kann das Gericht Anordnungen treffen hinsichtlich der Anlage von Geld, ferner ist die **Auferlegung von Sicherheitsleistungen** möglich, § 1667 Abs. 3 BGB.[17] 15

---

7 HK-FamR/*Schmid* BGB § 1643 Rn. 2.
8 NK-BGB/*Rakete-Dombek/Berning* § 1644 Rn. 1.
9 NK-BGB/*Rakete-Dombek/Berning* § 1645 Rn. 1.
10 NK-BGB/*Rakete-Dombek/Berning* § 1626 Rn. 12.
11 HK-FamR/*Schmid* BGB § 1626 Rn. 6.
12 NK-BGB/*Rakete-Dombek/Berning* § 1626 Rn. 12.
13 NK-BGB/*Rakete-Dombek/Berning* § 1626 Rn. 13; NK-BGB/*Rakete-Dombek/Berning* § 1638 Rn. 3.
14 NK-BGB/*Rakete-Dombek/Berning* § 1626 Rn. 13.
15 NK-BGB/*Rakete-Dombek/Berning* § 1666 Rn. 24.
16 NK-BGB/*Rakete-Dombek/Berning* § 1666 Rn. 24.
17 NK-BGB/*Rakete-Dombek/Berning* § 1667 Rn. 6.

16 Wird der **Gesamtbereich der elterlichen Sorge** entzogen, so ist hiervon sowohl die Personen- als auch die Vermögenssorge betroffen. In der gerichtlichen Entscheidung ist jedoch der Entzug der verschiedenen Bereiche auch gesondert zu begründen.[18] In der gerichtlichen Praxis kommt es nur in Ausnahmenfällen zu einem Entzug der gesamten elterlichen Sorge. Dies ist dem verfassungsrechtlich geschützten Elternrecht geschuldet. Werden lediglich Teilbereiche der elterlichen Sorge, wie häufig das Aufenthaltsbestimmungsrecht, entzogen, so ist ggf. eigenständig zu prüfen, ob das **Kindesvermögen durch die Eltern gefährdet** ist.

17 Eine Gefährdung des Kindesvermögens liegt vor, wenn ohne das Eingreifen des Familiengerichts das Vermögen in einer Weise vermindert oder nicht vergrößert wird, wie es sich nach den **betriebswirtschaftlichen Grundsätzen** über eine vernünftige Vermögensanlage und den in §§ 1639 ff. BGB niedergelegten Einzelpflichten verhindern ließe.[19]

18 **b) Regelbeispiele.** In § 1666 Abs. 2 BGB sind Regelbeispiele formuliert, die eine **Indizwirkung** haben im Hinblick auf das Vorliegen einer Vermögensgefährdung des Kindes. So ist eine Verletzung der mit der Vermögenssorge verbundenen Pflichten ein Regelbeispiel für das Vorliegen einer derartigen Gefährdung. Dies kann der Fall sein, wenn Vermögen des Kindes mit dem der Eltern vermischt wird. Auch Schuldentilgung der Eltern mit Kindesvermögen oder Abhebung des Sparvermögens des Kindes und Verwendung für eigene Zwecke stellen eine Vermögensgefährdung dar.[20]

19 Eine solche Pflichtverletzung kann in einer **übermäßigen Risikobereitschaft** der Eltern liegen oder bei Verstößen gegen § 1645 BGB.[21] Neben diesen oftmals eindeutigen Fällen kann eine Gefährdung auch in der **unterlassenen Vermögensvermehrung** liegen, wenn die üblichen Möglichkeiten ungenutzt bleiben.

20 Ferner stellt die **Nichtbefolgung gerichtlicher Anordnungen** ein Regelbeispiel einer Gefährdung dar. Dies ist konsequent insofern, als gerichtliche Maßnahmen nach § 1667 BGB grundsätzlich Voraussetzung sind, bevor ein Entzug nach § 1666 BGB in Betracht kommt.[22]

21 **c) Sonstige Gefährdungsursachen.** Zahlreiche weitere Handlungen oder Unterlassungen der Eltern sind denkbar, die eine Gefährdung des Kindesvermögens darstellen können. So kann die Vermögenssituation oder der **Vermögensverfall bei den Eltern**[23] oder bei einem Elternteil eine drohende Verletzung der Vermögensbetreuungspflicht darstellen, wenn die Eltern in **beengten wirtschaftlichen Verhältnissen** leben und weitere Faktoren, wie zB Alkoholabhängigkeit, hinzukommen. Insoweit ist jedoch Zurückhaltung geboten, da natürlich nicht alleine aufgrund der wirtschaftlichen Situation der Eltern in deren Elternrechte eingegriffen werden darf. Konkrete Anhaltspunkte für eine Gefährdung des Kindesvermögens müssen vorliegen.[24]

22 Auch die Tatsache, dass ein Elternteil hinsichtlich der Regelung von Vermögensangelegenheiten **unter Betreuung** steht, kann eine Gefährdung des Kindesvermögens darstellen. Hierfür spricht, dass der Elternteil sich um eigene wirtschaftliche Belange nicht kümmern kann, während die Verwaltung des Kindesvermögens in seinen Händen verbleibt. Allerdings ist auch hier die konkrete Einzelfallprüfung erforderlich, insbesondere ob und in welcher Form Kindesvermögen vorhanden ist.

23 Ferner kann auch das **Verhalten eines Dritten** zu Maßnahmen nach § 1666 BGB führen (→ *Kindeswohlgefährdung* Rn. 17), wenn die Eltern nicht bereit oder geeignet sind, Gefährdungen durch diesen Dritten zu verhindern.[25]

---

18 BayObLG 2.10.1998 – 1Z BR 91/98, NJW 1999, 293.
19 HK-FamR/*Schmid* BGB § 1666 Rn. 16.
20 HK-FamR/*Schmid* BGB § 1666 Rn. 18.
21 NK-BGB/*Rakete-Dombek/Berning* § 1666 Rn. 18.
22 Palandt/*Götz* BGB § 1666 Rn. 26.
23 Palandt/*Götz* BGB § 1666 Rn. 27.
24 HK-FamR/*Schmid* BGB § 1666 Rn. 20; Palandt/*Götz* BGB § 1666 Rn. 23.
25 HK-FamR/*Schmid* BGB § 1666 Rn. 20.

d) Maßnahmen gegen Dritte. Nach § 1666 Abs. 4 BGB sind in Angelegenheiten der Personensorge auch Maßnahmen und Anordnungen des Gerichts mit Wirkung gegen Dritte möglich (→ *Kindeswohlgefährdung* Rn. 27). Diese Norm betrifft ausschließlich den Bereich der Personensorge und ist auf die Vermögenssorge daher nicht, auch nicht entsprechend, anwendbar. Der Gesetzgeber hat insoweit die zivilrechtlichen Rechtsschutzmöglichkeiten für ausreichend erachtet.[26] 24

III. Verfahrenshinweise

Bei den Angelegenheiten betreffend die Vermögenssorge handelt es sich um Kindschaftssachen. Maßnahmen nach § 1666 BGB fallen in die Zuständigkeit des Richters, während Maßnahmen nach § 1667 BGB durch den Rechtspfleger erfolgen. Bei vermögensrechtlichen Fragen betreffend die Verwaltung von Kindesvermögen handelt es sich um sonstige Familiensachen nach §§ 111 Nr. 1, 266 FamFG. Diese Ansprüche, insbesondere Schadensersatzansprüche, müssen ihre Grundlage gerade im Eltern-Kind-Verhältnis haben.[27] 25

Grundsätzlich vertreten die Eltern ihr Kind in Rechtsstreitigkeiten (→ *Gesetzliche Vertretung Minderjähriger* Rn. 20 ff.). Diese Vertretungsbefugnis ist eingeschränkt gem. §§ 1629 Abs. 2, 1641, 1642, 1643, 1649 BGB.[28] 26

26 NK-BGB/*Rakete-Dombek/Berning* § 1666 Rn. 24.
27 HK-FamVerfR/*Volpp* § 266 Rn. 8.
28 HK-FamR/*Schmid* BGB § 1626 Rn. 7.

260. Versöhnung

Perleberg-Kölbel

I. Einführung

1 Eine Versöhnung von Ehegatten wirkt sich im Familienrecht zB beim Unterhalt, § 1361 BGB, bei der Verteilung der Haushaltsgegenstände, § 1361 a BGB, bei der Auskunft über das Vermögen zum Trennungszeitpunkt, § 1379 BGB und beim Getrenntleben, § 1567 BGB, aus. Im Steuerrecht ist eine Versöhnung Voraussetzung für eine **erneute Wahl der Ehegattenveranlagung**.

2 Häufig weichen die Angaben der Ehegatten zum Getrenntleben und zu einer Versöhnung gegenüber dem Familiengericht und der Finanzbehörde voneinander ab. Es gilt, die Unterscheidungen im Familien- und Steuerrecht zu beachten. Anders als in § 1567 Abs. 2 BGB unterbricht der Versöhnungsversuch das steuerlich dauernde Getrenntleben.

II. Familienrechtliche Aspekte

1. Getrenntleben

3 Voraussetzung für eine Versöhnung ist zunächst das ursprüngliche Bestehen einer häuslichen Gemeinschaft, dh einer **Haushalts- und Wirtschaftsgemeinschaft**, die durch das Getrenntleben aufgehoben worden ist.[1]

4 Mit der Trennung iSd § 1567 BGB wird der **Familienverbund** aufgelöst. Es ist auf das Gesamtbild der äußeren erkennbaren Merkmale abzustellen, ob eine häusliche Gemeinschaft aufgelöst worden ist oder nicht. Zu einer objektiven Trennung muss ein subjektiver Trennungswille hinzutreten,[2] wobei diese Feststellung leicht zu treffen ist, wenn der scheidungswillige Ehegatte von dem anderen aufgefordert worden ist, die eheliche Lebensgemeinschaft wiederherzustellen, sich daraufhin jedoch weigert.[3]

5 Die Trennung einer Haushalts- und Wirtschaftsgemeinschaft besteht zunächst bei einer Trennung innerhalb der ehelichen Wohnung. Beide Ehegatten leben zwar in der gleichen Wohnung, es wird aber kein gemeinsamer Haushalt mehr geführt. Werden wegen der Kinder gemeinsame Mahlzeiten (sonntägliche gemeinsame Mittagstische) eingenommen, Gespräche geführt oder Unternehmungen unternommen, spricht dies nicht gegen ein Getrenntleben.[4] Ein gelegentliches Zusammentreffen der Ehegatten ist ein bloßes räumliches Nebeneinander, weil es keine persönlichen Beziehungen mehr gibt. Es handelt sich um eine **Trennung von Tisch und Bett**.[5]

6 Die Aufgabe der ehelichen Gemeinschaft muss selbst gewollt sein. Der Trennungswille muss dabei eindeutig und unmissverständlich zum Ausdruck kommen. Die Äußerung des Trennungswillens ist keine Willenserklärung und es kommt daher nicht auf eine etwaig bestehende Geschäftsunfähigkeit an.[6]

7 Eine vom **staatlichen Zwang durchgeführte Trennung** (Inhaftierung) wird ebenso wenig von einem Trennungswillen geführt wie eine vorgenommene Unterbringung eines Ehegatten in einem **Pflegeheim**.[7]

---

1 Palandt/*Brudermüller* BGB § 1567 Rn. 2.
2 Palandt/*Brudermüller* BGB § 1567 Rn. 5; PWW/*Weinreich* BGB § 1567 Rn. 5.
3 FAKomm FamR/*von Heintschel-Heinegg* Kap. 2 Rn. 65 ff.
4 PWW/*Weinreich* BGB § 1567 Rn. 2 ff.
5 BGH 11.4.1979 – IV ZR 77/78, NJW 1979, 1360.
6 PWW/*Weinreich* BGB § 1567 Rn. 8.
7 Palandt/*Brudermüller* BGB § 1567 Rn. 2.

2. Versöhnung

Nur das gemeinsame Abstandnehmen von einer Trennung führt zu einer Versöhnung. Dient ein erneutes Zusammenleben dazu, die Ehe zu retten, wird das Getrenntleben unterbrochen. Ein **Zusammenleben über kürzere Zeit** unterbricht oder hemmt die Frist von § 1566 BGB (ein Jahr) nicht. Hinsichtlich des Begriffs „kürzere Zeit" wird eine Obergrenze von drei Monaten angenommen.[8] Wenn die Ehegatten die Haushalts- und Wirtschaftsgemeinschaft wieder aufnehmen, wird die Trennungsfrist nicht unterbrochen. Sie läuft vielmehr weiter. So soll eine Versöhnung erleichtert werden. Ein gemeinsamer **Urlaub** reicht nicht aus.[9] 8

Haben die Ehegatten nach eingeleitetem Scheidungsverfahren ihre wechselseitigen Scheidungsanträge zurückgenommen, liegt darin eine endgültige Versöhnung, so dass im Falle eines erneuten Scheidungsbegehrens die Trennungsfristen neu zu laufen beginnen.[10]

Bei einem Zusammenleben zum Zwecke der Versöhnung erlischt der titulierte Anspruch auf Trennungsunterhalt aufgrund fehlender Identität zwischen Trennungs- und Familienunterhalt, sofern die Eheleute jedenfalls mehr als drei Monate wieder zusammengelebt haben. Bei der Geltendmachung von Unterhalt kann die Frage eines kurzfristigen Versöhnungsversuchs im Rahmen des Getrenntlebens nicht von einer retrospektiven Betrachtungsweise abhängig gemacht werden. Vielmehr kann ein kurzfristiger Versöhnungsversuch nur einheitlich unabhängig von der Dauer des vorherigen Getrenntlebens beurteilt werden. Bei einem über drei Monate hinausgehenden Zeitraum kann jedenfalls nicht mehr von einem nur kurzfristigen Versöhnungsversuch ausgegangen werden.[11]

III. Steuerrechtliche Aspekte

1. Dauerndes Getrenntleben

Voraussetzungen für eine Ehegattenveranlagung iSv § 26 Abs. 1 EStG ist, dass die Ehegatten im VZ nicht dauernd getrennt gelebt haben (→ *Steuerveranlagung* Rn. 8 ff.). In der Regel wird bei Ehegatten vermutet, dass sie nicht dauernd getrennt leben. Dem räumlichen Zusammenleben der Ehegatten kommt zwar eine besondere Bedeutung zu,[12] generell können Ehegatten aber auch dann veranlagt werden, wenn sie räumlich getrennt voneinander wohnen.[13] Es ist auf das **Gesamtbild** abzustellen. 9

Ein dauerndes Getrenntleben liegt dann vor, wenn die **Lebens- und Wirtschaftsgemeinschaft endgültig aufgehoben** worden ist. In diesem Fall erledigen die Ehegatten nicht mehr die sie gemeinsam berührenden Fragen des Zusammenlebens, wie zB die Verwendung des für den Familienunterhalt zur Verfügung stehenden Einkommens.[14] Die Feststellungen hierzu hat die Finanzbehörde von Amts wegen zu treffen.[15] 10

Ein dauerndes Getrenntleben liegt nicht vor, wenn die Ehegatten aufgrund einer **doppelten Haushaltsführung** oder eines **kurzzeitigen Auslandseinsatzes** nicht gemeinsam eine Wohnung dauerhaft bewohnen.

Zwingen **äußere Umstände** (Inhaftierung, Krankenhausaufenthalt) die Ehegatten zu einer (zeitlich nicht absehbaren) räumlichen Trennung, ist dies ebenso kein Indiz für ein dauerndes Getrenntleben, wenn beide Ehepartner auf das Fortbestehen der Ehe- und Lebensgemeinschaft bedacht sind und sie diese nach Wegfall

8 Palandt/*Brudermüller* BGB § 1567 Rn. 8; OLG Düsseldorf 11.5.1994 – 2 WF 79/94, FamRZ 1995, 96.
9 Palandt/*Brudermüller* BGB § 1567 Rn. 7.
10 OLG Bremen 2.5.2012 – 4 WF 40/12, FamRZ 2013, 301; *Kemper* FamRB 2012, 302.
11 OLG Stuttgart 21.8.2019 – 15 UF 80/19, FamRZ 2020, 752.
12 BFH 15.6.1973 – VI R 150/69, BStBl. II, 640; 13.12.1985 – VI R 190/82, BStBl. II 1986, 486; 18.7.1985 – VI R 100/83, BFH/NV 1987, 431.
13 BFH 18.7.1985 – VI R 100793, BFH/NV 1987, 431.
14 BFH 18.7.1996 – III R 90795, BFH/NV 1997, 139.
15 Zu den Indizien für die Aufgabe des Familienwohnsitzes eines Piloten s. FG Kassel 8.3.2012 – 3 K 3210/09, https://www.rv.hessenrecht.hessen.de/bshe/document/LARE190001502.

des Hindernisses wieder herstellen wollen.[16] Einer räumlichen Trennung wird bei Abwägung für und gegen die Annahme eines dauernden Getrenntlebens regelmäßig eine besondere Bedeutung beigemessen.[17]

2. Wiederaufnahme der ehelichen Lebens- und Wirtschaftsgemeinschaft

11 Im Gegensatz zu § 1567 BGB unterbricht auch ein gescheiterter Versöhnungsversuch das dauernde Getrenntleben. § 1567 Abs. 2 BGB ist nicht auf das Steuerrecht zu übertragen, weil der zivilrechtlichen Norm eine andere Zielsetzung zugrunde liegt. Ein kurzzeitiges Zusammenleben (ca. vier Wochen) kann daher die Möglichkeit der Zusammenveranlagung eröffnen, wenn das Zusammenleben der Versöhnung dienen soll, auch wenn der Versöhnungsversuch scheitert.[18] Von Bedeutung ist, dass die Lebens- und Wirtschaftsgemeinschaft wieder aufgenommen werden soll, der Versöhnungsversuch also ernsthaft und durch von außen erkennbare Merkmale (zB Aufgabe einer weiteren Wohnung) getragen wird.[19]

12 Eine Rückkehr zur Ehegattenveranlagung nach einer Trennung ist immer möglich. Voraussetzung ist, dass die Ehegatten wieder dauerhaft einen gemeinsamen Haushalt führen. Ein kurzzeitiges Zusammenleben iSv § 1567 Abs. 2 BGB, das der Versöhnung dienen soll, ist ohne Bedeutung bei der Frage der Veranlagung der Ehegatten. Wird eine räumliche Trennung von einem freiwilligen Willen getragen, der aber nur vorübergehend ist, besteht eine widerlegbare Vermutung dafür, dass die Ehegatten die Ehe aufrechterhalten und die volle eheliche Lebens- und Wirtschaftsgemeinschaft aufnehmen wollen.

13 Es muss zu einer **tatsächlichen Wiederaufnahme** einer auf Dauer angelegten ehelichen Lebens- und Wirtschaftsgemeinschaft kommen. Das Verleben eines gemeinsamen Urlaubs im gleichen Hotelzimmer ist noch kein Versöhnungsversuch.[20] Die Wiederaufnahme der dauerhaft angelegten ehelichen Lebens- und Wirtschaftsgemeinschaft bewirkt ein nicht dauerndes Getrenntleben vom ersten Tag an.

3. Dauer eines erneuten Zusammenlebens

14 Ein Versöhnungsversuch muss mindestens eine Dauer von **drei bis vier Wochen** erreichen.[21]

15 Die Rechtsprechung geht von unterschiedlichen Zeiträumen des erneuten Zusammenlebens von einem Monat bis zu sieben Wochen aus.[22] Wird ein drei- bis vierwöchiger Versöhnungsversuch über die **Jahreswende** geführt, besteht für den Veranlagungszeitraum des Beginns des Versöhnungsversuchs das Recht der Zusammenveranlagung und für den Folgeveranlagungszeitraum des Folgejahres.

16 Weil der inneren Einstellung der Ehegatten zur ehelichen Lebensgemeinschaft eine entscheidende Bedeutung zukommt, ist ein gescheiterter Versöhnungsversuch aktenkundig zu machen. Nach dem FG Nürnberg[23] handelt es sich hierbei um objektiv schwer nachprüfbare **innere Vorgänge in der Ehegattensphäre**. Es ist daher auf die äußeren erkennbaren Umstände abzustellen.

Haben die Eheleute zwischenzeitlich wieder zusammengelebt, trägt der Antragsgegner die **Beweislast** dafür, dass dieses Zusammenleben nicht nur der Versöhnung dienen sollte, sondern zu einer echten Aussöhnung geführt hat.[24]

Nach der Rechtsprechung des FG Niedersachsen liegen die Voraussetzungen für eine Zusammenveranlagung selbst dann vor, wenn ein Ehegatte aufgrund einer schweren Erkrankung in einer Pflegeeinrichtung

16 BFH 5.10.1966 – VI 42/65, BStBl. III1967, 84.
17 BFH 15.6.1973 – VI R 150/69, BStBl. II 1973, 640.
18 BFH 26.8.1997 – VI R 268/94, BFH/NV 1998, 163.
19 *Müller* DStZ 1997, 87.
20 FAKomm FamR/*Kuckenburg/Perleberg-Kölbel* 13. Kap. Rn. 406.
21 Johannsen/Henrich/*Büttner* BGB § 1361 Rn. 141; *Hausmann* FamRZ 2002, 1612.
22 FG Hessen 14.4.1988 – 9 K 70/85, EFG 1988, 63: **sieben Wochen**; FG Münster 22.3.1996 – 14 K 3008/94 E EFG 1996, 921: **sechs Wochen**; FG Köln 21.12.1993 – 2 K 4543/92, EFG 1994, 771: **drei bis vier Wochen**; FG Nürnberg 7.3.2005 – VI 160/2004, DStRE 2004, 938: über **einen Monat**.
23 FG Nürnberg 7.3.2005 – VI 160/2004, DStRE 2004, 938.
24 PWW/*Weinreich* BGB § 1567 Rn. 15.

untergebracht werden muss und der andere Ehegatte mit einer neuen Lebensgefährtin zusammenlebt. Die Trennung beruht nach Ansicht des FG Niedersachsen dann auf äußeren Umständen. Aufgrund der jahrelangen bestehenden Fürsorge des Ehegatten für den pflegebedürftigen Ehegatten besteht nach Ansicht des FG Niedersachsen in finanzieller und moralischer Hinsicht weiterhin eine Lebensgemeinschaft.[25]

Nach dem FG Münster[26] halten Ehegatten selbst die eheliche Wirtschaftsgemeinschaft aufrecht, wenn sie für eine nicht absehbare Zeit räumlich voneinander getrennt leben, die sie berührenden wirtschaftlichen Fragen aber gemeinsam erledigen und gemeinsam über die Verwendung des Familieneinkommens entscheiden.

25 FG Niedersachsen 23.6.2015 – 13 K 225/14, NWB GAAAF-06412.
26 FG Münster 15.3.2017 – 7 K 2441/15, https://www.justiz.nrw.de.

261. Versorgungsausgleich

Weil

I. Einleitung

1 Durch den Versorgungsausgleich werden bei einer Scheidung die von den Eheleuten während der Ehezeit erworbenen **Versorgungsanrechte** zwischen den Eheleuten aufgeteilt. Entsprechendes gilt bei der Aufhebung einer Lebenspartnerschaft. Mit dem am 8.4.2009 verkündeten Gesetz zur Strukturreform des Versorgungsausgleichs (VAStrRefG) wurde der Versorgungsausgleich auf eine völlig neue Grundlage gestellt mit dem Ziel, ihn gerechter, einfacher und verständlicher zu gestalten. Dies soll erreicht werden, indem nach Möglichkeit jedes einzelne Anrecht in sich geteilt wird (interne Teilung) (→ *Interne Teilung* Rn. 1 ff.). Nur in Ausnahmefällen soll für den Ausgleichsberechtigten ein Anrecht bei einem anderen Versorgungsträger begründet (externe Teilung) (→ *Externe Teilung* Rn. 1 ff.) oder ein Anrecht in den schuldrechtlichen Versorgungsausgleich verwiesen werden (→ *Schuldrechtlicher Versorgungsausgleich* Rn. 1 ff.).

2 Für die Teilung eines jeden Anrechts gilt der Grundsatz der **Halbteilung** (§ 1 VersAusglG), dh die während der Ehezeit erworbenen Anteile von Anrechten sind **jeweils** hälftig zwischen den Eheleuten aufzuteilen. Die hierfür maßgebliche **Ehezeit** beginnt mit dem ersten Tag des Monats, in dem die Ehe geschlossen wurde, und endet am letzten Tag des Monats vor Zustellung des Scheidungsantrags (§ 3 Abs. 1 VersAusglG). Bei einer **Ehezeit von bis zu drei Jahren** (kurze Ehezeit) findet ein Versorgungsausgleich nur statt, wenn ein Ehegatte dies beantragt (§ 3 Abs. 3 VersAusglG).

3 In der bisherigen Praxis hat dieses zunächst sehr einfach und gerecht erscheinende Verfahren zahlreiche Probleme aufgeworfen. Zunächst sahen sich die Versorgungsträger vor die nicht einfache Aufgabe gestellt, eine den Vorschriften des VersAusglG genügende Teilung der Anrechte im Rahmen der für sie geltenden gesetzlichen Vorschriften umzusetzen. Nachdem dieser Prozess nun weitgehend abgeschlossen ist, werden zunehmend die Folgen der Teilungen für die Eheleute sichtbar. Hier zeichnen sich derzeit vor allem folgende **Problembereiche** ab: den Eheleuten geht häufig wertvoller **Risikoschutz** verloren (→ *Risikoschutz im Versorgungsausgleich* Rn. 1 ff.), **externe Teilungen** spielen zahlenmäßig und vor allem wirtschaftlich eine sehr viel größere Rolle als erwartet (→ *Externe Teilung* Rn. 1 ff.), eine angemessene Berücksichtigung von **Wertänderungen** der Ausgleichswerte zwischen Ende der Ehezeit und Umsetzungszeitpunkt der Teilung konnte bisher erst teilweise durch die Rechtsprechung des Bundesgerichtshofs gewährleistet werden (→ *Zinsen im Versorgungsausgleich* Rn. 1 ff.), **ausländische, zwischenstaatliche oder überstaatliche Versorgungen** können nicht geteilt werden (→ *Ausländische Rentenanrechte* Rn. 1 ff.). Auf der anderen Seite räumt das VersAusglG den Eheleuten weitreichende Dispositionsbefugnisse ein, so dass in vielen Fällen unerwünschte Folgen von Teilungen durch geeignete **Vereinbarungen** gem. §§ 6–8 VersAusglG vermieden werden können (→ *Vereinbarungen zum Versorgungsausgleich* Rn. 1 ff.). Bedenkt man, dass die Versorgungsanrechte in den meisten Ehen den überwiegenden Anteil des in der Ehe erworbenen Vermögens darstellen und dass ein sorgloser Umgang mit diesen Anrechten ein auskömmliches Einkommen der Ehegatten in der gesamten Rentenphase, dh unter Umständen über einen Zeitraum von mehreren Jahrzehnten, gefährden kann, wird klar, welche wirtschaftliche Bedeutung der Versorgungsausgleich hat. Ein sorgsamer Umgang mit diesen Werten sollte daher selbstverständlich sein. Für die Praxis bedeutet dies, dass eine Umsetzung der Vorschläge der Versorgungsträger nicht erfolgen sollte, ohne dass die Auswirkungen auf die Versorgung der Eheleute im Einzelfall und unter den für eine Versorgung maßgeblichen Aspekten

beachtet werden. Ggf. sollte von der Möglichkeit, unerwünschte Folgen des Versorgungsausgleichs durch eine geeignete Vereinbarung zu vermeiden, Gebrauch gemacht werden.

II. Anrechte im Versorgungsausgleich

Welche Anrechte im Versorgungsausgleich auszugleichen sind, regelt § 2 VersAusglG. Ein Anrecht im Sinne des Versorgungsausgleichsgesetzes ist eine **Anwartschaft auf Versorgung** oder eine **laufende Versorgung**, unabhängig davon, ob diese im Inland oder im Ausland erworben wurde. Unter **Versorgung** versteht man in diesem Zusammenhang Leistungen, die im Alter oder bei Invalidität zum Lebensunterhalt des Berechtigten beitragen, oder nach seinem Tod zu dem seiner Hinterbliebenen. Von einer **Anwartschaft auf Versorgung** spricht man solange noch kein **Versorgungsfall** (das ist ein Ereignis, das die Zahlung von Versorgungsleistungen auslöst) eingetreten ist, also solange noch keine Leistungen erbracht werden. Ein **Anspruch auf Versorgung** ist nach Eintritt eines Versorgungsfalles gegeben, also dann, wenn bereits Leistungen erbracht werden. Im Versorgungsausgleich sind sowohl Anwartschaften als auch Ansprüche auf Versorgungen auszugleichen. 4

Zu den im Inland erworbenen Anrechten auf Versorgung zählen nach § 2 Abs. 1 VersAusglG zB Anrechte der **gesetzlichen Rentenversicherungen**, der **Beamtenversorgung**, **berufsständische Versorgungen**, **betriebliche Altersversorgung** und **private Alters- und Invaliditätsvorsorge**. Diese Aufzählung ist nicht abschließend. 5

Welche Voraussetzungen ein Anrecht erfüllen muss, um im Versorgungsausgleich Berücksichtigung zu finden, regelt § 2 Abs. 2 VersAusglG. Danach muss es durch **Arbeit oder Vermögen** geschaffen oder aufrechterhalten worden sein, der **Absicherung im Alter oder bei Invalidität** dienen und auf eine Rente gerichtet sein. Bei Anrechten **im Sinne des Betriebsrentengesetzes** (→ Rn. 8) oder des **Altersvorsorgeverträge-Zertifizierungsgesetzes** kommt es auf die Leistungsform nicht an. Diese Anrechte sind auch auszugleichen, wenn sie Leistungen in Form einer **Kapitalzahlung** gewähren. Im Einzelfall kann eine Abgrenzung, ob ein Anrecht auf eine Leistung die Kriterien des § 2 Abs. 2 VersAusglG erfüllt, schwierig sein. 6

Für die Berücksichtigung im Versorgungsausgleich ist es nach § 2 Abs. 3 VersAusglG unerheblich, ob zum Ende der Ehezeit zeitliche Voraussetzungen für einen Leistungsanspruch, wie zum Beispiel die Erfüllung einer **Wartezeit**, eine **Mindestbeschäftigungszeit**, eine **Mindestversicherungszeit** oder Ähnliches erfüllt sind. 7

III. Kapitalzusagen

Ein Anrecht ist nach § 2 Abs. 2 Nr. 3 VersAusglG nur auszugleichen, wenn es auf eine Rente gerichtet ist. Eine Ausnahme bilden Anrechte im Sinne des Betriebsrentengesetzes und des Altersvorsorgeverträge-Zertifizierungsgesetzes. Diese Anrechte sind unabhängig von der Leistungsform auszugleichen. Anrechte im Sinne des **Altersvorsorgeverträge-Zertifizierungsgesetzes** sind alle Riester-Verträge und Rürup-Verträge (Basisrente). Sie sind unabhängig von ihrer Ausgestaltung im Versorgungsausgleich zu berücksichtigen. 8

Von Anrechten der betrieblichen Altersversorgung zu unterscheiden sind Anrechte aus einer Unternehmerversorgung. Auch ein Gesellschafter-Geschäftsführer kann aufgrund seiner Tätigkeit eine betriebliche Zusage haben; allerdings unterfällt diese Zusage, auch wenn sie entsprechend ausgestaltet ist, nicht dem BetrAVG. Dies hat zur Folge, dass bspw. die Vorschriften über die Unverfallbarkeit des Anrechts nicht gelten; das Gleiche gilt für die Frage der Anpassung laufender Leistungen.

Nach § 2 Abs. 2 Nr. 3 VersAusglG ist ein **Anrecht im Sinne des Betriebsrentengesetzes** zwar unabhängig von der Leistungsform (Rente oder Kapital) beim Versorgungsausgleich auszugleichen. Da Unternehmerversorgungen idR jedoch nicht dem BetrAVG unterfallen, sind solche Kapitalanrechte **nicht** beim Versorgungsausgleich auszugleichen.[1]

Private Kapitallebensversicherungen unterliegen nicht dem Versorgungsausgleich. Dies gilt auch für Rentenlebensversicherungen mit Kapitalwahlrecht, wenn dieses bis zur letzten mündlichen Hauptverhandlung ausgeübt wurde. In diesen Fällen besteht für den Ausgleichsberechtigten dann die Möglichkeit, nach § 27 VersAusglG zu beantragen, eigene Anrechte in gleicher Höhe vom Versorgungsausgleich auszuschließen.

9 Im Hinblick auf **ausländische, zwischenstaatliche und überstaatliche Anrechte** ist zu beachten, dass die Berücksichtigung von Kapitalzusagen nach § 2 Abs. 2 Nr. 3 Hs. 2 VersAusglG auf Anrechte im Sinne des Betriebsrentengesetzes beschränkt ist. In vielen Ländern sind in der betrieblichen Altersversorgung Kapitalzusagen gebräuchlich. Häufig sind hierfür erhebliche Vermögenswerte reserviert. Ein Zugriff hierauf ist in der Regel vor Eintritt des Versorgungsfalles nicht möglich und die Höhe der künftigen Leistung ist häufig ungewiss, weil sie von der künftigen Entwicklung der Kapitalmärkte abhängt. Eine Berücksichtigung im Zugewinnausgleich ist daher ebenso problematisch wie bei inländischen Anrechten (→ *Ausländische Rentenanrechte* Rn. 6). Es wäre daher wünschenswert, wenn die Formulierung „im Sinne des Betriebsrentengesetzes" so umfassend interpretiert werden könnte, dass auch ausländische Kapitalzusagen auf betriebliche Altersversorgung im Versorgungsausgleich berücksichtigt werden können.

IV. Ausgleichswert

10 Anders als in dem bis zum 31.8.2009 geltenden Recht erfolgt die Teilung im Versorgungsausgleich nach derzeitigem Recht meist nicht mehr auf der Basis von Rentenbeträgen. Maßstab für die Berechnung des Ehezeitanteils und des Ausgleichswertes ist nach § 5 Abs. 1 VersAusglG vielmehr eine für das jeweilige Anrecht **maßgebliche Bezugsgröße**. Maßgebliche Bezugsgrößen können neben den Rentenbeträgen zum Beispiel Entgeltpunkte, Punktbemessungsgrößen, Deckungskapitalien, versicherungsmathematische Barwerte, zu einem späteren Zeitpunkt fällig werdende Kapitalzahlungen, Fondsanteile und vieles mehr sein. Diese Bezugsgrößen unterscheiden sich in vielerlei Hinsicht. Bei manchen dieser Bezugsgrößen, zB bei Entgeltpunkten, führt eine Teilung auf Basis eines auf das Ende der Ehezeit berechneten Ausgleichswertes in der Regel auch dann noch halbwegs zu einer Halbteilung, wenn die Umsetzung erst zu einem späteren Zeitpunkt erfolgt; bei anderen Bezugsgrößen ist dies nicht der Fall, zB bei einem Deckungskapital, einem versicherungsmathematischen Barwert, einem Übertragungswert nach § 4 Abs. 5 BetrAVG oder dem Wert von Fondsanteilen. Diese Größen sind Stichtagsgrößen. Bei Anrechten mit einer dieser Bezugsgrößen kann bei einer externen Teilung eine **Halbteilung** nur erreicht werden, wenn der Stichtag, zu dem der Wert ermittelt wurde, mit dem Stichtag der Umsetzung der Teilung übereinstimmt oder wenn der auf das Ende der Ehezeit ermittelte Wert in geeigneter Weise angepasst wird. Die Rechtsprechung hat inzwischen diesem Umstand Rechnung getragen. Bei Anrechten, bei denen der Ausgleichswert durch Abzinsung ermittelt wird, ist der Ausgleichswert bei einer externen Teilung für den Zeitraum zwischen dem Ende der Ehezeit und der Rechtskraft mit dem **Rechnungszins der Quellversorgung** zu verzinsen.[2] Dies betrifft Ausgleichswerte, bei denen die Bezugsgröße ein Deckungskapital, ein versicherungsmathematischer Barwert oder ein Übertragungswert nach § 4 Abs. 5 BetrAVG ist.

11 Bezieht der ausgleichspflichtige Ehegatte vom Ende der Ehezeit bis zur rechtskräftigen Entscheidung über den Versorgungsausgleich bereits eine ungekürzte Altersrente aus betrieblicher Altersversorgung, so ist eine zu erwartende oder bereits eingetretene Barwertminderung des Anrechts durch gleichmäßigen Abzug auf beide Ehegatten zu verteilen.[3] Dabei ist das noch vorhandene restliche Deckungskapital zeitnah zur Entscheidung über den Versorgungsausgleich oder vorausschauend auf den Zeitpunkt der mutmaßlichen Rechtskraft zu ermitteln.

1 BGH 6.11.2013 – XII ZB 22/13, FamRZ 2014, 104; OLG Hamm 14.11.2013 – II-14 UF 107/13, FamRZ 2014, 754.
2 BGH 7.9.2011 – XII ZB 546/10, NJW 2011, 3358; 6.2.2013 – XII ZB 204/11, NJW 2013, 1240.
3 BGH 18.1.2017 – XII ZB 544/15, FamRZ 2017, 623; 17.2.2016 – XII ZB 447/13, FamRZ 2016, 775; 24.8.2016 – XII ZB 84/13, FamRZ 2016, 2000.

Bei Anrechten, die an ein Investmentvermögen oder sonstige Finanzinstrumente gebunden sind, wie zB Fondszertifikate, ist auch die **nachehezeitliche Kapitalentwicklung** zu berücksichtigen.[4] Dabei kann der Ausgleichswert nach § 14 Abs. 1 VersAusglG bei Anrechten, die an ein Investmentvermögen oder ein sonstiges Finanzinstrument gebunden sind, also auch bei fondsgebundenen Anrechten, in Anteilen an diesem Vermögen angegeben werden. Dies können somit auch Fondsanteile sein. Erfolgt der Ausgleich eines fondsgebundenen Anrechts in der Bezugsgröße „Fondsanteile" durch externe Teilung und Begründung eines Anrechts in der gesetzlichen Rentenversicherung als Zielversorgungsträger, so muss die Beschlussformel die Anordnung enthalten, dass eine Umrechnung des dem Ausgleichswert entsprechenden Kapitalbetrags anhand der bei Rechtskraft der Entscheidung geltenden Umrechnungsfaktoren für die gesetzliche Rentenversicherung in Entgeltpunkte zu erfolgen hat.[5] Danach hat die externe Teilung eines fondsgebundenen Anrechts anhand der aktuellen Bezugsgröße bei der Entscheidung zu erfolgen. 12

V. Grundsätze für den Wertausgleich

Grundsätzlich sieht § 9 VersAusglG für Anrechte, die im Versorgungsausgleich zu berücksichtigen sind (→ Rn. 4), einen Wertausgleich durch **Teilung** bezogen auf den Zeitpunkt der Scheidung vor. Eine Teilung unterbleibt, soweit die Eheleute nach den Vorschriften der §§ 6–8 VersAusglG eine anderweitige **Vereinbarung** getroffen haben (→ *Vereinbarungen zum Versorgungsausgleich* Rn. 1 ff.) oder einem Anrecht zum Zeitpunkt der Scheidung die **Ausgleichsreife** fehlt (→ *Ausgleichsreife* Rn. 1 ff.). Unterbleibt die Teilung wegen fehlender Ausgleichsreife, kann der Ausgleich später ggf. im Wege des **schuldrechtlichen Versorgungsausgleichs** (→ *Schuldrechtlicher Versorgungsausgleich* Rn. 1 ff.) erfolgen. Ein Wertausgleich soll nicht vorgenommen werden, wenn gleichwertige Anrechte nur einen geringen Wertunterschied oder einzelne Anrechte nur einen geringen Ausgleichswert haben (→ *Geringfügige Anrechte im Versorgungsausgleich* Rn. 1 ff.). 13

VI. Wertausgleich bei Scheidung

Für einen Wertausgleich bei Scheidung kommen zwei verschiedene Teilungsverfahren in Betracht, die **interne Teilung** (→ *Interne Teilung* Rn. 1 ff.) und die **externe Teilung** (→ *Externe Teilung* Rn. 1 ff.). Bei der internen Teilung wird für den ausgleichsberechtigten Ehegatten beim Versorgungsträger des auszugleichenden Anrechts ein eigenständiges Anrecht begründet. Diese Form des Ausgleichs soll nach § 9 Abs. 2 VersAusglG den Vorrang haben. Bei einer externen Teilung, die auf Ausnahmefälle beschränkt sein soll, wird für den Ausgleichsberechtigten ein Anrecht bei einem anderen Versorgungsträger (→ *Externe Teilung* Rn. 2) begründet. 14

Nach § 11 Abs. 1 S. 1 VersAusglG muss die interne Teilung die gleichwertige Teilhabe der Ehegatten an den in der Ehezeit erworbenen Anrechten sicherstellen. Dies betrifft insbesondere eine vergleichbare Wertentwicklung in Bezug auf das übertragene neue Anrecht (§ 11 Abs. 1 S. 2 Nr. 2 VersAusglG). Ist eine solche **Wertentwicklung** nicht gegeben, verstößt dies gegen den **Halbteilungsgrundsatz**. Dies ist insbesondere der Fall, wenn im Rahmen der Zusage einer betrieblichen Altersversorgung die Teilungsordnung des Versorgungsträgers für das Anrecht der ausgleichsberechtigten Person nicht denselben Rechnungszins vorsieht wie für das Anrecht der ausgleichspflichtigen Person.[6] 15

Sieht die Teilungsordnung des Versorgungsträgers der auszugleichenden Versorgung im Fall der internen Teilung eines Anrechts vor, dass für die neue Versicherung der ausgleichsberechtigten Person die aktuell bei vergleichbaren Versicherungen im Neugeschäft verwendeten Rechnungsgrundlagen anzuwenden sind, was zu einem **anderen Rechnungszins** in Bezug auf das auszugleichende Anrecht führt, liegt ein Verstoß

4 BGH 11.7.2018 – XII ZB 336/16, FamRZ 2018, 1745; BGH 19.7.2017 – XII ZB 201/17, FamRZ 2017, 1655.

5 OLG München 11.1.2018 – 16 UF 613/17, FamRZ 2018, 994; OLG Frankfurt a.M. 11.9.2017 – 4UF 132/17, FamRZ 2018, 430.

6 OLG Hamm 20.6.2018 – II-7 UF 213/17, FamRZ 2019, 26; OLG Frankfurt a.M. 23.9.2016 – 4 UF 64/15, FamRZ 2017, 878; OLG Nürnberg 19.11.2015 – 11 UF 1032/15, FamRZ 2016, 819; OLG Koblenz 13.8.2015 – 13 UF 303/15, FamRZ 2016, 375; OLG Stuttgart 18.2.2016 – 11 UF 230/15, FamRZ 2016, 1689.

gegen die Vorschrift des § 11 Abs. 1 S. 2 Nr. 2 VersAusglG vor.[7] In diesen Fällen ist durch eine Maßgabeanordnung in der Beschlussformel durch das Familiengericht zu bestimmen, dass die entsprechende Regelung der Teilungsordnung unwirksam ist und der Versorgungsträger auch für das neue Anrecht dieselben Berechnungsgrundlagen anzuwenden hat.

VII. Wertausgleich nach der Scheidung

16 Findet ein Wertausgleich bei Scheidung nicht statt, so kann er später, wenn beide Eheleute die Voraussetzungen für einen Rentenbezug erfüllt haben, im Wege des schuldrechtlichen Ausgleichs (→ *Schuldrechtlicher Versorgungsausgleich* Rn. 1 ff.) erfolgen.

Hinweis: Wegen des unter Umständen sehr langen Zeitraums, der vergeht, bis der schuldrechtliche Ausgleich geltend gemacht werden kann, muss damit gerechnet werden, dass der Versorgungsträger die Daten zu einer Berechnung oder Überprüfung des Ausgleichswertes dann nicht mehr verfügbar haben wird. Auch wenn die Höhe des Ausgleichswertes für den Versorgungsausgleich zunächst nicht von Bedeutung ist, muss daher bei diesen Anrechten darauf geachtet werden, dass bei Durchführung des Versorgungsausgleichs vollständige Unterlagen vorliegen (Name und Anschrift des Versorgungsträgers, Vertragsgrundlagen (zB Versorgungszusage, Betriebsvereinbarung oder Versicherungsvertrag), nach Möglichkeit Berechnung des Ehezeitanteils und des Ausgleichswertes, ansonsten alle Bemessungsgrößen).

VIII. Härteregelung

17 Ein Versorgungsausgleich findet gem. § 27 S. 1 VersAusglG ausnahmsweise nicht statt, wenn er **grob unbillig** wäre. Hierbei kommt es auf die gesamten Umstände des Einzelfalles an. Die Regelung gilt sowohl für den Wertausgleich nach Scheidung als auch für den schuldrechtlichen Versorgungsausgleich und das Abänderungsverfahren (§ 226 Abs. 3 FamFG). Mit der Neuregelung ist keine Änderung materiellen Rechts verbunden. In der Praxis kann daher auf die bislang entwickelten Fallgruppen zurückgegriffen werden.[8]

IX. Tenor

18 Nach § 38 Abs. 2 Nr. 3 FamFG muss ein Beschluss zu einem Versorgungsausgleich einen Tenor enthalten. Eine geeignete Formulierung ist sowohl für die Versorgungsträger als auch für die Eheleute von großer Bedeutung. Sie muss präzise genug gefasst sein, dass die Teilung von den **Versorgungsträgern vollzogen** werden kann und die Parteien ggf. ihre **Ausgleichsansprüche nach Scheidung** geltend machen können (→ Rn. 17).

19 Bei einer **internen Teilung** nach § 10 VersAusglG ist es daher geboten, im Tenor der gerichtlichen Entscheidung die **Fassung oder das Datum der Versorgungsregelung** zu benennen, die dieser Entscheidung zu Grunde liegt.[9] In der Praxis wird häufig von den Versorgungsträgern in der Auskunft auch ein Vorschlag für eine Tenorierung unterbreitet. Ohne dass das Gericht ersichtlich von dem Vorschlag des Versorgungsträgers abweichen möchte, wird der vom Versorgungsträger vorgeschlagene Tenor oft nur in abgewandelter oder abgekürzter Form übernommen. Damit ist der Tenor häufig nicht eindeutig. In der betrieblichen Altersversorgung und bei privaten Lebensversicherungen gibt es oft eine große Anzahl verschiedener Versorgungsregelungen bzw. Versicherungstarife, über die nur der Versorgungsträger einen Überblick haben kann. Entsprechend kann auch nur er beurteilen, welche Angaben genau erforderlich sind, um eine Versorgungsregelung oder einen Tarif eindeutig zu benennen. Nur wenn die Bezeichnung des Versorgungsträgers für ein Anrecht genau in den Tenor des Beschlusses übernommen wird, ist die für den Vollzug und eine Bilanzierung erforderliche Bestimmtheit der Beschlussformel gewährleistet. Außerdem

7 OLG Celle 5.4.2019 – 21 UF 202/18, FamRZ 2019, 1780; OLG Hamm 20.6.2018 – 7 UF 213/17, FamRZ 2019, 26; OLG Nürnberg 2.11.2018 – 11 UF 737/18, FamRZ 2019, 184.

8 HK-FamR/*Götsche*, VersAusglG § 27 Rn. 27 ff.

9 BGH 26.1.2011 – XII ZB 504/10, FamRZ 2011, 547 ff.

kann das Gericht nur so klarstellen, welche konkrete Fassung der Versorgungsregelung es nach § 11 Abs. 1 VersAusglG geprüft und für in Ordnung befunden hat.[10]

Bei einem gesetzlichen Rentenanrecht hält der Bundesgerichtshof die **nähere Bezeichnung der Rechtsgrundlage** im Tenor für entbehrlich, weil sich das aus der Übertragung von Entgeltpunkten folgende Recht aus dem Gesetz ergibt. Bei untergesetzlichen Versorgungsregelungen hält er die Angabe der maßgeblichen Versorgungsregelungen aber für zweckmäßig oder sogar geboten, um den konkreten Inhalt des für den ausgleichsberechtigten Ehegatten bei dem Versorgungsträger geschaffenen Anrechts klarzustellen. Außerdem stellt der Bundesgerichtshof in dem genannten Urteil die Verpflichtung des Gerichts fest, bei untergesetzlichen Versorgungsregelungen zu prüfen, ob die Versorgungsregelung den Anforderungen des § 11 Abs. 1 VersAusglG genügt und damit die gleichmäßige Teilhabe der Ehegatten an dem Anrecht sichergestellt ist. 20

Bei Direktzusagen der **betrieblichen Altersversorgung** ist es für den Versorgungsträger wichtig, dass er die Anrechte in der Steuerbilanz entsprechend den jeweiligen Vorschriften berücksichtigen kann. Bei Direktzusagen und Unterstützungskassenzusagen ist eine Voraussetzung hierfür, dass die Zusage schriftlich erteilt ist (**Schriftformerfordernis**). Dies sieht die Finanzverwaltung bei einem im Rahmen eines Versorgungsausgleichs zu begründenden Anrechts nur dann als gegeben, wenn aus dem Beschluss des Familiengerichts Art und Umfang der Versorgung der ausgleichsberechtigten Person eindeutig hervorgehen.[11] 21

Ausgleichsansprüche, die dem **Wertausgleich nach Scheidung** (**schuldrechtlicher Versorgungsausgleich**) verbleiben, muss das Gericht nach § 224 Abs. 4 FamFG in der Begründung benennen. Eine vollständige Auflistung aller verbleibenden Ausgleichsansprüche ist daher unerlässlich. Hierbei sind auch Teilansprüche zu benennen, die zum Ende der Ehezeit noch nicht feststehen und daher nicht berücksichtigt werden können. Dies betrifft zB alle Anrechte bei ausländischen, zwischenstaatlichen und überstaatlichen Versorgungsträgern und häufig auch Teilansprüche in der betrieblichen Altersversorgung. Nicht ausgeglichene Teilansprüche der betrieblichen Altersversorgung sind den Laien oft nicht ersichtlich, oder es bedürfte eines eingehenden Studiums der Teilungsordnung, um sie herauszufinden. Es wäre daher wünschenswert, wenn die Versorgungsträger verpflichtet werden könnten, die diese im Ausgleichsbetrag nicht berücksichtigten Teilanrechte ausdrücklich zu benennen, von materieller Bedeutung kann hier zB die Anwartschaftsdynamik bei endgehaltsabhängigen Direktzusagen der betrieblichen Altersversorgung sein (→ *Betriebliche Altersversorgung* Rn. 1 ff.). 22

X. Vereinbarungen zum Versorgungsausgleich

1. Einbezug in die Regelung der ehelichen Vermögensverhältnisse

§ 6 Abs. 1 Nr. 1 VersAusglG erlaubt ausdrücklich die Einbeziehung von Versorgungsanrechten in die Regelung der **ehelichen Vermögensverhältnisse**. Als Grundlage hierfür kann der Wert des Ehezeitanteils als Kapitalbetrag herangezogen werden, den der Versorgungsträger für den Versorgungsausgleich entweder als Ausgleichswert oder als korrespondierenden Kapitalwert mitgeteilt hat. Hierbei ist jedoch zu beachten, dass die für den Versorgungsausgleich ermittelten Ausgleichswerte und korrespondierenden Kapitalwerte **Bruttowerte** sind, die in dieser Höhe nicht auf der Vermögensebene zur Verfügung stehen werden. Die Versorgungssysteme in Deutschland werden inzwischen alle nachgelagert besteuert oder werden zumindest allmählich in die nachgelagerte Besteuerung überführt, Versorgungsleistungen müssen daher grundsätzlich mit dem **persönlichen Steuersatz** in der **Rentenphase** versteuert werden. Aufgrund von Übergangsregelungen können einzelne Anrechte teilweise von der Besteuerung ausgenommen sein; dies wäre im Einzelfall zu prüfen. Außerdem sind auf die Versorgungsleistungen Kranken- und Pflegeversicherungsbeiträge zu entrichten, und zwar der volle Beitragssatz. Bei der gesetzlichen Rentenversicherung reduziert sich die Belastung um die Erstattung der gesetzlichen Rentenversicherung, bei der Beamtenversorgung ist wegen der Beihilfe keine volle Absicherung nötig. In den meisten Fällen liegt die Steuer- und Abgabenbelastung 23

10 S. *Holzwarth* in: Anmerkungen zu BGH 26.1.2011 – XII ZB 504/10, FamRZ 2011, 547 ff.
11 BMF-Schreiben vom 12.11.2010, IV C 6 -S2144-c/07/10001.

zwischen etwa 30 % und 45 % der Versorgungsleistung. Bleibt dies bei der Verrechnung von Versorgungsanrechten mit Vermögenswerten unberücksichtigt, wird der Inhaber der Versorgungsanrechte insofern benachteiligt, als er einen Ausgleich für Werte zahlen muss, die ihm auf der Vermögensebene nie zur Verfügung stehen werden. Dies kann vermieden werden, indem nur die geeignet geschätzten **Nettowerte** in Ansatz gebracht werden (→ *Steuern und Sozialabgaben im Versorgungsausgleich* Rn. 2).

24 Versorgungsanrechte sollten nicht aufgegeben werden, soweit sie für die spätere Versorgung benötigt werden. Für eine Versorgung reicht es nicht, dass insgesamt hinreichende Vermögenswerte vorhanden sind. Es muss auch gewährleistet sein, dass in jeder Lebensphase die für den Lebensunterhalt nötige Liquidität, dh hinreichend hohe Barmittel, zur Verfügung stehen (→ *Risikoabsicherung im Versorgungsausgleich* Rn. 1 ff.). Durch eine Immobilie ist dies zB häufig nicht gewährleistet, da nicht gesichert ist, dass sie im Bedarfsfall verkäuflich ist. Außerdem ist zu bedenken, dass eine lebenslängliche Rente auch eine Absicherung für den Fall einer überdurchschnittlich langen Lebensdauer beinhaltet. Bei einer Finanzierung der Altersversorgung durch Kapitalanlagen ist diese Absicherung nicht gegeben.

2. Ausschluss oder Teilausschluss des Versorgungsausgleichs

25 Einzelne Anrechte können nach § 6 Abs. 1 Nr. 2 VersAusglG **ganz oder teilweise** vom Versorgungsausgleich **ausgeschlossen werden** (→ *Vereinbarungen zum Versorgungsausgleich* Rn. 18 ff.). So ist es zB möglich, bestimmte Zeiträume aus dem Versorgungsausgleich auszunehmen. Die Ehezeit nach § 3 VersAusglG ist jedoch nicht disponibel. Das bedeutet, dass bei der Berechnung des Ausgleichswertes die Bemessungsgrundlagen zum Ende der Ehezeit maßgeblich sind. Auf diesen Zeitpunkt ist auch die Berechnung des Ausgleichswertes und ggf. des korrespondierenden Kapitalwertes vorzunehmen. In der Praxis wird dies oft nicht beachtet. Auf die Höhe des Ausgleichswertes kann dies insbesondere dann gravierende Auswirkungen haben, wenn es sich hierbei um ein Deckungskapital oder einen (versicherungsmathematischen) Barwert handelt. Die Bewertung auf den falschen Stichtag wirkt sich in diesen Fällen genauso aus wie die verspätete Umsetzung einer externen Teilung (→ *Zinsen im Versorgungsausgleich* Rn. 2).

26 Nicht zulässig sind **Vereinbarungen zulasten eines Versorgungsträgers**, so kann zum Beispiel die Übertragung eines Anteils, der den Ausgleichswert übersteigt, ohne Zustimmung des Versorgungsträgers nicht wirksam vereinbart werden.

27 Auch eine Verrechnung von Anrechten ist möglich. So können zum Beispiel unnötige Teilungskosten vermieden werden; es kann vermieden werden, dass sich die Anzahl der Anrechte unnötig erhöht; bei Direktzusagen der betrieblichen Altersversorgung kann der Wegfall der Anwartschaftsdynamik vermieden werden, usw. Ein Grund, der besonders schwer wiegen kann, ist der Erhalt der Risikoabsicherung (→ Rn. 8). Als Basis für die Verrechnung steht bei jedem Anrecht ein Kapitalwert zur Verfügung, der den Wert des auszugleichenden Anrechts zum Ende der Ehezeit widerspiegelt. Dies kann der Ausgleichswert oder der korrespondierende Kapitalwert sein. Hierzu ist jedoch anzumerken, dass diese Werte auf sehr unterschiedliche Weise ermittelt werden und nicht unbedingt vergleichbar sind. Im Einzelfall sind daher eventuell Anpassungen vorzunehmen. Hierbei muss man sich jedoch darüber im Klaren sein, dass Versorgungsanrechte von ihrem Charakter her sehr unterschiedlich sein können und in vielen Fällen ein zuverlässiger Wertevergleich daran scheitert, dass der Wert von künftigen Entwicklungen abhängt, die nicht vorhersehbar sind. Wichtige Faktoren sind hier die künftige Dynamik, sowohl in der Anwartschafts- als auch in der Leistungsphase, und die Sicherheit eines Anrechts. Auch bezüglich der Belastung mit Steuern und Sozialabgaben können sich Anrechte ganz maßgeblich unterscheiden (→ *Steuern und Sozialabgaben im Versorgungsausgleich* Rn. 1 ff.). All diese Faktoren sollten bei einer Vereinbarung unbedingt mit in Betracht gezogen werden, wenn es um Anrechte geht, die für die Eheleute eine substantielle Bedeutung haben.

28 Bei der Teilung aller Anrechte, so wie sie das VersAusglG als Regelfall vorsieht, wird oft eine ausreichende Absicherung für den Fall der **Invalidität** zunichte gemacht. Teilweise gilt dies auch für die Absicherung der Kinder im Todesfall über **Waisenrenten**. In vielen Fällen lässt sich dies durch eine geeignete Verein-

barung leicht vermeiden, indem nicht alle Anrechte geteilt werden, sondern stattdessen teilweise eine Verrechnung vorgenommen wird. Es ist daher dringend geboten, die Auswirkungen eines Versorgungsausgleichs auch unter dem Aspekt der Risikoabsicherung bei Invalidität und Tod zu betrachten und ggf. zu versuchen, unliebsame Einschnitte in die Risikoabsicherung durch geeignete Vereinbarungen zu vermeiden (→ *Risikoschutz im Versorgungsausgleich* Rn. 1 ff.).

3. Berücksichtigung von Versorgungsanrechten im schuldrechtlichen Versorgungsausgleich

Es ist möglich zu vereinbaren, dass Anrechte dem **Wertausgleich nach Scheidung** (schuldrechtlicher Versorgungsausgleich) vorbehalten bleiben. Dies kann zB sinnvoll sein, wenn einer der Ehegatten bereits Versorgungsleistungen bezieht, während der andere Ehegatte noch keine Ansprüche auf Versorgungsleistungen hat. Eine sofortige Teilung der Anrechte führt in diesen Fällen zu einer vorübergehenden Versorgungslücke, wenn kein hinreichender Ausgleich durch eine Anpassung nach Rechtskraft nach §§ 32–38 VersAusglG erfolgen kann, denn einem Ehegatten werden seine Leistungen sofort gekürzt, ohne dass dem anderen Ehegatten bereits Leistungen aus diesen Anrechten zufließen. Diese Versorgungslücke kann vermieden werden, indem ein schuldrechtlicher Ausgleich dieser Anrechte vereinbart wird. Hierbei sind jedoch die Risiken für den Ausgleichsberechtigten zu bedenken. Hat der Ausgleichspflichtige die Möglichkeit, eine Kapitalzahlung in Anspruch zu nehmen, muss ausdrücklich vereinbart werden, dass im Falle der Kapitalzahlung der Ausgleich gem. § 22 VersAusglG festgelegt ist und durch eine entsprechende Abtretung gesichert wird.[12] 29

Achtung Haftungsfalle: Bei einer vertraglich vereinbarten schuldrechtlichen Ausgleichsrente hat der ausgleichsberechtigte Ehegatte keinen Anspruch auf den verlängerten schuldrechtlichen Versorgungsausgleich bei Vorversterben des Ausgleichspflichtigen nach § 25 Abs. 2 VersAusglG.

12 *Borth* Versorgungsausgleich Rn. 919.

262. Verwandtenerbrecht

Schwarz

1 Eine wesentliche Schnittstelle zwischen Familienrecht und Erbrecht stellt das Verwandtenerbrecht (→ *Verwandtschaft* Rn. 1 ff.) innerhalb der gesetzlichen Erbfolge dar (§§ 1924 ff. BGB). In § 1589 BGB ist die Verwandtschaft als Blutsverwandtschaft definiert. Für das Verwandtenerbrecht ist jedoch die rechtlich anerkannte Verwandtschaft iSv § 1589 BGB maßgeblich, welche von der Blutsverwandtschaft abweichen kann.[1]

I. Grundprinzipien der Verwandtenerbfolge

1. Ordnungs- oder Parentelsystem

2 Für die gesetzliche Erbfolge der Verwandten unterteilt das Gesetz diese in Ordnungen:

- **Erben der ersten Ordnung** sind die Abkömmlinge des Erblassers, unabhängig davon, ob sie ehelich oder unehelich geboren sind oder adoptiert wurden; das sind die Kinder, Enkel, Urenkel usw (§ 1924 BGB);
- **Erben der zweiten Ordnung** sind die Eltern des Erblassers und deren Abkömmlinge; das sind Geschwister, Neffen und Nichten usw (§ 1925 BGB).;
- **Erben der dritten Ordnung** sind die Großeltern des Erblassers und deren Abkömmlinge; das sind Tante, Onkel, Cousins (Vettern) und Cousinen usw (§ 1926 BGB).;
- **Erben der vierten Ordnung** sind die Urgroßeltern des Erblassers und deren Abkömmlinge (§ 1928 BGB);
- **Erben der fünften und ferneren Ordnungen** sind die weiter entfernten Voreltern des Erblassers und deren Abkömmlinge.

3 Wesentlicher Grundsatz: Nach § 1930 BGB schließen Erben einer vorhergehenden Ordnung solche einer entfernteren Ordnung von der Erbfolge aus. Dadurch erfolgt eine erste Eingrenzung des erbberechtigten Personenkreises.

2. Stamm- bzw. Linienprinzip

4 Sind **Erben der ersten Ordnung** vorhanden, so erfolgt die Ermittlung der Erben zunächst nach Stämmen. Jedes Kind des Erblassers bildet einen Stamm, zu dem auch seine jeweiligen Abkömmlinge zählen (§ 1924 Abs. 3 BGB). **Die Stämme erben je zu gleichen Teilen** (§ 1924 Abs. 4 BGB). Bei zwei Kindern also je zu 1/2, bei drei Kindern je zu 1/3 usw.

5 Bei den **Erben der zweiten und dritten Ordnung** wird vor dem Stamm- das **Linienprinzip** angewandt. Die Linie ist die vom Erblasser aus betrachtete Abstammung von den Eltern bzw. Großeltern. Sie wird von der Mutter als eine mütterliche und vom Vater als eine väterliche Linie vermittelt. Die Eltern des Erblassers erben zu gleichen Teilen, also zu je 1/2 (§ 1925 Abs. 2 BGB). Lebt nur noch ein Elternteil, erbt er zu 1/2, an die Stelle des vorverstorbenen Elternteils treten dessen Abkömmlinge, wieder zu jeweils gleichen Teilen (§ 1925 Abs. 3 S. 1 BGB). Sind Abkömmlinge nicht vorhanden, so erbt der überlebende Teil allein (§ 1925 Abs. 3 S. 2 BGB).

---

1 NK-BGB/*Kroiß* § 1924 Rn. 2.

In der **dritten Ordnung** sind es dann vier Stammeltern, zwei in der mütterlichen Linie, zwei in der väterlichen Linie. **Großeltern erben zu gleichen Teilen** (§ 1926 Abs. 2 BGB). An die Stelle eines vorverstorbenen Großelternteils treten dessen Abkömmlinge. Sind Abkömmlinge nicht vorhanden, so fällt der Anteil dem anderen Teil des Großelternpaars (wenn dieser nicht mehr lebt dessen Abkömmlingen) zu (§ 1926 Abs. 3 BGB). Lebt ein Großelternpaar nicht mehr und sind von ihnen auch keine Abkömmlinge vorhanden, so erben die anderen Großeltern oder deren Abkömmlinge allein (§ 1926 Abs. 4 BGB). 6

3. Repräsentationsprinzip

Das Repräsentationsprinzip gilt **innerhalb eines Stammes**. Es besagt, dass lebende Stammeltern ihre Nachkommen von der Erbfolge ausschließen (§§ 1924 Abs. 2, 1925 Abs. 2, 1926 Abs. 2 BGB). Abkömmlinge treten an die Stelle des jeweils weggefallenen Elternteils (Eintrittsrecht gem. §§ 1924 Abs. 3, 1925 Abs. 3, 1926 Abs. 3 BGB). 7

Ausnahme: Der Erbverzicht eines Abkömmlings oder Seitenverwandten erstreckt sich grundsätzlich auf den ganzen Stamm (§ 2349 BGB).

4. Grad- oder Gradualsystem

Das Gradsystem gilt ab der **vierten Ordnung** anstelle der Erbfolge nach Linien und Stämmen, §§ 1928 Abs. 3, 1929 BGB. Das bedeutet, dass der gradmäßig nähere Verwandte die entfernteren Verwandten von der Erbfolge ausschließt. Nach § 1589 S. 3 BGB bestimmt sich der Verwandtschaftsgrad nach Zahl der sie vermittelnden Geburten. 8

5. Gesetzliches Erbrecht des Staates

Sind keine Verwandten und kein Lebenspartner oder Ehegatte vorhanden, so greift das gesetzliche Erbrecht des Staates (§ 1936 BGB). Für den Fiskus besteht als gesetzlichem Erben kein Ausschlagungsrecht (§ 1942 Abs. 2 BGB). Dafür ist die Geltendmachung der Haftungsbeschränkung erleichtert (§ 2011 BGB, § 780 Abs. 2 ZPO). Bei Wohnsitz oder Aufenthalt in einem Bundesland wird der Erblasser von dem betreffenden Bundesland, ansonsten dem Bund beerbt. Dies gilt auch für ausländische Erblasser, sofern ganz oder für Teile des Nachlasses deutsches Recht anzuwenden ist. 9

II. Erbrecht bei Adoption

Eine für das Erbrecht relevante Verwandtschaft kann auch durch Adoption (→ *Verwandtschaft* Rn. 6 ff.) nach den §§ 1741 ff. BGB begründet werden.[2] Hier ist zum einen danach zu differenzieren, wann die Adoption erfolgte. Denn durch das Adoptionsgesetz hatte das Adoptionsrecht zum 1.1.1977 zahlreiche Änderungen erfahren. Des Weiteren ist zu unterscheiden zwischen der Adoption Volljähriger und der Adoption Minderjähriger. 10

1. Neuregelung des Adoptionsrechts zum 1.1.1977

Bei einer **Minderjährigenadoption** steht dem angenommenen Kind ein gesetzliches Erbrecht sowohl gegen den Annehmenden als auch dessen Verwandten zu.[3] 11

Das Adoptivkind hat damit ein gesetzliches Erbrecht auch gegenüber den Eltern und den Großeltern des Annehmenden (sog. **Volladoption**). Demgegenüber erlöschen die Verwandtschaftsbeziehungen des Adoptivkindes zu seiner Ursprungsfamilie (§ 1755 BGB). Insoweit entfällt dann auch das gesetzliche Erbrecht. Ausnahmen dazu bestehen bei einer Verwandten-, Verschwägerten- und Stiefkindadoption (§§ 1755 Abs. 2, 1756 Abs. 1, 2 BGB). In diesen Fällen bleiben gesetzliches Erb- und Pflichtteilsrecht erhalten. 12

2 NK-BGB/*Kroiß* § 1924 Rn. 11.
3 NK-BGB/*Kroiß* § 1924 Rn. 14.

13 **Beispiel:** Aus der Ehe von A und B gingen der Sohn S, geb. am 23.4.1964, und die Tochter T, geb. am 11.2.1980, hervor. C adoptierte die T am 1.2.1990. Die B verstirbt am 10.3.2001. Hat die T ein Erbrecht nach B?

Lösung: Nein, nach § 1755 BGB ist das Erbrecht erloschen.

14 Bei einer **Volljährigenadoption** hat das angenommene Kind ein gesetzliches Erb- und Pflichtteilsrecht nur gegenüber seinen Adoptiveltern, nicht hingegen gegenüber den Verwandten der Adoptiveltern (§ 1770 Abs. 1 BGB). Das angenommene Kind bleibt aber gegenüber seinen natürlichen Verwandten weiterhin erb- und pflichtteilsberechtigt (§ 1770 Abs. 2 BGB). Das Verwandtschaftsband zu Blutsverwandten wird also nicht durchschnitten.[4] Allerdings können in Ausnahmefällen auch für die Adoption Volljähriger aufgrund Anordnung des Familiengerichts die vollen Rechtsfolgen der Adoption von Minderjährigen gelten (vgl. § 1772 BGB).

15 **Beispiel:** Aus der Ehe A und B gingen der Sohn S, geb. am 23.4.1964, und die Tochter T, geb. am 11.2.1965, hervor. C adoptierte die T am 1.2.1990. Die B verstirbt am 10.3.2001. Hat die T ein Erbrecht nach B?

Lösung: Ja, nach § 1770 Abs. 2 BGB bleibt das Erbrecht hier bestehen.

2. Regelung bis zum 31.12.1976

16 Eine Annahme an Kindes Statt (die durch notariellen Kindesannahmevertrag erfolgte) hatte nach altem Recht das Verwandtschaftsband zu den natürlichen Eltern und Verwandten nicht aufgelöst.[5] Regelfall war die Minderjährigenadoption, bei einer Volljährigenadoption war eine Befreiung erforderlich (musste sittlich gerechtfertigt sein). Das Adoptivkind behielt sein Erb- und Pflichtteilsrecht gegenüber den Blutsverwandten. Durch die Adoption erwarb das Kind aber zusätzlich ein Erb- und Pflichtteilsrecht am Annehmenden, sofern das Erbrecht im Adoptionsvertrag nicht ausgeschlossen war. Kein Erb- und Pflichtteilsrecht erwarb das adoptierte Kind gegenüber den Verwandten des/der Annehmenden. Für den Annehmenden selbst wurde ein Erbrecht nach dem Kind nicht begründet (§ 1759 BGB aF).

17 Für Adoptionen, die bis zum 31.12.1976 wirksam geworden sind, kann heute nach wie vor noch altes Recht gelten.[6] Denn Art. 12 des Adoptionsgesetzes vom 2.7.1976[7] sieht insoweit Übergangsregelungen vor.

18 War das Adoptivkind am 1.1.1977 bereits **volljährig**, so unterliegt die Adoption den Rechtswirkungen einer Volljährigenadoption neuen Rechts.

Hinweis: Ist der Annehmende vor dem 1.1.1977 verstorben, so finden die bis zum 31.12.1976 gültigen Vorschriften Anwendung, dh das Verwandtschaftsband zu den leiblichen Eltern blieb erhalten und damit auch das gesetzliche Erb- und Pflichtteilsrecht des Kindes zu ihnen. War im Kindesannahmevertrag das Erbrecht des Adoptivkindes am Annehmenden ausgeschlossen, so gilt dieser Ausschluss weiter.

19 War das Adoptivkind am 1.1.1977 noch **minderjährig**, so findet ab dem 1.1.1978 das neue Recht der Minderjährigen-Volladoption Anwendung. Für die Zeit bis 31.12.1977 gelten die bisherigen Vorschriften.

Hinweis: Ist der Annehmende vor dem 1.1.1977 verstorben, so gelten die bis zum 31.12.1976 gültigen Vorschriften. Ferner konnte jeder an der Adoption Beteiligte bis zum 31.12.1977 eine einseitige Erklärung gegenüber dem Amtsgericht Berlin-Schöneberg des Inhalts abgeben, dass die Rechtswirkungen über die Volladoption nicht eintreten sollen (Art. 12 Abs. 2 und 3 Adoptionsgesetz). Wurde ein Kind vor dem 1.1.1977 adoptiert und war es zu diesem Zeitpunkt noch minderjährig, sollte deshalb vorsorglich eine Aus-

4 NK-BGB/*Kroiß* § 1924 Rn. 15.
5 NK-BGB/*Kroiß* § 1924 Rn. 12.
6 NK-BGB/*Kroiß* § 1924 Rn. 12.
7 BGBl. I 1749.

kunft bei seinem Geburtsstandesamt eingeholt werden, um festzustellen, ob es wirklich voll erbberechtigt ist oder nicht.

Beispiel: Aus der Ehe A und B gingen der Sohn S, geb. am 23.4.1944, und die Tochter T, geb. am 11.2.1952, hervor. C adoptierte die T am 11.2.1972. Die B verstirbt am 10.3.1976. Hat die T ein Erbrecht nach B? 20

Lösung: Damals Minderjährigenadoption (da noch nicht 21 Jahre alt). Nach Art. 12 § 1 Abs. 4 AdG gelten die alten Vorschriften: Das leibliche Verwandtschaftsverhältnis bleibt bestehen. T ist damit gesetzliche Erbin.

3. Steuerrechtliche Besonderheit

Nach § 15 Abs. 1 a ErbStG gelten die Steuerklassen I und II Nr. 1–3 ErbStG auch dann, wenn durch Annahme als Kind die Verwandtschaft nach den Regeln des BGB erloschen ist. 21

4. Gestaltungsfragen

Bei der Adoption mit „schwacher Wirkung" bleiben zwischen den Angenommenen und den leiblichen Verwandten gegenseitige Erb- und Pflichtteilsrechte bestehen. Bei kinderlosem Ableben des Angenommenen würde das vom Annehmenden ererbte Vermögen an die Blutsverwandtschaft aufsteigender Linie des Adoptierten weitervererbt. Das ist häufig nicht gewollt. **Regelungsmöglichkeiten**: 22

- (Durch Ausspruch der Adoption aufschiebend bedingter) Erbvertrag zwischen Angenommenen als Erblasser und Annehmenden, in dem Adoptierter seine leiblichen Verwandten von der Erbschaft ausschließt. Problem: Pflichtteilsrecht der leiblichen Eltern des Adoptierten bleibt bestehen.
- Annehmender setzt in Verfügung von Todes wegen den Adoptierten nur zu (ggf. befreiten) Vorerben ein; Nacherben zB jemand aus der Familie des Annehmenden. Durch die Nacherbeneinsetzung wird verhindert, dass über Pflichtteilsansprüche auf das „fremde" Vermögen zugegriffen wird. Denn die Vorerbmasse gehört nicht zum vererbbaren Vermögen des Angenommenen.
- Einsetzung des Adoptierten zu Vollerben: Bei kinderlosem Versterben (= aufschiebend bedingt) bei Tod fällig werdendes Vermächtnis zugunsten Personen aus Familie des Annehmenden.

III. Erbrecht des nichtehelichen Kindes

1. Entwicklung

Das nichteheliche Kind hat seit dem 1.4.1998 bei der gesetzlichen Erbfolge grundsätzlich **volles Erbrecht**. 23

Ein nichteheliches Kind, dessen Vater vor dem 1.7.1970 verstorben war, hatte damals kein Erbrecht nach seinem Vater. Das nichteheliche Kind und dessen Vater galten als „nicht verwandt" (§ 1589 Abs. 2 BGB in der Fassung bis zum 30.6.1970). 24

Durch das am 1.7.1970 in Kraft getretene Gesetz über die rechtliche Stellung der nichtehelichen Kinder[8] wurde der § 1589 Abs. 2 BGB aufgehoben und das nichteheliche Kind mit seinem Vater verwandt, damit auch erb- und pflichtteilsberechtigt (→ *Nichteheliche Lebensgemeinschaft* Rn. 15). Hiervon gab es jedoch **Ausnahmen**, wenn der Vater des nichtehelichen Kindes (Gleiches galt auch beim Tod von väterlichen Verwandten) zwischen dem 1.7.1970 (Inkrafttreten des Nichtehelichengesetzes) und dem 31.3.1998 verstorben war und außer dem nichtehelichen Kind auch eheliche Kinder und/oder die Ehefrau des Vaters erbberechtigt waren. Dann stand dem nichtehelichen Kind anstelle seines gesetzlichen Erbteils lediglich ein auf Geld gerichteter Erbersatzanspruch in Höhe des Wertes des Erbteils zu (seinerzeitiger § 1934 a BGB). Dies galt aber nicht für nichteheliche Kinder, die am 1.7.1970 bereits volljährig waren, also vor dem 1.7.1949 geboren waren. Für sie verblieb es nach Art. 12 § 10 Nichtehelichengesetz (NEhelG) 25

8 BGBl. I 1969, 1243.

bei der alten Rechtslage, sie waren vom Erbrecht ausgeschlossen. Diese Regelung wurde mehrfach als verfassungsgemäß angesehen.[9]

26 Nach dem bis zum 1.4.1998 geltenden § 1934 e BGB konnte ein nichteheliches Kind (zwischen dem 21. und 27. Lebensjahr) von seinem Vater einen vorzeitigen Erbausgleich verlangen. Ein solcher vorzeitiger Erbausgleich beseitigte alle auf der väterlichen Verwandtschaft beruhenden Erbrechtsbeziehungen.

27 Die Regelung, wonach dem nichtehelichen Kind nach seinem Vater (nach der Mutter bestand schon immer ein volles Erbrecht, vgl. § 1705 BGB aF) nur ein Erbersatzanspruch gegen den Erben zustand, ist seit 1.4.1998 durch das **Erbrechtsgleichstellungsgesetz**[10] aufgehoben. Eheliche und nichteheliche Kinder (seit der Kindschaftsrechtsreform terminologisch richtig „Kinder nicht miteinander verheirateter Eltern") erben seitdem in gleichem Umfang. Vor dem 1.7.1949 geborene nichteheliche Kinder blieben aber weiterhin vom Erbrecht ausgeschlossen. Sie waren nicht zur gesetzlichen Erbfolge berufen und damit auch nicht pflichtteilsberechtigt.

28 Der Vater konnte mit seinem vor dem 1.7.1949 geborenen nichtehelichen Kind einen Vertrag schließen, wonach diesem das volle gesetzliche Erbrecht zustehen soll.[11] Dieser sog. **Gleichstellungsvertrag** bedurfte der notariellen Form. Diese Möglichkeit wurde durch das am 1.7.1998 in Kraft getretene Kindschaftsrechtsreformgesetz[12] geschaffen (Art. 14 § 14 KindRG). Vater und nichteheliches Kind bedurften zur Wirksamkeit des Vertrages allerdings der Zustimmung ihres jeweiligen Ehegatten. Auch diese Zustimmungserklärung war notariell beurkundungsbedürftig. Aufgrund eines solchen Gleichstellungsvertrages hatten die vor dem 1.7.1949 geborenen nichtehelichen Kinder dann die gleiche Stellung wie eheliche Kinder. Konsequenz war, dass die anderen Kinder des Erblassers dann weniger erbten.

29 **Beispiel:** Der Erblasser hinterlässt ein vor dem 1.7.1949 geborenes nichteheliches Kind und zwei eheliche Kinder. Nach dem 1.7.1998 hat er mit dem nichtehelichen Kind einen Gleichstellungsvertrag geschlossen. Konsequenz: Ohne Gleichstellungsvertrag hätte das nichteheliche Kind nichts geerbt. Erben wären nur die beiden ehelichen Kinder zu je 1/2 geworden. Nunmehr sind alle drei Kinder gesetzliche Erben zu je 1/3 (§ 1924 Abs. 1 und 3 BGB). Mit Abschluss des Vertrages wird nicht nur ein gesetzliches Erbrecht für das Kind an seinem Vater geschaffen, sondern auch umgekehrt ein gesetzliches Erbrecht des Vaters an seinem Kind (der Vater gehört zu den Erben der zweiten Ordnung).

30 Diese Möglichkeit einer Gleichstellungsvereinbarung ist durch das Zweite Gesetz zur erbrechtlichen Gleichstellung nichtehelicher Kinder vom 12.4.2011[13] mit Wirkung ab dem 16.4.2011 entfallen (siehe Art. 5 des Gesetzes). Ab diesem Zeitpunkt bestand aufgrund der gesetzlichen Gleichstellung künftig kein Regelungsbedürfnis mehr.

2. Rechtslage in den neuen Bundesländern

31 In der **ehemaligen DDR** waren nichteheliche Kinder erbrechtlich im Verhältnis zu ihrem Vater den ehelichen Kindern gleichgestellt. Dies galt für Erbfälle ab dem 1.4.1966 (Inkrafttreten des FGB und EGFGB) uneingeschränkt für Kinder, die beim Erbfall noch minderjährig waren, für Volljährige nur unter bestimmten Voraussetzungen. Volljährige nichteheliche Kinder waren erbrechtlich seit dem 1.1.1976 (Inkrafttreten des ZGB-DDR) den ehelichen Kindern gleichgestellt. Vor dem 3.10.1990 geborene nichteheliche Kinder behielten die Erbberechtigung nach ihrem Vater auch weiterhin. Dies gilt für vor dem 1.7.1949 geborene Kinder jedoch nur, wenn ihr Vater am 2.10.1990 seinen gewöhnlichen Aufenthalt in der DDR hatte. Aus Gründen des Bestandsschutzes werden diese Kinder, für die das Erbrecht der ehemaligen DDR gegolten hätte, auch nach der Wiedervereinigung erbrechtlich wie eheliche Kinder behandelt.[14]

9 Ua BVerfG 20.11.2003 – 1 BvR 2257/03, FamRZ 2004, 433; 14.10.2004 – 2 BvR 1481/04, NJW 2004, 3407.
10 BGBl. I 1997, 2968.
11 NK-BGB/*Kroiß* § 1924 Rn. 9.
12 BGBl. I 1997, 2942.
13 BGBl. I 615.
14 BVerfG 20.11.2003 – 1 BvR 2257/03, FamRZ 2004, 433.

Die Ungleichbehandlung der vor dem 1.7.1949 im Gebiet der früheren Bundesrepublik geborenen nichtehelichen Kinder, welche kein gesetzliches Erbrecht nach ihrem Vater haben, mit vor dem 1.7.1949 in den neuen Bundesländern geborenen nichtehelichen Kindern, welchen volles gesetzliches Erbrecht zukommt, wenn ihr Vater am 2.10.1990 seinen gewöhnlichen Aufenthalt in den neuen Bundesländern hatte, wurde als verfassungsgemäß angesehen. Das Vertrauen des Erblassers darauf, dass die frühere Rechtslage sich nicht noch einmal ändern würde, sei schutzwürdig.[15] 32

3. Rechtsprechung/Gesetzgebung

Der Europäische Gerichtshof für Menschenrechte (EGMR) entschied in seinem Urteil vom 28.5.2009, dass die Regelung des Art. 12 § 10 Abs. 2 S. 1 des Gesetzes über die Stellung der nichtehelichen Kinder vom 19.8.1969 (NEhelG) **gegen das Diskriminierungsverbot des Art. 14 iVm Art. 8 EMRK verstößt.**[16] Nach Art. 12 § 10 Abs. 2 S. 2 des NEhelG war nichtehelichen Kindern, die vor dem 1.7.1949 geboren waren, kein gesetzliches Erb- und Pflichtteilsrecht im Verhältnis zu ihrem Vater und ihren väterlichen Verwandten zugestanden. Etwas anderes galt nur für die nichtehelichen Kinder, denen die unter der seinerzeitigen Geltung des ehemaligen DDR-Rechts erworbenen Erbaussichten auch nach der Wiedervereinigung erhalten blieben (Art. 235 § 1 Abs. 2 EGBGB). Die regelmäßig vorgebrachten Rügen der Verfassungswidrigkeit dieser Schlechterstellung der nichtehelichen Kinder gegenüber den ehelichen Kindern (Art. 3, 6 Abs. 5 GG) wurden über Jahrzehnte von der deutschen Rechtsprechung unter Hinweis auf den Vertrauensschutz der Väter und ihrer ehelichen Abkömmlinge als unbegründet zurückgewiesen.[17] 33

Der EGMR wies in seiner Entscheidung darauf hin, dass eine Diskriminierung von nichtehelichen Kindern gegenüber ehelichen Kindern nur bei schwerwiegenden Gründen zu rechtfertigen sei. Dazu reichten Vertrauens- und Bestandsschutzrechte nicht aus. Nach Ansicht des EGMR beruhte die maßgebliche Leitentscheidung des Bundesverfassungsgerichts aus dem Jahre 1977 auf überholten Vorstellungen.[18] Aufgrund dieser der EMRK widersprechenden Gesetzgebung der Bundesrepublik Deutschland bestand eine Schadenersatzpflicht gegenüber der Beschwerdeführerin (Art. 41 EMRK). 34

Als Folge dieser Entscheidung des Europäischen Gerichtshofs für Menschenrechte legte das BMJ den Entwurf eines Zweiten Gesetzes zur erbrechtlichen Gleichstellung nichtehelicher Kinder vor.[19] In diesem Entwurf war vorgesehen, dass die nichtehelichen Kinder bei der gesetzlichen Erbfolge im Verhältnis zur Ehefrau/zum Lebenspartner ihres Vaters Nacherben werden. Damit war eine entsprechende Gleichstellung ehelicher und nichtehelicher Kinder jedoch nicht erreicht. Ein sachlicher Grund, nichteheliche Kinder gegenüber den ehelichen schlechter zu stellen, wenn die Ehefrau bzw. der eingetragene Lebenspartner noch leben, war nicht erkennbar. Diese Nacherbenregelung wurde deshalb im weiteren Verfahren wieder verworfen. Ein neuer Gesetzentwurf der Bundesregierung zum 1.7.2010 sah für nach dem 28.5.2009 eingetretene bzw. noch eintretende Erbfälle ein vollständiges wechselseitiges gesetzliches Erbrecht des nichtehelichen Kindes und seiner Verwandten im Verhältnis zur väterlichen Verwandtschaft vor. Allerdings sollte dies wiederum dann nicht gelten, wenn sowohl das Kind wie auch Vater und Mutter bereits vor dem 29.5.2009 verstorben waren. Für diesen Fall sollte es bei der früheren Rechtslage bleiben. Diese Einschränkung wurde in der Endfassung dann wieder ersatzlos gestrichen.[20] Am 15.4.2011 schließlich trat rückwirkend zum 29.5.2009 das **Zweite Gesetz zur erbrechtlichen Gleichstellung nichtehelicher Kinder**, zur Änderung der Zivilprozessordnung und der Abgabenordnung vom 12.4.2011 in Kraft.[21] Seitdem gilt für alle nach dem 28.5.2009 eingetretenen Erbfälle ein **unbeschränktes wechselseitiges Erbrecht** im Vater-Kind-Verhältnis unter Einschluss der Verwandten des Kindes und der väterlichen Verwandtschaft. 35

15 Siehe ua BVerfG 20.11.2003 – 1 BvR 2257/03, FamRZ 2004, 433.
16 EGMR 28.5.2009 – 3545/04, FamRZ 2009, 1293; ZEV 2009, 510.
17 Ua BVerfG 20.11.2003 – 1 BvR 2257/03, FamRZ 2004, 433; 14.10.2004 – 2 BvR 1481/04, NJW 2004, 3407.
18 BVerfG 8.12.1976 – 1 BvR 810/70, NJW 1977, 1677.
19 BMJ 22.1.2010, IA1–3480/4–12889/2009.
20 BT-Drs. 17/4776, 17.
21 BGBl. I 2011, 615.

36 Für Erbfälle bis 28.5.2009 blieb es aus Vertrauensschutzgründen bei der bisherigen Regelung.

Aber: In seiner Entscheidung vom 23.3.2017 wies der EGMR darauf hin, dass eine unterschiedliche Behandlung wegen Geburt mit der Konvention nur vereinbar ist, wenn es hierfür sehr wichtige Gründe gibt.[22]

Seitdem bejaht der BGH in bestimmten Fällen eine teleologische Erweiterung von Art. 5 ZwErbGleichG:[23] Bei erbrechtlichen Ansprüchen **von vor dem 1.7.1949 geborenen Kindern nach ihrem Vater und väterlichen Verwandten aufgrund Erbfällen** vor dem 29.5.2009 ist eine Einzelfallprüfung erforderlich, ob eine Versagung von Ansprüchen unter Abwägung des Diskriminierungsverbots mit dem Vertrauensschutz ggf. unverhältnismäßig ist.

22 EGMR 23.3.2017 – 59752/13, ZEV 2017, 507.
23 BGH 12.7.2017 – IV ZB 6/15, ZEV 2017, 510.

263. Verwandtschaft

Hoffmann

I. Verwandtschaft, Familie und Schwägerschaft

1. Verwandtschaft, Familie

In **gerader Linie** rechtlich verwandt sind Personen, deren eine von der anderen abstammt (§ 1589 Abs. 1 S. 1 BGB). Die Abstammung bezieht sich dabei auf die rechtliche Abstammung und nicht auf die biologische Abstammung. Personen, die nicht in gerader Linie verwandt sind, aber von derselben dritten Person abstammen, sind in der **Seitenlinie** rechtlich verwandt, etwa Geschwister und Halbgeschwister (§ 1589 Abs. 1 S. 2 BGB). Der Grad der rechtlichen Verwandtschaft bestimmt sich nach der Zahl der sie vermittelnden Geburten (§ 1589 Abs. 1 S. 3 BGB). 1

Verwandtschaftliche Beziehung im Sinne des BGB werden durch Art. 6 GG geschützt. Art. 6 Abs. 2 GG bezieht sich auf das Verhältnis zwischen Eltern und Kindern. In den **Schutzbereich** von Art. 6 Abs. 2 GG fallen auch die biologischen Eltern eines Kindes, die nicht zugleich rechtliche Eltern des Kindes sind. Art. 6 Abs. 1 GG schützt familiäre Bindungen zwischen nahen Verwandten, insbesondere zwischen Großeltern und ihrem Enkelkind[1] und in sozialen Familien, etwa in Pflegefamilien. Auch Art. 8 EMRK und Art. 7 GRCh der EU liegt ein weiter Familienbegriff zugrunde. Aus dem Schutz der familiären Beziehung nach Art. 6 Abs. 1 GG folgt nicht, dass den Eltern eines rechtlichen Vaters nach dessen Tod die Möglichkeit eingeräumt werden müsste, ein von ihrem Sohn vor dessen Tod eingeleitetes Vaterschaftsanfechtungsverfahren fortzuführen.[2] 2

2. Schwägerschaft

Die **Verwandten eines Ehegatten** sind mit dem anderen Ehegatten verschwägert (§ 1590 Abs. 1 BGB). Ob eine Schwägerschaft in gerader Linie oder in Seitenline besteht sowie der Grad der Schwägerschaft bestimmen sich nach der Linie und dem Grad der sie vermittelnden Verwandtschaft. Die Schwägerschaft besteht fort, wenn die Ehe, durch die sie begründet wurde, aufgelöst ist (§ 1590 Abs. 2 BGB). Das Bestehen einer Schwägerschaft ist etwa bedeutsam für das Bestehen von Zeugnisverweigerungsrechten in gerichtlichen Verfahren (§ 52 Abs. 1 Nr. 3 StPO, § 383 Abs. 1 Nr. 3 ZPO). 3

II. Entstehen rechtlicher Verwandtschaft

1. Mutter-Kind-Verhältnis

Rechtliche Mutter eines Kindes wird nach deutschem Recht die Frau, die das Kind **geboren** hat (§ 1591 BGB; → *Mutterschaft* Rn. 1 ff.). Die rechtliche Mutterschaft entsteht im Moment der Geburt **kraft Gesetzes**. Da es keines gesonderten Anerkennungsakts bedarf, um rechtliche Mutter eines Kindes zu werden, hat auch das anonym geborene oder in einer Babyklappe abgelegte Kind eine rechtliche Mutter, nur ihre 4

1 BVerfG 24.6.2014 – 1 BvR 2926/13, FamRZ 2014, 1435.
2 BVerfG 23.11.2015 – 1 BvR 2269/15, FamRZ 2016, 199.

Identität ist nicht bekannt. Ebenso ist eine ausländische Leihmutter rechtliche Mutter des Kindes, wenn sich die Abstammung nach deutschem Recht richtet.[3] Die Zuweisung der Mutterschaft zur Wunschmutter im Ausland ist in Deutschland nur anerkennungsfähig, wenn sie auf einer gerichtlichen Entscheidung beruht.[4]

5 Die **biologische Mutter**, hier gemeint als die Frau, von der die Eizelle stammt, die nie rechtliche Mutter des Kindes war, steht nach dem derzeitigen deutschen Recht in keiner familienrechtlichen Beziehung zum Kind und kann als biologische Mutter gegenüber dem Kind daher keine familienrechtlichen Rechte geltend machen bzw. Pflichten besitzen. Die biologische Mutter eines durch eine Leihmutter[5] oder durch ihre Partnerin ausgetragenen Kindes kann nach deutschem Recht rechtliche Mutter des Kindes nur durch eine (Stiefkind-)Adoption werden. Dabei stellt die Inanspruchnahme einer Leihmutterschaft keine gesetzes- oder sittenwidrige Vermittlung oder Verbringung des Kindes iSd § 1741 Abs. 1 S. 2 BGB dar.[6]

6 Nach Ansicht des BGH wird die Ehefrau der ein Kind gebärenden Frau weder in direkter noch in entsprechender Anwendung des § 1592 Nr. 1 BGB Mit-Elternteil des Kindes. Die darin liegende unterschiedliche Behandlung von verschieden- und gleichgeschlechtlichen Ehepaaren ist nicht verfassungs- oder konventionswidrig.[7]

2. Vater-Kind-Verhältnis

7 Rechtlicher Vater eines Kindes ist der Mann, der zum Zeitpunkt der Geburt mit der Mutter des Kindes **verheiratet** ist (§ 1592 Nr. 1 BGB), der die Vaterschaft **anerkannt** hat (§ 1592 Nr. 2 BGB; → *Anerkennung der Vaterschaft* Rn. 1 ff.) bzw. dessen Vaterschaft **gerichtlich** festgestellt ist (§§ 1592 Nr. 3, 1600 d BGB; → *Feststellung der Vaterschaft* Rn. 1 ff.). Das BGB orientiert sich demnach bei der rechtlichen Vaterschaft ebenso wie bei der Mutterschaft nicht primär an der biologischen Verwandtschaft. Allein durch eine Eheschließung nach der Geburt wird der biologische Vater des Kindes nicht zu dessen rechtlichem Vater. Nach derzeitigem Recht hat jedes Kind zudem in einem Moment nur einen rechtlichen Vater. Ein Vaterschaftsanerkenntnis wird daher nur wirksam, wenn keine Vaterschaft eines anderen Manns besteht (§ 1594 Abs. 2 BGB). Ein allein biologischer Vater hat jedoch unter bestimmten Voraussetzungen ein Umgangs- und Auskunftsrecht (§ 1686 a BGB).

8 Die Elternschaft zweier Männer unmittelbar nach der Geburt des Kindes kann entstehen, wenn eine ausländische Gerichtsentscheidung, die den Männern die Elternschaft zuweist, in Deutschland anzuerkennen ist.[8] Dies gilt unabhängig davon, ob einer der Männer mit dem Kind genetisch verwandt ist.[9]

3. Vater bzw. Mutter kraft Adoption

9 Das deutsche Recht kennt nur die **Volladoption Minderjähriger**. Mit Rechtskraft des familiengerichtlichen Annahmebeschlusses (§ 1752 Abs. 1 BGB) erhält das Kind kraft Gesetzes die Stellung als rechtliches Kind des Annehmenden (§ 1754 Abs. 2 BGB). Bei einer Annahme durch Ehegatten wird es – auch im Rahmen einer Stiefkindadoption – gemeinschaftliches Kind der Eheleute (§ 1754 Abs. 1 BGB). Eine Stiefkindadoption, die zu einem gemeinschaftlichen Kind führt, kommt auch bei der Adoption eines Kindes durch eine Person in Betracht, die in einer iSd § 1766 a BGB verfestigten Lebensgemeinschaft mit dem

3 BGH 20.3.2019 – XII ZB 530/17, FamRZ 2019, 892; 20.3.2019 – XII ZB 320/17, FamRZ 2019, 890.

4 BGH 5.9.2018 – XII ZB 224/17, FamRZ 2018, 1846.

5 OLG Frankfurt a. M. 28.2.2019 – 1 UF 71/18, FamRZ 2019, 899.

6 OLG Frankfurt a. M. 28.2.2019 – 1 UF 71/18, FamRZ 2019, 899; ausführlich *Behrentin/Grünenwald* NJW 2019, 2057.

7 BGH 10.10.2018 – XII ZB 231/18, FamRZ 2018, 1919; aA *Kaulbach/Pickenhahn/von Scheliha* FamRZ 2019, 768; Kritik auch von *Löhnig* NJW 2019, 122.

8 BGH 5.9.2018 – XII ZB 224/17, FamRZ 2018, 1846.

9 KG 21.1.2020 – 1 W 47/19, FamRZ 2020, 607.

Elternteil des Kindes lebt.[10] Es entsteht ein umfassendes gesetzliches Verwandtschaftsverhältnis zwischen den Annehmenden, deren Verwandten und dem Kind. Abweichende Vereinbarungen sind unwirksam. Mit der Annahme eines Minderjährigen erlöschen zugleich alle Verwandtschaftsverhältnisse im Sinne des BGB zwischen dem Kind und seinen Abkömmlingen zu seinen bisherigen rechtlichen Eltern und deren Verwandten (§ 1755 Abs. 1 BGB) und mit diesen einhergehende Rechte und Pflichten.

Umstritten ist, in welchem Umfang die abgebenden rechtlichen Eltern nach einer Annahme des Kindes 10
dann, wenn sie auch biologische Eltern des Kindes sind, Rechte aus Art. 6 Abs. 2 GG geltend machen können. Nach Auffassung des EGMR unterfällt das Interesse der leiblichen Mutter am Umgang mit ihrem Kind nach dessen Adoption zwar dem Schutz des Privatlebens iSd Art. 8 Abs. 1 EMRK – bzw. des Art. 6 Abs. 2 GG –, steht einem Umgangsrecht jedoch das Interesse der Adoptivfamilie an einem störungsfreien Familienleben entgegen.[11] Bestimmte Rechte nach einer Annahme können sich aus einer sozialen Elternschaft vor der Annahme ergeben (§ 1685 Abs. 2 BGB).

Das deutsche Recht spricht der Adoption eines **Volljährigen** hingegen grundsätzlich nur **schwache Wirkungen** zu: Durch die Adoption wird der Angenommene zwar Kind der Annehmenden bzw. bei Annahme des Kindes des eigenen Ehegatten gemeinschaftliches Kind der Eheleute und seine vor oder nach der Annahme geborenen Kinder Enkelkinder des oder der Annehmenden (§ 1767 Abs. 2 BGB). Im Übrigen erstreckt sich die Annahme jedoch nicht auf die Verwandten des oder der Annehmenden, so dass der Angenommene und seine Abkömmlinge nicht verwandt mit den Verwandten des oder der Annehmenden werden (§ 1770 Abs. 1 S. 1 BGB). Zugleich werden die aus der Abstammung herrührenden Verwandtschaftsverhältnisse des Angenommenen und seiner Abkömmlinge zu ihren Verwandten durch die Annahme grundsätzlich nicht berührt (§ 1770 Abs. 2 BGB). Daher bleiben etwa gegenseitige Unterhaltspflichten im Prinzip bestehen. Nur unter engen Voraussetzungen kommt eine Volladoption Volljähriger in Betracht (§ 1772 BGB). 11

4. De lege ferenda: Elternteil-Kind-Verhältnis

Seit dem 13.3.2019 liegt der Diskussionsteilentwurf eines Gesetzes zur Reform des Abstammungsrechts 12
vor.[12] Der Diskussionsteilentwurf schlägt ua vor, dass eine Frau zweiter rechtlicher Elternteil eines Kindes kraft Ehe bzw. kraft Anerkennung wird, und dass auch bei bestehender Ehe ein anderer Mann die Vaterschaft anerkennen kann. Er formuliert zudem Klarstellungen zur Elternschaft transsexueller (→ *Transsexualität* Rn. 17) und intersexueller (→ *Intersexualität* Rn. 17) Menschen.

III. Zivilrechtliche Folgen eines Eltern-Kind-Verhältnisses

Nach § 1601 BGB sind rechtliche Eltern (→ *Kindesunterhalt* Rn. 1 ff.) und ihr Kind (→ *Elternunterhalt* 13
Rn. 1 ff.) als Verwandte in gerader Linie verpflichtet, einander **Unterhalt** zu gewähren, wenn einer von ihnen bedürftig (§ 1602 BGB) und der andere leistungsfähig ist (§ 1603 BGB). Rechtliche Eltern und Kinder sind einander auch in anderen Lebensbereichen **Beistand** und Rücksicht schuldig (§ 1618 a BGB). Rechtliche Eltern haben zudem die Pflicht und das Recht, für die Person und für das Vermögen ihres minderjährigen Kindes zu **sorgen** (§ 1626 Abs. 1 BGB).

Rechtliche Väter sind kraft Gesetzes zur **gemeinsamen elterlichen Sorge** (→ *Elterliches Sorgerecht* 14
Rn. 1 ff.) befugt, wenn sie im Moment der Geburt mit der Mutter des Kindes verheiratet sind (§ 1626 Abs. 1 BGB). Sie werden kraft Gesetzes zur elterlichen Sorge befugt, wenn sie die Mutter des Kindes heiraten (§ 1626 a Abs. 1 Nr. 2 BGB). Im Übrigen erhalten sie die elterliche Sorge gemeinsam mit der Mutter des Kindes, wenn sie und die Mutter Erklärungen zur gemeinsamen Sorge abgeben (§ 1626 a Abs. 1 Nr. 1 BGB) oder das Familiengericht ihnen die gemeinsame elterliche Sorge überträgt (§ 1626 a Abs. 1

10 Vgl. zur Verfassungswidrigkeit der dies nicht ermöglichenden vorherigen Rechtslage BVerfG 26.3.2019 – 1 BvR 673717, FamRZ 2019, 1061.

11 EGMR 5.6.2014 – 31021/08, FamRZ 2014, 1351; ausführlich *Botthof* FamRZ 2014, 1353.

12 Ausführlich *Schwonberg* FamRZ 2019, 1303.

Nr. 3 BGB). In der letztgenannten Konstellation kann eine gemeinsame elterliche Sorge demnach auch gegen den erklärten Willen eines Elternteils – des Vaters oder der Mutter – entstehen. Das Familiengericht überträgt die elterliche Sorge oder einen Teil der elterlichen Sorge auf Antrag eines Elternteils beiden Eltern gemeinsam, wenn die Übertragung dem Kindeswohl nicht widerspricht.

15 Die **vollständige Gleichstellung** der rechtlichen Mutter und des rechtlichen Vaters, bei der dem rechtlichen Vater ebenso wie der rechtlichen Mutter des Kindes grundsätzlich kraft Gesetzes die elterliche Sorge zusteht, ist derzeit im BGB anders als in anderen europäischen Rechtsordnungen und der Aufforderung durch den Europarat in seiner Resolution 2079 (2015) Equality and shared parental responsibility: the role of fathers vom 2.10.2015 **nicht verwirklicht**. Sie wird vielfach, etwa in den Thesen der vom BMJV eingesetzten Arbeitsgruppe „Sorge- und Umgangsrecht, insbesondere bei gemeinsamer Betreuung nach Trennung und Scheidung" vom 29.10.2019, gefordert.

16 Daneben bestehen Sonderregelungen für das Begründen von elterlicher Sorge des rechtlichen Vaters eines Kindes nach dem Tod einer alleinsorgeberechtigten Kindesmutter (§ 1680 Abs. 2 BGB) bzw. nach dem Entzug (von Teilen) der elterlichen Sorge (§ 1680 Abs. 3 BGB), bei tatsächlicher Verhinderung bzw. bei Ruhen der elterlichen Sorge der Kindesmutter (§ 1678 Abs. 2 BGB) sowie im Hinblick auf die (teilweise) Übertragung der alleinigen elterlichen Sorge auf den Kindesvater (§ 1671 BGB).

17 Aus einem Eltern-Kind-Verhältnis ergibt sich ein Recht und eine Pflicht zum **Umgang** der Eltern mit dem Kind ebenso wie des Kindes mit jedem Elternteil (§ 1684 Abs. 1 BGB; → *Umgangsrecht* Rn. 1 ff.). Das elterliche Umgangsrecht und die elterliche Umgangspflicht bestehen unabhängig davon, ob ein Elternteil zur elterlichen Sorge befugt ist oder jemals war. Angesichts dieser Rechte kann auch bei alleiniger elterlicher Sorge nicht mehr von einem Umgangsbestimmungsrecht des Sorgeberechtigten im engeren Sinne bezogen auf den anderen Elternteil gesprochen werden.

18 Kinder sind gesetzliche **Erben erster Ordnung** ihrer Eltern (§ 1924 Abs. 1 BGB). Zudem besitzen Kinder, wenn sie durch Verfügung von Todes wegen von der Erbfolge ausgeschlossen sind, das Recht auf einen Pflichtteil, der in der Hälfte des gesetzlichen Erbteils besteht (§ 2303 Abs. 1 BGB). Eltern sind gesetzliche Erben zweiter Ordnung ihrer Kinder (§ 1925 Abs. 1 BGB). Auch Eltern haben ein Pflichtteilsrecht, wenn sie durch Verfügung von Todes wegen von der Erbfolge ausgeschlossen sind (§ 2303 Abs. 2 BGB).

IV. Zivilrechtliche Folgen anderer Verwandtschaftsverhältnisse

1. Großeltern-Enkel-Verhältnis

19 Aufgrund der Verwandtschaft in gerader Linie bestehen auch zwischen Großeltern und Enkeln **Unterhaltspflichten** (§ 1601 BGB), jedoch nachrangig gegenüber Unterhaltspflichten zwischen Eltern und Kindern (§ 1606 BGB). Großeltern besitzen zudem ein Umgangsrecht mit ihrem Enkel, wenn der **Umgang der Großeltern** mit dem Kind dem Wohl des Kindes dient (§ 1685 Abs. 1 BGB). Dies ist im Einzelfall positiv festzustellen und setzt voraus, dass der **Erziehungsvorrang** der Eltern **akzeptiert** wird.[13] Zudem ist Kindeswohldienlichkeit nur anzunehmen, wenn Enkel und Großeltern bereits eine **Bindung besitzen** und diese nicht erst durch Umgang aufzubauen wäre.[14] Enkel haben kein Recht auf Umgang mit ihren Großeltern. Allerdings ist ihr Wunsch nach einem Umgang mit den Großeltern im Rahmen der Prüfung der Kindeswohldienlichkeit zu beachten.[15]

20 Enkel sind gesetzliche **Erben erster Ordnung** ihrer Großeltern (§ 1924 Abs. 1 BGB). Sie sind jedoch von der Erbfolge ausgeschlossen, wenn zum Zeitpunkt des Erbfalls ihr die Abstammung vermittelnder Elternteil noch lebt (§ 1924 Abs. 2, 3 BGB). Großeltern sind gesetzliche **Erben dritter Ordnung** ihrer Enkel (§ 1926 Abs. 1 BGB).

13 BGH 12.7.2017 – XII ZB 350/16, FamRZ 2017, 1668.
14 OLG Koblenz 17.8.2015 – 7 WF 770/15, FamRZ 2016, 391.
15 OLG Koblenz 19.5.2020 – 9 UF 191/20.

2. Geschwisterverhältnis

Da (Halb-)Geschwister in Seitenlinie miteinander verwandt sind, sind sie einander **nicht** zum **Unterhalt** verpflichtet (§ 1601 BGB). (Halb-)Geschwister haben miteinander ein **Umgangsrecht**, wenn dies ihrem Wohl dient (§ 1685 Abs. 1 BGB). 21

(Halb-)Geschwister sind zueinander gesetzliche **Erben zweiter Ordnung** (§ 1925 Abs. 1 BGB). Leben zur Zeit des Erbfalls die Eltern, so erben sie jedoch allein (§ 1925 Abs. 2 BGB). Lebt zur Zeit des Erbfalls der Vater oder die Mutter nicht mehr, so treten an die Stelle des Verstorbenen dessen Abkömmlinge (§ 1925 Abs. 3 S. 1 BGB). 22

V. Ende rechtlicher Verwandtschaft

Das Verwandtschaftsverhältnis zwischen einer rechtlichen Mutter und ihrem Kind endet nur bei einer Adoption des Kindes durch Dritte (§ 1755 Abs. 1 BGB), dann jedoch unabhängig davon, ob die Identität der Mutter jemals festgestellt wurde. Die Mutterschaft kann nicht angefochten werden. 23

Auch das Verwandtschaftsverhältnis zwischen einem rechtlichen Vater und seinem Kind endet durch die Adoption (§ 1755 Abs. 1 BGB). Die rechtliche Vaterschaft eines Mannes endet ferner, wenn er, die Mutter oder das Kind seine **Vaterschaft** erfolgreich **anfechten** (§ 1600 Abs. 1 Nr. 1, 3, 4 BGB; → *Anfechtung der Vaterschaft* Rn. 1 ff.), und in Folge in einem familiengerichtlichen Verfahren festgestellt wurde, dass der rechtliche Vater nicht auch der biologische Vater des Kindes ist (§ 1599 Abs. 1 BGB). Der biologische Vater eines Kindes kann die Vaterschaft des rechtlichen Vaters anfechten, wenn zwischen dem Kind und seinem rechtlichen Vater keine sozial-familiäre Beziehung besteht (§ 1600 Abs. 1 Nr. 2, Abs. 2, 4 BGB). Die Anfechtung der Vaterschaft steht in dieser Konstellation grundsätzlich auch dem Samenspender offen, wenn kein Fall der konsentierten heterologen Insemination iSv § 1600 Abs. 5 BGB vorliegt.[16] Die Vaterschaft kann im Übrigen nur **binnen zwei Jahren** ab dem Zeitpunkt angefochten werden, in dem der Anfechtungsberechtigte von den Umständen erfährt, die gegen die Vaterschaft sprechen (§ 1600 b Abs. 1 S. 1, Abs. 6 BGB). 24

VI. Biologische Verwandtschaft im Familienrecht

1. Klärung der biologischen Verwandtschaft

Zur Klärung der biologischen Verwandtschaft eines Kindes können der rechtliche Vater jeweils von der Mutter und dem Kind, die Mutter jeweils vom rechtlichen Vater und dem Kind und das Kind jeweils von beiden rechtlichen Elternteilen verlangen, dass diese **in eine genetische Abstammungsuntersuchung einwilligen** und die Entnahme einer für die Untersuchung geeigneten genetischen Probe dulden (§ 1598 a Abs. 1 S. 1 BGB; ausführlich → *Kenntnis der Abstammung* Rn. 1 ff.). Der Diskussionsteilentwurf eines Gesetzes zur Reform des Abstammungsrechts vom 13.3.2019 schlägt die Ausweitung eines statusunabhängigen Anspruchs auf Klärung der biologischen Abstammung vor. 25

Die Mutter eines Kindes ist gegenüber dem Kind grundsätzlich nach § 1618 a BGB zur **Auskunft** darüber verpflichtet, welcher Mann sein biologischer Vater ist bzw. welche Männer als biologische Väter in Betracht kommen (ausführlich → *Kenntnis der Abstammung* Rn. 1 ff.).[17] 26

Ein Kind, das durch heterologe Samenspende im Rahmen einer ärztlich unterstützten **künstlichen Befruchtung** gezeugt wurde, hat grundsätzlich einen Anspruch **gegen** den seine Mutter behandelnden **Arzt** auf Nennung des Namens des Samenspenders.[18] Zur Durchsetzung dieses Rechts wird beim Deutschen Institut für Medizinische Dokumentation und Information nach § 1 SaRegG ein Samenspenderregister geführt.[19] 27

16 BGH 15.5.2013 – XII ZR 49/11.
17 Vgl. insgesamt *Frank* FamRZ 2017, 161.
18 BGH 28.1.2015 – XII ZR 201/13, FamRZ 2015, 642.
19 *Helms* FamRZ 2017, 1537.

2. Umgangsrecht biologischer Eltern und Anspruch auf Auskunft über die persönlichen Verhältnisse des Kindes

28 Biologische Eltern können ein **Umgangsrecht** als **Bezugsperson** besitzen (§ 1685 Abs. 2 BGB). Ein entsprechendes Umgangsrecht setzt voraus, dass sie als enge Bezugspersonen für das Kind tatsächliche Verantwortung tragen oder getragen haben, also eine sozial-familiäre Beziehung besteht.

29 Nach § 1686 a Abs. 1 Nr. 1 BGB hat ein biologischer, aber nicht rechtlicher Vater, der ein ernsthaftes Interesse an dem Kind gezeigt hat, solange die rechtliche Vaterschaft eines anderen Manns besteht, ein Recht auf Umgang mit dem Kind, wenn der Umgang dem Kindeswohl dient. Er hat zudem nach § 1686 a Abs. 1 Nr. 2 BGB, wenn er ein ernsthaftes Interesse an dem Kind gezeigt hat und solange die rechtliche Vaterschaft eines anderen Mannes besteht, ein Recht auf Auskunft über die persönlichen Verhältnisse des Kindes, soweit er ein berechtigtes Interesse an der Auskunft hat und diese dem Wohl des Kindes nicht widerspricht.

3. Elternschaftsanfechtung durch biologische Eltern

30 Der biologische Vater eines Kindes ist nach § 1600 Abs. 1 Nr. 2 BGB zur Anfechtung der Vaterschaft des rechtlichen Vaters des Kindes berechtigt, wenn zwischen dem Kind und seinem rechtlichen Vater keine sozial-familiäre Beziehung besteht oder im Zeitpunkt seines Todes bestanden hat, § 1600 Abs. 2, 4 BGB. Die eingeschränkte Möglichkeit zur Vaterschaftsanfechtung verstößt nicht gegen Art. 8 EMRK.[20]

20 EGMR 22.3.2012 – 23338/09, FamRB 2012, 243; 22.3.2012 – 45071/09, FamRB 2012, 243.

264. Verzug mit Unterhaltszahlungen

Schausten

I. Einführung

1 Der Verzug als Voraussetzung für die Geltendmachung von Unterhaltsansprüchen für die Vergangenheit ist in der Praxis nur dann relevant, wenn der Geltendmachung des Unterhalts kein Auskunftsbegehren (→ *Auskunftsanspruch* Rn. 1 ff.) des Berechtigten vorausging. War dies aber der Fall, dann kann der Unterhalt ab dem Ersten des Monats verlangt werden, in dem das Auskunftsbegehren dem Schuldner zugegangen ist – soweit zu diesem Zeitpunkt bereits die Voraussetzungen für die Unterhaltsverpflichtung gegeben waren.

II. Verzug nach § 286 Abs. 1 BGB

2 Voraussetzung für den Verzug ist eine wirksame Mahnung nach Fälligkeit. Solange die anspruchsbegründenden Voraussetzungen eines Unterhaltsanspruchs fortbestehen, braucht eine Mahnung **nicht periodisch wiederholt** zu werden, um den Schuldner wegen der wiederkehrenden Unterhaltsleistungen in Verzug zu setzen.[1]

Verzug setzt ein **Verschulden** des Schuldners voraus, mangelnde Leistungsfähigkeit oder ein Rechtsirrtum über das Bestehen der Unterhaltsverpflichtung schließen das Verschulden in der Regel nicht aus.[2]

1. Bestimmtheit der Mahnung

3 Die Mahnung setzt bei familienrechtlichen Unterhaltsschulden voraus, dass dem Schuldner seine Verpflichtung nicht nur nach ihrer Existenz, sondern auch nach ihrem Umfang, also nach der **Höhe des geschuldeten Betrags** bekannt war; dementsprechend muss die Mahnung des Unterhaltsberechtigten die geschuldete Leistung der Höhe nach im Regelfall genau bezeichnen.[3] Nicht ausreichend ist, dass ein Schuldner, dem Kindesunterhalt und eigenes Nettoeinkommen bekannt sind, den Kindesunterhalt unter Inanspruchnahme fachkundiger Hilfe oder Beratung ziffernmäßig selbst ermitteln oder über das Einkommensteuergesetz oder die Düsseldorfer Tabelle den Mindestunterhalt feststellen kann.[4] Wird Unterhalt für **mehrere Unterhaltsgläubiger** verlangt, ist in der Mahnung für jeden der Gläubiger ein konkreter Betrag auszuweisen, damit diese wirksam ist.[5]

4 Zudem muss sich aus der Mahnung mit hinreichender Bestimmtheit ergeben, **ab wann** der geltend gemachte Unterhalt verlangt wird.[6]

5 Die Aufforderung, in Zukunft Erwerbsbemühungen zu entfalten, ist nicht der konkreten Aufforderung zur Erbringung von Kindesunterhalt gleichzusetzen und stellt deshalb keine verzugsbegründende Mahnung iSd § 286 BGB dar; ebenso wenig hat die Aufforderung, im Hinblick auf die gesteigerte Erwerbsobliegenheit des § 1603 BGB entsprechende Bemühungen zu entfalten und diese zu belegen, nicht die Wirkung der sog. Stufenmahnung iSv § 1613 Abs. 1 S. 1 BGB.[7]

---

1 BGH 13.1.1988 – IVb ZR 7/87, NJW 1988, 1137.
2 HK-FamR/*Pauling* BGB § 1613 Rn. 6.
3 BGH 26.5.1982 – IVb ZR 715/80, NJW 1982, 1983.
4 OLG Saarbrücken 1.3.2010 – 9 WF 127/09, MDR 2010, 815.
5 OLG Hamm 27.5.1994 – 11 UF 393/94, FamRZ 1995, 106.
6 OLG Karlsruhe 14.7.1997 – 2 WF 65/97, FamRZ 1998, 742.
7 OLG Hamm 14.8.2009 – 13 UF 83/09, FamRZ 2010, 383.

6 Eine **Zuvielforderung** in der Mahnung ist unschädlich. Die Forderung einer **geringeren Summe** begründet hingegen keinen Verzug auf einen höheren als den begehrten Betrag.[8] Letzteres gilt auch dann, wenn der Aufforderung zur Zahlung eines bestimmten Betrages ein Auskunftsbegehren voranging.[9]

2. Zeitpunkt der Mahnung

7 Für die Wirksamkeit muss die Mahnung **nach Fälligkeit** erfolgen. Dementsprechend wäre eine Mahnung bezüglich **Trennungsunterhalt**, die vor der Trennung der Beteiligten erfolgt, unwirksam;[10] Gleiches gilt für eine Mahnung bezüglich des **nachehelichen Unterhalts**, die vor Rechtskraft der Scheidung erfolgt.

3. Zugang der Mahnung

8 Der Gläubiger muss ggf. den Zugang der Mahnung beim Schuldner beweisen. Wird dem Schuldner eine Mahnung an eine **nicht zutreffende Anschrift** übersandt, kann dies nicht die Verzugswirkungen auslösen; dies gilt jedenfalls dann, wenn der Schuldner sich ordnungsgemäß angemeldet hat.[11]

9 Beim **Kindesunterhalt Minderjähriger** erfordert eine wirksame Mahnung, dass der Elternteil, der die Ansprüche geltend macht, das Kind kraft Gesetzes (§ 1629 Abs. 2 S. 2 BGB) oder kraft rechtsgeschäftlich wirksam erteilter Vollmacht vertreten kann.[12] Nach **Eintritt der Volljährigkeit** eines Kindes kann das Jugendamt nicht mehr als Beistand und damit als gesetzlicher Vertreter des Kindes tätig werden. Übersendet das Jugendamt lediglich eine Berechnung, aus der sich der für das volljährige Kind zu zahlende Unterhalt ergibt, liegt eine Mahnung nicht vor.[13] Berechnet das Jugendamt im Zusammenhang mit einer Beistandschaft für ein minderjähriges Kind auch den **Unterhaltsanspruch einer Mutter gegen den nichtehelichen Vater**, wird es nicht als gesetzlicher Vertreter der Mutter tätig, so dass in der Berechnung auch keine Mahnung zu sehen ist.[14]

4. Andere Formen der Mahnung

10 Der Mahnung steht der Zugang eines Verfahrenskostenhilfegesuchs bzgl. eines Unterhaltsverfahrens, der Zugang eines Antrages auf Erlass einer einstweiligen Anordnung, der formlose Zugang einer Antragsschrift und die Zustellung eines Stufen- oder Leistungsantrags auf Zahlung von Unterhalt gleich.[15]

III. Verzug ohne Mahnung nach § 286 Abs. 2 BGB

11 Eine Mahnung kann entbehrlich sein, wenn der Schuldner Unterhaltsleistungen **eindeutig und endgültig verweigert**, was auch schon in der unvermittelten Einstellung bisher regelmäßig erbrachter Zahlungen gesehen werden kann.[16] Ein Unterhaltsschuldner, der seine Zahlungen ohne berechtigten Grund von sich aus einstellt, gerät vom Zeitpunkt der Einstellung an in Höhe der bisherigen Unterhaltsleistungen auch ohne Mahnung in Verzug, sofern sich aus den früher geleisteten Zahlungen ergibt, dass der Schuldner Grund und Höhe des gegen ihn erhobenen Anspruchs kannte.[17]

---

8 BGH 26.5.1982 – IVb ZR 715/80, NJW 1982, 1983.
9 BGH 7.11.2012 – XII ZB 229/11, FamRZ 2013, 109.
10 HK-FamR/*Pauling* BGB § 1613 Rn. 7.
11 OLG Naumburg 6.8.2007 – 3 WF 233/07, FamRZ 2007, 2086.
12 OLG Düsseldorf 3.3.1999 – 3 WF 187/99, FamRZ 2000, 442.
13 OLG Brandenburg 28.6.2006 – 10 WF 107/06, NJW-RR 2007, 75.
14 OLG Brandenburg 15.12.2005 – 10 WF 277/05, FamRZ 2006, 1784.
15 HK-FamR/*Pauling* BGB § 1613 Rn. 11, 13 mwN.
16 OLG Saarbrücken 1.3.2010 – 9 WF 127/09, MDR 2010, 815.
17 OLG Brandenburg 16.7.2001 – 10 WF 135/00, NJW-RR 2002, 870.

Der Schuldner gerät auch ohne Mahnung dann in Verzug, wenn er sich auf eine **Mediation** über die Höhe der Unterhaltszahlung mit dem Unterhaltsgläubiger einlässt.[18] Der Umstand, dass sich der Unterhaltsschuldner grundsätzlich zur Zahlung bereit erklärt hat, begründet noch keinen Verzug.[19] 12

18 AG Itzehoe 22.1.2003 – 77 F 380/01, FamRZ 2004, 58.
19 OLG Frankfurt a. M. 16.12.1998 – 2 UF 96/98, FamRZ 2000, 113.

265. Vollstreckung in Familiensachen

Grandel

I. Einführung

1 Die Regelungen zur Vollstreckung familienrechtlicher Entscheidungen im FamFG sind zu Recht als „höchst kompliziert"[1] bezeichnet worden. Das FamFG schafft keine einheitlichen Vollstreckungsvorschriften, die für alle Verfahrensarten anwendbar sind. Es bleibt vielmehr bei der **grundsätzlichen Trennung** zwischen der Vollstreckung von Familienstreitsachen (frühere ZPO-Familiensachen) und den FG-Familiensachen (frühere FGG-Verfahren). Danach unterscheiden sich die anzuwendenden Vorschriften:[2]

- Für **Ehe- und Familienstreitsachen** verweist § 120 Abs. 1 FamFG auf die Vorschriften der ZPO über die Zwangsvollstreckung.
- In **den FG-Familiensachen** gem. § 111 Nr. 1–7 FamFG sind grundsätzlich ebenfalls gem. § 95 Abs. 1 FamFG die Vorschriften der ZPO für die Vollstreckung anwendbar, soweit es sich um die Vollstreckung
  - wegen einer Geldforderung,
  - zur Herausgabe einer beweglichen oder unbeweglichen Sache,
  - zur Vornahme einer vertretbaren oder nicht vertretbaren Handlung,
  - zur Erzwingung von Duldungen oder Unterlassungen,
  - zur Abgabe einer Willenserklärung

  handelt.
- In FG-Familiensachen, bei denen es um die Herausgabe von Personen oder die Regelung des Umgangs geht (**Kindschaftssachen** gem. § 111 Nr. 2 FamFG), enthalten die §§ 88 ff. FamFG spezielle Regelungen zur Vollstreckung verfahrensabschließender Beschlüsse (→ Rn. 12 ff.).
- Für **Gewaltschutzsachen** gem. § 210 FamFG und in Ehewohnungssachen gem. § 200 Abs. 1 FamFG normiert § 96 FamFG besondere Vollstreckungsregelungen. Der Berechtigte kann neben der Möglichkeit aus § 95 Abs. 1 Nr. 4 FamFG, § 890 ZPO, ein Ordnungsgeld, ersatzweise Ordnungshaft, festsetzen zu lassen, einen Gerichtsvollzieher zur Beseitigung einer bestehenden Zuwiderhandlung hinzuziehen. Hauptfall dürfte sein, dass ein Beteiligter seiner Verpflichtung, die Ehewohnung zu verlassen, nicht nachkommt.
- Für die Vollstreckung **ausländischer Entscheidungen** findet sich in § 110 FamFG eine spezielle Regelung. Sie erfüllt dieselbe Funktion wie §§ 722, 723 ZPO.[3]
- Für FamFG-Sachen enthält § 35 FamFG eine spezielle Vollstreckungsregelung, wenn ein **Beteiligter Anordnungen des Gerichts verfahrensleitender Art** nicht nachkommt. Es geht dabei nicht um die Vollstreckung von Endentscheidungen, sondern um die Durchsetzung von Anordnungen während des laufenden gerichtlichen Verfahrens, zB bei verfahrensrechtlichen Auskunftspflichten des § 220 FamFG. Ein typischer Fall ist, dass gegen einen Ehegatten im Scheidungsverfahren ein Zwangsgeld

1 *Zimmermann* Neues FamFG Rn. 244.
2 Überblick in „vollstreckung_01.pdf" para_id=„p_uid_4088A58B-6BF8–1014–86CC-8553726E36BF".
3 HK-FamVerfR/*Kemper* § 110 Rn. 1; Musielak/Borth/*Borth* FamFG § 110 Rn. 1.

verhängt wird, weil er die Auskünfte und Formulare zum Versorgungsausgleich nicht vorlegt. Spezielle Regelungen, zB §§ 33 Abs. 3, 235 Abs. 4 FamFG gehen dem § 35 FamFG vor.[4]

Das Vollstreckungsverfahren ist ein **selbstständiges Verfahren**. Daher gilt auch für Alttitel, die aus dem bis zum 31.8.2009 geltenden Recht entstanden sind, und für Vollstreckungsverfahren nach dem 1.9.2009 das neue Vollstreckungsrecht.[5] 2

II. Allgemeine Vollstreckungsvoraussetzungen

Die allgemeinen Vollstreckungsvoraussetzungen sind in FG-Verfahren und ZPO-Verfahren im Wesentlichen identisch: 3

- Es muss ein vollstreckbarer **Titel** vorliegen (§ 86 Abs. 1 FamFG).
- Der Titel muss vor oder gleichzeitig mit der Vollstreckung **zugestellt** sein (§ 87 Abs. 2 FamFG).
- Die **Vollstreckungsklausel** muss erteilt sein, falls sie erforderlich ist (§ 86 Abs. 3 FamFG).

Für die Vollstreckung nach den Regeln der ZPO folgt das Gleiche aus § 750 ZPO. Im Einzelnen: 4

1. Vollstreckungstitel

In FG-Familiensachen zählt § 86 FamFG die Vollstreckungstitel auf. In Ehesachen und Familienstreitsachen sind Endentscheidungen vollstreckbar (§ 120 Abs. 2 S. 1 FamFG). Endentscheidungen sind Beschlüsse, durch die der Verfahrensgegenstand ganz oder teilweise erledigt wird (§ 38 Abs. 1 S. 1 FamFG). Hinzu kommen die weiteren Vollstreckungstitel aus § 794 ZPO. 5

Vollstreckungstitel sind (→ *Vollstreckungstitel* Rn. 1 ff.): 6

- In Familiensachen des § 111 FamFG:
  - Gerichtliche Beschlüsse, die Endentscheidungen iSd § 58 Abs. 1 S. 1 FamFG sind. Endentscheidungen sind auch einstweilige Anordnungen (§ 63 Abs. 2 Nr. 1 FamFG) oder Kostenfestsetzungsbeschlüsse (§ 85 FamFG).
  - Gerichtlich gebilligte Vergleiche gem. § 156 Abs. 2 FamFG, also Vereinbarungen in Umgangsverfahren oder Verfahren auf Herausgabe des Kindes bei Zustimmung aller Verfahrensbeteiligten, s. → *Vollstreckungstitel* Rn. 8.
  - Sonstige Vergleiche iSd § 794 Abs. 1 Nr. 1 ZPO, soweit die Beteiligten über den Gegenstand des Verfahrens verfügen können (§ 86 Abs. 1 Nr. 3 FamFG). Als Beispiel sind Vereinbarungen zur Aufteilung von Haushaltssachen oder zur Räumung der Ehewohnung zu nennen.
  - Sonstige Vollstreckungstitel iSd § 794 ZPO, soweit die Beteiligten über den Gegenstand des Verfahrens verfügen können (§ 86 Abs. 1 Nr. 3 FamFG). Denkbar sind zB notarielle Urkunden iSd § 794 Nr. 5 ZPO, in denen sich ein Beteiligter mittels Zwangsvollstreckungsunterwerfung zur Zahlung einer schuldrechtlichen Ausgleichsrente gem. § 20 Abs. 1 VersAusglG verpflichtet.
- In Ehesachen und Familienstreitsachen:
  - Gerichtliche Endentscheidungen (Urteile in Altverfahren, Beschlüsse iSd § 120 Abs. 2 FamFG). Dazu zählen auch einstweilige Anordnungen.
  - Die sonstigen Vollstreckungstitel des § 794 ZPO.

2. Vollstreckbarkeit des Titels

Entscheidungen sind sowohl in FG-Familiensachen als auch in Ehe- und Familienstreitsachen mit ihrem Wirksamwerden vollstreckbar (vgl. § 86 Abs. 2 S. 2 FamFG bzw. § 120 Abs. 2 S. 1 FamFG). Gänzlich unterschiedlich ist jedoch geregelt, wann die **Wirksamkeit** einer Entscheidung eintritt: 7

4 Zur Übersicht über die anwendbaren Verfahrensvorschriften s. auch HK-ZV/Giers/*Bachmann* FamFG Vor Rn. 1.
5 OLG Stuttgart 17.3.2010 – 16 WF 41/10, FamRZ 2010, 1594; OLG Karlsruhe 8.4.2010 – 2 WF 40/10, FamRZ 2010, 1366.

8 **a) FG-Familiensachen.** In FG-Familiensachen wird eine Endentscheidung grundsätzlich **mit der Bekanntgabe** an den Beteiligten wirksam, für den sie ihrem wesentlichen Inhalt nach bestimmt ist (§ 40 Abs. 1 FamFG). Die Bekanntgabe erfolgt entweder durch förmliche Zustellung gem. §§ 166 ff. ZPO iVm § 15 Abs. 2 S. 1 FamFG oder durch Aufgabe zur Post, wobei das Schriftstück bei Versendung im Inland drei Tage nach der Aufgabe zur Post als bekanntgegeben gilt, es sei denn, der Beteiligte macht glaubhaft, dass ihm das Schriftstück nicht oder erst später zugegangen ist (§ 15 Abs. 2 S. 2 FamFG). Welche Form der Bekanntgabe gewählt wird, liegt im Ermessen des Gerichts, wenn nicht spezielle Vorschriften im Einzelfall eine besondere Form der Bekanntmachung vorschreiben.[6] So verlangt § 41 Abs. 1 S. 2 FamFG zB die förmliche Zustellung eines anfechtbaren Beschlusses an den Beschwerdebeteiligten. Aber auch in diesen Fällen wird der Beschluss durch Aufgabe zur Post nach der Dreitagesfrist wirksam. Die verbindliche Zustellung nach § 41 Abs. 1 S. 2 FamFG dient nämlich nur dem Nachweis des Zugangs, ist aber nicht Voraussetzung für die wirksame Bekanntgabe.[7]

Der Beschluss erlangt hingegen keine Wirksamkeit, wenn die Bekanntgabe nicht die Vorgaben des § 15 Abs. 2 FamFG einhält (zB bei Übersendung per Fax oder E-Mail).[8] § 40 FamFG erfährt jedoch in den Familiensachen eine Reihe von Durchbrechungen. In folgenden Verfahren wird der Beschluss **erst mit Rechtskraft wirksam**:

- Abstammungssachen, § 184 S. 1 FamFG;
- Adoptionssachen, § 198 Abs. 1 FamFG;
- Ehewohnungssachen, § 209 Abs. 2 FamFG;
- Haushaltssachen, § 209 Abs. 2 FamFG;
- Gewaltschutzsachen, § 216 Abs. 1 FamFG;
- Versorgungsausgleichssachen, § 224 Abs. 1 FamFG;
- Beschluss, der die Genehmigung eines Rechtsgeschäft zum Gegenstand hat, § 40 Abs. 2 FamFG.

In diesen Fällen kann die Wirksamkeit vor Rechtskraft des Beschlusses nur eintreten, wenn eine sofortige Wirksamkeit der Entscheidung angeordnet werden kann (→ *Sofortige Wirksamkeit* Rn. 1 ff.).

9 **b) Ehe- und Familienstreitsachen.** In Ehe- und Familienstreitsachen werden Endentscheidungen grundsätzlich erst mit Eintritt der formellen Rechtskraft wirksam (§ 116 Abs. 2, 3 FamFG). Um eine vorläufige Vollstreckbarkeit zu ermöglichen, kann das Gericht in Familienstreitsachen die sofortige Wirksamkeit anordnen. In Unterhaltssachen soll im Falle einer Zahlungsverpflichtung die sofortige Wirksamkeit angeordnet werden (§ 116 Abs. 3 FamFG) (→ *Sofortige Wirksamkeit* Rn. 1 ff.). Auch Versäumnisbeschlüsse werden erst mit Rechtskraft wirksam, eine vorzeitige Vollstreckbarkeit bedarf der Anordnung einer sofortigen Wirksamkeit.[9] In Verbundverfahren werden die Entscheidungen in Folgesachen nicht vor Rechtskraft der Scheidung wirksam (§ 148 FamFG). Dies gilt sowohl für Folgesachen, die FG-Familiensachen sind, als auch für Familienstreitsachen.[10] Daraus folgt, dass eine Vollstreckung einer Folgesachenentscheidung vor Rechtskraft des Scheidungsausspruchs nicht zulässig ist. Auch die **Anordnung der sofortigen Wirksamkeit** muss so gefasst sein, dass sie nur den Zeitraum nach Rechtskraft der Scheidung erfasst.[11] Ist die Formulierung, in der die sofortige Wirksamkeit angeordnet wurde, nicht in diesem Sinne beschränkt, ist sie dennoch so auszulegen.[12] Die Vollstreckungsklausel (§ 120 Abs. 1 FamFG, § 724 ZPO) darf erst nach Rechtskraft der Scheidung erteilt werden.[13] Für die Schwebezeit können einstweilige Anordnungen erforderlich sein.[14]

---

6 Musielak/Borth/*Borth* FamFG § 15 Rn. 4.
7 Prütting/Helms/*Abramenko* FamFG § 40 Rn. 3 und § 41 Rn. 11 ff.
8 Vgl. Prütting/Helms/*Abramenko* FamFG § 40 Rn. 4.
9 Musielak/Borth/*Borth* FamFG § 116 Rn. 4.
10 Prütting/Helms/*Helms* FamFG § 116 Rn. 13.
11 Musielak/Borth/*Borth* FamFG § 148 Rn. 6; Prütting/Helms/*Helms* FamFG § 116 Rn. 29; Thomas/Putzo/*Hüßtege* FamFG § 148 Rn. 5; HK-ZV/*Giers/Bachmann* FamFG Rn. 58.
12 HK-ZV/*Giers/Bachmann* FamFG Rn. 58.
13 Prütting/Helms/*Helms* FamFG § 116 Rn. 29.
14 HK-FamVerfR/*Kemper* § 148 Rn. 6.

Der Nachweis der Wirksamkeit der Endentscheidung erfolgt durch ein **gerichtliches Rechtskraftzeugnis** (§ 706 ZPO iVm § 120 Abs. 1 FamFG), das auf Antrag erteilt wird. Der Antrag ist formlos ohne Anwaltszwang möglich (§ 78 Abs. 3 ZPO). In Ehesachen wird das Rechtskraftzeugnis von Amts wegen erteilt (§ 46 S. 3 FamFG).

Die **Zustellung** kann schon als Form der Bekanntgabe gem. §§ 15 Abs. 2 S. 1, 41 Abs. 1 S. 2 FamFG erfolgt sein. Eine gesonderte Zustellung ist gem. § 87 Abs. 2 FamFG erforderlich, wenn die Bekanntgabe nur durch Aufgabe zur Post (§ 15 Abs. 2 S. 1 FamFG) oder durch Verkündung (§ 41 Abs. 2 S. 1 FamFG) erfolgt ist.

3. Zustellung des Vollstreckungstitels

10 Für die FG-Familiensache regelt § 87 Abs. 2 FamFG im Grundsatz, dass die Vollstreckung nur beginnen darf, wenn der Beschluss bereits zugestellt ist oder gleichzeitig zugestellt wird. Die Vorschrift entspricht § 750 Abs. 1 S. 1 ZPO, der nach § 120 Abs. 1 FamFG für die Familienstreitsachen maßgebend ist.

11 Der Wortlaut beider Vorschriften ist auf „Beschlüsse“ bzw. „Urteile“ beschränkt. So wie § 750 ZPO grundsätzlich **für alle Titel** gilt, die nach der ZPO vollstreckt werden (§ 795 S. 1 ZPO), ist auch § 87 Abs. 2 FamFG für jeden nach dem FamFG möglichen Vollstreckungstitel anzuwenden.[15] (Zur besonderen Problematik der Zustellung eines gerichtlich gebilligten Vergleichs in Umgangssachen s. → *Vollstreckungstitel* Rn. 8). Zustellungsadressat ist der Schuldner; bei Gesamtschuldnern muss an jeden zugestellt werden, da die Zustellung an nur einen nicht gegen die anderen Gesamtschuldner wirkt.[16]

12 **a) FG-Familiensachen.** Bei Endentscheidungen in Ehewohnungs- und Haushaltssachen kann das Gericht zusammen mit dem Ausspruch der sofortigen Wirksamkeit der Entscheidung (→ *Sofortige Wirksamkeit* Rn. 1 ff.) anordnen, dass die **Vollstreckung schon vor der Zustellung** des Beschlusses an den Antragsgegner zulässig ist (§ 209 Abs. 3 S. 1 FamFG). Konsequenterweise tritt die Wirksamkeit der Entscheidung, die ja wiederum ihrerseits Voraussetzung der Zwangsvollstreckung ist, bereits dann ein, wenn die Entscheidung der Geschäftsstelle des Gerichts zur Bekanntmachung übergeben wird. Dieser Zeitpunkt muss auf der Entscheidung vermerkt werden (§ 209 Abs. 3 S. 2, 3 FamFG). Praktisch relevant kann es beispielsweise bei der Anordnung einer Benutzungsregelung der Ehewohnung werden. Allerdings ist für diese Anordnung ein **besonderes Regelungsbedürfnis** zu fordern, in der Regel also ein Gewalthintergrund.[17]

13 Eine entsprechende Regelung sieht § 216 Abs. 2 FamFG für **Gewaltschutzsachen** vor. Vollstreckungsrechtlich macht es daher im Gegensatz zum alten Recht keinen Unterschied mehr, ob die Zuweisung der Ehewohnung über § 1361 b BGB oder nach dem GewSchG erfolgt.

14 Abweichend von § 87 Abs. 2 FamFG, der grundsätzlich auch für einstweilige Anordnungen gilt, ermöglicht es § 53 Abs. 2 FamFG dem Gericht, die **Vollstreckung einer einstweiligen Anordnung** vor der Zustellung der Entscheidung an den Verpflichteten zuzulassen. Das gilt für einstweilige Anordnungen in Gewaltschutzsachen (wie schon § 64 b Abs. 3 S. 3 FGG aF) und für alle anderen einstweiligen Anordnungen, in denen ein besonderes Bedürfnis dafür besteht, zB bei einer einstweiligen Anordnung, in der die Herausgabe eines Kindes angeordnet wird und bei der ansonsten belastende Situationen entstehen können.[18] Auch hier gilt, dass im Falle der Zulassung der Vollstreckung vor der Zustellung die einstweilige Anordnung mit der Übergabe an die Geschäftsstelle wirksam wird (§ 53 Abs. 2 S. 2 FamFG). Die Zustellung in FG-Familiensachen erfolgt in der Regel von Amts wegen. Es gibt aber auch Fälle der Zustellung durch den Beteiligten, zB bei der einstweiligen Anordnung in Gewaltschutzsachen. Der Antrag auf Erlass einer einstweiligen Anordnung gilt dann zugleich als Antrag zur Zustellung durch den Gerichtsvollzieher, der über die Geschäftsstelle weitergegeben wird (§ 214 Abs. 2 S. 2 FamFG). Dafür gelten die Vorschriften der Parteizustellung der ZPO (§§ 191–195 ZPO) entsprechend gem. § 15 Abs. 2 S. 1 FamFG.

15 HK-ZV/*Giers/Bachmann* FamFG Rn. 132.
16 HK-ZV/*Giers/Haas* ZPO § 750 Rn. 18.
17 Musielak/Borth/*Borth* FamFG § 209 Rn. 15; HK-ZPO/*Kemper* FamFG § 209 Rn. 13.
18 Vgl. Prütting/Helms/*Dürbeck* FamFG § 53 Rn. 5.

15 **b) Familienstreitsachen.** Es gelten **die Vorschriften der ZPO** zur Zwangsvollstreckung. Die Vollstreckung darf grundsätzlich nur beginnen, wenn der Titel bereits zugestellt ist oder gleichzeitig zugestellt wird (§§ 750 Abs. 1 S. 1, 795 S. 1 ZPO, § 120 Abs. 1 FamFG). **Zustellung** ist die Bekanntgabe des Titels an eine Person, in der in den §§ 166 ff. ZPO bestimmten Form (§ 166 Abs. 1 ZPO).

16 Grundsätzlich müssen alle vollstreckbaren Titel in Familienstreitsachen zugestellt werden, nicht nur Beschlüsse, auch gerichtliche Vergleiche, Vollstreckungsbescheide, notarielle Urkunden. Zwei **Ausnahmen vom Zustellungserfordernis** sind zu beachten:

- **Arreste und einstweilige Verfügungen** können wegen der besonderen Eilbedürftigkeit vor ihrer Zustellung bereits vollzogen werden (§§ 929 Abs. 3 S. 1, 936 ZPO). Dabei sind jedoch zwei besondere Fristen zu beachten. Die Vollziehung ist unwirksam, wenn die Zustellung nicht binnen einer Woche nach der Vollziehung nachgeholt wird. Mit „Vollziehung" ist hier (anders als in § 929 Abs. 2 ZPO) der erfolgte Zugriff auf das Schuldnervermögen gemeint.[19] Bei der Mobilienpfändung ist das der Zeitpunkt der Pfändung durch den Gerichtsvollzieher, bei Erlass eines Pfändungs- und Überweisungsbeschlusses der Zeitpunkt der Zustellung an den Drittschuldner (§§ 930, 829 Abs. 3 ZPO). Bei der Arresthypothek (§ 932 ZPO) beginnt die Zustellungsfrist allerdings nicht erst mit der Eintragung ins Grundbuch, sondern mit Eingang des Antrags beim Grundbuchamt, weil ab diesem Zeitpunkt der Rang der Eintragung bereits gesichert ist.[20]
- Außerdem muss die **Zustellung vor Ablauf der allgemeinen einmonatigen Vollziehungsfrist** aus § 929 Abs. 2 ZPO erfolgen (§ 929 Abs. 3. S. 2 ZPO). Die Zustellung erfolgt als Parteizustellung gem. §§ 191 ff. ZPO. Die allgemeine Vollziehungsfrist von einem Monat beginnt mit der Verkündung, Aushändigung bzw. Zustellung von Arrest/einstweiliger Verfügung. Eine Verlängerung dieser gesetzlichen Frist ist nicht möglich. Es gibt auch keine Wiedereinsetzungsmöglichkeit. Innerhalb der Vollziehungsfrist muss die Vollziehung beantragt, aber nicht abgeschlossen sein. Sie muss nur ohne eine vom Gläubiger zu vertretende Verzögerung eingeleitet sein.[21] Eine Vorpfändung (§ 845 ZPO) reicht aus,[22] die bloße Zustellung des Titels nicht.

17 Es ist möglich, innerhalb der Monatsfrist eine weitere neue Vollziehungsmaßnahme einzuleiten und/oder den Arrest/die einstweilige Verfügung neu zuzustellen. Nach **Ablauf der Vollziehungsfrist** dürfen zwar noch Mängel einer fehlerhaften, aber nicht unwirksamen Vollstreckung behoben werden, eine fehlerhafte Pfändung wiederholt werden oder vorangegangene Vollziehungsmaßnahmen fortgesetzt werden, die aufeinander aufbauen (Antrag zur Abgabe der eidesstattlichen Versicherung nach erfolglosem Pfändungsauftrag an den Gerichtsvollzieher). Es dürfen aber nach Fristablauf keine neuen eigenständigen Vollziehungsmaßnahmen beauftragt werden (zB Antrag auf Erlass eines Pfändungs- und Überweisungsbeschlusses nach erfolglosem Pfändungsversuch durch den Gerichtsvollzieher).[23] Es kann jedoch ein neuer Arrestantrag gestellt werden, wenn die Arrestvoraussetzungen noch gegeben sind. Nach anderer Ansicht reicht ein fristgerechter Vollstreckungsantrag für andere, erst nach Fristablauf in Auftrag gegebene Vollstreckungsmaßnahmen aus.[24]

18 **c) Vorpfändung.** Sie setzt keine vorherige Zustellung des Titels an den Schuldner voraus (§ 845 Abs. 1 S. 3 ZPO) (→ *Vorpfändung* Rn. 1 ff.).

19 **d) Verzicht auf die Zustellung.** Nach herrschender Meinung ist ein Verzicht des Schuldners auf das Erfordernis der Zustellung im Vorhinein **nicht wirksam**, da diese Vollstreckungsvoraussetzung nicht zur Disposition der Beteiligten steht.[25] Ein nachträglicher Verzicht soll dagegen möglich sein. Da Mängel der Zustellung nicht zur Unwirksamkeit, sondern nur zur Anfechtbarkeit der Vollstreckungshandlung führen,

19 HK-ZV/*Haertlein* ZPO § 929 Rn. 25.
20 HK-ZV/*Haertlein* ZPO § 929 Rn. 26; HK-ZPO/*Kemper* § 932 Rn. 8; MüKoZPO/*Drescher* § 932 Rn. 7.
21 BGH 25.10.1990 – IX ZR 211/89, NJW 1991, 496; 15.12.2005 – I ZB 63/05, NJW 2006, 1290.
22 HK-ZV/*Haertlein* ZPO § 929 Rn. 4.
23 S. BGH 25.10.1990 – IX ZR 211/89 NJW 1991, 496.
24 MüKoZPO/*Drescher* § 929 Rn. 10; *Schilken* in: Gaul/Schilken/Becker-Eberhard ZVR § 78 Abs. 1 S. 1.
25 HK-ZPO/*Kindl* § 750 Rn. 13; MüKoZPO/*Hessler* § 750 Rn. 86; Thomas/Putzo/*Seiler* ZPO § 750 Rn. 1.

obliegt es der Entscheidung des Schuldners, ob er dagegen vorgeht. Daher soll auch ein nachträglicher Verzicht auf das Erfordernis der Zustellung möglich sein.[26]

e) Mängel der Zustellung. Zustellungsmängel führen nach ganz herrschender Meinung nicht zur Nichtigkeit der Vollstreckungsmaßnahme, sondern machen sie nur **anfechtbar**.[27] Der Mangel kann durch eine nachträgliche ordnungsgemäße Zustellung geheilt werden.[28] Eine **Heilung** ist unter den Voraussetzungen des § 189 ZPO möglich. Dazu muss eine Zustellung durch das zuständige Organ angeordnet worden und das Schriftstück dem Schuldner tatsächlich zugegangen sein.[29] Mit der Heilung entfällt die Anfechtbarkeit. Bei einem zeitlichen Zusammentreffen mit gleichgerichteten Vollstreckungsmaßnahmen Dritter (zB Pfändung durch mehrere Gläubiger) stellt sich für den Rang des jeweiligen Pfändungspfandrechts (§ 804 ZPO) die Frage, ob die Heilung ex tunc oder ex nunc wirkt. Da die fehlerhafte Vollstreckungsmaßnahme dem Gläubiger keine Vorzugstellung gegenüber den anderen Gläubigern gewähren soll, tritt die Heilung nach herrschender Meinung nur für die Zukunft ein.[30] Nach anderer Ansicht soll eine Heilung ex tunc eintreten. Begründet wird dies damit, dass der anfechtbare Vollstreckungsakt von Anfang an wirksam sei, lediglich auflösend bedingt durch die Möglichkeit der Anfechtung. Infolge der Heilung entfalle diese auflösende Bedingung, so dass der Vollstreckungsakt nach dem Rechtsgedanken der §§ 158 Abs. 2, 161 Abs. 2 BGB von Anfang an wirksam sei. 20

f) Rechtsbehelfe bei fehlerhafter Zustellung. Bei fehlerhafter Zustellung und sonstigen Mängeln der Zwangsvollstreckung können der Schuldner oder ein Dritter, der durch die Zwangsvollstreckung in seinen Rechten beeinträchtigt ist, gegen die Maßnahmen des Gerichtsvollziehers oder Vollstreckungsmaßnahmen des Vollstreckungsgerichts (Pfändungs- und Überweisungsbeschluss des Rechtspflegers) **Erinnerung** gem. § 766 ZPO einlegen.[31] 21

Gegen Entscheidungen des Vollstreckungsgerichts, die über bloße Vollstreckungsmaßnahmen hinausgehen (zB Erlass des Pfändungs- und Überweisungsbeschlusses erst nach vorheriger Anhörung des Schuldners; Abhilfeentscheidungen des Rechtspflegers), ist die sofortige Beschwerde gem. § 793 ZPO statthaft.[32] 22

III. Vollstreckungsklausel

Die Vollstreckungsklausel bescheinigt die Vollstreckungsreife des Titels. Für die Erteilung der Klausel sind die §§ 724 ff. ZPO auch in FG-Familiensachen entsprechend anwendbar.[33] Zuständig ist die **Geschäftsstelle des Gerichts** des ersten Rechtszuges. Wenn das Verfahren bei einem höheren Gericht anhängig ist, wird sie von der Geschäftsstelle dieses Gerichts erteilt (§ 724 Abs. 2 ZPO). 23

Inwieweit eine Vollstreckungsklausel erforderlich ist, ist unterschiedlich geregelt, je nachdem, ob die Zwangsvollstreckung aus den Vorschriften des FamFG oder der ZPO erfolgt: 24

1. FG-Familiensachen

Gem. § 86 Abs. 3 FamFG ist eine Vollstreckungsklausel **nicht erforderlich**, wenn die Vollstreckung durch das Gericht erfolgt, das den Titel erlassen hat. Das erfasst im Wesentlichen die Vollstreckung von Entscheidungen über die Herausgabe von Personen und die Regelung des Umgangs gem. § 88 FamFG. Auch hier bedarf es jedoch in bestimmten Fällen der Vollstreckungsklausel. Zuständig für die Vollstreckung solcher Entscheidungen ist das Gericht des gewöhnlichen Aufenthaltsortes des Kindes (§ 88 Abs. 1 FamFG). 25

26 HK-ZPO/*Kindl* § 750 Rn. 13; Musielak/Voit/*Lackmann* ZPO § 750 Rn. 15.
27 BGH 16.2.1976 – II ZR 171/74, BGHZ 66, 79; Musielak/Voit/*Lackmann* ZPO § 750 Rn. 19.
28 BGH 16.2.1976 – II ZR 171/74, BGHZ 66, 79; HK-ZV/*Giers* ZPO § 750 Rn. 21.
29 Thomas/Putzo/*Hüßtege* ZPO § 189 Rn. 7 f.
30 Thomas/Putzo/*Seiler* ZPO Vor § 704 Rn. 59.
31 HM, vgl. Thomas/Putzo/*Seiler* ZPO § 766 Rn. 2.
32 Zur Abgrenzung von § 766 ZPO und § 793 ZPO s. Thomas/Putzo/*Seiler* ZPO § 830 Rn. 54 ff.; HK-ZV/*Sternal* ZPO § 766 Rn. 19 ff.
33 Prütting/Helms/*Hammer* FamFG § 86 Rn. 24.

Zieht das Kind vor der Vollstreckung in einen anderen Gerichtsbezirk, wird die Vollstreckungsklausel erforderlich. Eine Vollstreckungsklausel ist auch notwendig, wenn ein Beteiligter selbst vollstreckt (Erteilung eines Pfändungsauftrages) oder ein anderes Vollstreckungsorgan tätig wird, insbesondere in Fällen des § 95 FamFG (Vollstreckungsgericht bei Antrag auf Erlass eines Pfändungs- und Überweisungsbeschlusses, Grundbuchamt).

26 **Einstweilige Anordnungen** bedürfen grundsätzlich keiner Vollstreckungsklausel (§ 53 Abs. 1 FamFG). Anders ist es, wenn die Vollstreckung für oder gegen einen anderen als den im Beschluss bezeichneten Beteiligten erfolgen soll (§ 53 Abs. 1 FamFG). Diese Regelung entspricht dem § 929 Abs. 1 ZPO für Arrest und einstweilige Verfügung.

27 Problematisch ist bei der einstweiligen Anordnung das Verhältnis von § 86 Abs. 3 FamFG zu § 53 Abs. 1 FamFG. Zum Teil wird vertreten, dass § 86 Abs. 3 FamFG vorrangig sei. Wenn die Vollstreckung der einstweiligen Anordnung durch das erlassende Gericht erfolgt, wäre auch dann keine Vollstreckungsklausel erforderlich, wenn die Vollstreckung für oder gegen einen anderen als im Beschluss bezeichneten Beteiligten erfolgt. § 53 Abs. 1 FamFG will nach dieser Ansicht die Klauselpflicht einschränken und nicht erweitern.[34] Nach anderer Ansicht ist § 53 FamFG als zusätzliche selbstständige Voraussetzung anzusehen.[35]

2. Ehe- und Familienstreitsachen

28 Für Hauptsacheentscheidungen gelten die Vorschriften der ZPO (§ 120 Abs. 1 FamFG). Danach bedarf grundsätzlich die Vollstreckung aus jedem Titel der **Vollstreckungsklausel** (§§ 724 Abs. 1, 750 Abs. 1, 795 ZPO).

29 Davon gibt es folgende **Ausnahmen**:

- Vollstreckungsbescheid, wenn für oder gegen die darin genannten Personen vollstreckt wird (§ 796 Abs. 1 ZPO);
- Arrest und einstweilige Verfügungen, wenn für oder gegen die darin genannten Personen vollstreckt wird (§§ 929 Abs. 1, 936 ZPO);
- Haftbefehl gem. § 901 ZPO;
- Kostenfestsetzungsbeschluss, der auf das Urteil gesetzt ist, praktisch bedeutungslos (§§ 105 Abs. 1, 795 a ZPO);
- Überweisungsbeschluss gem. § 836 Abs. 3 S. 3 ZPO für die Vollstreckung auf Herausgabe von Urkunden;
- Pfändungsbeschluss, auf dessen Grundlage der Hypothekenbrief zum Zwecke der Ablieferung an den Gläubiger weggenommen wird (§ 830 Abs. 1 S. 2 ZPO).
- Für die einstweilige Anordnung gilt auch in Familienstreitsachen § 53 Abs. 1 FamFG. Eine Vollstreckungsklausel ist nicht erforderlich, es sei denn, die Vollstreckung richtet sich für oder gegen einen anderen als in der einstweiligen Anordnung bezeichneten Beteiligten. Diese Konstellation kann sich ergeben, wenn zB der betreuende Elternteil in gesetzlicher Verfahrensstandschaft eine einstweilige Anordnung erwirkt hat und später die Voraussetzungen der Verfahrensstandschaft wegfallen.[36] Dort ist auch der Fall der Rechtsnachfolge gem. § 727 ZPO als Beispiel genannt.

IV. Amts- und Antragsverfahren

30 Erfolgt die Vollstreckung nach den Vorschriften der ZPO, also in Familienstreitsachen und in FG-Familiensachen des § 95 FamFG, kommt sie nur auf Antrag des Gläubigers in Gang (vgl. § 754 ZPO).

---

34 So HK-ZV/*Giers/Bachmann* FamFG Rn. 130; *Cirullies* Vollstreckung in Familiensachen 2. Aufl. Rn. 523; HK-FamVerfR/*Stockmann* § 53 Rn. 3; HK-ZPO/*Kemper* FamFG § 53 Rn. 2; Prütting/Helms/*Dürbeck* FamFG § 53 Rn. 3; *Klein* FuR 2009, 241 (250).

35 Musielak/Borth/*Borth* FamFG § 86 Rn. 7.

36 Vgl. Musielak/Borth/*Borth* FamFG § 53 Rn. 2.

In FG-Familiensachen, die auch von Amts wegen eingeleitet werden können (zB Verfahren auf Kindesherausgabe), kann auch die Vollstreckung von Amts wegen erfolgen. In diesen Fällen bestimmt das Gericht, welche Vollstreckungsmaßnahme ausgewählt wird (§ 87 Abs. 1 FamFG). Daneben gibt es ein Antragsrecht des Berechtigten (§ 87 Abs. 1 S. 2 FamFG).

V. Besondere Vollstreckungsvoraussetzungen

1. Vollstreckung gemäß §§ 86–94 FamFG

a) Anwendbarkeit des § 750 Abs. 2 ZPO. Soweit eine **qualifizierte Vollstreckungsklausel** erforderlich ist, zB gem. § 53 Abs. 1 FamFG, ist fraglich, ob § 750 ZPO entsprechend zu beachten ist, dh, ob die vollstreckbare Ausfertigung (Beschluss mit Vollstreckungsklausel) der einstweiligen Anordnung vor oder mit Beginn der Vollstreckung zugestellt werden muss.[37] In Vollstreckungen zur Kindesherausgabe oder zum Umgang wird der Fall einer Rechtsnachfolge aber nicht relevant werden. In den übrigen Vollstreckungen nach §§ 95 ff. FamFG gilt § 750 Abs. 2 ZPO ohnehin kraft Verweisung in § 95 Abs. 1 FamFG. 31

b) Gerichtlicher Hinweis vor Anordnung von Ordnungsmitteln (§ 89 FamFG). Anders als bei § 890 Abs. 2 ZPO setzt die Anordnung von Ordnungsmitteln gem. § 89 FamFG nicht deren vorherige Androhung voraus. Wegen des strafähnlichen Sanktionscharakters des Ordnungsgeldes muss jedoch ein **schuldhaftes Verhalten** gegeben sein. Daher muss der Herausgabe- bzw. Umgangsbeschluss gem. § 89 Abs. 2 FamFG auf die Folgen der Zuwiderhandlung hinweisen. Der **Hinweis** kann auch nachträglich erfolgen. Verstöße sind aber nur für die Zeit nach der Erteilung des Hinweises sanktionierbar.[38] Eine Androhung von Ordnungsmitteln in Alttiteln gem. § 33 FGG aF ersetzt den Warnhinweis nach § 89 Abs. 2 FamFG nicht.[39] 32

Auch für die Vollstreckung gerichtlich gebilligter **Vergleiche** (§§ 156 Abs. 2, 86 Abs. 1 Nr. 2 FamFG) bedarf es des **Warnhinweises**, der vom Gericht zweckmäßigerweise im Anschluss an die Billigungsentscheidung erfolgt.[40] Wird dies vergessen, kann Antrag auf Nachholung des gerichtlichen Hinweises in Form eines gesonderten Beschlusses gestellt werden.[41] Der Billigungsbeschluss kann bei Unterbleiben des Warnhinweises sogar mit der Beschwerde angefochten werden, auch wenn der Warnhinweis selbst nicht selbstständig anfechtbar ist.[42] Ein Rechtsschutzbedürfnis für eine solche Beschwerde ist aber nicht gegeben, wenn auf Antrag der Hinweis nachgeholt wird. 33

Inhaltlich fordert die Rechtsprechung, dass auf die möglichen Ordnungsmittel und das gesetzliche Höchstmaß hingewiesen wird. Ordnungsgeld und Ersatzordnungshaft dürfen kumulativ, Ordnungsgeld und Ordnungshaft nur alternativ aufgeführt werden.[43] 34

Während der BGH in einer älteren Entscheidung[44] großzügiger war, wird in neueren Beschlüssen der OLG einheitlich judiziert, dass Ordnungsmittel nur verhängt werden dürfen, wenn in dem Beschluss über die Umgangsregelung sowohl die **Obergrenze für das Ordnungsgeld** (25.000 EUR) als auch für die **Ordnungshaft** (sechs Monate, § 89 Abs. 3 S. 2 FamFG iVm § 802 j Abs. 1 S. 1 ZPO) angegeben wird. Fehlt die Angabe zur Höhe der Ordnungshaft, ist aber die Obergrenze des Ordnungsgeldes angegeben, erfüllt der Warnhinweis des Familiengerichts in seiner Gesamtheit nicht die inhaltlichen Mindestanforderungen und kann deshalb die notwendige Warnfunktion nicht übernehmen. Es kann dann auch kein Ordnungsgeld

37 So HK-ZV/*Giers/Bachmann* FamFG Rn. 135.

38 OLG Karlsruhe 19.2.10 – 5 WF 28/10, NJW 2010, 1976; HK-ZV/*Giers/Bachmann* FamFG Rn. 138.

39 BGH 17.8.2011 – XII ZB 621/10, NJW 2011, 3163; OLG Stuttgart 17.3.2010 – 16 WF 41/10, FamRZ 2010, 1594; OLG Koblenz 10.6.2010 – 13 WF 326/10, FamRZ 2010, 1930; HK-FamVerfR/*Völker/Clausius/Wagner* § 89 Rn. 22, Musielak/Borth/*Borth* FamFG § 89 Rn. 1; aA OLG Karlsruhe 8.4.2010 – 2 WF 40/10, NJW 2010, 2142.

40 BVerfG 9.3.2011 – 1 BvR 752/10, NJW 2011, 2347; OLG Karlsruhe 8.4.2010 – 2 WF 40/10, FamRZ 2010, 1366; OLG Stuttgart 17.3.2010 – 16 WF 41/10, FamRZ 2010, 1594; Musielak/Borth/*Borth* FamFG § 89 Rn. 6; *Cirullies* FPR 2012, 473 (474); *Schlunder* FamRZ 2010, 1636 (1638).

41 BVerfG 9.3.2011 – 1 BvR 752/10, NJW 2011, 2347.

42 BGH 10.7.2019 – XII ZB 507/18, NZFam 2019, 818.

43 BGH 23.10.2003 – I ZB 45/02, NJW 2004, 506.

44 BGH 1.2.2012 – XII ZB 188/11, NJW-RR 2012, 324.

verhängt werden.[45] Der Hinweis nach § 89 Abs. 2 FamFG erfordert nicht auch den Hinweis auf die Entlastungsmöglichkeit gem. § 89 Abs. 4 FamFG.[46]

35 Eine mögliche **Formulierung** lautet:

▶ 1. ...[47]

2. Der Verpflichtete wird darauf hingewiesen, dass für jeden Fall einer Zuwiderhandlung gegen die unter Nr. 1 geregelte(n) Verpflichtung(en) ein Ordnungsgeld bis zu 25.000 EUR und für den Fall, dass dieses nicht beigetrieben werden kann, Ordnungshaft bis zu sechs Monaten verhängt werden kann. Verspricht die Anordnung eines Ordnungsgeldes keinen Erfolg, kann das Gericht Ordnungshaft bis zu sechs Monaten anordnen. ◀

36 Die Verhängung von Ordnungsmitteln setzt einen **schuldhaften Verstoß gegen eigene Verhaltenspflichten** voraus, § 89 Abs. 4 S. 1 FamFG. Die Festsetzung von Ordnungsmitteln unterbleibt, wenn der Verpflichtete Gründe vorträgt, aus denen sich ergibt, dass er die Zuwiderhandlung nicht zu vertreten hat. Das Verschulden wird zunächst vermutet. Der Verpflichtete muss nachweisen, dass er seiner Wohlverhaltenspflicht nach § 1684 Abs. 2 BGB genügt hat.[48] Vor der Festsetzung von Ordnungsmitteln muss dem Verpflichteten rechtliches Gehör gewährt werden, § 92 Abs. 1 FamFG. An den Sachvortrag des Umgangsverpflichteten, den Verstoß nicht vertreten zu müssen, sind hohe Anforderungen zu stellen. Unklarheiten gehen zu seinen Lasten.[49] In der Praxis häufig ist der Einwand des betreuenden Elternteils, dass das Kind sich weigere, den Umgang wahrzunehmen. Jedenfalls bei Kindern bis zu ca. 10 Jahren dürfte aber davon auszugehen sein, dass mit erzieherischen Mitteln die Durchsetzung des Umgangs erreicht werden kann.[50] Der Gesetzgeber hat die Anordnung von Ordnungsmitteln in § 89 Abs. 1 FamFG in das gerichtliche Ermessen gestellt. Im Regelfall ist dieses Ermessen aber auf Null reduziert, wenn ein Verstoß festgestellt und die Verschuldensvermutung nicht entkräftet werden kann. Grundsätzlich hat im Vollstreckungsverfahren keine erneute Prüfung der Rechtmäßigkeit des zu vollstreckenden Beschlusses zu erfolgen. Hat der Umgangspflichtige alles objektiv Zumutbare getan und weigert sich das Kind weiterhin, sind Zwangsmaßnahmen weder gegen den Elternteil noch gegen das Kind zulässig.

Die spätere Vollstreckung des verhängten Ordnungsgeldes erfolgt von Amts wegen gem. §§ 1 Abs. 1 Nr. 3, 6 Abs. 2 JBeitrO durch das Familiengericht (Rechtspfleger), § 31 Abs. 2, 3 RPflG. Die Festsetzung von Haft ist nach § 89 FamFG möglich, kommt in der Praxis aber nicht vor. Gewalt gegen einen Elternteil könnte gem. § 90 FamFG angewendet werden,[51] kommt in der Praxis aber ebenfalls nicht vor. Eine Gewaltanwendung gegen das Kind schließt § 90 Abs. 2 S. 1 FamFG ohnehin aus, sofern die Herausgabe zum Zweck der Durchsetzung des Umgangsrechts erfolgen soll.[52]

2. Vollstreckung nach den Vorschriften der ZPO

37 Für die Vollstreckung von Familienstreitsachen und für die in §§ 95–96 a FamFG genannten Vollstreckungsmaßnahmen in FG-Familiensachen verweist das FamFG auf die Vollstreckungsvorschriften der ZPO (§ 120 Abs. 1 bzw. § 95 Abs. 1 FamFG), soweit sich aus dem FamFG nichts Abweichendes ergibt. Daher sind auch die **besonderen Zwangsvollstreckungsvoraussetzungen der ZPO** zu beachten:

---

45 OLG Oldenburg 13.8.2015 – 11 WF 159/15, NZFam 2016, 37; OLG Hamm 23.12.2015 – 2 WF 207/15, FamRZ 2016, 1105; OLG Naumburg 9.7.2014 – 8 WF 120/14, NZFam 2015, 182; OLG Oldenburg 25.3.2013 – 4 WF 34/13, FamRZ 2014, 145.

46 OLG Naumburg 22.12.2015 – 3 WF 231/15, FamRZ 2016, 1106.

47 Umgangsregelung, die in vollstreckbarer Weise hinreichend bestimmt formuliert sein muss, vgl. BGH 1.2.2012 – XII ZB 188/11, FamRZ 2012, 533.

48 OLG Karlsruhe 5.5.2011 – 5 WF 51/11, FamRZ 2011, 1669; vgl. auch Zöller/*Feskorn* FamFG § 89 Rn. 14; Thomas/Putzo/*Hüßtege* FamFG § 89 Rn. 9; *Clausius* in: jurisPR-FamR 3/2011 Anm. 1.

49 HK-FamVerfR/*Völker/Clausius* § 89 Rn. 22.

50 OLG Karlsruhe 26.10.2004 – 2 WF 176/04, FamRZ 2005, 1698; 5.5.2011 – 5 WF 51/11; *Stockmann* in: jurisPR-FamR 11/2005 Anm. 2.

51 HK-FamVerfR/*Völker/Clausius* § 90 Rn. 1 ff.

52 HK-FamVerfR/*Völker/Clausius* § 90 Rn. 7 ff.

a) **Zustellung** des Titels mit qualifizierter Vollstreckungsklausel, § 750 Abs. 2 ZPO: Wenn die Voraussetzungen des § 750 Abs. 2 ZPO vorliegen, hauptsächlich in den hier relevanten Fällen der Rechtsnachfolge (§ 727 ZPO) oder bei bedingten Ansprüchen (§ 726 ZPO), muss die vollstreckbare Ausfertigung des Titels zugestellt werden.
b) Nachweis der **Sicherheitsleistung**, § 751 Abs. 2 ZPO: Soweit eine Vollstreckung nur gegen Sicherheitsleistung begonnen oder fortgesetzt werden kann, darf die Vollstreckung nur dann durchgeführt werden, wenn die Sicherheitsleistung durch öffentliche Urkunde nachgewiesen ist und eine Abschrift dieser Urkunde bereits zugestellt ist oder gleichzeitig mit der Vollstreckung zugestellt wird. Problematisch und strittig ist, ob eine Einstellung der Vollstreckung gegen Sicherheitsleistung oder die Anordnung, dass die Vollstreckung einstweilen nur gegen Sicherheitsleistung zulässig ist, im Rahmen der Vollstreckung in Familiensachen möglich ist (→ *Einstellung und Beschränkung der Vollstreckung* Rn. 13, 20, 32 f.). Soweit dies für möglich erachtet wird, ist § 751 Abs. 2 ZPO als besondere Vollstreckungsvoraussetzung zu beachten.
c) **Zug-um-Zug-Leistung**, § 756 ZPO: Hängt die Vollstreckung von einer Zug um Zug zu bewirkenden Leistung des Gläubigers ab, ist § 756 ZPO zu beachten.
d) **Sicherungsvollstreckung**: Die Sicherungsvollstreckung gem. §§ 750 Abs. 3, 720 a ZPO findet in Fällen Anwendung, in denen die Vollstreckbarkeit von einer Sicherheitsleistung des Gläubigers abhängig ist. Das FamFG geht aber im Regelfall von einer Vollstreckung ohne Sicherheitsleistung aus. Die Sicherungsvollstreckung kommt daher nur in besonderen Fallgestaltungen in Betracht (→ *Sicherungsvollstreckung* Rn. 3 f.).
e) **Wartefrist**: Die Wartefrist des § 798 ZPO ist insbesondere bei der Vollstreckung notarieller Urkunden praxisrelevant. Die Zustellung darf als Ausnahme zu § 750 Abs. 1 ZPO erst beginnen, wenn der „Schuldtitel", also die vollstreckbare Ausfertigung der Urkunde, mindestens zwei Wochen vorher zugestellt ist. Die Vorschrift ist für die Vollstreckung in Familienstreitsachen und in sonstigen Familiensachen, die gem. §§ 95 ff. FamFG vollstreckt werden, kraft Verweisung anwendbar (vgl. § 95 Abs. 1 FamFG). In den übrigen Fällen wird sich eine Vollstreckung aus einer notariellen Urkunde wohl nicht ergeben.

266. Vollstreckung von Unterhaltsansprüchen

Grandel

I. Einleitung

1 Da bei der Vollstreckung von Unterhaltsansprüchen in das bewegliche oder Immobilienvermögen des Schuldners keine Besonderheiten gegenüber der Vollstreckung anderer titulierter Ansprüche bestehen, beschränken sich die nachfolgenden Ausführungen auf die **Vollstreckung in Geldforderungen**, als die für die Praxis bedeutsamste Vollstreckungsmaßnahme.

1. Vorratspfändung und Vorauspfändung

2 Abweichend von der allgemeinen Vollstreckungsvoraussetzung, dass die Zwangsvollstreckung eines Anspruchs, der von dem Eintritt eines Kalendertages abhängig ist, erst begonnen werden darf, wenn der Termin abgelaufen ist (§ 751 Abs. 1 ZPO), erlaubt § 850 d Abs. 3 ZPO für Unterhaltsansprüche die sog. **Vorratspfändung**. Die Forderungspfändung kann auch **wegen erst künftig fällig werdender Unterhaltsraten** durchgeführt werden. **Voraussetzung** dazu ist:

- Der Pfändungs- und Überweisungsbeschluss wird zur Durchsetzung von Unterhaltsansprüchen beantragt, die kraft Gesetzes einem Verwandten, (früheren) Ehegatten, (früheren) Lebenspartners oder einem Anspruchsberechtigten aus §§ 1615 l, 1615 n BGB zustehen. Das gilt auch für Renten aus Körperverletzungen. Privilegiert werden nur gesetzliche Unterhaltsansprüche. Dazu zählen auch vertraglich vereinbarte Unterhaltszahlungen, wenn sie die gesetzlichen Ansprüche ausgestalten, nicht aber, wenn vom Gesetz losgelöste Zahlungen vereinbart werden, die den gesetzlich geschuldeten Betrag übersteigen (zB Leibrenten). Gesetzlich gar nicht vorgesehene Unterhaltspflichten, wie zB Unterhalt für die nichteheliche Lebensgefährtin, fallen genauso wenig darunter wie Kapitalabfindungen, auch wenn sie ratenweise bezahlt werden.[1] Dagegen gehört der Verfahrenskostenvorschuss dazu, weil er eine spezielle Form des Unterhaltsanspruchs ist. Ebenso gehören dazu die Kosten der Zwangsvollstreckung.
- Die Vorratspfändung erfasst nur das Arbeitseinkommen des Schuldners. Andere regelmäßige Einkünfte, zB Mieteinkünfte oder Bankguthaben, können nur über die Vorrangpfändung (Dauerpfändung) erfasst werden.
- Bei Erlass des Pfändungs- und Überweisungsbeschlusses muss mindestens eine Unterhaltsrate fällig sein und noch zur Zahlung offen stehen als Indiz für zukünftigen Zahlungsverzug. § 850 d Abs. 3 ZPO erlaubt die Vorratspfändung nur „zugleich" mit der Pfändung bereits fälliger Ansprüche und nicht isoliert davon;[2] zur Abgrenzung von der Vorauspfändung → Rn. 5.

3 Es entsteht mit der Zustellung des Pfändungs- und Überweisungsbeschlusses an den Drittschuldner ein **Pfändungspfandrecht** (§ 804 ZPO) gleichen Ranges auch an zukünftigen Ansprüchen des Schuldners gegen den Drittschuldner. Es geht dem Rang späterer Pfändungen vor.[3]

4 Die Vorratspfändung aus § 850 d Abs. 3 ZPO ist zu unterscheiden von der Vorauspfändung.

1 Musielak/Voit/*Flockenhaus* ZPO § 850 d Rn. 2; HK-ZPO/*Kemper* § 850 d Rn. 4.
2 OLG Düsseldorf 22.7.1983 – 3 W 153/83, WM 1983, 1069.
3 *Benner* NZFam 2019, 845 (849); *Büttner* FamRZ 1994, 1433 (1437).

Die **Vorauspfändung** (Dauerpfändung) wurde von der Praxis entwickelt. Sie ist für alle wiederkehrenden Ansprüche zulässig, also nicht auf Unterhaltsansprüche beschränkt. Es handelt sich um eine aufschiebend bedingte Pfändung wegen der jeweils künftig fällig werdenden wiederkehrenden Zahlungsrate in Geldforderungen.[4] Voraussetzung ist wie bei der Vorratspfändung, dass die Vollstreckungsforderung zumindest teilweise bereits fällig ist.[5] Im Gegensatz zur Vorratspfändung entfaltet sie ihre Wirkung immer erst bei Fälligkeit der jeweiligen Unterhaltsrate, wahrt also nicht den Rang zur Zeit der Zustellung des Pfändungsbeschlusses und bewirkt keine dauernde Kontosperre. Der Schuldner darf allerdings in Höhe des gepfändeten Betrages zwischen dem jeweiligen Eintritt der Pfändungswirkung und der Auszahlung des Betrages nicht verfügen.[6] 5

Die Vorauspfändung muss als solche im Antrag und im Pfändungs- und Überweisungsbeschluss kenntlich gemacht werden. Es muss also ersichtlich sein, dass die Pfändung auch wegen der erst nach seinem Erlass fällig werdenden Raten des titulierten Anspruchs erfolgt.[7] Die Vorratspfändung erfasst nur das Arbeitseinkommen des Schuldners und die nach § 850 Abs. 3 ZPO gleichgestellten Bezüge. Andere regelmäßige Einkünfte des Schuldners (zB Einkünfte aus Vermietung und Verpachtung) können nur über die Vorauspfändung erfasst werden. 6

2. Pfändungsgrenzen

Wegen der in § 850 d Abs. 1 ZPO genannten Unterhaltsansprüche sind das Arbeitseinkommen des Schuldners und die in § 850 a Nr. 1, 2 und 4 ZPO genannten, eigentlich unpfändbaren Bezüge ohne die Einhaltung der in § 850 c ZPO geregelten allgemeinen Pfändungsfreigrenzen pfändbar (§ 850 d Abs. 1 ZPO). § 850 d Abs. 1 S. 2–4 ZPO regeln, welcher monatliche Betrag dem Schuldner als pfandfrei gegenüber den privilegierten Unterhaltsgläubigern verbleiben muss. Der **Betrag** muss im Pfändungsbeschluss vom Vollstreckungsgericht **beziffert** werden. Folgende Kriterien sind maßgebend: 7

a) Notwendiger Unterhalt des Schuldners. Dem Schuldner muss sein eigener notwendiger Unterhalt belassen werden. Der Betrag orientiert sich nicht an den unterhaltsrechtlichen Selbstbehaltsbeträgen in den Leitlinien der Oberlandesgerichte. Sonst wäre in vielen Fällen auch keine Vollstreckung rückständigen Unterhalts mehr möglich. Maßgebend ist vielmehr der notwendige Lebensunterhalt im Sinne der **Kapitel 3 und 11 SGB XII**[8] bezogen auf die Kosten für Lebensunterhalt am Wohnort des Schuldners nach den örtlichen Regelsätzen (§ 28 SGB XII). 8

Insbesondere die **Mietkosten** können regional sehr unterschiedlich hoch sein. Für berufsbedingte Mehraufwendungen ist ein Mehrbedarfszuschlag von 25 % zu berücksichtigen. Auch beim erwerbsfähigen Schuldner sind nicht die Vorschriften des SGB II zugrunde zu legen, sondern das SGB XII.[9] 9

Daher sind Zuschläge und Mehrbedarfsbeträge, die sich aus Hartz IV Leistungen oder ALG II Leistungen ergeben nicht relevant.[10] Im Rahmen dieser Vorgaben bleibt Raum für Ermessensentscheidungen.[11] Nach § 28 Abs. 1 S. 1 SGB XII kann der Bedarf des notwendigen Lebensunterhalts abweichend von den Regelsätzen festgelegt werden, wenn er im Einzelfall seiner Höhe nach unabweisbar von einem durchschnittlichen Bedarf abweicht. Das kann der Fall sein, wenn Kosten eines Umgangsrechts entstehen.[12] 10

---

4 HK-ZV/*Bendtsen* ZPO § 829 Rn. 56; BGH 31.10.2003 – IX a ZB 200/03, NJW 2004, 369.

5 Musielak/Voit/*Flockenhaus* ZPO § 850 d Rn. 20.

6 BGH 31.10.2003 – IX a ZB 200/03, NJW 2004, 369; *Cirullies* Vollstreckung in Familiensachen 2. Aufl. Rn. 210.

7 Musielak/Voit/*Flockenhaus* ZPO § 850 d Rn. 21.

8 BGH 5.7.2018 – VII ZB 40/17, NZM 2018, 784; BGH 12.12.2007 – VII ZB 38/07, NJW-RR 2008, 733; 18.7.2003 – IXa ZB 151/03, NJW 2003, 2918; s. auch *Benner* NZFam 2019, 845.

9 BGH 5.8.2010 – VII ZB 17/09, FamRZ 2010, 1798.

10 HK-ZV/*Meller-Hannich* ZPO § 850 d Rn. 17 mwN.

11 LG Konstanz 14.4.2004 – 2 T 247/04, FamRZ 2005, 470; HK-ZV/*Meller-Hannich* ZPO § 850 d Rn. 15.

12 BGH 5.8.2010 – VII ZB 17/09, FamRZ 2010, 1798.

11 Auf Antrag des Schuldners kann weiterer Bedarf im Rahmen des §§ 850 f. ZPO berücksichtigt werden (zB besondere Aufwendungen bei Krankheit).

12 **b) Gleich- und vorrangige Unterhaltsberechtigte des Schuldners.** Neben seinem eigenen notwendigen Lebensbedarf ist dem Schuldner zusätzlich der Betrag zu belassen, den er **zur Erfüllung seiner laufenden Unterhaltspflichten** gegenüber dem Gläubiger vorgehenden oder gleichrangigen Unterhaltsberechtigten benötigt. Die Höhe des Betrages für anderweitige Unterhaltspflichten ist nach den **Umständen des Einzelfalles** zu bestimmen, nicht nach festen Sätzen.[13] Verfügt die Ehefrau des Schuldners zB über eigene Einkünfte und erhält sie das Kindergeld, kann sie in der Einzelfallbeurteilung als anderweitig Unterhaltsberechtigte gegebenenfalls außer Betracht bleiben.[14] Der Gläubiger sollte beim Pfändungsantrag schon auf das Einkommen des weiteren Unterhaltsberechtigten hinweisen. Die Berücksichtigung weiterer Unterhaltspflichten setzt voraus, dass der Schuldner auch tatsächlich Unterhalt leistet. Dazu ist nicht erforderlich, dass er die anderweitige Unterhaltsverpflichtung in voller Höhe erfüllt, da im Vollstreckungsverfahren der Streit über die Höhe der Unterhaltsverpflichtung nicht geführt werden soll. Andererseits genügt es nicht, dass der Schuldner nur geringfügige Zahlungen (weniger als 10 % des geschuldeten Unterhalts) leistet, um eine weitere Unterhaltspflicht berücksichtigt zu bekommen.[15] Auch dazu kann der Gläubiger gegebenenfalls im Pfändungsantrag schon Ausführungen machen.

§ 850 d ZPO findet auf die Vollstreckung der gem. § 7 Abs. 1 S. 1 UVG auf den Gläubiger übergegangenen Unterhaltsansprüche grundsätzlich Anwendung. Der Übergang eines Unterhaltsanspruchs kann nicht zum Nachteil des Unterhaltsberechtigten geltend gemacht werden, soweit dieser für eine spätere Zeit, für die er keine Unterhaltsleistung nach dem UVG erhalten hat oder erhält, Unterhalt von dem Unterhaltspflichtigen verlangt. Den Unterhaltsansprüchen des Unterhaltsberechtigten für einen späteren als den von der Unterhaltsvorschussleistung abgedeckten Zeitraum soll demnach in vollem Umfang Vorrang vor der Befriedigung der auf die Unterhaltsvorschusskasse übergeleiteten Ansprüche auf Zahlung rückständigen Unterhalts zukommen.[16] Der Gläubiger ist nicht aber gehalten, solche Voraussetzungen für die Pfändung nach § 850 d Abs. 1 S. 1 ZPO vorzutragen, die ihm nicht bekannt sind und die er auch nicht ohne Weiteres kennen muss. Denn das würde sein Recht, im Wege der Zwangsvollstreckung auf das Vermögen des Schuldners zuzugreifen, von vornherein in unangemessener Weise beschränken. Es ist vielmehr grundsätzlich Sache des Schuldners oder der durch das Gesetz Begünstigten, solche Einwendungen vorzubringen, die die Pfändung beschränken oder unzulässig machen. Das gilt auch für den Einwand, die Zwangsvollstreckung benachteilige Unterhaltsberechtigte, die Unterhalt vom Schuldner iSd § 7 Abs. 3 S. 2 UVG verlangten.[17]

13 **c) Hälfte des nach § 850 a ZPO unpfändbaren Betrages.** Dem Schuldner muss außerdem von den Bezügen nach § 850 a Nr. 1, 2 und 4 ZPO (Mehrarbeitsvergütung, Urlaubsgeld, Weihnachtsgeld, Zuwendungen zu Betriebsjubiläen oder für langjährige Betriebszugehörigkeit) die Hälfte des nach § 850 a ZPO unpfändbaren Betrages verbleiben. Für die Überstundenvergütung bestimmt § 850 a Nr. 1 ZPO, dass die Hälfte davon unpfändbar ist. § 850 d Abs. 1 S. 2 ZPO reduziert diesen pfändungsfreien Betrag auf 1/4 der Überstundenvergütung.

14 **d) Obergrenze des § 850 c ZPO.** Zur Klarstellung bestimmt § 850 d Abs. 1 S. 3 ZPO, dass dem Schuldner gegenüber privilegierten Unterhaltsgläubigern kein höherer pfändungsfreier Betrag verbleiben darf als gegenüber nicht privilegierten Gläubigern aus § 850 c ZPO.

15 **e) Unterhaltsrückstände.** Wird wegen Unterhaltsrückständen vollstreckt, deren Fälligkeit länger als ein Jahr zurückliegt, gelten die allgemeinen Pfändungsfreigrenzen des § 850 c ZPO. Die Jahresfrist wird rückgerechnet ab der Stellung des Antrags auf Erlass des Pfändungs- und Überweisungsbeschlusses. Das gilt nur dann nicht, wenn nach Lage der Verhältnisse anzunehmen ist, dass sich der Schuldner absichtlich seiner

13 BGH 4.10.2005 – VII ZB 24/05, FamRZ 2006, 203; 5.4.2005 – VII ZB 28/05, FamRZ 2005, 1085.
14 HK-ZPO/*Kemper* § 850 c Rn. 13; AG Schorndorf 19.5.2008 – 1 M 3033/07, JurBüro 2008, 551.
15 HK-ZV/*Meller-Hannich* ZPO § 850 c Rn. 7.
16 BGH 17.9.2014 – VII ZB 22/13, NZFam 2015, 23.
17 BGH 17.9.2014 – VII ZB 22/13, NZFam 2015, 23.

Zahlungspflicht entzogen hat (§ 850 d Abs. 1 S. 4 ZPO). Der Gläubiger muss im Antrag die Tatsachen, aus denen sich die **Entziehungsabsicht** ergibt, nicht vortragen, das Vollstreckungsgericht hat sie nicht zu prüfen.[18]

Der Schuldner wird in der Regel vor Erlass des Pfändungsbeschlusses nicht angehört, kann aber gegen den Pfändungsbeschluss **Erinnerung** (§ 766 ZPO) einlegen. Er trägt dann die Darlegungs- und Beweislast dafür, dass er sich der Zahlungspflicht nicht absichtlich entzogen hat.[19] 16

3. Rangfolge bei Pfändung durch mehrere Gläubiger

Grundsätzlich gilt in der Einzelvollstreckung das **Prioritätsprinzip** (§ 804 Abs. 3 ZPO). Eine nachfolgende Vollstreckung wegen Unterhaltsforderungen hat keinen Vorrang. Der Pfändungsfreibetrag ist jedoch gegenüber nicht privilegierten Gläubigern höher als gegenüber Unterhaltsgläubigern. Dieser Differenzbetrag wird zugunsten des Unterhaltsgläubigers von seiner Pfändung erfasst, selbst wenn sonstige Gläubiger zeitlich vor ihm einen Pfändungs- und Überweisungsbeschluss erwirkt hatten (§ 850 e Nr. 4 ZPO). Die Verrechnung nimmt auf Antrag das Vollstreckungsgericht vor. Zur Möglichkeit der Vollstreckung in den erweiterten pfändbaren Betrag während des Insolvenzverfahrens des Schuldners → *Insolvenzverfahren bei natürlichen Personen* Rn. 7 f. 17

Pfänden mehrere Unterhaltsgläubiger, ist § 850 d Abs. 2 ZPO zu beachten, der das **Prioritätsprinzip durchbricht**. Bei Unterhaltsgläubigern untereinander ist nicht von Bedeutung, wessen Pfändungsbeschluss zuerst zugestellt wurde, sondern welchen Rang die Unterhaltsgläubiger untereinander gem. § 1609 BGB bzw. § 16 LPartG haben. Die Anwendung der Vorschrift ist in der Praxis nicht unproblematisch, zB wenn es um die Feststellung geht, ob ein volljähriges Kind privilegiert iSd § 1603 Abs. 2 S. 2 BGB ist, eine Ehefrau wegen Kinderbetreuung unterhaltsberechtigt ist oder ob eine Ehe von langer Dauer gem. § 1609 Nr. 2 BGB vorliegt, wobei ehebedingte Nachteile iSd § 1578 b BGB zu berücksichtigen sind.[20] Die Praxis behilft sich mit pauschalen Bewertungen.[21] 18

Gleichrangige Unterhaltsgläubiger kommen gegebenenfalls anteilig zum Zug, wobei streitig ist, ob die Anteile nach Köpfen[22] oder im Verhältnis der Forderungshöhen zu berechnen sind.[23] 19

Der Pfändungs- und Überweisungsbeschluss kann auf Antrag vom Vollstreckungsgericht gem. § 850 g ZPO geändert und der aktuellen Rangsituation angepasst werden.[24] 20

II. Pfändung sonstiger Einkünfte

Die in § 850 b ZPO genannten Einkünfte des Schuldners können wie Arbeitseinkommen nur dann gepfändet werden, wenn die Voraussetzungen des § 850 b Abs. 2 ZPO gegeben sind (vergebliche bzw. aussichtslose Vollstreckung und Billigkeitsprüfung). 21

Ansprüche auf **Sozialleistungen** als laufende Geldleistungen können gem. § 54 Abs. 4 SGB I wegen gesetzlicher Unterhaltsansprüche ohne zusätzliche Billigkeitsprüfung wie Arbeitseinkommen gepfändet werden, soweit § 54 SGB I die Pfändung nicht ausschließt oder einschränkt. Elterngeld ist in Höhe des jeweiligen Sockelbetrages nicht pfändbar, auch nicht Mutterschaftsgeld, Wohngeld und Geldleistungen, die dafür bestimmt sind, den durch einen Körper- oder Gesundheitsschaden bedingten Mehraufwand auszugleichen. 22

18 Musielak/Voit/*Flockenhaus* ZPO § 850 d Rn. 12 a; HK-ZPO/*Kemper* § 850 d Rn. 9; aA MüKoZPO/*Smid* § 850 d Rn. 9.
19 BGH 21.12.2004 – IX a ZB 273/03, NJW-RR 2005, 718.
20 Vgl. *Graba* FamRZ 2008, 1217 (1222).
21 Lange Ehe mit mehr als 15 Jahren: BGH 30.7.2008 – XII ZR 177/08, NJW 2008, 3213; OLG Celle 10.10.2008 – 10 WF 322/08, NJW-RR 2009.
22 So *Behr* RPfleger 2005, 498.
23 So OLG Frankfurt a.M. 13.7.1999 – 26 W 52/99, FamRZ 2000, 614.
24 HK-ZV/*Meller-Hannich* ZPO § 850 d Rn. 26; Thomas/Putzo/*Seiler* ZPO § 850 d Rn. 9.

23 Infolge der Verweisung auf die Vorschriften über die Pfändung von Arbeitseinkommen ist auch § 850 d ZPO anwendbar.[25] Die Pfändung von **Altersrenten** und steuerlich gefördertem Altersvorsorgevermögen ist unter den besonderen Voraussetzungen der §§ 851 c, 851 d ZPO möglich mit Verweisung auf die Regelungen zur Pfändung von Arbeitseinkommen.

24 **Steuererstattungsansprüche** können erst gepfändet werden, wenn sie entstanden sind (§ 46 Abs. 6 S. 1 AO). Ansprüche auf Einkommensteuerrückzahlungen entstehen erst mit Ablauf des Veranlagungsjahres (§ 25 Abs. 1 EStG), also erst zum Ablauf des 31.12. des Jahres. Es kann aber nicht erzwungen werden, dass der Schuldner eine nicht notwendige Steuererklärung einreicht. Auch eine Ersatzvornahme ist nicht zulässig.[26]

25 Für sonstige Vergütungen für geleistete Arbeit, die kein Arbeitseinkommen sind, gilt es § 850 i ZPO zu beachten. Pfändungsschutz bei Miet- und Pachteinnahmen gewährt § 851 b ZPO und für Altersrenten und gefördertes Altersvorsorgevermögen § 851 d ZPO.

III. Kontenpfändung

26 Zum 1.7.2010 hatte der Gesetzgeber mit der Neufassung des § 850 k ZPO das sog. **Pfändungsschutzkonto** (P-Konto) eingeführt (→ *Pfändungsschutzkonto* Rn. 1 ff.).

27 Soweit es sich beim gepfändeten Konto nicht um ein P-Konto handelt, ist § 850 Abs. 1 iVm § 833 a ZPO zu beachten.[27] Seit 1.1.2012 umfasst die Pfändung des Guthabens eines Kontos bei einem Kreditinstitut das am Tag der Zustellung des Pfändungsbeschlusses an das Kreditinstitut bestehende Guthaben und die Tagesguthaben der auf die Pfändung folgenden Tage (§ 833 a ZPO). Der Vollstreckungsschutz aus § 833 a Abs. 2 ZPO aF ist entfallen. Die Pfändung des Guthabens umfasst das aktuelle Guthaben und künftige Salden einschließlich eines Rechnungsabschlusssaldos. Um Vollstreckungsschutz zu erlangen, muss der Schuldner das Girokonto zu einem Pfändungsschutzkonto gem. § 850 k Abs. 7 S. 2 ZPO umwandeln.

25 Musielak/Voit/*Flockenhaus* ZPO § 850 b Rn. 12.
26 BGH 27.3.2008 – VII ZB 70/06, FamRB 2008, 240.
27 S. Gesetz zur Reform des Kontopfändungsschutzes v. 7.7.2009, BGBl. I 1707.

267. Vollstreckungstitel

Grandel

I. Einführung

Während nach altem Recht in § 33 FGG aF die Vollstreckung in Angelegenheiten der freiwilligen Gerichtsbarkeit nur lückenhaft geregelt war, sind die **allgemeinen Vollstreckungsvoraussetzungen im FamFG** umfassend normiert (→ *Vollstreckung in Familiensachen* Rn. 1 ff.). 1

Für die Vollstreckung muss ein **Vollstreckungstitel** vorliegen. Er muss vollstreckbar, dh wirksam sein, und es müssen die **sonstigen Vollstreckungsvoraussetzungen** erfüllt sein (→ *Vollstreckung in Familiensachen* Rn. 1 ff.). Vom Fall des § 35 FamFG abgesehen, erfolgt die Vollstreckung in Familiensachen aus Endentscheidungen. Vollstreckungstitel sind solche, die unter der Geltung des FamFG entstanden sind. Vollstreckbar sind außerdem Alttitel und unter besonderen Voraussetzungen auch ausländische Titel (→ *Ausländische Unterhaltstitel* Rn. 1 ff.). 2

II. Vollstreckungstitel des FamFG (Endentscheidungen)

In Familiensachen findet die Vollstreckung aus folgenden Titeln statt, die unter Anwendung des FamFG entstanden sind. 3

1. Gerichtliche Beschlüsse als Endentscheidungen

Sowohl in Ehe- und Familienstreitsachen als auch in FG-Familiensachen entscheidet das Gericht durch Beschluss (§§ 38 Abs. 1, 113 Abs. 1 S. 1 FamFG). Die Vollstreckung erfolgt gem. § 86 ff. und § 120 Abs. 1 FamFG iVm § 704 ZPO aus **wirksamen Beschlüssen**, die Endentscheidungen sind (§ 58 Abs. 1 FamFG). Endentscheidungen sind auch Beschlüsse in Verfahren der einstweiligen Anordnung, soweit sie als selbstständige Verfahren geführt werden und mit einer Kostenentscheidung versehen sind (→ *Sofortige Wirksamkeit* Rn. 1 ff.). 4

2. Gerichtliche Beschlüsse mit verfahrensabschließenden Entscheidungen

Vollstreckungstitel sind auch sonstige Beschlüsse mit vollstreckbarem Inhalt, die ein Verfahren gem. §§ 887, 888, 890 ZPO **abschließen**, oder Festsetzungsbeschlüsse gem. § 253 FamFG. 5

3. Kostenfestsetzungsbeschlüsse

Auch gerichtliche Kostenfestsetzungsbeschlüsse gem. § 85 FamFG, § 104 ZPO, die in FG-Verfahren ergehen, werden gem. §§ 86 ff., 95 Abs. 1 Nr. 1 FamFG vollstreckt.[1] 6

Kostenfestsetzungsbeschlüsse in Ehe- und Familienstreitsachen werden nach den Vorschriften der **ZPO** vollstreckt (§§ 113 Abs. 1, 120 FamFG). 7

1 HK-FamVerfR/*von Harbou/Simon* § 95 Rn. 3; Prütting/Helms/*Hammer* FamFG § 95 Rn. 6.

4. Gerichtlich gebilligter Vergleich

8 Vergleiche gem. § 156 Abs. 1 FamFG in Verfahren über die **Kindesherausgabe** oder den **Umgang** sind vollstreckbar, wenn sie gerichtlich gebilligt sind. Nach hM ist die Billigung durch gerichtlichen **Beschluss** auszusprechen und zu begründen. Dieser Ansicht folgt auch der BGH.[2] Erst dadurch entsteht der Vollstreckungstitel.[3] Die andere Ansicht, derzufolge ein Vermerk im Protokoll genügen soll,[4] ist wegen der vom BGH[5] für zulässig erkannten Anfechtungsmöglichkeit des Billigungsbeschlusses nicht mehr aufrechtzuerhalten.

Ungeklärt ist, ob der Vollstreckungstitel beim gerichtlich gebilligten Vergleich der Billigungsbeschluss oder die Umgangsvereinbarung oder die Kombination von beidem ist. Die Problematik ähnelt derjenigen aus § 278 Abs. 6 ZPO und ist ungeklärt. Das Bild in der Rechtsprechung ist uneinheitlich, jedenfalls unklar. Auffallend ist, dass sich in Literatur und Rechtsprechung nur schwer präzise Aussagen dazu finden lassen. Zum Teil wird von einer Mindermeinung der Vergleich als Titel angesehen.[6] Eine andere Ansicht favorisiert den gerichtlichen Billigungsbeschluss als Titel.[7] Nach einer dritten Ansicht besteht der Titel aus der Kombination von Vergleich und Billigungsbeschluss.[8] In seiner Entscheidung zur Anfechtbarkeit des Billigungsbeschlusses hat der BGH zwar die konstitutive und verfahrensbeendende Bedeutung des Billigungsbeschlusses hervorgehoben und seine Anfechtbarkeit bejaht. Daraus lässt sich aber nicht zwingend ableiten, dass er alleine der maßgebliche Vollstreckungstitel ist. Es spricht vieles für die Ansicht, dass sich der Titel aus der Kombination von Vergleich und Billigungsbeschluss zusammensetzt. Kein Bestandteil ist für sich alleine in der Lage, einen Vollstreckungstitel zu begründen. Die Zustimmung der Beteiligten bezieht sich auf die gefundene Vereinbarung. Ohne gerichtliche Billigung wäre sie wiederum nicht vollziehbar. Private Umgangsvereinbarungen unterliegen nicht der Vollstreckung. Die Zustellung hat Warnfunktion und bietet dem Vollstreckungsschuldner rechtliches Gehör im Vollstreckungsverfahren.

Es handelt sich nicht nur um ein rechtsdogmatisches Problem. Von der Beantwortung der Frage leitet sich ab, was gem. § 87 Abs. 2 FamFG zugestellt werden muss, das Vergleichsprotokoll und/oder der Billigungsbeschluss. Nach der hier vertretenen Ansicht muss beides zugestellt werden.[9] Die Billigung darf nur erfolgen, wenn die Vereinbarung **einen vollstreckungsfähigen und hinreichend bestimmten Inhalt** aufweist.[10] Notwendig sind konkrete Angaben zu den Umgangszeiten mit Beginn und Ende nach Wochentag und Uhrzeit oder sonstigen aus dem Kalender ableitbaren Zeiträumen und zum Ort der jeweiligen Übergaben. Auch der Beginn eines zB zweiwöchigen Umgangsturnus muss festgelegt sein. Dagegen bedarf es nicht der Aufnahme von Handlungspflichten zum Abholen und Bereithalten uÄ, weil § 89 FamFG – anders als § 33 FamFG zum früheren Recht – nicht auf den Verstoß gegen Verpflichtungen, eine Handlung vorzunehmen, zu unterlassen oder zu dulden abstellt, sondern großzügiger auf die Zuwiderhandlung gegen

---

2 BGH 10.7.2019 – XII ZB 507/18, NZFam 2019, 818; BGH 1.2.2017 – XII ZB 601/15, NZFam 2017, 206.

3 *Cirullies* FPR 2012, 473 (474); Musielak/Borth/*Borth* FamFG § 156 Rn. 8.

4 OLG Frankfurt a. M. 2.11.2011 – 5 WF 151/11, FamRZ 2012, 573; OLG Nürnberg 28.4.2011 – 7 UF 487/11, NJW 2011, 2816; *Haußleiter* NJW-Spezial 2011, 68; *Heilmann* ZKJ 2011, 106.

5 BGH 10.7.2019 – XII ZB 507/18, NZFam 2019, 818.

6 *Haußleiter* NJW-spezial 2011, 68; *Schael* FamRZ 2011, 865; HK-ZV/*Giers* FamFG Rn. 122; Johannsen/Henrich/Althammer/*Büte* FamFG § 86 Rn. 5.

7 OLG Karlsruhe 8.5.2019 – 5 WF 239/18, FamRZ 2019, 1451 mit Anm. *Hammer* FamRZ 2019, 1453; KG 8.11.2010 – 19 WF 112/10, FamRZ 2011, 588; OLG Frankfurt a. M. 2.11.2011 – 5 WF 151/11, FamRZ 2012, 573, aber nicht eindeutig formuliert: „aus gerichtlich gebilligten Umgangsvergleichen findet die Vollstreckung erst statt, wenn der Beschluss bereits zugestellt ist oder gleichzeitig zugestellt wird"; Prütting/Helms/*Hammer* FamFG § 156 Rn. 68; *Ernst* NZFam 2015, 804.

8 *Grandel* FF 2019, 55; OLG Oldenburg 10.8.2018 – 11 WF 104/18, NJW-RR 2018, 1416; OLG Brandenburg 15.12.2016 – 13 WF 279/16, FamRZ 2017, 746: unklar, aber in der Tendenz wohl so gemeint.

9 Ebenso OLG Karlsruhe 8.5.2019 – 5 WF 238/18, FamRZ 2019, 1451; OLG Frankfurt a. M. 1.3.2019 – 4 WF 22/19, FuR 2019, 547; OLG Oldenburg 10.8.2018 – 11 WF 104/18, NJW-RR 2018, 1416; OLG Brandenburg 15.12.2016 – 13 WF 279/16, FamRZ 2017, 746; *Kischkel* NZFam 2019, 907.

10 Prütting/Helms/*Hammer* FamFG § 156 Rn. 61.

den Vollstreckungstitel.[11] Wird ein Umgangsvergleich gerichtlich gebilligt, der in vollem Umfang oder zum Teil keinen vollstreckungsfähigen Inhalt hat – wie es in der Praxis durchaus geschieht –, ist das aber letztlich folgenlos. Die gerichtliche Vereinbarung ist dann trotz Billigung nicht vollstreckbar.

Eine Billigung setzt außerdem voraus, dass alle formell am Verfahren Beteiligten der Vereinbarung zugestimmt haben. Sonst ist die Vereinbarung nicht wirksam und nicht vollstreckungsfähig.[12] **Zustimmungspflichtige Beteiligte** sind: das Jugendamt, wenn es einen Antrag gem. § 162 Abs. 2 FamFG auf Beteiligung am Verfahren gestellt hat. Dazu gehört zwingend auch der bestellte Verfahrensbeistand. Ist das Kind mindestens 14 Jahre oder älter und macht es selbst sein Umgangsrecht geltend, ist es gem. § 9 Abs. 1 Nr. 3 FamFG verfahrensfähig und muss selbst zustimmen. Weitergehend wird vertreten, dass das Kind ab 14 Jahren wegen seines Beschwerderechts immer selbst zustimmen muss.[13] Im Übrigen wird es durch die Sorgeberechtigten vertreten. Sinnvoll und praxistauglich ist diese Regelung nicht. Es sollte ausreichend sein, wenn die beteiligten Eltern und das Gericht die Vereinbarung billigen. In der Praxis wird kaum ein Fall denkbar sein, in dem das Jugendamt oder ein Verfahrensbeistand ihre Zustimmung verweigern werden. Nicht selten ist der Vertreter des Jungendamtes trotz förmlicher Beteiligung nicht oder nicht bis zum Schluss der mündlichen Verhandlung anwesend. Ähnliches kann bei Terminkollisionen beim Verfahrensbeistand der Fall sein. Die Belange des verfahrensbeteiligten Kindes können vom Gericht berücksichtigt werden. Im Übrigen besteht ein Beschwerderecht. Häufig geht schon aus der Formulierung des Billigungsbeschlusses in der Praxis gar nicht hervor, welche Beteiligten anwesend waren und die Billigung erklärt haben. In den Billigungsbeschluss sind auch die **Warnhinweise**, die § 89 Abs. 2 FamFG verlangt, aufzunehmen. Sie sind Vollstreckungsvoraussetzung, können aber auch nachgeholt werden (→ *Vollstreckung in Familiensachen* Rn. 1 ff.).

5. Vollstreckungstitel gemäß § 794 ZPO

Vollstreckungstitel sind auch Titel iSd § 794 ZPO in FG-Verfahren mit der Einschränkung, dass die Beteiligten über den Gegenstand des Verfahrens verfügen können. Hauptanwendungsfälle sind gerichtliche Vergleiche gem. §§ 36 Abs. 1 S. 1, 86 Abs. 1 Nr. 3 FamFG, § 794 Abs. 1 Nr. 1 ZPO. Praktisch wichtig sind **Vereinbarungen über Ausgleichszahlungen im Rahmen des Versorgungsausgleichs** und in **Ehewohnungs- und Haushaltssachen**. 9

Vollstreckungstitel sind auch **vollstreckbare notarielle Urkunden** iSd § 794 Abs. 1 Nr. 5 ZPO, bei Gericht niedergelegte, für vollstreckbar erklärte Anwaltsvergleiche iSd §§ 794 Abs. 1 Nr. 4 b, 796 b ZPO und in Verwahrung genommene und für vorläufig vollstreckbar erklärte Mediationsvereinbarungen iSd §§ 794 Abs. 1 Nr. 4 b, 796 d ZPO. 10

Die Einschränkung des § 86 Abs. 1 Nr. 3 FamFG gilt für alle Titel aus § 794 ZPO in FG-Familiensachen. Ein Vollstreckungsbescheid als Titel (§ 794 Abs. 1 Nr. 4 ZPO) ist in Fällen des § 95 Abs. 1 Nr. 1 FamFG denkbar. 11

III. Vollstreckungstitel der ZPO in Ehe- und Familienstreitsachen

§ 120 FamFG verweist für die Vollstreckung auf die Vorschriften der ZPO, somit auch auf die Vollstreckungstitel der ZPO. Die Einschränkungen aus §§ 36, 86 Abs. 1 Nr. 3 FamFG gelten für sie nicht. Die wesentlichen **Vollstreckungstitel** sind: 12

- gerichtliche Beschlüsse als Endentscheidungen (→ Rn. 4);
- Kostenfestsetzungsbeschlüsse, §§ 104 ZPO, 794 Abs. 1 Nr. 2 ZPO;
- gerichtliche Vergleiche, § 794 Abs. 1 Nr. 1 ZPO;
- notarielle Urkunden, § 794 Abs. 1 Nr. 5 ZPO;
- vollstreckbar erklärte Anwaltsvergleiche, Mediationsvereinbarungen, § 794 Abs. 1 Nr. 4 b;

11 BGH 3.8.2016 – XII ZB 86/15, FamRZ 2016, 1763; BGH 1.2.2012 – XII ZB 188/11, FamRZ 2012, 533.
12 *Cirullies* FPR 2012, 473 (474 f.); Musielak/Borth/*Borth* FamFG § 156 Rn. 9.
13 Musielak/Borth/*Borth* FamFG § 156 Rn. 9; NK-ZV/*Giers* FamFG Rn. 120.

- Vollstreckungsbescheide, § 794 Nr. 4 ZPO;
- Arrestbeschlüsse, §§ 922, 929 ZPO;
- europäischer Zahlungsbefehl, § 794 Abs. 1 Nr. 6 ZPO, Art. 12, 18 EuMVVO.
- europäische Zahlungsbefehle, die im Ursprungsland gem. Art. 18 EuMVVO für vollstreckbar erklärt wurden, sind in Deutschland vollstreckbar, ohne dass eine Vollstreckungsklausel im Inland erteilt werden muss, § 1093 ZPO.

IV. Verfahrensleitende Anordnungen, § 35 FamFG

1. Allgemeine Voraussetzungen

13 Gerichtliche Anordnungen gegen Beteiligte oder Dritte im laufenden Erkenntnisverfahren (Zwischenentscheidungen) in FG-Familiensachen (nicht in Ehe- und Familienstreitsachen anwendbar) werden gem. § 35 FamFG durch **Zwangsgeld, ersatzweise Zwangshaft**, vollstreckt. Außerdem sind Anordnungen gem. §§ 883, 886, 887 ZPO möglich.

14 Die Vorschrift erfasst zB angeordnete **Auskunftspflichten in Versorgungsausgleichssachen** (§ 220 FamFG). Anordnungen des Gerichts sind nicht oder modifiziert vollstreckbar, soweit das Gesetz etwas anderes bestimmt. Die Festsetzung von Zwangsgeld setzt ein schuldhaftes Verhalten voraus. Das Zwangsgeld hat keinen Sanktions-, sondern einen Beugecharakter, so dass die Zwangsmaßnahme zu unterbleiben hat, wenn der gerichtlichen Anordnung entsprochen wird.

2. Zuständigkeit

15 Für die Festsetzung von Zwangsgeld ist der Rechtspfleger zuständig, soweit er das dazugehörige Verfahren führt, ansonsten der Richter; für die Verhängung von Zwangshaft und die Anordnung nach § 35 Abs. 4 S. 1 FamFG ist stets der Richter zuständig.

3. Inhalt der Anordnung

16 Die Festsetzung von Zwangsmitteln dient der Durchsetzung einer unvertretbaren oder vertretbaren Handlung des Verpflichteten. Damit der Beschluss später vollziehbar ist, muss darin die verlangte **Mitwirkungshandlung genau bezeichnet** sein.

17 ▶ **Formulierungsbeispiel:**

Der Antragsgegner wird verpflichtet, den ihn mit Schreiben des Gerichts vom ... übersandten Fragebogen zu den in der Zeit von ... bis ... erlangten Versorgungsanwartschaften bis spätestens ... (Eingang bei Gericht) auszufüllen und unterzeichnet an das Gericht zurückzuleiten und zu versichern, dass die darin gemachten Angaben vollständig sind. ◀

18 § 35 Abs. 2 FamFG verlangt außerdem, dass auf die **Folgen der Zuwiderhandlung** gegen die Anordnung hingewiesen wird. Der Hinweis muss jedenfalls die Höchstsumme des Zwangsgeldes und die Höchstdauer der Zwangshaft (§§ 802 g, 802 j ZPO, § 35 Abs. 3 S. 2 FamFG: sechs Monate) umfassen. Kommen neben oder anstelle eines Zwangsgelds Anordnungen auf Wegnahme einer Sache oder die Ersatzvornahme einer vertretbaren Handlung in Betracht (§§ 883, 886, 887 ZPO, § 35 Abs. 4 FamFG), muss auch darauf hingewiesen werden.[14] Dabei genügt aber die gem. § 35 Abs. 4 S. 2 FamFG, § 891 S. 2 ZPO notwendige Anhörung.[15] Ist der Hinweis im Beschluss zur Mitwirkungshandlung vergessen, kann er nachgeholt werden.[16]

---

14 Prütting/Helms/*Hammer* FamFG § 35 Rn. 15.

15 HK-ZV/*Giers* FamFG Rn. 21.

16 HK-ZV/*Giers* FamFG Rn. 16 mwN; anders tendierend wohl OLG München 5.2.2010 – 34 Wx 128/09, NJW-RR 2010, 1603.

▶ **Formulierungsbeispiel:** 19

Für den Fall der Zuwiderhandlung gegen die in Ziff. ... enthaltene Anordnung kann gegen den Verpflichteten Zwangsgeld von bis zu 25.000 EUR und für den Fall, dass dieses nicht beigetrieben werden kann, Zwangshaft von bis zu sechs Monaten festgesetzt werden. Verspricht die Anordnung eines Zwangsgeldes keinen Erfolg, soll das Gericht Zwangshaft anordnen. Neben oder anstelle von Zwangsgeld/Zwangshaft, kommt auch die Anordnung der Wegnahme einer beweglichen Sache, die Pfändung und Überweisung eines Herausgabeanspruchs gegen Dritte oder die Anordnung einer Ersatzvornahme auf Kosten des Verpflichteten in Betracht. ◀

Die Festsetzung des Zwangsgeldes kann **wiederholt** werden, bis der Anordnung nachgekommen wird. 20
Seine Höhe orientiert sich an der Bedeutung des Verfahrens und der Dringlichkeit der Vornahme der Mitwirkungshandlung, der Einstellung des Verpflichteten und den wirtschaftlichen Verhältnissen.[17]

In dem Beschluss sind dem Verpflichteten die **Kosten** des Festsetzungsverfahrens aufzuerlegen (§§ 35 21
Abs. 3 S. 2, 81 ff. FamFG). Bei Anordnungen nach § 35 Abs. 4 FamFG sind ihm auch die Kosten des Anordnungsverfahrens aufzubürden (§ 35 Abs. 4 S. 2 FamFG, §§ 891, 91 ff. ZPO). Die gerichtlichen Kosten der Durchführung der Zwangsmaßnahme trägt der Verpflichtete auch ohne ausdrückliche Anordnung gem. § 24 Nr. 4 FamGKG.

4. Rechtsmittel

Gegen den Beschluss der Anordnung von Zwangsmaßnahmen ist **sofortige Beschwerde** mit der Zweiwo- 22
chenfrist statthaft (§ 35 Abs. 5 FamFG, § 569 Abs. 1 S. 1 ZPO). Die Beschwerde hat wegen der Verweisung auf § 570 Abs. 1 ZPO aufschiebende Wirkung (§ 35 Abs. 5 FamFG).

17 HK-FamVerfR/*Schreiber* § 35 Rn. 15.

268. Vor- und Nacherbschaft

Schwarz

I. Substanzerhalt über Generationen

1 Die Vor- und Nacherbschaft ist ein **Gestaltungsmittel,**[1] um die Substanz des Nachlasses über Generationen zu erhalten. Nach § 2100 BGB kann der Erblasser einen Erben in der Weise einsetzen, dass dieser erst Erbe wird (Nacherbe), wenn zunächst ein anderer vor ihm Erbe geworden ist (Vorerbe).

2 Mit dem **Vorerbfall** bestehen dann zwei voneinander getrennte Vermögensmassen: das Eigenvermögen des Vorerben und das vom Erblasser stammende Vermögen. Gem. § 2130 Abs. 1 BGB hat der Vorerbe die Pflicht, die Erbschaft ordnungsgemäß zu verwalten. Er hat die gewöhnlichen Erhaltungskosten (Versicherungen, Grundsteuer) zu tragen (§ 2124 Abs. 1 BGB). Außerordentliche Lasten, zB Vermächtnis oder Auflagen, Pflichtteilslasten, Erbschaftsteuer, kann er aus der Erbschaft bestreiten (§§ 2124 Abs. 2, 2126 BGB). Die Nutzungen aus der Erbmasse gebühren dem Vorerben.[2] Erfüllt der Vorerbe seine Verpflichtung zu ordnungsgemäßer Verwaltung nicht, so kann er sich dem Nacherben gegenüber schadensersatzpflichtig machen.

3 Da der Vorerbe bis zum Eintritt des Nacherbfalls Vollerbe ist, kann er gem. § 2112 BGB über die zur Erbschaft gehörenden Gegenstände verfügen. Zum **Schutze des Nacherben** unterliegt er allerdings gewissen **Beschränkungen**. Er kann zB keine Verfügungen über Grundstücke vornehmen (§ 2113 BGB). Gleiches gilt nach § 2113 Abs. 2 BGB für unentgeltliche Verfügungen. Im Widerspruch dazu erfolgte Verfügungen sind allerdings erst bei Eintritt des Nacherbfalls unwirksam, wenn sie das Recht des Nacherben vereiteln oder beeinträchtigen. Auf Verlangen des Nacherben hat der Vorerbe Wertpapiere zu hinterlegen und ein Verzeichnis über die Erbschaftsgegenstände aufzustellen (§§ 2116, 2121 BGB). § 2127 BGB gewährt dem Nacherben ein Auskunftsrecht gegenüber dem Vorerben über den Bestand der Erbschaft.

4 Zum Schutze des Nacherben wird gem. § 51 GBO im **Grundbuch** in Abteilung II ein Nacherbenvermerk eingetragen.[3] Sollte der Vorerbe eine Verfügung tätigen, so wird sie nach Eintritt des Nacherbfalls, wenn sie den Nacherben beeinträchtigt, unwirksam. Das Grundbuch ist dann zu berichtigen (§ 894 BGB). Eine Beeinträchtigung des Nacherben tritt nicht ein, wenn dieser der Verfügung des Vorerben zugestimmt hat.

5 Nach § 2136 BGB kann der Vorerbe von bestimmten Beschränkungen und Verpflichtungen durch den Erblasser **befreit** werden. Eine Anordnung, wonach der Vorerbe berechtigt ist, über das Nachlassvermögen aus der Vorerbschaft nach seinem freien Ermessen bei Bedarf zu verfügen, ist als befreite Vorerbschaft zu verstehen.[4] Vom Verbot unentgeltlicher Verfügungen ist eine Befreiung allerdings nicht möglich. Ebenso wenig ua von der Pflicht zur Vorlage eines Nachlassverzeichnisses (§ 2121 BGB) oder vom Surrogationsprinzip des § 2111 BGB.

6 Die Vor- und Nacherbschaft hat **keine erbschaftsteuerlichen Vorteile**. Der Vorerbe wird als normaler Erbe besteuert. Er kann allerdings die Erbschaftsteuer aus den Mitteln der Vorerbschaft entrichten (§ 2126 BGB). Der Nacherbe muss nach Eintritt des Nacherbfalls die Erbschaft dann erneut versteuern. Auf Antrag ist der Versteuerung das Verhältnis des Nacherben zum Erblasser zugrunde zu legen (§ 6 Abs. 2 S. 2 ErbStG).

---

1 NK-BGB/*Gierl* § 2100 Rn 1.
2 BGH 13.7.1983 – IV a ZR 15/82, NJW 1983, 2875.
3 NK-BGB/*Gierl* § 2100 Rn. 42.
4 OLG Hamm 28.12.2010 – 15 Wx 454/10, FamRZ 2011, 1331.

II. Rechtsstellung des Nacherben

Mit dem Tod des Erblassers wird der Vorerbe Erbe. Zu einem späteren Zeitpunkt, dem Nacherbfall, kommt es dann zu einem weiteren Erbfall. Vorerben und Nacherben sind **beide Nachfolger ein und desselben Erblassers**. Der Nacherbe erbt nicht vom Vorerben, sondern vom Erblasser.[5] Mit dem Nacherbfall hat der Vorerbe den Nachlass an den Nacherben herauszugeben (§ 2130 BGB). 7

Regelmäßiger **Eintritt des Nacherbfalls** ist der Tod des Vorerben (§ 2106 Abs. 1 BGB), sofern der Erblasser keine anderweitige Anordnung getroffen hat.[6] Er kann auch einen anderen Zeitpunkt festlegen, zB den Nacherbfall an ein bestimmtes Ereignis knüpfen (zB Wiederverheiratung des Vorerben, Erreichen eines bestimmten Alters). 8

Der Nacherbe kann die Erbschaft vom Zeitpunkt des Erbfalls an **ausschlagen**, womit die Nacherbfolge gegenstandslos wird (§ 2142 Abs. 1 BGB). Hat der Erblasser keinen Ersatznacherben bestimmt, so bleibt die Erbschaft dann voll beim Vorerben. Nach § 2102 Abs. 1 BGB ist der Nacherbe im Übrigen im Zweifel auch als Ersatzerbe anzusehen. 9

Bereits mit dem Tod des Erblassers erwirbt der Nacherbe ein veräußerliches und vererbliches **Anwartschaftsrecht**.[7] Der Erblasser kann die Vererblichkeit und Veräußerlichkeit allerdings testamentarisch ausschließen. 10

Der Erblasser kann ausdrücklich einen **Ersatznacherben** bestimmen. Da das Verhältnis zwischen Ersatznacherbfolge und gesetzlicher Vermutung des § 2069 BGB streitig ist, empfiehlt sich vorsorglich die Klarstellung, dass gesetzliche Auslegungs-, Vermutungs- und Ergänzungsregelungen nicht gelten sollen. 11

III. Gestaltungsmittel der Vor-/Nacherbschaft

Der gestalterische Einsatz der Vor- und Nacherbfolge erfolgt im Familienbereich vor allem beim sog. Geschiedenentestament (→ *Geschiedenentestament* Rn. 6) sowie bei der Wiederverheiratungsklausel (→ *Wiederverheiratungsklausel* Rn. 2, 3). 12

5 BGH 30.10.1951 – V Blw 61/50, BGHZ 3, 254.
6 NK-BGB/*Gierl* § 2106 Rn. 1.
7 NK-BGB/*Gierl* § 2100 Rn. 60.

269. Vorausempfang

Caspary

I. Voraussetzungen (§ 1380 Abs. 1 BGB)

1 Die Anrechnung von Zuwendungen eines Ehegatten an den anderen Ehegatten auf den Anspruch auf Zugewinnausgleich richtet sich nach § 1380 BGB. Folgende Voraussetzungen müssen erfüllt sein:

- Zunächst muss eine **Zuwendung** zwischen Ehegatten vorliegen. Unerheblich ist, ob es sich um eine echte Schenkung oder, wie meist bei Ehegatten, um eine unbenannte Zuwendung handelt.[1]
- Weiterhin muss es sich nach § 1380 Abs. 1 S. 1 BGB um eine Zuwendung **des ausgleichspflichtigen Ehegatten** handeln. Stammt die Zuwendung vom ausgleichsberechtigten Ehegatten, findet § 1380 BGB keine Anwendung.[2]
- Schließlich muss die Zuwendung mit der Bestimmung erfolgt sein, dass sie **auf den Ausgleichsanspruch anzurechnen** ist. Ausdrücklich wird eine derartige Bestimmung in der Regel nicht abgegeben. Nach § 1380 Abs. 1 S. 2 BGB wird aber im Zweifel angenommen, dass die Zuwendung angerechnet werden soll, wenn sie den Wert von Gelegenheitsgeschenken übersteigt. Für das Gegenteil ist der Empfänger der Zuwendung beweispflichtig. Werden nach dem Scheitern der Ehe, aber vor Rechtshängigkeit der Scheidung, einzelne Vermögensgegenstände übertragen, soll damit auch stillschweigend bestimmt sein, dass der Wert auf die Ausgleichsforderung anzurechnen ist.[3]

II. Rechtsfolge (§ 1380 Abs. 2 BGB)

2 Wie die Anrechnung durchzuführen ist, ergibt sich nur zum Teil aus § 1380 Abs. 2 BGB. Auszugehen ist vom Sinn und Zweck des § 1380 BGB. Mit der Vorschrift soll erreicht werden, dass der Empfänger der Zuwendung beim Zugewinn nicht besser dasteht als er ohne Zuwendung dastehen würde.[4] Um dieses Ziel zu erreichen, ist wie folgt zu rechnen:

- Der Wert der Zuwendung ist dem Zugewinn des ausgleichspflichtigen Ehegatten hinzuzurechnen und vom Zugewinn des ausgleichsberechtigten Ehegatten abzuziehen. Anschließend wird die – fiktive – Ausgleichsforderung errechnet. Von dem sich ergebenden Betrag wird dann die Zuwendung wieder in Abzug gebracht.[5]
- Der Wert der Zuwendung bestimmt sich nach § 1380 Abs. 2 S. 2 BGB nach dem Zeitpunkt der Zuwendung. Nach überwiegender Meinung ist der Wert zu indexieren.[6]

3 Ist der Wert der Zuwendung im Endvermögen des Empfängers **noch vorhanden**, kann auf die komplizierte Berechnung des § 1380 BGB verzichtet werden. Auf die Anrechnung nach § 1380 BGB kommt es nur an, wenn das Endvermögen des Empfängers niedriger als der Wert der Zuwendung ist.[7] Das soll an einem Beispiel verdeutlicht werden:

4 **Beispiel:** Der Ehemann hat ein Anfangsvermögen von 60.000 EUR. Er schenkt seiner Frau 40.000 EUR. Sein Endvermögen beläuft sich auf 150.000 EUR. Die Ehefrau hat kein Anfangsvermögen. Ihr Endvermögen beträgt a) 60.000 EUR, b) 20.000 EUR.

---

1 BGH 20.12.2000 – XII ZR 237/98, FamRZ 2001, 413; OLG Karlsruhe 30.5.2003 – 5 UF 315/01, FamRZ 2004, 1033.
2 BGH 22.4.1982 – IX ZR 35/81, FamRZ 1982, 778.
3 BGH 20.12.2000 – XII ZR 237/98, FamRZ 2001, 413.
4 *Haußleiter/Schulz* Vermögensauseinandersetzung Kap. 1 Rn. 826.
5 BGH 26.11.1981 – IX ZR 91/80, FamRZ 1982, 246; OLG Karlsruhe 30.5.2003 – 5 UF 315/01, FamRZ 2004, 1033.
6 *Haußleiter/Schulz* Vermögensauseinandersetzung Kap. 1 Rn. 831; Palandt/*Brudermüller* BGB § 1380 Rn. 19.
7 *Haußleiter/Schulz* Vermögensauseinandersetzung Kap. 1 Rn. 828.

Variante a: Der Zugewinn des Ehemanns beträgt 90.000 EUR. Rechnet man die Zuwendung hinzu, sind es 130.000 EUR. Der Zugewinn der Ehefrau beläuft sich auf 60.000 EUR. Zieht man die Zuwendung ab, sind es nur noch 20.000 EUR. Fiktiv wären also 55.000 EUR Zugewinnausgleich vom Ehemann zu zahlen (130.000 – 20.000 = 110.000 : 2). Hierauf ist die Zuwendung in Höhe von 40.000 EUR anzurechnen, dh der Ehemann muss im Ergebnis 15.000 EUR an seine Frau zahlen.

Das gleiche Ergebnis erhält man, wenn man die Anrechnung weglässt. Der Zugewinn des Ehemanns beträgt dann 90.000 EUR und der Zugewinn der Ehefrau 60.000 EUR. Die Differenz beläuft sich auf 30.000 EUR. Der Ehemann muss hiervon die Hälfte, also wiederum 15.000 EUR, als Zugewinnausgleich an seine Frau zahlen.

Variante b: Anders sieht es bei der Variante b) aus. Rechnet man ohne Anrechnung, müsste der Ehemann 35.000 EUR Zugewinnausgleich an seine Frau zahlen (Zugewinn Ehemann 90.000 – Zugewinn Ehefrau 20.000 = 70.000 : 2).

Mit Anrechnung sind es dagegen nur 25.000 EUR. Der Zugewinn des Ehemanns unter Hinzurechnung der Zuwendung beträgt wiederum 130.000 EUR. Dagegen hat die Ehefrau in der Variante keinen Zugewinn erzielt, da es keinen negativen Zugewinn gibt (Endvermögen Ehefrau 20.000 – Zuwendung 40.000). Fiktiv müsste der Ehemann somit 65.000 EUR Zugewinnausgleich an seine Frau zahlen (130.000 EUR : 2). Abzuziehen ist die Zuwendung in Höhe von 40.000 EUR, so dass er im Ergebnis nur 25.000 EUR schuldet, mithin 10.000 EUR weniger als ohne Anrechnung.

Folgt man der Mindermeinung, nach der es trotz des entgegenstehenden Willens des Gesetzgebers einen negativen Zugewinn gibt, würde sich auch in der Variante b) die Anrechnung nicht auswirken. Nach dieser Meinung liefe § 1380 BGB leer.[8]

III. Überhöhte Zuwendung

Hat der Empfänger mehr bekommen als ihm an Zugewinnausgleich zusteht, ist § 1380 BGB nicht anzuwenden.[9] Hat allerdings der Ehegatte, der die Zuwendung erbracht hat, einen höheren Zugewinn als der Empfänger erzielt, soll das nicht gelten, weil anderenfalls der zuwendende Ehegatte benachteiligt würde. Da er nur einen Teil der Zuwendung zurückerhält, ist außerdem zu überlegen, ob daneben noch ein Anspruch auf Rückabwicklung einer unbenannten Zuwendung besteht.[10] 5

IV. Wechselseitige Zuwendungen

Bei gegenseitigen Zuwendungen werden die indexierten Zuwendungen saldiert.[11] Das Ergebnis wird dann in die Berechnung nach § 1380 BGB eingestellt. Zur Anwendung kommt § 1380 BGB in diesen Fällen also nur dann, wenn sich ein Saldo zugunsten des ausgleichspflichtigen Ehegatten ergibt. 6

8 *Braeuer* FamRZ 2010, 1614.

9 BGH 26.11.1981 – IX ZR 91/80, FamRZ 1982, 246; OLG Frankfurt/M. 16.11.2005 – 6 UF 71/05, FamRZ 2006, 1543.

10 Für die Einzelheiten vgl. *Haußleiter/Schulz* Vermögensauseinandersetzung Kap. 1 Rn. 837 ff.

11 Palandt/*Brudermüller* BGB § 1380 Rn. 14.

270. Vorbehaltsgut

Sander

I. Einführung

1 Das Vorbehaltsgut des jeweiligen Ehegatten ist eine **eigenständige Vermögensmasse** und nach § 1418 Abs. 1 BGB vom Gesamtgut ausgeschlossen. Es entsteht an bestimmten Gegenständen des betreffenden Ehegatten, jedoch nie an einem Bruchteil am Vermögen. Durch die ehevertragliche Bestimmung des Vorbehaltsgutes wird es jedem Ehegatten ermöglicht, bestimmte Vermögensgegenstände vom Gesamtgut auszusondern und so partiell eine strikte Gütertrennung zu verwirklichen.[1] Dadurch bewirkt er, dass die dem Vorbehaltsgut zuzuordnenden Gegenstände in seinem Alleineigentum verbleiben. Das Vorbehaltsgut bleibt dem betreffenden Ehegatten nach der Scheidung ungeschmälert erhalten. Möglich sind jedoch etwaige Ausgleichsansprüche nach §§ 1445, 1467 BGB.

II. Entstehen des Vorbehaltsguts (§ 1418 Abs. 2 BGB)

1. Allgemeines

2 Eine Legaldefinition enthält das Gesetz nicht. Aus dem **Umkehrschluss** der §§ 1416 Abs. 1, 1417 Abs. 1 BGB fallen jedoch diejenigen Vermögensgegenstände und -rechte in das Vorbehaltsgut, die weder dem Gesamt- noch dem Sondergut zuzuordnen sind. Nach der enumerativen Aufzählung des § 1418 Abs. 2 BGB[2] kann das Vorbehaltsgut durch eine entsprechende Abrede im Ehevertrag (Nr. 1), durch Bestimmung eines Dritten (Nr. 2) oder kraft Surrogation (Nr. 3) begründet werden. Da es sich um eine Sondervorschrift handelt, ist sie nicht analogiefähig.[3] Es gibt kein gesetzlich festgelegtes Vorbehaltsgut.[4] Persönliche Gebrauchsgegenstände und Forderungen, Arbeitseinkommen[5] und Einkünfte aus einem nach §§ 1431, 1456 BGB betriebenen Erwerbsgeschäft sind daher grundsätzlich dem Gesamtgut zugehörig, es sei denn, diese sind unübertragbar bzw. unpfändbar (→ *Sondergut* Rn. 2). Kraft Gesetzes sind dem Vorbehaltsgut außerdem die Anwartschaften und Aussichten zuzurechnen, die dem Versorgungsausgleich unterliegen.[6] Soweit die Ehe durch den Tod eines der Ehegatten aufgelöst wird, erhöht sich der Erbteil des überlebenden Ehegatten weder nach § 1371 Abs. 1 BGB noch nach § 1931 Abs. 4 BGB.[7]

---

1 *Langenfeld/Milzer* Eheverträge-HdB 2. Teil Rn. 406.
2 NK-BGB/*Völker* § 1418 Rn. 2 f.
3 MüKoBGB/*Münch* § 1418 Rn. 3.
4 BeckOK BGB/*Siede/Spernath* § 1418 Rn. 2.
5 Palandt/*Siede* BGB § 1418 Rn. 2.
6 NK-BGB/*Völker* § 1418 Rn. 3.
7 Palandt/*Weidlich* BGB § 1931 Rn. 3.

2. Entstehung kraft Ehevertrages (§ 1418 Abs. 2 Nr. 1 BGB)

Einzelne Gegenstände eines Ehegatten können durch Ehevertrag (§ 1408 BGB) dem Vorbehaltsgut zugewiesen werden, wobei der Ausschluss vom Gesamtgut ausreichend ist.[8] Erforderlich ist jedoch, dass das Vorbehaltsgut hinreichend bestimmt ist, um eine zweifelsfreie Zuordnung sicherzustellen. 3

Es genügt insoweit, wenn das Vorbehaltsgut durch den Erwerbsgrund (zB Schenkung durch einen Dritten oder Ehegatten) oder durch Bezugnahme auf einen konkreten **Sachinbegriff** (zB Wohnungseinrichtung) bezeichnet wird.[9] 4

Zum Vorbehaltsgut können auch **künftige Vermögenswerte** erklärt werden.[10] Die Ehegatten können darüber hinaus bestimmen, dass das gesamte bei Wirksamwerden des Ehevertrages vorhandene Vermögen eines oder beider Ehegatten vom Gesamtgut auszunehmen ist.[11] Ebenso kann der gesamte gegenwärtige und künftige Grundbesitz eines oder beider Ehegatten vom Gesamtgut ausgenommen und somit zum Vorbehaltsgut erklärt werden.[12] Auch Bedingungen und Befristungen sind wirksam.[13] Ein vereinbarter Güterstand der Gütergemeinschaft und der zeitgleich erklärte Ausschluss von gegenwärtigem und künftigem Gesamtgut ist allerdings nichtig.[14] Zu berücksichtigen ist bei der Begründung des Vorbehaltsgutes auch, dass diese nicht wegen Gläubigergefährdung zu weitgehend und damit sittenwidrig ist (§ 138 BGB). In einem solchen Falle bestünde für die Gläubiger des einen Ehegatten die Möglichkeit, die Erklärung zum Vorbehaltsgut nach dem Anfechtungsgesetz anzufechten.[15] 5

3. Entstehung kraft Bestimmung eines Dritten (§ 1418 Abs. 2 Nr. 2 BGB)

Bestimmt ein Dritter in einer letztwilligen Verfügung (1. Alt.) oder anlässlich einer unentgeltlichen Zuwendung unter Lebenden (2. Alt.), dass der zu übertragende Gegenstand dem **Alleineigentum** eines Ehegatten vorbehalten bleiben soll, ist dieser Vermögenswert dem Vorbehaltsgut zuzuordnen. Dem Dritten wird damit ermöglicht, einem Ehegatten individuelle Zuwendungen zu machen.[16] 6

4. Letztwillige Verfügung

Die Bestimmung des Dritten muss die **Formvorschriften** einer Verfügung von Todes wegen beachten.[17] Inhaltlich wird es als ausreichend angesehen, wenn aus der Bestimmung deutlich wird, dass der Vermögenswert in das Alleineigentum des erbenden Ehegatten übergehen soll.[18] 7

5. Unentgeltliche Zuwendung

Unter den Begriff in § 1418 Abs. 2 Nr. 2 BGB fallen nicht nur **Schenkungen** (§ 516 BGB) und Ausstattungen (§ 1624 BGB), sondern auch diejenigen Zuwendungen, denen keine oder keine gleichwertigen Gegenleistungen gegenüberstehen,[19] zB bei vorweggenommener Erbfolge. Dies gilt selbst dann, wenn die Gegenleistung von anderen Personen als dem begünstigten Ehegatten oder von dem anderen Ehegatten aus seinem Vorbehaltsgut erbracht wird (sog. subjektive Äquivalenz). Im Falle einer gemischten Schenkung unterfällt mangels Trennbarkeit die gesamte Schenkung dem Vorbehaltsgut, wodurch allerdings Ausgleichsansprüche zwischen den Vermögensmassen entstehen können.[20] 8

8 BeckOK BGB/*Siede/Spernath* § 1418 Rn. 3.
9 BeckOK BGB/*Siede/Spernath* § 1418 Rn. 3.
10 BeckOK BGB/*Siede/Spernath* § 1418 Rn. 3.
11 BeckOK BGB/*Siede/Spernath* § 1418 Rn. 3.
12 BeckOK BGB/*Siede/Spernath* § 1418 Rn. 3.
13 MüKoBGB/*Münch* § 1418 Rn. 5.
14 BeckOK BGB/*Siede/Spernath* § 1418 Rn. 3.
15 NK-BGB/*Völker* § 1418 Rn. 14.
16 *Langenfeld/Milzer* Eheverträge-HdB 2. Teil Rn. 407.
17 NK-BGB/*Völker* § 1418 Rn. 6.
18 Palandt/*Siede* BGB § 1418 Rn. 4.
19 BeckOK BGB/*Siede/Spernath* § 1418 Rn. 5.
20 BeckOK BGB/*Siede/Spernath* § 1418 Rn. 5 mwN.

6. Zeitpunkt der Erklärung

9 Die Erklärung des Dritten, dass der zu übertragende Gegenstand in das Alleineigentum des beschenkten Ehegatten übergehen soll, muss spätestens **bei Vornahme der Zuwendung** erfolgen.[21] Selbst wenn der andere Ehegatte zustimmen sollte, ist eine nachträgliche Bestimmung unwirksam. Eine Zuordnung zum Vorbehaltsgut ist dann nur über eine ehevertragliche Regelung möglich.[22]

7. Dritter iSd § 1418 Abs. 2 Nr. 2 BGB

10 Da das jeweilige Vorbehaltsgut beider Ehegatten selbstständig ist, kann Dritter iSd § 1418 Abs. 2 Nr. 2 BGB auch der andere Ehegatte sein. Eine ehevertragliche Regelung ist somit nicht erforderlich.[23]

8. Form der Bestimmung

11 Bei der Bestimmung des Dritten handelt es sich um eine einseitige, empfangsbedürftige Willenserklärung, die selbst dann nicht formbedürftig ist, wenn die Zuwendung an sich der Einhaltung einer bestimmten Form bedarf.[24] Die Bestimmung kann somit auch konkludent erfolgen.[25]

9. Wirkung der Bestimmung des Dritten

12 Die Bestimmung des Dritten hat **Verfügungswirkung**, so dass die Zuwendung sogar gegen den Willen der Ehegatten unmittelbar zum Vorbehaltsgut wird.[26] Wollen die Ehegatten die Bestimmung des Dritten abändern, können sie ehevertraglich regeln, dass der dem Vorbehaltsgut unterfallende Gegenstand dem Gesamtgut zuzuordnen ist. Der Zuwendende kann jedoch den Verbleib im Vorbehaltsgut zur Bedingung der Zuwendung bzw. das Ausscheiden aus dem Vorbehaltsgut zur Voraussetzung eines vertraglichen Rückforderungsanspruches machen.[27] Haben die Ehegatten die etwaige Entstehung von Vorbehaltsgut durch Zuwendungen Dritter ehevertraglich explizit ausgeschlossen, gehen solche Zuwendungen ins Leere, es sei denn, der Zuwendende hat die Zuwendungen nicht an den Verbleib im Vorbehaltsgut geknüpft.[28] Die Zuwendung käme in diesem Falle dem Gesamtgut zugute. Sollte die zugewendete Sache nur der Gattung nach bestimmt sein (zB bei einer Zuwendung von 100.000 EUR sollen nur 20.000 EUR dem Vorbehaltsgut der Ehefrau zukommen), greift die Verfügungswirkung nicht. Der betreffende Ehegatte hat dann nur einen zum Vorbehaltsgut gehörenden (schuldrechtlichen) Anspruch gegen die Gesamthand auf Übertragung der Summe aus dem ins Gesamtgut fallenden Vermögen in sein Vorbehaltsgut.[29]

10. Entstehung kraft Surrogation (§ 1418 Abs. 2 Nr. 3 BGB)

13 § 1418 Abs. 2 Nr. 3 BGB bestimmt, dass sich der Ehegatte ein **Ersatzstück** für ein in sein Vorbehaltsgut fallendes Eigentum beschaffen und dieses frei verwalten kann.[30] Das Gesetz beschränkt allerdings die Surrogation auf bestimmte Tatbestände, die in Nr. 3 enumerativ aufgezählt werden. Zu den unter Nr. 3 Alt. 1 gehörenden Surrogaten zählt der Erwerb aufgrund eines zum Vorbehaltsgut gehörenden Rechts, der auf Gesetz (Früchte, Zinsen, Zuwachs, Nutzungen nach § 100 BGB) oder Rechtsgeschäft (Miet- oder Pachteinnahmen) beruht. Hiervon ausgeschlossen ist allerdings der originäre Erwerb.[31] Unter Nr. 2 Alt. 2 fällt der Ersatz für die Zerstörung, Beschädigung oder Entziehung eines Gegenstandes des Vorbehaltsgutes (zB Schadensersatzansprüche nach §§ 823 ff. BGB, Versicherungsleistungen, Enteignungsentschädigungen,

21 MüKoBGB/*Münch* § 1418 Rn. 7.
22 NK-BGB/*Völker* § 1418 Rn. 7.
23 NK-BGB/*Völker* § 1418 Rn. 7.
24 Palandt/*Siede* BGB § 1418 Rn. 4.
25 NK-BGB/*Völker* § 1418 Rn. 7.
26 BeckOK BGB/*Siede/Spernath* § 1418 Rn. 7.
27 *Langenfeld/Milzer* Eheverträge-HdB 2. Teil Rn. 407.
28 *Langenfeld/Milzer* Eheverträge-HdB 2. Teil Rn. 407.
29 NK-BGB/*Völker* § 1418 Rn. 9.
30 Palandt/*Siede* BGB § 1418 Rn. 5.
31 Palandt/*Siede* BGB § 1418 Rn. 5.

Bereicherungsansprüche nach §§ 812 ff. BGB). Als Alt. 3 nennt § 1418 Abs. 2 Nr. 3 BGB den Erwerb eines Ersatzstückes durch ein Rechtsgeschäft, wobei sich das Geschäft objektiv auf das Vorbehaltsgut beziehen und der Abschluss für das Vorbehaltsgut (subjektive Komponente) erfolgen muss.[32] Es ist insoweit ausreichend, dass sich die Absicht, für das Vorbehaltsgut handeln zu wollen, aus den Umständen ergibt. Der Vertragspartner muss nicht erkennen, dass sich das Rechtsgeschäft auf das Vorbehaltsgut bezieht.[33] Die zu erbringende Gegenleistung ist hingegen nicht zwingend aus dem Vorbehaltsgut zu erbringen.[34] Beispielhaft sind die Veräußerung von Gegenständen des Vorbehaltsguts, die Abtretung der zum Vorbehaltsgut gehörenden Forderungen oder der Erwerb mit Mitteln des Vorbehaltsgutes zu nennen.

III. Umwandlung des Vorbehaltsguts

Vorbehaltsgut kann entweder bei Vereinbarung der Gütergemeinschaft oder auch später **begründet** werden. 14
Nach der Zuordnung zum Vorbehaltsgut kann es wieder in Gesamtgut umgewandelt werden. Hierfür ist ein ehevertraglicher Nachtrag erforderlich.[35] In seinem Vollzug ist der einzelne Gegenstand nach den jeweiligen sachenrechtlichen Vorschriften (zB Grundstücke durch Auflassung und Eintragung) rechtsgeschäftlich von Vorbehaltsgut in Gesamtgut oder umgekehrt zu übertragen (weiterführend zur Umwandlung des Vorbehaltsguts in Sondergut und umgekehrt → *Sondergut* Rn. 11 f., in Gesamtgut und umgekehrt → *Gesamtgut* Rn. 5).

IV. Verwaltung des Vorbehaltsguts (§ 1418 Abs. 3 BGB)

Gem. § 1418 Abs. 3 BGB **verwaltet** der betreffende Ehegatte sein Vorbehaltsgut selbstständig und auf 15
eigene Rechnung, so dass ihm die Nutzungen zufallen, aber auch die Lasten des Vorbehaltsguts von ihm zu tragen sind.[36]

V. Eintragung in das Grundbuch

In das Grundbuch ist die Eigenschaft als Vorbehaltsgut **nicht eintragungsfähig**.[37] 16

VI. Eintragung in das Güterrechtsregister

Ein Ehegatte kann sich erst dann auf die Zugehörigkeit eines Gegenstandes zu seinem Vorbehaltsgut 17
berufen, wenn dieser im Güterrechtsregister als solcher eingetragen ist (vgl. § 1418 Abs. 4 BGB iVm § 1412 BGB; (→ *Gütergemeinschaft* Rn. 9). Die Ehegatten sollten daher zur **Beweissicherung** die zum Vorbehaltsgut gehörenden Gegenstände auflisten und diese Aufstellung als Anlage zum Ehevertrag nehmen.

VII. Verfahrenshinweise

1. Beweislast

Will sich ein Ehegatte darauf berufen, dass ein Gegenstand seinem Vorbehaltsgut zuzuordnen ist, trägt 18
er hierfür die **Beweislast**, da die Zugehörigkeit zum Gesamtgut der vom Gesetz vorgesehene Regelfall ist. Unklarheiten im Ehevertrag gehen zulasten des beweisbelasteten Ehegatten. Bloße Zweifel an der Zugehörigkeit zum Gesamtgut reichen für die Annahme von Vorbehaltsgut nicht aus.[38]

32 Palandt/*Siede* BGB § 1418 Rn. 5.
33 *Langenfeld/Milzer* Eheverträge-HdB 2. Teil Rn. 408.
34 BeckOK BGB/*Siede/Spernath* § 1418 Rn. 8; *Langenfeld/Milzer* Eheverträge-HdB 2. Teil Rn. 408.
35 *Langenfeld/Milzer* Eheverträge-HdB 2. Teil Rn. 405.
36 MüKoBGB/*Münch* § 1418 Rn. 14.
37 MüKoBGB/*Münch* § 1418 Rn. 16.
38 NK-BGB/*Völker* § 1418 Rn. 17.

2. Zwangsvollstreckung in das Vorbehaltsgut

19 Da der betreffende Ehegatte Alleineigentümer des dem Vorbehaltsgut zuzuweisenden Vermögensgegenstandes ist, genügt nach § 739 ZPO ein Vollstreckungstitel gegen ihn allein.[39] Soweit es um den tatsächlichen Besitz geht, sind die tatsächlichen Verhältnisse maßgebend (zB Mitbesitz beider Ehegatten, Alleinbesitz des anderen Ehegatten), so dass über die Verweisung des § 739 Abs. 1 ZPO die Eigentumsvermutungen des § 1362 BGB einschlägig sind.

39 NK-BGB/*Völker* § 1418 Rn. 16.

271. Vormundschaft

Hoffmann

I. Einführung

Eine Vormundschaft für ein Kind oder einen Jugendlichen (Mündel) wird erforderlich, wenn die Eltern weder in den die Person noch in den das Vermögen betreffenden Angelegenheiten des Kindes oder Jugendlichen zur elterlichen Sorge – zur rechtlichen Vertretung (→ *Gesetzliche Vertretung Minderjähriger* Rn. 1 ff.), zu tatsächlichen Handlungen, zur Erziehung (→ *Erziehung* Rn. 1 ff.) – befugt bzw. verpflichtet sind (§ 1773 Abs. 1 BGB). Der Staat muss dem Kind oder Jugendlichen dann im Rahmen seiner öffentlich-rechtlichen Verpflichtung zur **Rechtsfürsorge** anstelle der Eltern eine andere Person an die Seite stellen, die Befugnisse zur Vertretung und zur Wahrnehmung der anderen Befugnisse und Pflichten aus der elterlichen Sorge besitzt. Da die Regelungen zur elterlichen Sorge selbst familienrechtliche und demnach zivilrechtliche Regelungen eines Rechtsverhältnisses zwischen Privaten sind, ist die Tätigkeit eines Vormunds – auch bei einer Vormundschaft des Jugendamts – dem Zivilrecht und nicht dem öffentlichen Recht zuzuordnen. 1

Der Gesetzgeber des BGB fasste das Wahrnehmen der Rechte und Pflichten aus der elterlichen Sorge auch bei Ausfall der Eltern als eine Familienangelegenheit auf. Ein Verein (§ 1791 a BGB) bzw. das Jugendamt (§ 1791 b BGB) sind nach den Regelungen im BGB daher vom Familiengericht nur dann als Vormund auszuwählen, wenn keine geeignete **Einzelperson** vorhanden ist, die die Vormundschaft ehrenamtlich führen kann. In der Praxis dominiert die Vormundschaft durch das Jugendamt (**Amtsvormundschaft**). Als juristische Person bedient sich das Jugendamt bei der Führung einer Vormundschaft einer der dort tätigen Fachkräfte, auf die das Amt durch verwaltungsinterne Einzelverfügung delegiert wird (§ 55 Abs. 2 SGB VIII). Ein Ziel im Rahmen der anstehenden Reform des Vormundschaftsrechts ist die Stärkung des Ehrenamts. Der RegE eines Gesetzes zur Reform des Vormundschafts- und Betreuungsrecht[1] sieht zur Förderung der ehrenamtlichen Vormundschaft ua in § 1776 Abs. 1 BGB-E die Möglichkeit vor, bei Bestellung eines ehrenamtlichen Vormunds mit dessen Einverständnis einzelne Sorgeangelegenheiten oder eine bestimmte Art von Sorgeangelegenheiten auf einen Pfleger („zusätzlicher Pfleger") zu übertragen, wenn dies dem Wohl des Kindes oder Jugendlichen dient. Dieser Pfleger hat dann nach § 1792 Abs. 3 BGB-E bei seinen Entscheidungen die Auffassung des ehrenamtlichen Vormunds einzubeziehen. 2

II. Entstehen und Voraussetzungen einer Vormundschaft

Die Gründe für das Bestehen eines Vertretungsbedürfnisses (§ 1773 Abs. 1 BGB)[2] sind vielfältig. Die Notwendigkeit einer Vertretung ergibt sich unmittelbar aus dem BGB, beim 3

- Ruhen der elterlichen Sorge wegen **Geschäftsunfähigkeit** eines Elternteils (§ 1673 Abs. 1 BGB);
- Ruhen der elterlichen Sorge wegen **beschränkter Geschäftsfähigkeit** eines Elternteils, also bei einem minderjährigen Elternteil (§ 1673 Abs. 2 S. 1 BGB);
- Ruhen der elterlichen Sorge nach Erteilen der **Einwilligung** in eine **Adoption** (§ 1751 Abs. 1 S. 1 BGB).

1 BT-Drs. 19/24445.
2 Vgl. insgesamt OberloskampVormundschaft/*Hoffmann* § 6 Rn. 7 ff.

4 In den ersten zwei genannten Konstellationen tritt eine **Vormundschaft** des Jugendamts **kraft Gesetzes** ein, wenn nicht vorgeburtlich ein Vormund – etwa ein Großelternteil – bestellt wurde (§ 1791 c Abs. 1 S. 1 BGB). Kein Vertretungsbedürfnis besteht, wenn der andere Elternteil zur Sorge berechtigt ist oder ihm die Sorge zu übertragen ist (§ 1678 BGB).[3] Nach Erteilen einer Einwilligung in eine Adoption, also in der dritten Konstellation, tritt ebenfalls eine Vormundschaft des Jugendamts kraft Gesetzes ein, wenn nicht bereits vor dem Erteilen der Einwilligung eine Vormundschaft bestand oder der andere Elternteil die elterliche Sorge allein ausübt (§ 1751 c Abs. 1 S. 2 BGB). Eine Vormundschaft des Jugendamts kraft Gesetzes beginnt in dem Moment, in dem die Tatsachen vorliegen, die nach dem Gesetz die Entstehung herbeiführen. Eine Vormundschaft des Jugendamts kraft Gesetzes soll nach § 1787 BGB-E des RegE eines Gesetzes zur Reform des Vormundschafts- und Betreuungsrecht[4] zudem nach einer vertraulichen Geburt iSd § 25 Abs. 1 S. 2 SchKG eintreten.

5 Die **Notwendigkeit einer Vertretung** ergibt sich infolge einer gerichtlichen Entscheidung etwa nach einer

- familiengerichtlichen Entscheidung, durch die den Eltern die **elterliche Sorge** vollständig **entzogen** wurde (§§ 1666 Abs. 3 Nr. 6, 1666 a BGB);
- familiengerichtlichen Entscheidung, in der festgestellt wurde, dass die elterliche Sorge aus **tatsächlichen Gründen** längere Zeit **nicht ausgeübt** werden kann und sie daher ruht, etwa die elterliche Sorge für einen unbegleitet in Deutschland einreisenden minderjährigen Ausländer (§ 1674 Abs. 1 BGB).

6 Ergibt sich die Notwendigkeit einer Vertretung infolge einer familiengerichtlichen Entscheidung, hat das Familiengericht parallel ein Verfahren zur **Anordnung** einer **Vormundschaft** und zur Auswahl und **Bestellung** eines **Vormunds** einzuleiten. Die Verfahren sind zu unterscheiden und jeweils Kindschaftssachen (§ 151 Nr. 4 FamFG). De lege lata fällt die Auswahl und Bestellung eines Vormunds ausschließlich in den Zuständigkeitsbereich des Rechtspflegers (§ 3 Nr. 2 Buchst. a RPflG). In der Praxis erfolgt die Auswahl und Bestellung vielfach durch den Familienrichter. Dieser Verstoß gegen die funktionale Zuständigkeit ist für die Wirksamkeit der Bestellung unerheblich (§ 8 RPflG). Vor Wirksamwerden des Beschlusses über die Bestellung ist ein Vormund nicht zur Vertretung befugt (§§ 40 f. FamFG).

7 **Andere Anlässe**, die zu einem Vertretungsbedürfnis und zur Anordnung einer Vormundschaft und der Auswahl und Bestellung eines Vormunds durch das Familiengericht führen, sind beispielsweise der Tod beider Elternteile (§ 1773 Abs. 1 BGB) oder die fehlende Kenntnis von der Person der Eltern bei Abgabe des Kindes in einer Babyklappe (§ 1773 Abs. 2 BGB).

III. Auswahl eines Vormunds durch das Familiengericht

1. Auswahl und Bestellung eines durch die Eltern benannten Vormunds

8 Aus § 1779 Abs. 1 BGB ergibt sich, dass das Familiengericht **vorrangig eine Person** zum Vormund auszuwählen und zu bestellen hat, die von den Eltern des Kindes nach §§ 1776 Abs. 1, 1777 BGB **wirksam benannt** wurde. Die Benennung erfolgt nach § 1777 Abs. 3 BGB in Form einer letztwilligen Verfügung, wirkt sich demnach **erst nach dem Tod** beider sorgeberechtigter Elternteile aus. Eltern haben keine Möglichkeit, für den Fall des Ruhens ihrer elterlichen Sorge oder für den Fall eines Sorgerechtsentzugs einen Vormund zu benennen.

9 Auch bei gemeinsamer Sorge steht jedem Elternteil das Benennungsrecht **höchstpersönlich** zu, benennt jeder Elternteil demnach auch dann für sich, wenn eine übereinstimmende Benennung in einem gemeinschaftlichen Testament erfolgt. Benennen die Eltern verschiedene Personen, gilt nach § 1776 Abs. 2 BGB die Benennung des zuletzt verstorbenen Elternteils unabhängig vom Zeitpunkt der Verfügung. Ein Verein kann, das Jugendamt kann nicht benannt werden, §§ 1791 a Abs. 1 S. 2, 1791 b Abs. 1 S. 2 BGB. Wie jede letztwillige Verfügung ist die Benennung jederzeit **widerruflich**.

---

3 OLG Bamberg 5.1.2011 – 2 UF 204/10, FamRZ 2011, 1072.

4 BT-Drs. 19/24445.

Die Benennung ist nur wirksam, wenn den Eltern im **Zeitpunkt ihres Todes die elterliche Sorge** zustand. Ohne Bedeutung ist hingegen, ob sie zum Zeitpunkt des Verfassens der Verfügung sorgeberechtigt gewesen sind. Beim Fehlen allein von Teilen der Vermögens- oder Personensorge – etwa der Befugnis zur Aufenthaltsbestimmung – bzw. allein von Teilen der Befugnis zur rechtlichen Vertretung bleibt das Benennungsrecht erhalten. 10

Aus der Benennung ergibt sich keine Pflicht zur Übernahme der Vormundschaft. Vielmehr muss die **benannte Person** der Benennung durch eine bis zur Bestellung widerrufliche Erklärung **zustimmen**. Ohne ihre Zustimmung darf sie nur unter den Voraussetzungen des § 1778 Abs. 1 BGB durch das Familiengericht übergangen werden. Ein **Übergehen** kommt insbesondere in Betracht, wenn ihre Bestellung das **Wohl des Kindes gefährden** würde (§ 1778 Abs. 1 Nr. 4 BGB). Ausreichend ist insoweit, dass Interessen des Kindes erheblich und konkret gefährdet werden. Die benannte Person kann zudem übergangen werden, wenn ein Kind, das das vierzehnte Lebensjahr vollendet hat und nicht geschäftsunfähig ist, der Bestellung widerspricht (§ 1778 Abs. 1 Nr. 5 BGB). 11

2. Auswahl und Bestellung eines geeigneten Vormunds

Hat das Familiengericht die Vormundschaft keiner von den Eltern benannten Person zu übertragen, hat es den Vormund nach § 1779 Abs. 1 BGB nach Anhörung des Jugendamts auszuwählen. Dies betrifft die **Mehrzahl aller Verfahren**, da eher selten beide Eltern während der Minderjährigkeit ihres Kindes versterben. Auszuwählen hat das Familiengericht nach § 1779 Abs. 2 BGB eine **Person**, die nach ihren persönlichen Verhältnissen und ihrer Vermögenslage sowie nach den sonstigen Umständen **zur Führung** der **Vormundschaft geeignet** ist. Der Begriff der Eignung bedarf als unbestimmter Rechtsbegriff der Auslegung und ist bezogen auf die Aufgaben zu interpretieren, die im Rahmen der Vormundschaft für ein bestimmtes Kind anstehen.[5] 12

Verwandte und Verschwägerte des Kindes sind unter Berücksichtigung von Art. 6 Abs. 1 GG zumindest dann **vorrangig** zu berücksichtigen, wenn zwischen ihnen und dem Kind ein Näheverhältnis besteht.[6] Generell gilt, dass eine Vormundschaft am besten ihren Sinn erfüllt, wenn das Kind erlebt, dass die Person, die es täglich erzieht, auch rechtlich befugt ist, es zu erziehen.[7] Lebt das Kind in einer Pflegefamilie, ist daher immer auch die Möglichkeit der Auswahl der **Pflegeeltern als soziale Eltern** des Kindes zu prüfen. Auch im Übrigen besteht nach der gesetzlichen Intention des BGB ein **Vorrang der ehrenamtlichen Vormundschaft** (vgl. §§ 1791 a Abs. 1 S. 2, 1791 b Abs. 1 S. 1 BGB), der in der Praxis so nicht umgesetzt wird/werden kann, in der oft das Jugendamt nach § 1791 b BGB als Vormund ausgewählt und bestellt wird. Die Hintergründe dieses Befunds werden kontrovers diskutiert. 13

Stehen mehrerer geeigneten Personen zur Auswahl sind der (mutmaßliche) Wille der Eltern, die persönlichen Bindungen des Kindes, die Verwandtschaft oder Schwägerschaft mit dem Kind sowie dessen religiöses Bekenntnis zu berücksichtigen. Nicht ausgewählt werden kann eine Person, die von den Eltern nach § 1782 Abs. 1 BGB durch letztwillige Verfügung wirksam von der Übernahme einer Vormundschaft ausgeschlossen wurde. 14

IV. Aufgaben eines Vormunds

1. Wahrnehmen der elterlichen Sorge

Die Aufgaben eines Vormunds umfassen alle Bestandteile der **Personen-** (→ *Personensorge* Rn. 1 ff.) und **Vermögenssorge** (→ *Vermögenssorge* Rn. 1 ff.; § 1793 Abs. 1 BGB). Wie sorgeberechtigte Eltern hat ein Vormund demnach auch die Pflicht und das Recht, das Kind zu pflegen, zu erziehen, zu beaufsichtigen und seinen Aufenthalt zu bestimmen. Auch wenn ein Vormund häufiger als Eltern seinen Pflichten durch 15

5 Ausführlich *Hoffmann* FamRZ 2014, 1084 sowie FamRZ 2014, 1167.

6 BVerfG 24.6.2014 – 1 BvR 2926/12, FamRZ 2014, 1435.

7 OLG Nürnberg 7.3.2012 – 11 WF 195/12, FamRZ 2012, 1959; OLG Düsseldorf 6.10.2010 – II-8 UF 139/10, 8 UF 139/10, FamRZ 2011, 742.

die Beauftragung Dritter und nicht höchstpersönlich nachkommen wird, ist ein **persönlicher Kontakt** zwischen ihm und dem Kind oder Jugendlichen unerlässlich. Nach § 1793 Abs. 1 a BGB, § 55 Abs. 3 SGB VIII soll ein Vormund das Kind oder den Jugendlichen in der Regel einmal im Monat in dessen üblicher Umgebung aufsuchen, es sei denn, im Einzelfall sind kürzere oder längere Besuchsabstände[8] oder ein anderer Ort geboten.

2. Verhältnis zu den nicht sorgeberechtigten Eltern

16 Obgleich ein Vormund allein zur elterlichen Sorge berechtigt ist, besteht generell eine auch rechtlich fundierte Verpflichtung zur **Zusammenarbeit** mit den nicht (mehr) zur Sorge berechtigten **Eltern** des Kindes oder Jugendlichen. So besitzen die Eltern regelmäßig weiterhin das Recht und die Pflicht zum Umgang mit ihrem Kind (§ 1684 Abs. 1 BGB; → *Umgangsrecht* Rn. 1 ff.), und wird ein Umgang meist dem Kindeswohl dienen (§ 1626 Abs. 3 S. 1 BGB). Bezogen auf Einzelfallentscheidungen in wesentlichen Angelegenheiten wird sich vielfach eine Rücksprache empfehlen, insbesondere, wenn nicht auszuschließen ist, dass die Eltern die elterliche Sorge zu einem späteren Zeitpunkt zurückerhalten werden. Nicht (mehr) zur Sorge berechtigte Eltern besitzen jedoch keinen Rechtsanspruch auf eine entsprechende Beteiligung durch den Vormund ihres Kindes. Denkbar ist, dass sie Aufsichtsmaßnahmen des Familiengerichts nach § 1837 Abs. 2–4 BGB oder die Entlassung des Vormunds nach § 1887 Abs. 2 BGB anregen.

17 Nicht mehr sorgeberechtigte Eltern haben gegenüber dem Vormund[9] bei einem berechtigten Interesse einen **Anspruch auf Auskunft** über die persönlichen Verhältnisse des Kindes (§ 1686 S. 1 BGB; → *Auskunft über die persönlichen Verhältnisse* Rn. 1 ff.). Besteht ein Auskunftsanspruch, ist eine Übermittlung von Daten des Kindes bei einer Amtsvormundschaft erforderlich im Sinne des § 68 Abs. 1 SGB VIII.

18 Ein nicht zur Sorge berechtigter Elternteil hat bezogen auf die in den Akten des Jugendamts als Amtsvormund vorhandenen Daten nach § 68 Abs. 3 S. 1 SGB VIII einen Anspruch auf Auskunft nach Art. 15 DS-GVO, soweit durch das Erteilen einer Auskunft nicht berechtigte Interessen Dritter beeinträchtigt würden, es mit der Wahrung der Interessen des Kindes vereinbar ist und es nicht die Erfüllung der Aufgaben des Jugendamts als Amtsvormund gefährdet. Berechtigte Interessen des Kindes können etwa entgegenstehen, wenn die Akten Angaben des Kindes über einen sexuellen Missbrauch durch die Eltern oder einen Elternteil enthalten.[10]

3. Verhältnis zu Familiengericht und Jugendamt

19 Ein Vormund, auch ein Berufsvormund, hat einen Anspruch auf **Beratung** und **Unterstützung** sowohl durch das Jugendamt (§ 53 Abs. 2 SGB VIII) als auch durch das Familiengericht (§ 1837 Abs. 1 BGB).[11] Gegenüber dem Jugendamt bezieht sich der Anspruch auf alle rechtlichen, erzieherischen und wirtschaftlichen Aspekte der Führung einer Vormundschaft. Das Familiengericht berät über Rechtsfragen.

20 Vormünder unterliegen nach §§ 1837 Abs. 2–4, 1839 BGB einer **Aufsicht** des **Familiengerichts**.[12] Zudem sind sie nach §§ 1840 f. BGB zur mindestens jährlichen Rechnungslegung und zu einem jährlichen Bericht über die persönlichen Verhältnisse des Kindes oder Jugendlichen verpflichtet.[13] Nach § 53 Abs. 3 SGB VIII hat auch das Jugendamt darauf zu achten, dass Vormünder ihren gesetzlichen Verpflichtungen nachkommen.

8 Vgl. OLG Schleswig 4.8.2020 – 15 WF 51/19 sowie OLG Braunschweig 1.4.2019 – 2 WF 11/19, FamRZ 2019, 1713.
9 BGH 26.7.2017 – XII ZB 85/17, FamRZ 2017, 1666; BGH 14.12.2016 – XII ZB 345/16, FamRZ 2017, 378.
10 Ausführlich *Hoffmann* JAmt 2019, 356.
11 Ausführlich *Hoffmann* JAmt 2011, 299.
12 Ausführlich *Hoffmann* JAmt 2011, 299.
13 Zum Umfang des Berichts vgl. DIJuF JAmt 2017, 593.

4. Folgen von Pflichtverletzungen

21 Handelt ein Vormund pflichtwidrig und setzt er sein Verhalten auch nach Belehrung durch das Familiengericht fort, hat das Familiengericht mit geeigneten **Ge-** und **Verboten** einzuschreiten (§ 1837 Abs. 2 S. 1 BGB), kann durch Festsetzen von Zwangsgeld zur Befolgung seiner Anordnungen anhalten (§ 1837 Abs. 3 S. 1 BGB) oder den Vormund entlassen (§ 1886 BGB).[14]

22 Entsteht durch eine Pflichtverletzung ein **Schaden**, ist der Vormund dem **Kind oder Jugendlichen** für den Schaden verantwortlich (→ *Haftung der gesetzlichen Vertreter* Rn. 1 ff.), wenn ihn ein Verschulden trifft (§ 1833 Abs. 1 S. 1 BGB).[15] Daneben kann nach allgemeinen Regeln § 823 Abs. 1 BGB Anspruchsgrundlage eines Schadensersatzanspruchs sein. Wie sorgeberechtigten Eltern kommt einem Vormund eine Haftungserleichterung zugute, wenn er das Kind oder den Jugendlichen für längere Zeit in seinen Haushalt aufgenommen hat (§§ 1793 Abs. 1 S. 3, 1664 BGB). Er hat dann nur für die Sorgfalt einzustehen, die er auch in eigenen Angelegenheiten anzuwenden pflegt.

23 Delegiert ein Vormund seine Aufgaben auf Dritte, ist Art und Umfang der Haftung davon abhängig, welche Aufgaben zur Ausübung übertragen wurden: Bei nicht delegierbaren, an sich durch einen Vormund höchstpersönlich wahrzunehmende Aufgaben, haftet ein Vormund bei einer Schädigung von Rechtsgütern des Kindes oder des Jugendlichen durch den Dritten nicht für das Verschulden des Dritten, sondern für eigenes Verschulden, nämlich für die unzulässige Delegation.

24 War die **Delegation** von Aufgaben **zulässig**, haftet der Vormund nach Maßgabe des § 278 BGB, da er sich des Dritten zur Erfüllung seiner Pflichten bedient. Nach § 278 BGB hat er demnach ein Verschulden des Dritten im gleichen Umfang wie eigenes Verschulden zu vertreten. Delegiert ein Vormund hingegen Tätigkeiten, die er selbst nicht vornehmen kann oder darf – beispielsweise Ärzten oder Rechtsanwälten vorbehaltene Tätigkeiten –, haftet er nach überwiegender Ansicht nur für die sorgfältige Auswahl, Information und Kontrolle des Dritten. Der Dritte selbst haftet nach allgemeinen Regeln gegenüber dem Kind oder Jugendlichen für jedes Verschulden.

25 Zwischen dem **Vormund** und dem **Dritten** bestehen in der Regel keine schuldrechtlichen Ansprüche, da der Vormund als gesetzlicher Vertreter im Namen des Kindes oder Jugendlichen, demnach „im fremden Namen" handelt. Die Wirkungen des rechtsgeschäftlichen Handelns des Vormunds als gesetzlichem Vertreter treffen dann allein das Kind oder den Jugendlichen.

26 Ausnahmsweise bestehen **Ansprüche Dritter unmittelbar gegenüber einem Vormund**, nämlich wenn

- bei Vertragsschluss für den Dritten nicht erkennbar war, dass der Vormund für das Kind oder den Jugendlichen, also in fremdem Namen, handeln wollte,
- wenn ein Vormund ein besonderes persönliches Vertrauen in Anspruch genommen oder ein unmittelbares Eigeninteresse an dem Vertrag hatte oder
- wenn ein Vormund nicht im Rahmen seiner Vertretungsmacht gehandelt hat.

27 Zudem kommt eine Haftung nach § 832 Abs. 1 BGB wegen **Verletzung von Aufsichtspflichten** in Betracht, wenn das Kind oder der Jugendliche einen Dritten widerrechtlich schädigt, denn Vormünder sind wie zur Personensorge berechtigte Eltern kraft Gesetzes zur Aufsicht über das Kind oder den Jugendlichen verpflichtet (§ 1631 Abs. 1 BGB). In Ausnahmefällen kann auch eine Haftung des Vormunds wegen Verletzung von Verkehrssicherungspflichten nach § 823 Abs. 1 BGB in Betracht kommen, nämlich dann, wenn sich das Kind oder der Jugendliche aufgrund seiner Persönlichkeitseigenschaften als eine potenzielle Gefahr für Rechtsgüter Dritter darstellt – etwa bei einer bekannten Neigung zum Zündeln.

28 Wurde das Jugendamt zum Vormund bestellt bzw. ist es kraft Gesetzes Vormund geworden, haftet die mit der Wahrnehmung der Amtsvormundschaft betraute Fachkraft weder dem Kind oder dem Jugendlichen noch einem Dritten unmittelbar. Gegenüber dem Kind oder dem Jugendlichen oder Dritten haftet bei einer

14 Ausführlich *Hoffmann* JAmt 2011, 299.
15 Vgl. insgesamt Oberloskamp Vormundschaft/*Hoffmann* § 4 Rn. 19 ff.

Pflichtverletzung durch die Fachkraft vielmehr allein das Jugendamt – bzw. der öffentliche Träger der Jugendhilfe – im Rahmen der **Amtshaftung** (§ 839 BGB, Art. 34 S. 2 GG).

29 Ein Vormund bzw. bei einer Vormundschaft des Jugendamts die Fachkraft, auf die das Amt delegiert wurde, besitzt aufgrund seines/ihres Rechts und seiner/ihrer Pflicht zur elterlichen Sorge wie zur Sorge berechtigte Eltern eine **strafrechtliche Garantenstellung** (§ 13 StGB) gegenüber dem Kind oder dem Jugendlichen (§§ 1793 Abs. 1, 1797, 1800, 1626 BGB). Ein Vormund kann sich daher auch strafbar machen, wenn sein Unterlassen und nicht sein Handeln zur Verwirklichung eines Straftatbestands führt.[16] Wie die elterliche Sorge so ist auch die auf ihr beruhende Garantenstellung nicht auf Dritte übertragbar. Mit der Beauftragung eines Dritten entstehen beim Dritten eine eigene Garantenstellung und selbstständige Garantenpflichten. Der Inhalt der Garantenpflichten des Vormunds verändert sich. Er hat zunächst die Pflicht zur sorgfältigen Auswahl und Information des Dritten, während der Aufgabenwahrnehmung dann zu dessen Kontrolle und Überwachung. Daneben kommt eine Strafbarkeit wegen Verletzens von Fürsorge- und Erziehungspflicht in Betracht (§ 171 StGB).

V. Ende einer Vormundschaft

30 Eine Vormundschaft endet **kraft Gesetzes,** sobald ihr Anlass wegfällt (§ 1882 BGB). Das Familiengericht hat das Ende der Vormundschaft von Amts wegen deklaratorisch festzustellen. Teilweise entfällt der Anlass selbst nur durch familiengerichtliche Entscheidung. Das Ende der Vormundschaft für ein Kind oder einen Jugendlichen ist vom Ende der Führung der Vormundschaft durch einen bestimmten Vormund – etwa beim Wechsel von einer Amtsvormundschaft des Jugendamts zur Vormundschaft durch einen Einzelvormund – zu unterscheiden. Mit dem Ende der Führung der Vormundschaft durch einen bestimmten Vormund enden nur dessen Rechte und Pflichten, jedoch nicht die angeordnete Vormundschaft an sich.

31 Die Vormundschaft **endet** etwa mit/nach

- dem Tod des Kindes oder des Jugendlichen;
- dem Erreichen der Volljährigkeit durch das Kind oder den Jugendlichen – auch dann, wenn dem nunmehr Volljährigen ein Betreuer zu bestellen ist (§§ 1896 Abs. 1, 1908 a BGB);
- (Wieder-)Erlangen der unbeschränkten Geschäftsfähigkeit durch einen Elternteil (§§ 1673, 1675 BGB);
- gerichtlicher Feststellung, dass der Grund des Ruhens für die tatsächliche Verhinderung in der Ausübung der elterlichen Sorge nicht mehr besteht (§ 1674 Abs. 2 BGB);
- gerichtlicher Rückübertragung der elterlichen Sorge (§ 1696 Abs. 2 BGB) bei vorherigem Entzug der elterlichen Sorge (§§ 1666, 1666 a BGB).

32 Nach Vollendung des 18. Lebensjahres hat der **vormalig Minderjährige** bei einer Amtsvormundschaft einen **Anspruch auf Auskunft**, sofern nicht berechtigte Interessen Dritter beeinträchtigt werden (§ 68 Abs. 3 S. 1 SGB VIII). Einem noch Minderjährigen, für den eine Vormundschaft bestand, können die über ihn gespeicherten Informationen bekannt gegeben werden, soweit er die erforderliche Einsichts- und Urteilsfähigkeit besitzt und berechtigte Interessen Dritter nicht beeinträchtigt werden (§ 68 Abs. 3 S. 2 SGB VIII). Vor dem Hintergrund des Grundrechts auf informationelle Selbstbestimmung wird das Ermessen in der Regel nur bei einer Information auch des noch Minderjährigen ermessensfehlerfrei ausgeübt, sofern nicht Interessen Dritter beeinträchtigt werden.

33 Hinsichtlich Akteneinsicht, Information und Weitergabe von Unterlagen eines Amtsvormunds an **Eltern**, die nach Ende einer Vormundschaft wieder Inhaber der elterlichen Sorge für ein ehemals unter Vormundschaft stehendes Kind oder einen Jugendlichen sind, finden sich keine gesonderten Regelungen im SGB VIII. Grundsätzlich unterliegen Akteneinsicht und Information sowohl im Hinblick auf Daten des Kindes als auch auf Daten der Eltern auch nach dem Ende der Vormundschaft dem Erforderlichkeitsprinzip (§ 68 Abs. 1 SGB VIII), und ist das Grundrecht der Eltern auf informationelle Selbstbestimmung zu beachten. Eltern, die für ihr minderjähriges Kind wieder Sorgeberechtigte sind, können zudem einen Anspruch

16 Vgl. insgesamt Oberloskamp Vormundschaft/*Hoffmann* § 4 Rn. 34 ff.

auf Herausgabe bestimmter Unterlagen, etwa von Unterhaltstiteln, aufgrund anderer Normen, insbesondere nach § 810 BGB haben. Bezogen auf persönliche Daten des Kindes ist zu beachten, dass bestimmte Daten dann, wenn das Kind im Hinblick auf sein Grundrecht auf informationelle Selbstbestimmung bereits selbst einsichts- und urteilsfähig ist, nur mit dessen Einwilligung an seine Eltern übermittelt werden dürfen.

Nach der Beendigung seines Amts hat der Vormund dem Kind oder dem Jugendlichen das verwaltete 34
Vermögen herauszugeben, über die Verwaltung **Rechenschaft** abzulegen (§ 1890 S. 1 BGB) und seine **Schlussrechnung** dem Familiengericht einzureichen (§ 1892 Abs. 1 BGB). Die Erforderlichkeit des Einreichens einer Schlussrechnung entfällt, wenn während der Vormundschaft zu keinem Zeitpunkt Mündelvermögen zu verwalten war.

272. Vorpfändung

Grandel

I. Einführung

1 Die Vorpfändung ist kein staatlicher Hoheitsakt, sondern eine **private Vollstreckungsmaßnahme** des Gläubigers. Sie kann eingesetzt werden, um zeitliche Verzögerungen bis zum Erlass des Pfändungsbeschlusses und seiner Zustellung zu überbrücken.

II. Anwendungsbereich der Vorpfändung

2 Die Vorpfändung soll **einen nachfolgenden Pfändungs- und Überweisungsbeschluss rangmäßig absichern**. Daher kommt sie nur in den Fällen in Betracht, in denen ein Pfändungs- und Überweisungsbeschluss ergehen kann, also nur bei der Vollstreckung wegen Geldforderungen in Geldforderungen (§ 829 ZPO) und sonstige Rechte (§ 857 ZPO), auch bei Hypothekenforderungen (§ 830 ZPO) und Herausgabeansprüchen. Sie ist nicht möglich bei der Zwangsvollstreckung in das unbewegliche Vermögen (§ 865 ZPO) und bei Pfändung indossabler Papiere (§ 831 ZPO), für die der Gerichtsvollzieher zuständig ist. Sie ist auch im Rahmen einer Sicherungsvollstreckung möglich, ohne dass die im Titel angeordnete Sicherheitsleistung vorher erbracht sein muss.[1]

III. Voraussetzungen der Vorpfändung

3
- Es muss ein **vollstreckbarer Schuldtitel wegen einer Geldforderung** bestehen. Es braucht weder eine vollstreckbare Ausfertigung bereits erteilt noch muss der Titel zugestellt sein (§ 802 a Abs. 2 Nr. 5 ZPO). Es müssen jedoch die besonderen Voraussetzungen für die Vollstreckung erfüllt sein, zB der Bedingungseintritt (§ 726 ZPO), Zug um Zug Leistung (§ 765 ZPO) oder Ablauf des Kalendertages (§ 751 Abs. 1 ZPO). Eine im Titel angeordnete Sicherheitsleistung muss nicht erbracht werden, soweit eine Sicherungsvollstreckung (§ 720 a ZPO) möglich ist (→ *Sicherungsvollstreckung* Rn. 1 ff.). Nach hM brauchen auch die Wartefristen der §§ 750 Abs. 3, 798 ZPO nicht eingehalten werden.[2]
- Der Gläubiger muss die zu pfändende **Forderung hinreichend bestimmt** bezeichnen, sonst geht die Vorpfändung ins Leere.[3] Künftige Forderungen können von der Vorpfändung erfasst werden, wenn sie zur Zeit der Zustellung pfändbar sind. Wie bei einem Pfändungs- und Überweisungsbeschluss muss aus der Vorpfändung dann erkennbar sein, dass sie sich auf eine künftige Forderung erstreckt. **Künftige Forderungen** sind pfändbar, wenn zur Zeit der Pfändung bereits ein Rechtsverhältnis zwischen Schuldner und Drittschuldner besteht, das eine hinreichende Konkretisierung des künftigen Anspruchs erlaubt.[4]

4 Auch eine **aufschiebend bedingte Forderung** kann gepfändet werden. Ansprüche iSd § 850 b Abs. 1 ZPO oder des § 54 Abs. 2 SGB I können unter zusätzlichen Voraussetzungen gepfändet werden (erfolglose Vollstreckung und Billigkeitsprüfung). Es ist streitig, ob die Vorpfändung solcher bedingt pfändbaren Ansprüche zulässig ist, weil eine gerichtliche Anordnung der Pfändbarkeit fehlt.[5]

---

1 BGH 29.11.1984 – IX ZR 44/84, NJW 1985, 863; OLG Rostock 21.3.2006 – 3 U 18/06, JurBüro 2006, 382.

2 KG 19.12.1980 – 1 W 3074/80, MDR 1981, 412; LG Frankfurt a. M. 8.9.1982 – 2/9 T 793/82, RPfleger 1983, 32; Musielak/Voit/*Lackmann* ZPO § 720 a Rn. 4; Hk-ZV/*Giers/Scheuch* ZPO § 720 a Rn. 8.

3 BGH 7.4.2005 – IX ZR 258/01, NJW-RR 2005, 1361.

4 BGH 31.10.2003 – IXa ZB 200/03, NJW 2004, 369; HK-ZV/*Bendtsen* ZPO § 829 Rn. 19.

5 Für die Pfändbarkeit HK-ZV/*Bendtsen* ZPO § 845 Rn. 10; aA Musielak/Voit/*Flockenhaus* ZPO § 845 Rn. 2.

IV. Durchführung der Vorpfändung

Zuständig ist der **Gläubiger**. Er kann die Benachrichtigung der bevorstehenden Pfändung entweder selbst erstellen oder den Gerichtsvollzieher mit der Erstellung beauftragen. Der Gläubiger kann den Gerichtsvollzieher auch beauftragen, er solle ihm nach § 806 a ZPO bekanntgewordene Forderungen vorläufig pfänden. Bei Anfertigung der Vorpfändungserklärung durch den Gerichtsvollzieher liegt hoheitliches Handeln vor. Daher muss er in diesem Fall auch die Voraussetzungen der Vorpfändung, das Vorliegen von Pfändungsverboten oder Beschränkungen von Amts wegen prüfen und die Vorpfändung gegebenenfalls ablehnen.[6] Diese Prüfungspflicht besteht nicht, wenn der Gerichtsvollzieher nur die vom Gläubiger erstellte Benachrichtigung zustellt. 5

Die Vorpfändungserklärung muss **schriftlich** sein und zwingend **über den Gerichtsvollzieher** dem Drittschuldner und dem Schuldner **zugestellt** werden. Die Zustellung an den Schuldner im Ausland erfolgt durch Aufgabe zur Post (§ 845 Abs. 1 S. 3 ZPO). Die **Erklärung** muss beinhalten: 6

- Angabe des vollstreckbaren Titels und der vollstreckten Forderung;
- hinreichend bestimmte Bezeichnung der gepfändeten Forderung;
- Benachrichtigung, dass die Pfändung bevorsteht;
- Aufforderung an den Drittschuldner, nicht mehr an den Schuldner zu zahlen;
- Aufforderung an den Schuldner, nicht mehr über die Forderung zu verfügen.

Mängel der Erklärung führen – von kleinen Ungenauigkeiten abgesehen – zu unheilbarer Nichtigkeit.[7]

Die **Zustellung an den Drittschuldner** erfolgt gem. §§ 191 ff. ZPO durch den Gerichtsvollzieher. Ist ein Drittschuldner nicht vorhanden, gilt § 857 Abs. 2 ZPO. Eine öffentliche Zustellung an den Drittschuldner widerspricht dem Zweck der Vorpfändung und scheidet daher aus.[8] Die Vorpfändung muss auch dem Schuldner zugestellt werden. Ihm muss auch eine Abschrift der Urkunde über die Zustellung an den Drittschuldner zugestellt werden, damit er Kenntnis vom Beginn der Monatsfrist des § 845 Abs. 2 S. 1 ZPO hat.[9] 7

V. Wirkung der Vorpfändung

Die Vorpfändung wird mit der **Zustellung** an den Drittschuldner **wirksam**. Eine fehlerhafte oder fehlende Zustellung an den Schuldner ist ohne Bedeutung (entsprechend § 829 Abs. 3 ZPO). Die Vorpfändung hat die Wirkung einer bedingten Arrestpfändung (§ 930 ZPO), falls innerhalb der Monatsfrist des § 845 Abs. 2 ZPO ein Pfändungs- und Überweisungsbeschluss nachfolgt. Es entstehen Verstrickung und Pfändungspfandrecht mit dem Rang zum Zeitpunkt der Vorpfändung (§ 804 Abs. 3 ZPO). Eine Sicherungspfändung (§ 720 a ZPO) ist ausreichend. Der gerichtliche Pfändungsbeschluss muss wegen derselben Forderung ergehen, die der Vorpfändung zugrunde liegt. Ist die Forderungshöhe im Pfändungs- und Überweisungsbeschluss höher als in der Vorpfändung, erstreckt sich der Rangvorteil der Vorpfändung nur auf den Forderungsbetrag der Vorpfändung. Wegen des überschießenden Teils verbleibt es beim Rang im Zeitpunkt der Zustellung des Pfändungs- und Überweisungsbeschlusses.[10] 8

Der Gläubiger ist durch die Vorpfändung nicht geschützt, wenn die gepfändete Forderung nachträglich **unpfändbar** wird. Wird deswegen der Pfändungs- und Überweisungsbeschluss aufgehoben, entfällt auch die Vorpfändung.[11] 9

---

6 Musielak/Voit/*Flockenhaus* ZPO § 845 Rn. 3.
7 Musielak/Voit/*Flockenhaus* ZPO § 845 Rn. 3; aA MüKoZPO/*Smid* ZPO § 845 Rn. 6: Vorpfändung ist nicht nichtig, aber anfechtbar.
8 Musielak/Voit/*Flockenhaus* ZPO § 845 Rn. 4.
9 Musielak/Voit/*Flockenhaus* ZPO § 845 Rn. 5; aA Zöller/*Herget* ZPO § 845 Rn. 3.
10 BGH 8.5.2001 – IX ZR 9/99, NJW 2001, 2976.
11 Musielak/Voit/*Flockenhaus* ZPO § 845 Rn. 7.

10 Unschädlich ist es, wenn der Schuldner zwischen Vorpfändung und Zustellung des Pfändungs- und Überweisungsbeschlusses über die gepfändete Forderung widerrechtlich verfügt und die Pfändung ins Leere gehen würde, weil das Pfändungspfandrecht bereits entstanden ist.[12]

11 Die **Monatsfrist** wird gem. § 222 ZPO, § 187 BGB berechnet. Wird sie versäumt, wird die Vorpfändung rückwirkend wirkungslos. Leistet der Drittschuldner verfrüht, tut er es auf eigenes Risiko, da § 408 Abs. 2 BGB nicht anwendbar ist.[13]

12 Die Monatsfrist ist als gesetzliche Frist **nicht verlängerbar** (§ 224 Abs. 2 ZPO). Die Vorpfändung kann aber **beliebig oft wiederholt** werden. Die Rangwirkung gilt aber nur für die Vorpfändung, die innerhalb der Monatsfrist liegt.[14] Die Vorpfändung schützt den Gläubiger nicht, wenn sie zwar früher als drei Monate vor der Insolvenzeröffnung des Schuldners ausgebracht wurde, der Pfändungs- und Überweisungsbeschluss aber in die Frist des § 131 InsO fällt. Die Anfechtung richtet sich dann insgesamt nach § 131 InsO.[15] Die Vorpfändung verliert auch ihre Wirkung, wenn der Pfändungs- und Überweisungsbeschluss wegen der Eröffnung des Insolvenzverfahrens unzulässig wird.[16]

VI. Rechtsbehelfe und Kosten

13 Bei Verfahrensmängeln können Schuldner und Drittschuldner **Erinnerung** gem. § 766 ZPO einlegen. Mit einem wirksamen und fristgerechten Pfändungs- und Überweisungsbeschluss entfällt grundsätzlich das Rechtsschutzinteresse einer Anfechtung der Vorpfändung. Ausnahmsweise besteht es aber fort, wenn der Rechtsbehelf auf die Beseitigung der Rangwirkung abzielt.

14 Die **Kosten** der Vorpfändung sind als Kosten der Zwangsvollstreckung gem. § 788 ZPO erstattungsfähig, wenn sie notwendig waren, was im Einzelfall zu beurteilen ist.

VII. Grenzüberschreitende vorläufige Kontenpfändung

15 Mit der Verordnung (EU) Nr. 655/2014 (EuKoPfVO), die seit 18.1.2017 für alle Mitgliedsländer der Europäischen Union (mit Ausnahme von Dänemark und, auch schon vor dem EU-Austritt, Großbritannien) gilt, können grenzüberschreitend Beschlüsse zur vorläufigen Kontenpfändung erwirkt werden. Die Durchführungsbestimmungen für die unmittelbar geltende **EuKoPfVO** enthalten die §§ 946 ff. ZPO.

Anwendbar ist das Verfahren, wenn ein **grenzüberschreitender Sachverhalt** vorliegt, dh die zu pfändenden Bankkonten müssen in einem anderen Mitgliedstaat geführt werden als im Mitgliedstaat, in dem der Forderungsgläubiger seinen Wohnsitz hat oder in dem Mitgliedstaat, in dem das den Beschluss erlassende Gericht ansässig ist (Art. 3 EuKoPfVO).

Möglich ist, dass sich das mit dem Antrag befasste Gericht und die zu pfändenden Bankkonten im gleichen Mitgliedstaat befinden, wenn der Gläubiger in einem anderen Mitgliedstaat wohnt.[17]

Das Verfahren ist auf die Möglichkeit der Kontenpfändung von Bankkonten wegen Geldforderungen beschränkt.

Welches Gericht **international zuständig** ist, hängt davon ab, ob für die zu vollstreckende Geldforderung bereits ein Titel besteht oder nicht (Art. 6 EuKoPfVO):

- Besteht noch kein Titel, ist das nach den einschlägigen Vorschriften maßgebliche Gericht der Hauptsache international zuständig; eine spezielle Regelung sieht Art. 6 Abs. 2 EuKoPfVO für Verbrauchersa-

12 Musielak/Voit/*Flockenhaus* ZPO § 845 Rn. 7.
13 LG Hildesheim 8.12.1987 – 3 O 393/87, NJW 1988, 1916.
14 Thomas/Putzo/*Seiler* ZPO § 845 Rn. 9.
15 BGH 23.3.2006 – IX ZR 116/03, NJW 2006, 1870.
16 *Cirullies*, Vollstreckung in Familiensachen, 2. Aufl. 2017 Rn. 241.
17 Musielak/Voit/*Lackmann* ZPO Vor § 946 Rn. 6.

chen vor. Zuständig ist ausschließlich das Gericht des Mitgliedstaates, in dem der Schuldner seinen Wohnsitz hat.

- Ist ein Titel bereits vorhanden, ist das Gericht des Mitgliedstaates zuständig, das den Titel (gerichtliche Entscheidung, gerichtlicher Vergleich, öffentliche Urkunde) erlassen hat.

Die **örtliche und teilweise sachliche Zuständigkeit** des international zuständigen deutschen Gerichts ist in § 946 ZPO geregelt. Dabei wird ergänzend auf Vorschriften des Arrestverfahrens verwiesen.

Neben den erforderlichen Angaben zu Gläubiger, Schuldner und der zu vollstreckenden Forderung muss 16 der Antragsteller gem. Art. 7 Abs. 1 EuKoPfVO die **dringende Erforderlichkeit** für die Sicherungsmaßnahme der vorläufigen Kontenpfändung darlegen und glaubhaft machen (vergleichbar dem Arrestgrund im Arrestverfahren).

Besteht noch kein Titel hinsichtlich der Geldforderung, muss der Antragsteller außerdem gem. Art. 7 Abs. 2 EuKoPfVO darlegen, dass die berechtigte Annahme besteht, dass im Hauptsacheverfahren zugunsten des Antragstellers entschieden werden wird (vergleichbar dem Arrestanspruch im Arrestverfahren).

Es können gem. § 947 Abs. 1 ZPO alle präsenten Beweismittel einschließlich der eidesstattlichen Versicherung verwendet werden. Eine Anhörung des Gläubigers oder die Vernehmung von Zeugen ist allerdings nicht zulässig.[18]

Die **zu pfändenden Bankkonten** sollen im Antrag angegeben werden. Ist das nicht möglich, kann der Gläubiger gem. Art. 8 Abs. 2 f. EuKoPfVO beantragen, dass Kontoinformationen eingeholt werden; die Einzelheiten sind in § 948 ZPO geregelt. Im Inland ist das Bundesamt der Justiz die zentrale Auskunftsbehörde für die Einholung von Kontoinformationen.

Das Gericht kann und wird idR dann, wenn noch kein Hauptsachtitel besteht, eine **Sicherheitsleistung** vor Erlass des vorläufigen Kontopfändungsbeschluss verlangen (Art. 12 EuKoPfVO).

Der **vorläufige Pfändungsbeschluss** wird mittels eines Formblatts erlassen. Der Antragsteller muss 17 binnen einer Frist von 30 Tagen nach Einleitung des Pfändungsantrages, spätestens aber binnen 14 Tagen nach Erlass des Beschlusses nachgewiesen haben, dass er das Hauptsacheverfahren eingeleitet hat, Art. 10 EuKoPfVO. Andernfalls endet der Pfändungsbeschluss oder er ist zu widerrufen, Art. 10 Abs. 2 EuKoPfVO.

Der erlassene Beschluss muss **vollzogen** werden. Art. 21 EuKoPfVO regelt, dass ein Beschluss zur vorläufigen Pfändung in einem anderen Mitgliedstaat ohne besonderes Verfahren anerkannt wird und es einer Vollstreckbarerklärung nicht bedarf.

Maßgebend für die Vollziehung ist das Recht des Mitgliedstaates, in dem vollstreckt wird. Nach deutschem Recht sind über § 950 ZPO die Vorschriften zur Arrestvollziehung in Bezug genommen. Der vorläufige im Inland ergangene Pfändungsbeschluss wird vollzogen durch Zustellung an die betroffene Bank entweder im Inland oder in einem anderen Mitgliedstaat. Die Einzelheiten regelt § 951 ZPO. Die Vollziehung eines in einem anderen Mitgliedstaat erlassenen Beschluss im Inland erfolgt nach den Vorgaben des § 952 ZPO.

Die Bank ist verpflichtet, den Beschluss unverzüglich auszuführen (Art. 24 EuKoPfVO) und idR binnen drei Tagen eine Drittschuldnererklärung abzugeben unter Verwendung eines entsprechenden Formblattes nach Maßgabe des Art. 25 EuKoPfVO. Sie hat auf Ersuchen oder kann von sich aus die Einzelheiten des Pfändungsbeschlusses dem Schuldner mitteilen (Art. 25 Abs. 4 EuKoPfVO).

Rechtsbehelfe für Gläubiger und Schuldner sind in Art. 21, Art. 33 ff. EuKoPfVO vorgesehen, ergänzt durch die Durchführungsbestimmungen der §§ 953 ff. ZPO.

18 Musielak/Voit/*Lackmann* ZPO Vor § 946 Rn. 11.

Das Verfahren auf Erlass des vorläufigen Pfändungsbeschlusses einschließlich des Rechtsbehelfs aus Art. 21 EuKoPfVO unterliegt nicht dem Anwaltszwang (Art. 41 EuKoPfVO). Der Anwaltszwang im Rechtsbehelfsverfahren im Übrigen richtet sich nach den nationalen Vorgaben (Art. 41 S. 2 EuKoPfVO).

Das gesamte Verfahren ist formalisiert. Formulare können für die Beantragung des Beschlusses, für die Drittschuldnererklärung der Bank und für Rechtsbehelfe unter https://e-justice.europa.eu/content_european_account_preservation_order_forms-378-de.do heruntergeladen werden.

273. Vorsorgevollmacht (auch als Teil einer Generalvollmacht)

Reetz

I. Begriff und Subsidiarität der Betreuung

Die Erteilung einer **Vorsorgevollmacht**, die im Gesetz als solche nicht geregelt ist, ist als Teil **rechtsgeschäftlicher Betreuungsvorsorge** Ausdruck des **Selbstbestimmungsrechts** und des strikt zu beachtenden Grundsatzes der **Subsidiarität der rechtlichen Betreuung** nach § 1896 Abs. 2 S. 2 BGB.[1] Die Erteilung einer vorrangig zu beachtenden Vorsorgevollmacht fällt in den Schutzbereich der Grundrechte des Betroffenen nach **Art. 2 Abs. 1 GG iVm Art. 1 Abs. 1 GG**; mit ihr kann eine – wenn auch fürsorgende – staatliche Einflussnahme mittels Betreuung vermieden werden. 1

Die **Vorsorgevollmacht** wird dem Bevollmächtigten von dem Betroffenen (= Vollmachtgeber) mit dem Ziel erteilt, in **bestimmten bzw. bestimmbaren, zukünftigen Lebenssituationen** und für den Fall seiner Hilfs- bzw. **Betreuungsbedürftigkeit** (einschließlich Geschäftsunfähigkeit) innerhalb – betreuungsrechtlich typisierter – Aufgabenkreise (vgl. § 1896 Abs. 1 S. 1, Abs. 2 S. 1, Abs. 4 BGB) mit Wirkung für und gegen ihn Erklärungen ab- und entgegenzunehmen sowie rechtsgeschäftsähnliche Maßnahmen vorzunehmen. Auf die Vorsorgevollmacht sind grundsätzlich die **allgemeinen Vorschriften der §§ 164–181 BGB anwendbar**. Auf das der Vollmachterteilung zugrunde liegende Rechtsverhältnis zwischen Betroffenem und Bevollmächtigtem (= Grund- bzw. Innenverhältnis) wird zumeist Gefälligkeits-, Auftrags- oder – bei Entgeltlichkeit – Geschäftsbesorgungsrecht Anwendung finden. Insgesamt ist das **Innenverhältnis dispositiv** und gestaltungsbedürftig

Berechtigt und ermächtigt eine umfassend erteilte Vollmacht (auch) zu einem Vertreterhandeln in typischerweise rechtsgeschäftlichen Aufgabenkreisen (zB Vermögenssorge), spricht die Praxis von einer „**General- und Vorsorgevollmacht**". Regelmäßig soll dabei für die Vollmachtsausübung einheitlich die Verwendungsbeschränkung auf den Fall der Hilfsbedürftigkeit des Betroffenen iSd Betreuungsrechts gelten.[2]

Die Vorsorgevollmacht begründet zugleich den Ausnahmefall eines gesetzlich zugelassenen Vertreterhandelns in Aufgabenkreisen, die grundsätzlich höchstpersönliche Natur (gesundheitliche Fürsorge, körperliche Unversehrtheit, Selbstbestimmung, Aufenthaltseinschränkung und -bestimmung) sind. Es handelt sich um die Vornahme rechtsgeschäftsähnlicher Erklärungen oder tatsächlicher Handlungen, bei denen weniger der rechtsgeschäftliche als der **natürliche Wille** maßgebend ist.[3]

---

1 Vgl. *Perau* MittRhNotK 1996, 285 (292); *Dodegge* FPR 2008, 591; Palandt/*Götz* BGB § 1896 Rn. 12; Formulare: Kersten/Bühling FormB FGG/*Kordel* § 96 Rn. 23 ff.; Lipp/*Spalckhaver* Vorsorgeverfügungen-HdB S. 96 ff.; *Müller/Renner* BetreuungsR und Vorsorgeverfügungen Rn. 1109 ff.; *Keilbach* DNotZ 2004, 164 und DNotZ 2004, 751; *Renner/Spanl* Rpfleger 2007, 367; Münch FamR-NotGP/*Renner* § 16 Rn. 1 ff. und § 22 Rn. 49; Wurm/Wagner/Zartmann RechtsFormB/*Dorsel* Kap. 80 Rn. 1 ff.; *Zimmermann* Vorsorgevollmacht Rn. 107; Deutsche Bischofskonferenz und des Rates der Evangelischen Kirche in Deutschland in Verbindung mit weiteren Mitglieds- und Gastkirchen der Arbeitsgemeinschaft Christlicher Kirchen in Deutschland, „Christliche Patientenvorsorge" (Stand 2018), https://www.dbk-shop.de/media/files_public/kpmmcyki/DBK_6202_Formular.pdf.

2 Statt aller WürzNotar-HdB/*Müller* Teil 3 Kap. 3 Rn. 10 mwN.

3 BGH 28.6.1988 – VI ZR 288/87, BGHZ 105, 45 (47 f.).

2 Der bereits aus Gründen der **Erforderlichkeit** strikt zu beachtende **Grundsatz der Subsidiarität** einer rechtlichen Betreuung (§ 1896 Abs. 2 S. 2 BGB) gegenüber einer wirksam erteilten Vollmacht für eine (natürliche) Person, die nicht nach § 1897 Abs. 3 BGB von einer Betreuerbestellung ausgeschlossen ist,[4] greift nur, wenn und soweit die entsprechenden Angelegenheiten des Betroffenen durch den Bevollmächtigten **ebenso gut wie durch einen Betreuer** besorgt werden können.[5] Allerdings ist das Erfordernis der „ebenso gute Angelegenheiten-Besorgung" unter Beachtung des Selbstbestimmungsrechts des Betroffenen **einschränkend auszulegen**. Es bedeutet daher keinesfalls, dass eine Betreuerbestellung erfolgen kann oder gar erfolgen muss, wenn ein Betreuer die Angelegenheiten des Betroffenen/Vollmachtgebers vermeintlich oder sogar tatsächlich besser erledigen wird. Andererseits reichen allein die vorhandene **Geschäftsfähigkeit** des Betroffenen und die damit einhergehende rechtliche Möglichkeit einer Vollmachtserteilung nicht aus, um von vornherein von der fehlenden Erforderlichkeit einer Betreuung auszugehen. Es muss vielmehr mindestens eine Person vorhanden sein, der der Betroffene das für eine Vollmachterteilung erforderliche Vertrauen entgegenbringt und die tatsächlich zur Übernahme der anfallenden Aufgaben als Bevollmächtigter bereit und in der Lage ist.[6]

Aus dem betreuungsrechtlichen **Subsidiaritätsgrundsatz** folgt zudem, dass eine **wirksam erteilte und nicht widerrufen Vorsorgevollmacht** der Bestellung eines Betreuers grundsätzlich solange und soweit entgegensteht,[7] wie ein Mangel an Wirksamkeit tatrichterlich (§ 26 FamFG) nicht positiv nachgewiesen werden kann. Im Gleichlauf hierzu gilt, dass eine parallel zu einer bestehenden („deckungsgleichen") Vorsorgevollmacht eingerichtete Betreuung nicht erforderlich und aufzuheben ist.[8] Eine wirksam erteilte und nicht widerrufene Vorsorgevollmacht steht wiederum der **Anordnung einer rechtlichen Betreuung** nicht entgegen, wenn unter Beachtung des Grundsatzes der Subsidiarität dennoch eine **„ebenso gute Angelegenheiten-Besorgung" faktisch nicht gewährleistet** ist. Folgende Konstellationen sind praxisrelevant und teilweise sehr umstritten:

- Der **Bevollmächtigte lehnt es ab** oder er ist objektiv **nicht in der Lage**, die zu erledigenden Aufgaben als Bevollmächtigter zu übernehmen.[9]
- Die Vollmacht ist mit **Zweifeln** belastet (zB Geschäftsfähigkeit bei Erteilung; heftiger Streit im innerfamiliären Umfeld des Betroffenen unter Einschluss des Bevollmächtigten; Streit über wirksamen Widerruf), ohne dass eine positive Feststellung ihrer Unwirksamkeit (§ 26 FamFG) vorliegt.[10] Voraussetzung einer restriktiv zu handhabenden Dennoch-Betreuerbestellung ist indes, dass die **Akzeptanz der (zweifelhaften) Vollmacht im Rechtsverkehr** tatsächlich eingeschränkt ist, entweder, weil Dritte die Vollmacht unter Berufung auf die Wirksamkeitszweifel zurückgewiesen haben oder weil Entsprechendes konkret zu besorgen ist. Dabei ist für den Bereich gesundheitlicher Angelegenheiten zu beachten, dass die **Bundesärztekammer** Ihren Mitgliedern nahelegt, bei Zweifeln an der Wirksamkeit einer Vollmacht, die Einleitung eines betreuungsgerichtlichen Verfahrens anzuregen.[11]
- Der **Umfang der Vollmacht** reicht nach Inhalt, Reichweite und/oder **Form** (zB **§ 29 Abs. 1 GBO**, § 12 Abs. 1 S. 1 HGB, ggf. § 311 b Abs. 1 BGB) nicht aus bzw. könnte nicht ausreichen. Das gilt insbesondere für den **Aufgabenkreis der** (sehr praxisrelevanten) **Grundstücksveräußerung**, wenn dem Vorsorgebevollmächtigten nur eine privatschriftliche Vorsorgevollmacht erteilt ist.[12] Insgesamt sollte die Vollmacht zur **Verfügung über Grundstücke** – speziell für die Fälle des § 311 b Abs. 1 BGB – notariell beurkundet werden. Ist nämlich der Betroffene durch den späteren Eintritt seiner Betreuungsbedürftigkeit, also dem eigentlichen Ausübungsfall, nicht mehr in der Lage, sein **Kontroll-**

4 Palandt/*Götz* BGB Einf. v. § 1896 Rn. 5.
5 Vgl. etwa BGH BeckRS 2012, 08883.
6 BGH NJW-RR 2017, 1474 Rn. 21 f.; MittBayNot 2016, 41.
7 BGH DNotZ 2017, 128.
8 BGH BeckRS 2012, 08883.
9 BGH NJW-RR 2017, 1474 Rn. 21 f.; MittBayNot 2016, 41 Rn. 13.
10 BGH MittBayNot 2017, 63.
11 Vgl. Deutsches Ärzteblatt Jg. 115 (2018), Heft 51/52, A 2434 (A 2435).
12 BGH NJW 2016, 1516 = NotBZ 2016, 223 mAnm *Müller*.

und Widerrufsrecht auszuüben, liegt möglicherweise eine Bindungswirkung „tatsächlicher Art“ vor, die das Eingreifen der Form rechtfertigen kann (str.).

- Der Betroffene/Vollmachtgeber hat **sich widersprechende Vollmachten** erteilt und die Widersprüchlichkeit kann durch Auslegung nicht beseitigt werden.[13] Sich widersprechende Vollmachten liegen auch dann vor, wenn tatrichterlich nicht geklärt werden kann (§ 26 FamFG), ob eine später einem anderen Bevollmächtigtem erteilte Vollmacht zugleich den **Widerruf** einer früher erteilten Vollmacht beinhaltet oder beinhalten soll.
- Der **Bevollmächtigte** ist zur Wahrnehmung der Interessen des Betroffenen **ungeeignet** bzw. erhebliche **Zweifel an seiner Redlichkeit** stehen im Raum.[14] Betroffen sind insbesondere Fälle, in denen zu befürchten ist, dass die Wahrnehmung der Interessen des Betroffenen durch den Bevollmächtigten eine **konkrete Gefahr für dessen Wohl** begründen.[15]
- **Ungeeignet** kann in Ausnahmefällen auch der **redliche Bevollmächtigte** sein, falls er – wenn auch unverschuldet – objektiv nicht in der Lage ist, die Vorsorgevollmacht zum Wohle des Betroffenen auszuüben, weil er durch das **eigenmächtige Verhalten eines Dritten** aus der Erledigung der Angelegenheiten des Betroffenen heraus gedrängt wird.[16] Dies soll selbst dann gelten, wenn sich dadurch der eigenmächtige Dritte gegenüber dem redlichen Bevollmächtigten faktisch durchsetzt; Maßstab ist insoweit allein das Wohl des Betroffenen.
- Die **Ausübung der Vollmacht wird durch den Vollmachtgeber**, der mittlerweile geschäftsunfähig ist, sie aber „in guten Tagen“ wirksam erteilt hat, auf der Basis von Äußerungen seines „natürliche Willens“ derart **abgelehnt**, dass die Vollmachtsbetätigung im Ergebnis dem Wohl des Betroffenen entgegensteht.[17]
- Mehrere Personen sind nur zur **gemeinschaftlichen Vertretung** bevollmächtig und sind nicht bereit und in der Lage gemeinsam zu handeln, weil zwischen ihnen die notwendige Zusammenarbeit und Abstimmung nicht zustande kommt bzw. ein Mindestmaß an **Kooperationsfähigkeit und -bereitschaft** nicht besteht.[18]
- Allein eine **größere Aufenthaltsentfernung** des Bevollmächtigten zum Aufenthaltsort des Betroffenen berechtigt zu keinen Zweifeln an dessen Eignung und an einer gleich guten Aufgabenerfüllung. Maßgebend ist vielmehr, ob die Art der zu erledigenden Angelegenheit des Betroffenen (zB gesundheitliche Fürsorge) eine örtliche Nähe tatsächlich erfordert.

Sofern sich aus dem Betreuungsrecht nicht etwas anderes ergibt, gelten für die Verwendung von Vorsorgevollmachten dieselben Beschränkungen, die für sonstige, rechtgeschäftlich erteilte Vollmachten im Bereich **höchstpersönlicher** oder **eingeschränkt höchstpersönlicher Angelegenheiten sowie zur Abgabe von Versicherungen** maßgebend sind; hierzu gehören beispielsweise § 1311 BGB (Eheschließung), § 1596 Abs. 4 BGB (Vaterschaftsanerkennung/Zustimmung), § 1600 a Abs. 1 BGB (Anfechtung der Vaterschaft), § 1626 c BGB (Sorgeerklärung), §§ 1746, 1747, 1749, 1750 Abs. 3 BGB (Einwilligungserklärung zur Adoption), §§ 2064, (2265), 2274 BGB (Testament, Erbvertrag, Verfügungen von Todes wegen), § 2282 Abs. 1 BGB (Anfechtung Erbvertrag), §§ 2347 Abs. 2 S. 1, 2351, 2352 S. 3 BGB (Erb- und Pflichtteils- und Zuwendungsverzichtsvertrag auf der Seite des Erblassers, einschließlich Aufhebung), § 48 Abs. 1 HGB (Prokuraerteilung), ggf. § 8 Abs. 1 Nr. 1 a TPG (Organspende), § 18 Abs. 2 BNotO (Befreiung von der notariellen Verschwiegenheitspflicht). 3

13 OLG München NJW-RR 2009, 1599 Ls. 3.
14 BGH NJW 2014, 1733.
15 ZB unredliche Vermögensverwendung; häusliche Verwahrlosung; BGH NJW-RR 2018, 899; NJOZ 2017, 1701; NJW 2011, 2135 Rn. 15 mwN.
16 Fall: innerfamiliäre Streitigkeiten; BGH MittBayNot 2014, 42.
17 Erwähnt in BGH NJW-RR 2016, 1025 Rn. 19.
18 BGH NJW 2018, 1257.

4 Zudem sind im Rahmen der notariellen Praxis wichtige **Grenzfälle**, die vielfach den Anwendungsbereich von Vorsorgevollmachten betreffen, zu beachten:[19]

- Der **Widerruf wechselbezüglicher Verfügungen eines gemeinschaftlichen Testamentes** kann gegenüber dem Bevollmächtigten des anderen Ehegatten wirksam erklärt werden.[20] Die Widerrufserklärung bedarf der notariellen Beurkundung (vgl. §§ 2296 Abs. 2, 2271 Abs. 1 S. 1 BGB). Auch die Erklärung des **Rücktritts vom Erbvertrag** nach § 2296 Abs. 2 BGB kann gegenüber einem Bevollmächtigten des Vertragspartners zulässigerweise erfolgen. Anders als der gesetzliche Vertreter (zB Betreuer) kann der Bevollmächtigte von den Beschränkungen des § 181 BGB befreit werden.
- Nach §§ 2272, 2256 Abs. 2 und Abs. 3 BGB kann ein **gemeinschaftliches Testament** nur von beiden testierfähigen Ehegatten **aus der amtlichen Verwahrung zurückgenommen** werden; eine Stellvertretung (§ 2256 Abs. 2 BGB „persönlich") ist nicht möglich.[21] Es verbleibt hingegen die Möglichkeit des Widerrufs, soweit einer der Ehegatten testierfähig ist.
- Die **besondere amtliche Verwahrung eines Testaments** (beim AG) kann auch aufgrund einer Vorsorgevollmacht verlangt werden, der Wortlaut des § 2248 BGB steht dem nicht entgegen.[22]
- Für einen **geschäftsfähigen Erblasser** ist rechtsgeschäftliche Vertretung bei einem **Erb- und Pflichtteilsverzichtsvertrag** (§ 2346 BGB) als abstraktem erbrechtlichen Verfügungsgeschäfts unter Lebenden auf den Todesfall ausgeschlossen.[23] Mit Wirkung für und gegen den **geschäftsunfähigen Erblasser** kann ein **Erb- bzw. Pflichtteilsverzichtsvertrag** allerdings durch einen **Betreuer** (mit dem Aufgabenkreis Erbverzicht, §§ 1896 Abs. 2, 1902 BGB), nicht hingegen durch einen **Vorsorgebevollmächtigten** abgeschlossen werden (§ 2347 Abs. 2 S. 2 BGB); der betreuungsrechtliche Subsidiaritätsgrundsatz findet insoweit keine Anwendung.
- **Keine Höchstpersönlichkeit** gilt für die **Erbausschlagung** aufgrund einer Spezial-, General- bzw. Vorsorgevollmacht.[24] Ergibt sich aus dem Grundverhältnis nichts anderes, gilt dies auch für **Ausschlagungserklärungen aufgrund post- bzw. transmortaler Bevollmächtigung**. Für eine untrennbare Verbindung der Ausschlagungsbefugnis mit der Erbenstellung finden sich im Gesetz keine hinreichenden Anhaltspunkte. Im Rahmen wechselbezüglicher Bindung bei einem gemeinschaftlichen Testament soll allerdings nur der überlebende Ehegatte selbst zur Ausschlagung mit der in § 2271 Abs. 2 S. 1 BGB geregelten Wirkung berechtigt sein (str.). Für den Bereich der **Vorsorgevollmachten** gilt: Ist die Bevollmächtigung zumindest **öffentlich beglaubigt** erfolgt (vgl. § 1945 Abs. 3 S. 1 BGB), berechtigt dies den Bevollmächtigten, mit Wirkung für und gegen den Betroffenen zur **Ausschlagung**, weil hierfür gewillkürte Vertretung als solche zulässig ist. Einer ausdrücklichen Benennung der Ausschlagungsbefugnis im Vollmachtstext bedarf es regelmäßig nicht, wenn der Wirkungsbereich „Vermögen" erfasst ist.
- **Leistungsbestimmungsrechte** zur Ausübung durch den Beschwerten oder einen Dritten nach §§ 2156 BGB (Zweckvermächtnis), 2151 Abs. 1, 2153 Abs. 3 BGB können durch einen Bevollmächtigten des Beschwerten ausgeübt werden, wenn der (nicht namentlich bezeichnete) Vertreter bereits von dem Erblasser in seiner Verfügung von Todes wegen als Dritter benannt worden ist (str.).
- Die **Anordnung der Ausgleichung** von Zuwendungen nach § 2050 Abs. 3 BGB muss nicht höchstpersönlich erfolgen.[25]
- Nach dem insoweit eindeutigen Wortlaut des § 1411 Abs. 2 BGB kann für einen **geschäftsunfähigen Ehegatten** nur ein **Betreuer**, nicht aber ein Vorsorgebevollmächtigter, einen **Ehevertrag** mit den dort erwähnten, eingeschränkten Regelungsinhalten, abschließen; der betreuungsrechtliche Subsidiaritäts-

19 Zusammenfassend *Müller/Renner* BetreuungsR und Vorsorgeverfügungen Rn. 125 ff.; *Müller-von Münchow* NotBZ 2010, 31 (33 f.).
20 LG Leipzig FamRZ 2010, 403.
21 OLG Hamm RNotZ 2013, 183.
22 OLG München DNotZ 2012, 868.
23 OLG Düsseldorf ZEV 2011, 529.
24 § 1945 Abs. 3 BGB; verwirrend OLG Zweibrücken DNotZ 2008, 384.
25 DNotI-Report 2011, 43.

grundsatz findet keine Anwendung. Die Genehmigung des Betreuungsgerichts ist erforderlich (§ 1411 Abs. 2 S. 2 BGB).

- Ist die Höchstpersönlichkeit **vertraglich vorbehaltener Rückforderungsrechte** aus Übergabeverträgen nicht ausdrücklich geregelt, ist durch Auslegung zu ermitteln, ob Vertretung möglich ist. Im Zweifel ist nicht von Höchstpersönlichkeit auszugehen.

Ist der Vollmachtgeber in einem **Erbscheinsverfahren** (§§ 2354 Abs. 1 Nr. 3 und Nr. 5, 2356 Abs. 2 S. 1 BGB) selbst nicht mehr zur Abgabe der **eidesstattlichen Versicherung** in der Lage, kann sein Vorsorgebevollmächtigter die erforderlichen Erklärungen als eigene Erklärung, nicht jedoch für den Vertretenen abgeben.[26] Gleiches gilt für die Abgabe eidesstattlicher Versicherungen zur Erteilung eines Testamentsvollstreckerzeugnisses.

Sonderregelungen gelten nach §§ 1904, 1906, 1906 a BGB für die Einwilligung, Nichteinwilligung oder den Abbruch ärztlicher Maßnahmen, sowie zu Erklärungen im Hinblick auf freiheitsentziehende oder -beschränkende Maßnahmen sowie ärztliche Zwangsbehandlungen. Höchstpersönlich hat allerdings die Errichtung einer **Patientenverfügung**, die für sich genommen keine Vertretungsmacht vermittelt, zu erfolgen (§ 1901 a Abs. 1 BGB).

Die Pflicht zur Abgabe **höchstpersönlicher Versicherungen** bei bestimmten **Anmeldungen zum Handelsregister** ergibt sich aus §§ 8 Abs. 2, 57 Abs. 2 GmbHG, §§ 37 Abs. 2, 188 Abs. 2 AktG und § 16 Abs. 2 S. 1 UmwG und gilt wohl auch für die „Offenlegungserklärung der wirtschaftlichen Neugründung" bei Wiederverwendung eines GmbH-Mantels.[27] Höchstpersönlichkeit gilt jedoch nicht für die gewohnheitsrechtlich anerkannte „negative Abfindungsversicherung" bei Sonderrechtsnachfolge in Kommanditanteile. Keine Vertretung ist wohl möglich bei der Errichtung eines Pfändungsschutzkontos nach § 850 k ZPO; Zweifel bestehen bei der Abgabe der Steuererklärung durch einen Bevollmächtigten.

Ist zum **Schutze des Betroffenen** die betreuungsgerichtliche Anordnung eines Einwilligungsvorbehalts nach § 1903 BGB objektiv erforderlich und zugleich eine Vorsorgevollmacht mit dem Aufgabenkreis „Vermögen" erteilt, greift das Subsidiaritätsprinzip nach § 1896 Abs. 2 S. 2 BGB nicht ein.[28] Der insoweit **akzessorische Einwilligungsvorbehalt**, durch den die rechtsgeschäftliche Handlungsfähigkeit des Betroffenen mit Wirkung gegenüber jedermann eingeschränkt wird, ist nur im Zusammenhang mit einer vorherigen oder gleichzeitigen Betreuerbestellung zulässig. Eine die rechtsgeschäftliche Handlungsfähigkeit des Betroffenen „verdrängende" Vorsorgevollmacht kann demgegenüber nicht wirksam errichtet werden. Enthält die Vorsorgevollmacht eine entsprechende **Betreuungsverfügung**, kann auch der Bevollmächtigte – ohne Wegfall seiner Vollmacht im Übrigen – (zugleich) zum Betreuer des Vollmachtgebers bestellt werden. Hierdurch bleibt die privatautonome Entscheidung des Vollmachtgebers für seinen Bevollmächtigten als Vertrauensperson durchsetzbar.

II. Volljähriger, geschäfts- bzw. einwilligungsfähiger Vollmachtgeber

Die Vorsorgevollmacht wird von einem volljährigen Vollmachtgeber für den Fall seiner **künftigen Geschäftsunfähigkeit oder Hilfsbedürftigkeit** erteilt.[29] **Minderjährige**, also beschränkt geschäftsfähige Betroffene, können hingegen keine Vorsorgevollmacht erteilen; auch nicht deren Eltern oder sonstige Sorgeberechtigte für sie. 5

Im **Erteilungszeitpunkt** der Vollmacht zu vermögensrechtlichen Angelegenheiten muss (zumindest partielle) Geschäftsfähigkeit gegeben sein. Für Einzelbereiche nichtvermögensrechtlicher Angelegenheiten, insbesondere für die Ermächtigung zur Einwilligung in medizinische oder freiheitsentziehende bzw. -beschränkende Maßnahmen, die typischerweise auch Gegenstand einer Patientenverfügung sind, reicht **na-** 6

26 OLG Celle RNotZ 2018, 557 (str.).
27 Grundlegend BGHZ 155, 318 (324).
28 BGH FGPrax 2011, 290; DNotI-Report 2012, 97.
29 Palandt/*Götz* BGB § 1896 Rn. 4 ff.

türliche Einsichts- und Steuerungsfähigkeit („Einwilligungsfähigkeit") aus.[30] Mit den speziellen Anforderungen bei Patienten mit einer Demenzerkrankung befassen sich dezidierte Hinweise und Empfehlungen der Bundesärztekammer aus 2018.[31] Jedenfalls setzt die Erteilung einer Vorsorgevollmacht Einsichtsfähigkeit und Urteilsvermögen mit Blick auf **weitreichende zukünftige Entwicklungen** in der eigenen Person und die eigenen Verhältnisse jeder Art voraus, was insgesamt Geschäftsfähigkeit voraussetzen dürfte. Eine praktische Relevanz kommt der Unterscheidung zwischen Geschäfts- und Einwilligungsfähigkeit für eine einheitliche und umfassende Vollmachtserteilung kaum zu.

Da **Geschäftsfähigkeit** die Regel, ihr Fehlen die Ausnahme ist, kann – bis zum Beweis des Gegenteils – für den **Erteilungszeitpunkt der Vollmacht** von der Geschäftsfähigkeit des volljährigen Betroffenen ausgegangen werden. Das gilt auch für eine vor dem **Notar** errichtete Vollmacht; § 11 BeurkG ist zu beachten. Häufig wird der Notar qualifizierte Feststellungen nach § 11 Abs. 2 BeurkG zur Geschäftsfähigkeit treffen müssen; hierzu kann und sollte er sich fachärztlicher Hilfe (vorzugswürdig Attest/Begutachtung durch Neurologe oder Psychiater) bedienen. Ablehnen kann der **Notar** die Beurkundung nur dann, wenn für ihn aufgrund eigener Wahrnehmungen an der (dauernden) **Geschäftsunfähigkeit** oder der **vorübergehenden Störung der Geistestätigkeit** des Vollmachtgebers keine vernünftigen Zweifel bestehen (§ 11 Abs. 1 S. 1 BeurkG). Für Vermerkfälle nach **§ 11 Abs. 2 BeurkG** muss sich der Notar vergegenwärtigen, dass aus der Niederschrift ableitbare und verbleibende Zweifel an der Geschäftsfähigkeit des Betroffenen, die Vollmacht im Rechtsverkehr entwerten und somit die **Erforderlichkeitsschwelle zur Einrichtung einer Betreuung** sinkt. Überzogen sind allerdings Forderungen, der Notar selbst solle die kognitiven Fähigkeiten des Vollmachtgebers testen.

Ausnahmsweise **geschäftsunfähig (§ 104 Nr. 2 BGB)** sind Volljährige, wenn sie an einer krankhaften Störung der Geistestätigkeit leiden; hierbei ist es gleichgültig, unter welchen medizinischen Begriff die Störung fällt. Die krankhafte Störung der Geistestätigkeit muss die freie Willensbestimmung gerade **im Zeitpunkt der Vollmachtserteilung** ausschließen. Bloße **Willensschwäche** oder **leichte Beeinflussbarkeit** genügen gerade nicht, ebenso wenig das Unvermögen, die Tragweite der abgegebenen Willenserklärung vollständig zu erfassen.[32] Wird der Vollmachtgeber nach dem Zeitpunkt der Vollmachtserteilung geschäftsunfähig, berührt dies grundsätzlich die Wirksamkeit der Vollmacht nicht mehr; sie besteht also fort. Ob der Betroffene/Vollmachtgeber im Erteilungszeitpunkt nach § 104 Nr. 2 BGB geschäftsunfähig war, hat im Zweifel das **Betreuungsgericht von Amts wegen** (§ 26 FamFG) aufzuklären. Insoweit bedarf es nicht zwingend einer förmlichen Beweisaufnahme durch Einholung eines Sachverständigengutachtens.[33] Die Unwirksamkeit der Vollmachtserteilung kann dabei nicht schematisch angenommen werden, wenn selbst nach sachverständiger Begutachtung die Geschäftsfähigkeit zum Erteilungszeitpunkt nicht zuverlässig festgestellt werden kann aber erhebliche Zweifel bestehen bleiben. Willenserklärungen des **geschäftsunfähigen Bevollmächtigten** sind jenseits des § 165 BGB nach § 105 Abs. 1 BGB nichtig.

III. Ein Bevollmächtigter oder mehrere Bevollmächtigte

7 Die Vorsorgevollmacht kann einem oder einer Mehrzahl von Bevollmächtigten jeweils einzeln oder zur Gesamtvertretung erteilt werden; hierbei ist selbst eine weitergehende Differenzierung zwischen verschiedenen Vollmachtgegenständen bzw. Wirkungsbereichen möglich. Es können auch verschiedene Bevollmächtigte für eindeutig unterscheidbare Wirkungskreise bestellt werden. Im Bereich der **Personensorge bzw. den Tatbeständen nach §§ 1904, 1906, 1906 a BGB** hat sich **Gesamtvertretung nicht bewährt**; es besteht die Gefahr der Handlungsblockade. Im Falle der Einzelvertretungsbefugnis mehrerer Bevollmächtigter kann eine Reihenfolge der Berechtigung angeordnet werden (zB Ehegatte vor Kindern); dies sollte jedoch nur im Wege einer klar auf das Innenverhältnis beschränkten Anweisung erfolgen. Die Berufung eines „Ersatzbevollmächtigten" kann nur für den Fall empfohlen werden, dass der „Haupt-

30 S. auch BGHZ 105, 45 (47 f.) = NJW 1988, 2946 f.
31 Deutsches Ärzteblatt Jg. 115 (2018), Heft 19, A 952.
32 OLG München NJW-RR 2009, 1599.
33 BGH MittBayNot 2017, 63; NJW 2016, 159.

bevollmächtigte“ verstirbt oder der Eintritt eines Ersatzfalls im Zweifel ähnlich eindeutig und schnell nachgewiesen werden kann. Zumeist beschreibt die „Ersatzbevollmächtigung“ jedoch nur den Fall einer Reihenfolge der ansonsten uneingeschränkten Berechtigung, die über eindeutige Innenverhältnisabreden abgegrenzt werden sollte. Die Erteilung einer „**Überwachungsvollmacht**“ zur Kontrolle eines (Haupt-)Vorsorgebevollmächtigten[34] ist ua zur Vermeidung einer Kontrollbetreuung möglich aber praxisfern, weil sie zumeist dem spezifisch personenbezogenen Vertrauensverhältnis als Grundlage der primär erteilten Vorsorgevollmacht widerspricht. Umfasst die Vollmacht als Generalvollmacht den Vermögensbereich (oder den Unternehmensbereich des Vollmachtgebers), kann hierfür die Anordnung der Gesamtvertretung sinnvoll sein. Klarstellend sollte vermerkt werden, dass keiner von mehreren Einzelbevollmächtigten befugt ist, die Vollmacht eines anderen Bevollmächtigten zu widerrufen.[35] Bei Gesamtvertretung ist der Wegfall eines Gesamtvertreters zu regeln.

Umstritten ist, ob der Bevollmächtigte eine **Person nach §§ 1896 Abs. 2 S. 2, 1897 Abs. 3 BGB** sein 8
kann, also in einem Abhängigkeitsverhältnis zu einer Anstalt, einem Heim oder einer sonstigen Einrichtung stehen darf, in der der Betroffene lebt.[36] Dabei ist zunächst zu berücksichtigen, dass § 1896 Abs. 2 S. 2 BGB jedenfalls **keine Unwirksamkeit** der Vollmachtserteilung bewirkt. Das gilt erst recht, wenn die Bevollmächtigung eines Heimmitarbeiters bereits deutlich vor Aufnahme des Betroffenen in die betreffende Einrichtung erfolgt war. Dennoch kann der **gesetzlich typisierte „Loyalitätskonflikt“** die Geeignetheit des Bevollmächtigten und damit die Verwendbarkeit der Vollmacht beeinträchtigen, was wiederum zur Anordnung einer Kontrollbetreuung führen kann. Eine derartige Vollmachtserteilung sollte daher vermieden werden. Jedenfalls ist § 1897 Abs. 3 BGB auf **Ordensgemeinschaften** nicht anwendbar, so dass ein anderer Ordensangehöriger ohne Weiteres Vorsorgebevollmächtigter sein kann.[37]

Die Mitwirkung naher Angehöriger als Vorsorgebevollmächtigte bei einem zum Tode führenden Behand- 9
lungsabbruch unter Beachtung des Patientenwillens führt nicht zur Verwirkung der Hinterbliebenenversorgung oder des Sterbegeldes.[38]

IV. Formfragen

Grundsätzlich kann eine Vorsorgevollmacht – gleichgültig zu welchen Aufgabenkreisen sie erteilt wird – 10
ohne Einhaltung einer besonderen **Form** (§ 167 Abs. 2 BGB) erteilt werden, was allerdings im Außenverhältnis ihre Legitimationswirkung herabsetzt. Soweit die Vollmacht – wie regelmäßig – zu **Erklärungen** und **Maßnahmen** iSd §§ 1904 Abs. 1 S. 1, Abs. 2; 1906 Abs. 1, 3 u. 4; 1906 a Abs. 1, 4 BGB ermächtigt, ist allerdings Schriftform (= Unterschriftsform oder notarielle Beglaubigung nach **§ 126 Abs. 1 BGB**) und kumulativ – was allerdings keine Formfrage darstellt – die **ausdrückliche Benennung** der Vollmachtgegenstände erforderlich; das ergibt sich aus §§ 1904 Abs. 5 S. 2; 1906 Abs. 5 S. 1 bzw. 1906 a Abs. 5 S. 1 BGB.

Zur **Stärkung der Verwendbarkeit** erteilter General- und Vorsorgevollmachten sollten gesetzliche und/oder verfahrensrechtliche Formerfordernisse der intendierten Vertretergeschäfte beachtet werden; hierzu zählen etwa: § 492 Abs. 4 BGB (Verbraucherdarlehen); § 1945 Abs. 3, 1955 BGB (Erbausschlagung, Anfechtung); §§ 2 Abs. 2 (Errichtung GmbH), 47 Abs. 3 (Stimmrechtsvollmacht), 55 Abs. 1 GmbHG (Übernahme Stammeinlagen) GmbHG; §§ 23 Abs. 1 (Gründung Aktiengesellschaft), 280 Abs. 1 S. 3 (Gründung KGaA), 134 Abs. 3 S. 2, 135 AktG (Stimmrechtsvollmacht); § 77 BGB (Anmeldung Vereinsregister); **§ 12 Abs. 1 S. 2 HGB** (Anmeldung Handelsregister); **§§ 29, 30 GBO;** §§ 10, 11 S. 1 FamFG (Verfahrensvollmacht); § 80 Abs. 1 ZPO (Prozessvollmacht); §§ 71 Abs. 2, 81 Abs. 3 ZVG (Bietungsvollmacht).

---

34 *Bühler* FamRZ 2001, 1585 (1590); MüKoBGB/*Schwab* § 1896 Rn. 245.
35 OLG Karlsruhe FamRZ 2010, 1762; Palandt/*Götz* BGB Vor § 1896 Rn. 5.
36 Palandt/*Götz* BGB Vor § 1896 Rn. 5; *Müller/Renner* BetreuungsR und Vorsorgeverfügungen Rn. 42, 257 ff.
37 LG Passau NJW-RR 2017, 3 f.
38 SozG Berlin 16.1.2012 – S 25 U 216/11, FamRZ 2012, 1176; Palandt/*Götz* BGB § 1901 a Rn. 6.

Wird der Betroffene/Vollmachtgeber im Bereich der (verbundenen) Generalvollmacht bereits durch die Vollmachtserteilung zum Erwerb oder zur Veräußerung eines Grundstücks **rechtlich oder tatsächlich** in gleicher Weise gebunden wie durch den späteren Abschluss des formbedürftigen Vertretergeschäfts (sog. **„vorverlagerte Bindung“**), bedarf die Vollmachtserteilung der Form des § 311 b Abs. 1 BGB.[39] Nur auf diese Weise werden die Belehrungs-, Beweis- und Warnfunktion der notariellen Form sinnvoll, nämlich im Wege der teleologischen Reduktion des § 167 Abs. 2 BGB, gewahrt. Man spricht auch plakativ davon, dass die Vollmacht lediglich „das äußere Gewand ist, in das die Verpflichtung zu Übertragung oder Erwerb des Grundeigentums gekleidet ist“.[40]

11 Zur Feststellung der Identität des Vollmachtgebers wird vielfach die notarielle Unterschriftsbeglaubigung empfohlen. Vorzugswürdig ist die **notarielle Beurkundung** (vgl. § 126 Abs. 4 BGB). Mit ihr ist die zweifelsfreie Wiedergabe des tatsächlich ermittelten Willens, die wichtige **Feststellung der Geschäftsfähigkeit** (§ 11 Abs. 1 BeurkG) des Vollmachtgebers, der höhere Beweis- und Aussagewert der notariellen Niederschrift, die Vermutungswirkung der Urheberschaft und nicht zuletzt die hohe Akzeptanz notarieller Vollmachten in der Praxis verbunden.[41] Auch die Formerfordernisse nach §§ 311 b Abs. 1, 3, 492 Abs. 4 S. 2 BGB, § 29 GBO; § 12 HGB (umfassende Vollmacht), die notariellen Belehrungspflichten sowie die Möglichkeit des **Herstellens von Ausfertigungen** für eine Mehrzahl von Bevollmächtigten, wie überhaupt die „Flexibilität“ der Ausfertigungserteilung (§ 49 Abs. 5 BeurkG) sprechen für die Beurkundung.[42] Die bloße Unterschriftsbeglaubigung soll nach vereinzelt gebliebener Ansicht den Amtspflichten des Notars nicht mehr genügen.[43]

12 **§ 6 Abs. 2 S. 1 BtBG** eröffnet der **Urkundsperson bei der Betreuungsbehörde** die Möglichkeit, Unterschriften und Handzeichen auf Vorsorgevollmachten und Betreuungsverfügungen zu beglaubigen. Derart vorgenommene „öffentliche“ Beglaubigungen genügen den Anforderungen des **§ 29 Abs. 1 GBO**[44] und § 12 Abs. 1 S. 1 HGB und haben nicht nur verfahrensrechtliche Qualität. Die Beglaubigungsbefugnis umfasst auch Vorsorgevollmachten, die **über den Tod des Vollmachtgebers hinaus** erteilt werden.[45]

V. Grundverhältnis (Innenverhältnisabrede; Gefälligkeit, Auftrag oder Geschäftsbesorgung; Haftung)

13 Anders als für den Betreuer (vgl. §§ 1896 ff. BGB), der der Aufsicht, Rechenschaftspflicht und einer Reihe von Genehmigungsvorbehalten durch das Betreuungsgericht unterliegt, ist das **Innenverhältnis** (= Grundverhältnis) zwischen Betroffenem und Vorsorgebevollmächtigtem **nur rudimentär geregelt**. Ansätze finden sich für die Wirkungskreise „gesundheitliche Fürsorge“, „Aufenthaltsbestimmung“ und „Zwangsbehandlung“ in §§ 1904 Abs. 5, 1906 Abs. 5 BGB und §§ 1901 a Abs. 5, 1901 b Abs. 3 BGB, nicht jedoch für den überaus wichtigen Wirkungsbereich „Vermögen“. Die grundverhältnisähnlichen Normen der §§ 1908 i, 1837 ff. BGB sind auf Vollmachten nicht anwendbar. Eine **isolierte Vollmacht** – also eine Vollmachtserteilung ohne erkennbares Grundverhältnis – wird man für die Praxis der Vollmachtserteilung kaum annehmen können.[46] Sie ließe im Anwendungsbereich medizinischer Maßnahmen inhaltlich bestenfalls eine mutmaßliche Willensbildung des Betroffenen zu Behandlungsfragen, die faktengestützt festgestellt werden muss, zu. Sind selbst derartige Feststellungen des Bevollmächtigten nicht möglich (= Ausschöpfung aller verfügbaren Erkenntnisquellen), kann die isolierte Vollmacht erst recht keine Grundlage für die **Entscheidung zu einem Behandlungsabbruch** sein; allein die allgemeine Ermächtigung nach § 1901 Abs. 2 S. 1 BGB als Minimal-Innenverhältnisabrede genügt nicht, weil die Schranke des

39 BGH WM 1965, 1007; NJW 1979, 2306.
40 BGH DNotZ 1966, 92.
41 Zusammenfassend HK-BetreuungsR/*Jurgeleit* BGB § 1896 Rn. 23; Münch FamR-NotGP/*Renner* § 16 Rn. 19 ff.
42 So auch Münch FamR-NotGP/*Renner* § 16 Rn. 29.
43 *Langenfeld* ZEV 2003, 449 (450).
44 OLG Jena FamRZ 2014, 1139; OLG Dresden BeckRS 2010, 26768; aA OLG Köln FamRZ 2020, 716.
45 OLG Karlsruhe FamRZ 2016, 577; vgl. auch Münch FamR-NotGP/*Renner* § 16 Rn. 30 f.
46 *Bühler* FamRZ 2001, 1585 (1593).

Patientenwohls entgegensteht und ohne Feststellungen eines (ggf. mutmaßlichen) Patientenwillens, dem **Schutz des Lebens** der Vorrang einzuräumen ist.[47]

Insgesamt bleibt somit die positive **Ausgestaltung des Grundverhältnisses** rechtsgeschäftlichen Vereinbarungen vorbehalten und eine **Regelung erforderlich**;[48] ausführlich *Müller/Renner* BetreuungsR und Vorsorgeverfügungen Rn. 627 ff.). Das gilt in besonderem Maße für **Vorsorgevollmachten im Unternehmensbereich**; hier wird vielfach von konkreten „Handlungsanweisungen" des Vollmachtgebers/Unternehmers gesprochen. Der positiven Ausgestaltung des Grundverhältnisses steht, angesichts von drohenden **Auskunfts-, Rechnungslegungs-, Beleg-, Inventarisierungs- und Haftungsrisiken** des (zumeist) uneigennützig Hilfe leistenden Bevollmächtigten,[49] nicht die ansonsten zutreffenden Warnungen entgegen, Vollmachtsurkunden sollten durch Innenverhältnisabreden nicht „überfrachtet" werden und keine Ansatzpunkte liefern, die ggf. auf das Außenverhältnis „durchschlagen" könnten.[50] Denn gegen diese Bedenken ist abzuwägen, dass Innenverhältnisabreden **nicht zwingend in die Vollmachtsurkunde integriert** werden müssen[51] und dies aus kostenrechtlichen Gründen[52] auch kaum gewollt sein wird. 14

Zumeist verweisen Formulare zu General- und Vorsorgevollmachten – wenn sie überhaupt Fragen des rechtlich verbindlichen Innenverhältnisses ansprechen – pauschal auf die (subsidiäre) Anwendbarkeit der **Auftragsvorschriften** (§§ 662 ff. BGB), obwohl für eine große Zahl von uneigennützig („innerfamiliär") erteilter Vorsorgevollmachten Kriterien zutreffen, die für die Annahme eines reinen Gefälligkeitsverhältnisses sprechen. Für die **Abgrenzung** zwischen Auftrag und **Gefälligkeitsverhältnis** ist wiederum entscheidend, ob anhand objektiver Kriterien festgestellt werden kann, dass zwischen den Beteiligten im Erteilungszeitpunkt **rechtsgeschäftlicher Bindungswille** bestand.[53] Abgrenzungskriterium ist, inwieweit Erteilung und Vertreterhandeln auf einem **besonderen Vertrauensverhältnis** basieren. Liegt ein besonderes Vertrauensverhältnis vor, erwartet und verlangt der Vollmachtgeber von seinem Bevollmächtigten regelmäßig weder **Auskunft** noch **Rechenschaft**.[54] Der Vollmachtnehmer soll gerade nicht (im Nachhinein) dem einseitigen Risiko ausgesetzt werden, Ausgaben genauer angeben und belegen zu müssen.[55] Derartige Kriterien sind vielfach für **Vollmachterteilungen zwischen Ehegatten, „langjährigen" Lebenspartnern** und, soweit **Kinder** sich als Vollmachtnehmer um einen Elternteil kümmern, für Abkömmlinge, erfüllt.[56] Andererseits nehmen Teile der Rechtsprechung[57] – ohne Eingehen auf ein „Nähe- und besonderes Vertrauensverhältnis" – Auftragsrecht an, wenn dem Bevollmächtigten die Befugnis übertragen ist, **Vermögen zu verwalten** und über Vermögensgegenstände zu verfügen.

Liegt der Vollmachtserteilung **Auftragsrecht** und nicht lediglich ein Gefälligkeitsverhältnis zugrunde, ist der Beauftragte (= Bevollmächtigte) seinem Auftraggeber (= Betroffener/Vollmachtgeber) zur Auskunft und Rechenschaft nach den §§ 662, 666 BGB verpflichtet, sofern derartige Ansprüche nicht ausdrücklich oder konkludent abbedungen bzw. gestaltet sind. Eine **Kündigung** des Auftragsverhältnisses durch den Vollmachtgeber wird im Zweifel erst gegenüber einem zur Entgegennahme bestellten Betreuer wirksam. Die Rechte und Pflichten aus dem Auftragsverhältnis gehen sodann mit dem **Tode des Vollmachtgebers** gemäß § 1922 Abs. 1 BGB auf die Erben über und umfassen den Anspruch auf **Rechenschaft** über den gesamten Zeitraum des Auftrags und letztlich auch auf die Vorlage eines Bestandsverzeichnisses iSd § 260

47 BGHZ 211, 67 Rn. 37 mwN = DNotZ 2017, 199 mAnm *Renner.*
48 *Vollmer* MittBayNot 2016, 386; *Sauer* RNotZ 2009, 79; *Kropp* FPR 2012, 9 (10).
49 OLG München ZEV 2018, 149; OLG Hamm ZEV 2008, 600.
50 Münch FamR-NotGP/*Renner* § 16 Rn. 142; *Müller/Renner* BetreuungsR und Vorsorgeverfügungen Rn. 647 f.; Kersten/Bühling FormB FGG/*Kordel* § 96 Rn. 46 f.
51 Kersten/Bühling FormB FGG/*Kordel* § 96 Rn. 54 mwN.
52 Vgl. etwa Kersten/Bühling FormB FGG/*Kordel* § 96 Rn. 48.
53 OLG Köln FamRZ 2018, 61; OLG Zweibrücken OLGR 2005, 132; OLG Düsseldorf ZEV 2007, 184.
54 *Volmer* MittBayNot 2016, 386 (388).
55 OLG Köln NJW-Spezial 2017, 519.
56 OLG Köln ZEV 2013, 339 (Bankvollmacht); OLG Düsseldorf ZEV 2007, 184 („langjährige" Lebenspartnerin); *Weigl* MittBayNot 2017, 538 (539); *Volmer* MittBayNot 2016, 386.
57 OLG Brandenburg BeckRS 2012, 20726.

Abs. 1 BGB.[58] Hinzu kommt, dass auch der „innerfamiliäre“ Auftragnehmer (= Bevollmächtigter) für die Erledigung der ihm übertragenen Aufgaben grundsätzlich für Vorsatz und **jede Art der Fahrlässigkeit** haftet (§§ 280 Abs. 1, 276 Abs. 1 S. 1 BGB); keine Anwendung findet demgegenüber **§ 277 BGB** (auch nicht §§ 1359, 1664 BGB).

Ist aufgrund des Wortlauts der Vollmacht oder im Wege gerichtlicher Auslegung Auftragsrecht anwendbar, stehen insbesondere **innerfamiliäre Vorsorgebevollmächtigte** in einzelnen Fragen der Rechnungslegung sogar schlechter als innerfamiliäre, **„befreite Betreuer“** (= Vater, Mutter, Ehegatte, „langjähriger“ Lebenspartner oder Abkömmling des Betreuten) nach §§ 1908 i Abs. 2 S. 2, 1840 Abs. 2 S. 2 BGB iVm §§ 1852 Abs. 2 S. 1, 1854 BGB (= Befreiung von der Rechnungslegungspflicht) bzw. der innerfamiliäre, „befreite Vormund“. Das, und die Haftung für jede Art Fahrlässigkeit, wird kaum dem Willen des Vollmachtgebers und erst recht nicht des Bevollmächtigten entsprechen.[59] Auch ist nicht anzunehmen, dass außerhalb einer eigennützigen bzw. entgeltlichen Übernahme der Vollmachtausübung (= Geschäftsbesorgung), die strengen Vorschriften über die **Errichtung eines Bestandsverzeichnisses iSd § 260 Abs. 1 BGB** bei „innerfamiliär“ erteilten Vorsorgevollmachten gelten sollen. Umstritten ist hingegen, ob und in welchem Umfang der Betroffene den Vorsorgebevollmächtigten von Rechenschaftspflichten, insbesondere gegenüber seinen Erben befreien und/oder Haftungsbeschränkungen vereinbart werden sollten.[60] Allerdings kann der Vollmachtgeber die Rechenschaftspflicht des Bevollmächtigten wirksam auf die **Geltendmachung zu seinen Lebzeiten** beschränken.

VI. Kontroll- oder Überwachungsbetreuung

15 Es kann im Rahmen der Erforderlichkeit und nach den Umständen des Einzelfalls geboten sein, zur Kontrolle eines oder mehrerer Bevollmächtigter eine Kontroll- oder Überwachungsbetreuung mit entsprechendem Aufgabenkreis gerichtlich anzuordnen (§ 1896 Abs. 3 BGB). Dies kommt in Betracht, wenn der Vollmachtgeber aufgrund einer psychischen Krankheit oder einer körperlichen, geistigen oder seelischen Behinderung nicht mehr in der Lage ist, den Bevollmächtigten selbst zu überwachen, seine Rechte aus dem zugrunde liegenden Rechtsverhältnis geltend zu machen und/oder die erteilte Vollmacht ggf. zu widerrufen.[61] Andererseits kann die **Erforderlichkeit einer Kontrollbetreuung** nicht schematisch damit begründet werden, dass der Vollmachtgeber selbst zur Kontrolle und Überwachung nicht mehr in der Lage ist; schließlich werden genau für die einem solchen Gesundheitszustand zugrundeliegenden Grundleiden Vorsorgevollmachten erteilt. Daher müssen **weitere Umstände hinzutreten**, die die Errichtung einer Kontrollbetreuung (zwingend) gebietet. Notwendig ist dabei der konkrete, dh durch hinreichende tatsächliche Anhaltspunkte **untermauerte Verdacht** (§ 26 FamFG), dass mit der Vollmacht dem tatsächlichen Betreuungsbedarf nicht Genüge getan wird.[62] Besonders streng zu beachtende Voraussetzungen müssen vorliegen, wenn einem Kontrollbetreuer die Befugnis erteilt wird, die erteilte Vorsorgevollmacht zu widerrufen.

An der Erforderlichkeit einer Kontrollbetreuung fehlt es regelmäßig, wenn bei **mehreren (einzeln) Bevollmächtigten** eine Kontrolle durch den/die jeweils anderen, also gegenseitig, erfolgen kann.[63] Zudem kann der Bevollmächtigte nachträglich und zur Prävention vor einer Kontrollbetreuung ausdrücklich **Kontroll-Bevollmächtigte** oder **weitere Bevollmächtigte** bestellt. Umgekehrt kann der Betroffene die Kontrolle der Vollmachtsausübung durch einzelne von mehreren Bevollmächtigten auch ausschließen.

Da Kontrollbetreuung als solche durch Anordnung des Betroffenen/Vollmachtgebers nicht ausgeschlossen und ohnehin nur im Rahmen strenger Erforderlichkeit angeordnet werden kann, sollten Formulierungen vermieden werden, nach denen eine „*Kontrollbetreuung nicht gewünscht*“ ist. Sie geben dem Betroffenen eine falsche Vorstellung von der Reichweite der Subsidiarität der rechtlichen Betreuung und von der

58 OLG München ZEV 2018, 149.

59 *Volmer* MittBayNot 2016, 386 (388).

60 *Weigl* MittBayNot 2017, 538 (539); *Volmer* MittBayNot 2016, 386 (einschließlich Mustern).

61 BGH NJW 2011, 2135 = FamRZ 2011, 964.

62 BGH FamRZ 2012, 871 = MittBayNot 2012, 471.

63 BGH ZNotP 2011, 273 Rn. 13 = FamRZ 2011, 1047.

Notwendigkeit, eine **ergänzende Betreuungsverfügung** zu errichten. Sie kann in die Vollmacht integriert oder gesondert errichtet werden und vor allem den von dem Bevollmächtigten personenverschiedenen **Kontrollbetreuer** namentlich bestimmen. Schließlich kann der Betroffene/Vollmachtgeber auch anordnen, dass er die Einrichtung eines Kontrollbetreuers unter von ihm bestimmten Voraussetzungen wünscht. Als Gestaltungsmittel kann zudem in Betracht kommen, dass der Betroffene bewusst für einen bestimmten Wirkungskreis oder eine bestimmte Art von Rechtsgeschäften (zB Verfügungen über Grundstücke) für den Falle seiner Hilfsbedürftigkeit, neben und gleichzeitig zu der erteilten Vollmacht, die Einrichtung einer Betreuung wünscht. Im Übrigen kann der Bevollmächtigte gegen die Bestellung eines Kontrollbetreuers und/oder gegen den Widerruf der Vorsorgevollmacht durch den hierfür bestellten Kontrollbetreuer, (noch) im Namen des Betroffenen/Vollmachtgebers **Beschwerde gegen die Betreuerbestellung und/oder den Widerruf** einlegen; ein eigenes Beschwerderecht steht ihm nicht zu.[64]

Bloße **Meinungsverschiedenheiten** zwischen mehreren Bevollmächtigten über die Erfüllung der Fürsorgebedürfnisse des Vollmachtgebers rechtfertigen die Bestellung eines Kontrollbetreuers jedenfalls (noch) nicht. Erst wenn die ordnungsgemäße Umsetzung der Vollmachten beeinträchtigt ist, also die Pflege und Wahrnehmung der Interessen des Vollmachtgebers eine **konkrete Beeinträchtigung** erfahren, entsteht ein Überwachungsbedarf nach § 1896 Abs. 3 BGB.[65]

An die Erforderlichkeit der Einrichtung einer **Kontrollbetreuung mit dem Aufgabenkreis Vollmachtswiderruf** sind hohe Anforderungen zu stellen.[66] Das gilt insbesondere für die Qualität der tragfähigen Feststellungen des Tatrichters, nach denen ein Festhalten an der erteilten Vorsorgevollmacht eine künftige Verletzung des Wohls des Vollmachtgebers mit hinreichender Wahrscheinlichkeit und in erheblicher Schwere befürchten lässt und kumulativ mildere Maßnahmen nicht zur Abwehr eines Schadens für den Betroffenen geeignet erscheinen. Im Zusammenhang mit **Entscheidungen zu lebensverlängernden Maßnahmen** iSd § 1904 Abs. 1 S. 1 u. Abs. 2 BGB ist dies nur anzunehmen, wenn offenkundig ist, dass sich der Bevollmächtigte über den – insbesondere in einer Patientenverfügung niedergelegten – Willen des Vollmachtgebers/Betroffenen hinwegsetzt. Gleichgelagerte Erwägungen sind für den **Aufgabenkreis „Vermögenssorge"** maßgeblich.[67] Vordringlich kommen somit betreuungsgerichtliche Anordnungen in Betracht, die dem **Verhältnismäßigkeitsgrundsatz** eher als ein Widerruf der Vollmacht entsprechen. Gemeint sind Maßnahmen zur Ausübung von Kontroll- und Weisungsrechten des Vollmachtgebers aus dem der Vollmachtserteilung zugrunde liegenden Rechtsverhältnis. Unter Beachtung der Verhältnismäßigkeit ist demnach die Ermächtigung zum Widerruf einer (Vorsorge-)Vollmacht die **ultima ratio-Befugnis**. Sie muss zudem ausdrücklich erteilt sein.

Zweckmäßigerweise sollte in der Vorsorgevollmacht zur Vermeidung von Konfliktsituationen festgelegt 16
werden, ob der Bevollmächtigte zu **unentgeltlichen Vermögensverfügungen** berechtigt ist;[68] dies kann das Bedürfnis nach Kontrollbetreuung mindern.

VII. Präventive Verwendungskontrolle

Im Mittelpunkt vieler Diskussionen der Vollmachtgeber mit dem Notar steht die Frage, wann und unter 17
welchen Voraussetzungen die Vollmacht wirksam oder jedenfalls verwendbar werden soll. Dahinter steht einerseits das Interesse des Vollmachtgebers, die eigenen Angelegenheiten solange allein bestimmen zu wollen, wie dies gesundheitlich möglich ist, und andererseits die Befürchtung, schon vor Eintritt der Betreuungsbedürftigkeit von dem Bevollmächtigten „bevormundet" oder gar „entmündigt" zu werden.[69] Hinzu kommt das berechtigte Interesse des Betroffenen, dass jedenfalls für die Fälle seiner Hilfs- bzw.

64 BGHZ 206, 321= FamRZ 2015, 1702 Rn. 23 ff.
65 BGH ZNotP 2011, 273 Rn. 14 = FamRZ 2011, 1047.
66 BGHZ 211, 67 = DNotZ 2017, 199 mAnm *Renner*; BGH FamRZ 2015, 2163 = NJW 2015, 3657; s. auch *Reetz* RNotZ 2016, 571.
67 BGH FamRZ 2015, 1015; 2015, 2163; 2016, 117.
68 Münch FamR-NotGP/*Renner* § 16 Rn. 83 mwN.
69 Statt aller WürzNotar-HdB/*Müller* Teil 3 Kap. 3 Rn. 46 mwN.

Betreuungsbedürftigkeit ohne Weiteres von der erteilten Vollmacht Gebrauch gemacht werden kann, damit keine Situation entsteht, die eine rechtliche Betreuung erforderlich macht.

Für die Praxis **unzweckmäßig** sind Regelungen zum Verwendungsausschluss oder zur bedingten Wirksamkeit (vgl. § 158 Abs. 1 BGB) einer erteilten (Innen-)Vorsorgevollmacht, wenn derartige Bestimmungen unmittelbar in das Außenverhältnis eingreifen. Ein Nachweis des Eintritts der **Geschäfts-, Entscheidungsunfähigkeit oder Betreuungsbedürftigkeit** des Vollmachtgebers als Verwendungs- oder Wirksamkeitsbedingung kann zumeist nicht bzw. nicht in der ggf. notwendigen Form des Vertretergeschäfts[70] geführt werden,[71] und zwar auch nicht durch ein ärztliches Attest oder vergleichbares fachärztliches Gutachten. Zudem werden der Erklärungsempfänger und der Rechtsverkehr insgesamt verunsichert. Verwendungs- oder Wirksamkeitsbedingungen im Außenverhältnis können selbst das Vertreterhandeln aufgrund einer post- oder transmortal erteilten Vollmacht nach dem Tod des Vollmachtgebers beeinträchtigen und verhindern.[72] Im Einzelfall bestehen sogar Bedenken, ob eine solchermaßen erteilte Vollmacht den **Subsidiaritätsvoraussetzungen der Betreuung** nach § 1896 Abs. 2 S. 2 BGB genügt.[73]

Um Situationen unsicherer Außenverwendung bereits im Ansatz zu vermeiden, sollten auch nicht eindeutige, **bedingungsähnliche Formulierungen** wie *„Altersvorsorgevollmacht"* oder *„Vollmacht für den Fall einer psychischen Erkrankung"* vermieden werden.[74] Unzweckmäßig im gleichen Sinne sind Formulierungen, die mit Außenwirkung eine **Hierarchie mehrerer Bevollmächtigter** herbeiführen wollen; hierzu zählen (vermeidbare) Wirksamkeitsbedingungen wie *„für den Fall, dass mein Erstbevollmächtigter verhindert ist"*.[75] Das OLG Frankfurt[76] hat klargestellt, dass allein aus der Bezeichnung *„Vorsorgevollmacht"* nicht gefolgert werden kann, dass (auch) der Generalvollmachtteil, also die rechtsgeschäftliche Vertretungsmacht, nur für den Fall einer Notsituation erteilt ist und gelten soll; maßgeblich ist vielmehr der Inhalt der Vollmacht, nicht deren „Überschrift".

18 Immer möglich und vorzugswürdig sind **eindeutige Verwendungsanweisungen im Innenverhältnis** zwischen Vollmachtgeber/Betroffenem und Bevollmächtigten. Zugleich muss allerdings eindeutig zum Ausdruck kommen, dass zur Verwendung im Außenverhältnis **eine unbedingt wirksame Vollmacht** erteilt ist;[77] der Vollmachtstext darf insoweit nicht auslegungsbedürftig sein. Ist der Vollmachtstext nicht eindeutig bzw. bestehen berechtigte Zweifel, könnte beispielsweise das Grundbuchamt eine klarstellende zusätzliche Erklärung des Vollmachtgebers in der Form des § 29 GBO verlangen, die dieser ggf. nicht mehr abgeben kann. Ist das Wirksamwerden eine Frage der **Auslegung**, dürfte allerdings weder die Bezeichnung als Vorsorgevollmacht noch die Formulierung, die Vollmacht diene der Vermeidung einer Betreuung, zu dem Auslegungsergebnis führen, der Vollmachtgeber habe eine außenwirksame Bedingung auf den Eintritt seiner Betreuungsbedürftigkeit erklärt. Das gilt umso mehr, wenn Anhaltspunkte für die sofortige unbedingte Wirksamkeit vorliegen, weil ausdrücklich das „Gültigbleiben" im Fall der Geschäftsunfähigkeit angeordnet und/oder sofort eine Vollmachtsausfertigung erteilt werden soll.[78] Der Angabe, dass die Vollmacht zur Vermeidung einer rechtlichen Betreuung diene, kommt insoweit nur die Bedeutung eines **Motivs des Vollmachtgebers** zu.

19 Zur präventiven **Verwendungskontrolle** einer beurkundeten – im Außenverhältnis unbedingt erteilten – Vorsorgevollmacht gehören Maßgaben der Ausfertigungserteilung durch den Notar (vgl. § 51 Abs. 2

70 § 29 Abs. 1 GBO oder § 12 Abs. 1 S. 1 HGB.

71 S. etwa OLG Köln ZEV 2007, 592 mAnm *Müller*; HK-BetreuungsR/*Jurgeleit* BGB § 1896 Rn. 17; *Müller/Renner* BetreuungsR und Vorsorgeverfügungen Rn. 273 ff.; Kersten/Bühling FormB FGG/*Kordel* § 96 Rn. 61 f.; *Milzer* NJW 2003, 1836.

72 Vgl. insoweit OLG Koblenz ZEV 2007, 595 mAnm *Müller.*

73 Vgl. KG BeckRS 2009, 88780.

74 HK-BetreuungsR/*Jurgeleit* BGB § 1896 Rn. 17; Kersten/Bühling FormB FGG/*Kordel* § 96 Rn. 25.

75 OLG München NJW-RR 2010, 747.

76 ZEV 2013, 686.

77 OLG Frankfurt a. M. DNotZ 2011, 745 mAnm *Müller*; Palandt/*Götz* BGB vor § 1896 Rn. 5; s. auch *Müller/Renner* BetreuungsR und Vorsorgeverfügungen Rn. 287 ff. mit Mustern; HK-BetreuungsR/*Jurgeleit* BGB § 1896 Rn. 17.

78 OLG Frankfurt a. M. FamRZ 2014, 1661; Palandt/*Götz* BGB vor § 1896 Rn. 5.

BeurkG). Der Vorsorgebevollmächtigte legitimiert sich im Verhältnis zu Dritten durch die ihm **erteilte und ausgehändigte bzw. rechtmäßig von ihm erlangte Ausfertigung** (= Besitzerlangung an der vorzugswürdig auf den Namen des Bevollmächtigten erteilten Ausfertigung), weshalb klare Anweisungen zur erstmaligen und zur **Erteilung weiterer Ausfertigungen** erforderlich sind.[79] Insbesondere ist zu regeln, ob gerade der Bevollmächtigte selbst eine bzw. weitere Ausfertigungen verlangen kann.[80]

Der eine Vorsorgevollmacht beurkundende Notar sollte zudem in der Niederschrift die Vollmachtausübung mit **Wirkung im Außenverhältnis** auf die Vorlage einer **auf den Namen des Bevollmächtigten lautenden Ausfertigung** beschränken (vgl. § 49 Abs. 2 S. 1 BeurkG). Damit soll erreicht werden, dass ein Bevollmächtigter keine einem anderen (Mit-)Bevollmächtigten erteilte Vollmachtsurkunde zu seiner Legitimation verwenden kann; möglicherweise[81] reicht nämlich allein die namentliche Bezeichnung eines anderen (Mit-)Bevollmächtigten im Ausfertigungsvermerk als Mittel der Verwendungskontrolle nicht aus. Demgegenüber ist von **Anweisungen zur Aushändigung** der Vollmachtsurkunde oder -ausfertigung unter bestimmten äußeren Bedingungen, die der **Notar** festzustellen hat,[82] abzuraten; solche **Aushändigungsabreden** oder **Ausfertigungssperren** (Grundlage: § 51 Abs. 2 BeurkG) verlagern die typischen Nachweisprobleme eines Verwendungsausschlusses oder Bedingungseintritts lediglich auf den Notar.[83] Ausnahmefälle sind bei genauer Formulierung einer handhabbaren Aushändigungsabrede denkbar.

Zunehmend wird die auf den Bevollmächtigten ausgefertigte und im Außenverhältnis unbedingt erteilten (Innen-)Vollmacht zunächst dem Vollmachtgeber und gerade nicht dem Bevollmächtigten ausgehändigt, damit der Vollmachtgeber sie bei sich zuhause oder an einem dritten Ort aufbewahrt, um sie unter von ihm bestimmten Voraussetzungen an den **im Voraus unterrichteten Vollmachtgeber** auszuhändigen (Stichwort: **„Kontrolle über die Urkunde"**). Zwischen Vollmachtgeber und Bevollmächtigten entsteht auf diese Weise eine Aushändigungsabrede zur rechtmäßigen Besitzverschaffung an der auf den Namen des Bevollmächtigten ausgestellten Vollmacht. Bis dahin sollte dem Bevollmächtigten zu seiner Unterrichtung zumindest eine einfache Abschrift der Vollmacht übergeben werden.[84] Dies stellt unter anderem sicher, dass der Bevollmächtigte sich über die Übernahme der späteren Vertreteraufgaben sinnvoll äußern kann. Keine sinnvolle Lösung ist es demgegenüber, den **Bevollmächtigten nicht in Kenntnis zu setzen**, was – bei einer Registrierung im **Zentralen Vorsorgeregister** (**ZVR**) angesichts deren Unterrichtungspflichten nach § 4 VRegV – ohnehin schwierig sein dürfte. Ein derartiges Geheimhaltungsbedürfnis des Vollmachtgebers/Betroffenen kann Zweifel an einer späteren, rechtssicheren Besitzverschaffung an der Vollmachtsurkunde bzw. Ausfertigung bewirken.[85] Besonderheiten gelten wiederum bei der Aushändigung einer **Ausfertigung an die Bank**, wenn im Übrigen eine unbedingte Bankvollmacht erteilt ist.

Zum Bereich präventiver Verwendungskontrolle kann auch – für geeignete Vollmachtgegenstände – eine 20
auf den Einzelfall oder eine Vielzahl gleichartiger Fälle zugeschnittene Anordnung der **Gesamtvertretung** gehören.

Zur besseren Verfügbarkeit von Informationen über beurkundete, beglaubigte und sonstige Vorsorgevoll- 21
machten, Patienten- bzw. Betreuungsverfügungen führt die Bundesnotarkammer ein von ihr auf gesetzlicher Grundlage errichtetes, gebührenpflichtiges **„Zentrales Vorsorgeregister"**.[86] Eine Pflicht zur Registrierung besteht nicht. Die zweckmäßige Erfassung und Übermittlung der Daten der Erklärenden, der

79 LG Nürnberg-Fürth MittBayNot 2012, 317 zur Erteilung einer weiteren Ausfertigung nur auf schriftliche Anweisung des Vollmachtgebers.

80 Münch FamR-NotGP/*Renner* § 16 Rn. 55 f.

81 Vgl. OLG Köln RNotZ 2001, 407 = Rpfleger 2002, 197; aA OLG München DNotZ 2008, 844.

82 Ausführlich *Bühler* BWNotZ 1990, 1.

83 Ebenso *Müller* DNotZ 1997, 100 (111); *Perau* MittRhNotK 1996, 285 (297); *Kropp* FPR 2012, 9; aA möglicherweise Kersten/Bühling FormB FGG/*Kordel* § 96 Rn. 66.

84 *Bühler* FamRZ 2001, 1585 (1591).

85 WürzNotar-HdB/*Müller* Teil 3 Kap. 3 Rn. 54 mwN.

86 §§ 78 a ff. BNotO iVm VRegV; vgl. auch § 1901 c BGB; vgl. BNotK-Rundschreiben Nr. 10/2003; www.vorsorgeregister.de; zusammenfassend Kersten/Bühling FormB FGG/*Kordel* § 96 Rn. 76 ff.; *Müller/Renner* BetreuungsR und Vorsorgeverfügungen Rn. 788 ff.; *Görk* DNotZ 2005, 87.

Bevollmächtigten/vorgeschlagenen Betreuer und der Erklärungsinhalte (§ 78 a Abs. 1 S. 2, Abs. 3 BNotO) erfolgt daher nur mit deren Zustimmung und ermöglicht einen elektronischen Zugriff oder eine schriftliche **Beauskunftung der zuständigen Betreuungsgerichte** (§ 78 a Abs. 2 BNotO, § 26 FamFG). Soweit Bevollmächtigte – weil sie beispielsweise bei der Beurkundung der Vorsorgeverfügung nicht anwesend waren – in ihre Registrierung nicht vorweg schriftlich eingewilligt haben, werden sie nach Eingang des Eintragungsantrags von der Bundesnotarkammer schriftlich über die sie betreffenden und gespeicherten Daten unterrichtet (§ 4 VRegV). Es ist daher ratsam, auch den Vollmachtgeber darüber in Kenntnis zu setzen, dass im Zuge der Registrierung eine Benachrichtigung erfolgt und er den Bevollmächtigten – was mancher Vollmachtgeber zunächst durchaus wünscht – nicht über die Vollmachtserteilung in Unkenntnis belassen kann.

Beurkundet der **Notar** eine Vorsorgevollmacht, soll er auf die **Möglichkeit der Registrierung** hinweisen (§ 20 a BeurkG); eine Registrierungspflicht besteht auch für den Notar nicht. Über den Hinweis und die Anweisung zur Registrierung sollte, schon aus Gründen der Befreiung von der Verschwiegenheit nach § 18 Abs. 2 BNotO, ein Vermerk in die Niederschrift aufgenommen werden. Für die Kosten der Registrierung gilt die **Vorsorgeregister-Gebührensatzung** (vgl. § 78 b Abs. 4 BNotO); es entstehen Gebühren zwischen 11–18,50 EUR. Beim ZVR kann die scheckkartengroße **ZVR-Card** bezogen werden, auf der die Erteilung von Vorsorgeverfügungen vermerkt und von dem Vollmachtgeber mitgeführt werden kann.

Schließlich besteht nach § 1901 c BGB bei Einleitung eines Betreuungsverfahrens eine **Ablieferungspflicht** für verfahrensrelevante Schriftstücke; dies umfasst auch die Abschrift einer Vorsorgevollmacht. Hierauf sollte der Notar hinweisen und sich anweisen lassen, dem Betreuungsgericht auf Verlangen eine Abschrift zu erteilen.

VIII. Bezeichnung der Vollmachtsgegenstände (Benennungsgebot)

1. Allgemeines

22 Regelmäßig werden bei der Bezeichnung der Gegenstände einer Vorsorgevollmacht die Bereiche **„gesundheitliche Fürsorge und Selbstbestimmungsrecht"** (auch als „Personensorge" oder „nichtvermögensrechtliche Angelegenheiten" bezeichnet) und **„Vermögens- bzw. vermögensähnliche Angelegenheiten"** unterschieden.

Während das konkrete Bezeichnen einzelner Vollmachtgegenstände im Bereich der Vermögens- bzw. vermögensähnlichen Angelegenheiten gegenüber einer abstrakten **Globalbevollmächtigung** umstritten ist, gilt für zentrale **Gegenstände nichtvermögensrechtlicher Angelegenheiten**, insbesondere für Angelegenheiten der **gesundheitlichen Fürsorge** und des **Selbstbestimmungsrechts** nach den §§ 1904 Abs. 5 S. 2, 1906 Abs. 5 S. 1, 1906 a Abs. 5 S. 1 BGB, dass sie ausdrücklich und gegenständlich zu bezeichnen sind („*... Maßnahmen ausdrücklich umfasst.*" = Konkretisierungs- und Benennungsgebot). Dazu muss der Vollmachttext wiederum **hinreichend klar umschreiben**, dass sich die Entscheidungskompetenz des Bevollmächtigten auf die im Gesetz genannten Maßnahmen sowie darauf bezieht, diese zu unterlassen oder am Betroffenen vornehmen zu lassen.[87]

Zweck der gesetzlich vorgesehenen Konkretisierungs- und Benennungsgebote ist es, dem Betroffenen Klarheit über die mögliche Tragweite von Entscheidungen und Maßnahmen seines Bevollmächtigten, wie sie aufgrund der erteilten Vollmacht getroffen werden können, deutlich vor Augen zu führen.[88] **Bloße Verweise** auf die §§ 1904, 1906, 1906 a BGB oder **abstrakte Bezeichnungen** reichen daher nicht aus. Überwiegend und zur Vermeidung von Zweifelsfällen werden daher am Gesetzeswortlaut orientierte Formulierungen in die Vollmachtstexte übernommen. Eine solche, rechtlich nicht vorgeschriebene Art der Benennung erreicht zudem Deckungsgleichheit zu den sie betreffenden, betreuungsrechtlichen Aufgabenkreisen. Eine (beispielhafte) Aufzählung von Behandlungssituationen kann in einer Gesamtschau die

87 BGHZ 211, 67 Rn. 17 = DNotZ 2017, 199 mAnm *Renner.*
88 BGHZ 211, 67 Rn. 17 = DNotZ 2017, 199.

erforderliche Konkretisierung für die Annahme einer **qualifizierten Patientenverfügung** iSd § 1901 a Abs. 1 BGB erbringen.[89]

Inhaltlich muss zudem deutlich werden, dass die jeweilige Entscheidung des Bevollmächtigten zu den benennungsbedürftigen Gegenständen mit der **begründeten Gefahr des Todes** oder eines **schweren und länger dauernden gesundheitlichen Schadens** verbunden sein kann,[90] was beispielsweise durch die Benennung des *„Abbruchs lebensverlängernder Maßnahmen“* im Vollmachtstext ausreichend deutlich bezeichnet ist. Eine ärztliche Vorab-Beratung ist jedenfalls nicht erforderlich.

Schließlich ist immer zu beachten, dass es auf die dem Bevollmächtigten durch die Vollmacht verschaffte Entscheidungskompetenz zu den benannten Gegenständen nur dann ankommt, wenn der Betroffene im Zeitpunkt der Entscheidung nicht mehr selbst über die **entsprechende Einsichts- bzw. Einwilligungsfähigkeit** verfügt und keine die konkrete Lebens- und Behandlungssituation treffende Eigenentscheidung des Betroffenen in einer **qualifizierten Patientenverfügung** nach § 1901 a Abs. 1 BGB vorliegt. Zudem muss – wie immer – der Eindruck einer abschließenden Aufzählung, die als Vollmachtbegrenzung ausgelegt werden könnte, vermieden werden.

2. gesundheitlichen Fürsorge und Selbstbestimmungsrecht

Zu den persönlichen Angelegenheiten des Vollmachtgebers aus dem Bereich der gesundheitlichen Fürsorge 23
bzw. seiner körperlichen Integrität, die zwingend dem Konkretisierungs- und **Benennungsgebot** nach § 1904 Abs. 5 S. 2 BGB unterfallen, gehören im Einzelnen die Entscheidungen und Erklärungen zu ärztlichen Maßnahmen,[91] nämlich zur Einwilligung, Nichteinwilligung oder zum Widerruf der Einwilligung in Untersuchungen des Gesundheitszustands, in **Heilbehandlungen** (also auch die Verabreichung von Medikamenten) oder in **ärztliche Eingriffe jeglicher Art**. Die Befugnis umfasst Entscheidungsfälle mit möglicherweise schwerwiegenden Folgen. Das gilt für Fälle der **Nichteinwilligung** bzw. des **Einwilligungswiderrufs** auch, wenn ärztlicherseits angebotene Maßnahmen medizinisch angezeigt wären und aufgrund des Unterbleibens oder des Abbruchs möglicherweise schwere und länger dauernden gesundheitliche Schäden, einschließlich des Todes des Betroffenen, eintreten können.

Umfasst ist zudem die Entscheidungsbefugnis zum **Behandlungsabbruch** oder zur **Einstellung lebenserhaltender- oder verlängernder Maßnahmen** (Stichwort „Intensivmedizin“), jeweils unabhängig von Art und Stadium der Erkrankung, also auch wenn die unmittelbare Todesnähe des Betroffenen nicht gegeben ist und der Sterbevorgang als solcher noch nicht eingesetzt hat.

Die **betreuungsgerichtliche Genehmigung** ist – trotz der hohen Wertigkeit der betroffenen Rechtsgüter, beispielsweise des Lebens – nicht erforderlich, wenn – wie regelmäßig – zwischen dem behandelnden Arzt und dem Bevollmächtigten **Einvernehmen** darüber besteht, dass die entsprechende Erteilung, Nichterteilung oder der Widerruf der Einwilligung dem nach § 1901 a BGB (= „Patientenverfügung“) festgestellten Willen des Betroffenen entspricht (§ 1904 Abs. 4 BGB = sog. **Konsenslösung**).

Zu den persönlichen Angelegenheiten des Vollmachtgebers aus dem Bereich des Selbstbestimmungsrechts, 24
insbesondere der körperlichen Bewegungsfreiheit und der Entschließungsfreiheit zur Fortbewegung iSd Aufenthaltsfreiheit, die zwingend dem Konkretisierungs- und Benennungsgebot nach **§ 1906 Abs. 5 S. 1 BGB** unterfallen und ggfs. gegen den natürlichen Willen des Betroffenen durchgesetzt werden sollen, gehören Entscheidungen über eine (**geschlossene**) **Unterbringung** des Betroffenen, die mit **Freiheitsentziehung** verbunden ist und über die **Einwilligung in freiheitsentziehende oder -beschränkende Maßnahmen** (zB das Anbringen von Bettgittern, das Fixieren mit mechanischen Mitteln, die Verabreichung sedierender oder betäubender Arzneimittel = „unterbringungsähnliche Maßnahmen“), soweit sie in einem Krankenhaus, einem Heim oder einer sonstigen Einrichtung erfolgen sollen.[92] Freiheitsentziehende oder

89 BGHZ 202, 226 = DNotZ 2015, 47 Rn. 29; BGHZ 214, 62 = DNotZ 2017, 611 Rn. 24.
90 Arg. § 1904 Abs. 1 S. 1 und Abs. 2 BGB = „Gefahrenlage“ oder „besondere Gefahrensituation“.
91 Vgl. § 1904 Abs. 5 S. 2 iVm Abs. 1 S. 1 und Abs. 2 BGB.
92 Vgl. §§ 1906 Abs. 5 S. 1 iVm Abs. 1 und Abs. 4 BGB; LG Düsseldorf NJW-RR 2001, 723.

-beschränkende Maßnahmen in **ambulanten Situationen** sind hingegen vom Normwortlaut des § 1906 BGB nicht erfasst.

Die **betreuungsgerichtliche Genehmigung** ist jeweils zwingend erforderlich (vgl. § 1906 Abs. 5 S. 2 iVm Abs. 2 S. 1 BGB) und dient der Verwirklicht des Grundrechtsschutzes des Betroffenen.[93] Sie ist auch erforderlich, wenn eine Patientenverfügung die indizierten Maßnahmen ausdrücklich gestattet. Eine Konsenslösung nach dem Muster des § 1904 Abs. 4 BGB ist nicht vorgesehen.

Eine *„in allen persönlichen Angelegenheiten"* erteilte Vollmacht, die auch *„Aufenthalts- und Unterbringungsregelungen"* umfasst, kann so auszulegen sein, dass der verwendete Begriff der *Unterbringungsregelungen* nicht nur die Heimunterbringung als solche umfasst, sondern auch die Vertretung bei den im Zusammenhang damit stehenden weiteren unterbringungsähnlichen Maßnahmen, beispielsweise dem Einsatz von Bettgittern während der Bettruhzeiten bei einer unter einer Demenz vom Typ Alzheimer im fortgeschrittenen Stadium leidenden Betroffenen.[94]

25 Zu den persönlichen Angelegenheiten des Vollmachtgebers aus dem Bereich gesundheitlicher Fürsorge und Aufenthaltsbestimmung, die (in ihrer jetzigen Form) seit dem 22.7.2017[95] zwingend dem Konkretisierungs- und Benennungsgebot nach **§ 1906 a Abs. 5 S. 1 BGB** unterfallen, gehören Entscheidungen und Erklärungen zur **Einwilligung in ärztliche Zwangsmaßnahmen** – also **gegen den natürlichen Willen** des Betroffenen –, die im Rahmen

- eines (offenen) stationären Aufenthalts in einem geeigneten Krankenhaus und/oder,
- einer (geschlossenen) Unterbringung, die mit Freiheitsentziehung verbunden ist, durchgeführt werden sollen (vgl. §§ 1906 a Abs. 5 S. 1 iVm Abs. 1 und Abs. 4 BGB).

Da ärztliche Zwangsmaßnahmen ihrerseits zwingend einen stationären Aufenthalt des Patienten voraussetzen,[96] erfasst die Norm auch die – ggfs. erforderliche – gesondert zu treffende Entscheidung zu einer zwangsweisen Verbringung des Betroffenen in ein geeignetes Krankenhaus zu einem (offenen) stationären Aufenthalt. Betroffen von dieser Befugnisgrundlage sind **immobile Betroffene**, die sich einem (offenen) stationären Aufenthalt durch Betätigung ihres natürlichen Willens widersetzen; während für **mobile Betroffene** wohl nur eine freiheitsentziehende (geschlossene) Unterbringung zur Vornahme einer erforderlichen, **medizinisch indizierten** Zwangsmaßnahme in Betracht kommt (vgl. § 1906 Abs. 1 BGB). **Geeignet** ist ein Krankenhaus wiederum, wenn in ihm die geboten medizinische Versorgung und die erforderliche Nachbehandlung sichergestellt ist (vgl. § 1906 a Abs. 1 Nr. 7 BGB).

Maßnahmen nach § 1906 a BGB müssen zum **Wohl des Betroffenen** erforderlich sein und auch ansonsten den Grundsätzen der Verhältnismäßigkeit entsprechen. Von §§ 1906, 1906 a BGB sind nach der gesetzgeberisch gewollten Entscheidung keine **ambulanten Zwangsbehandlungen** oder solche in einem **Heim** erfasst. Dies dient der Minimierung von Gefährdungen durch einen missbräuchlichen Umgang mit Zwangsbehandlungen, weshalb Zwangsbehandlungen überhaupt nur in einem (offenen oder geschlossenen) stationären Krankenhausaufenthalt vorgenommen werden dürfen.[97]

Die **betreuungsgerichtliche Genehmigung** ist jeweils zwingend erforderlich (vgl. § 1906 a Abs. 2 und Abs. 4 iVm § 1906 Abs. 2 S. 1 BGB) und entfällt auch dann nicht, wenn eine Patientenverfügung die indizierten Maßnahmen ausdrücklich gestattet. Eine Konsenslösung nach dem Muster des § 1904 Abs. 4 BGB ist nicht vorgesehen.

26 **Ohne ausdrückliche Benennung** berechtigt eine Vorsorgevollmacht im Aufgabenkreis „gesundheitliche Fürsorge" zur **Kontrolle der behandelnden Ärzte** und des Pflegepersonals. Davon umfasst ist die Befugnis, sich von den behandelnden Ärzten, über die Art der Erkrankung, den Zustand und die Prognose

93 BGHZ 145, 297 (301 f.); MittBayNot 2013, 53.
94 BGH FamRZ 2012, 969 = BeckRS 2012, 08883.
95 BGBl. I 2017, 2426.
96 BVerfG FamRZ 2018, 1599 = BeckRS 2018, 21337.
97 BVerfG FamRZ 2018, 1599 = BeckRS 2018, 21337; Palandt/*Götz* BGB§ 1906 a Rn. 9.

aufklären zu lassen, um die maßgebende Behandlungssituation zu identifizieren und eine Entscheidung über die Behandlung, einen Eingriff oder einen Behandlungsabbruch überhaupt erst zu ermöglichen. Die qualifizierte Vorsorgevollmacht bezieht sich zudem – ebenfalls ohne ausdrückliche Benennung – auf die Kontrolle der **Sterbebegleitung und Leidhilfe**, einschließlich **palliativmedizinischer Maßnahmen**, die das Risiko einer Lebensverkürzung erhöhen. Gelegentlich wird die Anwendung neuer, noch nicht zugelassener oder erprobter Medikamente oder Behandlungsmethoden ausdrücklich erwähnt, ebenso eine lediglich erläuternde Aufzählung von Maßnahmen der Intensivtherapie; zu beiden Fällen besteht indes keine zwingende Veranlassung.

Ebenfalls **ohne ausdrückliche Benennung** ist der qualifiziert Bevollmächtigte zur Kontrolle darüber berechtigt, ob das Heim, das Hospiz oder das betreffende Krankenhaus oder eine ähnliche Einrichtung, die behandelnden Ärzte und das Pflegepersonal dem Vollmachtgeber eine **angemessene ärztliche und pflegerische Betreuung** zukommen lassen, die zugleich auch eine menschenwürdige Unterbringung umfasst. Hierbei handelt es sich im Übrigen um Fragen aus dem unverzichtbaren Bereich der Kontrolle der sog. **Basisversorgung**. Schließlich nimmt der Bevollmächtigte im Zusammenhang mit Angelegenheiten der gesundheitlichen Fürsorge auch die Rechte des Betroffenen/Patienten gegenüber Ärzten, Krankenhäusern, Pflegeheimen oder sonstigen Personen oder Einrichtungen wahr. Das umfasst auch den **Abschluss von Verträgen** oder sonstigen Vereinbarungen mit Kliniken, Alten- oder Pflegeheimen oder ähnlichen Einrichtungen.

Vorsorglich und klarstellend im Außenverhältnis, jedoch ohne rechtliche Notwendigkeit, kann eine ausdrückliche **Entbindung von der ärztlichen Schweigepflicht** in den Text der Vollmacht aufgenommen werden. Die ausdrückliche Entbindung ist geeignet, dem Bevollmächtigten insoweit Sicherheit zu verschaffen. Das Gleiche gilt für ausdrückliche Ermächtigungen zur Einsicht in und Weitergabe von Krankenunterlagen sowie zur Geltendmachung von Besuchsrechten (auch für Dritte).

Zum Regelungsbereich einer Vorsorgevollmacht in Fragen der gesundheitlichen Fürsorge und des Selbstbestimmungsrechts ist die **Erteilung von Untervollmachten** rechtlich zulässig, weil sich aus der Natur der ausnahmsweise zulässigen Vertretung in persönlichen Angelegenheiten kein Verbot der Unterbevollmächtigung ergibt. Allerdings ist Unterbevollmächtigung wegen des regelmäßig personalen Vertrauensbezuges zu dem primär berufenen Bevollmächtigten in derart höchstpersönlichen Angelegenheiten zumeist nicht gewollt (und sollte auch nicht unterstellt werden). Eine klare Regelung im Text der Vollmacht ist daher zwingend.

3. Vermögens- und sonstige Angelegenheiten

Zur **Vorsorge im Bereich der vermögens- oder vermögensähnlichen Angelegenheiten** wird regelmäßig 27
Generalvollmacht als Teil einer kombinierten „General- und Vorsorgevollmacht" erteilt. Sie erfasst alle Rechtsgeschäfte, für die eine Stellvertretung zulässig ist.[98] Für die Vollmachtsausübung soll zumeist die Verwendungsbeschränkung auf den Fall der Hilfsbedürftigkeit iSd Betreuungsrechts gelten. Inhaltlich **bedarf es keiner** – nicht abschließend zu verstehenden – **Einzelaufzählung** von Vollmachtsgegenständen, um eine sachlich unbegrenzte Vertretungsmacht zu erteilen; es genügt vielmehr eine abstrakte Bezeichnung. Im Einzelnen ist für die umfassende Wirkung als Generalvollmacht eine (abstrakte) Formulierung ausreichend, aus der sich ergibt, dass der Bevollmächtigte berechtigt sein soll, den Vollmachtgeber „*in allen Angelegenheiten in jeder rechtlich zulässigen Weise umfassend zu vertreten, also in allen Vermögensangelegenheiten und allen persönlichen Angelegenheiten. In Vermögensangelegenheiten umfasst die Vollmacht das Recht, über Vermögensgegenstände jeder Art zu verfügen*".[99] Umfängliche Vertretungsmacht vermittelt auch die Formulierung, dass der Bevollmächtigte „*mein Vermögen verwalten und hierbei alle Rechtshandlungen und Rechtsgeschäfte im In- und Ausland vornehmen, Erklärungen aller Art abgeben und entgegennehmen sowie Anträge stellen, abändern, zurücknehmen* (darf)".[100]

98 Palandt/*Ellenberger* BGB§ 167 Rn. 7; MüKoBGB/*Schubert* § 164 Rn. 186 mwN.
99 OLG Frankfurt a. M. FamRZ 2014, 1661 = NotBZ 2015, 38.
100 BGH FamRZ 2015, 1282 = BeckRS 2015, 9449 zu einer „*Ankreuzvollmacht*".

Dennoch lässt sich angesichts der **Benennungsgebote** nach §§ 1904 Abs. 5 S. 2, 1906 Abs. 5 S. 1, 1906 a Abs. 5 S. 1 BGB („Gleichlauf"-Argument), der zumeist – nach der Innenverhältnisabrede – hinausgeschobenen Verwendung, der ggfs. schwierigen Überwachung und der Diskussion zu einer Vielzahl sonstiger Angelegenheiten (zB Post und Fernmeldebereich, Konten und Depots, digitale Medien, Verbraucherdarlehen etc) gut argumentieren, dass eine **beispielhafte Aufzählung** zu wichtigen Vermögens- oder vermögensähnlichen Gegenständen, insbesondere zur Vertretung bei Verpflichtungs- und Verfügungsgeschäften über **Grundstücke**, grundstücksgleiche Rechte und Rechte an solchen Rechten sowie zur Verfügung über **Konten- und Depots**, sinnvoll ist und zudem der Aufklärungs-, Warn- und Schutzfunktion einer Beurkundung entspricht.[101] Hinzu kommt, dass die Verwendbarkeit der Vollmacht im Ausland erhöht wird, wenn nach dem Ortsstatut eine Aufzählung erforderlich ist. Dagegen spricht eindeutig, dass der Eindruck einer abschließenden Regelung entsteht, weshalb wiederum deutlich zum Ausdruck gebracht werden muss, dass es sich lediglich um beispielhafte Benennungen handelt.

Wichtiger als der Streit um die Sinnhaftigkeit der Benennung einzelner Vollmachtgegenstände im Rahmen einer umfassenden vermögensrechtlichen Generalvollmacht ist es, die von dem Betroffenen **gewollte Beschränkungen** – beispielsweise auf den Umfang der Befugnisse eines Vormunds oder keine Befugnis zu Grundstücksverfügungen etc – einzeln und genau bezeichnet in die Urkunde aufzunehmen.[102]

Auch wenn für eine unbeschränkt erteilte Generalvollmacht angenommen wird, dass der Bevollmächtigte von den **Beschränkungen des § 181 BGB** befreit und zur Erteilung von **Untervollmachten** berechtigt ist,[103] sollte im Aufgabenkreis Vermögens- und vermögensähnlicher Angelegenheiten beide Befugniserweiterungen aus Gründen der Klarheit und der Missbrauchsprävention benannt und ausdrücklich geregelt werden. Zudem sollte die Vollmacht ausdrücklich über den Tod des Betroffenen hinaus (= **transmortale Vorsorgevollmacht**) erteilt werden und nicht dadurch erlöschen, dass der Bevollmächtigte ggfs. Erbe des Betroffenen oder durch Verfügung von Todes wegen Testamentsvollstreckung anordnet ist.

Soll – wie regelmäßig – eine (General- und) Vorsorgevollmacht den Bereich der Grundstücksangelegenheiten umfassen und will man sich auf die Auslegung des pauschalen Begriffs der „Grundstücksangelegenheiten" nicht verlassen, kann im Wortlaut die Befugnis zur Belastung, zur persönlichen Verpflichtung und zur Zwangsvollstreckungsunterwerfung (§§ 780, 781 BGB und §§ 794 Abs. 1 Nr. 5, 800 ZPO) berücksichtigen werden. **Verkaufs- und Belastungsvollmachten** sind mit der Befugnis zur Unterbevollmächtigung zu erteilen, um wiederum einem Käufer Belastungsvollmacht erteilen zu können.

Probleme im Außenverhältnis bereiten immer wieder Konto- und Depotverfügungen aufgrund notariell beurkundeter oder beglaubigter Vorsorgevollmachten.[104] Banken behaupten gelegentlich, dass Konto- und Depotvollmachten nur auf **bankeigenen Formularen** wirksam erteilt werden können oder erkennen erteilte Vorsorgevollmachten mit dem Wirkungskreis „Vermögen" aus sonstigen Gründen schlicht nicht an. Sollte diese Verweigerung unter Verweis auf **einschränkende Vertragsklauseln von Banken** (falls es solche überhaupt gibt) erfolgen, nach denen Vollmachten nur **auf bankinternen Vordrucken** (zB Muster des Zentralen Kreditausschusses der Banken „ZKA") und/oder nur im Dabeisein von Bankmitarbeitern wirksam erteilt werden können, dürfte dies gegen §§ 3017 Abs. 1, 2 Nr. 1, 309 Nr. 13 BGB verstoßen.[105]

Richtig ist hingegen, dass eine notariell beurkundete oder beglaubigte General- und Vorsorgevollmacht, die den Wirkungsbereich „Vermögen" umfasst, den Bevollmächtigten auch zu Verfügungen über Bankkonten des Vollmachtgebers berechtigt, unabhängig davon, ob zugleich eine spezielle Bankvollmacht erteilt worden ist oder nicht. Auch nach Eintritt der Hilfsbedürftigkeit des Vollmachtgebers ist daher die **Einrichtung einer Betreuung** mit dem Aufgabenkreis „Vermögenssorge" oder „Bankangelegenheiten"

101 S. etwa *Bühler* FamRZ 2001, 1585 (1587).

102 Kersten/Bühling FormB FGG/*Kordel* § 96 Rn. 29; *Müller/Renner* BetreuungsR und Vorsorgeverfügungen Rn. 337 ff. mit Mustern.

103 Statt aller Kersten/Bühling FormB FGG/*Kordel* § 96 Rn. 38.

104 *Tersteegen* NJW 2007, 1717; *Zimmermann* BKR 2007, 226; *Müller*, in: WürzNotarHdB Teil 3 Kap. 3 Rn. 14 ff.

105 BGH DNotZ 2014, 53 zur Vorlagepflicht eines Erbscheins.

nicht erforderlich. Eine **Bank haftet** daher (zB für Anwaltskosten), wenn sie trotz Vorlage einer wirksamen Vorsorgevollmacht ihr Handeln von (unberechtigten) Bedingungen abhängig macht.[106]

Werden sowohl eine Bank- und Depotvollmacht auf einem Bankvordruck als auch eine General- und Vorsorgevollmacht erteilt, kann unklar sein, ob die später erteilte Vollmacht insoweit ein Widerruf der zuvor erteilten darstellt. Friktionen entstehen zudem, wenn der jeweilige **Vollmachtumfang nicht deckungsgleich** ist, beispielsweise für die Befugnis zur Erteilung von Untervollmachten oder der Befreiung von den Beschränkungen des § 181 BGB.[107] Probleme kommen zudem auf, wenn verschiedene Bevollmächtigte sind und der **Vollmachtwiderruf effektiv** erfolgen soll. Ist dem/den Vorsorgebevollmächtigten zugleich eine Bank- und Depotvollmacht auf einem Bankformular erteilt, das bei den Kontounterlagen der Bank verbleibt, existieren zudem mindestens zwei Vollmachtsurkunden als Rechtscheinträger gem. § 172 Abs. 2 BGB.

Da eine **notariell erteilte Vollmacht** als öffentliche Urkunde über die Feststellung der **Identität des Vollmachtgebers** (§ 10 BeurkG), die **Feststellung seiner Geschäftsfähigkeit** (§ 11 Abs. 1 BeurkG), die zweifelsfreie Wiedergabe seines **tatsächlich ermittelten Willens** (§ 17 Abs. 1 BeurkG) und die Beachtung notarieller **Aufklärungs- und Belehrungspflichten** Beweis erbringt (§ 425 Abs. 1 ZPO) sowie die Möglichkeit des **Herstellens von Ausfertigungen** gewährleistet, gehen „Qualitätsbedenken" von Banken ins Leere. Im Übrigen kann eine auf den Bevollmächtigten ausgestellte Ausfertigung zu den Akten der Bank erteilt werden, damit die Legitimation des Bevollmächtigten in gleichem Umfang (§ 172 BGB), wie bei einer bankeigenen Formularvollmacht, die sich in den Bankunterlagen befindet, hergestellt wird.[108]

Die einem **Ehegatten erteilte (kombinierte) General- und Vorsorgevollmacht** berechtigt diesen, sofern 28
er vom § 181 BGB befreit ist, zur Abgabe einer Zustimmungserklärung nach §§ 1365, 1369 BGB.[109]

Zu den **sonstigen Vermögens-, vermögensähnlichen oder tatsächlichen Angelegenheiten**, die von einer 29
umfänglichen – auch abstrakt formulierten – Vollmacht ohne Weiteres gedeckt sind und ggfs. dennoch in Einzelaufzählung genommen werden können, gehört typischerweise die Vertretung/Ermächtigung

- bei Eingehen von **Verbindlichkeiten** jeder Art, auch in **Verbraucherdarlehensverträgen** (hierzu das Schriftformerfordernis nach § 492 Abs. 4 S. 1 BGB),
- in **öffentlich-rechtlichen Angelegenheiten**, also gegenüber Behörden und öffentlichen Stellen, insbesondere in Renten-, Pflege-, Versorgungs-, Steuer- und Sozialleistungssachen,
- bei **Prozesshandlungen** jeglicher Art (arg. § 51 Abs. 3 ZPO),
- bei Entgegennahme, Öffnen und Anhalten von **Postsendungen**, zu Erklärungen gegenüber **Post- bzw. Zustelldiensten,**[110]
- zu allen Entscheidungen im Rahmen von **Fernmelde- und Telekommunikationsangelegenheiten** sowie im Bereich jeder Art **elektronischer Kommunikation**, das umfasst iZw das Verwalten, Nutzen, Zugreifen, Ändern, Löschen und Übertragen der von dem Betroffenen oder über ihn elektronisch gespeicherter Daten sowie betreffende Zugangscodes, Adressen und Identitäten im Internet oder auf vergleichbaren digitalen Plattformen.

Gelegentlich finden sich in Vorsorgevollmachten Regelungen zu **Bestattungswünschen** oder – ggf. im 30
Zusammenwirken mit einer Patientenverfügung – zu Fragen der **Organ- und Gewebespende.** Die Änderung des Transplantationsgesetzes[111] oder ein Organspendeausweis stehen solchen Regelungen nicht entgegen.[112] Kontrovers diskutiert wird die Frage, ob im Rahmen einer General- und Vorsorgevollmacht

106 Vgl. LG Detmold ZEV 2015, 353 = NotBZ 2015, 472.
107 *Müller*, in: WürzNotar-HdB Teil 3 Kap. 3 Rn. 15.
108 *Müller*, in: WürzNotar-HdB Teil 3 Kap. 3 Rn. 16; DNotI-Report 2015, 65.
109 *Müller* ZNotP 2005, 419.
110 Arg. § 1896 Abs. 4 BGB; *Müller* DNotZ 2015, 403 (407 f.); DNotI-Report 2013, 148.
111 BGBl. I 2012, 1504.
112 *Müller/Renner* BetreuungsR und Vorsorgeverfügungen Rn. 404 un. Rn. 406 mit Muster.

auch eine **Sorgerechtsvollmacht** erteilt und/oder eine Vormundbenennung für minderjährige Kinder des Vollmachtgebers erfolgen kann.[113]

IX. Widerruf; Vollmachtsmissbrauch

31 Da die Erteilung einer Vorsorgevollmacht ausschließlich im Interesse des Vollmachtgebers erfolgt und eine vermögensbezogene Generalvollmacht ohnehin nur widerruflich erteilt werden kann, kann auch die „General- und Vorsorgevollmacht" **nicht unwiderruflich** erteilt werden.[114] Daher ist der geschäftsfähige (ggf. lediglich einwilligungsfähige) Vollmachtgeber **jederzeit** berechtigt, die von ihm erteilte Vollmacht ganz oder teilweise – formlos – zu widerrufen. Ist der Vollmachtgeber/Betroffene hingegen nach wirksamer Vollmachtserteilung geschäftsunfähig geworden bzw. ist seine Einsichtsfähigkeit weggefallen, kann er die von ihm erteilte, widerrufliche „General- und Vorsorgevollmacht" **faktisch nicht mehr widerrufen**, zumindest nicht in seiner Person. Eine – möglicherweise krankheitsbedingte – schlichte Meinungsänderung oder die Betätigung des „natürlichen Willens" des **nicht mehr geschäftsfähigen Betroffenen** beseitigt die in gesunden Tagen geschaffene rechtliche **Bindungswirkung** der Vollmachterteilung ebenfalls nicht mehr.[115] Es bedarf in einer derartigen Konstellation vielmehr eines Widerrufs durch einen insoweit mit Widerrufsbefugnis ausgestatteten **Kontroll-** oder **Mitbevollmächtigten** bzw. eines gerichtlich bestellten **Kontrollbetreuers.**[116]

Wie die Erteilung, erfolgt auch der Widerruf der Vollmacht durch **einseitige empfangsbedürftige Willenserklärung** (§§ 186 S. 3, 167 Abs. 1 BGB). Auch in einer – deckungsgleichen – Erteilung einer weiteren (späteren) Vollmacht kann ein Widerruf liegen,[117] hier ist Klarheit geboten. Die **Rückforderung** der ausgehändigten Vollmachtsurkunde oder erteilten Ausfertigung einer notariell errichteten Vollmacht ist regelmäßig als Widerruf zu werten.[118] Gibt der Bevollmächtigte nach deren Widerruf die verkörperte Vollmacht nicht an den Vollmachtgeber heraus, kann er sie **öffentliche für kraftlos erklären** (§ 176 BGB, § 38 FamFG, §§ 185 ff. ZPO).

Der Widerruf durch einen **Kontrollbetreuer** nach § 1896 Abs. 3 BGB kann nur auf der Grundlage der ihm durch Bestellung vermittelten Vertretungsmacht erklärt werden. Allerdings muss ihm durch Beschluss des Betreuungsgerichts die **Widerrufskompetenz** als ultima ratio der Kontrollbetätigung ausdrückliche übertragen worden sein;[119] es gilt der Verhältnismäßigkeitsgrundsatz. Vorrang haben insoweit immer die Instrumente der Überwachung, Weisung und der sonstigen Kontrolle des Bevollmächtigten, die sich aus den im Erteilungsverhältnis verankerten Rechten des Vollmachtgerbers ableiten.[120] Die **Widerrufsbefugnis** darf dem Kontrollbetreuer als Aufgabenkreis nur übertragen werden, wenn der konkrete, durch hinreichende **tatsächliche Anhaltspunkte untermauerter Verdacht** besteht, dass mit der Vollmacht dem Betreuungsbedarf nicht Genüge getan wird (= Tatrichterfeststellung gemäß § 26 FamFG).

Die Befugnis zum Widerruf steht einem (ebenfalls einzelbevollmächtigten) **Mitbevollmächtigten** zulasten eines anderen Bevollmächtigten nur dann zu, wenn und soweit sich dies aus der Vollmacht selbst ergibt.[121] Der Notar sollte dennoch (klarstellende) Regelungen zur Widerrufsbefugnis durch Mitbevollmächtigte in die Urkunde aufnehmen, auch um einem „Wettlauf" gegenseitiger Vollmachtwiderrufe vorzubeugen. Andererseits kann es durchaus eine sinnvolle Gestaltung sein, beispielsweise dem **Ehegatten** als einzel-

113 Statt aller DNotI-Report 2010, 203 mwN; Kersten/Bühling FormB FGG/*Kordel* § 96 Rn. 87 mit Muster.
114 Statt aller MüKoBGB/*Schubert* § 168 Rn. 25 mwN.
115 BGH NJW-RR 2016, 1025 Rn. 18.
116 *Müller* DNotZ 2015, 403 (413).
117 OLG Hamburg BeckRS 2005, 02407; MüKoBGB/*Schubert* § 168 Rn. 17.
118 OLG Düsseldorf NJW-RR 2003, 1312; MüKoBGB/*Schubert* § 168 Rn. 17.
119 BGHZ 211, 67 = DNotZ 2017, 199 mAnm *Renner*; BGH NJW 2015, 3657.
120 BGH NJW 2015, 3657 Rn. 17 mwN; MittBayNot 2017, 63.
121 OLG Karlsruhe FamRZ 2010, 1762; Palandt/*Götz* BGB Einf. v. § 1896 Rn. 5; aA mit überzeugenden Argumenten: *Müller/Renner* BetreuungsR und Vorsorgeverfügungen Rn. 657 ff.

vertretungsberechtigtem Mitbevollmächtigten die Widerrufsbefugnis zulasten der den Kindern erteilten Vollmacht zuzubilligen.

Ein (erfolgter) **Vollmachtsmissbrauch** oder ein entsprechender Verdacht ist indes nicht zwingend erforderlich, um eine Kontrollbetreuung zu rechtfertigen. Es kann im Einzelfall ausreichen, dass eine die Interessen des Vollmachtgebers gefährdende, konkrete Überforderung oder ein interessewidriges **Handeln unterhalb der Missbrauchsschwelle** vorliegt bzw. konkret – nachweisbar – zu befürchten ist.[122] Im Einzelfall kommt dies in Betracht, wenn nach den üblichen Maßstäben aus der Sicht eines vernünftigen Vollmachtgebers unter Berücksichtigung des in den Bevollmächtigten gesetzten Vertrauens eine ständige Kontrolle deshalb geboten ist, weil die zu besorgenden Geschäfte von besonderer Schwierigkeit und/oder besonderem Umfang sind. Ausreichend sind zudem **konkrete Anhaltspunkte** dafür, dass der Bevollmächtigte nicht mehr entsprechend der Vereinbarung und dem Interesse des Vollmachtgebers handelt.[123]

122 BGH FamRZ 2011, 1047 mAnm *Renner*; MittBayNot 2012, 471.
123 BGH FamRZ 2011, 1047 unter Verweis auf OLG Stuttgart BWNotZ 2006, 167; OLG Köln FGPrax 2009, 220.

274. Vorzeitiger Zugewinnausgleich

Knahn/Holthusen

I. Einführung

1 Die §§ 1385 ff. BGB wurden durch das Gesetz zur Änderung des Zugewinnausgleichs- und Vormundschaftsrechts vom 6.7.2009[1] mit Wirkung zum 1.9.2009 grundlegend umgestaltet.[2] § 1386 BGB normiert den reinen Gestaltungsantrag auf **vorzeitige Aufhebung der Zugewinngemeinschaft**, der von beiden Ehegatten geltend gemacht werden kann, während § 1385 BGB allein dem ausgleichsberechtigten Ehegatten einen kombinierten Gestaltungs- und Leistungsantrag auf **vorzeitigen Zugewinnausgleich** bei vorzeitiger Aufhebung der Zugewinngemeinschaft gewährt. Mit der Rechtskraft der stattgebenden Entscheidung über den Antrag tritt gem. § 1388 BGB Gütertrennung ein.

2 Durch die Regelungen der §§ 1385 ff. BGB kann der ausgleichsverpflichtete Ehegatte mit einem Antrag auf vorzeitige Aufhebung der Zugewinngemeinschaft sicherstellen, dass der andere Ehegatte ab Rechtshängigkeit nicht mehr am künftigen Vermögenszuwachs partizipiert. Der ausgleichsberechtigte Ehegatte hingegen kann seine Ausgleichsforderung vor Vermögensminderungen schützen. Die Rechtsfolgen des vorzeitigen Zugewinnausgleichs sind dabei rein zukunftsgerichtet. Für bereits eingetretene Folgen bei Gesamtvermögensgeschäften bieten die Regelungen der §§ 1365 ff. BGB, gegenüber illoyalen Handlungen die §§ 1375 Abs. 2 ff. BGB Schutz (→ *Illoyale Vermögensverfügung und Ansprüche gegen Dritte* Rn. 3 ff.). Bei Verletzung wirtschaftlicher Verpflichtungen kommt das Leistungsverweigerungsrecht des § 1381 Abs. 2 BGB in Betracht (→ *Grobe Unbilligkeit im Zugewinn* Rn. 3 ff.). Bei verweigerter Vermögensunterrichtung bietet nur der Auskunftsanspruch gem. § 1379 BGB in begrenztem Umfang Schutz.[3]

II. Vorzeitige Aufhebung der Zugewinngemeinschaft und vorzeitiger Zugewinnausgleich

1. Voraussetzungen

3 Die vier Tatbestände des § 1385 BGB gelten für den vorzeitigen Zugewinnausgleich bei gleichzeitiger vorzeitiger Aufhebung der Zugewinngemeinschaft direkt sowie für die alleinige vorzeitige Beendigung der Zugewinngemeinschaft über die Verweisung des § 1386 BGB. Die Tatbestände sind **abschließend** und **nicht analogiefähig.**[4] Ein besonderes Rechtsschutzbedürfnis für den Antrag auf vorzeitige Aufhebung der Zugewinngemeinschaft ist nicht erforderlich, insbesondere steht der etwaige Wegfall des Schutzes durch § 1365 BGB einer vorzeitigen Aufhebung nicht entgegen.[5]

1 BGBl. 2009 I 1696.
2 NK-BGB/*Fischinger* §§ 1385, 1386 Rn. 2 ff.
3 NK-BGB/*Fischinger* §§ 1385, 1386 Rn. 5.
4 NK-BGB/*Fischinger* §§ 1385, 1386 Rn. 1.
5 BGH 20.3.2019 – XII ZB 544/18, NJW-RR 2019, 1153.

a) Dreijährige Trennung (§ 1385 Nr. 1 BGB). Da nach dreijähriger Trennung (§ 1576 BGB) der Ehegatten gem. § 1566 Abs. 2 BGB unwiderlegbar vermutet wird, dass die Ehe gescheitert ist, kann ein Ehegatte die vorzeitige Aufhebung der Zugewinngemeinschaft verlangen, da somit durch den Antrag der Bestand der ehelichen Lebensgemeinschaft nicht mehr gefährdet werden kann. Die Trennung muss spätestens im Zeitpunkt der letzten mündlichen Verhandlung drei Jahre gedauert haben.[6] 4

b) Verfügung über das Vermögen im Ganzen und illoyale Vermögensverfügungen (§ 1385 Nr. 2 BGB). Der Tatbestand des § 1385 Nr. 2 BGB ist erfüllt, wenn Handlungen iSv § 1365 BGB oder § 1375 Abs. 2 BGB zu befürchten sind und dadurch eine **erhebliche Gefährdung** der Erfüllung der Ausgleichsforderung zu besorgen ist. Die Frage, wann eine solche Handlung zu befürchten ist, hat das Gericht im konkreten Einzelfall zu entscheiden. Es müssen Anhaltspunkte vorliegen, aus denen sich ergibt, dass der Vermögensverlust durch eine entsprechende Handlung bevorsteht.[7] 5

aa) Verfügung über das Vermögen im Ganzen (§ 1365 BGB). Ein Rechtsgeschäft über das Vermögen im Ganzen liegt vor, wenn das Gesamtvermögen als solches formal Geschäftsgegenstand ist. Nach der Einzeltheorie des Bundesgerichtshofs[8] fallen Geschäfte über Einzelgegenstände auch unter § 1365 BGB, wenn sie nahezu das **gesamte Vermögen** ausmachen.[9] Bei einem kleinen Vermögen liegt ein Rechtsgeschäft über das Vermögen im Ganzen vor, wenn weniger als 15 % des Vermögens verbleiben, bei einem großen Vermögen weniger als 10 %.[10] 6

Nach der einschränkenden **subjektiven Theorie**[11] findet § 1365 BGB bei der Verfügung über Einzelgegenstände nur dann Anwendung, wenn der Erwerber positiv weiß, dass es sich bei dem Gegenstand um fast das gesamte Vermögen handelt. Da die Verfügung im Rahmen der §§ 1385 f. BGB nF noch nicht vorgenommen worden sein muss, sondern lediglich zu befürchten sein muss, dürfte die subjektive Theorie hier keine Anwendung finden. 7

Die Geltendmachung des § 1385 Nr. 2 BGB ist ausgeschlossen, wenn der Ehegatte der Verfügung zugestimmt hat oder aber die Zustimmung wirksam ersetzt wurde. Dies ergab sich früher direkt aus § 1386 Abs. 2 Nr. 1 BGB aF („ohne die erforderliche Zustimmung"). Aus den Gesetzesmaterialien ist nicht ersichtlich, dass der Gesetzgeber hier eine Änderung der Rechtslage beabsichtigte. Zudem würde es ein venire contra factum proprium (§ 242 BGB) darstellen, wenn der Ehegatte erst zustimmen und sodann ein Recht auf vorzeitigen Zugewinnausgleich geltend machen wollte.[12] 8

bb) Illoyale Vermögensverfügung (§ 1375 Abs. 2 BGB). Unter illoyale Vermögensverfügungen iSd § 1375 Abs. 2 BGB fallen unentgeltliche Zuwendungen gem. § 1375 Abs. 2 Nr. 1 BGB (→ *Illoyale Vermögensverfügung und Ansprüche gegen Dritte* Rn. 5 ff.), Vermögensverschwendungen gem. § 1375 Abs. 2 Nr. 2 BGB (→ *Illoyale Vermögensverfügung und Ansprüche gegen Dritte* Rn. 8 ff.) und Handlungen in Benachteiligungsabsicht gem. § 1375 Abs. 2 Nr. 3 BGB (→ *Illoyale Vermögensverfügung und Ansprüche gegen Dritte* Rn. 10 ff.). 9

c) Verletzung wirtschaftlicher Verpflichtungen aus dem ehelichen Verhältnis (§ 1385 Nr. 3 BGB). Bei **schuldhafter und längere Zeit andauernder Nichterfüllung wirtschaftlicher Verpflichtungen**, die sich aus dem ehelichen Verhältnis ergeben (vgl. § 1381 Abs. 2 BGB; → *Grobe Unbilligkeit im Zugewinn* Rn. 3 ff.), ist der Tatbestand des § 1385 Nr. 3 BGB gegeben, wenn anzunehmen ist, dass sie auch in Zukunft nicht erfüllt werden. 10

6 NK-BGB/*Fischinger* §§ 1385, 1386 Rn. 20.
7 BT-Drs. 16/10798, 19.
8 BGH 12.1.1989 – V ZB 1/88, NJW 1989, 1609.
9 Palandt/*Brudermüller* BGB § 1365 Rn. 3.
10 NK-BGB/*Gruber* § 1365 Rn. 7.
11 BGH 26.2.1965 – V ZR 227/62, NJW 1965, 606.
12 NK-BGB/*Fischinger* §§ 1385, 1386 Rn. 11.

11 **aa) Schuldhaftes Handeln.** Die Nichterfüllung wirtschaftlicher Verpflichtungen muss stets schuldhaft, also **vorsätzlich oder fahrlässig** erfolgen. Maßstab für fahrlässiges Handeln ist dabei nicht § 276 Abs. 2 BGB, vielmehr gilt unter Ehegatten § 1359 BGB.[13] Die Ehegatten haben danach bei der Erfüllung der sich aus dem ehelichen Verhältnis ergebenden Verpflichtungen einander nur für diejenige Sorgfalt einzustehen, die sie **in eigenen Angelegenheiten** anzuwenden pflegen. Dies stellt einen milderen Haftungsmaßstab dar, zu dessen Bestimmung auf die subjektive Veranlagung und das gewohnheitsmäßige Verhalten des Handelnden abzustellen ist.[14] Die Ehegatten sind dabei aber gem. § 277 BGB jedenfalls nicht von grober Fahrlässigkeit befreit.

12 **bb) Wirtschaftliche Verpflichtungen aus dem ehelichen Verhältnis.** Darunter fallen die Pflicht zum Familienunterhalt gem. § 1360 BGB sowie zum Trennungsunterhalt gem. § 1361 BGB, die Pflicht zur Haushaltsführung gem. § 1356 Abs. 1 BGB,[15] die Pflicht zum Kindesunterhalt gegenüber gemeinsamen minderjährigen ehelichen Kindern,[16] die Mitarbeitspflicht in Beruf oder Geschäft, wenn eine solche durch eine entsprechende Vereinbarung begründet wurde, unter Umständen auch die Entgegennahme nicht geschuldeten Unterhalts.[17] Auch die aus § 1353 BGB entspringenden vermögensrechtlichen Pflichten fallen unter § 1385 Nr. 3 BGB, zB die Schädigung durch Preisgabe von Geschäftsgeheimnissen.[18]

13 **cc) Dauer.** Die Pflichtverletzung muss gem. § 1385 Nr. 3 BGB **längere Zeit** andauern. Die Dauer der Pflichtverletzung ist dabei im Verhältnis zur Dauer der Zugewinngemeinschaft und nicht zur Dauer des tatsächlichen Zusammenlebens zu sehen.[19] Je länger die Zugewinngemeinschaft andauerte, desto höher sind die Anforderungen an die Zeitdauer der Pflichtverletzung zu stellen.[20]

14 **dd) Negative Prognose.** Es muss zu erwarten sein, dass die Verpflichtung auch in Zukunft nicht erfüllt werden wird. Es ist eine auf Tatsachen basierende Annahme erforderlich, dass die **Fortsetzung des Verhaltens wahrscheinlicher ist als dessen Änderung.**[21] Daher reichen die Verfehlungen der Vergangenheit alleine nicht aus, auch nicht der Umstand, dass Trennungsunterhalt gerichtlich geltend gemacht werden musste. Im Rahmen der Prognose sind Umfang, Art, Dauer und Schwere bisheriger Pflichtverletzungen, Reaktionen auf bereits erfolgte Abmahnungen, Einsichtsfähigkeit und Bereitschaft zur Umkehr zu berücksichtigen. Die künftig zu erwartende Pflichtverletzung muss ebenfalls schuldhaft (→ Rn. 11) sein.[22]

15 **d) Verweigerte Vermögensunterrichtung (§ 1385 Nr. 4 BGB).** Nach Beendigung des Güterstandes haben beide Ehegatten gem. § 1379 BGB einen Anspruch auf wechselseitige Auskunftserteilung zum Wert und Bestand des jeweiligen Anfangs-, Trennungs- und Endvermögens. Während der bestehenden Ehe besteht eine allgemeine, wechselseitige Pflicht der Ehegatten aus § 1353 BGB, den anderen Ehegatten in groben Umrissen über den Bestand des eigenen Vermögens zu informieren.[23] Der Tatbestand des § 1385 Nr. 4 BGB ist erfüllt, wenn ein Ehegatte sich beharrlich weigert, seiner **Unterrichtungspflicht** nachzukommen. Die Ehegatten schulden einander einen groben Überblick über die wesentlichen Vermögensbestandteile und deren Wert. Die Vorlage eines Verzeichnisses, weiterer Nachweise oder die Einsichtsgewährung in Geschäftsbücher ist nicht geschuldet.[24] Eine beharrliche Weigerung liegt bei ernsthafter Erfüllungsverwei-

13 NK-BGB/*Fischinger* § 1381 Rn. 6.
14 NK-BGB/*Wellenhofer* § 1359 Rn. 2.
15 Palandt/*Brudermüller* BGB § 1381 Rn. 14.
16 OLG Düsseldorf 21.1.1987 – 5 UF 101/86, FamRZ 1987, 821.
17 NK-BGB/*Fischinger* § 1381 Rn. 7.
18 MüKoBGB/*Koch* § 1381 Rn. 16.
19 BGH 9.7.1980 – IVb ZR 531/80, FamRZ 1980, 877; HK-FamR/*Häcker* BGB § 1381 Rn. 20; aA MüKoBGB/*Koch* § 1381 Rn. 15.
20 Palandt/*Brudermüller* BGB § 1381 Rn. 12.
21 MüKoBGB/*Koch* § 1386 Rn. 15.
22 NK-BGB/*Fischinger* §§ 1385, 1386 Rn. 19.
23 NK-BGB/*Fischinger* §§ 1385, 1386 Rn. 21.
24 OLG Hamm 10.3.1999 – 6 UF 190/98, FamRZ 2000, 228.

gerung vor. Bei dreimaliger erfolgloser Aufforderung ist dies in der Regel zu bejahen.[25] Die Unterrichtung muss bis zur Rechtshängigkeit des Antrags auf vorzeitigen Zugewinnausgleich unterblieben sein. Kommt der Antragsgegner seiner Pflicht nach Anhängigkeit aber noch vor Rechtshängigkeit nach, ist der Antrag unbegründet. Wird lediglich gem. § 1379 Abs. 2 BGB eine Auskunft über den Vermögensbestand im Zeitpunkt der Trennung verlangt und diese verweigert, ist der Tatbestand des § 1385 Nr. 4 BGB nicht erfüllt.[26]

2. Rechtsfolgen

Mit der Rechtskraft (§ 113 Abs. 1 S. 2 FamFG, § 705 ZPO) der stattgebenden Entscheidung endet die Zugewinngemeinschaft und es tritt Gütertrennung ein, § 1388 BGB. 16

Gem. § 1378 Abs. 3 BGB hat dies gleichzeitig die **Entstehung der Ausgleichsforderung** zur Folge. Für die Berechnung des Zugewinns und für die Höhe der Ausgleichsforderung tritt gem. § 1387 BGB an die Stelle der Beendigung des Güterstands iSv § 1375 Abs. 1 BGB der **Zeitpunkt der Erhebung des Antrags**. Gem. § 113 Abs. 1 S. 2 FamFG, § 253 Abs. 1 ZPO ist der Antrag mit Zustellung des ihn beinhaltenden Schriftsatzes erhoben. § 1387 BGB stellt daher wie § 1384 BGB auf den Zeitpunkt der **Rechtshängigkeit** des Antrags ab. 17

Ist sowohl ein Scheidungsantrag als auch ein Antrag gem. §§ 1385, 1386 BGB rechtshängig, kommt es auf den Zeitpunkt der früheren Rechtshängigkeit an, auch wenn der spätere zum Beendigung des Güterstandes führt. Auf die Erfolgsaussicht des früheren Antrags kommt es außer im Falle des Rechtsmissbrauchs nicht an.[27] 18

III. Prozessuales

1. Güterrechtssache gem. § 261 Abs. 1 FamFG

Verfahren nach §§ 1385, 1386 BGB sind gem. § 261 Abs. 1 FamFG **Güterrechtssachen** und somit **Familienstreitsachen** gem. § 112 Nr. 2 FamFG. Es gelten daher weitestgehend die Vorschriften der ZPO (§ 113 Abs. 1 FamFG). Gem. § 114 Abs. 1 FamFG herrscht **Anwaltszwang**. Verfahren nach §§ 1385, 1386 BGB sind **keine Folgesachen** gem. § 137 Abs. 2 FamFG, da gerade keine Entscheidung für den Fall der Scheidung getroffen werden soll.[28] 19

Das Rechtsschutzbedürfnis fehlt nicht, wenn der Antragsgegner vorprozessual zur Aufhebung der Zugewinngemeinschaft, der Vereinbarung von Gütertrennung und dem Ausgleich des Zugewinns durch einen Ehevertrag bereit war.[29] Die Rechtshängigkeit eines Scheidungsantrags beseitigt das Rechtsschutzinteresse für ein Verfahren auf vorzeitigen Zugewinnausgleich nicht.[30] 20

2. Zuständigkeit

a) International. Seit 29.1.2109 hat die VO (EU) 2016/1103 (**Europäische Güterrechtsverordnung** EuGüVO) Wirkung in Deutschland, jedoch gem. Art. 69 Abs. 1, 3 EuGüVO nur für ab diesem Zeitpunkt eingegangene Ehen bzw. begründete Güterstände. Es sind dort Regelungen zum anwendbaren Recht, zur Zuständigkeit sowie zur Anerkennung und Vollstreckung enthalten (im Einzelnen → *Auslandsbezug bei Güterrechtssachen*). Im Übrigen und für vorher begründete Güterstände ergibt sich die internationale Zuständigkeit deutscher Gerichte gem. § 105 FamFG aus der örtlichen Zuständigkeit. 21

---

25 NK-BGB/*Fischinger* §§ 1385, 1386 Rn. 23; vgl. OLG Frankfurt a. M. 9.10.2013 – 2 UF 100/13, BeckRS 2014, 20653.

26 BGH 17.9.2014 – XII ZB 604/13, NJW 2015, 154.

27 Vgl. Palandt/*Brudermüller* BGB § 1384 Rn. 8.

28 OLG Celle 7.8.2012 – 10 UF 59/12, BeckRS 2012, 17456.

29 NK-BGB/*Fischinger* §§ 1385, 1386 Rn. 30.

30 Palandt/*Brudermüller* BGB § 1386 Rn. 14.

22 **b) Sachlich.** Ausschließlich zuständig für die Güterrechtssache als Familiensache (§ 111 Nr. 9 FamFG) sind die **Amtsgerichte** (§ 23 a Abs. 1 Nr. 1 GVG). Innerhalb der Amtsgerichte sind die Abteilungen für Familiensachen (§ 23 b GVG) zuständig. Es handelt sich hierbei um eine gesetzliche Regelung der Geschäftsverteilung,[31] nach anderer Auffassung um eine funktionale Zuständigkeit;[32] in der Praxis ist diese Unterscheidung ohne Bedeutung.

23 Bei Zuständigkeitsfragen innerhalb des Amtsgerichts (zB zwischen Familiengericht und Zivilabteilung) sind die Vorschriften des § 17 a GVG entsprechend anzuwenden (§ 17 a Abs. 6 GVG), dh das Familiengericht oder der Richter der Zivilabteilung, der sich für unzuständig erachtet, hat die Sache durch Beschluss an die jeweils andere Abteilung zu verweisen. Der Beschluss ist dann durch sofortige Beschwerde (§ 17 a Abs. 3 S. 3 GVG) anfechtbar.

24 **c) Örtlich.** Gem. § 262 Abs. 1 FamFG ist während der Anhängigkeit einer Ehesache das Gericht ausschließlich zuständig, bei dem die Ehesache im ersten Rechtszug anhängig ist oder war (Zuständigkeitskonzentration). In allen anderen Fällen gelten die örtlichen Zuständigkeitsbestimmungen der ZPO (§ 262 Abs. 2 FamFG).

25 Wird eine Ehesache zwischen den Beteiligten nach Anhängigkeit, aber noch vor abschließender Entscheidung[33] des Verfahrens auf vorzeitigen Zugewinnausgleich im ersten Rechtszug rechtshängig, ist das Verfahren auf vorzeitigen Zugewinnausgleich von Amts wegen an das Gericht der Ehesache abzugeben (§ 263 FamFG).

3. Darlegungs- und Beweislast

26 Der Ehegatte, der die vorzeitige Aufhebung des Güterstandes beantragt, trägt die Darlegungs- und Beweislast für die Tatbestandsmerkmale des § 1385 Nr. 1–4 BGB (→ *Darlegungs- und Beweislast im Zugewinn* Rn. 13). Eine Ausnahme besteht nur für das Merkmal „ohne ausreichenden Grund“ in § 1385 Nr. 4 BGB, für das der Antragsgegner darlegungs- und beweispflichtig ist.[34]

4. Einstweilige Anordnung und Arrest

27 Der Erlass einer einstweiligen Anordnung gem. §§ 49 ff. FamFG bezogen auf die vorzeitige Aufhebung der Zugewinngemeinschaft und auf den vorzeitigen Zugewinnausgleich ist wegen des Verbots der Vorwegnahme der Hauptsache nicht möglich.[35] Zur Sicherung der Ausgleichsforderung kann aber gem. § 119 Abs. 2 FamFG, §§ 916 ff. ZPO ein Arrest angeordnet werden.[36]

---

31 MüKoZPO/*Zimmermann* GVG § 23 b Rn. 1.
32 OLG Hamm 6.3.2008 – 2 Sdb (FamS) Zust. 6/08, NJW-RR 2008, 1104; BT-Drs. 16/6308, 319.
33 BGH 7.3.2001 – XII ARZ 2/01, NJW 2001, 1499.
34 NK-BGB/*Fischinger* §§ 1385, 1386 Rn. 33; aA Palandt/*Brudermüller* BGB § 1386 Rn. 15.
35 NK-BGB/*Fischinger* §§ 1385, 1386 Rn. 34.
36 OLG Celle 31.3.2014 – 15 UF 186/13, BeckRS 2014, 8196.

275. Wechselmodell

Seebach/Schausten

I. Allgemeines

1 Von einem sogenannten **Wechselmodell** im Hinblick auf die Betreuung und Ausübung der elterlichen Sorge (→ *Elterliches Sorgerecht* Rn. 10 ff.) bei getrennt lebenden Eltern spricht man, wenn die Eltern sich in der Betreuung eines Kindes abwechseln, so dass jeder von ihnen etwa die Hälfte der Versorgungs- und Erziehungsaufgaben wahrnimmt und die Eltern auch die sonstigen, das Kind betreffenden Belange, paritätisch aufteilen.[1]

2 Das Gegenmodell zum Wechselmodell stellt das „**Domizil- oder Residenzmodell**" dar.[2] Hierbei hat das Kind seinen Aufenthalt und Lebensmittelpunkt bei dem Elternteil, der das Kind überwiegend betreut.[3]

3 Ein Wechselmodell liegt demzufolge dann nicht vor, wenn der Schwerpunkt der Betreuung bei einem hauptverantwortlichen Elternteil liegt und der andere Elternteil lediglich ein **erweitertes Umgangsrecht** innehat (→ *Umgangsrecht* Rn. 31 ff.).

4 Verfahrensrechtliche Probleme ergeben sich hinsichtlich der örtlichen Zuständigkeit im Hinblick auf den gewöhnlichen Aufenthalt des Kindes (→ Rn. 21) sowie im Vertretungsrecht (→ *Gesetzliche Vertretung Minderjähriger* Rn. 19, 20).[4]

II. Ausübung des Wechselmodells

1. Inhalt

5 Bei Ausübung des Wechselmodells ist darauf zu achten, dass die **sozialen Bezüge des Kindes**, der Freundeskreis sowie Vereinsaktivitäten, erhalten bleiben, so dass in der Regel ein Wechselmodell nur bei **räumlicher Nähe der Wohnorte** der Eltern in Frage kommt. Ein Schul- oder Kindergartenwechsel darf mit einem Wechselmodell gerade nicht einhergehen. Die Entscheidung für das Wechselmodell darf für das Kind keine zusätzliche Belastung darstellen. In der Regel wird Voraussetzung sein, dass die Eltern hinsichtlich der Erziehung ähnliche Vorstellungen und Verhaltensweisen haben und ein **kooperatives Verhalten der Eltern** untereinander möglich ist.[5]

6 Ferner darf die Entscheidung der Eltern für die Ausübung des Wechselmodells nicht getragen sein von der Befriedigung ihrer eigenen Interessen und Bedürfnisse. Einzig das **Kindeswohl** (§ 1697 a BGB) ist ausschlaggebendes Kriterium (→ *Elterliches Sorgerecht* Rn. 8).[6]

Der Vorteil des Wechselmodells kann darin liegen, dass in der Frage der Betreuung des Kindes kein Elternteil als „Verlierer" hervorgeht. Dies kann zu einer Befriedung der Eltern untereinander führen und auf diese Art und Weise auch dem Kindeswohl dienen.

1 BGH 12.3.2014 – XII ZB 234/13, FamRZ 2014, 917.
2 HK-FamR/*Schmid* BGB § 1687 Rn. 1.
3 NK-BGB/*Peschel-Gutzeit/Ebeling* § 1687 Rn. 3.
4 NK-BGB/*Kaiser* § 1629 Rn. 41 f.
5 HK-FamR/*Salzgeber* Schwerpunktbeitrag 6 Rn. 81.
6 BGH 1.2.2017 – XII ZB 601/15, FamRZ 2017, 532.

2. Nestmodell

7 In diesem Zusammenhang taucht häufig die Begrifflichkeit des sogenannten „Nestmodells“ auf.[7] Hierunter versteht man eine Ausgestaltung des Wechselmodells dergestalt, dass das Kind in einem Haushalt lebt, während die Eltern sich bei der Betreuung des minderjährigen Kindes in diesem einen Haushalt abwechseln.[8] Dieses Modell erscheint in der Ausübung problematisch, da die Privatsphäre der sich in der Betreuung innerhalb eines Haushalts abwechselnden Eltern kaum gewahrt werden kann.

8 In der Regel werden daher **drei Haushalte** erforderlich sein, so dass in dem „gemeinsamen“ Haushalt lediglich die Betreuungsperson für das Kind wechselt, während daneben die Eltern jeweils noch einen gesonderten Hausstand inne haben. Ein solches Modell wird daher wohlhabenden Eltern vorbehalten bleiben.[9]

3. Wechselmodell und Unterhalt

9 Bei überwiegender Betreuung durch einen Elternteil gilt die **Barunterhaltspflicht** des anderen Elternteils, auch bei Bestehen einer erweiterten Umgangsausübung. In Einzelfällen kann von der Düsseldorfer Tabelle abgewichen werden, wenn nennenswerte Ersparnisse auf Seiten des betreuenden Elternteils bestehen (→ *Kindesunterhalt Minderjähriger* Rn. 3).[10]

10 Im Fall des Wechselmodells haben **beide Elternteile** für den Barunterhalt einzustehen. Der Unterhaltsbedarf des Kindes bemisst sich nach dem beiderseitigen Einkommen der Eltern und umfasst außerdem die infolge des Wechselmodells entstehenden Mehrkosten.[11]

Bei Durchführung des Wechselmodells entstehen regelmäßig **erhöhte Unterkunftskosten**, weil der im Tabellenbetrag enthaltene Anteil für die Deckung des Wohnbedarfs des Kindes möglicherweise nicht auskömmlich ist. In der zitierten Entscheidung hat der BGH es abgelehnt, eine vereinfachende Schätzung der auf das jeweilige Kind entfallenden Wohnmehrkosten vorzunehmen – hier wird von den Beteiligten jeweils ein **konkreter Vortrag** zu den Wohnmehrkosten erwartet. Als Mehrkosten wurden beispielsweise auch die Fahrtkosten für den Schul- und Kindergartentransfer angesehen oder Kosten für Musikschule und Tanzunterricht, soweit diese die im Regelunterhalt bereits enthaltenen Beträge überschreiten.

Der dem Kind von einem Elternteil während dessen Betreuungszeiten im Wechselmodell geleistete Naturalunterhalt führt nach Auffassung des BGH nicht dazu, dass ein Barunterhaltsanspruch nicht geltend gemacht werden kann. Der geleistete Naturalunterhalt ist vielmehr nur als (teilweise) Erfüllung des Unterhaltsanspruchs zu berücksichtigen.

Das Kindergeld ist nach der BGH-Rechtsprechung auch im Fall des Wechselmodells zur Hälfte auf den Barbedarf des Kindes anzurechnen. Der auf die Betreuung entfallende Anteil ist zwischen den Eltern hälftig auszugleichen. Der Ausgleich kann in Form der Verrechnung mit dem Kindesunterhalt erfolgen.

Berechnungsbeispiel: Wechselmodell für 5-jährige Tochter, auch in den KiGa-Ferien

Nettoeinkommen Vater 3.000 EUR

Nettoeinkommen Mutter 2.300 EUR

Kindergeld 219 EUR bezieht die Mutter

Mehrkosten Vater:

Wohnung 70 EUR

7 NK-BGB/*Peschel-Gutzeit/Ebeling* § 1687 Rn. 3.
8 Palandt/*Götz* BGB § 1687 Rn. 2.
9 HK-FamR/*Salzgeber* Schwerpunktbeitrag 6 Rn. 80.
10 NK-BGB/*Reuter/Knatz* § 1606 Rn. 16.
11 BGH 5.11.2014 – XII ZB 599/13, FamRZ 2015, 236; NK-BGB/*Reuter/Knatz* § 1606 Rn. 16.

Fahrtkosten 50 EUR

Nicht durch Krankenversicherung abgedeckte Krankheitskosten 130 EUR

Mehrkosten Mutter:

Bekleidung Kind 70 EUR

KiGa-Kosten 285 EUR (davon 70 EUR Essensgeld)

Bedarfsermittlung

- **Regelbedarf** nach DT 2021 (5.300 EUR) = 629 EUR (einschl. Bekleidung und Essensgeld)

  Restl. Regelbedarf: 629 EUR – 109,50 EUR

  (hälftiges Kindergeld – kein Fall des § 1612 b Abs. 1 S. 1 BGB) = 519,50 EUR

- **Mehrbedarf**
  - Zusatzkosten Wechselmodell 70 EUR (Wohnkosten) + 50 EUR (Fahrtkosten) = 120 EUR
  - Krankheitskosten 130 EUR
  - KiGa-Kosten 285 EUR – 70 EUR Essensgeld (wg. Regelbedarf) = 215 EUR

Summe Mehrbedarf: 120 EUR + 130 EUR + 215 EUR = 465 EUR

Gesamtbedarf des Kindes: 519,50 + 465 EUR = 984,50 EUR

Aufteilung zwischen den Eltern

- Vergleichbares Einkommen V: 3000 – 1400 = 1600 EUR
- Vergleichbares Einkommen M: 2300 – 1400 = 900 EUR
- Anteil V am Gesamtbedarf: 1600 : (1600+900) x 984,5 = **630,08 EUR**
- Anteil M am Gesamtbedarf: 900 : (1600+900) x 984,5 = **354,42 EUR**

Anrechnung erbrachter Leistungen/Verrechnung Kindergeld

- V : 630,08 – 130 (Krankheitskosten) – 120 = 380,08 EUR
- M : 354,42 – 70 (Kleidung) – 285 (KiGa einschl. Essensgeld) + 109,50 (Kindergeld nach § 1612 b Abs. 1 S. 1 BGB) = 108,92 EUR
- **Ausgleichszahlung:** 380,08 – 108,92 = 271,16 EUR;
- 271,16 : 2 = **135,58 EUR** hat V an M zu zahlen.

Die **Vertretung des Kindes in Unterhaltsverfahren** richtet sich grundsätzlich nach § 1629 Abs. 2 S. 2 BGB (→ *Gesetzliche Vertretung Minderjähriger* Rn. 26). Hiernach vertritt der Elternteil, der das Kind in Obhut hat, dieses in Unterhaltsverfahren gegen den anderen Elternteil. Der Begriff der **Obhut** knüpft an die tatsächlichen Betreuungsverhältnisse an. Ein Kind befindet sich in der Obhut desjenigen Elternteils, bei dem der Schwerpunkt der tatsächlichen Fürsorge und Betreuung liegt, der mithin die elementaren Lebensbedürfnisse des Kindes nach Pflege, Verköstigung, Kleidung, ordnender Gestaltung des Tagesablaufs und ständig abrufbereiter emotionaler Zuwendung vorrangig befriedigt oder sicherstellt. Anknüpfend an den Normzweck der Vorschrift, die Einleitung von Sorgerechtsverfahren nur mit dem Ziel einer späteren Austragung von Unterhaltskonflikten möglichst zu vermeiden, wird ein Elternteil bereits dann als Träger der Obhut iSv § 1629 Abs. 2 S. 2 BGB angesehen werden können, wenn bei diesem Elternteil ein eindeutig feststellbares, aber nicht notwendigerweise großes Übergewicht bei der tatsächlichen Fürsorge für das Kind vorliegt.[12] 11

Beim **echten Wechselmodell** befindet sich das Kind aber in der Obhut beider Eltern, so dass keiner gemäß § 1629 Abs. 2 S. 2 BGB zur Vertretung berechtigt ist (→ Rn. 1).[13]

---

12 BGH 12.3.2014 – XII ZB 234/13, FamRZ 2014, 917.

13 Palandt/*Götz* BGB § 1629 Rn. 26.

12 Will ein Elternteil in diesen Fällen den Kindesunterhalt für das Kind geltend machen, muss er entweder beantragen, dem Kind einen Ergänzungspfleger zu bestellen (§§ 1693, 1909 BGB) oder ihm die Entscheidung zur Geltendmachung von Kindesunterhalt gemäß § 1628 BGB allein zu übertragen.[14]

4. Wechselmodell und elterliche Sorge

13 Die **Ausgestaltung** der elterlichen Sorge hat grundsätzlich keinen Einfluss auf die Durchführung/Anordnung eines Wechselmodells.[15] Nach der Rechtsprechung des BGH spricht weder die gemeinsame elterliche Sorge noch die Alleinsorge eines Elternteils gegen die Durchführung eines Wechselmodells.[16] Selbst eine bereits erfolgte Übertragung des Aufenthaltsbestimmungsrechts auf einen Elternteil steht der Anordnung eines Wechselmodells im Rahmen einer Umgangsregelung nicht entgegen.[17]

14 Eine erfolgreiche Ausübung des Wechselmodells wird in der Regel, allerdings nicht zwingend, für das Bestehen eines Mindestmaßes an Verständigungsmöglichkeiten der Eltern untereinander sprechen.

15 Die gesetzliche Regelung des § 1687 BGB (→ *Gesetzliche Vertretung Minderjähriger* Rn. 19) hinsichtlich der Ausübung der elterlichen Sorge bei Getrenntleben ist zugeschnitten auf das Residenzmodell (→ Rn. 2), gilt jedoch grundsätzlich für alle Betreuungsmodelle unter Berücksichtigung der sich aus dem jeweiligen Modell ergebenden Besonderheit.[18]

III. Verfahren

1. Möglichkeit der gerichtlichen Anordnung

16 In der Rechtsprechung und Literatur war lange Zeit umstritten, ob eine gerichtliche Umgangsregelung auch ein Umgangsrecht im Umfang eines paritätischen Wechselmodells, also einer hälftigen Aufteilung der Betreuung zwischen den Eltern, zum Inhalt haben kann.[19]

In der zitierten Entscheidung hat der BGH festgestellt, dass eine gerichtliche Umgangsregelung, die im Ergebnis zu einer gleichmäßigen Betreuung des Kindes durch beide Eltern im Sinne eines paritätischen Wechselmodells führt, vom Gesetz jedenfalls nicht ausgeschlossen wird. Offen gelassen hat der BGH in dieser Entscheidung, ob ein paritätisches Wechselmodell auch im Rahmen einer sorgerechtlichen Entscheidung angeordnet werden kann.[20]

17 **Voraussetzung** für die Anordnung des Wechselmodells ist, dass die geteilte Betreuung durch beide Eltern im Vergleich mit anderen Betreuungsmodellen **dem Kindeswohl** im jeweiligen Einzelfall **am besten entspricht**. Keine Voraussetzung für die gerichtliche Anordnung des paritätischen Wechselmodells ist, dass zwischen den Eltern über die Betreuung des Kindes im Wechselmodell Konsens besteht.[21]

Auf Seiten des Kindes wird ein Wechselmodell nur in Betracht zu ziehen sein, wenn eine auf sicherer Bindung beruhende tragfähige Beziehung zu beiden Elternteilen besteht.[22] Hierfür kann gegebenenfalls auch Bedeutung gewinnen, in welchem Umfang beide Elternteile schon zur Zeit des Zusammenlebens in die Betreuung des Kindes eingebunden waren.[23] Wesentlicher Aspekt ist zudem der vom Kind geäußerte Wille, dem mit steigendem Alter zunehmendes Gewicht beizumessen ist.

---

14 BGH 12.3.2014 – XII ZB 234/13, FamRZ 2014, 917; OLG Frankfurt a. M. 17.10.2016 – 6 UF 242/16, FamRZ 2017, 289; für den Regelfall auch Wendl/Dose UnterhaltsR/*Schmitz* § 10 Rn. 44; NK-BGB/*Kaiser* § 1629 Rn. 41.

15 NK-BGB/Rakete-*Dombek/Berning* § 1671 Rn. 14.

16 BGH 1.2.2017 – XII ZB 601/15, FamRZ 2017, 532.

17 BGH 27.11.2019 – XII ZB 512/18, FamRZ 2020, 255.

18 NK-BGB/*Peschel-Gutzeit/Ebeling* § 1687 Rn. 3.

19 Zum Streitstand vgl. die Nachweise in BGH 1.2.2017 – XII ZB 601/15, FamRZ 2017, 532 Rn. 14 ff.

20 BGH 1.2.2017 – XII ZB 601/15, FamRZ 2017, 532 Rn. 24.

21 BGH 1.2.2017 – XII ZB 601/15, FamRZ 2017, 532.

22 Zur Problematik bei Säuglingen und Kleinkindern vgl. *Kindler/Walper* NZFam 2016, 820 (822); Salzgeber NZFam 2014, 921 (922).

23 Vgl. *Hammer* FamRZ 2015, 1433 (1441); *Schmid* NZFam 2016, 818 (819).

Zwischen den Eltern ergibt sich bei der praktischen Verwirklichung der geteilten Betreuung erhöhter Abstimmungs- und Kooperationsbedarf, was geeignete äußere Rahmenbedingungen, so etwa eine gewisse Nähe der elterlichen Haushalte und die Erreichbarkeit von Schule und Betreuungseinrichtungen, aber auch eine entsprechende **Kooperations- und Kommunikationsfähigkeit der Eltern** voraussetzt. Dementsprechend sollten beide Eltern hinreichende Erziehungskompetenzen aufweisen und erkannt haben, dass eine kontinuierliche und verlässliche Kindererziehung der elterlichen Kooperation und eines Grundkonsenses in wesentlichen Erziehungsfragen bedarf.[24]

Bei bestehender hoher elterlicher Konfliktbelastung wird das Wechselmodell dagegen in der Regel nicht dem Kindeswohl entsprechen. Denn das Kind wird durch vermehrte oder ausgedehnte Kontakte auch mit dem anderen Elternteil verstärkt mit dem elterlichen Streit konfrontiert und gerät durch den von den Eltern oftmals ausgeübten „Koalitionsdruck" in Loyalitätskonflikte.[25] Zugleich wird es den Eltern aufgrund ihres fortwährenden Streits oft nicht möglich sein, die für die Erziehung des Kindes nötige Kontinuität und Verlässlichkeit zu schaffen. Dem Kindeswohl entspricht es daher nicht, ein Wechselmodell zu dem Zweck anzuordnen, eine Kommunikations- und Kooperationsfähigkeit erst herbeizuführen.

2. Anhörung des Kindes

Das Familiengericht ist im Umgangsverfahren zu einer umfassenden Aufklärung verpflichtet, welche Form 18
des Umgangs dem Kindeswohl am besten entspricht. Dies erfordert grundsätzlich auch die persönliche Anhörung des Kindes.[26] Dies gilt auch für Kinder, die das 14. Lebensjahr noch nicht vollendet haben. Gemäß § 159 Abs. 2 FamFG ist ein solches Kind dann persönlich anzuhören, wenn die Neigungen, Bindungen oder der Wille des Kindes für die Entscheidung von Bedeutung sind oder wenn eine persönliche Anhörung aus sonstigen Gründen angezeigt ist. Die **Neigungen, Bindungen** und der **Kindeswille** sind gewichtige Gesichtspunkte des Kindeswohls.[27]

3. Vertretungsrecht

Verfahrensrechtliche Probleme ergeben sich bei Ausübung des Wechselmodells im **elterlichen Vertre-** 19
tungsrecht (→ Rn. 11). Die Bestellung eines **Ergänzungspflegers** im Verfahren wird regelmäßig notwendig sein.[28] Dies gilt insbesondere bei der Geltendmachung von Unterhaltsansprüchen.[29]

4. Zuständigkeit

Die Zuständigkeit richtet sich grundsätzlich nach dem gewöhnlichen Aufenthalt des minderjährigen Kindes 20
(→ *Gewöhnlicher Aufenthalt* Rn. 1 ff.). Insoweit ergibt sich bei Ausübung des Wechselmodells eine örtliche **Doppelzuständigkeit**.[30]

24 Vgl. *Walper*, Brühler Schriften zum Familienrecht 19, S. 99, 104; *Heilmann* NJW 2015, 3346 (3347).

25 Vgl. *Kindler/Walper* NZFam 2016, 820 (823); *Walper*, Brühler Schriften zum Familienrecht 19, S. 99, 106; *Kostka* ZKJ 2014, 54; *Salzgeber* NZFam 2014, 921 (929); *Rohmann* FPR 2013, 307 (310 f.); *Hammer* FamRZ 2015, 1433 (1441); *Finke* NZFam 2014, 865 (869); aA *Sünderhauf* Wechselmodell S. 365 ff.

26 BGH 1.2.2017 – XII ZB 601/15, FamRZ 2017, 532.

27 BGH 15.6.2016 – XII ZB 419/15, FamRZ 2016, 1439.

28 HK-FamR/*Schmid* BGB § 1629 Rn. 4.

29 NK-BGB/*Zempel* BGB § 1713 Rn. 6.

30 *Maier* in FormFamR § 6 Rn. 154; *Grabow* in VerfFamR § 3 Rn. 42.

276. Wertermittlungsanspruch

Caspary

1 Neben dem Anspruch auf Auskunft enthält **§ 1379 Abs. 1 S. 3 BGB** auch einen Anspruch auf Wertermittlung, der oft übersehen wird. Der Anspruch ist gesondert neben dem Anspruch auf Auskunft geltend zu machen.[1] Er soll es dem anderen Ehegatten ermöglichen, die Höhe der Ausgleichsforderung zu bestimmen. Um die Wertangaben des verpflichteten Ehegatten prüfen zu können, sollte mit der Auskunft immer auch die Angabe der wertbildenden Faktoren verlangt werden, bei einem Grundstück also zB Art, Größe, Lage, Bebauung, Ertrag.[2]

2 Inhalt des Anspruchs ist die **Ermittlung und Angabe des Wertes sämtlicher Vermögensgegenstände und Verbindlichkeiten** durch den verpflichteten Ehegatten. Dieser muss gegebenenfalls Hilfskräfte einschalten und Auskünfte einholen, auch wenn dies Kosten verursacht.[3] Er muss aber kein Sachverständigengutachten in Auftrag geben.[4] Allerdings muss er die erforderlichen Unterlagen vorlegen, damit der berechtigte Ehegatte den Vermögensgegenstand gegebenenfalls selber bewerten kann, bei Unternehmen also zB die letzten drei bis fünf Jahresabschlüsse.[5] Eine stichtagsbezogene Zwischenbilanz muss nicht erstellt werden.[6] Auf Verlangen muss der auskunftspflichtige Ehegatte seine Angaben erläutern, damit der berechtigte Ehegatte entscheiden kann, ob er auf eigene Kosten ein Sachverständigengutachten einholen möchte.[7] Benötigt der berechtigte Ehegatte einen Sachverständigen, um die Auskunft des verpflichteten Ehegatten verstehen zu können, zählen die dafür anfallenden Kosten zu den Verfahrenskosten, die gegebenenfalls zu erstatten sind.[8]

3 Weigert sich der verpflichtete Ehegatte trotz eines entsprechenden gerichtlichen Beschlusses, die geschuldeten Wertangaben zu machen, kann der Anspruch nach § 887 ZPO iVm § 95 FamFG **vollstreckt** werden, indem sich der berechtigte Ehegatte vom Gericht ermächtigen lässt, auf Kosten des verpflichteten Ehegatten ein Sachverständigengutachten über den Wert einzuholen. Auf diesem Weg kann der berechtigte Ehegatte also unter Umständen erreichen, dass auf Kosten des verpflichteten Ehegatten ein Gutachten eingeholt wird.[9]

1 BGH 14.2.2007 – XII ZB 150/05, FamRZ 2007, 711.
2 Vgl. zu den Einzelheiten *Kogel* Zugewinnausgleich Rn. 492 ff.
3 BGH 28.1.2009 – XII ZB 121/08, FamRZ 2009, 595.
4 BGH 28.1.2009 – XII ZB 121/08, FamRZ 2009, 595; BGH 14.2.2007 – XII ZB 150/05, FamRZ 2007, 711.
5 BGH 14.2.2007 – XII ZB 150/05, FamRZ 2007, 711; 6.5.1982 – IX ZR 36/81, FamRZ 1982, 682.
6 BGH 22.11.2017 – XII ZB 230/17, FamRZ 2018, 174.
7 BGH 14.2.2007 – XII ZB 150/05, FamRZ 2007, 711; 24.7.2002 – XII ZB 31/02, FamRZ 2003, 597.
8 OLG Frankfurt a. M. 4.8.1999 – 3 WF 192/99, FamRZ 2000, 1513; OLG Karlsruhe 3.4.1998 – 2 WF 25/98, FamRZ 1999, 175.
9 OLG Bamberg 5.8.1998 – 2 WF 80/98, FamRZ 1999, 312; Palandt/*Brudermüller* BGB § 1379 Rn. 16, 22; aA OLG Hamm 8.9.2009 – 2 WF 84/09, FamRZ 2010, 222: § 888 ZPO.

277. Werteverzehr

Weil

Grundsätzlich sind sämtliche Berechnungsgrößen im Rahmen des Versorgungsausgleichs auf das gesetzliche Ehezeitende zu beziehen. Allerdings bestimmt § 5 Abs. 2 S. 2 VersAusglG, dass Änderungen im laufenden Verfahren, die sich auf den Ehezeitanteil und damit auch auf den Ausgleichswert auswirken, bei der Entscheidung zum Versorgungsausgleich zu berücksichtigen sind. 1

Problematisch sind hierbei kapitalgedeckte Anrechte, aus denen der Verpflichtete bereits Versorgungsleistungen bezieht. Der BGH hat in seiner Grundsatzentscheidung[1] entschieden, dass bei betrieblichen Anrechten, die auf Kapitalbasis ausgeglichen werden (**Barwerthalbteilung**), eine Minderung des auszugleichenden Werts im laufenden Verfahren zu berücksichtigen ist. Damit soll sichergestellt werden, dass der Versorgungsträger nicht doppelt belastet wird, da er die an den Verpflichteten im laufenden Verfahren geleisteten Rentenzahlungen gem. § 30 VersAusglG mit befreiender Wirkung erbringt.[2] In diesen Fällen ist die eingetretene oder noch zu erwartende Barwertminderung des zu teilenden Anrechts grundsätzlich im Wege eines gleichmäßigen Abzugs auf beide Ehegatten zu verteilen. Eine überproportionale Kürzung des auszugleichenden Anrechts beim Ausgleichspflichtigen als Kompensation der eingetretenen oder noch zu erwartenden Barwertminderung ist nicht zulässig.[3] Es ist eine Neubewertung des Anrechts abweichend vom Ehezeitende auf den voraussichtlichen Zeitpunkt der Rechtskraft der Entscheidung vorzunehmen. Dabei sind nicht nur die veränderten biometrischen Faktoren wie das Alter, sondern auch der veränderte Rechnungszins und mögliche Anpassungen des Anrechts seit Ehezeitende zu berücksichtigen. Die Rückrechnung des Ausgleichswerts (Ehezeitanteil Halbe) hat dann auf Seiten des Berechtigten ebenfalls mit den aktualisierten Faktoren zu erfolgen. Danach ist auf Rentenbasis ein Vergleich mit den Resultaten zum Stichtag Ehezeitende durchzuführen. Hat der Berechtigte im Zeitraum des Versorgungsbezugs des Verpflichteten in Form an Unterhaltsleistungen partizipiert, ist ein Verstoß gegen den Halbteilungsgrundsatz nicht gegeben. Hat der Berechtigte keine Unterhaltsleistungen bezogen, ist gegebenenfalls eine Kompensation auf Seiten des Berechtigten nach § 27 VersAusglG in der Form vorzunehmen, dass die seinerzeit zu teilenden Anrechte in Höhe der Abschmelzung auf Seiten des Verpflichteten ebenfalls nicht einem Ausgleich zuzuführen sind.[4]

Aufgrund der derzeitigen (Dezember 2020, Restlaufzeit 15 Jahre, 7 Jahresdurchschnitt: 1,6 %) Rechnungszinssenkungen wird die Absenkung des Ausgleichswerts aufgrund der biometrischen Faktoren überkompensiert, so dass ein höherer ehezeitlicher Barwert und damit verbundener Ausgleichswert aufgrund der Absenkung des Rechnungszinses und damit verbunden des höheren Barwerts eintreten kann.[5] Um eine Doppelbelastung des Versorgungsträgers zu vermeiden, ist in diesen Fällen immer die Bewertung auf den voraussichtlichen **Stichtag der Rechtskraft** vorzunehmen und nicht zum Ehezeitende.[6] 2

Mit der **Werteverzehrentscheidung** hat der BGH den Grundsatz definiert, dass ein in der Ehezeit erworbenes Versorgungsanrecht, das im Zeitpunkt der Entscheidung über den Versorgungsausgleich nicht mehr oder nicht mehr vollständig vorhanden ist, nicht oder nur noch in geringerem Umfang ausgeglichen werden kann.[7] 3

1 BGH 17.2.2016 – XII ZB 447/13, FamRZ 2016, 775.

2 BGH 16.8.2017 – XII ZB 327/16, FamRZ 2017, 1919.

3 BGH 7.3.2018 – XII ZB 408/14, FamRZ 2018, 894.

4 Im Gesetzentwurf der Bundesregierung v. 25.11.2020 zur Änderung des Versorgungsausgleichs bietet die neue Vorschrift des § 19 Abs. 2 Nr. 5 VersAusglG die Möglichkeit, in Fällen des Werteverzehrs anstelle des öffentlich-rechtlichen Ausgleichs, den schuldrechtlichen Ausgleich zu wählen. Da beim schuldrechtlichen Ausgleich die laufende Rente geteilt wird, besteht das Problem des nachehezeitlichen Werteverzehrs nicht. Die Wahl führt nicht zum Wegfall der Hinterbliebenenversorgung nach § 25 Abs. 2 VersAusglG.

5 Vgl. BGH 24.4.2019 – XII ZB 185/16, FamRZ 2019, 1314.

6 Vgl. *Voucko-Glockner/Weil* § 2 Rn. 29.

7 Vgl. BGH 11.9.2019 – XII ZB 627/15, FF 2019, 509.

278. Wiederverheiratungsklauseln

Schwarz

1 In der Gestaltungspraxis soll mit den als „Wiederverheiratungsklauseln" bezeichneten Regelungsmodellen für die Abkömmlinge eine **angemessene Nachlassbeteiligung im Falle der Wiederverheiratung** des überlebenden Ehepartners sichergestellt werden.[1] Denn Ehegatten haben häufig die Befürchtung, dass bei einer Wiederverheiratung des Überlebenden von ihnen die aus ihrer Ehe stammenden gemeinsamen Kinder benachteiligt werden. Vor allem mögliche Pflichtteilsrechte eines neuen Ehegatten bzw. Kinder aus der neuen Ehe können den Vermögensübergang auf die gemeinsamen Kinder gefährden.

I. Vorerbschaft/Nacherbschaft

2 Bei dieser Gestaltung wird der überlebende Ehegatte zum Vollerben des Erstversterbenden, die Kinder werden zu Schlusserben eingesetzt. Für den Fall der Wiederverheiratung des Längerlebenden ist diese Vollerbeneinsetzung **auflösend bedingt**.[2] Der überlebende Ehegatte ist (auf die Wiederverheiratung) aufschiebend bedingter Vorerbe, die Abkömmlinge sind aufschiebend bedingte Nacherben.[3]

3 Selbst wenn der überlebende Ehegatte nicht wieder heiratet, gelten für ihn ab dem Tod des Erstversterbenden gleichwohl die Beschränkungen als Vorerben.[4] Regelmäßig ist der überlebende Ehegatte aber zumindest als befreiter Vorerbe nach § 2136 BGB anzusehen.[5]

II. Alternative: Vermächtnislösung

4 Bei dieser Gestaltungsalternative ist und bleibt der überlebende Ehegatte unbedingter Vollerbe. Er wird allerdings mit einem auf den Fall seiner **Wiederverheiratung aufschiebend bedingten Vermächtnis** (→ *Vermächtnis* Rn. 1 ff.) zugunsten der gemeinsamen Abkömmlinge belastet.[6]

5 Um den überlebenden Ehegatten wirtschaftlich möglichst wenig zu beeinträchtigen, kann die Fälligkeit dieses Vermächtnisses hinausgeschoben werden, sogar bis zum Tod des überlebenden Ehegatten.

6 Was als Vermächtnis im Falle der Wiederverheiratung herauszugeben ist (Vermächtnisgegenstand), kann unterschiedlich ausgestaltet werden. Es kann auf den im Zeitpunkt des Erbfalls vorhandenen Nachlassbestand oder den Nachlassbestand zum Zeitpunkt der Wiederverheiratung abgestellt werden. Am wenigsten beeinträchtigend für den überlebenden Ehegatten ist die Regelung, dass das Vermächtnis nur den bei Wiederverheiratung noch vorhandenen Nachlass des Erststerbenden umfasst.

III. Bindungswirkung

7 Der überlebende Ehegatte, der mit einer Wiederverheiratungsklausel belastet ist, kann beim Tod des Erstversterbenden die Erbschaft **ausschlagen** und so seinen **Pflichtteil** (→ *Pflichtteilsrecht* Rn. 1 ff.) geltend machen (§ 2306 Abs. 1 BGB).

Hinweis: Schlägt er nicht aus, so hat er kein Pflichtteilsrecht, selbst wenn er bei späterem Eingreifen der Wiederverheiratungsklausel den gesamten Nachlass des Erstversterbenden verliert.[7]

---

1 NK-BGB/*Müßig* § 2271 Rn. 41.
2 NK-BGB/*Müßig* § 2271 Rn. 42; *Uricher* in: FormB-ErbR § 7 Rn. 319.
3 Palandt/*Weidlich* BGB § 2269 Rn. 17; BGH 6.11.1985 – IV a ZB 5/85, BGHZ 96, 198.
4 Palandt/*Weidlich* BGB § 2269 Rn. 17.
5 BayObLG 22.6.1966 – 1 b ZR 12/66, OLGZ 1966, 227.
6 *Uricher* in: FormB-ErbR § 7 Rn. 320.
7 *Langenfeld/Fröhler* Testamentsgestaltung Rn. 348.

Für den Fall, dass die Wiederverheiratungsklausel greift, erfasst dies auch eine etwaige Bindung des Überlebenden an die eigene Verfügung auf seinen Tod. Streitig ist, ob lediglich die Bindung entfällt, nicht aber die Einsetzung der Schlusserben, oder ob die Einsetzung der Schlusserben insgesamt in Wegfall kommt und damit mangels neuer letztwilliger Verfügungen des Überlebenden die gesetzliche Erbfolge (→ *Ehegattenerbrecht* Rn. 1 ff.; → *Verwandtenerbrecht* Rn. 1 ff.) eintritt.[8] Die testamentarische Regelung sollte dazu eine ausdrückliche Regelung enthalten.[9] 8

8 *Langenfeld/Fröhler* Testamentsgestaltung Rn. 349; NK-BGB/*Müßig* § 2271 Rn. 43.
9 *Langenfeld/Fröhler* Testamentsgestaltung Rn. 349.

279. Wohngeld

Conradis

I. Einführung

1 Wohngeld wird zur **wirtschaftlichen Sicherung angemessenen und familiengerechten Wohnens** geleistet (§ 1 WoGG). Für Mietwohnungen wird es als Wohngeld geleistet, für Eigentumswohnungen bzw. selbst bewohnte Häuser als Lastenzuschuss (§ 10 WoGG). Empfänger von Leistungen nach dem SGB II, SGB XII, der Kriegsopferfürsorge und nach dem AsylbLG haben seit dem 1.1.2005 keinen Anspruch mehr auf Wohngeld. Für diese Personenkreise steht nun das Wohngeld (Mietzuschuss) nicht mehr als Einkommen zur Verfügung, so dass entsprechend höhere Leistungen von Alg II, Sozialgeld bzw. Sozialhilfe erbracht werden müssen. Damit wird der Unterhaltsanspruch, der auf den Sozialleistungsträger übergehen kann, um diesen Betrag höher und es stellt sich bei Leistungen nach dem SGB II die Problematik, ob der Unterhaltspflichtige entsprechend weitergehend haftet (→ *Übergang von Unterhaltsansprüchen* Rn. 13).

2 Die letzte größere **Reform** erfolgte durch das Wohngeldstärkungsgesetz vom 30.11.2019:[1] Die Leistungen wurden erheblich verbessert; auch wurde in das Gesetz eine Dynamisierung aufgenommen, so dass die Leistungen quasi automatisch steigen, erstmals zum 1.1.2022 (§ 43 WoGG). Von Bedeutung ist die Wohngeldverordnung, die unter anderem in der Anlage zu § 1 Abs. 3 WoGV die Mietenstufen bestimmt. Seit dem 1.1.2021 wird zusätzlich zu dem sonstigen Wohngeld nach § 12 Abs. 6 WoGG ein Betrag zur Entlastung bei den Heizkosten bewilligt.

II. Anspruchsvoraussetzungen für das Wohngeld

1. Bewilligungszeitraum

3 Wohngeld und Lastenzuschuss werden nur auf Antrag bewilligt (§ 22 Abs. 1 WoGG), dabei beginnt der **Bewilligungszeitraum** am Ersten des Monats, in dem der Antrag gestellt wird (§ 25 Abs. 2 S. 1 WoGG). Ein Antrag kann zunächst formlos schriftlich gestellt werden, die amtlichen Vordrucke müssen dann nachgereicht werden. Wohngeld wird in der Regel **für zwölf Monate bewilligt** (§ 25 Abs. 1 S. 1 WoGG). Allerdings kann der Bewilligungszeitraum verkürzt werden, wenn zu erwarten ist, dass die für die Leistung des Wohngeldes maßgeblichen Verhältnisse sich vor Ablauf von zwölf Monaten erheblich verändern. Ist zB der Unterhalt noch nicht geklärt und steht zu erwarten, dass alsbald eine Regelung erfolgt, ist es gerechtfertigt, zunächst nur für einige Monate Wohngeld zu bewilligen.

2. Höhe des Wohngeldes

4 Die Höhe des Wohngeldes hängt zum einen von der zu berücksichtigenden Miete oder Belastung ab, die sich nach der Mietenstufe (die dem jeweiligen Mietenniveau zugeordnet ist) richtet, und zum anderen von der Anzahl der Haushaltsmitglieder (§ 4 WoGG) sowie von dem Gesamteinkommen. Hingegen spielt vorhandenes Vermögen fast keine Rolle. Allerdings kann ein Anspruch auf Wohngeld dann nicht bestehen, wenn die Inanspruchnahme missbräuchlich wäre, insbesondere wegen erheblichen Vermögens (§ 21 Nr. 3 WoGG). Nach der Wohngeld-Verwaltungsvorschrift gelten Beträge bis 60.000 EUR für das erste zu berücksichtigende Haushaltsmitglied sowie 30.000 EUR für jedes weitere als nicht erheblich.

5 Soweit das **Gesamteinkommen nicht ausreicht**, den Lebensunterhalt einschließlich Miete sicherzustellen, wird in der Praxis Wohngeld häufig mit der Begründung abgelehnt, dass ein solch geringes Einkommen

1 BGBl. 2019 I 1877.

nicht glaubhaft sei und daher vermutet werden müsse, dass weitere Einkünfte verschwiegen werden. Als Maßstab wird der Bedarf nach dem SGB II bzw. SGB XII zugrunde gelegt, also derzeit etwa 446 EUR zuzüglich Regelbedarfe für Kinder zuzüglich Unterkunftskosten. Liegt das tatsächliche Einkommen wesentlich unter dieser Grenze, ist daher nachzuweisen, wie die fehlende Differenz aufgebracht wird. Als Möglichkeiten kommen in Betracht: das Aufbrauchen eigenen Vermögens oder Darlehensgewährung von Freunden (jeweils nicht als Einkommen bei der Berechnung des Wohngeldes anrechenbar) oder auch das Verzehren von Mahlzeiten bei Bekannten oder Verwandten.

3. Auswirkung einer Trennung von Ehegatten

Aufgrund einer Trennung von Ehegatten kann ein Anspruch auf Wohngeld entstehen oder auch ein bestehender Anspruch sich verändern, da sich die Anzahl der Haushaltsmitglieder sowie das zur Verfügung stehende Einkommen verändern. Zwar gehören auch vorübergehend abwesende Familienmitglieder zum Haushalt. Liegt jedoch ein dauerndes Getrenntleben vor, ist eine Berechnung nur im Hinblick auf die im Haushalt verbleibenden Familienmitglieder vorzunehmen. Ehegatten, die innerhalb der Wohnung – dauernd – getrennt leben, gehören nicht mehr zu diesem Personenkreis. Voraussetzung ist, dass tatsächlich ein **getrenntes Wohnen** vorliegt und die Inanspruchnahme nicht als missbräuchlich anzusehen ist, da dann nach § 21 Nr. 3 WoGG kein Anspruch besteht. Beide Ehegatten können im Fall des Getrenntlebens jeweils einen eigenen Antrag stellen. 6

Ein **Kind** gehört auch dann zum Haushalt, wenn es sich bei getrennt lebenden Ehegatten abwechselnd und regelmäßig aufhält und dort betreut wird. Damit ist möglich, dass das Kind beiden Haushalten zugeordnet wird, so dass jeweils eine günstigere Berechnung des Wohngeldes möglich ist. Zahlung von Kindesunterhalt wird beim empfangenden Haushalt als Einnahme des Kindes berücksichtigt, beim leistenden Elternteil ist ein Abzug nach § 18 WoGG möglich (→ Rn. 11). 7

Bei der Berechnung des Wohngeldes wird das **Gesamteinkommen** der zum Haushalt rechnenden Familienmitglieder zugrunde gelegt (§§ 13 ff. WoGG). Bei einer **Trennung** wird jedem Ehegatten nur das Einkommen zugerechnet, welches nun die in dem jeweiligen Haushalt lebenden Personen zusammen haben. Für den Unterhaltsberechtigten sind als Einkommen auch die Unterhaltszahlungen zu berücksichtigen, die vom getrennt lebenden Ehegatten gezahlt werden. Ein Kind gehört auch zum Haushalt, wenn es sich bei bei den getrennt lebenden Ehegatten abwechselnd und regelmäßig aufhält und dort betreut wird. Dies gilt bis zu einer Aufteilung von zwei Dritteln und einem Drittel (§ 5 Abs. 4 S. 2 WoGG). Damit ist möglich, dass ein Kind beiden Haushalten zugeordnet wird, so dass jeweils eine günstigere Berechnung des Wohngeldes möglich ist. 8

4. Bedeutung von tatsächlichen Änderungen

Ändern sich die Verhältnisse im Laufe des Bewilligungszeitraumes, wird eine Änderung nur vorgenommen, soweit dies in § 27 WoGG und § 28 WoGG vorgesehen ist (§ 28 Abs. 6 WoGG). Bei der Trennung von Ehegatten ergeben sich mithin folgende Konstellationen: **Zieht ein Ehegatte aus, der über Einkommen verfügt** und verringert sich dadurch das Gesamteinkommen der in der Wohnung verbliebenen Personen um mehr als 15 %, wird das Wohngeld auf Antrag neu bewilligt, wenn dies zu einer Erhöhung des Wohngeldes führt. **Zieht der Ehegatte aus**, der **kein Einkommen erzielt**, führt dies nach § 28 Abs. 2 WoGG zu einer Änderung. Auch hier ist der Auszug anzuzeigen und es erfolgt von Amts wegen eine Neuberechnung. 9

Nach § 28 WoGG führen bestimmte Änderungen zum **Wegfall des Wohngeldes**, ohne dass es hierzu eines Verwaltungsaktes bedarf. Es muss lediglich eine Unterrichtung erfolgen (§ 28 Abs. 5 WoGG). Der übliche Rechtschutz gegen belastende Verwaltungsakte ist daher nicht gegeben, es kommt höchstens eine Feststellungsklage in Betracht mit dem Ziel, festzustellen, dass kein Wegfalltatbestand vorliegt. Der Wegfall ist ua vorgeschrieben, wenn die Wohnung nicht mehr bewohnt oder das Wohngeld nicht mehr vollständig für die Miete verwendet wird (§ 28 Abs. 2 WoGG). 10

III. Abzugsbeträge für Unterhaltsleistungen

11 Für den Unterhaltspflichtigen **mindern Unterhaltsbeträge das anrechenbare Einkommen** nach Maßgabe des § 18 WoGG. Hierbei genügt das Bestehen einer gesetzlichen Unterhaltspflicht dem Grunde nach, es wird nicht geprüft, ob Bedürftigkeit des Unterhaltsberechtigten und Leistungsfähigkeit des Unterhaltspflichtigen bestehen. Auch Unterhaltszahlungen nach § 7 UVG an das Land stellen Aufwendungen zur Erfüllung der gesetzlichen Unterhaltspflicht dar. Dasselbe muss auch gelten, soweit Unterhalt aufgrund übergegangener Unterhaltsansprüche nach dem SGB II oder SGB XII gezahlt wird.

12 Die Aufwendungen zur Erfüllung gesetzlicher Unterhaltsverpflichtungen können in **voller Höhe** abgesetzt werden, wenn eine notariell beurkundete Unterhaltsvereinbarung oder ein **Unterhaltstitel** vorliegt. Andernfalls können nur höchstens die nachstehenden Pauschalen abgesetzt werden. Der Unterhaltspflichtige kann also durch Titulierung des Unterhalts höhere Absetzungen und damit ein höheres Wohngeld erreichen.

13 Liegt eine Urkunde oder ein Unterhaltstitel nicht vor, können **bis zu 6.000 EUR** für einen nicht zum Haushalt rechnenden geschiedenen oder dauernd getrennt lebenden Ehegatten abgesetzt werden. Für weitere gesetzliche Unterhaltspflichten kann für jede Person, die nicht zum Haushalt rechnet, der tatsächlich gezahlte Unterhalt bis zum Höchstbetrag von jeweils **3.000 EUR** abgesetzt werden.

IV. Berücksichtigung des Wohngeldes bei Unterhaltsansprüchen

14 Nach der Rechtsprechung des Bundesgerichtshofs[2] und nach den Leitlinien der Oberlandesgerichte wird Wohngeld grundsätzlich sowohl beim Unterhaltspflichtigen als auch beim Unterhaltsberechtigten als Einkommen berücksichtigt. Eingeschränkt wird dies allerdings mit der Bemerkung, dass keine Anrechnung erfolgt, soweit das Wohngeld lediglich **überhöhten Wohnbedarf** ausgleicht (so mit Ausnahme von Oldenburg alle Leitlinien der Oberlandesgerichte, jeweils Ziff. 2.3) oder zur Deckung übermäßiger Mietbelastung verwendet werden muss. Es wird dabei unterstellt, dass es die Funktion des Wohngeldes sei, überhöhten Wohnbedarf oder eine übermäßige Mietbelastung auszugleichen. Diese Annahme ist jedoch unzutreffend. Wohngeld wird nicht nur für **„überhöhten" Wohnbedarf** gezahlt, sondern auch bei Mieten in einem ganz normalen Bereich. Zumindest seit der Neufassung zum 1.1.2009 ist davon auszugehen, dass das Wohngeld in der Regel den regelmäßigen, üblichen Wohnbedarf ausgleicht. Durch die Begrenzung des Wohngeldes auf Höchstbeträge nach § 11 WoGG ist zudem ausgeschlossen, dass überhöhte Wohnkosten berücksichtigt werden. Die Prämissen in den Leitlinien sind daher unzutreffend, soweit damit als Vergleichsmaßstab der allgemeine Wohnungsmarkt gemeint ist. In der Leitlinie des OLG Oldenburg (Ziff. 2.3) wird hingegen das Wohngeld einschränkungslos als Einkommen angerechnet. Diese Auffassung ist zutreffend, da es keinen Grund gibt, Wohngeld anders zu behandeln als sonstige (nicht subsidiäre) Sozialleistungen.[3]

15 In der Rechtsprechung des Bundesgerichtshofs wird die Frage des überhöhten Wohnbedarfs daran gemessen, ob der **Aufwand für die Unterkunft höher ist als der Anteil des Selbstbehaltes**, der in den Leitlinien enthalten ist. Ausgehend von einem Anteil der Unterkunftskosten im Selbstbehalt in Höhe von derzeit 430 EUR nach der Düsseldorfer Tabelle (Anmerkung 5) wird bei einer tatsächlichen Mietbelastung von 500 EUR ein Anteil von 70 EUR des Wohngeldes als Ausgleich für den überhöhten Wohnbedarf berechnet, so dass dieser Teil des Wohngeldes nicht berücksichtigt wird. Diese Lösung, die vom Bundesgerichtshof[4] dargelegt worden ist, ist nicht nur problematisch, weil das Wohngeld nach anderen Grenzwerten berechnet wird, als es in der Düsseldorfer Tabelle vorgesehen ist, sondern auch deshalb, weil im Grenzbetrag der Düsseldorfer Tabelle die Heizkosten eingeschlossen sind, während das Wohngeld seit dem 1.1.2011 die Heizkosten nicht mehr berücksichtigt.

16 Wenn der Lösung des Bundesgerichtshofs gefolgt wird, bedeutet dies auch, dass immer dann, wenn die Unterkunftskosten nicht höher sind als der Anteil im Selbstbehalt, das Wohngeld auf jeden Fall vollständig

---

2 BGH 17.3.1982 – IVb ZR 646/80, FamRZ 1982, 587 (589 f.).

3 Ebenso *Schürmann*, Sozialrecht für die familienrechtliche Praxis, 2016, Rn. 561.

4 BGH 19.2.2003 – XII ZR 67/00, FamRZ 2003, 860 (862).

als Einkommen sowohl beim Unterhaltspflichtigen als auch beim Unterhaltsberechtigten berücksichtigt werden muss.

Zu erheblichen Berechnungsproblemen kann es kommen, weil sich durch die Berücksichtigung des Wohngeldes auch die Unterhaltspflichten verändern können. Beantragt zB eine getrennt lebende Ehefrau nach Auszug des Einkommen erzielenden Ehemannes Wohngeld und macht sie Unterhaltsansprüche geltend, so kann bei der Berechnung ihres Anspruchs – solange über den Wohngeldantrag noch nicht entschieden ist – das Wohngeld nicht als Einkommen berücksichtigt werden. Wird später Wohngeld bewilligt, kann dies dazu führen, dass der Unterhaltsverpflichtete berechtigt ist, eine Abänderung zu verlangen, weil der **Unterhaltsberechtigten** nun ein höheres Einkommen zur Verfügung steht. 17

Noch schwieriger ist die Lage auf Seiten des **Unterhaltspflichtigen**: Da die Unterhaltsleistungen das anzurechnende Einkommen mindern, wobei die im Gesetz vorgesehenen Höchstbeträge überschritten werden können, wenn eine Titulierung erfolgt ist, kann dies zu einem nicht unerheblichen Wohngeldanspruch des Unterhaltspflichtigen führen, der damit ein höheres Einkommen zur Verfügung hat als bei der Unterhaltsbemessung zugrunde gelegt wurde. Dies wiederum kann ein Abänderungsverlangen der Unterhaltsberechtigten rechtfertigen. 18

Will man von Anfang an eine „richtige" Unterhaltsberechnung durchführen, muss versucht werden, die **Höhe des Wohngeldes** unter Berücksichtigung des voraussichtlich zu zahlenden Unterhalts zu ermitteln. Dies ist durch eine eigene Berechnung nur unter größten Schwierigkeiten möglich, da das Wohngeld gem. § 19 Abs. 1 WoGG nach einer Formel mit fünf verschiedenen einzusetzenden Werten berechnet wird, die erst noch ermittelt werden müssen.[5] Es bleibt daher nur die Möglichkeit, eine entsprechende **Auskunft von der Wohngeldbehörde** einzuholen. Sodann muss eine Kontrollberechnung vorgenommen werden unter Berücksichtigung der beiderseitig zu erwartenden Wohngeldansprüche. Da dieses Verfahren kompliziert und aufwendig ist, wird es in der Praxis, soweit bekannt, nicht durchgeführt. Auch wird in manchen Fällen die beiderseitige Berücksichtigung des Wohngeldes in etwa zu gleichen Ergebnissen führen. Da das Wohngeld jedoch auch von anderen Faktoren – insbesondere im Hinblick auf die Wohnung – abhängt, ist es möglich, dass das Wohngeld in dem einen Fall nur dem Unterhaltsberechtigten und in dem anderen Fall nur dem Unterhaltsverpflichteten zusteht und sich dadurch erhebliche Veränderungen ergeben können im Vergleich zur Nichtberücksichtigung des Wohngeldes. 19

Sofern bei der Berechnung des Unterhaltsanspruchs fiktives Erwerbseinkommen zu berücksichtigen ist, darf das tatsächlich bezogene Wohngeld nicht noch zusätzlich angerechnet werden, wenn bei Bezug des Einkommens kein oder ein geringeres Wohngeld zu bewilligen wäre.[6] 20

5 Die Formel lautet: 1,15 x (M – (a + b x M + c x Y) x Y).
6 *Götsche* FamRB 2010, 376 mit Berechnungsbeispielen.

280. Wohnungszuweisung nach Scheidung

Kloster-Harz/Schönberger

I. Überlassungsanspruch nach § 1568 a BGB

1. Überblick

1 Die Vorschrift regelt die **endgültige Nutzung** sowie die Rechtsverhältnisse der Ehewohnung nach Rechtskraft der Scheidung. Sie regelt somit nicht nur die internen Nutzungsverhältnisse zwischen den Eheleuten, sondern auch die **Rechtsverhältnisse an der Wohnung** gegenüber Dritten. Maßgebend ist insofern, ob es eine Wohnung in fremdem Eigentum ist, mit oder ohne Mietverhältnis, ob es sich um eine Dienst- oder Werkwohnung handelt, ob dingliche Rechte beider oder eines Ehegatten oder auch zusammen mit Dritten an der Ehewohnung bestehen. Handelt es sich um eine Mietwohnung, ist § 1568 a Abs. 1 und 3 BGB einschlägig. Handelt es sich um eine Wohnung ohne Mietverhältnis, ist § 1568 a Abs. 5 BGB einschlägig. Bei einer Dienst- oder Werkwohnung gilt § 1568 a Abs. 4 BGB. Sind an der Ehewohnung die Eheleute, einer der Eheleute und auch ein Dritter dinglich berechtigt, kommt § 1568 a Abs. 2 BGB zur Anwendung.

Das Familiengericht entscheidet insofern nicht mehr wie bisher nach billigem Ermessen, sondern nach Anspruchsgrundlagen. Zwar ist – entgegen dem Regierungsentwurf vom 1.11.2007[1] – die Billigkeit in § 1568 a BGB wieder zu berücksichtigen, jedoch nicht als alleiniger bzw. endgültiger Maßstab für die Entscheidung. Die Voraussetzungen für einen Überlassungsanspruch nach § 1568 a BGB entsprechen letztlich denen, die bei § 2 HausratsV herausgearbeitet wurden. Da an die **Lebensverhältnisse** der Ehegatten angeknüpft wird, ist sichergestellt, dass alle Umstände des Einzelfalls durch das Familiengericht berücksichtigt werden können. Aufgrund der Ausgestaltung als Anspruchsgrundlage muss der Antragsgegner, der die Überlassung der Ehewohnung für sich beanspruchen möchte, nicht nur einen Abweisungsantrag stellen, sondern vielmehr einen eigenen Antrag zur Überlassung der Ehewohnung an sich stellen. Möchte keiner der Eheleute die Ehewohnung nach der Scheidung weiter bewohnen, scheidet ein Überlassungsverfahren aus. Ein gemeinsamer Mietvertrag muss in diesem Falle gemeinsam gekündigt werden. Wurde die Wohnung inzwischen anderweitig vermietet und von dem neuen Mieter bezogen, ist kein Raum mehr für eine Regelung der Rechtsverhältnisse an der Ehewohnung. Anders wäre es nur, wenn ein Scheingeschäft bzw. Kollusion vorliegen würde. Die Regelung gilt für Ehegatten. Für **eingetragene Lebenspartnerschaften**

1 *Götz/Brudermüller* NJW 2008, 3025 ff.

ist § 1568 a BGB nach § 17 LPartG entsprechend anzuwenden. Eine entsprechende Anwendung auf nichteheliche Lebenspartnerschaften scheidet hingegen aus.

2. Überlassungsanspruch nach § 1568 a Abs. 1 BGB

Ein Ehegatte kann nach § 1568 a BGB nur verlangen, dass ihm der andere Ehegatte die Ehewohnung **anlässlich der Scheidung überlässt**, wenn er auf deren Nutzung unter Berücksichtigung des Wohls der im Haushalt lebenden Kinder und der Lebensverhältnisse der Ehegatten in stärkerem Maße angewiesen ist als der andere Ehegatte oder wenn die Überlassung aus anderen Gründen der Billigkeit entspricht. Als **Rechtsfolge** ist ausschließlich die **Begründung oder Fortführung des Mietverhältnisses** gegeben, was der Rechtssicherheit dient. Auf die Billigkeitsgründe ist insbesondere dann abzustellen, wenn keine Kinder vorhanden sind und auch die Lebensverhältnisse als solche nicht erkennen lassen, wer auf die Ehewohnung mehr angewiesen ist. Dabei sind **alle Umstände des Einzelfalls** zu berücksichtigen.[2] Sind Kinder vorhanden, hat das **Wohl der Kinder** oberste Priorität. Zur Erhaltung des bisherigen Umfelds ist dem betreuenden Ehegatten in der Regel die Ehewohnung zuzuweisen.[3] Dem nicht betreuenden Elternteil ist unter Berücksichtigung der Verhältnisse des Wohnungsmarkts in der Regel ein Umzug zuzumuten. Unter den Lebensverhältnissen werden die gegenwärtigen Lebensbedingungen und die Beziehung der Eheleute zur Wohnung verstanden; Alter, Gesundheitszustand, Einkommens- und Vermögensverhältnisse spielen hier eine Rolle.[4] Ausschlaggebend können in diesem Zusammenhang die vorhandenen Geschäftsräume in der Ehewohnung oder die Nähe zum Arbeitsplatz sein. Zwar spielen die Interessen Dritter an der Ehewohnung, wie beispielsweise Lebensgefährte des Ehegatten, keine Rolle. Dies gilt aber nicht, wenn ein naher pflegebedürftiger Angehöriger in die Ehewohnung aufgenommen wurde, um von dem Ehegatten gepflegt werden zu können. Für die Billigkeitsprüfung ist entscheidend, ob ein Ehegatte aus anderen Umständen ein besonderes und schützenswertes Interesse an der Ehewohnung hat. Dies wäre beispielsweise zu bejahen, wenn ein Ehegatte in der Ehewohnung aufgewachsen ist,[5] sie selbst aus- und umgebaut oder eingerichtet hat. Die Ursachen der Eheauflösung spielen hingegen keine Rolle.[6] Sind die Voraussetzungen nach § 1568 a BGB bei keinem der Ehegatten für die im beiderseitigen Eigentum stehende Wohnung gegeben, sind die wechselseitigen Anträge abzuweisen.[7] 2

3. Überlassungsanspruch nach § 1568 a Abs. 2 BGB

§ 1568 a BGB ersetzt § 3 HausratsV. Insofern können die dazu entwickelten Grundsätze und die Rechtsprechung übernommen werden. Ist einer der Ehegatten allein oder gemeinsam mit einem Dritten, beispielsweise Eltern, Geschwister etc – nicht aber zusammen mit dem anderen Ehegatten – Eigentümer des Grundstücks, auf dem sich die Ehewohnung befindet, oder steht einem Ehegatten allein oder gemeinsam mit einem Dritten ein Nießbrauch, Erbbaurecht oder ein dingliches Wohnrecht[8] an dem Grundstück zu, so kann der andere (nicht dinglich berechtigte) Ehegatte die Überlassung nur verlangen, wenn dies notwendig ist, **um eine unbillige Härte zu vermeiden**. Entsprechendes gilt für das Wohnungseigentum und das Dauerwohnrecht bzw. Dauernutzungsrecht nach § 60 WEG. Es gilt hingegen nicht für schuldrechtliche[9] oder genossenschaftliche[10] Rechte. Das Familiengericht hat nach § 26 FamFG im Streitfall **vorab** die 3

2 OLG Schleswig 24.3.2010 – 15 UF 166/09, FamRZ 2010, 1985.

3 OLG Hamburg 14.3.1991 – 15 UF 157/89, FamRZ 1991, 1317; KG 8.11.1990 – 16 WF 5430/90, FamRZ 1991, 467; OLG Celle 25.6.1991 – 18 UF 12/91, FamRZ 1992, 465; OLG Schleswig 24.3.2010 – 15 UF 166/09, FamRZ 2010, 1985.

4 KG 28.8.1987 – 17 UF 1644/87, FamRZ 1988, 182; OLG Schleswig 24.3.2010 – 15 UF 166/09, FamRZ 2010, 1985.

5 KG 28.8.1987 – 17 UF 1644/87, FamRZ 1988, 182.

6 KG 28.8.1987 – 17 UF 1644/87, FamRZ 1988, 182.

7 OLG Saarbrücken FamRZ 2013, 1982.

8 OLG Stuttgart 27.10.1969 – 18 UF 256/89, FamRZ 1990, 1260; OLG Bamberg 27.9.1995 – 7 UF 112/95, FamRZ 1996, 1085.

9 OLG Düsseldorf 6.8.1979 – 3 UF 108/79, FamRZ 1980, 171.

10 KG 17.7.1984 – 17 UF 1727/84, FamRZ 1984, 1242.

Eigentumslage zu klären. Dies kann bei Grundstücken und dinglichen Rechten an Grundstücken dem Grundbuch entnommen werden.[11] Hat der Eigentümer eine verbindliche Übertragungsverpflichtung erklärt, so wirkt diese wie Eigentum.[12]

4. Dingliche Rechte

4 **a) Gleichwertige dingliche Rechte.** Sofern ein dingliches Wohnrecht, sog. beschränkte persönliche Dienstbarkeit nach §§ 1090–1092 BGB, vereinbart wurde, welches den Eigentümer der Ehewohnung von der Nutzung derselben nicht ausschließt, so sind die Rechte gleichwertig bzw. es besteht kein Vorrang eines der Ehegatten. Insofern wird für die Entscheidung, welchem Ehegatten die Wohnung zu überlassen ist, primär auf das Kriterium „**Wohl der im Haushalt lebenden Kinder**“[13] und sekundär auf die „Lebensverhältnisse der Ehegatten“ abzustellen sein. Das Kriterium „unbillige Härte“ spielt dabei keine Rolle.[14] Hat jedoch ein Ehegatte das Eigentum an der Ehewohnung bei der Teilungsversteigerung erworben, so scheidet eine nachträgliche Zuweisung der Ehewohnung an den anderen Ehegatten aus, weil § 180 Abs. 3 ZVG insoweit eine abschließende Spezialregelung enthält.[15]

5 **b) Konkurrierende dingliche Rechte.** Stehen die Rechte der Ehegatten in Konkurrenz, wie Eigentum nach §§ 903 ff. BGB mit einem dinglichen Wohnrecht nach §§ 1090, 1093 BGB[16] oder Eigentum mit Nießbrauch nach §§ 1030 ff. BGB, dann entscheidet der **Rang der Rechte** untereinander. Dies ist zunächst als Vorfrage zu klären und daher entscheidungserheblich. Grundsätzlich hat das Eigentum iSv Art. 14 GG Vorrang vor den anderen Rechten, da es als verfassungsrechtlich gesicherte Rechtsposition privilegiert ist bzw. die stärkere Rechtsposition beinhaltet, es sei denn, der konkrete Einzelfall spricht für eine andere Regelung, da gewichtige Gründe dies erfordern.[17] Dies wäre beispielsweise der Fall, wenn ein Dritter, der Eigentümer der Ehewohnung ist (typischerweise ein Verwandter), einem der Ehegatten die Ehewohnung ohne mietvertragliche Regelung zum unentgeltlichen Gebrauch überlassen hat. Wurde hingegen von dem Eigentümer der Ehewohnung dem anderen Ehegatten ein dingliches Recht mit Vorrang vor dem Eigentum bestellt, so hat dieses Recht Vorrang nach § 1568 a Abs. 2 BGB.[18] Damit ist das Konkurrenzverhältnis vertraglich geregelt. Das dingliche Recht des Nichteigentümers schließt den Eigentümer von dessen Nutzung aus bzw. beeinträchtigt dessen Nutzungsrecht.

5. Unbillige Härte iSv § 1568 a Abs. 2 BGB

6 Ist ein Ehegatte nicht dinglich berechtigt bzw. privilegiert iSv § 1568 a Abs. 2 BGB, so kann er die Überlassung der Ehewohnung dennoch nach § 1568 a Abs. 2 BGB verlangen, sofern dies **notwendig** ist, um eine **unbillige Härte** zu vermeiden.[19] Der Begriff „unbillige Härte“ nach § 1568 a Abs. 2 BGB stimmt mit dem Begriff „unbillige Härte“ nach § 1361 b BGB überein.[20] An die Voraussetzungen für die Bejahung der unbilligen Härte sind strenge Anforderungen zu stellen, da in das Eigentum des einen Ehegatten, dessen Recht verfassungsrechtlich nach Art. 14 GG geschützt ist, eingegriffen werden soll. Somit muss die Zuweisung der Ehewohnung an den anderen Ehegatten dringend notwendig sein, um eine andernfalls ein-

11 OLG Düsseldorf 6.8.1979 – 3 UF 108/79, FamRZ 1980, 171.
12 OLG Köln 25.11.1991 – 10 UF 105/91, FamRZ 1992, 322.
13 OLG Hamburg 14.3.1991 – 15 UF 157/89, FamRZ 1991, 1317; OLG Celle 25.6.1991 – 18 UF 12/91, FamRZ 1992, 465.
14 Noch anders: OLG Stuttgart 27.10.1989 – 18 UF 256/89, FamRZ 1990, 1260.
15 OLG Hamm 9.6.1997 – 5 UF 56/97, FamRZ 1998, 181.
16 OLG Naumburg 18.9.1997 – 3 UF 66/97, FamRZ 1998, 1529; BGH 8.5.1996 – XII ZR 254/94, FamRZ 1996, 931: nach dem Übergabevertrag waren die Eheleute „Gesamtberechtigte“ iSv § 428 BGB.
17 AA OLG Stuttgart 27.10.1989 – 18 UF 256/89, FamRZ 1990, 1260.
18 OLG Stuttgart 27.10.1989 – 18 UF 156/89, FamRZ 1990, 1260; OLG Bamberg 27.9.1995 – 7 UF 112/95, FamRZ 1996, 1085.
19 OLG Düsseldorf FamRZ 2018, 1816.
20 *Brudermüller* FuR 1995, 237.

tretende unerträgliche Belastung abzuwenden, welche ihn außergewöhnlich beeinträchtigen würde.[21] Dies wäre beispielsweise anzunehmen, wenn der Ehegatte, der die Kinder betreut, für die Kinder und sich keine angemessene Wohnung finden würde; wenn die Kinderbetreuung durch den Umzug nicht mehr gesichert wäre; wenn sich der Arbeitsplatz des Selbstständigen und zugleich unterhaltspflichtigen Ehegatten in der Ehewohnung befindet und nicht verlegt werden kann;[22] wenn der Ehegatte aus beruflichen oder familiären Gründen auf die Ehewohnung dringend angewiesen ist. Die unbillige Härte ist aber nicht zu bejahen bei schlechterer Unterbringung in der neuen Wohnung oder bloßer umzugsbedingter Unbequemlichkeit.[23] Es genügt auch nicht, dass der Eigentümer bzw. dinglich Berechtigte der Ehewohnung keinen oder nur einen zu geringen Unterhalt bezahlt und der andere Ehegatte rein aus finanziellen Gründen keine andere Wohnung finden kann.[24] Des Weiteren genügt es nicht, dass der andere Ehegatte die Ehewohnung dringender braucht als der Eigentümer oder der sonst dinglich berechtigte Ehegatte. Wegen des Ausnahmecharakters der Regelung müssen vielmehr weitere **gewichtige Gründe** aus dem persönlichen und/oder finanziellen Bereich der Eheleute hinzutreten.[25]

6. Entscheidungskriterien nach § 1568 a Abs. 2 BGB

Der Eingriff in das Eigentum oder sonstige dingliche Recht iSv § 1568 a Abs. 2 BGB und damit in ein verfassungsrechtlich geschütztes Recht, wie Wohnung nach Art. 13 GG[26] oder Eigentum nach Art. 14 GG, erfordert einen strengen Maßstab bei der Gesamtabwägung aller Umstände des Einzelfalls. Denn der Eingriff in das Eigentum soll ein Ausnahmefall bleiben. Der Gesetzgeber hat zwar die gesetzlich normierten Entscheidungskriterien „Wohl der im Haushalt lebenden Kinder“ und (nachrangig) „Lebensverhältnisse der Ehegatten“ vorgegeben, so dass diese primär maßgebend sind. Im Übrigen können aber weitere Kriterien zur Entscheidung herangezogen werden, wie die persönlichen Verhältnisse der Eheleute, die wirtschaftlichen Verhältnisse der Eheleute, die aktuellen Gegebenheiten auf dem örtlichen Wohnungsmarkt, der Umstand, dass der Nichteigentümer den Kauf oder Bau der Ehewohnung (mit)finanziert hat, oder der Umstand, dass ein betreuungsbedürftiger Angehöriger beim Nichteigentümer wohnt. 7

7. Existenznot: Herabgesetzte Eingriffsschwelle

Bei Existenznot des Nichteigentümers kann die Eingriffsschwelle der „unbilligen Härte“ herabgesetzt werden. Existenznot kann angenommen werden, wenn der Eigentümer der Ehewohnung keinen oder keinen ausreichenden Unterhalt bezahlt und es insofern dem Nichteigentümer nicht möglich ist, eine angemessene Ersatzwohnung zu finden. Existenznot kann auch angenommen werden, wenn der Nichteigentümer durch die Untervermietung von Räumen der Ehewohnung bedarfsdeckende Einkünfte erzielen könnte.[27] Ist der Wohnbedarf des Eigentümers der Ehewohnung und zugleich Unterhaltsschuldners gesichert, kann es insbesondere zum Wohl der minderjährigen Kinder geboten sein, den Nichteigentümer und die Kinder in der Ehewohnung zu belassen. Kann die Leistungsfähigkeit des Unterhaltsschuldners durch eine Wohnungszuweisung an den nicht dinglich berechtigten Ehegatten verbessert werden, soll die Zuweisung nur dann erfolgen, wenn Letzterer auf die Einkünfte aus der Untervermietung dringend angewiesen ist und bei fiktiver Zurechnung zulasten des Unterhaltsschuldners es an der Vollstreckung scheitern würde. Zum Nachteil des nicht dinglich Berechtigten sollen für die Frage, ob eine unbillige Härte vorliegt, Gründe, 8

21 OLG Oldenburg 5.11.1996 – 15 WF 287/97, FamRZ 1998, 571; OLG Naumburg 2.8.2001 – 14 UF 85/01, FamRZ 2002, 672; OLG Hamm 20.8.2003 – 11 UF 84/03, FamRZ 2004, 888.

22 OLG Köln 14.12.1993 – 25 UF 204/93, FamRZ 1994, 632.

23 OLG München 2.1.1995 – 12 UF 1346/94, FamRZ 1995, 1205.

24 OLG München 2.1.1995 – 12 UF 1346/94, FamRZ 1995, 1205; OLG Hamm 20.8.2003 – 11 UF 84/03, FamRZ 2004, 888; aA *Klein* FuR 1997, 111.

25 OLG Köln 25.9.1995 – 21 UF 6/95, FamRZ 1996, 492.

26 BayObLG 19.5.1999 – 3Z BR 38/99, FamRZ 1999, 1460.

27 *Brudermüller* FuR 1995, 237; aA OLG München 2.1.1995 – 12 UF 1346/94, FamRZ 1995, 1205: Die Zuweisung der Ehewohnung soll nicht zu einer Art Naturalunterhalt führen, der die Unterhaltslücke schließt oder die Sicherung ansonsten gefährdeter Unterhaltsansprüche bezweckt.

die nach § 1579 BGB zum Ausschluss oder zur Begrenzung des Unterhalts entscheidend sind, bei der Ehewohnungszuweisung eine Rolle spielen.[28]

8. Befristung in Härtefällen

9 Das Gericht hat, zumal die Ehewohnung nur ausnahmsweise zur Benutzung zugewiesen werden darf, ein **zeitlich begrenztes Mietverhältnis zwischen den Eheleuten** zu begründen, analog § 1568 a Abs. 5 BGB, es sei denn, es ist eine übergreifende Unterhaltsregelung getroffen worden. Die Fristbemessung ist so zu gestalten, dass dem in der Ehewohnung verbleibenden Ehegatten ausreichend Zeit bleibt, eine andere zumutbare Wohnung zu finden.[29] Die Gegenleistung bzw. Nutzungsvergütung bestimmt sich nach dem **ortsüblichen Mietzins**. Die verbrauchsunabhängigen Nebenkosten sind dabei nicht einzurechnen, sofern diese der in der Ehewohnung Verbleibende bezahlt. Die Nutzungsvergütung unter dem ortsüblichen Mietzins kann angemessen sein, wenn auch der Wohnbedarf gemeinsamer minderjähriger und unterhaltsberechtigter Kinder gedeckt wird.[30] Die Nutzungsvergütung kann sich aber auch an der Höhe der Belastungen der Ehewohnung ausrichten, sofern der verbleibende Ehegatte diese bisher wie ein Mieter bezahlt hat.[31] Nur in Ausnahmefällen ist dem dinglich berechtigten und weichenden Ehegatten keine Nutzungsvergütung zuzusprechen.[32] Dies wäre der Fall, wenn er sein Wohnrecht nicht ausüben will und die wirtschaftliche Verwertung des Rechts bzw. die Vermietung an Dritte nicht möglich ist.[33]

9. Miteigentum der Ehegatten an der Ehewohnung

10 Der praktisch häufigste Fall des Miteigentums der Ehegatten an der Ehewohnung ist vom Gesetzgeber nicht gesondert geregelt worden. In diesem Fall richtet sich der Überlassungsanspruch nicht nach § 1368 a Abs. 2 BGB, sondern nach § 1368 a Abs. 1 BGB. Der Ehegatte, der anlässlich der Scheidung auf die Nutzung der Ehewohnung unter Berücksichtigung des **Wohls der im Haushalt lebenden Kinder**[34] und der Lebensverhältnisse der Ehegatten in stärkerem Maße als der andere Ehegatte angewiesen ist, kann die Überlassung verlangen. Entscheidend sind neben den benannten gesetzlichen Kriterien alle Umstände des Einzelfalls, welche im Rahmen einer **Interessenabwägung** zu berücksichtigen sind. Somit kann die Überlassung auch begründet sein, wenn dies aus anderen Gründen billig ist. Da auch in diesen Fällen eine dingliche Gestaltung an der Ehewohnung unzulässig ist, kann das Gericht nur eine **Benutzungsregelung** treffen. Sofern keine übergreifende Unterhaltsregelung getroffen wird und die Nutzung der Wohnung daher mit dem Wohnwert eingestellt bzw. berücksichtigt wurde, wird nach § 1568 a Abs. 5 BGB analog ein Mietverhältnis zwischen den Miteigentümern begründet. Die Gegenleistung bzw. Nutzungsentschädigung ist entsprechend dem Anteil des Miteigentums des ausziehenden Ehegatten nach dem ortsüblichen Mietzins zu bestimmen.[35] Man spricht auch von der „Vergleichsmiete", bei öffentlich gefördertem Wohnraum von der „Kostenmiete". Vorbehalten bleibt eine Sonderregelung für den Wohnbedarf gemeinsamer minderjähriger Kinder.[36] In diesem Falle kann eine Nutzungsvergütung unterhalb der marktüblichen Miete angemessen sein, da auch der Wohnbedarf gemeinsamer minderjähriger unterhaltsberechtigter Kinder gedeckt wird.[37] In keinem Fall kann die Nutzung doppelt berücksichtigt werden, einmal durch eine verbindliche Unterhaltsbe-

28 FA-FamR-HdB/*Klein*, 8. Kap. Rn. 312.

29 KG 12.11.1985 – 17 WF 5395/85, FamRZ 1986, 72; OLG Köln 25.9.1995 – 21 UF 6/95, FamRZ 1996, 492.

30 OLG Schleswig 19.10.1987 – 12 UF 292/86, FamRZ 1988, 722.

31 OLG Frankfurt a. M. 3.12.1991 – 3 UF 11/91, FamRZ 1992, 677; OLG Celle 25.6.1991 – 18 UF 21/91, FamRZ 1992, 465.

32 OLG München 10.8.1989 – 16 UF 781/89, FamRZ 1990, 530.

33 OLG Bamberg 27.9.1995 – 7 UF 112/95, FamRZ 1996, 1085.

34 OLG Celle 25.6.1991 – 18 UF 12/91, FamRZ 1992, 465.

35 Besteht Einigkeit über die Nutzung der im Miteigentum stehenden (früheren) Ehewohnung, bestimmt sich die Nutzungsentschädigung nach § 745 Abs. 2 BGB, OLG Stuttgart FamRZ 2012, 33; FamRZ 2012, 1302. Das bloße Zahlungsverlangen auf Nutzungsentschädigung reicht nicht aus, es bedarf vielmehr eines deutlichen Verlangens, OLG Koblenz FamRZ 2015, 142; OLG Naumburg FamRZ 2012, 1941.

36 OLG Bremen 10.3.1995 – 4 UF 18/95, Streit 1995, 169.

37 OLG Schleswig 19.10.1987 – 12 UF 292/86, FamRZ 1988, 722.

rechnung mit Ansatz des Wohnwertes und zum anderen durch die Festlegung einer Nutzungsvergütung.[38] Die **Hauslasten** sind abzüglich der verbrauchsabhängigen Kosten entsprechend den Miteigentumsanteilen aufzuteilen.[39] Dabei muss die **Höhe des Mietzinses** immer der Billigkeit entsprechen. Sind die Eheleute hälftige Miteigentümer, entspricht die Nutzungsvergütung der hälftigen Miete, sofern die Eheleute auch die Lasten – ausgenommen die verbrauchsabhängigen Nebenkosten – hälftig tragen.[40] Die Höhe der Nutzungsvergütung bzw. Miete kann sich auch nach der Höhe der Gesamtbelastungen richten, sofern der in der Ehewohnung verbleibende Ehegatte diese bisher bezahlt hat und auch weiter bezahlen wird.[41] Trägt der verbleibende Ehegatte die gesamten Lasten, ist deren Hälfte (bei hälftigem Miteigentum) von der (hälftigen) Nutzungsvergütung in Abzug zu bringen. Sind die Lasten höher als eine angemessene bzw. fiktive Nutzungsvergütung, darf eine solche nicht angeordnet werden. In Ausnahmefällen kann der ausziehende Ehegatte keine Nutzungsvergütung beanspruchen, so zum Beispiel wenn er sein Wohnrecht nicht ausüben will und die wirtschaftliche Verwertung dieses Rechts – die Vermietung an einen Dritten – nicht möglich ist.[42] Mit der Regelung der Rechtsverhältnisse an der Ehewohnung sind das Mietverhältnis und der Mietzins bzw. die Nutzungsentschädigung von Amts wegen zu regeln. Dabei wird der weichende Ehegatte der Vermieter und der verbleibende Ehegatte der Mieter. Eine Befristung des Mietvertrags ist nicht erforderlich, da die Parteien jederzeit die Gemeinschaft auseinandersetzen können, notfalls mittels Teilungsversteigerung nach § 180 ZVG. In diesem Falle ist § 180 Abs. 3 ZVG lex specialis und eine nachträgliche Zuweisung der Ehewohnung an den anderen Ehegatten scheidet aus.[43] Wird jedoch die Teilungsversteigerung nach den besonderen Umständen eines Falls wesentlich erschwert, und ist eine deutliche Verringerung des Meistgebots zu besorgen, ist eine zeitliche Begrenzung mittels Mietvertrags zu nur vorübergehendem Gebrauch zu begründen, oder einem Ehegatten die Ehewohnung zur alleinigen Nutzung ohne Mietvertrag zuzuweisen.[44]

10. Rechtsfolgen nach § 1568 a Abs. 3 BGB

Die Rechtsfolge der Überlassung der Ehewohnung ist die **Begründung oder Fortführung eines Mietverhältnisses**. Die Änderung des Mietvertrags, die nach der Hausratsverordnung noch durch rechtsgestaltende Entscheidung des Familiengerichts nach § 5 Abs. 1 S. 1 HausratsV[45] erfolgte, ist nach § 1568 a Abs. 3 Nr. 1 BGB verbunden mit dem Zugang einer Erklärung der Eheleute an den Vermieter oder nach § 1568 a Abs. 3 Nr. 2 BGB mit Rechtskraft der Überlassungsentscheidung nach § 1568 a Abs. 1 BGB wirksam. Die **Änderung des Mietvertrags** vollzieht sich sodann automatisch. Bei § 1568 a Abs. 3 Nr. 1 BGB wird die Mitteilung mit Zugang beim Vermieter nach § 130 Abs. 1 BGB wirksam. Dabei ist jedoch folgende Besonderheit zu beachten: Der Sachverhalt und die Interessenlage ist vergleichbar mit den Fällen, in denen ein Ehepartner verstirbt und der Gesetzgeber dem überlebenden Ehegatten ein Eintrittsrecht in den Mietvertrag nach § 563 BGB gewährt. Somit muss dem Vermieter auch ein **Sonderkündigungsrecht** entsprechend § 563 Abs. 4 BGB zustehen. § 1568 a Abs. 3 Nr. 2 BGB stellt auf die Endentscheidung iSv § 209 Abs. 2 S. 1 FamFG ab. Die formelle Rechtskraft tritt ein, wenn die Rechtsmittelfrist für sämtliche Beteiligten iSv § 204 FamFG ohne Einlegung eines Rechtsmittels verstrichen ist, alle Beteiligten auf Rechtsmittel verzichtet haben oder das Beschwerdegericht entschieden hat. Ist das Verfahren im Verbund anhängig, wird die Entscheidung nicht vor Rechtskraft der Ehescheidung rechtskräftig, § 148 FamFG. Während der Trennungszeit ist § 1568 a Abs. 3 BGB nicht analog anwendbar.[46] 11

38 BGH 11.12.1985 – Ivb ZR 82/84, FamRZ 1986, 434.

39 OLG Celle 25.6.1991 – 18 UF 12/91, FamRZ 1992, 465; OLG München 17.4.2007 – 2 UF 1607/06, FamRZ 2007, 1655; *Wever* FamRZ 2007, 1658 f.; OLG Brandenburg 14.2.2008 – 13 W 4/08, FamRZ 2008, 1444; OLG Hamm 6.3.2008 – 2 Sdb (FamS) Zust. 6/08, FamRZ 2008, 1637.

40 OLG Celle 25.6.1991 – 18 UF 12/91, FamRZ 1992, 465.

41 OLG Frankfurt a. M. 3.12.1991 – 3 UF 111/91, FamRZ 1992, 677; OLG München 10.8.1989 – 16 UF 781/89, FamRZ 1990, 530; OLG Celle 25.6.1991 – 18 UF 12/91, FamRZ 1992, 465.

42 OLG Bamberg 27.9.1995 – 7 UF 112/95, FamRZ 1996, 1085.

43 OLG Hamm 9.6.1997 – 5 UF 56/97, FamRZ 1998, 181.

44 Zu den Schutzmöglichkeiten in der Teilungsversteigerung: *Brudermüller* FamRZ 1996, 1516 ff.

45 OLG München 5.6.1991 – 2 UF 1550/89, FamRZ 1991, 1452; BVerfG 9.10.1991 – 1 BvR 1106/91, NJW 1992, 106.

46 AG Rastatt FamRZ 2015, 1499.

12 **a) Mitteilung gegenüber dem Vermieter nach § 1568 a Abs. 3 Nr. 1 BGB.** Die Änderung des Mietvertrags – die Überlassung der Ehewohnung an einen Ehegatten – erfolgt mit **Zugang der Mitteilung der Ehegatten an den Vermieter** nach § 130 Abs. 1 BGB. Selbst wenn sich die Eheleute über die weitere Nutzung der Ehewohnung durch einen der Ehegatten einig sind und der Vermieter sich der Umgestaltung des Mietvertrages widersetzt, würde ein Ehewohnungszuweisungsantrag nach § 1568 a BGB an dem mangelnden Rechtsschutzbedürfnis scheitern.[47] Denn mit übereinstimmender Mitteilung der Eheleute an den Vermieter wird eine Mietvertragsänderung auch gegen den Willen des Vermieters durchgeführt. Ein Formerfordernis bezüglich der Mitteilung besteht nicht. Aus der Mitteilung muss sich ohne Zweifel ergeben, welcher Ehegatte die Wohnung künftig alleine bewohnen wird. Die Vertragsänderung tritt jedoch erst mit nachweisbarem Zugang dieser Erklärung bei dem Vermieter ein. Die Mitteilung nur eines Ehegatten genügt nicht. Die übereinstimmenden Erklärungen können jedoch auch zeitlich versetzt an den Vermieter zugehen; der Zugang der letzten Mitteilung bewirkt die Mietvertragsänderung zu diesem Zeitpunkt. Ist der Zugang der übereinstimmenden Mitteilungen bereits vor Rechtskraft der Ehescheidung erfolgt, tritt die Änderung des Mietvertrags erst mit Rechtskraft der Ehescheidung ein. Denn eine Mietvertragsänderung durch eine übereinstimmende Mitteilung der Ehegatten an den Vermieter iSv § 1568 a Abs. 3 Nr. 1 BGB ist für die Zeit der Trennung vom Gesetzgeber nicht vorgesehen.[48] Entgegen dem Wortlaut der Vorschrift bedarf es zur Änderung des Mietvertrags **keiner Überlassungsverpflichtung des weichenden Ehegatten**. Denn § 1568 a Abs. 3 Nr. 1 BGB trifft nach der ratio legis gerade für diese Fälle zu, in welchen aufgrund Einigkeit der Eheleute über die weitere Nutzung der Ehewohnung ein Überlassungsverfahren ausscheidet. Da der weichende Ehegatte – auch bei Einigkeit der Eheleute – ein Interesse daran hat, aus dem Mietvertrag entlassen zu werden, ist streitig, welche Rechte er geltend machen kann. Entweder soll er einen Anspruch auf Zustimmung zur Kündigung haben[49] oder – als weniger einschneidendes Mittel für den in der Ehewohnung verbleibenden Ehegatten – einen Anspruch auf Zustimmung nach § 1568 a Abs. 3 Nr. 1 BGB.[50] Die Vornahme der Mitwirkungsverpflichtung kann nicht schon vor Rechtskraft der Scheidung verlangt werden.[51] Der Anspruch ist als sonstige Familiensache vor dem Familiengereicht geltend zu machen, § 226 Abs. 1 FamFG.

13 **b) Änderung des Mietvertrags mit Rechtskraft der Entscheidung nach § 1568 a Abs. 3 Nr. 2 BGB.** Mit Rechtskraft der Entscheidung über die Überlassung der Ehewohnung ändert sich der Mietvertrag **automatisch**. Es bedarf somit keines weiteren Antrags oder keiner weiteren richterlichen Entscheidung.[52] Die formelle Rechtskraft nach § 45 FamFG tritt ein, wenn die Rechtsmittelfrist für sämtliche Beteiligte iSv § 204 FamFG ohne Einlegung eines Rechtsmittels verstrichen ist (§ 63 FamFG), alle Beteiligten auf Rechtsmittel verzichtet haben oder das Beschwerdegericht entschieden hat. Ist das Verfahren im Verbund anhängig, wird die Entscheidung nicht vor Rechtskraft der Ehescheidung rechtskräftig, § 148 FamFG. Die Regelung gilt auch für Genossenschaftswohnungen.[53] Eine nur das Innenverhältnis regelnde Lösung scheidet damit aus. Dem Vermieter steht das Recht der Kündigung nach § 563 Abs. 4 BGB zu, wenn der Ehegatte, dem die Überlassung zugesprochen wurde, nicht Mitglied der Genossenschaft ist. Die Nichtmitgliedschaft begründet einen in der Person liegenden Umstand für das Sonderkündigungsrecht nach § 563 Abs. 4 BGB. Bei Genossenschaftswohnungen ist somit weiterhin anzuraten, eine einvernehmliche Lösung zu finden. Trotz des Automatismus nach § 1568 a Abs. 3 Nr. 2 BGB wird es sich für das Familiengericht zur Verdeutlichung empfehlen, im Tenor eine deklaratorische Feststellung auszusprechen.[54]

---

47 *Schulz* FPR 2010, 541 ff.; *Blank* FPR 2010, 544 ff.
48 *Götz/Brudermüller* FamRZ 2009, 1261 ff.
49 *Götz/Brudermüller* NJW 2008, 3025 ff.
50 *Götz/Brudermüller* FamRZ 2009, 1261 ff.
51 OLG Hamm FamRZ 2015, 667.
52 Formulierungsvorschläge für Anträge: *Schulz* FPR 2010, 541 ff.
53 OLG Hamburg FamRZ 2017, 1049.
54 Mit Formulierungsvorschlag: *Götz/Brudermüller* FamRZ 2009, 1261 ff.

c) Rechtsfolgen nach § 1568 a Abs. 3 BGB. Zunächst ist zu differenzieren, mit wem der Mietvertrag ursprünglich abgeschlossen war. Sind **beide Eheleute Mieter** des Mietvertrags, wird der Mietvertrag mit dem Ehegatten fortgeführt, welchem die Wohnung zur alleinigen Nutzung überlassen wurde. Der andere Ehegatte scheidet aus dem Mietvertrag aus. Das gilt auch, wenn ein Ehegatte erst später dem Mietvertrag als zweiter Mieter beigetreten ist. Dies entspricht der Rechtsfolge bei Versterben eines Mieters nach § 563 a BGB. Ist nur **ein Ehegatte Mieter** der Ehewohnung, kommt es darauf an, welcher Ehegatte ausziehen muss und welcher Ehegatte Mieter des Mietvertrags ist. Ist der Ehegatte Mieter der Wohnung, dem die Ehewohnung zur alleinigen Nutzung überlassen wird, bleibt der Mietvertrag unverändert aufrechterhalten. Ist der Ehegatte Mieter der Wohnung, welcher die Wohnung verlassen muss, so scheidet dieser aus dem Mietvertrag aus und der Ehegatte, dem die Ehewohnung überlassen wird, tritt an dessen Stelle zu **denselben Konditionen** in den Mietvertrag ein. In allen Fällen hat das Familiengericht keine Gestaltungsmöglichkeit bezüglich des Mietvertrags. Auch sind keine Anordnungen zur Sicherung der Ansprüche des Vermieters vorgesehen.[55] Das Vermieterpfandrecht besteht jedoch gegenüber dem Ehegatten, der aus dem Mietvertrag ausgeschieden ist, für bereits entstandene Forderungen fort. Der neue Alleinmieter haftet für diese nur, wenn die Eheleute zuvor gemeinsame Mieter des Mietvertrags der Ehewohnung waren. Der nach § 1568 a Abs. 3 BGB geänderte Mietvertrag unterliegt den gesetzlichen Kündigungsregelungen. Insofern kann der Vermieter dem „neuen" Mieter bzw. verbleibenden Ehegatten nur kündigen, wenn ein gesetzlicher Kündigungsgrund greift oder das Sonderkündigungsrecht nach § 1568 a Abs. 4 BGB gegeben ist. 14

d) Sonderkündigungsrecht des Vermieters. In beiden Fällen der Fortführung des Mietvertrags nach § 1568 a Abs. 3 Nr. 1 und 2 BGB steht dem Vermieter analog § 563 Abs. 4 BGB ein Sonderkündigungsrecht zu.[56] Voraussetzung hierfür ist, dass **in der Person** bzw. dem Ehegatten, der das Mietvertragsverhältnis fortführt, ein wichtiger Grund vorliegt.[57] Nach hM entspricht der wichtige Grund des § 563 Abs. 4 BGB dem des § 553 Abs. 1 S. 2 BGB. Entscheidend kommt es dabei darauf an, ob dem Vermieter die Fortführung des Mietvertrags mit dem anderen (alleinigen) Ehegatten **zumutbar** ist. Ein wichtiger Grund in diesem Sinne ist beispielsweise anzunehmen, wenn der verbleibende Ehegatte den Hausfrieden stört, die Mietsache beschädigt, zwischen diesem und dem Vermieter eine persönliche Feindschaft besteht. Auch der anstößige Lebenswandel kann als wichtiger Grund gelten. Das Fehlen der Eigenschaft als Genosse bei einer Genossenschaftswohnung begründet in der Praxis häufig das Sonderkündigungsrecht. Bei Zahlungsunfähigkeit sind die öffentlichen Mittel, wie Wohngeld oder Sozialhilfe, sowie die bestehenden Unterhaltsansprüche zu berücksichtigen. Über das Bestehen eines Unterhaltsanspruchs hat das Mietgericht im Räumungsprozess inzident zu entscheiden. Dabei zeigt sich die Doppelgleisigkeit von Familien- und Mietrecht innerhalb des Überlassungsanspruchs nach § 1568 a BGB sehr deutlich.[58] Der Vermieter kann innerhalb eines Monats von dem Sonderkündigungsrecht Gebrauch machen, § 563 Abs. 4 BGB analog. Die Frist beginnt mit Zugang der Erklärung nach § 1568 a Abs. 3 Nr. 1 BGB oder mit Kenntnis von der Rechtskraft der Überlassungsentscheidung des Familiengerichts nach § 1568 a Abs. 3 Nr. 2 BGB zu laufen. Für die Kündigung gilt eine um drei Werktage verkürzte Dreimonatsfrist nach §§ 573 d Abs. 1 S. 1, 575 a Abs. 3 S. 1 BGB. 15

II. Dienst- und Werkwohnungen nach § 1568 a Abs. 4 BGB

Nach § 1568 a Abs. 4 BGB kann bei einer Ehewohnung, die aufgrund eines Dienst- oder Arbeitsverhältnisses überlassen wurde, die Begründung eines Mietverhältnisses vom nicht dienstverpflichteten Ehegatten nur verlangt werden, wenn der **Dienstherr einverstanden** ist oder dies **notwendig** ist, um eine **schwere Härte zu vermeiden**. § 1568 a Abs. 4 BGB entspricht dem Regelungsinhalt des früheren § 4 HausratsV. Da im Interesse der Rechtsklarheit als Rechtsfolge die Fortführung oder Begründung eines Mietvertrags gewollt ist, ist in diesen Fällen eine nur das Innenverhältnis der Eheleute regelnde Überlassung nach § 1568 a 16

55 *Götz/Brudermüller* NJW 2008, 3025 ff.
56 *Büte* FPR 2010, 537 ff.; *Blank* FPR 2010, 544 ff.
57 *Hinz* ZMR 2002, 640 ff.
58 *Götz/Brudermüller* FamRZ 2009, 1261 ff.

Abs. 1 BGB nicht ausreichend, so dass der Abschluss des Mietvertrags und die Überlassungsentscheidung nur nach den Voraussetzungen des § 1568 a Abs. 4 BGB erfolgen kann.

1. Anwendungsbereich des § 1568 a Abs. 4 BGB

17 Wohnungen aufgrund eines Dienst- oder Arbeitsverhältnisses iSv § 1568 a Abs. 4 BGB sind in der Regel **Dienstwohnungen** von Soldaten, Beamten oder Richtern, die aufgrund eines öffentlich-rechtlichen Nutzungsverhältnisses überlassen sind, **Werkmietwohnungen**, die mit Rücksicht auf das Bestehen eines Dienst- oder Arbeitsverhältnisses vermietet sind, § 565 b BGB, oder **Werkdienstwohnungen**, bei welchen die Überlassung der Wohnung das Entgelt bzw. einen Teil des Entgelts für die Dienstleistungen darstellt, § 565 c BGB.[59] Es ist nicht Voraussetzung, dass der Arbeitgeber oder Dienstherr Eigentümer oder der Vermieter der (Ehe-)Wohnung ist. Allerdings muss der Arbeitgeber oder Dienstherr mindestens ein Belegungsrecht haben und die Überlassung der Dienst- oder Werkwohnung im unmittelbaren Zusammenhang zum Dienst- oder Arbeitsverhältnis stehen. Die Entfernung der Dienst- oder Werkwohnung zum Arbeitsplatz spielt wiederum keine Rolle. Zum Zeitpunkt der richterlichen Entscheidung muss das Dienst- oder Arbeitsverhältnis noch bestehen, was aus der Formulierung „innehaben" herzuleiten ist. Besteht ein Dienst- oder Arbeitsverhältnis mit beiden Eheleuten, wie typischerweise beim Hausmeisterehepaar, haben die Interessen des Dritten Vorrang.

2. Schwere Härte iSv § 1568 a Abs. 4 BGB

18 Stimmt der Dienstherr bzw. Arbeitgeber der Fortführung des Mietverhältnisses mit dem anderen Ehegatten nicht zu, so ist dem anderen Ehegatten die Wohnung nur zu überlassen, wenn dies zur **Vermeidung einer schweren Härte** notwendig ist. Das Gericht darf somit nicht nach billigem Ermessen entscheiden, da der Dritte grundsätzlich Vorrang hat,[60] es sei denn, der Vermieter bzw. Dritte ist selbst gesetzlich gebunden.[61] In dem Kriterium „schwere Härte" sind die in der Rechtspraxis herausgearbeiteten besonderen Voraussetzungen für die Zuweisung an den Betriebsfremden erfasst. Die Entscheidung kann nur anhand der gesamten Umstände des Einzelfalls getroffen werden. Eine schwere Härte liegt somit vor, wenn die Belange des betriebsfremden Ehegatten oder die der Kinder deutlich schwerer wiegen als diejenigen des Vermieters bzw. Dritten[62] und wenn die Fortführung des Arbeits- bzw. Dienstverhältnisses des betriebsangehörigen Ehegatten dadurch nicht unmöglich gemacht oder unzumutbar erschwert wird. Eine schwere Härte läge somit nicht vor, wenn dem Arbeitnehmer bzw. Angestellten eine andere zumutbare Dienst- oder Werkwohnung überlassen werden kann. Entscheidende Bedeutung hat das **Wohl ehelicher Kinder** des Betriebsangehörigen. Diese können sich auch auf die Fürsorgepflicht des Arbeitgebers, die auch gegenüber den Kindern des Arbeitnehmers wirkt, berufen. So wurde beispielsweise zugunsten des betriebsfremden Ehegatten und den gemeinsamen drei Kindern im Grundschulalter entschieden, da die Beschaffung einer Ersatzwohnung örtlich und finanziell Probleme aufwarf.[63] Eine schwere Härte ist anzunehmen, wenn der betriebsfremde Ehegatte psychisch schwer krank ist und die mit dem Wegzug veranlasste Veränderung seiner Lebensumstände sich negativ auf den Gesundheitszustand auswirken würde.[64] Weiter ist eine schwere Härte zu bejahen, wenn die Wohnung für den betriebsfremden Ehegatten behindertengerecht aus- und umgebaut wurde. Bei Dienst- und Arbeitsverhältnissen mit beiden Eheleuten, beispielsweise Hausmeisterehepaar, ist die Wohnung demjenigen Ehegatten zuzusprechen, der das Arbeitsverhältnis fortsetzt. Wird das Arbeitsverhältnis von beiden Eheleuten fortgesetzt, hat das Familiengericht nach § 1568 a Abs. 1 BGB zu entscheiden.

59 *Büte* FPR 2010, 537 ff.

60 OLG Frankfurt a. M. 27.11.1991 – 3 UF 38/91, FamRZ 1992, 695.

61 OLG Hamm 27.10.1980 – 8 UF 497/80, FamRZ 1981, 183; aA AG Kerpen 11.12.1996 – 52 174/96, FamRZ 1997, 1344.

62 OLG Frankfurt a. M. 28.10.1990 – 1 UF 89/90; 27.11.1991 – 3 UF 38/91, FamRZ 1992, 695.

63 AG Ludwigshafen 13.1.1995 – 5 d F 304/94, FamRZ 1995, 558; 22.2.1995 – 5 aF 334/94, FamRZ 1995, 1207.

64 AG Kerpen 11.12.1996 – 52 F 174/96, FamRZ 1997, 1344.

3. Beweislast nach § 1568 a Abs. 4 BGB

Das Bestehen eines Dienst- oder Arbeitsverhältnisses sowie die Zweckbindung der Ehewohnung muss der „betriebsinterne" Ehegatte beweisen, der sich darauf beruft. Der „betriebsfremde" Ehegatte hingegen muss das Vorliegen der schweren Härte bzw. deren Umstände beweisen, sofern er sich auf diese Ausnahmeregel beruft. 19

4. Befristung nach § 1568 a Abs. 4 BGB

Wird die Dienst- oder Werkswohnung dem „betriebsfremden" Ehegatten entgegen dem Willen des Vermieters bzw. Dritten zugewiesen, erfordern der Grundsatz der Verhältnismäßigkeit sowie die im Zusammenhang der Zweckbindung besonders geschützten Interessen des Wohnungsgebers, die Ehewohnung nur befristet zuzuweisen.[65] Denn das Eigentum darf nicht ohne hinreichenden Grund unbegrenzten Sozialbindungen nachstehen. Für die Dauer der Befristung ist entscheidungserheblich, innerhalb welchen Zeitraums eine zumutbare Ersatzwohnung gefunden werden kann. Eine längere Befristung, die beispielsweise einen Schulwechsel der Kinder vermeidet, kann nur ausgesprochen werden, sofern der Dritte bzw. Arbeitgeber die Dienst- oder Werkswohnung nicht für andere Arbeitnehmer benötigt. Dem Dritten oder Vermieter ist für den Prozess daher anzuraten, eine erforderliche Befristung einzuwenden. 20

III. Anspruch auf Begründung eines Mietverhältnisses nach § 1568 a Abs. 5 BGB

1. Überblick

Besteht zwischen dem Ehegatten, dem die Ehewohnung überlassen wird, und dem Vermieter bzw. der zur Vermietung berechtigten Person kein Mietvertrag, so können beide die Begründung eines Mietverhältnisses zu den ortsüblichen Bedingungen verlangen, § 1568 a Abs. 5 S. 1 BGB.[66] In der Regel sind das die Fälle, in denen einer der Ehegatten Alleineigentümer ist oder beide Eheleute Miteigentümer der Ehewohnung sind. Ebenfalls ist das der Fall, wenn der Ehegatte, der Alleinmieter war bzw. ist, rechtswirksam gekündigt hat oder der Mietvertrag durch Mietaufhebungsvertrag beendet wurde und der andere Ehegatte die Ehewohnung noch bewohnt und diese noch nicht an einen Dritte weitervermietet wurde.[67] Wurde die Wohnung jedoch vom Vermieter wirksam gekündigt, scheidet eine Neuvermietung nach § 1568 a Abs. 5 BGB bzw. die Neubegründung eines Mietverhältnisses durch das Familiengericht grundsätzlich aus.[68] Der Anspruch auf Begründung eines Mietvertrags ist auch unabhängig von einem Überlassungsanspruch gegeben, also auch bei Bestehen einer einvernehmlichen Nutzungsregelung. Ein vorheriger Streit mit dem Vermieter schließt den Anspruch auf Begründung eines Mietverhältnisses nicht aus.[69] Da § 1568 a Abs. 5 BGB Anspruchsgrundlage ist, wird ein Mietvertrag durch das Familiengericht aber nur begründet, wenn von dem **Vermieter oder nutzungsberechtigten Ehegatten** ein **Antrag** gestellt wird. Andernfalls bleibt es bei der Überlassungsentscheidung des Familiengerichts nach § 1568 a Abs. 1 oder Abs. 2 BGB, welche lediglich das Innenverhältnis unter den Ehegatten regelt. § 1568 a Abs. 5 BGB begründet damit sowohl für den Vermieter als dinglich Berechtigtem, als auch für den nutzungsberechtigten Ehegatten einen entsprechenden Anspruch. Jeder kann somit selbstständig tätig werden und einen Mietvertragsabschluss verlangen. Ein Mietvertrag kann auch **rückwirkend** auf den Zeitpunkt begründet werden, in welchem der bisherige Mietvertrag mit dem weichenden Ehegatte geendet hätte, um eine vertragslose Zwischenzeit zu umgehen.[70] Dabei kann jedoch frühestens auf den Zugang des Verlangens auf Abschluss des Mietvertrags abgestellt werden. Anders als bei § 1568 a Abs. 3 BGB wird nach § 1568 a Abs. 5 BGB ein neuer Mietvertrag begründet, wobei im Rahmen der Interessenabwägung regelmäßig die Vertragsbedingungen 21

---

65 BayObLG 6.10.1969 – Breg. 2 Z 21/69, NJW 1970, 329.
66 AG München FamRZ 2014, 1459.
67 *Büte* FPR 2010, 537 ff.
68 *Blank* FPR 1997, 119 ff.
69 KG 10.9.1996 – 17 UF 4372/96, NJWE-FER 1997, 121.
70 OLG München – 5.6.1991 UF 1550/89, FamRZ 1991, 1452.

des vorhergehenden Vertrags mit dem anderen Ehegatten dem neuen Vertrag mit dem nutzungsberechtigten Ehegatten zugrunde gelegt werden.

2. Angemessene Befristung nach § 1568 a Abs. 5 S. 2 BGB

22 Der Vermieter kann unter den Voraussetzungen des § 575 Abs. 1 BGB oder wenn die Begründung eines unbefristeten Mietverhältnisses unter Würdigung der berechtigten Interessen des Vermieters unbillig wäre, eine angemessene Befristung des Mietvertrags verlangen. Mit dieser Regelung berücksichtigt der Gesetzgeber die Veränderungen der Mietrechtsreform zum 1.9.2001, wonach ua in § 575 BGB festgeschrieben wurde, dass die Befristung des Mietvertrags nur bei bestimmten Befristungsgründen wegen schutzwürdiger Verwendungsabsichten des Vermieters erlaubt ist. Insofern ist das nachträgliche Fortsetzungsverlangen auf den Wegfall des Befristungsgrunds iSv § 575 BGB beschränkt. Mit der Möglichkeit der Befristung nach § 1568 a Abs. 5 S. 2 BGB soll ein **angemessener Interessenausgleich** zwischen den Beteiligten – das Interesse des berechtigten Ehegatten an dem Verbleib in der Wohnung und das Interesse des Vermieters an einer anderweitigen Verwendung oder Verwertung – erzielt werden.[71] Liegen die Befristungsgründe des § 575 Abs. 1 BGB (Nr. 1 Eigennutzung, Nr. 2 Baumaßnahme, Nr. 3 Betriebsbedarf) vor, ist eine Befristung begründet, da der zur Vermietung verpflichtete Vermieter bzw. Eigentümer nicht anders behandelt werden soll als jeder andere Vermieter. Wäre die unbefristete Vermietung unter Würdigung der berechtigten Interessen des Vermieters unbillig, ist eine Befristung nach § 1568 a Abs. 5 S. 2 BGB ebenfalls berechtigt. Damit soll zum einen den verfassungsrechtlichen Bedenken gegen den zur unbefristeten Vermietung verpflichteten Vermieter begegnet werden. Zum anderen soll die schutzwürdige Situation des verbleibenden Ehegatten berücksichtigt werden, für den eine sofortige Räumung unzumutbar sein kann. Insofern sind bei der Dauer der Befristung die beiderseitigen Interessen der Beteiligten durch das Familiengericht angemessen zu gewichten. Dabei muss der Regelungsgehalt der einschlägigen Vorschriften des Mietrechts, wie beispielsweise §§ 575 Abs. 2, 3, 574 c BGB, einbezogen werden.[72]

3. Angemessene Miete nach § 1568 a Abs. 5 S. 3 BGB

23 Der Vermieter kann von dem verbleibenden Ehegatten eine angemessene Miete verlangen, sofern sie sich nicht über die Höhe des Mietzinses einigen. In diesem Falle ist die Miete von Amts wegen festzusetzen.[73] Dabei hat sich das Familiengericht nicht mehr an der Billigkeit, sondern an der **ortsüblichen Vergleichsmiete** iSv § 2 MHG zu orientieren. Das Gericht kann jedoch im Einzelfall von der Vergleichsmiete abweichen, wenn dies aufgrund nachwirkender ehelicher Solidarität wegen der besonderen Umstände, wie der Betreuung gemeinschaftlicher Kinder, billig erscheint. Entsprechend könnte dies auch angenommen werden, wenn der **Wohnbedarf gemeinsamer minderjähriger unterhaltsberechtigter Kinder** zu erfüllen ist. Voraussetzung hierfür ist, dass der Vermieter und Unterhaltsschuldner dieselbe Person ist. Dies gilt jedoch nicht, wenn der Vermieter und Unterhaltsschuldner hingegen den vollen Kindesunterhalt zahlt, da im Tabellenunterhalt bereits der Wohnkostenanteil eingeschlossen ist. Wurde der Wohnwert bereits bei der Berechnung des Unterhalts berücksichtigt, besteht dennoch ein Anspruch auf Festsetzung der angemessenen Miete nach § 1568 a Abs. 5 S. 3 BGB. In diesem Falle kann dem Anspruch auf Bezahlung des Mietzinses jedoch ein Zurückbehaltungsrecht nach § 273 BGB entgegengehalten werden.[74]

4. Ausgleichszahlung

24 Bei der Ehewohnungszuweisung nach § 1568 a BGB ist eine zusätzliche Ausgleichszahlung – neben der Mietzinszahlung nach § 1568 a Abs. 5 S. 3 BGB – nicht vorgesehen, anders hingegen die Regelung des § 1568 b Abs. 3 BGB für die Überlassung von Haushaltsgegenständen. Diese ist jedoch für das Ehewoh-

71 *Büte* FPR 2010, 537 ff.

72 Palandt/*Brudermüller* BGB § 1568 a Rn. 22.

73 OLG München 10.8.1989 – 16 UF 781/89, FamRZ 1990, 530.

74 Palandt/*Brudermüller* BGB § 1568 a Rn. 21.

nungszuweisungsverfahren oder sonstige Verfahren nicht analogiefähig.[75] Bei Miteigentum der Eheleute ist § 745 Abs. 2 BGB anwendbar, so dass eine Nutzungsentschädigung verlangt werden kann. Das Familiengericht ist dennoch zuständig, da es sich um eine sonstige Familiensache nach § 266 Abs. 1 Nr. 3 FamFG handelt, wobei aber die Regeln der ZPO gelten.[76] Hier ist streitig, ob ein deutliches Zahlungsverlangen[77] ausreicht oder aber der Miteigentümer den anderen Ehegatten und Miteigentümer auffordern muss „zahlen oder ausziehen".[78] Es ist noch nicht entschieden, ob eine Aufforderung zur Nutzungsentschädigung nach § 1361 b Abs. 3 BGB für den Anspruch nach § 745 Abs. 2 BGB ausreicht.

IV. Ausschlussfrist nach § 1568 a Abs. 6 BGB

In den Fällen des Abs. 3 und Abs. 5 des § 1568 a BGB erlischt der Anspruch auf Eintritt in ein Mietverhältnis oder auf seine Begründung **ein Jahr nach Rechtskraft der Endentscheidung in der Scheidungssache**, wenn er nicht vorher rechtshängig gemacht worden ist. Der Vermieter soll innerhalb eines Jahres wissen, welcher der Ehegatten künftig Mietvertragspartei ist. Dies gilt umso mehr, als der Anspruch auf Eintritt in ein Mietverhältnis oder auf Begründung eines Mietverhältnisses nicht fristgebunden ist. Mit Ablauf der Jahresfrist ist der Anspruch daher ausgeschlossen.[79] Obwohl der Wortlaut des § 1568 a Abs. 6 BGB die Dienst- und Werkwohnungen nicht erfasst, soll die Vorschrift nach der ratio legis bzw. Schutzfunktion zugunsten des Vermieters entsprechend gelten.[80] Die entsprechende Anpassung für Dienst- und Werkwohnungen dürfte übersehen worden sein, zumal der Anspruch erst nachträglich auf Empfehlung des Rechtsausschusses des Bundestags aufgenommen worden ist.[81] Nach dem Wortlaut der Regelung ist der Überlassungsanspruch nach § 1568 a Abs. 1, 2 BGB ebenfalls von der Jahresfrist des § 1568 a Abs. 6 BGB nicht erfasst. Da der Gesetzgeber jedoch die Mietvertragsänderung an die Überlassung der Ehewohnung gekoppelt hat, muss angenommen werden, dass der Anspruch auf Überlassung der Ehewohnung ebenfalls mit Ablauf der Jahresfrist ausgeschlossen ist.[82] Wegen der vorbenannten Koppelung ist zudem davon auszugehen, dass auch der Anspruch auf Überlassung nach § 1568 a Abs. 1 BGB nicht mehr gegen den Willen eines dritten Beteiligten geltend gemacht werden kann.[83] 25

V. Verfahrensbeteiligung Dritter

Dritte sind nach der Neuregelung der Rechtsverhältnisse an der Ehewohnung seit dem 1.9.2009 nurmehr in bestimmten Ausnahmefällen an einem entsprechenden Verfahren zu beteiligen. Bei den endgültigen Regelungen nach § 1568 a BGB sind die **Ausnahmefälle in § 1568 a Abs. 2, 4, 5 BGB** zu beachten. Nach § 1568 a Abs. 2 BGB kann der nicht privilegierte Ehegatte die Wohnungszuweisung nur fordern, wenn dies notwendig ist, um eine unbillige Härte zu vermeiden. Denn dem Überlassungsanspruch des Ehegatten stehen Rechte Dritter an dem Grundstück, auf dem sich die Ehewohnung befindet, gegenüber, wie Eigentum, Wohnungseigentum, Nießbrauch, Erbbaurecht,[84] dingliches Wohnrecht[85] und Dauerwohnrecht. Konkurrieren das Eigentum des einen Ehegatten und das dingliche Wohnrecht des anderen Ehegatten, ist der Maßstab streitig.[86] Nach **§ 1568 a Abs. 4 BGB** kann bei Ehewohnungen, die aufgrund eines 26

75 *Brudermüller* FamRZ 1989, 7 ff.; OLG Hamburg 26.6.1987 – 12 WF 72/87, FamRZ 26.6.1987; OLG Köln 14.1.1993 – 25 WF 192/92, FamRZ 1993, 1462; aA AG Duisburg-Hamborn 20.11.2001 – 19 F 149/01, FamRZ 2002, 1715; aA OLG Stuttgart 25.7.2011 – 7 W 41/11, 7 AR 6/11, FamRZ 2012, 33; 1302 ff.

76 Palandt/*Brudermüller* BGB § 1568 a Rn. 9.

77 BGH FamRZ 2008, 2015; OLG Karlsruhe FamRZ 2009, 775.

78 OLG Hamm FamRZ 14, 1298.

79 OLG Bamberg FamRZ 2017, 703.

80 Palandt/*Brudermüller* BGB § 1568 a Rn. 24; FA-FamR-HdB/*Klein* 8. Kap. Rn. 371.

81 Palandt/*Brudermüller* BGB § 1568 a Rn. 24.

82 Palandt/*Brudermüller* BGB § 1568 a Rn. 25.

83 FA-FamR-HdB/*Klein* 8. Kap. Rn. 372.

84 OLG Oldenburg 5.11.1996 – 15 W 287/97, FamRZ 1998, 571.

85 OLG Stuttgart 27.10.1989 – 18 UF 256/89, FamRZ 1990, 1260; OLG Bamberg 27.9.1995 – 7 UF 112/95.

86 Für § 1568 a Abs. 1 BGB: OLG Naumburg 18.9.1997 – 3 UF 66/97; für § 1568 a Abs. 2 BGB: OLG Stuttgart 27.10.1989 – 18 UF 256/89, FamRZ 1990, 1260.

Arbeits- oder Dienstverhältnisses überlassen wurden, die Begründung eines Mietverhältnisses vom nicht dienstpflichtigen Ehegatten nur verlangt werden, wenn der Dienstherr sein Einverständnis erteilt oder dies notwendig ist, um eine schwere Härte zu vermeiden. **§ 1568 a Abs. 5 BGB** begründet Rechte eines Dritten, wenn kein Mietverhältnis über die Ehewohnung gegeben ist. Dem Dritten bzw. Vermieter soll ein korrespondierender Anspruch auf Begründung eines Mietverhältnisses gewährt werden. Er kann somit – neben dem Ehegatten, dem die Nutzung der Ehewohnung einzuräumen ist – selbst aktiv werden und den Abschluss des Mietvertrags einfordern. Hierdurch wird ein Streit über die Rechtsgrundlage eines Mietzinses bzw. Nutzungsentgelts vermieden, sofern der Ehegatte, dem die Wohnung überlassen wurde, nicht auch die Begründung des Mietvertrags verlangt.[87] Der Dritte bzw. Vermieter kann auch eine angemessene Befristung beanspruchen, wobei die Interessen am Verbleib in der Wohnung gegenüber den Interessen an einer anderweitigen Nutzung der Wohnung abzuwägen sind. Ebenso kann der Vermieter bzw. Dritte einen angemessenen Mietzins bzw. die ortsübliche Miete beanspruchen.

VI. Streitwert

27 Der Regelwert beträgt 4.000 EUR, wobei eine Anpassung – entsprechend § 1361 b BGB – möglich ist. Für die Nutzungsentschädigung nach Rechtskraft der Scheidung wird der Verfahrenswert unterschiedlich behandelt. So wird nach einer Ansicht 3.000 EUR angesetzt, nach der anderen Ansicht der dreieinhalbfache Wert des einjährigen Bezuges nach § 9 ZPO[88] und nach einer dritten Ansicht der Jahreswert.[89]

87 FA-FamR-HdB/*Klein* 8. Kap. Rn. 364.
88 *Götz/Brudermüller* FamRZ 2015, 177 (184) mwN.
89 OLG Braunschweig FamRZ 2017, 1767.

281. Wohnungszuweisung nach Trennung

Kloster-Harz/Schönberger

I. Ehewohnung

Unter Ehewohnung iSv §§ 1361 b, 1568 a BGB werden alle Räume verstanden, die die Eheleute zum gemeinsamen Wohnen überwiegend nutzen, genutzt haben bzw. die für die Nutzung bestimmt waren, unabhängig von Eigentums-, Besitz- oder Mietverhältnissen.[1] Entscheidend ist die tatsächliche **Widmung** der Räume als Ehewohnung.[2] Zur Ehewohnung gehören auch **Nebenräume**, wie Keller, Speicher, Garage und Garten sowie Sport- und Fitnessräume.[3] Hingegen zählen die **beruflich oder gewerblich** genutzten Räume eines Ehepartners der Ehewohnung, wie zB Ingenieurbüro, Anwaltspraxis etc nicht dazu. Selbst das Gartenhäuschen kann als Ehewohnung qualifiziert werden.[4] Bei Schaustellern, Zirkusleuten uÄ kann auch der Wohnwagen die Ehewohnung darstellen, sofern dieser den überwiegenden Mittelpunkt des ehelichen Zusammenlebens darstellte.[5] Entscheidungserheblich wird daher sein, ob die Wohnmöglichkeit (einer) der Lebensmittelpunkte der Eheleute war oder ob sie nur hobbyweise von einem der Ehepartner benutzt worden ist. Streitig hingegen ist, ob **Ferienwohnungen**, Wochenendhäuser, Lauben sowie Zweitwohnungen als Ehewohnung anzusehen sind.[6] Bei vermögenden Eheleuten wird kaum auf das Kriterium „gemeinsamer Lebensmittelpunkt" abgestellt werden können. Insofern muss es hier auf die jeweilige Ausgestaltung der Ehe im Einzelfall ankommen. 1

1. Verlust des Charakters als Ehewohnung

Eine Wohnung verliert erst dann den Charakter als Ehewohnung, wenn das Mietverhältnis beendet ist,[7] sich die Eheleute unzweifelhaft und endgültig über das weitere Schicksal der Ehewohnung einigen konn- 2

1 Zum Begriff der Ehewohnung: *Kloster-Harz* FPR 2000, 191; *Weber-Monecke* FPR 2010, 555 ff.; *Garbe-von Kuczkowski* in: PHdB-FamS § 6 Rn. 3; OLG Hamm FamRZ 2015, 1196; keine Ehewohnung: OLG Frankfurt a. M. FamRZ 2015, 1898.

2 OLG München 21.11.2006 – 17 U 4619/06, FamRZ 2007, 836.

3 OLG Jena 21.1.2004 – 1 UF 505/03, FamRZ 2004, 877.

4 BGH 21.3.1990 – XII ARZ 11/90, FamRZ 1990, 987.

5 Palandt/*Brudermüller* BGB § 1361 b Rn. 6; FA-FamR-HdB/*Klein* 8. Kap. Rn. 157.

6 Bejaht: BGH 21.3.1990 – XII ARZ 11/90, FamRZ 1990, 987; OLG Naumburg 7.9.2004 – 3 WF 137/04, FamRZ 2005, 1269, sofern für die Laube eine Befugnis zu Wohnzwecken gegeben ist; verneint: KG 14.7.1986 – 18 W 2991/86, FamRZ 1986, 1010; OLG München 28.12.1993 – 2 UF 1299/93, FamRZ 1994, 1331; OLG Bamberg 25.10.2000 – 7 UF 180/00, FamRZ 2001, 1316.

7 KG 6.8.1992 – 18 UF 3863/92, NJW-RR 1993, 132.

ten[8] bzw. mit der endgültigen Nutzungsüberlassung[9] oder wenn die Rechtsverhältnisse der geschiedenen Ehegatten an der Ehewohnung rechtskräftig nach § 1568 a BGB beschlossen wurden,[10] spätestens bei Rechtskraft der Ehescheidung.[11] Die Eheleute können sich dergestalt einigen, dass die Immobilie verkauft werden soll oder einer der Ehegatten diese alleine weiter bewohnen soll.[12] Entscheidungserheblich ist insofern die tatsächliche Widmung der Räume.[13] Der Auszug eines Ehegatten wegen Spannungen ändert daher zunächst nichts an der Widmung als Ehewohnung. Die vorläufige gerichtliche Regelung nach § 1361 b BGB ändert auch nichts an der Qualifizierung „Ehewohnung", auch nicht nach Rechtskraft der Ehescheidung.[14] Auch die Vermutungsregelung des § 1361 b Abs. 4 BGB hat keinen Einfluss auf den Charakter „Ehewohnung", selbst wenn die Frist von sechs Monaten verstrichen sein sollte und der weichende Ehegatte keine Rückkehrabsicht angekündigt hat.

2. Trennung

3 Die Ehegatten leben getrennt, wenn zwischen ihnen **keine häusliche Gemeinschaft** mehr besteht **und** ein Ehegatte sie erkennbar **nicht wiederherstellen will**, weil er die eheliche Gemeinschaft ablehnt. Die häusliche Gemeinschaft besteht auch dann nicht mehr, wenn die Ehegatten innerhalb der ehelichen Wohnung getrennt leben (so die Legaldefinition in § 1567 Abs. 1 BGB). Die Trennung in diesem Sinne setzt das Aufheben der häuslichen Gemeinschaft sowie den Trennungswillen voraus. Eine Trennung innerhalb der Ehewohnung ist gegeben, wenn eine „echte" Trennung „von Tisch und Bett" vorgenommen wurde. Das heißt, die verbleibenden Gemeinsamkeiten müssen in einer Gesamtbetrachtung als unwesentlich für das eheliche Zusammenleben angesehen werden. Die Gründe der Trennung spielen grundsätzlich keine Rolle.

3. Trennungsabsicht

4 Eine Trennungsabsicht ist gegeben, wenn ein Ehegatte die eheliche Lebensgemeinschaft ablehnt und die häusliche Gemeinschaft aufgeben will. Eine ausdrückliche Erklärung ist nicht erforderlich. Die Trennungsabsicht kann daher auch durch konkludente Handlungen manifestiert werden (anschaulich: Durchsägen des Ehebetts).

II. Überlassungsanspruch nach § 1361 b BGB und nach § 1568 a BGB

5 Leben die Ehegatten innerhalb der Ehewohnung oder räumlich getrennt oder möchte einer der Eheleute getrennt leben, so kann er unter den Voraussetzungen des § 1361 b BGB – für die Zeit der Trennung – oder nach § 1568 a BGB – für die Zeit nach Rechtskraft der Ehescheidung – den **Überlassungsanspruch** beim zuständigen Familiengericht geltend machen. Die Ehewohnung wird dem Antragsteller für die Zeit der Trennung nach § 1361 b BGB zugewiesen, wenn hierdurch eine unbillige Härte vermieden wird. Die Ehewohnung wird dem Antragsteller nach Rechtskraft der Scheidung nach § 1568 a BGB zugewiesen, wenn er auf deren Nutzung unter Berücksichtigung des Wohls der im Haushalt lebenden Kinder und der Lebensverhältnisse der Eheleute in stärkerem Maße angewiesen ist als der andere Ehegatte oder die Überlassung aus anderen Gründen der Billigkeit entspricht. Ein während der Trennungszeit gestellter Antrag nach § 1361 b BGB wird durch die zwischenzeitlich erfolgte Scheidung in der Beschwerdeinstanz nicht unzulässig, wenn die Prüfung der Voraussetzungen für eine Wohnungszuweisung jedenfalls im Verfahren der einstweiligen Anordnung zu demselben Ergebnis führt.[15]

---

8 OLG Karlsruhe 13.10.1998 – 2 WF 97/98, FamRZ 1999, 1087; OLG Frankfurt a. M. 26.8.2003 – 3 UF 112/03, FamRZ 2004, 875; OLG Köln 10.3.2005 – 14 UF 11/05, FamRZ 2005, 1993.
9 BGH FamRZ 2013, 1280.
10 OLG Karlsruhe 13.10.1998 – 2 WF 97/98, FamRZ 1999, 1087.
11 BGH FamRZ 2017, 22.
12 KG 6.8.1992 – 18 UF 3863/92, NJW-RR 1993, 132.
13 OLG München 22.11.2006 – 17 UF 4619/06, FamRZ 2007, 836.
14 OLG München 10.6.1986 – 4 UF 18/86, FamRZ 1986, 1019.
15 OLG Schleswig FamRZ 2013, 629.

1. Überlassungsanspruch wegen unbilliger Härte nach § 1361 b Abs. 1 S. 1 BGB

Auf **Antrag** kann ein Ehegatte von dem anderen für die Zeit der Trennung (vorübergehende Regelung) verlangen, dass dieser ihm die Ehewohnung oder einen Teil hiervon zur alleinigen Nutzung überlässt, sofern diese bereits getrennt leben oder die Trennungsabsicht gegeben ist und wenn diese Zuweisung unter Berücksichtigung der Belange des anderen Ehegatten notwendig ist, um eine **unbillige Härte** zu vermeiden. Kann keine unbillige Härte bejaht werden, muss derjenige Ehegatte, der die Trennung wünscht, die Ehewohnung selbst verlassen. Im Rahmen der **Interessenabwägung** müssen alle Umstände des Einzelfalls berücksichtigt werden. 6

a) Unbillige Härte. Die „unbillige Härte" iSv § 1361 b Abs. 1 S. 1 BGB stellt einen **unbestimmten Rechtsbegriff** dar.[16] Durch den Begriffswechsel[17] zum 1.1.2002 von „schwerer Härte" zu „unbilliger Härte" ist es jedoch gelungen, die Schwelle für die Anwendung der Vorschrift herabzusenken und somit ein rasches Einschreiten des Familiengerichts zugunsten des „misshandelten" Ehegatten und/oder der in Hausgemeinschaft wohnenden Kinder zu gewährleisten. Eine Legaldefinition gibt es wegen der unterschiedlich gearteten Lebenssachverhalte nicht, so dass der Begriff entsprechend jedem Einzelfall auszufüllen ist. Insofern hat es der Gesetzgeber auch unterlassen, einen Härtekatalog in das Gesetz aufzunehmen. Es bedarf daher immer einer **umfassenden Würdigung** des Einzelfalls und seiner gesamten Umstände, unter persönlichen und wirtschaftlichen Gesichtspunkten. Ausdrückliche Benennung finden jedoch die wohl häufigsten und bedeutendsten Härtefälle, die immer den Tatbestand der „unbilligen Härte" begründen, nämlich die **Beeinträchtigung des Kindeswohls** nach § 1361 b Abs. 1 S. 2 BGB sowie die **tätliche und angedrohte Gewalt** nach § 1361 b Abs. 2 S. 1 BGB. 7

b) Härtefall. Ein solcher Härtefall iSv § 1361 b Abs. 1 S. 1 BGB ist gegeben, wenn durch grob rücksichtsloses Verhalten, exzessives Fehlverhalten oder durch erhebliche Belästigungen – verbal oder tätlich – das gemeinsame Wohnen unerträglich ist, beispielsweise der eine Ehegatte den anderen körperlich misshandelt, beleidigt, missachtet, herabsetzt.[18] Das angespannte Verhältnis unter den Eheleuten muss den einen Ehegatten subjektiv derart belasten, dass die häusliche Gemeinschaft gestört ist und dem belasteten Ehegatten auch bei objektiver Betrachtung nicht zugemutet werden kann, die häusliche Gemeinschaft fortzuführen bzw. wiederaufzunehmen.[19] Unannehmlichkeiten und Belästigungen hingegen, welche im Zusammenhang mit der Trennung der Eheleute üblicherweise auftreten, stellen keinen Härtefall iSv § 1361 Abs. 1 S. 1 BGB dar.[20] **Gewalt indiziert Härtefälle**. Dabei kann jede Gewaltform den Härtefall begründen, zB massiv unbeherrschtes und unberechenbares Verhalten, massiv rücksichtsloses Verhalten,[21] Ausfälle bzw. Tätlichkeiten unter Alkohol- und/oder Drogeneinfluss,[22] Randalieren und Lärmen, insbesondere bei Nacht, Suizidversuche oder deren Ankündigungen, Verwahrlosung durch mangelnde Hygiene, Sachbeschädigungen.[23] 8

c) Kindeswohl. Für die Entscheidung, ob einem Ehegatten nach § 1361 b BGB oder § 1568 a BGB die Ehewohnung anlässlich der Trennung oder Scheidung zugesprochen wird, ist primär das Kindeswohl (§ 1361 b Abs. 1 S. 2 BGB oder § 1568 Abs. 1 S. 1 BGB) zu berücksichtigen.[24] Die Bedürfnisse der gemeinsamen sowie nicht gemeinsamen Kinder[25] an einer beständigen, geordneten, ruhigen und möglichst 9

16 *Garbe-von Kuczkowski* in: PHdB-FamS § 6 Rn. 6.

17 *Weber-Monecke* FPR 2010, 555 ff.

18 OLG Karlsruhe 26.2.1991 – 16 WF 251/90, FamRZ 1991, 1440; OLG Brandenburg 24.1.1996 – 9 WF 8/96, FamRZ 1996, 743; OLG München 25.9.1995 – 16 WF 819/95, FamRZ 1996, 730.

19 OLG München 23.6.1997 – 12 WF 857/97, FuR 1997, 279; wiederholte Besuche der neuen Lebensgefährtin des Ehegatten, teilweise über Nacht, OLG Hamm FamRZ 2016, 1082.

20 OLG Hamburg 23.8.1992 – 2 WF 51/92 H FamRZ 1993, 190.

21 OLG Naumburg 27.7.2005 – 3 UF 108/05, FamRZ 2006, 1207.

22 OLG Frankfurt a. M. 19.4.1993 – 4 WF 6/93, FamRZ 1993, 1343; OLG Celle 12.12.1991 – 18 WF 196/91, FamRZ 1992, 676.

23 *Haußleiter/Schulz* FPR 1998, 33 ff.

24 OLG Brandenburg 10.6.2010 – 9 UF 142/09, FamRZ 2011, 118; 8.7.2010 – 9 WF 40/10, FamRZ 2010, 1983.

25 KG 8.11.1990 – 16 WF 5430/90, FamRZ 1991, 467; OLG Schleswig 22.3.1991 – 8 UF 250/90, FamRZ 1991, 1301.

entspannten Familiensituation,[26] auch unter Beachtung der Organisationsform der Kinderbetreuung,[27] haben **Vorrang**. Um dem durch Trennung und Scheidung belasteten Kind seine bisherige Umgebung zu belassen, erst recht wenn der weichende Ehegatte anderweitig wohnen kann,[28] ist in zweifelhaften Fällen zugunsten des Kindeswohls zu entscheiden.[29] Dabei reicht eine Gefährdung des Kindeswohls aus,[30] um die Ehewohnung dem betreuenden Elternteil zuzuweisen, da bis zu einer Verletzung des Kindeswohls nicht zugewartet werden soll. Der Auszug des betreuenden Elternteils mit den drei gemeinsamen schulpflichtigen Kindern aus dem gemeinschaftlichen Haus in eine 500 m entfernte Wohnung stellt hingegen keine unbillige Härte dar, auch wenn damit eine Verringerung der Wohnfläche verbunden ist,[31] so dass der Antrag auf Wohnungszuweisung als unbegründet abgelehnt wurde. Bereits häufige verbale Auseinandersetzungen und Spannungen zwischen den Eheleuten können sich negativ auf die Persönlichkeitsentwicklung der Kinder auswirken.[32]

10 **d) Verschulden.** Keine Rolle spielen grundsätzlich der Umstand und die Motive der Trennung der Eheleute bzw. die Gründe für das Scheitern der Ehe. Dies beruht auf dem **Grundsatz der verschuldensunabhängigen Scheidung** und deren Folgen. Nur wenn das Kindeswohl nicht zu betrachten ist, kann in Extremfällen unter dem Gesichtspunkt der groben Unbilligkeit das Verschulden eines Ehegatten Berücksichtigung finden. Dies kann beispielsweise der Fall sein, wenn ein exzessives Fehlverhalten eines Ehegatten außergewöhnlich schwer ins Gewicht fällt.[33] Die Wohnungszuweisung nach § 1361 b BGB setzt hingegen nicht voraus, dass ausschließlich oder schwerpunktmäßig die Ursache der unerträglichen Zustände von dem anderen Ehegatten ausgeht.[34]

11 **e) Dingliche Rechtsposition.** Dingliche Rechtspositionen sind bei der Wohnungszuweisung nach § 1361 b Abs. 1 S. 3 BGB besonders zu berücksichtigen.[35] Hierunter fallen **Alleineigentum, Miteigentum** (unter den Eheleuten und mit Dritten, wie Eltern, Schwiegereltern, Geschwister etc), Nießbrauchsrecht, Erbbaurecht, Wohnungseigentum als solches, Dauerwohnrecht, dingliches Wohnrecht ua (s. auch § 2 Abs. 1, 2 S. 1, 4 GewSchG). Dies ist regelmäßig der Fall, wenn das Kindeswohl nicht betroffen ist und die Ursachen der Spannungen zwischen den Eheleuten nicht eindeutig einem der Ehegatten zugeordnet werden können. Denn das dingliche Recht tritt immer hinter dem Interesse des minderjährigen Kindes zurück, § 1361 b Abs. 1 S. 2 BGB.[36] Entsprechendes gilt, wenn in der Ehewohnung nahe Angehörige gepflegt werden.[37] Nur wenn die unbillige Härte offensichtlich auf einseitiges Fehlverhalten des dinglich berechtigten Ehegatten zurückzuführen ist, ist auf das dingliche Recht nicht entscheidend abzustellen. Nach dem **Grundsatz der Verhältnismäßigkeit** soll die ausnahmsweise zugesprochene Nutzung des dinglich Berechtigten **befristet** werden, wenn ein Ende des Getrenntlebens nicht absehbar ist.[38] Die bloße Nutzungsüberlassung einer im Alleineigentum des weichenden Ehegatten stehende Immobilie für die Dauer des Getrenntlebens gibt gegenüber Erwerbern der Immobilie nur ein durchsetzbares Recht, wenn zusätzlich ein (zeitlich befristetes) Mietverhältnis begründet wurde.[39]

---

26 OLG Hamburg FamRZ 2019, 1405; OLG Stuttgart FamRZ 2015, 1189.
27 OLG Frankfurt a. M. 19.4.1993 – 4 WF 6/93, FamRZ 1993, 1343.
28 OLG Celle 10.11.2005 – 10 UF 268/05, FamRZ 2006, 1143.
29 OLG Bamberg 18.10.1995 – 2 UF 198/94, FamRZ 1995, 560; KG 8.11.1990 – 16 WF 5430/90, FamRZ 1991, 467; OLG Schleswig 22.3.1991 – 8 UF 150/90, FamRZ 1991, 1301.
30 OLG Frankfurt a. M. 1.6.1995 – 3 UF 75/95, FamRZ 1996, 289; OLG Köln FamRZ 2013, 134.
31 OLG Köln 17.3.2010 – 27 UF 28/10, FamRZ 2011, 372.
32 AG Tempelhof-Kreuzberg 5.9.2002 – 142 F 3248/02, FamRZ 2003, 532.
33 So zumindest wird argumentiert im Zusammenhang mit der Hausratsaufteilung: KG 28.8.1987 – 17 UF 1644/87, FamRZ 1988, 182; AG Weilburg 15.2.1991 – 2 F 351/86.
34 OLG Jena 13.5.1996 – UF 60/96, FamRZ 1997, 559.
35 OLG Köln 14.12.1993 – 25 UF 204/93, FamRZ 1994, 632.
36 OLG Nürnberg 4.3.1997 – 7 UF 564/97, EzFamR aktuell 1997, 200.
37 OLG Nürnberg 4.3.1997 – 7 UF 564/97, EzFamR aktuell 1997, 200.
38 FA-FamR-HdB/*Klein* 8. Kap. Rn. 232.
39 OLG Celle FamRZ 2012, 32.

f) Interessenabwägung. Nach § 1361 b Abs. 1 S. 1 BGB hat die Entscheidung des Gerichts die **Belange beider Eheleute** zu berücksichtigen. Insofern ist eine **Gesamtabwägung** aller wesentlichen Umstände jedes Einzelfalls vorzunehmen. Hierher zählen die aktuellen Lebensbedingungen der Ehegatten, ihre jeweilige Beziehung zur Ehewohnung und das Verhältnis der Ehegatten zueinander. Im Einzelnen können das der Gesundheitszustand[40] und das Alter der Ehegatten sein, ihre Einkommens- und Vermögensverhältnisse,[41] der Umstand, dass einer der Ehegatten die Ehewohnung bereits vor der Eheschließung bewohnt hat und uU erhebliche Eigenleistungen zum Auf- und Ausbau der Ehewohnung erbracht hat,[42] das Verhalten eines Ehegatten gegenüber dem anderen zur Durchsetzung vermeintlicher Rechte, wie beispielsweise verbotene Eigenmacht[43] oder Zwang oder der Verstoß gegen gerichtlich getroffene oder verbindlich vereinbarte Regelungen zur Nutzungsaufteilung der Ehewohnung.[44] 12

2. Überlassungsanspruch bei Gewalt nach § 1361 b Abs. 2 BGB

Auf Antrag kann dem Ehegatten, gegen den Gewalt durch den anderen Ehegatten ausgeübt wurde, die gesamte Wohnung zur alleinigen Nutzung nach § 1361 b Abs. 2 S. 1 BGB für die Zeit der Trennung (**vorübergehende Regelung**) zugewiesen werden. Die **sog. Gewaltschutzregelung** des § 1361 b Abs. 2 BGB beinhaltet eine besondere Regelung für Gewalttaten. Sie knüpft an die allgemeinen Gewaltschutzregelungen an.[45] Unter Gewalttaten in diesem Sinne werden die vorsätzlichen und widerrechtlichen Verletzungen an Körper, Gesundheit oder Freiheit nach § 1 Abs. 1 GewSchG sowie die widerrechtlichen Drohungen mit Gewalt, dh Drohungen mit einer Körperverletzung oder Bedrohung des Lebens des anderen Ehegatten nach § 1 Abs. 2 GewSchG verstanden. In diesen Gewaltfällen wird die Ehewohnung dem Opfer grundsätzlich alleine zugewiesen, § 1361 b Abs. 2 S. 1 BGB. Eine Nutzungsaufteilung der Ehewohnung kann in Gewaltfällen daher nur ausnahmsweise in Betracht kommen. Es entspricht der allgemeinen Lebenserfahrung, dass die bloße Aufteilung der Ehewohnung einen Nährboden für weitere Konflikte zwischen den Eheleuten schaffen würde. Der Gedanke des Opferschutzes rechtfertigt daher die alleinige Zuweisung der Ehewohnung an das Opfer.[46] Gewalt iSv § 1 GewSchG ist weit auszulegen. Man versteht darunter die körperliche direkte und indirekte Gewalt sowie die psychische direkte und indirekte Gewalt gegen einen Dritten. Gewalt kann sich aber auch darstellen in Erniedrigungen, Anbrüllen, Mundtotmachen, Psychoterror über Fernkommunikationsmittel, häuslichem Vandalismus, verbunden mit dem Zerstören und Beschädigen von Sachen.[47] Letztlich kommt es entscheidungserheblich darauf an, wie der betroffene Ehegatte die Form der Gewalt empfindet bzw. sich subjektiv belastet fühlt und ob ihm objektiv die Aufrechterhaltung der häuslichen Gemeinschaft nicht mehr zugemutet werden kann. Da nach der Begehung einer Gewalttat mit weiteren Gewalttaten zu rechnen ist, schreibt die **Vermutungsregelung des § 1361 b Abs. 2 S. 2 BGB** fest, dass der Täter darzulegen und beweisen hat, dass weitere Gewalt nicht zu besorgen ist.[48] Die Vorschrift regelt somit die **Umkehr der Beweislast**. An die Widerlegung der Vermutung werden jedoch hohe Anforderungen gestellt.[49] So genügt beispielsweise nicht das Angebot, eine (strafbewehrte) Unterlassungserklärung abzugeben.[50] Die Beweisführung soll jedoch durch einmalige „Ausrutscher“ im Zusammenhang mit der Trennung, durch Zeitablauf oder Nichtvorhandensein jeglicher diesbezüglicher Anhaltspunkte erleichtert werden.[51] Unabhängig von der Beweislastumkehr ist dem Opfer dennoch die gesamte Wohnung zur alleinigen Nutzung zu überlassen, wenn ihm wegen der Schwere der 13

40 OLG Jena 30.5.1996 – UF 60/96, FamRZ 1997, 559.
41 KG 20.8.1987 – 17 UF 1644/87, FamRZ 1988, 182.
42 KG 20.8.1987 – 17 UF 1644/87, FamRZ 1988, 182.
43 OLG Hamm 19.1.1996 – 5 WF 1/96.
44 OLG Braunschweig 18.10.1995 – 2 UF 111/95, NJW-RR 1996, 578.
45 *Weber-Monecke* FPR 2010, 555 ff.
46 FA-FamR-HdB/*Klein* 8. Kap. Rn. 233.
47 *Brudermüller* FamRZ 2003, 1705 (1708).
48 OLG Stuttgart 27.11.2003 – 18 WF 190/03, FamRZ 2004, 876; 12.9.2006 – 18 WF 176/06, FamRZ 2007, 829; *Brudermüller* FamRZ 2003, 1705 (1708).
49 OLG Stuttgart 27.11.2003 – 18 WF 190/03, FamRZ 2004, 876; 12.9.2006 – 18 WF 176/06, FamRZ 2007, 829.
50 OLG Stuttgart 12.9.2006 – 18 WF 176/06, FamRZ 2007, 829.
51 FA-FamR-HdB/*Klein* 8. Kap. Rn. 236.

Tat ein häusliches Zusammenleben nicht zumutbar ist, § 1361 b Abs. 2 S. 2 BGB. Hierunter fallen Taten wie Vergewaltigungen, Totschlagsversuch, schwere Körperverletzungen.[52]

III. Schutzanordnungen

14 § 1361 b Abs. 3 S. 1 BGB schreibt für den aus der Ehewohnung verwiesenen Ehegatten ein **Wohlverhaltensgebot** fest: Er hat alles zu unterlassen, was geeignet ist, die Ausübung des Nutzungsrechts des in der Ehewohnung Verbliebenen zu erschweren oder zu vereiteln.[53] Nach § 209 Abs. 1 FamFG darf das Familiengericht daher Anordnungen unter Beachtung des Verhältnismäßigkeitsgrundsatzes zum Schutz des in der Wohnung Verbliebenen treffen.[54] Üblicherweise sind das **Betretungsverbote,**[55] **Näherungsverbote,**[56] Kontaktverbote,[57] **Gebot der Aushändigung von Garagen-, Wohnungs-, Zweitschlüssel**. Auch kann das Familiengericht gegenüber dem weichenden Ehegatten, der Alleinmieter der Ehewohnung ist, ein **Kündigungsverbot** aussprechen. Andernfalls könnte der weichende Ehegatte die Ehewohnungszuweisung des Familiengerichts zugunsten des verbleibenden Ehegatten umgehen. Kündigt er dennoch, ist dies „nur" gegenüber dem Ehegatten unwirksam, §§ 135, 136 BGB.[58] Der Gesetzgeber will und kann den verbleibenden Ehegatten jedoch nicht vor einer Veräußerung durch den scheidenden Alleineigentümers schützen.[59] Das Familiengericht kann aber ein **Mietverhältnis** – eventuell auch zeitlich befristet – **anordnen**. Der verbleibende Ehegatte kann sich bei Veräußerung auf die Kündigungsschutzrechte aus dem Mietverhältnis nach §§ 564 b, 571, 580 BGB berufen. Unter Berücksichtigung von § 1365 BGB – ist die Ehewohnung als Vermögen als Ganzes zu qualifizieren – könnte der verbleibende Ehegatte ein Veräußerungsverbot bei dem zuständigen Familiengericht mittels einstweiliger Anordnung erwirken und durch Eintrag ins Grundbuch sichern lassen.[60] Fraglich ist, ob sich aus dem Wohlverhaltensverbot ein Anspruch auf Einstellung der Teilversteigerung und ein gerichtliches Verbot der Teilungsversteigerung herleiten lässt.[61] Sollte es sich hingegen um sog. Vermögen im Ganzen im Sinne von § 1365 BGB handeln, kommt es auf diesen Streit gar nicht an.

IV. Verbotene Eigenmacht

15 Ein Ehegatte, der während der Trennung von dem anderen Ehegatten aus der Ehewohnung ausgesperrt wurde, kann die Wiedereinräumung des Besitzes zum Zweck des Getrenntlebens innerhalb der Ehewohnung analog § 1361 b BGB einfordern, sofern die sonstigen Voraussetzungen der Regelung gegeben sind. Dabei ist der Regelungsgehalt des possessorischen Besitzschutzes mit einzubeziehen.[62] Die besonderen familienrechtlichen Normen verdrängen die allgemeinen Vorschriften, wobei bei § 1361 b BGB zu unterscheiden ist, ob der ausgesperrte Ehegatte sich trennen will oder nicht. Möchte der ausgesperrte Ehegatte **ohne Trennungsabsicht** wieder in die Wohnung zurück, muss er auf der Grundlage von § 861 BGB die Wiedereinräumung des Mitbesitzes an der Ehewohnung einfordern. Nur wenn der sog. Aussperrer

52 Palandt/*Brudermüller* BGB § 1361 b Rn. 16.
53 KG FamRZ 2017, 1393.
54 *Weber*-Monecke FPR 2010, 555 ff.
55 OLG Köln 12.9.2002 – 14 WF 171/02, FamRZ 2003, 319; OLG Stuttgart 27.11.2003 – 18 WF 190/03, FamRZ 2004, 876.
56 OLG Köln 12.9.2002 – 14 WF 171/02, FamRZ 2003, 319; OLG Stuttgart 27.11.2003 – 18 WF 190/03, FamRZ 2004, 876.
57 OLG Köln 12.9.2002 – 14 WF 171/02, FamRZ 2003, 319; OLG Stuttgart 27.11.2003 – 18 WF 190/03, FamRZ 2004, 876.
58 *Schneider* FamRZ 2006, 10 f.; *Brudermüller* FamRZ 2003, 1705 ff.
59 *Brudermüller* FamRZ 2003, 1705 ff.; *Finger* FuR 2006, 241 ff.; OLG Celle 2.5.2011 – 10 WF 133/11, FamRZ 2012, 32 f.
60 *Brudermüller* FamRZ 2003, 1705 ff.
61 Palandt/*Brudermüller* BGB 1361 b Rn. 17; zur Teilungsversteigerung der Ehewohnung in der Trennungszeit, OLG Hamburg FamRZ 2017, 1829; ablehnend OLG Stuttgart FamRZ 2019, 1928; es kommt darauf an, dh Interessenabwägung erforderlich, OLG Jena FamRZ 2019, 515.
62 OLG Karlsruhe 25.4.2000 – 2 UF 195/99, FamRZ 2001, 760; AG Neustadt a. Rbge. 16.11.2004 – 34 F 116/04 WH, FamRZ 2005, 1253; s. zur extensiven Auslegung des possessorischen Besitzschutzes: *Menter* FamRZ 1997, 76 ff.

einwenden würde, dass er die verbotene Eigenmacht **zum Zwecke des Getrenntlebens** ausübte, ist das Verfahren auf der Grundlage von § 1361 b BGB (fort) zu führen. Wurde hingegen der Ehegatte während der Trennungszeit aus der Ehewohnung ausgesperrt, so kann er auf der Anspruchsgrundlage von § 1361 b BGB die Wiedereinräumung des (Mit-)Besitzes an der Ehewohnung zum Zwecke des Getrenntlebens in der Ehewohnung einfordern. Der Regelungsgehalt des possessorischen Besitzschutzes wird dabei einbezogen.[63] Der ursprünglich ausgesperrte Ehegatte kommt damit auch in den Genuss der Schutz- und Unterlassungsanordnungen nach § 1361 b Abs. 3 S. 1 BGB.

V. Nutzungsvergütung

1. Überblick

Nach § 1361 b Abs. 3 S. 2 BGB wird dem aus der Ehewohnung ausziehenden Ehegatten ein Anspruch 16
auf Nutzungsvergütung gegen den verbleibenden Ehegatten eingeräumt, soweit dies der **Billigkeit** entspricht. Die Nutzungsvergütung dient als Entschädigung für den Verlust des Rechts auf Mitbesitz an der Ehewohnung für die Zeit der Trennung. Das Recht auf Mitbesitz an der Ehewohnung – unabhängig von Eigentums-, Besitz- oder Mietverhältnissen[64] – wiederum rührt aus dem Wesen der Ehe iSv § 1353 BGB. Der Anspruch auf Nutzungsvergütung besteht nach neuestem Recht sowohl **bei richterlicher Entscheidung** auf Zuweisung der Ehewohnung nach § 1361 b BGB an einen Ehegatten als auch bei **freiwilliger Überlassung** der Nutzung.[65] Ist jedoch bereits im Zusammenhang mit der außergerichtlichen oder gerichtlichen Unterhaltsregelung auf Trennungsunterhalt der sog. Wohnwert berücksichtigt worden, hat diese **Unterhaltsregelung Vorrang.**[66] Darüber hinaus kommt im Regelfall die Zahlung einer Nutzungsvergütung nicht mehr in Betracht. Bei der Unterhaltsbemessung wird ein sog. **angemessener Wohnwert** (→ *Wohnwert*) angesetzt, der damit eine Regelung über den Nutzungswert der Ehewohnung einschließt.[67] Nur im Einzelfall kann es der Billigkeit entsprechen, noch einen zusätzlichen Betrag auf Nutzungsvergütung zuzusprechen.[68] Die Nutzungsvergütung ist erst ab dem Zeitpunkt fällig, mit welchem sie geltend gemacht wird, weil dem in der Wohnung verbleibenden Ehegatten Gelegenheit gegeben werden muss, sich auf das Zahlungsverlangen einzustellen.[69]

2. Billigkeit

Ein Nutzungsentgelt kann nur verlangt werden, wenn dies der Billigkeit entspricht.[70] Dabei ist es unerheb- 17
lich, ob der Anspruch auf § 1361 b BGB oder § 745 Abs. 2 BGB gestützt wird. Für die **Billigkeitsentscheidung** sind die gesamten Umstände des jeweiligen Einzelfalls zu berücksichtigen.[71] Im Einzelnen: der Mietwert der Ehewohnung, die Lebensverhältnisse der Ehegatten,[72] die wirtschaftlichen Verhältnisse der Ehegatten, wie insbesondere die Belastungen der Ehewohnung und der diesbezügliche Schuldner bzw.

63 OLG Karlsruhe 25.4.2000 – 2 UF 195/99, FamRZ 2001, 760.

64 OLG Jena 25.2.2008 – 11 SA 1/08, FamRZ 2008, 1934; gilt auch bei beiderseits eingeräumtem unentgeltlichen Wohnrecht, BGH FamRZ 2014, 460.

65 OLG Frankfurt a. M. 1.11.2010 – 5 UF 300/10, FamRZ 2011, 373; OLG Jena 25.2.2008 – 11 SA 1/08, FamRZ 2008, 1934; KG 13.12.2007 – 2 AR 60/07, FamRZ 2008, 1933.

66 BGH 11.12.1995 – IVb ZR 82/84, FamRZ 1986, 434; 29.6.1994 – XII ZR 79/93, FamRZ 1994, 1100; *Huber* FamRZ 2000, 129 (131) mwN; OLG Naumburg 23.4.2009 – 8 U 17/08, FamRZ 2009, 2090.

67 BGH 11.12.1985 – IVb ZR 83/84, 1986, 436; 13.11.1996 – XII ZR 125/95, FamRZ 1997, 484.

68 OLG Köln 26.2.2004 – 4 UF 19/04, FamRZ 2005, 639.

69 OLG Düsseldorf FamRZ 2019, 779; OLG München 21.10.1998 – 12 UF 1438/98, FamRZ 1999, 1270; OLG Köln 9.11.1998 – 13 W 55/98, FamRZ 1999, 1272; OLG Braunschweig 17.11.1995 – 2 UF 51/95, FamRZ 1996, 548; aA Staudinger/*Hübner/Voppel* BGB § 1361 b Rn. 41; *Erbarth* FamRZ 1998, 1007 ff.

70 KG FamRZ 2015, 1191; OLG Hamm 1.7.2010 – II-3 UF 222/09, FamRZ 2011, 481; kein Anspruch, wenn Schwiegerkind auszieht und Schwiegereltern die Wohnung mietfrei zur Verfügung stellen, OLG Karlsruhe FamRZ 2019, 780.

71 OLG Frankfurt a. M. 1.11.2010 – 5 UF 300/10, FamRZ 2011, 373; OLG Schleswig 19.10.1987 – 12 UF 292/86, FamRZ 1988, 722.

72 OLG München 10.8.1989 – 16 UF 781/89, FamRZ 1990, 530.

der Zahlende,[73] die bisherige Lebensführung, der tatsachliche Wohnbedarf und die hierfür vorhandenen Mittel,[74] das Vorhandensein von Kindern,[75] die Veranlassung der Wohnungszuweisung durch das störende Verhalten des anderen Ehegatten, ein fiktiver Anspruch auf Trennungsunterhalt,[76] das fiktive Einkommen des Pflichtigen, der es entgegen der unterhaltsrechtlichen Verpflichtung unterlässt einer ausreichenden Erwerbsobliegenheit nachzukommen.[77] Bei einem treuwidrig widersprüchlichen Verhalten, bei dem Nutzungsvergütung verlangt wird und zugleich dem in der Ehewohnung verbleibenden Ehegatten die Nutzung des im Miteigentum stehenden Ferienhauses verweigert wird, ist es nicht unbillig, dem weichenden Ehegatten kein Nutzungsentgelt für die Ehewohnung zuzusprechen.[78] Wegen des Vorrangs der Leistungsklage ist ein Feststellungsinteresse für die Feststellung, dass die Zahlung einer Nutzungsentschädigung der Billigkeit entspricht, nicht gegeben. Wird die Nutzungsentschädigung hingegen nur für einen Monat – und nicht die gesamte Nutzungsdauer – begehrt, ist ein Feststellungsinteresse des Antragsgegners an der Feststellung, dass eine Vergütungspflicht der Billigkeit nicht entspricht, gegeben.[79]

3. Nutzung fremden Eigentums

18 Die Nutzung des Alleineigentums des anderen Ehegatten – ob durch gerichtliche Regelung oder freiwillige Überlassung – berechtigt nicht automatisch zur Geltendmachung der Nutzungsentschädigung. Vielmehr muss die Nutzungsentschädigung der **Billigkeit** entsprechen. Die Nutzungsentschädigung entspricht „stets" dann der Billigkeit, wenn der ausziehende Ehegatte alleine oder mit Dritten an der Ehewohnung **dinglich berechtigt** ist.[80] Haben die Eheleute die Ehewohnung, an welcher nur einer der Ehegatten Alleineigentum hält, aufgeteilt, dann kann der Alleineigentümer grundsätzlich von dem anderen Ehegatten auch eine Nutzungsentschädigung fordern. Hieran ändert auch der Umstand der eventuellen freiwilligen Einräumung nichts. Die in etwa gleichwertige Wohnungsaufteilung berechtigt hingegen nicht zur Geltendmachung der Nutzungsentschädigung, da kein schwerer Eingriff in das Eigentum gegeben ist.[81]

4. Aufgedrängte Alleinnutzung

19 Wurde dem in der Ehewohnung verbleibenden Ehegatten die Alleinnutzung aufgedrängt und ist er finanziell nicht in der Lage, den Gegenwert der aufgedrängten Alleinnutzung zu tragen bzw. wäre er gezwungen auszuziehen, um sich dieser finanziellen Belastung zu entledigen, so kann bis Ablauf des ersten Trennungsjahres oder sogar bis zur Scheidung die **Nutzungsvergütung ausgeschlossen** sein.[82] Im Einzelfall kann eine **Herabsetzung** der Vergütung der Billigkeit entsprechen.[83]

5. Leistungsfähigkeit

20 Die Frage der Billigkeit einer Nutzungsvergütung hängt entscheidend von der Leistungsfähigkeit des in der Ehewohnung verbleibenden Ehegatten ab. Neben dem tatsächlichen Wohnbedarf sind daher die finanziellen Verhältnisse der Ehegatten entscheidungserheblich.[84] Aber nicht in jedem Falle kann bei

73 OLG Saarbrücken 7.7.2010 – 9 U 536/09–5, FamRZ 2010, 1981.
74 OLG Frankfurt a. M. 3.12.1991 – 3 UF 111/91, FamRZ 1992, 677; OLG München 10.8.1989 – 16 UF 781/89, FamRZ 1990, 530.
75 OLG Köln 23.6.1992 – 4 UF 21/92, FamRZ 1993, 562; OLG Celle 25.6.1991 – 18 UF 12/91, FamRZ 1992, 456.
76 OLG Frankfurt a. M. 2013, 135.
77 OLG Bamberg FamRZ 2015, 668.
78 OLG Frankfurt a. M. 1.11.2010 – 5 UF 300/10, FamRZ 2011, 373.
79 Palandt/*Brudermüller* BGB 1361 b Rn. 21; aA OLG Düsseldorf 16.12.1987 – 4 WF 252/87, FamRZ 1988, 410.
80 OLG Köln 7.10.1991 – 26 W 14/91, FamRZ 1992, 440; OLG Naumburg 18.9.1997 – 3 UF 66/97, FamRZ 1998, 1529; BGH 11.12.1985 – IVb ZR 83/84, FamRZ 1986, 436; OLG Hamm 20.1.1989 – 5 UF 433/88, FamRZ 1989, 739; OLG München 26.7.2007 – 16 UF 1164/07, FamRZ 2008, 695.
81 OLG Brandenburg 14.2.2008 – 10 UF 97/07, FamRZ 2009, 1931.
82 OLG Hamm 6.3.1996 – 33 U 59/95, FamRZ 1996, 1476; OLG Dresden 22.10.1999 – 10 UF 360/99, FamRZ 2000, 1104.
83 BGH 11.12.1985 – IVb ZR 83/84, FamRZ 1986, 436; OLG Hamm 6.3.1996 – 33 U 59/95, FamRZ 1996, 1476.
84 *Brudermüller* FamRZ 1989, 7 (11).

Leistungsunfähigkeit des bleibenden Ehegatten per se Unbilligkeit angenommen werden, genauso wenig kann bei guten Vermögensverhältnissen des in der Ehewohnung Verbleibenden automatisch Billigkeit angenommen werden.[85] Bei Leistungsunfähigkeit des in der Ehewohnung verbliebenen Ehegatten kann daher bis zum Ablauf des ersten Trennungsjahres oder sogar bis zur Scheidung die Nutzungsvergütung ausgeschlossen sein bzw. eine **Herabsetzung** der Vergütung der Billigkeit entsprechen (→ Rn. 19).

6. Kinderbetreuung

Für die Frage der Billigkeit spielt der Umstand der Versorgung gemeinsamer Kinder eine **entscheidungserhebliche Rolle**. Kann der in der Ehewohnung verbliebene Ehegatte wegen der Betreuung kleiner Kinder nicht erwerbstätig sein oder ist er mangels Unterhaltszahlungen nicht leistungsfähig, so entspricht die Nutzungsvergütung nicht der Billigkeit.[86] Unbilligkeit ist auch gegeben, wenn der in der Ehewohnung verbliebene Ehegatte in dem von ihm bewohnten Teil der Ehewohnung das gemeinsame Kind betreut hat, während wenn der ausgezogene Ehegatte über außergewöhnlich hohe finanzielle Mittel verfügt und die Trennung von ihm veranlasst wurde.[87] Ein bereits 14-jähriges Kind muss jedoch nicht unbedingt bis zum Abschluss der Schulzeit bzw. Volljährigkeit in der Ehewohnung, die im Eigentum des scheidenden Gatten steht, verbleiben.[88] Nutzt ein Ehegatte mit den gemeinsamen Kindern mehrere Jahre nach der Trennung die Ehewohnung, die im Alleineigentum des anderen Ehegatten steht, kann eine Nutzungsvergütung in Höhe des objektiven Wohnwerts jedenfalls dann gerechtfertigt sein, wenn der Alleineigentümer in beengten wirtschaftlichen Verhältnissen lebt.[89] 21

7. Zeitpunkt

Mit der Trennung ist die Nutzung der Ehewohnung neu zu regeln. Hierunter fällt auch die Regelung einer eventuellen Nutzungsentschädigung, die der verbleibende Ehegatte an den scheidenden Ehegatten zu leisten hat. Die Nutzungsvergütung wird jedoch nicht automatisch durch den Verbleib des einen Ehegatten in der Wohnung fällig,[90] sondern muss ausdrücklich und eindeutig mittels **Zahlungsaufforderung** beansprucht werden.[91] Entsprechend dem Rechtsgedanken des § 1613 BGB (Vertrauensgrundsatz) muss sich der in der Ehewohnung verbleibende Ehegatte rechtzeitig auf die Nutzungsvergütung einstellen können, so dass diese erst mit Zahlungsaufforderung für die Zukunft bzw. nicht rückwirkend beansprucht werden kann.[92] Dabei genügt die reine Zahlungsaufforderung ohne nähere Begründung nicht.[93] Aus Gründen der Billigkeit muss dem in der Ehewohnung verbleibenden Ehegatten nach Zugang der Zahlungsaufforderung eine **Überlegungszeit** bzw. **Überlegungsfrist** eingeräumt werden, in welcher er sich zu entscheiden hat, ob er die Ehewohnung für die geforderte Nutzungsvergütung weiter bewohnen oder stattdessen ausziehen möchte.[94] 22

8. Höhe der Nutzungsvergütung

Die Höhe der Nutzungsvergütung richtet sich generell nach der höchstrichterlichen Rechtsprechung zur Bemessung des **Wohnvorteils** für den Unterhalt (→ *Wohnwert* Rn. 4 ff.). Heranzuziehen ist grundsätzlich 23

85 OLG Köln 23.6.1992 – 4 UF 21/92, FamRZ 1993, 562.
86 OLG Köln 16.12.1996 – 14 UF 275/96, FamRZ 1997, 943.
87 OLG Brandenburg 14.2.2008 – 10 UF 97/06, FamRZ 2008, 1931.
88 OLG Köln 1.8.2008 – 4 UF 74/08, OLGR 2009, 170.
89 OLG Bremen 31.3.2010 – 4 WF 32/10, FamRZ 2010, 1980.
90 OLG Dresden 22.10.1999 – 10 UF 360/99, FamRZ 2000, 1104.
91 OLG Düsseldorf FamRZ 2019, 779; OLG München 21.10.1998 – 12 UF 1438/98, FamRZ 1999, 1270; OLG Köln 9.11.1998 – 13 W 55/98, FamRZ 1999, 1272.
92 OLG Köln 7.10.1991 – 26 W 14/91, FamRZ 1992, 440; OLG Braunschweig 17.11.1995 – 2 UF 51/95, FamRZ 1996, 548; OLG München 21.10.1998 – 12 UF 1438/98, FamRZ 1999, 1270; OLG Brandenburg 12.3.2001 – 9 U 7/00, FamRZ 2001, 1713; *Erbath* FamRZ 1998, 1007 (1009 ff.); *Wever* FamRZ 2008, 1484 (1485).
93 FA-FamR-HdB/*Klein* 8. Kap. Rn. 279.
94 OLG München 17.4.2007 – 2 UF 1607/06, FamRZ 2007, 1655; *Wever* FamRZ 2008, 1484 (1485).

der **objektive Mietwert** der Ehewohnung.[95] Es ist daher zu prüfen, welcher ortsübliche Mietzins für eine vergleichbare Wohnung auf dem freien Wohnungsmarkt erzielt werden könnte.[96] Bei einer preisgebundenen Wohnung orientiert sich die Höhe der Nutzungsvergütung an der entsprechenden Kostenmiete.[97] Bei Miteigentum bestimmt sich die Höhe der Nutzungsvergütung regelmäßig nach dem anteiligen (je nach den Eigentumsverhältnissen) Mietwert.[98] Dieser ist um die Belastung im Verhältnis der Eigentumsanteile und die verbrauchsunabhängigen Nebenkosten zu bereinigen, sofern diese der allein nutzende Ehegatte bezahlt.[99] Entsprechendes gilt im Übrigen auch bei Alleineigentum des Ausziehenden.[100] Während der Trennung bis zur rechtskräftigen Scheidung bzw. bis zur Auseinandersetzung des Eigentums kann die Höhe der Nutzungsvergütung aus Gründen der Billigkeit und dem Grundsatz der ehelichen Solidarität **geringer** sein als der objektive Mietzins bzw. die ortsübliche Miete. Regelmäßig wird es daher meist im ersten Trennungsjahr[101] – insbesondere bei aufgedrängter Alleinnutzung und schlechten wirtschaftlichen Verhältnissen – angemessen sein, die Nutzungsvergütung zu reduzieren.[102] Insofern orientiert sich die Nutzungsvergütung an dem angemessenen Wohnwert im Sinne des Unterhaltsrechts bzw. der ersparten Aufwendung für eine anderweitig angemessene Wohnung, die andernfalls angemietet werden müsste.[103] Bei einer **Mietwohnung** hingegen kann der in der Ehewohnung verbleibende Ehegatte mit Mietzins und Nebenkosten belastet werden, auch wenn er nicht der formelle Mieter des Mietvertrags ist. Er kann jedoch höchstens zu dem objektiven Mietzins bzw. ortsüblichen Mietzins für eine vergleichbare Wohnung auf dem freien Wohnungsmarkt herangezogen werden.[104] Bei öffentlich gefördertem Wohnraum hat der verbleibende Ehegatte die Kostenmiete zu bezahlen, bereinigt um die verbrauchsabhängigen Kosten, sofern er diese selbst trägt. Auch in diesem Fall kann eine Reduzierung auf den sog. angemessenen Wohnwert bzw. auf die angemessene Nutzungsvergütung in Betracht kommen, beispielsweise im ersten Trennungsjahr, bei aufgedrängter Alleinnutzung. Bei engen wirtschaftlichen Verhältnissen orientiert sie sich an dem tatsächlichen Wohnbedarf und den hierfür vorhandenen Mitteln sowie der bisherigen Lebensführung der Ehegatten.[105]

9. Nutzen und Lasten

24 Bei der Bestimmung der Höhe der Nutzungsvergütung sind die mit der Ehewohnung verbundenen finanziellen **Lasten** zu berücksichtigen, es sei denn, sie werden üblicherweise auf den Mieter abgewälzt.[106] Streitig ist jedoch, welche Kosten und Lasten des Grundstücks bei der Berechnung der Nutzungsvergütung anzurechnen sind. Im Zusammenhang mit der Berechnung des Wohnvorteils hat der BGH festgeschrieben, dass die **verbrauchsunabhängigen** Grundstückskosten wie Grundsteuer, Gebäudeversicherung und Reparaturkosten von beiden Miteigentümern zu tragen und daher einzubeziehen sind. Die **verbrauchsabhängigen** Kosten wie Strom, Heizung, Gas, Müllabfuhr, (Ab-)Wasser, Kaminfeger sind alleine von dem die gemeinsame Immobilie nutzenden Ehegatten zu bezahlen.[107] Nach anderer Ansicht können verbrauchsunabhängige Nebenkosten grundsätzlich nur dann von dem Wohnvorteil abgezogen werden, wenn es sich

95 OLG Frankfurt a. M. 3.12.1991 – 3 UF 111/91, FamRZ 1992, 677; OLG Düsseldorf 2.11.1998 – 9 UF 64/98, FamRZ 1999, 1271.
96 OLG Braunschweig 17.11.1995 – 2 UF 51/95, FamRZ 1996, 548; OLG Düsseldorf 2.11.1998 – 9 UF 64/98, FamRZ 1999, 1271.
97 BGH 13.4.1994 – XII ZR 3/93, FamRZ 1994, 822.
98 OLG Köln 9.11.1998 – 13 WF 55/98.
99 OLG Köln 9.11.1998 – 13 WF 55/98; OLG Düsseldorf 24.5.2005 – I-24 U 198/04, FamRZ 2006, 209.
100 OLG Düsseldorf 2.11.1998 – 9 UF 64/98, FamRZ 1999, 1271.
101 AG Kelheim FamRZ 2013, 628.
102 OLG Köln 9.11.1998 – 13 W 55/98, FamRZ 1999, 1272.
103 BGH 11.12.1985 – IVb ZR 83/84, FamRZ 1986, 436; OLG Hamm 6.3.1996 – 33 U 59/95; OLG Brandenburg 21.7.2002 – 9 W 7/02, FamRZ 2003, 378.
104 OLG Frankfurt a. M. 3.12.1991 – 3 UF 111/91, FamRZ 1992, 677.
105 OLG Köln 3.6.1998 – 27 UF 28/98, NJWE-FER 1999, 29.
106 OLG Düsseldorf 2.11.1998 – 9 U 64/98, FamRZ 1999, 1271; OLG Düsseldorf 3.9.2007 – II-7 UF 87/07, FamRZ 2008, 895; *Wever* FamRZ 265, 266.
107 BGH 20.10.1999 – XII ZR 297/97, FamRZ 2000, 351.

dabei um nicht umlagefähige Kosten nach § 556 Abs. 1 BGB, §§ 1, 2 BetrKV handelt.[108] Zahlt der in der Ehewohnung verbleibende Ehegatte die Lasten und entsprechen diese der Höhe nach dem Wohnwert,[109] so kann keine oder nurmehr eine verminderte Nutzungsvergütung gefordert werden.[110] Anstelle der Geltendmachung von Nutzungsvergütung kann der in der Ehewohnung verbleibende Ehegatte von dem anderen Ehegatten verpflichtet werden, zur Rückführung der Hauskredite beizutragen, unabhängig von den Eigentumsverhältnissen.[111] Trägt der in der Ehewohnung verbleibende Ehegatte die Belastungen „praktisch wie Miete", so orientiert sich die Höhe der Nutzungsvergütung an der Höhe dieser Belastungen. Fordert der in der Ehewohnung verbleibende Miteigentümer von dem ausziehenden Miteigentümer einen Gesamtschuldnerausgleich, so kann Letzterer mit der Nutzungsvergütung aufrechnen.[112] Trägt hingegen der scheidende Ehegatte die Lasten, erhöht sich die Nutzungsvergütung um den Erstattungsanspruch auf (anteilige) Lastentragung. Die umfassende Darlegungs- und Beweislast trifft den Anspruchsteller der Nutzungsvergütung.[113] Wird die Höhe der Nutzungsvergütung von Ausgleichsforderungen des in der Ehewohnung verbliebenen Ehegatten beeinflusst, dann kann die Vorgreiflichkeit der Entscheidung über die Ausgleichsforderung zu bejahen sein.[114]

VI. Ausgleichszahlungen

§ 1361 b Abs. 3 S. 2 BGB bietet für sonstige Ausgleichszahlungen bzw. Abstandszahlungen keine Anspruchsgrundlage.[115] Unter Abstandszahlungen wird im Mietpreisrecht eine **Geldleistung** verstanden, die der Nachmieter oder neue Mieter als Gegenleistung dafür erbringt, dass der Vormieter oder alte Mieter von dem Gebrauch der Wohnung „Abstand" nimmt. Die Abstandszahlung kann auch als Entschädigung für Leistungen des alten Mieters gedacht sein, die dieser seinerzeit zur Erlangung der Mietwohnung oder zu deren Herrichtung aufgewandt hat oder die ihm durch den Auszug aus der Wohnung entstehen. Unter Berücksichtigung des unterschiedlichen Rechtscharakters von Ausgleichszahlungen, einerseits Nutzungsvergütung und andererseits Abstandsgeld, ist eine grundsätzliche, nach Fallgruppen differenzierte Betrachtung notwendig. Ziel ist es herauszuarbeiten, dass zwar der Anspruch auf Nutzungsvergütung als Ausgleich für den Verlust von Gebrauchsvorteilen neuerdings in § 1361 b Abs. 2 BGB (früher in der Hausratsverordnung) wurzelt, dass aber der Anspruch auf einen Ausgleich nach Art einer Abstandszahlung nach heutigem Verständnis nicht (mehr) aus § 1361 b BGB (früher Hausratsverordnung) hergeleitet werden kann.[116] 25

VII. Unwiderlegliche Vermutung

Die Neuregelung der unwiderleglichen Vermutung nach § 1631 b Abs. 4 BGB soll zur Rechtssicherheit beitragen. Ist nach der Trennung der Ehegatten iSd § 1567 Abs. 1 BGB (oder zeitgleich mit der Trennung) ein Ehegatte (freiwillig) aus der Ehewohnung ausgezogen und hat er binnen sechs Monaten nach seinem Auszug keine ernstliche Rückkehrabsicht bekundet, so wird unwiderleglich vermutet, dass er dem in der Ehewohnung verbliebenen Ehegatten das alleinige Nutzungsrecht überlassen hat. Die Regelung soll somit für die Trennungszeit klare Verhältnisse über die Nutzung an der Ehewohnung schaffen. Der Regelungsgehalt beschränkt sich auf die Zeit des Getrenntlebens.[117] Streitig ist, ob die Frist beginnt mit dem Auszug nach der Trennung[118] oder erst mit Eintritt der Härtegründe nach § 1361 b Abs. 1 S. 1 BGB, wenn diese 26

108 FA-FamR-HdB/*Klein* 8. Kap. Rn. 282.
109 OLG Frankfurt a. M. 3.12.1991 – 3 UF 111/91, FamRZ 1992, 677.
110 BGH 13.1.1993 – XII ZR 212/90, FamRZ 1993, 676; OLG Düsseldorf 2.11.1998 – 9 U 64/98, FamRZ 1999, 1271; OLG Köln 9.11.1998 – 13 W 55/98, FamRZ 1999, 1272.
111 OLG Celle 25.6.1991 – 18 UF 12/91, FamRZ 1992, 465.
112 OLG Bremen 18.1.2005 – 4 W 33/04, OLGR 2005, 315.
113 OLG Brandenburg 21.6.2001 – 9 UF 17/00, FPR 2002, 14.
114 OLG Köln 18.2.2002 – 14 WF 17/02, FamRZ 2002, 396.
115 OLG Hamburg 26.6.1987 – 12 WF 72/87, FamRZ 1988, 80.
116 *Brudermüller* FamRZ 1989, 7 (8); *Finger* FuR 2006, 241 ff.
117 OLG Brandenburg FamRZ 2015, 1498.
118 Palandt/*Brudermüller* BGB 1361 b Rn. 25.

erstmals nach Trennung der Ehegatten vorliegen.[119] Es bedarf einer ernsthaften Rückkehrabsicht, dh bloße Interessenwahrnehmungen oder sog. Vorratserklärungen sind nicht ausreichend.[120] Diese Erklärung bedarf entgegen § 2 Abs. 3 Nr. 2 GewSchG keiner besonderen Form. Zu Beweiszwecken empfiehlt sich jedoch die Schriftform.[121] Es kommt nicht darauf an, aus welchem Grund der weichende Ehegatte ausgezogen ist, auch bedarf es nicht des Willens des Ausziehenden, dem Verbleibenden die Wohnung zu überlassen. Auszug iSv § 1361 b Abs. 4 BGB kann aber erst angenommen werden, wenn der Ehegatte einen neuen Lebensmittelpunkt begründet hat. Dies ist nicht anzunehmen, wenn der ausziehende Ehegatte zur vorläufigen Entspannung in eine **sog. Notlösung** einzieht und im Wesentlichen seine persönliche Habe in der Ehewohnung belässt.[122]

VIII. Verfahrensbeteiligung Dritter

27 Dritte sind nach der Neuregelung der Rechtsverhältnisse an der Ehewohnung seit dem 1.9.2009 nurmehr in bestimmten Ausnahmefällen an einem entsprechenden Verfahren zu beteiligen. Da es sich nach § 1361 b BGB nur um eine vorläufige Regelung handelt, sind Dritte **nicht zu beteiligen**, insbesondere auch nicht der Vermieter, § 204 Abs. 1 FamFG. Leben hingegen auch minderjährige Kinder in der Ehewohnung, ist auf Antrag das **Jugendamt** anzuhören, § 204 Abs. 2 FamFG.

IX. Kostenbelastung Dritter

28 Da die Dritten in der Regel nicht ohne ihre Veranlassung am Verfahren beteiligt werden, können sie grundsätzlich auch nicht (auch nicht teilweise) an den Gerichtskosten beteiligt werden.[123] Sind die Dritten hingegen die Veranlasser des Verfahrens oder hat deren Verhalten – ohne zu Erfolg zu führen – weitere Kosten ausgelöst, können den Dritten die Verfahrenskosten und außergerichtlichen Kosten der Ehegatten ganz oder teilweise nach billigem Ermessen auferlegt werden.[124]

X. Darlegungs- und Beweislast für § 1361 b Abs. 1 und 2 BGB

29 Der **Antragsteller**, der die Zuweisung der Ehewohnung (ganz oder teilweise) für sich beantragt, trägt die Darlegungs- und Beweislast für die Voraussetzungen des geltend gemachten Anspruchs. Hieran ändert auch der **Amtsermittlungsgrundsatz** nach § 26 FamFG nichts. Dieser findet in dem Verfahren Anwendung. Für Umstände im Rahmen der Interessenabwägung hingegen hat derjenige Ehegatte die Darlegungs- und Beweislast, der die jeweiligen Tatumstände behauptet. Beruft sich ein Ehegatte auf **unbillige Härte**, muss er die behaupteten Gründe nach Ort, Zeit, näheren Umständen und konkreten Folgen detailliert darlegen.[125] Hilfreich kann eine ärztliche Dokumentation sein. Der bloße Vortrag, „wiederholt bedroht, misshandelt und vergewaltigt" worden zu sein, ist nicht ausreichend, da jegliche Einzelheiten zu Zeit und Ort fehlen.[126] Entsprechend ist der Sachvortrag nicht ausreichend, die Antragstellerin sei von dem Antragsgegner „ständig beschimpft oder bedroht" worden,[127] der Antragsgegner würde „bei jeder Begegnung Bedrohungen und Beschimpfungen ausstoßen", oder die Antragstellerin habe während der Ehe „mehrfach Gewalt, insbesondere auch Demütigungen erfahren".[128] Im Rahmen der **einstweiligen Anordnungen** bzw.

119 FA-FamR-HdB/*Klein* 8. Kap. Rn. 294; einschränkend jedoch: OLG Hamburg 18.11.2002 – 12 UF 119/02, OLGR Hamburg 2003, 272.
120 Palandt/*Brudermüller* BGB § 1361 b Rn. 25; FA-FamR-HdB/*Klein* 8. Kap. Rn. 293.
121 FA-FamR-HdB/*Klein* 8. Kap. Rn. 296.
122 OLG Koblenz 13.2.2006 – 7 WF 102/06, FamRZ 2006, 1207.
123 OLG Hamburg 17.1.1994 – 2 WF 136/93, FamRZ 1994, 716.
124 OLG München 11.3.2008 – 26 WF 837/08, FamRZ 2008, 1640.
125 OLG Karlsruhe 26.2.1991 – 16 WF 251/90, FamRZ 1991, 1440; OLG Köln 14.12.1993 – 25 UF 240/93, FamRZ 1994, 632; OLG Brandenburg 24.1.1996 – 9 WF 8/96, FamRZ 1996, 743.
126 OLG Düsseldorf 14.3.1988 – 4 UF 38/88, FamRZ 1988, 1058.
127 OLG Karlsruhe 26.2.1991 – 16 WF 251/90, FamRZ 1991, 1440.
128 OLG Brandenburg 24.1.1996 – 9 WF 8/96, FamRZ 1996, 743; OLG Hamm 20.1.1989 – 5 UF 433/88, FamRZ 1989, 739; OLG Köln 14.12.1993 – 25 UF 240/93, FamRZ 1994, 632.

summarischer Verfahren nach §§ 49 ff. FamFG genügt hingegen die überwiegende Wahrscheinlichkeit unter Bezugnahme der Glaubhaftmachungen, dass sich ein Sachverhalt wie dargelegt zugetragen hat.[129]

XI. Konkurrenzverhältnisse

1. § 1361 b BGB und §§ 743 ff. BGB

Sofern beide Eheleute Miteigentum an der Ehewohnung halten, konkurrieren bezüglich Nutzungsvergütung bzw. -entgelt der familienrechtliche Anspruch nach § 1361 b Abs. 3 S. 2 BGB und der gemeinschaftsrechtliche Anspruch nach § 745 Abs. 2 BGB.[130] Der Vorrang der Regelungen war und ist streitig. Bis zum 1.9.2009 hatte dieser Streit auch praktische Bedeutung, da für die Anwendbarkeit des § 1361 b Abs. 3 S. 2 BGB das Familiengericht zuständig war und die Grundsätze der freiwilligen Gerichtsbarkeit galten. Auf der Grundlage des Anspruchs nach § 745 Abs. 2 BGB hingegen war die Leistungsklage bei den Zivilgerichten nach den Grundsätzen der ZPO einzureichen.[131] Mit der Einführung des § 266 FamFG zum 1.9.2009, wonach für sonstige Familiensachen iSv § 266 ebenfalls das **Familiengericht** zuständig ist, hat der Streit an Bedeutung verloren.[132] Die Auseinandersetzungen nach § 745 Abs. 2 BGB sind **sonstige Familiensachen** nach § 266 Abs. 1 Nr. 3 FamFG, so dass auch hierfür das Familiengericht zuständig ist. Im Falle der gerichtlichen Anordnung der Überlassung der Ehewohnung an den Antragsteller bzw. Ehegatten nach § 1361 b Abs. 1, 2 BGB gilt für die Nutzungsvergütung die Sonderregelung des § 1361 b Abs. 3 S. 2 BGB. Zieht ein Ehegatte hingegen freiwillig aus der Ehewohnung aus, ist streitig, welche Regelung Anwendung finden soll. So hat der BGH eine Nutzungsvergütung unter Ehegatten bzw. Miteigentümern nur als Folge der Neuregelung der Verwaltung und Nutzung durch Beschluss nach § 745 Abs. 2 BGB für möglich gehalten. Die hM hingegen vertritt die Rechtsansicht, dass für die Zeit der Trennung[133] bis zur Rechtskraft der Scheidung § 1361 Abs. 3 S. 2 BGB lex specialis ist.[134] Jedoch können bei Streitigkeiten von Miteigentümern zur Auslegung des § 1361 b Abs. 3 S. 2 BGB die Billigkeitserwägungen der Rechtsprechung des Bundesgerichtshofs „für eine Neuregelung und Nutzung der Ehewohnung nach § 745 Abs. 2 BGB"[135] ergänzend herangezogen werden. Denn für jede Neuregelung ist Voraussetzung, dass die erstrebte Verwaltung und Benutzung dem Interesse aller Miteigentümer nach billigem Ermessen entspricht.[136] 30

2. § 1361 b BGB und § 2 GewSchG

§ 1361 b BGB und § 2 GewSchG stehen bei angedrohter oder geübter Gewalt in Konkurrenz.[137] Nach § 2 GewSchG kann das Opfer – auch der Ehegatte – im Falle einer vorsätzlichen Verletzung von Körper und Gesundheit oder Freiheit die ausschließliche Nutzung der Wohnung verlangen, die aber nach § 2 Abs. 2 31

---

129 OLG Stuttgart 12.9.2006 – 18 WF 176/06, FamRZ 2007, 829.

130 Zur grundsätzlichen Anwendbarkeit des § 745 Abs. 2 BGB bei Miteigentum der Eheleute an der Ehewohnung: BGH 13.4.1994 – XII ZR 3/93, FamRZ 1994, 822; 8.5.1996 – XII ZR 254/94, FamRZ 1996, 931; 15.2.2006 – XII ZR 202/03, FamRZ 2006, 930; Mitbenutzungsrecht in Form einer beschränkten persönlichen Dienstbarkeit: BGH 4.8.2010 – XII ZR 14/09, FamRZ 2010, 1630.

131 OLG Düsseldorf 7.1.1987 – 15 W 129/86, FamRZ 1987, 705; OLG Hamm 7.12.1988 – 8 U 135/88, FamRZ 1989, 740; OLG Köln 9.2.1994 – 11 U 176/93, FamRZ 1994, 962; OLG Celle 9.6.1992 – 11 W 8/92, FamRZ 1993, 71.

132 OLG Frankfurt a. M. FamRZ 2013, 1681.

133 OLG Brandenburg 14.2.2008 – 13 W 4/08, FamRZ 2008, 1444.

134 BGH FamRZ 2017, 693; OLG Rostock FamRZ 2017, 433; OLG Dresden 10.5.2005 – 21 ARf/05, NJW 2005, 3151; OLG Jena 22.11.2005 – 2 W 597/05, FamRZ 2006, 868; 25.2.2008 – 11 SA 1/08, FamRZ 2008, 1934; OLG Brandenburg 7.6.2006 – 9 AR 3/06, FamRZ 2006, 1392; OLG München 17.4.2007 – 2 UF 1607/06, FamRZ 2007, 1655; KG 13.12.2007 – 2 AR 60/07, FamRZ 2008, 1933; OLG Hamm 27.2.2008 – 33 U 29/07, FamRZ 2008, 1639; 27.2.2008 – I-33 U 29/07, FamRZ 2008, 1935; *Finger* FuR 2006, 241 ff.; *Müller* FF 2002, 43 ff.; aA *Wever* FamRZ 2003, 565, ff.; *Wever* FF 2005, 23 ff.; OLG Hamm 1.7.2010 – II-3 UF 222/09, FamRZ 2011, 481; auch gegenüber § 985 BGB, BGH FamRZ 2017, 22.

135 BGH 11.12.1985 – IVb ZR 82/84, FamRZ 1986, 434; 29.9.1993 – XII ZR 43/92, FamRZ 1994, 98; 13.4.1994 – XII ZR 3/93, FamRZ 1994, 822; 8.5.1996 – XII ZR 254/94, FamRZ 1996, 931.

136 FA-FamR-HdB/*Klein* 8. Kap. Rn. 260.

137 *Weinreich* FuR 2007, 145 ff.

GewSchG zwingend zu befristen ist. Wurde ein auf Dauer angelegter gemeinsamer Haushalt geführt und fand „nur“ eine Bedrohung iSv § 1 Abs. 2 S. 1 Nr. 1 GewSchG statt, wird die Wohnung nur überlassen, wenn eine **unbillige Härte** zu vermeiden ist, § 2 Abs. 6 GewSchG.[138] Leben Ehegatten daher noch nicht getrennt oder haben sie noch keine Trennungsabsichten, können sie sich auf § 2 GewSchG berufen. Leben hingegen die Ehegatten bereits getrennt oder will sich einer der Ehegatten trennen (Trennungsabsicht) und liegen die sonstigen Voraussetzungen vor, so ist § 1361 b BGB lex specialis gegenüber § 2 GewSchG. Schutzmaßnahmen nach dem GewSchG können und sollen jedoch eine Wohnungszuweisung des Familiengerichts – gleich ob während der Trennung nach § 1361 b BGB oder nach Rechtskraft der Ehescheidung nach § 1568 a BGB – ergänzen. So schreibt § 3 Abs. 2 GewSchG fest, dass das GewSchG weitergehende Ansprüche des Opfers wegen einer Gewalttat nicht berührt. Nach §§ 111, 210 ff. FamFG sind die Familiengerichte für alle Gewaltschutzfälle seit dem 1.9.2009 zuständig.[139]

XII. Verfahren bei § 1361 b BGB

32 Da es sich nur um eine vorläufige Regelung handelt, werden Dritte nicht beteiligt, auch nicht der Vermieter, § 204 Abs. 1 FamFG. Leben **Kinder im Haushalt**, ist das **Jugendamt** auf seinen Antrag hin zu beteiligen, §§ 204 Abs. 2, 205 Abs. 1 FamFG. Zudem soll das Gericht in diesem Falle das Jugendamt auch anhören, § 205 Abs. 1 FamFG. Insofern soll auch in der Antragsschrift angegeben werden, ob Kinder in der Ehewohnung wohnen, § 203 Abs. 3 FamFG. Zweck der Anhörung des Jugendamts ist die Ermittlung des Sachverhalts auf die nach § 1361 b Abs. 1 S. 2 BGB zu berücksichtigende Belange der Kinder. Die Sollvorschrift des § 205 Abs. 1 FamFG ermöglicht dem Familiengericht in begründeten Einzelfällen ein Absehen von der Anhörung, beispielsweise wenn der Antrag offensichtlich unbegründet wäre. Unterbleibt die Anhörung im Rahmen der einstweiligen Anordnung wegen Gefahr in Verzug, ist diese nach § 205 Abs. 1 S. 2 FamFG unverzüglich nachzuholen.

Im Rahmen der **einstweiligen Anordnung**, § 51 FamFG, hat der Antragsteller den Anordnungsgrund und Anordnungsanspruch darzulegen und glaubhaft zu machen. Bei einer späten Antragstellung kann ein Anordnungsanspruch zweifelhaft sein, zumal wenn der Antragsteller bereits vor der Antragstellung ausgezogen war, nicht wohnungslos ist und nicht dargelegt hat, dass er dringend auf die Ehewohnung angewiesen ist.[140]

Nach § 209 Abs. 1 FamFG soll das Gericht mit der Endentscheidung die Anordnungen treffen, die zu ihrer Durchführung erforderlich sind. Das sind in der Regel die Räumung der Wohnung und die Herausgabe an den obsiegenden Ehegatten. Da die Zuweisung als solche keinen Vollstreckungstitel schafft, ist die Festschreibung einer **Räumungsfrist** vorzunehmen.[141] Es können Bedrohungs-, Misshandlungs- und Belästigungsverbote ausgesprochen werden.[142] Auch Betretungsverbote kommen in Betracht.[143] Auch kann einem Ehegatten aufgegeben werden, neu eingebaute Schlösser wieder zu entfernen oder den Haustürschlüssel herauszugeben. Die Anordnungen können auch gegenüber einem Dritten ergehen, beispielsweise gegenüber dem Lebensgefährten des in der Ehewohnung lebenden Ehegatten.[144] Nach § 209 Abs. 2 S. 2 FamFG soll das Familiengericht die sofortige Wirksamkeit anordnen. Nach § 209 Abs. 3 FamFG kann auch die Zulässigkeit der Vollstreckung vor der Zustellung an den Antragsgegner mit der Folge angeordnet werden, dass die Wirksamkeit in dem Zeitpunkt eintritt, in dem die Entscheidung der Geschäftsstelle des Gerichts zur Bekanntmachung übergeben wird. Damit wurden die Vollstreckungsmöglichkeiten denen nach dem Gewaltschutzgesetz angepasst, die bereits vollstreckungsrechtlich privilegiert waren. Nach § 48

138 OLG Naumburg 8.10.2002 – 8 WF 194/02, FPR 2003, 376.

139 *Büte* FuR 2009, 121 ff.

140 OLG Köln 27.8.2010 – 4 WF 160/10, FamRZ 2011, 118.

141 Zur Vollstreckung nach dem FamFG: *Giers* FPR 2010, 564 ff.

142 OLG Hamburg 24.7.1978 – 2 UF 164/78, FamRZ 78, 804; OLG Karlsruhe 28.11.1983 – 2 UF 1983, FamRZ 84, 184.

143 OLG Brandenburg 24.4.2003 – 10 WF 49/03, FamRZ 2004, 477; OLG Köln 12.9.2002 – 14 WF 171/02, FamRZ 2003, 319.

144 Zöller/*Lorenz* FamFG § 209 Rn. 6.

Abs. 1 FamFG kann die Entscheidung auf Antrag abgeändert werden, wenn sich die zugrunde liegende Sach- oder Rechtslage nachträglich wesentlich geändert hat. Hiernach kann auch eine Abänderung der Nutzungsvergütung beantragt werden.

XIII. Streitwert, Kosten

Der **Streitwert** ist nach § 48 Abs. 1 FamGKG regelmäßig mit **3.000 EUR** festzusetzen. Im Einzelfall kann dieser nach § 48 Abs. 3 FamGKG höher oder niedriger festgesetzt werden.[145] Dies ist beispielsweise bei einer weitaus teureren Wohnung bzw. weitaus höherem monatlichen Mietzins denkbar. Auch bei Verfahren auf Nutzungsvergütung nach § 1361 b Abs. 3 S 2 BGB beziffert sich der Verfahrenswert in der Regel auf 3.000 EUR.[146] Bei der einstweiligen Anordnung ist nach § 41 FamGKG regelmäßig nur der halbe Wert, somit 1.500 EUR, anzusetzen.[147] Die Kosten sind auch dann nach billigem Ermessen zu verteilen, wenn der Antrag nach außergerichtlicher Einigung zurückgenommen wurde.[148] 33

145 OLG Hamm FamRZ 2013, 1421.
146 *Götz/Brudermüller* FamRZ 2015, 177 ff.
147 S. a. *Niederl* in: FormB-FamR § 10 Rn. 63 mwN.
148 KG FamRZ 2013, 1924; OLG Frankfurt a. M. FamRZ 2013, 1979.

282. Wohnwert

Poppen

I. Grundsätze der Wohnwertanrechnung

1 Muss ein Unterhaltsberechtigter oder -verpflichteter für den von ihm genutzten Wohnraum keine Miete zahlen, ist dieses **mietfreie Wohnen** als vermögenswerter Vorteil bei einer Unterhaltsberechnung zu berücksichtigen. In den Unterhaltsleitlinien finden sich nach der einheitlichen Leitlinienstruktur Anmerkungen dazu unter Unterhaltsrechtliches Einkommen Nr. 5. Dabei ist es unerheblich, ob der Nutzende Allein- oder Miteigentümer der Immobilie, Nießbraucher oder Wohnrechtsberechtigter ist. Es spielt auch keine Rolle, woher die Mittel stammen, die für den Erwerb der Immobilie eingesetzt worden sind, sei es aus Erbschaft, Schmerzensgeldzahlung oder dem Zugewinnausgleich.[1]

2 Eine Ausnahme gilt bei **freiwilligen Zuwendungen Dritter**, etwa der kostenlosen Zurverfügungstellung von Wohnraum durch Eltern für das eigene Kind nach der Trennung oder Scheidung. Gleiches gilt, wenn Eltern ihrem Kind Geld zum Erwerb einer Immobilie schenken.[2] Ein derart erlangter Wohnvorteil ist nicht zu berücksichtigen.

3 Keine freiwillige Zuwendung Dritter ist die Wohnungsgewährung durch einen Lebensgefährten.[3] Besteht eine **Lebensgemeinschaft**, spielt es keine Rolle, ob der neue Partner den Unterhaltspflichtigen entlasten will. Auch wenn der **neue Ehegatte** den Pflichtigen in seine Immobilie aufnimmt, ist der Wohnvorteil bei der Bestimmung des Selbstbehalts zu berücksichtigen, weil das mietfreie Wohnen durch den neuen Ehegatten im Rahmen seiner gesetzlichen Pflicht zur Leistung des Familienunterhalts nach § 1360 a BGB gewährt wird.[4]

II. Höhe des anrechenbaren Wohnwerts

1. Ausgangspunkt

4 Bei der Bemessung des Wohnvorteils ist grundsätzlich der **objektive Marktmietwert** zu berücksichtigen.[5] Zu ermitteln ist die Kaltmiete für eine nach Größe, Beschaffenheit, Zuschnitt, Lage, Verkehrsanbindung usw vergleichbare Wohnung. Die Höhe dieses Mietwertes kann das Gericht nach § 113 FamFG, § 287 ZPO schätzen.[6] Dies gilt, von seltenen Ausnahmefällen abgesehen, insbesondere bei der Bestimmung der Leistungsfähigkeit beim Kindesunterhalt.[7] Dabei spielt bei einer im Alleineigentum des Unterhaltspflichtigen stehenden Immobilie die Mitnutzung durch auch unterhaltsberechtigte Dritte keine Rolle.[8] Beim Elternunterhalt ist dagegen immer nur der unter den gegebenen Verhältnissen ersparte Mietzins anzurechnen.[9]

---

1 BGH 22.10.1997 – XII ZR 12/96, NJW 1998, 753.
2 OLG Schleswig 23.12.2013 – 15 UF 100/13, FamRZ 2014, 1643; Leitlinien Unterhaltsrechtliches Einkommen Nr. 8.
3 BGH 11.1.1995 – XII ZR 236/93, NJW 1995, 962.
4 BGH 6.2.2008 – XII ZR 14/06, NJW 2008, 1663.
5 BGH 1.10.2008 – XII ZR 62/07, NJW 2009, 145.
6 BGH 16.4.2008 – XII ZR 107/06, NJW 2008, 2581.
7 BGH 19.3.2014 – XII ZB 367/12, NJW 2014, 1531.
8 BGH 21.10.2020 – XII ZB 201/19, NZFam 2021, 29.
9 BGH 19.3.2003 – XII ZR 123/00, NJW 2003, 2306.

2. Verwertungsobliegenheit als Abgrenzungskriterium

Solange **keine Obliegenheit zur anderweitigen Verwertung** der Immobilie besteht, ist bei der Bemessung des Ehegattenunterhalts nicht der objektive Marktmietwert, sondern ein nach Billigkeitserwägungen zu bestimmender **angemessener Betrag** als Wohnwert anzusetzen. Damit soll dem Gesichtspunkt Rechnung getragen werden, dass durch den Auszug eines Ehepartners oder des Ehepartners und der Kinder die früher eheangemessene Wohnung nunmehr zu groß ist und nicht mehr in vollem Umfang genutzt wird.[10] Dem in der Wohnung verbleibenden Ehegatten soll dieses „**tote Kapital**" bei der Unterhaltsbemessung nicht zugerechnet werden, solange ihm dieser Vorteil aufgedrängt wird. Maßstab für die Bemessung des Wohnwertes ist in dieser Zeit der Aufwand, den der das Objekt nutzende Ehegatte bei der Anmietung einer Wohnung auf dem freien Wohnungsmarkt hätte. Anhaltspunkt für die Schätzung können die Mietkosten des Ehepartners sein, der ausgezogen ist.[11] Dabei ist ggf. der Mietanteil für Kinder abzusetzen. 5

Eine **Obliegenheit zur Verwertung** der Immobilie, sei es durch Verkauf bzw. vollständige oder teilweise Vermietung an Dritte, besteht, sobald feststeht, dass die Ehe endgültig gescheitert ist.[12] Da das **Trennungsjahr** dazu dienen soll, dass die Ehegatten sich darüber im Klaren werden, ob sie die Ehe möglicherweise doch noch fortsetzen wollen, besteht während des Trennungsjahrs grundsätzlich keine Verwertungsobliegenheit, damit nicht der äußere Rahmen für die Wiederherstellung der ehelichen Lebensgemeinschaft zerstört wird.[13] 6

Das ändert sich jedenfalls ab **Rechtshängigkeit eines Scheidungsantrags**. Haben sich die Ehegatten bereits vor Rechtshängigkeit des Scheidungsantrags durch eine **Scheidungsfolgenvereinbarung** in vermögensrechtlicher Hinsicht endgültig auseinandergesetzt, wird damit das endgültige Scheitern der Ehe auch schon vorher dokumentiert.[14] Indiz für das endgültige Scheitern der Ehe ist ferner die Aufnahme eines **neuen Lebensgefährten** in die Wohnung; durch die Mitnutzung der Wohnung durch den neuen Lebensgefährten entfällt zudem die Rechtfertigung für die Reduzierung des Wohnvorteils, dass die Wohnung nur teilweise genutzt wird.[15] 7

Allerdings ist nicht mit **Rechtskraft der Ehescheidung** immer der objektive Mietwert zu berücksichtigen. Sind die Eheleute etwa darüber einig, dass eine Immobilie nicht verwertet werden soll, solange die gemeinsamen Kinder die Schule besuchen, bleibt es für diese Zeit bei der Zurechnung eines angemessenen Mietwertes.[16] Gleiches gilt während gemeinsamer Verkaufsbemühungen oder bei Unvermietbarkeit des Objektes.[17] 8

3. Mangelfall

Im unterhaltsrechtlichen Mangelfall ist im Rahmen einer **Angemessenheitskontrolle** zu überprüfen, ob der nach den vorstehenden Kriterien anzurechnende Mietwert dem in den Selbstbehaltssätzen pauschal berücksichtigten Mietvorteil entspricht. In dem Selbstbehaltssatz nach der Düsseldorfer Tabelle gegenüber Ehegatten von 1.280 EUR bei Erwerbstätigkeit ist ein Ansatz für die Warmmiete von bis zu 490 EUR enthalten, beim notwendigen Selbstbehalt eines Berufstätigen gegenüber minderjährigen unverheirateten Kindern von 1.160 EUR sind 430 EUR Warmmiete berücksichtigt. Liegt der tatsächliche Mietaufwand unter diesen Beträgen, kann der Selbstbehalt vermindert werden,[18] liegt der Aufwand unvermeidbar darüber, ist der Selbstbehalt zu erhöhen. 9

10 BGH 5.3.2008 – XII ZR 22/06, NJW 2008, 1946.
11 BGH 22.4.1998 – XII ZR 161/96, NJW 1998, 2821.
12 BGH 5.3.2008 – XII ZR 22/06, NJW 2008, 1946.
13 BGH 20.10.1999 – XII ZR 297/97, NJW 2000, 284.
14 BGH 5.3.2008 – XII ZR 22/06, NJW 2008, 1946.
15 OLG Koblenz 10.12.2002 – 9 UF 785/01, NJW 2003, 1816.
16 BGH 5.4.2000 – ZR 96/98, NJW 2000, 2349.
17 BGH 27.5.2009 – XII ZR 78/08, NJW 2009, 2523.
18 BGH 9.1.2008 – XII ZR 170/05, NJW 2008, 1373 für den Minderjährigenunterhalt; anders beim Elternunterhalt: BGH 25.6.2003 – XII ZR 63/00, NJW-RR 2004, 217.

4. Nebenkosten

10 Von dem nach den in → Rn. 4 ff. aufgezeigten Kriterien ermittelten Wohnwert sind die mit der Wohnungsnutzung unumgänglich verbundenen Kosten abzusetzen, soweit sie nicht ein Mieter auch zu tragen hätte. Deshalb können sämtliche **verbrauchsabhängigen und verbrauchsunabhängigen Nebenkosten** nicht berücksichtigt werden, die gem. § 556 Abs. 1 BGB, §§ 1, 2 BetrKV auf einen Mieter umlegbar sind.[19] Abzugsfähig sind deshalb bei Wohnungseigentum allein die Verwalterkosten und Kontoführungsgebühren sowie allgemein bei Immobilien notwendige Instandhaltungsaufwendungen. Höhere Instandhaltungskosten sind auf mehrere Jahre zu verteilen.[20]

11 Trägt der unterhaltspflichtige Ehegatte dem Mietwert nicht gegenzurechnende Nebenkosten für den die Immobilie nutzenden unterhaltsberechtigten Ehegatten, stellt deren Zahlung **Naturalunterhalt** dar, der von einem sich rechnerisch ergebenden Barunterhalt abzusetzen ist.[21]

5. Zins- und Tilgungsleistungen

12 Bei Zins- und Tilgungsleistungen ist zu differenzieren. Steht die Immobilie im **Miteigentum** der Ehegatten, sind sämtliche Zins- und Tilgungsleistungen immer zu berücksichtigen. Die mit der Tilgung einhergehende Vermögensbildung kommt wegen des Miteigentums der Ehegatten unabhängig davon, ob es sich um Trennungs- oder nachehelichen Ehegatten- bzw. Kindesunterhalt handelt, beiden Ehegatten zugute. Soweit Zins- und Tilgungsleistungen bei der Unterhaltsberechnung berücksichtigt worden sind, scheidet daneben ein **Gesamtschuldnerausgleich** aus (→ *Zins- und Tilgungsleistungen* Rn. 3; → *Gesamtschuldnerausgleich und Unterhalt* Rn. 3 ff.).

13 Steht die Immobilie im **Alleineigentum** eines Ehegatten, sind Tilgungsleistungen bei Ehepartnern, die im gesetzlichen Güterstand leben, ab Zustellung eines Scheidungsantrags zusammen mit den Zinszahlungen nur bis zur Höhe des Wohnwerts zu berücksichtigen.[22] Nach der Zustellung des Scheidungsantrags partizipiert der Nichteigentümer an der durch die Tilgung einhergehenden Vermögensbildung nicht mehr über den **Zugewinnausgleich**.[23] Setzen die Ehegatten sich vor Zustellung des Scheidungsantrages schon endgültig über die Immobilie auseinander, entfällt ab Eingreifen dieser Regelung eine Berücksichtigung der den Mietwert übersteigenden Zins- und Tilgungsleistungen.[24] Haben die Eheleute **Gütertrennung** vereinbart, entfällt die Berücksichtigungsfähigkeit der den Mietwert übersteigenden Zins- und Tilgungsleistungen mit der Trennung. Kein Ehegatte soll die **einseitige Vermögensbildung** des anderen Ehegatten durch die Berücksichtigung von Tilgungsleistungen beim Unterhalt mitfinanzieren (→ *Zins- und Tilgungsleistungen* Rn. 5).

14 Als Tilgung sind dabei auch Zahlungen in eine **Lebensversicherung** anzusehen, deren Ablaufleistung bei Fälligkeit an den Darlehensgeber abgetreten ist.[25] Grundsätzlich nicht zu berücksichtigende Tilgungsleistungen können allerdings nach den Grundsätzen der **privaten Altersvorsorge** jedenfalls teilweise berücksichtigt werden (→ *Private Altersvorsorge* Rn. 3 ff.).

15 Übersteigen die Verbindlichkeiten (Zins- und Tilgungsleistungen) den Mietwert, ist bei Miteigentum an der Immobilie die Unterdeckung zeitlich unbeschränkt zu berücksichtigen. Bei Alleineigentum endet die Berücksichtigungsfähigkeit mit der Zustellung des Scheidungsantrags.[26]

---

19 BGH 27.5.2009 – XII ZR 78/08, NJW 2009, 2523.
20 Wendl/Dose UnterhaltsR/*Gerhardt* § 1 Rn. 503.
21 OLG Düsseldorf 24.5.1996 – 6 UF 221/95, NJW-RR 1997, 385.
22 BGH 18.1.2017 – XII ZB 118/16, NJW 2017, 1169 für den Elternunterhalt; BGH 4.7.2018 – XII ZB 448/17, NJW 2018, 2638 obiter dictum für den Ehegattenunterhalt; OLG Frankfurt a. M. 14.6.2019 – 8UF 25/18, NZFam 2019, 1054 für den Kindesunterhalt.
23 BGH 5.3.2008 – XII ZR 22/06, NJW 2008, 1946.
24 BGH 5.3.2008 – XII ZR 22/06, NJW 2008, 1946.
25 Wendl/Dose UnterhaltsR/*Gerhardt* § 1 Rn. 512.
26 Wendl/Dose UnterhaltsR/*Gerhardt* § 1 Rn. 523 f.

6. Realsplitting

16 Die Zurverfügungstellung von Wohnraum ist, wenn sie Unterhaltscharakter hat, im Wege des begrenzten Realsplittings nach § 10 Abs. 1 a Nr. 1 EStG berücksichtigungsfähig (→ *Realsplitting/Nachteilausgleich* Rn. 3). Nutzt der Unterhaltsberechtigte die Miteigentumshälfte des Unterhaltspflichtigen an einer Immobilie und wird diese Nutzung bei der Ehegattenunterhaltsberechnung berücksichtigt, kann der halbe Mietwert bei einem steuerlich begrenzten Realsplitting abgesetzt werden. Absetzbar sind ferner die Zins- und Tilgungsleistungen für den Anteil des Unterhaltsberechtigten an gemeinschaftlichen Darlehen und etwaige als Naturalunterhalt verrechnete vom Unterhaltspflichtigen gezahlte Nebenkosten.[27]

III. Rechenweg

17 Bei der Unterhaltsberechnung ist zu berücksichtigen, dass bei der Einbeziehung der Vor- und Nachteile der Immobiliennutzung diese Rechengröße nicht um einen **Erwerbstätigenbonus** vermindert wird (→ *Erwerbstätigenbonus* Rn. 2).[28] Von daher dürfen die Vor- und Nachteile der Immobiliennutzung nicht in eine Differenzunterhaltsberechnung einbezogen werden. Während grundsätzlich der Erwerbstätigenbonus von dem um alle Belastungen bereinigten Nettoeinkommen abgesetzt wird,[29] sind Belastungen, die mit einer Immobiliennutzung zusammenhängen, allein im Zusammenhang mit den entsprechenden Vorteilen zu berücksichtigen. Das Erwerbseinkommen ist daher um die nicht mit der Immobilie zusammenhängenden berücksichtigungsfähigen Belastungen zu bereinigen. Von diesem bereinigten Einkommen ist der Erwerbstätigenbonus abzusetzen. Daneben sind die Vor- und Nachteile der Immobiliennutzung gegenüberzustellen und der Saldo ist den Ehegatten hälftig zuzurechnen. Nur so wird der **Gesamtschuldnerausgleich** (→ *Gesamtschuldnerausgleich und Unterhalt* Rn. 3 ff.) in der gehörigen Form durchgeführt und eine ungekürzte Einbeziehung der **Nutzungsentschädigungsansprüche** in die Unterhaltsregelung erreicht (→ *Nutzungsvergütung und Unterhalt* Rn. 4).

Nach einem Teil der Rechtsprechung soll dann, wenn die Vor- und Nachteile der Immobiliennutzung nicht hälftig, sondern in einer durch den Erwerbstätigenbonus verfälschten Form ausgeglichen worden sind, gleichwohl ein weitergehender Ausgleich der Gesamtschuld ausscheiden.[30]

18 Mieteinkünfte und zurechenbare Nutzungsvorteile zählen nicht zur Bemessungsgrundlage für die Berechnung des Anspruchs auf **Altersvorsorgeunterhalt**.[31] Da es sich bei diesen Einkünften um die Nutzung eines bleibenden Vermögens handelt, muss insoweit keine Altersvorsorge betrieben werden (→ *Altersvorsorgeunterhalt* Rn. 9).

IV. Veräußerung der Immobilie

1. Veräußerung an Dritte

19 Wird die Immobilie veräußert, treten an die Stelle der in der Ehe vorhanden gewesenen Wohnvorteile als **Surrogat** etwaige wirtschaftliche Vorteile aus der Anlage des Veräußerungserlöses.[32] Diese sind auch dann in die Unterhaltsberechnung einzustellen, wenn die ehelichen Lebensverhältnisse durch einen negativen Saldo aus Wohnvorteilen und mit der Immobilie im Zusammenhang stehenden Lasten geprägt waren.[33] Endet die Verpflichtung zur Zahlung von Hauslasten mit regulärer Rückführung des Kredits, erhöhen die **frei werdenden Mittel** den **Unterhaltsbedarf**.[34]

27 BFH 12.4.2000 – IX R 127/96, NJW 2000, 3735.
28 BGH 12.7.1989 – IVb ZR 66/88, NJW 1989, 2809.
29 BGH 16.4.1997 – XII ZR 233/95, NJW 1997, 1919.
30 OLG Koblenz 10.3.2010 – 1 U 392/09, FamRZ 2010, 1901; anders: OLG Köln 10.2.1990 – 2 W 58/90, FamRZ 1991, 1192.
31 BGH 20.10.1999 – XII ZR 297/97, NJW 2000, 284.
32 BGH 5.3.2008 – XII ZR 22/06, NJW 2008, 1946.
33 BGH 13.6.2001 – XII ZR 343/99, NJW 2001, 2259.
34 OLG Köln 21.6.2011 – 4 UF 13/11, FamRZ 2012, 235.

2. Übernahme durch einen Ehegatten

20 Übernimmt ein Ehegatte die Miteigentumshälfte des anderen Ehegatten, so kann der übernehmende Ehegatte dem ihm nunmehr vollständig zuzurechnenden Mietwert nicht nur die für die übernommenen Belastungen zu zahlenden Zins- und Tilgungsleistungen, sondern auch die Kreditlasten gegenrechnen, die für die Auszahlung des weichenden Ehegatten **neu begründeten Belastungen** zu zahlen sind.[35] Das gilt allerdings nur bis zur Höhe des anrechenbaren Mietwertes; überschießende Tilgungen können als private Altersvorsorge berücksichtigt werden (→ *Private Altersvorsorge* Rn. 3 ff.).

21 Auf Seiten des sein Miteigentum aufgebenden Ehegatten werden die wirtschaftlichen Vorteile aus dem ausgezahlten Betrag (Zinsen oder Wohnvorteile aus einer neuen Immobilie) berücksichtigt.[36] Setzt dieser Ehegatte seinen Hauserlös unter weitergehender Verschuldung für die Anschaffung einer neuen Immobilie ein, so dass kein anrechenbarer Ertrag verbleibt, ist zu prüfen, inwieweit die **Anschaffung einer neuen Immobilie** im Widerspruch zu der Obliegenheit steht, eigenes Vermögen so ertragreich wie möglich zu nutzen (→ *Fiktive Einkünfte* Rn. 5).[37]

22 Wird bei der Übernahme der Immobilie durch einen Ehegatten auch der **Zugewinn** ausgeglichen, so dass den Ehegatten wertmäßige unterschiedliche Beträge zufließen, ändert das an den vorstehenden Grundsätzen nichts. Auch wirtschaftliche Vorteile aus dem Zugewinnausgleichsbetrag sind Surrogat zu bereits in der Ehe vorhandenen Vermögenserträgen.[38]

V. Berücksichtigung beim Kindesunterhalt

23 Lebt einer der Ehegatten mit gemeinsamen **minderjährigen Kindern** in der Immobilie, erfolgt die Verrechnung von Mietwert und Verbindlichkeiten allein zwischen den Ehegatten.[39] Nur bei dieser Verrechnung werden Gesamtschuldnerausgleich und Ansprüche auf Nutzungsentschädigung in die Unterhaltsberechnung integriert; die Verrechnung muss zwischen den Gesamtschuldnern des Kredits und Gläubiger und Schuldner des Nutzungsentschädigungsanspruchs erfolgen (→ *Nutzungsvergütung und Unterhalt* Rn. 4 f.; → *Gesamtschuldnerausgleich und Unterhalt* Rn. 3). Dass im Barunterhalt nach der Düsseldorfer Tabelle ein anteiliger Betrag für den Wohnbedarf des minderjährigen Kindes enthalten ist, steht dem nicht entgegen. Insoweit entspricht diese Verrechnung der Situation, dass der betreuende Elternteil eine Wohnung von einem Dritten anmietet. Auch dann berühren diese Kosten die Höhe des Kindesunterhalts nicht.[40] Gleiches gilt für **volljährige Kinder**.[41]

24 Der Kindesunterhalt wird allein dann gekürzt, wenn das Kind **eine in seinem Eigentum stehende Wohnung** bewohnt. Bei minderjährigen Kindern erfolgt in der Regel eine Kürzung des Tabellensatzes nach der Düsseldorfer Tabelle um 20 %, bei volljährigen Kindern um den im Bedarfssatz von 860 EUR enthaltenen Anteil für Mietaufwendungen von 375 EUR.[42]

35 BGH 1.10.2008 – XII ZR 62/07, NJW 2009, 145.
36 BGH 9.4.2014 – XII ZB 721/12, NJW 2014, 1733.
37 BGH 1.10.2008 – XII ZR 62/07, NJW 2009, 145.
38 BGH 5.3.2008 – XII ZR 22/06, NJW 2008, 1946.
39 BGH 31.10.2012 – XII ZR 30/10, FamRZ 2013, 191.
40 BGH 18.12.1991 – XII ZR 2/91, NJW 1992, 1044.
41 OLG Hamm 12.5.1999 – 5 UF 321/98, FamRZ 2000, 957.
42 Wendl/Dose UnterhaltsR/*Gerhard* § 1 Rn. 575.

283. Zins- und Tilgungsleistungen

Poppen

I. Grundsatz

1 Sind bei der Ermittlung des Bedarfs des Unterhaltsberechtigten, der Leistungsfähigkeit des Unterhaltspflichtigen oder bei der Bestimmung der für den Ehegattenunterhalt maßgeblichen ehelichen Lebensverhältnisse Verbindlichkeiten zu berücksichtigen, sind immer die **Zinsleistungen** abzusetzen. Bei den **Tilgungen** ist zu differenzieren. Auch diese sind grundsätzlich zu berücksichtigen.[1] Sowohl die Mittel für die Zinszahlungen als auch für die Tilgungsleistungen standen und stehen für den Unterhalt nicht zur Verfügung. Eine Ausnahme gilt zum Teil für Verbindlichkeiten, die zum **Zweck der Vermögensbildung** eingegangen worden sind.

II. Tilgungsleistungen

1. Gemeinsame Vermögensbildung

2 Sofern es sich um Kredite handelt, deren Abtrag zu einer Vermögensbildung führt, ist zu prüfen, ob die Vermögensbildung beiden oder nur einem Beteiligten des Unterhaltsrechtsverhältnisses zugutekommt.[2]

3 Tilgungen auf Kredite, deren Abtrag eine **gemeinschaftliche Vermögensbildung** bewirkt, sind grundsätzlich vom Einkommen des Zahlenden abzuziehen. Dies gilt insbesondere für Kredite, die Ehegatten einvernehmlich in der Ehe aufgenommen haben und die etwa der Finanzierung einer im gemeinsamen Eigentum stehenden Immobilie dienen. Die durch diese Tilgung bewirkte Vermögensmehrung kommt nach der Trennung und auch nach Rechtskraft der Ehescheidung beiden zugute und ist daher von beiden bei der Unterhaltsbemessung mitzutragen.[3] Durch die Berücksichtigung von Tilgungsleistungen für gemeinschaftliche Verbindlichkeiten im Rahmen der Unterhaltsbemessung wird zugleich der **Gesamtschuldnerausgleich** nach § 426 BGB bewirkt (→ *Gesamtschuldnerausgleich und Unterhalt* Rn. 3 ff.).

4 Soweit aus anderweitigem gemeinsamen Vermögen Kredite vorzeitig getilgt werden, ist die Tilgung nicht fiktiv fortzuschreiben. Diese **Vermögensumschichtung** kommt beiden Ehegatten zugute.[4] **Fallen die Verbindlichkeiten weg**, erhöht sich damit der Bedarf nach den ehelichen Lebensverhältnissen bzw. die Leistungsfähigkeit. Das gilt auch, soweit das Auslaufen des Kredits nach Rechtskraft der Ehescheidung liegt. Diese **Erhöhung des Bedarfs** ist in der Ehe angelegt und daher bei der Unterhaltsbemessung zu berücksichtigen.[5] Es handelt sich um eine aus Sicht der Ehescheidung vorhersehbare und daher berücksichtigungswürdige Entwicklung.[6]

2. Einseitige Vermögensbildung

5 Soweit Tilgungen zu einer einseitigen Vermögensbildung führen, sind sie grundsätzlich unbeachtlich. Unterhaltspflichten gehen einer Vermögensbildung vor. Die Tilgungsleistungen können, wenn die Voraussetzungen vorliegen, in den dafür vorgesehenen Grenzen jedoch als **private Altersvorsorge** berücksichtigt werden[7] (→ *Private Altersvorsorge* Rn. 3 ff.).

1 BGH 28.3.2007 – XII ZR 21/05, NJW 2007, 1974.
2 BGH 5.3.2008 – XII ZR 22/06, NJW 2008, 1946.
3 BGH 5.3.2008 – XII ZR 22/06, NJW 2008, 1946.
4 BGH 22.4.1998 – XII ZR 161/96, NJW 1998, 2821.
5 BGH 20.7.1990 – XII ZR 73/89, NJW 1990, 2886.
6 BGH 7.12.2011 – XII ZR 151/09, NJW 2012, 384.
7 BGH 5.3.2008 – XII ZR 22/06, NJW 2008, 1946.

6 Fälle der einseitigen Vermögensbildung sind etwa Zahlungen auf Kredite, die im Zusammenhang mit einer im **Alleineigentum eines Ehegatten** stehenden Immobilie aufgenommen worden sind. Leben die Ehegatten im **gesetzlichen Güterstand**, partizipiert der andere Ehegatte nur noch bis zur **Zustellung des Scheidungsantrags** an der durch die Tilgung einhergehenden Vermögensbildung. Tilgungsleistungen, die zusammen mit den Zinsen den Wohnwert übersteigen und nicht als private Altersvorsorge angesehen werden können, können daher nur bis zu dieser Zustellung berücksichtigt werden.[8] Leben die Ehegatten im **Güterstand der Gütertrennung**, entfällt die Teilhabe an der Vermögensbildung schon mit der Trennung[9] (→ *Wohnwert* Rn. 13).

7 Übernimmt ein Ehegatte im Rahmen der **Vermögensauseinandersetzung** eine ursprünglich gemeinschaftliche Immobilie zu Alleineigentum, entfällt mit der Übernahme die Gemeinschaftlichkeit der Vermögensbildung. Von diesem Zeitpunkt an sind die Tilgungsleistungen nicht mehr berücksichtigungsfähig, soweit sie mit den Zinsen den Wohnwert übersteigen und über den Betrag der zulässigen privaten Altersvorsorge hinausgehen[10] (→ *Private Altersvorsorge* Rn. 2 ff.).

3. Vernünftiger Tilgungsplan

8 Soweit Tilgungen zu berücksichtigen sind, ist insbesondere beim Kindesunterhalt zu prüfen, ob nicht zur Herbeiführung oder Verbesserung der unterhaltsrechtlichen Leistungsfähigkeit **Tilgungsleistungen zu strecken** sind. Dies gilt auch für den Fall, dass Ehegatten während der Ehe besonders hohe Tilgungen vereinbart haben, für Tilgungsleistungen nach der Trennung.[11] Umgekehrt ist einem Unterhaltspflichtigen, auch wenn Kredite in der Ehezeit überhaupt nicht getilgt worden sind, nach der Trennung eine **angemessene Tilgung** zuzubilligen.[12] Ist ein Unterhaltspflichtiger aufgrund berücksichtigungsfähiger Verbindlichkeiten zur Zahlung des Mindestunterhalts minderjähriger Kinder leistungsunfähig, kann die Obliegenheit bestehen, ein **Verbraucherinsolvenzverfahren** einzuleiten (→ *Obliegenheit zur Verbraucherinsolvenz* Rn. 4 ff.).

---

8 BGH 28.3.2007 – XII ZR 21/05, NJW 2007, 1974.
9 Wendl/Dose UnterhaltsR/*Gerhardt* § 1 Rn. 1092.
10 BGH 5.3.2008 – XII ZR 22/06, NJW 2008, 1946.
11 BGH 25.1.1984 – IVb ZR 51/82, NJW 1984, 1537.
12 BGH 7.4.1982 – IVb ZR 681/80, NJW 1982, 1641.

284. Zugewinngemeinschaft

Caspary

I. Einführung

Die Zugewinngemeinschaft ist geregelt in §§ 1361–1390 BGB. Sie ist der **gesetzliche Güterstand**, der immer gilt, wenn die Eheleute nicht durch einen formbedürftigen Ehevertrag (§§ 1408 ff. BGB) einen der beiden Wahlgüterstände gewählt, also Gütergemeinschaft (→ *Gütergemeinschaft* Rn. 1 ff.) oder Gütertrennung (→ *Gütertrennung*) vereinbart haben. Neben der Wahl eines anderen Güterstandes kann die Zugewinngemeinschaft auch durch einen Ehevertrag (→ *Vereinbarungen zum Güterrecht* Rn. 1 ff.) in vielfältiger Hinsicht modifiziert werden. Es gibt kaum Grenzen, da die meisten Regelungen dispositiv sind.[1] 1

Der gesetzliche Güterstand der Zugewinngemeinschaft zeichnet sich dadurch aus, dass gemäß § 1363 Abs. 2 Hs. 1 BGB **jeder Ehegatte sein Vermögen behält**. Auch Vermögen, das ein Ehegatte nach Eheschließung erwirbt, wird gemäß § 1363 Abs. 2 Hs. 2 BGB kein gemeinschaftliches Vermögen. Für Verbindlichkeiten des anderen Ehegatten gibt es keine Haftung. Die Vermögensmassen bleiben also strikt getrennt. Entgegen dem Begriff „Gemeinschaft" leben die Eheleute somit im Grunde in Gütertrennung, wobei im Unterschied zum Güterstand der Gütertrennung bei Scheitern der Ehe ein **finanzieller Ausgleich** des während der Ehe erzielten Vermögenszuwachses in Form des Zugewinnausgleichs erfolgt.[2]

Eheleute zeigen sich häufig überrascht, wenn man ihnen das Wesen der Zugewinngemeinschaft erklärt, glauben sie doch nicht selten, aufgrund der Hochzeit gehöre ihnen alles gemeinsam oder es stünde ihnen doch zumindest ein Anspruch auf hälftige Beteiligung hinsichtlich jedes einzelnen Vermögenswertes zu. Es ist nicht immer leicht ihnen zu erklären, dass es weder während der Ehe noch im Falle ihres Scheiterns eine dingliche Beteiligung am Vermögen des anderen gibt, sondern lediglich einen **schuldrechtlichen Zahlungsanspruch**, eine entsprechende Vermögensmehrung vorausgesetzt.

Gleichwohl hat sich die Zugewinngemeinschaft bewährt, wie sich schon daran zeigt, dass es seit ihrer Einführung durch das Gleichberechtigungsgesetz vom 15.6.1957[3] kaum **Reformen** gab. Die letzten Änderungen erfolgten durch das Gesetz zur Änderung des Zugewinnausgleichs- und Vormundschaftsrechts vom 6.7.2009.[4] Auch diese Reform stellte aber nicht das Wesen der Zugewinngemeinschaft in Frage, sondern beschränkte sich auf die Reformierung einzelner, als ungerecht empfundener Aspekte, nämlich:

- Anspruch auf Auskunft über das Anfangsvermögen
- Anspruch auf Auskunft über das Trennungsvermögen

1 Vgl. hierzu die verschiedenen Handbücher wie zB Münch, Ehebezogene Rechtsgeschäfte, 4. Aufl. 2015 oder *Langenfeld/Milzer* Eheverträge-HdB.
2 *Schulz/Hauß* Vermögensauseinandersetzung Kap.1, Rn. 6 ff.
3 BGBl. I 609.
4 BGBl. I 1696.

- Anspruch auf Vorlage von Belegen
- Einführung negativen Anfangs- und Endvermögens
- Schutz vor Manipulationen: Änderungen der §§ 1378 Abs. 2, 1384 BGB
- Verbesserung des vorläufigen Rechtsschutzes
- Verbesserungen der Ersatzansprüche gegen Dritte (§ 1390 BGB)
- Streichung des § 1370 BGB (Ersatz von Haushaltsgegenständen)

Seit dem 1.5.2013 gibt es außerdem im Verhältnis zu Frankreich einen gemeinsamen Güterstand der **Wahl-Zugewinngemeinschaft**, der im Wesentlichen der deutschen Zugewinngemeinschaft nachgebildet ist.[5]

II. Zugewinngemeinschaft während intakter Ehe

2 Während bestehender Ehe verwaltet nach § 1364 BGB jeder Ehegatte sein Vermögen **selbstständig**. Eine Vertretungsbefugnis für den anderen Ehegatten besteht nur bei Geschäften zur Deckung des Lebensbedarfs iSv § 1357 BGB oder wenn sich die Ehegatten ausdrücklich wechselseitig bevollmächtigen. Es gibt keine Verpflichtung, das Vermögen zu erhalten, zB um einen etwaigen Anspruch des anderen Ehegatten im Falle der Scheidung erfüllen zu können.[6] Eine Beschränkung der Befugnis, sein Vermögen selbst zu verwalten, kann sich nur aus den §§ 1365–1369 BGB ergeben.

Nach § 1365 BGB kann sich ein Ehegatte nur mit Einwilligung des anderen Ehegatten verpflichten, über sein **Vermögen im Ganzen** zu verfügen. Die Zustimmung kann durch das Familiengericht ersetzt werden, sofern das Rechtsgeschäft den Grundsätzen einer ordnungsgemäßen Vermögensverwaltung entspricht und die Zustimmung ohne ausreichenden Grund verweigert wird (§ 1365 Abs. 2 BGB). Eine Verfügung über das Vermögen im Ganzen liegt auch vor, wenn der Gegenstand, über den verfügt wird, nahezu das ganze Vermögen ausmacht. Verweigert der andere Ehegatte die Einwilligung, ist das Rechtsgeschäft schwebend unwirksam, bis entweder die Genehmigung nach § 1366 BGB erteilt oder die Zustimmung durch das Familiengericht ersetzt wird.

Allerdings enthält § 1365 BGB das **ungeschriebene Tatbestandsmerkmal der positiven Kenntnis des Dritten**. Der Vertragspartner muss also wissen, dass das Rechtsgeschäft das ganze oder nahezu ganze Vermögen betrifft.[7] Häufig ist das nicht der Fall, so dass der Schutz des § 1365 BGB, nämlich die Sicherung der Existenz der Familie und eines etwaigen Anspruchs auf Zugewinnausgleich, nicht greift. Noch häufiger wird nicht über das Vermögen im Ganzen verfügt, sondern das Vermögen sukzessive verbraucht. Dagegen gibt es keinen Schutz. Allenfalls kann in extremen Fällen ein Antrag auf vorzeitigen Zugewinnausgleich nach § 1385 BGB gestellt werden, sofern die Voraussetzungen vorliegen.

Außer bei Verfügungen über das Vermögen im Ganzen benötigt ein Ehegatte auch bei Verfügungen über ihm gehörende **Haushaltsgegenstände** nach § 1369 BGB die Zustimmung des anderen Ehegatten. Wird die Zustimmung verweigert, kann das Familiengericht auch in diesem Fall die Zustimmung nach § 1369 Abs. 2 BGB ersetzen. Die Vorschrift dient allerdings weniger der Sicherung eines zukünftigen Anspruchs auf Zugewinnausgleich als der Sicherung der Substanz des ehelichen Haushalts.

Mit Ausnahme der beiden vorgenannten Verfügungsbeschränkungen und den Fällen des vorzeitigen Zugewinnausgleichs (§ 1385 BGB; → *Vorzeitiger Zugewinnausgleich* Rn. 1 ff.) können Ehegatten mit ihrem Vermögen somit während bestehender Ehe tun was sie wollen, dh einen wirksamen **Schutz** oder eine Sicherung des Zugewinnausgleichsanspruchs des anderen Ehegatten gibt es nur in einem sehr eingeschränkten Umfang.

5 *Braeuer* FF 2010, 113; *Klippstein* FPR 2010, 510.
6 Palandt/*Brudermüller* BGB § 1364 Rn. 2.
7 Palandt/*Brudermüller* BGB § 1365 Rn. 8.

III. Beendigung der Zugewinngemeinschaft

Der Güterstand der Zugewinngemeinschaft endet entweder durch rechtskräftige Scheidung, Aufhebung der Ehe, Durchführung des vorzeitigen Zugewinnausgleichs (§ 1388 BGB), Vertrag (§ 1414 BGB) oder durch den Tod eines der Ehegatten. In allen Fällen entsteht mit der Beendigung des Güterstandes der **Anspruch auf Zugewinnausgleich**, wobei zwischen dem güterrechtlichen Zugewinnausgleich (§§ 1371–1390 BGB) und dem erbrechtlichen Zugewinnausgleich (§ 1371 Abs. 1 BGB) zu unterscheiden ist. 3

1. Scheidung, Aufhebung der Ehe, vorzeitiger Zugewinnausgleich, Vertrag

Beim **güterrechtlichen Zugewinnausgleich** werden nicht das Vermögen oder einzelne Vermögensgegenstände, sondern gemäß § 1363 Abs. 2 S. 2 BGB iVm §§ 1373 ff. BGB lediglich der während der Ehe erworbene Zugewinn ausgeglichen, also der **Vermögenszuwachs.** Der Zugewinn entspricht gemäß § 1373 BGB der Differenz zwischen Anfangs- und Endvermögen. Übersteigt der Zugewinn des einen Ehegatten den Zugewinn des anderen Ehegatten, kann der Ehegatte mit dem niedrigeren Zugewinn gem. § 1378 Abs. 1 BGB die Hälfte der Differenz als Zugewinnausgleich verlangen. Der Anspruch ist immer auf eine **Geldzahlung** gerichtet. Unerheblich ist, woher die Mittel stammen, mit denen die Ehegatten ihren Zugewinn erwirtschaftet haben. Die einzelnen Bestandteile des Vermögens sind bloße Rechnungsposten, dh es werden alle Vermögenswerte entsprechend den §§ 1374, 1375 BGB **saldiert**. 4

a) Anfangsvermögen. Anfangsvermögen (→ *Anfangsvermögen* Rn. 1 ff.) ist nach § 1374 Abs. 1 BGB das Vermögen, das einem Ehegatten beim Eintritt des Güterstandes, also am Tag der Hochzeit, gehört. Verbindlichkeiten sind in Abzug zu bringen. Im Unterschied zur Rechtslage vor der Reform vom 6.7.2009 kann das Anfangsvermögen nach § 1374 Abs. 3 BGB auch negativ sein, was zur Folge hat, dass sich der Zugewinn entsprechend erhöht. 5

Schenkungen, Erbschaften und Ausstattungen sollen nicht über den Zugewinn ausgeglichen werden. Sie sind daher nach § 1374 Abs. 2 BGB als sogenanntes **privilegiertes Vermögen** (→ *Zuwendungen Dritter im Zugewinnausgleich* Rn. 1 ff.; → *Anfangsvermögen* Rn. 7 ff.) dem Anfangsvermögen hinzuzurechnen.

Das Anfangsvermögen ist zu **indexieren**, um die allein durch die Geldentwertung eingetretene Vermögensmehrung aus dem Zugewinnausgleich auszuscheiden. Bei privilegiertem Vermögen iSv § 1374 Abs. 2 BGB ist jeweils bezogen auf den Tag der Erbschaft, Schenkung oder Erhalt der Ausstattung zu indexieren (→ *Verbraucherpreisindex* Rn. 1 ff.; → *Anfangsvermögen* Rn. 22 ff.).

b) Endvermögen. Endvermögen (→ *Endvermögen* Rn. 1 ff.) ist nach § 1375 Abs. 1 BGB das Vermögen, das einem Ehegatten bei Beendigung des Güterstandes gehört. Verbindlichkeiten sind wiederum in Abzug zu bringen. Auch das Endvermögen kann seit dem 6.7.2009 negativ sein (vgl. § 1375 Abs. 1 S. 2 BGB). Einen Zugewinnausgleich gibt es dann allerdings nicht, da nach wie vor die Höhe der Ausgleichsforderung grundsätzlich auf den Wert des Vermögens begrenzt ist, das bei Fälligkeit der Ausgleichsforderung, also bei Beendigung des Güterstandes, vorhanden ist (§ 1378 Abs. 2 S. 1 BGB). 6

Zu beachten ist, dass nach § 1384 BGB für den Fall der Scheidung bzw. nach § 1387 für den Fall des vorzeitigen Zugewinnausgleichs für die Berechnung des Zugewinns und für die Höhe der Ausgleichsforderung an die Stelle der Beendigung des Güterstandes der Zeitpunkt der Zustellung des Scheidungsantrags bzw. des Antrags auf vorzeitigen Zugewinnausgleich tritt. Das bedeutet zunächst, dass **Stichtag** für die Berechnung des Endvermögens nicht der Tag der Beendigung des Güterstandes ist, sondern der Tag, an dem der Antrag auf (vorzeitigen) Zugewinnausgleich **rechtshängig** wurde. Aus § 1384 BGB folgt aber auch und vor allem, dass die Begrenzung der Ausgleichsforderung nach § 1378 Abs. 2 S. 1 BGB sich entgegen dem Wortlaut dieser Vorschrift nicht auf das vorhandene positive Vermögen bei Beendigung des Güterstandes, sondern auf das vorhandene positive Vermögen bei Eintritt der Rechtshängigkeit bezieht (→ *Endvermögen* Rn. 2).

Die Erweiterung der Vorschrift um die Höhe der Ausgleichsforderung wurde mit dem Reformgesetz vom 6.7.2009 eingefügt und sollte den bis dahin möglichen **Manipulationen** zwischen Rechtshängigkeit und Rechtskraft durch böswillige Verminderung des Vermögens entgegen wirken.[8] Die Entwicklung des Vermögens des ausgleichspflichtigen Ehegatten nach Rechtshängigkeit hat seitdem keine Auswirkungen mehr auf die Höhe der Ausgleichsforderung und zwar auch dann, wenn die Verminderung des Vermögens nicht vorwerfbar ist, zB bei Kursverlusten an der Börse. Nach hM kommt in diesen Fällen in der Regel auch keine Korrektur über den Einwand der groben Unbilligkeit nach § 1381 BGB in Betracht.[9]

7 **c) Illoyale Verfügungen.** Nimmt ein Ehegatte nach Eintritt des Güterstandes illoyale Verfügungen (→ *Illoyale Verfügungen und Ansprüche gegen Dritte* Rn. 3 ff.; → *Endvermögen* Rn. 3 ff.) iSv § 1375 Abs. 2 BGB vor, wird der Wert der Verfügung nach § 1375 Abs. 2 S. 1 BGB seinem Endvermögen hinzugerechnet. Ebenso erhöht sich seit der Reform vom 6.7.2009 die Begrenzung der Ausgleichsforderung nach § 1378 Abs. 2 S. 2 BGB um den Wert der illoyalen Verfügung. In diesen Fällen ist es also ausnahmsweise denkbar, dass ein Zugewinnausgleichsanspruch besteht, obwohl das noch vorhandene positive Vermögen geringer als der Anspruch auf Zugewinnausgleich ist. Die Hinzurechnung entfällt nach § 1378 Abs. 3 BGB, wenn seit der illoyalen Verfügung mehr als zehn Jahre vergangen sind oder der andere Ehegatte mit der Verfügung einverstanden war.

Wichtig ist in diesem Zusammenhang, dass nach § 1375 Abs. 2 S. 2 BGB **vermutet** wird, dass illoyal verfügt wurde, wenn das Endvermögen eines Ehegatten niedriger ist als das Vermögen, das dieser Ehegatte am Tag der Trennung hatte. Auch diese Vorschrift ist neu und soll dazu dienen, illoyalen Verfügungen in der Krise entgegenzuwirken. Die Vorschrift greift allerdings nur, wenn sich das Vermögen vermindert hat, wobei es genügt, wenn der Vermögensträger den Verlust einzelner Vermögensgegenstände erklärt. Es müssen nicht die gesamten Einnahmen und Ausgaben dargelegt werden. Hat sich dagegen nur die Zusammensetzung des Vermögens verändert, liegt aber keine Vermögensverringerung vor, können illoyale Vermögensverfügungen nur über § 1375 Abs. 2 S. 1 BGB erfasst werden.[10]

8 **d) Auskunfts- und Beleganspüche.** Zur Ermittlung des Vermögens am Anfang und am Ende der Ehe sowie am Tag der Trennung stehen jedem Ehegatten nach § 1379 BGB Auskunfts- und Beleganspüche (→ *Belegvorlage im Zugewinn* Rn. 1 ff.) zu. § 1379 BGB enthält insgesamt drei Ansprüche, und zwar auf Auskunft (§ 1379 Abs. 1 S. 1 BGB), auf Wertermittlung (§ 1379 Abs. 1 S. 3 BGB) und auf Vorlage von Belegen (§ 1379 Abs. 2 BGB). Seit der Reform vom 6.7.2009 muss nicht nur Auskunft über das Endvermögen, sondern auch über das Anfangs- und Trennungsvermögen erteilt werden. Auch über einen etwaigen privilegierten Erwerb (§ 1374 Abs. 2 BGB) sowie über illoyale Vermögensverfügungen iSv § 1375 Abs. 2 BGB muss Auskunft erteilt werden. Dies wird aus der Formulierung „soweit es für die Berechnung des Anfangs- und Endvermögens erforderlich ist" gefolgert. Geschuldet ist die Vorlage eines geordneten und übersichtlichen **Verzeichnisses** iSv § 260 BGB. Die Auskunft muss nicht unterschrieben sein.[11] Die wertbildenden Faktoren sind anzugeben.[12]

Die Auskunft kann verlangt werden, sobald der Güterstand beendet ist oder die Scheidung, ein Antrag auf Aufhebung der Ehe, die Durchführung des vorzeitigen Zugewinnausgleichs oder auf vorzeitige Aufhebung der Zugewinngemeinschaft rechtshängig ist. Der Anspruch auf Auskunft über das **Trennungsvermögen** kann nach § 1379 Abs. 2 BGB auch schon nach der Trennung geltend gemacht werden. Problematisch ist insoweit oft, dass der Tag der Trennung nicht festgestellt werden kann, da eine Trennung in der Regel prozesshaft verläuft. Können sich die Eheleute in solchen Fällen nicht auf einen Tag einigen, kann es sein, dass der Auskunftsanspruch letztlich ins Leere geht, weil der Auskunftsgläubiger das Trennungsdatum nicht beweisen kann. Es wird in derartigen Fällen überwiegend für zulässig gehalten, den Trennungszeitpunkt im Wege eines (Zwischen-)Feststellungsantrags klären zu lassen. Die Darlegungs- und Beweislast liegt beim Auskunftsgläubiger.[13]

8 Palandt/*Brudermüller* BGB § 1384 Rn. 1.
9 Palandt/*Brudermüller* BGB § 1384 Rn. 1.
10 Palandt/*Brudermüller* BGB §§ 1375, 1376 Rn. 33.
11 BGH 28.11.2007 – XII ZB 225/05, FamRZ 2008, 600.
12 BGH 6.5.1982 – IX ZR 36/81, FamRZ 1982, 682.
13 Palandt/*Brudermüller* BGB § 1379 Rn. 3, 24.

e) Zugewinn. Wurde mithilfe der Auskunftsansprüche das Anfangs- und Endvermögen, gegebenenfalls auch das Trennungsvermögen, ermittelt, kann der Anspruch auf Zugewinnausgleich berechnet werden. Nach § 1373 BGB entspricht der Zugewinn dem Betrag, um den das Endvermögen eines Ehegatten dessen Anfangsvermögen übersteigt, wobei im Unterschied zum Anfangs- und Endvermögen der Zugewinn niemals negativ sein kann.[14] Ein Ausgleichsanspruch besteht, wenn der Zugewinn der Ehegatten unterschiedlich hoch ist. Der Anspruch beläuft sich in diesem Fall gemäß § 1378 Abs. 1 BGB auf die Hälfte des Betrages, um den der Zugewinn des einen Ehegatten den Zugewinn des anderen Ehegatten übersteigt. 9

Zu beachten ist, dass die Bewertung der einzelnen dem Anfangs- und Endvermögen zuzurechnenden Vermögensgegenstände streng nach dem **Stichtagsprinzip** iSv § 1376 BGB erfolgen muss.

f) Vorausempfänge. Gab es Vorausempfänge (→ *Vorausempfang* Rn. 1 ff.) iSv § 1380 BGB, müssen diese auf die Ausgleichsforderung angerechnet werden, sofern die Voraussetzungen von § 1380 BGB vorliegen. 10

g) Grobe Unbilligkeit. Besteht ein Anspruch auf Zugewinnausgleich, kann diesem nur in extremen Ausnahmefällen der Einwand der groben Unbilligkeit (→ *Grobe Unbilligkeit im Zugewinn* Rn. 1 ff.) nach § 1381 BGB entgegengehalten werden. Die Anforderungen sind deutlich höher als beim Unterhalt, aber auch höher als beim Versorgungsausgleich. Nur wenn die Durchführung des Zugewinnausgleichs dem Gerechtigkeitsempfinden in unerträglicher Weise widerspricht, kann eine Berufung auf § 1381 BGB Erfolg versprechend sein, wobei allerdings Unzuträglichkeiten, die sich aus dem strengen Stichtagssystem als solchem ergeben, grundsätzlich nicht geeignet sind, die grobe Unbilligkeit zu bejahen, wie zB im Falle des nicht vorwerfbaren Vermögensverlustes zwischen Rechtshängigkeit und Rechtskraft der Scheidung. Es müssen immer weitere und besondere Umstände des Einzelfalls hinzukommen.[15] 11

h) Stundung, Übertragung von Vermögenswerten. Um Härten, die durch die Durchführung des Zugewinnausgleichs entstehen können, zu begegnen, sieht das Gesetz neben dem Einwand der groben Unbilligkeit noch die Möglichkeit der Stundung (→ *Stundungseinrede* Rn. 1 ff.) der Ausgleichsforderung nach § 1382 BGB für den Schuldner oder der Übertragung von Vermögensgegenständen nach § 1383 BGB für den Gläubiger vor. Beide Vorschriften spielen in der Praxis allerdings kaum eine Rolle. 12

i) Vorzeitiger Zugewinnausgleich. Zu denken ist schließlich immer auch an die Möglichkeit des vorzeitigen Zugewinnausgleichs bzw. der **vorzeitigen Aufhebung der Zugewinngemeinschaft** nach §§ 1385 ff. BGB (→ *Vorzeitiger Zugewinnausgleich* Rn. 1 ff.). Zeitgleich mit der vorzeitigen Aufhebung der Zugewinngemeinschaft kann auf Auskunft und Zahlung geklagt werden, sofern die Voraussetzungen für einen vorzeitigen Zugewinnausgleich vorliegen. Der Berechtigte kann also wählen, ob er nur die vorzeitige Aufhebung der Zugewinngemeinschaft verlangt mit der Folge, dass Gütertrennung eintritt (§ 1388 BGB), oder ob er außerdem auch gleich auf Auskunft und Zahlung klagt. Aber auch der Pflichtige kann die vorzeitige Aufhebung der Zugewinngemeinschaft verlangen und sich dadurch zB gegen schädigende Handlungen des Berechtigten wehren. 13

Voraussetzung ist allerdings immer, dass einer der Fälle des § 1385 BGB vorliegt.

Bezüglich der zweiten Fallgruppe des § 1385 Nr. 2 BGB (→ *Vorzeitiger Zugewinnausgleich* Rn. 5 ff.) ist zu beachten, dass die **Befürchtung** ausreicht, dass der andere Ehegatte über sein Vermögen im Ganzen oder illoyal iSv § 1375 Abs. 2 BGB verfügen wird. Es muss also nicht abgewartet werden, bis die schädigende Handlung erfolgt ist.

Praktisch bedeutsam ist auch die vierte Fallgruppe (→ *Vorzeitiger Zugewinnausgleich* Rn. 22), da durch ein entsprechendes **Auskunftsverlangen**, dem häufig nicht nachgekommen wird, die Voraussetzungen für einen vorzeitigen Zugewinnausgleich mitunter geschaffen werden können. Gemeint ist in § 1385 Nr. 4 BGB die aus § 242 BGB folgende Pflicht, den anderen Ehegatten auch während der Ehe auf Verlangen zu-

14 Palandt/*Brudermüller* BGB § 1373 Rn. 4; aA *Braeuer* FamRZ 2010, 1614.
15 Vgl. Palandt/*Brudermüller* BGB § 1381 Rn. 6.

mindest in groben Zügen über den Vermögensbestand zu informieren.[16] Dagegen kann die Nichterfüllung des Anspruchs auf Auskunft über das Anfangs- und Endvermögen nicht zu einem vorzeitigen Zugewinnausgleich führen.[17] Das gleiche gilt, wenn die Auskunft über das Trennungsvermögen beharrlich verweigert wird. Auch dies berechtigt nicht dazu, einen Antrag auf vorzeitigen Zugewinnausgleich zu stellen.[18]

14 **j) Anspruch gegen Dritte.** Ist es dem Ausgleichspflichtigen gelungen, Vermögen zur Seite zu schaffen, kann schließlich auch § 1390 BGB helfen (→ *Illoyale Vermögensverfügungen und Ansprüche gegen Dritte* Rn. 22 ff.). Zwar wird seit der Reform der Wert illoyaler Verfügungen dem Endvermögen hinzugerechnet. Das hilft dem Berechtigten aber dann nicht weiter, wenn der Pflichtige kein Vermögen mehr hat, von dem er den Zugewinnausgleich zahlen bzw. in das der Berechtigte vollstrecken könnte. Soweit die Voraussetzungen von § 1390 BGB vorliegen, kann in solchen Fällen unter Umständen auch gegen den **Dritten** vorgegangen werden, der die unentgeltliche oder illoyale Zuwendung erhalten hat. In der Praxis kommt die Vorschrift sehr selten zum Einsatz, was sicher auch daran liegt, dass der Berechtigte wenig Neigung haben wird, nach einem Zugewinnausgleichsverfahren, das ihm nichts gebracht hat, nun noch ein weiteres Verfahren mit ungewissem Ausgang gegen den Dritten zu führen.

2. Tod eines Ehegatten

15 Neben dem güterrechtlichen Zugewinnausgleich gibt es auch den **erbrechtlichen Zugewinnausgleich** des § 1371 Abs. 1 BGB, der immer dann greift, wenn der Güterstand der Zugewinngemeinschaft durch den Tod eines Ehegatten beendet worden ist und der überlebende Ehegatte gesetzlicher Erbe wird. Ist der überlebende Ehegatte dagegen weder gesetzlicher noch testamentarischer Erbe und erhält er auch kein Vermächtnis, wird nach § 1371 Abs. 2 BGB der Zugewinnausgleich gemäß den §§ 1373–1383, 1390 BGB güterrechtlich durchgeführt. Ist der überlebende Ehegatte testamentarischer Erbe oder Vermächtnisnehmer, gibt es weder einen erbrechtlichen noch einen güterrechtlichen Zugewinnausgleich, sondern es gilt die letztwillige Verfügung.

Der erbrechtliche Zugewinnausgleich wird nach § 1371 Abs. 1 BGB dadurch verwirklicht, dass der **gesetzliche Erbteil** des überlebenden Ehegatten um ein **Viertel erhöht** wird, und zwar unabhängig davon, ob der verstorbene Ehegatte überhaupt einen Zugewinn erwirtschaftet hat. Die Erhöhung findet auch dann statt, wenn der überlebende Ehegatte bei Durchführung des Zugewinnausgleichs ausgleichspflichtig wäre. Im Unterschied zum güterrechtlichen Zugewinnausgleich wird der überlebende Ehegatte also dinglich am Vermögen des verstorbenen Ehegatten beteiligt.

16 Die Lösung hat für sich, dass sie **einfach** ist und auf eine womöglich umständliche oder gar nicht mehr mögliche Ermittlung des Anfangs- und Endvermögens verzichtet. Allerdings kann sie insbesondere Kinder aus anderen Verbindungen **benachteiligen**. Hinzu kommt, dass bei Überschreitung der Freigrenzen von derzeit 500.000 EUR nach § 5 Abs. 1 S. 1 ErbStG das Viertel nur in dem Umfang steuerbefreit ist, wie sich beim güterrechtlichen Ausgleich ein Anspruch auf Zugewinnausgleich ergeben hätte. Jedenfalls in diesen Fällen muss also fiktiv doch der Zugewinnausgleich berechnet werden, um die **Erbschaftsteuer** ermitteln zu können.

Schlägt der Erbe die **Erbschaft aus**, kann er nach § 1371 Abs. 3 BGB neben dem Zugewinnausgleich gleichwohl den kleinen Pflichtteil verlangen, es sei denn, er hat vertraglich auf sein gesetzliches Erbrecht oder Pflichtteilsrecht verzichtet. Der überlebende Ehegatte kann also zwischen der erbrechtlichen Lösung bzw. der Erbeinsetzung und der güterrechtlichen Lösung zuzüglich kleinem Pflichtteil wählen. Dagegen kann er sich nicht durch einen Verzicht auf den Zugewinnausgleich den großen Pflichtteil verschaffen.[19]

---

16 Palandt/*Brudermüller* BGB § 1386 Rn. 8.

17 OLG Bamberg 20.8.2009 – 2 UF 133/09, FamRZ 2009, 1906; OLG Frankfurt a. M. 1.7.2009 – 2 UF 16/09, FamRZ 2010, 563.

18 BGH 17.9.2014 – XII ZB 604/13, FamRZ 2015, 32.

19 Palandt/*Brudermüller* BGB § 1371 Rn. 15.

IV. Vor- und Nachteile der Zugewinngemeinschaft

Die Zugewinngemeinschaft hat als Vorteil sicher für sich, dass es sich um ein **einfaches** und **klares** Rechtsinstitut handelt und der Anspruch, von Bewertungsfragen einmal abgesehen, relativ sicher berechenbar ist. Soweit der während der Ehe erwirtschaftete Zugewinn tatsächlich auf einer gemeinsamen Lebensleistung der Eheleute beruht, mag der Anspruch auch der Sache nach gerechtfertigt sein. Anders kann der Anspruch auf Zugewinnausgleich aber zu bewerten sein, wenn dies im Einzelfall nicht der Fall ist. In derartigen Fällen besteht allerdings immer die Möglichkeit, die Zugewinngemeinschaft ehevertraglich auszuschließen oder zu modifizieren, also den eigenen Bedürfnissen anzupassen. 17

Nachteilig ist, zumindest aus Sicht des **ausgleichsberechtigten Ehegatten**, dass die Zugewinngemeinschaft nur einen schuldrechtlichen Ausgleichsanspruch bei Scheitern der Ehe gewährt, nicht aber eine dingliche Beteiligung am Vermögen des anderen Ehegatten. Die **Rechtsstellung** des ausgleichsberechtigten Ehegatten ist daher eher **schwach**.

Dagegen stellen die beiden am häufigsten für die Vereinbarung von Gütertrennung vorgebrachten Gründe, nämlich keine **Haftung** für Verbindlichkeiten des anderen Ehegatten und Schutz des Vermögens vor dem Zugriff von **Gläubigern**, keine Nachteile der Zugewinngemeinschaft dar, sondern beruhen auf einem unzutreffenden, gleichwohl weit verbreiteten Verständnis der Zugewinngemeinschaft.

V. Verfahrensrechtliche Hinweise

1. Darlegungs- und Beweislast

Die **Darlegungs- und Beweislast** trägt grundsätzlich der Ehegatte, der Zugewinn verlangt. Er muss sein eigenes Anfangs- und Endvermögen sowie das Endvermögen des anderen Ehegatten darlegen und gegebenenfalls beweisen. Das Anfangsvermögen des anderen Ehegatten muss dieser darlegen und beweisen. 18

Wurde kein Verzeichnis über das Anfangsvermögen anlässlich der Eheschließung erstellt, was der Regelfall ist, wird nach § 1377 Abs. 3 BGB vermutet, dass kein Anfangsvermögen vorhanden war. Jeder Ehegatte ist daher **für sein eigenes Anfangsvermögen** darlegungs- und beweispflichtig.[20] Behauptet der andere Ehegatte substantiiert, dass am Anfang der Ehe Verbindlichkeiten vorhanden waren, was insbesondere bei Eintragungen im Grundbuch naheliegt, muss auch das Fehlen von Verbindlichkeiten nachgewiesen werden oder dass die Verbindlichkeit nicht mehr in voller Höhe valutiert.[21] Ist bei privilegierten Zuwendungen streitig, ob beide Ehegatten oder nur ein Ehegatte bedacht werden sollten, trägt der Ehegatte die Darlegungs- und Beweislast für die Zuwendung, der behauptet, er habe allein bedacht werden sollen.[22]

Auch beim **Endvermögen** trägt der Ehegatte, der Zugewinn verlangt, die Darlegungs- und Beweislast nicht nur für das Vorhandensein von Vermögenswerten, sondern auch für das Fehlen von Verbindlichkeiten. Allerdings trifft den Anspruchsgegner in diesen Fällen eine verschärfte Darlegungslast, was in der Praxis dazu führt, dass jeder Ehegatte seine Aktiva und der anderen Ehegatte die Passiva beweisen muss.[23]

Für **illoyale Verfügungen** im Sinne von § 1375 Abs. 2 BGB ist derjenige Ehegatte darlegungs- und beweispflichtig, der sich auf die illoyale Verfügung beruft. Zu beachten ist aber, dass sich die Darlegungs- und Beweislast nach § 1375 Abs. 2 Satz 2 BGB umkehrt, wenn sich das Vermögen eines Ehepartners zwischen Trennung und Zustellung des Scheidungsantrags verringert hat.[24] Hat sich das Vermögen nicht verringert, ist dem Ehegatten aber während der Trennung ein erheblicher Geldbetrag zugeflossen, soll dieser Ehegatte darlegungs- und beweispflichtig dafür sein, dass in der fehlenden Erhöhung des Endvermögens keine illoyale Verfügung liegt.[25] Wegen der Beweislastumkehr ist es für den ausgleichsberechtigten Ehegatten

20 BGH 6.2.1991 – XII ZR 57/90, FamRZ 1991, 1166.
21 *Kogel* Zugewinnausgleich Rn. 1645.
22 BGH 20.7.2005 – XII ZR 301/02, FamRZ 2005, 1660.
23 *Schulz/Hauß* Vermögensauseinandersetzung Kap. 1 Rn. 104 f.
24 BGH 15.8.2012 – XII ZR 80/11, FamRZ 2012, 1785.
25 *Schulz/Hauß* Vermögensauseinandersetzung Kap. 1 Rn. 110.

wichtig, einen Trennungszeitpunkt datumsmäßig bestimmen zu können, für den ausgleichspflichtigen Ehegatten gilt das Gegenteil. Hierauf ist in der Beratung zu achten. In jedem Fall sollte der Mandant darauf hingewiesen werden, die Belege für größere Ausgaben aufzuheben.

Vorsicht ist geboten, wenn man **Werte unstreitig stellen** möchte. Hierin kann ein gegebenenfalls nicht widerrufliches Geständnis nach § 288 ZPO liegen, das allerdings nur von der nicht beweisbelasteten Partei abgegeben werden kann.[26]

2. Stichtag

19 Da es für den Anspruch auf Zugewinnausgleich ua maßgeblich darauf ankommt, welches Vermögen am Stichtag, also bei **Zustellung des Scheidungsantrags** vorhanden ist, ist gegebenenfalls zu überlegen, ob der Antrag auf Scheidung ausnahmsweise bereits vor Ablauf des Trennungsjahres eingereicht wird. Sollte der Antrag deswegen in der ersten Instanz zurückgewiesen werden, ist hiergegen Beschwerde einzulegen, sofern absehbar ist, dass während des Beschwerdeverfahrens das Trennungsjahr abläuft. Da in diesen Fällen allerdings der antragstellende Ehegatte die Kosten zu tragen hat, ist genau abzuwägen, ob sich ein derartiges Vorgehen lohnt, dh ob die Besserstellung beim Zugewinn die **negative Kostenfolge** übersteigt.

Je nachdem, wen man vertritt, kann es aber auch geboten sein, mit der Einreichung der Scheidung noch zuzuwarten. Ist zum Beispiel abzusehen, dass die Spekulationssteuerfrist für Immobilien des Gegners demnächst abläuft, wäre es falsch gleichwohl die Scheidung einzureichen, weil sich durch die Spekulationssteuer das Endvermögen des Gegners verringert.

Zu denken ist schließlich daran, den Scheidungsantrag zurückzunehmen und die **Scheidung neu einzureichen**, wenn abzusehen ist, dass der neue Stichtag für die Berechnung des Endvermögens deutlich günstiger wäre, was vor allem bei Aktienvermögen wegen der zum Teil erheblichen Kursschwankungen vorkommen kann. Auch in derartigen Fällen muss aber das Kostenrisiko gegen die Besserstellung beim Zugewinn abgewogen werden. Möglich ist dieses Vorgehen ohnehin nur, wenn der andere Ehegatte keinen eigenen Scheidungsantrag gestellt hat, da sonst das Verfahren auf dessen Antrag hin fortgeführt wird.

3. Verbund oder isolierter Antrag

20 Der Anspruch auf Zugewinnausgleich kann entweder im Verbund mit der Scheidung oder isoliert geltend gemacht werden. Welcher Weg vorzugswürdig ist, lässt sich nicht generell sagen. Unter **Kostengesichtspunkten** empfiehlt sich regelmäßig die Geltendmachung des Anspruchs auf Zugewinnausgleich im Verbund mit der Scheidung. Dafür kann ferner sprechen, dass der ausgleichsberechtigte Ehegatte einen Anspruch auf Trennungsunterhalt hat und man das Verfahren verzögern möchte, weil abzusehen ist, dass kein Anspruch auf nachehelichen Unterhalt besteht oder dieser zumindest deutlich geringer ausfallen wird als der Anspruch auf Trennungsunterhalt. Gegen die Geltendmachung des Anspruchs auf Zugewinnausgleich im Verbund spricht, dass die Verpflichtung auf Zahlung von Zugewinnausgleich ab Rechtskraft der Scheidung mit 5 Prozentpunkten über dem Basiszinssatz zu **verzinsen** ist. Gerade heutzutage kann eine derartige Verzinsung durchaus attraktiv sein, vor allem wenn ein erheblicher Zugewinn zu erwarten und absehbar ist, dass sich die Klärung des Zugewinns hinziehen wird. Vertritt man den Pflichtigen, ist an einen negativen Feststellungsantrag zu denken, der auch im Verbund zulässig sein soll.[27] Vertritt man den Gläubiger muss man berücksichtigen, dass dieser bei einer isolierten Geltendmachung des Anspruchs auf Zugewinnausgleich den Schutz des § 1365 BGB verliert. Zu denken ist aber auch an Gesichtspunkte wie den Verlust des Anspruchs auf Familienversicherung oder die Möglichkeit einer Witwenrente. Schließlich spielen nicht selten auch emotionale Gesichtspunkte, wie der Wunsch nach einer schnellen Scheidung (oder umgekehrt) eine Rolle. Eine allgemeine Empfehlung lässt sich daher nicht aussprechen. Das Für und Wider ist mit dem Mandanten zu erörtern.

---

26 Vgl. hierzu OLG Jena 19.10.2017 – 1 UF 221/14, FamRZ 2018, 552.
27 *Kogel* Zugewinnausgleich Rn. 1434.

4. Vorzeitiger Zugewinn

Leben die Eheleute **länger als drei Jahre voneinander getrennt**, kann nach § 1385 Nr. 1 BGB der Anspruch auf Zugewinnausgleich vorzeitig geltend gemacht werden, ohne dass gleichzeitig die Scheidung eingereicht werden muss. Da es sich beim vorzeitigen Zugewinnausgleich um ein isoliertes Verfahren handelt, ist der Mandant auf die Kostenfolge hinzuweisen. Die 3-Jahresfrist sollte vorsorglich immer notiert werden. 21

Zu beachten ist, dass der Anspruch auf vorzeitigen Zugewinnausgleich auch dann noch gestellt werden kann, wenn das Scheidungsverfahren bereits rechtshängig ist[28] und sogar noch dann, wenn bereits ein Verfahren auf Zugewinnausgleich im Verbund anhängig gemacht worden ist.[29] Für die Berechnung des Zugewinns und die Höhe der Ausgleichsforderung ist in diesen Fällen der frühere Stichtag aus dem Scheidungsverfahren maßgeblich.[30]

Wird die Scheidung rechtskräftig, bevor das Verfahren über den vorzeitigen Zugewinnausgleich abgeschlossen ist, erledigt sich ein Verfahren nach § 1386 BGB in der Hauptsache, bei einem Verfahren nach § 1385 BGB dagegen nur der Gestaltungsantrag, der auf die Aufhebung der Zugewinngemeinschaft abzielt.

5. Teilantrag

Da häufig der Wert einzelner Vermögensgegenstände nicht feststeht, so vor allem bei Immobilien oder Unternehmen bzw. Unternehmensbeteiligungen, aber auch zur Verringerung des Kostenrisikos, ist zu überlegen, ob nur ein Teilantrag gestellt wird. In jedem Fall sollten dann aber **Nachforderungen** vorbehalten werden. 22

Wird der Anspruch auf Zugewinnausgleich isoliert geltend gemacht, ist auf die **dreijährige Verjährungsfrist** zu achten. Ist abzusehen, dass ein höherer Zugewinnausgleich verlangt werden kann, als mit dem Teilantrag geltend gemacht worden ist, muss der Antrag vor Ablauf der Verjährungsfrist erweitert werden.

Erweist sich der für einen bestimmten Vermögensgegenstand behauptete Wert als zu gering, zum Beispiel weil ein **Sachverständiger** einen höheren Wert ermittelt, muss man sich den vom Sachverständigen ermittelten Wert zu eigen machen, wenn man möchte, dass dieser Wert berücksichtigt wird.

6. Arrest

Steht zu befürchten, dass die Zugewinnforderung gefährdet ist, weil ein Ehegatte zum Beispiel sein Vermögen zur Seite bringt, sich ins Ausland absetzt oder plötzlich verschwenderisch lebt, muss, schon zur Vermeidung eines Anwaltsregresses,[31] immer daran gedacht werden, die Forderung durch einen Arrest zu sichern. Es gelten hierfür nach § 119 Abs. 2 Satz 1 FamFG die §§ 916 – 934 und §§ 943 bis 945 ZPO. Danach müssen ein Arrestanspruch und ein Arrestgrund glaubhaft gemacht werden. 23

Der **Arrestanspruch** entspricht dem zu sichernden Anspruch auf Zugewinnausgleich, an dessen Darlegung und Glaubhaftmachung keine zu hohen Ansprüche gestellt werden dürfen.[32]

Für den **Arrestgrund** muss glaubhaft gemacht werden, dass bei objektiver Würdigung aller Umstände die Besorgnis besteht, dass die Vollstreckung der Zugewinnforderung ohne Arrest erheblich erschwert würde.[33] Kein Arrestgrund stellen eine allgemein schlechte Vermögenslage des Schuldners oder die Konkurrenz anderer Gläubiger dar,[34] wohl aber zum Beispiel die drohende oder erfolgte Veräußerung eines

28 OLG Köln 1.7.08 – 4 UF 8/07, FamRZ 2009, 605; OLG Karlsruhe 25.4.2003 – 16 WF 6/03, FamRZ 2004, 466.
29 *Schulz/Hauß* Vermögensauseinandersetzung Kap. 1 Rn. 923.
30 KG 21.9.2004 – 18 UF 89/04, FamRZ 2005, 805.
31 OLG Zweibrücken 16.8.2013 – 2 U 1/13, FamRZ 2014, 977.
32 OLG Brandenburg 29.9.2008 – 13 UF 68/08, FamRZ 2009, 446.
33 Zöller/*Vollkommer* ZPO § 917 Rn. 4 ff.
34 Zöller/*Vollkommer* ZPO § 917 Rn. 9.

Grundstücks.[35] Nach § 917 Abs. 2 ZPO liegt zudem dann ein Arrestgrund vor, wenn der Beschluss im Ausland vollstreckt werden müsste und die Gegenseitigkeit nicht verbürgt ist, was allerdings innerhalb der EU regelmäßig der Fall ist. Ebenso ist an einen Arrest zu denken, wenn ein Ehegatte über sein Vermögen im Ganzen verfügt oder sein Vermögen durch illoyale Verfügungen vermindert.[36] Wurde über den Arrest ohne mündliche Verhandlung entschieden, kann dagegen nach § 924 Abs. 1 ZPO Widerspruch eingelegt werden.

Ob gegen einen Beschluss, der das Arrestgesuch zurückweist, innerhalb eines Monats (§ 63 Abs. 1 FamFG) oder innerhalb von zwei Wochen (§ 569 Abs. 1 Satz 1 ZPO9 Beschwerde eingelegt werden muss, ist streitig. Es sollte daher sicherheitshalber die 2-Wochenfrist notiert werden.

24 Der **Verfahrenswert** ist mit einem Drittel der Hauptforderung zu bemessen, kann also erheblich sein.[37]

Der Arrest muss nach § 929 Abs. 2 ZPO vor Ablauf eines Monats durch den Gläubiger vollzogen werden, dh der Gläubiger muss alle erforderlichen Vollstreckungsmaßnahmen eingeleitet haben. Bei einer Änderung des Arrests muss dieser erneut vollzogen werden. Soll der Arrest bereits vor der Zustellung des Arrestbefehls vollzogen werden, was aus Gründen der Überraschung geboten sein kann, muss nach § 929 Abs. 3 ZPO der Arrest innerhalb einer Woche zugestellt werden. Wegen der Kürze der in § 929 ZPO genannten Fristen, sollte man sich bereits vor der Beantragung eines Arrests darüber Gedanken machen, wie man diesen gegebenenfalls vollzieht.[38]

35 OLG Celle 31.3.2014 – 15 UF 186/13.

36 *Schulz/Hauß* Vermögensauseinandersetzung Kap. 1 Rn. 740.

37 OLG Brandenburg 30.8.2010 – 15 WF 246/10, FamRZ 2011, 758.

38 Vgl. zu den Einzelheiten *Kogel* Zugewinnausgleich Rn. 1476 ff.

285. Zuwendungen Dritter im Zugewinn

Knahn/Holthusen

I. Einführung

1 Zuwendungen Dritter sind bei der Aufstellung der Vermögensbilanz grundsätzlich im Anfangs- und Endvermögen eines Ehegatten zu berücksichtigen, soweit sich der Vermögenswert zum Stichtag in ihrem Vermögen befindet. Wurde der Vermögenswert während des Güterstandes zugewendet, kann es sich um einen privilegierten Hinzuerwerb handeln, der dem Anfangsvermögen hinzuzurechnen ist (→ Rn. 3 ff.). Besonderheiten ergeben sich hierbei im Falle einer Schenkung durch die (Schwieger-)Eltern und durch sonstige nahe Verwandte (→ Rn. 4 ff.).

2 Abzugrenzen sind solche Zuwendungen Dritter von **Zuwendungen unter Ehegatten** selbst (→ *Unbenannte Zuwendungen* Rn. 1 ff.). Ehegatten wenden sich während der Ehe häufig Vermögenswerte zu, ohne dabei rechtliche Verpflichtungen in Form einer Gegenleistung ausdrücklich zu vereinbaren. Dem liegt meist die unausgesprochene Erwartung zugrunde, den Zuwendungsgegenstand im Rahmen der ehelichen Lebensgemeinschaft mit nutzen zu können. Bei diesen Zuwendungen handelt es sich nicht um echte Schenkungen gem. § 516 BGB, sondern um **unbenannte Zuwendungen** (auch ehebedingte oder ehebezogene Zuwendungen).

II. Privilegiertes Anfangsvermögen (§ 1374 Abs. 2 BGB)

3 Vermögenswerte, die ein Ehegatte nach Eintritt des Güterstandes von Todes wegen oder mit Rücksicht auf ein künftiges Erbrecht, durch Schenkung oder als Ausstattung erwirbt (**privilegierter Erwerb**), werden in Ausnahme zum Stichtagprinzip gem. § 1374 Abs. 2 BGB dem Anfangsvermögen hinzugerechnet (→ *Anfangsvermögen* Rn. 7 ff.). Zweck dieser Ausnahmeregelung ist es, dass Vermögenswerte, die in keinem Zusammenhang mit der Ehe stehen und an denen der andere Ehegatte keinen Anteil hat, dem Zugewinnausgleich entzogen werden sollen.[1]

4 **Schenkungen der Eltern** an das eigene Kind unterliegen der Privilegierung des § 1374 Abs. 2 BGB und sind dem Anfangsvermögen hinzuzurechnen.[2]

5 **Schenkungen der Schwiegereltern** an den Ehegatten wurden früher als unbenannte Zuwendungen (→ *Unbenannte Zuwendungen* Rn. 3) behandelt, da sie **um der Ehe willen** und zur Verwirklichung und Ausgestaltung, Erhaltung oder Sicherung der ehelichen Lebensgemeinschaft getätigt worden sind, wobei die Schwiegereltern die Erwartung hegten, dass die eheliche Lebensgemeinschaft Bestand haben und das eigene Kind innerhalb dieser Gemeinschaft am Vermögenswert und dessen Früchten weiter teilhaben wird.[3] Die Zuwendungen der Schwiegereltern fielen daher regelmäßig nicht unter die Privilegierung des § 1374 Abs. 2 BGB und mussten somit im Zugewinn ausgeglichen werden,[4] es sei denn, es hatte sich tatsächlich um eine echte Schenkung gehandelt.[5]

Mit seiner Entscheidung vom 3.2.2010[6] hat der BGH seine frühere Rechtsprechung aufgegeben und Zuwendungen der Schwiegereltern, die um der Ehe ihres Kindes Willen an das (künftige) Schwiegerkind erfolgen, als **Schenkung iSv § 516 Abs. 1 BGB** qualifiziert. Sie können somit unter die Privilegierung

1 Palandt/*Brudermüller* BGB §§ 1374–1376 Rn. 9.
2 NK-BGB/*Heiß/Löhnig* § 1374 Rn. 45.
3 BGH 4.2.1998 – XII ZR 160/96, NJW 1998, 2600.
4 NK-BGB/*Heiß/Löhnig* § 1374 Rn. 45.
5 BGH 19.1.1999 – X ZR 60/97, NJW 1999, 1623.
6 BGH 3.2.2010 – XII ZR 189/06, NJW 2010, 2202; fortgeführt in BGH 20.7.2011 – XII ZR 149/09, NJW 2012, 523.

des § 1374 Abs. 2 BGB subsumiert werden. Die Schenkung erhöht somit nicht mehr den Zugewinn des Schwiegerkindes.[7]

In das Anfangs- und Endvermögen des beschenkten Schwiegerkindes ist der Rückforderungsanspruch der Schwiegereltern (→ Rn. 8) als Passivposten jeweils mit dem gleichen Wert einzustellen. Er kann daher regelmäßig vollständig unberücksichtigt bleiben.[8]

6 Diese neuen Grundsätze müssen auch für **Zuwendungen der Großeltern** an den Ehegatten des Enkels und Zuwendungen anderer naher Angehöriger gelten, da auch sie außerhalb der ehelichen Lebensgemeinschaft stehen und nicht in die Wirtschafts- und Risikogemeinschaft der Eheleute einbezogen sind. Ihre Zuwendungen erfolgen daher gleich wie bei den Schwiegereltern, insbesondere in Ansehung des eigenen Enkelkindes.

7 Jeder Ehegatte trägt für den Bestand und den Wert seines Anfangsvermögens und somit auch für den privilegierten Erwerb gem. § 1374 Abs. 2 BGB die Darlegungs- und Beweislast (→ *Darlegungs- und Beweislast im Zugewinn* Rn. 3 ff.).

III. Rückabwicklung

8 Nach der geänderten Rechtsprechung des BGH stellen Schwiegerelternzuwendungen echte Schenkungen iSv § 516 Abs. 1 BGB dar, deren Geschäftsgrundlage regelmäßig die auch für das Schwiegerkind erkennbare Erwartung ist, die Ehe werde Bestand haben und die Schenkung werde auch dem eigenen Kind auf Dauer zugutekommen. Die Schwiegereltern können daher ihre Zuwendung nach den Grundsätzen über den **Wegfall der Geschäftsgrundlage** (§ 313 BGB) vom Schwiegerkind zurückfordern.[9] Dabei führt das Scheitern der Ehe nicht automatisch zu einem entsprechenden Anspruch, sondern erst bei einer gesondert festzustellenden Unzumutbarkeit des Festhaltens.[10] Denkbar ist nach dem BGH nun auch eine **Rückforderung aus Bereicherungsrecht wegen Zweckverfehlung** (§ 812 Abs. 1 S. 1 Alt. 2 BGB). Eine Zweckabrede, welche positive Kenntnis von der Zweckvorstellung des anderen Teils voraussetzt, wird aber nur schwer feststellbar sein.[11] Zu berücksichtigen ist im Falle der Rückabwicklung, inwiefern während des Bestehens der Ehe der **Zweck der Zuwendung erreicht wurde**.[12] Es ist dabei im Rahmen einer Billigkeitsabwägung zu prüfen, inwiefern der Anspruch zu beschränken ist; eine Zweckerreichung nach 20 Jahren[13] kann nicht ohne Weiteres angenommen werden.[14]

---

7 HK-FamR/*Häcker* BGB § 1374 Rn. 14.
8 BGH 21.7.2010 – XII ZR 180/09, NJW 2010, 2884.
9 BGH 3.2.2010 – XII ZR 189/06, NJW 2010, 2202.
10 BGH 3.12.2014 – XII ZB 181/13, NJW 2015, 1014.
11 BGH 3.2.2010 – XII ZR 189/06, NJW 2010, 2202.
12 BGH 26.11.2014 – XII ZB 666/13, NJW 2015, 690.
13 So OLG Frankfurt a. M. 4.6.2012 – 6 UF 12/12, BeckRS 2013, 11363; vgl. MüKoBGB/*Koch* § 1363 Rn. 33 iVm 30.
14 BGH 3.2.2010 – XII ZR 189/06, NJW 2010, 2202.

286. Zwangsheirat

Knahn/Siede

I. Einführung

Die Bundesregierung ging in ihrem Gesetzentwurf zur Bekämpfung der Zwangsheirat und zum besseren Schutz der Opfer von Zwangsheirat sowie zur Änderung weiterer aufenthalts- und asylrechtlicher Vorschriften vom 13.1.2011 davon aus, dass Zwangsheirat auch in Deutschland ein ernst zu nehmendes Problem sei, welches in den letzten Jahren verstärkt in den Blickpunkt der Öffentlichkeit gerückt sei.[1] Der Bundesrat war der Auffassung, dass es weder aus patriarchalisch-traditionellen noch aus vermeintlich religiösen Gründen akzeptabel sei, dass Zwangsverheiratungen in Deutschland stattfänden.[2] Über das Ausmaß der Zwangsheirat in Deutschland gibt es keine gesicherten Daten. Eine im Jahr 2003 durchgeführte Erhebung des Berliner Senats bei über 50 Jugend- und Beratungseinrichtungen ergab, dass diese Einrichtungen im Jahr 2002 von ca. 220 Frauen als Opfer von Zwangsverheiratungen aufgesucht wurden. Die Dunkelziffer dürfte beträchtlich sein.[3] 1

Insbesondere unter **islamischen Migranten**, die an entsprechenden traditionellen Überlieferungen festhalten, ist die arrangierte Ehe und mit ihr verbunden auch die Zwangsehe in Deutschland wohl nicht selten. Dabei beruht das Phänomen der Zwangsverheiratung in den vom Islam geprägten Kulturen nicht unbedingt auf einer religiösen Überlieferung, sondern ist eher Folge einer kulturellen Tradition, die in ländlich geprägten Regionen in erster Linie der materiellen Existenzsicherung der Familie diente.[4]

II. Schutz durch Eheaufhebung, erweitertes Rückkehrrecht und Strafrecht

1. Begriff

Die Zwangsheirat oder Zwangsehe ist insbesondere von der sog. arrangierten Ehe begrifflich abzugrenzen. Bei der Zwangsheirat wird mindestens einer der Ehepartner durch physischen oder psychischen Zwang zur Ehe genötigt, wohingegen die arrangierte Ehe das Einverständnis beider Ehepartner voraussetzt. 2

2. Schutz der von Zwangsheirat betroffenen Personen

Die Zwangsheirat ist in Deutschland verboten. Art. 6 Abs. 1 GG gewährleistet die **Eheschließungsfreiheit**.[5] Daneben anerkennen und garantieren sowohl die Allgemeine Erklärung der Menschenrechte (Art. 16 UN-Menschenrechtscharta) als auch die Europäische Konvention zum Schutz der Menschenrechte und Grundfreiheiten (Art. 12 EMRK) das Recht auf freie Eheschließung und selbstbestimmte Partnerwahl. Der Schutz Betroffener vor Zwangsheirat wird ua durch Erleichterungen bei der Aufhebung der Ehe, aufenthaltsrechtliche Bestimmungen und einen besonderen Straftatbestand erreicht. 3

a) Aufhebung der Ehe. Eine Ehe kann gem. § 1314 Abs. 2 Nr. 4 BGB aufgehoben werden, wenn ein Ehegatte zur Eingehung der Ehe **widerrechtlich durch Drohung** (§ 123 BGB) bestimmt worden ist (→ *Eheaufhebung* Rn. 30). Die Drohung kann dabei auch von Dritten ausgehen, etwa den eigenen Eltern 4

1 BT-Drs. 17/4401, 1.
2 BT-Drs. 17/1213, 1.
3 BT-Drs. 17/4401, 8.
4 *Strobl/Lobermeier* in: Zwangsverheiratungen in Deutschland, Forschungsreihe des Bundesministeriums für Familie, Senioren, Frauen und Jugend (Hrsg.) Band 1, April 2007, S. 24.
5 BVerfG 4.5.1971 – 1 BvR 636/68, NJW 1971, 2121.

oder den Eltern des Ehegatten.[6] Antragsberechtigt ist gem. § 1316 Abs. 1 Nr. 2 BGB nur der bedrohte Ehegatte. Der Antrag muss innerhalb eines Jahres ab Beendigung der Zwangslage gestellt werden, § 1317 Abs. 1 BGB. Die Aufhebung der Ehe ist ausgeschlossen, wenn der bedrohte Ehegatte nach Aufhören der Zwangslage zum Ausdruck gebracht hat, dass er an der Ehe festhalten will, § 1315 Abs. 1 Nr. 4 BGB (**Bestätigung**). Die Bestätigung ist der nach außen zu erkennen gegebene Wille des bedrohten Ehegatten, die Ehe trotz der zugrundeliegenden Drohung fortsetzen zu wollen.[7]

Der Antrag auf Aufhebung der Ehe ist grundsätzlich innerhalb eines Jahres zu stellen (§ 1317 Abs. 1 Alt. 1 BGB). Mit Rücksicht auf die besondere Drucksituation, in der sich Personen befinden, die zwangsweise verheiratet wurden, beträgt für diese die Antragsfrist **drei** Jahre (§ 1317 Abs. 1 Alt. 2 BGB).

5 **b) Aufenthaltsrechtlicher Schutz.** Um den Schutz der Betroffenen und die Bekämpfung der Zwangsheirat neben den bereits bestehenden gesetzlichen Regelungen zu verstärken und das Bewusstsein der Öffentlichkeit für das Unrecht, das in jeder Zwangsheirat liegt, zu schärfen, hat der Bundestag das Gesetz zur Bekämpfung der Zwangsheirat und zum besseren Schutz der Opfer von Zwangsheirat sowie zur Änderung weiterer aufenthalts- und asylrechtlicher Vorschriften (ZwHeiratOSchG)[8] beschlossen. Es ist am 1.7.2011 in Kraft getreten.[9]

6 Das Gesetz normiert in seinem aufenthaltsrechtlichen Teil ein eigenständiges **Wiederkehrrecht** für ausländische Opfer von Zwangsehen, die als Minderjährige zwar ein eigenständiges Aufenthaltsrecht erworben hatten, dann jedoch zum Zweck einer Zwangsheirat ins Ausland verschleppt wurden und dort festgehalten werden. Gem. § 37 Abs. 1, 2 AufenthG kann einem Minderjährigen, der ein Bleiberecht erlangt hatte, aber gleichwohl ins Ausland verzogen ist, nur unter engen Voraussetzungen eine (erneute) Aufenthaltsgenehmigung erteilt werden. Voraussetzung ist, dass der Ausländer sich vor seiner Ausreise acht Jahre rechtmäßig im Bundesgebiet aufgehalten und sechs Jahre im Bundesgebiet eine Schule besucht hat, bzw., wenn diese zeitlichen Voraussetzungen nicht erfüllt sind, dort einen allgemeinen Schulabschluss erworben hat, sein Lebensunterhalt aus eigener Erwerbstätigkeit oder durch eine Unterhaltsverpflichtung gesichert ist, die ein Dritter für die Dauer von fünf Jahren übernommen hat, und der Antrag auf Erteilung der Aufenthaltserlaubnis nach Vollendung des 15. und vor Vollendung des 21. Lebensjahres sowie vor Ablauf von fünf Jahren seit der Ausreise gestellt wurde. Für Opfer einer Zwangsehe erweitert § 37 Abs. 3 AufenthG sowohl das Zeitfenster von 3 Monaten ab Ende der Zwangslage bis zu 10 Jahren seit der Ausreise und ersetzt das Kriterium, dass der Lebensunterhalt gesichert sein müsse, dahin gehend, dass zu erwarten sein müsse, dass sich dieser in die Lebensverhältnisse im Inland einfügen könne.

7 Flankiert wird dieser Schutz dadurch, dass die Regeln über den Familiennachzug nicht gelten sollen, wenn einer der Ehegatten zur Ehe genötigt wurde (§ 27 Abs. 1 a Nr. 2 AufenthG) und durch Erleichterungen für einen Ehegatten, der zur Heirat genötigt wurde, auch im Fall der Trennung ein Aufenthaltsrecht zu erlangen (§ 31 Abs. 2 AufenthG).[10]

8 **c) Straftatbestand Zwangsheirat.** Durch das ZwHeiratOSchG vom 23.6.2011 wurde ein eigener Straftatbestand der Zwangsheirat (§ 237 StGB) geschaffen. Dieser sieht einen Strafrahmen von bis zu fünf Jahren Freiheitsstrafe vor, wenn jemand einen anderen Menschen mit Gewalt oder Drohung mit einem empfindlichen Übel zur Eingehung einer Ehe nötigt. Entsprechendes gilt, wenn er diesen zu diesem Zweck mit Gewalt, List oder Drohung mit einem empfindlichen Übel ins Ausland verbringt, veranlasst, sich ins Ausland zu begeben oder daran hindert, von dort zurückzukehren.

6 NK-BGB/*Finger* § 1314 Rn. 25.
7 Palandt/*Siede* BGB § 1315 Rn. 3.
8 BT-Drs. 17/4401.
9 BGBl. I 2011, 1266.
10 Vgl. zum Ganzen *Kaiser* FamRZ 2013, 77.

3. Kein generelles Verbot der „Handschuhehe"

Der Bundesrat hat in seiner Stellungnahme zum Gesetzentwurf[11] eine Änderung des EGBGB vorgeschlagen, mit der die Anerkennung von sogenannten „**Handschuh-Ehen**" und von Ehen, die von deutschen Staatsangehörigen im Ausland oder von in Deutschland lebenden Ausländern eingegangen wurden, bei denen ein Ehegatte das 16. Lebensjahr noch nicht vollendet hat, ausgeschlossen werden soll. Unter Handschuh-Ehen werden Ehen verstanden, die **bei Abwesenheit eines oder beider Ehegatten geschlossen** werden, was in manchen islamisch geprägten Staaten erlaubt ist (zB Libanon, Pakistan). Meist werden männliche volljährige Verwandte einer weiblichen Minderjährigen bevollmächtigt, die Eingehung der Ehe zu erklären. Die Bundesregierung verweist hierzu auf Art. 6 EGBGB (ordre public). Ausländisches Recht findet dann keine Anwendung, wenn die ausländischen Normen mit den Grundsätzen des deutschen Rechts, wozu insbesondere die Grundrechte gehören, offensichtlich nicht vereinbar sind.[12] Das generelle Verbot der Anerkennung von „Handschuhehen" hat im Bundestag bisher (zu Recht) keine politische Mehrheit erhalten. Hier erscheint eine Einzelfallprüfung anhand von Art. 6 EGBGB (ordre public) vorzugswürdig, bei der auch zu berücksichtigen sein wird, inwieweit die Betroffenen in ihrer Rechtsstellung (etwa in Bezug auf Ansprüche von Unterhalt, Zahlung eines „mahr"[13] oder vergleichbarer Rechtsinstitute) durch die Versagung der Anerkennung zusätzlich beeinträchtigt werden. Außerdem wird die Rechtsstellung aus einer solchen Ehe hervorgegangener Kinder zu berücksichtigen sein. 9

Eine Sonderregelung gilt jedoch aufgrund des Gesetzes zur Bekämpfung von Kinderehen: Demnach ist nach deutschem Recht eine im Ausland geschlossene Ehe unwirksam, wenn einer der Verlobten bei Eheschließung das 16. Lebensjahr noch nicht vollendet hat (Art. 13 Abs. 3 Nr. 1 EGBGB). Hatte er das 16. aber noch nicht das 18. Lebensjahr vollendet, ist die Ehe aufhebbar (Art. 13 Abs. 3 Nr. 2 EGBGB). Es ist allerdings zweifelhaft, ob diese Regelung verfassungskonform ist.[14] Die Übergangsbestimmung gem. Art. 229 § 44 Abs. 1 EGBGB ist auf diese im Ausland geschlossenen Ehen nicht anwendbar.[15]

11 BT-Drs. 17/4401, 17.
12 BT-Drs. 17/4401, 20.
13 Morgengabe oder vergleichbares, bei Eheschließung abgegebenes Versprechen.
14 Vgl. Vorlagebeschluss BGH 14.11.2018 – XII ZB 292/16, NZFam 2019, 65.
15 BGH 22.7.2020 – XII ZB 131/20, NJW 2020, 3777.

Stichwortverzeichnis

Die fetten Zahlen bezeichnen die Ordnungszahlen des jeweiligen Stichworts, die mageren Zahlen die Randnummern.